Looschelders · Pohlmann
Versicherungsvertragsgesetz

Looschelders · Pohlmann

Versicherungsvertragsgesetz

Kommentar

Herausgegeben von

Prof. Dr. Dirk Looschelders
Professor an der Heinrich-Heine-Universität Düsseldorf

Prof. Dr. Petra Pohlmann
Professorin an der Westfälischen Wilhelms-Universität Münster

3. Auflage

Carl Heymanns Verlag 2016

Bibliografische Information der Deutschen Nationalbibliothek
Die Deutsche Nationalbibliothek verzeichnet diese Publikation in der Deutschen Nationalbibliografie; detaillierte bibliografische Daten sind im Internet über http://dnb.d-nb.de abrufbar.

ISBN 978-3-452-28618-5

www.wolterskluwer.de
www.carl-heymanns.de

Alle Rechte vorbehalten.
© 2016 Wolters Kluwer Deutschland GmbH, Luxemburger Straße 449, 50939 Köln.
Carl Heymanns – eine Marke von Wolters Kluwer Deutschland GmbH.

Das Werk einschließlich aller seiner Teile ist urheberrechtlich geschützt. Jede Verwertung außerhalb der engen Grenzen des Urheberrechtsgesetzes ist ohne Zustimmung des Verlages unzulässig und strafbar. Das gilt insbesondere für Vervielfältigungen, Übersetzungen, Mikroverfilmungen und die Einspeicherung und Verarbeitung in elektronischen Systemen.

Verlag und Autor übernehmen keine Haftung für inhaltliche oder drucktechnische Fehler.

Umschlagkonzeption: Martina Busch, Grafikdesign, Homburg Kirrberg
Satz: WMTP Wendt-Media Text-Processing GmbH, Birkenau
Druck und Weiterverarbeitung: Williams Lea & Tag GmbH, München

Gedruckt auf säurefreiem, alterungsbeständigem und chlorfreiem Papier.

Vorwort

Seit dem Erscheinen der Vorauflage sind etwa fünf Jahre vergangen. In dieser Zeit hat das VVG mehrere Änderungen erfahren, zuletzt durch das Gesetz zur Umsetzung der Richtlinie über alternative Streitbeilegung in Verbraucherangelegenheiten und zur Durchführung der Verordnung über Online-Streitbeilegung in Verbraucherangelegenheiten vom 19.02.2016 (BGBl. I S. 254). Besonders wichtige Änderungen haben sich aus dem Lebensversicherungsreformgesetz vom 01.08.2014 (BGBl. I S. 1330) ergeben, das den Herausforderungen für die Lebensversicherung in der Niedrigzinsphase Rechnung tragen soll. Hierauf liegt auch ein Schwerpunkt der Neubearbeitung.

Die umfangreichsten gesetzlichen Neuregelungen auf dem Gebiet des Privatversicherungsrechts betreffen freilich das Versicherungsaufsichtsrecht. Das am 01.01.2016 in Kraft getretene neue VAG hat auch für das Versicherungsvertragsrecht große Bedeutung. Ein Überblick zum neuen VAG findet sich in Einführung D. Darüber hinaus werden die Auswirkungen des neuen VAG auf das Versicherungsvertragsrecht an vielen anderen Stellen des Kommentars berücksichtigt.

Ein weiterer Schwerpunkt der Neubearbeitung liegt in der Einarbeitung und Würdigung der zahlreichen gerichtlichen Entscheidungen und Stellungnahmen in der Literatur zum reformierten VVG. Hierdurch sind zahlreiche offene Fragen geklärt oder doch wenigstens präzisiert worden. Die umfangreiche neue Rechtsprechung zu § 5a VVG a.F. wird im Zusammenhang mit den Informationspflichten des Versicherers nach § 7 VVG eingehend dargestellt und gewürdigt.

Im Übrigen wurde an der bewährten Grundkonzeption des Werkes festgehalten. Kernstück bleibt die Kommentierung des VVG. Ausführlich erläutert sind auch die Vorschriften des EGVVG und der VVG-InfoV. Das Internationale Versicherungsvertragsrecht wird im Anhang zum EGVVG eingehend behandelt. Die Rahmenbedingungen des Versicherungsvertragsrechts werden in der ausführlichen Einleitung dargestellt. Hier finden sich eine Einführung in das Privatversicherungsrecht, Ausführungen zur Einbeziehung, Auslegung und Kontrolle von Allgemeinen Versicherungsbedingungen und zum Europäischen Versicherungsvertragsrecht sowie zum Versicherungsaufsichts- und Versicherungsunternehmensrecht und zum Bilanz- und Steuerrecht von Versicherungsunternehmen.

Die im VVG geregelten Versicherungssparten werden weiter zusammen mit den gesetzlichen Normen erörtert. Die systematische Erläuterung nicht im VVG geregelter Sparten einschließlich der einschlägigen AVB erfolgt in einem Anhang zum VVG. Dabei wurden die Pferdelebensversicherung (Anh. Q), die Betriebsunterbrechungsversicherung (Anh. R), die Haftpflichtversicherung für Heilberufe (Anh. S) sowie die Bauleistungs- und Montageversicherung (Anh. T) neu aufgenommen.

Für die dritte Auflage konnten mehrere neue Autoren aus Wissenschaft und Praxis hinzugewonnen werden. Zu nennen sind Frau Rechtsanwältin Annelore Bertz, Herr Rechtsanwalt Prof. Dr. Dirk-Carsten Günther, Herr Rechtsanwalt Daniel Kreienkamp, Herr Akademischer Rat a.Z. Dr. Mark Makowsky, Herr Rechtsanwalt Dr. Burkhard Oexmann, Herr Rechtsanwalt Stefan Patzer, LL.M. (Washington D.C.), Herr Prof. Dr. Stefan Perner sowie Herr Rechtsanwalt Dr. Thorsten Süß. Aus dem Kreis der Autoren ausgeschieden sind dagegen Frau Rechtsanwältin Kristina Ernst, LL.M. (Norwich), Frau Richterin Dr. Kirstin Kaldenbach, Herr Rechtsanwalt Dr. Andreas C. Peters, LL.M. (Steuerrecht, Münster) sowie Herr Richter Dr. Markus Vogel. Wir bedanken uns herzlich für ihre engagierte Mitarbeit.

Zum Gelingen der Neuauflage haben die Mitarbeiterinnen und Mitarbeiter unserer Lehrstühle und Institute wieder einen entscheidenden Beitrag geleistet. Am Lehrstuhl Looschelders waren Sarah Appelrath, Ekaterini Georgiades und Ann-Kathrin Graewer in vielfältiger Weise an der Vorbereitung der Neuauflage beteiligt. Sie wurden dabei von Nikolaus von Bargen, Niklas Heinkes und Natalie Post unterstützt. Am Lehrstuhl Pohlmann haben Philipp Koch, Marc Schlömer, LL.M. (Versicherungsrecht, Münster) und Dr. Henning Zurlutter die Entstehung der Neuauflage mit großem Einsatz gefördert. Hierbei standen ihnen Marie-Luise Herkenhoff, Johannes Scholz, Morten Steimann, Eva Westmark und Niklas Witt tatkräftig zur Seite. Ihnen allen gilt unser besonderer Dank.

Düsseldorf und Münster, im Oktober 2016

Die Herausgeber
Dirk Looschelders
Petra Pohlmann

Bearbeiterverzeichnis

Dr. Frank Baumann, LL.M. (VersR, Münster)
Rechtsanwalt
Sozietät Wolter-Hoppenberg, Hamm
§§ 59–68 VVG

Dr. Elke Benzenberg
Rechtsanwältin, Bocholt
Anhang N (Reiseversicherung)

Annelore Bertz
Rechtsanwältin, Düsseldorf
Anhang R (Betriebsunterbrechungsversicherung) (zusammen mit **Günther**)

Eike Böhm
Rechtsanwalt, Ressortleiter Rechtsabteilung
INTER Versicherungen, Mannheim
Anhang O (Private Pflegeversicherung)

Prof. Dr. Oliver Brand, LL.M.Int'l Tax. (NYU)
Universität Mannheim
§§ 33–42 VVG (zusammen mit **Stagl**), Vor §§ 142 ff., 142–149 VVG
Art. 1–7 EGVVG
Anhang K (Feuerversicherung)

Jürgen Brokamp, LL.M. (NYU)
Rechtsanwalt, Düsseldorf
Einleitung F. (Bilanz- und Steuerrecht von Versicherungsunternehmen)

Dr. Fabian Clemens
Richter am Arbeitsgericht, Aachen
Anhang P (Betriebliche Altersversorgung)

Sylvia Eichelberg
Rechtsanwältin, Köln
§§ 209–215 VVG

Dr. Hannah B. Gesing
Rechtsanwältin, Düsseldorf
§§ 53–58 VVG
Anhang M (Einbruchdiebstahl- und Raubversicherung) (zusammen mit **Looschelders**)

Dr. Astrid Götz
Richterin am Sozialgericht Düsseldorf, zurzeit abgeordnet an das Landessozialgericht Nordrhein-Westfalen, Essen
§§ 178–191 VVG

Prof. Dr. Dirk-Carsten Günther
Rechtsanwalt/Partner, Fachanwalt für Versicherungsrecht
BLD Bach Langheid Dallmayr, Köln
Anhang R (Betriebsunterbrechungsversicherung) (zusammen mit **Bertz**)

Prof. Dr. Susanne Hähnchen
Universität Bielefeld
Anhang I (Tierhalterhaftpflichtversicherung)

Dr. Katharina Haehling von Lanzenauer, LL.M. (VersR, Hamburg)
Syndikusanwältin bei der Siegwerk Druckfarben AG & Co. KG a.A.
Anhang C (D&O-Versicherung) (zusammen mit **Kreienkamp**)

Dr. Jens Heinig, LL.B. (Bucerius Law School)
Notarassessor, Düsseldorf
§§ 8, 9 VVG (zusammen mit **Makowsky**)

Prof. Dr. Johannes Heyers, LL.M. (GewRS, Düsseldorf)
Westfälische Wilhelms-Universität Münster
§§ 88–89, 91–99 VVG

Dr. Gunbritt Kammerer-Galahn
Rechtsanwältin
Taylor Wessing, Düsseldorf
§§ 49–52 VVG
Anhang A (Kraftfahrtversicherung)

Dr. Alexander Klenk
Richter am Landgericht Münster
§§ 15–18, 29, 32, 172–177 VVG

Prof. Dr. Robert Koch, LL.M. (McGill)
Universität Hamburg
§§ 43–48, 69–73 VVG

Bearbeiterverzeichnis

Prof. Dr. Katharina von Koppenfels-Spies
Albert-Ludwigs-Universität Freiburg

§§ 74–80, 86–87 VVG

Dieter Krause
Rechtsanwalt und Steuerberater
B&W Deloitte, Köln

Vor § 150 (zusammen mit **Patzer**), §§ 153–155, 158, 163–167, 169 VVG

Daniel Kreienkamp
Rechtsanwalt
Clyde & Co (Deutschland) LLP, Düsseldorf

Anhang C (D&O-Versicherung)
(zusammen mit **Haehling von Lanzenauer**)

Dr. Carsten Laschet
Rechtsanwalt
Friedrich Graf von Westphalen, Köln

Anhang F (Umwelthaftpflichtversicherung)
Anhang H (Employment Versicherung)

Prof. Dr. Tobias Lenz
Rechtsanwalt
Friedrich Graf von Westphalen, Köln

Anhang E (Produkthaftpflichtversicherung)
Anhang G (Umweltschadensversicherung)

Dr. Leander D. Loacker
Universität Zürich

Einleitung C. (Europäische Versicherungsvertragsrecht) (zusammen mit **Perner**)

Prof. Dr. Dirk Looschelders
Heinrich-Heine-Universität Düsseldorf

Einleitung A. (Privatversicherungsrecht)
§§ 19–27, 30, 31,
53–58 VVG (zusammen mit **Gesing**)
Anhang D (Vertrauensschadenversicherung) (zusammen mit **Waiblinger**)
Anhang M (Einbruchdiebstahl- und Raubversicherung) (zusammen mit **Gesing**)

Dr. Christoph Louven
Rechtsanwalt
Hogan Lovells International LLP, Düsseldorf

Einleitung E. (Versicherungsunternehmensrecht)

Dr. Mark Makowsky
Akademischer Rat a.Z.
Heinrich-Heine-Universität Düsseldorf

§§ 8, 9 VVG (zusammen mit **Heinig**)
Anhang L (Hausratversicherung) (zusammen mit **Weiß**)

Dr. Burkhard Oexmann
Rechtsanwalt, Lippetal

Anhang Q (Allgemeine Bedingungen für die Versicherungen von Pferden und anderen Einhufern)

Dr. Christina Paffenholz
Institut für Versicherungsrecht, Düsseldorf

§§ 125–141 VVG

Stefan Patzer, LL.M. (Washington D.C.)
Rechtsanwalt
Latham & Watkins LLP, Hamburg

Vor § 150 (zusammen mit **Krause**), §§ 150–152, 156, 157, 159–162, 168, 170–171 VVG

Prof. Dr. Stefan Perner
Universität Linz, Linz

Einleitung C. (Europäisches Versicherungsvertragsrecht) (zusammen mit **Loacker**)

Prof. Dr. Petra Pohlmann
Westfälische Wilhelms-Universität Münster

Einleitung B. (Allgemeine Versicherungsbedingungen)
§§ 1, 6, 7, 28 VVG

Dr. Frank Reinhard
Rechtsanwalt, Bereichsleiter Recht
INTER Versicherungsgruppe, Mannheim

Vor § 192, §§ 192–208 VVG

Thomas B. Schäfer
Rechtsanwalt, Leiter Ressort Recht
Uzin Utz AG, Ulm

§ 216 VVG
Anhang zum EGVVG (Internationales Versicherungsvertragsrecht)

Dr. Dominik Schäfers, LL.M. (VersR, Münster)
Westfälische Wilhelms-Universität Münster

VVG-InfoV

Dr. Henning Schaloske
Rechtsanwalt
Clyde & Co (Deutschland) LLP, Düsseldorf

Anhang B (Berufshaftpflichtversicherung für RAe, StB, WP u. Notare)

Bearbeiterverzeichnis

Prof. Dr. Martin Schmidt-Kessel §§ 81–85, 90 VVG
Direktor der Forschungsstelle für Verbraucherrecht
Universität Bayreuth

Dr. Christian Schneider §§ 2–5, 10–14 VVG
Rechtsanwalt
DLA Piper UK LLP, Köln

Dr. Jan Schröder, LL.M. (Firence) Einleitung D. (Versicherungsaufsichtsrecht)
Rechtsanwalt
Allen & Overy LLP, Düsseldorf

Prof. Dr. Martin Schulze Schwienhorst Vor § 100, §§ 100–112 VVG
Kleist Versicherungsmakler GmbH, Münster

Dr. Fabian Schwartze §§ 113–124 VVG
Richter am Amtsgericht Lingen (Ems)

Priv.-Doz. Dr. Jakob F. Stagl §§ 33–42 VVG (zusammen mit **Brand**)
Albert-Ludwigs-Universität Freiburg

Dr. Martin Stelzner Anhang J (IT-Versicherung)
Fachanwalt für Bau- und Architektenrecht Anhang T (Bauleistungs- und Montageversicherung)
Kapellmann und Partner Rechtsanwälte mbB,
Mönchengladbach

Dr. Thorsten Süß Anhang S (Heilwesenhaftpflichtversicherung)
Rechtsanwalt
BLD Bach Langheid Dallmayr, Köln

Dr. Stefanie Waiblinger, LL.M. (Suffolk Boston) Anhang D (Vertrauensschadenversicherung)
Rechtsanwältin, Unternehmensjuristin Fachbereich (zusammen mit **Looschelders**)
Recht und Compliance Allianz Deutschland AG,
München

Dr. Véronique Weiß Anhang L (Hausratversicherung)
Richterin, Düsseldorf (zusammen mit **Makowsky**)

Inhaltsverzeichnis

Vorwort.. V
Bearbeiterverzeichnis... VII
Abkürzungsverzeichnis.. XVII
Literaturverzeichnis... XXV

Einleitung... 1
A. Einführung in das Privatversicherungsrecht........................... 1
B. Allgemeine Versicherungsbedingungen (AVB)............................ 19
C. Europäisches Versicherungsvertragsrecht.............................. 53
D. Versicherungsaufsichtsrecht.. 97
E. Versicherungsunternehmensrecht....................................... 119
F. Bilanz- und Steuerrecht von Versicherungsunternehmen................. 144

Gesetz über den Versicherungsvertrag (Versicherungsvertragsgesetz – VVG).... 155

Teil 1. Allgemeiner Teil... 155

Kapitel 1. Vorschriften für alle Versicherungszweige................... 155

Abschnitt 1. Allgemeine Vorschriften................................... 155
§ 1   Vertragstypische Pflichten.. 155
§ 2   Rückwärtsversicherung... 176
§ 3   Versicherungsschein... 186
§ 4   Versicherungsschein auf den Inhaber............................... 194
§ 5   Abweichender Versicherungsschein.................................. 197
§ 6   Beratung des Versicherungsnehmers................................. 209
§ 7   Information des Versicherungsnehmers.............................. 250
§ 8   Widerrufsrecht des Versicherungsnehmers........................... 286
§ 9   Rechtsfolgen des Widerrufs.. 313
§ 10 Beginn und Ende der Versicherung.................................. 323
§ 11 Verlängerung, Kündigung... 325
§ 12 Versicherungsperiode.. 338
§ 13 Änderung von Anschrift und Name................................... 339
§ 14 Fälligkeit der Geldleistung....................................... 344
§ 15 Hemmung der Verjährung.. 355
§ 16 Insolvenz des Versicherers.. 363
§ 17 Abtretungsverbot bei unpfändbaren Sachen.......................... 367
§ 18 Abweichende Vereinbarungen.. 375

Abschnitt 2. Anzeigepflicht, Gefahrerhöhung, andere Obliegenheiten.... 377
§ 19 Anzeigepflicht.. 377
§ 20 Vertreter des Versicherungsnehmers................................ 400
§ 21 Ausübung der Rechte des Versicherers.............................. 401
§ 22 Arglistige Täuschung.. 408
§ 23 Gefahrerhöhung.. 415
§ 24 Kündigung wegen Gefahrerhöhung.................................... 427
§ 25 Prämienerhöhung wegen Gefahrerhöhung.............................. 431
§ 26 Leistungsfreiheit wegen Gefahrerhöhung............................ 432
§ 27 Unerhebliche Gefahrerhöhung....................................... 437
§ 28 Verletzung einer vertraglichen Obliegenheit....................... 439
§ 29 Teilrücktritt, Teilkündigung, teilweise Leistungsfreiheit......... 494
§ 30 Anzeige des Versicherungsfalles................................... 498
§ 31 Auskunftspflicht des Versicherungsnehmers......................... 506
§ 32 Abweichende Vereinbarungen.. 516

Inhaltsverzeichnis

Abschnitt 3. Prämie 519
§ 33   Fälligkeit 519
§ 34   Zahlung durch Dritte 524
§ 35   Aufrechnung durch den Versicherer 526
§ 36   Leistungsort 527
§ 37   Zahlungsverzug bei Erstprämie 530
§ 38   Zahlungsverzug bei Folgeprämie 535
§ 39   Vorzeitige Vertragsbeendigung 540
§ 40   Kündigung bei Prämienerhöhung 542
§ 41   Herabsetzung der Prämie 545
§ 42   Abweichende Vereinbarungen 547

Abschnitt 4. Versicherung für fremde Rechnung 548
§ 43   Begriffsbestimmung 548
§ 44   Rechte des Versicherten 560
§ 45   Rechte des Versicherungsnehmers 568
§ 46   Rechte zwischen Versicherungsnehmer und Versichertem 573
§ 47   Kenntnis und Verhalten des Versicherten 578
§ 48   Versicherung für Rechnung »wen es angeht« 585

Abschnitt 5. Vorläufige Deckung 586
Vorbemerkung zu §§ 49 ff. 586
§ 49   Inhalt des Vertrags 588
§ 50   Nichtzustandekommen des Hauptvertrags 590
§ 51   Prämienzahlung 591
§ 52   Beendigung des Vertrags 592

Abschnitt 6. Laufende Versicherung 596
§ 53   Anmeldepflicht 596
§ 54   Verletzung der Anmeldepflicht 603
§ 55   Einzelpolice 604
§ 56   Verletzung der Anzeigepflicht 606
§ 57   Gefahränderung 608
§ 58   Obliegenheitsverletzung 610

Abschnitt 7. Versicherungsvermittler, Versicherungsberater .. 612
Unterabschnitt 1. Mitteilungs- und Beratungspflichten 612
§ 59   Begriffsbestimmungen 612
§ 60   Beratungsgrundlage des Versicherungsvermittlers 625
§ 61   Beratungs- und Dokumentationspflichten des Versicherungsvermittlers 632
§ 62   Zeitpunkt und Form der Information 640
§ 63   Schadensersatzpflicht 641
§ 64   Zahlungssicherung zugunsten des Versicherungsnehmers 645
§ 65   Großrisiken 646
§ 66   Sonstige Ausnahmen 647
§ 67   Abweichende Vereinbarung 648
§ 68   Versicherungsberater 648

Unterabschnitt 2. Vertretungsmacht 649
§ 69   Gesetzliche Vollmacht 649
§ 70   Kenntnis des Versicherungsvertreters 655
§ 71   Abschlussvollmacht 658
§ 72   Beschränkung der Vertretungsmacht 659
§ 73   Angestellte und nicht gewerbsmäßig tätige Vermittler 661

Kapitel 2. Schadensversicherung 663
Abschnitt 1. Allgemeine Vorschriften 663
§ 74   Überversicherung 663
§ 75   Unterversicherung 665

§ 76	Taxe	668
§ 77	Mehrere Versicherer	670
§ 78	Haftung bei Mehrfachversicherung	674
§ 79	Beseitigung der Mehrfachversicherung	678
§ 80	Fehlendes versichertes Interesse	682
§ 81	Herbeiführung des Versicherungsfalles	685
§ 82	Abwendung und Minderung des Schadens	706
§ 83	Aufwendungsersatz	712
§ 84	Sachverständigenverfahren	716
§ 85	Schadensermittlungskosten	721
§ 86	Übergang von Ersatzansprüchen	725
§ 87	Abweichende Vereinbarungen	744

Abschnitt 2. Sachversicherung 744

§ 88	Versicherungswert	744
§ 89	Versicherung für Inbegriff von Sachen	750
§ 90	Erweiterter Aufwendungsersatz	751
§ 91	Verzinsung der Entschädigung	753
§ 92	Kündigung nach Versicherungsfall	755
§ 93	Wiederherstellungsklausel	760
§ 94	Wirksamkeit der Zahlung gegenüber Hypothekengläubigern	760
§ 95	Veräußerung der versicherten Sache	768
§ 96	Kündigung nach Veräußerung	775
§ 97	Anzeige der Veräußerung	778
§ 98	Schutz des Erwerbers	782
§ 99	Zwangsversteigerung, Erwerb des Nutzungsrechts	782

Teil 2. Einzelne Versicherungszweige 785

Kapitel 1. Haftpflichtversicherung 785

Abschnitt 1. Allgemeine Vorschriften 785

Vorbemerkung zu §§ 100 ff. 785

§ 100	Leistung des Versicherers	787
§ 101	Kosten des Rechtsschutzes	802
§ 102	Betriebshaftpflichtversicherung	810
§ 103	Herbeiführung des Versicherungsfalls	814
§ 104	Anzeigepflicht des Versicherungsnehmers	818
§ 105	Anerkenntnis des Versicherungsnehmers	823
§ 106	Fälligkeit der Versicherungsleistung	828
§ 107	Rentenanspruch	831
§ 108	Verfügung über den Freistellungsanspruch	834
§ 109	Mehrere Geschädigte	839
§ 110	Insolvenz des Versicherungsnehmers	843
§ 111	Kündigung nach Versicherungsfall	846
§ 112	Abweichende Vereinbarungen	852

Abschnitt 2. Pflichtversicherung 852

§ 113	Pflichtversicherung	852
§ 114	Umfang des Versicherungsschutzes	857
§ 115	Direktanspruch	860
§ 116	Gesamtschuldner	869
§ 117	Leistungspflicht gegenüber Dritten	872
§ 118	Rangfolge mehrerer Ansprüche	883
§ 119	Obliegenheiten des Dritten	888
§ 120	Obliegenheitsverletzung des Dritten	892
§ 121	Aufrechnung gegenüber Dritten	895
§ 122	Veräußerung der von der Versicherung erfassten Sache	896
§ 123	Rückgriff bei mehreren Versicherten	897
§ 124	Rechtskrafterstreckung	900

Inhaltsverzeichnis

Kapitel 2. Rechtsschutzversicherung ... 905
- § 125 Leistung des Versicherers ... 905
- § 126 Schadensabwicklungsunternehmen ... 918
- § 127 Freie Anwaltswahl ... 921
- § 128 Gutachterverfahren ... 923
- § 129 Abweichende Vereinbarungen ... 927

Kapitel 3. Transportversicherung ... 928
Vorbemerkung zu §§ 130 ff. ... 928
- § 130 Umfang der Gefahrtragung ... 929
- § 131 Verletzung der Anzeigepflicht ... 933
- § 132 Gefahränderung ... 935
- § 133 Vertragswidrige Beförderung ... 937
- § 134 Ungeeignete Beförderungsmittel ... 939
- § 135 Aufwendungsersatz ... 941
- § 136 Versicherungswert ... 942
- § 137 Herbeiführung des Versicherungsfalles ... 944
- § 138 Haftungsausschluss bei Schiffen ... 946
- § 139 Veräußerung der versicherten Sache oder Güter ... 948
- § 140 Veräußerung des versicherten Schiffes ... 949
- § 141 Befreiung durch Zahlung der Versicherungssumme ... 950

Kapitel 4. Gebäudefeuerversicherung ... 952
Vorbemerkung zu §§ 142 ff. ... 952
- § 142 Anzeige an Hypothekengläubiger ... 953
- § 143 Fortdauer der Leistungspflicht gegenüber Hypothekengläubigern ... 957
- § 144 Kündigung des Versicherungsnehmers ... 961
- § 145 Übergang der Hypothek ... 964
- § 146 Bestätigungs- und Auskunftspflicht des Versicherers ... 966
- § 147 Änderung von Anschrift und Name des Hypothekengläubigers ... 967
- § 148 Andere Grundpfandrechte ... 969
- § 149 Eigentümergrundpfandrechte ... 970

Kapitel 5. Lebensversicherung ... 971
Vorbemerkung zu §§ 150 ff. ... 971
- § 150 Versicherte Person ... 991
- § 151 Ärztliche Untersuchung ... 995
- § 152 Widerruf des Versicherungsnehmers ... 997
- § 153 Überschussbeteiligung ... 999
- § 154 Modellrechnung ... 1048
- § 155 Jährliche Unterrichtung ... 1053
- § 156 Kenntnis und Verhalten der versicherten Person ... 1056
- § 157 Unrichtige Altersangabe ... 1057
- § 158 Gefahränderung ... 1059
- § 159 Bezugsberechtigung ... 1060
- § 160 Auslegung der Bezugsberechtigung ... 1067
- § 161 Selbsttötung ... 1069
- § 162 Tötung durch Leistungsberechtigten ... 1074
- § 163 Prämien- und Leistungsänderung ... 1076
- § 164 Bedingungsanpassung ... 1095
- § 165 Prämienfreie Versicherung ... 1099
- § 166 Kündigung des Versicherers ... 1105
- § 167 Umwandlung zur Erlangung eines Pfändungsschutzes ... 1107
- § 168 Kündigung des Versicherungsnehmers ... 1110
- § 169 Rückkaufswert ... 1114
- § 176 a.F. 1908 Herausgabe der Prämienreserve ... 1114
- § 176 a.F. 1994 Rückkaufwert ... 1115
- § 170 Eintrittsrecht ... 1138
- § 171 Abweichende Vereinbarungen ... 1141

Inhaltsverzeichnis

Kapitel 6. Berufsunfähigkeitsversicherung 1143
Vorbemerkung zu §§ 172 ff. 1143
§ 172   Leistung des Versicherers 1144
§ 173   Anerkenntnis 1166
§ 174   Leistungsfreiheit 1170
§ 175   Abweichende Vereinbarungen 1176
§ 176   Anzuwendende Vorschriften 1177
§ 177   Ähnliche Versicherungsverträge 1178

Kapitel 7. Unfallversicherung 1179
§ 178   Leistung des Versicherers 1179
§ 179   Versicherte Person 1194
§ 180   Invalidität 1196
§ 181   Gefahrerhöhung 1205
§ 182   Mitwirkende Ursachen 1207
§ 183   Herbeiführung des Versicherungsfalles 1209
§ 184   Abwendung und Minderung des Schadens 1210
§ 185   Bezugsberechtigung 1211
§ 186   Hinweispflicht des Versicherers 1212
§ 187   Anerkenntnis 1215
§ 188   Neubemessung der Invalidität 1216
§ 189   Sachverständigenverfahren, Schadensermittlungskosten 1219
§ 190   Pflichtversicherung 1220
§ 191   Abweichende Vereinbarungen 1221

Kapitel 8. Krankenversicherung 1222
Vorbemerkung zu §§ 192 ff. 1222
§ 192   Vertragstypische Leistungen des Versicherers 1225
§ 193   Versicherte Person; Versicherungspflicht 1239
§ 194   Anzuwendende Vorschriften 1253
§ 195   Versicherungsdauer 1258
§ 196   Befristung der Krankentagegeldversicherung 1261
§ 197   Wartezeiten 1263
§ 198   Kindernachversicherung 1266
§ 199   Beihilfeempfänger 1270
§ 200   Bereicherungsverbot 1273
§ 201   Herbeiführung des Versicherungsfalles 1275
§ 202   Auskunftspflicht des Versicherers; Schadensermittlungskosten . 1279
§ 203   Prämien- und Bedingungsanpassung 1281
§ 204   Tarifwechsel 1291
§ 205   Kündigung des Versicherungsnehmers 1303
§ 206   Kündigung des Versicherers 1310
§ 207   Fortsetzung des Versicherungsverhältnisses 1315
§ 208   Abweichende Vereinbarungen 1318

Teil 3. Schlussvorschriften 1321
§ 209   Rückversicherung, Seeversicherung 1321
§ 210   Großrisiken, laufende Versicherung 1322
§ 211   Pensionskassen, kleinere Versicherungsvereine, Versicherungen mit kleineren Beträgen 1325
§ 212   Fortsetzung der Lebensversicherung nach der Elternzeit 1326
§ 213   Erhebung personenbezogener Gesundheitsdaten bei Dritten 1327
§ 214   Schlichtungsstelle 1332
§ 215   Gerichtsstand 1334
§ 216   Prozessstandschaft bei Versicherermehrheit 1338

Inhaltsverzeichnis

Einführungsgesetz zum Versicherungsvertragsgesetz 1341
    Art. 1   Altverträge, Allgemeine Versicherungsbedingungen 1341
    Art. 2   Vollmacht des Versicherungsvertreters, Krankenversicherung 1350
    Art. 3   Verjährung 1352
    Art. 4   Lebensversicherung, Berufsunfähigkeitsversicherung 1354
    Art. 5   Rechte der Gläubiger von Grundpfandrechten 1356
    Art. 6   Versicherungsverhältnisse nach § 190 des Gesetzes über den Versicherungsvertrag 1357
    Art. 7   Krankenversicherung, Versicherungsverhältnisse nach § 193 Absatz 6 des Versicherungsvertragsgesetzes 1358
    Anh. EGVVG: Internationales Versicherungsvertragsrecht 1359
    1. Abschnitt   Einführung 1362
    2. Abschnitt   Rom I-VO (Rechtslage ab dem 17.12.2009) 1372
    3. Abschnitt   Die Regelungssysteme der Art. 27 ff. EGBGB a.F. und Art. 7 ff. EGVVG a.F. (Rechtslage für vor dem 17.12.2009 abgeschlossene Verträge) 1410

Verordnung über Informationspflichten bei Versicherungsverträgen (VVG-Informationspflichtenverordnung – VVG-InfoV) 1435
    Vorbemerkung zu §§ 1 ff. 1435
    § 1   Informationspflichten bei allen Versicherungszweigen 1438
    § 2   Informationspflichten bei der Lebensversicherung, der Berufsunfähigkeitsversicherung und der Unfallversicherung mit Prämienrückgewähr 1450
    § 3   Informationspflichten bei der Krankenversicherung 1463
    § 4   Produktinformationsblatt 1466
    § 5   Informationspflichten bei Telefongesprächen 1473
    § 6   Informationspflichten während der Laufzeit des Vertrages 1476
    § 7   bergangsvorschrift; Inkrafttreten 1479

Anhang   Besondere Versicherungen 1481
    Anhang A   Kraftfahrtversicherung 1481
    Anhang B   Berufshaftpflichtversicherung für Rechtsanwälte, Steuerberater, Wirtschaftsprüfer und Notare 1516
    Anhang C   D&O-Versicherung und Persönliche Selbstbehaltsversicherung 1551
    Anhang D   Vertrauensschadenversicherung (VSV) 1601
    Anhang E   Produkthaftpflichtversicherung 1621
    Anhang F   Umwelthaftpflichtversicherung 1648
    Anhang G   Umweltschadensversicherung (USV) 1662
    Anhang H   Employment-Insurance – Haftpflichtversicherung von Ansprüchen aus Benachteiligungen (AGG-Versicherung) 1670
    Anhang I   Tierhalter-Haftpflichtversicherung 1676
    Anhang J   IT-Versicherung 1683
    Anhang K   Feuerversicherung 1713
    Anhang L   Hausratversicherung 1733
    Anhang M   Einbruchdiebstahl- und Raubversicherung 1766
    Anhang N   Reiseversicherung 1787
    Anhang O   Private Pflegepflichtversicherung (PPV) 1814
    Anhang P   Betriebliche Altersversorgung 1849
    Anhang Q   Pferdelebensversicherung 1863
    Anhang R   Betriebsunterbrechungs-Versicherung 1875
    Anhang S   Haftpflichtversicherung der Heilberufe 1887
    Anhang T   Bauleistungs- und Montageversicherung 1904

Stichwortverzeichnis 1941

Abkürzungsverzeichnis

a.A.	anderer Ansicht
a.a.O.	am angegebenen Ort
ABE	Allgemeine Bedingungen für die Elektronikversicherung
ABG	Allgemeine Bedingungen für die Kaskoversicherung von Baugeräten
ABGF	Allgemeine Bedingungen für die dynamische Sachversicherung des Gewerbes und der freien Berufe
Abl. EG	Amtsblatt der EG
Abl. EU	Amtsblatt der EU
ABMG	Allgemeine Bedingungen für die Maschinen- und Kasko-Versicherung von fahrbaren und transportablen Geräten
ABN	Allgemeine Bedingungen für die Bauwesenversicherung von Gebäudeneubauten durch Auftraggeber
ABRK	Allgemeine Bedingungen für die Reparaturkosten von Kraftwagen
ABRV	Allgemeine Bedingungen für die Reiserücktrittskosten-Versicherung
Abs.	Absatz
ABU	Allgemeine Bedingungen für die Bauwesenversicherung von Unternehmensleistungen
ABV	Allgemeine Bedingungen der Vertrauensschadenversicherung
AcP	Archiv für die civilistische Praxis (Zeitschrift)
ADB	Allgemeine Deutsche Binnentransportversicherungs-Bedingungen
ADS	Allgemeine Deutsche Seeversicherungsbedingungen von 1919
ADS. 73/84	ADS. Güterversicherung 1973 in der Fassung 1984
a.E.	am Ende
AEB	Allgemeine Einbruchdiebstahlversicherungsbedingungen
AERB	Allgemeine Bedingungen für die Versicherung gegen Schäden durch Einbruchdiebstahl und Raub
a.F.	alte Fassung
AFB	Allgemeine Feuerversicherungsbedingungen
AG	Aktiengesellschaft, Amtsgericht
AGB	Allgemeine Geschäftsbedingungen
AGBG	Gesetz zur Regelung des Rechts der Allgemeinen Geschäftsbedingungen (AGB-Gesetz)
AGG	Allgemeines Gleichbehandlungsgesetz
AGlB	Allgemeine Versicherungsbedingungen für die Glasversicherung
AGS	Anwaltsgebühren Spezial
AHagB	Allgemeine Hagelversicherungs-Bedingungen
AHB	Allgemeine Bedingungen für die Haftpflichtversicherung
AkadZ	Zeitschrift der Akademie für Deutsches Recht
AKB	Allgemeine Bedingungen für die Kraftfahrtversicherung
AktG	Aktiengesetz
ALB	Allgemeine Versicherungsbedingungen für die Kapitalbildende Lebensversicherung
ALB Risiko	Musterbedingungen für die Großlebensversicherung
Alt.	Alternative
AltZertG	Altersvorsorgeverträge-Zertifizierungsgesetz
AMB	Allgemeine Maschinen-Versicherungsbedingungen
AMBUB	Allgemeine Maschinenbetriebsunterbrechungs-Bedingungen
AMKB	Allgemeine Mehrkosten-Versicherungsbedingungen
AMoB	Allgemeine Montage-Versicherungsbedingungen
Anh.	Anhang
Anl.	Anlage
Anm.	Anmerkung
AnwBl	Anwaltsblatt (Zeitschrift)
ARB	Allgemeine Bedingungen für die Rechtsschutzversicherung
Art.	Artikel
ASKB	Allgmeine Bedingungen für die Sachversicherung von kerntechnischen Anlagen

Abkürzungsverzeichnis

AStB	Allgemeine Bedingungen für die Versicherung gegen Sturmschäden
ATB	Allgemeine Bedingungen für die Tierkrankenversicherung von Pferden und anderen Einhufern
AUB	Allgemeine Unfallversicherungsbedingungen
Aufl.	Auflage
AVAD	Auskunftsstelle über Versicherungs-/Bausparkassenaußendienst und Versicherungsmakler in Deutschland e.V.
AVB	Allgemeine Versicherungsbedingungen
AVB-Betriebe	Allgemeine Versicherungsbedingungen für die Betriebs- und Berufshaftpflichtversicherung
AVB Vermögen	Allgemeine Versicherungsbedingungen zur Haftpflichtversicherung für Vermögensschäden
AVBR	Allgemeine Bedingungen für die Versicherung von Reisegepäck
AVB-Reise	Allgemeine Bedingungen für Reiseversicherungen
AVB-RG	Besondere Bedingungen für Reisegepäckversicherungen
AVB-RR	Allgemeine Bedingungen der Reiserücktrittskostenversicherung
AVBSP	Allgemeine Bedingungen für die Versicherung von Juwelen, Schmuck und Pelzsachen im Privatbesitz (AVB Schmuck und Pelze)
AVBW	Allgemeine Bedingungen für die Kaskoversicherung von Wassersportfahrzeugen (AVB Wassersportfahrzeuge)
AVFE	Allgemeine Versicherungsbedingungen für Fernmelde- und sonstige elektrotechnische Anlagen
AVP	Allgemeine Bedingungen für die Versicherung von Pferden und anderen Einhufern
AVR	Allgemeine Bedingungen für die Versicherung von Rindern
AVSZ	Allgemeine Bedingungen für die Versicherung von Schweinen, Schafen und Ziegen
AVTHK	Allgemeine Bedingungen für die Tierkrankenversicherung von Hunden und Katzen
AWaB	Allgemeine Versicherungsbedingungen für Waldbrandversicherungen
AWB	Allgemeine Bedingungen für die Versicherung gegen Leitungswasserschäden
Az.	Aktenzeichen
BaFin	Bundesanstalt für Finanzdienstleistungsaufsicht
BAG	Bundesarbeitsgericht
BAGE	Entscheidungen des Bundesarbeitsgerichts, amtl. Sammlung
BAK	Blutalkoholkonzentration
BankArch	Bankarchiv, Zeitschrift für Bank- und Börsenwesen
BAnz	Bundesanzeiger
BAV	Bundesaufsichtsamt für das Versicherungswesen
BB	Betriebsberater (Zeitschrift)
Bd.	Band
Begr.	Begründung
BesBedArch	Besondere Bedingungen und Risikobeschreibungen von Berufshaftpflichtversicherungen von Architekten, Bauingenieuren und Beratenden Ingenieuren
BesBedPriv	Besondere Bedingungen und Risikobeschreibungen für die Privathaftpflichtversicherung
betr.	betreffend
BetrAV	Betriebliche Altersversorgung (Zeitschrift)
BetrAVG	Gesetz zur Verbesserung der betrieblichen Altersversorgung (Betriebsrentengesetz)
BGB	Bürgerliches Gesetzbuch
BGBl.	Bundesgesetzblatt
BGH	Bundesgerichtshof
BGHSt	Entscheidungen des BGH in Strafsachen
BGHZ	Entscheidungen des BGH in Zivilsachen
BK	Berliner Kommentar
BLVA	Bayerische Landesbrandversicherungsanstalt
BayObLG	Bayerisches Oberstes Landesgericht
BSG	Bundessozialgericht

Abkürzungsverzeichnis

BSGE	Entscheidungen des Bundessozialgerichts, amtl. Sammlung
BStBl.	Bundessteuerblatt
BT-Drucks.	Bundestags-Drucksache
Buchst.	Buchstabe
BUZ	Berufsunfähigkeits-Zusatzversicherung
BVerfG	Bundesverfassungsgericht
BVerfGE	Entscheidungen des Bundesverfassungsgerichts, amtl. Sammlung
BVerwG	Bundesverwaltungsgericht
BVerwGE	Entscheidungen des Bundesverwaltungsgerichts, amtl. Sammlung
BWV	Berufsbildungswerk der Deutschen Versicherungswirtschaft e.V.
bzgl.	bezüglich
bzw.	beziehungsweise
cic	culpa in contrahendo
DAR	Deutsches Autorecht (Zeitschrift)
DAV	Deutscher Anwaltverein
DB	Der Betrieb (Zeitschrift)
ders.	derselbe
d.h.	das heißt
DJ	Deutsche Justiz (Zeitschrift)
DJZ	Deutsche Juristenzeitung
DöV	Deutsche öffentlich-rechtliche Versicherung (Zeitschrift)
DRiZ	Deutsche Richterzeitung
Drucks.	Drucksache
DRW	Deutsches Recht, Wochenausgabe
DRZ	Deutsche Rechtszeitschrift
DS	Der Sachverständige (Zeitschrift)
DVBl	Deutsches Verwaltungsblatt (Zeitschrift)
DVZ	Deutsche Versicherungszeitschrift
DZWir	Deutsche Zeitschrift für Wirtschaftsrecht
e.V.	eingetragener Verein
ECB 87	Bedingungen für die Versicherung zusätzlicher Gefahren zur Feuerversicherung für Industrie- und Handelsbetriebe
ECBuB	Bedingungen für die Versicherung zusätzlicher Gefahren zur Feuer-Betriebsunterbrechungsversicherung für Industrie- und Handelsbetriebe
ED	Einbruchdiebstahl
EG	Einführungsgesetz
EG	Europäische Gemeinschaft
EU	Europäische Union
EuG	Europäisches Gericht erster Instanz
EuGH	Europäischer Gerichtshof
EuGVÜ	Europäisches Gerichtsstands- und Vollstreckungsübereinkommen von 1968
EuGVVO	Europäische Gerichtsstands- und Vollstreckungsverordnung von 2001
eUZB	erweiterte Unfallzusatzversicherung
EuZW	Europäische Zeitschrift für Wirtschaftsrecht
EVB	Allgemeine Einheitsversicherungsbedingungen
EVÜ	Europäisches Schuldvertragsübereinkommen von 1980
EWG	Europäische Wirtschaftsgemeinschaft
EWiR	Entscheidungen zum Wirtschaftsrecht
EWR	Europäischer Wirtschaftsraum
f.	nächste folgende Seite
FamRZ	Zeitschrift für das gesamte Familienrecht
FBUB	Allgemeine Feuer-Betriebsunterbrechungs-Versicherungen

Abkürzungsverzeichnis

ff.	mehrere folgende Seiten
FG	Finanzgericht
FHB	Feuerhaftungs-Versicherungsbedingungen
Fn.	Fußnote
FS	Festschrift
GB	Geschäftsbericht des BAV
GBl.	Gesetzblatt
GDV	Gesamtverband der Deutschen Versicherungswirtschaft e.V.
gem.	gemäß
GewO	Gewerbeordnung
GG	Grundgesetz für die Bundesrepublik Deutschland
GmbH	Gesellschaft mit beschränkter Haftung
GoA	Geschäftsführung ohne Auftrag
GOÄ	Gebührenordnung für Ärzte
GOZ	Gebührenordnung für Zahnärzte
GPR	Zeitschrift für Gemeinschaftsprivatrecht
GS	Gedächtnisschrift
GWB	Gesetz gegen Wettbewerbsbeschränkungen
H	Heft
h.A.	herrschende Ansicht
HGB	Handelsgesetzbuch
h.L.	herrschende Lehre
h.M.	herrschende Meinung
Hrsg.	Herausgeber
hrsg.	herausgegeben
Hs.	Halbsatz
i.d.F.	in der Fassung
i.d.R.	in der Regel
i.d.S.	in diesem Sinne
i.E.	im Ergebnis
i.e.S.	im engeren Sinne
IfSG	Infektionsschutzgesetz
insbes.	insbesondere
InsO	Insolvenzordnung
IPRax	Praxis des Internationalen Privat- und Verfahrensrechts
i.S.	im Sinne
i.S.d.	im Sinne des
i.S.v.	im Sinne von
IVH	Info-Letter Versicherungs- und Haftungsrecht (Zeitschrift)
i.V.m.	in Verbindung mit
i.w.S.	im weiteren Sinne
JA	Juristische Arbeitsblätter
JR	Juristische Rundschau
Jura	Juristische Ausbildung
JuS	Juristische Schulung
JZ	Juristenzeitung
Kfz	Kraftfahrzeug
KfzPflVV	Kraftfahrzeugpflichtversicherungsverordnung
krit.	kritisch/er
KSchG	Kündigungsschutzgesetz; Konsumentenschutzgesetz (Österreich)

KTS	Zeitschrift für Konkurs-, Treuhand- und Schiedsgerichtswesen
KuV	Kraftfahrt und Verkehrsrecht
LAG	Landesarbeitsgericht
LG	Landgericht
lit.	Buchstabe
LS	Leitsatz
LM	Lindenmaier/Möhring
LMK	Kommentierte BGH-Rechtsprechung (Lindenmaier/Möhring)
LZ	Leipziger Zeitschrift für Deutsches Recht
LZB 87	Zusatzbedingungen für die Feuerversicherung landwirtschaftlicher Betriebe
m.	mit
m. Anm.	mit Anmerkung
MB	Musterbedingungen
MBKK	Musterbedingungen für die Krankheitskosten- und Krankenhaustagegeldversicherung
MBKT	Musterbedingungen für die Krankentagegeldversicherung
MBPPV	Musterbedingungen für die private Pflegeversicherung
MdE	Minderung der Erwerbsfähigkeit
MDR	Monatsschrift für Deutsches Recht
m.E.	meines Erachtens
MedR	Zeitschrift für Medizinrecht
MittFeuer	Mitteilungen für die öffentlichen Feuerversicherungsanstalten
MittBdL	Mitteilungen der Bank deutscher Länder
m.w.N.	mit weiteren Nachweisen
NEGB	Allgemeine Bedingungen für die Neuwertversicherung der Elektro- und Gasgeräte des Haushalts
n.F.	neue Fassung
NJW	Neue Juristische Wochenschrift
NJWE-VHR	NJW-Entscheidungsdienst Versicherungs- und Haftungsrecht
NJW-RR	NJW Rechtsprechungsreport Zivilrecht
Nr.	Nummer
NVersZ	Neue Zeitschrift für Versicherung und Recht
NwIG	Sonderbedingungen für die Neuwertversicherung von Industrie und Gewerbe
NwSoBed	Sonderbedingungen für die Neuwertversicherung
NZA	Neue Zeitschrift für Arbeitsrecht
NZV	Neue Zeitschrift für Verkehrsrecht
o.	oben
o.ä.	oder ähnlich/e
OGH	Österreichischer Oberster Gerichtshof
ÖJZ	Österreichische Juristenzeitung
OLG	Oberlandesgericht
OLGR	Rechtsprechungsreport der Oberlandesgerichte
OLGZ	Entscheidungen der Oberlandesgerichte in Zivilsachen
OVG	Oberverwaltungsgericht
PflVG	Gesetz über die Pflichtversicherung für Kraftfahrzeughalter (Pflichtversicherungsgesetz)
PHi	Produkt- und Umwelthaftpflicht international (Zeitschrift)
PSV	Pensions-Sicherungs-Verein
pVV	positive Vertragsverletzung
PWW	Prütting/Wegen/Weinreich BGB-Kommentar

Abkürzungsverzeichnis

RAA	Reichsaufsichtsamt für das Versicherungswesen
RabelsZ	Rabels Zeitschrift für ausländisches und internationales Privatrecht
RAnz	Deutscher Reichsanzeiger
RegE	Entwurf der Bundesregierung
RdA	Recht der Arbeit (Zeitschrift)
RDG	Rechtsdienstleistungsgesetz
RdK	Das Recht des Kraftfahrers (Zeitschrift)
Rdn.	Randnummer, Verweis innerhalb des Kommentars
RdW	Recht der Wirtschaft (Österr. Zeitschrift)
RFH	Reichsfinanzhof
RG	Reichsgericht
RGZ	Entscheidungen des Reichsgerichts in Zivilsachen
RiLi	Richtlinie
RIW	Recht der Internationalen Wirtschaft (Zeitschrift)
Rn.	Randnummer, Verweis in andere Veröffentlichungen
RRa	ReiseRecht aktuell (Zeitschrift)
Rs.	Rechtssache
Rspr.	Rechtsprechung
RStBl.	Reichssteuerblatt
r+s	Recht und Schaden (Zeitschrift)
RverkBl.	Reichsverkehrsblatt
RVO	Reichsversicherungsordnung
RzW	Rechtsprechung zum Wiedergutmachungsrecht
S.	Seite
s.	siehe
Slg	Sammlung
s.o.	siehe oben
sog.	sogenannte
SP	Schaden-Praxis (Zeitschrift)
SPV	Soziale Pflegeversicherung
str.	streitig
stRspr.	ständige Rechtsprechung
StVG	Straßenverkehrsgesetz
StVO	Straßenverkehrsordnung
StVZO	Straßenverkehrs-Zulassungs-Ordnung
s.u.	siehe unten
SV	Sachverständiger
SVR	Straßenverkehrsrecht (Zeitschrift)
SVS/RVS	Speditions- und Rollfahrversicherungsschein
SVT	Sozialversicherungsträger
teilw.	teilweise
TK	Teilkasko(-versicherung)
TranspR	Transportrecht (Zeitschrift)
u.	und/unten
u.a.	unter anderem/und andere
u.ä.	und ähnlich/e/s
umstr.	umstritten
UPR	Umwelt- und Planungsrecht (Zeitschrift)
Urt.	Urteil
usw.	und so weiter
u.U.	unter Umständen
u.v.a.	und viele andere

u.v.m.	und vieles mehr
UWG	Gesetz gegen den unlauteren Wettbewerb
UZV	Unfallzusatzversicherung
v.	vom/von
VA	Veröffentlichungen des Reichsaufsichtamtes für das Versicherungswesen
VAG	Gesetz über die Beaufsichtigung der Versicherungsunternehmen (Versicherungsaufsichtsgesetz)
VDEW	Vereinigung Deutscher Elektrizitätswerke
VdS	Verband der Schadenversicherer
VerBaFin	Veröffentlichungen der BaFin
VerBAV	Veröffentlichungen des Bundesaufsichtsamtes für das Versicherungswesen
Verf.	Verfasser
VersAG	Versicherungsaktiengesellschaft
VersArch	Versicherungsarchiv (Zeitschrift)
VersMed	Versicherungsmedizin (Zeitschrift)
VersPrax	Die Versicherungspraxis (Zeitschrift)
VersR	Versicherungsrecht (Zeitschrift)
VersRdsch	Versicherungsrundschau (österr. Zeitschrift)
VersVermV	Versicherungsvermittlungsverordnung
VerwG	Verwaltungsgericht
VGB	Allgemeine Bedingungen für die Neuwertversicherung von Wohngebäuden gegen Feuer-, Leitungswasser- und Sturmschäden
vgl.	vergleiche
v.H.	von Hundert
VHB	Allgemeine Hausratsversicherungsbedingungen
VK	Vollkasko(-versicherung)
VN	Versicherungsnehmer
VO	Verordnung
VR	Versicherer
VRR	Verkehrsrechtsreport (Zeitschrift)
VRS	Verkehrsrechtssammlung (Zeitschrift)
VU	Versicherungsunternehmen
VuR	Verbraucher und Recht (Zeitschrift)
VVaG	Versicherungsverein auf Gegenseitigkeit
VVG	Gesetz über den Versicherungsvertrag, Versicherungsvertragsgesetz
VVG-InfoV	VVG-Informationspflichtenverordnung
VVG-RegE	Entwurf eines Gesetzes zur Reform des Versicherungsvertragsrechts (Regierungsentwurf)
VW	Versicherungswirtschaft (Zeitschrift)
WettbRiLi	Wettbewerbsrichtlinien der Versicherungswirtschaft
WM	Wertpapiermitteilungen (Zeitschrift)
w.N.	weitere Nachweise
WuR	Wirtschaft und Recht der Versicherung (Zeitschrift)
ZAP	Zeitschrift für die Anwaltspraxis (Zeitschrift)
z.B.	zum Beispiel
ZEV	Zeitschrift für Erbrecht und Vermögensnachfolge
ZFBUB	Zusatzbedingungen zu den FBUB
ZFgA	Zusatzbedingungen (zu den AFB) für Fabriken und gewerbliche Anlagen
ZfRV	Zeitschrift für Rechtsvergleichung
ZfS	Zeitschrift für Schadensrecht
ZfV	Zeitschrift für Versicherungswesen
ZGS	Zeitschrift für das gesamte Schuldrecht
ZHR	Zeitschrift für das gesamte Handelsrecht und Konkursrecht

Abkürzungsverzeichnis

Ziff.	Ziffer
ZIP	Zeitschrift für Wirtschaftsrecht und Insolvenzpraxis
zit.	zitiert
ZMGR	Zeitschrift für das gesamte Medizin- und Gesundheitsrecht
ZPO	Zivilprozessordnung
z.T.	zum Teil
zust.	zustimmend
zutr.	zutreffend
ZVersWiss	Zeitschrift für die gesamte Versicherungswissenschaft
z.Zt.	zur Zeit

Literaturverzeichnis

Armbrüster	Privatversicherungsrecht, 2013
Bamberger/Roth	Kommentar zum Bürgerlichen Gesetzbuch, 3. Auflage 2012
Basedow/Fock	Europäisches Versicherungsvertragsrecht, Bd. I–III, 2002/03
Baumann/Sandkühler	Das neue Versicherungsvertragsgesetz, 2008
Baumbach/Hopt	Handelsgesetzbuch, 37. Auflage 2016
Baumbach/Lauterbach/ Albers/Hartmann	Zivilprozessordnung, 74. Auflage 2016
Baumgärtel/Prölss	Handbuch der Beweislast im Privatrecht, Band 5, Versicherungsrecht, 1993
Beckmann/Matusche-Beckmann (VersHb/*Bearbeiter*)	Versicherungsrechtshandbuch, 3. Auflage 2015
Berliner Kommentar (BK/*Bearbeiter*)	Berliner Kommentar zum Versicherungsvertragsgesetz, herausgegeben von Honsell, 1999
Bruck (Bruck, PVR)	Das Privatversicherungsrecht, 1930
Bruck	Kommentar zum Reichsgesetz über den Versicherungsvertrag, 7. Auflage 1932
Bruck/Möller (B/M/*Bearbeiter*)	Kommentar zum Versicherungsvertragsgesetz, 8. Auflage 1961 und 9. Auflage ab 2008
Bruns	Privatversicherungsrecht, 2015
Büchner/Winter	Grundriß der Individualversicherung, 9. Auflage 1986
van Bühren	Handbuch Versicherungsrecht, 6. Auflage 2014
Burmann/Heß/Stahl (B/H/S/*Bearbeiter*)	Versicherungsrecht im Straßenverkehr: Kfz-Versicherungsrecht, 2. Auflage 2010
Deutsch/Iversen	Versicherungsvertragsrecht, 7. Auflage 2015
Dörner	Allgemeine Versicherungsbedingungen, 7. Auflage 2015
Ehrenzweig	Deutsches (Österreichisches) Versicherungsvertragsrecht, 1952
Erman	Handkommentar zum Bürgerlichen Gesetzbuch, 14. Auflage 2014
Fahr/Kaulbach/Bähr/Pohlmann (F/K/B/P/*Bearbeiter*)	Versicherungsaufsichtsgesetz, 5. Auflage 2012
Führer/Grimmer	Einführung in die Lebensversicherungsmathematik, 2006
von Fürstenwerth/Weiß	Versicherungs-Alphabet, 10. Auflage 2001
Gärtner	Privatversicherungsrecht, 2. Auflage 1980
Halm/Engelbrecht/Krahe (H/E/K/*Bearbeiter*)	Handbuch des Fachanwalts Versicherungsrecht, 5. Auflage 2015
Halm/Kreuter/Schwab	AKB Kommentar, 2. Auflage 2015
Hinsch-Timm	Das neue Versicherungsvertragsgesetz in der anwaltlichen Praxis, 2008
Farny/Helten/Koch/Schmidt (HdV/*Bearbeiter*)	Handwörterbuch der Versicherung, 1988
Handkommentar zum BGB (HK-BGB/*Bearbeiter*)	herausgegeben von Schulze u.a., 8. Auflage 2014
Hofmann	Privatversicherungsrecht, 4. Auflage 1998
Jauernig	Kommentar zum Bürgerlichen Gesetzbuch, 16. Auflage 2015
Kärger	Kfz-Versicherung nach dem neuen VVG, 2008
Langheid/Wandt (L/W/*Bearbeiter*)	Münchener Kommentar zum VVG, Bd. 1 2. Auflage, 2016 Bd. 3, 2. Auflage 2016
Looschelders	Schuldrecht, Allgemeiner Teil, 13. Auflage 2015
Looschelders	Schuldrecht, Besonderer Teil, 11. Auflage 2016
Looschelders/Paffenholz	Versicherungsvertragsrecht, 2012

Literaturverzeichnis

Maier/Stadler	AKB 2008 und VVG-Reform – Auswirkungen auf die Kraftfahrtversicherung, 2008
Marlow/Spuhl	Das Neue VVG kompakt – ein Handbuch für die Rechtspraxis, 4. Auflage 2010
Martin	Sachversicherungsrecht, 3. Auflage 1992
Meixner/Steinbeck	Versicherungsvertragsrecht, 2. Auflage 2011
Meschkat/Nauert	VVG-Quoten, 2. Auflage 2011
Möller	Versicherungsvertragsrecht, 3. Auflage 1977
Münchener Kommentar zum Bürgerlichen Gesetzbuch (MünchKommBGB/*Bearbeiter*)	herausgegeben von Säcker/Rixecker/Oetker/Limperg, 7. Auflage ab 2015
Münchener Kommentar zum Handelsgesetzbuch (MünchKommHGB/*Bearbeiter*)	herausgegeben von K. Schmidt, 4. Auflage 2016
Münchener Kommentar zur Zivilprozessordnung (MünchKommZPO/*Bearbeiter*)	herausgegeben von Rauscher/Krüger, 4. Auflage 2013
Neuhaus/Kloth	Praxis des neuen VVG, 2008
Nguyen	Rechnungslegung von Versicherungsunternehmen, 2008
NomosKommentar BGB (NK-BGB/*Bearbeiter*)	herausgegeben von Dauner-Lieb/Heidel u.a., 3. Aufllage 2016
Palandt	Bürgerliches Gesetzbuch, 75. Auflage 2016
Prölss	Versicherungsaufsichtsgesetz, 12. Auflage 2005
Prölss/Martin (P/M/*Bearbeiter*)	Versicherungsvertragsgesetz, 29. Auflage 2015
Prütting/Wegen/Weinreich (P/W/W/*Bearbeiter*)	BGB Kommentar, 11. Auflage 2016
Römer/Langheid (R/L/*Bearbeiter*)	Versicherungsvertragsgesetz, 4. Auflage 2014
Rüffer/Halbach/Schimikowski (HK-VVG/*Bearbeiter*)	VVG Handkommentar, 3. Auflage 2015
Schimikowski	Versicherungsvertragsrecht, 5. Auflage 2014
Schimikowski/Höra	Das neue Versicherungsvertragsgesetz, 2008
Schwintowski/Brömmelmeyer (PK/*Bearbeiter*)	Praxiskommentar zum VVG, 2. Auflage 2010
Schneider	Reichsgesetz über den Versicherungsvertrag vom 30. Mai 1908, 1908
Sieg	Allgemeines Versicherungsvertragsrecht, 3. Auflage 1994
Soergel	Bürgerliches Gesetzbuch, 13. Auflage 1999 ff.
v. Staudinger	Kommentar zum Bürgerlichen Gesetzbuch; Neubearbeitungen 2005 ff.
Staudinger/Halm/Wendt (FA-Komm-VersR/*Bearbeiter*)	Fachanwalts-Kommentar Versicherungsrecht, 2013
Terbille/Höra	Münchener Anwaltshandbuch Versicherungsrecht, 3. Auflage 2013
Thomas/Putzo	Zivilprozessordnung, 37. Auflage 2016
Ulmer/Brandner/Hensen	AGB-Recht, 12. Auflage 2016
Wandt	Versicherungsrecht, 6. Auflage 2016
Wehling/Präve	Versicherungsvertragsrecht, 2008
Werber/Winter	Grundzüge des Versicherungsvertragsrechts, 1986

Wolf/Lindacher/Pfeiffer (W/L/P/*Bearbeiter*)	AGB-Recht, 6. Auflage 2013
Zöller	Zivilprozessordnung, 31. Auflage 2016

Einleitung

Übersicht S.
A. Einführung in das Privatversicherungsrecht 1
B. Allgemeine Versicherungsbedingungen (AVB) 19
C. Europäisches Versicherungsvertragsrecht 53
D. Versicherungsaufsichtsrecht 97
E. Versicherungsunternehmensrecht 119
F. Bilanz- und Steuerrecht von Versicherungsunternehmen 144

A. Einführung in das Privatversicherungsrecht

Übersicht

	Rdn.		Rdn.
I. Gegenstand des Privatversicherungsrechts	1	2. Versicherungsrechtliche Nebengesetze und Verordnungen	35
II. Begriff und Funktion der privaten Versicherung	2	3. Sonstige Gesetze	36
1. Herkömmliche Definition der Rechtsprechung	2	a) BGB	36
		b) HGB	38
2. »Kernelemente« der Versicherung nach § 1	4	c) AGG	40
		d) GewO und VersVermV	52
a) Entgeltliche Risikoabsicherung durch Übernahme einer bedingten Leistungspflicht	4	4. Internationales Versicherungsvertragsrecht	53
b) Ungewissheit des Erfolgseintritts (Risiko)	5	V. Einfluss des Verfassungsrechts und des EU-Rechts	54
c) Rechtsanspruch des VN auf die Leistung im Versicherungsfall	6	1. Grundrechtliche Schutzpflichten zugunsten des VN	54
d) Privatrechtlicher Vertrag	7	2. Grundrechte des Versicherers	57
3. Gleichartigkeit der Risiken und Kalkulation nach dem Gesetz der großen Zahl	9	3. Einfluss des europäischen Rechts	59
4. Selbständigkeit des Leistungsversprechens	12	VI. Grundprinzipien des Versicherungsvertragsrechts	60
5. Mischformen	14	1. Vertragsfreiheit	60
6. Funktion	16	2. Verbraucherschutz	65
III. Abgrenzungen	17	3. Treu und Glauben	67
1. Sozialversicherung	17	a) Allgemeines	67
2. Spiel und Wette, Lotterie- und Ausspielverträge	21	b) Schutz des VN durch § 242 BGB	68
		c) Begrenzung der Rechte des VN durch § 242 BGB	70
3. Garantieversprechen und entgeltliche Bürgschaftsverträge	22	d) Treu und Glauben und Risikogemeinschaft	71
IV. Rechtsquellen des Versicherungsvertragsrechts	23	4. Das versicherungsrechtliche Gleichbehandlungsgebot	72
1. VVG	23	VII. Ombudsleute	75
a) Entstehungsgeschichte des VVG 2008	24	1. Versicherungsombudsmann e.V.	75
b) Wesentliche Inhalte der Reform	25	2. Ombudsmann für die Private Kranken- und Pflegeversicherung	77
c) Besonderheiten bei der Krankenversicherung	26	3. Anerkennung von Schlichtungsstellen	78
d) Sachlicher und zeitlicher Anwendungsbereich	27		
e) Aufbau des neuen VVG	32		

Schrifttum:
Armbrüster, Bedeutung des Allgemeinen Gleichbehandlungsgesetzes für private Versicherungsverträge, VersR 2006, 1297; *ders.*, Diskriminierungsschutz im Privatversicherungsrecht, ZVersWiss 2006 (Supplement) 477; *ders.*, Die These von der Optimierungspflicht des Versicherers – eine Betrachtung aus heutiger Sicht, in: FS E. Lorenz, 2014, 3; *Armbrüster/Schilbach*, Nichtigkeit von Versicherungsverträgen wegen Verbots- oder Sittenverstoßes, r+s 2016, 109; *Armbrüster/Zillmann*, Versicherung von Risiken HIV-infizierter Menschen und Gleichbehandlungsrecht, ZVersWiss 2011, 55 ff.; *Baumann*, Abgrenzung von Sozialversicherung und Privatversicherung in der sozialen Marktwirtschaft, FS v. Lübtow, 1980, 667; *Birk*, Pflicht zu Unisextarifen in der betrieblichen Altersversorgung, DB 2011, 819; *Boetius*, »Gegen die Wand« – Der Basistarif der Gesundheitsreform bricht Europa- und Verfassungsrecht, VersR 2007, 431; *Brand*, Verbraucherschutz im Versicherungsrecht, in: E. Lorenz (Hrsg.), Karlsruher Forum 2011: Verbraucherschutz – Entwicklungen und Grenzen, 2012, S. 55; *Brömmelmeyer*, Neuregelung des Stornoabzugs in der Lebensversicherung?, VersR 2014, 133; *Danzl*, Die geschlechtsabhängige Tarifierung, 2010; *Dreher*, Die Versicherung als Rechtsprodukt, 1991; *ders.*, Das Versicherungskartellrecht nach der Sektorenuntersuchung der EG-Kommission zu den Unternehmensversicherungen, VersR 2008, 15; *ders.*, Versicherungsaufsichtsrecht und Verbraucherschutz im Solvency II- und EIOPA-System, VersR 2013, 401; *Farny*, Versicherungsbetriebslehre, 5. Aufl. 2011; *Hartwig*, Die Geltung des Gleichbehandlungsgrundsatzes für Versicherungs-Aktiengesellschaften als Ausfluss verfassungsrecht-

Einleitung   A. Einführung in das Privatversicherungsrecht

licher Grundsätze, 2002; *Heiss*, Treu und Glauben im Privatversicherungsrecht, 1989; *J. Hoffmann*, Mittelbare Diskriminierungen bei Unisex-Versicherungstarifen, ZVersWiss 105 (2016), 95; *Jannott*, Der Grundsatz der Gleichbehandlung in der Versicherungswirtschaft, FS E. Lorenz, 1994, 341; *Jung*, Privatversicherungsrechtliche Gefahrengemeinschaft und Treupflicht des Versicherers, VersR 2003, 282; *Kalis*, Der Ombudsmann in der privaten Krankenversicherung (PKV), VersR 2002, 292; *Karpenstein*, Harmonie durch die Hintertür? Geschlechtsspezifisch kalkulierte Versicherungsverträge und das Diskriminierungsverbot, EuZW 2010, 885; *Knappmann*, Privatversicherungsrecht und Sozialrecht (Kranken- und Unfallversicherung): Unterschiede und Übereinstimmungen, r+s 2007, 45; *Körber*, Aktuelle Entwicklungen im Versicherungskartellrecht, in: Looschelders/Michael (Hrsg.), Düsseldorfer Vorträge zum Versicherungsrecht 2010, 2011, S. 21; *Krömmelbein*, Der versicherungsrechtliche Gleichbehandlungsgrundsatz zwischen Deregulierung und Diskriminierung, 2007; *ders.*, Aktuelle Auswirkungen des EU-Rechts auf das deutsche Versicherungsvertragsrecht unter besonderer Berücksichtigung der geschlechtsspezifischen Tarifierung, VersR 2011, 421; *Looschelders*, Bewältigung des Zufalls durch Versicherung, VersR 1996, 529; *ders.*, Das Verbot der geschlechterspezifischen Diskriminierung im Versicherungsvertragsrecht, in: *Leible/Schlachter* (Hrsg), Diskriminierungsschutz durch Privatrecht, 2006, 141; *ders.*, Aktuelle Auswirkungen des EU-Rechts auf das deutsche Versicherungsvertragsrecht unter besonderer Berücksichtigung der geschlechtsspezifischen Tarifierung, VersR 2011, 421; *ders.*, Diskriminierung und Schutz vor Diskriminierung im Privatrecht, JZ 2012, 105; *ders.*, Europäisches Privatrecht und deutsches Versicherungsvertragsrecht – aktuelle Probleme, Entwicklungen und Perspektiven, VersR 2013, 653; *ders.*, Fragmentierung der Kollektive in der Privatversicherung – juristische Implikationen, ZVersWiss 104 (2015), 481; *ders.*, Der Dritte im Versicherungsvertragsrecht, r+s 2015, 581 ff.; *Looschelders/Michael*, Europäisches Versicherungsrecht, in: Ruffert (Hrsg.), Europäisches Sektorales Wirtschaftsrecht (EnzEuR Bd. 5), 2013, S. 671; *Looschelders/Smarowos*, Das Internationale Vertragsrecht nach Inkrafttreten der Rom-I-Verordnung, VersR 2010, 1; *E. Lorenz*, Gefahrengemeinschaft und Beitragsgerechtigkeit aus rechtlicher Sicht, 1983; *ders.*, Der Versicherungsombudsmann – eine neue Institution im deutschen Versicherungswesen, VersR 2004, 541; *Möller*, Moderne Theorien zum Begriff der Versicherung und des Versicherungsvertrags, ZVersWiss 1962, 269; *Mönnich*, Unisex: Die EuGH-Entscheidung vom 01.03.2011 und die möglichen Folgen, VersR 2011, 1092; *dies.*, Unisex-Tarife für Versicherungen: Die EuGH-Entscheidung vom 1. März 2011 – ein Jahr später, VersRdsch 2012, 20; *Niederleithinger*, Auf dem Weg zu einer VVG-Reform – Zum Referentenentwurf eines Gesetzes zur Reform des Versicherungsvertragsrechts, VersR 2006, 437; *Pohlmann*, Die Leitlinien der Europäischen Kommission zur sog. Unisex-Richtlinie – Rechtsnatur und Wirkungen, in: GS U. Hübner, 2012, 209; *Präve*, Vorschlag der EG-Kommission zur Verwirklichung des Grundsatzes der Gleichbehandlung von Frauen und Männern beim Zugang zu und bei der Versorgung mit Gütern und Dienstleistungen, VersR 2004, 39; *ders*, Das Individuelle und das Kollektive in der Privatversicherung – dargestellt am Beispiel der Lebensversicherung, VersR 2006, 1190; *ders.*, Das neue Versicherungsvertragsgesetz, VersR 2007, 1046; *ders.*, Individualrechte zugunsten des Versichertenkollektivs?, VersR 2012, 657; *J. Prölss*, Der Versicherer als »Treuhänder der Gefahrengemeinschaft« – zur Wahrung kollektiver Belange des Versicherungsnehmers durch den Privatversicherer, FS Larenz 1983, 487; *Purnhagen*, Nach dem Ablauf der Übergangsfrist des Unisex-Urteils – Rechtsfolgen für das Versicherungsvertragsrecht, NJW 2013, 113; *Rolfs/Binz*, EuGH erzwingt ab Ende 2012 Unisex-Tarife für alle neuen Versicherungsverträge, VersR 2011, 714; *Römer*, Reformbedarf des Versicherungsvertragsrechts aus höchstrichterlicher Sicht, VersR 1999, 661; *ders.*, Der Ombudsmann für private Versicherungen, NJW 2005, 1251; *Sachs*, Grundgesetzliche Gleichberechtigung im privaten Versicherungsrecht, in: GS U. Hübner, 2012, S. 251; *Sagmeister*, Geschlechtsspezifische Versicherungstarife tatsächlich europarechtswidrig?, VersR 2011, 187; *Schenke*, Versicherungsrecht im Fokus des Verfassungsrechts – die Urteile des BVerfG vom 26. Juli 2005, VersR 2006, 871; *ders.*, Verfassungsrechtliche Grundlagen der Privatversicherung, in: Looschelders/Michael (Hrsg.), Düsseldorfer Vorträge zum Versicherungsrecht 2014, 2015, S. 13; *Jens M. Scherpe*, Der deutsche Versicherungsombudsmann, NVersZ 2002, 97; *Julia C. Scherpe*, Das Prinzip der Gefahrengemeinschaft im Privatversicherungsrecht, 2011; *R. Schmidt*, Gedanken zu einer Reform des Versicherungsvertragsgesetzes, NVersZ 1999, 401; *Schmidt-Rimpler*, Zum Begriff der Versicherung, VersR 1963, 493; *ders.*, Zum Versicherungscharakter der Versicherung mit festem Auszahlungstermin, VersR 1964, 792; *Schwintowski*, Geschlechtsdiskriminierung durch risikobasierte Versicherungstarife?, VersR 2011, 164; *Sodan*, Das GKV-Wettbewerbsstärkungsgesetz, NJW 2007, 1313; *Thomas/Dreher*, Der Kautionsversicherungsvertrag im System des Privatversicherungsrechts, VersR 2007, 731; *Thüsing/v. Hoff*, Private Versicherungen und das Allgemeine Gleichbehandlungsgesetz, VersR 2007, 1; *Wälder*, Über das Wesen der Versicherung, 1971; *Unberath*, Die Leistungsfreiheit des Versicherers, NZV 2008, 537; *Wandt*, Geschlechtsabhängige Tarifierung in der privaten Krankenversicherung, VersR 2004, 1341; *ders.*, Zur Auslegung von § 28 VVG und zur analogen Anwendung des VVG auf entgeltliche Haftungsbegrenzungen in Kfz-Mietverträgen, in: FS E. Lorenz, 2014, S. 535; *Winter*, Das Provisionsabgabeverbot in der Lebensversicherung – Grenzen und zivilrechtliche Auswirkungen, VersR 2002, 1055; *ders.*, Die Verabschiedung des allgemeinen Bereicherungsverbots, in: FS Wälder, 2009, S. 103.

I. Gegenstand des Privatversicherungsrechts

1   Das Privatversicherungsrecht ist der Teil der Rechtsordnung, der sich auf die **private Versicherung** bezieht.[1] Es lässt sich in das Versicherungsvertragsrecht, das Versicherungsaufsichtsrecht und das Versicherungsunternehmensrecht unterteilen.[2] Da somit auch öffentlich-rechtliche Materien erfasst sind, wird der Begriff des **Individualversicherungsrechts** teilweise für treffender erachtet.[3] Der Wettbewerb unter Versicherern wird

---

1 Vgl. VersHb/*E. Lorenz*, § 1 Rn. 1.
2 BK/*Dörner*, Einl. Rn. 18; B/M/*Beckmann*, Einf. A Rn. 12; *Armbrüster*, Rn. 6 ff.; *Wandt*, Rn. 2 ff.; *Looschelders/Paffenholz*, Rn. 2.
3 Vgl. etwa B/M/*Beckmann*, Einf. A Rn. 12.

durch das Versicherungskartellrecht geregelt. Diese Materie hat seit dem Wegfall der generellen Freistellung für den Versicherungssektor wesentlich größere Bedeutung erlangt.[4] In Fällen mit Auslandsberührung stellt sich zudem die Frage, welches Recht auf den Versicherungsvertrag anwendbar ist. Diese Frage ist Gegenstand des internationalen Versicherungsvertragsrechts (s. dazu unten Rdn. 53).

II. Begriff und Funktion der privaten Versicherung

1. Herkömmliche Definition der Rechtsprechung

Der **Begriff der privaten Versicherung** hat sowohl für das VVG als auch für das VAG große Bedeutung. Für das VVG ergibt sich dies daraus, dass § 1 an den **Versicherungsvertrag** anknüpft. Demgegenüber kommt es für die Versicherungsaufsicht nach § 1 Nr. 1 i.V.m. § 7 Nr. 33 VAG (§ 1 I Nr. 1 VAG a.F.) darauf an, ob das in Frage stehende Unternehmen den **Betrieb von Versicherungsgeschäften** zum Gegenstand hat, ohne Träger der Sozialversicherung zu sein.[5] Hierauf stellt auch das Versicherungsunternehmensrecht ab.[6] Kennzeichnend für ein Versicherungsunternehmen ist, dass es private Versicherungsgeschäfte betreibt. § 7 Nr. 33 VAG enthält jetzt eine entsprechende Legaldefinition. In allen Fällen gilt also, dass der Vertrag bzw. der Geschäftsbetrieb des Unternehmens eine **private Versicherung** zum Gegenstand haben muss. 2

Eine **Definition** der Versicherung ist weder im VVG noch im VAG enthalten. Die Rechtsprechung hat für beide Bereiche eine weitgehend **einheitliche** Umschreibung entwickelt. Danach liegt eine (private) Versicherung vor, wenn ein Unternehmen sich durch Vertrag gegen Entgelt rechtlich verpflichtet, für den Fall eines ungewissen Ereignisses Leistungen zu erbringen, wobei das übernommene Risiko auf eine Vielzahl durch die gleiche Gefahr bedrohter Personen verteilt wird und der Risikoübernahme eine auf dem Gesetz der großen Zahl beruhende Kalkulation zugrunde liegt.[7] In der Literatur ist diese Definition überwiegend auf Zustimmung gestoßen.[8] Dabei wird aber zu Recht darauf hingewiesen, dass die Unterschiedlichkeit der Gesetzeszwecke in einzelnen Punkten Abweichungen und Differenzierungen rechtfertigen kann (vgl. dazu auch § 1 Rdn. 6).[9] So ist die vorstehende Definition stark durch das VAG geprägt[10] und enthält daher auch Elemente, die aus der Sicht des Versicherungsvertragsrechts entbehrlich sind (vgl. unten Rdn. 10 f.). 3

2. »Kernelemente« der Versicherung nach § 1

a) Entgeltliche Risikoabsicherung durch Übernahme einer bedingten Leistungspflicht

Bei der Reform des VVG wurde auf die Einfügung einer Legaldefinition verzichtet, um künftige Entwicklungen der Versicherungsprodukte nicht vom Anwendungsbereich des Gesetzes auszuschließen.[11] Der Umschreibung der **vertragstypischen Leistungen** in § 1 lässt sich aber entnehmen, dass die private Versicherung darauf abzielt, ein bestimmtes **Risiko** des VN oder eines Dritten durch **privatrechtlichen Vertrag** gegen Entgelt **abzusichern,** wobei die Absicherung in der Verpflichtung des Versicherers besteht, bei einem Eintritt des Versicherungsfalles die versprochene **Leistung zu erbringen** (näher dazu § 1 Rdn. 7 ff.). Der Gesetzgeber sieht hierin die entscheidenden Merkmale der Versicherung.[12] 4

b) Ungewissheit des Erfolgseintritts (Risiko)

Die mit dem Begriff des »Risikos« verbundene und schon nach dem Grundgedanken der Versicherung erforderliche **Ungewissheit** des Erfolgseintritts[13] bezieht sich im Allgemeinen bereits darauf, ob der Versicherungsfall überhaupt eintreten wird; die Ungewissheit kann sich aber auch auf den Zeitpunkt des Eintritts beschränken (z.B. bei der Todesfallversicherung).[14] Da es allein auf die **subjektive** Ungewissheit ankommt, ist eine Rückwärtsversicherung (§ 2) zulässig.[15] Es reicht auch, dass die Ungewissheit nur in Bezug auf die Höhe des Schadens besteht.[16] 5

---

4 Vgl. *Armbrüster*, Rn. 55 ff.; *Körber*, in: Looschelders/Michael, S. 21 ff.; *Dreher* VersR 2008, 15 ff.
5 Vgl. R/L/*Römer*, § 1 Rn. 7; treffend *Bähr/G. Bähr/Püttgen*, § 3 Rn. 1: Betrieb von Versicherungsgeschäften als »Eintrittstatbestand der Aufsicht nach dem VAG«.
6 Vgl. *Petersen*, Versicherungsunternehmensrecht, Rn. 1.
7 Vgl. BVerwG VersR 1956, 362; VersR 1969, 819; VersR 1987, 297, 298; VersR 1992, 1381; BGH NJW-RR 1991, 1013, 1014; VersR 1995, 344, 345.
8 Für das Versicherungsvertragsrecht B/M/*Baumann*, § 1 Rn. 17; BK/*Dörner*, Einl. Rn. 41 ff.; P/M/*Armbrüster*, § 1 Rn. 1 ff.; VersHb/*E. Lorenz*, § 1 Rn. 112 ff.; für das Versicherungsaufsichtsrecht Prölss/*Präve*, § 1 Rn. 35 ff.; F/K/B/P/*Kaulbach*, § 1 Rn. 7 ff.
9 Vgl. L/W/*Looschelders*, § 1 Rn. 7; *Armbrüster*, Rn. 618 ff.; *Wandt*, Rn. 25; *Looschelders/Paffenholz*, Rn. 8; einschränkend mit Blick auf praktische Beispiele *Bruns*, § 2 Rn. 2.
10 VersHb/*E. Lorenz*, § 1 Rn. 118.
11 Begr. RegE BT-Drucks. 16/3945 S. 56.
12 Begr. RegE BT-Drucks. 16/3945 S. 56.
13 Dazu BGHZ 84, 267, 277 = VersR 1982, 841; vgl. auch L/W/*Looschelders*, § 1 Rn. 30; *Deutsch/Iversen*, Rn. 7.
14 Vgl. P/M/*Armbrüster*, § 1 Rn. 9; BK/*Dörner*, Einl. Rn. 5.
15 Vgl. B/M/*Baumann*, § 1 Rn. 20; *Deutsch/Iversen*, Rn. 7.
16 B/M/*Baumann*, § 1 Rn. 20; F/K/B/P/*Kaulbach*, § 1 Rn. 13.

Einleitung   A. Einführung in das Privatversicherungsrecht

c) Rechtsanspruch des VN auf die Leistung im Versicherungsfall

6   Da § 1 Satz 1 von einer »Verpflichtung« des Versicherers spricht, muss der VN bei Eintritt des vereinbarten Versicherungsfalls einen **Rechtsanspruch auf die Leistung** haben.[17] Fehlt es hieran, so liegt schon aus diesem Grund keine Versicherung vor.[18] Parallel dazu stellt § 3 I Nr. 1 VAG (§ 1 III Nr. 1 VAG a.F.) für das Aufsichtsrecht klar, dass Personenvereinigungen nicht der Aufsicht unterliegen, wenn sie ihren Mitgliedern Unterstützungen gewähren, ohne dass diese einen Rechtsanspruch darauf haben. Demgegenüber steht dem VN auf die Risikoabsicherung als solche und deren konkrete Ausgestaltung durch den Versicherer kein Rechtsanspruch zu.[19]

d) Privatrechtlicher Vertrag

7   Die (bedingte) Leistungspflicht des Versicherers muss auf einem privatrechtlichen **Vertrag** beruhen. Dies unterscheidet die Privatversicherung von der Sozialversicherung (s. dazu unten Rdn. 17 ff.). **Einseitige Leistungsversprechen** stellen keinen Vertrag und damit auch keine Versicherung dar.[20] Parteien des Versicherungsvertrages sind der **Versicherer** und der **VN**. Es gibt jedoch vielfältige Gestaltungen, in denen **Dritte** Rechte aus dem Versicherungsvertrag haben (vgl. § 1 Rdn. 9).[21] So stellt die Versicherung für fremde Rechnung eine besondere Ausprägung des Vertrages zugunsten Dritter (§§ 328 ff. BGB) dar. Der Dritte wird hierbei in Abgrenzung zum VN als **Versicherter** bezeichnet (vgl. §§ 43 ff.). Demgegenüber verzichtet das Versicherungsaufsichtsrecht regelmäßig auf eine solche terminologische Unterscheidung, sondern spricht meist allgemein von »Versicherten« (so etwa § 294 II 2 VAG; vgl. aber auch § 294 I VAG).[22]

8   Die Gesetzesbegründung zum VVG 2008 stellt klar, dass § 1 beide Organisationsformen der Versicherung – den **privatrechtlichen Versicherungsvertrag** und den Versicherungsschutz im Zusammenhang mit der Zugehörigkeit des VN zu einem **Versicherungsverein auf Gegenseitigkeit (VVaG)** erfasst. Im letzteren Fall könnten die Bestimmungen über den Versicherungsschutz auf Vereinssatzung und Einzelvertrag unterschiedlich verteilt werden.[23] Die AVB unterliegen auch dann der Kontrolle nach §§ 307 ff. BGB, wenn sie in der Satzung enthalten sind.[24]

3. Gleichartigkeit der Risiken und Kalkulation nach dem Gesetz der großen Zahl

9   Nach der von der Rechtsprechung entwickelten Definition kommt es darüber hinaus darauf an, dass das Risiko auf eine Vielzahl durch die **gleiche Gefahr** bedrohter Personen verteilt wird und der Risikoübernahme eine auf dem **Gesetz der großen Zahl** beruhende Kalkulation zugrunde liegt (vgl. oben Rdn. 3).[25] Man spricht insoweit auch von der Bildung einer **Risiko-** oder **Gefahrengemeinschaft**.[26] Die Tragweite dieses Begriffs ist allerdings umstritten. Das BVerfG hat mit Blick auf die kapitalbildende Lebensversicherung mit Überschussbeteiligung klargestellt, dass die Feststellung des Schlussüberschusses nicht ausschließlich am Interesse der **einzelnen Versicherten** an der Optimierung der ihnen zustehenden Leistungen ausgerichtet werden darf, weil dies dem für das Versicherungsrecht typischen Grundgedanken einer **Risikogemeinschaft** widerspräche.[27] Der Begriff der Risikogemeinschaft impliziert dabei nicht, dass die Interessen der Beteiligten gleichgerichtet sind; es geht vielmehr auch um den Ausgleich »der verschiedenen, weder im Zeitablauf noch hinsichtlich des Gegenstands stets identischen Interessen der Beteiligten«.[28] Die Risiko- oder Gefahrengemeinschaft begründet keine Rechtsbeziehungen zwischen den einzelnen VN.[29] Insbesondere entsteht zwischen den VN keine schuldrechtliche Sonderverbindung als Grundlage gegenseitiger Rücksichtspflichten (§ 241 II BGB).[30] Daher lassen sich aus dem Gedanken der Risikogemeinschaft in diesem Verhältnis auch keine Rücksichts- und Treuepflichten ableiten (vgl. unten Rdn. 70).

10 Eine andere Frage ist, ob die Annahme einer Versicherung zwingend vom Vorliegen der von der Rechtsprechung entwickelten weiteren Merkmale abhängt. Hiergegen spricht, dass es sich überwiegend um bloße versicherungstechnische Zweckmäßigkeiten handelt, um den notwendigen **Risikoausgleich im Kollektiv** zu ver-

---

17 Vgl. VersHb/*E. Lorenz*, § 1 Rn. 116.
18 Vgl. BVerwG VersR 1987, 297; L/W/*Looschelders* § 1 Rn. 50; BK/*Dörner*, Einl. Rn. 45; Bähr/*G. Bähr/Püttgen*, § 3 Rn. 9.
19 R/L/*Römer*, § 1 Rn. 12; PK/*Ebers*, § 1 Rn. 9; VersHb/*E. Lorenz*, § 1 Rn. 133.
20 L/W/*Looschelders*, § 1 Rn. 5; *Deutsch/Iversen*, Rn. 6.
21 Ausführlich dazu *Looschelders* r+s 2015, 581 ff.
22 Zur Terminologie vgl. *Bruns*, § 5 Rn. 10.
23 Begr. RegE BT-Drucks. 16/3945 S. 56.
24 Vgl. BGH VersR 1997, 1517 = NJW 1998, 454; BK/*Schwintowski*, § 1 Rn. 41.
25 Vgl. BGH VersR 1962, 974, 976; VersR 1964, 497, 498; BVerwG VersR 1987, 297, 298; VersR 1992, 1381; BK/*Dörner*, Einl. Rn. 40 ff.
26 Vgl. P/M/*Armbrüster*, Einl. Rn. 233; *Bruns*, § 6 Rn. 7; *Deutsch/Iversen*, Rn. 13; krit. gegenüber dem Begriff der Gefahrengemeinschaft VersHb/*E. Lorenz*, § 1 Rn. 117; *Dreher*, S. 124 ff.
27 BVerfG VersR 2005, 1127, 1134.
28 BVerfG VersR 2005, 1127, 1134.
29 *Deutsch/Iversen*, Rn. 8.
30 Vgl. *Looschelders* ZVersWiss 104 (2015), 481, 483.

wirklichen.[31] So steht etwa die **Ungleichartigkeit** der abgesicherten Risiken der Annahme einer Versicherung nicht entgegen.[32] Das Gleiche gilt grundsätzlich auch für die Kalkulation nach dem **Gesetz der großen Zahl** (vgl. § 1 Rdn. 28). Der Versicherer ist daher rechtlich nicht an der Absicherung singulärer Risiken gehindert.[33] Beide Merkmale werden daher in § 1 zu Recht nicht erwähnt.

Für das **Versicherungsaufsichtsrecht** kommt es nach § 7 Nr. 33 VAG darauf an, dass das Unternehmen auf den »**Betrieb**« von Versicherungsgeschäften gerichtet ist. Dies erfordert den planmäßigen Abschluss einer Vielzahl von Versicherungsverträgen.[34] Nach h.M. muss es dem Versicherer außerdem darum gehen, durch den Geschäftsbetrieb auf Dauer einen **wirtschaftlichen Risikoausgleich** herzustellen.[35] Für das VVG sind diese Merkmale aber irrelevant (vgl. § 1 Rdn. 26 ff.). 11

4. Selbständigkeit des Leistungsversprechens

Die Annahme eines Versicherungsgeschäfts ist ausgeschlossen, wenn die Übernahme des Risikos in einem so engen inneren Zusammenhang mit einem anderstypischen Vertrag steht, dass sie sich als **unselbständige Nebenabrede** zu diesem darstellt.[36] Die vom Versicherer versprochene Leistung muss also **selbständiger Gegenstand** des in Frage stehenden Vertrages sein.[37] Die Übernahme einer Langzeitgarantie für die Kaufsache stellt daher kein Versicherungsgeschäft dar.[38] Das Gleiche gilt für Garantien oder Instandhaltungszusagen bei Werkverträgen.[39] Die mit der Schuldrechtsreform von 2001/2002 verbundene Verlängerung der Verjährungsfristen für Mängelansprüche bei Kauf- und Werkverträgen (§§ 438, 634a BGB) hat hieran nichts geändert.[40] 12

Ob die Risikoabsicherung selbständiger Gegenstand des Vertrages ist oder in innerem Zusammenhang mit einem anderstypischen Vertrag steht, kann grundsätzlich nur aufgrund einer **wertenden Betrachtung im Einzelfall** festgestellt werden.[41] So hat das BVerwG bei entgeltlicher Übernahme des Diebstahlsrisikos für die Kaufsache den inneren Zusammenhang mit dem Kaufvertrag verneint.[42] Bei **Ratenkäufen** wird die entgeltliche Übernahme des Restkaufpreises durch den Verkäufer bei Arbeitsunfähigkeit oder Tod des Käufers ebenfalls meist als Versicherungsgeschäft qualifiziert.[43] 13

5. Mischformen

Der Versicherungsvertrag kann **mit Elementen anderer Vertragstypen verbunden** werden. Wichtige Beispiele sind die kapitalbildende Lebensversicherung, die Unfallversicherung mit Beitragsrückgewähr oder die Krankenversicherung mit Altersrückstellungen.[44] Der Abschlussbericht der VVG-Kommission von 2004 stellt klar, dass solche Kombinationen durch die Definition der »Kernmerkmale« des Versicherungsvertrags in § 1 nicht ausgeschlossen werden.[45] 14

Umgekehrt ist es auch möglich, **sonstige Vertragstypen** mit den Elementen einer Versicherung zu kombinieren. Hieran ist insbesondere bei **Garantien** zu denken, die sich als **unselbständige Nebenabreden** zu einem Kauf- oder Werkvertrag darstellen. Da es sich dabei um keine Versicherungsverträge handelt (dazu oben Rdn. 12), ist das VAG nicht anwendbar. Mit Blick auf das VVG ist dagegen zu differenzieren. Ist ein Element für das Wesen des Vertrages prägend, so ist das hierfür maßgebliche Recht grundsätzlich auf den **ganzen Vertrag** anwendbar.[46] Im Übrigen ist es aber nicht ausgeschlossen, einzelne Vorschriften des VVG auf die versicherungsrechtlichen Elemente eines anderstypischen Vertrages entsprechend anzuwenden oder die Wertungen des Versicherungsrechts bei der AGB-Kontrolle eines solchen Vertrags zu berücksichtigen.[47] Letztlich kommt es auf den Zweck der jeweiligen Vorschriften an. So enthält ein **Schlüssel-Funddienst** zwar versiche- 15

---

31 Zum Risikoausgleich im Kollektiv vgl. *Looschelders* ZVersWiss 104 (2015), 481, 482; aus betriebswirtschaftlicher Sicht L/W/*Schradin*, VersBWL Rn. 13; *Farny*, S. 45.
32 Vgl. B/M/*Baumann*, § 1 Rn. 22; HK-VVG/*Brömmelmeyer*, § 1 Rn. 23; P/M/*Armbrüster*, Einl. Rn. 238; für das Versicherungsaufsichtsrecht FKBP/*Kaulbach*, § 1 Rn. 16; Bähr/*G. Bähr/Püttgen*, § 3 Rn. 15; a.A. Prölss/*Präve*, § 1 Rn. 42.
33 HK-VVG/*Brömmelmeyer*, § 1 Rn. 7; PK/*Ebers*, § 1 Rn. 17; L/W/*Looschelders*, § 1 Rn. 56; für das Versicherungsaufsichtsrecht Prölss/*Präve*, § 1 Rn. 43.
34 Vgl. Bähr/*G. Bähr/Püttgen*, § 3 Rn. 21.
35 BGHZ 33, 97, 98; F/K/B/P/*Kaulbach*, § 1 Rn. 14.
36 BVerwG VersR 1969, 819; NJW 1992, 324, 325; BGH NJW-RR 1991, 1013, 1014; VersR 1995, 344, 345 = NJW 1995, 324, 325; B/M/*Baumann*, § 1 Rn. 21; L/W/*Looschelders*, § 1 Rn. 47 ff.; *Deutsch/Iversen*, Rn. 2; *Looschelders/Paffenholz*, Rn. 7; *Thomas/Dreher* VersR 2007, 731, 734.
37 VersHb/*E. Lorenz*, § 1 Rn. 114.
38 BVerwG NJW 1992, 2978.
39 Vgl. BK/*Dörner*, Einl. Rn. 17.
40 Vgl. Prölss/*Präve*, § 1 Rn. 46.
41 BK/*Dörner*, Einl. Rn. 43.
42 Vgl. BVerwG VersR 1980, 1013 m. Anm. *Kaulbach*; P/M/*Armbrüster* § 1 Rn. 16.
43 BVerwG VersR 1980, 1013; P/M/*Armbrüster*, § 1 Rn. 16.
44 Vgl. PK/*Ebers*, § 1 Rn. 7.
45 VVG-Kommission Abschlussbericht 2004, S. 8.
46 Vgl. BGH NJW 1995, 324, 326.
47 P/M/*Armbrüster*, § 1 Rn. 16; PK/*Ebers*, Einführung Rn. 20.

Einleitung   A. Einführung in das Privatversicherungsrecht

rungsrechtliche Elemente; bei außerhalb von Geschäftsräumen geschlossenen Verträgen (früher Haustürgeschäften) wird die Anwendbarkeit der einschlägigen Schutzvorschriften für den Verbraucher aber nicht durch das Versicherungsvertragsprivileg des § 312 VI BGB (§ 312 BGB a.F.; § 6 Nr. 2 HaustürWG) ausgeschlossen.[48] Demgegenüber muss sich eine in den AGB eines **Autovermieters** gegen zusätzliches Entgelt gewährte **Haftungsbefreiung** am Leitbild einer Vollkaskoversicherung messen lassen.[49] Dazu gehören die Haftungsfreistellung bei einfacher Fahrlässigkeit, das Quotenmodell bei grober Fahrlässigkeit sowie die Grundsätze der Repräsentantenhaftung (vgl. § 28 Rdn. 69 ff.). AGB, nach denen der Mieter für das Verschulden eines Dritten einstehen muss, dem er das Fahrzeug überlassen hat, sind daher nach § 307 BGB unwirksam.[50] Zur Lückenfüllung beurteilt der BGH das Verschulden des Mieters nach § 81 II analog.[51] Dies führt zu einem Gleichlauf mit der Rechtsprechung des BGH zu den Rechtsfolgen der unterlassenen Anpassung von Alt-AVB nach Art. 1 III EGVVG (dazu Art. 1 EGVVG Rdn. 23 ff.).[52] Die Lösungen des BGH sind also konsistent.[53]

6. Funktion

16 Die private Versicherung erfüllt in der modernen Gesellschaft eine wichtige **Funktion**, weil sie dem Einzelnen die Möglichkeit gibt, sich in eigener Verantwortung gegen die Verwirklichung von bestimmten – oft existentiellen – Risiken abzusichern.[54] Die Funktion der **Risikoabsicherung** gehört nunmehr nach § 1 Satz 1 zu den gesetzlichen Kernmerkmalen des Versicherungsvertrages.[55] Zum Theoriestreit über den genauen Bezugspunkt der Risikoabsicherung s. § 1 Rdn. 25.

III. Abgrenzungen

1. Sozialversicherung

17 Die Sozialversicherung unterscheidet sich von der Privatversicherung dadurch, dass das Versicherungsverhältnis i.d.R. nicht aufgrund eines **Vertrages**, sondern kraft **Gesetzes** entsteht.[56] Kennzeichnend für die Sozialversicherung ist außerdem im Regelfall die Existenz einer **Versicherungspflicht**.[57] Indessen kann auch die Privatversicherung mit einer Versicherungspflicht kombiniert werden. Wichtige Beispiele sind die Kfz-Haftpflichtversicherung (§ 1 PflVG) und die Haftpflichtversicherung für Luftverkehrsunternehmer (§§ 2 Nr. 3, 43 I LuftVG). Zu nennen sind ferner die Berufshaftpflichtversicherung für Notare (§§ 19a, 67 II Nr. 3 BNotO), Wirtschaftsprüfer (§ 54 WPO) und Steuerberater (§§ 51 ff. DVStB) sowie die Haftpflichtversicherung für Jäger (§ 17 I Nr. 4 BJagdG).[58] In der Pflegeversicherung ergibt sich die Versicherungspflicht aus den §§ 1 II 2, 23 SGB XI. Für die private Krankenversicherung hat das GKV-WSG zum 01.01.2009 eine Versicherungspflicht eingeführt (vgl. § 193 III). Auf der anderen Seite gibt es auch freiwillige Sozialversicherungsverhältnisse, etwa bei der gesetzlichen Krankenversicherung.[59] Die Versicherungspflicht ist damit kein taugliches Abgrenzungskriterium.

18 Da die Privatversicherung – anders als die Sozialversicherung – keinen sozialen Ausgleich bezweckt, richtet sich die Höhe der Prämie maßgeblich nach dem jeweiligen Risiko (sog. **Äquivalenzprinzip**).[60] In der Praxis werden private Versicherungen daher häufig aufgrund einer **individuellen Risikoprüfung** abgeschlossen. Dies gilt namentlich bei der Kranken-, Lebens- und Berufsunfähigkeitsversicherung. Dagegen entspricht es dem Grundgedanken der Sozialversicherung, die Beiträge primär nach anderen Kriterien – insbesondere der wirtschaftlichen Leistungsfähigkeit des Versicherten – zu berechnen.[61]

19 Zu beachten ist allerdings, dass die Privatversicherung und die Sozialversicherung nicht völlig isoliert nebeneinander stehen. Eine wesentliche Funktion der Privatversicherung besteht vielmehr darin, den Schutz der

---

48 BGH NJW 1995, 324, 326.
49 BGHZ 70, 304 = VersR 1978, 467; BGH VersR 1981, 349; BGHZ 162, 39 = VersR 2005, 414; BGHZ 181, 179 = NJW 2009, 2881 = JR 2010, 290 m. Anm. *Looschelders/Paffenholz*; NJW 2010, 677; BGHZ 191, 150 = NJW 2012, 222, 223 = JR 2012, 414 m. Anm. *Looschelders*; OLG Köln VersR 2010, 1193; LG Nürnberg-Fürth r+s 2010, 145, 147; LG Göttingen r+s 2010, 194 m. Anm. *Schimikowski*; *Rogler* r+s 2010, 1, 3; *Wandt*, FS E. Lorenz, 2014, S. 535 ff.
50 BGHZ 181, 179 = NJW 2009, 2881 = JR 2010, 290 m. Anm. *Looschelders/Paffenholz*.
51 BGHZ 191, 150 = NJW 2012, 222, 223.
52 BGH VersR 2011, 1550 = NJW 2012, 217.
53 Zustimmend auch *Looschelders* JR 2012, 417 f.; *Maier* r+s 2012, 16 f.; *Reiff* LMK 2012, 326791; *Wandt*, FS E. Lorenz, 2014, S. 535, 539.
54 Vgl. *Looschelders* VersR 1996, 529 ff.
55 HK-VVG/*Brömmelmeyer*, § 1 Rn. 10; L/W/*Looschelders*, § 1 Rn. 9 ff.
56 Vgl. VVG-Kommission Abschlussbericht 2004, S. 9; B/M/*Beckmann*, Einf. A Rn. 13; HK-VVG/*Brömmelmeyer*, Einleitung Rn. 2; BK/*Dörner*, Einl. Rn. 16; VersHb/*E. Lorenz*, § 1 Rn. 76; *Armbrüster*, Rn. 205 ff.; *Deutsch/Iversen*, Rn. 18 ff.
57 *Bruns*, § 2 Rn. 36.
58 Vgl. zum Ganzen P/M/*Armbrüster*, Einl. Rn. 323 ff.; L/W/Looschelders, § 1 Rn. 111 ff.
59 VersHb/*E. Lorenz*, § 1 Rn. 74; *Deutsch/Iversen*, Rn. 18.
60 Vgl. BVerfG VersR 2001, 627, 630; B/M/*Beckmann*, Einf. A Rn. 23; BK/*Dörner*, Einl. Rn. 17; *Armbrüster*, Rn. 230; *Wandt*, Rn. 131; *Looschelders*, Diskriminierung, S. 142 f.
61 Vgl. VersHb/*E. Lorenz*, § 1 Rn. 70; *Armbrüster*, Rn. 209.

Versicherten durch die Sozialversicherung zu ergänzen oder sogar zu ersetzen. Bei der **Lebensversicherung** ist auf die sog. **Riester-Rente** zu verweisen, die die gesetzliche Rente ergänzen soll (vgl. Vor §§ 150 ff. Rdn. 15); gesetzliche Vorgaben finden sich u.a. im Gesetz über die Zertifizierung von Altersvorsorgeverträgen (AltZertG) vom 26.06.2001.[62]

Wichtigstes Beispiel für das Nebeneinander von Privat- und Sozialversicherung ist die **private Kranken- und Pflegeversicherung**, die ganz oder teilweise an die Stelle der gesetzlichen Kranken- und Pflegeversicherung treten kann (vgl. §§ 146 VAG, 195 I). Gerade bei der Kranken- und Pflegeversicherung finden sich einige Regelungen, die die Vertragsfreiheit sowie die versicherungstechnischen Grundsätze der Privatversicherung deutlich einschränken. So ist der Inhalt der **privaten Pflegeversicherung** durch die vorrangigen Regelungen des SGB XI weitgehend vorgegeben (vgl. § 192 VI 3). Im **Basistarif der Krankenversicherung** (dazu Vor §§ 192 ff. Rdn. 10) ist eine individuelle Risikoprüfung grundsätzlich unzulässig (vgl. § 203 I 3). Auf der anderen Seite gibt es bei der gesetzlichen Krankenversicherung Ansätze zur Übernahme privatversicherungsrechtlicher Elemente (z.B. Selbstbeteiligung, Beitragsrückgewähr). Vor diesem Hintergrund wird in der Literatur eine »Tendenz zur Konvergenz der Individual- und der Sozialversicherung« konstatiert.[63] Für die Zukunft ist denkbar, dass die Sozialversicherungsträger zusätzliche Leistungen auch auf der Grundlage **privatrechtlicher Verträge** erbringen werden. In diesem Fall wäre das VVG auf die betreffenden Leistungen anwendbar.[64] Der öffentlich-rechtliche Charakter der Sozialversicherungsträger steht dem jedenfalls nicht entgegen. 20

2. Spiel und Wette, Lotterie- und Ausspielverträge

Aus historischer Sicht gehört der Versicherungsvertrag ebenso wie Spiel und Wette (§ 762 BGB) zu den sog. **aleatorischen Verträgen**.[65] Der Unterschied besteht darin, dass Spiel und Wette nicht auf die **Absicherung eines** unabhängig von dem Vertrag bestehenden (realen) **Risikos** gerichtet sind, sondern gerade umgekehrt auf die Schaffung eines künstlichen Risikos abzielen.[66] Während die Versicherung die wirtschaftlichen Planungen des Einzelnen gegenüber den nachteiligen Wirkungen des Zufalls schützen soll, werden Spiel und Wette dazu eingesetzt, einen nicht planbaren (zufälligen) Vermögensvorteil zu erlangen.[67] Bei Spiel und Wette gibt es mithin **kein versicherbares Interesse**.[68] Das Gleiche gilt auch im Hinblick auf Lotterie- und Ausspielverträge (§ 763 BGB). 21

3. Garantieversprechen und entgeltliche Bürgschaftsverträge

Garantieversprechen und entgeltliche Bürgschaftsverträge haben ebenso wie die Versicherung die Funktion der **Risikoabsicherung**.[69] Die h.M. sieht den maßgeblichen Unterschied zur Versicherung darin, dass die Risikoabsicherung nicht im Rahmen einer **Gefahrengemeinschaft** nach dem **Gesetz der großen Zahl** erfolgt.[70] Hiergegen ist aber einzuwenden, dass die Bildung einer Gefahrengemeinschaft und die Kalkulation nach dem Gesetz der großen Zahl keine notwendigen Merkmale der Versicherung sind (oben Rdn. 10). Dies gilt jedenfalls für das Versicherungsvertragsrecht. Bei entsprechender Interessenlage erscheint es daher nicht ausgeschlossen, einzelne Vorschriften des VVG auf Garantieversprechen und entgeltliche Bürgschaftsverträge anzuwenden.[71] Näher dazu § 1 Rdn. 33 ff. 22

IV. Rechtsquellen des Versicherungsvertragsrechts

1. VVG

Die **zentrale Kodifikation** des Versicherungsvertragsrechts ist das VVG.[72] Das neue VVG vom 23.11.2007[73] ist am 01.01.2008 in Kraft getreten. Bis dahin galt das VVG vom 30.05.1908[74]. Zur Übergangsproblematik s. Art. 1 ff. EGVVG. 23

a) Entstehungsgeschichte des VVG 2008

Das VVG von 1908 hat nach seinem Inkrafttreten einige Änderungen erfahren und war zudem in weiten Bereichen durch die Rechtsprechung überlagert. Dies konnte jedoch nichts daran ändern, dass das Gesetz nach 24

---

62 BGBl. I, S. 1310, 1322.
63 Vgl. *Präve* VersR 2007, 1046, 1049 f.; krit. L/W/*E. Lorenz*, Einf. Rn. 43.
64 VVG-Kommission Abschlussbericht 2004, S. 9.
65 Vgl. *Looschelders* VersR 1996, 529 ff.
66 HK-VVG/*Brömmelmeyer*, § 1 Rn. 25; ähnlich BK/*Dörner*, Einl. Rn. 47.
67 F/K/B/P/*Kaulbach*, § 1 Rn. 29.
68 Vgl. L/W/*Looschelders*, § 1 Rn. 100; *Armbrüster*, Rn. 435, 1222.
69 P/M/*Armbrüster*, § 1 Rn. 6; *Bruns*, § 2 Rn. 34.
70 PK/*Ebers*, § 1 Rn. 47; BK/*Dörner*, Einl. Rn. 21; *Deutsch/Iversen*, Rn. 4, 13.
71 So grundsätzlich auch Palandt/*Sprau*, Einf. v. § 765 Rn. 7.
72 Vgl. VersHb/*E. Lorenz*, § 1 Rn. 17: »Grundgesetz des Privatversicherungsrechts«.
73 BGBl. I, S. 2631.
74 RGBl S. 263, zuletzt geändert durch Gesetz vom 26.03.2007 (BGBl. I, S. 368).

zunehmender Auffassung nicht mehr dem Rechtsdenken und den Erfordernissen der modernen Zeit entsprach.[75] Das Bundesjustizministerium hat daher am 07.06.2000 eine **Kommission** mit der Erarbeitung von Vorschlägen beauftragt, »die es dem Gesetzgeber erlauben, das Versicherungsvertragsrecht in seinen allgemeinen Bestimmungen wie auch das Vertragsrecht der einzelnen Versicherungszweige unter Berücksichtigung der Ergebnisse der Rechtsprechung und der Vertragspraxis zeitgemäß und übersichtlich zu gestalten.«[76] Die Kommission hat in ihrem Abschlussbericht vom 19.04.2004 den Entwurf eines Gesetzes zur Reform des Versicherungsvertragsgesetzes vorgelegt und ausführlich begründet. Dieser sog. **Kommissionsentwurf** bildete die Grundlage für den **Referentenentwurf** vom 13.03.2006[77] und den **Regierungsentwurf** vom 11.10.2006[78]. Im Zuge des weiteren Gesetzgebungsverfahrens wurde der Regierungsentwurf noch in einigen Punkten verändert. Das Gesetz wurde am 05.07.2007 vom Bundestag verabschiedet, am 23.11.2007 vom Bundespräsidenten ausgefertigt und am 29.11.2007 im Bundesgesetzblatt verkündet. Zwischenzeitig wurde das neue VVG bereits durch Art. 3 des Zweiten Gesetzes zur Änderung des Pflichtversicherungsgesetzes und anderer versicherungsrechtlicher Vorschriften vom 10.12.2007[79] und Art. 9 des Gesetzes zur strukturellen Weiterentwicklung der Pflegeversicherung (Pflege-Weiterentwicklungsgesetz) vom 28.05.2008[80] geändert. Weitere wichtige Änderungen haben sich in der Folgezeit u.a. durch das Gesetz zur Anpassung der Vorschriften des Internationalen Privatrechts an die Verordnung (EG) Nr. 593/2008 vom 25.06.2009[81] ergeben, das am 17.12.2009 in Kraft getreten ist. Dabei wurde die Definition des Großrisikos aus Art. 10 I 2 EGVVG a.F. in § 210 II verlagert; die Prozessstandschaft bei Versicherermehrheit (Art. 14 EGVVG a.F.) ist jetzt in § 216 geregelt. In neuerer Zeit fanden die Änderungen des VVG durch das Gesetz zur Beseitigung sozialer Überforderung bei Beitragsschulden in der **Krankenversicherung** vom 15.07.2013[82] sowie das **Lebensversicherungsreformgesetz** vom 01.08.2013[83] erhebliche Beachtung.

b) Wesentliche Inhalte der Reform

25 Bei der Reform des VVG hat der Gesetzgeber sich insbesondere von dem Ziel leiten lassen, die **Rechtsstellung des VN** im Einklang mit den Bedürfnissen eines modernen Verbraucherschutzes zu **stärken**.[84] Wesentliche Elemente sind die Abschaffung des sog. **Policenmodells** (§ 5a a.F.), die Ausweitung der **Informations- und Beratungspflichten** des Versicherers (§§ 6, 7 i.V.m. der VVG-InfoV), die Einführung eines **allgemeinen Widerrufsrechts** des VN (§§ 8, 9) sowie die **Abkehr vom Alles-oder-Nichts-Prinzip** bei Verletzung vertraglicher und gesetzlicher Obliegenheiten (§§ 26 I 2, II 2 Hs. 2, 28 II 2, 82 II 2) und schuldhafter Herbeiführung des Versicherungsfalles (§ 81 II).[85] Darüber hinaus ist der viel kritisierte Grundsatz der **Unteilbarkeit der Prämie** bei vorzeitiger Vertragsbeendigung entfallen (vgl. § 39 Rdn. 1). Außerdem wurde die strikte **Klagefrist** des § 12 III a.F. gestrichen. Dem prozessualen Schutz des VN dient die Einführung eines **Klägergerichtsstands** am eigenen Wohnsitz oder gewöhnlichen Aufenthalt (§ 215). In der **Haftpflichtversicherung** hat § 115 die Stellung des geschädigten Dritten durch Ausweitung des Direktanspruchs gestärkt. In der **Lebensversicherung** ist der Gesetzgeber dem Auftrag nachgekommen, die Entscheidungen des BVerfG vom 26.07.2005 zur Überschussbeteiligung[86] und zum Schutz des VN bei Bestandsübertragungen[87] bis zum 31.12.2007 umzusetzen.[88] Das Lebensversicherungsreformgesetz vom 01.08.2013[89] hat den Anspruch des VN auf Beteiligung an den Bewertungsreserven wieder beschränkt.[90] Dahinter steht die Erwägung, dass die bei der VVG-Reform geschaffenen Regelungen in der Niedrigzinsphase einseitig die aktuell ausscheidenden VN gegenüber den verbleibenden VN begünstigen.[91]

c) Besonderheiten bei der Krankenversicherung

26 Bei der **Krankenversicherung** ist zu beachten, dass die einschlägigen Vorschriften des VVG 2008 schon durch das **GKV-WSG** vom 26.03.2007[92] mit Wirkung zum 01.01.2009 in einigen wesentlichen Punkten verändert

---

75 Vgl. statt vieler *Römer* VersR 2000, 661; *R. Schmidt* NVersZ 1999, 401 ff.
76 VVG-Kommission Abschlussbericht 2004, S. 1.
77 Dazu L/W/*E. Lorenz*, Einf. Rn. 11; *Niederleithinger* VersR 2006, 437 ff.
78 Begr. RegE BT-Drucks. 16/3945 S. 1.
79 BGBl. I, S. 2833. Die Änderungen betreffen die §§ 114, 117, 119, 124 und 168.
80 BGBl. I, S. 874 (betreffend § 204).
81 BGBl. I, S. 1574.
82 BGBl. I, S. 2423.
83 BGBl. I, S. 1330.
84 Begr. RegE BT-Drucks. 16/3945 S. 1; L/W/*E. Lorenz*, Einf. Rn. 27.
85 Zusammenfassend Begr. RegE BT-Drucks. 16/3945 S. 47 ff.; L/W/*E. Lorenz*, Einf. Rn. 29 ff.
86 BVerfGE 114, 73 = VersR 2005, 1127, bestätigt durch BVerfG VersR 2006, 489.
87 BVerfGE 114, 1 = VersR 2005, 1109.
88 Vgl. Begr. RegE BT-Drucks. 16/3945 S. 53 f.
89 BGBl. I, 1330.
90 Vgl. *Brömmelmeyer* VersR 2014, 133, 136; *Looschelders* ZVersWiss 104 (2015), 481, 484 f.
91 Vgl. Begr. RegE, BR-Drucks. 242/14, S. 18.
92 BGBl. I, S. 378, geändert durch Gesetz vom 20.07.2007 (BGBl. I, S. 1595).

worden sind.[93] Im Vordergrund steht die Einführung eines branchenweit einheitlichen **Basistarifs** mit **Kontrahierungszwang** (vgl. § 12 Ia und Ib VAG a.F., vgl. jetzt § 152 VVG). Zu den Einzelheiten s. die Kommentierung zu §§ 192 ff.

d) Sachlicher und zeitlicher Anwendungsbereich

Das VVG ist grundsätzlich auf alle privatrechtlichen Versicherungsverträge anwendbar. Nicht erfasst sind nach § 209 aber die **Rückversicherung** und die **Seeversicherung**. Für die Einzelheiten s. die Kommentierung zu § 209. 27

Auf Versicherungsverträge über **Großrisiken** (§ 210 II i.V.m. Anlage 1 zum VAG) und **laufende Versicherungen** (§§ 53 ff.) sind die im VVG geregelten Beschränkungen der Vertragsfreiheit gem. § 210 I nicht anwendbar; der VN erscheint hier wegen seiner besonderen geschäftlichen Erfahrung nicht schutzwürdig. § 210 I besagt allerdings nicht, dass die absolut oder einseitig zwingenden Bestimmungen des VVG bei Versicherungsverträgen über Großrisiken von vornherein außer Betracht bleiben; sie sind vielmehr als dispositives Recht anwendbar, solange sie von den Parteien nicht abbedungen werden.[94] Demgegenüber sind die Vorschriften über die Beratungs- und Informationspflichten des Versicherers und der Vermittler sowie das Widerrufsrecht des VN auf Versicherungsverträge über Großrisiken generell unanwendbar (vgl. §§ 6 VI, 7 V 1, 8 III 1 Nr. 4, 65). 28

Für Versicherungen bei **Pensionskassen** i.S.d. § 233 I und II VAG (= § 118b III und IV VAG a.F.), **kleinere Versicherungsvereine** (§ 210 VAG = § 53 VAG a.F.) sowie **Lebens- und Unfallversicherungen mit kleineren Beträgen** enthält § 211 Sonderregeln, die den speziellen Verhältnissen bei diesen Versicherungen Rechnung tragen. In Bezug auf die Pensionskassen ist es dem Gesetzgeber auch darum gegangen, die Besonderheiten der betrieblichen Altersversorgung zu berücksichtigen.[95] Näher dazu die Kommentierung zu § 211. 29

Nach § 190 a.F. war das alte VVG nicht auf Versicherungsverhältnisse bei **Innungsunterstützungskassen** und **Berufsgenossenschaften** anwendbar. Art. 6 EGVVG stellt klar, dass solche Versicherungsverhältnisse auch nicht dem neuen VVG unterliegen, sofern sie vor dem 01.01.2008 begründet worden sind. Auf entsprechende Neuverträge ist das neue VVG dagegen uneingeschränkt anwendbar (vgl. Art. 6 EGVVG Rdn. 1). 30

In **zeitlicher Hinsicht** gilt das neue VVG für alle Verträge, die seit dem 01.01.2008 geschlossen worden sind. Auf vorher geschlossene Verträge (sog. Altverträge) ist das neue VVG seit 01.01.2009 anwendbar. Ist der Versicherungsfall bei einem Altvertrag bis zum 31.12.2008 eingetreten, so bleibt insoweit aber das alte VVG maßgeblich (Art. 1 II EGVVG). Für die Einzelheiten vgl. die Kommentierung zu Art. 1 EGVVG. 31

e) Aufbau des neuen VVG

Das neue VVG besteht aus drei Teilen. Teil 1 enthält den **Allgemeinen Teil** (§§ 1–99) mit Vorschriften für alle Versicherungszweige (Kapitel 1: §§ 1–73) und solchen über die Schadensversicherung (Kapitel 2: §§ 74–99), wobei wiederum zwischen Allgemeinen Vorschriften (Abschnitt 1: §§ 74–87) und Vorschriften über die Sachversicherung (Abschnitt 2: §§ 88–99) unterschieden wird. 32

Teil 2 (§§ 100–208) regelt **einzelne Versicherungszweige**, namentlich die Haftpflichtversicherung (§§ 100–124), die Rechtsschutzversicherung (§§ 125–129), die Transportversicherung (§§ 130–141), die Gebäudefeuerversicherung (§§ 142–149), die Lebensversicherung (§§ 150–171), die Berufsunfähigkeitsversicherung (§§ 172–177), die Unfallversicherung (§§ 178–191) und die Krankenversicherung (§§ 192–208). Die Anordnung folgt der Unterscheidung zwischen **Nichtpersonen-** (§§ 100–149) und **Personenversicherungen** (§§ 150–208).[96] Auffällig ist, dass spezielle Bestimmungen für einzelne Zweige der **Sachversicherung** weitgehend fehlen. So wurden die Vorschriften über die Hagel- und Tierversicherung nicht ins neue VVG übernommen (vgl. aber §§ 83 IV, 92 III);[97] die Vorschriften über die Gebäudefeuerversicherung beschränken sich nunmehr auf den Schutz der Grundpfandgläubiger (vgl. Vor §§ 142 ff. Rdn. 2). Im Übrigen sind also allein die einschlägigen AVB sowie die allgemeinen Vorschriften über die Schadens- und Sachversicherung maßgeblich. 33

In **Teil 3** (§§ 209–216) finden sich einige **Schlussvorschriften**. Während die §§ 209–212 weitgehend den §§ 186, 187 und 189 a.F. entsprechen, wurden die Vorschriften über die Fortsetzung der Lebensversicherung nach der Elternzeit (§ 212) und die Erhebung personenbezogener Gesundheitsdaten bei Dritten (§ 213) bei der VVG-Reform neu eingeführt. Die Möglichkeit der Anerkennung privatrechtlich organisierter Schlichtungsstellen (§ 214) wurde gegenüber dem bisherigen Recht (§§ 42k, § 48e a.F.) erweitert. § 215 sieht einen Klägergerichtsstand am Wohnsitz bzw. gewöhnlichen Aufenthalt des VN vor; für Klagen gegen den VN ist dieser Gerichtsstand ausschließlich. § 216 regelt seit dem 17.12.2009 die Prozessstandschaft bei Versicherermehrheit, die bis zum Inkrafttreten der Rom I-VO in Art. 14 EGVVG a.F. zu finden war. 34

---

93 Vgl. L/W/*Boetius*, Vor § 192 Rn. 1150 ff.; *Sodan* NJW 2007, 1313 ff.
94 BGHZ 118, 275, 278 = VersR 1992, 1089; P/M/*Klimke*, § 210 Rn. 13.
95 Vgl. Begr. RegE BT-Drucks. 16/3945 S. 116.
96 Vgl. L/W/*E. Lorenz*, Einf. Rn. 15.
97 L/W/*E. Lorenz*, Einf. Rn. 18.

Einleitung   A. Einführung in das Privatversicherungsrecht

2. Versicherungsrechtliche Nebengesetze und Verordnungen

35 Das **EGVVG** enthält in Art. 1–6 die **Übergangsvorschriften** zum Gesetz zur Reform des VVG. Mit Art. 7 EGVVG n.F. ist zudem eine Übergangsvorschrift für den mit Wirkung vom 01.08.2013 neu eingeführten **Notlagentarif** in der Krankenversicherung eingefügt worden. Die Regelungen zum Europäischen Internationalen Versicherungsvertragsrecht (Art. 7–15 EGVVG a.F.) wurden wegen des Inkrafttretens der Rom I-VO mit Wirkung zum 17.12.2009 aufgehoben (s. unten Rdn. 53). Die Vorschriften des VVG über die Informationspflichten des Versicherers (§ 7) werden durch die **VVG-InfoV**[98] ergänzt, die vom Bundesministerium der Justiz am 18.12.2007 erlassen worden ist. Zu den Einzelheiten s. die Kommentierung der VVG-InfoV. Für die Kfz-Haftpflichtversicherung haben das **PflVG** vom 05.04.1965[99] und die **KfzPflVV** vom 29.07.1994[100] große Bedeutung. Insoweit wird auf die Ausführungen zur Kraftfahrtversicherung (Anh. A) verwiesen. Für die Lebensversicherung sind das **AltZertG** (oben Rdn. 19) und das Gesetz zur Verbesserung der betrieblichen Altersversorgung (**BetrAVG**) vom 19.12.1974[101] von besonderer Relevanz. Die Besonderheiten der **betrieblichen Altersversorgung** werden in Anh. P behandelt.

3. Sonstige Gesetze

a) BGB

36 Soweit keine versicherungsrechtlichen Spezialregelungen existieren, gelten die allgemeinen Gesetze. Im Vordergrund steht das **BGB**. Bedeutung für das Versicherungsvertragsrecht haben vor allem die allgemeinen Bestimmungen über **Rechtsgeschäfte** (§§ 104 ff. BGB) sowie die Vorschriften des **allgemeinen Schuldrechts** (§§ 241 ff. BGB).[102] So richtet sich etwa die Nichtigkeit von Versicherungsverträgen wegen **Gesetz- oder Sittenwidrigkeit** nach §§ 134, 138 BGB.[103] Die **Kontrolle der AVB** erfolgt nach den allgemeinen Regeln der AGB-Kontrolle gemäß §§ 305 ff. BGB; es handelt sich bei den AVB nämlich um die AGB der Versicherer (näher dazu Einl. B). Zudem hat der Grundsatz von **Treu und Glauben** (§ 242 BGB) im Privatversicherungsrecht große Bedeutung (dazu unten Rdn. 67 ff.). Demgegenüber werden die Vorschriften über die **Anfechtung** (§§ 119 ff. BGB) weitgehend durch die versicherungsrechtlichen Sonderregelungen über die vorvertragliche Anzeigepflicht (§§ 19 ff.) verdrängt. Die Vorschriften über die Gefahrerhöhung (§§ 23 ff.) gehen den allgemeinen Regeln über die **Störung der Geschäftsgrundlage** (§ 313 BGB) vor. Bei der **Gehilfenhaftung** ist § 278 BGB nach ständiger Rechtsprechung auf Seiten des VN nicht anwendbar, weil der Versicherungsschutz durch die uneingeschränkte Zurechnung des Verschuldens von Erfüllungsgehilfen weitgehend entwertet würde. Stattdessen wird auf die richterrechtlichen Grundsätze der Repräsentantenhaftung zurückgegriffen (vgl. dazu § 28 Rdn. 69 ff.).

37 Das BGB enthält im Übrigen einige **spezifisch versicherungsrechtliche Regelungen**. Hierhin gehören namentlich die §§ 1046, 1047, 1127–1130 BGB.[104] Zu beachten ist allerdings, dass sich die Auslegungsregel des § 330 BGB seit der VVG-Reform 2008 nicht mehr auf Lebensversicherungsverträge bezieht.[105]

b) HGB

38 Neben dem BGB hat das **HGB** im Versicherungsrecht eine gewisse Bedeutung. Da Versicherungsverträge zumindest für den Versicherer **Handelsgeschäfte** sind, kann das Versicherungsrecht als handelsrechtliche Materie verstanden werden. Praktische Auswirkungen hat dies etwa für die Versicherungsvermittler. So gelten für Versicherungsvertreter und -makler in erster Linie die §§ 59 ff. Auf selbständige **Versicherungsvertreter** sind daneben aber die §§ 84 ff. HGB anwendbar.[106] Für **Versicherungsmakler** kann ergänzend auf die §§ 93 ff. HGB zurückgegriffen werden. Bei der Transportversicherung ist § 363 II HGB zu beachten.

39 Die §§ 341–341p HGB enthalten Regelungen über die **Rechnungslegung** von Versicherungsunternehmen.[107] Im Versicherungsvertragsrecht gewinnen diese Vorschriften bei der **Lebensversicherung** für die Berechnung der Überschussbeteiligung nach § 153 Relevanz.[108] Das **Seeversicherungsrecht** war bis zum 31.12.2007 in §§ 778–900 HGB a.F. geregelt. Bei der Reform wurden diese Bestimmungen ersatzlos aufgehoben. Hieraus ergeben sich aber keine praktischen Konsequenzen. Denn das dispositive HGB-Recht wurde bislang meist schon durch AVB – insbesondere die ADS 1919 und die DTV-Klauselwerke – verdrängt.[109]

---

[98] BGBl. I, S. 3004.
[99] BGBl. I, S. 213.
[100] BGBl. I, S. 1837.
[101] BGBl. I, S. 3610.
[102] Vgl. P/M/*Armbrüster*, Einl. Rn. 13; *Deutsch/Iversen*, Rn. 39.
[103] Ausführlich dazu *Armbrüster/Schilbach* r+s 2016, 109 ff.
[104] Vgl. VersHb/*E. Lorenz*, § 1 Rn. 25; *Looschelders/Paffenholz*, Rn. 32.
[105] Vgl. *Looschelders*, Schuldrecht AT Rn. 1128.
[106] Vgl. *Bruns*, § 2 Rn. 15: Vermittlerrecht als besonderes Handelsvertreterrecht.
[107] Ausführlich dazu L/W/*Küppers/Dettmeier*, Rechnungslegung VU Rn. 2 ff.
[108] Vgl. PK/*Ebers*, Einführung Rn. 37.
[109] Begr. RegE BT-Drucks. 16/3945 S. 115; L/W/*Looschelders*, § 209 Rn. 8 ff.; *Ehlers* TranspR 2007, 5, 12; krit. *Richartz* TranspR 2007, 300, 302 f.

A. Einführung in das Privatversicherungsrecht

c) AGG

Auch im Versicherungsvertragsrecht sind die Diskriminierungsverbote des **AGG** vom 14.08.2006[110] zu beachten. Das Gesetz dient der Umsetzung mehrerer EG-Richtlinien (näher dazu Einl. C Rdn. 58 ff.).[111] Für das Versicherungsrecht hat neben der **Antidiskriminierungs-RL** 2000/43/EG die **Gender-RL** 2004/113/EG[112] die größte praktische Bedeutung. **40**

Das AGG hat das Ziel, »Benachteiligungen aus Gründen der Rasse oder wegen der ethnischen Herkunft, des Geschlechts, der Religion oder Weltanschauung, einer Behinderung oder der sexuellen Identität zu verhindern oder zu beseitigen« (§ 1 AGG). Hierzu enthält das Gesetz neben den Vorschriften zum **Schutz von Beschäftigten** (Arbeitnehmern, Auszubildenden etc.) vor Benachteiligungen (§§ 6–18 AGG) ein allgemeines **zivilrechtliches Benachteiligungsverbot** (§§ 19–21 AGG). **41**

Die auf den Zivilrechtsverkehr bezogenen Diskriminierungsverbote gelten grundsätzlich nur für **Massengeschäfte**, die ohne Ansehen der Person zu vergleichbaren Bedingungen in einer Vielzahl von Fällen geschlossen werden (§ 19 I Nr. 1 AGG). Auf Versicherungsverträge trifft diese Voraussetzung nur zu, wenn keine individuelle Risikoprüfung stattfindet (z.B. Reisegepäckversicherung). § 19 I Nr. 2 AGG erweitert den Schutzbereich aber auf alle Verträge über eine **privatrechtliche Versicherung**. Dahinter steht die Erwägung, dass die private Versicherung häufig elementare Lebensrisiken abdeckt; eine sozial nicht gerechtfertigte Weigerung des Vertragsschlusses kann den Benachteiligten daher überaus hart treffen.[113] Soweit keine individuelle Risikoprüfung stattfindet, geht § 19 I Nr. 2 AGG der Nr. 1 als speziellere Regelung vor.[114] **42**

Ein in der Praxis besonders wichtiges Tarifierungsmerkmal war traditionell das **Geschlecht**. Nach § 19 AGG ist eine Ungleichbehandlung wegen des Geschlechts zwar auch bei Versicherungsverträgen prinzipiell unzulässig. § 20 II 1 AGG a.F. ließ in Bezug auf das **Geschlecht** aber eine Differenzierung bei den Prämien oder Leistungen zu, wenn die Berücksichtigung dieses Merkmals bei einer auf relevanten und genauen Daten beruhenden Risikobewertung ein bestimmender Faktor war.[115] Da die Prämien bei der substitutiven Krankenversicherung nach § 12 Nr. 1 VAG a.F. ohnehin »auf versicherungsmathematischer Grundlage unter Zugrundelegung von Wahrscheinlichkeitstafeln und anderen einschlägigen statistischen Daten« zu berechnen waren, lag diese Voraussetzung regelmäßig vor.[116] Unionsrechtliche Grundlage der Rechtfertigungsmöglichkeit für Differenzierungen nach dem Geschlecht war Art. 5 II Gender-Richtlinie. Der EuGH ist in seinem Urteil vom 01.03.2011 in der Rechtssache Test-Achats indes zu dem Ergebnis gelangt, dass die Ausnahmebestimmung des Art. 5 II Gender-RL mit Wirkung vom 21.12.2012 für unwirksam zu erachten ist.[117] Dahinter steht die Erwägung, die zeitlich unbegrenzte Aufrechterhaltung der Ausnahme verstoße gegen den unionsrechtlichen Grundsatz der Gleichbehandlung von Männern und Frauen (Art. 21 und 23 Grundrechte-Charta der EU).[118] Das Urteil ist in der deutschen Literatur auf berechtigte Kritik gestoßen.[119] Zu beanstanden, dass es bei der Abschaffung der geschlechtsspezifischen Tarifierung nicht um die Beseitigung einer willkürlichen Diskriminierung geht, sondern um die Verwirklichung eines gesellschaftspolitischen Anliegens. Die politische Entscheidung über die Förderung der Gleichstellung von Männern und Frauen obliegt aber dem europäischen Gesetzgeber und nicht dem EuGH.[120] **43**

Der deutsche Gesetzgeber hat die Rechtfertigungsmöglichkeit für Differenzierungen nach dem Geschlecht in § 20 II 1 AGG a.F. mit Wirkung vom 21.12.2012 gestrichen. Die Versicherer waren damit verpflichtet, ihre **Neuverträge** bis spätestens 21.12.2012 auf sog. Unisex-Tarife umzustellen. Dies ist inzwischen durchweg erfolgt, sodass sich bei Neuverträgen nur noch die Frage der mittelbaren Diskriminierung stellen kann.[121] Eine Pflicht zur Anpassung der **Altverträge** lässt sich dem Urteil des EuGH dagegen nicht entnehmen.[122] Eine solche Pflicht widerspräche auch dem Gedanken, dass die Ausnahmebestimmung des Art. 5 II Gender-RL bis **44**

---

110 BGBl. I, S. 1897.
111 Zu den europarechtlichen Vorgaben vgl. auch Palandt/*Ellenberger*, Einl. AGG Rn. 1.
112 Vgl. dazu *Präve* VersR 2004, 39 ff.
113 Vgl. BT-Drucks. 16/1780 S. 42; vgl. auch *Thüsing/v. Hoff* VersR 2007, 1 ff.
114 MünchKommBGB/*Thüsing*, § 19 AGG Rn. 47; L/W/*Looschelders*, § 1 Rn. 67.
115 Vgl. MünchKommBGB/*Thüsing*, § 20 AGG Rn. 68 ff.; *Looschelders*, Diskriminierung, S. 141, 153 ff.; *Danzl*, Tarifierung, S. 44 ff.
116 Vgl. B/M/*Beckmann*, Einf. A Rn. 177; *Thüsing/v. Hoff* VersR 2007, 1, 4.
117 EuGH v. 01.03.2011 – Rs. C-236/09 (Test-Achats), VersR 2011, 377; dazu *Armbrüster* LMK 2011, 315339; *Birk* DB 2011, 819 ff.; *Looschelders* VersR 2011, 421, 423 ff.; *Rolfs/Binz* VersR 2011, 714 ff.
118 Näher dazu die Schlussanträge der Generalanwältin *Juliane Kokott*, Rs. C-236/09, VersR 2010, 1571 m. Anm. *Armbrüster*, denen der EuGH in seiner Entscheidung weitgehend gefolgt ist.
119 Vgl. *Armbrüster*, Rn. 584; *Looschelders* VersR 2011, 421, 423 ff.; *ders.* JZ 2012, 105, 109; *Mönnich* VersR 2011, 1092, 1094.
120 So auch P/M/*Armbrüster*, Einl. Rn. 302; *Looschelders* JZ 2012, 105, 109.
121 Zum Problem der mittelbaren Diskriminierung bei Unisex-Tarifen *J. Hoffmann* ZVersWiss 105 (2016), 95 ff.
122 So auch Palandt/*Weidenkaff* § 33 AGG Rn. 5; P/M/*Armbrüster*, Einl. Rn. 304; *Armbrüster*, Rn. 585; *Looschelders* VersR 2013, 653, 658 f.; a.A. *Purnhagen* NJW 2013, 113 ff. sowie Schlussanträge der Generalanwältin VersR 2010, 1571 Rz. 81. Das Votum der Generalanwältin beruht auf der Prämisse, dass Art. 5 II Gender-RL *von vornherein* unwirksam sei. Dem ist der EuGH aber nicht gefolgt.

Einleitung A. Einführung in das Privatversicherungsrecht

zum 21.12.2012 für wirksam zu erachten ist. Die Kommission hat in ihren **Leitlinien** vom 22.12.2011 für die Anwendung der Richtlinie 2004/113/EG nach der Entscheidung des EuGH in der Rechtssache Test-Achats ebenfalls dargelegt, dass das Verbot der geschlechtsspezifischen Tarifierung nicht für Versicherungsverträge gilt, die vor dem 21.12.2012 geschlossen worden sind.[123] § 33 V 1 AGG sieht dementsprechend vor, dass eine Ungleichbehandlung nach dem Geschlecht bei Versicherungsverträgen, die vor dem 21.12.2012 geschlossen wurden, unter den Voraussetzungen des § 20 II 1 AGG a.F. weiter zulässig ist.

45 Nach § 20 II 1 AGG dürfen Kosten wegen der **Schwangerschaft und Entbindung** auf keinen Fall zu unterschiedlichen Prämien oder Leistungen führen,[124] was auf die Kalkulation der Prämien bei der Krankenversicherung eigenständigen Einfluss hat.[125] Der damit verbundene Eingriff in die unternehmerische Freiheit des Versicherers lässt sich damit rechtfertigen, dass beide Elternteile gleichermaßen für die betreffenden Kosten »zuständig« seien, so dass eine einseitige Belastung der Frauen nicht sachgemäß wäre.[126] Außerdem ist die Geburt von Kindern aus gesellschaftspolitischer Sicht in hohem Maße erwünscht.

46 Eine Ungleichbehandlung wegen der **Religion**, einer **Behinderung**, des **Alters** oder der **sexuellen Identität** ist nach § 20 II 2 AGG gerechtfertigt, wenn sie auf anerkannten Prinzipien risikoadäquater Kalkulation beruht.[127] Die Ungleichbehandlung lässt sich bei diesen Merkmalen also leichter rechtfertigen als in den Altfällen bei dem Merkmal »Geschlecht«.[128] In Bezug auf die per se diskriminierenden Merkmale **Rasse** und **ethnische Herkunft** scheidet eine Rechtfertigung auch im Versicherungsrecht generell aus.[129]

47 Die größte praktische Bedeutung hat im Versicherungsrecht neben dem Geschlecht das Merkmal der **Behinderung**. Das Problem besteht dabei in der Abgrenzung zum Merkmal der Krankheit. Die h.M. orientiert sich bei der Konkretisierung der Behinderung im Anschluss an die Gesetzesbegründung zum AGG[130] am Sozialrecht.[131] Nach § 2 I 1 SGB IX liegt eine Behinderung vor, wenn die körperliche Funktion, die geistige Fähigkeit oder die seelische Gesundheit des Betroffenen mit hoher Wahrscheinlichkeit länger als sechs Monate von dem für das Lebensalter typischen Zustand abweichen und daher seine Teilnahme am Leben der Gesellschaft beeinträchtigt ist. Die Behinderung wird damit als ein körperlicher, geistiger oder seelischer **Zustand** verstanden, der von der (möglicherweise) zugrunde liegenden **Erkrankung** zu unterscheiden ist.[132] Knüpft der Versicherer (z.B. bei seinen Gesundheitsfragen) an die Erkrankung an, so liegt daher schon keine rechtfertigungsbedürftige Benachteiligung wegen einer Behinderung vor. Im Übrigen wird sich die Berücksichtigung der Behinderung bei den Personenversicherungen regelmäßig mit den anerkannten Prinzipien risikoadäquater Kalkulation (§ 20 II 2 AGG) rechtfertigen lassen.[133]

48 In der Literatur wird allerdings darauf hingewiesen, dass das Merkmal der Behinderung aufgrund seiner unionsrechtlichen Herkunft nicht nach den Grundsätzen des deutschen Rechts, sondern **autonom** auszulegen ist.[134] Bei der Würdigung dieses Ansatzes ist zu beachten, dass das Verbot der Ungleichbehandlung wegen einer Behinderung bislang nur in Bezug auf das Arbeitsrecht unionsrechtlich vorgegeben ist. Für das allgemeine Zivilrecht existiert dagegen noch keine EU-Richtlinie, die eine Ungleichbehandlung wegen einer Behinderung verbietet. Insofern ist auch eine richtlinienkonforme Auslegung unionsrechtlich nicht geboten.[135] Die Kommission hat allerdings am 02.07.2008 den **Vorschlag für eine neue Richtlinie** vorgelegt, die sich gegen Diskriminierungen aus Gründen der Religion oder der Weltanschauung, einer Behinderung, des Alters oder der

---

123 Kommission, Leitlinien zur Anwendung der Richtlinie 2004/113/EG des Rates auf das Versicherungswesen im Anschluss an das Urteil des Gerichtshofs der Europäischen Union in der Rechtssache C-236/09 (Test Achats), ABl. 2012 C 11/1, Nr. 4; näher dazu *Looschelders/Michael*, in: Ruffert, § 11 Rn. 220; *Mönnich* VersRdsch 2012, 20, 22 ff.; *Pohlmann*, GS U. Hübner, S. 209 ff.

124 OLG Hamm VersR 2011, 514, 515; P/M/*Armbrüster*, Einl. Rn. 305 ff.; sehr zweifelhaft AG Hannover VersR 2009, 348, wonach der Antragsannahme bei bestehender Schwangerschaft von einem diesbezüglichen Leistungsausschluss abhängig gemacht werden kann. Zur entsprechenden Problematik im Fall der Vertragsverlängerung LG Hamburg VersR 2012, 983, 985. Dass die Schwangerschaft wie jede andere »Vorerkrankung« behandelt wird, schließt den Verstoß gegen § 20 II 1 AGG nicht aus, weil die Vorschrift auf eine Privilegierung abzielt (so auch MünchKommBGB/*Thüsing*, § 20 AGG Rn. 86).

125 Vgl. B/M/*Beckmann*, Einf. A Rn. 178; HK-VVG/*Brömmelmeyer*, Einl. Rn. 55; *Armbrüster* VersR 2006, 1297, 1299.

126 Vgl. *Wrase/Baer* NJW 2004, 1623, 1625; *Wandt* VersR 2004, 1341, 1345; *Looschelders*, Diskriminierung, S. 141, 152 f.; zustimmend auch P/M/*Armbrüster*, Einl. Rn. 306.

127 MünchKommBGB/*Thüsing*, § 20 AGG Rn. 88 ff.; *Armbrüster* VersR 2006, 1297, 1300.

128 B/M/*Beckmann*, Einf. A Rn. 179; P/M/*Armbrüster*, Einl. Rn. 309.

129 PK/*Ebers*, Einführung Rn. 38; Palandt/*Grüneberg*, § 20 AGG Rn. 1.

130 BT-Drucks. 16/1780 S. 31.

131 OLG Saarbrücken VersR 2009, 1522, 1524; OLG Karlsruhe VersR 2010, 1163, 1164; P/M/*Armbrüster*, Einl. Rn. 311; *Thüsing/v. Hoff* VersR 2007, 1, 7.

132 OLG Karlsruhe VersR 2010, 1163, 1164.

133 Vgl. OLG Saarbrücken VersR 2009, 1522, 1524 f.; OLG Karlsruhe VersR 2010, 1163.

134 Vgl. P/M/*Armbrüster*, Einl.Rn. 312; Palandt/*Ellenberger*, § 1 AGG Rn. 6; zum Arbeitsrecht MünchKommBGB/*Thüsing*, § 1 AGG Rn. 81.

135 Vgl. Palandt/*Ellenberger*, Einl. AGG Rn. 8; *Looschelders/Michael* in: Ruffert, § 11 Rn. 226.

sexuellen Ausrichtung außerhalb des Arbeitsmarktes richtet.[136] Eine richtlinienkonforme Auslegung des Merkmals »Behinderung« wäre erst bei Umsetzung dieses Vorschlags geboten. Der Sache nach würde sich hierdurch freilich keine Änderung ergeben. Für den Bereich des Arbeitsrechts hat der EuGH die Behinderung als Einschränkung definiert, die insbesondere auf physische, geistige oder psychische Beeinträchtigungen zurückzuführen ist und ein Hindernis für die Teilhabe des Betreffenden am Berufsleben bildet.[137] Das Gericht hat dabei ausdrücklich klargestellt, dass der Begriff der Behinderung nicht mit dem Begriff der Krankheit gleichgestellt werden kann; die Kündigung wegen einer Krankheit stelle daher keine unzulässige Diskriminierung wegen einer Behinderung dar. Die an § 2 I 1 SGB IX orientierte h.M. entspricht insofern also auch dem Unionsrecht.[138]

Das Merkmal der **sexuellen Identität** kann im Versicherungsrecht vor allem im Hinblick auf einen möglichen Zusammenhang zwischen **Homosexualität** und dem erhöhten Risiko einer HIV-Infektion relevant werden.[139] Die Anknüpfung an die Homosexualität als solche kann jedoch auch unter diesem Aspekt nicht nach § 20 II 2 AGG gerechtfertigt werden.[140] **Transsexualität** gehört entgegen der Gesetzesbegründung[141] nicht zu dem Merkmal der sexuellen Identität, sondern fällt unter das Merkmal Geschlecht.[142] Ob sich die Anknüpfung an die Transsexualität als solche rechtfertigen lässt, erscheint zweifelhaft. Die nach einer Geschlechtsumwandlung erforderliche Medikation zur Aufrechterhaltung des Hormonstatus stellt aber jedenfalls einen gefahrerheblichen Umstand dar, der bei einer entsprechenden Frage nach § 19 I 1 anzeigepflichtig ist.[143]   49

Die Berücksichtigung des **Alters** entspricht jedenfalls bei den **Personenversicherungen** den anerkannten Grundsätzen risikoadäquater Kalkulation. Dies zeigen bereits die Vorgaben der §§ 138 I, 146 I Nr. 1 VAG (= §§ 11 I, 12 I Nr. 1 VAG a.F.) sowie der Kalkulations- und der Deckungsrückstellungsverordnung.[144] Der Vorschlag der Kommission vom 02.07.2008 für eine neue Antidiskriminierungsrichtlinie außerhalb von Arbeitsverhältnissen (oben Rdn. 48) bezieht neben der Behinderung auch das Alter mit ein. Art. 2 VIII des Vorschlags erlaubt den Mitgliedstaaten allerdings, bei der Bereitstellung von Finanzdienstleistungen verhältnismäßige Ungleichbehandlungen zuzulassen, wenn die Berücksichtigung des Alters oder der Behinderung ein zentraler Faktor bei der auf relevanten und exakten Daten beruhenden versicherungsmathematischen und statistischen Risikobewertung ist. Die Kommission weist in ihren Leitlinien vom 22.12.2011 (oben Rdn. 44) darauf hin, dass die Rechtsprechung des EuGH in der Rechtssache Test-Achats sich nicht auf das Alter übertragen lässt.[145] Ein wesentlicher Unterschied besteht darin, dass die Förderung der Gleichstellung von Männern und Frauen ein zentrales Ziel des Unionsrechts ist (vgl. Art. 8 AEUV). Eine solche Zielsetzung besteht mit Blick auf das Alter nicht.[146] Eine Ungleichbehandlung wegen des Alters erscheint auch insofern eher hinnehmbar als eine Ungleichbehandlung wegen des Geschlechts, als jeder Mensch in seinem Leben verschiedene Altersstufen durchläuft und daher mehr oder weniger günstige Versicherungsprodukte erhalten kann.[147]   50

Verstößt der Versicherer gegen das Benachteiligungsverbot, so kann der VN nach § 21 I AGG **Beseitigung** der Beeinträchtigung und **Unterlassung** verlangen. Nach § 21 II AGG steht dem VN außerdem ein Anspruch auf **Ersatz des materiellen und immateriellen Schadens** zu; der Versicherer kann sich aber damit entlasten, dass er den Verstoß nicht zu vertreten hat. Bei unzulässiger Ablehnung eines Vertragsschlusses kann sich aus dem Beseitigungsanspruch des § 21 I AGG bzw. dem Schadensersatzanspruch des § 21 II AGG i.V.m. dem Grundsatz der Naturalrestitution ein **Kontrahierungszwang** ergeben.[148] Voraussetzung ist allerdings, dass der Vertrag ohne die Diskriminierung tatsächlich geschlossen worden wäre.[149]   51

d) GewO und VersVermV

In Bezug auf die Rechtsstellung der **Versicherungsvermittler** (Versicherungsvertreter und -makler) und **Versicherungsberater** sind auch die Vorschriften der **GewO** (insbesondere §§ 11a, 34d und 34e GewO) und der **VersVermV** zu beachten. Die einschlägigen Regelungen sehen vor, dass Versicherungsvermittler und Versiche-   52

---

136 KOM(2008) 426.
137 EuGH NZA 2006, 839, 840; NZA 2013, 553.
138 Zum Vorrang des Unionsrechts bei möglichen Divergenzen P/M/*Armbrüster*, Einl. Rn. 313; a.A. MünchKommBGB/ *Thüsing*, § 20 AGG Rn. 102 mit dem Argument, dass das europarechtliche Verbot der Diskriminierung wegen einer Behinderung nur im Arbeitsrecht gilt.
139 Vgl. B/M/*Beckmann*, Einf. A Rn. 180; MünchKommBGB/*Thüsing*, § 20 AGG Rn. 109; *Thüsing/v. Hoff* VersR 2007, 1, 8; ausführlich Armbrüster/Zillmann ZVersWiss 2011, 55 ff.
140 P/M/*Armbrüster*, Einl. Rn. 315; B/M/*Rolfs*, § 19 Rn. 39; *Weichert* VersR 1997, 1465 ff.
141 Begr. RegE, BT-Drucks. 16/1780 S. 31.
142 P/M/*Armbrüster*, Einl. Rn. 316; MünchKommBGB/*Thüsing*, § 1 AGG Rn. 89; a.A. Palandt/*Ellenberger*, § 1 AGG Rn. 10.
143 Vgl. OLG Frankfurt (Main) VersR 2002, 559.
144 Vgl. P/M/*Armbrüster*, Einl. Rn. 310; *Thüsing/v. Hoff*, VersR 2007, 1, 7.
145 ABl. 2012 C 11/1, Nr. 20.
146 Vgl. *Mönnich* VersRdsch 2012, 20, 24 f.
147 So Schlussanträge der Generalanwältin VersR 2010, 1571, 1576.
148 Vgl. L/W/*Looschelders*, § 1 Rn. 128; MünchKommBGB/*Thüsing*, § 21 AGG Rn. 17 ff.; a.A. P/M/*Armbrüster*, Einl. Rn. 320; *Armbrüster* VersR 2006, 1297, 1304; von OLG Saarbrücken VersR 2009, 1522, 1525 offen gelassen.
149 Näher dazu MünchKommBGB/*Thüsing*, § 21 AGG Rn. 25 ff.

rungsberater die **Erlaubnis** der zuständigen Industrie- und Handelskammer benötigen. Der Antragsteller muss hierfür u.a. eine Prüfung vor der Industrie- und Handelskammer ablegen, durch die er nachweist, dass er die erforderliche **Sachkunde** über die versicherungsfachlichen und rechtlichen Grundlagen seiner Tätigkeit und die Kundenberatung besitzt (§ 34d II Nr. 4, ggf. i.V.m. § 34e II GewO).

4. Internationales Versicherungsvertragsrecht

53 Das Internationale Versicherungsrecht war bis zum 16.12.2009 in **Art. 7–15 EGVVG** a.F. sowie in Art. 27 ff. EGBGB a.F. geregelt. Der Europäische Gesetzgeber hat indessen am 06.06.2008 die Verordnung (EG) Nr. 593/2008 über das auf vertragliche Schuldverhältnisse anzuwendende Recht (Rom I) erlassen, die am 17.12.2009 in Kraft getreten ist. Da die **Rom I-Verordnung** auch das Internationale Versicherungsvertragsrecht umfassend – also auch in Bezug auf innerhalb der EU bzw. des EWR belegenen Risiken – regelt, sind die bisherigen Rechtsquellen zu diesem Zeitpunkt außer Kraft getreten.[150] Für Verträge, die vor dem 17.12.2009 geschlossen worden sind, bleiben sie jedoch weiter maßgeblich.[151] Zu den Einzelheiten s. die Kommentierung zum Int. Versicherungsvertragsrecht (Anh. EGVVG Rdn. 1 ff.).

V. Einfluss des Verfassungsrechts und des EU-Rechts

1. Grundrechtliche Schutzpflichten zugunsten des VN

54 Das Versicherungsvertragsrecht muss sich wie das gesamte Privatrecht an den Vorgaben des Grundgesetzes, insbesondere den **Grundrechten** messen lassen (vgl. Art. 1 III GG).[152] Der VN kann sich vor allem auf Art. 2 I GG berufen, der die Selbstbestimmung des Einzelnen im Rechtsleben schützt. Das BVerfG geht allerdings auch im Versicherungsrecht davon aus, dass diese Selbstbestimmung grundsätzlich durch den Vertrag gewährleistet wird; der darin zum Ausdruck gebrachte übereinstimmende Wille der Parteien lasse i.d.R. auf die Herstellung eines sachgerechten Interessenausgleichs schließen.[153] Nach den in der Bürgschaftsentscheidung des BVerfG[154] entwickelten Grundsätzen wird eine Ausnahme anerkannt, wenn eine der Parteien aufgrund erheblicher **Ungleichheit der Verhandlungspositionen** ein solches Gewicht hat, dass sie den Vertragsinhalt faktisch einseitig bestimmen kann; hier trifft den Staat eine grundrechtliche Schutzpflicht zugunsten der unterlegenen Partei.[155] Das Gleiche gilt, wenn die **Schwäche** eines Vertragspartners **durch gesetzliche Regelungen bedingt** ist.[156]

55 In Bezug auf die **kapitalbildende Lebensversicherung** hat das BVerfG eine **grundrechtliche Schutzpflicht aus Art. 2 I GG** wegen erheblicher Störung der Vertragsparität bejaht. Dabei hat das Gericht insbesondere damit argumentiert, dass der Wettbewerb um das Produkt »Lebensversicherung« aufgrund der Intransparenz der Leistungsbedingungen nur in beschränkter Weise funktioniere. Außerdem habe der VN keine wirtschaftlich sinnvolle Möglichkeit, einen als ungünstig erkannten Vertrag zu kündigen und zu einem anderen Versicherer zu wechseln.[157] Nach der Rechtsprechung des BVerfG folgt eine entsprechende Schutzpflicht des Staates zugleich auch aus Art. 14 I GG. Dahinter steht die Erwägung, dass die durch die laufenden Prämienzahlungen des VN gebildeten Vermögenswerte vom Schutzbereich der **Eigentumsgarantie des Art. 14 I GG** erfasst sind.[158]

56 Die für die kapitalbildende Lebensversicherung entwickelten Grundsätze können nicht unbesehen auf andere Versicherungszweige übertragen werden. So hat das BVerfG ausdrücklich klargestellt, dass die mit Blick auf die kapitalbildende Lebensversicherung getroffenen Feststellungen über Defizite der Funktionsfähigkeit der Versicherungsmärkte für die **Unfallversicherung** nicht gelten.[159] Das Gericht hat dabei darauf verwiesen, dass die Transparenz der Leistungsbedingungen bei der Unfallversicherung wesentlich besser als bei der Lebensversicherung sei. Außerdem seien eine Kündigung des Vertrages und ein Wechsel zu einem anderen Versicherer in der Unfallversicherung relativ leicht und ohne größere wirtschaftliche Nachteile zu realisieren. Schließlich habe die Unfallversicherung keine so zentrale Bedeutung für die Existenzsicherung der Bürger wie die kapitalbildende Lebensversicherung.

---

150 Ausführlich zum Ganzen *Looschelders/Smarowos* VersR 2010, 1 ff.
151 L/W/*Looschelders*, IntVersR Rn. 6.
152 Vgl. HK-VVG/*Brömmelmeyer*, Einl. Rn. 25; *Deutsch/Iversen*, Rn. 40.
153 BVerfGE 114, 1 = VersR 2005, 1109, 1117; BVerfGE 114, 73 = VersR 2005, 1127, 1131; BVerfG VersR 2006, 961, 962. Allgemein zur »Richtigkeitsgewähr« durch Vertrag *Schmidt-Rimpler* AcP 147 (1941), 130 ff.; *Looschelders* Schuldrecht AT, Rn. 51.
154 BVerfGE 89, 214.
155 BVerfGE 89, 214, 233; 103, 89, 101; speziell zum Versicherungsrecht BVerfGE 114, 1 = VersR 2005, 1109, 1117; BVerfGE 114, 73 = VersR 2005, 1127, 1131; BVerfG VersR 2006, 961, 962.
156 BVerfGE 114, 1 = VersR 2005, 1109, 1117.
157 BVerfGE 114, 73 = VersR 2005, 1127, 1132; näher dazu *Schenke* VersR 2006, 871 ff.; *ders.*, in: Looschelders/Michael (Hrsg.), S. 13, 28 ff.
158 BVerfGE 114, 1 = VersR 2005, 1109, 1118; BVerfGE 114, 73 = VersR 2005, 1127, 1131; krit. *Schenke*, in: Looschelders/Michael (Hrsg.), S. 13, 29 f.
159 BVerfG VersR 2006, 961, 963.

A. Einführung in das Privatversicherungsrecht Einleitung

2. Grundrechte des Versicherers

Auf der anderen Seite gehört es nach der Rechtsprechung des BVerfG zu den Grundannahmen einer privatwirtschaftlichen Versicherungsordnung, dass die Versicherungsunternehmen ihre Geschäftspolitik selbst gestalten und damit in **unternehmerischer Eigenverantwortung** über den wirtschaftlichen Erfolg entscheiden können.[160] Dem Versicherer stehen insofern ebenfalls Grundrechte – insbesondere aus Art. 2 I, 12 I und 14 I GG, jeweils i.V.m. Art. 19 III GG – zu.[161]   57

In der Praxis werden die Grundrechte der Versicherer vor allem als **Abwehrrechte** gegenüber staatlichen Eingriffen relevant. Besondere Probleme ergeben sich insofern bei der **privaten Krankenversicherung**.[162] Hier war insbesondere umstritten, inwieweit die Einführung des Basistarifs mit Kontrahierungszwang durch das GKV-Wettbewerbsstärkungsgesetz mit den Grundrechten der Versicherer vereinbar ist.[163] Das BVerfG hat die Verfassungskonformität der einschlägigen Regelungen in seiner Entscheidung vom 10.06.2009 bejaht.[164] Für kleinere VVaG i.S.d. § 210 VAG (= § 53 VAG a.F.) wäre ein allgemeiner Kontrahierungszwang allerdings mit Art. 9 Abs. 1 GG unvereinbar.[165]   58

3. Einfluss des europäischen Rechts

Neben dem Verfassungsrecht hat auch das europäische Recht für das Privatversicherungsrecht große Bedeutung.[166] Dies gilt nicht nur für das **Versicherungsaufsichtsrecht**,[167] sondern in zunehmendem Maße auch für das **Versicherungsvertragsrecht**. So dienen etwa die §§ 8, 9 auch der Umsetzung der Richtlinien zur Lebensversicherung (vgl. Art. 35 RL 2002/83/EG sowie jetzt Art. 185 RL 2009/138/EG) und der Fernabsatz-RL für Finanzdienstleistungen (RL 2002/65/EG),[168] während die §§ 59–73 im Wesentlichen auf der Vermittler-RL (RL 2002/92/EG) beruhen.[169] Für das **Internationale Versicherungsvertragsrecht** ist auf die Rom I-VO zu verweisen. Ausführlicher zum Einfluss des Europäischen Rechts Einl. C.   59

VI. Grundprinzipien des Versicherungsvertragsrechts

1. Vertragsfreiheit

Das Versicherungsvertragsrecht wird durch den Grundsatz der **Vertragsfreiheit** geprägt, der in Art. 2 I GG verankert ist.[170] Wie bereits oben (Rdn. 54) dargelegt, ist der Vertrag dem Grundsatz nach auch im Privatversicherungsrecht das geeignete Mittel, um im Regelfall einen sachgerechten Interessenausgleich zwischen den Parteien zu verwirklichen.   60

Im Einzelnen unterliegt die Vertragsfreiheit im Versicherungsrecht aber erheblichen Einschränkungen. So wird die **Abschlussfreiheit** in der Kfz-Haftpflichtversicherung durch die **Versicherungspflicht** des Halters nach § 1 PflVG (dazu oben Rdn. 17) und den damit korrespondierenden **Kontrahierungszwang** des Versicherers nach § 5 II PflVG beschränkt. Bei der Krankenversicherung ergibt sich die Versicherungspflicht im **Basistarif** aus § 193 III; der Kontrahierungszwang des Versicherers folgt aus § 152 VAG (= § 12 Ib VAG a.F.) und § 193 V. Für die Pflegeversicherung ist der Kontrahierungszwang in § 110 SGB XI geregelt.[171] Weitere Beschränkungen der Abschluss- und Gestaltungsfreiheit ergeben sich aus dem **AGG** (oben Rdn. 40 ff.).   61

Im VVG finden sich außerdem einige **zwingende Bestimmungen** (z.B. §§ 108 I, 109, 110, 113 ff., 190), die von den Parteien auch durch Individualvereinbarung nicht abbedungen werden können. Der zwingende Charakter ergibt sich meist nicht unmittelbar aus dem Gesetzeswortlaut, sondern muss durch Auslegung aus Sinn und Zweck der Vorschrift abgeleitet werden.[172] Der Sache nach geht es insbesondere um den Schutz von Interessen Dritter oder der Allgemeinheit. Verstößt eine Vereinbarung gegen eine zwingende Bestimmung, so ist sie grundsätzlich nichtig.[173]   62

Darüber hinaus können zahlreiche Vorschriften des VVG kraft ausdrücklicher gesetzlicher Anordnung nicht zum Nachteil des VN abbedungen werden, sind also **einseitig zwingend** (vgl. §§ 18, 32, 42, 52 V, 67, 72, 87, 112, 129, 171, 175, 191, 208). Eine Abweichung zugunsten des VN ist möglich. Das VVG trägt damit dem   63

---

160 BVerfGE 114, 73 = VersR 2005, 1127, 1131.
161 Näher dazu *Schenke*, in Looschelders/Michael (Hrsg.), S. 13, 19 ff.
162 Vgl. BVerfG VersR 2004, 898 (Erhöhung der Versicherungspflichtgrenze in der PKV).
163 Krit. *Boetius* VersR 2007, 431 ff.; *Sodan* NJW 2007, 1313, 1320. Zur Diskussion über die Bürgerversicherung aus verfassungsrechtlicher Sicht *Schenke*, FS E. Lorenz, 2014, S. 443 ff.
164 BVerfG VersR 2009, 957; krit. *Schenke*, in: Looschelders/Michael (Hrsg.), S. 13, 32.
165 BVerfG VersR 2009, 1057.
166 Eingehend dazu *Looschelders/Michael* in: Ruffert, § 11 Rn. 1 ff.; VersHb/*Mönnich*, § 2 Rn. 1 ff.; *Looschelders* VersR 2013, 653 ff.
167 Vgl. F/K/B/P/*Kaulbach/Pohlmann*, Vor § 1 Rn. 1 ff.; Bähr/*Schenke*, § 1 Rn. 1 ff.
168 Vgl. *Looschelders* VersR 2013, 653, 655.
169 Vgl. VersHb/*Mönnich*, § 2 Rn. 131 ff.
170 Vgl. BVerfGE 12, 341, 347; 89, 214, 231; L/W/*Looschelders*, § 1 Rn. 98; *Bruns*, § 6 Rn. 4.
171 Zum Kontrahierungszwang B/M/*Baumann*, § 1 Rn. 221; L/W/*Looschelders*, § 1 Rn. 113.
172 Vgl. Begr. RegE BT-Drucks. 16/3945 S. 87; VersHb/*E. Lorenz*, § 1 Rn. 94.
173 Vgl. P/M/*Armbrüster*, Einl. Rn. 7; BK/*Dörner*, Einl. Rn. 64.

Einleitung A. Einführung in das Privatversicherungsrecht

Umstand Rechnung, dass die Vertragsparität im Versicherungsrecht auch außerhalb des Bereichs der Lebensversicherung (dazu oben Rdn. 54) häufig gestört ist.[174]

64 Die Beschränkungen der Privatautonomie durch das VVG gelten nach § 210 nicht für Versicherungsverträge über **Großrisiken** und für die **laufende Versicherung** (vgl. oben Rdn. 28). Bei Verwendung von **AVB** findet eine Inhaltskontrolle nach §§ 307 ff. BGB statt (s. dazu Einl. B Rdn. 52 ff.). Dies gilt auch im Anwendungsbereich des § 210.[175]

2. Verbraucherschutz

65 Der Gesetzgeber hat sich bei der Reform des VVG maßgeblich an den Bedürfnissen eines **modernen Verbraucherschutzes** orientiert (vgl. oben Rdn. 25). Der Gedanke des Verbraucherschutzes ist daher für zahlreiche Vorschriften leitend. Dies ändert jedoch nichts daran, dass das neue VVG kein reines Verbraucherschutzrecht enthält, sondern auch Freiberufler und gewerbliche VN schützt.[176] Dahinter steht die Erwägung, dass **Freiberufler** und **kleine Gewerbetreibende** aufgrund der Komplexität des Produkts »Versicherung« im Allgemeinen nicht weniger schutzwürdig als Verbraucher sind. Der Gesetzgeber hat deshalb auch darauf verzichtet, die Informationspflichten des Versicherers nach § 7 und das Widerrufsrecht des VN nach §§ 8, 9 auf Verbraucher (§ 13 BGB) zu beschränken, obwohl dies nach den unionsrechtlichen Vorgaben, namentlich der Fernabsatz-RL für Finanzdienstleistungen, möglich gewesen wäre.[177] Ausnahmen gelten insoweit nur für Verträge über **Großrisiken** (§§ 7 V 1, 8 III Nr. 4).

66 Das Ziel des Verbraucherschutzes steht in einem Spannungsverhältnis mit der unternehmerischen Freiheit, namentlich der **Produktgestaltungsfreiheit des Versicherers**.[178] Weitere Probleme ergeben sich daraus, dass der vertragsrechtliche Verbraucherschutz konzeptionell auf die Interessen des **einzelnen VN** ausgerichtet ist; dies kann zu Spannungen mit dem der Versicherung zugrunde liegenden Gedanken der **Risikogemeinschaft** (oben Rdn. 9) führen.[179] Bei der Gestaltung des Privatversicherungsrechts und der Auslegung und Anwendung des geltenden Rechts muss es daher darum gehen, die widerstreitenden Interessen der Beteiligten nach dem Grundsatz der **praktischen Konkordanz** zum Ausgleich zu bringen. Das Versicherungsaufsichtsrecht zielt zwar auch auf den Schutz der Belange der Versicherten ab (vgl. § 81 I 2 VAG a.F. = § 294 I, II 2 VAG n.F.). Bezugspunkt sind aber nicht die Belange der einzelnen Versicherten, sondern die Belange aller Versicherten. Man spricht daher von »**kollektivem Verbraucherschutz**«.[180] Der Schutz der einzelnen Versicherten wird dagegen als bloßer »Rechtsreflex der Aufsichtstätigkeit« betrachtet.[181]

3. Treu und Glauben

a) Allgemeines

67 Ein weiteres wichtiges Prinzip des Privatversicherungsrechts ist der Grundsatz von Treu und Glauben (§ 242 BGB).[182] Bei einem Versicherungsvertrag sind beide Parteien regelmäßig in besonderem Maße auf die Unterstützung und Loyalität des anderen angewiesen.[183] Dies ergibt sich auf der einen Seite daraus, dass der **Versicherer** dem VN aufgrund seiner geschäftlichen und versicherungstechnischen Erfahrungen meist **überlegen** ist und die Versicherung oft der Absicherung **existentieller Risiken** des VN dient. Auf der anderen Seite verfügt der **VN** häufig über bestimmte **Informationen**, auf die der Versicherer bei der Einschätzung des Risikos und der Abwicklung des Versicherungsfalls angewiesen ist. Die Durchführung von Versicherungsverträgen erfordert daher eine gesteigerte Zusammenarbeit zwischen den Parteien. In der Literatur wird auch von einem **Kooperationsgebot** gesprochen.[184] Das Kooperationsgebot äußert sich in verschiedenen **Nebenpflichten**, die nach der Konzeption des neuen Schuldrechts aus dem Schuldverhältnis resultieren. Rechtsgrundlage ist daher

---

174 Vgl. HK-VVG/*Brömmelmeyer*, Einl. Rn. 14.
175 Vgl. BGHZ 120, 290; L/W/*Looschelders*, § 210 Rn. 9 ff.; PK/*Klär*, § 210 Rn. 10.
176 L/W/*E. Lorenz*, Einf. Rn. 27 f.; PK/*Ebers*, Einl. Rn. 8; *Armbrüster*, Rn. 326 ff.; *Bruns*, § 4 Rn. 13; *Brand*, in: E. Lorenz, Karlsruher Forum 2011, S. 55 f.; *Looschelders* VersR 2013, 653, 655 ff.; *Niederleithinger* VersR 2006, 437, 438; vgl. auch *Looschelders/Heinig* JR 2008, 265, 267.
177 Begr. RegE BT-Drucks. 16/3945 S. 59 f., 61.
178 Vgl. Begr. RegE BT-Drucks. 16/3945 S. 51; *E. Lorenz* VersRdSch 2005, 265, 266; *Präve* VersR 2007, 1046, 1047 f.
179 Zu diesem Spannungsverhältnis *Präve* VersR 2007, 1046, 1047; *Brand*, in: E. Lorenz, Karlsruher Forum 2011, S. 55, 70 f.
180 Vgl. Begr. RegE zum neuen VAG BT-Drucks. 14/10040, S. 13; *Dreher* VersR 2013, 401, 409; *Präve* VersR 2012, 657, 658; *Looschelders* ZVersWiss 481, 482 f.
181 Begr. RegE zum neuen VAG BT-Drucks. 14/10040, S. 13; *Dreher* VersR 2013, 401, 409.
182 Vgl. P/M/*Armbrüster*, Einl. Rn. 245 ff.; Staudinger/*Looschelders*/Olzen, § 242 Rn. 1068; VersHb/*E. Lorenz*, § 1 Rn. 96; *Armbrüster*, Rn. 245 ff.; *Bruns*, § 6 Rn. 6; *Deutsch/Iversen*, Rn. 14 ff.
183 Vgl. BGHZ 47, 101, 107; 99, 228, 235; BGH VersR 2003, 581, 585; Staudinger/*Looschelders*/Olzen, § 242 Rn. 1068 f.; *Jung* VersR 2003, 282; *Heiss*, S. 20 f.
184 Vgl. P/M/*Armbrüster*, Einl. Rn. 247; *Armbrüster*, Rn. 245 ff. Für eine darüber hinausgehende »Optimierungspflicht« des Versicherers *Prölss*, FS Larenz, 1983, S. 487 ff.; dagegen B/M/*Baumann*, § 1 Rn. 252; P/M/*Armbrüster*, Einl. Rn. 240 ff.; *ders.*, FS E. Lorenz, 2014, 3 ff.

§ 241 II BGB.[185] Zur **Konkretisierung** der Nebenpflichten kann aber weiter § 242 BGB herangezogen werden. Auf der anderen Seite bildet § 242 BGB auch den zentralen Ansatzpunkt für die **Begrenzung** der Rechte der Parteien unter dem Aspekt des **Rechtsmissbrauchs**.[186]

b) Schutz des VN durch § 242 BGB

Unter Geltung des **VVG 1908** hatte die Rechtsprechung aus § 242 BGB zahlreiche Regeln abgeleitet, um das Gesetz mit dem modernen Rechtsdenken in Einklang zu bringen. Dabei ging es vor allem darum, die Stellung des VN zu verbessern. Bei der Reform wurde ein großer Teil dieser Regeln **kodifiziert**. Repräsentativ ist die Anknüpfung an die sog. Relevanzrechtsprechung bei der Auswertung des Kausalitätsgegenbeweises auf vorsätzliche Obliegenheitsverletzungen.[187] Die Beratungs- und Informationspflichten des Versicherers nach §§ 6, 7 und seine diversen Hinweispflichten (z.B. §§ 19 V 1, VI 2, 25 II 2, 28 IV) lassen sich ebenfalls als Ausfluss des Schuldverhältnisses i.V.m. dem Grundsatz von Treu und Glauben verstehen.[188] Ein weiterer klassischer Anwendungsfall des § 242 BGB – die Versäumnis der Klagefrist des § 12 III a.F.[189] – hat sich durch Streichung der Vorschrift erledigt (zur Übergangsproblematik s. Art. 1 EGVVG Rdn. 23). In vielen anderen Fällen ist der Rückgriff auf Treu und Glauben aber nach wie vor notwendig, um den VN vor einer unverhältnismäßigen Beschränkung seiner Rechte zu schützen.[190]

68

Dass der Rückgriff auf § 242 BGB auch in solchen Bereichen erforderlich bleiben kann, in denen der Gesetzgeber sich bei der Reform um die Kodifikation der einschlägigen Rechtsprechung bemüht hat, lässt sich anhand der **Hinweispflicht** des Versicherers **in der Unfallversicherung** nach § 186 verdeutlichen. Die Rechtsprechung hat diese Pflicht vor der Reform mit dem Argument entwickelt, der Versicherer verstoße gegen Treu und Glauben, wenn er sich ohne einen solchen Hinweis gegenüber dem VN auf das Fristversäumnis berufe.[191] Nach Inkrafttreten des § 186 ist diese Argumentation nicht mehr notwendig. Die Regelung ist aber nicht abschließend. Es gibt also andere Fälle, in denen die Geltendmachung des Versäumnisses treuwidrig sein kann (vgl. § 180 Rdn. 12 und § 186 Rdn. 4).

69

c) Begrenzung der Rechte des VN durch § 242 BGB

Auf der anderen Seite gibt es Fälle, in denen der VN sich den Grundsatz von Treu und Glauben entgegenhalten lassen muss. So ist die Geltendmachung der Versicherungsleistung aus einer **Aussteuerversicherung** rechtsmissbräuchlich, wenn die Ehe allein zur Erlangung der Versicherungsleistung geschlossen wird und im Übrigen nur »auf dem Papier« bestehen soll.[192] In der **Krankenversicherung** geht der BGH davon aus, dass der VN nach Treu und Glauben gehalten sei, bei der Inanspruchnahme einer besonders kostenträchtigen und nicht vital lebensnotwendigen Behandlung in angemessener Weise auf den Versicherer und die Versichertengemeinschaft Rücksicht zu nehmen.[193] Diese Auffassung ist indes zweifelhaft. Entscheidend ist die durch Auslegung zu klärende Frage, welche Leistungspflichten der **Versicherer** gegenüber dem VN übernommen hat. Hat der VN nach dem Inhalt des Vertrages einen Anspruch auf eine bestimmte Leistung, so kann die bloße Geltendmachung dieses Anspruchs nicht treuwidrig sein.[194] Eine andere Beurteilung wird auch nicht durch etwaige Rücksichtspflichten des VN gegenüber der **Versichertengemeinschaft** gerechtfertigt. Denn im Verhältnis zu den anderen VN fehlt es an der für die Anwendung des § 242 BGB erforderlichen Sonderverbindung (s. oben Rdn. 9).

70

d) Treu und Glauben und Risikogemeinschaft

Da der Grundsatz von Treu und Glauben auf die Gewährleistung eines gerechten Ergebnisses im **Einzelfall** abzielt, steht er – ebenso wie der Gedanke des Verbraucherschutzes – in einem Spannungsverhältnis zum versicherungsrechtlichen Prinzip des Risikoausgleichs im **Kollektiv**.[195] Dies führt jedoch nicht dazu, dass § 242 BGB im Versicherungsrecht besonders zurückhaltend anzuwenden wäre. Dem einzelnen VN kann nämlich nicht zugemutet werden, mit Rücksicht auf die Interessen der anderen VN einen Verstoß gegen Treu und

71

---

185 Auf § 241 II BGB abstellend auch BGH VersR 2013, 841, 842; für ergänzende (Neben-)Leistungspflichten stellt jetzt § 241 I BGB die Rechtsgrundlage dar. Allgemein zur Verlagerung des systematischen Standorts der Nebenpflichten durch die Schuldrechtsreform Staudinger/*Olzen*, § 241 Rn. 388 ff. Für die praktische Rechtsanwendung ist die systematische Zuordnung der Nebenpflichten freilich irrelevant, zumal man oft nicht exakt zwischen ihrer Begründung und ihrem Inhalt unterscheiden kann.
186 Allg. zum Verbot des Rechtsmissbrauchs Staudinger/*Looschelders*/*Olzen*, § 242 Rn. 213 ff.
187 Begr. RegE BT-Drucks. 16/3945, S. 69; Staudinger/*Looschelders*/*Olzen*, § 242 Rn. 1079.
188 PK/*Ebers*, § 1 Rn. 15; *Armbrüster*, FS E. Lorenz, 2014, S. 3, 17.
189 Vgl. BGH VersR 2005, 1225, 1226; Staudinger/*Looschelders*/*Olzen*, § 242 Rn. 1091.
190 Zu einzelnen Beispielen Staudinger/*Looschelders*/*Olzen*, § 242 Rn. 1073 ff.
191 BGH VersR 2006, 350, 353 = JR 2007, 106, 107 m. Anm. *Looschelders*/*Bruns*; OLG Düsseldorf VersR 2001, 449.
192 Zu einem Beispiel OLG Düsseldorf VersR 2002, 1092.
193 BGHZ 99, 228, 235; BGH VersR 2003, 581, 585; einschr. BGH VersR 2005, 1673, 1675.
194 So überzeugend HK-VVG/*Brömmelmeyer*, Einl. Rn. 53 und § 1 Rn. 20.
195 So namentlich *Deutsch*/*Iversen*, Rn. 17.

Einleitung A. Einführung in das Privatversicherungsrecht

Glauben hinzunehmen. Auch der versicherungsrechtliche **Gleichbehandlungsgrundsatz** (dazu sogleich Rdn. 72 ff.) kann keine Einschränkung des § 242 BGB rechtfertigen, weil er einer Berücksichtigung besonderer Umstände nicht entgegensteht.[196]

4. Das versicherungsrechtliche Gleichbehandlungsgebot

72 Ob und inwieweit der Versicherer verpflichtet ist, alle VN im Rahmen eines einheitlichen Risikokollektivs gleich zu behandeln, ist umstritten.[197] Im Ausgangspunkt ist festzustellen, dass ein **ausdrückliches** gesetzliches Gleichbehandlungsgebot nur für einzelne Bereiche gilt. Zu nennen ist insbesondere der VVaG, bei dem das Gleichbehandlungsgebot (§ 177 VAG = § 21 VAG a.F.) auf vereinsrechtlichen Erwägungen beruht. Darüber hinaus besteht ein Gleichbehandlungsgebot für bestimmte Versicherungszweige – namentlich die Lebensversicherung (§ 138 II VAG = § 11 II VAG a.F.), die Unfallversicherung mit Prämienrückgewähr (§ 161 I VAG i.V.m. § 138 II VAG = § 11d VAG a.F. i.V.m. § 11 II VAG a.F.) und die nach Art der Lebensversicherung betriebene Krankenversicherung (§§ 146 II, 147 VAG = § 12 IV, V VAG a.F.). Als besondere Ausprägung des Gleichbehandlungsgrundsatzes galt früher auch das **Begünstigungs- und Sondervergütungsverbot** nach § 81 III VAG a.F. i.V.m. den dazu erlassenen Verordnungen.[198] Die einschlägigen Verordnungen werden jedoch durch Art. 1 I Nr. 1–3 der Verordnung zur Aufhebung von Verordnungen aufgrund des VAG mit Wirkung vom 01.01.2016 aufgehoben.

73 Ein **allgemeines** versicherungsrechtliches Gleichbehandlungsgebot kann auch nicht auf die **Wertungen** der genannten Vorschriften oder auf den Gedanken der **Gefahrengemeinschaft** gestützt werden. Die §§ 138 II, 161 I, 146 II, 147 VAG (= §§ 11 II, 11d, 12 IV und V VAG a.F.) enthalten besondere Vorgaben für die Prämienkalkulation, die der **sozialpolitischen Bedeutung** der betreffenden Versicherungszweige und der damit verbundenen gesteigerten Schutzwürdigkeit der VN Rechnung tragen. Eine Ausweitung auf andere Versicherungszweige wäre von diesem Schutzzweck nicht gedeckt.[199] Das Gleichbehandlungsgebot des § 177 VAG (= § 21 VAG a.F.) beruht auf der **vereinsrechtlichen Struktur des VVaG** und lässt sich daher nicht auf die AG übertragen.[200] Der Gedanke der Gefahrengemeinschaft hilft deshalb nicht weiter, weil daraus kein rechtliches Gemeinschaftsverhältnis zwischen den Beteiligten folgt (vgl. oben Rdn. 9).[201]

74 Die vorstehenden Überlegungen ändern nichts daran, dass das Gebot der Gleichbehandlung ein **allgemeines Rechtsprinzip** darstellt, das in Art. 3 I GG verfassungsrechtlich verankert ist. Dieses Rechtsprinzip kann im Einzelfall herangezogen werden, um eine sachlich nicht gerechtfertigte Ungleichbehandlung der VN im Rahmen des **§ 242 BGB** oder bei der Kontrolle von AVB nach **§ 307 BGB** auszuschließen.[202]

VII. Ombudsleute

1. Versicherungsombudsmann e.V.

75 Zur Förderung der außergerichtlichen Schlichtung von Streitigkeiten wurde am 01.10.2001 die Institution des **Versicherungsombudsmann e.V.** (Postfach 080 632, 10 006 Berlin) eingeführt.[203] Der Versicherungsombudsmann e.V. hat die Rechtsform eines eingetragenen Vereins. Mitglieder sind der Gesamtverband der Versicherungswirtschaft (GdV) und dessen Mitgliedsunternehmen (§ 3 Vereinssatzung). Ziel des Vereins ist die Förderung der außergerichtlichen Streitbeilegung zwischen **Versicherungsunternehmen und Verbrauchern** (VN) sowie zwischen **Versicherungsvermittlern oder Versicherungsberatern und VN**.

76 Die Zuständigkeiten sowie die Einzelheiten des Verfahrens sind in den jeweiligen Verfahrensordnungen (VomVO, VermVO) geregelt.[204] Gem § 2 III VomVO findet das Verfahren vor dem Ombudsmann nur statt, wenn der Wert der Beschwerde 80.000 € nicht überschreitet. Bei einem Streitwert von bis zu 5.000 € ist die **Entscheidung** des Ombudsmanns für den Beschwerdegegner – also den Versicherer – bindend (§ 10 III 2 i.V.m. § 11 I 1, II 2 VomVO). Bei einem Streitwert von über 5.000 € bis 80.000 € ist der Bescheid des Ombudsmanns auch für den Versicherer eine nicht bindende **Empfehlung** (§ 10 III 2 i.V.m. § 11 I 2, II 2 Vom-

---

196 Vgl. Staudinger/*Looschelders*/*Olzen*, § 242 Rn. 1071; *Jung* VersR 2003, 282 ff.
197 Für Anerkennung eines allgemeinen Gleichbehandlungsgebots *Bruns*, § 6 Rn. 9 f.; *Julia C. Scherpe*, Gefahrengemeinschaft, S. 175 ff.; *Deutsch*/*Iversen*, Rn. 17; *Prölss*, FS Larenz, 1983, S. 487 ff.; *Winter* VersR 2002, 1055 ff.; dagegen L/W/*Looschelders*, § 1 Rn. 61; P/M/*Armbrüster*, Einl. Rn. 236 ff.; *Armbrüster*, Rn. 294; *ders.*, FS E. Lorenz, 2014, 3, 16; Prölss/*Präve*, § 11 Rn. 10; Prölss/*Weigel*, § 21 Rn. 4; *Dreher*, S. 127 ff.; *Wandt*, Rn. 140; *Jung* VersR 2002, 282, 284. Ausführlich zum Ganzen *Hartwig*, Geltung des Gleichbehandlungsgrundsatzes; *Krömmelbein*, Gleichbehandlungsgrundsatz.
198 Vgl. Prölss/*Kollhosser*, § 81 Rn. 69 ff.; *Deutsch*/*Iversen*, Rn. 143; krit. dazu B/M/*Baumann*, § 1 Rn. 248; *Krömmelbein*, S. 177 ff.
199 Vgl. L/W/*Looschelders*, § 1 Rn. 64; Prölss/*Präve*, § 11 Rn. 10; *Wandt*, Rn. 140.
200 Prölss/*Weigel*, § 21 Rn. 4 f.; *Dreher*, S. 128; *E. Lorenz*, Gefahrengemeinschaft, S. 17 ff.
201 Vgl. *Dreher*, S. 125; a.A. *Julia C. Scherpe*, Gefahrengemeinschaft, S. 175.
202 Vgl. BVerfG VersR 2000, 835; LG Dortmund NJW-RR 2009, 249, 250; krit. *Armbrüster*, Rn. 298.
203 Zum Versicherungsombudsmann vgl. B/M/*Beckmann*, Einf. A Rn. 208 ff.; P/M/*Armbrüster*, Einl. Rn. 230 ff.; L/W/*Looschelders*, § 214 Rn. 8 ff.; *E. Lorenz* VersR 2004, 541 ff.; *Römer* NJW 2005, 1251 ff.; *Scherpe* NVersZ 2002, 97.
204 Vgl. B/M/*Beckmann*, Einf. A Rn. 211.

VO). Dem VN steht nach einer Entscheidung des Ombudsmanns immer der Weg zu den ordentlichen Gerichten offen (§ 11 II 1 VomVO). Davon abgesehen gilt die **Verjährung** für streitbefangene Ansprüche während des gesamten Verfahrens als gehemmt (§ 12 I VomVO).[205] Bei Beschwerden im Zusammenhang mit der Vermittlung von Versicherungsverträgen tritt dagegen keine entsprechende Hemmung der Verjährung ein (§ 6 VermVO).[206]

2. Ombudsmann für die Private Kranken- und Pflegeversicherung

Der **Ombudsmann Private Kranken- und Pflegeversicherung** (Kronenstr. 13, 10117 Berlin) wurde vom Verband der privaten Krankenversicherung e.V. eingerichtet. Die Einrichtung besteht ebenfalls seit 01.10.2001 und ist nach ihrem Statut für die Schlichtung von Streitigkeiten zwischen Versicherungsunternehmen und ihren Versicherten sowie für Beschwerden gegen Versicherungsvermittler oder Versicherungsberater, jeweils mit Bezug auf die private Kranken- oder Pflegeversicherung, zuständig.[207] Nach § 7 I des Statuts ist die **Entscheidung** des Ombudsmanns Private Kranken- und Pflegeversicherung generell **unverbindlich**. Die Einlegung der Beschwerde hemmt aber nach § 5 II des Statuts die **Verjährung**.[208]   77

3. Anerkennung von Schlichtungsstellen

Der bei der Reform eingefügte und durch das Gesetz zur Umsetzung der Richtlinie über alternative Streitbeilegung in Verbraucherangelegenheiten und zur Durchführung der Verordnung über Online-Streitbeilegung in Verbraucherangelegenheiten vom 19.02.2016 (BGBl. I S. 254) neu gefasste § 214 sieht vor, dass das Bundesamt für Justiz privatrechtlich organisierte Einrichtungen als Schlichtungsstelle zur außergerichtlichen Beilegung von Streitigkeiten bei Versicherungsverträgen mit Verbrauchern (§ 13 BGB) sowie zwischen Versicherungsvermittlern oder Versicherungsberatern und VN im Zusammenhang mit der Vermittlung von Versicherungsverträgen anerkennen kann. Der **Versicherungsombudsmann e.V.** und der **Ombudsmann Private Kranken- und Pflegeversicherung** waren schon auf der Grundlage der Vorläufervorschriften (§§ 42k, 48e a.F.) als Schlichtungsstellen anerkannt.[209] Diese Anerkennungen werden durch die Neuregelung nicht berührt.[210] Seit dem 01.08.2016 sind beide Einrichtungen Verbraucherschlichtungsstellen i.S.d. Verbraucherstreitbeilegungsgesetzes und müssen dessen Anforderungen erfüllen. Für die Einzelheiten wird auf die Kommentierung des § 214 verwiesen.   78

B. Allgemeine Versicherungsbedingungen (AVB)

Übersicht

	Rdn.		Rdn.
I. Allgemeines	1	VI. Inhaltskontrolle von AGB	52
II. AVB und AGB	3	1. Allgemeines	52
III. Voraussetzungen der Kontrolle nach §§ 305 ff. BGB	4	2. § 307 III 1 BGB: Gegenstand der Kontrolle nach §§ 307 I, II, 308, 309 BGB	57
1. Vertragsbedingungen	5	a) Inhaltskontrolle der AVB gesetzlich nicht geregelter Versicherungszweige	58
2. Vielzahl von Verträgen	12		
3. Vorformuliert	13	b) Keine Inhaltskontrolle deklaratorischer AVB	59
4. Bei Vertragsabschluss	16		
5. Stellen der Bedingungen durch den Verwender	17	c) Keine Inhaltskontrolle der Beschreibung der Hauptleistung	60
6. Keine Individualvereinbarung, § 305 I 3 BGB	25	3. Maßstab des § 307 I 1, II BGB	64
IV. Einbeziehung von AGB	29	4. Maßstab des § 307 I 2 BGB	68
1. Voraussetzungen nach §§ 305 II, III BGB	29	VII. Rechtsfolgen	73
2. Überraschende Klauseln, § 305c BGB	35	VIII. Anpassung von AVB an das neue VVG	75
V. Auslegung von AGB	42	1. Anpassungsrecht nach Art. 1 III EGVVG; Anpassungspflicht?	75
1. Verhältnis zur Inhaltskontrolle	42	2. Voraussetzungen der Anpassung	76
2. Auslegungsmaßstab	43	3. Rechtsfolge fehlender oder fehlerhafter Anpassung	78
3. Einzelne Auslegungskriterien	47		
4. Kasuistik	48		
5. Unklarheitenregel des § 305c II BGB	49		

---

205 Vgl. L/W/*Looschelders*, § 214 Rn. 20; *Scherpe* NVersZ 2002, 97, 99.
206 L/W/*Looschelders*, § 214 Rn. 21; *Looschelders/Paffenholz*, Rn. 56.
207 Näher dazu B/M/*Beckmann*, Einf. A Rn. 219; *Kalis* VersR 2002, 292 ff.
208 L/W/*Looschelders*, § 214 Rn. 20; *Looschelders/Paffenholz*, Rn. 57.
209 Vgl. L/W/*Looschelders*, § 214 Rn. 2 ff.
210 Vgl. Begr. RegE BT-Drucks. 16/3945 S. 23.

Einleitung B. Allgemeine Versicherungsbedingungen (AVB)

Schrifttum:
Armbrüster, AGB-Kontrolle der Leistungsbeschreibung in Versicherungsverträgen – Neues vom EuGH?, NJW 2015, 1788; *ders.,* Das BGH-Urteil zur unterlassenen AVB-Anpassung und seine Folgen, VersR 2012, 9; *ders.,* Kehrtwende des BGH bei der AGB-Kontrolle in der Lebensversicherung, NJW 2012, 3001; *Bach/Moser,* Private Krankenversicherung, 5. Aufl. 2016; *Basedow,* Transparenz als Prinzip des (Versicherungs-)Vertragsrechts, VersR 1999, 1045; *Bartmuß,* Lückenfüllung im Versicherungsvertrag, 2001; *Basten,* Neue Lösung für alte Verträge, VW 2013, 56; *H. Baumann,* Zur Inhaltskontrolle von Produktbestimmungen in Allgemeinen Geschäftsbedingungen, VersR 1991, 490; *ders.,* Die Bedeutung der Entstehungsgeschichte für die Auslegung von Allgemeinen Geschäfts- und Versicherungsbedingungen, r+s 2005, 313; *Billing,* Die Bedeutung des § 307 III 1 BGB im System der AGB-rechtlichen Inhaltskontrolle, 2006; *Brand,* Problemfelder des Übergangsrechts zum neuen VVG, VersR 2011, 557; *Brandner,* Schranken der Inhaltskontrolle, in: FS Hauß 1978, S. 1; *Brömmelmeyer/Morgenstern,* Musterversicherungsbedingungen im Europäischen Kartellrecht, in: Festgabe für H.-P. Schwintowski, 2012, S. 31; *Diringer,* Prinzipien der Auslegung von Allgemeinen Versicherungsbedingungen, 2015; *Dreher,* Die Versicherung als Rechtsprodukt, 1991; *Dylla-Krebs,* Schranken der Inhaltskontrolle Allgemeiner Geschäftsbedingungen, 1990; *Evermann,* Die Anforderungen des Transparenzgebotes an die Gestaltung von Allgemeinen Versicherungsbedingungen, 2002; *Fajen,* Die Subsidiaritätsklauseln im Versicherungsrecht unter besonderer Berücksichtigung der qualifizierten Subsidiaritätsklausel, VersR 2013, 973; *Fausten,* Grenzen der Inhaltskontrolle Allgemeiner Versicherungsbedingungen, VersR 1999, 413; *Felsch,* Die neuere Rechtsprechung des IV. Zivilsenats des Bundesgerichtshofs zur Haftpflichtversicherung, r+s 2008, 265; *Fitzau,* Das dicke Ende kommt noch! Die Umstellung der AVB auf das neue Versicherungsrecht, VW 2008, 448; *Funck,* Ausgewählte Fragen aus dem Allgemeinen Teil zum neuen VVG aus der Sicht einer Rechtsabteilung, VersR 2008, 163; *Grote/Thiel,* Der Stornoabzug – von der Versicherungsmathematik benötigt, von der Judikatur verworfen, nur von der Legislative zu retten?, VersR 2013, 666; *Heyers,* AVB und Beratungspflichten – Markt- und Produktdisposition, ZVersWiss 2010, 349; *Honsel,* Umstellung der Schaden- und Unfallbestände auf das VVG 2008, VW 2008, 480; *Höra,* Materielle und prozessuale Klippen in der Berufsunfähigkeits- und Krankenversicherung, r+s 2008, 89; *Hövelmann,* Anpassung der AVB von Altverträgen nach Art. 1 III EGVVG – Option oder Zwang?, VersR 2008, 612; *Kieninger,* Nochmals: Grenzen der Inhaltskontrolle Allgemeiner Versicherungsbedingungen, VersR 1999, 951; *Klimke,* Die halbzwingenden Vorschriften des VVG 2004 – Ihre Missachtung und ihr Verhältnis zur Kontrolle nach den §§ 305 ff. BGB, 2004; *ders.,* Vertragliche Ausschlussfristen für die Geltendmachung des Versicherungsanspruchs nach der VVG-Reform – Entschuldigungsmöglichkeit, Hinweispflicht und Transparenz, VersR 2010, 290; *Koch,* Abschied von der Rechtsfigur der verhüllten Obliegenheit, VersR 2014, 283; *ders.,* Die Auslegung von AVB, VersR 2015, 133; *ders.,* Kontrollfähigkeit/-freiheit formularmäßiger Haftpflichtversicherungsfalldefinitionen?, VersR 2014, 1277; *Langheid,* § 8 AGB-Gesetz im Lichte der EG-AGB-RL: Kontrollfähigkeit von Leistungsbeschreibungen durch Intransparenz, NVersZ 2000, 63; *ders.,* AVB-Kontrolle im Lichte der neueren Rechtsprechung, in: GS Hübner, 2012, S. 137; *ders.,* Missbrauchskontrolle von Leistungsbeschreibungen nur bei Intransparenz, VersR 2015, 1071; *Leithoff,* Einige Hinweise zur Kostenverrechnung in der Lebensversicherung, ZfV 2012, 767; *Looschelders,* Die Kontrolle Allgemeiner Versicherungsbedingungen nach dem AGBG, JR 2001, 397; *Maier,* AVB: kann oder muss umgestellt werden?, VW 2008, 986; *ders.,* Zum Transparenzgebot in der Kaskoversicherung, r+s 2006, 94; *Marlow/Tschersich,* Die private Unfallversicherung – Aktuelles aus Rechtsprechung und Praxis, r+s 2013, 365; *Martin,* Inhaltskontrolle von Allgemeinen Versicherungsbedingungen (AVB) nach dem AGBG, VersR 1984, 1107; *Mattern,* Das Informationsmodell im VVG unter Berücksichtigung der Auswirkungen auf die AGB-Kontrolle, 2011; *Matusche-Beckmann/Beckmann,* Einbeziehung von Allgemeinen Versicherungsbedingungen in den Versicherungsvertrag nach der VVG-Reform, in: FS Fiedler, 2011, S. 915; *Meyer-Cording,* Vernünftige Auslegung nach AGB, NJW 1981, 2338; *Niebling,* Die Schranken der Inhaltskontrolle nach § 8 AGB-Gesetz, Diss. Tübingen 1988; *Ortmann,* Transparent AVB – Wie schreibt man Versicherungsbedingungen verständlich?, in: Festgabe für H.-P. Schwintowski, 2012, S. 11; *Päffgen,* Unterlassene AVB-Anpassung gem. Art. 1 Abs. 3 EGVVG, VersR 2011, 837; *Pauly,* Allgemeine Versicherungsbedingungen – Sind bei ihrer Auslegung auch externe Erklärungen zu berücksichtigen?, VersR 2008, 1326; *ders.,* Zur »Lückenfüllung« bei unwirksamen AVB, VersR 1996, 287; *Pilz,* Missverständliche AGB – Ein Beitrag im Verhältnis von Auslegung und Transparenzkontrolle untersucht am Beispiel Allgemeiner Versicherungsbedingungen, 2010; *ders.,* Zur Berücksichtigung des einem durchschnittlichen Versicherungsnehmer nicht zugänglichen Auslegungsmaterials bei der Auslegung der AVB, VersR 2010, 1289; *Pohlmann,* Keine Sanktionen bei Verletzung von Obliegenheiten aus Alt-AVB?, NJW 2012, 188; *dies.,* Musterversicherungsbedingungen nach Wegfall der GVO: Paradise lost? WuW 2010, 1106; *dies.,* Update: Musterversicherungsbedingungen nach Wegfall der GVO: Paradise regained? WuW 2011, 379; *Präve,* Versicherungsbedingungen: Grundsätze zur Reform (II), VW 2000, 450; *ders.* Individualrechte zulasten des Versichertenkollektivs?, VersR 2012, 657; *ders.,* Versicherungsbedingungen und Transparenzgebot, VersR 2000, 138; *ders.,* Das AGB-Recht auf dem Prüfstand, NVersZ 2001, 5; *ders.,* Versicherungsbedingungen und AGB-Gesetz, 1998; *Prölss,* 50 Jahre BGH: Ein Streifzug durch die höchstrichterliche Rechtsprechung zu den AVB, VersR 2000, 1441; *Reiff,* Die Auswirkungen des BGH-Urteils vom 25.07.2012 (IV ZR 201/10 – VersR 2012, 1149) zu den Allgemeine Versicherungsbedingungen der Lebensversicherung, VersR 2013, 785; *Rolfs,* Allgemeine Versicherungsbedingungen, ihre Anpassung und die Reform des VVG, in: GS Hübner, 2012, S. 233; *Römer,* Für eine gesetzliche Regelung zur Anpassung Allgemeiner Versicherungsbedingungen, VersR 1994, 125; *ders.,* Schranken der Inhaltskontrolle von Versicherungsbedingungen in der Rechtsprechung nach § 8 AGB-Gesetz, in: FS E. Lorenz, 1994, 449; *Schaffrin,* Die Kontrolle von Allgemeinen Geschäftsbedingungen und Allgemeinen Versicherungsbedingungen: Ein Vergleich, 2016; *Scherpe,* Das Prinzip der Gefahrengemeinschaft im Versicherungsrecht, 2011; *Schimikowski,* Die neuen Musterbedingungen für die Privathaftpflichtversicherung, r+s 2015, 373; *ders.,* Einbeziehung von Allgemeinen Versicherungsbedingungen in den Vertrag, r+s 2007, 309; *ders.,* Aktuelle Fragen zum Abschluss des Versicherungsvertrags, r+s 2012, 577; *Schirmer,* Die Auswirkungen des AGBG auf Ausarbeitung und Verwendung von AVB, Symposion »80 Jahre VVG«, 1988, 268; *Schlömer,* Die Anwendung von § 28 Abs. 2 VVG im Falle einer unwirksamen Rechtsfolgenregelung für Obliegen-

B. Allgemeine Versicherungsbedingungen (AVB) Einleitung

heitsverletzungen, 2016; *Schneider/Schlüter*, BGH zur Schadensersatzpflicht von Maklern und zur Versicherungsfalldefinition in der Haftpflichtversicherung, PHi 2014, 154; *Schünemann*, Allgemeine Versicherungsbedingungen – »Leistungsbeschreibungen« oder inhaltskontrollierte Vertragskonditionen?, VersR 2000, 144; *Schwintowski*, Transparenz und Verständlichkeit von Allgemeinen Versicherungsbedingungen und Prämien, NVersZ 1998, 97; *ders.* Die AKB auf dem Prüfstand des Transparenzgebots, ZfV 2014, 332 u. 369; *Segger/Degen*, Das Recht zur Anpassung von Altverträgen: Alles oder nichts für den Versicherer, VersR 2011, 440; *Seybold*, Geltungserhaltende Reduktion, Teilunwirksamkeit und ergänzende Auslegung bei Versicherungsbedingungen, VersR 1989, 784; *Sieg*, Auswirkungen des AGB-Gesetzes auf Justiz und Verwaltung im Bereich der Privatversicherung, VersR 1977, 489; *Sommer*, Verzicht auf das Recht zur Arglistanfechtung in AGB/AVB, ZVersWiss 2013, 491; *Staudinger*, Die Kontrolle grenzüberschreitender Versicherungsverträge anhand des AGBG, VersR 1999, 401; *Terno*, Gerichtliche Kontrolle allgemeiner Versicherungsbedingungen, r+s 2004, 45; *ders.*, Wirksamkeit von Kostenanrechnungsklauseln, r+s 2013, 577; *Thunnissen*, Die Beurteilung von Musterversicherungsbedingungen nach Europäischem Kartellrecht, ZVersWiss 2012 (101), 643; *dies.*, Die kartellrechtliche Zulässigkeit von Musterversicherungsbedingungen, 2015; *dies.*, Klauseln, Kontrollen und Konformitäten, VW 2015, Nr. 12, 58; *Thüsing*, Rechtsfolgen unwirksamer AGB – Zur Möglichkeit einseitiger Nachbesserung durch den Verwender und richtigere Wege, VersR 2015, 927; *Thüsing/Fütterer*, Die Grenzen der ergänzenden Auslegung von AGB, VersR 2013, 552; *Uffmann*, Vertragsgerechtigkeit als Leitbild der Inhaltskontrolle, NJW 2012, 2225; *van de Loo*, Die Angemessenheitskontrolle Allgemeiner Versicherungsbedingungen nach dem AGB-Gesetz, 1987; *von Münch*, Die Einbeziehung von AGB und AVB im elektronischen Rechtsverkehr, 2004; *von Westphalen*, Einige Überlegungen zu Grundlagen und Zielen der richterlichen Inhaltskontrolle von AGB-Klauseln, in: FS Kübler, 2015, S. 787; *Wagner*, Pflicht zur Anpassung von Altverträgen nach der VVG-Reform?, VersR 2008, 1190; *Wagner/Rattay*, Rechtsfolgen der unterbliebenen Anpassung der AVB von Altverträgen – auch Versicherer haben Obliegenheiten, VersR 2010, 1271; *Wandt*, Ersetzung unwirksamer ALB im Treuhänderverfahren gem. § 172 VVG, VersR 2001, 1449; *ders.*, Transparenz als allgemeines Prinzip des Versicherungsrechts, GS Hübner, 2012, S. 341; *ders.*, Zur Auslegung von § 28 VVG und zur analogen Anwendung des VVG auf entgeltliche Haftungsbegrenzungen in Kfz-Mietverträgen, in: FS E. Lorenz, 2014, S. 535; *Wandt/Ganster*, Zur Harmonisierung von Versicherungsbeginn und Prämienfälligkeit durch AVB im Rahmen des VVG 2008, VersR 2007, 1034; *Weidner*, Risiken bei unterlassener Anpassung der AVB von Altverträgen an das VVG 2008?, r+s 2008, 368; *Werber*, Halbzwingende Vorschriften des neuen VVG und Inhaltskontrolle, VersR 2010, 1253; *ders.* Kostenanrechnungsklauseln in der D&O-Versicherung, VersR 2014, 1159; *Wittchen*, Die Wirksamkeit der Sanktionsregelung bei vertraglich vereinbarten Obliegenheiten, NJW 2012, 2480.

I. Allgemeines

Die AVB geben dem unsichtbaren Rechtsprodukt Versicherung seine Gestalt.[1] Darin unterscheiden sie sich von AGB in anderen Branchen, die regelmäßig nicht die Hauptleistung des Verwenders inhaltlich festlegen. Ohne AVB wäre das Versicherungsgeschäft als Massengeschäft nicht zu bewältigen.[2] Prämien können nur kalkuliert werden, wenn VN durch standardisierte Bedingungen zu Risikokollektiven zusammengefasst werden. Auch die Abwicklung von Versicherungsfällen erfordert eine gewisse Standardisierung. Die Verwendung von AVB unterliegt Vorgaben des VVG, des VAG und der §§ 305 ff. BGB, die zusammen einen umfassenden Schutz des VN verwirklichen.[3] Die Inhaltskontrolle durch die Gerichte hat seit der weitgehenden Abschaffung der aufsichtsbehördlichen Ex-ante-Kontrolle von AVB im Jahre 1994 an Bedeutung gewonnen.[4] Sie zwingt die VR, ihre AGB ständig auf Anpassungsbedarf zu überprüfen. Hinzu kommt, dass die Vorgaben der §§ 307–309 BGB auch Marktverhaltensregelungen i.S.d. des UWG sein können,[5] also auch hier Sanktionen drohen. Schließlich ist auch eine Ex-Post-Kontrolle durch die BaFin nach § 298 I 1 VAG möglich.

Gem. § 9 IV Nr. 4 und Nr. 5 b) VAG werden die AVB der Pflichtversicherungen und der substitutiven Krankenversicherung noch ex ante von der BaFin überprüft. So wird sichergestellt, dass die jeweilige Versicherung den gesetzlich gebotenen Umfang hat.

Für nahezu alle Versicherungssparten geben der Gesamtverband der Deutschen Versicherungswirtschaft (GDV) und der Verband der Privaten Krankenversicherung (PKV) **Muster-AVB** heraus. Aus kartellrechtlicher Sicht ist dieses gemeinsame Handeln der Wettbewerber über ihren Verband hinsichtlich produktgestaltender AVB i.d.R. zulässig, solange sich kein De-facto-Standard entwickelt. Einfache AVB, die die Vertragsdurchführung betreffen, können i.d.R. ohne weiteres als Muster verwendet werden. Keinesfalls aber darf sich das Muster auf Prämien beziehen.[6] Zum Teil wird angenommen, dass gegen §§ 307–309 BGB verstoßende Musterbedingungen bereits deshalb kartellrechtswidrig seien.[7]

---

1 Vgl. P/M/*Armbrüster*, Einl. Rn. 27; B/M/*Beckmann*, Einf. C Rn. 2; L/W/*Reiff*[1], AVB Rn. 2 f.
2 VersHb/*Beckmann*, § 10 Rn. 3; P/M/*Armbrüster*, Einl. Rn. 27.
3 Vgl. VersHb/*Beckmann*, § 10 Rn. 6.
4 *Wandt*, in: GS Hübner, S. 341, 347.
5 BGH NJW 2012, 3577, 3580.
6 *Thunnissen*, 133 ff.; *dies.* ZVersWiss 2012, 101, 643 ff.; *dies.* VW 2015, Nr. 12, 58 ff.; *Brömmelmeyer/Morgenstern*, in: Festgabe für H.-P. Schwintowski, S. 31 ff.; *Pohlmann* WuW 2010, 1106 ff.; *dies.*, WuW 2011, 379 ff.
7 *Brömmelmeyer/Morgenstern*, in: Festgabe für H.-P. Schwintowski, S. 31 ff.

Einleitung B. Allgemeine Versicherungsbedingungen (AVB)

II. AVB und AGB

3 Der Begriff der AVB wird im VAG (z.B. § 9 IV Nr. 4, Nr. 5 b), §§ 47 Nr. 13, 61 IV, 144, 150 III, 155 II 2, III, 158 I Nr. 1, 197, 219 III Nr. 1, 232 I Nr. 2, 234 III Nr. 1, 305 I Nr. 1), im VVG (z.B. §§ 7 I, II Nr. 1, IV, 8 II Nr. 1) und in der VVG-InfoV (z.B. § 1 I Nr. 6a) verwendet. AVB werden üblicherweise als die AGB der VR bezeichnet,[8] womit die Legaldefinition des § 305 I BGB in den Begriff der AVB inkorporiert wird. Diese Gleichsetzung trifft nur cum grano salis zu, da nicht alle in AVB enthaltenen Bestimmungen AGB sind, etwa mangels Regelungscharakters (s. Rdn. 5 ff.). Der Begriff der AVB ist daher in den genannten Gesetzen jeweils autonom nach dem Sinn und Zweck der jeweiligen Norm auszulegen, und die Reichweite der AGB-Kontrolle muss nicht identisch mit dem Anwendungsbereich der genannten Regeln des VVG und des VAG sein. So umfasst etwa die Kontrolle nach §§ 305 ff. BGB gem. § 310 III Nr. 2 BGB auch Klauseln, die keine AGB und mangels Betroffenheit der Belange der Gesamtheit der Versicherten auch keine AVB im aufsichtsrechtlichen Sinne sind.[9] Im Folgenden geht es nicht um den Begriff der AVB in den genannten Normen des VVG und des VAG, sondern um die Anwendung des Rechts der AGB auf AVB.[10]

III. Voraussetzungen der Kontrolle nach §§ 305 ff. BGB

4 AGB i.S.v. § 305 I BGB liegen vor, wenn es sich um Vertragsbedingungen handelt (1.), die für eine Vielzahl von Verträgen (2.) vorformuliert sind (3.) und bei Abschluss des Vertrages (4.) von einer Vertragspartei der anderen gestellt werden (5.), insbes. nicht zwischen den Parteien im Einzelnen ausgehandelt sind (6.). Die oben genannte Besonderheit von AVB gegenüber den AGB anderer Branchen, das Produkt Versicherung erst zu schaffen, schlägt sich in besonderen Fragestellungen im Rahmen der Kontrolle nach §§ 305 ff. BGB nieder.

1. Vertragsbedingungen

5 AGB sind Bedingungen für Verträge, d.h. sie müssen darauf gerichtet sein, den Inhalt eines Vertrages zu regeln.[11]

6 An einer **vertraglichen** Regelung fehlt es, wenn das Rechtsverhältnis **hoheitlich** durch Gesetz, Verordnung oder Satzung **ausgestaltet** ist, wie etwa bei berufsständischen Versorgungswerken wie dem Versorgungswerk der Steuerberater im Land NRW. Zum Schutz der Vertragspartner des Verwenders wird daher z.T. die analoge Anwendung des AGB-Rechts vorgeschlagen,[12] die aber allenfalls im Rahmen der Auslegung und dort auch nur in den Grenzen des öffentlichen Rechts möglich ist, weil die Unwirksamkeitsgründe der §§ 305 ff. BGB nicht das öffentliche Recht modifizieren können. Sind die Vertragsverhältnisse zwischen einem Hoheitsträger und den VN dagegen privatrechtlich organisiert, unterliegen sie der AGB-Kontrolle, wie z.B. die in die Satzung der Versorgungsanstalt des Bundes und der Länder aufgenommenen Vertragsbedingungen.[13] Auch die in die **Satzung eines VVaG** aufgenommenen AVB sind der AGB-Kontrolle unterliegende vertragliche Regelungen.[14]

7 Umstritten ist, ob Klauseln, die gesetzliche Regelungen nur konkretisieren oder gar nur wiedergeben (z.B. § 10 II Abschnitt B VHB 2010, der § 74 II übernimmt), der AGB-Kontrolle unterfallende **Regelungen** sind.[15] Bei konkretisierenden Regelungen ergibt sich der eigenständige Regelungsgehalt schon aus der Konkretisierung. Bei rein wiederholenden Bestimmungen ist zu unterscheiden: Regeln sie einen Sachverhalt nicht abschließend, werden sie notwendig durch weitere Klauseln konkretisiert und unterliegen schon wegen dieses Zusammenspiels der Kontrolle. Die Tatsache der wörtlichen Übernahme des Gesetzes ändert an dem konkretisierenden Charakter der AVB nichts. Ist eine rein gesetzeswiederholende Bestimmung tatsächlich einmal abschließend und steht nicht in Wechselwirkung mit anderen AVB, hat sie insofern einen eigenen Regelungsgehalt, als sie für den betreffenden Vertrag die unveränderte Geltung des VVG festschreibt. Deshalb ist auch sie eine AGB. Das ergibt sich im Übrigen aus § 307 III 2 BGB, der entbehrlich wäre, wären gesetzeswiederholende Bestimmungen keine AGB. Mit der Kompetenz des BVerfG zur Kontrolle von Gesetzen kollidiert die AGB-Kontrolle gesetzesgleicher AGB nicht,[16] da § 307 III 2 BGB der Kontrolle inhaltlich enge Grenzen zieht (nur Transparenzkontrolle, s.u. Rdn. 57 ff.). Diese Transparenzkontrolle ist aber auch bei gesetzlicher Vorfor-

---

[8] BGH VersR 2000, 1090, 1091; OLG Karlsruhe VersR 2010, 1213, 1214; *Terno* r+s 2004, 45, 46; VersHb/*Beckmann*, § 10 Rn. 1; F/K/B/P/*Kaulbach*, § 5 Rn. 31; P/M/*Armbrüster*, Einl. Rn. 19.

[9] Prölss/*Präve*, § 5 Rn. 22.

[10] *Werber* VersR 2010, 1253 kommt zu dem Schluss, dass neben den Regelungen des VVG n.F. eine Inhaltskontrolle nach § 307 BGB grundsätzlich nicht, sondern lediglich in (praktisch allerdings recht beachtlichen) Ausnahmefällen zulässig ist.

[11] BGH NJW 2006, 1645, 1646.

[12] VersHb/*Beckmann*, § 10 Rn. 45 m.w.N.; B/M/*Beckmann*, Einf. C Rn. 45; vorsichtiger MünchKommBGB/*Basedow*, § 305 Rn. 5 u. L/W/*Reiff*[1], AVB Rn. 17.

[13] BGH VersR 2013, 46, 47; BGHZ 142, 103, 105; VersR 2010, 657, 658 u. 801, 802 (für den konkreten Fall jeweils offen gelassen, da inhaltlich unbedenklich); BGH VersR 2003, 719, 720.

[14] BGHZ 136, 394 = VersR 1997, 1517; L/W/*Reiff*[1], AVB Rn. 15.

[15] Dagegen *van de Loo*, S. 41 ff., 79 ff.; P/M/*Armbrüster*, Einl. Rn. 101 für alle Fälle wörtlicher Übernahme; dafür die h.M., s. die Nachweise sogleich.

[16] Anders *van de Loo*, S. 50 f.

B. Allgemeine Versicherungsbedingungen (AVB) Einleitung

mulierung geboten, da nicht jeder Gesetzestext per se die Anforderungen an die Transparenz von AGB erfüllt. Anderes gilt, wenn das Gesetz selbst anordnet, eine AGB sei in bestimmter Weise zu formulieren, um den Anforderungen des AGB-Rechts zu genügen. Dann liegen zwar eine Regelung und damit eine AGB vor, wenn der Versicherer die Bedingung gesetzeskonform in den Vertrag aufnimmt und damit zwischen den Parteien in Geltung setzt. Eine Transparenzkontrolle nach § 307 I 2 BGB ist dennoch ausgeschlossen, weil die Klausel kraft Gesetzes als transparent anzusehen ist.[17]

Regelungen des Vertragsverhältnisses sind auch vorformulierte **einseitige Erklärungen** des VN, auch wenn sie nicht Bestandteil des Vertrages selbst sind, sondern nur mit der vertraglichen Beziehung zusammenhängen.[18] AGB sind z.B. Schweigepflichtentbindungserklärungen,[19] datenschutzrechtlich erforderliche Einwilligungen,[20] Einverständnis mit telefonischer Beratung,[21] Beschränkungen der Vollmacht des Agenten[22] oder der **Verzicht** auf die Beratung nach § 6 oder auf die Informationen nach § 7.[23] Die letztgenannten Informationen sind selbst keine Regelungen, soweit sie sich auf die Wiedergabe von tatsächlichen Verhältnissen beschränken,[24] wie etwa die nach § 1 I Nr. 1 VVG-InfoV zu nennenden Tatsachen. Soweit die Informationen aber den Inhalt des Vertrages festlegen, wie z.B. Einzelheiten über die Zahlung der Prämie nach § 1 I Nr. 9 VVG-InfoV, handelt es sich um Vertragsbedingungen i.S.v. § 305 I 1 BGB. Eine Regelung kann auch in einer Bitte, Empfehlung oder einem Hinweis enthalten sein.[25] Bloße **unverbindliche Erklärungen** sind dagegen keine Regelungen, wie etwa die Ankündigung, einen bestimmten Tarif einführen zu wollen.[26] Auch Bitten, Empfehlungen oder tatsächliche Hinweise stellen keine Regelungen. Für die Unterscheidung von verbindlichen AVB und unverbindlichen Erklärungen ist auf den Empfängerhorizont des rechtlich nicht vorgebildeten Durchschnittskunden und die typischerweise gegebenen Verhältnisse abzustellen.[27] Ist man im Wege der Auslegung zu dem Ergebnis gekommen, eine Regelung liege vor, kann man nicht im Wege der nachgeschalteten Transparenzkontrolle dieses Ergebnis wieder infrage stellen, denn mögliche Unklarheiten waren schon im Rahmen der Auslegung zu berücksichtigen.[28]

Umstritten ist, ob **Antragsfragen** i.S.v. § 19 zugleich Regelungen und damit AGB sind. Die Rspr. legt die Fragen aus der Sicht eines durchschnittlichen VN ohne versicherungsrechtliche Spezialkenntnisse aus und behandelt sie insofern als AGB. Sie bezeichnet sie z.T. auch als solche.[29] Eine Inhaltskontrolle nach §§ 305 ff. BGB wird aber überwiegend abgelehnt, weil Fragen keine Regelungen seien,[30] sondern die Obliegenheiten zu ihrer Beantwortung sich aus § 19 I ergebe. Auch wenn Fragen als solche deshalb nicht als AGB anzusehen seien, so seien sie aber **analog** den für diese geltenden Grundsätzen auszulegen und es könne § 305c II BGB analog angewandt werden.[31] Nach anderer Ansicht genügt die mittelbare Wirkung der Fragen auf den Vertragsinhalt zur Annahme einer Regelung.[32] Eine Transparenzkontrolle nach § 307 I 2 BGB sei außerdem sinnvoll, um auf klare Fragen hinzuwirken;[33] Letzteres wird allerdings auch dadurch erreicht, dass die Unklarheit bereits das Entstehen einer Anzeigeobliegenheit verhindert oder das Verschulden des VN an der falschen Beantwortung ausschließt.[34]

Dennoch scheitert die AGB-Kontrolle von Antragsfragen entgegen der h.M. nicht am Fehlen einer Regelung. Der BGH zieht die Grenze zwischen tatsächlichen Feststellungen, Aussagen sowie Hinweisen einerseits und Vertragsbedingungen andererseits so, dass eine Regelung erst dann vorliegt, wenn für eine Seite ein Recht oder eine Pflicht begründet oder inhaltlich verändert wurde.[35] Auch die Begründung einer Obliegenheit genügt diesen Voraussetzungen, weil sie Rechte und Pflichten modifiziert. Eine Antragsfrage begründet i.V.m. § 19 I die Obliegenheit des VN, sie zu beantworten; erst die konkrete Antragsfrage lässt eine Obliegenheit bestimmten Inhalts entstehen. Es wird mithin für das vorvertragliche Schuldverhältnis zwischen VN und VR ei-

---

17 Vgl. zur Diskussion um die gesetzliche Normierung der Widerrufsbelehrung BGH NJW 2012, 3298 ff.
18 BGHZ 141, 124, 126; MünchKommBGB/*Basedow*, § 307 Rn. 9.
19 OLG Hamburg VersR 1994, 1170.
20 OLG Hamburg VersR 1994, 1170.
21 BGH VersR 2001, 315, 316.
22 Vgl. BGH VersR 1999, 565, 567.
23 So auch *Blankenburg* VersR 2008, 1446, 1447 f.
24 *Präve* VersR 2008, 151, 152.
25 BGHZ 133, 184, 188.
26 OLG Celle VersR 2000, 47, 48.
27 BGH VersR 2014, 1254, 1256.
28 BGH VersR 2014, 1254, 1257.
29 OLG Frankfurt (Main) VersR 1990, 1103, 1104; s. auch BGHVersR 1982, 841, 842.
30 OLG Saarbrücken VersR 2006, 1482, 1483; LG Bremen VersR 1996, 317; P/M/*Armbrüster*, § 19 Rn. 58; VersHb/*Beckmann*, § 10 Rn. 34; R/L/*Römer*, Vor § 1 Rn. 13.
31 OLG Saarbrücken VersR 2006, 1482, 1483; L/W/*Reiff*[1], AVB Rn. 13.
32 PK/*Härle*, § 19 Rn. 29.
33 PK/*Härle*, § 19 Rn. 30–32.
34 Vgl. nur R/L/*Langheid*, § 19 Rn. 75.
35 BGHVersR 1999, 971, 972; BGHZ 133, 184, 188.

ne Regelung getroffen, für die der VR seine rechtsgeschäftliche Gestaltungsfreiheit in Anspruch nimmt,[36] so dass die AGB-Kontrolle eingreifen kann (zur Voraussetzung, dass AGB bei Vertragsschluss gestellt werden müssen, s. Rdn. 16). Ist im Rahmen der Antragsfragen eine Pflicht des VN vorgesehen, während der Vertragslaufzeit Änderungen der Umstände über die Vorgaben des § 19 hinaus anzuzeigen, liegt unstreitig eine Regelung vor.[37]

11 **Nach § 305 I 2 BGB ist für den AGB-Charakter irrelevant**, ob die Bestimmungen in der Vertragsurkunde selbst stehen oder in einem gesonderten Dokument, etwa im **Antragsvordruck**,[38] welchen Umfang sie haben, in welcher Schriftart sie verfasst sind und welche Form der Vertrag hat. Darüber hinaus ist unerheblich, wie die Regelungen bezeichnet sind:[39] Sonderbedingungen, Tarife und Tarifbestimmungen,[40] besondere und allgemeine Versicherungsbedingungen können AGB sein.

2. Vielzahl von Verträgen

12 AVB sind regelmäßig für eine Vielzahl von Verträgen formuliert, so dass diese Voraussetzung i.d.R. unproblematisch vorliegt. Bei Verbraucherverträgen i.S.v. § 310 III Nr. 2 BGB greift die AGB-Kontrolle nach §§ 305c II, 306, 307–309 BGB auch bei nur zur einmaligen Verwendung bestimmten, vorformulierten Bedingungen ein, wenn der VN aufgrund der Vorformulierung keinen Einfluss auf sie nehmen konnte. Praktische Bedeutung kam dieser Kontrolle für Versicherungsverträge bisher kaum zu.[41] Die Beweislast für die Vorformulierung trägt im Fall des § 310 III Nr. 2 BGB der VN.[42]

3. Vorformuliert

13 Das Tatbestandsmerkmal ist von dem des Aushandelns in § 305 I 3 BGB abzugrenzen (s. Rdn. 25 ff.). Vorformuliert sind Bestimmungen, die **vor dem Vertragsschluss sprachlich abgefasst vorliegen**, sei es in gedruckter Form, elektronisch als Textbaustein[43] oder »im Kopf« des Verwenders oder seines Vertreters.[44] Im letztgenannten Fall sind die Bedingungen unabhängig davon vorformuliert, ob der Versicherungsvertreter für den VN eine entsprechende Erklärung niederschreibt oder sie ihm »in die Feder diktiert«, also nach Anweisung niederschreiben lässt.[45] § 305 I 2 BGB, wonach die Schriftart der AGB unerheblich ist, ergibt nach heute h.M. nicht im Umkehrschluss, dass AGB schriftlich vorformuliert sein müssen.[46] Nicht erforderlich ist, dass der Verwender selbst die Bedingungen vorformuliert hat (zu Zurechnungsfragen s. Rdn. 17 ff.). Entscheidend ist allein, dass er den VN mit einem fertigen Text konfrontiert, auch wenn dieser von einem Verband, einem Notar, einem Abschlussgehilfen oder anderen Dritten abgefasst wurde.

14 **Wahl- oder Ergänzungsmöglichkeiten** bei der Ausfüllung eines Antragsformulars schließen das Tatbestandsmerkmal des Vorformulierens nicht grundsätzlich aus.[47] **Unselbständige** Ergänzungen, etwa der Name des VN oder die Bezeichnung des konkreten Versicherungsgegenstandes, ändern nichts an der Tatsache der Vorformulierung der Klausel.[48] Kann der VN **selbständige** Ergänzungen vornehmen, d.h. solche, die den Gehalt der Regelung mit beeinflussen,[49] ist danach zu differenzieren, wie weitgehend der VR rechtsgeschäftliche Gestaltungsmacht in Anspruch nimmt. Es fehlt an der Vorformulierung, wenn dem VN deutlich gemacht wird, dass er über bestimmte Konditionen, etwa Vertragslaufzeiten, selbst entscheiden kann.[50] Anders ist die Rechtslage, wenn der VR ihm bestimmte Ausfüllungsvarianten in einer Weise vorgibt, dass die Formulierungsvorschläge des VR die Entscheidung des VN prägen und damit eine vorformulierte Klausel gegeben ist, wie z.B. bei den Zehnjahresklauseln in der Unfallversicherung, bei denen der BGH annahm, der Vorschlag einer zehnjährigen Vertragsdauer stehe so im Vordergrund, dass dem VN nicht erkennbar sei, eine eigene Wahl treffen zu können.[51] Beim Verzicht auf Beratung und Dokumentation nach § 6 kann durch hinreichende Gestaltungs-

---

36 Vgl. BGHZ 141, 124, 126.
37 OLG Saarbrücken VersR 2006, 1482, 1483; OLG Düsseldorf VuR 2000, 321, 323.
38 *Hübner*, Allgemeine Versicherungsbedingungen und AGB-Gesetz, 5. Aufl. 1997, Rn. 34; P/M/*Armbrüster*, Einl. Rn. 25; R/L/*Römer*, Vor § 1 Rn. 9.
39 VersHb/*Beckmann*, § 10 Rn. 31; *Bruns*, § 10 Rn. 2.
40 BGH NJW 2008, 628, 629; BGH VersR 2004, 1036.
41 B/M/*Beckmann*, Einf. C Rn. 40.
42 BGH VersR 2008, 1508, 1510.
43 MünchKommBGB/*Basedow*, § 305 Rn. 13.
44 L/W/*Reiff*[1], AVB Rn. 21.
45 BGHVersR 1999, 741; L/W/*Reiff*[1], AVB Rn. 21.
46 BGH NJW 1988, 410.
47 BGH VersR 2001, 315, 316.
48 BGH VersR 1996, 485, 486.
49 BGHZ 153, 148, 151.
50 BGHZ 153, 148, 151.
51 BGH VersR 1996, 485, 486; näher zu den selbständigen und unselbständigen Ergänzungen MünchKommBGB/*Basedow*, § 305 Rn. 15, 16.

möglichkeiten des VN (Ankreuzen, Streichungen) u.U. erreicht werden, dass keine Vorformulierung gegeben ist.[52]

Wird eine Klausel, die keine Ergänzungs- oder Änderungsmöglichkeiten vorsieht, im Rahmen der Vertragsverhandlungen **geändert oder ergänzt**, fehlt es an einer Vorformulierung der gesamten Klausel, wenn die Änderung oder Ergänzung die Klausel insgesamt umgestaltet. Andernfalls, d.h. wenn ein abtrennbarer Teil der Klausel geändert oder ergänzt wurde, der den Inhalt des anderen Teils nicht berührt, bleibt es dabei, dass der unveränderte Teil der Klausel vorformuliert ist. 15

4. Bei Vertragsabschluss

Die Bedingungen müssen bei Vertragsabschluss gestellt werden. Dem genügt es, wenn sie nur im Rahmen der Vertragsanbahnung gestellt werden und nur Rechte und Pflichten im vorvertraglichen Schuldverhältnis betreffen. Daher sind auch Antragsfragen, die die Anzeigeobliegenheit des VN mit konkretem Inhalt entstehen lassen, bei Vertragsabschluss gestellte Bedingungen. **Spätere Änderungen vereinbarter AVB** setzen, abgesehen von Sonderfällen wie den in §§ 203 III, IV, V, 164 oder Art. 1 III EGGVG geregelten, entweder einen wirksamen Änderungsvorbehalt und das Vorliegen von dessen Voraussetzungen voraus oder eine die konkrete Änderung betreffende Vereinbarung zwischen VR und VN, also vor allem die Zustimmung des letzteren voraus.[53] Bei für den VN lediglich vorteilhaften neuen AVB kann eine konkludente Annahme des Änderungsangebotes gegeben sein, wofür bloßes Schweigen nach allgemeinen Regeln nicht reicht;[54] vielmehr ist auf einen Annahmewillen hindeutende Disposition notwendig. Sie kann darin liegen, dass die Abbuchung der Prämie trotz Erhalts der neuen Bedingungen geduldet wird. 16

5. Stellen der Bedingungen durch den Verwender

AVB stellt, wer sie der anderen Partei einseitig auferlegt,[55] indem er sie in die Vertragsverhandlungen einbringt und ihre Verwendung zum Abschluss des Vertrages verlangt.[56] Das Tatbestandsmerkmal korrespondiert mit dem des Aushandelns in § 305 I 3 BGB insofern, als ein Aushandeln der Bedingungen ihr Stellen ausschließt (dazu Rdn. 25) und umgekehrt. Im Rahmen des Stellens sind darüber hinaus noch **Zurechnungsfragen** zu klären: Bedingungen, die ein **Versicherungsvertreter** stellt, sind dem VR zuzurechnen (§ 164 I BGB im Falle einer Abschlussvollmacht; sonst § 164 I BGB analog). Ist für den VN ein **Versicherungsmakler** tätig, der die AVB formuliert und auf dessen Betreiben sie in den Vertrag aufgenommen werden (sog. **Maklerbedingungen**),[57] sind es nach der Rspr. des BGH jedenfalls dann keine AVB des VR, wenn der VR sonst andere AVB verwendet.[58] In diesen Fällen sind die AVB vom VN gestellt.[59] Diesem ist das »Stellen« der Bedingungen durch den Makler zuzurechnen. Wie sich diese Zurechnung normativ begründen lässt, ist umstritten. Überwiegend stützt man die Zurechnung auf die Tatsache, dass der Makler »im Lager« des VN steht[60] und verbindet diesen Aspekt mit § 305 I 1 BGB, wonach maßgeblich sei, für wen der Makler die Gestaltungsmacht in Anspruch nehme.[61] Damit ist freilich kein genau umrissener Zurechnungstatbestand formuliert. Als Zurechnungskriterien werden vorgeschlagen: die Initiative zur Einbeziehung der AVB,[62] die Nähe desjenigen, der die AVB formuliert hat, zu einer Vertragspartei[63] und schließlich der Inhalt einer Klausel, so dass die Begünstigung einer Partei dafür sprechen kann, dass sie Verwender ist.[64] Denkbar soll auch eine Zurechnung nach § 278 BGB[65] oder § 166 BGB sein.[66] 17

18

Zwei Zurechnungsfragen sind zu unterscheiden: Zum einen ist zu klären, ob das Verhalten des Maklers dem VN zuzurechnen ist [sogleich (1)]. Zum anderen ist dann zu klären – wie stets bei AGB – welche Vertragspartei die AVB gestellt hat. Ein dem VN zuzurechnendes Verhalten des Maklers ist zu behandeln wie Verhalten des VN selbst, so dass keine Besonderheiten im Vergleich zu einer normalen Zweierkonstellation bestehen [unten (2)]. 19

---

52 *Blankenburg* VersR 2008, 1446, 1448 f.
53 OLG Karlsruhe VersR 2013, 579, 580.
54 A.A. LG Düsseldorf r+s 1999, 377, 378; P/M/*Armbrüster*, Einl. Rn. 40.
55 MünchKommBGB/*Basedow*, § 305 Rn. 20, 21.
56 BGH NJW 2016, 1230, 1231.
57 Eine ausführlichere Definition findet sich bei *Thiel* VersR 2011, 1.
58 BGH VersR 2010, 1477; zur Auslegung von Maklerbedingungen, aber ohne Prüfung, wer sie i.S.v. § 305 I 1 gestellt hat: BGH VersR 1988, 463, 464.
59 *Langheid/Müller-Frank* NJW 2010, 344; *Thiel* VersR 2011, 1, 3; *Hösker* VersR 2011, 29, 34 f.; *Steinkühler/Kassing* VersR 2009, 1477, 1478.
60 *Steinkühler/Kassing* VersR 2009, 1477, 1478; *Thiel* VersR 2011, 1, 4; *Langheid*, GS Hübner, 137, 139.
61 *Thiel* VersR 2011, 1, 4; *Hösker* VersR 2011, 29, 35.
62 BGHZ 130, 50, 57.
63 *Thiel* VersR 2011, 1, 3, 5 im Anschluss an *Frey* ZIP 1993, 572, 577; s. auch BGHZ 130, 50, 57.
64 MünchKommBGB/*Basedow*, § 305 Rn. 28, der zu Recht für OLG Düsseldorf BB 1994, 1521 hinweist; vorsichtiger BGH NJW 2010, 1131, 1132: Inhalt für sich allein i.d.R. nicht aussagekräftig; s. auch BGHZ 130, 50, 57.
65 Vgl. *Bartsch* NJW 1986, 28, 30 für das – nicht vollständig vergleichbare – Bauherrenmodell.
66 Wolf/Lindacher/Pfeiffer/*Pfeiffer*, AGB-Recht, 6. Aufl. 2009, § 305 Rn. 27.

20 (1) Willenserklärungen, die der Makler beim Abschluss des Versicherungsvertrages im Namen des VN abgibt, sind dem VN nach § 164 I BGB zuzurechnen. Hat der Makler Abschlussvollmacht, ist dem VN auch nach § 164 I BGB zuzurechnen, wenn der Makler seine Makler-AVB vorschlägt und zum Gegenstand des Vertrages macht. Hat der Makler keine Abschlussvollmacht, sondern wird nur vertragsvorbereitend tätig, ist dem VN dasselbe Verhalten des Maklers analog § 164 I BGB zuzurechnen. Die Zurechnung bereitet hier im Normalfall keine Probleme. Ist aber ausnahmsweise der Makler sowohl vom VN als auch vom VR zum Abschluss bevollmächtigt, kann die Zurechnung an § 181 BGB scheitern.[67]

21 (2) Sodann ist nach allgemeinen Regeln zu prüfen, ob das Einbeziehungsverlangen entweder vom VN/Makler oder vom VR ausging. Bei vom Makler entworfenen Bedingungen, die von denen des VR abweichen, wird regelmäßig ersteres der Fall sein.[68]

Der Annahme, bei solchen Maklerbedingungen handele es sich um AVB des VN, steht auch nicht entgegen, dass u.U. nur der Makler und nicht der VN selbst die Bedingungen für eine Vielzahl von Verträgen verwenden will. § 305 I 1 BGB verlangt nach seinem Wortlaut nicht, dass derjenige, der die AVB stellt, sie selbst für eine Vielzahl von Verträgen nutzen will. Auch Sinn und Zweck der Norm gebieten das nicht, denn Gestaltungsmacht nimmt auch in Anspruch, wer seinem Vertragspartner Bedingungen vorgibt, die ein Dritter für eine Vielzahl von Fällen formuliert hat.[69]

Nach a.A. sind die vom Makler vorgeschlagenen AVB stets ausgehandelt,[70] weil der VR immer die Möglichkeit habe, darauf Einfluss zu nehmen.[71] Allein die Möglichkeit des Aushandelns ist diesem selbst jedoch nicht gleichzusetzen. Zudem sind Fälle denkbar, in denen die Nachfragemacht des VN so groß ist, dass der VR nur geringen Einfluss auf die Bedingungen hat.

22 Übernimmt ein Makler die vollständigen AVB des VR, ändert das nichts daran, dass das Verhalten des Maklers nach dem oben (1) Gesagten dem VN zurechenbar ist, in dessen Auftrag er den Vertrag vorbereitet und gegebenenfalls auch abgeschlossen hat. Dann ist aber (2) zu klären, ob die Bedingungen vom VR gestellt sind oder vom VN. Diese Frage stellt sich unabhängig vom Einschalten des Maklers; Makler und VN sind als Einheit zu behandeln. Schon daraus ergibt sich, dass im genannten Fall die AVB **vom VR gestellt** sind.[72] Der VR stellt dem Makler die AVB für alle Vertragsschlüsse zur Verfügung und der Makler macht sie daraufhin zum Vertragsinhalt. Damit hat der VR gegenüber dem Makler die AVB gestellt, so, als hätte er sie direkt dem VN gegenüber gestellt.

Das gilt nicht nur dann, wenn der VR ohnehin nicht von seinen AVB abgewichen wäre (und der Makler/VN daher in vorauseilendem Gehorsam handelte),[73] sondern auch, wenn der VR zwar verhandlungsbereit war, der Makler die AVB des VR aber als sachgerecht für seinen VN ansah.[74] Das Nutzen unveränderter VR-AVB durch den Makler mit der bloßen Möglichkeit des Stellens abweichender AVB kann dem tatsächlichen Stellen abweichender AVB nicht gleichgesetzt werden. Auch könnte sich der VR sonst leicht der AVB-Kontrolle entziehen.[75] Zudem würde es zu erheblicher Rechtsunsicherheit führen, wenn das Eingreifen der AVB-Kontrolle davon abhinge, ob vorauseilender Gehorsam im o.g. Sinne vorliegt. Auch die vorgeschlagene tatsächliche Vermutung dafür[76] hilft nur begrenzt, da der VR diese erschüttern kann.

23 Setzen sich die vom Makler formulierten **AVB** aus solchen **des VR und eigenen des Maklers** zusammen, hängt es vom Einzelfall, insbes. dem Umfang der Änderungen, ab, ob man das gesamte Klauselwerk einer der beiden Seiten zurechnen kann oder ob man bei den einzelnen Klauseln differenzieren muss und so zu gemischten AVB des VR und des VN kommt.[77] In solchen Fällen kann auch u.U. ein Aushandeln des gesamten Bedingungswerkes vorliegen.

Ist der Makler ausnahmsweise nicht treuhänderischer Sachwalter des VN, sondern insgesamt Vertreter des VR, sind vom Makler formulierte Bedingungen dem VR und nicht dem VN zuzurechnen.[78]

Dass ein **neutraler Dritter** (etwa ein Notar) die AVB stellt, wird bei Versicherungen selten vorkommen; sie sind dann keine AGB des VR. Ebenso selten wird es sein, dass eine Vertragspartei Vertragsmuster vorschlägt,

---

67 Vgl. VersHb/*Matusche-Beckmann*, § 5 Rn. 385 und 368.
68 So auch BGH VersR 2009, 1477.
69 Näher *Hösker* VersR 2011, 29, 33 f.
70 VersHb/*Beckmann*, § 10 Rn. 48; B/M/*Beckmann*, Einf. C Rn. 48; P/M/*Armbrüster*, Einl. Rn. 26; vorsichtiger L/W/*Reiff*[1], AVB Rn. 8 (»grundsätzlich«); anders *Schirmer*, Symposion 80 Jahre VVG, 1988, Vor C Rn. 45: Maßgeblich sei, ob ausgehandelt wurde.
71 P/M/*Armbrüster*, Einl. Rn. 26.
72 *Hösker* VersR 2011, 29, 38; P/M/*Armbrüster*, Einl. Rn. 26; L/W/*Reiff*[1], AVB Rn. 8 (Umgehungsschutz); differenzierend *Schimikowski* r+s 2012, 577, 580.
73 So aber *Thiel* VersR 2011, 1, 5.
74 Vgl. VersHb/*Beckmann*, § 10 Rn. 48: jegliche Verwendung der AVB des VR durch den Makler macht den VR zum Verwender.
75 VersHb/*Beckmann*, § 10 Rn. 48.
76 *Thiel* VersR 2011, 1, 5.
77 Zur generellen Notwendigkeit, das Stellen für jede einzelne Bedingung zu prüfen *Thiel* VersR 2011, 1, 5.
78 BGH VersR 2001, 368, 369.

die von Dritten verfasst wurden. Ist dann die andere Seite frei darin, ihrerseits Muster vorzuschlagen, ist das Muster nicht gestellt.[79]

Nach § 310 III Nr. 1 BGB gelten in **Verbraucherverträgen** AGB als vom Unternehmer gestellt, es sei denn, der Verbraucher hat sie in den Vertrag eingeführt. Die **Beweislast** für das Stellen der AVB trägt damit in diesen Fällen der VR. Die praktische Bedeutung dieser Beweislastumkehr ist für Versicherungsverträge begrenzt.[80] Soweit das Nicht-Stellen der AVB mit dem Aushandeln gleichbedeutend ist (s.o. Rdn. 17), ergibt sich die Beweislastumkehr auch aus dem Wortlaut des § 305 I 3 BGB. Eigenständige Bedeutung hat § 310 III Nr. 1 BGB für die Zurechnungsfragen, die im Rahmen des Tatbestandsmerkmals des »Stellens« zu beantworten sind. Der VR muss beweisen, dass ihm die AVB nicht als von ihm gestellt zuzurechnen sind. Inhalt und Gestaltung des Vertrags können nach der Lebenserfahrung auch dem **ersten Anschein** nach dafür sprechen, dass die AVB von einer bestimmten Partei gestellt worden sind (im konkreten Fall durch den VR, nicht den Makler).[81] Auf die Verwendereigenschaft kann demnach z.B. aufgrund eines Logos, der Angabe von Vertretungsverhältnissen, einer Anschrift oder einer Kontoverbindung geschlossen werden.[82]

6. Keine Individualvereinbarung, § 305 I 3 BGB

Nach § 305 I 3 BGB liegen AGB nicht vor, soweit die Vertragsbedingungen zwischen den Parteien im Einzelnen ausgehandelt sind. Dieses negative Tatbestandsmerkmal hat gegenüber dem des **Vorformulierens** eigenständige Bedeutung, da auch vorformulierte Bestimmungen ausgehandelt werden können. Fehlt es dagegen schon an der Vorformulierung, scheitert die AGB-Eigenschaft bereits daran, so dass es auf ein Aushandeln nicht mehr ankommt.[83] Mit dem **Stellen** der Bedingungen ist das Tatbestandsmerkmal insofern deckungsgleich, als ein Aushandeln zugleich das Stellen der Bedingungen ausschließt und umgekehrt. Im Übrigen werden im Rahmen des Stellens noch Zurechnungsprobleme gelöst (oben Rdn. 17 ff.), die für das Aushandeln irrelevant sind.

Aushandeln bedeutet mehr als »Verhandeln«.[84] Nach stRspr. genügt die Erläuterung oder Erörterung des Vertragsinhalts ebenso wenig[85] wie ein ausdrückliches Einverständnis des Vertragspartners des Verwenders mit den AGB[86] oder gar die vorformulierte Erklärung, die Bedingungen seien ausgehandelt worden;[87] diese kehrt nicht einmal wirksam die Beweislast um.[88] Der Verwender muss »den in seinen AGB enthaltenen gesetzesfremden Kerngehalt inhaltlich ernsthaft zur Disposition stellen und dem Verhandlungspartner Gestaltungsfreiheit zur Wahrung eigener Interessen einräumen; der Kunde muss die reale Möglichkeit erhalten, den Inhalt der Vertragsbedingungen zu beeinflussen«.[89] Ein starkes **Indiz** gegen ein Aushandeln ist die unveränderte Übernahme vorgedruckter AVB. Sie werden nur unter besonderen Umständen ausgehandelt sein.[90] Insbesondere genügt es nicht, vorformulierte AVB mit der Bitte zu übersenden, Anmerkungen oder Änderungswünsche mitzuteilen.[91] Die wirtschaftliche Bedeutung der Versicherung ist ebenfalls ein Indiz: Bei Großrisiken wird eher Anlass zum Aushandeln bestehen als im Massengeschäft mit kleinen Risiken.[92] Sind AVB **teilweise ausgehandelt**, hängt es vom Einzelfall ab, ob zugleich das gesamte Klauselwerk ausgehandelt wurde oder nicht.[93] Ist das nicht der Fall, kann es sich bei einzelnen Klauseln um Individualvereinbarungen handeln, so dass für sie AGB-Recht nicht gilt (s. § 305 I 3 BGB: »soweit«).[94] **Kollektiv ausgehandelte AVB** sind im Verhältnis der Parteien des einzelnen Vertrages nicht per se ausgehandelt.[95] Auch die Mitwirkung der Tarifvertragsparteien am Zustandekommen der Satzung der Versorgungsanstalt des Bundes und der Länder nimmt der Satzung nicht ihren AGB-Charakter.[96] Im **Verbandsklageverfahren** ist für die Frage, ob die AVB über die Vorlage des Formulars hinaus ausgehandelt wurden, kein Raum, da Merkmale des konkreten Vertragsabschlusses bei der abstrakten Wirksamkeitsprüfung außer Betracht bleiben müssen.[97]

---

79 BGH NJW 2010, 1131 ff.
80 P/M/*Armbrüster*, Einl. Rn. 31.
81 BGH VersR 2011, 1173, 1175.
82 *Langheid*, in: GS Hübner, S. 137, 139.
83 MünchKommBGB/*Basedow*, § 305 Rn. 34.
84 BGH VersR 2014, 960, 962; BGH NJW 1987, 1634, 1635.
85 LAG München, 14.08.2008, 3 Sa 439/08, Juris-Rn. 29.
86 OLG Schleswig MDR 2001, 262, 263.
87 BGH VersR 2014, 960, 962.
88 BGH NJW 1987, 1634; OLG Düsseldorf VuR 1996, 88, 90.
89 BGH NJW 2005, 2543, 2544; s. auch BGH VersR 2011, 1173, 1175.
90 BGHZ 150, 299, 302 f.; BGHZ 143, 103, 111 f.; BGH NJW 2005, 2543, 2544.
91 BGH NJW 2016, 1230, 1231 f. im unternehmerischen Verkehr.
92 Vgl. MünchKommBGB/*Basedow*, § 305 Rn. 37; B/M/*Beckmann*, Einf. C Rn. 50; zur Industrieversicherung siehe *Winkler* VW 2014, 28 f.
93 Näher MünchKommBGB/*Basedow*, § 305 Rn. 44.
94 VersHb/*Beckmann*, § 10 Rn. 54.
95 VersHb/*Beckmann*, § 10 Rn. 53.
96 BGH VersR 1999, 1390, 1391.
97 BGH VersR 1996, 485, 486.

27 Die **Beweislast** für das Aushandeln trägt nach dem klaren Wortlaut des § 305 I 3 BGB der Verwender. Für Verbraucherverträge ergibt sich das auch aus § 310 III Nr. 1 BGB.

28 **Kasuistik:** Ein Risikoausschluss in der Unfallversicherung für Unfallfolgen, bei denen Diabetes mitwirkt, ist, wenn er wegen der Vorerkrankung des VN vereinbart wird, eine Individualvereinbarung.[98] Dasselbe gilt für eine Vereinbarung, wonach die Versicherung über bestimmte Maschinen mit eingeschlossen ist, obwohl in den AGB des Verwenders diese Maschinen ausgeschlossen sind,[99] und für das Nichtankreuzen der Frage im Antragsformular nach einem »Einschluss von Überspannungsschäden durch Blitz«.[100]

IV. Einbeziehung von AGB

1. Voraussetzungen nach §§ 305 II, III BGB

29 Für die Einbeziehung von denjenigen AVB in den Versicherungsvertrag, die zugleich AGB i.S.v. § 305 I BGB sind, gelten im Geschäft mit Verbrauchern § 305 II, III BGB, im Geschäft mit Unternehmen nach § 310 I 1 BGB die allgemeinen Regeln des BGB und HGB. Die Einbeziehungsvoraussetzungen müssen, ebenso wie die Pflichten aus § 7, gegenüber dem VN erfüllt werden, da nur dieser Vertragspartner wird. Im Verhältnis zu den versicherten Personen muss keine Einbeziehung erfolgen. Daher müssen bei einem Gruppenversicherungsvertrag die AVB nicht auch der versicherten Person übergeben werden.[101]

30 Ist VN ein Verbraucher, ist nach **§ 305 II Nr. 1 BGB** ein **ausdrücklicher Hinweis** auf die AVB nötig; ein Aushang wird i.d.R. nicht praktikabel sein.[102] Der Hinweis kann schriftlich oder mündlich erfolgen[103] und ist auch dann erforderlich, wenn das Vertragsangebot – wie beim Antragsverfahren – vom Verwendungsgegner, d.h. vom VN ausgeht.[104] Ein Hinweis ist dann ausdrücklich, wenn er vom Verwender unmissverständlich und für den VN klar erkennbar geäußert worden ist.[105]

31 Der Hinweis muss **bei Vertragsschluss** gegeben werden, also im Zusammenhang mit den Erklärungen, die zum Abschluss des konkreten Vertrages geführt haben,[106] spätestens dann, wenn der VN seine Vertragserklärung abgibt.[107]

32 Dem VN muss nach **§ 305 II Nr. 2 BGB** ebenfalls bei Vertragsschluss (s.o.) die **Möglichkeit** gegeben werden, **in zumutbarer Weise vom Inhalt der AVB Kenntnis zu nehmen**. Dazu gehört, dass die AVB dem VN in lesbarer Fassung zugänglich gemacht werden, inhaltlich ein gewisses Maß an Übersichtlichkeit gewahrt ist und die AVB verständlich sowie für den Kunden lesbar sind.[108] Nicht ausreichend ist es, dem VN nur die Einsicht in die AVB zu ermöglichen, etwa indem sie beim Vermittler zur Einsicht (nicht Mitnahme) ausgelegt werden.[109] Eine Zusendung der AVB und der sonstigen Informationen durch CD-Rom/USB-Stick ist nur ausreichend, wenn der Kunde über die erforderlichen technischen Gegebenheiten verfügt. Die Überreichung einer CD-ROM kann unzureichend sein, wenn mehrere Klauselwerke darauf gespeichert sind und unklar ist, welches Werk gilt.[110] Dasselbe gilt, wenn die Klauseln über einen auf der Bestellseite gut sichtbaren Link aufgerufen und heruntergeladen und/oder ausgedruckt werden können.[111] Werden die AVB, wie es § 7 I 1, 2 verlangt, in Textform sowie klar und verständlich übermittelt, werden i.d.R. die Voraussetzungen des § 305 II Nr. 2 BGB erfüllt sein,[112] denn die Anforderungen des § 7 I 1, 2 sind höher (s. § 7 Rdn. 24 ff., insbes. Rdn. 25 ff. zu AVB auf der Website).

33 Das nach **§ 305 II letzter Hs. BGB** erforderliche **Einverständnis des Kunden** kann regelmäßig angenommen werden, wenn es zum Vertragsschluss kommt, nachdem der Kunde auf die AVB hingewiesen worden ist und er in zumutbarer Weise von ihrem Inhalt Kenntnis nehmen konnte.[113] Bei Verwendung des Antragsmodells erklärt der VN, der die AVB vor Abgabe seiner Vertragserklärung erhalten hat, mit der Angebotsabgabe auch konkludent sein Einverständnis mit der Geltung der ihm zugesandten AVB. Bei Verwendung des Invitatiomodells wird das Einverständnis mit den AVB konkludent durch die Annahmeerklärung erteilt.

34 Eine Einbeziehung der AVB **nach Vertragsschluss** ist eine Vertragsänderung. Diese setzt nach allgemeinen Regeln eine Einigung zwischen dem VN und dem VR voraus; das gilt auch dann, wenn der VN bereits Leis-

---

98 LG Kassel VersR 1997, 1474; LG Dresden VersR 1994, 923, 924.
99 OLG Karlsruhe VersR 1984, 829.
100 OLG München VersR 1998, 93.
101 LG Saarbrücken VersR 2014, 1197, 1198.
102 Zu Ausnahmen VersHb/*Beckmann*, § 10 Rn. 63.
103 Vgl. auch BGH NJW 1983, 816, 817 (mündlicher Hinweis nicht neben schriftlichem nötig).
104 BGH NJW 1988, 2106, 2108; Palandt/*Grüneberg*, § 305 Rn. 27.
105 Marlow/Spuhl/*Spuhl*, Rn. 41; BGH NJW-RR 1987, 112, 113.
106 Palandt/*Grüneberg*, § 305 Rn. 28; Jauernig/*Stadler*, § 305 Rn. 13 m.w.N.
107 *Schimikowski* r+s 2007, 309, 310.
108 *Schimikowski* r+s 2007, 309, 310; PK/*Ebers*, § 7 Rn. 26.
109 BGH NJW 2009, 1486 f.
110 OLG Karlsruhe VersR 2012, 1249 f. (offen lassend).
111 Vgl. BGH VersR 2007, 1436, 1437.
112 Marlow/Spuhl/*Spuhl*, Rn. 43.
113 Palandt/*Grüneberg*, § 305 Rn. 41.

tungen aus dem Versicherungsvertrag in Anspruch genommen hat.[114] Sendet der VR dem VN die bislang nicht einbezogenen AVB zu, liegt hierin ein Angebot auf Änderung des Vertrages. Um die Schutzfunktion des § 305 II Nr. 2 BGB nicht zu unterlaufen, kann dieses Angebot nur wirksam sein, wenn der VR den VN mit der Übersendung der AVB ausdrücklich darauf hinweist, dass diese Bedingungen Vertragsbestandteil werden. Erforderlich ist richtigerweise ein »**qualifizierter Hinweis**«: Dem VN muss deutlich werden, dass zwischen ihm und dem VR ein Vertrag besteht, bei dem die AVB oder Teile davon wegen Verstoßes gegen die Einbeziehungsvoraussetzungen bislang nicht Vertragsbestandteil geworden sind.[115] Andernfalls wird der VN die Bedeutung der ihm übersandten AVB nicht verstehen und die Tragweite seiner Entscheidung für oder gegen die Vertragsänderung nicht abschätzen können.[116] Das unter diesen Voraussetzungen wirksame Angebot muss der VN annehmen. Das setzt entgegen den allgemeinen Regeln eine **ausdrückliche** Zustimmung des VN voraus.[117] Insbes. reicht es nicht, wenn der VN nach Zusendung der AVB keinen Gebrauch von seinem Widerrufsrecht nach § 8 macht.[118] Das scheidet schon denklogisch aus, denn § 8 setzt eine überhaupt zu widerrufende Willenserklärung voraus. Im Übrigen steht nicht jedem VN ein Widerrufsrecht zu, vgl. § 8 III. Der VN handelt auch nicht treuwidrig, wenn er sich später trotz unterlassenen Widerrufs auf die verspätete Übermittlung der AVB beruft:[119] So würde der VR unter Hinweis auf das nicht ihn, sondern den VN schützende Widerrufsrecht entgegen den allgemeinen Regeln privilegiert. Das Gesetz erlaubt die »einseitige« Inanspruchnahme von Gestaltungsmacht nur unter den strengen Voraussetzungen der §§ 305 ff. BGB. Hält der Verwender von AGB diese Voraussetzungen nicht ein, ist er nicht schutzwürdig.[120]

Über § 5 können nur einzelne AVB, die von den ursprünglich mitgeteilten abweichen, einbezogen werden, nicht aber kann eine vollständig unterlassene Einbeziehung so geheilt werden. Denn § 5 soll als Ausnahme zu § 150 II BGB (Annahme mit Änderungen ist neues Angebot) das Vertragsabschlussverfahren deshalb vereinfachen, weil einzelne Abweichungen zwischen dem Antrag des VN und dem Versicherungsschein häufig unvermeidbar sind (§ 5 Rdn. 1).

2. Überraschende Klauseln, § 305c BGB

Überraschende Klauseln (§ 305c I BGB), d.h. AVB, die nach den Umständen, insbes. nach dem äußeren Erscheinungsbild des Vertrages, so ungewöhnlich sind, dass der Vertragspartner des Verwenders mit ihnen nicht zu rechnen braucht, werden nicht Vertragsbestandteil. Der Vertragspartner soll darauf vertrauen dürfen, dass sich unabhängig von der Frage, ob er die AVB gelesen hat oder nicht, »die einzelnen Regelungen im Großen und Ganzen im Rahmen dessen halten, was nach den Umständen bei Abschluss des Vertrages erwartet werden kann.«[121] 35

Die Klausel muss **aus Sicht der betroffenen Verkehrskreise ungewöhnlich** sein, d.h. es ist auf die Erkenntnismöglichkeiten des typischerweise bei Verträgen der geregelten Art zu erwartenden Durchschnittskunden abzustellen,[122] also z.B. bei der D&O-Versicherung auf den typischen VN, der im speziellen Segment der Berufshaftpflichtversicherung für Unternehmensleiter Versicherungsschutz erlangen will.[123] 36

Hiervon ausgehend ist die Frage, ob die Klausel ungewöhnlich ist, anhand der gesamten Umstände des Einzelfalles zu beurteilen.[124] Die Ungewöhnlichkeit kann sich aus der Unvereinbarkeit mit dem Leitbild des (Versicherungs-)Vertrages,[125] einem Widerspruch mit dem Verlauf der Vertragsverhandlungen[126] oder zur Werbung des Verwenders[127] oder aus der Unvereinbarkeit mit dem äußeren Erscheinungsbild des Vertrages[128] oder der systematisch nicht stimmigen, insbes. an versteckter Stelle getroffenen,[129] Regelung ergeben. Im letztgenannten Fall ändert an der Bewertung auch die Tatsache nichts, dass Adressaten der AVB Rechtsanwälte sind, da es nicht um das Verständnis der Klausel, sondern um ihre »versteckte Anordnung« geht.[130] Umgekehrt sind Klauseln, die ohne weiteres verständlich und drucktechnisch so angeordnet sind, dass eine 37

---

114 L/W/*Armbrüster*, § 7 Rn. 161.
115 In diese Richtung auch P/M/*Rudy*, § 7 Rn. 49.
116 Ähnlich P/M/*Rudy*, § 7 Rn. 49.
117 PK/*Ebers*, § 7 Rn. 30; L/W/*Armbrüster*, § 7 Rn. 161 m.w.N.
118 So aber L/W/*Armbrüster*, § 7 Rn. 161; *Schimikowski* r+s 2007, 309, 311; wie hier P/M/*Rudy*, § 7 Rn. 51.
119 In diese Richtung aber *Schimikowski* r+s 2007, 309, 311; L/W/*Armbrüster*, § 7 Rn. 161.
120 Im Erg. wie hier P/M/*Rudy*, § 7 Rn. 49.
121 Begr. RegE BT-Drucks. 7/3919 S. 19.
122 BGH NJW 1995, 2637, 2638.
123 OLG München VersR 2009, 1066, 1067.
124 Palandt/*Grüneberg*, § 305c Rn. 3.
125 BGHZ 121, 107, 113.
126 BGH NJW 1992, 1234, 1235.
127 Vgl. BGHZ 61, 275, 279 ff.
128 BGHZ 101, 29, 33.
129 BGH NJW 2010, 3152, 3153 f.; OLG München r+s 2010, 196, 197; Entscheidung in einem Parallelfall OLG München, Urt. v. 23.02.2010 25 U 5119/09, Juris Rn. 20 ff.
130 OLG München r+s 2010, 196, 197; Entscheidung in einem Parallelfall OLG München, Urt. v. 23.02.2010 25 U 5119/09, Juris Rn. 22.

Einleitung   B. Allgemeine Versicherungsbedingungen (AVB)

Kenntnisnahme durch den Kunden zu erwarten ist, nicht überraschend, insbes., wenn sie durch Umrahmung hervorgehoben sind.[131] Dass AVB branchenüblich sind, reicht nicht aus, um ihnen den Charakter der Ungewöhnlichkeit zu nehmen.[132] Entscheidend ist, ob zwischen den Erwartungen des VN und dem Inhalt einer Klausel eine deutliche Diskrepanz besteht, mit der der VN nach den Umständen nicht zu rechnen brauchte.[133] Eine Klausel ist nicht schon deshalb überraschend, weil der durchschnittliche VN sie nicht ohne weiteres in ihrer vollen Tragweite erfassen kann[134] oder weil andere VR eine derartige Klausel nicht verwenden.[135] Ob sich die objektive Ungewöhnlichkeit einer Klausel auch anhand der Üblichkeiten anderer Versicherungszweige bemisst, lässt sich nicht pauschal beurteilen; maßgeblich dürfte sein, ob die Produkte einen ähnlichen Bedarf decken, also eine ähnliche Schutzrichtung haben.[136]

38 Für das **Produktinformationsblatt** (§ 4 VVG-InfoV) wird z.T. angenommen, dass es den überraschenden Charakter einer Klausel ausschließen könne.[137] Dagegen sprechen erstens Sinn und Zweck des § 305c I BGB. Die Vorschrift soll ein Minimum an Redlichkeit im Geschäftsverkehr gewährleisten[138] und auch den schützen, der die AGB nicht oder nicht genau genug liest. Wäre das Produktinformationsblatt zu berücksichtigen, wäre der VN gezwungen, dieses zu lesen; es nähme ihm etwas von dem Schutz des § 305c I BGB. Dies träfe zudem gerade die besonders schutzwürdigen Verbraucher, weil nur diese das Produktinformationsblatt erhalten müssen. Zweitens liefe es dem Zweck des Produktinformationsblatts, die Komplexität des Produkts zu reduzieren, zuwider, wenn der VN gezwungen wäre, es zum Verständnis des AVB heranzuziehen. Denn es erhöhte die Komplexität, wenn der VN die AVB gewissermaßen im ständigen Wechselblick zwischen Produktinformationsblatt und AVB lesen müsste.

Ob die **anderen nach § 7 geschuldeten Informationen** den überraschenden Charakter von AVB ausschließen können, ist noch nicht geklärt.[139] Auch damit nähme man dem VN aber den durch § 305c I BGB bezweckten Schutz, eine Folge, die mit dem marktöffnenden und verbraucherschützenden Zweck des § 7 nicht vereinbar ist.

39 **Überraschend** sind Klauseln,
- die in der **privaten Krankenversicherung** aufgrund der unbestimmten Konkretisierung des Leistungsumfanges dem VR ein weitgehendes Bestimmungsrecht einräumen,[140]
- die in der **Unfallversicherung** zu einem Leistungsausschluss führen, sofern der Tod nicht binnen eines Jahres nach dem Unfallereignis eintritt, wenn in dem Antragsformular von einer Deckung des Unfalltodes binnen der ersten drei Jahre ausgegangen wird,[141]
- die in der **Lebensversicherung** die Leistungspflichten aus dem Versicherungsschein durch Klauseln beschränken, die unter der Überschrift »Auszahlungen« in den Policenbedingungen enthalten sind,[142]
- die in der **Diebstahlversicherung** den Eintritt des Versicherungsfalls auf einen Versicherungsort beschränken, mit der Folge, dass Einbruchdiebstähle, die (auch) durch räumlich nicht abgetrennte Einliegerwohnungen erfolgen, nicht von der Versicherung erfasst werden,[143]
- die in der Sammel-**Feuerversicherung** eine Stichtagsklausel beinhalten, nach der eine fristgerechte Stichtagsmeldung nicht mehr als rechtzeitig gilt, nur weil zuvor der Versicherungsfall eingetreten ist,[144] die in der Neuwertversicherung den zunächst definierten Begriff des »Neuwertes« unter einem folgenden, separaten Oberpunkt »Zeitwert« wieder einschränkt,[145]
- die in der kombinierten **Hausratversicherung** eine Verminderung der Versicherungssumme für den Rest der Versicherungsperiode um den Betrag einer während der Versicherungsperiode erbrachten Entschädigung anordnen,[146]
- die in der **Haftpflichtversicherung** einen Verzicht zugunsten Dritter in einer Abfindungserklärung eines Haftpflichtversicherers vorsehen[147] oder die eine schwierig formulierte, die Erstreckung des Versicherungsschutzes nahezu vollständig aufhebende Ausschlussklausel darstellen,[148]

---

131 OLG Hamm ZfS 2014, 463, 464.
132 VersHb/*Beckmann*, § 10 Rn. 105; P/M/*Armbrüster*, Einl. Rn. 64; OLG Saarbrücken VersR 1994, 720.
133 P/M/*Armbrüster*, Einl. Rn. 64.
134 AG Aachen VersR 1996, 1228.
135 BGH VersR 2001, 752, 754.
136 OLG Hamm ZfS 2014, 463, 464; OLG Köln VersR 2011, 201 (Restschuld-Arbeitsunfähigkeitsversicherung und Unfallversicherung).
137 Dafür PK/*Mauntel*, § 4 VVG-InfoV Rn. 30; L/W/*Armbrüster*, § 7 Rn. 152 und Vor §§ 6, 7, Rn. 45.
138 Begr. RegE BT-Drucks. 7/3919 S. 19.
139 Dafür (unter Einschränkungen) L/W/*Armbrüster*, Vorb. §§ 6, 7 Rn. 45.
140 *Trapp* VersR 2001, 1415, 1416 Anm. zu AG Essen VersR 2001, 1415.
141 LG Wiesbaden VersR 1991, 210.
142 OLG Stuttgart BeckRS 2011, 13459 a.E. (besser zu finden bei Juris, Az. 7 U 133/10, Rn. 162).
143 OLG Saarbrücken VersR 1994, 720.
144 BGH VersR 1991, 921, 922.
145 OLG Stuttgart BeckRS 2009, 06803 Rn. 32 ff.
146 BGH NJW 1985, 971 f.
147 BGH VersR 1985, 165.
148 LG München I VersR 1988, 1171.

B. Allgemeine Versicherungsbedingungen (AVB) Einleitung

– die in der **Berufshaftpflichtversicherung** Scheinsozien einer Anwaltskanzlei den Sozien gleichstellen und einen Ausschlussgrund in der Person eines Sozius' zu Lasten aller Sozien wirken lassen, und diese ungewöhnliche Regelung zugleich an systematisch falscher Stelle im Regelungswerk verstecken.[149]

Nicht überraschend sind Klauseln,

40

– die in einer **privaten Krankenversicherung** die Leistung des VR für psychotherapeutische Behandlungen auf solche durch bestimmte Behandelnde (niedergelassener Arzt oder Arzt in einem Krankenhaus) beschränken,[150] die Leistung für logopädische Behandlungen auf solche durch bestimmte Behandelnde (niedergelassener Arzt) beschränken,[151] die Leistung des VR für ambulante psychotherapeutische Behandlungen auf 30 Sitzungstage pro Jahr[152]/20 Sitzungstage pro Jahr[153] beschränken; die sog. Carcinoma-in-situ vom Versicherungsschutz einer Versicherung bei schweren Krankheiten ausschließen,[154] eine Kündigung nur als wirksam ansehen, wenn der VN nachweist, dass die versicherten Personen von der Kündigungserklärung Kenntnis erlangt haben,[155]
– die in der **Unfallversicherung** den Wiedereinschluss eines nicht versicherten Risikos (hier: Zeckenbiss) in die Versicherung an Voraussetzungen binden,[156] die Leistung von Krankenhaustage- und Genesungsgeld bei Heilbehandlung wegen Angstneurosen als krankhafte Störung infolge einer psychischen Reaktion auf den Unfall (als Folgeerkrankung und nicht direkt aus dem Unfall erforderliche Heilbehandlung) ausschließen,[157] eine Entschädigungsleistung nur im Fall völliger Invalidität vorsehen, sofern keine Bestimmung nach der Gliedertaxe möglich ist,[158] einen Ausschluss von Unfällen mit Gleitschirmen[159] oder Ultraleichtflugzeugen[160] in der Unfallversicherung vorsehen, das Erfordernis des Eintritts der Invalidität infolge eines Unfalls binnen eines Jahres nach dem Unfallereignis und die ärztliche Feststellung der Invalidität binnen einer Frist von weiteren drei Monaten begründen,[161] eine zeitliche Begrenzung in der Unfalltagegeldversicherung auf 60 Tage bei niedrigem Versicherungsbeitrag vorsehen,[162]
– die in der **privaten Rentenversicherung** mit sofort beginnender Rentenzahlung gegen Einmalzahlung der Prämie während der Rentenbezugszeit das Kündigungsrecht ausschließen,[163]
– die in der **Restschuldlebensversicherung mit Arbeitsunfähigkeitszusatzversicherung** einen Leistungsausschluss bei Arbeitsunfähigkeit infolge einer behandlungsbedürftigen psychischen Erkrankung zur Folge haben,[164]
– die in der **Berufsunfähigkeitszusatzversicherung** eine zeitlich später einsetzende Leistungspflicht anordnen, wenn die Berufsunfähigkeit verspätet angezeigt wird,[165]
– die in der **Arbeitsunfähigkeitszusatzversicherung** den Anspruch auf vorübergehende Arbeitsunfähigkeit beschränkt und ihn bei Eintritt von Berufs- oder Erwerbsunfähigkeit enden lässt,[166]
– die in der **Rechtsschutzversicherung** die Kosten eines Verkehrsanwalts nur als erstattungsfähig ansehen, wenn dieser im LG-Bezirk des VN ansässig ist (so § 5 Abs. 1 ARB 2000),[167]
– die in der **Reisegepäckversicherung** den Versicherungsschutz für die Nachtzeit beschränken,[168]
– die in der **Hausratversicherung** Entschädigungsgrenzen für Schmuck enthalten,[169]
– die in der **Haftpflichtversicherung** die Leistung hinsichtlich Verwandter, die mit dem VN in häuslicher Gemeinschaft leben, ausschließen,[170]

---

149 OLG München r+s 2010, 196, 197; Entscheidung in einem Parallelfall OLG München, Urt. v. 23.02.2010 25 U 5119/09, Juris Rn. 22.
150 OLG Saarbrücken VersR 2008, 1382, 1383.
151 BGH VersR 2005, 64, 65.
152 OLG Saarbrücken VersR 2008, 1382, 1383.
153 OLG Koblenz VersR 2007, 1548, 1549.
154 OLG Oldenburg BeckRS 2009, 89375; dazu *Grams* FD-VersR 2010, 296408.
155 BGH VersR 2013, 305, 306.
156 OLG Hamm VersR 2008, 342.
157 LG Waldshut-Tiengen VersR 2002, 430, 431.
158 OLG Frankfurt (Main) VersR 2001, 451.
159 LG Traunstein VersR 1997, 1521, 1522.
160 LG München I VersR 1990, 298, 299.
161 OLG Frankfurt (Main) VersR 1993, 174.
162 OLG Hamburg VersR 1979, 154, 155.
163 OLG Koblenz VersR 2007, 1640.
164 OLG Karlsruhe VersR 2008, 524.
165 OLG Karlsruhe VersR 2010, 751.
166 OLG Dresden VersR 2010, 760 f.
167 LG Coburg VersR 2016, 844 f.
168 OLG München NJW 1983, 53.
169 OLG Celle VersR 2011, 211, 212; OLG Saarbrücken VersR 2011, 489 f.
170 OLG Frankfurt (Main) NVersZ 2000, 242.

- die in der **D&O-Versicherung** das Claims-made-Prinzip vorsehen und die Nachhaftungsfrist des § 93 VI AktG nicht abdecken,[171]
- die in der **Rechtsschutzversicherung** eine Wartezeit bei nachträglich in den Versicherungsvertrag einbezogener Leistungsart,[172] den Ausschluss bestimmter Rechtsgebiete,[173] eine Meldefrist für während der Vertragsdauer eingetretene Versicherungsfälle von zwei Jahren nach der Vertragsbeendigung[174] oder einen Ausschluss für Kapitalanlagegeschäfte aller Art vorsehen,[175]
- die in der **Forderungsausfallversicherung** einen Ausschluss von Ansprüchen bei wohnsitzlosen Schädigern vorsehen,[176]
- die **in der Warenkreditversicherung** vorsehen, dass sich eine versicherungsvertraglich relevante Verrechnung nur auf solche Forderungen beziehen kann, die dem Versicherungsschutz unterfallen,[177]
- die in der **Mitversicherung** den VN verpflichten, nur den führenden VR zu verklagen (sog. Prozessführungsklausel),[178]
- die in der **Betriebshaftpflichtversicherung** die Leistung des VR für solche Mangelfolgeschäden ausschließen, die das Erfüllungsinteresse des Auftraggebers betreffen.[179]

41 Die **Rechtsfolgen einer unterbliebenen Einbeziehung** von AVB werden im Versicherungsvertragsrecht gegenüber der allgemeinen Regel des § 306 BGB durch **§ 5 erheblich modifiziert** (s. dort).[180] Grundsätzlich gilt Folgendes: Sind AVB nicht wirksam einbezogen, bleibt der Vertrag wirksam (§ 306 I BGB). Da gesetzliche Vorschriften, auf die nach § 306 II BGB zurückgegriffen werden könnte, i.d.R. nicht vorhanden sind, ist der Vertrag nach §§ 133, 157 ergänzend auszulegen (dazu Rdn. 45). Eine Analogie zu § 49 II ist aber wegen der besonderen Interessenlage bei der vorläufigen Deckung abzulehnen.[181]

V. Auslegung von AGB
1. Verhältnis zur Inhaltskontrolle

42 Die Auslegung geht der Inhaltskontrolle vor, d.h. erst der Inhalt der Klausel, der sich nach ihrer Auslegung ergibt, wird der Kontrolle unterzogen.[182] Ob die Wertungen der §§ 307–309 BGB für die Auslegung insofern eine Rolle spielen, als davon ausgegangen werden kann, dass der VR im Zweifel eine diesen Vorschriften entsprechende Regelung treffen wollte,[183] oder ob eine generelle geltungserhaltende Auslegung von AVB als »verdeckte Inhaltskontrolle« der Systematik des BGB widerspricht, das beides trennt,[184] ist umstritten. Aus denselben Gründen, die eine geltungserhaltende Reduktion von AVB ausschließen, ist auch eine geltungserhaltende Auslegung abzulehnen.[185] Die Bestimmungen der §§ 307–309 BGB liefen z.T. leer, wenn AGB-Klauseln durch geltungserhaltende Auslegung kontrollfest gemacht werden könnten.[186] Auch der Sinn des AGB-Rechts, den Kunden vor unangemessenen Klauseln zu schützen und von vornherein über seine Rechte und Pflichten zu informieren, spricht gegen die Zulässigkeit der geltungserhaltenden Auslegung.[187]

War bereits die Vorfrage, **ob überhaupt eine AGB vorliegt** oder ob es an einer dafür erforderlichen Regelung fehlt, durch Auslegung zu ermitteln, kann man nicht im Wege der nachgeschalteten Transparenzkontrolle das eine AGB bejahende Ergebnis wieder infrage stellen. Mögliche Unklarheiten über den Regelungscharakter waren schon im Rahmen der Auslegung zu berücksichtigen.[188]

2. Auslegungsmaßstab

43 AVB sind nicht objektiv wie Gesetze auszulegen, sondern nach §§ 133, 157 BGB, aber unter Berücksichtigung der Besonderheit, dass AVB an eine Vielzahl von Adressaten gerichtet sind und es i.d.R. (s. aber § 310 III

---

171 OLG München VersR 2009, 1066, 1067.
172 OLG Karlsruhe VersR 2008, 675, 677.
173 OLG Hamm VersR 1995, 42.
174 BGH VersR 1992, 819.
175 LG Düsseldorf r+s 2014, 235, 236.
176 OLG Hamm VersR 2005, 1527.
177 KG Berlin VersR 2005, 76, 77.
178 OLG Köln r+s 2008, 468, 470; LG Köln Urteil v. 30.11.2009, 20 O 189/08 Juris Rn. 74.
179 OLG Karlsruhe r+s 2014, 170, 172.
180 Näher auch VersHb/*Beckmann*, § 10 Rn. 88 ff.
181 P/M/*Rudy*, § 7 Rn. 53; a.A. L/W/*Armbrüster*, § 7 Rn. 155.
182 BGHZ 123, 83, 85; *Koch* VersR 2015, 133; B/M/*Beckmann*, Einf. C Rn. 166; L/W/*Reiff*[1], AVB Rn. 78.
183 So noch Bach/Moser/*Bach*/*Hütt*, PKV, 3. Aufl., Einl Rn. 56; vgl. jetzt aber Bach/Moser/*Staudinger*, Einl Rn. 96 (Auslegung strikt vor AGB-Kontrolle).
184 MünchKommBGB/*Basedow*, § 305c Rn. 27.
185 *Bunte* NJW 1985, 600 f.; Ebenroth/Boujong/Joost/Strohn/*Bahnsen*, HGB, Bd. 2, 2. Aufl. 2009, Vor Ziff. 1 ADSp Rn. 52; W/L/P/*Lindacher*/*Hau*, AGB-Recht, 6. Aufl. 2009, § 305c Rn. 118 ff.
186 *Meyer-Cording* NJW 1981, 2238, 2239; *Neumann*, Geltungserhaltende Reduktion und ergänzende Auslegung von Allgemeinen Geschäftsbedingungen, 1988, S. 102; Bamberger/Roth/*Hubert Schmidt*, § 305c Rn. 10 und 55.
187 *Coester-Waltjen* Jura 1988, 113, 116.
188 BGH VersR 2014, 1254, 1257.

B. Allgemeine Versicherungsbedingungen (AVB) Einleitung

Nr. 3 BGB[189] und die folgende Rdn.) **keine einzelfallbezogenen auslegungsrelevanten Umstände** gibt.[190] Daraus folgt, dass der Empfängerhorizont i.d.R. als objektiv-generalisierender Maßstab zugrunde zu legen ist, der am Willen und Interesse der typischerweise beteiligten Verkehrskreise ausgerichtet sein muss.[191] Maßgeblich ist daher im Normalfall, wie ein durchschnittlicher VN ohne versicherungsrechtliche Spezialkenntnisse die AVB bei verständiger Würdigung, aufmerksamer Durchsicht und Berücksichtigung des erkennbaren Sinnzusammenhangs versteht.[192] Dabei ist gegebenenfalls spartenspezifisch auf eine bestimmte Gruppe von VN abzustellen, so dass Kenntnisse und versicherungsspezifisches Vorwissen, soweit sie typischerweise vorhanden sind, berücksichtigt werden müssen,[193] wie etwa die »AGB-Erfahrenheit« von VN, etwa von Spediteuren und Frachtführern[194] oder Inhabern von Kfz-Werkstatt und -handel.[195] In der Literatur wird verlangt, bei der Auslegung auch die Interessen der Versichertengemeinschaft zu berücksichtigen, was sowohl zum Vorteil als auch zum Nachteil des VN ausschlagen könne.[196] Bei einem Gruppenversicherungsvertrag kommt es auch auf die Verständnismöglichkeiten durchschnittlicher Versicherter und ihre Interessen an,[197] obwohl für die Einbeziehung der AVB diese Personen nicht maßgeblich sind (oben Rdn. 29).

Im **Individualverfahren** sind darüber hinaus gewisse Umstände des Einzelfalles, sofern solche im Hinblick auf den Vertragsschluss ausnahmsweise einmal vorliegen, zu beachten. So geht nach allgemeinen Regeln der wirkliche Wille der Parteien bei der Auslegung der Klausel dem objektiv-generalisierend bestimmten Empfängerhorizont vor, wenn beide Seiten die Klausel in einem bestimmten Sinne verstanden haben.[198] Zum Teil wird angenommen, auch Werbung[199] oder Merkblätter des VR[200] seien zu berücksichtigen. Das gilt aber nicht für das Produktinformationsblatt.[201] Es liefe dem Zweck desselben, die Komplexität des Produkts zu reduzieren, zuwider, wenn der VN es zum Verständnis der AVB heranziehen und die AVB im ständigen Wechselblick zwischen Produktinformationsblatt und AVB lesen müsste. Unberücksichtigt bleiben die Vorstellungen, die sich der Verfasser der AGB machte,[202] ebenso wie Anhaltspunkte für die Auslegung, die sich aus anderen, dem VN unbekannten Bedingungswerken ergeben.[203] Für die Auslegung ist der Zeitpunkt des Vertragsschlusses maßgeblich, d.h. dass die Klausel vor dem Hintergrund der zu diesem Zeitpunkt vorliegenden Umstände auszulegen ist.[204]

44

Die genannten Regeln gelten auch für die **ergänzende Vertragsauslegung**,[205] die auch bei AVB nach §§ 306 II, 157, 133 BGB **zulässig** ist.[206] Vor dem Hintergrund des Urteils des EuGH im Fall »Banco Español de Crédito SA/Joaquín Calderón Camino«[207] fragt sich jedoch, ob die ergänzende Vertragsauslegung gegen Art. 6 I der Richtlinie 93/13/EWG über missbräuchliche Klauseln in Verbraucherverträgen verstößt. Der EuGH führt in seinem Urteil aus, dass »die nationalen Gerichte eine missbräuchliche Vertragsklausel nur für unanwendbar zu erklären haben, damit sie den Verbraucher nicht bindet, ohne dass sie befugt wären, deren Inhalt abzuändern.«[208] Hieraus wird mitunter gefolgert, dass neben einer geltungserhaltenden Reduktion auch eine ergänzende Vertragsauslegung mit Art. 6 I der RiLi 93/13/EWG unvereinbar sei.[209] Überwiegend wird aber angenommen, dass AVB weiterhin ergänzend ausgelegt werden können.[210] Dem ist zuzustimmen, denn dem EuGH ging es in der genannten Entscheidung um das Verbot der geltungserhaltenden Reduktion und nicht

45

---

189 Weshalb Staudinger/*Schlosser* (2013), § 305c Rn. 126 ff. den genannten einzelfallunabhängigen Ansatz ganz in Frage stellt.
190 Vgl. Palandt/*Heinrichs*, § 305c Rn. 16; *Diringer*, S. 112 f.; *Armbrüster*, Rn. 487.
191 BGHZ 164, 297, 317; *Heyers* ZVersWiss 2010, 349, 354 ff.
192 BGHZ 123, 83, 85; BGH r+s 2013, 166, 167; BGH VersR 2003, 1163; BGH VersR 2001, 1502, 1503; BGH VersR 2008, 1056, 1057; OLG Karlsruhe VersR 2010, 1213, 1214; *Bruns*, § 10 Rn. 5; L/W/*Reiff*[1], AVB Rn. 79 f. m.w.N.
193 VersHb/*Beckmann*, § 10 Rn. 167.
194 BGH VersR 1984, 830, 831.
195 OLG Frankfurt (Main) VersR 1995, 449, 451.
196 *Präve*, VersR 2012, 657, 663; *Scherpe*, S. 307 f.
197 BGH VersR 2013, 853, 855; BGH NVwZ 2011, 636, 637.
198 BGHZ 113, 251, 259; BGH NJW 2002, 2102, 2103 (dann: vorrangige Individualabrede, § 305b; zum Verhältnis zwischen Auslegung und § 305b s. aber MünchKommBGB/*Basedow*, § 305b Rn. 2); Palandt/*Heinrichs*, § 305c Rn. 16.
199 *Langheid/Müller-Frank* NJW 2008, 337 f.; L/W/*Reiff*[1], AVB Rn. 87.
200 OLG Celle VersR 2007, 1641, 1643; L/W/*Reiff*[1], AVB Rn. 87.
201 Anders L/W/*Armbrüster*, Vorb. §§ 6, 7 Rn. 45, § 7 Rn. 152.
202 BGH VersR 2009, 341, 342.
203 BGH VersR 2007, 388.
204 BGH NJW 1995, 1496: Vorstellungen der Parteien vom Begriff »Video«.
205 BGHZ 164, 297, 317; LG München VersR 2014, 1109, 1111.
206 BGH NJW 2008, 2172, 2175; BGHZ 90, 69, 73 ff.
207 EuGH EuZW 2012, 754, 757.
208 EuGH EuZW 2012, 754, 757 (Rn. 65); dazu *Uffmann* NJW 2012, 2225, 2229 f.
209 Bamberger/Roth/*Hubert Schmidt*, § 306 Rn. 2 für eine ergänzende Auslegung, die den Inhalt der Klausel teilweise wieder heilt; offenlassend *Wendenburg* EuZW 2012, 758, 760.
210 BGH NJW 2013, 991, 992 f.; *Koch* VersR 2014, 283, 288 f.; *Pfeiffer* LMK 2012, 339740; R/L/*Römer*, Vorbem. § 1 Rn. 43 u. 114 ff.; *Schlömer*, S. 29; Palandt/*Grüneberg*, § 306 Rn. 13.

um ein Verbot ergänzender Vertragsauslegung.[211] Der EuGH hat damit argumentiert, dass ohne eine Nichtanwendung der unwirksamen Klausel ein Anreiz für den Verwender geschaffen werden könnte, solche Klauseln gleichwohl zu verwenden.[212] Das entspricht der Begründung für das Verbot der geltungserhaltenden Reduktion im deutschen Recht.[213] Die ergänzende Vertragsauslegung führt dagegen nicht zur Rückführung einer Klausel auf den gerade noch zulässigen Inhalt, sondern ergänzt, was die Parteien bei einer angemessenen, objektiv-generalisierenden Abwägung ihrer Interessen nach Treu und Glauben redlicherweise vereinbart hätten, wenn sie bedacht hätten, dass die Wirksamkeit der Klausel möglicherweise unsicher war.[214] Der Abschreckungseffekt, der in der Nichtgeltung der Klausel liegt, bleibt also erhalten.[215]

46 Abzustellen ist bei der ergänzenden Vertragsauslegung nach dem auch hier geltenden objektiv-generalisierenden **Maßstab** auf den mutmaßlichen typisierten Parteiwillen im Zeitpunkt des Vertragsschlusses.[216] Die oben genannten Besonderheiten von AVB gegenüber sonstigen vertraglichen Regelungen führen bei der ergänzenden Auslegung zu der weiteren Besonderheit, dass die Vertragsergänzung nicht daran scheitert, dass mehrere Gestaltungen zur Ausfüllung der Lücke in Betracht kommen. Die Vertragsergänzung müsse, so der BGH, für den betroffenen Vertragstyp als allgemeine Lösung eines stets wiederkehrenden Interessengegensatzes angemessen sein (»Ergänzung auf höherer Abstraktionsebene«).[217] Sie darf nicht zu einer Erweiterung oder Änderung des Vertragsgegenstandes führen.[218] Nur der Vertragsinhalt, nicht der Vertragswille darf ergänzt werden.[219] Zu wählen ist die Lösung, die den Interessen beider Seiten soweit wie möglich gerecht wird.[220] Die ergänzende Vertragsauslegung ist nur im **Individualverfahren** zulässig.[221]

3. Einzelne Auslegungskriterien

47 Der regelmäßig zu wählende objektiv-generalisierende Maßstab rückt zunächst den **Wortlaut** der einzelnen Klausel in den Vordergrund. Von ihm ist auszugehen[222] und er bildet jedenfalls dann die Grenze der Auslegung,[223] wenn nach dem oben Gesagten nicht besondere Umstände vorliegen, die ein übereinstimmendes, vom Wortlaut nicht erfasstes Verständnis der Klausel ergeben. Grundsätzlich ist auf den Sprachgebrauch des täglichen Lebens abzustellen,[224] sofern der Begriff des allgemeinen Sprachgebrauchs einigermaßen bestimmt ist und nicht erkennbar aus der Fachwissenschaft übernommen wurde.[225] Wird in AVB ein festumrissener **Begriff der Rechtssprache**[226] verwendet, so ist (im Zweifel) anzunehmen, dass der VR nichts anderes zum Ausdruck bringen wollte,[227] der VN hat im Zweifel Rechtsrat einzuholen, vorausgesetzt der Begriff ist als Rechtsbegriff erkennbar.[228] Ergibt aber der Sinnzusammenhang etwas anderes[229] oder ist der Begriff auch im allgemeinen Sprachgebrauch üblich,[230] geht diese Bedeutung vor.[231] Wandelt sich mit der Zeit der Bedeutungsgehalt eines Rechtsbegriffes, kommt es für die Frage, welcher Zeitpunkt für die Ermittlung des Bedeutungsgehalts des Rechtsbegriffs maßgeblich ist (Vertragsschluss oder Versicherungsfall), darauf an, ob es sich um eine statische oder um eine dynamische Bezugnahme auf den Rechtsbegriff handelt; im Zweifel muss nach der Unklarheitenregelung des § 305c II BGB entschieden werden.[232] Differenzierend ist die Frage zu beantworten, ob Umstände außerhalb des Empfängerhorizontes des VN bei der Auslegung zu berücksichtigen

---

211 BGH NJW 2013, 991, 993.
212 EuGH EuZW 2012, 754, 757.
213 BGH NJW 2013, 991, 993.
214 BGH NJW 2013, 991, 993.
215 *Pfeiffer* LMK 2012, 339740; *Koch* VersR 2014, 283, 289; *Schlömer*, S. 28 f.
216 BGHZ 164, 297, 317; *Felsch* r+s 2008, 265; Bamberger/Roth/*Hubert Schmidt*, § 306 Rn. 14.
217 BGHZ 164, 297, 317; Bamberger/Roth/*Hubert Schmidt*, § 306 Rn. 14.
218 BGH NJW-RR 2015, 183, 185; BGH VersR 2011, 918, 923; BGHZ 117, 92, 99.
219 BGH NJW-RR 2015, 183, 185.
220 BGHZ 90, 69, 82.
221 *Wandt* VersR 2001, 1449, 1451; *Römer* VersR 1994, 125, 126.
222 BGH VersR 2000, 709; L/W/*Reiff*[1], AVB Rn. 79; R/L/*Römer*, Vor § 1 Rn. 15; VersHb/*Beckmann*, § 10 Rn. 167; P/M/*Armbrüster*, Einl. Rn. 260.
223 VersHb/*Beckmann*, § 10 Rn. 167.
224 RGZ 97, 189, 191; 120, 18, 20; BGH VersR 1970, 435, 436; OLG Karlsruhe r+s 2014, 410, 411 m.Anm. *Schimikowski*; P/M/*Armbrüster*, Einl. Rn. 271; Bach/Moser/*Staudinger*, PKV, Einl Rn. 91.
225 P/M/*Armbrüster*, Einl. Rn. 271.
226 Dazu gehört z.B. nicht der Begriff der »Haftpflicht als Tierhalter«, BGH VersR 2007, 939, 940, nach Ansicht des BGH aber »Ansprüche Dritter«, BGH VersR 1998, 887; kritisch *Prölss* VersR 2000, 1441, 1443 Fn. 22.
227 BGH VersR 2007, 535, 536; BGH VersR 2000, 753, 754; VersHb/*Beckmann*, § 10 Rn. 170; L/W/*Reiff*[1], AVB Rn. 84; R/L/*Römer*, Vor § 1 Rn. 27 m.w.N. aus Rspr.; *Diringer*, 172 ff.
228 BGH VersR 2000, 311; R/L/*Römer*, Vor § 1 Rn. 29; Ruffert/*Looschelders/Michael*, § 11 Rn. 205.
229 BGH VersR 2008, 346; R/L/*Römer*, Vor § 1 Rn. 29.
230 R/L/*Römer*, Vor § 1 Rn. 29.
231 VersHb/*Beckmann*, § 10 Rn. 170: Anwendung des § 305c II BGB.
232 *Koch* VersR 2015, 133, 141 f.

sind: Nach h.M.[233] nicht abzustellen ist auf die dem VN unbekannte **Entstehungsgeschichte**,[234] jedenfalls wenn sie für ihn nachteilig ist,[235] aber auch dann, wenn sie ein für ihn günstigeres Ergebnis zur Folge hätte.[236] Nach a.A. ist auf die Entstehungsgeschichte ergänzend abzustellen, soweit sie in den AVB Ausdruck gefunden hat, v.a., wenn ein für den VN günstigeres Ergebnis erzielt werden kann,[237] oder aber zumindest bei der ergänzenden Vertragsauslegung.[238] Die nicht allgemein bekannte sprachgeschichtliche Herleitung eines Wortes darf bei der Auslegung nicht berücksichtigt werden.[239] Der vom VR verfolgte **Zweck** einer Klausel ist für die Auslegung nur relevant, wenn er in den Bedingungen Ausdruck gefunden hat.[240] Letzteres soll nach der Rspr. dann der Fall sein, wenn die Formulierungen insofern ohne weiteres verständlich sind, oder wenn der VN Anlass zur Nachfrage hatte.[241] Den VN trifft jedoch grundsätzlich keine Obliegenheit, sich über die Bedeutung von Klauseln zu vergewissern, so dass ein Regelungszweck, den er nur durch Nachfrage hätte in Erfahrung bringen können, für die Auslegung nicht relevant ist. Ohnehin ist nur sehr zurückhaltend von der Annahme Gebrauch zu machen, der VN habe den Zweck einer Klausel erkannt.[242] Zugunsten des VN darf der Zweck auch berücksichtigt werden, wenn seine Erfassung außerhalb der Verständnismöglichkeit des durchschnittlichen VN liegt.[243] In der Literatur ist unter Hinweis auf die objektive Auslegung und die falsa-demonstratio-Regel vorgeschlagen worden, dem VN nicht zugängliche Auslegungsmittel – wie Entstehungsgeschichte und Zweck – immer dann heranzuziehen, wenn eine Auslegung zugunsten des VN in Rede steht und ebendiese Auslegung auch dem Willen des VR entspricht.[244] Die Praxis hat einzelne **Auslegungsregeln** entwickelt: AVB dürfen nicht so ausgelegt werden, dass der Versicherungsschutz leer läuft.[245] Grenzbereiche verschiedener Versicherungen sind so abzugrenzen, dass keine Überschneidungen oder Lücken[246] entstehen.[247] AVB, die wörtlich oder inhaltlich dem VVG entsprechen (deklaratorische Klauseln), sind wie das Gesetz auszulegen.[248] Die Auslegung von AVB hängt nicht davon ab, ob Klauseln, die zusätzlich vereinbart werden können, vereinbart worden sind oder nicht; das gilt insbes., wenn die zusätzlichen Klauseln den Versicherungsschutz erweitern sollten.[249] **Risikoausschlüsse** sind grundsätzlich eng und nicht weiter auszulegen, als es ihr Sinn unter Beachtung ihres wirtschaftlichen Zwecks und der gewählten Ausdrucksweise erfordert. Denn, so der BGH, der durchschnittliche VN brauche nicht damit zu rechnen, dass er Lücken im Versicherungsschutz habe, ohne dass ihm diese hinreichend verdeutlicht werden.[250] Diese strengen Maßstäbe legt der BGH »auch und erst recht« an, wenn zu klären ist, ob eine Klausel einen Risikoausschluss enthält oder einen gesetzlichen Risikoausschluss wie § 81 zum Nachteil des VN erweitert.[251]

4. Kasuistik

Die Gerichte haben häufig über die Auslegung von AVB zu entscheiden; so etwa zur **Auslegung** des Begriffs der »wissenschaftlich nicht allgemein anerkannten Untersuchungs- und Behandlungsmethoden und Arzneimittel«,[252] des Begriffs des »Auftrags« in der Warenkreditversicherung,[253] des Begriffs der »Nähe« in der Hausratversicherung,[254] des Begriffs des »Schadensersatzes« in der Haftpflichtversicherung für Haus- und

48

---

233 BGH VersR 2000, 1090, 1091 m.Anm. *E. Lorenz*.
234 BGH VersR 2013, 709, 711; VersR 2012, 1253, 1254; VersR 2003, 1163; OLG Karlsruhe r+s 2014, 410, 411 m.Anm. *Schimikowski*.
235 OLG Karlsruhe VersR 2008, 346.
236 BGH VersR 2002, 1503, 1504; BGH VersR 2000, 1090, 1091 m. kritischer Anm. *E. Lorenz*; L/W/*Reiff*[1], AVB Rn. 85; R/L/*Römer*, Vor § 1 Rn. 23; Bach/Moser/*Staudinger*, Einl Rn. 91.
237 OLG Nürnberg VersR 2002, 605; *Koch* VersR 2015, 133, 140; *E. Lorenz* VersR 2000, 1092, Anm. zu BGH VersR 2000, 1090; VersHb/*Beckmann*, § 10 Rn. 169 m.w.N. aus Rspr.; *Pilz*, Missverständliche AGB, S. 38 ff., S. 45 ff.; *ders.* VersR 2010, 1289, 1293, auch ohne Anklang in den AVB, wenn es sich um eine vom VR gewollte Regelung handelt; P/M/*Armbrüster*, Einl. Rn. 284; *Diringer*, 158 f. unter Berufung auf § 242 BGB.
238 *H. Baumann* r+s 2005, 313 ff.
239 OLG Karlsruhe r+s 2014, 410, 411 m.Anm. *Schimikowski*.
240 BGH VersR 1989, 903, 904; R/L/*Römer*, Vor § 1 Rn. 22.
241 BGH VersR 1989, 903, 904.
242 S. insbes. *Prölss* VersR 2000, 1441, 1443 f.
243 P/M/*Armbrüster*, Einl. Rn. 280.
244 *Pilz* VersR 2010, 1289 ff.
245 BGH VersR 1991, 172, 174; L/W/*Reiff*[1], AVB Rn. 83; R/L/*Römer*, Vor § 1 Rn. 41.
246 BGH VersR 2008, 346; BGH VersR 1995, 162; BGH VersR 1991, 172, 174.
247 BGH VersR 1991, 172, 174; R/L/*Römer*, Vor § 1 Rn. 41.
248 P/M/*Armbrüster*, Einl. Rn. 272.
249 BGH VersR 2008, 816, 817.
250 BGH VersR 2007, 939, 940; BGH VersR 2007, 388; BGH VersR 2003, 1389, 1390; BGH VersR 1999, 748, 749; BGH VersR 1995, 162; OLG Karlsruhe VersR 2008, 346; *Prölss* VersR 2000, 1441.
251 BGH VersR 2009, 341, 342.
252 BGHZ 123, 83, 85 f.
253 BGH VersR 1998, 185, 186.
254 BGH VersR 2003, 641, 642.

Grundbesitzer,[255] des Begriffs der »medizinisch notwendigen Heilbehandlung« in der privaten Krankheitskostenversicherung,[256] des Begriffs des »Aufenthalts« in der Krankenhaustageversicherung,[257] des Begriffs des »Unfalls« in der Reiseunfallversicherung,[258] des Begriffs des Unfalls »in Hotelgebäuden«,[259] von Klauseln über Obliegenheiten zur Schadensverhütung in der Transportversicherung,[260] der Klausel E.1.3 Satz 2, 2. Halbs. AKB 2014 über die Obliegenheit, nach einem Unfall Feststellungen zu ermöglichen (trotz weiteren Wortlauts auszulegen wie § 142 StGB),[261] des Begriffs der »Beschädigung durch Entwendung«,[262] des Begriffs des sicheren Mitführens im persönlichen Gewahrsam,[263] des Begriffs des Versicherungsfalls bei der Valorentransportversicherung[264], des Begriffs des »Gebrauchs« in der Benzinklausel bei der Haftpflichtversicherung,[265] des Begriffs der »Einwirkung von außen« in der Kfz-Kaskoversicherung[266], des Begriffs der »Aufwendungen« in der Feuerversicherung,[267] des Begriffs der »unerwarteten Erkrankung« in der Reisekrankenversicherung,[268] des Begriffs des »Schadensereignisses« in der Betriebshaftpflichtversicherung,[269] des Begriffs des Versicherungsfalls in der privaten Krankheitskostenversicherung,[270] zur **ergänzenden Auslegung** bei unwirksamer Klausel über die Berechnung der beitragsfreien Versicherungssumme und des Rückkaufwertes, den Stornoabzug und die Verrechnung von Abschlusskosten bei der kapitalbildenden Lebensversicherung;[271] zum **Risikoausschluss** in der privaten Haftpflicht für »Schäden, die durch den Gebrauch des Kraftfahrzeugs verursacht werden«,[272] für die »Wahrnehmung rechtlicher Interessen aus dem Bereich des Familienrechtes und des Erbrechtes«,[273] in der Betriebshaftpflichtversicherung für »Schäden an Sachen oder Teilen, die unmittelbarer Gegenstand der Tätigkeit gewesen sind«,[274] für »Fahrveranstaltungen, bei denen es auf die Erzielung einer Höchstgeschwindigkeit ankommt«,[275] für »Schäden am Gemeinschafts-, Sonder- und Teileigentum« in der Haftpflichtversicherung für Haus- und Grundbesitzer,[276] für die »Wahrnehmung rechtlicher Interessen, die in unmittelbarem Zusammenhang mit der Planung, Errichtung oder genehmigungspflichtigen Veränderung eines im Eigentum oder Besitz des VN befindlichen oder von diesem zu erwerbenden Grundstücks, Gebäudes oder Gebäudeteils stehen«;[277] zur Auslegung der »Waffenklausel« als Risikoausschluss in der Haftpflichtversicherung,[278] zum Risikoausschluss für »rechtskraftfähige Vollstreckungstitel« in der Rechtsschutzversicherung,[279] zum Ausschluss des Versicherungsschutzes für »die Haftpflicht […] als Tierhalter«,[280] zum Ausschluss des Versicherungsschutzes für »Eingriffe am Körper« in der Unfalltodzusatzversicherung,[281] zur Auslegung der Begriffe des »Werkzeugs« und des »Schlüssels« in der Einbruchdiebstahlversicherung,[282] zur Abgrenzung des Risikoausschlusses von der verhüllten Obliegenheit durch Auslegung s. § 28 Rdn. 22.

5. Unklarheitenregel des § 305c II BGB

49 Nach § 305c II BGB gehen Zweifel bei der Auslegung von AGB zu Lasten des Verwenders. **Zweifel bei der Auslegung** bestehen erst, wenn nach Ausschöpfung aller Auslegungsmöglichkeiten verschiedene Auslegungsergebnisse in Betracht kommen, also die Klausel mehrdeutig ist.[283] Dafür genügt nicht per se, dass über die

---

255 BGH VersR 2003, 236, 237.
256 BGH VersR 2003, 581, 584.
257 BGH VersR 1984, 677 unter 2.
258 LG München VersR 1984, 1189.
259 OLG Saarbrücken Urt. v. 14.02.2007 – 5 U 578/06; OLG Köln Urt. v. 25.07.2007 – 5 U 19/07.
260 BGH VersR 1984, 831.
261 OLG Saarbrücken r+s 2016, 287, 288 f.; OLG München r+s 2016, 342 f.
262 AG München NJW-RR 2010, 332.
263 LG Berlin VersR 2011, 749.
264 BGH VersR 2011, 318 ff.
265 OLG Brandenburg VersR 2015, 1369; LG Karlsruhe r+s 2014, 553, 553.
266 BGH r+s 2013, 166, 167.
267 BGH VersR 2013, 1039, 1040 f.
268 BGH VersR 2012, 89 m.Anm. *Wandt*.
269 OLG Karlsruhe VersR 2014, 1450 ff.
270 OLG Karlsruhe r+s 2013, 506, kritisch hierzu *Steinbeck* r+s 2014, 506 ff.
271 BGH VersR 2005, 1564.
272 BGH VersR 2007, 388.
273 OLG Karlsruhe VersR 2008, 346.
274 BGH VersR 2000, 963, 964.
275 OLG Frankfurt (Main) r+s 2016, 30, 31.
276 BGH VersR 2003, 236, 237.
277 BGH VersR 2003, 454, 455.
278 BGH VersR 2005, 69, 70.
279 BGH VersR 2007, 535, 536.
280 BGH VersR 2007, 939, 940.
281 BGH VersR 2001, 227, 228.
282 OGH VersR 2008, 663, 664.
283 BGH VersR 2003, 1163; BGH VersR 1996, 622; OLG Oldenburg VersR 2010, 752, 753; OLG Karlsruhe VersR 2004, 230, 231.

B. Allgemeine Versicherungsbedingungen (AVB) Einleitung

Auslegung gestritten wird. Die in Betracht kommenden Auslegungsergebnisse müssen nicht gleichermaßen gut vertretbar sein,[284] aber nur theoretisch denkbare, praktisch völlig fern liegende und nicht ernstlich in Betracht zu ziehende Auslegungsmöglichkeiten begründen keinen Zweifel an der Auslegung.[285]

Rechtsfolge des § 305c II BGB ist, dass die Mehrdeutigkeit **zu Lasten des Verwenders** geht. Die frühere Annahme, im Individualprozess führe das zur kundenfreundlichsten, im Verbandsprozess zur kundenfeindlichsten Auslegung, ist, auch unter Zustimmung der Literatur,[286] vom BGH inzwischen aufgegeben worden.[287] In beiden Verfahren sind nicht allein die beiden Auslegungsmöglichkeiten der Klausel im Hinblick auf ihre Vorteilhaftigkeit für den VN zu untersuchen, sondern es ist zunächst zu prüfen, ob der VN im Ergebnis bei Nichtigkeit der Klausel besser stünde als bei kundenfreundlicher Auslegung. Ist das der Fall, ist eine zur Nichtigkeit führende kundenfeindliche Auslegung die kundengünstigste.[288] Diese zu begrüßende Gleichbehandlung von Individual- und Verbandsprozess ist im Ergebnis mit den Vorgaben der Richtlinie 93/13/EWG vereinbar.[289] Um nicht in jedem Fall die gesamte Inhaltskontrolle in § 305c II BGB zu integrieren, ist wie folgt zu prüfen: (1) Wäre in beiden Auslegungsvarianten die Nichtigkeit der Klausel für den VN günstiger als ihre Wirksamkeit? (2a) Falls ja, ist die kundenfeindlichste Auslegung (unterstellt, bei dieser ist die Nichtigkeit wahrscheinlicher) zugrunde zu legen. Dann findet, systematisch innerhalb des § 305c II BGB, die Inhaltskontrolle statt. (2b) Falls die Antwort auf Frage 1 nein lautet, ist die Auslegung zugrunde zu legen, die für den VN am günstigsten ist. Erst dann schließt sich die Inhaltskontrolle an.

50

Beispiele für mehrdeutige Klauseln sind: der Begriff »Funktionsunfähigkeit einer Hand im Handgelenk«,[290] der Begriff des »Wochenendhauses« in der privaten Haftpflichtversicherung,[291] der Begriff des »Angestellten« in der Einbruchdiebstahlversicherung,[292] der Begriff des »Schadens innerhalb eines Gebäudes« in der Leitungswasserversicherung,[293] der Begriff des »Maßstabes der Invaliditätsgradbestimmung« in der Unfallversicherung für Polizisten,[294] eine Klausel in Krankentagegeld- und Berufsunfähigkeitsversicherung, wonach sich an die Krankentagegeldzahlung nahtlos die Leistung der Berufsunfähigkeitsversicherung anschließt,[295] die Wendung »nach medizinischem Befund« in der Krankentagegeldversicherung,[296] der Begriff »Europa« in der Hausratversicherung,[297] der Begriff der »Gutachtertätigkeit«,[298] der Begriff des »Omnibusses« in der Kaskoversicherung,[299] die Wendung »Flugtauglichkeit aus gesundheitlichen Gründen« in der Berufsunfähigkeitszusatzversicherung,[300] der Zusatz »auch selbsttätige Arbeitsmaschinen, z.B.[…] Gabelstapler« in Bezug auf zulassungs- und versicherungspflichtige Fahrzeuge in der Betriebshaftpflichtversicherung,[301] der Begriff des »Schadenfeuers« in der Feuerversicherung,[302] der Begriff der »(w)irtschaftliche(n) Vorteile, die sich als Folge des Unterbrechungsschadens … ergeben«, in der Ertragsausfallversicherung,[303] der Begriff der »Zerstörung« in der Leasing-Restwert-Versicherung,[304] die Formulierung »bis zu einer Schadenshöhe von bis zu 2.500 Euro« bei einem Verzicht auf eine Leistungskürzung.[305] **Nicht mehrdeutig** sollen ein Ausschluss in der Dread-Desease-Versicherung für »Carcinoma in situ und Tumore bei gleichzeitig bestehender HIV-Infektion« sein[306], eine Klausel, nach der ein KFZ-Versicherungsvertrag nicht als schadensfrei behandelt wird, wenn für einen gemeldeten Schadensfall Rückstellungen gebildet wurden,[307] eine Klausel über den auf Personen- und Sachschäden begrenzten Schutz einer Forderungsausfallversicherung.[308]

51

---

284 So zu recht *Prölss* VersR 2000, 1441, 1444: Keine »Goldwaage«.
285 Vgl. BGH VersR 2002, 1546, 1547; *Prölss* VersR 2000, 1441, 1444: Der »spitzfindige Rabulist« profitiere nicht von § 305c II BGB; L/W/*Reiff*¹, AVB Rn. 96.
286 MünchKommBGB/*Basedow*, § 305c Rn. 20, 35.
287 BGH NJW 2008, 2172, 2173 m.w.N.
288 BGH NJW 2008, 2172, 2173 m.w.N; s. auch schon BGH NJW 1992, 1097, 1099.
289 MünchKommBGB/*Basedow*, § 305c Rn. 20, 35.
290 BGH VersR 2003, 1163.
291 OLG Hamm VersR 1987, 194, 196.
292 OLG Hamm VersR 1985, 437.
293 OLG Nürnberg VersR 1998, 234, 235.
294 OLG Koblenz VersR 2002, 966.
295 OLG Köln r+s 2016, 356 f.
296 OLG Karlsruhe VersR 2004, 230, 231.
297 LG Berlin VersR 2007, 941, 942 m.Anm. *Weydt*.
298 OGH VersR 2008, 99, 100.
299 BGH VersR 1986, 177, 178.
300 OLG Bremen VersR 1996, 223.
301 BGH VersR 1995, 951, 952.
302 OLG Hamburg VersR 1987, 479; durch den BGH nicht zur Revision angenommen ohne zur Auslegung des Brandbegriffs Stellung zu nehmen, Anm. *Wälder* r+s 1990, 206, 208.
303 LG Berlin VersR 2014, 191, 193.
304 OLG Celle VersR 2015, 184, 185.
305 LG Berlin VersR 2015, 1506 f.
306 OLG Oldenburg VersR 2010, 752 f.
307 LG Köln VersR 2011, 877.
308 BGH VersR 2013, 709, 711.

Einleitung B. Allgemeine Versicherungsbedingungen (AVB)

VI. Inhaltskontrolle von AGB
1. Allgemeines

52 Die Kontrolle nach §§ 307–309 i.V.m. § 310 I, III Nr. 3 BGB schützt den Vertragspartner des Verwenders (Verwender ist regelmäßig der VR, kann aber u.U. auch der VN sein, vgl. Rdn. 17 ff.) davor, dass Letzterer die von ihm in Anspruch genommene rechtsgeschäftliche Gestaltungsmacht missbraucht. Dieser ist vielmehr von Anfang an dazu gezwungen, auf die Interessen seines Vertragspartners angemessen Rücksicht zu nehmen.[309] Nicht dagegen soll eine optimale Vertragsgestaltung für den Vertragspartner erreicht werden.[310]

53 **Gegenstand** der Inhaltskontrolle ist die einzelne Klausel mit dem durch **Auslegung** ermittelten Inhalt (Auslegung vor Kontrolle)[311] einschließlich derjenigen Bestimmungen, auf die in AGB verwiesen wird, sofern sie wirksam einbezogen sind. Mit der Klausel sachlich zusammenhängende Regelungen sind in die Betrachtung einzubeziehen, weil die Wirkungen einer Klausel durch eine andere kompensiert werden können.[312] Maßgeblicher **Zeitpunkt** für die Beurteilung ist derjenige des Vertragsschlusses.[313]

54 **Kontrollmaßstab** und **Kontrollkriterien** sind nicht in allen Fällen gleich: Der vollständigen Inhaltskontrolle nach §§ 307 I, II, 308, 309 BGB unterliegen nur Klauseln, die von Rechtsvorschriften abweichende oder diese ergänzende Regelungen enthalten (§ 307 III 1 BGB), während andere Klauseln nur nach § 307 I 2 i.V.m. § 307 I 1 BGB auf ihre Transparenz kontrolliert werden (§ 307 III 2 BGB). Im ersten Fall ist bei AVB, die gegenüber einem Unternehmer, einer juristischen Person des öffentlichen Rechts oder einem öffentlich-rechtlichen Sondervermögen verwendet werden, die Inhaltskontrolle auf diejenige nach § 307 I, II BGB beschränkt (§ 310 I BGB). Für AVB in Verbraucherverträgen wird die Inhaltskontrolle insofern modifiziert, als auch die – sonst irrelevanten – den Vertragsschluss begleitenden Umstände zu berücksichtigen sind (§ 310 III Nr. 3 BGB), dazu Rdn. 55. Bei der Kontrolle ist ein **überindividueller, generalisierender und typisierender Maßstab** anzulegen, so dass es auf die Benachteiligung des Vertragspartners im konkreten Fall nicht ankommt,[314] das gilt für Individual- wie Verbandsprozess.[315]

55 Im **Individualprozess** findet auf **Verbraucherverträge** (Legaldefinition in § 310 III Hs. 1 BGB) **§ 310 III Nr. 3 BGB** Anwendung. Danach sind bei der Beurteilung der unangemessenen Benachteiligung auch **die den Vertragsschluss begleitenden Umstände** zu berücksichtigen.[316] Das bedeutet keine Abkehr von dem generellen, überindividuellen und typisierenden Maßstab im oben genannten Sinne,[317] sondern eine Kombination[318] dieses zunächst zugrunde zu legenden Maßstabes mit den dann ergänzend heranzuziehenden konkreten und individuellen Umständen. Sie können die Bedenken gegenüber der Klausel verstärken oder auch mildern (str.).[319] Zu diesen Umständen gehören die Informationen und die Situation bei Vertragsabschluss,[320] so z.B. bei der Beurteilung der Transparenz einer Klausel ein bei Vertragsabschluss übergebenes Merkblatt[321] oder eine Übersicht über den Versicherungsverlauf in der Lebensversicherung.[322] Auch in der Person des VN liegende individuelle Umstände sind zu beachten, wie z.B. ein vom Üblichen abweichender Erfahrungshorizont des Adressaten.[323] Unterdurchschnittliche Sprachkenntnisse sollen nach Stimmen in der Literatur regelmäßig kein zu berücksichtigender Umstand sein, lediglich bei für den VR erkennbarem Missverständnis muss dieser aufklären.[324] Ergibt sich aus den Umständen, dass eine sonst unbedenkliche Klausel für den besonderen Fall unangemessen ist, kann zugleich ein Verstoß gegen § 6 I vorliegen.[325]

56 § 307 BGB schließt nach einer Auffassung in der Literatur eine »**Anwendungskontrolle**« nach § 242 BGB nicht aus: Auch wenn eine Klausel der Inhaltskontrolle standhält, kann sich aus Treu und Glauben ergeben, dass der VR sich in besonders gelagerten Einzelfällen nicht auf die Klausel berufen kann,[326] wie z.B. die Leis-

---

309 *Graf v. Westphalen*, in: FS Kübler, S. 787, 793, insbes. auch zu den Unterschieden zum EU-Recht.
310 BGH VersR 1986, 257, 258.
311 BGHZ 123, 83, 85; P/M/*Armbrüster*, Einl. Rn. 106.
312 VersHb/*Beckmann*, § 10 Rn. 224 m.w.N.
313 Palandt/*Grüneberg*, § 307 Rn. 7; VersHb/*Beckmann*, § 10 Rn. 222.
314 R/L/*Römer*, Vor § 1 Rn. 55; Bach/Moser/*Staudinger*, Einl Rn. 133.
315 VersHb/*Beckmann*, § 10 Rn. 167; Palandt/*Grüneberg*, § 307 Rn. 8; L/W/*Bruns*[1], § 307 BGB Rn. 45.
316 Gegen eine Anwendung des § 310 III Nr. 3 BGB auf AVB P/M/*Armbrüster*, Einl. Rn. 122.
317 So auch die RegBegr BT-Drucks. 13/2713 S. 7 f.
318 Palandt/*Grüneberg*, § 310 Rn. 19; L/W/*Bruns*[1], § 307 BGB Rn. 45 spricht von letztlich »fließenden Grenzen«.
319 Palandt/*Grüneberg*, § 310 Rn. 19 m.w.N; dafür *Mattern*, 419 ff. unter Verweis auf die verringerte Informationsasymetrie zwischen VN und VR durch die §§ 6, 7, 60 f. VVG.
320 P/M/*Armbrüster*, Einl. Rn. 122 (i.S. einer Umstandskontrolle).
321 OLG Karlsruhe VersR 2006, 637 f. (Merkblatt führt nicht zur Intransparenz).
322 OLG Stuttgart VersR 2008, 909, 910 (Heilung intransparenter Klausel durch Vorlage des Versicherungsverlaufs).
323 *Evermann*, S. 113.
324 P/M/*Armbrüster*, Einl. Rn. 127 m.w.N.
325 Kritisch zu diesem Nebeneinander P/M/*Armbrüster*, Einl. Rn. 122.
326 P/M/*Armbrüster*, Einl. Rn. 129; VersHb/*Beckmann*, § 10 Rn. 201; L/W/*Bruns*, 1. Aufl., § 307 BGB Rn. 43 f.

tung an den Inhaber des Versicherungsscheins den VR abweichend von seinen AVB dann nicht befreit, wenn er die fehlende Verfügungsbefugnis des Inhabers kennt.[327]

2. § 307 III 1 BGB: Gegenstand der Kontrolle nach §§ 307 I, II, 308, 309 BGB

Nach § 307 III 1 BGB findet die vollständige Inhaltskontrolle nach §§ 307 I, II, 308, 309 BGB nur statt, wenn die **AVB von Rechtsvorschriften abweichen oder diese ergänzen**. Die Norm beruht auf dem Grundgedanken, dass die gesteigerte Inhaltskontrolle dort entbehrlich und sogar unzulässig ist, wo AGB dem objektiven Recht entsprechen (Art. 20 III GG) oder wo dieses keine rechtlichen Maßstäbe vorgibt (Privatautonomie), wie v.a. für das Äquivalenzverhältnis der vereinbarten Hauptleistungen.[328] Bei Letzteren kommt zur fehlenden **Kontrollfähigkeit** hinzu, dass die Hauptleistungen regelmäßig Gegenstand besonderer Aufmerksamkeit der Vertragsparteien sind, so dass das **Kontrollbedürfnis** hier geringer ist.[329] Für AVB stellen sich hier vor allem drei Fragen: 57

a) Inhaltskontrolle der AVB gesetzlich nicht geregelter Versicherungszweige

Unumstritten ist inzwischen,[330] dass auch die AVB solcher Versicherungszweige, die nicht im VVG geregelt sind, der Inhaltskontrolle unterfallen. Aus § 307 II Nr. 2 BGB ergibt sich, dass auch solche Bestimmungen kontrollfähig sind, die nicht von bestimmten gesetzlichen Regelungen abweichen oder sie ergänzen, sondern Rechte und Pflichten beschränken, die sich aus der Natur des Vertrages ergeben.[331] Auch kann die Reichweite der AVB-Kontrolle nicht von dem Zufall abhängen, ob der Gesetzgeber spezielle Regelungen eines Versicherungszweiges für erforderlich hielt oder es bei den allgemeinen Regeln beließ.[332] 58

b) Keine Inhaltskontrolle deklaratorischer AVB

Aus § 307 III BGB folgt, dass AVB, die Regeln des VVG oder anderer Gesetze nur wiederholen und in jeder Hinsicht mit ihnen übereinstimmen, nur der Transparenzkontrolle unterfallen;[333] zum Regelungscharakter und der Eigenschaft als AGB oben Rdn. 7. Das folgt aus der Bindung des Richters an das Gesetz sowie aus der Tatsache, dass an die Stelle der kontrollierten, gesetzesgleichen Norm ohnehin nur wieder das Gesetz treten würde.[334] Das bedeutet aber nicht, dass AVB, die Vorschriften des allgemeinen Teils des VVG, z.B. § 28, für einen bestimmten Anwendungsfall ausgestalten, kontrollfrei sind. Denn sie konkretisieren die gesetzliche Regelung, indem sie sie ausfüllen oder ergänzen. Das gilt insbes., wenn das Gesetz nur einen Rahmen vorgibt.[335] In diesem Sinne gesetzeskonkretisierend sind AVB, die die in § 153 VVG vorgesehene Überschussbeteiligung ausgestalten[336] oder AVB wie die frühere Regelung der AKB, die § 6 III VVG a.F. dahingehend konkretisierte, dass der VN die Beweislast dafür trug, dass er den Unfall nicht bemerkt hatte.[337] Es handelt sich also nicht um rein deklaratorische AVB. Der BGH hat die Kontrolle von AVB, die sich im Rahmen gesetzlicher Vorgaben halten, früher an die zusätzliche Voraussetzung geknüpft, dass »gewichtige Gründe« vorliegen.[338] Allerdings bezog sich dieses zusätzliche Erfordernis, das aus der Zeit vor Abschaffung der Genehmigungspflicht für AVB stammt, ausdrücklich auf behördlich genehmigte AVB. Auf diese Einschränkung ist heute zu verzichten; auch der BGH vertritt sie nicht mehr.[339] Der deklaratorische Charakter einer AVB steht ihrer Kontrolle auch dann nicht entgegen, wenn sich aus dem Zusammenspiel einer deklaratorischen und einer konstitutiven AVB die Abweichung vom Gesetz ergibt. 59

c) Keine Inhaltskontrolle der Beschreibung der Hauptleistung

Obwohl der Wortlaut des § 307 III 1 BGB das, anders als Art. 4 II RiLi 93/13/EWG, nicht klar ergibt,[340] unterliegen sog. Leistungsbeschreibungen, d.h. AVB, die Art, Umfang und Güte der Hauptleistung inhaltlich 60

---

327 BGH VersR 2000, 709, 711.
328 Näher Staudinger/*Coester* (2013), § 307 Rn. 284.
329 MünchKommBGB/*Wurmnest*, § 307 Rn. 12.
330 Anders noch *Schäfer* VersR 1978, 4, 7 f.; für die heute h.M. statt aller *Looschelders* JR 2001, 397; *Fausten* VersR 1999, 413, 415.
331 *Brandner*, in: FS Hauß, S. 1, 8.
332 *Martin* VersR 1984, 1107, 1109; *H. Baumann* VersR 1991, 490, 491.
333 BGHZ 147, 354, 358; BGH VersR 2016, 312, 314; BGH VersR 2001, 493, 494; KG VersR 2015, 1409, 1410; Bach/Moser/*Staudinger*, Einl Rn. 123; L/W/*Bruns*[1], § 307 BGB Rn. 5, 9; *Terno* r+s 2004, 45, 47; noch weiter einschränkend *Pilz*, Missverständliche AGB, S. 226 ff.: Auch Transparenzkontrolle nur bei inhalts- aber nicht wortgleichen Klauseln auf Grund der »Formulierungsverantwortung« des VR; so jetzt auch P/M/*Armbrüster*, Einl. Rn. 101.
334 BGH VersR 2016, 312, 314; *Terno* r+s 2004, 45, 47.
335 BGH NJW 2003, 507, 508.
336 BGH VersR 2016, 312, 314.
337 BGHZ 52, 86, 91 f.
338 BGHZ 52, 86, 92.
339 BGH VersR 2016, 312, 314.
340 Kritisch daher *Billing*, S. 51 f.

Einleitung B. Allgemeine Versicherungsbedingungen (AVB)

festlegen, **nicht der Inhaltskontrolle**.[341] Art. 4 II RiLi 93/13/EWG regelt das ausdrücklich für den »Hauptgegenstand des Vertrages«.[342] Nach der Rspr. des **EuGH** zu Art. 4 II RiLi 93/13/EWG fallen unter den Begriff »Hauptgegenstand des Vertrags« solche Klauseln, die seine Hauptleistungen festlegen und ihn als solche charakterisieren, nicht aber Klauseln, die zu diesen lediglich akzessorisch sind. Maßgebliche Kriterien bei der Prüfung, ob es sich um den Hauptgegenstand des Vertrags handelt, sind die Natur, die Systematik und die Gesamtheit der Bestimmungen des Vertrags sowie sein rechtlicher und tatsächlicher Kontext.[343]

Bei AVB bereitet die Vorgabe, Hauptleistung/-gegenstand von der Inhaltskontrolle auszunehmen, besondere Schwierigkeiten, weil AVB nicht in erster Linie leistungsbegleitende Aspekte regeln, sondern v.a. dazu dienen, dem Rechtsprodukt Versicherung überhaupt erst seine Gestalt zu geben. Die **Hauptleistung setzt sich aus einer Fülle einzelner AVB zusammen**. Erst diese zusammen ergeben mit ihren primären, sekundären und tertiären Risikobeschreibungen die Gegenleistung, für die der VR die Prämie berechnet. Nach Erwägungsgrund 19 der RiLi 93/13/EWG werden Festlegungen und Beschränkungen des Risikos, die bei der Prämienberechnung berücksichtigt werden, nicht als missbräuchlich beurteilt, womit gemeint ist, dass sie nicht der Missbrauchskontrolle unterzogen werden dürfen. Legte man diesen Ausgangspunkt auch dem deutschen Recht zugrunde[344] und ginge zudem davon aus, dass die Prämien stets nach der konkreten Risikobeschreibung mit ihren Ausschlüssen und Wiedereinschlüssen berechnet werden, käme man zu einer weitgehenden Kontrollfreiheit von AVB.

61 Die h.M. zieht den Kreis der Beschreibungen der Hauptleistung bei AVB aber eng: So schließt der **BGH** die vollständige Inhaltskontrolle nur für den »**enge(n) Bereich der Leistungsbezeichnungen, ohne deren Vorliegen mangels Bestimmtheit oder Bestimmbarkeit des wesentlichen Vertragsinhalts ein wirksamer Vertrag nicht mehr angenommen werden kann**«, aus.[345] Ähnlich sieht es die überwiegende Literatur, die Regelungen der Inhaltskontrolle entziehen will, die den Typus des Vertrags betreffen und den Versicherungsfall definieren,[346] oder die sich als allgemeinste Beschreibung der Voraussetzungen und des Umfangs der Leistung des VR darstellen[347] oder die den Versicherungsvertrag konstituieren und den Leistungskern bilden[348] oder die den Vertragszweck ergeben.[349] Nicht durchgesetzt hat sich zu Recht die Auffassung, die Einteilung in primäre, sekundäre und tertiäre Risikobeschreibungen sei zur Bestimmung des kontrollfreien Bereichs heranzuziehen.[350] Denn diese Einteilung hat allein den Sinn, die Beweislastverteilung zu verdeutlichen, ebenso wie die Unterscheidung rechtshindernder und rechtsvernichtender Tatsachen.[351] Auch die Extremposition, sämtliche leistungsbeschreibenden AVB, die die »effektive Gesamtbelastung« des VR festschreiben (primäre, sekundäre, tertiäre Risikobegrenzungen, Obliegenheiten), der Kontrolle zu entziehen, hat kaum Gefolgschaft gefunden.[352] Allerdings ist versucht worden, aus der oben geschilderten Vorgabe der RiLi über missbräuchliche Klauseln in Verbraucherverträgen einen größeren kontrollfreien Bereich herzuleiten,[353] so etwa die primären und sekundären Leistungsbeschreibungen auszunehmen.[354] Dagegen spricht, dass die RiLi es in ihrem Art. 8 zulässt, strengeres nationales Recht zu schaffen, um ein höheres Verbraucherschutzniveau zu gewährleisten.[355] Es ist daher im Ergebnis der h.M. zu folgen, auch deshalb, weil jegliche über den Kernbereich hinausgehende Kontrollfreiheit die Schwierigkeit in sich birgt, dass aus dem Produkt Versicherung einzelne Klauseln nicht herausgebrochen werden können, ohne das Gesamtprodukt zu verändern.[356]

---

341 BGH r+s 2014, 228, 230; *Armbrüster*, Rn. 537 f.
342 »Die Beurteilung der Missbräuchlichkeit der Klauseln betrifft weder den Hauptgegenstand des Vertrags noch die Angemessenheit zwischen dem Preis bzw. dem Entgelt und den Dienstleistungen bzw. den Gütern, die die Gegenleistung darstellen, sofern diese Klauseln klar und verständlich abgefasst sind«.
343 EuGH Rs C-96/14, VersR 2015, 605, 608 m.w.N.
344 Näher sogleich.
345 BGHZ 123, 83, 84; BGH r+s 2014, 228, 230; BGH VersR 2004, 1037, 1038; zum Claims-made-Prinzip in der D&O-Versicherung und der Frage der kontrollfreien Hauptleistungsbeschreibung *H. Baumann* VersR 2012, 1461 ff.
346 *Schmidt-Salzer* BB 1995, 1493, 1497.
347 P/M/*Armbrüster*, Einl. Rn. 90; *Looschelders* JR 2001, 397, 398.
348 L/W/*Bruns*[1], § 307 BGB Rn. 15 ff.; *Dreher*, S. 305, 307; *ders.* VersR 1995, 245, 249.
349 *Römer*, in: FS E. Lorenz, S. 468.
350 *Sieg* VersR 1977, 489, 491.
351 *Pohlmann*, in: E. Lorenz (Hrsg.) Karlsruher Forum 2008, 55, 69; s. auch P/M/*Armbrüster*, Einl. Rn. 96; *Römer*, in: FS E. Lorenz, S. 468 (nur »Formulierungsfrage«).
352 *Dylla-Krebs*, S. 235 f.; dagegen *Kieninger* VersR 1998, 1071, 1072.
353 *Fausten* VersR 1999, 413, 414, 418.
354 *Langheid* VersR 2015, 1071, 1074.
355 BGH VersR 2001, 184; P/M/*Armbrüster*, Einl. Rn. 105; nur in der Begründung a.A. *Kieninger* VersR 1999, 951, 952: leistungsbeschreibende Klauseln fallen nicht in den Anwendungsbereich der Richtlinie.
356 Vgl. *Kieninger* VersR 1998, 1071, 1072.

B. Allgemeine Versicherungsbedingungen (AVB) Einleitung

Für die Gegenleistung des VN bedeutet § 307 III 1 BGB, dass die Kontrolle von **Prämien** selbst nicht möglich ist, aber von Nebenabreden mit Bezug zur Prämie,[357] wie etwa Prämienanpassungsklauseln.[358] Ebenfalls kann das Zusammenspiel der Prämienhöhe mit anderen Regelungen (etwa: Selbstbehalt und Zeitwertberechnung) kontrolliert werden.[359] **62**

Beschreibungen der Hauptleistung im o.g. Sinne, die der Inhaltskontrolle entzogen sind, unterfallen jedoch der **Transparenzkontrolle**.[360] Zwar hat der BGH die Transparenzkontrolle in einem Fall abgelehnt, in dem es um die Klausel ging, die den Versicherungsfall beschrieb (Ziff. 1.1. AHB).[361] Eine Transparenzkontrolle von Hauptleistungsversprechen scheide, so der BGH, aus, wenn es an einer gesetzlichen Auffangregelung fehle und die Intransparenz die Unwirksamkeit des gesamten Versicherungsvertrags zur Folge hätte. Das sei im Hinblick auf die Garantie der Vertragsfreiheit unzulässig.[362] Diese Auffassung ist mit Art. 4 II RiLi 93/13/EWG nicht vereinbar, wonach die Inhaltskontrolle nur bei solchen Regelungen des Hauptgegenstandes des Vertrages entfällt, die »klar und verständlich abgefasst sind.« Dementsprechend hat der EuGH klargestellt, dass die Ausnahme des Art. 4 II RiLi 93/13/EWG von der Inhaltskontrolle zweierlei voraussetze: Die Klausel (1) legt den Hauptgegenstand des Vertrages fest und (2) ist klar und verständlich abgefasst.[363] Das lässt den Schluss zu, dass Beschreibungen der Hauptleistung nach EU-Recht in jedem Fall der Transparenzkontrolle unterfallen, damit festgestellt werden kann, ob die Inhaltskontrolle stattfindet oder nicht. Der BGH hätte also in dem eingangs genannten Fall die Transparenz der Klausel prüfen müssen. Hätte sich die Definition des Versicherungsfalls als transparent erwiesen, hätte keine Inhaltskontrolle mehr erfolgen müssen. War sie nicht transparent, ist fraglich, ob noch eine Inhaltskontrolle hätte stattfinden müssen.[364] Dagegen ließe sich Erwägungsgrund 19 der RiLi 93/13/EWG anführen, der die Kontrolle der Hauptleistungsklauseln unabhängig von ihrer Transparenz ausschließt.[365] Allerdings ist die Ausnahme des Art. 4 II der RiLi 93/13/EWG klar formuliert, so dass sich bei Intransparenz der Klauseln über die Hauptleistung eine materielle Kontrolle anschließen muss (»Zweistufenmodell«[366]). **63**

3. Maßstab des § 307 I 1, II BGB

§ 307 I 1 BGB knüpft die Unwirksamkeitsfolge daran, dass der Vertragspartner des Verwenders entgegen Treu und Glauben unangemessen benachteiligt wird. Diese Generalklausel wird durch die Regeln des § 307 II Nr. 1, 2 BGB und durch die verselbständigten Klauselverbote der §§ 308, 309 BGB konkretisiert (Prüfungsreihenfolge: §§ 309, 308, § 307 II, § 307 I BGB). AVB sind **typisierend und anhand eines generellen, überindividuellen Maßstabes** zu beurteilen,[367] ergänzend kommen bei Verbraucherverträgen die den Vertragsschluss begleitenden Umstände hinzu (§ 310 III Nr. 3 BGB, dazu oben Rdn. 55). Im Rahmen einer **umfassenden Interessenabwägung** sind die Interessen des Verwenders und des typischen Vertragspartners, gegebenenfalls auch die Interessen Dritter, die aus dem Vertrag Rechte herleiten,[368] miteinander abzuwägen.[369] Dabei sind die durch die zu beurteilende Klausel betroffenen Interessen heranzuziehen, z.B. im Rahmen von Rettungsobliegenheiten das Interesse des VR, Ersatzansprüche gegen Dritte zu behalten.[370] Bei leistungsbeschreibenden AVB steht das Interesse des VR an einer sachgerechten Begrenzung des Risikos dem Interesse des VN an umfassendem Versicherungsschutz gegenüber, wobei allerdings eine sachgerechte Begrenzung des Versicherungsschutzes zugleich im Interesse der VN liegen kann, weil sie für eine vertretbare Prämienkalkulation erforderlich ist.[371] Hinzu kommt das Interesse des VR an einer gleichförmigen Gestaltung der Konditionen und einer unkomplizierten Vertragsabwicklung, das allerdings ebenfalls mit dem Interesse des VN deckungsgleich sein kann. Der Vorschlag, jeder Inhaltskontrolle eine Transparenzkontrolle vorzuschalten,[372] ist mit dem Wortlaut des § 307 I BGB nicht in Einklang zu bringen, wonach die fehlende Transparenz gem. § 307 I 2 BGB lediglich ein Unterfall der unangemessenen Benachteiligung i.S.d. § 307 I 1 BGB ist. **64**

---

357 Bach/Moser/*Staudinger*, Einl Rn. 124; BGHZ 116, 117, 119 (betr. Werklohn).
358 BGHZ 119, 55, 59; s. auch BGH NJW 2008, 2172 (betrifft Klausel zur Anpassung von Gaspreisen); L/W/*Bruns*, § 307 BGB Rn. 23.
359 LG Köln Beck RS 2010, 09593.
360 Börner VersR 2012, 1471, 1473.
361 BGH r+s 2014, 228, 230; kritisch hierzu *Koch* VersR 2014, S. 1277 ff.; zu den Folgen der Entscheidung für die D&O-Versicherung siehe *Kubiak*, VersR 2014, 932 ff., und *Schneider/Schlüter*, PHi 2014, 154, 158.
362 BGH r+s 2014, 228, 230.
363 EuGH Rs C-96/14 VersR 2015, 605, 608; dazu *Armbrüster* NJW 2015, 1788 ff.; *Reiff* LMK 2015, 371951; *Koch* EuZW 2015, 520 f.; *Schwintowski* VuR 2016, 29 ff.
364 Dafür *Langheid* VersR 2015, 1071, 1074; ähnlich auch *Mattern*, S. 425.
365 Schwintowski VuR 2016, 29, 31.
366 Langheid VersR 2015, 1071, 1074.
367 BGHZ 105, 24, 31.
368 BGH VersR 2001, 714, 715; BGH VersR 1999, 1390, 1391.
369 BGHZ 105, 24, 31; VersHb/*Beckmann*, § 10 Rn. 218; B/M/*Beckmann*, Einf. C Rn. 218.
370 BGHZ 120, 216, 218 f.
371 BGH VersR 2004, 1035, 1036 f.; P/M/*Armbrüster*, Einl. Rn. 116.
372 *Mattern*, S. 425 ff.

Einleitung B. Allgemeine Versicherungsbedingungen (AVB)

65 Eine **Benachteiligung** ist i.S.v. § 307 I 1 **unangemessen**, wenn »der Verwender entgegen den Geboten von Treu und Glauben einseitig eigene Interessen auf Kosten des Vertragspartners durchzusetzen sucht, ohne von vornherein auch dessen Belange hinreichend zu berücksichtigen.«[373] Die Benachteiligung muss im Vergleich mit den Interessen des VR von einigem Gewicht sein.[374] Dementsprechend ist der **Vertragszweck** i.S.v. **§ 307 II Nr. 2 BGB** nicht schon durch jede Leistungsbegrenzung, sondern erst dann **gefährdet,** wenn mit der Einschränkung die Leistung ausgehöhlt werden kann und damit der Versicherungsvertrag in Bezug auf das versicherte Risiko zwecklos wird.[375]

66 **Unangemessen** sind danach AVB,
 - die in der **Auslandskrankenrücktransportversicherung** auch für Fälle von erheblichen Erkrankungen nur eine Kostenerstattung vorsehen oder den Versicherungsanspruch von einem »ärztlichen Attest« vor Beginn des Rücktransports abhängig machen.[376]
 - die in einer umfassenden **betrieblichen Versicherung** ein für die Berechnung der Prämie bestehendes Leistungsbestimmungsrecht in Abweichung von § 315 BGB ohne Billigkeitserwägungen vorsehen,[377]
 - die in der **Berufshaftpflichtversicherung** für einen angestellten Rechtsanwalt (Scheinsozius) auch ohne eigene wissentliche Pflichtverletzung einen Deckungsausschluss vorsehen;[378] die für einen Architekten eine Vertragsstrafe in Höhe des fünffachen Betrages der Prämiendifferenz bei unzutreffenden Angaben über die für die Beitragshöhe maßgeblichen Honorarumsätze vorsieht;[379]
 - die in der **D&O-Versicherung** eine Anrechnung derjenigen Anwalts-, Sachverständigen-, Zeugen- und Gerichtskosten auf die Versicherungssumme vorsehen, die der VR selbst veranlasst hat,[380] oder die einen vollständigen Ausschluss der Nachmeldefrist u.a. für den Fall eines Insolvenzantrags vorsehen, so dass die Nachteile des Claims-made-Prinzips nicht kompensiert werden,[381]
 - die in der **Haftpflichtversicherung** die unter den Regressverzicht nach dem Abkommen der Feuerversicherer bei übergreifenden Schadenereignissen (RVA) fallenden Regressansprüche von der Deckung ausnehmen, denn es besteht die Gefahr, dass der VN letztlich von keinem der beiden VR den ihm zustehenden Schutz erhält;[382]
 - die in der **Kapitallebensversicherung** und der aufgeschobenen Rentenversicherung vorsehen, dass die Abschlusskosten im Wege des sog. Zillmerverfahrens mit den ersten Beiträgen des VN verrechnet werden.[383] Ebenfalls unangemessen ist eine Klausel, die vorsieht, dass nach allen Abzügen verbleibende Beträge unter 10 Euro nicht erstattet werden.[384] Das gilt auch, wenn die Klauseln von einem VVaG verwendet werden,[385]
 - die in der **Kfz-Teilkaskoversicherung** die Erstattung von »bis zu 50 %« des gutachterlich ermittelten Schadens vorsehen,[386]
 - die in der **Kfz-Vollkaskoversicherung** eine volle Haftung des VN vorsehen, wenn er den Versicherungsfall grob fahrlässig herbeigeführt hat,[387] die eine Vertragsstrafe bei einer Anzeigepflichtverletzung vorsehen, wenn unklar bleibt, ob der VR damit gleichzeitig auf seine gesetzlichen Rechte aus den Vorschriften zur Gefahrerhöhung verzichtet,[388]
 - die in der **Krankenversicherung** eine einseitige Anpassung von Krankentagegeld und Beitrag im Falle des Absinkens des durchschnittlichen Nettoeinkommens unter den der Erstbemessung zugrunde gelegten Betrag durch den VR vorsehen,[389]

---

373 BGH VersR 2001, 576, 577; BGHZ 141, 137, 147.
374 BGH VersR 2001, 576, 577 m.w.N.
375 S. die Kasuistik sogleich.
376 OLG Stuttgart r+s 2014, 81, 82; OLG Karlsruhe VersR 2015, 1281, 1282.
377 LG Bonn r+s 2014, 416, 417.
378 OLG München r+s 2010, 196, 197; Entscheidung in einem Parallelfall OLG München Urt. v. 23.02.2010 25 U 5119/09, Juris Rn. 24 ff.
379 BGH r+s 2012, 435 m.Anm. *Schimikowski*.
380 OLG Frankfurt (Main) r+s 2011, 509, 512; kritisch *Langheid*, in: GS Hübner, 137, 143 ff.; siehe hierzu auch *Terno* r+s 2013, 577, 578; *Werber* VersR 2014, 1159 ff.
381 OLG Hamburg VersR 2016, 245, 246.
382 BGH VersR 2010, 807, 808 f.
383 BGH r+s 2014, 29, 29; VersR 2013, 213, 216; VersR 2012, 1149, 1152 m. kritischer Anm. von *Präve*; hierzu auch *Armbrüster* NJW 2012, 3001; *Leithoff* ZfV 2012, 767, 769; *Reiff* VersR 2013, 789; ausführlich zur AGB-rechtlichen Zulässigkeit des Stornoabzugs s. *Grote/Thiel* VersR 2013, 666.
384 BGH VersR 2013, 213, 217; VersR 2012, 1149, 1157.
385 BGH VersR 2013, 565, 569.
386 LG Bremen VersR 2011, 617, 618.
387 BGH VersR 2014, 1135, 1136; BGH ZfS 2011, 697, 698.
388 OLG Stuttgart ZfS 2014, 33, 34.
389 OLG Karlsruhe ZfS 2015, 216, 219.

B. Allgemeine Versicherungsbedingungen (AVB) **Einleitung**

- die in der **Rechtsschutzversicherung** die Erstattung von gerichtlichen Kosten davon abhängig machen, dass zuvor ein Mediationsverfahren durchgeführt wird, und die Versicherung sich das Recht zur Auswahl des Mediators vorbehält,[390]
- nach denen in einer fondsgebundenen **Rentenversicherung** die Kostenausgleichsvereinbarung unkündbar ist und der VN die Abschlusskosten unabhängig vom Fortbestand des Versicherungsvertrags zu zahlen hat,[391]
- die in der **Sachversicherung** eine Vorleistungspflicht des VN vorsehen[392] oder bei denen die Kombination aus dem zu erstattenden Zeitwert (etwa 40 % des Kaufpreises nach vier Jahren) mit einem hohen Selbstbehalt (25 % des Kaufpreises) und einer hohen Jahresprämie (60 % der möglichen Versicherungsleistung) den Vertragszweck nahezu aufhebt,[393]
- die in der **Warenkreditversicherung** bestimmen, dass nach Beendigung des – einen bestimmten Kunden betreffenden – Versicherungsschutzes sämtliche beim VN eingehende Zahlungen dieses Kunden in Ansehung des Versicherungsverhältnisses auf die jeweils älteste offene Forderung des VN ggü. dem Kunden anzurechnen seien,[394]
- die in der **Wassersport-Kaskoversicherung** einen Leistungsausschluss ohne Quotierungsmöglichkeit für grob fahrlässiges Verhalten vorsehen,[395]

Nicht unangemessen sind AVB,   67
- nach denen in zertifizierten **Altersvorsorgeverträgen** (»Riester-Rente«) die Abschluss- und Vertriebskosten gleichmäßig auf die ersten fünf Laufzeitjahre verteilt werden,[396]
- die in der **Arbeitslosigkeitszusatzversicherung** zu einer Restschuldversicherung den Versicherungsschutz für eine verhaltensbedingte Kündigung ausschließen,[397]
- die in der **Arbeitsunfähigkeitsversicherung** den Anspruch auf Rentenzahlungen bei Eintritt der Erwerbsunfähigkeit enden lassen,[398] oder einen Leistungsausschluss für »behandlungsbedürftige psychische Erkrankungen« vorsehen,[399]
- die in der **Berufsunfähigkeitsversicherung** Erkrankungen, die bei Vertragsschluss bestehen, einschließlich von Folgeerkrankungen von der Leistungspflicht des VR ausschließen, und festlegen, dass diese Erkrankungen bei der Festsetzung des Grades der Berufsunfähigkeit aus anderen gesundheitlichen Gründen nicht zu berücksichtigen sind,[400]
- die in der **Betriebshaftpflichtversicherung** den Versicherungsschutz für solche Mangelfolgeschäden, die das Erfüllungsinteresse des Auftraggebers betreffen, ausschließen,[401]
- die in der **Einbruchdiebstahlversicherung** als Einbruchdiebstahl gelten lassen, wenn der Dieb in einen Raum eines Gebäudes mittels richtiger Schlüssel eindringt, die er durch Raub oder ohne fahrlässiges Verhalten des berechtigten Besitzers durch Diebstahl an sich gebracht hat; hier erweitert die Klausel durch das Abstellen auf den berechtigten Besitzer die Zurechnung des Verhaltens Dritter zu Lasten des VN (»Schlüsselklausel«, str.),[402]
- die in der **Feuerversicherung** die Herbeiführung eines Schadens durch ein rechtskräftiges Strafurteil als bewiesen ansehen,[403]
- die in der **Gebäudeversicherung** bei Arglist des VN die Leistungsfreiheit des VR vorsehen, auch wenn sie über die im Streit befindlichen Teile der Ansprüche hinausgeht,[404]
- die in der **Kautionsversicherung** den VN mit Einwendungen gegen den geltend gemachten Anspruch ausschließen, wenn zugleich vorgesehen ist, dass der VR den VN über die Inanspruchnahme informiert und ihm Gelegenheit gibt, vor Zahlung Einwendungen vorzubringen,[405]

---

390 LG Frankfurt ZfS 2015, 159, 160.
391 BGH r+s 2014, 243, 246 = VersR 2014, 567 ff. m.Anm. *Reiff*.
392 LG Köln BeckRS 2010, 09593.
393 LG Köln BeckRS 2010, 09593.
394 BGH VersR 2014, 371, 372.
395 OLG Köln VersR 2014, 1205, 1206.
396 BGH VersR 2013, 88.
397 OLG Frankfurt (Main) VersR 2011, 71 ff.
398 OLG Dresden VersR 2010, 760, 761.
399 OLG Hamm ZfS 2014, 463, 464.
400 BGH VersR 2012, 48, 50.
401 OLG Karlsruhe r+s 2014, 170, 172.
402 OLG Köln r+s 2013, 175, 176 m.Anm. *Wälder* und umfassender Darstellung des Streitstands.
403 OLG Düsseldorf VersR 2014, 1121, 1123.
404 LG Karlsruhe r+s 2013, 500, 501.
405 OLG Dresden Urt. v. 01.12.2009, 9 U 1093/09, Juris Rn. 15.

Einleitung B. Allgemeine Versicherungsbedingungen (AVB)

- die in der **Kfz-Kaskoversicherung** einen Ausschluss von Schäden bei einer Beteiligung an Fahrtveranstaltungen zur Erzielung einer Höchstgeschwindigkeit und bei Fahrten auf Motorsport-Rennstrecken vorsehen,[406]
- die in der **Krankenversicherung** Hilfs- und Heilapparate nur in bestimmten Fällen als erstattungsfähig ansehen,[407] oder die von dem VN den Nachweis erfordern, dass die betroffenen versicherten Personen von der Kündigungserklärung Kenntnis erlangt haben,[408] oder die eine Verpflichtung enthalten, sich von einem durch den VR beauftragten Arzt untersuchen zu lassen,[409]
- die in der **Mitversicherung** den VN verpflichten, nur den führenden VR zu verklagen (sog. Prozessführungsklausel),[410]
- eines Versicherungsvertreters, die eine gesonderte Vergütungsvereinbarung bei Vermittlung einer **Nettopolice** vorsehen, und nach denen im Fall einer Änderung oder vorzeitigen Beendigung des Versicherungsvertrages die Pflicht zur Zahlung der Vergütung bestehen bleibt,[411]
- die in der **Rechtsschutzversicherung** die Kosten eines Verkehrsanwalts nur als erstattungsfähig ansehen, wenn dieser im LG-Bezirk des VN ansässig ist (so § 5 Abs. 1 ARB 2000),[412]
- die in der **Rentenversicherung** ein Abtretungsverbot für künftige Rentenleistungen vorsehen,[413]
- die in der **Restschuldarbeitsunfähigkeitsversicherung** das Erlöschen der Arbeitsunfähigkeitsrente vorsehen, wenn der VN unbefristet berufsunfähig wird,[414]
- die in der **Sterbegeldversicherung** vorsehen, dass innerhalb der ersten drei Jahre nach Abschluss nur bei Tod durch einen Unfall gezahlt wird,[415]
- die den **Unfallversicherungs**schutz bei Invalidität auf innerhalb eines Jahres nach dem Unfall eingetretene Invalidität[416] und auf innerhalb von 15 Monaten festgestellte und geltend gemachte Invalidität begrenzen,[417]
- die in der **Wohngebäudeversicherung** einen Ausschluss für Schäden durch Grundwasser, stehendes oder fließendes Gewässer, Hochwasser oder Witterungsniederschläge oder aber durch einen durch diese Ursachen hervorgerufenen Rückstau vorsehen.[418]

Der Maßstab des § 307 II Nr. 1 BGB greift nicht ein, wo es, wie bei AVB häufig, an gesetzlichen Regelungen fehlt. Zu letzteren zählen allerdings auch die durch die Rspr. herausgebildeten Grundsätze.[419] **Unvereinbar** mit den Grundsätzen der Repräsentantenhaftung ist etwa eine Bestimmung, die das vorsätzliche Verhalten Dritter über diese Grundsätze hinaus zurechnet (hier: Zurechnung des Verhaltens eines Sozius zu Lasten eines Scheinsozius) und damit faktisch die Repräsentantenhaftung ausweitet.[420] AVB, die eine Leistungspflicht nicht des VR, sondern des Vermittlers vorsehen, laufen dem Leitbild des Versicherungsvertrages zuwider.[421] AVB, die bei grob fahrlässiger Obliegenheitsverletzung oder Herbeiführung des Versicherungsfalls Leistungsfreiheit vorsehen, verstoßen gegen das Leitbild der §§ 28 II 2 oder 81 II,[422] AVB, die der Regelung des § 12 III VVG a.F. entsprechen, verstoßen gegen das Leitbild des neuen VVG, das keine solche Frist mehr vorsieht.[423] Eine Anfechtungsausschlussklausel wegen Arglist in AVB ist wegen Verstoßes gegen das Leitbild des § 123 BGB unwirksam.[424] **Vereinbar** mit dem Leitbild des § 165 III a.F. ist eine Bestimmung, die dem VN ein Recht zur ordentlichen Kündigung einräumt.[425]

4. Maßstab des § 307 I 2 BGB

68 Nach § 307 I 2 BGB kann sich eine unangemessene Benachteiligung auch daraus ergeben, dass die Bestimmung nicht klar und verständlich ist. Da hier nicht der sachliche Regelungsgehalt, sondern die Art und Weise

---

406 OLG Karlsruhe r+s 2014, 275, 277.
407 BGH VersR 2004, 1035, 1036.
408 BGH VersR 2013, 305, 307.
409 KG r+s 2014, 509, 509.
410 OLG Köln r+s 2008, 468, 470; LG Köln Urt. v. 30.11.2009, 20 O 189/08 Juris Rn. 74.
411 BGH VersR 2016, 856; BGH VersR 2014, 240, 242; BGH VersR 2014, 877, 878.
412 LG Coburg VersR 2016, 844 f.
413 OLG Hamm VersR 2014, 737, 738.
414 OLG Saarbrücken VersR 2014, 232, 233.
415 LG Köln VersR 2014, 987, 988.
416 BGH VersR 1998, 175 f.
417 OLG Düsseldorf VersR 2010, 805.
418 OLG Hamm r+s 2014, 357, 358.
419 Palandt/*Grüneberg*, § 307 Rn. 29.
420 OLG München r+s 2010, 196, 198; Entscheidung in einem Parallelfall OLG München Urt. v. 23.02.2010 25 U 5119/09, Juris Rn. 28.
421 LG Köln BeckRS 2010, 09593.
422 LG Göttingen r+s 2010, 194.
423 OLG Köln r+s 2011, 150, 151 ff.
424 BGH VersR 2011, 1563, 1565; *Sommer* ZVersWiss 2013, 491 ff.; *Langheid*, in: GS Hübner, S. 137, 142.
425 OLG Köln VersR 2011, 101.

B. Allgemeine Versicherungsbedingungen (AVB) Einleitung

seiner Normierung geprüft wird, spricht man auch von **formeller Kontrolle** im Gegensatz zu **materieller Kontrolle**. Die formelle Kontrolle erstreckt sich auf sämtliche AGB, einschließlich derer, die nach § 307 III 1 BGB der materiellen Kontrolle entzogen sind (§ 307 III 2 BGB). Der besondere Stellenwert des Transparenzgebotes für AGB kommt darin zum Ausdruck, dass der Gesetzgeber es mehrfach abgesichert hat: Nach § 305 II Nr. 2 BGB kann schon die Einbeziehung einer AGB an deren Intransparenz scheitern.[426] Nach § 305c II BGB sind mehrdeutige Klauseln zu Lasten ihres Verwenders auszulegen. Mehrdeutigkeit bedeutet nicht notwendig Intransparenz. Ist man nach § 305c II BGB zu einer bestimmten Auslegung gekommen, ist im Rahmen der Inhaltskontrolle zu untersuchen, ob die Klausel gegen das Transparenzgebot verstößt. Weitere Transparenzregeln finden sich in §§ 6 II 1, 62 I, 7 I 2 VVG. Sie können sich, wenn zugleich AGB vorliegen, mit § 307 I 2 BGB überschneiden. Ob das Fehlen von Informationen nach § 7 die Klausel intransparent macht,[427] ist eine Frage des Einzelfalls.

Eine Klausel ist intransparent, wenn **Klarheit oder Verständlichkeit** fehlen. Die Rspr. subsumiert vielfach **69** nicht eindeutig unter diese Tatbestandsmerkmale. Die Literatur bemüht sich um Konkretisierung.[428] Verständlichkeit bedeutet jedenfalls nicht, dass der VN im konkreten Fall die AVB verstehen muss.[429] Der **BGH** verlangt, dass die Rechte und Pflichten des Vertragspartners des Verwenders »möglichst klar und durchschaubar« dargestellt werden.[430] Insbes. muss dem VN das volle Ausmaß wirtschaftlicher Nachteile einer Klausel, z.B. für den Fall der Kündigung einer Lebensversicherung,[431] vor Augen geführt werden. Gleichermaßen muss der VN bei Obliegenheiten, z.B. zur Anzeige der Vollinvalidität, erkennen können, was er zum Erhalt seines Versicherungsanspruchs tun muss.[432] In AVB darf die Rechtslage nicht unzutreffend dargestellt werden, es müssen aber auch nicht sämtliche aus dem Gesetz oder der Natur des Vertrages folgenden Rechte und Pflichten ausdrücklich benannt werden, also etwa nicht solche Grenzen einer Regelung in AVB, die sich aus § 242 BGB ergeben.[433] Ein umfassendes Vollständigkeitsgebot gilt nicht.[434] Es kommt für die Beurteilung nicht darauf an, ob Bedingungen noch klarer und verständlicher hätten formuliert werden können.[435] Klauseln, die einen zusammenhängenden Regelungskomplex auseinanderreißen, so dass sie nur schwer miteinander in Verbindung gebracht werden können, oder die den Regelungsgehalt in anderer Weise durch Verteilung auf mehrere Stellen verdunkeln, sind ebenfalls intransparent.[436] Geben AVB den Gesetzeswortlaut wieder (**deklaratorische AGB**), schließt das nicht per se eine Intransparenz aus,[437] vor allem dann nicht, wenn das Gesetz unverständlich ist oder wenn es Auslegungsspielräume oder Spielräume bei den Rechtsfolgen lässt. Allerdings bedeutet das nicht, dass ein gesetzlich vorgesehener Gestaltungsrahmen in AVB näher ausgestaltet werden muss.[438] Ob und wie eine gesetzliche Vorschrift in AVB dargestellt und konkretisiert werden muss, hängt danach ganz vom Einzelfall ab,[439] insbes. davon, ob über die gesetzliche Regelung hinaus ein nicht zu übergehendes Bedürfnis des VN nach weiterer Unterrichtung besteht.[440] Das Transparenzgebot darf aber nicht in einer den Verwender überfordernden Weise ausgelegt werden.[441]

Nach der Definition des **EuGH** zu Art. 4 II RiLi 93/13/EWG ist für eine klare und verständliche Klausel wesentlich, dass sie für den Verbraucher nicht nur in formeller und grammatikalischer Hinsicht verständlich ist. Vielmehr müsse das Transparenzerfordernis angesichts des geringeren Informationsstandes des Verbrauchers umfassend verstanden werden. Der Vertrag müsse auch die konkrete Funktionsweise des Mechanismus, auf den sich die betreffende Klausel bezieht, und das Verhältnis zwischen diesem und dem durch andere Klauseln vorgeschriebenen Mechanismus in transparenter Weise darstellen, sodass der betroffene Verbraucher in der

---

426 Palandt/*Grüneberg*, § 305 Rn. 39.
427 Dagegen P/M/*Armbrüster*, Einl. Rn. 170; differenzierend zur alten Rechtslage OLG Stuttgart VersR 1999, 832 ff.
428 Etwa *Präve* VW 2000, 450, 451: Transparenz erfordere Bestimmtheit, Differenzierung, Richtigkeit, Vollständigkeit und Verständlichkeit; allgemein zur Verständlichkeit von AVB: *Ortmann*, Transparente AVB- Wie schreibt man Versicherungsbedingungen verständlich?, in: Festgabe für H.-P. Schwintowski, S. 11 ff.; *Schwintowski* ZfV 2014, 332 ff. und *ders.* ZfV 2014, 369 ff.
429 L/W/*Bruns*[1], § 307 BGB Rn. 87 (»Allgemeinverständlichkeit von AVB ist Utopie«); *Präve* VW 2000, 450, 451; wohl auch *Schwintowski* NVersZ 1998, 97, 98: »[...] vernachlässigt wird, ob der Kunde wirklich in der Lage war, die verwendeten AVB zu verstehen«.
430 BGHZ 106, 42, 49; BGH VersR 2000, 709, 711.
431 BGH VersR 2001, 841, 844 = JR 2001, 500 m.Anm. *Looschelders*.
432 BGH VersR 2009, 1659, 1661 (Pflicht zur Anzeige der dauernden Vollinvalidität innerhalb von 20 Tagen nach deren Beginn ist intransparent).
433 BGH VersR 2000, 709, 711; anders *Klimke* VersR 2010 290, 295: Auf Entschuldigungsmöglichkeiten bei Fristversäumnis, die aus § 242 BGB hergeleitet werden, muss hingewiesen werden.
434 Vgl. *Präve* VW 2000, 450, 451.
435 BGH VersR 2013, 709, 711.
436 BGH VersR 2013, 1290, 1294 f.
437 A.A. P/M/*Armbrüster*, Einl. Rn. 162.
438 BGH VersR 2001, 841, 845; OLG Stuttgart VersR 1999, 832, 833 f.
439 Dazu etwa BGHZ 147, 354, 359.
440 BGH VersR 2001, 839 unter I 2 b; KG VersR 2015, 1409, 1410.
441 BGHZ 112, 115, 119.

Lage ist, die sich für ihn daraus ergebenden wirtschaftlichen Folgen auf der Grundlage genauer und nachvollziehbarer Kriterien einzuschätzen.[442] Dieser Maßstab deckt sich mit dem des BGB.[443]

70 Umstritten ist, ob die formelle **Intransparenz allein** zur Unwirksamkeit der Klausel führen kann oder ob zusätzlich erforderlich ist, dass die Klausel materiell unausgewogen ist. Für Letzteres wird vor allem der Wortlaut des § 307 III 2 BGB angeführt, der mit seinem Verweis auf § 307 I 2 und 1 BGB verdeutliche, dass nur eine kombinierte Anwendung beider Vorschriften zur Unwirksamkeit einer Klausel führen könne.[444] Auch liege die Stoßrichtung der AGB-Kontrolle in der Überprüfung inhaltlicher Angemessenheit.[445] Der Wortlaut des § 307 I 2 BGB spricht allerdings dafür, dass Intransparenz allein zur Unwirksamkeit führen kann.[446] Er macht aber auch klar, dass nicht jeder Fall von Intransparenz automatisch Unwirksamkeit zur Folge hat. Immer erforderlich ist, dass die Intransparenz als solche – also unabhängig von der inhaltlichen Ausgewogenheit der Regelung – den VN benachteiligt.[447]

Wichtige **Kasuistik** betrifft die Auslandsklausel in der Auslandreise-Krankenversicherung,[448] den Begriff der Arbeitslosigkeit[449] oder der personenbedingten Kündigung[450] in der privaten sog. Arbeitslosigkeitsversicherung[451] und den Rückkaufswert in der Kapitallebensversicherung.[452]

71 Als **intransparent** wurden jüngst beurteilt:
- In einer umfassenden **betrieblichen Versicherung** Klauseln mit sich widersprechenden Fristen;[453]
- eine Klausel in der **D&O-Versicherung**, wonach in der Versicherungssumme u.a. Anwalts-, Sachverständigen-, Zeugen- und Gerichtskosten enthalten sind[454];
- eine Klausel in der **Garantieversicherung**, die darauf abstellt, dass der Gegenstand »erkennbar reparaturbedürftig« ist; hier wird an individuelle Anschauungen angeknüpft, die einen erheblichen Interpretationsspielraum lassen;[455]
- ein Leistungsausschluss in der **Haftpflichtversicherung** für die unter den Regressverzicht nach dem Abkommen der Feuerversicherer bei übergreifenden Schadenereignissen (RVA) fallenden Regressansprüche, weil der VN auf ein ihm unbekanntes, seinerseits schwer verständliches und laufend verändertes Vertragswerk verwiesen werde;[456]
- in der **Kapitallebensversicherung** und z.T. auch in der Rentenversicherung – ausgehend von der in Rdn. 70 a.E. zitierten Rspr. des BGH – die Nennung nur des Auszahlungsbetrages, nicht des Rückkaufswertes,[457] Klauseln, die nicht die Art und Größenordnung der Abschlusskosten nennen,[458] Klauseln, welche die Voraussetzungen eines Stornoabzuges nicht vollständig aufführen[459] oder bei denen der Stornoabzug nicht hinreichend bestimmt ist[460], Klauseln, welche nicht hinreichend deutlich zwischen dem Rückkaufswert gem. § 176 III VVG a.F. und dem sog. Stornoabzug in § 176 IV VVG a.F. differenzieren,[461] Klauseln, bei denen die Beteiligung der VN an Kostenüberschüssen unzureichend dargestellt werden,[462] Klauseln, die den VN über die wirtschaftlichen Folgen einer Verrechnung der Prämien mit den Kosten für Abschluss- und Verwaltungsaufwendungen in den Grundzügen nicht bereits an der Stelle unterrichten, an der die Regelung der Kündigung und Beitragsfreistellung oder Kostenverrechnung in den AVB angesprochen wird,[463] Klauseln, die einen zusammenhängenden Regelungskomplex auseinanderreißen, indem sie die Abhängigkeit verspro-

---

442 EuGH Rs C-96/14 VersR 2015, 605, 608.
443 Palandt/*Grüneberg* § 310 Rn. 25.
444 B/M/*Beckmann*, Einf. C Rn. 236; *Bruns*, § 10 Rn. 28; *Langheid* NVersZ 2000, 65, 67; *Präve* VW 2000, 450, 451.
445 MünchKommBGB/*Wurmnest*, § 307 Rn. 56.
446 Dafür *Pilz*, Missverständliche AGB, S. 207; Terbille/Höra/*Höra*, § 1 Rn. 57; Palandt/*Grüneberg*, § 307 Rn. 24; *Armbrüster*, Rn. 548.
447 Palandt/*Grüneberg*, § 307 Rn. 24; Staudinger/*Coester* (2013) § 307 Rn. 174.
448 BGH VersR 2001, 1132.
449 BGH VersR 2005, 976.
450 BGHZ 141, 137.
451 Weitere Beispiele bei P/M/*Armbrüster*, Einl. I Rn. 171.
452 BGHZ 147, 373; BGHZ 147, 354; OLG Hamburg VersR 2010, 1631; LG Stuttgart, Urt. v. 05.10.2010, 20 O 87/10.
453 LG Bonn r+s 2014, 416, 417.
454 OLG Frankfurt (Main) r+s 2011, 509, 512; dazu *Werber* VersR 2014, 1159 ff.
455 LG Dortmund VersR 2015, 981.
456 BGH VersR 2010, 807, 808 (Rn. 13).
457 OLG Hamburg VersR 2010, 1631 ff.; LG Stuttgart, Urt. v. 05.10.2010, 20 O 87/10, Rn. 117 ff.
458 OLG Hamburg VersR 2010, 1631 ff.; s. auch LG Stuttgart, Urt. v. 05.10.2010, 20 O 87/10, Rn. 102 ff.
459 OLG Hamburg VersR 2010, 1631 ff.; LG Stuttgart, Urt. v. 05.10.2010, 20 O 87/10, Rn. 88 ff.
460 OLG Stuttgart VersR 2013, 218, 219.
461 BGH r+s 2014, 29, 30; VersR 2013, 213, 216; VersR 2012, 1149, 1155; das gilt auch bei Verwendung durch VVaG, vgl. BGH VersR 2013, 565, 569; weiterführend zur künftigen Vereinbarung von Stornoklauseln *Grote/Thiel* VersR 2013, 666.
462 BGH VersR 2016, 312, 315.
463 BGH VersR 2013, 1381, 1385.

chener Auszahlungen von Wertentwicklungen nicht im Zusammenhang erwähnen,[464] Klauseln, welche nur einige Kostenarten unter Weglassen der Vermittlungsprovision aufzählen[465], eine Kostenausgleichsvereinbarung, die die wirtschaftlichen Belange und Belastungen für den VN nicht erkennen lässt,[466] Klauseln, die im Zusammenhang mit dem Stornoabzug die Beweislastverteilung nach § 309 Nr. 5 lit. b BGB nicht deutlich und verständlich darstellen,[467] Klauseln, die das maßgebliche Kapital nicht klar benennen[468] und Klauseln in der betrieblichen Altersversorgung, die nicht alle Berechnungsgrundlagen des bei Ausscheiden zu zahlenden Gegenwerts offenlegen;[469]
– eine Klausel in der **KfZ-Versicherung**, die Ersatz von »bis zu 50 %« des gutachterlich festgestellten Schadens vorsieht;[470]
– in der **Krankheitskostenversicherung** Klauseln, die die Leistungspflicht auf »Hörhilfen in angemessener Ausführung« begrenzen;[471]
– in der **Landwirtschaftsversicherung** die Einschränkung des Begriffs des »Neuwertes« unter einem nachfolgenden Oberpunkt »Zeitwert« in der Neuwertversicherung;[472]
– eine Klausel in der **Notebook-Versicherung**, nach der die Freistellung von den Kosten eines Ersatzgerätes geschuldet wird;[473]
– in der **Ratenschutz-Versicherung** eine Klausel, die einen Ausschluss für »ernstliche« Erkrankungen vorsieht, ohne Kriterien für diese Bewertung zu geben;[474]
– in der **Rechtsschutzversicherung** die »Prospekthaftungsklausel« und die »Effektenklausel«,[475] eine Klausel zur Schadensminderungspflicht, der nicht zu entnehmen ist, was von dem VN konkret verlangt wird,[476] ferner eine Klausel, die einen Risikoausschluss für »vergleichbare Spekulationsgeschäfte« vorsieht.[477]

Weitere Entscheidungen erklären Vertragsbestimmungen für **transparent**,

– die in der **Kapitallebensversicherung** auf Tabellen mit garantierten Rückkaufswerten und beitragsfreien Versicherungsleistungen in absoluten Zahlen verweisen,[478] oder den Hinweis enthalten, dass bei unterjährlicher Beitragszahlung Ratenzahlungszuschläge erhoben werden,[479]
– in der **KfZ-Vollkasko-Versicherung** des Weiteren die Regelung der AKB (heute A.2.5.4 AKB 2015), wonach nur tatsächlich angefallene Mehrwertsteuer erstattet wird,[480]
– ebenso die Klausel einer **Schaustellerversicherung**, wonach bei Aufenthalten zwischen Veranstaltungen von über 24 Stunden eine erhöhte Sicherheit im Sinne einer anderen Bestimmung derselben AVB gewährleistet sein muss,[481]
– ferner die Klausel in der **Berufsunfähigkeitsversicherung** über Nichtberücksichtigung einer bei Vertragsschluss bestehenden Erkrankung bei der Bestimmung des Grades der Berufsunfähigkeit,[482]
– die »kleine Benzinklausel« in der **Privathaftpflichtversicherung**, wenn sie auf einen »Gebrauch« abstellt,[483]
– eine Klausel in der **Rechtsschutzversicherung**, die Deckungsschutz im Zusammenhang mit dem Ankauf, der Veräußerung oder der Verwaltung von Beteiligungen ausschließt,[484] und eine Klausel, wonach Kapitalanlagegeschäfte aller Art vom Versicherungsschutz ausgenommen sind,[485]

72

---

464 BGH VersR 2013, 1290, 1294 f.
465 BGH VersR 2013, 213, 218.
466 LG Berlin VersR 2013, 705, 707.
467 BGH VersR 2013, 300, 302; VersR 2012, 1149, 1157.
468 LG Stuttgart, Urt. v. 05.10.2010, 20 O 87/10, Rn. 81 ff.
469 BGH VersR 2013, 46, 53.
470 LG Bremen VersR 2011, 617, 618.
471 AG München VersR 2014, 1448, 1449.
472 OLG Stuttgart BeckRS 2009, 06803 Rn. 43f.
473 LG Köln BeckRS 2010, 09593.
474 BGH r+s 2015, 88, 91.
475 BGH VersR 2013, 995, 996 m.Anm. *Tetzlaff*.
476 OLG Celle r+s 2011, 515; OLG Köln VersR 2012, 1385, 1386 (das gleichzeitig auch einen Verstoß gegen § 307 I 1 BGB i.V.m. § 307 II Nr. 1 BGB bejaht).
477 LG Wiesbaden r+s 2014, 172, 173; a.A. LG Düsseldorf r+s 2014, 235, 236.
478 LG Düsseldorf BeckRS 2010, 02616.
479 OLG Hamburg VersR 2012, 41, 47; OLG Stuttgart VersR 2013, 85, 87 (schon den Regelungscharakter und damit eine Inhaltskontrolle verneinend).
480 BGH NJW-RR 2010, 455.
481 BGH VersR 2010, 757 ff.
482 BGH VersR 2012, 48, 50.
483 OLG München ZfS 2014, 95, LG München I r+s 2013, 225, 226.
484 BGH VersR 2013, 853, 855.
485 OLG Düsseldorf r+s 2015, 18, 19.

– eine Klausel in der privaten **Krankenversicherung**, wonach »Brillengestelle in einfacher Ausführung« erstattungsfähig sind,[486] oder wonach ein jährlicher Höchstbetrag für Kosten einer In-vitro-Fertilisationsbehandlung vorgesehen ist.[487]

VII. Rechtsfolgen

73 Die unwirksame Klausel ist **im Ganzen nichtig** und nicht im Wege der geltungserhaltenden Reduktion aufrechtzuerhalten.[488] Andernfalls würde der Verwender dazu animiert, überzogene Klauseln im Vertrauen darauf zu verwenden, dass der VN die Klausel akzeptiert oder im Streitfall jedenfalls die partielle Geltung der Klausel garantiert bleibt.[489] Das Verwenderrisiko soll nicht entschärft werden.[490] Bei inhaltlich teilbaren Bestimmungen, d.h. wenn nach dem Wegstreichen der unwirksamen Regelung ein aus sich heraus verständlicher Klauselrest verbleibt (**sog. blue-pencil-test**), bleibt dieser wirksam.[491]

74 Entstandene Lücken im Vertrag sind zunächst durch **dispositives Recht** zu schließen; es hat Vorrang gegenüber der – zulässigen – ergänzenden Vertragsauslegung (zu dieser Rdn. 45).[492] Im Versicherungsrecht fehlt es jedoch wegen nur rudimentärer Regelung im Gesetz häufig an dispositivem Recht.[493] Aus der ergänzenden Vertragsauslegung kann sich auch ergeben, dass nach dem hypothetischen Willen der Parteien der Satzungsgeber als Verwender der AGB (hier die Versorgungsanstalt des Bundes und der Länder) berechtigt sein soll, eine angemessene Neuregelung zu treffen.[494]

VIII. Anpassung von AVB an das neue VVG

1. Anpassungsrecht nach Art. 1 III EGVVG; Anpassungspflicht?

75 Nach Art. 1 III EGVVG **kann** der VR seine AVB mit Wirkung zum 01.01.2009 ändern, soweit sie vom neuen VVG abweichen. Eine **Pflicht zur Anpassung** der AVB ergibt sich aus dieser Vorschrift schon nach ihrem klaren Wortlaut nicht;[495] hinzu kommt die insofern eindeutige[496] Gesetzesbegründung, nach der den VR »die Befugnis« eingeräumt werden muss, für Altverträge ihre AVB an das neue VVG anzupassen. Diese Bedingungsänderung sei »zulässig«, soweit sie aufgrund einer Änderung des bisherigen Rechts geboten sei.[497] Art. 1 III EGVVG stellt sich danach als im Interesse der VR getroffene Regelung dar, die wegen der Rückwirkung des neuen VVG auf Altverträge nach Art. 1 I EGVVG dem VR die Möglichkeit gibt, sich vor einer Unwirksamkeit seiner alten AVB (dazu Rdn. 78) zu schützen. Eine Pflicht des VR zur Anpassung der AVB ergibt sich auch nicht aus dem einzelnen Versicherungsvertrag,[498] aus aufsichtsrechtlichen Vorschriften[499] oder aus dem UWG.[500] Jedenfalls aber muss der VR nach § 6 IV 1 den VN darüber **informieren**,[501] welche AVB nach dem neuen Recht keinen Bestand mehr haben und welche Regelung an ihre Stelle tritt. Denn sonst besteht die Gefahr, dass der VN sich an ihm nachteilige, unwirksame Klauseln irrig gebunden sieht. Nicht ausreichend ist es, wenn er dem VN pauschal mitteilt, er werde alle Vorschriften des neuen Rechts, die den VN besser stellen, künftig zu dessen Gunsten anwenden. Hat der VR – wie praktisch regelmäßig – ein neues, VVG-konformes Bedingungswerk geschaffen und nimmt er sein Anpassungsrecht nicht wahr, muss er gem. § 6 IV 1 den VN darauf hinweisen, dass der Vertrag auf die neuen AVB umgestellt werden kann. Zwar ist ein VR nicht generell gehalten, den VN auf ein neues Bedingungswerk hinzuweisen,[502] aber die besondere Situation, dass die alten AVB teilweise durch das neue Gesetz überholt sind, erfordert hier eine abweichende Bewertung.

---

486 LG Wiesbaden r+s 2014, 136; a.A. LG Dortmund NJW-RR 2011, 903.
487 LG Köln VersR 2015, 568, 569.
488 EuGH EuZW 2012, 754, 757; P/M/*Armbrüster*, Einl. Rn. 201 m.w.N. aus der Rspr.
489 P/M/*Armbrüster*, Einl. Rn. 201.
490 *Bartmuß*, S. 97.
491 BGH VersR 2015, 1036, 1037; BGH NJW 2015, 928, 930; P/M/*Armbrüster*, Einl. Rn. 201; L/W/*Reiff*[1], AVB Rn. 113; Bach/Moser/*Staudinger*, Einl Rn. 158; Nachweise aus der nicht versicherungsrechtlichen Rspr. bei Palandt/*Grüneberg*, § 306 Rn. 7.
492 *Bartmuß*, S. 113; B/M/*Beckmann*, Einf. C Rn. 306.
493 BGHZ 117, 92, 99; L/W/*Reiff*[1], AVB Rn. 114; *Römer* VersR 1994, 125.
494 BGH VersR 2013, 46, 53; kritisch hierzu *Thüsing/Fütterer* VersR 2013, 552; weitergehend hierzu auch *Thüsing* VersR 2015, 927 ff.
495 *Hövelmann* VersR 2008, 613; *Maier* VW 2008, 986, 988; *Schnepp/Segger* VW 2008, 907.
496 A.A. *Wagner* VersR 2008, 1190, 1191.
497 Begr. RegE BT-Drucks. 16/3945 S. 118.
498 Vgl. *Weidner* r+s 2008, 368, 369.
499 *Hövelmann* VersR 2008, 612, 615; *Weidner* r+s 2008, 368, 369; *Maier* VW 2008, 986, 988; *Schnepp/Segger* VW 2008, 907, 911 jeweils zum Aufsichtsrecht; *Wagner* VersR 2008, 1190, 1193, spricht von einer Obliegenheit der VR zur Anpassung der AVB; näher *v. Fürstenwerth* r+s 2009, 221, 225.
500 Vgl. *Schnepp/Segger* VW 2008, 907, 910 f.
501 *Weidner* r+s 2008, 368, 371; *Honsel* VW 2008, 480, 484, der bei fehlender Aufklärung einen Missstand i.S.d. § 81 VAG annimmt; a.A. *Hövelmann* VersR 2008, 612, 613 f.
502 So zutreffend OLG Düsseldorf VersR 2008, 1480, 1481 f.

Begehrt der VN auf den Hinweis hin Übernahme der neuen AVB, ist diesem Wunsch zu folgen. Unterließ der VR flächendeckend den erforderlichen Hinweis auf die unwirksamen AVB, lag ein Missstand i.S.v. § 81 II VAG a.F. vor.[503]

2. Voraussetzungen der Anpassung

Geändert werden dürfen nur Vorschriften, die von denen **des neuen VVG abweichen.** Die Regierungsbegründung nennt als Beispiel AVB, die gegen zwingende oder halbzwingende Regeln des neuen Rechts verstoßen, z.B. gegen § 28 i.V.m. § 32. Aber auch geändertes dispositives Recht kann eine Änderung nahe legen.[504] Der VR kann die Gesetzesreform aber nicht dazu nutzen, sämtliche Klauseln von Altverträgen zu ändern.[505] 76

Eine wirksame Änderung setzt voraus, dass der VR dem VN die geänderten AVB **unter Kenntlichmachung der Unterschiede spätestens einen Monat vor dem 01.01.2009**, d.h. bis zum 30.11.2008[506] (§§ 187 I, 188 I Fall 1 BGB), **in Textform** mitgeteilt hat. Welche Anforderungen an diese Mitteilung zu stellen sind, ist im Einzelnen umstritten. Nach einer Auffassung hat eine **Gegenüberstellung** unter Angabe der jeweiligen Ziffern/Paragraphen zu erfolgen,[507] andere halten eine Synopse für entbehrlich,[508] z.T. sogar ein **abstraktes Schreiben** für ausreichend, in dem die Änderungen aufgeführt werden, wobei Sinn und Zweck der Mitteilung, dem VN die Änderungen vor Augen zu führen, nicht voraussetzen, dass auf die einzelnen Paragraphen verwiesen werde; letzteres sei für den VR im Hinblick auf die Menge zu ändernder AVB nicht durchführbar.[509] Nach a.A. genügt eine hinreichend genaue beschreibende Darstellung, die dem Kunden die Zuordnung der zu ersetzenden Vertragsregelung ermöglicht, in Form eines **Nachtrags**, in dem die Neuregelungen stichwortartig umschrieben werden; der Nachtrag müsse nur auf die Vorschriften bezogen sein, die zu ihrer Wirksamkeit der Einbeziehung bedürften.[510] Ein Informationsschreiben, das den VN ohne inhaltliche Änderung der vereinbarten AVB allein über die neue Gesetzeslage informiert, ist keine Vertragsanpassung i.S.d. Art. 1 III EGVVG.[511] Ein Informationsschreiben an den VN, dem die neuen AVB beigefügt sind, soll aber genügen.[512] Geht man davon aus, dass die meisten AVB-Änderungen zugleich AGB i.S.d. §§ 305 ff. BGB betreffen, sind die Anforderungen der §§ 305 ff. BGB an die Transparenz der neuen AVB zu beachten, auch wenn ein Einverständnis des VN entbehrlich ist. Das spricht dafür, eine detailliertere, gegenüberstellende Darstellung zu verlangen. **Zustimmungen** des VN oder eines Treuhänders sind nicht erforderlich.[513] 77

3. Rechtsfolge fehlender oder fehlerhafter Anpassung

Klauseln, die gegen zwingende oder halbzwingende Vorschriften des VVG verstoßen oder mit anderen Grundgedanken des neuen VVG nicht in Einklang stehen (§ 307 II Nr. 1 BGB),[514] sind nach § 134 BGB i.V.m. mit §§ 32, 42 VVG oder/und nach § 307 I 1 BGB unwirksam.[515] Zur Gesamtnichtigkeit des Vertrages führt der Verstoß von Alt-AVB gegen das neue Recht nicht,[516] der Vertrag bleibt gem. § 306 I BGB im Übrigen wirksam.[517] 78

Das **Verbot der geltungserhaltenden Reduktion** soll nach z.T. vertretener Ansicht hier nicht gelten, weil es nach seinem Sinn und Zweck auf die besondere Situation bei nicht an das neue VVG angeglichenen AVB nicht passe,[518] insbes. weil die AVB nach altem Recht zulässig waren.[519] Allerdings ergibt sich aus Art. 1 III EGVVG, dass ein VR, der sein Recht zur Anpassung der AVB nicht wahrgenommen und sie unverändert gelassen hat, ebenso Vertragsgestaltungsfreiheit für sich in Anspruch genommen hat wie ein VR, der einen neuen Vertrag schließt.[520] Könnte der VR sich darauf verlassen, dass seine beibehaltenen AVB auf das zulässige

---

503 *Neuhaus* r+s 2007, 441, 445; *Fitzau* VW 2008, 448, 449.
504 Begr. RegE BT-Drucks. 16/3945 S. 118; *Einiko* VersR 2008, 298, 312; *Weidner* r+s 2008, 368.
505 *Wagner* VersR 2008, 1190, 1191.
506 *Funck* VersR 2008, 163, 168; *Weidner* r+s 2008, 368, 370.
507 *Maier* VW 2008, 986, 990; *Weidner* r+s 2008, 368 unter Verweis auf den enormen Kosten- und Zeitaufwand.
508 *Schnepp/Segger* VW 2008, 907, 908; *Honsel* VW 2008, 480, 482 ff.
509 *Funck* VersR 2008, 163, 168.
510 *Honsel* VW 2008, 480, 484; L/W/*Looschelders*[1], Art. 1 EGVVG Rn. 23.
511 OLG Hamm ZfS 2012, 328, 330.
512 OLG Saarbrücken r+s 2013, 169, 170.
513 *Höra* r+s 2008, 89, 90; *Honsel* VW 2008, 480, 484.
514 *Funck* VersR 2008, 163.
515 *Weidner* r+s 2008, 368, 370; *Honsel* VW 2008, 480, 481; *Höra* r+s 2008, 89, 90; *Schnepp/Segger* VW 2008, 907; *Neuhaus* r+s 2007, 441, 444 f. mit Beispielen.
516 *Schnepp/Segger* VW 2008, 907.
517 *Maier* VW 2008, 986, 988.
518 *Funck* VersR 2008, 163, 168; *Hövelmann* VersR 2008, 612, 615 f.; *Schnepp/Segger* VW 2008, 907, 910; *Weidner* r+s 2008, 368, 370 f.; *Brand* VersR 2011, 557, 562.
519 P/M/*Armbrüster*, Art. 1 EGVVG Rn. 38.
520 *Wagner/Rattay* VersR 2010, 1271, 1272 f.

Maß reduziert werden, würde sein Verwenderrisiko ebenfalls zu weitgehend entschärft.[521] Daher ist bei unveränderten AVB, die gegen das neue VVG verstoßen, eine geltungserhaltende Reduktion nicht möglich.[522]

79 Besondere Schwierigkeiten bereitet die Nichtumstellung der AVB, wenn **Obliegenheiten** weiterhin bei grober Fahrlässigkeit mit Leistungsfreiheit sanktioniert sind.[523] Hier ist die Klausel jedenfalls insoweit nach § 307 II Nr. 1 BGB nichtig, wie sie Leistungsfreiheit anordnet, denn sie verstößt gegen das Leitbild des § 28 II 2.[524] Hierüber besteht Einigkeit. Alle weiteren Fragen sind umstritten, wobei an verschiedenen Stellen die Weichen für oder gegen eine völlige Folgenlosigkeit einer Obliegenheitsverletzung durch den VN gestellt werden.

80 Die erste Weichenstellung erfolgt, wenn zu entscheiden ist, ob die **Klausel teilbar** ist. Das ist der Fall, wenn nach Wegstreichen des unwirksamen Teils ein aus sich heraus verständlicher Klauselrest verbleibt. Ob der Tatbestand der Obliegenheit ein solcher Rest ist, ist umstritten; es mehren sich inzwischen die Stimmen, die das bejahen.[525] Teilweise wird aber zwischen Obliegenheiten vor und nach Eintritt des Versicherungsfalls differenziert und für erstere der Bestand des Tatbestandes der Obliegenheiten wegen der gesetzlichen Rechtsfolge des § 28 I bejaht, für letztere aber verneint.[526] Für ein mögliches Fortbestehen allein des Tatbestandes aller Arten von Obliegenheiten spricht, dass auch ein Verhaltensgebot ohne bestimmte angeordnete Rechtsfolgen einen Sinn hat, weil es den VN diszipliniert und das versicherte Risiko verringert. Auch kennt das VVG durchaus Obliegenheiten ohne Rechtsfolgenanordnung (§§ 30, 31 VVG).

81 Schließt man sich dem nicht an, ist über das **Verbot der geltungserhaltenden Reduktion** zu entscheiden. Nimmt man die hier (Rdn. 78) vertretenen Ansicht an, dass es eingreift, können AVB, die bei grober Fahrlässigkeit Leistungsfreiheit vorsehen, nicht auf die Quotelung als weniger belastende Rechtsfolge oder auf den Tatbestand der Obliegenheit reduziert werden.[527] Hält man das Verbot dagegen für unanwendbar, wäre eine Reduktion der Klausel entweder auf die Rechtsfolge der Quotelung oder zumindest auf den Tatbestand der Obliegenheit zulässig. Als zusätzliches Argument dafür, dass hier ausnahmsweise geltungserhaltend reduziert werden darf, wird angeführt, dass der VR ohnehin keinen Umsetzungsspielraum zu Lasten des VN gehabt habe.[528] Das ist aber in vielen Fällen gesetzwidriger AGB so; es sollen durch das Verbot der Reduktion auch solche AGB verhindert werden, mit denen der Verwender offensichtliche und eindeutige gesetzlichen Grenzen erst einmal austestet.

82 Nimmt man auf dem einen (Teilbarkeit) oder anderen (geltungserhaltende Reduktion) Wege an, der **Tatbestand** der Obliegenheit bleibe wirksam – wofür übrigens auch spricht, dass der VN insofern nicht schutzbedürftig ist – dann ist über die **Rechtsfolge** zu befinden. Nach einer teilweise vertretenen Ansicht richtet sie sich nach **§ 28 II 2**.[529] Der VN dürfe nicht darauf vertrauen, dass ein Obliegenheitsverstoß nun sanktionslos werde.[530] Gegen die Anwendung des § 28 II 2 spricht aber Folgendes: Die Vorschrift setzt voraus, dass die Obliegenheit *im Vertrag* mit der Quotelungsfolge sanktioniert ist. Selbst wenn man das dem Wortlaut des § 28 II 2 nicht entnehmen will, ergibt sich aus der Systematik des Abs. 2, dass Satz 2 ebenso wie Satz 1 an eine vertragliche Bestimmung der Rechtsfolge anknüpft.[531] § 28 II 2 enthält kein gesetzliches Leistungskürzungsrecht,[532] sondern begrenzt die Folgen einer vertraglichen Sanktion. Das gilt für nicht angepasste Alt-AVB ebenso wie für fehlerhafte Neu-AVB.

83 § 28 II 2 ist auch nicht gemäß **§ 306 II BGB**, wonach an die Stelle unwirksamer AVB die gesetzlichen Vorschriften treten, anwendbar. Der **IV. Zivilsenat des BGH** begründet das im Falle **nicht angepasster Alt-AVB** damit, dass § 306 II BGB durch die speziellere Regelung des Art. 1 III EGVVG verdrängt werde, die dem Versicherer ein Recht zur Anpassung der AGB gegeben habe.[533] Das überzeugt nur im Ergebnis. § 28 II 2 begründet, wie gesagt, keine gesetzliche Sanktion, ist also keine gesetzliche Regelung, die gem. § 306 II BGB die Ver-

---

521 *Wagner/Rattay* VersR 2010, 1271, 1273 sprechen deshalb von einer Obliegenheit des VR zur Anpasssung der AVB.
522 OLG Köln r+s 2010, 406, 407; *Maier* VW 2008, 986, 987 f.; *Wagner/Rattay* VersR 2010, 1271, 1273; *Schimikowski* JurisPR-VersR 3/2010 Anm. 2; *Schlömer*, S. 17 f.; vgl. auch OLG Köln VersR 2010, 1193, 1194.
523 S. auch den Überblick über die Rspr. bei *Günther* VersR 2011, 481, 482.
524 S. die Urteile sogleich sowie *Wagner/Rattay* VersR 2010, 1271, 1272.
525 Dafür OLG Köln r+s 2015, 150, 151; *Schimikowski* JurisPR-VersR 6/2010 Anm. 2; *Armbrüster* VersR 2012, 9, 12 f.; *Günther/Spielmann* VersR 2012, 549; *Schlömer*, S. 20; dagegen OLG Köln r+s 2010, 406, 408; *Wagner/Rattay* VersR 2010, 1271, 1273 f.; *Päffgen* VersR 2011, 837, 838.
526 L/W/*Wandt*, § 28 Rn. 22.
527 OLG Köln r+s 2010, 406, 407; LG Nürnberg-Fürth r+s 2010, 145, 147; *Maier* VW 2008, 986, 987 f.; *Wagner/Rattay* VersR 2010, 1271, 1273; vgl. auch OLG Köln VersR 2010, 1193, 1194.
528 *Segger/Degen* VersR 2011, 440, 443 f.
529 LG Ellwangen VersR 2011, 62; LG Erfurt VersR 2011, 335 f.; im Ergebnis auch LG Essen Urt. v. 16.02.2010, 9 O 178/09; LG Hannover ZfS 2010, 637; ausführlich *Günther* ZfS 2010, 362 ff.
530 LG Ellwangen VersR 2011, 62; LG Erfurt VersR 2011, 335 f.; im Ergebnis auch LG Essen Urt. v. 16.02.2010, 9 O 178/09; LG Hannover ZfS 2010, 637.
531 BGH VersR 2014, 699, 701; BGH VersR 2011, 1550, 1552; OLG Köln r+s 2010, 406, 408; L/W/*Wandt*, § 28 Rn. 214; *Schimikowski* r+s 2010, 195; *Schlömer*, S. 4 f.; *Wagner/Rattay* VersR 2010, 1271, 1274.
532 BGH VersR 2011, 1550, 1552.
533 BGH r+s 2015, 347, 349; BGH VersR 2014, 699, 701; BGH VersR 2011, 1550, 1552.

tragslücke füllen könnte.[534] Auf die Spezialität des Art. 1 III EGVVG hätte der BGH sich nicht stützen müssen. Zudem trifft es nicht zu, dass Art. 1 III EGGVG lex specialis zu § 306 II BGB ist. Eine Norm ist spezieller als eine andere, wenn alle Fälle der spezielleren Norm auch solche der allgemeineren sind und die Rechtsfolgen sich ausschließen; der Tatbestand der spezielleren Norm muss sämtliche Merkmale der allgemeineren enthalten und mindestens ein zusätzliches.[535] Nichts davon trifft auf die genannten Vorschriften zu.[536] Der **VI. Zivilsenat des BGH** hatte über **Neu-AVB**, also einen unter Geltung des neuen VVG geschlossenen Kfz-Mietvertrag zu entscheiden, der die Haftung des Mieters nach Art der Vollkaskoversicherung begrenzte und in einer Klausel die Haftung des Mieters für grob fahrlässig verursachte Schäden vorsah. Die Klausel verstieß gegen § 81 II und war nach § 307 I 1, II Nr. 1 BGB unwirksam. Der BGH griff nach § 306 II BGB auf das dispositive Recht des § 81 II zurück und kam so zur Anspruchskürzung.[537] Ein Widerspruch zu der erstgenannten Entscheidung liegt darin nicht, da es um neue AVB ging und da § 81 II anders als § 28 II 2 eine gesetzliche Sanktion begründet. Der **XII. Zivilsenat** hat für **Neu-AVB**, die gegen § 28 II, III verstoßen, angenommen, dass die so entstandene Lücke gem. § 306 II BGB durch § 28 II, III geschlossen werden kann. Zugrunde lagen Fälle, in denen der KfZ-Mietvertrag nach Art der Kaskoversicherung gestaltet war, so dass auf das VVG zurückgegriffen werden konnte.[538] Diese Entscheidungen widersprechen der Rechtsprechung des IV Zivilsenats und dem Gesetz, da sie außer Acht lassen, dass § 28 II, III eine vertragliche Sanktionsregelung voraussetzt.[539]

Schließlich fragt sich, ob im Wege **ergänzender Vertragsauslegung** die Lücke auf Rechtsfolgenseite entsprechend § 28 II 2 geschlossen werden kann. AVB können ergänzend ausgelegt werden (oben Rdn. 45). Die ergänzende Auslegung kann grundsätzlich auch zur Lückenfüllung herangezogen werden, da sie nach h.M. über § 306 II i.V.m. §§ 133, 157 BGB zur Anwendung kommt.[540] Der **BGH** hält die ergänzende Auslegung von Verträgen mit nicht angepassten Alt-AVB für **ausgeschlossen**, weil Art. 1 III EGVVG als Spezialregelung gegenüber § 306 II BGB abschließend sei;[541] dass das nicht überzeugt, wurde bereits ausgeführt (Rdn. 83). Außerdem fehle es an einer planwidrigen Regelungslücke im Vertrag. Der VR habe die Gelegenheit zur Anpassung der AVB versäumt. Er sei daher ebenso zu behandeln wie jemand, der wissentlich unwirksame AVB verwende. Bei letzterem könne nicht auf einen hypothetischen Parteiwillen im Falle der Kenntnis von der Unwirksamkeit abgestellt werden. Dasselbe gelte für den VR, der wissentlich die AVB nicht angepasst habe.[542] In späteren Entscheidungen wird deutlich, dass auch für den VN, der **arglistig eine Obliegenheit verletzt**, die Vertragslücke in Alt-AVB nicht gem. § 306 II BGB geschlossen werden kann.[543] Allerdings kommt dann eine Verwirkung des Anspruchs auf die Versicherungsleistung in Betracht (unten Rdn. 88).

Dem IV. Zivilsenat ist hier nicht zu folgen. Wer seine AVB nicht angepasst hat, kann nicht generell so behandelt werden wie jemand, der wissentlich eine bestimmte unwirksame Klausel verwendet. Vielmehr kommt es auf die einzelne Klausel und ihre Abweichung vom VVG an. Im Fall der Obliegenheiten war keineswegs klar, dass der Verweis in den alten AVB auf § 6 VVG a.F. nicht als solcher auf den für den VN günstigeren § 28 II 2 ausgelegt werden würde. Zudem ließ der Wortlaut des § 28 II 2 die Einschätzung zu, es handele sich um ein gesetzliches Leistungskürzungsrecht. Das wurde immerhin bis zur BGH-Entscheidung diskutiert und auch vom BGH erörtert. Schon deshalb ist es unpassend, den VR mit demjenigen gleichzusetzen, der sehenden Auges eine unwirksame AVB verwendet. Auch würde das in Art. 1 III EGVVG vorgesehene Recht zur Anpassung der AVB unversehens zu einer Pflicht, wenn sich die Sanktionslosigkeit grob fahrlässiger oder vorsätzlicher Obliegenheitsverletzungen daran knüpft.[544] Schließlich leuchtet auch nicht ein, warum ein VR, der Alt-AVB nicht ändert, schlechter steht als ein VR, der in neue AVB eine gegen § 28 II verstoßende Sanktion aufnimmt. Für ihn ist die ergänzende Vertragsauslegung nicht durch Art. 1 III EGVVG gesperrt. Auch ist nicht ersichtlich, warum ein VN das »Zufallsgeschenk«[545] der wegfallenden Sanktion bei grober Fahrlässigkeit und Arglist bekommen sollte. Die ergänzende Auslegung scheitert auch nicht daran, dass im Gesetzgebungsverfahren eine Regelung erwogen wurde, die eine Anpassung an das neue Recht ohne Vertragsänderungen ermöglicht, etwa

---

534 Anders aber OLG Naumburg VersR 2015, 102, 106; kritisch dazu *Wandt* VersR 2015, 265.
535 *Larenz*, Methodenlehre der Rechtswissenschaft, 6. Aufl. (1990), S. 267 f.
536 Näher *Pohlmann* NJW 2012, 188, 191.
537 BGH NJW 2012, 222, 223 f.
538 BGH r+s 2013, 12, 13 m.Anm. *Maier*; BGH NJW 2012, 2501, 2503.
539 *Maier* r+s 2013, 14 f.; *Schlömer* S. 25; anders (formal kein Widerspruch) *Wittchen* NJW 2012, 2480, 2482; kritisch auch *Wandt*, in: FS Lorenz, S. 535, 541 f.
540 BGH NJW 1984, 1177, 1178 ff.
541 BGH VersR 2014, 699, 701; BGH VersR 2011, 1550, 1553; OLG Köln r+s 2010, 406, 408; zu den Folgen in der Berufsunfähigkeitsversicherung s. *Marlow/Tschersich* r+s 2013, 365, 369; *Basten* VW 2013, 56.
542 BGH VersR 2011, 1550, 1553; OLG Köln r+s 2010, 406, 408; *Wagner/Rattay* VersR 2010, 1271, 1275 f.; *Rattay* VersR 2015, 1075, 1083; *Schlömer*, S. 30 f.; *Wandt*, VersR 2015, 265, 268.
543 BGH r+s 2015, 347, 349 m. kritischer Anm. *Schimikowski*; BGH VersR 2014, 699 ff. (ob Arglist oder Fahrlässigkeit wird offen gelassen, da die Obliegenheitsverletzung ohnehin folgenlos bleibe); s. auch OLG Dresden r+s 2015, 233; OLG Celle VersR 2012, 753.
544 *Armbrüster* VersR 2012, 9, 12 ff.
545 *Armbrüster* VersR 2012, 9, 14.

durch eine Norm, die bestehende AVB »unter Berücksichtigung des fiktiven Willens der Vertragsparteien für den Fall der Kenntnis der neuen Rechtslage auslegt«.[546] Allein die Tatsache, dass der Gesetzgeber diesen Vorschlag nicht aufgriff, sagt nicht, dass eine ergänzende Auslegung nach allgemeinen Regeln ausgeschlossen sein soll.[547]

86 Hält man daher mit der hier vertretenen Auffassung eine ergänzende Vertragsauslegung im Einzelfall für möglich, sind ihre **Voraussetzungen** zu erörtern. Maßgeblich kann hier nicht, wie sonst, der Zeitpunkt des Vertragsschlusses sein, sondern es muss der Zeitpunkt sein, zu dem der VR den Vertrag spätestens hätte ändern können, also der 30.11.2008. Die ergänzende Bestimmung muss als allgemeine Lösung eines immer wiederkehrenden Interessengegensatzes angemessen sein.[548] Zu wählen ist die Lösung, die den Interessen beider Seiten so weit wie möglich gerecht wird.[549] Das trifft auf die Quotelungsfolge des § 28 II 2 zu. Eine Folgenlosigkeit der Obliegenheitsverletzung würde den grob fahrlässigen VN zu weitgehend und vor allem zu Lasten der Gesamtheit der VN begünstigen. Er konnte nicht darauf vertrauen, grob fahrlässige Obliegenheitsverstöße blieben nach neuem Recht folgenlos. Den Interessen des VR wird die Rechtsfolge des § 28 II 2 ebenfalls gerecht. Ein Indiz dafür, dass § 28 II 2 eine interessengerechte Regelung ist, ist auch die Tatsache, dass einige AVB tatsächlich in diesem Sinne umgestellt wurden.

87 Erwogen wird auch, dem VR nach § 242 BGB zu versagen, die Quotelungsfolge geltend zu machen. Er könnte das Recht, sich auf den ergänzend auszulegenden Vertrag zu berufen, nach § 242 BGB **verwirkt** haben.[550] Die Verwirkung ist ein Sonderfall der unzulässigen Rechtsausübung wegen widersprüchlichen Verhaltens, der Verstoß gegen Treu und Glauben liegt in der »illoyalen Verspätung« der Rechtsausübung.[551] Das **Zeitmoment** der Verwirkung liegt insofern vor, als der VR die Frist zur Änderung der AVB versäumt hat. Wenn der VR sich nun auf die Quotelungsfolge des § 28 II 2 beruft, macht er zwar nicht sein Vertragsänderungsrecht verspätet geltend, aber er beruft sich auf eine Folge, die er hätte herbeiführen können. Das mag man noch gleichstellen können. Es müsste aber auch ein **Umstand** vorliegen, der die Geltendmachung der Quotelung treuwidrig erscheinen lässt. Es liegt jedoch kein Umstand vor, aus dem der VN, dem keine rechtzeitige Vertragsänderung zuging, hätte schließen können, dass von nun an grob fahrlässige Obliegenheitsverstöße folgenlos seien. Daher greift der Verwirkungseinwand nicht.

88 Folgt man der hier vertretenen Ansicht nicht, wonach der Vertrag ergänzend auszulegen ist, sondern lässt mit dem BGH grob fahrlässige und vorsätzliche Obliegenheitsverletzungen folgenlos, wird dieses Ergebnis zum Teil durch gesetzliche Sanktionen wie **§ 81 II** aufgefangen.[552] Dort tritt die gesetzliche Regelung an die Stelle der nichtigen AVB.[553] Allerdings kann man nicht annähernd alle Fälle von Obliegenheitsverletzungen so erfassen.[554] Auch ist § 81 II kein Auffangtatbestand zu § 28 II, was sich darin äußert, dass die Beweislast anders verteilt ist.

Unter bestimmten Umständen kann sich der VR außerhalb des Sanktionssystems des VVG auf vertragliche[555] oder gesetzliche[556] **Verwirkungstatbestände** stützen, wonach der VN, der arglistig täuscht, den Anspruch auf die Versicherungsleistung verwirkt.[557] So soll arglistige Verletzung einer vertraglichen Obliegenheit ohne weiteres, insbes. ohne eine Interessenabwägung, zur Verwirkung der Ansprüche aus der Versicherung führen.[558] Hierfür wird auch § 28 II 2 VVG angeführt, wonach Leistungsfreiheit bei Arglist auch eintritt, wenn die Obliegenheitsverletzung weder für den Eintritt oder die Feststellung des Versicherungsfalles noch für die Feststellung oder den Umfang der Leistungspflicht des VR ursächlich war. Diese Rechtsprechung steht allerdings mit der (abzulehnenden) Auffassung des BGH nicht in Einklang, wonach auch bei arglistiger Obliegenheitsverletzung die Sanktionslücke in den Alt-AVB nicht geschlossen werden kann (oben Rdn. 84).

---

546 So der Vorschlag des Bundesrates v. 24.11.2006, BT-Drs. 707/06 (Beschluss) S. 10 Nr. 16.
547 Anders LG Nürnberg-Fürth r+s 2010, 145, 147 mit weiteren Konsequenzen für die geltungserhaltende Reduktion.
548 BGHZ 164, 297, 317.
549 BGHZ 90, 69, 82.
550 *Segger/Degen* VersR 2011, 440, 443 f.
551 Palandt/*Grüneberg*, § 242 Rn. 87.
552 BGH VersR 2011, 1550, 1553; OLG Dresden r+s 2015, 233, 234; OLG Hamm ZfS 2012 328; LG Köln, r+s 2014, 169; 2014, 699, 701; LG Potsdam r+s 2013, 140; VersR 2013, 1034 m. kritischer Anm. *Mertens*; LG Berlin r+s 2011, 384; *Schimikowski* r+s 2010, 195; *Schlömer*, S. 31 ff.; auf die Auffangfunktion des § 81 Abs. 2 weist auch *Stockmeier* VersR 2011, 312, 316, hin.
553 OLG Köln r+s 2010, 406, 409; LG Göttingen r+s 2010, 194 f.
554 S. nur OLG Köln r+s 2010, 406.
555 *OLG Frankfurt (Main)* VersR 2013, 1127, 1128; OLG Hamm VersR 2012, 356, 357; kritisch FAKomm-VersR/*Staudinger/Richters*, § 1 Rn. 81.
556 OLG Köln r+s 2015, 150, 151.
557 Dazu näher L/W/*Wandt*, Vor § 28 Rn. 25 ff.
558 OLG Köln r+s 2015, 150, 151.

C. Europäisches Versicherungsvertragsrecht

Übersicht

	Rdn.		Rdn.
I. Grundlagen	1	c) Schutz durch Information und Vertragslösungsrechte	38
1. Harmonisierungsstrategien im Wandel	1	d) Schutz vor missbräuchlichen Klauseln	50
2. Primärrechtlicher Unterbau des Versicherungsbinnenmarktes	7	e) Schutz vor ungerechtfertigter Diskriminierung	57
II. Der versicherungsvertragsrechtlich relevante *acquis communautaire*	17	f) Stärkung der Geschädigtenrechte, illustriert am Beispiel der Kfz-Haftpflichtversicherung	65
1. Sekundärrecht im Überblick	17	III. Jüngere Entwicklungen	70
2. Eckpunkte des europäisierten Versicherungsvertragsrechts	33	1. Der Weg zu einem optionalen Instrument	70
a) Schutz des Verbrauchers	33	2. Principles of European Insurance Contract Law (PEICL)	75
b) Schutz durch zwingende Bestimmungen	37		

Schrifttum:
Adelmann, Die Grenzen der Inhaltskontrolle Allgemeiner Versicherungsbedingungen, 2008; *Angerer,* Aufsichtsrechtliche Ausgangspunkte der Dienstleistungsfreiheit für Versicherungsunternehmen im Gemeinsamen Markt, VersR 1987, 325; *Armbrüster,* Das Unisex-Urteil des EuGH (Test-Achats) und seine Auswirkungen, ZEW-Schriftenreihe Nr. 192 (2012); *ders.,* »Ewige« Widerrufsrechte und ihre Rechtsfolgen, VersR 2012, 513; *ders.,* Freie Anwaltswahl und Rechtsschutzversicherung, VuR 2012, 167; *ders.,* Geschlechtsspezifische Unterscheidung bei Versicherungstarifen verletzt EU-Grundrechte-Charta, LMK 2011, 315339; *ders.,* Das allgemeine Widerrufsrecht im neuen VVG, r+s 2008, 492; *ders.,* Altersbezogene Differenzierung bei Versicherungen und Allgemeines Gleichbehandlungsgesetz, in: Begemann/Bruns, Die Versicherung des Alterns, 2008, S. 43; *ders.,* Das Versicherungsrecht im Common Frame of Reference, ZEuP 2008, 775; *ders.,* Bedeutung des Allgemeinen Gleichbehandlungsgesetzes für private Versicherungsverträge, VersR 2006, 1297; *Association Internationale de Droit des Assurances (AIDA),* Atti del Primo Congresso Internazionale di Diritto delle Assicurazioni, Bd. I, 1962; *von Bar/Clive/Schulte-Nölke,* Principles, Definitions and Model Rules of European Private Law. Draft Common Frame of Reference (DCFR). Interim Outline Edition, 2008; *Basedow,* Die Europäisierung des Versicherungsvertragsrechts in der Warteschleife, in: E. Lorenz, Karlsruher Forum 2015, 2016, S. 61; *ders.,* Die Expertengruppe für Europäisches Versicherungsvertragsrecht: Ein analytisch-kommentierender Erfahrungsbericht zur Politikberatung, in: FS W. H. Roth, 2015, S. 21; *ders.,* Gemeinsames Europäisches Kaufrecht: Das Ende eines Kommissionsvorschlags, ZEuP 2015, 432; *ders.,* Versicherungsvertragsrecht als Markthindernis, EuZW 2014, 1; *ders.,* Art. 114 AEUV als Rechtsgrundlage eines optionalen EU-Kaufrechts: Eine List der Kommission?, EuZW 2012, 1; *ders.,* Ende des 28. Modells? – Das Bundesverfassungsgericht und das europäische Wirtschaftsprivatrecht, EuZW 2010, 41; *ders.,* Der Grundsatz der Nichtdiskriminierung im europäischen Privatrecht, ZEuP 2008, 230; *ders.,* Der Gemeinsame Referenzrahmen und das Versicherungsvertragsrecht, ZEuP 2007, 280; *ders.,* The Common Frame of Reference and insurance contract law, in: The future of European contract law. Essays in honour of Ewoud Hondius, 2007, S. 149; *ders.,* Europäischer Versicherungsbinnenmarkt und Angleichung des Versicherungsvertragsrechts, in: Bruns/Grobenski, Die Konvergenz europäischer Versicherungsmärkte, 2005, S. 2; *ders.,* Der Versicherungsbinnenmarkt und ein optionales europäisches Vertragsgesetz, in: FS E. Lorenz, 2004, S. 93; *ders.,* Ein optionales Europäisches Vertragsgesetz – opt-in, opt-out, wozu überhaupt?, ZEuP 2004, 1; *ders.,* in: Reichert-Facilides/Schnyder, Versicherungsrecht in Europa, 2000, S. 13; *ders.,* Risikobeschreibung und Beschränkung der Empfangsvollmacht in der AGB-Kontrolle privater Arbeitslosigkeitsversicherungen, NVersZ 1999, 349; *ders.,* Transparenz als Prinzip des (Versicherungs-)Vertragsrechts, VersR 1999, 1045; *ders.,* Die Klauselrichtlinie und der Europäische Gerichtshof, in: Schulte-Nölke/Schulze, Europäische Rechtsangleichung und nationale Privatrechte, 1999, S. 277; *ders.,* Der kollisionsrechtliche Gehalt der Produktfreiheiten im europäischen Binnenmarkt: favor offerentis, RabelsZ 59 (1995), 1; *ders.,* Materielle Rechtsangleichung und Kollisionsrecht, in: Schnyder/Heiss/Rudisch, Int. Verbraucherschutzrecht, 1995, S. 11; *Basedow/Fock,* Europäisches Versicherungsvertragsrecht I, II und III, 2002, 2003; *Basedow/Birds/Clarke/Cousy/Heiss/Loacker,* Principles of European Insurance Contract Law – PEICL, 2. Aufl. 2015; *Beckmann,* Auswirkungen des EG-Rechts auf das Versicherungsrecht, ZEuP 1999, 809; *Berkenbusch,* Grenzüberschreitender Informationsaustausch im Banken-, Versicherungs- und Wertpapieraufsichtsrecht, 2004; *Beyer/Britz,* Zur Umsetzung und zu den Folgen des Unisex-Urteils des EuGH: zugleich eine Bestandsaufnahme, VersR 2013, 1219; *Biagosch,* Europäische Dienstleistungsfreiheit und deutsches Versicherungsvertragsrecht, 1991; *Brand,* Heininger Revisited – Zur Europarechtskonformität von § 5a VVG a.F., VersR 2013, 1; *Braumüller,* Versicherungsaufsichtsrecht, 1999; *Brinker/Schädle,* Versicherungspools und EG-Kartellrecht, VersR 2003, 1475; *Brömmelmeyer,* Principles of European Insurance Contract Law, ECLR 2011, 445; *Bühnemann,* Zur Harmonisierung des Versicherungsvertragsrechts in der Europäischen Wirtschaftsgemeinschaft, VersR 1968, 418; *Bürkle,* Richtlinienkonforme teleologische Reduktion: Das Ende der Rechtssicherheit?, VersR 2015, 398; *ders.,* Die rechtliche Dimension von Solvency II, VersR 2007, 1595; *Carl,* Europäisches Recht für Versicherungsunternehmen, EWS 1994, 8; *Clive,* An Introduction to the Academic Draft Common Frame of Reference, ERA 9/2008, Supplement 1, 13; *Czernich/Heiss,* Kommentar zum Römischen Übereinkommen über das auf vertragliche Schuldverhältnisse anzuwendene Recht, 1999; *Danzl,* Die geschlechtsabhängige Tarifierung, 2010; *Dauses,* Handbuch des EU-Wirtschaftsrechts, Stand: 35. Ergänzungslieferung; September 2015; *ders.,* Die Bedeutung der Versicherungsurteile des EuGH v. 04.12.1986 für die Liberalisierung grenzüberschreitender Dienstleistungen, EuR 1988, 378; *Dörner,* Rechtsfolgen einer Verletzung vorvertraglicher Informations- und Aufklärungspflichten durch den Versicherer, in: FS E. Lorenz, 2004, S. 195; *Dörner/Hoffmann,* Der Abschluss von Versiche-

rungsverträgen nach § 5a VVG, NJW 1996, 153; *Dörner/Staudinger,* Kritische Bemerkungen zum Referentenentwurf eines Gesetzes zur Reform des Versicherungsvertragsrechts, WM 2006, 1710; *Dreher,* Das Versicherungskartellrecht nach der Sektoruntersuchung der EG-Kommission zu den Unternehmensversicherungen, VersR 2008, 15; *ders.,* Die Versicherung als Rechtsprodukt. Die Privatversicherung und ihre rechtliche Gestaltung, 1991; *Dreher/Kling,* Handbuch Kartell- und Wettbewerbsrecht der Versicherungsunternehmen, 2007; *Dreher/Wandt,* Solvency II in der Rechtsanwendung, 2009, 2012 und 2014; *Ebers,* Informations- und Beratungspflichten bei Finanzdienstleistungen: Allgemeine und besondere Rechtsgrundsätze, in: Schulze/Ebers/Grigoleit, Informationspflichten und Vertragsabschluss im acquis communautaire, 2003, S. 171; *Ehlers,* Europäische Grundrechte und Grundfreiheiten, 4. Aufl. 2014; *Eichhorn,* Online-Versicherungen aus aufsichts- sowie zivilrechtlicher Perspektive, 2005; *Eidenmüller/Faust/Grigoleit/Jansen/Wagner/Zimmermann,* Der Gemeinsame Referenzrahmen für das Europäische Privatrecht. Wertungsfragen und Kodifikationsprobleme, JZ 2008, 529; *Ernst,* Der ›Common Frame of Reference‹ aus juristischer Sicht, AcP 208 (2008), 248; *Fausten,* Grenzen der Inhaltskontrolle Allgemeiner Versicherungsbedingungen, VersR 1999, 413; *Fenyves,* Überlegungen zur Harmonisierung des Versicherungsvertragsrechts in der EU, VersRdsch 2002, 63; *ders.,* Zum Stand der Vertragsrechtsharmonisierung in der Europäischen Union, VersRdsch 2002, 207; *Fenyves/Kissling/Perner/Rubin* (Hrsg.), Compulsory Liability Insurance (in Druck); *Feyock/Jacobsen/Lemor,* Kraftfahrtversicherung, 3. Aufl. 2009; *Fidler,* Unionsrechtliche Entwicklungen bei der richterlichen Vertragsergänzung, JBl 2014, 693; *Flessner,* Der Status des Gemeinsamen Europäischen Kaufrechts, ZEuP 2012, 726; *Fornasier,* 28. versus 2. Regime: Kollisionsrechtliche Aspekte eines optionalen europäischen Vertragsrechts, RabelsZ (76) 2012, 401; *Franzen,* Privatrechtsangleichung durch die Europäische Gemeinschaft, 1999; *Frenz,* Handbuch Europarecht, Bd. I: Europäische Grundfreiheiten, 2. Aufl. 2012; *Fricke,* Das Internationale Privatrecht der Versicherungsverträge nach Inkrafttreten der Rom-I-Verordnung, VersR 2008, 443; *ders.,* Entgrenztes Zivilrecht? Zu den Perspektiven des Common Frame of Reference und der europäischen Schuldrechtsharmonisierung für die Versicherungswirtschaft, VersR 2005, 1474; *A. Fuchs,* Internationale Zuständigkeit für Direktklagen, IPRax 2008, 104; *dies.,* Gerichtsstand für die Direktklage am Wohnsitz des Verkehrsunfallopfers?, IPRax 2007, 302; *Funck,* Ausgewählte Fragen aus dem neuen Teil zum VVG aus Sicht einer Rechtsabteilung, VersR 2008, 163; *Gärtner,* EG-Versicherungsbinnenmarkt und Versicherungsvertragsrecht, EWS 1994, 114; *Gaul,* Zum Abschluss des Versicherungsvertrags – Alternativen zum Antragsmodell?, VersR 2007, 21; *Gebauer,* Europäisches Vertragsrecht als Option, GPR 2011, 227; *Gerken/Rieble/Roth/Stein/Streinz,* ›Mangold‹ als ausbrechender Rechtsakt, 2009; *Geroldinger,* Ergänzende Auslegung von Verbraucherverträgen trotz Verbots der geltungserhaltenden Reduktion? Anmerkungen zu EuGH C-453/10 (Pereničová und Perenič), C-472/10 (Invitel) und C-618/10 (Banco Español de Credito), ÖBA 2013, 27; *Grabitz/Hilf,* Das Recht der Europäischen Union II (Sekundärrecht), Band A – Teil 5, 1999; *Greite,* Die Versicherung von Großrisiken im Sinne des § 210 Abs. 2 VVG, 2015; *Groß,* Kaufrecht: Zustimmung des Parlaments zum Kommissionsvorschlag für ein Europäisches Kaufrecht, EuZW 2014, 204; *Großfeld/Bilda,* Europäische Rechtsangleichung, zfRV 1992, 421; *Gruber,* Die Muster-Versicherungsbedingungen nach dem Wegfall der Gruppenfreistellung, JBl 2011, 477; *Gründl/Perlet,* Solvency II und Risikomanagement: Umbruch in der Versicherungswirtschaft, 2005; *Grundmann,* Europäisches Schuldvertragsrecht, 1999; *Habersack/Mayer,* Die überschießende Umsetzung von Richtlinien, JZ 1999, 913; *Haratsch/Koenig/Pechstein,* Europarecht, 9. Aufl. 2014; *Hartwig,* Die Geltung des Gleichbehandlungsgrundsatzes für Versicherungs-Aktiengesellschaften als Ausfluss verfassungsrechtlicher Grundsätze, 2002; *Heiderhoff,* Europäisches Privatrecht, 3. Aufl. 2012; *Heimann,* Zwingender Verbraucherschutz und Grundfreiheiten im Bereich der Finanzdienstleistungen, 2005; *Heinrichs,* Die Entwicklung des Rechts der Allgemeinen Geschäftsbedingungen im Jahre 1997, NJW 1998, 1447; *Heiss,* Introduction, in: Basedow/Birds/Clarke/Cousy/Heiss/Loacker, Principles of European Insurance Contract Law – PEICL, 2. Aufl. 2015, S. 1; *ders.,* Anlegerschutz bei Versicherungsprodukten?, in: E. Lorenz, Karlsruher Forum 2014, 2015, S. 41; *ders.,* Angleichung als Legitimationsproblem: Stellt die Schaffung von »Parallelrecht« einen geeigneten Ausweg dar?, in: Loacker/Zellweger-Gutknecht, Differenzierung als Legitimationsproblem, 2012, S. 15; *ders.,* Optionales europäisches Versicherungsvertragsrecht, RabelsZ 76 (2012), 316; *ders.,* Pre-contractual information duties of insurers in EU insurance contract law, 88 (2012) Australian Insurance Law Journal, 86; *ders.,* General Report, in: Heiss, Insurance Contract Law between Business Law and Consumer Protection, 2012, S. 7; *ders.,* Optionales europäisches Vertragsrecht als »2. Regime«, in: FS G. H. Roth, 2011, S. 237; *ders.,* Europäisches Versicherungsvertragsrecht: Vom Gemeinsamen Referenzrahmen zum optionalen Instrument?, in: FS Barta, 2009, S. 315; *ders.,* The Common Frame of Reference (CFR) of European Insurance Contract Law, in: Schulze, Common Frame of Reference and Existing EC Contract Law, 2008, S. 229; *ders.,* Versicherungsverträge in »Rom I«, in: FS Kropholler, 2008, S. 459; *ders.,* Der Vorentwurf einer »Gesamtrevision des BG über den Versicherungsvertrag (VVG)« im Lichte der europäischen Entwicklungen, HAVE 2007, 235; *ders.,* Die Direktklage vor dem EuGH, VersR 2007, 327; *ders.,* Principles of European Insurance Contract Law (PEICL), in: Hendrikse/Rinkes, Insurance and Europe, 2007, S. 41; *ders.,* Die Direktklage vor den EuGH!, EuZ 2006, 54; *ders.,* Die Vergemeinschaftung des internationalen Vertragsrechts durch »Rom I« und ihre Auswirkungen auf das österreichische internationale Privatrecht, JBl 2006, 750; *ders.,* Mobilität und Versicherung, VersR 2006, 448; *ders.,* Europäisches Versicherungsvertragsrecht: Initiativstellungnahme des Europäischen Wirtschafts- und Sozialausschusses verabschiedet, VersR 2005, 1; *ders.,* Stand und Perspektiven der Harmonisierung des Versicherungsvertragsrechts in der EG, 2005; *Heiss/Downes,* Non-Optional Elements in an Optional European Contract Law, ERPL 2005, 693; *Heiss/Kosma,* Die Direktklage des Geschädigten im europäischen Versicherungsrecht, in: FS Han Wansink, 2006, S. 279; *Heiss/Lakhan,* Principles of European Insurance Contract Law: A Model Optional Instrument, 2011; *Heiss/Loacker,* Die Vergemeinschaftung des Kollisionsrechts der außervertraglichen Schuldverhältnisse durch Rom II, JBl 2007, 613; *dies.,* Neue Impulse für die Schaffung eines Europäischen Versicherungsvertragsrechts, VersRdsch 2005, 245; *Hellwege,* Die historische Rechtsvergleichung und das europäische Versicherungsrecht, ZRG (GA) 131 (2014), 226; *Henkel,* Inhaltskontrolle von Finanzprodukten nach der Richtlinie 93/13/EWG des Rates über missbräuchliche Klauseln in Verbraucherverträgen, 2004; *Herdegen,* Europarecht, 16. Aufl. 2014; *Herrmann,* Ist der VVG-Reformvorschlag zum Recht der Obliegenheiten europarechtskonform?,

C. Europäisches Versicherungsvertragsrecht Einleitung

VersR 2003, 1333; *ders.*, Auslegung europäisierten Versicherungsvertragsrechts, ZEuP 1999, 663; *Hess/Bittmann,* Die Verordnungen zur Einführung eines Europäischen Mahnverfahrens und eines Europäischen Verfahrens für geringfügige Forderungen, IPRax 2008, 305; *Heyers,* Unbegrenzter Widerruf von Lebensversicherungsverträgen?, NJW 2014, 2619; *Hinchliffe,* The consumer's view, in: *Heiss/Lakhan,* Principles of European Insurance Contract Law: A Model Optional Instrument, 2011, S. 59; *ders.,* Review of Principles of European Insurance Law, ERA Forum 9/2008, Supplement 1, S. 167; *Hippel, von,* Verbraucherschutz, 3. Aufl. 1986; *Hobe,* Europarecht, 8. Aufl. 2014; *Jens Hoffmann,* Versicherungsgemeinschaften nach europäischem Kartellrecht, Köln 2015; *ders.,* Die Zukunft der Gruppenfreistellungsverordnung Versicherungswirtschaft, VersR 2016, 821; *Jochen Hoffmann,* Spezielle Informationspflichten im BGB und ihre Sanktionierung, ZIP 2005, 829; *Hohlfeld,* Die Zukunft der Versicherungsaufsicht nach Vollendung des Binnenmarktes, VersR 1993, 144; *Hommelhoff,* Zivilrecht unter dem Einfluss europäischer Rechtsangleichung, AcP 192 (1992), 71; *Honsell,* Die Zukunft des Privatrechts, ZSR 2007, 119; *Hübner,* Dienstleistungsfreiheit im Versicherungswesen: Die dritte Generation der Versicherungsrichtlinien, EuZW 1993, 137; *ders.,* Die Dienstleistungsfreiheit in der Europäischen Gemeinschaft und ihre Grenzen, JZ 1987, 330; *ders.,* Schwerpunkte einer Koordinierung des Versicherungsvertragsrechts in der Europäischen Gemeinschaft, ZVersWiss 1982, 221; *Hübner/Matusche-Beckmann,* Auswirkungen des Gemeinschaftsrechts auf das Versicherungsrecht, EuZW 1995, 263; *Jabornegg,* Die Versicherungsvermittler-Richtlinie 2002/92/EG aus österreichischer Sicht, in: FS Migsch, 2004, S. 41; *Jahn,* Das Europäische Verfahren für geringfügige Forderungen, NJW 2007, 2890; *Kahler,* Unisextarife im Versicherungswesen: Grundrechtsprüfung durch den EuGH, NJW 2011, 894; *Kapnopoulou,* Das Recht der missbräuchlichen Klauseln in der Europäischen Union: das griechische Verbraucherschutzgesetz als Beitrag zum europäischen Privatrecht, 1997; *Karpenstein,* Harmonie durch die Hintertür? Geschlechtsspezifisch kalkulierte Versicherungstarife und das Diskriminierungsverbot, EuZW 2010, 885; *Katschthaler/Leichsenring,* Neues Internationales Versicherungsvertragsrecht nach der Rom-I-Verordnung, r+s 2010, 45; *Kieninger,* Nochmals: Grenzen der Inhaltskontrolle Allgemeiner Versicherungsbedingungen, VersR 1999, 951; *dies.,* Informations-, Aufklärungs- und Beratungspflichten beim Abschluss von Versicherungsverträgen, AcP 199 (1999), 190; *dies.,* Die Kontrolle von leistungsbeschreibenden Versicherungsbedingungen nach der AGB-Richtlinie – Fortschritt oder Rückschritt?, ZEuP 1994, 277; *Kirscht,* Versicherungskartellrecht: Problemfelder im Lichte der Europäisierung, 2003; *Koppenfels-Spiess,* Das Ende der Vertragsfreiheit? Erkenntnisse aus dem (vorläufig) gescheiterten zivilrechtlichen Anti-Diskriminierungsgesetz für die Umsetzung der Richtlinien 2000/43/EG und 2000/78/EG, WM 2002, 1489; *Körber,* Grundfreiheiten und Privatrecht, 2004; *Kramer,* Internationales Versicherungsvertragsrecht, 1995; *Krömmelbein,* Der versicherungsrechtliche Gleichbehandlungsgrundsatz zwischen Deregulierung und Diskriminierung, 2007; *Kronke/Melis/Schnyder,* Handbuch Internationales Wirtschaftsrecht, 2005; *Lando/Beale,* Principles of European Contract Law, Parts I and II, 1999; *Lando/Clive/Prüm/Zimmermann,* Principles of European Contract Law, Part III, 2002; *Langheid,* § 8 AGB-Gesetz im Lichte der EG-AGB-Richtlinie: Kontrollfähigkeit von Leistungsbeschreibungen durch Intransparenz, NVersZ 2000, 63; *Leible,* Europäisches Privatrecht am Scheideweg, NJW 2008, 2558; *ders.,* Was tun mit dem Gemeinsamen Referenzrahmen für das Europäische Vertragsrecht? Plädoyer für ein optionales Instrument, BB 2008, 1469; *Lenzing,* Europäisches Gemeinschaftsrecht, in: Basedow/Fock, Europäisches Versicherungsvertragsrecht I, II und III, 2002, 2003, S. 139; *Lerche,* Die Umsetzung privatrechtsangleichender Richtlinien auf dem Prüfstand des effet utile, 2004; *Leupold/Ramharter,* Die ergänzende Auslegung von Verbraucherverträgen im Lichte des Europarechts, ÖBA 2015, 16; *Levie,* Die europäische Mitversicherungs-Richtlinie vom 30. Mai 1978, ZVersWiss 1978, 341; *Loacker,* Große Erwartungen oder: Vorvertragliche Informationspflichten und Verhältnismäßigkeit, in: R. Koch/Winter/Werber (Hrsg.), Der Forschung, der Lehre, der Bildung, 2016, S. 367; *ders.,* Informed Insurance Choice? The Insurer's Pre-Contractual Information Duties in General Consumer Insurance, 2015; *ders.,* Unnötige Qual bei der Wahl des Gemeinsamen Europäischen Kaufrechts: Zum geplanten territorialen Anwendungsbereich der Kaufrechtsverordnung und seiner Interaktion mit dem Kollisionsrecht, EuZW 2014, 888; *ders.,* Preisanpassungsklauseln: Rechtsvergleichende Überlegungen de lege lata und de lege (non) ferenda am Beispiel der Versicherungsprämie, in: Schnyder, Versicherungsvertragsgesetz: Rückblick und Zukunftsperspektiven, 2014, S. 127; *ders.,* Basisinformationen als Entscheidungshilfe: Zur Frage der Präsentation standardisierter Informationsblätter am Beispiel der PRIPs-Initiative, in: FS E. Lorenz, 2014, S. 259; *ders.,* Gleich und Gleich gesellt sich gern? Überlegungen zur Einführung verpflichtender Einheitstarife im europäisierten Versicherungsvertragsrecht, HAVE 2011, 351; *ders.,* Insurance soft law?, VersR 2009, 289; *ders.,* Die Gefahrerhöhung nach der VVG-Reform – Überlegungen zur Anpassung des Versicherungsvertrags gem. § 25 VVG 2008, VersR 2008, 1285; *ders.,* Der Verbrauchervertrag im internationalen Privatrecht, 2006; *Looschelders,* Aktuelle Auswirkungen des EU-Rechts auf das deutsche Versicherungsvertragsrecht unter besonderer Berücksichtigung der geschlechtsspezifischen Tarifierung, VersR 2011, 421; *ders.,* Das Verbot der geschlechterspezifischen Diskriminierung im Versicherungsvertragsrecht, in: Leible/Schlachter, Diskriminierungsschutz durch Privatrecht, 2006, S. 141; *Looschelders/Michael,* Europäisches Versicherungsrecht, in: Ruffert, Europäisches Sektorales Wirtschaftsrecht (EnzEuR Bd. 5), 2013, S. 671; *Looschelders/Smarowos,* Das Internationale Versicherungsvertragsrecht nach Inkrafttreten der Rom-I-Verordnung, VersR 2010, 1; *E. Lorenz,* Eine neue Gesamtrichtlinie Leben – Richtlinie 2002/83/EG des Europäischen Parlaments und des Rates vom 05.11.2002 über Lebensversicherungen, VersR 2003, 175; *ders.,* Die Transparenz des durchschnittlichen VN, VersR 1998, 1086; *ders.,* Zu den Informationspflichten des Versicherers und zum Abschluss von Versicherungsverträgen nach neuem Recht, ZVersWiss 95, 103; *ders.,* Zum Abschluß eines Versicherungsvertrags nach § 5a VVG, VersR 1995, 616; *Lüttringhaus,* Europaweit Unisex-Tarife für Versicherungen!, EuZW 2011, 296; *ders.,* Der Direktanspruch im vergemeinschafteten IZVR und IPR, VersR 2010, 183; *Maier-Reimer,* Das Allgemeine Gleichbehandlungsgesetz im Zivilrechtsverkehr, NJW 2006, 2577; *Marlow,* Die Gruppenfreistellungsverordnung für die Versicherungswirtschaft: EWG NR. 3932/92, 1998; *McGee,* The Single Market in Insurance – Breaking down the barriers, 1998; *Meyer-Kahlen,* Angleichung des Versicherungsvertragsrechts im Gemeinsamen Markt, 1980; *Micklitz/Reich,* Der Kommissionsvorschlag vom 08.10.2008 für eine Richtlinie über »Rechte der Verbraucher«, oder: »der Beginn des Endes einer Ära …« EuZW 2009, 279; *Miettinen,* Die vorvertraglichen Pflichten des Versicherers, 2005; *dies.,* Information

Einleitung C. Europäisches Versicherungsvertragsrecht

und Beratung – oder doch lieber Aufklärung? Kritik zum Referentenentwurf »Erstes Gesetz zur Neuregelung des Versicherungsvermittlerrechts«, VersR 2005, 1629; *Mönnich*, Unisex: Die EuGH-Entscheidung vom 01.03.2011 und die möglichen Folgen, VersR 2011, 1092; *Mortelmans*, The Relationship Between the Treaty Rules and Community Measures for the Establishment and Functioning of the Internal Market – Towards a Concordance Rule, Common Market Law Review 39 (2002), 1303; *Mosiek*, Effet utile und Rechtsgemeinschaft, 2003; *H. Müller*, Versicherungsbinnenmarkt – die europäische Integration im Versicherungswesen, 1995; *M. Müller*, Gefahren einer optionalen europäischen Vertragsordnung, EuZW 2003, 683; *Niederleithinger*, Auf dem Weg zu einer VVG-Reform, VersR 2006, 437; *Perner*, Versicherungsmakler und das FAGG, RdW 2015, 143; *ders.*, Europarechtliche Rahmenbedingungen für die Versicherungsvermittlung, VersRdsch 2014, H 1–2, 30; *ders.*, Grundfreiheiten, Grundrechte-Charta und Privatrecht, 2013; *ders.*, Zum Anwendungsbereich des Gemeinsamen Europäischen Kaufrechts (Art 1 – Art 16 VO-Entwurf), in: Wendehorst/Zöchling-Jud (Hrsg.), Am Vorabend eines Gemeinsamen Europäischen Kaufrechts – Zum Verordnungsentwurf der Europäischen Kommission vom 11.10.2011 KOM (2011) 635 endg., 2012, S. 21; *ders.*, Alter im privaten Versicherungsrecht, in: WiR – Studiengesellschaft für Wirtschaft und Recht (Hrsg.), Alter und Recht, 2012, S. 123; *ders.*, Geschlechtertarife im Versicherungsrecht unzulässig, ÖJZ 2011, 333; *ders.*, Das Internationale Versicherungsvertragsrecht nach Rom I, IPRax 2009, 218; *Pilz*, Missverständliche AGB: Ein Beitrag zum Verhältnis von Auslegung und Transparenzkontrolle untersucht am Beispiel Allgemeiner Versicherungsbedingungen, 2010; *Platzen*, Zivilrechtliche Haftung bei Informationsverschulden in der Versicherungsvermittlung, 2014; *Pohlmann*, Die Leitlinien der Europäischen Kommission zur sog. Unisex-Richtlinie: Rechtsnatur und Wirkungen, in: GS U. Hübner, 2012, S. 209; *dies.*, Musterversicherungsbedingungen nach dem Wegfall der GVO: Paradise regained?, WuW 2011, 379; *dies.*, Viel Lärm um nichts – Beratungspflichten nach § 6 und das Verhältnis zwischen Beratungsaufwand und Prämie, VersR 2009, 327; *Ponick*, Die Richtlinie über missbräuchliche Klauseln in Verbraucherverträgen und ihre Umsetzung im Vereinigten Königreich, 2003; *Präve*, Die VVG-Informationspflichtenverordnung, VersR 2008, 151; *ders.*, Lebensversicherung im Umbruch, in: FS E. Lorenz, 2004, S. 517; *Preis*, Schlangenlinien in der Rechtsprechung des EuGH zur Altersdiskriminierung, NZA 2010, 1323; *Püttgen*, Europäisiertes Versicherungsvertragsschlussrecht, 2011; *Rehberg*, Der Versicherungsabschluss als Informationsproblem: Die Gewährleistung freier Produktwahl in der Privatversicherung, 2003; *Reichert-Facilides*, Verbraucherschutz – Versicherungsnehmerschutz: Überlegungen im Blick auf das Projekt: »Restatement des Europäischen Versicherungsvertragsrechts«, in: FS Mayrhofer, 2002, S. 179; *ders.*, Gesetzgebung in Versicherungsvertragsrechtssachen: Stand und Ausblick, in: Reichert-Facilides/Schnyder, Versicherungsrecht in Europa, 2000, S. 1; *Reichert-Facilides/Schnyder*, Versicherungsrecht in Europa – Kernperspektiven am Ende des 20. Jahrhunderts, 2000; *ders.*, Europäisches Versicherungsvertragsrecht?, in: FS Drobnig, 1998, S. 119; *ders.*, Versicherungsvertragsrecht in Europa am Vorabend des Binnenmarktes, VW 1991, 805; *ders.*, Zur Kodifikation des deutschen internationalen Versicherungsvertragsrechts, IPRax 1990, 1; *ders.*, Rechtsvereinheitlichung oder Rechtsvielfalt? Überlegungen vor dem Modell des Versicherungsvertragsrechts, in: Schwind, Europarecht, Internationales Privatrecht und Rechtsvergleichung, 1988, S. 155; *ders.*, Gedanken zur Versicherungsvertragsrechtsvergleichung, RabelsZ 34 (1970), 510; *Reiff*, Das Gesetz zur Neuregelung des Versicherungsvermittlerrechts, VersR 2007, 717; *ders.*, Versicherungsvermittlerrecht im Umbruch, 2006; *ders.*, Die Auswirkungen des Gemeinschaftsrechts auf das deutsche Versicherungsvertragsrecht, VersR 1997, 267; *ders.*, Die Auswirkungen des Gemeinschaftsrechts auf das deutsche Versicherungsvertragsrecht, VersR 1997, 267; *Reifner*, Empfehlungen zum Vorschlag einer EU-Richtlinie zum Konsumentenkredit, VuR 2004, 11; *Remien*, Zweck, Inhalt, Anwendungsbereich und Rechtswirkung des Gemeinsamen Referenzrahmens, GPR 2008, 124; *Renger*, Die Lebens- und Krankenversicherung im Spannungsfeld zwischen Versicherungsvertragsrecht und Versicherungsaufsichtsrecht, VersR 1995, 866; *Richter*, Gleichbehandlungspflichten in der Privatversicherung, 2010; *Riesenhuber*, System und Prinzipien des Europäischen Privatrechts, 2003; *Rittmann*, Neuausrichtung der Versicherungsaufsicht im Rahmen von Solvency II, 2009; *Römer*, Zu ausgewählten Problemen der VVG-Reform nach dem Referentenentwurf vom 13. März 2006 (Teil I), VersR 2006, 740; *ders.*, Zu den Grenzen des Transparenzgebots im Versicherungsrecht, in: FS E. Lorenz, 2004, S. 615; *ders.*, Die Umsetzung der EG-Richtlinien im Versicherungsrecht, in: FS 50 Jahre Bundesgerichtshof, 2000, S. 375; *W.-H. Roth*, Policenmodell und Unionsrecht, VersR 2015, 1; *ders.*, Diskriminierende Regelungen des Warenverkehrs und Rechtfertigung durch die »zwingenden Erfordernisse« des Allgemeininteresses, WRP 2000, 979; *ders.*, Generalklauseln im Europäischen Privatrecht – zur Rollenverteilung zwischen Gerichtshof und Mitgliedstaaten bei ihrer Konkretisierung, in: FS Drobnig, 1998, S. 135; *ders.*, Freiheiten des EG-Vertrages und nationales Privatrecht, ZEuP 1994, 5; *ders.*, Das Allgemeininteresse im europäischen internationalen Versicherungsvertragsrecht, VersR 1993, 129; *ders.*, Die Vollendung des europäischen Binnenmarktes für Versicherungen, NJW 1993, 3028; *ders.*, Grundlagen des gemeinsamen europäischen Versicherungsmarktes, RabelsZ 54 (1990), 63; *ders.*, Internationales Versicherungsvertragsrecht, 1985; *Rolfs/Binz*, EuGH erzwingt ab Ende 2012 Unisex-Tarife für alle neuen Versicherungsverträge, VersR 2011, 714; *Royla*, Grenzüberschreitende Finanzmarktaufsicht in der EG, 2000; *Rudisch*, Ein Europäischer Versicherungsbinnenmarkt, in: FS Migsch, 2004, S. 1; *Rühl*, The Common European Sales Law: 28th Regime, 2nd Regime or 1st Regime?, MJ 1 (2012), 148; *dies.*, Common Law, Civil Law and the Single European Market for insurances, ICLQ 2006, 879; *Rünz*, Verbraucherschutz im Fernabsatz, 2004; *Säcker*, »Vernunft statt Freiheit!«–Die Tugendrepublik der neuen Jakobiner – Referentenentwurf eines privatrechtlichen Diskriminierungsgesetzes, ZRP 2002, 286; *Sagmeister*, Geschlechtsspezifische Versicherungstarife tatsächlich europarechtswidrig?, VersR 2011, 187; *Saller*, Die neue Gruppenfreistellungsverordnung der Europäischen Kommission für den Versicherungssektor, VersR 2010, 417; *Schauer*, Vereinbarungen, Beschlüsse und abgestimmte Verhaltensweisen im Versicherungssektor (Verordnung (EG) Nr. 1534/1991 und Verordnung (EU) Nr. 267/2010), in: Liebscher/Flohr/Petsche, EU-Gruppenfreistellungsverordnungen, 2. Aufl. 2012, § 11; *ders.*, Die neue Gruppenfreistellungsverordnung für den Versicherungssektor, VersRdsch 2010, 19; *ders.*, Aktuelle Entwicklungen im Wettbewerbsrecht der Versicherungen – Die neue GruppenfreistellungsVO, in: FS Migsch, 2004, S. 21; *Schiek*, Allgemeines Gleichbehandlungsgesetz, 2007; *Schimikowski*, Die vorvertraglichen Informationspflichten des Versicherers und das Rechtzeitigkeitserfordernis, r+s 2007, 133; *ders.*, Abschluss des Versicherungsvertrages nach

C. Europäisches Versicherungsvertragsrecht Einleitung

neuem Recht, r+s 2006, 441; *Schirmer,* Änderungen des VVG nach der Deregulierung mit den Schwerpunkten: Abschluss des Versicherungsvertrages und Einbeziehung von AVB, VersR 1996, 1045; *J.F. Schmidt,* Die Deregulierung der Versicherungsaufsicht und die Versicherungsvermittlung in Deutschland, 2003; *P. Schmidt,* Die Europäisierung des Versicherungsrechts unter besonderer Berücksichtigung der Grundfreiheiten im Binnenmarkt, 2005; *R. Schmidt.,* Überlegungen zur Umsetzung der Dritten Versicherungsrichtlinien in das deutsche Recht, 1992; *ders.,* Das DLF-Urteil des Europäischen Gerichtshofs vom 04.12.1986, VersR 1987, 1; *Schmidt-Kessel,* Auf dem Weg zu einem Europäischen Vertragsrecht, RIW 2003, 481; *Schmidt-Salzer,* EG-Richtlinie über missbräuchliche Klauseln in Verbraucherverträgen, Inhaltskontrolle von AVB und Deregulierung der Versicherungsaufsicht, VersR 1995, 1261; *Schneider,* Umsetzung der Fernabsatzrichtlinie 2002/65/EG im VVG, VersR 2004, 696; *Schoop,* Der Entwurf einer Mitteilung der EU-Kommission zu Auslegungsfragen »Freier Dienstleistungsverkehr und Allgemeininteresse«, SVZ 1998, 44; *Schulze,* Common Frame of Reference and Existing EC Contract Law, 2008; *Schulze/Ebers/Grigoleit,* Informationspflichten und Vertragsabschluss im acquis communautaire, 2003; *Schumacher,* Rückkaufswert von Lebensversicherungen und Europarecht, ZVersWiss 2011, 281; *Schümann,* Die Gruppenfreistellungsverordnung Nr. 3932/92 für die Versicherungswirtschaft, 1998; *Schünemann,* Allgemeine Versicherungsbedingungen – »Leistungsbeschreibungen« oder inhaltskontrollierte Vertragskonditionen?, VersR 2000, 144; *Schwintowski.,* Geschlechtsdiskriminierung durch risikobasierte Versicherungstarife?, VersR 2011, 164; *ders.,* Erste Erfahrungen mit Kostentransparenz und Produktinformationsblatt nach der VVG-InfoV, VuR 2008, 250; *ders.,* Neuerungen im Versicherungsvertragsrecht, ZRP 2006, 139; *ders.,* Transparenz und Verständlichkeit von Allgemeinen Versicherungsbedingungen und Prämien, NVersZ 1998, 97; *ders.,* Informationspflichten in der Lebensversicherung, VuR 1996, 223; *ders.,* Europäisierung der Versicherungsmärkte im Lichte der Rechtsprechung des EuGH, NJW 1987, 521; *Stahl,* The Principles of European Insurance Contract Law (PEICL) and their application to insurance contracts for large risks; 2013; *Staudenmayer,* Ein optionelles Instrument im Europäischen Vertragsrecht?, ZEuP 2003, 828; *Staudinger/Czaplinski,* Verkehrsopferschutz im Lichte der Rom I-, Rom II- sowie Brüssel I-Verordnung, NJW 2009, 2249; *Steindorff,* Unvollkommener Binnenmarkt, ZHR 158 (1994), 149; *ders.,* Rechtsangleichung in der EG und Versicherungsvertrag, ZHR 144 (1980), 447; *Study Group on a European Civil Code,* Draft Common Frame of Reference (DCFR). Full Edition, 2009; *Taik,* Mitgliedstaatliche Grenzen der Gestaltung von Versicherungsprodukten im Europäischen Binnenmarkt für Versicherungen, 2013; *Tamm,* Das Grünbuch der Kommission zum Verbraucheracquis und das Modell der Vollharmonisierung, EuZW 2007, 756; *Taupitz,* Macht und Ohnmacht der Verbraucher auf dem dekontrollierten europäischen Versicherungsmarkt, VersR 1995, 1125; *Terno,* Gerichtliche Inhaltskontrolle Allgemeiner Versicherungsbedingungen, r+s 2004, 45; *Thunnissen,* Die kartellrechtliche Zulässigkeit von Musterversicherungsbedingungen, 2015; *Thüsing/von Hoff,* Private Versicherungen und das Allgemeine Gleichbehandlungsgesetz, VersR 2007, 1; *Tonner/Tamm,* Der Vorschlag einer Richtlinie über Rechte der Verbraucher und seine Auswirkungen auf das nationale Verbraucherrecht, JZ 2009, 277; *Trstenjak,* Die Auslegung privatrechtlicher Richtlinien durch den EuGH, ZEuP 2007, 145; *Ulrici,* Aktuelle Entwicklungen des Europäischen Mahnverfahrens, EuZW 2016, 369; *Wandt,* Rechtliche Implikationen von Solvency II, VersRdsch 2007, 33; *ders.,* Geschlechtsabhängige Tarifierung in der privaten Krankenversicherung – Gebietet die Verfassung Unisex-Tarife?, VersR 2004, 1341; *ders.,* Internationales Privatrecht der Versicherungsverträge, in: Reichert-Facilides/Schnyder, Versicherungsrecht in Europa, 2000, S. 85; *ders.,* Die Kontrolle handschriftlicher AGB im Verbandsklageverfahren gem. § 13 AGBG, VersR 1999, 917; *Wandt/Ganster* Die Rechtsfolgen des Widerrufs eines Versicherungsvertrages gem. § 9 VVG 2008, VersR 2008, 425; *Wandt/Sehrbrock,* Solvency II: Rechtsrahmen und Rechtsetzung, in: Dreher/Wandt, Solvency II in der Rechtsanwendung, 2009, S. 1; *Weber-Rey/Baltzer,* Aktuelle Entwicklung im Versicherungsaufsichtsrecht, WM 2006, 205; *Weiser,* Der Binnenmarkt für Versicherungen, EuZW 1993, 29; *Wendehorst,* Auf dem Weg zu einem modernen Verbraucherprivatrecht – Umsetzungskonzepte, in: Jud/Wendehorst, Neuordnung des Verbraucherprivatrechts in Europa?, 2009, S. 153; *Wendt,* Zum Widerruf im Versicherungsvertragsrecht, 2013; *Wieser,* The Perspective of the Insurance Industry, in: Heiss/Lakhan, Principles of European Insurance Contract Law: A Model Optional Instrument, 2011, S. 51; *Winter,* Versicherungsaufsichtsrecht, 2007; *Wördemann,* International zwingende Normen im internationalen Privatrecht des europäischen Versicherungsvertrages, 1997; *Wrase/Baer,* Unterschiedliche Tarife für Männer und Frauen in der privaten Krankenversicherung – ein Verstoß gegen den Gleichheitssatz des Grundgesetzes?, NJW 2004, 1623; *Zoll,* Remedies for Discrimination: a Comparison of the Draft Common Frame of Reference and the Acquis Principles, ERA Forum 9/2008, Supplement 1, S. 87.

I. Grundlagen

1. Harmonisierungsstrategien im Wandel

Obwohl die Geschichte der Rechtsharmonisierung auf dem Gebiet des Versicherungsrechts eine durchaus lange ist,[1] fehlt es ihr bisher an einem krönenden Abschluss. Der Titel »Europäisches Versicherungsvertragsrecht« lässt deswegen zunächst mehr erwarten, als er zu halten imstande ist, denn jedenfalls bis dato lässt sich ein größerer und vor allem kohärenter Bestand an vereinheitlichtem Versicherungsvertragsrecht nicht feststellen.[2] Konstatieren lässt sich allerdings zweifellos eine **erhebliche Europäisierung** des Versicherungsrechts im Ganzen,[3] von deren wesentlichen Eckpunkten im Folgenden die Rede sein soll.

1

---

1 Vgl. etwa die Darstellung bei *P. Schmidt*, S. 7 ff.; BK/*W.-H. Roth*, Europ. VersR, Rn. 108 ff.; *Beckmann/Matusche-Beckmann*, in: Dauses, Kap. E.VI.1. Rn. 7 ff.
2 *Reichert-Facilides*, in: FS Drobnig, S. 119, 128 meint treffend: »Fehlschläge der Rechtsvereinheitlichung – wenn man so will: beunruhigende Fehlschläge – sind [...] im Versicherungsvertragsrecht Europas heute noch dominant.« Im Übrigen vgl. *H. Müller*, Rn. 88.
3 Vgl. *Basedow*, in: Reichert-Facilides/Schnyder, S. 13; *Püttgen*, S. 32 ff.

Einleitung C. Europäisches Versicherungsvertragsrecht

2 Schon in den vom damaligen EWG-Ratspräsidenten Ludwig Erhard unterzeichneten Allgemeinen Programmen zur Aufhebung der Beschränkungen des freien Dienstleistungsverkehrs und der Niederlassungsfreiheit[4] aus dem Jahr 1961 wurde der Direktversicherungssektor als Ziel von diskriminierungsabbauenden Maßnahmen genannt.[5] Die in der Folge unternommenen Bemühungen standen auf den beiden zentralen Ebenen des Versicherungsrechts, also dem Aufsichts- und dem Vertragsrecht zunächst unter dem **Leitstern der materiellen Rechtsangleichung**.[6] Sie waren von der Überzeugung getragen, dass sich ein Versicherungsbinnenmarkt nur dann befriedigend realisieren lässt, wenn ein bestimmtes Maß an gemeinschaftsweit harmonisierten, aufsichts- und vertragsrechtlichen Bestimmungen gewährleistet ist, das Wettbewerbsverzerrungen unterbindet und gleichzeitig berechtigte Versicherungsnehmerinteressen zu wahren imstande ist.[7] Die dafür erforderliche Angleichung der nationalen Rechte erwies sich aus mannigfaltigen Gründen[8] als äußerst schwierig[9] und war im Ergebnis von **mehreren Kurskorrekturen** gekennzeichnet. Neben der seit jeher heftig umstrittenen **Bandbreite** der für die Binnenmarktverwirklichung notwendig anzugleichenden Schutzbestimmungen[10] ist etwa die Möglichkeit des nationalen Abweichens von gemeinschaftsrechtlichen Vorgaben im Wege der Normierung strengerer Regelungen durch die Mitgliedstaaten (**Mindestharmonisierung**) unterschiedlich geregelt worden.[11] Trotz der zunehmenden Verschmälerung des (vielleicht von früheren Erfolgen beflügelten[12]) Harmonisierungsansatzes blieb dem umfangmäßig bedeutendsten, zusammenhängenden Vorhaben zur Vertragsrechtsharmonisierung, nämlich dem **Vorschlag für eine Richtlinie** des Rates zur Koordinierung des Versicherungsvertragsrechts aus den Jahren 1979/80[13] ein Erfolg verwehrt.[14] Sein Anwendungsbereich beschränkte sich (mit bestimmten Ausnahmen innerhalb derselben[15]) auf die Schadensversicherung. Er hatte ursprünglich beabsichtigt, im Wege einer Koordinierung der wichtigsten Rechts- und Verwaltungsvorschriften innerhalb seines Regelungsbereiches[16] ein Gleichgewicht zwischen den Interessen von Versicherern und VN zu schaffen

---

[4] ABl. Nr. 2 vom 15.01.1962, S. 32 ff. (Dienstleistungsfreiheit) und S. 36 ff. (Niederlassungsfreiheit).
[5] Vgl. ABl. Nr. 2 vom 15.01.1962 S. 32, 34 (Abschnitt V.C.a).
[6] Vgl. den zu einiger Bekanntheit gekommenen Ausspruch von *Hans Möller*: »The law of insurance must be one.« (abgedruckt in AIDA, Atti del Primo Congresso Internazionale di Diritto delle Assicurazioni (1962) Bd. I, S. 101; dazu *Reichert-Facilides*, in: FS Drobnig, S. 119, 128. Zu terminologischen Fragen der Begriffe »Rechtsangleichung« und »Rechtsvereinheitlichung« siehe *Riesenhuber*, S. 141 ff. und *Basedow*, in: Schnyder/Heiss/Rudisch, S. 11 ff.
[7] Vgl. KOM (79) 355; abgedruckt bei *Meyer-Kahlen*, S. 203 ff.; weiter *H. Müller*, Rn. 4 und 82 ff.; *Franzen*, S. 236 f.
[8] Zu nennen sind (neben dem Umstand, dass vor Ratifizierung der Europäischen Akte im Jahr 1987 (ABl. 1987 L 169/1) eine einstimmige Entscheidung erforderlich war) vor allem die teilweise sehr unterschiedlichen ordnungspolitischen Ansätze im Bereich des Aufsichtsrechts (siehe *Rühl* ICQL 2006, 879, 880 ff.), aber auch die divergierenden Interessen von Versicherern, nationalen Aufsichtsbehörden, Versicherungsnehmern und auch der einzelnen Mitgliedstaaten, die trotz ihrer Unterschiedlichkeit letztendlich auf eine Abschottung der nationalen Versicherungsmärkte bedacht waren; vgl. *Basedow*, in: Reichert-Facilides/Schnyder, S. 14 und 16; *W.-H. Roth* RabelsZ 54 (1990), 63, 69 ff.; *Reichert-Facilides*, in: Schwind, S. 155, 164 f.
[9] Vgl. *H. Müller*, Rn. 4: »Phasen quälender Untätigkeit und Unentschlossenheit wurden abgelöst von solch hektischer Betriebsamkeit.« Eine ausführliche Darstellung des Entwicklungsganges findet sich bei *P. Schmidt*, S. 7 ff.
[10] Vgl. das Allgemeine Programm zur Aufhebung der Beschränkungen des freien Dienstleistungsverkehrs, ABl. Nr. 2 vom 15.01.1962 S. 32, 34 (Abschnitt V.C.a), das noch die Harmonisierung grundsätzlich *aller* Rechts- und Verwaltungsvorschriften für Versicherungsverträge insoweit ins Auge fasste, »als die Verschiedenartigkeit dieser Vorschriften zu Nachteilen für die Versicherten und für Dritte führt«.
[11] So sollten die Mitgliedstaaten vom Richtlinienvorschlag zur Koordinierung des Versicherungsvertragsrechts (ABl. 1979 C 190/2) nicht – und zwar auch nicht zugunsten des VN – abweichen können; siehe BK/*W.-H. Roth*, Europ. VersR, Rn. 109 a.E.; vgl. aber – im Unterschied dazu – etwa das in Erwägungsgrund 28 der vormaligen Richtlinie 2002/83/EG (Gesamtrichtlinie Leben) zum Ausdruck kommende Mindestharmonisierungskonzept (vgl. aber Art. 36 III der RL und dazu unten Rdn. 41). Für eine Übersicht über die verschiedenen Harmonisierungsintensitäten von Richtlinien s. etwa *Wendehorst*, S. 165 ff.
[12] Immerhin waren im Bereich der Kfz-Haftpflichtversicherung bereits 1959 maßgebliche Fortschritte erzielt worden (vgl. Fn. 143).
[13] ABl. 1979 C 190/2 i.d.F. ABl. 1980 C 355/30; zur konfliktreichen Vorgeschichte *Bühnemann* VersR 1968, 418, 418 f. Die beiden Fassungen der Richtlinie sind in Basedow/Fock, Bd. III S. 1 ff. gegenüberstellend abgedruckt.
[14] Nach *H. Müller*, Rn. 87 wurde der Vorschlag zwar nicht zurückgezogen, jedoch würde er von der Kommission nur dann wieder zur Diskussion gestellt, wenn konkrete Missstände eine gemeinschaftsrechtliche Lösung erfordern würden. Nach *Basedow* in Reichert-Facilides/Schnyder, S. 13, 17 hat die Kommission den Vorschlag 1993 formell zurückgezogen; ebenso *Heiss*, Stand und Perspektiven, S. 4.
[15] Siehe Artikel 1 des geänderten Vorschlags (ABl. 1980 C 355/30), wonach der Vorschlag innerhalb der unter Punkt A des Anhangs zur RL 73/239/EWG genannten Schadensversicherungszweige nicht auf die unter den folgenden Ziffern genannten anwendbar sein sollte: Z 2 (Krankenversicherung), Z 4 und 5 (Schienen- und Luftfahrzeug-Kasko), Z 6 und 12 (See-, Binnensee und Flussschifffahrts-Kasko sowie jeweils -Haftpflicht), Z 7 (Transportgüter), Z 11 (Luftfahrzeughaftpflicht), Z 14 (Kredit) und Z 15 (Kaution).
[16] BK/*W.-H. Roth*, Europ. VersR, Rn. 111 bezeichnet die Palette der im Richtlinienvorschlag geregelten Fragen als »doch etwas schmal geraten«. Zu ihr gehörten unter anderem verpflichtende Angaben in den Versicherungsurkunden (Art. 2), Anzeigepflichten des VN (Art. 3), Regelungen zu Gefahrerhöhung und -verminderung nach Vertragsschluss (Art. 4), Prämienzahlungsverzug (Art. 7) und Obliegenheiten bei Eintritt des Versicherungsfalles (Art. 8 f.). Auffallend

C. Europäisches Versicherungsvertragsrecht Einleitung

und auf diese Weise die Grundlage für eine – später geplante[17] – **Ausweitung der Rechtswahlmöglichkeit bei Versicherungsverträgen**[18] auch[19] auf den Bereich des Massengeschäfts zu schaffen.[20] Sein endgültiges Scheitern kommt etwa in Erwägungsgrund 7 der im Gefolge der »neuen Strategie« der Kommission[21] ergangenen RL 88/357/EWG relativ schlicht zum Ausdruck, indem es dort heißt: »Die in den Mitgliedstaaten geltenden Vorschriften des Versicherungsvertragsrechts bleiben unterschiedlich.«[22] An die Stelle der – von der Kommission vorerst aufgegebenen[23] – Harmonisierung der Versicherungsvertragsrechte trat in der Folge eine Manifestierung des **Grundsatzes der gegenseitigen Anerkennung**[24] und damit im Bereich des Vertragsrechtes[25] eine **Fokussierung auf das Versicherungskollisionsrecht**,[26] von der eine wesentliche Beschleunigung der Realisierbarkeit des Versicherungsbinnenmarktes erwartet wurde.[27]

Aus heutiger Sicht ist klar, dass ein rein kollisionsrechtlicher Harmonisierungsansatz – umso mehr als er bei im EU- bzw. EWR-Raum belegenen Massenrisiken regelmäßig[28] zur Anwendung von (aus Sicht des grenzüberschreitend tätigen Versicherers) ausländischem Versicherungsvertragsrecht führt – mit Blick auf eine nicht bloß formelle Verwirklichung des Versicherungsbinnenmarktes scheitern musste.[29] Dies hat seinen Grund schon darin, dass ein solcher Ansatz am eigentlichen Problem im Bereich der Massenrisiken[30] vorbeigeht. Denn solange der Versicherer gehalten ist, sein Produkt, dessen Ausgestaltung unstrittig wie kaum eine andere Dienstleistung von Rechtsvorschriften determiniert wird,[31] an die Rechte von potentiell 28 Mitgliedstaaten anzupassen, sind damit Unwägbarkeiten und die Inkaufnahme von Mehrkosten verbunden, die auf sich zu nehmen Versicherer sich bisher weitgehend scheuen.[32] 3

Angesichts der gescheiterten Harmonisierung des materiellen und der aus Binnenmarktperspektive nur bedingt hilfreichen Harmonisierung des internationalen Versicherungsvertragsrechts schien es lange Zeit so, als würden die ursprünglich vielversprechenden Bemühungen[33] um eine Angleichung des Vertragsrechts im Allgemeinen und des Versicherungsvertragsrechts im Besonderen im Sande verlaufen. Dass in beiden Bereichen dennoch kein völliger Stillstand eintrat, lag nicht zuletzt daran, dass zunächst das Europäische Parlament eine 4

---

ist, dass der Vorschlag aus Sicht des vormaligen deutschen VVG 1908 teilweise durchaus fortschrittlich konzipiert war. So war etwa in Art. 4 im Falle von Gefahrerhöhungen bereits eine Vertragsanpassung vorgesehen, die dem VVG a.F. unbekannt war (dazu Basedow/Fock/*Lenzing* S. 190 f.; zur Vertragsanpassung nach neuem deutschem VVG *Loacker* VersR 2008, 1285 ff.).

17 Vgl. BK/*W.-H. Roth*, Europ. VersR, Rn. 109.
18 Eine solche Ausdehnung der Rechtswahlfreiheit neben bestimmten Großrisiken (zum Begriff unten Rdn. 26) und der Transportversicherung auch auf das Massengeschäft sah das so genannte »*Schwartz-Papier*« aus dem Jahr 1971 vor (Arbeitsdokument zur Errichtung des Gemeinsamen Marktes für Schadensversicherungen, Kom-Dok XIV/542/C/71; abgedruckt in ZVersWiss 1971, 101 ff.); dazu *Biagosch*, S. 126 ff.; *H. Müller*, Rn. 82 ff.; *W.-H. Roth*, Internationales Versicherungsvertragsrecht S. 678 ff.
19 Zur Rechtswahlfreiheit im Bereich der Transportversicherung und der Großrisiken siehe unten Rdn. 26 sowie Fn. 30.
20 Vgl. Erwägungspunkt 3 des geänderten Vorschlags (ABl. 1980 C 355/30); krit. zu diesem Ansatz *Steindorff* ZHR 144 (1980) 447, 449 f.
21 Siehe Weißbuch der Kommission zur Vollendung des Binnenmarktes, KOM (85) 310 endg. vom 14.06.1985 Nr. 61 ff. und 65 ff.; zur neuen Strategie zu Recht kritisch etwa *Gärtner* EWS 1994, 114, 116 ff.
22 Vgl. dazu etwa *U. Kramer*, S. 136 ff. und 142 f.
23 Vgl. RL 92/49/EWG, Erwägungsgrund 18: »Die Harmonisierung des für den Versicherungsvertrag geltenden Rechts ist keine Vorbedingung für die Verwirklichung des Binnenmarktes im Versicherungssektor«.
24 Vgl. Weißbuch (Fn. 21) Nr. 13; dazu *Basedow* RabelsZ 59 (1995) 1, 4.
25 Zu den Auswirkungen im Bereich des Versicherungsaufsichtsrechts eingehend *Winter*, Versicherungsaufsichtsrecht, S. 39 ff.
26 *Wördemann*, S. 4; *Basedow*, in: Reichert-Facilides/Schnyder, S. 13, 16 f.; *Franzen*, S. 235 ff.
27 Vgl. zuletzt *P. Schmidt*, S. 21 ff. m.w.N.
28 Vgl. Art. 7 II EGVVG bzw. nunmehr Art. 7 II der Rom I-VO (dazu Rdn. 26). Hinsichtlich eingehender kollisionsrechtlicher Ausführungen muss auf die Abschnitte zum internationalen Versicherungsvertragsrecht in diesem Buch verwiesen werden. Im Übrigen siehe *Heiss*, in: FS Kropholler (2008), S. 459 ff. und die Nachw. in Fn. 203 ff.
29 Unmissverständlich *Reichert-Facilides*, in: Reichert-Facilides/Schnyder, S. 1, 10.
30 Im Bereich der Großrisiken, insbesondere der Transportversicherung stellt sich das Problem nicht in dieser Form, weil nach Art. 7 II Rom I-VO die Parteien das auf den Vertrag anwendbare Recht frei wählen können und mangels einer Rechtswahl das Sitzrecht des Versicherers zur Anwendung kommt (vgl. für viele H/E/K/*Heiss/Perner*, Internationales Privat- und Verfahrensrecht, Rn. 11).
31 Einmal mehr ist auf *Dreher*, Die Versicherung als Rechtsprodukt, S. 193 ff. zu verweisen. Vgl. auch *Steindorff* ZHR 144 (1980) 447, 449: »Mehr als die Leistung anderer Wirtschaftszweige sind Versicherungsleistungen rechtlich definiert, und zwar durch Vertrag und Gesetz«.
32 *Basedow*, in: Reichert-Facilides/Schnyder, S. 13, 18 bringt es auf den Punkt, wenn er meint: »Schon mancher, der bei einem ausländischen Versicherer um ein Angebot gebeten hat, hat sich einen Korb geholt.« Vgl. auch eindringlich *dens*. EuZW 2014, 1, 1 f. Zum Ganzen (anhand konkreter Beispiele) aus rechtsvergleichender Sicht *Taik*, S. 51 ff.
33 Optimistisch etwa noch *Reichert-Facilides* RabelsZ 34 (1970) 510, 521; zur ursprünglich anvisierten »Vorreiterrolle« des Versicherungsvertragsrechts bei der Harmonisierung der europäischen Privatrechtsordnungen siehe *Reiff* VersR 1997, 267, 267 ff. m.w.N.

Einleitung C. Europäisches Versicherungsvertragsrecht

Vorreiterrolle bei der Vertragsrechtsharmonisierung einnahm,[34] indem es beharrlich[35] auf den Harmonisierungsbedarf im Bereich des Vertragsrechts aufmerksam machte.[36] Im speziellen Bereich des Versicherungsvertragsrechts war es der Europäische Wirtschafts- und Sozialausschuss (EWSA),[37] der eine Verstärkung (oder tatsächlich: Wiederbelebung) der Harmonisierungsmaßnahmen der Europäischen Kommission forderte.[38] Letztere nahm jedenfalls die Entwicklungen im Zuge des Ratstreffens von Tampere im Oktober 1999[39] zum Anlass und legte eine erste Mitteilung zum europäischen Vertragsrecht vor,[40] der noch weitere[41] folgen sollten.[42] Das Schlagwort der Stunde war dabei zunächst die Idee eines **Gemeinsamen Referenzrahmens**, der durch die Normierung von Grundbegriffen und -prinzipien des europäischen Vertragsrechts eine kohärentere Ausgestaltung der geltenden und künftigen Unionsrechtsvorschriften ermöglichen sollte.[43] Die in diesem Zusammenhang erstmals in den Blick genommene Schaffung sog. **optionalen Instruments**[44] wird man heute als die vielversprechendste Perspektive für die Zukunft eines funktionierenden europäischen Versicherungsbinnenmarktes betrachten müssen.[45]

5 In dem hier interessierenden Kontext führte vor allem die vom EWSA abgegebene **Initiativstellungnahme**[46] zum Thema »**Europäischer Versicherungsvertrag**«[47] zu einer Belebung der ins Stocken geratenen Diskussion um eine Harmonisierung der Versicherungsvertragsrechte.[48] Wie unmittelbar zuvor bereits das Comité Européen des Assurances (CEA; heute: Insurance Europe)[49] sah auch der EWSA in den Verschiedenheiten der europäischen Versicherungsvertragsrechte ein zentrales Hemmnis bei der Erbringung grenzüberschreitender Versicherungsdienstleistungen. Es wurde deshalb gefordert,[50] vorrangig die **zwingenden Bestimmungen** des allgemeinen Versicherungsvertragsrechts zu harmonisieren, und zwar im Unterschied zur früher überwiegend verfolgten **Mindestharmonisierungsstrategie**[51] im Wege einer **Vollharmonisierung**.[52] Hinsichtlich der dafür erforderlichen Vorarbeiten verwies der EWSA ausdrücklich auf jene der Arbeitsgruppe »Restatement of European Insurance Contract Law«.[53] Zur Frage, wie den unionsweit zu vereinheitlichenden (halb-)zwingenden Regelungen am Ende konkret zur Geltung verholfen werden soll, äußerte sich der EWSA hingegen nicht abschließend; damit ließ er offen, ob die neuen Regelungen Teil eines (eventuell größeren) Legislativvorhabens werden sollen, welches – ersetzend – **an die Stelle der mitgliedstaatlichen Regelungen** tritt oder ob sie im Wege sog. optionalen Instruments[54] umzusetzen sind, das den Vertragsparteien eine **zusätzliche Möglichkeit** eröffnet, den nationalen Rechtsbestand im Ergebnis aber insofern unberührt lässt, als es ihn »nur« erweitert.[55] In einer jüngeren Initiativstellungnahme aus dem Jahr 2010[56] hat er sich demgegenüber klar zugunsten der letztgenannten Möglichkeit positioniert.

6 In der Gesamtschau erhärtet sich der eingangs gestellte Befund, wonach die Harmonisierung des Versicherungsvertragsrechts bisher keine von Erfolg, sondern eine von **zahlreichen Kurs- und Positionswechseln** geprägte Geschichte ist: Man könnte vereinfachend sagen, dass die wechselvolle Entwicklung auf dem vorliegenden Gebiet von der Vertrags- zur Kollisionsrechtsharmonisierung und wieder zurück geführt hat. Darüber

---

34 Vgl. *Fenyves* VersRdsch 2002, 207, 209; *Schmidt-Kessel* RIW 2003, 481, 481 ff.
35 Vgl. die Entschließungen A 2–157/89 (ABl. C 158 vom 26.06.1989, S. 400); A 3–329/94 (ABl. C 205 vom 25.07.1994, S. 518) sowie B 5–228, 229 und 230/2000 vom 16.03.2000 (ABl. C 377 vom 29.12.2000, S. 326).
36 Siehe zur Entwicklung der europäischen Rechtsharmonisierung auch *Loacker*, Der Verbrauchervertrag S. 27 ff. m.w.N.
37 Vgl. zu Konstituierung, Zusammensetzung und Kompetenzen des seit 1958 eingerichteten Ausschusses Art. 300 IV, 301 ff. AEUV.
38 Vgl. die Stellungnahme CES. 116/98 des EWSA zum Thema »Der Verbraucher auf dem Versicherungsmarkt« (ABl. C 95 vom 30.03.1998 S. 72) sowie zuvor bereits seine Stellungnahme CES. 226/80 (ABl. C 146 vom 16.06.1980 S. 1). Zur Stellungnahme des EWSA aus dem Jahr 2010 siehe unten Rdn. 5.
39 Vgl. Punkt 39 der Schlussfolgerungen, SI (1999) 800.
40 KOM (2001) 398 endg.
41 KOM (2003) 68 endg. und KOM (2004) 651 endg.
42 Im Einzelnen anschaulich *Leible* NJW 2008, 2558, 2559 m.w.N.
43 Zum gemeinsamen Referenzrahmen s. die Nachw. in den Fn. 547 ff. Spezifisch versicherungsrechtlich *Basedow*, in: FS Ewoud Hondius, S. 149 ff.; *ders*. ZEuP 2007, 280; *Heiss*, in: FS Heinz Barta, 315; *Loacker* VersR 2009, 289, 292 ff.
44 Dazu richtungsweisend *Staudenmayer* ZEuP 2003, 828, 828 ff.
45 Dazu mehr unter Rdn. 70 ff.
46 Vgl. Art. 304 AEUV.
47 Stellungnahme CES. 1626/2004 des EWSA zum Thema »Europäischer Versicherungsvertrag« (ABl. Nr. C 157 vom 28.06.2005, S. 1 ff.).
48 Dazu *Heiss/Loacker* VersRdsch 2005, 245 ff.; *Heiss* VersR 2005, 1 ff.
49 Vgl. Punkt 1 der Stellungnahme des CEA vom 04.06.2003; abrufbar unter http://www.cea.eu/uploads/DocumentsLibrary/documents/position178.pdf.
50 Vgl. Punkt 6 der Stellungnahme des EWSA (Fn. 47).
51 Siehe oben Rdn. 2.
52 Vgl. Punkt 6.3.1 der Stellungnahme des EWSA (Fn. 47).
53 Zu deren Arbeit siehe unten Rdn. 75 ff.
54 Dazu unten Rdn. 70.
55 Vgl. Pkt 6.5. der Stellungnahme des EWSA (Fn. 47).
56 Dazu unten Rdn. 70.

hinaus scheint es zumindest nicht ausgeschlossen, dass die Entwicklung weiter von der Minimal- und Mindestharmonisierung hin zur (optionsbasierten) Vollharmonisierung reichen und statt dem Einsatz der Richtlinie[57] als Umsetzungsort von Harmonisierungsmaßnahmen in Zukunft zu dem der Verordnung führen könnte.[58] Die in dem wiederholten Strategiewechsel zum Ausdruck kommende Zögerlichkeit verwundert auf der einen Seite, wenn man sich die eigentliche **Offenkundigkeit des Vereinheitlichungsbedarfs** vergegenwärtigt.[59] Auf der anderen Seite ist sie wiederum erklärbar, wenn man nur einmal die vielschichtigen und überwiegend konfligierenden Interessen der Beteiligten bedenkt.[60] Die in den letzten Jahren jedoch wieder in Gang gekommene Entwicklung lässt zumindest hoffen, dass sich mittelfristig ein Erfolg einstellen könnte.[61]

2. Primärrechtlicher Unterbau des Versicherungsbinnenmarktes

Die europäischen Grundfreiheiten sind Grundlage und Zielgröße des Binnenmarktes zugleich.[62] Allerdings reicht ihre bloße Existenz nicht für seine Verwirklichung aus,[63] es bedarf vielmehr eines **effektiven Funktionierens der Grundfreiheiten**.[64] Die im Wege der Schaffung von Sekundärrecht bewirkte **Rechtsangleichung** kann diesem Zweck dienen,[65] wird durch die (unmittelbar anwendbaren und nationalem Recht vorrangigen[66]) Grundfreiheiten konstituiert[67] und muss deshalb mit diesen konform sein.[68] Inwieweit Normen sowohl des materiellen Vertrags- als auch des Kollisionsrechts[69] konkret an den Grundfreiheiten zu messen sind, ist im Detail sehr kontrovers diskutiert worden,[70] wobei vor allem die Intensität bzw. Reichweite der Kontrolle strittig ist.[71] Überwiegend wird angenommen,[72] dass vor allem privatrechtliche Normen mit **produktgestaltendem Charakter** auf ihre Vereinbarkeit mit den Grundfreiheiten zu prüfen sind,[73] weil sie mit dem sog.

7

---

57 Diese war lange Zeit das »Arbeitspferd« der Angleichung im Bereich des Wirtschaftsrechts gewesen – so *Großfeld/Bilda* ZfRV 1992, 421, 422.
58 Siehe dazu Rdn. 70.
59 Vgl. das Resümee von *Heiss*, Stand und Perspektiven, S. 15, der hinsichtlich des Rechtsharmonisierungsbedarfs im Versicherungssektor von einer »letztlich schlichten Erkenntnis« spricht.
60 So meinte der EWSA in seiner Stellungnahme (Fn. 47) mit Blick auf den Harmonisierungsvorschlag von 1979/80 (ABl. C 1979 C 190/2 i.d.F. ABl. 1980 C 355/30) treffend: »Der Vorschlag wurde jedoch letztendlich niemals angenommen, da es den Mitgliedstaaten an politischem Willen fehlte.« Zu Anzeichen eines branchenintern Umdenkprozesses schon *Basedow*, in: Reichert-Facilides/Schnyder, S. 13, 23.
61 Ernüchternd ist insofern freilich, was von den laufenden Beratungen aus Brüssel nach außen dringt – vgl. den vielsagenden Bericht von *Basedow* EuZW 2014, 1 f.
62 Vgl. *Frenz*, Bd. I, Rn. 22 ff.
63 Vgl. VersHb/*Mönnich*, § 2 Rn. 13.
64 Siehe *Frenz*, Bd. I, Rn. 23.
65 Vgl. aus versicherungsvertragsrechtlicher Sicht schon *Hübner* ZVersWiss 1982, 221, 223 ff.; im Übrigen allg. *Frenz*, Bd. I, Rn. 27 und *Hobe*, Rn. 612.
66 Vgl. *Körber*, S. 57 ff.; *Haratsch/Koenig/Pechstein*, Rn. 185 ff.; *W.-H. Roth*, in: Dauses, Kap. E.I.1. Rn. 46 ff.
67 Eingehend *W.-H. Roth*, RabelsZ 54 (1990) 63, 70 ff.; vgl. auch *Mortelmans* CLMR 39 (2002), 1303, 1303 ff.
68 Siehe Ehlers/*Ehlers*, § 7 Rn. 8 f. m.w.N.
69 Vgl. BK/*W.-H. Roth*, Europ. VersR, Rn. 58 ff. m.w.N.; eingehend *Basedow* RabelsZ 59 (1995) 1, 12 ff. und 27 ff.; *Franzen*, S. 235 ff. Zuletzt *Perner*, S. 119 ff.
70 Im Mittelpunkt stand dabei die Übertragbarkeit der zur Warenverkehrsfreiheit ergangenen, sog. *Keck*-Judikatur (EuGH Rs. C-267/91 u. C-268/91, *Keck und Mithouard*, Slg. 1993, I-6097 ff.), wonach bei nicht-diskriminierenden Beschränkungen bestimmter »Verkaufsmodalitäten« der Handel zwischen den Mitgliedstaaten im Sinne des *Dassonville*-Urteils (EuGH Rs. 8/74, Slg. 1974, 837) nicht behindert werde; von solchen »Verkaufsmodalitäten« zu unterscheiden seien die sog. »Produktregelungen«, die in den Anwendungsbereich des umfassenden Beschränkungsverbotes des [Art. 49 I AEUV] fielen; die Übertragbarkeit der *Keck*-Rechtsprechung auf den Bereich der Dienstleistungserbringung ist umstritten; eingehend dazu *Steindorff* ZHR 158 (1994) 149, 150 ff.; BK/*W.-H. Roth*, Europ. VersR, Rn. 31 ff. und 42 ff. m.w.N. sowie *ders.* VersR 1993, 129 ff., 137 und *ders.* ZEuP 1994, 5, 5 ff.; ferner *Royla*, S. 32 f. und v.a. *Heimann*, S. 156 ff.; im Übrigen allg. *Riesenhuber*, S. 84 ff.; *Körber*, S. 157 ff. und *Perner*, S. 84 ff., 95 ff. Die EuGH-Entscheidung Rs. C-384/93, *Alpine Investments*, Slg. 1995, I-1141, Rn. 33–39 ließ die Frage im Ergebnis offen. Zum Ganzen *Haratsch/Koenig/Pechstein*, Rn. 1019 ff.
71 BK/*W.-H. Roth*, Europ. VersR, Rn. 37 ff. und 40 spricht sich für eine binnenmarktperspektivische Beurteilung der Frage aus. Auffallend ist, dass trotz der Tatsache, dass sowohl nationales Recht als auch das Sekundärrecht selbst Gegenstand der *Grundfreiheitenkontrolle* sind, die Konformität des Letztgenannten selten einer eingehenden Prüfung unterzogen wurde – siehe Ehlers/*Ehlers*, § 7 Rn. 9. Ferner *Perner*, S. 80 ff. Auch eine Prüfung an den *Unionsgrundrechten* wird bisher vergleichsweise selten vorgenommen (ebenso Ehlers/*Ehlers*, § 14 Rn. 4 a.E., der jedoch künftig vor dem Hintergrund der Grundrechte-Charta ein Weniger an Zurückhaltung erwartet), wobei ein besonders prominentes Gegenbeispiel mit weitreichenden Folgen insofern freilich das Urteil des EuGH vom 1. März 2011 im Verfahren C-236/09 (dazu unten Rdn. 62 ff.) darstellt.
72 Vgl. *W.-H. Roth*, in: Dauses, Kap. E.I.3. Rn. 176. Siehe zuletzt zum Problem *Perner*, S. 95 ff.
73 Zur Frage der Vereinbarkeit nationaler Produktvorgaben zur Lebensversicherung und ihrer Vereinbarkeit mit gemeinschaftsrechtlichen Vorgaben *Präve*, in: FS *E. Lorenz*, S. 517, 524 ff. Konkret verneint etwa *Schumacher* ZVersWiss 2011, 281, die Vereinbarkeit des § 169 III 1 Teilsatz 2 VVG (Berechnung des Rückkaufswertes von Lebensversicherungen) mit der Niederlassungs- und Dienstleistungsfreiheit. Siehe im Übrigen auch den Judikaturnachweis unten in Fn. 281.

Beschränkungsverbot in Konflikt geraten können (dazu sogleich Rdn. 10).[74] Im Bereich des nationalen Versicherungsrechts wird dies freilich für viele seiner Bestimmungen[75] gelten.[76]

8 Für den Versicherungsbinnenmarkt nehmen zwei Grundfreiheiten eine ganz herausragende Stellung ein, nämlich die **Niederlassungsfreiheit** i.S.d. Art. 49 ff. AEUV auf der einen und die **Dienstleistungsfreiheit** i.S.d. Art. 56 ff. AEUV auf der anderen Seite. Daneben kommt der **Kapital- und Zahlungsverkehrsfreiheit** i.S.d. Art. 63 ff. AEUV ebenfalls, vor allem im Bereich des Steuer- und Aufsichtsrechts[77] Bedeutung zu.

9 In Konkretisierung des allgemeinen **Diskriminierungsverbots** i.S.d. Art. 18 I AEUV verbieten Niederlassungs- und Dienstleistungsfreiheit grundsätzlich gleichermaßen **offene**, **versteckte** und **faktische Diskriminierungen**. Letztere liegen vor, wenn unterschiedslos anwendbare Maßnahmen den Marktzutritt ausländischer Unternehmen stärker erschweren als den inländischer;[78] zweitere, wenn das Staatsangehörigkeitserfordernis durch ein anderes, bspw. ein Sprach- oder Wohnsitzerfordernis ersetzt wird und diese Ersetzung eine Ausländerbenachteiligung zur Folge hat;[79] erstere, wenn die zu beurteilende Maßnahme offen auf die Staatsangehörigkeit bei natürlichen Personen bzw. die Rechtszugehörigkeit bei juristischen Personen abstellt.[80] Die Abgrenzung der offenen Diskriminierung ist mit Blick auf unterschiedliche **Rechtfertigungsgründe** relevant.[81]

10 Über den Grundsatz des eben beschriebenen Diskriminierungsverbots hinausgehend, entnimmt der EuGH heute[82] sowohl der Niederlassungs- als auch der Dienstleistungsfreiheit ein **allgemeines Beschränkungsverbot**.[83] Nach diesem sind auch **unterschiedslos anwendbare Maßnahmen**, die in ihrer Wirkung den Marktzugang oder die Wettbewerbsgleichheit beeinträchtigen, unzulässig, wenn sie
- die **Aufnahme** und **Ausübung**[84] **der Niederlassungsfreiheit** (i.S. einer auf unbestimmte Zeit angelegten, grenzüberschreitenden, selbstständigen Erwerbstätigkeit auf Grundlage einer festen und ständigen Einrichtung in einem anderen Mitgliedstaat[85] oder einer dort erfolgenden Gründung und Leitung von Unternehmen)[86] oder
- die **Erbringung** oder den **Empfang grenzüberschreitender Dienstleistungen**[87]

verbieten, **behindern** oder **weniger attraktiv machen**.[88]

---

74 Eingehend zur Grundfreiheitenkontrolle im Bereich der Finanzdienstleistungserbringung gegenüber Verbrauchern *Heimann*, S. 115 ff.
75 Neben den für den Binnenmarkt gewissermaßen »genuin problematischen« absolut und halbzwingenden Normen (vgl. dazu unten Rdn. 78) ist dabei auch insofern an die dispositive Normen des VVG zu denken, als ihnen Leitbildfunktion bei der Kontrolle von AVB zukommt (vgl. auch BK/*W.-H. Roth*, Europ. VersR, Rn. 44).
76 So BK/*W.-H. Roth*, Europ. VersR, Rn. 48 a.E.
77 Vgl. *Berkenbusch*, S. 77; für eine nur untergeordnete Rolle der Kapitalverkehrsfreiheit hingegen *P. Schmidt*, S. 191 und *Taik*, S. 223. Richtig ist, dass im Versicherungsbereich regelmäßig *mehrere* Freiheiten tangiert sind: So fällt etwa die Erbringung der Versicherungsleistung bei Eintritt des versicherten Ereignisses durch den Versicherer unter die Kapitalverkehrsfreiheit gem. Art. 63 I AEUV; die Prämienzahlung des VN unter die Freiheit des Zahlungsverkehrs gem. Art. 63 II AEUV und die Risikoübernahme durch den Versicherer unter die Dienstleistungsfreiheit gem. Art. 56 ff. AEUV (s. jeweils *Hobe*, Rn. 860).
78 Anschaulich *W.-H. Roth*, in: Dauses, Kap. E.I.2. Rn. 81 mit Hinweis auf EuGH Rs. 20/03, *Burmanjer*, Slg. 2005, I-4133, wonach bei versteckten und faktischen Diskriminierungen der Nachweis einer tatsächlichen ungleichen Auswirkung zu führen ist.
79 Vgl. etwa EuGH Rs C-388/01, *Kommission/Italien*, Slg. 2003, I-721, Rn. 13.
80 Vgl. etwa EuGH verb. Rs C-62/81 u. 63/81, *Seco*, Slg. 1982, S. 223, Rn. 8.
81 Nach *W.-H. Roth*, in: Dauses, Kap. E.I.2. Rn. 82 (Niederlassungsfreiheit) sowie Kap. E.I.3. Rn. 158 (Dienstleistungsfreiheit) greifen bei *offener* Diskriminierung grundsätzlich nur die Art. 52 I AEUV genannten Rechtfertigungsgründe (öffentliche Ordnung, Sicherheit oder Gesundheit), *andererseits* kommen auch die »zwingenden Gründe des Allgemeininteresses« in Betracht; s. auch *ders.* WRP 2000, 979, 979 ff. sowie *Herdegen*, § 16 Rn. 30 (Niederlassungsfreiheit) und § 17 Rn. 2 (Dienstleistungsfreiheit). Nach *Haratsch/Koenig/Pechstein*, Rn. 831 ist die ursprünglich nur für unterschiedslos anwendbare Maßnahmen (dazu die folgende Rdn.) entwickelte EuGH-Rechtsprechung zwar insoweit nicht eindeutig, in jüngerer Zeit aber dazu übergegangen, auch versteckt diskriminierende Maßnahmen am Maßstab der zwingenden Gründe des Allgemeininteresses zu messen (Rn. 852 aE); s.a. *Hobe*, Rn. 796 (Niederlassungsfreiheit) und Rn. 829 (Dienstleistungsfreiheit) sowie *Heimann*, S. 176 f.
82 Zur Entwicklung *W.-H. Roth*, in: Dauses, Kap. E.I.2. Rn. 77 ff.; ferner *Royla*, S. 32 f.
83 Vgl. aber *Perner*, S. 54 ff., 72 f.
84 Vgl. für viele *Berkenbusch*, S. 74, wonach zunächst unklar war, ob sich das Beschränkungsverbot im Bereich der *Niederlassungsfreiheit* nur auf die *Aufnahme* einer selbstständigen (vgl. Art. 49 II AEUV) Tätigkeit bezieht (wie im Fall EuGH Rs. 255/97, *Pfeiffer*, Slg. 1999, I-2835) oder ob es auch auf Regeln zur *Ausübung* solcher Tätigkeiten ausgeweitet werden kann. Im Lichte der (neueren) Entscheidung des EuGH Rs. C-422/02, *Caixa-Bank France*, Slg. 2004, I-8961 ist mittlerweile eine Anwendung des Beschränkungsverbots *auch* auf Ausübungsregeln zu vollziehen, sofern diese für die Markterschließung für die jeweilige Niederlassung erschweren – vgl. *W.-H. Roth*, in: Dauses, Kap. E.I.2. Rn. 90.
85 Vgl. etwa *Hobe*, Rn. 782 m.w.N.
86 Vgl. EuGH Rs. C-55/94, *Gebhard*, Slg. 1995, I-4165, Rn. 37; EuGH Rs. C-422/02, *Caixa-Bank France*, Slg. 2004, I-8961, Rn. 11.
87 Vgl. EuGH Rs. 76/90, *Säger/Dennemeyer*, Slg. 1991, I-4221, Rn. 12.
88 Vgl. *W.-H. Roth*, in: Dauses, Kap. E.I.2. Rn. 86 (Niederlassungsfreiheit) und Kap. E.I.3. Rn. 166 (Dienstleistungsfreiheit); *Perner*, S. 54 ff.

C. Europäisches Versicherungsvertragsrecht Einleitung

Wie im Bereich der diskriminierenden Maßnahmen (siehe Rdn. 9 a.E.) sind allerdings auch beschränkende Maßnahmen der Mitgliedstaaten einer **Rechtfertigung** zugänglich. Diese kann neben den in Art. 52 I AEUV explizit genannten Gründen auch in den ungeschriebenen, sog. **zwingenden Gründen des Allgemeininteresses** liegen, welche deutlich über die Gründe des Art. 52 I AEUV hinausgehen.[89] Als gerechtfertigt anerkannt werden können demnach **unterschiedslos anwendbare Maßnahmen eines Mitgliedstaates**, wenn sie **zwingenden Erfordernissen des Allgemeininteresses** dienen und **geeignet** und **erforderlich** sind, die Verwirklichung der mit ihnen verfolgten Ziele zu gewährleisten.[90] Die Verhältnismäßigkeitsprüfung hat dabei je nach der vom Eingriff betroffenen Grundfreiheit unterschiedlich zu erfolgen;[91] einschlägiges Sekundärrecht darf nicht vorhanden sein.[92] Der ungeschriebene und offene Katalog anerkannter, zwingender Erfordernisse des Allgemeininteresses ist lang[93] und führt zur Unanwendbarkeit des Beschränkungsverbots. Solcherart anerkannte Allgemeininteressen sind im hier gegenständlichen Bereich beispielsweise **Verbraucherschutz**,[94] insbesondere auch **Versicherungsnehmer- und Versichertenschutz**[95], **Qualitätssicherung**,[96] die **Lauterkeit des Handelsverkehrs**[97] sowie die **Wahrung des guten Rufs des nationalen Finanzdienstleistungssektors**[98] und der **soziale Schutz von Verkehrsunfallopfern**.[99]

Während das Diskriminierungsverbot ein **Bestimmungslandprinzip** bewirkt, wonach die rechtlichen Vorgaben des Ziellandes für alle Personen und Produkte unabhängig von ihrer Herkunft gelten,[100] führt das Beschränkungsverbot zu einem **Herkunftslandprinzip**, wonach die Erfüllung der Anforderungen des Herkunftslandes grundsätzlich (zu Ausnahmen s. soeben) das maßgebliche Kriterium für den Marktzugang im Bestimmungsland darstellt.[101]

Es ist offensichtlich, dass die genannten Grundfreiheiten die unabdingbare Basis eines europäischen Versicherungsbinnenmarkts bilden. Ein solcher wäre etwa ohne das Recht der Versicherer, grenzüberschreitend selbständige Erwerbstätigkeiten aufzunehmen und diese unter Einrichtung von Tochtergesellschaften, Zweigniederlassungen oder Agenturen auf unbestimmte Zeit auszuüben (**Niederlassungsfreiheit**)[102] und damit ihre(n) Unternehmensstandort(e) unionsweit frei wählen zu können,[103] nicht denkbar. Gleiches gilt für das ursprünglich[104] nur als Auffangtatbestand von Niederlassungs- und Arbeitnehmerfreizügigkeit verstandene Recht, Dienstleistungen grenzüberschreitend in einem anderen Mitgliedstaat zu erbringen, ohne sich dort dauerhaft niederlassen zu müssen (**Dienstleistungsfreiheit**).[105] Der EuGH hat in seinem grundlegenden »**Versicherungsurteil« aus dem Jahr 1986**[106] festgestellt, dass die Dienstleistungsfreiheit im Bereich der Di-

11

12

13

---

89 W.-H. Roth, in: Dauses, Kap. E.I.2. Rn. 99.
90 EuGH Rs. C-422/02, *Caixa-Bank France*, Slg. 2004, I-8961, Rn. 17; EuGH Rs. C-55/94, *Gebhard*, Slg. 1995, I-4165, Rn. 37 unter Verweis auf EuGH Rs C-19/92, *Kraus*, Slg. 1993, I-1663, Rn. 32. Im Detail siehe jeweils W.-H. Roth, in: Dauses, Kap. E.I.2. Rn. 100 ff. (Niederlassungsfreiheit) sowie Kap. E.I.3. Rn. 158 (Dienstleistungsfreiheit).
91 Verkürzt gesprochen können Maßnahmen aufgrund der in unterschiedlicher Weise tangierten Regelungsinteressen eines Mitgliedstaates im Rahmen der Niederlassungsfreiheit noch zulässig, im Anwendungsbereich der Dienstleistungsfreiheit aber schon unverhältnismäßig sein; siehe nur W.-H. Roth, in: Dauses, Kap. E.I.2. Rn. 108.
92 Vgl. etwa *Hobe*, Rn. 828 (Dienstleistungsfreiheit).
93 Vgl. Mitteilung der Europäischen Kommission zu Auslegungsfragen »Freier Dienstleistungsverkehr und Allgemeininteresse im Versicherungswesen«, ABl. C 43/03 vom 16.02.2000; dazu *P. Schmidt*, S. 192 f.; VersHb/*Mönnich*, § 2 Rn. 9 ff.; *Schoop* SVZ 1998, 44, 44 ff.; *Schwintowski* NJW 1987, 521, 521 ff.
94 Vgl. EuGH Rs 178/74, *Kommission/Deutschland*, Slg. 1987, 1227; EuGH Rs 205/84, *Kommission/Deutschland*, Slg. 1986, 3755.
95 Vgl. die Kommissionsmitteilung ABl. C 43 v. 16.02.2000, S. 5, 22; sowie EuGH Rs. 205/84, *Kommission/Deutschland*, Slg. 1986, 3755. Siehe aus jüngerer Zeit EuGH Rs. C-577/11, *DKV*, wo der Gerichtshof ein nationales Tariferhöhungssystem in der Krankenversicherung (unter Verweis auf den Verbraucherschutz) für gerechtfertigt erachtete.
96 Vgl. EuGH Rs. 439/99, *Kommission/Italien* Slg. 2002, I-305.
97 Dazu *Kirscht*, S. 109 ff.
98 Vgl. EuGH Rs C-384/93, *Alpine Investments*, Slg. 1995, S. I-1141, Leitsatz Nr. 5.
99 Vgl. EuGH Rs. C-518/06, *Kommission/Italien*, Slg. 2009, I-3491, Rn. 70 ff., wonach der in Italien gesetzlich vorgesehene Kontrahierungszwang in Bezug auf in Italien ansässige Fahrzeugeigentümer, gerechtfertigt ist, obgleich er nach Einschätzung des EuGH den Marktzugang für ausländische Versicherer weniger attraktiv macht.
100 *Haratsch/Koenig/Pechstein*, Rn. 825 a.E.
101 *Haratsch/Koenig/Pechstein*, Rn. 827 a.E.
102 Vgl. etwa *Hobe*, Rn. 782 ff. und *Herdegen*, § 16 Rn. 22 ff.
103 Zum Faktum, dass das gegenwärtige Unionsrecht zwar die *Zuzugs*-, aber nur eingeschränkt die *Wegzugsfreiheit* von juristischen Personen (vgl. Art. 54 AEUV) gewährleistet, anschaulich *Haratsch/Koenig/Pechstein*, Rn. 962 ff. Aus der Rspr. dazu EuGH Rs. C-210/06, *Cartesio*, Slg. 2008, I-9641.
104 So aber wohl nach wie vor VersHb/*Mönnich*, § 2 Rn. 4; siehe im Übrigen W.-H. Roth, Internationales Versicherungsvertragsrecht, S. 657; weiter *Körber*, S. 358; wie hier *Frenz*, Bd. I, Rn. 393; *Heimann*, S. 135; *Hobe*, Rn. 810.
105 Vgl. *Hobe*, Rn. 811 ff. und *Haratsch/Koenig/Pechstein*, Rn. 989 ff.; spezifisch für den Bereich des Versicherungsrechts VersHb/*Mönnich*, § 2 Rn. 4 ff.
106 EuGH Rs 205/84, *Kommission/Deutschland*, Slg. 1986, S. 3755; dazu *Heiss*, Stand und Perspektiven, S. 5 f.; *R. Schmidt* VersR 1987, 1, 1 ff.; *Hübner* JZ 1987, 330, 330 ff.; *Angerer* VersR 1987, 325, 325 ff.

rektversicherung[107] unabhängig von der Harmonisierung oder Koordinierung der Rechtsvorschriften der Mitgliedstaaten, zu verwirklichen sei.[108] Als mit dieser nicht vereinbar wurde einerseits der aufsichtsrechtlich verankerte **Zwang zur Gründung einer Niederlassung** für diejenigen Versicherer erachtet, die (nur) durch Vertreter, Bevollmächtigte oder Vermittler grenzüberschreitend Versicherungsdienstleistungen erbringen wollen.[109] Andererseits wurde die **Zulassungspflicht zum Versicherungsgeschäft** mit Blick auf die grundsätzlich mögliche Beschränkung der Dienstleistungsfreiheit durch zwingende Gründe des Allgemeininteresses als nicht mit dieser vereinbar erachtet, wenn es dadurch zu einer erneuten Kontrolle von (konkret: Solvabilitäts-)Bestimmungen durch die Ziellandbehörde kommt, die bereits von der Herkunftslandbehörde zu überwachen waren (**Doppelregelung bzw. -kontrolle**)[110]. Freilich ist zu berücksichtigen, dass eine gesonderte Zulassungspflicht nur nach damaligem Stand der Versicherungsaufsichtsrechtsharmonisierung überhaupt zur Diskussion stehen konnte; heute steht einer solchen Pflicht das System der Einheitszulassung (*single licence*) entgegen.[111]

14 Die Bedeutung des »Versicherungsurteils«[112] für die Entwicklung eines europäisierten Versicherungsaufsichts- und -vertragsrechts ist in der Literatur zu Recht hoch eingeschätzt worden.[113] Insbesondere hat es die weiteren legislativen Maßnahmen auf dem Gebiet des Versicherungsrechts maßgeblich befruchtet.[114] Bevor von diesen die Rede ist, ist auf eine Problematik einzugehen, die der EuGH in seinem Urteil[115] ebenfalls angesprochen hat, nämlich die der **Abgrenzung von Niederlassungs- und Dienstleistungsfreiheit**.[116] Eine solche ist vor allem aus **aufsichtsrechtlichen Gründen** von Bedeutung, denn je nachdem im Rahmen welcher Freiheit ein Versicherer grenzüberschreitend tätig wird, unterliegt er in unterschiedlichem **Ausmaß der Kontrolle der Aufsichtsbehörde** des Sitzlandes:[117] Während sich bei einer Tätigkeit im Rahmen der Dienstleistungsfreiheit die Pflichten des Versicherers im Wesentlichen[118] auf die Mitteilung des Mitgliedstaates, in dem die Tätigkeit ausgeübt werden soll sowie auf die Bekanntgabe der zu deckenden Risiken beschränken, treffen ihn bei beabsichtigter Errichtung einer Zweigniederlassung weitergehende Unterrichtungspflichten bspw. hinsichtlich Tätigkeitsplan, Organisationsstruktur etc. und der Umfang der Prüfung durch die Sitzlandbehörde ist wesentlich ausgeprägter.[119] Davon abgesehen ist die Unterscheidung auch für das **Steuerrecht** bedeutsam.[120] Die Vornahme der Abgrenzung ist im Einzelnen oft schwierig und unscharf;[121] sie soll Mitgrund für die jahrelange Verzögerung der Versicherungsrechtsharmonisierung gewesen sein.[122] Entscheidend ist das aus Art. 57 III AEUV abgeleitete Kriterium der »**vorübergehenden Tätigkeit**«. Ist es verwirklicht, liegt kein Tätigwerden des Versicherers im Rahmen der Niederlassungsfreiheit vor. Der EuGH hat für die Beurteilung der Frage auf das Vorliegen einer **ständigen Präsenz** abgestellt.[123] Danach bedürfe es für eine ständige Präsenz keiner Zweigniederlassung oder Agentur, sondern es reiche dafür bereits ein **Büro** aus, das von eigenem Personal des Versicherers oder einer Person geführt wird, »die zwar unabhängig, aber beauftragt ist, auf Dauer für dieses Unternehmen wie eine Agentur zu handeln«.[124] Abgehoben wird offensichtlich auf eine **feste Einrichtung**, die gleichzeitig die Möglichkeit bietet, »in stabiler und kontinuierlicher Weise«[125] dauerhaft am Wirtschaftsleben

---

107 Die Transport- und Pflichtversicherung waren allerdings nicht Gegenstand des Verfahrens (siehe EuGH Rs 205/84, *Kommission/Deutschland*, Slg. 1986, S. 3755 ff. Rn. 17).
108 EuGH Rs 205/84, *Kommission/Deutschland*, Slg. 1986, S. 3755 ff. Rn. 25.
109 Vgl. EuGH Rs 205/84, *Kommission/Deutschland*, Slg. 1986, S. 3755 ff. Rn. 25 Leitsatz Nr. 6, wonach ein Niederlassungserfordernis einer praktischen Negation der Dienstleistungsfreiheit gleichkommt.
110 Im versicherungsrechtlichen Detail *P. Schmidt*, S. 197 f.; zur Doppelregelung auch *W.-H. Roth*, in: Dauses, Kap. E.I.3. Rn. 170 f. und Rn. 205.
111 Vgl. § 10 I VAG 2016 (§ 6 I VAG a.F.); allg. dazu etwa *Winter*, S. 37 ff.; im Übrigen *H. Müller*, S. 123 ff. und Einl. D Rdn. 79.
112 Zu weiteren »Versicherungsurteilen« welche am Ende von Vertragsverletzungsverfahren wegen mangelhafter Umsetzung der Mitversicherungsrichtlinie (78/473/EWG) gegen Dänemark, Frankreich und Irland standen vgl. *Braumüller*, S. 23 ff.; ferner *Dauses* EuR 1988, 378, 378 ff.; *R. Schmidt* VersR 1987, 1, 1 ff.; *Hübner* JZ 1987, 330, 330 ff.
113 Vgl. *Reichert-Facilides* IPRax 1990, 1, 4: »Durchbruch«; *P. Schmidt*, S. 202: »Meilenstein«; *Heiss*, Stand und Perspektiven, S. 5: »Türöffner«; Basedow/Fock/*Lenzing*, S. 143: »Schrittmacher«; euphorisch *Rudisch*, in: FS Migsch, S. 1, 9, der sich gar an »Alexander den Großen, der seinerzeit den berühmten Gordischen Knoten schlicht mit dem Schwert durchschlug« erinnert fühlt.
114 Vgl. *Heiss*, Stand und Perspektiven, S. 4 ff.; *P. Schmidt*, S. 202.
115 EuGH Rs 205/84, *Kommission/Deutschland*, Slg. 1986, S. 3755 ff. Rn. 21 f.
116 Vgl. zur Entwicklung *W.-H. Roth* RabelsZ 54 (1990) 63, 95 m.w.N.
117 Instruktiv H/E/K/*Waclawik*, Versicherungsaufsichtsrecht, Rn. 97 ff. und 107 ff.
118 Siehe allg. zum Ganzen Einl. D Rdn. 71 ff. und 103 ff.
119 Siehe VersHb/*Mönnich*, § 2 Rn. 8 und 50 f. Vgl. weiter *Winter*, S. 563 ff.
120 Vgl. VersHb/*Mönnich*, § 2 Rn. 8, der darüber hinaus auch auf die Strafbestimmung des § 140 I Nr. 2 VAG a.F. (unbefugte Geschäftstätigkeit) hinweist (vgl. nunmehr § 331 Abs. 1 Nr. 2 VAG 2016).
121 BK/*W.-H. Roth*, Europ. VersR, Rn. 8.
122 BK/*W.-H. Roth*, Europ. VersR, Rn. 7.
123 EuGH Rs 205/84, *Kommission/Deutschland*, Slg. 1986, S. 3755 ff. Leitsatz Nr. 2.
124 EuGH Rs 205/84, *Kommission/Deutschland*, Slg. 1986, S. 3755 ff. Leitsatz Nr. 2. Vgl. nunmehr Art. 145 I 2 Solvency II.
125 EuGH Rs. C-171/02, *Kommission/Portugal*, Slg. 2004, I-5645, Rn. 25 m.w.N.

des Tätigkeitslandes teilzunehmen.[126] Das Vorhandensein einer Infrastruktur soll jedoch – für sich alleine genommen – noch nicht zwingend zu einer Niederlassung i.S.d. Art. 49 AEUV führen.[127] Maßgeblich für die Beurteilung der vorübergehenden Natur der Tätigkeit soll nicht nur ihre Dauer,[128] sondern auch die Eigenart der konkreten Leistung, ihre Häufigkeit und regelmäßige Wiederkehr sein.[129] In ihrer Mitteilung vom 16.02.2000[130] hat die Europäische Kommission **Kriterien** ausgearbeitet, die beim Einsatz selbständiger Personen im Tätigkeitsland, insbesondere dem von **Vermittlern**, für oder gegen die Anwendung der auf Zweigniederlassungen anwendbaren Regelungen sprechen sollen.[131]

Dafür[132] spreche, wenn die vom Versicherer in Anspruch genommene Person sowohl 15
– der Aufsicht und Leitung des Versicherers, den sie vertritt, untersteht, als auch
– befugt ist, geschäftliche Verhandlungen im Namen des Versicherers zu führen und diesen Dritten gegenüber zu verpflichten und
– ihre Tätigkeit auf Dauer ausübt.

Dagegen[133] spreche die bloße Inanspruchnahme folgender – beispielhaft genannter – Personen und Einrichtungen: 16
– von inländischen Sachverständigen für die Bewertung der im Rahmen des freien Dienstleistungsverkehrs zu deckenden Risiken;
– von inländischen Sachverständigen für die Bewertung der Schadensfälle in Bezug auf die Risiken, die durch im Rahmen des freien Dienstleistungsverkehrs geschlossene Versicherungsverträge gedeckt sind;
– von Marktprospektoren, die keine Versicherungsverträge abschließen, sondern sich darauf beschränken, Versicherungsangebote an das Versicherungsunternehmen zur Genehmigung weiterzuleiten;
– von inländischen Rechtssachverständigen, Ärzten oder Versicherungsmathematikern, die im Mitgliedstaat der Dienstleistung niedergelassen sind;
– von einer ständigen Einrichtung für den Einzug der Versicherungsprämien für im Wege der Dienstleistungsfreiheit abgeschlossene Versicherungsverträge (z.B. Kreditinstitut, Factoring-Gesellschaft etc.);
– von einer ständigen Einrichtung für die Entgegennahme und Weiterleitung von Schadensmeldungen an das Versicherungsunternehmen auf der Grundlage von im Rahmen des freien Dienstleistungsverkehrs geschlossenen Verträgen, wobei das Versicherungsunternehmen selbst über die Übernahme oder Ablehnung der Regulierung entscheidet;
– von einer ständigen Infrastruktur zur Verwaltung der Schadenunterlagen, die gegebenenfalls Entschädigungszahlungen gemäß den Anweisungen des Versicherers umfassen kann.

II. Der versicherungsvertragsrechtlich relevante *acquis communautaire*

1. Sekundärrecht im Überblick

Es ist üblich, in Zusammenhang mit der Harmonisierung des Versicherungsrechts von **drei Richtliniengenerationen**[134] zu sprechen, die – entsprechend ihres sachlichen Anwendungsbereiches in Lebens- und Schadensversicherung bzw. (mit den Worten des europäischen Gesetzgebers) in Lebens- und Nicht-Lebensversicherung untergliedert – mit der Verabschiedung der ersten Richtlinie zur Schadensversicherung[135] 1973 ihren Anfang nahmen und mit jener der dritten Richtlinie zur Lebensversicherung[136] 1992 ihren (vorläufigen) Abschluss fanden.[137] Eine solche, vom europäischen Gesetzgeber vorgegebene und von der Literatur übernommene Dreiteilung der Richtlinien ist mit Blick auf die jeweils erreichten **Etappenziele** auf dem Weg zu einem Versicherungsbinnenmarkt sinnvoll, darf aber nicht über Folgendes hinwegtäuschen: 17

---

126 So *W.-H. Roth*, in: Dauses, Kap. E.I.1. Rn. 36 mit Verweis auf EuGH Rs. C-171/02, *Kommission/Portugal*, Slg. 2004, I-5645, Rn. 25.
127 Vgl *Beckmann/Matusche-Beckmann*, in: Dauses, Kap. E.VI.1., Rn. 28.
128 Siehe dazu EuGH Slg. 2003, I-14 847, *Schnitzer*, Rn. 30: »Der Begriff ›Dienstleistung‹ im Sinne des Vertrages kann somit Dienstleistungen ganz unterschiedlicher Art umfassen, einschließlich solcher, deren Erbringung sich über einen längeren Zeitraum, bis hin zu mehreren Jahren, erstreckt […]«.
129 EuGH Rs. C-55/94, *Gebhard*, Slg. 1995, I-4165, Rn. 27.
130 Mitteilung ABl. C 43/03 v. 16.02.2000; dazu bereits oben Fn. 93.
131 Vgl. eingehend VersHb/*Mönnich*, § 2 Rn. 9 ff.
132 Vgl. Mitteilung ABl. C 43/03 vom 16.02.2000 S. 10.
133 Mitteilung ABl. C 43/03 vom 16.02.2000 S. 11.
134 Siehe für viele *McGee*, S. 37 ff.
135 Erste Richtlinie 73/239/EWG des Rates vom 24. Juli 1973 zur Koordinierung der Rechts- und Verwaltungsvorschriften betreffend die Aufnahme und Ausübung der Tätigkeit der Direktversicherung (mit Ausnahme der Lebensversicherung), ABl. L 228 vom 16.08.1973, S. 3.
136 Richtlinie 92/96/EWG des Rates vom 10. November 1992 zur Koordinierung der Rechts- und Verwaltungsvorschriften für die Direktversicherung (Lebensversicherung) sowie zur Änderung der Richtlinien 79/267/EWG und 90/619/EWG (Dritte Richtlinie Lebensversicherung), ABl. L 360 vom 09.12.1992, S. 1.
137 Mit Ablauf der Umsetzungsfrist vom 01.07.1994 gilt der Versicherungsbinnenmarkt formell als verwirklicht. Zum Gang der Harmonisierung etwa *Hübner/Matusche-Beckmann* EuZW 1995, 263, 264 ff.; *Fenyves* VersRdsch 2002, 63, 63 ff.; *Carl* EWS 1994, 8, 9 ff.

Einleitung   C. Europäisches Versicherungsvertragsrecht

18 Zunächst bezieht sich diese Systematisierung nur auf den Bereich der **Direktversicherung**. Unabhängig davon gab es etwa im Bereich der **Rückversicherung**[138] schon wesentlich früher Bemühungen um eine Aufhebung von Beschränkungen der Niederlassungsfreiheit und des freien Dienstleistungsverkehrs, die sich jedoch schon aufgrund der Spezifika des Rückversicherungsmarktes weitestgehend autark vollzogen haben; durch die Verabschiedung der Rückversicherungsrichtlinie aus dem Jahr 2005[139] ist heute dennoch eine wesentliche Annäherung zentraler aufsichtsrechtlicher Vorgaben[140] im Direkt- und Rückversicherungsbereich festzustellen, die sich insbesondere in der Ausweitung der Herkunftslandkontrolle und der einmaligen Zulassung für Rückversicherungsunternehmen manifestiert.[141] Die Europäisierung des Versicherungsaufsichtsrechts zeigt sich nicht zuletzt in der Schaffung einer Europäischen Versicherungsaufsichtsbehörde (*European Insurance and Occupational Pensions Authority*, **EIOPA**) durch eine Verordnung aus dem Jahr 2010.[142]

19 Doch auch innerhalb der Direktversicherung, namentlich und zuerst in der **Kraftfahrzeughaftpflichtversicherung** waren Entwicklungen zu verzeichnen,[143] die der Eigenständigkeit dieses Versicherungszweiges Rechnung trugen.[144] In diesem Zusammenhang wurden **fünf Kraftfahrzeughaftpflicht-Richtlinien** verabschiedet,[145] eine **sechste**, den bisherigen Rechtsbestand konsolidierende und die eben genannten Richtlinien außer Kraft setzende[146] Richtlinie[147] ist im Oktober 2009 in Kraft getreten. Allesamt stehen sie im Ergebnis vor allem im Zeichen der **Stärkung der Geschädigtenrechte**.[148]

20 Neben der Kraftfahrzeughaftpflichtversicherung wurden vom europäischen Gesetzgeber etwa im Bereich der **Mitversicherung** schon früh **spezifische Harmonisierungsmaßnahmen** eingeleitet.[149] In Anbetracht der Tatsache, dass im Bereich der Mitversicherung – ebenso wie in dem der Rückversicherung – einerseits je her die Vertragsprägung eine besonders internationale und anderseits auch das Schutzbedürfnis des VN keineswegs mit jenem vergleichbar ist, das die Massenrisiken der Direktversicherung kennzeichnet,[150] überrascht dies wenig.[151] Als konkrete Legislativmaßnahme ist eine Richtlinie aus dem Jahr 1978 zu nennen,[152] die der Realisierung der Dienstleistungsfreiheit dienen sollte und deshalb zur zweiten Richtliniengeneration zu zählen ist. Ihre praktische Bedeutung blieb jedoch begrenzt;[153] in den Blickpunkt rückte sie vor allem dadurch, dass

---

138 Vgl. Richtlinie 64/225/EWG des Rates vom 25. Februar 1964 zur Aufhebung der Beschränkungen der Niederlassungsfreiheit und des freien Dienstleistungsverkehrs auf dem Gebiet der Rückversicherung und Retrozession, ABl. 56 vom 04.04.1964, S. 878.
139 Richtlinie 2005/68/EG des Europäischen Parlaments und des Rates vom 16. November 2005 über die Rückversicherung und zur Änderung der Richtlinien 73/239/EWG, 92/49/EWG des Rates sowie der Richtlinien 98/78/EG und 2002/83/EG, ABl. L 323 vom 09.12.2005, S. 1.
140 Seit 1. November 2012 sind die aufsichtsrechtlichen Anforderungen des Unionsrechts an Rückversicherer gemeinsam mit jenen an Lebens- und Nichtlebensversicherer sowie Versicherungsgruppen in einer einzigen Richtlinie enthalten – Solvency II (s. unten Rdn. 32).
141 Vgl. *Weber-Rey/Baltzer* WM 2006, 205, 206. Zu Herkunftslandkontrolle und einmaligem Zulassungserfordernis siehe Einl. D Rdn. 71 ff. und 103 ff.
142 Verordnung (EU) Nr. 1094/2010 des Europäischen Parlaments und des Rates vom 24. November 2010 zur Errichtung einer Europäischen Aufsichtsbehörde (Europäische Aufsichtsbehörde für das Versicherungswesen und die betriebliche Altersversorgung), zur Änderung des Beschlusses Nr. 716/2009/EG und zur Aufhebung des Beschlusses 2009/79/EG der Kommission, ABl. L 331 vom 15.12.2010, S. 48.
143 So sah das sog. »Straßburger Übereinkommen« (Europäisches Übereinkommen über die obligatorische Haftpflichtversicherung für Kraftfahrzeuge) vom 20. April 1959 – für die damalige Zeit sehr bemerkenswert – innerhalb seines Anwendungsbereiches etwa bereits die europaweite Einführung der Pflichtversicherung für Personen- und Sachschäden, die Einräumung eines Direktanspruches des Geschädigten und die Festsetzung eines europäischen Mindestversicherungsschutzes ebenso vor wie die Einrichtung von Entschädigungsfonds.
144 So waren für die Kraftfahrzeughaftpflichtversicherung im Rahmen der zweiten Schadensversicherungsrichtlinie (Zweite Richtlinie 88/357/EWG des Rates vom 22. Juni 1988 zur Koordinierung der Rechts- und Verwaltungsvorschriften für die Direktversicherung (mit Ausnahme der Lebensversicherung) und zur Erleichterung der tatsächlichen Ausübung des freien Dienstleistungsverkehrs sowie zur Änderung der Richtlinie 73/239/EWG, ABl. L 172 vom 04.07.1988, S. 1) Ausnahmen (vgl. Art. 8 II und IV (b)) vorgesehen. Später wurde deshalb eigens eine Ergänzungsrichtlinie (Richtlinie 90/618/EWG des Rates v. 08.11.1990; ABl. Nr L 330 S. 44) verabschiedet; dazu etwa Feyock/Jacobsen/*Lemor*, Teil 1, Rn. 82 ff.
145 Siehe zu den ersten Richtlinien etwa Feyock/Jacobsen/*Lemor*, Teil 1, Rn. 6 ff.; zu den letzten Entwicklungen VersHb/Heß/*Höke*, § 29 Rn. 6 ff.
146 Vgl. Art. 29 der RL (Fn. 147).
147 Richtlinie 2009/103/EG über die Kraftfahrzeug-Haftpflichtversicherung und die Kontrolle der entsprechenden Versicherungspflicht (kodifizierte Fassung) vom 16.09.2009, ABl. Nr. L 263 S. 11.
148 Dazu unten Rdn. 65 ff.
149 Vgl. dazu *H. Müller*, Rn. 32 ff. und *Levie* ZVersWiss 1978, 341, 341 ff.
150 Vgl. für viele Basedow/Fock/*Lenzing* S. 210 m.w.N.
151 So *Heiss/Schnyder*, in: Kronke/Melis/Schnyder, Teil C, Kap. 2, Rn. 167.
152 Richtlinie 78/473/EWG des Rates vom 30. Mai 1978 zur Koordinierung der Rechts- und Verwaltungsvorschriften auf dem Gebiet der Mitversicherung auf Gemeinschaftsebene, ABl. L 151 vom 07.06.1978, S. 25. Diese Richtlinie wird von Basedow/Fock/*Lenzing* S. 145 zu Recht als »Vorhut der 2. RL Schaden« bezeichnet.
153 Vgl. *H. Müller*, Rn. 35 und Basedow/Fock/*Lenzing* S. 210 jeweils m.w.N.

C. Europäisches Versicherungsvertragsrecht **Einleitung**

sich das bereits erwähnte (vgl. oben Rdn. 14) »Versicherungsurteil«[154] mit ihrer Auslegung, insbesondere mit ihrer Nicht-Vereinbarkeit mit einem mitgliedstaatlichen Niederlassungserfordernis für einen im Rahmen der Dienstleistungsfreiheit tätig werdenden Versicherer,[155] befasste. Zuletzt wurden Mitversicherungsgemeinschaften durch die neue[156] **Gruppenfreistellungsverordnung**[157] für den Versicherungssektor aus dem Jahr 2010 tangiert, die neue wettbewerbsrechtliche Vorgaben[158] mit sich brachte.[159] Mit Blick auf den Entfall der Freistellung für Muster-AVB sind die Leitlinien der Kommission zur Anwendbarkeit von Art. 101 AEUV auf Vereinbarungen über horizontale Zusammenarbeit[160] von besonderer Bedeutung.[161] Für die Zeit nach dem Ablaufen der derzeitigen Gruppenfreistellungsverordnung (mit März 2017) hat die Kommission einen Konsultationsprozess mit spezifischem Blick auf den Versicherungssektor initiiert, an dessen Ende ein Bericht zur Vorlage bei Parlament und Rat stehen soll.[162]

An weiteren **spartenspezifischen Legislativmaßnahmen** sind etwa die Richtlinien über **touristische Beistandsleistungen**,[163] über die **Kredit- und Kautionsversicherung**[164] und über die **Rechtsschutzversicherung**[165] hervorzuheben. Während diese Richtlinien insgesamt vor allem der Vervollständigung der ersten Richtlinie zur Schadensversicherung[166] dienten, beseitigten die beiden zuletzt genannten das bis dahin für ihren Regelungsgegenstand in Deutschland maßgebliche **Spartentrennungsgebot**.[167]

21

---

154 EuGH Rs 205/84, *Kommission/Deutschland*, Slg. 1986, S. 3755 ff., Rn. 8 ff.
155 Dazu oben Rdn. 13.
156 Zuvor: Verordnung (EG) Nr. 358/2003 der Kommission ABl. L 53 vom 27.02.2003 S. 8 – dazu *Brinker/Schädle* VersR 2003, 1475, 1477 ff.; siehe weiter *Dreher/Kling*, S. 153 ff.; *Schauer*, in: FS Migsch, S. 21, 25 ff.; *Dreher* VersR 2008, 15, 15 ff. Dieser Verordnung wiederum vorangegangen war die Verordnung (EWG) Nr. 3932/92 der Kommission ABl. L 398 vom 31.12.1992 S. 7 – dazu eingehend *Marlow*, Die Gruppenfreistellungsverordnung für die Versicherungswirtschaft: EWG NR. 3932/92 (1998) und *Schümann*, Die Gruppenfreistellungsverordnung Nr. 3932/92 für die Versicherungswirtschaft (1998).
157 VO (EG) 2010/267 der Europäischen Kommission über die Anwendung von Art 101 III des Vertrags über die Arbeitsweise der Europäischen Union auf Gruppen von Vereinbarungen, Beschlüssen und aufeinander abgestimmten Verhaltensweisen im Versicherungssektor; ABl. L 2010/83, S. 1. Zu ihr eingehend *Jens Hoffmann*, S. 125 ff.
158 Vgl. Art. 5 ff. der VO (Fn. 157); dazu *Saller* VersR 2010, 417, 419 ff.
159 So entfielen im Vergleich zur »Vorgängerverordnung« (s. Fn. 156) zwei von vier Freistellungstatbeständen. Dies führt u.a. dazu, dass *Muster-Versicherungsbedingungen* seither nach Maßgabe der Ausnahmevorschrift des Art. 101 III AEUV zu beurteilen sind – dazu allg. *Haratsch/Koenig/Pechstein*, Rn. 1134 ff.; spezifisch versicherungsrechtlich *Thunnissen*, S. 59 ff.; *Saller* VersR 2010, 417, 417 ff.; *Schauer* VersRdsch 2010, 19, 21 ff. und *Gruber* JBl 2011, 477 ff. sowie die Nachweise in Fn. 161.
160 ABl. C 2011, 11/1; siehe insb. das Beispiel auf S. 72 der Mitteilung.
161 Vgl. *Pohlmann* WuW 2011, 379 ff.; *Schauer*, in: Liebscher/Flohr/Petsche, § 11 Rn. 22 m.w.N.
162 Vgl. die Mitteilung in EuZW 2014, 643. Im Übrigen zuletzt *Jens Hoffmann* VersR 2016, 821, 823 ff.
163 Richtlinie 84/641/EWG des Rates vom 10. Dezember 1984 zur insbesondere auf die touristische Beistandsleistung bezüglichen Änderung der Ersten Richtlinie 73/239/EWG zur Koordinierung der Rechts- und Verwaltungsvorschriften betreffend die Aufnahme und Ausübung der Tätigkeit der Direktversicherung (mit Ausnahme der Lebensversicherung), ABl. L 339 vom 27.12.1984, S. 21; dazu *H. Müller*, Rn. 36.
164 Richtlinie 87/343/EWG des Rates vom 22. Juni 1987 zur Änderung hinsichtlich der Kreditversicherung und der Kautionsversicherung der Ersten Richtlinie 73/239/EWG zur Koordinierung der Rechts- und Verwaltungsvorschriften betreffend die Aufnahme und Ausübung der Tätigkeit der Direktversicherung (mit Ausnahme der Lebensversicherung), ABl. L 185 vom 04.07.1987, S. 72; dazu *H. Müller*, Rn. 37 ff.
165 Richtlinie 87/344/EWG des Rates vom 22. Juni 1987 zur Koordinierung der Rechts- und Verwaltungsvorschriften für die Rechtsschutzversicherung, ABl. L 185 vom 04.07.1987, S. 77; dazu *H. Müller*, Rn. 40 ff. Zu der in Art. 4 I (a) der RL garantierten, *freien Anwaltswahl* hat der EuGH in der Entscheidung Rs. 199/08, *Eschig/Uniqa*, ausgeführt, dass die Richtlinie eine Auslegung nicht zulasse, wonach der Versicherer durch sog. »Massenschaden-Klauseln« das Recht vorbehalten kann, den Rechtsvertreter aller betroffenen Versicherungsnehmer selbst zu bestimmen. Eine nationale Bestimmung, nach der vereinbart werden kann, dass zur Vertretung nur solche Parteienvertreter gewählt werden dürfen, die ihren Sitz am Ort des Sitzes der erstinstanzlich zuständigen Behörde haben, wurde demgegenüber in der Rs. 293/10, *Stark/D.A.S.*, als richtlinienkonform beurteilt. Voraussetzung dafür sei, dass die vereinbarte Beschränkung nur den *Umfang* betreffe, in dem der Versicherer die Vertreterkosten deckt. In der Rs. C-442/12, *Sneller/D.A.S.*, hielt der EuGH eine Klausel für unzulässig, wonach rechtlicher Beistand grundsätzlich von den Mitarbeitern des Rechtsschutzversicherers gewährt und darüber hinaus angeordnet wird, dass die Kosten für diesen Beistand durch einen vom Versicherungsnehmer frei gewählten Rechtsvertreter nur dann übernahmefähig sind, wenn der Versicherer der Ansicht ist, dass die Bearbeitung der Angelegenheit auf einen externen Rechtsvertreter übertragen werden muss. Zum Ganzen auch *Armbrüster* VuR 2012, 167, 167 ff. Zum Begriff des Verwaltungsverfahrens (in dem eine freie Anwaltswahl ebenso wie in einem Gerichtsverfahren zwingend ist) jüngst EuGH Rs. C-460/14, *Massar* und EuGH Rs. C-5/15, *Büyüktipi*.
166 Erste Richtlinie 73/239/EWG des Rates vom 24. Juli 1973 zur Koordinierung der Rechts- und Verwaltungsvorschriften betreffend die Aufnahme und Ausübung der Tätigkeit der Direktversicherung (mit Ausnahme der Lebensversicherung), ABl. L 228 vom 16.08.1973, S. 3.
167 Vgl. im Detail VersHb/*Mönnich*, § 2 Rn. 34 m.w.N.

Einleitung   C. Europäisches Versicherungsvertragsrecht

22 Des Weiteren wird der versicherungsvertragsrechtliche *acquis communautaire* – der versicherungsaufsichtsrechtliche wird im anschließenden Abschnitt D. »Versicherungsaufsicht«[168] vertieft erörtert – durch eine Mehrzahl von Richtlinien geprägt, die nicht in erster Linie auf das Versicherungsvertragsrecht, sondern vielmehr auf den **Verbraucherschutz im Allgemeinen** abzielen, damit aber naturgemäß das Versicherungsvertragsrecht maßgeblich mitbeeinflussen. Zu erwähnen sind in diesem Zusammenhang insbesondere die Richtlinien über den **elektronischen Geschäftsverkehr**,[169] über den **Fernabsatz von Finanzdienstleistungen an Verbraucher**,[170] über **missbräuchliche Klauseln**[171] sowie über **Unterlassungsklagen zum Schutz von Verbraucherinteressen**.[172] Demgegenüber hat die Richtlinie über Rechte der Verbraucher[173] keine Bedeutung für das Versicherungswesen, weil Art. 3 III (d) »Finanzdienstleistungen« von ihrem Anwendungsbereich ausnimmt. Dazu zählen unzweifelhaft auch Versicherungsverträge[174] (s. die Begriffsdefinition in Art. 2 Z 12).

23 Abgesehen von den Verbraucherschutz-Richtlinien zeigt etwa die sog. **Gender-Richtlinie**[175] Einfluss auf das Versicherungsrecht.[176] Schließlich enthält die Versicherungsvermittler-Richtlinie[177] (**nunmehr: Versicherungsvertriebs-Richtlinie**, *Insurance Distribution Directive*; **IDD**, vgl. Rdn. 49) neben aufsichts- und berufsrechtlichen auch wichtige vertragsrechtliche Bestimmungen.[178]
Demgegenüber ist die **Dienstleistungsrichtlinie**,[179] welche sich die Überwindung der nach wie vor zahlreich bestehenden Behinderungen gerade des grenzüberschreitenden Dienstleistungsaustausches zum Ziel gemacht hat,[180] gem. ihres Art. 2 II (b) auf Finanzdienstleistungen wie Versicherung und Rückversicherung nicht anwendbar.[181]

24 Es war bereits zuvor (siehe Rdn. 17 a.E.) von **Etappenzielen** auf dem Weg zu einem europäischen Versicherungsbinnenmarkt die Rede, nach denen die Einteilung der unmittelbar auf das Versicherungsrecht bezogenen **Richtliniengenerationen** gemeinhin vorgenommen wird.[182] In diesem Zusammenhang ist darauf hinzuweisen, dass der Schwerpunkt der drei Richtlinien zur Lebens- und Schadensversicherung unverkennbar im (hier nicht gegenständlichen) **Aufsichtsrecht**[183] liegt.[184] Dies hängt damit zusammen, dass die Harmonisierung dieser rechtlichen Rahmenbedingungen des Versicherungsgeschäfts als Grundvoraussetzung für die (zuerst angestrebte) Verwirklichung der Niederlassungsfreiheit erachtet wurde, während eine Harmonisierung des Versicherungsvertragsrechts erst in einem zweiten Schritt folgen sollte.[185] Aufgrund des späteren »Strate-

---

168 Siehe dazu die dortigen Einl. D Rdn. 13 ff.
169 Richtlinie 2000/31/EG des Europäischen Parlaments und des Rates vom 8. Juni 2000 über bestimmte rechtliche Aspekte der Dienste der Informationsgesellschaft, insbesondere des elektronischen Geschäftsverkehrs, im Binnenmarkt (»Richtlinie über den elektronischen Geschäftsverkehr«), ABl. L 178 vom 17.07.2000, S. 1.
170 Richtlinie 2002/65/EG des Europäischen Parlaments und des Rates vom 23. September 2002 über den Fernabsatz von Finanzdienstleistungen an Verbraucher und zur Änderung der Richtlinie 90/619/EWG des Rates und der Richtlinien 97/7/EG und 98/27/EG, ABl. L 271 vom 09.10.2002 S. 16.
171 Richtlinie 93/13/EWG des Rates vom 5. April 1993 über missbräuchliche Klauseln in Verbraucherverträgen, ABl. L 95 vom 21.04.1993 S. 29.
172 Richtlinie 98/27/EG des Europäischen Parlaments und des Rates vom 18. Mai 1998 über Unterlassungsklagen zum Schutz der Verbraucherinteressen, ABl. L 166 vom 11.06.1998 S. 51; siehe auch Art. 7 II der Klausel-Richtlinie (Fn. 171).
173 Richtlinie 2011/83/EU des Europäischen Parlaments und des Rates vom 25. Oktober 2011 über die Rechte der Verbraucher, zur Abänderung der Richtlinie 93/13/EWG des Rates und der Richtlinie 1999/44/EG des Europäischen Parlaments und des Rates sowie zur Aufhebung der Richtlinie 85/577/EWG des Rates und der Richtlinie 97/7/EG des Europäischen Parlaments und des Rates.
174 Zur Versicherungsvermittlung s. *Perner* RdW 2015, 143, 143 ff.
175 Richtlinie 2004/113/EG des Rates vom 13.12.2004 zur Verwirklichung des Grundsatzes der Gleichbehandlung von Frauen und Männern beim Zugang zu und bei der Versorgung mit Gütern und Dienstleistungen, ABl. 2004 L 373 S. 37.
176 Siehe dazu auch unten Rdn. 58.
177 Richtlinie 2002/92/EG des Europäischen Parlaments und des Rates vom 9. Dezember 2002 über Versicherungsvermittlung, ABl. L 9 vom 15.01.2003 S. 3.
178 Dazu unten Rdn. 49 sowie unten § 61 Rdn. 1 ff.
179 RL 2006/123/EG des Europäischen Parlaments und des Rates vom 12.12.2006 über Dienstleistungen im Binnenmarkt, ABl. 2006, L 376/36.
180 *Haratsch/Koenig/Pechstein*, Rn. 1033.
181 Zur Dienstleistungsrichtlinie aus Sicht der Niederlassungs- und Dienstleistungsfreiheit s. *W.-H. Roth*, in: Dauses, Kap. E.I.4. Rn. 220 ff.
182 Zur Entwicklung im Detail siehe nur *P. Schmidt*, S. 7 ff.
183 Ebenso BK/*W.-H. Roth*, Europ. VersR, Rn. 1. Zu den Grundsätzen dieses europäischen Aufsichtsrechts übersichtlich *Winter*, S. 23 ff.
184 Vgl. für viele VersHb/*Mönnich* § 2 Rn. 20.
185 Vgl. zur gesamten Entwicklung VersHb/*Mönnich* § 2 Rn. 13 ff.

giewechsels«[186] des europäischen Gesetzgebers hinkt das Vertragsrecht allerdings bis heute dem weit stärker[187] harmonisierten Aufsichtsrecht nach.

Die **erste Richtliniengeneration**[188] diente der **Verwirklichung der Niederlassungsfreiheit**.[189] Zwar normierte sie gemeinschaftsweit die Bedingung einer vorherigen behördlichen Erlaubnis (**Zulassungspflicht**)[190] für die Aufnahme des Versicherungsgeschäfts durch Gründung von Haupt- oder Zweigniederlassungen bzw. Agenturen, doch konnte die Erlaubnis insbesondere nicht mehr unter Verweis auf mitgliedstaatliche Marktbedürfnisse verweigert werden. Für die Kontrolle der Einhaltung der **vereinheitlichten Solvabilitätsspanne** war die Aufsichtsbehörde des Mitgliedstaates zuständig, in dem der Versicherer seinen Sitz hatte; die übrige materielle Finanz- und Rechtsaufsicht fiel in die Zuständigkeit des Tätigkeitslandes.[191] 25

Die **zweite Richtliniengeneration**,[192] deren Entstehung durch zähes Ringen der beteiligten Interessenvertreter,[193] weitere Strategiewechsel der Europäischen Kommission[194] und maßgeblichen Einfluss der EuGH-Rechtsprechung[195] gekennzeichnet war, sollte der (teilweisen) **Verwirklichung der Dienstleistungsfreiheit**[196] dienen.[197] Grundlegend war dabei die neu eingeführte und auf die **unterschiedliche Schutzwürdigkeit** des VN abstellende Differenzierung zwischen **Groß-**[198] und **Massenrisiken** im Bereich der Schadensversicherung und solchen Versicherungsverträgen im Bereich der Lebensversicherung, die auf Initiative eines (aktiven) VN mit einem Versicherer in einem anderen Mitgliedstaat zustande kamen.[199] Für Letztere und Großrisiken entfielen **Genehmigungs- und Vorlagepflichten** für AVB und Tarife.[200] Auch eine eigenständige Zulassung 26

---

186 Vgl. bereits oben Rdn. 2.
187 Zum gegenüber der Rechtsaufsicht wesentlich höheren Harmonisierungsgrad im Bereich der Finanzaufsicht vgl. *Heiss/Schnyder*, in: Kronke/Melis/Schnyder, Teil C, Rn. 170 f.; vgl. weiter BK/*W.-H. Roth*, Europ. VersR, Rn. 97.
188 Erste Richtlinie 73/239/EWG des Rates vom 24. Juli 1973 zur Koordinierung der Rechts- und Verwaltungsvorschriften betreffend die Aufnahme und Ausübung der Tätigkeit der Direktversicherung (mit Ausnahme der Lebensversicherung), ABl. L 228 vom 16.08.1973 S. 3; Richtlinie 73/240/EWG des Rates vom 24. Juli 1973 zur Aufhebung der Beschränkungen der Niederlassungsfreiheit auf dem Gebiet der Direktversicherung mit Ausnahme der Lebensversicherung, ABl. L 228 vom 16.08.1973, S. 20; Erste Richtlinie 79/267/EWG des Rates vom 5. März 1979 zur Koordinierung der Rechts- und Verwaltungsvorschriften über die Aufnahme und Ausübung der Direktversicherung (Lebensversicherung), ABl. L 63 vom 13.03.1979, S. 1.
189 Dazu oben Rdn. 8 ff.
190 In deren Rahmen etwa die Errichtung des Versicherungsunternehmens in einer der dafür vorgesehenen *Rechtsformen* und der Nachweis eines *Mindestgarantiefonds* geprüft wurde.
191 So VersHb/*Mönnich*, § 2 Rn. 29 f.; vgl. im Übrigen *H. Müller*, Rn. 23 und 63 ff.; BK/*W.-H. Roth*, Europ. VersR, Rn. 86; *P. Schmidt*, S. 10 f.
192 Zweite Richtlinie 88/357/EWG des Rates vom 22. Juni 1988 zur Koordinierung der Rechts- und Verwaltungsvorschriften für die Direktversicherung (mit Ausnahme der Lebensversicherung) und zur Erleichterung der tatsächlichen Ausübung des freien Dienstleistungsverkehrs sowie zur Änderung der Richtlinie 73/239/EWG ABl. L 172 vom 04.07.1988, S. 1; Zweite Richtlinie 90/619/EWG des Rates vom 8. November 1990 zur Koordinierung der Rechts- und Verwaltungsvorschriften für die Direktversicherung (Lebensversicherung) und zur Erleichterung der tatsächlichen Ausübung des freien Dienstleistungsverkehrs sowie zur Änderung der Richtlinie 79/267/EWG, ABl. L 330 vom 29.11.1990, S. 50.
193 Siehe oben Rdn. 14.
194 Siehe oben Rdn. 2.
195 Siehe oben Rdn. 14.
196 Dazu oben Rdn. 8 ff.
197 Vgl. allg. VersHb/*Mönnich*, § 2 Rn. 40 ff.; *H. Müller* Rn. 43 und 68 ff.; BK/*W.-H. Roth*, Europ. VersR, Rn. 87 ff.; *P. Schmidt*, S. 24 ff.
198 Vgl. Art. 13 Z 27 Richtlinie 2009/138/EG (Solvency II). Danach gelten die unter den Zweigen 4, 5, 6, 7, 11 und 12 von Anhang I Teil A eingestuften Risiken (es sind dies Schienenfahrzeugkasko, Luftfahrzeugkasko, See-, Binnensee- und Flussschifffahrtkasko, Transportgüter-, Luftfahrzeughaftpflicht sowie See-, Binnensee- und Flussschifffahrthaftpflicht) immer als Großrisiko, die Kredit- und Kautionsversicherung (Zweige 14 und 15) nur, wenn der Versicherungsnehmer eine Erwerbstätigkeit im industriellen oder gewerblichen Sektor oder eine freiberufliche Tätigkeit ausübt und das Risiko damit im Zusammenhang steht (vgl. *H. Müller*, Rn. 49). In den Zweigen 3, 8, 9, 10, 13 und 16 von Anhang I Teil A (dazu zählen insbesondere die Feuer- und Elementarschadenversicherung, die Versicherung für sonstige Sachschäden, die Allgemeine Haftpflichtversicherung, die Versicherung für bestimmte finanzielle Verluste sowie die Kraftfahrzeughaftpflicht- und -kaskoversicherung) müssen für die Bejahung eines Großrisikos hingegen zwei der folgenden *drei quantitativen Kriterien* erfüllt sein: Bilanzsumme des VN ist höher als 6,2 Millionen EUR; Nettoumsatz des VN ist höher als 12,8 Millionen EUR, Anzahl der Arbeitnehmer des VN übersteigt 250. Siehe auch die Übernahme dieser Kriterien durch Artikel 1:103 II der *Principles of European Insurance Contract Law* (PEICL); zu Letzteren unten Rdn. 75 ff.
199 Die Gründe für die als geringer angenommene Schutzwürdigkeit des aktiven VN sind dabei vergleichbar mit jenen, die schon früh aus dem Verbraucherkollisionsrecht bekannt waren und heute als überkommen gelten: danach ist derjenige, der sich selbst ins Ausland begibt, um dort Verträge aktiv abzuschließen weniger schutzwürdig als derjenige, der am Ort seines gewöhnlichen Aufenthalts von seinem Vertragspartner zum Vertragsabschluss motiviert wird (sog *defensiver Schutzansatz*; dazu *Heiss*, in: Czernich/Heiss, Art. 5 Rn. 1 f.; *Loacker*, Der Verbrauchervertrag, S. 45 ff.).
200 S. Art. 181 (Schadensversicherung) und 182 (Lebensversicherung) Solvency II.

Einleitung C. Europäisches Versicherungsvertragsrecht

des Tätigkeitsstaates durfte in diesen beiden Bereichen nicht mehr verlangt werden.[201] Die Differenzierung war (und ist[202]) ferner für das **Versicherungskollisionsrecht**[203] maßgeblich, welches mit der zweiten Richtliniengeneration ebenfalls vereinheitlicht wurde. Danach wurde für bestimmte Großrisiken[204] **umfassende Rechtswahlfreiheit** gewährleistet. Zum kollisionsrechtlichen Gehalt der zweiten Richtliniengeneration[205] ist in diesem Zusammenhang nur anzumerken, dass mit Blick auf die Binnenmarktverwirklichung sowohl deren Grundkonzeption verfehlt[206] als auch mit Blick auf ihren Regelungsgehalt die konkrete Ausgestaltung desselben in hohem Maße kritikwürdig ist.[207] Diese Kritik muss sich angesichts ihrer schweren Verständlichkeit die zweite Richtliniengeneration insgesamt gefallen lassen.[208] Für Verträge, die seit dem 18.12.2009 geschlossen wurden, ist im Bereich des **Versicherungskollisionsrechts** Art. 7[209] der Rom I-Verordnung[210] maßgeblich;[211] dies gilt innerhalb der EG-Mitgliedstaaten allerdings generell nicht für Dänemark. Das Vereinigte Königreich hat von seiner Option zur Teilnahme an Maßnahmen der justiziellen Zusammenarbeit in Zivilsachen Gebrauch gemacht.[212] Insgesamt ist die neue kollisionsrechtliche Regelung des Art. 7 Rom I-Verordnung kaum einfacher zu handhaben als das ursprüngliche (von der VO freilich weitgehend übernommene) Richtlinienkollisionsrecht und leidet davon abgesehen auch an gravierenden sonstigen Mängeln – stellvertretend für andere sei hier nur auf das Fehlen von spezifischen Regelungen für die praktisch bedeutsame **Gruppenversicherung** verwiesen.[213]

27 Ungeachtet der berechtigten Kritik am kollisionsrechtlichen Gehalt der zweiten Richtliniengeneration sind aus vertragsrechtlicher Perspektive bestimmte Ansätze, wie etwa der einer **verstärkten Information** samt damit verbundenen **Lösungsrechten des VN** vom Vertrag im Grundsatz[214] durchaus zu begrüßen.[215]

28 Die **dritte Richtliniengeneration**[216] sollte die Vollendung des europäischen Versicherungsbinnenmarktes markieren.[217] Mit der Einführung des Grundsatzes[218] der **Sitzlandaufsicht** (*home country control*) und des **Prinzips der einmaligen Zulassung** (*single licence*) sind zwei zentrale aufsichtsrechtliche Liberalisierungs-

---

201 BK/*W.-H. Roth*, Europ. VersR, Rn. 88 und 91.
202 Vgl. Art. 7 II Rom II (Fn. 536).
203 Zum Kollisionsrecht der zweiten Richtliniengeneration etwa *Reichert-Facilides* IPRax 1990, 1, 4 ff.
204 Vgl. Art. 7 I (f) der Zweiten Richtlinie Schaden 88/357/EWG i.V.m. dem ergänzten Art. 5 lit. d) der Ersten Richtlinie Schaden 73/239/EWG.
205 Siehe dazu im Detail den Abschnitt zum internationalen Versicherungsvertragsrecht in diesem Buch sowie L/W/*Looschelders*, Internationales Versicherungsvertragsrecht, Rn. 26 ff.
206 Vgl. oben Rdn. 3.
207 Vgl. allg. *Wandt*, in: Reichert-Facilides/Schnyder, S. 85, 85: »Das Internationale Privatrecht (Kollisionsrecht) der Versicherungsverträge ist eine äußerst schwierige Materie. Es gilt als zersplittert, detailversessen, schwer erschließbar, in seiner Komplexität kaum zu überbieten, um nur die freundlich zurückhaltenden Charakterisierungen zu nennen.«; eingehend *Looschelders*, in: FS Lorenz (2004), S. 441, 454 ff.; ferner *Loacker*, Der Verbrauchervertrag, S. 132 ff. m.w.N.
208 Vgl. *Reichert-Facilides* VW 1991, 805, 807, der von der Äußerung *W.-H. Roths* berichtet, nach der zu fragen sei, ob nicht die Qualität einer Vorschrift als Rechtsnorm aufzuhören beginne, wo man sie – wie es bei der sogenannten 2. Richtliniengeneration der Fall sei – als Hochschullehrer den Studenten nicht mehr vermitteln könne.
209 Fundamentale und berechtigte Kritik an dieser Bestimmung findet sich bei *Heiss*, in: FS Kropholler, S. 459, 459 ff. Im Übrigen siehe *Fricke* VersR 2008, 443, 444 ff.; *Perner* IPRax 2009, 218, 218 ff.; *Katschthaler/Leichsenring* r+s 2010, 45, 45 ff.; *Looschelders/Smarowos* VersR 2010, 1, 1 ff. sowie umfassend L/W/*Looschelders*, Internationales Versicherungsvertragsrecht, Rn. 34 ff.
210 Verordnung (EG) Nr. 593/2008 des Europäischen Parlaments und des Rates über das auf vertragliche Schuldverhältnisse anzuwendende Recht (Rom I) vom 17. Juni 2008, ABl. L 177 S. 6 vom 04.07.2008.
211 Für vorher geschlossene (Alt-)Verträge bleibt das bisherige Kollisionsrecht maßgeblich. Zu beachten ist ferner, dass Versicherungsverträge in Zusammenhang mit der betrieblichen Altersversorgung gem. Art. 1 II lit. j) Rom I vom Anwendungsbereich der VO ausgenommen sind. Für den Bereich der Sozialversicherung gilt dies mangels vertraglichem Schuldverhältnis i.S.d. VO von vornherein (siehe nur L/W/*Looschelders*, Internationales Versicherungsvertragsrecht, Rn. 6).
212 Vgl. ABl. L 10 vom 15.01.2009, S. 22.
213 Dazu krit. *Heiss*, in: FS Kropholler, S. 459, 475 f.
214 BK/*W.-H. Roth*, Europ. VersR, Rn. 118 kritisiert zu Recht, dass die Vorgaben der zweiten Richtlinie über die Schadensversicherung aus unerfindlichen Gründen hinter jenen über die Lebensversicherung zurückblieben.
215 Zu den Informationspflichten sogleich unten Rdn. 38 ff.
216 Vgl. Richtlinie 92/96/EWG des Rates vom 10. November 1992 zur Koordinierung der Rechts- und Verwaltungsvorschriften für die Direktversicherung (Lebensversicherung) sowie zur Änderung der Richtlinien 79/267/EWG und 90/619/EWG (Dritte Richtlinie Lebensversicherung), ABl. L 360 vom 09.12.1992, S. 1; Richtlinie 92/49/EWG des Rates vom 18. Juni 1992 zur Koordinierung der Rechts- und Verwaltungsvorschriften für die Direktversicherung (mit Ausnahme der Lebensversicherung) sowie zur Änderung der Richtlinien 73/239/EWG und 88/357/EWG (Dritte Richtlinie Schadenversicherung), ABl. L 228 vom 11.08.1992, S. 1; dazu übersichtlich *Hübner* EuZW 1993, 137, 137; *Weiser* EuZW 1993, 29, 29 ff.; *W.-H. Roth* NJW 1993, 3028, 3029 ff.
217 Zu diesem »Schlusssteincharakter« *P. Schmidt*, S. 38; *J.F. Schmidt*, S. 69.
218 Im Detail siehe etwa BK/*W.-H. Roth*, Europ. VersR, Rn. 95 f.

C. Europäisches Versicherungsvertragsrecht Einleitung

maßnahmen genannt, die an anderer Stelle[219] zu erörtern sind.[220] Von vertragsrechtlicher Warte betrachtet, kommt die größte Strahlkraft der **Abschaffung der präventiven AVB- und Tarif-Genehmigung**[221] zu, die nunmehr nicht mehr nur für Großrisiken und durch aktiv nachfragende VN zustande gekommene Lebensversicherungsverträge,[222] sondern grundsätzlich für das gesamte Versicherungsgeschäft, insbesondere für die sog. »Jedermann-Versicherung« maßgeblich ist. Auf diese Weise gehen mit der Deregulierung nicht nur **neue aufsichtsrechtliche Herausforderungen** wie etwa die Notwendigkeit verstärkter grenzüberschreitender Zusammenarbeit im Rahmen der europäischen Finanzmarktaufsicht[223] einher, sondern es steigt auch die Bedeutung der **gerichtlichen Ex-Post-Kontrolle von AVB**,[224] die sich verstärkt mit Fragen der Einbeziehung, Inhaltskontrolle und Auslegung von Versicherungsbedingungen auseinanderzusetzen hat.[225]

Die Verwirklichung des europäischen Versicherungsbinnenmarktes ist indes auch nach Verabschiedung der dritten Richtlinien eine **formelle** geblieben.[226] **Tatsächlich** bestehen trotz zwischenzeitlicher Verabschiedung weiterer Richtlinien[227] nach wie vor erhebliche Erschwernisse für den grenzüberschreitenden Abschluss von Versicherungsverträgen, die im Regime des Versicherungskollisionsrechts einerseits und im Fehlen von vereinheitlichtem materiellem Versicherungsvertragsrecht andererseits begründet sind.[228] Die Reihe der damit bisher erreichten Etappenziele ist demnach noch nicht abgeschlossen.[229] Stattdessen ist zu beobachten, dass eine Marktdurchdringung ganz überwiegend durch **Übernahme etablierter Versicherungsunternehmen** und damit im Rahmen der Niederlassungsfreiheit erfolgt, während die versichererseitige Dienstleistungserbringung auf grenzüberschreitender Basis noch stark unterentwickelt ist – im Bereich der Lebensversicherungen werden bspw. zuweilen überhaupt keine i.e.S. grenzüberschreitenden Abschlüsse verzeichnet.[230] Für verhalten optimistisch stimmende, jüngere Entwicklungen siehe jedoch unten Rdn. 70 ff. 29

Es bedarf keiner weiteren Ausführungen, dass der so ausgestaltete versicherungsrechtlich relevante *acquis communautaire* durch eine **bemerkenswerte Unübersichtlichkeit** charakterisiert war, die sich überwiegend auf die sedimentartige Gemengelage an Rechtsquellen zurückführen lässt, die ihrerseits vielfach Folge der verschiedenen, teilweise in großen zeitlichen Abständen verabschiedeten, Richtliniengenerationen ist. Der Zu- 30

---

219 Vgl. unten Einl. D Rdn. 79 f. und 103 ff.
220 Eingehend *R. Schmidt*, S. 5 ff.; vgl. ferner VersHb/*Mönnich*, § 2 Rn. 48 ff.; *H. Müller*, Rn. 56 und 76 ff.; BK/*W.-H. Roth*, Europ. VersR, Rn. 92; *P. Schmidt*, S. 40 ff.
221 Vgl. Einl. D Rdn. 61.
222 Dazu oben Rdn. 26.
223 Dazu nur *Berkenbusch*, S. 115 ff.; zur Einführung einer europäischen Versicherungsaufsichtsbehörde siehe Rdn. 18 a.E.
224 Vgl. für viele *Wandt*, Rn. 184.
225 Dazu unten Rdn. 50 ff.
226 Vgl. (dies im Ergebnis einräumend) Erwägungsgrund 3 der Richtlinie 2002/83/EG des Europäischen Parlaments und des Rates vom 5. November 2002 über Lebensversicherungen, ABl. L 345 vom 19.12.2002, S. 1; noch eindeutiger formuliert dies die Kommission in ihrer Mitteilung vom 28.10.1998 zum Thema »Finanzdienstleistungen: Abstecken eines Aktionsrahmens«, S. 15.
227 Vgl. etwa Richtlinie 95/26/EG des Europäischen Parlaments und des Rates vom 29. Juni 1995 zur Änderung der Richtlinien 77/780/EWG und 89/646/EWG betreffend Kreditinstitute, der Richtlinien 73/239/EWG und 92/49/EWG betreffend Schadenversicherungen, der Richtlinien 79/267/EWG und 92/96/EWG betreffend Lebensversicherungen, der Richtlinie 93/22/EWG betreffend Wertpapierfirmen sowie der Richtlinie 85/611/EWG betreffend bestimmte Organismen für gemeinsame Anlagen in Wertpapieren (OGAW) zwecks verstärkter Beaufsichtigung dieser Finanzunternehmen, ABl. L 168 vom 18.07.1995, S. 7; Richtlinie 2002/13/EG des Europäischen Parlaments und des Rates vom 5. März 2002 zur Änderung der Richtlinie 73/239/EWG des Rates hinsichtlich der Bestimmungen über die Solvabilitätsspanne für Schadenversicherungsunternehmen, ABl. L 77 vom 20.03.2002, S. 17; Richtlinie 98/78/EG des Europäischen Parlaments und des Rates vom 27. Oktober 1998 über die zusätzliche Beaufsichtigung der einer Versicherungsgruppe angehörenden Versicherungsunternehmen, ABl. L 330 vom 05.12.1998, S. 1; Richtlinie 2002/87/EG des Europäischen Parlaments und des Rates vom 16. Dezember 2002 über die zusätzliche Beaufsichtigung der Kreditinstitute, Versicherungsunternehmen und Wertpapierfirmen eines Finanzkonglomerats und zur Änderung der Richtlinien 73/239/EWG, 79/267/EWG, 92/49/EWG, 92/96/EWG, 93/6/EWG und 93/22/EWG des Rates und der Richtlinien 98/78/EG und 2000/12/EG des Europäischen Parlaments und des Rates, ABl. L 35 vom 11.02.2003, S. 1; Richtlinie 2002/92/EG des Europäischen Parlaments und des Rates vom 9. Dezember 2002 über Versicherungsvermittlung, ABl. L 9 vom 15.01.2003, S. 3; Richtlinie 2002/13/EG des Europäischen Parlaments und des Rates vom 5. März 2002 zur Änderung der Richtlinie 73/239/EWG des Rates hinsichtlich der Bestimmungen über die Solvabilitätsspanne für Schadenversicherungsunternehmen, ABl. L 77 vom 20.03.2002, S. 17; Richtlinie 2001/17/EG des Europäischen Parlaments und des Rates vom 19. März 2001 über die Sanierung und Liquidation von Versicherungsunternehmen, ABl. L 110 vom 20.04.2001, S. 28.
228 Anschaulich zum Ganzen VersHb/*Mönnich*, § 2 Rn. 55 m.w.N.
229 Vgl. *Basedow*, in: Reichert-Facilides/Schnyder, S. 13, 19: »Der Versicherungsbinnenmarkt steht damit im Bereich der Verbraucherversicherungen nur auf dem Papier[.]« Ebenso im Ergebnis *Rudisch*, in: FS Migsch S. 1, 14.
230 So explizit die Kommission in ihrer Mitteilung aus dem Jahr 1998 (Fn. 226), S. 15.

Einleitung C. Europäisches Versicherungsvertragsrecht

stand war selbst für diejenigen, die sich von europäischem bzw. europäisiertem Privatrecht in punkto legistischer Qualität nicht schon ganz grundsätzlich wenig Gutes erwarten,[231] reichlich unbefriedigend.[232]

31 Es ist deshalb nur zu begrüßen, dass sich der europäische Gesetzgeber in jüngerer Zeit dieses »sekundärrechtlichen Flickenteppichs« wieder verstärkt angenommen hat und zunächst im Bereich der **Lebensversicherung** die dringend angezeigten Konsolidierungsmaßnahmen gesetzt hat, indem er dort eine **Gesamtrichtlinie**[233] verabschiedete,[234] die »aus Gründen der Klarheit«[235] die bisherigen Richtlinienvorgaben in einer einheitlichen Quelle zusammenfasst.[236] Im Bereich der **Kfz-Haftpflichtversicherung** mündete dieselbe Vorgangsweise ebenfalls in eine die vorangegangenen Richtlinien gesamthaft kodifizierende Richtlinie.[237]

32 Die größte Veränderung[238] des heutigen, versicherungsrelevanten Sekundärrechts brachte aber zweifellos die sog. **Solvency II-Richtlinie**[239] mit sich. Sie hebt gem. ihres Art. 310[240] i.V.m. Anhang VI mit Wirkung vom **1. Januar 2016** folgende 13 Richtlinien auf und integriert diese neu in einer einheitlichen Rechtsquelle: 64/225/EWG und 2005/68/EG (Rückversicherung); 73/239/EWG, 88/357/EWG und 92/49/EWG (erste bis dritte Richtlinie zur Schadensversicherung); 73/240/EWG und 76/580/EWG (Direktversicherung ausgenommen Lebensversicherung); 78/473/EWG (Mitversicherung); 84/641/EWG (touristische Beistandsleistung); 87/344/EWG (Rechtsschutzversicherung); 98/78/EG (Versicherungsgruppen); 2001/17/EG (Sanierung und Liquidation von Versicherungsunternehmen) sowie 2002/83/EG (Gesamtrichtlinie Leben). Wenngleich das zentrale Regelungsziel des im sog. *Lamfalussy-Verfahren*[241] umgesetzten Solvency II-Projekts eindeutig die **Neuordnung des europäischen Versicherungsaufsichtsrechts** war, wirkt die auf der ersten Ebene dieses Verfahrens ergangene Richtlinie durch die Bündelung bisher verstreuter Rechtsquellen doch wirkungsvoll – auch – der Zersplitterung im Bereich des (hier gegenständlichen) Vertragsrechts entgegen;[242] vgl. insbesondere **Art. 183 ff. Solvency II**.

2. Eckpunkte des europäisierten Versicherungsvertragsrechts

a) Schutz des Verbrauchers

33 Die weitreichendsten Harmonisierungserfolge auf dem Weg zu einem europäischen Versicherungsrecht sind (wie bereits mehrfach angedeutet) auf aufsichtsrechtlichem Terrain erzielt worden.[243] Dass der Harmonisierungsschwerpunkt nicht im Vertragsrecht lag, zeigt sich auch in der starken Prägung des versicherungsvertragsrechtlichen *acquis* durch Regelungen, die außerhalb der beschriebenen Richtliniengenerationen angesiedelt und in ihrem Kernanliegen dem Verbraucherschutzrecht zuzuordnen sind;[244] insofern lässt sich eine **Mehrspurigkeit des versicherungsvertragsrechtlichen** *acquis* feststellen. Der Sache nach ist eine solche Beeinflussung des Versicherungsvertrags- durch das Verbraucherschutzrecht nicht weiter überraschend, gibt es doch hier wie dort zahlreiche, längst anerkannte[245] Schutzbedürfnisse, von denen mit dem **Schutz vor unfairen Vertragsbedingungen** oder **uninformierten** bzw. **unüberlegten Vertragsabschlüssen** nur die prominentesten herausgegriffen seien.

---

231 Wie etwa unter expliziter Bezugnahme auf unionsrechtliche Liberalisierungsmaßnahmen *Honsell* ZSR 2007, 119, 223 f.
232 Siehe auch den kritischen Bericht von *Reichert-Facilides* VW 1991, 805, 806 f.; ebenso *P. Schmidt*, S. 82: »komplizierte Ersetzungs- und Verweisungstechnik, die der Übersichtlichkeit der zu regelnden Materie abträglich ist«.
233 Richtlinie 2002/83/EG des Europäischen Parlaments und des Rates vom 5. November 2002 über Lebensversicherungen, ABl. L 345 vom 19.12.2002, S. 1.
234 Dazu *E. Lorenz* VersR 2003, 175, 175 f.
235 Vgl. den ersten Erwägungsgrund der Richtlinie 2002/83/EG (Fn. 233).
236 Die inhaltlichen Neuerungen der Richtlinie (dazu *E. Lorenz* VersR 2003, 175, 175) halten sich demnach sehr in Grenzen. *P. Schmidt*, S. 60 spricht dennoch von einer »Vierten Richtlinie Leben«.
237 Richtlinie 2009/103/EG über die Kraftfahrzeug-Haftpflichtversicherung und die Kontrolle der entsprechenden Versicherungspflicht (kodifizierte Fassung), ABl. L 263 vom 07.10.2009, S. 11.
238 Zum Ganzen siehe die Arbeiten von *Dreher/Wandt*, Solvency II in der Rechtsanwendung (2009, 2012 und 2014); *Rittmann*, Neuausrichtung der Versicherungsaufsicht im Rahmen von Solvency II (2009); *Gründl/Perlet*, Solvency II und Risikomanagement (2005).
239 Richtlinie 2009/138/EG vom 25. November 2009 betreffend die Aufnahme und Ausübung der Versicherungs- und der Rückversicherungstätigkeit (Solvabilität II), ABl. L 335 vom 17.12.2009, S. 1.
240 Geändert durch Art. 1 RL 2013/58/EU.
241 Dazu *Wandt/Sehrbrock*, in Dreher/Wandt, S. 1, 5 ff. und *Wandt* VersRdsch 2007, 33, 33 ff. (entspricht i.W. VW 2007, 473, 473 ff.); *Bürkle* VersR 2007, 1595, 1595 ff.
242 Klar ist freilich, dass es auch nach Inkrafttreten von Solvency II im vertragsrechtlichen Bereich *keine* einheitliche Rechtsquelle gibt, die alle unionsrechtlich maßgeblichen Regelungen beinhalten würde.
243 Der Kraftfahrzeughaftpflichtversicherung kommt eine gewisse Sonderstellung zu, sie bleibt im vorliegenden Zusammenhang zunächst ausgeklammert (vgl. aber unten Rdn. 65 ff.).
244 Vgl. die demonstrative Aufzählung der einschlägigen Richtlinien oben in Rdn. 22 ff.
245 Vgl. etwa *von Hippel*, S. 226 ff.; *Reichert-Facilides* RabelsZ 34 (1970) 510, 519 ff.

Dabei steht außer Zweifel, dass das Aufsichtsrecht – auch – den Schutz des Verbrauchers im Blick hat[246] und **34** gerade die Deregulierung des Versicherungswesens neue Schutzbedürfnisse[247] mit sich gebracht hat.[248] Überhaupt gibt es im Interesse des VN liegende Ziele wie etwa die **Erhaltung der Zahlungskraft des Versicherers**, die sich nur auf Ebene des Aufsichtsrechts realisieren lassen. Davon abgesehen haben Vorgaben des europäischen Versicherungsaufsichtsrechts wiederholt Rück- und Weiterwirkungen auf die Schutzbestimmungen des Versicherungsvertragsrechts gezeigt,[249] indem sie dort Änderungen und Ergänzungen initiiert haben.[250] Als eindrückliches Beispiel hierfür ist die in Deutschland – erst nach der Deregulierung – erfolgte Kodifikation spezifischer Bestimmungen zur **privaten Krankenversicherung**[251] anzuführen, die vormals in Allgemeinen Versicherungsbedingungen enthalten waren.[252] Ihre gesetzliche Regelung wurde erforderlich, um den bisherigen (Mindest-)Standard, wie er durch die (vormals genehmigten) Bedingungen etabliert war, weiterhin aufrechtzuerhalten.

So unproblematisch die starke Prägung des gegenwärtigen versicherungsvertragsrechtlichen *acquis* durch die **35** (bekanntermaßen[253] überwiegend anlassbezogenen) sekundärrechtlichen Verbraucherschutzaktivitäten sein mag, so problematisch sind **Schutzlücken**, die sich aus der Nichtanwendbarkeit bestimmter Verbraucherschutz-Richtlinien auf Versicherungsverträge ergeben. Für im Wege des **Fernabsatzes** geschlossene Versicherungsverträge, gilt dies insofern nicht mehr, als zwar die Fernabsatz-Richtlinie Versicherungsverträge noch von ihrem Anwendungsbereich ausgenommen hatte, die später verabschiedete Richtlinie über den Fernabsatz von Finanzdienstleistungen diese »Bringschuld« des europäischen Gesetzgebers jedoch erfüllte. Demgegenüber waren Versicherungsverträge »ohne einleuchtenden Grund«[254] schon vom Anwendungsbereich der Richtlinie über **Haustürgeschäfte**[255] ausgenommen[256] und da auch die Verbraucherrechte-RL auf Finanzdienstleistungen nicht anwendbar ist, bleibt in diesem spezifischen Bereich eine bedauerliche europarechtliche Schutzlücke[257] bestehen. Das deutsche VVG kompensiert dieses Schutzdefizit durch ein allgemeines Widerrufsrecht des VN gem. § 8 VVG.

Dem gegenwärtigen *acquis communautaire* (Stand: August 2016) fehlt es weiter an einer einheitlichen **36** **Definition des Verbraucherbegriffs**.[258] Überwiegend wird – in den entsprechenden Richtlinien jeweils gesondert – eine natürliche Person vorausgesetzt, die zu einem Zweck handelt, der nicht ihrer gewerblich-beruflichen Tätigkeit zugerechnet werden kann.[259] Ungeachtet dessen erscheint äußerst fraglich, ob die generelle Nichtanwendbarkeit vieler Verbraucherschutzbestimmungen bspw. auf Kleinstunternehmer in dieser Form auch in einem künftigen europäischen Versicherungsvertragsrecht sinnhaft ist oder ob die Letztgenannten gegenüber dem Versicherer nicht vielfach in gleicher Weise schutzbedürftig sind.[260] Sachgerechter erschiene für den Versicherungssektor eine Differenzierung danach, ob ein typisches Massenrisiko den Gegenstand des Vertrages bildet oder nicht.[261] In der Lehre wurde in diesem Sinne vorgeschlagen,[262] die Regelungen eines künftigen europäischen Versicherungsvertragsrechts zum Schutz des VN grundsätzlich auf alle Verträge (halb-)zwin-

---

246 Vgl. nur *Winter*, S. 63 ff.
247 Vgl. zum Erfordernis intensivierter grenzüberschreitender Zusammenarbeit, insbesondere auf dem Gebiet des Informationsaustausches schon oben Rdn. 28.
248 Vgl. eingehend *Hohlfeld* VersR 1993, 144, 144 ff.; *Taupitz* VersR 1995, 1125, 1125 ff.; *Heiss*, Stand und Perspektiven, S. 2.
249 Vgl. etwa *Heiss* HAVE 2007, 235, 238 f.: »Deregulierung im Aufsichtsrecht führt zu einer Re-Regulierung im Vertragsrecht«.
250 Vgl. *Reiff* VersR 1997, 267, 267.
251 Vgl. §§ 178a ff. VVG a.F. bzw. jetzt §§ 192 ff. VVG.
252 Dazu *Renger* VersR 1995, 866, 871. Im Übrigen unten § 192, Rdn. 1 ff.
253 Vgl. etwa *Loacker*, Der Verbrauchervertrag S. 37 ff.
254 So zu Recht BK/*W.-H. Roth*, Europ. VersR, Rn. 123.
255 Richtlinie 85/577/EWG des Rates vom 20. Dezember 1985 betreffend den Verbraucherschutz im Falle von außerhalb von Geschäftsräumen geschlossenen Verträgen, ABl. L 372 vom 31.12.1985 S. 31.
256 Vgl. Art. 3 II lit. d) der Richtlinie (Fn. 255) sowie Art. 20 II lit. a) des Vorschlags für eine Richtlinie über Rechte der Verbraucher (KOM (2008) 614 endg.). Zur Verbraucherrechte-RL 2011/83/EU siehe schon oben Rdn. 22 a.E.
257 Zutr. krit. EnzEuR Bd. 5/*Looschelders/Michael*, § 11 Rn. 196.
258 Vgl. etwa *Loacker*, Der Verbrauchervertrag S. 47.
259 Vgl. etwa Art. 2 lit. b) der Richtlinie über missbräuchliche Klauseln (Fn. 380); Art. 2 lit. d) der Richtlinie über den Fernabsatz von Finanzdienstleistungen an Verbraucher (Fn. 170) sowie Art 2 Z 1 der Verbraucherrechte-RL 2011/83/EU.
260 Vgl. in diesem Sinne auch § 210 VVG, der nur im Bereich der Großrisiken und bei der laufenden Versicherung i.S.d. §§ 53 ff. VVG ein Abbedingen der (absolut und halb-)zwingenden Normen des VVG erlaubt; im Übrigen siehe die personellen Abgrenzungen bei BK/*W.-H. Roth*, Europ. VersR, Rn. 47 f. Zum Ganzen zuletzt *Greite*, Die Versicherung von Großrisiken im Sinne des § 210 Abs. 2 VVG, passim.
261 So auch EnzEuR Bd. 5/*Looschelders/Michael*, § 11 Rn. 149. Zur Unterscheidung zwischen Massen- und (bestimmten) Großrisiken, die sowohl im Bereich des sekundärrechtlichen Versicherungskollisionsrechts (Art. 7 II Rom I-VO) als auch im internationalen Zivilverfahrensrecht etabliert ist (Art. 15 Z 5 i.V.m. Art. 16 EuGVVO) siehe oben Rdn. 26. Siehe zum Ganzen auch den rechtsvergleichenden Überblick von *Heiss*, in: ders., S. 7, 23 ff.
262 Vgl. *Heiss*, in: Schulze, S. 229, 237 f. unter Bezugnahme auf Art. 1:103 II PEICL (zu den PEICL vgl. unten Rdn. 75).

gend anwendbar zu machen, die Massenrisiken zum Gegenstand haben; das heißt einschließlich solcher, bei denen die Versicherungsnehmereigenschaft Klein- und Mittelbetrieben zukommt.

b) Schutz durch zwingende Bestimmungen

37 Der Grundsatz der Vertragsfreiheit gilt im Versicherungsvertragsrecht wie sonst auch im Privatrecht.[263] Allerdings rücken seine Einschränkungen im Bereich der Massenrisiken besonders stark in den Blick. Dies ist nicht erst seit der Deregulierung des Versicherungswesens, sondern schon wesentlich länger der Fall.[264] In Anbetracht der zentralen Bedeutung der vom Versicherer im Wesentlichen einseitig festgelegten Allgemeinen Versicherungsbedingungen ist nämlich der Bedarf an einer **Einschränkung der Privatautonomie zu Gunsten des VN** evident[265] und vom deutschen Gesetzgeber schon früh erkannt worden.[266] Es findet sich deshalb im VVG eine Vielzahl zwingender, vor allem halbzwingender, also nur zum Vorteil des VN abänderbarer Bestimmungen. Diese (halb-)zwingenden Bestimmungen verleihen der Mehrzahl der Versicherungsprodukte erst ihre wesentliche Kontur.[267] Auch der versicherungsvertragsrechtliche *acquis communautaire* kennt freilich solche zwingenden Bestimmungen.[268] Allerdings stellt sich dort vielfach ein Problem anderer Art, indem die dortigen Schutzbestimmungen nämlich **bloße Mindeststandards** darstellen,[269] also gewissermaßen für den nationalen Gesetzgeber halbzwingend sind (er kann strengere Regelungen vorsehen[270]). Dieses Konzept ist im Kontext des Versicherungsbinnenmarktes verfehlt[271] (Stichwort: Anpassungsbedarf des Versicherungsproduktes an die jeweils unterschiedlich strengen Vertragsrechte der Mitgliedstaaten) und wird deshalb im neueren Schrifttum[272] zu Recht unter Befürwortung einer abschließend-einheitlichen Regelung des Versicherungsvertragsrechts (**Vollharmonisierung**) abgelehnt. Im Bereich des Verbraucherrechts sind die Dinge umstrittener, doch tendiert der Europäische Gesetzgeber jedenfalls in den jüngeren Richtlinien zur Vollharmonisierung.[273]

c) Schutz durch Information und Vertragslösungsrechte

38 Die Deregulierung des Versicherungsmarktes erfordert nach herkömmlicher Auffassung ein Mehr an Information auf Seiten des VN.[274] Zwei Ziele gilt es dabei zugleich zu verwirklichen: Einerseits soll zusätzliche Information dem Risiko der Intransparenz entgegenwirken, welches tendenziell mit Liberalisierungsmaßnahmen wie dem Wegfall der Vorabgenehmigung von AVB und Tarifen durch mitgliedstaatliche Aufsichtsbehörden einhergeht.[275] Andererseits kann nur ein gut informierter VN die Möglichkeiten effizient nutzen, die sich

---

263 Eingehend zur Thematik »Privatautonomie und Versicherungsvertrag« *Dreher*, S. 93 ff.; vgl. ferner etwa Basedow/Fock/*Lemmel* S. 319 ff.
264 Vgl. *Reichert-Facilides*, in: FS Drobnig, S. 119, 121 ff. m.w.N.
265 *Dreher*, S. 98 ff. spricht treffend vom »Wegfall der Richtigkeitsvermutung« im Versicherungsvertragsrecht.
266 Zur Zurückhaltung des historischen Gesetzgebers gegenüber einer vollständigen Regelung der einzelnen Versicherungszweige durch zwingende Normen sowie zum Zusammenspiel dieser Zurückhaltung mit dem Aufsichtsrecht siehe *Schmidt-Salzer* VersR 1995, 1261, 1268.
267 Vgl. die Beispiele bei *Heiss*, Stand und Perspektiven, S. 12 f.
268 Zu nennen sind beispielsweise das Rücktrittsrecht gem. Art. 185 und 186 Solvency II und die Informationspflichten gem. Art. 183 und 184 Solvency II.
269 Eine Ausnahme stellt auf dem hier interessierenden Gebiet soweit ersichtlich lediglich die Richtlinie über den Fernabsatz von Finanzdienstleistungen an Verbraucher (Fn. 170) dar. Zur Frage der mitgliedstaatlichen Ergänzung der Informationsvorgaben der Dritten Richtlinien (Notwendigkeitsprüfung) vgl. *Herrmann* VersR 2003, 1333, 1338 m.w.N.
270 Vgl. aber EuGH Rs C-386/00, *Axa Royale Belge SA*, Slg. 2002, I-2209, Rn. 31, wonach einer mitgliedstaatlichen Regelung, die neben den laut der Dritten Richtlinie Leben (Fn. 216) vorgeschriebenen Angaben *zusätzlich* eine »Aufklärung« des VN darüber vorsieht, »dass die Kündigung, die Herabsetzung oder der Rückkauf eines laufenden Lebensversicherungsvertrags für den VN im Allgemeinen nachteilig ist« die Richtlinienvorgaben entgegen stehen. Demgegenüber hat der EuGH in seiner jüngsten Entscheidung Rs C-51/13, *Nationale-Nederlanden Levensverzekering Mij*, festgehalten, dass *zusätzliche* Informationspflichten, die sich aus allgemeinen Rechtsvorschriften (»offenen und/oder ungeschriebenen Vorschriften«) des autonomen mitgliedstaatlichen Rechts ergeben, richtlinienkonform sind, sofern sie »klar, genau und dazu geeignet sind, das tatsächliche Verständnis der Versicherungspolice durch den VN notwendig sind und eine ausreichende Rechtssicherheit bieten«. Das Urteil ist abgedruckt in VersR 2015, 702 und EuZW 2015, 467 (mit Anm. *Purnhagen*).
271 Siehe bereits oben Rdn. 2 f. und unten Rdn. 79.
272 Für viele *Heiss*, Stand und Perspektiven, S. 32 f.
273 S. nur Art. 4 der Verbraucherrechte-RL 2011/83/EU. Vgl. auch die Kommissionsmitteilungen KOM (2002) 208 endg. »Verbraucherpolitische Strategie 2002–2006« und KOM (2007) 99 endg. »Verbraucherpolitische Strategie der EU 2007–2013« sowie das Grünbuch »Die Überprüfung des gemeinschaftlichen Besitzstands im Verbraucherschutz« KOM (2006) 744 endg.; zur Vollharmonisierung krit. *Reifner* VuR 2004, 11, 13; *Tamm* EuZW 2007, 756, 757 ff.
274 Vgl. etwa *Schmidt-Salzer* VersR 1995, 1261, 1268. Krit. und mit besonderem Blick auf die (auch für Informationspflichten maßgeblichen) Vorgaben des Verhältnismäßigkeitsprinzips zuletzt *Loacker*, in: R. Koch/Winter/Werber, 367, 369 ff.
275 Vgl. etwa *Heiss* HAVE 2007, 235, 239.

C. Europäisches Versicherungsvertragsrecht Einleitung

aus der neuen Produktvielfalt auf dem Versicherungssektor ergeben.[276] Freilich sind der **Informationsverarbeitungskapazität** des durchschnittlichen VN oft unübersehbare Grenzen gesetzt.[277]
Der europäische Gesetzgeber versucht dem (seinerseits angenommenen) Informationsbedürfnis des VN durch **Informationsobliegenheiten des Versicherers**[278] Rechnung zu tragen.[279] Er erachtet solche Pflichten grundsätzlich als das gegenüber zwingenden Vorgaben zur Produktausgestaltung mildere und adäquatere Mittel.[280] Dies kann wiederum direkte Auswirkungen auf die **Primärrechtskonformität** produktgestaltender mitgliedstaatlicher Gesetzesvorgaben haben.[281] Den Umfang der Informationspflichten gestaltete er in der Dritten Richtlinie zur Schadensversicherung[282] weniger weitgehend als in der Gesamtrichtlinie zur Lebensversicherung.[283] Während bei der **Schadensversicherung** lediglich das anwendbare bzw. vom Versicherer vorgeschlagene Recht, Beschwerderegelungen für den VN samt Hinweis auf außergerichtliche Beschwerdestellen[284] und – sofern der Vertragsabschluss im Rahmen der Niederlassungsfreiheit oder der Dienstleistungsfreiheit des Versicherers angeboten wird – das Sitzland des Versicherers bzw. der tätig werdenden Zweigniederlassung anzugeben sind, sind für die **Lebensversicherung**[285] wesentlich weitergehende Informationspflichten sowohl zum Versicherungsunternehmen als auch zu Rechten und Pflichten aus dem Vertragsverhältnis vorgesehen.[286] Begründet wird der weitergehende Informationskatalog im Lebensversicherungsbereich mit der höheren Komplexität der dortigen Produkte.[287] Der deutsche Gesetzgeber hat die aus den genannten Richtlinien resultierenden Vorgaben – überschießend[288] – in **§ 7 VVG i.V.m. der VVG-InfoV**[289] umgesetzt.[290] Eine überschießende Umsetzung liegt allerdings nicht nur mit Blick auf die Vorgaben der dritten Richtliniengeneration, sondern auch mit Blick auf die der Richtlinie über den Fernabsatz von Finanzdienstleistungen an Verbraucher[291] vor, deren spezifische Informationspflichten[292] nunmehr grundsätzlich auf alle Vertriebswege ausgedehnt werden (vgl. § 1 VVG-InfoV).[293]

Bei aller sonstigen Unterschiedlichkeit[294] ist dem Gegenstand der genannten Informationspflichten jedoch gemein, dass es sich um **standardisierte Informationen** handelt, die sich klar von den auf den **konkreten Einzelfall zugeschnittenen Beratungspflichten** unterscheiden[295] (dazu unten Rdn. 49).

---

276 Dabei mag man durchaus bezweifeln, ob der VN selbst bei ausreichender Information in der Lage ist, die Qualität eines Versicherungsproduktes hinreichend zu beurteilen. Siehe *Herrmann* VersR 2003, 1333, 1336, weist zu Recht darauf hin, dass in der Praxis eine Belebung des Wettbewerbs unter den Versicherungsprodukten wohl weniger durch die Information des VN, als durch die Beurteil- und Vergleichbarkeit derselben durch *opinion leaders*, wie Analysten, Marktforscher und Fachjournalisten erfolge. Eingehend zur Thematik des letztlich überforderten VN *Taupitz* VersR 1995, 1125, 1126 ff.
277 Siehe nur *Loacker*, Informed Insurance Choice?, S. 114 ff. und *Rehberg*, S. 58 ff.
278 Vgl. BK/*W.-H. Roth*, Europ. VersR, Rn. 104.
279 Vgl. den Überblick bei *Heiss* 88 (2012) Australian Insurance Law Journal, 86, 87 ff.
280 Vgl. auch *Ebers*, in: Schulze/Ebers/Grigoleit, S. 171, 171 m.w.N. in der dortigen Fn. 2. Spezifisch (lebens-)versicherungsrechtlich *Schumacher* ZVersWiss 2011, 281, 282 f.
281 Vgl. EFTA-Gerichtshof, Rs. E-1/05, *EFTA-Überwachungsbehörde/Königreich Norwegen*, Rn. 40 ff., wonach eine Regelung des norwegischen Versicherungsvertragsrechts, nach der bei Lebensversicherungsverträgen die Abschlusskosten bereits bei Vertragsbeginn vollständig und gesondert vom VN zu zahlen sind, unverhältnismäßig und die Dienstleistungsfreiheit verletzend sei, zumal dem Versicherungsnehmerschutz auch durch die Zurverfügungstellung einer Information über die Höhe dieser Kosten hinreichend Rechnung getragen sei. Zustimmend *Bürkle* VersR 2006, 249 f.
282 Vgl. nunmehr Art. 183 und 184 Solvency II.
283 Vgl. nunmehr Art. 185 Solvency II.
284 In Deutschland ist vor allem an den Versicherungsombudsmann e.V. bzw. an den Ombudsmann Private Kranken- und Pflegeversicherung zu denken.
285 Vgl. Art. 185 Solvency II.
286 Zu nennen sind bspw. die Anschrift des Unternehmenssitzes und gegebenenfalls der Agentur oder der Zweigniederlassung, die die Police ausstellt; die Laufzeit der Police; Einzelheiten der Vertragsbeendigung; die Angabe der Rückkaufwerte und beitragsfreien Leistungen sowie das Ausmaß, in dem diese Leistungen garantiert sind; die Angabe der Art der den fondsgebundenen Policen zugrunde liegenden Vermögenswerte und alljährliche Informationen über den Stand der Gewinnbeteiligung.
287 Vgl. etwa *Heiss* HAVE 2007, 235, 237; EnzEuR Bd. 5/*Looschelders/Michael*, § 11 Rn. 156; zu Recht krit. zum beschränkten Umfang der Informationspflichten im Bereich der Schadensversicherung BK/*W.-H. Roth*, Europ. VersR, Rn. 118.
288 Vgl. PK/*Ebers*, § 7 Rn. 7; im Übrigen allg. zur überschießenden Umsetzung *Habersack/Mayer* JZ 1999, 913, 913 ff. sowie *Heiderhoff*, S. 42 f.
289 BGBl I Nr. 66 vom 21.12.2007, 3004; dazu *Schwintowski* VuR 2008, 250 ff. und *Präve* VersR 2008, 151, 152.
290 Vgl. BT-Drucks. 16/3945, S. 59.
291 Oben Fn. 170.
292 Siehe unten § 7.
293 Vgl. *Präve* VersR 2008, 151, 151 ff.
294 Vgl. *Ebers*, in: Schulze/Ebers/Grigoleit, S. 171, 176.
295 Vgl. nur *Kieninger* AcP 199 (1999) 190, 217.

Einleitung C. Europäisches Versicherungsvertragsrecht

41 Die überschießende Umsetzung in § 7 VVG hat nicht nur Besonderheiten bei der **Auslegung** durch die Gerichte zur Folge (Stichworte: richtlinienkonforme oder richtlinienorientierte Interpretation;[296] Vorlagerecht bzw. -pflicht an den EuGH[297]), sondern ist vor allem außerhalb von Richtlinienregelungen, die eine bloße Mindestharmonisierung beabsichtigen, problematisch. Konkret sind etwa **zusätzliche Informationspflichten im Bereich der Lebensversicherung** auf ihre Vereinbarkeit mit (insb. Art. 36 III) der Gesamtrichtlinie Leben (nunmehr Art. 185 Solvency II) sowie der dazu ergangenen EuGH-Rechtsprechung[298] zu prüfen. Des Weiteren erscheint fraglich, inwieweit die in § 7 I 3 Hs. 2 vorgesehene **Möglichkeit des Verzichts**[299] auf den Erhalt der gesetzlich vorgesehenen Informationen vor Abgabe der VN-Vertragserklärung europarechtskonform ist. Mit den Vorgaben der Richtlinie über den Fernabsatz von Finanzdienstleistungen besteht in Anbetracht der dort klar verankerten Unverzichtbarkeit der Informationsrechte (vgl. Art. 12 I i.V.m. Art. 3 der Richtlinie) jedenfalls ein offenkundiger Konflikt, der im sachlichen Anwendungsbereich der Richtlinie zur **Europarechtswidrigkeit** der genannten VVG-Bestimmung führt.[300] Aber auch hinsichtlich der Vereinbarkeit der Verzichtsregelung mit den Vorgaben der Gesamtrichtlinie Leben[301] ist mit Blick auf die (durch die Richtlinie grundsätzlich vollharmonisierten) Versicherungsnehmerinformationen die Europarechtskonformität einer Verzichtsmöglichkeit letztlich zu verneinen.[302]

42 Die erwähnte Mehrspurigkeit des versicherungsvertragsrechtlichen *acquis* zeigt sich schließlich in den **unterschiedlichen Informationsadressaten** ebenso wie an den **uneinheitlichen Reaktionsmöglichkeiten**[303] des in seinem Informationsrecht Verletzten. Während bestimmte Informationspflichten[304] ausschließlich gegenüber solchen VN bestehen, die »natürliche Person« sind, andere[305] aber wiederum gegenüber »Versicherungsnehmern« bestehen, wird im Rahmen der Richtlinie über den Fernabsatz von Finanzdienstleistungen der Anwendungsbereich der Informationspflichten generell auf »Verbraucher«[306] beschränkt. Hinsichtlich der **Reaktionsmöglichkeiten** enthalten die europäischen Rechtsquellen zur Schadensversicherung **kein Lösungsrecht** des VN vom Vertrag,[307] in der Lebensversicherung[308] existiert hingegen ein **allgemeines Rücktrittsrecht** und die Richtlinie über den Fernabsatz von Finanzdienstleistungen[309] sieht die Schaffung eines **Kündigungsrechtes** durch die Mitgliedstaaten als mögliche Sanktion sowie – davon unabhängig – ein **generelles Widerrufsrecht** vor.[310] Der deutsche Gesetzgeber hat alle diese Lösungsrechte – wiederum überschießend[311] – in Form des **allgemeinen Widerrufsrechtes gem. § 8 I VVG** umgesetzt, das weder Verbrauchereigenschaft noch eine spezielle Vertriebsform voraussetzt. Auf unionsrechtlicher Ebene gibt es weiterhin *kein* spartenübergreifendes Vertragslösungsrecht des VN.

43 Mit Blick auf das **Effektivitätsprinzip** (*effet utile*) erscheint problematisch, dass eine Verletzung der vorvertraglichen Informationspflichten im Anwendungsbereich des VVG grundsätzlich keinen Einfluss auf den wirksamen Abschluss des Versicherungsvertrages zeigt, sondern es gem. § 8 II 1 lediglich zu einer (u.U. »ewigen[312]«) Verlängerung der Widerrufsfrist kommt,[313] wobei die Prämienrückgewähr nach dem Rückabwicklungsmodell des (mittlerweile revidierten[314]) § 9 I S. 1 VVG grundsätzlich nur hinsichtlich jener Prämienanteile erfolgt, die auf den Zeitraum nach Zugang der Widerrufserklärung des VN entfallen. Ob damit (allein) Informationspflichtenverstöße hinreichend »wirksam, verhältnismäßig und abschreckend«[315] sank-

---

296 Vgl. dazu die Nachweise in Fn. 281.
297 Dazu anschaulich etwa PK/*Ebers*, Einleitung, Rn. 13 ff.
298 Dazu oben Fn. 270.
299 Vgl. auch BT-Drucks. 16/3945 S. 60.
300 Ebenso *Schimikowski* r+s 2007, 133, 137.
301 Vgl. oben Fn. 233.
302 Siehe auch *Dörner/Staudinger* WM 2006, 1710, 1711 f.; für den in Umsetzung der Vermittler-RL ergangenen § 61 II VVG a.A. *Baumann* in diesem Buch, § 61 Rdn. 25.
303 Dies aus rechtspolitischer Sicht bedauernd EnzEuR Bd. 5/*Looschelders/Michael*, § 11 Rn. 179.
304 Vgl. Art. 183 II Solvency II, wonach Informationsadressat ausschließlich *natürliche Personen* sind, während Art. 185 Solvency II keine solche Einschränkung kennt.
305 Vgl. Art. 184 I und II Solvency II sowie den in der vorigen Fn. genannten Art. 185 Solvency II.
306 Vgl. Art. 3 der Richtlinie (Fn. 170).
307 Dazu zu Recht krit. BK/*W.-H. Roth*, Europ. VersR, Rn. 118.
308 Art. 186 Solvency II.
309 Vgl. Art. 11 S. 2 und 6 der Richtlinie (Fn. 170).
310 Mit Blick auf die (auch ökonomische) Sinnhaftigkeit von *cooling-off periods* im Versicherungsvertragsrecht *Loacker*, Informed Insurance Choice?, S. 58 ff.
311 Vgl. PK/*Ebers*, § 8 Rn. 3 a.E.
312 Zur richtlinienkonformen Reduktion des § 5a VVG a.F., nach dem das Widerrufsrecht spätestens ein Jahr nach Zahlung der ersten Prämie erlosch, s. BGH VersR 2014, 817 (keine Anwendung bei Lebens- und Rentenversicherungen). S. auch noch Rdn. 46.
313 Vgl. BT-Drucks. 16/3945 S. 60.
314 Vgl. BGBl. I 2013 Nr. 20, S. 932.
315 Art. 11 S. 3 der Richtlinie über den Fernabsatz von Finanzdienstleistungen (Fn. 170); dazu *Jochen Hoffmann* ZIP 2005, 829, 833 f.; Zum Gedanken des *effet utile* allg. *Mosiek*, S. 6 ff. sowie *Lerche*, Die Umsetzung privatrechtsangleichender Richtlinien auf dem Prüfstand des effet utile (2004).

C. Europäisches Versicherungsvertragsrecht Einleitung

tioniert sind, steht zu bezweifeln.³¹⁶ Es wurde deshalb zu Recht vorgeschlagen,³¹⁷ je nach Lage des Falles neben dem Widerrufsrecht insbesondere auch eine Vertragsanfechtung nach allgemeinen zivilrechtlichen Regeln,³¹⁸ Schadenersatzansprüche gestützt auf culpa in contrahendo³¹⁹ oder die fristlose Kündigung nach § 314 BGB³²⁰ zuzulassen.³²¹ Des Weiteren kommen aufsichts- und wettbewerbsrechtliche Sanktionen ebenso in Betracht wie (bei Wiederholungsgefahr) Unterlassungsklagen der Verbraucherschutzverbände.³²²

Der **Zeitpunkt der Informationserteilung**, insbesondere die Umsetzung der diesbezüglichen europarechtlichen Vorgaben der dritten Richtliniengeneration wurde bereits im Anwendungsbereich des VVG a.F. (Stichwort: **Policenmodell**³²³ gem. § 5a VVG a.F.³²⁴) kontrovers diskutiert.³²⁵ Im Kern ging es um die Frage, ob die Konstruktion eines zunächst schwebend unwirksamen Vertrages mit den Richtlinienvorgaben (noch) vereinbar ist, die eine »informed choice«³²⁶ des VN regelmäßig vor Eintritt der vertraglichen Bindung anstreben.³²⁷ Die hM³²⁸ hat diese Frage für die alte Rechtslage bejaht und dafür jüngst Unterstützung durch den BGH³²⁹ erhalten, nach dem die Lage (angeblich) so eindeutig ist, dass er eine Vorlage an den EuGH nicht für notwendig hielt.³³⁰ Ob ein Vertragsschluss nach dem Policenmodell auch nach der neuen Fassung des VVG im Einzelfall noch möglich sein soll, ist umstritten.³³¹ Art. 3 I und 5 I der Richtlinie über den Fernabsatz von Finanzdienstleistungen³³² ordnen innerhalb ihres Anwendungsbereichs wohl anderes an.³³³

44

Daneben wirft vor allem das aus dieser Richtlinie stammende³³⁴ Merkmal der **Rechtzeitigkeit**³³⁵ der zu erteilenden Informationen Unklarheiten auf.³³⁶ Es wird je nach Lage des Einzelfalls zu beurteilen sein, ob der

45

---

316 Weitere Kritik (zum Regierungsentwurf) auch bei *Niederleithinger* VersR 2006, 437, 443 und *Schneider* VersR 2004, 696, 704 f. Die Problematik wird durch die europarechtswidrige Regelung des § 9 S. 2 VVG (dazu die folgende Rdn.) noch zusätzlich verschärft.
317 Vgl. *Dörner/Staudinger* WM 2006, 1710, 1713.
318 Vgl. L/W/*Armbrüster*, § 7 Rn. 139 ff.
319 Vgl. PK/*Ebers*, § 7 Rn. 57; eingehend L/W/*Armbrüster*, § 7 Rn. 118 ff.
320 Eingehend *Dörner*, in: FS E. Lorenz (2004) S. 195, 201 f.
321 A.A. *Funck* VersR 2008, 163, 164; für den Bereich der Lebensversicherung: BK/*W.-H. Roth*, Europ. VersR, Rn. 117 a.E.
322 Zu alldem L/W/*Armbrüster*, § 7 Rn. 148 ff.
323 Dazu *E. Lorenz* VersR 1995, 616, 618; *ders.* ZVersWiss 95, 103, 108; *Schirmer* VersR 1996, 1045, 1046.
324 Europarechtliche Bedenken etwa bei *Schwintowski* VuR 1996, 223, 238; demgegenüber für eine grundsätzliche Richtlinienkonformität (wenngleich auch nicht »völlig bedenkenfrei«) etwa *Römer*, in: FS. 50 Jahre Bundesgerichtshof, S. 375, 387 ff.; Überlegungen zur Verfassungswidrigkeit des § 5a VVG a.F. bei *Dörner/Hoffmann* NJW 1996, 153, 159; im Übrigen vgl. *Herrmann* ZEuP 1999, 663, 669 ff.
325 Vgl. die Darstellung bei *Reiff* VersR 1997, 267, 267 ff. m.w.N.
326 Dazu zuletzt eingehend und rechtsvergleichend *Loacker*, Informed Insurance Choice?, S. 22 ff. und passim; zuvor auch schon *Rehberg*, S. 73 ff. Im Übrigen etwa *Heiss/Schnyder*, in: Kronke/Melis/Schnyder, Teil C, Kap. 2, Rn. 188 ff.; sowie *Heiss* 88 (2012) Australian Insurance Law Journal, 86, 87 ff.
327 Zu kritisieren ist, dass der Zeitpunkt der Erfüllung der verschiedenen Informationspflichten innerhalb des versicherungsvertragsrechtlichen *acquis* generell uneinheitlich ist: So verlangen etwa die Art. 3 I und 5 I der Richtlinie über den Fernabsatz von Finanzdienstleistungen (Fn. 170) eine Information bereits bevor »der Verbraucher […] durch ein Angebot gebunden ist« während Art. 36 der Gesamtrichtlinie Leben (Fn. 233) es demgegenüber genügen lässt, wenn die entsprechenden Angaben »vor Abschluss des Versicherungsvertrages« erteilt werden (ebenso die entsprechende Bestimmung im Bereich der Schadensversicherung). Die Informationspflichten nach Art. 12 I Unterabs 1 lit. a)–e) der Richtlinie 2002/92/EG über Versicherungsvermittlung (ABl. Nr L 9 vom 15.01.2003 S. 3) sind schließlich »vor Abschluss jedes ersten Versicherungsvertrages und nötigenfalls bei Änderung oder Erneuerung des Vertrags« zu erfüllen.
328 Vgl. nur *Wandt*, Rn. 288, 295 f. sowie unter § 7 Rdn. 73 m.w.N. Vgl. auch *Beckmann*, in: Dauses, Kap. E.VI.4. Rn. 235 ff.
329 BGH VersR 2014, 1065. Dazu zu Recht krit. *W.-H. Roth* VersR 2015, 1; positiv demgegenüber *Heyers* NJW 2014, 2619.
330 Zu Recht krit. zur Begründung *W.-H. Roth* VersR 2015, 1, 4 ff.
331 Dafür etwa Marlow/Spuhl/*Spuhl*, Rn. 34; *Wandt*, Rn. 288 spricht davon, dass das Policenmodell als *regelmäßiges* Vertragsschlussverfahren nicht mehr praktizierbar sei (Hervorhebung nicht im Original). Wohl grundsätzlich dagegen etwa PK/*Ebers*, § 7 Rn. 11 sowie unten § 7 Rdn. 74.
332 Dort ist von einer Bindung »bevor der Verbraucher durch ein Angebot gebunden« die Rede während etwa Art. 36 I der Gesamtrichtlinie Leben (Fn. 233; nunmehr: Art. 185 I Solvency II) von »vor Abschluss des Versicherungsvertrages« spricht.
333 EnzEuR Bd. 5/*Looschelders/Michael*, § 11 Rn. 158.
334 Vgl. Art. 3 I und 5 I der Richtlinie.
335 Ausweislich der Begründung (BT-Drucks. 16/3945, S. 60) orientiert sich das Merkmal der Rechtzeitigkeit in § 7 VVG an § 312c I BGB. Siehe aber unten § 7 Rdn. 22.
336 Dazu etwa *Gaul* VersR 2007, 21, 22; *Römer* VersR 2006, 740, 741; *Schimikowski* r+s 2006, 441, 442 ff.; *ders.* r+s 2007, 133, 134; *Dörner/Staudinger* WM 2006, 1710, 1711 f.

Einleitung C. Europäisches Versicherungsvertragsrecht

Zeitraum zwischen Informationserteilung und Abgabe der Vertragserklärung des VN die angestrebte »*informed choice*« ermöglicht hat oder nicht.[337]

46 Aus europarechtlicher Sicht geklärt sind seit dem Urteil des EuGH in der Rs. *Endress*[338] hingegen die Folgen der verspäteten oder **nicht erfolgten Belehrung** über das Bestehen des Rücktrittsrechts in der Lebensversicherung. Der EuGH hält in dieser Entscheidung fest, dass das Recht des VN, sich vom Vertrag zu lösen, nicht vor korrekter Belehrung über diese Möglichkeit ablaufen kann.[339] Die Mitgliedstaaten könnten zwar nach der Richtlinie [mittlerweile: Art. 186 Solvency II] die Modalitäten der Ausübung des Rücktrittsrechts regeln, die praktische Wirksamkeit des Europarechts (= der Belehrungspflicht) könne in den Fällen einer mangelhaften oder nicht erfolgten Belehrung aber nur durch die Gewährung des Rücktrittsrechts sichergestellt werden. Der BGH[340] sprach daraufhin aus, dass § 5a II 4 VVG a.F., nach dem das Widerrufsrecht spätestens ein Jahr nach Zahlung der ersten Prämie erlosch[341], auf Lebens- und Rentenversicherungen keine Anwendung findet. Dies begründet er mit einer teleologischen (richtlinienkonformen) Reduktion.[342]

47 Die in § 9 VVG geregelten **Rechtsfolgen des Widerrufs**[343] sind aus Sicht der europarechtlichen Vorgaben vor allem in zwei Punkten zu beanstanden: Erstens ist es mit den Vorgaben des Art. 7 III der Richtlinie über den Fernabsatz von Finanzdienstleistungen[344] nicht zu vereinbaren, dass § 9 I 2 VVG bei **fehlender**[345] **Widerrufsbelehrung** die Prämienrückerstattungspflicht des Versicherers beschränkt. Dies deshalb, weil die Richtlinie in der Belehrung eine *conditio sine qua non* für jegliche Zahlungsansprüche des Anbieters (hier: des Versicherers) sieht.[346] Aus diesem Grund ist insofern auch von einer Europarechtswidrigkeit der spezifischen Regelung des Widerrufs von Lebensversicherungen durch § 152 II 2 VVG auszugehen. Ganz grundsätzlich sind die beiden Halbsätze des § 9 I 2 VVG hinsichtlich ihrer Vereinbarkeit mit den Vorgaben der genannten Richtlinie nur als **verunglückt** und europarechtswidrig zu qualifizieren. Immerhin wurden verschiedene Lösungsansätze im Auslegungsweg vorgetragen, auf die zwar hier nicht weiter eingegangen werden kann,[347] die jedoch bei Fernabsatzverträgen auf eine Nichtanwendung des ersten Halbsatzes bei unterbliebener Belehrung und (unter derselben Voraussetzung) auf eine Nichtanwendung des zweiten Halbsatzes hinauslaufen, sofern in letzterem Fall der Widerruf im ersten Versicherungsjahr erfolgte und die Versicherungsleistung niedriger als die zuvor gezahlten Prämien ausfällt.[348] Klar ist, dass aufgrund der derzeitigen[349] Fassung des § 9 I 2 VVG im Anwendungsbereich der Richtlinie für letztinstanzliche Gerichte eine Vorlage an den EuGH verpflichtend ist.[350] Es überrascht daher nicht, dass der Bundesrat (freilich erfolglos) im Zuge der Revision der Bestimmung (die der Umsetzung von Art. 6 der Richtlinie über den Fernabsatz von Finanzdienstleistungen diente und die Widerrufsfolgen auf einen mit dem Versicherungsvertrag zusammenhängenden Vertrag erstreckte) die Streichung des jetzigen § 9 I 2 VVG vorgeschlagen hat.[351] Obwohl verbraucherfreundlich, ist zweitens die fehlende Umsetzung des Art. 7 V der Richtlinie zu kritisieren, der eine Rückerstattung der erhaltenen Leistungen binnen 30 Kalendertagen ab Absendung der Widerrufserklärung gebieten würde, sofern dem Belehrungserfordernis Genüge getan wurde.[352] In Anbetracht der erklärten[353] Harmonisierungsziele der Richtlinie erscheint eine solche Nicht-Umsetzung ebenfalls bedenklich.

48 **Standardisierte Informationspflichten**[354] machen bisher den eindeutigen Schwerpunkt des *acquis-basierten* Informationsmodells aus. Jüngstes legislatives Beispiel dafür ist die **PRIIP-VO**[355], die ab dem 31. Dezember

---

337 Vgl. – differenzierend nach Art, Umfang, Komplexität und Bedeutung des Versicherungsvertrages – PK/*Ebers*, § 7 Rn. 36. Allg. *Loacker*, Informed Insurance Choice?, S. 120, 173, 197, 235, 237, 245, 278.
338 EuGH Rs. C-209/12, *Endress*.
339 C-209/12 Rn. 22 ff. Vgl. zu den Konsequenzen ewiger Rücktrittsrechte bereits *Armbrüster* VersR 2012, 513, 513 ff.
340 BGH VersR 2014, 817.
341 Vgl. dazu *Brand*, VersR 2013, 1, 1 ff., der sich für eine Europarechtskonformität aussprach.
342 Unter Berufung auf den Vertrauensschutz der Lebensversicherer abl. *Bürkle* VersR 2015, 398, 398 ff.
343 Dazu *Wendt*, S. 125 ff.
344 Oben Fn. 170.
345 Einzelheiten zur unterbliebenen Belehrung bei L/W/*Armbrüster*, § 9 Rn. 22 ff.
346 Vgl. *Dörner/Staudinger* WM 2006, 1710, 1714; ebenso PK/*Ebers*, § 9 Rn. 8.
347 Vgl. nur *Wandt*, Rn. 321 ff. und *Armbrüster* r+s 2008, 492, 502 f. sowie *Heinig/Makowsky*, unten § 9 Rdn. 30 ff. mit jeweils weiteren Nachweisen.
348 Siehe jeweils nur L/W/*Armbrüster*, § 9 Rn. 28 f.
349 BGBl. I 2013 Nr. 20, S. 932.
350 Darauf weist PK/*Ebers*, § 9 Rn. 8 a.E. zu Recht hin.
351 Vgl. BR-Drucks. 513/12/B vom 12. Oktober 2012, S. 1 f.
352 Ebenso schon *Dörner/Staudinger* WM 2006, 1710, 1714 sowie PK/*Ebers*, § 9 Rn. 9. Vgl. im Übrigen *Wandt/Ganster* VersR 2008, 425 ff. und L/W/*Armbrüster*, § 9 Rn. 28 f.
353 Vgl. Erwägungsgrund 13 der Richtlinie: »Die Mitgliedstaaten sollten in den durch diese Richtlinie harmonisierten Bereichen keine anderen als die darin festgelegten Bestimmungen vorsehen dürfen, es sei denn, die Richtlinie sieht dies ausdrücklich vor«.
354 Zur Unterscheidung aus ökonomischer Sicht eingehend *Loacker*, Informed Insurance Choice?, S. 39 und passim.
355 Verordnung (EU) Nr. 1286/2014 des Europäischen Parlaments und des Rates vom 26. November 2014 über Basisinformationsblätter für verpackte Anlageprodukte für Kleinanleger und Versicherungsanlageprodukte (PRIIP). Ein-

2016 direkt anzuwenden ist und den Produktgeber verpflichtet, ein »Basisinformationsblatt« für bestimmte Versicherungsprodukte zu schaffen. *Packaged retail and insurance-based investment products* (PRIIP) sind verpackte Anlageprodukte (keine direkten Anlagen wie Aktien), gleich ob sie von Banken, Wertpapierunternehmen oder Versicherern ausgegeben werden (sog. horizontaler Ansatz[356]). Nach der VO sind also auch »Versicherungsanlageprodukte« erfasst, deren Fälligkeits- oder Rückkaufswert Marktschwankungen unterliegt. Explizit ausgenommen sind die reine Risikolebensversicherung sowie Produkte der betrieblichen und privaten Altersvorsorge.[357] Damit ist die VO für den Bereich der index- und fondsgebundenen Lebensversicherungen relevant. Kleinanleger – der Begriff orientiert sich an bestehenden Vorschriften des Europäischen Finanzmarktrechts (s. Art. 4 Nr. 6 PRIIP-VO) – sollen vor Vertragsabschluss in die Lage versetzt werden, einen klaren Überblick über die wesentlichen Produkteigenschaften und -risiken zu erlangen. Um einen raschen und einfachen Produktvergleich zu ermöglichen, sind Struktur und Inhalt des Basisinformationsblattes weitgehend fest[358] vorgegeben (s. Art. 6 ff. PRIIP-VO).[359] Die Verantwortung für die Erstellung liegt zwar beim »Produkthersteller« (Art. 4 Z 4 PRIIP-VO), das Basisinformationsblatt ist dem Kunden allerdings als vorvertragliche Information vor Vertragsabschluss (kostenlos) auszuhändigen. Ist ein Vermittler eingeschaltet, muss er dafür sorgen, dass der Kunde rechtzeitig über das Basisinformationsblatt verfügt. Die PRIIP-VO enthält aufsichtsrechtliche Anordnungen (Kapitel III, Marktüberwachung und Produktinterventionsbefugnisse) und verwaltungsrechtliche (Kapitel V) sowie zivilrechtliche Sanktionen: Ein Kleinanleger kann »gemäß nationalem Recht Schadensersatz« verlangen, wenn er nachweist, dass ihm »aufgrund seines Vertrauens auf ein Basisinformationsblatt bei der Tätigung einer Anlage in das PRIIP, für das dieses Basisinformationsblatt erstellt wurde, ein Verlust entstanden ist« (Art. 11 II PRIIP-VO).

Im Detail umstritten ist, inwieweit der versicherungsvertragsrechtliche *acquis* neben den bereits dargestellten **standardisierten Informationspflichten** auch **einzelfallbezogene Beratungspflichten** enthält. Hinweise darauf ergeben sich aus der **Richtlinie über Versicherungsvermittlung** (Insurance Mediation Directive, **IMD**; zur neuen Versicherungsvertriebs-Richtlinie siehe sogleich).[360] Diese enthält zwar überwiegend standardisierte Informationspflichten[361] sowie zahlreiche berufsrechtliche Vorschriften[362] und weist auch keine näheren Angaben über die konkrete Art und den Umfang der Beratung auf, doch ergibt sich insgesamt (etwa aus der Formulierung von Art. 12 I Unterabsatz 2i und iii ebenso wie aus Art. 12 III) der Eindruck, dass die Richtlinie letztlich – durchaus lebensnah – vom Stattfinden einer Beratung durch die von ihrem Anwendungsbereich erfassten Versicherungsvermittler[363] ausgeht.[364] Im Schrifttum ist vor allem kontrovers diskutiert worden, ob sich die **beratungsbezogenen Vorgaben** der Richtlinie in – jedenfalls bestehenden – bloßen **Dokumentationspflichten** hinsichtlich (gegebenenfalls erteilter) Beratung und (gegebenenfalls geäußerter) Wünsche und Bedürfnisse des Kunden erschöpfen[365] oder inwiefern aus ihnen eine unmittelbare **Pflicht zur Beratung** ableitbar ist.[366] Die Frage ist insbesondere für die Beurteilung der Europarechtskonformität des § 6 III, IV 2 VVG (soweit dieser im Anwendungsbereich der Richtlinie maßgeblich wird) und des § 61 II VVG von Bedeutung, die jeweils eine **Verzichtsmöglichkeit des VN**[367] auf die Beratung vorsehen: Sofern man der Richtlinie lediglich eine Dokumentationspflicht, nicht aber eine Beratungspflicht entnimmt, sind die genannten Bestimmungen unbedenklich, denn was der europäische Gesetzgeber gar nicht verbindlich vorgesehen hat, kann vom nationalen Gesetzgeber immer verzichtsfähig ausgestaltet werden.[368] Anders, also im Sinne eines **Verstoßes gegen die Richtlinienvorgaben** werden die beiden Bestimmungen im Anwendungsbereich der Richtlinie folgerichtig von jenen qualifiziert, die eine Beratungspflicht annehmen und auf die fehlende

---

gehend *Heiss*, in: Karlsruher Forum 2014, S. 41 ff. Vgl. zur Genese der VO ausf. *Loacker*, in: FS E. Lorenz, S. 259, 260 ff.
356 *Loacker*, FS E. Lorenz, S. 259, 278.
357 Vgl. den Katalog des Art. 2 II PRIIPs-VO.
358 Vgl. *Matusche-Beckmann*, in: Dauses, Kap. E.VI.3. Rn. 213: »bis ins kleinste Detail«.
359 Details werden von den Europäischen Aufsichtsbehörden (EBA, EIOPA, ESMA) und der Kommission im Rahmen von technischen Regulierungsstandards ausgearbeitet, s. Art. 8 V PRIIP-VO.
360 Richtlinie 2002/92/EG über Versicherungsvermittlung, ABl. Nr L 9 vom 15.01.2003 S. 3. Ein Überblick aus jüngerer Zeit über die daraus erfließenden Umsetzungserfordernisse findet sich bei *Platzen*, S. 201 ff.
361 Vgl. Art. 12 I Unterabs 1 lit. a) – e) (sog statusbezogene Informationspflichten) sowie Unterabsatz 2 (sog vertragsbezogene Informationspflichten) der Richtlinie; dazu jeweils *Reiff*, Versicherungsvermittlerrecht, S. 58 ff. und *Miettinen*, Die vorvertraglichen Pflichten des Versicherers, 2005, S. 199 ff.
362 Vgl. *Reiff*, S. 19 ff.; *ders.* VersR 2007, 717, 717 ff.; *Jabornegg*, in: FS Migsch, S. 41, 56 ff.; VersHb/*Reiff*, § 5 Rn. 18 ff.
363 Vgl. Art. 2 Nr. 3 sowie die Einschränkung durch Art. 12 IV der Richtlinie (Fn. 360).
364 Vgl. auch Erwägungsgrund 20 Satz 2 der Richtlinie (Fn. 360).
365 So *Reiff* VersR 2007, 717, 725; *Miettinen* VersR 2005, 1629, 1633; L/W/*Armbrüster*, Vorb. §§ 6, 7 Rn. 34.
366 Beratungspflichten eindeutig bejahend VersHb/*Mönnich*, § 2 Rn. 150; so auch EnzEuR Bd. 5/*Looschelders/Michael*, § 11 Rn. 165; vgl. ferner *Römer* VersR 2006, 740, 742; PK/*Ebers* § 6 Rn. 35; Basedow/Fock/*Lenzing* S. 168 f. (zum Richtlinien-Entwurf).
367 Krit. *Schwintowski* ZRP 2006, 139, 141.
368 Vgl. *Reiff*, S. 84 f.

Verzichtsmöglichkeit in der Richtlinie[369] bzw. das »an die Mitgliedstaaten gerichtete Gebot zu einer zwingenden Ausgestaltung dieser Pflichten«[370] verweisen.[371] Die Annahme einer sich aus der Richtlinie grundsätzlich ergebenden Beratungspflicht ist im Übrigen auch für die Frage der **Europarechtskonformität des Angemessenheitskriteriums** in Art. 61 I 1 VVG bedeutsam, das je nach Lage des Falles eine Einschränkung des Beratungsumfanges rechtfertigen soll. Eine diesbezügliche Konformität ist als »zumindest sehr zweifelhaft«[372] eingeschätzt worden.[373] Die Klärung der Frage durch den EuGH würde sich in der Folge wohl auch auf das korrespondierende Kriterium in § 6 I 1 VVG auswirken.[374]

Am 14. Dezember 2015 wurde die **Versicherungsvertriebs-Richtlinie** (*Insurance Distribution Directive*, **IDD**) beschlossen, die an die Stelle der Richtlinie über Versicherungsvermittlung (IMD) treten und innerhalb von zwei Jahren nach ihrem In-Kraft-Treten umzusetzen sein wird.[375] Die bisherige Richtlinie wird vollständig aufgehoben (Art. 43 und 44 IDD). Auch die im Zuge der Schaffung der MiFID II erfolgte Novellierung der IMD (»IMD 1.5«),[376] die ein Kapitel III A über den Kundenschutz bei Versicherungsanlageprodukten brachte, wird daher gegenstandslos (bevor die Regeln von den Mitgliedstaaten umzusetzen waren!). Die IDD setzt wie ihre Vorgängerin nur Mindeststandards (Erwägungsgrund 3), d.h. sie ermöglicht den Mitgliedstaaten, strengere Vorschriften zu erlassen (z.B. bei beruflichen Anforderungen oder für Interessenkonflikte, siehe unten). Sie ist aber – wie bereits der Name zeigt – **nicht nur auf die Vermittlung**, sondern auf **alle Vertriebswege** und auf die **Schadensabwicklung** anwendbar (s. Art. 2 I 1 IDD). Sie enthält wie ihre Vorgängerin berufliche Anforderungen (Kapitel II, vgl. auch Kapitel IV über Organisatorische Anforderungen) sowie Regelungen über die Ausübung der Dienstleistungs- und Niederlassungsfreiheit (Kapitel III). Der Europäische Gesetzgeber konnte sich – anders als noch im Kommissionsvorschlag geplant[377] – nicht zu strengen **Transparenzregelungen** (Provisionsverbot, Provisionsoffenlegung) durchringen: Die Regelungen über die Vermeidung von Interessenkonflikten beschränken sich insb. auf eine allgemeine Wohlverhaltensverpflichtung (Art. 17 I IDD) sowie einen Art. 19 über »Interessenkonflikte und Transparenz«, der gewisse Offenlegungspflichten enthält; für Versicherungsanlageprodukte gibt es zusätzliche Anforderungen (Kapitel VI). Der Ball wird insofern zu den Mitgliedstaaten zurückgespielt, die aufgrund der Mindestharmonisierung strengere Regeln erlassen oder beibehalten können (vgl. nur Art. 29 III IDD). Die IDD enthält wie ihre Vorgängerin **standardisierte Informationspflichten** (vgl. nur Kapitel V sowie – für Versicherungsanlageprodukte – Kapitel VI). Während **individualisierte Pflichten** in Gestalt europarechtlicher **Beratungspflichten** bisher umstritten waren (s.o.), verpflichtet die neue IDD die Mitgliedstaaten, solche Pflichten vorzusehen. Zwar schließt die IDD einen Vertrieb ohne Beratung nicht aus (vgl. die Überschrift zu Art. 20),[378] allerdings ordnet Art. 20 IDD an, dass der »Versicherungsvertreiber anhand der vom Kunden stammenden Angaben dessen Wünsche und Bedürfnisse« ermittelt und »dem Kunden objektive Informationen über das Versicherungsprodukt in einer verständlichen Form [erteilt], damit der Kunde eine wohlinformierte Entscheidung treffen kann. Jeder angebotene Vertrag muss den Wünschen und Bedürfnissen des Kunden hinsichtlich der Versicherung entsprechen.« Damit geht die IDD insofern über die bisherigen Standards hinaus.

d) Schutz vor missbräuchlichen Klauseln

50 Die gemäß ihrem Art. 3 I i.V.m. Art. 2 lit. b) auf Verbraucherverträge beschränkte[379] **Klausel-Richtlinie**[380] stellt ein zentrales Element des derzeitigen *acquis* dar.[381] Ihre Anwendbarkeit[382] auf Verbraucherversicherungsverträge ist anerkannt,[383] der konkrete Kontrollumfang allerdings schon wegen des teilweise unglücklich

---

369 Vgl. unten § 6 Rdn. 117.
370 So *Dörner/Staudinger* WM 2006, 1710, 1711 und 1717.
371 Offen lassend PK/*Ebers*, § 6 Rn. 35.
372 So *Pohlmann* VersR 2009, 327, 330.
373 A.A. P/M/*Rudy*, § 6 Rn. 31 a.E.
374 Siehe nur *Pohlmann* VersR 2009, 327, 329 f. sowie *dies.*, in diesem Buch § 6 Rdn. 76.
375 Richtlinie 2016/97/EU des europäischen Parlaments und des Rates vom 20. Januar 2016 über Versicherungsvertrieb (Neufassung), ABl. L 26 vom 02.02.2016 S. 19.
376 S. Art. 91 RL 2014/65/EU.
377 COM(2012)360., insb. Art. 17 (Offenlegungsvorschriften) und Art. 24 V (b) (Provisionsverbot bei unabhängiger Beratung über Versicherungsanlageprodukte).
378 Dies ist schon deshalb sachgerecht, weil die Richtlinie eben nicht nur die Vermittlung, sondern *alle Vertriebsformen* erfasst, das Europarecht den Versicherer aber grundsätzlich nicht zur Beratung verpflichtet; i.d.S. auch EFTA-Gerichtshof, E-11/12, *Koch/Swiss Life*, Rn. 67 ff.
379 Zum persönlichen Anwendungsbereich etwa *Henkel*, S. 41 ff.; vgl. dazu auch die rechtspolitischen Änderungsvorschläge von *Adelmann*, S. 51 ff.
380 Richtlinie 93/13/EWG des Rates vom 5. April 1993 über missbräuchliche Klauseln in Verbraucherverträgen, ABl. Nr L 095 vom 21.04.1993 S. 29.
381 Vgl. *Grundmann*, Kap. 2.10 Rn. 29: »Hauptkomponente«.
382 Eingehend *Henkel*, S. 41 ff.
383 Vgl. für viele BK/*W.-H. Roth*, Europ. VersR, Rn. 124; eingehend *Henkel*, S. 64 ff.

gewählten Wortlautes umstritten.[384] Im Mittelpunkt des Interesses stehen vor allem drei Bestimmungen: der **Missbräuchlichkeitsmaßstab** des Art. 3 I und seine **eingeschränkte Anwendbarkeit** gemäß Art. 4 II sowie das **Transparenzgebot** des Art. 5 der Richtlinie.

Eine **nicht im Einzelnen ausgehandelte AVB-Klausel** ist missbräuchlich i.S.d. Art. 3 I der Klausel-Richtlinie, »wenn sie entgegen dem **Gebot von Treu und Glauben** zum Nachteil des Verbrauchers ein **erhebliches und ungerechtfertigtes Missverhältnis** der vertraglichen Rechte und Pflichten der Vertragspartner verursacht.«[385] Gegenstand einer Inhaltskontrolle anhand des Missbräuchlichkeitsmaßstabes sind grundsätzlich[386] alle Klauseln, die weder den Hauptgegenstand des Vertrages noch die Angemessenheit von Preis und dafür erhaltener Dienstleistung betreffen (vgl. Art. 4 II der Richtlinie). Die darin zu sehende **Einschränkung der Missbräuchlichkeitskontrolle** ist allerdings an die Voraussetzung geknüpft, dass die Klausel klar und verständlich abgefasst ist (Art. 4 II i.V.m. Art. 5 der Richtlinie). Das **Transparenzgebot** ist für die Kontrolle nach Art. 3 I daher relevant,[387] denn nur wenn ihm Rechnung getragen wird, greift die Einschränkung der Missbräuchlichkeitskontrolle. Mit anderen Worten: **Kontrollfreiheit erfordert Transparenz**.[388] 51

Besonders im vorliegenden Zusammenhang stellt sich die schwierige Frage nach dem **kontrollfreien Bereich** von AVB.[389] Indem Art. 4 II den Gegenstand der Hauptleistung und die Angemessenheit des Preis-Leistungs-Verhältnisses unter dem Vorbehalt transparenter Gestaltung gem. Art. 5 von der Missbrauchskontrolle durch Art. 3 I ausnimmt,[390] wird eine Privilegierung geschaffen, die ihre Legitimation in der Wahrung von Privatautonomie und vor allem in der Vermeidung einer Preiskontrolle sucht[391] und damit die Ermöglichung des Wirkens von Marktmechanismen vor Augen hat.[392] Wäre dem nicht so, bestünde die Gefahr, dass entscheidende Vorteile der Deregulierung des Versicherungsmarktes verlustig gingen. Im Bereich der Versicherungsverträge, die stärker noch als viele andere Verträge rechtlich determiniert sind,[393] bereitet freilich die genaue Abgrenzung des Hauptgegenstandes besonders große Probleme.[394] Insgesamt ist hinsichtlich der besonders bedeutsamen **Risikobeschreibungen in AVB** festzuhalten, dass entsprechend der (jedenfalls deutschsprachigen[395]) Erwägungsgründe der Richtlinie im praktischen Ergebnis jene Klauseln für eine Kontrollfreiheit in Betracht kommen, die **für den VN erkennbar prämienrelevant** sind.[396] Dies kann etwa bei einer ausdrücklichen Ausweitung des Versicherungsschutzes gegen Prämienaufschlag oder einem Risikoausschluss gegen Prämienverringerung der Fall sein,[397] wobei auch hier das Element der »nicht im Einzelnen ausgehandelten Klausel« verwirklicht sein muss. Die bloße Prämienrelevanz, die freilich bei mancher Klausel gegeben ist, sollte – für sich genommen – keine Kontrollfreiheit zur Folge haben.[398] Gleiches gilt für **Prämienänderungsklauseln** in AVB, wobei dem Bestehen einer Vertragslösungsmöglichkeit auf Seiten des Änderungsgegners[399] besondere Be- 52

---

384 Vgl. Erwägungsgrund 19 der englischen Sprachfassung: »[…] whereas it follows, inter alia, that in insurance contracts, the terms which clearly define or circumscribe the insured risk and the insurer's liability shall not be subject to such assessment *since* these restrictions are taken into account in calculating the premium paid by the consumer.« Hervorhebung nicht im Original. Zu dem Erwägungsgrund siehe für viele MünchKommBGB/*Wurmnest*, § 307 Rn. 3 mit Hinweisen auf die Problematik der missglückten Sprachfassungen in Rn. 5; vgl. auch *Kieninger* ZEuP 1994, 277, 280 ff. Vgl. ferner *Henkel*, S. 259 ff. m.w.N.
385 Art. 3 I der Klausel-Richtlinie (Fn. 171; Hervorhebungen durch die *Verf.*).
386 Zu weiteren Beschränkungen siehe Art. 1 II der Richtlinie (*Kontrollfreiheit deklaratorischer Klauseln*).
387 Vgl. Basedow/Fock/*Basedow/Fock*, S. 39.
388 Vgl. jüngst auch EuGH Rs. C-96/14, *van Hove*, EuZW 2015, 516 (*Koch*); auf dem Prüfstand stand eine Klausel, in der es um die Übernahme der Zahlungsverpflichtungen des Darlehensnehmers bei Arbeitsunfähigkeit durch den Versicherer ging.
389 Vgl. zur (schon vor der Klausel-Richtlinie) geführten Diskussion um die Kontrolle von Versicherungsbedingungen *Kieninger* ZEuP 1994, 277, 277 ff.; im Übrigen *Kapnopoulou*, S. 103 ff. und eingehend *Adelmann*, S. 78 ff. und 103 ff.
390 Vgl. jüngst EuGH Rs. C-96/14, *van Hove*, EuZW 2015, 516 (*Koch*), Rn. 33 ff. der Entscheidung.
391 Vgl. Basedow/Fock/*Basedow/Fock*, S. 36 und 39; ferner *Henkel*, S. 29 ff. und 93 f.
392 Nach *Grundmann*, Kap. 2.10 Rn. 28 steht die Regelung des Art. 4 II der Richtlinie »sachlich und gesetzgebungstechnisch zwischen Inhaltskontrolle und Transparenzgebot«.
393 Vgl. bereits oben Rdn. 3 und die Nachweise in Fn. 31.
394 Zu versäumten Vorlagemöglichkeiten an den EuGH zur Klärung der Auslegung von Art. 4 II der Richtlinie *Basedow* NVersZ 1999, 349, 349 f. sowie *ders.*, in: Schulte-Nölke/Schulze, S. 277, 277 ff.
395 Vgl. zu Erwägungsgrund 19 der Richtlinie bereits oben Fn. 384.
396 A.A. *Römer*, in: FS 50 Jahre Bundesgerichtshof, S. 375, 381 f.
397 Vgl. zur Beachtlichkeit dieses Arguments MünchKommBGB/*Wurmnest*, § 307 Rn. 45 ff. m.w.N.; a.A. *Fausten* VersR 1999, 413, 417 f.; dagegen *Kieninger* VersR 1999, 951, 951 ff. S. weiter EnzEuR Bd. 5/*Looschelders/Michael*, § 11 Rn. 198.
398 So aber *Langheid* NVersZ 2000, 63, 65, nach dem – wegen ihrer Berücksichtigung bei der Prämienkalkulation – primäre, sekundäre und tertiäre Risikobeschreibungen kontrollfrei seien.
399 Vgl. Nr. 1 lit. h) des Anhangs der Klausel-Richtlinie. Bei vorhandenem Kündigungsrecht wird etwa von L/W/*Bruns*, Vor §§ 307–309 BGB Rn. 26 und Basedow/Fock/*Lenzing*, S. 139, 173 – europarechtliche – Kontrollfreiheit angenommen. Für *Preisindexierungsklauseln* ist Nr. 2 lit. d) des Anhangs zu beachten.

deutung zukommt.⁴⁰⁰ Desgleichen sollte außer Frage stehen, dass allein die Tatsache des »besonders günstigen Preises« eines Versicherungsproduktes nicht ausreicht, um die Ausgestaltung des Deckungsumfanges grundsätzlich der Inhaltskontrolle zu entziehen.⁴⁰¹ Vielmehr unterliegen risikoabgrenzende Klauseln grundsätzlich der Inhaltskontrolle; anderes gilt namentlich etwa für schlagwortartige Bezeichnungen des Versicherungstyps und die Festlegung der Versicherungssumme sowie der versicherten Gefahr, Sache oder Person, sofern die übrigen Voraussetzungen (siehe oben Rdn. 51) gegeben sind.⁴⁰² Anzumerken ist schließlich, dass wegen des Mindeststandard-Charakters der Klausel-Richtlinie⁴⁰³ nach richtiger Auffassung⁴⁰⁴ kein Anlass dafür besteht, den nach zutreffender h.M.⁴⁰⁵ eng auszulegenden kontrollfreien Bereich⁴⁰⁶ der Inhaltskontrolle nach nationalem deutschem Recht im Sinne einer richtlinienkonformen Interpretation auszuweiten.⁴⁰⁷

53 Das durch Art. 5 S. 1 der Klausel-Richtlinie normierte **gemeinschaftsrechtliche Transparenzgebot**⁴⁰⁸ etabliert in erster Linie Qualitätsmaßstäbe für die Formulierung schriftlich⁴⁰⁹ niedergelegter Klauseln.⁴¹⁰ Diese Qualitätsmaßstäbe wiederum dienen der Umsetzung des Modells »Verbraucherschutz durch Information«,⁴¹¹ denn Information nützt dem Verbraucher nur, wenn sie auch »klar und verständlich« abgefasst ist.⁴¹² Auffallend ist, dass Art. 5 S. 1 für Verstöße gegen das Transparenzgebot lediglich eine **Auslegungsregel** vorsieht, nach der bei Zweifeln über den Inhalt einer Klausel die für den Verbraucher günstigste Auslegung maßgeblich sein soll. Damit ist die Rechtsfolgenanordnung aber unvollständig, denn eine Regelung kann z.B. durchaus eindeutig bestimmt (und damit klar) sein, aber insgesamt für den Verbraucher unverständlich sein. Weil es in diesen Fällen – objektiv – keinen Zweifel über die Bedeutung gibt, ist der Anwendungsbereich der Auslegungsregel nicht eröffnet (isolierte Verletzung des Verständlichkeitsgebotes).⁴¹³ Die zur Lösung dieses Problems in der Literatur vertretenen Meinungen sind zahlreich;⁴¹⁴ ihre Schilderung muss hier unterbleiben. Jedenfalls plausibel erscheint der Ansatz, es den Gesetzgebern der einzelnen Mitgliedstaaten mangels näherer Regelung der Einbeziehungsproblematik durch die Klausel-Richtlinie⁴¹⁵ anheim zu stellen, ob sie intransparente Klauseln außerhalb des Anwendungsbereiches der Auslegungsregel des Art. 5 S. 2 als nicht in den Vertrag einbezogen oder als missbräuchlich (sog informationelles Missverhältnis⁴¹⁶) erklären wollen.⁴¹⁷ Ein Problem bleibt freilich bestehen: Es scheinen immer wieder Fälle vorzukommen, bei denen eine transparente Klauselgestaltung kaum oder nicht möglich⁴¹⁸ erscheint. Gerade bei komplexen Versicherungsprodukten und den diesen zugrunde liegenden AVB drängt sich damit die Frage auf, ob die Vorgaben des Transparenzgebots nicht bisweilen eine

---

400 Zum Ganzen mit rechtsvergleichenden Hinweisen *Loacker*, in: Schnyder, 127 ff.
401 *Schmidt-Salzer* VersR 1995, 1261, 1266.
402 Zutreffend *Adelmann*, S. 188; *Beckmann* ZEuP 1999, 809, 827 m.w.N.
403 Vgl. etwa MünchKommBGB/*Basedow*, Vorb. §§ 305–310 Rn. 20.
404 Vgl. *Terno* r+s 2004, 45, 49 unter Verweis auf BGH VersR 1999, 745 = r+s 99, 253.
405 Vgl. nur *Dreher*, Versicherung als Rechtsprodukt S. 298 ff.; *Römer*, in: FS 50 Jahre Bundesgerichtshof, S. 375, 379 weitere Nachweise finden sich bei *Adelmann*, S. 126 in der dortigen Fn. 781.
406 Vgl. *Henkel*, S. 259 und MünchKommBGB/*Wurmnest*, § 307 Rn. 12. Einen kontrollfreien Bereich überhaupt verneinend *Schünemann* VersR 2000, 144, 148: »Im Gegensatz zur ganz herrschenden Meinung sind AVB auch bezüglich eines ominösen ›Kernbereichs‹ keine inhaltskontrollfreien Leistungsbeschreibungen eines ebenso ominösen ›Versicherungsproduktes‹, sondern Vertragskonditionen ohne jede AGB-gesetzliche Besonderheit.« *Adelmann*, S. 186 spricht sich dafür aus, dass jedenfalls die *essentialia negotii* des Versicherungsvertrages kontrollfrei sein sollten.
407 A.A. *Langheid* NVersZ 2000, 63, 65 f., der Leistungsbeschreibungen der Kontrolle entzogen wissen will, sofern sie in klarer und verständlicher Sprache abgefasst seien und bei einer anderen Auslegung durch den BGH eine Vorlagepflicht an den EuGH konstatiert. Wie hier *Römer*, in: FS. 50 Jahre Bundesgerichtshof, S. 375, 382.
408 Aus versicherungsrechtlicher Perspektive in jüngerer Zeit etwa *Pilz*, S. 163 ff.
409 Zur Problematik handschriftlicher Klauseln siehe *Wandt* VersR 1999, 917, 917 ff. *Grundmann*, Kap. 2.10 Rn. 32 weist (m.w.N. in der dortigen Fn. 105) darauf hin, dass aus dem Transparenzgebot für schriftlich niedergelegte Klauseln kein Umkehrschluss für mündlich abgefasste Klauseln abgeleitet werden dürfe. Selbstverständlich gilt das Transparenzgebot auch bei Bereitstellung von AVB via Internet (vgl. VersHb/*Beckmann*, § 10 Rn. 232).
410 Vgl. dazu die berechtigten konzeptionellen Bedenken bei *E. Lorenz* VersR 1998, 1086, 1086 f. und den Vorschlag von *Schwintowski* NVersZ 1998, 97, die Ergebnisse sprachwissenschaftlich-empirischer Testreihen in das juristische Transparenzkonzept einfließen zu lassen. Diese Anregung aufgreifend und hinsichtlich des sog. »Flesch-Tests« vertiefend *Basedow* VersR 1999, 1045, 1053.
411 Vgl. Grabitz/Hilf/*Pfeiffer*, A.5. Rn. 1, 5 und 16 m.w.N.
412 Im Detail *Kapnopoulou*, S. 142 ff.; vgl. ferner *Römer*, in: FS E. Lorenz (2004) S. 615, 615 ff. und VersHb/*Beckmann*, § 10 Rn. 233 f.
413 Siehe zu alldem Grabitz/Hilf/*Pfeiffer*, A.5. Rn. 22.
414 Vgl. nur die Nachweise bei Grabitz/Hilf/*Pfeiffer*, A.5. Rn. 23.
415 Zu im Anwendungsbereich der Richtlinie nur spärlich möglichen Rückschlüssen auf das Problem der Einbeziehung vorformulierter Klauseln siehe Basedow/Fock/*Lenzing*, S. 139, 169 f.; *Grundmann*, Kap. 2.10 Rn. 42 bezeichnet die Einbeziehungskontrolle als die »größte Lücke« innerhalb des Anwendungsbereiches der Richtlinie.
416 Vgl. Grabitz/Hilf/*Pfeiffer*, A.5. Rn. 54.
417 So Grabitz/Hilf/*Pfeiffer*, A.5. Rn. 25; sich anschließend Basedow/Fock/*Lenzing*, S. 139, 171.
418 So *Basedow* VersR 1999, 1045, 1053 f.

C. Europäisches Versicherungsvertragsrecht Einleitung

Wunschvorstellung des europäischen Gesetzgebers reflektieren, deren Nichtumsetzbarkeit zu Lasten des Verwenders geht.[419]

Für die Bejahung der **Missbräuchlichkeit einer Klausel** i.S.d. Art. 3 I der Klausel-Richtlinie[420] müssen folgende Merkmale kumulativ vorliegen: ein **erhebliches und ungerechtfertigtes Missverhältnis** zwischen den vertraglichen Rechten und Pflichten der Vertragsparteien (**Äquivalenzprinzip**),[421] das einen **Nachteil für den Verbraucher** zur Folge hat, welcher wiederum in seiner konkreten Ausgestaltung als **Verstoß gegen Treu und Glauben**[422] zu missbilligen ist.[423] Die Konkretisierung des zuletzt genannten Kriteriums bereitet naturgemäß Schwierigkeiten; ein eigener Erwägungsgrund trägt ihnen Rechnung.[424] Nach ihm ist insbesondere »zu berücksichtigen, welches Kräfteverhältnis zwischen den Verhandlungspositionen der Parteien bestand, ob auf den Verbraucher in irgendeiner Weise eingewirkt wurde, seine Zustimmung zu der Klausel zu geben, und ob die Güter oder Dienstleistungen auf eine Sonderbestellung des Verbrauchers hin verkauft bzw. erbracht wurden.« In den Blick der Klauselkontrolle rücken damit etwa Klauseln, die – ohne einen Ausgleich dafür zu leisten – Rechte des Verbrauchers erheblich beeinträchtigen.[425] Inwieweit dem EuGH bei der Konkretisierung der autonom auszulegenden Generalklausel des Art. 3 I der Richtlinie Auslegungskompetenz zukommt, ist im Detail streitig.[426] Nach richtiger Auffassung besteht jedenfalls in jenen Fällen keine Vorlagepflicht, in denen es bei näherer Betrachtung gar nicht um die **Ausfüllung** der Generalklausel, sondern um deren **Anwendung** auf das nationale Recht geht[427] oder bei denen eine Klausel aufgrund eines – wegen des Mindeststandardprinzips der Klausel-Richtlinie zulässigen – höheren mitgliedstaatlichen Schutzniveaus für unwirksam erklärt wird.[428]

Als **Rechtsfolge** ordnet Art. 6 I der Richtlinie die Unverbindlichkeit[429] einer solchen missbräuchlichen Klausel für den Verbraucher und (sofern möglich[430]) die Wirksamkeit der übrigen Klauseln an. Nach unbestrittener Auffassung ist auch eine geltungserhaltende Reduktion missbräuchlicher Klauseln unzulässig.[431] Die Richtlinie aber enthält keine explizite Aussage über die Folgen der Unwirksamkeit der Klausel, die zur Lückenhaftigkeit des Vertrags führen kann. Eine Ergänzung durch dispositives Recht ist zweifellos zulässig.[432] Einige Entscheidungen des EuGH haben aber Zweifel aufkommen lassen, ob eine ergänzende Vertragsauslegung im Verbrauchergeschäft zulässig ist.[433] Der BGH hält eine solche Vertragsergänzung freilich für zulässig,[434] dies dürfte auch der herrschenden Auffassung entsprechen.[435] Tatsächlich könnte ein Verbot der ergänzenden Vertragsauslegung nur aus den Zwecken von Art. 6 der Richtlinie abzuleiten sein.[436] Die zitierten Entscheidungen des EuGH bieten dafür jedenfalls keine Stütze: So ist etwa die Aussage in der Rs. *Kásler und Káslerne Rábai*[437], dass eine Vertragsergänzung durch dispositives Recht nach Wegfall einer missbräuchlichen Klausel möglich ist, nicht *e contrario* so zu verstehen, dass eine ergänzende Vertragsauslegung nicht zulässig wäre.[438] Vielmehr stand im Vorlageverfahren schlicht eine Ergänzung durch dispositives Recht zur Diskussion. Die Entscheidung spricht im Gegenteil sogar *für* die Zulässigkeit der ergänzenden Auslegung, was sich mit der Funktionsverwandtschaft der beiden Vertragsergänzungsmechanismen erklären lässt. Die Vertrags-

---

[419] Vgl. auch *E. Lorenz* VersR 1998, 1086, 1087: »Sicher ist schließlich noch, dass bei der Transparenzkontrolle mehr unsicher als sicher ist«.
[420] Dazu *Kapnopoulou*, S. 113 ff.
[421] *Basedow* VersR 1999, 1045, 1049.
[422] Dazu *Ponick*, S. 64.
[423] Vgl. nur Grabitz/Hilf/*Pfeiffer*, A.5. Rn. 52.
[424] Vgl. Erwägungsgrund 16 der Richtlinie (Fn. 171).
[425] So *Heiderhoff*, S. 69.
[426] Für eine ausschließliche Zuständigkeit des EuGH siehe *Henkel*, S. 403 m.w.N.; einschränkend hingegen Grabitz/Hilf/*Pfeiffer*, A.5. Rn. 41 und 46 sowie vor allem BK/*W.-H. Roth*, Europ VersR, Rn. 124 a.E. und *ders.*, in: FS Drobnig 1998, 135, 140; differenzierend auch *Heinrichs* NJW 1998, 1447, 1455.
[427] Vgl. dazu auch *Heiderhoff*, S. 73.
[428] Siehe *Heiderhoff*, S. 73.
[429] Dazu *Grundmann*, Kap. 2.10 Rn. 27 und *Ponick*, S. 68 f.
[430] Dazu *Kapnopoulou*, S. 156.
[431] EuGH Rs. C-618/10, *Banco Español de Credito*, Rn. 58 ff., 71.
[432] EuGH Rs. C-26/13, *Kásler und Káslerne Rábai*, Rn. 82.
[433] EuGH Rs. C-453/10, *Perenicová und Perenic*; Rs. C-472/10, *Invitel*; Rs. C-618/10, *Banco Español de Credito*; Rs. C-26/13, *Kásler und Káslerne Rábai*.
[434] BGH NJW 2013, 991 Rn. 24 ff. Siehe MünchKommBGB/*Basedow*, § 306 Rn. 6a m.w.N. Der versicherungsrechtliche Senat des österr. OGH hat die Frage in Kenntnis der Rechtsprechung des EuGH offen gelassen (OGH 7 Ob 11/14i; dazu insb. *Leupold/Ramharter* ÖBA 2015, 16, 16 ff.).
[435] S. nur MünchKommBGB/*Basedow*, § 306 Rn. 6a f. m.w.N.; aus Österreich etwa *Fidler* JBl 2014, 693, 702 ff.; *Geroldinger* ÖBA 2013, 27, insb. 34 f.; *Leupold/Ramharter* ÖBA 2015, 16, 16 ff.
[436] S. MünchKommBGB/*Basedow*, § 306 Rn. 6b: »ob das Ergebnis geeignet ist, den Abschreckungseffekt der Klauselkontrolle zu beseitigen«.
[437] Rs. C-26/13, Rn. 80 ff.
[438] Zutr. *Fidler* JBl 2014, 693, 701 f.; *Leupold/Ramharter* ÖBA 2015, 16, 38 [Punkt 4.].

ergänzung muss – selbstverständlich – ausgewogen sein und darf das Verbot der geltungserhaltenden Reduktion nicht umgehen.

56 Schon in Anbetracht der innerhalb der Richtlinie sonst – wie gerade gezeigt – nur zurückhaltend vorgesehenen Sanktionen[439] verdient die Regelung ihres Art. 7 II besondere Hervorhebung: Sie sieht – beschränkt auf Standardklauseln[440] – eine **Verbandsklagemöglichkeit** vor, die im Bereich der Verbraucherversicherungsverträge die Bedeutung der ex-post-Kontrolle von AVB durch Zivilgerichte erneut steigen lässt.[441]
Vereinzelt[442] sind im Schrifttum **Zweifel an der Europarechtskonformität** der in den §§ 164 und 203 IV VVG enthaltenen Befugnis des Versicherers geäußert worden, für unwirksam erklärte Bestimmungen der AVB für die Lebens-, Berufsunfähigkeits-[443] und Krankenversicherung während der Vertragslaufzeit durch neue, wirksame Bestimmungen zu ersetzen.[444] Begründend wird ins Treffen geführt, der Versicherer werde dadurch in einer Weise gegenüber anderen Klauselverwendern privilegiert,[445] die mit Blick auf den *effet utile* der Klausel-, aber auch der Unterlassungsklagen-Richtlinie[446] bedenklich erscheine. Zweifelhaft sei insbesondere, ob infolge der Anpassungsbefugnis des Versicherers für diesen noch hinreichende Anreize zur Vermeidung missbräuchlicher Abreden bestünden.[447] Soweit ersichtlich, haben derartige Bedenken bisher keine größere Gefolgschaft gefunden.

e) Schutz vor ungerechtfertigter Diskriminierung

57 Von dem Schutz der grenzüberschreitende Geschäftstätigkeit entfaltenden Versicherer durch **binnenmarktbezogene Diskriminierungsverbote** war bereits die Rede (vgl. Rdn. 9 ff.). Die europarechtlichen Vorgaben zur Nichtdiskriminierung beziehen sich jedoch nicht nur auf die Binnenmarktverwirklichung und sind auch für den VN unmittelbar relevant. So enthält insbesondere das Sekundärrecht[448] eine Reihe von **gesellschaftspolitischen Diskriminierungsverboten**,[449] die Ausdruck eines Grundprinzips der Gleichbehandlung und -berechtigung sind.[450] Ihre Umsetzung in nationales Recht hat zu einer gewissen Etablierung des Gedankens der Verteilungsgerechtigkeit[451] (auch) im Privatrecht geführt,[452] wenngleich ein allgemeiner Gleichbehandlungsgrundsatz keineswegs zu den privatrechtlichen Leitprinzipien gehört.[453] Ebenso wenig weist ein allgemeines europäisches Diskriminierungsverbot – abgesehen von seiner wichtigen Auslegungsfunktion – einen selbständigen Regelungsgehalt auf, der **außerhalb konkreter Richtlinienvorgaben** Anlass für eine Erstreckung seiner unmittelbaren Geltung auf Privatrechtsverhältnisse geben sollte.[454] Eine solche unmittelbare Geltung ist nur in vertikalen Beziehungen, also in jenen zwischen Bürgern und Trägern von Hoheitsgewalt, zu rechtfertigen.[455] Einen klar entgegengesetzten Ansatz verfolgen insofern die von der sog. *Acquis Group*[456] ausgearbeiteten Prinzipien.[457]

---

439 Vgl. *Grundmann*, Kap. 2.10 Rn. 43 und Art. 7 I der Richtlinie.
440 Zu dieser Beschränkung *Hommelhoff* AcP 192 (1992) 71, 90 ff.
441 *Heiss* HAVE 2007, 235, 239.
442 *Dörner/Staudinger* WM 2006, 1710, 1714 f.
443 § 176 VVG ordnet die entsprechende Anwendbarkeit des § 164 VVG an.
444 Siehe dazu allg. VersHb/*Wandt*, § 11 Rn. 126 ff.; P/M/*Schneider*, § 164 Rn. 1 ff.; Marlow/Spuhl/*Grote*, Rn. 1061 und 1075 ff.
445 Insofern auch Marlow/Spuhl/*Grote*, Rn. 1063: »[f]olglich trägt das Verwenderrisiko (…) nicht der Versicherer, sondern der Versicherungsnehmer«.
446 Fn. 172.
447 So *Dörner/Staudinger* WM 2006, 1710, 1714 f.
448 Aus dem Bereich des Primärrechts vgl. insbesondere Art. 18 AEUV, der unbeschadet besonderer Bestimmungen jede Diskriminierung aus Gründen der Staatsangehörigkeit verbietet sowie Art. 21 I der EU-Grundrechte-Charta, der u.a. die Diskriminierung wegen Alters, Geschlechts, Religion, Behinderung und sexueller Ausrichtung verbietet.
449 Eine solche Differenzierung nach binnenmarktbezogenen und gesellschaftspolitischen Diskriminierungsverboten wurde überzeugend von *Basedow* ZEuP 2008, 230, 234, 237 vorgeschlagen.
450 Für den Bereich des Versicherungsrechts eingehend *Krömmelbein*, S. 1 ff.
451 Dazu im spezifisch versicherungsrechtlichen Kontext *Hartwig*, S. 29 ff. und S. 91 ff. Zur Ableitung eines Gleichbehandlungsgrundsatzes im Versicherungsrecht aus dem Gedanken der Gefahrengemeinschaft sowie unter dem Rückgriff auf aufsichtsrechtliche Prinzipien schon *Dreher*, S. 127 ff. sowie zuletzt *Krömmelbein*, S. 4 ff.
452 So MünchKommBGB/*Thüsing*, Einleitung zum AGG, Rn. 61.
453 Vgl. *Basedow* ZEuP 2008, 230.
454 Siehe nur *Basedow* ZEuP 2008, 230, 244 ff., der sich deshalb für ein Verständnis dieses Grundsatzes als »hermeneutisches Prinzip« ausspricht. Siehe aber (hinsichtlich der Diskriminierung aufgrund des Alters) EuGH Rs C-144/04, *Mangold/Helm*, Slg. 2005, I-9981; dazu unten Fn. 474.
455 *Basedow* ZEuP 2008, 230, 247.
456 Vgl. die von dieser Gruppe vorgeschlagenen Art. 3:101 ff. der »Grundregeln des bestehenden Vertragsrechts der Europäischen Gemeinschaft«, abgedruckt in ZEuP 2008, 896 ff.
457 Dazu krit. *Basedow* ZEuP 2008, 230, 247, nach dem die Principles diesbezüglich »einer Korrektur bedürfen«. Im Ergebnis a.A. hingegen *Zoll* ERA Forum 9/2008, Supplement 1, S. 87, 92 ff.

C. Europäisches Versicherungsvertragsrecht Einleitung

Von der Mehrzahl der Richtlinien, die gesellschaftspolitische Diskriminierungsverbote enthalten,[458] sind im spezifischen Bereich des Versicherungsvertragsrechts bisher[459] die sog. **Antirassismus-Richtlinie**[460] sowie die sog. **Gender-Richtlinie**[461] von Relevanz. Die Erstgenannte verbietet gem. ihres Art. 1 uneingeschränkt jede Diskriminierung wegen der beiden Merkmale »**Rasse**« oder »**ethnische Herkunft**«.[462] Die Letztgenannte bekämpft entsprechend ihres Art. 1 **geschlechtsspezifische Diskriminierungen** beim Zugang zu und der Versorgung mit Gütern und Dienstleistungen. Soweit sie sich gegen eine Schlechterstellung von Frauen aufgrund von **Schwangerschaft** oder **Mutterschaft** (Art. 4 I lit. a) der RL) richtet, sind ihre Vorgaben seit jeher zwingend; im Übrigen waren geschlechtsbezogene (anders als die von der Antirassismus-Richtlinie erfassten) Ungleichbehandlungen nach der ursprünglichen, am 21. Dezember 2004 im Amtsblatt veröffentlichten Richtlinienfassung[463] zulässig, »wenn die Berücksichtigung des Geschlechts bei einer auf relevanten und genauen versicherungsmathematischen und statistischen Daten beruhenden Risikobewertung ein bestimmender Faktor ist.«[464]

58

Während sich die Anwendbarkeit der Gender-Richtlinie auf private Versicherungsverträge schon aus der Sonderbestimmung ihres Art. 5 ergibt, wird jene der Antirassismus-Richtlinie einhellig aus ihrer Anwendbarkeit auf den Zugang zu und die Versorgung mit Dienstleistungen, die der Öffentlichkeit zur Verfügung stehen (vgl. Art. 3 I lit. h) der RL) und zu denen anerkanntermaßen auch Versicherungsverträge zu zählen sind,[465] abgeleitet.[466]

59

Auffallend ist, dass beide Anti-Diskriminierungsrichtlinien für ihrerseits verpönte Diskriminierungshandlungen nicht Unwirksamkeit als Rechtsfolge anordnen, sondern es den Mitgliedstaaten überlassen, dafür **Sanktionen** vorzusehen, die »wirksam, verhältnismäßig und abschreckend« sind (vgl. Art. 15 der Antirassismus-Richtlinie sowie Art. 14 der Gender-Richtlinie).[467] Der deutsche Gesetzgeber hat in diesem Sinne insbesondere Ansprüche auf verschuldensunabhängige Beseitigung (§ 21 I 1 AGG), Unterlassung (§ 21 I 2 AGG), Schadensersatz (§ 21 II 1 AGG) und den Ersatz immaterieller Schäden (§ 21 II 3 AGG) vorgesehen.[468] Höchst umstritten ist die Frage, ob bei einem Verstoß gegen das Diskriminierungsverbot ein Anspruch auf Abschluss eines zu Unrecht verweigerten Vertrages bestehen kann.[469] Die Richtlinien – zumal sie Sanktionen grundsätzlich nicht regeln – geben zur Beantwortung dieser Frage abgesehen von dem Erfordernis der Verhältnismäßigkeit keinen unmittelbaren Anhaltspunkt.

60

Die Umsetzung der genannten Richtlinien erfolgte in Deutschland – schlussendlich[470] – im Rahmen des Allgemeinen Gleichbehandlungsgesetzes[471] (AGG).[472] Sie war im Bereich der Individualversicherung insofern **überschießend**, als das deutsche Gesetz vor der Benachteiligung aufgrund einer Reihe von Unterscheidungsmerkmalen schützen soll, die europarechtlich nicht geboten waren. So nehmen die genannten beiden Richtlinien – anders als § 19 I AGG, der seine Anwendung auch auf private Versicherungsverträge anordnet – keinen Bezug auf die Unterscheidungsmerkmale der **Religion**, einer **Behinderung**,[473] des **Alters**[474] oder der

61

---

458 Dazu weitergehend etwa *Riesenhuber*, Rn. 419 ff. und *Schiek*, in: Schiek, Einleitung Rn. 35 ff.
459 Vorgeschlagen, aber noch nicht beschlossen ist zwischenzeitlich eine weitere Richtlinie zur Anwendung des Grundsatzes der Gleichbehandlung ungeachtet der Religion oder der Weltanschauung, einer Behinderung, des Alters oder der sexuellen Ausrichtung – vgl. KOM (2008) 426 endg.
460 RL 2000/43/EG des Rates vom 29. Juni 2000 zur Anwendung des Gleichbehandlungsgrundsatzes ohne Unterschied der Rasse oder der ethnischen Herkunft, ABl. Nr. L 180 vom 19.07.2000, S. 22.
461 RL 2004/113/EG des Rates vom 13. Dezember 2004 zur Verwirklichung des Grundsatzes der Gleichbehandlung von Männern und Frauen beim Zugang zu und bei der Versorgung mit Gütern und Dienstleistungen, ABl. Nr L 373 vom 21.12.2004, S. 37.
462 Vgl. im Detail Schiek, Art. 1 AGG Rn. 9 ff.
463 Insofern unterscheidet sich die Richtlinie in ihrer endgültigen Fassung vom ursprünglichen Richtlinienentwurf – vgl. dazu *P. Schmidt*, S. 70 ff. und *Danzl*, S. 38 ff.
464 Art. 5 II der RL (Fn. 461).
465 Vgl. etwa die Gesetzesbegründung zum AGG, BT-Drucks. 16/1780 S. 32.
466 Vgl. *Armbrüster* VersR 2006, 1297, 1297.
467 *Basedow* ZEuP 2008, 230, 238 sieht darin einen »sonderbaren Kontrast zu der eindeutigen Anordnung der Nichtigkeit wettbewerbsbeschränkender Verträge in Art. 81 II EG«.
468 Dazu im Detail *Armbrüster* VersR 2006, 1297, 1302 und zuletzt *Richter*, S. 91 ff.
469 Dagegen *Armbrüster* VersR 2006, 1297, 1303 f.; vorsichtig dafür *Maier-Reimer* NJW 2006, 2577, 2582.
470 Zum (später zurückgezogenen) Entwurf eines Anti-Diskriminierungsgesetzes vgl. *Koppenfels-Spiess* WM 2002, 1489 ff. sowie zuvor *Säcker* ZRP 2002, 286 ff.
471 Aus versicherungsrechtlicher Perspektive dazu eingehend *Armbrüster* VersR 2006, 1297 ff. und *Thüsing/von Hoff* VersR 2007, 1, 1 ff.
472 Vgl. dazu etwa *Krömmelbein*, S. 246 ff.
473 Zur besonderen praktischen Bedeutung und den Schwierigkeiten bei der Begriffsbestimmung dieses Merkmals siehe *Armbrüster* VersR 2006, 1297, 1298 f.
474 Vgl. dazu aber EuGH Rs C-144/04, *Mangold/Helm*, Slg. 2005, I-9981 Rn. 75, nach dem das Verbot der Diskriminierung wegen des Alters als »ein allgemeiner Grundsatz des Gemeinschaftsrechts anzusehen« sei. Die Entscheidung hat zu Recht erhebliche Kritik erfahren. Vgl. etwa *Basedow* ZEuP 2008, 230, 242: »Im Ergebnis fehlt dem angeblichen allgemeinen Rechtsgrundsatz eines Verbots der Diskriminierung aus Gründen des Alters nicht nur jegliche Basis im

Einleitung   C. Europäisches Versicherungsvertragsrecht

sexuellen Identität. Es ist deshalb unbedenklich, wenn der deutsche Gesetzgeber in Form des § 20 I, II 1 und II 3 AGG insofern Rechtfertigungstatbestände geschaffen hat, die bei Vorliegen eines sachlichen Grundes eine Ungleichbehandlung aufgrund (insbesondere) der eben genannten Merkmale ermöglichen. Demgegenüber stünde es in Widerspruch mit den europarechtlichen Vorgaben, wenn von deren Verbot der Ungleichbehandlung wegen der Rasse oder der ethnischen Herkunft (vgl. Art. 1 der Antirassismus-Richtlinie) abgewichen werden könnte oder Kosten in Zusammenhang mit Schwangerschaft oder Mutterschaft zu unterschiedlichen Prämien oder Leistungen führen könnten (vgl. Art. 5 III Gender-Richtlinie).[475] Dies ist jedoch in der deutschen Umsetzung nicht der Fall, die insofern **absolute Diskriminierungsverbote** normiert (vgl. §§ 19 II und 20 II 2 AGG[476]).

62 Europarechtlich unbedenklich war zunächst auch die in § 20 II 1 AGG[477] geregelte,[478] geschlechtsbezogene Ungleichbehandlung bei Prämien und Leistungen, die an das Vorliegen der in Art. 5 II der Gender-Richtlinie normierten Voraussetzungen anknüpfte.[479] Dies hat sich mit dem Urteil des EuGH in der Rs. *Association Belge des Consommateurs Test-Achats ASBL u.a.*[480] grundlegend **geändert**. Im Ergebnis hat sich der Gerichtshof darin den Schlussanträgen seiner Generalanwältin[481] angeschlossen, wonach die gem. Art. 5 II der genannten Richtlinie zulässige Berücksichtigung »von auf dem Geschlecht beruhenden versicherungsmathematischen Faktoren«[482] mit den Vorgaben der Art. 21 I und 23 I der EU-Grundrechte-Charta unvereinbar sei, also gegenwärtiges Sekundärrecht gegen höherrangiges Primärrecht verstoße. Die Ausführungen der Generalanwältin, die insbesondere darauf abstellten, dass nicht das Geschlecht, sondern die – praktisch freilich nur beschränkt eruierbaren[483] und noch dazu auf Dauer verschiedensten Veränderungen unterworfenen[484] – wirtschaftlichen und sozialen Gegebenheiten sowie die Lebensgewohnheiten für das versicherte Risiko (bzw. konkret: für die Lebenserwartung) entscheidend seien,[485] sind kritikwürdig.[486] Sie tragen dem genuinen Risikodifferenzierungsbedürfnis des Versicherungssektors zu wenig Rechnung und führen stattdessen zu verpflichtenden Unisex-Tarifen. Auch ist durchaus fraglich, ob eine bloße (noch dazu an durchaus strenge Voraussetzungen geknüpfte) Öffnungsklausel wie Art. 5 II überhaupt gegen die europäischen Grundrechte verstoßen kann.[487] Der EuGH sah es in seiner (reichlich knapp ausgefallenen) Urteilsbegründung als mit dem Ziel der Gleichbehandlung von Frauen und Männern und der Grundrechte-Charta als unvereinbar an, dass die Öffnungsklausel den Mitgliedstaaten die unbefristete Aufrechterhaltung von Ausnahmen vom Grundsatz geschlechtsneutraler Prämien und Leistungen gestatte.[488] Er kam deshalb zu dem Ergebnis, dass Art. 5 II der Gender-Richtlinie **mit Wirkung vom 21. Dezember 2012 ungültig** ist. Mit dieser äußerst kurzen Frist unterschritt der Gerichtshof selbst jene dreijährige Übergangsfrist, die Generalanwältin *Kokott* noch gefordert hatte.[489] Symptomatisch für das Urteil ist, dass es der Gerichtshof unterlässt, die wichtige Frage der Auswirkung auf Altverträge in irgendeiner Weise anzusprechen (und damit jedenfalls kurzfristig Rechtsunsi-

---

Gemeinschaftsrecht oder in völkerrechtlichen Übereinkommen, er steht auch quer zu aller menschlichen Erfahrung und entbehrt jeder rechtspolitischen Vernunft.« Im Detail *Armbrüster*, in: Begemann/Bruns, S. 43 ff. sowie *Gerken/Rieble/Roth/Stein/Streinz*, S. 3 ff. und S. 67 ff. Bei gesamthafter Betrachtung der jüngeren EuGH-Rechtsprechung zur Frage der Altersdiskriminierung entsteht insbesondere der Eindruck, die Argumentationsstränge des Gerichtshofs verliefen geradezu schlangenlinienartig – so treffend *Preis* NZA, 2010, 1323, der dennoch eine Systematisierung versucht (1327). Siehe auch *Preis/Temming* NZA 2010, 185, 194 ff. und *Richter*, S. 276 ff.

475 Vgl. auch Erwägungsgrund 20 der RL: »Eine Schlechterstellung von Frauen aufgrund von Schwangerschaft oder Mutterschaft sollte als eine Form der direkten Diskriminierung aufgrund des Geschlechts angesehen und daher im Bereich der Versicherungsdienstleistungen und der damit zusammenhängenden Finanzdienstleistungen unzulässig sein. Mit den Risiken der Schwangerschaft und der Mutterschaft verbundene Kosten sollten daher nicht den Angehörigen eines einzigen Geschlechts zugeordnet werden«.
476 Bedenken zum (seiner Ansicht nach zu engen) Wortlaut der Bestimmung finden sich allerdings bei *Armbrüster* VersR 2006, 1297, 1299.
477 Zur Streichung dieses Satzes durch Art. 8 des SEPA-Begleitgesetz, BGBl. I 2013, S. 610, s. sogleich.
478 Dazu im Detail *Thüsing/von Hoff* VersR 2007, 1, 4.
479 Für eine Verfassungswidrigkeit unterschiedlicher Tarife in der privaten Krankenversicherung allerdings *Wrase/Baer* NJW 2004, 1623, 1625 f.; a.A. *Wandt* VersR 2004, 1341, 1341 ff.
480 Rs. C-236/09, *Association Belge des Consommateurs Test-Achats ASBL u.a.*, EuGH-Urteil vom 1. März 2011, VersR 2011, 377. Dazu etwa *Loacker* HAVE 2011, 351; *Perner* ÖJZ 2011, 333; *Mönnich* VersR 2011, 1092; *Armbrüster* LMK 2011, 315339; *Looschelders* VersR 2011, 421; *Kahler* NJW 2011, 894; *Lüttringhaus* EuZW 2011, 296; *Rolfs/Binz* VersR 2011, 714.
481 Schlussanträge der Generalanwältin *Kokott* vom 30.09.2010, Rn. 50 ff.
482 Vgl. Rn. 69 der Schlussanträge.
483 *Armbrüster* VersR 2010, 1571, 1582.
484 *Thüsing* ZESAR 2010, 28.
485 Vgl. Rn. 62 der Schlussanträge.
486 Ablehnend auch *Karpenstein* EuZW, 2010, 885 ff.; *Thüsing* ZESAR 2010, 27 f.; *Armbrüster* VersR 2010, 1571, 1578 ff.
487 S. *Armbrüster* VersR 2010, 1571, 1580.
488 EuGH (Fn. 480) Rn. 32.
489 Vgl. die Schlussanträge der Generalanwältin vom 30. September 2010, Rn. 80.

cherheit erzeugt⁴⁹⁰). Der durch das Urteil ausgelöste Handlungsbedarf ist vielfältig. Aus Sicht des **deutschen Gesetzgebers** sollte ihm mit der Verabschiedung des sog. SEPA-Begleitgesetzes⁴⁹¹, durch das Art. 20 II 1 AGG gestrichen wurde, Rechnung getragen werden. Dessen ungeachtet verbleiben in Einzelbereichen wie insbesondere der privaten Krankenversicherung weiterhin ungeklärte Fragen.⁴⁹² Aus Sicht des **Unionsgesetzgebers** erscheint die Aufrechterhaltung von (eine Geschlechterdifferenzierung erlaubenden) Ausnahmen wie jener in Art. 9 I lit. h) der RL 2006/54/EG⁴⁹³ unmöglich und das Festhalten an Art. 2 VII des Richtlinienentwurfs KOM (2008) 426 endg.⁴⁹⁴ zumindest überprüfungsbedürftig.⁴⁹⁵ Der weitreichendste Handlungsbedarf traf indes wohl die Versicherungswirtschaft – neben umfassenden Neukalkulationen mussten etwa von den AVB bis zum Werbematerial der gesamte Informations- und Regelungsbestand aller betroffenen Sparten auf noch nicht geschlechtsneutrale Differenzierungen gesichtet und geprüft werden.⁴⁹⁶ Überwiegend wurde angenommen, die EuGH-Entscheidung führe zu einer Anhebung der Prämien für VN des bisher jeweils begünstigten Geschlechts,⁴⁹⁷ allerdings ist zumindest auch vorstellbar, dass es bei durchschnittlicher Betrachtung insgesamt zu keinen allzu großen Veränderungen kommt. Die genaue Entwicklung bleibt noch abzuwarten, Ökonomen werden mit den von Einheitstarifen ausgehenden *(dis) incentives* jedenfalls nicht besonders glücklich sein.⁴⁹⁸ Auch wird sich zeigen, inwiefern in Zukunft auf den Lebensstil bezogene, geschlechtsneutrale Merkmale wie der *body mass index,* die *waist-to-height-ratio*⁴⁹⁹, die Häufigkeit von Arztbesuchen, Alkohol- oder Nikotinkonsum⁵⁰⁰ udgl. tatsächlich eine (größere) Rolle spielen werden.

Es ist hier nicht der Ort, um das Urteil in der Rs. C-236/09 im Detail zu hinterfragen.⁵⁰¹ Neben der Vielzahl versicherungsökonomischer und europarechtlich fundierter Einwände, die gegen die Entscheidung zugunsten der verpflichtenden Einheitstarifierung erhoben werden können, drängen sich aber zumindest zwei Grundsatzfragen besonders auf:

1.) Wird, indem man jede auch noch so wohlbegründete Risikounterscheidung nach dem Geschlecht generell untersagt, nicht im Ergebnis legitime *Differenzierung* mit illegitimer *Diskriminierung* verwechselt (Letztere verstanden als *benachteiligende* Behandlung aufgrund unrechtmäßiger oder unangemessener – etwa vorurteilsbedingter – Annahmen)?⁵⁰²

2.) Wird mit dem Urteil nicht ungeachtet aller *juristischen Begründungsversuche* tatsächlich ein wertungsgeladenes *politisches* Ziel verwirklicht, über dessen Realisierung die Legislative und nicht die Judikative zu entscheiden berufen wäre?⁵⁰³

Unabhängig von derlei Grundsatzfragen und dem Reaktionsbedarf der Versicherungswirtschaft stellt das Urteil in der Rs. C-236/09 wie gezeigt auch die **Mitgliedstaaten** vor erhebliche Herausforderungen. Zur Bewältigung derselben hat die Kommission (wie schon früher in Zusammenhang mit EuGH-Urteilen von großer

---

490 Zur Frage der zeitlichen Anwendbarkeit zuletzt *Beyer/Britz* VersR 2013, 1219 ff., die mit der h.M. eine Maßgeblichkeit der Urteilskonsequenzen für ab dem 21. Dezember 2012 zustande gekommene Versicherungsverträge annehmen und damit eine Erfassung von »Altfällen« ablehnen. Dies entspricht offenkundig auch der Absicht des deutschen Gesetzgebers (vgl. § 33 V AGG) sowie der Europäischen Kommission (vgl. deren Leitlinien [Nachweis hier in Fn. 505]. S. 4). Kritikwürdig erscheint diese – nun freilich definitive – Sichtweise dennoch: vgl. *Loacker* HAVE 2011, 351, 357 ff.
491 BGBl. I 2013, S. 610 (Art. 8).
492 Dazu eingehend *Beyer/Britz* VersR 2013, 1219, 1226 f. und zuvor schon *Armbrüster,* Das Unisex-Urteil des EuGH (Test-Achats) und seine Auswirkungen, S. 16 f. und *Looschelders,* in: *Leible/Schlachter,* S. 141, 147 ff. Weiter *Matusche-Beckmann,* in: Dauses, Kap. E.VI.6. Rn. 310.
493 RL 2006/54/EG des Europäischen Parlaments und des Rates vom 5. Juli 2006 zur Verwirklichung des Grundsatzes der Chancengleichheit und Gleichbehandlung von Männern und Frauen in Arbeits- und Beschäftigungsfragen (Neufassung), ABl. L 204 vom 26.07.2006, S. 23.
494 Vorschlag für eine Richtlinie des Rates zur Anwendung des Grundsatzes der Gleichbehandlung ungeachtet der Religion oder der Weltanschauung, einer Behinderung, des Alters oder der sexuellen Ausrichtung; KOM (2008) 426 endg.
495 Vgl. aber zu den Unterschieden der Differenzierungskriterien »Alter« und »Geschlecht« etwa *Perner,* in: WiR, S. 123, 129 f.
496 Vgl. *Schwintowski* VersR 2011, 164, 166.
497 Vgl. EuZW 2011, 247.
498 Zu versicherungsökonomischen Gründen für eine Differenzierung nach personenbezogenen Merkmalen übersichtlich zuletzt *Richter,* S. 42 ff.
499 Dazu *Loacker* HAVE 2011, 351, 357.
500 Weitere dieser weichen Tarifierungsmerkmale finden sich etwa bei *Armbrüster,* Das Unisex-Urteil des EuGH (Test-Achats) und seine Auswirkungen, S. 15 ff.
501 Siehe dazu bereits die (noch auf die Schlussanträge der Generalanwältin bezogenen) kritischen Würdigungen, auf die in Fn. 486 und 496 verwiesen wird, sowie *Sagmeister* VersR 2011, 187, 189. Zum Urteil selbst siehe die kritischen Stellungnahmen von *Looschelders* VersR 2011, 421, 421 ff.; *Lüttringhaus* EuZW 2011, 296, 296 ff.; *Armbrüster* LMK 2011, 315339; *Loacker* HAVE 2011, 351; *Perner* ÖJZ 2011, 333; *Kahler* NJW 2011, 894; EnzEuR Bd. 5/*Looschelders/Michael,* § 11 Rn. 217. Positiv(er) demgegenüber *Rolfs/Binz* VersR 2011, 714, 717; *Mönnich* VersR 2011, 1092.
502 Ähnlich auch zu (unions-)rechtlichen Aspekten der Gleichbehandlung von Ungleichem etwa *Schwintowski* VersR 2011, 164, 168.
503 In diese Richtung auch zutreffend *Sagmeister* VersR 2011, 187, 190.

Einleitung   C. Europäisches Versicherungsvertragsrecht

Strahlkraft für den Versicherungssektor[504] *soft law* geschaffen. Konkret werden in Gestalt von **Leitlinien**[505] Ausführungen getätigt, die die Adaption der mitgliedstaatlichen Gesetzgebung an die Urteilsvorgaben erleichtern sollen.[506]

f) Stärkung der Geschädigtenrechte, illustriert am Beispiel der Kfz-Haftpflichtversicherung

65 Moderne Versicherungsvertragsrechte zeichnen sich dadurch aus, dass sie nicht nur den Schutz des VN, sondern auch den des Geschädigten zum Anliegen haben. Den Prüfstein bildet insoweit vor allem das Haftpflichtversicherungsrecht. Ganz allgemein lässt sich feststellen, dass neuere Kodifikationen dem Geschädigten als – aus Perspektive des Versicherungsvertrages – Drittem vermehrt besondere Rechte einräumen, die insgesamt zu einer erheblichen Stärkung seiner Position führen.[507] Eine der zentralen Verbesserungen stellt die Abkehr vom sog. Trennungsprinzip[508] im Bereich der Kfz-Haftpflichtversicherung dar, indem dort ein **Direktanspruch des Geschädigten** gegen den KH-Versicherer (mittlerweile: Art. 18 RL 2009/103/EG) etabliert wurde.[509] Dieser kann überdies nach der Rechtsprechung des EuGH[510] grundsätzlich beim **Wohnsitzgericht des Geschädigten** eingebracht werden.[511] Aufgrund eines *obiter dictum* des EuGH ist ferner davon auszugehen, dass dieser Gerichtsstand des Art. 13 I i.V.m. Art. 11 I (b) EuGVVO auch den Erben eines Unfallopfers zur Verfügung steht.[512] Gleiches könnte künftig für Klagen mittelbar Geschädigter etwa auf Unterhalt oder den Ersatz von Schockschäden gelten.[513] Ungeachtet seiner weiten Auslegung des Geschädigtenbegriffs hat der EuGH mit Verweis auf die fehlende Schutzwürdigkeit[514] einem **Sozialversicherungsträger**, der infolge einer Legalzession Anspruchsinhaber geworden ist, den Gerichtsstand der Direktklage jedoch zu Recht[515] verwehrt.[516]

66 Den Anstoß[517] für die Einführung des gemeinhin[518] dem »französischen Rechtskreis« zugeordneten Prinzips des Direktanspruchs gab bereits das Straßburger Übereinkommen vom 20. April 1959.[519] Obwohl dieses praktisch nur wenig Bedeutung erlangte,[520] war damit doch der Grundstein für eine in puncto Geschädigtenfreundlichkeit bis heute andauernde **Vorreiterrolle** des (auf europarechtlichen Vorgaben beruhenden) Kfz-Haftpflichtversicherungsrechts gelegt. Diese Vorreiterrolle hätte im VVG 2008 – freilich europarechtlich (noch) nicht geboten – im Wege der grundsätzlichen Erstreckung des Direktanspruchs auf alle obligatorischen Haftpflichtversicherungen zum Ausdruck kommen sollen.[521] Im Zuge des Gesetzgebungsverfahrens ist die Realisierung dieses Ansatzes jedoch einer wenig überzeugenden, einschränkenden Lösung gewichen,[522] die einen Direktanspruch außerhalb der Kfz-Haftpflichtversicherung nur noch bei Insolvenz oder unbekanntem Aufenthalt des VN einräumt und sich rühmt,[523] den Direktanspruch dadurch »auf die unter Verbraucherschutzgesichtspunkten wesentlichen Problembereiche zurückgeführt« zu haben.[524] Diese unbefriedigende Lösung ändert jedoch nichts daran, dass dem Direktanspruch in der Kfz-Haftpflichtversicherung in anderen

---

504 Vgl. Rdn. 10 ff.
505 Mitteilung der Kommission, K(2011) 9497 endg.
506 Dazu eingehend *Pohlmann*, in: GS U. Hübner, S. 209 ff. und *Beyer/Britz* VersR 2013, 1219, 1221 ff.
507 Vgl. etwa VersHb/*W.T. Schneider*, § 24 Rn. 3 unter beispielhafter Anführung des abgesonderten Befriedigungsrechts des Dritten in der Insolvenz des VN (§ 110 VVG). Dies ist auch ein zentrales Ergebnis der rechtsvergleichenden Studie von *Fenyves/Kissling/Perner/Rubin* (Hrsg.), Compulsory Liability Insurance, in der zehn europäische Rechtsordnungen untersucht wurden.
508 Dazu etwa *Wandt*, Rn. 1059 ff. sowie R/L/*Langheid*, § 100 Rn. 32 ff. mit jeweils weiteren Nachweisen.
509 Zu dessen kollisionsrechtlicher Anknüpfung nach Art. 18 der Rom II-VO *Heiss/Loacker* JBl 2007, 613, 637 f. Zur Anknüpfung der Direktklage außerhalb des Kfz-Haftpflichtversicherungsrechts nach Art. 18 Rom II-VO EuGH Rs. C-240/14, *Prüller-Frey/Brodnig u.a.*, EuZW 2015, 795 *(Loacker)*.
510 EuGH Rs. C-463/06, *FBTO Schadeverzekeringen NV/Jack Odenbreit*, Slg. 2007 I-11321. Zu Folgefragen des Urteils siehe *Staudinger/Czaplinski* NJW 2009, 2249 ff.
511 Zur argumentativen Begründung eines solchen Gerichtsstandes zu Recht krit. *Heiss* EuZ 2006, 54 ff. und 107; *ders.* VersR 2007, 327, 329; A. *Fuchs* IPRax 2007, 302, 306 f.; *dies.* IPRax 2008, 104, 106 f.
512 Siehe EuGH Rs. C-347/08, *Vorarlberger Gebietskrankenkasse/WGV-Schwäbische Allgemeine Versicherungs AG*, Rn. 44.
513 Siehe den diesbezüglichen Vorschlag von *Lüttringhaus* VersR 2010, 183, 187.
514 *Lüttringhaus* VersR 2010, 183, 190 weist allerdings darauf hin, dass bereits das Vorliegen einer Versicherungssache i.S.d. Art. 8 EuGVVO [nunmehr: Art. 10 EuGVVO] zu verneinen gewesen wäre und daher der begehrte Gerichtsstand von vornherein nicht zur Verfügung gestanden hätte.
515 A.A. *Wittwer* ZEuP 2009, 564, 571.
516 Siehe EuGH (Fn. 512).
517 So Feyock/Jacobsen/Lemor/*Lemor*, Teil 1, Rn. 5.
518 Vgl. etwa *Wandt*, Rn. 1086 in der dortigen Fn. 123.
519 Ein Abdruck findet sich etwa bei Feyock/Jacobsen/Lemor, Teil 5.
520 H/E/K/*Lemor*, Europ. PflichtversR, Rn. 4.
521 Vgl. etwa VersHb/*W.T. Schneider*, § 1a Rn. 33.
522 Vgl. § 115 VVG; dazu VersHb/*W.T. Schneider*, § 24 Rn. 176 ff. Im Übrigen unten § 115 Rdn. 1 ff.
523 Vgl. Beschlussempfehlung des Rechtsausschusses, Begründung zu § 115, BT-Drucks. 16/5862, S. 99.
524 PK/*C. Huber*, § 115 Rn. 9 hält diese Feststellung jedenfalls für »übertrieben«.

C. Europäisches Versicherungsvertragsrecht **Einleitung**

Mitgliedstaaten hingegen sehr wohl Modellcharakter für die übrigen Haftpflichtversicherungssparten zugekommen ist.[525]

Die Rechtsharmonisierung ist auf dem Gebiet der Kfz-Haftpflichtversicherung wesentlich weiter gediehen als in anderen Bereichen des Versicherungsvertragsrechts.[526] Die Intensität zwingender europarechtlicher Vorgaben kommt dem Geschädigten zu gute.[527] Von den zahlreichen Maßnahmen auf Unionsebene, die zu einer wesentlichen Verbesserung seiner Position geführt haben, seien an dieser Stelle neben dem bereits erwähnten Direktanspruch und der obligatorischen Natur der Kfz-Haftpflichtversicherung beispielhaft nur folgende hervorgehoben:[528] die Einführung eines **Mindestversicherungsschutzes**, insbesondere hinsichtlich der Vorgabe von **Mindestdeckungssummen**[529] und der Etablierung eines in räumlicher Hinsicht **unionsweit bestehenden Versicherungsschutzes**,[530] ferner das **Verbot der Berufung auf bestimmte Einwendungen aus dem Vertragsverhältnis gegenüber dem Geschädigten** sowie die verpflichtende Einrichtung von **Entschädigungsfonds** etwa für Fahrerfluchtfälle, von **Auskunftsstellen** zur Ermittlung des verantwortlichen Versicherers und die Benennung von **Schadenregulierungsbeauftragten**.[531] 67

Bei allem können diese wichtigen Maßnahmen nicht darüber hinweg täuschen, dass es ihnen bisher insofern an einer »flankierenden Maßnahme« fehlt, als das Haftpflichtrecht für Straßenverkehrsunfälle nicht unionsweit harmonisiert ist.[532] Jüngst hat der EuGH etwa ausgesprochen, dass die obligatorische Kraftfahrzeug-Haftpflichtversicherung immaterielle Schäden von Personen, die den Todesopfern eines Verkehrsunfalls nahestanden, decken muss, soweit dieser Schadensersatz aufgrund der zivilrechtlichen Haftung des Versicherten in dem auf den Ausgangsrechtsstreit anwendbaren nationalen Recht vorgesehen ist.[533] Damit ist der entscheidende Punkt allerdings angesprochen: Gewährt das nationale Recht keinen Ersatz, hilft auch die Harmonisierung des Haftpflichtversicherungsrechts nicht. Die Bindung des harmonisierten Versicherungsschutzes an die nicht harmonisierten nationalen Haftpflichtrechte kann auch im Bereich von ohne Verschulden des Fahrzeuglenkers zu Schaden gekommenen, nicht-motorisierten Verkehrsteilnehmern, wie Fußgängern und Fahrradfahrern, aufgrund der sehr verschiedenen nationalen Rechtslagen zu unbefriedigenden Härtefällen führen, die auch nach Inkrafttreten der bisherigen, nunmehr konsolidierten KH-Richtlinien nicht gelöst sind.[534] Ebenso wenig harmonisiert und damit bisher im Ergebnis nicht bewältigt ist die Frage der Ersatzfähigkeit von notwendigen und angemessenen Rechtsverfolgungskosten im Zusammenhang mit Straßenverkehrsunfällen, die in einzelnen Mitgliedstaaten gar nicht oder nur in sehr geringem Umfang erstattungspflichtig sind.[535] Auch darin ist derzeit aus Geschädigtensicht ein Benachteiligungspotential begründet. Schließlich ist zu bemängeln, dass es trotz Verabschiedung der Rom II-Verordnung[536] bisher nicht gelungen ist, das **für Straßenverkehrsunfälle maßgebliche IPR** vollständig zu harmonisieren und stattdessen bei Vorliegen der entsprechenden Voraussetzungen[537] dem (von Deutschland nicht ratifizierten) Haager Straßenverkehrsübereinkommen[538] Vorrang vor den (abweichenden) Anknüpfungsregeln der Rom II-Verordnung zukommt.[539] 68

Demgegenüber hat die sog. **Small-Claims-Verordnung**[540] eine (prozessuale) Verbesserung der Geschädigtenposition insofern mit sich gebracht, als seit 1. Januar 2009 grenzüberschreitende zivil- oder handelsrechtliche Forderungen bis zur Höhe von 2000 EUR bzw. ab Inkrafttreten der jüngsten Verordnungsänderungen (mit 69

---

525 Vgl. nur die rechtsvergleichende Übersicht bei *Heiss/Kosma*, in: FS Han Wansink, S. 279, 279 ff.
526 Im Jahr 2009 wurden die bis dahin ergangenen fünf KH-Richtlinien (siehe dazu das gegenständliche Kapitel in der 1. Auflage, dortige Fn. 401) in einer sechsten Richtlinie konsolidiert (dazu bereits oben Rdn. 19): Vgl. Richtlinie 2009/103/EG über die Kraftfahrzeug-Haftpflichtversicherung und die Kontrolle der entsprechenden Versicherungspflicht (kodifizierte Fassung) vom 16.09.2009, ABl. Nr. L 263, S. 11.
527 Vgl. EnzEuR Bd. 5/*Looschelders/Michael*, § 11 Rn. 228.
528 Siehe im Detail etwa H/E/K/*Lemor*, Europ. PflichtversR, Rn. 4 ff., 33 ff. und 68 ff.
529 Vgl. dazu die Anpassung der Beträge – ABl. C 332 vom 09.12.2010, S. 1.
530 Vgl. auch EuGH Rs. C-556/13, *Litaksa/BTA Insurance Company*, wonach eine Prämiengestaltung, die sich abhängig davon ändert, ob das versicherte Fahrzeug ausschließlich im Gebiet des Mitgliedstaats betrieben werden soll, in dem es seinen gewöhnlichen Standort hat, oder im gesamten Gebiet der Union, unzulässig ist.
531 Dazu jeweils VersHb/*Mönnich*, § 2 Rn. 172 ff.
532 Vgl. auch *Heiss/Schnyder*, in: Kronke/Melis/Schnyder, Teil C, Kap. 2, Rn. 192 a.E.
533 EuGH, Rs. C-22/12, *Haasová*, und Rs. C-277/12, *Drozdovs/Baltikums AAS*.
534 Vgl. nur VersHb/*Mönnich*, § 2 Rn. 176.
535 Siehe H/E/K/*Lemor*, Europ. PflichtversR Rn. 86.
536 Verordnung (EG) Nr. 864/2007 des Europäischen Parlaments und des Rates vom 11. Juli 2007 über das auf außervertragliche Schuldverhältnisse anzuwendende Recht (Rom II), ABl. L 199 vom 31.07.2007, S. 40.
537 Vgl. Art. 28 I Rom II-VO.
538 Haager Übereinkommen über das auf Straßenverkehrsunfälle anzuwendende Recht vom 04.05.1971.
539 Dies wird zu Recht kritisiert von *Staudinger/Czaplinski* NJW 2009, 2249, 2254.
540 Verordnung (EG) Nr. 861/2007 vom 11.07.2007 zur Einführung eines europäischen Verfahrens für geringfügige Forderungen, ABl. (EG) Nr. L 199 vom 31.07.2007, S. 1; zuletzt geändert durch Verordnung (EU) Nr. 2015/2421 vom 16.12.2015, ABl. (EU) Nr. L 341 vom 24.12.2015, S. 1.

14.07.2017) bis zur Höhe von 5000 EUR in einem europaweit standardisierten, vereinfachten Verfahren geltend gemacht werden *können*.[541]

III. Jüngere Entwicklungen
1. Der Weg zu einem optionalen Instrument

70 Von den Entwicklungen auf Unionsebene, die (gleichsam über den Zwischenschritt eines Gemeinsamen Referenzrahmens [GRR]) in den derzeitigen Stand der politischen wie akademischen Diskussion um ein optionales Instrument (OI) für Versicherungsverträge gemündet haben, war bereits die Rede.[542] Für ein besseres Verständnis unerlässlich ist zunächst die terminologisch-inhaltliche **Abgrenzung** von OI und GRR. Beim **OI** würde es sich um eine **Verordnung gem. Art. 288 II AEUV** handeln, deren Besonderheit darin bestünde, dass ihre Anwendbarkeit vom Willen der Parteien jenes Vertrages abhängt, dessen Inhalt von ihr erfasst wird. Demgegenüber sollten die möglichen Hauptzwecke des vormals anvisierten **GRR** nach ursprünglicher Auffassung der Europäischen Kommission[543] darin liegen, gemeinsame vertragsrechtliche Grundsätze ebenso wie einheitliche Definitionen von Schlüsselbegriffen des Vertragsrechts festzulegen und Mustervorschriften zu formulieren. Hinsichtlich Letzterer wurden im Rahmen einer »denkbaren Struktur« besondere Vorschriften für Versicherungsverträge eigens hervorgehoben.[544] Ein Entwurf eines solchen GRR, der wohl als Basis für späteres **soft law** dienen sollte,[545] wurde von verschiedensten wissenschaftlichen Arbeitsgruppen, die unter dem Dach eines sog. *Joint Network of European Private Law*[546] in unterschiedlicher Form miteinander kooperierten,[547] ausgearbeitet und in Form eines sog. *Draft Common Frame of Reference (DCFR)* veröffentlicht.[548] Ein solcherart **akademischer Entwurf**[549] sollte die Basis für einen späteren **politischen Entwurf** eines CFR (bzw. deutsch: GRR) bilden.[550] Der tatsächlich angestrebte Verwendungszweck dieses GRR blieb jedoch stets wolkig.[551] Ausgegangen wurde einerseits von einer Verwendung als sog. *toolbox*, von der mehrere Gebrauch machen könnten (zu denken wäre etwa an den EuGH,[552] aber ebenso an nationale Gerichte, die im Zuge der Auslegung von Bestimmungen des *acquis communautaire* darauf zurückgreifen könnten; andererseits sollte auch der Unionsgesetzgeber profitieren können, indem er den GRR als Basis für weitere und/oder konsolidierende Rechtsakte verwendet usw.). Manche sahen mit ihm den Grundstein für eine neue europäische Rechtssprache gelegt.[553] Der Standpunkt des Justizministerrates vom 18.04.2008[554] schränkte diese möglichen Verwendungszwecke allerdings wesentlich (und unnötig) ein, indem er den GRR als »ein Instrument zur besseren Rechtssetzung, das [nur] auf die gesetzgebenden Organe der Gemeinschaft ausgerichtet sein wird« verstanden wissen wollte und sonstige Legislativmaßnahmen mit keinem Wort erwähnte. Mittlerweile ist es still geworden um den GRR. Die Gründe können hier nicht im Einzelnen dargelegt werden. Rückblickend ist aber wohl von einem gewissen **Überoptimismus** sowohl auf politischer als auch (insbesondere was den ausgearbeiteten Umfang betrifft) auf akademischer Seite auszugehen. Zuletzt wurde jedenfalls fast ausschließlich über das Für und Wider neuer, **sektoral eng beschränkter optionaler Instrumente** diskutiert. Bemerkenswert ist freilich, dass demgegenüber in jüngerer Zeit die Idee einer bloß unverbindlichen *toolbox* gerade von jenen politischen Kräften »wiederentdeckt« zu werden scheint, die – verbindlichen – Vereinheitlichungs-

---

541 Zu Anwendungsbereich und Inhalt der VO siehe etwa *Hess/Bittmann* IPRax 2008, 305 ff. und *Jahn* NJW 2007, 2890 ff. Zu den jüngsten Änderungen der Verordnung *Ulrici* EuZW 2016, 369 ff.
542 Oben Rdn. 4 f.
543 Vgl. KOM (2004) 651 endg. S. 12.
544 Vgl. Anhang I Mitteilung der Kommission (Fn. 543) S. 17.
545 Vgl. *Loacker* VersR 2009, 289.
546 Siehe http://www.copecl.org.
547 *Remien* GPR 2008, 124, spricht nicht zu Unrecht von einer »administrativen Zusammenpressung verschiedener Forschergruppen«.
548 *von Bar/Clive/Schulte-Nölke*, Principles, Definitions and Model Rules of European Private Law. Draft Common Frame of Reference (DCFR). Interim Outline Edition (2008) sowie *Study Group on a European Civil Code*, Draft Common Frame of Reference (DCFR). Full Edition (2009). Anzumerken ist, dass die versicherungsrechtlichen Regeln in diesen Werken nicht enthalten (vgl. die dortige Rn. 59), jedoch frei im Internet verfügbar sind – siehe http://www.restatement.info. Im Übrigen siehe Fn. 605.
549 Vgl. dazu nur *Clive* ERA 9/2008, Supplement 1, S. 13 ff.
550 Vgl. aus der unüberschaubaren Zahl der Veröffentlichungen *Leible* NJW 2008, 2558, 2560; *ders.* BB 2008, 1469, 1471; eingehend und überwiegend krit. *Eidenmüller/Faust/Grigoleit/Jansen/Wagner/Zimmermann* JZ 2008, 529, 529 ff.; ferner *Ernst* AcP 208 (2008) 248, 248 ff.
551 *Basedow* ZEuP 2007, 280, 282.
552 Vgl. *Trstenjak* ZEuP 2007, 145 ff.
553 Vgl. *Heiss*, in: Hendrikse/Rinkes, S. 41, 49.
554 Standpunkt des Justizministerrates 8397/08 (Presse 96) vom 18.04.2008, Press release 2863rd Council meeting Justice and Home Affairs S. 18 ff.; dazu *Remien* GPR 2008, 124, 125 ff.

C. Europäisches Versicherungsvertragsrecht **Einleitung**

bemühungen grundsätzlich skeptisch gegenüberstehen.[555] Diese weit verbreitete Skepsis hat selbst im Bereich bereits weit gediehener Legislativprojekte zu einem (jedenfalls vorläufigen) Scheitern geführt: So wurde etwa der Vorschlag für ein **Gemeinsames Europäisches Kaufrecht (GEK)** auf optionaler Basis überraschend zurückgezogen,[556] obwohl er zuvor große Zustimmung im Europäischen Parlament gefunden hatte.[557] Über die genauen künftigen Entwicklungen im Versicherungssektor kann man letztlich nur mutmaßen. Fest steht einerseits, dass ein GRR (jedenfalls technisch betrachtet) die Basis für ein darauf aufbauendes **optionales Instrument** darstellen könnte.[558] Andererseits steht außer Frage, dass bloßes *soft law* die Probleme des Versicherungsbinnenmarktes nicht zu lösen vermag und stattdessen eine Rechtsgrundlage erforderlich ist, die den Rückgriff auf die verschiedenen nationalen Rechtsordnungen und deren zwingende Bestimmungen erspart. Eine solche einheitliche Rechtsgrundlage könnte eben eine optionale Verordnung darstellen, die kompetenzrechtlich insbesondere auf Art. 352 AEUV gestützt[559] werden könnte.[560] Mit ihrer Verabschiedung würde den Parteien des Versicherungsvertrages (nicht zu verwechseln mit Dritten wie etwa Versicherungsvermittlern usw.) ein Normengebilde zur Verfügung stehen, welches sie **an Stelle des nationalen (Versicherungsvertrags-)Rechts** wählen könnten.[561] Ob eine solche Wahl – die technisch sowohl in Form einer gemeinsamen Entscheidung der Vertragsparteien für das Instrument (*opt-in*) oder in einer Abwahl desselben (*opt-out*) realisierbar wäre[562] – nur im Fall **grenzüberschreitender** oder auch bei **rein innerstaatlichen** Sachverhalten möglich sein soll, ist umstritten. Im Bereich des Versicherungsvertragsrechts wäre es klar zu begrüßen, in *allen* Fällen der Anwendbarkeit des Rechts eines EG-Mitgliedstaates[563] die (nationales Recht verdrängende) Wahl des optionalen Instruments zu ermöglichen.[564] Anderenfalls beraubt man es völlig unnötig eines zentralen Vorzugs, nämlich der Möglichkeit, beide Sachverhalte auf dem Boden *einer einzigen* (gemeinsamen) Rechtsgrundlage zu beurteilen.[565] Der Vorteil des optionalen Instruments bestünde in diesem Fall nur, aber immerhin darin, innerhalb der Union die Zahl der potentiell zu berücksichtigenden Rechtsordnungen von (derzeit) 28 auf zwei zu reduzieren.

Ein weiterer – grundsätzlich alle diskutierten optionalen Instrumente betreffender – Richtungsstreit besteht schließlich über die **Rolle des Kollisionsrechts** bei der Ausübung der Wahl: während einige[566] – und insbesondere die PEICL (dazu sogleich Rdn. 75 ff.) – sich für die Eröffnung der Wahlmöglichkeit nur dann aussprechen, wenn das heranzuziehende Kollisionsrecht zuvor die Anwendbarkeit eines mitgliedstaatlichen Rechts ergeben hat (sog. *Vor-* oder besser: *Zwischenschaltlösung*[567]), sprechen sich andere[568] dezidiert für eine unmittelbare Anwendung des optionalen Instruments durch Normierung autonomer Anwendungsvoraussetzungen unter Verdrängung des Kollisionsrechts aus (sog. *einheitsrechtliche Lösung*). Unabhängig davon, wie man zu diesem Streit[569] stehen mag, sollte man jedenfalls von *Kombinationslösungen*, die namentlich die Vorschaltlösung mit autonomen räumlichen Anwendungsvorbehalten verbinden, absehen. Solche (gerade beim gescheiterten GEK-Projekt[570] verfolgten) Kombinationslösungen führen zu völlig unnötiger Kompliziertheit und begünstigen unliebsame »Überraschungen« bei den Rechtsunterworfenen.[571]

71

---

555 So wohl auch die Einschätzung von *Basedow* ZEuP 2015, 432, 433. Vgl. das dort in Bezug genommene, gemeinsame Schreiben der Justizminister Deutschlands, Finnlands, Frankreichs, Österreichs, der Niederlanden und des Vereinigten Königreichs vom 28.11.2014, abgedruckt in ZEuP 2015, 433 ff.
556 Mitteilung KOM(2014) 910 endg., Annex 2, Nr. 60.
557 Vgl. *Groß* EuZW 2014, 204.
558 Ausführlich *Loacker* VersR 2009, 289, 292 ff. sowie allg. *Ernst* AcP 208 (2008) 248, 263 ff.
559 Vgl. *Basedow*, in: FS E. Lorenz (2004) S. 93, 101 f.; *Leible* NJW 2008, 2558, 2561. Zu den unnötigen Problemen, die der im Gefolge der sog. Lissabon-Entscheidung des BVerfG (Urt. v. 30.06.2009, NJW 2009, 2267) geschaffene § 8 IntVG (Flexibilisierungsklausel) der deutschen Legislative bei auf Art. 352 AEUV gestützten Rechtsakten bereitet, s. krit. *Basedow* EuZW 2010, 41.
560 Art. 352 AEUV stellt freilich nicht die einzig denkbare Grundlage einer solchen Verordnung dar. So wurde etwa der seinerzeitige Vorschlag für ein Gemeinsames Europäisches Kaufrecht auf Art. 114 AEUV gestützt (dazu krit. etwa *Basedow* EuZW 2012, 1 f.; *Perner*, in: Wendehorst/Zöchling-Jud, S. 21, 33 ff.).
561 Eingehend und grundsätzlich *Heiss*, in: Loacker/Zellweger-Gutknecht, S. 15, 22 ff. und (spezifisch versicherungsrechtlich) *ders.*, RabelsZ 76 (2012) 316 ff. Generelle Kritik an einem optionalen Instrument findet sich etwa bei *M. Müller* EuZW 2003, 683, 684 ff.; mit Blick auf die Versicherungswirtschaft ebenfalls krit. *Fricke* VersR 2005, 1474, 1474 ff.
562 Vgl. dazu *Basedow* ZEuP 2004, 1, 2 f.
563 Vgl. dazu eingehend und grundlegend *Heiss/Downes* ERPL 2005, 693, 706 ff.
564 Gegen eine Beschränkung des Anwendungsbereiches des optionalen Instruments auf grenzüberschreitende Verträge etwa klar *Basedow* ZEuP 2004, 1, 3: »integrationspolitisch verfehlt«. Im Übrigen siehe *Loacker* VersR 2009, 289, 296.
565 Siehe nur *Heiss*, Introduction, Rn. 50.
566 Vgl. nur *Heiss*, in: Loacker/Zellweger-Gutknecht, S. 15, 29 ff.
567 *Loacker* EuZW 2014, 888, 889.
568 Für viele *Rühl* MJ 1 (2012), 148, 156 ff.
569 Vgl. die eingehende Analysen von *Fornasier* RabelsZ (76) 2012, 401, 406 ff.; *Gebauer* GPR 2011, 227, 232 ff. und *Heiss*, in: FS G. H. Roth, 2011, S. 237, 240 ff.
570 Vgl. zuvor Rdn. 70.
571 Dazu eingehend *Loacker* EuZW 2014, 888 ff.

Einleitung C. Europäisches Versicherungsvertragsrecht

72 In allen Varianten der Ausgestaltung der Wahlmöglichkeit der Verordnung sollte jedenfalls die gegebene **Auslegungszuständigkeit des EuGH** zu zusätzlichen, wünschenswerten Vereinheitlichungseffekten führen.

73 Der EWSA[572] hat sich dem in einer Stellungnahme[573] vom 27.05.2010 angeschlossen und die **vier zentralen Vorteile** eines optionalen Instruments – Anwendbarkeitsentscheidung durch Marktmechanismen, Unangetastetlassen nationaler Rechtskulturen, Entfall der Anwendung »fremden« Rechts, unionsweites Tätigwerden auf Grundlage eines Vertragsrechtsregimes – überzeugend in den Vordergrund gerückt.[574] Diese Stellungnahme ist auch deshalb bemerkenswert, weil sie (ungeachtet ihres insofern irreführenden Titels) klarstellt, dass ein optionales Instrument sinnvollerweise nur als **zweites Vertragsrechtsregime** verstanden werden kann, das **allen Mitgliedstaaten gemeinsam** ist und nicht – wie es eine Bezeichnung als »28.« bzw. jetzt »29. Regime« nahe legen könnte[575] – aus Sicht der Mitgliedstaaten fremdes Recht darstellte.[576] Deswegen bestünde der einzige Unterschied etwa zwischen dem deutschen VVG und einem künftigen optionalen Versicherungsinstrument darin, dass Ersteres vom deutschen Gesetzgeber und Letzteres vom Unionsgesetzgeber verabschiedet wurde.[577] Teil der deutschen Rechtsordnung[578] wären jedoch beide Regime. Zuletzt weist der EWSA in seiner Stellungnahme mit Recht darauf hin,[579] dass sich die Schaffung eines solcherart konzipierten, optionalen Instruments auch für Bereiche außerhalb des Versicherungsrechts anböte – namentlich werden etwa Sicherungsrechte an beweglichen Sachen sowie das Erb- und Ehegüterrecht genannt. Bei allem ist klar, dass ungeachtet der Vielzahl potentieller Anwendungsgebiete und der nicht nur »politischen Attraktivität«[580] dieses Instruments manche Bereiche von vornherein ausscheiden müssen: So wäre es bspw. absurd, ein künftig harmonisiertes Deliktsrecht in ein solches Instrument zu kleiden, wenn man nur einmal bedenkt, dass sich in diesem Fall Schädiger und Geschädigter (die sich typischerweise vor dem Schadensereignis fremd sind) über dessen Anwendbarkeit ins Einvernehmen setzen müssten.[581] In ihrem **Grünbuch vom 01.07.2010**[582] hat die Europäische Kommission auf die Initiativstellungnahme des EWSA Bezug genommen. Sie stellt darin (formal gleichberechtigt) sieben Optionen zur Beseitigung der bestehenden, durch die Uneinheitlichkeit der 28. Vertragsrechtsregime bedingten Handelshemmnisse vor, die gleichzeitig den legitimen Verbraucherschutzinteressen Rechnung tragen sollen. Kaum zu verkennen ist allerdings, dass die Kommission mit guten Gründen nur eine der sieben Optionen, nämlich die vierte (»Verordnung zur Einführung eines fakultativen europäischen Vertragsrechtsinstruments«) ernsthaft in Erwägung zieht.[583] Was den Regelungsgehalt des Instruments betrifft, so ist mit spezifischem Blick auf den Versicherungssektor an dieser Stelle lediglich zweierlei festzuhalten: Erstens ist davon abzuraten, getrennte Instrumente für Verbraucher- und Unternehmerversicherungsverträge vorzusehen,[584] weil für Versicherungsverträge eine Differenzierung nach der Art des Risikos die sachgerechtere ist.[585] Zweitens stimmen die Äußerungen der Kommission, wonach mit den PEICL (dazu sogleich) bereits ein potentielles Regelungsmuster für bestimmte Dienstleistungsverträge vorliege, vorsichtig optimistisch, dass sich der Unionsgesetzgeber in mittelbarer Zukunft der (optionsbasierten) Regelung des Versicherungsvertragsrechts zuwenden könnte. Andererseits lässt die Kommission hinsichtlich Verträgen über Finanzdienstleistungen im Allgemeinen noch deutliche Zurückhaltung erkennen.[586]

Mit **Entschließung vom 8. Juni 2011**[587] bekräftigte das Europäische Parlament »seine frühere Forderung, Versicherungsverträge in den Anwendungsbereich des optionalen Instruments einzubeziehen, da ein solches Instrument für kleinere Versicherungsverträge besonders nützlich sein könnte« und unterstrich, dass »bereits Vorarbeiten zu den Grundregeln des europäischen Versicherungsvertragsrechts – GEVVR (Principles of Euro-

---

572 Vgl. dazu oben Rdn. 5.
573 Initiativstellungnahme des Europäischen Wirtschafts- und Sozialausschusses zum Thema »Das 28. Regime – eine Alternative für weniger Rechtsetzung auf Gemeinschaftsebene«, ABl. C 21 vom 21.01.2011, S. 26.
574 Vgl. Rn. 1.10 der Stellungnahme.
575 Zur terminologisch reichlich uneinheitlich geführten Diskussion siehe *Fornasier* RabelsZ (76) 2012, 401, 406 ff. sowie die Nachw. in Fn. 607.
576 Vgl. Rn. 3.1.2 f. der Stellungnahme.
577 Siehe *Heiss*, Introduction, Rn. 38.
578 Im Einzelnen wird dies freilich von manchen bestritten – vgl. etwa *Flessner* ZEuP 2012, 726, 733 ff.
579 Vgl. Rn. 4.3.1. ff. der Stellungnahme.
580 Vgl. eingehend *Loacker*, Informed Insurance Choice?, S. 213 ff.
581 Darauf weist zu Recht die PEICL-Gruppe in ihrer Stellungnahme zum Grünbuch der Kommission vom 1. Juli 2010 (dazu sogleich im Text) Rn. 6 hin. Die Stellungnahme ist unter http://ec.europa.eu/justice/news/consulting_public/0052/contributions/284_en.pdf abrufbar.
582 KOM (2010) 348 endg. – »Optionen für die Einführung eines Europäischen Vertragsrechts für Verbraucher und Unternehmen«.
583 Ebenso *Tonner* EuZW 2010, 767, 768.
584 So aber Rn. 4.2.1. des Grünbuchs.
585 Siehe bereits Rdn. 36 a.E.
586 Vgl. Rn. 4.3.3 der Stellungnahme, wonach diese Verträge »oft sehr speziell und technisch« seien und deshalb »Vorsicht geboten« sei.
587 Entschließung des Europäischen Parlaments vom 8. Juni 2011 zu Optionen für die Einführung eines Europäischen Vertragsrechts für Verbraucher und Unternehmen 2011/2013 (INI), Rn. 25.

pean Contract Law – PEICL) – geleistet worden sind, die in ein Europäisches Vertragsrecht integriert werden sollten und die es zu überarbeiten und weiter voranzutreiben gilt«.

Im September 2011 nahm die der Idee eines optionalen Versicherungsrechtsinstruments besonders verpflichtete (damalige) EU-Justizkommissarin *Viviane Reding* den **Dialog mit der Versicherungswirtschaft** auf, um gemeinsam die Vorteile eines solchen Instruments zu erörtern. Mit den konkreten Arbeiten an diesem sollte noch im Jahr 2012 begonnen werden.[588] Tatsächlich wurde am 17. Januar 2013 durch förmlichen Beschluss der Kommission eine **Expertengruppe für Europäisches Versicherungsvertragsrecht** eingesetzt.[589] Dieser[590] wurde aufgetragen, »der Frage nach[zu]gehen, *ob* die Unterschiede im Versicherungsvertragsrecht der Mitgliedstaaten grenzüberschreitende Versicherungsgeschäfte erschweren und wenn ja, welche Produkte davon betroffen sind«.[591] In Anbetracht der seit der formalen Vollendung des Versicherungsbinnenmarktes gemachten, jahrzehntelangen empirischen Beobachtungen über das stark eingeschränkte Funktionieren ebendieses Marktes muss man schon die Fragestellung an die Expertengruppe als einigermaßen unterkomplex erachten. Noch bemerkenswerter ist allerdings das Fehlen eines Auftrags zur Unterbreitung der sonst üblichen Schlussfolgerungen in Form von an die Kommission gerichteten Empfehlungen bestimmter Maßnahmen.[592] Offenkundig wollte man jede Präjudizierung vermeiden und die Zügel selbst in der Hand behalten. In ihrem im Jahr 2014 veröffentlichten[593] **Abschlussbericht** kam die Expertengruppe zu dem überzeugenden, wenngleich wenig überraschenden Befund, dass im Massenversicherungsbereich, insbesondere in den Sparten Leben, Haftpflicht und Kfz die bestehenden Divergenzen der nationalen Vertragsrechte zu Rechtsunsicherheit, Anpassungsbedarf und damit verbundenen Kosten führen.[594] Dessen ungeachtet lässt schon der Text des Berichts die Spannungen und Uneinigkeiten erahnen, die offenbar selbst innerhalb der Expertengruppe bestanden. Ob damit die bestmögliche Basis für weitere Initiativen auf politischer Ebene geschaffen wurde, kann dahingestellt bleiben. Klar ist, dass der Abschlussbericht als Handlungsgrundlage dienen *kann*, denn Binnenmarkthemmnisse wurden eindeutig festgestellt.[595] Ob und inwiefern die Europäische Kommission den ihr auf diese Weise zugespielten Ball aufnehmen und tatsächlich einen Vorschlag für ein OI des europäischen Versicherungsrechts präsentieren wird, bleibt abzuwarten. Einstweilen bleibt es jedenfalls »in der Warteschleife«.[596] Dass die Schaffung eines optimierten europäischen Binnenmarktes für Finanzdienstleistungen weiter ein vordringliches Ziel auf der politischen Agenda bleibt, hat die Kommission zumindest in ihrem letzten **Grünbuch vom 15.12.2015** (KOM [2015] 630 endg.) erneut bekräftigt.

2. Principles of European Insurance Contract Law (PEICL)

Es steht wie erwähnt[597] außer Zweifel, dass die Schaffung von *soft law* ohne (verbindliche) **Folgemaßnahme**, wie etwa der eines optionalen Instruments, nichts an der bisher nur formellen[598] Verwirklichung eines europäischen Versicherungsbinnenmarktes ändern würde.[599] Die elementare Bindung des Versicherungsvertrags an das für ihn maßgebliche Vertragsrecht macht eine Vereinheitlichung derjenigen Bestimmungen unentbehrlich, die zwingend ausgestaltet sind und dazu führen, dass der Versicherungsvertrag je nach anwendbarer Rechtsordnung ein anderes Gepräge erhält.[600] Gerade in dieser sich bei grenzüberschreitendem Geschäft stetig verändernden Kontur des Vertragsverhältnisses liegt der Hauptgrund dafür, dass solche Geschäfte im Bereich der Massenrisiken bisher nur sehr vereinzelt stattfinden.[601] Dieses Problem aufgreifend hat sich 1999 eine internationale Gruppe von Vertretern der Wissenschaft gebildet,[602] die am 17. Dezember

---

588 Vgl die Pressemitteilung Memo/11/624 vom 21. September 2011; abrufbar unter http://europa.eu/rapid/press-release_MEMO-11-624_en.htm?locale=en.
589 Kommissionsbeschluss 2013/C 16/03; ABl. 2013 C 16/6.
590 Die genaue (stark verbandsgeprägte) Zusammensetzung der Expertengruppe kann unter http://ec.europa.eu/transparency/regexpert/index.cfm?do=groupDetail.groupDetail&groupID=2903&Lang=DE eingesehen werden.
591 Erwägung 7 des Kommissionsbeschluss (Fn. 589). Hervorhebung hinzugefügt.
592 Siehe nur *Basedow* EuZW 2014, 1 f. und eingehend *ders.*, in: FS W.-H. Roth, S. 21 ff.
593 Abrufbar unter http://ec.europa.eu/justice/contract/files/expert_groups/insurance/final_report_en.pdf.
594 Vgl. die Pressemitteilung der Europäischen Kommission IP/14/194 vom 27. Februar 2014; abrufbar unter http://europa.eu/rapid/press-release_IP-14-194_de.htm.
595 Vgl. *Heiss*, Introduction, Rn. 170.
596 So der Titel der Abhandlung von *Basedow*, in: E. Lorenz, 2015, S. 61.
597 Vgl. Rdn. 70.
598 Dazu oben Rdn. 17 a.E. und Rdn. 29.
599 Treffend *Basedow* ZEuP 2007, 280, 287: »Der Gemeinsame Referenzrahmen ist, soweit er ein unverbindliches Instrument bleibt, für das Versicherungsvertragsrecht weitgehend bedeutungslos.« Ebenso *Loacker* VersR 2009, 289, 293 ff. und allg. auch die Europäische Kommission in ihrem Grünbuch (Fn. 582) S. 8.
600 Anschaulich *Heiss* VersR 2006, 448, 448 ff.
601 Vgl. dazu mit statistischen Nachweisen *Heiss*, Stand und Perspektiven, S. 16 und zuletzt den Abschlussbericht der Expertengruppe für ein Europäisches Versicherungsvertragsrecht (Fn. 593) S. 10 f.
602 Zur Arbeit der Gruppe siehe nur den Bericht ihres Gründers *Fritz Reichert-Facilides*, in: Eccher/Nemeth/Tangl, FS Mayrhofer, 2002, S. 179 ff. sowie den die Forschungstätigkeit der Gruppe initiierenden Tagungsband Reichert-Facilides/Schnyder, Versicherungsrecht in Europa, 2000.

Einleitung C. Europäisches Versicherungsvertragsrecht

2007 – zu diesem Zeitpunkt als Teil des wesentlich jüngeren CoPECL-Netzwerks[603] – der Europäischen Kommission einen ersten Entwurf über den Allgemeinen Teil eines Europäischen Versicherungsvertragsrechtes in Form von *Principles of European Insurance Contract Law (PEICL)*[604] vorlegte, der 2009 erstmals in Buchform publiziert wurde. Ende 2015 wurde in Gestalt einer stark erweiterten, zweiten (und finalen) Auflage eine Endfassung präsentiert; alle Ausführungen im Folgenden beziehen sich (sofern nicht anders ausgewiesen) auf diese **PEICL 2015**.[605] Gegenüber der ersten PEICL-Fassung von 2009 sind insbesondere neue Bestimmungen hinzugekommen, die die **Haftpflichtversicherung** (Art. 14:101 ff.), die **Lebensversicherung** (Art. 16:101 ff.) sowie die **Gruppenversicherungen** (Art. 18:101 ff.) zum Gegenstand haben. Auch mussten einzelne bereits vorhandene Bestimmungen an zwischenzeitliche Neuerungen angepasst werden – so etwa die *Non-Discrimination*-Bestimmung in Art. 1:207 an das EuGH-Urteil i.S. *Test Achats*.[606]

76 Der von dem gemeinhin als *Restatement-* oder *Insurance-Group* bezeichneten Personenkreis präsentierte Regelbestand würde sich zwar grundsätzlich auch für eine Verwendung im Rahmen von *soft law* (GRR u.Ä.) eignen, ist aber offenkundig und ganz vorrangig als **Basis für ein künftiges optionales Versicherungsrechtsinstrument** entwickelt worden.[607] Politisch von den Verfassern explizit angestrebt wird demnach ein (optionales) *Common European Insurance Contract Law (CEICL)*.[608]

77 Unabhängig von den derzeitigen politischen Erwägungen und Unsicherheiten sehen die PEICL – aus Sicht der Sache einzig richtig[609] – ihre **Wählbarkeit**[610] sowohl bei grenzüberschreitenden als auch bei rein innerstaatlichen Sachverhalten vor. Ferner beschränken sie ihren Anwendungsbereich *nicht* auf Verbraucherversicherungsverträge.[611] Aus beidem ergibt sich ein **weiter Anwendungsbereich** – mit Ausnahme von Rückversicherungsverträgen[612] können grundsätzlich alle Versicherungsverträge, theoretisch sogar jene, die die Seeversicherung zum Gegenstand haben, den PEICL unterliegen. Differenziert wird ausschließlich danach, ob ein Massen- oder Großrisiko im Sinne der etablierten Richtlinienbestimmung[613] vorliegt.[614] Im letzteren Fall, sind die PEICL zwar ebenfalls anwendbar, verlieren aber ihren sonst regelmäßig[615] gegebenen **zwingenden Charakter**.[616] Klar ist, dass sich die Wahl der PEICL nicht zu Lasten am Vertrag beteiligten Dritten[617] auswirken kann. Aus diesem Grund finden sich – abgesehen von einer Regelung zur Vertretungsmacht des Versicherungsvertreters (Art. 3:101) und einer Haftungsregelung hinsichtlich Pseudomaklern (Art. 3:102) – keine Regelungen zur Position der **Versicherungsvermittler** in den PEICL[618] und es werden in ihnen insbesondere auch nicht die Vorgaben der Vermittlerrichtlinie oder der (nach Abschluss der Arbeiten an den PEICL verabschiedeten) IDD[619] umgesetzt.[620]

78 Indem sich die PEICL auf die **Normierung (halb-**[621]**)zwingender Normen** beschränken, bleibt ihr Regelungsumfang trotz des potenziell großen Anwendungsbereiches überschaubar, bewirkt aber dennoch den an-

---

603 Dazu oben Rdn. 70.
604 Für umfassende kritische Würdigungen der PEICL 2009 siehe *Armbrüster* ZEuP 2008, 775, 777 ff. und *Brömmelmeyer* ECLR 2011, 445 ff. sowie die Beiträge in dem von *Heiss/Lakhan* herausgegebenen Tagungsband »Principles of European Insurance Contract Law: A Model Optional Instrument for the Single Market« und den Bericht von *Gal* VersR 2009, 190, 190 ff.
605 Siehe *Basedow/Birds/Clarke/Cousy/Heiss/Loacker*, Principles of European Insurance Contract Law – PEICL, 2015. Im Übrigen ist der Text der *Principles* (in mehreren Übersetzungen), jedoch ohne *Comments* und *Notes* abrufbar unter http://www.restatement.info.
606 Dazu schon oben Rdn. 62 ff.
607 Vgl. *Heiss*, in: Schulze, S. 229, 240 f. und 248 sowie *ders.*, Introduction, Rn. 138 ff. Im Übrigen *Loacker*, Informed Insurance Choice?, S. 218 ff.
608 *Heiss*, Introduction, Rn. 31 ff.
609 Vgl. *Basedow* ZEuP 2004, 1, 3 und zuvor bereits Rdn. 70 a.E.
610 Vgl. Art. 1:102 PEICL.
611 Zur Richtigkeit dieses Ansatzes bereits oben Rdn. 41.
612 Vgl. Art. 1:101 II PEICL.
613 Dazu oben Rdn. 26. Die hier in der 2. Aufl. geäußerte Kritik an der legistischen Ausgestaltung des eng den Richtlinienvorgaben folgenden Art. 1:103 II PEICL 2009 muss für die sehr gelungene Neufassung des Art. 1:103 PEICL 2015 nicht mehr aufrecht erhalten werden.
614 Zu diesem Ansatz krit. *Hinchliffe* ERA Forum 9/2008, Supplement 1, S. 167, 171 f.
615 Vgl. Art. 1:103 PEICL und Rdn. 82.
616 Zu den Perspektiven für gerade diese Verträge eingehend *Stahl*, S. 28 ff.
617 Anderes gilt nur für den Versicherten und den Begünstigten, die zwar ebenfalls nicht am Vertrag unmittelbar beteiligt sind, aber doch ihre Rechte aus dem Vertragsverhältnis zwischen VN und Versicherer ableiten – siehe *Heiss*, Introduction, Rn. 51.
618 Vgl. *Heiss*, Introduction, Rn. 51 ff.
619 Dazu bereits oben Rdn. 49.
620 Dies vermisst offenbar *Armbrüster* ZEuP 2008, 775, 795.
621 Vgl. Art. 1:103 PEICL, der zwischen absolut zwingenden (I) und halbzwingenden (II) Bestimmungen unterscheidet und eine Sonderbestimmung für Großrisiken und Gruppenversicherungen vorsieht (III). Im Grundsatz und abgesehen von den in I genannten absolut zwingenden Bestimmungen sind alle PEICL-Bestimmungen halbzwingend, d.h.

gestrebten Abbau der Hindernisse für das Funktionieren des Versicherungsbinnenmarktes, die letztlich vor allem in den unterschiedlichen *zwingenden* Vorgaben der einzelnen Mitgliedstaaten liegen.[622]

Sollten die PEICL in Zukunft unionsweit die Grundlage eines optionalen Instruments bilden, so ist zwar ihre Wahl[623] optional, doch – und dies sei nochmals in aller Deutlichkeit betont – kann im Fall der Anwendung derselben im Bereich der Massenrisiken von ihren zwingenden Vorgaben durch Vereinbarung nicht zu Ungunsten des VN, Versicherten oder Begünstigten abgegangen werden. Einmal gewählt, ist ihr Inhalt also durchaus nicht optional i.S. einer freien Disponibilität der Parteien. Im Übrigen würden die PEICL – der Natur eines optionalen Instruments entsprechend – innerhalb ihres Anwendungsbereichs sowohl die *materiellrechtlichen* mitgliedstaatlichen Regelungen wie auch die *kollisionsrechtlichen* Einschränkungen, insbesondere jene des international zwingenden Versicherungsvertragsrechts verdrängen. Beides leuchtet mit Blick auf die andernfalls erneut zu berücksichtigenden, unterschiedlichen Vorgaben der Mitgliedstaaten ein (gefordert ist hier also zweifellos **Voll- statt Mindestharmonisierung**). Dies wiederum bringt naturgemäß hohe Anforderungen an die Qualität und die Schutzstandards eines solchen Instruments mit sich. **79**

Um die Gefahr eines Vorgehens nach dem »Rosinenkuchenprinzip« zu vermeiden, ordnen die PEICL[624] im Bereich der Massenrisiken ihre gesamthafte Anwendung an, sodass im Falle ihrer Wahl ein **Ausschluss einzelner PEICL-Bestimmungen** nicht möglich ist.[625] **80**

Die größte Schwäche der vormaligen **PEICL 2009** lag darin,[626] dass sie nur **allgemeine Vorschriften für sämtliche Versicherungsverträge** sowie einen **allgemeinen Teil für die Schadensversicherung** beinhalteten.[627] Dieses Manko zwang in zentralen Bereichen zu einem Abweichen von einem fundamentalen Grundsatz, der in Art. 1:105 I 1 PEICL verankert ist und nach dem ein **Rückgriff auf nationales Recht** bei Maßgeblichkeit der PEICL grundsätzlich ausgeschlossen ist: Um nämlich etwa im Bereich der Kranken- und Lebensversicherung den VN nicht jeden Schutzes durch zwingende Bestimmungen verlustig gehen zu lassen, ordnet Art. 1:105 I 2 PEICL eine Ausnahme von dem **Grundsatz der Unanwendbarkeit nationalen Rechts** wie folgt an: »This does not apply to mandatory national laws specifically enacted for branches of insurance which are not covered by special rules contained in the PEICL.« In diesen Bereichen war aufgrund des dadurch entstehenden **law-mix** von einer kaum gesteigerten Attraktivität des grenzüberschreitenden Massengeschäfts auszugehen. Die **PEICL 2015** sehen zwar dieselbe Regelung vor, haben aber die sachliche Lücke durch die mittlerweile vorliegende Regelung von Haftpflicht-, Lebens- und Gruppenversicherungen (siehe Rdn. 75) ganz erheblich reduziert. Wo es indes an hinreichenden Regelungen weiterhin fehlt, bleibt der Befund der faktischen Irrelevanz der PEICL wohl aufrecht. **81**

Bedingt durch ihre konsequente Beschränkung auf (halb-)zwingende Bestimmungen müssen die PEICL bei Fehlen von vertraglichen Regelungen im Bedarfsfall einen Rückgriff auf **dispositives Recht** vorsehen. Die schon länger etablierten (und deshalb in gewissen Punkten vielleicht schon etwas »in die Jahre gekommenen«) *Lando-Principles (PECL)*[628] sollen nach den PEICL 2015 diese Lücke schließen[629] und quasi als »Mutterrechtsordnung« dienen. Rechtstechnisch wäre es dabei ohne weiteres möglich, auch einen anderen Regelungskomplex (hinreichende Bestimmtheit und sachliche Geeignetheit vorausgesetzt) als Referenzquelle heranzuziehen.[630] Rechtspraktisch problematisch erscheint jedoch der Fall, in dem der Rückgriff auf eine solche *lex generalis*[631] infolge Fehlens geeigneter Bestimmungen fruchtlos bleibt. Hierfür sehen die PEICL eine Rechtsanwendung »in Übereinstimmung mit den allgemeinen Grundsätzen, die den Rechtsordnungen der Mitgliedsstaaten gemeinsam sind« vor.[632] Spätestens der erkennende Richter soll dadurch gehalten sein, bestehende Lücken durch Anwendung rechtsvergleichender Methoden zu schließen.[633] Es steht freilich zu befürchten, dass mit einer solchen Aufgabe bisweilen eine Überforderung des Rechtsanwenders einhergeht. Relativiert mag das Problem durch das üblicherweise durchaus bestehende Interesse der Versicherer werden, elementare Sachverhaltsverläufe außerhalb zwingenden Rechts autonomer vertraglicher Regelung zuzuführen. **82**

---

von ihnen kann abgegangen werden, sofern dies dem VN, dem Versicherten oder dem Begünstigten zum Vorteil oder zumindest nicht zum Nachtteil gereicht (vgl. C 5 zu Art. 1:103 PEICL).
622 Vgl. *Basedow*, in: Reichert-Facilides/Schnyder, S. 20.
623 Art. 1:102 Satz 1 PEICL sieht hierfür ein opt-in-Modell vor.
624 Vgl. Art. 1:102 Satz 2 PEICL.
625 Anderes muss freilich für Großrisiken gelten, bei denen der Inhalt der PEICL wie gezeigt der Privatautonomie unterliegt.
626 Vgl. auch *Armbrüster* ZEuP 2008, 775, 810 f.
627 Dazu gehörten etwa Bestimmungen über das Zustandekommen und die Laufzeit des Versicherungsvertrages, das versicherte Risiko, die Versicherungsprämie, den Versicherungsfall, die Verjährung sowie die Versicherungssumme und den -wert.
628 Vgl. *Lando/Beale*, Principles of European Contract Law, Parts I and II, 1999; *Lando/Clive/Prüm/Zimmermann*, Principles of European Contract Law, Part III, 2002.
629 Vgl. Art. 1:105 II PEICL.
630 Vgl. schon *Loacker* VersR 2009, 289, 296.
631 Zum lex generalis – lex specialis Verhältnis siehe *Heiss*, in: Schulze, S. 229, 236 sowie *Loacker* VersR 2009, 289, 296.
632 Vgl. Art. 1:105 II PEICL.
633 Siehe *Heiss*, in: Schulze, S. 229, 236.

Einleitung   C. Europäisches Versicherungsvertragsrecht

83 Eine unvermeidliche konzeptionelle Herausforderung für die PEICL hängt im Übrigen mit dem Umstand zusammen, dass es letztendlich der **Markt** sein wird, der über den Erfolg oder Misserfolg eines optionalen Versicherungsinstruments entscheidet.[634] Bei genauerer Betrachtung wird der zentrale Impuls i.d.R. von den **Versicherern** ausgehen müssen, die zu einer Verwendung des Instruments gewillt sein und dieses ihren potentiellen VN auch vorschlagen müssen.[635] Der VN steht insofern im Bereich der Massenrisiken nicht vor einer Wahl im eigentlichen Sinne.[636] Schon deshalb muss (wie bereits mehrfach betont) ein **hohes VN-Schutzniveau** des Instruments unbedingt sichergestellt werden.[637] Je höher dieses allerdings ausgestaltet ist, umso geringer können die Anreize für Versicherer werden, sich des Instruments überhaupt zu bedienen. Verkürzt formuliert bedeutet dies: Das optionale Versicherungsinstrument muss einerseits so konzipiert sein, dass es den Versicherer nicht unnötig stark in seinem legitimen vertraglichen Gestaltungsspielraum beeinträchtigt und andererseits insgesamt keine Verschlechterung der rechtlichen Position des VN mit sich bringt. Beides soll erreicht werden, indem die PEICL auf der einen Seite ein möglichst schlankes, auf (halb-)zwingende Vorgaben beschränktes Regelungskonvolut zur Verfügung stellen, das sich auf der anderen Seite eng an den bereits bestehenden Regelungen des gegenwärtigen *acquis* anlehnt, an die die in Frage kommenden Versicherer ohnehin schon heute gebunden sind. Ob dieser »Spagat« zwischen der Attraktivität des Instruments aus Versicherersicht und dem Ziel eines möglichst hohen VN-Schutzes tatsächlich gelingen wird, hängt wohl maßgeblich von den Erwartungen der Versicherer in das potentielle grenzüberschreitende Geschäft sowie von deren Einschätzung der mit einem unionsweit einheitlichen Versicherungsvertragsregimes verbunden Kosteneinsparungspotentials zusammen.[638]

84 Nichtsdestotrotz: Sollten die PEICL in Zukunft – sei es nun in einem (speziell auf Versicherungsverträge zugeschnittenen) optionalen oder (was *politisch* weit weniger opportun[639] und deshalb reichlich unwahrscheinlich, *sachlich* aber deswegen noch keineswegs *per se* abwegig erscheint) in einem nicht-optionalen Rechtsakt aufgehen – zu einer Vereinheitlichung des **europäischen Kernbestandes an zwingenden Versicherungsvertragsrechtsbestimmungen** führen, so würde einer in der Wissenschaft schon jahrzehntelang zu Recht erhobenen Forderung[640] am Ende doch noch Rechnung getragen: **Auslandsrisiken wären mit Inlandsrisiken vergleichbar.** Einem **europaweiten Risikopooling**[641] stünde nichts mehr im Weg. Auch die VN würden wohl entscheidend von einer solchen Entwicklung profitieren.[642] Man braucht dazu lediglich an die Auswirkungen in punkto Produktdiversität, -qualität und Preis-Leistungsverhältnis zu denken, die bei einer Belebung des heimischen Versicherungsmarktes durch ausländische Akteure erwartbar wären.

85 *Ob* und vor allem *wann* es zu den erforderlichen Legislativmaßnahmen kommen wird, ist jedoch nach wie vor unklar. Optimistisch könnte man gestimmt sein, wenn man eine Einschätzung des Schrifttums teilt, die besagt: »Ist also eine Vereinheitlichung der zwingenden Bestimmungen der europäischen Versicherungsrechte Grundvoraussetzung für einen funktionierenden Binnenmarkt im Bereich des Versicherungswesens, so wird sie nicht mehr lange auf sich warten lassen.«[643] Eine solche Annahme setzt allerdings ein Urvertrauen in die Brüsseler Akteure voraus, das durch die Entwicklungen der letzten 55 Jahre auf versicherungsvertragsrechtlichem Terrain (vgl. Rdn. 1) nicht gerade gestärkt wurde. Wäre die objektiv zu beurteilende Frage des *Bedarfs* die entscheidende, so wären die hier skizzierten, bisherigen Rückschläge und anhaltenden Zögerlichkeiten eigentlich nicht recht zu erklären. Es könnte jedoch sein, dass es bis dato ungleich weniger am Rechtsetzungs*bedarf* als vielmehr am hinreichenden *Willen* der maßgeblichen Kräfte mangelt.

---

634 Zu dem dadurch entstehenden Wettbewerb mit nationalen Rechtsordnungen *Armbrüster* ZEuP 2008, 775, 778 f. Im Übrigen zuletzt *Loacker*, Informed Insurance Choice?, S. 217 f.
635 *Loacker,* Informed Insurance Choice, S. 215.
636 Darauf weist *Hinchliffe*, in: Heiss/Lakhan, S. 59 ff., zu Recht hin.
637 Nichtsdestotrotz erscheint es zumindest vorstellbar, dass Versicherer in Einzelfällen den PEICL gegenüber einer nationalen Rechtsordnung mit besonders hoch ausgeprägtem VN-Schutzniveau den Vorzug geben könnten, um sich von den bzw. bestimmten Vorgaben des andernfalls maßgeblichen Rechts zu entziehen. Nach den Intentionen der PEICL-Verfasser sollte den Ausschlag für die Vereinbarung der PEICL freilich kein juristisches »Erbsenzählen«, sondern ein (auch ökonomisch abgestütztes) Gesamtvergleichen bzw. ein In-den-Blick-nehmen des gesamten Binnenmarktes und seiner Möglichkeiten geben. Trotz dieser hehren Intentionen können einzelne Umgehungsversuche freilich nie gänzlich ausgeschlossen werden.
638 Positiv stimmend ist insofern der Bericht von *Wieser*, in: Heiss/Lakhan, S. 51 ff.
639 Vgl. allg. auch *Basedow*, in: Bruns/Grobenski, S. 2, 18 f. sowie *Loacker* EuZW 2014, 888, 890, nach dem der zentrale Vorteil bzw. das »Verkaufsargument« für eine optionale Lösung gegenüber den Mitgliedstaaten gerade die Vermeidung »narbenbildende[r] Einschnitte in bestehendes nationales Sachrecht« ist.
640 Vgl. *Steindorff* ZHR 144 (1980) 447, 456.
641 Dazu *Heiss*, Stand und Perspektiven, S. 17 sowie *ders.*, Introduction, Rn. 50.
642 Vgl. *Loacker* VersR 2009, 289, 296. A.A. *Fricke* VersR 2005, 1474, 1484.
643 So *Hellwege* ZRG (GA) 131 (2014), 226, 264.

D. Versicherungsaufsichtsrecht

Übersicht

	Rdn.		Rdn.
I. Aufsicht über die Versicherungswirtschaft	1	5. Das Verbot versicherungsfremder Geschäfte	62
II. Grundlagen	2	6. Die finanzielle Ausstattung von VU	64
1. Organisation der Versicherungsaufsicht in Deutschland	2	7. Berichtspflichten	70
2. Europäische Versicherungsaufsicht	7	IV. Zulassungsaufsicht	71
3. Rechtsquellen	13	V. Laufende Aufsicht	80
3. Ziele der Versicherungsaufsicht	31	VI. Bestandsübertragung	90
III. Gegenstände der Aufsicht	33	VII. Aufsicht über Versicherungsgruppen	99
1. Aufsichtspflichtige Unternehmen	33	VIII. Geschäftätigkeit ausländischer VU im Inland und Geschäftätigkeit im Ausland	103
2. Spartentrennungsgebot	43	X. Sicherungsfonds	108
3. Geschäftsorganisation	45	XI. Rechtsmittel, Beschwerden	112
4. Kontrolle von Allgemeinen Versicherungsbedingungen	61		

Schrifttum:
Armbrüster, Das VAG 2016 – Überblick zu den Neuregelungen, r+s 2015, 425; *ders.*, Die jüngeren Entwicklungen des europäischen Privatversicherungsrechts bis Mitte 2013, EuZW 2013, 686; *Bähr* (Hrsg.), Handbuch des Versicherungsaufsichtsrechts, 2011; *Deckers*, VAG-Novelle 2004: Neue Ära für die Rückversicherungsaufsicht, VW 2005, 166; *Diehl*, Änderungen des VAG durch das Jahressteuergesetz 2010, VW 2010, 1688; *Dreher*, Versicherungsaufsichtsrecht und Verbraucherschutz im Solvency-II- und EIOPA-System, VersR 2013, 401; *ders.*, Managervergütung im Visier des Versicherungsaufsichtsrechts, VW 2010, 1508; *Dreher/Wandt* (Hrsg.), Solvency II in der Rechtsanwendung – Gruppenaufsicht unter Solvency II – EIOPA, 2014; *dies.*, Solvency II in der Rechtsanwendung, 2012; *dies.* Solvency II in der Rechtsanwendung, 2009; *Dreher/Ballmaier*, Die unternehmenseigene Risiko- und Solvabilitätsbeurteilung (ORSA) nach Solvency II und VAG 2012, VersR 2012, 129; *ders.*, Die Vollharmonisierung der Versicherungsaufsicht durch Solvency II, VersR 2011, 825; *Ernst*, Rechtsstaatlichkeit im Versicherungsaufsichtsrecht (Diss.) 2013; *Forst*, Zum Verordnungsvorschlag der Kommission über eine europäische Versicherungsaufsicht, VersR 2010, 155; *Gabel/Steinhauer*, Neue aufsichtsrechtliche Anforderungen für das Outsourcing durch Versicherungsunternehmen, VersR 2010, 177; *Gödeke*, Das (neue) Governancesystem nach Solvency II, VersR 2010, 10; *Gödeke/Ingwersen*, Die Auslagerung von Unternehmensfunktionen – Zulässigkeit und Grenzen im Hinblick auf § 203 I Nr. 6 StGB, VersR 2010, 1153; *Grote/Schaaf*, Zum Referentenentwurf der 10. VAG-Novelle zur Umsetzung der Solvency-II-Richtlinie in deutsches Recht, VersR 2012, 17; *Hasselbach/Komp*, Die Bestandsübertragung als Maßnahme zur Restrukturierung von Versicherungsunternehmen, VersR 2005, 1651; *Heukamp*, Das neue Versicherungsaufsichtsrecht nach Solvency II, 2016; *M. Lange*, EU-ausländische Versicherungsunternehmen als freiwillige Mitglieder in den deutschen Sicherungsfonds, VersR 2010, 1421; *Looschelders/Michael*, in: Ruffert, Europäisches Sektorales Wirtschaftsrecht, 1. Aufl. 2012, § 11; *Mathews*, in Drees/Koch/Nell, Aktuelle Probleme des Versicherungsvertrags-, Versicherungsaufsichts- und Vermittlerrechts, 2013, Aufsichtsrechtliche Aspekte des Outsourcings, 321; *Michael*, Rechts- und Außenwirkungen sowie richterliche Kontrolle der MaRisk VA, VersR 2010, 141; *Petersen*, Versicherungsunternehmensrecht, 2003; *Scholz*, Bestandsübertragung nach dem VAG, VersR 1997, 1070; *Schröder/Fischer*, Änderungen im Versicherungsaufsichtsrecht durch das Jahressteuergesetz 2010, VersR 2011, 184; *Weber-Rey/Baltzer*, Aktuelle Entwicklungen im Versicherungsaufsichtsrecht, WM 2006, 205; *Winter*, Versicherungsaufsichtsrecht – Kritische Betrachtungen, 2007.

I. Aufsicht über die Versicherungswirtschaft

Die Versicherungswirtschaft unterliegt sowohl aufgrund ihrer hohen volkswirtschaftlichen Bedeutung als auch wegen der besonderen Risiken im Zusammenhang mit dem entgeltlichen Transfer von Risiko sowie der Kapitalsammlung und -anlage der hoheitlichen Aufsicht. Die speziellen rechtlichen Regeln für die Aufsicht bzw. der rechtliche Rahmen, an den die VU bei ihrer Geschäftstätigkeit gebunden sind, werden als Versicherungsaufsichtsrecht bezeichnet. Sowohl die aufsichtsrechtlichen Regelungen als auch das Versicherungsvertragsrecht, welches im Wesentlichen das privatrechtliche Verhältnis zwischen VU und VN regelt, dienen dem Zweck, die Interessen der VN, der Versicherten und der VU sowie allgemein das volkswirtschaftliche Interesse an einer funktionierenden Versicherungswirtschaft in angemessener Weise zu wahren. **1**

II. Grundlagen

1. Organisation der Versicherungsaufsicht in Deutschland

Die Aufsicht über Versicherungs- und Rückversicherungsunternehmen in der Europäischen Union liegt grundsätzlich in der Zuständigkeit des Mitgliedstaats, in dem das betreffende VU seinen Sitz hat, d.h. des Herkunftsmitgliedstaats. In Deutschland fällt die Aufsicht sowohl in den Zuständigkeitsbereich von Bundes- als auch von Landesbehörden. Ob ein VU der Bundes- oder der Landesaufsicht unterliegt, hängt entscheidend von seiner wirtschaftlichen Bedeutung bzw. seinem regionalen oder überregionalen Tätigkeitsbereich ab. **2**

Einleitung D. Versicherungsaufsichtsrecht

3 Seit dem 1. Mai 2002 wird die **Versicherungsaufsicht des Bundes** von der Bundesanstalt für Finanzdienstleistungsaufsicht (BaFin) wahrgenommen. Die BaFin wurde auf Grundlage des Finanzdienstleistungsaufsichtsgesetzes (FinDAG)[1] durch die Zusammenlegung der Bundesaufsichtsämter für das Kreditwesen, für den Wertpapierhandel und für das Versicherungswesen als bundesunmittelbare rechtsfähige Anstalt des öffentlichen Rechts gegründet. Organe der Bundesanstalt sind das Direktorium, der Präsident und der Verwaltungsrat, § 5 I FinDAG.

4 Die BaFin beschäftigte Ende 2014 2.535 Mitarbeiter (mit steigender Tendenz).[2] Die Mitarbeiter verteilen sich auf die Geschäftsbereiche Bankenaufsicht (BA), Versicherungs- und Pensionsfondsaufsicht (VA), Wertpapieraufsicht/Asset Management (WA) sowie Innere Verwaltung und Recht. Nach § 13 I FinDAG deckt die BaFin ihre Kosten vollständig aus eigenen Einnahmen, insbes. aus Gebühren, gesonderten Erstattungen und Umlagen.[3] Ihre Dienstsitze sind Bonn und Frankfurt am Main. Die Versicherungsaufsicht ist in Bonn ansässig.

5 Die BaFin beaufsichtigt private VU und Pensionsfonds, die im Inland ihren Sitz oder eine Niederlassung haben oder auf andere Weise das Versicherungs- oder das Pensionsfondsgeschäft betreiben. Darunter fallen auch Versicherungs-Holdinggesellschaften i.S.v. § 7 Nr. 31 VAG (§ 1b I VAG a.F.), Versicherungszweckgesellschaften i.S.v. § 168 VAG (§ 121g I VAG a.F.) und die Sicherungsfonds für Kranken- und Lebensversicherer sowie die öffentlich-rechtlichen Wettbewerbsversicherungsunternehmen, die über das Gebiet eines Bundeslandes hinaus Geschäftstätigkeit entfalten, vgl. § 320 I VAG (§ 146 I VAG a.F.). Darüber hinaus kann die BaFin auch als Gruppenaufsichtsbehörde gem. § 279 VAG gegenüber einer Gruppe von Unternehmen i.S.v. § 7 Nr. 13 VAG tätig werden. Es stehen derzeit 567 VU und 31 Pensionsfonds (Stand: Dezember 2015) unter der Aufsicht der BaFin.[4]

6 Die **Versicherungsaufsicht der Länder** erfolgt durch die jeweiligen Ministerien für Wirtschaft bzw. Finanzen oder wird von diesen an Landes- oder Kommunalbehörden delegiert. Die Landesaufsichtsbehörden beaufsichtigen die öffentlich-rechtlichen VU, deren Tätigkeit auf das jeweilige Bundesland beschränkt ist (Umkehrschluss aus § 320 I Nr. 3 VAG). Darüber hinaus kann das Bundesministerium der Finanzen auf Antrag der BaFin und mit Zustimmung der zuständigen Landesbehörde die Aufsicht über privatrechtliche VU, die wirtschaftlich von geringerer Bedeutung sind, Pensionsfonds im Sinne des § 236 I VAG (§ 112 I VAG a.F.) und über öffentlich-rechtliche Wettbewerbsversicherungsunternehmen auf die Landesaufsichtsbehörde übertragen, § 321 VAG. Umgekehrt kann die Fachaufsicht über ein öffentlich-rechtliches Wettbewerbs-VU, dessen Tätigkeit sich auf ein Bundesland beschränkt, auch auf Antrag der Landesbehörde auf die BaFin übertragen werden. Selbiges gilt auf Antrag der Landesregierungen bei anderen öffentlich-rechtlichen VU, die nicht Wettbewerbs-VU sind. Unter Landesaufsicht stehen zurzeit knapp 900 VU; vornehmlich sind es regional tätige Versicherungsvereine auf Gegenseitigkeit.[5]

2. Europäische Versicherungsaufsicht

7 Unter dem Namen Committee of European Insurance and Occupational Pensions Supervisors (CEIOPS) wurde zum 24. November 2003 der Ausschuss der europäischen Aufsichtsbehörden für das Versicherungswesen und die betriebliche Altersversorgung eingerichtet.[6] CEIOPS setzte sich aus Vertretern der jeweiligen Aufsichtsbehörden der EU- und der EWR-Mitgliedsstaaten zusammen. Die maßgebliche Aufgabe des CEIOPS bestand in der Mitwirkung im beschleunigten europäischen Gesetzgebungsverfahren, dem sog. **Lamfalussy-Verfahren**.[7] CEIOPS wurde bis zur Gründung von EIOPA als eingetragener Verein deutscher Rechtsform mit Sitz in Frankfurt am Main geführt.

8 Gem. Verordnung (EU) Nr. 1094/2010 (EIOPA-VO)[8] wurde CEIOPS zum 1. Januar 2011 durch eine europäische Behörde mit eigener Rechtspersönlichkeit, die European Insurance and Occupational Pensions Authority (EIOPA), ersetzt, die ihren Sitz ebenfalls in Frankfurt am Main hat. Zusammen mit der ebenfalls neu errichteten Europäischen Bankaufsichtsbehörde (EBA), der Europäischen Wertpapieraufsichtsbehörde (ESMA) und dem Europäischen Ausschuss für Systemrisiken ist sie Teil des europäischen Finanzaufsichtssystems (ESFS).

9 EIOPA verfügt über mehrere Organe, (1) den Rat der Aufseher, (2) den Vorsitzenden, (3) den Verwaltungsrat und (4) den Exekutivdirektor. Daneben besteht (5) ein Beschwerdeausschuss. Der **Rat der Aufseher** ist das

---

1 Gesetz v. 22. April 2002, BGBl. I S. 1310, zuletzt geändert durch Art. 10 des Gesetzes zur Umsetzung der Transparenzrichtlinie-Änderungsrichtlinie v. 20. November 2015, BGBl. I S. 2029.
2 Vgl. www.bafin.de.
3 § 14 ff. FinDAG i.V.m. FinDAGKostV.
4 www.bafin.de.
5 www.bafin.de.
6 Vgl. Beschluss der europäischen Kommission 2004/6/EG vom 5. November 2003.
7 Vgl. zum Lamfalussy-Verfahren *Rötting/Lang* EuZW 2012, 8 ff.; L/W/*Gause*, AufsichtsR Rn. 327.
8 Verordnung Nr. 1094/2010 des Europäischen Parlaments und des Rates v. 24. November 2010 zur Errichtung einer Europäischen Aufsichtsbehörde (Europäische Aufsichtsbehörde für das Versicherungswesen und die betriebliche Altersversorgung) zur Änderung des Beschlusses Nr. 716/2009/EG und zur Aufhebung des Beschlusses 2009/79/EG der Kommission, ABl. L 331/48 v. 15. Dezember 2010.

Hauptorgan. Er gibt die Leitlinien für die Arbeiten der Behörde vor und erlässt die von der Behörde zu erlassenden Beschlüsse (Art. 43 EIOPA-VO). Darüber hinaus beschließt der Rat der Aufseher das mehrjährige Arbeitsprogramm der Behörde. Stimmberechtigte Mitglieder des Rats der Aufseher sind die Leiter der nationalen Aufsichtsbehörden. Der vom Rat der Aufseher ernannte **Vorsitzende** hat den Vorsitz in den Sitzungen des Rats der Aufseher inne und bereitet dessen Sitzungen vor (Art. 48 I EIOPA-VO). Er leitet die Sitzungen des Rats der Aufseher und des Verwaltungsrats. Darüber hinaus vertritt der Vorsitzende die Behörde nach außen (Art. 5 III EIOPA-VO). Der **Verwaltungsrat** hat zu gewährleisten, dass EIOPA die ihr zugewiesenen Aufgaben erfüllt (Art. 47 I EIOPA-VO). Ihm gehören der Vorsitzende und sechs weitere Mitglieder an, die von den stimmberechtigten Mitgliedern des Rates der Aufseher aus ihrem Kreis gewählt werden (Art. 45 I EIOPA-VO). Der **Exekutivdirektor** ist der Leiter der Behörde (Art. 51 EIOPA-VO). Der Exekutivdirektor bereitet die Arbeiten des Verwaltungsrats vor. Er erstellt das vom Rat der Aufseher zu beschließende mehrjährige Arbeitsprogramm sowie das Jahresarbeitsprogramm. Der Exekutivdirektor trifft die erforderlichen Maßnahmen, um das Funktionieren der Behörde zu gewährleisten. Dazu zählen insbes. interne Verwaltungsanweisungen (Art. 53 III EIOPA-VO). Der Beschwerdeausschuss ist ein gemeinsames Gremium mehrerer europäischer Aufsichtsbehörden, unter anderem von EIOPA, und ist für Rechtsbehelfe gegen Beschlüsse von EIOPA zuständig.

Die Aufgaben von EIOPA sind im Wesentlichen in Art. 8 I EIOPA-VO niedergelegt. Danach hat EIOPA qualitativ hochwertige gemeinsame Aufsichts- und Regulierungsstandards und -praktiken auszuarbeiten, die Delegation von Aufgaben und Zuständigkeiten zwischen nationalen Aufsichtsbehörden zu erleichtern sowie Marktentwicklungen in ihrem Zuständigkeitsbereich zu verfolgen und zu bewerten.

Anders als CEIOPS, dem weitgehend lediglich beratende Funktion zukam, hat EIOPA erweiterte Befugnisse zur Erfüllung ihrer Aufgaben. Zu unterscheiden ist zwischen den Befugnissen gegenüber den nationalen Aufsichtsbehörden und den Befugnissen gegenüber den Finanzinstituten (unter die Definition der Finanzinstitute fallen die in Art. 4 EIOPA-VO genannten VU). Gegenüber den nationalen Aufsichtsbehörden besteht als wichtigstes Instrument die Befugnis, technische Regulierungsstandards zu entwickeln, welche die Kommission als Verordnung oder Beschluss annehmen und im Amtsblatt der Europäischen Union veröffentlichen kann (Art. 10 EIOPA-VO). Für den Fall, dass die Europäische Kommission einen Krisenfall festgestellt hat, der die geordnete Funktionsweise und die Integrität von Finanzmärkten oder die Stabilität des Finanzsystems in der Gemeinschaft ernsthaft gefährden könnte, ist EIOPA befugt, Einzelfallmaßnahmen an nationale Aufsichtsbehörden zu erlassen (Art. 18 EIOPA-VO). Kommt es zwischen nationalen Aufsichtsbehörden zu Meinungsverschiedenheiten in grenzüberschreitenden Fällen, kann EIOPA nach Maßgabe eines näher konkretisierten Verfahrens eine der beteiligten Behörden dazu verpflichten, bestimmte Maßnahmen zu treffen oder von solchen abzusehen (Art. 19 EIOPA-VO).

Für Maßnahmen gegenüber VU wird im Grundsatz daran festgehalten, dass es bei der vorrangigen aufsichtsrechtlichen Zuständigkeit der jeweiligen nationalen Aufsichtsbehörde bleibt. Erst wenn der nationalen Aufsichtsbehörde Nachlässigkeiten bei der Erfüllung ihrer Aufsichtspflichten oder ihren Pflichten gegenüber EIOPA anzulasten sind, ist EIOPA im Einzelfall befugt, unmittelbar gegenüber VU tätig zu werden. Für den Fall einer Krise i.S.v. Art. 18 EIOPA-VO ist ebenfalls geregelt, welche Maßnahmen EIOPA gegenüber VU ergreifen darf. Auch hier ist zunächst die nationale Aufsichtsbehörde zur Vornahme angemessener Handlungen aufzufordern, bevor EIOPA die ihr zugesprochenen Befugnisse direkt gegenüber VU ausüben darf.

3. Rechtsquellen

Das in Deutschland geltende Versicherungsaufsichtsrecht ist durch ein Zusammenspiel europarechtlicher sowie nationaler Regelungen geprägt, wobei der Regelungsrahmen regelmäßig durch das Europarecht gesetzt wird. So beruhen die Regelungen des deutschen Versicherungsaufsichtsrechts in immer stärkerem Maße auf gemeinschaftsrechtlichen Rechtsakten, und der Harmonisierungsprozess im aufsichtsrechtlichen Bereich ist mit der Umsetzung des Solvency II-Projekts weit fortgeschritten.

Bedeutsam für die Harmonisierung waren zunächst unter anderem die **Schadenrichtlinien** von 1972, 1988 und 1992. Diese verfolgten das Ziel, für das Erstversicherungsgeschäft in der Nichtlebensversicherung die **Niederlassungsfreiheit**[9] **und die Dienstleistungsfreiheit**[10] innerhalb der EG zu verwirklichen. Zugleich wurden die Kompetenzen der beteiligten Aufsichtsbehörden voneinander abgegrenzt bzw. aufeinander abgestimmt, indem die Finanzaufsicht ausschließlich der **Aufsichtsbehörde des Herkunftsstaates** zugeordnet, eine allgemeine

---

[9] S. Erste Richtlinie des Rates v. 24. Juli 1973 zur Koordinierung der Rechts- und Verwaltungsvorschriften betreffend die Aufnahme und Ausübung der Tätigkeit der Direktversicherung (mit Ausnahme der Lebensversicherung) 73/239/EWG, ABl. L 228/3 v. 16. August 1973; hierzu Prölss/*Präve*, Vorbemerkung Rn. 30; s. auch die Richtlinie 73/240/EWG des Rates v. 24. Juli 1973 zur Aufhebung der Beschränkungen der Niederlassungsfreiheit auf dem Gebiet der Direktversicherung mit Ausnahme der Lebensversicherung, ABl. L 228/20 v. 16. August 1973.

[10] S. Zweite Richtlinie 88/357/EWG des Rates v. 22. Juni 1988 zur Koordinierung der Rechts- und Verwaltungsvorschriften für die Direktversicherung (mit Ausnahme der Lebensversicherung) und zur Erleichterung der tatsächlichen Ausübung des freien Dienstleistungsverkehrs sowie zur Änderung der Richtlinie 73/239/EWG, ABl. L 172/1 v. 4. Juli 1988.

Einleitung D. Versicherungsaufsichtsrecht

Rechtsaufsicht dagegen beiden Aufsichtsbehörden zugestanden wurde. Zudem wurde das **Single-Licence-Prinzip** und der **Europa-Pass** eingeführt, wonach ein in einem Staat zugelassenes VU in jedem anderen Mitgliedsstaat im Wege des Dienstleistungsverkehrs oder über Niederlassungen tätig werden kann (Europa-Pass), ohne dass es einer weiteren Erlaubnis von Seiten der Aufsichtsbehörde des Tätigkeitslandes bedarf (Single-Licence-Prinzip). In diesem Zusammenhang erfolgte in Deutschland auch eine Deregulierung der Versicherungswirtschaft insoweit, als die Vorabgenehmigung von AVB entfiel.[11]

15 Auch in der Lebensversicherung wurden durch die drei **Lebensversicherungsrichtlinien**[12] aus den Jahren 1979, 1990 und 1992 entsprechende Neuerungen – wie schon zuvor in der Nichtlebensversicherung – umgesetzt. Eine Harmonisierung erfolgte u.a. in den Bereichen Dienstleistungsverkehr, Niederlassungsfreiheit, Zuständigkeitsverteilung zwischen Sitz- und Tätigkeitsaufsichtsbehörde, Single-Licence-Prinzip und der Aufgabe der Vorabkontrolle von AVB. Zudem wurde auch das **Spartentrennungsgebot** europarechtlich verankert. Anders als die Schadenrichtlinien wurden die Lebensversicherungsrichtlinien im Jahre 2002 konsolidiert.[13]

16 Die **Versicherungsgruppenrichtlinie**[14] und die **Finanzkonglomeraterichtlinie**[15] führten zudem eine zusätzliche Aufsicht über solche VU ein, die Teil einer Versicherungsgruppe oder eines Finanzkonglomerats waren, insbes. um den aus einer solchen Konzerneinbindung folgenden **Risiken für die Eigenkapitalausstattung** begegnen zu können.

17 Die **Liquidationsrichtlinie**[16] regelte dann die Sanierung und Liquidation von VU und enthielt sowohl kollisionsrechtliche als auch materiell-rechtliche Vorschriften. In kollisionsrechtlicher Hinsicht wurde festgelegt, dass nur die jeweilige Aufsichtsbehörde des Herkunftslandes des in Schieflage geratenen VU zur Einleitung von Sanierungs- und Liquidationsmaßnahmen befugt ist und dass diese Maßnahmen ohne weitere Umsetzungs- oder Anerkennungsakte gemeinschaftsweit wirksam sind. In materieller Hinsicht stellte die Richtlinie den Schutz der Versicherten insbes. durch eine Privilegierung gegenüber anderen Gläubigern sicher.

18 Durch die **Rückversicherungsrichtlinie**[17] wurde ein harmonisierter Rahmen für die Aufsicht über Rückversicherungsunternehmen geschaffen und die entsprechende Aufsicht damit in den meisten Mitgliedsstaaten verschärft. Der europäische Gesetzgeber orientierte sich dabei unter Berücksichtigung der Besonderheiten des Rückversicherungsgeschäfts an den für **Erstversicherungsunternehmen geltenden Grundsätzen**, etwa hinsichtlich der Geltung des **Sitzlandprinzips** und der **Solvabilitätsanforderungen**.

19 Weitere gemeinschaftsrechtliche Richtlinien wurden etwa für die Kfz-Haftpflichtversicherung[18], die Mitversicherung[19] und die Kredit- und Kautionsversicherung[20] erlassen.

---

11 S. Richtlinie 92/49/EWG des Rates v. 18. Juni 1992 zur Koordinierung der Rechts- und Verwaltungsvorschriften für die Direktversicherung (mit Ausnahme der Lebensversicherung) sowie zur Änderung der Richtlinien 73/239/EWG und 88/357/EWG, ABl. L 228/1 v. 11. August 1992.

12 S. Erste Richtlinie 79/267/EWG des Rates v. 5. März 1979 zur Koordinierung der Rechts- und Verwaltungsvorschriften über die Aufnahme und Ausübung der Direktversicherung (Lebensversicherung), ABl. L 63/1 v. 13. März 1979; Zweite Richtlinie 90/619/EWG des Rates v. 8. November 1990 zur Koordinierung der Rechts- und Verwaltungsvorschriften für die Direktversicherung (Lebensversicherung) und zur Erleichterung der tatsächlichen Ausübung des freien Dienstleistungsverkehrs sowie zur Änderung der Richtlinie 79/267/EWG, ABl. L 330/50 v. 29. November 1990; Richtlinie 92/96/EWG des Rates v. 10. November 1992 zur Koordinierung der Rechts- und Verwaltungsvorschriften für die Direktversicherung (Lebensversicherung) sowie zur Änderung der Richtlinien 79/267/EWG und 90/619/EWG, ABl. L 360/1 v. 9. Dezember 1992.

13 S. Richtlinie 2002/83/EG des Europäischen Parlaments und des Rates v. 5. November 2002 über Lebensversicherungen, ABl. L 345/1 v. 19. Dezember 2002.

14 Richtlinie 98/78/EG des Europäischen Parlaments und des Rates v. 27. Oktober 1998 über die zusätzliche Beaufsichtigung der einer Versicherungsgruppe angehörenden Versicherungsunternehmen, ABl. L 330/1 v. 5. Dezember 1998.

15 Richtlinie 2002/87/EG des Europäischen Parlaments und des Rates vom 16. Dezember 2002 über die zusätzliche Beaufsichtigung der Kreditinstitute, Versicherungsunternehmen und Wertpapierfirmen eines Finanzkonglomerats und zur Änderung der Richtlinien 73/239/EWG, 79/267/EWG, 92/49/EWG, 92/96/EWG, 93/6/EWG und 93/22/EWG des Rates und der Richtlinien 98/78/EG und 2000/12/EG des Europäischen Parlaments und des Rates, ABl. L 35/1 v. 11. Februar 2003.

16 Richtlinie 2001/17/EG des Europäischen Parlaments und des Rates v. 19. März 2001 über die Sanierung und Liquidation von Versicherungsunternehmen, ABl. L 110/28 v. 20. April 2001.

17 Richtlinie 2005/68/EG des Europäischen Parlaments und des Rates v. 16. November 2005 über die Rückversicherung und zur Änderung der Richtlinien 73/239/EWG, 92/49/EWG und der Richtlinien 98/78/EG und 2002/83/EG, ABl. L 323/1 v. 9. Dezember 2005.

18 Richtlinie 90/618/EWG des Rates v. 8. November 1990 zur Änderung der Richtlinien 73/239/EWG und 88/357/EWG des Rates insbes. bezüglich der Kraftfahrzeug-Haftpflichtversicherung zur Koordinierung der Rechts- und Verwaltungsvorschriften für die Direktversicherung (mit Ausnahme der Lebensversicherung), ABl. L 330/44 v. 29. November 1990.

19 Richtlinie 78/473/EWG des Rates v. 30. Mai 1978 zur Koordinierung der Rechts- und Verwaltungsvorschriften auf dem Gebiet der Mitversicherung auf Gemeinschaftsebene, ABl. L 151/25 v. 7. Juni 1978.

20 Richtlinie 87/343/EWG des Rates v. 22. Juni 1987 zur Änderung hinsichtlich der Kreditversicherung und der Kautionsversicherung der Ersten Richtlinie 73/239/EWG zur Koordinierung der Rechts- und Verwaltungsvorschriften betref-

D. Versicherungsaufsichtsrecht   Einleitung

Die Solvabilität von VU war auf europäischer Ebene zunächst Gegenstand der **Richtlinien über die Solvabi-** 20
litätsspanne, welche das sog. **Solvency I-System** getrennt für Schadens- und Lebensversicherung einführte.[21]
Die Richtlinien definierten die an die Eigenmittelausstattung und damit letztlich an die wirtschaftliche Leistungsfähigkeit der VU zu stellenden Mindestanforderungen.

Durch das **Solvency II-Projekt** haben sich die Mindestanforderungen an die Eigenmittelausstattung der VU 21
durch Einführung eines **risikobasierten Systems**, welches das Solvency I-System für einen Großteil der VU abgelöst hat, stark verändert. Außerdem wurden neue qualitative Anforderungen an die Geschäftsorganisation und die Führung des Geschäftsbetriebs eines VU eingeführt sowie geänderte Vorgaben für das Berichtswesen der VU gegenüber der Aufsichtsbehörde. Schließlich erfolgte im Rahmen des Solvency II-Projekts auch eine Konsolidierung einer Vielzahl der vorangegangenen Richtlinien.

Das Solvency II-Projekt wurde im sog. **Lamfalussy-Gesetzgebungsverfahren** (Art. 290, 291 AEUV) umge- 22
setzt. Hierbei handelt es sich um ein mehrstufiges Rechtssetzungsverfahren, bei dem vorliegend die wesentlichen Grundentscheidungen durch das Europäische Parlament und den Rat der Europäischen Union im Rahmen von Richtlinien getroffen wurden (Ebene 1), die dann durch sog. Durchführungsmaßnahmen der Europäischen Kommission (Ebene 2) und, technische Standards der EIOPA (Ebene 2,5) sowie Leitlinien und Empfehlungen der EIOPA (Ebene 3) flankiert werden, wobei schließlich weitere Harmonisierungen im Bereich der Rechtsdurchsetzung durch die Europäische Kommission in Zusammenarbeit mit den Mitgliedstaaten und nationalen Behörden erfolgen (Ebene 4).[22]

Die ursprüngliche Solvency II-Rahmenrichtlinie (Solvency II-RL) wurde am 25. November 2009 erlassen 23
(Ebene 1).[23] Vorangegangene Richtlinien (z.B. die Schadenrichtlinien, die konsolidierte Lebensversicherungsrichtlinie, die Versicherungsgruppenrichtlinie, die Liquidationsrichtlinie und die Rückversicherungsrichtlinie) wurden in dieser konsolidiert zusammengeführt.[24] Die ursprüngliche Solvency II-RL erfuhr durch die sog. **Omnibus II-RL** vom 16. April 2014 allerdings teilweise erhebliche Änderungen (Ebene 1).[25] Mit der Omnibus II-RL wurden insbes. die Funktion und Zuständigkeit der zwischenzeitlich geschaffenen **EIOPA** in die Solvency II-RL eingearbeitet sowie notwendige Anpassungen in Bezug auf den abgeschlossenen **Vertrag von Lissabon** sowie **krisenbedingte Veränderungen des Finanzmarkts** implementiert. Konkretisiert wurde die Solvency II-RL durch die sog. **Solvency II-VO** (Ebene 2).[26] Diese von der Europäischen Kommission am 10. Oktober 2014 mit Zustimmung durch das Europäische Parlament und den Rat der Europäischen Union erlassene Verordnung gilt als **Durchführungsmaßnahme** unmittelbar in den jeweiligen Mitgliedstaaten der EU (Art. 288 III AEUV) und bedurfte anders als die Solvency II-RL keiner gesonderten nationalen Umsetzung.

Vorrangiges Ziel der Regulierung gem. der Solvency II-RL ist ein **angemessener Schutz der Versicherungs-** 24
nehmer und sonstiger Anspruchsberechtigter. Die **Finanzstabilität** sowie faire und stabile Märkte sind weitere Ziele der Regulierung, denen ebenfalls Rechnung zu tragen ist. Die in der Solvency II-RL vorgesehene neue Solvabilitätsregelung soll zu einem noch besseren Schutz der Versicherungsnehmer führen.[27] Die Solvency II-RL forciert zudem eine **weitgehende Harmonisierung des europäischen Versicherungsaufsichtsrechts**.[28]

---

fend die Aufnahme und Ausübung der Tätigkeit der Direktversicherung (mit Ausnahme der Lebensversicherung), ABl. L 185/72 v. 4. Juli 1987.
21 Richtlinie 2002/13/EG des Europäischen Parlaments und des Rates v. 5. März 2002 zur Änderung der Richtlinie 73/239/EWG des Rates hinsichtlich der Bestimmung über die Solvabilitätsspanne für Schadensversicherungsunternehmen, ABl. L 77/17 v. 20. März 2002; sowie 2002/12/EG des Europäischen Parlaments und des Rates v. 5. März 2002 zur Änderung der Richtlinie 79/267/EWG des Rates hinsichtlich der Bestimmung über die Solvabilitätsspanne für Lebensversicherungsunternehmen, ABl. L 77/11 v. 20. März 2002 (mittlerweile konsolidiert).
22 Zum Lamfalussy-Verfahren s. umfassend *Rötting/Lang* EuZW 2012, 8; zum nationalen Gesetzgebungsverfahren s. *Armbrüster* r+s 2015, 425.
23 Richtlinie 2009/138/EG des Europäischen Parlaments und des Rates v. 25. November 2009 betreffend die Aufnahme und Ausübung der Versicherungs- und der Rückversicherungstätigkeit (Solvabilität II), ABl. L 335/1 v. 17. Dezember 2009.
24 Vgl. Erwägungsgrund 1 Solvency II-RL.
25 Richtlinie 2014/51/EU des Europäischen Parlaments und des Rates v. 16. April 2014 zur Änderung der Richtlinien 2003/71/EG und 2009/138/EG und der Verordnungen (EG) Nr. 1060/2009, (EU) Nr. 1094/2010 und (EU) Nr. 1095/2010 im Hinblick auf die Befugnisse der Europäischen Aufsichtsbehörde (Europäische Aufsichtsbehörde für das Versicherungswesen und die betriebliche Altersversorgung) und der Europäischen Aufsichtsbehörde (Europäische Wertpapier- und Marktaufsichtsbehörde), ABl. L 155 v. 22. Mai 2014.
26 Delegierte Verordnung (EU) 2015/35 der Kommission v. 10. Oktober 2014 zur Ergänzung der Richtlinie 2009/138/EG des Europäischen Parlaments und des Rates betreffend die Aufnahme und Ausübung der Versicherungs- und Rückversicherungstätigkeit (Solvabilität II), ABl. L 12 v. 17. Januar 2015.
27 Vgl. Erwägungsgründe 16 und 17 Solvency II-RL.
28 Zur Frage einer etwaigen »Vollharmonisierung« s. umfassend *Heukamp*, § 1 Rn. 23 ff.; *Armbrüster* r+s 2015, 425; im Ergebnis kann eine umfassende Vollharmonisierung nicht angenommen werden, da eine Bindungswirkung gegenüber den Mitgliedsstaaten nur im Umfang der prinzipienorientierten Regelungsreichweite der Solvency II-RL eintritt.

Einleitung D. Versicherungsaufsichtsrecht

25 Das durch die Solvency II-RL und die flankierenden Rechtsakte eingeführte Aufsichtssystem verfolgt einen **prinzipienbasierten Ansatz** und unterscheidet sich damit von dem regelbasierten Ansatz des bisherigen Aufsichtssystems. Es obliegt nun zuvorderst dem jeweiligen VU, anhand der Art, dem Umfang und der Komplexität seiner konkreten Tätigkeiten und Risiken eine situationsbezogene angemessene Entscheidung zu seiner Risikosituation im Sinne einer **Verhältnismäßigkeitsentscheidung** zu treffen, die von der Aufsichtsbehörde wiederum anhand dieses Maßstabs zu überprüfen ist.[29] Damit soll eine **individuelle Anpassung an die jeweilige Unternehmens- und Risikostruktur** erreicht werden, wodurch bisher ungenutzte Ressourcen der VU risikoorientiert nutzbar gemacht werden sollen. Die Versicherungsunternehmen erhalten mehr Handlungsfreiheit, indem sie selbst bestimmen können, mit welchen Mitteln und auf welche Weise sie die aufsichtsrechtlich vorgegebenen Ziele erreichen wollen.[30] Dieser Ansatz birgt gegenüber dem bisherigen regelbasierten Ansatz allerdings ein **nicht unerhebliches Auslegungsrisiko** hinsichtlich der einzuhaltenden Prinzipien und der zu erreichenden Aufsichtsziele. Die VU müssen nunmehr im Rahmen kritischer Selbsteinschätzung zunächst allein Entscheidungen treffen und vollziehen und tragen dann grundsätzlich auch die mit einer Fehleinschätzung verbundenen Risiken. Durch eine Vielzahl von Leitlinien und Auslegungsentscheidungen zu dem prinzipienbasierten Aufsichtssystem wird der prinzipienbasierte Ansatz allerdings mittlerweile vielfach schon durch regelbasierte Elemente überlagert, die der Rechtsklarheit dienen sollen.

26 Für kleine Erstversicherungsunternehmen, Sterbekassen, Pensionskassen und Pensionsfonds besteht eine Bereichsausnahme. Diese Unternehmen werden aufgrund ihrer Größe, ihres Rechtsstatus, ihres Wesens, ihres spezifischen Leistungsangebots oder ihrer sehr engen Geschäftstätigkeit für einen bestimmten Personenkreis von den Regelungen der Solvency II-RL grundsätzlich ausgenommen.[31]

27 Strukturell lassen sich die diversen Regelungen der Solvency II-RL einem sog. **Drei-Säulen-Modell** zuordnen. Dabei umfasst die erste Säule Regelungen zur **Risikoquantifizierung und risikobasierten Eigenmittelausstattung** der VU. Ziel ist es, dass die VU stets über ausreichende **risikoadäquate Eigenmittel** verfügen, um die Verpflichtungen gegenüber den Versicherungsnehmern und sonstigen Anspruchsberechtigten dauerhaft erfüllen zu können, wobei den zu erfüllenden Anforderungen eine wirtschaftliche Bewertung der gesamten Bilanz zugrunde liegen soll.[32] Bei der Berechnung der notwendigen Kapitalanforderung können die VU das sog. **Standardmodell** oder ein sog. **internes Modell** (in Form eines Voll- oder Partialmodells) verwenden.[33] Ein internes Modell soll eine, bezogen auf das jeweilige VU, adäquatere Risikoerfassung und -bewertung ermöglichen, um so bestimmten Unternehmenseigenheiten und Risikoprofilen eher Rechnung tragen zu können. Die anrechenbaren Eigenmittel zur Bedeckung der Solvabilitätskapitalanforderung werden nicht mehr wie bisher enumerativ bestimmt. Vielmehr werden die Eigenmittelbestandteile nunmehr nach Qualitätskriterien in drei Klassen (»Tiers«) aufgeschlüsselt und der auf die Kapitalanforderungen anrechenbare Eigenmittelbetrag entsprechend begrenzt.[34] Dies erlaubt den VU dem Grunde nach eine **erweiterte Handlungs- und Anlagefreiheit**. Die Entscheidung über die Einstufung der Mittel obliegt wiederum vorrangig dem VU. Fehleinschätzungen können daher zu einer unzureichenden Eigenmitteldeckung führen. Wird die Schwelle der sog. **Solvabilitätskapitalanforderung (SCR)** oder der **Mindestkapitalanforderung (MCR)** unterschritten, kann die Aufsichtsbehörde Maßnahmen anordnen, um Abhilfe zu schaffen.

28 Die zweite Säule betrifft die **Geschäftsorganisation** sowie die Grundsätze und Methoden der Aufsicht. Im Mittelpunkt stehen hier **qualitative Vorgaben** für ein wirksames unternehmensspezifisches **Risikomanagement**. Über ein adäquates Governance-System soll die Qualität risikobezogener Entscheidungen durch Information, Evaluation und Eignung der Entscheidungsträger sichergestellt werden. Zentraler Bestandteil der Qualitätssicherung in diesem System sind neben einem **internen Berichtssystem** insbes. auch die sog. **Schlüsselfunktionen**. Zu diesen zählen mindestens die Risikomanagementfunktion, die Compliance-Funktion, die interne Revisionsfunktion und die versicherungsmathematische Funktion.[35] Diese hat ein VU einzurichten und deren Wirksamkeit und Unabhängigkeit sicherzustellen. Weiterer integraler Bestandteil des Risikomanagements ist die **kontinuierliche unternehmenseigene Risiko- und Solvabilitätsbeurteilung (ORSA – Own Risk and Solvency Assessment)**.[36] Durch die Einrichtung einer **wirksamen internen Kommunikation** soll dabei sichergestellt werden, dass alle erheblichen Informationen bei der Entscheidungsfindung berücksichtigt werden können. Die **wesentlichen Entscheidungsträger** müssen zudem besonderen **persönlichen und fachlichen Anforderungen** genügen (»fit and proper«).[37] Erfasst werden nunmehr über die Geschäftsleiter und Hauptbevollmächtigten eines VU hinaus auch Personen, die die Schlüsselfunktionen innehaben oder das Unternehmen tatsächlich leiten.

---

29 Umfassend zum Verhältnismäßigkeitsgrundsatz *Wandt/Sehrbrock*, in: Dreher/Wandt 2012, S. 21 ff.
30 *Heukamp*, § 1 Rn. 8.
31 Vgl. Erwägungsgründe 4 f. Solvency II-RL; Art. 4 ff. Solvency II-RL.
32 Vgl. Erwägungsgründe 16 und 45 Solvency II-RL.
33 Art. 103 ff., 112 ff. Solvency II-RL.
34 Vgl. Erwägungsgrund 47 Solvency II-RL.
35 Vgl. Erwägungsgrund 30., Art. 41 ff. Solvency II-RL.
36 Vgl. Art. 45 ff. Solvency II-RL; *Dreher/Ballmaier* VersR 2012, 129, 136.
37 Vgl. Art. 42 Solvency II-RL.

Die dritte Säule betrifft die Verpflichtung der VU zur **Offenlegung und Transparenz**. Erfasst sind hierbei sowohl die **Berichterstattung gegenüber der Aufsichtsbehörde** als auch die Offenlegung bestimmter Informationen gegenüber der **Öffentlichkeit**. Bestandteil der Offenlegungs- und Berichtspflichten ist dabei insbes. der **Bericht über die Solvabilität und die Finanzlage**. Nur unter engen Voraussetzungen und unter der Angabe von Gründen kann mit Genehmigung der Aufsichtsbehörde auf eine umfassende Veröffentlichung verzichtet werden.[38] Die VU treffen zudem auch zahlreiche **weitere Informations- und Auskunftsverpflichtungen** gegenüber der Aufsichtsbehörde. Bedeutsam ist hier unter anderem die Pflicht zur **Mitteilung über die Unterschreitung der maßgeblichen Solvabilitätskapital- oder Mindestkapitalanforderungen**,[39] die ihrerseits den Ausgangspunkt für mögliche Maßnahmen der Aufsichtsbehörde bilden. 29

Die wichtigste **nationale Rechtsgrundlage** des Versicherungsaufsichtsrechts ist das Gesetz über die Beaufsichtigung der Versicherungsunternehmen (**VAG**), welches im Rahmen des sog. Solvency II-Projekts[40] insgesamt neu gefasst wurde.[41] Das VAG trat in seiner geänderten Fassung am **1. Januar 2016** in Kraft[42] und setzt im Wesentlichen die durch die sog. Omnibus II-RL geänderten Inhalte der Solvency II-RL um. Ausgehend vom Willen des Gesetzgebers, die Richtlinieninhalte europarechtskonform umzusetzen, muss sich auch die **Auslegung nationalen Rechts am Europarecht orientieren**. 30

Neben dem VAG zählen zu den wesentlichen nationalen Rechtsgrundlagen noch die Verordnung über die Rechnungslegung von Versicherungsunternehmen (RechVersV),[43] die Verordnung über die Mindestbeitragsrückerstattung in der Lebensversicherung (MindZV),[44] die Verordnung über die Rechnungsgrundlagen für die Deckungsrückstellungen (DeckRV),[45] die Verordnung über die Anlage des Sicherungsvermögens von Pensionskassen, Sterbekassen und kleinen Versicherungsunternehmen (AnlV),[46] die Verordnung über die Kapitalausstattung von Versicherungsunternehmen (KapAusstV),[47] die weitgehend nur noch VU betrifft, die vom Anwendungsbereich der Solvency II-RL ausgenommen sind, die Verordnung über die aufsichtsrechtlichen Anforderungen an Vergütungssysteme im Versicherungsbereich (VersVergV)[48] sowie die Rechtsverordnung über die Erhebung von Gebühren und die Umlegung von Kosten nach dem Finanzdienstleistungsaufsichtsgesetz (FinDAGKostV).[49] Weitere Gesetze und Verordnungen, die zum deutschen Aufsichtsrecht gehören, sind auf der Internetseite der BaFin (www.bafin.de) veröffentlicht. 31

Die BaFin erlässt, ähnlich wie ihre Vorgängerbehörde, das Bundesaufsichtsamt für das Versicherungswesen, verwaltungsbehördliche Rechtsakte und veröffentlicht auch sonst diverse Verlautbarungen (z.B. Verbrauchermitteilungen, Merkblätter, Jahresberichte etc.). Wesentlich sind u.a. die **Rundschreiben**, die den einzelnen VU als Verwaltungsakt in Form einer Allgemeinverfügung bekannt gemacht werden und von den VU zu beachten sind.[50] Im Zuge der Neufassung des VAG werden eine Vielzahl von Rundschreiben mit europarechtskonform angepasstem Inhalt erneut bekanntgemacht werden. 32

Im Hinblick auf die Umsetzung des Solvency II-Projekts in Deutschland sind insbes. auch die sog. **Auslegungsentscheidungen** der BaFin von Bedeutung. Ziel dieser der Aufsichtspraxis zuzuordnenden Verlautbarungen ist es, eine konsistente Anwendung der jeweils ausgelegten Bestimmungen unter Berücksichtigung der spezifischen Besonderheiten des deutschen Marktes zu erreichen. Die Auslegungsentscheidungen konkretisieren dabei sowohl Bestimmungen des VAG als auch der Solvency II-VO. Relevant sind die Auslegungsentscheidungen dabei unter anderem im Hinblick auf eine aufsichtsbehördliche Ermessensbindung, wobei allerdings die Geltung des materiellen Proportionalitäts- bzw. Verhältnismäßigkeitsgrundsatzes zu beachten ist, welcher die Allgemeinverbindlichkeit der Entscheidungen insoweit relativieren kann, § 296 VAG. Mithilfe des 33

---

38 Vgl. Art. 51, 53 Solvency II-RL.
39 Vgl. Art. 61 Solvency II-RL.
40 Vgl. dazu Rdn. 21 ff.
41 Vgl. Art. 1 des Gesetzes zur Modernisierung der Finanzaufsicht über Versicherungen v. 1 April 2015, BGBl. I S. 434.
42 Art. 3 I 1 des Gesetzes zur Modernisierung der Finanzaufsicht über Versicherungen v. 1 April 2015, BGBl. I S. 434, abweichend für § 355 VAG, der gem. Art. 3 I 2 bereits am 11. April 2015 in Kraft trat.
43 Verordnung über die Rechnungslegung von Versicherungsunternehmen v. 8. November 1994, BGBl. I S. 3378, zuletzt geändert durch Art. 8 XIV des Gesetzes v. 17. Juli 2015, BGBl. I S. 1245; für Pensionsfonds: Verordnung über die Rechnungslegung von Pensionsfonds v. 25. Februar 2003, BGBl. I S. 246, zuletzt geändert durch Art. 8 XV des Gesetzes v. 17. Juli 2015, BGBl. I S. 1245.
44 Verordnung über die Mindestbeitragsrückerstattung in der Lebensversicherung v. 21. April 2016, BGBl. I S. 831.
45 Verordnung über die Rechnungsgrundlagen für die Deckungsrückstellungen v. 21. April 2016, BGBl. I S. 767.
46 Verordnung über die Anlage des Sicherungsvermögens von Pensionskasse, Sterbekassen und kleinen Versicherungsunternehmen v. 21. April 2016, BGBl. I S. 769.
47 Verordnung über die Kapitalausstattung von Versicherungsunternehmen v. 21. April 2016, BGBl. I S. 795.
48 Verordnung über die aufsichtsrechtlichen Anforderungen an Vergütungssysteme im Versicherungsbereich v. 21. April 2016, BGBl. I S. 763.
49 Verordnung über die Erhebung von Gebühren und die Umlegung von Kosten nach dem Finanzdienstleistungsaufsichtsgesetz v. 29. April 2002, BGBl. I S. 1504, 1847, zuletzt geändert durch Art. 1 der Verordnung v. 9. Dezember 2015, BGBl. I S. 2331.
50 Die Rundschreiben werden mangels Erscheinen von VerBaFin/VerBAV in gedruckter Form seit dem 1. Januar 2003 ausschließlich über die Homepage der BaFin bekannt gemacht; s. hierzu auch *Ernst*, S. 86 ff.

Erlasses von Auslegungsentscheidungen kann die BaFin auch **Leitlinien und Empfehlungen der EIOPA** (Ebene 3) nachkommen und so Verpflichtungen aus Art. 16 III EIOPA-VO erfüllen. Denn die zuständigen nationalen Behörden und Finanzinstitute (einschließlich der VU) haben alle erforderlichen Anstrengungen zu unternehmen, um den Leitlinien und Empfehlungen der EIOPA nachzukommen. Folgt die nationale Aufsichtsbehörde diesen nicht, so hat sie dies der EIOPA innerhalb von zwei Monaten nach deren Herausgabe der betreffenden Leitlinie oder Empfehlung unter der Angabe von Gründen mitzuteilen (»comply or explain«). Wichtige Auslegungsentscheidungen sind unter anderem zu ORSA, zum Risikomanagement in Versicherungsunternehmen, zu den quantitativen Anforderungen, zum Grundsatz der unternehmerischen Vorsicht (»prudent person principle«), zu den allgemeinen Governance-Anforderungen an Versicherungsunternehmen, zu internen Kontrollen und interner Revision und zum Outsourcing bei Versicherungsunternehmen jeweils im Dezember 2015 ergangen.[51]

3. Ziele der Versicherungsaufsicht

34 Nach § 294 I VAG ist das Hauptziel der Beaufsichtigung durch die BaFin der **Schutz der VN und der Begünstigten** von Versicherungsleistungen. Die Aufsicht nimmt ihre Aufgaben und Befugnisse dabei gem. § 294 VIII VAG **nur im öffentlichen Interesse** wahr, nicht aber als Wahrer der Individualinteressen jedes einzelnen VN oder sonstigen Begünstigten.[52] Der Schutz der VN und Begünstigten ergibt sich im Wesentlichen durch die **Beaufsichtigung** seitens der BaFin **der dauerhaften Erfüllbarkeit der Versicherungsverpflichtungen durch das jeweilige VU** sowie durch die sonstige Aufsicht über die Einhaltung der Gesetze, die für den Betrieb des Versicherungsgeschäfts gelten, und bei Erstversicherungsunternehmen über die ausreichende Wahrung der Belange der Versicherten. Die BaFin berücksichtigt in diesem Zusammenhang auch in angemessener Weise die möglichen Auswirkungen ihrer Entscheidungen auf die Stabilität des Finanzsystems in den jeweils betroffenen Staaten des EWR, § 294 II VAG.

35 Der Gesetzgeber unterscheidet zwischen der allgemeinen **Rechtsaufsicht** gem. § 294 III VAG (§ 81 I 4 VAG a.F.) und der **Finanzaufsicht** gem. § 294 IV VAG (§ 81 I 5 VAG a.F.). Hierbei handelt es sich allerdings nicht um eine qualitative Unterscheidung, sondern lediglich um eine gegenständliche Aufgliederung, da die Finanzaufsicht mit der Sicherstellung und Kontrolle der Eigenmittelausstattung bzw. insgesamt der wirtschaftlichen Leistungsfähigkeit von VU einen Bereich der Rechtsaufsicht darstellt.[53]

III. Gegenstände der Aufsicht
1. Aufsichtspflichtige Unternehmen

36 Der Aufsicht nach dem VAG unterliegen gem. § 1 I Nr. 1 VAG VU i.S.d. § 7 Nr. 33 und 34 VAG, d.h. Erst- und Rückversicherungsunternehmen, die den Betrieb von Versicherungsgeschäften zum Gegenstand haben und nicht Träger der Sozialversicherung sind. Ein Unternehmen betreibt **Versicherungsgeschäft** und ist damit ein VU, wenn es gegen Entgelt für den Fall eines ungewissen Ereignisses bestimmte Leistungen übernimmt, wobei das übernommene Risiko grundsätzlich auf eine Vielzahl durch die gleiche Gefahr bedrohter Personen verteilt wird und der Risikoübernahme eine auf dem Gesetz der großen Zahl beruhende Kalkulation zugrunde liegt. Nicht dazu gehören Vereinbarungen, die in einem inneren Zusammenhang mit einem Rechtsgeschäft anderer Art stehen und von dort ihr eigentliches rechtliches Gepräge erhalten. Dies ist jedenfalls dann der Fall, wenn die betreffende Vereinbarung mit einem anderen Vertrag, der seinerseits kein Versicherungsvertrag ist, verbunden und als unselbständige Nebenabrede dieses Hauptvertrags zu werten ist.[54]

37 Neben den **Erstversicherungsunternehmen** sind auch **Rückversicherungsunternehmen** in den Anwendungsbereich des VAG einbezogen, vgl. § 7 Nr. 33, 34 VAG. Der Begriff des VU erfasst im Rahmen des VAG beide Arten von Unternehmen, und die Regelungen des VAG gelten damit grundsätzlich unmittelbar sowohl für Erst- als auch für Rückversicherungsunternehmen, sofern nicht in der jeweiligen Vorschrift Abweichendes geregelt ist. Eines gesonderten Abschnittes mit Sonderregelungen für den Bereich der Rückversicherung bedarf es deshalb lediglich für spezifische Einzelfragen, vgl. §§ 165–170 VAG.

38 Bis 2002 unterlagen Rückversicherungsunternehmen in Deutschland nur einer sehr eingeschränkten Aufsicht. Grund hierfür war, dass die Beaufsichtigung von Geschäften zwischen fachkundigen Vertragsparteien als entbehrlich angesehen wurde. Zugleich sollte der besonderen Internationalität der Rückversicherungsindustrie Rechnung getragen werden.[55] Erst durch die VAG-Novelle 2002[56] wurde mit § 1a VAG a.F. eine erste mate-

---

51 Abrufbar unter www.bafin.de.
52 BT-Drucks. 10/1441 S. 56. Damit soll eventuellen Amtshaftungsansprüchen vorgegriffen werden, vgl. F/K/P/*Bähr*, § 81 Rn. 14.
53 Prölss/*Kollhosser*, § 81 Rn. 31; H/E/K/*Waclawik*, 5. Kap. Rn. 27.
54 StRspr. des BVerwG, s. BVerwG VersR 1993, 1217.
55 Prölss/*Präve*, § 1a Rn. 4.
56 Gesetz zur weiteren Fortentwicklung des Finanzplatzes Deutschland (Viertes Finanzmarktförderungsgesetz) v. 21. Juni 2002, BGBl. I S. 2010.

rielle Aufsicht über Rückversicherungsunternehmen eingeführt, die durch die VAG-Novelle 2004[57] nochmals verschärft wurde. Unter anderem wurde die im Grundsatz (eine Ausnahme galt für in der Rechtsform des VVaG betriebene Rückversicherungsunternehmen) zuvor nicht bestehende Erlaubnispflicht für Rückversicherungsunternehmen eingeführt. Ein Ziel dieser aufsichtsrechtlichen Intensivierung war es, durch eine weitgehende Sicherstellung der Leistungsfähigkeit der Rückversicherungsunternehmen gegenüber den rückversicherten Erstversicherungsunternehmen mittelbar den Schutz der VN zu verbessern.[58]

Die Aufsicht erstreckt sich gem. § 1 I Nr. 2 VAG auch auf **Versicherungs-Holdinggesellschaften**. Die Aufsicht über diese wurde ebenfalls im Jahr 2004 mit § 1b VAG a.F. eingeführt. Die bis dahin nur punktuell bestehenden Aufsichtsbefugnisse der Aufsichtsbehörde hatten sich nach Auffassung des Gesetzgebers als unzureichend erwiesen; so konnte die BaFin bis dahin zum Beispiel nicht verhindern, dass sich Managementfehler bei der Holdinggesellschaft auf die VU der Gruppe auswirkten.[59] Weitere Regelungen zu Versicherungs-Holdinggesellschaften waren in § 104a VAG a.F. enthalten, die sich auf die zusätzliche Beaufsichtigung gruppenangehöriger Unternehmen bezogen. Inzwischen wurde die Zweispurigkeit[60] der §§ 1b und 104a VAG a.F. beseitigt und in § 293 VAG ein einheitliches Regelungssystem für Versicherungsholding-Gesellschaften, gemischte Finanzholding-Gesellschaften und sonstige an VU beteiligte Holding-Gesellschaften geschaffen. 39

Weiterhin erstreckt sich gem. § 1 I Nr. 3, 4 und 5 VAG (§ 1 I Nr. 2 und 3 VAG a.F.) die Aufsicht nach dem VAG auf **Versicherungs-Zweckgesellschaften**, **Sicherungsfonds** sowie **Pensionsfonds**. Einer eingeschränkten Aufsicht unterliegen nach (§ 1 IV VAG § 159 VAG a.F.) auch die **Haftpflichtversicherungen der Berufsgenossenschaften** sowie die in § 1 III VAG genannten **öffentlich-rechtlichen Versorgungseinrichtungen**. Ausgenommen von der Versicherungsaufsicht nach dem VAG sind die in § 3 I VAG (§ 1 III VAG a.F.) genannten Einrichtungen (u.a. Unterstützungskassen, Zusammenschlüsse von Gemeinden und Gemeindeverbänden, gesetzliche Sozialversicherung). Bei diesen besteht kein Aufsichtsbedürfnis oder keine Zuständigkeit für eine Beaufsichtigung durch den Bund.[61] 40

Durch das auf der Versicherungsvermittlerrichtlinie[62] beruhende Gesetz zur Neuregelung des Versicherungsvermittlerrechts[63] und die entsprechend ergangene Versicherungsvermittlungsverordnung (VersVermV)[64] sind den VU aufsichtsrechtliche Pflichten im Hinblick auf die Zusammenarbeit mit Versicherungsvermittlern auferlegt worden, vgl. §§ 48–51 VAG (§§ 80–80b VAG a.F.). Die **Versicherungsvermittler** selbst werden allerdings nicht von der BaFin, sondern den jeweils örtlich zuständigen **Industrie- und Handelskammern** beaufsichtigt.[65] Als Ausnahme kann in diesem Zusammenhang die Regelung in § 298 IV VAG (§ 81 II 4 VAG a.F.) angesehen werden, nach der die BaFin allgemein oder für bestimmte Versicherungszweige untersagen kann, dass VU und ihre Vermittler dem VN in irgendeiner Form Sondervergütungen gewähren. Seit Herbst 2010 ist die Revision der Versicherungsvermittlerrichtlinie Gegenstand von Konsultationen der Europäischen Kommission, des Rats und des Parlaments der Europäischen Union gewesen. Am 20. Januar 2016 wurde dann die **neue Versicherungsvertriebsrichtlinie (IDD – Insurance Distribution Directive)** beschlossen.[66] Diese ersetzt die bisherige Versicherungsvermittlerrichtlinie und ist bis zum 23. Februar 2018 von den Mitgliedstaaten umzusetzen. Die IDD regelt die **gesamte Vertriebskette** und umfasst nunmehr neben Maklern und Vertretern auch den Direktvertrieb. Ausnahmen bestehen nur, wenn Versicherungsverträge als Nebendienstleistung bei der Veräußerung eines anderen Produkts vermittelt und bestimmte Prämienhöhen nicht überschritten werden. Im Kern konstituiert die IDD erhöhte **Transparenzanforderungen** sowie **Informations- und Wohlverhaltenspflichten**. 41

Der Aufsicht durch die deutsche Aufsichtsbehörde unterliegen grundsätzlich nur **Unternehmen mit Sitz in Deutschland**, aber auch die deutschen Niederlassungen von Versicherungs- und Rückversicherungsunternehmen mit Sitz in einem Staat außerhalb der EU bzw. des EWR. Schließlich unterliegen Versicherungs- und Rückversicherungsunternehmen mit Sitz in einem EU/EWR-Staat, die in Deutschland im Wege des Dienstleistungsverkehrs oder über Niederlassungen tätig sein wollen, einer (eingeschränkten) Rechtsaufsicht. 42

---

57 Gesetz zur Änderung des VAG und anderer Gesetze v. 15. Dezember 2004, BGBl. I S. 3416; hierzu amtliche Begründung der Bundesregierung, BR-Drucks. 322/04, S. 24 ff.; *Deckers* VW 2005, 166; *Weber-Rey/Baltzer* WM 2006, 205.
58 H/E/K/*Waclawik*, 5. Kap. Rn. 44.
59 S. amtliche Begründung der Bundesregierung, BR-Drucks. 322/04 S. 31 f.
60 Zur Kritik am damaligen zweispurigen System vgl. *Bähr/Wolf*, § 29 Rn. 4.
61 Hierzu im Einzelnen Prölss/*Präve*, § 1 Rn. 65 ff.
62 Richtlinie 2002/92/EG des Europäischen Parlaments und des Rates v. 9. Dezember 2002 über Versicherungsvermittlung, ABl. L 9/3 v. 15. Januar 2003.
63 Gesetz v. 19. Dezember 2006, BGBl. I S. 3232.
64 Verordnung über die Versicherungsvermittlung und -beratung (VersVermV) v. 15. Mai 2007, BGBl. I S. 733.
65 S. u.a. §§ 34d, 34e GewO sowie die VersVermV.
66 Richtlinie 2016/97/EG des Europäischen Parlaments und des Rates v. 20. Januar 2016 über Versicherungsvertrieb, ABl. L 26/19 v. 2. Februar 2016.

2. Spartentrennungsgebot

43 Gem. § 8 IV VAG (§ 8 Ia VAG a.F.) schließen die Erlaubnis zum Betrieb der Lebensversicherung und die Erlaubnis zum Betrieb anderer Versicherungssparten einander aus. Das Gleiche gilt für die Erlaubnis zum Betrieb der Krankenversicherung. Hierbei handelt es sich um das sog. **Spartentrennungsgebot.** Dieses dient dazu, die den verschiedenen Versicherungssparten zuzuordnenden Vermögensmassen zu trennen und so letztlich die VN vor den Gefahren und Risiken der jeweils anderen Versicherungssparten zu schützen. Die Bundesregierung hat in einer Gesetzesbegründung etwa darauf hingewiesen, dass die Krankenversicherung unbeeinflusst von den Gefahren anderer Versicherungssparten, die im Gegensatz zu ihr nicht auf der Grundlage gesicherter und zuverlässiger Rechnungsgrundlagen betrieben werden, arbeiten solle.[67] Das Spartentrennungsgebot hat u.a. auch Konsequenzen für den Abschluss von Beherrschungs- und Gewinnabführungsverträgen sowie faktische Beherrschungsverhältnisse. Es soll auch Quersubventionierungen verhindern.[68]

44 Das Spartentrennungsgebot gilt für Rückversicherungsunternehmen nicht. Dies bedeutet, dass ein Rückversicherungsunternehmen sowohl Nichtleben- als auch Lebensrückversicherung anbieten darf, vgl. § 10 III VAG (§ 120 III VAG a.F.).

3. Geschäftsorganisation

45 Die §§ 23–34 VAG und die Art. 258–275 Solvency II-VO enthalten in entsprechender Umsetzung der Solvency II-RL **qualitative Anforderungen** an die Geschäftsorganisation eines VU. Ziel ist eine effektive, werte- und risikoorientierte Unternehmensführung und Geschäftsorganisation des jeweiligen VU.[69] Dabei gelten der **Proportionalitätsgrundsatz** sowie der **Grundsatz der unternehmerischen Vorsicht.**[70] Entsprechend können sich in Abhängigkeit von Art, Umfang und der Komplexität des jeweiligen VU die Anforderungen an die Ausgestaltung der Geschäftsorganisation des einzelnen VU mitunter unterscheiden, wobei aber der konzeptionelle Rahmen gleich bleibt.

46 Das VAG geht von einer wirksamen, ordnungsgemäßen und dem Risikoprofil des VU angemessenen Geschäftsorganisation aus, für die der **Vorstand** des VU **grundsätzlich die Letztverantwortung trägt**, § 23 II VAG.[71] Die Geschäftsorganisation muss neben der Einhaltung der jeweils zu beachtenden Gesetze, Verordnungen und aufsichtsbehördlichen Anforderungen eine insgesamt solide und umsichtige Unternehmensleitung gewährleisten. Zu dieser zählen insbes. eine angemessene und transparente Organisationsstruktur mit klarer unternehmensinterner Zuweisung, angemessener Zuständigkeitstrennung sowie eine wirksame Kommunikation, § 23 I VAG. Daneben gehört auch die Entwicklung von Notfallplänen (§ 23 IV VAG) sowie eine für Dritte nachvollziehbare Dokumentation zur vorgeschriebenen Geschäftsorganisation zu den aufsichtsrechtlichen Verpflichtungen. Kernbestandteil der Geschäftsorganisation sind die sog. **Schlüsselfunktionen** nach § 23 III VAG[72], zu denen Vorgaben in **schriftlichen Leitlinien** festgelegt werden müssen. Zu den Schlüsselfunktionen gehören mindestens das Risikomanagement, das interne Kontrollsystem, die interne Revision, die versicherungsmathematische Funktion und, soweit relevant, die Ausgliederung von Funktionen und Tätigkeiten, vgl. §§ 23 III, 31 I VAG.

47 Das Risikomanagement ist der zentrale Bestandteil des im Rahmen der ordnungsgemäßen Geschäftsorganisation gesetzlich vorgesehenen Governance-Systems. Es dient der zutreffenden Beurteilung der Risiken des VU und deren Entwicklung und ist somit Voraussetzung für eine wirksame risikoorientierte Unternehmensführung. Die Ausgestaltung des Risikomanagements ist dabei nicht abschließend vorgegeben. Nach § 26 V VAG bzw. Art. 260 Solvency II-VO gehören jedoch zumindest die Zeichnung von Versicherungsrisiken und die Bildung von Rückstellungen, das Aktiv-Passiv-Management, die Kapitalanlagen, insbes. Derivate und Instrumente von vergleichbarer Komplexität, die Steuerung des Liquiditäts- und des Konzentrationsrisikos, die Steuerung operationeller Risiken sowie die Rückversicherung und andere Risikominderungstechniken zum Risikomanagement eines jeden VU. Dies umfasst auch die Festlegung von sog. **Risikotoleranzschwellen** für jede einzelne Risikoart sowie die Entwicklung einer geschäfts- und zukunftsbezogenen **Risikostrategie**, die ggf. durch **Stresstests und Szenarioanalysen** zu überprüfen ist. Weiterhin sieht das Gesetz die Einführung eines **klar definierten Verfahrens für Entscheidungsprozesse** sowie die kritische Einbeziehung **externer Ratings** vor, vgl. § 28 VAG sowie Art. 259 I lit. b), IV Solvency II-VO.

48 Wesentlich ist im Rahmen des Risikomanagements weiterhin die unternehmenseigene **Risiko- und Solvabilitätsbeurteilung** nach § 27 VAG, die durch die Leitlinien der EIOPA (Ebene 3) sowie durch die Auslegungsentscheidungen der BaFin zu **ORSA (Own Risk and Solvency Assessment)** näher konkretisiert und ausgeformt

---

67 Begründung zum Dritten Durchführungsgesetz/EWG zum VAG, BR-Drucks. 23/94 S. 159.
68 Zum gesamten Komplex s. Prölss/*Präve*, § 8 Rn. 46 ff.
69 *Heukamp*, § 3 Rn. 1 ff.
70 Vgl. auch die Auslegungsentscheidung der BaFin zum Grundsatz der unternehmerischen Vorsicht v. 1. Januar 2016. Abrufbar unter www.bafin.de.
71 *Heukamp*, § 3 Rn. 100.
72 Vgl. auch Erwägungsgrund 33 der Solvency II-RL.

wurde.[73] **ORSA ist integraler Bestandteil des internen Risikomanagements**[74] und stellt die notwendige Verbindung zwischen der ersten und der zweiten Säule von Solvency II dar. Gleichwohl ist ORSA nicht gleichzusetzen mit der Berechnung der jeweiligen Eigenmittelausstattung.[75] Es bildet vielmehr die **Grundlage für die Überprüfung der Angemessenheit der angewandten Berechnungsmethodik** im Rahmen des Standardmodells und insbes. eines etwaigen internen Modells.[76] ORSA umfasst nach § 27 II VAG mindestens eine eigenständige Bewertung des Solvabilitätsbedarfs unter Berücksichtigung des spezifischen Risikoprofils, der festgelegten Risikotoleranzlimits und der Geschäftsstrategie des Unternehmens, eine Beurteilung der jederzeitigen Erfüllbarkeit der aufsichtsrechtlichen Eigenmittelanforderungen, der Anforderungen an die versicherungstechnischen Rückstellungen in der Solvabilitätsübersicht und der Risikotragfähigkeit sowie eine Beurteilung der Wesentlichkeit von Abweichungen des Risikoprofils des Unternehmens von den Annahmen, die der Berechnung der Solvabilitätskapitalanforderung mit der Standardformel oder mit dem internen Modell zugrunde liegen. Auch hier gilt der **Proportionalitätsgrundsatz**, so dass die bloße Erfüllung der Mindestvorgaben vor dem Hintergrund der jeweiligen Unternehmenseigenheiten nicht in jedem Fall ausreicht, um den gesetzlichen Vorgaben zu entsprechen. ORSA dient insbes. auch der Information und Unterstützung des Vorstands, der sonstigen tatsächlichen Entscheidungsträger sowie der versicherungsmathematischen Funktion. Gem. § 27 I 3 VAG ist die Aufsichtsbehörde innerhalb von 14 Tagen nach Abschluss jedes ORSA zu informieren.[77] ORSA gewährt damit nicht nur dem Unternehmen selbst, sondern auch der Aufsichtsbehörde umfassende Einblicke in die aktuelle Risiko- und Unternehmensstruktur des VU. Ergeben sich hieraus erhebliche Missstände, kann die Aufsichtsbehörde auf dieser Grundlage weitere Auskünfte verlangen oder Maßnahmen einleiten. Vorgesehen ist eine **mindestens jährliche Risiko- und Solvabilitätsbeurteilung**. Entsprechend den Grundsätzen der Proportionalität und unternehmerischer Vorsicht, hängt die angemessene ORSA-Frequenz aber von Art, Umfang und Komplexität der jeweiligen Risiken ab und ist vom VU zu begründen. Dabei spielen das Risikoprofil des Unternehmens sowie die Volatilität des Kapitalbedarfs im Verhältnis zur Kapitalausstattung eine gewichtige Rolle. ORSA ist ferner auch nach jeder **wesentlichen Veränderung des Risikoprofils** notwendig. Hiervon ist auszugehen, wenn sich der Kapitalbedarf des VU nicht unerheblich verändert.

Neben dem allgemeinen Risikomanagement und ORSA ist auch die unabhängige **Risikocontrollingfunktion** als Teil des unternehmensinternen Risikomanagements einzurichten, § 26 VIII VAG. Aufgabe dieser Funktion ist die Förderung der Umsetzung des Risikomanagementsystems sowie die Überwachung, Entwicklung und Änderung des internen Modells, soweit dieses im VU Anwendung findet. Darüber hinaus kommen ihr auch umfassende Unterstützungs- und Beratungsaufgaben bei der effektiven Handhabung des Risikomanagementsystems sowie hinsichtlich der Berichterstattung an die jeweiligen Unternehmensorgane und Funktionen zu, vgl. Art. 269 I Solvency II-VO. Sie berät insbes. die Unternehmensleitung bei strategischen Belangen, der Unternehmensstrategie, Fusionen, Übernahmen, Investitionen und größeren Projekten, Art. 269 I lit. d) Solvency II-VO.

Neben dem Risikomanagement gehören auch die **interne Kontrolle** und die **Revision** zu den Schlüsselfunktionen. Die VU müssen über ein wirksames internes Kontrollsystem verfügen, welches mindestens Verwaltungs- und Rechnungslegungsverfahren, einen internen Kontrollrahmen, eine angemessene unternehmensinterne Berichterstattung auf allen Unternehmensebenen sowie eine Compliance-Funktion umfasst, § 29 I VAG, Art. 267, 270 Solvency II-VO. Abzugrenzen ist die interne Kontrolle von der internen Revision nach § 30 VAG. Diese nimmt keine Überprüfung anhand materieller Vorgaben vor, sondern überprüft objektiv und unabhängig die Wirksamkeit und Angemessenheit der internen Kontroll- und Steuerungsvorgänge. Aus der erforderlichen Unabhängigkeit der internen Revision folgt, dass diese Position nicht mit anderen Schlüsselfunktionen vermischt werden darf.[78] In der Unternehmenspraxis ist zudem die Auslegungsentscheidung der BaFin zu internen Kontrollen und interner Revision in VU vom 21. Dezember 2015 zu berücksichtigen.[79]

§ 31 VAG regelt die **versicherungsmathematische Funktion**. Ihre Aufgabe ist die Koordinierung der Berechnung der versicherungstechnischen Rückstellungen und die Gewährleistung der Angemessenheit der Berechnung. Darüber hinaus trägt sie zur wirksamen Umsetzung des Risikomanagementsystems insbes. im Hinblick auf ORSA bei.

Soweit ein VU Funktionen oder Tätigkeiten outsourct, hat es gem. § 23 III 2 VAG, Art. 274 I Solvency II-VO Leitlinien zur Ausgliederung (§ 7 Nr. 2 VAG) von Funktionen und Tätigkeiten zu erlassen. Das VU sollte sich dabei an der Auslegungsentscheidung der BaFin zum Outsourcing bei VU orientieren,[80] § 32 VAG stellt klar, dass die **Letztverantwortung auch bei einer Ausgliederung beim VU** verbleibt und dieses für die Erfüllung al-

---

73 Abrufbar unter www.bafin.de; s. hierzu umfassend *Dreher/Ballmaier* VersR 2012, 129 ff.
74 Vgl. *Heukamp*, § 3 Rn. 39.
75 *Heukamp*, § 3 Rn. 41 f.; *Dreher/Ballmaier* VersR 2012, 129, 142.
76 *Heukamp*, § 3 Rn. 41 f.
77 Vgl. umfassend *Dreher/Ballmaier* VersR 2012, 129, 140 ff. auch zu den Berichtspflichten gegenüber der Öffentlichkeit.
78 BT-Drucks. 18/2956 S. 245.
79 Abrufbar unter www.bafin.de.
80 Auslegungsentscheidung vom 21. Dezember 2015, abrufbar unter www.bafin.de; s. in diesem Zusammenhang auch die Ausführungen zum Outsourcing unter MaRisk vor der Umsetzung von Solvency II *Gable/Steinhauer* VersR 2010,

ler versicherungsaufsichtsrechtlichen Vorschriften und Anforderungen Sorge zu tragen hat. Durch die Ausgliederung dürfen die ordnungsgemäße Ausführung der ausgegliederten Funktionen oder Tätigkeiten, die Steuerungs- und Kontrollmöglichkeiten des Vorstands sowie die Prüfungs- und Kontrollrechte der Aufsichtsbehörde nicht beeinträchtigt werden. Bei der Ausgliederung wichtiger Funktionen und Versicherungstätigkeiten hat das betreffende VU außerdem sicherzustellen, dass wesentliche Beeinträchtigungen der Qualität der Geschäftsorganisation, eine übermäßige Steigerung des operationellen Risikos sowie eine Gefährdung der kontinuierlichen und zufriedenstellenden Dienstleistung für die Versicherungsnehmer vermieden werden, § 32 II, III VAG, Art. 274 I Solvency II-VO. Zu den wichtigen Funktionen zählen insbes. auch die Schlüsselfunktionen. Das ausgliedernde VU hat sich die erforderlichen Auskunfts- und Weisungsrechte gegenüber dem Dienstleister vertraglich zu sichern und die ausgegliederten Funktionen und Versicherungstätigkeiten in sein Risikomanagement einzubeziehen. Nach der Auslegungsentscheidung der BaFin bedarf es zumindest bei der Ausgliederung von Schlüsselaufgaben bzw. -funktionen auch der Bestellung eines **Ausgliederungsbeauftragten**, der den persönlichen und fachlichen Anforderungen an für Schlüsselaufgaben verantwortliche Personen genügen muss.[81]

53 § 24 I 1 VAG und Art. 273 I Solvency II-VO sehen vor, dass **Personen, die ein VU tatsächlich leiten** oder **andere Schlüsselaufgaben** wahrnehmen, zuverlässig und fachlich geeignet sein müssen (»fit and proper«). Gegenüber der Vorgängerregelung in § 7a I VAG a.F. ist der Adressatenkreis deutlich erweitert worden. So sind neben Geschäftsleitern (§ 24 II VAG) und Aufsichtsratsmitgliedern nunmehr all diejenigen Personen erfasst, die die Befugnis besitzen, für das VU wesentliche Entscheidungen zu treffen. Indem ausdrücklich alle Personen, die eine »Schlüsselaufgabe« wahrnehmen, Adressaten der Regelung sind, erstrecken sich die persönlichen Anforderungen dabei nicht nur auf Personen, die die in § 23 III 1 VAG genannten Schlüsselfunktionen besorgen, sondern auch auf Personen, die etwaige weitere Schlüsselaufgaben verantworten.[82] Gem. § 47 Nr. 1 VAG ist die vorgesehene Bestellung eines Geschäftsleiters und der Personen, die für Schlüsselaufgaben verantwortlich sein sollen, der Aufsichtsbehörde unter der Angabe von Tatsachen, die für die Beurteilung ihrer Qualifikation nach § 24 I VAG wesentlich sind, anzuzeigen. Ebenso ist die erfolgte Bestellung eines Aufsichtsratsmitglieds anzuzeigen. Die Anzeigepflicht gilt indes nicht für Personen, die zwar Schlüsselaufgaben ausführen, die Schlüsselfunktion aber nicht insgesamt verantworten.[83]

54 Das Kriterium der **persönlichen »Zuverlässigkeit«** (»proper«) wird im VAG nicht näher konkretisiert, doch kann insoweit auf Art. 273 Nr. 4 Solvency II-VO zurückgegriffen werden. Danach bestimmt sich die Zuverlässigkeit einer verantwortlichen Person anhand einer Bewertung der Redlichkeit sowie der Solidität ihrer finanziellen Verhältnisse auf der Grundlage von Nachweisen, die ihren Charakter, ihr persönliches Verhalten und ihr Geschäftsgebaren betreffen, einschließlich etwaiger strafrechtlicher, finanzieller und aufsichtsrechtlicher Aspekte, sofern diese erheblich sind. Bei der Beurteilung der Zuverlässigkeit handelt es sich um eine **Prognoseentscheidung**, die auf der Grundlage von Tatsachen getroffen werden muss. Tatsachen, die für eine Unzuverlässigkeit sprechen können, sind vor allem Straf- und Ordnungswidrigkeitsverfahren, Gewerbeuntersagungen, Insolvenzverfahren, Verfahren zur Abgabe eidesstattlicher Versicherungen, Verstöße gegen das VAG, Spiel- und Trunksucht sowie körperliche und geistige Defekte. Entscheidend ist jeweils, dass sich die aus diesen Tatsachen folgende Unzuverlässigkeit auf die tatsächliche Leitung eines VU bezieht. Die Unzuverlässigkeit kann sich auch aus Interessenskonflikten ergeben, etwa wenn neben der Geschäftsleiterfunktion zugleich die Tätigkeit als Versicherungsagent oder -makler weitergeführt werden soll.[84]

55 Die **fachliche Eignung** (»fit«) setzt gem. § 24 I 2 VAG abstrakt berufliche Qualifikationen, Kenntnisse und Erfahrungen voraus, die eine solide und umsichtige Leitung des Unternehmens gewährleisten. **Konkret** richten sich die Anforderungen dabei nach der jeweiligen Schlüsselaufgabe und den künftigen Zuständigkeiten der betreffenden Person, Art. 273 II Solvency II-VO.[85] Im Fall der Wahrnehmung von Leistungsaufgaben ist eine ausreichende Leitungserfahrung regelmäßig anzunehmen, wenn eine dreijährige leitende Tätigkeit bei einem VU von vergleichbarer Größe und Geschäftsart nachgewiesen wird, § 24 I 4 VAG, wobei es sich dabei um eine widerlegliche Vermutung handelt.[86] Eine leitende Tätigkeit im Sinne dieser Vorschrift setzt nicht zwingend eine Vorstandstätigkeit voraus. Eine Leitungsfunktion hat eine Person i.d.R. auch dann ausgeübt, wenn sie unmittelbar unterhalb des Vorstands tätig war oder größere betriebliche Organisationseinheiten gelenkt hat. Die Aufsichtsbehörde prüft unter anderem auch, ob die betreffende Person in ihrer bisherigen Tätigkeit Projekte, Maßnahmen und Arbeitsabläufe geplant, organisiert, kontrolliert und ihre Befähigung nachgewiesen hat, Mitarbeiter zu leiten sowie Aufgaben zu koordinieren und zu delegieren.[87]

177; *Michael* VersR 2010, 141; speziell zum Datenschutz *Gödeke/Ingwersen* VersR 2010, 1153; zur Fortgeltung unter Solvency II s. Mathews, in Drees/Koch/Nell, S. 321, 372 ff.
81 Auslegungsentscheidung vom 21. Dezember 2015, abrufbar unter www.bafin.de.
82 S. BT-Drucks. 18/2956 S. 240.
83 S. BT-Drucks. 18/2956 S. 240.
84 BAV-Verlautbarungen GB BAV 1995 A S. 20 f.
85 BT-Drucks. 18/2956 S. 240.
86 VG Frankfurt (Main) VersR 2005, 57.
87 BAV-Verlautbarung GB BAV 1995 A S. 20.

Bei der Bestellung von Geschäftsleitern ist neben der persönlichen Zuverlässigkeit und fachlichen Eignung gemäß § 24 III VAG noch zu beachten, dass niemand zum Geschäftsleiter bestellt werden kann, der bereits bei zwei unter der Aufsicht der BaFin stehenden VU, Pensionsfonds, Versicherungs-Holdinggesellschaften oder Versicherungs-Zweckgesellschaften als Geschäftsleiter tätig ist. Allerdings kann die Aufsichtsbehörde mehr Mandate zulassen, wenn es sich um Unternehmen derselben Unternehmensgruppe handelt. Die Bestellung als Geschäftsleiter hindert nicht die Ausübung einer Schlüsselfunktion. 56

Auch **Aufsichtsratsmitglieder** von VU müssen aufgrund ihrer Wahrnehmung von Schlüsselaufgaben[88] zuverlässig und fachlich geeignet sein (§ 24 I 1 VAG). Zudem ist die Anzahl gleichzeitiger Kontrollmandate gem. § 24 IV 2 VAG auf fünf Mandate beschränkt, sofern die Mandate nicht innerhalb derselben Unternehmensgruppe wahrgenommen werden. 57

Bestimmte aufsichtsrechtliche Anforderungen sind weiterhin von den Inhabern bedeutender Beteiligungen an VU (§ 16 VAG), Personen, die die Geschäfte von Versicherungs-Holdinggesellschaften oder gemischten Finanzholding-Gesellschaften führen (§ 293 I 1 i.V.m. § 24 VAG) sowie von dem Prämientreuhänder in der Lebensversicherung bzw. der Krankenversicherung (§§ 142, 157 I und II VAG) zu erfüllen. Das VAG sieht zudem ausdrücklich vor, dass die Aufsichtsbehörde auf die Bestellung des Treuhänders für das Sicherungsvermögen (§ 128 IV VAG) sowie des Abschlussprüfers eines VU (§ 36 VAG) bei Bedenken Einfluss nehmen kann. 58

Im Hinblick auf die Vergütungssysteme eines VU sind § 25 VAG (§ 64b VAG a.F.) sowie Art. 275 Solvency II-VO zu beachten (in Bezug auf die Vergütung von Vorstandsmitgliedern stehen diese Regelungen neben der entsprechenden aktienrechtlichen Regelung in § 87 AktG).[89] Gem. § 25 I VAG i.V.m. Art. 275 Solvency II-VO müssen die Vergütungssysteme **für Geschäftsleiter, Mitarbeiter und Aufsichtsratsmitglieder** angemessen, transparent und auf eine nachhaltige Entwicklung des jeweiligen VU ausgerichtet sein, wobei das Risikoprofil des betreffenden VU zu berücksichtigen ist. Art. 275 Solvency II-VO fordert zudem eine gegenüber allen Personalangehörigen des VU offenzulegende Vergütungspolitik, die von den Leitungsorganen des VU den Grundsätzen nach schriftlich festzulegen ist.[90] Die Vergütungspolitik soll nicht zur Übernahme von Risiken ermutigen, die die Risikotoleranzschwellen des Unternehmens übersteigen würden, und ist im Rahmen des Risikomanagement des VU zu überwachen. Soweit es aufgrund der Bedeutung des VU hinsichtlich der Größe und internen Organisation angezeigt erscheint, soll ein **unabhängiger Vergütungsausschuss** eingesetzt werden, der das Management- oder Aufsichtsorgan bei der Überwachung der Vergütungspolitik und der Vergütungspraktiken unterstützt. 59

Art. 275 II Solvency II-VO enthält weiterhin detaillierte Vorgaben hinsichtlich **variabler Vergütungsbestandteile** für Personen, die das Unternehmen tatsächlich leiten sowie andere Mitarbeiterkategorien, deren Tätigkeiten das Risikoprofil des Unternehmens maßgeblich beeinflussen. Keinen besonderen aufsichtsrechtlichen Vorgaben unterfallen gem. § 25 V VAG (§ 64b V VAG a.F.) Vergütungsregelungen, die durch einen Tarifvertrag, eine Bezugnahme auf den Tarifvertrag oder durch Betriebs- oder Dienstvereinbarung aufgrund eines Tarifvertrags vereinbart sind. Nähere Vorgaben zur Ausgestaltung von Vergütungssystemen einschließlich variabler Vergütungsbestandteile enthält die auf der Grundlage von § 34 II VAG erlassene **Versicherungs-Vergütungsverordnung** (VersVergV).[91] Schließlich hat die BaFin gem. § 25 IV VAG die Befugnis, die Auszahlung **variabler Vergütungsbestandteile** zu untersagen oder zu beschränken, wenn die Gefahr besteht, dass die Solvabilitätskapitalanforderung des VU nicht mehr gedeckt ist. 60

4. Kontrolle von Allgemeinen Versicherungsbedingungen

Seit der im Jahre 1994 erfolgten Deregulierung der Versicherungswirtschaft in Deutschland besteht kein allgemeines Genehmigungserfordernis mehr für die AVB und Tarife der VU.[92] Für Sterbekassen, die substitutive Krankenversicherung sowie regulierte Pensionskassen, Pensionsfonds und Pflichtversicherungen sehen allerdings § 219 III Nr. 1 VAG, §§ 9 IV Nr. 5, 158 I VAG sowie § 234 III Nr. 1 VAG, § 237 III Nr. 2 VAG und §§ 9 IV Nr. 4 VAG noch die Einreichung von AVB und fachlichen Geschäftsunterlagen bzw. zumindest von AVB oder Pensionsplänen bei der Aufsichtsbehörde vor. 61

5. Das Verbot versicherungsfremder Geschäfte

Nach § 15 I VAG (§ 7 II 1 VAG a.F.) dürfen **Erstversicherungsunternehmen** neben Versicherungsgeschäften nur solche Geschäfte betreiben, die hiermit in unmittelbarem Zusammenhang stehen. Die Vorschrift normiert das sog. Verbot versicherungsfremder Geschäfte, das wie bisher auf europarechtlichen Vorgaben be- 62

---

88 BT-Drucks. 18/2956 S. 240; vgl. auch Art. 273 Nr. 3 Solvency II-VO »Aufsichtsorgan«; str. s. Ernst S. 143 ff. m.w.N.; *Heukamp*, § 3 Rn. 106 f. m.w.N.
89 Für größere VVaG gilt § 87 AktG über § 188 VAG.
90 Vgl. Art. 258 I lit. l) Solvency II-VO.
91 Verordnung über die aufsichtsrechtlichen Anforderungen an Vergütungssysteme im Versicherungsbereich v. 21. April 2016, BGBl. I S. 763.
92 S. Drittes Durchführungsgesetz/EWG zum VAG v. 21. Juli 1994, BGBl. I S. 1630.

ruht.[93] Dieses Verbot dient dazu, die VU und damit letztlich die Versicherten, vor solchen Risiken zu schützen, die nicht notwendigerweise mit dem Betrieb von Versicherungsgeschäften verbunden sind. Da das VAG weder Versicherungsgeschäfte noch versicherungsfremde Geschäfte konkret definiert, ist die Abgrenzung regelmäßig von den Umständen des Einzelfalls abhängig. Lediglich für Termingeschäfte sowie Geschäfte mit Optionen und ähnlichen Finanzinstrumenten legt § 15 I 2 VAG (§ 7 II 2 VAG a.F.) ausdrücklich fest, dass ein unmittelbarer Zusammenhang mit Versicherungsgeschäften anzunehmen ist, wenn diese Geschäfte der Absicherung gegen Kurs- oder Zinsänderungsrisiken bei vorhandenen Vermögenswerten oder dem späteren Erwerb von Wertpapieren dienen sollen oder wenn aus vorhandenen Wertpapieren ein zusätzlicher Ertrag erzielt werden soll, ohne dass bei Erfüllung von Lieferverpflichtungen eine Unterdeckung des Sicherungsvermögens eintreten kann. Nach § 15 I 3 VAG (§ 7 II 3 VAG a.F.) besteht bei einer Aufnahme von Fremdmitteln grundsätzlich kein unmittelbarer Zusammenhang mit dem Versicherungsgeschäft. Bei anderen Geschäften ist ein unmittelbarer Zusammenhang zum Versicherungsgeschäft nur anzunehmen, wenn es nicht mit einem zusätzlichen finanziellen Risiko verbunden ist, vgl. § 15 I 4 VAG (§ 7 II 4 VAG a.F.). Schließlich ist noch in § 15 III VAG (§ 7 III VAG a.F.) klargestellt, dass auch Tätigkeiten der Versicherungsvermittlung zum Geschäftsbetrieb eines Erst- oder Rückversicherungsunternehmens gehören.

63 Nach § 15 II VAG (§ 120 I 3 VAG a.F.) dürfen **Rückversicherungsunternehmen** nur Rückversicherungsgeschäfte und damit verbundene Geschäfte und Dienstleistungen betreiben. Die im Vergleich zu § 15 I VAG (§ 7 II 1 VAG a.F.) weiter gefasste Formulierung in § 15 II VAG (§ 120 I 3 VAG a.F.) verdeutlicht, dass bei Rückversicherungsunternehmen die Grenzen, die durch das Verbot versicherungsfremder Geschäfte gesetzt werden, weniger eng gezogen sind.

6. Die finanzielle Ausstattung von VU

64 § 294 IV VAG sieht vor, dass die Aufsichtsbehörde im Rahmen der Finanzaufsicht für die gesamte Geschäftstätigkeit des VU auf die dauernde Erfüllbarkeit der Verpflichtungen aus Versicherungsverträgen und hierbei insbesondere auf die Solvabilität sowie die langfristige Risikotragfähigkeit des VU, die Bildung ausreichender versicherungstechnischer Rückstellungen, die Anlage in entsprechenden geeigneten Vermögenswerten, eine ordnungsgemäße Geschäftsorganisation und die Einhaltung der übrigen finanziellen Grundlagen zu achten hat. Hinsichtlich der finanziellen Ausstattung der VU verfolgt das VAG dabei in Umsetzung der Solvency II-RL nunmehr einen **risikobasierten Ansatz** und hat sich von dem Solvency I-System mit seiner rein beitrags- und aufwandsbasierten Berechnung einer Solvabilitätsspanne und den katalogisierten zulässigen Anlagemöglichkeiten für das die versicherungstechnischen Rückstellungen bedeckende Vermögen gelöst. Die Anforderungen an die Ausstattung eines VU mit Eigenmitteln richten sich nunmehr nach dem grundsätzlich umfassend ermittelten Risikoprofil des VU. Gleichzeitig gilt unter dem Solvency II-System eine **grundsätzliche Anlagefreiheit** unter Berücksichtigung des jeweiligen Risikoprofils sowie des Grundsatzes unternehmerischer Vorsicht. Für kleine VU, Pensionskassen und Sterbekassen gilt allerdings das bisherige System fort, bei dem die erforderliche Eigenmittelausstattung auf der Grundlage der Kapitalausstattungsverordnung (KapAusstV)[94] nach den Beitragseinnahmen bzw. dem Aufwand für Versicherungsfälle festgelegt wird und zudem die Anlageverordnung (AnlV)[95] Vorgaben aufstellt, welche Anlagemöglichkeiten zur Verfügung stehen.

65 Um die dauernde Erfüllbarkeit der Verpflichtungen aus Versicherungsverträgen sicherzustellen, sind zunächst entsprechende versicherungstechnische Rückstellungen zu bilden. **Versicherungstechnische Rückstellungen** sind zum einen Bilanzposten in der Handelsbilanz eines VU für aus Versicherungsverträgen resultierende ungewisse Verbindlichkeiten, die bei VU regelmäßig den überwiegenden Teil der Passivseite der Bilanz darstellen.[96] Zum anderen stellen die versicherungstechnischen Rückstellungen auch in den sog. Solvabilitätsübersicht i.S.v. § 74 I VAG, die zum Zweck der Bestimmung der vorhandenen Eigenmittel eines VU unter Solvency II zu erstellen ist, regelmäßig den größten Teil der Passiva dar. Die Berechnungsweise der versicherungstechnischen Rückstellungen in der Handelsbilanz und in der Solvabilitätsübersicht unterscheidet sich allerdings.[97] Inwieweit die versicherungstechnischen Rückstellungen ausreichend sind, ist dabei vornehmlich eine versicherungsmathematische Frage.[98] Die Eigenmittel, die ein VU vorzuhalten hat, dienen dabei unter anderen dazu, einen etwaigen Fehlbetrag auszugleichen, sollten sich die versicherungstechnischen Rückstel-

---

93 Zu den europarechtlichen Grundlagen und zur Diskussion über die Reichweite des Verbots s. Prölss/Präve, § 7 Rn. 11 f. und auch EuGH VersR 2001, 313.
94 Verordnung über die Kapitalausstattung von Versicherungsunternehmen v. 21. April 2016, BGBl. I S. 795.
95 Verordnung über die Anlage des Sicherungsvermögens von Pensionskasse, Sterbekassen und kleinen Versicherungsunternehmen v. 21. April 2016, BGBl. I S. 769.
96 S. hierzu im Einzelnen §§ 341e ff. HGB (Versicherungstechnische Rückstellungen) sowie Verordnung über die Rechnungslegung von Versicherungsunternehmen v. 8. November 1994, BGBl. I S. 3378, zuletzt geändert durch Art. 8 XIV des Gesetzes v. 17. Juli 2015, BGBl. I S. 1245.
97 S. dazu §§ 341e ff. HGB für die Handelsbilanz und die in Rdn. 66 dargestellte Berechnungsweise für die Solvabilitätsübersicht.
98 H/E/K/Waclawik, 5. Kap. Rn. 27.

lungen als nicht ausreichend herausstellen, so dass die dauernde Erfüllbarkeit der Verpflichtungen aus den Versicherungsverträgen auch dann gewährleistet ist.

Die VU haben gem. § 74 VAG eine Gegenüberstellung von Aktiva und Passiva im Rahmen einer sog. **Solvabilitätsübersicht** zu erstellen, um die jeweils vorhandenen Eigenmittel zu bestimmen. Dabei werden Vermögenswerte mit dem Betrag bewertet, zu dem sie zwischen sachverständigen, vertragswilligen und unabhängigen Geschäftspartnern getauscht werden könnten. Verbindlichkeiten werden grundsätzlich mit dem Betrag bewertet, zu dem sie zwischen sachverständigen, vertragswilligen und unabhängigen Geschäftspartnern übertragen oder beglichen werden könnten. Der Wert der versicherungstechnischen Rückstellungen entspricht dabei dem aktuellen Betrag, den VU zahlen müssten, wenn ihre Versicherungsverpflichtungen unverzüglich auf ein anderes VU übertragen würden (§ 75 II VAG) und errechnet sich dabei gem. § 76 I VAG aus der **Summe** des **besten Schätzwerts** (§ 77 VAG) und der nach § 78 VAG berechneten **Risikomarge**. Der beste Schätzwert entspricht dem **erwarteten Barwert der künftigen Zahlungsströme** unter Verwendung der maßgeblichen risikofreien Zinskurve (§ 7 Nr. 21 VAG). Bei der Berechnung der künftigen Zahlungsströme sind alle ein- und ausgehenden Ströme zu berücksichtigen, die zur Abrechnung der Verbindlichkeiten während der Laufzeit der Versicherungsverträge benötigt werden. Im Rahmen der Berechnung des besten Schätzwerts kann auch eine sog. Matching- oder Volatilitätsanpassung mit Genehmigung der Aufsichtsbehörde nach den §§ 80, 81 VAG bzw. § 82 VAG erfolgen. Beide Anpassungsmöglichkeiten dienen einer – bezogen auf das jeweilige Risikoprofil des VU – individuelleren Berechnung des besten Schätzwerts.[99] Die Risikomarge nach § 78 VAG soll schließlich sicherstellen, dass der Wert der versicherungstechnischen Rückstellungen dem Betrag entspricht, den ein VU tatsächlich fordern würde, um die Versicherungsverpflichtungen übernehmen und erfüllen zu können. Detailliertere Vorgaben zu den einzelnen vorstehenden Berechnungen enthalten die Art. 7–61 Solvency II-VO sowie die §§ 83 ff. VAG. Nach Art. 56 ff. Solvency II-VO können VU auch vereinfachte Methoden bei der Berechnung einsetzen, wenn dies der Art, dem Umfang und der Komplexität ihren Risiken angemessen ist.

Gem. § 89 I VAG haben VU stets über anrechnungsfähige Eigenmittel mindestens in Höhe der sog. **Solvabilitätskapitalanforderung** (SCR – Solvency Capital Requirement) zu verfügen. Diese soll unter der Annahme der Unternehmensfortführung berechnet und so kalibriert werden, dass alle quantifizierbaren Risiken, denen ein VU ausgesetzt ist, widergespiegelt werden. Die Höhe des SCR entspricht gem. § 97 II VAG dem **Value-at-Risk der Basiseigenmittel** des betreffenden VU **zu einem Konfidenzniveau von 99,5 %** über einen Zeitraum von einem Jahr. Die konkrete Berechnung des SCR kann nach dem **Standardmodell** (§§ 99–110 VAG) oder einem **internen Modell** (§§ 111–121 VAG) unter Verwendung von Risikomodulen erfolgen. Ein internes Modell kann in der Form eines Voll- oder Partialmodells verwendet werden, und dessen Verwendung ist genehmigungspflichtig. Durch ein internes Modell soll den jeweiligen Unternehmenseigenheiten und -risiken in der Regel besser Rechnung getragen werden als durch ein Berechnung des SCR nach dem Standardmodell. Die Höhe des ermittelten SCR ist dafür maßgeblich, in welcher Höhe bei dem VU anrechenbare Eigenmittel verfügbar sein müssen. Nach § 89 II umfassen die Eigenmittel eines VU die sog. **Basiseigenmittel** und die sog. **ergänzenden Eigenmittel**. Als Basiseigenmittel gelten zum einen der Überschuss der Vermögenswerte über die Verbindlichkeiten abzüglich des Betrags der eigenen Aktien in der Solvabilitätsübersicht sowie zum anderen nachrangige Verbindlichkeiten. Zu beachten sind dabei auch die Art. 7–16 Solvency II-VO, die nähere Vorgaben für die Bewertung von Vermögenswerten und Verbindlichkeiten enthalten, bspw. für den Geschäfts- und Firmenwert sowie weitgehend auch für **immaterielle Vermögenswerte** eine Bewertung mit Null vorsehen. Ergänzende Eigenmittel sind gem. § 89 IV VAG solche, die nicht zu den Basiseigenmitteln zählen und zum Ausgleich von Verlusten eingefordert werden können, etwa der nicht eingeforderte Teil des nicht eingezahlten Grundkapitals oder Gründungsstocks eines VU. Die ergänzenden Eigenmittel können nur mit Genehmigung der Aufsichtsbehörde angesetzt werden. Die VU haben ihre Eigenmittelbestandteile in drei **Qualitätsklassen** (»Tiers«) nach den §§ 91–93 VAG einzustufen, wobei für die Einordnung maßgeblich ist, inwieweit sie verfügbar oder einforderbar sind, um Verluste aufzufangen, bei Liquidation des VU nachrangig gegenüber anderen Verbindlichkeiten und frei von sonstigen Belastungen sind.[100] Für die Einhaltung des SCR setzen sich die anrechnungsfähigen Eigenmittel gem. § 94 VAG aus den Eigenmitteln der Qualitätsklasse 1 und aus anrechnungsfähigen Eigenmitteln der Qualitätsklasse 2 und 3 zusammen. Eine Anrechnung von Eigenmittelbestandteilen der Qualitätsklassen 2 und 3 setzt voraus, dass die Eigenmittelbestandteile der Qualitätsklasse 1 mindestens 1/3 und die der Qualitätsklasse 3 weniger als 1/3 betragen.

Neben dem SCR sieht das Gesetz auch eine **Mindestkapitalanforderung** (MCR – Minimum Capital Requirement) gem. §§ 89 I 2, 122 f. VAG vor. Diese entspricht dem Betrag anrechnungsfähiger Basiseigenmittel, unterhalb dessen die Versicherungsnehmer und Anspruchsberechtigten bei einer Fortführung der Geschäftstätigkeit des VU einem unannehmbaren Risikoniveau ausgesetzt sind. Die konkrete Berechnung erfolgt nach den Vorgaben in Art. 248–251 Solvency II VO, wobei der so ermittelte Betrag nach § 1 der Kapitalausstattungsverordnung (KapAusstV)[101] entsprechend anzupassen ist, wenn er weniger als 25 % oder mehr als 45 %

---

99 Vgl. *Heukamp*, § 2 Rn. 14–16.
100 Vgl. Erwägungsgrund 47 der Solvency II-RL.
101 Verordnung über die Kapitalausstattung von Versicherungsunternehmen v. 21. April 2016, BGBl. I S. 795.

des SCR beträgt. In keinem Fall ist ein MCR unter 2,5 Millionen Euro bei Kranken-, Schaden- und Unfallversicherungsunternehmen, einschließlich firmeneigener VU, die keine Haftpflicht-, Kredit- oder Kautionsrisiken decken, zulässig. Bei Schaden- und Unfallversicherungsunternehmen, die Haftpflicht-, Kredit- oder Kautionsrisiken decken, und bei Lebensversicherungsunternehmen liegt die Schwelle bei 3,7 Millionen Euro, bei Rückversicherungsunternehmen grundsätzlich bei 3,6 Millionen Euro und bei firmeneigenen Rückversicherungsunternehmen bei 1,2 Millionen Euro.

69 Die Grundsätze für die **Kapitalanlage** und das **Sicherungsvermögen** sind in den §§ 124–131 VAG geregelt. § 124 I VAG legt dabei qualitative Anlagegrundsätze fest. Die unter Solvency I bestehenden quantitativen Anlagebeschränkungen finden unter dem risikobasierten Ansatz von Solvency II keine Anwendung mehr, wobei allerdings der Grundsatz unternehmerischer Vorsicht dazu führen kann, dass das VU die Anlage in bestimmte Anlageklassen quantitativ zu beschränken hat. Gem. § 125 VAG hat ein Erstversicherungsunternehmen weiterhin ein Sicherungsvermögen zu bilden, dessen Höhe im Wesentlichen der Summe der Beitragsüberträge, der Deckungsrückstellung, der Rückstellung für nicht abgewickelte Versicherungsfälle und Rückkäufe, der Rückstellung für Beitragsrückerstattung und der Verbindlichkeiten aus dem selbst abgeschlossenen Versicherungsgeschäft gegenüber VN entspricht. Über das Sicherungsvermögen kann nur mit Zustimmung eines Sicherungsvermögenstreuhänders verfügt werden, § 129 I VAG.

7. Berichtspflichten

70 Das VAG sieht eine Vielzahl von Berichtspflichten vor. Die allgemeinen Berichtspflichten gegenüber der Aufsichtsbehörde und der Öffentlichkeit sind in §§ 35 ff. VAG enthalten. Dabei wird die Berichterstattung im Zusammenhang mit der Abschlussprüfung des VU in §§ 35–39 VAG geregelt, während §§ 40–42 VAG sich mit dem mindestens einmal jährlich zu veröffentlichenden Solvabilitäts- und Finanzbericht befassen. §§ 43 VAG ff. bestimmen weitere Informationen, die von den VU für Aufsichtszwecke beizubringen sind. § 47 VAG führt schließlich die wesentlichen, in der Regel unverzüglich zu befolgenden Anzeigepflichten der VU gegenüber der BaFin auf.

IV. Zulassungsaufsicht

71 Die Zulassung von Erst- und Rückversicherungsunternehmen ist einheitlich in §§ 8 ff. VAG geregelt. VU bedürfen zum Geschäftsbetrieb der **Erlaubnis der Aufsichtsbehörde**, die nach § 8 II VAG nur Aktiengesellschaften einschließlich der Europäischen Gesellschaft (Societas Europaea, SE), Versicherungsvereinen auf Gegenseitigkeit sowie Körperschaften und Anstalten des öffentlichen Rechts erteilt werden darf. Verstöße gegen die Erlaubnispflicht sind gem. § 331 VAG strafbewehrt.

72 Der Erteilung der Erlaubnis zum Geschäftsbetrieb geht regelmäßig ein umfangreiches **Prüfungsverfahren** voraus. Die zu erfüllenden Voraussetzungen lassen sich unterteilen in solche, die die Finanzausstattung des VU betreffen und in sonstige aufsichtsrechtliche Vorgaben. Zentraler Aspekt sämtlicher Vorschriften der Zulassungsaufsicht ist – wie auch bei der laufenden Aufsicht –, dass die Belange der Versicherten ausreichend gewahrt werden und die dauernde Erfüllbarkeit der aus den Versicherungsverträgen bzw. aus den Rückversicherungsverhältnissen folgenden Verpflichtungen sichergestellt ist, vgl. § 11 I Nr. 1, Nr. 4, lit. a) VAG.

73 Mit dem Antrag auf Erlaubnis ist zunächst der **Geschäftsplan** einzureichen, zu dem auch die Satzung, Angaben über die zu betreibenden Versicherungssparten und die zu deckenden Versicherungsrisiken, die Grundzüge der beabsichtigten Rückversicherung bzw. Retrozession, Angaben über Basiseigenmittelbestandteile und Nachweise über den Organisationsfonds gehören, § 9 I–III VAG. Die Höhe des einzurichtenden Organisationsfonds bemisst sich nach den geschätzten, für den Aufbau der Verwaltung und des Vertreternetzes erforderlichen Aufwendungen, § 9 II Nr. 5 VAG. Bei dem Organisationsfonds handelt es sich insoweit um eine offene Rücklage (Versicherungsaktiengesellschaften) bzw. um einen Teil des Gründungsstocks (VVaG, § 178 VAG).[102] Ist die Aufbauphase abgeschlossen, besteht die Möglichkeit der Umwidmung des Organisationsfonds und der Zuführung zu den anrechenbaren Eigenmitteln.[103]

74 Als Bestandteil des Geschäftsplans hat das die Zulassung beantragende VU zudem für die ersten drei Geschäftsjahre eine Plan-Bilanz und Plan-Gewinn-und-Verlustrechnung, Schätzungen des künftigen SCR, des künftigen MCR sowie der finanziellen Mittel, die voraussichtlich zur Bedeckung der versicherungstechnischen Rückstellungen sowie der Einhaltung des MCR und SCR zur Verfügung stehen, einzureichen. Nichtlebensversicherungen und Rückversicherungen müssen ferner Übersichten über die voraussichtlichen Verwaltungskosten, die voraussichtlichen Beitragsaufkommen und die voraussichtliche Schadenbelastung vorlegen. Lebensversicherungen müssen auch einen Plan, aus dem die Schätzungen der Einnahmen und Ausgaben bei Erstversicherungsgeschäften wie auch im aktiven und passiven Rückversicherungsgeschäft im Einzelnen hervorgehen, bei der Aufsichtsbehörde vorlegen, § 9 III VAG.

---

102 Prölss/*Präve*, § 5 Rn. 113.
103 H/E/K/*Waclawik*, 5. Kap., Rn. 81; a.A. Prölss/*Präve*, § 5 Rn. 113, demzufolge wegen späterer Perioden des Mittelbedarfs eine Rückgabe der Mittel des Organisationsfonds im Regelfall ausgeschlossen sei.

D. Versicherungsaufsichtsrecht **Einleitung**

Weitere einzureichende **Unterlagen** sind in § 9 IV VAG aufgelistet. So sind etwa die für die Beurteilung der Zuverlässigkeit und fachlichen Eignung der Geschäftsleiter, anderer Personen, die das Unternehmen tatsächlich leiten, der Mitglieder des Aufsichtsrats, des Verantwortlichen Aktuars sowie für weitere Personen, die für andere Schlüsselaufgaben verantwortlich sind, erforderlichen Unterlagen einzureichen. Hierzu gehören ein Lebenslauf, ein Führungszeugnis, eine Erklärung bzgl. Straf-, Ordnungswidrigkeiten- und sonstiger Verfahren und gegebenenfalls (bei einer in der Vergangenheit ausgeübten selbständigen Tätigkeit) ein Auszug aus dem Gewerbezentralregister. Bei ausländischen Personen sind gegebenenfalls vergleichbare Unterlagen des Staates beizubringen, in dem sie ihren ständigen Wohnsitz hatten.[104] Die Aufsicht kann auch über das Bundesministerium der Finanzen Auskünfte aus dem Bundeszentralregister erhalten (§ 43 BZRG) oder Informationen von anderen Behörden oder sonstigen Dritten einholen.[105] 75

Weiterhin sind u.a. Angaben zu Unternehmensverträgen i.S.d. §§ 291 und 292 AktG, zu den Inhabern bedeutender Beteiligungen an dem VU und zu engen Unternehmensverbindungen zu machen. 76

Zwingende **Erlaubnisversagungsgründe** sind gem. § 11 I VAG der Umstand, dass die aus den Versicherungsverträgen bzw. aus den Rückversicherungsverhältnissen resultierenden Verpflichtungen nicht genügend als dauerhaft erfüllbar dargetan sind, das Fehlen der notwendigen Qualifikationen der Geschäftsleiter oder Aufsichtsratsmitglieder, das Fehlen der notwendigen Qualifikationen der Inhaber bedeutender Beteiligungen und der Geschäftsführer von Versicherungs- oder gemischten Finanzholdinggesellschaften, sowie bei Erstversicherungsunternehmen der Umstand, dass die Belange der Versicherten nach dem Geschäftsplan und den sonstigen vorgelegten Unterlagen nicht ausreichend gewahrt sind. 77

Fakultative Erlaubnisversagungsgründe finden sich in § 11 II VAG. Danach kann die Erlaubnis versagt werden, wenn eine wirksame Aufsicht über das VU wegen intransparenter Strukturen oder sonstiger eine wirksame Aufsicht hindernder Gründe beeinträchtigt ist oder der Antrag auf Erlaubnis keine ausreichenden Angaben oder Unterlagen enthält. 78

Die Erlaubnis wird dem VU für das Gebiet aller Mitgliedsstaaten der EU und aller anderen Vertragsstaaten des EWR (also Island, Liechtenstein und Norwegen) erteilt, vgl. § 10 I VAG. Dies bedeutet, dass ein deutsches VU – ausgestattet mit einem derartigen **Europa-Pass** – in allen übrigen EU/EWR-Staaten Niederlassungen gründen oder im Dienstleistungsverkehr tätig werden kann (Single-Licence-Prinzip). Im Tätigkeitsland unterliegt es dann auch der Rechtsaufsicht durch die Aufsichtsbehörde des Tätigkeitslandes, die Finanzaufsicht wird dagegen allein von der Aufsichtsbehörde des Sitzlandes und damit der deutschen Aufsichtsbehörde wahrgenommen.[106] 79

V. Laufende Aufsicht

Die Aufsichtsbehörde überwacht den gesamten Geschäftsbetrieb der VU im Rahmen einer rechtlichen Aufsicht im Allgemeinen und einer Finanzaufsicht im Besonderen, §§ 294 ff. VAG (§§ 81 I 1, 121a VAG a.F.). Diese Aufteilung der laufenden Aufsicht in allgemeine Rechtsaufsicht und besondere Finanzaufsicht wurde für Erstversicherungsunternehmen aufgrund der gemeinschaftsrechtlich begründeten unterschiedlichen Aufsichtszuständigkeiten seit 1994 erforderlich. Die Dritten Versicherungsrichtlinien[107] führten für innerhalb des EWR grenzüberschreitend tätige Erstversicherungsunternehmen die alleinige Zuständigkeit der Sitzlandbehörde für die Finanzaufsicht und eine ineinandergreifende Doppelzuständigkeit der Aufsichtsbehörden des Sitzlandes und des Tätigkeitslandes für die allgemeine Aufsicht ein. Für Rückversicherungsunternehmen wurde eine Aufteilung der Aufsicht in Finanzaufsicht und allgemeine Rechtsaufsicht mit der Umsetzung der aus dem Jahr 2005 datierenden Rückversicherungsrichtlinie[108] erforderlich. 80

Im Rahmen der **allgemeinen Rechtsaufsicht** überwacht die Aufsichtsbehörde die ordnungsgemäße Durchführung des Versicherungsbetriebs. Die BaFin legt dabei regelmäßig den Maßstab der in Deutschland geltenden aufsichtsrechtlichen Vorschriften, der das Versicherungsverhältnis betreffenden Regelungen und der rechtlichen Grundlagen des Geschäftsplans, die nicht der Finanzaufsicht zuzuordnen sind, an.[109] Die BaFin sammelt und wertet in diesem Zusammenhang Informationen aus,[110] die sie über von den VU zu erstellende Berichte 81

---

104 Merkblatt für die Prüfung der fachlichen Eignung und Zuverlässigkeit von Geschäftsleitern gemäß VAG der BaFin, v. 3. Dezember 2014 S. 6 ff.; H/E/K/*Waclawik*, 5. Kap, Rn. 63.
105 Prölss/*Präve*, § 7a Rn. 9.
106 S. hierzu § 294 VI VAG für die umgekehrte Situation.
107 S. Richtlinie 92/49/EWG des Rates v. 18. Juni 1992 zur Koordinierung der Rechts- und Verwaltungsvorschriften für die Direktversicherung (mit Ausnahme der Lebensversicherung) sowie zur Änderung der Richtlinien 73/239/EWG und 88/357/EWG, ABl. L 228/1 v. 11. August 1992 sowie Richtlinie 92/96/EWG des Rates v. 10. November 1992 zur Koordinierung der Rechts- und Verwaltungsvorschriften für die Direktversicherung (Lebensversicherung) sowie zur Änderung der Richtlinien 79/267/EWG und 90/619/EWG, ABl. L 360/1 v. 9. Dezember 1992.
108 Richtlinie 2005/68/EG des Europäischen Parlaments und des Rates v. 16. November 2005 über die Rückversicherung und zur Änderung der Richtlinien 73/239/EWG, 92/49/EWG und der Richtlinien 98/78/EG und 2002/83/EG, ABl. L 323/1 v. 9. Dezember 2005.
109 Vgl. F/K/P/*Bähr*, § 81 Rn. 18.
110 Prölss/*Kollhosser*, § 81 Rn. 41.

Einleitung D. Versicherungsaufsichtsrecht

und Mitteilungen, aber auch durch Beschwerden und Anfragen von VN, Mitteilungen anderer Aufsichtsbehörden und durch eigene Ermittlungen, etwa im Rahmen örtlicher Prüfungen, § 306 VAG (§ 83 I 1 Nr. 2 VAG a.F.), erhält.

82 Die BaFin hat die VU, deren Geschäftsleiter und die das Unternehmen kontrollierenden Personen zur Einhaltung der Aufsichtsziele anzuhalten. Hierzu kann sie gegenüber den Unternehmen, den Geschäftsleitern und den das Unternehmen kontrollierenden Personen alle Anordnungen treffen, die geeignet und erforderlich sind, um Missstände zu vermeiden oder zu beseitigen. Anordnungen im Sinne der §§ 298, 299 VAG (§§ 81 II, 121a IV 2 VAG a.F.) können in unterschiedlicher Form getroffen werden. Neben informellem Verwaltungshandeln (formlosen Hinweisen, nicht sanktionsbewährten Aufforderungen usw.) kann die BaFin auch Verwaltungsakte gegenüber dem betreffenden VU, dessen Geschäftsleitern oder den das Unternehmen kontrollierenden Personen erlassen, die mit Zwangsmitteln gem. § 17 FinDAG durchsetzbar sind. Im Rahmen der Missstandsaufsicht steht der BaFin ein Entschließungs- und Auswahlermessen zu, bei deren Ausübung jeweils der **Verhältnismäßigkeitsgrundsatz** zu beachten ist.[111]

83 Neben der allgemeinen Eingriffsbefugnis sieht das Versicherungsaufsichtsgesetz auch weitreichende Sonderbefugnisse wie zum Beispiel das Einsetzen eines Sonderbeauftragten gem. § 307 VAG (§ 83a, 121a I 2 VAG a.F.), die Abberufung von Vorstandsmitgliedern nach vorheriger Warnung gem. § 303 VAG (§§ 87 VI, 121c V VAG a.F.), den Widerruf der Erlaubnis gem. §§ 71, 304 VAG (§§ 87, 121c VAG a.F.), die Herabsetzung von Leistungen gem. § 314 VAG (§ 89 II VAG a.F.) oder die Stellung eines Antrags auf Eröffnung des Insolvenzverfahrens gem. § 312 VAG (§§ 88 I VAG, 121a I 1 VAG a.F.) vor.

84 Die **Finanzaufsicht** der Aufsichtsbehörde dient gem. § 294 IV VAG (§§ 81 I 5, 121a IV VAG a.F.) der Sicherstellung der dauernden Erfüllbarkeit der Versicherungsverträge. Die wesentlichen Erkenntnisquellen für die Finanzaufsicht sind der Jahresabschluss, der Prüfungsbericht des Wirtschaftsprüfers, statistische Nachweisungen und Formblätter und die sonstigen auf Rundschreiben beruhenden Berichtspflichten.

85 Der Gesetzgeber benennt in § 294 IV VAG (§§ 81 I 5, 121a IV VAG a.F.) die wesentlichen Gegenstände der Finanzaufsicht. Zu diesen zählen die Solvabilität sowie die langfristige Risikotragfähigkeit der VU, die Bildung ausreichender versicherungstechnischer Rückstellungen, die Anlage in entsprechenden geeigneten Vermögenswerten und die Einhaltung der kaufmännischen Grundsätze einschließlich einer ordnungsgemäßen Geschäftsorganisation und die Einhaltung der übrigen finanziellen Grundlagen des Geschäftsbetriebs, die die dauernde Erfüllbarkeit der Versicherungsverträge bzw. der Verpflichtungen aus Rückversicherungsverhältnissen sicherstellen sollen. Im Rahmen der Finanzaufsicht hat die Aufsichtsbehörde unter anderem gem. § 301 VAG auch die Möglichkeit, einen sog. **Kapitalaufschlag** auf das SCR anzuordnen, sofern das Risikoprofil eines VU erheblich von den Annahmen abweicht, die dem SCR zugrunde liegen, oder die Geschäftsorganisation eines VU erheblich von den im VAG festgelegten Standards abweicht.[112] Mit dieser Regelung wurden der Finanzaufsicht weitreichende Möglichkeiten zur **präventiven und repressiven Risikoanpassung** zugestanden.

86 Im Rahmen der laufenden Aufsicht unterliegen die VU neben den allgemeinen Berichtspflichten auch bestimmten weiteren **Genehmigungs- und Anzeigepflichten**. So bedarf grundsätzlich jede Änderung des Geschäftsplans eines **Erstversicherungsunternehmens** zu ihrer Wirksamkeit der Genehmigung durch die Aufsichtsbehörde, § 12 I 1 VAG (§ 13 I VAG a.F.). Eine Ausnahme stellen diesbezüglich lediglich Satzungsänderungen dar, die eine Kapitalerhöhung zum Gegenstand haben. Eine solche Satzungsänderung ist lediglich anzuzeigen (§ 47 Nr. 3 VAG). Bei **Funktionsausgliederungsverträgen**, die wichtige Funktionen oder Versicherungstätigkeiten zum Gegenstand haben, ist bereits die Absicht diese abzuschließen, gem. § 47 Nr. 8 VAG ebenso anzuzeigen wie diesbezüglich nach Vertragsschluss eingetretene wesentliche Umstände, § 47 Nr. 9 VAG. Eine Genehmigungspflicht besteht insoweit nicht.

87 Bei **Rückversicherungsunternehmen** sind Änderungen der Satzung oder der Angaben, welche Risiken im Wege der Rückversicherung gedeckt werden sollen, gem. § 47 Nr. 4 VAG (§ 121a III VAG a.F.) nicht genehmigungs-, sondern nur anzeigepflichtig. Funktionsausgliederungsverträge unterliegen bei Rückversicherungsunternehmen denselben Anzeigepflichten wie bei Erstversicherungsunternehmen.

88 **Verträge zur Übertragung eines Erst- oder Rückversicherungsbestands** bedürfen der Genehmigung der Aufsichtsbehörde, §§ 13, 166 I 2 VAG (§§ 14 I 1, 121f II 1 VAG a.F.). Auch die **Umwandlung** (z.B. Verschmelzung, Spaltung, Vermögensübertragung) eines Erst- oder Rückversicherungsunternehmens (bei Rückversicherungsunternehmen nur, wenn Rückversicherungsverträge erfasst sind) bedarf der Genehmigung, §§ 14, 166 III VAG (§§ 14a, 121f III VAG a.F.).[113]

89 Die Absicht, eine **bedeutende Beteiligung** (§ 7 Nr. 3 VAG) an einem VU zu erwerben, ist anzeigepflichtig, § 17 VAG (104 I VAG a.F.). Dabei sind insbes. die für die Zuverlässigkeit des Erwerbers wesentlichen Tatsa-

---

111 Prölss/*Kollhosser*, § 81 Rn. 48 ff.
112 S. hierzu *Heukamp*, § 4 Rn. 76 ff.
113 Vgl. ausführlich zu den Änderungen des VAG durch das Jahressteuergesetz 2010 auch *Diehl* VW 2010, 1688.

chen sowie die Person des Veräußerers anzugeben. Art, Umfang und Zeitpunkt der Anzeige sind durch die **Inhaberkontrollverordnung**[114] näher spezifiziert.

VI. Bestandsübertragung

Wenn die Gesamtheit oder zumindest ein Teil der Versicherungsverträge eines Erst- oder Rückversicherungsunternehmens auf ein anderes Unternehmen übertragen werden sollen, etwa zur Konzentration bestimmter Versicherungsportfolien oder auch um notleidende Versicherungsbestände zu sanieren, steht den VU für solche Transaktionen das Instrument der Bestandsübertragung nach § 13 VAG bzw. § 166 VAG (§§ 14, 121f VAG a.F.) zur Verfügung. Dieses Instrument ermöglicht abweichend von § 415 BGB eine Übertragung von Versicherungsverträgen **ohne die Zustimmung der VN**. Die Zustimmung wird durch die für Bestandsübertragungen erforderliche Genehmigung der Aufsichtsbehörde ersetzt, §§ 13, 166 I 2 VAG (§§ 14 I 1, 121f II 1 VAG a.F.). 90

Neben der Gesamtheit der Versicherungsverträge oder – bei einer Teilbestandsübertragung – des betreffenden Teils der Versicherungsverträge eines VU sind bei einer Bestandsübertragung in der Regel auch die dem Versicherungsbestand jeweils zuzuordnenden Aktiva, d.h. das die entsprechenden versicherungstechnischen Rückstellungen bedeckende Vermögen, zu übertragen.[115] Hinsichtlich der bedeckenden Vermögensgegenstände ist regelmäßig eine Einzelrechtsübertragung erforderlich.[116] 91

Eine Bestandsübertragung kann zu einem **Betriebsübergang** im Sinne des § 613a BGB führen. Dieser setzt zum einen voraus, dass ein hinreichend selbstständiger und übertragungsfähiger Betrieb oder Betriebsteil übertragen wird. Zum anderen muss dieser Betrieb oder Betriebsteil unter Wahrung seiner Identität vom Erwerber der Bestände fortgeführt werden. Hier bestehen vielfältige Gestaltungsmöglichkeiten, um entsprechend den Bedürfnissen der beteiligten Unternehmen entweder einen Betriebsübergang auszulösen oder zu vermeiden.[117] 92

Der Bestandsübertragungsvertrag bei einem Erstversicherungsunternehmen ist von der Aufsichtsbehörde zu genehmigen, wenn die Belange der Versicherten gewahrt sind und die dauernde Erfüllbarkeit der aus den Versicherungsverträgen folgenden Verpflichtungen gesichert ist, § 13 I 1 VAG (§ 14 I 1 VAG a.F.). 93

Lange Zeit wurde von der Aufsichtsbehörde und dem BVerwG ein negativer Prüfungsmaßstab verwendet, wonach eine Bestandsübertragung als genehmigungsfähig angesehen werden konnte, wenn keine relevante Verschlechterung der Lage der Versicherten eintrat. Diesen Maßstab hat das BVerfG in seinen Urteilen vom 26. Juli 2006[118] als nicht ausreichend erachtet und damit die entsprechenden Vorschriften des VAG für teilweise verfassungswidrig erklärt. Der Aufforderung des BVerfG, bis zum 31. Dezember 2007 eine positive Schutzkonzeption zugunsten der Versicherten bei Bestandsübertragungen zu schaffen, ist der Gesetzgeber unter anderem durch eine Neufassung des § 14 VAG a.F.,[119] dessen Regelungen in § 13 VAG übernommen wurden, nachgekommen. Demnach ist zum einen umfassend zu prüfen, ob die Belange der Versicherten gewahrt und die Verpflichtungen aus den Versicherungen als dauernd erfüllbar dargetan sind. Zum anderen sieht § 13 IV VAG (§ 14 IV VAG a.F.) vor, dass bei Bestandsübertragungen, durch die Versicherungsverhältnisse mit Überschussbeteiligung betroffen sind, die Übertragung nur genehmigt werden darf, wenn der Wert der Überschussbeteiligung der Versicherten des übertragenden und des übernehmenden VU nach der Übertragung nicht niedriger ist als vorher. Dabei ist insbes. die Beteiligung der VN an etwaigen **stillen Reserven** des VU zu berücksichtigen. 94

Nach § 13 III VAG (§ 14 III VAG a.F.) gelten zudem besondere Bestimmungen für Mitglieder eines VVaG, die durch die Bestandsübertragung ihre Mitgliedschaft verlieren. In solchen Fällen soll die Genehmigung durch die Aufsichtsbehörde nur erteilt werden, wenn der Bestandsübertragungsvertrag ein angemessenes Entgelt für den Verlust der Mitgliedschaft vorsieht, es sei denn, das übernehmende VU ist ebenfalls ein VVaG und die von der Bestandsübertragung betroffenen Mitglieder des übertragenden Vereins werden Mitglieder des übernehmenden Vereins. Das Entgelt kann durchaus 0 Euro betragen, wenn der Mitgliedschaft tatsächlich kein positiver Wert zugeordnet werden kann. 95

Für die Übertragung des Versicherungsbestands eines Rückversicherungsunternehmens auf ein anderes VU mit Sitz in einem Mitglied- oder Vertragsstaat (einschließlich einer rein inländischen Bestandsübertragung) gelten die weniger detaillierten Regelungen in § 166 VAG (§ 121f VAG a.F.). Danach hat die Aufsichtsbehörde die Bestandsübertragung zu genehmigen, wenn durch eine Bescheinigung der zuständigen Behörde des Mit- 96

---

114 Verordnung über die Anzeigen nach § 2c des Kreditwesengesetzes und § 104 des Versicherungsaufsichtsgesetzes v. 20. Februar 2009, BGBl. I S. 562, zuletzt geändert durch Art. 1 der Verordnung v. 6 November 2015, BGBl. I S. 1947.
115 H.M.: Prölss/*Präve*, § 14 Rn. 5; Lutter/Winter/*Hübner*, UmwG, 4. Aufl. 2009, Bd. II, Anh. 1 nach § 189 Rn. 21; *Scholz* VersR 1997, 1070, 1072; a.A. *Hasselbach/Komp* VersR 2005, 1651, 1653; F/B/P/*Kaulbach*, § 14 Rn. 5.
116 *Scholz* VersR 1997, 1070, 1071; Prölss/*Präve*, § 14 Rn. 5; *Hasselbach/Komp* VersR 2005, 1651, 1653.
117 *Baller/Sauer* VW 2006, 719 ff.
118 BVerfG VersR 2005, 1109; NJW 2005, 2363.
119 Mit Wirkung v. 1. Januar 2008 durch Gesetz v. 23. Dezember 2007, BGBl. I S. 3248.

glied- oder Vertragsstaats nachgewiesen ist, dass das übernehmende VU unter Berücksichtigung der Übertragung über anrechnungsfähige Eigenmittel zur Einhaltung des SCR verfügt.

97 Es ist nicht ausgeschlossen, dass die Aufsichtsbehörde außer der Höhe der vorhandenen Eigenmittel gegebenenfalls noch sonstige Belange der rückversicherten VU berücksichtigt. Allerdings ist dies im Gesetz nicht explizit vorgesehen. Umstritten ist in der Versicherungswirtschaft weiterhin, ob ein Rückversicherungsverhältnis mittels einer Bestandsübertragung auch dann ohne Zustimmung der Versicherten auf ein anderes Rückversicherungsunternehmen übertragen werden kann, wenn der betreffende Rückversicherungsvertrag explizit die Zustimmung des rückversicherten VU zu einer Bestandsübertragung (bei der die aufsichtsbehördliche Genehmigung eigentlich die Zustimmung der versicherten Unternehmen ersetzt) vorsieht. Durch das Jahressteuergesetz 2010 wurden die Informationspflichten des übernehmenden Rückversicherungsunternehmens im Rahmen einer Bestandsübertragung nach § 121f VAG a.F. an die entsprechenden Informationspflichten nach § 14 VII VAG a.F. bei Erstversicherungsunternehmen angepasst. Diese Pflichten wurden nunmehr in § 166 I 6 VAG übernommen. Gem. dieser Regelung hat das übernehmende Rückversicherungsunternehmen den Vorversicherer unverzüglich nach Wirksamwerden der Bestandsübertragung schriftlich über diese zu informieren. Über Anlass, Ausgestaltung und Folgen braucht allerdings ausweislich des eindeutigen Wortlauts nicht informiert zu werden.[120]

98 **Grenzüberschreitende Bestandsübertragungen** sind nicht umfassend, sondern nur teilweise im VAG geregelt.[121] Hierbei ist jeweils danach zu unterscheiden, ob die Vertragsparteien aus Deutschland, dem EU- oder EWR-Ausland oder Drittstaaten stammen. Außerdem ist zu berücksichtigen, ob es sich um Inlands- oder Auslandsrisiken handelt. Die grenzüberschreitende Übertragung von Versicherungsbeständen stellt mittlerweile eine zunehmend genutzte Strukturierungsoption für VU dar, die nicht nur Erstversicherungsunternehmen, sondern auch Rückversicherungsunternehmen zur Verfügung steht.[122]

VII. Aufsicht über Versicherungsgruppen

99 Die Bildung von Versicherungskonzernen wurde in Deutschland insbes. durch das aus § 8 IV VAG (§ 8 Ia VAG a.F.) folgende Spartentrennungsgebot begünstigt. Typisch für Versicherungskonzerne sind regelmäßig gruppeninterne Geschäfte und teilweise auch Überkreuzbeteiligungen.

100 Grundlage der Gruppenaufsicht sind die §§ 245–293 VAG, Art. 328–377 Solvency II-VO und Art. 247–266 Solvency II-RL. Zu berücksichtigen sind auch die bereits bekanntgemachten Leitlinien zur Gruppensolvabilität (Ebene 3) sowie die technischen Durchführungsstandards hinsichtlich des Prozesses zur Erzielung einer gemeinsamen Entscheidung über den Antrag auf Verwendung eines gruppeninternen Modells (Ebene 2,5).[123]

101 Der Gruppenaufsicht unterliegen nach § 245 II VAG neben der Einzelaufsicht solche VU, die bei mindestens einem VU oder mindestens einem VU eines Drittstaats beteiligte Unternehmen (§ 7 Nr. 4 VAG[124]) sind, ferner VU, deren Mutterunternehmen (§ 7 Nr. 23 VAG) eine Versicherungs-Holdinggesellschaft (§ 7 Nr. 31 VAG) oder eine gemischte Finanzholding-Gesellschaft (§ 7 Nr. 10 VAG) mit Sitz in einem Mitglied- oder Vertragsstaat ist, sowie VU, deren Mutterunternehmen eine Versicherungs-Holdinggesellschaft oder eine gemischte Finanzholding-Gesellschaft (§ 7 Nr. 10 VAG) oder ein VU mit Sitz in einem Drittstaat ist, und VU, deren Mutterunternehmen eine gemischte Versicherungs-Holdinggesellschaft (§ 7 Nr. 11 VAG) ist. Die Gruppenaufsicht wird für Gruppen (§ 7 Nr. 13 VAG), die nicht ausschließlich im Inland tätig sind, von einem sog. **Aufsichtskollegium** gem. § 283 VAG unter dem Vorsitz der jeweiligen **Gruppenaufsichtsbehörde**, ansonsten nur von der Gruppenaufsichtsbehörde wahrgenommen. Die Gruppenaufsichtsbehörde arbeitet eng mit den für die jeweiligen VU zuständigen Aufsichtsbehörden zusammen, § 284 VAG.

102 Auf Gruppenebene ist mindestens einmal jährlich die **Gruppensolvabilität** zu berechnen, § 251 I 1 VAG. Gem. § 287 VAG kann die Gruppenaufsichtsbehörde aufsichtsrechtliche Maßnahmen für den Fall einleiten, dass die Anforderungen an die Solvabilität der Gruppe nicht erfüllt werden oder die Gruppensolvabilität gefährdet ist. Die §§ 275 ff. VAG enthalten schließlich Vorgaben zum **gruppeninternen Informationsaustausch und Governance-System**.[125] Hierbei ist sicherzustellen, dass die aufsichtsrechtlichen Vorgaben im Einklang mit den ebenfalls relevanten gesellschaftsrechtlichen Vorgaben angewendet werden.[126]

VIII. Geschäftstätigkeit ausländischer VU im Inland und Geschäftstätigkeit im Ausland

103 Will ein ausländisches VU in Deutschland tätig werden, so ist hinsichtlich der entsprechenden aufsichtsrechtlichen Voraussetzungen und Anforderungen nach dem Herkunftsland des ausländischen VU zu unterschei-

---

120 S. dazu *Schröder/Fischer* VersR 2011, 184, 185.
121 S. etwa §§ 13 II, 63, 65 II Nr. 473 I, 166 VAG.
122 S. § 166 II VAG (§ 121f II VAG a.F.).
123 EIOPA-BoS-14/181; ABl. L 76/19 v. 20. März 2015; zur Gruppenaufsicht s. auch die Beiträge in Dreher/Wandt (Hrsg.), 2014, 1 ff.
124 Vgl. dazu *Heukamp*, § 4 Rn. 97 f.
125 Vgl. Erwägungsgrund 110 Solvency II-RL.
126 Vgl. hierzu *Heukamp*, § 4 Rn. 93 ff.

D. Versicherungsaufsichtsrecht Einleitung

den. Auf ein **VU aus einem Mitglieds- oder Vertragsstaat** (§ 7 Nr. 22 VAG), d.h. aus der EU oder dem EWR, finden die aus den europäischen Versicherungsrichtlinien stammenden Grundsätze Anwendung: Ist das betreffende VU in einem der Mitglieds- oder Vertragsstaat zum Betrieb von Versicherungsgeschäften zugelassen, kann es auch in allen anderen EU/EWR-Staaten und damit auch in Deutschland im Versicherungsgeschäft tätig werden, indem es dort Niederlassungen gründet (*freedom-of-establishment approach*) oder im Dienstleistungsverkehr Versicherungen vertreibt (*freedom-of-services approach*). Die Finanzaufsicht obliegt in einem solchen Fall allein der Aufsichtsbehörde des Herkunftsstaates (**Sitzlandprinzip**), die Rechtsaufsicht wird aber auch von der BaFin wahrgenommen, §§ 61, 62 VAG (§ 110a III, 4 VAG a.F.). Nach Maßgabe von § 169 VAG (§ 121h VAG a.F.) gilt dies grundsätzlich ebenfalls für VU, die ausschließlich die Rückversicherung betreiben.

VU aus Drittstaaten (§ 7 Nr. 34 VAG), d.h. aus Staaten, die weder der EU noch dem EWR angehören, unterliegen einer umfassenden Aufsicht durch die BaFin. Insbes. bedürfen sie, wenn sie in Deutschland nicht ausschließlich das Rückversicherungsgeschäft betreiben, einer Erlaubnis, um im Inland das Versicherungsgeschäft durch Mittelspersonen betreiben zu können. Die Erlaubnis wird nach Antrag bei der BaFin vom Bundesfinanzministerium erteilt, §§ 67 II, 68 I VAG (§§ 105 II, 106b I VAG a.F.). Solche VU aus Drittstaaten sind gem. § 68 I 1 VAG (§ 106 II VAG a.F.) verpflichtet, in Deutschland eine Niederlassung zu gründen, können also nicht im freien Dienstleistungsverkehr tätig werden. Das Zulassungsverfahren für die Niederlassung des VU aus Drittstaaten ähnelt im Wesentlichen dem Zulassungsverfahren für deutsche Erstversicherungsunternehmen, doch besteht insoweit ein relevanter Unterschied, als VU aus Drittstaaten keinen Anspruch auf Zulassung zum Geschäftsbetrieb haben.[127]

Für **Rückversicherungsunternehmen aus Drittstaaten**, die ausschließlich das Rückversicherungsgeschäft betreiben, gilt gem. § 67 I 2 VAG (§ 121i VAG a.F.), dass sie in Deutschland sowohl Niederlassungen gründen als auch von ihrem Sitz aus (d.h. im Dienstleistungsverkehr) in Deutschland die Rückversicherung betreiben dürfen. Voraussetzung für den Betrieb der Rückversicherung im Dienstleistungsverkehr ist, dass die Europäische Kommission gem. Art. 172 II oder IV Solvency II-RL entschieden hat, dass die Solvabilitätssysteme für Rückversicherungstätigkeiten von Unternehmen aus diesem Drittstaat dem in der Solvency II-RL beschriebenen System gleichwertig sind. Soll eine Niederlassung gegründet werden, ist eine Erlaubnis des Bundesfinanzministeriums nach §§ 68, 69 VAG (§ 121i II VAG a.F.) erforderlich.

Bei dem **Tätigwerden eines deutschen VU im Ausland** ist vor dem Hintergrund der europäischen Versicherungsrichtlinien danach zu unterscheiden, ob das deutsche VU in einem EU/EWR-Staat oder in einem Drittstaat tätig wird. Die von der BaFin erteilte Erlaubnis zum Geschäftsbetrieb gilt für alle **Mitglieds- und Vertragsstaaten** (sog. Single-Licence-Prinzip), so dass kein erneutes Zulassungsverfahren durchlaufen werden muss. Das Versicherungsgeschäft kann dabei im Wege des Dienstleistungsverkehrs oder über Niederlassungen betrieben werden. Die Finanzaufsicht über das deutsche VU erfolgt weiterhin allein durch die BaFin als der Aufsichtsbehörde des Sitzlandes; die Rechtsaufsicht wird dagegen von der BaFin im Zusammenwirken mit der Aufsichtsbehörde des jeweiligen Tätigkeitslands wahrgenommen, § 294 VI VAG (§§ 85, 121a VI VAG a.F.). Das deutsche VU muss unabhängig davon, dass es keiner erneuten Erlaubnis bedarf, um in einem anderen Mitglieds- oder Vertragsstaat im Dienstleistungsverkehr oder über eine Niederlassung tätig zu werden, die jeweils relevanten aufsichtsrechtlichen Bestimmungen des Tätigkeitslandes beachten. Bei VU, die nicht ausschließlich die Rückversicherung betreiben, bestehen vor der Errichtung einer Niederlassung oder der Aufnahme des Dienstleistungsverkehrs in einem Mitglieds- oder Vertragsstaat Anzeigepflichten nach den §§ 58, 59 VAG (§§ 13b, 13c VAG a.F.) gegenüber der deutschen Aufsichtsbehörde, die sich ihrerseits mit der Aufsichtsbehörde des Tätigkeitslandes abstimmt. Bei ausschließlich im Rückversicherungsgeschäft tätigen VU ist der BaFin eine beabsichtigte Änderung des Gebiets des Geschäftsbetriebs gem. § 166 III 4 VAG (§ 121a III VAG a.F.) anzuzeigen.

Auch im Hinblick auf die Tätigkeit in **Drittstaaten** muss ein deutsches VU die Vorgaben des deutschen Aufsichtsrechts beachten; schließlich darf die dauernde Erfüllbarkeit der im Geltungsbereich des VAG gezeichneten Versicherungsverträge nicht durch in Drittstaaten abgeschlossene Versicherungsverträge gefährdet werden.[128] Entsprechend hat der mit dem Antrag auf Erlaubnis eingereichte Geschäftsplan bzw. Tätigkeitsplan eines VU auch Angaben zum Gebiet des beabsichtigten Geschäftsbetriebs zu enthalten. Soll das Gebiet des Geschäftsbetriebs ausgeweitet werden, erfordert dies als Änderung des Geschäftsplans bei Erstversicherungsunternehmen eine Genehmigung seitens der Aufsichtsbehörde, § 12 I 1 VAG (§ 13 I 1 VAG a.F.). Hierfür ist nachzuweisen, dass das VU auch nach der beabsichtigten Ausdehnung des Geschäftsbetriebs die Solvabilitätskapitalanforderung erfüllt und im Falle der Errichtung einer Niederlassung eine im Drittstaat erforderliche Erlaubnis zum Geschäftsbetrieb erhalten hat. Schließlich ist anzugeben, welche Versicherungszweige und -arten das Versicherungsunternehmen in dem Drittstaat zu betreiben beabsichtigt, § 12 III VAG (§ 13 III VAG a.F.).

---

127 S. § 69 III VAG (§ 106b IV VAG a.F.): »Die Erlaubnis kann erteilt werden ... «.
128 H/E/K/*Waclawik*, 5. Kap, Rn. 116.

X. Sicherungsfonds

108 Gem. § 316 Satz 1 VAG (§ 77b Satz 1 VAG a.F.) erlöschen Lebensversicherungsverträge, Verträge der substitutiven Krankenversicherungen, private Pflegeversicherungsverträge und Unfallversicherungsverträge mit Prämienrückgewähr durch die Eröffnung des Insolvenzverfahrens über das Vermögen des VU. Um dadurch entstehende Härten für die VN, die dann grundsätzlich nur noch einen Anspruch auf den auf sie entfallenden Anteil am Mindestumfang des Sicherungsvermögens (§ 125 II VAG) haben, möglichst zu vermeiden, hat der deutsche Gesetzgeber im Rahmen der VAG-Novelle 2004 für die Lebensversicherung und die substitutive Krankenversicherung jeweils einen Sicherungsfonds vorgesehen, §§ 221 ff. VAG (§§ 124 ff. VAG a.F.). Die Sicherungsfonds sind dazu bestimmt, sämtliche Berechtigte aus einem Lebens- oder substitutiven Krankenversicherungsvertrag (VN, versicherte Personen, Bezugsberechtigte und sonstige aus dem Versicherungsvertrag begünstigte Personen) für den Fall der Insolvenz des Lebens- oder Krankenversicherungsunternehmens zu schützen.

109 Die Sicherungsfonds wurden gem. § 223 I 1 VAG (§ 126 I 1 VAG a.F.) als Sondervermögen bei der Kreditanstalt für Wiederaufbau errichtet. Im Jahre 2006 hat das Bundesministerium der Finanzen gem. § 224 VAG (§ 127 VAG a.F.) durch Verordnungen die Aufgaben und Befugnisse der Sicherungsfonds auf die Protektor Lebensversicherungs-AG (Lebensversicherung)[129] und die Medicator AG (Krankenversicherung)[130] übertragen, die diese Aufgaben und Befugnisse als Beliehene wahrnehmen. Die Sicherungsfonds werden jeweils durch Beiträge der VU, die Mitglieder des jeweiligen Fonds sind, finanziert, § 226 VAG (§ 129 VAG a.F.). Während im Bereich der Lebensversicherung gem. § 226 VAG (§ 129 VAG a.F.) sowohl eine Vorfinanzierung des Sicherungsfonds erfolgt als auch anlassbezogene Sonderbeiträge erhoben werden können, gibt es für den Sicherungsfonds der Krankenversicherung keine vorgelagerte Finanzierung. Gem. § 226 VI VAG (§ 129 Va VAG a.F.) erhebt der Sicherungsfonds stattdessen nach Übernahme eines Krankenversicherungsbestandes Sonderbeiträge bis maximal 2 ‰ der versicherungstechnischen Netto-Rückstellungen aller dem Fonds angeschlossenen Unternehmen.

110 Alle VU (einschließlich der Niederlassungen von VU aus Drittstaaten), die in Deutschland die Erlaubnis zum Geschäftsbetrieb in der Sparte Lebensversicherung oder zum Betrieb der substitutiven Krankenversicherung erhalten haben, müssen einem Sicherungsfonds angehören. Ausgenommen sind Pensions- und Sterbekassen, doch können diesem Pensionskassen dem Sicherungsfonds freiwillig beitreten, § 221 VAG (§ 124 VAG a.F.). Da VU aus anderen Mitglieds- oder Vertragsstaaten in Deutschland ohne erneute deutsche Erlaubnis tätig werden können, fallen sie nach Wortlaut und Systematik nicht in den Anwendungsbereich der §§ 221 ff. VAG (§§ 124 ff. VAG a.F.), auch wenn sie in Deutschland im Dienstleistungsverkehr oder über Niederlassungen Versicherungsgeschäft betreiben.[131] Dies wurde für unselbständige deutsche Niederlassungen durch eine Entscheidung des VG Berlin bestätigt.[132] Auch ein Beitrittsrecht aufgrund analoger Anwendung des § 221 II VAG (§ 124 II VAG a.F.) sei ausgeschlossen. Denn aus der Fassung des § 221 I VAG (§ 124 I VAG a.F.) folge nach Auffassung des Gerichts weder eine offene und unmittelbare Diskriminierung noch eine europarechtlich ungerechtfertigte mittelbare Diskriminierung oder Beschränkung der Niederlassungsfreiheit.[133]

111 Stellt die BaFin fest, dass ein Mitglied des Sicherungsfonds auf Dauer nicht mehr in der Lage ist, seine Verpflichtungen zu erfüllen (§ 314 I 1 VAG) oder hat ein Mitglied des Sicherungsfonds der BaFin das Vorliegen seiner Zahlungsunfähigkeit (§ 311 I 1 VAG) angezeigt, informiert die BaFin hierüber den Sicherungsfonds und dann diesbezüglich auch das betroffene VU (§ 222 I VAG). Sofern andere Maßnahmen zur Wahrung der Belange der Versicherten nicht ausreichend sind, ordnet die Aufsichtsbehörde nach § 222 II VAG die Übertragung des gesamten Bestandes an Versicherungsverträgen mit den zur Bedeckung der Verbindlichkeiten aus diesen Verträgen erforderlichen Vermögensgegenständen auf den zuständigen Sicherungsfonds an. Anders als bei einer Bestandsübertragung gem. § 13 VAG bedarf es hier keines Bestandsübertragungsvertrags, sondern nur der aufsichtsbehördlichen Anordnung, die einen privatrechtsgestaltenden Verwaltungsakt beinhaltet.[134] Nach der Übertragung des Bestandes gehen die Rechte und Pflichten aus den Versicherungsverträgen auf den Sicherungsfonds über (§ 222 III VAG). Anders als bei den Sicherungseinrichtungen im Bankwesen wird nicht nur eine Entschädigung gewährt. Vielmehr führt der Sicherungsfonds die Versicherungsverträge fort.

XI. Rechtsmittel, Beschwerden

112 Die Entscheidungen der BaFin können als Verwaltungsakte im verwaltungsgerichtlichen Verfahren angegriffen werden. Für Klagen gegen die BaFin gilt Frankfurt am Main als Sitz der Behörde (§ 1 III FinDAG). Sachlich und örtlich zuständig ist damit das Verwaltungsgericht Frankfurt am Main. Im Sinne einer Beschleunigung des

---

129 Verordnung über die Übertragung von Aufgaben und Befugnissen eines Sicherungsfonds für die Lebensversicherung an die Protektor Lebensversicherungs-AG v. 11. Mai 2006, BGBl. I S. 1170.
130 Verordnung über die Übertragung von Aufgaben und Befugnissen eines Sicherungsfonds für die Krankenversicherung an die Medicator AG v. 11. Mai 2006, BGBl. I S. 1171.
131 H/E/K/*Waclawik*, 5. Kap. Rn. 202; F/K/P/*Bähr*, § 124 Rn. 5.
132 VG Berlin VersR 2010, 1350.
133 Vgl. hierzu kritisch *M. Lange* VersR 2010, 1421.
134 F/K/P/*Bähr*, § 125 Rn. 3.

Rechtsschutzes wurden die früher praktizierten internen Überprüfungsverfahren (Widerspruchsverfahren, Entscheidung durch Beschlusskammer) abgeschafft.
Der Rechtsschutz gegen Maßnahmen von EIOPA ist in der entsprechenden Verordnung geregelt. Betroffene **113** Finanzinstitute und nationale Aufsichtsbehörden können gegen Beschlüsse von EIOPA Beschwerde beim Beschwerdeausschuss[135] einlegen (Art. 60 EIOPA-VO). Eine Beschwerde hat keine aufschiebende Wirkung, der Beschwerdeausschuss kann jedoch die angefochtene Entscheidung aussetzen. Der Beschwerdeausschuss entscheidet durch Beschluss. In Übereinstimmung mit Art. 263 AEUV kann vor dem EuGH Klage gegen Beschlüsse von EIOPA und des Beschwerdeausschusses erhoben werden (Art. 61 EIOPA-VO).

Im Rahmen des allgemeinen Petitionsrechts (Art. 17 GG) hat jedermann das Recht, sich bei der Aufsichts- **114** behörde über einen behaupteten Missstand bei einem VU zu beschweren. Die Aufsichtsbehörde gibt dem betreffenden VU im Rahmen des Beschwerdeverfahrens Möglichkeit zur Stellungnahme. Sie kann, falls erforderlich, den Petenten auf die Möglichkeit einer gerichtlichen Durchsetzung seiner Rechte hinweisen oder die Beschwerde zum Anlass nehmen, den Sachverhalt selbst aufzuklären, und einem etwaigen Missstand mit aufsichtsrechtlichen Mitteln begegnen.

E. Versicherungsunternehmensrecht

Übersicht

	Rdn.
I. Begriff und Gegenstand des Versicherungsunternehmensrechts und seine Relevanz für das VVG	1
II. Verbandsformen der VU	8
1. VVaG	12
a) Die Organe des VVaG	13
b) Grundsätze der Mitgliedschaft im VVaG und der Geschäfte des VVaG	16
c) Finanzverfassung und Kapitalausstattung	20
2. Vers-AG	26
a) Organe der Vers-AG	27
b) Grundsätze der Mitgliedschaft und der Geschäfte der Vers-AG	32
c) Finanzverfassung und Kapitalausstattung	34
3. Kleinere VVaG	35
4. Vers-SE	37
5. Öffentliche VU	42
III. Corporate Governance und Compliance in VU	51
1. Anforderungen an Organmitglieder	52
2. Mehrfachmandate; Begrenzung von Kontrollmandaten	54
3. Vergütungspolitik innerhalb von Versicherungsunternehmen	56
4. Compliance	66
IV. Konzernrecht der VU	67
1. Spartentrennung	68
2. Mögliche Konzernstrukturen	69
3. Unternehmensverträge und Weisungsrechte	74
V. Funktionsausgliederung und Datenschutz	77
1. Funktionsausgliederung	78
2. Probleme des Daten- und Geheimnisschutzes	86
VI. Demutualisierung, Bestandsübertragung und sonstige Umwandlungen; Run-off von Versicherungsportfolien; Fusionen und Übernahmen (M&A)	92
1. Demutualisierung	93
2. Bestandsübertragung	99
3. Sonstige Formen der Umwandlung	106
4. Grenzüberschreitende Umstrukturierungen	110
5. Transaktionen mit Run-Off-Portfolien	115
6. Fusionen und Übernahmen (»M&A«)	118

Schrifttum:
Benkel, Der Versicherungsverein auf Gegenseitigkeit, München 2002; *Beringer*, Das Spartentrennungsprinzip der Lebensversicherung: nach Umsetzung von Solvency II noch zeitgemäß?, 2007; *Bürkle*, Die rechtlichen Auswirkungen der MaRiskVA auf die Geschäftsorganisation von Versicherungsunternehmen, VersR 2009, 866; *Dreher*, Personelle Verflechtungen zwischen den Leitungsorganen von (Versicherungs-)Unternehmen nach Gesellschafts-, Konzern- und Versicherungsaufsichtsrecht, in: FS Egon Lorenz 1994, S. 175 ff.; *ders.*, Managervergütung im Visier des Versicherungsaufsichtsrechts, VW 2010, 1508 ff.; *Dwinger*, Die Mitgliedervertreterversammlung bei dem Versicherungsverein auf Gegenseitigkeit und der Genossenschaft, 1971; *Eidenmüller/Engert/Hornuf*, Die Societas Europaea: Empirische Bestandsaufnahme und Entwicklungslinien einer neuen Rechtsform, AG 2008, 721 ff.; *Evers/Kiene*, Auslagerung von Finanzdienstleistungen auf Handelsvertreter: Anforderungen an die Einwilligungserklärung hinsichtlich der Weitergabe von Kundendaten, DB 2003, 2762 ff.; *Eyles*, Funktionsauslagerung (Outsourcing) bei Kredit- und Finanzdienstleistungsinstituten, WM 2000, 1217 ff.; *Farny*, Versicherungsbetriebslehre, 5. Aufl. 2011; *Fischer*, Strafgesetzbuch und Nebengesetze, 63. Aufl. 2016; *Geiger*, Frankfurter Vorträge zum Versicherungswesen: Der Versicherungsverein auf Gegenseitigkeit – Chancen und Risiken aus der Sicht eines Versicherungsaufsehers, NVersZ 2000, 210 ff.; *Gödeke*, Das (neue) Governancesystem nach Solvency II, VersR 2010, 10 ff.; *Hasselbach/Komp*, Die Bestandsübertragung als Maßnahme zur Restrukturierung von Versicherungsunternehmen, VersR 2005, 1651 ff.; *Hauth*, Unternehmensverfassungsrechtliche Probleme des Versicherungsvereins auf Gegenseitigkeit, 1984; *Heghmanns/Niehaus*, Outsourcing im Versicherungswesen und der Gehilfenbegriff des § 203 III 2 StGB, NStZ

---

135 Zu den Organen von EIOPA vgl. oben Rdn. 9.

2008, 57 ff.; *Hennrichs*, Funktionsauslagerung (Outsourcing) bei Kreditinstituten, WM 2000, 1561 ff.; *Hirte*, Das neue Genossenschaftsrecht (Teil II), DStR 2007, S. 2215 ff.; *Holzapfel/Pöllath*, Unternehmenskauf in Recht und Praxis, 15. Aufl. 2016; *Hübner*, Der Versicherungsverein auf Gegenseitigkeit als Konzernspitze bei internen Strukturmaßnahmen, in: FS Herbert Wiedemann, 2002, S. 1033 ff.; *Hüffer*, AktG, 11. Aufl. 2014; *Labes/Marshall*, Rückversicherung: Finalität durch Übertragung, VW 2008, S. 305 ff.; *Leiding*, Konsolidierung: Nur etwas für Große und Global Player?, VW 2008, 1158 ff.; *Louven*, Umsetzung der Verschmelzungsrichtlinie, ZIP 2006, 2021 ff.; *Louven/Dettmeier/Pöschke/Weng*, BB-Special 3/2006, 1 ff.; *Louven/Ernst*, Praxisrelevante Rechtsfragen im Zusammenhang mit der Umwandlung einer Aktiengesellschaft in eine Europäische Aktiengesellschaft (SE), BB 2014, S. 323 ff.; *Louven/Böckmann*, ZIP 2004, 445 ff.; *Lüttringhaus*, Neue Wege zur internationalen Restrukturierung europäischer Erst- und Rückversicherungsunternehmen, VersR 2008, 1036 ff.; *Lutter/Drygala*, Grenzen der Personalverflechtung und Haftung im Gleichordnungskonzern, ZGR 1995, 557 ff.; *Mennicke/Radtke*, Die Abtretung von Honorarforderungen aus strafrechtlicher Sicht, MDR 1993, 400 ff.; *Mohr*, Aspekte der rechtlichen Regelung des deutschen Versicherungsvereins auf Gegenseitigkeit, in: Peiner (Hrsg.), Grundlagen des Versicherungsvereins auf Gegenseitigkeit, S. 115 ff.; *Mühlbradt*, Wirtschaftslexikon, 9. Aufl. 2011; *Otto*, Strafrechtliche Konsequenzen aus der Ermöglichung der Kenntnisnahme von Bankgeheimnissen in einem öffentlich-rechtlichen Kreditinstitut durch Wartungs- und Servicepersonal eines Computer-Netzwerkes, wistra 1999, 201; *Peiner*, Probleme der Konzernbildung bei Versicherungsvereinen auf Gegenseitigkeit, in: Peiner (Hrsg.), Grundlagen des Versicherungsvereins auf Gegenseitigkeit, S. 185 ff.; *Petersen*, Versicherungsunternehmensrecht, 2003; *Picot*, Unternehmenskauf und Restrukturierung, 4. Aufl. 2013; *Prölss*, Der Versicherer als »Treuhänder der Gefahrengemeinschaft« – Zur Wahrnehmung kollektiver Belange der Versicherungsnehmer durch den Privatversicherer, in: FS Karl Larenz, 1983, S. 487 ff.; *Rau/Walther*, Noch mehr Outsourcing? Ja, …, VW 2003, 945 ff.; *Schmidt*, Gesellschaftsrecht, 4. Aufl. 2002; *Seibt*, Beck'sches Formularbuch Mergers & Acquisitions, 2. Aufl. 2011; *Semler/Stengel*, UmwG, 3. Aufl. 2012; *Spindler/Stilz*, AktG, 3. Aufl. 2015; *Steding/Meyer*, Outsourcing von Bankdienstleistungen: Bank- und datenschutzrechtliche Probleme der Aufgabenverlagerung von Kreditinstituten auf Tochtergesellschaften und sonstige Dritte, BB 2001, 1693 ff.; *Weber*, Die Demutualisierung von Versicherungsvereinen, VW 1998, 1274 ff.; *von Westphalen*, Ausgewählte arbeits- und datenschutzrechtliche Fragen beim Outsourcing im Rahmen von § 25a Abs. 2 KWG, WM 1999, 1810 ff.; *Weber-Rey/Guinomet*, Wege zur Demutualisierung, AG 2002, 278 ff.; *Willkowei/Freudenstein*, Als sechstgrößter Rückversicherer der Welt in den Run-Off, runoff&restructuring special supplement, S. 29 ff.

I. Begriff und Gegenstand des Versicherungsunternehmensrechts und seine Relevanz für das VVG

1   Versicherungsverträge, deren rechtlicher Rahmen hier kommentiert wird, haben eine Konstante: Sie werden immer mit Versicherungsunternehmen abgeschlossen. Beim Versicherungsverein auf Gegenseitigkeit (»**VVaG**«) wird der VN – ohne dass ihm das immer bewusst wird – sogar Mitglied des Versicherungsunternehmens. Das legt es nahe, quasi vor die Klammer gezogen einen Überblick über den rechtlichen Organisationsrahmen von Versicherungsunternehmen, also im weiteren Sinne das Versicherungsunternehmensrecht zu geben. Dazu sollen zunächst Begriff und Gegenstand dieses Rechtsgebiets festgelegt werden. Hierauf aufbauend werden einzelne Aspekte des Versicherungsunternehmensrechts näher beleuchtet.

2   Gegenstand des Versicherungsunternehmensrechts sind die Rechtssubjekte, die ihm unterfallen. Das sind namentlich die Versicherungsunternehmen (»**VU**«). Dies sind Unternehmen, die den Betrieb von Versicherungsgeschäften zum Gegenstand haben und weder Träger der Sozialversicherung sind noch zu den Pensionsfonds oder bestimmten berufsständischen Versorgungswerken der Kammern gehören (vgl. § 1 VAG). Versicherungsgeschäft ist die Übernahme bestimmter Leistungen gegen Entgelt für den Fall eines ungewissen Ereignisses, bei der das übernommene Risiko auf eine Vielzahl durch die gleiche Gefahr bedrohter Personen verteilt wird und der Risikoübernahme eine auf dem Gesetz der großen Zahl beruhende Kalkulation zugrunde liegt.[1] Zu den Versicherungsunternehmen zählen insbesondere der Versicherungsverein auf Gegenseitigkeit (»**VVaG**«), die Versicherungsaktiengesellschaft (»**Vers-AG**«), die Versicherungs-SE (»**Vers-SE**«) sowie – bei den sog. öffentlichen Versicherern – die rechtsfähige Anstalt des öffentlichen Rechts (»**Vers-AöR**«).

3   Der Begriff des Versicherungsunternehmensrechts ist, wie der des Unternehmensrechts, schwammig. Im weiten Sinne ist das Versicherungsunternehmensrecht der gesamte rechtliche Rahmen für die Tätigkeiten der VU, also eine Schnittmenge von Gesellschafts-, Aufsichts-, Steuer-/Bilanz- und Europarecht. Diese Definition ist sehr weit und umfasst auch hier nicht behandelte »Nebengebiete« wie das Europarecht und das Versicherungsunternehmensstrafrecht.

4   Im engeren Sinne ist das Versicherungsunternehmensrecht das Recht der VU in ihrer jeweiligen **Verbandsform**, und zwar nur im Hinblick auf ihre gesellschaftsrechtliche Ausprägung. Hierunter fallen also nicht alle rechtlichen Themen, die mit der Tätigkeit der VU generell zu tun haben, sondern die spezifischen verbandsrechtlichen, gesellschaftsrechtlichen und organschaftlichen Vorschriften. Das sind insbesondere neben Teilen des VAG und des Aktienrechts das Steuer- und Bilanzrecht.

5   Die nachfolgende Darstellung nutzt die mangelnde Trennschärfe bei der Bestimmung dessen, was Teil des Versicherungsunternehmensrechts ist und was nicht, und greift auch gesellschaftsrechtliche Themen auf, die sich dogmatisch nicht zwingend dem Versicherungsunternehmensrecht zuordnen lassen, die aber in der Praxis der Versicherungsunternehmen der letzten Jahre eine große Bedeutung hatten.

---

1 BVerwGE 3, 220, 221; 77, 253, 254.

Das Versicherungsunternehmensrecht regelt also insbesondere die Binnenorganisation der Versicherungsunternehmen, während das Versicherungsvertragsrecht die vertraglichen Beziehungen der VU gegenüber den Versicherten in ihrer Außenwirkung zum Gegenstand hat. Zu Überschneidungen zwischen den beiden Rechtsgebieten kann es insbesondere bei VVaG kommen, da dessen Mitglieder zum einen Teil der Struktur des VU sind, also auch Rechtssubjekte des Versicherungsunternehmensrechts, zum anderen aber auch Versicherte und daher Rechtssubjekte des Versicherungsvertragsrechts sind. 6

Die wichtigsten **Rechtsquellen** des Versicherungsunternehmensrechts, das nicht kodifiziert ist, sind Teile des VAG (insbesondere zur Organisation des VVaG und als Ausgangsbasis zum Verweis auf andere Gesetze), das AktG (insbesondere zur Organisation der Vers-AG), das HGB (insbesondere zur Rechnungslegung und Buchführung der VU), das UmwG (insbesondere zu Umstrukturierungsmaßnahmen) und, hinsichtlich der öffentlichen Versicherer, verschiedene Landesgesetze und Staatsverträge. 7

II. Verbandsformen der VU

Eine Besonderheit des Versicherungsunternehmensrechts ist, dass der Gesetzgeber die Verbandsformen, in denen ein VU auftreten darf, normiert hat: Nach § 8 I, II VAG wird nur Aktiengesellschaften (einschließlich der SE), Versicherungsvereinen auf Gegenseitigkeit oder Körperschaften oder Anstalten des öffentlichen Rechts die Erlaubnis zum Geschäftsbetrieb erteilt. In der seit 1. Januar 2016 geltenden Neufassung des VAG wird grundsätzlich nicht mehr zwischen Erst- und Rückversicherungsunternehmen unterschieden. Vielmehr fallen unter den Begriff des »Versicherungsunternehmens« gemäß § 7 Nr. 33 VAG sowohl Erst- als auch Rückversicherungsunternehmen. Wenn eine Vorschrift nur auf Erst- oder Rückversicherungsunternehmen Anwendung finden soll, werden diese Bezeichnungen in der jeweiligen Vorschrift ausdrücklich verwendet (vgl. etwa § 14 VAG). § 8 VAG gilt somit auch für Rückversicherer. Unternehmen in anderen Gesellschaftsformen dürfen das Erst- bzw. Rückversicherungsgeschäft nicht betreiben. 8

Der Grund für die Festlegung eines *numerus clausus* liegt in der Bedeutung der VU für das Gemeinwesen: Die Öffentlichkeit hat hier ein besonderes Interesse am Fortbestand der Unternehmen,[2] der Gesetzgeber sieht bestimmte Sicherheitsanforderungen nur bei den genannten Rechtsformen als genügend an.[3] 9

Die zahlenmäßig **wichtigsten Verbandsformen** der VU stellen die Vers-AG und der VVaG dar. Von den 587 Erstversicherungsunternehmen in Deutschland sind 254 in Form des VVaG (davon 85 klassische VVaG und 169 kleinere Vereine), 304 in Form der Vers-AG und 18 in Form der Vers-AöR organisiert.[4] 10

Demnach soll der Schwerpunkt der Darstellung hier auch auf den beiden klassischen Typen der VU, dem VVaG und der Vers-AG, liegen. Daneben werden etwas knapper die Vers-SE und die Vers-AöR beleuchtet. 11

1. VVaG

Der VVaG ist eine dem Versicherungsrecht eigene Rechtsform und wurde **speziell für den Betrieb von Versicherungsgeschäften** entwickelt.[5] Er betreibt die Versicherung nach dem Grundsatz der Gegenseitigkeit (§ 171 VAG), d.h. nicht die Gewinnerzielung steht im Vordergrund der Geschäftstätigkeit, sondern ein möglichst preisgünstiger Versicherungsschutz, für den die Gemeinschaft der Versicherten selbst die Versicherung betreibt.[6] Insofern hat der VVaG **Ähnlichkeit mit einer Genossenschaft**. Der VVaG versichert in erster Linie seine eigenen Mitglieder (§§ 171, 177 II VAG); diesen kommt also eine Doppelstellung als Versicherte einerseits und als Vereinsmitglieder andererseits zu. Die Versicherung von Nichtmitgliedern ist gemäß § 177 II VAG nur möglich, wenn die Satzung dies ausdrücklich vorsieht. 12

a) Die Organe des VVaG

Die Organe des VVaG sind (aa) die oberste Vertretung (die im Wesentlichen der Hauptversammlung einer AG entspricht), (bb) der Vorstand und (cc) der Aufsichtsrat. Die **oberste Vertretung** des VVaG kann gemäß § 184 VAG eine Mitgliederversammlung oder eine Mitgliedervertretung sein. Die im Gesetz genutzten Begriffe »oberste Vertretung« bzw. »oberstes Organ« sind jedoch missverständlich, da dieses Organ den anderen Organen nicht übergeordnet ist und ihnen auch keine Weisung erteilen kann.[7] Die Mitgliederversammlung, bei der alle Mitglieder des Vereins anwesend sind, ist insbesondere bei großen VVaG wenig praktikabel,[8] da in vielen Fällen Zehntausende Mitglieder geladen werden müssten, von denen oftmals nur ein Bruchteil erscheinen wird. Daher sind in der Praxis regelmäßig Mitgliedervertretungen anzutreffen, deren Mitgliederzahl zwischen 10 und 40 liegt. Für die Mitgliedervertretungen gibt es verschiedene Bestellungsverfahren. Entweder werden die Mitgliedervertreter direkt durch alle Mitglieder des VVaG gewählt (Urwahl) oder alle Vertreter 13

---

2 F/K/B/P/*Kaulbach*, § 7 Rn. 4.
3 BT-Drucks. 14/8017, S. 142.
4 BaFin-Erstversicherungsstatistik 2014, vgl. Tabelle 030.
5 H/E/K/*Krütt*, 4. Kap., Rn. 11; grundlegend zum VVaG: *Benkel*, Der Versicherungsverein auf Gegenseitigkeit, 2002.
6 *Petersen*, Rn. 44.
7 *Schmidt*, § 42 II, S. 1281.
8 *Petersen*, Rn. 91.

gelten als gewählt, die auf einer vom Wahlausschuss präsentierten Liste stehen und gegen die nicht durch ein Quorum in bestimmter Höhe widersprochen wird (Einspruchverfahren).[9]

14 Eine Besonderheit des VVaG ist die dritte Möglichkeit der Bestellung der Mitgliedervertretungen, das **Kooptationsverfahren**. Hierbei wählen die bereits vorhandenen Vertreter neue Vertreter hinzu oder andere Vertreter ab. Wenn auch insbesondere früher die demokratische Legitimation dieses Verfahrens bezweifelt wurde,[10] ist die Kooptation heute als Verfahren nach ganz h.M. **anerkannt**.[11] Unverkennbar ist aber, dass der direkte Einfluss der Mitglieder und damit der Versicherten auf die Zusammensetzung der obersten Vertretung im Falle der Urwahl am größten ist und beim Einspruchverfahren bzw. beim Kooptationsverfahren abnimmt.

15 Hinsichtlich des **Vorstands** bestimmt § 188 I 1 VAG, dass dieser aus mindestens zwei Personen zu bestehen hat. Im Übrigen werden die §§ 76 I, III sowie §§ 77 bis 91, 93 I, II und IV–VI und 94 AktG für entsprechend anwendbar erklärt. Insoweit kann auf die Ausführungen zur Vers-AG verwiesen werden.[12] Auch hinsichtlich des **Aufsichtsrats**, der gemäß § 189 I VAG aus mindestens drei Personen zu bestehen hat, verweist das VAG umfangreich auf die entsprechende Geltung der Normen des AktG.[13]

b) Grundsätze der Mitgliedschaft im VVaG und der Geschäfte des VVaG

16 Beim VVaG gilt das Prinzip der Gegenseitigkeit. Das bedeutet für den Geschäftsbetrieb, dass die Mitglieder des VVaG alle Mittel hierfür aufbringen und im Gegenzug sowohl Gewinn als auch Verlust gemeinsam tragen.[14] Die Mitgliedschaft im VVaG ist an das Versicherungsverhältnis geknüpft (§ 176 S. 2 VAG): ihr Beginn wird durch die Satzung näher festgelegt (§ 176 S. 1 VAG); sie endet in der Regel mit der Beendigung des Versicherungsverhältnisses (§ 176 S. 3 VAG). Die Mittelaufbringung im VVaG geschieht durch Mitgliedsbeiträge (§ 179 VAG), die im Vorhinein oder als Nachschuss entrichtet werden können. Die Satzung des VVaG kann bestimmen, ob Nachschüsse vorbehalten oder ausgeschlossen sind; sind Nachschüsse ausgeschlossen, kann die Satzung außerdem bestimmen, ob Ansprüche des Versicherten gekürzt werden dürfen (§ 179 II VAG). Die Befolgung der Beitragspflicht wird dadurch sichergestellt, dass nach § 181 VAG eine Aufrechnung des Vereinsmitglieds gegen eine Forderung des VVaG aus der Beitragspflicht nicht stattfinden darf. Auch ausgeschiedene Mitglieder unterliegen anteilig nach der Dauer ihrer Mitgliedschaft in einem Geschäftsjahr der Nachschusspflicht, § 180 I VAG.

17 Ist die **Nachschusspflicht** ebenso wie eine Kürzung der Versicherungsbeiträge **ausgeschlossen**, entspricht die Beitragszahlung der Prämienzahlung bei der Vers-AG.[15] Ist eine Nachschusspflicht vorgesehen, kann die Satzung einen Höchstbetrag festlegen, § 179 III 1 VAG. Die Einzelheiten der Nachschusspflicht soll gemäß § 182 VAG die Satzung des VVaG regeln. In der Praxis ist bei den großen VVaG in der Regel die Nachschusspflicht ausgeschlossen.[16] Ist im Falle des Ausschlusses der Nachschusspflicht eine Leistungskürzung vorgesehen, muss die Satzung Anlass, Betroffene und Umfang der Leistungskürzung möglichst detailliert festlegen.[17] In der Insolvenz des VVaG besteht die Beitragspflicht gemäß § 207 VAG fort; die Nachschusspflicht wird gemäß § 209 VAG vom Insolvenzverwalter festgestellt und bindet die Mitglieder weiterhin.

18 Für die Mitgliedsbeiträge im VVaG gilt der Gleichheitsgrundsatz, § 177 I VAG. Danach dürfen Mitgliederbeiträge und Vereinsleistungen bei gleichen Voraussetzungen nur nach **gleichen Grundsätzen** bemessen werden. § 177 I VAG bezieht sich nach h.M. auf den gesamten Bereich der finanziellen Verbindlichkeiten und Ansprüche des Mitglieds (d.h. Mitgliedsbeiträge und Ansprüche des Mitglieds auf finanzielle Beteiligung und Versicherungsleistungen), nicht aber auf sonstige Rechte der Mitglieds, z.B. Stimmrechte.[18] § 177 VAG vermittelt dem Mitglied einen einklagbaren Anspruch auf Zuwiderhandlung des VVaG.[19]

19 Der VVaG kann auch **Geschäfte mit Nichtmitgliedern** abschließen; gem. § 177 VAG bei Geschäften mit festen Entgelten aber nur, wenn dies die Satzung zulässt. Dabei sind feste Entgelte solche, deren Betrag im Versicherungsvertrag im Vorhinein festgelegt wird, auch wenn sie einer Prämienanpassungsklausel unterliegen und damit veränderbar sind.[20] In der Praxis wird von dieser Möglichkeit häufig Gebrauch gemacht, da sie dem VVaG eine gewisse Flexibilität gewährt, mit der z.B. kurzfristige Versicherungen (bei denen eine langfristige Bindung als Vereinsmitglied nicht notwendig ist) oder sonst schwer versicherbare Risiken abgedeckt werden können und gleichzeitig der Wettbewerb mit den Vers-AG gestärkt wird.[21] Da mit der Nichtmitglieder-

---

9 *Petersen*, Rn. 95 f.
10 *Thees*, VW 1949, 172 f.; *Hauth*, S. 30 ff.; *Dwinger*, S. 105 ff.
11 Ein Beispiel aus der Rspr. ist LG Köln VersR 2008, 665; F/K/B/P/*Kaulbach*, § 29 Rn. 6.
12 Vgl. Rdn. 27 ff.
13 Vgl. Rdn. 27 ff.
14 F/K/B/P/*Kaulbach*, § 15 Rn. 3.
15 F/K/B/P/*Kaulbach*, § 24 Rn. 1.
16 *Hübner*, S. 1033.
17 F/K/B/P/*Kaulbach*, § 24 Rn. 2.
18 *Petersen*, Rn. 86; Prölss/*Weigel*, § 21 Rn. 2a, 7 f.
19 *Petersen*, Rn. 86.
20 F/K/B/P/*Kaulbach*, § 21 Rn. 8.
21 *Petersen*, Rn. 59.

versicherung gewisse Risiken und Nachteile für die Mitglieder des VVaG verbunden sind – so sind z.B. im Insolvenzfall Ansprüche der Mitglieder gegenüber denen der Nichtmitglieder nachrangig zu befriedigen (§ 208 I 2 VAG), die Mitglieder müssen für die Verluste aus den Geschäften mit den Nichtmitgliedern aufkommen, und die Mitglieder unterliegen im Gegensatz zu den Nichtmitgliedern den Restriktionen der §§ 179–181 VAG – soll das Geschäft der Nichtmitgliederversicherung nach der Praxis der Versicherungsaufsicht nur in einem bestimmten Umfang erfolgen: Die Nichtmitgliederversicherung soll nur im Rahmen eines unbedeutenden Geschäftszweiges stattfinden;[22] das ist dann anzunehmen, wenn die Einnahmen aus der Versicherung von Nichtmitgliedern ein Zehntel der gesamten Beitragseinnahmen nicht übersteigen.[23] Werden Nichtmitglieder entgegen einer anderslautenden Satzungsbestimmung versichert oder ist der für die Nichtmitgliederversicherung vorgesehene Umfang schon überschritten, sind die Versicherungsverträge gleichwohl wirksam; in solchen Fällen kann aber die Aufsichtsbehörde einschreiten (vgl. § 294 VAG).[24] Den Nichtmitgliedern steht der vertraglich zugesicherte Überschuss zu, aber nicht der mitgliedschaftliche Überschuss des § 194 VAG oder der Liquidationserlös des § 205 II VAG; des Weiteren sind die Nichtmitglieder von der Mitgliederversammlung ausgeschlossen und haben keine Stimmrechte.[25]

c) Finanzverfassung und Kapitalausstattung

Hinsichtlich der Finanzverfassung und Kapitalausstattung gelten für die VU einige Besonderheiten. Insbesondere der VVaG unterliegt dabei speziellen Vorschriften. So muss er gemäß § 178 I VAG einen **Gründungsstock** bilden, der die Kosten der Vereinserrichtung zu decken sowie als Gewähr- und Betriebsstock zu dienen hat. Der Gründungsstock ist notwendig, da der VVaG – im Gegensatz zur Vers-AG – nicht über Grundkapital gem. § 6 AktG oder gezeichnetes Kapital im Sinne von § 272 HGB verfügt und dennoch die Gründung und die Versicherungsansprüche decken muss.[26] Im Unterschied zum Stammkapital der AG ist der Gründungsstock allerdings nur auf eine begrenzte Dauer angelegt: § 178 IV VAG sieht vor, dass der Gründungsstock zu tilgen ist. 20

Der Gründungsstock wird aufgebracht, indem sog. **Garanten** sich schuldrechtlich verpflichten, an den VVaG einen bestimmten Geldbetrag zu leisten; dies wird i.d.R. in der Weise geschehen, dass eine Rückzahlungsverpflichtung an den Garanten besteht und dieser ein Darlehen gewährt bzw. bei der Ausgabe wertpapiermäßig verbriefter Anteilsscheine ein Schuldversprechen erwirbt.[27] Nach richtiger Ansicht wird der Garant durch seine Leistung an den Gründungsfonds nicht automatisch Mitglied des VVaG, da für die Mitgliedschaft gemäß § 176 VAG allein das Versicherungsverhältnis konstitutiv ist.[28] Der Garant kann aber durch Begründung eines Versicherungsverhältnisses Mitglied werden. Zudem kann er nach § 178 I 2 VAG an der Vereinsverwaltung beteiligt werden, soweit die Satzung dies vorsieht. Das kann z.B. als Mitglied des Vorstands oder Aufsichtsrats geschehen, nicht aber als Teilnehmer der Mitgliederversammlung oder als Mitgliedervertreter, wenn der Garant nicht auch Mitglied des VVaG ist.[29] Für Neumitglieder, die nicht Garanten sind, hat der Gründungsstock kaum praktische Bedeutung: sie brauchen sich in der Regel nicht an dem Gründungsstock zu beteiligen, werden dann aber auch nicht bei Ende ihrer Mitgliedschaft aus dem Gründungsstock abgefunden.[30] 21

Die **Tilgung** gem. § 178 IV VAG, also die Rückzahlung der durch die Garanten zur Verfügung gestellten Geldmittel, findet nur aus den Jahreseinnahmen und nur so weit statt, wie die Verlustrücklage des § 193 VAG angewachsen ist. Die Jahreseinnahmen sind nicht notwendigerweise gleichbedeutend mit den Jahresüberschüssen – auch wenn diese Bedeutung mit den Garanten vereinbart werden kann – und erfassen z.B. Nachschüsse und Umlagen.[31] Die Tilgung muss nach § 178 IV 2. Hs. VAG dann beginnen, wenn die aktivierten Aufwendungen für die Ingangsetzung des Geschäftsbetriebs vollständig abgeschrieben sind (s. auch § 269 HGB). Der Gründungsstock taucht nicht mehr in der Bilanz des VVaG auf, sobald sich der VVaG aus den Beiträgen seiner Mitglieder finanzieren kann, wenn er also insbesondere die Solvabilitätsanforderungen des § 53c VAG a.F. (nun grundlegend anders in: §§ 89 ff. VAG n.F.) erfüllen kann.[32] 22

Eine weitere Besonderheit des VVaG ist die **Verlustrücklage** des § 193 VAG. Funktional entspricht die Verlustrücklage der Rücklage des § 150 AktG, der für die Vers-AG maßgeblich ist.[33] Die Verlustrücklage des § 193 VAG, im Gesetz auch Reservefonds genannt, ist Teil des Eigenkapitals des VVaG[34] und darf nur zur Deckung 23

---

22 Geschäftsbericht BAV 1955/56, S. 26; Geschäftsbericht BAV 1962, S. 33.
23 Geschäftsbericht BAV 1962, S. 33.
24 Prölss/*Weigel*, § 21 Rn. 21.
25 Prölss/*Weigel*, § 21 Rn. 19.
26 *Mohr*, S. 115, 128; *Petersen*, Rn. 112.
27 Prölss/*Weigel*, § 22 Rn. 8 f.
28 *Petersen*, Rn. 116; Prölss/*Weigel*, § 22 Rn. 20.
29 Prölss/*Weigel*, § 22 Rn. 17.
30 *Hirte* DStrR 2007, 2215, 2218; *Schmidt*, § 42 II, S. 1279.
31 Prölss/*Weigel*, § 22 Rn. 25.
32 *Petersen*, Rn. 118; Prölss/*Weigel*, § 22 Rn. 1.
33 Prölss/*Weigel*, § 37 Rn. 1.
34 F/K/B/P/*Kaulbach*, § 37 Rn. 1.

außergewöhnlicher Verluste aus dem Geschäftsbetrieb herangezogen werden. Dabei kommen jegliche Verluste des VVaG in Betracht: Verluste aus Kapitalanlagen, aus dem technischen Geschäft und sogar aus dem Geschäft mit Nichtmitgliedern.[35] Die näheren Details der Verlustrücklage sind in der Satzung zu regeln. Ein Höchstbetrag der Verlustrücklage kann festgelegt werden;[36] einen gesetzlichen Höchstbetrag gibt es aber nicht. Der Organisationsfonds des § 9 II Nr. 5 VAG, der dem Aufbau der Verwaltung und des Vertreternetzes dienen soll, gehört zum Gründungsstock.[37]

24 Die Vorschriften über die Kapitalausstattung (Solvabilitätsvorschriften) sind mit Wirkung ab dem 01.01.2016 grundlegend neu geregelt worden und finden sich in den §§ 74 bis 137 VAG.

25 Die VU haben gemäß § 125 VAG ein **Sicherungsvermögen** einzurichten, das den Versicherten, Versicherungsnehmern, Begünstigten und anderen Anspruchsberechtigten aus dem Versicherungsverhältnis im Insolvenzfall ein bevorzugtes Befriedigungsrecht gewährt, § 315 I VAG. Das Sicherungsvermögen ist gemäß § 125 IV VAG getrennt von jedem anderen Vermögen aufzubewahren. Die Pflicht, das Sicherungsvermögen anzulegen, obliegt dem Vorstand des VU. Für die Überwachung des Sicherungsvermögens sind ein Treuhänder und dessen Vertreter zu bestellen, § 128 VAG. Im Falle der Lebens- und Krankenversicherer wird ein Sicherungsfonds eingerichtet, dem die vorgenannten VU – mit Ausnahme der Pensionsfonds – beitreten müssen, § 221 VAG. Der Sicherungsfonds wird bei der Kreditanstalt für Wiederaufbau als nicht rechtsfähiges Sondervermögen des Bundes eingerichtet, § 223 I VAG. Zweck des Sicherungsfonds ist ebenfalls der Schutz der Ansprüche der Versicherungsnehmer, versicherten Personen, Bezugsberechtigten und sonstiger aus dem Versicherungsvertrag begünstigter Personen, § 223 II 1 VAG. Zu diesem Zweck soll die Weiterführung der Versicherungsverträge des betroffenen Unternehmens erreicht werden, § 223 II 2 VAG. Der Sicherungsfonds wird also nicht erst im Insolvenzfall tätig, bei dessen Eintreten gemäß § 316 VAG unter anderem Lebens- und Krankenversicherungen erlöschen, sondern im Vorfeld, wenn die Prüfung der Geschäftsführung und der Vermögenslage eines VU ergibt, dass dieses auf Dauer nicht mehr imstande ist, seine Verpflichtungen zu erfüllen, gleichzeitig aber die Vermeidung des Insolvenzverfahrens zum Besten der Versicherten geboten erscheint (§§ 222 I 1 i.V.m. 314 I 1 VAG) oder wenn der Vorstand eines VU dessen Zahlungsunfähigkeit anzeigt (§§ 222 I 1 i.V.m. 311 I 1, 2 VAG). In diesen Fällen kann die Aufsichtsbehörde die Übertragung des gesamten Bestandes an Versicherungsverträgen des VU mit den zur Bedeckung der Verbindlichkeiten aus diesen Verträgen erforderlichen Vermögensgegenständen auf den zuständigen Sicherungsfonds anordnen, § 222 II VAG. So soll zum einen verhindert werden, dass die Lebens- und Krankenversicherungsverträge erlöschen und zum anderen ihr künftiger Fortbestand gesichert werden.

2. Vers-AG

26 Die Vers-AG ist die **häufigste Form** des VU. Im Ausgangspunkt ist sie eine »gewöhnliche« Aktiengesellschaft, auf welche die allgemeinen Vorschriften des AktG anwendbar sind. Diese werden aber durch verschiedene spezialgesetzliche Vorschriften zum VU (insbesondere im VAG) überlagert und zum Teil verdrängt. Diese Spezialvorschriften führen oftmals dazu, dass die Rechte der Aktionäre zugunsten von aufsichts- oder versicherungsvertraglichen Rechten der VN eingeschränkt werden,[38] um der besonderen öffentlichen Bedeutung der VU gerecht zu werden.

a) Organe der Vers-AG

27 Die Organe der Vers-AG sind dieselben wie in einer gewöhnlichen Aktiengesellschaft, nämlich (aa) die Hauptversammlung, (bb) der Vorstand und (cc) der Aufsichtsrat.

28 Die Kompetenzen der Organe der Vers-AG entsprechen grundsätzlich auch denen der Organe der »normalen« AG. So obliegt dem Vorstand die Geschäftsführung und Vertretung der Vers-AG in eigener Verantwortung (§§ 76 ff. AktG). Der Aufsichtsrat hat die Kompetenzen gemäß §§ 84, 95 ff. AktG, ist also insbes. für die Bestellung und Abberufung des Vorstands, die Überwachung des Vorstands, die Vertretung der Gesellschaft gegenüber den Vorstandsmitgliedern und die Zustimmung zu bestimmten Geschäften des Vorstands zuständig. Die Hauptversammlung der Vers-AG entscheidet über die in § 119 AktG vorgesehenen Fälle (Bestellung der Mitglieder des Aufsichtsrats, Verwendung des Bilanzgewinns, Entlastung von Vorstand und Aufsichtsrat, Bestellung des Abschlussprüfers sowie der Gründungs- oder Geschäftsführungsprüfer, Satzungsänderungen, Kapitalerhöhung und -herabsetzung, Auflösung der Gesellschaft) sowie über weitere durch Satzung festgelegte Fälle.

29 Anders als die Versicherten des VVaG, die als Mitglieder zugleich einen gewissen Einfluss auf das Unternehmen nehmen können, haben die Versicherten der Vers-AG diesen Einfluss nicht; dieser kommt nur den Ak-

---

35 Prölss/*Weigel*, § 37 Rn. 7.
36 F/K/B/P/*Kaulbach*, § 37 Rn. 2.
37 *Mohr*, S. 115, 129.
38 H/E/K/*Krütt*, 4. Kap. Rn. 3.

tionären zu. Der VVaG ist – aus Perspektive der Versicherten – also im Wesentlichen selbstbestimmt, während die Vers-AG fremdbestimmt ist.[39]

Die vorgenannten Kompetenzen der Organe werden aber insbesondere durch aufsichtsrechtliche Anforderungen **modifiziert**. So kann die Aufsichtsbehörde z.B. gem. § 306 I 1 Nr. 4 und 5 VAG die Einberufung von Aufsichtsratssitzungen oder Hauptversammlungen verlangen und zu diesen Veranstaltungen einen Vertreter entsenden. Zudem müssen die Mitglieder des Vorstands eines VU gem. § 24 VAG besondere Qualifikationen besitzen, nämlich **zuverlässig** sein und **fachliche Eignung** besitzen.[40] § 24 I 4 VAG präzisiert als widerlegbare Regelvermutung, dass eine fachliche Eignung dann anzunehmen ist, wenn eine dreijährige leitende Tätigkeit bei einem VU von vergleichbarer Größe und Geschäftsart nachgewiesen wird. Im Übrigen ist zur Feststellung der fachlichen Eignung notwendig, alle Umstände des Einzelfalles in die Prüfung einzubeziehen.[41] In der Praxis besteht der Vorstand einer Vers-AG in der Regel aus zwei oder mehr Personen, da eine Vers-AG regelmäßig ein Grundkapital von mehr als drei Millionen Euro hat und § 76 II 2 AktG für diesen Fall einen mit mindestens zwei Personen besetzten Vorstand vorschreibt. Die nach dem Gesetz mögliche satzungsmäßige Beschränkung auf ein Vorstandsmitglied (§ 76 II 2 Hs. 2) wird von der Aufsichtsbehörde nicht genehmigt.[42]

Unter bestimmten Voraussetzungen, insbes. wenn das VU gegen das Gesetz verstößt oder wenn die Erfüllung der Verpflichtungen aus den Versicherungsverträgen gefährdet ist, kann die Aufsichtsbehörde gem. § 307 VAG die Befugnisse von Organen der VU auf einen von ihr bestellten Sonderbeauftragten übertragen. Der Sonderbeauftragte wird dann nicht zum Unternehmensorgan, tritt aber in dessen Rechtsstellung ein.[43]

b) Grundsätze der Mitgliedschaft und der Geschäfte der Vers-AG

Die Vers-AG schließt die Versicherungsverträge mit den Versicherten ab, die nicht gleichzeitig an der Vers-AG als Aktionäre oder in anderer Form beteiligt sind. Dadurch entsteht für die Vers-AG ein **Interessenwiderstreit**:[44] Einerseits haben die Versicherten ein Interesse an einem umfassenden und möglichst preisgünstigen Versicherungsschutz, der sich in hohen Ausgaben des Unternehmens und niedrigen Einnahmen niederschlagen würde; andererseits ist den Aktionären der Vers-AG an einer hohen Dividende gelegen, für die die Vers-AG niedrige Ausgaben bei hohen Einnahmen generieren müsste. Die »Lösung« des Konflikts besteht darin, dass die Vers-AG den Versicherten als Marktteilnehmer gegenüber tritt, der wie andere Unternehmen auch, seine Gewinninteressen verfolgt.[45] Die Versicherten können über den Abschluss ihres Versicherungsvertrags frei entscheiden und gegebenenfalls ihren Vertrag kündigen, wenn ihnen die Bedingungen des Angebots nicht mehr zusagen. Um im Wettbewerb mit den VVaG bestehen zu können, dürfen die Vers-AG keine wesentlich nachteiligen Konditionen anbieten. Obwohl für die Vers-AG keine Ausschüttungspflicht gegenüber den Versicherten besteht, kennt die Versicherungspraxis seit langem die **Überschussbeteiligung für die Versicherten** und **Rückvergütung von Prämien**.[46] Auf der anderen Seite stehen die Aktionäre der Vers-AG, die ihren Anteil an der Vers-AG veräußern können, wenn sie mit der Geschäftsführung oder der Dividende nicht zufrieden sind (sog. **Erwerbsprinzip**, bei dem eine Kontrolle des Unternehmens – wenn es sich um eine börsennotierte Vers-AG handelt – durch die Börse stattfindet).[47] Die Versicherten und die Aktionäre haben es also in der eigenen Hand, für einen Ausgleich zu sorgen. Der Wettbewerb zwischen Vers-AG und VVaG führt zu einem Ausgleich der widerstreitenden Interessen der Versicherten und der Aktionäre bei der Vers-AG.

Umstritten ist, ob auch in der Vers-AG der für den VVaG anerkannte **allgemeine Gleichheitsgrundsatz** gilt. Nach richtiger Ansicht[48] kann dies nicht der Fall sein, da der Gleichheitsgrundsatz des § 177 I VAG sich ausdrücklich nur auf die Mitglieder des VVaG bezieht. Wo der Gesetzgeber eine Gleichbehandlung sicherstellen wollte, hat er dies ausdrücklich getan, z.B. in den §§ 138 II, 146 I 1, 161 VAG. Diese Vorschriften gelten sowohl für den VVaG als auch für die Vers-AG, aber beschränkt auf die genannten Sparten. Dass der Gesetzgeber den allgemeinen Gleichbehandlungsgrundsatz für die Vers-AG nicht ausdrücklich normiert hat, zeigt, dass er einen solchen nur für den VVaG etablieren wollte. Bei der Vers-AG stehen dagegen die Grundsätze der Vertragsfreiheit und der Parteiautonomie im Vordergrund.

c) Finanzverfassung und Kapitalausstattung

Hinsichtlich der Finanzverfassung und Kapitalausstattung in der Vers-AG gelten die aufsichtsrechtlichen Vorschriften zur Kapitalausstattung. Diese waren bis zum 31.12.2015 in § 53c VAG a.F. i.V.m. der KapAusst-VO

---

39 *Mohr*, S. 115, 117.
40 Vgl. zu den Anforderungen an Vorstands- und Aufsichtsratsmitglieder unten Rdn. 52.
41 VG Frankfurt am Main WM 2004, 2157.
42 H/E/K/*Krütt*, 4. Kap. Rn. 5.
43 BVerwG VersR 1963, 177, 178.
44 *Petersen*, Rn. 161.
45 *Prölss*, FS Larenz, S. 487, 488.
46 *Schmidt*, § 42 II, S. 1280.
47 *Petersen*, Rn. 162.
48 *Petersen*, Rn. 168 f.; *Prölss/Weigel*, § 21 Rn. 6.

Einleitung E. Versicherungsunternehmensrecht

niedergelegt,[49] seit dem 01.01.2016 in den §§ 74 ff. VAG. Zusätzlich sind für die Vers-AG die strengen Vorschriften des AktG zur Kapitalaufbringung und -erhaltung zu beachten.

3. Kleinere VVaG

35 Zahlenmäßig ist der kleinere VVaG – wie oben unter Rdn. 10 gesehen – stärker vertreten als der klassische VVaG. Seine Marktbedeutung ist allerdings gering,[50] da er schon tatbestandsmäßig in einem sehr begrenzten Wirkungskreis tätig wird. Nach § 210 I 1 VAG sind kleinere Vereine solche, die bestimmungsgemäß – also durch Satzung festgelegt und nicht lediglich tatsächlich[51] – einen sachlich, örtlich oder dem Personenkreis nach **eng begrenzten Wirkungskreis** haben. Eine sachliche Begrenzung liegt bei einer Beschränkung auf wenige, versicherungstechnisch einfache Risikoarten vor, eine örtliche Begrenzung z.B. bei der Beschränkung auf Risiken innerhalb einer Gemeinde (nicht Großstadt), eine Begrenzung dem Personenkreis nach z.B. bei der Beschränkung auf die Angestellten eines Unternehmens.[52] Ob ein Verein ein kleinerer Verein ist, entscheidet die Aufsichtsbehörde, § 210 IV VAG. Das Geschäft mit Nichtmitgliedern dürfen kleinere Vereine nicht betreiben, § 210 I 2 VAG. Bei den für den kleineren Verein anwendbaren Regelungen handelt es sich neben bestimmten auch auf den VVaG anwendbaren Vorschriften des VAG um diverse Vorschriften des Vereinsrechts im BGB und des Genossenschaftsrechts.

36 Nach § 5 VAG kann die Aufsichtsbehörde bestimmte Vereine, die nicht eingetragen zu werden brauchen, von der Aufsicht **freistellen**, wenn nach der Art der betriebenen Geschäfte und den sonstigen Umständen eine Beaufsichtigung zur Wahrung der Belange der Versicherten nicht erforderlich erscheint. Diese Voraussetzungen können insbesondere bei Sterbekassen und bei Vereinen mit örtlich begrenztem Wirkungskreis, geringer Mitgliederzahl und geringem Beitragsaufkommen vorliegen, § 5 I 2 VAG. Ob es sich hierbei um bestimmte kleinere Vereine[53] oder um von den kleineren Vereinen zu unterscheidende Kleinstvereine[54] handelt, ist letztlich nur ein begrifflicher Streit, der in der Praxis keine Auswirkungen hat: Wenn die Voraussetzungen des § 5 VAG erfüllt sind, kann die Aufsichtsbehörde eine Freistellung erteilen. Dabei wird in den meisten Fällen der freizustellende Verein auch die Voraussetzungen eines kleineren Vereins erfüllen.
Im Falle der Freistellung nach § 5 I VAG finden gemäß § 5 II VAG bestimmte Vorschriften u.a. Teil 2 Kapitel 2 (§§ 74–137 VAG, Vorschriften über die finanzielle Ausstattung), keine Anwendung. Die Aufsichtsbehörde kann des Weiteren für kleinere Vereine Abweichungen von den §§ 39 I, 125, 138, 141, 146, 147, 149, 152, 156 VAG gestatten.

4. Vers-SE

37 Wachsender Beliebtheit unter den Rechtsformen erfreut sich gerade auch im Kreise internationaler Versicherungskonzerne die Vers-SE. Insbesondere die Allianz SE, die Hannover Rückversicherung SE, die ARAG SE und die Scor SE (erste börsennotierte SE in Frankreich) sind prominente Beispiele für die Wahl dieser Rechtsform.

38 Am 8. Oktober 2001 sind die **SE-Verordnung** (»SE-VO«)[55] und die SE-Beteiligungsrichtlinie (»SE-RL«)[56] in Kraft getreten. Die SE-VO ist damit in Deutschland unmittelbar geltendes Recht geworden. Sie wird durch das am 29.12.2004 in Kraft getretene deutsche SE-Ausführungsgesetz ergänzt. Die SE-RL wurde durch das SE-Beteiligungsgesetz in deutsches Recht umgesetzt.

39 Solange die **EU-Verschmelzungsrichtlinie** richtlinienwidrig noch nicht in allen EU-Staaten umgesetzt war (in Deutschland ist die Umsetzung pünktlich erfolgt und in den §§ 122a ff. UmwG geregelt), war die SE die Rechtsform der Wahl, um sicher grenzüberschreitende Verschmelzungen (auf eine SE als aufnehmenden Rechtsträger) durchführen zu können. Das Verschmelzungsprozedere ist im Vergleich zu einer grenzüberschreitenden Verschmelzung nach der EU-Verschmelzungsrichtlinie dadurch vereinfacht, dass auf einen Verschmelzungsbericht und dessen Prüfung verzichtet werden kann. Bis auf weiteres ist die SE die einzige Rechtsform, die innerhalb der EU und des EWR ihren tatsächlichen Verwaltungs- **und** Satzungssitz über die Grenze verlegen kann. Bei der mitbestimmten SE kann die Zahl der Aufsichtsratsmitglieder von den Aktionären in der Satzung festgelegt werden, was insbesondere für eine Verringerung der Mitgliederzahl (oft von 20 auf 12) und damit eine Verbesserung der Corporate Governance genutzt werden kann.[57] Schließlich erlaubt

---

49 Zur Darstellung der alten Rechtslage bis zum 31.12.2015, vgl. Rdn. 24.
50 H/E/K/*Krütt*, 4. Kap. Rn. 15.
51 H/E/K/*Krütt*, 4. Kap. Rn. 15; *Petersen*, Rn. 134.
52 F/K/B/P/*Kaulbach*, § 53 Rn. 2.
53 Prölss/*Kollhosser*, § 157a Rn. 1 f.
54 *Petersen*, Rn. 153.
55 EG-VO 2157/2001 über das Statut der Europäischen Gesellschaft (SE).
56 EG-RL 2001/86/EG zur Ergänzung des Status der Europäischen Gesellschaft hinsichtlich der Beteiligung der Arbeitnehmer.
57 Zu grenzüberschreitenden Verschmelzungen und der SE vertiefend: *Louven* ZIP 2006, 2021 ff. und *Louven/Dettmeier/Pöschkel/Weng* BB Special 3/2006, 1 ff. Zu ausgewählten Rechtsfragen im Zusammenhang mit der Umwandlung einer AG in eine SE: *Louven/Ernst*, BB 2014, 323 ff.

die Umwandlung einer Gesellschaft in eine SE die Fixierung des zu diesem Zeitpunkt bestehenden Niveaus unternehmerischer Mitbestimmung, solange keine strukturelle Änderung i.S.v. § 18 Abs. 3 SEBG erfolgt oder die Umwandlung nicht ausnahmsweise missbräuchlich i.S.v. § 43 Satz 1 SEBG ist.

Für die Vers-SE gelten im Wesentlichen die gleichen Vorschriften wie zur Vers-AG. Das ergibt sich aus Art. 9 I c) ii) SE-VO, nach dem auf eine inländische SE das Recht des Sitzstaats über die Aktiengesellschaft anwendbar ist, soweit die SE-VO keine Spezialregelungen vorsieht. Daher sei hinsichtlich der Einzelheiten der Vers-SE auf die vorgenannten Vorschriften zur Vers-AG verwiesen. **40**

Der Umwandlungsprozess besteht im Wesentlichen aus gesellschaftsrechtlichen Maßnahmen einerseits und der Durchführung des Arbeitnehmerbeteiligungsverfahrens andererseits. Beide Stränge greifen ineinander. Gesellschaftsrechtlich sind wesentliche Schritte insbesondere: **41**
- der Umwandlungsplan nebst Satzung
- der Umwandlungsbericht
- die Offenlegung des Umwandlungsplans
- Umwandlungsprüfung, also die Prüfung durch einen gerichtlich bestellten Prüfer, dass die Gesellschaft mindestens über Nettovermögenswerte in Höhe ihres Kapitals und der kraft Gesetzes oder Satzung nicht ausschüttungsfähigen Rücklagen verfügt (Art. 37 Abs. 6 SE-VO)
- Hauptversammlungsbeschluss
- Eintragung im Handelsregister

Das Arbeitnehmerbeteiligungsverfahren kann vor oder nach dem zustimmenden Hauptversammlungsbeschluss durchgeführt werden, muss aber zwingend vor Eintragung ins Handelsregister durchgeführt worden sein. Die Identität des Rechtsträgers bleibt erhalten. Nach dem Wortlaut der §§ 121 f. Abs. 3, 14a VAG (»Umwandlung nach den §§ 1, 122a des Umwandlungsgesetzes ...«) bedarf der Formwechsel nach der SE-VO keiner Genehmigung durch die BaFin. Die damit einhergehende Satzungsänderung ist allerdings der BaFin anzuzeigen, ebenso die damit verbundene (keine Ämterkontinuität!) Bestellung der Mitglieder von Vorstand und Aufsichtsrat.

5. Öffentliche VU

Neben den bislang behandelten privaten VU haben öffentliche Unternehmen in Deutschland eine lange Tradition und große Bedeutung in der Versicherungswirtschaft. **42**

Öffentliche VU sind: **43**
- öffentlich-rechtliche VU mit Sitz in der Bundesrepublik Deutschland; und
- private VU, wenn und solange ihr Kapital sich ganz oder überwiegend in der Hand juristischer Personen des öffentlichen Rechts befindet oder wenn und solange sie in Organisations- und Verwaltungsgemeinschaft mit einem Mitglied stehen; und
- Holdinggesellschaften von solchen öffentlich-rechtlichen oder privaten VU.

Alle öffentlichen Versicherer haben einen öffentlichen **Versorgungsauftrag** (beispielhaft § 2 I der Satzung der Provinzial Holding Westfalen: »... Ziel der flächendeckenden Versorgung der Bevölkerung mit Versicherungsschutz und der Aufrechterhaltung eines kundenorientierten, regional dezentralisierten ausgewogenen Marktes für Versicherungsprodukte ...«). Wesensmerkmal der öffentlichen Versicherer ist das sog. »Regionalprinzip«. Danach muss der vom öffentlichen Versicherer zu Versichernde oder das zu versichernde Objekt in der jeweiligen Region liegen bzw. die zu versichernde Tätigkeit in der Region erbracht werden, für die der Versicherer die Versorgung übernimmt. **44**

Ihre historischen Wurzeln reichen bis in das 17. Jahrhundert zurück (Hamburger Feuerkasse, 1676), als in vielen deutschen Staaten Brandkassen und Feuersozietäten gegründet wurden, deren zentrale Aufgabe die Sicherung des Gebäudebestandes und damit einer wichtigen Besteuerungsgrundlage des Landesherrn war. Anfang des 20. Jahrhunderts entstanden die ersten öffentlich-rechtlichen, regional tätigen Lebensversicherungsanstalten, die später weitere Sparten wie Haftpflicht-, Unfall- und Kraftfahrtversicherung aufnahmen. Seit Abschaffung der für die Gebäudeversicherung bestehenden Monopolstellung der öffentlichen Versicherer (zum 1. Juli 1994 durch Art. 3 der Dritten Richtlinie Schadensversicherung der Europäischen Gemeinschaft vom 18.06.1992, ABl EG Nr. L 228 v. 11.08.1992, S. 1) werden alle deutschen öffentlichen Versicherer als Wettbewerbsunternehmen tätig. **45**

Dominante Rechtsformen der öffentlichen VU sind die **rechtsfähige Anstalt des öffentlichen Rechts** (Vers-AöR) und die Aktiengesellschaft.[58] Nicht selten fungiert ein als rechtsfähige Anstalt des öffentlichen Rechts organisiertes Unternehmen als Holding, unter der Aktiengesellschaften »hängen«, die das operative Versicherungsgeschäft betreiben. Träger der öffentlichen Versicherer (d.h. deren Mitglieder, Aktionäre oder vergleichbare konstituierende Subjekte) sind in erster Linie Sparkassenorganisationen wie etwa Sparkassen- und Giroverbände, Landesbanken sowie Landschaftsverbände. **46**

---

58 Der Badische Gemeinde-Versicherungs-Verband, die Unfallkasse Sachsen und die Unfallkasse Berlin sind einige der sehr wenigen öffentlichen Versicherungsunternehmen, die als Körperschaft des öffentlichen Rechts organisiert sind.

47 Die Rechtsgrundlagen für die Vers-AöR finden sich in den jeweiligen Satzungen sowie in diversen Landesgesetzen, Verordnungen und Staatsverträgen, insbesondere den folgenden:
- Staatsvertrag zwischen dem Land Nordrhein-Westfalen und dem Land Rheinland-Pfalz über die Provinzial-Versicherungsanstalten der Rheinprovinz vom 10.05.1996, GVBl. NRW 1996, 191; Staatsvertrag zur Änderung des Staatsvertrages zwischen dem Land Rheinland-Pfalz und dem Land Nordrhein-Westfalen über die Provinzial-Feuerversicherungsanstalt der Rheinprovinz und die Provinzial-Lebensversicherungsanstalt der Rheinprovinz vom 20.11.2001, GVBl. NRW 2001, 781 (Provinzial Rheinland);
- Gesetz über die öffentlichen Versicherungsunternehmen in Niedersachsen vom 10.01.1993, GVBl. 2004, 5;
- Gesetz zur Neuordnung der Rechtsverhältnisse der öffentlich-rechtlichen Versicherungsanstalten des Freistaats Bayern, GVBl. 1994, 603; Verordnung vom 30.05.1995, GVBl. 1995, 297 (Versicherungskammer Bayern);
- Gesetz über die Errichtung der öffentlichen Feuerversicherung Sachsen-Anhalt und der öffentlichen Lebensversicherung Sachsen-Anhalt vom 27.08.1991, GVBl. 1991, 92.

48 Als rechtsfähige öffentlich-rechtliche Anstalten oder Körperschaften organisierte öffentliche Versicherer unterliegen, wenn deren Träger Rechtssubjekte nur eines Bundeslandes sind, der Rechtsaufsicht des Landes (vgl. etwa § 14 I des Gesetzes über die öffentlich-rechtlichen Versicherungsunternehmen in Niedersachsen). Wird der Versicherer von Rechtssubjekten verschiedener Bundesländer getragen, müssen sich die Bundesländer verständigen (so etwa, für die Provinzial Rheinland, Art. 10 I des oben bereits bezeichneten Staatsvertrags zwischen dem Land Rheinland-Pfalz und dem Land Nordrhein-Westfalen vom 20.11.2001, nach dem die Rechtsaufsicht dem Finanzministerium des Landes NRW obliegt, dessen Entscheidungen im Einvernehmen mit dem Ministerium des Inneren sowie für Sport des Landes Rheinland-Pfalz getroffen werden müssen).

49 Die privatrechtlich organisierten öffentlichen Versicherer unterliegen **nicht der staatlichen Rechtsaufsicht**, wohl aber der allgemeinen Versicherungsaufsicht durch die BaFin. Ihr unterliegen – über die gerade beschriebene Rechtsaufsicht hinaus – diejenigen öffentlich-rechtlichen VU, die über den Bereich eines Landes hinaus tätig sind. Öffentlich-rechtliche VU, die nur in einem Bundesland tätig sind, unterliegen grundsätzlich der Versicherungsaufsicht des jeweiligen Bundeslandes, die unter den Voraussetzungen der §§ 3 und 4 des Gesetzes über die Errichtung eines Bundesaufsichtsamtes für Versicherungswesen vom 31.07.1951 (BAG) i.V.m. dem Finanzdienstleistungsaufsichtsgesetz vom 22.04.2002 (FinDAG) allerdings auf die BaFin übertragen werden kann.

50 Weder das BetrVG (das in Fragen der »betrieblichen« Mitbestimmung durch das Personalvertretungsgesetz ersetzt wird) noch das Drittelbeteiligungsgesetz und das Mitbestimmungsgesetz finden auf die Vers-AöR Anwendung, allerdings können die Satzungen der AöR unternehmerische Mitbestimmung einführen.

III. Corporate Governance und Compliance in VU

51 Die an eine ordnungsgemäße Corporate Governance und Compliance von VU zu stellenden Anforderungen weisen einige Besonderheiten auf, die über gewöhnliche Anforderungen hinausgehen. Die Anforderungen an die Geschäftsorganisation eines VU waren bisher in § 64a VAG a.F. geregelt und finden sich fortan in den §§ 23–32 VAG.

1. Anforderungen an Organmitglieder

52 Während an **Vorstandsmitglieder** von Aktiengesellschaften im Grundsatz keine überhöhten rechtlichen Anforderungen an ihre Qualifikation gestellt werden (§ 76 III AktG verlangt im Wesentlichen lediglich eine unbeschränkte Geschäftsfähigkeit und das Nichtvorhandensein näher bestimmter Vorstrafen) gelten im Hinblick auf VU **besondere Anforderungen**. So müssen nach § 24 I VAG Personen, die ein Versicherungsunternehmen tatsächlich leiten (vornehmlich Geschäftsleiter, § 24 II VAG) oder andere Schlüsselaufgaben wahrnehmen, zuverlässig und fachlich geeignet sein. Die **Zuverlässigkeit** als persönliches Merkmal ist im VAG nicht näher definiert, setzt jedoch wohl voraus, dass keine in der Person des Geschäftsleiters liegenden Gründe vorliegen, die Anlass dafür bieten, dass die Tätigkeit als Geschäftsleiter in Zukunft nicht ordnungsgemäß ausgeübt wird.[59] Mit der **fachlichen Eignung** befasst sich § 24 I 4 VAG, welcher eine widerlegbare Regelvermutung aufstellt. Danach ist eine fachliche Eignung dann anzunehmen, wenn eine dreijährige leitende Tätigkeit bei einem VU von vergleichbarer Größe und Geschäftsart nachgewiesen wird. Im Übrigen ist es zur Feststellung der fachlichen Eignung regelmäßig notwendig, alle Umstände des Einzelfalles in die Prüfung einzubeziehen.[60]

53 Auch für die Tätigkeit eines **Aufsichtsratsmitglieds** sieht das VAG mittlerweile über diejenigen Anforderungen des AktG hinausgehende Mindestvoraussetzungen vor. Nach der Regierungsbegründung zum neuen VAG sind Mitglieder des Aufsichtsrats Personen, die andere Schlüsselaufgaben im Sinne von § 24 I VAG wahrnehmen.[61] Auch diese müssen gemäß § 24 I VAG **zuverlässig** und **fachlich geeignet** sein. Aufsichtsratsmitglieder

---

59 Vgl. auch Einl. D Rdn. 28.
60 VG Frankfurt am Main WM 2004, 2157.
61 Begr. RegE BT-Drucks-18/2956, 240.

müssen die Geschäfte verstehen, deren Risiken beurteilen und nötigenfalls Änderungen der Geschäftsführung durchsetzen können. Hinsichtlich der Sachkunde von Aufsichtsratsmitgliedern gibt die BaFin im Merkblatt v. 03.12.2012[62] Anhaltspunkte zur Auslegung. Danach ist die im Einzelfall erforderliche Sachkunde abhängig von der Größe, Komplexität und systemischen Relevanz des Unternehmens (sog. strukturelle Differenzierung). Das Merkmal der Zuverlässigkeit soll gewährleisten, dass keine Interessenkonflikte zu einer eigenen wirtschaftlichen Tätigkeit vorliegen. Unter Berücksichtigung des Verhältnismäßigkeitsgrundsatzes kann ein solcher Interessenkonflikt z.B. bei Großkunden (einschließlich VN) des beaufsichtigten Unternehmens entstehen. Die Sachkunde kann etwa bei vergleichbaren Tätigkeiten bei vergleichbaren Unternehmen erworben worden sein. Bei Kaufleuten i.S.v. §§ 1 ff. HGB sowie bei buchführungspflichtigen Land- und Forstwirten sowie anderen Unternehmern im Sinne von § 141 AO sieht die BaFin regelmäßig eine allgemeine wirtschaftliche Expertise als gegeben an, die je nach Geschäftsmodell und Größe des beaufsichtigten Unternehmens schon ausreichen kann.[63] Auch wenn die erforderliche Sachkunde nicht bereits bei Beginn der Tätigkeit vorliegt, soll eine entsprechende Tätigkeit nicht generell ausgeschlossen sein. Grundsätzlich sollen die Kenntnisse sowohl vor als auch nach der Bestellung durch **Fortbildung** erworben werden können. Eine solche Fortbildung muss die grundlegenden wirtschaftlichen und rechtlichen Abläufe im Tagesgeschehen entsprechender Unternehmen umfassen. Daneben sind das Risikomanagement, Grundlagen der Bilanzierung und die Funktionen und Verantwortung der Mitglieder des Verwaltungs- oder Aufsichtsorgans einzubeziehen. Konkretere Vorgaben verbieten sich jedoch mit Rücksicht auf die spezifischen Anforderungen im Hinblick auf das zu kontrollierende Unternehmen. Ebenso wie die Absicht der Bestellung eines Vorstandsmitglieds ist auch die Bestellung eines Aufsichtsratsmitglieds unter Angabe der für die Beurteilung von Zuverlässigkeit und fachlicher Eignung notwendigen Unterlagen der BaFin anzuzeigen (§ 47 Nr. 1 VAG). Bereits vor in Kraft treten der gesetzlichen Anforderungen an Aufsichtsratsmitglieder hat die Versicherungsaufsicht bestimmte Kriterien für die Tätigkeit eines Aufsichtsratsmitglieds entwickelt: So soll ein Aufsichtsratsmitglied nicht gleichzeitig als Versicherungsvertreter oder als Deckungsstocktreuhänder tätig sein.[64] Schon vorher galt aktienrechtlich, dass jedes Aufsichtsratsmitglied die Mindestkenntnisse allgemeiner, wirtschaftlicher, organisatorischer und rechtlicher Art besitzen müsse, die erforderlich sind, um die normalerweise anfallenden Geschäftsvorgänge auch ohne fremde Hilfe verstehen und sachgerecht beurteilen zu können.[65]

Als weitere Schlüsselaufgaben sollen ausweislich der Regierungsbegründung zudem die vier Funktionen des Risikocontrollings, der Compliance, der Versicherungsmathematik sowie der internen Revision gelten.

2. Mehrfachmandate; Begrenzung von Kontrollmandaten

Im Rahmen einer ordnungsgemäßen Corporate Governance im Versicherungskonzern kann es insbesondere bei Mehrfachmandaten der Vorstände in verschiedenen Unternehmen desselben Konzerns, z.B. bei der oben angesprochenen einheitlichen Leitung zweier Schwester-VVaG, zu Interessenkonflikten kommen. Grundsätzlich sind Mehrfachmandate in Versicherungskonzernen aber **zulässig**, aufsichtsrechtlich solange die nach § 24 I VAG vorausgesetzte Qualifikation beim Vorstand vorhanden ist[66] und gesellschaftsrechtlich, wenn der Aufsichtsrat beider Gesellschaften einwilligt und Interessenkonflikte dem Aufsichtsrat und den übrigen Vorstandsmitgliedern offen gelegt werden. Das Gesetz zur Stärkung der Finanzmarkt- und Versicherungsaufsicht[67] hat Vorstandsdoppelmandate weiteren Beschränkungen unterworfen. So kann als Geschäftsleiter nicht bestellt werden, wer bereits bei zwei VU, Pensionsfonds, Versicherungsholdings- oder Versicherungszweckgesellschaften als Geschäftsleiter tätig ist (§ 24 III 1 VAG). Vorstandsmandate bei Nicht-VU sind nicht einzubeziehen, also für die Feststellung der Überschreitung der Begrenzung irrelevant. Als Bestellung in diesem Sinne ist **auch die (sofortige) Wiederbestellung** zu verstehen. Wenn es sich um ein Unternehmen derselben Unternehmensgruppe handelt, kann die Aufsichtsbehörde mehr Mandate zulassen. Erforderlich ist eine vorherige Zustimmung. Dabei handelt es sich um eine Ermessensentscheidung. Bei faktischen Gleichordnungskonzernen muss es richtigerweise genügen, dass durch die Mehrfachmandate eine einheitliche Leitung und damit die Errichtung einer Unternehmensgruppe bewirkt werden soll. Nähere Hinweise zur Ermessensausübung gibt die BaFin in ihrem Merkblatt vom 2. Mai 2011.[68]

---

62 Merkblatt zur Kontrolle von Mitgliedern von Verwaltungs- und Aufsichtsorganen gemäß KWG und VAG vom 03.12.2012; abrufbar unter: http://www.bafin.de/SharedDocs/Veroeffentlichungen/DE/Merkblatt/mb_121203_kontrolle_ar_vr_ba_va.html (letzter Abruf am 18.03.2016).
63 Ziff. I 1 des Merkblatts vom 02.12.2012.
64 H/E/K/*Krütt*, 4. Kap. Rn. 7.
65 BGHZ 85, 293, 295.
66 *Dreher*, S. 175, 183 ff.; Prölss/*Präve*, § 7 Rn. 15.
67 BGBl. I 2009 S. 2305.
68 Merkblatt zu Geschäftsleiter-Mehrfachmandaten vom 02.05.2011; abrufbar unter: http://www.bafin.de/SharedDocs/Downloads/DE/Merkblatt/VA/dl_mb_zu_gl_mehrfachmandate_va.pdf?__blob=publicationFile&v=5 (letzter Abruf am 18.03.2016).

Einleitung — E. Versicherungsunternehmensrecht

55 Vorstandsdoppelmandate gewährleisten eine **einheitliche Leitung** der verschiedenen Konzernunternehmen und sind in der Praxis nicht selten anzutreffen.[69] Ein Doppelmandat im Vorstand eines abhängigen Nicht-VU und im Vorstand des herrschenden VU kann aber wegen der möglichen Gefährdung des VU im Hinblick auf § 15 I VAG (versicherungsfremde Geschäfte) unzulässig sein.[70] Es muss in jedem Fall sichergestellt werden, dass das Interesse eines der betroffenen Unternehmen nicht unter dem Doppelmandat leidet. Kommt es zu einer konkreten Benachteiligung, muss der dadurch entstehende Verlust oder Schaden ausgeglichen werden. Im Unterordnungskonzern ergibt sich das schon aus den gesetzlichen Vorschriften der §§ 302 ff., 311 ff. AktG; für den versicherungsspezifischen Gleichordnungskonzern soll – wenn auch aufbauend auf verschiedenen Begründungen – eine vergleichbare Haftung gelten.[71]

Nach § 24 IV 1 VAG ist die Höchstzahl ehemaliger Mitglieder des Verwaltungsorgans (bei Aktiengesellschaften und Versicherungsvereinen auf Gegenseitigkeit also des Vorstands) eines VU im Aufsichtsrat desselben VU auf zwei begrenzt. Dies gilt zeitlich unbeschränkt (anders, bloß cooling-off, in Ziffer 5.4.4 des DCGK für »normale« börsennotierte Aktiengesellschaften). Abweichungen durch Beschluss der Hauptversammlung (so § 100 IV 1 Nr. 4 AktG für »normale« börsennotierte Aktiengesellschaften) sind nicht vorgesehen. Die Gesamtzahl von Kontrollmandaten (Aufsichtsratsmandaten) ist auf fünf Mandate bei unter der Aufsicht der BaFin stehenden Unternehmen beschränkt; Mandate bei Unternehmen derselben Versicherungs- oder Unternehmensgruppe bleiben dabei aber außer Betracht, § 24 IV 2 VAG.

3. Vergütungspolitik innerhalb von Versicherungsunternehmen

56 Im Zuge der globalen Finanz- und Wirtschaftskrise ist auch die Vergütung von Organmitgliedern im Allgemeinen und in der Finanzindustrie im Besonderen zum Gegenstand regulatorischen Handelns geworden. Verschiedene Vorgaben zur Vergütungspolitik und zur Ausgestaltung von Vergütungsvereinbarungen sollen nun dafür sorgen, dass nicht mehr der kurzfristige Erfolg sondern vielmehr das **langfristige Unternehmenswohl** als Bemessungsgrundlage der Vergütung dient.[72] Unternehmen haben bei der Ausgestaltung der Vergütungspolitik zahlreiche Vorgaben unterschiedlicher Institutionen zu berücksichtigen. Neben verschiedenen Rechtsquellen auf nationaler Ebene (Gesetze, Verordnungen, Vorgaben der BaFin, DCGK) sind europäische Vorgaben zu berücksichtigen.

57 Für Vorstandsmitglieder einer Vers-AG gelten allen voran die durch das **Gesetz zur Angemessenheit der Vorstandsvergütung** (VorstAG)[73] modifizierten Regelungen des AktG. Die dort zu findenden Regelungen betreffen allesamt lediglich Grundsätze der Vergütungspolitik, jedoch nicht die konkrete Vergütungshöhe. § 87 AktG, der die Grundsätze der Bezüge für Vorstandsmitglieder regelt, enthält als zusätzliches Kriterium, welches bei der Bemessung der Vergütung zu berücksichtigen ist, nun die Leistung des Vorstandsmitglieds. Diese hat sich in der Höhe der konkreten Vergütung niederzuschlagen. Zudem ist bei der Ausgestaltung von Vergütungsvereinbarungen dafür Sorge zu tragen, dass die übliche Vergütung nicht ohne besondere Gründe überschritten wird. Die Üblichkeit der Vergütung ist nach der Marktstellung (Branche, Größe) zu beurteilen.[74] Diese Grundsätze gelten auch für nicht-börsennotierte Aktiengesellschaften. Umstritten ist hingegen, ob darüber hinaus auch das unternehmensinterne Lohn- und Gehaltsgefüge bei der Frage der Üblichkeit zu berücksichtigen ist.[75]

Als weiteres von Gesetzes wegen zu berücksichtigendes Kriterium kommt **bei börsennotierten Gesellschaften** die nachhaltige Unternehmensentwicklung hinzu. Dabei soll die Vergütung auch an negativen Entwicklungen im gesamten Bemessungszeitraum teilnehmen.[76] So soll verhindert werden, dass Anreize zu Maßnahmen mit vorwiegend kurzfristigen positiven Effekten, etwa für die nächste zu erstellende Bilanz, und kurzfristige Ergebnisse, aber nicht notwendig für das langfristige Unternehmenswohl gegeben werden. Stattdessen sollen durch die Berücksichtigung des langfristigen Unternehmenswohls solide Investitionen in die Zukunft des Unternehmens gefördert werden. Die dauerhafte Rentabilität steht dabei im Vordergrund. Dem Ziel von hauptsächlich langfristigen Anreizen steht es jedoch nicht entgegen, auch gezielt einige kurzfristige Verhaltensanreize in die Vergütungsstruktur einzustreuen.[77] Neben den eben genannten allgemeinen Voraussetzungen wird § 87 I 3 AktG etwas konkreter. So sollen **variable Vergütungsbestandteile** eine mehrjährige Bemessungsgrundlage haben. In der Literatur wird vorgeschlagen, sich zur näheren Eingrenzung an der ebenfalls durch das VorstAG erweiterten Sperrfrist für die Ausübung von Aktienoptionen auf vier Jahre (§ 193 II

---

69 *Petersen*, Rn. 231.
70 *Dreher*, S. 175, 191, 203; Prölss/*Präve*, § 7 Rn. 15.
71 *Lutter/Drygala*, S. 557, 563 ff. mwN.
72 *Reinhard*, FAZ v. 2. September 2009, S. 21.
73 BGBl I 2009 S. 2509.
74 *Hüffer*, § 87 Rn. 3.
75 Dafür: *Seibert* WM 2009, 1489, 1490, kritisch: *Annuß/Theusinger* BB 2009, 2434, 2435; differenzierend (Angemessenheit des Abstands zur ersten Führungsebene ist zu beachten): *Hüffer*, § 87 Rn. 3 m.w.N.
76 Begr. RegE BT-Drucks. 16/13433, S. 10.
77 Begr. RegE BT-Drucks. 16/13433, S. 10.

Nr. 4 AktG) zu orientieren[78] und auch die maximale Bestellungsdauer für Vorstände von 5 Jahren (§ 84 I 1 AktG) zu berücksichtigen.
Die bereits vor Inkrafttreten des VorstAG in § 87 II AktG für börsennotierte und nicht-börsennotierte Aktiengesellschaften vorgesehene Möglichkeit zur **nachträglichen Herabsetzung der Vergütung** auch ohne entsprechende Regelungen im Anstellungsvertrag wird an geringere Voraussetzungen geknüpft, indem auf die Merkmale der »wesentlichen« Verschlechterung und einer »schweren« Unbilligkeit verzichtet wird. Nach dem Willen des Gesetzgebers soll es zur Herabsetzung keiner unmittelbaren Unternehmenskrise bedürfen.[79] Der Gesetzgeber geht sogar davon aus, § 87 II AktG könne schon dann zur Anwendung kommen, wenn die Gesellschaft Entlassungen oder Lohnkürzungen vornimmt und keine Gewinne mehr ausschütten kann.[80] Da auf diese Weise in bestehende Verträge eingegriffen wird, ist die Regelung in der Praxis jedoch mit Bedacht anzuwenden.

Über das AktG hinaus gilt für alle Versicherungsunternehmen, d.h. unabhängig von der Rechtsform, das **Gesetz über die aufsichtsrechtlichen Anforderungen an die Vergütungssysteme von Instituten und Versicherungsunternehmen** vom 26.07.2010 (VergütungssysG)[81]. Dadurch wurde der neue § 25 VAG (Vergütungssysteme) eingeführt. Kern dieser Vorschrift ist Abs. 1, der vorsieht, dass »die Vergütungssysteme für Geschäftsleiter, Mitarbeiter und Aufsichtsratsmitglieder von Versicherungsunternehmen [...] angemessen, transparent und auf eine nachhaltige Entwicklung des Unternehmens ausgerichtet sein« müssen. Dies gilt für alle VU, nicht nur für börsennotierte Gesellschaften. In § 25 II VAG wird klargestellt, dass Geschäftsleiter und Aufsichtsratsmitglieder für andere Tätigkeiten, die sie für das jeweilige Unternehmen erbringen, eine Vergütung nur erhalten dürfen, soweit dies mit den Aufgaben als Organmitglied vereinbar ist. Die Verantwortlichkeit für die Vergütungssysteme für Geschäftsleiter, Mitarbeiter und Aufsichtsratsmitglieder innerhalb einer Versicherungsgruppe oder eines Finanzkonglomeratsunternehmens liegt (auch) bei dem bzw. den übergeordneten Unternehmen (§ 25 III VAG). Als ein solches übergeordnetes Unternehmen ist ausweislich § 25 III 2 VAG etwa eine Versicherungs-Holdinggesellschaft im Sinne des § 7 Nr. 31 VAG anzusehen. 58

Nähere Regelungen zur Ausgestaltung, Überwachung, Weiterentwicklung und Transparenz der Vergütungssysteme sowie zu weiteren im Gesetz genannten Einzelheiten wie beispielsweise Zusammensetzung der Vergütung, positiven und negativen Vergütungsparametern und nicht zuletzt zur Offenlegung der Ausgestaltung der Vergütungssysteme und der gezahlten Vergütungen bleiben einer vom Bundesministerium der Finanzen zu erlassenden Rechtsverordnung vorbehalten (§ 34 II VAG).[82] Eine weitere Änderung betrifft § 81b VAG a.F. (Solvabilitätsplan; Finanzierungsplan). Der später eingefügte Abs. 1a S. 1 a.F. (nun in § 25 IV VAG) sieht vor, dass die BaFin unter bestimmten Voraussetzungen, nämlich der Gefahr geringerer Eigenmittel als die Solvabilitätsspanne, die »**Auszahlung** variabler Vergütungsbestandteile **untersagen** oder auf einen bestimmten Anteil des Jahresergebnisses beschränken« kann. Diese Möglichkeit soll nach dem Willen des Gesetzgebers auch die schon vor Inkrafttreten des § 81b Ia 1 VAG a.F. geschlossenen Verträge erfassen, soweit darin ein Anspruch auf bestimmte Vergütungen für die Zukunft begründet wurde,[83] nicht jedoch bereits ausgezahlte Gehälter. Ferner müssen die in § 81b Ia VAG a.F. enthaltenen Befugnisse der BaFin in vertraglichen Vereinbarungen mit den betreffenden Personen berücksichtigt werden (§ 81a Ia 2 VAG a.F.).

Die auf § 64b V VAG a.F. basierende **Versicherungs-Vergütungsverordnung (VersVergV)**[84] ist am 13. Oktober 2010 in Kraft getreten. Mit Inkrafttreten des neuen VAG am 01.01.2016 ist sie (wegen Außerkrafttretens der Verordnungsermächtigung) aufgehoben worden. Die neue Versicherungs-Vergütungsverordnung (VersVergV) basiert auf § 34 II 1, 6 VAG und ist am 22. April 2016 in Kraft getreten. Diese Verordnung enthält allgemeine (§ 3 VersVergV) und besondere Vorschriften (§ 4 VersVergV). Der **allgemeine Teil** bezieht sich auf alle Unternehmen im Anwendungsbereich der Verordnung und nennt zunächst sechs Anforderungen an die Vergütungssysteme von VU (§ 3 I 1 Nr. 1–6 VersVergV). Diese Anforderungen sollen nicht nur für Geschäftsleiter gelten sondern auch für Mitarbeiter unterhalb dieser Ebene. Zu den Anforderungen zählten (1) die Ausrichtung der Vergütung auf die Erreichung der in den Strategien des Unternehmens niedergelegten Ziele, (2) die Vermeidung negativer Anreize, insbesondere das Eingehen unverhältnismäßig hoher Risiken, (3) bei Geschäftsleitern ein den nachhaltigen Erfolg des Unternehmens darstellender variabler Teil der Vergütung, (4) eine angemessene Berücksichtigung der wesentlichen Risiken und deren Zeithorizont, (5) dass bezüglich einzelner Organisationseinheiten auch der gesamte Erfolg des Unternehmens angemessen berücksichtigt wird, und schließlich (6) dass eine qualitativ und quantitativ angemessene Personalausstattung der Kontrolleinheiten ermöglicht wird. 59

---

78 *Fleischer* NZG 2009, 801, 803.
79 Begr. RegE BT-Drucks. 16/13433, S. 7.
80 Begr. RegE BT-Drucks. 16/13433, S. 7.
81 BGBl I 2010, 950.
82 Vgl. unten Rdn. 59.
83 Begr. RegE BT Drucks. 17/1291, S. 10.
84 BGBl I 2010, 1379; vgl. zum Referentenentwurf vom 21. Juli 2010 *Dreher* VW 2010, 1508.

Einleitung E. Versicherungsunternehmensrecht

60 Hinsichtlich der Vergütung von Geschäftsleitern wird in § 3 II VersVergV im Wesentlichen auf die Ausführungen in § 87 I AktG rekurriert und dargelegt, dass die Vergütung in einem **angemessenen Verhältnis** zu den Aufgaben und Leistungen des Geschäftsleiters sowie zur Lage des Unternehmens stehen muss und die **übliche Vergütung** nicht ohne besondere Gründe übersteigen darf. Weiterhin sollen variable Vergütungsbestandteile eine **mehrjährige Bemessungsgrundlage** haben und für außerordentliche Entwicklungen eine **Begrenzungsmöglichkeit** enthalten. Die beiden zuletzt genannten Anforderungen entsprechen der Ziff. 4.2.3 des DCGK und gelten nicht für kleinere VVaG i.S.v. § 210 VAG. Was der Verordnungsgeber unter außerordentlichen Entwicklungen versteht, ist nicht eindeutig belegt. Es ist durchaus denkbar und auch wahrscheinlich, dass der Gesetzgeber mit dieser Vorschrift bei außerordentlich positiver Entwicklung der entsprechenden Parameter hohen Gehältern vorbeugen wollte, die auch bei guter Unternehmensentwicklung – in den Augen des Gesetzgebers – nicht mehr mit der Leistung des Vorstandsmitglieds zu rechtfertigen sind. Außerordentliche Entwicklungen sind jedoch auch in eine negative Richtung denkbar. Auch eine starke und unvorhersehbare negative Entwicklung maßgeblicher Parameter mit einer entsprechenden negativen Entwicklung der variablen Vergütung kann – zumindest wenn diese negative Entwicklung nicht mit der Leistung des Vorstandsmitglieds in Verbindung steht – durchaus als eine außerordentlichen Entwicklung bezeichnet werden, sodass nach dem Wortlaut der Norm auch für diesen Fall Begrenzungen vorzusehen sind. Ob eine solche Einbeziehung negativer Entwicklungen vom Verordnungszweck und der Intention des Verordnungsgebers umfasst ist, darf allerdings bezweifelt werden. In der Kommentarliteratur zur entsprechenden Passage des § 87 I 3 Hs. 2 AktG wird als solche außerordentliche Entwicklung beispielsweise die **Realisierung stiller Reserven** und der Zufluss liquider Mittel aus der **Veräußerung** von Unternehmensteilen als Auslöser einer außerordentlichen Entwicklung genannt.[85] Auch der Gesetzgeber hatte bei der Reform des § 87 AktG lediglich solche außerordentlichen Entwicklungen im Blick, die sich **positiv auf die Höhe der variablen Vergütung** auswirken. In der entsprechenden Gesetzesbegründung werden genannt die Unternehmensübernahme, die Veräußerung von Unternehmensteilen, die Hebung stiller Reserven und externe Einflüsse.[86] Wie eine solche Begrenzung zu erreichen ist, soll dem Aufsichtsrat freigestellt sein, wobei jedoch vor allem eine feste höhenmäßige Begrenzung (**Cap**) in Betracht zu ziehen ist.[87]

61 An die allgemeinen Anforderungen schließt sich ein Teil mit besonderen Vorschriften (§ 4 VersVergV) für die Vergütung von Geschäftsleitern und Mitarbeitern mit wesentlichem Einfluss auf das Gesamtrisikoprofil »**bedeutender Unternehmen**« an. Welche Unternehmen bedeutend i.S.d. Verordnung sind, ist in § 1 III VersVergV näher geregelt. Diese Vorschrift sieht eine **dreistufige Einteilung** von Versicherungsunternehmen vor. Unternehmen mit einer Bilanzsumme von **mindestens 90 Milliarden Euro** und Unternehmen, die einer Versicherungsgruppe oder einem nach § 11 FKAG festgestellten Finanzkonglomerat mit einer Bilanzsumme von mindestens 90 Milliarden Euro angehören, sind in der Regel als bedeutend anzusehen. Unternehmen mit einer Bilanzsumme von **mindestens 45 Milliarden Euro** und Unternehmen, die einer Versicherungsgruppe oder einem nach § 11 FKAG festgestellten Finanzkonglomerat mit einer Bilanzsumme von mindestens 45 Milliarden Euro angehören, haben auf der Grundlage einer Risikoanalyse eigenverantwortlich festzustellen, ob sie bedeutend sind. Die Feststellung und die Analyse, die im Übrigen plausibel, umfassend und für Dritte nachvollziehbar sein muss, sind schriftlich zu dokumentieren. Unternehmen mit einer Bilanzsumme von **weniger als 45 Milliarden Euro** und Unternehmen, die einer Versicherungsgruppe oder einem nach § 11 FKAG festgestellten Finanzkonglomerat mit einer Bilanzsumme von weniger als 45 Milliarden Euro angehören, gelten als nicht bedeutend.

62 Die Vorgaben zur Vergütung bei bedeutenden Unternehmen betreffen im Wesentlichen die variable Vergütung, dabei insbesondere Beeinflussung der variablen Vergütung durch den (individuellen) Erfolg im positiven wie im negativen Sinne (§ 4 III Nr. 1, Nr. 4 VersVergV), die Vereinbarkeit mit einem **nachhaltigen Unternehmenserfolg** (§ 4 III Nr. 2 VersVergV) und die sukzessive Auszahlung der variablen Vergütung (§ 4 III Nr. 3 VersVergV). Ferner sieht § 4 IV VersVergV vor, dass das Risiko, bei einer variablen Vergütung weniger Gehalt als erwartet zu erhalten, nicht Absicherungs- oder sonstige Gegenmaßnahmen konterkariert werden darf.
Neben Anforderungen an die variable Vergütung bestimmt die Verordnung auch strukturelle Pflichten für »bedeutende Unternehmen«. So sind für die Ausgestaltung, Überprüfung und Weiterentwicklung der Vergütungssysteme ein **Vergütungsausschuss** einzurichten und einmal jährlich ein **Vergütungsbericht** »in geeigneter Form« zu veröffentlichen.

63 Schlussendlich bestimmt die Verordnung, dass Unternehmen darauf hinzuwirken haben, dass bestehende Dienst- und ggf. Arbeitsverträge an die neuen gesetzlichen Vorgaben **angepasst** werden.

64 Auch auf **europäischer Ebene** gibt es Vorgaben zur Vergütung. Die EU-Kommission hat am 30.04.2009 **zwei Empfehlungen** veröffentlicht. Diese betreffen zum einen die Vergütung von Mitgliedern der Unternehmens-

---

85 *Hüffer*, § 87 Rn. 16.
86 Vgl. die Begründung des Rechtsausschusses, BT-Drucks. 16/13433, S. 10.
87 BT-Drucks. 16/13433, S. 10; *Hüffer*, § 87 Rn. 16.

E. Versicherungsunternehmensrecht **Einleitung**

leitung börsennotierter Gesellschaften[88] und zum anderen die Vergütung im Finanzdienstleistungssektor.[89] Zum Finanzdienstleistungssektor i.S. dieser Empfehlung zählen auch Erst- und RückVU sowie Pensionsfonds. Die Empfehlung richtet sich ausschließlich an die Mitgliedstaaten,[90] entfaltet jedoch grundsätzlich selbst gegenüber diesen **keine Rechtswirkungen**.[91] Die Mitgliedstaaten wurden dennoch in beiden Empfehlungen aufgefordert, bis zum 31.12.2009 dafür zu sorgen, dass den in den Empfehlungen dargelegten Grundsätzen Folge geleistet wird. Für den Zeitraum danach kündigte die Kommission an, zu prüfen, ob weitere – dann womöglich rechtsverbindliche Schritte – notwendig sind. Für Erst-, RückVU und Pensionsfonds sind vergleichbare Regelungen durch das VergütungssysG, die VersVergV und – soweit Vorstandsmitglieder von Aktiengesellschaften betroffen sind – durch das VorstAG getroffen worden. Den Anforderungen der Empfehlungen ist in **Deutschland daher in hohem Maße nachgekommen**. Ob weitere Maßnahmen der europäischen Rechtssetzungsorgane auf diesem Gebiet folgen werden, bleibt abzuwarten und ist nicht zuletzt auch von der Situation in anderen Mitgliedstaaten abhängig.

Eine besondere Situation liegt für Finanzinstitute vor, die im Zuge der Finanz- und Wirtschaftskrise auf **Staatshilfe** verschiedenster Couleur zurückgreifen. (VU sind in Deutschland nicht darunter.) Für diese gelten das FMStFG[92] und die FMStFV[93]. Für Organmitglieder und Geschäftsleiter wird bei bestimmten »Rettungsmaßnahmen« eine regelmäßige Gehaltsobergrenze von 500.000 Euro fest gelegt (§ 10 Abs. 2 Satz 1 Nr. 3 FMStFG i.V.m. § 5 Abs. 2 Nr. 4 lit. a FMStFV). Weitere Anforderungen betreffen die Vergütungspolitik für Mitarbeiter, wobei auf deren Einfluss auf das Risikoprofil der Gesellschaft keine Rücksicht genommen wird. Bei Stabilisierungsmaßnahmen etwa »soll den Unternehmen aufgegeben werden« darauf hinzuwirken, dass keine Anreize zum Eingehen unangemessener Risiken bestehen und die Vergütung an den langfristigen Zielen ausgerichtet wird (§ 5 II Nr. 3 FMStFV). Nähere Einzelheiten oder weitere Anforderungen sind allerdings nicht enthalten. Damit ist zwar festzuhalten, dass für Finanzinstitute unter staatlicher Kontrolle gesetzliche Vorgaben zur Vergütungspolitik bestehen. Diese bleiben jedoch in Umfang und Intensität hinter den Vorgaben zurück, die mittlerweile von VU zu beachten sind.

4. Compliance

Schon nach den allgemeinen aktienrechtlichen Vorgaben (§§ 76, 111 AktG) gehört es zum Pflichtprogramm von Vorstand und Aufsichtsrat einer Aktiengesellschaft (und entsprechend eines großen VVaG), für die Einhaltung der gesetzlichen Bestimmungen und der unternehmensinternen Richtlinien zu sorgen und auf deren Beachtung durch nachgeordnete Ebenen hinzuwirken bzw. sie zu überwachen.[94] Kurz: Schon nach allgemeinem Aktienrecht obliegt dem Vorstand einer Aktiengesellschaft (entsprechend: großen VVaG) eigene Regeltreue und die Durchsetzung der Regeltreue nachgeordneter Ebenen, der Aufsichtsrat hat dies zu überwachen. Nach § 91 II AktG hat der Vorstand einer Aktiengesellschaft geeignete Maßnahmen zu treffen, insbesondere ein Überwachungssystem einzurichten, damit den Fortbestand der Gesellschaft gefährdende Entwicklungen früh erkannt werden. In welchem Umfang diese Pflichten nur unternehmens- oder sogar konzernweit bestehen, ist aktienrechtlich umstritten und unklar.[95] Jedenfalls ist aktienrechtlich zu beachten, dass dem Vorstand der Obergesellschaft im faktischen Aktienkonzern hinsichtlich seiner rechtlichen Einflussmöglichkeiten Grenzen gezogen sind.[96] Für die Versicherungswirtschaft existieren mit den §§ 23 ff. VAG bereichsspezifische Sonderregelungen, die die soeben beschriebenen allgemeinen aktienrechtlichen Pflichten zur »Compliance« und zur Früherkennung bestandsgefährdender Entwicklungen konkretisieren und erweitern. Nach § 23 I 1 und 2 VAG müssen VU über eine ordnungsgemäße Geschäftsorganisation verfügen, welche die Einhaltung der von innen zu beachtenden Gesetze und Verordnungen sowie der aufsichtsbehördlichen Anforderungen gewährleistet. Verantwortlich dafür sind die Geschäftsleiter des VU. Damit spezifiziert das VAG für VU die oben beschriebene allgemeine aktienrechtliche Pflicht des Vorstands zur »Compliance« und mittelbar die entsprechende Überwachungspflicht des Aufsichtsrats. § 23 I Satz 3 VAG stellt klar, dass eine ordnungsgemäße Geschäftsorganisation u.a. eine angemessene, transparente Organisationsstruktur mit einer klaren Zuweisung und einer angemessenen Trennung der Zuständigkeiten sowie ein wirksames unternehmensinternes Kommunikationssystem erfordert. Konkrete Umsetzungsmaßnahmen, um dieser Compliance-Pflicht zu genügen, schreiben § 23 I Sätze 1 und 2 VAG nicht vor. Sie eröffnen damit – wie bei der allgemeinen aktienrechtlichen

65

66

---

88 Empfehlung vom 30. April 2009, abrufbar unter http://ec.europa.eu/internal_market/company/docs/directors-remun/directorspay_290409_de.pdf (letzter Abruf am 18.03.2016).
89 Empfehlung vom 30. April 2009, abrufbar unter http://ec.europa.eu/internal_market/company/docs/directors-remun/financialsector_290409_de.pdf (letzter Abruf am 18.03.2016).
90 Vgl. auch. Nr. 14 der Empfehlung zum Finanzdienstleistungssektor sowie Nr. 11 der Empfehlung zur Vorstandsvergütung.
91 Vgl. Art 288 Abs. 4 AEUV.
92 Finanzmarktstabilisierungsfondsgesetz, eingeführt durch Art. 1 Artikel 1 G. v. 17.10.2008, BGBl. I S. 1982.
93 Finanzmarktstabilisierungsfonds-Verordnung v. 20.10.2008.
94 Vgl. *Hüffer*, AktG, § 76 Rn. 11.
95 Vgl. *Fleischer* in: *Spindler/Stilz*, AktG, § 76 Rn. 97.
96 Vgl. auch *Fleischer*, a.a.O., Rn. 97.

Pflicht zur Compliance[97] – dem Vorstand einen erheblichen Umsetzungsspielraum. § 26 VAG enthält sehr spezifische Vorgaben für einen wesentlichen Bestandsbereich einer ordnungsgemäßen Geschäftsorganisation, nämlich ein angemessenes Risikomanagement. Die Vorschrift spezifiziert die aktienrechtlichen Pflichten zur Früherkennung und Überwachung, die dort bereits aus den §§ 76 I, 91 II AktG folgen. Der dem Vorstand auch hier verbleibende Umsetzungsspielraum ist aufgrund der spezifischeren Vorgaben allerdings geringer. Zu berücksichtigen sind auch die aktienrechtlichen Pflichten des Vorstands eines Gruppen-VU zur Früherkennung von bestandsgefährdenden Risiken und Überwachung seiner Gesellschaft. Aktienrechtlich lässt sich dieses Programm ohne weiteres im Vertragskonzern durchsetzen; im faktischen Aktienkonzern sind den Einflussmöglichkeiten des Vorstands durch das an der Spitze der Gruppe stehende VU allerdings Grenzen gesetzt, denen aufsichtsrechtlich durch das beschränkende Erfordernis der »Angemessenheit« Rechnung getragen wird.

Der nach § 26 I Satz 1, 2 VAG zu erstellende Risikobericht ist nach § 26 VII 2 VAG der BaFin vorzulegen.

IV. Konzernrecht der VU

67 Das Konzernrecht der VU bietet gegenüber »gewöhnlichen« Konzernen einige Besonderheiten, die sich zum Teil aus den aufsichtsrechtlichen Anforderungen an VU, zum Teil aus den rechtsformspezifischen Besonderheiten des VVaG ergeben.

1. Spartentrennung

68 Gemäß § 8 IV VAG gilt für bestimmte Versicherungszweige das Prinzip der Spartentrennung. So muss das Versicherungsgeschäft mit Lebensversicherungen getrennt von anderen Versicherungssparten betrieben werden. Gleiches gilt für das Geschäft mit substitutiven Krankenversicherungen (also die gesetzliche Krankenversicherung ersetzende Privatversicherungen). Die Spartentrennung soll zum einen vor den **Gefahren anderer Sparten** schützen, insbes. soll die **Leistungsfähigkeit einer Sparte** nicht durch eine andere Sparte negativ beeinflusst werden; zum anderen soll sichergestellt werden, dass etwaige Überschussbeteiligungen den Versicherten zugutekommen und nicht zum Ausgleich von Verlusten anderer Unternehmen dienen.[98] Ob das Prinzip der Spartentrennung noch **zeitgemäß** ist, wird zum Teil bezweifelt. Auch nach **Umsetzung von Solvency II** wird an der Spartentrennung festgehalten (vgl. § 8 IV VAG). Für Rechtsschutzversicherungen gilt seit 1990 das Prinzip der Spartentrennung nicht mehr. Betreibt allerdings ein Rechtsschutzversicherungsunternehmen zusammen mit der Rechtsschutzversicherung eine andere Versicherungssparte, muss die Leistungsbearbeitung in der Rechtsschutzversicherung durch ein rechtlich selbständiges Unternehmen erfolgen, § 164 I VAG.

2. Mögliche Konzernstrukturen

69 Will ein VU Versicherungsleistungen in verschiedenen, nach dem Gesetz zu trennenden Sparten anbieten, ist es gezwungen, mehrere Gesellschaften zu betreiben. Dabei ergeben sich für den VVaG und die Vers-AG verschiedene Strukturmöglichkeiten.

70 Ein VVaG ist immer in den Händen seiner Mitglieder; ein anderes Unternehmen kann nicht kapitalmäßig an ihm beteiligt sein.[99] Daher verbietet sich für den VVaG eine Struktur, bei der der VVaG Tochtergesellschaft eines anderen VU (Vers-AG oder VVaG) ist. Für den VVaG bedeutet das oftmals, dass er als sog. **Gleichordnungskonzern** organisiert ist, in dem für den Betrieb getrennter Versicherungszweige **Schwestergesellschaften** gebildet werden.[100] Der Gleichordnungskonzern wird dadurch gekennzeichnet, dass die Gesellschaften rechtlich selbständig, also voneinander unabhängig sind, sie aber unter einer einheitlichen Leitung stehen, § 18 II AktG. Der Gleichordnungskonzern kann dadurch begründet werden, dass zwischen den Gesellschaften ein Gleichordnungsvertrag abgeschlossen wird oder dass ohne vertragliche Grundlage eine faktische Gleichordnung entsteht.[101] Letztere kann z.B. durch **personelle Verflechtung** der Leitungsorgane[102] oder durch wirtschaftliche Verflechtungen, beispielsweise die Gründung gemeinsamer Service-Gesellschaften oder wechselseitige Beteiligungen an Tochterunternehmen[103] etabliert werden.

71 Der VVaG kann aber auch **Muttergesellschaft** einer Vers-AG sein. Daher hat sich bei einigen VVaG-Konzernen die nachfolgend beschriebene Struktur etabliert: An der Spitze steht der VVaG, der die Konzernleitung innehat und bei dem die Mitgliederrechte gebunden sind; darunter befindet sich eine Finanzholding-Aktiengesellschaft, welche die finanzielle Steuerung übernimmt und die wiederum Muttergesellschaft der einzelnen operativen Vers-AG (Leben, Kranken, Schaden) ist.[104] Durch diese Struktur wird dem VVaG über die Tochter-

---

97 Vgl. dazu *Hüffer*, AktG, § 76 Rn. 11.
98 *Prölss/Präve*, § 8 Rn. 46.
99 *Hübner*, S. 1033, 1034.
100 *Hirte* DStrR 2007, 2215, 2219; *Schmidt*, § 42 II, S. 1282.
101 *Hüffer*, § 18 Rn. 20.
102 *Lutter/Drygala*, S. 557, 558.
103 *Peiner*, S. 185, 191.
104 *Hübner*, S. 1033, 1037.

und Enkelgesellschaften **Zugang zum Kapitalmarkt** verschafft. Dadurch, dass die verschiedenen Versicherungsarten durch voneinander getrennte AG betrieben werden, können die Risiken der einzelnen Geschäfte voneinander getrennt werden, und die an die Aktionäre der jeweiligen AG auszuzahlenden Dividenden werden nicht durch etwaige Verluste anderer Sparten geschmälert. Notwendig für diese Struktur ist, dass bei dem VVaG als Konzernspitze ein **Restbestand** an Versicherungsgeschäft verbleibt, um als VVaG anerkannt zu werden.[105]

Bei der Vers-AG ist die gleiche Konzernstruktur mit einer Vers-AG als Konzernspitze möglich. 72

GmbH, denen der Betrieb eines VU wegen des *numerus clausus* in § 8 I, II VAG nicht gestattet ist, werden in 73 den Konzernen häufig – und in jüngerer Vergangenheit in noch wachsendem Umfang – als **Service-Gesellschaften** genutzt, denen administrative Aufgaben übertragen werden (dazu sogleich im Abschnitt »Funktionsausgliederung und Outsourcing«).

3. Unternehmensverträge und Weisungsrechte

Unternehmensverträge sind in den vorgenannten Strukturen in unterschiedlicher Weise möglich: Der **Gleich-** 74 **ordnungsvertrag**, der einen Gleichordnungskonzern begründet, ist allerdings kein Beherrschungsvertrag, wie § 291 II AktG ausdrücklich klarstellt. Wenn und soweit im Gleichordnungskonzern keine anderen Unternehmensverträge i.S.v. § 292 AktG abgeschlossen werden, sind die §§ 293 ff. AktG auf den Gleichordnungskonzern der VU nicht anwendbar.

In den übrigen Konzernstrukturen – also bei der vorgenannten Holding-Struktur mit VVaG oder Vers-AG an 75 der Spitze – sind vor allem **Beherrschungs- und Gewinnabführungsverträge** nach § 291 I AktG denkbar. Solche Unternehmensverträge können die Solvenz des VU und die Belange der Versicherten berühren und den **Grundsatz der Spartentrennung gefährden** (da die eigentlich beabsichtigte Trennung der Vermögensmassen aufgeweicht wird) und unterliegen daher der Versicherungsaufsicht. § 9 IV Nr. 1 b) VAG bestimmt, dass zusätzlich zum Geschäftsplan Unternehmensverträge nach §§ 291 und 292 AktG mit dem Antrag auf Erlaubnis des Geschäftsbetriebs **eingereicht** und **genehmigt** werden müssen. Eine Änderung eines Unternehmensvertrags als Teil des Geschäftsplans muss ebenfalls von der Aufsichtsbehörde genehmigt werden, § 12 I VAG. Jeder Unternehmensvertrag muss vor Abschluss angezeigt werden.[106] Eine Anzeigepflicht gilt aber auch für bereits abgeschlossene Unternehmensverträge.[107] Die Aufsichtsbehörde hat im Laufe der Jahrzehnte bestimmte Grundsätze entwickelt, welche die VU bei Abschluss der Unternehmensverträge beachten müssen. So kann die Verantwortung des Vorstands eines VU **nicht vollständig** auf ein herrschendes Unternehmen übertragen werden.[108] Vielmehr muss das dem herrschenden Unternehmen gemäß § 308 I 1 AktG zustehende **Weisungsrecht** gegenüber dem Vorstand des beherrschten Unternehmens dahingehend **eingeschränkt** sein, dass das herrschende Unternehmen sich aller Weisungen enthalten muss, »deren Befolgung bei objektiver Beurteilung für die Belange der Versicherten oder für die dauernde Erfüllbarkeit der Versicherungsverträge nachteilig oder mit aufsichtsbehördlichen Grundsätzen unvereinbar ist«.[109] Bei Befolgung dieser eingeschränkten Weisungsbefugnis, die auch im faktischen Konzern gelten soll,[110] werden Beherrschungsverträge zwischen VU **regelmäßig genehmigt**.

Bedenken bestehen aber hinsichtlich Unternehmensverträgen zwischen Nicht-VU und einem Lebensversiche- 76 rer: Beherrschungsverträge, in denen das Nicht-VU das herrschende und der Lebensversicherer das beherrschte Unternehmen ist, sind wegen des Einflusses Außenstehender unerwünscht; Gewinnabführungsverträge können in dieser Konstellation grundsätzlich **nicht genehmigt** werden.[111] **Lebensversicherer** dürfen wegen der Verlustübernahmepflicht des Weiteren grundsätzlich nicht als herrschendes Unternehmen oder als Unternehmen, an das ein Gewinn abzuführen ist, an Unternehmensverträgen teilnehmen.[112] Unbedenklich soll aber ein Beherrschungsvertrag zwischen einem herrschenden Krankenversicherer und einem abhängigen Lebensversicherer sein.[113]

V. Funktionsausgliederung und Datenschutz

Immer häufiger wird von VU die Möglichkeit der Auslagerung von bestimmten Tätigkeiten wahrgenommen. 77

1. Funktionsausgliederung

Dabei erfolgt sehr häufig eine sogenannte Funktionsausgliederung nach § 9 IV Nr. 1 c) VAG. Hiervon erfasst 78 sind Verträge, durch die **bestimmte Kernkompetenzen**, nämlich der Vertrieb, die Bestandsverwaltung, die

---

105 *Hübner*, S. 1033, 1043.
106 Veröffentlichung BAV 1966, S. 94.
107 Prölss/*Weigel*, Vor § 15 Rn. 95.
108 BAV NVersZ 2001, 302.
109 Geschäftsbericht BAV 1981, S. 30.
110 Geschäftsbericht BAV 1981, S. 30.
111 Geschäftsbericht BAV 1972, S. 31.
112 Geschäftsbericht BAV 1966, S. 23.
113 Geschäftsbericht BAV 1966, S. 23; Geschäftsbericht BAV 1967, S. 34.

Leistungsbearbeitung, das Rechnungswesen, die Vermögensanlage oder die Vermögensverwaltung eines VU ganz oder zu einem wesentlichen Teil auf Dauer übertragen werden. Nicht ausgliederungsfähig sind aber die Leitungsmacht des Vorstands (§ 76 I AktG, ggf. i.V.m. § 188 I S. 1 VAG) und Entscheidungen zur Unternehmenspolitik.[114]

79 Bei den Funktionsausgliederungsverträgen handelt es sich um eine spezielle Form des **Dienstvertrags**.[115] Funktionsausgliederungsverträge sind im Zulassungsverfahren für die Erlangung des Geschäftsbetriebs eines VU als Teil des Geschäftsplans **genehmigungspflichtig**, § 9 IV Nr. 1 c) VAG. Werden diese Verträge nach Aufnahme des Geschäftsbetriebs geändert oder werden dann neue Funktionsausgliederungsverträge abgeschlossen, bedürfen diese **keiner Genehmigung** (§ 12 I S. 1 VAG). Allerdings wird eine Wirksamkeitsvoraussetzung begründet: die Verträge sind nur wirksam, wenn sie der Aufsicht **angezeigt** worden sind (§ 47 Nr. 8 VAG); andernfalls sind sie schwebend unwirksam[116]. Die Funktionsausgliederungsverträge werden in der Regel schriftlich geschlossen, entweder, weil es das Gesetz ausdrücklich so anordnet (z.B. in § 50 II 2 VAG) oder weil ansonsten die Vorlagepflicht kaum erfüllt werden kann.[117] Der Tatbestand der Funktionsausgliederung ist auch erfüllt, wenn ein anderes (Nichtversicherungs- oder Versicherungs-)Konzernunternehmen die Funktion übernimmt.[118]

80 Die Funktionsausgliederung findet dann zu einem wesentlichen Teil statt, wenn nicht lediglich Hilfstätigkeiten, sondern unternehmerische Betätigungen der Planung und Steuerung ausgelagert werden.[119]

81 Bei diesen Verträgen ist (nunmehr auch gesetzlich, vgl. § 32 IV VAG) zusätzlich zu beachten, dass das ausgliedernde VU **Auskunfts- und Weisungsrechte** gegenüber dem anderen Unternehmen vereinbaren muss und der Vorstand des VU seinen Einfluss auf das andere Unternehmen nicht aufgeben darf.[120] Daher soll in dem jeweiligen Ausgliederungsvertrag schriftlich vereinbart werden, dass das Unternehmen, auf das ausgegliedert wird, sich verpflichtet, allen Weisungen des VU zu folgen und dass es auf Verlangen des VU **Schriftstücke herauszugeben** und **Auskunft** zu erteilen hat.[121] Diese Regelungen sollen bewirken, dass die Belange der Versicherten auch nach der Ausgliederung ausreichend berücksichtigt werden.[122] Die Aufsichtsbehörde kann nicht nur gegenüber dem ausgliedernden VU, sondern auch gegenüber dem anderen Unternehmen, auch wenn es kein VU ist, **unmittelbar Maßnahmen ergreifen** (§ 299 Nr. 1 VAG).

82 Bei einer Funktionsausgliederung von einem VU auf ein verbundenes Nicht-VU muss das Entgelt gemäß § 50 II 1 VAG **at arm's length** gestaltet sein, d.h. es muss dem entsprechen, was ein ordentlicher und gewissenhafter Geschäftsleiter unter Berücksichtigung der Belange der Versicherten auch mit einem nicht verbundenen Unternehmen vereinbaren würde.

83 Häufig werden die vorgenannten Funktionen auf sogenannte **Service-Gesellschaften**, die im Konzern getrennt von den VU bestehen, ausgelagert. Hierbei handelt es sich teilweise um GmbH, denen der Betrieb als VU verwehrt ist, die aber als Service-Gesellschaften fungieren können, da hier kein Versicherungsgeschäft betrieben wird.

84 So haben in jüngerer Vergangenheit VU etwa Service- oder Kunden-Center-GmbH gegründet, deren Mitarbeiter Geschäftsvorfälle bearbeiten sowie Service- und Verwaltungstätigkeiten übernehmen, wie z.B. Datenerfassung, Vertragsänderungen, Kündigungen etc.[123] Der Vorteil dieser Auslagerungen auf die Service-Gesellschaften soll für den Versicherer darin bestehen, dass aufgrund von **Synergieeffekten** beträchtliche Kosten gespart werden können.[124] Für den Kunden sollen die Service-Gesellschaften den Vorteil haben, dass er eine zentrale Ansprechstelle hat, die auf die Bearbeitung der **Kundenanfragen spezialisiert** ist. Durch die Übertragung dieser Aufgaben auf Spezialisten soll die Prozessqualität erhöht werden.[125] Bei dem auslagernden VU verbleiben das Risiko und die Strategie hinsichtlich des Versicherungsgeschäfts, während in den Servicegesellschaften der Vertrieb und die Leistungsbearbeitung gebündelt werden.[126] Dabei wird regelmäßig eine Service-Gesellschaft für den Vertrieb und die Leistungsbearbeitung in mehreren Versicherungssparten tätig sein. Bedenken gegen das Gebot der Spartentrennung bestehen hierbei aber nicht, da die Risiken einer Sparte über die Service-Gesellschaft nicht auf eine andere Sparte übertragen wird; das Risiko verbleibt bei dem jeweiligen auslagernden operativen VU.

---

114 BAV NVersZ 2001, 302.
115 Prölss/*Präve*, § 5 Rn. 79.
116 Prölss/*Präve*, § 13 Rn. 8.
117 BAV NVersZ 2001, 302.
118 Prölss/*Präve*, § 5 Rn. 81.
119 BAV NVersZ 2001, 302.
120 So § 64a IV 2 VAG a.F. (nunmehr in § 32 IV VAG); vgl. schon BAV NVersZ 2001, 302; Veröffentlichung BAV 1976, S. 211.
121 Vgl. schon zum alten Recht Veröffentlichung BAV 1976, S. 211.
122 Prölss/*Präve*, § 5 Rn. 90.
123 Meldung in VW 2007, 1108.
124 Meldung in VW 2008, 506, 508.
125 *Rau/Walther* VW 2003, 945.
126 Meldung in VW 2007, 1108.

Sonstige ausgelagerte Tätigkeiten im Bereich der Nebenfunktionen, z.B. Personalverwaltung, fallen nicht unter die Aufsicht der BaFin, hier können die Parteien ihre vertraglichen Beziehungen in jeder Hinsicht selbstständig regeln. **85**

2. Probleme des Daten- und Geheimnisschutzes

Zwangsläufig treten bei der Funktionsausgliederung Fragen des Datenschutzes auf: Das auslagernde VU gibt an das beauftragte Unternehmen personenbezogene Daten des Kunden i.S.v. § 3 I BDSG weiter. Dabei ist es unerheblich, ob das Unternehmen, an das die Daten weitergegeben werden, eine andere Konzerngesellschaft ist oder nicht, denn das **BDSG kennt keinen Konzernvorbehalt**,[127] nach dem die Weitergabe von Daten innerhalb eines Konzerns anders zu behandeln wäre als an ein Unternehmen außerhalb des Konzerns. **86**

Durch eine **Einwilligung** des betroffenen VN wird die Weitergabe an und die Nutzung durch das andere Unternehmen erlaubt, § 4 I BDSG. Die Einwilligung muss ausdrücklich erfolgen, wobei im bloßen Abschluss des Versicherungsvertrags keine entsprechende Erklärung zu sehen ist.[128] Ob es sich bei der Funktionsausgliederung um eine **Auftragsdatenverarbeitung** (bei der der Auftragnehmer auf Weisung handelt und nur als verlängerter Arm des Auftraggebers tätig wird[129]) handelt, für die § 11 BDSG die Erlaubnisnorm darstellt, ist **umstritten**. Eine Ansicht bejaht dies aufgrund der Weisungs- und Kontrollrechte, die bei der Funktionsausgliederung beim ausgliedernden VU verbleiben[130] bzw. mit dem durch § 11 BDSG verbundenen ausreichenden Schutz für den Betroffenen, der sich an seinen Vertragspartner halten kann.[131] Nach anderer Ansicht gehen die Weisungs- und Kontrollrechte aber nicht weit genug, um eine Auftragsdatenverarbeitung zu begründen:[132] Sinn und Zweck der Auslagerung sei es gerade, eine eigenständige Bearbeitung durch das andere Unternehmen, auf das Funktionen ausgegliedert werden, zu erreichen.[133] Dem kann das ausgliedernde VU entgegensteuern, indem es ein spezifisch **datenschutzrechtliches Weisungsrecht** festlegt, durch das es jederzeit die Möglichkeit hat, die Einhaltung der festgelegten technischen und organisatorischen Maßnahmen i.S.v. § 11 II 4 BDSG zu überprüfen. Deutliche Anzeichen für ein solches umfassendes datenschutzrechtliches Weisungsrecht wären z.B. die **jederzeitige Zugangsmöglichkeit** des VU zu den Räumen des anderen Unternehmens oder die Datenverarbeitung durch den Auftragnehmer an der EDV-Anlage und unter Verwendung der Software des VU.[134] Die Umsetzung in die Praxis dürfte allerdings zumindest bei nicht im Konzern verbundenen Unternehmen oft problematisch sein, da ein unabhängiges Unternehmen solche umfassenden Steuerungsmöglichkeiten als zu weitgehend empfinden mag. Wird das vorgenannte datenschutzrechtliche Weisungsrecht eingerichtet, dürfte es den Voraussetzungen des § 11 BDSG genügen und eine Weitergabe der persönlichen Daten des VN dann zulässig sein. **87**

Als weitere Erlaubnisnorm zur Übermittlung personenbezogener Daten im Rahmen der Funktionsausgliederung kommt § 28 I 1 Nr. 2 BDSG in Betracht. Danach ist die Datenübermittlung zulässig, soweit es zur Wahrung **berechtigter Interessen** der verantwortlichen Stelle erforderlich ist und kein Grund zu der Annahme besteht, dass das schutzwürdige Interesse des Betroffenen an dem Ausschluss der Verarbeitung oder Nutzung überwiegt. Hier kommt es also zu einer **Interessenabwägung** zwischen den Interessen des VU an einem kostenminimierten, organisatorisch optimierten Ablauf und denen des Kunden am Schutz seiner personenbezogenen Daten.[135] Letzteres wiegt zwar schwer;[136] es ist aber auch zu berücksichtigen, dass der VN in einer globalisierten und arbeitsteiligen Welt heutzutage nicht mehr damit rechnen kann, dass alle Leistungen des VR von diesem selbst ausgeführt werden.[137] Zudem hat auch der VN ein Interesse daran, dass das VU kostenoptimiert arbeitet, denn das kommt letztlich auch dem Versicherten durch Senkung von Prämien zugute. Des Weiteren dürfte das Interesse des VU, von der gesetzlich vorgesehenen Möglichkeit der Funktionsausgliederung Gebrauch zu machen, ohne dabei gegen gesetzliche Verbote des BDSG zu verstoßen, ebenfalls schwer wiegen, so dass die Interessenabwägung des § 28 I 1 Nr. 2 BDSG zugunsten des VU ausfällt und eine Datenübermittlung zulässig ist. **88**

Sowohl die hier befürwortete Anwendbarkeit des § 11 als auch die des § 28 I 1 Nr. 2 BDSG sind allerdings nicht unumstritten. Wer jegliche Rechtsunsicherheit vermeiden will, muss daher die Einwilligung des Betroffenen nach § 4 I BDSG einholen. **89**

Auch im Hinblick auf **strafrechtliche Sanktionen** ist die Funktionsausgliederung in der Diskussion. Nach § 203 I Nr. 6 StGB macht sich strafbar, wer unbefugt vertrauliche Informationen, die zum persönlichen **90**

---

127 *Evers/Kiene* DB 2003, 2762, 2764; *Steding/Meyer* BB 2001, 1693, 1699.
128 *Prölss/Präve*, § 5 Rn. 96.
129 *Steding/Meyer* BB 2001, 1693, 1698.
130 *Eyles* WM 2000, 1217, 1233; *von Westphalen* WM 1999, 1810, 1816.
131 *Hennrichs* WM 2000, 1561, 1566.
132 *Prölss/Präve*, § 5 Rn. 97; *Steding/Meyer* BB 2001, 1693, 1698.
133 *Steding/Meyer* BB 2001, 1693, 1698.
134 *Heghmanns/Niehaus* NStZ 2008, 57, 62.
135 *Prölss/Präve*, § 5 Rn. 98; *Steding/Meyer* BB 2001, 1693, 1700.
136 *Steding/Meyer* BB 2001, 1693, 1700.
137 *Hennrichs* WM 2000, 1561, 1566; *Prölss/Präve*, § 5 Rn. 98.

Lebensbereich eines VN gehören, weitergibt, die ihm als Angehörigen eines VU der privaten Kranken-, Unfall- oder Lebensversicherung anvertraut worden oder sonst bekanntgeworden sind. Dabei ist der Geheimnisbegriff des § 203 StGB sehr weit zu fassen und umfasst – entsprechend der Rechtslage beim Bankgeheimnis – schon die Tatsache der **Existenz des Versicherungsvertrags**.[138] Ist die Weitergabe der Daten durch Einwilligung des Kunden gemäß § 4 I BDSG erlaubt, ist sie nicht mehr unbefugt und erfüllt dann schon nicht den Tatbestand des § 203 I StGB.[139] Kein Verstoß gegen § 203 I Nr. 6 StGB ist richtigerweise auch dann anzunehmen, wenn der VR eine hinreichend effektive, im zugrunde liegenden Vertragsverhältnis dokumentierte **Kontroll- und Steuerungsbefugnis** hat. Indiz dafür mag etwa sein, dass das beauftragte Unternehmen seine Tätigkeiten in den Räumen des VR ausübt oder dass die Datenverarbeitung an der EDV-Anlage des VU unter Verwendung von dessen Software erfolgt.[140] Für dieses Verständnis spricht eine am **Normzweck** (richtigerweise schützt § 203 StGB nur das Persönlichkeitsrecht des Geheimnisträgers in seiner Ausgestaltung als informationelles Selbstbestimmungsrecht und nicht auch das Vertrauen in die Verschwiegenheit einer Branchengruppe, str.) orientierte Auslegung.[141] Letztlich ist die Frage der Strafbarkeit nach § 203 StGB aber noch nicht abschließend geklärt und im Einzelfall immer sorgfältig zu prüfen.[142]

91 Soweit dies möglich und praktikabel ist, kann ein Verstoß gegen das BDSG oder eine Strafbarkeit nach StGB dadurch vermieden werden, dass die Kundendaten vor der Übermittlung anonymisiert oder durch ein Pseudonym ersetzt werden, damit die erhaltenen Informationen bei dem beauftragten Unternehmen nicht mit einer bestimmten Person in Verbindung gebracht werden können.

VI. Demutualisierung, Bestandsübertragung und sonstige Umwandlungen; Run-off von Versicherungsportfolien; Fusionen und Übernahmen (M&A)

92 VU haben durch verschiedene Maßnahmen die Möglichkeit, ihre Struktur zu ändern oder den Bestand ihrer Versicherungen zu übertragen. Steuerliche Beweggründe[143] oder die Stärkung der **Wettbewerbsfähigkeit** des VU (dazu mehr unter Rdn. 97) können solche Maßnahmen notwendig machen. Für jede der nachfolgend dargestellten Umwandlungsmaßnahmen – unabhängig davon, welche Rechtsform sie betreffen – gilt gemäß §§ 14 I VAG, dass die Aufsichtsbehörde ihre Genehmigung hierzu erteilen muss. Bei allen Maßnahmen muss des Weiteren der Grundsatz der **Spartentrennung** beachtet werden, d.h. die Umstrukturierung darf nicht dazu führen, dass Versicherungsbestände oder Unternehmensteile zusammengeführt werden, die nach dem Grundsatz der Spartentrennung getrennt sein müssen.

1. Demutualisierung

93 Eine besondere Form der Umwandlung im Versicherungsrecht ist die Demutualisierung. Die Demutualisierung kann in zwei Formen, der **echten** und der **unechten** Demutualisierung, stattfinden.

94 Die echte Demutualisierung geschieht durch **Formwechsel** des VVaG in eine AG gemäß §§ 291 ff. UmwG. Ein umgekehrter Formwechsel von einer Vers-AG in einen VVaG ist nicht möglich, wie sich aus § 191 I und II UmwG ergibt. Die echte Demutualisierung in Gestalt des Formwechsels kommt ausweislich des Wortlauts des § 291 I UmwG **nicht für kleinere Vereine** in Betracht.

95 Durch diesen Formwechsel werden die bisherigen Mitglieder des VVaG zu Aktionären. Gemäß § 293 UmwG beschließt die oberste Vertretung über die Umwandlung: Eine Mehrheit von **drei Vierteln der abgegebenen Stimmen** ist für den Formwechsel erforderlich, falls nicht vor der Beschlussfassung mindestens einhundert Mitglieder des VVaG Widerspruch erhoben haben (dann ist eine Mehrheit von 90 % vonnöten) oder die Satzung eine größere Mehrheit vorschreibt. Die Beteiligung der ehemaligen Mitglieder an der neu entstehenden Vers-AG bestimmt sich nach § 294 III UmwG: Danach erhalten im Regelfall alle Aktionäre den gleichen Anteil an der Vers-AG; andernfalls werden die unterschiedlichen Beteiligungen errechnet, wofür das Gesetz abschließend **verschiedene Bemessungsmaßstäbe** (z.B. Höhe der Versicherungssumme, Höhe der Beiträge, Dauer der Mitgliedschaft) vorschlägt.

96 Die unechte Demutualisierung erfolgt durch **Übertragung des Versicherungsbestands** auf eine AG, entweder eine Tochter-AG oder einen konzernfremden Erwerber. Hier kann man ebenfalls von einer Demutualisierung sprechen, da der Bestand des VVaG letztendlich in der neuen Hülle der erwerbenden Vers-AG fortbesteht, ohne allerdings die Prozedur des Formwechsels nach dem UmwG vollzogen zu haben (daher nur »unechte« Demutualisierung). Die Bestandsübertragung vollzieht sich hier nach § 13 VAG durch Bestandsübertragung oder eine andere Umwandlungsart (zu den Einzelheiten s.u.).

---

138 BGH VersR 2010, 762; mit Anm. *Gödeke/Ingwersen* VersR 2010, 1153; *Heghmanns/Niehaus* NStZ 2008, 57; *Mennicke/Radtke* MDR 1993, 400, 402.
139 *Fischer*, § 203 Rn. 32 ff.
140 Vgl. zum vorstehenden *Heghmanns/Niehaus* NStZ 2008, 57 ff.
141 So auch *Heghmanns/Niehaus* NStZ 2008, 60.
142 *Rau/Walther* VW 2003, 945, 946 f.
143 *Petersen*, Rn. 241.

Die Vorteile der Demutualisierung und der damit verbundenen Aufgabe der Rechtsform des VVaG liegen in der **Stärkung der Wettbewerbsfähigkeit** des VU, zum einen durch den uneingeschränkten **Zugang zum Kapitalmarkt**, den die Rechtsform der AG mit sich bringt, und zum anderen durch die Möglichkeit, durch die Aktien als »Tauschwährung« an **grenzüberschreitenden Transaktionen** teilzunehmen, was vor allem unter dem Aspekt der Globalisierung und Internationalisierung von Unternehmen interessant ist.[144] Diese Form der »Demutualisierung« wird auch für Holdingbildungen mit einem VVaG an der Spitze einer Versicherungsgruppe genutzt. Nicht selten sind z.B. Lebensversicherungs-VVaG's Konzernmuttergesellschaften. Um Risiken aus Sachversicherungsgeschäften von Tochtergesellschaften zu trennen, bietet sich eine Übertragung des Lebensversicherungsgeschäfts von der VVaG-Mutter auf eine – in der Rechtsform der AG – neu zu gründende Lebensversicherungstochter an. Dies erfolgt regelmäßig durch eine Bestandsübertragung und flankierende Einzelrechtsübertragungen, wobei hinsichtlich der im allgemeinen bestehenden Option einer Ausgliederung nach dem UmwG § 151 Satz 2 UmwG zu berücksichtigen ist. Zu beachten ist, dass der an der Spitze stehende VVaG auch nach der Übertragung des Versicherungsbestands weiterhin Versicherungsgeschäft betreiben muss. Zudem ist darauf zu achten, dass trotz Bestandsübertragung die Mitgliedschaftsrechte der Mitglieder fortbestehen (manchmal auch als »Restmitgliedschaft« bezeichnet). Bei der Bestandsübertragung ist sorgfältig darauf zu achten, dass die Voraussetzungen des § 13 VAG (früher: § 14 VAG) beachtet werden.

97

Dennoch wurde von der Möglichkeit der Demutualisierung in Deutschland bisher eher **verhalten Gebrauch gemacht**. Im Ausland, zumal in den USA und Großbritannien, wurden schon zahlreiche Demutualisierungen durchgeführt.[145] In Deutschland fanden sie bislang fast ausschließlich in Form der unechten Demutualisierung statt, zumeist zur oben beschriebenen Holdingbildung. Soweit ersichtlich, ist eine echte Demutualisierung in Deutschland bislang nur in einem Spezialfall durchgeführt und ins Handelsregister eingetragen worden.

98

2. Bestandsübertragung

Eine weitere besondere Maßnahme der Umstrukturierung im Versicherungsrecht ist die Bestandsübertragung gemäß der §§ 13, 200 VAG. Hierbei wird nach § 13 I 1 VAG der Versicherungsbestand eines VU **ganz oder teilweise** auf ein anderes VU übertragen. Damit gehen die Rechte und Pflichten aus den Versicherungsverträgen des übertragenden VU auf das übernehmende VU über, § 13 V VAG. Hierfür ist ein schriftlicher Vertrag, aber **keine notarielle Beurkundung**, erforderlich, § 13 VI VAG. Ob dies auch gilt, wenn z.B. als Bedeckungswerte Grundstücke übertragen werden, ist umstritten.[146] Als Argument für das Erfordernis einer solchen notariellen Beurkundung wird angeführt, dass § 13 VI Hs 2. VAG lediglich die Anwendbarkeit von § 311a III BGB ausdrücklich ausschließt, der Gesetzgeber aber zugleich darauf verzichtete, § 311a I 1 BGB, der die notarielle Beurkundung von Grundstücksübertragungen festlegt, ebenfalls für nicht anwendbar zu erklären. Soweit Grundstücke daher als Bedeckungswerte übertragen würden, bedürfe es einer notariellen Beurkundung, um diese strengere gesetzliche Formvorschrift nicht zu umgehen.[147] Gegen eine solche Beurkundungspflicht wird vorgebracht, dass die vorgenannte Überlegung noch keinen Umkehrschluss rechtfertige. Vielmehr liege der Sinn und Zweck des § 13 VI VAG gerade in der Vereinfachung und Beschleunigung von Bestandsübertragungsverträgen.[148] Dem ist zuzustimmen. Zur Vermeidung einer Rechtsunsicherheit mag es sich in der Praxis aber empfehlen, eine notarielle Beurkundung vorzunehmen.

99

Aus der Nichtanwendbarkeit des § 415 BGB (§ 13 V VAG) ergibt sich, dass die Versicherten der Bestandsübertragung **nicht zustimmen** müssen. Stattdessen müssen ihre Belange ausreichend gewahrt und die Erfüllbarkeit der Verpflichtungen aus den Versicherungsverträgen, die übergehen, sicher gestellt werden (§ 13 I 2 VAG). Das wird von der Aufsichtsbehörde überprüft, bevor diese ihre **Zustimmung** nach § 13 I 1 VAG erteilt. Die Übertragung des Bestands umfasst im Einzelnen folgende Positionen: Zunächst wird der Gesamt- oder ein Teilbestand der Versicherungsverträge übertragen. Die Verträge werden, auch bei der Teilbestandsübertragung, jeweils vollständig mit **allen Rechten und Pflichten** übertragen; sie bleiben daher als Ganze erhalten.[149]

100

Des Weiteren werden dem zu übertragenden Versicherungsbestand entsprechende **Rückstellungen** bei dem übertragenden VU aufgelöst und bei dem übernehmenden VU gebildet sowie die dem Versicherungsbestand zugeordneten **Bedeckungswerte/Aktiva übertragen**.[150] Der Bestandsübertragungsvertrag muss allerdings eine Einzelverpflichtung zur Übertragung der Bedeckungswerte enthalten, da diese nicht automatisch durch die Bestandsübertragung mit übergehen.[151] Die Bestandsübertragung stellt in rechtlichen Kategorien entwe-

---

144 *Geiger* NVersZ 2000, 210, 211; *Weber* VW 1998, 1274, 1276; *Weber-Rey/Guinomet* AG 2002, 278, 285 f.
145 *Leiding* VW 2008, 1158; *Weber-Rey/Guinomet* AG 2002, 278, 279 f.
146 Vgl. Prölss/*Präve*, § 14 Rn. 10; *Schmid/Deutsch/Herber*, Bestandsübertragung und Umwandlung von Versicherungsunternehmen, S. 158 Rn. 288 jeweils mwN.
147 *Schmid/Deutsch/Herber*, Bestandsübertragung und Umwandlung von Versicherungsunternehmen, S. 158 Rn. 288; *Benkel*, Der Versicherungsverein auf Gegenseitigkeit, S. 308.
148 Prölss/*Präve*, § 14 Rn. 10.
149 Prölss/*Präve*, § 14 Rn. 4.
150 *Hasselbach/Komp* VersR 2005, 1651, 1654.
151 Prölss/*Präve*, § 14 Rn. 7.

der einen *asset deal* oder eine Sacheinlage dar. Eine Ausgliederung eines Versicherungsbestands kommt wegen § 151 S. 2 UmwG nicht in Betracht. Die Beitragszahlungen der Versicherten an das übertragende VU stehen erst ab Wirksamwerden der Bestandsübertragung dem übernehmenden VU zu.[152]

101 Das **Bundesverfassungsgericht** hat die Rechte der Versicherten durch eine **Grundsatzentscheidung vom 26. Juli 2005**[153] gestärkt, indem es die damals gültige Fassung des § 1 VAG als teilweise verfassungswidrig erkannte, weil sie die Belange der Versicherten nur unzureichend berücksichtigte. Der **Wortlaut** des § 1 VAG a.F. (nunmehr § 13 VAG) stellt klar, dass die Belange der Versicherten nicht nur – wie zuvor bei Bestandsübertragungen praktiziert – nicht unangemessen beeinträchtigt werden dürfen, sondern dass sie umfassend festgestellt und ungeschmälert zur Geltung gebracht werden müssen.[154] Der Gesetzgeber hatte sicherzustellen, dass die durch Prämienzahlungen der VN beim VU geschaffenen Vermögenswerte im Fall von Bestandsübertragungen als Quellen für die Erwirtschaftung von Überschüssen erhalten bleiben und den Versicherten in gleichem Umfang zugute kommen wie ohne Austausch des Schuldners.[155] Durch die Bestandsübertragung darf sich der Gegenwert der vom Versicherungsnehmer bereits aufgebauten Vermögensposition also nicht verändern. Das führt dazu, dass das übertragende VU alle Vermögenspositionen, also notfalls **auch stille Reserven**, aufdecken muss, um genau zu berechnen, ob alle Vermögensinteressen der Versicherten ausreichend berücksichtigt sind.[156] Daran anknüpfend bestimmt § 13 III VAG, dass bei einer Bestandsübertragung von einem VVaG auf eine Vers-AG, bei der die Mitglieder des VVaG zwangsläufig ihre Mitgliederrechte verlieren, sie hierfür einen **angemessenen Ausgleich** erhalten müssen. Hierdurch soll ein voller Ausgleich für den Verlust der Mitgliedschaft geboten werden.[157] § 13 IV VAG enthält besondere Regelungen für Verträge mit **Überschussbeteiligungen**, die gewährleisten sollen, dass das übernehmende VU den Versicherten mindestens gleich hohe Erträge bzw. Ergebnisse in Aussicht stellt wie bisher das übertragende VU; das wird es in der Regel nur können, wenn es die maßgeblichen Überschussquellen mit überträgt.[158]

102 Die Bestandsübertragung wird durch den Vorstand beschlossen, bedarf aber in den meisten Fällen der **Zustimmung der Hauptversammlung** bei der Vers-AG bzw. der **obersten Vertretung** beim VVaG. Bei der Vers-AG ergibt sich die Notwendigkeit der Zustimmung – sowohl für die übertragende als auch für die übernehmende Vers-AG[159] – dann, wenn die Bestandsübertragung nach den Grundsätzen der **Holzmüller- und Gelatine-Entscheidungen** des BGH[160] als wichtiges Geschäft anzusehen ist, welches die Aktionärsinteressen unmittelbar berührt und in ihren Auswirkungen einer umwandlungsrechtlichen Strukturmaßnahme gleichkommt.[161] Bei einer Bestandsübertragung, bei der die übertragenen Bedeckungswerte/Aktiva das gesamte Vermögen der Vers-AG darstellen, ergibt sich die Zustimmungskompetenz der Hauptversammlung bereits aus § 179a AktG. Erfordert die Bestandsübertragung eine Satzungsänderung, etwa weil der Gegenstand der Vers-AG hierdurch geändert wird, ist schon wegen §§ 119 Nr. 5, 179 AktG die Zustimmung der Hauptversammlung einzuholen.

103 § 200 S. 1 VAG sieht für den VVaG ausdrücklich vor, dass die Bestandsübertragung der Zustimmung der obersten Vertretung bedarf.

104 Entgegen einer im Schrifttum anzutreffenden Meinung[162] bedarf es weder analog § 8 UmwG eines »Bestandsübertragungsberichts« noch analog § 9 UmwG einer Bestandsübertragung. Die Rechte der Anteilseigner bzw. Mitglieder der übertragenden Gesellschaft werden dadurch gewahrt, dass dann, wenn ihre Rechte in qualifizierter Weise beeinträchtigt werden (also unter den Voraussetzungen der Holzmüller- und Gelatine-Entscheidungen oder des § 179a AktG), ein zustimmender Beschluss der Hauptversammlung (oben Rdn. 102) oder der obersten Vertretung (Rdn. 103) erforderlich ist. Die Interessen der Versicherten werden durch das Erfordernis der aufsichtsbehördlichen Genehmigung geschützt. Der Vergleich mit der umwandlungsrechtlichen Vermögensübertragung nach §§ 174 ff. UmwG (bei der ein Umwandlungsbericht und eine Umwandlungsprüfung erforderlich ist) hinkt: Mit Ausnahme des Versicherungsvertretungsbestands gehen alle weiteren Aktiva und Passiva (insbesondere auch bedeckende Aktiva) gerade nicht, wie bei der umwandlungsrechtlichen Vermögensübertragung durch gesetzliche Rechtsnachfolge (quasi automatisch) über, sondern müssen, wie bei sonstigen asset deals, einzeln übertragen werden.

105 Insbesondere wenn die Bestandsübertragung einhergeht mit der Übertragung sonstiger Aktiva und Passiva, wird regelmäßig darin ein Betriebsübergang i.S.v. § 613a BGB liegen. Wenn durch die Bestandsübertragung Interessen der Arbeitnehmer wesentlich berührt werden, was zumindest bei einem Übergang der betroffenen

---

152 *Hasselbach/Komp* VersR 2005, 1651, 1654.
153 BVerfG NJW 2005, 2363 ff.
154 BVerfG NJW 2005, 2363, 2368.
155 BVerfG NJW 2005, 2363.
156 BVerfG NJW 2005, 2363, 2369 f.
157 BT-Drucks. 16/6518, S. 12.
158 BT-Drucks. 16/6518, S. 13.
159 Prölss/*Präve*, § 14 Rn. 12.
160 BGH NJW 1982, 1703 ff.; BGH NJW 2004, 1860 ff.
161 Prölss/*Präve*, § 14 Rn. 12; Semler/Stengel/*Koerfer*, Anh. § 119 Rn. 6.
162 *Schmid*, a.a.O., Rn. 301 ff.).

Arbeitnehmer auf das übernehmende VU der Fall sein wird,[163] sind auch **Arbeitnehmervertretungen** an der Bestandsübertragung zu beteiligen, nämlich der Wirtschaftsausschuss nach § 106 II BetrVG und der **Betriebsrat** nach § 111 BetrVG. Letzterer ist allerdings nur zu benachrichtigen, wenn die Bestandsübertragung mit wesentlichen Nachteilen i.S.v. § 111 Satz 1 BetrVG für die Arbeitnehmer verbunden ist.

3. Sonstige Formen der Umwandlung

Weitere Formen der Umwandlung sind nach dem UmwG möglich. Auch hier gibt es in §§ 109 ff., 151 UmwG **spezielle Vorschriften für VU**, insbesondere für den VVaG. Nach § 109 Satz 1 UmwG können VVaG nur miteinander verschmolzen werden, was sowohl die Verschmelzung durch Aufnahme als auch die Verschmelzung durch Neugründung erfasst. Die Möglichkeit der sogenannten Mischverschmelzung[164] bietet § 109 Satz 2 UmwG, nach dem ein VVaG durch Aufnahme auch auf eine Vers-AG verschmolzen werden kann. Dabei werden die Mitgliedsrechte in Aktionärsrechte überführt, wobei der Aktionär VN bleibt.[165]

Gemäß § 151 Satz 1 UmwG ist die **Spaltung** von VVaG nur durch Auf- oder Abspaltung und nur in der Weise möglich, dass die Teile des übertragenden VVaG auf einen VVaG oder eine Vers-AG übertragen werden. Eine Ausgliederung ist bei einem VVaG nach § 151 Satz 2 UmwG nur möglich, wenn der Vermögensteil auf eine AG oder eine GmbH übertragen wird und damit keine Übertragung von Versicherungsverträgen verbunden ist.

Bei der **Vermögensübertragung** gemäß § 174 ff. UmwG überträgt das übertragende VU unter eigener Auflösung sein Vermögen als Ganzes ohne Abwicklung auf ein übernehmendes VU gegen Gewährung einer Gegenleistung, die nicht in Anteilen oder Mitgliedschaftsrechten besteht, an die Anteilseigner des übertragenden VU. Dies kann als Voll- oder als Teilübertragung geschehen. Dabei wird in der Regel eine Barabfindung an die Anteilseigner des übertragenden VU gewährt.[166] Dabei kann eine Vers-AG ihr Vermögen nur auf einen VVaG oder ein öffentlich-rechtliches VU übertragen oder ein VVaG sein Vermögen auf eine Vers-AG oder ein öffentlich-rechtliches VU übertragen.

Die Versicherungsverhältnisse gehen bei den Umwandlungen im Wege der Gesamtrechtsnachfolge automatisch über, § 20 I Nr. 1 UmwG.

4. Grenzüberschreitende Umstrukturierungen

Auch grenzüberschreitende Umstrukturierungen unter Einbeziehung von VU aus einem anderen Mitgliedstaat der Europäischen Union sind möglich. § 13 II VAG sieht vor, dass bei einer Bestandsübertragung des Bestands eines inländischen VU auf ein anderes VU in einem Mitgliedstaat der EU nur die Genehmigung der für das übertragende VU zuständigen Aufsichtsbehörde erforderlich ist. § 73 VAG enthält weitere Sondervorschriften für die grenzüberschreitende Bestandsübertragung.

In jedem Fall der **Bestandsübertragung** verlangt die BaFin zunächst den Nachweis, dass der übernehmende Rechtsträger nach der Bestandsübertragung über ausreichende freie und ungebundene Eigenmittel verfügt, um die jeweiligen **Solvabilitätsanforderungen** zu erfüllen, was sich nach den auf den übernehmenden Rechtsträger anwendbaren Vorschriften richtet.

Die grenzüberschreitende Verschmelzung von Kapitalgesellschaften ist – was das Gesellschaftsrecht angeht – in den §§ 122a ff. UmwG normiert; das dabei zu beachtende Arbeitnehmerbeteiligungsverfahren ist im MgVG normiert. Cum grano salis besteht der grenzüberschreitende Verschmelzungsprozess aus gesellschaftsrechtlichen Maßnahmen einerseits und der Durchführung des Arbeitnehmerbeteiligungsverfahrens andererseits. Wesentliche Schritte sind insbesondere:
- Entwurf Verschmelzungsplan
- Verschmelzungsbericht
- Information/Beteiligung Arbeitnehmer
- Gründung der Niederlassungen
- Aufsichtsrechtliche Genehmigungen
- Beurkundung des Verschmelzungsplans
- Verschmelzungsbeschlüsse
- Eintragungen in den Handelsregistern, zuletzt im Handelsregister der aufnehmenden Gesellschaft.

Das Verfahren ähnelt stark dem bei innerdeutschen Verschmelzungen zu beachtenden Verfahren. Allerdings stellt man fest, dass die den §§ 122a ff. UmwG zugrunde liegende EU-Verschmelzungsrichtlinie in den verschiedenen EU-Staaten in Details sehr unterschiedlich umgesetzt worden ist. Anforderungen des deutschen und des ausländischen Rechts müssen daher in Einklang gebracht werden. Dies betrifft auch die Möglichkeit und die Voraussetzungen einer handels- und steuerrechtlichen Rückwirkung. Steuerrechtlich dürfte regelmäßig eine Fortführung der steuerlichen Buchwerte gewünscht werden. Dafür ist erforderlich, dass das Vermögen der

---

163 *Hasselbach/Komp* VersR 2005, 1651, 1657.
164 *Petersen*, Rn. 262 ff.
165 *Petersen*, Rn. 263.
166 Semler/Stengel/*Fonk*, § 174 Rn. 21.

Einleitung E. Versicherungsunternehmensrecht

Tochtergesellschaft (übertragender Rechtsträger) der Betriebsstätte funktional zugeordnet bleibt (»significant people's function analysis«).

Derartige Verschmelzungen sind in jüngerer Vergangenheit wiederholt von Versicherungen praktiziert worden, insbesondere durch sog. Niederlassungsstrukturen, bei denen EU-Töchter grenzüberschreitend auf ihre EU-Muttergesellschaft verschmolzen werden und ihr Versicherungsgeschäft dann durch Niederlassungen betreiben. Vorteile solcher Niederlassungslösungen bestehen in der Konzentration der Finanzaufsicht bei der Heimataufsicht, einer besseren Allokation des Solvenzkapitals sowie erhöhter Transparenz und Vereinfachung der Konzernstruktur.

Von den in § 122b UmwG genannten verschmelzungsfähigen Kapitalgesellschaften ist in jedem Fall die Vers-AG erfasst. Ob auch VVaG unter diesen Begriff fallen und damit grenzüberschreitend verschmolzen werden können, ist streitig, richtigerweise aber wohl abzulehnen.[167]

Insbesondere im Verhältnis zu Frankreich, Italien, Spanien, den Niederlanden, Slowenien, Belgien und Österreich sind heute grenzüberschreitende Verschmelzungen von Kapitalgesellschaften rechtssicher möglich und praktisch erprobt. Bei der Verschmelzung englischer Gesellschaften bedarf es flankierend eines sog. Part-VIII-Transfers. Parallel zur Verschmelzung ist eine lokale Niederlassung zu gründen, aus der heraus dann das Geschäft der früheren Tochtergesellschaft betrieben wird. Dabei sind die – harmonisierten – aufsichtsrechtlichen (vgl. § 58 und § 61 VAG) und die lokalen handelsrechtlichen Anforderungen zu erfüllen.

113 Im Rahmen der grenzüberschreitenden Umstrukturierungen ist bislang ungeklärt, ob die Regelungen der §§ 122a ff. UmwG abschließend sind und daher neben den grenzüberschreitenden Verschmelzungen weitere transeuropäische Umwandlungsmaßnahmen ausgeschlossen sind: unter Berücksichtigung des *Sevic*-Urteils des EuGH,[168] welches die Beschränkung von Verschmelzungen auf Unternehmen mit Sitz im Inland für unvereinbar mit Art. 43 und 48 EGV erklärte, muss man aber jede Umwandlungsmaßnahme als von der europäischen Niederlassungsfreiheit geschützt und durchführbar ansehen.[169] Die *Sevic*-Entscheidung bezieht sich zwar explizit nur auf Verschmelzungen; die Urteilsbegründung macht aber deutlich, dass neben der Verschmelzung auch jede andere Umwandlungsart grenzüberschreitend möglich sein soll.[170] Es ist kein sachlicher Grund vorhanden, warum grenzüberschreitende Umstrukturierungsmaßnahmen nur auf Verschmelzungen beschränkt sein sollen. Auch Verschmelzungen von VVaG, die nach der hier vertretenen Auffassung nicht durch die §§ 122a ff. UmwG ermöglicht werden, müssen auf Grundlage der *Sevic*-Entscheidung zulässig sein.

114 Nach Art. 2 I SE-VO können schließlich nach dem Recht eines Mitgliedstaats gegründete Aktiengesellschaften, die ihren Satzungssitz und ihre Hauptverwaltung in der EU haben, durch Verschmelzung eine SE gründen, wenn mindestens zwei von ihnen dem Recht verschiedener Mitgliedstaaten unterliegen. Eine grenzüberschreitende Verschmelzung eröffnet den VU daher (siehe auch schon oben Rdn. 39) auch die Option einer Umwandlung in eine Vers-SE.[171]

5. Transaktionen mit Run-Off-Portfolien

115 Eine besondere Form der versicherungsunternehmensinternen Umstrukturierungen ist die Separierung und Übertragung sogenannter Run-off-Versicherungsportfolien. Dabei trennt sich das VU von nicht mehr aktiven Beständen bzw. Geschäftszweigen, die auf einen spezialisierten Anbieter, der entsprechende Portfolios professionell betreut, übertragen werden. Anschließend findet eine **Abwicklung** des in Rede stehenden Bestands statt.

116 Während in Deutschland diese Bestände aufgegebener Geschäftssegmente überwiegend noch von den VU selbst abgewickelt werden, findet sich für eine Auslagerung dieser Portfolien insbesondere in Großbritannien ein lebhafter Markt, um durch den Run-off Transfer Kapital freizusetzen.[172] Eine jüngere Studie hat ergeben, dass das Volumen von sich in der Abwicklung befindlichen Portfolien (ausgedrückt in der Summe der Bruttorückstellungen) in Deutschland ca. 70 Milliarden Euro beträgt.[173]

117 In Zukunft ist damit zu rechnen, dass die VU in Deutschland verstärkt Run-off-Transaktionen durchführen werden.[174] Das ergibt sich insbesondere aus den Anforderungen von Solvency II. Es ist in diesem Zusammenhang damit zu rechnen, dass sich VU von unrentablen oder einen zu hohen Kapitaleinsatz fordernden Geschäftsfeldern/Versicherungsbeständen trennen werden. Eine schnelle Abwicklung ihrer Run-Off-Portfolien bietet die Möglichkeit, das frei werdende Kapital in neue profitablere Geschäftsfelder zu investieren. Als technische Instrumente stehen insbesondere die Bestandsübertragung (dazu oben Rdn. 99) sowie nationale und grenzüberschreitende Verschmelzungen und Spaltungen (dazu oben Rdn. 39, 106, 110) in Betracht. Insbeson-

---

167 Bejahend *Lüttringhaus* VersR 2008, 1036, 1040 f.; ablehnend *Louven* ZIP 2006, 2021, 2024.
168 EuGH NJW 2006, 425.
169 *Lüttringhaus* VersR 2008, 1036, 1041; Semler/Stengel/*Drinhausen*, Einl. C, Rn. 29.
170 EuGH, C-411/03, Rn. 21, 23 f.
171 Näher zu den Optionen grenzüberschreitender Verschmelzungen allgemein: *Louven/Dettmeier/Pöschke/Weng* BB-special 3/2006, 1 ff.
172 *Leiding* VW 2008, 1158, 1159.
173 *Leiding* VW 2008, 1158, 1159.
174 *Lüttringhaus* VersR 2008, 1036, 1043.

dere bei der Übertragung von **Lebensversicherungsbeständen**, die in der Praxis nicht selten mit einer Administration der Bestände durch externe Dienstleister einher geht, sind die oben (Rdn. 86) angesprochenen datenschutzrechtlichen Aspekte zu beachten.

6. Fusionen und Übernahmen (»M&A«)

Der deutsche Versicherungsmarkt ist traditionell durch eine Vielzahl kleinerer und mittlerer Versicherungsunternehmen gekennzeichnet (oben Rdn. 10). Solvency II verstärkt den Druck auf viele Versicherungsunternehmen, Risiken und Kapital zu bündeln. Es ist daher zu erwarten, dass es auf dem deutschen Versicherungsmarkt zu einer stärkeren Konsolidierung kommt. Ein wesentliches Mittel der Konsolidierung ist der Kauf eines Versicherungsunternehmens, sei es durch einen Wettbewerber, sei es – wie in jüngerer Vergangenheit erstmals auf dem deutschen Markt – durch Finanzinvestoren. 118

Ist das zu erwerbende Versicherungsunternehmen (Zielgesellschaft) börsennotiert, wird der rechtliche Rahmen für die Übernahme durch das WPÜG gesetzt. Ist das zu erwerbende Versicherungsunternehmen – was bei Versicherungsunternehmen der praktische Regelfall sein dürfte – nicht börsennotiert, unterliegt der rechtliche Rahmen (sowohl, was den Erwerbsprozess angeht als auch die vertragliche Gestaltung) der privatautonomen Regelung durch Verkäufer und Käufer. Erwirbt der Käufer das Versicherungsunternehmen durch Erwerb von Geschäftsanteilen (praktisch: Aktien) an der unternehmenstragenden Gesellschaft, spricht man von einem Share Deal. Erwirbt er die Aktiva und Passiva, die das Unternehmen ausmachen, sprechen wir von einem Asset Deal (flankiert, was den Versicherungsbestand angeht, von einer Bestandsübertragung nach § 13 VAG).

Typischerweise geht dem Abschluss des Unternehmenskaufvertrags, der den privatautonomen Rahmen setzt für den Share oder Asset Deal, eine sorgfältige Prüfung der Zielgesellschaft im Hinblick auf die rechtlichen, steuerrechtlichen, finanziellen, aktuariellen und personellen Verhältnisse (Due Diligence) voraus.

Bevor es zu einer Due Diligence kommt, wird der Verkäufer oft bemüht sein, durch einen sog. Strukturierten Verkaufsprozess im Wege eines Auktionsverfahrens mehrere unverbindliche Aspekte oder Interessenbekundungen potentieller Käufer einzuholen.

Zum rechtlichen Rahmen von Unternehmenskäufen im Allgemeinen sei auf die zahlreiche Literatur verwiesen.[175] Besonderheiten bei M&A mit Versicherungsunternehmen als Zielgesellschaften sind insbesondere:

Bei der Vorbereitung der Due Diligence hat der Verkäufer besonderes Augenmerk darauf zu richten, dass es im Rahmen der Due Diligence nicht zu Verletzungen des Versicherungsgeheimnisses (bei Kranken-, Unfall- und Lebensversicherung, vgl. § 203 Abs. 1 Nr. 6 StGB) oder von datenschutzrechtlichen Bestimmungen kommt.

Bei VVaG scheidet ein Share Deal praktisch aus. Es stehen keine in der Hand eines oder weniger Verkäufer konzentrierte Geschäftsanteile als Kaufgegenstand zur Verfügung. Die stattdessen begründeten zahlreichen Mitgliedschaften sind zudem nicht übertragbar. Selbst wenn sie es wären, dürfte es praktisch sehr schwierig sein, in einem strukturierten Prozess von einer für eine Kontrolle ausreichenden Zahl von Mitgliedern Mitgliedschaften zu erwerben. Allerdings kommt ein Asset Deal verbunden mit einer Bestandsübertragung in Betracht. Zum rechtlichen Rahmen oben Rdn. 99 ff.

Bei etwaigen Kaufpreisanpassungsklauseln und im Katalog selbständiger Garantieversprechen (im Unternehmenskaufvertrag) sind einige typische Besonderheiten von Versicherungsunternehmen als Zielgesellschaften zu berücksichtigen. Insbesondere sind im Vergleich zu »normalen« Unternehmenskaufverträgen maßgeschneiderte Klauseln zu den versicherungstechnischen Rückstellungen, den Kapitalanlagen, der Wirksamkeit der Rückversicherungsverträge, dem wirksamen Abschluss der Versicherungsverträge, der Erfüllung wesentlicher aufsichtsbehördlicher Anordnungen (einschließlich solcher an Funktionsausgliederungen) in der Vergangenheit, der IT-Landschaft, der Geschäftsorganisation (§§ 23 ff. VAG), einer ordnungsgemäßen Beratungspraxis und ordnungsgemäßen Vertriebspraktiken und der Vertriebsstruktur wichtig.

Der Erwerb einer bedeutenden Beteiligung (das ist cum grano salis der Erwerb von mindestens 10 Prozent der Geschäftsanteile) an einem Versicherungsunternehmen unterliegt nach §§ 16 ff. VAG der Inhaberkontrolle durch die BaFin. Die Erwerbsabsicht ist anzuzeigen. Dies hat »unverzüglich« zu erfolgen. Wann demnach anzuzeigen ist, bedarf einer wertenden Konkretisierung im Einzelfall[176]. Unstreitig löst die Durchführung einer Due Diligence keine Anzeigepflichten nach § 17 VAG aus. Ob ein sich anschließender Vorstandsbeschluss auf Erwerberseite eine Anzeigepflicht auslöst, ist streitig[177], aber abzulehnen. Richtigerweise ist es im Normalfall ausreichend aber auch erforderlich, nach Abschluss des Kaufvertrags anzuzeigen und den Erwerb, auf dessen Absicht § 17 VAG abstellt, also das dingliche Erfüllungsgeschäft (dingliche Übertragung der Geschäftsanteile) aufschiebend dadurch zu bedingen, dass der Bewilligungszeitraum (grundsätzlich 60 Arbeitstage ab dem Datum des Schreibens, mit dem die BaFin den Eingang der vollständigen Anzeige schriftlich mitgeteilt hat) ohne Untersagung der BaFin abgelaufen ist. Denn dadurch wird einerseits der BaFin ausreichend Zeit

---

175 *Holzapfel/Pöllath*, Unternehmenskauf in Recht und Praxis, 15. Aufl. 2016; *Seibt*, Beck'sches Formularbuch Mergers & Acquisitions, 2. Aufl. 2011; *Picot*, Unternehmenskauf und Restrukturierung, 4. Aufl. 2013; *Louven/Böckmann*, ZIP 2004, 445 ff.
176 *Bähr*, VAG, § 104 Rn. 14).
177 Dafür *Bähr*, a.a.O.; *Kremer/Heukamp*, S. 1300).

für ihre Prüfung und dafür eingeräumt, präventiv vor Erwerb eingreifen zu können. Andererseits sind die Parteien durch den abgeschlossenen Kaufvertrag hinreichend vor Risiken geschützt, die mit einem Bekanntwerden der Transaktion in der (interessierten) Öffentlichkeit verbunden wären. Dies gilt erst recht in Situationen, in denen der Verkäufer (etwa in strukturierten Verkaufsprozessen) bis unmittelbar vor dem Abschluss des Kaufvertrags mit mehr als einem Erwerbsinteressenten parallel verhandelt. Die hier vertretene Auffassung entspricht auch der Praxis bei kartellbehördlichen Freigaben, dort ist ebenfalls die Aufnahme einer entsprechenden aufschiebenden Vollzugsbedingung üblich.

Die inhaltlichen Anforderungen werden durch die InhKontrollVO konkretisiert. Der Beurteilungszeitraum von grundsätzlich sechzig Arbeitstagen beginnt erst mit der Bestätigung durch die BaFin, dass die Anzeige **vollständig** eingegangen ist.

Die Zielgesellschaft selbst unterliegt ebenfalls einer Anzeigepflicht (§ 47 Nr. 5 VAG).

F. Bilanz- und Steuerrecht von Versicherungsunternehmen

Übersicht

	Rdn.			Rdn.
I. Allgemeines.............................	1	VI.	Rückstellungen für Beitragsrückerstattungen............................	23
II. Jahresabschluss nach HGB.............	3			
III. Versicherungstechnische Rückstellungen....	7	VII.	Rückstellung für noch nicht abgewickelte Versicherungsfälle (Schadenrückstellung)..	37
IV. Rückstellungen für Beitragsüberträge......	9			
V. Deckungsrückstellung (§ 341f HGB; § 25 RechVersV)............................	11	VIII.	Schwankungsrückstellungen............	50

Schrifttum:
Budde/Schnickler/Stöffler, Beck'scher Versicherungsbilanz-Kommentar, 1998; *Blümich*, Einkommensteuergesetz/Körperschaftsteuergesetz/Gewerbesteuergesetz, 132. Aufl. 2015, EL 131, Stand: März 2016; *Boetius*, Handbuch der versicherungstechnischen Rückstellungen, 1996; *Dötsch/Pung/Möhlenbrock (D/P/M)* Kommentar zum KStG und EStG, Stand: August 2015; *Freiling/Ellenbürger/Bögle*, Rechnungslegung und Prüfung der Versicherungsunternehmen, 5. Aufl. 2011; *Gosch*, Körperschaftsteuergesetz, 3. Aufl. 2015; *IDW (Hrsg.)*, WP-Handbuch, Band I, 2012; *Welzel/Mannewitz/Oos/Reuffurth (Hrsg.)*, Kommentar zu den Rechnungslegungsvorschriften für Versicherungsunternehmen (KoRVU), 2. Aufl. 1991; *Schmidt*, Einkommensteuergesetz, 35. Aufl. 2016.

I. Allgemeines

1 Gesetzlich definiert sind Versicherungsunternehmen ab dem 01.01.2016 in §§ 8 Nr. 33 und 34, 168 VAG und 341 I HGB.[1] Dabei handelt es sich um Unternehmen, die den Betrieb von Versicherungs*geschäften* zum Gegenstand haben und nicht Träger der Sozialversicherung sind.[2] Als Träger des nach § 8 I VAG in Deutschland erlaubnispflichtigen Versicherungsgeschäfts kommen nach § 8 II VAG ausschließlich Aktiengesellschaften[3] (einschließlich der Europäischen Gesellschaft, SE), Versicherungsvereine auf Gegenseitigkeit (VVaG[4]) sowie Körperschaften und Anstalten des öffentlichen Rechts[5] in Betracht. Alle diese Rechtsträger müssen handelsrechtlich nach §§ 238 HGB Bücher führen und den Jahresabschluss (Bilanz und Gewinn- und Verlustrechnung) nach § 242 HGB gem. § 264 HGB um einen Anhang erweitern und einen Lagebericht erstellen; dabei sind die ergänzenden Vorschriften für VU und Pensionsfonds (§§ 341–341p HGB) zu berücksichtigen. Niederlassungen ausländischer Versicherungsunternehmen werden von § 341 II HGB erfasst.

Zu beachten ist, dass für das Aufsichtsrecht und das Handelsrecht keine Deckungsgleichheit des Regelungsbereiches besteht. Das VAG legt aufsichtsrechtliche Eingriffs- und Untersagungsvoraussetzungen fest. Demgegenüber treffen das Handelsrecht und die §§ 20 bis 21a KStG *geschäftsspezifische* Sonderregelungen. Vor diesem Hintergrund erklärt sich, dass für die Erlaubnisvorgaben in §§ 8 II, 61, 65f VAG[6] die Rechtsform kein geeignetes Abgrenzungsmerkmal ist. Wesentlich ist der »Betrieb des Versicherungsgeschäftes«. Dies setzt eine durch die Erhebung von nach versicherungsmathematischen Grundsätzen oder dem Gesetz der großen Zahl

---

1 Für die Zeit vor dem Inkrafttreten des VAG am 01.01.2016 i.d.F. des Gesetzes zur Modernisierung der Finanzaufsicht über Versicherungen v 01.04.2015 (BGBl. I 2015, 434) ergibt sich dies aus den §§ 1 I VAG a.F. und 341 I HGB.
2 Gosch/*Roser* Vorbem. zu §§ 20–21b.
3 Die Verpflichtung zur Rechnungslegung für Versicherungsaktiengesellschaften ergibt sich aus den §§ 3 AktG, 6 HGB i.V.m. §§ 238 I, 264 I, 341 I HGB.
4 Die Verpflichtung zur Rechnungslegung für VVaG resultiert aus den § 172 Satz 1 VAG i.V.m. §§ 238 I, 264 I, 341 I HGB. Nach § 172 Satz 2 VAG gelten für die Rechnungslegung die Vorschriften des Zweiten Unterabschnitts des Vierten Abschnitts in Verbindung mit den Vorschriften des Ersten und Zweiten Abschnitts des Dritten Buchs des Handelsgesetzbuchs entsprechend.
5 Die Verpflichtung zur Rechnungslegung für die sog. öffentlich-rechtlichen VR ergibt sich aus § 38 VAG i.V.m. §§ 238 I, 264 I, 341 I HGB.
6 Vgl. zur Rechtslage vor dem 01.01.2016 §§ 7 I, 110a, 110d I VAG a.F.

F. Bilanz- und Steuerrecht von Versicherungsunternehmen Einleitung

kalkulierten Prämien von einer hinreichend großen Zahl von Versicherten gebildeten Gefahrgemeinschaft mit der Möglichkeit der geschäftsmäßigen Übernahme fremder Wagnisse voraus. So sind etwa horizontale Kooperationsmodelle in der Schifffahrt als Versicherung im Sinne des VersStG qualifiziert worden.[7] Auch konzerninterne Ausfallbürgschaften einer Holding gegenüber ihren Vertriebsgesellschaften werden so behandelt.[8] Sofern ein Versicherungsunternehmen im aufsichtsrechtlichen Sinne vorliegt, spricht eine Vermutung dafür, dass es auch handels- und steuerrechtlich als ein Versicherungsunternehmen zu qualifizieren ist.[9] Denn die Versicherungsaufsicht setzt ein Versicherungsunternehmen voraus und ist daher nicht konstitutiv.[10]

Die wesentlichen Normen über die **handelsrechtliche Rechnungslegung** finden sich in den §§ 341 ff. HGB und in der nach § 330 HGB erlassenen Verordnung über die Rechnungslegung von Versicherungsunternehmen (Versicherungsunternehmens-Rechnungslegungsverordnung – RechVersV) vom 08.11.1994[11]. Bereits durch das Gesetz zur Modernisierung des Bilanzrechts vom 25.05.2009 (BilMoG)[12] wurden zum einen das deutsche Handelsbilanzrecht und die Rechnungslegung der VR sowie zum anderen das Verhältnis der handels- und steuerrechtlichen Gewinnermittlung erheblich verändert. 2

Weitere in der (steuerlichen) Praxis bedeutsame Änderungen ergeben sich aus der sog. Taxonomie für Versicherungen, nach deren Muster die Steuerbilanzen elektronisch einzureichen sind[13].

II. Jahresabschluss nach HGB

Die handelsrechtliche Rechnungslegung besteht im Wesentlichen aus der **Bilanz** sowie der **Gewinn- und Verlustrechnung**. In der Bilanz[14] werden auf der Aktivseite das Vermögen (die Aktiva und die sog. aktiven Rechnungsabgrenzungsposten[15]) und auf der Passivseite die Schulden (die Passiva, also die Rückstellungen und Verbindlichkeiten einschl. der sog. passiven Rechnungsabgrenzungsposten[16]) dargestellt. 3

Der bei VR üblicherweise positive Saldo wird auf der Passivseite als Eigenkapital[17] ausgewiesen. Die Differenz zwischen dem Eigenkapital der (Schluss-)Bilanz und der Eröffnungsbilanz (die grundsätzlich der Schlussbilanz des Vorjahres entspricht) stellt den handelsrechtlichen Gewinn dar.[18] Dieser kann auch durch die Differenz der Erträge und Aufwendungen bestimmt werden, die in der Gewinn- und Verlustrechnung berücksichtigt werden. Nach den Grundsätzen der »doppelten Buchführung« hat der Gewinn aufgrund Vermögensvergleiches und aufgrund der Gewinn- und Verlustrechnung gleich hoch zu sein. Aus der Handelsbilanz wird dann die Steuerbilanz entwickelt. 4

Eine **Steuerbilanz** ist eine Aufstellung über das Betriebsvermögen unter Beachtung steuerlicher Grundsätze (speziell des EStG). Sie dient dazu, die Bemessungsgrundlage der Besteuerung zu bestimmen, indem der steuerliche Gewinn des bilanzierenden Unternehmens nach § 4 Einkommensteuergesetz (EStG) ermittelt wird.[19] Der Aufbau der Steuerbilanz gleicht dem einer Handelsbilanz (vgl. § 266 HGB), ohne dass zwingend die gleichen Posten wie in der entsprechenden Handelsbilanz erscheinen. 5

Bei VR kann die Passivseite als ein Indikator für das jeweilige Geschäft gesehen werden. Die Rückstellung für Beitragsrückerstattung (RfB), die Deckungsrückstellung und die Alterungsrückstellungen sind kennzeichnend für den Personenversicherer. Demgegenüber sind die Schaden- und Schwankungsrückstellung typisch für den Schaden- und Unfallversicherer. 6

III. Versicherungstechnische Rückstellungen

Neben der allgemeinen Pflicht, Rückstellungen nach § 249 HGB zu bilden, müssen VR **versicherungstechnische Rückstellungen** bilden, sofern dies nach vernünftiger kaufmännischer Beurteilung notwendig ist, um die dauernde Erfüllbarkeit der Verpflichtungen aus den Versicherungsverträgen sicherzustellen. In diesem Zusammenhang sind – mit Ausnahme der die Solvabilitätsübersicht regelnden Vorschriften der §§ 74 bis 87 7

---

7 Pressemitteilung des Finanzausschusses des BT vom 24.04.2013; BT-Drucks. 17/12008 S. 17; dazu *Kämper/Rauert* Ubg 2013, 109.
8 FG Köln 2 K 430/11, DStRE 2014, 1193; dazu *Schmidt* DStR 2014, 2551.
9 Beck'scher Versicherungsbilanz-Kommentar/*Seitz*, § 341 HGB Rn. 24.
10 Gosch/*Roser* Vorbem. zu §§ 20–21b Rn. 2, a.A. BMF 02.12.1994, BStBl. I 1995 Sondernummer 1, Tz. 8.1.3.2; OFD Frankfurt 12.11.1981 KSt-Kartei HE §§ 20, 21 KStG Karte 10.
11 BGBl. I 3378, zuletzt geändert durch Artikel 8 Abs. 14 des BilRUG [Bilanzrichtlinie-Umsetzungsgesetz] v 17.07.2015 BGBl. I S. 1245.
12 BGBl. 2009 I S. 1102.
13 Mit BMF-Schreiben v. 25.06.2015 wurde die überarbeitete Version der Taxonomien in der Version 5.4 veröffentlicht. Diese sind grundsätzlich für die Übermittlung von Jahresabschlüssen für Wirtschaftsjahre, die nach dem 31.12.2015 beginnen, zu verwenden, vgl. hierzu auch http://www.esteuer.de/.
14 Vgl. § 242 I 1 HGB.
15 Vgl. § 266 II HGB; für die Versicherungsbilanz Formblatt 1 in der Anlage der RechVersV.
16 Vgl. § 266 III HGB; für die Versicherungsbilanz Formblatt 1 in der Anlage der RechVersV.
17 Vgl. § 266 III HGB Posten A; für die Versicherungsbilanz Formblatt 1 in der Anlage der RechVersV.
18 Vgl. § 266 III HGB; für die Versicherungsbilanz Formblatt 1 in der Anlage der RechVersV.
19 Das Einkommensteuergesetz selbst kennt den Begriff der Steuerbilanz nicht. Lediglich in § 60 II 2 Einkommensteuerdurchführungsverordnung (EStDV) wird auf diesen Begriff hingewiesen.

Einleitung F. Bilanz- und Steuerrecht von Versicherungsunternehmen

VAG[20] – die im Interesse der Versicherten erlassenen aufsichtsrechtlichen Vorschriften über die bei der Berechnung der Rückstellungen zu verwendenden Rechnungsgrundlagen einschließlich des dafür anzusetzenden Rechnungszinsfußes ebenso wie die Vorschriften über die Zuweisung bestimmter Kapitalerträge zu den Rückstellungen zu beachten.[21] Nach § 74 I 2 VAG bleiben die Vorschriften des VAG über Eigenmittel sowie die handelsrechtliche Verpflichtung zur Rechnungslegung unberührt. Sie gelten daher nicht für die Solvabilitätsübersicht. Die Aufsichtsbehörde kann nach § 88 II VAG soweit die von dem Versicherungsunternehmen vorgenommene Berechnung der versicherungstechnischen Rückstellung nicht den Vorschriften der §§ 75 bis 87 entspricht, eine Erhöhung des Betrags der versicherungstechnischen Rückstellungen bis zu der nach den genannten Vorschriften vorgesehenen Höhe anordnen.

8 Als versicherungstechnische Rückstellungen gesondert auszuweisen sind:
– die Rückstellung für Beitragsüberträge[22]
– die Deckungsrückstellung[23]
– die Rückstellung für erfolgsabhängige und erfolgsunabhängige Beitragsrückerstattung (RfB)[24]
– die Rückstellung für noch nicht abgewickelte Versicherungsfälle (Schadenrückstellung)[25]
– die Schwankungsrückstellung und ähnliche Rückstellungen[26]
– sonstige versicherungstechnische Rückstellungen[27], unter Einschluss der Rückstellung für drohende Verluste aus dem Versicherungsgeschäft[28].

IV. Rückstellungen für Beitragsüberträge

9 Für den Teil von Beiträgen, die Erträge für eine bestimmte Zeit nach dem Abschlussstichtag darstellen, sind **Rückstellungen für Beitragsüberträge** nach den Voraussetzungen des § 341e II Nr. 1 HGB zu bilden. Diese Überträge ergeben sich, wenn Beiträge für einen über das Ende des jeweiligen Wirtschaftsjahres hinaus reichenden Zeitraum gezahlt werden, etwa wenn der für den jeweiligen Versicherungsvertrag maßgebliche Jahreszeitraum nicht mit dem Wirtschaftsjahr übereinstimmt. Mit diesem sog. transitorischen, passiven Rechnungsabgrenzungsposten[29] sollen Einnahmen folgender Wirtschaftsjahre für Zwecke der zutreffenden Ermittlung des Gewinns des laufenden Jahres in die Zukunft transportiert werden. Damit ist die verfrühte Einnahme von Beiträgen und nicht der voraussichtliche Umfang der im folgenden Geschäftsjahr zu erbringenden Versicherungsleistung Gegenstand der Abgrenzung.[30]

10 Auch steuerlich sind die Beitragsüberträge als passiver Rechnungsabgrenzungsposten (§ 5 V 1 Nr. 2 EStG) anzusetzen.[31] Für Zwecke der steuerlichen Gewinnermittlung hatte die Finanzverwaltung in einem koordinierten Ländererlass[32] die Bestimmung der übertragsfähigen Beitragsanteile festgelegt. Aufgrund dieser Regelungen sind die Beitragseinnahmen um die »nicht übertragsfähigen« Beitragsteile zu kürzen. Zur Ermittlung der nicht übertragsfähigen Beitragsteile sind 85 % der Provisionen und sonstigen Bezüge der Vertreter vom Tarifbeitrag zu kürzen. Der für das selbst abgeschlossene Geschäft abzusetzende Anteil der Rückversicherer von den Brutto-Beitragsüberträgen ist entsprechend der Regelung für das in Rückdeckung übernommene Geschäft zu bestimmen.[33]

---

20 Die Parenthese in § 341e I HGB wurde durch Art. 2 I des Gesetz zur Modernisierung der Finanzaufsicht über Versicherungen (VAMoG) v. 01.04.2015 (BGBl I S. 434 (Nr. 14) eingefügt; diese Fassung des § 341e I HGB gilt somit ab dem 01.01.2016.
21 Vgl. § 341e I HGB.
22 Vgl. § 341e II Nr. 1 HGB, § 24 RechVersV.
23 Vgl. § 341f HGB, § 25 RechVersV.
24 Vgl. § 341e II Nr. 2 HGB, § 28 RechVersV.
25 Vgl. § 341g HGB, § 26 RechVersV.
26 Vgl. § 341h HGB, §§ 29, 30 RechVersV.
27 § 31 RechVersV.
28 Vgl. § 341e II Nr. 3 HGB, § 31 I Nr. 2 RechVersV.
29 Vgl. § 250 II HGB, Beck'scher Versicherungsbilanz-Kommentar/*Freiling*, § 341e HGB Rn. 41; WP-Handbuch/*Ellenbürger*, Bd. I, Teil K Rn. 347. Danach gelten als passive Rechnungsabgrenzungsposten auch nach § 250 II HGB und § 5 V 1 Nr. 2 EStG nur »Einnahmen vor dem Abschlussstichtag …, soweit sie Ertrag für eine bestimmte Zeit nach diesem Tag darstellen«.
30 D/P/M/*Mau*, KStG vor §§ 20–21a Rn. 11.
31 D/P/M/*Mau*, KStG vor §§ 20–21a (Stand: August 2015) Rn. 14 ff.
32 BMF v 30.04.1974, VerBAV 1974, 118, DB 1974, 1504. Auch wenn dieses BMF-Schreiben bereits durch das BMF-Schreiben v. 07.05.2005 (BStBl. I 2005, S. 717) formell aufgehoben wurde und es nicht mehr in der Anlage (sog. Positivliste) des BMF-Schreiben v. 25.03.2015 enthalten ist, kann es in der Praxis dennoch weiterhin angewendet werden (vgl. D/P/M/*Mau*, KStG vor §§ 20–21a Rn. 19. Daneben können auch andere Verfahren, etwa eine auf den einzelnen Versicherungsvertrag bezogene Aufteilung der Beiträge in einen zeitraumbezogenen und einen zeitpunktbezogenen Anteil in Betracht kommen.
33 Vgl. hierzu näherKoRVU-Kommentar/*Geib/Horbach*, Teil J Rn. 65 ff., 72 ff.

V. Deckungsrückstellung (§ 341f HGB; § 25 RechVersV)

Das Geschäftsmodell der klassischen Lebensversicherer ist – neben weiteren Faktoren – von der Entwicklung des Zinsumfeldes am Kapitalmarkt stark abhängig. Denn für die in den Lebensversicherungsverträgen gegenüber den Versicherten eingegangenen Verpflichtungen müssen Versicherer gem. § 341e Abs. 1 HGB sog. Versicherungstechnische Rückstellungen in ihren (Handels-)Bilanzen bilden, die den Großteil der Passiva der Versicherer darstellen. Wirtschaftlich eine besondere Bedeutung kommt in diesem Zusammenhang bei den Lebensversicherern der Deckungsrückstellung nach § 341f HGB zu.[34]

Für die Lebensversicherung fanden sich die Rechtsgrundlagen für die Bildung von **Deckungsrückstellungen** in § 341f HGB, § 25 RechVersV, § 65 VAG und die nach dieser Verordnungsermächtigung erlassene Verordnung über Rechtsgrundlagen für die Deckungsrückstellungen vom 06.05.1996 (**Deckungsrückstellungsverordnung**, DeckRV a.F.[35]).

Mit der am 01. Juli 2016 in Kraft tretenden Verordnung über Rechnungsgrundlagen für die Deckungsrückstellungen (Deckungsrückstellungsverordnung – DeckRV vom 18.04.2016 (BGBl. 2016 I S. 767) erfolgte eine Neuregelung auf Grund des § 88 Abs. 3 Satz 1 und 2 i.V.m. Satz 4 und des § 217 Satz 1 Nr. 7 bis 10 i.V.m. Satz 3 und 4 VAG vom 01. April 2015 und des § 235 Abs. 1 Satz 1 Nummer 4 bis 7 in Verbindung mit Absatz 2 Satz 2 VAG.[36] Diese DeckRV schließt nunmehr auch die Pensionskassen ein.[37]

Im Lebensversicherungsgeschäft sind nach § 341f HGB Deckungsrückstellungen in Höhe ihres versicherungsmathematisch errechneten Wertes einschließlich bereits zugeteilter Überschussanteile nach Abzug des versicherungsmathematisch ermittelten Barwerts der *künftigen* Beiträge zu bilden (sog. **prospektive Methode**[38]). Die verzinslich angesammelten Überschussanteile sind hierbei nicht zu berücksichtigen, sondern unter den Verbindlichkeiten gegenüber VN auszuweisen. Damit stellen sie den versicherungsmathematischen Barwert aller zukünftigen Verpflichtungen aus den Versicherungsverträgen nach Abzug des versicherungsmathematischen Barwerts der Beiträge dar. Sofern die prospektive Methode für die Ermittlung des Überhangs der Verpflichtungen nicht möglich ist, erfolgt die Bestimmung aufgrund der aufgezinsten Einnahmen und Ausgaben der vorangegangenen Geschäftsjahre im Rahmen der sog. **retrospektiven Methode**.[39]

Vielfach wurde in der Vergangenheit beim Vertrieb von Lebensversicherungsprodukten ein fixes Verhältnis von Beiträgen und Leistungen garantiert. Dies lässt sich nachträglich nicht, oder nicht ohne Weiteres anpassen. Bei der Festsetzung dieses Verhältnisses sind neben biometrischen Faktoren (etwa Tod, Erleben, Berufsunfähigkeit, etc.) und Kosten vor allem **Zinsen** und **Zinseszinseffekte** zu beachten. Einzelne Versicherer haben auf die Entwicklung des Zinsumfeldes am Kapitalmarkt keinen Einfluss. Denn aufgrund der oft viele Jahrzehnte überspannenden Laufzeit von Versicherungsverträgen und der vertraglichen Verpflichtungen gegenüber den Kunden ist es Versicherern bei Vertragsabschluss regelmäßig nicht möglich, Kapitalanlagen zu erwerben oder deren Kauf zu festen Konditionen vorab zu vereinbaren, um über die gesamte Laufzeit einen Gleichlauf von Kapitalanlagen (einschließlich deren Erträgen) und den Rückstellungen entsprechend den Annahmen zur Kalkulation der Beiträge und Leistungen sicherzustellen. Damit unterliegen die Versicherer also einem erheblichen **Zinsänderungsrisiko** bei diesen Produkten, das sich in der jüngeren Vergangenheit aufgrund des Niedrigzinsumfeldes bereits realisiert hat.[40]

In der jüngeren Vergangenheit betrafen die Änderungen die Verringerung des **Höchstzinssatzes** i.S.d. § 2 I DeckRV i.H.v. 2,25 % mit Wirkung vom 01.01.2007 über 1,75 % mit Wirkung zum 01.01.2012[41] und mit Wirkung vom 01.01.2015 auf 1,25 %.[42]

Vor dem Hintergrund des schwierigen wirtschaftlichen Umfeldes der deutschen Lebensversicherer (rückläufige Kapitalerträge im Niedrigzinsumfeld sowie erhöhte Eigenmittelanforderungen durch Solvency II[43]) wurden Maßnahmen zur Verbesserung der mittel- und langfristigen Risikotragfähigkeit für die Sparte der Lebensversicherer bereits ab 2005 diskutiert.[44] In diesem Zusammenhang ist Anfang 2011 die Zinszusatzreserve (ZZR) durch eine Änderung der Deckungsrückstellungsverordnung eingeführt worden, um durch eine Erhö-

---

34 Vgl. *Hofmeier/Krause/Menning* DB 2015, 1477 ff., dort unter II.
35 Verordnung über die Rechnungsgrundlagen für die Deckungsrückstellungen (Deckungsrückstellungsverordnung – DeckRV) v. 06.05.1996 BGBl. I 670, zuletzt geändert durch Art. 3 der Verordnung zur Aufhebung von Verordnungen nach dem Versicherungsaufsichtsgesetz (VAGVAufhV) v. 16.12.2015 BGBl. I 2345.
36 Vgl. BGBl. 2015 I S. 434.
37 § 1 Abs. 1 Nr. 1 DeckRV; siehe dazu unten unter Pensionsfonds-Deckungsrückstellungsverordnung.
38 § 341f I 1 HGB.
39 § 341f I Satz 2 HGB, vgl. WP-Handbuch/*Ellenbürger*, Bd. I, Teil K Rn. 369; Beck'scher Versicherungsbilanz-Kommentar/*Stuirbrink/Johannleweling/Faigle/Reich*, § 341f HGB Rn. 3.
40 Vgl. *Hofmeier/Krause/Menning* DB 2015, 1477 ff., dort unter II.
41 Vgl. Art. 1 Verordnung zur Änderung der Deckungsrückstellungsverordnung und der Pensionsfonds-Deckungsrückstellungsverordnung (DeckRVuaÄndV) v. 01.03.2011; BGBl. I 345 (Nr. 9).
42 § 2 I DeckRV i.d.F. des Gesetzes zur Absicherung stabiler und fairer Leistungen für Lebensversicherte (Lebensversicherungsreformgesetz – LVRG) v. 01.08.2014, BGBl. I 2014, 1330.
43 Vgl. *Hofmeier/Krause/Menning* DB 2015, 1477 ff., dort unter III.
44 BaFin Jahresbericht 2010, 113.

hung der Deckungsrückstellung niedrigeren Zinserträgen entgegenwirken zu können.[45] Die Vorschrift des § 341f HGB zielt auf die Situation ab, dass die erwirtschafteten Kapitalerträge nicht mehr ausreichen, um die Garantieverpflichtungen zu bedienen. Als Reaktion auf die andauernde Niedrigzinsphase wurde daher mit der Zinszusatzreserve ein Puffer geschaffen, der die Erfüllung der Verpflichtungen der Unternehmen gegenüber den Kunden sicherstellen soll. Mit der Zinszusatzreserve soll also langfristig die Lücke zwischen den zugesagten Garantien und den real am Markt erzielbaren Zinsen geschlossen werden. Tritt dieser Fall ein, reichen die unternehmenseigenen Erträge auch nicht mehr, um in großem Umfang Zusatzrückstellungen zu bilden. Daher soll durch das im August 2014 in Kraft getretene Lebensversicherungsreformgesetz (LVRG) eine weitere Stabilisierung der Situation der Lebensversicherer erreicht werden. Hierzu wird durch das LVRG wieder die Möglichkeit eröffnet, Verluste im Kapitalanlageergebnis durch Gewinne im Risikoergebnis und Übrigen Ergebnis auszugleichen und zusätzlich den Abfluss stiller Reserven durch die Einführung eines Sicherungsbedarfs begrenzt.[46]

Die Neuregelungen zur Erhöhung der Deckungsrückstellung zur frühzeitigen Berücksichtigung niedrigerer Zinserträge durch die Zinszusatzreserve (ZZR) erfolgten im Rahmen von § 5 DeckRV, falls gem. § 341f II 2 HGB bei einer lang anhaltenden Niedrigzinsphase eine Neubewertung der Garantieverpflichtungen der Bestandsverträge erforderlich wird.[47] Hierfür wurde in § 5 III DeckRV ein brancheneinheitlicher Referenzzinssatz eingeführt, um festzustellen, wann ein solcher Sachverhalt gegeben ist. Nach § 5 IV DeckRV sind die Sicherheitsmargen in der Deckungsrückstellung zu jedem Bilanzstichtag zu überprüfen. Der Referenzzins i.S.d. § 5 III 3 DeckRV wird mit dem für den jeweiligen Versicherungsvertrag maßgeblichen Rechnungszins verglichen. Ergibt sich hierbei, dass der Referenzzins niedriger ausfällt, ist für die Berechnung der einzelvertraglichen Deckungsrückstellung nur noch dieser anzusetzen. Der Zeitraum, für den der niedrigere Zinssatz statt des ursprünglich festgelegten Rechnungszinses angesetzt werden darf, wird auf 15 Jahre beschränkt. Dies beruht auf der Annahme einer 15-jährigen Niedrigzinsphase. Bei Ermittlung der Deckungsrückstellung wird für die Dauer dieses Zeitraums das Minimum aus dem jeweils vertraglich maßgeblichen Rechnungszins und dem Referenzzins angesetzt. Eine Überprüfung ist jährlich neu vorzunehmen. Bewegt sich der Referenzzins oberhalb des maßgeblichen einzelvertraglichen Rechnungszinses (§ 2 II 1 DeckRV), ist letzterer in Ansatz zu bringen. Liegt er aber unter dem Rechnungszins eines Vertrages, gilt er bis zum nächsten Bilanzstichtag. Ab diesem ist der dann aktualisierte Referenzzins maßgebend. Der in den vergangenen Jahren zu beobachtende stufenweise Rückgang des Referenzzinssatzes führt somit zu einem schrittweisen Aufbau der ZZR. Hierdurch wird die langfristige Sicherstellung der Verpflichtungen des Versicherers gegenüber den Versicherten gewährleistet. Ferner werden die eingegangenen Zinssatzverpflichtungen in der Handelsbilanz nicht in einem einzigen Vorgang, sondern zeitlich gestreckt aufgedeckt. Dadurch kommt es bei starkem Absinken des Zinsniveaus zu einem signifikanten Anstieg der ZZR. Dies kann gegebenenfalls sogar einen erheblichen laufenden Kapitalbedarf auslösen, der zur Auflösung von Eigenmitteln, insbesondere Bewertungsreserven führen kann, auch wenn langfristig durch die laufenden Überschüsse und vorhandenen Eigenmittel die abgegebenen Zinsgarantien gedeckt sein sollten.[48]

14 Die Rechtsgrundlagen für die Bildung von Deckungsrückstellungen bei Krankenversicherungsunternehmen fanden sich in §§ 12, 12a VAG sowie in der aufgrund der Verordnungsermächtigung des § 12c VAG ergangenen Verordnung über die versicherungsmathematischen Methoden zur Prämienkalkulation und zur Berechnung der Alterungsrückstellung in der privaten Krankenversicherung vom 18.11.1996 (**Kalkulationsverordnung**, KalV[49]).

Mit der am 22. April 2016 in Kraft getretenen Verordnung betreffend die Aufsicht über die Geschäftstätigkeit in der privaten Krankenversicherung (**Krankenversicherungsaufsichtsverordnung** – KVAV)[50] erfolgte eine thematische Zusammenfassung und Neuregelung auf Grund des § 160 Satz 1 Nr 6 i.V.m. Satz 3 VAG, des § 160 Satz 1 Nr. 1 bis 5 und 7 i.V.m. Satz 3 VAG.

15 Bei Pensionsfonds fanden sich die entsprechenden Rechtsgrundlagen in der Verordnungsermächtigung des § 116 VAG a.F. und der hierzu erlassene Verordnung über Rechnungsgrundlagen für Deckungsrückstellungen von Pensionsfonds vom 20.12.2001, die sog. **Pensionsfonds-Deckungsrückstellungsverordnung**,

---

45 Vgl. Verordnung zur Änderung der Deckungsrückstellungsverordnung und der Pensionsfonds-Deckungsrückstellungsverordnung, BGBl I 2011, 345.
46 Vgl. *Hofmeier/Krause/Menning* DB 2015, 1477 ff., dort unter IV. 3.
47 Vgl. Verordnung zur Änderung der Deckungsrückstellungsverordnung und der Pensionsfonds-Deckungsrückstellungsverordnung, BGBl. I 2011, 345.
48 Vgl. *Hofmeier/Krause/Menning* DB 2015, 1477 ff., unter III. 1.
49 Verordnung über die versicherungsmathematischen Methoden zur Prämienkalkulation und zur Berechnung der Alterungsrückstellung in der privaten Krankenversicherung (Kalkulationsverordnung – KalV) v 18.11.1996, BGBl. I 1783, zuletzt geändert durch Artikel 1 der Verordnung v. 29. Januar 2013 (BGBl. I S. 160); aufgehoben durch Artikel 1 Nr. 4 VAGVAufhV v. 16.12.2015 BGBl. I 2345 mit Wirkung zum 01.01.2016.
50 BGBl. 2016 I S. 780.

PfDeckRV[51]). Sie trat nach den Artikeln 1, 3 u. 6 VAGVAufhV vom 16.12.2015[52] zum 1. Juli 2016 außer Kraft. Ab dem 01.01.2016 finden sich die Rechtsgrundlagen in § 240 Nr. 12 VAG. Die »neue« DeckRV enthält nunmehr auch den bisherigen Regelungsbereich der Pensionsfonds-Deckungsrückstellungsverordnung, da § 1 Abs. 1 Nr. 1 der DeckRV nunmehr vorsieht, dass diese neue Verordnung unter anderem für Lebensversicherungsunternehmen einschließlich der Pensionskassen, mit Ausnahme der Sterbekassen gelten soll.[53]

Einmalige **Abschlusskosten** dürfen nach einem angemessenen versicherungsmathematischen Verfahren, etwa dem Zillmerungs-Verfahren, berücksichtigt werden[54]. Nach § 15 I RechVersV sind von den »zillmernden« Lebensversicherungsunternehmen die noch nicht fälligen Ansprüche gegen die VN auszuweisen, sofern die Beiträge der VN geleistete, rechnungsmäßig gedeckte Abschlussaufwendungen betreffen. Soweit die nach § 341f HGB berechnete Deckungsrückstellung unter dem vertraglich oder gesetzlich garantieren **Rückkaufswert** liegt, ist der Rückkaufswert auszuweisen. Nach § 25 II RechVersV gilt dies sinngemäß für eine beitragsfreie Versicherungsleistung. Nach § 25 III RechVersV enthält die Deckungsrückstellung ausdrücklich auch die Verwaltungskostenrückstellung für beitragsfreie Jahre und Versicherungen. Aus der Regelung in § 25 I 1 RechVersV, nach der bei der Berechnung der Deckungsrückstellung für die Risiken aus dem Versicherungsvertrag angemessene Sicherheitszuschläge zu berücksichtigen sind und unter Berücksichtigung des in § 252 I Nr. 3 HGB kodifizierten Einzelbewertungsgrundsatzes wird gefolgert, dass die Bildung pauschaler Deckungsrückstellungen, die über die einzelvertraglichen Berechnungen hinausgehen, grundsätzlich unzulässig ist.[55] **16**

In der (substitutiven[56]) Krankenversicherung, die nach der Art der Lebensversicherung betrieben wird, ist – vorrangig nach der prospektiven Methode[57] – als Deckungsrückstellung eine **Alterungsrückstellung** zu bilden. Diese umfasst nach § 341f III 1 Hs. 2 HGB der Rückstellung bereits zugeführte Beiträge aus der Rückstellung für Beitragsrückerstattung sowie Zuschreibungen, die dem Aufbau einer Anwartschaft auf Beitragsermäßigung im Alter dienen. Die Berechnung erfolgt gem. § 25 V 1 RechVersV nach den auf Grund des § 160 Nr 1 VAG erlassenen Vorschriften, insbesondere § 18 KVAV.[58] Danach ist die Summe der Einzelalterungsrückstellungen am Abschlussstichtag unter Berücksichtigung des Alters des Versicherten an diesem Stichtag zugrunde zu legen. Zur Berechnung der Alterungsrückstellungen ist auch ein Näherungsverfahren zulässig, bei dem das arithmetische Mittel der Einzelalterungsrückstellungen verwendet wird, die sich dadurch ergeben, dass die Versicherungsdauern auf ganze Jahre auf- und abgerundet werden. **17**

Bei Schaden- und Unfallversicherungsunternehmen kommen Deckungsrückstellungen in Betracht, sofern das Geschäft nach Art einer Lebensversicherung betrieben wird.[59] Renten-Deckungsrückstellungen sind etwa auch in den Sparten der allgemeinen Haftpflichtversicherung, Kraftfahrzeug-Haftpflicht, Kraftfahrt-Unfall, allgemeine Unfall zu bilden und müssen nach anerkannten versicherungsmathematischen Methoden berechnet werden.[60] **18**

Steuerlich gibt es für die Deckungsrückstellung keine Abweichung vom Grundsatz der Maßgeblichkeit der Handelsbilanz für die Steuerbilanz. Allerdings enthält der mit dem StEntlG 1999/2000/2002 v. 24.03.1999[61] eingeführte § 21a KStG spezielle steuerliche Sonderregelungen zur **Abzinsung der Deckungsrückstellung**, die durch die Ergänzungen des Altersvermögensgesetzes (AVmG) v. 26.06.2001 mit Wirkung ab dem Veranla- **19**

---

51 Verordnung über Rechnungsgrundlagen für die Deckungsrückstellungen von Pensionsfonds (Pensionsfonds-Deckungsrückstellungsverordnung – PFDeckRV) v. 20. Dezember 2001 (BGBl. I 4183), zuletzt geändert durch Artikel 5 des Gesetzes v. 1. August 2014 (BGBl. I S. 1330); aufgehoben durch Artikel 3 VAGVAufhV v. 16.12.2015 BGBl. I 2345 mit Wirkung zum 01.07.2016; auch hier wurde der Höchstzinssatz per 01.01.2012 auf 1.75 % und per 01.01.2015 auf 1,25 % in § 1 Abs. 1 Satz 3 PFDeckRV abgesenkt. Ferner wurden korrespondierend zu den Änderungen in § 5 III, IV DeckRV Änderungen in § 2 II PFDeckRV vorgenommen sowie ein § 2 IIa PFDeckRV neu eingefügt.
52 Vgl. BGBl. 2015 I 2345.
53 Das Bundesministerium der Finanzen hatte am 29. September 2015 die Entwürfe für eine »Verordnung zur Aufhebung von Verordnungen aufgrund des Versicherungsaufsichtsgesetzes« und einen Entwurf für eine »Verordnung zum Erlass von Verordnungen nach dem Versicherungsaufsichtsgesetz« veröffentlicht.
Vgl. http://www.bundesfinanzministerium.de/Content/DE/Gesetzestexte/Referentenentwuerfe/2015-09-29-versicherungsaufsichtsgesetz.html.
54 § 25 I Satz 2 RechVersV, ausführlich: Beck'scher Versicherungsbilanz-Kommentar/*Stuirbrink/Johannleweling/Faigle/Reich*, § 341f HGB Rn. 31 ff.; *Faigle/Engerländer* VW 2001, 1570.
55 WP-Handbuch/*Ellenbürger*, Bd. I, Teil K Rn. 375.
56 Vgl. hierzu § 146 I Nr. 2 VAG.
57 § 341f I Satz 2 HGB, vgl. näher: Beck'scher Versicherungsbilanz-Kommentar/*Stuirbrink/Johannleweling/Faigle/Reich*, § 341f HGB Rn. 55.
58 Bis zum 31.12.2015 war die Ermächtigungsgrundlage § 12c Abs. 1 Nr. 1 VAG a.F. Damit fand § 16 Kalkulationsverordnung (KalV) Anwendung. Diese Vorschrift entspricht inhaltlich dem § 18 KVAV.
59 Vgl. § 25 VI 1 RechVersV, § 160 I VAG (für den Zeitraum bis zum 31.12.2015 vgl. § 11d VAG i.V.m. §§ 11 bis 11c VAG a.F.).
60 § 341g V HGB, § 25 VI RechVersV, § 162 VAG.
61 BGBl. I 1999, 402.

gungszeitraum 2002 konkretisiert worden sind.[62] Die Regelung des § 21a KStG wurde eingeführt, um eine Abweichung der Steuerbilanz von der Handelsbilanz zu vermeiden.[63] Deckungsrückstellungen sind, wie auch schon vor Einführung dieser Regelung aufgrund der Maßgeblichkeit, nunmehr aufgrund ausdrücklicher gesetzlicher Regelung, mit dem aufsichtsrechtlich vorgeschriebenen Höchstrechnungszinssatz, für Lebensversicherungen mit Wirkung ab 01.01.2015 mit 1,25 % abzuzinsen.[64]

20 Die steuerlichen Regelungen des § 21a KStG regeln die Auswirkungen des in § 6 I Nr. 3a EStG enthaltenen allgemeinen Abzinsungsgebotes für die Deckungsrückstellung bei VR sowie für Pensionsfonds. Nach § 6 I Nr. 3a lit. e) EStG sind Rückstellungen für Verpflichtungen mit einem Zinssatz von 5,5 % abzuzinsen. Sofern allerdings die Laufzeit am Bilanzstichtag weniger als 12 Monate beträgt, ist keine Abzinsung vorzunehmen. Ferner ist keine Abzinsung vorzunehmen, wenn die Verpflichtungen verzinslich sind oder auf einer Anzahlung beruhen[65]. Grundlagen der handelsbilanziellen Bewertung sind die § 341 f. HGB und § 25 RechVersV.

21 In diesem Zusammenhang sei darauf hingewiesen, dass aufgrund der Änderungen durch das BilMoG[66] – entgegen der früheren Rechtslage[67] – handelsrechtliche Rückstellungen grundsätzlich abzuzinsen[68] sind, sofern ihre Restlaufzeit mehr als ein Jahr beträgt. Indes besteht diese Abzinsungsverpflichtung handelsrechtlich nicht für versicherungstechnische Rückstellungen, da § 341e I 3 HGB vorsieht, dass diese Rückstellungen nach den Wertverhältnissen am Abschlussstichtag zu bewerten und nicht nach § 253 II HGB abzuzinsen sind.

22 Die steuerliche Abzinsung mit 5,5 % nach § 6 I Nr. 3a lit. e) i.V.m. Nr. 3 EStG setzt eine »Unverzinslichkeit« voraus. Wie *Roser*[69] zutreffend ausführt, ist angesichts der Anerkennung auch niedriger Zinssätze für Zwecke der Abzinsung der Regelungsbedarf für § 21a KStG zu bezweifeln. Denn nur Zinssätze nahe »Null« werden als Anwendungsfall des Missbrauchs von rechtlichen Gestaltungsmöglichkeiten im Sinne des § 42 AO diskutiert. Derartig niedrige Zinsen liegen in diesem Sachzusammenhang aber regelmäßig nicht vor.

VI. Rückstellungen für Beitragsrückerstattungen

23 Handelsrechtlich sind Rückstellungen für erfolgsabhängige und erfolgsunabhängige Beitragsrückerstattungen nach § 341e II Nr. 2 HGB zu bilden, soweit die ausschließliche Verwendung der Rückstellungen für diesen Zweck durch Gesetz, Satzung, geschäftsplanmäßige Erklärung oder vertragliche Vereinbarung gesichert ist.[70] Detailliertere Regelungen zu den **Rückstellungen für Beitragsrückerstattung** (»RfB«) enthält § 28 RechVersV.

24 Die *erfolgsabhängige* Beitragsrückerstattung enthält nach § 28 II RechVersV die Beträge, die vom Gesamtergebnis, vom versicherungstechnischen Gewinn des gesamten Versicherungsgeschäfts, vom Ergebnis eines Versicherungszweiges oder einer Versicherungsart abhängig sind. Demgegenüber umfasst die ***erfolgsunabhängige* Beitragsrückerstattung** nach § 28 III RechVersV die Beträge, die vom Schadenverlauf oder vom Gewinn eines oder mehrerer Versicherungsverträge abhängig oder die vertraglich vereinbart oder gesetzlich geregelt sind.

25 Für Schaden- und Unfallversicherer sowie Rückversicherungsunternehmen ist als Besonderheit zu beachten, dass diese nach § 31 II Nr. 3 RechVersV die Rückstellung für die erfolgsunabhängige Beitragsrückerstattung unter dem Posten »sonstige versicherungstechnische Rückstellungen« auszuweisen haben, soweit sie vorsorglich bei einem mehrjährigen Beobachtungszeitraum vor Ablauf dieses Zeitraums gebildet wird.

26 Auch wenn die der RfB zugewiesenen Beiträge ausschließlich für die Überschussbeteiligung der Versicherten verwendet werden dürfen, sind VR in Ausnahmefällen mit Zustimmung der Aufsichtsbehörde im Interesse der Versicherten zur Abwendung eines drohenden Notstands berechtigt, die RfB heranzuziehen, soweit sie nicht bereits auf festgelegte Überschussanteile entfällt. Damit kann ein Zugriff auf die freie RfB und den Schlussüberschussanteilsfonds nach § 28 VI RechVersV ermöglicht werden.[71]

27 Steuerrechtlich sind Rückstellungen für Beitragsrückerstattungen nur in begrenztem Umfang abzugsfähig. Beitragsrückerstattungen, die für das selbst abgeschlossene Geschäft aufgrund des Jahresergebnisses oder des

---

62 Gesetz zur Reform der gesetzlichen Rentenversicherung und zur Förderung eines kapitalgedeckten Altersvorsorgevermögens (Altersvermögensgesetz – AVMG) v. 26.06.2001, BGBl. I 2001, 1310.
63 Blümich/*H.-J. Heger*, KStG § 21a Rn. 3.
64 Blümich/*H.-J. Heger*, KStG § 21a Rn. 1.
65 Vgl. § 6 I Nr. 3e i.V.m. Nr. 3 Satz 2 EStG.
66 Gesetz zur Modernisierung des Bilanzrechts v. 25.05.2009, BGBl I 1102.
67 Vgl. § 253 I 2 HGB a.F. enthielt ein Abzinsungs*verbot*.
68 Vgl. § 253 II HGB. Nach dessen Satz 1 sind Rückstellungen mit einer Restlaufzeit von mehr als einem Jahr mit dem ihrer Restlaufzeit entsprechenden durchschnittlichen Marktzinssatz der vergangenen sieben Geschäftsjahre abzuzinsen.
69 Gosch/*Roser*, § 21a KStG Rn. 17.
70 Zur engeren steuerlichen Definition vgl. sogleich unten.
71 Zu weiteren Fällen in denen die RfB herangezogen werden kann (beispielsweise Ausgleich von unvorhersehbaren Verlusten und Änderung der Rechnungsgrundlage), vgl.§ 139 VAG ab dem 01.01.2016 und § 56a III 3 VAG a.F. für Zeiträume bis zum 31.12.2015.

versicherungstechnischen Überschusses gewährt werden, sind steuerlich nach § 21 I Nr. 1 KStG[72] in der Lebens- und Krankenversicherung abziehbar bis zu dem nach handelsrechtlichen Vorschriften ermittelten Jahresergebnis für das selbst abgeschlossene Geschäft. Dieses wird erhöht um die für Beitragsrückerstattungen aufgewendeten Beträge, sofern diese das Jahresergebnis gemindert haben und die hierfür verwendeten Überschüsse dem Grunde nach steuerpflichtig und nicht steuerbefreit sind. Das Jahresergebnis wird gekürzt um den Betrag, der sich aus der Auflösung der Rückstellung für Beitragsrückerstattung ergibt sowie um den Nettoertrag des nach steuerlichen Vorschriften über die Gewinnermittlung anzusetzenden Betriebsvermögens am Beginn des Wirtschaftsjahres. Eine entsprechende Regelung gilt für Pensionsfonds.[73]

Die Definition der handelsrechtlichen erfolgsabhängigen Beitragsrückerstattung in § 28 II RechVersV korrespondiert mit dem Wortlaut des § 21 I KStG. Nicht erfasst von den Regelungen des § 21 KStG werden nach der Rspr. des Bundesfinanzhofes[74] die erfolgs*un*abhängigen Beitragsrückerstattungen im Sinne des § 28 III RechVersV. Nach dieser Rspr.[75] ist es nicht erforderlich, dass ein Lebens- oder Krankenversicherer ein positives Geschäftsergebnis erzielt.

Der Nettoertrag des nach steuerlichen Vorschriften über die Gewinnermittlung anzusetzenden Betriebsvermögens ist steuerlich nicht abzugsfähig. Dies begründet sich damit, dass eine Beteiligung der VN an den Überschüssen der Lebens- bzw. Krankenversicherer darauf beruht, dass die VN zunächst »**überhobene**« **Beiträge** zahlen, damit der VR die jederzeitige Erfüllbarkeit der Ansprüche aus den Versicherungsverträgen sicherstellen kann. Die Kompensation für die überhobenen, d.h. im Ergebnis zu hoch erhobenen Beiträge, erfolgt mittels der Rückstellung für Beitragsrückerstattung.

Demgegenüber ist der Nettoertrag aus der Bewirtschaftung des Eigenkapitals[76] nicht als überhobener Beitrag einzuordnen und kann daher steuerlich nicht für die Beitragsrückerstattung verwendet werden.

In der Schaden- und Unfallversicherung sind nach § 21 I Nr. 2 KStG Beitragsrückerstattungen bis zur Höhe des Überschusses abziehbar, die für das selbst abgeschlossene Geschäft aufgrund des Jahresergebnisses oder des versicherungstechnischen Überschusses gewährt werden, der sich aus der Beitragseinnahme nach Abzug aller anteiligen abziehbaren und nichtabziehbaren Betriebsausgaben einschließlich der Versicherungsleistungen, Rückstellungen und Rechnungsabgrenzungsposten ergibt. Der Berechnung des Überschusses sind die auf das Wirtschaftsjahr entfallenden Beitragseinnahmen und Betriebsausgaben des einzelnen Versicherungszweiges aus dem selbst abgeschlossenen Geschäft für eigene Rechnung zugrunde zu legen.[77]

Soweit nicht an die Versicherten im Falle der (steuerpflichtigen) Auflösung der Rückstellung für Beitragsrückerstattung Kleinbeträge[78] auszuzahlen wären und die Auszahlung dieser Beträge mit einem unverhältnismäßig hohen Verwaltungsaufwand verbunden wäre, ist die RfB aufzulösen, wenn diese höher ist als die Summe der folgenden Beträge[79]:

1. [Fassung für VZ 2009 und ab 2016:] die Zuführungen innerhalb des am Bilanzstichtag endenden Wirtschaftsjahrs und der zwei vorangegangenen Wirtschaftsjahre,
1. [Fassung für VZ 2010 bis 2015:[80]] die Zuführungen innerhalb des am Bilanzstichtag endenden Wirtschaftsjahrs und der vier vorangegangenen Wirtschaftsjahre, soweit die Summe dieser Beträge nicht höher ist als das 1,2-fache der Summe der drei Zuführungen, die zum Schluss des im Veranlagungszeitraum 2009 endenden letzten Wirtschaftsjahrs zulässigerweise ermittelt wurden. Der Betrag nach Satz 1 darf nicht niedriger sein als der Betrag, der sich ergeben würde, wenn das am 13. Dezember 2010 geltende Recht[81] weiter anzuwenden wäre,
2. Der Betrag, dessen Ausschüttung als Beitragsrückerstattung vor dem Bilanzstichtag vom Versicherungsunternehmen verbindlich festgelegt worden ist.
3. In der Krankenversicherung der Betrag, dessen Verwendung zur Ermäßigung von Beitragserhöhungen im folgenden Geschäftsjahr vom VU vor dem Bilanzstichtag verbindlich festgelegt worden ist.
4. In der Lebensversicherung und bei Pensionsfonds der Betrag, der für die Finanzierung der auf die abgelaufenen Versicherungsjahre entfallenden Schlussgewinnanteile erforderlich ist; für Pensionsfonds gilt Entsprechendes.

---

72 § 21 I Nr. 1 KStG in der Fassung des Jahressteuergesetzes 2009 v. 19.12.2008 in der ab dem 25.12.2008 geltenden Fassung durch Artikel 3 des Jahressteuergesetzes 2009 v. 19.12.2008 BGBl. I S. 2794.
73 Vgl. § 21 I Nr. 1 Satz 1 2. Hs. KStG.
74 BFH v. 09.06.1999 BStBl II 739, 740, gleicher Auffassung D/P/M/*Mau*, KStG § 21 Rn. 18.
75 BFH v. 09.06.1999, BStBl II 739 f., vgl. dazu auch D/P/M/*Mau*, KStG § 21 Rn. 23 f.
76 Vgl. zum Begriff der langfristigen Kapitalanlagen i.S.d. § 21 I Nr. 1 Satz 2 KStG das BMF-Schreiben v. 07.03.1978, BStBl. I 160, vgl. zu den Einzelheiten in der Anwendung D/P/M/*Mau*, KStG § 21 Rn. 13.
77 Vgl. § 21 I Nr. 2 Satz 2 KStG.
78 Vgl. BMF v. 07.03.1978 BStBl I 160 Rn. 5 (u.a. 20,00 DM = ca. 11 Euro).
79 Vgl. § 21 II 2 Nr. 1–4 KStG.
80 § 34 VIII KStG i.d.F. des Artikel 4 Gesetz zur Anpassung des nationalen Steuerrechts an den Beitritt Kroatiens zur EU und zur Änderung weiterer steuerlicher Vorschriften (KroatienAnpG v. 25.07.2014, BGBl. I 2014, 1266).
81 Vgl. (BGBl. I 1768; scil. Jahressteuergesetz 2010).

33 Mit der Norm des § 21 II 2 KStG berücksichtigt das Steuerrecht die aufsichtsrechtlichen Belange der Versicherten, die Überschüsse nicht länger als nötig in den freien RfB zurückzuhalten. Diese Regel basiert auf dem Urteil des Reichsfinanzhofs vom 23.03.1943[82], nach der die Verwendung der RfB »nicht allzu lange auf sich warten lassen darf«.

34 Aktuell ist in diesem Sachzusammenhang eine befristete Änderung des § 21 II Nr. 1 KStG zu beachten, die ursprünglich für die Veranlagungszeiträume 2010 bis 2013, aber dann bis 2015 verlängert worden ist.[83] Nach der Begründung des Regierungsentwurfes zum Jahressteuergesetz 2010 ist die ungebundene Rückstellung für Beitragsrückerstattung (RfB) eines der wichtigsten Solvabilitätsmittel der Lebens- und Krankenversicherungsunternehmen, mit deren Hilfe Ertragsschwankungen ausgeglichen und die Eigenkapitalanforderungen gedeckt werden. Die Regelung in § 21 II KStG a.F. konnte dazu führen, dass die Unternehmen ausgerechnet in Zeiten niedriger Erträge und hoher Unsicherheiten ihre als Sicherheitspuffer dienende ungebundene RfB abbauen müssen. Wenn daher die Höhe der Zuführung stark rückläufig sei, übersteige die Höhe der Auflösung die Höhe der Zuführung. Daraus ergeben sich zwei Wirkungen: zum einen wird bei fallenden Kapitalerträgen die Abnahme der RfB beschleunigt, weil die Höhe der Auflösung die Höhe der Zuführung übersteigt (**Prozyklizität**) und zum anderen kommt es bei dauerhaft niedrigen Erträgen zu einer dauerhaften Verkleinerung der RfB und damit – bei gleichem Risiko – zu einer dauerhaften Verringerung der Eigenmittelquote (**Solvabilitätsspanne**). Daher sei aus aufsichtsrechtlichen Gründen eine befristete Änderung des § 21 KStG mit dem Ziel angezeigt, dass die Unternehmen nicht aus steuerlichen Gründen veranlasst werden, die derzeit in der RfB eingestellten Mittel abzubauen[84].

35 Durch die befristete Gesetzesänderung wird der steuerliche Höchstbetrag für die sog. freie RfB angehoben. Statt bisher auf die Zuführungen innerhalb des am Bilanzstichtag endenden Wirtschaftsjahres und der zwei vorangegangen Wirtschaftsjahre abzustellen, sollen die Zuführungen des laufenden und der *vier* vorangegangenen, also der letzten fünf Wirtschaftsjahre maßgebend sein. Maßgeblich ist damit die Grenze der Zuführungen der letzten *fünf* Wirtschaftsjahre. Die Rückstellung darf hierdurch aber das 1,2fache des Betrags nicht überschreiten, der zulässigerweise am Schluss des im Veranlagungszeitraum 2009 endenden Wirtschaftsjahrs in der Steuerbilanz ausgewiesen war.[85] Mindestens ist jedoch der Betrag als freie RfB steuerlich zulässig, der sich nach bisherigem Recht ergeben hätte.[86]

36 Eine Abzinsung der erfolgsabhängigen RfB ist nach dem ausdrücklichen Wortlaut von § 21 III KStG nicht vorzunehmen, weil § 6 I Nr. 3a EStG nicht anzuwenden ist. Eine solche Sonderregelung besteht nicht für die erfolgsunabhängige RfB (§ 28 III RechVersV), so dass eine Abzinsung nach § 6 Abs. 1 Nr. 3a EStG vorzunehmen ist.[87] Dies gilt in der privaten Krankenversicherung insbesondere für die Rückstellung für die Umlage für Beitragsrückerstattungen aus der privaten Pflegeversicherung.[88]

VII. Rückstellung für noch nicht abgewickelte Versicherungsfälle (Schadenrückstellung)

37 § 341g HGB verlangt, dass VR **Rückstellungen für noch nicht abgewickelte Versicherungsfälle** zu bilden haben. Bei Schaden- und Unfallversicherungsunternehmen kann die Schadenrückstellung vier Teilschadenrückstellungen enthalten, nämlich für:
- Bekannte Versicherungsfälle[89]
- Schadenregulierungsaufwendungen[90]
- Spätschäden[91]
- Renten-Deckungsrückstellung (Rentenversicherungsfälle)[92]

Es handelt sich hierbei um Rückstellungen für ungewisse Verbindlichkeiten im Sinne von § 249 HGB.

38 Bei Spätschäden werden üblicherweise[93] die Schäden aus Versicherungsfällen, die bis zum Inventurabschluss gemeldet sind (sog. Nachmeldeschäden oder **bekannte Spätschäden**), und die bis zu diesem Zeitpunkt noch nicht gemeldeten Schäden, die sog. **unbekannten Spätschäden** (IBNR = Incurred But Not Reported), unterschieden. Steuerlich sind die unbekannten Spätschäden steuerlich zu berücksichtigen.[94]

---

82 RFH v. 23.03.1943, I R 145/42 RStBl S. 680.
83 Vgl. § 34 VIII S. 1 KStG i.d.F. des KroatienAnpG v. 25.07.2014, BGBl. I 2014, 1266.
84 Vgl. *Hoffmann/Kunz* VW 2010, 1732.
85 Zur Begründung der zeitlich begrenzten Änderung des § 21 II Nr. 1 KStG vgl. RegE JStG 2010 BT-Drucks. 17/2249, S. 71 f.
86 § 21 II 2 Nr. 1 S. 2 KStG.
87 Vgl. D/P/M/*Mau*, KStG § 21 Rn. 55, Gosch/*Roser*, § 21 Rn. 43; BFH I R 9/09, BStBl. II 2010, 304.
88 Vgl. D/P/M/*Mau*, KStG § 21 Rn. 56.
89 § 341g I 1 HGB.
90 § 341g I 2 HGB.
91 § 341g II 1 HGB.
92 § 341g V HGB.
93 Beck'scher Versicherungsbilanz-Kommentar/*Koch/Krause*, § 341g HGB Rn. 10.
94 Gosch/*Roser*, KStG § 20 Rn. 40 m.w.N.

Abzusetzen von dieser Rückstellung sind Forderungen aus Regressen, Provenues, also Ansprüchen auf ein 39
versichertes Objekt oder die Erlöse daraus und Teilungsabkommen.[95] Sofern die abgesetzten Forderungen einen größeren Umfang erreichen, sind sie im Anhang anzugeben.

Die Teilschadenrückstellung für **Schadensregulierungsaufwendungen** ist für alle voraussichtlich nach dem 40
Bilanzstichtag anfallenden Schadenregulierungsaufwendungen zu bilden; sie umfasst alle den Versicherungsfällen direkt und indirekt zuordenbaren Aufwendungen.[96] Zwar war der Umfang der zu berücksichtigenden Schadensregulierungsaufwendungen, vor allem die Einbeziehung der Schadenbearbeitungskosten im Hinblick auf das »begrenzende« BMF-Schreiben vom 02.02.1973 umstritten.[97] Allerdings sollte es angesichts des eindeutigen Wortlauts von § 341 I 2 HGB keinem Zweifel unterliegen, dass diese Aufwendungen ohne weitere Beschränkungen abzugsfähig sind.[98]

Handelsrechtlich kommt dem **Vorsichtsprinzip** bei der Ermittlung von versicherungstechnischen Rückstellungen, insbes. bei der Schadenrückstellung, nach verbreiteter Auffassung eine besondere Bedeutung[99] zu, 41
weil das Vorsichtsprinzip dem Zweck dienen soll, die dauernde Erfüllbarkeit der Verpflichtungen aus den Versicherungsverträgen sicherzustellen. Kennzeichnend für das Versicherungsgeschäft sei der Transfer von Risiken, so dass bei der Bildung versicherungstechnischer Rückstellungen besonders vorsichtig vorgegangen werden müsse.[100] Leitlinie hierbei müsse sein, dass keinesfalls ein zu hoher Gewinn ausgeschüttet werden dürfe, der am Ende zu einer ungerechtfertigten Verminderung der Haftungsmasse des VR führe.

Solange es im Handels- und Steuerrecht ein Gleichmaß der Vorschriften zur Bestimmung der Schadenrückstellung gab, war dies unbestritten. Denn nach dem Grundsatz der Maßgeblichkeit der handelsrechtlichen 42
Gewinnermittlung für die steuerliche Gewinnermittlung[101] wirkten sich die Ergebnisse der handelsrechtlichen Gewinnermittlung unmittelbar steuerlich aus. Allerdings kam es mit dem Steuerentlastungsgesetz 1999/2000/2002[102] vom 24. März 1999 mit der Einführung von § 6 I Nr. 3a lit. a) EStG zu einem Paradigmenwechsel. Die ebenfalls neu eingeführte körperschaftsteuerliche Vorschrift des § 20 II KStG[103] zur Rückstellung für noch nicht abgewickelte Versicherungsfälle regelt im § 6 I Nr. 3a lit. a) die sog. »**realitätsnähere Bewertung**«. Diese Regelungen betreffen die Schadenrückstellungen der VR.

Bei der realitätsnäheren Bewertung ist für steuerliche Zwecke bei der Bildung von Rückstellungen für gleichartige Verpflichtungen auf Grundlage der *Erfahrungen in der Vergangenheit* aus der Abwicklung solcher Verpflichtungen die Wahrscheinlichkeit zu berücksichtigen, dass der Steuerpflichtige nur zu einem Teil der Summe dieser Verpflichtungen in Anspruch genommen wird. Aus Sicht der (Konzern-)Betriebsprüfung waren die 43
häufig auftretenden Abwicklungsgewinne nicht mit dem erwünschten Erfolg anzugreifen gewesen. Küppers und Dettmeier weisen m.E. zutreffend darauf hin, dass zum einen die Prämisse, dass die Abwicklungsergebnisse der Vergangenheit einen zulässigen Schluss auf den Mittelbedarf zur Erfüllung der Schadenrückstellungen in der Zukunft zulassen, höchst zweifelhaft ist und merken des weiteren zum anderen an, ob nicht nur steuerrechtlich, sondern auch handelsrechtlich Schlüsse aus den Abwicklungsergebnissen gezogen werden müssten.[104]

Im Hinblick auf die Rückstellungen für noch nicht abgewickelte Versicherungsfälle nach § 341g HGB regelt 44
§ 20 II KStG, dass die Erfahrungen im Sinne des § 6 I Nr. 3a lit. a) EStG für jeden Zweig einer Versicherung zu berücksichtigen sind, für den nach aufsichtsrechtlichen Vorschriften eine gesonderte Gewinn- und Verlustrechnung aufzustellen ist. Hierbei ist die Summe der nach dem Grundsatz der Einzelbewertung bewerteten Schäden eines Versicherungszweigs um den Betrag zu mindern (sog. Minderungsbetrag), der wahrscheinlich nicht zur Befriedigung der Ansprüche aus den Schäden benötigt wird. Dieser pauschale Abschlag wird nach der Begründung des Steuerentlastungsgesetzes 1999/2000/2002 mittels der sog. **Ablaufverprobung** ermittelt. Die Differenz der Schadenrückstellung am Beginn des Wirtschaftsjahres abzüglich der Schadenrückstellung am Ende des Wirtschaftsjahres ergibt das abgewickelte Volumen.[105] Aus der Differenz des abgewickelten Vo-

---

95 Vgl. § 26 II 1, 2 RechVersV; in der Rechtsschutzversicherung gehören zu den Forderungen auch die bestehenden Forderungen an den Prozessgegner auf Kostenerstattung.
96 Freiling/Ellenbürger/Bögle/*Geib/Teigenbüscher*, B 4 Rn. 155 f.
97 Beck'scher Versicherungsbilanz-Kommentar/*Koch/Krause*, § 341g HGB Rn. 33–36 m.w.N.
98 *Boetius*, Rn. 1015; Beck'scher Versicherungsbilanz-Kommentar/*Koch/Krause*, § 341g HGB Rn. 36; L/W/*Küppers/Dettmeier*, Rechnungslegung und steuerliche Gewinnermittlung von Versicherungsunternehmen (Rechnungslegung VU), Rn. 37.
99 Vgl. *Perlet*, in: FS Moxter, 1994, S. 833, 844 ff.; WP-Handbuch/*Ellenbürger*, Bd. I, Teil K Rn. 414; in die gleiche Richtung, aber zurückhaltender Beck'scher Versicherungsbilanz-Kommentar/*Koch/Krause*, § 341g HGB Rn. 71.
100 WP-Handbuch/*Ellenbürger*, Bd. I, Teil K Rn. 413.
101 Vgl. § 5 I S. 1 EStG.
102 BGBl. I 1999, S. 402, 404.
103 BGBl. I 1999, S. 402, 484; L/W/*Küppers/Dettmeier*, Rechnungslegung und steuerliche Gewinnermittlung von Versicherungsunternehmen (Rechnungslegung VU), Rn. 33.
104 L/W/*Küppers/Dettmeier*, Rechnungslegung und steuerliche Gewinnermittlung von Versicherungsunternehmen (Rechnungslegung VU), Rn. 245.
105 Grundsätzlich ist nach dem BMF-Schreiben v 05.05.2000 (BStBl I 487, Tz III. 1.2.) die Ablaufverprobung nach Bilanzjahren vorzunehmen. Allerdings schließt dies nicht aus, eine Ablaufverprobung nach Schadenanfalljahren vor-

Einleitung F. Bilanz- und Steuerrecht von Versicherungsunternehmen

lumens abzüglich der Schadenzahlungen im Wirtschaftsjahr ermittelt sich die Besserregulierung. Das Verhältnis der Besserregulierung zum abgewickelten Volumen ergibt die prozentuale Besserregulierung.

45 Einzelheiten zur Ermittlung des Minderungsbetrages hat das Bundesministerium der Finanzen in seinem Schreiben vom 05. Mai 2000[106] geregelt und die Ablaufverprobung präzisiert. Der Minderungsbetrag wird dadurch reduziert, dass der auf Grundlage des vorgenannten BMF-Schreibens ermittelte Rückstellungsbedarf um einen Sicherheitszuschlag von 15 % des Rückstellungsbedarfs erhöht werden darf. Unter besonderen Umständen darf dieser Sicherheitszuschlag auch höher bemessen werden. Grundsätzlich ist für eine aussagefähige Ablaufverprobung ein Beobachtungszeitraum von mindestens 5 Jahren erforderlich; denkbar ist auch ein längerer Beobachtungszeitraum. Für neue Versicherungszweige ist ein kürzerer Beobachtungszeitraum möglich.[107]

46 Schaden- und Unfallversicherungsunternehmen berechnen die Rückstellungen für Schadensregulierungsaufwendungen regelmäßig auf Grundlage des BMF-Schreibens vom 02. Februar 1973.[108] Das Resultat dieser Teilschadenrückstellung darf das gesamte Abwicklungsergebnis nicht beeinflussen.[109]

47 Nach Auffassung der Finanzverwaltung ist die Ablaufverprobung bei Kranken- und Lebensversicherern entbehrlich.[110] Allerdings behält sich die Finanzverwaltung vor, die Schadenrückstellung in bestimmten Fällen zu überprüfen.[111]

48 Die Anwendung der Rechtsgrundsätze des § 20 II KStG führt – auch nach Auffassung der Finanzverwaltung[112] – nicht zu einer Änderung der für die Berechnung der Schwankungsrückstellung maßgeblichen Schadenquoten, so dass die nach der Anlage zu § 29 RechVersV nach handelsrechtlichen Grundsätzen ermittelten Schadenquoten maßgebend sind.[113]

49 Das BMF-Schreiben v. 16.08.2000[114], das es den VR erlaubt, Schadenrückstellungen anstelle der grundsätzlich erforderlichen Einzelbewertung nach einem Pauschalverfahren abzuzinsen, war zeitlich begrenzt.[115] Allerdings hat das BMF zwischenzeitlich die zeitliche Anwendbarkeit dieser **Pauschalregelung** zur **Abzinsung** von **Schadenrückstellungen** der VU erneut für Wirtschaftsjahre verlängert, die vor dem 01.01.2016 enden.[116]

VIII. Schwankungsrückstellungen

50 § 20 I KStG erfordert für die Bildung einer **Schwankungsrückstellung** drei Voraussetzungen:
- Nach den Erfahrungen in dem betreffenden Versicherungszweig muss mit erheblichen Schwankungen des Jahresbedarfs zu rechnen sein (§ 20 I Nr. 1 KStG);
- Etwaige Schwankungen des Jahresbedarfs dürfen nicht durch Prämien ausgeglichen werden;[117]
- Jahresbedarfsschwankungen müssen aus den am Bilanzstichtag bestehenden Versicherungsverträgen herrühren und dürfen nicht durch Rückversicherungen gedeckt sein.[118]

Diese steuerlichen Voraussetzungen entsprechen inhaltlich der handelsrechtlichen Regelung in § 341h I HGB[119].

---

zunehmen. Besonderheiten gelten auch für Versicherungszweige und -arten, die nach Zeichnungsjahren abgerechnet werden (vgl. BMF-Schreiben v 05.05.2000 (BStBl I S. 487, Tz III. 2.); zu den Besonderheiten der handelsrechtlichen Rechnungslegung vgl. § 27 Abs. 2 RechVersV).

106 BMF v. 05.05.2000, BStBl I S. 487, OFD Frankfurt, ESt-Kartei HE § 6 EStG Fach 3 Karte 6, Gosch/*Roser* § 20 Rn. 67.
107 BMF v. 05.05.2000, BStBl I S. 487, Tz. I, 1.4.
108 BMF v. 02.02.1973, Az. IV B 5 – S. 2750–7/73.
109 BMF v. 05.05.2000, BStBl I S. 487.
110 BMF v. 05.05.2000, BStBl I S. 487, Tz. III., 4., 5.
111 BMF v. 05.05.2000, BStBl I S. 487, Tz. III., 4., 5; beispielsweise bei Krankenversicherungsunternehmen im Falle von unzutreffender Anwendung von statistischen Näherungsverfahren und bei Lebensversicherungsunternehmen insbesondere bei unangemessenen Abwicklungsergebnissen bei der Berufsunfähigkeitsversicherung; vgl. D/P/M/*Mau*, KStG § 20 Rn. 45.
112 BMF v. 05.05.2000, BStBl I S. 487, Tz. III., 7.
113 Vgl. D/P/M/*Mau*, KStG § 20 Rn. 47.
114 BMF v. 16.08.2000, BStBl. I 2000, 1218.
115 BMF v. 12.07.2005, BStBl I 819.
116 Zuletzt verlängert mit BMF v. 04.11.2013, BStBl. I 2013, 1332 (für Wirtschaftsjahre, die vor dem 01.01.2016 enden).
117 § 20 I Nr. 2 Satz 1 KStG.
118 § 20 I Nr. 2 Satz 2 KStG.
119 Gosch/*Roser*, § 20 Rn. 11; D/P/M/*Mau*, KStG § 20 Rn. 11.
Zu den einer Schwankungsrückstellung ähnlichen Rückstellungen vgl. § 30 I RechVersV (Produkthaftpflichtversicherungen von Pharmarisiken; Sach- und Haftpflichtversicherungen von Atomanlagen, Terroristenrückstellung; sog. Großrisikenrückstellung etwa für Risiken aus Satelliten, Trägerraketen, Ölplattformen, Eisenbahn- oder Autotunnel), vgl. Gosch/*Roser*, § 20 Rn. 21.

Gesetz über den Versicherungsvertrag (Versicherungsvertragsgesetz – VVG)

Vom 23. November 2007 (BGBl. I S. 2631), zuletzt geändert durch Gesetz vom 15. Juli 2015 (BGBl. I S. 1245)

Teil 1. Allgemeiner Teil

Kapitel 1. Vorschriften für alle Versicherungszweige

Abschnitt 1. Allgemeine Vorschriften

§ 1 Vertragstypische Pflichten. [1]Der Versicherer verpflichtet sich mit dem Versicherungsvertrag, ein bestimmtes Risiko des Versicherungsnehmers oder eines Dritten durch eine Leistung abzusichern, die er bei Eintritt des vereinbarten Versicherungsfalles zu erbringen hat. [2]Der Versicherungsnehmer ist verpflichtet, an den Versicherer die vereinbarte Zahlung (Prämie) zu leisten.

Übersicht

	Rdn.		Rdn.
A. Allgemeines	1	4. Freiwillige Versicherung und Pflichtversicherung	43
I. Normzweck	1	5. Erstversicherung und Rückversicherung	44
II. Entstehungsgeschichte	3	III. Vertragsabschluss	45
III. Abgrenzungen	4	1. Abschlussfreiheit und ihre Grenzen	45
B. Tatbestand	5	2. Annahmefrist	48
I. Versicherungsvertrag	5	3. Vertretung	51
1. Bedeutung der Begriffsbestimmung	5	4. Schlüsselgewalt	53
2. Voraussetzungen im Einzelnen	7	5. Vertragsschluss mit Minderjährigen	55
a) Pflicht zur Absicherung eines bestimmten Risikos des VN oder eines Dritten	7	IV. Abgrenzung zwischen Neuabschluss und Vertragsänderung	57
b) Durch eine Leistung bei Eintritt des Versicherungsfalles	11	V. Abdeckung mehrerer Risiken	60
aa) Meinungsstand	12	VI. Inhaltsfreiheit und ihre Grenzen	61
bb) Stellungnahme	17	C. Rechtsfolgen	62
cc) Eintritt des Versicherungsfalles	21	I. Pflichten des VR	63
c) Pflicht des VN zur Zahlung der Prämie	22	1. Primärpflichten	63
d) Weitere Merkmale?	24	2. Sekundärpflichten	64
aa) Funktion	25	3. Beginn des Versicherungsschutzes	65
bb) Planmäßigkeit	26	4. Nebenpflichten und Nebenleistungspflichten	66
cc) Risikogemeinschaft	27	II. Pflichten des VN	67
dd) Kalkulation nach dem Gesetz der großen Zahl	28	D. Rechtsnatur des Versicherungsvertrages	71
ee) Anspruch auf die Versicherungsleistung	29	I. Ausgangspunkt	71
ff) Selbständigkeit	30	II. Synallagma	72
3. Kasuistik	31	III. Nähe zu anderen Vertragstypen	73
II. Arten von Versicherungsverträgen	40	E. Beweislast	74
1. Versicherungssparten	40	I. Allgemeines	74
2. Schadens- und Summenversicherung	41	II. Vertragsabschluss und -inhalt	75
3. Personen und Nicht-Personenversicherung	42	III. Versicherungsfall, Risikoausschlüsse und Obliegenheitsverletzungen, Wiedereinschlüsse	76
		IV. Beweislast bei Rückabwicklung	79
		V. Einwand des Mitverschuldens	82

Schrifttum:
Armbrüster, Bereicherungsrechtliche Rückabwicklung von Lebensversicherungen, NJW 2015, 3065; *ders.*, Ansprüche des VN auf Einsicht in Sachverständigengutachten, VersR 2013, 944; *Armbrüster/Schilbach*, Nichtigkeit von VersVerträgen wegen Verbots- oder Sittenverstoßes, r+s 2016, 109; *Armbrüster/Schreier*, Abgrenzung und Neuabschluss (Novation) eines Versicherungsvertrags, VersR 2015, 1053; *Bartmuß*, Lückenfüllung im Versicherungsvertrag, 2001; *Basedow*, Die Kapitallebensversicherung als partiarisches Rechtsverhältnis – Eine zivilistische Konstruktion der Überschussbeteiligung, ZVersWiss 1992, 419; *Bierschenk*, Versicherungsverträge – Rechtliche Anforderungen an die Änderungen und Kontrolle durch die BaFin, BaFin Journal Februar 2016, 16; *Clarke/Burling/Purves*, The Law of Insurance Contracts, 2008, Chapter 1; *Donati*, Der Begriff des Versicherungsvertrages in

der Entwicklung der italienischen Versicherungslehre, ZVersWiss 1960, 289; *Dreher*, Die Versicherung als Rechtsprodukt, 1991; *Eppe*, § 153 VVG 2008: Neues zur Rechtsnatur des Versicherungsvertrags, VersR 2008, 1316; *Hartwig/Möhrle*, Der Versicherungsvertrag als Geschäftsbesorgungsvertrag mit Treuhandcharakter auf dienstvertraglicher Grundlage, VersR 2001, 35; *Hansen*, Beweislast und Beweiswürdigung im Versicherungrecht, 1990; *Heyers*, Unbegrenzter Widerruf von Lebensversicherungsverträgen?, NJW 2014, 2619; *Lobscheid*, Gefahrtragung als Versichererleistung, NJW 1964, 1254; *Möller*, Moderne Theorien zum Begriff der Versicherung und des Versicherungsvertrages, ZVersWiss 1960, 268; *Pohlmann*, Beweislast im Versicherungsrecht, in: *Lorenz (Hrsg.)*, Karlsruher Forum 2008 (2009), S. 55; *Mayer/Albrecht*, Bankvertrag und Finanzsanktionen: Leistungsverweigerungsrecht bei drohendem Verstoß gegen US-Verordnungen?, WM 2015, 1226; *Prölss*, Der Versicherer als »Treuhänder der Gefahrengemeinschaft« – Zur Wahrnehmung kollektiver Belange der VN durch den Privatversicherer, in: FS Larenz, 1983, S. 487; *Reichert-Facilides*, Zur Konkretisierung der Gefahrtragungsschuld des Versicherers, in: FS Karl Sieg, 1976, S. 421; *Reiff*, Die bereicherungsrechtliche Rückabwicklung des Policenmodells in der Lebensversicherung, r+s 2015, 105; *Rudy*, § 5a VVG a.F. und das Unionsrecht, r+s 2015, 115; *Scherpe*, Das Prinzip der Gefahrengemeinschaft im Privatversicherungsrecht, 2011; *Schmidt-Rimpler*, Zum Begriff der Versicherung, VersR 1963, 493; *Schmidt-Salzer*, »Versicherung« als Technik bestimmter finanzieller Dienstleistungen, »Versicherungsvertrag« als Grundtypus und einzelne Arten von Versicherungsverträgen, in: FS E. Lorenz, 1994, S. 587; *Schulz*, Die primäre und sekundäre Darlegungs- und Beweislast bei vertraglichen Ausschlussklauseln im Versicherungsrecht, VersR 2014, 930; *Schünemann*, Rechtsnatur und Pflichtenstruktur des Versicherungsvertrages, JZ 1995, 430; *Schwintowski*, Die Rechtsnatur des Versicherungsvertrages, JZ 1996, 702; *Tehrani*, US Secondary Sanctions und ihre Bedeutung für die europäische Versicherungswirtschaft – das Ende der Neutralität?, VersR 2016, 85; *Wandt*, Versicherungsverbote im Rahmen von Embargomaßnahmen, VersR 2013, 257; *Wälder*, Über das Wesen der Versicherung: ein methodologischer Beitrag zur Diskussion um den Versicherungsbegriff, 1971; *Winter*, Die Geschäftsbesorgungskomponente im Versicherungsvertrag – Überlegungen insbesondere zur Schadensversicherung, in: FS H. Baumann, 1999, S. 379.

A. Allgemeines

I. Normzweck

1 § 1 normiert für alle Arten der Versicherung die **vertragstypischen Pflichten** der Vertragsparteien. Das VVG knüpft insofern an die Systematik des Besonderen Schuldrechts des BGB an, das entsprechende Regelungen vertragstypischer Pflichten für die meisten der dort geregelten Vertragstypen enthält (z.B. §§ 433, 488, 535, 581, 598, 607, 611, 631, 651a, 662, 675f, 688, 765 BGB). Ebenso wie diese Vorschriften legt § 1 damit den **Anwendungsbereich** der ihm nachfolgenden Regelungen fest. Das Abstraktionsniveau des § 1 ist allerdings höher als das der vergleichbaren Regelungen im BGB, da die Hauptleistungspflichten beim Rechtsprodukt Versicherung spartenübergreifend nur allgemein bestimmbar sind.

2 Eine **abschließende Definition der Versicherung** enthält § 1 nicht. Der Gesetzgeber sah davon ab, um auch neuartige Versicherungsprodukte erfassen zu können.[1] Als vertragstypische Pflichten werden aber festgelegt: (1) Absicherung eines bestimmten Risikos des VN oder eines Dritten; (2) diese Absicherung muss durch eine Leistung erfolgen, die bei Eintritt des Versicherungsfalles zu erbringen ist und (3) der VN muss hierfür eine Zahlung erbringen. Liegen diese Voraussetzungen vor, soll der Anwendungsbereich des VVG eröffnet sein.[2] Damit sollen einfache Versicherungsverträge ebenso erfasst sein wie der Versicherungsschutz durch einen VVaG. Schließlich sollen auch sonstige Vertragskonstruktionen, etwa im Rahmen eines Geschäftsbesorgungsvertrages, Versicherungsverträge i.S.d. VVG sein können.[3]

II. Entstehungsgeschichte

3 § 1 entspricht weitgehend dem **Vorschlag**, den die **Reformkommission** in ihrem Abschlussbericht vorgelegt hat; lediglich die Legaldefinition der »vereinbarten Zahlung« als »Prämie« ist hinzugekommen.[4] Anders als § 1 a.F. differenziert die neue Vorschrift nicht mehr zwischen verschiedenen Versicherungsarten. Das sachlich falsche Gegensatzpaar Schadens- und Personenversicherung wurde gestrichen. Die ausdrückliche Klarstellung des § 1 II 2 a.F., dass Beiträge zu einem VVaG ebenfalls Prämien sind, hielt man angesichts der Legaldefinition in § 1 Satz 2 für entbehrlich.[5] Nicht durchgesetzt hat sich die in einem Gesetzesentwurf der SPD-Fraktion vom 02.07.1997 vorgeschlagene erhebliche Ausweitung der Pflichten des VR durch Vorgaben für die Planung und Durchführung des Risikogeschäfts sowie des Kapitalanlagegeschäfts.[6]

III. Abgrenzungen

4 § 1 gilt für private Verträge, die eine Versicherung zum Gegenstand haben; zur Frage, unter welchen Voraussetzungen ein Versicherungsvertrag vorliegt, s.u. Rdn. 7 ff. Auf die **Sozialversicherung** findet das VVG keine Anwendung (zur Abgrenzung s. Einl. A Rdn. 17 ff.).

---

1 Begr. RegE BT-Drucks. 16/3945 S. 56.
2 Vgl. Begr. RegE BT-Drucks. 16/3945 S. 56, wo allerdings die Prämienzahlung nicht ausdrücklich zu den zwingenden Voraussetzungen gezählt wird.
3 Begr. RegE BT-Drucks. 16/3945 S. 56.
4 VVG-Kommission Abschlussbericht 2004 (VersR-Schriftenreihe Heft 25), S. 195.
5 Begr. RegE BT-Drucks. 16/3945 S. 56.
6 BT-Drucks. 13/8163 S. 3; dazu z.B. *Hesberg/Karten* NVersZ 1999, 1 ff.

B. Tatbestand
I. Versicherungsvertrag
1. Bedeutung der Begriffsbestimmung

Die Frage, ob ein Vertrag über eine Versicherung vorliegt, ist von der Rspr. in den **verschiedensten Zusammenhängen** problematisiert worden. Das BVerwG hat immer wieder zu klären, ob ein Unternehmen Versicherungsgeschäfte i.S.d. VAG (heute § 7 Nr. 33 VAG) betreibt,[7] der BGH hatte z.B. zu entscheiden, ob die Verjährung nach § 12 I VVG a.F. eingriff,[8] ob AGB am Leitbild des VVG zu messen waren,[9] ob die Ausnahme des früheren § 6 Nr. 2 HaustürWG für Versicherungsverträge einschlägig war[10] oder ob ein Vertrag als Geschäftsbesorgungsvertrag nach §§ 115, 116 InsO erloschen war oder als Versicherungsvertrag unter § 103 InsO (Wahlrecht des Insolvenzverwalters) fiel.[11] Finanzgerichte haben zuweilen zu beurteilen, ob Versicherungssteuer zu zahlen ist.[12] Ganz überwiegend stützen sich die Gerichte auf die für das VAG entwickelte Definition des BVerwG, wonach ein Unternehmen Versicherungsgeschäfte betreibt, wenn es gegen Entgelt für den Fall eines ungewissen Ereignisses bestimmte Leistungen übernimmt, wobei das übernommene Risiko auf eine Vielzahl durch die gleiche Gefahr bedrohter Personen verteilt wird und der Risikoübernahme eine auf dem Gesetz der großen Zahl beruhende Kalkulation zugrunde liegt.[13]

Der Ansatz, einen übergreifenden, für alle Gesetze **einheitlichen Begriff der Versicherung** zu bestimmen, ist **abzulehnen.** Vielmehr ist nach dem Sinn und Zweck des jeweiligen Gesetzes zu entscheiden, unter welchen Voraussetzungen eine Versicherung vorliegt.[14] Im Folgenden kann es daher nur darum gehen, die Merkmale festzulegen, von denen das VVG das Vorliegen eines Versicherungsvertrages abhängig macht.

2. Voraussetzungen im Einzelnen
a) Pflicht zur Absicherung eines bestimmten Risikos des VN oder eines Dritten

Der VR muss sich verpflichten, ein bestimmtes Risiko abzusichern. Der Begriff des Risikos wird damit erstmals im Rahmen der Definition des Versicherungsvertrages benutzt, ohne dass sich allerdings die Gesetzesverfasser mit ihm inhaltlich befasst hätten.[15] **Risiko** ist hier nicht technisch als mathematischer, betriebswirtschaftlicher oder entscheidungstheoretischer Begriff verwendet worden – hier existieren jeweils unterschiedliche Definitionen –, sondern umgangssprachlich, und zwar im Sinne der Gefahr des Eintritts eines nachteiligen Ereignisses (Krankheit, Unfall, Diebstahl usw.).[16] Das abgesicherte Risiko wird durch den Versicherungsvertrag näher bestimmt. Eine quantitative Bagatellschwelle in dem Sinne, dass das abgesicherte Risiko diese überschreiten müsste, ist nicht zu verlangen, man kann sich also auch gegen Kleinstschäden versichern.[17] Ob und inwieweit der Begriff des **versicherten Interesses** für die vertragsrechtliche Dogmatik von Bedeutung ist, ist im Einzelnen umstritten.[18] In der Summenversicherung ist er nach zutreffender h.M. ohne Bedeutung,[19] in der Schadensversicherung spielt er zwar eine Rolle (s. §§ 74, 78, 80), ist aber für das Vorliegen eines Versicherungsvertrages nicht vorausgesetzt.

Der VR muss sich verpflichten, das Risiko **abzusichern**, nicht dagegen dazu, es zu übernehmen. Damit wollte man die übliche Terminologie korrigieren, weil das Risiko i.d.R. nicht übertragbar sei.[20] Für den juristischen Sprachgebrauch überzeugt das; Ökonomen verstehen Versicherung allerdings als Risikotransfer.[21]

Das abzusichernde Risiko kann ein solches **des VN oder eines Dritten** sein. Zu den in § 1 genannten Parteien des Versicherungsvertrages, VR und VN, kann danach als Dritter noch der **Versicherte** (§§ 43 ff., Versicherung für fremde Rechnung) treten, dessen Risiko der VN absichert, wie z.B. der in der KfZ-Haftpflichtversicherung mitversicherte Fahrer. In anderen Fällen der Drittbeteiligung ist nicht immer einfach zu beurteilen, wessen Risiko abgesichert wird. Wird in der Lebensversicherung gem. § 159 I ein **Bezugsberechtigter** als begünstigter Dritter eingesetzt, wird damit i.d.R. dessen Risiko, Unterhaltsansprüche gegen den VN zu verlie-

---

[7] BVerwG VersR 1987, 701; VersR 1987, 297; VersR 1987, 453; s. auch VGH Kassel VersR 2010, 889.
[8] BGH VersR 1962, 974 (betr. Hermes Einfuhrgarantien).
[9] BGH VersR 1988, 1281 (betr. Wartungsgarantieverträge).
[10] BGH VersR 1995, 344 (betr. Schlüsselfunddienst).
[11] BGH VersR 2006, 1637; BGH ZIP 2007, 543.
[12] FG Hamburg EFG 1968, 388.
[13] BVerwG VersR 1987, 273, 274 f.
[14] Ebenso FG Hamburg EFG 1968, 388; *Wandt*, Rn. 25.
[15] Auch die Kommission zur Reform des Versicherungsvertragsrechts hat ihn nicht erläutert, s. VVG-Kommission Abschlussbericht 2004 (VersR-Schriftenreihe Heft 25), S. 8.
[16] Weitere mögliche Bedeutungen bei B/M/*H. Baumann*, § 1 Rn. 13, wonach »Risiko« auch die Unsicherheit künftiger Entwicklungen, die gefährdeten Wirtschaftsgüter selbst und die Bestimmungsgrößen des Schadens bezeichnet.
[17] *Schaaf* VersR 2015, 17 (18 ff.).
[18] Näher dazu B/M/*H. Baumann*, § 1 Rn. 65 ff.
[19] L/W/*Looschelders*, § 1 Rn. 18; a.A. *Hasse* VersR 2011, 156 ff.
[20] VVG-Kommission Abschlussbericht 2004 (VersR-Schriftenreihe Heft 25), S. 8.
[21] B/M/*H. Baumann*, § 1 Rn. 14.

ren, abgesichert.[22] Dritter ist auch der **Inhaber des Entschädigungsanspruchs** gem. § 100. Neben seinem Risiko, seine Ersatzansprüche gegen den VN nicht durchsetzen zu können, wird zugleich das Risiko des VN, Ersatzansprüche erfüllen zu müssen, abgesichert. Wird gem. § 150 I in der Lebensversicherung ein Dritter als **versicherte Person** eingesetzt (ebenso in der Berufsunfähigkeits-, Unfall- oder Krankenversicherung, s. §§ 176, 179 I, 193 I), versichert also der VN das Leben eines anderen, kann je nach Fallgestaltung damit eher ein Risiko des VN oder ein Risiko der versicherten Person abgesichert sein (s. für die Unfallversicherung die Vermutung in § 179 I 2).[23]

10 Da § 1 auch dann eingreift, wenn zugleich ein Risiko des VN und ein Risiko eines Dritten abgesichert wird,[24] erübrigt sich für die Anwendung des VVG eine klare Abgrenzung, wessen Risiko im Einzelfall versichert ist. Sie wird erst relevant, wenn es z.B. um die Anwendbarkeit der §§ 43 ff. geht.

b) Durch eine Leistung bei Eintritt des Versicherungsfalles

11 § 1 konkretisiert näher, in welcher Weise die Pflicht zur Absicherung des Risikos wahrzunehmen ist. Der VR hat das Risiko durch eine Leistung abzusichern, die er bei Eintritt des Versicherungsfalles erbringt. Das Gesetz bezieht damit eine Position zu der vieldiskutierten Frage, worin die **Leistung des VR** besteht.

aa) Meinungsstand

12 Nach der herrschenden **Geldleistungstheorie** ist der VR zu einer durch den Eintritt des Versicherungsfalles **bedingten Geldleistung** verpflichtet.[25] Konsequenz dieser Auffassung ist, dass der VR vor Eintritt des Versicherungsfalles noch keine Leistung erbringt, obwohl er intern schon für die Erfüllbarkeit künftiger Ansprüche vorsorgt und obwohl das bedingte Leistungsversprechen des VR dem VN gerade wegen dieser – zudem aufsichtsrechtlich abgesicherten – Vorsorge schon Sicherheit verschafft.[26] Nur ergänzend sei angeführt, dass die Bezeichnung »Geldleistungstheorie« ungenau ist, da die Leistung eines VR nicht Geld sein muss, sondern auch eine Naturalleistung sein kann, z.B. in Gestalt von Schadensbeseitigungsmaßnahmen oder Gewährung von Rechtsschutz.[27]

13 Die **Gefahrtragungstheorie** geht davon aus, dass der VR schon ab Vertragsschluss eine Leistung erbringt, die in der **Tragung der Gefahr** besteht. Der VR leiste, indem er die Gefahrengemeinschaft der Versicherten organisiere und für eine Kapitalausstattung und Rückversicherung sorge, die es ihm ermöglichen, die Ansprüche des VN im Versicherungsfall zu erfüllen.[28] Dieser Leistung stehe gar ein deckungsgleicher Anspruch des VN gegenüber, z.B. ein Anspruch auf Rückversicherungsnahme durch den VR.[29] Insbes. Letzteres überzeugt nicht, da das VVG dem VN keine Einwirkungsmöglichkeiten auf die internen unternehmerischen Entscheidungen des VR geben soll.[30]

14 Die **modifizierte Gefahrtragungstheorie** sucht die Schwächen der beiden geschilderten Auffassungen zu vermeiden, indem sie in der **Verpflichtung zur bedingten Zahlung** die Leistung des VR sieht, die er aufgrund des Versicherungsvertrages erbringt. Der Versicherungsvertrag enthält danach erstens – als Kausalgeschäft – die Pflicht, sich zu einer bedingten Leitung zu verpflichten und zweitens zugleich die Erfüllung dieser Pflicht, indem das bedingte Zahlungsversprechen abgegeben wird. Die spätere Zahlung bei Eintritt des Versicherungsfalles ist danach nicht die Gegenleistung, sondern eine Zahlung aufgrund des als Gegenleistung gegebenen Schuldversprechens.[31]

15 Nach der **kombinierten Theorie** schuldet der VR Sicherung und – im Versicherungsfall – Ausgleich.[32] Der VR erbringt zunächst eine Sicherungsleistung, die eine wirtschaftlich bewertbare Leistung i.S.v. § 241 I BGB sei.[33] Mit dem Versicherungsfall wandele sich diese Pflicht um in eine Pflicht zur Ausgleichsleistung.

16 Praktische Bedeutung hat der Theorienstreit zum einen für die Frage, welche Leistungen der VN vom VR verlangen kann, sowie im Falle der **Rückabwicklung oder Aufhebung** des Versicherungsvertrages, wenn außerhalb des Anwendungsbereichs von Sonderregeln des VVG[34] zu klären ist, welche Leistungen bisher wechselseitig – insbes. im Synallagma stehend – aufgrund des Versicherungsvertrages erbracht wurden und nun

---

22 B/M/*H. Baumann*, § 1 Rn. 167.
23 B/M/*H. Baumann*, § 1 Rn. 155.
24 B/M/*H. Baumann*, § 1 Rn. 147.
25 P/M/*Armbrüster*, § 1 Rn. 121 m.w.N.; *Bruns*, § 14 Rn. 14 ff.
26 Vgl. HK-VVG/*Brömmelmeyer*, § 1 Rn. 36.
27 Prölss/*Präve*, § 1 Rn. 41.
28 B/M/*Möller*[8], Bd. I, § 1 Anm. 40 f.
29 B/M/*Möller*[8], Bd. I, § 1 Anm. 41.
30 Vgl. auch BVerfG VersR 2005, 1127, 1131: VU sind innerhalb der aufsichtsrechtlichen Grenzen in ihrer Geschäftspolitik, insbes. auch in der Geldanlage, frei.
31 VersHb/*E. Lorenz*, § 1 Rn. 135, 136.
32 B/M/*H. Baumann*, § 1 Rn. 30 ff., 33.
33 BK/*Dörner*, Einl. Rn. 53.
34 Zu Sonderregelungen vgl. PK/*Ebers*, § 1 Rn. 18.

rückabgewickelt werden müssen.³⁵ Nach allen Auffassungen außer Geldleistungstheorie erbringt der VR auch vor dem Versicherungsfall eine Leistung, die bei der Rückabwicklung anzurechnen ist.³⁶ Nach der Geldleistungstheorie ist das nicht der Fall.³⁷

bb) Stellungnahme

Erstens ist inzwischen als geklärt anzusehen, dass der **VN keinen Anspruch** gegen den VR **auf bestimmte interne Maßnahmen** zur Organisation der Versichertengemeinschaft o.ä. hat (s.o., Rdn. 13), dass also die Gefahrtragungstheorie in ihrer ursprünglichen Ausprägung den Versicherungsvertrag insofern nicht in einer mit den Regeln des VVG übereinstimmenden Weise erklärt. Das VVG gibt dem VN keine Einwirkungsmöglichkeiten auf die internen unternehmerischen Entscheidungen des VR.³⁸ Das schließt es nicht aus, dem VN nach allgemeinen Regeln ein außerordentliches Kündigungsrecht zu geben, wenn der VR den Vertragszweck gefährdet.³⁹ 17

Zweitens lässt die Geldleistungstheorie außer Acht, dass der VR **mit dem bedingten Leistungsversprechen zugleich schon eine Leistung erbringt**, die im Synallagma mit der Prämienzahlung steht. Für das Bürgschaftsversprechen gegen Entgelt, Alltagsgeschäft der Banken, ist das ganz unstreitig,⁴⁰ ebenso wie für eine entgeltliche selbständige Garantie. Dass die Absicherung eine Leistung darstellt, wird dort zu Recht nicht bezweifelt. Auch der Wortlaut des neuen § 1 stützt die These, dass der VR Absicherung eines Risikos schuldet und auch leistet. 18

Die **Leistung** besteht **erstens** in dem **Versprechen, im Versicherungsfall zu zahlen**, nicht erst in der Zahlung bei Bedingungseintritt. Die dogmatische Schwierigkeit ist, dass das Zahlungsversprechen aber zugleich der Rechtsgrund für die spätere Zahlung ist, also scheinbar Kausal- nicht Erfüllungsgeschäft. Diese Schwierigkeit klingt auch im Wortlaut des § 1 an, der einerseits klar von einer Verpflichtung des VR spricht, ein Risiko abzusichern, andererseits davon, dass die Absicherung durch eine bei Eintritt des Versicherungsfalles zu erbringende Leistung erfolgen muss. 19

Hier setzt die oben so genannte modifizierte Gefahrtragungstheorie richtig an: Der VR verpflichtet sich im Versicherungsvertrag, ein bedingtes Leistungsversprechen abzugeben und gibt dieses zugleich ab. Beides fällt nach dieser Erklärung in einem Akt zusammen,⁴¹ **Rechtsgrundabrede und Leistung** (wie etwa auch bei § 516 BGB). In der Verpflichtung zur Zahlung liegt eine Leistung, die im Synallagma mit der Prämienzahlung steht. Die spätere **Zahlung im Versicherungsfall ist die zweite Leistung**, die der VR erbringt. Sie findet ihren Rechtsgrund in dem im Versicherungsvertrag abgegebenen Leistungsversprechen.⁴² Das steht einer zumindest punktuellen synallagmatischen Verknüpfung mit der Prämienzahlung aber nicht entgegen (s. §§ 37 II, 38 II), denn die Prämie wird aus zwei Gründen gezahlt: um die Sicherung zu erhalten und im Versicherungsfall die Leistung. Sowohl das bedingte Versprechen der Zahlung im Versicherungsfall als auch die spätere Zahlung stehen daher im Synallagma mit der Zahlung der Prämie (näher unten Rdn. 72).⁴³ Es **wandelt sich aber nicht**, wie nach der kombinierten Theorie, die versicherungsvertragliche Sicherungspflicht **in eine Ausgleichspflicht um**.⁴⁴ Eine solche Umwandlung findet schon deshalb nicht statt, weil der VR auch nach dem Versicherungsfall zur Sicherung verpflichtet bleibt; seine diese Pflicht erfüllende Leistung in Gestalt der Übernahme einer bedingten Leistungspflicht bleibt auch bei Eintritt des Versicherungsfalles unverändert bestehen (arg. e § 92). Treffender ist die zweifache Leistung des VR daher als **gestufte Leistung** zu behandeln. Auf der ersten Stufe schuldet er sein Leistungsversprechen, auf der zweiten Stufe kommt im Versicherungsfall eine Zahlungspflicht hinzu. Zu den Konsequenzen für Sekundäransprüche der VN s. Rdn. 64. 20

Der BGH hat zu den genannten Theorien bisher nicht ausdrücklich Stellung genommen. Er entschied jedoch, dass bei der **bereicherungsrechtlichen Rückabwicklung** eines Versicherungsvertrages (näher § 7 Rdn. 122 ff.) der bis zur Beendigung des Vertrages gewährte Versicherungsschutz zugunsten des Versicherers als Vermögensvorteil anzurechnen sei.⁴⁵ Mit dieser Anrechnung ist die Geldleistungstheorie nicht vereinbar.⁴⁶ Der bereicherungsrechtliche Primäranspruch aus § 812 I 1 Fall 1 BGB hat zum Inhalt, »exakt« den Gegenstand

---

35 Vgl. P/M/*Armbrüster*, § 1 Rn. 127; PK/*Ebers*, § 1 Rn. 17.
36 In diesem Sinne: BGH r+s 2014, 340, 345; OLG Celle VersR 2014, 862, 864; AG München VersR 1992, 1117; LG Waldshut-Tingen VersR 1985, 937, aber nicht, wenn nach allgemeinen Regeln ausgeschlossen (Minderjährigenschutz).
37 So z.B.: OLG Karlsruhe NJW-RR 1988, 151, 152; LG Frankfurt (Main) r+s 1999, 433, 434; LG Hamburg NJW 1988, 215, 216; AG Eschweiler r+s 2003, 99, 100.
38 Vgl. auch BVerfG VersR 2005, 1127, 1131.
39 BK/*Dörner*, Einl. Rn. 55.
40 S. nur Palandt/*Grüneberg*, Einf. § 320 Rn. 10.
41 VersHb/*E. Lorenz*, § 1 Rn. 135.
42 VersHb/*E. Lorenz*, § 1 Rn. 136.
43 Anders interpretiert B/M/*H. Baumann*, § 1 Rn. 193, wohl zu Recht die modifizierte Gefahrtragungstheorie; s. VersHb/ *E. Lorenz*, § 1 Rn. 136.
44 Zustimmend L/W/*Looschelders*, § 1 Rn. 42.
45 BGH NJW 2014, 2646 Rn. 45 m.w.N. aus der älteren Rspr.
46 Dahin tendierend *Heyers* NJW 2014, 2619, 2621; anders *Armbrüster* NJW 2015, 3065; *Reiff* r+s 2015, 105, 108.

herauszugeben, der durch die Leistung erlangt wurde.[47] § 818 I BGB erweitert den Anspruchsinhalt auf Nutzungen sowie Surrogate. Auf der Basis der Geldleistungstheorie ist der Versicherungsschutz keine Leistung des VR, aber auch keine Nutzung des bedingten Zahlungsversprechens. In Betracht käme allein eine Nutzung in Gestalt einer Rechtsfrucht nach § 99 II BGB. Danach müsste der Versicherungsschutz ein Ertrag sein, den das bedingte Zahlungsversprechen seiner Bestimmung gemäß gewährt. Rechtsfrucht in diesem Sinne kann aber nur ein Recht sein,[48] das außerdem vom Stammrecht verschieden sein muss. An beidem fehlt es auf der Basis der Geldleistungstheorie.

cc) Eintritt des Versicherungsfalles

21 Der Eintritt des Versicherungsfalles ist das **ungewisse Ereignis**, auf das auch die – hier allerdings nicht maßgebliche, aber in diesem Punkt übereinstimmende – Definition des BVerwG abstellt. Die Voraussetzung der **Ungewissheit** ergibt sich schon aus dem Tatbestandsmerkmal der Risikoabsicherung (oben Rdn. 7 f.). Ungewiss kann sein, ob der Versicherungsfall eintritt (z.B. Einbruch) oder wann er eintritt (Tod) oder in welcher Höhe er zu einem Schaden führt. Es genügt die subjektive, d.h. nur bei den Vertragsparteien vorliegende, objektiv aber u.U. nicht gegebene Ungewissheit (arg. e § 2 II).[49] Für das Fehlen der subjektiven Ungewissheit entweder beim VN oder beim VR trifft § 2 II Regelungen, um die damit verbundene Störung des Äquivalenzverhältnisses zu korrigieren. Wissen VR und VN vor Abgabe ihrer Vertragserklärungen, dass der Versicherungsfall schon eingetreten ist, wird insofern kein Risiko i.S.v. § 1 übernommen. Beschränkt sich der Vertrag inhaltlich auf die Rückwärtsversicherung eines beiden Parteien bekannten Versicherungsfalls, liegt daher mangels Risikoübernahme **kein Versicherungsvertrag** i.S.v. § 1 vor,[50] sondern ein Vertrag sui generis. Solche Fälle kommen aber praktisch nicht vor. Abreden über rückwirkenden Deckungsschutz für bekannte Schäden erfolgen regelmäßig in Verbindung mit einer Vorwärtsversicherung, so dass dann ein gemischter Vertrag vorliegt, der versicherungsvertragliche Elemente sowie – hinsichtlich des bekannten Versicherungsfalles – Elemente eines Vertrages sui generis enthält. Zivilrechtlich kann die Abrede über die Rückwärtsversicherung dann u.U. nach § 138 BGB nichtig sein (s. § 2 Rdn. 45 ff.). Das ist nicht der Fall, wenn der Tarif für alle VN so gestaltet ist, dass sie gleichermaßen auch für beidseits bekannte Versicherungsfälle rückwärtsversichert sind (z.B. nach § 2 I MB/BT im Basistarif). Fraglich ist dann aber weiter, ob diese Abreden als **versicherungsfremde Geschäfte** gegen § 15 I 1 VAG verstoßen. Soweit eine Rückwärtsversicherung gesetzlich vorgeschrieben ist, ist das nicht der Fall, da der Gesetzgeber dem VR diese besondere Leistung aufgetragen hat (z.B. in § 198 I 1; ob im Basistarif die in den MB/BT vorgesehene Rückwärtsversicherung auch bekannter Versicherungsfälle gesetzlich vorgegeben ist, ist str.[51]). Im Übrigen ist gem. § 15 I 1 VAG der unmittelbare Zusammenhang mit dem Versicherungsgeschäft zu prüfen, der nach § 15 I 4 VAG nur anzunehmen ist, wenn mit der Zusatzabrede keine zusätzlichen finanziellen Risiken verbunden sind. Ein Verstoß gegen § 15 I 1 VAG lässt aber die zivilrechtliche Wirksamkeit unberührt.[52] Unter welchen Voraussetzungen der Versicherungsfall eintritt, richtet sich spartenspezifisch nach den AVB und dem VVG, die das **Ereignis** näher beschreiben, das eine Leistungspflicht auslöst.[53]

c) Pflicht des VN zur Zahlung der Prämie

22 Der VN muss sich verpflichten, die vereinbarte Leistung, im Klammerzusatz als »Prämie« legaldefiniert, zu zahlen. Ein Versicherungsvertrag setzt also voraus, dass für die Leistung des VR ein **Entgelt** zu erbringen ist. Maßgeblich ist, ob die Mittel für die Versicherungsleistungen von der Gesamtheit der Versicherten aufgebracht werden. Bei kombinierten Produkten müssen für die Versicherungsleistung keine gesonderten Beiträge erhoben werden; auch muss das Entgelt nicht kostendeckend sein.[54] Die Entgeltpflicht muss nicht während der gesamten Dauer des Versicherungsvertrages bestehen. Entscheidend ist, dass überhaupt zu irgendeinem Zeitpunkt ein Entgelt zu zahlen ist.

23 Deshalb bleibt eine Versicherung, für die zunächst Prämien gezahlt worden sind und die nach § 165 in eine **prämienfreie Versicherung** umgewandelt ist, Versicherung. Es finden aber die Vorschriften des VVG und der AVB über die Prämienzahlung keine Anwendung mehr. Kommt bei der **vorläufigen Deckung** der Hauptvertrag nicht zustande, verlangt in der Praxis der VR für die vorläufige Deckung häufig keine Prämie mehr.[55]

---

47 MüKo/*Schwab*, § 818 BGB Rn. 1.
48 Staudinger/*Jickeli/Stieper*, § 99 Rn. 13.
49 BGH VersR 1994, 549, 551; HK-VVG/*Brömmelmeyer*, § 1 Rn. 62; L/W/*Looschelders*, § 1 Rn. 30.
50 S. Motive und amtliche Begründung zum Gesetz über den Versicherungsvertrag vom 30.05.1908, Neudruck Berlin 1963, S. 74; BK/*H. Baumann* § 2 Rn. 53.
51 Dafür *Marlow/Spuhl* VersR 2009, 593, 601; a.A. *Marko*, Private Krankenversicherung nach GKV-WSG und VVG-Reform, 2. Aufl. 2010, Rn. 73 f.
52 BGH VersR 1990, 618, 619.
53 Zu den Problemen bei gedehnten oder zusammengesetzten Versicherungsfällen s. B/M/*H. Baumann*, § 1 Rn. 113 ff.
54 VGH Kassel VersR 2010, 889, 890 f.
55 Begr. RegE BT-Drucks. 16/3945 S. 74.

Deshalb ist in der Literatur bezweifelt worden, ob die Voraussetzungen einer Versicherung vorliegen[56] oder ob gar Schenkungsrecht anzuwenden ist.[57] Das VVG sagt ausdrücklich nichts darüber, ob bei vorläufiger Deckung ohne anschließenden Hauptvertrag eine Prämie zu zahlen ist. Es regelt in § 50 nur die Höhe der Prämie für den Fall, dass eine Prämienzahlungspflicht für den isolierten vorläufigen Deckungsschutz besteht. Die Regierungsbegründung geht davon aus, dass trotz des üblichen Verzichts auf die Prämie der VR den vorläufigen Deckungsschutz nur gegen Prämienzahlung gewähren werde. Rspr.[58] und Literatur[59] sind zutreffend der Auffassung, dass der VN aufgrund des Vertrages über die vorläufige Deckung zur Prämienzahlung verpflichtet ist. Ein nachfolgender, i.d.R. konkludenter Erlass des VR ändert nichts daran, dass der Anspruch zunächst bestand.

d) Weitere Merkmale?

Fraglich ist, ob weitere Merkmale erforderlich sind, damit ein Versicherungsvertrag vorliegt. **24**

aa) Funktion

Zum Teil wird eine bestimmte **Funktion des Vertrages** verlangt.[60] Durch einen Versicherungsvertrag sichert **25** sich der Einzelne gegen bestimmte Risiken ab. Worauf diese Absicherung gerichtet ist, war lange umstritten.[61] Nach der **Bedarfsdeckungstheorie** dient die Versicherung der »gegenseitigen Deckung von zufälligen, schätzbaren Geldbedürfnissen zahlreicher gleichartig bedrohter Wirtschaftsgüter«.[62] Einen ähnlichen Ansatz hat die **Schadensersatztheorie**. Die Versicherung soll danach einen durch ein ungewisses Ereignis eingetretenen Schaden ausgleichen.[63] Die Schwächen beider Theorien liegen in der Summenversicherung: Hier muss, z.B. für die Lebensversicherung, ein abstrakter und gegebenenfalls auch pauschalierter Schaden bzw. Bedarf konstruiert werden. Die Deckung eines konkreten Schadens oder Bedarfes als Ausgangspunkt der Theorien ist damit nicht zutreffend.[64] Nach der **Plansicherungstheorie** hingegen hat die Versicherung die Funktion, durch ungewisse Ereignisse ausgelöste Störungen in den Wirtschaftsplänen der Versicherten auszugleichen.[65] Dies entspricht weitgehend der heute wohl herrschenden **Vermögensgestaltungstheorie,** nach der durch die Versicherung bestimmte Ziele in der Vermögensgestaltung abgesichert werden sollen.[66] Da § 1 ohnehin tatbestandlich voraussetzt, dass durch den Vertrag ein Risiko abgesichert wird, ist kaum denkbar, dass das funktionale Kriterium eigenständige Abgrenzungsfunktion erlangt.

bb) Planmäßigkeit

Die vom BVerwG verlangte planmäßige Ausrichtung des Versicherungsgeschäfts auf den Abschluss einer Vielzahl von Verträgen ist nach dem oben Gesagten als genuin gewerbeaufsichtsrechtliche Voraussetzung nicht auch Vorgabe für die Anwendung des VVG (s.o. Rdn. 6). **26**

cc) Risikogemeinschaft

Die Rspr. hält z.T. für maßgeblich, dass das übernommene Risiko auf eine **Vielzahl von Personen** verteilt **27** wird, die durch die **gleiche Gefahr** bedroht sind (sog. »polypersonaler Bezug«).[67] Auch wenn das ein typisches Merkmal von Versicherungen ist, ist es doch keine zwingende Voraussetzung für das Eingreifen des VVG. Ungleichartige Risiken können ebenso versichert werden wie Einzelrisiken.[68] Allerdings beeinflusst das Prinzip der Risiko- oder Gefahrengemeinschaft die **Auslegung** versicherungsvertragsrechtlicher Vorschriften sowie allgemeiner bürgerlich-rechtlicher Vorschriften in ihrer Anwendung auf Versicherungsverträge,[69] so et-

---

56 *Sieg* VersR 1986, 929 f.
57 *Maenner*, Theorie und Praxis der Rückwärtsversicherung, 1986, S. 220, 226 f.
58 OLG Düsseldorf VersR 2000, 1355, 1356.
59 HK-VVG/*Karczewski*, § 50 Rn. 1.
60 *Thomas/Dreher* VersR 2007, 731, 733 f.
61 S. etwa P/M/*Armbrüster*, § 1 Rn. 3 ff.; F/K/B/P/*Kaulbach*, § 1 Rn. 26 ff.; BK/*Dörner*, Einleitung Rn. 40; BK/*Schwintowski*, § 1 Rn. 17; *Deutsch*, Rn. 10 ff.; *Dreher*, S. 38 ff.
62 *Manes*, Versicherungslexikon, 3. Auflage 1930, S. 290 – zitiert nach: *Möller* ZVersWiss 1962, 269, 270.
63 *Donati* ZVersWiss 1960, 289, 294 ff.
64 P/M/*Armbrüster*, § 1 Rn. 3; *Dreher*, S. 38 f.; *Deutsch*, Rn. 11; L/W/*Looschelders*, § 1 Rn. 10; *Schmidt-Rimpler* VersR 1963, 493, 500 ff.
65 *Braess* ZVersWiss 1970 S. 1, 7 ff.
66 *Schmidt-Rimpler* VersR 1963, 493 ff.
67 Vgl. BGH VersR 1962, 974, 976; VersR 1964, 497, 498; BVerwG VersR 1987, 297, 298; BVerwGE 90, 168, 170; BK/*Dörner*, Einl. Rn. 40 ff.; *Wandt*, Rn. 23, 106.
68 Für erstere F/K/B/P/*Kaulbach*, § 1 Rn. 16; für letztere HK-VVG/*Brömmelmeyer*, § 1 Rn. 16; PK/*Ebers*, § 1 Rn. 8.
69 Ausführlich dazu *Scherpe*, S. 172 ff., 185 ff., sowie zu den historischen, ökonomischen und rechtlichen Grundlagen des Prinzips (S. 57 ff.).

wa die Zulässigkeit der Rückversicherung (§ 2 VVG und § 138 BGB),[70] die Auslegung des § 153,[71] die Zulässigkeit von Kulanz[72] und die Kontrolle von AVB.[73]

dd) Kalkulation nach dem Gesetz der großen Zahl

28 Die Rspr. nennt als weiteres Merkmal von Versicherungen die Kalkulation nach dem Gesetz der großen Zahl.[74] Dieses Gesetz besagt, dass sich die relative Häufigkeit eines Zufallsereignisses umso weiter an die theoretische Wahrscheinlichkeit für dieses Ergebnis (sog. Erwartungswert) annähert, je häufiger das Zufallsexperiment durchgeführt wird. Die theoretische Wahrscheinlichkeit beim Wurf einer Münze, dass der Münzwurf zum Ergebnis Kopf bzw. Zahl führt, beträgt 50 %. Ihr nähert man sich umso mehr an, je häufiger man die Münze wirft (bei 100 Würfen 48 %, bei 1.000 Würfen 49,1 % und bei 10.000 Würfen 49,7 %). Aufsichtsrechtlich sind zwar bestimmte versicherungsmathematische Standards spartenspezifisch festgeschrieben (vgl. etwa § 160 VAG i.V.m. den entsprechenden Verordnungen). Die Anwendung des VVG hängt von ihnen jedoch nicht ab. Allerdings setzt die Erfüllung mancher im VVG normierter Ansprüche den Einsatz gewisser versicherungsmathematischer Instrumente voraus (z.B. § 153).

ee) Anspruch auf die Versicherungsleistung

29 Unverbindliche Leistungsversprechen sind keine Versicherungsverträge.[75] Allerdings ist das kein spezifisches Merkmal des Versicherungsvertrages, sondern ein Erfordernis der allgemeinen Rechtsgeschäftslehre. Es fehlt an einem Rechtsbindungswillen, wenn der VR seine Leistung nur unverbindlich zusagt.

ff) Selbständigkeit

30 Als zwingendes negatives Merkmal von Versicherungen wird vor allem im Aufsichtsrecht, aber zuweilen auch vom BGH verlangt, es dürfe sich bei der Vereinbarung nicht um eine **bloße Nebenabrede** zu anderen Geschäften handeln.[76] Das folgt aber ebenfalls schon aus allgemeinen Regeln.[77] Welche Vorschriften auf Verträge anzuwenden sind, die Merkmale verschiedener Vertragstypen in sich vereinen, hängt ganz vom Einzelfall, insbes. von dem Gewicht der verschiedenen Aspekte des Vertrages, aber auch von dem Inhalt der auf ihre Anwendbarkeit geprüften Gesetzesvorschrift ab.

3. Kasuistik

31 Wie oben geschildert, stammt die Kasuistik, die sich mit dem Begriff der Versicherung befasst, zumeist aus anderen Zusammenhängen. Es ging i.d.R. nicht um die Anwendbarkeit des VVG, sondern um die Frage, ob das VAG oder Sonderregeln anderer Gesetze für Versicherungen eingriffen. Dennoch eignen sich die Fälle dazu, über die Anwendbarkeit des VVG nachzudenken.

32 Auf einen Vertrag mit einem **Schlüsselfunddienst**, der im Schwerpunkt zum Inhalt hat, dem Kunden seine Schlüssel wiederzubeschaffen, und nur ergänzend die Kostenübernahme für Ersatzschlüssel vorsieht, passen die meisten Regeln des VVG nicht. Allerdings erscheint es z.B. durchaus möglich, § 78 anzuwenden, wenn der Kunde des Schlüsselfunddienstes den Schlüsselverlust zugleich anderweitig versichert hat.

33 Ein **Bürgschaftsvertrag zwischen Gläubiger und Bürgen** ist i.d.R. unentgeltlich und dann schon deshalb kein Versicherungsvertrag. Wenn eine Gegenleistung des Gläubigers an den Bürgen vorgesehen ist, etwa in Gestalt einer Provision,[78] sind allerdings auch die Merkmale des § 1 erfüllt: Der Bürge sichert mit seinem Zahlungsversprechen das Risiko des Gläubigers ab, mit der gesicherten Forderung auszufallen. Hier kommt die Anwendung der Normen des VVG in Betracht, soweit sie auf einer vergleichbaren Interessenlage beruhen,[79] zumal die §§ 765 ff. BGB keine Regelungen für entgeltliche Bürgschaften enthalten und unproblematisch neben den VVG-Normen zur Anwendung kommen können. **Selbständige, entgeltliche Garantien** können ebenfalls die Merkmale des § 1 erfüllen.

34 Ob eine **entgeltliche Verpflichtung des Bürgen gegenüber dem Schuldner**, eine Bürgschaftserklärung gegenüber dessen Gläubiger abzugeben, eine Versicherung ist, ist umstritten. Der Streit hat sich an der Kautionsversicherung entzündet, bei der sich der Kautionsversicherer gegen Entgelt verpflichtet, für den Schuldner

---

70 *Scherpe*, S. 182 ff.
71 Vgl. BVerfG VersR 2005, 1127, 1134.
72 *Scherpe*, S. 210 ff.
73 *Scherpe*, S. 285 ff.
74 BGH VersR 1962, 974, 976; VersR 1964, 497, 498; BVerwG VersR 1987, 297, 298; BVerwG VersR 1992, 1381, 1382.
75 Vgl. zur Voraussetzung des Anspruchs des VN BVerwG VerBAV 1963, 24, 26 f.; L/W/*Looschelders*, § 1 Rn. 50.
76 BVerwG VersR 1969, 819, 820; BGH VersR 1995, 344, 345; BGH NJW-RR 1991, 1013, 1014.
77 So zutreffend HK-VVG/*Brömmelmeyer*, § 1 Rn. 22.
78 Dazu MünchKommBGB/*Habersack*, § 765 Rn. 6.
79 Ebenso und daher mit einer Ausnahme für Vorschriften des VVG, die eine Gefahrengemeinschaft voraussetzen, Palandt/*Sprau*, Einf. v. § 765 Rn. 21 a.E.; s.a. L/W/*Looschelders*, § 1 Rn. 102: grundsätzliche Unanwendbarkeit mangels vergleichbarer Interessenlage.

(seinen Vertragspartner) Bürgschaftserklärungen gegenüber dessen Gläubigern abzugeben.[80] Bei der standardisierten Kautionsversicherung kauft der Schuldner jeweils für ein Jahr im Voraus einen Kreditrahmen, der nach seiner Einschätzung den eigenen Bedarf an Bürgschaften abdeckt, und innerhalb dessen er die vereinbarten Bürgschaften abrufen kann.[81] Bei der individuellen Kautionsversicherung wird jede einzelne übernommene Bürgschaft im Voraus ratierlich – meistens für ein Jahr – zum jeweils vereinbarten Prämiensatz abgerechnet.[82] Kautionsversicherungen kommen z.B. in der Bauwirtschaft vor. Der Bauherr behält üblicherweise einen Teil des geschuldeten Werklohns zurück, um sich für den Gewährleistungsfall abzusichern. Der Werkunternehmer (VN) bietet ihm dann eine Bürgschaft des Kautionsversicherers an, so dass der Bauherr (Versicherter) ihn dann risikolos vollständig bezahlen kann.

Die Kautionsversicherung ist nichts anderes als eine Verpflichtung des VR, sich bei Bedarf für den VN gegenüber dessen Gläubigern zu verbürgen. Das Kausalverhältnis zwischen Schuldner und Bürgen, in dem der Bürge die Pflicht zur Stellung der Bürgschaft gegenüber dem Schuldners übernimmt, wird aber stets, wenn es entgeltlich ist, als Geschäftsbesorgungsvertrag eingeordnet.[83] Dementsprechend hat der BGH die Kautionsversicherung als Geschäftsbesorgungsvertrag angesehen,[84] die Literatur lehnt das z.T. ab.[85] Warum das Avalgeschäft der Banken und das Kautionsversicherungsgeschäft der VR aber unterschiedlich zu klassifizieren sein sollen,[86] ist unklar,[87] zumal VR die Kautionsversicherung als gleichwertige Alternative zum Bürgschaftskredit (= Avalkredit) der Banken bewerben.[88] Insbes. kann nicht ausschlaggebend sein, dass der eine Vertrag auf der Grundlage einer bestehenden Bankverbindung zustande kommt – denn das ist keineswegs zwingend[89] – und der andere nicht.[90] Vielmehr schließen geschäftsbesorgungsähnliche Elemente die Anwendung des VVG nicht per se aus (s. oben Rdn. 2). 35

Prüft man die drei gesetzlichen Voraussetzungen eines Versicherungsvertrages, ergibt sich: Eine Pflicht zur Zahlung einer Prämie besteht. Des Weiteren verpflichtet sich der VR auch, ein Risiko des VN, d.h. die Gefahr des Eintritts eines nachteiligen Ereignisses, abzudecken. Das nachteilige Ereignis besteht darin, **dass ein Gläubiger des VN von letzterem eine Sicherheit beanspruchen kann**. Der VR verpflichtet sich, dieses Risiko abzusichern. Zugleich ist damit das Risiko des Gläubigers abgesichert, seinen Anspruch auf eine Sicherheitsleistung nicht durchsetzen zu können (Absicherung des Risikos eines Dritten, s. § 1 Satz 1). Die Absicherung erfolgt durch eine Leistung, nämlich die Verpflichtung zur Stellung der Bürgschaft, und schließlich im Versicherungsfall durch das Stellen der Bürgschaft. Der Versicherungsfall ist auch hinreichend ungewiss, soweit – wie i.d.R. – der Bedarf an Kreditsicherung im Einzelnen nicht vorausehbar ist. Hieran fehlt es aber bei einer im Einzelfall übernommenen Pflicht, für eine bestimmte Schuld eine vom Gläubiger verlangte Sicherheit zu stellen. 36

Dagegen ist die **spätere Unfähigkeit des VN, die gesicherte Forderung zu erfüllen**, i.d.R. nicht das durch den Versicherungsvertrag abgesicherte Risiko. Der VR schuldet nach dem Kautionsversicherungsvertrag dem VN i.d.R. nicht die Begleichung der Bürgenschuld. Denn die AVB sehen meist keinen Anspruch des VN gegen den VR (= Bürgen) auf Erfüllung der Bürgenschuld vor, sondern schließen nicht selten sämtliche Ansprüche des VN außer demjenigen auf Stellen der Bürgschaft aus. 37

Ob die Anwendung des VVG ausgeschlossen ist, weil der Kautionsversicherer beim VN Regress nehmen kann, ist umstritten,[91] m.E. aber zu verneinen. Die Leistung des VR im Versicherungsfall besteht im Stellen der Bürgschaft. Für das Stellen der Bürgschaft als solches kann er keinen Regress nehmen. Dass er für seine auf die Bürgschaft erbrachte Leistung Regress nehmen kann, steht auf einem anderen Blatt. Im Ergebnis erfüllt damit die Kautionsversicherung die Voraussetzungen des § 1. Das schließt es nicht aus, zusätzlich vorhandene Elemente des Vertrages als dem Geschäftsbesorgungsvertrag vergleichbar anzusehen.[92] 38

In den sog. **Completion Bonds** in der Filmindustrie verpflichtet sich der Bondgeber (VR) gegenüber dem Filmproduzenten (VN), mit dem Finanzier des Films (Versicherten) einen Garantievertrag zu schließen, der den Finanzier in bestimmten Situationen absichert, z.B. wenn Mehrkosten wegen verspäteter Fertigstellung 39

---

80 Dazu BGH VersR 2006, 1637; *Thomas/Dreher* VersR 2007, 731 ff. mit zahlreichen Nachweisen aus Rspr. und Literatur.
81 *Hogrefe* VersR 2007, 1489.
82 *Hogrefe* VersR 2007, 1489.
83 Statt aller MünchKommBGB/*Habersack*, § 765 Rn. 7.
84 BGH VersR 2006, 1637 ff.
85 *Thomas/Dreher* VersR 2007, 731 ff.; B/M/*H. Baumann*, § 1 Rn. 209.
86 Dafür *Thomas/Dreher* VersR 2007, 731, 737 f.
87 Für eine Gleichbehandlung daher auch BGH VersR 2006, 1637.
88 S. die Homepage der R+V https://www.ruv.de/firmenkunden/kreditversicherung/kautionsversicherung (abgerufen am 29.04.2016).
89 Vgl. *Derleder/Knops/Bamberger* (Hrsg.), Handbuch zum deutschen und europäischen Bankrecht, 2. Aufl. 2009, § 22 Rn. 47 ff.; Kümpel/Wittig/*Bauer*, Bank- und Kapitalmarktrecht, 4. Aufl. 2011, 13.15 ff.
90 So aber *Thomas/Dreher* VersR 2007, 731, 738, die selbst ein geschäftsbesorgungsähnliches Element zugestehen.
91 Dagegen P/M/*Armbrüster*, § 86 Rn. 27; *Thomas/Dreher* VersR 2007, 731, 735; dafür *Gärtner* VersR 1967, 118, 121.
92 So L/W/*Looschelders*, § 1 Rn. 105 (gemischter Vertrag).

§ 1 Vertragstypische Pflichten

entstehen. Auch hier kann das VVG anwendbar sein.[93] **Spiel und Wette** sind schon wegen ihrer Unverbindlichkeit (§ 762 I BGB; weitere Argumente Einl. A Rdn. 21), **Prozessfinanzierungsverträge** mangels Prämienzahlungspflicht keine Versicherungen.[94]

II. Arten von Versicherungsverträgen

1. Versicherungssparten

40 In Versicherungssparten oder Versicherungszweige werden verwandte Versicherungsarten zusammengefasst. Das VVG regelt im Teil 2 einzelne Versicherungszweige. Über diese systematisierende Funktion hinaus hat der Begriff im Versicherungsvertragsrecht keine Relevanz. Von Bedeutung ist er jedoch im Aufsichtsrecht. Hier wird die Erlaubnis zum Geschäftsbetrieb gesondert für einzelne Sparten erteilt (§ 8 IV VAG, s. dazu Anlage 1 zum VAG, in der die Risiken nach Sparten eingeteilt werden).

2. Schadens- und Summenversicherung

41 Alle Versicherungsverträge lassen sich entweder der Schadens- oder der Summenversicherung zuordnen. Die in § 1 I a.F. enthaltene Zweiteilung in Schadens- und Personenversicherung wurde als unzutreffend aufgegeben, weil Überschneidungen bestehen.[95] Auch Personenversicherungen können Schadensversicherungen sein, wie etwa die Krankheitskostenversicherung.[96] In den Sparten der **Schadensversicherung** ist der VR verpflichtet, nach dem Eintritt des Versicherungsfalles den dadurch entstandenen Schaden nach Maßgabe der vertraglichen Vereinbarungen zu ersetzen.[97] Ein allgemeines zwingendes versicherungsvertragsrechtliches Bereicherungsverbot enthält das Recht der Schadensversicherung nicht.[98] Teilweise ist ein solches Verbot im Gesetz, z.B. in §§ 78 I, 200 geregelt. Schadensversicherungen sind alle Sachversicherungen, Vermögensschadensversicherungen und Haftpflichtversicherungen, aber auch die Krankheitskostenversicherung. In der **Summenversicherung** ist der VR verpflichtet, nach Eintritt des Versicherungsfalles die vereinbarte Leistung unabhängig davon zu erbringen, ob der VN oder ein Dritter einen Schaden erlitten haben.[99] Man spricht daher von abstrakter Bedarfsdeckung. Summenversicherungen sind die Lebensversicherung, Unfallversicherung, Berufsunfähigkeitsversicherung, Krankentagegeldversicherung.[100] Die Summenversicherung kann als Kapital- oder als Rentenversicherung ausgestaltet sein. **Praktische Relevanz** hat die Unterscheidung insofern, als die §§ 74 bis 99 nur für die Schadensversicherung anwendbar sind.

3. Personen und Nicht-Personenversicherung

42 Bei der Personenversicherung betrifft die versicherte Gefahr eine Person, die auch als Gefahrperson bezeichnet wird. Sie muss mit dem VN nicht identisch sein (s. z.B. § 150 I). Als Nichtpersonenversicherungen werden alle anderen Versicherungen bezeichnet.[101] Die Unterscheidung ist juristisch nicht relevant. Das VVG verwendet die Begriffe nicht.

4. Freiwillige Versicherung und Pflichtversicherung

43 Versicherungen, die ohne rechtlichen Zwang begründet werden (**freiwillige Versicherungen**), sind die Regel, da das Versicherungsvertragsrecht durch den Grundsatz der Vertragsfreiheit beherrscht wird (Abschlussfreiheit). Für eine erhebliche Zahl von Versicherungen ist jedoch eine gesetzliche **Pflicht des VN zum Abschluss** vorgesehen, allerdings i.d.R. ohne einen Kontrahierungszwang für den VR (dazu unten). Grund für die Einführung von Versicherungspflichten ist vielfach, dass man **Dritte vor Schäden schützen** will, die der VN herbeiführt, und daneben diesen vor existenzbedrohenden Schadensersatzpflichten. Deshalb sind v.a. Haftpflichtversicherungen regelmäßig Versicherungen, zu deren Abschluss der VN verpflichtet ist, wie z.B. die Kfz-Haftpflichtversicherung (§ 1 PflVG), die Jagdhaftpflichtversicherung (§ 17 I Nr. 4 BJagdG), die Versicherungspflicht des Nießbrauchers (§ 1045 BGB), die Haftpflichtversicherung für Notare (§ 19a BNotO), Rechtsanwälte (§ 51 BRAO) und Versicherungsvermittler (§§ 34d II Nr. 3, VIII Nr. 3 GewO i.V.m. §§ 8, 9 VersVermV) u.v.a. Versicherungspflichten außerhalb der Haftpflichtversicherung sollen neben dem **Schutz des VN selbst** vor allem die Sozialkassen entlasten, wie insbes. die Pflicht zum Abschluss einer Pflegeversicherung nach § 23 I SGB XI und einer Krankenversicherung (Basistarif) nach § 193 III. Ein **Kontrahierungszwang für den VR** wird in den genannten Fällen i.d.R. nicht begründet. Wichtige Ausnahmen sind z.B. die Kfz-Haftpflichtversicherung (§ 5 II PflVG mit Einschränkungen in Abs. 4), die private Pflegeversicherung (§ 110 SGB XI) und

---

93 OLG Köln VersR 2008, 680 ff.
94 Näher HK-VVG/*Brömmelmeyer*, § 1 Rn. 25 f.; L/W/*Looschelders*, § 1 Rn. 109.
95 Begr. RegE BT-Drucks. 16/3945 S. 56.
96 VersHb/*E. Lorenz*, § 1 Rn. 85.
97 BK/*Schauer*, Vorbem. §§ 49–68a Rn. 1; VersHb/*E. Lorenz*, § 1 Rn. 83.
98 Begr. RegE BT-Drucks. 16/3945 S. 79; vgl. auch BGH VersR 2001, 749, 750.
99 Z.B. BK/*Schauer*, Vorbem. §§ 49–68a Rn. 1.
100 BGH VersR 2001, 1100, 1101.
101 VersHb/*E. Lorenz*, § 1 Rn. 89 ff.

die Krankenversicherung im Basistarif (§ 193 V). Dort ist der VR zum Vertragsabschluss verpflichtet.[102] Der Kontrahierungszwang nach § 193 V wird erst durch ein annahmefähiges Angebot des VN ausgelöst.[103] Eine Pflicht, Versicherungsschutz rückwirkend für den Zeitraum zwischen diesem Angebot und dem Entstehen der Versicherungspflicht zu gewähren, besteht nicht. Die Prämienzahlungspflicht nach § 193 IV ist eine Sanktion für die VN, die sich pflichtwidrig zu spät versichern, keine Gegenleistung für rückwirkenden Versicherungsschutz.[104]

5. Erstversicherung und Rückversicherung

Diese Begriffe sind weder im VVG noch im VAG definiert. Deshalb stützt man sich auch heute noch auf die als richtig angesehene Definition des zum 01.01.2008 aufgehobenen § 779 I HGB (für die Seeschifffahrt), wonach die Rückversicherung die Versicherung der vom (Erst-)VR übernommenen Gefahr ist.[105] Die Erstversicherung, in europarechtlicher Terminologie **Direktversicherung**, deckt dagegen die primären Risiken ab und lässt sich negativ dahingehend definieren, als sie alle Versicherungen umfasst, die nicht das von einem VR übernommene Risiko absichern. Auf Rückversicherungen finden die **Vorschriften des VVG gem. § 209 keine Anwendung**. Die Versicherungsaufsicht über Rückversicherer ist durch die letzten VAG-Novellen intensiviert worden und nunmehr bis auf einige Ausnahmen (§§ 8 IV 1, 9 II Nr. 2, III Nr. 5, 10 III, 15 II, 47 Nr. 4, 67 I 2, 69 V, 165–170, 298 II, 340 VAG) derjenigen über Erstversicherungsunternehmen angepasst. 44

III. Vertragsabschluss

1. Abschlussfreiheit und ihre Grenzen

Das VVG enthält für den Vertragsschluss als solchen – wie auch vor der Reform – nur punktuell besondere Vorschriften. Schriftform ist zwar üblich, aber nicht zwingend.[106] Ein Versicherungsvertrag wird also **formlos** nach allgemeinem bürgerlichen Recht geschlossen.[107] Der Versicherungsschein (§ 3) hat Informations-, Legitimations- und Beweisfunktion;[108] nur unter den Voraussetzungen des § 5 wirkt er konstitutiv. In Einzelfällen ist die **schriftliche Einwilligung** anderer Personen erforderlich: § 150 II 1 (Lebensversicherung für den Fall des Todes eines anderen), § 179 II 1 (Unfallversicherung für den Fall des Unfalls eines anderen). Es gelten grundsätzlich die **§§ 116 ff. BGB** für Willenserklärungen, wobei §§ 19 ff. in ihrem Anwendungsbereich § 119 BGB insofern verdrängen, als die Anfechtung durch den VR ausgeschlossen ist.[109] Das gilt gem. § 22 aber nicht für § 123 BGB. Die Anfechtung nach § 123 BGB folgt insgesamt den Regeln des BGB, so dass die Fristenregelung in § 21 III ohne Einfluss auf den Lauf der Frist des § 124 III ist.[110] Für den Vertragsabschluss gelten die **§§ 145 ff. BGB**.[111] Indirekt beeinflusst allerdings § 7 die Gestaltung des Vertragsabschlusses, indem er voraussetzt, dass der **VN vor Abgabe seiner Vertragserklärung** bestimmte Informationen erhält (näher zu den zulässigen Gestaltungen bei § 7). Unklarheiten bezüglich des versicherten Gegenstandes führen nicht zur Unwirksamkeit, solange der Gegenstand durch Auslegung ermittelt werden kann.[112] 45

Der **VR nimmt**, wenn der Vertragsabschluss nach dem **Antragsmodell** erfolgt, ein Angebot des VN regelmäßig ausdrücklich durch Übersendung des Versicherungsscheines **an**.[113] Eine Annahme des VR kann auch durch konkludentes Verhalten erfolgen,[114] wie etwa den Einzug der Erstprämie durch den VR oder Nutzung einer erteilten Einzugsermächtigung,[115] nicht aber durch versehentliche Übersendung einer Rechnung über eine Prämie, die nicht Erstprämie sein kann[116] oder bei Entgegennahme der unaufgefordert überreichten Erstprämie (insbes. bei Übergabe an Vermittler).[117] Es gibt aber Fälle, in denen die Entgegennahme der Prämie Erklärungswert zukommen kann, wie etwa bei Vereinbarung eines zurückliegenden Versicherungsbeginns und sofortige Zahlung der Erstprämie an den Vermittler.[118] Ob bei einer Fälschung des Versicherungsscheins durch den Versicherungsvertreter kein Vertrag zustande kommt oder ob der Vertrag anfechtbar ist, ist umstritten.[119] 46

---

102 Siehe auch L/W/*Looschelders*, § 1 Rn. 111 ff.
103 OLG Köln VersR 2014, 945.
104 OLG Köln VersR 2014, 945, 946; VersR 2014, 866, 867.
105 *Lüer*/Schwepcke, § 1 Rn. 1.
106 BGH NJW 1976, 289, 290.
107 BGH VersR 1964, 497, 499; L/W/*Looschelders*, § 1 Rn. 129.
108 HK-VVG/*Brömmelmeyer*, § 3 Rn. 18.
109 B/M/*Rolfs*, § 22 Rn. 2 a.E.; *Bruns*, § 11 Rn. 18.
110 BGH NJW 2016, 394 f.
111 Begr. RegE BT-Drucks. 16/3945 S. 48.
112 OLG Naumburg VersR 2016, 842 f.
113 BGH VersR 1975, 1089, 1090.
114 BGH NJW-RR 1991, 1177, 1178.
115 BGH VersR 1975, 1089, 1090; OLG Hamm VersR 1971, 1031.
116 OLG Hamm VersR 1982, 844, 845.
117 BGH VersR 1975, 1089, 1090.
118 Vgl. BK/*Schwintowski*, § 5a Rn. 37; P/M/*Armbrüster*, § 1 Rn. 51 m.w.N.
119 Kein Vertrag: OLG Köln VersR 1995, 1226, 1227; Anfechtbarkeit: P/M/*Armbrüster*, § 1 Rn. 49.

Wenn der VR den Vertreter als Boten eingeschaltet hat, ist es sachgerecht, ihm das Risiko verfälschter Erklärungen aufzubürden und analog § 120 BGB Anfechtbarkeit anzunehmen; anders läge es nur in dem – nicht praktischen – Fall, dass der Vermittler nicht vom VR eingeschaltet wurde. § 151 Satz 1 BGB findet auf die Annahmeerklärung des VR regelmäßig keine Anwendung,[120] d.h. der Zugang der Annahmeerklärung des VR ist allenfalls in außergewöhnlichen Fallgestaltungen entbehrlich. Schweigen des VR ist ebenfalls, allgemeinen Regeln entsprechend, grundsätzlich nicht als Annahme zu deuten.[121]

47 Wird der Vertrag nach dem **Invitatio-Modell** (vgl. § 7 Rdn. 78 ff.) abgeschlossen, liegt ein ausdrückliches Angebot des VR vor. Die **Annahme des VN** kann dann ausdrücklich, etwa durch Zurücksenden einer den Angebotsunterlagen beigefügten Annahmeerklärung,[122] oder konkludent durch Überweisung der Erstprämie[123] erfolgen. Hingegen reicht ein fehlender Widerspruch gegen die vom VR vorgenommene Einziehung der Versicherungsprämie entgegen der früheren Rspr. grundsätzlich nicht aus; auch das Schweigen des VN auf das Angebot des VR ist rechtlich i.d.R. ohne Bedeutung.

2. Annahmefrist

48 Eine Annahmefrist (§ 148 BGB) wird regelmäßig in den Antragsvordrucken (als Bindungsfrist)[124] vorgesehen. § 1 I Nr. 12 VVG-InfoV schreibt dem VR vor, den Kunden über die Annahmefrist zu informieren. Damit wird die Bestimmung einer solchen Frist vorausgesetzt. Ansonsten würde sich die Frist gem. § 147 II BGB danach richten, wann der Antragende den Eingang der Erklärung erwarten durfte. Da dies jedoch relativ unbestimmt ist und eine genaue Ermittlung des Fristablaufes nicht zulässt, muss eine Fristbestimmung immer erfolgen.[125] Die Frist beginnt, wenn der VN beim Antragsmodell sein Angebot abgibt, mit Zugang beim VR bzw. dessen Vermittler, sofern nichts Abweichendes vereinbart ist (Grenzen: §§ 69, 72). Wird die Annahmefrist überschritten oder erfolgt die Annahme mit inhaltlichen Abweichungen, ist die Erklärung als neues Angebot anzusehen, **§ 150 BGB**. Hat der VR dem Kunden keine Annahmefrist genannt, gelten die allgemeinen Regeln. Das Angebot des VN muss gem. **§ 147 II BGB** rechtzeitig angenommen werden, sonst erlischt es. Nicht mehr rechtzeitig ist es, wenn der Kranken-VR über zwei Monate nach dem Vertragsangebot des VN – und trotz erkennbarer Mehrfachversicherung – den Versicherungsschein übersendet.[126]

49 Umstritten ist, ob sich der VR schadensersatzpflichtig macht (§§ 280 I, 311 II Nr. 1, 241 II BGB), wenn er **Anträge verzögert bearbeitet**. Zum Teil wird angenommen, der VR habe im Rahmen des vorvertraglichen Schuldverhältnisses eine Mitteilungs- und Bearbeitungspflicht. Möglich sei daher ein Anspruch auf Schadensersatz, wenn der VR einen Antrag nicht rechtzeitig bearbeitet und ein Schadensfall deshalb nicht gedeckt ist, der bei zügiger Bearbeitung abgesichert gewesen wäre.[127] Nach zutreffender Ansicht darf der VR die Annahmefrist ausnutzen. Nach deren Ablauf erlischt das Angebot nach allgemeinen Regeln und der VN weiß, woran er ist. Besondere Mitteilungspflichten bestehen aufgrund des Eintritts in Vertragsverhandlungen nicht.[128] Es besteht kein Anlass, von den allgemeinen Regeln des Vertragsschlusses abzuweichen. Der VR hat also grundsätzlich nicht die Pflicht, den Antrag möglichst schnell zu bearbeiten. Nur bei Vorliegen eines besonderen Bedürfnisses, welches der VR oder sein Vermittler gegebenenfalls auch im Rahmen der Beratung ermitteln muss, kann sich eine Pflicht zur umgehenden Bearbeitung oder Beschaffung einer vorläufigen Deckung ergeben.[129] Beispiele hierfür sind ein erkennbares Interesse des VN, mit neuem Deckungsschutz an den eines auslaufenden Vertrages anzuknüpfen, damit keine Deckungslücke entsteht,[130] erkennbare Eilfälle, z.B. Versicherungsbedürfnis wegen Unternehmensgründung oder -verlegung oder andere aktuell bestehende Risiken. In derartigen Fällen kann sich die Haftung des VR bzw. des Vermittlers auch daraus ergeben, dass er es unterlassen hat, für den kurzfristig erforderlichen Deckungsschutz vorläufige Deckung zu besorgen.[131] Teilweise wird daher

---

120 OLG Hamburg VersR 1988, 1169; LG Frankfurt (Main) VersR 1994, 301, 303; BK/*Schwintowski*, § 5a Rn. 41.
121 BGH VersR 1987, 923, 924.
122 *Gaul* VersR 2007, 21, 24.
123 *Leverenz*, Vertragsschluss nach der VVG-Reform, 2008, S. 151.
124 BGH NJW 1973, 751 m.w.N.
125 *Präve* VW 1995, 90, 95 zur – § 10a I 1 VAG a.F. betreffenden – früheren Anlage D. Abschnitt I Nr. 1 lit. f) zum VAG.
126 OLG Naumburg VersR 2015, 308, 309.
127 RGZ 147, 103, 109 ff. (besondere Pflichten des VR auch aufgrund der besonderen Umstände des Einzelfalles: ländliche Verhältnisse, Antragstellerin bediente sich eines Ratsschreibers, beiderseitige Abschlussbereitschaft bis zum Schadensfall); OLG Karlsruhe VersR 1991, 1125, 1126; möglicherweise auch OLG München VersR 1965, 373 (welches jedoch aufgrund der mangelnden Verpflichtung des VR zum Vertragsabschluss besondere Umstände für einen Schadensersatzanspruch fordert); ebenso: LG Köln VersR 1972, 925, 926; wohl auch: OLG Saarbrücken VersR 2006, 1345, 1347, das jedoch offen lässt, ob sich die Pflicht aus einer analogen Anwendung des § 663 BGB ergibt; grundsätzlich ablehnend P/M/*Armbrüster*, § 1 Rn. 89.
128 BGH NJW 1966, 1407; VersR 1975, 1090, 1092; OLG Hamm VersR 1978, 1014, 1015; OLG Karlsruhe r+s 1988, 5; BK/*Schwintowski*, § 5a Rn. 33 mit Nachweisen zu beiden Ansichten.
129 Vgl. etwa BGH NJW 1966, 1407; VersR 1975, 1090, 1092; OLG Hamm VersR 1978, 1014, 1015; OLG Karlsruhe r+s 1988, 5; so auch ausdrücklich P/M/*Armbrüster*, § 1 Rn. 91.
130 BGH NJW 1966, 1407.
131 OLG Celle ZfS 1983, 121.

angenommen, wenn der materielle Versicherungsbeginn (Rdn. 65) vor Ablauf der Annahmefrist liege, beantrage der Antragsteller zugleich (konkludent) vorläufige Deckung.[132]

Eine andere Frage ist, ob der VR jedenfalls im Massengeschäft (z.B. Privathaftpflicht, Hausrat usw.) verpflichtet ist, die **Ablehnung des Angebots des VN unverzüglich anzuzeigen (analog § 663 BGB)**.[133] Eine unmittelbare Anwendung der Norm scheidet aus, da es sich bei dem Versicherungsvertrag nicht um einen Auftrag oder Geschäftsbesorgungsvertrag handelt. Das Massengeschäft der üblichen Privatversicherungen ähnelt aber dem Anwendungsbereich des § 663 BGB. Die VR erbieten sich durch ihre Werbung öffentlich zum Abschluss von Versicherungsverträgen. Hinzu kommt, dass jedenfalls im Bereich der üblichen Versicherungen regelmäßig keine Abschlusshindernisse bestehen. Der Antragsteller kann daher grundsätzlich mit einer Annahme rechnen. Fraglich ist jedoch, ob dies bereits die Begründung besonderer Pflichten rechtfertigt, die über die allgemeinen hinausgehen. Zunächst fehlt es an einer Regelungslücke. Der Gesetzgeber hat im Zuge der Reform ausdrücklich klargestellt, dass für den Vertragsschluss die allgemeinen Regeln gelten. Diese sehen eine Verpflichtung zur unverzüglichen Mitteilung einer ablehnenden Entscheidung nicht vor. Die VVG-InfoV schreibt vor, dass die Dauer der Bindung an ein Vertragsangebot mitgeteilt wird. Die Probleme, die sich durch Unklarheiten bei der Bindefrist ergeben, waren dem Gesetzgeber daher bekannt. In anderen Bereichen wurde hier durch eine Annahmefiktion Abhilfe geschaffen (§ 5 III 1 PflVG). Es liegt daher fern, dem Gesetzgeber zu unterstellen, er habe eine allgemeine Pflicht des VR, Ablehnungen von Versicherungsverträgen unverzüglich mitzuteilen, entgegen seinem Regelungsplan nicht ins VVG aufgenommen. Für eine Analogie zu § 663 BGB besteht auch kein Bedürfnis, da sich aus besonderen Umständen – s.o. – eine solche Pflicht des VR ergeben kann.

3. Vertretung

VR und VN können sich bei Vertragsschluss vertreten lassen (§§ 164 ff. BGB). Besondere Regeln gelten für die Vertretungsmacht von Versicherungsvertretern nach §§ 69 ff. Im Übrigen gelten die allgemeinen Regeln, d.h. die Vollmacht kann ausdrücklich oder konkludent, schriftlich oder mündlich und als Innen- oder Außenvollmacht erteilt werden. Die Grundsätze der Anscheins- und Duldungsvollmacht finden ebenso Anwendung wie die Rechtsfigur des unternehmensbezogenen Geschäftes.[134] Der Umfang der Bevollmächtigung muss durch Auslegung ermittelt werden, die besonderen Regeln für den Versicherungsvertreter betreffen aber insbes. auch den Umfang der Vollmacht (s. §§ 69, 71 u. 72).

Kasuistik: Vollmacht auf Seiten des **VN**: Die Zustimmung des gesetzlichen Vertreters zum Erwerb eines Kfz durch einen Minderjährigen erstreckt sich regelmäßig auch auf den Abschluss eines Haftpflichtversicherungsvertrages.[135] Die Handlungsvollmacht eines Filialleiters nach § 54 HGB umfasst den Abschluss einer Einbruchsdiebstahlversicherung.[136] Die gesetzliche Vollmacht des Verwalters einer Wohnungseigentümergemeinschaft umfasst nicht die Kündigung bestehender Versicherungsverträge.[137] Ein durch einen vollmachtlosen Vertreter abgeschlossener Versicherungsvertrag kann ausdrücklich oder konkludent genehmigt werden, etwa durch Entgegennahme des Versicherungsscheines[138] oder Zahlung der Prämie.[139] Eine Vollmacht zum Abschluss eines Lebensversicherungsvertrages gilt (auch im Verhältnis Vater/Sohn) ohne weitere Umstände nicht für den Abschluss von Folgegeschäften (Abtretung von Ansprüchen aus der Lebensversicherung).[140] Vollmacht auf Seiten des **VR**: S. zur Vollmacht des Versicherungsvertreters und des Angestellten bei § 69 Rdn. 8 ff., § 71 Rdn. 10 und § 71 Rdn. 7 f.

4. Schlüsselgewalt

Eine Mitverpflichtung des Ehegatten im Rahmen der sog. Schlüsselgewalt (§ 1357 BGB) erfolgt nur, wenn das Geschäft im konkreten Fall der **angemessenen Bedarfsdeckung der Familie** dient, was aus Sicht eines objektiven Betrachters im Vergleich mit Familien in vergleichbarer sozialer Lage zu beurteilen ist. Angemessenheit ist gegeben, wenn angesichts des Umfangs und der Dringlichkeit eine vorherige Verständigung nicht erforderlich ist und i.d.R. auch nicht erfolgt.[141] Die Reichweite des § 1357 BGB beim Abschluss von Versicherungsverträgen wird nicht einheitlich beurteilt. **Überwiegend** wird der Abschluss einer Hausratversicherung für den gemeinsamen Haushalt als Geschäft zur Deckung des Lebensunterhaltes angesehen.[142] Darüber hinaus wird **teilweise** der Anwendungsbereich des § 1357 BGB auf »übliche Versicherungsverträge« erwei-

---

132 P/M/*Armbrüster*, § 1 Rn. 98; anders: OLG Hamm VersR 1991, 914; OLG München r+s 1988, 372 f.
133 Offengelassen von OLG Saarbrücken VersR 2006, 1345.
134 Zu Letzterem P/M/*Armbrüster*, § 1 Rn. 104.
135 LG Saarbrücken VersR 1966, 33; a.A. AG Hamburg VersR 1950, 150.
136 LG Hamburg VersR 1953, 61 f.
137 LG Essen VersR 1979, 80.
138 LG Hildesheim VersR 1954, 213 (einer von mehreren Umständen); a.A. AG Düsseldorf VersR 1956, 429.
139 BGH VersR 1965, 425, 427.
140 BGH VersR 1992, 989.
141 Vgl. Palandt/*Brudermüller*, § 1357 Rn. 12; HK-BGB/*Kemper*, § 1357 Rn. 8; MünchKommBGB/*Roth*, § 1357 Rn. 20.
142 AG Eschwege VersR 1959, 1038; AG Karlshafen VersR 1965, 871; MünchKommBGB/*Roth*, § 1357 Rn. 23; Staudinger/*Voppel* (2012), § 1357 Rn. 64; Erman/*Kroll-Ludwigs*, BGB, 14. Aufl. 2014, § 1357 Rn. 12.

tert.[143] Nach einer **engeren Auffassung** sind Versicherungsverträge von § 1357 BGB grundsätzlich nicht erfasst.[144] Als nicht mehr angemessen wurde in der Rspr. auch die Erweiterung eines Krankenversicherungsschutzes im Rahmen einer bestehenden Versicherung[145] und die Verlängerung einer Feuerversicherung um 10 Jahre[146] angesehen.

54 Bei der Anwendung des § 1357 BGB auf den Abschluss von Versicherungsverträgen muss Zurückhaltung geübt werden. Zweck der Norm ist es, den Ehegatten, der die Haushaltsführung übernommen hat, für seine Aufgabe im Rahmen der ehelichen Lebens- und Wirtschaftsgemeinschaft angemessen auszurüsten.[147] Nach der Vorstellung des Gesetzgebers sollen jedoch »Geschäfte größeren Umfangs, die ohne Schwierigkeiten zurückgestellt werden könnten«, nicht unter § 1357 BGB fallen.[148] Das dürfte beim Abschluss von Versicherungsverträgen regelmäßig der Fall sein. Auch wenn die Verträge nur eine geringe Prämienhöhe haben sollten (z.B. Privathaftpflicht, Hausrat), so gehören die Fragen über die versicherungsrechtliche Absicherung des Haushaltes und der Familie zu den grundsätzlichen Angelegenheiten, die (im Regelfall auch ohne zeitliche Not und gegebenenfalls auch nur kurz) gemeinsam besprochen werden können und auch werden. Anders kann gegebenenfalls eine Verlängerung eines »üblichen Versicherungsvertrages« zu beurteilen sein, da hier die grundsätzliche Entscheidung über Art und Höhe der Absicherung bereits getroffen ist.

5. Vertragsschluss mit Minderjährigen

55 Aufgrund der Pflicht zur Prämienzahlung ist der Abschluss eines Versicherungsvertrages nicht nur rechtlich vorteilhaft und bedarf der **Einwilligung** des gesetzlichen Vertreters, § 107 BGB. Der **Umfang einer erteilten Einwilligung** muss anhand des Einzelfalles ausgelegt werden. Die Einwilligung zum Kauf eines Pkw umfasst regelmäßig die Einwilligung zum Abschluss eines Haftpflichtversicherungsvertrages.[149] Bei Vertragsschluss ohne die erforderliche Einwilligung können der gesetzliche Vertreter (§ 108 II BGB) oder der Minderjährige nach Erreichen der Volljährigkeit (§ 108 III BGB) den bis dahin schwebend unwirksamen Vertrag **genehmigen**, wenn sie zur Genehmigung aufgefordert wurden. Aufforderung und Genehmigung können auch **konkludent** erfolgen, z.B. durch Fortsetzung der Prämienzahlung, wenn der VN durch die Aufforderung zur Zeit der Zahlung Kenntnis von der Unwirksamkeit und der Genehmigungsbedürftigkeit hat.[150] Erforderlich ist ein potentielles Erklärungsbewusstsein, die Kenntnis des VN vom Abschluss des Vertrages reicht hierfür nicht aus.[151] Ebenso wenig reichen per se die Abtretung oder Verpfändung des Anspruchs, die Inanspruchnahme von Versicherungsleistungen, langjährige Prämienzahlung, Hinnahme von Prämienerhöhungen und anderen Vertragsänderungen.[152]

56 Bei langfristigen Verträgen, insbes. Lebensversicherungsverträgen, ist bei Abschluss durch einen Minderjährigen nach **§§ 1643 I, 1822 Nr. 5 BGB** eine **familiengerichtliche Genehmigung** erforderlich. Der VN kann nach Erreichen der Volljährigkeit den Vertrag selbst nach § 1829 III BGB genehmigen. Auch hier ist erforderlich, dass der VN Kenntnis vom schwebend unwirksamen Vertrag und der Genehmigungsbedürftigkeit hat und der VR aus dem Verhalten des VN sicher auf die Genehmigung schließen konnte.[153]

IV. Abgrenzung zwischen Neuabschluss und Vertragsänderung

57 Versicherungsverträge können **einvernehmlich** durch Vertrag geändert werden (§ 311 I Fall 2 BGB). Hier gelten die allgemeinen Regeln, so dass eine solche Änderung insbes. auch konkludent vereinbart werden kann; das bloße Weiterzahlen einer unveränderten Prämie kann jedoch i.d.R. nicht als Zustimmung zu geänderten Bedingungen verstanden werden.[154] Es gibt aber auch Rechte zur **einseitigen** Abänderung von Versicherungsverträgen. Diese Rechte können im Versicherungsvertrag festgelegt sein (arg. e. § 40 VVG) oder aus dem Gesetz folgen (z.B. §§ 19 IV, 25 I, 74 I, 79, 163 f., 176, 203 IV).

---

143 Erman/*Kroll-Ludwigs*, BGB, 14. Aufl. 2014, § 1357 Rn. 12.
144 *Gernhuber/Coester-Waltjen*, FamilienR, 6. Aufl. 2010, § 19 IV Rn. 47 (die jedoch – ohne Begründung – den Abschluss von Krankenversicherungsverträgen zulassen wollen); Soergel/*Lipp*, BGB, 13. Aufl. 2012, § 1357 Rn. 25 (vorherige Verständigung ist regelmäßig möglich und üblich); HK-BGB/*Kemper*, § 1357 Rn. 10.
145 AG Düsseldorf VersR 1956, 429.
146 LG Siegen VersR 1951, 168.
147 BVerfG NJW 1990, 175.
148 Begr. RegE BT-Drucks. 7/650 S. 99; Rechtsausschuss BT-Drucks. 7/4361 S. 26; BGH NJW 1985, 1394, 1396 (Kriterium der Angemessenheit).
149 LG Saarbrücken VersR 1966, 33; a.A. AG Hamburg VersR 1950, 150.
150 Vgl. OLG Koblenz VersR 1991, 209; OLG Hamm VersR 1992, 1502.
151 Vgl. BK/*Schwintowski*, § 5a Rn. 57 zu § 1829 BGB; *Bayer* VersR 1991, 129, 130.
152 PK/*Ortmann*, Vorbem. zu §§ 150–171 Rn. 81; P/M/*Armbrüster*, § 1 Rn. 110; P/M/*Schneider*, § 150 Rn. 17; OLG Hamm VersR 1992, 1502; OLG Koblenz VersR 1991, 209; LG Frankfurt (Main) VersR 1999, 702 (sechsjährige Vertragsfortführung nach Erreichen der Volljährigkeit).
153 Z.B. P/M/*Armbrüster*, § 1 Rn. 111 m.w.N.; P/M/*Schneider*, § 150 Rn. 17 m.w.N.; *Bayer* VersR 1991, 129, 131.
154 *Bierschenk* BaFin Journal Februar 2016, 16, 19 f.

Greifen Parteien während eines laufenden Versicherungsvertrages in die Regelungen ein und treffen von den ursprünglichen Abreden abweichende Vereinbarungen, so stellt sich die Frage, ob hierin eine Änderung des bestehenden Vertrages oder ein Neuabschluss zu sehen ist.[155] **Praktische Bedeutung** hat die Abgrenzung zwischen Änderung und Neuabschluss erstens für die Frage, ob die nach der Änderung zu zahlende Prämie eine **Erstprämie** ist, deren schuldhafte Nichtzahlung durch den VN zur Leistungsfreiheit führt (§ 37 II), oder eine **Folgeprämie**, deren Nichtzahlung erst nach Fristsetzung diese Folgen hat (§ 38 II). Zweitens spielt die Unterscheidung eine Rolle für die **Informationspflichten des § 7**, die in vollem Umfang nur bei Neuabschluss eines Vertrages bestehen (s. Näheres bei § 7). Dagegen hängt die Anwendung der §§ 5 und 19 I nicht davon ab, ob der Vertrag geändert oder neu abgeschlossen wurde.[156]

Festzuhalten ist zunächst, dass die Grenze zwischen Neuabschluss und Vertragsänderung nicht in beiden Zusammenhängen an derselben Stelle verlaufen muss. Maßgeblich sind Sinn und Zweck der §§ 37, 38 einerseits und des § 7 andererseits, die durchaus **unterschiedliche Grenzziehungen** verlangen können (s. deshalb jeweils bei den Kommentierungen der genannten Normen). 58

Im Rahmen von **§§ 37, 38** wurde nach altem VVG als bedeutsam angesehen, ob bei einer Wertung als Neuabschluss eine kurzfristige **Deckungslücke** entstehen könnte. Denn bei einem Neuabschluss war der VR nach früherem Recht bis zur Zahlung der Erstprämie leistungsfrei; selbst bei einem sich vertragsgemäß verhaltenden VN bestand bis zu diesem Zeitpunkt kein Deckungsschutz.[157] Dies entsprach nicht dem Willen der Parteien, weshalb man eher eine Änderung des bestehenden Vertrages annahm.[158] Dieses Argument hat nach der Neufassung der Regelung in § 37 etwas an Gewicht verloren. Der VN hat jetzt die Möglichkeit, sich für die Nichtzahlung zu exkulpieren, § 37 II 1 a.E. Dennoch ist die Annahme eines Neuabschlusses für ihn nachteilig, er trägt die Beweislast für sein fehlendes Verschulden. Deshalb eine Vermutung für eine Änderung und gegen einen Neuabschluss sprechen zu lassen,[159] würde dem VR die Beweislast für das Tatbestandsmerkmal »erste Prämie« in § 37 II auferlegen; diese trägt er aber nach allgemeinen Regeln ohnehin. In Betracht käme daher eher eine Auslegungsregel, für die es aber m.E. keine hinreichende rechtstatsächliche Basis gibt. Für die Auslegung gelten daher die allgemeinen Regeln der §§ 133, 157 BGB: Maßgeblich ist, ob nach dem Willen der Parteien ein neuer Vertrag begründet oder der frühere unter Wahrung seiner Identität lediglich abgeändert werden soll.[160] Abzustellen ist dabei vor allem auf den dem VR erkennbaren Willen des VN.[161] Nach dem BGH liegt ein neuer Vertrag vor, wenn der aus den gesamten Fallumständen zu ermittelnde Wille der Vertragsparteien darauf gerichtet war, die vertraglichen Beziehungen auf eine selbstständige neue Grundlage zu stellen und sich nicht damit zu begnügen, einzelne Regelungen des bestehenden Vertrags zu modifizieren.[162] Eine ausdrückliche Erklärung i.S. eines Neuabschlusses ist nicht erforderlich.[163] Ob das der Fall ist, hängt von **materiellen Kriterien** wie der Art und dem Inhalt der angestrebten Änderungen ab, weniger dagegen von formellen Aspekten wie einem neuen Antrag, einem neuen Versicherungsschein oder der Bezeichnung als Nachtrag.[164] Maßgeblich ist das Gewicht der neuen Vereinbarungen im Verhältnis zu dem bestehenden Vertrag.[165] Anhaltspunkte für einen neuen Vertrag sind danach die Veränderung wesentlicher Vertragsinhalte, z.B. des versicherten Risikos, des versicherten Objekts, der Vertragsdauer, der Vertragsparteien und der Gesamtversicherungssumme.[166] Zum Teil regeln auch die AVB diese Frage, wie z.B.C.3 AKB 15 (§ 6 Ziff. 5 AKB a.F.). Wird das Versicherungsobjekt durch Verkauf des alten und Kauf eines neuen Fahrzeuges ausgewechselt, wird trotz wohl anzunehmendem Neuvertrag bei Vergleichbarkeit der Fahrzeuge und des Verwendungszwecks die zu zahlende Prämie wie eine Folgeprämie behandelt. Zu den **i.R.v. § 7 maßgeblichen Kriterien** s. dort Rdn. 17, 18. 59

V. Abdeckung mehrerer Risiken

Wenn sich ein VN bei einem VR gegen **mehrere Gefahren** versichern will, kann dies in einem Vertrag über die Versicherung mehrerer Risiken oder mehreren Verträgen mit jeweils einem abgesicherten Risiko gesche- 60

---

155 Dazu ausführlich *Armbrüster/Schreier* VersR 2015, 1053 ff.
156 *Armbrüster/Schreier* VersR 2015, 1053, 1056; zu § 19 VVG bei Vertragsänderungen *Neuhaus* r+s 2013, 583 ff.
157 OLG Hamm VersR 1979, 413.
158 Anders z.B. im Fall OLG Köln NVersZ 2002, 469, 470, wo die Parteien die Deckungslücke aus Kostengründen in Kauf nahmen.
159 Dafür: P/M/*Knappmann*, § 37 Rn. 5; wohl auch: *Martin*, Sachversicherungsrecht, P I Rn. 11; PK/*Michaelis/Pilz*, § 37 Rn. 5; zweifelnd: R/L/*Rixecker*, § 37 Rn. 5; offenlassend: OLG Köln VersR 1990, 1004, 1005.
160 Ausführlich OLG Saarbrücken VersR 2008, 57 ff.; OLG Hamm VersR 1979, 413; OLG Köln NVersZ 2002, 469; BK/*Riedler*, § 38 Rn. 9; PK/*Michaelis/Pilz*, § 37 Rn. 5; *Neuhaus* r+s 2013, 583, 587.
161 LG München r+s 1989, 172; P/M/*Knappmann*, § 37 Rn. 5; BK/*Riedler*, § 38 Rn. 9.
162 BGH BeckRS 2012, 04158 Rn. 20 (im Zusammenhang mit § 16 VVG a.F., was sich aus der vorinstanzlichen Entscheidung ergibt), insoweit nicht abgedruckt in VersR 2012, 1429; BGH r+s 1989, 22, 23.
163 BGH BeckRS 2012, 04158 Rn. 26, insoweit nicht abgedruckt in VersR 2012, 1429.
164 OLG Köln VersR 1990, 1004, 1005; NVersZ 2002, 469 f.; ausführlich: BK/*Riedler*, § 38 Rn. 9 ff.; P/M/*Knappmann*, § 37 Rn. 5; R/L/*Rixecker*, § 37 Rn. 4.
165 OLG Hamm r+s 2014, 619 f.
166 BGH BeckRS 2012, 04158 Rn. 20, insoweit nicht abgedruckt in VersR 2012, 1429; zu äußeren Indizien und Kasuistik *Neuhaus* r+s 2013, 583, 588.

hen. Die Frage, ob ein oder mehrere Verträge vorliegen, hat Auswirkungen bei der Beurteilung des Umfanges von Kündigungen oder Rücktritten. Entscheidend ist der Parteiwille. Der teilweise vorgenommene Schluss von der Zahl der Versicherungsscheine auf die Zahl der Verträge ist aufgrund der dadurch entstehenden Abhängigkeit von Policierungsgewohnheiten der VR nicht zwingend. Sind mehrere Risiken versichert, so kann dies in Form der **Koppelung** (ein Antragsformular, mehrere Versicherungsscheine) oder der **Bündelung** (ein Antragsformular, ein Versicherungsschein, Geltung verschiedener AVB für die jeweiligen Risiken) geschehen. Bei der Zusammenfassung der Versicherung mehrerer Risiken in einem Vertrag aufgrund gemeinsamer AVB spricht man hingegen von einer **kombinierten Versicherung**.[167]

VI. Inhaltsfreiheit und ihre Grenzen

61 Die Freiheit zur inhaltlichen Ausgestaltung der Versicherungsverträge ist durch speziell für sie geltende Vorschriften und durch die Regelungen des allgemeinen bürgerlichen Rechts begrenzt. **Spezielle Vorgaben** finden sich z.B. im VVG, das in zahlreichen Vorschriften den VN vor nachteiligen Vertragsinhalten schützt (§§ 18, 32, 42, 52 Abs. 5, 67, 72, 87, 112, 129, 171, 175 (auch i.V.m. § 177 I), 191, 208). Bei den Pflichtversicherungen ist neben dem »Ob« der Versicherung auch das »Wie«, also der konkrete Umfang des Versicherungsschutzes, in gewissen Punkten gesetzlich festgelegt, um den jeweiligen Zweck der Versicherungspflicht zu erreichen (z.B. KfzPflVV oder Basistarif in der Krankenversicherung, § 152 VAG). **Allgemeine Vorgaben** folgen insbes. aus §§ 134, 138 BGB sowie aus dem AGB-Recht, §§ 305 ff. BGB. § 134 BGB gehen aber versicherungsspezifische Normen vor, die die privatrechtlichen Folgen eines Verstoßes abweichend von § 134 BGB regeln (z.B. §§ 74 II, 78 III, 80 III).[168] Embargobestimmungen enthalten oft Versicherungsverbote, wie etwa die EU-Verordnungen über Embargos gegenüber Iran[169] und Syrien.[170] Soweit diese Verbote in Deutschland als deutsches oder europäisches Recht unmittelbar gelten, führen sie gem. § 134 BGB zur (u.U. nur teilweisen, § 139 BGB) Nichtigkeit des Versicherungsvertrages, da sie die wirtschaftlich erfolgreiche Durchführung des Geschäfts verhindern sollen.[171] Ausländische Embargoklauseln sind als ausländische Gesetze keine gesetzlichen Verbote i.S.v. § 134 BGB,[172] können aber i.R.v. § 138 BGB zur Sittenwidrigkeit führen, wenn das nach ausländischem Recht verbotene Geschäft auch nach den Wertungen der deutschen Rechtsordnung nicht anzuerkennen ist.[173] Ob sie zu rechtlicher Unmöglichkeit i.S.d. § 275 BGB führen können, ist umstritten.[174] Zu beachten ist, dass ausländischen Versicherungsverboten unter den Voraussetzungen des Art. 9 Abs. 3 Rom-I-VO Wirkung verliehen werden kann, wenn sie Eingriffsnormen i.S.v. Art. 9 Abs. 1 Rom-I-VO sind;[175] letzteres trifft auf Embargovorschriften regelmäßig zu.[176] Eine D&O-Versicherung ohne den gem. § 93 II 3 AktG erforderlichen Selbstbehalt ist nach zutreffender h.M. nicht gem. § 134 BGB teilweise nichtig, denn die Regelung soll pflichtgemäßes Verhalten des Vorstands gewährleisten und betrifft damit das gesellschaftsrechtliche Innenverhältnis.[177] Sittenwidrig können Versicherungen gegen Geldstrafen und -bußen sein.[178]

C. Rechtsfolgen

62 Der Inhalt des Vertrages und die einzelnen Pflichten der Vertragsparteien richten sich in erster Linie nach den AVB, ergänzend nach dem VVG. Weitere Pflichten folgen aus § 241 II BGB, denn die Vertragsparteien eines Versicherungsvertrages sind danach zur Rücksicht auf die Rechte, Rechtsgüter und Interessen des anderen Teils verpflichtet.[179]

I. Pflichten des VR
1. Primärpflichten

63 Nach § 1 Satz 1 treffen den VR zwei Hauptleistungspflichten: Er ist verpflichtet, ein bestimmtes Risiko des VN oder eines Dritten durch eine im Versicherungsfall zu erbringende Leistung abzusichern. Nach dem oben

---

167 P/M/*Armbrüster*, § 1 Rn. 159; *Heidel* VersR 1989, 986.
168 *Armbrüster/Schilbach* r+s 2016, 109.
169 Z.B. Art. 4b lit. b, Art. 5 lit. b Verordnung (EU) Nr. 267/2012 des Rates v. 23.03.2012 i.d.F. der Verordnung (EU) 2016/603 v. 18.04.2016.
170 Z.B. Art. 3 (1) lit. b, Art. 3 (4) lit. b, Art. 3a lit. a, Art. 6d lit. d Verordnung (EU) Nr. 36/2012 des Rates v. 18.01.2012.
171 *Wandt* VersR 2013, 257, 262.
172 BGH NJW 1972, 1575, 1576; LG Hamburg VersR 2015, 1024, 1025 m. zustimmender Anm. v. *Looschelders*; *Armbrüster/Schilbach* r+s 2016, 109, 114.
173 LG Hamburg VersR 2015, 1024, 1025 m. zustimmender Anm. v. *Looschelders*; BGH NJW 1972, 1575, 1576.
174 Dagegen OLG Frankfurt (Main) v. 09.05.2011, 23 U 30/10 Rn. 46, juris; zweifelnd *Mayer/Albrecht* WM 2015, 1226, 1231, jeweils m.w.N.
175 *Looschelders* VersR 2015, 1024, 1026.
176 *Wandt* VersR 2013, 257, 262; für die Sanktionen der USA gegenüber Iran *Tehrani* VersR 2016, 85, 93; *Looschelders* VersR 2015, 1024, 1026; *Mayer/Albrecht* WM 2015, 1226, 1228.
177 Spindler/Stilz/*Fleischer*, Aktiengesetz, 3. Aufl. 2015, § 93 Rn. 252.
178 Überblick bei *Armbrüster/Schilbach* r+s 2016, 109, 111 f.
179 OLG Köln VersR 2013, 702, 703.

Gesagten (Rdn. 19 f.) schuldet der VR erstens **Gefahrübernahme** in der Weise, dass er eine bedingte Leistung – i.d.R. eine Geldleistung – verspricht; das geschieht bereits bei Vertragsabschluss. Aufgrund des Versprechens schuldet er zweitens **bedingt** durch den Eintritt des Versicherungsfalles **Zahlung** oder gegebenenfalls eine sonstige Leistung. Unter welchen Voraussetzungen zu zahlen oder zu leisten ist, ergibt sich in erster Linie aus den AVB. Nicht geschuldet ist die Organisation der Gefahrengemeinschaft in einer bestimmten Weise.[180]

2. Sekundärpflichten

Zum Teil werden aber trotz des Fehlens von Primärpflichten zur Organisation der Gefahrengemeinschaft Sekundärpflichten des VR für den Fall bejaht, dass der VR »unsicher« wird, der VN daher z.B. seine Risiken anderweitig decken muss und dadurch einen Schaden erleidet. Den VR treffe eine »materiale Sicherungspflicht«, deren Erfüllung der VN zwar nicht beanspruchen könne, bei deren Nichterfüllung er aber Schadensersatz nach §§ 280 ff. BGB verlangen könne. Der aufsichtsrechtliche Schutz, der die Erfüllbarkeit der Verpflichtungen des VN sicherstellen soll, werde so privatrechtlich »abgerundet«.[181] Allerdings ergibt sich diese Rechtsfolge auch ohne die Annahme einer nicht durchsetzbaren materialen Sicherungspflicht. Nach dem oben Gesagten schuldet der VR zunächst Gefahrübernahme. Er erfüllt diese Pflicht mit seinem bedingten Zahlungsversprechen. Verliert dieses seinen Wert, weil feststeht, dass der VR es nicht erfüllen können wird, erfüllt er zugleich seine Pflicht zur Gefahrübernahme nicht mehr. Der VN kann nach allgemeinen Regeln (§§ 280 ff. BGB) Schadensersatz wegen Verletzung einer Hauptpflicht verlangen, also etwa die Kosten der erforderlich gewordenen Umdeckung des Risikos vom VR beanspruchen. Weitere Rechte des VN im Falle gefährdeter Leistungsfähigkeit des VR ergeben sich aus §§ 321 I, II, 314 BGB.

64

3. Beginn des Versicherungsschutzes

Nach § 10 beginnt der Versicherungsschutz mit dem Beginn des Tages, an dem der Versicherungsvertrag geschlossen wird. Der Beginn des Schutzes kann aber individualvertraglich, auch rückwirkend, § 2, festgelegt werden. Unterschieden werden der **formelle** Versicherungsbeginn als Zeitpunkt des Vertragsschlusses und des Beginns der vertraglichen Bindung der Parteien, der **materielle** Versicherungsbeginn als Beginn des Versicherungsschutzes (bei Eingreifen des § 10 mit dem formellen Versicherungsbeginn identisch) und der **technische** Versicherungsbeginn als Beginn des Zeitabschnittes, für den die Prämie berechnet wird. Wenn der Begriff des »Versicherungsschutzes« nicht näher umschrieben wird, ist er aus Sicht eines verständigen VN als »materieller Versicherungsbeginn« auszulegen.[182]

65

4. Nebenpflichten und Nebenleistungspflichten

Den VR treffen verschiedene Nebenpflichten und Nebenleistungspflichten, wie etwa die Pflicht zur vertragsbegleitenden Beratung nach § 6 IV, die Pflicht zur Übermittlung des Versicherungsscheins (§ 3) und – in der Lebensversicherung – einer Modellrechnung (§ 154). Aus § 241 II BGB folgt etwa die Pflicht des VR, mit einem vom VN – ggf. auch erst nach Vertragsabschluss – eingeschalteten und umfassend bevollmächtigten **Vertreter** (Makler oder anderer Vertreter) **zu korrespondieren** und diesem auf Verlangen Auskunft zu erteilen, soweit nicht berechtigte Interessen des VR entgegenstehen.[183] Letztere ergeben sich nicht schon aus dem vom VR bevorzugten Vertriebssystem.[184] § 241 II BGB verbietet es (neben § 823 Abs. 1 BGB) dem VR grundsätzlich, die Angaben des VN durch **verdeckte Ermittlungsmethoden** zu überprüfen; letztere sind ausnahmsweise zulässig, wenn konkrete tatsächliche Anhaltspunkte für eine Pflichtverletzung des VN (z.B. falsche Angaben) bestehen.[185] Hat der VR ein **Sachverständigengutachten** zum behaupteten Versicherungsfall in Auftrag gegeben, hat er dem VN Einsicht in das Gutachten zu gewähren. Diese Pflicht folgt aus dem Versicherungsvertrag i.V.m. § 242 BGB. Der Grundsatz von Treu und Glauben in seiner vertragsergänzenden Funktion begründet diese Nebenleistungspflicht des VR, weil sonst die überlegene Finanzkraft (s. § 85 II) und Sachkunde des VR die Waffengleichheit gefährden würde.[186] Die Rspr. begründet diese Pflicht des VR teils mit § 810 BGB.[187] In der Krankenversicherung ist insoweit § 202 S. 1 lex specialis.[188] Der VR hat auch die Pflicht, eine **unwirksame**

66

---

180 B/M/H. *Baumann*, § 1 Rn. 35 a.E.; L/W/*Looschelders*, § 1 Rn. 44.
181 B/M/H. *Baumann*, § 1 Rn. 37 ff., 40.
182 OLG Hamm NJW-RR 1997, 153, 154 zur Sachversicherung.
183 BGH VersR 2013, 841, 842.
184 BGH VersR 2013, 841, 842 f.
185 OLG Köln VersR 2013, 702, 703 ff.
186 OLG Karlsruhe r+s 2005, 385, 386; OLG Saarbrücken NJW-RR 1999, 759; LG Dortmund NJW-RR 2008, 1483 (als alternative Begründung); im Ergebnis ebenso AG Singen r+s 2013, 237; vgl. auch BGH NJW-RR 1993, 1532, 1535 unter III. 3. a) der Gründe; ablehnend LG Berlin VersR 2003, 94, das aber die hier bevorzugte Lösung über eine vertragliche Nebenpflicht nicht diskutiert, sondern den allgemeinen Auskunftsanspruch aus § 242 BGB mit seinen strengeren Voraussetzungen ebenso ablehnt wie § 810 BGB.
187 LG Oldenburg r+s 2012, 343, 344; LG Dortmund NJW-RR 2008, 1483 (als alternative Begründung).
188 *Armbrüster* VersR 2013, 944, 945 f., zudem für eine analoge Anwendung auf die Berufsunfähigkeits- und Unfallversicherung.

Kündigung eines Versicherungsvertrags durch den VN unverzüglich zurückzuweisen, und zwar aus § 242 i.V.m. dem Vertrag[189] oder aus § 6 IV 1.[190] Das pflichtwidrige Unterlassen der Zurückweisung macht die unwirksame Kündigung aber nicht wirksam.[191] Das ist in den Fällen klar, in denen der VR aus der Kündigung Vorteile (Leistungsfreiheit) für sich herleiten will; dazu kann ihn eine Pflichtverletzung nicht berechtigen.[192] Aber auch wenn er Ansprüche aus dem fortbestehenden Vertrag herleitet (Prämienzahlung), schießt die Fiktion einer wirksamen Kündigung über die üblichen Folgen von Pflichtverletzungen hinaus. Der VR hat den VN so zu stellen, wie er bei erfolgtem Hinweis auf die Unwirksamkeit der Kündigung stünde. Das bedeutet keineswegs immer, dass dann eine wirksame Kündigung zum selben Zeitpunkt möglich gewesen wäre.

II. Pflichten des VN

67 Die einzige **Hauptleistungspflicht** des VN ist diejenige zur Leistung der vereinbarten Zahlung (= Prämie). Beiträge an einen VVaG stehen der Prämie gleich.[193] Ob der VN für weitere Leistungen des VR Zahlungen zu erbringen hat, richtet sich nach dem Gesetz, wie z.B. für die Erteilung eines neuen Versicherungsscheines oder einer Abschrift des Versicherungsscheines (§ 3 V) oder für eine erneute Übermittlung der AVB (§ 7 IV), sowie nach den AVB. Außerdem ist der VN Steuerschuldner der Versicherungssteuer (§ 7 I VersStG), die der VR als Steuerentrichtungsschuldner für Rechnung des VN entrichtet (§ 7 II 2 VersStG).

68 Man unterscheidet **Einmalprämien**, bei denen die gesamte Prämie in einziger Zahlung zu entrichten ist (z.B.: Auslandskrankenversicherung, Reisegepäckversicherung), und **laufende Prämien**, die jeweils für die einzelne Versicherungsperiode (§ 12) zu zahlen sind. Dabei ist die **Erstprämie** die zeitlich erste Prämie nach Vertragsabschluss, die **Folgeprämie** jede der Erstprämie zeitlich nachfolgende Prämie (s. §§ 37, 38 zu den unterschiedlichen Verzugsfolgen).

69 Die **Höhe der Prämie** richtet sich grundsätzlich nach der vertraglichen Vereinbarung. Sie wird i.d.R. nicht frei vereinbart, sondern richtet sich nach den Tarifbestimmungen des VR. In diesem sind für unterschiedliche Risikogruppen unterschiedliche Preise für den Versicherungsschutz festgelegt (Prämienstaffeln). In bestimmten Sparten besteht das Recht zur Prämienanpassung, um Umstände zu berücksichtigen, die bei Vertragsschluss nicht vollständig kalkulierbar waren (vgl. § 163 I für die Lebensversicherung und über § 176 auch für die Berufsunfähigkeitsversicherung, § 203 II für die Krankenversicherung). Die Pflicht zur Prämienzahlung ist näher in §§ 33 ff. geregelt, die die §§ 269 ff. BGB ergänzen und modifizieren.

70 Neben der Hauptleistungspflicht treffen den VN eine Fülle gesetzlicher und vertraglicher **Obliegenheiten** (näher dazu bei § 28).

D. Rechtsnatur des Versicherungsvertrages

I. Ausgangspunkt

71 Über die Rechtsnatur des Versicherungsvertrages ist viel diskutiert worden, was angesichts seiner Normierung im VVG verwundert, würde man doch auch nicht über die Rechtsnatur des Kaufvertrages streiten wollen – er ist eben ein Kaufvertrag. Der BGH hat die Frage nach der Rechtsnatur offen gelassen.[194] Die Diskussion entstand aus der Schwierigkeit, die Leistung des VR zu beschreiben (dazu bereits oben Rdn. 11 ff.). Einige im Zusammenhang mit der Rechtsnatur des Versicherungsvertrages erörterte Aspekte sind deshalb schon durch die oben erarbeitete Bestimmung der Leistung des VR abgehandelt worden. Der VR erbringt danach zwei Leistungen: Er verspricht für den Versicherungsfall eine Zahlung oder sonstige Leistung und er zahlt/leistet im Versicherungsfall. Zwei Fragen bleiben hier zu klären:

II. Synallagma

72 Sowohl die Geldleistungstheorie als auch die Gefahrtragungstheorie sehen die Leistung des VR (bedingte Geldzahlung nach der einen, Gefahrtragung nach der anderen Auffassung) als synallagmatisch mit der Prämienzahlung verbunden.[195] Die modifizierte Gefahrtragungstheorie nimmt das jedenfalls auch für die Gefahrtragung an; nicht ganz deutlich wird, ob zwischen der Zahlung im Versicherungsfall und der Prämienzahlung eine synallagmatische Verknüpfung bestehen soll.[196] Die kombinierte Theorie sieht beide Leistungen des

---

[189] BSG r+s 2007, 144, 145 (Rn. 17); BaFin, Auslegungsentscheidung v. 19.02.2014, abrufbar unter http://www.bafin.de/SharedDocs/Veroeffentlichungen/DE/Auslegungsentscheidung/VA/ae_140219_zurueckweisung_kucndigung_va.html?nn=2818492 (01.05.2016).

[190] BaFin, Auslegungsentscheidung v. 19.02.2014, abrufbar unter http://www.bafin.de/SharedDocs/Veroeffentlichungen/DE/Auslegungsentscheidung/VA/ae_140219_zurueckweisung_kuendigung_va.html?nn=2818492 (01.05.2016).

[191] BGH ZfS 2013, 634, 635; r+s 1989, 69; BSG r+s 2007, 144, 145 f.

[192] Vgl. BGH NJW 1987, 1429.

[193] Begr. RegE BT-Drucks. 16/3945 S. 56.

[194] Zuletzt BGH VersR 2005, 1565, 1568; erstmals BGHZ 83, 169, 174.

[195] Die Verrechnung des Versicherungsschutzes mit der Prämienzahlung i.R.d. bereicherungsrechtlichen Rückabwicklung befürwortet BGH NJW 2014, 2646, 2651.

[196] VersHb/*E. Lorenz*, § 1 Rn. 136.

VR als Gegenleistungen für die Prämie an.[197] Auch nach der hier vertretenen, der kombinierten Theorie verwandten Auffassung stehen **beide Leistungspflichten im Synallagma mit der Prämienzahlungspflicht**.[198] Dagegen spricht nicht per se, dass die Zahlungspflicht des VR sich erst aus seiner ersten Leistung, dem Zahlungsversprechen ergibt. Allerdings ist bei der Anwendung der §§ 320 ff. BGB zunächst zu beachten, dass das VVG spezielle Regelungen enthält (z.B. § 38 II). Des Weiteren ist der Tatsache Rechnung zu tragen, dass der Prämienzahlung des VN zwei verschiedene Leistungen des VR gegenüberstehen. Deshalb hat der VN, wenn der VR auf einen Versicherungsfall nicht rechtzeitig zahlt, kein Zurückbehaltungsrecht an der Prämie aus § 320 I BGB (wohl aber nach § 273 I BGB). Nicht durchgesetzt hat sich zu Recht die Auffassung, der Versicherungsvertrag sei einem **Hedge-Geschäft** ähnlich und daher nicht als synallagmatischer Vertrag einzuordnen.[199] Parallelen zwischen Hedge-Geschäften und Versicherungen sind nur punktuell zu finden.

III. Nähe zu anderen Vertragstypen

Neben dem eben angesprochenen Hedge-Geschäft ist insbes. der **Geschäftsbesorgungsvertrag nach §§ 675 ff. BGB** als Vertragstyp herangezogen worden, unter den man den Versicherungsvertrag einordnen könne.[200] Dagegen spricht zum einen die Gesetzessystematik. Sie legt die Annahme nahe, dass der Versicherungsvertrag als schuldrechtlicher, außerhalb des BGB geregelter Vertrag **nicht zugleich unter die Vertragstypen des BGB fällt**, genauso, wie es müßig wäre, darüber zu streiten, ob der Kaufvertrag die Rechtsnatur eines anderen im BGB normierten Vertrages hat. Außerdem unterscheidet sich die Geschäftsbesorgung in ihren Voraussetzungen und ihren Rechtsfolgen vom Versicherungsvertrag. Geschäftsbesorgung läge nur vor, wenn der VR ein Geschäft, das im Interesse des VN liegt, vornähme. Das sind nur solche Geschäfte, für die an sich der Geschäftsherr (VN) selbst in Wahrung seiner Vermögensinteressen zu sorgen hätte, die ihm aber ein anderer abnimmt.[201] Es ist schon zweifelhaft, ob der VN selbst für eine der Versicherung vergleichbare Absicherung seiner Risiken sorgen müsste, etwa durch Rückstellung eines Teils seines Vermögens und seiner Einkünfte. Die Rechtsfolgen, eine treuhänderische Wahrnehmung der Interessen des VN durch den VR sowie Nachschusspflichten nach §§ 675, 670 BGB, sind jedenfalls unpassend.[202] Auch der Vertrag über eine Kapitallebensversicherung mutiert nicht deshalb zum Geschäftsbesorgungsvertrag, weil der VN nach § 153 einen Anspruch auf Überschussbeteiligung hat.[203] Zuzugeben ist aber, dass Versicherungsvertrag und Geschäftsbesorgungsvertrag im Einzelfall nahe beieinander liegen können. Die jüngst wieder aufgeflammte Diskussion um die Kautionsversicherung, die der BGH und Teile der Literatur als Geschäftsbesorgungsvertrag, andere als Versicherung einordnen, zeigt das (oben Rdn. 34 ff.). Auch der Gesetzgeber sieht zumindest die Möglichkeit eines Versicherungsvertrages in Form eines Geschäftsbesorgungsvertrages, bei dem viele VN einen Dritten mit der Absicherung ihrer Risiken betrauen.[204] Der Versicherungsvertrag ist nach alldem mit der h.M.[205] als **schuldrechtlicher, gegenseitiger Vertrag sui generis** anzusehen.

E. Beweislast

I. Allgemeines

Im Versicherungsrecht gelten grundsätzlich dieselben Beweislastregeln wie sonst im Bürgerlichen Recht. Als Grundregel gilt daher, dass jeder die Voraussetzungen des ihm günstigen Rechtssatzes beweisen muss. Das VVG kennt jedoch eine ganze Reihe von Beweislastregeln, die dieser allgemeinen Regel vorgehen (z.B. §§ 5 I, III, 6 V 2, 28 II 2, 69 III). Eine wichtige Besonderheit des Versicherungsrechts ist die Beweislast im Hinblick auf die AVB. Auch für den Nachweis der Voraussetzungen von AVB ist die Beweislast zu bestimmen (s. unter III.). Zudem wirft das Versicherungsrecht spartenspezifisch viele spezielle Beweislastfragen auf (s. jeweils dort).[206] So gibt es in bestimmten Sparten eine typische Not, den Eintritt des Versicherungsfalles nachzuwei-

---

197 B/M/*H. Baumann*, § 1 Rn. 193.
198 Dem folgend L/W/*Looschelders*, § 1 Rn. 73.
199 *Schwintowski* JZ 1996, 702, 704 ff.
200 *Schünemann* JZ 1995, 430 ff.; *Lehmann* VersWissStud 5, 19 ff.; *Meyer* VersWissStud 6, 11 ff.; in diesem Sinne auch OLG Nürnberg VzR 1991, 274, 276 f.; a.A. OLG Hamburg VersR 1990, 475; AG Hamburg VersR 1996, 1134; *Dreher*, S. 133 ff.; *Prölss*, in: FS Larenz, 1983, S. 487, 489 ff.; *Hartwig/Möhrle* VersR 2001, 35 ff.; VersHb/*E. Lorenz*, § 1 Rn. 155; vgl. auch BVerfG VersR 2006, 961 zur Unfallversicherung (»dürfte schon einfachrechtlich nicht haltbar sein [...] verfassungsrechtlich nicht geboten«) und BVerfG 2005, 2376, 2379.
201 Palandt/*Sprau*, § 675 Rn. 4.
202 H.M., s. statt aller B/M/*H. Baumann*, § 1 Rn. 208 m.w.N.
203 *Eppe* VersR 2008, 1316 ff.
204 Begr. RegE BT-Drucks. 16/3945 S. 56 (betont die Nähe einer solchen Gestaltung zum VVaG).
205 S. nur HK-VVG/*Brömmelmeyer*, § 1 Rn. 42; L/W/*Looschelders*, § 1 Rn. 83.
206 S. etwa Baumgärtel/*Prölss*, § 49 Rn. 10 ff. zu Beweiserleichterungen; PK/*Kloth/Neuhaus*, Vorbem. zu §§ 74–87 Rn. 27 ff. zu Beweiserleichterungen in der Schadensversicherung.

sen. Diese Not wird mit unterschiedlichen beweisrechtlichen Instrumentarien behoben, so etwa über Vermutungen (s. § 178 II 2) oder über eine Änderung des Beweismaßes (z.B. der Nachweis des sog. »äußeren Bildes« des Diebstahls[207]).

II. Vertragsabschluss und -inhalt

75 Den **Abschluss des Vertrages** muss derjenige beweisen, der Ansprüche aus dem Vertrag erhebt, also entweder der VR, wenn er Prämienzahlung verlangt, oder der VN, wenn er eine Leistung aufgrund des Versicherungsvertrages begehrt. § 69 III 1 regelt in diesem Zusammenhang, dass der **VN die Beweislast für die Abgabe oder den Inhalt eines Antrags oder einer sonstigen Willenserklärung nach § 69 I Nr. 1 und 2 trage**. Anträge in diesem Sinne sind insbes. auch Anträge auf Abschluss oder Verlängerung eines Versicherungsvertrages. Die Norm ist vierfach missglückt. **Erstens** reicht sie nach ihrem Wortlaut weiter als gewollt, weil sie auch den Fall erfasst, dass der VR eine Erklärung des VN behauptet.[208] Es sollte aber nicht, wenn der VR z.B. Prämienzahlung verlangt, dem VN die Beweislast für den Fall auferlegt werden, dass das Zustandekommen des Vertrages nicht aufklärbar ist, so dass im Zweifel vom Bestehen des Vertrages auszugehen wäre. § 69 III 1 ist daher teleologisch zu reduzieren. Der VN trägt die Beweislast nur, wenn er selber Rechte aus dem Vertrag herleitet. Beruft der VR sich auf den Vertrag, muss er dessen Zustandekommen beweisen. **Zweitens** gibt die Norm bei diesem Verständnis Selbstverständliches wieder und erklärt sich nur historisch damit, dass die Gerichte just zu der Zeit, in der die Reformkommission arbeitete, hier klarstellend judiziert haben.[209] **Drittens** ist diese Regelung systematisch falsch in das VVG eingefügt und wird daher – was allerdings angesichts des zuvor Gesagten unschädlich ist – häufig übersehen. Sie gilt trotz ihrer systematischen Stellung unabhängig davon, ob der VR einen Vertreter eingeschaltet hat. Besser wäre die Norm im 1. Abschnitt des 1. Kapitels untergebracht, nach § 11. Immerhin macht sie deutlich, dass die juristische Aufspaltung der Vertragsverhandlungen in Willenserklärungen und tatsächliche Äußerungen für die Beweislast möglich ist, auch wenn sie für die Zurechnungsfrage nach der Auge-und-Ohr-Rspr.[210] (und heute nach § 69 I) ausgeschlossen ist. Eine Aufspaltung ist aber sogar geboten, da es bei Streitigkeiten um tatsächliche Angaben und bei Streitigkeiten um rechtsgeschäftliche Erklärungen um zwei ganz verschiedene Dinge geht. **Viertens** ist nicht geglückt, dass die Norm nur auf die Abgabe der Willenserklärung, nicht aber auf den Zugang abstellt. Im Bereich der mündlichen Vertragsverhandlungen trifft beides zwar in der Regel zusammen, bei schriftlichen Erklärungen muss, wenn der VN sich auf sie beruft, er auch den Zugang beweisen, wie umgekehrt auch der VR.[211] Den **Inhalt des Vertrages** muss derjenige beweisen, der aus dem Inhalt Rechte herleitet. Macht der VN einen Anspruch auf die Versicherungsleistung geltend, muss er beweisen, dass der Vertrag den von ihm behaupteten Inhalt hat.[212]

III. Versicherungsfall, Risikoausschlüsse und Obliegenheitsverletzungen, Wiedereinschlüsse

76 Nach h.M. ist die Beweislast grundsätzlich wie folgt verteilt: Der VN hat den Versicherungsfall, d.h. das Vorliegen der Voraussetzungen der **primären Risikobeschreibung** der AVB nachzuweisen,[213] einschließlich des Versicherungszeitraumes,[214] der VR die Voraussetzungen der **sekundären** Risikobeschreibung in Form von Ausschlüssen und Obliegenheitsverletzungen[215] – beweislastrechtlich unterscheiden sich diese im Grundsatz also nicht – und der VN die Voraussetzungen der **tertiären** Risikobeschreibungen, der Wiedereinschlüsse.[216] Die Kategorisierung der verschiedenen Tatbestandsmerkmale als primäre, sekundäre oder tertiäre Risikobeschreibung richtet sich dabei nicht nach von außen vorgegebenen Kriterien, sondern sie ist das Ergebnis der

---

207 Dazu *Kessal-Wulf*, Homburger Tage 2006, 41, 42 ff.; BGH VersR 2015, 710; NJW 1996, 993; OLG Hamm VersR 2015, 1374; 2011, 745; OLG Naumburg VersR 2014, 495; KG r+s 2013, 168; OLG Köln NJW-RR 2010, 843; keine entsprechende Beweiserleichterung beim Nachweis von Sturmschäden in der Campingversicherung, OLG Hamm VersR 2014, 832.
208 *Reiff* ZVersWiss 2007, 535, 565 f.
209 BGH VersR 2002, 1089, 1090; ebenso OLG Saarbrücken VersR 2001, 1405, 1406.
210 BGHZ 102, 194 ff.
211 Für letzteres s. z.B. OLG Hamm VersR 2007, 1397 (allerdings für die Mahnung, nicht für eine Willenserklärung).
212 OLG Jena r+s 2013, 222, 223.
213 BGH r+s 2008, 164, 165; BGH VersR 2008, 1107, 1108; BGHZ 23, 355, 358 f.; OLG Hamm VersR 2014, 832; P/M/*Armbrüster*, § 1 Rn. 192.
214 Baumgärtel/*Prölss*, § 49 Rn. 7; nach LG Nürnberg-Fürth r+s 2014, 514, trifft allerdings den VR die Beweislast für den Einwand der Vorvertraglichkeit.
215 BGH VersR 1997, 1095; BGHZ 79, 54, 61; BGHZ 23, 355, 359; NVersZ 1999, 476, 477; OLG Koblenz VersR 2008, 383; OLG Hamburg r+s 2007, 386, 387; *Schulz* VersR 2014, 930, 932; *Kessal-Wulf*, Homburger Tage 2006, 41, 52; P/M/*Armbrüster*, § 1 Rn. 192; kritisch: Baumgärtel/*Prölss*, § 49 Rn. 37 ff.; zu der Beweislast bei Obliegenheitsverletzung s. unten bei § 28.
216 OLG Köln VersR 2014, 616; *Deutsch*, Rn. 268; L/W/*Looschelders*, § 1 Rn. 13; P/M/*Armbrüster*, § 1 Rn. 192.

Überlegungen zur Beweislastverteilung.[217] Die Begrifflichkeit dient ähnlich wie die der rechtshindernden, rechtsvernichtenden und rechtshemmenden Tatsachen nur der Sprachvereinfachung.

Die geschilderten Grundregeln der Beweislast haben zur Folge, dass der Beweisbelastete neben der materiellen Beweislast im Falle des non liquet auch die Darlegungslast im Prozess trägt. Hier können nach allgemeinen Regeln aber sekundäre Darlegungslasten der Gegenseite bestehen. So muss der VR etwa für die Darlegung subjektiver Risikoausschlüsse – z.B. die Wissentlichkeit der Pflichtverletzung – Anknüpfungstatsachen vortragen, die als schlüssige Indizien für eine wissentliche Pflichtverletzung betrachtet werden können; dann trifft den VN eine sekundäre Darlegungslast, warum keine wissentliche Pflichtverletzung vorliegt. Eine pauschale Behauptung durch den VR genügt hierfür nicht.[218] Dem VN kommen teilweise Beweiserleichterungen zugute, z.B. in der Diebstahlversicherung für den Beweis des Versicherungsfalls (dazu schon oben Rdn. 74). 77

Die Beweislast für die **Tatbestandsvoraussetzungen der AVB** muss wegen des Transparenzerfordernisses (§§ 305c II, 307 I 2 i.V.m. III 2 BGB) abstrakt-generell festliegen wie bei Gesetzen, kann also nicht je nach Einzelfall wechseln.[219] Die Beweislastverteilung ergibt sich aus der Auslegung der AVB nach allgemeinen Auslegungsgrundsätzen. Hierbei wird vielfach das allgemeinem Rechtsempfinden entsprechende Angreiferprinzip herangezogen werden können, wonach jeder die Voraussetzungen der ihm günstigen Norm beweisen muss. Das deckt sich mit den Ergebnissen der oben geschilderten h.M. Das Angreiferprinzip hilft aber nicht weiter, wenn es um die Beweislast für Tatsachen geht, die bereits die Entstehung des Anspruchs gegen den VR verhindern, insbes. Risikoausschlüsse (rechtshindernde Tatsachen). Sie sind von den primären Risikobeschreibungen ebenso schwer abgrenzbar wie auch sonst die rechtshindernden Tatsachen von den rechtsbegründenden. Dann ist grundsätzlich eine ergänzende Auslegung der AVB möglich.[220] Hierbei sind erstens normspezifische Kriterien zu berücksichtigen, d.h. solche, die der materiell-rechtlichen Regelung der fraglichen AVB selbst zugrunde liegen, so z.B. die Gründe für die in der Klausel enthaltene Beschreibung des versicherten Risikos, aber auch der Gesamtzweck des Vertrages und damit z.B. die Gefahr einer Aushöhlung des Versicherungsschutzes sowie umgekehrt die eines zu weitreichenden Versicherungsschutzes.[221] Ein Kriterium kann dabei sein, ob die von einer Klausel erfassten Fälle, also z.B. eine Eingrenzung des Risikos, in der großen Mehrzahl der Fälle vorliegt oder nicht.[222] Zweitens sind beweisspezifische Kriterien wie typische Beweisnot oder umgekehrt gute Möglichkeiten zur Beweisführung heranzuziehen. Auch sie lassen Rückschlüsse darauf zu, wie die Beweislast aus Sicht des verständigen VN verteilt sein sollte. 78

IV. Beweislast bei Rückabwicklung

Bei der **Rückforderung** (§ 812 I 1 Fall 1 BGB) von angeblich rechtsgrundlos geleisteten Entschädigungen durch den VR oder Prämien durch den VN obliegt dem Anspruchsteller entsprechend den allgemeinen Regeln die Beweislast für alle Tatbestandsmerkmale des § 812 BGB.[223] Die besonderen Beweislastregeln und Beweiserleichterungen, die insbes. dann gelten, wenn der VN seine Versicherungsleistung verlangt, kommen nach h.M. nicht zur Anwendung.[224] Dem ist zu folgen. Das beweislastrechtliche Angreiferprinzip, dem die Annahme zugrunde liegt, bestehende Zustände entsprächen der Rechtsordnung, und wer Veränderungen anstrebe, müsse den Beweis erbringen, macht deutlich, dass die Beweislast in der Rückabwicklungssituation durchaus anders verteilt sein kann. Zur Beweislast bei der Rückabwicklung von Lebensversicherungsverträgen in den Fällen des § 5a VVG a.F. siehe § 7 Rdn. 133 ff. 79

Die speziellen Beweismaßabsenkungen in Diebstahlsfällen greifen im Rückforderungsprozess ebenfalls nicht. Hat der VR gezahlt und legt nun dar, es bestehe eine erhebliche Wahrscheinlichkeit dafür, dass der zunächst durch das »äußere Bild« bewiesene Diebstahl vorgetäuscht sei, genügt das nicht. Er muss für diese Behauptung den Vollbeweis führen. Ebenso wenig genügt es, wenn der VR darlegt, dass das äußere Bild doch keine hinreichende Wahrscheinlichkeit für den Diebstahl ergebe. Der BGH begründet das damit, dass die vertragliche Absenkung des Beweismaßes für den Rückforderungsfall nicht vereinbart sei.[225] Letzteres erscheint deshalb zweifelhaft, weil die ergänzende Vertragsauslegung unabhängig davon, wer Zahlung verlangt und ob ein Rechts- 80

---

217 *Pohlmann*, in: *E. Lorenz*, Karlsruher Forum 2008, 55, 69; vgl. auch P/M/*Armbrüster*, § 1 Rn. 191; vgl. auch *Hansen*, Beweislast und Beweiswürdigung im Versicherungsrecht, 1990, S. 156: Was Voraussetzung und Folge sei, lasse sich nicht feststellen.
218 BGH VersR 2015, 181, 182.
219 Zu den Gesetzen: *Baumgärtel*, Beweislastpraxis im Privatrecht, 1996, Rn. 150.
220 P/M/*Armbrüster*, § 1 Rn. 151; MünchKommBGB/*Basedow*, § 305c Rn. 42.
221 Vgl. Baumgärtel/*Prölss*, § 49 VVG Rn. 37, 38, der auf die Zumutbarkeit der Beweislastverteilung abstellt und dabei ebenfalls im Ergebnis materielle Kriterien sowie die Beweislage berücksichtigen.
222 Vgl. Baumgärtel/*Prölss*, § 49 VVG Rn. 38.
223 BGH VersR 1993, 1007, 1008; OLG Hamm NJW-RR 1987, 985, 986; für die Vorsatzvermutung des früheren VVG bei Obliegenheitsverletzungen BGH VersR 1995, 281; OLG Koblenz VersR 2006, 1120 f.; *Kessal-Wulf*, Homburger Tage 2006, 41, 62 f.; s. weiterhin BK/*Schauer*, § 55 Rn. 45; Baumgärtel/*Prölss*, § 1 Rn. 10; P/M/*Armbrüster*, § 1 Rn. 193 u. § 28 Rn. 272 alle m.w.N.
224 BGH VersR 1995, 281, 282; P/M/*Armbrüster*, Einl. Rn. 367 mit Nachweisen auch zur Gegenansicht.
225 BGHZ 123, 217; *Kessal-Wulf*, Homburger Tage 2006, 41, 52 f.

§ 2 Rückwärtsversicherung

streit anhängig ist, die Frage betrifft, wann der VN Zahlung der Versicherungssumme verlangen kann.[226] Der VR muss aber dann nicht den Vollbeweis für das Nichtstattfinden des Diebstahls führen, wenn er darlegt und beweist, dass das äußere Bild des Einbruchdiebstahls fehlt.[227]

81 Wenn der VR unter Vorbehalt leistet, ist in der Regel davon auszugehen, dass er lediglich verhindern will, dass die Leistung als Anerkenntnis (§ 212 I Nr. 1 BGB) gewertet wird, und damit die Anwendung des § 814 BGB ausschließen will. Eine Änderung der Beweislast des zurückfordernden VR ist damit nicht verbunden.[228]

V. Einwand des Mitverschuldens

82 Der BGH hat im Übrigen in zwei Entscheidungen klargestellt, dass ein auf Schadensersatz wegen Verzuges oder pVV in Anspruch genommener VR, wenn er sich auf Mitverschulden des VN beruft, sich nicht auf die Verschuldensvermutung des § 6 III a.F. stützen kann.[229] Häufig wird auch die Beweislastregel des § 82 III 2, letzter Hs. in Betracht kommen. Sie wäre nach dieser Rspr. ebenfalls nicht anwendbar.

§ 2 Rückwärtsversicherung.
(1) Der Versicherungsvertrag kann vorsehen, dass der Versicherungsschutz vor dem Zeitpunkt des Vertragsschlusses beginnt (Rückwärtsversicherung).
(2) ¹Hat der Versicherer bei Abgabe seiner Vertragserklärung davon Kenntnis, dass der Eintritt eines Versicherungsfalles ausgeschlossen ist, steht ihm ein Anspruch auf die Prämie nicht zu. ²Hat der Versicherungsnehmer bei Abgabe seiner Vertragserklärung davon Kenntnis, dass ein Versicherungsfall schon eingetreten ist, ist der Versicherer nicht zur Leistung verpflichtet.
(3) Wird der Vertrag von einem Vertreter geschlossen, ist in den Fällen des Absatzes 2 sowohl die Kenntnis des Vertreters als auch die Kenntnis des Vertretenen zu berücksichtigen.
(4) § 37 Abs. 2 ist auf die Rückwärtsversicherung nicht anzuwenden.

Übersicht

	Rdn.		Rdn.
A. Allgemeines	1	1. Kenntnis und Zeitpunkt	31
I. Regelungsinhalt	3	2. Kenntnis des VR (§ 2 II 1)	37
II. Abgrenzung zu anderen Deckungsformen	6	3. Kenntnis des VN (§ 2 II 2)	41
B. Tatbestand	10	4. Kenntnis beider Vertragsparteien	44
I. Legaldefinition (§ 2 I)	10	5. Kenntnis des Vertreters (§ 2 III)	49
II. Vereinbarung über Rückwärtsversicherung	14	III. Analoge Anwendung von § 2 II?	51
III. Einzelfälle	21	D. Keine Geltung des Einlösungsprinzips (§ 2 IV)	53
C. Rechtsfolgen	24	E. Beweislast	55
I. Grundsatz	24	F. Abweichende Vereinbarungen	56
II. Ausschluss von Leistungsansprüchen (§ 2 II)	29		

Schrifttum:
Bartsch, Rückwärtsversicherung und vorläufige Deckungszusage in der Fahrzeugvollversicherung VersR 1987, 642; *Benkel*, Rückwärtsversicherung in der Lebensversicherung VersR 1991, 953; *Ehrenzweig*, § 31; *Klimke*, Anzeigepflichten des VN bei Abschluss einer Rückwärtsversicherung VersR 2004, 287; *ders.*, Die Abbedingung des § 2 II 2 VVG bei einem vom Versicherer ausgehenden Angebot auf Abschluss der Rückwärtsversicherung VersR 2005, 595; *Maenner*, Theorie und Praxis der Rückwärtsversicherung, 1986; *ders.*, Rückwärtsversicherung in moderner Gestalt VersR 1984, 717; *Rohles*, Zur Frage der vereinbarten Rückwirkung des § 2 VVG unter Berücksichtigung der höchstrichterlichen Rechtsprechung VersR 1986, 214; *Werner*, Versicherungsbeginn und Zeitpunkt des Vertragsschlusses im privaten Versicherungsrecht VersR 1985, 522.

A. Allgemeines

1 Im Regelfall verspricht der VR Versicherungsschutz für die Zukunft, also für Ereignisse, deren Eintritt bei Abschluss des Vertrages objektiv ungewiss ist. Aus praktischen Gründen genügt aber von jeher die subjektive Ungewissheit der Vertragsparteien über den Eintritt des Versicherungsfalls. Dann ist ebenfalls eine für den Versicherungsvertrag typische – wenn auch nur vermeintliche – Gefahrenlage gegeben (»Putativgefahr«).[1] Es ist deshalb möglich, vor Vertragsschluss liegende Zeiträume in den Deckungsumfang des Vertrages einzubeziehen. Eine solche Rückwärtsversicherung und die Rechtsfolgen für den Fall, dass die vorausgesetzte beiderseitige Ungewissheit in Wahrheit nicht gegeben ist, regelt § 2.

---

226 So im Ergebnis auch – ohne Begründung – Musielak/Voit/*Foerste*, ZPO, 12. Aufl. 2015, § 286 Rn. 22.
227 OLG Koblenz VersR 2011, 110 f.
228 BGH VersR 1991, 331, 333; NJW 1982, 1147, 1148; P/M/*Armbrüster*, § 28 Rn. 273; BK/*Schauer*, § 55 Rn. 49.
229 BGH VersR 2006, 215, 217; BGH VersR 2006, 830, 832.
1 *Ehrenzweig*, S. 76 f.; B/M/*Möller*⁸, § 2 Anm. 14 f.; vgl. auch BGH VersR 2000, 1133; VersR 1982, 841.

Für den Beginn der Versicherung werden drei verschiedene Zeitpunkte unterschieden. Als **formeller Versicherungsbeginn** wird der Zeitpunkt des Vertragsschlusses bezeichnet. Davon zu unterscheiden ist der **materielle Versicherungsbeginn**. Damit ist der Zeitpunkt gemeint, ab dem die Gefahrtragung durch den VR beginnt, also der Haftungszeitraum. Sind hierzu keine Abreden getroffen worden, gilt die Auslegungsregel des § 10, wonach Versicherungsschutz ab Beginn des Tages besteht, an dem der Vertrag geschlossen wurde (§ 10 Rdn. 4). Als **technischer Versicherungsbeginn** wird schließlich der Zeitpunkt bezeichnet, von dem an die Versicherungsprämie berechnet wird (Beginn des prämienbelasteten Zeitraums). Formeller, materieller und technischer Versicherungsbeginn können auseinander fallen. Liegt der materielle Versicherungsbeginn vor dem formellen Versicherungsbeginn, also vor Vertragsabschluss, ist eine Rückwärtsversicherung i.S.v. § 2 gegeben.[2]

I. Regelungsinhalt

Das Gesetz liefert in **§ 2 I** eine **Legaldefinition** für die Rückwärtsversicherung und stellt die Zulässigkeit derartiger Vereinbarungen klar (Rdn. 10).[3] **§ 2 II** soll **Manipulationen verhindern**. Er schließt Leistungsansprüche derjenigen Vertragspartei aus, die bei Abgabe ihrer Vertragserklärung bereits weiß, dass der Versicherungsfall schon eingetreten (VN) oder nicht eingetreten bzw. ausgeschlossen (VR) ist (Rdn. 29). Soweit Vertreter beim Vertragsschluss eingeschaltet sind, ist auch deren Kenntnis zu berücksichtigen. Auf die insoweit engeren Voraussetzungen des § 166 BGB kommt es nicht an (**§ 2 III**, s. Rdn. 49). Die Regelung des **§ 2 IV** stellt schließlich klar, dass das Einlösungsprinzip des § 37 auf die Rückwärtsversicherung nicht anzuwenden ist (Rdn. 53).

Durch die **VVG-Reform** wurde zum 01.01.2008 die Legaldefinition der Rückwärtsversicherung in § 2 I neu aufgenommen. Sachliche Unterschiede zum alten Recht ergeben sich daraus nicht. Weitere Änderungen hat § 2 II erfahren. Maßgeblicher Zeitpunkt für die Kenntnis der Vertragsparteien vom Eintritt eines Versicherungsfalls ist in der Neufassung von § 2 II nicht mehr der Vertragsschluss, sondern die Abgabe ihrer jeweiligen Vertragserklärungen (Rdn. 32).[4] Außerdem verfällt nicht mehr die gesamte Prämie für die laufende Versicherungsperiode, wenn der VN vom Eintritt des Versicherungsfalls bei Abgabe seiner Vertragserklärung bereits Kenntnis hatte (zur Neuregelung Rdn. 42). Die Bestimmung des § 2 IV über die Nichtgeltung des Einlöseprinzips wurde neu aufgenommen (Rdn. 53 ff.). Die übrigen Änderungen durch die VVG-Reform sind sprachlicher Natur.

Über den materiellen Versicherungsbeginn, also den Beginn des Haftungszeitraums, ist der VN in den **vorvertraglichen Informationen** gem. § 7, § 1 I Nr. 12 VVG-InfoV zu unterrichten. Auskünfte über den Beginn und das Ende des Versicherungsschutzes gehören außerdem zum Inhalt des **Produktinformationsblattes** gem. § 4 II Nr. 8 VVG-InfoV. Diese Informationen müssen allerdings nicht die individuellen Beginndaten des Haftungszeitraums für den konkreten Vertrag enthalten, es genügen insoweit allgemeine Umschreibungen, an Hand derer der VN den Haftungszeitraum im konkreten Fall bestimmen kann.

II. Abgrenzung zu anderen Deckungsformen

Wesentliches Merkmal der Rückwärtsversicherung i.S.v. § 2 ist, dass der VR für einen gegebenenfalls **vor Vertragsschluss eingetretenen Versicherungsfall** haften soll (Rdn. 10). Die Gewährung von Versicherungsschutz für vorvertragliche Sachverhalte kann nicht nur durch Vereinbarungen nach § 2, sondern auch auf andere Weise erreicht werden.

Zu unterscheiden ist die Rückwärtsversicherung von der **vorläufigen Deckung** nach §§ 49 ff. Bei der vorläufigen Deckung kommt vor Abschluss des anvisierten Hauptvertrages ein gesonderter Vertrag zu Stande. Unter ihm besteht Versicherungsschutz unabhängig davon, ob der Hauptvertrag tatsächlich geschlossen wird (Vor §§ 49 ff. Rdn. 3). Dies unterscheidet die vorläufige Deckung von der Rückwärtsversicherung (Rdn. 3). I.d.R. erfasst die vorläufige Deckung Zeiträume zwischen der Antragstellung auf Abschluss des Hauptvertrages und dessen Zustandekommen (also den Zeitraum, der als unechte Rückwärtsversicherung bezeichnet wird, Rdn. 11). Der Vertrag über vorläufige Deckung kann aber selbst auch eine Rückwärtsversicherung enthalten und Zeiträume vor Antragstellung erfassen. Vorläufige Deckung und Hauptvertrag mit Rückwärtsversicherung schließen sich nicht gegenseitig aus.[5]

Wird Versicherungsschutz für vorvertragliche Vorgänge gewährt, die erst durch das Hinzutreten weiterer Ereignisse nach dem formellen Versicherungsbeginn (Vertragsschluss) den Versicherungsfall auslösen, liegt ebenfalls keine Rückwärtsversicherung vor. Ein Beispiel hierfür ist die sog. **Rückwärtsdeckung** bei claims made-Policen, z.B. in der D&O-Versicherung. Als Versicherungsfall wird dort regelmäßig die Inanspruchnahme einer versicherten Person auf Schadenersatz definiert, wobei Versicherungsschutz auch für *vor* Vertragsschluss begangene Pflichtverstöße gewährt wird, wenn und sofern es (erst) während der Vertragslaufzeit zu einer In-

---

2 BGH VersR 1990, 618; OLG Düsseldorf VersR 1999, 829.
3 Begr. RegE BT-Drucks. 16/3945 S. 56.
4 Begr. RegE BT-Drucks. 16/3945 S. 56.
5 BGH VersR 1990, 618; OLG Düsseldorf r+s 1994, 85; VersR 1999, 829; LG Koblenz SP 2000, 426.

§ 2 Rückwärtsversicherung

anspruchnahme der betreffenden versicherten Person kommt (*claims made*-Prinzip). Da der Versicherungsfall (die Inanspruchnahme auf Schadenersatz) *nach* Vertragsbeginn erfolgen muss, handelt es sich entgegen vielfach anders lautender Aussagen[6] nicht um eine Rückwärtsversicherung i.S.v. § 2. Für vor Vertragsschluss bekannte Pflichtverstöße besteht gleichwohl kein Versicherungsschutz (dies ergibt sich i.d.R. aus den Bedingungswerken, unabhängig davon aber bereits aus der gebotenen analogen Anwendung von § 2 II, s. Rdn. 51).

9 **Sonderregeln** zur Rückwärtsversicherung finden sich in § 196 für die Krankentagegeldversicherung und in § 198 für die Kindernachversicherung in der Krankheitskostenversicherung.[7]

B. Tatbestand

I. Legaldefinition (§ 2 I)

10 Nach der Legaldefinition in § 2 I besteht eine Rückwärtsversicherung, wenn der »*Versicherungsschutz vor dem Zeitpunkt des Vertragsschlusses beginnt.*« Damit ist gemeint, dass ein gegebenenfalls **vor Vertragsschluss eingetretener** *Versicherungsfall* (vgl. § 1) in den Deckungsumfang des Versicherungsvertrages mit einbezogen wird.[8] Worin der Versicherungsfall liegt, richtet sich nach den vertraglichen Vereinbarungen (§ 1 Rdn. 21).

11 Der materielle Versicherungsbeginn kann – theoretisch – unbegrenzt weit vor die Abgabe der ersten Vertragserklärung zurückverlegt werden (**echte Rückwärtsversicherung**). In der Praxis fällt der Beginn der Rückwärtsversicherung häufig mit der Antragsabgabe durch den VN zusammen oder er liegt zwischen Antragstellung und Annahme des Antrags (**unechte Rückwärtsversicherung**). Gibt der VN zunächst nur eine *invitatio ad offerendum* ab und wird Versicherungsschutz von der Abgabe dieser Erklärung an beantragt, so liegt allerdings – wenn der Vertrag später mit diesem Inhalt geschlossen wird – eine echte Rückwärtsversicherung vor (Rdn. 34).

12 Möglich ist auch eine **reine Rückwärtsversicherung**, bei der Versicherungsschutz ausschließlich für einen Zeitraum vor Abschluss des Vertrages besteht.[9] I.d.R. wird die Rückwärtsversicherung allerdings im Zusammenhang und in Kombination mit einer »normalen« Vorwärtsversicherung vereinbart.

13 Die Vorschrift des § 2 kommt nicht nur dann zum Zuge, wenn ein Vertrag neu geschlossen wird, sie gilt auch bei **Vertragsänderungen**. Wenn also etwa nachträglich eine Erhöhung der Deckungssumme oder der Einschluss zusätzlicher Gefahren vereinbart werden und diese Änderungen rückwirkend Vertragsbestandteil sein sollen, gelten die Bestimmungen des § 2 gleichermaßen. Die Leistungsfreiheit des VR bzw. die Befreiung des VN von der Prämienzahlungspflicht nach § 2 II besteht dann allerdings nur in dem Umfang, wie die Gefahrtragung oder die Prämienhöhe durch die Änderung modifiziert wurden. Daneben können die allgemeinen Lösungs- oder Anpassungsrechte bestehen (Rdn. 30).

II. Vereinbarung über Rückwärtsversicherung

14 Wie sich aus § 2 I ergibt, bedarf die Rückwärtsversicherung einer entsprechenden **Vereinbarung zwischen den Vertragsparteien**. Ohne eine solche Abrede bleibt es bei dem Grundsatz, dass Versicherungsschutz erst ab dem formellen Versicherungsbeginn (Vertragsschluss) besteht (§ 10 Rdn. 4).[10]

15 Eine Vereinbarung nach § 2 I **muss nicht ausdrücklich als Rückwärtsversicherung bezeichnet werden**. Maßgeblich sind die konkreten Umstände des Einzelfalls und – wie stets – der (übereinstimmende) Wille der Parteien. Dieser muss dahin gehen, den materiellen Versicherungsschutz (Rdn. 10) bereits vor Zustandekommen eines beiderseits verbindlichen Vertrages beginnen zu lassen. Ob dies zutrifft, muss gegebenenfalls durch **Auslegung** (§§ 133, 157 BGB) ermittelt werden.

16 Ist eine Rückwärtsversicherung gewollt, wird der Vertrag i.d.R. ein bestimmtes Kalenderdatum für den rückwirkenden Beginn des materiellen Haftungszeitraums enthalten. Das ist aber nicht erforderlich. Es genügt, wenn der Beginn der Rückwärtsversicherung hinreichend sicher bestimmt werden kann (z.B. »Beginn des Transports«; vgl. aber Rdn. 23). Nach inzwischen h.M. genügt es im Zweifel für die Annahme einer Rückwärtsversicherung, wenn **im Antrag** des VN ein **festes Anfangsdatum** für den Beginn der Versicherung angegeben wird.[11] Erfolgt dann eine – jedenfalls insoweit – unveränderte Annahme des Antrags durch den VR nach Ablauf dieses genannten Anfangsdatums, kommt es zu einer Rückwärtsversicherung. Das gilt freilich nicht, wenn die konkrete Datumsangabe anderweitig veranlasst war, etwa um eine bestimmte Tarifeingrup-

---

6 Vgl. etwa LG München VersR 2009, 210; VersHb/*Beckmann* § 28 Rn. 106 ff.; S/H/W/*Staudinger/Richters* § 2 Rn. 7; *Koch* WM 2007, 2173, 2182; zutr. *Lange* VersR 2004, 563 (Fn. 27).
7 Dazu Begr. RegE BT-Drucks. 16/3945 S. 112.
8 *Ehrenzweig*, S. 76.
9 Begr. RegE BT-Drucks. 16/3945 S. 56; *Ehrenzweig*, § 31 (S. 76); B/M/*Möller*[8], § 2 Anm. 20.
10 OLG Hamburg VersR 1989, 845; LG Göttingen VersR 1990, 78.
11 BGH VersR 1992, 484; VersR 1991, 574; VersR 1990, 618; VersR 1982, 841; OLG Karlsruhe VersR 2006, 350; VersR 2003, 185; VersR 1992, 1123; OLG Hamm VersR 2003, 185; OLG Düsseldorf VersR 2000, 1537; OLG Köln VersR 1997, 51; LG München VersR 1991, 685; AG Homburg ZfS 2004, 80; P/M/*Armbrüster*, § 2 Rn. 6; *Wrabetz* VersR 1982, 942; *Maenner* VersR 1984, 717; *Bartsch* VersR 1987, 642; zur überholten älteren Ansicht vgl. B/M/*Möller*[8], § 2 Anm. 16 m.w.N.

pierung durch den VR oder die Abkürzung von Wartezeiten zu erreichen oder Ähnliches (Rdn. 22).[12] Bei einer solchen **Rückdatierung** wird lediglich der technische Versicherungsbeginn zurückverlegt, nicht hingegen der Beginn des materiellen Versicherungsschutzes. Dies kann z.B. in der Lebensversicherung intendiert sein, wenn der VN seines Alters wegen ansonsten nicht versicherbar gewesen wäre,[13] oder in der Krankenversicherung zur Abkürzung von Wartezeiten oder um ein niedrigeres – und damit günstigeres – Eintrittsalter zu Grunde legen zu können.[14] Deshalb ist es auch nicht etwa treuwidrig oder als unangemessene Benachteiligung des VN zu bewerten, wenn der Beginn des prämienbelasteten Zeitraums (Rdn. 2) vor dem Beginn des Haftungszeitraums liegt.

Wenn **AVB** eine Rückwärtsversicherung ausschließen, steht dies einer Auslegung der Vertragserklärungen als Vereinbarung über eine Rückwärtsversicherung nicht entgegen. Die konkreten Individualabreden über den Versicherungsbeginn haben gem. § 305b BGB Vorrang vor den AVB.[15]   17

Eine **Rückwärtsversicherung muss** vom VN **nicht intendiert sein**. Auch wenn ein Anfangsdatum genannt wird, vor dessen Eintritt mit einer Vertragsentscheidung des VR gerechnet wird, und sich die Antragsbearbeitung dann über dieses Datum hinaus verzögert, liegt eine Rückwärtsversicherung vor, wenn der VR den Antrag des VN sodann unverändert annimmt.[16] Will der VR dies ausschließen, muss er, da er vom Antrag abweicht, einen Hinweis gem. § 5 II anbringen (§ 5 Rdn. 27 ff.)[17] oder ein neues Angebot unterbreiten (§ 150 II). Ebenso kann die Rückwärtsversicherung erst durch eine Abweichung im Versicherungsschein durch den VR zum Vertragsinhalt werden, sofern die weiteren Voraussetzungen des § 5 erfüllt sind.[18] Der Beginn des materiellen Versicherungsschutzes und die damit zusammenhängenden Fragen können, je nach Lage des Falls, **Beratungspflichten** des VR gem. § 6 I auslösen, bei deren Verletzung er ggf. zur Zahlung von Schadensersatz verpflichtet ist (§ 6 V).[19]   18

Eine Rückwärtsversicherung kommt nicht zustande, wenn die Vertragsunterlagen eindeutige Hinweise darauf enthalten, dass Versicherungsschutz erst ab Zustandekommen des Vertrages bestehen soll.[20] Das gilt für sämtliche Vertragsschlussverfahren gleichermaßen, ungeachtet der Frage, ob der VN zunächst nur eine Angebotsanforderung abgibt (Rdn. 11, 34) oder welche der Vertragsparteien die Rolle des Antragenden übernimmt bzw. welche die Annahmeerklärung abgibt. Der bloße Hinweis, »der Vertrag« komme frühestens mit Zugang der Annahmeerklärung des VR bzw. mit Zugang des Versicherungsscheins zustande, enthält hingegen keine Aussage über den Beginn des Versicherungsschutzes und schließt die Annahme einer Rückwärtsversicherung nicht aus.[21]   19

Schließlich kann die **Auslegungsregel des § 10** zu einer (kurzfristigen) Rückwärtsversicherung führen. Nach § 10 gilt als materieller Versicherungsbeginn mangels anderweitiger Abreden der Beginn des Tages (0:00 Uhr), an dem der Vertrag geschlossen wurde (§ 10 Rdn. 1, 11). Da der Vertragsschluss sich aber regelmäßig erst im Laufe des Tages und nicht zu dessen Beginn vollziehen wird, kommt es dann für die dazwischen liegenden Stunden zu einer Rückwärtsversicherung.[22]   20

III. Einzelfälle

Im Grundsatz ist eine Rückwärtsversicherung bei **sämtlichen Versicherungsarten** möglich und zulässig.[23] Dies gilt uneingeschränkt für die unechte Rückwärtsversicherung, also die Gewährung von Deckung für den Zeitraum zwischen Antragstellung und Vertragsschluss (Rdn. 11). Eine echte Rückwärtsversicherung (Rdn. 11) kommt hingegen in einigen Konstellationen sachnotwendig nicht in Betracht. So ist etwa in der **Lebensversicherung** der Abschluss einer Versicherung auf das Leben des Antragstellers mit Versicherungsbeginn vor Antragstellung ausgeschlossen.[24] Wird ein solch frühes Datum im Antrag genannt, wird dies i.d.R. den technischen Versicherungsbeginn meinen (Rdn. 16). Aus den Umständen kann sich auch ergeben, dass Versiche-   21

---

12 OLG Karlsruhe VersR 2003, 185; OLG Saarbrücken VersR 1973, 461; BK/*Baumann*, § 2 Rn. 7; *Maenner*, S. 166; *Werner* VersR 1985, 522.
13 BGH VersR 1991, 574; VersR 1990, 729; VersR 1984, 630; OLG Saarbrücken VersR 1989, 390; OLG Köln VersR 1976, 654.
14 BGH VersR 1984, 630; OLG Hamm VersR 2003, 185; VersR 1984, 152; OLG Karlsruhe VersR 1992, 1123; LG Göttingen VersR 1990, 78; AG Homburg ZfS 2004, 80; P/M/*Armbrüster*, § 2 Rn. 10 f.; *Rohles* VersR 1986, 214.
15 BGH VersR 1990, 729; OLG Karlsruhe VersR 2006, 350; VersR 1992, 1123; OLG Köln VersR 1997, 51; P/M/*Armbrüster*, § 2 Rn. 12.
16 OLG Hamm VersR 2003, 185; OLG Frankfurt VersR 1993, 1134.
17 BGH VersR 1990, 618; OLGR Schleswig 1996, 162; OLG Hamm VersR 1984, 152; AG Homburg ZfS 2004, 80; *Plander* VersR 1986, 105; L/W/*Muschner*, § 2 Rn. 8.
18 Vgl. BGH VersR 1982, 841; OLG Saarbrücken VersR 2004, 1306.
19 HK-VVG/*Brömmelmeyer*, § 6 Rn. 8; L/W/*Muschner*, § 2 Rn. 10.
20 OLG Köln VersR 1992, 1457; OLG Hamm VersR 1984, 152; LG Göttingen VersR 1990, 78; AG München VersR 1992, 1126.
21 OLG Hamm VersR 2003, 185; OLG Karlsruhe VersR 1992, 1123; LG Berlin r+s 2002, 431.
22 Marlow/*Spuhl*, Rn. 8.
23 BGH VersR 1990, 729; 1990, 618.
24 Vgl. BGH VersR 1991, 574; VersR 1990, 729; VersR 1982, 841; *Benkel* VersR 1991, 953.

rungsschutz zum frühest möglichen Zeitpunkt bestehen soll, also ab Antragstellung.[25] Eine Rückwärtsversicherung für den Zeitraum zwischen Antragstellung und Vertragsschluss ist ohne weiteres möglich,[26] ebenso eine echte Rückwärtsversicherung (Rdn. 11) auf das Leben eines Dritten.[27]

22 In der **Berufsunfähigkeitszusatzversicherung** kann eine echte Rückwärtsversicherung (Rdn. 11) für eine unerkannt vorliegende Berufsunfähigkeit des Antragstellers gewollt sein.[28] In der **Krankenversicherung** ist eine echte Rückwärtsversicherung ebenfalls nicht zwingend ausgeschlossen; da in den AVB aber durchweg Wartefristen vereinbart sind (§ 2 MB/KK, § 2 MB/KT), ist regelmäßig nur der technische Versicherungsbeginn gemeint, wenn für den Versicherungsbeginn ein vor Antragstellung oder vor Vertragsschluss liegendes Datum bezeichnet wird.[29] In Ausnahmefällen kann dies anders sein, etwa wenn ausdrücklich eine anderweitige Abrede getroffen wird[30] oder aber die Annahmeerklärung des VR dem VN nach Ablauf der Annahmefrist und auch erst nach Ablauf der allgemeinen Wartezeit gem. § 3 MB/KK 2009 zugeht. Enthalten die (vermeintliche) Annahmeerklärung bzw. der Versicherungsschein dann gleichwohl als Datum für den Versicherungsbeginn das Datum der Antragstellung durch den VN, so ist die Erklärung des VR als neuer Antrag auf Abschluss eines Versicherungsvertrags auszulegen, bei dem der Versicherungsschutz allerdings ab dem ursprünglich beantragten Beginndatum bestehen, insoweit also eine echte Rückwärtsversicherung vereinbart werden soll.[31] Auch wenn Wartefristen nicht (wirksam) vereinbart wurden, kann eine Auslegung der Vertragserklärungen dazu führen, dass von der Vereinbarung einer echten Rückwärtsversicherung auszugehen ist.[32] Im Übrigen sind die Sonderregeln in § 196 II und § 198 I zu beachten.[33]

23 Auch in der **Kfz-Kaskoversicherung** ist eine Rückwärtsversicherung möglich, meist allerdings handelt es sich lediglich um eine unechte Rückwärtsversicherung mit Rückwirkung zum Zeitpunkt der Antragstellung durch den VN.[34] Entgegenstehende AVB (vgl. Abschnitt B AKB 2008) oder die Vereinbarung einer vorläufigen Deckung schließen die Annahme einer Rückwärtsversicherung nicht aus (Rdn. 7). Die bloße Vereinbarung einer »Haus-zu-Haus-Deckung« in der **Transportversicherung** ist hingegen für die Annahme einer Rückwärtsversicherung nicht ausreichend. Zumindest muss der VR wissen, dass der Transport der zu versichernden Waren vor Vertragsschluss bereits begonnen hat.[35]

C. Rechtsfolgen
I. Grundsatz

24 Die Vereinbarung einer Rückwärtsversicherung verschafft dem VN Versicherungsschutz für Versicherungsfälle in der Zeit vor Vertragsschluss, also ab dem vereinbarten Datum für den materiellen Versicherungsbeginn.

25 Für Versicherungsfälle, die im Zeitraum der Rückwärtsversicherung eingetreten sind, gelten die allgemeinen gesetzlichen oder vertraglich vereinbarten Vorschriften.[36] So kann den Vertragsparteien nach Kenntnis vom Eintritt des Versicherungsfalls ein **Kündigungsrecht** nach § 92 zustehen. Führt der Versicherungsfall zum **Wegfall des versicherten Interesses**, richtet sich die Pflicht des VN zur Prämienzahlung nach § 80 (Rdn. 42).

26 Str. ist die Behandlung der **vorvertraglichen Anzeigepflichten** des VN aus §§ 19 ff. im Zeitraum zwischen der Abgabe seiner Vertragserklärung und dem Vertragsschluss. Diese Frage wird praktisch, wenn der VN materiellen Versicherungsschutz vom Zeitpunkt der Antragstellung an beantragt hat und in der Folgezeit, noch vor Abschluss des Vertrages, von einem Versicherungsfall Kenntnis erlangt.[37] Für diese Fälle wird z.T. eine Anzeigepflicht des VN unter Hinweis auf den Zweck der Rückwärtsversicherung abgelehnt.[38] Dem ist nicht zu folgen. Nach dem seit dem 01.01.2008 geltenden Recht muss der VN ohnehin nur solche Angaben machen, nach denen

---

25 BGH VersR 1991, 986; OLG Köln VersR 1997, 51.
26 BGH VersR 1990, 729; OLG Köln VersR 1997, 51.
27 BGH VersR 1990, 729; P/M/*Armbrüster*, § 2 Rn. 14.
28 BGH VersR 1990, 729; OLG Karlsruhe VersR 2006, 350.
29 OLG Köln r+s 1997, 517; VersR 1992, 1457; OLG Hamm VersR 1984, 152; LG Berlin r+s 2002, 431; AG Homburg ZfS 2004, 80; AG München VersR 1992, 1126; AG Köln VersR 1981, 274; P/M/*Armbrüster*, § 2 Rn. 14.
30 Vgl. etwa OLG Köln r+s 1997, 517; OLG Karlsruhe VersR 1992, 1123; LG Berlin r+s 2002, 431.
31 LG München II VersR 1991, 685; vgl. auch OLG Hamm r+s 1987, 75 (für eine Feuer-, Sturm- und Leitungswasserversicherung).
32 OLG Hamm VersR 2003, 185.
33 Dazu L/W/*Muschner*, § 2 Rn. 12.
34 Vgl. BGH VersR 1990, 618; OLG Saarbrücken VersR 2004, 1306; OLG Düsseldorf r+s 1994, 85; OLG Hamm NJW-RR 1993, 995; OLG Karlsruhe VersR 1991, 1125; LG Koblenz SP 2000, 426; L/W/*Muschner*, § 3 Rn. 28; vgl. auch *Bartsch* VersR 1987, 642.
35 OLG Hamburg VersR 1989, 845.
36 Begr. RegE BT-Drucks. 16/3945 S. 57.
37 Hat der VN bereits bei Antragstellung Kenntnis von einem Versicherungsfall und beantragt er eine echte Rückwärtsversicherung, stellt sich diese Frage nicht, da der VR dann bereits nach § 2 II leistungsfrei ist (BK/*Baumann*, § 2 Rn. 62); die Rechtsbehelfe der §§ 19 ff., 22, § 123 BGB bleiben daneben aber bestehen (Rdn. 30).
38 VersHb/*Knappmann*, § 14 Rn. 15 ff.; PK/*Ebers*, § 2 Rn. 29.

ihn der VR bis zur Abgabe seiner Vertragserklärung in Textform gefragt hat (§ 19 I 1).[39] Erlangt er also nach Abgabe seiner Vertragserklärung Kenntnis vom Eintritt eines Versicherungsfalls, muss er dies nicht von sich aus offenbaren. In § 19 I 2 ist aber ausdrücklich festgehalten, dass der VN sehr wohl zur Offenbarung gefahrerheblicher Umstände verpflichtet ist, wenn der VR ihm in der Folgezeit weitere oder neuerliche Fragen in Textform stellt. Dies gilt auch dann, wenn der VN eine Rückwärtsversicherung beantragt.[40] Vor Vertragsschluss hat der VN keine Rechtsposition erlangt, die sicherstellen könnte, dass er Versicherungsschutz in Form der Rückwärtsversicherung erhält. Stets hat es der VR in der Hand, den Antrag abzulehnen (Rdn. 28). Der VN ist daher keinesfalls berechtigt, dem VR auf ausdrückliche Nachfrage seine Kenntnis von einem zwischenzeitlich eingetretenen Versicherungsfall zu verschweigen.[41] Maßgeblich ist die konkrete Frage des VR, die der VN vollständig und wahrheitsgemäß zu beantworten hat.

27 Vertragliche oder gesetzlich vorgesehene **Schadenanzeigepflichten** verpflichten den VN hingegen nicht, einen Schadenfall bereits vor Vertragsschluss und ohne Nachfrage des VR mitzuteilen. Derartige Obliegenheiten resultieren erst aus einem wirksam geschlossenen Vertrag,[42] der aber eben in der Phase bis zum Zugang der Annahmeerklärung noch nicht vorliegt.[43] Die Anzeige ist dann unverzüglich nach Vertragsschluss vorzunehmen (§ 30).

28 Kommt der beabsichtige **Versicherungsvertrag nicht zu Stande**, etwa weil das Vertragsangebot nicht angenommen wird oder die Annahmefrist verstreicht, besteht (auch) für die Zeit der beantragten Rückwärtsversicherung **kein Versicherungsschutz**. Das unterscheidet die Rückwärtsversicherung von der vorläufigen Deckung gem. §§ 49 ff. (Rdn. 7).[44]

II. Ausschluss von Leistungsansprüchen (§ 2 II)

29 Eine Rückwärtsversicherung setzt eine beiderseitige (subjektive) Ungewissheit über den Eintritt des Versicherungsfalls voraus (Rdn. 1). Ist diese bei einer der Vertragsparteien nicht gegeben, ist das – vom anderen Vertragspartner angenommene – Äquivalenzverhältnis der Leistungen nicht gegeben. Diese **Äquivalenzstörung** regelt § 2 II.[45] Danach entfallen die Leistungsansprüche derjenigen Vertragspartei, die Kenntnis von dem für sie günstigen Umstand, also dem Eintritt des Versicherungsfalls (VN) bzw. dessen Nichteintritt (VR) hatte.

30 Die Vorschriften des § 2 II lassen die allgemeinen Vorschriften, die nicht offenbartes Wissen einer Vertragspartei sanktionieren, unberührt. Dies gilt namentlich für die Regelungen der §§ 19 ff. über die **Verletzung vorvertraglicher Anzeigepflichten** durch den VN (s. auch Rdn. 26) oder etwaige **Anfechtungsrechte** der Parteien nach § 22, §§ 119 ff., 123 BGB.[46] Von diesen Gestaltungsrechten können die Parteien unbeschadet der Regelungen des § 2 Gebrauch machen. Demgegenüber ist die Vorschrift des § 313 BGB über den **Wegfall der Geschäftsgrundlage** im Regelungsbereich des § 2 nicht anwendbar,[47] soweit es um die vertraglich vorausgesetzte subjektive Ungewissheit über den Eintritt des Versicherungsfalls geht.

1. Kenntnis und Zeitpunkt

31 Kenntnis i.S.v. § 2 II bezeichnet den Gegensatz zur subjektiven Ungewissheit, die erforderlich ist, um den Grundgedanken des Versicherungsrechts zu wahren, dass nur ungewisse Risiken versicherbar sind, nicht dagegen bereits feststehende Schäden.[48] Solche **Kenntnis** setzt die Fähigkeit voraus, zu beurteilen, ob ein Versicherungsfall eingetreten ist oder nicht.[49] Fahrlässige Unkenntnis (Kennenmüssen) ist nach § 2 II unschädlich.[50] Wenn sich eine Vertragspartei der Kenntnisnahme jedoch arglistig entzieht, muss sie sich allerdings so behandeln lassen, als habe bei ihr positive Kenntnis vorgelegen.[51] Anderweitige Vereinbarungen – und auch eine Ausdehnung auf fahrlässige Unkenntnis – sind jedoch möglich (Rdn. 56).

32 Maßgeblicher **Zeitpunkt** für das Vorliegen schädlicher Kenntnis ist die **Abgabe der jeweiligen Vertragserklärung** (Rdn. 4, 34). Dies sind die auf den Abschluss des Vertrages gerichteten Willenserklärungen, also Ange-

---

39 Anders noch unter Geltung der §§ 16 ff. a.F., nach denen die Anzeigepflicht des VN nicht von entsprechenden Textform-Fragen des VR abhing; zur alten Rechtslage vgl. OLG Hamm VersR 2003, 185; BK/*Baumann*, § 2 Rn. 61 ff.; *Klimke* VersR 2004, 287.
40 Wie hier L/W/*Muschner*, § 2 Rn. 59 ff.; differenzierend P/M/*Armbrüster*, § 2 Rn. 38; VersHb/*Knappmann*, § 14 Rn. 40 ff., Rn. 49.
41 So aber wohl VersHb/*Knappmann*², § 14 Rn. 40 ff.
42 Offenlassend *Klimke* VersR 2004, 287.
43 Auch kann vor Vertragsschluss genau genommen noch kein »Versicherungsfall« eintreten.
44 OLG Düsseldorf VersR 1999, 829.
45 Dazu OLG Saarbrücken VersR 2004, 1306.
46 Motive und amtliche Begr. zum Gesetz über den Versicherungsvertrag v. 30.05.1908, Neudruck Berlin 1963, S. 74; vgl. auch OLG Karlsruhe VersR 2004, 1306; OLG Köln VersR 1997, 51; OLG Frankfurt VersR 1993, 1134; s. außerdem OLG Saarbrücken VersR 2004, 1306.
47 KG VersR 1952, 124; P/M/*Armbrüster*, § 2 Rn. 42.
48 BGH VersR 2000, 1133; VersR 1991, 484; VersR 1982, 841.
49 BGH VersR 2000, 1133.
50 BGH VersR 2015, 89, 90 f.; BK/*Baumann*, § 2 Rn. 32; P/M/*Armbrüster*, § 2 Rn. 25.
51 B/M/*Möller*⁸, § 2 Anm. 39 unter Hinweis auf § 16 II 2 a.F.; *Maenner*, S. 164 m.w.N.

bot und Annahme (vgl. auch § 7 Rdn. 19).[52] In der bis zum 31.12.2007 geltenden Fassung stellte § 2 II auf den Zeitpunkt des Vertragsschlusses ab. Der VN hätte dann keinen Versicherungsschutz gehabt, wenn er nach Abgabe seines Antrags, aber vor Zugang der Annahmeerklärung des VR Kenntnis von einem Versicherungsfall erlangt.[53] Der von § 2 II verfolgte Zweck, Manipulationen auszuschließen, ist aber bereits dann gewahrt, wenn nur auf die Abgabe der Vertragserklärung abgestellt wird.[54] Nach h.M. sollte die Vorschrift des § 2 II a.F. deshalb regelmäßig dahingehend abbedungen sein, dass für den VN eine Kenntnis nach Abgabe seines Antrags (und vor Vertragsschluss) unschädlich ist.[55] Der Reformgesetzgeber hat dieses durch Vertragsauslegung gefundene Ergebnis in die Neufassung von § 2 II übernommen.

33 Auch nach neuem Recht schließt erst die **Abgabe oder Absendung** der Vertragserklärung **an einen Vertreter der anderen Vertragspartei** die Anwendbarkeit von § 2 II aus, nicht aber schon die Übergabe des Versicherungsantrags an einen Vertreter oder Boten des Erklärenden. Soweit es um den Antrag des VN geht, muss dieser also dem VR oder seinem Versicherungsvertreter übergeben worden sein. Demgegenüber genügt die Übergabe des Antrags an einen **Makler**, der Vertreter des VN ist, nicht. Der VN könnte seinen Vertreter nämlich noch nachträglich aufgrund eines ihm zwischenzeitlich bekannt gewordenen Versicherungsfalls anweisen, die Bedingungen zu seinen Gunsten zu ändern. Deshalb ist die Manipulationsgefahr, deren Abwendung die Kenntnisregelung des § 2 II dient, zu diesem Zeitpunkt noch nicht gebannt.[56]

34 Problematisch sind Fälle, bei denen der VN zunächst nur eine **Angebotsanforderung** abgibt (*invitatio ad offerendum*) und der VR daraufhin ein Angebot unterbreitet, das der VN dann annimmt. Die Angebotsanforderung ist keine Vertragserklärung i.S.v. § 2 II (Rdn. 32).[57] Wenn in der Angebotsanforderung eine Rückwärtsversicherung angefragt wurde – z.B. für die Zeit ab Angebotsanforderung – und im Zeitraum bis zum Vertragsschluss ein Versicherungsfall eintritt, wird dieser Versicherungsfall dem VN bei Abgabe seiner Vertragserklärung – der Annahmeerklärung – zumeist bereits bekannt sein. Nach § 2 II bestünden für diesen Versicherungsfall dann keine Deckungsansprüche. In solchen Fällen dürfte das Angebot des VR dahin gehend auszulegen sein, dass § 2 II 1 abbedungen werden soll für Versicherungsfälle, von denen der VN nach Abgabe seiner Angebotsanforderung erfahren hat.[58] Auch hier besteht nach Abgabe der Angebotsanforderung keine Manipulationsgefahr mehr (vgl. Rdn. 33), jedenfalls dann nicht, wenn über die Vertragsinhalte nach Abgabe der Angebotsanforderung nicht weiter verhandelt wird. Der VR kann freilich bei Abgabe seines Angebots deutlich machen, dass die Bestimmung des § 2 II nicht abbedungen sein soll; davon wird man auszugehen haben, wenn (ausnahmsweise) nur eine reine Rückversicherung geschlossen werden soll.[59] Im Übrigen steht es dem VR – wie stets – frei, vom VN Informationen über den vorvertraglichen Gefahrenverlauf abzufragen (§ 19; dazu Rdn. 26).

35 Dieselbe Frage stellt sich, wenn der **VR ein Angebot des VN verspätet oder unter Änderungen annimmt**. Seine vermeintliche Annahme ist dann ein neues Angebot, das der VN erst noch annehmen muss (§ 150 BGB). Nach § 2 II 2 wäre der VR dann leistungsfrei für sämtliche Versicherungsfälle, von denen der VN nach Abgabe seines (zwischenzeitlich erloschenen) ursprünglichen Angebots erfahren hat. Hier wird man – ebenso wie bei einer vorangehenden Angebotsanforderung des VN – davon ausgehen müssen, dass das Angebot des VR konkludent gerichtet ist auf den Abschluss einer Rückwärtsversicherung unter Abbedingung des § 2 II 2 für Versicherungsfälle, von denen der VN nach Abgabe seines ursprünglichen Antrags Kenntnis erlangt hat.[60] Es dürfte regelmäßig dem übereinstimmenden Parteiwillen entsprechen, dass die Verzögerung bei der Bearbeitung des Antrags durch den VR nicht zu Lasten des VN gehen soll.[61] Selbst wenn im Zeitpunkt der Annahme durch den VN inzwischen beide Parteien Kenntnis von dem Versicherungsfall haben, ist eine Abbedingung des § 2 II 2 zulässig.[62] Geht dem Angebot des VR, das den Abschluss einer Rückwärtsversicherung beinhaltet, allerdings keine entsprechende Angebotsanforderung (Rdn. 34) und kein inzwischen erloschenes Angebot des VN voraus, dann bleibt es bei dem Grundsatz des § 2 II 2. Es bestehen deshalb keine Deckungsansprüche für Versicherungsfälle, von denen der VN bei Abgabe seiner Annahmeerklärung Kenntnis hatte.[63]

---

52 Begr. RegE BT-Drucks. 16/3945 S. 56 und S. 60; Palandt/*Grüneberg*, § 312g Rn. 15.
53 Zum Streitstand vgl. BGH VersR 1990, 729.
54 BGH VersR 2000, 1133.
55 Vgl. BGH VersR 2000, 1133; VersR 1992, 484; VersR 1990, 729; 1990, 618; OLG Saarbrücken VersR 2004, 1306; OLG Köln VersR 1997, 51; r+s 1995, 283; OLG Hamm VersR 1987, 1002; AG Homburg ZfS 2004, 80; *Maenner* VersR 1984, 717; *Bartsch* VersR 1987, 642; *Rohles* VersR 1986, 214.
56 Vgl. BGH VersR 2000, 1133; VersR 1992, 484.
57 Wenn das Gesetz neben den Vertragserklärungen auch die invitatio ad offerendum erfassen will, wird dies gesondert kenntlich gemacht, etwa in § 312e BGB (»Bestellung«): vgl. Palandt/*Grüneberg*, § 312e Rn. 5.
58 R/L/*Rixecker*, § 2 Rn. 7; dazu auch *Klimke* VersR 2005, 595; **a.A.** wohl L/W/*Muschner*, § 2 Rn. 41.
59 Ähnlich *Klimke* VersR 2005, 595 (unter Hinweis auf § 5 III); **a.A.** wohl PK/*Ebers*, § 2 Rn. 20.
60 OLG Hamm r+s 1987, 75; R/L/*Rixecker*, § 2 Rn. 6; P/M/*Armbrüster*, § 2 Rn. 27; *Klimke* VersR 2005, 595; vgl. auch LG München II VersR 1991, 685.
61 PK/*Ebers*, § 2 Rn. 19.
62 Dazu OLG Hamm r+s 1987, 75.
63 Vgl. dazu OLG Saarbrücken VersR 2004, 1306.

Soweit es im Zuge von **Vertragsänderungen** zu einer Rückwärtsversicherung kommt (Rdn. 13), ist die Abgabe der jeweiligen auf Vertragsänderung gerichteten Willenserklärung für § 2 II maßgeblich.[64] 36

2. Kenntnis des VR (§ 2 II 1)

Nach § 2 II 1 hat der VR keinen Anspruch auf die Prämie, wenn er bei Abgabe seiner Vertragserklärung bereits weiß, dass der Eintritt des Versicherungsfalls ausgeschlossen ist. Das Gesetz sagt allerdings nicht ausdrücklich, welcher Prämienzeitraum damit gemeint ist (Zeitraum der Rückwärtsversicherung oder gesamte Vertragslaufzeit). Insoweit ist zu unterscheiden: 37

Versicherungsfall gänzlich ausgeschlossen: Sofern feststeht und dem VR bei Abgabe seiner Willenserklärung bekannt ist, dass ein Versicherungsfall überhaupt nicht mehr – also während der gesamten Vertragslaufzeit nicht mehr[65] – eintreten kann, hat er keinerlei Prämienansprüche. Nach Wortlaut des Gesetzes ist der Vertrag in diesem Fall gleichwohl wirksam.[66] Es existiert dann allerdings ein Vertrag ohne Hauptleistungspflichten, denn Deckungsansprüche können dann ebenfalls nicht entstehen, wenn der Eintritt eines Versicherungsfalls gänzlich ausgeschlossen ist. Soweit die Regelung des § 2 II 1 zum Prämienschicksal auch den Zeitraum der Vorwärtsversicherung mit in Betracht zieht – was vom Gesetzgeber so gewollt war[67] – dürfte sie spezieller als § 80 sein. Dem VR steht deshalb auch keine Geschäftsgebühr nach § 80 I zu.[68] 38

Versicherungsfall in Rückwärtsversicherung ausgeschlossen: Anders ist es, wenn der VR – lediglich – weiß, dass ein Versicherungsfall während des auf die Rückwärtsversicherung entfallenden Zeitraums ausgeschlossen bzw. nicht eingetreten ist. Bestehen für die Zukunft Risiken, die unter dem Vertrag abgesichert werden sollen, entfällt allein der Prämienanspruch für den Zeitraum der Rückwärtsversicherung.[69] Können im Zeitraum der Rückwärtsversicherung mehrere Versicherungsfälle eintreten und weiß der VR nur, dass ein Teil dieser Gefahren sich nicht verwirklicht hat, so mindert sich der Anspruch auf die Prämie für den Zeitraum der Rückwärtsversicherung nur anteilig.[70] Der Anspruchsausschluss in § 2 II 1 ist ohne Bedeutung, wenn die Rückwärtsversicherung ohne gesonderte Prämienberechnung gewährt wird, etwa weil diese im Vergleich zum Hauptvertrag einen nur (vergleichsweise) kurzen Zeitraum betrifft. 39

Versicherungsfall eingetreten: Praktisch kaum Bedeutung dürfte der – in § 2 II nicht geregelte – Fall haben, dass *nur* der VR vom Eintritt des Versicherungsfalls weiß (zur Kenntnis beider Parteien Rdn. 44 ff.). Der Vertrag ist dann wirksam.[71] Er verstößt insbes. nicht gegen § 138 BGB.[72] Der VR hat die vereinbarte Leistung zu erbringen (arg. e § 2 II 2). 40

3. Kenntnis des VN (§ 2 II 2)

Nach § 2 II 2 ist der **VR von der Verpflichtung zur Leistung frei**, wenn der VN bei Abgabe seiner Vertragserklärung bereits Kenntnis davon hat, dass der Versicherungsfall eingetreten ist. Das Gesetz ordnet hier einen Fall des Versicherungsbetruges.[73] Der Ausschluss von Deckungsansprüchen erfasst nur die dem VN bekannten Versicherungsfälle.[74] Soweit ansonsten – sei es im Zeitraum der Rückwärtsversicherung, sei es in der Laufzeit einer zugleich vereinbarten Vorwärtsversicherung – weitere Versicherungsfälle möglich sind, bleiben die Leistungsansprüche des VN davon unberührt. 41

Was das **Prämienschicksal** angeht, so bleibt der VN grundsätzlich zur Entrichtung der (vollen) Prämie verpflichtet, wenn durch den bekannten Versicherungsfall nicht das versicherte Interesse insgesamt weggefallen ist und weitere Versicherungsfälle noch eintreten können (arg. e § 2 II 1). Andernfalls – also bei Interessewegfall auf Grund des Versicherungsfalls – gelten die Vorschriften des § 80.[75] Wenn der VN die Rückwärtsversicherung in betrügerischer Absicht geschlossen hat, ist der Vertrag nichtig und dem VR steht eine *pro-rata*-Prämie bis zu dem Zeitpunkt zu, in dem er von der Nichtigkeit des Vertrages Kenntnis erlangt (§ 80 III). 42

Bei der **Versicherung für fremde Rechnung** im Sinne der §§ 43 ff. ist nach Maßgabe des § 47 zusätzlich die Kenntnis des Versicherten beachtlich. Deckungsansprüche entfallen also auch dann, wenn allein der Versicherte Kenntnis davon hat, dass der Versicherungsfall bereits eingetreten ist (§ 47 I). Bei der **Lebens- oder** 43

---

64 *Maenner*, S. 169.
65 Vgl. RegE BT-Drucks. 16/3945 S. 56 f.
66 P/M/*Armbrüster*, § 2 Rn. 18; s. auch *Maenner*, S. 179 ff.
67 Vgl. Begr. RegE BT-Drucks. 16/3945 S. 56 f.
68 Vgl. *Maenner*, S. 241; BK/*Baumann*, § 2 Rn. 38.
69 Motive und amtliche Begr. zum Gesetz über den Versicherungsvertrag v. 30.05.1908, Neudruck Berlin 1963, S. 73 f.; so wohl auch Begr. RegE BT-Drucks. 16/3945 S. 56 f. unter Hinweis auf § 80.
70 Motive a.a.O., S. 73 f.
71 P/M/*Armbrüster*, § 2 Rn. 18.
72 § 138 BGB verlangt grundsätzlich einen beiderseitigen Sittenverstoß; ein einseitiger Sittenverstoß genügt nur, wenn sich das Geschäft gegen den Geschäftspartner richtet (vgl. Palandt/*Ellenberger*, § 138 Rn. 8), was hier gerade nicht der Fall wäre.
73 *Ehrenzweig*, § 31 (S. 77).
74 Begr. RegE BT-Drucks. 16/3945 S. 57; BGH VersR 2015, 89, 90 f.
75 Begr. RegE BT-Drucks. 16/3945 S. 57.

Unfallversicherung kommt auch die Kenntnis der **Gefahrperson** in Betracht (§§ 156, 179 III). Zur **Kenntnis des Vertreters** vgl. Rdn. 49 f.

4. Kenntnis beider Vertragsparteien

44 Nicht in § 2 II geregelt ist der Fall, dass beide Parteien vom Eintritt des Versicherungsfalls Kenntnis haben oder wissen, dass er ausgeschlossen ist. Das ist auch keine Frage von § 2 II, denn die Vorschrift regelt lediglich die Störung des vertraglich vorausgesetzten Äquivalenzverhältnisses einer Rückwärtsversicherung (beiderseits subjektive Ungewissheit über den Eintritt des Versicherungsfalls, Rdn. 1). Eine solche Störung liegt nicht vor, wenn beide Parteien denselben Kenntnisstand haben. Deshalb geht es in einem solchen Fall auch nicht um eine Abbedingung von § 2 II.[76] Die Vorschrift erfasst diese Konstellationen gar nicht, denn es liegt **kein Versicherungsvertrag** i.S.d. VVG vor.[77] Dies gilt bei der reinen Rückwärtsversicherung (Rdn. 12) für den gesamten Vertrag, bei der üblichen kombinierten Rückwärts- und Vorwärtsversicherung jedenfalls für den auf die Rückwärtsversicherung entfallenden Zeitraum.

45 Für die Beurteilung und Wirksamkeit solcher Vereinbarungen kommt es deshalb allein auf den **Parteiwillen** an. Wird bei beiderseitiger Kenntnis vom Eintritt oder Ausgeschlossensein des Versicherungsfalls gleichwohl der Vertrag geschlossen, ist zu fragen, was dies für die jeweiligen Primäransprüche aus dem Vertrag bedeuten sollte. Davon zu trennen ist die Frage, ob die gewollte Vereinbarung nach allgemeinem Zivilrecht und Aufsichtsrecht zulässig ist (Verbot versicherungsfremder Geschäfte gem. § 15 VAG (§ 7 II VAG a.F.), ggf. Verstoß gegen aufsichtsrechtliche Gleichbehandlungsgebote oder § 138 BGB). Das richtet sich nach den Umständen des Einzelfalls. U.U. kann auf Seiten der für den VR handelnden Personen auch der Untreuetatbestand erfüllt sein (§ 266 StGB).[78]

46 Für die Annahme einer **Zahlungspflicht** des VR trotz bereits bekannten Versicherungsfalls sind **besondere Anhaltspunkte** erforderlich.[79] Allein die Policierung zum beantragten Anfangsdatum durch den VR, die in Kenntnis eines bereits eingetretenen Versicherungsfalls erfolgt, genügt nicht.[80] I.d.R. wird mit dem Beginndatum dann allein der technische Versicherungsbeginn gemeint sein. Wenn keine ausreichenden Anhaltspunkte für eine vereinbarte Zahlungspflicht vorhanden sind, ist entsprechend dem Rechtsgedanken des § 2 II 2 und der allgemeinen versicherungsrechtlichen Grundsätze dieser – beiden Parteien – bekannte Versicherungsfall von der Deckung ausgeschlossen.[81] Gegen eine Deckungspflicht spricht insbes., wenn das versicherte Risiko durch den Versicherungsfall nicht gänzlich entfallen ist, weitere Versicherungsfälle unter dem Vertrag also noch eintreten können (Rdn. 39).

47 Geht es den Parteien tatsächlich darum, für den beiderseits bekannten Versicherungsfall eine Zahlungspflicht des VR zu begründen, so kann eine solche Vereinbarung, da sie zu Lasten der Versichertengemeinschaft geht, wegen **Sittenwidrigkeit nach § 138 BGB** nichtig sein.[82] Die beiderseitige Kenntnis von dem Versicherungsfall allein genügt dafür aber noch nicht, es müssen weitere Umstände hinzukommen, die die Sittenwidrigkeit der Regulierung des bekannten Schadens indizieren.[83] Dies ist der Fall, wenn sich die Übernahme der Leistungspflicht als willkürliches persönliches Geschenk des VR an den VN darstellt.[84] Eine Nichtigkeit nach § 138 BGB ist dagegen nicht anzunehmen, wenn eine Einstandspflicht des VR für den Schaden ohnehin gegeben wäre, sei es auf Grund einer zuvor oder parallel vereinbarten vorläufigen Deckungszusage oder unter schadenersatzrechtlichen Gesichtspunkten.[85] Es genügt aber auch, wenn die Einstandspflicht des VR unklar ist, aber jedenfalls im Bereich des Möglichen liegt.[86] Überdies sind dem VR in vertretbarem Rahmen ohnehin Kulanzentscheidungen erlaubt, so dass eine Indeckungnahme bekannter (überschaubarer) Schäden ebenso zulässig sein muss wie beispielsweise die Nichtgeltendmachung von Obliegenheitsverletzungen und einer daraus folgenden Leistungsfreiheit.[87]

48 **Verzichtet** der VR **nachträglich** auf den Einwand des § 2 II 2, ist dies zulässig und stellt eine freiwillige Leistung dar, deren Rechtmäßigkeit abermals aufsichtsrechtlich zu beurteilen ist (Rdn. 45) und als bewusste Leis-

---

76 A.A. P/M/*Armbrüster*, § 2 Rn. 32.
77 In diesem Sinne wohl auch Motive und amtliche Begr. zum Gesetz über den Versicherungsvertrag v. 30.05.1908, Neudruck Berlin 1963, S. 74 und *Ehrenzweig*, § 31 (S. 77); BK/*Baumann*, § 2 Rn. 53.
78 Vgl. LG Stuttgart VersR 1973, 455.
79 Vgl. BGH VersR 1992, 484; OLG Stuttgart NJW-RR 1999, 248; LG Schweinfurt VersR 1979, 805; zweifelhaft OLGR Schleswig 1996, 162.
80 LG Schweinfurt VersR 1979, 805; LG Duisburg VersR 1977, 538.
81 Im Ergebnis ebenso LG Münster VersR 1969, 130; P/M/*Armbrüster*, § 2 Rn. 32.
82 BGH VersR 1990, 618; VersR 1982, 841; OLG Düsseldorf VersR 2000, 1537; R/L/*Rixecker*, § 2 Rn. 10.
83 BGH VersR 1990, 618.
84 BGH VersR 1990, 618; OLG Hamm VersR 1987, 1002; L/W/*Muschner*, § 2 Rn. 49; P/M/*Armbrüster*, § 2 Rn. 45; BK/*Baumann*, § 2 Rn. 53.
85 BGH VersR 1990, 618; VersR 1982, 841; OLG Düsseldorf VersR 1995, 460.
86 BGH VersR 1982, 841; OLG Düsseldorf VersR 2000, 1537; OLG Hamm VersR 1987, 1002.
87 BGH VersR 1990, 618; P/M/*Armbrüster*, § 2 Rn. 45; s. auch R/L/*Rixecker*, § 2 Rn. 10.

tung zum Nachteil der Versichertengemeinschaft sittenwidrig sein kann (§ 138 BGB). Ein solcher Verzicht dürfte nur in Ausnahmefällen anzunehmen sein.[88]

5. Kenntnis des Vertreters (§ 2 III)

Wird bei Vertragsschluss für eine der Vertragsparteien ein Vertreter tätig, so kommt es für die Regelungen des § 2 II nicht nur auf die Kenntnis dieser Partei, sondern auch auf die Kenntnis des Vertreters an. Die Bestimmung des **§ 2 III geht damit über die allgemeine Vorschrift des § 166 BGB hinaus**,[89] bei der es im Grundsatz nur auf die Kenntnis des Handelnden ankommt bzw. darauf, ob der Vertreter auf Weisung des Vertretenen gehandelt hat. Nach § 2 III schadet, ohne dass es auf weitere Voraussetzungen ankäme, stets und für sich genommen die Kenntnis von VN oder Vertreter gleichermaßen. Zur Kenntnis des **Versicherten** oder der **Gefahrperson** vgl. Rdn. 43. 49

Die Regelung des § 2 III greift allerdings nur bei **rechtsgeschäftlich erteilter Vertretung** ein[90] und gilt nicht für gesetzliche Vertretungsverhältnisse. Der Gesetzgeber dachte bei dieser Einschränkung insbes. an in ihrer Geschäftsfähigkeit beschränkte Personen; deren Kenntnis für sie nachteilige Bedeutung beizulegen hielt er nicht für gerechtfertigt.[91] Entsprechendes gilt auch für gesetzliche Verwalter, etwa Insolvenzverwalter.[92] Ansonsten stellt sich diese Frage bei juristischen Personen nicht, da das Wissen ihrer gesetzlichen Vertreter (Vorstand) stets zugleich Wissen der juristischen Person ist. Auf andere als gesetzliche Vertreter einer juristischen Person, etwa Prokuristen, findet § 2 III ohne weiteres Anwendung. 50

III. Analoge Anwendung von § 2 II?

Die Vorschriften von § 2 II und III können auch **außerhalb der Rückwärtsversicherung** (analog) anzuwenden sein. Dies kommt z.B. in der Schadenversicherung namentlich dann in Frage, wenn der VN bei Abgabe seiner Vertragserklärung sicher weiß, dass der Versicherungsfall nach Vertragsabschluss eintreten wird. Dies betrifft z.B. die bereits erwähnte D&O-Versicherung, bei der als Versicherungsfall i.d.R. (erst) die Inanspruchnahme einer versicherten Person auf Schadenersatz definiert ist (Rdn. 7). Sind der versicherten Person oder dem VN aber bereits Pflichtverletzungen bekannt, die zu einem Versicherungsfall führen können und werden, so dürfte insoweit eine analoge Anwendung von § 2 II 2 geboten sein. Der **Rechtsgedanke des § 2 II** greift hier gleichermaßen; auch insoweit ist der Schutz des VR vor Manipulationen des VN geboten.[93] 51

Praktische Relevanz hätte eine solche analoge Anwendung in mehrerlei Hinsicht. Zum einen käme es für die Leistungsfreiheit des VR nicht auf die Voraussetzungen und Fristen ggf. bestehender Rechtsbehelfe an (z.B. Arglistanfechtung, Rücktritt) oder darauf, ob die AVB explizit Leistungsausschlüsse für diese Konstellationen vorsehen. Zum anderen bestünde die Möglichkeit, den Vertrag im Übrigen – unter Ausschluss von Deckungsansprüchen für den bekannten Versicherungsfall – aufrecht zu erhalten. Häufig enthalten freilich bereits die AVB entsprechende Ausschlüsse. Diese sind dann – soweit sie über § 2 II nicht hinausgehen – nur deklaratorisch. Sie können aber auch – zulässigerweise – über § 2 II hinausgehen, also etwa neben der Kenntnis des VN auf sein Kennenmüssen abstellen, denn § 2 II ist auch zu Lasten des VN abdingbar (Rdn. 56). 52

D. Keine Geltung des Einlösungsprinzips (§ 2 IV)

Gem. § 37 II ist der VR nicht zur Leistung verpflichtet, wenn die Erst- oder Einmalprämie bei Eintritt des Versicherungsfalles noch nicht gezahlt ist (Einlöseprinzip: § 37 Rdn. 1). Diese Bestimmung passt nicht zu der Rückwärtsversicherung, da bei Versicherungsfällen, die vor Vertragsschluss eingetreten sind, die Prämie stets noch nicht gezahlt war. Bereits unter dem bis zum 31.12.2007 geltenden Recht bestand daher weitestgehend Einigkeit, dass § 37 II (§ 38 II a.F.) bei der vertraglichen Vereinbarung einer Rückwärtsversicherung als stillschweigend abbedungen gelten sollte.[94] § 2 IV übernimmt dieses Ergebnis und ordnet nunmehr ausdrücklich an, dass § 37 II auf die Rückwärtsversicherung keine Anwendung findet.[95] 53

Die Anordnung des § 2 IV gilt aber **nur für die Rückwärtsversicherung** selbst.[96] Das ergibt sich bereits aus dem Wortlaut der Vorschrift. Wurde – wie meist – die Rückwärtsversicherung mit einer Vorwärtsversicherung kombiniert, gilt im Übrigen, also für Versicherungsfälle nach Vertragsschluss, das Einlösungsprinzip des 54

---

88 BK/*Baumann*, § 2 Rn. 60.
89 Motive und amtliche Begr. zum Gesetz über den Versicherungsvertrag v. 30.05.1908, Neudruck Berlin 1963, S. 74 f.; BGH VersR 1992, 484.
90 Motive, a.a.O., S. 74 f.; dazu *Maenner*, S. 170 ff.; s. auch BGH VersR 2000, 1133.
91 Motive, a.a.O., S. 74 f.; *Maenner*, S. 171.
92 *Maenner*, S. 172; BK/*Baumann*, § 2 Rn. 45.
93 Erwägend FAKomm-VersR*Staudinger/Richters*, § 2 Rn. 7; i.E. wie hier BK/*Baumann*, § 2 Rn. 32; **a.A.** OLG Frankfurt VersR 2012, 432, 433 f.
94 BGH VersR 1990, 618; VersR 1979, 709; OLG Düsseldorf VersR 1999, 829; OLG Köln VersR 1997, 51; OLG Hamm VersR 1989, 946; r+s 1987, 75; OLG Celle VersR 1987, 1108; LG Koblenz SP 2000, 426; *Bartsch* VersR 1987, 642, 644; *Maenner* VersR 1984, 717.
95 Begr. RegE BT-Drucks. 16/3945 S. 57; dazu *Wandt/Ganster* VersR 2007, 1034.
96 **A.A.** P/M/*Armbrüster*, § 2 Rn. 43.

§ 37 II. Insoweit besteht auch kein Bedürfnis, das Einlösungsprinzip des § 37 II nicht zur Anwendung kommen zu lassen. Die Vorschrift des § 2 IV ist abdingbar, auch zu Lasten des VN (§ 18; vgl. Rdn. 56).

E. Beweislast

55 Für die Vereinbarung einer Rückwärtsversicherung ist der VN beweisbelastet, wenn er aus ihr Deckungsansprüche herleiten will.[97] Wer sich darauf beruft, die andere Partei habe bereits bei Abgabe ihrer Vertragserklärung Kenntnis vom Eintritt bzw. Nichteintritt des Versicherungsfalls gehabt, ist für diese Kenntnis darlegungs- und beweisbelastet.[98] Macht der VN geltend, beide Seiten hätten vom Eintritt des Versicherungsfalls Kenntnis gehabt und trotzdem eine Leistungsansprüche des VR begründen wollen, so hat er für diese – strengen Anforderungen unterliegende (Rdn. 45 ff.) – Vereinbarung Beweis zu erbringen.[99]

F. Abweichende Vereinbarungen

56 § 2 ist **nicht halbzwingend** (vgl. § 18). Auch außerhalb von Großrisiken (§ 210) können vertragliche Vereinbarungen daher in den Grenzen des AGB-Rechts für den VN ungünstige Abweichungen von § 2 vorsehen. So kann z.B. ein Deckungsausschluss dahin gehend vereinbart werden, dass nicht nur die positive Kenntnis des VN von dem eingetretenen Versicherungsfall Leistungsansprüche ausschließt, sondern ebenso **(grob) fahrlässige Unkenntnis des VN**.[100] Es steht zur Disposition der Vertragsparteien, wie weit der Rückversicherungsschutz reichen soll; im Übrigen kann die Erweiterung auf fahrlässige Unkenntnis dazu dienen, dem VR Beweisschwierigkeiten im Hinblick auf die positive Kenntnis des VN vom Eintritt des Versicherungsfalls zu nehmen. Eine Abbedingung der Bestimmungen von § 2 II und III dergestalt, dass die positive Kenntnis vom Eintritt bzw. Nichteintritt des Versicherungsfalls die Leistungspflichten unberührt lässt, dürfte hingegen als Verstoß gegen den Grundgedanken der gesetzlichen Regelung unwirksam sein (§ 307 II BGB; wg. § 138 BGB vgl. Rdn. 47). Auch die Bestimmung des **§ 2 IV** ist abdingbar. Der VR kann also das Bestehen des Rückversicherungsschutzes davon abhängig machen, dass der VN die Prämie gezahlt hat. Da Leistungsfreiheit nach § 37 II 1 aber nur dann eintritt, wenn der VN die Nichtzahlung zu vertreten hat, setzt dies zunächst die Fälligkeit der Prämienforderung und damit mindestens einen Vertragsschluss voraus. Außerdem muss der VR die Hinweisobliegenheiten des § 37 II 2 auch im Hinblick auf die Rückwärtsversicherung erfüllen.

§ 3 Versicherungsschein.
(1) Der Versicherer hat dem Versicherungsnehmer einen Versicherungsschein in Textform, auf dessen Verlangen als Urkunde, zu übermitteln.
(2) Wird der Vertrag nicht durch eine Niederlassung des Versicherers im Inland geschlossen, ist im Versicherungsschein die Anschrift des Versicherers und der Niederlassung, über die der Vertrag geschlossen worden ist, anzugeben.
(3) ¹Ist ein Versicherungsschein abhandengekommen oder vernichtet, kann der Versicherungsnehmer vom Versicherer die Ausstellung eines neuen Versicherungsscheins verlangen. ²Unterliegt der Versicherungsschein der Kraftloserklärung, ist der Versicherer erst nach der Kraftloserklärung zur Ausstellung verpflichtet.
(4) ¹Der Versicherungsnehmer kann jederzeit vom Versicherer Abschriften der Erklärungen verlangen, die er mit Bezug auf den Vertrag abgegeben hat. ²Benötigt der Versicherungsnehmer die Abschriften für die Vornahme von Handlungen gegenüber dem Versicherer, die an eine bestimmte Frist gebunden sind, und sind sie ihm nicht schon früher vom Versicherer übermittelt worden, ist der Lauf der Frist vom Zugang des Verlangens beim Versicherer bis zum Eingang der Abschriften beim Versicherungsnehmer gehemmt.
(5) Die Kosten für die Erteilung eines neuen Versicherungsscheins nach Absatz 3 und der Abschriften nach Absatz 4 hat der Versicherungsnehmer zu tragen und auf Verlangen vorzuschießen.

Übersicht

	Rdn.		Rdn.
A. Allgemeines	1	2. Form und Übermittlung	22
I. Regelungsinhalt	1	3. Abweichende Inhalte im Versicherungsschein	25
II. Anwendungsbereich und Abgrenzung	5		
B. Tatbestand	10	II. Ersatzausfertigung (§ 3 III)	26
I. Übermitteln eines Versicherungsscheins (§ 3 I)	10	III. Abschriften von Erklärungen (§ 3 IV)	29
1. Inhalt	15	1. Erklärungen des VN	31
a) Allgemeines	15	2. Aufbewahrungspflicht des VR	33
b) Ausländische VR (§ 3 II)	21	3. Verlangen des VN	34
		4. Fristgebundene Handlungen (§ 3 IV 2)	35

---

[97] Dazu LG Berlin r+s 2002, 431; L/W/*Muschner*, § 2 Rn. 74; B/M/*Möller*[8] § 2 Anm. 21.
[98] BGH VersR 2000, 1133; L/W/*Muschner*, § 2 Rn. 74.
[99] BGH VersR 1992, 484; LG Potsdam, zfs 2011, 154.
[100] BK/*Baumann*, § 2 Rn. 32.

	Rdn.		Rdn.
IV. Kosten (§ 3 V)	37	D. Abweichende Vereinbarungen	40
C. Beweislast	38		

Schrifttum:
Francke, Der Sicherungsschein und seine rechtliche und praktische Bedeutung, FLF 2004, 78; *Kisch*, Der Versicherungsschein, 1952; *Langenberg*, Die Versicherungspolice, 1972; *Lohmen*, Versicherungsbestätigungen in der Industrieversicherung, VW 2000, 408; *C. Schneider*, Der Vertrieb von Versicherungen über das Internet, 2004; *ders.* Dokumentationsfehler in Maklerpolicen, r+s 2012, 417; *Sieg*, Der Versicherungsschein wertpapierrechtlicher Sicht und seine Bedeutung bei der Veräußerung der versicherten Sache, VersR 1977, 213.

A. Allgemeines
I. Regelungsinhalt

Der **Versicherungsschein** (Police, Polizze) ist eine vom VR auszustellende Erklärung über den Inhalt des geschlossenen Versicherungsvertrages (Rdn. 10). Er erfüllt **Beweiszwecke** und hat **Informationsfunktion**, sowie – jedenfalls wenn er als Urkunde ausgestellt wird – eine **Legitimationsfunktion** (Rdn. 7, § 4 Rdn. 4).[1] Der Versicherungsschein soll also Unklarheiten über den Inhalt des geschlossenen Vertrags vermeiden helfen (dazu auch § 5) und dient dem VN für die Durchsetzung von Deckungsansprüchen.[2] 1

§ 3 I verpflichtet den VR, dem VN einen solchen Versicherungsschein auszustellen. Eine Vorgabe für den obligatorischen Inhalt des Versicherungsscheins enthält der an sich überflüssige **§ 3 II** für Fälle, bei denen der Vertrag mit einem ausländischen VR geschlossen wird (Rdn. 21). Ist der Versicherungsschein dem VN nicht mehr verfügbar, kann er vom VR nach **§ 3 III** die Ausstellung eines Ersatzversicherungsscheins verlangen (Rdn. 26). Außerdem kann der VN jederzeit Abschriften seiner gegenüber dem VR abgegebenen Erklärungen verlangen, **§ 3 IV** (Rdn. 29). Die Kosten für Ersatzschein oder Abschriften hat nach **§ 3 V** allerdings der VN zu tragen (Rdn. 37). 2

Die Vorschrift wurde im Zuge der VVG-Reform zum 01.01.2008 neu gefasst, inhaltlich hat sie jedoch nur wenige Änderungen erfahren. Entfallen ist die zuvor in § 3 I niedergelegte Legaldefinition des Versicherungsscheins, da für sie kein praktisches Bedürfnis gesehen wurde.[3] Eine weitere Neuerung ist, dass der Versicherungsschein nur noch auf Verlangen des VN als Urkunde ausgestellt werden muss, ansonsten grundsätzlich die Textform genügt (§ 126b BGB; Rdn. 22). Die Kostentragungspflicht des VN wurde auf die Regelungsbereiche der § 3 III und IV gleichermaßen erstreckt (vgl. § 3 V). Angesichts der bereits unzähligen Belehrungspflichten des VR im neuen VVG, hat der Reform-Gesetzgeber die Pflicht des VR gestrichen, seinen Kunden bei Überlassung des Versicherungsscheins auf das Recht, Abschriften zu fordern, hinzuweisen.[4] 3

Zu den **vorvertraglichen Pflichtinformationen** gehören bei Lebens-, Berufsunfähigkeitsversicherungen sowie bei Unfallversicherungen mit Prämienrückgewähr gem. § 2 I Nr. 2 VVG-InfoV unter anderem Angaben über Kosten aus besonderem Anlass. Dasselbe gilt nach § 3 I Nr. 2 VVG-InfoV bei der substitutiven Krankenversicherung. Zu diesen Kosten sollen nach der VO-Begr. auch die Kosten für die Ausstellung eines Ersatzversicherungsscheins nach § 3 III gehören.[5] Dasselbe hätte dann für die Kosten von Abschriften nach § 3 IV zu gelten. 4

II. Anwendungsbereich und Abgrenzung

Die Pflicht aus § 3 I gilt stets für **neu abgeschlossene Verträge**. Erfasst sind alle Arten von Versicherungsverträgen, ungeachtet ihres Inhalts oder ihrer Dauer (Rdn. 40), auch Verträge über vorläufige Deckung (§ 49 I). § 3 I greift gleichermaßen, wenn ein bestehender Versicherungsvertrag durch Parteivereinbarung – also nicht auf Grund einer Vertragsklausel (§ 11 Rdn. 35 ff.) – verlängert wird oder wenn anderweitige Änderungen verabredet werden. Es muss dann allerdings nicht stets wieder der gesamte Vertragsinhalt dokumentiert werden, es genügen Ergänzungsdokumente (**Verlängerungsschein, Nachtrag** etc.).[6] Bei den Pflichten des VR aus § 3 handelt es sich um echte **(klagbare) Rechtspflichten** und nicht lediglich um Obliegenheiten.[7] Verletzt der VR sie, kann dies als Nebenpflichtverletzung Schadenersatzansprüche des VN nach sich ziehen (§ 280 I BGB). 5

Das Gesetz knüpft verschiedene Rechtswirkungen an den Zugang oder den Besitz des Versicherungsscheins. So beginnt die **Frist für die Ausübung des Widerrufsrechts** nach § 8 II Nr. 2 erst dann, wenn dem VN 6

---

1 Motive und amtliche Begr. zum Gesetz über den Versicherungsvertrag v. 30.05.1908, Neudruck Berlin 1963, S. 75 ff.; Begr. RegE BT-Drucks. 16/3945 S. 57.
2 B/M/*Möller*[8], § 3 Anm. 39.
3 Begr. RegE BT-Drucks. 16/3945 S. 57.
4 Begr. RegE BT-Drucks. 16/3945 S. 57.
5 Begr. zur VVG-InfoV, abgedr. in VersR 2008, 183, 186.
6 BGH VersR 2004, 893; VersR 1966, 129; OLG München VersR 2008, 1521; OLG Hamm VersR 1993, 169; B/M/*Möller*[8], § 3 Anm. 1; s. auch § 69 II Nr. 3.
7 B/M/*Möller*[8], § 3 Anm. 14; *Kisch*, Der Versicherungsschein, S. 19.

(auch) der Versicherungsschein zugegangen ist. Die **erste oder einmalige Prämie** muss der VN erst nach Ablauf von zwei Wochen nach Zugang des Versicherungsscheins entrichten (§ 33 I; bei Lebensversicherungen 30 Tage, § 152 III).[8] Gem. § 37 II 1 ist der VR von der Leistungspflicht frei, wenn bei Eintritt des Versicherungsfalls die erste oder einmalige Prämie noch nicht gezahlt war, allerdings nur, wenn er den VN hierauf durch einen auffälligen Hinweis im Versicherungsschein aufmerksam gemacht hat. Ähnliches gilt nach § 51 I bei Verträgen über vorläufige Deckung (s. auch § 52 I).[9] Zu **Abweichungen im Versicherungsschein** vom Antrag oder den getroffenen Vereinbarungen Rdn. 25 und Erl. zu § 5.

7 Bei der **Versicherung für fremde Rechnung** ist der Versicherte berechtigt, ohne Zustimmung des VN über die Rechte aus dem Vertrag zu verfügen oder diese gerichtlich geltend zu machen, wenn er im Besitz des Versicherungsscheins ist, **§ 44 II**. Diese Legitimationsfunktion wird man allerdings auf Versicherungsscheine beschränken müssen, die als Urkunde – also als einmaliges Dokument – ausgestellt wurden und die der Versicherte im **Original** vorlegt. Das Gesetz knüpft denn auch an den »Besitz« des Versicherungsscheins an. Insbesondere wenn der Versicherungsschein als Datei ausgestellt worden ist, kann es von ihm unzählig viele »Originale« geben, so dass ihm keinerlei Legitimationsfunktion für den Versicherten zukommen kann, auch nicht im Rahmen der §§ 43 ff. VVG.[10]

8 Der Versicherungsschein nach § 3 ist zu unterscheiden von anderen Dokumenten, mit denen über das Bestehen des Versicherungsvertrages informiert wird. **Kein Versicherungsschein** im Sinne von § 3 ist die **Versicherungsbestätigung** (Versicherungsnachweis).[11] Die Ausstellung einer solchen Bestätigung ist obligatorisch bei Pflichtversicherungen (**§ 113 II**; § 5 VI PflVG, § 23 FZV bei der Kfz-Haftpflichtversicherung; § 106 LuftVZO), zum Teil auch gebräuchlich bei bestimmten Arten der Versicherung für fremde Rechnung (§§ 43 ff.) bzw. bei *Gruppenversicherungen*.[12] Eine solche Versicherungsbestätigung dient lediglich der Information von Behörden oder Dritten. Sämtliche Vorschriften, die Rechtswirkungen an das Vorliegen oder den Inhalt des Versicherungsscheins anknüpfen (z.B. §§ 5, 44 II, 45 II etc.), finden auch auf derartige Versicherungsbestätigungen keine Anwendung. Dasselbe gilt für **Sicherungsscheine**, **Sicherungsbestätigungen**[13] oder etwa die Anmeldungsbestätigung für den Hypothekengläubiger (§ 146). Sind Angaben des VR in solchen Unterlagen unzutreffend, kann sich der VR allerdings gegenüber dem Adressaten nach den allgemeinen Vorschriften schadenersatzpflichtig machen.[14] Schließlich ist auch die bei der **betrieblichen Altersversorgung** dem Versorgungsempfänger, der nicht zugleich VN ist, gem. § 144 I VAG zu erteilende Information ebenfalls kein Versicherungsschein i.S.v. § 3. Dasselbe gilt allgemein für Versicherungsnachweise, die die Versicherten im Rahmen von **Gruppenversicherungen** erhalten; hier ist nur dem VN ein Versicherungsschein auszustellen.

9 Nach § 7 IV steht dem **VN das Recht** zu, jederzeit während der Laufzeit des Vertrages die **Übermittlung der Vertragsbestimmungen einschließlich der AVB** in einer Urkunde zu verlangen. Diese Bestimmung tritt neben die Regelungen des § 3.[15] Jedenfalls soweit es um die »Vertragsbestimmungen« geht, liegt eine Überschneidung mit § 3 I vor (dazu Rdn. 15).

B. Tatbestand

I. Übermitteln eines Versicherungsscheins (§ 3 I)

10 Die Ausstellung des Versicherungsscheins ist keine Wirksamkeitsvoraussetzung für den Versicherungsvertrag.[16] Der Versicherungsschein ist eine Erklärung des VR über den Inhalt eines bereits geschlossenen Vertrages; die Pflicht aus § 3 I resultiert erst aus dem Versicherungsvertrag. Sie ist mit Abschluss des Vertrages fällig (§ 271 I BGB). In der Übersendung des Versicherungsscheins kann aber auch die Annahme eines Vertragsangebots des VN liegen (§ 7 Rdn. 76).[17] Dann hat der VR seine Pflicht aus § 3 I zugleich mit dem Zustandekommen des Vertrages erfüllt.

11 Auch wenn der VR zugleich mit seinem Vertragsangebot den Versicherungsschein an den VN übersendet, der VN also dieses Angebot noch annehmen muss (sog. »*invitatio*-Modell«, § 7 Rdn. 78 ff.), genügt er damit seiner Pflicht aus § 3 I, wenn der VN dieses Angebot sodann unverändert annimmt. Die Widerrufsfrist des § 8 II und die Prämienzahlungsfristen der § 33 I, 152 III beginnen dann allerdings nicht bereits mit Zugang des

---

8 Auf ein Zurückbehaltungsrecht aus § 273 BGB ist der VN daher nicht mehr angewiesen; dazu nach altem Recht B/M/*Möller*[8], § 3 Anm. 14.
9 Dazu *Gitzel* VersR 2007, 322.
10 Vgl. *C. Schneider*, Der Vertrieb von Versicherungen über das Internet, S. 134 ff.
11 L/W/*Armbrüster*, § 3 Rn. 5; s. auch *Lohmen* VW 2000, 408; a.A. offenbar OLG Hamm VersR 2014, 361.
12 Vgl. *Herdter*, Der Gruppenversicherungsvertrag, 2010, S. 119 ff.; s. auch BAV R 3/90, VerBAV 1990, 340 und R 3/94, VerBAV 1995, 3.
13 Dazu BGH VersR 2001, 235.
14 BGH VersR 2001, 235; dazu *Paefgen/Reimann* WM 2001, 2367; *Francke* FLF 2004, 78.
15 RegE BT-Drucks. 16/3045 S. 61.
16 Dazu Motive und amtliche Begr. zum Gesetz über den Versicherungsvertrag v. 30.05.1908, Neudruck Berlin 1963, S. 75; OLG Frankfurt VersR 2003, 1523.
17 Motive a.a.O., S. 75.

Versicherungsscheins zu laufen, wie es der Wortlaut der Vorschriften nahe legt, sondern erst ab Vertragsschluss, worauf der VR den VN hinzuweisen hat.[18] Kommt es zu anderen Abreden, ist der übersandte Versicherungsschein gegenstandslos und der VR hat einen aktuellen Versicherungsschein auszustellen.

Da der Versicherungsschein kein Wertpapier ist (§ 4 Rdn. 1), kann der Anspruch des VN auf Ausstellung eines Versicherungsscheins nicht selbständig verpfändet, abgetreten oder anderweitig übertragen werden.[19] Der Anspruch aus § 3 I erlischt mit dem Vertrag, also wenn das Vertragsverhältnis beendet und abgewickelt ist. **12**

Der Anspruch auf Ausstellung eines Versicherungsscheins steht dem VN zu. Dies gilt auch bei der Versicherung für fremde Rechnung (§§ 43 ff.). **Versicherungsvertreter** i.S.v. § 59 II gelten gem. § 69 I Nr. 3 als bevollmächtigt, vom VR ausgefertigte Versicherungsscheine zu übermitteln. **13**

Der **VR** ist nach § 3 I **nicht verpflichtet**, den Versicherungsschein **selbst** auszustellen (kein »höchstpersönliches« Rechtsgeschäft).[20] Das Gesetz verlangt zwar in § 3 I, dass »der Versicherer« dem VN einen Versicherungsschein übermittelt. Er muss diesen aber nicht selbst erstellen. Den gesetzlichen Anforderungen ist genüge getan, wenn der VR einen von dem Makler erstellten Versicherungsschein unterzeichnet oder anderweitig zum Ausdruck bringt, dass dieses Dokument der Versicherungsschein sein soll. Ebenso genügt es, wenn ein Makler oder ein Versicherungsvertreter die Vertragsdokumentation im Auftrag und mit Bevollmächtigung des VR erstellt und an den Kunden übermittelt.[21] Die so erstellte Police gilt auch dann als Versicherungsschein i.S.d. Gesetzes (zur Anwendung von § 5 s. jedoch § 5 Rdn. 22). **14**

1. Inhalt
a) Allgemeines

Abgesehen von § 3 II (dazu Rdn. 21) schreibt das Gesetz **keine Mindestinhalte** für den Versicherungsschein vor. Aus dem Zweck des Versicherungsscheins ergibt sich jedoch, welche Informationen er enthalten muss:[22] Er soll den Vertragsschluss dokumentieren und über die wesentlichen Inhalte informieren.[23] Dies kann durch Aufführung im Versicherungsschein selbst geschehen als auch durch Referenzierung anderer Dokumente.[24] I.d.R. wird der Versicherungsschein selbst die vertragsindividuellen Daten wie die Vertragsparteien, die Prämiensätze und -zahlungsweise, die Dauer des Vertrages einschließlich Hinweis auf etwaige Verlängerungsklauseln (§ 11 Rdn. 4)[25] und die Tarife enthalten, im Übrigen, namentlich was die vereinbarten Bedingungswerke (AVB oder Satzung des VVaG) betrifft oder zum Versicherungsvertrag abgegebene Erklärungen des VN, auf diese Dokumente Bezug nehmen. Angesichts der zahlreichen vorvertraglichen Informations- und Beratungspflichten des VR nach den §§ 6, 7 spielt die Informationsfunktion des Versicherungsscheins allerdings nur noch eine untergeordnete Rolle. **15**

Ein Versicherungsschein kann sich zugleich auf mehrere (gesonderte) Versicherungsverträge beziehen und diese dokumentieren (**gebündelte Police**). Ob mehrere getrennte Verträge vorliegen oder verschiedene Risiken in einem einheitlichen Vertrag versichert werden, ist durch Auslegung zu ermitteln.[26] **16**

Sondervorschriften bestehen in der **Rechtsschutzversicherung**. Werden Gefahren der Rechtsschutzversicherung neben anderen Gefahren versichert, müssen im Versicherungsschein der Umfang der Deckung in der Rechtsschutzversicherung und die hierfür zu entrichtende Prämie gesondert ausgewiesen werden. Beauftragt der VR mit der Leistungsbearbeitung ein selbständiges **Schadensabwicklungsunternehmen** (obligatorisch im Fall des § 164 I VAG), ist auch dieses gem. **§ 126 I** im Versicherungsschein zu bezeichnen. **17**

Andere Inhalte – etwa zur Leistungsfreiheit bei Nichtzahlung der Erstprämie (§ 37 II, 51 I) oder Hinweise auf Abweichungen im Versicherungsschein vom Antrag (§ 5) – können rechtserheblich sein, sie sind aber **nicht obligatorisch** (Rdn. 25). **18**

Bei der offenen **Mitversicherung**, also wenn mehrere VR beteiligt sind, gehört zum notwendigen Inhalt des Versicherungsscheins auch die Nennung der zeichnenden VR und ihres Anteils.[27] Insoweit genügt ein Verweis auf die Zeichnungsliste. Davon zu unterscheiden ist die Frage, für welchen Anteil der den Versicherungs- **19**

---

18 Vgl. C. Schneider VW 2008, 1168; Grote/C. Schneider BB 2007, 2689; Gaul VersR 2007, 21, 25 f.; Marlow/Spuhl, Rn. 129.
19 P/M/Rudy, § 3 Rn. 5; BK/Schwintowski, § 3 Rn. 33; Sieg VersR 1977, 213.
20 C. Schneider r+s 2012, 417, 420; insoweit zutr. OLG Hamm VersR 2011, 469, 447 sowie r+s 2014, 164 (dort LS 1 und unter II.1. der Gründe; entgegen der Ausführungen ist die Ausstellung eines Versicherungsscheins freilich nicht formfrei möglich); wie hier R/L/Rixecker, § 3 Rn. 2.
21 C. Schneider r+s 2012, 417, 420.
22 Motive und amtliche Begr. zum Gesetz über den Versicherungsvertrag v. 30.05.1908, Neudruck Berlin 1963, S. 75; Ehrenzweig, S. 68.
23 P/M/Rudy, § 3 Rn. 2; R/L/Rixecker, § 3 Rn. 1.
24 BGH VersR 1989, 395; OLG Bamberg VersR 1998, 833; OLG Hamm VersR 1996, 829; OLG Saarbrücken VersR 1992, 687; OLG Frankfurt VersR 1980, 383.
25 Auf gegebenenfalls vereinbarte Verlängerungsklauseln sollte hingewiesen werden, vgl. AG Meldorf VuR 2011, 35.
26 Vgl. BGH VersR 1972, 85; OLG Hamburg TranspR 2007, 258; auf diese Unterscheidung kann es insbes. ankommen, wenn nur für einen Teil der versicherten Risiken die Erleichterungen des § 210 in Betracht kommen.
27 Wie hier R/L/Rixecker, § 3 Rn. 2; anders noch R/L/Römer² § 3 Rn. 4; HK-VVG Brömmelmeyer, § 3 Rn. 22.

schein ausstellende VR haftet. Wird aus dem Versicherungsschein deutlich, dass er für die versicherten Risiken nur anteilig haftet und weitere VR beteiligt sind, so beschränkt sich seine Haftung auf den von ihm übernommenen Anteil.[28] Dies gilt ungeachtet der Frage, ob die weiteren VR im Versicherungsschein genannt sind. Ist eine solche Nennung nicht erfolgt und der Inhalt des Versicherungsscheins insoweit unvollständig, liegt zwar ein Verstoß gegen § 3 I vor. Das führt aber nicht zu einer erweiterten Haftung desjenigen VR, der den Versicherungsschein ausgestellt hat.

20 **Steuerangaben:** Sofern über die Prämie keine gesonderte Rechnung ausgestellt, sondern diese mit dem Versicherungsschein erhoben wird, wie dies häufig der Fall ist (vgl. auch § 33), muss der Versicherungsschein den auf die Prämie entfallenen Steuerbetrag (Versicherungssteuer) offen auszuweisen und den Steuersatz sowie die Versicherungssteuernummer, zu der die Steuer abgeführt wird, angeben. Bei steuerfreien Versicherungsentgelten ist dann die zugrunde liegende Steuerbefreiungsvorschrift anzugeben (vgl. § 5 Abs. 4 VersStG).

b) Ausländische VR (§ 3 II)

21 Die Vorschrift des § 3 II geht auf die Zweiten Versicherungsrichtlinien zurück und wurde im Zuge von deren Umsetzung in das VVG eingefügt.[29] Sie betrifft Fälle, in denen ein **ausländischer VR** einen Vertrag mit einem **inländischen VN** schließt, jedoch über **keine Niederlassung** im Inland verfügt oder diese jedenfalls nicht **mit dem Vertragsschluss befasst** ist. Dann müssen der VR und die tatsächlich befasste Niederlassung – freilich nur, wenn eine solche überhaupt eingeschaltet war – im Versicherungsschein genannt werden. Die Vorschrift betrifft EG-VR wie Drittstaaten-VR gleichermaßen. Sie ist an sich überflüssig. Die RiLi 2002/65/EG über den Fernabsatz von Finanzdienstleistungen enthält in Art. 3 I Nr. 1 weiter reichende Informationspflichten über den VR und seine Niederlassungen, die durch § 7 i.V.m. § 1 I Nr. 1–4 VVG-InfoV bei sämtlichen Verträgen – auch solchen, die nicht im Fernabsatz geschlossen werden – Gegenstand der vorvertraglichen Informationspflichten des VR sind (s. im Einzelnen die Kommentierung zur VVG-InfoV).[30]

2. Form und Übermittlung

22 Der Versicherungsschein muss in **Textform (§ 126b BGB)** ausgestellt werden.[31] Neben einer Urkunde genügt also jede andere Form, die eine dauerhafte Wiedergabe der Erklärung in Schriftzeichen ermöglicht, die Person des Erklärenden nennt und der Abschluss der Erklärung durch Nachbildung der Namensunterschrift oder anders erkennbar macht. Eine Verkörperung ist nicht erforderlich. Dem VR steht hinsichtlich der Form wie auch der Übermittlung ein Wahlrecht zu (Papierform, Fax, Datei, E-Mail etc.). Die Übersendung per Fax oder E-Mail setzt allerdings voraus, dass der VN diese Kommunikationswege bei dem vorangegangenen Kontakt mit dem VR zugänglich gemacht hat,[32] wozu beispielsweise die Nennung auf dem Briefkopf ausreicht.

23 § 3 I berechtigt den **VN**, die Übermittlung des Versicherungsscheins **in Urkundsform zu verlangen**. Damit ist keine privatschriftliche Urkunde i.S.v. § 416 ZPO gemeint. Der Versicherungsschein muss also – wie schon nach altem Recht – nicht vom VR handschriftlich unterzeichnet werden. Vielmehr meint das Gesetz mit »Urkunde« schlicht die Papierform.[33] Der Versicherungsschein kann freilich auch unterzeichnet oder mit einem Faksimile versehen sein. Erforderlich ist dies aber nicht, es muss lediglich die Person des Erklärenden genannt und das Ende der Erklärung kenntlich gemacht werden (vgl. § 126b BGB).[34] Über das Recht, den Versicherungsschein in Urkundsform verlangen zu können, muss der VR den VN nicht gesondert informieren.

24 Der Versicherungsschein ist dem VN vom VR zu »übermitteln«. Zuvor sprach das Gesetz von »*aushändigen*«. Diese Terminologie wurde mit Blick auf die nach neuem Recht zugelassene unkörperliche – also z.B. dateiförmige – Ausstellung des Versicherungsscheins durch den Begriff der »Übermittlung« ersetzt.[35] Der Versicherungsschein muss dem VN also in Textform (§ 126b BGB) zur Verfügung stehen. Außerdem muss der VR ihn an den VN übermitteln. Dies verlangt, dass der VR den **Übermittlungsvorgang** an den VN einleitet. Es genügt nicht, wenn es dem VN ermöglicht wird, den Versicherungsschein auf den Internetseiten des VR abzurufen und zu speichern.[36] Ein solches Vorgehen mag die Anforderungen der Textform des § 126b BGB erfüllen,[37] es genügt aber nicht dem Übermittlungserfordernis aus § 3 IV. Außerdem muss der Versicherungs-

---

28 OLG Hamburg VersR 1984, 980.
29 BGBl. I 1990, S. 1249, 1256; vgl. dazu Art. 21 der RiLi 88/357/EWG vom 22.06.1988; s. auch Anhang III der RiLi 2002/83/EG vom 05.11.2002.
30 Ein Unterschied kann allein im Hinblick auf die zeitliche Überlassung dieser Information bestehen, da die Informationen nach § 7 vor Vertragsschluss zu überlassen sind: L/W/*Armbrüster*, § 3 Rn. 43.
31 Missverständlich OLG Hamm r+s 2014, 164 (dort LS 1 und unter II.1. der Gründe).
32 Vgl. MünchKommBGB/*Einsele*, § 126b Rn. 10; PK/*Ebers*, § 3 Rn. 16.
33 Begr. RegE BT-Drucks. 16/3945 S. 57; PK/*Ebers*, § 3 Rn. 14.
34 A.A. PK/*Ebers*, § 3 Rn. 14.
35 RegE BT-Drucks. 16/3945 S. 57; dazu auch *C. Schneider*, Der Vertrieb von Versicherungen über das Internet, S. 137.
36 Vgl. *C. Schneider*, Der Vertrieb von Versicherungen über das Internet, S. 260 ff.; vgl. auch R/L/*Rixecker*, § 3 Rn. 4 (Übermittlung verlangt mehr als Bereitstellung).
37 Palandt/*Ellenberger*, § 126b Rn. 3.

schein dem VN zugehen (§ 130 BGB).[38] Für die Erstausfertigung des Versicherungsscheins dürfen dem VN keine gesonderten Kosten auferlegt werden, wie sich im Gegenschluss zu § 3 IV ergibt.[39]

3. Abweichende Inhalte im Versicherungsschein

Sofern der Versicherungsschein irrtümlich falsche Angaben beinhaltet, kann der VR diese unter den Voraussetzungen des § 119 BGB **anfechten** (§ 5 Rdn. 50, 60). Weicht der Versicherungsschein von den zwischen den Parteien getroffenen Vereinbarungen oder vom Angebot des VN ab, können sie unter den Voraussetzungen des **§ 5** gleichwohl **Vertragsinhalt** werden (§ 5 Rdn. 46 ff.). Für Ersatzversicherungsscheine nach § 3 III gilt § 5 indes nicht (§ 5 Rdn. 6).

II. Ersatzausfertigung (§ 3 III)

Nach § 3 III kann der VN die Ausstellung eines neuen Versicherungsscheines verlangen, wenn der ursprüngliche Versicherungsschein »abhandengekommen« ist oder »vernichtet« wurde. Die **Terminologie** des Gesetzes stammt aus der Zeit vor der VVG-Reform und knüpft an einen verkörperten Versicherungsschein (Urkunde) an.[40] Sie ist insoweit **überholt**. Erforderlich ist allein, dass der Versicherungsschein – in welcher Form auch immer er ausgestellt wurde – **für den VN nicht mehr verfügbar** ist. Sonstige Anspruchsvoraussetzungen bestehen nicht. Kosten: Rdn. 37. Für die **Form** der Ersatzausfertigung gilt § 3 I. Es genügt Textform i.S.v. § 126b BGB, der VN kann aber die Überlassung als Urkunde verlangen. Der Anspruch aus § 3 III steht dem VN und seinen Rechtsnachfolgern zu, ebenso dem Insolvenzverwalter;[41] dies auch dann, wenn der VN noch über den Versicherungsschein verfügt, aber ihm nicht überlässt.[42] Zur Bestimmung des **Streitwertes** im Falle einer Klage auf Ausstellung einer Ersatzausfertigung nach § 3 III ist auf ein Urt. des OLG Köln[43] zu verweisen.

Auch **ohne die Voraussetzungen des § 3 III** – Abhandenkommen oder Vernichtung – dürfte sich ein jederzeitiger **Anspruch des VN** auf Überlassung des Versicherungsscheins – in Form einer Urkunde – häufig bereits **aus § 7 IV** ergeben (Rdn. 9). In der Vorschrift, die auf Art. 5 III 1 der RiLi 2002/65/EG über den Fernabsatz von Finanzdienstleistungen zurückgeht,[44] ist zwar nicht von dem Versicherungsschein die Rede, sondern von einem Anspruch auf Überlassung der »Vertragsbestimmungen einschließlich der AVB«. Die Vertragsbestimmungen werden sich aber außer in den AVB im Wesentlichen im Versicherungsschein finden, so dass auch der Anspruch aus § 7 IV auf die Überlassung einer Kopie des Versicherungsscheins nebst AVB hinausläuft. Die Kosten der erstmaligen Überlassung als Urkunde, also in Papierform,[45] hat der VR zu tragen (§ 7 IV a.E.). Dies gilt – anders als im Rahmen von § 3 V – auch dann, wenn der VN bereits zuvor einen Versicherungsschein in anderer Form (z.B. als Datei) erhalten hat.

Wenn der Versicherungsschein der **Kraftloserklärung** unterliegt, wenn er also auf den Inhaber lautet (§ 4), an Order gestellt ist (§ 363 HGB)[46] oder es sich um Einzelpolicen bei der laufenden Versicherung handelt (§ 55 II), dann ist der VR erst nach Kraftloserklärung zur Ausstellung eines Ersatzversicherungsscheins verpflichtet (§ 3 III 2). Für die Kraftloserklärung gelten die allgemeinen Vorschriften (§ 808 II BGB, 365 II HGB, §§ 1003 ff. ZPO: **Aufgebotsverfahren**). Versicherungsscheine, die nicht als Urkunde ausgestellt wurden, betrifft diese Einschränkung nicht.

III. Abschriften von Erklärungen (§ 3 IV)

Nach § 3 IV kann der VN Abschriften der Erklärungen fordern, die er gegenüber dem VR abgegeben hat. Diese Bestimmung soll dem VN helfen, Deckungsansprüche gegen den VR durchzusetzen oder allgemein Rechtsklarheit über den Inhalt des Vertragsverhältnisses mit dem VR zu erhalten. Der Anspruch des VN richtet sich auf die Überlassung von Kopien seiner Erklärungen (Rdn. 32). Das Gesetz sieht **keine bestimmte Form** für die Abschriften vor. Eine Beglaubigung oder Ähnliches ist also nicht erforderlich. Es genügt jegliche Form der Übermittlung der Abschriften, auch z.B. per E-Mail, Telefax usw.[47] Auf das Recht des VN aus § 3 IV braucht der VR im Versicherungsschein – anders als nach altem Recht – nicht mehr gesondert hinzuweisen.

---

38 PK/*Ebers*, § 3 Rn. 8.
39 BK/*Schwintowski*, § 5 Rn. 56 m.w.N.
40 Vgl. Motive und amtliche Begr. zum Gesetz über den Versicherungsvertrag v. 30.05.1908, Neudruck Berlin 1963, S. 76; s. auch zum alten Recht die Präzisierungen bei BK/*Schwintowski*, § 3 Rn. 38 f.
41 LG Saarbrücken VersR 2010, 377 ff.
42 Dazu *Güther/Kohly* ZIP 2006, 1229.
43 OLG Köln VersR 2010, 1243.
44 Dazu *C. Schneider*, Der Vertrieb von Versicherungen über das Internet, S. 268 f.
45 Vgl. Art. 5 III der RiLi 2002/65/EG über den Fernabsatz von Finanzdienstleistungen an Verbraucher.
46 Dazu *Sieg* VersR 1977, 213.
47 S. auch Begr. RegE BT-Drucks. 16/3945 S. 57: Die Neufassung spricht auch in § 3 IV bewusst von »übermitteln«, da die Überlassung in Papierform nicht obligatorisch sein sollte.

30 Der Anspruch aus § 3 IV besteht, solange der **Versicherungsvertrag noch nicht beendet und vollständig abgewickelt ist**.[48] Er tritt neben den allgemeinen Anspruch aus §§ 810, 811 BGB,[49] hat allerdings andere Voraussetzungen (Rdn. 34). **Anspruchsberechtigt** aus § 3 IV ist der VN, ebenso sind es seine Rechtsnachfolger (z.B. Gesamtrechtsnachfolger oder Rechtsnachfolger gem. § 95, auch der Insolvenzverwalter[50]). In Sonderkonstellationen können neben § 3 IV auch Ansprüche auf Auskunftserteilung entsprechend § 666 BGB bestehen.[51]

1. Erklärungen des VN

31 Der Anspruch besteht nur für Erklärungen, die in Bezug zu einem konkreten, mit dem VR abgeschlossenen Versicherungsvertrag stehen. Erfasst sind **Erklärungen jeglicher Art**: die Vertragserklärungen, die bei Stellung des Versicherungsantrags abgebenen Anzeigen und Wissenserklärungen, Einwilligungserklärungen nach BDSG bzw. § 213, Widerrufs-, Widerspruchs-, oder Kündigungserklärungen, Anzeigeerklärungen unter dem laufenden Vertrag, Anmeldungen von Deckungsansprüchen oder sonstige Erklärungen wie etwa die Bestimmung eines Bezugsberechtigten (§§ 159 f.).[52] Nicht unter § 3 IV fallen **Erklärungen Dritter**, also z.B. ein vom VR eingeholtes Gutachten.[53] Anderes gilt jedoch für **Erklärungen des Versicherten (§§ 43 ff.)**, die dieser gegenüber dem VR abgegeben hat. Solche Erklärungen gelten als Erklärungen des VN (vgl. § 47); daher soll der VN insoweit auch Abschriften verlangen können.[54] Von Erklärungen Dritter, die der VN selbst dem VR übermittelt hat (z.B. Gutachten), kann er ebenfalls Abschriften verlangen, da diese Teil seiner Erklärung gegenüber dem VR sind.

32 § 3 IV erfasst nicht nur in Papierform abgegebene, sondern gleichermaßen elektronisch übermittelte Erklärungen, insbesondere E-Mails. Zwar bezieht sich § 3 IV seinem Wortlaut nach (»*Abschriften*«) nur auf Erklärungen, die in Textform abgegeben wurden. Seinem Zweck entsprechend ist die Vorschrift jedoch **erweiternd auszulegen**. Wenn der VR also etwa im Rahmen der Vertragsanbahnung Risikodaten telefonisch abfragt und diese **Gesprächsaufzeichnungen** – mit Einverständnis des Kunden – archiviert,[55] so kann der Kunde nach § 3 IV auch eine Kopie dieser Gesprächsaufzeichnung verlangen. Dass § 3 IV nur von »*Abschriften*« spricht, erklärt sich aus der Vorstellung des Gesetzgebers, dass Erklärungen mit Bezug auf den Versicherungsvertrag stets schriftlich bzw. in Textform dokumentiert werden. Bei § 3 IV geht es jedoch darum, dem VN Kenntnis von seinen gegenüber dem VR abgegebenen Erklärungen zu verschaffen, egal in welcher Form diese abgegeben wurden. Sofern also Erklärungen des VN als Audio-Datei aufbewahrt werden, bezieht sich der Anspruch des VN aus § 3 IV auch auf Überlassung einer **Kopie** dieser Audio-Daten. Der VN kann hingegen nicht verlangen, dass ihm eine Transkription des Gesprächs überlassen wird. »*Abschrift*« i.s.v. § 3 IV VVG meint eben nicht zwingend ein Dokument in Textform, sondern ist i.s.v. »*Kopie*« zu verstehen. Die Herstellung einer Transkription wäre überdies ein unzumutbarer Aufwand für den VR.

2. Aufbewahrungspflicht des VR

33 Aus § 3 IV 1 dürfte sich zugleich eine **gesetzliche Pflicht des VR** ergeben, die entsprechenden Unterlagen und Aufzeichnungen **aufzubewahren**. Diese Verpflichtung besteht während der formellen Vertragsdauer, darüber hinaus auch dann, wenn noch nicht alle aus dem Vertrag bestehenden Verpflichtungen erfüllt sind.[56] Daneben gelten die allgemeinen Vorschriften, etwa gem. §§ **238 ff., 257** HGB oder § 147 AO.[57] Die Pflicht aus § 3 IV, dem VN Abschriften seiner Erklärungen zu überlassen, hindern den VR aber nicht, die entsprechenden Unterlagen elektronisch zu archivieren und die Originale zu vernichten.[58]

3. Verlangen des VN

34 Der VN kann **jederzeit** vom VR die Übermittlung von Abschriften seiner Erklärungen verlangen. Der Anspruch aus § 3 IV setzt **kein besonderes Interesse des VN** an dem Erhalt von Abschriften voraus.[59] Sein Verlangen muss jedoch hinreichend bestimmt sein. Der VN muss also präzise dartun, von welchen seiner Erklä-

---

48 OLG Köln r+s 1989, 171; LG Saarbrücken VersR 2010, 377.
49 OLG Köln r+s 1989, 171; zu Einsichtsansprüchen vgl. *Armbrüster* VersR 2013, 944 ff.
50 LG Saarbrücken VersR 2010, 377, 378 f.; *Güther/Kohly* ZIP 2006, 1229.
51 Etwa zu der Frage, ob und an wen Zahlungen des VR auf Grund von Bezugsrechten erfolgt sind: R/L/*Rixecker*, § 3 Rn. 10.
52 Vgl. B/M/*Möller*[8], § 3 Anm. 36; P/M/*Rudy*, § 3 Rn. 9; L/W/*Armbrüster*, § 3 Rn. 53; R/L/*Rixecker*, § 3 Rn. 6.
53 Motive und amtliche Begr. zum Gesetz über den Versicherungsvertrag v. 30.05.1908, Neudruck Berlin 1963, S. 76; anders offenbar OLG Köln r+s 1991, 254.
54 Motive, a.a.O., S. 76; *Ehrenzweig*, S. 112 f.
55 Sog. Tele-Underwriting; dazu *Bornemann/Schwer/Hefer* VW 2008, 574 und 767; s. auch *Voigt* DuD 2008, 780.
56 VerBAV 1991, 302, 303.
57 Hierzu vgl. auch BAV R 4/91, VerBAV 1991, 302, 303.
58 Dazu *Betmann/Becker* VersR 2009, 469; zu Beweisfragen BGH VersR 2008, 659; VersR 2000, 1133; OLG München VersR 2008, 1521.
59 *Kisch*, Der Versicherungsschein, S. 40.

rungen er eine Abschrift begehrt.⁶⁰ § 3 III gewährt dem VN keinen Anspruch auf Auskunft, welche Erklärungen von ihm bei dem VR vorliegen. Ein solcher Anspruch kann sich ggf. aus **§ 810 BGB** ergeben.⁶¹ Dafür muss der VN jedoch – anders als § 3 IV 1 – ein **rechtliches Interesse** nachweisen. Das setzt nicht nur voraus, dass der Vertrag noch nicht beendet und vollständig abgewickelt ist;⁶² die Auskunft des VR muss überdies für die Förderung, Erhaltung oder Verteidigung rechtlich geschützter Interessen des VN erforderlich sein.⁶³

4. Fristgebundene Handlungen (§ 3 IV 2)

Benötigt der VN die Abschriften, um fristgebundene Handlungen gegenüber dem VR vorzunehmen, ist die entsprechende Frist gem. § 3 IV 2 gehemmt, bis ihm die Abschriften zugehen (§ 130 I BGB). Die **Hemmung (§ 205 BGB)** beginnt mit Zugang des Verlangens beim VR. Eine Fristhemmung tritt allerdings nur ein, wenn der VN die konkret verlangten Abschriften tatsächlich benötigt, um die betreffende Handlung vorzunehmen. Insoweit ist darauf abzustellen, ob ein verständiger VN seine Entscheidung über die Ausübung der fristgebundenen Rechtshandlung vernünftigerweise von der Einsicht seiner früheren Erklärungen abhängig machen würde.⁶⁴ Auch dürfen die Unterlagen dem VN nicht bereits vorliegen. Außerdem tritt keine Hemmung ein, wenn der VN die Unterlagen schon zu einem früheren Zeitpunkt vom VR erhalten hat (vgl. § 3 IV 2), auch dann nicht, wenn die Unterlagen dem VN zwischenzeitlich nicht mehr vorliegen. 35

Die Hemmung soll nur in Bezug auf Rechtshandlungen gelten, nicht hingegen für Wissenserklärungen wie z.B. Anzeigen.⁶⁵ Aus dem Gesetz selbst lässt sich diese Einschränkung indes nicht entnehmen. Durch § 3 IV 2 gehemmt werden können jedenfalls **Kündigungsfristen**, **Widerspruchs- oder Widerrufsfristen** oder die **Verjährungsfristen** für den Deckungsanspruch (§§ 195 ff. BGB). Eine Hemmung von Fristen nach § 3 IV 2 tritt *nicht* ein, wenn der VN die Ausstellung eines Ersatzversicherungsscheins nach § 3 III verlangt oder Abschriften von Unterlagen angefordert werden, die nicht unter § 3 IV fallen (Rdn. 31). 36

IV. Kosten (§ 3 V)

Macht der VN von seinem Recht Gebrauch, die Ausstellung eines Ersatzversicherungsscheins (§ 3 III) oder Abschriften seiner Erklärungen zu verlangen (§ 3 IV), so hat er gem. § 3 V für die hierdurch entstehenden Kosten aufzukommen. Auf Verlangen des VR sind die Kosten vorzuschießen. Für die Erstausstellung des Versicherungsscheins nach § 3 I gilt dies – wie sich im Umkehrschluss aus § 3 V ergibt – nicht. Angesichts der zwischenzeitlichen technischen Möglichkeiten dürften durch das Verlangen nach einem Ersatzversicherungsschein oder nach Abschriften von Erklärungen kaum nennenswerte Kosten entstehen, insbes., da eine bestimmte Form für derartige Abschriften nicht vorgesehen ist (vgl. Rdn. 29). 37

C. Beweislast

Den Zugang des Versicherungsscheins hat der VR zu beweisen.⁶⁶ Für den Versicherungsschein spricht die (widerlegbare) Vermutung, dass er die zwischen den Parteien getroffenen Vereinbarungen (Rdn. 15) vollständig und richtig wiedergibt.⁶⁷ Bei Versicherungsscheinen, die nur als elektronisches Dokument existieren, dürfte diese Vermutung wegen der leichteren Manipulationsmöglichkeiten nicht ohne weiteres gelten. Auch wenn der Versicherungsschein von dem Antrag des VN oder den getroffenen Vereinbarungen abweicht, kann die Vermutung der Vollständigkeit und Richtigkeit unter den Voraussetzungen des § 5 unwiderlegbar werden. Die Beweislast für außerhalb des Versicherungsscheins liegende Umstände (z.B. abweichende mündliche Abreden) trifft diejenige Partei, die sich auf sie beruft.⁶⁸ Ist der Versicherungsschein vom VR unterzeichnet, kommt ihm zudem formelle Beweiskraft nach § 416 ZPO dahingehend zu, dass die Erklärung tatsächlich vom VR stammt. 38

Verlangt der VN einen Ersatzversicherungsschein nach § 3 III (Rdn. 26), ist er dafür beweispflichtig, dass er über den ihm überlassenen Versicherungsschein nicht mehr verfügt (Rdn. 26). Will er sich nach § 3 IV 2 auf die Hemmung einer Frist berufen (Rdn. 35 f.), ist er dafür beweisbelastet, dass er die Abschrift für die Vornahme der betreffenden Rechtshandlung benötigte. Ebenso ist der VN beweisbelastet, wenn er behauptet, der VR habe seine Pflichten aus § 3 verletzt und Schadenersatz verlangt (Rdn. 5). 39

---

60 OLG Karlsruhe r+s 2002, 475.
61 OLG Karlsruhe r+s 2002, 475; L/W/*Armbrüster*, § 3 Rn. 55.
62 OLG Köln r+s 1989, 171.
63 Palandt/*Sprau* § 810 Rn. 2.
64 P/M/*Rudy*, § 3 Rn. 10; *Ehrenzweig*, S. 113.
65 So P/M/*Rudy*, § 3 Rn. 10; L/W/*Armbrüster*, § 3 Rn. 60; a.A. B/M/*Möller*⁸, § 3 Anm. 37; differenzierend BK/*Schwintowski*, § 3 Rn. 50.
66 BGH VersR 1991, 910.
67 OLG München VersR 2008, 1521; OLG Saarbrücken VersR 1997, 863; VersR 1989, 245; OLG Karlsruhe VersR 1995, 909; OLG Celle VersR 1986, 1099; LG Hamburg VersR 2009, 389; P/M/*Rudy*, § 3 Rn. 2; offengelassen bei BGH VersR 2000, 1133.
68 Palandt/*Ellenberger*, § 133 Rn. 29 m.w.N.

§ 4 Versicherungsschein auf den Inhaber

D. Abweichende Vereinbarungen

40 Nach dem seit 01.01.2008 geltenden Recht kann von den Bestimmungen der § 3 I–IV nicht zum Nachteil des VN abgewichen werden (§ 18 Rdn. 3).[69] Bis dahin war nur das Recht des VN, Abschriften von seinen Erklärungen oder die Ausstellung einer Ersatzpolice zu verlangen, unabdingbar (vgl. § 15 VVG a.F.). Ein Versicherungsschein ist nach neuem Recht daher bei jedem Versicherungsvertrag auszustellen, auch bei nur ganz kurzfristigen Verträgen.[70]

41 **Vereinbarungsfreiheit** besteht bei Großrisiken oder laufenden Versicherungen (§ 210). Für laufende Versicherungen enthalten die §§ 54 ff. Sondervorschriften über die Ausstellung von Einzelpolicen (§ 55 Rdn. 1 ff.).[71]

§ 4 Versicherungsschein auf den Inhaber.

(1) Auf einen als Urkunde auf den Inhaber ausgestellten Versicherungsschein ist § 808 des Bürgerlichen Gesetzbuchs anzuwenden.

(2) [1]Ist im Vertrag bestimmt, dass der Versicherer nur gegen Rückgabe eines als Urkunde ausgestellten Versicherungsscheins zu leisten hat, genügt, wenn der Versicherungsnehmer erklärt, zur Rückgabe außerstande zu sein, das öffentlich beglaubigte Anerkenntnis, dass die Schuld erloschen sei. [2]Satz 1 ist nicht anzuwenden, wenn der Versicherungsschein der Kraftloserklärung unterliegt.

Übersicht

	Rdn.		Rdn.
A. Allgemeines	1	C. Rückgabe des Versicherungsscheins (§ 4 II)	10
B. Versicherungsschein auf den Inhaber (§ 4 I)	4	D. Abweichende Vereinbarungen	14

A. Allgemeines

1 Der Versicherungsschein verbrieft nicht eine Forderung des VN, sondern nur den Vertrag, aus dem eine Forderung des VN entstehen kann. Im Regelfall ist er daher kein Schuldschein und hat Legitimationswirkung nur im Rahmen der §§ 43 ff. (§ 3 Rdn. 7).[1] Durch vertragliche Vereinbarung können an den Besitz des Versicherungsscheins jedoch weitergehende Wirkungen geknüpft werden. Das Gesetz unterbindet mit § 4 I allerdings die Ausgestaltung des Versicherungsscheins als reines Inhaberpapier (§ 793 BGB).[2] Vielmehr gelten für einen auf den Inhaber ausgestellten Versicherungsschein die Rechtsfolgen des § 808 BGB. Der VR darf also an den jeweiligen Besitzer des Versicherungsscheins Leistungen erbringen, der Inhaber ist aber nicht berechtigt, die Leistung zu fordern (§ 808 I BGB; Rdn. 5).

2 Die Sonderregel des § 4 II gilt nur für Versicherungsscheine, die nicht der Kraftloserklärung unterliegen. Wenn der VR vereinbarungsgemäß nur gegen Rückgabe des Versicherungsscheins zur Leistung verpflichtet sein soll, der VN zur Rückgabe aber außerstande ist, dann genügt sein öffentlich beglaubigtes Anerkenntnis, dass die Schuld erloschen ist (Rdn. 10 ff.).

3 Nachdem allerdings § 3 im Zuge der **VVG-Reform** zum 01.01.2008 nicht mehr verlangt, dass der Versicherungsschein als Urkunde ausgestellt wird (§ 3 Rdn. 22), musste der Anwendungsbereich des § 4 auf Versicherungsscheine in Urkundsform beschränkt werden. Auf Versicherungsscheine, die nicht als Urkunde sondern beispielsweise nur als Datei ausgestellt werden, passen die Regelungen in § 4 nicht, da sie an die Körperlichkeit, also die Einmaligkeit des Versicherungsscheins anknüpfen (§ 3 Rdn. 7).[3] Abgesehen von dieser Änderung ist § 4 im Zuge der letzten VVG-Reform lediglich sprachlich überarbeitet worden, ohne dass sich daraus sachliche Abweichungen vom früheren Recht ergeben.[4]

B. Versicherungsschein auf den Inhaber (§ 4 I)

4 Die Ausstellung eines Versicherungsscheins auf den Inhaber zieht die Rechtsfolgen des § 808 BGB nach sich. Der Versicherungsschein wird dadurch zu einem qualifizierten Legitimationspapier.[5] Eine solche Gestaltung ist nur möglich bei Versicherungsscheinen, die als Urkunde ausgestellt werden (§ 3 Rdn. 7). Sie spielt insbes. in der **Lebensversicherung** eine große Rolle (vgl. § 12 I ALB 2008), aber z.B. auch in der **Transportversicherung** oder in der **Seeversicherung** (vgl. dazu auch §§ 363 ff. HGB).

---

69 RegE BT-Drucks. 16/3945 S. 64.
70 Davon hatte der Gesetzgeber ursprünglich bewusst abgesehen: Vgl. Motive und amtliche Begr. zum Gesetz über den Versicherungsvertrag v. 30.05.1908, Neudruck Berlin 1963, S. 76.
71 Dazu Marlow/Spuhl/*C. Schneider*, Rn. 477 ff.
1 *Ehrenzweig*, § 29 I (S. 69).
2 Motive und amtliche Begr. zum Gesetz über den Versicherungsvertrag v. 30.05.1908, Neudruck Berlin 1963, S. 76 f.; BGH VersR 2000, 709; OLG Hamm NJW-RR 1993, 296.
3 Begr. RegE BT-Drucks. 16/3945 S. 57.
4 Begr. RegE BT-Drucks. 16/3495 S. 57.
5 BGH VersR 2000, 709; VersR 1999, 700; OLG Koblenz VersR 2002, 873; OLG Hamm VersR 1996, 615; OLG Köln r+s 1994, 356.

Auf Grund einer Inhaberklausel i.S.v. § 4 I wird der VR durch Zahlung der Versicherungssumme an den In- 5
haber des Versicherungsscheins **von seiner Pflicht zur Leistung frei**, auch wenn der Inhaber materiell nicht
zum Empfang der Leistung berechtigt ist.[6] Die **Legitimationswirkung** des Versicherungsscheins **wirkt nur
zugunsten des VR**: Er kann an den Inhaber des Versicherungsscheins leisten (§ 808 I 1 BGB), muss dies aber
nicht. Der Inhaber ist nicht berechtigt, die Leistung zu verlangen (§ 808 I 2 BGB).[7] Der VR braucht vor Auszahlung der Versicherungsleistung die materielle Berechtigung des Anspruchstellers oder seine Verfügungsmacht nicht zu überprüfen.[8] Er kann aber – da er zur Zahlung an den Inhaber nicht verpflichtet ist – verlangen,
dass der Inhaber seine Berechtigung in anderer Weise nachweist. Der VR kann auf die Legitimationswirkung
auch dann noch verzichten, wenn er bereits seine Leistung erbracht hat. Sollte sich also im Nachhinein herausstellen, dass der Inhaber des Versicherungsscheins materiell-rechtlich nicht Gläubiger des Erfüllungsanspruchs
ist und nicht berechtigt war, die Leistung in Empfang zu nehmen, kann der VR auch an den wahren Berechtigten (erneut) zahlen und die frühere Leistung vom Nichtberechtigten zurückfordern.[9]

Die Legitimationswirkung des § 4 I tritt nur dann ein, wenn der VN den **Versicherungsschein im Original** 6
und **vollständig**, also zusammen mit etwaigen Nachträgen, vorlegt.[10] Der Inhaber braucht nicht zu behaupten, dass ihm der Anspruch auf die Versicherungsleistung selbst zustehe; die Legitimationswirkung des § 4 I
erstreckt sich auch auf denjenigen, der als **Bevollmächtigter** des Berechtigten auftritt.[11]

Die Legitimationswirkung des Versicherungsscheins nach den § 4 I, § 808 I BGB erstreckt sich nur auf die 7
Entgegennahme der vertraglich versprochenen Leistungen. Willenserklärungen mit Bezug auf den Vertrag,
die für den VN verbindlich wären, kann der Inhaber daher im Grundsatz nicht abgeben.[12] Etwas anderes gilt
nur, soweit die Abgabe der **Willenserklärung** für die Empfangnahme der Leistung erforderlich ist; ansonsten
wäre die Legitimationswirkung des Versicherungsscheins hinfällig.[13] Ist also zum Beispiel die Kündigung des
Vertrages erforderlich, um die Leistung entgegen zu nehmen – z.B. in der Lebensversicherung für den Bezug
des Rückkaufswerts –, so ist der Inhaber des Versicherungsscheins nach den § 4 I, § 808 I BGB befugt, eine
solche Kündigung auszusprechen.[14] Wie weit die bereits von Gesetz wegen bestehende Befugnis des Inhabers
reicht, für den VN verbindliche Willenserklärungen abzugeben, ist nicht abschließend geklärt. Hierauf kommt
es i.d.R. nicht an, denn nach den **gebräuchlichen Klauseln** darf der VR den Inhaber als berechtigt ansehen,
»über Rechte aus dem Versicherungsvertrag zu verfügen, insbesondere Leistungen entgegen zu nehmen« (vgl.
§ 12 I ALB 2008). Solche Klauseln sind AGB-rechtlich nicht zu beanstanden.[15] Ihnen zufolge ist der Inhaber
dann auch berechtigt, eine Beitragsfreistellung vorzunehmen oder die Forderung abzutreten oder die Bezugsberechtigung zu ändern.[16] Für Gestaltungserklärungen des VR ist der Inhaber des Versicherungsscheins hingegen nicht empfangsberechtigt.[17]

Die Legitimationswirkung des Versicherungsscheins kann sich auch auf die Echtheit anderer Urkunden er- 8
strecken.[18] Legt der Inhaber des Versicherungsscheins eine Kündigungserklärung vor, die angeblich vom VN
stammt, in Wahrheit aber vom Inhaber gefälscht wurde, so ist die Kündigung gleichwohl wirksam. Der VR
wird daher von seiner Leistungspflicht frei, wenn er im Vertrauen auf die Echtheit der Kündigung die Versicherungsleistung (Rückkaufswert) an den Inhaber des Versicherungsscheins auszahlt.[19]

Von seiner **Leistungspflicht** wird der VR durch Zahlung an den Inhaber des Versicherungsscheins auch dann 9
nicht befreit, wenn der VR dessen **Nichtberechtigung kannte**.[20] Ob dies auch zu gelten hat, wenn der VR

---

6 BGH VersR 2000, 709; VersR 1999, 700; OLG Koblenz VersR 2002, 873; VersR 2008, 1338; OLG Düsseldorf VersR 2006, 1391.
7 BGH VersR 2000, 709; OLG München VersR 2008, 1521; OLG Düsseldorf VersR 2006, 1391; OLG Hamm VersR 1996, 615; s. auch BGH VersR 2006, 394.
8 OLG Hamm VersR 1996, 615; OLG Köln VersR 1990, 1338; OLG Karlsruhe VersR 1979, 929; BK/*Schwintowski*, § 4 Rn. 4; R/L/*Rixecker*, § 4 Rn. 2.
9 OLG Düsseldorf VersR 2006, 1391; P/M/*Reiff/W.-T. Schneider*, § 8 ALB 2012 Rn. 7; wohl auch OLG Koblenz 2008, 1338; a.A. OLG Hamm VersR 1996, 615.
10 Vgl. BGH VersR 2006, 394; OLG Koblenz VersR 2008, 1338.
11 OLG Koblenz VersR 2002, 873.
12 L/W/*Armbrüster*, § 4 Rn. 7 ff.
13 BGH VersR 2000, 709.
14 BGH VersR 2010, 936 m.Anm. *Nill* sowie *Abel/Winkens* (GWS 2010, 225); VersR 2000, 709; OLG Bremen VersR 2008, 1056; OLG Koblenz VersR 2002, 873.
15 BGH VersR 2000, 709; OLG Bremen VersR 2008, 1056; OLG Koblenz VersR 2002, 873; **a.A.** OLG Nürnberg MDR 2000, 833; OLG München VersR 1999, 1222; wohl auch *Schwintowski* VuR 1999, 207.
16 Näher BGH VersR 2000, 709; LG Koblenz VersR 2002, 873; P/M/*Reiff/W.-T. Schneider*, § 8 ALB 2012 Rn. 4.
17 P/M/*Reiff/W.-T. Schneider*, § 8 ALB 2012 Rn. 4.
18 BGH VersR 2009, 1061; **a.A.** KG r+s 2008, 253.
19 BGH VersR 2009, 1061; **a.A.** KG r+s 2008, 253.
20 BGH VersR 2000, 709; VersR 1999, 700; OLG Koblenz VersR 2002, 873; OLG Hamm VersR 1996, 615; OLG Saarbrücken VersR 1992, 1209; OLG Köln VersR 1990, 1338; dazu FAKomm-VersR/*Reusch*, § 4 Rn. 9.

von der Nichtberechtigung des Inhabers **grob fahrlässig keine Kenntnis** hatte, ist umstritten.[21] Der BGH hat diese Frage bislang offengelassen,[22] einer Auszahlung an den materiell nicht berechtigten Inhaber des Versicherungsscheins jedoch die leistungsbefreiende Wirkung abgesprochen, wenn der VR mit der Leistung gegen Treu und Glauben (§ 242 BGB) verstößt, weil er pflichtwidrig die Interessen des tatsächlich Berechtigten erheblich vernachlässigt hat.[23] Ebenso tritt keine Erfüllungswirkung ein, wenn der VR auf Anforderung des Vormunds, der den Versicherungsschein vorlegt, die Leistung auszahlt, es aber an der vormundschaftsgerichtlichen Genehmigung fehlt. Die Schutzvorschrift des § 808 BGB tritt hinter § 1812 BGB als Schutzvorschrift zugunsten des Mündels zurück.[24] Hat der VN seine Berechtigung zur Entgegennahme der Versicherungsleistung durch die Eröffnung eines **Insolvenzverfahrens** bzw. Anordnung einer Verfügungsbeschränkung im Insolvenzeröffnungsverfahren gem. § 21 Abs. 2 Nr. 2 InsO verloren, kann der VR gleichwohl mit befreiender Wirkung an den VN leisten, wenn ihm die Eröffnung des Insolvenzverfahrens nicht bekannt war. Für seine Unkenntnis ist allerdings der VR beweisbelastet (§ 82 InsO). Eine Pflicht, die z.B. via Internet ohne weiteres zugänglichen Informationen über die Eröffnung von Insolvenzverfahren laufend abzufragen, besteht nicht.[25] Es liegt bei unterlassener Abfrage auch nicht zwangsläufig eine grob fahrlässige Unkenntnis von der Insolvenzeröffnung vor.[26]

C. Rückgabe des Versicherungsscheins (§ 4 II)

10 VR und VN können vereinbaren, dass der VR seine Leistung nur gegen Rückgabe des Versicherungsscheins zu erbringen hat. Auch ohne eine solche vertragliche Vereinbarung kann der VR bei Versicherungsscheinen auf den Inhaber gem. §§ 808 II, 371 BGB, § 4 I verlangen, den Versicherungsschein gegen Erbringung seiner Leistung ausgehändigt zu bekommen.[27] Bei einfachen Versicherungsscheinen gilt dies nicht.[28] Kann der Versicherungsfall – wie z.B. in der Lebensversicherung – nicht lediglich nur einmal eintreten, sondern besteht der Vertrag auch nach Eintritt eines Versicherungsfalls fort, so ist statt Rückgabe des Versicherungsscheins nur dessen Vorlage erforderlich.[29]

11 Die Bestimmung in § 4 II regelt den **Sonderfall**, dass der VR vereinbarungsgemäß nur gegen Rückgabe des Versicherungsscheins zur Leistung verpflichtet ist, der VN jedoch nicht zur Rückgabe imstande ist und der Versicherungsschein nicht der Kraftloserklärung (§§ 946 ff., 1003 ff. ZPO) unterliegt. I.d.R. wird der Versicherungsschein allerdings der Kraftloserklärung unterliegen. Das gilt insbes. für gem. § 4 I auf den Inhaber ausgestellte Versicherungsscheine, vgl. § 4 I i.V.m. § 808 II 2 BGB, ebenso für an Order gestellte Policen (§ 363 ff., 365 II HGB). § 4 II ist auf solche Versicherungsscheine nicht anwendbar, auch dann nicht, wenn der Vertrag vorsieht, dass der VR nur gegen Rückgabe des Versicherungsscheins zu leisten hat.[30]

12 Liegt der von § 4 II geregelte Sonderfall vor – wenn also der VN erklärt, zur Rückgabe des Versicherungsscheins nicht in der Lage zu sein –, so genügt anstelle der Rückgabe sein öffentlich beglaubigtes Anerkenntnis, dass die Schuld aus dem Versicherungsvertrag erloschen sei. Die Erklärung muss also schriftlich abgefasst und die Unterschrift des VN durch einen Notar beglaubigt werden (§ 129 BGB, §§ 39 f. BeurkG).

13 Auf die Rückgabe des Versicherungsscheins, dessen Kraftloserklärung oder die Abgabe eines öffentlich beglaubigten Anerkenntnisses des VN über das Erlöschen der Schuld (§ 4 II) kann der VR verzichten.[31] Er ist nicht verpflichtet, nur gegen Rückgabe des Versicherungsscheins zu leisten,[32] trägt dann aber das Risiko, erneut in Anspruch genommen zu werden.

D. Abweichende Vereinbarungen

14 Die Rechtsfolgen des § 4 I sind zwingend.[33] In den Grenzen der §§ 305 ff. BGB können aber abweichende Vereinbarungen getroffen werden (vgl. § 18), insbes. also weitergehende Rechtsfolgen an die Inhaberschaft des Versicherungsscheins geknüpft werden. Einer Inhaberklausel, nach der der VR den Inhaber des Versiche-

---

21 Dafür OLG Koblenz VersR 2008, 1338; OLG Düsseldorf NJW 1987, 654; AG Nürnberg VersR 2002, 875; *Ehrenzweig*, § 29 I (S. 70); P/M/*Rudy*, § 4 Rn. 2; P/M/*Reiff/W.-T. Schneider*, § 8 ALB 2012 Rn. 8 ff.; a.A. OLG Hamm VersR 1996, 615; OLG Saarbrücken VersR 1992, 1209; OLG Karlsruhe VersR 1990, 1338.
22 BGH VersR 2010, 936 m.Anm. *Nill*; VersR 2009, 1061.
23 BGH VersR 1999, 700; vgl. auch BGHZ 28, 368; OLG Bremen VersR 2008, 1056; L/W/*Armbrüster*, § 4 Rn. 13.
24 OLG Karlsruhe VersR 1999, 1529; P/M/*Rudy*, § 4 Rn. 1; ähnlich für den Betreuer gem. §§ 1896 ff. BGB AG Nürnberg VersR 2002, 875.
25 BGH VersR 2010, 936; 2010, 933.
26 Hierzu *Nill* VersR 936, 939.
27 OLG Köln r+s 1994, 356; LG Köln r+s 1977, 45.
28 *Ehrenzweig*, § 29 I (S. 69).
29 B/M/*Möller*[8], § 4 Rn. 6; BK/*Schwintowski*, § 4 Rn. 7.
30 P/M/*Reiff/W.-T. Schneider*, § 8 ALB 2012 Rn. 12.
31 Motive und amtliche Begr. zum Gesetz über den Versicherungsvertrag v. 30.05.1908, Neudruck Berlin 1963, S. 77; OLG Köln r+s 1994, 356; s. auch BGH VersR 2006, 394.
32 Anders offenbar PK/*Ebers*, § 4 Rn. 5.
33 Motive und amtliche Begr. zum Gesetz über den Versicherungsvertrag v. 30.05.1908, Neudruck Berlin 1963, S. 77; L/W/*Armbrüster*, § 4 Rn. 17.

rungsscheins als berechtigt ansehen darf, über die Rechte aus dem Vertrag zu verfügen, stehen die §§ 4 VVG, 808 BGB nicht entgegen (Rdn. 7).[34] In der Seeversicherung, für die die Vorschriften des VVG gem. § 209 nicht gelten, könnte der Versicherungsschein zwar als echtes Inhaberpapier ausgestellt werden;[35] i.d.R. ist aber auch hier nur die Ausgestaltung als qualifiziertes Legitimationspapier i.S.v. § 808 BGB gewollt.[36]

§ 5 Abweichender Versicherungsschein.

(1) Weicht der Inhalt des Versicherungsscheins von dem Antrag des Versicherungsnehmers oder den getroffenen Vereinbarungen ab, gilt die Abweichung als genehmigt, wenn die Voraussetzungen des Absatzes 2 erfüllt sind und der Versicherungsnehmer nicht innerhalb eines Monats nach Zugang des Versicherungsscheins in Textform widerspricht.
(2) ¹Der Versicherer hat den Versicherungsnehmer bei Übermittlung des Versicherungsscheins darauf hinzuweisen, dass Abweichungen als genehmigt gelten, wenn der Versicherungsnehmer nicht innerhalb eines Monats nach Zugang des Versicherungsscheins in Textform widerspricht. ²Auf jede Abweichung und die hiermit verbundenen Rechtsfolgen ist der Versicherungsnehmer durch einen auffälligen Hinweis im Versicherungsschein aufmerksam zu machen.
(3) Hat der Versicherer die Verpflichtungen nach Absatz 2 nicht erfüllt, gilt der Vertrag als mit dem Inhalt des Antrags des Versicherungsnehmers geschlossen.
(4) Eine Vereinbarung, durch die der Versicherungsnehmer darauf verzichtet, den Vertrag wegen Irrtums anzufechten, ist unwirksam.

Übersicht

	Rdn.		Rdn.
A. Allgemeines	1	IV. Form und Gestaltung	32
I. Regelungsinhalt und VVG-Reform	3	1. Hinweise auf Abweichungen und Rechtsfolgen	32
II. Anwendungsbereich	5	2. Belehrung über das Widerspruchsrecht	34
1. Versicherungsschein	5	D. Widerspruch des VN	37
2. Abweichungen vom Antrag oder den getroffenen Vereinbarungen	8	I. Frist und Form	39
3. Abgrenzung	9	II. Inhalt	43
B. Tatbestand	14	E. Rechtsfolgen	46
I. Abweichung von Antrag oder Vertrag	14	I. Genehmigungswirkung (§ 5 I)	46
II. Einzelfälle	22	II. Fehlende oder unzureichende Belehrung (§ 5 III)	47
C. Hinweis- und Belehrungsobliegenheiten (§ 5 II)	27	III. Widerspruch durch VN	53
I. Hinweis auf Abweichungen und Rechtsfolgen	28	F. Anfechtungsrechte des VN (§ 5 IV)	57
II. Hinweis auf Widerspruchsrecht	30	G. Beweislast	61
III. Zeitpunkt	31	H. Abweichende Vereinbarungen	63

Schrifttum:
Armbrüster, Das allgemeine Widerrufsrecht im neuen VVG, r+s 2008, 493; *Klimke,* Analoge Anwendung des § 5 VVG bei Vertragsschlüssen nach dem »Invitatio«-Modell, VersR 2011, 1244; *Koziol,* Begünstigende Abweichungen im Versicherungsschein, JBl 1981, 574; *Luckey,* Konsens, Dissens und Anfechtbarkeit – das Schicksal der Willenserklärungen und des Versicherungsvertrages unter Berücksichtigung des § 5 VVG, VersR 1994, 1261; *Plander,* Probleme der Rückwärtsversicherung in Fällen des § 5 III VVG, VersR 1986, 105; *Rohles,* Die Billigungsklausel des § 5 VVG, VW 1984, 462; *Schimikowski,* Einbeziehung von Allgemeinen Versicherungsbedingungen in den Vertrag, r+s 2007, 309; *C. Schneider,* Dokumentationsfehler in Maklerpolicen – zu § 5 VVG und zum »Dornbracht«-Urteil des OLG Hamm, r+s 2012, 417; *Schreiber,* Zur Anwendung der »Billigungsklausel« des § 5 VVG, VersR 1994, 760; *Werber,* Abänderung von Versicherungsanträgen durch Vermittler, VersR 2000, 393.

A. Allgemeines

§ 5 liegt die Annahme zu Grunde, dass Anträge der Kunden für den VR häufig nicht ohne Änderungen oder Ergänzungen annahmefähig sind. Um das Vertragsschlussverfahren zu vereinfachen, wurde bereits 1908 eine Regelung nach dem Vorbild der zuvor häufig in den Bedingungswerken der VR vorgesehenen **Billigungsklausel** in das Gesetz aufgenommen.[1] Ein vom Antrag des VN oder von den getroffenen Vereinbarungen abweichender Versicherungsschein ist danach nicht als neues Angebot des VR i.S.v. § 150 II BGB zu werten. Vielmehr werden die Abweichungen unter den Voraussetzungen von § 5 I–III Vertragsinhalt, sofern der VN nicht widerspricht. Das **Schweigen des VN** erhält damit, abweichend von den Vorschriften des allgemeinen Zivil-

1

---

[34] BGH VersR 2000, 709; OLG Bremen VersR 2008, 1056; *Präve* VW 2009, 98 f.; a.A. OLG Nürnberg MDR 2000, 833; OLG München VersR 1999, 1222; wohl auch *Schwintowski* VuR 1999, 207.
[35] B/M/*Möller*[8], § 3 Anm. 32.
[36] BGH NJW 1962, 1436; *Sieg* VersR 1977, 213.
[1] Motive und amtliche Begr. zum Gesetz über den Versicherungsvertrag v. 30. März 1908, Neudruck 1963, S. 78 ff.; *Ehrenzweig,* S. 71.

rechts, **konstitutive Wirkung**; § 5 ist *lex specialis* zu § 150 II BGB.[2] Die Vorschrift modifiziert zudem die handelsrechtlichen Grundsätze über das Schweigen auf ein kaufmännisches Bestätigungsschreiben.[3] Ohne eine Belehrung nach § 5 II kommt dem Schweigen des VN – auch bei Großrisiken (§ 210) – keine den dokumentierten Vertragsinhalt bestätigende Wirkung zu.[4]

2 Die Vorschrift des § 5 erfüllt mehrere **Funktionen**: Sie dient der Rechtssicherheit, da sie dafür sorgt, dass der Vertragsinhalt i.d.R. den Angaben im Versicherungsschein entspricht. Außerdem verringert sie den administrativen Aufwand bei Vertragsschluss. Und schließlich dient § 5 dem Schutz des VN, indem er verhindert, dass dieser ohne Deckungsschutz ist, wenn er auf den abweichenden Versicherungsschein nicht mit einer gesonderten Annahmeerklärung reagiert. Vor unerwünschten Vertragsinhalten wird der VN durch Hinweis- und Belehrungspflichten sowie mit einem Widerspruchsrecht geschützt.

I. Regelungsinhalt und VVG-Reform

3 Nach § 5 I werden Abweichungen im Versicherungsschein zum Vertragsinhalt, wenn der VR auf sie hingewiesen hat und der VN nicht innerhalb eines Monats widerspricht. Das Gesetz vermutet also eine Genehmigung der Änderungen durch den VN (Rdn. 46). Diese (unwiderlegliche) Vermutung greift aber nur dann, wenn der VR den VN zuvor den Anforderungen des § 5 II entsprechend über die Änderungen und die Wirkung des unterlassenen Widerspruchs belehrt hat (Rdn. 27 ff.). Fehlt es an einer Belehrung, gilt der Vertrag nach § 5 III als mit dem Inhalt des Antrags des VN geschlossen (Rdn. 47 ff.). § 5 IV untersagt vertragliche Vereinbarungen, wonach der VN auf eine Irrtumsanfechtung verzichtet. Dem VN sollen bestehende Anfechtungsrechte auch dann erhalten bleiben, wenn die Genehmigungsfiktion des § 5 I eingetreten ist (dazu Rdn. 57).

4 Die Vorschrift des § 5 entspricht weitestgehend der Vorgängervorschrift des § 5 a.F. in der bis zum 31.12.2007 geltenden Fassung. Die **VVG-Reform** hat jedoch einige nicht unbedeutende Änderungen bewirkt. Zunächst wurde klargestellt, dass die Genehmigungsfiktion des § 5 I nur dann eingreift, wenn der VR die Belehrungserfordernisse des § 5 II eingehalten hat.[5] Deshalb kann – entgegen der bisher h.M. – auch eine für den VN ausschließlich günstige Abweichung im Versicherungsschein nicht ohne weiteres nach § 5 I als Vertragsinhalt angesehen werden (Rdn. 16). Geändert wurden zudem die Hinweis- und Belehrungspflichten des VR. Dieser muss nunmehr gegebenenfalls auch auf die Rechtsfolgen der im Versicherungsschein vorgesehenen Abweichungen hinweisen (Rdn. 29). Wohl versehentlich hat der Gesetzgeber es aber versäumt, in die Neufassung des § 5 II Anforderungen an die Belehrung des VN über sein Widerspruchsrecht aufzunehmen (Rdn. 34). Schließlich wurde auch § 5 III neu gefasst. Die Passage, bei fehlender Belehrung nach § 5 II seien die Abweichungen im Versicherungsschein »für den VN unverbindlich«, ist entfallen. In § 5 III heißt es jetzt nur noch, bei fehlender Belehrung durch den VR bestimme sich der Vertragsinhalt nach dem Antrag des VN (dazu Rdn. 16, 47 ff.).

II. Anwendungsbereich

1. Versicherungsschein

5 § 5 regelt nur Abweichungen vom Antrag oder dem Vertragsinhalt, die sich im **Versicherungsschein** (Police) finden. Der Versicherungsschein ist die vom VR obligatorisch zu erteilende Erklärung über den Inhalt des geschlossenen Vertrages (§ 3 Rdn. 10). Dem Versicherungsschein **beigefügte Unterlagen** oder Schreiben werden von § 5 erfasst, wenn im Versicherungsschein auf sie Bezug genommen wird oder sie auf andere Art mit dem Versicherungsschein eine Einheit bilden.[6] Dies gilt insbesondere für **AVB** (Rdn. 25) und alle weiteren Unterlagen, die laut Versicherungsschein für den Vertragsinhalt maßgeblich sein sollen (z.B. Rückkaufswerttabellen[7]).

6 Auch **Nachträge**, **Verlängerungsscheine**, **Folgepolicen** und ähnliche Ergänzungen zum Versicherungsschein fallen unter § 5.[8] Allerdings müssen die Parteien – was regelmäßig der Fall sein wird – zuvor eine Änderung bzw. die Fortsetzung des Vertrages verhandelt haben. Immer dann, wenn neue Vereinbarungen getroffen wurden, ist der VR nach § 3 verpflichtet, den Inhalt der getroffenen Vereinbarungen zu dokumentieren und immer dann ist der Anwendungsbereich von § 5 eröffnet. An einer solchen Situation fehlt es, wenn der VR lediglich einen **Ersatzversicherungsschein** ausstellt (§ 3 III 1). Für diesen gilt § 5 nicht.[9] Ebenso wenig greift § 5, wenn der VR ohne vorherige Absprachen oder einen entsprechenden Antrag des VN im laufenden Ver-

---

2 OLG Hamm VersR 1989, 946.
3 Dazu Baumbach/Hopt/*Hopt*, HGB, § 346 Rn. 17.
4 B/M/*Möller*[8], § 5 Anm. 26.
5 Begr. RegE BT-Drucks. 16/3945 S. 57.
6 BGH VersR 1989, 395; OLG Hamm VersR 1989, 946.
7 BGH VersR 2002, 88.
8 BGH VersR 2004, 893; VersR 1966, 129; OLG Karlsruhe, VersR 2016, 654, 655; OLG Hamm VersR 2000, 719; VersR 1993, 169; LG Dortmund, ZfS 2015, 154; LG Hannover VersR 1979, 1146; OGH VersR 2005, 1415; P/M/*Rudy* § 5 Rn. 1; *Ehrenzweig*, S. 72; B/M/*Möller*[8], § 5 Anm. 4; *Armbrüster/Schreier* VersR 2015, 1053, 1056.
9 OLG Karlsruhe VersR 1992, 1121; *Armbrüster/Schreier* VersR 2015, 1053, 1056.

tragsverhältnis einen neuen Versicherungsschein ausstellt, der von den bisherigen Vereinbarungen abweicht. Dann liegt – sofern die Abweichungen kein Versehen darstellen – ein Änderungsangebot des VR vor. Für dieses gilt nicht § 5.[10] Vielmehr bedarf es einer gesonderten Annahme durch den VN, damit die vorgeschlagenen Änderungen Vertragsinhalt werden können.

Bei der **laufenden Versicherung** gilt § 5 sowohl für den Versicherungsschein zum laufenden Vertrag sowie gegebenenfalls – mit Modifikationen (Rdn. 40) – für die Einzelpolicen (§ 55 III). **Keine Anwendung** findet § 5 auf bloße **Versicherungsbestätigungen**, **Sicherungsscheine** oder vergleichbare Erklärungen des VR, durch die in erster Linie insbes. Dritte über die getroffenen Vereinbarungen informiert werden sollen. Derartige Unterlagen sind kein Versicherungsschein i.S.v. § 3 (§ 3 Rdn. 8).

2. Abweichungen vom Antrag oder den getroffenen Vereinbarungen

Der Versicherungsschein muss **Abweichungen** (Rdn. 14 ff.) **vom »Antrag des VN«** oder **von den »getroffenen Vereinbarungen«** enthalten. Hierdurch sind **zwei verschiedene Konstellationen** angesprochen. Liegt noch kein Vertrag vor, sondern nur ein Antrag des VN, kann der VR diesen Antrag durch Übersendung eines Versicherungsscheins annehmen. Abweichungen vom Antrag werden unter den Voraussetzungen des § 5 Vertragsinhalt (erste Variante); es bleibt dem VR aber freilich unbenommen, nicht den Weg über § 5 zu gehen, sondern dem VN ein neues Angebot zu unterbreiten.[11] Der Versicherungsschein kann aber auch erst nach Vertragsschluss ausgestellt und dem VN übersandt werden. Die in § 3 normierte Pflicht des VR, einen Versicherungsschein auszustellen, folgt an sich auch erst aus dem geschlossenen Vertrag (§ 3 Rdn. 10).[12] Hier ist es dem VR möglich, den Inhalt eines bereits bestehenden Vertrages unter den Voraussetzungen des § 5 abzuändern (zweite Variante). Die beiden Varianten sind zu unterscheiden, insbes. weil der Widerspruch des VN gegen die Änderungen im Versicherungsschein unterschiedliche Rechtswirkung hat (Rdn. 53 ff.).

3. Abgrenzung

Nicht von § 5 erfasst wird der Fall, dass in der Übersendung des **Versicherungsscheins durch den VR (erst) der Antrag** auf Abschluss eines Vertrags liegt.[13] Dies gilt auch dann, wenn der Übersendung eine *invitatio ad offerendum* des VN vorangegangen ist (§ 7 Rdn. 78 ff.). So oder so bedarf es dann noch einer – gegebenenfalls konkludenten – Annahmeerklärung des VN. Es besteht daher kein Bedürfnis für eine Sonderregel wie § 5.[14] Der VR kann aber nach § 6 gehalten sein, den VN im Hinblick auf wesentliche, zuvor nicht behandelte Regelungen im Versicherungsschein aufmerksam zu machen.

War die **Bindungsfrist des VN an seinen Antrag abgelaufen** (§§ 146 ff. BGB), liegt in der Übersendung des Versicherungsscheins ein neues Angebot des VR, § 150 I BGB.[15] Für diese Konstellation **gilt § 5 VVG nicht**, denn diese Vorschrift setzt einen noch wirksamen Antrag des VN voraus.[16] Auch eine analoge Anwendung des § 5 kommt nicht in Betracht.[17] Vielmehr muss der VN den neuen Antrag des VR gesondert annehmen. Das kann auch konkludent geschehen.[18] Enthält der Versicherungsschein Abweichungen vom ursprünglichen Antrag des VN, so werden diese durch Annahme durch den VN Vertragsinhalt. Vor überraschenden Änderungen ist der VN dadurch geschützt, dass der VR schon auf Grund seiner Beratungspflicht nach § 6 auf relevante Änderungen im Versicherungsschein hinweisen muss.[19] Unterlässt er dies schuldhaft, kann er sich schadenersatzpflichtig machen, § 6 V. Gegebenenfalls ist der VN dann so zu stellen, als sei der Vertrag ohne die Änderungen im Versicherungsschein zustande gekommen. Im Einzelfall kann der VN auch berechtigt sein, den Vertrag wegen Irrtums anzufechten (§§ 119 ff. BGB).[20] Hat der VN einen Makler beauftragt, ist zwar wegen § 6 VI nicht der VR, dafür aber der Makler zur Prüfung des Versicherungsscheins und zu entsprechenden Hinweisen an den VN verpflichtet.

Die Regelungen des § 5 finden **keine Anwendung**, wenn der VR im Versicherungsschein (irrtümlich) falsche Angaben macht und der VN erkannt hat, was der VR in Wahrheit erklären wollte (**falsa demonstratio**). Dann ist für den Vertragsinhalt – unabhängig von § 5 – der wahre Wille des Erklärenden, also des VR, maßgebend.[21]

---

10 Vgl. OLG Karlsruhe VersR 1992, 1121; LG Dortmund ZfS 2015, 154; LG Coburg VersR 2004, 1591 (dort auch zur möglichen Wettbewerbswidrigkeit eines solchen Vorgehens).
11 OLG Saarbrücken VersR 2007, 235; *Werber* VersR 2000, 393.
12 *Ehrenzweig*, S. 72; vgl. auch OLG Hamm VersR 2011, 469, 477.
13 P/M/*Rudy* § 5 Rn. 1; R/L/*Rixecker*, § 5 Rn. 2; *Leverenz*, Vertragsschluss nach der VVG-Reform, 2008, Rn. 4/70 f.
14 A.A. *Klimke* VersR 2011, 1244 ff.; *Schimikowski* r+s 2012, 577, 583.
15 BGH VersR 1991, 1397; OLG Köln VersR 1983, 849; R/L/*Rixecker*, § 5 Rn. 2.
16 BGH VersR 1986, 986; VersR 1973, 409; OLG Köln VersR 1983, 849; offengelassen bei BGH VersR 1991, 910.
17 Dafür aber P/M/*Rudy*, § 5 Rn. 2; wie hier L/W/*Armbrüster*, § 5 Rn. 6.
18 Dazu R/L/*Rixecker*, § 5 Rn. 2.
19 *Leverenz*, Vertragsschluss nach der VVG-Reform, 2008, Rn. 4/71; PK/*Ebers*, § 5 Rn. 5.
20 Vgl. OLG Köln VersR 1983, 849.
21 BGH VersR 2004, 893; VersR 1995, 648; VersR 1959, 497; OLG Karlsruhe r+s 2010, 375, 376; r+s 1997, 178.

Der VR braucht den Vertrag nicht wegen Irrtums anzufechten (Rdn. 60).[22] Die Beweislast dafür, dass der VN seinen dem Versicherungsschein widersprechenden wahren Willen gekannt hat, trägt der VR.[23]

12 Das allgemeine **Widerrufsrecht nach § 8** und das Widerspruchsrecht aus § 5 bestehen **nebeneinander**.[24] Erklärungen des VN müssen im Zweifelsfall durch Auslegung dem einen oder dem anderen Gestaltungsrecht zugeordnet werden (Rdn. 45).

13 Sofern die Abweichungen im Versicherungsschein Regelungspunkte berühren, über die der VN nach anderen Vorschriften zwingend zu belehren ist (z.B. § 7 i.V.m. **VVG-InfoV**), liegt darin kein Verstoß des VR gegen diese anderweitigen Informationspflichten. Insbes. hindert eine solche Abweichung nicht den Beginn der Widerrufsfrist nach § 8 II.[25] Insoweit geht **§ 5 als Sonderregel** den anderen Regelungen über Pflichtinformationen vor. Der VN ist durch die von § 5 II vorgesehenen Hinweis- und Belehrungspflichten sowie durch das von § 5 I gewährte Widerspruchsrecht ausreichend geschützt.

B. Tatbestand
I. Abweichung von Antrag oder Vertrag

14 § 5 I setzt voraus, dass der Versicherungsschein von den zwischen den Parteien getroffenen Vereinbarungen oder vom Antrag des VN abweicht. Gemeint sind **sachliche Abweichungen**, nicht lediglich abweichende Formulierungen.[26] Ob eine solche Abweichung vorliegt, ist im Zweifelsfall durch Auslegung festzustellen (§§ 130, 157 BGB).

15 Der Antrag des VN muss hinreichend bestimmt sein. Ist dies nicht der Fall, so liegt noch kein Antrag vor und § 5 gilt nicht (Rdn. 9). Der Antrag des VN kann – und wird – allerdings nicht immer schon alle Einzelheiten des anvisierten Vertrages enthalten. Soweit der VR mit dem Versicherungsschein den Antrag des VN annehmen will und dort über den Antrag hinausgehende Vertragsinhalte dokumentiert sind, muss darin nicht zwingend eine Abweichung i.S.v. § 5 I liegen. Das gilt namentlich für Vertragsinhalte, die von dem VN im Antrag bewusst dem VR zur näheren Konkretisierung überlassen wurden.[27] § 5 schützt den VN davor, dass konkrete Inhalte seines Antrags abgeändert werden. Die Vorschrift erfasst deshalb nur **Abweichungen im Versicherungsschein, die den vereinbarten Versicherungsschutz oder die Rechte und Pflichten der Parteien** aus dem Vertrag modifizieren. Dies ist nicht bereits dann der Fall, wenn der Versicherungsschein nicht in allen Punkten »das getreue Spiegelbild« des Antrags ist.[28] Die weitgehenden vorvertraglichen Informationspflichten des § 7 und der VVG-InfoV dürften zwar i.d.R. dazu führen, dass der Antrag des VN bereits sehr detailliert die Inhalte des späteren Vertrages enthält. Anders ist dies jedoch, wenn der Vertrag lediglich mündlich, also etwa am **Telefon** geschlossen wird (§ 7 I 3; § 5 VVG-InfoV). Dann ist nicht etwa in jedem über den Gesprächsinhalt hinausgehenden Detail des Versicherungsscheins eine Abweichung von den getroffenen Vereinbarungen i.S.v. § 5 I VVG zu sehen.

16 § 5 erfasst ansonsten **jegliche** (i.S.v. Rdn. 14 relevante) **Abweichung**, die der Versicherungsschein im Gegensatz zu dem Antrag des VN oder den getroffenen Vereinbarungen enthält. Eine Differenzierung nach Art der Abweichungen ist nicht vorgesehen. Nach h.M. soll jedoch für **Abweichungen zu Gunsten des VN nur die Billigungsklausel des § 5 I gelten**. Die Belehrungspflichten des § 5 II und die Rechtsfolgenanordnung des § 5 III seien lediglich Schutzvorschriften zugunsten des VN und deshalb auf Abweichungen im Versicherungsschein, die für den VN ausschließlich vorteilhaft sind, nicht anwendbar.[29] Der VR müsste demzufolge für den VN günstigen Abweichungen im Versicherungsschein stets gegen sich gelten lassen. Diese **Unterscheidung** nach Art der Abweichungen ist nach hier vertretener Auffassung spätestens **seit der VVG-Reform hinfällig**. § 5 I stellt in der seit dem 01.01.2008 geltenden Fassung durch einen ausdrücklichen Hinweis auf § 5 II klar, dass die Genehmigungswirkung ausschließlich bei Vorliegen einer Belehrung gem. § 5 II zum Zuge kommt.[30] Der Ein-

---

22 BGH VersR 1995, 648; L/W/*Armbrüster*, § 5 Rn. 34.
23 Dazu BGH VersR 1995, 648.
24 Begr. RegE BT-Drucks. 16/3945 S. 57; *Armbrüster* r+s 2008, 493, 496; krit. *Dörner/Staudinger* WM 2006, 1710: aus Gründen der Konformität mit der RiLi 2002/65/EG über den Fernabsatz von Finanzdienstleistungen an Verbraucher müssten Widerspruchs- und Widerrufsfrist nacheinander zu laufen beginnen.
25 *Armbrüster* r+s 2008, 493, 496; s. auch L/W/*Armbrüster*, § 5 Rn. 72 ff.
26 *Ehrenzweig*, S. 71; P/M/*Rudy*, § 5 Rn. 4.
27 Vgl. B/M/*Möller*[8], § 5 Anm. 8; R/L/*Rixecker*, § 5 Rn. 8.
28 AG München VersR 1992, 1126; P/M/*Rudy* § 5 Rn. 4; PK/*Ebers*, § 5 Rn. 13; *Schreiber* VersR 1994, 760; vgl. auch KG Berlin VersR 2007, 349.
29 So für das alte Recht BGH VersR 1995, 648; VersR 1990, 887; VersR 1976, 477; OLG Stuttgart v. 12.05.2011, 7 U 144/10; OLG Düsseldorf VersR 2002, 183; OLG Karlsruhe r+s 1997, 178; OLG Frankfurt VersR 1996, 1353; OLG Nürnberg VersR 1989, 1078; OGH VersR 2007, 1015; *Ehrenzweig*, S. 72 f.; *Schreiber* VersR 1994, 760; *Werber* VersR 2000, 393; auch für das **neue Recht** ebenso BGH VersR 2016, 1044; OLG Hamm VersR 2011, 469, 476 f.; PK/*Ebers*, § 5 Rn. 2, 18; *Schimikowski*, Rn. 52; wie hier zum alten Recht bereits *Kisch*, Der Versicherungsschein, 1952, S. 74.
30 Vgl. Begr. RegE BT-Drucks. 16/3945 S. 57; dazu und zum Folgenden: *C. Schneider* r+s 2012, 417 ff.; vgl. auch L/W/*Armbrüster*, § 5 Rn. 27 f.; ihm folgend FAKomm-VersR*Reusch*, § 5 Rn. 23; ähnlich P/M/*Rudy*, § 5 Rn. 7: nur Geltung der allgemeinen Vertragsschlussregelungen.

wand, der VR solle aus der Verletzung der Schutzvorschrift in § 5 II keine Rechte für sich herleiten können,[31] lässt sich angesichts des klaren Wortlauts von § 5 I nicht mehr aufrechterhalten.

Allemal kann dies nicht gelten für **Maklerpolicen**, die vom Makler erstellt und dem VR nur zur Zeichnung vorgelegt werden (§ 3 Rdn. 14). Enthält ein solcher Versicherungsschein für den VN günstige Abweichungen von den getroffenen Vereinbarungen, trägt der Hinweis auf die Verletzung von Schutzvorschriften durch den VR nicht; eine solche ist nicht erfolgt (Rdn. 22).[32] Anders, nämlich im Sinne der bisher h.M. allerdings BGH VersR 1016, 1044.

Auch die Neufassung von § 5 III unterstreicht das hier gefundene Ergebnis. Dort heißt es nicht mehr – wie noch in § 5 III a.F. – bei fehlender Belehrung seien die Abweichungen »*für den VN unverbindlich*«, woraus im Gegenschluss gefolgert wurde, dass sich (nur) *der VR* nicht auf die Unwirksamkeit der Abweichungen im Versicherungsschein berufen konnte.[33] In seiner Neufassung besagt § 5 III, der Vertrag gelte »*als mit dem Inhalt des Antrags des VN geschlossen.*« Diese Formulierung lässt keinen Raum mehr für eine unterschiedliche Behandlung von VN und VR. Deshalb können auch für den VN günstige Abweichungen oder neutrale Änderungen über § 5 I nur dann Vertragsinhalt werden, wenn eine § 5 II entsprechende Belehrung erfolgt ist (s. aber Rdn. 47 ff.).

Die Neufassung des § 5 I schafft **Rechtssicherheit**.[34] Ob eine Abweichung vom Versicherungsschein für den VN (ausschließlich) vorteilhaft oder nachteilig oder neutral ist, lässt sich vielfach nicht – oder jedenfalls nicht vor Eintritt eines Versicherungsfalls – eindeutig bestimmen. Vertreten wurde, dass es dann auf die subjektive Sicht des VN ankomme oder ihm ein Wahlrecht zustehe.[35] Diese Lösungsansätze konnten nicht überzeugen. Durch die Neufassung von § 5 I haben sich die Unklarheiten erledigt.[36]

Sind Abweichungen im Versicherungsschein für den VN **ausschließlich vorteilhaft**, dürften die angesprochenen Streitfragen allerdings häufig nicht praktisch werden. Hier wird bereits nach den allgemeinen Regeln der **§§ 145 ff. BGB** ein stillschweigendes Einverständnis des VN mit den Abweichungen anzunehmen sein, so dass es auf § 5 nicht mehr ankommt.[37] Eine Schlechterstellung des VN dürfte dies nicht nach sich ziehen. Insbes. werden regelmäßig die Voraussetzungen des § 2 für die Vereinbarung einer Rückwärtsversicherung erfüllt sein,[38] so dass die Änderungen – ebenso wie bei § 5 I (Rdn. 46) – rückwirkend zum Zeitpunkt des Vertragsschlusses wirksam werden. 17

Allerdings hat der VN – wenn er sich auf die für ihn günstigen Abweichungen im Versicherungsschein berufen will – im Streitfall zu beweisen, dass er die vom VR im Versicherungsschein vorgenommenen Abweichungen angenommen hat und ein entsprechender Vertrag zustande gekommen ist.

Es kommt nicht darauf an, **aus welchem Grund** der Versicherungsschein vom Antrag oder den getroffenen Vereinbarungen abweicht. § 5 setzt nicht etwa voraus, dass der VR unverschuldet dazu veranlasst war, im Versicherungsschein Abweichungen vom bisherigen Antrags- oder Vertragsinhalt vorzusehen. Ein **systematisches Ausnutzen** der in § 5 vorgesehenen Möglichkeit, nachträgliche Änderungen aufzunehmen, wäre indes **nicht zulässig**. Der VR kann nicht etwa planmäßig nachteilige Klauseln oder Prämienerhöhungen über § 5 in den Vertrag einführen. Darin läge ein aufsichtsrechtlicher Missstand i.S.v. § 298 I VAG und ein systematischer Verstoß gegen die vorvertraglichen Informationspflichten des VR. Außerdem dürfte ein solches Vorgehen wettbewerbsrechtlich unzulässig sein (s. auch Rdn. 25). 18

Den **Umfang** oder die **Art der Abweichung**, die zulässigerweise über § 5 Vertragsinhalt werden können, schränkt die Vorschrift ebenfalls nicht explizit ein. Es ist nicht erforderlich, dass der VR davon ausgeht, der VN werde sich mit den vorgenommenen Änderungen abfinden. Da § 5 jedoch nur Abweichungen von einem bereits vorliegenden Antrag des VN oder von einem bereits geschlossenen Vertrag zulässt, dürfen die Änderungen im Versicherungsschein – würden sie Vertragsinhalt – den Vertrag nicht zu einem *aliud* machen. Der Kern des beantragten oder geschlossenen Vertrags muss identisch bleiben. 19

Unerheblich ist, dass der VR im Hinblick auf die Abweichungen im Versicherungsschein etwaige **vorvertraglichen Informationspflichten** nach § 7 nicht erfüllen konnte. Insoweit ist § 5 lex specialis. Die Änderungen im Versicherungsschein können allerdings – je nach Art der Änderungen – **Beratungspflichten** des VR aus § 6 I, IV auslösen. Häufig wird es insoweit genügen, wenn entsprechende Hinweise und Erläuterungen zu den Änderungen im Versicherungsschein angebracht sind. Kommt der VR seinen Beratungspflichten nicht nach, kann er sich gegenüber dem VN gem. § 6 V schadensersatzpflichtig machen (§ 6 Rdn. 139). 20

---

31 So noch BGH VersR 1976, 477 ebenso jüngst aber auch VersR 2016, 1044.
32 Anders offenbar OLG Hamm VersR 2011, 469, 477.
33 So BGH VersR 1976, 477.
34 A.A. P/M/*Rudy*, § 5 Rn. 7, der sich aber mit der Umformulierung von § 5 II nicht auseinandersetzt.
35 Dazu etwa OGH VersR 2007, 1016 m.w.N.; *Schreiber* VersR 1994, 760; s. auch P/M/*Rudy*, § 5 Rn. 8; L/W/*Armbrüster*, § 5 Rn. 30 ff.
36 Ähnlich L/W/*Armbrüster*, § 5 Rn. 26 ff.; jedoch sei es dem VR gem. § 242 BGB verwehrt, sich auf eine mangelnde Belehrung nach § 5 II zu berufen.
37 So P/M/*Rudy*, § 5 Rn. 7, der bei fehlendem Hinweis nach § 5 II die Vorschrift des § 5 insgesamt für unanwendbar hält und nur von der Geltung der allgemeinen Regeln ausgeht.
38 I.E. ebenso P/M/*Rudy*, § 5 Rn. 7.

21 Auf **Maklerpolicen** (Rdn. 16) ist **§ 5 nicht anwendbar.** Abweichungen vom Antrag oder den getroffenen Vereinbarungen in einem in Maklerpolicen (Rdn. 16) werden daher nur Vertragsinhalt, wenn *der VR* zustimmt. § 5 wird in diesen Fällen durchweg bereits tatbestandlich nicht eingreifen, da es an einem Hinweis nach § 5 II fehlen wird (der dann aber ein Hinweis des unterzeichnenden VR an den VN wäre; vgl. Rdn. 16). Die Vorschrift passt auf diese Konstellation schlicht nicht.[39]

Die Regeln über kaufmännische Bestätigungsschreiben (Maklerpolice als Bestätigungsschreiben) dürften ebenfalls nicht anwendbar sein, da die Police dem VR zur Unterzeichnung (Gegenbestätigung) übersandt wird.[40] Auch wird die Maklerpolice zumeist nicht unmittelbar nach Vertragsschluss versandt.[41] Ein Schweigen des VR genügt daher nicht, um die Änderungen Vertragsinhalt werden zu lassen. Vielmehr kommt es auf die Annahme des VR an. Diese kann in der Unterzeichnung der Police liegen (§ 3 I). Erfolgt eine solche Annahme in Unkenntnis der Abweichungen, kann gegebenenfalls eine Anfechtung des VR nach § 119 BGB in Betracht kommen. Vorrangig aber gilt das von den Parteien übereinstimmend Gewollte. Insbes. werden bei der **Mitversicherung** Sondervereinbarungen zwischen VN und einem der Mitversicherer auch dann in diesem Vertragsverhältnis wirksam, wenn sie nicht im Versicherungsschein festgehalten sind.[42] In jedem Fall ist dem VR eine sorgfältige Prüfung der vorgelegten Maklerpolicen anzuraten. Da der Vertragsinhalt bei Deckungszusage (Vertragsschluss) oft nur rudimentär fixiert ist, kommt es nicht selten zu Abweichungen in Maklerpolicen von den an sich getroffenen Vereinbarungen.

II. Einzelfälle

22 **Beispiele:** Der Tatbestand von § 5 I ist erfüllt, wenn der Versicherungsschein abweichend vom Antrag des VN oder den getroffenen Vereinbarungen eine **andere Prämie** – z.B. einen Wagniszuschlag – vorsieht,[43] eine **andere Zahlungsweise** für die Prämie (Monats- statt Jahresprämien,[44] Zahlung durch VN statt Lastschrifteinzug[45]), einen anderen **Versicherungsbeginn**[46] oder eine **geänderte Laufzeit** vorsieht[47], Änderungen **im Umfang der Versicherung** beinhaltet (Kfz-Haftpflicht ohne Teilkasko,[48] keine Berücksichtigung des gewünschten Unterversicherungsverzichts[49] oder dessen unbeantragte Vereinbarung,[50] Einschluss nicht beantragter Risiken[51], Nichteinbeziehung des beantragten Planungsrisikos,[52] abweichende **Versicherungssumme**[53]), eine **Selbstbeteiligung**[54] oder nach **Beitragsfreistellung** eine erneute Gesundheitsprüfung vorsieht.[55]

23 Die Bestimmungen des § 5 gelten nur für Vertragsbestandteile, die auf einer Vereinbarung der Parteien beruhen. Deshalb kann etwa das **Bezugsrecht** in der Lebensversicherung (§§ 159 f.), das im Regelfall einem einseitigen Bestimmungsrecht des VN unterliegt, nicht über § 5 geändert werden.[56] Anders ist dies, wenn die Parteien vereinbart haben – was zulässig ist (§ 171) –, dass die Festlegung des Bezugsrecht nicht einseitig durch Bestimmung des VN, sondern zweiseitig durch Antrag und Annahme geschehen soll.[57]

24 Antrag i.S.v. § 5 ist nicht allein das schriftliche Antragsformular, sondern die Antragserklärung des VN insgesamt, die wegen der geltenden Formfreiheit sowohl aus schriftlichen als auch aus mündlichen Teilen bestehen kann. Eine Abweichung vom Antrag des VN liegt deshalb auch dann vor, wenn der Versicherungsschein die zusätzlichen **mündlichen Angaben** des VN nicht berücksichtigt.[58] Solche nur mündlich gemachten Ergänzungen sind auch dann wirksamer Bestandteil des Antrags, wenn sie **gegenüber einem Vertreter des VR** i.S.v. § 59 II geäußert wurden. Diese sind von Gesetzes wegen befugt, Antragserklärungen von Kunden ent-

---

39 Ausf. *C. Schneider* r+s 2012, 417 ff.; zust. R/L/*Rixecker*, § 5 Rn. 3; L/W/*Armbrüster*, § 5 Rn. 4; FAKomm-VersR/*Resch*, § 5 Rn. 9, 15; offen P/M/*Rudy*, § 5 Rn. 1.
40 Vgl. Baumbach/Hopt/*Hopt*, § 346 Rn. 17, 21 a.E.
41 Vgl. Baumbach/Hopt/*Hopt*, § 346 Rn. 21.
42 A.A. OLG Hamm VersR 2011, 469, 477.
43 OLG Karlsruhe VersR 2016, 654 f.; LG Karlsruhe VuR 2006, 358; P/M/*Rudy*, § 5 Rn. 5.
44 OGH VersR 1961, 476.
45 OLG Köln VersR 2000, 1266.
46 BGH VersR 1982, 841; OLG Karlsruhe VersR 1993, 1519; OLG Hamm VersR 1989, 946; LG Kassel NVersZ 2001, 326; AG München VersR 1992, 1126; *Plander* VersR 1986, 105; *Rohles* VersR 1986, 214; *Werner* VersR 1985, 522.
47 OLG Karlsruhe r+s 2010, 375; VersR 2009, 1104; OLG Saarbrücken VersR 2008, 57; LG Aachen r+s 1989, 206; LG Hannover VersR 1979, 1146; s. auch OLG Saarbrücken VersR 2008, 57, 58.
48 OLG Düsseldorf VersR 2000, 1265.
49 OLG Hamm r+s 2001, 295.
50 OLG Düsseldorf VersR 2002, 183.
51 OGH VersR 2007, 1015.
52 OLG Karlsruhe VersR 2006, 783.
53 OLGR Frankfurt 2005, 386; LG Bielefeld r+s 1994, 115; LG Hannover VersR 1979, 1146.
54 L/W/*Armbrüster*, § 5 Rn. 21.
55 OLG Hamm VersR 1993, 169.
56 OLG Frankfurt VersR 1999, 1353; LG Dortmund Urt. v. 27.09.2007 – 2 O 209/07; R/L/*Rixecker*, § 5 Rn. 1.
57 LG Dortmund Urt. v. 27.09.2007 – 2 O 209/07.
58 StRspr.; BGH VersR 2001, 1498; r+s 1989, 69 f.; NJW 1988, 60; OLG Köln VersR 2009, 488; OLG Koblenz VersR 2007, 482; KG VersR 2003, 726; OLG Hamm r+s 2001, 295; OLG Düsseldorf NVersZ 1999, 339.

gegenzunehmen (§ 69 I). Ihnen gegenüber geäußerte Antragsteile sind also auch dann dem VR zugegangen, wenn er von seinem Vertreter ansonsten nur den schriftlich aufgenommenen Antragsteil erhält (vgl. § 70). Für mündliche Äußerungen des Antragstellers gegenüber einem **Makler** gilt dies hingegen nicht.[59] Zur Beweislast Rdn. 61. § 5 greift freilich nicht ein, wenn der Versicherungsschein die tatsächlich (mündlich) getroffenen Abreden korrekt wiedergibt und daher nur vom schriftlichen, insoweit aber überholten Antrag des VN abweicht.[60]

Auch zuvor dem VN nicht überlassene **AVB** können noch gem. **§ 5 wirksam in den Vertrag einbezogen werden**. Die Bestimmung stellt insofern eine Sonderregel zu den allgemeinen Einbeziehungsvoraussetzungen des § 305 BGB dar.[61] Erforderlich ist, dass die AVB dem VN mit dem Versicherungsschein zugehen und er entsprechend § 5 II auf die Einbeziehungswirkung hingewiesen wurde. Gleichwohl wäre es nicht zulässig, wenn der VR die AVB-Einbeziehung planmäßig stets nach § 5 vornehmen würde. Darin läge ein systematischer Verstoß gegen die Informationspflichten aus § 7, was einen aufsichtsrechtlichen Missstand (§ 298 I VAG) und ein wettbewerbswidriges Verhalten darstellt (vgl. Rdn. 18). Die breite Weiterführung des durch die VVG-Reform abgeschafften sog. Policenmodells auf dem Umweg des § 5 ist daher nicht möglich.[62] Sofern vor Übersendung des Versicherungsscheins und der AVB bereits ein Vertrag geschlossen war, gilt dies schon deswegen nicht, weil bei Widerspruch des VN der Vertrag ohne die Abweichungen und dann also ohne die AVB zustande käme (§ 5 III). Will der VR sicherstellen, dass seine AVB auf jeden Fall einbezogen werden, muss er dem VN dann ein neues Angebot unterbreiten (§ 150 II BGB; Rdn. 10) und dies entsprechend deutlich machen. Dieses Angebot muss der VN annehmen, wofür – anders als bei § 5 III – bloße Untätigkeit nicht genügt. **Im Einzelfall** kann die Einbeziehung von AVB jedoch durchaus im Wege des § 5 erfolgen. Das ist nicht etwa durch eine Sperrwirkung des § 7 und des § 305 II BGB ausgeschlossen.[63] Aufgrund der überragenden Bedeutung der AVB bei Versicherungsverträgen ist es auch sachgerecht, eine Einbeziehung über § 5 zuzulassen, soweit im Einzelfall die Erfordernisse des § 7 nicht eingehalten wurden. 25

Fraglich ist, was gilt, wenn der VR im Versicherungsschein **Inhalte** des Antrags oder der getroffenen Vereinbarungen abändert, die nicht Vertragsinhalt werden können, etwa weil sie **gegen ein gesetzliches Verbot verstoßen** (§ 134 BGB) oder weil sie **von halbzwingenden Vorschriften des VVG abweichen** (z.B. §§ 18, 32, 42). Nach wohl h.M. soll in einer solchen Korrektur keine Abweichung i.S.v. § 5 I vorliegen, da der Antrag im Lichte der gesetzlichen Vorgaben gesehen werden muss und der Versicherungsschein von diesem dann in Wirklichkeit gar nicht abweicht.[64] Näher läge es, aus Gründen der Rechtssicherheit (Rdn. 50) auch insoweit § 5 anzuwenden.[65] 26

C. Hinweis- und Belehrungsobliegenheiten (§ 5 II)

Der VR muss, um die Billigungswirkung des § 5 I herbeizuführen, den VN **über die Abweichungen** und sein **Widerspruchsrecht** entsprechend den Anforderungen des § 5 II **belehren**. Fehlt einer der beiden Belehrungsaspekte oder ist die Belehrung inhaltlich oder in ihrer Gestaltung (Rdn. 32 f.) unzureichend, greift § 5 I nicht.[66] Stattdessen kann der VR nach § 5 III an einen von ihm nicht gewünschten Vertrag gebunden sein (Rdn. 47). Die Informationserteilung ist damit keine klagbare Rechtspflicht, sondern – wie regelmäßig bei derartigen Belehrungspflichten – eine bloße **Obliegenheit des VR**. 27

I. Hinweis auf Abweichungen und Rechtsfolgen

Der VR muss nach § 5 II 2 **auf jede einzelne Abweichung hinweisen**.[67] Dies gilt für sämtliche Änderungen im Versicherungsschein, ungeachtet der Frage, ob die einzelne Änderung für den VN vorteilhaft oder nachteilig ist (Rdn. 16). Dies gilt auch dann, wenn die Inhalte des Antrags, von dem in der Police abgewichen wird, nicht schriftlich festgehalten wurden.[68] Dies gilt freilich dann nicht, wenn der VR (oder sein Vertreter) von vornherein – also noch vor oder bei Antragstellung – deutlich gemacht haben, dass ein bestimmtes Risiko auf keinen Fall übernommen wird.[69] 28

---

59 BGH VersR 2001, 1498; NJW 1988, 60.
60 BGH VersR 1966, 129.
61 Palandt/*Grüneberg*, § 305 Rn. 46; davon geht auch das LG Saarbrücken NJOZ 2013, 309, 311 aus; **a.A.** P/M/*Rudy*, § 5 Rn. 4, § 7 Rn. 50; PK/*Ebers*, § 5 Rn. 8; L/W/*Armbrüster*, § 5 Rn. 20.
62 Diese Gefahr sehen PK/*Ebers*, § 5 Rn. 8 und wohl auch L/W/*Armbrüster*, § 5 Rn. 20 zu Unrecht; wie hier *Schimikowski* r+s 2007, 309, 311; HK-VVG/*Brömmelmeyer*, § 5 Rn. 11.
63 So aber PK/*Ebers*, § 5 Rn. 8, der damit die Fortführung des Policenmodells unterbinden will; i.E. wie hier *Schimikowski* r+s 2007, 309, 311.
64 Vgl. OLG Karlsruhe r+s 2002, 475; OLG Hamm VersR 1985, 751; LG Leipzig VersR 1996, 968; P/M/*Rudy*, § 5 Rn. 5.
65 So LG Aachen r+s 1989, 206.
66 P/M/*Rudy*, § 5 Rn. 13.
67 Vgl. auch BGH VersR 2004, 893.
68 L/W/*Armbrüster*, § 5 Rn. 42.
69 OLG Saarbrücken VersR 2010, 63; LG Dortmund ZfS 2015, 154; R/L/*Rixecker*, § 5 Rn. 13.

Die Hinweise müssen im Versicherungsschein selbst erfolgen; die in § 5 II a.F. enthaltene Möglichkeit, dies in einer gesonderten Mitteilung zu tun, wurde im Zuge der **VVG-Reform** (Rdn. 4, 31) gestrichen.[70] Der Gesetzgeber fürchtete, dass die Hinweise auf die Änderungen ansonsten vom VN übersehen werden könnten.[71]

29 Der VR muss des Weiteren – und das ist eine **seit dem 01.01.2008** geltende Neuerung – **auf die Rechtsfolgen der Abweichungen hinweisen**. Was dies bedeutet, ist noch ungeklärt. Die Gesetzesbegründung gibt hierzu keinen Aufschluss.[72] In der Sache dürften sich aus dieser Anordnung keine weiteren Anforderungen ergeben, soweit die Rechtsfolgen sich unmittelbar aus der Abweichung erklären (z.B. höhere Prämie, andere Deckungssumme).[73] Bei der Aufnahme von Bestimmungen, die den Versicherungsschutz einschränken, kann aber z.B. der Hinweis geboten sein, ob es sich hierbei um einen Risikoausschluss oder um eine Obliegenheit handelt. Dasselbe dürfte für Zusätze gelten, an die das Gesetz besondere Rechtsfolgen knüpft.

II. Hinweis auf Widerspruchsrecht

30 Nach § 5 II 1 muss der VR zudem auf die **Möglichkeit zum Widerspruch**, die **Widerspruchsfrist** und die Folgen eines unterlassenen Widerspruchs – also die **Genehmigungswirkung** des § 5 I – hinweisen. Auch auf die erforderliche Form für den Widerspruch (Textform, § 126b BGB) ist aufmerksam zu machen.[74] Dies muss nicht zwingend im Versicherungsschein selbst geschehen (arg. e § 5 II 2), aber bei dessen Übermittlung (Rdn. 31). Zur **Form** der Belehrung Rdn. 34. Eine Belehrung über die Rechtsfolgen, die bei Widerspruch durch den VN eintreten, wird vom Gesetz hingegen nicht gefordert, obwohl dies wegen der unterschiedlichen Möglichkeiten (kein Vertrag bzw. Vertrag zu den Antragsbedingungen, vgl. Rdn. 53) durchaus sinnvoll wäre.

III. Zeitpunkt

31 Die Hinweise auf die Abweichungen und die Widerspruchsbelehrung müssen **bei Übermittlung des Versicherungsscheins** erteilt werden. Hinweise, die in einem gesonderten Schreiben vor Überlassung des Versicherungsscheins erteilt werden, genügen nicht, um die Billigungsfiktion des § 5 I auszulösen.[75] Ebenso wenig können die Hinweise nach Übersendung des Versicherungsscheins nachgeholt werden,[76] da bereits mit dessen Zugang beim VN die Wirkungen des § 5 III eintreten und der Vertrag als auf Basis der Antragsangaben des VN geschlossen gilt (Rdn. 47).

IV. Form und Gestaltung

1. Hinweise auf Abweichungen und Rechtsfolgen

32 Die Hinweise des VR auf die einzelnen Abweichungen müssen durch »**auffälligen Hinweis im Versicherungsschein**« erfolgen (Rdn. 28). Dies verlangt eine **drucktechnisch deutlich hervorgehobene Markierung** der Änderungen (z.B. Fettdruck, Umrandung, Farbdruck oder Markierung mit Sonderzeichen). Erforderlich ist, dass die Kennzeichnung **auch bei flüchtiger Durchsicht auffällt**.[77]

33 Es genügt, wenn an prominenter Stelle eine – auffällige – Erläuterung erfolgt, wie Abweichungen des Versicherungsscheins vom Antrag bzw. den getroffenen Vereinbarungen markiert werden und dann im Folgenden nur noch diese – auffällige – Markierung angebracht wird (z.B. Kreuzzeichen, Sternchen etc.).[78] Dieselben Anforderungen gelten für die Hinweise auf die Rechtsfolgen, soweit solche erforderlich sind (Rdn. 29).

2. Belehrung über das Widerspruchsrecht

34 Für die Belehrung über das Widerspruchsrecht, die zeitgleich mit der Übermittlung des Versicherungsscheins erfolgen muss (Rdn. 31), **sieht § 5 II 1** in der Neufassung durch die VVG-Reform **keine besondere Form mehr vor** (anders noch die a.F. in § 5 II 2, 1. Halbsatz). Gleichwohl wird daraus nicht zu folgern sein, dass der Hinweis nunmehr auch formfrei, also etwa mündlich erfolgen könne.[79] Der Gesetzesbegründung zur **VVG-Reform** ist zu entnehmen, dass der Gesetzgeber insoweit nur redaktionelle Änderungen vornehmen wollte.[80] Darauf hat er sich zwar – wohl unabsichtlich – nicht beschränkt, denn nun fehlt es in § 5 II 1 an einer ausdrücklichen Formanforderung. Weil jedoch die Belehrung über das Widerspruchsrecht »*bei Übermitt-*

---

70 P/M/*Rudy* § 5 Rn. 20.
71 Begr. RegE BT-Drucks. 16/3945 S. 57.
72 Begr. RegE BT-Drucks. 16/3945 S. 57 f.
73 Vgl. auch P/M/*Rudy*, § 5 Rn. 20; L/W/*Armbrüster*, § 5 Rn. 41.
74 L/W/*Armbrüster*, § 5 Rn. 38; die Nennung von konkreten Beispielen für die Textform ist (entgegen P/M/*Rudy*, § 5 Rn. 19) nicht erforderlich.
75 B/M/*Möller*[8], § 5 Anm. 10; *Schreiber* VersR 1994, 760.
76 B/M/*Möller*[8], § 5 Anm. 10.
77 OLG Karlsruhe VersR 1992, 227; R/L/*Rixecker*, § 5 Rn. 13.
78 OLG Karlsruhe VersR 1992, 227; P/M/*Rudy*, § 5 Rn. 20; nach OLG Köln r+s 1995, 283 genügt es hingegen nicht, wenn die Bedeutung von Sternchen-Markierungen im Versicherungsschein erst durch einen Hinweis am Ende des Versicherungsscheins mit »weicht vom Antrag ab« erläutert wird.
79 Anders offenbar P/M/*Rudy*, § 5 Rn. 20; L/W/*Armbrüster*, § 5 Rn. 39.
80 Begr. RegE BT-Drucks. 16/3945 S. 57 f.

lung des Versicherungsscheins« zu erfolgen hat, ist davon auszugehen, dass auch die Belehrung in derselben Form wie der Versicherungsschein (§ 3 I) erteilt werden muss, also in **Textform (§ 126b BGB)**.[81] Ohnehin wäre dies dem VR aus Beweisgründen zu empfehlen.

Weiterhin bleibt es – trotz fehlender Anordnung in § 5 II 1 – dabei, dass die Belehrung über das Widerspruchsrecht ebenso wie nach altem Recht durch einen »auffälligen Vermerk« zu erfolgen hat (vgl. § 5 II 2 a.F.). Schon der Schutzzweck der Belehrungspflichten verlangt eine hinreichend deutliche Belehrung, die der VN nicht ohne weiteres übersehen kann. Es muss **sichergestellt sein**, dass er **von seinem Widerspruchsrecht Kenntnis erlangt**.[82] Deshalb dürften die unter Geltung von § 5 II a.F. bestehenden Anforderungen im Wesentlichen fortbestehen. Auf das Widerspruchsrecht ist deshalb mit einem auffälligen Vermerk – also drucktechnisch hervorgehoben – hinzuweisen. Die Belehrung über das Widerspruchsrecht muss sich aber nicht im Versicherungsschein selbst befinden (§ 5 II 1).[83] Es genügt auch ein Hinweis auf einem Extrablatt, sofern sichergestellt wird, dass der VN von dem Hinweis ohne Mühe Kenntnis erlangen kann.[84] 35

Die Belehrung muss zudem den Hinweis enthalten, dass der **Widerspruch des VN in Textform (§ 126b BGB)** zu erfolgen hat. Der Begriff der »Textform« ist allerdings **nicht weiter erläuterungsbedürftig**, so dass der VR nicht etwa Beispiele für die Textform oder sonstige weitergehende Erläuterungen aufzunehmen hat.[85] Insofern genügt ein schlichter Hinweis auf das Textformerfordernis. 36

D. Widerspruch des VN

Die Genehmigungswirkung des § 5 I tritt nicht ein, wenn der VN den im Versicherungsschein vorgesehenen Abweichungen widerspricht (Rdn. 53). Dies gilt – wie sich aus dem Verweis in § 5 I auf § 5 II ergibt – für jegliche Abweichungen, gleichgültig ob sie für den VN vorteilhaft oder nachteilig sind. Der Widerspruch ist eine einseitige empfangsbedürftige Willenserklärung; insoweit gelten die allgemeinen Vorschriften (§§ 104 ff. BGB). 37

Widerspruchsberechtigt ist der VN oder sein Rechtsnachfolger, nicht hingegen der Versicherte (§§ 43 ff.) oder der Bezugsberechtigte (§ 159 f.). Bei mehreren VN kann jeder einzelne den Widerspruch ausüben; dies entfaltet Wirkung für und gegen alle VN.[86] Der Widerspruch ist an den VR zu richten. Es genügt ebenfalls, wenn er einem Versicherungsvertreter (§§ 59 II, 69) des VR zugeht. Der Zugang des Widerspruchs beim Makler des VN genügt zur Fristwahrung hingegen nicht. Zur Mitversicherung vgl. § 11 Rdn. 60. 38

I. Frist und Form

Die Widerspruchsfrist beträgt **einen Monat** und beginnt mit dem Zugang (§ 130 I BGB) des Versicherungsscheins beim VN. Fristberechnung: §§ 187 f., 193 BGB. Für die Wirksamkeit des Widerspruchs gelten die allgemeinen Regeln, er muss dem VR also innerhalb der Monatsfrist zugehen (anders § 8 I 2 für das Widerrufsrecht: Absendung innerhalb der Widerrufsfrist genügt). 39

Bei einer **laufenden Versicherung** i.S.d. §§ 54 ff. gilt eine kürzere Frist, soweit Einzelpolicen oder Versicherungszertifikate Abweichungen beinhalten. Hier hat der Widerspruch durch den VN gem. § 55 III **unverzüglich** zu erfolgen, also ohne schuldhaftes Zögern (§ 121 I BGB). 40

Die Monatsfrist des § 5 I ist eine **Ausschlussfrist**. Ob sie gewahrt ist, hat das Gericht **von Amts wegen zu prüfen**. Nach Ablauf der Monatsfrist erlischt das Widerspruchsrecht. Unerheblich ist deshalb, ob der VN unverschuldet gehindert war, innerhalb der Frist Widerspruch zu erheben oder ob er überhaupt faktisch die Möglichkeit zum Widerspruch hatte.[87] 41

Der Widerspruch des VN hat in **Textform** (§ 126b BGB) zu erfolgen. Es genügt also jede lesbare Erklärung, sei es in Schriftform, per Fax, E-Mail etc. Hiervon kann nicht zum Nachteil des VN abgewichen werden (Rdn. 63). 42

II. Inhalt

Der Widerspruch bedarf keiner Begr. Es muss jedoch hinreichend deutlich zum Ausdruck kommen, dass der VN die im Versicherungsschein vorgesehenen Abweichungen nicht gelten lassen will. Der Begriff Widerspruch braucht nicht verwendet zu werden, auch ist ein Eingehen auf die einzelnen Änderungen nicht vonnöten.[88] 43

Der VN kann den Abweichungen nur insgesamt widersprechen. Ein **Teilwiderspruch**, also eine Beschränkung des Widerspruchs auf einzelne Änderungen, ist **nicht möglich**.[89] Für ein derartiges Wahlrecht des VN 44

---

81 I.E. ebenso FAKomm-VersR/*Reusch*, § 5 29 ff.; R/L/*Rixecker*, § 5 Rn. 14.
82 Vgl. allgemein zu Lösungsrechten BGH ZIP 2009, 362; NJW 2007, 1946; NJW 2002, 3396.
83 Vgl. auch Begr. RegE BT-Drucks. 16/3945 S. 57 f.
84 Vgl. hierzu OLG Hamm VersR 1996, 829; OLG Saarbrücken VersR 1992, 687; P/M/*Rudy*, § 5 Rn. 20.
85 BGH VersR 2015, 876, 877; a.A. P/M/*Rudy*, § 5 Rn. 20; i.E. wie hier L/W/*Armbrüster*, § 5 Rn. 38.
86 P/M/*Rudy*, § 5 Rn. 10; BK/*Schwintowksi*, § 5 Rn. 18.
87 P/M/l*Rudy*, § 5 Rn. 11; R/L/*Rixecker*, § 5 Rn. 14; **a.A.** *Schreiber* VersR 1994, 760.
88 *Ehrenzweig*, S. 72; *Schreiber* VersR 1994, 760.
89 *Kisch*, Der Versicherungsschein, 1952, S. 83; **a.A.** *Schreiber* VersR 1994, 760.

gibt der Wortlaut von § 5 I nichts her. Es kann dem VN auch nicht zugebilligt werden, dem VR im Wege des Teilwiderspruchs einen in dieser Form von keiner Partei zuvor vorgeschlagenen Vertragsinhalt aufzudrängen. Schließlich wäre ein solches Wahlrecht auch nicht sachgerecht, weil im Versicherungsschein vorhandene Änderungen häufig aufeinander abgestimmt sein werden und nur die isolierte Geltung einzelner Abweichungen den Interessen des VR widerspräche (Rdn. 16, 49). In einem Teilwiderspruch liegt deshalb immer ein Gesamtwiderspruch, verbunden mit dem Angebot auf einen Vertragsschluss oder eine Vertragsänderung zu den vom VN gebilligten Abweichungen. Dies bedarf für seine Wirksamkeit aber der Annahme durch den VR.

45 Häufig wird dem VN neben dem Widerspruchsrecht des § 5 auch ein **Widerrufsrecht nach § 8** zustehen. Welches Gestaltungsrecht der VN ausüben will, ist im Zweifelsfall durch **Auslegung** (§ 133 BGB) zu ermitteln. Diese Abgrenzung kann – insbes. wegen der unterschiedlich langen Ausübungsfristen für den VN – im Einzelfall von entscheidender Bedeutung sein. Um die Erklärung als Widerspruch nach § 5 einordnen zu können, muss aus ihr deutlich hervorgehen, dass *nicht* der Vertrag insgesamt in Frage gestellt wird. Ein verfristeter Widerruf nach § 8 kann in einen Widerspruch nach § 5 umgedeutet werden (§ 140 BGB), wenn und sofern noch kein Vertrag geschlossen war und der VN damit also ebenfalls die Bindung an ein Vertragsverhältnis insgesamt beseitigen kann (Rdn. 53). Sofern der Widerspruch, weil bereits ein Vertrag war, nur noch die im Versicherungsschein vorgesehenen Änderungen beseitigen kann, hängt es vom Einzelfall ab, ob die Umdeutung in einen Widerspruch als vom VN gewollt angesehen werden kann. Nicht immer dürfte die Ablehnung der Abweichungen in seinem Interesse liegen, wenn er ohnehin an den Vertrag gebunden ist.

E. Rechtsfolgen

I. Genehmigungswirkung (§ 5 I)

46 Hat der VR auf sämtliche Änderungen im Versicherungsschein ordnungsgemäß hingewiesen (Rdn. 28 f.) und widerspricht der VN den Änderungen nicht, gilt diese Abweichung als vom VN genehmigt. Der **Vertragsinhalt** richtet sich dann nach den **Angaben im Versicherungsschein**. Dem Schweigen des VN kommt damit eine für den Vertragsinhalt konstitutive Wirkung zu.[90] Es handelt sich aber nicht um eine Genehmigung i.S.v. § 184 BGB, da eine (stillschweigende) Willenserklärung des VN nicht erforderlich ist.[91] Vielmehr wird die Genehmigung von § 5 I unwiderleglich vermutet. Sie wirkt auf den **Zeitpunkt des Vertragsschlusses** zurück.[92]

II. Fehlende oder unzureichende Belehrung (§ 5 III)

47 Hat der VR seine Belehrungs- und Hinweispflichten nach § 5 II nicht ordnungsgemäß erfüllt, kommt der Vertrag gem. **§ 5 III** mit dem Inhalt des Antrags des VN zustande. Die Abweichungen im Versicherungsschein werden dann nicht Vertragsinhalt. Dies gilt nicht nur dann, wenn der Versicherungsschein von den bereits getroffenen Vereinbarungen abweicht, also schon ein Vertrag bestand. § 5 III erfasst ebenso die Konstellationen, in denen mit der Übersendung des Versicherungsscheins die Annahmeerklärung des VR erfolgen sollte, der Versicherungsschein aber andere Inhalte hat als der Antrag des VN. Obwohl dann nach allgemeinen Regeln ein Vertrag nicht zustande kommen würde, führt § 5 zu einem Vertragsschluss, allerdings auf Basis des Antrags des VN. Darin wird eine **Sanktion** des VR gesehen, der seinen Belehrungsobliegenheiten nach § 5 II nicht nachkommt (sog. umgekehrte Billigungsklausel).[93] Der VR wird hier an einen an sich unerwünschten Vertrag gebunden. Die Wirkungen des § 5 III treten unmittelbar **mit Zugang des Versicherungsscheins** beim VN ein.

48 Die Rechtsfolgen des § 5 III setzen **kein Verschulden des VR** voraus. Auch wenn die von § 5 II vorgeschriebene Belehrung unterbleibt, weil der VR irrigerweise glaubt, der Versicherungsschein entspreche dem vom VN gestellten Antrag, gilt der Antrag des VN gem. § 5 III als unverändert angenommen.[94]

49 § 5 III bewirkt, dass **sämtliche** im Versicherungsschein enthaltenen **Abweichungen unbeachtlich** sind. Enthält der Versicherungsschein also sowohl für den VN günstige als auch für ihn ungünstige Abweichungen, ist es nicht etwa so, dass lediglich ungünstige unwirksam sind und günstige Abweichungen zum Vertragsinhalt werden (vgl. auch Rdn. 16).[95] Eine solche Differenzierung lässt der Wortlaut von § 5 III nicht zu. Sie könnte überdies dazu führen, dass die Änderungsvorschläge des VR unsachgemäß auseinander gerissen werden (z.B.: Deckungserweiterung gilt, weil günstig; höhere Prämie gilt nicht, weil ungünstig). Eine solche Übervorteilung des VR ist vom Gesetz nicht bezweckt.

50 **Maßgeblich für den Vertragsinhalt sind** entweder **der Antrag des VN**, wie er sich aus dessen schriftlichen Antragserklärungen und gegebenenfalls auch mündlichen Ergänzungen ergibt (Rdn. 24) oder **die zuvor** von den Vertragsparteien **geschlossenen Vereinbarungen**. Das Gesetz ist in § 5 III unvollständig, soweit die Rege-

---

90 B/M/*Möller*[8], § 5 Anm. 15.
91 B/M/*Möller*[8], § 5 Anm. 15; zur Genehmigung nach § 184 vgl. Palandt/*Ellenberger* Einf. v. § 182 Rn. 3.
92 P/M/*Rudy* § 5 Rn. 14; B/M/*Möller*[8], § 5 Anm. 22.
93 R/L/*Rixecker*, § 5 Rn. 1, 16; VersHb/*K. Johannsen* § 8 Rn. 54.
94 BGH VersR 2001, 1498; VersR 1987, 663.
95 Unklar PK/*Ebers*, § 5 Rn. 23; BK/*Schwintowski* § 5 Rn. 34.

lung nur davon spricht, dass der Vertrag mangels Belehrung als mit dem Inhalt des Antrags des VN geschlossen gelten soll. Wenn vor Ausstellung der Police schon ein Vertrag geschlossen wurde, kommt es insoweit auf die getroffenen Vereinbarungen und nicht allein auf den Antrag an (s. § 5 I).

Unerheblich ist, wenn der Inhalt des Vertrages von den Vorgaben des genehmigten Geschäftsplans des VR abweicht, dieser also Verträge mit dem Inhalt des Antrages ansonsten nicht abschließt. Solche Abweichungen können allenfalls aufsichtsrechtliche Konsequenzen nach sich ziehen. Die Wirksamkeit der zivilrechtlichen Vereinbarungen mit dem VN bleibt davon unberührt.[96] Wenn sich der VR aber z.B. durch Anfechtung (§ 119 BGB) von diesen Inhalten lösen kann, werden ihm diese Gestaltungsrechte nicht durch § 5 I abgeschnitten. Sind die Antragsinhalte nichtig, etwa wegen Verstoßes gegen ein gesetzliches Verbot (§ 134 BGB), ändert daran freilich auch die Genehmigungsvermutung des § 5 I nichts.[97] Verstoßen die Vertragsbestimmungen des Antrags gegen **halbzwingende Vorschriften** des Gesetzes, so bleibt es ebenfalls dabei, dass sich der VR auf solche Abweichungen nicht berufen kann (vgl. §§ 18, 32, 42).

Auf die Rechtsfolgen des § 5 III kann sich nicht nur der VN, sondern **auch der VR berufen**.[98] Zwar dient die Vorschrift in erster Linie dem Schutz des VN. Ebenso aber soll sie Rechtssicherheit herbeiführen (Rdn. 16). Deshalb handelt der VR nicht etwa treuwidrig, wenn er sich entgegen den Angaben im Versicherungsschein auf die fehlende Genehmigungsvermutung nach § 5 I beruft und Inhalte des Versicherungsscheins nicht gegen sich gelten lassen will.[99] Diese Konstellation dürfte an Bedeutung gewinnen, nachdem § 5 I klarstellt, dass die Genehmigungswirkung auch bei ausschließlich für den VN günstigen Abweichungen nur dann eintritt, wenn die Erfordernisse des § 5 II eingehalten sind (Rdn. 16). 51

Zu den Rechtsfolgen, wenn der VN den Abweichungen widerspricht, obwohl der VR eine § 5 II entsprechende Belehrung nicht vorgenommen hat, s. Rdn. 56. 52

III. Widerspruch durch VN

In § 5 ist nicht ausdrücklich geregelt, was zu gelten hat, wenn der VN den im Versicherungsschein avisierten Änderungen widerspricht. Insoweit ist zu **unterscheiden** (Rdn. 8 ff.): **Sollte mit dem Zugang des Versicherungsscheins der Vertrag erst geschlossen werden**, wollte der VR also einen Antrag des VN annehmen, so führt der Widerspruch des VN dazu, dass **kein Versicherungsvertrag** zustande kommt. War der Vertrag hingegen schon geschlossen, bevor der VN den Versicherungsschein mit dem abweichenden Inhalt erhielt, so führt sein Widerspruch dazu, dass die **Abweichungen unbeachtlich** sind und die zuvor getroffenen Vereinbarungen für den Inhalt des Versicherungsvertrages maßgeblich bleiben. Ein **Teilwiderspruch** ist nicht möglich (Rdn. 44). 53

Wurde dem Versicherungsvertrag ein Vertrag über die **Gewährung vorläufiger Deckung (§§ 49 ff.)** vorgeschaltet, ist die ergänzende Regelung in § 52 III zu beachten. Wenn der Widerspruch des VN gegen den Hauptvertrag dazu führt, dass kein Versicherungsvertrag zustande kommt, endet auch der Vertrag über die vorläufige Deckung spätestens mit Zugang des Widerspruchs beim VR. 54

Eine **Rücknahme des Widerspruchs** durch den VN ist nicht möglich, da es sich um die Ausübung eines Gestaltungsrechts handelt. In der Rücknahmeerklärung liegt aber ein Angebot des VN, den Vertrag zu den im Versicherungsschein niedergelegten Bedingungen abzuschließen. Dieses Angebot muss von dem VR aber noch angenommen werden, was auch stillschweigend erfolgen kann. 55

Widerspricht der VN den Änderungen, **obwohl es an einer Belehrung nach § 5 II fehlte**, bleibt es dabei, dass der Vertrag nach § 5 III auf Basis des Antrags oder der bereits vor Zugang des Versicherungsscheins getroffenen Vereinbarungen geschlossen ist.[100] Das ergibt sich schon daraus, dass die Wirkungen des § 5 III bereits mit Zugang des Versicherungsscheins eintreten (Rdn. 47) und der VN diese durch einen nachfolgenden Widerspruch nicht mehr beseitigen kann. Sein Widerspruch ist damit folgenlos.[101] Ohnehin dürfte die Rechtsfolge des § 5 III den Interessen des VN entsprechen.[102] Zu einem vertragslosen Zustand kommt es deshalb auch dann nicht, wenn die Übersendung des Versicherungsscheins erst die Annahmeerklärung des VR war (anders bei ordnungsgemäßer Belehrung und Widerspruch durch den VN, vgl. Rdn. 53).[103] 56

F. Anfechtungsrechte des VN (§ 5 IV)

Das Recht des VN, »*den Vertrag*« wegen Irrtums anzufechten, kann gem. § 5 IV nicht abbedungen werden. Gemeint sind die Anfechtungstatbestände der **§§ 119, 123 BGB**. An sich kann der VN nur seine Willenserklärungen anfechten, nicht hingegen den Vertrag als solchen, wie es § 5 IV formuliert. Das Gesetz zielt mit dieser Formulierung aber nicht nur auf die **Anfechtung der Vertragserklärung** des VN als solche ab – die weiterhin 57

---

96 Vgl. OLG Karlsruhe ZfS 2009, 223; r+s 2002, 475.
97 Vgl. OLG Karlsruhe r+s 2002, 475.
98 OLG Celle VersR 1960, 121; LG Braunschweig VersR 1978, 413.
99 A.A. L/W/*Armbrüster*, § 5 Rn. 29.
100 BGH VersR 1982, 841; OLG Köln r+s 1995, 283; OLG Hamm VersR 1989, 946.
101 OLG Karlsruhe r+s 2010, 375, 376.
102 BGH VersR 1982, 841.
103 So aber P/M/*Rudy*, § 5 Rn. 18.

möglich bleibt –, sondern auch auf die Anfechtung der dem Schweigen des VN kraft Gesetzes zugemessenen **Genehmigungswirkung für Abweichungen** im Versicherungsschein (§ 5 I).[104] Die Anfechtung setzt voraus, dass sich der VN bei Abgabe seiner Vertragserklärung oder bei der Nicht-Ausübung des Widerspruchsrechts in einem nach den §§ 119, 123 BGB erheblichen Irrtum befunden hat. Ob eine Anfechtung des gesamten Vertrages oder nur eine Anfechtung der Änderungen erfolgen soll, ist durch Auslegung zu ermitteln (§ 133 BGB). Ein verfristeter Widerspruch nach § 5 kann – bei Vorliegen der weiteren Voraussetzungen – in eine Anfechtung der Genehmigungswirkung umgedeutet werden (§ 140 BGB).

58 Ein bloßer Irrtum des VN über die Bedeutung seines Schweigens – also die Genehmigungsfiktion des § 5 – berechtigt ihn hingegen nicht zur Anfechtung. Ein solcher **Rechtsfolgenirrtum**, der sich nicht auf die sich aus dem Vertragsinhalt ergebenden, sondern lediglich auf die kraft Gesetzes eintretenden Rechtsfolgen bezieht, ist stets **unbeachtlich**.[105]

59 Ficht der VN seine gesamte Vertragserklärung an, ist der Vertrag nichtig, § 142 BGB, gegebenenfalls hat er dem VR auf das negative Interesse Schadensersatz zu leisten, § 122 BGB. Die Anfechtung der Genehmigungswirkung wirkt wie ein nachgeholter Widerspruch.[106] Zu den Rechtsfolgen vgl. Rdn. 53 ff.

60 Die **Anfechtungsmöglichkeiten des VR** regelt § 5 IV nicht. Es gelten die allgemeinen Regeln der §§ 119 ff. BGB.[107] Die Anfechtungsrechte des VR nach § 119 BGB sind – anders als die des VN – allerdings disponibel.[108] Das Recht des VR, den Vertrag wegen arglistiger Täuschung anzufechten, kann gegenüber dem VN, der sein Vertragspartner ist, hingegen nicht im Vorhinein abbedungen werden.[109]

G. Beweislast

61 Grundsätzlich spricht für den Versicherungsschein eine Vermutung der Vollständigkeit und Richtigkeit (§ 3 Rdn. 38). Dessen Zugang beim VN hat der VR zu beweisen (§ 3 Rdn. 38). Macht der VN geltend, der Versicherungsschein weiche von seinem Antrag ab, ohne dass die Anforderungen des § 5 II erfüllt seien, so obliegt es ihm, solche Abweichungen darzulegen und zu beweisen. Dies gilt insbes. auch dann, wenn der VN geltend macht, der schriftliche Antrag sei durch mündliche Angaben gegenüber einem Versicherungsvertreter des VR (§ 59 II) erweitert oder geändert worden, und deshalb der Versicherungsschein vom gestellten Antrag – dem schriftlichen Antrag in Form seiner mündlichen Modifizierungen – abweicht (Rdn. 24).[110] Wendet der VR ein, die Abweichungen im Versicherungsschein seien lediglich eine *falsa demonstratio*, so trägt er dafür die Beweislast (Rdn. 11).

62 Will sich der **VR** auf die Genehmigungsfiktion des § 5 I berufen, hat er den Zugang des Versicherungsscheins und die ordnungsgemäße Belehrung nach § 5 II darzulegen und zu beweisen.[111] Er ist ferner für den ausgebliebenen Widerspruch beweisbelastet (vgl. § 5 I: »und der VN […] nicht […] widerspricht«). Da es um den Beweis einer negativen Tatsache geht, wird den VN insoweit regelmäßig eine sekundäre Darlegungslast treffen. Wurde der Widerruf an einen Versicherungsvertreter adressiert, ist allerdings § 69 III zu beachten; dann hat trotz § 5 I der VN jedenfalls die Abgabe des Widerspruchs zu beweisen. Beruft sich der **VN** auf die Genehmigungsfiktion des § 5 I, etwa im Falle für ihn günstiger Abweichungen (die nicht automatisch Vertragsinhalt werden, vgl. Rdn. 16), gilt das Vorstehende *vice versa*.

H. Abweichende Vereinbarungen

63 Sämtliche Regelungen der **§ 5 I–III** sind **halbzwingend** (§ 18); auf Abweichungen zum Nachteil des VN kann sich der VR nicht berufen. Für den Widerspruch des VN kann daher – entgegen § 309 Nr. 13 BGB – nicht die Schriftform ausbedungen werden. Dass auch **§ 5 IV** unabdingbar ist, ergibt sich bereits aus der Vorschrift selbst.

64 Ein **Ausschluss der Empfangszuständigkeit von Versicherungsvertretern** (§ 59 II) für mündliche Antragserklärungen oder -erweiterungen (Rdn. 24) dürfte schon wegen Abweichung des gesetzlichen Grundgedankens von § 69 unzulässig sein. Darüber hinaus könnte auch eine unzulässige Beschränkung der Pflichten des VR nach § 5 II anzunehmen sein.[112]

---

104 Vgl. Motive und amtliche Begr. zum Gesetz über den Versicherungsvertrag v. 30. März 1908, Neudruck 1963, S. 79; *Werber* VersR 2000, 393.
105 BGH NJW 2002, 3100; NJW 1997, 653; NJW 1995, 1484; P/M/*Rudy*, § 5 Rn. 22; *Luckey* VersR 1994, 1261; *Werber* VersR 2000, 393.
106 P/M/*Rudy*, § 5 Rn. 22; R/L/*Rixecker*, § 5 Rn. 16.
107 Dazu OLG Karlsruhe r+s 2010, 375, 376; VersR 1992, 1121; OLG Frankfurt VersR 1996, 1353; OLG Hamm r+s 1996, 159; LG Hannover VersR 1979, 1146; *Hennrichs* JuS 2002, 975; *Luckey* VersR 1994, 1261.
108 Palandt/*Ellenberger*, § 119 Rn. 4.
109 BGH NJW 2007, 1058; Palandt/*Ellenberger*, § 123 Rn. 1; MünchKommBGB/*Armbrüster*, § 123 Rn. 77.
110 BGH VersR 2002, 1089; VersR 2002, 88; OLG Saarbrücken VersR 2001, 1405.
111 OGH VersR 2002, 1320; VersR 1988, 199; *Schreiber* VersR 1994, 760.
112 Vgl. *Präve* VW 2009, 98.

§ 6 Beratung des Versicherungsnehmers.

§ 6 **Beratung des Versicherungsnehmers.** (1) ¹Der Versicherer hat den Versicherungsnehmer, soweit nach der Schwierigkeit, die angebotene Versicherung zu beurteilen, oder der Person des Versicherungsnehmers und dessen Situation hierfür Anlass besteht, nach seinen Wünschen und Bedürfnissen zu befragen und, auch unter Berücksichtigung eines angemessenen Verhältnisses zwischen Beratungsaufwand und der vom Versicherungsnehmer zu zahlenden Prämien, zu beraten sowie die Gründe für jeden zu einer bestimmten Versicherung erteilten Rat anzugeben. ²Er hat dies unter Berücksichtigung der Komplexität des angebotenen Versicherungsvertrages zu dokumentieren.
(2) ¹Der Versicherer hat dem Versicherungsnehmer den erteilten Rat und die Gründe hierfür klar und verständlich vor dem Abschluss des Vertrags in Textform zu übermitteln. ²Die Angaben dürfen mündlich übermittelt werden, wenn der Versicherungsnehmer dies wünscht oder wenn und soweit der Versicherer vorläufige Deckung gewährt. ³In diesen Fällen sind die Angaben unverzüglich nach Vertragsschluss dem Versicherungsnehmer in Textform zu übermitteln; dies gilt nicht, wenn ein Vertrag nicht zustande kommt und für Verträge über vorläufige Deckung bei Pflichtversicherungen.
(3) Der Versicherungsnehmer kann auf die Beratung und Dokumentation nach Absatz 1 und 2 durch eine gesonderte schriftliche Erklärung verzichten, in der er vom Versicherer ausdrücklich darauf hingewiesen wird, dass sich ein Verzicht nachteilig auf seine Möglichkeit auswirken kann, gegen den Versicherer Schadensersatzanspruch nach Abs. 5 geltend zu machen.
(4) ¹Die Verpflichtung nach Absatz 1 Satz 1 besteht auch nach Vertragsschluss während der Dauer des Versicherungsverhältnisses, soweit für den Versicherer ein Anlass für eine Nachfrage und Beratung des Versicherungsnehmers erkennbar ist. ²Der Versicherungsnehmer kann im Einzelfall auf eine Beratung durch schriftliche Erklärung verzichten.
(5) ¹Verletzt der Versicherer eine Verpflichtung nach den Absätzen 1, 2 oder 4, ist er dem Versicherungsnehmer zum Ersatz des hierdurch entstehenden Schadens verpflichtet. ²Dies gilt nicht, wenn der Versicherer die Pflichtverletzung nicht zu vertreten hat.
(6) Die Absätze 1 bis 5 sind auf Versicherungsverträge über ein Großrisiko im Sinne des § 210 Absatz 2 nicht anzuwenden, ferner dann nicht, wenn der Vertrag mit dem Versicherungsnehmer von einem Versicherungsmakler vermittelt wird oder wenn es sich um einen Vertrag im Fernabsatz im Sinn des § 312c des Bürgerlichen Gesetzbuchs handelt.

Übersicht	Rdn.		Rdn.
A. Allgemeines	1	3. Pflicht zur Angabe von Gründen für erteilten Rat	48
I. Normzweck	1	4. Neuerungen der Versicherungsvertriebs-RiLi	49
II. Entstehung und zu erwartende Entwicklungen	2	II. Anlass	53
III. Richtlinienkonforme Auslegung	7	III. Anlassbegründende Tatsachen	56
IV. Rechtsnatur und Abgrenzung	10	1. Überblick	56
1. Rechtsnatur	10	2. Schwierigkeit, die angebotene Versicherung zu beurteilen	59
2. Verhältnis zu §§ 311 II Nr. 1, 241 II BGB	13	3. Person des VN	61
3. Verhältnis zur Anlageberatung	19	4. Situation des VN	64
4. Verhältnis zur sog. gewohnheitsrechtlichen Erfüllungshaftung	26	5. Weitere Kriterien	66
V. Zeitlicher und sachlicher Anwendungsbereich	29	IV. Erkennbarkeit des Anlasses als ungeschriebenes Tatbestandsmerkmal	70
1. Zeitliche Geltung	29	V. Berücksichtigung eines angemessenen Verhältnisses zwischen Beratungsaufwand und Prämie	73
2. Ausnahme für Großrisiken nach Abs. 6 Fall 1	30	1. Dogmatische Einordnung	73
3. Ausnahme bei Vermittlung durch Versicherungsmakler nach Abs. 6 Fall 2	32	2. Unvereinbarkeit mit Europarecht	76
4. Ausnahme bei Vermittlung durch Versicherungsberater	33	3. Prämie	77
		4. Beratungsaufwand	78
5. Ausnahme für Fernabsatz nach Abs. 6 Fall 3	34	5. Angemessenheit	79
VI. Verhältnis zu den Pflichten des Vermittlers nach §§ 61–63	37	6. Abwägung des Beratungsanlasses und des Verhältnisses zwischen Aufwand und Prämie	82
1. Fragestellung	37	VI. Rechtsfolgen	83
2. Vorliegen einer Gesamtschuld	40	1. Pflicht zur Befragung	84
3. Rechtsfolgen	41	2. Pflicht zur Beratung	87
VII. Überblick über den Tatbestand	45	3. Pflicht zur Angabe von Gründen für erteilten Rat	91
B. Befragungs-, Beratungs- und Angabepflichten nach Abs. 1 Satz 1	46	VII. Kasuistik	92
I. Überblick	46	C. Dokumentationspflicht nach Abs. 1 Satz 2	100
1. Befragungspflicht	46	I. Sinn und Zweck	100
2. Beratungspflicht	47	II. Gegenstand und Umfang	101

§ 6 Beratung des Versicherungsnehmers

	Rdn.		Rdn.
D. Pflicht zur Übermittlung nach Abs. 2	105	IV. Verzicht nach Satz 2	138
I. Gegenstand	105	G. Schadensersatzpflicht nach Abs. 5	139
II. Zeitpunkt, Form, Klarheit und Verständlichkeit	106	I. Tatbestand	139
E. Verzicht nach Abs. 3	110	II. Rechtsfolgen	142
I. Voraussetzungen	110	H. Beweislast	144
1. Gegenstand des Verzichts	110	I. Voraussetzungen des Entstehens einer Pflicht nach § 6 I, IV	144
2. Inhalt des Verzichts, insbes. Warnhinweis	111	1. Anlass, insbes. Beratungsbedürftigkeit	144
3. Formale Voraussetzungen des Verzichts	113	2. Angemessenheit des Verhältnisses von Beratungsaufwand und Prämie	145
II. Rechtsfolgen	114	3. Erkennbarkeit des Beratungsanlasses	146
III. Vereinbarkeit mit Europarecht	117	II. Pflichtverletzung	147
IV. AGB-Recht	119	1. Gefahrenbereichslehre	147
1. Vorliegen von AGB	120	2. Problem des Negativbeweises	148
2. Inhaltskontrolle	121	3. Bedeutung der Dokumentation	149
F. Vertragsbegleitende Pflichten nach Abs. 4	123	III. Verschulden	154
I. Überblick	123	IV. Kausalität der Pflichtverletzung für den Schaden	155
II. Anwendungsbereich	126	1. Hypothetisches Verhalten des VN	156
III. Berechtigter	131	2. Wegfall des Schadens durch das hypothetische Verhalten des VN	160
IV. Erkennbarer Anlass i.S.v. Satz 1	132	I. Ausgestaltung durch AVB	161
1. Kriterien	132		
2. Kasuistik	133		

Schrifttum:
Abram, Informations- und Beratungspflichten des Versicherungsvermittlers nach dem Vorschlag der Kommission zur Reform des Versicherungsvertragsrechts, VersR 2005, 43; *ders.,* Neue Informations- und »Beratungs«-pflichten des Versicherers, VuR 2004, 428; *Armbrüster,* Aktuelle Fragen der Beratungspflichten von Versicherern und Vermittlern, Münsteraner Reihe Bd. 110, 2009, S. 1; *ders.,* Beratungspflichten des Versicherers nach § 6 VVG n.F.: Grundlagen, Reichweite, Rechtsfolgen, ZVersWiss 2008, 425; *ders.,* Informations- und Beratungspflichten des Versicherers bei bestehendem Versicherungsverhältnis, FS Schirmer, 2005, S. 1; *Bach,* Vorvertragliche Informationspflichten des Versicherers nach der VAG-Novelle, FS E. Lorenz, 1994, S. 45 ff.; *F. Baumann,* Die praktischen Auswirkungen der Beratungspflichten des Vermittlers, Münsteraner Reihe Bd. 110, 2009, S. 31; *H. Baumann,* Quotenregelung contra Alles-oder-nichts-Prinzip im Versicherungsfall, r+s 2005, 1; *Beenken,* Beratungsverzicht wird zur Regel werden, VW 2007, 1706; *Beenken/Sandkühler,* Das neue Versicherungsvermittlergesetz, 2007, S. 49 ff.; *Beyer,* Unionsrechtliche Neuregelung der Beratungs- und Informationspflichten für Versicherungsanlageprodukte, VersR 2016, 293; *Blankenburg,* Verzicht auf Beratung und Informationsrechte nach dem neuen VVG, VersR 2008, 1446; *Boslak/Fleck/Lahmsen,* Aktuelle Entwicklungen bei der Dokumentationspflicht, ZfV 2015, 419; *Brand,* Beweiserleichterungen im Versicherungsvertragsrecht, VersR 2015, 10; *Brömmelmeyer,* Informations- und Beratungspflichten in der Restschuldversicherung, VersR 2015, 1460; *Brüss,* »Unmögliches wird natürlich nicht verlangt«, VW 2008, 550; *Burmann/Heß,* Die VVG-Reform: Beratung, Information, Widerruf und Kündigung, NJW-Spezial 2007, 111; *Dörner,* Versicherungsrechtliche Aufklärungspflichten, in: Lorenz (Hrsg.), Karlsruher Forum 2000, 2001, S. 47 ff., 52 ff.; *Dörner/Staudinger,* Kritische Bemerkungen zum Referentenentwurf eines Gesetzes zur Reform des Versicherungsvertragsrechts, WM 2006, 1710; *Eschmann/Gerold,* Versicherungsvertrieb: Neue europäische Richtlinie auf der Zielgeraden, BaFinJournal 8/2015, 28; *Evermann,* Die Anforderungen des Transparenzgebots an die Gestaltung von Allgemeinen Versicherungsbedingungen – Unter besonderer Berücksichtigung der Richtlinie 93/13/EWG, Münsteraner Reihe Bd. 80, 2002; *Evers,* Der Makler als Erfüllungsgehilfe des Versicherers?, VW 2011, 1352; *Falken,* Der Versicherungsberater als Interessenvertreter des VN, in: Basedow/Meyer/Schwintowski (Hrsg.), Versicherungswissenschaftliche Studien Bd. 4, 1996, S. 147 ff.; *Fleischer,* Informationsasymmetrie im Vertragsrecht – Reichweite und Grenzen vertragsschlussbezogener Aufklärungspflichten, 2001; *Franz,* Das Versicherungsvertragsrecht im neuen Gewand, VersR 2008, 298; *Freitag,* Das Großrisiko der VVG-Reform, r+s 2008, 97; *Fricke,* Abschied von der Erfüllungshaftung des Versicherers?, VersR 2015, 1090; *Funck,* Ausgewählte Fragen aus dem Allgemeinen Teil zum VVG aus der Sicht einer Rechtsabteilung, VersR 2008, 163; *Gamm/Sohn,* Versicherungsvermittlerrecht, 2007, S. 33 ff., 59 ff., 102 ff.; *Gaul,* Zum Abschluss des Versicherungsvertrags, VersR 2007, 21; *Grote/Schaaf,* Neue Haftungsmaßstäbe bei der Vermittlung fondsgebundener Versicherungsprodukte?, GWR 2012, 477; *Harke,* Versicherungsvertragliche Anzeigepflicht und Garantiehaftung für c.i.c., ZVersWiss 2006, 391; *Heese,* Beratungspflichten, 2015; *Heiss,* Grund und Grenzen der vorvertraglichen Aufklärungspflicht des Versicherers, ZVersWiss 2003, 339; *Hennig,* Die Vermutung beratungsgerechten Verhaltens – mehr als eine Erleichterung zum Kausalitätsnachweis?, VersR 2014, 922; *Hermann,* Transparente Abschlusskosten in der Lebensversicherung und Europarecht, DZWIR 2004, 45; *Herrmann,* Risikomanagement in der Kreditversicherung – Bloßes Werbeversprechen oder verbindliche Zusage in Krisenzeiten?, VersR 2015, 275; *Hoeren,* Unterschriftenpads in der Kranken- und Lebensversicherung, ZVersWiss 2012, 45; *Huber,* Aufklärungspflichten vor Vertragsschluss, in: Lorenz (Hrsg.), Karlsruher Forum 2000, 2001, S. 5 ff.; *Hübner,* Deregulierung und Versicherungsvermittlung – Verbraucherschutz durch Beratung?, FS E. Lorenz, 1994, S. 317 ff.; *Huckele,* Die vorvertraglichen Aufklärungs-, Beratungs- und Informationspflichten im Versicherungsrecht, 2005; *Hüntemann,* Der Abschluss von Versicherungsverträgen und die vorvertraglichen Pflichten des Versicherers gemäß §§ 6 und 7 VVG, 2009; *Jahnke,* Kann der Versicherer neben dem Makler

für dessen Beratungspflichtverletzung haften?, ZfV 2012, 26; *Just*, VVG-Reform: Beratungspflichten des Versicherers, VersPrax 2007, 221; *Kieninger*, Informations-, Aufklärungs- und Beratungspflichten beim Abschluss von Versicherungsverträgen, AcP 198 (1998), 190; *Kins*, Der Abschluss des Versicherungsvertrags, Karlsruhe 2010; *Kötz*, Vertragliche Aufklärungspflichten – Eine rechtsökonomische Studie, in: FS Drobnig, 1998, S. 563 ff.; *Koch*, (Fort-)Geltung des gewohnheitsrechtlichen Erfüllungsanspruchs nach der Reform des VVG, in: FSE. Lorenz, 2014, S. 199; *Küster*, Die vorvertragliche Beratungspflicht des Versicherers nach § 6 Abs. 1 und 2 VVG, VersR 2010, 730; *Langheid/Müller-Frank*, Rechtsprechungsübersicht zum Versicherungsvertragsrecht im ersten Halbjahr 2013, NJW 2013, 2329; *Leverenz*, Anforderungen an eine »gesonderte Mitteilung« nach dem VVG 2008 VersR 2008, 709; *Loacker*, Basisinformationen als Entscheidungshilfe, in: FS E. Lorenz, 2014, S. 259; *B. Lorenz*, Die Haftung des Versicherers für Auskünfte und Wissen seiner Agenten im englischen, deutschen und österreichischen Privatrecht, 1993; *Mattern*, Das Informationsmodell im VVG unter Berücksichtigung der Auswirkungen auf die AGB-Kontrolle, 2011; *Matusche*, Pflichten und Haftung des Versicherungsmaklers, 4. Aufl. 1995; *Matusche-Beckmann*, Berufsrecht und zivilrechtliche Beratungs- und Informationspflichten für Versicherungsvermittler, NVersZ 2002, 385; *Mensching*, Versichert mit beschränkter Haftung VersR 2004, 19; *Mergner*, Auswirkungen der VVG-Reform auf die Kraftfahrtversicherung, NZV 2007, 385; *Messerschmidt*, Hinweis- und Belehrungspflichten des Versicherers, 1986; *Michaelis*, Die »Eigenhaftung« des Versicherungsvertreters nach den §§ 61 ff. VVG: Neben § 6 VVG überflüssig?, ZfV 2010, 215; *Miettinen*, Information und Beratung – oder doch lieber Aufklärung?, VersR 2005, 1629; *dies*, Die vorvertraglichen Pflichten des Versicherers, 2005; *Müller*, Aspekte der Beratung der Versicherten in der privaten Krankheitskostenversicherung aus der Sicht des Ombudsmanns, in: FS E. Lorenz, Karlsruhe 2014, 301; *ders.*, Verbraucherschutz im Versicherungswesen durch Information der Versicherten, Münsteraner Reihe Bd. 12, 1992, S. 1 ff.; *Münster*, Beratungspflichten für Vermittler, VersVerm 2008, 86; *Neuhaus*, Anzeigepflichten bei Änderungen und Wieder-Inkraftsetzen des Versicherungsvertrages, r+s 2013, 583; *Osing*, Informationspflichten des Versicherers und Abschluss des Versicherungsvertrages, 1995; *Pilz*, Die gewohnheitsrechtliche Erfüllungshaftung nach der VVG-Reform, VuR 2010, 167; *Platzen*, Zivilrechtliche Haftung bei Informationsverschulden in der Versicherungsvermittlung, 2014; *Pohlmann*, Viel Lärm um nichts – Beratungspflichten nach § 6 VVG und das Verhältnis zwischen Beratungsaufwand und Prämie, VersR 2009, 327; *Präve*, Verbraucherschutz und Reformbedarf, NVersZ 2000, 201; *Pscheidl*, Basisinformationsblätter: Kurz, aber auch gut?, versicherungsrundschau 2012, 8; *Reiff*, Versicherungsvermittlerrecht im Umbruch, 2006, S. 75 ff.; *ders.*, Die Umsetzung der Versicherungsvermittlerrichtlinie in das deutsche Recht, VersR 2004, 142; *ders.*, Der Versicherungsvermittler in der VVG-Reformdiskussion, ZfV 2003, 689; *ders.*, Aktuelle Rechtsfragen der Versicherungsvermittlung, VersR 2015, 649; *Rixecker*, VVG 2008 – Eine Einführung – IV. Beratungspflichten, ZfS 2007, 191; *Röhrich*, Die Dokumentation der Beratung nach dem VVG 2008, 2012; *Römer*, Beratung nötig – Verzicht möglich. Zur Kunst der Gesetzgebung, VuR 2007, 94; *ders.*, Zu den Informationspflichten nach dem neuen VVG, VersR 2007, 618; *ders.*, Zu den Informationspflichten der Versicherer und ihrer Vermittler, VersR 1998, 1313; *Schaaf/Winkens*, Aktuelle Rechtsprechung zur Lebensversicherung, VersR 2016, 360; *Schimikowski*, Abschluss des Versicherungsvertrags nach neuem Recht, r+s 2006, 441; *Schirmer*, Beratungs- und Beratungsverschulden der Versicherer und ihrer Agenten – Teil 1, r+s 1999, 133; *Schmidt, Johannes*, Beratungsgrundlage und Empfehlungspflicht beim Vertrieb von Finanzprodukten, 2011; *Schneider*, Auf der Suche nach Kredit, VersR 2014, 1295; *ders.*, Zwischen Selbstbestimmung und Fürsorge: Information, Beratung und Belehrung im Versicherungsvertragsrecht, r+s 2015, 477; *Schwintowski*, Neuerungen im Versicherungsvertragsrecht, ZRP 2006, 139; *ders.*, »Onlineportale hochproblematisch aufgestellt«, ZfV 2014, 356; *ders.*, Versicherungsvermittlung über Internetportale, VuR 2014, 370; *Stadler*, VVG-Reform – Aufwand bisher unterschätzt, VW 2006, 1339; *Stöbener*, Informations- und Beratungspflichten nach der VVG-Reform, ZVersWiss 2007, 465; *Weidner*, Nachfrage- und Beratungspflichten des Versicherers nach Abschluss des Versicherungsvertrages (§ 6 Abs. 4 VVG), in: FS Wäldner, 2009, S. 83; *Werber*, Alte und neue Informations- und Beratungspflichten des Versicherers und des Vermittlers, ZVersWiss 1994, 338; *ders.*, § 6 VVG 2008 und die Haftung des Versicherers für Fehlberatung durch Vermittler VersR 2008, 285; *ders.*, Information und Beratung des VN vor und nach Abschluss des Versicherungsvertrags, VersR 2007, 1153; *ders.*, Beratungspflichten und Haftungsbeschränkung, VersR 2010, 553.

A. Allgemeines

I. Normzweck

Der VR ist Anbieter einer Dienstleistung und nicht Berater. Dennoch hat schon unter Geltung des alten VVG die Rspr. nach allgemeinen zivilrechtlichen Regeln vorvertragliche Beratungspflichten des VR ebenso angenommen wie Beratungspflichten während der Vertragslaufzeit. § 6 normiert erstmals ausdrücklich Befragungs-, Beratungs- und Dokumentationspflichten des VR vor Vertragsschluss und Befragungs- und Beratungspflichten nach Vertragsabschluss. Sinn und Zweck der Vorschrift sind es, eine **sachgerechte Beratung des Kunden** sicherzustellen,[1] insbes. Deckungslücken zu verhindern.[2] Zugleich soll ein weitgehender **Gleichlauf** der Pflichten des VR mit den aufgrund der **Versicherungsvermittlungs-RiLi**[3] in §§ 61 bis 63 verankerten Beratungs- und Dokumentationspflichten der Versicherungsvermittler hergestellt werden.[4] Es »mache keinen Sinn«, so die Gesetzesbegründung, dem selbständigen, für Rechnung des VR handelnden Vermittler

1

---

1 Begr. RegE BT-Drucks. 16/3945 S. 58; Begr. RegE BT-Drucks. 16/1935 S. 24.
2 *Grote/Schneider* BB 2007, 2689, 2690; *Stadler* VW 2006, 1339, 1341.
3 RiLi 2002/92/EG des Europäischen Parlamentes und des Rates v. 9. Dezember 2002 über Versicherungsvermittlung (ABl. 2003 L 9/3).
4 Begr. RegE BT-Drucks. 16/3945 S. 48: Die Pflichten des Versicherers würden »weitgehend an der Richtlinie orientiert«.

§ 6 Beratung des Versicherungsnehmers

Pflichten im Interesse des VN aufzuerlegen, die der VR nicht habe.[5] Insbesondere könne der beabsichtigte Schutz des VN nicht dahingehend von der Vertriebsorganisation des VR abhängen, dass bei Direktversicherungen keine Beratungspflichten bestünden.[6] Allerdings ist der Gleichlauf der Versicherer- und Vermittlerpflichten in Abs. 4 (Pflicht zur Beratung nach Vertragsschluss), Abs. 6 Fall 2 (keine Beratungspflicht, wenn Makler vermittelt) und Abs. 6 Fall 3 (keine Beratungspflicht im Fernabsatz), die in §§ 61 bis 63 keine Entsprechung finden, aus jeweils verschiedenen Gründen durchbrochen.

II. Entstehung und zu erwartende Entwicklungen

2 Der Zwischenbericht der **Kommission zur Reform des Versicherungsvertragsrechts** vom 30. Mai 2002 enthielt noch keine Vorschläge für Beratungspflichten des VR. Im Zeitpunkt des Berichtes lag erst der Entwurf der Versicherungsvermittlungs-RiLi vor, der bestimmte Informations- und Dokumentationspflichten des Vermittlers vorsah.[7] Die Reformkommission erklärte aber bereits zu diesem Zeitpunkt, prüfen zu wollen, ob hinsichtlich bestimmter Informationspflichten ein VR, der ohne Vermittler arbeitet, vertraglich gebundenen Vermittlern gleichgestellt werden solle.[8] In ihrem Abschlussbericht hat die Reformkommission eine schon weitgehend dem heute geltenden § 6 entsprechende Regelung vorgeschlagen.[9] Der **Gesetzgeber** hat zunächst, angehalten durch die europäische **Versicherungsvermittlungs-RiLi**,[10] nur die Befragungs-, Beratungs- und Dokumentationspflichten der Vermittler mit Wirkung zum 22.05.2007 in das VVG integriert.[11] Fast zeitgleich wurde dann jedoch das gesamte VVG umfassend novelliert. In diesem Zuge wurden die Vorschläge der Reformkommission zu den Beratungspflichten des VR nahezu unverändert übernommen.[12] Abweichungen finden sich insofern, als der Regierungsentwurf das Kriterium der Prämienhöhe, die Verzichtsmöglichkeit und die Ausnahme für Fernabsatzverträge aufnahm. Die Regelung des § 6 trat mit dem gesamten neuen VVG am 01.01.2008 in Kraft.

3 Die **Versicherungsvertriebs-RiLi** (2016/97/EU), kurz IDD, wird die **Versicherungsvermittlungs-RiLi** ablösen. Sie ist zum 23.02.2018 umzusetzen (Art. 48 I Unterabs. 1 Versicherungsvertriebs-RiLi). Sie normiert Pflichten für Versicherungsvertreiber, zu denen neben den Vermittlern künftig auch die **Versicherungsunternehmen** zählen (Art. 2 Nr. 8 Versicherungsvertriebs-RiLi). Damit folgt das EU-Recht dem in §§ 6, 61–63 schon angelegten Gleichlauf der Pflichten für Versicherungsvermittler und Versicherungsunternehmen. Die Mitgliedstaaten dürfen im Vergleich zur Versicherungsvertriebs-RiLi strengeres Recht erlassen (s. Erwägungsgrund 3 sowie z.B. Art. 22 II Versicherungsvertriebs-RiLi). Als Mindestgrenze müssen die Vorgaben der Versicherungsvertriebs-RiLi künftig i.R.v. § 6 beachtet werden.

4 **Beratungspflichten** begründet die neue RiLi nicht, erlaubt den Mitgliedstaaten aber ausdrücklich, Beratungspflichten zu normieren (Art. 20 II Unterabs. 3; Art. 29 III Unterabs. 3; Erwägungsgrund 47). Die RiLi knüpft aber an Beratungspflichten an, die aufgrund anderer, insbes. nationaler Normen bestehen, und regelt, welche Pflichten zu wahren sind, wenn beraten wird (Art. 18a ii, b ii; Art. 20 I Unterabs. 3; Art. 20 III; Art. 25 Abs. 1 Unterabs. 6; Art. 29 I Unterabs. 1a; Art. 30 I, V Unterabs. 2; s. auch Erwägungsgrund 45, 55, 56). Beratung ist nach dem Verständnis der RiLi eine typischerweise den Versicherungsvertrieb ausmachende Tätigkeit (Art. 2 Nr. 1 Versicherungsvertriebs-RiLi), aber nicht zwingend mit ihm verbunden. Definiert wird sie als die »Abgabe einer persönlichen Empfehlung an einen Kunden, entweder auf dessen Wunsch oder auf Initiative des Versicherungsvertreibers hinsichtlich eines oder mehrerer Versicherungsverträge« (Art. 2 Nr. 15 Versicherungsvertriebs-RiLi). Die Vorgaben der RiLi dafür, wie bestehende Beratungspflichten auszugestalten sind, sind künftig zu beachten und vom Gesetzgeber in §§ 6, 61–63 zu integrieren. Die Pflicht zur **Befragung** ist in Art. 20 I Unterabs. 1 Versicherungsvertriebs-RL normiert (näher Rdn. 48), die Pflicht zur **Angabe von Gründen für erteilten Rat** in Art. 20 I Unterabs. 3 Versicherungsvertriebs-RL. Eine Pflicht zur **Dokumentation** im Falle erteilten Rats folgt aus Art. 20 I Unterabs. 3, Art. 23 Versicherungsvertriebs-RL. Aus der letztgenannten Norm resultiert auch die Pflicht zur **Übermittlung** einer geschuldeten Dokumentation.

5 Die **MiFID-II-RiLi** (2014/65/EU, MiFID steht für Market in Financial Investments Directive) muss von den Mitgliedstaaten mitsamt ihren Änderungen an der Versicherungsvermittler-RiLi bis zum 03.07.2016 umgesetzt und ab dem 03.01.2017 angewendet werden. Die EU-Kommission hat jedoch jüngst vorgeschlagen, letztgenannten Termin auf den 03.01.2018 zu verschieben.[13] Die MiFID-II-RiLi gilt nicht für Versicherungs-

---

5 Begr. RegE BT-Drucks. 16/3945 S. 58.
6 VVG-Kommission Abschlussbericht 2004 (VersR-Schriftenreihe Heft 25), S. 14.
7 Vorschlag für eine RiLi des Europäischen Parlaments und des Rates über Versicherungsvermittlung, ABl. 2001 C 29 E/245, 249 (Art. 10).
8 VVG-Kommission Zwischenbericht v. 30.05.2002, S. 92.
9 VVG-Kommission Abschlussbericht 2004 (VersR-Schriftenreihe Heft 25), S. 14–16 sowie der Normtext im Anhang.
10 RiLi 2002/92/EG des Europäischen Parlamentes und des Rates v. 9. Dezember 2002 über Versicherungsvermittlung (ABl. 2003 L 9/3).
11 BGBl. I 2006, S. 3232 ff.; Begr.RegE BT-Drucks. 16/1935 S. 24 ff.
12 BGBl. I 2007, S. 2631 ff.; Begr.RegE BT-Drucks. 16/3945 S. 58 ff.
13 Pressemitteilung der EU-Kommission v. 10.02.2016, abrufbar unter http://europa.eu/rapid/press-release_IP-16-265_de.htm?locale=de (zuletzt abgerufen am 29.05.2016).

unternehmen, wenn sie Tätigkeiten nach der Solvency-II-RiLi ausüben (Art. 2 I Buchst. a; Erwägungsgrund 27). Allerdings soll der Vertrieb bestimmter Versicherungsprodukte den Anforderungen der MiFID-II-RiLi genügen. Daher ändert die MiFID-II-RiLi die derzeit geltende Versicherungsvermittlungs-RiLi (2002/92/EG) im Hinblick auf den Vertrieb dieser Produkte, der sog. Versicherungsanlageprodukte; entsprechende Regelungen finden sich auch in der Versicherungsvertriebs-RiLi. Gem. Art. 91 Nr. 1b MiFID-II-RiLi ist ein **Versicherungsanlageprodukt** ein Versicherungsprodukt, das einen Fälligkeitswert oder einen Rückkaufwert bietet, der vollständig oder teilweise, direkt oder indirekt Marktschwankungen ausgesetzt ist. Ausgenommen sind alle Nichtlebensversicherungen, Risikolebensversicherungen sowie bestimmte Altersvorsorgeprodukte (s. auch Erwägungsgründe 87–89).[14] Aber auch die MiFID-II-RiLi begründet keine **Beratungspflichten** für den Fall, dass Versicherungsanlageprodukte vertrieben werden. Im Übrigen wird die Änderung der Versicherungsvermittlungs-RiLi durch die MiFID-II-RiLi aus zeitlichen Gründen nur eine geringe Bedeutung haben. Kommt es zur Verschiebung ihrer Umsetzung, wird sie nach wenigen Wochen von der Versicherungsvertriebs-RiLi überholt.

Für **Versicherungsanlageprodukte** ist in der **PRIIP-VO** (1286/2014/EU, PRIIP steht für packaged retail and insurance-based investment products),[15] die ab dem 31.12.2016 gilt (Art. 34 PRIIP-VO), die Abfassung und Veröffentlichung eines **Basisinformationsblatts** mit vorvertraglichen Informationen vorgeschrieben, das Anlegern rechtzeitig vor Vertragsschluss zur Verfügung gestellt werden muss (Kap. II, III PRIIP-VO).[16] Für § 6 ergeben sich aus der VO keine Veränderungen, aber für § 7.

III. Richtlinienkonforme Auslegung

Nach der **Versicherungsvermittlungs-RiLi**[17] ist eine richtlinienkonforme Auslegung des § 6 europarechtlich nicht geboten, weil ihre Vorgaben nur die Pflichten der Vermittler betreffen. Der deutsche Gesetzgeber hat aber ausweislich der Materialien[18] die Pflichten des VR autonom an die europarechtlichen Vorgaben für Vermittler angeglichen, so dass sich **aus nationalem Recht** die Notwendigkeit richtlinienkonformer Auslegung ergibt.[19] Die Vorgaben der Versicherungsvermittlungs-RiLi sind knapp: In ihrem Art. 12 III heißt es: »Vor Abschluss eines Versicherungsvertrages hat der Versicherungsvermittler, insbesondere anhand der vom Kunden gemachten Angaben, zumindest dessen Wünsche und Bedürfnisse sowie die Gründe für jeden diesem zu einem bestimmten Versicherungsprodukt erteilten Rat genau anzugeben. Diese Angaben sind der Komplexität des angebotenen Versicherungsvertrags anzupassen.« In den Erwägungsgründen findet sich dazu nur die Aussage, dass alle Vermittler die Gründe für ihre Vorschläge erläutern sollten.[20] Außerdem sieht Art. 13 I der RiLi vor, in welcher Form die von Art. 12 verlangten Auskünfte zu erteilen sind. § 6 entspricht der RiLi insofern, als in Abs. 1 S. 1 die Befragung nach Wünschen und Bedürfnissen sowie die Angabe von Gründen für den Rat verlangt werden (s. Art. 12 III Versicherungsvermittlungs-RiLi) sowie in Abs. 1 S. 2 die Dokumentation und in Abs. 2 S. 1 die Übermittlung (s. Art. 13 I Versicherungsvermittlungs-RiLi). § 6 geht aber über die RiLi hinaus, weil eine Pflicht zur Beratung normiert wird. Eine richtlinienkonforme Auslegung kommt daher nur bezüglich der in der Richtlinie normierten Pflichten in Betracht.

Zweifelsfragen des autonom angeglichenen Rechts **können** auch nach Art. 267 AEUV dem EuGH zur **Vorabentscheidung** vorgelegt werden,[21] insbes. bei überschießender Umsetzung von Richtlinien.[22] Dabei kommt es nicht darauf an, ob sich die Koppelung des nationalen Rechts an das europäische Recht aus dem nationalen Gesetz selbst oder nur aus der Begründung des nationalen Gesetzes ergibt.[23] Allerdings ist wichtig, dass der Verweis auf das europäische Recht uneingeschränkt und unbedingt erfolgt.[24] Das ist bei § 6 insoweit der Fall, als nach der klaren Gesetzesbegründung § 6 den Vorgaben der RiLi entsprechen soll. Dass der Wortlaut des § 6 nur teilweise mit dem des Art. 12 III der RiLi übereinstimmt, dürfte unschädlich sein.[25] Ob bei auto-

---

14 Zum Begriff *Beyer* VersR 2016, 293, 294 f.
15 *Loacker*, in: FS E. Lorenz, S. 259 ff.; *Pscheidl* VersRdsch 2012, 8; *Beyer* VersR 2016, 293, 294 ff.
16 Dazu *Beyer* VersR 2016, 293 ff.
17 RiLi 2002/92/EG des Europäischen Parlamentes und des Rates v. 9. Dezember 2002 über Versicherungsvermittlung (ABl. 2003 L 9/3).
18 Begr. RegE BT-Drucks. 16/3945 S. 48 und 58.
19 Im Ergebnis ebenso *Looschelders/Michael*, in: Ruffert, Enzyklopädie Europarecht, S. 739 Rn. 166; *Küster* VersR 2010, 730.
20 RiLi 2002/92/EG des Europäischen Parlaments und des Rates v. 9. Dezember 2002 über Versicherungsvermittlung, Erwägungsgrund 20 (ABl. 2003 L 9/3, 4).
21 EuGH, Slg. 1990, I-3783, 3792, Rn. 31 ff. – Dzodzi.
22 EuGH, Slg. 1997, I-4190, 4198, Rn. 16–34 – Leur-Bloem.
23 Vgl. EuGH, Slg. 1997, I-4190, 4199, Rn. 21 – Leur-Bloem; auf den entsprechenden Hinweis der niederländischen Regierung ging der EuGH gar nicht ein.
24 Vgl. EuGH, Slg. 1997, I-4190, 4200, Rn. 27 – Leur-Bloem; EuGH, Slg. 1995, I-633, 639 ff., Rn. 14–25 – Kleinwort Benson.
25 Im Fall EuGH, Slg. 1995, I-633, 639 ff., Rn. 14–25 – Kleinwort Benson verneinte der EuGH aber die Zulässigkeit der Vorlage, weil das autonom angeglichene Recht im Wortlaut abwich und abänderbar war, und weil es an der Bindung an die Rspr. des EuGH fehlte.

nom angeglichenem Recht eine **Vorlagepflicht** letztinstanzlicher Gerichte nach Art. 267 III AEUV besteht, ist umstritten. Da Art. 267 III gegenüber Art. 267 II außer der Letztinstanzlichkeit des Verfahrens keine zusätzlichen Anforderungen mehr stellt, folgt aus der Anwendbarkeit der Abs. 1 und 2 an sich ohne weiteres diejenige des Abs. 3. Auch die zitierte Rspr. des EuGH spricht für eine Pflicht zur Vorlage. Der EuGH geht davon aus, dass die Gemeinschaft ein »klares Interesse« daran habe, dass die dem Gemeinschaftsrecht entnommenen Regeln einheitlich angewandt werden können. Aus diesem Interesse lädt sich der EuGH die Auslegungslast so weitgehend auf. Dasselbe Interesse rechtfertigt es dann, auch eine europarechtliche Vorlagepflicht der nationalen letztinstanzlichen Gerichte zu bejahen.[26] Ein Vorlagerecht ohne Vorlagepflicht anzunehmen, hieße zudem, Vorteile in Anspruch zu nehmen, ohne die dazugehörenden Nachteile zu akzeptieren.

9 Die Anfang 2018 umzusetzende **Versicherungsvertriebs-RiLi** (2016/97/EU, dazu Rdn. 3) erfasst auch Versicherungsunternehmen. Es wird sich, wenn § 6 an die neue RiLi angepasst wird, insofern nicht mehr um eine überschießende Umsetzung handeln. Sollte § 6 nicht fristgerecht angeglichen werden, wird man die neuen Richtlinienbestimmungen, z.B. Art. 20 I Unterabs. 3; Art. 20 III, bei der Auslegung des § 6 zu berücksichtigen haben. Hinsichtlich des sachlichen Umfangs ähnelt die neue **Versicherungsvertriebs**-RiLi der bisherigen insofern, als sie keine Beratungspflicht normiert, sondern nur die anderen in § 6 normierten Pflichten (näher dazu Rdn. 4).

IV. Rechtsnatur und Abgrenzung

1. Rechtsnatur

10 Vor Inkrafttreten des § 6 sah die h.M. vorvertragliche und vertragsbegleitende Aufklärungs- und Beratungspflichten des VR in § 241 II BGB, gegebenenfalls i.V.m. § 311 II BGB, begründet.[27] In den Materialien zu § 61 findet sich der Hinweis, dass die **bereits entwickelte Rspr. kodifiziert** werden solle.[28] Dementsprechend geht die Literatur davon aus, dass die in § 6 normierten Pflichten nicht neu sind, aber »eine andere Intensität und Quantität« erhalten.[29]

11 Die Pflichten des Abs. 1 zur vorvertraglichen Befragung, Beratung und Angabe von Gründen für erteilten Rat sind auch nach ihrer ausdrücklichen gesetzlichen Normierung weiterhin als Rücksichtspflichten i.s.v. § 241 II BGB einzuordnen,[30] die grundsätzlich **nicht selbständig klagbar** sind.[31] Dasselbe gilt für die vorvertragliche Dokumentations- und Übermittlungspflicht nach Abs. 1 Satz 2, Abs. 2 Satz 1 und 2.

12 Kommt der Vertrag zustande, ist die Pflicht zur nachträglichen Übermittlung mündlicher Angaben nach Abs. 2 Satz 3 eine klagbare Nebenpflicht. Auch die Pflicht zur vertragsbegleitenden Befragung und Beratung nach Abs. 4 ist klagbar, weil der vertraglich an einen bestimmten VR gebundene VN ein schutzwürdiges Interesse an einer klageweisen Geltendmachung hat,[32] anders als der VN im vorvertraglichen Bereich.

2. Verhältnis zu §§ 311 II Nr. 1, 241 II BGB

13 Das Verhältnis des § 6 zu den allgemeinen Regeln der §§ 241 II, 311 II Nr. 1 BGB wird in den Gesetzesmaterialien nicht angesprochen. In der Literatur wird es z.T. so gesehen, dass § 6 eine **spezialgesetzliche Ausprägung** der genannten BGB-Normen sei.[33] Ohnehin sei tatsächlich ein Rückgriff auf § 242 BGB weitgehend entbehrlich.[34] Überwiegend tendieren die Literatur und Rspr. dazu, die allgemeinen Regeln jedenfalls soweit für anwendbar zu halten, wie § 6 nicht eingreift (**Subsidiarität**). Für diese Fälle sollen sich Beratungspflichten aus §§ 241 II, 311 II Nr. 1 BGB ergeben können.[35] So hat z.B. die Rspr. vor Inkrafttreten des neuen VVG auch im Fernabsatz, für den § 6 nach Abs. 6 Fall 3 nicht gilt, Beratungspflichten des Direktversicherers angenommen.[36] Diese bestünden fort. Da § 6 auch nachvertragliche Beratungspflichten nicht erfasst, könne auch für sie auf § 241 II BGB zurückgegriffen werden.[37] In Fällen der Beratung durch einen Mak-

---

26 Offenlassend *Schulze*, in: Schulze, Auslegung europäischen Privatrechts und angeglichenen Rechts, Baden-Baden 1999, S. 19; für eine Vorlagepflicht: *Schnorbus* RabelsZ 65 (2001), 654, 699 f.; *Meilicke* BB 1999, 890; s. auch *Hess* RabelsZ 66 (2002), 470, 487 f.: Vorlagepflicht nach nationalem Recht; dagegen – keine Vorlagepflicht – *Brandner*, Die überschießende Umsetzung von Richtlinien, 2003, S. 135.
27 VersHb/*Schwintowski*, § 18 Rn. 124.
28 Begr. RegE BT-Drucks. 16/1935 S. 24 (zu dem damaligen § 42c).
29 *Römer* VersR 2006, 740, 742.
30 Nach der Terminologie von Palandt/*Grüneberg*, § 241 Rn. 6–8, der hier gefolgt wird.
31 Palandt/*Grüneberg*, § 242 Rn. 25; a.A. *Röhrich*, C. II. 2.
32 Zu diesem Kriterium Palandt/*Grüneberg*, § 242 Rn. 25.
33 HK-VVG/*Münkel*, § 6 Rn. 43; *Stöbener* ZVersWiss 2007, 465, 477; *Dörner/Staudinger* WM 2006, 1710, 1711; *Evers* VW 2011, 1352; offenlassend *Abram* VuR 2004, 428, 433; *Niederleithinger* VersR 2006, 437, 439 (gesetzlich geregelter Fall des § 311 II Nr. 1 BGB).
34 PK/*Ebers*, § 6 Rn. 1.
35 *Just* VersPrax 2007, 221, 224; PK/*Ebers*, § 6 Rn. 9, 53, 55; *Stöbener* ZVersWiss 2007, 465, 477 ff.; *Armbrüster*, Rn. 770; anders aber wohl L/W/*Armbrüster*, § 6 Rn. 370 (allgemeine Regeln bleiben unberührt).
36 OLG Köln VersR 1998, 180.
37 *Stöbener* ZVersWiss 2007, 465, 479.

ler, in denen der VR nach § 6 VI Fall 2 nicht beraten muss, könne sich eine Beratungspflicht des VR aus Treu und Glauben ergeben, wenn für den VR erkennbar sei, dass der VN einer Fehlvorstellung über den Vertragsinhalt unterliegt, obwohl er von einem Makler beraten wurde.[38] Auch werde die Hinweispflicht des VR aus § 242 BGB auf den fehlenden Nachweis einer notwendigen Anschlussversicherung (§ 205 VI) bei Kündigung einer Krankenversicherung durch den VN nicht von § 6 IV 1 verdrängt.[39] Vereinzelt hält man auch die Judikatur,[40] wonach Beratungspflichten sich daraus ergeben können, dass der VR den VN tatsächlich berät, für neben § 6 weiter anwendbar.[41]

Unzweifelhaft normieren Abs. 1 und 4 einzelne Fälle vorvertraglicher und vertragsbegleitender Beratungspflichten, die bisher – ganz oder teilweise – ihre Rechtsgrundlage in §§ 241 II, 311 II Nr. 2 BGB fanden.[42] Eine Spezialität des § 6 würde voraussetzen, dass § 6 alle Tatbestandsmerkmale der §§ 241 II, 311 II Nr. 1 BGB enthielte sowie ein weiteres zusätzliches Merkmal. § 6 könnte dann als spezielle Regelung die BGB-Vorschriften einschränken, modifizieren oder ergänzen, je nach der Regelungsabsicht des Gesetzgebers.[43] **14**

Ob die Tatbestandsvoraussetzungen für die Pflichten aus § 6 vollständig deckungsgleich mit denen aus §§ 241 II, 311 II Nr. 1 BGB sind, ist bisher ungeklärt. Die Literatur befürchtet z.T., dass § 6 hinter der bisherigen Judikatur zu § 241 II BGB insofern zurückbleibt, als bestimmte Pflichten nicht begründet werden,[44] wie etwa Beratungspflichten, wenn die Gefahr besteht, dass das Versicherungsprodukt den Vertragszweck verfehlen kann, d.h. das Risiko in der konkreten Lebenssituation des VN nicht angemessen absichert.[45] Für diese Fälle sei nicht klar, ob sie unter § 6 fielen,[46] ob also dieser Tatbestand eine zusätzliche Voraussetzung aufstellt, die im Beispiel dann nicht vorliegt. Andere sehen die Beratungspflichten durch § 6 aber eher ausgeweitet.[47] Eine Ausweitung läge auch vor, wenn man in Abs. 1 mit einer in der Literatur vertretenen Ansicht[48] auf die Erkennbarkeit des Beratungsanlasses als objektiv pflichtenbegründenden Merkmales verzichtete. **15**

Maßgeblich ist also, ob Abs. 1 Satz 1, Abs. 4 Satz 1 eine zusätzliche Voraussetzung gegenüber §§ 241 II, 311 II Nr. 1 BGB enthalten. Vorausgesetzt ist neben dem (vor-)vertraglichen Verhältnis zwischen VN und VR ein Anlass zur Befragung und Beratung, der sich aus verschiedenen Kriterien (Art der Versicherung, Person oder Situation des VN) ergeben kann. Eine gegenüber §§ 241 II, 311 II Nr. 1 BGB zusätzliche Voraussetzung ist darin nicht zu erblicken. Allerdings knüpfen Abs. 1 und 4 die Pflichten des VR auch an ein angemessenes Verhältnis zwischen Beratungsaufwand und Prämie. Auf ein entsprechendes Kriterium hat die versicherungsrechtliche Rechtsprechung zur c.i.c. oder pVV bisher nicht abgestellt.[49] Es erscheint aber nicht ausgeschlossen, dass auch nach allgemeinen Grundsätzen in bestimmten Fällen der Umfang der geschuldeten Aufklärung von der Gegenleistung beeinflusst sein kann. Das wird immer dann in Betracht kommen, wenn die geschuldete Aufklärung eine beratungsähnliche Dienstleistung ist, deren Umfang auch aus Sicht des Berechtigten von seiner Gegenleistung abhängt. Dennoch geht § 6 über die allgemeinen Regeln hinaus, denn er schreibt vor, dass Aufwand und Prämie stets zu berücksichtigen sind. Sein abschließender Charakter gegenüber den allgemeinen Regeln könnte sich also daraus ergeben, dass er zugunsten der VR dieses zusätzliche Kriterium als zwingend einführt. **16**

Die Materialien ergeben eine solche Bedeutung des Kriteriums jedoch nicht. Es heißt dort,[50] es solle ein angemessenes Verhältnis zwischen Beratungsaufwand und Prämie gewahrt werden. Regelmäßig handele es sich bei einer geringen Prämienhöhe um ein wenig komplexes Standardprodukt. Auch bei Versicherungen mit einer niedrigen Prämienhöhe könne jedoch aufgrund der anderen Kriterien des Abs. 1 ein erhöhter Beratungsaufwand erforderlich sein. Danach ist nicht ausgeschlossen, dass die anderen Kriterien, z.B. besondere persönliche Beratungsbedürftigkeit, das Verhältnis von Beratung und Prämie in einem beweglichen System zurücktreten lassen.[51] Das Erfordernis der Angemessenheit ist damit nicht in der Weise zwingend, dass es stets als ausschlaggebend einzufließen hätte. Hinzu kommt, dass dieses Kriterium bei zutreffender Auslegung (s. Rdn. 73–82) kaum einmal zur Verneinung der Beratungspflicht führen wird, seine tatbestandliche Abgrenzungswirkung also gering ist. § 6 enthält damit keine gegenüber den allgemeinen Regeln der §§ 241 II, 311 II **17**

---

38 OLG Saarbrücken VersR 2011, 1441, 1444 m. zust. Anm. *Reiff; Jahnke* ZfV 2012, 26, 26; a.A. LG Köln VersR 2012, 701, 703 m. zust. Anm. *Muschner; Evers* VW 2011, 1352 (§ 6 IV als Spezialgesetz).
39 BGH VersR 2015, 230, 231.
40 BGH NJW 1964, 244, 245; LG Flensburg r+s 1995, 350; LG Köln r+s 1993, 229.
41 PK/*Ebers*, § 6 Rn. 9.
42 Begr. RegE BT-Drucks. 16/1935 S. 24.
43 Vgl. *Larenz*, Methodenlehre der Rechtswissenschaft, 6. Aufl. 1991, S. 267 f.
44 *Dörner/Staudinger* WM 2006, 1710, 1711.
45 BGH VersR 1978, 457, 458; 1975, 77, 78; OLG Köln VersR 1993, 1385, 1386; 1998, 180 f.; *Kieninger* AcP 198 (1998), 191, 239.
46 *Dörner/Staudinger* WM 2006, 1710, 1711.
47 *Stöbener* ZVersWiss 2007, 465, 473.
48 *Stöbener* ZVersWiss 2007, 465, 468 f.
49 Vgl. *Schwintowski* ZRP 2006, 139, 141: Es sei dem allgemeinen Schuldrecht des BGB fremd.
50 Begr. RegE BT-Drucks. 16/1935 S. 24; Verweis darauf in Begr. RegE BT-Drucks. 16/3945 S. 77 und 58.
51 Vgl. auch Begr. RegE BT-Drucks. 16/1935 S. 31 f. und Verweis in Begr. RegE BT-Drucks. 16/3945 S. 58.

§ 6 Beratung des Versicherungsnehmers

Nr. 1 BGB zusätzliche Voraussetzung. Schon deshalb scheidet ein Spezialitätsverhältnis aus. Für dieses Ergebnis spricht auch der Zweck der neu normierten Pflichten, die Beratung des VN sicherzustellen. Nähme man dem VN weitergehende oder deckungsgleiche Rechte aus §§ 241 II, 311 II Nr. 1 BGB, würde er dadurch schlechter gestellt als bisher. Das wollte der Gesetzgeber nicht. Ihm lag auch nicht daran, zum Schutz der VR eine gegenüber den BGB-Normen abschließende Regelung zu schaffen. Die **§§ 241 II, 311 II Nr. 1 BGB bleiben daher im vollen Umfang neben § 6 anwendbar.**[52] Die Beratungspflicht ist dann u.U. doppelt normativ verankert. Wo § 6 nicht greift, sei es nach Abs. 6, sei es, weil nachvertragliche Pflichten betroffen sind, bleibt ebenfalls der Rückgriff auf die allgemeinen Regeln möglich.[53]

18 Hat der VR **tatsächlich eine Beratung durchgeführt**, so haftet er nach der bisherigen Rspr. für falsche Beratung nach §§ 280 I, 241 II, gegebenenfalls i.V.m. § 311 II Nr. 1 BGB, auf Schadensersatz.[54] Diese Haftung ist durch § 6 insofern überholt, als in Erfüllung einer nach § 6 bestehenden Beratungspflicht gehandelt wird. Dann ergibt sich der Schadensersatzanspruch auch aus Abs. 5. Berät der VR jedoch anlassunabhängig, so behält die bisherige Rspr. ihre selbständige Bedeutung.

3. Verhältnis zur Anlageberatung

19 Die Rspr. hat für **Kapitalanlageprodukte** aus **§§ 241 II, 311 II Nr. 1 BGB** und vor der Schuldrechtsreform aus der damals nicht normierten **c.i.c.** Grundsätze entwickelt, wonach der Kunde im Rahmen der Vertragsverhandlungen über alle Umstände verständlich und vollständig zu informieren ist, die für seinen Anlageentschluss von besonderer Bedeutung sind. Insbesondere ist er auf die Nachteile und Risiken der Anlage hinzuweisen.[55] Diese Grundsätze bleiben im vollen Umfang neben § 6 anwendbar.[56]

20 Noch teilweise ungeklärt ist, ob und unter welchen **Voraussetzungen** ein VR bei der kapitalbildenden Lebensversicherung den VN so aufzuklären hat wie bei einem Kapitalanlageprodukt, also über Renditeerwartungen und Verwaltung der Beiträge zu informieren hat (s. Rdn. 21). Die **Rspr.** verlangt eine Aufklärung wie bei Kapitalanlageprodukten, wenn es sich bei dem betreffenden Versicherungsprodukt bei **wirtschaftlicher Betrachtung um ein Anlagegeschäft** handelt.[57] Für letzteres ist nach der Rspr. der konkrete tatsächliche Hintergrund des Vertragsabschlusses maßgeblich.

21 So kann es darauf ankommen, wie sich Renditeerwartungen und Absicherung des Todesfallrisikos zueinander verhalten. Jedenfalls dann, wenn das **Todesfallrisiko von untergeordneter Bedeutung** sei, handele es sich, so der BGH, um ein Anlagegeschäft. Eine solche untergeordnete Bedeutung nimmt der BGH an, wenn – wie im zu entscheidenden Fall – die garantierte Todesfallleistung nur 101 % des Rücknahmewertes der zugeordneten Vermögensanteile beträgt;[58] nähere Kriterien i.S. eines Obersatzes hat der BGH nicht aufgestellt. Aber auch ohne nähere Diskussion sah er eine fondsgebundene Lebensversicherung, die ein VN abgeschlossen hatte, weil er 900.000 Euro anlegen wollte, als Anlagegeschäft an, mit der Folge, dass entsprechend zu beraten war.[59] Die kapitalbildende Lebensversicherung dient nach einer im Zusammenhang mit der AVB-Kontrolle des Zillmerverfahrens geäußerten Auffassung des BGH »mindestens gleichrangig« der Absicherung des Todesfallrisikos einerseits und der Kapitalanlage und Vermögensbildung andererseits, was im konkreten Fall für die AGB-Kontrolle eine Rolle spielte.[60] Aus dieser Gleichrangigkeit von Anlage und Versicherung schloss das OLG Köln im Zusammenhang mit der Pflicht zur Offenlegung von Innenprovisionen bei fondsgebundenen Lebensversicherungen, diese Versicherungen seien i.d.R. keine Kapitalanlagegeschäfte, sondern nur dann, wenn ausnahmsweise die Todesfallabsicherung untergeordnet sei;[61] nicht untergeordnet sei die Todesfallabsicherung, wenn bei monatlichen Beiträgen von 50 DM eine Mindesttodesfallsumme von 15.000 DM vorgesehen sei.[62] Die letztgenannte Information besagt jedoch nichts über das Gewicht der Todesfallabsicherung im Verhältnis zur Renditeerwartung. Keine Kapitalanlageberatung über die Struktur der Anlage, das Verlustrisiko, die Renditeerwartung sowie eine Verwendung der Prämien auf Provisionsansprüche, Verwaltungs- und Ab-

---

52 So auch HK-VVG/*Münkel*, § 6 Rn. 4 (für die Begründung der Beratungspflichten; anders für die Haftung nach § 6 V *ders.*, § 6 Rn. 43 (§ 6 V verdrängt die allgemeinen Regeln); a.A. P/M/*Rudy*, § 6 Rn. 74.
53 *Stöbener* ZVersWiss 2007, 465, 479; *Just* VersPrax 2007, 221, 222; PK/*Ebers*, § 6 Rn. 9.
54 BGH NJW 1964, 244, 245.
55 BGH VersR 2012, 1237, 1240 m.w.N. aus der Rspr.
56 Zum Verhältnis zu den aufsichtsrechtlichen Pflichten s. *Schmidt*, S. 272 ff.
57 BGH VersR 2012, 1237, 1240; kritisch dazu *Grote/Schaaf* GWR 2012, 477, 479; OLG Frankfurt BeckRS 2012, 08337.
58 BGH VersR 2012, 1237, 1240.
59 BGH r+s 2013, 117, 118.
60 BGH NJW 2012, 3023, 3025 f.
61 OLG Köln NJOZ 2015, 592, 593; OLG Köln VersR 2014, 1238 (allerdings mit fehlerhaftem LS 1, nach dem ein Kapitalanlagegeschäft vorliegt, wenn die Renditeerwartung von untergeordneter Bedeutung ist.); gegen eine Pflicht zur Offenlegung von Innenprovisionen auch BGH r+s 2015, 538, 539 für die fondsgebundene Rentenversicherung; LG Nürnberg-Fürth BeckRS 2015, 16936 (Vorinstanz) mit Hinweis auf ein ebenso lautendes Urt. des OLG Nürnberg v. 22.08.2011, 8 U 1113/11 (nicht veröffentlicht); LG Düsseldorf Urt. v. 13.06.2014, 10 O 86/12 Rn. 33 (juris).
62 OLG Köln VersR 2014, 1238 (obiter dictum).

schlusskosten verlangt das OLG Brandenburg, wenn es sich um eine konventionelle Lebens- oder Rentenversicherung ohne realistisches Verlustrisiko handelt.[63]

Der BGH lehnte in einem Fall, in dem ein Immobiliendarlehen mit einer Kapitallebensversicherung abgesichert wurde, ein Kapitalanlagegeschäft ab, weil die Versicherung **Teil eines Finanzierungskonzepts** gewesen sei. Dann komme es nicht darauf an, ob das Todesfallrisiko von untergeordneter Bedeutung sei. Eine Aufklärung und Beratung wie bei einer anlageberatenden Bank war daher beim Abschluss der Versicherung nicht notwendig, insbes. hatte die Bank nicht darüber zu informieren, dass sie für die Vermittlung der Lebensversicherung eine Provision erhielt.[64] 22

Die **Literatur** nimmt vereinzelt an, Versicherungs- und Anlageprodukte schlössen sich gegenseitig aus.[65] Überwiegend aber verneint sie zwar den Anlagecharakter bei der klassischen kapitalbildenden Lebensversicherung mit Überschussbeteiligung und Garantiezins,[66] bejaht ihn dagegen mehrheitlich bei der fondsgebundenen Versicherung.[67] Jedenfalls solange die Versicherungsvertriebs-RiLi (s. Rdn. 22) mit ihren spezifischen Regelungen für Kapitalanlageprodukte noch nicht in Kraft getreten ist, ist eine strenge Differenzierung zwischen »reinen« Versicherungsprodukten und solchen mit zusätzlichem oder gar überwiegendem Anlagecharakter nicht notwendig. § 6 erfasst sie gleichermaßen und begründet Pflichten nicht etwa nur für den Versicherungsteil des Produkts. Im Übrigen gelten die Grundsätze zu §§ 241 II, 311 II Nr. 1 BGB/c.i.c. neben § 6 fort. 23

Als Rechtsfolge der Einordnung als Kapitalanlageprodukt ergibt sich die Pflicht des VR, hinsichtlich der **Renditeerwartungen** ein realistisches Bild zu zeichnen und den VN über die **Verwaltung der Versicherungsbeiträge**, insbes. vorgesehene Bildungen von Reserven, die dem VN nicht zugutekommen, zu informieren.[68] 24

Art. 30 I, II der neuen **Versicherungsvertriebs-RiLi** sieht spezifische Pflichten des VR oder des Vermittlers für den Vertrieb von Versicherungsanlageprodukten vor (s. Rdn. 52), ebenso wie die durch die MiFiD II-RiLi geänderte Versicherungsvermittlungs-RiLi (Rdn. 5). Auch in diesem Zusammenhang stellt sich die Frage, welche Lebensversicherungen Versicherungsanlageprodukte i.S.v. Art. 2 Abs. 1 Nr. 17 Versicherungsvertriebs-RiLi sind. Während Risikolebensversicherungen eindeutig nicht darunter fallen, wird es für die kapitalbildende Lebensversicherung in Gestalt der fondsgebundenen Versicherung je nach Konstellation für möglich gehalten, nicht aber für die klassische kapitalbildende Lebensversicherung.[69] 25

4. Verhältnis zur sog. gewohnheitsrechtlichen Erfüllungshaftung

Im Zusammenhang mit der gewohnheitsrechtlichen Erfüllungshaftung sind zwei Fragen zu unterscheiden: Gibt es den Haftungsgrund der gewohnheitsrechtlichen Erfüllungshaftung noch (Rdn. 27)? Falls das so ist, wie verhält sich die Haftung zu derjenigen aus § 6 V und aus §§ 241 II, 311 II Nr. 1, 280 I BGB (Rdn. 28)? 26

Das Reichsgericht hat die sog. gewohnheitsrechtliche Erfüllungshaftung begründet,[70] die Gerichte führen diese Judikatur bis heute fort.[71] Macht der Versicherungsvertreter bei Vertragsabschluss falsche Angaben über den Inhalt des Versicherungsvertrages oder korrigiert er erkennbar falsche Vorstellungen des VN nicht, so trifft den VR eine Vertrauenshaftung[72] dahingehend, dass er den VN so zu stellen hat, als wäre der Vertrag mit dem vom VN angenommenen Inhalt zustande gekommen. Ein Verschulden des Vermittlers ist nicht vorausgesetzt,[73] umgekehrt setzt der Anspruch aber voraus, dass den VN kein erhebliches eigenes Verschulden trifft.[74] Die Erfüllungshaftung hat in der Literatur jedoch in jüngerer Zeit – unabhängig von der VVG-Novelle – zu Recht vermehrt **Widerspruch** erfahren. Sie ist entbehrlich, da sich sachgerechte Ergebnisse durch Anwendung der §§ 133, 157 BGB i.V.m. Stellvertretungsrecht oder durch die §§ 241 II, 311 II Nr. 1, 280 I BGB erzielen lassen.[75] Sie ist in ihrer Schärfe zudem in mehreren Punkten systemwidrig (im Ergebnis werden Aussagen des Versicherungsvertreters trotz fehlender Vollmacht verbindlich, Haftung auf das positive Interesse ohne Ver- 27

---

63 OLG Brandenburg VersR 2016, 377, 381.
64 BGH NJW 2014, 3360, 3361.
65 *Grote/Schaaf* GWR 2012, 477, 479.
66 *Beyer* VersR 2016, 293, 294; *Pielsticker* BKR 2013, 368, 371; offener *Börner* VersR 2012, 1471, 1474 (»unter Umständen«).
67 *Schaaf/Winkens* VersR 2016, 360, 368; *Beyer* VersR 2016, 293; *Pielsticker* BKR 2013, 368, 371; *Börner* VersR 2012, 1471, 1474.
68 BGH VersR 2012, 1237, 1241 ff.
69 Dazu *Beyer* VersR 2016, 293 f.
70 RGZ 86, 128; 73, 302; 147, 186, 188.
71 BGHZ 108, 200, 206; 40, 22, 24; 2, 87, 92; NJW-RR 2002, 168, 169; OLG Frankfurt (Main) VersR 2012, 342, 343; LG Saarbrücken VersR 2014, 317, 318 f.
72 Str. ist, ob der Vertrag dadurch inhaltlich umgestaltet wird, so etwa *Reichert-Facilides* VersR 1977, 208, 209.
73 BGHZ 108, 200, 206; 40, 22, 26.
74 BGHZ 40, 22, 26.
75 Ausführlich dazu *Kollhosser* r+s 2001, 89 ff.; *Hennrichs* JuS 2002, 975, 981; *Harke* ZVersWiss 2006, 391, 413 ff.; L/W/*Armbrüster*, § 6 Rn. 334; VersHb/*Rixecker*, § 18a Rn. 64; P/M/*Rudy*, § 6 Rn. 78; HK-VVG/*Münkel*, § 6 Rn. 43; FA-Komm-VersR/*Schneider/Reuter-Gehrken*, § 6 Rn. 89; *E. Lorenz*, in: FS Canaris, 2007, S. 757, 775; s. auch für die Zeit nach der VVG-Novelle die zahlreichen Nachweise für die Ablehnung der Erfüllungshaftung *Koch*, in: FS E. Lorenz, S. 199, 200 Fn. 3.

schulden, keine graduelle Berücksichtigung des Mitverschuldens, Abweichung von den Wertungen des Anfechtungsrechts).[76] Das Argument, die Erfüllungshaftung sei durch die Entwicklung und schließlich die Normierung der Lehre von der c.i.c. entbehrlich geworden, hat im neuen VVG im Hinblick auf §§ 6, 61–63 an Gewicht gewonnen. Jedenfalls aber wird man heute nicht mehr sagen können, die Erfüllungshaftung sei Gewohnheitsrecht, da es an der entsprechenden **Rechtsüberzeugung fehlt**. Schon deshalb ist diese Haftung heute nicht mehr zu bejahen.[77]

28 Folgt man der grundsätzlichen Kritik an der Erfüllungshaftung nicht und bejaht die Haftung, stellt sich weiter die Frage, wie sie sich zur Haftung aus § 6 V sowie aus §§ 280 I, 241 II, 311 II Nr. 1 BGB verhält. Nach einhelliger Ansicht zum alten VVG ließ die Erfüllungshaftung eine Haftung aus §§ 280 I, 241 II, 311 II Nr. 1 BGB **unberührt**, da die Voraussetzungen und Rechtsfolgen unterschiedlich sind.[78] Daran hat auch die VVG-Novelle nichts geändert, da sie ihrerseits die Haftung aus §§ 280 I, 241 II, 311 II Nr. 1 BGB nicht verändert hat. Bleibt zu klären, ob die neue Haftung aus § 6 V die Erfüllungshaftung verdrängt. Die Materialien zum neuen VVG sagen nichts darüber, wie sich § 6 V zur Erfüllungshaftung verhält. Einzelne Gerichte und Teile der Literatur vertreten die Auffassung, dass sie neben § 6 V fortgelte,[79] andere entnehmen § 6 V die Aussage, dass es nur verschuldensabhängige Schadensersatzansprüche geben soll; die Regelung sei abschließend.[80] Dem wäre, wenn man entgegen der vordringenden und zutreffenden Ansicht (Rdn. 27) an der Rechtsfigur der Erfüllungshaftung festhielte, zu folgen. Das neue VVG hat die Rechtslage hinsichtlich des **Konkurrenzverhältnisses** der Erfüllungshaftung zur allgemeinen Haftung für die Verletzung vorvertraglicher Pflichten nicht verändert.

V. Zeitlicher und sachlicher Anwendungsbereich

1. Zeitliche Geltung

29 Zeitlich trat die Regelung des § 6 mit dem gesamten neuen VVG am 01.01.2008 für Neuverträge in Kraft. Für Altverträge gilt ab dem 01.01.2009 das neue Recht, allerdings nur hinsichtlich der Pflichten nach Abs. 4. Beratungs- und Dokumentationspflichten für Vertragsabschlüsse vor dem 01.01.2008 können nicht rückwirkend begründet oder verändert werden.[81]

2. Ausnahme für Großrisiken nach Abs. 6 Fall 1

30 Bei Versicherungsverträgen für Großrisiken i.S.v. § 210 II sind Abs. 1 bis 5 nicht anzuwenden (Abs. 6 Fall 1).[82] Die Regierungsbegründung weist darauf hin, dass damit i.d.R. die laufenden Versicherungen gem. § 53 ebenfalls ausgenommen sind, da sie nur in Ausnahmefällen keine Großrisiken seien.[83]

31 Großrisiken sind nach § 210 II Nr. 1 (basierend auf Art. 13 Nr. 27 Solvency-II-RiLi[84]) Risiken der unter Nummern 4 bis 7, 10 lit. b, 11 und 12 der Anlage 1 zum VAG erfassten **Transport- und Haftpflichtversicherungen**, nach Nr. 2 Risiken der unter Nummern 14 und 15 der Anlage 1 zum VAG erfassten **Kredit- und Kautionsversicherungen** bei VN, die eine gewerbliche, bergbauliche oder freiberufliche Tätigkeit ausüben, wenn die Risiken damit in Zusammenhang stehen, sowie nach Nr. 3 schließlich die Risiken der unter Nummern 3, 8, 9, 10, 13 und 16 der Anlage 1 zum VAG erfassten **Sach-, Haftpflicht- und Schadensversicherungen bei VN bestimmter Größe** (Überschreitung zwei der drei folgenden Merkmale: 6,2 Mio. EUR Bilanzsumme, 12,8 Mio. EUR Nettoumsatzerlöse, 250 Arbeitnehmer). Die Subsumtion unter diesen, im Hinblick auf seine Folgen weitreichenden Tatbestand ist nicht immer unproblematisch.[85]
Die Ausnahme für Großrisiken ist auch in Art. 22 I der neuen **Versicherungsvertriebs-RiLi** (2016/97/EU, dazu Rdn. 3) vorgesehen.

3. Ausnahme bei Vermittlung durch Versicherungsmakler nach Abs. 6 Fall 2

32 Die Gesetzesverfasser begründeten die Ausnahme in Abs. 6 Fall 2 damit, die VR dürften davon ausgehen, dass ein Makler seine dem VN gegenüber bestehende Beratungspflicht erfüllen werde.[86] Diese Ausnahme war im Regierungsentwurf allerdings noch in Abs. 1 Satz 3 enthalten und bezog sich ausdrücklich nur auf Abs. 1 Satz 1 und 2. Durch ihre Verschiebung in den Abs. 6 erstreckt sie sich auch auf die Pflicht zur vertragsbeglei-

---

76 *Fricke* VersR 2015, 1090, 1092 f.
77 Noch weitergehend *Fricke* VersR 2015, 1090, 1091, der meint, Gewohnheitsrecht sei niemals entstanden.
78 BGHZ 40, 22, 26.
79 OLG Frankfurt (Main) VersR 2012, 342, 343; LG Saarbrücken VersR 2014, 317, 319; PK/*Ebers*, § 6 Rn. 56; *Schneider*, r+s 2015, 477, 484; *Pilz* VuR 2010, 167 ff.; *Platzen*, Kap. 8.4 S. 299 f.; *Koch*, in: FS E. Lorenz, S. 199, 214 ff.
80 *Fricke* VersR 2015, 1090, 1093.
81 FAKomm-VersR/*Schneider/Reuter-Gehrken*, § 6 Rn. 6.
82 Näher dazu *Freitag* r+s 2008, 96 ff.
83 Begr. RegE BT-Drucks. 16/3945 S. 59.
84 RiLi 2009/138/EG des Europäischen Parlaments und des Rates v. 25. November 2009 betreffend die Aufnahme und Ausübung der Versicherungs- und Rückversicherungstätigkeit (Solvabilität II), ABl. EU 2009 L 335/1, 23.
85 S. dazu *Freitag* r+s 2008, 96 ff.
86 Begr. RegE BT-Drucks. 16/3945 S. 58.

tenden Beratung nach Abs. 4.[87] Ob das eine bewusste Entscheidung der Gesetzesverfasser war, ist den Materialien nicht zu entnehmen. Sie führt zu einer Betreuungslücke, wenn der **Makler nur vermittelt und nicht vertragsbegleitend betreut**. Sie ist unter bestimmten Voraussetzungen durch teleologische Reduktion zu schließen (näher unten zu Abs. 4, Rdn. 128). Der umgekehrte Fall, dass ein **Makler (zunächst) nur betreut und nicht vermittelt**, etwa weil er in die Verwaltung und Erfüllung von Versicherungsverträgen eingebunden ist, deren Betreuung er übernommen hat, ist dagegen unproblematisch. Der Begriff der Vermittlung in Abs. 6 ist weit zu verstehen,[88] so dass in diesem Fall die Betreuung durch den Makler die Pflichten des VR nach Abs. 1 bis 5 entfallen lässt. Nicht von Abs. 6 Fall 2 erfasst ist trotz § 59 III 2 der Anscheinsmakler, weil sonst die Situation des VN sich entgegen der Zielsetzung beider Vorschriften verschlechtern würde.[89]

Weil die bisherige Versicherungsvermittlungs-RiLi keine Beratungspflichten für Versicherungsunternehmen vorsah, gab es dort keine dem Abs. 6 Fall 2 entsprechende Ausnahme. Die neue **Versicherungsvertriebs-RiLi** (2016/97/EU, dazu Rdn. 3) normiert Beratungspflichten auch für Versicherungsunternehmen. Ob diese Pflichten entfallen, wenn durch einen Makler vermittelt wird, sagt die RiLi nicht ausdrücklich. Allerdings ergibt sich aus den Erwägungsgründen 7, 33 und 41, dass die RiLi im Wesentlichen für drei Vertriebswege Beratungspflichten normieren will: für den Vertrieb durch Versicherungsvertreter (= Versicherungsagenten), für den Vertrieb durch Makler sowie für den Direktvertrieb durch Angestellte des Versicherungsunternehmens. Eine doppelte Beratungspflicht, wie sie das deutsche Recht kennt (Rdn. 37 ff.), wonach neben dem Versicherungsvertreter auch das Versicherungsunternehmen zur Beratung verpflichtet ist, lässt sich der RiLi nicht entnehmen. Im deutschen Recht kann die Rechtslage allerdings so bleiben wie sie ist, weil strengeres nationales Recht erlaubt ist (oben Rdn. 3). Dann ist es aber auch möglich, von diesem strengeren Recht eine Ausnahme wie in Abs. 6 Fall 2 zu machen.

4. Ausnahme bei Vermittlung durch Versicherungsberater

Auch bei Einschaltung eines **Versicherungsberaters** ist der VR nicht nach Abs. 1 bis 5 verpflichtet, denn auch 33 bei ihm kann der VR annehmen, dass er den VN hinreichend berät. Das ergibt sich allerdings nicht aus dem Gesetz selbst, sondern nur aus seiner Begründung[90] und indirekt aus § 68 Satz 1. **Vermittler i.S.v. § 66 i.V.m. § 34d IX Nr. 1 GewO** sind nicht zur Beratung verpflichtet (§ 66). Damit entfällt die korrespondierende Verpflichtung des VR aus § 6 vollständig. Die Gesetzesbegründung führt für dieses Ergebnis allerdings die falsche Begründung an, nämlich die, dass auch diese Vermittler selbst beraten müssten, was in der Tat der Regierungsentwurf noch vorsah.[91] Für die Gesetz gewordene Fassung kann die Ausnahme von § 6 bei Vermittlung durch Vermittler nach § 66 damit erklärt werden, dass § 6 auf dem Gedanken beruht, die Pflichten von VR und Vermittler gleichlaufen zu lassen. Muss der Vermittler nach § 66 nicht beraten, besteht daher kein Grund, den VR zur Beratung zu verpflichten.[92]

5. Ausnahme für Fernabsatz nach Abs. 6 Fall 3

Wendet sich ein VN an einen **Direktversicherer**, wird zunächst einmal seine Schlechterstellung gegenüber 34 dem mit einem Vermittler verhandelnden VN dadurch verhindert, dass § 6 eingreift und auch der VR beraten muss. Das wird jedoch durch Abs. 6 Fall 3 wieder konterkariert, wonach die Pflichten des VR nach § 6 entfallen, wenn es sich um einen Vertrag im Fernabsatz i.S.v. § 312c BGB handelt. Die Gesetzesbegründung führt dafür an, dass die Pflichten des § 6 im Fernabsatz praktisch nicht erfüllbar seien und dass der VN sich bewusst sei, Beratung nur zu erhalten, wenn er selbst nachfrage. Über einen Verzicht auf die Beratung könne man der Interessenlage auch nicht gerecht werden.[93]

Durch den Verweis auf § 312c BGB scheint die Beratungspflicht nur bei Verträgen zwischen VR und Verbraucher zu entfallen. Sie muss **aber erst recht** entbehrlich sein, wenn der **VN ein Unternehmer** ist, denn dessen Schutzbedürftigkeit ist geringer als die eines Verbrauchers.[94]

Die §§ 61 ff. sehen für den **Vermittler keine entsprechende Ausnahme für Fernabsatzgeschäfte** vor. Der 36 Vertrag kann jedoch auch über den Vermittler unter ausschließlicher Verwendung von Fernkommunikationsmitteln zustande kommen. Da es nach der Gesetzesbegründung »keinen Sinn« hat, dem Vermittler Pflichten »aufzuerlegen, die der VR nicht haben soll«,[95] passt die fehlende Parallele zu Abs. 6 Fall 3 in §§ 61 ff. nicht in das Regelungskonzept des Gesetzgebers.[96] Das spricht für eine analoge Anwendung des Abs. 6 Fall 3 auf Ver-

---

87 *Freitag* r+s 2008, 96, 98.
88 *Werber* VersR 2007, 1153, 1155.
89 *Röhrich*, E.II.2.c)aa) mit ausführlicher Begründung.
90 Begr. RegE BT-Drucks. 16/3945 S. 58.
91 Begr. RegE BT-Drucks. 16/3945 S. 59 und S. 58.
92 Im Ergebnis ebenso *Röhrich*, E.II.2.d) aufgrund einer teleologischen Reduktion des § 6.
93 Begr. RegE BT-Drucks. 16/3945 S. 58.
94 *Funck* VersR 2008, 163, 165; s. auch PK/*Ebers*, § 6 Rn. 54 (teleologische Auslegung).
95 Begr. RegE BT-Drucks. 16/3945 S. 58.
96 Vgl. auch *Funck* VersR 2008, 163, 165.

mittler.⁹⁷ Allerdings ist die EU-Konformität einer solchen Ausnahme von den Pflichten aus § 6 ungeklärt. Sieht man diese Pflichten ganz oder teilweise in der Versicherungsvermittlungs-RiLi festgelegt (näher Rdn. 76), ist weiter zu klären, wie weit Art. 13 III der Versicherungsvermittlungs-RiLi reicht und ob die Pflichten der Vermittler eingeschränkt werden dürfen.

Die neue **Versicherungsvertriebs-RiLi** (2016/97/EU, dazu Rdn. 3) normiert die in § 6 vorgesehenen Pflichten in etwas anderer Art und Weise als die Vorgänger-RiLi, wenn auch eine Pflicht zur Ermittlung der Wünsche und Bedürfnisse des Kunden sich ebenso wiederfindet (Art. 20 I Unterabs. 1) wie eine Pflicht zur Übermittlung der Unterlagen (Art. 23). Im Übrigen sind dem VN die Informationen zu geben, die ihm eine wohlinformierte Entscheidung ermöglichen (Art. 20 I, IV). Beratungspflichten statuiert die RiLi nicht. Sie unterscheidet aber zwischen einem Vertrieb mit und ohne Beratung und sieht für den Fall, dass eine Beratung stattfindet, bestimmte Pflichten vor (z.B. in Art. 20 I Unterabs. 3, Art. 20 III). Im Rahmen der geschilderten Vorgaben macht die RiLi keine Ausnahme für den Fernabsatz, und zwar weder für Vermittler noch für Versicherer. Soweit die Pflichten des § 6 daher in der neuen Richtlinie zwingend vorgegeben sind, kommt eine Ausnahme für den Fernabsatz künftig nicht mehr in Betracht.⁹⁸

VI. Verhältnis zu den Pflichten des Vermittlers nach §§ 61–63

1. Fragestellung

37 Nach bisher geltendem Recht trafen vorvertragliche Aufklärungspflichten aus §§ 311 II, 241 II BGB i.d.R. nur den VR als Vertragspartner. Soweit dieser sich eines Versicherungsvertreters bediente, wurden ihm dessen Pflichtverletzungen nach § 278 BGB zugerechnet.⁹⁹ Allenfalls in den seltenen Sonderfällen des § 311 III BGB, wenn der Vertreter in besonderer Weise für sich Vertrauen in Anspruch nahm, kam eine eigene Haftung des Vertreters in Betracht, die grundsätzlich neben diejenige des VR trat. Man sah beide bei ihrer Haftung auf Schadensersatz als Gesamtschuldner an.¹⁰⁰

38 §§ 61, 62 sehen nun **eigene Pflichten des Vermittlers** zur Befragung, Beratung, Dokumentation und Übermittlung vor. Auch hier geht die Literatur vom Bestehen einer Gesamtschuld zwischen VR und Versicherungsvertreter aus.¹⁰¹ Die Regierungsbegründung hält fest, der beratende Vertreter erfülle zugleich die Pflicht des VR.¹⁰² Danach kann der Versicherungsvertreter zugleich eigene Pflichten und diejenigen des VR erfüllen. Nach *Spuhl* geht es nicht um Zurechnung nach § 278 BGB, sondern der VR, dessen Vertreter – was ihm nach § 70 zuzurechnen sei – einen erkennbaren Beratungsanlass übersehe, hafte wegen eigener Nichterfüllung der Beratungspflicht.¹⁰³ Allerdings werden nach § 70 nicht die Pflichtverletzung und das Verschulden zugerechnet, so dass man doch § 278 BGB braucht.

39 **Praktische Bedeutung** hat diese Frage nur in den Fällen, in denen ein **Versicherungsvertreter** i.S.v. § 59 III im vorvertraglichen Bereich tätig wird. Denn bei der Vermittlung durch Makler oder Versicherungsberater hat der VR keine Pflichten nach § 6 (s. Abs. 6), und vertragsbegleitende Beratung schuldet nur der VR. Angestellte Vertreter treffen wiederum keine eigenen Pflichten nach §§ 61, 62. **Zusammentreffen** können allerdings die **Haftung des VR** nach §§ 280 I, 311 II, 241 II BGB und die **Haftung eines Maklers**, denn dem VR kann das Verschulden des Maklers dem VR gem. § 278 BGB zugerechnet werden, wenn der Makler als Erfüllungsgehilfe des VR agiert.¹⁰⁴ Das ist unabhängig von der möglichen Selbständigkeit des Maklers und von seiner Tätigkeit für den VN der Fall, wenn der Makler mit Wissen und Wollen des VR Aufgaben übernimmt.

2. Vorliegen einer Gesamtschuld

40 Eine **Gesamtschuld** kann sich, da § 431 BGB nicht eingreift und eine anderweitige gesetzliche Anordnung fehlt, nur aus dem allgemeinen Tatbestand des § 421 BGB ergeben. Danach liegt eine Gesamtschuld vor, wenn mehrere eine Leistung in der Weise schulden, dass jeder die ganze Leistung zu bewirken verpflichtet, der Gläubiger die Leistung aber nur einmal zu fordern berechtigt ist. Nach §§ 6 I, II, 61, 62 schulden **VR und Versicherungsvertreter** dem VN Befragung, Beratung, Angabe von Gründen sowie Dokumentation und Übermittlung. Eine nur subsidiäre Haftung eines Schuldners liegt nicht vor. **Mehrere Schuldner** sind VN und Vertreter auch im Fall des Ausschließlichkeitsvermittlers, für den der VR uneingeschränkt die Haftung übernommen hat (§ 34d IV GewO), da der Vertreter von seiner Haftung gegenüber dem VN dadurch nicht

---

97 *Funck* VersR 2008, 163, 165; dazu tendierend auch *Boslak* VW 2008, 636, 638; a.A. *Franz* VersR 2008, 298, 299; dagegen auch *Schwintowski* VersR 2015, 1062, 1067; *ders.* ZfV 2014, 356 und *ders.* VuR 2014, 370, 372.
98 So auch *Schwintowski* VuR 2014, 370, 372.
99 BGH VersR 1987, 147, 148 f.
100 Vgl. MünchKommBGB/*Emmerich*, § 311 Rn. 174.
101 HK-VVG/*Münkel*, § 6 Rn. 3; PK/*Ebers*, § 6 Rn. 11; Marlow/*Spuhl*, Rn. 78; *Langheid* NJW 2007, 3665, 3666; *Werber* VersR 2007, 1153, 1154 und VersR 2008, 285 ff.; *Michaelis* ZfV 2010, 215, 217.
102 Begr. RegE BT-Drucks. 16/3945 S. 58.
103 Marlow/*Spuhl*, Rn. 78, 79.
104 BGH r+s 2013, 117, 118; BGH VersR 2012, 1237, 1241 Rn. 51; OLG Karlsruhe VersR 2012, 1017, 1019; OLG Dresden BeckRS 2011, 02249 unter B. III. 2. b aa der Gründe.

freigestellt ist. Sie schulden auch **eine Leistung**, da dasselbe Interesse des Gläubigers befriedigt wird.[105] Die Schuld jedes einzelnen muss **auf das Ganze** gerichtet sein, was zu bejahen ist, da Teilleistungen zwar denkbar, aber nicht sinnvoll sind. Schließlich kann der VN die Erfüllung auch **nur einmal verlangen**;[106] eine zweifache Beratung ist nicht geschuldet. Wenn man zudem die **Gleichstufigkeit** der Pflichten verlangt,[107] ändert das am Ergebnis nichts, weil weder VR noch Vermittler nur sekundär verpflichtet sind in dem Sinne, dass er nur Vorschuss zu leisten hätte und den anderen in Regress nehmen könnte.[108] Der VR steht zwar als Vertragspartner dem VN näher, aber den Vertreter trifft eine gleichwertige gesetzliche Pflicht.

3. Rechtsfolgen

Die **Erfüllung** eines Gesamtschuldners wirkt nach § 422 I 1 BGB auch für den anderen. Praktisch wird das i.d.R. in der Weise erfolgen, dass der Versicherungsvertreter seine Pflichten aus §§ 61, 62 erfüllt. Da er zugleich als Erfüllungsgehilfe des VR handelt, wäre diese Erfüllungswirkung auch ohne § 422 I 1 BGB anzunehmen. 41

Pflichtverletzungen des Vertreters führen zu Schadensersatzansprüchen gegen diesen (§ 63) und gegen den VR (§ 6 V), dem das Verhalten des Vertreters nach § 278 BGB zuzurechnen ist.[109] Der Anwendung des **§ 278 BGB** steht nicht entgegen, dass der Vertreter zugleich eine eigene Pflicht gegenüber dem VN erfüllen will.[110] Anerkannt ist in der Rspr., dass die Eigenschaft als Erfüllungsgehilfe nicht daran scheitert, dass dieser zugleich eine Pflicht gegenüber einem Dritten erfüllen will.[111] Ebenso ist unschädlich, dass er auch eine eigene Pflicht gegenüber dem Gläubiger erfüllen will. Sinn und Zweck des § 278 BGB sind es, den Gläubiger, der die Vorteile der Arbeitsteilung in Anspruch nimmt, auch deren Nachteile tragen zu lassen. Das spricht dafür, dass § 278 BGB auch dann anwendbar bleibt, wenn der Handelnde dem Gläubiger in einer Doppelrolle als Erfüllungsgehilfe und als selbst Verpflichteter gegenübersteht. Auch **§ 425 I BGB** führt zu keinem anderen Ergebnis. Pflichtverletzungen eines Gesamtschuldners wirken nach § 425 I BGB nur zu seinen Lasten (Einzelwirkung), soweit sich nicht aus dem Schuldverhältnis etwas anderes ergibt. Der Agenturvertrag zwischen VR und Versicherungsvertreter ergibt, dass der Vertreter hinsichtlich der Beratungspflichten als Erfüllungsgehilfe des VR handelt, unabhängig davon, dass er zugleich seine eigene Pflicht aus §§ 61, 62 erfüllt. Der VR muss sich daher das Verschulden seines Agenten gemäß § 278 BGB zurechnen lassen. Die Einzelwirkung des § 425 I BGB ist insofern modifiziert.[112] Für dieses Ergebnis spricht, dass die §§ 61, 62 nichts an der bisherigen Haftung des VR für Beratungsfehler des Vermittlers ändern sollten – der VN würde dadurch schlechter gestellt –, sondern dass sie dem VN einen zusätzlichen Schuldner geben sollten. Hat der VR die Haftung für den Vermittler übernommen, wie im Fall des § 34d IV GewO, liegt ebenfalls eine abweichende Bestimmung i.S.v. § 425 I BGB vor.[113] 42

Eine **Pflichtverletzung des VR** hat dagegen Einzelwirkung nach § 425 I BGB, da hier das Schuldverhältnis nichts Abweichendes bestimmt. 43

Zur Wirkung eines **Verzichts** des VN s. Rdn. 114 ff. 44

VII. Überblick über den Tatbestand

Abs. 1 normiert in Satz 1 drei Pflichten des VR: Er muss den VN befragen, beraten und die Gründe für den erteilten Rat angeben. Als vierte Pflicht sieht Satz 2 vor, dass »dies«, d.h. das Wahrnehmen der genannten drei Pflichten, zu dokumentieren ist. **Abs. 2** verpflichtet den VR, dem VN Rat und Gründe in Textform zu übermitteln (Satz 1) und sieht hiervon Ausnahmen mit nachträglicher Übermittlungspflicht (Satz 2 i.V.m. Satz 3 Hs. 1) sowie Ausnahmen ohne eine solche (Satz 3 Hs. 2) vor. **Abs. 3** regelt die Möglichkeit eines Verzichts. **Abs. 4** begründet für die Zeit nach Vertragsabschluss die vertragsbegleitende Pflicht des VR zu Nachfrage und Beratung. **Abs. 5** ist Anspruchsgrundlage für Schadensersatzansprüche des VN gegen den VR. In **Abs. 6** ist die Geltung der vorhergehenden Absätze für drei Fälle ausgeschlossen: Großrisiken i.S.v. § 210 II, von Maklern vermittelte Verträge und Verträge im Fernabsatz. 45

---

105 MünchKommBGB/*Bydlinsky*, § 421 Rn. 5; Staudinger/*Looschelders* (2012), § 421 Rn. 17.
106 *Schaaf/Winkens* VersR 2016, 360 f.
107 Dagegen zu Recht *Reinicke/Tiedtke*, Gesamtschuld und Schuldsicherung, 2. Aufl. 1988, S. 23 f.
108 Vgl. die Definition der fehlenden Gleichstufigkeit bei Staudinger/*Looschelders* (2012), § 421 Rn. 27.
109 OLG München VersR 2012, 1292, 1295.
110 A.A. *Kins*, S. 83 (dort Fn. 304).
111 BGHZ 13, 114.
112 So auch *Werber* VersR 2008, 285, 287 f.
113 *Werber* VersR 2008, 285, 286.

B. Befragungs-, Beratungs- und Angabepflichten nach Abs. 1 Satz 1
I. Überblick
1. Befragungspflicht

46 Abs. 1 Satz 1 ist unbeholfen formuliert.[114] Tatbestandsvoraussetzungen und Rechtsfolgen dreier verschiedener Pflichten – zur Befragung, zur Beratung und zur Angabe von Gründen – sind in verschiedenen Halbsätzen ineinander verschachtelt. Ordnet man diese, so ergibt sich, dass der **Tatbestand der Befragungspflicht** voraussetzt: (1) die Beteiligung eines VR und eines VN, (2) Verhandlungen über einen Versicherungsvertrag, was in den Worten »die angebotene Versicherung« nur unzureichend zum Ausdruck kommt, und (3) einen erkennbaren[115] Anlass zur Befragung, der sich aus der Schwierigkeit, die angebotene Versicherung zu beurteilen, oder aus der Person und Situation des VN ergeben kann. **Rechtsfolge** des Abs. 1 Satz 1 ist zunächst die Pflicht, den VN nach seinen Wünschen und Bedürfnissen zu befragen.

2. Beratungspflicht

47 Der **Tatbestand der Beratungspflicht** ist mit dem der Befragungspflicht hinsichtlich der soeben unter (1) und (2) genannten Voraussetzungen identisch, setzt aber (3) einen erkennbaren Anlass gerade zur Beratung voraus. Zudem ist (4) die Beratungspflicht anders als die Befragungspflicht abhängig von dem Verhältnis zwischen Beratungsaufwand und Prämie. **Rechtsfolge** ist die Pflicht zur Beratung des **VN**. Der **Bezugsberechtigte**[116] oder der **Versicherte** muss nicht beraten werden. In der echten Gruppenversicherung ist daher nur der VN (Gruppenspitze) zu beraten, nicht auch alle versicherten Personen.[117] Das ist vor allem für die Restschuldgruppenversicherung jüngst in die Diskussion gekommen, bei der die Bank die Versicherung abschließt und die Kreditnehmer beitreten. Es wird als unbefriedigend angesehen, dass der besonders schutzwürdige Kreditnehmer keinen Schutz durch Beratungs- und Informationspflichten genießt, sondern nur die Bank, die letztlich die Versicherung in ihrem eigenen Interesse abschließt.[118] Ein Vorschlag lautet, dass das Kreditinstitut seinen Kreditnehmer analog § 61 I beraten müsse, weil es ähnlich auftrete wie ein Versicherungsvermittler.[119] Nach anderer Auffassung ergibt sich die Beratungspflicht aus § 241 II BGB.[120] Tatsächlich können unabhängig von § 6 Beratungspflichten oder Hinweispflichten des VR gegenüber den versicherten Personen einer Gruppenversicherung bestehen, so etwa, bevor eine Lebensversicherung beim Prämienverzug des Arbeitgebers gekündigt wird.[121]

3. Pflicht zur Angabe von Gründen für erteilten Rat

48 Schließlich enthält Abs. 1 Satz 1 a.E. die Pflicht, die Gründe für jeden erteilten Rat anzugeben. **Tatbestandsvoraussetzung** ist das Erteilen eines Rates. Fraglich ist, ob die Angabepflicht ebenfalls anlassabhängig sein soll, ob also der Tatbestand insofern auch, wie die Befragung und Beratung, einen Anlass voraussetzt. Dagegen spricht, dass jeder erteilte Rat zu begründen ist. Die Materialien betonen ebenfalls die Notwendigkeit, jeden Rat zu begründen, sehen den Umfang der notwendigen Angaben aber abhängig von der Vielschichtigkeit und Verständlichkeit des Versicherungsprodukts.[122] Daher setzt die Pflicht zur Angabe der Gründe tatbestandlich keinen Anlass voraus – jeder tatsächlich erteilte Rat ist zu begründen. Ebenfalls unklar ist, ob die Pflicht zur Angabe der Gründe auch von dem Verhältnis zwischen Beratungsaufwand und Prämie abhängt. Der entsprechende Einschub könnte sprachlich entweder nur die Beratungspflicht oder zugleich die Pflicht zur Angabe der Gründe betreffen. Die Materialien sprechen für ersteres, da sie für die Angabepflicht nicht auf dieses Kriterium Bezug nehmen. Da »jeder« Rat zu begründen ist, lässt auch der Wortlaut des Abs. 1 Satz 1 a.E. eher die Annahme zu, dass die Einschränkung nicht gelten soll. Außerdem würde das Merkmal sonst doppelt berücksichtigt: zunächst bei der Beratungspflicht und dann erneut bei der Frage, welche Gründe für den Rat anzugeben sind. **Rechtsfolge** des Abs. 1 Satz 1 a.E. ist, dass die Gründe für den erteilten Rat anzugeben sind.

4. Neuerungen der Versicherungsvertriebs-RiLi

49 Die neue **Versicherungsvertriebs-RiLi** (2016/97/EU, dazu Rdn. 3) normiert in Art. 20 I Unterabs. 1 die Pflicht des Versicherungsvertreibers, vor Abschluss eines Versicherungsvertrags anhand der vom Kunden stammenden Angaben dessen **Wünsche und Bedürfnisse zu ermitteln**. Diese Pflicht deckt sich weitgehend mit der Befragungspflicht nach § 6. Ein Unterschied könnte daran liegen, dass die Befragungspflicht einen

---

114 *Dörner/Staudinger* WM 2006, 1710, 1711.
115 Zu dieser ungeschriebenen Voraussetzung s. Rdn. 70 ff.
116 OLG Hamm r+s 2014, 419 (zu §§ 42e, 42c VVG a.F.).
117 L/W/*Armbrüster*, § 6 Rn. 17; a.A. *Küster* VersR 2010, 730, 731.
118 *Brömmelmeyer* VersR 2015, 1460, 1462.
119 *Brömmelmeyer* VersR 2015, 1460, 1467.
120 *Schneider* VersR 2014, 1295, 1298; so auch L/W/*Armbrüster*, § 7 Rn. 16.
121 OLG Düsseldorf VersR 2003, 627.
122 Begr. RegE BT-Drucks. 16/1935 S. 24.

nicht näher definierten Anlass voraussetzt, während die Ermittlungspflicht sich allein aus den Angaben des Kunden ergibt.[123] Insofern geht Befragungspflicht nach deutschem Recht weiter, weil sie sich aus objektiven Umständen ergeben kann, die der Kunde aber nicht angibt. So ist zu § 6 immer wieder diskutiert worden, ob der Vermittler auf bestimmte objektive Gegebenheiten etwa im Haus des VN reagieren muss, indem er auf einen bestimmten Versicherungsbedarf hinweist, auch wenn der VN keinerlei Überlegungen in dieser Hinsicht anstellt. Die RiLi verlangt das auch künftig nicht, erlaubt aber national strengeres Recht.

Art. 20 I Unterabs. 1 Versicherungsvertriebs-RiLi verlangt des Weiteren, dass dem Kunden **objektive Informationen** über das Versicherungsprodukt in einer verständlichen Form **erteilt werden**, damit der Kunde eine wohlinformierte Entscheidung treffen kann. Diese Anforderung ist sowohl gegenüber der früheren Versicherungsvermittlungs-RiLi als auch gegenüber dem deutschen Recht jedenfalls teilweise neu. Sie wird eine Änderung des § 6 erfordern, denn sie ist nicht deckungsgleich mit der Übermittlungspflicht nach § 6 II, die sich nur auf den erteilten Rat und die Gründe hierfür bezieht. Aber auch mit § 7 ist sie nicht identisch, weil dieser sich auf die Vertragsbestimmungen einschließlich der AVB sowie weitere formell festgelegte Informationen bezieht. Auch wenn viele Informationen davon auch objektive Informationen i.S.v. Art. 20 I Unterabs. 1 Versicherungsvertriebs-RiLi sind, geht letzterer darüber hinaus, weil zu diesen Informationen auch solche außerhalb des Versicherungsprodukts selbst gehören können. 50

Eine Beratungspflicht normiert die Versicherungsvertriebs-RiLi nicht (oben Rdn. 4). Art. 20 I Unterabs. 3 Versicherungsvertriebs-RiLi ordnet für den Fall, dass eine Beratung tatsächlich stattfindet, an, dass eine **persönliche Empfehlung an den Kunden** zu richten ist, in der erläutert wird, warum ein bestimmtes Produkt seinen Wünschen und Bedürfnissen entspricht. 51

Art. 30 Versicherungsvertriebs-RiLi enthält weitergehende, in § 6 noch umzusetzende Pflichten beim Vertrieb von **Versicherungsanlageprodukten**. Sie bestehen insbes. darin, dass der Versicherungsvertreiber sich detaillierte **Informationen über den Kunden beschaffen** muss, wenn er ihn berät (Art. 30 I), und dass er zumindest **Kenntnisse und Erfahrungen des Kunden ermitteln** muss, wenn er ihn berät (Art. 30 II Unterabs. 1; Ausnahmen in Art. 30 III). Hinzu kommt im letztgenannten Fall eine **Warnpflicht** vor unangemessenen Produkten (Art. 30 II Unterabs. 2). 52

II. Anlass

Sowohl die Befragungs- als auch die Beratungspflicht setzen einen Anlass voraus, die Pflicht zur Angabe der Gründe setzt keinen Anlass, sondern nur eine vorangegangene Beratung voraus (s. soeben Rdn. 48).[124] Da der Begriff des Anlasses schon gerichtet ist auf etwas Bestimmtes, was veranlasst wird, ist er **nicht ohne Blick auf die Rechtsfolge** – Befragung oder Beratung – **bestimmbar**. Ein Anlass i.S.v. § 6 liegt vor, wenn objektiv Umstände gegeben sind, die es nahe legen, dem VN entweder bestimmte Fragen zu stellen oder ihm eine bestimmte Beratung zu gewähren. Das Tatbestandsmerkmal hat eine wichtige Abgrenzungsfunktion, da es klarstellt, dass der VR, der eine Versicherung anbietet, nicht per se Beratung schuldet;[125] er ist Verkäufer von Versicherungsschutz und wird durch § 6 nicht zum Berater. 53

Als wenig hilfreich erweist sich der Begriff der »**spontanen**« **Beratungspflicht**, die nach h.M. nicht bestehen soll.[126] Er wird überwiegend als Gegenbegriff zur anlassabhängigen Beratungspflicht verwendet, ist aber missverständlich. Denn als »spontane« Pflicht könnte man auch eine solche ansehen, die nicht im Vorhinein anhand konkreter Kriterien gesetzlich festgelegt ist, sondern sich erst aus den besonderen Umständen des Einzelfalles i.V.m. generalklauselartigen gesetzlichen Kriterien ergibt. In diesem Sinne sind die Pflichten des Abs. 1 Satz 1 »spontan«. Setzt man »spontan« aber mit anlassunabhängig gleich, ergibt sich aus Abs. 1 Satz 1, dass es **anlassunabhängige Beratungspflichten nach § 6 nicht gibt**. 54

Die **Versicherungsvertriebs-RiLi** verlangt zwar keinen Anlass für die Ermittlung der Wünsche und Bedürfnisse des VN, aber die Ermittlung muss sich aus den Angaben des Kunden ergeben (zu dem Unterschied gegenüber § 6 s. Rdn. 49). 55

III. Anlassbegründende Tatsachen
1. Überblick

Nach Abs. 1 Satz 1 kann sich der Anlass zu Befragung und Beratung erstens aus der Schwierigkeit, die angebotene Versicherung zu beurteilen, ergeben, und zweitens aus der Person des VN *und* dessen Situation. Der Wortlaut ergibt danach zwei alternative Kriterien, wobei das zweite Kriterium kumulativ zwei Unterkriterien enthält. Nimmt man das Gesetz hier wörtlich, dass der Anlass sich immer aus Person und Situation des VN 56

---

123 Anders Art. 12 III Versicherungsvermittlungs-RiLi, wonach der Vermittler »insbesondere anhand der vom Kunden gemachten Angaben« dessen Wünsche und Bedürfnisse angeben muss.
124 Zur EU-Rechtskonformität der Anlassabhängigkeit s. *Küster* VersR 2010, 730, 731 f.
125 Vgl. *Römer* VersR 2006, 740, 743.
126 OLG Köln VersR 1996, 1265; *Stöbener* ZVersWiss 2007, 465, 468; *Just* VersPrax 2007, 221; P/M/*Rudy*, § 6 Rn. 3; *Armbrüster*, Rn. 722.

ergeben muss,[127] hätte das zur Konsequenz, dass ein in der Person des VN liegendes Merkmal allein, etwa die Äußerung eines Wunsches, nicht als Anlass ausreichen könnte. Umgekehrt würde auch ein aufgrund der Situation gegebener Anlass nicht ausreichen; es wäre stets zu klären, ob auch persönliche Umstände eine Beratung nahe legen.[128] Das war aber sicher nicht gewollt, da man die bisher geltenden c.i.c.-Grundsätze normieren wollte, die ihrerseits eine dahingehende Beschränkung nicht kennen.

57 Die in § 6 genannten **Kriterien**, aus denen sich ein Anlass ergeben kann, sind abschließend formuliert. Sie werden dennoch zu Recht als **nicht abschließend** verstanden.[129] Das wird von den Materialien zu § 61 gestützt, die die drei Kriterien als »beispielhaft« bezeichnen.[130] Auch der Wille der Gesetzesverfasser, die bisherige c.i.c. zu normieren, spricht für diese Auslegung. Ohnehin sind aber die ausdrücklich normierten Kriterien so weit formuliert, dass sich unter sie wohl die meisten relevanten Fälle subsumieren lassen;[131] so wird man etwa die Tatsache, dass der VR den VN abgeworben hat, dessen »Situation« zuschlagen können.[132]

58 Der Formulierung des Abs. 1 Satz 1 lässt sich nicht entnehmen, dass es nur anlassbegründende Umstände geben kann, nicht aber auch Umstände, die einen **Anlass** zur Befragung und Beratung **entfallen lassen**.[133] Vielmehr sind sämtliche Umstände des Einzelfalles heranzuziehen und es ist aufgrund ihrer Gesamtbewertung zu klären, ob sie einen Anlass zur Befragung oder Beratung ergeben.

2. Schwierigkeit, die angebotene Versicherung zu beurteilen

59 Der Anlass kann sich aus der »Schwierigkeit, die angebotene Versicherung zu beurteilen«, ergeben. Der Wortlaut lässt offen, ob damit ein objektiver oder ein subjektiver Maßstab aufgestellt ist. Einerseits scheidet ein rein objektiver Maßstab dahingehend, dass es auf die objektive Schwierigkeit zur Beurteilung eines Produktes ankommt, aus, weil es eine an objektiven Kriterien ausgerichtete Skala der Schwierigkeit der Beurteilung nicht gibt. Da andererseits das Tatbestandsmerkmal »Person des VN« noch folgt, kann es sich auch nicht um einen rein subjektiven Maßstab handeln.[134] Vielmehr kommt es für die Beurteilung der Schwierigkeit auf den **durchschnittlichen VN** und seine Verständnismöglichkeiten an.[135]

60 **Beispiele** für produktbedingte Befragungs- und Beratungsanlässe sind produktspezifische Schwierigkeiten der Berechnung des Versicherungswertes, z.B. beim sog. »Versicherungswert 1914« in der Gebäudeversicherung[136] oder wenn verschiedene Werte in Betracht kommen (Neuwert, Zeitwert, gemeiner Wert). Dann muss über die maßgeblichen Werte und deren Berechnung, insbes. die zeitliche Wertbasis aufgeklärt werden.[137] Auch die Notwendigkeit einer lückenlosen Kombination mehrerer Versicherungsverträge zur Abdeckung verschiedener Risiken kann Anlass für Befragung und Beratung sein.[138] Stets schwierig zu beurteilen sind komplexe Produkte, die Risikoabsicherung und Sparleistungen verbinden, wie etwa die kapitalbildende Lebensversicherung,[139] insbes. fondsgebundene Lebensversicherungen;[140] zur Aufklärung bei **Anlageprodukten** s.o. Rdn. 19 ff. Produkte, die sich erheblich von den bis dahin auf dem deutschen Markt angebotenen Produkten unterscheiden, erfordern gesteigerte Beratung.[141] Auf die sich aus den neu abgeschlossenen Versicherungsverträgen ergebende finanzielle Belastung ist aber nicht besonders hinzuweisen, wenn sie sich ohne weiteres aus den Versicherungsverträgen ergibt und der VN darauf hingewiesen wurde, dass er jederzeit auf eine Anpassung der Versicherungssumme verzichten kann.[142] Der VR muss die Prämien nicht mit dem Einkommen des VN abgleichen, wenn die Prämien ohne weiteres durch Addition ermittelt werden können.[143] Bei einer Rentenversicherung ist auf den Verlust des Restkapitals bei Ableben des VN vor Ablauf der Rentengarantiezeit hinzuweisen.[144] Die vom allgemein Üblichen abweichende Gestaltung bei Nettopolicen erfordert Beratung über die Folgen für die Provisionszahlungspflicht und das Schicksal der eingezahlten Prämien.[145] Die substi-

---

127 So *Reiff* VersR 2007, 717, 725 Fn. 77; *Just* VersPrax 2007, 211, 224.
128 So das Beispiel bei *Just* VersPrax 2007, 221, 224.
129 *Stöbener* ZVersWiss 2007, 465, 469; *Küster* VersR 2010, 730, 731; zweifelnd P/M/*Rudy*, § 6 Rn. 6.
130 Begr. RegE BT-Drucks. 16/1935 S. 24.
131 So auch P/M/*Rudy*, § 6 Rn. 6 (jeder Anlass sei zumindest in der Person oder der Situation des VN begründet).
132 Anders wohl *Stöbener* ZVersWiss 2007, 465, 469.
133 So aber wohl *Armbrüster*, Münsteraner Reihe Bd. 110, S. 5, wonach Vorwissen des VN einen Beratungsanlass nicht entfallen lassen kann.
134 So zu Recht *Armbrüster*, Münsteraner Reihe Bd. 110, S. 5; a.A. (subjektiver Maßstab) *Just* VersPrax 2007, 221, 224.
135 *Armbrüster*, Münsteraner Reihe Bd. 110, S. 7.
136 BGH r+s 2011, 250, 251; VersR 1989, 472, 473.
137 OLG Koblenz VersR 1997, 1226, 1227.
138 OLG Köln VersR 1994, 342 f.
139 BGH VersR 1998, 1093 f.; BGH VersR 1989, 596 f.
140 S. LG Düsseldorf VersR 2010, 1205, 1206 zur Aufklärung über die Risiken in diesen Fällen.
141 OLG Stuttgart VersR 2013, 482, 483; kritisch *Langheid/Müller-Frank* NJW 2013, 2329.
142 OLG Frankfurt (Main) VersR 2001, 1542, 1543.
143 OLG Frankfurt (Main) VersR 2001, 1542, 1543; anders in einem etwas anders gelagerten Fall OLG Karlsruhe, Urt. v. 29.05.2007, 15 U 68/04, BeckRS 2008, 02355.
144 OLG Oldenburg VersR 1998, 220, 222; B/M/*Schwintowski*, § 6 Rn. 11.
145 LG Saarbrücken VersR 2013, 759, 760 f.

tutive Krankenversicherung verlangt als Produkt per se intensive Befragung und Beratung. **Keine besonderen Schwierigkeiten** bereiten die Haftpflicht- und die Kaskoversicherung von Kraftfahrzeugen, da es sich um Standardprodukte im Massengeschäft handelt.[146]

3. Person des VN

Ob ein Anlass zur Beratung besteht, hängt auch von den **Eigenschaften** des VN ab, wie etwa geschäftlicher, insbes. versicherungsrechtlicher Unerfahrenheit, die z.B. bei jungen VN häufig vorliegen wird.[147] Werden Minderjährige beim Vertragsabschluss jedoch von einem gesetzlichen Vertreter vertreten, ist auf dessen Verständnismöglichkeiten abzustellen.[148] Auch der Bildungshintergrund spielt eine Rolle, so dass z.B. gegebenenfalls auf einen durchschnittlichen Erwachsenen mit akademischer Ausbildung abgestellt werden kann.[149] Zu berücksichtigen sind auch schlechte Sprachkenntnisse des VN[150] oder ein hohes Alter, das die Reaktions- und Aufnahmefähigkeit beeinträchtigt. In der Krankenversicherung können das Lebensalter und/oder die bereits vorhandenen Vorerkrankungen einen Anlass begründen, auf Schwierigkeiten beim Abschluss einer Krankenversicherung mit anderen VR hinzuweisen.[151] Zur Person des VN kann man des Weiteren sein **Verhalten** rechnen, also z.B. Wünsche wie etwa derjenige nach umfassendem Versicherungsschutz[152] oder Fragen und Äußerungen, aber auch etwa die Verweigerung von Auskünften, die den Beratungsanlass für bestimmte Punkte entfallen lassen kann.[153] Vielfach heißt es, wenn der VN einen »klar artikulierten, festabgegrenzten Wunsch« äußere, sei der VR regelmäßig nicht zur Befragung oder Beratung über diesen Wunsch hinaus verpflichtet.[154] Dem ist nur zu folgen, wenn in dem Wunsch zum Ausdruck kommt, dass naheliegende Alternativen (z.B. Vollkasko statt Teilkasko-Versicherung bei fremdfinanziertem Auto) bedacht wurden. Auch die **Vorstellungen und Kenntnisse** des VN sind zu berücksichtigen. So erfordern Fehlvorstellungen des VN, auch wenn es ungewöhnliche, d.h. sonst i.d.R. nicht vorkommende Fehlvorstellungen sind,[155] eine Richtigstellung durch den VR, z.B. wenn der VN sich beim Versicherungswert verschätzt[156] oder eine Tätigkeit für mitversichert hält, auf deren Versicherung er erkennbar Wert gelegt hat.[157] Wählt der VN aus erkennbar mangelnden versicherungsrechtlichen oder versicherungstechnischen Kenntnissen nicht die für ihn zweckmäßigste Vertragsgestaltung, muss der VR den VN darüber aufklären.[158]

Umstritten ist, ob **Vorwissen**, Vorbildung oder Vorkenntnisse des VN die Beratungspflicht entfallen lassen können. Z.T. wird das mit der Begründung abgelehnt, dass sich aus der Person des VN nach dem Gesetzeswortlaut nur ein Beratungsanlass ergeben könne, nicht aber der Wegfall eines objektiv gegebenen Anlasses.[159] Auch im Rahmen der »Schwierigkeit, die angebotene Versicherung zu beurteilen«, komme es nur auf den objektiven Maßstab an.[160] Der VR könne auf das Vorwissen des VN nur so reagieren, dass er ihm einen Verzicht nahe lege. Nach a.A. ist Vorwissen schon deshalb zu berücksichtigen, weil Abs. 1 Satz 1 Person und Situation des VN kumulativ nennt, so dass die Zusammenschau beider Merkmale ergeben kann, dass die Situation zwar eine Beratung erfordert, die Person aber nicht, so dass es insgesamt an einem Anlass fehle.[161]

Allerdings bedarf es dieser Begründung nicht, um Vorwissen des VN berücksichtigen zu können. Nach dem oben Gesagten (Rdn. 58) sind **sämtliche Umstände des Einzelfalles** in einer Gesamtschau zu würdigen, wenn das Vorliegen eines Anlasses geprüft wird. Schon deshalb können **Vorwissen und Kenntnisse** des VN den Anlass entfallen lassen.[162] Das war im Übrigen in der bisherigen Rspr. anerkannt,[163] die durch § 6 insofern nicht geändert werden sollte. So können z.B. allgemeine wirtschaftliche Kenntnisse des VN die Annahme rechtfertigen, er sei in der Lage zu beurteilen, ob die abgeschlossene Lebensversicherung seine finanziellen Verhältnisse übersteigt.[164] Grundsätzlich gilt, je höher die Vorbildung des VN ist, desto weniger braucht der

---

146 OLG Hamm VersR 2010, 1215, 1216.
147 OLG Koblenz VersR 1997, 1226, 1228.
148 LG Düsseldorf VersR 2010, 1205.
149 LG Düsseldorf VersR 2010, 1205.
150 Vgl. BGH NJW 1963, 1978, 1979; RGZ 66, 275, 276 f. (für nicht des Lesens kundigen VN); *von Gierke*, Versicherungsrecht unter Ausschluß der Sozialversicherung, Zweite Hälfte, 1947, S. 122.
151 Vgl. LG Stuttgart VersR 2002, 835, 836.
152 OLG Köln VersR 1996, 1265.
153 Begr. RegE BT-Drucks. 16/1935 S. 25 linke Spalte oben.
154 OLG Hamm VersR 2010, 1215, 1216; VersHb/*Reiff*, § 5 Rn. 169.
155 *Armbrüster*, Münsteraner Reihe Bd. 110, S. 7.
156 OLG Hamm VersR 1992, 49, 50.
157 OLG Düsseldorf VersR 1998, 224.
158 BGH VersR 1981, 621; LG Saarbrücken VersR 2014, 317, 320; VersR 2013, 759, 760.
159 *Armbrüster*, Münsteraner Reihe Bd. 110, S. 7.
160 *Armbrüster*, Münsteraner Reihe Bd. 110, S. 7.
161 *Just* VersPrax 2007, 221, 224.
162 *Just* VersPrax 2007, 221, 224; FAKomm-VersR/*Schneider/Reuter-Gehrken*, § 6 Rn. 24; differenzierend P/M/*Rudy*, § 6 Rn. 7; *Boslak/Fleck/Lahmsen* ZfV 2015, 419, 420.
163 OLG Köln VersR 2012, 472, 473; vgl. die Nachweise bei *Schirmer* r+s 1999, 133, 137.
164 OLG Frankfurt (Main) VersR 2001, 1542, 1543; anders P/M/*Rudy*, § 6 Rn. 7, der spezifische Sachkunde verlangt.

VR oder sein Agent zu befragen und zu beraten.[165] Der Anlass zur Befragung und Beratung kann auch entfallen, wenn der VN sachverständige Beratung durch Dritte erhält,[166] wenn er aufgrund vorhergehender Vertragsabschlüsse mit dem VR über bestimmte Fragen, hier die Unterschiede zwischen Teilkasko- und Vollkaskoversicherung, schon informiert war[167] oder wenn er selbst Versicherungskaufmann ist und durch Lektüre der AVB erkenne konnte, dass er eine Erhöhung des Krankentagegelds hätte verlangen können.[168]

4. Situation des VN

64   Die Situation des VN erfasst seine **Beziehungen zur Außenwelt** (z.B. Familiensituation, Beruf, Hobbies), soweit sie für das zu versichernde Risiko von Bedeutung sind. Aktuelle oder drohende schwerwiegende Lebenseinschnitte beim VN können, je nach Versicherungssparte, eine Rolle spielen, wie etwa Verlust des Arbeitsplatzes, Scheidung, Todesfälle in der Familie. Kommt es dem VN neben der eigenen Absicherung auch auf diejenige seiner Kinder an, ist bei der Rentenversicherung darauf hinzuweisen, dass die Absicherung des Kindes regelmäßig mit Vollendung des 25. Lebensjahres endet.[169] Auch besondere berufliche Anforderungen sind zu berücksichtigen, etwa häufige Auslandsreisen. Ergibt sich aus den Umständen, dass der VN möglicherweise mit dem Auto in die Türkei fahren will, ist auf die Europaklausel hinzuweisen.[170] Ein Anlass zur Aufklärung besteht auch, wenn der Versicherungsvertreter den Öltank bei einer Hausbesichtigung sieht und der vorhandene Hausrat- und Haftpflichtversicherungsvertrag nicht ausreicht, um das Risiko des Öltanks zu decken.[171] Die Tatsache allein, dass das zu versichernde Auto fremdfinanziert ist (ohne sicherungsübereignet zu sein), erfordert nicht den Hinweis, dass eine Vollkaskoversicherung geboten sei, insbes. dann nicht, wenn die Finanzierungsbedingungen das gar nicht verlangen.[172]

65   Auch die **Situation eines vom VN verschiedenen Versicherten** (s. § 43 I) kann Anlass zu Befragung und Beratung sein, z.B. diejenige des Bezugsberechtigten in der Lebensversicherung. Das folgt schon daraus, dass § 6 I die anlassbegründenden Kriterien nicht abschließend aufzählt (s. Rdn. 57).

5. Weitere Kriterien

66   Mit der Abschaffung des Policenmodells stellt sich die Frage nach der **Bedeutung der AVB** für die Befragungs- und Beratungspflichten neu. Denn der VN erhält die AVB nun regelmäßig vor der Abgabe seiner Vertragserklärung. Die Gestaltung der AVB ist daher ebenfalls zur Beurteilung des Befragungs- und Beratungsanlasses heranzuziehen. Dem lässt sich heute nicht mehr entgegenhalten, die AVB dienten nicht der Information des VN, sondern der Rationalisierung des Vertragsschlusses.[173] Denn nach § 7 sind die AVB dem VN deshalb vor der Abgabe seiner Vertragserklärung mitzuteilen, damit er sich über das angebotene Produkt informieren kann. Wenn die AVB in dem betreffenden Punkt klar und eindeutig gefasst sind, kann das eine Befragungs- und Beratungspflicht entfallen lassen. Ist der VN ein Verbraucher, kann zunächst das Produktinformationsblatt gem. § 4 VVG-InfoV den VR hinsichtlich seiner Pflichten aus § 6 entlasten. Inwieweit auch bei Verbrauchern die AVB selbst die Pflichten aus § 6 entfallen lassen können, hängt vom Einzelfall ab. Verweist das Produktinformationsblatt auf eine wichtige Bestimmung in den AVB, wird man von dem VN eine Lektüre verlangen müssen. Aber auch sonst entlastet das Produktinformationsblatt den VN nicht davon, die AVB zu lesen. Denn das Blatt muss nach § 7 V 2 Hs. 2 VVG-InfoV den Hinweis enthalten, dass es nicht abschließend ist.

67   Allerdings entbinden AVB dann nicht von der Beratung, wenn der VN sich erkennbar über den Umfang des Versicherungsschutzes irrt, obwohl die AVB eindeutig sind. Bei unterlassener Befragung und Beratung wird dann aber der Schadensersatzanspruch des VN aus § 6 V i.d.R. aufgrund eines erheblichen Mitverschuldens des VN stark zu kürzen sein.[174]

68   **Eigenes Verhalten des VR oder seines Vertreters** kann ebenfalls Anlass zur Beratung geben. So z.B., wenn der VR eigens einen sachkundigen Mitarbeiter zur Feststellung des Versicherungswertes zur Verfügung gestellt hat, über den Versicherungswert zu beraten.[175] Die Tatsache, dass der VR den VN einem anderen VR abwirbt, bringt gesteigerte Beratungspflichten mit sich.[176]

69   Auch die konkrete **Verkaufssituation**, in der der VN die Versicherung abschließt, ist bei der Beurteilung des Anlasses mit heranzuziehen.[177] Denn es sind Vertragsanbahnungssituationen denkbar, in denen der Kunde

---

165 OLG Düsseldorf VersR 1998, 845, 846 (VN war Marketingdirektor).
166 OLG Oldenburg VersR 1993, 1226.
167 OLG Hamm VersR 2010, 1215.
168 LG Dortmund ZfS 2015, 154, 156.
169 OLG Naumburg VersR 2016, 988 f.
170 OLG Koblenz ZfS 1998, 261.
171 OLG Köln VersR 1993, 1385.
172 LG Dortmund Urt. v. 22.04.2009, 22 O 194/07, Juris Rn. 27, bestätigt in OLG Hamm VersR 2010, 1215.
173 So wohl auch *Stöbener* ZVersWiss 2007, 465, 470.
174 BGH NJW 1963, 1978, 1980.
175 OLG Hamm VersR 1992, 49, 50.
176 *Stöbener* ZVersWiss 2007, 465, 469.
177 So auch *F. Baumann*, Münsteraner Reihe Bd. 110, S. 37.

nach den gesamten Umständen nicht mit einer Beratung rechnet, sondern ein Standardprodukt in der Erwartung erwirbt, dass es für den Normalfall den passenden Versicherungsschutz bietet, und dass er ein solcher Normalfall sei. Ein beratungsloser Verkauf von Versicherungen ist daher, weiterhin möglich, aber, abgesehen von den Fällen des Fernabsatzes (Abs. 6 Fall 3), selten praktisch.[178]

IV. Erkennbarkeit des Anlasses als ungeschriebenes Tatbestandsmerkmal

Nach seinem Wortlaut verlangt Abs. 1 Satz 1 für die vorvertragliche Befragung und Beratung einen Anlass, Abs. 4 Satz 1 für die vertragsbegleitende einen erkennbaren Anlass.[179] Daraus ist in der Literatur gefolgert worden, die Erkennbarkeit sei im letztgenannten Fall Voraussetzung für das Entstehen der Pflicht mit der Folge, dass die Beweislast für Erkennbarkeit beim VN liegt, im ersten Fall dagegen erst im Verschulden zu prüfen, mit der Beweislast für fehlende Erkennbarkeit beim VR (Abs. 5 Satz 2).[180] Die vorvertragliche Beratungspflicht des Abs. 1 entstünde dann schon mit dem objektiv vorliegenden Beratungsanlass, ohne dass dieser erkennbar wäre. 70

Dieser Unterschied wäre damit begründbar, dass der VR sich vor Vertragsschluss um das Erkennen des Anlasses bemühen muss, nachher aber nur noch erkennbare Anlässe verfolgen muss. Die Materialien ergeben aber eindeutig, dass auch die vorvertragliche Beratungspflicht nur bei erkennbarem Anlass bestehen sollte.[181] Das entspricht der bisherigen Judikatur[182] sowie vor allem auch allgemeinen Grundsätzen der c.i.c.[183] Es ist daher für das Entstehen der Pflicht ein erkennbarer Anlass zu verlangen.[184] Dessen Vorliegen muss der VN beweisen. Maßgeblich ist die objektive Erkennbarkeit in der betreffenden Situation. 71

Aus der unterschiedlichen Formulierung (Anlass und erkennbarer Anlass) wird z.T. gefolgert, dass die **Initiativlast** unterschiedlich verteilt sei: Bei der Vertragsanbahnung trage sie der VR; er habe von sich aus den VN zu befragen. Während der Vertragslaufzeit dagegen trage der VN die Initiativlast: er müsse die Initiative ergreifen, wenn er die Pflichten des VR entstehen lassen wolle.[185] Gegen diese Interpretation spricht, dass vor und während des Vertrages ein Anlass zur Befragung und Beratung erforderlich, aber auch genügend ist. Auch in der Anbahnungsphase hängt die Befragungspflicht von einem Anlass ab. Gibt der VN in keiner Weise zu erkennen, dass er hinsichtlich eines Standardproduktes Fragen hat, trifft den VR auch keine »Initiativlast«. Umgekehrt trifft sie den VN im Falle des Abs. 4 dann nicht, wenn ein Anlass für Nachfrage und Beratung besteht. Vielmehr dürfte die Initiativlast eher so verteilt sein, dass tendenziell der VR solche Fragen stellen muss, die sich aus der Schwierigkeit des Produkts ergeben, während der VN dem VR von nicht erkennbaren, vertragsrelevanten Umständen in seiner Person und Situation Kenntnis verschaffen muss, die dann gegebenenfalls weitere Befragung oder Beratung veranlassen. Vertragsbegleitend spielen die dem VR obliegenden Fragen und Beratungen, die sich aus der Schwierigkeit des Produkts ergeben, i.d.R. allenfalls noch eine Rolle bei der Schadensabwicklung. Bei Vertragsabschluss spielen alle Aspekte eine Rolle. Insofern lässt sich die oben genannte These mit der Abweichung halten, bei Abs. 1 trage öfter der VR, bei Abs. 4 öfter der VN die Initiativlast. 72

V. Berücksichtigung eines angemessenen Verhältnisses zwischen Beratungsaufwand und Prämie

1. Dogmatische Einordnung

Der Wortlaut des Abs. 1 macht es nicht leicht, diesen Teil der Norm zu verstehen. Klar ist nach dem Wortlaut allein, dass **nur die Beratungs-, nicht die Befragungspflicht** es erfordert, das Verhältnis zwischen Beratungsaufwand und Prämie zu berücksichtigen. Die Auslegung ergibt außerdem, dass auch die Pflicht zur Angabe von Gründen von diesem Kriterium unabhängig ist (s.o. Rdn. 48). Schlecht formuliert ist die Norm insofern, als nur ein angemessenes Verhältnis zwischen Beratungsaufwand und Prämie zu berücksichtigen ist, nicht aber ein unangemessenes. So ist die Norm nicht gemeint; gewollt ist, dass bei Anwendung der Norm ein angemessenes Verhältnis der genannten Größen gewahrt bleiben soll.[186] 73

Z.T. ist man der Auffassung, das Merkmal sei nur für den geschuldeten **Beratungsumfang** von Bedeutung.[187] Allerdings kann gleichermaßen das »Ob« der Beratung zu bestimmten Fragen daran scheitern.[188] Ohnehin sind »Ob« und »Wie« der Beratung nicht scharf zu unterscheiden. Man könnte das Merkmal als ein einseitiges **teilweises Leistungsverweigerungsrecht** des VR einordnen, das eingreift, wenn und soweit dem VR eine 74

---

178 Grote/Schneider BB 2007, 2689, 2690.
179 Letzteres gilt nicht für den Vermittler, da § 61 keine entsprechende Regelung enthält.
180 Stöbener ZVersWiss 2007, 465, 468 f.; Reiff VersR 2007, 717, 725.
181 Begr. RegE BT-Drucks. 16/1935 S. 24.
182 BGH NJW 2005, 2011, 2012 m.w.N.; BGH VersR 1989, 948; OLG Hamm NZV 1991, 314 f.; OGH VersR 1995, 943; Stöbener ZVersWiss 2007, 465, 468.
183 Vgl. MünchKommBGB/Emmerich, § 311 Rn. 66.
184 So auch P/M/Rudy, § 6 Rn. 5; Hüntemann, S. 218; FAKomm-VersR/Schneider/Reuter-Gehrken, § 6 Rn. 18; a.A. Mattern, S. 334.
185 Armbrüster, Münsteraner Reihe Bd. 110, S. 9.
186 Begr. RegE BT-Drucks. 16/1935 S. 24.
187 Stöbener ZVersWiss 2007, 465, 476; Küster VersR 2010, 730, 732.
188 So auch P/M/Rudy, § 6 Rn. 30.

Beratung wirtschaftlich nicht zumutbar ist. Insoweit könnten die §§ 275 II, 439, 242, 241 II BGB als Anhaltspunkt für die Auslegung herangezogen werden. Gegen dieses Verständnis spricht allerdings der Wortlaut des § 6 I, nach dem das Merkmal bereits die Entstehung der Beratungspflicht ausschließen kann, also Tatbestandsvoraussetzung ist. Zum Teil wird das Tatbestandsmerkmal als **Ausprägung des allgemeinen Zumutbarkeitskriteriums** angesehen.[189] Selbst wenn man davon ausgeht, dass Aufklärungspflichten dieses tatbestandlich grundsätzlich voraussetzen[190] – durchgängig findet es sich als Tatbestandsvoraussetzung allerdings nur bei den aus § 242 BGB gewohnheitsrechtlich hergeleiteten Auskunftspflichten,[191] die von Aufklärungspflichten zu unterscheiden sind[192] – wird man dasselbe für § 6 I 1 nicht annehmen können. Das Angemessenheitskriterium ist nach Wortlaut und Telos der Norm **keine echte Tatbestandsvoraussetzung** in dem Sinne, dass fehlende Angemessenheit des Verhältnisses zwischen Beratungsaufwand und Prämie stets die Beratungspflicht ausschlösse. Wäre es echte Tatbestandsvoraussetzung, hätte der Gesetzgeber formulieren müssen: »Der VR ist zur Beratung nur insoweit verpflichtet, als der Beratungsaufwand in einem angemessenen Verhältnis zur Prämie steht.« So weit wollte man allerdings richtigerweise nicht gehen. Die Materialien sagen eindeutig, auch bei Versicherungen mit niedrigerer Prämie könne sich ein erhöhter Beratungsaufwand aus den anderen in § 6 I 1 genannten Umständen ergeben.[193] Daher ist das Verhältnis zwischen Beratungsaufwand und Prämie nur ein Element, das bei der Frage, ob die Beratungspflicht entsteht, einfließen soll. Allerdings kann es **nicht als ein Umstand** angesehen werden, **der den Beratungsanlass betrifft**. Denn es ist ausgeschlossen, dass ein Beratungsanlass, der sich aus den drei Kriterien (Schwierigkeit des Produkts und/oder Person des VN und/oder Situation des VN) ergibt, als solcher wegfällt, wenn die Beratung für den VR zu teuer wird. Sollte eine bestimmte Beratung veranlasst, ihr Aufwand aber im Verhältnis zur Prämie unangemessen sein, muss vielmehr eine **Abwägung** stattfinden zwischen der **Gewichtigkeit des Beratungsanlasses einerseits und dem Grad der Unangemessenheit des Verhältnisses zwischen Beratungsaufwand und Prämie andererseits.** Nach Sinn und Zweck des § 6 I 1, den VN durch eine umfassende Beratung zu schützen, muss man verlangen, dass der Grad der Unangemessenheit des Verhältnisses zwischen Beratungsaufwand und Prämie die Gewichtigkeit des Beratungsanlasses deutlich überwiegt, um die Beratungspflicht entfallen zu lassen. Zur Beweislast s. Rdn. 145.

75 Versteht man dieses Tatbestandsmerkmal so,[194] dann relativiert sich jedenfalls zum Teil die zu Recht daran geäußerte **rechtspolitische Kritik**. Das Merkmal wird kritisiert, weil es einfache Versicherungsprodukte kaum gebe,[195] weil auch bei Standardversicherungen mit geringen Prämien gefährliche Deckungslücken entstehen könnten,[196] weil das Merkmal dem Verbraucherschutzziel der Novelle widerspreche[197] und weil individuellem Beratungsmehrbedarf nicht Rechnung getragen werden könne.[198] Nach dem oben Gesagten ist der Beratungsanlass unabhängig von der Prämie zu bestimmen.[199] Ein gewichtiger Beratungsanlass, wie er bei gefährlichen Deckungslücken regelmäßig vorliegen wird, kann kaum durch das Angemessenheitskriterium aufgewogen werden.

2. Unvereinbarkeit mit Europarecht

76 Die Einschränkung der Beratungspflicht durch das Angemessenheitskriterium wird für die **Vermittler** (s. § 61 I 1) z.T. als unvereinbar mit EU-Recht angesehen, weil die Versicherungsvermittlungs-RiLi[200] eine entsprechende Einschränkung nicht vorsehe.[201] Nach deren Art. 12 III »hat der Versicherungsvermittler, insbesondere anhand der vom Kunden gemachten Angaben, zumindest dessen Wünsche und Bedürfnisse sowie die Gründe für jeden zu einem bestimmten Versicherungsprodukt erteilten Rat genau anzugeben. Diese Angaben sind der Komplexität des angebotenen Versicherungsschutzes anzupassen.« In Erwägungsgrund 20 Satz 2 der RiLi heißt es dazu: »Außerdem sollten alle Vermittler die Gründe für ihren Vorschlag erläutern.« Eine Einschränkung durch die Angemessenheit von Beratungsaufwand und Prämie ergibt sich aus der RiLi daher nicht.
Nach a.A. ist das Kriterium des angemessenen Verhältnisses von Aufwand und Prämie in dem Begriff »Komplexität des angebotenen Versicherungsschutzes« enthalten[202] oder ist als vernünftige Konkretisierung der

---

189 *Stöbener* ZVersWiss 2007, 465, 476; *Armbrüster*, Münsteraner Reihe Bd. 110, S. 14.
190 Vgl. zu den Voraussetzungen von Aufklärungspflichten: Palandt/*Grüneberg*, § 242 Rn. 37; Palandt/*Ellenberger*, § 123 Rn. 5a ff.; Palandt/*Grüneberg*, § 311 Rn. 40, wo die Zumutbarkeit nicht als Tatbestandsvoraussetzung genannt ist.
191 Palandt/*Grüneberg*, § 260 Rn. 8.
192 Palandt/*Grüneberg*, § 242 Rn. 37.
193 Vgl. auch Begr. RegE BT-Drucks. 16/1935 S. 31 f. und Verweis in Begr. RegE BT-Drucks. 16/3945 S. 58.
194 Näher dazu *Pohlmann* VersR 2009, 327 ff.
195 *Beenken/Sandkühler*, S. 67; *Just* VersPrax 2007, 221, 226; *Müller*, in: FS E. Lorenz, S. 301, 321.
196 *Dörner/Staudinger* WM 2006, 1710, 1711.
197 *Just* VersPrax 2007, 221, 226; *Römer* VersR 2006, 740, 743 sieht Missbrauchsgefahr.
198 *Niederleithinger* VersR 2007, 437, 439, der zudem darauf hinweist, dass die Prämie als Messlatte für die Beratungspflicht des Vermittlers – der Provision, nicht aber die Prämie erhält – nicht passe.
199 Ähnlich auch *Hüntemann*, S. 230.
200 RiLi 2002/92/EG des Europäischen Parlamentes und des Rates v. 9. Dezember 2002, ABl. EG 2003 L 9/3.
201 *Schwintowski* ZRP 2006, 139, 141; Stellungnahme des Bundesrates BT-Drucks. 16/3945 S. 125.
202 Gegenäußerung der Begr. RegE BT-Drucks. 16/3945 S. 130; *Küster* VersR 2010, 730, 733 f.

Zumutbarkeit durch die Richtlinie nicht ausgeschlossen.[203] Für eine Vereinbarkeit mit EU-Recht lässt sich insbes. anführen, dass die RiLi nur die Angabe der Wünsche, Bedürfnisse und Gründe vorsieht, nicht aber eine Beratung. Allerdings macht der Erwägungsgrund deutlich, dass eine Erläuterung erfolgen soll; diese ist einer Angabe von Wünschen, Bedürfnissen und Gründen auch logisch vorgeschaltet. Sieht man daher auch die Beratung als europarechtlich vorgeschrieben an,[204] ist die Einschränkung ihres Umfangs mit der RiLi nicht vereinbar, wenn diese insofern zwingende Mindestvorgaben macht. Der Wortlaut der RiLi ergibt das zwar nicht (s. Art. 12 V Versicherungsvermittlungs-RiLi), aber ihr Sinn und Zweck sprechen dafür, dass die Mitgliedstaaten die betreffenden Pflichten der Vermittler nicht abschwächen dürfen.[205] Für **VR** ist der deutsche Gesetzgeber aber frei darin, ob und wie er ihre Beratungspflichten regelt.

Aus der **neuen Versicherungsvertriebs-RiLi** ergibt sich eindeutig, dass sie keine Beratungspflicht vorsieht (oben Rdn. 4). Sie macht allerdings **Vorgaben für den Fall**, dass ein VR oder Vermittler **tatsächlich berät**. Er muss dann nach Art. 20 I Versicherungsvertriebs-RiLi eine persönliche Empfehlung an den Kunden richten, in der erläutert wird, warum ein bestimmtes Produkt dessen Wünschen und Bedürfnissen am besten entspricht. Diese Empfehlung muss wie alle Angaben des Art. 20 I Versicherungsvertriebs-RiLi der Komplexität des angebotenen Versicherungsprodukts und der Kundenkategorie angepasst sein. Die »Kundenkategorie« ist gleichbedeutend mit »Art des Kunden«, wie aus Art. 20 IV Versicherungsvertriebs-RiLi deutlich wird, wo dieser Begriff verwendet wird. In der englischen Fassung der RiLi heißt es in beiden Fällen »type of customer«. Die Anforderungen an die Beratung steigen also mit der Komplexität des Produkts und der Art des Kunden, und sie sinken umgekehrt, wenn das Produkt weniger komplex oder/und der Kunde weniger beratungsbedürftig ist. Dagegen erlaubt die RiLi es nicht, dem angemessenen Verhältnis von Aufwand und Prämie Rechnung zu tragen, indem man die Anforderungen an die Beratung senkt. Der entsprechende Passus in § 6 ist daher künftig zu streichen, weil er **gegen die Versicherungsvertriebs-RiLi verstößt**.

3. Prämie

Nach dem Wortlaut des Abs. 1 Satz 1 sind die vom VN zu zahlenden Prämien ins Verhältnis zum Beratungsaufwand zu setzen. Maßgeblich sind danach die für die konkrete Versicherung vom VN zu zahlenden Prämien. Dabei ist nicht nur auf die erste zu zahlende Prämie abzustellen, denn der VR lässt seine Beratungskosten in seine Prämiengestaltung insgesamt einfließen. Da es darum geht, den VR nicht einem unwirtschaftlichen Beratungsaufwand auszusetzen, muss man ermitteln, welche Prämieneinnahmen der VR für diesen Vertrag insgesamt zu erwarten hat. Dabei könnte man die Mindesteinnahmen bis zur ersten Kündigungsmöglichkeit zugrunde legen oder **die im Durchschnitt bei Verträgen dieser Art insgesamt pro Vertrag zu erwartenden Einnahmen**. Für den letzteren Ansatz spricht, dass er der Kalkulation des VR am ehesten entsprechen wird. Er wird seine Prämie so berechnen, dass der durchschnittliche Beratungsaufwand pro Vertrag mit den durchschnittlichen Prämien pro Vertrag abgegolten ist. Das bedeutet, dass es im Rahmen von Abs. 1 Satz 1 nicht auf die einzelne zu zahlende Prämie ankommt, sondern auf die durchschnittlich bei Verträgen dieser Art pro Vertrag zu erwartenden Prämieneinnahmen. Deshalb verbietet es sich, die Beratungspflicht von absoluten Prämiengrenzen abhängig zu machen. 77

4. Beratungsaufwand

Der Aufwand der Beratung sind die **Kosten**, die dem VR **durch die Beratung** entstehen. Maßgeblich sind die Kosten der **konkreten Beratung**. Sie werden, wenn der VR durch angestellte Vermittler handelt, in erster Linie Personalkosten sein, eventuell auch Sachkosten, wenn bestimmtes Material zur Verfügung gestellt werden muss. Beim Vertrieb über Versicherungsagenten entstehen dem VR durch die einzelne Beratung zunächst keine Zusatzkosten, deren Höhe unmittelbar von dem Umfang der konkret geleisteten Beratung abhinge, da der Vermittler unabhängig von der Dauer der Beratung seine Provision erhält. Mittelfristig könnten die Provisionsforderungen der Vermittler aber steigen, wenn sie mehr beraten müssen. Man wird deshalb für den VR auf den beim Agenten entstehenden Beratungsaufwand abstellen müssen, d.h. auf die Kosten der von diesem zusätzlich eingesetzten Arbeitskraft und Sachmittel. 78

5. Angemessenheit

Die Angemessenheit ist ein unbestimmter Rechtsbegriff, der einzelfallorientiert anhand der beiderseitigen Interessenlage zu ermitteln ist. Im BGB ist dieser Begriff (oder sein Gegenstück »unangemessen«) z.B. im Rahmen von §§ 307 I, II, 323 I BGB bekannt. Darüber hinaus ist der Grundgedanke, dass vom Schuldner wirtschaftlich Unsinniges nicht erwartet werden kann, dem BGB auch im Übrigen nicht fremd (§§ 242, 251 II, 275, 313, 314 BGB). 79

Nach *Armbrüster* kann der VN nur in dem Umfang Beratung verlangen, in dem ein durchschnittlicher VN in seiner Situation bereit wäre, die Kosten der Beratung auch dann zu tragen, wenn der VR sie als Zusatzleistung 80

---

203 P/M/*Rudy*, § 6 Rn. 31.
204 A.A. etwa L/W/*Armbrüster*, Vor §§ 6, 7 Rn. 34; *Hüntemann*, S. 178 ff., jeweils m.w.N. für beide Auffassungen.
205 Vgl. *Dörner/Staudinger* WM 2006, 1710, 1711 im Zusammenhang mit der Verzichtsmöglichkeit.

separat vom Versicherungsvertrag anbieten würde, sie also eine separate und vermeidbare Kostenposition innerhalb der Gesamtprämie bilden würde.[206] Diese hypothetische Zahlungsbereitschaft eines VN festzustellen, dürfte indes schwierig sein; Umfragen über Zahlungsbereitschaften von Verbrauchern sind, sollen sie valide Ergebnisse zeitigen, nur mit komplexen Methoden möglich.

81 Angemessen ist das Verhältnis von Beratungsaufwand und durchschnittlichen Prämieneinnahmen jedenfalls immer dann, wenn die konkrete Beratung von den Einnahmen gedeckt ist, also vom VR in diesem Umfang einkalkuliert und vom VN mitbezahlt wird. Wann allerdings Unangemessenheit beginnt, ist ungeklärt. Ausreichend kann nicht sein, dass die durchschnittlichen Prämieneinnahmen die im Einzelfall verlangte Beratung nicht vollständig zu finanzieren geeignet sind. Denn der VR kalkuliert durchschnittliche Beratungskosten, die im Einzelfall unter- aber auch überschritten werden können. Daher ist zusätzlich auf die **objektive Einkalkulierbarkeit des Beratungsaufwandes** abzustellen. Beratungsaufwand, den der VR in seine Prämien nicht einkalkulieren konnte, muss er nicht treiben. Nicht einkalkulierbar ist der Aufwand aber nur, wenn er im Einzelfall außerhalb der üblicherweise einzukalkulierenden Ausschläge nach oben liegt. Nicht genügen kann dagegen, dass der Beratungsaufwand praktisch in einer größeren Zahl von Fällen auftritt als erwartet. Denn für den den einzelnen geschuldeten Beratungsumfang kann nicht maßgeblich sein, ob mehr VN als erwartet ihn einfordern. Unangemessen ist danach das Verhältnis zwischen Beratungsaufwand und Prämie nur, wenn der VR den konkreten, die durchschnittlichen Einnahmen übersteigenden Aufwand objektiv nicht einkalkulieren konnte. Allein die Tatsache, dass der Durchschnitt im Einzelfall um ein Vielfaches überschritten wird, führt danach nicht zur Unangemessenheit.[207]

6. Abwägung des Beratungsanlasses und des Verhältnisses zwischen Aufwand und Prämie

82 Nach dem oben (Rdn. 74) Gesagten vermag auch ein unangemessenes Verhältnis zwischen Beratungsaufwand und Prämie den Anlass zur Beratung nicht per se entfallen zu lassen. Vielmehr ist abzuwägen, ob der Beratungsanlass schwerer wiegt als das unangemessene Verhältnis zwischen Aufwand und Prämie oder umgekehrt. Hier sind das Interesse des VN an der Beratung, insbes. die wirtschaftliche Bedeutung der vom Rat betroffenen Aspekte, und das Interesse des VR an einer angemessenen Gegenleistung abzuwägen. Da i.d.R. ein zusätzlicher Rat, etwa über einen Ausschluss oder über Probleme bei der Berechnung des Versicherungswertes, keine wesentlichen zusätzlichen Kosten verursachen wird, und da die Nachteile, die den VN wegen der unterlassenen Beratung treffen, i.d.R. gewichtig sein werden, ist kaum einmal denkbar, dass die Abwägung zugunsten des VR ausgeht.

VI. Rechtsfolgen

83 Rechtsfolgen des Abs. 1 Satz 1 sind die Pflichten zur Befragung, zur Beratung und zur Angabe der Gründe zum erteilten Rat.

1. Pflicht zur Befragung

84 Die Befragung ist auf die – subjektiven – **Wünsche und** die – objektiven – **Bedürfnisse des VN** zu richten. Die Formulierung ist aus Art. 12 III 1 der Versicherungsvermittlungs-RiLi[208] übernommen. Mit der letztgenannten Bestimmung soll erreicht werden, dass die Vermittler die Gründe für ihren Vorschlag erläutern. Sie müssen also nach europäischem Recht angeben, wie sie die Nachfrage des VN nach Versicherungsschutz im Einzelnen verstanden haben, d.h. es muss deutlich werden, wie sie die Nachfrageentscheidung des VN analysiert haben. Der deutsche Gesetzgeber hat eine Stufe vorher angesetzt und dem Vermittler und ebenso dem VR die Pflicht auferlegt, die konkrete Nachfrageentscheidung des einzelnen VN durch seine aktive Befragung näher zu prüfen. Dabei ist der schwierigere Teil der Befragung des VN derjenige nach seinen objektiven Bedürfnissen, weil dieser von einer Fülle von Umständen abhängen kann.

85 Die Begründung des Regierungsentwurfes führt zum Umfang der Befragungspflicht aus, dass der Zweck der Vorschrift, eine sachgerechte Beratung sicherzustellen, verfehlt werde, wenn der Kunde von sich aus keine oder nur unzureichende Angaben mache. *Niederleithinger* spricht davon, ein introvertierter VN würde sonst schlechter gestellt.[209] Es sei daher, so die Regierungsbegründung weiter, eine Befragungspflicht festzulegen, die jedoch **nicht** auf eine generelle Pflicht zur Erstellung einer **allgemeinen Risikoanalyse** hinauslaufen solle; vielmehr solle die bisherige Rspr. kodifiziert werden. Es werde keine eingehende Ermittlungs- und Nachforschungstätigkeit verlangt, sondern es solle eine angabenorientierte Beratung sichergestellt werden.[210] Die Befragung muss sich danach nicht auf Umstände erstrecken, die nur in ungewöhnlichen Fällen einmal vorliegen

---

206 *Armbrüster* ZVersWiss 2008, 425, 430 und Münsteraner Reihe Bd. 110, S. 15; L/W/*Armbrüster*, § 6 Rn. 149.
207 Anders *Küster* VersR 2010, 730, 733 im Anschluss an B/M/*Schwintowski*, § 6 Rn. 27.
208 RiLi 2002/92/EG des Europäischen Parlamentes und des Rates v. 9. Dezember 2002 über Versicherungsvermittlung, ABl. EG 2003 L 9/3, 9.
209 *Niederleithinger* VersR 2006, 437, 439.
210 Begr. RegE BT-Drucks. 16/1935 S. 24.

und mit denen der VR nicht rechnen muss.[211] Auch muss der VR die Befragung nicht auf ganz andere Gegenstände erstrecken als diejenigen, die Ausgangspunkt der Vertragsverhandlungen waren, also insbes. nicht jeglichen Versicherungsbedarf abklopfen.

Nach Art. 12 III der derzeit noch geltenden **Versicherungsvermittlungs-RiLi** hat der Vermittler »insbesondere anhand der vom Kunden gemachten Angaben« dessen Wünsche und Bedürfnisse anzugeben und demzufolge zunächst auch zu ermitteln. Art. 20 I der neuen **Versicherungsvertriebs-RiLi** formuliert hier anders: »Vor Abschluss eines Versicherungsvertrags ermittelt der Versicherungsvertreiber anhand der vom Kunden stammenden Angaben dessen Wünsche und Bedürfnisse ...«. Das lässt den Schluss zu, dass allein die Angaben des Kunden Ausgangspunkt der Ermittlungspflicht sind. Bestätigt wird dies in Erwägungsgrund 44 der RiLi, wonach »der Vertrieb von Versicherungsprodukten stets mit einem Wunsch- und Bedürfnistest anhand der vom Kunden stammenden Angaben einhergehen« soll. Das VVG in seiner derzeitigen Fassung geht also im Umfang der Befragungspflicht über die Vorgaben der neuen Versicherungsvertriebs-RiLi hinaus, indem es als Ausgangspunkt der Befragungspflicht nicht nur die Angaben des Kunden nimmt, sondern auf Person und Situation abstellt. Die Pflicht geht dadurch weiter, was aber mit der RiLi vereinbar ist (Art. 22 II Unterabs. 1 Versicherungsvertriebs-RiLi). Für **Versicherungsanlageprodukte** bleibt es allerdings bei der Ermittlung der Wünsche und Bedürfnisse des Kunden anhand seiner Angaben. Vielmehr schreibt Art. 30 I, II Versicherungsvertriebs-RiLi vor, dass sich der Versicherungsvermittler eine Reihe von Informationen über den Kunden aktiv beschaffen muss. 86

2. Pflicht zur Beratung

Die Materialien ergeben für den **Inhalt und Umfang der Beratungspflicht** wenig; sie beschäftigen sich im Schwerpunkt mit der Befragung.[212] Der Wille des Gesetzgebers, die bisherige Judikatur zu normieren, lässt jedenfalls den Schluss zu, dass gegenüber den bisher angenommenen vorvertraglichen Pflichten keine weiterreichenden Pflichten begründet werden sollten. 87

Der Begriff der Beratung kann von dem der Aufklärung und der Information abgegrenzt werden: **Information** (s. auch § 7) kann als standardisierte Weitergabe von Daten und Kenntnissen verstanden werden,[213] **Aufklärung** als auf den Einzelfall bezogene und abgestimmte Weitergabe von Daten und Kenntnissen[214] und **Beratung** schließlich als Hinwirken auf eine Entscheidung, die zu einem für die Zwecke der Partei geeigneten Vertrag führt[215] oder als Erörterung individueller Entscheidungsalternativen mit Abgleich von Bedarf und Angebot.[216] Beratung umfasst daher mehr als ergebnisoffene Aufklärung. Eine Beratung beinhaltet begrifflich auch eine Handlungsempfehlung,[217] die allerdings nicht notwendig auf eine einzige Handlungsmöglichkeit hinzielen muss. Nach Art. 2 Nr. 15 der neuen **Versicherungsvertriebs-RiLi** ist Beratung die Abgabe einer persönlichen Empfehlung an einen Kunden, entweder auf dessen Wunsch oder auf Initiative des Versicherungsvertrages hinsichtlich eines oder mehrerer Versicherungsverträge. Das deckt sich mit dem bisher zum deutschen Recht vertretenen Begriff der Beratung. 88

Für die Abgrenzung der Anwendungsbereiche von § 6 und § 7 scheint zwischen **Information und Beratung** zu unterscheiden zu sein. Diese Unterscheidung ist jedoch nicht abstrakt-begrifflich vorzunehmen, sondern ergibt sich aus dem Tatbestand des § 7 i.V.m. der VVG-InfoV. Die dort aufgezählten Informationen müssen in **formell** richtiger Weise dem VN übermittelt werden. Eine ganz andere Frage ist, ob über bestimmte Punkte **materiell,** d.h. inhaltlich beraten werden muss. Insofern ist eine begriffliche Abgrenzung von Informationen nach § 7 und Beratung nach § 6 entbehrlich. Es können beide Vorschriften nebeneinander eingreifen, wie z.B. bei AVB: Die AVB sind nach § 7 I in Textform mitzuteilen. Bei entsprechendem Anlass ist der VN über bestimmte, nach § 7 mitgeteilte AVB-Regeln nach § 6 zu beraten. 89

Aber auch die begriffliche Abgrenzung von **Aufklärung und Beratung**, wie sie z.B. *Huber* herausgearbeitet hat[218] ist für die Anwendbarkeit des § 6 nicht relevant. Da die bisherige Rspr. normiert werden sollte, ist davon auszugehen, dass sich auch eine Pflicht zur Aufklärung aus § 6 ergeben soll. Soweit der VN über bestimmte Tatsachen oder Rechtsfragen aufklärt, schafft oft erst das die Basis für die Beratung. Deshalb ist **Beratung i.S.v. § 6 weit auszulegen.**[219] Sie umfasst die Pflicht zur Aufklärung des VN, was auch darin deutlich wird, dass im Anschluss an die Beratung die Gründe für den Rat anzugeben sind und zu diesen Gründen vielfach auch Tatsachen oder rechtliche Aspekte gehören werden, über die der VN aufzuklären ist. Im Folgenden wird daher für § 6 von einem weiten Begriff der Beratung ausgegangen, der die Aufklärung umfasst. Das schließt es nicht aus, Unterschiede zwischen Beratung i.e.S. und Aufklärung insoweit zum Tragen kommen zu lassen, als sich 90

---

211 Vgl. *Stöbener* ZVersWiss 2007, 465, 474.
212 Begr. RegE BT-Drucks. 16/1935 S. 24.
213 *Dörner*, in: E. Lorenz (Hrsg.), Karlsruher Forum 2000 (2001), S. 45; *Kieninger* AcP 199 (1999), 190, 193.
214 *Dörner*, in: E. Lorenz (Hrsg.), Karlsruher Forum 2000 (2001), S. 45.
215 *Huber*, in: E. Lorenz (Hrsg.), Karlsruher Forum 2000 (2001), S. 31.
216 *Dörner*, in: E. Lorenz (Hrsg.), Karlsruher Forum 2000 (2001), S. 45.
217 *Miettienen* VersR 2005, 1629, 1630; *Armbrüster*, Münsteraner Reihe Bd. 110, S. 3.
218 *Huber*, in: E. Lorenz (Hrsg.), Karlsruher Forum 2000 (2001), S. 31 ff.
219 HK-VVG/*Münkel*, § 6 Rn. 21; für einen weiten Begriff der Beratung schon früher *Schirmer* r+s 1999, 133.

möglicherweise verschiedene Fallgruppen von Pflichten zur Beratung i.w.S. bilden lassen. Es schließt ebenfalls nicht aus, dass sich die Beratung im Einzelfall auch in einer Aufklärung erschöpfen kann.[220]

3. Pflicht zur Angabe von Gründen für erteilten Rat

91 Der VR hat dem VN die Gründe für jeden erteilten Rat anzugeben. Dabei ist dem Ziel des § 6 Rechnung zu tragen, dem VN zu einer eigenverantwortlichen Entscheidung zu verhelfen. Er muss nachvollziehen können, welche Gründe für seine Entscheidung gesprochen haben.[221] Die **Angabe** der Gründe kann als solche **formlos** geschehen, d.h. auch mündlich.

VII. Kasuistik

92 Die Rspr. betont im **Ausgangspunkt**, dass der VR **nicht verpflichtet** ist, auf alle Einzelheiten des Deckungsumfangs und der Ausschlüsse hinzuweisen[222] oder alle denkbaren Risiken zu nennen, die von der Versicherung erfasst oder ausgeschlossen werden.[223] Die Pflicht beschränkt sich auf Deckungslücken im nahe liegenden Gefahrenbereich.[224] Nicht hingewiesen werden muss z.B. auf die Ausschlussfrist bei Selbsttötung in der Lebensversicherung,[225] anders u.U. bei erkennbarer Suizidgefahr.[226] Der VR muss sich zwar über den benötigten Versicherungsschutz informieren,[227] ohne allerdings an atypische Risiken denken zu müssen.[228] **Obliegenheiten** muss der VR grundsätzlich nicht umfassend darstellen.[229] Alternativen (hier: Vollkaskoversicherung) zu einem vom VN ausdrücklich begehrten Versicherungsprodukt (hier: Teilkasko-Versicherung) müssen dann nicht erläutert werden, wenn sie dem VN aus vorherigen Vertragsabschlüssen beim selben VR bekannt sind.[230]

93 Von den **Wertansätzen** des VN darf der VR für die Versicherungssumme ausgehen, wenn für ihre Unzulänglichkeit keine Anhaltspunkte bestehen[231] oder wenn ihre Berechnung keine besonderen Schwierigkeiten aufwirft,[232] insbes. auch dann, wenn der VN selbst fachkundig ist.[233] Ob der VR über die Versicherungsformen (Neuwert- oder Zeitwertversicherung) beraten muss, wird unterschiedlich beurteilt,[234] ist jedoch zu bejahen.

94 Ist der **VN fachkundig** oder steht ihm eine fachkundige Person zur Seite, ist der Umfang der Beratungspflichten geringer, z.B. auch bezüglich des notwendigen Versicherungsumfangs[235] oder des Versicherungswerts[236] oder der Vor- und Nachteile einer Kapitallebensversicherung.[237] Ist der VN schon belehrt worden, kann die Beratungspflicht ebenfalls entfallen.[238] Der VR darf sich auf Aussagen des VN verlassen (z.B. über den Wegfall der Beihilfeberechtigung).[239]

95 Nicht hinzuweisen ist auf die Tatsache, dass die eine Lebensversicherung vermittelnde Bank hierfür eine **Provision** erhält.[240] Die für Kapitalanlagen geltende Rspr. zu den Kick-backs[241] ist nicht übertragbar, denn es ist für den Kunden ersichtlich, dass die vermittelnde Bank – wie jeder Vermittler – ein eigenes Gewinninteresse

---

220 *Schirmer* r+s 1999, 133.
221 *Meixner/Steinbeck*, § 2 Rn. 24; *Beenken/Sandkühler*, S. 76.
222 BGH VersR 1963, 768, 769; VersR 1956, 789, 791; OLG Frankfurt (Main) VersR 1987, 579; OLG Köln r+s 1975, 133.
223 OLG Hamm VersR 1995, 1345; OLG Hamm VersR 1975, 654, 655 (Rechtsschutzversicherung, Risiko der Möglichkeit einer Massenkündigung).
224 *Miettienen*, S. 45.
225 OLG Hamm VersR 1988, 51.
226 OLG Hamm VersR 1988, 51.
227 Vgl. auch für den Makler OLG Düsseldorf NJW-RR 1997, 756: umfassende Informationspflichten; insofern nicht auf VR übertragbar.
228 OLG Köln r+s 1986, 44, 45.
229 OLG Hamm r+s 2001, 303, 304; OLG Frankfurt (Main) NJW-RR 1989, 1303 f.
230 OLG Hamm VersR 2010, 1215 f.
231 OLG Hamm ZfS 2006, 462, 463; VersR 1992, 49, 50; VersR 1984, 880.
232 OLG Frankfurt (Main) VersR 2002, 1022 (nur Leitsatz).
233 OLG Hamm VersR 1992, 49, 50.
234 Bejahend OLG Köln VersR 1997, 1530; verneinend OLG Frankfurt (Main) NVersZ 2002, 90: Unterschied sei in seinen Grundzügen bekannt.
235 OLG Köln VersR 1996, 1265.
236 OLG Saarbrücken VersR 2006, 923, 924; OLG Oldenburg VersR 1993, 1226.
237 OLG Koblenz VersR 2000, 1268, 1269.
238 OLG Düsseldorf VersR 1998, 845 f.
239 OLG Hamm r+s 2000, 211.
240 BGH r+s 2015, 538, 539 für die fondsgebundene Rentenversicherung; BGH NJW 2014, 3360, 3361 f. für die kapitalbildende Lebensversicherung zur Absicherung eines Darlehens; LG Nürnberg-Fürth BeckRS 2015, 16936 (Vorinstanz) mit Hinweis auf ein ebenso lautendes Urt. des OLG Nürnberg v. 22.08.2011, 8 U 1113/11 (nicht veröffentlicht); LG Düsseldorf Urt. v. 13.06.2014, 10 O 86/12 Rn. 33 (juris); OLG Köln NJOZ 2015, 592, 593; OLG Köln VersR 2014, 1238 (allerdings mit fehlerhaftem LS 1, nach dem ein Kapitalanlagegeschäft vorliegt, wenn die Renditeerwartung von untergeordneter Bedeutung ist.).
241 BGH NJW 2012, 2427 ff.

verfolgt[242] (näher zur Übertragbarkeit der Anforderungen an die Anlageberatung auf Versicherungen oben Rdn. 19 ff.).

Aufzuklären ist dagegen, wenn der VN **erkennbar falsche Vorstellungen** hat,[243] wenn **übliche Risiken nicht erfasst** sind, z.B. übliche Tätigkeiten nicht in der Berufshaftpflichtversicherung[244] oder Betriebsteile nicht in der Betriebsunterbrechungsversicherung[245] mitversichert sind, wenn der VN wegen eines bestimmten Punktes **nachgefragt**[246] oder erkennbar Wert auf **umfassenden Versicherungsschutz legt** und wichtige Risiken ausgeschlossen sind,[247] oder wenn der VR erkennen kann, dass **für diesen VN in seiner Situation besonders bedeutsame Risiken** nicht erfasst sind, z.B. wegen der Europaklausel in der Kfz-Haftpflicht[248] oder wegen eines anderen Risikoausschlusses,[249] der sogar abbedungen werden könnte.[250] Eine kinderlose, unverheiratete Frau ist bei Abschluss eines Krankenversicherungsvertrages darauf hinzuweisen, wenn die Schwangerschaftsbehandlung begrenzt ist.[251] 96

Bestimmte sachliche Punkte bedürfen i.d.R. der Beratung, z.B. die Notwendigkeit,[252] Möglichkeit[253] oder das Fehlen[254] und der Beginn[255] vorläufiger Deckung, die Möglichkeit der Rückwärtsversicherung,[256] Möglichkeiten der Prämieneinsparung,[257] aber auch die mit ihr verbundenen Risiken,[258] die Gefahr einer Unterversicherung,[259] die Notwendigkeit, Sicherungsmaßnahmen zu ergreifen, um Versicherungsschutz zu erhalten,[260] schwierig zu berechnende Versicherungswerte, z.B. der Versicherungswert 1914,[261] der Versicherungswert landwirtschaftlicher Gebäude,[262] gegebenenfalls auch bei der Ermittlung des Wertes des Hausrates in der Hausratsversicherung;[263] bei der **Lebensversicherung** ist der Hinweis nötig, dass bestimmte Gewinne nur erzielt werden, wenn eine bestimmte Zinsentwicklung eintritt,[264] dass die Anlage in Fonds bestimmte Risiken birgt[265] oder dass mit dem gewählten Modell einer Kopplung von Darlehen und Lebensversicherung erhebliche Nachteile verbunden sein können, insbes. wenn die Gesamtbelastung des VN nicht deutlich wird;[266] ob die Lebensversicherungsprämien mit dem Einkommen des VN abgeglichen werden müssen, wird unterschiedlich beurteilt[267] und dürfte vom Einzelfall abhängen. Ist die Lebensversicherung als Kapitalanlageprodukt anzusehen (näher oben Rdn. 19 ff.), muss der VR Renditeerwartungen realistisch beschreiben und den VN über die Verwaltung der Versicherungsbeiträge, insbes. die Bildung von Reserven, informieren.[268] Bei Prämienfreistellung ist darauf hinzuweisen, dass bei erneuter Umwandlung eine Gesundheitsprüfung auch über Vorerkrankungen vor Prämienfreistellung erfolgen kann.[269] Von einer Kapitallebensversicherung ist u.U. sogar **abzuraten**, wenn sie den Bedürfnissen des VN nicht entspricht,[270] nicht aber wegen des angegriffenen Gesundheitszustands des VN von einer Rentenversicherung.[271] Ob bei der Vermittlung einer **Nettopolice** der VN »ausführlich und nachvollziehbar« darüber aufgeklärt werden muss, dass er im Falle eines Frühstornos verpflichtet bleibt, die 97

---

242 BGH NJW 2014, 3360, 3361.
243 BGH VersR 1963, 768, 769; OLG Frankfurt (Main) VersR 1987, 579.
244 BGH VersR 1975, 77, 78.
245 OLG Hamm VersR 1977, 758 f.
246 BGH VersR 1978, 457, 458; OLG Oldenburg VersR 1998, 220, 222.
247 OLG Hamm VersR 1984, 853, 854; OLG Köln VersR 1993, 1385, 1386.
248 OLG Hamm VersR 1984, 131, 132: deutsch-türkisches Informationsblatt reicht; OLG Koblenz VersR 1999, 438 (nur Leitsätze); OLG Frankfurt (Main) VersR 1998, 1103, 1104.
249 OLG Düsseldorf VersR 1998, 224 f.; OLG Stuttgart NJW-RR 1986, 904, 905.
250 OLG Karlsruhe VersR 1994, 1169 (nur Leitsätze); OLG Köln r+s 1986, 273.
251 Anders OLG Stuttgart NVersZ 1999, 218, 219.
252 OLG Köln r+s 1990, 325, 326.
253 BGH VersR 1979, 709, 710.
254 OLG Hamm VersR 1976, 631, 632.
255 OLG Köln VersR 1998, 180, 181.
256 BGH VersR 1979, 709, 710.
257 BGH VersR 1981, 621, 623.
258 OLG Saarbrücken VersR 2010, 1181, 1182.
259 BGH VersR 1989, 472, 473; OLG Köln r+s 1995, 267 f. (hier aber im Ergebnis Beratungspflicht verneint); OLG Köln VersR 1994, 342.
260 BGHZ 94, 356, 360.
261 BGH VersR 1989, 472, 473; VersR 2007, 1411; OLG Saarbrücken VersR 2003, 195, 196.
262 OLG Koblenz VersR 2001, 51, 52.
263 OLG Hamm r+s 1995, 389, 390.
264 BGH VersR 1998, 1093.
265 OLG Celle NdsRpfl 2006, 209; ausreichende Belehrung über Risiken fondsgebundener Lebensversicherungen im Fall LG Düsseldorf VersR 2010, 1205.
266 BGH VersR 1989, 596, 597.
267 Dagegen OLG Frankfurt (Main) NVersZ 2002, 113; anders zu Recht OLG Karlsruhe, NJOZ 2008, 1522, 1525 ff.
268 BGH VersR 2012, 1237, 1241 ff.
269 OLG Oldenburg VersR 2004, 1164, 1165.
270 *Armbrüster*, Münsteraner Reihe Bd. 110, S. 8.
271 OLG Stuttgart VersR 2007, 1069, 1070.

Provision zu zahlen, und dass hierin eine Schlechterstellung gegenüber dem üblichen Vertrieb von Bruttopolicen liegt, ist umstritten. Die Rspr. verneint es grundsätzlich für den Fall des Maklers,[272] bejaht es aber im Fall eines Versicherungsvertreters,[273] die Literatur aber will eine allgemeine Pflicht nicht annehmen, weil Beratung nur hinsichtlich des Versicherungsprodukts geschuldet sei, nicht aber bezüglich des für die Vermittlung geltenden Vertragsverhältnisses. In dem letztgenannten Verhältnis aber stünden sich Kunden und Vermittler mit entgegengesetzten Interessen selbstständig gegenüber, und zwar sowohl beim Makler- als auch beim Vertretervertrieb. Daher widerspreche es allgemeinen Grundsätzen, einer Seite eine besondere Beratungspflicht hinsichtlich der Nachteile der angebotenen Dienstleistung aufzuerlegen.[274] Für eine gesteigerte Aufklärungspflicht des Versicherungsvertreters und auch des VR, der über den Vertreter vertreibt, spricht, dass für den VN klar sein muss, welcher Weg beschritten wird. Wird der Weg über die Bruttopolice gewählt, ist die Vergütung des Vermittlers in den Vertrag über das Produkt integriert. Die Beratungspflicht erstreckt sich auch darauf. Dann muss sie aber auch den Fall erfassen, in dem die Vergütung des Vermittlers aus dem Versicherungsprodukt ausgekoppelt wird: über die Tatsache der Auskopplung und ihre Folgen ist aufzuklären.

98 **Erhöhte Aufklärungspflichten** bestehen, wenn der VR durch sein Vorverhalten eine besondere Verantwortung für den VN übernommen hat, sei es, dass er ihn bei einem anderen VR **abgeworben**,[275] ihm eine **Vertragsänderung angeboten**[276] oder zur Feststellung der Versicherungssumme einen **sachkundigen Mitarbeiter zur Seite gestellt** hat.[277] Wünscht der VN eine Reduzierung der Versicherungssumme, ist er auf die Gefahr einer Unterversicherung sowie darauf hinzuweisen, dass die Wiederbeschaffungswerte für die Versicherungssumme maßgeblich sind.[278] Von der Kündigung einer Krankheitskostenversicherung muss ausdrücklich abgeraten werden, solange nicht gewährleistet ist, dass der angestrebte Versicherungsvertrag bei dem neuen VR zu den gewünschten Konditionen zustande kommt.[279] Auch ein **Versichererwechsel** begründet erhöhten Beratungsbedarf. Für den Kunden ist, vor allem bei existenziellen Versicherungen wie der Krankheitskostenversicherung, ein nahtloser Übergang wichtig. Auch möchte er sich regelmäßig nicht gegenüber dem bisherigen Vertrag verschlechtern. Darum ist insbes. über reduzierten Versicherungsschutz sowie über weitere Nachteile, z.B. den Verlust der Altersrückstellungen, aufzuklären.[280] Auf Vertragsänderungen, die sich aus dem Änderungsantrag und dem Nachtrag ausdrücklich ergeben, muss aber nicht hingewiesen werden.[281] Auch erfordert nicht jede Umstellung des Vertrages eine Überprüfung des Versicherungswertes, zumal wenn der VN auf werterhöhende Umbauten nicht hingewiesen hat.[282]

99 Der VR muss nicht über **Angebote der Konkurrenz** beraten,[283] d.h. etwa darüber, dass ein bestimmtes Risiko bei einem Wettbewerber mitversichert wäre.[284] Eigene Alternativangebote muss er dann nicht unterbreiten, wenn der VN erkennbar eine bestimmte Art der Versicherung wünscht (z.B. Rentenversicherung).[285] Gesteigerte Hinweis- und Beratungspflichten treffen den VR auch nicht bei einer **Vertragsübernahme** nach § 95.[286] Den VR trifft auch keine Pflicht zur Beratung eines im öffentlichen Dienst tätigen Angestellten über eine mögliche **Beihilfeberechtigung**.[287]

C. Dokumentationspflicht nach Abs. 1 Satz 2

I. Sinn und Zweck

100 Die Dokumentationspflichten dienen wie die Pflichten des Abs. 1 Satz 1 dem Zweck, den VN in die Lage zu versetzen, den Vertrag in Kenntnis der wesentlichen Umstände schließen zu können.[288] Zudem erhöht die Pflicht die Qualität der Beratung und soll spätere Beweisprobleme vermeiden;[289] zu der Bedeutung der Dokumentation für die Beweislast s.u. Rdn. 149. Die **Versicherungsvermittlungs-RiLi** schreibt in Art. 12 III vor,

---

272 BGH VersR 2007, 1127, 1129.
273 So im Zusammenhang mit §§ 61, 61 BGH VersR 2016, 856, 857; BGH VersR 2014, 240 Rn. 16 mit Anm. *Reiff*; BGH VersR 2014, 877 Rn. 14; OLG Karlsruhe ZfS 2014, 90, 93; LG Saarbrücken VersR 2013, 759, 760 m.Anm. *Reiff* und ZfS 2013, 455 m.Anm. *Rixecker*.
274 *Reiff* VersR 2013, 762, 763; ebenso *Rixecker* ZfS 2013, 455.
275 BGH VersR 1979, 709, 710; OLG München VersR 2012, 1292, 1293.
276 BGH r+s 1986, 135, 136.
277 OLG Hamm VersR 1992, 49, 50; vgl. auch OLG Frankfurt (Main) VersR 2002, 1022 (nur Leitsätze).
278 OLG Karlsruhe VersR 2013, 885, 886.
279 OLG Hamm ZfS 2010, 507.
280 OLG München VersR 2012, 1292, 1293 ff.; LG Berlin r+s 2014, 7, 8.
281 OLG Hamm VersR 1998, 356, 357.
282 OLG Hamm ZfS 2006, 462, 463.
283 OLG Saarbrücken NVersZ 2000, 381, 383; OLG Hamm VersR 2008, 523 f.
284 OLG Hamm VersR 1995, 1345, 1346.
285 OLG Hamm VersR 2008, 523 f.
286 LG Köln r+s 2014, 132, 133.
287 OLG Oldenburg VersR 2015, 356.
288 Vgl. Begr. RegE BT-Drucks. 16/1935 S. 25; vgl. HK-VVG/*Münkel*, § 6 Rn. 26; B/M/*Schwintowski*, § 6 Rn. 30.
289 PK/*Ebers*, § 6 Rn. 27; *Boslak/Fleck/Lahmsen*, ZfV 2015, 419; hierzu auch *Röhrich*, S. 21 ff.

dass der Vermittler »insbesondere anhand der vom Kunden gemachten Angaben zumindest dessen Wünsche und Bedürfnisse sowie die Gründe für jeden diesem zu einem bestimmten Versicherungsprodukt erteilten Rat genau anzugeben« hat. Daraus ergibt sich eine Dokumentationspflicht. Die **Versicherungsvertriebs-RiLi** ist anders formuliert. Nach ihrem Art. 20 IV muss der Versicherungsvertreiber dem Kunden in verständlicher Form die relevanten Informationen über das Versicherungsprodukt erteilen, um diesem eine wohlinformierte Entscheidung zu ermöglichen, wobei die Komplexität des Versicherungsprodukts und die Art des Kunden zu berücksichtigen sind. Nach Art. 20 V kann bei Nichtlebensversicherungsprodukten ein standardisiertes Informationsblatt verwendet werden, für das Art. 20 VII und VIII sowie Art. 23 noch nähere Voraussetzungen aufstellen. Aber auch für das standardisierte Informationsblatt wird verlangt, dass es dem Kunden eine wohlinformierte Entscheidung ermöglicht. Hier ließe sich argumentieren, dass eine wohlinformierte Entscheidung eine Reflexion über die eigenen Wünsche und Bedürfnisse voraussetzt, diese also mitdokumentiert werden müssen. Dagegen ist aber einzuwenden, dass Art. 20 I und IV ausdrücklich nur verlangen, dass Informationen über das Versicherungsprodukt erteilt werden. Anders ist es in dem Fall, dass tatsächlich eine **Beratung** stattfindet. Dann richtet der Versicherungsvertreiber eine persönliche Empfehlung an den Kunden, in der er erläutert, warum ein bestimmtes Produkt den Wünschen und Bedürfnissen des Kunden am besten entspricht (Art. 20 I Unterabs. 3 Versicherungsvertriebs-RiLi). Im Zusammenspiel mit Art. 23 ergibt sich für diesen Fall eine **Dokumentationspflicht**. Eine solche Pflicht gibt es nach Art. 30 V Unterabs. 2 Versicherungsvertriebs-RiLi auch für Versicherungsanlageprodukte.

II. Gegenstand und Umfang

Der VR hat nach Abs. 1 Satz 2 zu dokumentieren, wie er seine aus Satz 1 folgenden drei Pflichten zur Befragung, Beratung und zur Angabe der Gründe für erteilten Rat erfüllt hat (s. Satz 2: »dies«). Gegenstand der Dokumentation ist daher das **gesamte Beratungsgespräch**, angefangen vom Anlass der Beratung[290] über die gestellten Fragen über die Antworten bis zu dem Rat und seinen Gründen. Aus Abs. 2 Satz 1, der nur von der Übermittlung von Rat und Gründen spricht, kann nicht geschlossen werden, die Dokumentation erfasse die gestellten Fragen nicht (s. Rdn. 105).[291] Zu dokumentieren ist aber nur der **wesentliche Inhalt der Beratung**.[292] Was wesentlich ist, bestimmt sich nach Sinn und Zweck der Dokumentationspflicht. Sie soll dem VN eine informierte Entscheidung ermöglichen und seine Beweissituation verbessern (oben Rdn. 100). Also muss alles dokumentiert werden, was – für den VR erkennbar – für den VN bei seiner Entscheidung für oder gegen den Vertrag von Bedeutung ist.[293]

101

Die Dokumentation hat unter **Berücksichtigung der Komplexität des angebotenen Versicherungsschutzes** zu geschehen. Das Kriterium ähnelt demjenigen der »Schwierigkeit, die angebotene Versicherung zu beurteilen« in Abs. 1 Satz 1 und ist aus Art. 12 III 2 der Versicherungsvermittlungs-RiLi entnommen.[294] Während es aber in Satz 1 um den Beratungsanlass geht, ist hier in Satz 2 der Umfang der Dokumentation an die Komplexität des Vertrages geknüpft – nicht aber an die Person oder Situation des VN. Je komplexer der Vertrag, desto differenzierter muss dokumentiert werden.

102

Die Praxis hat eine Vielzahl von Vorlagen für **Beratungsprotokolle** – die es im Übrigen auch früher schon gab – entwickelt. Eine solche **Standardisierung** der Dokumentation ist mit Sinn und Zweck der Dokumentationspflicht vereinbar, soweit sie Raum lässt, individuelle Umstände zu berücksichtigen.[295] Die Standardisierung hat eine qualitätssichernde Funktion, weil sie die Vermittler flächendeckend zu einer systematischen Abfrage bestimmter Aspekte anhält. Gespräche mit VN erhalten dadurch eine feste Struktur.[296] In der Dokumentation darf auf andere Dokumente, wie z.B. Risikoanalysebögen, **verwiesen** werden. Weder der Wortlaut des § 6 I noch der Zweck der Dokumentationspflicht erfordern eine Dokumentation in einem einheitlichen Dokument.[297] Es werden bei der Dokumentation zwar eine Wortprotokolle erwartet, ein schematisches Ankreuzen von Themenbereichen[298] oder die allgemeine Angabe der Motivation des VN und der Hintergründe für eine Vertragsänderung[299] genügen jedoch nicht. Eine ordnungsgemäße Dokumentation muss im Fall eines **Versichererwechsels** die konkrete Motivation des VN für den Wechsel, seine Vorstellungen vom gewollten Umfang des Versicherungsschutzes im Vergleich zum bisherigen, die Aufklärung über Risiken eines Wechsels sowie die Eckdaten des gewählten Produkts enthalten.[300]

103

---

290 *Röhrich*, F.I.1.b).
291 Dahin tendierend aber wohl PK/*Ebers*, § 6 Rn. 29.
292 HK-VVG/*Münkel*, § 6 Rn. 26; L/W/*Armbrüster*, § 6 Rn. 119.
293 Auch etwa darüber, dass eine Nettopolice vorliegt, BGH VersR 2016, 856, 857.
294 RiLi 2002/92/EG des Europäischen Parlamentes und des Rates v. 9. Dezember 2002, ABl. EG 2003 L 9/3, 9.
295 *Röhrich*, F.VI.
296 *Boslak/Fleck/Lahmsen*, ZfV 2015, 419.
297 *Röhrich*, F.I.1.c).
298 OLG München VersR 2012, 1292, 1293.
299 OLG Karlsruhe VersR 2013, 885, 886.
300 Vgl. OLG München VersR 2012, 1292, 12.

§ 6 Beratung des Versicherungsnehmers

104 In den Fällen, in denen der BGH für ein Versicherungsprodukt die strengeren Beratungsmaßstäbe für **Anlageprodukte** heranzieht,[301] ist zu überlegen, ob dort auch die wertpapierrechtliche Pflicht, ein schriftliches Protokoll der Anlageberatung gem. § 34 IIaWpHG anzufertigen, greift. Dies wird zutreffend unter Hinweis auf den gegenseitigen Ausschluss von Anlage- und Versicherungsprodukten gem. §§ 15 I VAG, 2 I Nr. 4 KWG und 2a I Nr. 4 WpHG verneint.[302] Das nach § 6 anzufertigende Protokoll muss aber dokumentieren, dass die strengeren Beratungsmaßstäbe für Anlageprodukte eingehalten wurden. Die **Versicherungsvertriebs-RiLi**, die nach dem oben Gesagten (Rdn. 100) eine Dokumentationspflicht vorsieht, wenn beraten wird, verlangt bei der Beratung zu einem Versicherungsanlageprodukt eine Geeignetheitserklärung, in der die erbrachte Beratungsleistung und die Art und Weise, in der diese den Präferenzen, Zielen und anderen kundenspezifischen Merkmalen entspricht, aufgeführt sind (Art. 30 V Unterabs. 2 Versicherungsvertriebs-RiLi).
Angesichts der Folgen der Dokumentation für die Beweislage (Rdn. 149) wird befürwortet, die Dokumentation am **AGB-Recht** zu messen.[303] Jedoch ist nicht ersichtlich, woraus sich bei dokumentierten Gesprächen der Maßstab für die Unangemessenheit der Dokumentation ergeben soll. Auch passt die Rechtsfolge des AGB-Rechts, die Unwirksamkeit, nicht auf die Dokumentation. Transparenzanforderungen ließen sich möglicherweise übertragen, was allerdings auch auf der Basis von § 242 BGB möglich ist.[304]

D. Pflicht zur Übermittlung nach Abs. 2
I. Gegenstand

105 Nach Abs. 2 Satz 1 ist der VR verpflichtet, den erteilten Rat und die Gründe hierfür klar und verständlich vor Vertragsabschluss in Textform zu übermitteln. Nach dem Wortlaut ist der Gegenstand der Übermittlungspflicht enger als der der Dokumentationspflicht, da die Übermittlung der zu dokumentierenden Befragung nicht verlangt wird. Die **Versicherungsvermittlungs-RiLi** ordnet in ihrem Art. 12 III 1 an, dass Wünsche und Bedürfnisse des Kunden und die Gründe für erteilten Rat anzugeben sind.[305] Eine klare Vorgabe für den Umfang der Übermittlungspflicht ergibt sich daraus nicht. § 62 I Fall 2 lässt sich aber als Auslegungshilfe heranziehen. Die Vorschrift bestimmt für die Vermittler, dass sie die Informationen nach § 61 I zu übermitteln haben; darunter fallen jedenfalls auch die durch Befragung erlangten Erkenntnisse. Ob man auch die gestellten Fragen als zu übermittelnde »Informationen« ansehen kann, ist nicht eindeutig, aber unter dem Aspekt zu bejahen, dass die Antworten des VN nur im Zusammenhang mit den gestellten Fragen vollständig verständlich sind.[306] Da die Übermittlungspflicht für VR denselben Umfang haben soll wie diejenige für Vermittler, ist also § 6 II 1 so auszulegen wie § 62 I Fall 2.
Die neue **Versicherungsvertriebs-RiLi** regelt in Art. 23 im Einzelnen, wie die nach Art. 20 zu erteilenden Auskünfte dem Kunden zu übermitteln sind, nämlich entweder auf Papier, auf einem anderen dauerhaften Datenträger (vgl. Art. 23 IV, VI) oder einer Website (vgl. Art. 23 V).

II. Zeitpunkt, Form, Klarheit und Verständlichkeit

106 Anders als es § 7 für die dort genannten Informationen anordnet, genügt die Übermittlung des Beratungsprotokolls **vor Abschluss des Vertrages**. Die Übermittlung muss also nicht unbedingt erfolgen, bevor der VN seine Vertragserklärung abgibt. Es reicht aus, wenn der VN nach Abgabe seines Angebotes die Dokumentation erhält und dann der VR das Angebot annimmt. Im Hinblick auf den Sinn des § 6, dem VN eine Entscheidung in Kenntnis aller wesentlichen Umstände zu ermöglichen, wird dieser späte Zeitpunkt zu Recht kritisiert.[307] Wann die Dokumentation **zu erstellen** ist, sagt das Gesetz nicht. Sie kann also direkt zusammen mit der Beratung oder im Nachhinein aus dem Gedächtnis erstellt werden.[308]

107 Die Übermittlung muss in **Textform** (§ 126b BGB, s. dazu § 7 Rdn. 24–37) erfolgen und **klar und verständlich** (s. dazu § 7 Rdn. 38 ff.) sein. Auch hier wird die Formulierungsschwäche der Gesetzesverfasser deutlich, da eine Übermittlung als solche nicht klar und verständlich sein kann, sondern nur der übermittelte Text. § 126b BGB verlangt für die Textform, dass eine lesbare Erklärung, in der die Person des Erklärenden genannt ist, auf einem dauerhaften Datenträger abgegeben wird. Die Voraussetzung eines **dauerhaften Datenträgers** erfüllen das Papier als klassischer Datenträger (Originale, Kopien, Faxe), aber auch am Bildschirm lesbare Texte (z.B. E-Mails und Computerfaxe), die auf elektronischen Speichermedien wie Festplatten, CD-Roms,

---
301 BGH VersR 2012, 1237.
302 *Schaaf/Winkens* VersR 2016, 360, 362.
303 *Bruns*, § 8 Rn. 7.
304 *Bruns*, § 8 Rn. 7.
305 RiLi 2002/92/EG des Europäischen Parlamentes und des Rates v. 9. Dezember 2002, ABl. EG 2003 L 9/3, 9.
306 Vgl. auch *Basedow*, in: VVG-Reform – Abschlussbericht. Rückzug des Staates aus sozialen Sicherungssystemen (VersWissStud Bd. 29), 2005, S. 45, 51: Ohne Dokumentation der Fragen seien die Dokumentationspflichten nicht effektiv; HK-VVG/*Münkel*, § 6 Rn. 26; *Küster* VersR 2010, 730, 733.
307 P/M/*Rudy*, § 6 Rn. 28; *Reiff* VersR 2007, 717, 727; *Schwintowski* ZRP 2006, 139, 140; *Meixner/Steinbeck*, § 2 Rn. 27; zustimmend aber *Römer* VersR 2006, 740, 743; HK-VVG/*Münkel*, § 6 Rn. 28; FAKomm-VersR/*Schneider/Reuter-Gehrken*, § 6 Rn. 49.
308 H/E/K/*Wandt*, 1. Kap. Rn. 276; L/W/*Armbrüster*, § 6 Rn. 137.

DVDs, Disketten und USB-Sticks gespeichert sind.[309] Unter den Voraussetzungen von Art. 23 V der **neuen Versicherungsvertriebs-RiLi** werden zukünftig auch Websites als Medien für die Übermittlung in Betracht kommen. § 126b BGB in der seit 2014 geltenden Fassung verlangt zwar nicht mehr ausdrücklich, dass der Abschluss der Erklärung durch Nachbildung der Namensunterschrift oder anders erkennbar gemacht wird (so noch § 126b BGB a.F. a.E.). Überwiegend wird ein Abschluss der Erklärung aber weiterhin verlangt, da durch die Neufassung des § 126b BGB keine inhaltliche Änderung der bisherigen Rechtslage beabsichtigt war.[310] Der Abschluss kann wie bisher nicht nur durch Namensunterschrift, sondern auch auf andere Weise (Datum, Grußformel, Stempel etc.) deutlich gemacht werden. Da Erklärender – um eine Willenserklärung handelt es sich aber nicht – der VR ist, muss er den Abschluss der Erklärung deutlich machen. Eine **Unterschrift des VN** ist nicht erforderlich. Sie kann die Beweissituation des VR aber gegebenenfalls verbessern und insbes. auch den Zugang der Unterlagen zu beweisen geeignet sein; dass jedoch ein nicht vom VN unterschriebenes Protokoll keinen Beweiswert habe,[311] trifft nicht zu. Denn der VR kann auf anderem Wege nachweisen, dass das Protokoll nachträglich ergänzt wurde.

Eine **mündliche Übermittlung genügt** nach Abs. 2 Satz 2 zunächst, wenn der VN eine solche wünscht oder wenn und soweit der VR vorläufige Deckung (§ 49) gewährt. Ein Wunsch des VN in diesem Sinne kann auch dann vorliegen, wenn der VR den VN auf die Möglichkeit mündlicher Übermittlung hingewiesen hat; Sinn und Zweck des Abs. 2 Satz 2 erfordern es nicht, die Initiative des VN zu verlangen.[312] Allerdings ist die Dokumentation in diesen beiden Fällen dann unverzüglich (Legaldefinition in § 121 I 1 BGB: ohne schuldhaftes Zögern) nach Vertragsschluss in Textform zu übermitteln (Satz 3 Hs. 1). Auch das ist nach Satz 3 Hs. 2 jedoch entbehrlich, wenn ein Versicherungsvertrag nicht zustande kommt oder wenn ein Vertrag über vorläufige Deckung bei einer Pflichtversicherung abgeschlossen wird. Im letztgenannten Fall soll die Notwendigkeit zweier Dokumentationen vermieden werden – eine für die Deckungskarte, eine für den wegen der Versicherungspflicht zwingend folgenden endgültigen Vertrag, gegebenenfalls auch bei einem anderen VR.[313] Während Art. 13 II Versicherungsvermittlungs-RiLi eine mündliche Übermittlung auf Wunsch des Kunden und bei Sofortdeckung vorsah, findet sich in der **Versicherungsvertriebs-RiLi** keine ausdrückliche Regelung. Nur für den Telefonverkauf wird in Art. 23 VII auf das Fernabsatzrecht verwiesen. § 6 wird daher anzupassen sein.

108

Ist die Tatsache der Übermittlung streitig, hängt die **Beweislast** von der prozessualen Situation ab. Beruft sich der VN auf die fehlende Dokumentation, was er i.d.R. im Rahmen des Vorwurfs tun wird, er sei nicht beraten worden, muss er nachweisen, dass er die Dokumentation nicht erhalten hat. Wie auch sonst beim Beweis negativer Tatsachen ist jedoch von einer sekundären Darlegungslast des VR auszugehen, wenn der VN den Nichterhalt hinreichend dargelegt hat. Dann muss der VR darlegen, wie er den Zugang bewirkt hat. In Betracht kommt eine Darlegung anhand einer Gesamtheit von Indizien.[314]

109

E. Verzicht nach Abs. 3
I. Voraussetzungen
1. Gegenstand des Verzichts

Der VN kann nach Abs. 3 gegenüber dem VR auf die Beratung und die Dokumentation nach Abs. 1 und 2 verzichten, ebenso wie nach § 61 II gegenüber dem Vermittler. Beide Tatbestände unterscheiden sich zum einen darin, dass in § 61 II von Beratung *oder* Dokumentation die Rede ist, in Abs. 3 von Beratung *und* Dokumentation. Auch das dürfte nur an der unsorgfältigen Formulierung liegen. Es kann in beiden Fällen auf die **Beratung**, auf die **Dokumentation** oder auf **beides zusammen** verzichtet werden, ebenso wie ein **Teilverzicht** auf Teile der Beratung oder der Dokumentation möglich ist. Zum anderen erstreckt sich die Verzichtsmöglichkeit des Abs. 3 auch auf die Übermittlung nach Abs. 2, wogegen die Verzichtsmöglichkeit nach § 61 II nicht die Übermittlung nach § 62 erfasst. Nach der vermittlerrechtlichen Regelung kann der VN also auf die Dokumentation verzichten, woraus sich von selbst ein Verzicht auf deren Übermittlung ergibt, er kann aber nicht separat nur auf die **Übermittlung** verzichten, was nach Abs. 3 durch den Verweis auf Abs. 2 möglich ist. Auch das ist Ausdruck der mangelnden Sorgfalt des Gesetzgebers. Auf die **Befragung** kann sich der Verzicht nach dem Wortlaut des Abs. 3 nicht erstrecken, was allerdings kaum gewollt sein dürfte. Denn die Überlegungen der Gesetzesverfasser, dem mündigen Bürger einen Verzicht auf seine Rechte zu ermöglichen,[315] können auch hier eingreifen. Wünscht der VN zu bestimmten Tatsachenkomplexen keine Befragung, kann er auf diese verzichten.

110

---

309 S. Erwägungsgrund 23 der Verbraucherrechte-RiLi (2011/83/EU).
310 BeckOK/*Wendtland* § 126b Rn. 7; Palandt/*Ellenberger*, § 126b Rn. 5; s. auch BT-Drs. 17/12637 S. 44; a.A. P/W/W/*Ahrens* § 126b Rn. 11.
311 So *Neuhaus/Kloth*, S. 42.
312 *Röhrich*, F.V.1.b)cc)(1).
313 Begr. RegE BT-Drucks. 16/1935 S. 25; ausführlich *Röhrich*, F.V.1.b)dd)(1).
314 Vgl. OLG Karlsruhe VersR 2006, 1625; LG Aurich VersR 2001, 1225, jeweils zu § 5a VVG a.F. (Beweislast für den Zugang beim VR).
315 Begr. RegE BT-Drucks. 16/1935 S. 24 f.

2. Inhalt des Verzichts, insbes. Warnhinweis

111 Der Verzicht muss eindeutig zum Ausdruck bringen, dass der VN Befragung, Beratung oder Dokumentation ablehnt. Angesichts des erforderlichen Warnhinweises (s. sogleich) wird die Verzichtserklärung des VN i.d.R. deutlich genug sein.[316] Ein Verhalten des VN, das schlüssig zu erkennen gibt, dass er Beratung usw. nicht wünscht, darf nicht im Rahmen der Prüfung des Anlasses i.S.v. Abs. 1 Satz 1 dahingehend gewürdigt werden, dass es den Beratungsanlass entfallen lässt, denn dadurch würden die Wertungen des Abs. 3 umgangen. Aus demselben Grund kann ein formunwirksamer Verzicht nicht den Beratungsanlass entfallen lassen.

112 Außerdem muss der VN »in der«[317] Erklärung des Verzichtes **ausdrücklich** darauf hingewiesen werden, dass sich ein Verzicht nachteilig auf seine Möglichkeit auswirken kann, gegen den VR Schadensersatzansprüche nach Abs. 5 geltend zu machen. Das Merkmal der Ausdrücklichkeit ist keineswegs, wie z.T. vertreten wird, ein (überflüssiges) Füllwort.[318] Denn die Notwendigkeit einer gesonderten schriftlichen Erklärung schließt konkludentes Verhalten nicht per se aus. Fraglich ist, welchen Inhalt die Belehrung haben muss. Teilweise wird es nicht für ausreichend gehalten, wenn sich der VR lediglich an den Gesetzeswortlaut hält. Mit einer solchen Formulierung (»… nachteilig … auswirken …«) werde verschleiert, dass der Beratungsverzicht zu einem völligen Wegfall der Haftung führen könne.[319] Auch andere Folgen würden nicht hinreichend deutlich, wie etwa die, dass ohne Beratung nicht gewährleistet sei, dass der gewählte Vertrag dem Bedarf des VN entspreche.[320] Dem ist nicht zu folgen. Da das Gesetz konkret festlegt, worauf ausdrücklich hingewiesen werden soll, muss es auch ausreichend sein, wenn diese Formulierung in den Verzichtsklauseln übernommen wird.[321] Das entspricht auch der ganz überwiegenden Praxis. Fehlt der Warnhinweis, ist der Verzicht unwirksam.[322]

3. Formale Voraussetzungen des Verzichts

113 Der Verzicht muss durch eine **gesonderte schriftliche Erklärung** erfolgen. Der VN muss den Verzicht also gem. § 126 I BGB mittels eigenhändiger Namensunterschrift oder notariell beglaubigten Handzeichens unterzeichnen. Nach § 126 III BGB genügt auch die elektronische Form des § 126a BGB.[323] Eine Unterschrift auf einem elektronischen Pad genügt de lege lata nicht, auch wenn gute Gründe dafür sprechen, dass die Formzwecke des § 6 III erreicht werden.[324] Umstritten ist, ob die Erklärung in einem **eigenen Dokument** enthalten sein muss[325] – das wollten ausweislich der Gesetzesbegründung die Gesetzesverfasser[326] – oder ob eine gesondert unterschriebene Erklärung, die in einem anderen Dokument enthalten ist, genügt.[327] Für letzteres wird angeführt, dass auch bei § 309 Nr. 11a) BGB für eine gesonderte Erklärung eine gesondert unterschriebene Erklärung reiche;[328] zudem genüge eine solche auch für § 309 Nr. 12 BGB. Diese Argumente überzeugen nicht, da § 309 Nr. 12 BGB keine gesonderte Erklärung, sondern eine gesondert unterschriebene Erklärung verlangt und da eine einheitliche Auslegung von § 309 Nr. 11a) BGB und § 6 III 1 nicht geboten ist – übrigens ebenso wenig wie eine einheitliche Auslegung des Begriffs im VVG, das ihn noch an anderen Stellen verwendet.[329] Angesichts der klaren Regelungsabsicht des Gesetzgebers, die er im Übrigen auch im Zusammenhang mit dem Verzicht nach § 7 I Hs. 2 geäußert hat,[330] ist ein eigenes Schriftstück zu verlangen. Dieses wird dem VN auch noch deutlicher vor Augen führen, dass er eine weiterreichende Erklärung abgibt, als eine nur gesondert unterschriebene, im Antrag enthaltene Erklärung. Zudem wird verhindert, dass der Verzicht in AVB aufgenommen und damit undifferenziert jedem Vertrag zugrunde gelegt wird.[331] Eine **körperliche Verbindung** des Dokuments mit anderen Unterlagen soll nach überwiegender Ansicht aber zulässig sein und an dem Charakter als gesonderte Erklärung nichts ändern.[332] Danach würde es genügen, wenn der Verzicht als einzelnes Blatt mit anderen Dokumenten zusammengeheftet wäre. Dem ist nicht zu folgen. Unabhängig von

---

316 Vgl. OLG Saarbrücken VersR 2010, 1181, 1182 (offenlassend, aber bezweifelnd, ob der Vermerk »Es erfolgte bezüglich des Krankenversicherungsvertrags keine Beratung! Herr B. wünscht eine Umstellung in Start Fit mit 300 SB ohne weitere Zusatzversicherungen« als Verzicht ausgelegt werden kann).
317 Das ist ein erneutes Beispiel für eine unsaubere Formulierung.
318 Vgl. *Gaul* VersR 2007, 21, 23.
319 *Meixner/Steinbeck*, § 2 Rn. 35.
320 PK/*Michaelis*, § 61 Rn. 28.
321 Dem folgend *Röhrich*, G.IV.2.
322 OLG Saarbrücken VersR 2010, 1181, 1182.
323 Anders wohl *Niederleithinger* VersR 2006, 437, 439, wonach bei elektronischer Übermittlung der Erklärungen ein Verzicht ausgeschlossen sein soll.
324 *Hoeren* ZVersWiss 2012, 45, 52 f.
325 Dafür *Blankenburg* VersR 2008, 1446, 1447; *Funck* VersR 2008, 163, 166; *Gaul* VersR 2007, 21, 23.
326 Begr. RegE BT-Drucks. 16/1935 S. 24 und Begr. RegE BT-Drucks. 16/3945 S. 58.
327 Dafür *Armbrüster*, Münsteraner Reihe Bd. 110, S. 24.
328 Dafür *Armbrüster*, Münsteraner Reihe Bd. 110, S. 24.
329 Deshalb ist die Argumentation von *Leverenz* VersR 2008, 709 ff., zu § 19 V 1 nicht ohne weiteres auf § 6 übertragbar.
330 Begr. RegE BT-Drucks. 16/3945 S. 60 (»… in einem gesonderten vom VN unterschriebenen Schriftstück«).
331 *Blankenburg* VersR 2008, 1446, 1449.
332 *Funck* VersR 2008, 163, 166; *Küster* VersR 2010, 730, 734; *Röhrich*, G.IV.b).

der begrifflichen Frage, ob man dann noch von einer gesonderten Erklärung sprechen kann,[333] spricht dagegen, dass eine klare Grenze zwischen diesem Fall und einer in einem anderen Dokument enthaltenen Erklärung – die sich auch auf einer eigenen Seite befinden könnte – nicht gezogen werden kann. Praktisch sollte der Verzicht, nachdem er unterschrieben wurde, nur mittels einer losen Verbindung (Büroklammer, Mappe) mit den anderen Unterlagen zusammengelegt werden, damit der Nachweis einer gesonderten Erklärung geführt werden kann.

II. Rechtsfolgen

Nach dem Wortlaut des Abs. 3 kann der VN auf Beratung oder Dokumentation nach Abs. 1 und 2 verzichten. Gemeint ist, dass er auf seine **Ansprüche** auf Befragung, Beratung, Dokumentation und Übermittlung der Dokumentation verzichten kann. Ob damit eine einseitige Aufgabe der Ansprüche oder eine Aufgabe durch Vereinbarung gemeint ist, ist offen. »Verzicht« kann in der Terminologie des Bürgerlichen Rechts beides bedeuten.[334] Auf schuldrechtliche Ansprüche kann nach § 397 BGB aber grundsätzlich nicht durch einseitige Erklärung verzichtet werden.[335] Auch die Gesetzesmaterialien gingen von einem Verzicht durch Vereinbarung aus,[336] was zusammen mit dem Grundsatz des § 397 BGB dafür spricht, auch bei § 6 Abs. 3 eine Vereinbarung zu verlangen. Ohnehin wird regelmäßig eine korrespondierende Willenserklärung des VR, sei es Angebot oder Annahme des Verzichts, vorliegen. Deren Zugang wird i.d.R. nach § 151 Satz 1 BGB entbehrlich sein. Folge des Verzichts ist, dass die **Ansprüche aus Abs. 1, 2 erlöschen** (§ 397 I BGB). 114

Der Verzicht erstreckt sich nach dem klaren Wortlaut des Abs. 3 Satz 1 nicht auf die Pflicht zur **vertragsbegleitenden Beratung** nach Abs. 4; dort ist in Satz 2 eine eigene Verzichtsmöglichkeit vorgesehen. Der Verweis in Abs. 4 Satz 1 auf Abs. 1 Satz 1 ergibt nicht, dass mit Verzicht auf die Ansprüche aus Abs. 1 Satz 1 auch diejenigen nach Abs. 4 Satz 1 entfallen. Der Verweis dient allein der sprachlichen Verkürzung und macht nicht das Bestehen vorvertraglicher Beratungspflichten zur Voraussetzung vertragsbegleitender Pflichten. 115

Ob ein **gegenüber dem Vermittler erklärter Verzicht** die Pflicht des VR aus Abs. 1, 2 entfallen lässt, richtet sich nach § 423 BGB. VR und Vermittler sind hinsichtlich der Pflichten aus §§ 6 und 61, 62 Gesamtschuldner. Nach § 423 BGB ist **durch Auslegung** zu ermitteln, ob der Verzicht Einzelwirkung oder Gesamtwirkung hat. Im Regelfall wird ein VN, der dem Vermittler die Pflichten nach §§ 61, 62 erlässt, auch den VR nicht mehr aus § 6 I, II in Anspruch nehmen wollen. Das ergibt sich schon daraus, dass die vorvertragliche Beratungssituation dann i.d.R. vorüber ist. Formal taucht aber das Problem auf, dass der VN den Warnhinweis nach § 6 III (Nachteile für Ansprüche gegen den VR) nicht erhält, wenn er gegenüber dem Vermittler verzichtet (s. § 61 II: Warnhinweis bezüglich der Nachteile für Ansprüche gegen den Vermittler). Hieran wird eine Gesamtwirkung des Verzichts regelmäßig scheitern. Allerdings ist es denkbar, dass sich noch weitere Fragen des VN ergeben; wendet er sich mit diesen an den VR, nicht an den Vertreter – ein wenig lebensnaher Fall – dann soll nach seinem Willen der gegenüber dem Vertreter erklärte Verzicht nicht entgegenstehen. 116

III. Vereinbarkeit mit Europarecht

Da die **Versicherungsvermittlungs-RiLi**[337] die Möglichkeit eines Verzichts nicht vorsieht, wird z.T. angenommen, dass § 61 II mit ihr nicht vereinbar sei.[338] Hält man nach dem oben Gesagten (Rdn. 76) die Mitgliedstaaten nicht für befugt, die Rechte des VN einzuschränken, ist die Möglichkeit des Verzichts auf die EU-rechtlich vorgeschriebene Dokumentation nicht richtlinienkonform. Sieht man auch die Beratung als EU-rechtlich vorgeschrieben an (oben Rdn. 76), darf auch für sie kein Verzicht vorgesehen werden. Für **VR** ist der deutsche Gesetzgeber zwar frei darin, die Rechte der VN abzuschwächen. Da er den VR im selben Umfang wie den Vermittlern Beratungspflichten auferlegen wollte,[339] ist aber anzunehmen, dass er für den Fall der Europarechtswidrigkeit des Verzichts gegenüber dem Vermittler auch dem VR gegenüber keinen solchen zulassen wollte, weil es sonst zu einem geringeren Pflichtenumfang des VR kommen kann. 117

Die **neue Versicherungsvertriebs-RiLi** sieht keine Beratungspflicht vor (oben Rdn. 4). Wenn ein VR oder Vermittler **tatsächlich berät**, muss er aber nach Art. 20 I i.V.m. Art. 23 Versicherungsvertriebs-RiLi eine persönliche Empfehlung an den Kunden richten, in der erläutert wird, warum ein bestimmtes Produkt dessen Wünschen und Bedürfnissen am besten entspricht. Einen Verzicht auf die danach auch erforderliche Dokumentation sieht die RiLi nicht vor. § 6 wäre deshalb dahingehend zu ändern, dass zwar auf die Beratung verzichtet werden kann, im Falle einer tatsächlich stattfindenden Beratung aber nicht auf die Dokumentation. 118

---

333 Siehe *Hüntemann*, S. 149 f.: kein »eigenes Dokument« i.S.d. Begr. RegE mehr.
334 *Pohlmann*, Der Verzicht auf eine Bedingung, 1999, S. 21 f.
335 Näher dazu *Pohlmann*, Der Verzicht auf eine Bedingung, 1999, S. 22 ff.
336 So richtig *Hüntemann*, S. 248 und 147 unter zutreffendem Hinweis auf Begr. RegE BT-Drucks. 16/1935 S. 23; ihm folgend *Röhrich*, G.II.
337 RiLi 2002/92/EG des Europäischen Parlamentes und des Rates v. 9. Dezember 2002, ABl. EG 2003 L 9/3.
338 *Dörner/Staudinger* WM 2006, 1710, 1711; *Römer* VuR 2007, 94, 95; offenlassend PK/*Ebers*, § 6 Rn. 35; *Franz* VersR 2008, 298, 299; a.A.: § 61 Rdn. 25; L/W/*Armbrüster*, § 6 Rn. 165.
339 Begr. RegE BT-Drucks. 16/3945 S. 58.

§ 6 Beratung des Versicherungsnehmers

IV. AGB-Recht

119 Die AGB-rechtliche Beurteilung des Verzichts nach Abs. 3 ist umstritten. Folgende Fragen sind zu trennen:

1. Vorliegen von AGB

120 Der Verzicht darf, da er mittels einer gesonderten Erklärung zu erfolgen hat, nicht in den AVB enthalten sein. Ist das dennoch der Fall, ist er unwirksam. Aber auch der gesondert erklärte Verzicht kann die **Voraussetzungen des § 305 I BGB** erfüllen und damit der AGB-Kontrolle unterfallen.[340] Das gilt auch dann, wenn man den Verzicht als einseitige Erklärung ansieht; auch solche können, wenn sie vorformuliert sind, Vertragsbedingungen i.S.v. § 305 I 1 BGB sein. Eine Vorformulierung ist zudem sogar dann gegeben, wenn der VR die vorformulierte Verzichtserklärung im Kopf gespeichert hat[341] und dem VN in die Feder diktiert. Ob der Verzicht i.S.v. § 305 I 3 BGB ausgehandelt ist, hängt vom Einzelfall ab.[342] Bisher ist ein mit verschiedenen Auswahl- und Ankreuzmöglichkeiten ausgestalteter Verzicht anscheinend nicht verbreitet; in der Praxis findet sich insbes. die Wahl zwischen dem Verzicht auf Beratung und/oder Dokumentation.

2. Inhaltskontrolle

121 Für § 7 I 3,[343] aber auch für § 6 III[344] wird z.T. angenommen, ein **formularmäßiger Verzicht** verstoße gegen § 307 II Nr. 1 BGB, weil er mit dem wesentlichen Grundgedanken des VVG, einen formularmäßigen Verzicht nicht zuzulassen, nicht vereinbar sei. Dieser Grundgedanke wird dabei der Regierungsbegründung zu § 7 entnommen, nach der durch die gesonderte schriftliche Erklärung ein formularmäßiger Verzicht verhindert werden sollte.[345] Abgesehen davon, dass dieses Argument auch bei § 7 nicht trägt, da es weder in Wortlaut noch in Sinn und Zweck des § 7 eine Stütze findet (dazu § 7 Rdn. 48), hat es bei § 6 III keine Rolle gespielt. Vielmehr sollte die gesonderte Erklärung dort sicherstellen, dass dem Kunden der Verzicht vor Augen geführt und nicht in anderen Vereinbarungen versteckt wird. Auch der Wortlaut »gesonderte schriftliche Erklärung« sagt über die Formularmäßigkeit nichts. Ein gesetzlicher Grundgedanke, dass bei § 6 nicht formularmäßig verzichtet werden soll, liegt dem VVG nicht zugrunde.[346]

122 Eine Kontrolle eines formularmäßigen Verzichts nach § 307 I, II BGB setzt im Übrigen gem. § 307 III 1 BGB voraus, dass der Verzicht **von Rechtsvorschriften abweicht oder diese ergänzt**. An einer Abweichung fehlt es insofern, als der Verzicht in § 6 III vorgesehen ist. Allerdings hat der VR bei der Ausgestaltung des Verzichts Gestaltungsspielraum, so dass eine Ergänzung von Rechtsvorschriften gegeben und damit die Inhaltskontrolle eröffnet ist. Eine unangemessene Benachteiligung des VN wird allerdings i.d.R. nicht vorliegen.[347] Sie liegt vor allem nicht allein in der Tatsache der Vorformulierung des Verzichts. Insbes. lässt sich aus der nach der Rspr. gegebenen Unzulässigkeit eines umfassenden formularmäßigen Verzichts auf Beratung durch den Versicherungsmakler[348] nicht auf die Unzulässigkeit des Verzichts nach Abs. 3 gegenüber dem VR rückschließen; für den Verzicht gegenüber dem Vermittler ist freilich unklar, wie § 61 II mit der bisherigen Rspr. in Einklang zu bringen ist.[349] Auch die Tatsache, dass ein VR den Verzicht **flächendeckend oder massenhaft oder regelmäßig** einsetzt, ändert an der AGB-rechtlichen Unbedenklichkeit nichts.[350] Die Unangemessenheit einer Klausel gegenüber einem VN kann nicht davon abhängen, wie oft der VR sie einsetzt oder einzusetzen beabsichtigt.[351] Nach einigen Stimmen kann ein massenhafter Einsatz von Verzichtserklärungen einen aufsichtsrechtlichen Missstand i.S.v. § 298 I 2 VAG darstellen.[352] Dem kann in der Allgemeinheit nicht gefolgt werden. Solange der VR nicht gegen Rechtsnormen verstößt, begründet der Einsatz von Verzichtserklärungen keinen Missstand. Im Übrigen unterliegt der Verzicht der **Transparenzkontrolle** nach § 307 I 2 BGB.

F. Vertragsbegleitende Pflichten nach Abs. 4

I. Überblick

123 Auch nach Vertragsschluss bestehen gem. Abs. 4 während der Dauer des Versicherungsverhältnisses die Pflichten nach Abs. 1 Satz 1, soweit für den VR ein Anlass für Nachfrage und Beratung erkennbar ist. Die Norm suggeriert eine Parallelität der Pflichten, die der Sache nach nicht besteht. Denn während die Parteien sich vor Vertragsschluss als Anbieter und Kunde mit grundsätzlich gegenläufigen Interessen gegenüberstehen,

---

340 *Blankenburg* VersR 2008, 1446, 1447 f. m.w.N.
341 Palandt/*Grüneberg*, § 305 Rn. 8.
342 Näher *Blankenburg* VersR 2008, 1446, 1448 f.
343 PK/*Ebers*, § 7 Rn. 43; *Römer* VersR 2006, 740, 742; *Schimikowski* r+s 2007, 133, 136.
344 *Franz* VersR 2008, 298, 300.
345 Begr. RegE BT-Drucks. 16/3945 S. 60.
346 So auch *Blankenburg* VersR 2008, 1446, 1449.
347 So im Grundsatz auch L/W/*Armbrüster*, § 6 Rn. 170 f.
348 BGHZ 162, 67, 77.
349 Dazu § 61 Rdn. 29; P/M/*Dörner*, § 61 Rn. 35.
350 Anders *Schimikowski/Höra*, S. 105 f., 112; *Schimikowski* r+s 2007, 133, 136; L/W/*Armbrüster*, § 6 Rn. 170.
351 So auch *Blankenburg* VersR 2008, 1446, 1450.
352 FAKomm-VersR/*Schneider/Reuter-Gehrken*, § 6 Rn. 63; HK-VVG/*Münkel*, § 6 Rn. 32; L/W/*Armbrüster*, § 6 Rn. 167.

wird dieser **Interessengegensatz nach Vertragsabschluss schwächer.** Vor allem die Treue- und Fürsorgepflichten des VR verstärken sich.[353]

Weitere Unterschiede ergeben sich z.T. aus Abs. 4 selbst: Die **Nachfragepflicht** ist anders als in Abs. 1 Satz 1 nicht auf Wünsche und Bedürfnisse des VN gerichtet, weil in der vertragsbegleitenden Beratung auch andere Fragen eine Rolle spielen, z.B. im Zusammenhang mit der Schadenregulierung. Eine **Dokumentationspflicht** besteht nicht, obwohl Bundesrat und Bundesregierung sich im Gesetzgebungsverfahren dafür ausgesprochen hatten, den Entwurf in diesem Punkt zu ändern und in Abs. 4 Satz 1 nicht nur auf Abs. 1 Satz 1, sondern auch auf Satz 2 zu verweisen.[354] Ob dieser Aspekt im weiteren Verfahren übersehen wurde, kann dahingestellt bleiben. Denn allein der Wunsch der gesetzgebenden Organe, eine vorgeschlagene Norm noch zu ändern, ist unbeachtlich, wenn die angedachte Änderung schließlich nicht erfolgt ist. Zudem ist die fehlende Dokumentationspflicht bei Abs. 4 zu begrüßen.[355] Anders als bei Vertragsabschluss ist es wohl nahezu unmöglich, für die vertragsbegleitende Beratung standardisierte Protokolle vorzuhalten. Dass der VR schon im eigenen Interesse eine gewisse Dokumentation (Vermerke, Telefonnotizen usw.) anfertigen wird, ist eine andere Sache. 124

In Abs. 4 fehlt der Hinweis auf die **Angemessenheit** des Verhältnisses zwischen Beratungsaufwand und Prämie. Unklar ist, ob er durch die Verweisung auf die »Verpflichtung nach Absatz 1 Satz 1« erfasst ist. Nach dem Wortlaut ist das durchaus möglich, da das Angemessenheitskriterium als ein die Beratungspflicht modifizierender Einschub gestaltet ist. Auch Sinn und Zweck des Einschubes, den VR vor ausufernden Beratungspflichten und ihren wirtschaftlichen Auswirkungen zu schützen, sprechen für eine Geltung des Angemessenheitskriteriums auch für die Pflicht nach Abs. 4.[356] 125

II. Anwendungsbereich

Zeitlich greift § 6 IV nach Vertragsabschluss ein. Bei einer **Vertragsänderung** ist zu differenzieren: Die Pflicht zum Hinweis auf eine gebotene Vertragsänderung oder auf die Notwendigkeit des Abschlusses eines neuen Vertrages ist in § 6 IV begründet.[357] Wird der Vertrag dann geändert oder neu abgeschlossen, entspricht die Situation hinsichtlich der Beratung wieder derjenigen eines Neuabschlusses, so dass die Pflichten nach § 6 I maßgeblich sind.[358] Sie sind jedoch in ihrem Umfang dadurch beeinflusst, dass bereits eine vertragliche Bindung mit bestimmten Vereinbarungen besteht. 126

Vertragsbegleitende Beratungspflichten ergaben sich schon bisher für **VR** aus §§ 241 II, 242 BGB. Sie sind nun in § 6 IV ausdrücklich normiert, was aber einen Rückgriff auf §§ 241 II, 242 BGB nicht ausschließt (s. Rdn. 17). Den **Versicherungsvertreter** treffen keine dem § 6 IV entsprechenden Pflichten (s. § 61).[359] Laut Regierungsbegründung »liegt das auf der Hand«.[360] Das ist insofern richtig, als der Vertreter nicht Vertragspartei ist. Rechtspolitisch freilich hätte man auch anders entscheiden können, wenn nicht die Sorge bestanden hätte, dass eine Erweiterung der Pflichten des Vermittlers gegen die Versicherungsvermittlungs-RiLi[361] verstößt.[362] 127

Auch der **Versicherungsmakler** ist nicht kraft Gesetzes zur vertragsbegleitenden Beratung verpflichtet (§ 61). Ob eine entsprechende Pflicht besteht, ergibt sich aus dem Vertrag des Maklers mit dem VN. Ist dort keine vertragsbegleitende Betreuung vorgesehen, sondern endet die Betreuung des VN durch den Makler mit dem Abschluss des Versicherungsvertrages, oder wird der Maklervertrag von einer Seite gekündigt, entsteht eine Betreuungslücke: Der VR ist nach dem klaren Wortlaut des § 6 VI Fall 2 nicht zur Beratung verpflichtet. In der Literatur wird z.T. vermutet, dass der Gesetzgeber diese Konstellation übersehen hat – wofür in der Tat die Entstehungsgeschichte spricht (s.o. zur Ausnahme des Abs. 6 Rdn. 32) – und es wird über eine dann auflebende subsidiäre Beratungspflicht des VR nachgedacht.[363] Methodisch könnte man bei **§ 6 VI Fall 2** ansetzen und diese Norm **teleologisch dahingehend reduzieren**, dass die Anwendung des Abs. 4 nur ausgeschlossen sein soll, wenn der VN vom Makler tatsächlich vertragsbegleitend betreut wird. Ein Schutzbedürfnis des VN besteht allerdings nicht, da er weiß, ob der Makler ihn nach dem Maklervertrag laufend betreut oder nicht, und da er auch von einer Beendigung des Maklervertrages durch Kündigung Kenntnis hat. Umgekehrt erfährt der VR nicht unmittelbar davon, wie das Verhältnis Makler und VN sich entwickelt. Daher kommt eine teleologische Reduktion des § 6 VI Fall 2 und ein Aufleben der Pflichten des VR aus § 6 IV nur dann in 128

---

353 *Dörner*, in: E. Lorenz (Hrsg.), Karlsruher Forum 2000 (2001), S. 39, 45 f.
354 Vgl. Stellungnahme des Bundesrates, BT-Drucks. 16/3945 S. 125 und Gegenäußerung der Bundesregierung, BT-Drucks. 16/3945 S. 130.
355 So auch, ohne Begründung, *Funck* VersR 2008, 163, 165.
356 So im Ergebnis auch L/W/*Armbrüster*, § 6 Rn. 245.
357 Begr. RegE BT-Drucks. 16/3945 S. 59.
358 OLG Karlsruhe VersR 2013, 885, 886; L/W/*Armbrüster*, § 6 Rn. 19; anders LG Ingolstadt VersR 2012, 1301, 1302.
359 LG Ingolstadt VersR 2012, 1301, 1302; LG Landshut r+s 2014, 360, 361.
360 Begr. RegE BT-Drucks. 16/3945 S. 59.
361 RiLi 2002/92/EG des Europäischen Parlamentes und des Rates v. 9. Dezember 2002, ABl. EG 2003 L 9/3.
362 Begr. RegE BT-Drucks. 16/3945 S. 59.
363 *F. Baumann*, Münsteraner Reihe Bd. 110, S. 39.

§ 6 Beratung des Versicherungsnehmers

Betracht, wenn der VN dem VR zu erkennen gibt, dass er nun nicht mehr durch einen Makler, sondern direkt zum VR in Verbindung steht.

129 Der **Versicherungsberater** ist wie der Makler nur dann zur vertragsbegleitenden Beratung verpflichtet, wenn eine dahingehende Pflicht in seinem Vertrag mit dem VN vereinbart ist (§ 68 Satz 1 und 2). Eine gesetzliche Beratungspflicht trifft ihn insofern nicht. Aber auch der VR ist nicht zur vertragsbegleitenden Beratung verpflichtet, wie sich aus der Gesetzesbegründung[364] sowie aus dem Zusammenspiel von §§ 68 Satz 1, 6 IV Fall 2 ergibt. Wie beim Makler wird man aber ein Aufleben der Pflichten des VR aus Abs. 4 annehmen müssen, wenn der VN dem VR zu erkennen gibt, dass er nun nicht mehr durch einen Versicherungsberater, sondern direkt zum VR in Verbindung steht.

130 **Vermittler i.S.v. § 66** (s. dazu dort) sind nicht zur Beratung verpflichtet (§ 66). Damit entfällt die korrespondierende Verpflichtung des VR aus § 6 vollständig, d.h. auch diejenige aus § 6 IV.[365]

III. Berechtigter

131 Der Anspruch auf vertragsbegleitende Beratung steht nach § 6 VVG nur dem VN zu, aber nach § 242 BGB auch einem Dritten, wenn dieser beim Versicherungsvertrag zugunsten Dritter der begünstigte Dritte ist oder wenn er als Grundpfandgläubiger von Veränderungen betroffen ist.[366]

IV. Erkennbarer Anlass i.S.v. Satz 1

1. Kriterien

132 Den VR trifft keine Pflicht zu einer vorsorgenden umfassenden Rechtsberatung in Bezug auf alle möglichen Auswirkungen von veränderten Umständen ohne konkreten Anlass.[367] Wie Abs. 1 Satz 1 setzt Abs. 4 Satz 1 einen erkennbaren Anlass zu Befragung (= Nachfrage) und Beratung voraus.[368] Als anlassbegründendes Kriterium kann die Schwierigkeit, die angebotene Versicherung zu beurteilen, zunächst keine Rolle mehr spielen – erst später kann sie wieder neu entstehen, wenn wegen veränderter Umstände ein neuer Vertrag geschlossen werden soll. Einschlägig sind Anlässe aus der Person oder Situation des VN oder Änderungen der für bestimmte Versicherungsverträge geltenden gesetzlichen oder tatsächlichen Rahmenbedingungen.[369]

2. Kasuistik

133 Der VR **muss nachfragen**, wenn er vertragsbegleitend **von Umständen erfährt, die den Versicherungsschutz gefährden,** und muss ggf. über Deckungsmöglichkeiten beraten, z.B. wenn der VN ihm mitteilt, dass er sich für einige Monate im Ausland aufhalten wird und die Abwesenheit Auswirkungen auf den Hausratversicherungsschutz hat. Wenn der VN dem VR mitteilt, dass sein Betrieb verlegt wurde, muss der VR darüber aufklären, dass der durch den bestehenden Versicherungsvertrag begründete Versicherungsschutz mit der Betriebsverlegung erlosch.[370] Ein Antrag auf Ausstellung der grünen Versicherungskarte löst die Pflicht aus, den VN auf den begrenzten räumlichen Geltungsbereich der Versicherung hinzuweisen, wenn irrige Vorstellungen des VN darüber erkennbar werden oder wenn der VN zu erkennen gibt, dass er sich außerhalb des Geltungsbereichs aufzuhalten gedenkt.[371] Wenn der VN dem VR mitteilt, dass er seinen Wohnsitz vorübergehend verlegt, muss der VR den VN über die Möglichkeiten der Aufrechterhaltung des Versicherungsschutzes, insbes. jene einer Anwartschaftsversicherung, beraten, um erworbene Rechte aus der laufenden Krankheitskostenversicherung nicht verloren gehen zu lassen.[372] Die Gefahr einer erneuten Risikoprüfung in der Berufsunfähigkeitsversicherung soll bei einem Antrag auf Umwandlung in eine prämienfreie Versicherung ebenfalls ein Anlass für eine Beratungspflicht nach § 6 IV sein.[373] Die Anfrage zu einer Beitragsfreistellung ist auch ein Beratungsanlass.[374] Bittet der VN um Vereinbarung eines Verwertungsausschlusses mit der ausdrücklichen Zusatzfrage »Schützt dieser Verwertungsausschluss auch im Fall einer Privatinsolvenz?«, so ist der VR zu einer Beratung des VN über die Möglichkeit der Umwandlung in eine Versicherung, die den Anforderungen des § 851c I ZPO entspricht (§ 167), verpflichtet.[375] Für die Kreditversicherung wird vertreten, dass ein Bera-

---

364 Begr. RegE BT-Drucks. 16/3945 S. 59.
365 S. Begr. RegE BT-Drucks. 16/3945 S. 59 und S. 58, dort allerdings noch für die Entwurfsfassung des § 66 und daher mit nicht passender Begründung.
366 *Herrmann* VersR 2015, 275, 280 (aber aus § 6 IV); *Schirmer* r+s 1999, 133 f.
367 LG Dortmund ZfS 2015, 154, 156.
368 So auch P/M/*Rudy*, § 6 Rn. 46; *Weidner*, in: FS Wäldner, S. 83.
369 Begr. RegE BT-Drucks. 16/3945 S. 59; *Römer* VersR 2006, 740, 743 f.
370 BGH VersR 1987, 147, 148; OLG Hamm VersR 1999, 708; vgl. auch OLG Hamm r+s 1987, 211.
371 BGH VersR 2005, 824; VersR 1989, 948.
372 OLG Saarbrücken ZfS 2013, 163, 165 (aus der Zeit vor Inkrafttreten des § 6).
373 *Neuhaus* r+s 2013, 583, 587.
374 LG Landshut r+s 2014, 360.
375 LG Rostock VersR 2015, 831, 832.

tungsanlass vorliegt, wenn der VR Kenntnis von der schlechten finanziellen Situation eines Kunden seiner VN erlangt.[376]

Der VR **hat die Pflicht**, den VN **vor Rechtsverlust durch Vertragsverstöße zu bewahren**, z.B. durch Belehrung über die bei Aufklärungspflichtverletzungen eintretenden Folgen.[377] In der Wohngebäudeversicherung muss der VR, wenn bereits eine Besichtigung des Schadens durch einen Versicherungsvertreter des VR erfolgt ist, den VN darauf hinweisen, dass er noch eine Begutachtung durch einen Sachverständigen für erforderlich hält und der VN die Schadensstelle nicht verändern darf.[378] 134

Der VR **muss** den VN u.U. auf für diesen **günstigere Vertragsgestaltungen** hinweisen; so muss der VR den VN, dessen Kinder sich noch in der Ausbildung befinden, darüber informieren, dass in der Krankheitskostenversicherung für mitversicherte Kinder ein günstigerer Ausbildungstarif in Betracht kommt.[379] 135

Während der Laufzeit eines Vertrages **muss nicht** auf geplante Änderungen des Steuer- und Abgabenrechts[380] oder auf den Fortgang laufender Gesetzesvorhaben[381] hingewiesen werden. Den VR trifft in der Krankheitskostenversicherung auch keine Pflicht zu einer vorsorgenden umfassenden Rechtsberatung über die Beihilfe,[382] insbes. auch keine Pflicht, den VN über die fristgebundene Anpassung des Versicherungsschutzes wegen altersbedingten Wegfalls der Beihilfeberechtigung eines Kindes zu unterrichten.[383] Nach Kündigung des Versicherungsvertrages durch den VN trifft den VR keine nachvertragliche Pflicht aus § 6 IV, die Vermögensinteressen des früheren VN bei der Weiterverwendung des Rückkaufswerts zu wahren oder ihn vor unlauteren Machenschaften Dritter zu warnen.[384] 136

Eine **Pflicht zum Hinweis auf neue AVB, also neue Produkte**, setzt zunächst voraus, dass die neuen Regelungen für den VN zumindest teilweise günstiger sind als die alten. Soweit für eine Hinweispflicht verlangt wird, dass sie ausschließlich vorteilhafter sind,[385] ist dem nicht zu folgen, denn aus Sicht des VN kann sich eine andere Kombination von Vor- und Nachteilen als insgesamt günstiger darstellen. Auf ungünstigere AVB muss nicht hingewiesen werden.[386] Aber auch bei zumindest teilweise vorteilhaften neuen AVB ist der VR nicht generell verpflichtet, jeden VN auf die neuen Bedingungen hinzuweisen.[387] Eine Hinweispflicht besteht nur, wenn ein aktueller Kontakt mit dem VN einen Anlass für den Hinweis ergibt, also z.B. wenn über die Verlängerung oder Änderung des alten Vertrages gesprochen wird[388] oder über eine Gefahrerhöhung oder Gefahrverminderung.[389] Automatisiert ablaufende Vertragsanpassungen aufgrund vorher vereinbarter Fortsetzungsklauseln geben als solche keinen Anlass zur Beratung.[390] 137

IV. Verzicht nach Satz 2

Auch auf die vertragsbegleitende Beratung kann der VN verzichten. **Gegenstand** des Verzichts ist nach dem Wortlaut nur die Beratung, nach der klaren Gesetzesbegründung aber auch die Nachfrage (in der Terminologie des Abs. 1: Befragung).[391] Die **Voraussetzungen** für einen wirksamen Verzicht sind gegenüber Abs. 3 modifiziert: Sie sind erleichtert dadurch, dass der **Warnhinweis** und die **gesonderte Erklärung**, wie Abs. 3 sie verlangen, **nicht erforderlich** sind, und sie sind erschwert durch die Vorgabe, dass **nur im Einzelfall** verzichtet werden kann. Mit der letztgenannten Voraussetzung soll ausgeschlossen werden, dass der VN im Vorhinein für die gesamte Vertragslaufzeit auf jegliche Beratung für ihm noch völlig unvorstellbare Situationen in Bausch und Bogen verzichtet. Erst dann, wenn die konkrete Beratungssituation eingetreten ist, soll es ihm möglich sein, auf Befragung und Beratung zu verzichten (»von Fall zu Fall«[392]). Das kann er dann für den betreffenden konkreten Beratungsbedarf aber auch ganz umfassend tun, ebenso wie beim Versicherungsabschluss. Einzelfall bedeutet also nicht etwa, dass nur für punktuelle, einzelne Fragen verzichtet werden kann. 138

---

376 *Herrmann* VersR 2015, 275, 281.
377 Siehe die Beispiele in BK/*Schwintowski*, § 6 Rn. 182–194.
378 OLG Saarbrücken VersR 2013, 180, 182.
379 OLG München VersR 2016, 318, 319.
380 OLG Hamm VersR 2007, 631.
381 *Schaaf/Wilkens* VersR 2016, 360, 368.
382 OLG Köln VersR 2015, 1284, 1285.
383 OLG Saarbrücken VersR 2011, 1556, 1557.
384 OLG Oldenburg VersR 2013, 845, 847.
385 OLG Hamm VersR 2000, 1231, 1232; OLG Bamberg VersR 1998, 833, 834; OLG Düsseldorf VersR 1997, 1134, 1135.
386 Anders wohl *Armbrüster*, in: FS Schirmer, 2005, S. 6 f.
387 OLG Düsseldorf VersR 2008, 1480, 1481; LG Wuppertal ZfS 2013, 511; differenzierend *Michaelis* ZfV 2010, 215, 216: besserer Schutz erfordere eher einen Hinweis als bessere Prämie.
388 BGH VersR 1982, 37, 38; OLG Hamm VersR 1994, 37, 38; vgl. auch OLG Hamm VersR 2000, 1231, 1232; OLG Saarbrücken VersR 1989, 245, 246; OLG Hamburg VersR 1988, 620; so auch *Weidner*, in: FS Wäldner, S. 83, 86 ff., 90 ff.
389 LG Wuppertal ZfS 2013, 511 f.
390 OLG Düsseldorf VersR 2008, 1480, 1481.
391 Begr. RegE BT-Drucks. 16/3945 S. 59.
392 Begr. RegE BT-Drucks. 16/3945 S. 59.

G. Schadensersatzpflicht nach Abs. 5

I. Tatbestand

139 Als spezialgesetzliche Ausformung des § 280 I BGB normiert Abs. 5 den Schadensersatzanspruch des VN gegen den VR, der seine Pflichten aus Abs. 1, 2 oder 4 schuldhaft verletzt. Anders als § 280 I BGB ist Abs. 5 nach § 18 halbzwingend in dem Sinne, dass nicht zum Nachteil des VN von ihm abgewichen werden darf, also die Haftung des VR, auch diejenige für seine Erfüllungsgehilfen,[393] nicht durch Vereinbarung beschränkt oder ausgeschlossen werden darf. Der Schadensersatzanspruch setzt im Einzelnen voraus: Zunächst muss eine der **Pflichten der Abs. 1, 2 oder 4 des VR** überhaupt **bestanden** haben, was mindestens ein vorvertragliches Schuldverhältnis (s. »die angebotene Versicherung« in Abs. 1 Satz 1) sowie die weiteren Tatbestandsvoraussetzungen der genannten Absätze voraussetzt. Dann muss der VR diese **Pflicht verletzt** haben und diese Pflichtverletzung zu **vertreten haben** (Abs. 5 Satz 2 i.V.m. §§ 276–278 BGB; zur Anwendbarkeit des § 278 BGB auf den Versicherungsvertreter s. Rdn. 42). Des Weiteren muss der VN einen **Schaden** erlitten haben, für den die **Pflichtverletzung kausal** war. **Art und Umfang** des Schadensersatzes richten sich nach §§ 249 ff. BGB. Auch ein **Mitverschulden** des VN ist zu berücksichtigen. Es kann etwa darin liegen, dass er sich über den Versicherungsschutz nicht hinreichend informiert, insbes. dann, wenn die AVB die betreffende Frage klar und eindeutig regeln.[394] Ist der VN aber über bestimmte Risiken, z.B. Risiken der Kündigung eines Krankenversicherungsvertrages ohne eine neue Versicherung zu haben, entgegen § 6 Abs. 1 nicht hingewiesen worden, kann der Beratungspflichtige dem Geschädigten grundsätzlich nicht entgegenhalten, dieser habe die Risiken auch ohne entsprechenden Hinweis selbst erkennen und seine Entscheidung danach ausrichten müssen.[395]

140 Abs. 5 normiert in erster Linie die bisherige Rspr., die Schadensersatzansprüche des VN aufgrund unterlassener oder falscher **Beratung** aus § 280 I, gegebenenfalls i.V.m. §§ 311 II Nr. 1, 241 II BGB hergeleitet hat. Neu ist dagegen die schadensersatzbewehrte Dokumentations- und Übermittlungspflicht. Das **Fehlen der Dokumentation**, mit dem dann stets auch ein Fehlen der Übermittlung einhergeht, kann für den VN nachteilig sein. Dabei können nicht nur Beweisnachteile einen Schaden herbeiführen.[396] Beweisnachteile werden aufgrund der für den VN vorteilhaften beweisrechtlichen Konsequenzen der fehlenden Dokumentation (unten Rdn. 149) ohnehin kaum einmal eintreten. Eher denkbar sind Fälle, in denen die Dokumentation, wäre sie erfolgt und dem VN übermittelt worden, dem VN eine Versicherungslücke vor Augen geführt hätte (z.B. Teilkasko statt Vollkasko), die er sonst geschlossen hätte. Dann kann die fehlende Dokumentation für eine Versicherungslücke ursächlich sein. Hat sich der VN jedoch in einem solchen Fall nach Erhalt des Versicherungsscheins nicht gerührt und den Umfang der Versicherung nicht gerügt, war die fehlende Dokumentation u.U. nicht ursächlich für die Wahl des Versicherungsumfangs.[397] Auch eine **fehlerhafte Dokumentation** kann einen Schaden verursachen, indem der VN eine fälschlich in der Dokumentation genannte Versicherung wählt.[398]

141 Die Verletzung der **Übermittlungspflicht** (die übrigens für den Vermittler nicht schadensersatzbewehrt ist, da § 63 sich nicht auf § 62 bezieht) kann z.B. dann als schadensersatzbegründende Pflicht relevant werden, wenn unstreitig eine ausreichende Beratung i.S.d. Abs. 1 Satz 1 stattgefunden hat, der VN aber erfolgreich vorbringen kann, er hätte eine bestimmte Versicherungslücke geschlossen, wenn ihm das Risiko durch die übermittelte Dokumentation noch einmal vor Augen geführt worden wäre.[399]

II. Rechtsfolgen

142 Der VR hat den VN so zu stellen, wie er ohne Pflichtverletzung gestanden hätte. Hätte der VN den Vertrag dann nicht geschlossen und besteht der Schaden in dem nachteiligen Vertrag, kann er **Aufhebung des Vertrages** und Rückzahlung der Prämien und der Aufwendungen für den Vertragsabschluss verlangen.[400] Hätte der VN den Vertrag mit einem anderen Inhalt geschlossen, ist er **so zu stellen, als wäre der Vertrag mit diesem Inhalt zustande gekommen**.[401] So ist etwa bei einer fälschlich auf 50 % statt 30 % kalkulierten Beihilfeergänzungsversicherung die Versicherung auf 30 % zu reduzieren und die zu viel gezahlten Prämien sind zurückzuerstatten.[402] Ist der Versicherungswert aufgrund der Falschberatung zu niedrig berechnet, ist der Vertrag so

---

[393] Begr. RegE BT-Drucks. 16/3945 S. 59; B/M/*Schwintowski*, § 6 Rn. 42; HK-VVG/*Münkel*, § 6 Rn. 45.
[394] BGH NJW 1963, 1978, 1980 (hälftiges Mitverschulden des die Europaklausel in den AKB ignorierenden VN, wenn zugleich den Vermittler ein erhebliches Verschulden trifft).
[395] OLG Hamm ZfS 2010, 507 f. (zu §§ 61, 63); LG Landshut r+s 2014, 360, 361.
[396] S. aber OLG Hamm VersR 2010, 1215, 1216: Verletzung der Dokumentationspflicht könne im Regelfall nur zu einem Schadensersatzanspruch führen, wenn dem VN ein Beweisnachteil entstehe.
[397] OLG Hamm VersR 2010, 1215, 1216.
[398] *Röhrich*, I.I.3.
[399] Marlow/*Spuhl*, Rn. 122.
[400] PK/*Ebers*, § 6 Rn. 46; B/M/*Schwintowski*, § 6 Rn. 43; HK-VVG/*Münkel*, § 6 Rn. 46.
[401] BGH r+s 2011, 250, 251; LG Aachen r+s 2011, 253, 254; PK/*Ebers*, § 6 Rn. 46; B/M/*Schwintowski*, § 6 Rn. 43; HK-VVG/*Münkel*, § 6 Rn. 46; *Bruns*, § 8 Rn. 4.
[402] BGH VersR 2010, 373 f.

durchzuführen, als sei die Versicherungssumme richtig festgesetzt; der VR kann sich nicht auf Unterversicherung berufen, aber der VN muss sich ersparte Prämien anrechnen lassen.[403]

Bezieht sich die Verletzung einer Beratungspflicht auf eine Obliegenheit, kann sich die Pflichtverletzung **beweisrechtlich auswirken**, wenn die Beratungspflicht es dem VN ermöglichen sollte, Beweismittel zu erhalten. Weist der VR den VN z.B. in der Wohngebäudeversicherung nicht darauf hin, dass er noch eine Begutachtung durch einen Sachverständigen für erforderlich hält und der VN den Schadensort nicht verändern darf, obwohl bereits eine Besichtigung durch einen Versicherungsagenten des VR erfolgt ist, kommt dem VN eine Erleichterung des Beweises des Versicherungsfalls und der Ursache der Schäden zugute.[404]   143

H. Beweislast

I. Voraussetzungen des Entstehens einer Pflicht nach § 6 I, IV

1. Anlass, insbes. Beratungsbedürftigkeit

Die Pflichten des § 6 I, IV sind Nebenpflichten, die auf Befragung, Beratung und Angabe von Gründen gerichtet sind.[405] Ihr Bestehen hat der VN zu beweisen, wenn er ihre Erfüllung, oder, praktisch bedeutsamer, Schadensersatz wegen Nichterfüllung verlangt.[406] Ihn trifft daher die Beweislast dafür, dass Anlass für Nachfrage und Beratung bestand. Er muss Tatsachen darlegen und beweisen, die seine Person, seine Situation und die Beschaffenheit des Versicherungsprodukts betreffen und die eine Beratung veranlassen. Bei Beratungsverträgen mit Anwälten, Steuerberatern und anderen beratenden Berufen ist nach der Rspr. von der Beratungsbedürftigkeit des Ratsuchenden auszugehen. Der Berater habe die fehlende Beratungsbedürftigkeit zu beweisen.[407] Diese Rspr. ist nicht zugunsten des VN auf § 6 übertragbar. Der VN kommt als Käufer zu einem Anbieter eines Produkts, nicht als Ratsuchender zu einem neutralen Ratgeber. Er muss beweisen, dass er hinsichtlich bestimmter Aspekte des Rates bedurfte. Die Annahme, im Zweifel bestehe wegen der Komplexität aller Versicherungsprodukte eine Beratungspflicht,[408] ist mit § 6 nicht vereinbar, der die Beratungspflicht an das Vorliegen eines Anlasses knüpft. Sie steht auch nicht im Einklang mit den Vorstellungen des europäischen Gesetzgebers, der in der neuen Versicherungsvertriebs-RiLi beratungslosen Vertrieb und Vertrieb mit Beratung gleichwertig nebeneinander stellt.   144

2. Angemessenheit des Verhältnisses von Beratungsaufwand und Prämie

Nach dem oben Gesagten muss nach diesem Tatbestandsmerkmal, wenn das Verhältnis von Prämie und Beratungsaufwand unangemessen ist, die Gewichtigkeit des Beratungsanlasses mit dem Grad der Unangemessenheit des Verhältnisses zwischen Beratungsaufwand und Prämie abgewogen werden. Unangemessenheit liegt vor, wenn ein objektiv nicht einkalkulierbarer Beratungsaufwand verlangt wird. Zum non liquet kann es dann kommen, wenn ungeklärt bleibt, ob der VR den Aufwand von vornherein hätte einkalkulieren können. Nach dem Wortlaut des Abs. 1 Satz 1 (»unter Berücksichtigung«) ist nicht eindeutig, ob die Angemessenheit für das Recht auf Beratung rechtsbegründend – die Beweislast trüge der VN – oder die Unangemessenheit rechtshindernd – Beweislast beim VR – ist. Unklarheiten darüber, ob die Beratung in die Prämie hätte einkalkuliert werden können, müssen aber zu Lasten des VR gehen, da er sein Kalkulationsrisiko nicht auf den VN abwälzen kann. Zudem ist es ihm leichter möglich, nachzuweisen, dass er Beratung eines gewissen Umfangs nicht einkalkulieren kann.   145

3. Erkennbarkeit des Beratungsanlasses

Da nach dem oben Gesagten die Erkennbarkeit des Beratungsanlasses sowohl in Abs. 1 als auch in Abs. 4 Voraussetzung für die Entstehung der Pflichten ist, trägt der VN die Beweislast.   146

II. Pflichtverletzung

1. Gefahrenbereichslehre?

Will der VN aus der Verletzung der Beratungspflichten einen Schadensersatzanspruch nach Abs. 5 Satz 1 geltend machen, trifft ihn die Beweislast für die Pflichtverletzung. Abs. 5 entspricht insofern der Struktur des § 280 I BGB. Der VN muss beweisen, dass die geschuldete Nachfrage und/oder Beratung nicht stattgefunden hat.[409] In der Literatur wird, anknüpfend an eine Aussage in der Gesetzesbegründung,[410] angenommen, für   147

---

403 BGH r+s 2011, 250, 251.
404 OLG Saarbrücken VersR 2013, 180, 182.
405 Vgl. *Repgen*, in: Baumgärtel/Laumen/Prütting, Handbuch der Beweislast, BGB Schuldrecht Allgemeiner Teil §§ 241–432, 3. Aufl. 2008, § 280 Rn. 74, 126.
406 Vgl. *Repgen*, in: Baumgärtel/Laumen/Prütting, Handbuch der Beweislast, BGB Schuldrecht Allgemeiner Teil §§ 241–432, 3. Aufl. 2008, § 280 Rn. 76, 127.
407 BGH NJW 2001, 517, 518; vgl. auch BGH NJW 1992, 820.
408 Anders wohl *Bruns*, § 8 Rn. 2: Im Zweifel Bestehen einer Beratungspflicht.
409 BGH VersR 1989, 472, 473; OLG Hamm VersR 2001, 583, 584; OLG Hamm NJW-RR 1999, 217, 218.
410 Begr. RegE BT-Drucks. 16/1935 S. 35.

den Beweis der Pflichtverletzung seien die von der Rspr. entwickelten Grundsätze der Beweislastverteilung nach Gefahren- und Verantwortungsbereichen heranzuziehen.[411] Auch die Rspr. will diese allgemeinen Grundsätze bei § 6 heranziehen.[412] Diese umstrittenen,[413] von der Rspr. im allgemeinen Schuldrecht entwickelten Grundsätze modifizieren vor allem den Kausalitäts- und Verschuldensbeweis, aber auch den Grundsatz, dass der Geschädigte die Pflichtverletzung zu beweisen hat.[414] I.d.R. geht es um Fälle, in denen aus dem Eintritt eines Schadens, der aus dem Gefahrenbereich des möglichen Schädigers stammt, auf dessen Pflichtverletzung geschlossen und ihm auferlegt wird zu beweisen, dass er seine Pflicht nicht verletzt hat.[415] Überbrückt wird so eine Erkenntnislücke hinsichtlich des tatsächlichen Ablaufs der Pflichtverletzung. Bei den Beratungspflichten des VR gibt es tatsächliche Unsicherheiten dieser Art nicht. Als Pflichtverletzung kommt nur fehlende oder fehlerhafte Beratung in Betracht; Rückschlüsse von bestimmten Schäden auf die Pflichtverletzung können und müssen nicht gezogen werden. Die tatsächliche Unsicherheit wird vielmehr regelmäßig darin liegen, dass ungeklärt ist, was der VR im Einzelnen gesagt und was der VN im Einzelnen gefragt hat. Die Gefahrenbereichslehre kann hier nicht helfen.[416] Der Ablauf der Vertragsverhandlungen ist weder dem Gefahrenbereich des VR noch dem des VN zuzurechnen. Auch bedarf es der Lösung über die Gefahrenbereichslehre nicht, weil das prozessrechtliche Institut der sekundären Darlegungslast dem VN hier hilft (s. sogleich).

2. Problem des Negativbeweises

148 Gegen die Beweislast des VN lässt sich nicht § 362 I 1 BGB anführen, wonach der Schuldner die Erfüllung zu beweisen hat, nicht aber der Gläubiger die Nichterfüllung.[417] Die Beweislastverteilung in § 6 V lässt keinen Rückgriff auf § 362 I BGB zu. Die Schwierigkeit, das Fehlen der Beratung und damit das Nichtvorliegen einer Tatsache zu beweisen, wird – nach allgemeinen Regeln – durch die Verschiebung der Darlegungslast aufgefangen: Dem VR obliegt es, auf die primäre Behauptung des VN hin, er sei in diesem oder jenem Punkt nicht beraten worden, sekundär darzulegen, wie und wann er konkret die geschuldete Beratungsleistung erbracht hat.[418] Diese Behauptung muss der VN dann widerlegen.

3. Bedeutung der Dokumentation

149 Die Dokumentation kann dem VR nützen, indem er auf eine dokumentierte Beratung verweisen kann, und dem VN, indem er sich auf die Nichtdokumentation einer Beratung beruft.[419] Praktisch wird vor allem der letztgenannte Fall werden, da der VN aus Beratungsfehlern Rechte herzuleiten versuchen wird. Im Recht der im Hinblick auf Vermögensinteressen beratenden Berufe wird darüber diskutiert, ob Nicht-Dokumentiertes als nicht vorliegend vermutet wird; im Arzthaftungsrecht war dies ebenfalls in der Diskussion, ist inzwischen aber in § 630h BGB normiert. Überwiegend gehen die Gerichte und die Literatur davon aus, eine **widerlegliche Vermutung streite dafür, dass eine nicht dokumentierte Beratung nicht stattgefunden habe**.[420] Eine dahingehende Vermutung stellt zur für den Behandlungsvertrag § 630h BGB auf. Überträgt man das auf § 6, müsste der VR beweisen, dass er trotz fehlender Dokumentation beraten hat. Andere Entscheidungen und Autoren sprechen davon, fehlende Dokumentation **indiziere** das Nichtvorliegen der an sich zu dokumentierenden Maßnahmen,[421] sehen das **Beweismaß reduziert**,[422] die konkrete **Behauptungslast umgekehrt**[423]

---

411 *Reiff* ZVersWiss 2007, 535, 559; HK-VVG/*Münkel*, § 6 Rn. 47.
412 OLG Saarbrücken VersR 2010, 1181, 1182; LG Saarbrücken VersR 2013, 759, 761.
413 S. nur *Keilmann*, Dem Gefälligen zur Last, 2006; *Mock*, Die Beweislast bei der positiven Vertragsverletzung, 2006.
414 Palandt/*Grüneberg*, § 280 Rn. 37.
415 Näher dazu *Keilmann*, Dem Gefälligen zur Last, 2006, S. 59 ff. m.w.N.
416 Zust. *Brand* VersR 2015, 10, 15.
417 Vgl. dazu BGH VersR 1999, 1493; BGH NJW 1996, 2571, 2572.
418 BGH VersR 2016, 856, 857; *Brand* VersR 2015, 10, 16; *Repgen*, in: Baumgärtel/Laumen/Prütting, Handbuch der Beweislast, BGB Schuldrecht Allgemeiner Teil §§ 241–432, 3. Aufl. 2008, § 280 Rn. 127; anders Marlow/*Spuhl*, Rn. 108 f.; *Meixner/Steinbeck*, § 2 Rn. 30: Sei der Anlass für die Beratung dargelegt, treffe den VR die Last, die konkrete Beratung darzulegen; der VN müsse dann deren Fehlen beweisen. Der Darlegungslast des VR geht jedoch die primäre Last des VN voraus, das Unterlassen der Beratung zu behaupten; s. auch OLG Saarbrücken VersR 2010, 1181, 1182 (ohne klare Aussage zu der primären Darlegungslast des VN).
419 *Römer* VW 2007, 2060, 2064.
420 Marlow/*Spuhl*, Rn. 109; L/W/Armbrüster, § 6 Rn. 366; vgl. für eine nicht dokumentierte Erhebung medizinischer Befunde *Hausch* VersR 2006, 612, 618 ff.; für Dokumentationspflichten der Ärzte BGH VersR 1999, 190, 191; 1995, 706; 1984, 354, 355; 1983, 983 f.; OLG Koblenz MedR 2007, 365, 367; OLG Düsseldorf VersR 1997, 748; OLG Zweibrücken VersR 1997, 1103, 1104; OLG Köln NJW-RR 1995, 346, 347; Palandt/*Sprau*, § 823 Rn. 165; für nicht vollständig dokumentierte Anlageberatung OLG Schleswig MDR 1997, 130 f.
421 BGH VersR 1993, 836, 837; 1989, 512, 514; 1986, 788, 790.
422 OLG Saarbrücken VersR 1988, 916, 917: Behandlungsfehler ist nicht voll nachgewiesen; Dokumentationsfehler rechtfertige es, sich mit mittlerer Wahrscheinlichkeit zu begnügen.
423 *Repgen*, in: Baumgärtel/Laumen/Prütting, Handbuch der Beweislast, BGB Schuldrecht Allgemeiner Teil §§ 241–432, 3. Aufl. 2008, § 280 Rn. 128 und 181 mit Fn. 466 und 470.

oder eine **sekundäre Darlegungslast des VR** begründet,[424] oder es werden die beweisrechtlichen Folgen in das Ermessen des Gerichtes gestellt: Es könne **Beweiserleichterungen bis hin zur Beweislastumkehr** gewähren[425] oder analog §§ 427, 444, 446 ZPO das Nichtvorliegen der nicht dokumentierten Maßnahme fingieren.[426] Die Vermutung geht von allen diesen Lösungen am weitesten, da sie die Beweislast umkehrt.

Für § 6 stützt sich die Rspr. überwiegend auf die Formel der **Beweiserleichterung bis hin zur Beweislastumkehr**, kommt im Einzelfall bei Dokumentationsfehlern jedoch im Ergebnis regelmäßig zu einer Umkehr der Beweislast, also der Vermutung, dass nicht Dokumentiertes nicht stattgefunden hat.[427] Nach hier vertretener Ansicht ist stets eine **widerlegliche Vermutung** des Inhalts anzunehmen, dass eine **nicht dokumentierte**, vom VR nur behauptete **Beratung als nicht stattgefunden vermutet** wird[428] und der VR diese Vermutung **widerlegen** kann.[429] Dafür spricht erstens, dass die materiell-rechtliche Stellung des VN hinsichtlich der Dokumentation stark ist, denn er hat in bestimmten Fällen sogar einen klagbaren Anspruch darauf (s. Rdn. 12). Zweitens soll die Dokumentation dem VN bei der Geltendmachung von Schadensersatzansprüchen eine Tatsachengrundlage liefern (s. Abs. 3). Drittens wäre der VR wenig motiviert, vollständige Dokumentationen zu erstellen, wenn er im Nachhinein Beratungsleistungen behaupten und damit den VN beweisfällig stellen könnte. Viertens hat der VR es in der Hand, den Inhalt der Dokumentation zu bestimmen und damit seine im Streitfall nachzuweisende Beratungsleistung zu belegen. 150

Z.T. wird diese Vermutung von einer bestimmten **Qualität des Dokumentationsfehlers** abhängig gemacht: Der BGH verlangt z.T., dass ein **Hinweis von wesentlicher Bedeutung** nicht dokumentiert wurde.[430] In der Literatur heißt es, in Parallele zum Arztrecht komme die Vermutung nur zur Anwendung, wenn ein **grober Dokumentationsfehler** vorliege, wie etwa das bloße Ankreuzen vorgedruckter Punkte, fehlende Hinweise auf die Wünsche und Bedürfnisse des VN, auf relevante Produktspezifika sowie auf Alternativen.[431] Leichtere Dokumentationsfehler seien nur Indizien für das Nichtstattfinden der Beratung.[432] Richtigerweise muss man bei der Parallele zum Arztrecht jedoch nicht auf den groben Behandlungsfehler abstellen (der zur Vermutung der Kausalität zwischen Fehler und Verletzung führt, § 630h V BGB), sondern auf den Dokumentationsfehler, der zur Vermutung führt, das nicht Dokumentierte habe nicht stattgefunden. Dieser muss im Arztrecht nicht »grob« sein, damit die Vermutung greift, sondern er muss sich auf eine wesentliche Maßnahme oder ihr Ergebnis beziehen, da auch nur für wesentliche Maßnahmen und ihre Ergebnisse Dokumentation geschuldet ist (§ 630h III i.V.m. § 630f II 1 BGB). Umfang der Dokumentationspflicht und Reichweite der Vermutung laufen im Arztrecht daher parallel. Ebenso ist es bei § 6. Die Dokumentationspflicht erstreckt sich nur auf die wesentlichen Beratungsinhalte (oben Rdn. 101). Dementsprechend löst jede fehlende Dokumentation die oben genannte Vermutung aus, dass über den betreffenden Aspekt nicht beraten wurde. Ist ein unwesentlicher Aspekt der Beratung nicht dokumentiert, fehlt es schon an einem Verstoß gegen die Dokumentationspflicht. 151

Ist umgekehrt eine **Beratung dokumentiert** und behauptet der VN, sie habe nicht stattgefunden, bleibt es bei der Beweislast des VN für die Pflichtverletzung.[433] Die Dokumentation enthebt den VR zwar nicht gänzlich seiner sekundären Darlegungslast, erleichtert ihm diese aber deutlich. Inwieweit er neben dem Hinweis auf die Dokumentation die Tatsache, dass die Beratung erfolgt ist, noch substantiieren muss, hängt von dem Inhalt der Dokumentation ab. Je standardisierter und abstrakter die gewählte Formulierung ist, umso mehr wird er zu konkretisieren haben. 152

In den Fällen einer Beratung nach **Abs. 4** hat der VR keine Dokumentationspflicht. Dementsprechend kann aus fehlender Dokumentation auch nicht auf fehlende Beratung geschlossen werden. Hat der VR die Beratung aber dokumentiert, und ist die Dokumentation lückenhaft, wird zulasten des VR eine lückenhafte Beratung vermutet.[434] 153

---

424 § 61 Rdn. 32.
425 BGH NJW 2015, 1026, 1027 (zu §§ 61, 62); BGH VersR 2014, 1328, 1331 (zu §§ 61, 62); OLG Hamm VersR 2016, 394, 395 (»kann sich die Beweislast umkehren«); OLG Frankfurt (Main) BeckRS 2014, 09479; OLG Saarbrücken VersR 2011, 1441, 1443; OLG Saarbrücken VersR 2010, 1181, 1182; *Rixecker* ZfS 2007, 191, 192; *Kärger*, Rn. 43, Beweislastumkehr im Fallbeispiel Rn. 52; s. auch Begr. RegE BT-Drucks. 16/1935 S. 26; sich von dieser Formel distanzierend BGH VersR 2004, 909, 911; für ein zusätzliches Zumutbarkeitskriterium BGHZ 72, 132, 139; BGH VersR 1983, 151 (jeweils Ärzte betreffend); BGH NJW 1986, 59, 60 f. (Zwangsverwalter).
426 *Hausch* VersR 2006, 612, 620; allgemein zur Rechtsfolge der Beweisvereitelung *Stürner* NJW 1979, 1225, 1229; *Prütting*, Gegenwartsprobleme der Beweislast, 1983, S. 186 ff.
427 BGH NJW 2015, 1026, 1027 (zu §§ 61, 62); BGH VersR 2014, 1328, 1331 (zu §§ 61, 62); OLG Hamm VersR 2016, 394, 395; OLG Frankfurt (Main) BeckRS 2014, 09479; OLG Saarbrücken VersR 2011, 1441, 1443; OLG Saarbrücken VersR 2010, 1181, 1182.
428 So auch OLG Karlsruhe VersR 2013, 885, 886; OLG München VersR 2012, 1292, 1293.
429 So im Fall OLG Saarbrücken VersR 2010, 1181, 1182.
430 BGH NJW 2015, 1026, 1027 (zu §§ 61, 62).
431 *Brand* VersR 2015, 10, 16 f.
432 *Brand* VersR 2015, 10, 17.
433 Es bedarf hier (entgegen P/M/*Rudy*, § 6 Rn. 34) wegen der Beweislast des VN nicht einer Vermutung zugunsten des VR, die Beratung habe so, wie sie dokumentiert ist, stattgefunden.
434 OLG Karlsruhe VersR 2013, 885, 886.

III. Verschulden

154 Die Beweislast für das Verschulden trägt der VR, Abs. 5 Satz 2. Die Regelung entspricht § 280 I 2 BGB. Der VR muss sich also entlasten. Da die Beratungspflicht schon verletzt ist, wenn ein objektiv erkennbarer Anlass zur Beratung nicht zur Beratung führt, sind schuldausschließende Tatsachen kaum denkbar.

IV. Kausalität der Pflichtverletzung für den Schaden

155 Der VR hat den VN so zu stellen, wie er ohne die Pflichtverletzung stünde, d.h. so, wie er stünde, wenn er richtig beraten worden wäre.[435] Grundsätzlich trägt der Geschädigte die Beweislast dafür, dass die Verletzung vertraglicher Pflichten einen Schaden verursacht hat.[436] Beim Beratungsfehler müsste danach der VN zweierlei beweisen: erstens, wie er sich im Falle pflichtgemäßer Beratung verhalten hätte, und zweitens, dass der Schaden dadurch vermieden worden wäre.

1. Hypothetisches Verhalten des VN

156 Nach Teilen der Rspr.[437] und einigen Stimmen in der Literatur[438] erfolgt hier eine **Beweislastumkehr**: Es wird widerleglich vermutet, dass der VN sich aufklärungsgerecht verhalten hätte, also dem vom VR geschuldeten, aber nicht erteilten Rat gefolgt wäre (sog. **Vermutung aufklärungsrichtigen Verhaltens**). Der VR, also der Schädiger, trägt die Beweislast dafür, dass der VN, also der Geschädigte, sich über den Rat oder Hinweis hinweggesetzt hätte und daher der Schaden auch bei pflichtgemäßer Beratung eingetreten wäre.[439] Allerdings lehnen einige Senate des BGH eine Beweislastumkehr ab und gehen nur von einem **Anscheinsbeweis** für beratungsgemäßes Handeln aus, wenn nach der Lebenserfahrung bei pflichtgemäßer Beratung lediglich ein bestimmtes Verhalten nahegelegen hätte.[440] Maßgeblich sei die Typizität des Geschehensablaufes, die keine Beweislastumkehr, sondern die Anwendung des Anscheinsbeweises darstelle.[441] Auch die Literatur spricht sich z.T. für die Anwendung des Anscheinsbeweises aus,[442] z.T. betont sie die Beweislast des VN, ohne auf Erleichterungen durch den Anscheinsbeweis einzugehen.[443] Für die Anwendung des Anscheinsbeweises spricht, dass Beratungssituationen stark einzelfallgeprägt sind. Dem wird der Anscheinsbeweis besser gerecht als eine Vermutung. Außerdem liegen die zu beweisenden Tatsachen im Einfluss- und Kenntnisbereich des Beratenen.[444] Allerdings stößt der Anscheinsbeweis an seine Grenzen, wenn die richtige Beratung annähernd gleichwertige alternative Handlungsmöglichkeiten eröffnet hat.[445]

157 Nicht nur die Rechtsnatur, sondern auch die **Voraussetzungen der Vermutung** sind umstritten. Früher beschränkte der XI. ZS des BGH die Vermutung aufklärungsrichtigen Verhaltens (mit der Folge der Beweislastumkehr) auf Fälle, in denen es für den aufzuklärenden Partner vernünftigerweise nur eine Möglichkeit der Reaktion gab, die vollständige und richtige Auskunft also **keinen Entscheidungskonflikt** auslöste.[446] Diese Rechtsprechung gab der XI. ZS des BGH im Zusammenhang mit der Anlageberatung auf. Die Beweislastum-

---

435 *Dörner*, in: E. Lorenz (Hrsg.), Karlsruher Forum 2000, (2001), 39, 56; HK-VVG/*Münkel*, § 6 Rn. 46; L/W/*Armbrüster*, § 6 Rn. 312.
436 BGHZ 61, 118, 120 (Werbeagentur).
437 BGHZ 64, 46, 51 f. (Verkäufer); BGHZ 94, 356, 362 ff. (Versicherungsmakler); BGH VersR 1985, 265, 266 (Steuerberater); BGHZ 72, 92, 106 (Bank); BGH NJW 1984, 1688 (Kapitalanlageunternehmen); BGH VersR 1989, 472, 473 (Versicherung); BGH NJW 1998, 302, 303 (Verkäufer); OLG München VersR 2012, 1292, 1295; OLG Hamm ZfS 2010, 507 (Versicherungsmakler); LG Aachen VersR 2003, 1440, 1441 (Versicherungsmakler).
438 P/M/*Rudy*, § 6 Rn. 67; L/W/*Armbrüster*, § 6 Rn. 319; *Dörner*, in: E. Lorenz (Hrsg.), Karlsruher Forum 2000, (2001), 39, 57 f.; BK/*Gruber*, § 43 Rn. 36; *Meixner/Steinbeck*, § 2 Rn. 32; R/L/*Rixecker*, § 6 Rn. 35; *Heese*, S. 302 f.
439 BGHZ 61, 118, 120 ff. (Werbeagentur).
440 IX. Zivilsenat: BGH NJW 2012, 2435, 2439 (Rechtsanwalt); BGHZ 123, 311, 314 (Steuerberater), BGH NJW 2004, 444, 445 (Steuerberater) und BGH NJW 2009, 1591, 1592 (Steuerberater); III. Zivilsenat: BGH, Urt. v. 10.07.2008, III ZR 293/07, Juris Rn. 14 (Notar); ebenso IV. Zivilsenat: BGH r+s 2011, 250, 251; auch LG Aachen r+s 2011, 253, 254; unter ausdrücklicher Ablehnung des Anscheinsbeweises hält der XI. Senat jedoch weiterhin an der Beweislastumkehr fest: BGH NJW 2012, 2427, 2429 f. (Bank); BGHZ 124, 151, 161 (Terminoptionsvermittler); NJW 2009, 2298, 2300 (Wertpapierdienstleistungsunternehmen); Beschl. v. 09.03.2011, XI ZR 191/10, Juris Rn. 33 (Kapitalanlageberatung); Beschl. v. 09.02.2010, XI ZR 70/09, Juris Rn. 18 (Bankberater); auch der V. Senat hält an der Beweislastumkehr fest: NJW 2001, 2021, 2022 (Verhandlungen über Kauf einer Eigentumswohnung); WuM 2003, 281, 283 (Aufklärungspflicht des Vermieters über Vorkaufsrecht).
441 BGHZ 123, 311, 315 (Steuerberater); BGHZ 126, 217, 224 (Rechtsanwalt); schon ähnlich BGH VersR 1983, 659, 660 (Rechtsanwalt) und BGH VersR 1992, 827, 828 (Rechtsanwalt): tatsächliche Vermutung für einen erfahrungsmäßigen Ablauf; s. auch OLG Hamm NJW-RR 2001, 239, 241 (VR): ohne Klarstellung, ob die »Vermutung« zu einer Beweislastumkehr führt oder ein Anscheinsbeweis ist.
442 *Göertz*, S. 107 ff.; *Baumgärtel*, Beweislastpraxis im Privatrecht, 1996, Rn. 535 ff.; *Laumen*, in: Baumgärtel/Laumen/Prütting, Handbuch der Beweislast, BGB Schuldrecht Besonderer Teil II §§ 611–811, 3. Aufl. 2009, § 675 Rn. 37 ff.; *Heinemann* NJW 1990, 2345, 2352 f.; *Hennig* VersR 2014, 922, 924.
443 L/W/*Armbrüster*, § 6 Rn. 319.
444 *Pohlmann*, in: E. Lorenz (Hrsg.), Karlsruher Forum 2008, 55, 87 f.
445 *Heese*, S. 301 f.; *Schwab* NJW 2012, 3274, 3275.
446 BGHZ 124, 151, 161 (Terminoptionsvermittler).

kehr greife stets und ohne weiteres bei feststehender Aufklärungspflichtverletzung ein.[447] Nur zwei Tage später bestätigte der IX. ZS, der im Übrigen nur von einem Anscheinsbeweis ausgeht (dazu Rdn. 156), seine Rspr., dass der Anscheinsbeweis nicht in Betracht komme, wenn nach pflichtgemäßer Beratung verschiedene Handlungsweisen ernsthaft in Betracht gekommen wären, die unterschiedliche Vorteile und Risiken in sich geborgen hätten.[448] Nach beiden Auffassungen greift die Vermutung/der Anscheinsbeweis aber ein, wenn es für den aufzuklärenden Teil vernünftigerweise mehrere Handlungsalternativen gegeben hätte, deren Wahrnehmung jeweils geeignet gewesen wäre, den entstandenen Schaden zu vermeiden.[449] Unterschiede ergeben sich nach der Rspr. der beiden Senate, wenn der VN bei richtiger Beratung zwischen zwei oder mehr Versicherungsprodukten oder Vertragsgestaltungen hätte auswählen können und wenn dadurch Einbußen in unterschiedlicher Höhe hätten vermieden werden können.

Für § 6 bedeutet dies, dass immer dann, wenn ein Versicherungsprodukt zugleich ein **Anlageprodukt** ist, die Rspr. des XI. ZS einschlägig ist, also eine Beweislastumkehr stattfindet und hierfür nicht erforderlich ist, dass beim VN kein Entscheidungskonflikt vorlag. Das wird dem Schutzzweck der Beratungspflicht, dem VN eine informierte Entscheidung über seine Kapitalanlage zu ermöglichen, besser gerecht.[450] Entfiele die Beweislastumkehr immer dann, wenn es mehrere Handlungsmöglichkeiten für den VN gab, würde er in Situationen schutzlos gestellt, in denen eine Beratung für ihn besonders wichtig war. Mit der Entscheidung, die Kausalitätsvermutung nicht von der Existenz von Auswahlmöglichkeiten des VN abhängig zu machen, ist zugleich der Weg über den Anscheinsbeweis verschlossen. Denn dieser greift bei alternativen Handlungsmöglichkeiten dem VN nicht, weil kein bestimmtes Verhalten typischerweise erwartet werden konnte. Das normative Argument des Schutzzwecks der Beratungspflicht spricht zudem dafür, auch bei **klassischen Versicherungsprodukten** eine Beweislastumkehr unabhängig vom Fehlen eines Entscheidungskonflikts des VN anzunehmen, denn auch hier kann man normativ damit argumentieren, dass der Schutzzweck der Beratungspflicht, dem VN eine Entscheidung für ein passendes Versicherungsprodukt zu ermöglichen, eine Beweislastumkehr nahelegt. Für die Gleichbehandlung von Versicherungs- und Anlageprodukt spricht weiter, dass die Grenze zwischen beiden schwer zu ziehen ist (Rdn. 19 ff). 158

Trägt der VN jedoch gar nicht vor, welche Handlungsalternativen und damit welche Vermögensvorteile sich für ihn ergeben hätten, wenn ihm das gewählte Versicherungsprodukt oder die gewählte Vertragsgestaltung nicht empfohlen worden wäre, scheitert der Nachweis eines Schadens schon hieran.[451] Auch das **eigene Verhalten des VN** kann der Vermutung beratungsgerechten Verhaltens widersprechen, so dass sie nicht eingreift. Das ist etwa der Fall, wenn der VN ein Kulanzangebot des VN i.V.m. einem neuen Vertrag, der das nicht versicherte Risiko künftig abdecken würde, ablehnt.[452] Die Vermutung greift unabhängig davon ein, ob der **Beratene selbst fachkundig** ist. Auch bei einem Fachmann kann angenommen werden, dass er dem Rat eines anderen, von ihm zurate gezogenen Fachmanns folgt.[453] 159

2. Wegfall des Schadens durch das hypothetische Verhalten des VN

Dagegen bleibt die Beweislast dafür, dass das dem Rat entsprechende Verhalten den Schaden verhindert hätte, in jedem Fall beim VN. Steht fest, dass der VN sich beratungsgerecht verhalten hätte, muss er beweisen, dass dadurch der Schaden vermieden worden wäre. Das gelingt ihm z.B. dann nicht, wenn Versicherungsschutz gar nicht hätte erlangt werden können, sei es, weil der VN bei keinem VR einen entsprechenden Versicherungsschutz erhalten hätte oder weil es am Markt gar kein entsprechendes Angebot gibt.[454] Wird also z.B. vermutet oder kraft Anscheinsbeweises angenommen, der VN hätte bei richtiger Beratung auch richtige Angaben über Vorerkrankungen gemacht, hätte aber der VR den Vertrag dann nicht geschlossen, muss der VN nun beweisen, dass er von anderer Seite Krankenversicherungsschutz erhalten hätte.[455] Dem VN kann § 287 ZPO helfen, wenn verschiedene Verhaltensmöglichkeiten in Betracht gekommen wären, z.B. der Abschluss von Versicherungsverträgen mit anderen VR oder die anderweitige Anlage der auf eine Lebensversicherung gezahlten Prämien.[456] 160

---

447 BGH NJW 2012, 2427, 2430; dazu *Schwab* NJW 2012, 3274.
448 BGH NJW 2012, 2435, 2439.
449 BGHZ 151, 5, 12 (Bank): beide Handlungsalternativen, Veräußerung der Optionsscheine und Ausübung der Optionsrechte, hätten den konkret geltend gemachten Vermögenschaden vermieden.
450 BGH NJW 2012, 2427, 2430; *Heese*, S. 302.
451 OLG Hamm r+s 2015, 557, 558.
452 BGH ZfS 2014, 400, 401.
453 BGH NJW 2012, 2435, 2439.
454 L/W/*Armbrüster*, § 6 Rn. 321 f.
455 OLG Koblenz r+s 2007, 176; ebenso OLG Karlsruhe VersR 1994, 1169; OLG Nürnberg VersR 1980, 36, 37 f. und OLG Köln r+s 1990, 325, Leitsatz 4: VN muss beweisen, dass anderweitiger Versicherungsschutz erhältlich gewesen wäre (davon zu unterscheiden ist die Frage, wer beweisen muss, dass VN sich um anderweitigen Versicherungsschutz bemüht hätte); s. auch BGH VersR 1985, 265, 266 (Steuerberater).
456 BGH NJW 2004, 444 f. (Steuerberater); OLG Düsseldorf VersR 2001, 705 (Lebensversicherung); BK/*Schwintowski*, Vorbem. §§ 159–178 Rn. 67; s. aber BGH NJW 2006, 2618, 2621: Hat der Autovermieter seine Pflicht, auf die ggf.

§ 7 Information des Versicherungsnehmers

I. Ausgestaltung durch AVB

161 § 6 gehört gemäß § 18 zu den relativ zwingenden Vorschriften, von denen nicht zum Nachteil des VN abgewichen werden darf.

§ 7 Information des Versicherungsnehmers. (1) ¹Der Versicherer hat dem Versicherungsnehmer rechtzeitig vor Abgabe von dessen Vertragserklärung seine Vertragsbestimmungen einschließlich der Allgemeinen Versicherungsbedingungen sowie die in einer Rechtsverordnung nach Absatz 2 bestimmten Informationen in Textform mitzuteilen. ²Die Mitteilungen sind in einer dem eingesetzten Kommunikationsmittel entsprechenden Weise klar und verständlich zu übermitteln. ³Wird der Vertrag auf Verlangen des Versicherungsnehmers telefonisch oder unter Verwendung eines anderen Kommunikationsmittels geschlossen, das die Information in Textform vor der Vertragserklärung des Versicherungsnehmers nicht gestattet, muss die Information unverzüglich nach Vertragsschluss nachgeholt werden; dies gilt auch, wenn der Versicherungsnehmer durch eine gesonderte schriftliche Erklärung auf eine Information vor Abgabe seiner Vertragserklärung ausdrücklich verzichtet.
(2) ¹Das Bundesministerium der Justiz und für Verbraucherschutz wird ermächtigt, im Einvernehmen mit dem Bundesministerium der Finanzen und durch Rechtsverordnung ohne Zustimmung des Bundesrates zum Zweck einer umfassenden Information des Versicherungsnehmers festzulegen,
1. welche Einzelheiten des Vertrags, insbesondere zum Versicherer, zur angebotenen Leistung und zu den Allgemeinen Versicherungsbedingungen sowie zum Bestehen eines Widerrufsrechts, dem Versicherungsnehmer mitzuteilen sind,
2. welche weiteren Informationen dem Versicherungsnehmer bei der Lebensversicherung, insbesondere über die zu erwartenden Leistungen, ihre Ermittlung und Berechnung, über eine Modellrechnung sowie über die Abschluss- und Vertriebskosten und die Verwaltungskosten, soweit eine Verrechnung mit Prämien erfolgt, und über sonstige Kosten mitzuteilen sind,
3. welche weiteren Informationen bei der Krankenversicherung, insbesondere über die Prämienentwicklung und -gestaltung sowie die Abschluss- und Vertriebskosten und die Verwaltungskosten, mitzuteilen sind,
4. was dem Versicherungsnehmer mitzuteilen ist, wenn der Versicherer mit ihm telefonisch Kontakt aufgenommen hat und
5. in welcher Art und Weise die Informationen zu erteilen sind.

²Bei der Festlegung der Mitteilungen nach Satz 1 sind die vorgeschriebenen Angaben nach der Richtlinie 92/49/EWG des Rates vom 18. Juni 1992 zur Koordinierung der Rechts- und Verwaltungsvorschriften für die Direktversicherung (mit Ausnahme der Lebensversicherung) sowie zur Änderung der Richtlinien 73/239/EWG und 88/357/EWG (ABl. EG Nr. L 228 S. 1), der Richtlinie 2002/65/EG des Europäischen Parlaments und des Rates vom 23. September 2002 über den Fernabsatz von Finanzdienstleistungen an Verbraucher und zur Änderung der Richtlinie 90/619/EWG des Rates und der Richtlinien 97/7/EG und 98/27/EG (ABl. EG Nr. L 271 S. 16) sowie der Richtlinie 2002/83/EG des Europäischen Parlaments und des Rates vom 5. November 2002 über Lebensversicherungen (ABl. EG Nr. L 345 S. 1) zu beachten.
(3) In der Rechtsverordnung nach Absatz 2 kann ferner bestimmt werden, was der Versicherer während der Laufzeit des Vertrags in Textform mitteilen muss; dies gilt insbesondere bei Änderungen früherer Informationen, ferner bei der Krankenversicherung bei Prämienerhöhungen und hinsichtlich der Möglichkeit eines Tarifwechsels sowie bei der Lebensversicherung mit Überschussbeteiligung hinsichtlich der Entwicklung der Ansprüche des Versicherungsnehmers.
(4) Der Versicherungsnehmer kann während der Laufzeit des Vertrags jederzeit vom Versicherer verlangen, dass ihm dieser die Vertragsbestimmungen einschließlich der Allgemeinen Versicherungsbedingungen in einer Urkunde übermittelt; die Kosten für die erste Übermittlung hat der Versicherer zu tragen.
(5) ¹Die Absätze 1 bis 4 sind auf Versicherungsverträge über ein Großrisiko im Sinn des § 210 Absatz 2 nicht anzuwenden. ²Ist bei einem solchen Vertrag der Versicherungsnehmer eine natürliche Person, hat ihm der Versicherer vor Vertragsschluss das anwendbare Recht und die zuständige Aufsichtsbehörde in Textform mitzuteilen.

Übersicht

	Rdn.		Rdn.
A. Allgemeines	1	III. Normzweck	6
I. Entstehungsgeschichte und EU-rechtliche Vorgaben	1	IV. Anwendungsbereich: Ausnahme für Großrisiken (Abs. 5)	8
II. Normüberblick	4		

---

nur beschränkte Erstattung von Unfallersatztarifen hinzuweisen, verletzt, ist davon auszugehen, dass der Mieter sich aufklärungsrichtig verhalten hätte. Unsicherheiten, zu welchem Preis der Mieter einen Wagen angemietet hätte, gehen zu Lasten des Vermieters.

		Rdn.			Rdn.
B.	Vorvertragliche Mitteilungs- und Übermittlungspflichten nach Abs. 1	9	II.	Antragsmodell	75
	I. Überblick	9		1. Funktionsweise	75
	II. Verpflichtete und Berechtigte	10		2. Antragsmodell als gesetzliches Leitbild	76
	1. Informationsverpflichtete	10		3. Praktische Schwierigkeiten	77
	2. Informationsberechtigte	12	III.	Invitatiomodell	78
	III. Gegenstand	16		1. Funktionsweise	78
	IV. Rechtzeitig vor Abgabe der Vertragserklärung des VN	17		2. Vereinbarkeit mit dem VVG	79
	1. Verhandlungen über den Abschluss eines Versicherungsvertrages	17		3. Praktische Schwierigkeiten	83
			IV.	Vorschlagsmodell	84
	2. Abgabe der Vertragserklärung	19	V.	Bedingungsmodell	86
	3. Rechtzeitigkeit	22	VI.	Altfälle: Policenmodell und/oder fehlerhafte Belehrung	88
	V. Mitteilung in Textform	24			
	1. Überblick	24		1. Vertragsabschluss im Policenmodell	89
	2. Informationen auf Websites	25		a) Vorgaben des EU-Rechts	90
	a) Textform	26		b) Vereinbarkeit des Policenmodells mit dem EU-Recht?	93
	b) Mitteilung	31			
	c) Neuerungen nach der Versicherungsvertriebs-RiLi und der PRIIP-VO	36		c) Folgen eines Verstoßes gegen EU-Recht	96
				d) Pflicht zur Vorlage an den EuGH	99
	VI. In einer dem eingesetzten Kommunikationsmittel entsprechenden Weise klar und verständlich	38		2. Vertragsabschluss ohne hinreichende Belehrung über Widerrufs- oder Rücktrittsrecht (§§ 5a, 8 a.F.)	100
				a) Vorgaben des EU-Rechts	100
	VII. Ausnahmen und Nachholen der Information	43		b) Anforderungen an die Belehrung nach §§ 5a, 8 VVG a.F.	105
	1. Ungeeignetes Kommunikationsmittel	43			
	2. Verzicht des VN	46		c) Gründe für den Ausschluss von Widerruf und Rückabwicklung	112
	3. Unverzügliches Nachholen	52			
	4. Verhältnis zu Informationspflichten nach § 241 II BGB (i.V.m. § 311 II BGB)	53		aa) Vorhergehende Kündigung	112
				bb) Beiderseits vollständige Leistungserbringung	113
	VIII. Rechtsfolgen bei Verstoß	54		cc) Treu und Glauben (§ 242 BGB)	115
	1. Erfüllungsansprüche	54			
	2. Schadensersatzansprüche aus (vor-)vertraglichem Schuldverhältnis	55		d) Bereicherungsrechtliche Rückabwicklung	122
				aa) Inhalt des Bereicherungsanspruchs	122
	3. Schadensersatzansprüche aus § 823 II BGB	62			
	4. Nichtlaufen der Widerrufsfrist	63		bb) Verjährung	132
	5. Weitere Rechtsfolgen von Verstößen	64		cc) Darlegungs- und Beweislast	133
	IX. Verhältnis zu §§ 305–306 BGB	67	D.	Vertragsbegleitende Übermittlungspflicht nach Abs. 4	135
C.	Vertragsabschlussmodelle	72			
	I. Policenmodell	73	E.	Verordnungsermächtigung nach Abs. 2 und 3	140

Schrifttum:
Armbrüster/Schreier, Abgrenzung von Änderung und Neuabschluss (Novation) eines Versicherungsvertrages, VersR 2015, 1053; *Armbrüster*, Bereicherungsrechtliche Rückabwicklung von Lebensversicherungen, NJW 2015, 3065; *ders.*, Bewegung im Recht der Lebensversicherung, NJW 2014, 497; *ders.*, Die jüngere Entwicklung des europäischen Privatversicherungsrechts bis Mitte 2015, EuZW 2015, 614; *Baroch Castellvi*, VVG und AltZertG – gelungene Symbiose oder rechtssystematischer Sündenfall?, in: FS Wälder, 2009, S. 3; *H. Baumann,* Es gibt den dritten Weg – Ein zusätzliches Vertragsmodell für das neue VVG, VW 2007, 1955; *Beyer*, Unionsrechtliche Neuregelung der Beratungs- und Informationspflichten für Versicherungsanlageprodukte, VersR 2016, 293; *Blankenburg*, Verzicht auf Beratung und Informationsrecht nach dem neuen VVG, VersR 2008, 1446; *Brand*, Ausschluss des Ausschlusses? – Zur Europarechtswidrigkeit des § 5a Abs. 2 S. 4 VVG a.F. nach der Entscheidung des EuGH vom 19.12.2013 in der Rechtssache Endress/Allianz, VersR 2014, 269; *Brömmelmeyer*, Die Rechtsprechung zum Policenmodell: Misstraut der BGH dem Europäischen Gerichtshof?, VuR 2014, 447; *ders.*, Informations- und Beratungspflichten in der Restschuldversicherung, VersR 2015, 1460; *Dörner/Staudinger*, Kritische Bemerkungen zum Referentenentwurf eines Gesetzes zur Reform des Versicherungsvertragsrechts, WM 2006, 1710; *Fiala/Schramm*, Rückabwicklung durch Widerruf – trotz Kündigung oder Vertragsablauf in der KLV und RV?, ZfV 2016, 147; *Franz*, Das Versicherungsvertragsrecht im neuen Gewand – Die Neuregelungen und ausgewählte Probleme, VersR 2008, 298; *Frohnecke*, Unbegrenzter Widerspruch gleich unbegrenzter Rücktritt vom Lebensversicherungsvertrag?, NJW 2015, 985; *Fleischer*, Informationsasymmetrie im Vertragsrecht, 2001; *von Fürstenwerth*, Die Einbeziehung neuer Allgemeiner Versicherungsbedingungen in bestehende Versicherungsverträge, r+s 2009, 221; *Funck*, Ausgewählte Fragen aus dem allgemeinen Teil zum neuen VVG aus der Sicht einer Rechtsabteilung, VersR 2008, 163; *Gaul*, Zum Abschluss des Versicherungsvertrags – Alternativen zum Antragsmodell?, VersR 2007, 21; *Grigoleit*, Besondere Vertriebsformen im BGB, NJW 2002, 1151; *Heidl*, Abschluss eines Versicherungsvertrags nach dem neuen VVG dargestellt am Bei-

§ 7 Information des Versicherungsnehmers

spiel der Berufshaftpflichtversicherung eines Rechtsanwalts, ZGS 2009, 158; *Heyers*, Unbegrenzter Widerruf von Lebensversicherungsverträgen? Richtlinienkonforme Derogation des Ausschlussfrist für das Widerrufsrecht, NJW 2014, 2619; *Hoeren*, Unterschriftenpads in der Kranken- und Lebensversicherung, ZVersWiss 2012, 45; *Hoffmann*, Spezielle Informationspflichten im BGB und ihre Sanktionierung, ZIP 2005, 829; *ders.*, Elektronische Datenträger als Informationsmedium, ZVersWiss 2011, 745; *Honsel*, Vertreterdirekteingabe nach Abschaffung des Policenmodells, VW 2007, 359; *Kamanabrou*, Die Umsetzung der Fernabsatzrichtlinie, WM 2000, 1417; *Kins*, Der Abschluss des Versicherungsvertrags – Eine Untersuchung des Zusammenspiels von vorvertraglicher Informationspflicht und Abschlussmodell, 2010; *Langheid*, Auf dem Weg zu einem neuen Versicherungsvertragsrecht, NJW 2006, 3317; *ders.*, Die Reform des Versicherungsvertragsgesetzes, NJW 2007, 3665; *Langheid/Müller-Frank*, Rechtsprechungsübersicht zum Versicherungsvertragsrecht, NJW 2003, 399; *Leverenz*, Vertragsschluss nach der VVG-Reform, 2008; *ders.*, Wann ist die Vertragsinformation »rechtzeitig«?–Am Beispiel der Lebensversicherung, VW 2008, 392; *ders.*, Anforderungen an eine »gesonderte Mitteilung« nach dem VVG 2008, 709; *E. Lorenz*, Zur Kontrolle grenzüberschreitender Versicherungsverträge anhand der »Rechtsvorschriften des Allgemeininteresses« im freien Dienstleistungsverkehr innerhalb der EU, VersRdsch 1995, 8; *ders.*, Zum Abschluss eines Versicherungsvertrags nach § 5a VVG; *Looschelders*, Die Vereinbarkeit des Policenmodells nach § 5a VVG a.F. mit dem Unionsrecht, VersR 2016, 7; *Mattern*, Das Informationsmodell im VVG unter Berücksichtigung der Auswirkungen auf die AGB-Kontrolle, 2011; *Matusche-Beckmann/Beckmann*, Einbeziehung von Allgemeinen Versicherungsbedingungen in den Versicherungsvertrag nach der VVG-Reform, in: FS Fiedler, 2011, S. 915; *Niederleithinger*, Auf dem Weg zu einer VVG-Reform, VersR 2006, 437; *Nickel*, Die Erklärungsfiktion im Bürgerlichen Recht, 1997; *Präve*, Schweigen als Zustimmung?, r+s 1998, 441; *Prölss/Armbrüster*, Europäisierung des deutschen Privatversicherungsrechts (Schluss), DZWir 1993, 449; *Renger*, Stand, Inhalt und Probleme des neuen Versicherungsrechts, VersR 1994, 753; *Reiff*, Die Erfüllung unionsrechtlicher Informationspflichten durch Inhalte einer Website, in: FS v. Hoffmann, S. 823 ff., Bielefeld 2011; *ders.*, Die Wahrung der Textform nach § 126b BGB durch den Inhalt einer Webseite, ZJS 2012, 432; *Reinecke*, Informations- und Beratungspflichten beim Vertrieb von Lebensversicherungen, VersR 2015, 533; *Roth*, Policenmodell und Unionsrecht, VersR 2015, 1; *Röhr*, Die vorvertragliche Anzeigepflicht, 1980; *Römer*, Zu ausgewählten Problemen der VVG-Reform nach dem Referentenentwurf vom 13. März 2006 (Teil I), VersR 2006, 740; *Rudy*, § 5a VVG a.F. und das Unionsrecht, r+s 2015, 115; *Ruffert*, Enzyklopädie Europarecht Band 5 – Europäisches Sektorales Wirtschaftsrecht, 2013; *Sandkühler/Schirmer*, VVG-Reform: Vertragsschlussmodelle und ihre Bedeutung für das Maklergeschäft, ZfV 2007, 771; *Schäfers*, Die vorvertragliche Anzeigepflicht des Versicherungsnehmers und das allgemeine Leistungsstörungsrecht, 2012; *Schimikowski*, Vorvertragliche Informationspflichten des Versicherers und des Versicherungsnehmers, r+s 2011, 96; *ders.*, Informationspflichten des Versicherers bei echten Gruppenversicherungen und Kollektivversicherungen, in: FS Wälder, 2009, S. 51; *ders.*, Rechtsprobleme bei papierarmem Vertrieb und neuen Formen des Abschlusses des Versicherungsvertrags, r+s 1997, 89; *ders.*, Abschluss des Versicherungsvertrages nach neuem Recht, r+s 2006, 44; *ders.*, VVG-Reform: Die vorvertraglichen Informationspflichten des Versicherers und das Rechtzeitigkeitserfordernis, r+s 2007, 133; *ders.*, Vertragsabschluss nach der Invitatio-Lösung und das neue VVG, VW 2007, 715; *ders.*, Einbeziehung von Allgemeinen Versicherungsbedingungen in den Vertrag, r+s 2007, 309; *Schmidt-Salzer*, Das Gesetz zur Regelung des Rechts der Allgemeinen Geschäftsbedingungen, NJW 1977, 129; *Schneider*, Zwischen Selbstbestimmung und Fürsorge: Information, Beratung und Belehrung im Versicherungsvertragsrecht, r+s 2015, 477; *Schuster*, Doch keine Milchmädchenrechnung durch den BGH, ZfV 2016, 250; *Schwintowski/Ortmann*, Die Kostendarstellung nach dem Lebensversicherungsreformgesetz, VersR 2014, 1401; *Staudinger*, Versicherungsrechtsmodernisierung – Kritikpunkte aus nationalem und europäischem Blickwinkel, Münsteraner Reihe Bd. 105, 2007; *Stockmeier*, Das Vertragsschlussverfahren nach neuem VVG, VersR 2008, 717; *ders.*, Anforderungen an den Fernabsatz von Versicherungsverträgen nach VVG, UWG und BDSG, VersR 2010, 856.

A. Allgemeines

I. Entstehungsgeschichte und EU-rechtliche Vorgaben

1 § 7 diente ursprünglich der Umsetzung der drei in Abs. 2 Satz 2 genannten RiLi: der Dritten RiLi Schaden (92/49/EWG), der RiLi Leben (2002/83/EG) sowie der **Fernabsatz-RiLi über Finanzdienstleistungen** (2002/65/EG, Fernabsatz-RiLi II). Die **Solvency-II-RiLi** (2009/138/EG) hat die beiden erstgenannten RiLi mit Wirkung zum 01.11.2012 aufgehoben. Verweise auf die alten Richtlinien gelten aber als Verweise auf die Solvency-II-RiLi und sind nach Maßgabe der Entsprechungstabelle in Anhang VII der Solvency-II-RiLi zu lesen (Art. 310 Solvency-II-RiLi). Die unveränderte Zitierung der aufgehobenen Richtlinien in § 7 II ist daher unschädlich. Die Informationspflichten der RiLi Schaden und Leben finden sich nun in Art. 183–185 Solvency-II-RiLi. Dass § 7 zum Teil auf europarechtliche Vorgaben zurückgeht, ist bei der Auslegung zu berücksichtigen: Im Anwendungsbereich der RiLi ist § 7 richtlinienkonform, im Übrigen richtlinienorientiert auszulegen.[1]

2 Die Bestimmungen über Informationen in den genannten RiLi sind nicht aufeinander abgestimmt und weisen einen unterschiedlichen Harmonisierungsgrad auf.[2] Die Informationspflichten in der **Lebensversicherung** sind nahezu vollständig harmonisiert. Zusätzliche, über die RiLi hinausgehende Informationspflichten dürfen nur dann angeordnet werden, wenn die Angaben »für das tatsächliche Verständnis der wesentlichen Bestandteile der Versicherungspolice« durch den VN notwendig sind (Art. 185 VII Solvency-II-RiLi). Der

---

1 L/W/*Armbrüster*, § 7 Rn. 4; PK/*Ebers*, § 7 Rn. 7.
2 Näher dazu PK/*Ebers*, § 7 Rn. 2–4.

EuGH interpretiert das dahingehend, dass die zusätzlichen Angaben, die die Mitgliedstaaten verlangen können, »klar, genau und für das tatsächliche Verständnis der wesentlichen Merkmale der dem VN angebotenen Versicherungsprodukte notwendig« sein müssen[3] und dass die nationale Rechtsgrundlage ausreichende Rechtssicherheit bieten muss; sie darf aber durchaus in allgemeinen Regeln zu finden sein.[4] Diese Beschränkung der Mitgliedstaaten soll verhindern, dass der EU-weite Vertrieb durch unterschiedliche und ausufernde Informationspflichten erschwert wird.[5] Die Vorschriften über die **Nichtlebensversicherung** enthalten nur punktuelle Anforderungen an die Information des VN, die überwiegend als Mindestanforderungen zu verstehen sind (Art. 184 Solvency-II-RiLi); anders aber Art. 183 Solvency-II-RiLi, wonach die Pflicht zum Hinweis auf anwendbares Recht und Aufsichtsbehörde nur Anwendung findet, wenn der VN eine natürliche Person ist, also diese Pflicht nicht bestehen darf, wenn VN eine juristische Person ist (s., dem Rechnung tragend, § 7 V 2). Die **Fernabsatz-RiLi II** lässt ausdrücklich strengeres nationales Recht zu (Art. 4 II RiLi 2002/65/EG). Mit § 7 sind die Vorgaben der Fernabsatz-RiLi überschießend, d.h. über den Anwendungsbereich der RiLi hinaus umgesetzt worden, weil sie nicht nur im Fernabsatz, sondern auch bei allen anderen Vertriebsformen zur Anwendung kommen, und weil ihre Anwendung nicht auf Verbraucher beschränkt ist (Ausnahme: § 7 V 2). § 7 und die VVG-InfoV treten insofern an die Stelle der allgemeinen Regeln des § 312d BGB und des Art. 246b §§ 1, 2 EGBGB, die nach § 312 VI BGB auf Versicherungsverträge nicht anwendbar sind. **Früher** waren die nach den RiLi Leben und Schaden bestehenden Informationspflichten in § 10a VAG a.F. in Verbindung mit der Anlage zum VAG, Teil D Abschnitt I und II umgesetzt und die Pflichten aus der Fernabsatz-RiLi II in § 48a–48e a.F.

Die **Versicherungsvertriebs-RiLi** (2016/97/EU), kurz IDD, die zum 23.02.2018 umzusetzen ist (Art. 48 I Unterabs. 1 Versicherungsvertriebs-RiLi), normiert Informationspflichten für Versicherungsvertreiber, zu denen neben den Vermittlern künftig auch die Versicherungsunternehmen zählen (Art. 2 Nr. 8 Versicherungsvertriebs-RiLi). Die RiLi listet eine Reihe von Informationen auf, die ein VR seinem Kunden rechtzeitig vor Vertragsabschluss mitteilen muss (Art. 18b, Art. 19 IV, V, Art. 20 IV–VIII sowie Art. 23 zur Form der Mitteilung; Art. 29 I; Ausnahmen in Art. 22 I). Art. 17 verlangt für alle Informationen, dass sie redlich, eindeutig und nicht irreführend sind. Die Vorgaben ergänzen insbesondere die bisher nur punktuellen Anforderungen der Art. 183, 184 Solvency-II-RL für die Nichtlebensversicherung (Art. 20 IV Versicherungsvertriebs-RiLi), enthalten aber auch neue Vorgaben für alle Sparten insbesondere im Hinblick auf Vergütungen für Vertriebserfolge. Die Mitgliedstaaten dürfen im Vergleich zur Versicherungsvertriebs-RiLi strengeres Recht erlassen, sofern nicht, wie etwa im Bereich der Lebensversicherung, vom abschließenden Charakter anderer EU-Vorgaben auszugehen ist (s. Art. 22 II Versicherungsvertriebs-RiLi).

Auch die **MiFID-II-RiLi** (2014/65/EU) ist in diesem Zusammenhang zu erwähnen. Sie ändert die derzeit für Versicherungsvermittler geltende Versicherungsvermittlungs-RiLi (2002/92/EG), indem sie Informationspflichten für den Vertrieb von Versicherungsanlageprodukten sowohl für Vermittler als auch für Versicherungsunternehmen normiert (Art. 91 Nr. 2 MiFID-II-RiLi). Sie muss zum 03.07.2016 in nationales Recht umgesetzt und ab dem 03.01.2017 angewendet werden. Die EU-Kommission hat jedoch jüngst einen Vorschlag für eine einjährige Verschiebung des Inkrafttretens von MiFiD II vorgelegt, nach dem die Regelungen erst ab dem 03.01.2018 gelten sollen. Ihr käme dann im Verhältnis zur Versicherungvertriebs-RiLi aus zeitlichen Gründen keine große Bedeutung zu, da letztere zum 23.02.2018 umzusetzen ist und ebenfalls die besonderen Anforderungen an den Vertrieb von Versicherungsanlageprodukten normiert.

Für Versicherungsanlageprodukte ist in der **PRIIP-VO** (1286/2014/EU), die ab dem 31.12.2016 gilt (Art. 34 PRIIP-VO), die Abfassung und Veröffentlichung eines Basisinformationsblatts mit vorvertraglichen Informationen vorgeschrieben, das Anlegern rechtzeitig vor Vertragsschluss zur Verfügung gestellt werden muss (Kap. II, III PRIIP-VO).[6] Die Versicherungsvertriebs-RiLi ordnet in Art. 29 ergänzend an, dass Informationen über den Vertrieb, über Risiken sowie Vertriebskosten zu erteilen sind.

Von allen drei Regelungswerken, Versicherungsvertriebs-RiLi, MiFID-II-RL und PRIIP-VO, sind Änderungen für § 7 zu erwarten, erstens im Sinne einer Umsetzung der RiLi und zweitens im Sinne einer Abstimmung mit dem unmittelbar geltenden Verordnungsrecht.

II. Normüberblick

Der halbzwingende (§ 18) § 7 regelt die **Informationspflichten**, die sich aus EU-Recht **für VR** ergeben.[7] Informationspflichten sind zudem in §§ 154, 155 für die Lebensversicherung normiert. Obwohl die in § 7 II 2 genannten RiLi dies ermöglicht hätten, differenziert § 7 hinsichtlich der zu erteilenden Informationen nicht nach der Art des Zustandekommens des Vertrages, weil ein Großteil der Informationen für den VN **unabhän-**

---

3 EuGH VersR 2002, 1011 f., Rn. 24; EuGH VersR 2015, 702, 704, Rn. 21 = EuZW 2015, 467 (zu der entsprechenden Norm der Dritten RiLi Leben (92/96/EWG), Art. 31 III), m.Anm. *Purnhagen*; dazu auch *Armbrüster* EuZW 2015, 614, 617.
4 EuGH VersR 2015, 702, 704 f., Rn. 21, 27–29.
5 EuGH VersR 2015, 702, 704, Rn. 23.
6 Dazu *Beyer* VersR 2016, 293 ff.
7 *Neuhaus/Kloth*, S. 43 f.; Begr. RegE BT-Drucks. 16/3945 S. 59.

§ 7   Information des Versicherungsnehmers

gig von der **Vertriebsform** von Bedeutung ist. So wird die Praxis der Notwendigkeit enthoben, bei der Informationserteilung zwischen den Vertriebsformen abzugrenzen.[8] Auch die Tatsache, ob der VN Verbraucher oder Unternehmer ist, ist irrelevant, sieht man von Abs. 5 Satz 2 ab.

5   § 7 I verpflichtet den VR, dem VN rechtzeitig vor Abgabe seiner Vertragserklärung die Vertragsbestimmungen einschließlich der AVB sowie die in der VVG-InfoV bestimmten Informationen in Textform **mitzuteilen** (Abs. 1 Satz 1). Die Mitteilungen sind klar und verständlich zu **übermitteln** (Abs. 1 Satz 2). Eine Information erst nach Vertragsschluss ist in den zwei Fällen des Abs. 1 Satz 3 zulässig (ungeeignetes Kommunikationsmittel, Verzicht des VN). § 7 II enthält eine **Ermächtigung zum Erlass einer Verordnung**, die näher regelt, welche Informationen zu geben sind; § 7 III sieht vor, dass in der Verordnung auch vertragsbegleitende Informationen vorzuschreiben sind. Insofern wirkt die VVG-InfoV dann über den Anwendungsbereich des § 7 I, der vorvertragliche und nachzuholende vorvertragliche Informationen betrifft, hinaus und damit überhaupt erst pflichtenbegründend. Abs. 4 begründet einen **Anspruch des VN auf jederzeitige Übermittlung der Vertragsbestimmungen** einschließlich der AVB; kostenlos übermitteln muss der VR die Unterlagen nur beim ersten Mal. § 7 V enthält eine Ausnahme für Großrisiken (Satz 1) und eine Gegenausnahme für bestimmte Informationen, wenn der VN eine natürliche Person ist. Zum Verhältnis des § 7 zu **§ 6** siehe § 6 Rdn. 89; zum Verhältnis des § 7 und der VVG-InfoV zu **§ 312i BGB** siehe Vor §§ 1 ff. VVG-InfoV Rdn. 8.

III. Normzweck

6   Der Zweck des § 7 ergibt sich, da die genannten RiLi umgesetzt werden sollen, aus diesen: Die RiLi Leben bzw. die in die Solvency-II-RiLi übernommenen Regelungen sind getragen von dem Ziel der **Marktintegration**: Dem Verbraucher soll es ermöglicht werden, die Vielfalt und den verstärkten Wettbewerb eines Versicherungsbinnenmarktes zu nutzen. Dazu müsse er die notwendigen Informationen haben, um den seinen Bedürfnissen entsprechenden Vertrag auszuwählen. Das sei bei den langen Laufzeiten der Verträge besonders wichtig.[9] Die Dritte RiLi Schaden ergibt nur, dass bestimmte Informationen für den VN für wünschenswert gehalten werden.[10] In der Solvency-II-RiLi ist das Ziel der Marktintegration spartenübergreifend formuliert.[11] Die Fernabsatz-RiLi II betont neben der Marktintegration den **Verbraucherschutz**: Dessen Niveau sei zu steigern, damit das Vertrauen der Verbraucher in den Fernabsatz wachse.[12] Der Verbraucher sei insbes. durch Transparenz mittels Information zu schützen.[13] Die Bedeutung der Marktintegration rechtfertigt auch die Entscheidung des deutschen Gesetzgebers, die Pflichten nach § 7 grundsätzlich gegenüber allen VN, Verbrauchern und Unternehmern, eingreifen zu lassen. Die Versicherungsvertriebs-RiLi hat u.a. den weiteren Zweck, **Interessenkonflikte sichtbar zu machen**.[14]

7   Der VN soll also in die Lage versetzt werden, sich vor Abschluss eines Versicherungsvertrages einen **umfassenden Überblick** über seinen möglichen Vertragspartner sowie über den Inhalt, die wesentlichen Rechte und Pflichten sowie die auf ihn zukommenden Kosten, aber auch über mögliche Interessenkonflikte der Versicherungsvermittler oder den Angestellten von VR zu verschaffen, um eine überlegte und rationale Entscheidung für denjenigen Vertrag treffen zu können, der seinen Bedürfnissen am besten entspricht.[15] Das setzt voraus, dass der VN das komplizierte und intransparente Rechtsprodukt »Versicherung« verschiedener Anbieter anhand einiger festgelegter Kriterien (vgl. insoweit insbes. das Produktinformationsblatt gem. § 4 VVG-InfoV bei Verbraucherbeteiligung) miteinander vergleichen kann.[16]

IV. Anwendungsbereich: Ausnahme für Großrisiken (Abs. 5)

8   Versicherungsverträge über Großrisiken (dazu § 6 Rdn. 30 f.) sind vom Anwendungsbereich des § 7 ausgenommen (Abs. 5 Satz 1). Das entspricht den Vorgaben der Dritten RiLi Schaden (Art. 43 II Unterabs. 3, jetzt Art. 184 Abs. 1 Unterabs. 3 Solvency-II-RiLi). Die Gegenausnahme für natürliche Personen, die vor Vertragsschluss jedenfalls über das anwendbare Recht und die zuständige Aufsichtsbehörde in Textform informiert werden müssen (Abs. 5 Satz 2), ist ebenfalls europarechtlich bedingt (Art. 31 II Dritte RiLi Schaden, jetzt Art. 183 Abs. 2 Solvency-II-RiLi), und zwar sowohl im Sinne einer Mindest- als auch einer Höchstgrenze: Die Pflicht, die genannten Informationen auch bei Großrisiken mitzuteilen, konnte nach dem klaren Wortlaut der RiLi nicht vorgesehen werden, wenn VN eine juristische Person ist. Auch die **Versicherungsvertriebs-RiLi** (2016/97/EU) sieht eine Ausnahme für Großrisiken vor (Art. 22 I Unterabs. 1). Ferner können die Mitgliedstaaten gem. Art. 22 I Unterabs. 2 auch vorsehen, dass professionellen Kunden i.S.d. Art. 4 I Nr. 10 RiLi

---

8 Begr. RegE BT-Drucks. 16/3945 S. 59; VVG-Kommission Abschlussbericht 2004 (VersR-Schriftenreihe Heft 25), S. 11.
9 Erwägungsgrund 52 RiLi Leben (2002/83/EG).
10 Erwägungsgrund 21 Dritte RiLi Schaden (92/49/EWG).
11 Erwägungsgründe 2, 3, 77, 79 Solvency-II-RiLi (2009/138/EG).
12 Erwägungsgründe 1–3, 11 Fernabsatz-RiLi II (2002/65/EG).
13 Erwägungsgrund 21 Fernabsatz-RiLi II (2002/65/EG).
14 Erwägungsgrund 39 f. Versicherungsvertriebs-RiLi (2016/97/EU).
15 So auch Ruffert/*Looschelders/Michael*, Europäisches Sektorales Wirtschaftsrecht, § 11 Rn. 153.
16 Nach P/M/*Rudy*, § 7 Rn. 2 bezweckt § 7 außerdem eine informierte Entscheidung über den Widerruf. Das ist aber nicht auslegungsrelevanter Zweck, sondern Wirkung.

2014/65/EU bestimmte Informationen über Versicherungsanlageprodukte nicht erteilt werden müssen. Professionell in diesem Sinne ist ein Kunde, der über ausreichende Erfahrungen, Kenntnisse und Sachverstand verfügt, um seine Anlageentscheidungen selbst treffen und die damit verbundenen Risiken angemessen beurteilen zu können (vgl. Anhang II der RiLi 2014/65/EU und die dort weiter aufgeführten Kriterien).

B. Vorvertragliche Mitteilungs- und Übermittlungspflichten nach Abs. 1
I. Überblick

§ 7 I 1 verpflichtet die VR, dem VN **rechtzeitig vor Abgabe seiner Vertragserklärung** die Vertragsbestimmungen einschließlich der AVB sowie die in der VVG-InfoV bestimmten Informationen (vgl. dazu im Einzelnen die Kommentierung zur VVG-InfoV) in Textform (§ 126b BGB) **mitzuteilen**. Die Mitteilungen sind in einer dem eingesetzten Kommunikationsmittel entsprechenden Weise klar und verständlich zu **übermitteln**, § 7 I 2. Eine Übermittlung der Informationen erst **nach Vertragsschluss** ist in zwei Fällen zulässig: (1) wenn der Vertrag auf Verlangen des VN unter Verwendung eines Kommunikationsmittels geschlossen wird, das die Information in Textform vor der Vertragserklärung des VN nicht gestattet (insbes. Telefon), § 7 I 3 Fall 1, sowie (2) wenn der VN durch gesonderte schriftliche Erklärung ausdrücklich darauf verzichtet, vor Abgabe seiner Vertragserklärung informiert zu werden, § 7 I 3 Fall 2. In beiden Fällen muss die Information unverzüglich nach Vertragsschluss nachgeholt werden, § 7 I 3. Durch die systematische Integration der Regelung in das VVG ist klar, dass es sich allein um eine **privatrechtliche Pflicht**, nicht zusätzlich um eine öffentlich-rechtliche Aufsichtsregel handelt.[17] Der **Tatbestand** des § 7 I 1 setzt nur voraus, dass ein VR und ein VN über einen Vertragsabschluss verhandeln. Die **Rechtsfolge** besteht darin, dass der VR bestimmte Informationen bis zu einem bestimmten Zeitpunkt in bestimmter Form sowie in bestimmter inhaltlicher Art und Weise übermitteln muss. Diese Pflichten sind Rücksichtspflichten i.S.v. § 241 II BGB,[18] die im Falle des § 7 I 1 **nicht selbständig klagbar** sind.[19] Kommt der Vertrag zustande, ist die Pflicht zur nachträglichen Übermittlung nach § 7 I 3 eine **klagbare Nebenpflicht**. In beiden Fällen handelt es sich nicht um eine im Synallagma stehende Hauptpflicht, so dass eine vollständige beiderseitige Erfüllung i.S.v. § 8 III 2 nicht deshalb ausgeschlossen ist, weil die Informationen nicht übersandt wurden.[20]

II. Verpflichtete und Berechtigte
1. Informationsverpflichtete

Zur Information verpflichtet ist der **VR**; eine eigene Informationspflicht des Versicherungsvermittlers hat der Gesetzgeber – anders als bei den Beratungs- und Dokumentationspflichten gem. §§ 6, 61 und abgesehen von dem Sonderfall des § 60 II – nicht vorgesehen, da sie europarechtlich nicht vorgeschrieben sei und Vermittler wegen des ihr Provisionsinteresse gefährdenden Widerrufsrechts nach § 8 ein eigenes Interesse an der Informationsmitteilung hätten.[21] Nach Art. 18a, 19 I–III, 20–22 der zum 23.02.2018 umzusetzenden Versicherungsvertriebs-RiLi müssen künftig auch für Versicherungsvermittler Informationspflichten normiert werden.

Der VR hat dafür Sorge zu tragen, dass dem VN vor Abgabe seiner Vertragserklärung die nötigen Informationen mitgeteilt werden.[22] Schaltet er einen **Versicherungsvertreter** ein, muss er ihn im Agenturvertrag zur entsprechenden Information verpflichten.[23] Wird für den VN ein **Versicherungsmakler** tätig, kann dieser, wenn ein Rahmenabkommen zwischen Makler und VR besteht, dort zur Mitteilung der Informationen nach § 7 verpflichtet werden;[24] sonst muss der VR eine entsprechende Verpflichtung im Einzelfall vereinbaren.

2. Informationsberechtigte

Informationsberechtigt sind **alle VN**, unabhängig davon, ob es sich um Unternehmer oder Verbraucher, natürliche oder juristische Personen handelt (Ausnahme: § 7 V 2). Obwohl die Fernabsatz-RiLi II dies ermöglicht hätte, sind die Informationspflichten bewusst nicht auf Verbraucher i.S.v. § 13 BGB beschränkt worden, denn der Gesetzgeber hält die nicht unter § 13 BGB fallenden kleinen Unternehmer und Freiberufler nun i.d.R. für ähnlich schutzbedürftig wie Verbraucher.[25] Allerdings differenziert die VVG-InfoV: Die Pflicht, dem VN ein **Produktinformationsblatt** zur Verfügung zu stellen, besteht nur gegenüber Verbrauchern, § 4 I VVG-InfoV. Das durch die Versicherungsvertriebs-RiLi (Art. 20 IV, V) geforderte standardisierte Informationsblatt ist nach dem Wortlaut der RiLi nicht auf Verbrauchergeschäfte beschränkt.

---

17 Marlow/Spuhl/*Spuhl*, Rn. 50.
18 Nach der Terminologie von Palandt/*Grüneberg*, § 241 Rn. 6–8, der hier gefolgt wird.
19 Palandt/*Grüneberg*, § 242 Rn. 25.
20 LG Offenburg VersR 2012, 1417, 1418.
21 Begr. RegE BT-Drucks. 16/3945 S. 59.
22 Marlow/Spuhl/*Spuhl*, Rn. 51; BT-Drucks. 16/3945 S. 58.
23 Begr. RegE BT-Drucks. 16/3945 S. 59.
24 Begr. RegE BT-Drucks. 16/3945 S. 59.
25 Begr. RegE BT-Drucks. 16/3945 S. 60.

13 Da die Rechtsform alleine kein entscheidendes Kriterium für die Beurteilung der Schutzbedürftigkeit des VN darstellt, **differenziert** § 7 grundsätzlich auch **nicht** zwischen **natürlichen und juristischen Personen**. Nur bei Verträgen über **Großrisiken** müssen juristische Personen als VN gar nicht gemäß § 7 informiert werden, während natürliche Personen zumindest über das anwendbare Recht und die Aufsichtsbehörde in Textform informiert werden müssen, § 7 V 2. Die Gesetzesbegründung führt an, dass es sich dabei um nicht so bedeutsame Informationen handele;[26] daher wurde offenbar das Schutzbedürfnis juristischer Personen als geringer eingeschätzt. Maßgeblich dürfte aber gewesen sein, dass die Dritte RiLi Schaden in diesem Punkt keine Informationspflicht gegenüber juristischen Personen erlaubt (s. Art. 31 II der RiLi 92/49/EWG, heute Art. 183 II Solvency-II-RL).

14 Der Versicherte ist nicht informationsberechtigt.[27] Das folgt aus dem Wortlaut von § 7 I 1. Außerdem stehen dem Versicherten gem. § 44 zwar materiell die Rechte aus dem Versicherungsvertrag zu; er ist indes nicht Vertragspartei. Da er weder über den Abschluss des Vertrages entscheidet noch dazu befugt ist, sich mit dem VR über Vertragsänderungen zu einigen[28], greift der Normzweck von § 7 I 1 nicht ein. Das gilt auch für »echte« Gruppenversicherungsverträge, bei denen Vertragspartner allein die Gruppenspitze ist.[29] Für die Restschuldgruppenversicherung wird z.T. eine analoge Anwendung des § 7 auf die versicherten Kreditnehmer vorgeschlagen.[30] Nach zutreffender Ansicht ist das Kreditinstitut aus § 241 II BGB verpflichtet, die ihm nach § 7 vom Versicherer erteilten Informationen an den Kreditnehmer weiterzuleiten.[31]

15 Ob der VR seinen Pflichten aus § 7 I genügt, wenn er die Informationen dem vom VN eingeschalteten **Versicherungsmakler** zukommen lässt, richtet sich nach allgemeinen Regeln. Ist der Makler Stellvertreter des VN, genügt die Übermittlung an ihn (§ 166 I BGB);[32] dasselbe gilt, wenn er Wissensvertreter des VN ist (§ 166 I BGB analog).[33]

III. Gegenstand

16 Der VR hat seine Vertragsbestimmungen einschließlich der AVB sowie die in der VVG-InfoV bestimmten Informationen mitzuteilen. Vertragsbestimmung ist, was darauf gerichtet ist, den Inhalt des Vertrages zu regeln. Es muss sich nicht um schriftlich vorformulierte Bedingungen handeln, sondern auch mündlich getroffene Regelungen sind Vertragsbestimmungen i.S.v. § 7 I.[34] § 7 I fordert nicht, dass dem VN wirksame AVB mitgeteilt werden.[35] Der VR verstößt also auch dann nicht gegen seine Informationspflicht, wenn er dem VN Bedingungen übermittelt, die namentlich nach § 307 BGB unwirksam sind. Dies folgt daraus, dass § 7 selbständig neben den §§ 305 ff. BGB steht und der VN über letztere Vorschriften ausreichend geschützt ist.

IV. Rechtzeitig vor Abgabe der Vertragserklärung des VN

1. Verhandlungen über den Abschluss eines Versicherungsvertrages

17 § 7 findet nur Anwendung, wenn über den Abschluss eines Versicherungsvertrages verhandelt wird, also jedenfalls dann, wenn dieser **erstmals** geschlossen wird. Ob die Informationspflichten nach § 7 auch bestehen, wenn ein bereits bestehender **Versicherungsvertrag geändert** wird, ist ungeklärt.[36] Der Wortlaut spricht dafür, da man unter »Vertragserklärung« jede Willenserklärung verstehen kann, die auf eine Einigung über Vertragsinhalte gerichtet ist. Die Regierungsbegründung hat nach ihrer ganzen Diktion nur den erstmaligen Vertragsschluss im Auge. Zweck des § 7 ist es, den Verbraucher durch umfassende Information zu befähigen, die Vielfalt des Binnenmarktes zu nutzen. Steht eine Vertragsänderung an, sei es auf Initiative des VR, sei es des VN, ist die Situation derjenigen beim Neuabschluss vergleichbar. Der VN als Nachfrager und der VR als Anbieter stehen sich wieder in Verhandlungen mit offenem Ausgang gegenüber. Der VN sollte wie beim Neuabschluss die Möglichkeit haben, bei der Entscheidung für den geänderten Vertrag auch Konkurrenzprodukte in seine Verlängerungsentscheidung einzubeziehen und mit den neuen Vertragsbestimmungen zu vergleichen. § 7 I ist auch nicht teleologisch dahingehend zu reduzieren, dass nur solche Vertragsänderungen eine erneute Informationspflicht auslösen, die auch Gegenstand eines neuen Vertrages sein könnten, also eine »wesentli-

---

26 Begr. RegE BT-Drucks. 16/3945 S. 60.
27 P/M/*Rudy*, § 7 Rn. 5; L/W/*Armbrüster*, § 7 Rn. 14; HK-VVG/*Schimikowski*, § 7 Rn. 11; für Gruppenversicherungen differenzierend *Schneider* r+s 2015, 477, 478; *Schimikowski*, in: FS Wälder, S. 51 ff.; anders *Franz* VersR 2008, 1565 ff.
28 PK/*Hübsch*, § 44 Rn. 8.
29 *Schneider* r+s 2015, 477, 478 f.
30 *Brömmelmeyer* VersR 2015, 1460, 1463 ff.
31 *Schneider* VersR 2014, 1295, 1297 f.
32 L/W/*Armbrüster*, § 7 Rn. 13.
33 BGH VersR 2000, 1133, 1134 f.
34 PK/*Ebers*, § 7 Rn. 31.
35 *Armbrüster* r+s 2008, 493, 495; P/M/*Rudy*, § 7 Rn. 24.
36 Dafür *Leverenz*, S. 24 f.; P/M/*Rudy*, § 7 Rn. 3; HK-VVG/*Schimikowski*, § 7 Rn. 3; *ders.* r+s 2011, 96 f.; a.A. zur Verbraucherinformation nach § 10a VAG a.F. VerBAV 1995, 283.

che« Veränderung herbeiführen;[37] das widerspricht der gesetzlichen Systematik, nach der alle in § 7 I 1 i.V.m. der VVG-InfoV genannten Informationen wesentlich sind. Ändert sich daher ein Vertragsumstand, über den der VR vor Abschluss des Vertrages nach § 7 I 1 informieren müsste, muss der VR über diesen Umstand auch bei einer Vertragsänderung informieren. Allerdings sind Informationen nicht in demselben Umfang nötig wie beim Neuabschluss; es genügt, wenn der VR den VN über die konkrete Änderung informiert:[38] Nicht erforderlich ist etwa eine erneute Mitteilung der in § 1 Nr. 1–5 VVG-InfoV genannten Informationen. Dagegen sind z.B. die neuen AVB mitzuteilen.

Der Normzweck von § 7 I (vgl. dazu Rdn. 6 f.) kommt nur zum Tragen, wenn der VN eine autonome Entscheidung über die Vertragsänderung treffen kann. § 7 I gilt daher nur für Vertragsänderungen, die durch Angebot und Annahme herbeigeführt werden. Keine Informationspflicht nach § 7 I besteht daher, wenn der VR die Vertragsänderung einseitig herbeiführt – etwa wegen einer vereinbarten Bedingungs- oder Prämienanpassungsklausel[39] – oder sich die Vertragsänderung aus der Änderung von Rechtsvorschriften ergibt, ohne dass der VN zustimmen müsste. Im letzten Fall ist indes § 7 III i.V.m. § 6 I Nr. 2 VVG-InfoV zu berücksichtigen. Wird nur über die **Verlängerung eines Vertrages** gesprochen, hat der VN alle erforderlichen Informationen bereits erhalten und kann auf deren Grundlage das Angebot mit solchen der Konkurrenz vergleichen. Einer erneuten Information bedarf es nach dem Zweck des § 7 nicht. Wird mit dem Versicherungsvertrag eine Kostenausgleichsvereinbarung abgeschlossen, so findet auf letztere § 7 keine Anwendung, da es sich nicht um einen Versicherungsvertrag handelt.[40]

2. Abgabe der Vertragserklärung

Vertragserklärung des VN ist seine **auf den Vertragsabschluss gerichtete Willenserklärung**, sei es Angebot oder sei es Annahme.[41] Der unschöne Begriff der Vertragserklärung gehört heute zur zivilrechtlichen Terminologie (s. nur Art. 246 I, 246b § 1 I EGBGB). Ein letzter Versuch des Bundesrates, ihn durch »auf den Vertragsschluss gerichtete Willenserklärung« zu ersetzen,[42] blieb erfolglos.[43] Die frühere Formulierung in § 48b a.F. (»rechtzeitig vor dessen Bindung«) wurde aufgegeben, da der für die Information des VN maßgebliche Zeitpunkt so nicht eindeutig bestimmbar war.[44] Nunmehr ist klargestellt, dass die Informationen nicht erst bei Vertragsschluss erteilt werden dürfen.[45] Keine Informationspflicht lösen insbes. Vertragsbestätigungen, einseitige (Gestaltungs-)Erklärungen, Wissenserklärungen, Anzeigen, Mitteilungen u.ä. des VN aus, solange sie nicht als Angebot oder Annahme eines Vertrages anzusehen sind. Derartige Erklärungen können indes einen Beratungsanlass i.S.v. §§ 6, 61 auslösen.[46]

Gibt der VN kurz nacheinander mehrere Vertragserklärungen ab, ist zu differenzieren: Beziehen sich die Erklärungen auf unterschiedliche Verträge, ist der VN vor Abgabe jeder einzelnen Vertragserklärung zu informieren. Das muss im Hinblick auf das Widerrufsrecht nach § 8 I, II Nr. 1 und den Schutzzweck von § 7 I auch dann gelten, wenn es sich um inhaltlich identische Verträge handelt. Beziehen sich die Vertragserklärungen hingegen auf ein und denselben Vertrag – was namentlich i.R.v. § 150 II BGB denkbar ist[47] – genügt es, wenn der VN die Informationen einmal erhält.

Wann die Erklärung **abgegeben ist,** bestimmt sich nach allgemeinen Grundsätzen: Der VN gibt seine Vertragserklärung ab, wenn er seinen rechtsgeschäftlichen Willen so äußert, dass an der Endgültigkeit der Äußerung kein Zweifel möglich ist, und wenn er diese Erklärung in den Verkehr bringt.[48]

3. Rechtzeitigkeit

Die Informationen sind rechtzeitig zu erteilen, bevor der VN seine Angebots- oder Annahmeerklärung abgibt. Die Parallele zu Art. 246b § 1 I EGBGB trägt nur soweit, wie es um Fernabsatz geht. Da § 7 für alle Vertriebsformen gilt, ist die »Rechtzeitigkeit« hier **differenziert nach Vertriebsformen** zu bestimmen. Keinesfalls ist es vertretbar, für alle Vertriebsformen einheitlich eine feste Mindestfrist, z.B. von drei Tagen, zu verlan-

---

37 So aber L/W/*Armbrüster*, § 7 Rn. 53; *Armbrüster/Schreier* VersR 2015, 1053, 1055 f.; zu § 8 VVG *Armbrüster* r+s 2008, 493, 494.
38 P/M/*Rudy*, § 7 Rn. 3; HK-VVG/*Schimikowski*, § 7 Rn. 3.
39 P/M/*Rudy*, § 7 Rn. 4.
40 LG Leipzig, Urt. v. 19.04.2012, 03 S 571/11 unter II. 4. der Gründe; offenlassend BGH ZfS 2014, 511, 513; LG Potsdam BeckRS 2013, 10106.
41 Zum Fernabsatzrecht, auf das die Regierungsbegründung ausdrücklich Bezug nimmt, Palandt/*Grüneberg*, Art. 246b EGBGB § 1 Rn. 3; zum VVG: PK/*Ebers*, 7 Rn. 34; *Schimikowski* r+s 2006, 441, 442; LW/*Armbrüster*, § 7 Rn. 29.
42 Stellungnahme des Bundesrates, BT-Drucks. 16/3945 S. 125.
43 Gegenäußerung der Bundesregierung, BT-Drucks. 16/3945 S. 130.
44 So zu Recht Begr. RegE, BT-Drucks. 16/3945 S. 60.
45 Begr. RegE BT-Drucks. 16/3945 S. 60.
46 *Leverenz*, S. 56 f.
47 LW/*Armbrüster*, § 7 Rn. 32.
48 Palandt/*Ellenberger*, § 130 Rn. 4.

gen.⁴⁹ Auch dass zwingend ein zweiter Kundentermin vereinbart werden muss,⁵⁰ ist so pauschal nicht richtig. Umgekehrt kann auch nicht generell angenommen werden, dass eine Information bei Antragstellung deshalb stets rechtzeitig erteilt sei, weil der Kunde es in der Hand habe, ob er sich noch Zeit nehme.⁵¹ Sonst hätte es in § 7 heißen müssen »vor Abgabe seiner Vertragserklärung« (s. etwa § 19 I 1), nicht »rechtzeitig vor Abgabe [...]«. Auch sollte in § 7 ein über § 8 hinausgehender Übereilungsschutz begründet werden.⁵²

23 Nach dem Zweck des § 7 ist hinsichtlich der Rechtzeitigkeit **auf jeden Einzelfall abzustellen**; allgemeine Aussagen verbieten sich.⁵³ § 7 I 1 soll dem VN eine informierte Entscheidung über einen etwaigen Vertragsschluss ermöglichen, insbes. soll der VN in die Lage versetzt werden, unter mehreren Angeboten den für ihn günstigsten Vertrag auszuwählen. Daher müssen die Informationen dem VN so früh ausgehändigt werden, dass er noch eine darauf aufbauende Entscheidung treffen kann. Es ist daher nach zutreffender, aber bestrittener Ansicht auf Umfang und Komplexität des jeweiligen Produktes sowie die wirtschaftliche Bedeutung der Versicherung abzustellen.⁵⁴ Das entspricht auch den Vorstellungen des Gesetzgebers zu § 48b a.F.⁵⁵ sowie zu § 312c BGB a.F. i.V.m. Art. 246 § 1 EGBGB a.F. (heute § 312d II BGB i.V.m. Art. 246b § 1 I EGBGB).⁵⁶ Aber auch persönliche Merkmale des VN, insbes. dessen Vorkenntnisse, sind bei der Bestimmung des spätestmöglichen Zeitpunkts heranzuziehen. Für einen in Versicherungsfragen erfahrenen VN kann eine knappere Frist ausreichen als für einen unerfahrenen VN. Allerdings ist die Grenze zum Verzicht zu beachten: Gibt der VN etwa zu erkennen, dass er sich mit dem Bedingungswerk schon befasst hat, sollte der VR auf einen Verzicht hinwirken. Sicher nicht falsch ist es, wenn die VR praktisch aus Gründen der Rechtssicherheit eine Mindestfrist zwischen Information und Vertragserklärung des VN verstreichen lassen.⁵⁷ Rechtzeitig ist eine Information jedenfalls dann nicht mehr, wenn der VR den Vertragsschluss davon abhängig macht, dass der VN seine Vertragserklärung innerhalb eines Zeitraumes abgibt, in dem es tatsächlich nicht möglich ist, die Informationen zur Kenntnis zu nehmen.⁵⁸ Nach a.A. setzt Rechtzeitigkeit bei funktionaler Auslegung voraus, dass der Kunde über die wesentlichen Vertragsinhalte anhand des Produktinformationsblattes beraten wird.⁵⁹ Allerdings passt diese Auslegung nur für Verbraucher, da nur sie ein Produktinformationsblatt erhalten. Sie vermengt zudem die Anforderungen der §§ 6 und 7, was z.B. beim Verzicht zu Unklarheiten führt.

V. Mitteilung in Textform
1. Überblick

24 Die Informationen sind dem VN in Textform (§ 126b BGB) mitzuteilen. Es muss danach »*eine lesbare Erklärung, in der die Person des Erklärenden genannt ist, auf einem dauerhaften Datenträger abgegeben werden. Ein dauerhafter Datenträger ist jedes Medium, das 1. es dem Empfänger ermöglicht, eine auf dem Datenträger befindliche, an ihn persönlich gerichtete Erklärung so aufzubewahren oder zu speichern, dass sie ihm während eines für ihren Zweck angemessenen Zeitraums zugänglich ist, und 2. geeignet ist, die Erklärung unverändert wiederzugeben.*« § 126b BGB ist im Zuge der Umsetzung der Verbraucherrechte-RiLi (2011/83/EU) an die dortige Terminologie angepasst worden, ohne dass inhaltliche Änderungen beabsichtigt waren.⁶⁰ Die Norm ist EU-rechtskonform auszulegen. Zulässig sind damit herkömmliche Papierdokumente wie etwa Werbeprospekte oder etwa Broschüren,⁶¹ darüber hinaus CD-ROM, USB-Sticks, DVDs oder Festplatten⁶² und E-Mails.⁶³ Beim Einsatz elektronischer Medien muss sichergestellt werden, dass der VN die Informationen auch lesbar machen

---

49 Vgl. aber für § 312c BGB a.F. (heute § 312d II BGB i.V.m. Art. 246b § 1 I EGBGB) Micklitz/Tonner/*Micklitz*, 2002, § 312c BGB Rn. 32; *Leverenz*, S. 58; in diese Richtung auch *Heidl* ZGS 2009, 158, 161, der davon ausgeht, dass »im Regelfall eine Woche« ausreiche.
50 *Rixecker*, Stellungnahme vor dem Rechtsausschuss des deutschen Bundestages zum Entwurf eines Gesetzes zur Reform des Versicherungsvertragsrechts, S. 2; zustimmend Marlow/Spuhl/*Spuhl*, Rn. 61.
51 So aber *Stadler* VW 2006, 1339, 1340; *Funck* VersR 2008, 163 f.; *Römer* VersR 2006, 740, 741; ähnlich P/M/*Rudy*, § 7 Rn. 11; dessen Hinweis, § 7 wolle dem VN keine »Zwangsbedenkzeit« vorschreiben, trägt in diesem Zusammenhang nicht, denn dem VN steht es frei, bei § 7 I 3 auf die rechtzeitige Informationsmitteilung zu verzichten; jetzt auch Terbille/Höra/*Steinbeck/Terno*, § 2 Rn. 63; L/W/*Armbrüster*, § 7 Rn. 67.
52 *Schimikowski* r+s 2007, 133, 134.
53 *Schimikowski* r+s 2007, 133, 134; *ders.* r+s 2006, 441, 442; *Meixner/Steinbeck*, § 3 Rn. 4; Ruffert/*Looschelders/Michael*, Europäisches Sektorales Wirtschaftsrecht, § 11 Rn. 161.
54 *Schimikowski* r+s 2007, 133, 134 ff.; *Leverenz*, S. 64 ff.; *ders.* VW 2008, 392 ff.; PK/*Ebers*, § 7 Rn. 36; B/M/*Herrmann*, § 7 Rn. 60.
55 Begr. RegE BT-Drucks. 15/2946 S. 30.
56 Begr. RegE BT-Drucks. 14/2658 S. 38.
57 Vgl. *Leverenz* VW 2008, 392.
58 P/M/*Rudys*, § 7 Rn. 12.
59 VersHb/*Schwintowski*, § 18 Rn. 25.
60 Begr. RegE BT-Drucks. 17/12637 S. 44.
61 *Neuhaus/Kloth*, S. 46.
62 Palandt/*Ellenberger*, § 126b Rn. 3; *Leverenz*, S. 68; VersHb/*Schwintowski*, § 18 Rn. 36; *Schimikowski* r+s 2006, 441, 443; P/M/*Rudy*, § 7 Rn. 6; *Hoffmann* ZVersWiss 2011, 745.
63 Erwägungsgrund 23 Verbraucherrechte-RiLi 2011/83/EU.

kann.[64] Die (fern)mündliche Mitteilung oder die bloße Möglichkeit, die Informationen auf dem Bildschirm eines Notebooks des Vermittlers zur Kenntnis zu nehmen, wahrt die Form mangels Eignung zur unveränderten Wiedergabe nicht.[65]

2. Informationen auf Websites

Umstritten ist, ob die **Speicherung der Informationen auf der Website des VR,** verbunden mit der **Möglichkeit des Downloads,** als Mitteilung in Textform anzusehen ist,[66] mit der Konsequenz, dass der VR seine Pflicht mit dem Hinweis auf einen genauen Link erfüllen kann, oder, falls man das verneint, ob wenigstens der **Zwangs-Download**[67] oder der **abgeschlossene Download**[68] oder der **Ausdruck** durch den VN[69] zur Formwahrung genügen oder auch das nicht reicht.[70] Dabei sind sowohl das Merkmal der Textform als auch das des Mitteilens problematisch. 25

a) Textform

Die **Textform** verlangt, dass eine lesbare Erklärung auf einem **dauerhaften Datenträger** abgegeben wird, einem Medium, das eine Speicherung für einen angemessenen Zeitraum ermöglicht (§ 126b Nr. 1) und geeignet zur unveränderten Wiedergabe der Erklärung ist (§ 126b Nr. 2). Nach Auffassung des EuGH fehlt es hieran, wenn die Information lediglich auf einer herkömmlichen Website abrufbar ist.[71] Es ergab sich im konkreten Fall aus dem Sachvortrag nicht, dass auch nur eine der beiden Voraussetzungen eines dauerhaften Datenträgers vorlag.[72] Der EFTA-Gerichtshof hatte zu entscheiden, ob und unter welchen Voraussetzungen ein Makler dem VN Auskünfte i.S.v. Art. 12, 13 Vermittler-RiLi (2002/92/EG, ab 23.02.2018[73] abgelöst durch die Versicherungsvertriebs-RiLi 2016/97/EU, dazu sogleich) auf einem dauerhaften Datenträger erteilt, wenn er sie auf seiner Website bereithält. Art. 13 I der Vermittler-RiLi sieht vor, dass die Auskünfte auf Papier oder einem »*anderen, dem Kunden zur Verfügung stehenden und zugänglichen dauerhaften Datenträger*« zu erteilen sind. »Dauerhafte Datenträger« definiert Art. 2 Nr. 12 der Vermittler-RiLi als »*(1) jedes Medium, das es dem Verbraucher ermöglicht, persönlich an ihn gerichtete Informationen so zu speichern, dass diese während eines für den Informationszweck angemessenen Zeitraums abgerufen werden können, und das die unveränderte Wiedergabe der gespeicherten Daten ermöglicht. (2) Dazu gehören insbesondere Disketten, CD-Roms, DVDs und die Festplatten von Computern, auf denen elektronische Post gespeichert wird, jedoch nicht eine Internet-Website, es sei denn, diese Site entspricht den in Absatz 1 enthaltenen Kriterien.*«
Der deutsche Gesetzgeber hat die Erfordernisse des Art. 13 I Vermittler-RiLi in § 11 VersVermV und den §§ 60–62 mit dem Erfordernis der Mitteilung bzw. Übermittlung in Textform i.S.v. § 126b BGB umgesetzt. Auch § 7 verlangt die Mitteilung in Textform. Die Entscheidung des EFTA-Gerichtshofes ist daher für die Auslegung der »Textform« auch im Rahmen von § 7 von Interesse, da auch diese Norm auf europäische Vorgaben zurückzuführen ist.[74] Dagegen verhält sich die Entscheidung nicht ausdrücklich zu der Frage, ob es sich bei der Homepage um einen »**dem Kunden zur Verfügung stehenden und zugänglichen**« dauerhaften Datenträger i.S.v. Art. 13 I Vermittler-RiLi handelt. 26

27

Nach Auffassung des EFTA-Gerichtshofs[75] ist eine Website grundsätzlich geeignet, »**dauerhafter Datenträger**« zu sein. Persönlich nur an den VN gerichtete Informationen verlange Art. 2 Nr. 12 der RiLi trotz seines darauf deutenden Wortlautes nicht. Gemeint seien die nach Art. 12 geschuldeten Informationen; diese müsse der VN speichern können, und zwar solange, wie es der Informationszweck erfordere, was vom Einzelfall abhänge.[76] Schließlich könne nur »dauerhafter Datenträger« sein, was die unveränderte Wiedergabe der Daten 28

---

64 Vgl. Palandt/*Ellenberger*, § 126b Rn. 3; VersHb/*Beckmann*, § 10 Rn. 69; a.A. *Hoffmann* ZVersWiss 2011, 745, 753, 756, aber mit Zugeständnissen bei der Rechtzeitigkeit (ein Tag mehr bei CD-ROM oder USB-Stick).
65 *Leverenz*, S. 68.
66 Dafür *Neuhaus/Kloth*, S. 46; *Schimikowski* r+s 2007, 133, 134, 136; *Funck* VersR 2008, 163, 164.
67 Dafür *Reiff* ZJS 2012, 432, 435; *ders.* in: FS v. Hoffmann, S. 823, 833; L/W/Armbrüster § 7 Rn. 106.
68 Dafür Begr RegE BT-Drucks. 14/2658 S. 40; BGH NJW 2010, 3566, 3567 Rn. 18; Marlow/Spuhl/*Spuhl*, Rn. 59; L/W/Armbrüster § 7 Rn. 106; Palandt/*Ellenberger*, § 126b Rn. 3 m.w.N.; *Leverenz*, S. 71; PK/*Ebers*, § 7 Rn. 33; s. auch KG NJW 2006, 3215, 3216; OLG Hamburg NJW-RR 2007, 839, 840 jeweils zu § 355 BGB.
69 Dafür BGH NJW 2010, 3566, 3567 Rn. 18 zu § 355 BGB.
70 So OLG Naumburg NJW-RR 2008, 776, 778 (zur Widerrufsbelehrung nach § 355 BGB) mangels Perpetuierungsfunktion.
71 EuGH BeckEuRS 2011, 572404, Rn. 43 ff. für die Fernabsatz-RiLi I (97/7/EG) unter Hinweis auf die ebenso zu verstehende, an ihre Stelle tretende Verbraucherrechte-RL (2011/83/EU), s. in Abgrenzung EuGH EuZW 2015, 565 zu Art. 23 II VO (EG) Nr. 44/2001, wonach das sog. click wrapping eine dauerhafte Aufzeichnung i.S.d. genannten Bestimmung ermöglicht.
72 EuGH BeckEuRS 2011, 572404, Rn. 46.
73 Mit Ausnahme des Kapitels IIIA über Versicherungsanlageprodukte, das ab 23.02.2016 aufgehoben ist.
74 Vgl. *Reiff* VersR 2010, 797, 798; BGH NJW 2010, 3566, 3567 Rn. 18.
75 EFTA-Gerichtshof VersR 2010, 793, 797.
76 EFTA-Gerichtshof VersR 2010, 793, 795.

ermögliche (Perpetuierungsfunktion).[77] Im Rahmen dieses Kriteriums differenziert der EFTA-Gerichtshof zwischen »gewöhnlichen« und 'fortgeschrittenen« Websites. Erstere seien solche Websites, deren Inhalt durch den Betreiber beliebig geändert werden können. Sie erfüllten die Kriterien eines dauerhaften Datenträgers nicht. Bei den fortgeschrittenen Websites – die vom Gerichtshof als solche nicht übergreifend definiert werden – müsse differenziert werden zwischen solchen, »die als Portal für die Bereitstellung von Informationen auf einem anderen Medium dienen, das als dauerhafter Datenträger betrachtet werden kann« (**Bereitstellungs-Websites**), und fortgeschrittenen Websites, »die selbst dauerhafte Datenträger darstellen können« (**Datenträger-Websites**).[78]

29 **Datenträger-Websites** sind nach dem EFTA-Gerichtshof solche Websites, die einen persönlichen und sicheren, durch Benutzernamen und Kennwort gesperrten Speicherbereich enthalten, auf dem die Informationsdateien hinterlegt werden können.[79] Sei gewährleistet, dass die Informationen durch den Informationsschuldner nicht einseitig geändert werden können, sei die Website selbst ein dauerhafter Datenträger i.S.d. RiLi. Hieran wird kritisiert, dass der VR den Server jederzeit abstellen könne.[80] Allerdings wird man für die Unveränderlichkeit der Daten auch verlangen müssen, dass sie nicht aus dem Netz genommen werden können.

30 **Bereitstellungs-Websites**, so der EFTA-Gerichtshof, erlauben es dem Informationsempfänger, auf die Informationen zuzugreifen, diese zu kopieren und sodann auf seinem eigenen Computer zu speichern. Von einer Bereitstellung auf einem dauerhaften Datenträger im Sinne der RiLi könne, so der EFTA-Gerichtshof, dann gesprochen werden, wenn die Website Mechanismen enthalte, »die den Verbraucher mit an Sicherheit grenzender Wahrscheinlichkeit dazu anhalten, die Informationen in Papierform zu sichern oder auf einem anderen dauerhaften Datenträger zu speichern«[81] (**Zwangs-Download oder Zwangs-Drucken**). Mit dem Wortlaut des Art. 2 Nr. 12 I, II Vermittler-RiLi ist das nicht vereinbar. Abs. 2 verlangt, dass die Website selbst die Voraussetzungen des Abs. 1 erfüllt, also ein Medium ist, das die unveränderte Wiedergabe ermöglicht. Eine Website der geschilderten Art ist jedoch nicht per se unveränderlich. Tatsächlich sind erst mit vollendetem Download durch den VN die Informationen auf einem Medium gespeichert, das die unveränderliche Wiedergabe garantiert. Läse man in die Entscheidung des Gerichtshofs hinein, dass auch Bereitstellungs-Websites unveränderlich sein müssen, wäre aber die zusätzliche Voraussetzung des höchstwahrscheinlichen Downloads nicht notwendig, denn die Website selbst wäre dann der dauerhafte Datenträger. Auf höchstwahrscheinlichen Download käme es dann nicht an. Das Konzept des Gerichtshofs ist daher **dogmatisch nicht stimmig**.[82] Eine unveränderliche Bereitstellungs-Website des VR ist dauerhafter Datenträger, da sie die Speicherung der Information durch den VN und die unveränderte Wiedergabe der Informationen ermöglicht.

b) Mitteilung

31 Eine andere Frage ist, ob die Informationen dem VN auch **mitgeteilt** sind, wenn sie über eine Website zur Verfügung gestellt werden. Mitgeteilt ist eine Information, wenn der VN sie erhalten hat.[83] Bei den **Datenträger-Websites** liegen die Informationen in einem persönlichen Speicherbereich des VN auf dem Rechner des VR. Für E-Mails ist anerkannt, dass sie schon auf dem Server des Providers dem Empfänger zugegangen sind.[84] Ebenso gehört ein persönlicher und sicherer, vom VR nicht veränderbarer Speicherbereich auf dem Server des VR zum Machtbereich des VN, wenn der VN sich damit einverstanden erklärt hat, über diesen Bereich mit dem VR in Kontakt zu treten. In den Zeiten des Cloud-Computing werden Daten zudem immer häufiger nicht auf dem Rechner des VN liegen. Es ist nicht ersichtlich, warum man (für den VR unveränderliche) Daten auf einem Server des VR nicht ebenso behandeln sollte wie Daten an anderen Stellen in der Cloud, bei denen der Zugriff des VN von Dritten abhängt. Allein die Tatsache, dass der VR Partei des Versicherungsvertrages und damit nicht neutral ist, rechtfertigt jedenfalls keine abweichende Beurteilung. Zudem wird dem VR aufgrund der vertraglichen Bindung besonders daran gelegen sein, die Website verfügbar zu halten.

32 Mittels einer **Bereitstellungs-Website** sind die Informationen nach Ansicht des EFTA-Gerichtshofs bereitgestellt, wenn sie mit an Sicherheit grenzender Wahrscheinlichkeit den Verbraucher zum Ausdrucken oder Speichern anhalten.[85] Dieses Merkmal des höchstwahrscheinlichen Herunterladens soll diese Websites von den »gewöhnlichen« unterscheiden. Der Gerichtshof nennt beispielhaft Websites, die dem Benutzer den Zugriff auf »E-Mails mit Anhang« erlauben. Darunter fällt es etwa, wenn der VN eine E-Mail mit den Informationen zwingend anfordern muss, bevor er den Vertrag schließt. In diesen Fällen soll also durch das höchst-

---

77 EFTA-Gerichtshof VersR 2010, 793, 796 f.
78 EFTA-Gerichtshof VersR 2010, 793, 797.
79 EFTA-Gerichtshof VersR 2010, 793, 797.
80 *Reiff* VersR 2010, 797, 798.
81 EFTA-Gerichtshof VersR 2010, 793, 797.
82 A.A. *Reiff* ZJS 2012, 432, 435.
83 So EuGH BeckEuRS 2011, 572404, Rn. 35 für die Fernabsatz-RiLi I (97/7/EG).
84 Palandt/*Ellenberger*, § 130 Rn. 7a.
85 EFTA-Gerichtshof VersR 2010, 793, 797.

wahrscheinliche Herunterladen der Daten auf einen dauerhaften Datenträger (Festplatte, Speicherstick usw.) des VN das Bereitstellen auf der Website selbst die Voraussetzungen des »Erteilens« der Information »auf einem dauerhaften Datenträger« i.S.v. Art. 13 I lit. a), Art. 2 Nr. 12 I Vermittler-RiLi erfüllen. Nicht die Website selbst ist aber der dauerhafte Datenträger, sondern der heimische PC oder Speicherstick. Auf einem dauerhaften Datenträger mitgeteilt sind die Informationen daher nicht allein mit dem – sei es auch zwingend zum Download führenden – Hinweis auf den Link oder das Zusenden des Links, sondern nur mit dem Zusenden der Informationen selbst.[86]

Für § 7 folgt aus dem Gesagten, dass unter den genannten Voraussetzungen (Unveränderlichkeit, persönlicher und sicherer Bereich auf der Website des VR, über den der VN mit dem VR in Kontakt tritt) die Bereitstellung der Daten auf einer **Datenträger-Website** als »Mitteilung in Textform« angesehen werden kann. Eine **Bereitstellungs-Website** erfüllt bei Unveränderlichkeit zwar die Voraussetzungen der Textform, es fehlt jedoch an einer Mitteilung. Der VR ist zur Verschaffung der Informationen verpflichtet, der VN muss sie sich nicht selbst beschaffen. Insbes. kann weder ein tatsächlicher Download noch ein mit an Sicherheit grenzender Wahrscheinlichkeit eintretender Download dem Mitteilen der Informationen selbst gleichgestellt werden. Dagegen, auf den tatsächlichen Download abzustellen, spricht insbes., dass die Pflichterfüllung des VR dann vom Verhalten des VN abhinge, was Folgefragen mit sich bringt: Obliegenheit zum Herunterladen? Analoge Anwendbarkeit des § 162 Abs. 1 BGB? Insgesamt ist daher als **sicherer Weg** dem VR zu raten, **die Informationen** (nicht nur den Link) **per E-Mail an den VN zu senden**. 33

Hält man entgegen der hier vertretenen Ansicht und mit einer verbreiteten Auffassung (s.o. Rdn. 25) den erfolgten Download für maßgeblich, so darf keinesfalls die hohe Wahrscheinlichkeit eines Downloads dem erfolgten Download materiell-rechtlich gleichgestellt werden.[87] Vielmehr hat sie nur **beweisrechtliche Bedeutung**. Stellt der VR durch bestimmte technische Maßnahmen sicher, dass der VN vor Vertragsabschluss die Informationen höchstwahrscheinlich herunterlädt, kann daraus u.U. geschlossen werden, dass ein Download tatsächlich erfolgt ist. 34

Ebenso wenig kann es ausreichen, dass der VN – etwa bei einem Antrag aufgrund eines Werbeflyers des VR – auf dem Antrag **bestätigt**, dass er die Informationen von der Homepage des VR heruntergeladen hat.[88] Dadurch würden die Hürden des Informationsverzichts unterlaufen. § 7 I setzt zudem einen tatsächlichen Informationserfolg voraus, der bei einer dahingehenden Bestätigung des VN nicht unbedingt gegeben sein muss. Vielmehr hat die Bestätigung **allein beweisrechtliche Bedeutung**. Das Gericht kann u.a. aufgrund einer solchen Bestätigung zu der Überzeugung kommen, dass die Informationen heruntergeladen wurden. Auch eine Zustimmung des VN dazu, dass ihm die Informationen über eine Website zur Verfügung gestellt werden, hat keine Bedeutung für die Erfüllung der Formanforderungen des § 7.[89] 35

c) Neuerungen nach der Versicherungsvertriebs-RiLi und der PRIIP-VO

Die **Versicherungsvertriebs-RiLi** (2016/97/EU), die sowohl die Informationspflichten der Versicherer als auch die der Vermittler regelt, wird hier Klarheit schaffen. Sie sieht drei Wege vor, wie Informationen (die RiLi spricht von »Auskünften«) dem VN zu übermitteln sind: In Papierform (Art. 23 I), in Form eines anderen dauerhaften Datenträgers (Art. 23 II iVm IV) oder durch eine Website (Art. 23 II iVm V). Damit scheidet es künftig im Anwendungsbereich der RiLi aus, Websites als dauerhafte Datenträger anzusehen, weil für sie spezielle Regeln gelten. **Dauerhafte Datenträger** werden definiert wie bisher (Art. 2 Nr. 18), ihre Nutzung zur Informationsmitteilung setzt voraus, dass der Kunde die Wahl zwischen Papier und Datenträger hatte, sich für den Datenträger entschieden hat und dass zudem die Nutzung des Datenträgers im Rahmen des Geschäfts angemessen ist. Diese Angemessenheit setzt nachweislichen regelmäßigen Internetzugang des Kunden voraus, wobei als Nachweis die Mitteilung einer E-Mail-Adresse gilt. Die Nutzung einer **Website** ist in zwei Varianten möglich: Gibt es einen für den Kunden personalisierten Zugang, sind keine weiteren Voraussetzungen zu erfüllen. Alternativ setzt dieser Weg die Zustimmung des Kunden, die elektronische Mitteilung der Website und der genauen Fundstelle sowie die Angemessenheit im eben genannten Sinne voraus; außerdem muss gewährleistet sein, dass die Auskünfte auf der Website so lange verfügbar bleiben, wie sie für den Kunden vernünftigerweise abrufbar sein müssen. Es wird vorgeschlagen, dass die Bereitstellung während des Ablaufs der Widerrufsfrist genügen solle.[90] Die Unveränderlichkeit der Website ist nicht ausdrücklich vorausgesetzt, folgt jedoch daraus, dass »diese« Auskünfte verfügbar bleiben müssen, was notwendig bedeutet, dass sie nicht verändert werden dürfen. Die beiden Möglichkeiten spiegeln im Ansatz die Judikatur des EFTA-Gerichtshofs zu den **Datenträger-Websites** und **Bereitstellungs-Websites** wider, geben richtigerweise aber die Voraussetzung Zwangs-Downloads bzw. Zwangs-Druckens bei den Bereitstellung-Websites auf. 36

---

86 A.A. *Reiff*, in: FS v. Hoffmann, S. 823, 833 für den Zwangs-Download.
87 So aber *Reiff* VersR 2010, 797, 798.
88 A.A. *Funck* VersR 2008, 163, 164; *Schimikowski* r+s 2007, 133, 136; L/W/*Armbrüster*, § 7 Rn. 74.
89 EFTA-Gerichtshof VersR 2010, 793, 797 Rn. 68.
90 Für die PRIIP-VO *Beyer* VersR 2016, 293, 295.

37 Identische Mitteilungswege wie die Versicherungsvertriebs-RiLi sieht Art. 14 **PRIIP-VO** für das Basisinformationsblatt für Versicherungsanlageprodukte (sowie die weiteren Anlageprodukte) vor.

VI. In einer dem eingesetzten Kommunikationsmittel entsprechenden Weise klar und verständlich

38 Gesetzgebungstechnisch wenig glücklich schreibt § 7 I 2 scheinbar neben der Mitteilungspflicht des Satz 1 noch eine zusätzliche Übermittlungspflicht fest. Die Informationen sollen mitgeteilt (Satz 1) und übermittelt (Satz 2) werden. Beide Schritte unterscheiden sich aber nicht, da bei Finanzdienstleistungen, anders als im übrigen Fernabsatzrecht, grundsätzlich umfassend vor Abgabe der Vertragserklärung, d.h. einstufig, in Textform zu informieren ist.[91] Satz 2 gibt danach nur näher vor, **wie die Informationen mitgeteilt werden müssen**, nämlich in einer dem eingesetzten Kommunikationsmittel entsprechenden Weise klar und verständlich. Hier können sich unterschiedliche Anforderungen ergeben, je nachdem, ob die Textform eher zur **elektronischen Wahrnehmung** (E-Mail, Datei zum Download, Computerfax) oder zur **physischen Wahrnehmung** (Fax, Prospekt, Flyer) gedacht ist.

39 § 7 I 2 gibt dagegen nicht vor, dass für die Informationen kein anderes Kommunikationsmittel gewählt werden darf als für den Vertragsabschluss.[92] Denn sein Wortlaut verlangt nicht kumulativ, dass die Informationen in einer dem eingesetzten Kommunikationsmittel entsprechenden Weise und außerdem klar und verständlich übermittelt werden müssen, sondern die Anforderungen an Klarheit und Verständlichkeit ergeben sich aus dem eingesetzten Kommunikationsmittel.[93]

40 § 7 I 2 gebietet, indem er Klarheit und Verständlichkeit der übermittelten Information verlangt, **Transparenz**. Er geht über das Transparenzgebot des § 307 I 2 BGB, das unabhängig von § 7 I 2 gilt, insofern hinaus, als nicht nur die AVB klar und verständlich sein müssen, sondern auch alle übrigen nach § 7 I 1 i.V.m. der VVG-InfoV erforderlichen Informationen.[94] Zu diesen gehört auch das Produktinformationsblatt, für das § 4 V 2 VVG-InfoV seinerseits eine Darstellung in »übersichtlicher und verständlicher Form« verlangt. Hier wird nicht etwa ein eigener Klarheits- bzw. Übersichtlichkeits- und Verständlichkeitsmaßstab aufgestellt, sondern es wird deutlich gemacht, dass man dich den Maßstab des § 7 I 2 unter Berücksichtigung des Zweckes des Produktinformationsblatts anzuwenden hat, der darin besteht, dem VN einen kurzen Überblick zu geben.[95] Angesichts dessen ist das, was i.R.v. § 4 VVG-InfoV als Kurzinformation transparent ist, für die ebenfalls geschuldete umfassende Information nicht automatisch »klar und verständlich« i.S.v. § 7 I 2. Zu messen ist die Transparenz wie bei AVB an den **Verständnismöglichkeiten eines durchschnittlichen Vertreters des in concreto angesprochenen Personenkreises** (s. Einl. B Rdn. 29).[96]

41 Die Erfordernisse der Klarheit und der Verständlichkeit überschneiden sich. **Klar** bedeutet v.a., dass die Informationen eindeutig sein müssen und den VN nicht in die Irre führen dürfen. **Verständlich** sind Informationen dann, wenn ein durchschnittlicher VN aus dem in concreto angesprochenen Verkehrskreis den Sinngehalt der Informationen verstehen kann.

42 Beide Merkmale stellen **formale** und **inhaltliche** Anforderungen. Die Informationen müssen äußerlich übersichtlich, drucktechnisch einwandfrei, mit Inhaltsverzeichnis, Absätzen und Hervorhebungen besonders wichtiger Passagen gestaltet sein, da sich der VN einen schnellen Überblick über den wesentlichen Vertragsinhalt machen und diesen u.U. mit anderen Verträgen vergleichen können soll. Auch darf der Umfang der Informationen nicht als solcher ihr Verständnis ausschließen. § 7 I ist z.B. nicht Genüge getan, wenn dem VN lediglich Datenträger ausgehändigt werden, auf dem alle AVB und Informationen enthalten sind, die sämtlichen Verträgen mit Privatkunden zugrunde liegen können. Vielmehr muss ein präziser Hinweis auf die für den konkreten Vertrag relevanten Informationen vorliegen.[97] Die Informationen müssen sprachlich eindeutig und möglichst einfach gestaltet sein. Lange, komplizierte Sätze sind ebenso zu vermeiden wie unverständliche juristische Fachtermini oder das bloße Zitieren eines schwer verständlichen Gesetzeswortlautes.[98] Der VN ist grundsätzlich **in deutscher Sprache** zu informieren. Etwas anderes kann nur bei Vorliegen besonderer Umstände gelten. Ist etwa ein VN der deutschen Sprache nicht mächtig und werden deshalb die Vertragsverhandlungen in einer anderen Sprache geführt, so muss der VR davon ausgehen, dass die Informationen nur verständlich sind, wenn sie in dieser Sprache erteilt werden.[99] Dagegen liegt das Risiko, dass der VN der Verhandlungssprache nicht mäch-

---

91 Vgl. Palandt/*Grüneberg*, Art. 246b EGBGB § 2 Rn. 4; zur alten Rechtslage Staudinger/*Thüsing* (2012), § 312c Rn. 2 und 4.
92 Anders noch für § 312c BGB Staudinger/*Thüsing* (2012), § 312c Rn. 23 a.E.
93 So auch zum Fernabsatzrecht Begr. RegE BT-Drucks. 14/2658 S. 38.
94 Ähnlich B/M/*Herrmann*, § 7 Rn. 59; enger wohl L/W/*Armbrüster*, § 7 Rn. 90.
95 So wohl auch P/M/*Rudy*, § 7 Rn. 33; PK/*Ebers*, § 7 Rn. 40.
96 Anders L/W/*Armbrüster*, § 7 Rn. 94, der auf den durchschnittlich gebildeten VN abstellt.
97 *Schimikowski* r+s 2007, 309, 310; L/W/*Armbrüster*, § 7 Rn. 93.
98 PK/*Ebers*, § 7 Rn. 38.
99 PK/*Ebers*, § 7 Rn. 38; s. auch HK-VVG/*Schimikowski*, § 7 Rn. 16; L/W/*Armbrüster*, § 7 Rn. 101; vgl. LG Köln NJW-RR 2002, 1491.

tig ist, beim VN, solange nicht etwas anderes vereinbart wird.[100] Die Informationspflicht nach § 1 I Nr. 18 VVG-InfoV bleibt davon unberührt.[101]

VII. Ausnahmen und Nachholen der Information

1. Ungeeignetes Kommunikationsmittel

Die Pflicht nach § 7 I 1 entfällt, wie sich indirekt aus Satz 2 ergibt, wenn der Vertrag auf Verlangen des VN unter Verwendung eines **Kommunikationsmittels** geschlossen wird, das die Information in Textform vor der Vertragserklärung des VN nicht gestattet – im Gesetz genanntes Beispiel ist das Telefon[102], einschließlich der Internet-Telefonie, es sei denn, sie lässt das parallele Versenden umfassender Dokumente zu, des Weiteren kommen etwa die SMS,[103] das Funkgerät[104] oder, als Sonderform der Telefonie, die Videokonferenz in Betracht.[105] Erfasst werden sämtliche Formen »›flüchtiger‹ Echtzeitkommunikation«.[106] Das **Schließen des Vertrages** muss nach dem Wortlaut des Abs. 1 Satz 3 mittels des zur Text-Information ungeeigneten Kommunikationsmittels erfolgen, also nicht nur die Erklärung der einen oder anderen Seite. Erklärt der VN sein Angebot telefonisch und nimmt der VR schriftlich an, kommt eine analoge Anwendung des Abs. 1 Satz 3 in Betracht.[107]

43

Das **Verlangen des Verbrauchers** setzt voraus, dass die Initiative zum Abschluss des Vertrages auf diesem Weg von ihm ausgeht.[108] Von ihm unterschriebene, vorformulierte Erklärungen genügen nicht,[109] ebenso wenig wie die konkludente Zustimmung zu einem Vertragsschluss mit dem betreffenden Kommunikationsmittel.[110] Denn unter »Verlangen« versteht man ein besonders stark ausgeprägtes Wünschen,[111] das an einen anderen gerichtet ist. Demgegenüber bezieht sich eine Zustimmung auf etwas, das einem selber angetragen worden ist. Der Begriff »auf Verlangen« findet sich zudem an vielen Stellen im alten und neuen VVG in Zusammenhängen, die für eine enge Auslegung sprechen.[112] Auch der Normzweck von § 7 I 3 Hs. 1 spricht gegen die Annahme, ein bloßes Einverständnis des VN sei ausreichend: Dem VN soll der Abschluss eines Vertrages nicht deshalb verwehrt werden, weil er ein bestimmtes Kommunikationsmittel wählt. Die Vorschrift bezweckt aber nicht umgekehrt, dem VR Vertriebswege zu eröffnen. Schließlich hätte das Merkmal »auf Verlangen«, verstünde man es als konkludente Zustimmung, keine Abgrenzungsfunktion, weil man in jedem Vertragsschluss ein konkludentes Einverständnis mit dem Kommunikationsmittel sehen kann.

44

§ 7 I 3 Hs. 1 Fall 1 ist systematisch insoweit missglückt, als § 5 II VVG-InfoV bei Telefongesprächen jedenfalls eingeschränkte Informationspflichten vorsieht.[113] Nach dem Wortlaut von Satz 3 Hs. 1 Fall 1 trifft den VR bei einem vom VN initiierten Vertragsschluss über das Telefon indes gar keine vorvertragliche Informationspflicht. Die Vorschrift ist aber vor dem Hintergrund der Fernabsatz-RiLi II auszulegen. Diese sieht in ihrem Art. 3 III beschränkte Informationspflichten vor.[114] Selbst wenn die Voraussetzungen von § 7 I 3 Hs. 1 Alt. 1 erfüllt sind, werden daher die eingeschränkten Informationspflichten nach § 5 II VVG-InfoV nicht suspendiert. Nimmt aber der VR – wie von § 7 II Nr. 4 i.V.m. § 5 I VVG-InfoV vorausgesetzt – mit dem VN telefonischen Kontakt auf, wird der Vertrag in der Regel gerade nicht i.S.v. § 7 I 3 auf Verlangen des VN telefonisch geschlossen, so dass neben den Informationspflichten nach § 5 I und II VVG-InfoV auch diejenigen nach § 7 I 1 bestehen.[115]

45

2. Verzicht des VN

Gem. § 7 I 3 Hs. 2 kann der VN durch eine gesonderte schriftliche Erklärung auf eine Information vor Abgabe seiner Vertragserklärung ausdrücklich verzichten. **Rechtsfolge** ist, dass die vorvertragliche Informationspflicht entfällt und an ihre Stelle die Pflicht zur Nachholung tritt, § 7 I 3 Hs. 1. Ausdrücklich geregelt ist nur der Fall eines vollständigen Informationsverzichts; erst recht möglich ist ein Verzicht auf einen Teil der Infor-

46

---

100 A.A. etwa *Micklitz* ZEuP 1999, 875, 884, der davon ausgeht, die Informationen müssten immer in einer dem VN verständlichen Sprache abgefasst sein.
101 PK/*Ebers*, § 7 Rn. 38.
102 Vgl. zum Vertragsschluss über das Telefon *Stockmeier* VersR 2010, 856 f., 863.
103 Palandt/*Grüneberg*, Art. 246b EGBGB § 2 Rn. 4.
104 MünchKommBGB/*Wendehorst*, § 312d Anh. II Art. 246b EGBGB § 2 Rn. 51; Staudinger/*Thüsing* (2012), § 312c Rn. 54.
105 Hoeren/Sieber/Holznagel/*Kitz*, Handbuch Multimedia-Recht – Rechtsfragen des elektronischen Geschäftsverkehrs, 42. Erg.-Lfg., 2015, Kap. 13.1 Rn. 154.
106 MünchKommBGB/*Wendehorst*, § 312d Anh. II Art. 246b EGBGB § 2 Rn. 38.
107 *Funck* VersR 2008, 163, 164; L/W/*Armbrüster*, § 7 Rn. 73.
108 HK-VVG/*Schimikowski*, § 7 Rn. 18; MünchKommBGB/*Wendehorst*, § 312d Anh. II Art. 246b EGBGB § 2 Rn. 53; Staudinger/*Thüsing* (2012), § 312c Rn. 52; a.A. L/W/*Armbrüster*, § 7 Rn. 72; R/L/*Langheid*, § 7 Rn. 28.
109 Staudinger/*Thüsing* (2012), § 312c Rn. 53.
110 So aber *Leverenz*, S. 72.
111 Vgl. auch Begr. RegE BT-Drucks. 16/3945 S. 60.
112 Vgl. für das alte VVG etwa §§ 3 IV, 63 I 3, 150 I 4; für das neue VVG beispielsweise §§ 3 V, 19 IV 2, 83 I 2, 101 I.
113 Dazu im Einzelnen § 5 VVG-InfoV, Rn. 8 ff.
114 § 5 VVG-InfoV Rn. 9.
115 Anders wohl L/W/*Armbrüster*, § 7 Rn. 75, der hier eine Nachholung der Information für zulässig hält.

mationen oder ein Verzicht nur auf die Rechtzeitigkeit der Information. Ausgeschlossen ist indes ein endgültiger Informationsverzicht des VN. Dies ergibt sich unmittelbar aus § 7 I 3.

47 Der Verzicht muss durch eine **gesonderte schriftliche Erklärung** erfolgen. Hier gilt das zu § 6 Rdn. 113 Gesagte entsprechend. Unter anderem angesichts der klaren Regelungsabsicht des Gesetzgebers ist ein eigenes Schriftstück zu verlangen.[116] Im Unterschied zu § 6 III muss der VN **ausdrücklich** verzichten. Eine konkludente Erklärung des Verzichts genügt danach nicht, wird aber wegen des Erfordernisses einer gesonderten schriftlichen Erklärung praktisch ohnehin selten vorliegen.

48 Die **AGB-rechtliche Beurteilung** des Verzichts ist bei § 7 I 3 Hs. 2 ebenso umstritten wie bei § 6 III (s. dort Rdn. 113, 119 ff.). Auch hier ist zu unterscheiden, ob in dem Verzicht eine AGB liegt und ob diese der Inhaltskontrolle standhält. Der Verzicht kann, auch wenn er gesondert erklärt wird, die **Voraussetzungen des § 305 I BGB** erfüllen (näher § 6 Rn. 97).[117] Hinsichtlich der **Inhaltskontrolle** wird z.T. angenommen, ein formularmäßiger Verzicht verstoße gegen § 307 II Nr. 1, weil er mit dem wesentlichen Grundgedanken des VVG, einen formularmäßigen Verzicht nicht zuzulassen, unvereinbar sei.[118] Dieser Grundgedanke wird dabei der Regierungsbegründung zu § 7 entnommen, nach der durch die gesonderte schriftliche Erklärung ein formularmäßiger Verzicht verhindert werden sollte.[119] Im Wortlaut findet die Unzulässigkeit formularmäßiger, d.h. vorformulierter Erklärungen indes keine Stütze, denn auch gesonderte schriftliche Erklärungen können vorformuliert sein. Auch das Ziel, durch eine gesonderte Erklärung sicherzustellen, dass dem Kunden der Verzicht vor Augen geführt und nicht in anderen Vereinbarungen versteckt wird, trägt die Annahme nicht, jeder formularmäßige Verzicht sei unzulässig.[120] Die genannten Ziele werden durch die gesonderte Erklärung erreicht. § 7 I 3 Hs. 2 lässt sich auch nicht entnehmen, nur eine individuell ausgehandelte Erklärung i.S.v. § 305 I 3 BGB sei ein zulässiger Verzicht. Das wird zwar z.T. aus dem Zweck der Verzichtsmöglichkeit, dem mündigen Verbraucher die Information nicht aufzudrängen, geschlossen: Dieser erfordere eine teleologische Reduktion der Norm dahingehend, dass nur ein individualvertraglicher Verzicht zulässig sei, denn eine mündige Entscheidung sei bei einem vorformulierten, gestellten Verzicht nicht gegeben.[121] Aber auch hier gilt, dass die mündige Entscheidung dadurch gewährleistet ist, dass der Verzicht gesondert erklärt werden muss. Lässt danach § 7 I 3 HS. 2 Verzichtserklärungen zu, die der Rechtsnatur nach AGB sind,[122] fehlt es, wenn solche Klauseln verwendet werden, an einer Abweichung von Rechtsvorschriften gem. § 307 III 1 BGB.[123]

49 VR können danach einen Verzicht gem. § 7 I 3 **faktisch zum Regelfall** machen, indem sie den VN eine entsprechende Erklärung vorlegen. Dagegen lässt sich nicht einwenden, ein Verzicht durch AGB sei zwar grundsätzlich möglich, dürfe aber nicht zum Regelfall werden, weil dann ein Verstoß gegen § 307 II BGB vorliege.[124] Ob eine Klausel den einzelnen VN in concreto unangemessen benachteiligt, kann nicht davon abhängen, wie oft der VR die entsprechende Klausel insgesamt verwendet.[125] Angesichts der unsicheren Rechtslage ist den VR aber zu empfehlen, den Verzicht jeweils einzeln auszuhandeln (§ 305 I 3 BGB), d.h. sein Ob und Wie ernsthaft zur Disposition zu stellen und diese Tatsache des Aushandelns in der Erklärung deutlich werden zu lassen.[126]

50 § 7 I 3 Hs. 2 **verstößt** nach zutreffender Ansicht **gegen Europarecht**.[127] Nach Art. 12 I der Fernabsatz-RiLi II kann der Verbraucher auf die Rechte, die ihm durch diese RiLi eingeräumt werden, nicht verzichten. Diese Vorschrift betrifft sämtliche in Art. 3 und 5 der RiLi normierten Rechte, die sich in § 7 wiederfinden. Die Aussage in der Regierungsbegründung, dass Art. 12 I sich nicht auf einen Verzicht auf Information beziehe,[128] ist nicht nachvollziehbar. Denn der Verzicht auf Information ist nichts anderes als ein Verzicht auf die

---

116 Begr. RegE BT-Drucks. 16/3945 S. 60 (»… in einem gesonderten vom VN unterschriebenen Schriftstück«); im Ergebnis ebenso Marlow/Spuhl/*Spuhl*, Rn. 68; *Gaul* VersR 2007, 21, 23; *Leverenz*, S. 74; *Schneider* r+s 2015, 477, 480; s. auch BGH VersR 2013, 297, 299 (obiter dictum); a.A. P/M/*Rudy*, § 7 Rn. 17; L/W/*Armbrüster*, § 7 Rn. 80; anders zu Recht für § 19 LG Dortmund VersR 2010, 465.
117 Vgl. dazu auch ausführlich *Blankenburg* VersR 2008, 1446, 1447 f.; *Kins*, S. 355 ff.
118 PK/*Ebers*, § 7 Rn. 43; *Römer* VersR 2006, 740, 742; *Schimikowski* r+s 2007, 133, 136.
119 Begr. RegE BT-Drucks. 16/3945 S. 60.
120 Im Ergebnis ebenso L/W/*Armbrüster*, § 7 Rn. 81.
121 P/M/*Rudy*, § 7 Rn. 18.
122 So auch *Gaul* VersR 2007, 21, 23.
123 Insofern zustimmend P/M/*Rudy*, § 7 Rn. 18.
124 So aber *Römer* VersR 2006, 740, 742; *Leverenz*, S. 76; *Franz* VersR 2008, 298, 300; *Schimikowski* r+s 2011, 96, 98; *ders.* r+s 2007, 133, 137; s. auch *Gaul* VersR 2007, 21, 24 (evtl. Missstand i.S.v. § 81 VAG a.F., jetzt § 298 I 2 VAG); HK-VVG/*Schimikowski*, § 7 Rn. 21.
125 Vgl. auch *Blankenburg* VersR 2008, 1446, 1450.
126 Vgl. auch *Kins*, S. 361.
127 *Dörner/Staudinger* WM 2006, 1710, 1712; *Staudinger*, S. 1, 13 f.; *Schimikowski* r+s 2007, 133, 136 f.; PK/*Ebers* § 7 Rn. 42; VersHb/*Schwintowski*, § 18 Rn. 41; Ruffert/*Looschelders/Michael*, Europäisches Sektorales Wirtschaftsrecht, § 11 Rn. 162.
128 Begr. RegE BT-Drucks. 16/3945 S. 60.

Rechte nach Art. 3 und 5 der RiLi, den ihr Art. 12 I ausschließt. Auch Art. 185 der Solvency-II-RiLi lässt in der Lebensversicherung einen Verzicht nicht zu.[129]

§ 7 I 3 Hs. 2 ist auch dann europarechtswidrig, wenn man die Vorschrift dahingehend teleologisch reduzieren wollte, dass nur ein individualvertraglicher Verzicht zulässig ist.[130] Abgesehen von den genannten Einwänden gegen eine teleologische Reduktion von § 7 I 3 2. Hs. (vgl. Rn. 46) schließt Art. 12 I der Fernabsatz-RiLi II einen Informationsverzicht des VN per se und damit unabhängig davon aus, ob der Verzicht individuell ausgehandelt wird oder in AGB enthalten ist. Es überzeugt auch nicht, Art. 12 I der Fernabsatz-RiLi II unter Hinweis darauf teleologisch zu reduzieren, die RiLi wolle die Möglichkeit des »mündigen« Verbrauchers, durch privatautonome Entscheidung von einer Information abzusehen, nicht beschränken.[131] Die Mündigkeit des Verbrauchers setzt seine Information voraus, und nicht etwa, dass er von der Information ferngehalten werden kann.[132] Dasselbe gilt für die o.g. Richtlinienvorschriften über die Lebensversicherung. Zur Vermeidung des Verstoßes gegen EU-Recht ist § 7 I 3 2. Hs. **europarechtskonform dahingehend teleologisch zu reduzieren**,[133] dass er auf Lebensversicherungen und Verträge im Fernabsatz nicht anzuwenden ist.[134]

3. Unverzügliches Nachholen

Die Informationen sind dem VN unverzüglich nach Vertragsschluss, also ohne schuldhaftes Zögern (§ 121 I 1 BGB), zu übermitteln.[135] Einer Überlegungsfrist bedarf der VR nicht,[136] so dass »unverzüglich« kurz nach dem Vertragsschluss, i.d.R. am nächsten Tag, sein wird. Am Wochenende muss der VR die Information nicht nachholen.[137]

4. Verhältnis zu Informationspflichten nach § 241 II BGB (i.V.m. § 311 II BGB)

Aufklärungspflichten des VR können sich vor Vertragsschluss und während der Vertragslaufzeit auch aus allgemeinen Regeln ergeben, vgl. § 241 II BGB (i.V.m. § 311 II BGB).[138] Diese werden grundsätzlich von § 7 verdrängt, soweit sein Anwendungsbereich reicht. Mit dem Normzweck des § 7 vereinbar sind indes solche Aufklärungspflichten, die ausnahmsweise ein höheres Schutzniveau bieten als § 7. Zu denken ist etwa an die dem VR bekannte, drohende eigene Insolvenz. Form und Zeitpunkt der Information folgen allgemeinen Regeln, § 7 gilt nicht.

VIII. Rechtsfolgen bei Verstoß

1. Erfüllungsansprüche

Vor Vertragsschluss hat der VN im Normalfall keinen Anspruch auf Erfüllung der Informationspflicht gegen den VR, weil das vorvertragliche Schuldverhältnis diesen Anspruch nicht begründet;[139] der VR könnte im Normalfall die Vertragsverhandlungen jederzeit abbrechen. Etwas anderes gilt aber nach Vertragsschluss, namentlich in den Fällen des § 7 I 3. Hier ergibt sich als Nebenleistungspflicht des Versicherungsvertrages, dem VN die Informationen zukommen zu lassen. Nicht weiter hilft hier § 7 IV, der im Vergleich zu § 7 I nur eingeschränkte Informationspflichten vorsieht (vgl. dazu Rdn. 137).

2. Schadensersatzansprüche aus (vor-)vertraglichem Schuldverhältnis

Ein Verstoß gegen § 7 I 1 kann Schadensersatzansprüche nach §§ 280 I, 241 II, 311 II Nr. 1 BGB, ein Verstoß gegen § 7 I 3 solche nach §§ 280 I, 241 II BGB begründen.[140] Das steht im Einklang mit allgemeinen Regeln.[141] Das Fehlen einer dem § 6 V entsprechenden Norm erlaubt nicht den Umkehrschluss, dass bei § 7 Schadensersatzansprüche ausscheiden. Man wollte dort die bisherige, aus §§ 280 I, 241 II, 311 II Nr. 1 BGB entwickelte Judikatur festschreiben, was nicht bedeutet, dass die für den Anwendungsbereich des § 7 anerkannte Geltung dieser allgemeinen Regeln aufgehoben werden sollte. Ein Schadensersatzanspruch wegen vorvertraglicher Informationspflichtverletzung wird nach stRspr. auch bei nur fahrlässiger Irreführung nicht

---

129 *Dörner/Staudinger* WM 2006, 1710, 1712 zur Vorgängerregelung in der RiLi Leben.
130 A.A. P/M/*Rudy*. § 7 Rn. 20.
131 So aber P/M/*Rudy*, § 7 Rn. 20.
132 *Dörner/Staudinger* WM 2006, 1710, 1712; L/W/*Armbrüster*, § 7 Rn. 83.
133 Zur Methode Riesenhuber/*Roth/Jopen*, Europäische Methodenlehre, 3. Aufl. 2015, § 13 Rn. 48 ff., insbes. Rn. 54.
134 L/W/*Armbrüster*, § 7 Rn. 83; *Schimikowski* r+s 2007, 133, 137.
135 Anders PK/*Ebers*, § 7 Rn. 41: »Sofort«.
136 MünchKommBGB/*Wendehorst*, § 312d Anh. II Art. 246b EGBGB § 2 Rn. 54; Staudinger/*Thüsing* (2012), § 312c Rn. 56; zustimmend auch HK-VVG/*Schimikowski*, § 7 Rn. 23.
137 Anders MünchKommBGB/*Wendehorst*, § 312d Anh. II Art. 246b EGBGB § 2 Rn. 54; Staudinger/*Thüsing* (2012), § 312c Rn. 56.
138 S. z.B. BGH VersR 2012, 1110, 1111 (Pflicht zur Aufklärung über Konsequenzen der Verwendung veralteter Sterbetafeln).
139 L/W/*Armbrüster*, § 7 Rn. 113; P/M/*Rudy*, § 7 Rn. 41.
140 Begr. RegE BT-Drucks. 16/3945 S. 60; *Dörner/Staudinger* WM 2006, 1710, 1713; PK/*Ebers*, § 7 Rn. 57.
141 Palandt/*Grüneberg*, Einf Art. 238 EGBGB Rn. 7 ff.

durch die §§ 119 ff. BGB verdrängt.¹⁴² Die These, der Informationsgläubiger, also hier der VN, habe das Risiko fahrlässiger Irreführung zu tragen¹⁴³, trägt der Rechtsentwicklung vor dem Hintergrund diverser spezialgesetzlicher Informationspflichten nicht hinreichend Rechnung.¹⁴⁴

56 Umstritten ist, ob und inwieweit das **Widerrufsrecht** des § 8 i.V.m. den speziellen Rechtsfolgen des § 9 einen Rückgriff auf die Regeln der **c.i.c ausschließt**.¹⁴⁵ Da das Widerrufsrecht zur Vertragsaufhebung ex nunc und zu etwaigen Prämienrückerstattungen führt, stellt sich ein Konkurrenzproblem nur, wenn der VN über c.i.c Vertragsaufhebung und/oder Rückgewähr von Prämien über den in § 9 geregelten Umfang hinaus verlangt. **Gegen eine Spezialität der §§ 8, 9 spricht** aber erstens, dass die c.i.c Verschulden voraussetzt, das § 8 nicht verlangt. Eine Norm, die ein Tatbestandsmerkmal weniger hat als eine andere, kann aber nicht ein spezieller Fall derselben sein. Auch der unterschiedliche Schutzzweck des Widerrufsrechts einerseits und der Regelungen der c.i.c andererseits spricht gegen Spezialität des § 8.¹⁴⁶ Während die Widerrufsregeln dem VN die Möglichkeit geben sollen, sich ohne Grund innerhalb einer bestimmten Frist von dem Versicherungsvertrag zu lösen, dienen die Regelungen der c.i.c der Sanktion schuldhafter Pflichtverletzungen.¹⁴⁷ Außerdem wird man einem VN, dem gem. § 8 III kein Widerrufsrecht zusteht, bei schuldhafter Pflichtverletzung des VR einen Anspruch auf Vertragsaufhebung aus c.i.c auch noch Jahre nach Vertragsschluss gewähren müssen.¹⁴⁸ Dann stünde aber der VN, dem kein Widerrufsrecht zusteht, insofern besser als derjenige, der seine Vertragserklärung widerrufen kann.

57 Eine **Pflichtverletzung** liegt insbes. vor, wenn der VR die Informationen gar nicht übermittelt, nicht in Textform, nicht rechtzeitig, nicht vollständig, nicht in einer dem eingesetzten Kommunikationsmittel entsprechenden Weise klar und verständlich oder nicht den Anforderungen der §§ 1–5 VVG-InfoV entsprechend. Ein Verstoß gegen § 7 I liegt auch dann vor, wenn der VR die Informationen unter den Voraussetzungen des § 7 I 3 Hs. 2 nicht unverzüglich nach Vertragsschluss übersendet oder der zwischen VR und VN vereinbarte Verzicht unwirksam ist.

58 Das **Verschulden** des VR wird gem. § 280 I 2 BGB vermutet. Er muss sich auch das Verschulden seiner Erfüllungsgehilfen zurechnen lassen, § 278 BGB. Hinsichtlich der inhaltlichen Anforderungen an die mitzuteilenden Informationen wird sich der VR grundsätzlich nicht entlasten können, da er diese aufgrund der detaillierten gesetzlichen Regelungen kennt und sein Verhalten darauf einstellen kann.¹⁴⁹ Der VR handelt aber dann u.U. nicht schuldhaft, wenn die Übermittlung der Informationen nach Vertragsschluss aufgrund äußerer Umstände verzögert erfolgt oder die Informationen aufgrund außerhalb des Einflussbereichs des VR liegender technischer Probleme nicht »klar und verständlich« sind. Eine **Begrenzung der Haftung** des VR ist **nicht möglich**. Das ergibt sich zwar nicht aus § 18 in direkter Anwendung, da § 7 keinen Schadensersatzanspruch vorsieht und somit nicht zu Lasten des VN von § 7 abgewichen würde. Aber da eine dem VN nachteilige Abweichung auch vorliegt, wenn Folgeansprüche wegfallen, die man bei der Normierung des § 7 im Auge hatte, gilt § 18 analog.

59 Ein **Schaden** des VN kann in erster Linie darin liegen, dass er bei richtiger Information keinen Vertrag oder einen anderen Vertrag mit für ihn günstigerem Inhalt geschlossen hätte;¹⁵⁰ dann kann im Wege des Schadensersatzes u.U. die Rückabwicklung verlangt werden.¹⁵¹ Der Schaden ist dann ersatzfähig, wenn er vom Schutzzweck der verletzten Informationspflicht erfasst ist, wenn die jeweilige Pflicht den Kunden also gerade vor Schaden bewahren will.¹⁵² Das ist insbes. bei Informationen der Fall, die für die Entscheidung des VN für einen bestimmten Vertrag erheblich sind. Möglich ist aber auch, dass der VN einen außerhalb des Vertrages liegenden Vermögensschaden erleidet, so etwa, wenn der VR eine falsche Adresse mitteilt und dem VN Nachforschungskosten entstehen. Auch derartige Schäden sind zu ersetzen.¹⁵³
Verletzt der VR eine sich aus allgemeinen Regeln ergebende Aufklärungspflicht (vgl. Rdn. 53), haftet er dem VN ebenfalls nach den §§ 280 I, (311 II) 241 II BGB; insoweit ist indes eine Haftungsbegrenzung des VR möglich, denn § 18 gilt hier – anders als bei Verletzung einer Pflicht aus § 7 (vgl. Rdn. 58) – nicht analog.

---

142 BGH NJW 1998, 302, 303 f. m.w.N. auch zur Gegenansicht; s. auch BGH NJW 2006, 845, 847; *Fleischer*, Informationsasymmetrie im Vertragsrecht, 2000, S. 428 m.w.N.
143 *Canaris* ZGR 1982, 395, 418 f.; *Grigoleit*, Vorvertragliche Informationshaftung, 1997, S. 16 ff., der indes von einer Derogation des Vorsatzdogmas ausgeht.
144 Zu diesem Gesichtspunkt *Fleischer*, Informationsasymmetrie im Vertragsrecht, S. 435 ff.
145 Dafür *Funck* VersR 2008, 163, 164; dagegen PK/*Ebers*, § 7 Rn. 60.
146 PK/*Ebers*, § 7 Rn. 60.
147 PK/*Ebers*, § 7 Rn. 60.
148 So zum Fernabsatzrecht auch Palandt/*Grüneberg*, Einf Art. 238 EGBGB Rn. 11.
149 Ähnlich PK/*Ebers*, § 7 Rn. 58 m.w.N.; L/W/*Armbrüster*, § 7 Rn. 125.
150 Ausführlich zu den Voraussetzungen und Folgen (Anpassung/Aufhebung) *Schäfers*, S. 43 ff. u. 56 ff.
151 BGH VersR 2012, 1110, 1112.
152 So Palandt/*Grüneberg*, Einf Art. 238 EGBGB Rn. 9.
153 L/W/*Armbrüster*, § 7 Rn. 137 m.w.N.

Denkbar ist schließlich, dass der VN einen Vertrag, der eigentlich seinen Bedürfnissen entspricht, wegen einer 60
Fehlinformation nicht schließt, und es infolgedessen zu Deckungslücken kommt. Auch diese Schäden sind zu
ersetzen, denn der Nichtabschluss eines Vertrages kann nicht anders behandelt werden als der teilweise Nichtabschluss (vgl. zur parallelen Situation bei Beratungsfehlern § 6 Rdn. 142).

Zwischen der Pflichtverletzung und dem beim VN eingetretenen Schaden muss ein **Kausalzusammenhang** 61
bestehen. Der VN muss darlegen und beweisen, dass der Schaden nicht entstanden wäre, wenn der VR ihn
rechtzeitig, vollständig und zutreffend informiert hätte. Wie bei § 6 spricht i.d.R. ein **Beweis des ersten Anscheins** dafür, dass der VN sich »informationsgerecht« verhalten hätte, also aus der Information schadensverhindernde Konsequenzen gezogen hätte; nach a.A. soll gar eine **Beweislastumkehr** zulasten des VR eintreten
(dazu näher § 6 Rdn. 156: Vermutung beratungsgerechten Verhaltens, hier: informationsgerechten Verhaltens). Nicht alle in § 7 I genannten Informationen sind ihrer Art nach geeignet, bei Nichtmitteilung oder falscher Mitteilung einen Schaden herbeizuführen. Geeignet sind dazu erstens diejenigen Informationen, die für
den VN entscheidungserheblich sind.[154] Dies gilt etwa für die Identität des VR (§ 1 I Nr. 1 VVG-InfoV), die
wesentlichen Merkmale der Versicherungsleistung (§ 1 I Nr. 6 VVG-InfoV) oder den Gesamtpreis der Versicherung einschließlich aller Steuern und sonstiger Preisbestandteile (§ 1 I Nr. 7 VVG-InfoV), hingegen nicht
für Namen und Anschrift der zuständigen Aufsichtsbehörde (§ 1 I Nr. 4 VVG-InfoV) oder den Hinweis auf
die Möglichkeit einer Beschwerde bei der unter § 1 I Nr. 4 VVG-InfoV genannten Aufsichtsbehörde (§ 1 I
Nr. 20 VVG-InfoV). Letztere können aber – zweitens – einen Schaden in Gestalt von Nachforschungskosten
verursachen; die o.g. Beweislastregel passt auf diesen Fall nicht.

3. Schadensersatzansprüche aus § 823 II BGB

Dem VN kann ein Anspruch auf Schadensersatz gem. § 823 II BGB i.V.m. § 7 I VVG i.V.m. der VVG-InfoV 62
zustehen.[155] Bei § 7 I (i.V.m. der VVG-InfoV) handelt es sich um ein Schutzgesetz i.S.v. § 823 II BGB. § 7
dient zumindest auch dem Individualschutz des VN. Dass der Schutz des VN ein Mittel dazu ist, letztlich
auch das Ziel der Marktintegration zu verfolgen, ist unerheblich, da es genügt, wenn die Vorschrift neben der
Allgemeinheit auch den Einzelnen zu dienen bestimmt ist.[156] Auch ist der Regierungsbegründung zu entnehmen, dass der einzelne VN selbst die Rechtsmacht haben soll, sich mit den Mitteln des Privatrechts gegen den
VR als Störer zu schützen.[157]

4. Nichtlaufen der Widerrufsfrist

Nach § 8 II Satz 1 Nr. 1 beginnt die Frist für den Widerruf nicht zu laufen, solange die Informationen nach 63
§ 7 I, II dem VN nicht zugegangen sind.

5. Weitere Rechtsfolgen von Verstößen

Möglich sind neben Schadensersatzansprüchen einzelner VN Unterlassungsansprüche nach § 2 UKlaG sowie 64
wettbewerbsrechtliche Ansprüche aus §§ 8, 9, 10 UWG i.V.m. §§ 3, 4 UWG.[158] Diese Ansprüche sind besonders brisant, da der VR, wenn er die Anforderungen des § 7 falsch umsetzt, diese Rechtsfolgen bei allen unter
Geltung des VVG 2008 abgeschlossenen Verträgen im Bestand hat.[159] Dauerhafte und planmäßige Verstöße
gegen § 7 I können auch zu einem Missstand i.S.v. § 298 I VAG führen und die Aufsichtsbehörde zum Einschreiten berechtigen.[160] Die Regierungsbegründung hält bei planmäßigen Verstößen gegen § 7 sogar den Widerruf der Erlaubnis zum Geschäftsbetrieb für möglich.[161] Dass die dauerhaft praktizierte, im Einklang mit
§ 7 I 3 stehende Vereinbarung eines Verzichts einen Missstand begründet,[162] ist nicht anzunehmen, da das
Gesetz eben dieses zulässt.[163]

In Betracht kommt auch eine Kündigung des Vertrages durch den VN gem. § 314 BGB,[164] etwa dann, wenn 65
der VR vorsätzlich eine vorvertragliche oder eine Informationspflicht während der Vertragslaufzeit verletzt,
dem VN aber kein Schaden entsteht.

---

154 PK/*Ebers*, § 7 Rn. 61.
155 A.A. B/M/*Herrmann*, § 7 Rn. 84; L/W/*Armbrüster*, § 7 Rn. 145 m.w.N.
156 RGZ 128, 298, 300; BGHZ 12, 146, 148; Staudinger/*Hager* (2009), § 823 G 19.
157 Begr. RegE BT-Drucks. 16/3945 S. 60; siehe zu dieser Voraussetzung BGHZ 40, 306, 307.
158 PK/*Ebers*, § 7 Rn. 63; *Stockmeier* VersR 2008, 717, 724; *Franz* VersR 2008, 298, 303; *Schimikowski* r+s 2007, 133, 137; L/W/*Armbrüster*, § 7 Rn. 151.
159 *Stockmeier* VersR 2008, 717, 724.
160 L/W/*Armbrüster*, § 7 Rn. 148.
161 Begr. RegE BT-Drucks. 16/3945 S. 60.
162 Dahin tendierend *Gaul* VersR 2007, 21, 24; ebenso L/W/*Armbrüster*, § 7 Rn. 149.
163 LG Saarbrücken r+s 2013, 275, 278.
164 Wie hier *Dörner/Staudinger* WM 2006, 1710, 1713; zur Anwendbarkeit von § 314 BGB auf vorvertragliche Schutzpflichtverletzungen vgl. MünchKommBGB/*Gaier*, § 314 Rn. 11; *Zimmer* NJW 2002, 1, 6; a.A. L/W/*Armbrüster*, § 7 Rn. 144.

§ 7   Information des Versicherungsnehmers

66 Eine Anfechtung der Vertragserklärung durch den VN nach § 119 I BGB wird nur selten in Betracht kommen, da eine Fehlinformation nicht zu einem Erklärungsirrtum und nur selten zu einem Inhaltsirrtum führen wird. Letzteres ist aber möglich, weil die Versicherung ein Produkt ist, das aus rechtlichen Vereinbarungen besteht, etwa über den Versicherungsfall und Ausschlüsse. Ein Irrtum über den Inhalt der vereinbarten Regeln ist dann ein Inhaltsirrtum. Meist wird eine Fehlinformation aber einen grundsätzlich unbeachtlichen Motivirrtum begründen. Denkbar ist eine Anfechtung gem. § 119 II BGB[165] etwa dann, wenn der VN sich wegen einer fehlerhaften Information nach § 1 I Nr. 1 VVG-InfoV über die Identität des VR irrt. Eine Anfechtung wegen sonstiger, nicht über den Inhaltsirrtum erfasster Fehlvorstellungen über das Produkt »Versicherung« kommt nach § 119 II BGB in Betracht.[166] Macht der VN von seinem Anfechtungsrecht Gebrauch, richtet sich die Rückabwicklung des Vertrages nach Bereicherungsrecht (Leistungskondiktion, § 812 I 1. Alt. BGB). Eine Schadensersatzpflicht des VN gem. § 122 I BGB scheidet aus, weil das Vertrauen des VR nicht schutzwürdig ist, wenn dieser eine Informationspflicht verletzt. Schließlich kann der VN seine auf den Vertragsschluss gerichtete Willenserklärung auch gem. § 123 BGB anfechten, wenn der VR den VN mittels falscher Informationen vor Vertragsschluss arglistig täuscht. Der VR kann sowohl durch aktives Tun als auch durch Unterlassen **täuschen**, also durch Verschweigen aufklärungspflichtiger Umstände. Die im Rahmen einer Täuschung durch Unterlassen erforderliche Aufklärungspflicht ergibt sich primär aus § 7 I, im Einzelfall aus den §§ 311 II, 241 II BGB (vgl. Rdn. 53). **Arglistig** handelt der VR, wenn er den VN falsch oder unvollständig informiert, weil er es für möglich hält, dass der VN den Vertrag bei Kenntnis aller aufklärungspflichtigen Umstände nicht oder nur mit einem anderen Inhalt schließen würde.[167]

IX. Verhältnis zu §§ 305–306 BGB

67 Neben den Pflichten nach § 7 muss ein Versicherer, der seine AVB zur Vertragsgrundlage machen will, die **Einbeziehungsvoraussetzungen des § 305 BGB** erfüllen, soweit die AVB zugleich AGB i.S.v. § 305 I BGB sind. Hier gelten im Geschäft mit Verbrauchern § 305 II, III BGB und im Geschäft mit Unternehmen nach § 310 I 1 BGB die allgemeinen Regeln des BGB und HGB. Die Einbeziehungsvoraussetzungen müssen, ebenso wie die Pflichten aus § 7, gegenüber dem VN erfüllt werden, da nur dieser Vertragspartner wird.[168] Näher zu den Voraussetzungen der Einbeziehung s. Einl. B Rdn. 29 ff.

68 Das Gesetz regelt das Verhältnis von **§ 7 zu § 305 BGB** nicht. Beide Regime stehen nach zutreffender Ansicht **selbständig nebeneinander**,[169] so dass Punkte, über die der Verwender nach § 7 informiert, nicht Vertragsbestandteil werden können oder umgekehrt AVB Vertragsbestandteil werden können, über die der VN nicht gem. § 7 informiert worden ist. Eine Angleichung der Maßstäbe im Wege teleologischer Auslegung ist nicht geboten,[170] da die Zwecke des § 7 und diejenigen des § 305 II BGB nicht deckungsgleich sind. Zwar dienen beide auch dem Verbraucherschutz, aber bei §§ 305 ff. BGB steht im Vordergrund, den Vertragspartner davor zu schützen, dass der Verwender zu weitgehende Vertragsgestaltungsfreiheit in Anspruch nimmt, bei § 7 soll dem Verbraucher eine informierte Entscheidung für ein bestimmtes Produkt ermöglicht werden.

69 Für **§ 7 I 3** hat die Selbständigkeit beider Regelungskomplexe zur Folge, dass die Erfüllung der Informationspflichten durch nachträgliche Übersendung der AVB nicht automatisch zur Einbeziehung der AVB in den Vertrag nach § 305 II BGB führt (vgl. zur nachträglichen Einbeziehung von AVB Einl. B Rdn. 34). Hierin sieht die Literatur z.T. ein Problem, das durch eine Analogie zu den Vorschriften über die vorläufige Deckung[171] oder durch die Annahme zu lösen sei, dass § 7 I 3 eine vorrangige Spezialregelung sei.[172] Gegen die Analogie spricht, dass keine vergleichbare Interessenlage vorliegt.[173] Für eine Spezialität des § 7 I 3 gibt es ebenfalls keinerlei Anhaltspunkte.[174] Auch die Annahme, die AVB würden in den Fällen des § 7 I 3 ohne nachträgliche Einbeziehung nie Vertragsbestandteil, überzeugt nicht.[175] Vielmehr ist zu differenzieren:

70 Wird der Vertrag nach **§ 7 I 3 Fall 1** auf Verlangen des VN unter Verwendung eines Kommunikationsmittels abgeschlossen, das die vorherige Mitteilung der Informationen in Textform nicht gestattet, so muss der VR

---

165 So auch PK/*Ebers*, § 7 Rn. 56.
166 Für eine Anwendbarkeit der §§ 119 ff. BGB neben dem Widerrufsrecht im Fernabsatz gem. § 312g BGB auch MünchKommBGB/*Wendehorst*, § 312g Rn. 68.
167 Zum Begriff der Arglist i.R.v. § 123 BGB Palandt/*Ellenberger*, § 123 Rn. 11.
168 LG Saarbrücken VersR 2014, 1197.
169 So auch *Matusche-Beckmann/Beckmann*, in: FS Fiedler, S. 915, 924 ff.; PK/*Ebers*, § 7 Rn. 22; P/M/*Rudy*, § 7 Rn. 47; vgl. zu § 312d BGB: Palandt/*Grüneberg*, § 312d Rn. 4; vgl. zu § 312c BGB a.F.: Grigoleit NJW 2002, 1151, 1156; Hoffmann ZIP 2005, 829, 835 f. zu § 2 FernAG; *Riehm* Jura 2000, 505, 510; *Schmidt-Räntsch* VuR 2000, 427, 430.
170 So aber für den Fernabsatz MünchKommBGB/*Wendehorst*, § 312d Rn. 13.
171 Marlow/Spuhl/*Spuhl*, Rn. 45.
172 LG Saarbrücken r+s 2013, 275, 277 f.; *Leverenz*, S. 76; *Gaul* VersR 2007, 21, 24; L/W/*Armbrüster*, § 7 Rn. 86 (anders aber *Armbrüster*, Rn. 479).
173 Vgl. auch H/E/K/*Wandt*, 1. Kap. Rn. 298.
174 H/E/K/*Wandt*, 1. Kap. Rn. 298.
175 H/E/K/*Wandt*, 1. Kap. Rn. 298.

den VN ausdrücklich auf die Verwendung seiner AVB hinweisen, § 305 II Nr. 1 BGB. Da dieses Kommunikationsmittel auf Verlangen des VN benutzt wird, fragt sich, ob man in dem weiteren Betreiben der Vertragsverhandlungen durch den VN nach dem Hinweis des VR auf die Geltung seiner AVB einen konkludenten Verzicht auf die Möglichkeit der Kenntnisnahme gem. § 305 II Nr. 2 BGB sehen kann.[176] Ein individualvertraglicher Verzicht auf die Anforderungen des § 305 II Nr. 2 BGB ist möglich,[177] allerdings genügt dafür nicht das bloße Fortsetzen der Verhandlungen, sondern es muss konkludent oder ausdrücklich der Wille zum Ausdruck kommen, ohne nähere Kenntnis der AVB weiterzuverhandeln. Dann liegen die Voraussetzungen des § 305 II BGB vor, so dass die AVB Vertragsbestandteil werden.[178] Hat der VR indes nicht auf die Verwendung der AVB ausdrücklich hingewiesen, so können sie nicht Vertragsbestandteil werden. Dann kommt nur eine nachträgliche Einbeziehung der AVB in Betracht (vgl. dazu Einl. B Rdn. 34).

Bei ausdrücklichem Verzicht des VN auf die Vertragsinformationen gem. **§ 7 I 3 Fall 2** wird man annehmen dürfen, der VN sei zuvor vom VR auf die Verwendung der AVB hingewiesen worden. Im Übrigen ist danach zu differenzieren, ob die AVB »vor Ort« sind, der VN also die Möglichkeit hätte, in zumutbarer Weise von ihnen Kenntnis zu nehmen. Ist das der Fall, sind auch die Voraussetzungen des § 305 II Nr. 2 BGB erfüllt. Anderenfalls verzichtet der VN, der auf die Aushändigung verzichtet, auch konkludent auf die Möglichkeit der Kenntnisverschaffung gem. § 305 II Nr. 2 BGB.[179]

C. Vertragsabschlussmodelle

Für den Ablauf des Vertragsabschlusses kommen verschiedene »Modelle« in Betracht. Die Diskussion kreiste kurz nach der Novelle von 2008 um die Frage, inwieweit die bis dahin üblichen Vertriebsabläufe unter Geltung des neuen Rechts beibehalten werden können. Es hat sich hier folgende **Terminologie** etabliert: Beim **Policenmodell** und beim **Antragsmodell**[180] bietet der VN den Vertragsabschluss an, der VR nimmt das Angebot durch Zusendung der Police an. Der Unterschied beider Modelle liegt darin, dass im ersten Fall alle notwendigen Informationen erst mit der Police übermittelt werden, im zweiten Fall schon vor Abgabe des Angebots (Antrags) des VN. Weiter nach hinten verlagert das **Vorschlagsmodell** den Vertragsabschluss, indem der VR einen vollständigen Vorschlag für den Vertrag einschließlich des Entwurfes einer Police macht und der VN dann ein Angebot abgibt. Beim **Bedingungsmodell** soll der VN sein Angebot unter der Bedingung stellen, dass er alle Informationen erhält. Beim **Invitatiomodell** gibt nicht der VN, sondern der VR das Angebot auf Abschluss des Vertrages ab, nachdem er vom VN dazu aufgefordert wurde; der VN muss dann noch annehmen. Abgesehen von den im Folgenden vorgestellten Modellen kann im Vertrieb die Möglichkeit des **Verzichts** (§ 7 I 3) genutzt werden, ohne dass man dies, wie es z.T. geschieht, als »Verzichtsmodell« bezeichnen müsste.[181] Auch von einem »Stellvertretermodell«[182] sollte man nicht sprechen, wenn man auf die Selbstverständlichkeit hinweist, dass der Makler als **Vertreter** des VN die Informationen entgegennehmen kann.

I. Policenmodell

Bis zur Novelle von 2008 wurden Versicherungsverträge in der Praxis i.d.R. nach dem sog. **Policenmodell** abgeschlossen. Der VN gab durch die Übersendung eines ausgefüllten Formulars einen verbindlichen Antrag ab,[183] ohne zuvor die Verbraucherinformationen und die AVB erhalten zu haben. Die Annahme durch den VR erfolgte dann durch die Zusendung der Police und die gleichzeitige Übermittlung der AVB und sonstigen erforderlichen Informationen. Zur Vereinbarkeit dieses Modells mit EU-Recht sowie zu den Folgen unzureichender Belehrungen über Widerrufs- und Rücktrittsrechte aus §§ 5a, 8 VVG a.F. s. unten Rdn. 88 ff. (VI.)

Nach § 7 I 1 müssen die Informationen nun **rechtzeitig mitgeteilt werden, bevor der VN seine Vertragserklärung abgibt**. Das **Policenmodell** ist demnach **nicht mit dem VVG vereinbar**.[184] Der Gesetzgeber hat es abgeschafft, weil es dem berechtigten Interesse des VN an einer möglichst frühzeitigen Information über den Inhalt des angestrebten Vertrages nicht hinreichend Rechnung trage und weil seine Vereinbarkeit mit EU-rechtlichen Vorgaben zweifelhaft sei.[185]

---

176 So PK/*Ebers*, § 7 Rn. 26.
177 Staudinger/*Schlosser* (2013), § 305 Rn. 138; MünchKommBGB/*Basedow*, § 305 Rn. 67; Palandt/*Grüneberg*, § 305 Rn. 35.
178 PK/*Ebers*, § 7 Rn. 26.
179 Vgl. etwa MünchKommBGB/*Basedow*, § 305 Rn. 67; Staudinger/*Schlosser* (2013), § 305 Rn. 138.
180 Beide Begriffe prägte Lorenz VersR 1995, 616, 618.
181 Vgl. etwa *Schimikowski* r+s 2006, 441, 443; *Römer* VersR 2006, 740, 742.
182 Marlow/Spuhl/*Spuhl*, Rn. 53.
183 Anders *Renger* VersR 1994, 753, 758; *Präve* r+s 1998, 441, 442: »Antrag« des VN ist bloße invitatio ad offerendum.
184 Das gilt auch für Verträge nach dem AltZertG, *Baroch Castellvi*, in: FS Wälder, S. 3, 9 f.
185 Begr. RegE BT-Drucks. 16/3945 S. 60.

II. Antragsmodell

1. Funktionsweise

75 Nach dem auch früher schon praktizierten **Antragsmodell** werden sämtliche erforderlichen Informationen dem VN zur Verfügung gestellt, bevor er sein Angebot auf Abschluss des Versicherungsvertrages abgibt, d.h. bevor er das Antragsformular ausfüllt, unterzeichnet und dem VR zukommen lässt. Der VR nimmt das Angebot i.d.R. ausdrücklich durch Übersendung des Versicherungsscheins, der den Vertragsschluss bestätigt, an.[186] Eine Annahme durch konkludentes Verhalten ist etwa dann denkbar, wenn der VR die Prämie nach einiger Zeit einzieht.[187] Demgegenüber ist das Schweigen des VR auf ein Vertragsangebot des VN i.d.R. nicht als Annahme zu werten.[188] Eine Ausnahme gilt gem. § 5 III 1 PflVG lediglich in der Kfz-Haftpflichtversicherung. Ob im einzelnen Fall der »Antrag« des VN als Angebot oder nur als Aufforderung zur Abgabe eines Angebots des VR (**Invitatiomodell**) zu bewerten ist, ist eine Frage der Auslegung (§§ 133, 157 BGB). Für einen Abschluss nach dem Antragsmodell spricht es, wenn schon beim Ausfüllen des Formulars durch den VN sämtliche erforderlichen Unterlagen vorliegen, der VR dann den Versicherungsschein übersendet, seine Freude zum Ausdruck bringt, dass der VN sich zum Vertragsabschluss entschieden habe und wenn im Anschluss der VN die Einziehung der Prämien duldet und über die Rechte aus der Versicherung verfügt; weitere Indizien können sich aus der Beratungsdokumentation ergeben.[189]

2. Antragsmodell als gesetzliches Leitbild

76 Aus zahlreichen Vorschriften im VVG und der VVG-InfoV lässt sich entnehmen, dass das **Antragsmodell** das **gesetzliche Leitbild** des Vertragsabschlussverfahrens ist.[190] Einige Normen gehen davon aus, dass der VN nach Erhalt der Informationen ein Angebot auf Abschluss des Versicherungsvertrages macht (»Versicherungsantrag«) und dass der VR dieses Angebot durch Übersendung des Versicherungsscheins annimmt. So lässt § 8 II Nr. 1 die Widerrufsfrist beginnen, wenn Versicherungsschein und Informationen dem VN zugegangen sind. Die Norm unterstellt damit, dass der VR, der die Police übersendet, ein Angebot des VN annimmt und nicht umgekehrt. Denn liegt im Einzelfall erst in der mit den Informationen versandten Police das Angebot, muss es der VN noch annehmen und ein vorheriger Beginn der Widerrufsfrist ist unpassend. Man kann diese Lücke aber dahingehend füllen, dass die Frist dann zu einem bestimmten Zeitpunkt nach Abgabe der Annahmeerklärung beginnt, etwa mit Zugang beim VR. Gem. § 33 I hat der VN die erste oder eine einmalige Prämie unverzüglich nach Ablauf von zwei Wochen nach Zugang des Versicherungsscheins zu zahlen. Auch diese Vorschrift geht davon aus, dass der VR, der die Police übersendet, ein Angebot des VN annimmt und nicht umgekehrt. Denn kommt der Vertrag erst mit einer auf Zusendung der Police erklärten Annahme des VN zustande, kann frühestens dann eine Prämienzahlungspflicht entstehen, nicht aber schematisch zwei Wochen nach Übersendung der Police. § 19 I hat ebenfalls die Konstellation eines Angebots des VN und einer Annahme des VR vor Augen. Für den Fall, dass der VR aufgrund vorheriger Angaben des VN ein Angebot erstellt und der VN dieses später annimmt, passt § 19 I nicht. Bei wörtlicher Anwendung könnte und müsste der VN risikorelevante Umstände, die nach der ersten Beantwortung der Antragsfragen und vor seiner Annahmeerklärung eintreten, angeben. Konsequenzen könnte der VR dann aber daraus nicht mehr ziehen, weil der VN zugleich die Annahme erklärt hat. Auch § 5 III, IV PflVG gehen davon aus, dass der VN den Antrag stellt und der VR ihn annimmt.

3. Praktische Schwierigkeiten

77 § 7 I 1 bringt praktische Probleme mit sich.[191] Der VR, der i.d.R. durch den Vermittler handelt, muss dem Kunden, wenn dieser im ersten Gespräch schon ein Angebot auf Abschluss eines Vertrages machen soll, schon in diesem ersten Gespräch sämtliche Unterlagen geben. Da das für den VN geeignete Produkt sich aber vielfach erst im Laufe des Gesprächs herauskristallisiert, muss der Vermittler also sämtliche Unterlagen bereithalten. Da das nicht immer möglich sein wird, muss u.U. ein **zweiter Vermittlerbesuch** erfolgen. Denn vertriebsstrategisch dürfte es wenig erfolgversprechend sein, den VN dann nur noch schriftlich mit den passenden Unterlagen zu versorgen und auf die Zurücksendung des ausgefüllten Antrags zu hoffen. Selbst wenn sämtliche Unterlagen im ersten Gespräch vorliegen, kann es im Einzelfall aber an einer rechtzeitigen Informationsmitteilung (§ 7 I 1) fehlen, wenn der VN sofort im ersten Gespräch auch sein Angebot abgibt. Es ist zwar nicht erforderlich, eine Mindestfrist zwischen Informationsmitteilung und Antrag des VN verstreichen zu lassen, um dem Erfordernis einer rechtzeitigen Informationsmitteilung zu genügen (str., siehe Rdn. 22 f.). Da es für die Rechtzeitigkeit aber entscheidend auf die Komplexität des in Rede stehenden Produktes und die Sach-

---

186 OLG Brandenburg VersR 2016, 377, 378; PK/*Ebers*, § 7 Rn. 12.
187 BGH VersR 1975, 1090.
188 BGH VersR 1987, 923; vgl. allgemein zur Wertung eines Schweigens als Willenserklärung Palandt/*Ellenberger*, Einf. v. § 116, Rn. 7 ff.
189 OLG Brandenburg VersR 2016, 377, 378 ff.
190 S. auch *Kins*, S. 77 ff.
191 Vgl. PK/*Ebers*, § 7 Rn. 13; *Gaul* VersR 2007, 21, 22; *Honsel* VW 2007, 359, 360.

kunde des VN ankommt (Rdn. 23), wird bei komplexen und kostenintensiven Produkten häufig ein zweites Vermittlergespräch nötig sein. Zur Vermeidung eines zweiten Vertreterbesuches werden **andere Abschlussmodelle** (s. sogleich) vorgeschlagen. Bei ihrer Bewertung sind rechtliche Fragen und solche der Praktikabilität zu trennen.

III. Invitatiomodell
1. Funktionsweise

Als Alternative zum Antragsmodell kommt das sog. **Invitatiomodell** in Betracht.[192] Der äußere Ablauf beginnt, insofern dem Policenmodell entsprechend, mit einem Vermittlergespräch, das zu einem ausgefüllten Antrag des VN führt. Dieser soll aber nicht als bindendes Angebot, sondern als **invitatio ad offerendum** einzuordnen sein. Der VR, der dann wie beim Policenmodell den Versicherungsschein und die Informationen, einschließlich der AVB, verschickt, gibt damit ein bindendes Angebot ab, das der VN noch annehmen muss. Die Annahme kann der VN ausdrücklich, etwa durch Zurücksendung einer den Angebotsunterlagen beigefügten Annahmeerklärung,[193] oder konkludent erklären, beispielsweise durch Überweisung der Erstprämie.[194] Das Modell ermöglicht es, die bisherigen Vertriebsabläufe weitgehend beizubehalten und dennoch den Anforderungen des § 7 zu genügen.

78

2. Vereinbarkeit mit dem VVG

Mit § 7 I 1 ist das Modell vereinbar, wenn der VR dem VN zweierlei deutlich macht: Erstens muss für den VN erkennbar sein, dass sein erster »Antrag« noch kein verbindliches Angebot ist. Zweitens muss ihm deutlich werden, dass der Versicherungsschein mit AVB und Informationen nicht der Nachweis für einen nun zustandegekommenen Vertrag ist, sondern nur ein Angebot, das anzunehmen ihm freisteht. Ob ein Vertragsabschluss nach dem Invitatiomodell oder nach dem Antragsmodell stattgefunden hat, ist durch Auslegung nach §§ 133, 157 BGB zu ermitteln. Gegen einen Abschluss nach dem Inivitatiomodell spricht es, wenn schon im Zeitpunkt des Antrags des VN sämtliche erforderlichen Unterlagen vorliegen; weitere Indizien können sich aus der Beratungsdokumentation sowie dem weiteren Verhalten (Duldung des Prämieneinzuges, Verfügung über die Versicherung) ergeben.[195]

79

Die **Annahmeerklärung** kann zudem entgegen der früheren Rspr.[196] nicht in dem fehlenden Widerspruch gegen die vom VR vorgenommene Einziehung der Versicherungsprämie liegen, weil die vor Vertragsschluss erteilte Einzugsermächtigung i.d.R. unter der Bedingung gegeben wird, dass der Versicherungsvertrag zustande kommt.[197] Die Deutung eines unterbliebenen Widerspruchs als konkludente Annahme ist auch mit Sinn und Zweck des § 7 nicht vereinbar. Sie liefe im Ergebnis auf eine »Renaissance« des Policenmodells hinaus.[198] Mit den Wertungen des § 7 ist es auch unvereinbar, in die Anfrage des VN (= invitatio ad offerendum) eine Vereinbarung aufzunehmen, nach der das vorbehaltlose Verstreichenlassen einer vom VR gesetzten Frist nach Erhalt der Angebotspolice als Annahmeerklärung des VN zu werten ist (sog. **Fiktionslösung**).[199] Zwar wird bei Verwendung der Fiktion nicht ausdrücklich von § 7 I abgewichen. Ein Versicherungsvertrag soll nach dem neuen Recht aber nicht zustande kommen, indem der VN nach Erhalt der Informationen nichts mehr tut. Das Policenmodell war europarechtlichen Bedenken ausgesetzt, weil der VN, wollte er den Vertrag zu den maßgeblichen Bedingungen nicht abschließen, nochmals aktiv auf den VR zugehen musste. Hierin wurde eine Gefährdung der Interessen des VN gesehen, der im Ergebnis ungewollt an einen Vertrag gebunden sein kann. Die Vereinbarung einer Fiktion würde den VN aber schon mit Abgabe seiner unverbindlichen invitatio ad offerendum einer Bindung unterwerfen, die er erst beseitigen muss.[200] Eine formularmäßige Fiktion wäre ohnehin AGB-rechtlich unzulässig (§ 307 II Nr. 1 BGB; arg. e § 308 Nr. 5 lit. a) und b) BGB).[201]

80

Aus den weiteren rechtlichen Problemen des Invitatiomodells[202] seien zwei herausgegriffen: Die Anwendung des **§ 8 II Nr. 1** bereitet bei der Invitatiolösung Probleme, da nach dieser Norm die Widerrufsfrist beginnen

81

---

192 OLG Brandenburg VersR 2016, 377, 378; PK/*Ebers*, § 7 Rn. 15 ff.; VersHb/*Schwintowski*, § 18 Rn. 26; HK-VVG/*Schimikowski*, § 7 Rn. 35; *Baumann* VW 2007, 1955; *Stockmeier* VersR 2008, 717, 719; *Gaul* VersR 2007, 21, 24 ff.; *Schimikowski* VW 2007, 715 ff.; *ders.* r+s 2007, 133; *Honsel* VW 2007, 359, 361; *Schirmer/Sandkühler* ZfV 2007, 771, 774 ff.
193 *Gaul* VersR 2007, 21, 24.
194 *Leverenz*, S. 151.
195 OLG Brandenburg VersR 2016, 377, 378 ff.
196 BGH r+s 1991, 325 f.; OLG Brandenburg NJW-RR 1997, 1050 f.
197 Marlow/Spuhl/*Spuhl*, Rn. 38.
198 So auch *Leverenz*, S. 152; i.E. ebenso *Gaul* VersR 2007, 21, 25; L/W/*Armbrüster*, § 7 Rn. 38 f.; a.A. wohl *Schimikowski* VW 2007, 715, 719.
199 Für die Zulässigkeit nach altem Recht *Schimikowski* r+s 1997, 89 ff.; einschränkend *E. Lorenz* VersR 1995, 616, 625.
200 *H. Baumann* VW 2007, 1955; *Leverenz*, S. 152; Marlow/Spuhl/*Spuhl*, Rn. 38; a.A. HK-VVG/*Schimikowski*, § 7 Rn. 36.
201 Ähnliche Bedenken wie hier P/M/*Rudy*, § 7 Rn. 9 f.; für eingeschränkte AGB-rechtliche Zulässigkeit der Fiktionslösung L/W/*Armbrüster*, § 7 Rn. 39.
202 Dazu *Gaul* VersR 2007, 21, 24 ff.

würde, wenn das Angebot des VR dem VN zugeht. Zu diesem Zeitpunkt liegt aber die zu widerrufende Vertragserklärung des VN noch nicht vor. Entweder müsste man § 8 II Nr. 1 dann dahingehend auslegen, dass die Frist beginnt, sobald die Vertragserklärung wirksam geworden ist, d.h. mit Zugang beim VR (§ 130 I 1 BGB) – dessen genauen Zeitpunkt der VN aber nicht kennt –,[203] oder man müsste eine vertragliche Regelung der Widerrufsfrist zulassen.[204]

82 Die vorvertragliche Anzeigepflicht nach § 19 I muss der VN bis zur Abgabe seiner Annahmeerklärung erfüllen. In der Praxis wird der VR aber schon vor Abgabe seines Angebotes an den VN die Erfüllung der Anzeigepflicht verlangen, weil er nur dann ein hinreichend spezifiziertes Angebot abgeben kann. Die Anzeige durch den VN wird deshalb im Zusammenhang mit der invitatio ad offerendum erfolgen. Probleme bereiten die Fälle, in denen nach Beantwortung der Fragen neue Gefahrumstände beim VN eintreten. Würde der VN, wie nach dem Wortlaut des § 19 I 1 möglich, zeitgleich mit seiner Annahme bzw. eine »logische Sekunde« vorher die neuen bzw. geänderten Gefahrumstände anzeigen, wäre dem VR die Möglichkeit genommen, hierauf durch Risikoausschlüsse oder Prämienerhöhungen zu reagieren.[205] Der VR müsste also analog § 19 I 2 nachfragen, ob zwischenzeitlich eine Änderung von Gefahrumständen eingetreten ist. Unzulässig ist es, das Angebot unter die aufschiebende Bedingung zu stellen, dass zwischenzeitlich keine neuen Gefahrumstände eingetreten sind.[206]

3. Praktische Schwierigkeiten

83 Wenn das Modell mit der nach dem oben (Rdn. 79) Gesagten erforderlichen Deutlichkeit hinsichtlich der Rechtsnatur der jeweiligen Erklärungen durchgeführt wird, ist zweifelhaft, ob es den praktischen Erfordernissen des Vertriebs genügt. Denn der VN wird bei seiner endgültigen Vertragsentscheidung nicht mehr durch einen anwesenden Vermittler persönlich begleitet. Die VR laufen Gefahr, dass der VN sich von mehreren VR bindende Angebote besorgt und dann in Ruhe auswählt. Die Vertragsabschlussquote pro Beratung dürfte sinken. Dennoch wird das Modell praktiziert; so gibt es in der Praxis Formulare, die durch entsprechendes Ankreuzen als »Antrag auf Abschluss eines Versicherungsvertrags« oder als »Antrag auf Abgabe eines Vertragsangebots der X-Versicherung« qualifiziert werden können.[207]

IV. Vorschlagsmodell

84 Bei diesem von *Honsel* vorgeschlagenen[208] Verfahren wird der **Vertragsabschluss** gegenüber dem Antrags- und auch dem Policenmodell noch weiter **nach hinten** verlagert. Der potentielle VN wird zunächst beraten. Daraufhin unterbreitet der VR schriftlich einen unverbindlichen Deckungsvorschlag und übersendet dem VN zugleich die Beratungsdokumente, den vorbereiteten Antrag, die Risikofragen, die nach § 7 erforderlichen Informationen und einen Entwurf des Versicherungsscheins. Auf dieser Grundlage macht dann der Kunde ein Angebot, indem er den Deckungsvorschlag unterschrieben zurücksendet. Der VR nimmt dieses Angebot an, indem er dem VN die endgültige Police zusendet.

85 Das Modell hat rechtlich den Vorteil, dass es die dem Leitbild des Antragsmodells entsprechende Reihenfolge der Erklärungen – Antrag VN, Annahme VR – wahrt und damit besser in die Systematik des VVG passt. Es hat den praktischen Vorteil, dass die Direkteingabe von Daten in den Laptop des Vermittlers möglich bleibt – mit diesem Ziel hat *Honsel* es auch entwickelt. Nachteilig ist, dass Antragsfragen u.U. zweimal gestellt werden müssen und auch der zweite Vertreterbesuch nicht immer entbehrlich ist.

V. Bedingungsmodell

86 *H. Baumann* will die bisherigen praktischen Abläufe nahezu unverändert mit dem neuen Recht vereinbar machen, indem der VN seinen Antrag wie bisher vor Erhalt der Informationen, aber unter der aufschiebenden Bedingung (§ 158 I BGB) stellt, dass der VR ihm die erforderlichen Informationen innerhalb einer bestimmten Frist zur Verfügung stellt. Kommt der VR seiner Verpflichtung nach, ist der VN an seinen Antrag gebunden. Der VR erklärt dann die Annahme mit Übersendung des Versicherungsscheins; die Widerspruchsfrist nach § 8 II beginnt mit Zugang der Police beim VN.[209] Praktisch kann danach wie bisher ein einziger Vertreterbesuch ausreichen; neu ist gegenüber dem Policenmodell, dass der VR dem VN zweimal Unterlagen schicken muss (erst die Informationen, später den Versicherungsschein).[210]

87 Mit § 7 I 1 ist dieser Weg nicht vereinbar. Auch eine **bedingte Erklärung** des Angebots ist schon **Vertragserklärung i.S.v. § 7 I 1**. Denn auch bedingte Erklärungen binden den Erklärenden, insbes. entstehen schon

---

203 So wohl *Gaul* VersR 2007, 21, 25 f.
204 Für letzteres *Schimikowski* VersR 2007, 715, 717.
205 *Schimikowski* VW 2007, 715, 717.
206 Anders *Leverenz*, S. 159.
207 So im Fall OLG Brandenburg VersR 2016, 377.
208 *Honsel* VW 2007, 359, 360.
209 *H. Baumann* VW 2007, 1955 ff.
210 In diesem Sinne *Stockmeier* VersR 2008, 717, 720.

Treuepflichten (s. §§ 160 ff. BGB); das bedingte Rechtsgeschäft ist tatbestandlich vollendet, nur seine Rechtswirkungen sind aufgeschoben.[211]

VI. Altfälle: Policenmodell und/oder fehlerhafte Belehrung

In der Lebens- und Rentenversicherung sowie in der Zusatzversicherung für Lebensversicherungen hat der EuGH auf Vorlage des BGH[212] die **Richtlinienwidrigkeit des § 5a II 4 VVG a.F.** festgestellt.[213] Der BGH nimmt in Folge dessen auch die **Richtlinienwidrigkeit des § 8 IV 4, V 4 VVG a.F.** an.[214] Er gesteht dem nicht oder nicht richtig belehrten VN sowohl bei § 5a VVG a.F.[215] als auch bei § 8 VVG a.F.[216] ein »ewiges« **Widerspruchs-/Widerrufs- oder Rücktrittsrecht** zu. Die Folge ist, dass zahlreiche VN ihre Versicherungsverträge nach Jahren noch rückgängig machen wollen. Das wirft eine Fülle von Fragen zu den Voraussetzungen und Folgen der Rückabwicklung auf (unten 2.). Hinzu kommt, dass ungeklärt ist, ob das **Policenmodell** als solches, also auch im Falle richtiger Belehrung des VN, mit dem EU-Recht vereinbar ist; der BGH hat das zwar bejaht,[217] aber ob der EuGH dem folgen würde, ist offen. Ungeklärt sind auch die Folgen einer möglichen Richtlinienwidrigkeit des Policenmodells. Hier wird befürchtet, dass ein Richtlinienverstoß zur Unwirksamkeit oder Widerruflichkeit aller im Policenmodell abgeschlossenen Verträge führen könnte (zum Ganzen sogleich 1.).

88

1. Vertragsabschluss im Policenmodell

Nach dem VVG vor 2008 war, anders als heute (s. Rdn. 73) der Abschluss von Versicherungsverträgen nach dem Policenmodell zulässig. § 5a VVG a.F. sah vor, dass der Versicherungsvertrag auf der Grundlage des Versicherungsscheins, der Versicherungsbedingungen und der weiteren für den Vertragsinhalt maßgeblichen Verbraucherinformation als abgeschlossen galt, wenn der VN diese Unterlagen aufgrund seines Versicherungsantrags in Textform erhalten und nicht innerhalb von 15 Tagen (30 Tagen bei der Lebensversicherung) widersprochen hatte. Der Fristlauf begann erst, wenn über das Widerspruchsrecht belehrt war. Abweichend davon erlosch das Recht zum Widerspruch jedoch ein Jahr nach Zahlung der ersten Prämie. Im Folgenden wird das Policenmodell bei unterstellt **fehlerfreier Belehrung** des VN über sein Widerrufsrecht daraufhin untersucht, ob es mit dem EU-Recht vereinbar ist und welche Folgen sich aus einem möglichen Verstoß ergeben.

89

a) Vorgaben des EU-Rechts

Ob der Vertragsabschluss nach § 5a VVG a.F. mit den einschlägigen **EU-RiLi** vereinbar war, war von Anfang an umstritten. Das EU-Recht macht Vorgaben für die dem VN zu erteilenden Informationen in der Lebens- und Nichtlebensversicherung sowie für den Widerruf in der Lebensversicherung.

90

In der **Lebensversicherung** war nach Art. 31 I der Dritten RiLi (92/96/EWG)[218] eine Bestimmung vorzusehen, wonach der VR »*[v]or Abschluss des Versicherungsvertrags*« dem VN detaillierte Informationen über den VR und das Produkt zu machen hatte. In der **Nichtlebensversicherung** bestimmte Art. 31 I der Dritten RiLi (92/49/EWG), dass der VR dem VN »*[v]or Abschluss des Versicherungsvertrags*« Informationen über anwendbares Recht und Beschwerdestelle zu geben hat. Art. 43 II derselben RiLi ordnete an, dass der VR, der Versicherungen im Rahmen der Niederlassungsfreiheit oder der Dienstleistungsfreiheit anbietet, »*bevor irgendeine Verpflichtung eingegangen wird*« dem VN den Mitgliedstaat des Sitzes und gegebenenfalls der Zweigniederlassung, mit dem bzw. der der Vertrag geschlossen wird, mitteilen muss. Die Solvency-II-RiLi, die entsprechende Regelungen in Art. 183 I, 184 I, 185 enthält, findet in diesem Zusammenhang keine Anwendung, da zum Zeitpunkt ihres Inkrafttretens § 5a VVG a.F. nicht mehr galt. Auch Art. 3 der **Fernabsatz-RiLi II** (2002/65/EG) sieht Informationspflichten vor, die nach Art. 5 »*[r]echtzeitig bevor der Verbraucher durch einen Fernabsatzvertrag oder durch ein Angebot gebunden ist*« zu erfüllen sind.

91

Für die Lebensversicherung bestimmte Art. 15 I der Zweiten RiLi (90/619/EWG) in der Fassung der Dritten RiLi (92/96/EWG), dass ein VN von dem Zeitpunkt an, zu dem er davon in Kenntnis gesetzt wurde, »*dass der Vertrag geschlossen ist*«, innerhalb einer Frist von 14 bis 30 Tagen mit Wirkung für die Zukunft **zurücktreten** kann; diese Frist wurde für Verträge im Fernabsatz durch Art. 6 I Fernabsatz-RiLi II (2002/65/EG) auf 30 Tage ab Mitteilung über den Vertragsabschluss, oder, wenn die nach Art. 5 Fernabsatz-RiLi II notwendigen Informationen später eintreffen, auf 30 Tage ab diesem Zeitpunkt, verlängert.[219] Art. 186 I Solvency-II-RiLi sieht

---

211 Palandt/*Ellenberger*, Einf. v. § 158 Rn. 8; gegen die Zulässigkeit des Bedingungsmodells auch P/M/*Rudy*, § 7 Rn. 8; L/W/*Armbrüster*, § 7 Rn. 51.
212 BGH r+s 2012, 281.
213 EuGH VersR 2014, 225.
214 BGH NJW 2015, 1023.
215 BGH NJW 2014, 2646.
216 BGH NJW 2015, 1023.
217 BGH VersR 2014, 1065.
218 = Art. 36 I der RiLi Leben (2002/83/EG), die die vorhergehenden RiLi konsolidierte.
219 Auch wurde die Frist für nicht im Fernabsatz abgeschlossene Verträge auf 30 Tage verlängert (Art. 17 Fernabsatz-RiLi II), dies wurde jedoch in Art. 35 I der RiLi Leben (2002/83/EG) nicht übernommen.

wieder 14 bis 30 Tage vor, für den Fernabsatz bleibt es aber nach der fortgeltenden RiLi 2002/65/EG bei der 30-Tage-Frist.

92 Schließlich sagt Erwägungsgrund 20 (2) der RiLi über missbräuchliche Klauseln in Verbraucherverträgen (93/13/EWG), dass der Verbraucher tatsächlich die Gelegenheit haben soll, von allen **Vertragsklauseln Kenntnis** zu nehmen; Buchst. i des Anhangs der RiLi, wonach Klauseln missbräuchlich sind, die die Zustimmung des Verbrauchers zu ihm unbekannten Klauseln unwiderlegbar feststellen, sowie der Zweck der RiLi legen nahe, dass diese Gelegenheit vor Vertragsabschluss bestehen soll.

b) Vereinbarkeit des Policenmodells mit dem EU-Recht?

93 Während die deutsche **Rspr.** das Policenmodell als solches für vereinbar mit dem EU-Recht hält,[220] nimmt die **Literatur** überwiegend einen Verstoß an, jedenfalls in der Lebensversicherung.[221] Der EuGH hat über das Policenmodell als solches noch nicht entschieden, sondern nur festgestellt, dass das Erlöschen des Widerspruchsrechts gem. § 5a II 4 VVG a.F. im Falle fehlender oder nicht ausreichender Belehrung über dieses Recht[222] mit Art. 15 I der Zweiten RiLi Leben (90/916/EWG) in der Fassung der Dritten RiLi Leben (92/96/EWG) i.V.m. Art. 31 der Dritten RiLi Leben (92/96/EWG) nicht vereinbar ist. Maßgeblich war für den EuGH, dass die von den RiLi bezweckte Information des VN auch sein Rücktrittsrecht erfasst, damit er von seinen Auswahlmöglichkeiten Gebrauch machen kann;[223] näher dazu unter 2. Sichere Rückschlüsse auf die Einschätzung des Policenmodells durch den EuGH in Fällen, in denen über das Widerrufsrecht richtig belehrt wurde, lässt das Urteil nicht zu. Jedoch deutet die Tatsache, dass der EuGH entscheidendes Gewicht auf den Zweck der Informationen vor Vertragsschluss legt, zusammen mit den Argumenten der Generalanwältin,[224] in die Richtung der EU-Rechtswidrigkeit.[225]

94 Die zentrale Frage lautet, ob es nach den unter a) genannten Versicherungs-RiLi ausreicht, wenn der VN die Informationen zu einem Zeitpunkt erhält, in dem er das endgültige Wirksamwerden des Vertrages nur noch durch Widerspruch verhindern kann. Das ist durch Auslegung der RiLi zu ermitteln.[226] Das Argument des BGH, das EU-Recht harmonisiere das materielle Vertragsrecht nicht[227] und regle daher den Vertragsabschluss nicht,[228] trifft in der Absolutheit nicht zu. In welchem Zeitpunkt des nach nationalem Recht frei gestalteten Vertragsabschlusses die Informationen vorliegen müssen, bestimmt sich nach der RiLi. Schließen nationale Regeln über den Vertragsschluss es aus, die Informationen richtliniengemäß mitzuteilen, beeinflusst die RiLi auch das nationale Vertragsrecht. Nach dem deutschen Policenmodell war der Vertrag zunächst schwebend unwirksam und wurde im Fall des unterbliebenen Widerspruchs des Kunden rückwirkend zu dem Zeitpunkt wirksam, in dem der Kunde die Police und die weiteren Unterlagen erhalten hatte.[229] Ein schwebend unwirksamer Vertrag ist nicht bindend, so dass sich vertreten ließe, ein Vertragsabschluss oder eine bindendes Angebot bzw. ein Eingehen einer Verpflichtung i.S.d. Richtlinien liege noch nicht vor. Indes legt der Zweck der **Dritten RiLi Leben** nahe, dass die Informationen schon vor dem schwebend unwirksamen Angebot des VN mitzuteilen waren. Dem VN soll nach Erwägungsgründen 20 und 23 eine breit gefächerte Auswahl von Verträgen zur Verfügung stehen. Daran fehlt es, wenn er die Informationen erst nach Abgabe einer ohne weiteres Zutun bindend werdenden Vertragserklärung erhält.[230] Kein VN, der über den Abschluss einer Lebensversicherung nachdenkt, wird, um sich über Versicherungsprodukte zu informieren, mehrere potentiell bindende Erklärungen abgeben wollen, dann auf die Informationen warten wollen und schließlich widerrufen müssen;[231] der BGH selbst bezeichnet das als »lebensfremd«.[232] Die Auswahl lässt sich schon zeitlich nicht koordinieren.[233] Dem lässt sich nicht entgegenhalten, dass der VN die Informationen tatsächlich vorher unverbindlich anfordern konnte und der Versicherer sie ihm schon aus Geschäftsinteresse übersandt hätte.[234] Diese tatsächliche Möglichkeit besagt nichts über die Zulässigkeit einer rechtlichen Gestaltung, die einen anderen Ablauf vorsieht. § 5a I 1, 2 VVG a.F. verstieß also gegen die Dritte RiLi Leben.

---

220 BGH VersR 2014, 1065, 1066 ff. mit zahlreichen Nachweisen aus der Rechtsprechung (Rn. 19).
221 Jüngst *Looschelders* VersR 2016, 7, 10 ff.; *Roth* VersR 2015, 1 f.; zahlreiche weitere Nachweise zu beiden Auffassungen bei BGH VersR 2014, 1065, 1066 ff. (Rn. 18 und 19).
222 EuGH VersR 2014, 225, 227, Rn. 20; dagegen spricht der Tenor nur von einer fehlenden Belehrung. Der Tatbestand des Urteils des OLG Stuttgart BeckRS 2012, 09586, das der Vorlageentscheidung des BGH vorging, ergibt, dass der VN nicht belehrt wurde.
223 EuGH VersR 2014, 225, 227, Rn. 24 f.
224 Schlussanträge GA *Sharpston*, Rs. C-209/12, Rn. 57 ff., insbes. 59, 62.
225 So auch *Rehberg* EuZW 2014, 237, 238.
226 *Looschelders* VersR 2016, 7, 10.
227 So ausdrücklich Erwägungsgrund 19 der Dritten RiLi Leben (92/96/EWG).
228 BGH VersR 2014, 1065, 1067.
229 L/W/*Armbrüster*, § 7 Rn. 6 und 47 f.; P/M/Rudy, § 7 Rn. 2; *Gaul* VersR 2007, 21 (unter II.).
230 Schlussanträge GA *Sharpston*, Rs. C-209/12, Rn. 59, 62.
231 In diesem Sinne auch *Roth* VersR 2015, 1, 3; *Looschelders* VersR 2016, 7, 10 ff.
232 BGH VersR 2014, 1065, 1069.
233 *Roth* VersR 2015, 1, 3.
234 *Lorenz* VersR 1997, 773, 780 unter V 2 a) (1).

Dagegen sollen die Informationspflichten der **Dritten RiLi Schaden** nicht die Freiheit des VN zur Auswahl 95
unter verschiedenen Produkten gewährleisten, sondern ihm Klarheit über das anwendbare Recht, zuständige
Beschwerdestellen sowie den Mitgliedstaat des Sitzes/der Zweigniederlassung verschaffen.[235] Dieser Zweck
wird besser erreicht, wenn der VN vor seiner bindenden Erklärung informiert wird. Für seine Entscheidung
kann die Kenntnis des anwendbaren Rechts und des Sitzes seines Vertragspartners durchaus von Bedeutung
sein,[236] dennoch soll ihm diese Kenntnis nicht in erster Linie wegen der Auswahlmöglichkeit zwischen verschiedenen Vertragsangeboten, sondern zu seinem Schutz verschafft werden. Für diesen Schutz genügt aber
eine Kenntnis mit der Möglichkeit des Widerspruchs. Daher verstieß § 5a I 1, 2 VVG nicht gegen die Dritte
RiLi Schaden.

c) Folgen eines Verstoßes gegen EU-Recht

Bisher hatte die Rspr. nicht zu beurteilen, was aus der europarechtlichen Unzulässigkeit des Policenmodells 96
folgt. Der BGH hat bisher nur über das Erlöschen des Widerrufsrechts nach Jahresfrist gem. § 5a II 4 VVG
a.F.[237] sowie nach Monatsfrist gem. § 8 IV 4, V 4 VVG a.F.[238] entschieden und beide Vorschriften richtlinienkonform teleologisch dahingehend reduziert, dass sie auf Lebens-, Renten- und Zusatzversicherungen zur
Lebensversicherung keine Anwendung finden, also das Widerspruchsrecht fortbesteht. Das ist zu Recht kritisiert
worden, da der BGH den konkreten Regelungswillen des Gesetzgebers, das Widerrufsrecht erlöschen zu lassen, hinter den Willen zur Richtlinienkonformität hat zurücktreten lassen.[239]

§ 5a I 1, 2 VVG a.F. ist richtlinienwidrig, weil er einen Vertragsabschluss fingiert, obwohl der Versicherer dem 97
VN die Informationen nicht früh genug, also nicht vor Abgabe der potentiell bindenden Erklärung des VN,
gab. Das führt nach allgemeinen Regeln dazu, dass die Norm richtlinienkonform auszulegen ist oder, wenn
das nicht möglich ist, nicht angewandt werden darf.

Der Zweck der RiLi, die Auswahlfreiheit des VN sicherzustellen, könnte es nahelegen, die **Fiktion des Vertragsschlusses** in § 5a I 1, 2 VVG a.F. **nicht anzuwenden**. Es wäre dann auf die allgemeinen Regeln zurückzugreifen, wonach das Angebot des VN, gerichtet auf Abschluss zu den (ihm im Einzelnen noch nicht bekannten) AVB der VR, vom VR angenommen wird und der Vertrag in diesem Zeitpunkt abgeschlossen ist. 98
Dann wären aber die AVB nicht wirksam einbezogen (§ 305 II Nr. 2 BGB); zudem genügte ein solcher Vertragsabschluss noch weniger als § 5a I 1, 2 VVG a.F. den Erfordernissen der RiLi, weil der VN die Informationen nicht hatte, aber auch kein Widerspruchsrecht. Es bliebe, einen Vertragsschluss in der Weise zu konstruieren, dass die mit den Informationen versehene Annahme des VR als Angebot verstanden wird, das der VN
noch durch eine spätere Handlung annehmen muss. Jedoch wird eine entsprechende Auslegung der Erklärungen und Handlungen von VN und VR i.d.R. nicht in Betracht kommen, wenn nach dem Policenmodell
vorgegangen wurde. Diese weitreichende Folge eines unwirksamen Vertrages schießt jedoch über das mit
Art. 31 I der Dritten RiLi Schaden verfolgte Ziel, dem VN durch vorvertragliche Information die Auswahl unter verschiedenen Verträgen zu ermöglichen, hinaus. Da er geschützt werden soll, darf er nicht der Nichtigkeit
des Vertrages ausgesetzt sein. Man könnte erwägen, ihm ein über die Widerspruchsmöglichkeit des § 5a I 1, 2
VVG a.F. hinausgehendes **Lösungsrecht** zu geben, um ihm im Nachhinein eine Auswahlentscheidung zu ermöglichen. Ein ex tunc wirkendes Widerspruchsrecht ist aber auch nach dem Zweck der RiLi nicht geboten,
weil sich die damals (zwischen 1994 und 2007) bestehende Auswahlentscheidung heute nicht mehr »nachstellen« lässt. Hinzu kommen gewichtige verfassungsrechtliche Bedenken wegen des schutzwürdigen Vertrauens
der Versicherer auf die Zulässigkeit des Policenmodells.[240] Das dürfte auch gegen ein – gegenüber den de lege
lata ohnehin gegebenen Möglichkeiten in irgendeiner Weise privilegiertes – Lösungsrecht des VN ex nunc
sprechen. Die nach § 5a I 1, 2 VVG a.F. geschlossenen Altverträge sind daher wirksam.

d) Pflicht zur Vorlage an den EuGH

Angesichts des dargestellten Meinungsbildes zur Vereinbarkeit des § 5a I 1, 2 VVG a.F. mit EU-Recht ist die 99
Aussage der BGH nicht haltbar,[241] das Policenmodell stehe »eindeutig« mit den Richtlinien im Einklang.[242]
Vielmehr wäre bei **Entscheidungserheblichkeit** dieser Frage eine **Vorlage an den EuGH** notwendig. So hat
das BVerfG noch vor der genannten Entscheidung des BGH in drei Beschlüssen die EU-Rechtmäßigkeit des
Policenmodells als ungeklärt gewertet. Deshalb, so das BVerfG, habe eine instanzgerichtliche Entscheidung,
die eine Vorlagepflicht an den EuGH verneinte, gegen Art. 101 I S. 2 GG verstoßen.[243] Andere instanzgericht-

---

235 Erwägungsgrund 21 der Dritten RiLi Schaden.
236 A.A. *Looschelders* VersR 2016, 7, 12.
237 BGH NJW 2014, 2646.
238 BGH NJW 2015, 1023.
239 *Michael/Payandeh* NJW 2015, 2392 ff.
240 *Looschelders* VersR 2016, 7, 13.
241 »Objektiv unvertretbar und willkürlich«, BVerfG VersR 2015, 693, 696.
242 BGH VersR 2014, 1065, 1066 (Rn. 17); kritisch dazu *Roth* VersR 2015, 1 ff.; *Schwintowski*, VuR 2014, 473 ff.; *Brömmelmeyer* VuR 2014, 447 ff.
243 BVerfG VersR 2014, 1485, 1488 f.

§ 7   Information des Versicherungsnehmers

liche Entscheidungen, Berufungszurückweisungen nach § 522 II ZPO a.F., verletzten, so das BVerfG, die Beschwerdeführer in ihrem Recht auf effektiven Rechtsschutz (Art. 2 I i.V.m. 20 III GG), da die Annahme, die Sache habe keine grundsätzliche Bedeutung, nicht nachvollziehbar sei.[244] Weitere Entscheidungen bestätigten diese Sicht.[245] Zu einer Vorlage an den EuGH kam es in dem eingangs genannten BGH-Verfahren im Übrigen schon deshalb nicht, weil der BGH seine Entscheidung nicht nur auf die »eindeutig(e)« EU-Konformität des Policenmodells, sondern auch auf § 242 BGB stützte (widersprüchliches Verhalten) und die Frage der Vereinbarkeit des Policenmodells mit den Richtlinien somit nicht entscheidungserheblich war.[246] Eine gegen diese BGH-Entscheidung gerichtete Verfassungsbeschwerde blieb daher erfolglos, insbesondere wurde in der unterbliebenen Vorlage der Sache an den EuGH kein Verstoß gegen Art. 101 Abs. 1 S. 2 GG gesehen.[247] In neueren Entscheidungen äußert sich der BGH zur Vereinbarkeit des Policenmodells mit dem Richtlinienrecht verhaltener und lässt die Frage unter Verweis auf die Treuwidrigkeit des Widerspruchs offen.[248] Nimmt man an, dass der RiLi-Verstoß die Wirksamkeit des Vertrages nicht gefährdet (dazu oben), wird sich meist schon deshalb kein Anlass zur Vorlage ergeben.[249]

2. Vertragsabschluss ohne hinreichende Belehrung über Widerrufs- oder Rücktrittsrecht (§§ 5a, 8 a.F.)

a) Vorgaben des EU-Rechts

100 Die oben unter Rdn. 90 ff. dargestellten europarechtlich begründeten Informationspflichten des VR erstreckten sich nicht nur auf die AVB, sondern auch auf die »Modalitäten der Ausübung des Widerrufs und des Rücktritts«, s. Dritte RiLi Leben (92/96/EWG) Anhang II A, rechte Spalte a.13 i.V.m. Art. 31 I der RiLi. Auch hierüber war der VN also vor Vertragsschluss zu informieren. Nach § 5a II 4 VVG a.F. erlosch das Widerspruchsrecht eines VN gegen einen nach dem Policenmodell geschlossenen Vertrag ein Jahr nach Zahlung der ersten Prämie, wenn über die Widerrufmöglichkeit nicht informiert worden war. Am 19.12.2013 entschied der EuGH, dass diese Regelung gegen Art. 15 I der Zweiten RiLi Leben (90/916/EWG) in der Fassung der Dritten RiLi Leben (92/96/EWG) i.V.m. Art. 31 der Dritten RiLi Leben (92/96/EWG) verstößt, wenn der VN über das Widerspruchsrecht nicht oder nicht ausreichend[250] belehrt wurde.[251] Maßgeblich war für den EuGH, dass die von den RiLi bezweckte Information des VN auch den Widerruf und sein Rücktrittsrecht erfasst, damit er von seinen Auswahlmöglichkeiten Gebrauch machen kann.[252] Obwohl die Gefahr bestand, dass viele Altverträge danach widerruflich sein könnten – abhängig von der Umsetzung der Entscheidung in das nationale, hier das deutsche Recht –, begrenzte der EuGH die Wirkungen seines Urteils ausdrücklich nicht auf einen bestimmten Zeitraum. Zur EU-Konformität des Policenmodells an sich nahm der EuGH, wie oben erörtert, nicht Stellung.

101 Der BGH hat im Anschluss an das EuGH-Urteil **§ 5a II 4 VVG a.F.** dahingehend teleologisch reduziert, dass die Norm im Bereich der Lebens- und Rentenversicherung und der Zusatzversicherungen zur Lebensversicherung nicht anwendbar ist, wenn der VN nicht ordnungsgemäß über sein Widerspruchsrecht belehrt worden ist und/oder die Versicherungsbedingungen oder eine Verbraucherinformation nicht erhalten hat. Das Widerspruchsrecht bestehe dann grundsätzlich fort (»**ewiges Widerrufsrecht**«).[253] Widerspricht der VN, wird der Vertrag nach § 812 I 1 Fall 1 rückabgewickelt.[254] Die Entscheidung ermöglicht einen Widerspruch gegen die betroffenen Verträge auch noch nach Jahren. Hiervon sind möglicherweise unzählige laufende Verträge betroffen.[255] Das BVerfG hat die beschriebene Rechtsfortbildung durch den BGH als vereinbar mit Art. 2 Abs. 1 i.V.m. Art. 20 Abs. 2 S. 2 und Abs. 3 GG angesehen.[256]

102 Der BGH hat später diese auf die fehlerhafte Belehrung über den Rücktritt beim Antragsmodell übertragen. Die in **§ 8 IV 4, V 4 VVG a.F.** getroffene Regelung, nach welcher auch bei nicht ordnungsgemäßer Belehrung des VN über ein jeweiliges Lösungsrecht dieses einen Monat nach Zahlung der ersten Prämie erlischt, ist danach richtlinienkonform einschränkend dahin auszulegen, dass sie im Bereich der Lebens- und Rentenversicherung und der Zusatzversicherung zur Lebensversicherung nicht anwendbar ist, hingegen auf die übrigen

---

244 BVerfG VersR 2014, 609, 611 ff.; BVerfG BeckRS 2015, 41987.
245 BVerfG BeckRS 2014, 52555; 2014, 13596; 2014, 57458; 2014, 59452; 2014, 59450.
246 BGH VersR 2014, 1065, 1069 f.
247 BVerfG VersR 2015, 693, 696 ff.
248 BGH r+s 2016, 66 f.; 2015, 538, 539; 2015, 593, 594; 2015, 594, 595 f.; 2015, 596; 2015, 598, 599; VersR 2015, 876, 877; Urt. v. 10.06.2015, IV ZR 204/12 unter C. II. 2; Urt. v. 10.06.2015, IV ZR 70/13 unter II. D. 2; Urt. v. 10.06.2015, IV ZR 132/13 unter II. D. 2.
249 *Looschelders* VersR 2016, 7, 14.
250 EuGH VersR 2014, 225, 227, Rn. 20; dagegen spricht der Tenor nur von einer fehlenden Belehrung. Im konkreten Fall war nicht belehrt worden, s. den Tatbestand des vorhergehenden Urteils des OLG Stuttgart BeckRS 2012, 09586.
251 EuGH VersR 2014, 225 ff.; dazu Anm. v. *Trittmacher/Gaußmann* VuR 2014, 155 ff.
252 EuGH VersR 2014, 225, 227, Rn. 24 f.
253 BGH NJW 2014, 2646 m. Bespr. v. *Heyers* NJW 2014, 2619; s. auch LMK 2014, 359159 m.Anm. *Koch*.
254 BGH NJW 2014, 2646, 2650 (Rn. 42 ff.); BGH NJW 2015, 3582; r+s 2015, 539; r+s 2015, 597.
255 Zahlen bei *Heyers* NJW 2014, 2619.
256 BVerfG BeckRS 2016, 48580 Rn. 34 ff.

von § 8 VVG a.F. erfassten Versicherungsarten uneingeschränkt Anwendung findet.[257] Kritisiert wird an der Übertragung der Rspr. zum Policenmodell auf das Antragsmodell, dass der BGH sich über seine verfassungsrechtlichen Kompetenzen hinweggesetzt habe, indem er die ausdrücklich für die Lebensversicherung geltende Norm des § 8 V VVG a.F. durch teleologische Reduktion letztlich ganz habe wegfallen lassen.[258]

Im Grundsatz stellen sich im Zusammenhang mit **§§ 5a, 8 VVG a.F.** dieselben Fragen, so dass diese im Folgenden gemeinsam behandelt werden. **Unterschiede** ergeben sich aber bei den Anforderungen an die Widerrufsbelehrung, da § 8 V VVG a.F. eine drucktechnische Hervorhebung der Belehrung nicht vorsah,[259] dafür eine Unterschrift, die § 5a VVG a.F. nicht verlangte. Zudem liegt bei § 8 VVG a.F. im Unterschied zum Policenmodell kein schwebend unwirksamer Vertrag vor. Das Rückgewährschuldverhältnis entsteht somit erst mit Ausübung des Rücktrittsrechts, ebenso beginnt auch erst dann die Verjährung der Rückgewähransprüche.[260] 103

Es geht in der aktuellen Diskussion im Wesentlichen um folgende Punkte: Anforderungen an die Belehrung (b), Gründe für den Ausschluss der Rückabwicklung (c), bereicherungsrechtliche Rückabwicklung (d) und Darlegungs- und Beweislast (e). 104

b) Anforderungen an die Belehrung nach §§ 5a, 8 VVG a.F.

Damit der VN den Inhalt seines Widerspruchrechts aus der Belehrung entnehmen kann, muss ihr zu entnehmen sein, unter welchen Voraussetzungen er widersprechen kann, bis wann er widersprechen kann und was er für die Ausübung seines Widerspruchsrechts tun muss.[261] Nach ständiger Rspr. des BGH muss eine gesetzlich angeordnete Belehrung, damit sie ihren Zweck erreichen kann, inhaltlich möglichst umfassend, unmissverständlich und aus Sicht der Verbraucher eindeutig sein.[262] 105

§ 5a I 1 VVG a.F. sah zunächst eine Widerspruchsfrist von 14 Tagen vor, ab dem 08.12.2004 galt dann eine Frist von 30 Tagen. Bis zum 31.07.2001 musste schriftlich, vom 01.08.2001 bis zum 31.12.2007 in Textform widersprochen werden. Die Widerspruchsfrist begann gem. § 5a II 1 VVG a.F. erst dann, wenn dem VN der Versicherungsschein und die Unterlagen nach § 5a I VVG a.F. (AVB und Verbraucherinformation) vollständig vorlagen und der VN bei Aushändigung des Versicherungsscheins schriftlich, in drucktechnisch deutlicher Form über das Widerspruchsrecht, den Fristbeginn und die Dauer belehrt wurde. § 8 IV 3, V 3 VVG a.F. verlangte dagegen eine Belehrung, die der VN durch Unterschrift bestätigt hatte. Wann eine Widerspruchsbelehrung nach § 5a II 1 VVG a.F. als fehlerhaft oder ordnungsgemäß anzusehen ist, war bereits Gegenstand zahlreicher Entscheidungen; vereinzelt gibt es Entscheidungen zu § 8 VVG a.F. 106

Zeitpunkt der Belehrung: Die Belehrung musste nach § 5a II 1 VVG a.F. bei Aushändigung des Versicherungsscheins erfolgen. Eine Belehrung im Versicherungsantrag genügte hierfür nicht.[263] Sie konnte aber auch noch nach Aushändigung des Versicherungsscheins wirksam erfolgen.[264] 107

Vollständigkeit der Belehrung: Der Adressat der Belehrung muss in der Belehrung nicht benannt werden, weil § 5a I 1 VVG a.F. das nicht verlangt und auch ohne eine solche Angabe für den durchschnittlichen VN ersichtlich ist, dass er den Widerspruch an den an anderer Stelle genannten Versicherer richten muss.[265] Die erforderliche Form des Widerspruchs ist in der Belehrung anzuführen.[266] Unvollständig ist eine Erklärung, die die geforderte Form des Widerspruchs nicht näher beschreibt, sondern nur von »Absendung« der Erklärung spricht[267] oder nur erwähnt, man habe das Recht, dem Vertrag zu widersprechen.[268] Der Begriff der Textform i.S.v. § 5a I 1 VVG a.F. muss in der Belehrung nicht erläutert werden.[269] Zu belehren ist auch darüber, dass zur Wahrung der Frist die rechtzeitige Absendung genügt.[270] Ist nach der Belehrung der Fristbeginn von der Überlassung weiterer als der in § 5a I 1 VVG a.F. genannten Unterlagen abhängig, ist die Belehrung dennoch ordnungsgemäß. Die Frist beginnt dann aber erst mit Überlassung sämtlicher erwähnter (auch zusätzlicher) Unterlagen. Nicht erforderlich ist, dass der VN weiß, dass ihm sämtliche Unterlagen überlassen wurden.[271] 108

---

257 BGH NJW 2015, 1023, 1024; KG r+s 2015, 179.
258 *Frohnecke* NJW 2015, 985, 987; *Michael/Payandeh* NJW 2015, 2392, 2394; HK-VVG/*Brambach*, § 152 Rn. 104.
259 HK-VVG/*Brambach*, § 152 Rn. 106 f.
260 HK-VVG/*Brambach*, § 152 Rn. 109.
261 HK-VVG/*Brambach*, § 152 Rn. 41.
262 BGH VersR 2013, 1513, 1514 m.w.N.
263 BGH VersR 2004, 497; OLG Hamm VersR 2016, 107, 108.
264 HK-VVG/*Brambach*, § 152 Rn. 42.
265 BGH r+s 2015, 538, 539; 594, 595; 598, 599.
266 BGH VersR 2016, 450; BGH BeckRS 2016, 03970; BGH VersR 2004, 497.
267 BGH WM 2015, 1614, 1615; BGH r+s 2016, 19; BGH BeckRS 2015, 16603 Rn. 12.
268 BGH VersR 2004, 497, unter 3. a) der Gründe.
269 BGH VersR 2015, 876 Rn. 11; s. dazu *Koch* LMK 2015, 371071; BGH r+s 2016, 66 Rn. 11.
270 BGH VersR 2004, 497, unter 3. c) der Gründe.
271 BGH r+s 2015, 594, 595.

109 **Inhaltliche Richtigkeit der Belehrung:**[272] Falsch ist eine Belehrung, die auf ein Recht zum schriftlichen Widerspruch hinweist, obwohl Textform genügt,[273] oder die zur Voraussetzung des Widerspruchs erklärt, dass der VN mit den AVB und den Tarifbestimmungen nicht einverstanden sei.[274] Für die Beschreibung des Fristbeginns genügt es, wenn die Formulierungen des § 5a I 1 VVG a.F. übernommen werden: »... wenn Sie nicht innerhalb von 14 Tagen widersprechen« und »... wenn Ihnen die Unterlagen vorliegen.«[275] Auch der Hinweis auf den Erhalt von Versicherungsschein, Versicherungsbedingungen und die »Verbraucherinformation« genügt, wenn aufgrund der klaren Bezeichnung von Versicherungsschein und Versicherungsbedingungen unmissverständlich ist, welche Unterlagen mit der Verbraucherinformation gemeint sind.[276] Fehlerhaft ist eine Belehrung, nach der die Widerspruchsfrist mit Erhalt nur des Versicherungsscheins beginnt[277] oder mit Erhalt des Versicherungsscheins und der Verbraucherinformation[278] oder mit »Zugang dieses Schreibens«.[279] An dieser Beurteilung ändert sich nichts, wenn tatsächlich sämtliche erforderlichen Unterlagen dem VN zugegangen sind, da es für die Frage der Ordnungsgemäßheit der Belehrung auf derartige Fragen des Einzelfalls nicht ankommt.[280]

110 Eine **widersprüchliche Belehrung** liegt vor, wenn in der Schlusserklärung eine 10-Tage-Frist, vor der Unterschrift aber eine 14-Tage-Frist genannt ist.[281] Keine Widersprüchlichkeit liegt dagegen vor, wenn im Begleitschreiben drucktechnisch hervorgehoben über die 30-Tage-Frist belehrt wird, in der Verbraucherinformation aber nicht hervorgehoben von 14 Tagen die Rede ist; hier wird der VN auch nicht von einem rechtzeitigen Widerruf abgehalten.[282] Umgekehrt soll eine korrekte, nicht hervorgehobene Belehrung in den Verbraucherinformationen allerdings nicht genügen, wenn in der maßgeblichen Belehrung im Policenbegleitschreiben selbst nicht vollständig und richtig auf den Fristbeginn hingewiesen wird.[283] Unschädlich ist es, wenn als Anschrift des Versicherers sowohl die Adresse der Hauptverwaltung als auch die der zuständigen Bezirksdirektion genannt werden. Der VN kann ohne weiteres erkennen, dass der Widerspruch an beide Adressen gerichtet werden kann.[284]

111 **Drucktechnisch hervorgehoben** i.S.v. **§ 5a VVG a.F.** ist die Belehrung, wenn sichergestellt ist, »dass der VN die Belehrung zur Kenntnis nimmt, selbst wenn er nicht nach einer Widerspruchsmöglichkeit sucht.«[285] Das ist gegeben, wenn die Belehrung durch Fettdruck und Randüberschrift[286] oder durch Kursivdruck in einem gesonderten Absatz[287] hervorgehoben ist. Der Hinweis auf die Widerrufsfolgen muss nicht hervorgehoben sein, sondern darf sich im Fließtext befinden.[288] Sind das Widerspruchsrecht ebenso wie die dazugehörige Überschrift zwar in den AVB fettgedruckt, unterscheiden sich aber drucktechnisch nicht von den sonstigen Paragraphen der AVB, sind sie nicht hinreichend hervorgehoben.[289] Letzteres gilt auch, wenn die Belehrung in etwas fetteren Lettern gesetzt ist, sich aber dennoch nicht wesentlich vom übrigen Text abhebt.[290] Auch eine Belehrung, in der nur der erste Satz des Belehrungstextes fett gedruckt ist, ist nicht genügend hervorgehoben,[291] ebenso wenig eine in den Verbraucherinformationen unter den Regeln des Rücktrittsrechts festgehaltene, nicht hervorgehobene Belehrung[292] oder eine nicht fett gedruckte Belehrung über das Widerrufsrecht nach § 5a VVG a.F., der eine fett gedruckte Belehrung nach § 5 VVG a.F. direkt folgt, so dass der VN von der anderen Belehrung abgelenkt wird.[293] An einer wirksamen Belehrung kann es auch fehlen, wenn sie für einen durchschnittlichen VN nur mit großer Mühe lesbar ist, weil die Schrift extrem klein ist und jegliche Untergliederung des Textes fehlt.[294] Auch wenn die Belehrung nach **§ 8 IV VVG a.F.** nicht drucktechnisch hervor-

---

272 Ein Beispiel für eine den inhaltlichen und formalen Anforderungen des § 8 VVG a.F. genügende Belehrung findet sich bei BGH VersR 2014, 824 ff.
273 BGH r+s 2016, 18; OLG München VersR 2013, 1025, 1026 zu § 5a VVG a.F.
274 BGH r+s 2015, 597.
275 BGH r+s 2015, 593, 594.
276 BGH r+s 2015, 596.
277 BGH VersR 2016, 450; BGH WM 2015, 1614, 1616; BGH r+s 2015, 597; BGH BeckRS 2016, 03903.
278 BGH r+s 2016, 19.
279 OLG Hamm VersR 2016, 107, 108.
280 BGH WM 2015, 1614, 1616; BGH NJW 1993, 1013, 1014.
281 KG r+s 2015, 179 zu § 8.
282 BGH r+s 2016, 66 Rn. 12 zu § 5a.
283 OLG Karlsruhe NJW-RR 2016, 548, 549.
284 BGH r+s 2015, 537, 538.
285 BGH r+s 2015, 598, 599.
286 BGH r+s 2015, 593, 594; BGH VersR 2014, 824, 826.
287 BGH r+s 2015, 598, 599.
288 BGH VersR 2014, 824, 826.
289 OLG München VersR 2013, 1025, 1026.
290 BGH VersR 2004, 497, unter 3. d) der Gründe.
291 BGH r+s 2015, 597.
292 OLG Hamm VersR 2016, 107, 108.
293 BGH r+s 2016, 20, 21.
294 BGH VersR 2014, 824, 826 (obiter dictum); BGH NJW 2011, 1061, 1062 f.

gehoben sein muss, muss sie doch inhaltlich möglichst umfassend, unmissverständlich und aus Sicht der Verbraucher eindeutig sein. Sie muss dem Aufklärungsziel Rechnung tragen, also darauf angelegt sein, den Angesprochenen aufmerksam zu machen und das Wissen, um das es geht, zu vermitteln.[295] Dem genügt eine Belehrung nicht, die am Ende eines längeren fett gedruckten Absatzes steht, der weitere Informationen enthält, aus denen der Hinweis auf das Widerrufsrecht nicht hervorgehoben ist.[296]

c) Gründe für den Ausschluss von Widerruf und Rückabwicklung
aa) Vorhergehende Kündigung

Einem Widerspruch steht eine – u.U. auch viele Jahre – **vorhergehende Kündigung** eines Lebensversicherungsvertrages durch den VN nicht entgegen, wenn der VN über sein Widerspruchsrecht nicht ausreichend belehrt wurde.[297] Er konnte dann sein Wahlrecht zwischen Kündigung und Widerspruch nicht sachgerecht ausüben.[298]

112

bb) Beiderseits vollständige Leistungserbringung

Inwieweit trotz fehlerhafter oder unterbliebener Belehrung in den Fällen der §§ 5a, 8 VVG a.F. die **beiderseits vollständige Leistungserbringung** den Widerruf ausschließt, ist noch nicht abschließend geklärt. In einem Fall einer 1993 abgeschlossenen Lebensversicherung verneinte der BGH ein Widerspruchsrecht des VN aus **§ 8 IV 1 VVG a.F.** jedenfalls nach beiderseits vollständiger Leistungserbringung, die nach Auffassung des BGH durch Kündigung und Auszahlung des Rückkaufswerts im Jahre 2000 eingetreten war.[299] Begründet hat der BGH dies mit einer analogen Anwendung von § 7 II VerbrKrG, § 2 I 4 HWiG.[300] Das Ziel des Gesetzgebers, Rechtssicherheit zu schaffen, trage auch im Falle des § 8 VVG a.F. Es trete hinter dem Interesse des Widerrufsberechtigten zurück.

113

Diese Überlegungen seien aber, so der BGH später, nicht auf **§ 5a VVG a.F.** übertragbar, weil es hier an einer planwidrigen Regelungslücke fehle, die hinsichtlich des Beginns der Widerspruchsfrist und einer zeitlichen Begrenzung des Widerspruchsrechts durch eine entsprechende Anwendung der §§ 7 II 3 VerbrKrG, 2 I 4 HWiG zu schließen wäre.[301] Das Widerspruchsrecht bestehe aufgrund der richtlinienkonformen teleologischen Reduktion des § 5a II 4 VVG a.F. fort, wodurch sich ein anderer Regelungskontext ergebe. Es ist zu erwarten, dass der BGH diese Rspr. auch auf § 8 IV, V VVG a.F. übertragen wird, denn er hat erst nach seinem Urteil zum Erlöschen des Widerrufsrechts durch Leistungserbringung die richtlinienkonforme teleologische Reduktion (besser: Elimination) des § 8 V 4 VVG a.F. vertreten. Diese müsste dann nach seiner Argumentation ebenso wie bei § 5a VVG a.F. ein Erlöschen des Widerrufsrechts nach beidseitiger Leistungserbringung an sich ausschließen. Richtigerweise schafft aber die teleologische Reduktion der §§ 5a II 4, 8 V 4 VVG a.F. eine Gesetzeslücke, da ein ewiges Widerrufsrecht unter bestimmten Voraussetzungen mit dem Prinzip der Rechtssicherheit kollidiert. Es ließe sich daher in allen Fällen beidseitiger Leistungserbringung, also sowohl bei § 8 VVG a.F. als auch bei § 5a VVG a.F., annehmen, dass – je nach zeitlicher Geltung, dazu sogleich – § 8 III 2 oder § 7 II VerbrKrG, § 2 I 4 HWiG oder § 312d III BGB a.F. analog anwendbar sind, also eine Erfüllung das Widerrufsrecht erlöschen lassen kann, ggf. unter der zusätzlichen Voraussetzung des Erfüllungswunsches des VN.[302] Ob man allerdings die Kündigung einer Lebensversicherung durch den VN als »Erfüllungswunsch« interpretieren kann, ist zweifelhaft; man käme dann im Ergebnis doch dazu, dass die Kündigung den Widerruf ausschließt, jedenfalls wenn alles abgewickelt ist, und der VN nicht zwischen Kündigung und Widerruf wählen konnte. Ein differenzierteres Ergebnis ermöglicht der Grundsatz von Treu und Glauben, dessen spezielle Ausprägung § 8 III 2 ist.[303] Dieser Ansatz ist einer Analogie zu § 8 III 2 vorzuziehen.

Einer entsprechenden Anwendung der § 7 II VerbrKrG, § 2 I 4 HWiG auf einen Widerruf nach **§ 5a VVG a.F. oder § 8 VVG a.F.** sind aber auch aus Gründen **intertemporalen Rechts** Grenzen gezogen. Die genannten Vorschriften des VerbrKrG und des HWiG sind ab dem 01.01.2003 nicht auf »alte« Dauerschuldverhältnisse anwendbar (Art. 229 § 5 Satz 2 EGBGB).[304] Ist also ein Lebensversicherungsvertrag erst nach diesem Stichtag durch Kündigung und Auszahlung des Rückkaufswertes abgewickelt worden, kann die darin liegende beiderseitige vollständige Leistungserbringung nicht analog der außer Kraft getretenen Vorschriften der § 7 II VerbrKrG, § 2 I 4 HWiG zum Erlöschen des Widerrufsrechts führen.[305] Es kommen aber möglicherweise andere Normen für eine Analogie in Betracht, etwa § 312d III BGB a.F.

114

---

295 BGH VersR 2013, 1513, 1514.
296 BGH VersR 2013, 1513, 1514.
297 BGH NJW 2014, 2646, 2650.
298 BGH NJW 2014, 2646, 2650; BGH VersR 2013, 1513, 1515 m.w.N.
299 BGH VersR 2013, 1513, 1515 f.
300 BGH VersR 2013, 1513, 1515 f.
301 BGH VersR 2016, 450, 451.
302 *Armbrüster* NJW 2014, 497, 498; HK-VVG/*Brambach*, § 152 Rn. 91.
303 *Armbrüster* NJW 2014, 497, 498.
304 BGH NJW 2014, 2646, 2650; OLG Hamm VersR 2016, 107, 108 f. jeweils zu § 5a VVG a.F.
305 BGH NJW 2014, 2646, 2650 (Kündigung 2007); OLG Hamm VersR 2016, 107, 108 f. (Kündigung 2006).

cc) Treu und Glauben (§ 242 BGB)

115 Nach dem oben Gesagten besteht das Widerspruchsrecht aus § 5a I VVG a.F. grundsätzlich fort, wenn der VN nicht ordnungsgemäß über dieses Recht belehrt wurde. Widerruf und Rückabwicklung kommen daher auch nach Jahren noch in Betracht. Dagegen sind nach hier vertretener Auffassung ordnungsgemäß belehrte VN nicht zum Widerspruch berechtigt, selbst wenn man annimmt, das Policenmodell habe gegen europäisches Recht verstoßen (oben Rdn. 93 ff.). Unterstellt man jedoch mit der Gegenauffassung, dass auch ein richtig belehrter VN nach dem Policenmodell geschlossene Verträge mit ex-tunc-Wirkung widerrufen kann, könnte auch hier noch nach Jahren widerrufen und rückabgewickelt werden. In beiden Fällen, also bei fehlerhafter sowie fehlerfreier Belehrung, ist dann zu prüfen, ob das Widerrufsrecht nach § 242 BGB erloschen ist, weil dem VN **widersprüchliches Verhalten** vorzuwerfen ist. § 242 BGB wirkt in diesem Fall als **rechtsvernichtende Einwendung**.[306] Widersprüchliches Verhalten liegt vor, wenn ein besonderer Vertrauenstatbestand geschaffen wurde oder sonstige besondere Umstände gegeben sind, die die Geltendmachung des Rechts treuwidrig erscheinen lassen.[307] Ein spezieller Fall des widersprüchlichen Verhaltens ist die **Verwirkung**, die voraussetzt, dass ein Recht längere Zeit nicht geltend gemacht wurde (Zeitmoment) und der andere Teil sich aufgrund des gesamten Verhaltens des Berechtigten darauf einstellen durfte und darauf eingestellt hat, dass das Recht nicht mehr geltend gemacht werde, und deshalb durch die verspätete Durchsetzung einen unzumutbaren Nachteil erlitte (Umstandsmoment).[308]

116 Wurde der VN **fehlerhaft belehrt**, fehlt es nach Auffassung des BGH für die **Verwirkung** am Umstandsmoment. Der VR könne schutzwürdiges Vertrauen schon deshalb nicht in Anspruch nehmen, weil er »die Situation selbst herbeigeführt hat, indem« er dem VN »keine ordnungsgemäße Widerspruchsbelehrung erteilte«.[309] Mit der »Situation« meint der BGH offenbar das Fortbestehen des Widerspruchsrechts als »ewiges« Recht. Aus jahrelanger Prämienzahlung allein lasse sich treuwidriges Verhalten des VN daher nicht herleiten.[310] Auch ein **sonstiges widersprüchliches Verhalten** scheitere, so der BGH, bereits daran, dass der Versicherer, der nicht ordnungsgemäß über das Widerspruchsrecht belehrt hat, nicht schutzwürdig sei.[311]

117 Ob bei nur marginalen Fehlern in der Widerspruchsbelehrung der Verwirkungseinwand durchgreift,[312] ließ der BGH offen.[313] Die meisten praktisch vorkommenden Mängel sieht der BGH nicht als marginale Mängel an, sondern meint, sie beträfen Aspekte, die für die Ausübung des Widerspruchsrechts **wesentlich** seien, wie etwa die fehlende Angabe der notwendigen Form des Widerspruchs,[314] die fehlende drucktechnische Hervorhebung,[315] fehlerhafte Hinweise auf den Beginn der Widerspruchsfrist,[316] insbesondere die fehlerhafte Benennung der fristauslösenden Unterlagen.[317]

118 Die pauschale Sicht des BGH bricht zwar nicht mit Verfassungsrecht[318], aber mit den zu § 242 BGB geltenden Grundsätzen.[319] Nicht überzeugend ist es bereits, dem VR die Berufung auf Verwirkung deshalb zu versagen, weil er das »ewige« Widerspruchsrecht durch seine fehlerhafte Belehrung selbst herbeigeführt habe. Damit würde das Widerrufsrecht in diesem Fall zu einem Recht, dessen Ausübung nicht § 242 unterfällt. Solche Rechte kennt die deutsche Rechtsordnung aber nicht.[320] Viele subjektive Rechte löst der Verpflichtete durch seine fehlerhafte oder gar schuldhafte Handlung selbst aus, ohne dass dies eine Verwirkung oder eine andere Fallgruppe des § 242, prinzipiell ausschlösse. § 242 BGB ermöglicht ein differenziertes Urteil. Insbesondere Fehler im Hinblick auf die notwendige Form des Widerspruchs können im Hinblick auf die Verwirkung durchaus unterschiedlich zu bewerten sein. So ist ein fehlender Hinweis auf die notwendige Form – etwa die häufig anzutreffende Formulierung, »Absendung« des Widerspruchs innerhalb der Frist genüge – unter dem Aspekt der Verwirkung u.U. nur als marginaler Fehler zu werten. Die weite Formulierung ließ dem VN ein weites Spektrum an Widerspruchsformen. Auch die komplette Vertragsabwicklung durch Kündigung und Endabrechnung kann, abhängig vom Einzelfall, eine Verwirkung begründen. Außerdem kann ein Widerruf auch bei fehlerhafter Belehrung **rechtsmissbräuchlich** sein, wenn das Widerrufsrecht nicht aus einem schutzwürdigen Eigeninteresse ausgeübt wird, sondern wenn mit ihm objektiv Zwecke verfolgt werden, die mit dem eigentlichen Grund seiner Anordnung nichts zu tun haben. Das wurde in der oberlandesgerichtlichen Rspr.

---

306 Palandt/*Grüneberg*, § 242 Rn. 96.
307 Palandt/*Grüneberg*, § 242 Rn. 55.
308 BGH NJW 2014, 2646, 2650; Palandt/*Grüneberg*, § 242 Rn. 87.
309 BGH NJOZ 2016, 689, 690; BGH r+s 2015, 435, 437; BGH NJW 2014, 2646, 2650.
310 OLG Karlsruhe VersR 2016, 516, 517.
311 BGH NJW 2014, 2646, 2650.
312 Dafür *Heyers* NJW 2014, 2619, 2621.
313 BGH NJOZ 2016, 689, 690; BGH r+s 2016, 20, 22.
314 BGH NJOZ 2016, 689, 690; BGH r+s 2015, 435, 437; BGH NJW 2015, 3098, 3099; BGH BeckRS 2016, 04809.
315 BGH BeckRS 2016, 04809; BGH r+s 2016, 20, 22.
316 BGH BeckRS 2016, 04886; 2015, 14059; BGH NJW 2015, 3098, 3099.
317 BGH BeckRS 2016, 04659.
318 BVerfG BeckRS 2016, 48580 Rn. 59
319 Ausführlich *Heyers* NJW 2014, 2619, 2621.
320 OLG Hamburg Urt. v. 15.06.2016 Az. 13 U 138/15 unter II. der Gründe.

beim Widerruf eines Darlehensvertrages mit dem Ziel, sich das niedrige Zinsniveau zunutze zu machen[321] oder eine Investitionsentscheidung zu revidieren,[322] angenommen. Der BGH hat allerdings entschieden, dass das Motiv des Darlehensnehmers nicht allein deshalb zu seinen Lasten in die Abwägung einfließen dürfe, weil es außerhalb des Schutzzwecks des Widerrufsrechts lag.[323] Das schließt es aber nicht generell aus, das Motiv aus anderen Gründen in die Gesamtabwägung einfließen zu lassen. Auch beim Widerruf einer Lebensversicherung erscheint es durchaus möglich, dass der VN den Widerruf nutzt, um eine Investitionsentscheidung zu revidieren, die sich für ihn erst im langjährigen Rückblick als ungünstig erweist, obwohl sie aus damaliger Sicht interessengerecht und wirtschaftlich günstig war.

Wurde der VN **richtig belehrt**, was auch den Erhalt aller nach § 5a I VVG a.F. erforderlichen Unterlagen voraussetzt, sind ihm – bei unterstellter EU-Rechtswidrigkeit des Policenmodells – nach § 242 BGB die Berufung auf eine mögliche Unwirksamkeit des Vertrages oder ein Widerruf nach Ablauf der Widerrufsfrist versagt. Er verhält sich treuwidrig, wenn er ordnungsgemäß über seine Möglichkeit belehrt wurde, den Vertrag ohne Nachteile nicht zustande kommen zu lassen, und wenn er daraufhin den Vertrag jahrelang unter regelmäßiger Prämienzahlung durchführt und dann rückgängig machen will. »Jahrelang« bedeutet nach der Kasuistik dreizehn Jahre,[324] elf Jahre,[325] elf Jahre plus weitere zwei[326] oder drei[327] Jahre nach Kündigung;[328] acht Jahre plus weitere acht Jahre nach Kündigung,[329] über fünf Jahre plus weitere zehn Jahre[330] oder fünf Monate[331] nach Kündigung,[332] zehn Jahre,[333] neun Jahre,[334] acht Jahre,[335] sieben Jahre,[336] sechs Jahre mit zwischenzeitlicher Vertragsänderung, anschließender Kündigung und weiterem Zuwarten von sieben Jahren,[337] sechs Jahre plus weitere zwei Jahre nach Kündigung,[338] vier Jahre plus weitere zwei Jahre nach Kündigung.[339] Verfügungen des VN über die Versicherung wie etwa die Verpfändung[340] verstärken den Vertrauenstatbestand. Die Treuwidrigkeit ist unabhängig davon gegeben, ob der potentielle Verstoß des Policenmodells gegen EU-Recht für den VN erkennbar war.[341] Auch die Tatsache, dass der Versicherer durch die Wahl des Policenmodells die Ursache für eine mögliche Unwirksamkeit oder Widerruflichkeit des Vertrages gesetzt hat, lässt die Schutzwürdigkeit seines Vertrauens in die Wirksamkeit des Vertrages nicht entfallen. Denn er hat eine Vertragsgestaltung gewählt, die dem damals geltenden deutschen Recht entsprach.[342] Für den VN war auch erkennbar, dass der Versicherer auf den Bestand des Vertrages vertraute. Die rechtsvernichtende Einwendung aus § 242 BGB verstößt auch nicht gegen EU-Recht, da die Zwecke der Richtlinienvorgaben durch sie nicht vereitelt werden. Der VN wurde über sein Widerspruchsrecht informiert.[343] Zwar wurde der weitere Zweck, vor einer bindenden Erklärung alle Informationen und damit die unverbindliche Auswahl zwischen mehreren Produkten zu haben, zunächst verfehlt, er kann aber durch eine rückwirkende Vertragsabwicklung auch nicht mehr erreicht werden (s. schon oben). Nach anderer Ansicht ist dieser Zweck durch die Möglichkeit des Widerrufs ebenfalls erreicht,[344] was dann konsequenterweise aber dazu führen müsste, dass das Policenmodell EU-rechtskonform ist.

Unabhängig von der Ordnungsmäßigkeit der Belehrung beim ursprünglichen Vertragsabschluss steht der Rückabwicklung § 242 BGB entgegen, wenn der VN nach späterem Erhalt aller Informationen auf einer Wiederinkraftsetzung des Vertrages besteht und so den Eindruck erweckt, den Vertrag unbedingt fortsetzen zu

---

321 OLG Düsseldorf BeckRS 2016, 02209 Rn. 19 ff.; OLG Hamburg Urt. v. 15.06.2016 Az. 13 U 138/15.
322 OLG Hamburg BeckRS 2016, 08820
323 BGH Urt. v. 12.07.2016 Az.: XI ZR 501/15, Urteilsgründe liegen noch nicht vor.
324 BGH BeckRS 2015, 18440.
325 BGH BeckRS 2015, 18932.
326 BGH BeckRS 2016, 01326.
327 BGH BeckRS 2016, 01326.
328 BGH r+s 2015, 596, 597.
329 BGH VersR 2016, 973, 974.
330 BGH r+s 2015, 537, 538; ein gutes Jahr nach der Kündigung OLG Frankfurt VersR 2016, 315, 316.
331 BGH r+s 2015, 538.
332 BGH r+s 2015, 538.
333 BGH BeckRS 2016, 01624.
334 BGH r+s 2015, 594, 595.
335 BGH BeckRS 2015, 21001.
336 BGH BeckRS 2015, 18440.
337 BGH NJW 2014, 2723, 2727.
338 BGH r+s 2015, 598, 599.
339 BGH r+s 2016, 66, 67.
340 BGH r+s 2015, 596, 597.
341 BGH NJW 2014, 2723, 2727.
342 BGH NJW 2014, 2723, 2728.
343 BGH NJW 2014, 2723, 2728; BGH BeckRS 2015, 19459.
344 *Looschelders* VersR 2016, 7, 14; das steht aber in Widerspruch zu der Annahme des Autors auf S. 11, dass das Policenmodell diesem Schutzzweck nicht gerecht werde.

wollen.³⁴⁵ Auch wenn die Ansprüche aus dem Versicherungsvertrag kurz nach Vertragsabschluss zur Kreditsicherung abgetreten werden und nach acht Jahren eine weitere Abtretung dieser Art erfolgt, liegt nach Ansicht des BGH ein Umstand vor, der schutzwürdiges Vertrauen des VR in die Gültigkeit des Vertrages begründet.³⁴⁶ Werden die Ansprüche jedoch ohne zeitlichen Zusammenhang zum Vertragsabschluss und auch nur einmal abgetreten, begründe das, so der BGH, keine besonders gravierenden Umstände, die das Vertrauen des VR schützenswert erscheinen lassen.³⁴⁷ Eine unzulässige Rechtsausübung wurde auch unabhängig von einer ordnungsgemäßen Belehrung in einem Fall angenommen, in dem VN ein Versicherungsvertreter war, der sein Recht zum Widerspruch kannte und sich trotzdem auf eine nicht ausreichende drucktechnische Hervorhebung im Policenbegleitschreiben berief.³⁴⁸ In diesem Fall sei das Vertrauen des VR in das Verhalten des VN ausnahmsweise schutzwürdig, obwohl der VR durch die Wahl des Policenmodells die Ursache für die behauptete Unwirksamkeit des Vertrages gesetzt habe.³⁴⁹ Ist der VN durch einen Makler vertreten, macht das eine Belehrung nicht entbehrlich³⁵⁰ und führt auch nicht zur Treuwidrigkeit des Widerrufs.

121 Ob in einem Fall, in dem das Widerrufsrecht nicht nach § 242 BGB verwirkt ist, dem **Anspruch aus § 812 I 1 Fall 1 BGB** die Einwendung unzulässiger Rechtsausübung entgegenstehen kann, erscheint rechtlich nicht ausgeschlossen, aber doch praktisch kaum denkbar.³⁵¹

d) Bereicherungsrechtliche Rückabwicklung

aa) Inhalt des Bereicherungsanspruchs

122 Der Widerruf führt zur rückwirkenden und endgültigen Unwirksamkeit der bis dahin schwebend unwirksamen Verträge. Nach § 812 I 1 BGB haben beide Seiten einen Anspruch auf Herausgabe des Geleisteten, nach § 818 I BGB zudem auf gezogene Nutzungen und erlangte Surrogate. Ist eine Herausgabe nicht möglich, ist Wertersatz zu leisten, § 818 II BGB. Da der Versicherungsvertrag ein gegenseitiger Vertrag ist, kann der vom VN auf Rückzahlung der Prämien einschließlich Nutzungen in Anspruch genommene Versicherer die von ihm erbrachte Gegenleistung verrechnen (Fortsetzung des Synallagmas im Rahmen der Rückabwicklung, »**Saldotheorie**«). Der Bereicherungsausgleich ist grundsätzlich auf das objektive Maß der Bereicherung zu beschränken.³⁵²

123 Hinsichtlich der Rückzahlung geleisteter **Prämien** ist in der Regel nach § 818 II BGB der Wert zu erstatten, da die dem Versicherer verschaffte Buchposition gegenüber seiner Bank nicht herausgegeben werden kann.³⁵³ Es handelt sich dabei um eine Geldsummenschuld (Risiko der Geldentwertung beim VN), nicht um eine Geldwertschuld (Risiko der Geldentwertung läge beim VR).³⁵⁴ Geschuldet ist die gezahlte Summe, da nur in dieser Höhe eine Bereicherung besteht.³⁵⁵

124 Des Weiteren muss der Versicherer die **Nutzungen** herausgeben, die er aus dem primär herauszugebenden Bereicherungsgegenstand, hier den Prämien, gezogen hat. Herauszugeben sind die Nutzungen aus dem Herauszugebenden, nicht aus dem Erlangten,³⁵⁶ denn § 818 I BGB erweitert nur den Hauptanspruch aus § 812 BGB auf Herausgabe des rechtsgrundlos Erlangten.³⁵⁷ Soweit die **Prämie zur Deckung des Risikoanteils** gedacht war, ist sie nicht herauszugeben (s.u. Rdn. 127), so dass aus ihr gezogene Nutzungen ebenfalls nicht herauszugeben sind. Der BGH begründet das damit, dass es zu einem Ungleichgewicht innerhalb der Gemeinschaft der Versicherten komme, wenn einige von ihnen, nämlich die widersprechenden, die Nutzungen erhielten.³⁵⁸ Auf dieses rechtlich unscharfe Argument muss aber nicht abgestellt werden. Richtigerweise kommt eine Nutzungsherausgabe wie dargelegt schon deshalb nicht in Betracht, weil der Risikoanteil der Prämie im Wege der Saldierung von der herauszugebenden Leistung des VN abzuziehen ist. Ist diese Leistung nicht herauszugeben, dann müssen auch die aus ihr gezogenen Nutzungen nicht herausgegeben werden.

125 Herauszugeben sind nur die Nutzungen, die der Versicherer **tatsächlich gezogen** hat,³⁵⁹ also die Zinsen aus der tatsächlich erfolgten Anlage der Prämien. Dem Versicherer steht nicht die gesamte Prämie zur Geldanlage zur Verfügung. Soweit die Prämie die **Abschlusskosten** abdeckt, ist nicht davon auszugehen, dass der Ver-

---

345 BGH BeckRS 2016, 02173; BeckRS 2016, 02174.
346 BGH r+s 2016, 230, 231.
347 BGH r+s 2016, 339, 340.
348 OLG Stuttgart r+s 2015, 123, 124.
349 OLG Stuttgart r+s 2015, 123, 124.
350 BGH VersR 2016, 973, 974; BGH r+s 2016, 230.
351 Näher *Brand* VersR 2014, 269, 276.
352 Palandt/*Sprau*, § 818 Rn. 2.
353 OLG Stuttgart VersR 2015, 561, 562; *Reiff* r+s 2015, 105, 107.
354 BeckOK BGB/*Freitag*, § 244 Rn. 71; a.A. *Reiff* r+s 2015, 105, 107: Geldwertschuld.
355 Anders ist es, wenn der primäre Bereicherungsgegenstand nicht in Geld besteht, BeckOK BGB/*Freitag*, § 244 Rn. 71.
356 BeckOK BGB/*Wendehorst*, § 818 Rn. 10.
357 BGH NJW 2007, 3127, 3129 Rn. 17.
358 BGH r+s 2016, 20, 23; BGH BeckRS 2016, 03907.
359 BGH BeckRS 2016, 03970 Rn. 20; BGH WM 2015, 1614, 1617; BGH r+s 2016, 20, 23; VersR 2015, 1104 Rn. 51.

sicherer die Prämie angelegt hat.[360] Er muss Nutzungen insofern daher nicht herausgeben. Das steht nicht im Widerspruch dazu, dass er nach Auffassung des BGH den Abschlusskostenanteil der Prämie herausgeben muss und sich nicht auf Entreicherung berufen kann (dazu Rdn. 129).[361] Denn nicht aus jedem primär herauszugebenden, nicht durch Entreicherung verlorenen Bereicherungsgegenstand werden tatsächlich Nutzungen gezogen. Zudem stünde der Versicherer, würde ihm eine gewinnbringende Anlage des Abschlusskostenanteils der Prämie unterstellt, schlechter, als wenn er niemals Prämienzahlungen des VN erhalten hätte. Das stünde im Widerspruch zu den Grundsätzen des Bereicherungsausgleichs.[362] Bei dem auf die **Verwaltungskosten** entfallenden Prämienanteil hat der BGH bis jetzt ebenfalls eine Pflicht zur Herausgabe der Nutzungen verneint, dies allerdings auf unzureichende Darlegung der erzielten Nutzungen gestützt.[363] Das lässt den Rückschluss zu, dass der BGH bei entsprechender Darlegung Nutzungen zusprechen würde. Andere argumentieren, das Entreicherungsrisiko trage der Versicherer.[364]

Nach allgemeinen bereicherungsrechtlichen Grundsätzen sind die Leistungen des VN, also die Prämienzahlungen nebst daraus gezogener Nutzungen, mit der Gegenleistung des Versicherers zu **saldieren**. Die Gegenleistung besteht in der **Gewährung von Versicherungsschutz**, kann also ebenfalls nur im Wege des Wertersatzes nach § 818 II BGB im Rahmen der Saldierung zurückgewährt werden. Der Versicherungsschutz kann als Bereicherungsgegenstand angesehen werden, obwohl der Vertrag bis zum Widerruf schwebend unwirksam war. Denn es ist davon auszugehen, dass der VN oder der Begünstigte im Versicherungsfall den Versicherungsschutz in Anspruch genommen hätte und dass der Versicherer geleistet hätte. Insofern bestand **faktisch Versicherungsschutz**.[365] 126

Der Wert des Versicherungsschutzes kann unter Berücksichtigung der **konkreten Prämienkalkulation** bemessen werden, so kann insbesondere in der Lebensversicherung dem Risikoanteil Bedeutung zukommen.[366] Der Anteil der Prämie, der für den Schutz gegen das Todesfallrisiko bzw. das Berufsunfähigkeitsrisiko berechnet war, ist als Gegenleistung des Versicherers vom Anspruch des VN abzuziehen.[367] Alternativ könne, so wird vorgeschlagen, auch dasjenige anzurechnen sein, was der VN für eine vergleichbare Risikoversicherung im Zeitpunkt des Vertragsabschlusses am Markt hätte bezahlen müssen.[368] Dann könnte ein Versicherer, der über dem Marktpreis lag, nicht seinen vollen Risikoanteil anrechnen. Das spricht gegen diese Lösung, soll die Saldierung doch das Synallagma aufrechterhalten. Der Bereicherungsausgleich soll dem VN nicht die Möglichkeit geben, die wirtschaftliche Entscheidung für eine bestimmte Versicherung durch die für eine andere zu ersetzen. Abzuziehen ist außerdem der **Rückkaufswert**, wenn der Versicherer ihn schon an den VN ausbezahlt hat.[369] Abzuziehen sind auch die **Kapitalertragsteuer** sowie der **Solidaritätszuschlag**, die der Versicherer für den VN abgeführt hat.[370] Dagegen reduzieren sonstige **Steuervorteile**, die der VN durch den Vertrag erzielt hat, seinen Anspruch nicht, weil er diese Vorteile nicht dadurch erlangt hat, dass der Versicherer seine Steuerschuld beglichen hat.[371] 127

Der Versicherer kann sich nach Auffassung des BGH hinsichtlich des Abschluss- und Verwaltungskostenanteils der Prämien nicht mit der Begründung auf **Entreicherung nach § 818 III BGB** berufen, die Prämie sei insoweit ausgegeben worden.[372] Hinsichtlich des **Verwaltungskostenanteils der Prämien** begründet der BGH das damit, dass die Verwaltungskosten nicht adäquat-kausal durch die Prämienzahlungen entstanden seien. Vielmehr seien sie unabhängig von den streitgegenständlichen Versicherungsverträgen angefallen und beglichen worden. Auch die Tatsache, dass mit den Prämienanteilen Aufwendungen bestritten wurden, reduziere nicht die Bereicherung, da der Versicherer den Einsatz sonstiger Finanzmittel erspart habe.[373] In der Literatur wird zudem angeführt, dass diese Kosten auch bei einem Widerruf nach ordnungsgemäßer Belehrung nicht ersetzt verlangt werden können.[374] In der letztgenannten Situation trägt allerdings der Versicherer deshalb das Entreicherungsrisiko, weil die Kosten dieser Schwebephase nach den gesetzlichen Vorgaben ohne- 128

---

360 BGH BeckRS 2016, 03970 Rn. 20; BGH VersR 2016, 973, 974; BGH r+s 2016, 339, 340.
361 BGH r+s 2016, 20, 23.
362 BGH r+s 2016, 20, 23.
363 BGH r+s 2016, 20, 23; BGH BeckRS 2016, 03907 Rn. 20 f.; BGH BeckRS 2016, 03903; BGH VersR 2016, 973, 974; BGH r+s 2016, 339, 340.
364 OLG Stuttgart r+s 2015, 123, 125.
365 BGH NJW 2014, 2646, 2651; BGH WM 2015, 1614, 1616.
366 BGH r+s 2016, 20, 22; BGH WM 2015, 1614, 1616.
367 BGH r+s 2016, 20, 22; BGH WM 2015, 1614, 1616; kritisch hierzu *Fiala/Schramm* ZfV 2016, 147, 148 (Risikoanteil so zu gering bemessen); dagegen wiederum *Schuster* ZfV 2016, 250 ff. mit Rechenbeispielen.
368 HK-VVG/*Brambach*, § 152 Rn. 75.
369 BGH NJW 2015, 3098, 3100.
370 BGH NJW 2015, 3098, 3100; KG r+s 2015, 179, 182; *Koch* NJW 2015, 1819, 1820; *Reiff* r+s 2015, 105, 109 f.
371 Vgl. OLG Köln NJW-RR 2015, 598, 599; OLG Köln VersR 2015, 177, 178; OLG Stuttgart VersR 2015, 561, 563; *Reiff* r+s 2015, 105, 110; a.A. HK-VVG/*Brambach*, § 152 Rn. 88.
372 BGH r+s 2016, 20, 22; BGH WM 2015, 1614, 1616 f.; BGH BeckRS 2016, 03970; anders HK-VVG/*Brambach* § 152 Rn. 81.
373 BGH WM 2015, 1614, 1616 f.; BGH NJW 2015, 3098, 3100; s. auch OLG Stuttgart VersR 2015, 561, 563.
374 *Koch* NJW 2015, 1819, 1820.

hin zu seinen Lasten gehen. Das liegt anders, wenn der Vertrag als vermeintlich wirksam von beiden Seiten durchgeführt wird. Zum Teil wird in der Literatur dahingehend differenziert, dass Verwaltungskosten, die für die Risikoversicherung anfallen, nach § 818 III BGB anspruchsmindernd zu berücksichtigen sind, während Verwaltungskosten, die im Zusammenhang mit dem Sparanteil stehen, berücksichtigt werden sollen, indem sie von den Nutzungen abgezogen werden.[375] Dem ist zuzustimmen. Theoretisch können jeder Prämieneinnahme Verwaltungskosten zugewiesen werden. Um diese ist der Versicherer dann auch entreichert.[376] Die Schwierigkeit dürfte eher darin liegen, solche Kosten für konkrete Verträge in einer Weise zu konkretisieren, dass § 287 ZPO genügt ist.

129 Bei den **Abschlusskosten** ergebe sich, so der BGH, aus dem europarechtlichen Effektivitätsgrundsatz, dass der Versicherer bei wirksamem Widerspruch das Entreicherungsrisiko trage.[377] Nicht entscheidend sei dagegen, dass die Rückabwicklung auf der nicht ordnungsgemäßen Belehrung durch den Versicherer beruhe.[378] Dem ist nicht zu folgen. Der Effektivitätsgrundsatz verlangt, dass ein Widerspruch möglich bleibt, nicht aber, dass bereicherungsrechtliche Grundsätze aufgegeben werden. Nach diesen schuldet der Versicherer Herausgabe der noch vorhandenen Bereicherung. Soweit er als Abschlusskosten Vermittlerprovision oder Courtage gezahlt hat, ist er entreichert.[379] Er ist auch schutzwürdig, da er auf die Zulässigkeit des Policenmodells vertrauen durfte, er haftet also gerade bereicherungsrechtlich nicht verschärft. Soweit die Abschlusskosten als allgemeine Kosten im Unternehmen unabhängig von dem einzelnen Vertrag entstanden sind, gilt das zu den Verwaltungskosten Gesagte; sie sind nach hier vertretener Ansicht auch als Entreicherung zu berücksichtigen.[380]

130 **Ratenzahlungszuschläge** führen nach Auffassung des BGH nicht zu Entreicherung, selbst wenn sie einen Verwaltungsaufwand kompensieren sollen.[381]

131 Ist der Anteil der Prämien, aus dem der Versicherer Nutzungen zu erstatten hat, in **Fonds** angelegt worden, sind **Verluste** dieser Fonds bereicherungsmindernd anzurechnen, denn das Entreicherungsrisiko ist insofern dem VN zugewiesen, der sich bewusst für dieses Risiko entschieden hat und es auch bei vollständiger Durchführung des Vertrages zu tragen gehabt hätte.[382] Das Widerspruchsrecht werde jedenfalls dann nicht entwertet, wenn die Verluste nur einen geringen Teil der Sparanteile ausmachten.[383] Auf die relative Höhe der Verluste kann es indes nicht ankommen. Da es um einen Bereicherungsausgleich geht und da der Versicherer nicht verschärft haftet, müssen die Verluste in voller Höhe zulasten des VN gehen.

bb) Verjährung

132 Die bereicherungsrechtlichen Ansprüche verjähren nach § 195 BGB in drei Jahren. Der Verjährungsbeginn richtet sich nach § 199 Abs. 1 Nr. 1 BGB. Danach beginnt die Verjährung am Schluss des Jahres, in dem der Anspruch entstanden ist und der Gläubiger von den anspruchsbegründenden Umständen und der Person des Schuldners Kenntnis erlangt oder ohne grobe Fahrlässigkeit erlangen müsste. Da die Erklärung des Widerspruchs Voraussetzung für die Entstehung des Anspruchs ist, beginnt die Verjährung erst am Schluss des Jahres, in dem der Widerspruch erklärt wurde. Auch die erforderliche Kenntnis des VN liegt zu diesem Zeitpunkt vor.[384] Eine Gegenansicht stellt hingegen für den Verjährungsbeginn auf das Ende des Jahres ab, in dem die jeweilige Prämie gezahlt worden ist.[385]

cc) Darlegungs- und Beweislast

133 Verlangt der VN die Herausgabe von Nutzungen, die der Versicherer aus rechtsgrundlosen Prämien gezogen hat, muss er darlegen und beweisen, dass diese Nutzungen gezogen wurden.[386] Dieser Last genügt der VN nicht, wenn er ohne Bezug zur Ertragslage des jeweiligen Versicherers eine Gewinnerzielung in einer bestimmten Höhe, z.B. von fünf Prozentpunkten über dem Basiszinssatz behauptet. Auch ein allgemeiner Vortrag, welche Verzinsung Lebensversicherer in einem bestimmten Jahr durchschnittlich erwirtschaftet haben, genügt nicht.[387] Der VN muss auf der Grundlage veröffentlichter Geschäftsberichte des Versicherers einen näher bestimmten

---

375 *Rudy* r+s 2015, 115, 120.
376 So auch HK-VVG/*Brambach*, § 152 Rn. 81.
377 BGH r+s 2016, 20, 23; BGH WM 2015, 1614, 1617; BGH NJW 2015, 3098, 3100 f.
378 BGH r+s 2016, 20, 23; BGH WM 2015, 1614, 1617; BGH NJW 2015, 3098, 3100 f.; a.A. OLG Köln r+s 2015, 121, 122.
379 So auch *Reiff* r+s 2015, 105, 109; weitergehend OLG Stuttgart VersR 2015, 561, 562 (alle Abschlusskosten).
380 S. auch OLG Stuttgart VersR 2015, 561, 563; r+s 2015, 123, 125; HK-VVG/*Brambach*, § 152 Rn. 80.
381 BGH WM 2015, 1614, 1616, 1617; BGH NJW 2015, 3098, 3101; OLG Karlsruhe NJW-RR 2016, 548, 550; a.A. *Rudy* r+s 2015, 115, 120.
382 BGH r+s 2016, 20, 23 f.
383 BGH r+s 2016, 20, 22 f.
384 BGH r+s 2016, 20, 22; BGH WM 2015, 1614, 1616.
385 *Armbrüster* NJW 2014, 497, 498; HK-VVG/*Brambach*, § 152 Rn. 93 u. 96; *Trittmacher/Gaußmann* VuR 155, 158.
386 BGH WM 2015, 1614, 1617; BGH r+s 2015, 20, 23.
387 BGH r+s 2016, 20, 23.

Zinsgewinn behaupten.[388] Insbesondere spricht keine tatsächliche Vermutung für eine Gewinnerzielung in bestimmter Höhe,[389] etwa i.H.d. gesetzlichen Verzugszinses.[390] Zwar wird man wie bei Banken[391] annehmen können, dass Versicherer vereinnahmtes Geld zinsbringend anlegen wird.[392] Allerdings wird man anders als dort eine bestimmte Höhe des vereinnahmten Zinses nicht vermuten können, da die Argumentation, die sich im Falle von Banken auf die Berechnung von Verzugszinsen stützt, nicht auf Versicherungen übertragbar ist.[393] Auch ist bei möglichen Nutzungen aus demjenigen Prämienanteil, der auf die Abschluss- und Verwaltungskosten entfällt, noch weniger Raum für eine Vermutung, weil diese Prämienanteile nicht bestimmungsgemäß zur Geldanlage genutzt werden.[394] Bei fondsgebundenen Lebensversicherungen kann angesichts der Volatilität der Anlage ebenfalls kein Zinsgewinn vermutet werden.[395]

Den Versicherer kann aber eine sekundäre Darlegungslast über die tatsächliche Höhe der gezogenen Nutzungen treffen.[396] Sie wird frühestens dann ausgelöst, wenn der VN auf der Grundlage veröffentlichter Geschäftsberichte des Versicherers einen näher bestimmten Zinsgewinn behauptet hat.[397] Die Beweislast verbleibt aber beim VN. 134

D. Vertragsbegleitende Übermittlungspflicht nach Abs. 4

Gem. § 7 IV kann der VN während der Laufzeit des Vertrages jederzeit vom VR verlangen, dass dieser ihm die Vertragsbestimmungen einschließlich der AVB in einer Urkunde übermittelt. Dieser **klagbare** Anspruch soll dem VN ermöglichen, seine Rechte effektiv durchzusetzen[398] und ist durch Art. 5 III 1 Fernabsatz-RiLi II vorgegeben. Hat der VN **nach Vertragsbeendigung** ein rechtlich anzuerkennendes Interesse an diesen Informationen, etwa weil er die Unterlagen für die Abwicklung des Vertrages benötigt, gilt § 7 IV analog.[399] § 3 III, IV enthält ergänzende Regelungen bezüglich eines verloren gegangenen oder vernichteten Versicherungsscheins sowie für Abschriften von Erklärungen des VN.[400] 135

§ 7 IV gilt nur für die **Vertragsbestimmungen einschließlich der AVB**. Auch i.R.v. § 312d II BGB i.V.m. Art. 246b § 2 II EGBGB kann der Verbraucher bei Finanzdienstleistungen während der Laufzeit nur die Vertragsbestimmungen einschließlich der AGB verlangen, nicht aber die nach § 312d BGB i.V.m. Art. 246b §§ 1, 2 I 1 Nr. 2 EGBGB mitzuteilenden Informationen. 136

Die Vertragsbestimmungen und die AVB sind dem VN auf dessen Verlangen **in einer Urkunde** zu übermitteln. Zwar benutzt die europäische Vorgabe den Begriff »Papierform«. Der Gesetzgeber wollte aber nicht noch einen zusätzlichen Begriff in die deutsche Rechtssprache einführen.[401] Demgemäß wird auf den Begriff der Urkunde zurückgegriffen und damit an § 126 BGB angeknüpft.[402] Entgegen § 126 I BGB bedarf es indes keiner Unterschrift der Urkunde,[403] da die Fernabsatz-RiLi II nur eine Übermittlung in Papierform verlangt.[404] Die Art und Weise der Herstellung der Urkunde ist irrelevant; sie kann z.B. per Hand, Schreibmaschine oder Computer geschrieben werden.[405] 137

Gem. § 7 IV Hs. 2 trägt der VR – wie bei § 3 V – die Kosten für eine erstmalige Übersendung der Informationen in Papierform.[406] Fraglich ist, ob dies auch dann gilt, wenn der VR dem VN die Informationen bereits aufgrund § 7 I 1 vor der Vertragserklärung oder gem. § 7 I 3 unverzüglich nach der Vertragserklärung des VN in Papierform übermittelt hat und der VN die Informationen verliert. Man könnte einwenden, dass es sich dann nicht mehr um die erste Übermittlung handelt. Gleichwohl wird man zumindest dann, wenn der VN die Informationen vor Abgabe seiner Erklärung erhält, eine weitere kostenlose Informationsmitteilung gem. § 7 IV nach Vertragsschluss verlangen müssen. Denn der VN weiß bei der frühzeitigen Informationsmitteilung nach § 7 I 1 noch nicht, ob er den Vertrag abschließt und wird nicht so sorgsam mit den Informationen 138

---

388 S. das Beispiel in OLG Stuttgart VersR 2015, 561, 563.
389 BGH WM 2015, 1614, 1617.
390 BGH r+s 2016, 20, 23.
391 BGH NJW 1998, 2529 unter II 1 c.
392 OLG Dresden BeckRS 2015, 06700 Rn. 31; *Reiff* r+s 2015, 105, 112; offenlassend BGH r+s 2016, 20, 23.
393 *Reiff* r+s 2015, 105, 112.
394 OLG Köln r+s 2015, 121, 122.
395 BGH r+s 2016, 20, 23 Rn. 52; OLG Köln r+s 2015, 121, 122 f.
396 LG Kiel r+s 2014, 446, 447.
397 Vgl. BGH r+s 2016, 20, 23 Rn. 50; deutlich weitergehend LG Kiel r+s 2014, 446, 447 f.
398 PK/*Ebers*, § 7 Rn. 46; L/W/*Armbrüster*, § 7 Rn. 164.
399 Vgl. auch Begr. RegE BT-Drucks. 16/3945 S. 61.
400 Begr. RegE BT-Drucks. 16/3945 S. 61.
401 Vgl. RegE Gesetz zur Änderung der Vorschriften über Fernabsatzverträge bei Finanzdienstleistungen, BT-Drucks. 15/2946 S. 22.
402 Begr. RegE BT-Drucks. 16/3945 S. 61.
403 Begr. RegE BT-Drucks. 16/3945 S. 61.
404 PK/*Ebers*, § 7 Rn. 47.
405 Palandt/*Ellenberger*, § 126 Rn. 2.
406 Begr. RegE BT-Drucks. 16/3945 S. 61.

umgehen. Hat er die Informationen aber gem. § 7 I 3 nach Abgabe seiner Vertragserklärung erhalten, weiß er, dass er eine verbindliche Erklärung abgegeben hat, so dass ihm eine höhere Sorgfalt zuzumuten ist.

139 Verstößt der VR gegen § 7 IV, macht er sich gem. §§ 280 I, 241 II BGB **schadensersatzpflichtig**. Entsprechend dem Schutzzweck von Abs. 4 muss der VR dem VN solche Schäden ersetzen, die daraus entstehen, dass dieser seine Rechte gegenüber dem VR wegen des Informationsdefizits nicht ausgeübt hat.[407] Zu denken ist etwa daran, dass der VN seinen Vertrag nicht rechtzeitig kündigt. Er ist dann so zu stellen, wie er bei ordnungsgemäßer Information gestanden hätte. Auch hier gilt die Vermutung informationsgerechten Verhaltens (vgl. dazu bereits oben Rdn. 61 sowie § 6 Rdn. 156).[408] Wenn der VN die Informationen aber bereits einmal erhalten hat, kommt eine Kürzung des Schadensersatzanspruchs gem. § 254 BGB in Betracht.

E. Verordnungsermächtigung nach Abs. 2 und 3

140 § 7 II 1 ermächtigt das Bundesministerium der Justiz und für Verbraucherschutz im Einvernehmen mit dem Bundesministerium der Finanzen zum Erlass einer Rechtsverordnung, in der die umfassende Information des VN festgelegt ist. Die in § 7 II Nr. 1 bis 5 und in § 7 III genannten Informationsgegenstände sind abschließend, d.h. der Verordnungsgeber darf keine darüber hinausgehenden Regelungsinhalte vorschreiben, vgl. Art. 80 I GG. Das Bundesministerium hat von der Verordnungsermächtigung mit Erlass der Verordnung über Informationspflichten bei Versicherungsverträgen vom 18. Dezember 2007 (**VVG-Informationspflichtenverordnung – VVG-InfoV**)[409] Gebrauch gemacht. § 7 II Nr. 2 und Nr. 3 wurden durch das am 06.08.2014 verkündete LVRG geändert.[410] Für die Lebens- und Krankenversicherung sind neben den Abschluss- und Vertriebskosten jetzt auch die Verwaltungskosten ausdrücklich aufgeführt, die aber nach zutreffender Ansicht bereits vorher erfasst waren (s. § 2 VVG-InfoV Rdn. 7 ff.). § 2 I Nr. 1 und 9, § 3 Abs. 1 Nr. 1 und § 4 IV VVG-InfoV wurden entsprechend geändert. Die Verwaltungskosten sind auch im Produktinformationsblatt in Euro gesondert auszuweisen. Dadurch sollen Transparenz und Verbraucherschutz erhöht werden.[411]

141 Der Verordnungsgeber ist nach § 7 II 2 an die Dritte RiLi Schadensversicherung (92/49/EWG), an die für die Lebensversicherung geltende RiLi 2002/83/EG und an die Fernabsatz-RiLi II (2002/65/EG) in der Weise gebunden, dass er die dort vorgesehenen Informationen auch in die Rechtsverordnung aufnehmen muss.[412] Die beiden erstgenannten Richtlinien sind durch die Solvency-II-RiLi (2009/138/EG) aufgehoben worden, so dass die Anforderungen an den nationalen Verordnungsgeber heute aus Art. 183–185 der Solvency-II-RiLi folgen. Strengere Regeln als in den RiLi sind zulässig, soweit die RiLi keine Grenzen ziehen. In der Nichtlebensversicherung ist die Solvency-II-RiLi in diesem Punkt nicht abschließend (oben Rdn. 1). Dagegen sind in der Lebensversicherung strengere Informationspflichten nach Art. 185 VII Solvency-II-RiLi nur zulässig, wenn sie für das tatsächliche Verständnis der wesentlichen Bestandteile der Police notwendig sind. Diese Voraussetzungen sind für die deutschen Regeln für die Überschussbeteiligung (§ 153) gegeben, ebenso für ihre Ermittlung und Berechnung, den Rückkaufwert nach § 169 und die bei dessen Berechnung zugrunde gelegten Abschluss- und Vertriebskosten sowie die Modellrechnung (§ 154).[413] Ob es mit der Solvency-II-RiLi vereinbar ist, die Vorschriften der Fernabsatzrichtlinie auf alle Lebensversicherungsverträge unabhängig vom Vertriebsweg anzuwenden, ist ungeklärt.[414]

142 § 7 III erstreckt die Verordnungsermächtigung auf Informationen, die während eines bestehenden Vertragsverhältnisses förmlich mitzuteilen sind. Dabei handelt es sich um Änderungen erteilter Informationen, Prämienerhöhungen und Möglichkeiten eines Tarifwechsels bei der Krankenversicherung sowie die Entwicklung der Ansprüche des VN in der Lebensversicherung mit Überschussbeteiligung. Vertragsänderungen können nur durch eine ausdrückliche Vereinbarung zwischen VN und VR, nicht aber über Mitteilungen i.S.v. § 7 III erfolgen. Eine Ausnahme besteht, wenn eine derartige Vertragsänderung entweder vereinbart oder durch Gesetz vorgesehen ist.[415]

§ 8 Widerrufsrecht des Versicherungsnehmers.
(1) ¹Der Versicherungsnehmer kann seine Vertragserklärung innerhalb von 14 Tagen widerrufen. ²Der Widerruf ist in Textform gegenüber dem Versicherer zu erklären und muss keine Begründung enthalten; zur Fristwahrung genügt die rechtzeitige Absendung.
(2) ¹Die Widerrufsfrist beginnt zu dem Zeitpunkt, zu dem folgende Unterlagen dem Versicherungsnehmer in Textform zugegangen sind:

---

407 L/W/*Armbrüster*, § 7 Rn. 166.
408 L/W/*Armbrüster*, § 7 Rn. 166.
409 BGBl. 2007 Teil I Nr. 66, S. 3004, geändert durch das LVRG, BGBl. I 2014, 1330, 1337, und das Gesetz zur Modernisierung der Finanzaufsicht über Versicherungen, BGBl. I 2015, 434, 569.
410 BGBl 2014 I S. 1330, 1332.
411 *Schwintowski/Ortmann* VersR 2014, 1401, 1402; *Reinecke*, VersR 2015, 533, 538.
412 Begr. RegE BT-Drucks. 16/3945 S. 60.
413 Begr. RegE BT-Drucks. 16/3945 S. 60.
414 Vgl. L/W/*Armbrüster*, § 7 Rn. 5.
415 Begr. RegE BT-Drucks. 16/3945 S. 61.

1. der Versicherungsschein und die Vertragsbestimmungen einschließlich der Allgemeinen Versicherungsbedingungen sowie die weiteren Informationen nach § 7 Abs. 1 und 2 und
2. eine deutlich gestaltete Belehrung über das Widerrufsrecht und über die Rechtsfolgen des Widerrufs, die dem Versicherungsnehmer seine Rechte entsprechend den Erfordernissen des eingesetzten Kommunikationsmittels deutlich macht und die den Namen und die Anschrift desjenigen, gegenüber dem der Widerruf zu erklären ist, sowie einen Hinweis auf den Fristbeginn und auf die Regelungen des Absatzes 1 Satz 2 enthält.

²Der Nachweis über den Zugang der Unterlagen nach Satz 1 obliegt dem Versicherer.

(3) ¹Das Widerrufsrecht besteht nicht
1. bei Versicherungsverträgen mit einer Laufzeit von weniger als einem Monat,
2. bei Versicherungsverträgen über vorläufige Deckung, es sei denn, es handelt sich um einen Fernabsatzvertrag im Sinn des § 312c des Bürgerlichen Gesetzbuchs,
3. bei Versicherungsverträgen bei Pensionskassen, die auf arbeitsvertraglichen Regelungen beruhen, es sei denn, es handelt sich um einen Fernabsatzvertrag im Sinn des § 312c des Bürgerlichen Gesetzbuchs,
4. bei Versicherungsverträgen über ein Großrisiko im Sinn des § 210 Abs. 2.

²Das Widerrufsrecht erlischt, wenn der Vertrag von beiden Seiten auf ausdrücklichen Wunsch des Versicherungsnehmers vollständig erfüllt ist, bevor der Versicherungsnehmer sein Widerrufsrecht ausgeübt hat.

(4) Im elektronischen Geschäftsverkehr beginnt die Widerrufsfrist abweichend von Absatz 2 Satz 1 nicht vor Erfüllung auch der in § 312i Abs. 1 Satz 1 des Bürgerlichen Gesetzbuchs geregelten Pflichten.

(5) ¹Die nach Absatz 2 Satz 1 Nr. 2 zu erteilende Belehrung genügt den dort genannten Anforderungen, wenn das Muster der Anlage zu diesem Gesetz in Textform verwendet wird. ²Der Versicherer darf unter Beachtung von Absatz 2 Satz 1 Nr. 2 in Format und Schriftgröße von dem Muster abweichen und Zusätze wie die Firma oder ein Kennzeichen des Versicherers anbringen.

Übersicht

	Rdn.
A. Allgemeines	1
I. Normzweck	1
II. Entstehungsgeschichte	2
III. Anwendungsbereich	5
1. Verhältnis zu den §§ 312 ff., 355–360 BGB	6
2. Ausnahmen vom sachlichen Anwendungsbereich (Abs. 3)	13
a) Versicherungsverträge mit Laufzeit unter einem Monat (Nr. 1)	13
b) Versicherungsverträge über vorläufige Deckung (Nr. 2)	16
c) Versicherungsverträge bei Pensionskassen (Nr. 3)	21
d) Versicherungsverträge über ein Großrisiko (Nr. 4)	22
3. Vollständige Erfüllung auf ausdrücklichen Wunsch des VN (Abs. 3 Satz 2)	23
4. Widerrufsrecht bei Vertragsverlängerungen und -änderungen	27
B. Tatbestand	31
I. Widerrufsrecht innerhalb von zwei Wochen (Abs. 1)	31
1. Inhalt der Widerrufserklärung	33
2. Textform	35
3. Rechtzeitige Absendung	37
4. Persönliche und sachliche Teilbarkeit des Widerrufsrechts	38
5. Rechtslage während der Widerrufsfrist	40
II. Beginn der Widerrufsfrist (Abs. 2)	42
1. Unterlagen gemäß § 8 II 1 Nr. 1	43
2. Widerrufsbelehrung gemäß § 8 II 1 Nr. 2	46
a) Muster für die Widerrufsbelehrung	47
b) Inhalt der Widerrufsbelehrung	50
c) Äußere Gestaltung	54
3. Maßgeblicher Zeitpunkt für Belehrung und Information	55
4. Textform	61
5. Folgen fehlender oder fehlerhafter Belehrung/Information	62
6. Bedeutung des Vertragsschlusses für den Beginn der Widerrufsfrist	65
a) Erfordernis des Vertragsschlusses für den Fristbeginn	65
b) Vertragsschluss nach dem Invitatio-Modell	67
c) Vertragsschluss nach dem Antragsmodell	70
d) Vertragsschluss nach § 5 III 1 PflVG	71
e) Zugang des Versicherungsscheins nach Vertragsschluss	72
7. Elektronischer Geschäftsverkehr	73
C. Beweislast	74
I. Allgemeines	74
II. Zugang der Unterlagen nach § 8 II 1	76

Schrifttum:
Abram, Die neuen §§ 48a bis e VVG über den Fernabsatz von Versicherungsdienstleistungen, VersPrax 2005, 42; *Armbrüster*, Das allgemeine Widerrufsrecht im neuen VVG, r+s 2008, 493; *ders.*, »Ewige« Widerrufsrechte und ihre Rechtsfolgen, VersR 2012, 513; *Baumann/Beenken*, Das neue Versicherungsvertragsrecht in der Praxis, 2. Aufl. 2008; *van Bühren*, Das neue Versicherungsvertragsgesetz 2008, ZAP 2007, 1397; *Bülow/Artz*, Verbraucherkreditrecht, 8. Aufl. 2014; *Dörner*, Rechtsfolgen einer Verletzung vorvertraglicher Aufklärungs- und Informationspflich-

ten durch den Versicherer – Neue Aspekte, in: FS E. Lorenz, 2004, S. 195; *Dörner/Staudinger*, Kritische Bemerkungen zum Referentenentwurf eines Gesetzes zur Reform des Versicherungsvertragsrechts, WM 2006, 1710; *Domke*, Das Widerrufsrecht des Verbrauchers bei Fernabsatzverträgen über Finanzdienstleistungen, BB 2007, 341; *Felke/Jordans*, Der Referentenentwurf für die Umsetzung der Fernabsatzrichtlinie für Finanzdienstleistungen, WM 2004, 166; *Finke*, Der Fernabsatz von Finanzdienstleistungen an Verbraucher – Zur Umsetzung der Richtlinie 2002/65/EG in das deutsche Recht, 2004; *Franz*, Das Versicherungsvertragsrecht im neuen Gewand – Die Neuregelungen und ausgewählte Probleme –, VersR 2008, 298; *ders.*, Die Reform des Versicherungsvertragsrechts – ein großer Wurf?, DStR 2008, 303; *Franz/Keune*, Gesetz zur Änderung versicherungsrechtlicher Vorschriften, ZfV 2012, 699; *Freitag*, Die Unanwendbarkeit der bürgerlichrechtlichen Verbundvorschriften (§§ 358, 359 BGB) auf die Restschuldversicherung, VersR 2009, 862; *ders.*, Verbraucherdarlehens- und Restschuldversicherungsvertrag als verbundene Geschäfte?, ZIP 2009, 1297; *Funck*, Ausgewählte Fragen aus dem Allgemeinen Teil zum neuen VVG aus der Sicht einer Rechtsabteilung, VersR 2008, 163; *Gaul*, Zum Abschluss des Versicherungsvertrags – Alternativen zum Antragsmodell? –, VersR 2007, 21; *Godefroid/Slama*, Verbraucherkreditverträge, 3. Aufl. 2008; *Grote/Schneider*, VVG 2008: Das neue Versicherungsvertragsrecht, BB 2007, 2689; *Härting/Schirmbacher*, Finanzdienstleistungen im Fernabsatz, CR 2002, 809; *dies.*, Fernvertrieb von Finanzdienstleistungen an Verbraucher: Umsetzung der Fernabsatzrichtlinie für Finanzdienstleistungen – Anmerkungen zu dem Referentenentwurf –, DB 2003, 1777; *Heiderhoff*, Gemeinschaftsprivatrecht, 2. Aufl. 2007; *Heinig*, Anwendbarkeit der Vorschriften über verbundene Verträge auf Verbraucherdarlehens- und Restschuldversicherungsverträge, VersR 2010, 863; *ders.*, Neuregelungen bei den Vorschriften zum Widerrufs- und Rückgaberecht im BGB, JR 2010, 461; *ders.*, Verbraucherschutz – Schwerpunkte der EU-Verbraucherrechte-Richtlinie, MDR 2012, 323; *Held/Schulz*, Fernabsatz von Finanzdienstleistungen – Umsetzung in der Bankpraxis –, BKR 2005, 270–275; *Heß/Burmann*, Die VVG-Reform: Beratung, Information, Widerruf und Kündigung, NJW-Spezial 2007, 111; *Hoppmann*, Zukunftsperspektiven des Internet-Vertriebs von Versicherungen, in: Kröger (Hrsg.), Internetstrategien für Versicherungen – Geschäftsmodelle in Recht und Praxis, 2003, 121; *Knops*, Darlehens- und Restschuldversicherungsvertrag als verbundene Geschäfte – Rechtsfolgen für die Praxis, ZIP 2010, 1265; *ders./C. Reifner*, Restschuldversicherung und Verbraucherdarlehensvertrag als verbundene Verträge – Gutachten im Auftrag der ARGE Insolvenz und Sanierung im Deutschen Anwaltverein (DAV), 2008, abrufbar unter http://news.iff-hh.de; *Koch*, Das Widerrufsrecht des Antragstellers, VersR 1991, 725; *Kocher*, Neue Vorschriften für den Fernabsatz von Finanzdienstleistungen an Verbraucher, DB 2004, 2679; *Krause-Allenstein*, Praxisrelevante Änderungen des neuen Versicherungsvertragsgesetzes für das Bauversicherungsrecht, NZBau 2008, 81; *Kriegner*, Die Fernabsatz-Richtlinie für Finanzdienstleistungen an Verbraucher, 2003; *M. Lange/P. Schmidt*, Restschuldversicherung und verbundenes Geschäft, BKR 2007, 493; *Langheid*, Die Reform des Versicherungsvertragsgesetzes – 1. Teil: Allgemeine Vorschriften, NJW 2007, 3665; *Leverenz*, Vertragsschluss nach der VVG-Reform, 2008; *Looschelders*, Begrenzung des Haustür-Widerrufsrechts trotz fehlerhafter Belehrung bei vollständiger Vertragsabwicklung: Anmerkung zu EuGH, Urteil vom 10.04.2008, C-412/06 – Annelore Hamilton/Volksbank Filder eG, GPR 2008, 187; *ders.*, Die richtlinienkonforme Auslegung des § 506 BGB (§ 499 BGB a.F.) im Hinblick auf Versicherungsverträge mit unterjähriger Prämienzahlung, VersR 2010, 977; *ders.*, Europäisches Privatrecht und deutsches Versicherungsvertragsrecht – aktuelle Problemfelder, Entwicklungen und Perspektiven, VersR 2013, 653; *E. Lorenz*, Zum Abschluß eines Versicherungsvertrags nach § 5a VVG, VersR 1995, 616; *Martis/Meinhof*, Verbraucherschutzrecht – Verbraucherkredit- und Fernabsatzrecht, Haustürgeschäfte, 2. Aufl. 2005; *Micklitz/Ebers*, Der Abschluss von privaten Versicherungsverträgen im Internet, VersR 2002, 641; *Mohrhauser*, Der Fernabsatz von Finanzdienstleistungen an Verbraucher, 2006; *M. v. Münch*, Die geplante Umsetzung der Richtlinie zum Fernabsatz von Finanzdienstleistungen – Konsequenzen für die Einbeziehung von AVB, ZVersWiss 2004, 775; *Neuhaus*, Das Widerrufsrecht des VN im neuen VVG, ZAP 2008, 1159; *Niederleithinger*, Auf dem Weg zu einer VVG-Reform – Zum Referentenentwurf eines Gesetzes zur Reform des Versicherungsvertragsrechts – VersR 2006, 437; *Präve*, Individualrechte zulasten des Versichertenkollektivs?, VersR 2012, 657; *Reusch*, Die vollständige Erfüllung nach § 8 Abs. 3 S. 2 VVG – zugleich Besprechung von LG Offenburg VersR 2012, 1417, VersR 2013, 1364; *Riesenhuber*, Fernabsatz von Finanzdienstleistungen im europäischen Schuldvertragsrecht – Zum Richtlinienvorschlag der Kommission vom 14.10.1998, WM 1999, 1441; *Ring*, Neue Entwicklungen im Fernabsatzrecht: Erstreckung auf Finanzdienstleistungen, FS Lohmann, 2004, 321; *Römer*, Die kapitalbildende Lebensversicherung nach dem neuen Versicherungsvertragsgesetz, DB 2007, 2523; *Rott*, BB-Gesetzgebungsreport: Die Umsetzung der Richtlinie über den Fernabsatz von Finanzdienstleistungen im deutschen Recht, BB 2005, 53; *Schimikowski*, Die Neuregelungen zum Vertrieb von Versicherungsprodukten im Fernabsatz, ZfV 2005, 279; *ders.*, VVG-Reform – Die vorvertraglichen Informationspflichten des Versicherers und das Rechtzeitigkeitserfordernis, r+s 2007, 133; *ders.*, VVG-Reform: Das Widerrufsrecht des VN, jurisPR-VersR 6/2007 Anm. 3; *ders.*, Vertragsabschluss nach der Invitatio-Lösung und die Neuregelung, VW 2007, 715; *Schinkels*, Zu den Auswirkungen des Vollharmonisierungskonzepts der Richtlinie über den Fernabsatz von Finanzdienstleistungen auf nationale Umsetzungsspielräume, GPR 2005, 109; *Schmidt-Kessel*, Die gesetzliche Ausweitung der Widerrufsrechte nach Heininger, ZGS 2002, 311; *C. Schneider*, Der Vertrieb von Versicherungen über das Internet – nach Inkrafttreten der EG-Richtlinie über den Fernabsatz von Finanzdienstleistungen, 2004; *ders.*, Umsetzung der Fernabsatzrichtlinie 2002/65/EG im VVG – Anmerkungen zum Referentenentwurf und zur VVG-Reform –, VersR 2004, 696; *ders.*, Keine Musterbelehrungen in Sicht – Hinweise zu vermeidbaren Fehlern bei der Widerrufsbelehrung, VW 2008, 1168; *Schubach*, Die Reform des Versicherungsvertragsgesetzes (VVG) – Verbraucherschutz, Einzelfallgerechtigkeit und offene Fragen, AnwBl. 2008, 27; *Schürnbrand*, Darlehensvertrag und Restschuldversicherung als verbundene Verträge, ZBB 2010, 123; *Schwab/Hromek*, Alte Streitstände im neuen Verbraucherprivatrecht, JZ 2015, 271; *Wandt/Ganster*, Die Rechtsfolgen des Widerrufs eines Versicherungsvertrags gem. § 9 VVG 2008, VersR 2008, 425; *D. Wendt*, Zum Widerruf im Versicherungsvertragsrecht, 2013; *Wendt/Lorscheid-Kratz*, Das Widerrufsrecht bei »zusammenhängenden Verträgen«, BB 2013, 2434; *Wilmer/Hahn*, Fernabsatzrecht mit Finanzdienstleistungs-, Versicherungs- und Haustürgeschäfterecht, 2. Aufl. 2005; *Wolters/Podewils*, Der Widerruf des mit einer Restschuldversicherung verbundenen Verbraucherdarlehensvertrages, ZVI 2010, 209.

A. Allgemeines

I. Normzweck

§ 8 gewährt dem VN ein **allgemeines Widerrufsrecht**, das an keine weiteren Voraussetzungen gebunden ist.[1] Das 14-tägige Reurecht soll den VN in die Lage versetzen, seine Entscheidung zum Vertragsschluss noch einmal zu überdenken und ggf. Vergleichsangebote einzuholen.[2] Ausgeschlossen ist das Widerrufsrecht nur in den in § 8 III genannten Fällen, in denen der Gesetzgeber keinen Schutzbedarf sah.[3] Die **Rechtsfolgen** des Widerrufs regelt § 9; ergänzend sind die Bestimmungen des BGB (§§ 355, 357a BGB) heranzuziehen (näher § 9 Rdn. 37).[4] § 152 enthält eine Sonderregelung für die **Lebensversicherung**, auf die § 176 für die **Berufsunfähigkeitsversicherung** verweist. Die Vertragsparteien können das Widerrufsrecht nach den §§ 8 und 9 nicht zu Lasten des VN modifizieren oder ausschließen (§ 18); anderes gilt nach § 210 I nur für die laufende Versicherung (unten Rdn. 22). Der VN kann auf das Widerrufsrecht auch **nicht** wirksam **verzichten**.[5]

II. Entstehungsgeschichte

§ 8 wurde bei der VVG-Reform neu ins Gesetz eingefügt. Die Vorschrift ersetzt das bisherige Widerspruchsrecht nach § 5a a.F., das Rücktrittsrecht bei Lebensversicherungen gemäß § 8 V a.F. sowie die Widerrufsvorschriften in den §§ 8 IV, 48c a.F.[6] Die Richtlinienwidrigkeit der in §§ 5a II 4, 8 IV, V a.F. vorgesehenen zeitlichen Begrenzung des Widerspruchs- bzw. Widerrufsrechts, Loslösungsrechts sowie deren Folgen werden bei § 7 erörtert (vgl. § 7 Rdn. 88 ff.). Die §§ 8 und 9 entsprechen in weiten Teilen dem § 48c a.F.,[7] sodass insoweit auf die ältere Literatur zurückgegriffen werden kann. Gegenüber dem Referentenentwurf zum neuen VVG (dazu Einl. A Rdn. 24) wurde § 8 noch in Bezug auf den Beginn der Widerrufsfrist in § 8 II und die Ausnahme für Versicherungsverträge bei Pensionskassen in § 8 III Nr. 3 modifiziert.

§ 8 dient der Umsetzung von **Art. 6 der Fernabsatz-RiLi II**.[8] Soweit die Richtlinie Vorgaben enthält, ist deshalb eine richtlinienkonforme Auslegung geboten. Der Gesetzgeber hat die Richtlinie in zweifacher Hinsicht überschießend umgesetzt, indem er das Widerrufsrecht weder persönlich auf Verbraucher noch sachlich auf den Fernabsatz beschränkt hat.[9] Aus Sicht des Gesetzgebers besteht auch in den von der Richtlinie nicht erfassten Fällen ein Schutzbedürfnis.[10] Zwar bezweckt die Richtlinie nach Satz 2 des 13. Erwägungsgrunds eine Vollharmonisierung;[11] dies gilt aber nur in den von ihr erfassten Bereichen.[12] Der Gesetzgeber konnte den Anwendungsbereich der Widerrufsvorschriften daher grundsätzlich weiter fassen. Zweifelhaft ist jedoch die Ausweitung auf alle Versicherungsnehmer im Hinblick auf Erwägungsgrund 29 der Richtlinie. Dieser sieht die Erstreckung nur auf gemeinnützige Organisationen und auf Existenzgründer vor. Es ist zweifelhaft, ob der Richtliniengeber damit die Möglichkeiten einer Erweiterung abschließend festgelegt oder lediglich die typischen Fälle angesprochen hat, für die eine Ausweitung des Widerrufsrechts in Betracht kommt (vgl. für Existenzgründer etwa § 512 BGB).[13] Die Richtlinienkonformität muss daher ggf. durch Vorlage an den EuGH geklärt werden. Auch im nicht harmonisierten Bereich ist grundsätzlich eine richtlinienkonforme Auslegung

---

1 Vgl. B/M/*Knops*, § 8 Rn. 3, 16; HK-VVG/*Schimikowski*, § 8 Rn. 9; *ders./Höra*, S. 114.
2 PK/*Ebers*, § 8 Rn. 2; B/M/*Knops*, § 8 Rn. 3; allg. *Looschelders*, SR AT, Rn. 864; eingehend *Eidenmüller* AcP 210 (2010), 67, 74 ff.; vgl. zur Fernabsatz-RiLi II *Riesenhuber* WM 1999, 1441, 1444; *Brandl/Hohensinner* Bankarchiv 51 (2003), 52, 55; *M.v. Münch* ZVersWiss 2004, 775, 784; *C. Schneider*, S. 273; *Kriegner*, S. 188 f.
3 Vgl. Begr. RegE BT-Drucks. 16/3945 S. 61.
4 PK/*Ebers*, § 8 Rn. 4, 51.
5 *Armbrüster* r+s 2008, 493, 500; PK/*Ebers*, § 8 Rn. 54; P/M/*Armbrüster*, § 8 Rn. 63 f.
6 Vgl. *Meixner/Steinbeck*, § 3 Rn. 71 m. Fn. 46; *Marlow/Spuhl*, Rn. 123; *Baumann/Sandkühler*, S. 54; *van Bühren* ZAP 2007, 1397, 1401; *Krause-Allenstein* NZBau 2008, 81, 82; *Franz* VersR 2008, 298, 303; zum Referentenentwurf v. 13.03.2006 *Dörner/Staudinger* WM 2006, 1710, 1712.
7 Vgl. *Hinsch-Timm*, Rn. 104.
8 Richtlinie 2002/65/EG des Europäischen Parlaments und des Rates vom 23.09.2002 über den Fernabsatz von Finanzdienstleistungen an Verbraucher und zur Änderung der Richtlinie 90/619/EWG des Rates und der Richtlinien 97/7/EG und 98/27/EG, ABl. Nr. L 271 v. 09.10.2002, S. 16.
9 Vgl. *Langheid* NJW 2007, 3665, 3666; *Looschelders* VersR 2013, 653, 655; 2011, 421, 422 f.; *Römer* DB 2007, 2523, 2524; *Krause-Allenstein* NZBau 2008, 81, 82; *Funck* VersR 2008, 163, 165; *Franz* VersR 2008, 298, 303; *ders.* DStR 2008, 303, 306; *Schubach* AnwBl. 2008, 27, 28; *Wandt/Ganster* VersR 2008, 425.
10 Begr. RegE BT-Drucks. 16/3945 S. 61; zustimmend *Deutsch*, Rn. 68; krit. *Funck* VersR 2008, 163, 165.
11 Ausführlich *Schinkels* GPR 2005, 109 ff.; ferner *Härting/Schirmbacher* CR 2002, 809; *dies.* DB 2003, 1777; *Felke/Jordans* WM 2004, 166, 166 f.; *C. Schneider* VersR 2004, 696, 697 m. Fn. 25; *Rott* BB 2005, 53; *Domke* BB 2007, 341, 342; *Wandt/Ganster* VersR 2008, 425.
12 Vgl. dazu *Rott* BB 2005, 53; *Abram* VersPrax 2005, 42, 45; *Wandt/Ganster* VersR 2008, 425 f.; *Eidenmüller* AcP 210 (2010), 67, 100 f.
13 Für eine Vereinbarkeit mit dem Grundsatz der Vollharmonisierung *Looschelders* VersR 2013, 653, 654.

vorzunehmen, da davon auszugehen ist, dass der Gesetzgeber eine Gleichbehandlung intendiert hat.[14] § 8 dient überdies der Umsetzung von Art. 35 der **Lebensversicherungs-RiLi** 2002.[15]

4 Der Bundestag hat am 02.07.2009 Änderungen von § 8 beschlossen, die am 11.06.2010 in Kraft getreten sind.[16] Hervorzuheben ist insoweit die Neuregelung in Abs. 5. Die Vorschrift enthält eine **gesetzliche Fiktion** für die Ordnungsmäßigkeit der **Widerrufsbelehrung**, wenn der Versicherer das Muster in der Anlage zum VVG verwendet (dazu noch unten Rdn. 47 ff.). Mit Gesetz vom 27.07.2011[17] ist der in § 8 IV und in der Musterbelehrung enthaltene Verweis auf § 312e BGB a.F. durch einen Verweis auf den gleichlautenden § 312g BGB a.F. ersetzt worden, nachdem die Norm innerhalb des BGB verschoben wurde.[18] Infolge der Umsetzung der **Verbraucherrechte-RiLi**[19] – die allerdings nicht für Verträge über Finanzdienstleistungen gilt[20] – wurden die Vorschriften über besondere Vertriebsformen (§§ 312 ff. a.F.) mit Wirkung vom 13.06.2014 in §§ 312b–312j neu gefasst[21] und die Verweise in § 8 III 1 Nr. 2 und 3 sowie § 8 IV entsprechend angepasst.[22]

III. Anwendungsbereich

5 Das Widerrufsrecht nach § 8 gilt grundsätzlich für **alle Versicherungsverträge** unabhängig vom Vertriebsweg. Auch in persönlicher Hinsicht erfolgt keine Einschränkung des Anwendungsbereichs (vgl. zur Richtlinienkonformität oben Rdn. 3). Allerdings nimmt § 8 III einige Typen von Versicherungsverträgen vom sachlichen Anwendungsbereich des Widerrufsrechts aus. Belehrt der Versicherer dennoch über das Bestehen eines Widerrufsrechts, so kann dies als vertragliche Einräumung eines Widerrufsrechts ausgelegt werden.[23] § 8 findet zwar auch auf eine Krankheitskostenpflichtversicherung i.S.d. § 193 III Anwendung; allerdings wird der Widerruf in entsprechender Anwendung des § 206 VI beschränkt.[24] In Übereinstimmung mit der Fernabsatz-RiLi II gilt § 8 nicht für Verträge mit Versicherungsmaklern.[25] Eine separate Kostenausgleichsvereinbarung ist kein Versicherungsvertrag und unterfällt daher nicht § 8.[26]

1. Verhältnis zu den §§ 312 ff., 355–360 BGB

6 Gemäß **§ 312 VI BGB** finden von den Vorschriften der §§ 312a–h BGB auf Versicherungsverträge nur § 312a III, IV und VI Anwendung, die den Verbraucher vor zusätzlichen Entgelten schützen. Der Begriff des Versicherungsvertrags ist hier umfassend zu verstehen und erfasst alle Versicherungsverträge i.S.d. VVG, nicht jedoch gemischte Verträge, bei denen der Versicherungszweck zurücktritt.[27] Das für außerhalb von Geschäftsräumen geschlossene Verträge und Fernabsatzverträge vorgesehene **Widerrufsrecht aus § 312g BGB** besteht demnach **nicht**. Der Versicherungsnehmer wird durch die spezielleren Vorschriften der §§ 8, 9 geschützt.[28] Bereits die außer Kraft getretenen Vorschriften des BGB über Haustürgeschäfte und über den Fernabsatz waren auf Versicherungsverträge gemäß **§§ 312 III, 312b III Nr. 3 BGB a.F.** nicht anwendbar.[29] Für den Bereich des Versicherungsrechts hat der Gesetzgeber die Fernabsatz-RiLi II allein innerhalb des VVG umgesetzt, damit das Gesetz aus sich heraus verständlich bleibt.[30] Auch der neugefasste **§ 355 BGB** wird weiterhin durch § 8 verdrängt, der oft gleiche oder ähnliche Regelungen enthält.[31] Dennoch stellen sich hinsichtlich § 8 einige Auslegungsfragen, die auch im Rahmen der allgemeinen bürgerlichrechtlichen Normen auftreten. Unter Berück-

---

14 Vgl. *Wandt/Ganster* VersR 2008, 425; allg. NK-BGB/*Looschelders*, Anh. zu § 133 Rn. 35.
15 Richtlinie 2002/83/EG des Europäischen Parlaments und des Rates vom 05.11.2002 über Lebensversicherungen, ABl. Nr. L 345 vom 19.12.2002 S. 1.
16 Gesetz zur Umsetzung der Verbraucherkreditrichtlinie, des zivilrechtlichen Teils der Zahlungsdiensterichtlinie sowie zur Neuordnung der Vorschriften über das Widerrufs- und Rückgaberecht, BGBl. 2009 I 2355.
17 Gesetz zur Anpassung der Vorschriften über den Wertersatz bei Widerruf von Fernabsatzverträgen und über verbundene Verträge, BGBl. 2011 I 1600.
18 Begr. RegE BT-Drucks. 17/5097 S. 21.
19 Richtlinie 2011/83/EU des Europäischen Parlaments und des Rates vom 25. Oktober 2011 über die Rechte der Verbraucher, zur Abänderung der Richtlinie 93/13/EWG des Rates und der Richtlinie 1999/44/EG des Europäischen Parlaments und des Rates sowie zur Aufhebung der Richtlinie 85/577/EWG des Rates und der Richtlinie 97/7/EG des Europäischen Parlaments und des Rates, ABl. Nr. L 304 v. 22.11.2011, S. 64.
20 Vgl. Art. 3 III 3 lit. d Verbraucherrechte-RiLi.
21 Hierzu allg. *Looschelders*, SR AT, Rn. 893 ff.
22 Gesetz zur Umsetzung der Verbraucherrechterichtlinie und zur Änderung des Gesetzes zur Regelung der Wohnungsvermittlung, BGBl. 2013 I 3642.
23 P/M/*Armbrüster*, § 8 Rn. 38; *Ebnet* NJW 2011, 1029, 1030 f.
24 LG Berlin VersR 2014, 236.
25 Zu § 48c a.F. *C. Schneider* VersR 2004, 696, 698.
26 Vgl. BGH VersR 2014, 824, 826; P/M/*Armbrüster*, § 8 Rn. 2; offengelassen von LG Rostock VersR 2013, 41, 43.
27 Palandt/*Grüneberg*, § 312 Rn. 29.
28 Vgl. Begr. RegE BT-Drucks. 17/12637 S. 49; HK-BGB/*Schulte-Nölke*, § 312 Rn. 29; *Looschelders*, SR AT, Rn. 853.
29 Vgl. *C. Schneider* VersR 2004, 696, 697; *Ring*, FS Lohmann, 321, 334 f.
30 Begr. RegE BT-Drucks. 15/2946 S. 29; krit. *Ring*, FS Lohmann, 321, 342 f. (zu §§ 48a ff. a.F.).
31 Vgl. zu § 355 a.F. B/M/*Knops*, § 8 Rn. 5; *Gessner* NZI 2011, 385, 386; vgl. zu § 8 IV a.F. AG Bremen BeckRS 2008, 02160; NK-BGB/*Ring*, § 355 Rn. 27.

sichtigung der Besonderheiten bei Versicherungsverträgen kann in diesen Fällen auch auf Rechtsprechung und Schrifttum zu den Vorschriften des BGB zurückgegriffen werden.[32]

Besondere Schwierigkeiten bereitet die Beurteilung des Verhältnisses von § 8 zu **§ 358 und § 359 BGB** über verbundene Verträge. Sehr umstritten war vor allem die Frage, ob die §§ 358 und 359 BGB auch auf Darlehensverträge und die zu deren Sicherung abgeschlossenen **Restschuldversicherungen anwendbar** sind.[33] Der BGH hat diese Frage für die Praxis nunmehr weitgehend geklärt:[34] Danach ist der Anwendungsbereich der Vorschriften über verbundene Verträge eröffnet. Die **§§ 8 und 9 VVG** bilden insoweit **keine** abschließenden **Spezialregelungen**, da sie die Problematik der verbundenen Verträge nicht behandeln.[35] Auch die Fernabsatz-RiLi II und die Verbraucherkredit-RiLi 2008[36] stehen einer Anwendung der §§ 358, 359 BGB im Fall der Restschuldversicherung nicht entgegen.[37] Das aufgenommene **Darlehen dient** auch teilweise der Finanzierung der **Restschuldversicherung** nach § 358 III 1 BGB, da die Darlehensvaluta sowohl objektiv als auch nach dem Willen der Vertragsparteien zur Bezahlung der Versicherungsprämie verwendet wird. Schließlich bilden die Verträge häufig eine **wirtschaftliche Einheit** im Sinne des § 358 III 1 BGB. Nach dem BGH müssen dafür mehrere konkrete Umstände vorliegen, welche die wechselseitige Bedingung der Verträge zum Ausdruck bringen. In Betracht kommen insoweit vor allem die Zweckbindung des Darlehens und der Ausschluss der freien Verfügung durch den Darlehensnehmer, der zeitgleiche Abschluss der Verträge, die Verwendung einheitlicher Vertragsformulare und deren wechselseitige Bezugnahme aufeinander, die Einschaltung derselben Vertriebsorganisation und die Abhängigkeit des Versicherungsvertrags vom Darlehensvertrag hinsichtlich seiner Wirksamkeit. Diese Umstände werden im Fall von Restschuldversicherungen, **Kapitallebensversicherungen**[38] und auch bei **Sachversicherungen**[39] häufig erfüllt sein. Für Altverträge kommt wegen der damals unvollständigen Belehrung betreffend das Verbundgeschäft zwar eine Rückabwicklung in Betracht.[40] Nach der instanzgerichtlichen Rechtsprechung kann dem Widerruf **bereits erfüllter Verträge** allerdings § 242 BGB entgegenstehen.[41] Ein verbundener Vertrag liegt indes schon wegen Fehlens des erforderlichen Finanzierungszusammenhangs nicht vor, wenn die Prämie nicht aus dem Darlehen, sondern mit Eigenmitteln finanziert wird.[42] In einem aktuellen Urteil hat sich der BGH daher der h.M.[43] zu sog. **Versicherungsdarlehen** angeschlossen und entschieden, dass ein endfälliger Darlehensvertrag und ein der Tilgung des Darlehens dienender Lebensversicherungsvertrag keine verbundenen Verträge bilden, wenn die Versicherungsprämie nicht in Form einer Einmalzahlung zu entrichten ist, die ganz oder teilweise durch das Darlehen finanziert wird.[44] Ist der Verbraucher lediglich Versicherter und nicht Versicherungsnehmer, liegt mangels Vorliegens zweier von ihm abgeschlossener Verträge ein verbundenes Geschäft i.d.R. nicht vor.[45] Nach zutreffender Auffassung kann jedoch etwas anderes gelten, wenn der Verbraucher gleichwohl beitragspflichtig ist und ihn gegenüber der Versicherung Obliegenheiten treffen.[46] In diesem Fall besteht das für § 358 BGB typische Aufspaltungsrisiko gleichermaßen.

Das Vorliegen verbundener Verträge hat zur **Folge**, dass nach **§ 358 II BGB** der Widerruf des Verbraucherdarlehensvertrags auch zur Rückabwicklung des Restschuldversicherungsvertrags führt. Der Widerruf erfasst da-

---

32 Vgl. B/M/*Knops*, § 8 Rn. 5.
33 Siehe zum Streitstand 1. Aufl. Rn. 7–9; *Mülbert/Wilhelm* WM 2009, 2231, 2242; *Sänger/Wigand* ZGS 2009, 447, 449; jeweils m.w.N.
34 BGHZ 184, 1 = VersR 2010, 469 = NJW 2010, 531; BGH VersR 2011, 1024; in neuerer Zeit OLG Düsseldorf WM 2015, 718.
35 So etwa auch LG Düsseldorf NZI 2009, 732, 733; LG Bremen WM 2009, 2215, 2217; LG Hamburg, Urt. vom 08.12.2008, 302 O 127/08; AG Kiel NJOZ 2009, 2678, 2679 f.; AG Hamburg, Urt. vom 12.12.2008, 14 C 313/08; Staudinger/*Kessal-Wulf*, § 358 Rn. 40; *Mülbert/Wilhelm* WM 2009, 2241, 2242; *Ismar/Janca* InsBüro 2009, 180, 183; a.A. AG München BKR 2009, 419, 420 m. zust. Anm. *Schramm* (421 f.); *M. Lange/P. Schmidt* BKR 2007, 493, 494 f.; *P. Schmidt* BKR 2009, 119, 120; *Freitag* VersR 2009, 862, 864 f.
36 ABl. Nr. L 133 v. 22.05.2008 S. 66.
37 Näher *Heinig* VersR 2010, 863, 866 f. m.w.N.; teils a.A. *Freitag* ZIP 2009, 1297, 1300 f.
38 Vgl. etwa BGH NJW 2015, 2414 = VersR 2015, 1233; OLG Köln BeckRS 2013, 04235.
39 BeckOGK-BGB/*Rosenkranz*, § 358 Rn. 52; Staudinger/*Kessal-Wulf*, § 358 Rn. 40; Bamberger/Roth/*C. Möller*, § 358 Rn. 13a.
40 Vgl. OLG Zweibrücken VuR 2010, 307; OLG Schleswig WM 2010, 1074.
41 OLG Düsseldorf NJW 2014, 1599; LG Duisburg BeckRS 2015, 09035.
42 Vgl. Palandt/*Grüneberg*, § 360 Rn. 3.
43 MünchKommBGB/*Habersack*, § 358 Rn. 13 m.w.N.; Staudinger/*Kessal-Wulf*, § 358 Rn. 39; BeckOGK-BGB/*Rosenkranz*, § 358 Rn. 52; *Bülow/Artz*, § 495 Rn. 271; *Bülow* WuB I E 2. § 358 BGB 1.09; a.A. jurisPK-BGB/*Hönninger*, § 358 Rn. 10.
44 BGH NJW 2015, 2414 = VersR 2015, 1233.
45 Vgl. Bamberger/Roth/*C. Möller*, § 358 Rn. 13a m.w.N.; vgl. auch OLG Karlsruhe BeckRS 2014, 20979 Rn. 19.
46 OLG Frankfurt a.M. VuR 2014, 144 (aus dem Darlehen finanzierte Arbeitslosigkeitsversicherung); a.A. OLG Karlsruhe BeckRS 2014, 20979 Rn. 20.

bei stets den gesamten Verbraucherdarlehensvertrag.[47] Entgegen der unklaren Positionierung des BGH[48] ist allerdings **§ 358 I BGB nicht anwendbar**, so dass der Widerruf des Restschuldversicherungsvertrags nicht zur (teilweisen) Rückabwicklung des Darlehensvertrags führt.[49] Die Vorschrift gilt aufgrund ihrer systematischen Stellung grundsätzlich nur für Widerrufsrechte nach dem BGB.[50] Dies ergibt sich auch aus einem Vergleich mit § 4 I 3 FernUSG, der für Fernunterrichtsverträge explizit auf § 358 BGB verweist. Eine entsprechende Regelung enthält § 8 VVG nicht. Eine Anwendung ist auch nicht aufgrund von Art. 15 I der Verbraucherkredit-RiLi 2008 geboten, der bei unionsrechtlich begründeten Widerrufsrechten eine Durchgriffswirkung auf einen verbundenen Kreditvertrag vorsieht.[51] Denn nach Art. 3 lit. n (i) der Richtlinie liegt ein verbundenes Geschäft nur vor, wenn das Darlehen *ausschließlich* der Finanzierung des verbundenen Vertrags dient, was bei der Restschuldversicherung nicht der Fall ist.[52] Daher ist auch eine gespaltene Auslegung des § 358 I BGB, wonach jedenfalls der Widerruf von im Fernabsatz geschlossenen Versicherungsverträgen durchgreifen soll,[53] nicht angezeigt. Gegen die Anwendbarkeit des § 358 I BGB spricht schließlich, dass der Gesetzgeber nunmehr in § 9 II – trotz der parallelen Regelung in § 360 BGB – eigenständig im VVG geregelt hat, unter welchen Voraussetzungen der Widerruf des Versicherungsvertrags auf einen anderen (zusammenhängenden) Vertrag durchschlägt (vgl. sogleich Rdn. 10).[54] Mit der Neuregelung erübrigt sich freilich auch ein Rückgriff auf § 358 I BGB,[55] für den im Übrigen die Musterbelehrung keinen Gestaltungshinweis enthält. Auch bei einem Widerrufsdurchgriff nach § 358 II BGB gelten für die **Rechtsfolgen** hinsichtlich des Versicherungsvertrags **§ 9 VVG**, in Altfällen ggf. **§ 48c V VVG a.F.** (bei Fernabsatzverträgen) sowie subsidiär die §§ 355, 357a BGB, wobei sich das anwendbare Recht nach dem Zeitpunkt des Vertragsschlusses bestimmt.[56]

9 Im Rahmen von § 9 VVG und § 48c V VVG a.F. besteht kein Anspruch des Versicherers auf Wertersatz für den gewährten Versicherungsschutz (näher § 9 Rdn. 1, 16, 38). Wenn die aus der Darlehenssumme bezahlte Versicherungsprämie dem Versicherer im Zeitpunkt des Widerrufs – wie zumeist – bereits zugeflossen ist, tritt die Bank nach **§ 358 IV 5** im Verhältnis zum Darlehensnehmer hinsichtlich der Rechtsfolgen des Widerrufs in die Rechte und Pflichten des Versicherers aus dem Versicherungsvertrag ein. Die Rückabwicklung vollzieht sich dann allein im Verhältnis zwischen Darlehensnehmer und Darlehensgeber. Der Anspruch des Versicherungs- bzw. Darlehensnehmers auf Rückzahlung der Versicherungsprämie wird daher unmittelbar mit dem Anspruch der Bank auf Rückzahlung der Darlehensvaluta und des Sollzinses (§§ 355, 357a III 1 BGB) **saldiert**.[57] Der Verbraucher kann die Rückzahlung der von ihm erbrachten Zins- und Tilgungsleistungen und ebenfalls Nut-

---

47 *Bülow* WuB I E 2. § 358 BGB 1.09; *Flöther/Looff* jurisPR-InsR 23/2009 Anm. 5; *Wolters/Podewils* ZVI 2010, 209, 212; *Heinig* VersR 2010, 863, 866; *Obergfell* JA 2011, 412, 418; a.A. LG Düsseldorf NZI 2009, 732, 734.
48 BGH NJW 2011, 1063, 1064 = VersR 2011, 1024, 1025.
49 So auch MünchKommBGB/*Habersack*, § 358 Rn. 7; BeckOGK-BGB/*Rosenkranz*, § 358 Rn. 35; *Freitag* VersR 2009, 862, 864; *Mülbert/Wilhelm* WM 2009, 2241, 2242; *Wolters/Podewils* ZVI 2010, 209, 214; *Heinig* VersR 2010, 863, 864, 866; *A. Maier* VuR 2011, 97; *Gessner* NZI 2011, 385, 386; *Goraj* ZInsO 2011, 497, 505; vgl. auch NK-BGB/*Ring*, § 358 Rn. 10; jurisPK-BGB/*Hönninger*, § 358 Rn. 17; a.A. OLG Düsseldorf WM 2015, 718; OLG Brandenburg NJOZ 2010, 1980, 1981; *Bülow/Artz*, § 495 Rn. 270; *Bülow* WuB I E 2. § 358 BGB 1.09; *ders.* LMK 2010, 298835; *Knops* ZIP 2010, 1265, 1268; Bamberger/Roth/*C. Möller*, § 358 Rn. 13a; *Markus* jurisPR-VersR 1/2010 Anm. 1; wohl auch *Fliegner/Fehst* EWiR 2009, 231, 232; für eine Anwendung, soweit der Versicherungsvertrag im Fernabsatz geschlossen wurde: Staudinger/*Kessal-Wulf*, § 358 Rn. 55.
50 Vgl. MünchKommBGB/*Habersack*, § 358 Rn. 7; Staudinger/*Kessal-Wulf*, § 358 Rn. 55; *Freitag* VersR 2009, 862, 864; *Wolters/Podewils* ZVI 2010, 209, 214; Palandt/*Grüneberg*, § 358 Rn. 3.
51 So aber *Schürnbrand* ZBB 2010, 123, 126; *ders.* BKR 2011, 309, 311; dem folgend Staudinger/*Kessal-Wulf*, § 358 Rn. 55; vgl. auch MünchKommBGB/*Habersack*, § 360 Rn. 8; BeckOGK-BGB/*Rosenkranz*, § 358 Rn. 35.1; allg. Begr. RegE 17/1394 S. 27 f.
52 *Mülbert/Wilhelm* WM 2009, 2241, 2243; *Heinig* VersR 2010, 863, 866; vgl. dazu *Micklitz/Rott*, in: Dauses, Handbuch des EU-Wirtschaftsrechts, Stand: 36. Erg.-Lfg. 10/2014, H.V. Rn. 479.
53 In diesem Sinne Staudinger/*Kessal-Wulf*, § 358 Rn. 55; vgl. auch MünchKommBGB/*Habersack*, § 360 Rn. 9; BeckOGK-BGB/*Rosenkranz*, § 358 Rn. 35.1.
54 BeckOGK-BGB/*Rosenkranz*, § 358 Rn. 35.
55 MünchKommBGB/*Habersack*, § 360 Rn. 8; BeckOGK-BGB/*Rosenkranz*, § 358 Rn. 35.
56 Vgl. BGHZ 184, 1, 5 = VersR 2010, 469 = NJW 2010, 531, 532; R/L/*Rixecker*, § 9 Rn. 21 f.; *Freitag* VersR 2009, 862, 863 f.; *Knops* ZIP 2010, 1265, 1268; *Heinig* VersR 2010, 863, 867; *A. Maier* VuR 2011, 97, 98; *Goraj* ZInsO 2011, 497, 498; *Obergfell* JA 2011, 412, 415, 419, 421; a.A. *Wolters/Podewils* ZVI 2010, 209, 214: Zeitpunkt des Widerrufs maßgeblich; für die alleinige Anwendbarkeit der §§ 346 ff. BGB hingegen *Gessner* NZI 2011, 385, 386; *Knobloch* VuR 2011, 195.
57 Vgl. BGH NJW 2011, 1063, 1064 = VersR 2011, 1024, 1025; OLG Düsseldorf WM 2015, 718, 720; OLG Stuttgart WM 2009, 1361, 1362; OLG Celle WM 2009, 1600, 1601; OLG Schleswig WM 2009, 1606, 1607; WM 2010, 1074, 1077; OLG Düsseldorf NZI 2010, 29, 30; LG Berlin BeckRS 2009 28069; AG Hamburg Urt. vom 28.04.2009, 18B C 103/08; R/L/*Rixecker*, § 9 Rn. 21; *Mülbert/Wilhelm* WM 2009, 2241, 2245; *Obergfell* JA 2011, 412, 420; allg. MünchKommBGB/*Habersack*, § 358 Rn. 84; Staudinger/*Kessal-Wulf*, § 358 Rn. 67; vgl. auch *Wolters/Podewils* ZVI 2010, 209, 212: Saldierung stets in Höhe der vollen Versicherungsprämie; a.A. LG Düsseldorf NZI 2009, 732, 735; *Knops* ZIP 2010, 1265, 1269 f.; *Ismar/Janca* InsBüro 2009, 180, 183; *Flöther/Looff* jurisPR-InsR 23/2009 Anm. 5; *Goraj* ZInsO 2011, 497, 499 f.; *Kleinschmidt/Burchard* ZInsO 2011, 513, 515 ff.

zungsersatz verlangen.[58] Die Saldierung findet nach zu befürwortender Ansicht **auch** im Fall der **Insolvenz des Versicherungs- bzw. Darlehensnehmers** statt.[59] Dafür hat sich auch der IV. Zivilsenat des BGH in einem Hinweisbeschluss ausgesprochen.[60] Die §§ 209 und 96 InsO stehen diesem Ergebnis nicht entgegen, da sie aufgrund der Saldierung schon tatbestandlich nicht eingreifen.[61] Der Treuhänder kann sein Wahlrecht nach § 103 InsO auch nicht getrennt im Hinblick auf den Versicherungs- und den Darlehensvertrag ausüben, da dies dem Regelungszweck von § 358 BGB widerspräche, die Rückabwicklung zusammenzufassen.[62]

Ein Widerruf des Versicherungsvertrags nach § 8 kann sich allerdings gemäß **§ 9 II** auf einen mit dem Versicherungsvertrag **zusammenhängenden Vertrag** erstrecken (vgl. § 9 Rdn. 41 ff.). Der mit Wirkung seit dem 01.05.2013 geltende Widerrufsdurchgriff in § 9 II ist insoweit **spezieller** als die Neuregelung in **§ 360 BGB**, die nach Art. 229 § 32 EGBGB für alle seit dem 13.06.2014 geschlossenen Verträge gilt.[63] Fraglich ist aber, ob § 360 I BGB im umgekehrten Fall eingreift und ein **Widerruf des Hauptvertrags** nach den verbraucherschützenden Vorschriften des BGB sich auf einen zusammenhängenden Versicherungsvertrag erstreckt.[64] Hiergegen könnte auf den ersten Blick sprechen, dass der Gesetzgeber mit der Einführung von § 9 II eine gegenüber § 360 BGB eigenständige (abschließende) Regelung in das VVG aufgenommen hat. Dieses Argument lässt sich aber mit der Überlegung entkräften, dass im VVG lediglich der Widerruf und dessen Rechtsfolgen für Versicherungsverträge geregelt werden, dadurch aber nicht ausgeschlossen wird, dass der Widerruf eines anderen Vertrags – wie im Fall des Verbundsgeschäfts i.S.d. § 358 II BGB – zugleich auf den Versicherungsvertrag durchgreift.[65] Es erschiene zudem willkürlich, zwar einen Widerrufsdurchgriff nach § 358 II BGB anzuerkennen, dann aber, wenn die Voraussetzungen eines Verbundsgeschäfts ausnahmsweise nicht vorliegen (etwa aufgrund einer Prämienzahlung aus Eigenmitteln, vgl. oben Rdn. 7), einen Widerrufsdurchgriff nach § 360 I BGB zu versagen. Schließlich sollten nach der Gesetzesbegründung zu § 359a BGB a.F., der in § 360 BGB aufgegangen ist, auch Versicherungsverträge (vgl. auch Art. 247 § 8 I 1 EGBGB) von der Norm erfasst werden.[66] Der Anwendungsbereich von § 360 BGB ist insoweit auch nicht auf obligatorische Versicherungsverträge zu reduzieren, die der Darlehensgeber zur zwingenden Voraussetzung für die Kreditvergabe macht.[67] Art. 3 lit. g der Verbraucherkredit-RiLi 2008 lässt sich eine solche Beschränkung nicht entnehmen.[68] Die Norm bestimmt lediglich, dass Prämien für obligatorische Versicherungen als Teil der Gesamtkosten des Kredits auszuweisen sind, trifft aber keine Aussage für den Fall des Widerrufsdurchgriffs.[69]

---

58 BGHZ 180, 123, 133 = NJW 2009, 3572, 3574; Palandt/*Grüneberg*, § 358 Rn. 21; *Knops* ZIP 2010, 1265, 1267; *Wolters/Podewils* ZVI 2010, 209, 212, 215; *Heinig* VersR 2010, 863, 867.
59 OLG Stuttgart WM 2009, 1361, 1362; OLG Celle WM 2009, 1600, 1602; ZIP 2011, 1164, 1165 f.; OLG Schleswig WM 2009, 1606, 1607; OLG Düsseldorf NZI 2010, 29, 30 f.; LG Itzehoe BeckRS 2009, 88100 = VuR 2009, 425 f.; LG Berlin BeckRS 2009, 28069; AG Hamburg, Urt. vom 28.04.2009, 18B C 103/08; *Mülbert/Wilhelm* WM 2009, 2241, 2245 f.; *Schürnbrand* ZBB 2010, 123, 125; *ders.* BKR 2011, 309, 310 f.; *Wolters/Podewils* ZVI 2010, 209, 214 f.; *Heinig* VersR 2010, 863, 867 f.; vgl. auch AG Schöneberg BeckRS 2008, 25359; a.A. LG Hamburg, Urt. vom 08.12.2008, 302 O 127/08; AG Düsseldorf BeckRS 2009, 15705; AG Hamburg, Urt. vom 12.12.2008, 14 C 313/08; AG Hamburg-Altona Urt. vom 13.03.2009, 314B C 537/08; Urt. vom 24.02.2009, 316 C 308/08; AG Göttingen NZI 2010, 311; NZI 2011, 294, 295; *Knops/C. Reifner*, S. 57 ff.; *Dawe* NZI 2008, 513, 517 f.; *Ismar/Janca* InsBüro 2009, 180, 183; *Sänger/Wigand* ZInsO 2009, 2043, 2045 f.; *Stephan* VIA 2009, 9, 11; *Anger* VIA 2010, 21; *Knops* ZIP 2010, 1265, 1271 f.; *Weiß* ZInsO 2010, 1130, 1133 f.; *Gessner* NZI 2011, 385, 388 f.; *Goraj* ZInsO 2011, 497, 500 f.; *Kleinschmidt/Burchard* ZInsO 2011, 513, 517 f.; *A. Maier* VuR 2011, 263, 264.
60 BGH BeckRS 2010, 21675.
61 Vgl. OLG Stuttgart WM 2009, 1361, 1362; OLG Schleswig WM 2009, 1606, 1607; OLG Celle WM 2009, 1600, 1602; ZIP 2011, 1164, 1165 f.; OLG Düsseldorf NZI 2010, 29, 31; LG Berlin BeckRS 2009, 28069; LG Itzehoe BeckRS 2009, 88100; AG Hamburg, Urt. vom 28.04.2009, 18B C 103/08; *Heinig* VersR 2010, 863, 868.
62 OLG Celle ZIP 2011, 1164, 1165 f.; *Mülbert/Wilhelm* WM 2009, 2241, 2246; *Heinig* VersR 2010, 863, 868; vgl. auch OLG Stuttgart WM 2009, 1361, 1362; OLG Schleswig WM 2009, 1606, 1607; OLG Düsseldorf NZI 2010, 29, 30; a.A. *Hackländer* ZInsO 2009, 497, 500 f.; *Goraj* ZInsO 2011, 497, 503 f.
63 Vgl. BeckOGK-BGB/*Rosenkranz*, § 360 Rn. 12; *Reiff* VersR 2016, 757, 761; *Wendt/Lorscheid-Kratz* BB 2013, 2434, 2436, wonach § 360 BGB ein Widerrufsrecht i.S.d. § 355 BGB voraussetzt; unklar insoweit Palandt/*Grüneberg*, § 360 Rn. 3 und 4.
64 Zutreffend bejahend etwa BeckOGK-BGB/*Rosenkranz*, § 360 Rn. 14, 23.2.
65 Vgl. insofern auch zum Verhältnis von §§ 8, 9 VVG und § 358 f. BGB BGH VersR 2010, 469 Rn. 14; *Heinig* VersR 2010, 863, 864.
66 Begr. RegE BT-Drucks. 16/11643 S. 109; *Wendt/Lorscheid-Kratz* BB 2013, 2434, 2436; Soergel/*Pfeiffer*, nF §§ 355–360 Rn. 24; *Wildemann* VuR 2011, 55, 59; *A. Maier* VuR 2011, 97, 99; vgl. auch *Bülow/Artz*, § 495 Rn. 339.
67 Palandt/*Grüneberg*, § 360 Rn. 3; MünchKommBGB/*Habersack*, § 360 Rn. 14; Bamberger/Roth/*C. Möller*, § 360 Rn. 2; *D. Wendt*, S. 59 f.
68 So aber *Mülbert/Wilhelm* WM 2009, 2241, 2244; vgl. auch *Freitag* ZIP 2009, 1297, 1301; *Kulke* VuR 2009, 373, 376; *Geist/Tyzak* BB 2010, 465, 466.
69 Vgl. *Schürnbrand* ZBB 2010, 123, 127 f.; *ders.* BKR 2011, 309, 310; *Micklitz*/Rott, in: Dauses, Handbuch des EU-Wirtschaftsrechts, Stand: 36. Erg.-Lfg. 10/2014, H.V. Rn. 450 f., 470; *Rott* WM 2008, 1104, 1108, 1111; *Heinig* VersR 2010, 863, 866; *ders.* JR 2010, 461, 464; *Wildemann* VuR 2011, 55, 59.

11 § 360 BGB hat ferner die Regelung des § 312f BGB a.F. absorbiert.[70] Mit Gesetz vom 27.07.2011[71] hatte der Gesetzgeber die bislang fehlende[72] Umsetzung von **Art. 6 VII Unterabs. 2** Fernabsatz-RiLi II[73] durch Schaffung des § 312f BGB a.F. nachgeholt.[74] Eine Anwendbarkeit dieser Vorschrift wurde etwa befürwortet, wenn der erforderliche Zusammenhang zwischen einem Makler- und einem Versicherungsvertrag bestand und beide Verträge im Wege des Fernabsatzes geschlossen werden.[75] Bei Widerruf des Versicherungsvertrags sollte dann auch die Bindung an den Maklervertrag entfallen. Unabhängig davon, ob § 312f BGB a.F. in diesem Fall trotz des Anwendungsausschlusses in § 312b III Nr. 3 BGB tatsächlich einschlägig war,[76] beurteilt sich diese Konstellation nunmehr nach § 9 II VVG. Stellt sich hingegen umgekehrt der Versicherungsvertrag als Nebenbzw. Zusatzvertrag dar, richtet sich ein etwaiger Widerrufsdurchgriff nach den Voraussetzungen des § 360 BGB.[77]

12 Umstritten war ferner, ob im Fall der **unterjährigen Prämienzahlung** ein entgeltlicher Zahlungsaufschub i.S.d. § 506 I BGB (§ 499 I BGB a.F.) vorliegt.[78] Bejahte man die Frage, so kämen neben den §§ 8, 9 VVG auch die Schutzvorschriften des Verbraucherdarlehensrechts, insbesondere das Widerrufsrecht nach § 495 BGB, zur Anwendung. Dieser Sichtweise hat der BGH jedoch zutreffend eine Absage erteilt.[79] Ein Zahlungsaufschub liegt nicht vor, da die grundsätzlich einjährige Dauer der Versicherungsperiode (§ 12 VVG) von der – etwa monatlichen – Fälligkeit der Prämien zu trennen ist.[80] Weder aus § 33 VVG noch aus § 271 BGB folgt als dispositives Recht, dass die Folgeprämien zu Beginn der jeweiligen Versicherungsperiode fällig werden, sodass eine abweichende Vereinbarung einen Zahlungsaufschub bedeuten würde.[81] Das gilt auch bei einer je nach gewähltem Zahlungsabschnitt unterschiedlichen Höhe der gestaffelten Prämien. Die Fälligkeit unterliegt vielmehr im Einklang mit dem maßgeblichen dispositiven Recht in § 271 BGB allein der Parteivereinbarung. Auch der Gesetzgeber des Verbraucherkreditgesetzes ging davon aus, dass bei Versicherungsverträgen kein entgeltlicher Zahlungsaufschub vorliegt, wenn die Tarife nach der Zahlungsperiode gestaffelt werden, da insoweit Rabattgesichtspunkte im Vordergrund stünden.[82] Ein zusätzliches Widerrufsrecht nach § 495 BGB würde überdies der spezielleren und grundsätzlich abschließenden Regelung der §§ 8, 9 VVG widersprechen. Für dieses Ergebnis spricht schließlich auch die richtlinienkonforme Auslegung.[83] Denn sowohl die Verbraucherkredit-RiLi von 1987[84] (Art. 1 II lit. c) als auch diejenige von 2008[85] (Art. 3 lit. c) enthalten Ausnahmen für Verträge über die kontinuierliche Erbringung von Dienstleistungen, bei denen der Verbraucher für die Dienstleistung Teilzahlungen erbringt. Nach Erwägungsgrund 12 Satz 3 der neuen Verbraucherkredit-RiLi soll sich die Ausnahme auch auf Versicherungsverträge beziehen.

2. Ausnahmen vom sachlichen Anwendungsbereich (Abs. 3)

a) Versicherungsverträge mit Laufzeit unter einem Monat (Nr. 1)

13 Vom sachlichen Anwendungsbereich ausgenommen sind nach § 8 III 1 Nr. 1 zunächst Versicherungsverträge mit einer **Laufzeit von weniger als einem Monat**.[86] Auf diese Weise wird einem möglichen Missbrauch von Seiten des VN vorgebeugt, weil dieser den Vertrag am Ende der Laufzeit sonst einfach widerrufen könnte, wenn kein Versicherungsfall eingetreten ist.[87] Überdies belastet der Vertrag den VN wegen der kurzen Lauf-

---

70 Vgl. nur Palandt/*Grüneberg*, § 360 Rn. 1.
71 Oben Fn. 16.
72 Vgl. *Schinkels* GPR 2005, 109, 113.
73 Vgl. zu der Vorschrift *Finke*, Rn. 162–182; *C. Schneider*, S. 287; *Kriegner*, S. 207–210.
74 S. ausf. zum Verhältnis zu § 312f a.F. BGB die Vorauflage.
75 Vgl. *Finke*, Rn. 171.
76 Davon ausgehend noch die Vorauflage; a.A. Stellungnahme des Bundesrates zum Entwurf eines Gesetzes zur Anpassung der Vorschriften über den Wertersatz bei Widerruf von Fernabsatzverträgen und über verbundene Verträge, BR-Drs. 855/10, S. 1.
77 Vgl. Palandt/*Grüneberg*, § 360 Rn. 3; Bamberger/Roth/*C. Möller*, § 360 Rn. 2.
78 Dazu OLG Bamberg VersR 2007, 529; OLG Köln r+s 2011, 216; VersR 2011, 248; OLG Stuttgart VersR 2011, 786; OLG Hamburg VersR 2012, 41; LG Köln BeckRS 2010, 22191; *Hadding* VersR 2010, 697 ff.; *Looschelders* VersR 2010, 977 ff.; *ders.* VersR 2011, 421, 423; *ders.* VersR 2013, 653, 657 f.; *Schürnbrand* WM 2011, 481 ff.; *Jacob* jurisPR-VersR 11/2010 Anm. 4; jeweils m.w.N.
79 BGH VersR 2013, 341.
80 OLG Stuttgart VersR 2011, 786, 787; *Hadding* VersR 2010, 697, 700 f.; a.A. *Bülow/Artz*[7], § 506 Rn. 41 m. Fn. 38; *Schürnbrand* WM 2011, 481, 483; MünchKommBGB/*Schürnbrand*, § 506 Rn. 9; Staudinger/*Kessal-Wulf* § 506 Rn. 8.
81 OLG Köln VersR 2011, 248, 249; *Looschelders* VersR 2010, 977, 980; *Jacob* jurisPR-VersR 11/2010 Anm. 4; a.A. wegen § 271 BGB HK-VVG/*Karczewski*, § 33 Rn. 1.
82 BT-Drucks. 11/5462, S. 17; dagegen *Schwintowski* VuR 2011, 253, 256 m. Fn. 20.
83 Näher *Looschelders* VersR 2010, 977 ff., 981 ff.; anders *Schürnbrand* WM 2011, 481, 484.
84 ABl. Nr. L 42 v. 12.02.1987 S. 48.
85 Oben Fn. 36.
86 Kritisch *Schimikowski/Höra*, S. 115.
87 Zu § 48c IV a.F. und Art. 6 II lit. b Fernabsatz-RiLi II *Rott* BB 2005, 53, 62.

zeit nur geringfügig.[88] Die Laufzeit des Vertrages beträgt weniger als einen Monat, wenn die **vertraglich festgelegten** Anfangs- und Endzeiten des Versicherungsschutzes weniger als einen Monat auseinander liegen.[89] Die Berechnung der Monatsfrist erfolgt nach den §§ 187 I, II 1, 188 II, III BGB.

Die Ausnahme beruht auf Art. 6 II lit. b der Fernabsatz-RiLi II,[90] der bei »Reise- und Gepäckversicherungspolicen oder bei ähnlichen kurzfristigen Versicherungspolicen mit einer Laufzeit von weniger als einem Monat« eingreift. Aus dieser Formulierung und der Genese des Artikels wird z.T. gefolgert, dass die »ähnlichen kurzfristigen Versicherungspolicen« den Reise- und Gepäckversicherungen nach der Richtlinie insoweit ähnlich sein müssen, als dass sie auch typischerweise für nur kurze Zeit geschlossen werden.[91] Aus dem Wortlaut der Richtlinie ergibt sich jedoch nicht eindeutig, ob die Ähnlichkeit wirklich generell oder nur konkret aufgrund der individuell vereinbarten Laufzeit bestehen muss. Dies gilt auch für die englische, französische, spanische und italienische Fassung von Art. 6 II lit. b der Fernabsatz-RiLi II. Unabhängig davon hat der deutsche Gesetzgeber die Ausnahme allgemein gefasst, sodass die Ähnlichkeit mit Reise- und Gepäckversicherungen im Rahmen von § 8 III 1 Nr. 1 keine Voraussetzung ist. Demgemäß geht auch die Gesetzesbegründung zu § 48c IV a.F., der § 8 III 1 Nr. 1 entspricht, davon aus, dass die Richtlinie Reise- und Gepäckversicherungen nur beispielhaft erwähnt.[92]

14

Fraglich ist, ob die Ausnahme auch dann eingreift, wenn die Parteien zwar eine Laufzeit von einem Monat vereinbaren, der Vertrag sich aber **automatisch verlängert**, wenn er von keiner Seite gekündigt wird. Eine § 8 III 1 Nr. 1 entsprechende Ausnahme enthielt auch bereits § 48c IV a.F.[93] In der Gesetzesbegründung zu dieser Vorschrift wird ausgeführt, dass es sich mit dem Beginn der Verlängerung nicht mehr um einen Vertrag mit einer Laufzeit von weniger als einem Monat handle, sodass ein Widerrufsrecht bestehe.[94] Dieser Konzeption ist auch im Rahmen des § 8 III 1 Nr. 1 zu folgen. Somit besteht ein Widerrufsrecht, wenn es zu einer Verlängerung des Vertrages über einen Monat hinaus kommt.[95] Unter Schutzgesichtspunkten besteht kein Unterschied zu längerfristigen Verträgen, die vorzeitig gekündigt werden können.[96] Es bedarf deshalb auch keiner Prüfung, ob die Vereinbarung einer Laufzeit von einem Monat in Kombination mit einer Verlängerungsklausel eine Umgehung von § 8 III Nr. 1 darstellt.[97] Die Widerrufsfrist **beginnt** bei automatischer Vertragsverlängerung erst zu dem Zeitpunkt, ab dem der Vertrag über den ersten Monat hinaus läuft.[98] Erst dann steht fest, dass die Ausnahme des § 8 III 1 Nr. 1 nicht eingreift und dem VN das Widerrufsrecht zusteht.

15

b) Versicherungsverträge über vorläufige Deckung (Nr. 2)

Auch bei Versicherungsverträgen über vorläufige Deckung (§§ 49 ff.) besteht nach § 8 III Nr. 2 grundsätzlich kein Widerrufsrecht; ein solches widerspräche aus Sicht des Gesetzgebers dem Sinn und Zweck der vorläufigen Deckung.[99] Eine **Rückausnahme** besteht nach § 8 III Nr. 2 Hs. 2 für Verträge, die im Wege des **Fernabsatzes** nach § 312c BGB geschlossen wurden.[100] Dies beruht darauf, dass die Fernabsatz-RiLi II keine Ausnahme für die vorläufige Deckung vorsieht.[101] Auch bei diesen Verträgen kommt aber ein Ausschluss nach § 8 III 1 Nr. 1 in Betracht, wenn die vorläufige Deckung weniger als einen Monat andauert.[102]

16

Praktisch relevant ist § 8 III Nr. 2 vor allem bei der **Kfz-Haftpflichtversicherung**.[103] Dort besteht nach den in B.2 AKB 2008 genannten Voraussetzungen ein vorläufiger Versicherungsschutz. Wird der Vertrag – wie häufig – im Wege des Fernabsatzes geschlossen, so steht dem VN schon im Hinblick auf den Vertrag über die vorläufige Deckung ein Widerrufsrecht zu.

17

---

88 Zu Art. 6 II lit. b Fernabsatz-RiLi II *Kriegner*, S. 202; zum Kommissionsvorschlag *Riesenhuber* WM 1999, 1441, 1442.
89 Vgl. P/M/*Armbrüster*, § 8 Rn. 51.
90 Vgl. Begr. RegE BT-Drucks. 16/3945 S. 62.
91 *C. Schneider*, S. 278 f.; *ders.* VersR 2004, 696, 704; B/M/*Knops*, § 8 Rn. 52; vgl. auch *Rott* BB 2005, 53, 62.
92 Begr. RegE BT-Drucks. 15/2946 S. 30; so auch PK/*Ebers*, § 8 Rn. 41; *Wilmer*, in: Wilmer/Hahn, S. 211, 559; P/M/*Armbrüster*, § 8 Rn. 50.
93 Vgl. Begr. RegE BT-Drucks. 16/3945 S. 62.
94 Begr. RegE BT-Drucks. 15/2946 S. 30; zustimmend *Kocher* DB 2004, 2679, 2683; *Wilmer*, in: Wilmer/Hahn, S. 211, 559; krit. *C. Schneider* VersR 2004, 696, 704.
95 Zust. *D. Wendt*, S. 67.
96 P/M/*Armbrüster*, § 8 Rn. 52.
97 So auch P/M/*Armbrüster*, § 8 Rn. 52; a.A. PK/*Ebers*, § 8 Rn. 40; B/M/*Knops*, § 8 Rn. 53; *Armbrüster* r+s 2008, 493, 500; vgl. auch L/W/*Eberhardt*, § 8 Rn. 40; vgl. zu § 48d S. 2 a.F. *C. Schneider* VersR 2004, 696, 704; *Rott* BB 2005, 53, 63.
98 Zu § 48c a.F. Begr. RegE BT-Drucks. 15/2946 S. 30; a.A. P/M/*Armbrüster*, § 8 Rn. 52: Widerrufsrecht besteht von Anfang an.
99 Begr. RegE BT-Drucks. 16/3945 S. 62.
100 Näher zur Definition des Fernabsatzgeschäfts *Martis/Meinhof*, 4. Teil E Rn. 17–41; Palandt/*Grüneberg*, § 312c Rn. 2; HK-BGB/*Schulte-Nölke*, § 312c Rn. 3–6.
101 Vgl. Begr. RegE BT-Drucks. 16/3945 S. 62; HK-VVG/*Schimikowski*, § 8 Rn. 25.
102 Begr. RegE BT-Drucks. 16/3945 S. 62; vgl. aber zum begrenzten Anwendungsbereich P/M/*Armbrüster*, § 8 Rn. 53.
103 *Heß/Burmann* NJW-Spezial 2007, 111, 112; VersHb/*Heß/Höke*, § 29 Rn. 121; *Schimikowski* jurisPR-VersR 6/2007 Anm. 3; krit. *ders./Höra*, S. 115.

18 Die vorläufige Deckungszusage stellt nach überwiegender Meinung einen vom etwaigen Hauptvertrag zu trennenden, **rechtlich selbstständigen Vertrag** dar (dazu § 49 Rdn. 1). Dem VN stehen dementsprechend zwei eigenständige Widerrufsrechte für den Hauptvertrag und den Vertrag über die vorläufige Deckung zu, wenn letzterer ein Fernabsatzgeschäft darstellt.[104] Der Versicherer muss deshalb auch die Belehrungs- und Informationspflichten nach § 8 II gesondert erfüllen. Die Informationen können aber zeitgleich erfolgen, wenn der VN bei Vereinbarung der vorläufigen Deckung einen bindenden Antrag zum Abschluss des Hauptvertrags abgibt.

19 Problematisch ist, dass der **Beginn** der Widerrufsfrist u.a. den Zugang des Versicherungsscheins voraussetzt (§ 8 II 1 Nr. 1), der VN bezüglich der vorläufigen Deckung aber i.d.R. **keinen Versicherungsschein** erhält. Nach dem Gesetzeswortlaut könnte der Vertrag über die vorläufige Deckung daher zeitlich unbegrenzt widerrufen werden. Dies erscheint jedoch sinnwidrig.[105] Für den Fall der vorläufigen Deckung ist daher eine teleologische Reduktion des § 8 II 1 Nr. 1 geboten, sodass der Fristbeginn den Zugang des Versicherungsscheins nicht erfordert. Da die Fernabsatz-RiLi II den Zugang des Versicherungsscheins nicht voraussetzt (dazu noch unten Rdn. 72), ist dieses Ergebnis auch europarechtskonform.

20 Hinsichtlich des Widerrufsrechts für den Hauptvertrag ist **§ 52 III** zu beachten: Widerruft der VN den Hauptvertrag, so endet mit Zugang des Widerrufs auch der Vertrag über die vorläufige Deckung.

c) Versicherungsverträge bei Pensionskassen (Nr. 3)

21 Nach § 8 III Nr. 3 ist das Widerrufsrecht im Fall von Versicherungsverträgen bei **Pensionskassen** ausgeschlossen, die **auf arbeitsvertraglichen Regelungen** beruhen. Gemäß § 211 II Nr. 1 i.V.m. I Nr. 1 ist das Widerrufsrecht darüber hinaus auch bei Verträgen mit **regulierten Pensionskassen** i.S.v. § 118b III und IV VAG ausgeschlossen. Ein Widerrufsrecht besteht hingegen nach § 8 III 1 Nr. 3 a.E. bzw. § 211 II Nr. 1 a.E., wenn die Verträge im Wege des Fernabsatzes (§ 312c BGB) geschlossen werden. Diese Rückausnahme ist ebenfalls durch die Fernabsatz-RiLi II veranlasst, die auch für Versicherungsverträge bei Pensionskassen gilt.[106]

d) Versicherungsverträge über ein Großrisiko (Nr. 4)

22 Auch bei Versicherungsverträgen über ein **Großrisiko** i.S.d. § 210 II steht dem VN kein Widerrufsrecht zu. Die Fernabsatz-RiLi II lässt diese Ausnahme zu, da sie in Art. 6 I 1 nur Verbrauchern ein Widerrufsrecht einräumt, Verbraucher aber keine Versicherungsverträge über Großrisiken abschließen. Auch die Beratungs- und Informationspflichten nach §§ 6, 7 finden in diesen Fällen zumeist keine Anwendung (§§ 6 VI, 7 V 1, s. aber Satz 2).[107] Überdies gewährt § 210 I den Parteien bei Großrisiken umfassende Vertragsfreiheit und weicht damit von § 18 ab. Nr. 4 gilt indes nicht für die **laufende Versicherung**, soweit kein Großrisiko vorliegt. Die Vertragspartner können das Widerrufsrecht jedoch nach § 210 I **abbedingen**.[108]

3. Vollständige Erfüllung auf ausdrücklichen Wunsch des VN (Abs. 3 Satz 2)

23 Schließlich erlischt das Widerrufsrecht, sobald der Versicherungsvertrag auf ausdrücklichen Wunsch des VN **vollständig erfüllt** wird, bevor der VN sein Widerrufsrecht ausübt (§ 8 III 2). Die seit dem 11.06.2010 geltende Fassung der Vorschrift ist dogmatisch präziser gefasst; die Vorgängerregelung sah als Rechtsfolge noch vor, dass das Widerrufsrecht »ausgeschlossen« ist. Eine sachliche Änderung ist mit der Neufassung nicht verbunden.[109] Ähnlich wie die Ausnahme in Satz 1 Nr. 1 verhindert Satz 2, dass der VN den Versicherungsschutz zunächst in Anspruch nimmt und anschließend den Vertrag widerruft, um die gezahlten Prämien zurückzuerhalten.[110] Der VN hat die Wahl, die Versicherungsleistung vollständig in Anspruch zu nehmen oder die Widerrufsmöglichkeit zu behalten.[111] Die Vorschrift beruht auf Art. 6 II lit. c der Fernabsatz-RiLi II. Anders als im Rahmen von § 9 Satz 1 (siehe dort Rdn. 13) ist bei § 8 III 2 aufgrund des Gesetzeswortlauts eindeutig, dass die Erklärung des VN (»Wunsch«) **ausdrücklich** erfolgen muss.[112] In AGB kann die Erklärung nicht abgegeben werden, da die Schutzfunktion der ausdrücklichen Zustimmung sonst nicht erfüllt würde. Eine entsprechende Klausel wäre nach § 307 I 1, II Nr. 1 BGB unwirksam.[113] Überdies muss die Initiative zur Zustimmung nach h.L. vom VN selbst ausgehen.[114] Der ausdrückliche Wunsch muss sich auf die vollständige

---

104 PK/*Ebers*, § 8 Rn. 13, 42; *C. Schneider*, S. 240 f.; *ders.* VersR 2004, 696, 699.
105 *K. Maier* r+s 2006, 485, 488.
106 Vgl. Begr. RegE BT-Drucks. 16/3945 S. 62.
107 Vgl. Begr. RegE BT-Drucks. 16/3945 S. 62.
108 Vgl. *Thume* VersR 2010, 849, 850; L/W/*Looschelders*, § 210 Rn. 5.
109 Begr. RegE BT-Drucks. 16/11643 S. 146; L/W/*Eberhardt*, § 8 Rn. 44; P/M/*Armbrüster*, § 8 Rn. 56.
110 Zum Kommissionsvorschlag zur Fernabsatz-RiLi II *Hoppmann*, in: Kröger, S. 140.
111 Zu Art. 6 II lit. c Fernabsatz-RiLi II *Heiderhoff*, S. 152.
112 Vgl. zu den Anforderungen an den ausdrücklichen Wunsch im Einzelnen P/M/*Armbrüster*, § 8 Rn. 59 m.w.N.
113 Vgl. Palandt/*Grüneberg*, § 356 Rn. 9; MünchKommBGB/*Fritsche*, § 356 Rn. 37; zu § 312d BGB a.F. Staudinger/*Thüsing*, § 312d Rn. 40; *Martis/Meinhof*, 4. Teil E Rn. 53, § 312d Rn. 56.
114 PK/*Ebers*, § 8 Rn. 45; R/L/*Rixecker*, § 8 Rn. 17; *Armbrüster* r+s 2008, 493, 500; MünchKommBGB/*Fritsche*, § 356 Rn. 42; a.A. zu § 312d BGB a.F. Staudinger/*Thüsing*, § 312d Rn. 38.

Leistungserbringung beziehen. Verstirbt der VN und endet dadurch erst die Leistungspflicht (z.B. Rentenzahlung) des Versicherers, liegt ein ausdrücklicher Wunsch des VN daher auch dann nicht vor, wenn er zu Lebzeiten der beiderseitigen Leistungserbringung zugestimmt hat.[115]

Die **vollständige Erfüllung** setzt voraus, dass der VN alle vereinbarten Prämien gezahlt hat und der Versicherer keinen Versicherungsschutz mehr zu gewähren bzw. alle geschuldeten Versicherungssummen geleistet hat.[116] Der Zweck von Abs. 3 Satz 2 greift nicht – wie noch in der Vorauflage vertreten – bereits dann ein, wenn der VN lediglich vertragswidrig seine eigene Leistung zurückhält.[117] Dem VN dürfen aufgrund eines in der Vergangenheit liegenden Versicherungsfalls keinerlei Ansprüche mehr zustehen. Auch etwaige vertragliche Schadensersatzansprüche beider Parteien müssen vollständig erloschen sein.[118] Der vereinbarte Versicherungsschutz darf nicht mehr bestehen, da dem VN sonst ggf. noch Ansprüche erwachsen können. Nebenpflichten wie etwa Informationspflichten oder die Pflicht zur Übergabe des Versicherungsscheins müssen jedoch nicht vollständig erfüllt sein.[119] Auch bei Inanspruchnahme der sonstigen genannten Leistungen greift bereits der Satz 2 zugrunde liegende Gedanke des venire contra factum proprium ein.[120] Etwaige bereicherungsrechtliche Rückzahlungsansprüche sind unerheblich, da diese nicht der Vertragserfüllung dienen, sondern der Rückabwicklung einer vertraglich nicht geschuldeten Leistung. 24

Der VN handelt nach zutreffender Auffassung nur dann widersprüchlich, wenn er bei der Äußerung seines Wunsches das **Widerrufsrecht kannte** oder zumindest **kennen musste**.[121] **Umstritten** ist aber auch, ob der VN zudem die **Rechtsfolge** von § 8 III 2 **kennen** oder zumindest laienhaft **erfassen muss** bzw. ob der Versicherer über sie belehren muss, damit die Vorschrift eingreift.[122] Ein entsprechendes Erfordernis stellt nunmehr die Parallelvorschrift in § 356 IV 1 BGB auf, wonach das Widerrufsrecht nur dann erlischt, wenn der Verbraucher seine Kenntnis davon bestätigt hat, dass er sein Widerrufsrecht bei vollständiger Vertragserfüllung durch den Unternehmer verliert. Allerdings gilt das gerade nicht für Finanzdienstleistungen (§ 356 IV 2 BGB).[123] Gegen eine Übertragung auf § 8 III 2 spricht ferner, dass auch die anderen Ausschlussgründe eine Kenntnis des VN nicht voraussetzen. Überdies ist bereits dann von einem venire contra factum proprium auszugehen, wenn der VN in Unkenntnis der Regelung die vollständige Vertragserfüllung verlangt und sich dann auf sein ihm bekanntes bzw. infolge Fahrlässigkeit unbekannt gebliebenes Widerrufsrecht beruft. Das seit dem 11.06.2010 geltende Muster für eine Widerrufsbelehrung sieht allerdings ohnehin einen Hinweis auf Voraussetzungen und Rechtsfolgen von § 8 III 2 vor. Jedenfalls bei Verwendung des Musters findet die Vorschrift deshalb Anwendung. 25

Nach den beschriebenen Maßstäben kann bei noch **laufenden Versicherungsverträgen** keine vollständige Erfüllung eintreten, da der Versicherungsschutz noch besteht und der VN auch in Zukunft noch die Zahlung von Prämien schuldet.[124] Nach Beendigung des Vertrages wird allerdings zumeist kein Widerrufsrecht mehr bestehen, da die Zwei-Wochen-Frist des § 8 I 1 abgelaufen sein wird. Bei Verträgen mit einer Laufzeit von unter einem Monat ist das Widerrufsrecht ohnehin schon nach § 8 III Nr. 1 ausgeschlossen (oben Rdn. 13–15).[125] § 8 III 2 ist deshalb nur anwendbar, wenn der Vertrag beendet und ein Widerrufsrecht ausnahmsweise noch besteht, weil der Versicherer seine Pflichten nach § 8 II nicht (ordnungsgemäß) erfüllt hat (dazu noch unten Rdn. 62).[126] Für Altfälle hat der BGH jüngst ausgesprochen, dass auch das Widerrufsrecht nach § 8 IV a.F. in entsprechender Anwendung der §§ 7 II 3 VerbrKrG, 2 I 4 HWiG nach beiderseits vollständiger Erfüllung erlischt.[127] Demgegenüber soll eine Analogie für das Widerspruchsrecht nach § 5a II 4 a.F. ausscheiden.[128] 26

---

115 LG Offenburg VersR 2012, 1417 (Rentenversicherungsvertrag mit Einmalprämie).
116 BVerfG r+s 2014, 6; LG Offenburg VersR 2012, 1417, 1418; R/L/*Rixecker*, § 8 Rn. 17; vgl. auch zu § 312d BGB a.F. Staudinger/*Thüsing*, § 312d Rn. 37; vgl. zur Fernabsatz-RiLi II *C. Schneider*, S. 279 f.; *Härting/Schirmbacher* CR 2002, 809, 814.
117 Zutreffend P/M/*Armbrüster*, § 8 Rn. 57.
118 Vgl. Palandt/Grüneberg, § 356 Rn. 9.
119 LG Offenburg VersR 2012, 1417, 1418; P/M/*Armbrüster*, § 8 Rn. 58.
120 P/M/*Armbrüster*, § 8 Rn. 56; MünchKommBGB/*Fritsche*, § 356 Rn. 38.
121 LG Offenburg VersR 2012, 1417, 1418; P/M/*Armbrüster*, § 8 Rn. 60; a.A. *Reusch* VersR 2013, 1364, 1367.
122 Dafür PK/*Ebers*, § 8 Rn. 45; R/L/*Rixecker*, § 8 Rn. 45; *Reusch* VersR 2013, 1364, 1367; zu § 312d BGB a.F. *Held/Schulz* BKR 2005, 270, 273; *Mohrhauser*, S. 62 f.; dagegen P/M/*Armbrüster*, § 8 Rn. 60; zu § 312d BGB a.F. BGHZ 166, 369, 382 = NJW 2006, 1971, 1974; *Martis/Meinhof*, 4. Teil E Rn. 50.
123 Vgl. BeckOGK-BGB/*Mörsdorf*, § 356 Rn. 54.
124 Vgl. etwa BVerfG r+s 2014, 6; allg. zu Dauerschuldverhältnissen *Held/Schulz* BKR 2005, 270, 273; *Mohrhauser*, S. 62.
125 Vgl. zu Art. 6 II lit. b und c der Fernabsatz-RiLi II *C. Schneider*, S. 279.
126 Vgl. auch P/M/*Armbrüster*, § 8 Rn. 61; zur Fernabsatz-RiLi II *C. Schneider*, S. 280; *Rott* BB 2005, 53, 62 sieht deshalb für die Ausnahme keinen praktischen Anwendungsbereich.
127 BGH VersR 2013, 1513.
128 BGH VersR 2014, 817 Rn. 37; a.A. P/M/*Armbrüster*, § 8 Rn. 56; *ders.* VersR 2012, 513, 517 (Analogie des § 8 III 2).

4. Widerrufsrecht bei Vertragsverlängerungen und -änderungen

27 Ob § 8 I 1 auch auf Vertragsverlängerungen oder -änderungen anzuwenden ist, lässt sich nicht einheitlich beantworten.[129] Ausgangspunkt muss die Feststellung sein, dass § 8 I 1 eine **Vertragserklärung** des VN voraussetzt. Gibt der VN keine Vertragserklärung ab, so kommt ein Widerrufsrecht von vornherein nicht in Betracht. § 8 I 1 greift daher nicht bei bloßen einseitigen Prämien- oder Bedingungsanpassungen, die nicht auf einem Änderungsvertrag beruhen.[130]

28 **Vereinbaren** die Parteien eine **Verlängerung** des Vertragsverhältnisses, so steht dem VN ein erneutes Widerrufsrecht zu.[131] Der VN gibt dann nämlich eine neue Vertragserklärung i.S.d. § 8 I 1 ab. Bei einer Vertragsverlängerung zu gleichen Bedingungen wird das Widerrufsrecht z.T. zwar mit der Begründung abgelehnt, der VN habe bereits beim ursprünglichen Vertragsschluss eine rationale Entscheidung treffen können.[132] Das Widerrufsrecht erfüllt jedoch auch hier seinen Zweck, weil der VN eine Bedenkzeit benötigt, ob er sich erneut binden möchte.[133] Erst recht steht dem VN ein Widerrufsrecht zu, wenn die Vertragsverlängerung zu neuen Konditionen erfolgt. Gleiches gilt für die einvernehmliche **Änderung** des Vertragsverhältnisses.[134] Ein Widerrufsrecht besteht deshalb auch und gerade bei einer Erhöhung der Versicherungssumme, die zumeist mit einer Erhöhung der Prämien einhergeht.[135] *Armbrüster* befürwortet ein Widerrufsrecht nur für weitreichende Vertragsänderungen wie etwa Deckungserweiterungen von einigem Gewicht. Nur in diesen Fällen bestehe ein entsprechendes Schutzbedürfnis.[136] Dagegen spricht aber, dass nach diesem Kriterium im Einzelfall nur schwer entschieden werden kann, ob ein Widerrufsrecht besteht. Eine Beschränkung ist auch deswegen nicht erforderlich, weil sich das Widerrufsrecht ohnehin **nur** auf den **Änderungsvertrag** bezieht, sodass nur die dadurch herbeigeführten Rechtsfolgen beseitigt werden können.[137] Der VN kann sich also nicht von dem ursprünglichen Vertrag lösen, wenn dafür kein Widerrufsrecht (mehr) besteht. Ein erneutes Widerrufsrecht besteht auch, wenn die Parteien sich nach einem erfolgten Widerruf darauf verständigen, dass dieser nicht gelten soll und damit den Vertrag konkludent **erneut abschließen**.[138]

29 **Lebensversicherungsverträge** enthalten oft eine sog. **Aufstockungsoption**, nach welcher der VN eine Erhöhung der Versicherungssumme bei Zahlung höherer Prämien verlangen kann. Macht der VN hiervon Gebrauch, so kommt es zu einer Vertragsänderung. Dem VN steht daher auch insoweit **ein Widerrufsrecht** zu.[139] Das bloße Eingreifen einer **Verlängerungsoption**, das sich bereits aus dem ursprünglichen Vertrag ergibt, führt indes nicht zu einem neuen Widerrufsrecht.[140]

30 Wird das Vertragsverhältnis lediglich mangels Kündigung aufgrund einer **Verlängerungsklausel** fortgeführt, so besteht **kein erneutes Widerrufsrecht**. Der VN gibt dann nämlich keine weitere Vertragserklärung nach § 8 I 1 ab. Vielmehr haben die Parteien die etwaige Verlängerung schon im ursprünglichen Vertrag vereinbart. Der VN konnte die Verlängerungsklausel bereits in seine Überlegungen während der Widerrufsfrist einbeziehen. Er benötigt daher keine erneute Bedenkzeit.[141]

B. Tatbestand

I. Widerrufsrecht innerhalb von zwei Wochen (Abs. 1)

31 Gemäß § 8 I 1 kann der VN seine Vertragserklärung innerhalb von **14 Tagen** widerrufen. Die bis zum 10.06.2010 geltende Fassung sprach noch von zwei Wochen. Die neue Formulierung entspricht den neuen Verbraucherschutzrichtlinien sowie dem Wortlaut in § 355 II 1 BGB und bewirkt keine sachliche Änderung.[142] Bei Lebens- und Berufsunfähigkeitsversicherungen beträgt die Frist hingegen 30 Tage (§ 152 I, ggf. i.V.m. § 176). Der längere Zeitraum für Lebensversicherungen ist durch Art. 17 der Fernabsatz-RiLi II vorgegeben. Der Beginn der Widerrufsfrist ist in Abs. 2 geregelt (dazu unten Rdn. 42–73).

---

129 Generell ablehnend *Neuhaus* ZAP 2008, 1159.
130 Vgl. P/M/*Armbrüster*, § 8 Rn. 4.
131 *Abram* VersPrax 2005, 42, 44.
132 Vgl. *Riesenhuber* WM 1999, 1441, 1443 zum Kommissionsvorschlag der Fernabsatz-RiLi II; vgl. auch *Hoppmann*, in: Kröger, S. 129.
133 *C. Schneider*, S. 241 f.; *ders.* VersR 2004, 696, 700.
134 *Abram* VersPrax 2005, 42, 44; *C. Schneider*, S. 242; *ders.* VersR 2004, 696, 700; vgl. auch Begr. RegE BT-Drucks. 15/2946 S. 19; *Rott* BB 2005, 53, 54; zum Streitstand: P/M/*Armbrüster*, § 8 Rn. 3.
135 Anders zum Kommissionsvorschlag der Fernabsatz-RiLi II *Hoppmann*, in: Kröger, S. 129.
136 *Armbrüster* r+s 2008, 493, 494; P/M/*Armbrüster*, § 8 Rn. 3.
137 BGH VersR 2012, 1375, 1376 Rn. 9; PK/*Ebers*, § 8 Rn. 13; B/M/*Knops*, § 8 Rn. 12; P/M/*Armbrüster*, § 8 Rn. 3; *Meixner/Steinbeck*, § 3 Rn. 76; *C. Schneider* VersR 2004, 696, 700; *Armbrüster* r+s 2008, 493, 494.
138 L/W/*Eberhardt*, § 8 Rn. 26 f.
139 Anders zur Fernabsatz-RiLi II *Härting/Schirmbacher* CR 2002, 809, 810.
140 R/L/*Rixecker*, § 8 Rn. 2; HK-VVG/*Schimikowski*, § 8 Rn. 4.
141 Vgl. PK/*Ebers*, § 8 Rn. 13; B/M/*Knops*, § 8 Rn. 12; *C. Schneider*, S. 241; *ders.* VersR 2004, 696, 699 f.; *Abram* VersPrax 2005, 42, 44; zum Mietvertrag BGH NJW 2002, 2170, 2171.
142 Vgl. Begr. RegE BT-Drucks. 16/11643 S. 145; Soergel/*Pfeiffer*, nF §§ 355–360 Rn. 3.

Der Widerruf ist ein besonders gestaltetes Rücktrittsrecht, das durch einseitige empfangsbedürftige **Willens-** 32
erklärung ausgeübt wird.[143] Es finden daher die §§ 104 ff. BGB unmittelbare Anwendung. Unter den Voraussetzungen des § 164 I BGB ist somit auch eine Stellvertretung beim Widerruf möglich.[144] Der Widerruf stellt ein Gestaltungsrecht dar und ist mithin bedingungsfeindlich.[145] Er ist an den Versicherer selbst oder einen Versicherungsvertreter (vgl. § 69 I Nr. 1) zu richten.[146]

1. Inhalt der Widerrufserklärung

Der Widerruf muss **keine Begründung** enthalten (§ 8 I 2; vgl. auch § 355 I 4 BGB). Die Entscheidung für 33
oder gegen den Versicherungsvertrag soll dem VN durch keinerlei Rechtfertigungszwang erschwert werden.[147] Im Übrigen macht § 8 I keine Vorgaben zum **Inhalt** der Widerrufserklärung. Diese muss jedoch den Versicherungsvertrag so genau bezeichnen, dass er für den Versicherer identifizierbar ist,[148] z.B. durch Nennung des Abschlussdatums oder durch genaue Bezeichnung des Versicherungstyps. Ist nur ein Vertrag zwischen den Parteien geschlossen worden, so ist dieser meist auch ohne solche Angaben identifizierbar.
Die Erklärung des VN muss mit hinreichender Sicherheit den Willen zum Ausdruck bringen, den Vertrag zu 34
widerrufen. Sie muss nicht notwendig die Wörter »Widerruf« oder »widerrufen« enthalten.[149] Sind auch die Voraussetzungen **anderer Lösungsrechte** wie Anfechtung oder Kündigung erfüllt, so bestehen diese selbstständig neben dem Widerrufsrecht[150] und bleiben gemäß Art. 6 VIII der Fernabsatz-RiLi II unberührt. Eine zunächst erklärte Kündigung schließt einen späteren Widerruf jedenfalls dann nicht aus, wenn der VN über sein Widerrufsrechts nicht ausreichend belehrt wurde.[151] Auch das **Widerspruchsrecht** gemäß § 5 steht dem VN neben dem Widerrufsrecht nach § 8 zu.[152] Übt der VN das Widerspruchsrecht nach § 5 nicht aus und gilt die Abweichung im Versicherungsschein deshalb als genehmigt, so führt dies nicht dazu, dass der Versicherer seine Informationspflichten nach § 8 II 1 Nr. 1 i.V.m. § 7 I, II erneut erfüllen muss.[153] Allerdings kann der VN seine Vertragserklärung auch nach Ablauf der Monatsfrist des § 5 I noch innerhalb von 14 Tagen widerrufen. Denn erst ab diesem Zeitpunkt steht für ihn fest, dass er an den geänderten Vertrag gebunden ist.[154] Die Rückwirkung des fehlenden Widerspruchs (§ 5 Rdn. 46) ändert daran nichts. Der verzögerte Beginn der Widerrufsfrist ergibt sich auch daraus, dass der Versicherungsschein bis zum Ablauf der Frist nach § 5 I die vertraglichen Bedingungen nicht korrekt wiedergibt und die Widerrufsfrist deshalb nicht in Gang zu setzen vermag (vgl. unten Rdn. 45, 62). Welches Lösungsrecht der VN ausüben will, ist durch **Auslegung** seiner Erklärung zu ermitteln. Im Zweifel ist dies das Recht, das die für den VN günstigeren Rechtsfolgen auslöst.[155] Unter den Voraussetzungen des § 140 BGB ist es möglich, einen unwirksamen Widerruf in eine ordentliche Kündigung umzudeuten.[156]

2. Textform

§ 8 I 2 bestimmt, dass der Widerruf in **Textform** zu erklären ist. Zwar wird zum Teil angenommen, die Fern- 35
absatz-RiLi II lasse auch eine mündliche Erklärung des Widerrufs zu, sodass das Formerfordernis richtlinienwidrig sei.[157] Schon aus Beweisgründen[158] sollte der VN jedoch sicherheitshalber die Textform einhalten.
Für die Textform gilt die allgemeine Definition des novellierten § 126b BGB.[159] Danach ist zunächst erforder- 36
lich, dass eine lesbare Erklärung auf einem dauerhaften Datenträger abgegeben wird. Der Empfänger muss die Erklärung lesen können, sodass mündliche Äußerungen der Textform nicht entsprechen.[160] Neben einer klassischen Erklärung auf Papier erfüllen auch elektronische Medien wie CD-Roms, USB-Sticks, (Computer)faxe,

---

143 BGH NJW-RR 2004, 1058, 1059; *Looschelders*, SR AT, Rn. 866.
144 B/M/*Knops*, § 8 Rn. 10, 18.
145 *Leverenz*, Rn. 4/26; PWW/*Stürner*, § 355 Rn. 1; NK-BGB/*Ring*, § 355 Rn. 6; Erman/*Koch*, § 355 Rn. 7a.
146 Vgl. L/W/*Eberhardt*, § 8 Rn. 24; *Neuhaus* ZAP 2008, 1159, 1160.
147 Vgl. MünchKommBGB/*Fritsche*, § 355 Rn. 41.
148 Vgl. Palandt/*Grüneberg*, § 355 Rn. 5; NK-BGB/*Ring*, § 355 Rn. 46; Soergel/*Pfeiffer*, § 355 Rn. 18.
149 OLG Naumburg VersR 2015, 308, 309; L/W/*Eberhardt*, § 8 Rn. 17; *Meixner/Steinbeck*, § 3 Rn. 78; *Marlow/Spuhl*, Rn. 133; Palandt/*Grüneberg*, § 355 Rn. 5.
150 Vgl. LG Dortmund NJW-RR 2011, 769, 770; AG Göttingen NZI 2011, 294, 295; B/M/*Knops*, § 8 Rn. 58; zum Referententwurf v. 13.03.2006 *Dörner/Staudinger* WM 2006, 1710, 1713; vgl. für § 8 IV a.F. *Koch* VersR 1991, 725, 726; allg. Erman/*Koch*, § 355 Rn. 15.
151 BGH VersR 2014, 817; a.A. *D. Wendt*, S. 64.
152 Begr. RegE BT-Drucks. 16/3945 S. 57; PK/*Ebers*, § 5 Rn. 7.
153 *Armbrüster* r+s 2008, 493, 496.
154 Zutreffend P/M/*Armbrüster*, § 8 Rn. 42.
155 Vgl. B/M/*Knops*, § 8 Rn. 15; Staudinger/*Kaiser*, § 349 Rn. 26.
156 PK/*Ebers*, § 8 Rn. 14; P/M/*Armbrüster*, § 8 Rn. 8; L/W/*Eberhardt*, § 8 Rn. 25; *Neuhaus* ZAP 2008, 1159, 1160; zu § 5a a.F. OLG Karlsruhe VersR 2006, 1625, 1626 f.; OLG Nürnberg VersR 2004, 182, 183; LG Berlin VersR 2002, 695 f.
157 *Schinkels* GPR 2005, 109, 111; *Rott* BB 2005, 53, 60; *Kriegner*, S. 195.
158 Vgl. *Kriegner*, S. 195.
159 Palandt/*Ellenberger*, § 126b Rn. 2.
160 BT-Drucks. 14/4987, S. 18, 20; NK-BGB/*Noack/Kremer*, § 126b Rn. 11 f.; L/W/*Eberhardt*, § 8 Rn. 23.

E-Mails oder SMS die Voraussetzungen.[161] Die Möglichkeit der dauerhaften Wiedergabe ist gewährleistet, wenn der Empfänger die Erklärung so aufbewahren bzw. speichern kann, dass sie ihm für einen angemessenen Zeitraum zugänglich ist (§ 126b S. 2 Nr. 1 BGB). Nach der Rechtsprechung genügen auch die Aufnahme des Widerrufs ins gerichtliche Protokoll[162] sowie der Widerruf in einem Schriftsatz, der dem Gericht übergeben wird und von dem die Gegenseite Kenntnis erlangt[163]. Ferner muss der VN als Erklärender in der Widerrufserklärung, nicht notwendig an deren Ende,[164] genannt werden. Einer konkreten Namensnennung bedarf es insoweit aber nicht, sondern es genügt die zweifelsfreie Erkennbarkeit des Erklärenden.[165] Eine eigenhändige Unterschrift ist anders als bei der Schriftform (§ 126 BGB) nicht erforderlich.[166] Zwar verlangt § 126b BGB nicht mehr ausdrücklich einen Abschluss der Erklärung. Teilweise wird aber dennoch gefordert, dass die Erklärung durch Nachbildung der Namensunterschrift oder auf andere Weise erkennbar abgeschlossen wird, da mit der Neufassung der Vorschrift eine Änderung der Rechtslage nicht beabsichtigt war.[167] Insoweit genügt etwa ein Zusatz wie »Diese Erklärung ist nicht unterschrieben«.[168]

3. Rechtzeitige Absendung

37 Nach § 8 I 2 Hs. 2 genügt zur Wahrung der Zwei-Wochen-Frist im Einklang mit § 355 I 5 BGB die **rechtzeitige Absendung** der Erklärung. Dennoch bedarf es für einen wirksamen Widerruf des Zugangs (§ 130 I 1 BGB) der Erklärung beim Versicherer.[169] Problematisch ist deshalb der Fall, dass die Erklärung zwar rechtzeitig abgesandt wird, den Versicherer aber nicht erreicht, etwa weil sie auf dem Postweg verloren geht. Dem VN ist dann – auch nach Fristablauf – das Recht zu gewähren, den Widerruf unverzüglich (vgl. § 121 I 1 BGB) zu wiederholen, sobald er erkennt oder erkennen muss, dass die erste Erklärung den Versicherer nicht erreicht hat.[170] Der Widerruf wird wirksam, sobald die zweite Erklärung dem Versicherer zugeht.[171] Allerdings handelt der VN nicht unverzüglich, wenn er es unterlässt, sich über den Zugang des Widerrufs zu erkundigen, obwohl aus dem Verhalten des Versicherers (Abbuchung oder Anmahnung von Prämien) auf den Nichtzugang zu schließen ist.[172]

4. Persönliche und sachliche Teilbarkeit des Widerrufsrechts

38 Schließen **mehrere VN** den Versicherungsvertrag gemeinsam ab, so ist fraglich, ob ihnen jeweils ein eigenes Widerrufsrecht zusteht[173] oder sie in entsprechender Anwendung des § 351 BGB den Widerruf nur gemeinsam erklären können[174]. Der Schutzzweck des § 8 I 1 spricht dafür, auch eine selbstständige Ausübung des Widerrufsrechts durch den einzelnen VN zuzulassen. Ob der Vertrag noch im Verhältnis zu den übrigen VN Bestand haben kann, richtet sich nach allgemeinen Regeln (§ 139 BGB).[175] Bei einer **Versicherung für fremde Rechnung** steht das Widerrufsrecht vorbehaltlich anderweitiger Vereinbarungen allein dem VN als Vertragspartner zu. Das gilt auch dann, wenn der Versicherte im Besitz des Versicherungsscheins und daher (lediglich) verfügungsbefugt ist (§ 44 II).[176]

39 Sachlich kann der Widerruf auf einen **Vertragsteil beschränkt** werden, der sich vom Restvertrag objektiv teilen lässt.[177] Nur insoweit treten dann die Rechtsfolgen des § 9 bzw. subsidiär der §§ 355, 357a BGB ein.[178] Die Auswirkungen des Teilwiderrufs auf den restlichen Vertrag sind entsprechend § 139 BGB zu bestim-

---

161 Palandt/*Ellenberger*, § 126b Rn. 3; PWW/*Ahrens*, § 126b Rn. 9.
162 BGHZ 94, 226, 231 f. = NJW 1985, 1544, 1546 zum AbzG.
163 BGHZ 109, 314, 319 f. = NJW 1990, 567, 570 f. zum AbzG.
164 Vgl. MünchKommBGB/*Einsele*, § 126b Rn. 5; Palandt/*Ellenberger*, § 126b Rn. 4.
165 PWW/*Ahrens*, § 126b Rn. 10; Palandt/*Ellenberger*, § 126b Rn. 4.
166 Vgl. OLG Brandenburg VersR 2016, 377, 380; BT-Drucks. 14/4987, S. 19; Palandt/*Ellenberger*, § 126b Rn. 1.
167 Palandt/*Ellenberger*, § 126b Rn. 5; a.A. PWW/*Ahrens*, § 126b Rn. 11.
168 BT-Drucks. 14/4987, S. 20; MünchKommBGB/*Einsele*, § 126b Rn. 6.
169 *Meixner/Steinbeck*, § 3 Rn. 79; *Baumann/Beenken*, S. 107; vgl. Palandt/*Grüneberg*, § 355 Rn. 8; R/L/*Rixecker*, § 8 Rn. 4, 20; zur Fernabsatz-RiLi II *Kriegner*, S. 193.
170 Vgl. OLG Köln ZfS 2012, 37; OLG Dresden NJW-RR 2000, 354 (zum VerbrKrG); PK/*Ebers*, § 8 Rn. 18; B/M/*Knops*, § 8 Rn. 19; P/M/*Armbrüster*, § 8 Rn. 6; HK-VVG/*Schimikowski*, § 8 Rn. 10; Staudinger/*Kaiser*, § 355 Rn. 39.
171 Staudinger/*Kaiser*, § 355 Rn. 39.
172 OLG Köln ZfS 2012, 37; zust. R/L/*Rixecker* § 8 Rn. 20.
173 Dafür allg. BeckOGK-BGB/*Mörsdorf*, § 355 Rn. 43; MünchKommBGB/*Fritsche*, § 355 Rn. 30; jurisPK-BGB/*Hönninger*, § 355 Rn. 25; vgl. auch PK/*Ebers*, § 8 Rn. 15.
174 Dafür allg. Staudinger/*Kaiser*, § 355 Rn. 43.
175 Vgl. BeckOGK-BGB/*Mörsdorf*, § 355 Rn. 44; MünchKommBGB/*Fritsche*, § 355 Rn. 30.
176 A.A. PK/*Ebers*, § 8 Rn. 15; wie hier B/M/*Brand* § 44 Rn. 8 m.w.N.
177 B/M/*Knops*, § 8 Rn. 13; MünchKommBGB/*Fritsche*, § 355 Rn. 25; BeckOGK-BGB/*Mörsdorf*, § 355 Rn. 35; a.A. wohl L/W/*Eberhardt*, § 8 Rn. 29.
178 Vgl. PK/*Ebers*, § 8 Rn. 16.

men.[179] Dies gilt auch für den Fall, dass lediglich ein Teil des Vertrags widerruflich ist, etwa weil dieser sich nur teilweise auf ein Großrisiko bezieht (§ 8 III 1 Nr. 4).[180]

5. Rechtslage während der Widerrufsfrist

Bis zur Ausübung des Widerrufsrechts ist der Versicherungsvertrag **voll wirksam**.[181] Der Widerruf führt zur Unwirksamkeit des Vertrages mit **ex nunc-Wirkung**.[182] Bis zu diesem Zeitpunkt bestehen daher die vertraglichen Leistungspflichten.[183] Der VN ist deshalb nicht berechtigt, die Prämienzahlung bis zum Ablauf der Widerrufsfrist zu verweigern.[184] Für ein solches Recht wird zwar angeführt, der VN gerate ansonsten bei der Entscheidung zum Widerruf unter Druck und trage das Rückforderungs- und Insolvenzrisiko.[185] § 8 lässt sich aber nicht entgegen der Konzeption eines ex nunc wirkenden Gestaltungsrechts zugleich auch ein Leistungsverweigerungsrecht entnehmen. § 9 geht gerade davon aus, dass im Grundsatz auch Prämien zu erstatten sind, die der VN vor Ablauf der Widerrufsfrist entrichtet hat. Es ist deshalb keine Einschränkung von § 33 I vorzunehmen, nach dem die erste Prämie zwei Wochen nach Zugang des Versicherungsscheins fällig ist (zur Abdingbarkeit vgl. § 42 Rdn. 3). Bei der Lebens- und Berufsunfähigkeitsversicherung gilt eine Frist von 30 Tagen (§ 152 III, ggf. i.V.m. § 176). Die Fälligkeit der ersten Prämie ist somit für den Regelfall ohnehin mit dem Ablauf der Widerrufsfrist synchronisiert.[186] Fehlen jedoch – abgesehen vom Zugang des Versicherungsscheins – noch weitere Voraussetzungen für den Beginn der Widerrufsfrist, tritt die Fälligkeit früher ein. Ein Leistungsverweigerungsrecht besteht insoweit aber auch dann nicht, wenn man die Belehrungs- und Informationspflichten des Versicherers als echte Rechtspflichten qualifiziert (vgl. unten Rdn. 46).[187] 40

Der Versicherer kann sich vor einer Leistungspflicht vor Fristablauf schützen, indem er mit dem VN vereinbart, dass der **Versicherungsschutz erst danach** beginnt. Zwar wird dagegen geltend gemacht, es sei nach § 307 BGB unzulässig, wenn der VN bereits Prämien entrichte, der Versicherer aber seine Leistung hinauszögere.[188] Die Zulässigkeit einer solchen Vereinbarung lässt sich aber dem § 9 S. 1 Hs. 1 a.E. entnehmen.[189] Dort wird u.a. vorausgesetzt, dass der VN einem Beginn des Versicherungsschutzes vor Fristablauf zustimmt (vgl. noch unten § 9 Rdn. 12–17). Es bedarf deshalb keiner entsprechenden Anwendung von § 308 Nr. 1 Hs. 2 BGB. 41

II. Beginn der Widerrufsfrist (Abs. 2)

§ 8 II bestimmt den **Beginn** der Widerrufsfrist. Das **Fristende** ist nach den §§ 187 I, 188 II Fall 1, 193 BGB zu berechnen.[190] Die Frist beginnt zu laufen, sobald dem VN die in § 8 II 1 näher bestimmten Unterlagen zugegangen sind (dazu unten Rdn. 43–64) und der Versicherungsvertrag geschlossen wurde (dazu unten Rdn. 65–72). Verzichtet der VN auf den Erhalt der Vertragsinformationen oder der Widerrufsbelehrung, so setzt dies die Frist nicht in Gang.[191] § 7 I 3 ermöglicht es lediglich, den Zugang der Informationen auf den Zeitpunkt unverzüglich nach Vertragsschluss zu verschieben. Dennoch müssen die Unterlagen dem VN vollständig zugehen. 42

1. Unterlagen gemäß § 8 II 1 Nr. 1

Zu den erforderlichen Unterlagen gehört nach § 8 II 1 Nr. 1 zunächst der **Versicherungsschein** i.S.d. §§ 3–5. Ferner muss der VN die vollständigen[192] **Vertragsbestimmungen** einschließlich der **AVB** erhalten. Auch die 43

---

179 PK/*Ebers*, § 8 Rn. 16; BeckOGK-BGB/*Mörsdorf*, § 355 Rn. 35; MünchKommBGB/*Fritsche*, § 355 Rn. 25.
180 *Armbrüster* r+s 2008, 493, 500; P/M/*Armbrüster*, § 8 Rn. 49.
181 Vgl. allg. Palandt/*Grüneberg*, § 355 Rn. 3; *Looschelders*, SR AT, Rn. 874. In der Literatur wird oft die Formulierung »schwebend wirksam« verwendet (vgl. *Meixner/Steinbeck*, § 3 Rn. 94; *Marlow/Spuhl*, Rn. 134; PK/*Ebers*, § 8 Rn. 50; P/M/*Armbrüster*, § 8 Rn. 9; vgl. zu § 48c a.F. Begr. RegE BT-Drucks. 15/2946 S. 31; zum Referentenentwurf v. 13.03.2006 *Dörner/Staudinger* WM 2006, 1710, 1713; ferner NK-BGB/*Ring*, § 355 Rn. 16, 19; Erman/*Koch*, § 355 Rn. 4. Damit wird jedoch nicht in Frage gestellt, dass während des Laufs der Widerrufsfrist ein wirksamer Vertrag besteht.
182 Palandt/*Grüneberg*, § 355 Rn. 4.
183 PK/*Ebers*, § 8 Rn. 50; HK-VVG/*Schimikowski*, § 9 Rn. 2; *Schimikowski* jurisPR-VersR 6/2007 Anm. 3; ders./*Höra*, S. 117; PWW/*Stürner*, § 355 Rn. 1.
184 Vgl. PK/*Ebers*, § 8 Rn. 50; P/M/*Armbrüster*, § 8 Rn. 9; *Schimikowski/Höra*, S. 117; Erman/*Koch*, § 355 Rn. 4; Soergel/*Pfeiffer*, § 355 Rn. 65; a.A. B/M/*Knops*, § 8 Rn. 4; Palandt/*Grüneberg*, § 355 Rn. 3.
185 B/M/*Knops*, § 8 Rn. 4.
186 Vgl. Begr. RegE BT-Drucks. 16/3945 S. 70; *Neuhaus* ZAP 2008, 1159, 1161.
187 P/M/*Armbrüster*, § 8 Rn. 10.
188 B/M/*Knops*, § 8 Rn. 4.
189 Vgl. dazu auch *Wandt/Ganster* VersR 2008, 425, 430, 432.
190 Vgl. B/M/*Knops*, § 8 Rn. 19; *Leverenz*, Rn. 4/28.
191 *Armbrüster* r+s 2008, 493, 498 f.; P/M/*Armbrüster*, § 8 Rn. 65.
192 Dazu PK/*Ebers*, § 8 Rn. 26.

§ 8 Widerrufsrecht des Versicherungsnehmers

weiteren in § 7 I und II i.V.m. der VVG-InfoV[193] genannten Informationen müssen dem VN vollständig zugegangen sein. Indessen kommt es nicht darauf an, ob die Informationen auch rechtzeitig (§ 7 I 1) vor Abgabe der Vertragserklärung des VN erteilt wurden.[194]

44 Im Rahmen von § 5a war **umstritten**, ob die AVB auch einer **Inhaltskontrolle** nach den §§ 307 ff. BGB Stand halten müssen, um die Widerspruchsfrist in Gang zu setzen. Die h.M. sprach sich dagegen aus: Die Rechtsfolgen unwirksamer Klauseln bestimmten sich nach den AGB-rechtlichen Vorschriften und nicht nach § 5a a.F.[195] Dem ist auch für § 8 zu folgen.[196] Zwar wird geltend gemacht, der Lauf der Widerrufsfrist setze eine korrekte und verständliche Information des VN voraus.[197] Allerdings ist der VN durch die Unwirksamkeit missbräuchlicher und intransparenter Klauseln bereits ausreichend geschützt.[198] Ein zeitlich unbefristetes Widerrufsrecht muss ihm daneben nicht gewährt werden.

45 Von der Inhaltskontrolle zu unterscheiden ist die Frage, ob und inwieweit die Unterlagen vollständig, inhaltlich richtig und für den VN nachvollziehbar sein müssen. Ein solches Erfordernis ist grundsätzlich zu bejahen. Nur dann können die Dokumente dem VN zur umfassenden Information dienen. Es erscheint jedoch übertrieben, auch bei unbedeutenden Detailfehlern die Widerrufsfrist nicht beginnen zu lassen (siehe dazu noch unten Rdn. 62). Korrektheit und Verständlichkeit der Informationen sind daher nur insoweit zu verlangen, als sie für die Entscheidung eines verständigen VN über den Vertragsschluss von Bedeutung sind.[199] Weicht der wiedergegebene Vertragsinhalt lediglich zuungunsten des VN vom tatsächlichen Vertragsinhalt ab, so beginnt die Widerrufsfrist zu laufen. Denn eine derartige Fehlinformation ist nicht geeignet, den VN vom Widerruf abzuhalten.[200]

2. Widerrufsbelehrung gemäß § 8 II 1 Nr. 2

46 § 8 II 1 Nr. 2 erfordert ferner den Zugang einer **deutlich gestalteten Belehrung** über das Widerrufsrecht, die über dessen Ausübung und Rechtsfolgen aufklärt. Aus dem Erfordernis der deutlichen Gestaltung ergeben sich sowohl inhaltliche als auch formelle Vorgaben (dazu unten Rdn. 50 ff.).[201] Zweifelhaft ist, ob die Belehrung über das Widerrufsrecht – entsprechend der h.M. für § 355 BGB a.F.[202] sowie nach neuem Verbraucherrecht[203] – eine echte **Rechtspflicht** des Versicherers darstellt.[204] Dagegen spricht, dass Art. 3 I Nr. 3 lit. a der Fernabsatz-RiLi II – anders als Art. 4 der Haustürwiderrufs-RiLi – nur eine Information rechtzeitig vor der Bindung des Verbrauchers vorsieht und diese Vorgabe bereits durch § 7 I, II i.V.m. § 1 I Nr. 13 VVG-InfoV umgesetzt ist.[205] Überdies hatte der Gesetzgeber bei der Neuregelung des Widerrufsrechts zum 11.06.2010 lediglich für Haustürgeschäfte eine Rechtspflicht des Unternehmers zur Belehrung normiert (§ 312 II 1 BGB a.F.).[206] Bei dem mit dem gleichen Änderungsgesetz modifizierten § 8 wurde eine entsprechende Regelung hingegen nicht getroffen, was einen Umkehrschluss nahelegt.

a) Muster für die Widerrufsbelehrung

47 Nach § 8 V 1, der seit dem 11.06.2010 gilt, genügt die zu erteilende Belehrung den gesetzlichen Anforderungen, wenn das Muster in der Anlage zum VVG in Textform verwendet wird. Dies entspricht der Neuregelung für die Widerrufsbelehrung nach dem BGB (Art. 246a § 1 II 2, Art. 246b § 2 III EGBGB; § 360 III 1 BGB a.F.). Eine *gesetzliche* Regelung dieses Inhalts bestand für Widerrufsrechte lange Zeit nicht. Für die Widerrufsbeleh-

---

193 Verordnung über Informationspflichten bei Versicherungsverträgen (VVG-Informationspflichtenverordnung), BGBl. 2007 I 3004.
194 P/M/*Armbrüster*, § 8 Rn. 16.
195 BGH NJW 2005, 3559, 3565; OLG Celle VersR 2003, 1113, 1113 f.; OLG Nürnberg VersR 2004, 182; LG Berlin VersR 2004, 1544; *E. Lorenz* VersR 1995, 616, 618; *Wandt* VersR 2001, 1449, 1455; R/L/*Römer*[2], § 5a Rn. 41; *van Bühren*[4], § 13 Rn. 45; *Werber* VersR 2003, 148, 150 f.; a.A. *Schwintowski* NVersZ 2001, 337, 339; wohl auch *Schirmer* VersR 1996, 1045, 1047.
196 Vgl. *Leverenz*, Rn. 3/85; *Armbrüster* r+s 2008, 493, 495; L/W/*Eberhardt*, § 8 Rn. 35; P/M/*Armbrüster*, § 8 Rn. 12.
197 PK/*Ebers*, § 8 Rn. 27 (jedoch mit Bedenken hinsichtlich Art. 6 I, letzter Hs. Klausel-RiLi und § 306 I BGB); für die Geltung des Transparenzgebots B/M/*Knops*, § 8 Rn. 22.
198 Vgl. *Neuhaus* ZAP 2008, 1159, 1161; *Armbrüster* r+s 2008, 493, 495.
199 Zutreffend *Armbrüster* r+s 2008, 493, 495 f.; P/M/*Armbrüster*, § 8 Rn. 12.
200 P/M/*Armbrüster*, § 8 Rn. 12, 14; strenger wohl PK/*Ebers*, § 8 Rn. 26.
201 PK/*Ebers*, § 8 Rn. 30; Staudinger/*Kaiser*, § 355 Rn. 56 f.
202 Vgl. EuGH, Rs. C-350/03 – Schulte/Badenia –, NJW 2005, 3551; Rs. C-229/04 – Crailsheimer Volksbank/Conrads –, NJW 2005, 3555; BGHZ 169, 109, 120 = NJW 2007, 357, 360; Erman/*Koch* § 356 Rn. 12; MünchKommBGB[6]/*Masuch*, § 360 Rn. 11; Soergel/*Pfeiffer*, § 355 Rn. 36.
203 Vgl. Palandt/*Grüneberg* Art. 246 EGBGB Rn. 12, Art. 246a § 1 Rn. 7; Art. 246b § 2 Rn. 6; *Schwab/Hromek* JZ 2015, 271, 278.
204 Dafür PK/*Ebers*, § 8 Rn. 52; B/M/*Knops*, § 8 Rn. 44.
205 Zutreffend P/M/*Armbrüster*, § 8 Rn. 37; vgl. zur »Doppelung« von Informations- und Beratungspflichten einerseits und Widerrufsrechten andererseits *Looschelders* VersR 2013, 653, 655.
206 Vgl. dazu *Heinig* JR 2010, 461, 465.

rung nach § 355 II 1 BGB a.F. war lediglich in § 14 I BGB-InfoV a.F.[207] vorgeschrieben, dass die Belehrung den gesetzlichen Anforderungen genügt, wenn sie nach dem Muster in Anlage 2 der BGB-InfoV a.F.[208] erfolgt. Zur früheren Fassung dieser Musterbelehrung war umstritten, ob sie vollumfänglich den gesetzlichen Anforderungen entsprach.[209] § 8 II 2 a.F. sah noch vor, dass die Belehrung den gesetzlichen Anforderungen entspricht, wenn ein vom Bundesjustizministerium erlassenes Muster verwendet wird. Die Regelung kam jedoch nie zum Tragen, da das Bundesjustizministerium ein solches Muster nicht erlassen hat und die Vorschrift nun durch § 8 V n.F. überholt ist.

Will der Versicherer das Muster verwenden, so muss er es inhaltlich vollständig übernehmen und anhand der Gestaltungshinweise 1 bis 7 vervollständigen. Er darf lediglich hinsichtlich **Format** und **Schriftgröße** von dem Muster abweichen und seine **Firma** oder ein **Kennzeichen** anbringen (§ 8 V 2). Dabei muss er jedoch die allgemeinen Anforderungen des § 8 II 1 Nr. 2, insbesondere das Deutlichkeitsgebot[210] (unten Rdn. 54), wahren. Bei über § 8 V 2 **hinausgehenden Änderungen und Zusätzen** greift Satz 1 grundsätzlich nicht ein, sodass sich die Wirksamkeit der Widerrufsbelehrung nach den allgemeinen Anforderungen (Rdn. 50 ff.) bemisst.[211] Dies dürfte jedoch nicht gelten, soweit die zusätzlichen Informationen ebenfalls das Widerrufsrecht betreffen, der Rechtslage entsprechen, deutlich und transparent erfolgen und das Verständnis des übrigen Inhalts nicht beeinträchtigen.[212] Denn dann erfolgt eine zwar überobligationsmäßige, aber korrekte zusätzliche Information des Verbrauchers, die nach dem Sinn und Zweck der Widerrufsbelehrung nicht zu deren Unwirksamkeit führen kann. 48

§ 8 V 1 stellt eine **gesetzliche Fiktion** dar, sodass der Versicherer den Erfordernissen des § 8 II 1 Nr. 2 stets entspricht, wenn er das Muster verwendet und nur die in § 8 V 2 genannten Modifikationen vornimmt.[213] Dies gilt auch, soweit nach den allgemeinen Anforderungen an das Widerrufsrecht (dazu sogleich Rdn. 50 ff.) andere oder weitergehende Informationen angezeigt sind. Der Gesetzgeber will damit ein hohes Maß an Rechtssicherheit bei der Widerrufsbelehrung sicherstellen.[214] Zur Vermeidung von Risiken bei der Formulierung der Widerrufsbelehrung ist die inhaltlich unveränderte Verwendung des Musters zu empfehlen, wobei lediglich eine Anpassung entsprechend den Gestaltungshinweisen vorzunehmen ist. Beim Vertragsschluss nach dem Invitatio-Modell ist das gesetzliche Muster jedoch nur eingeschränkt anwendbar (dazu unten Rdn. 67). 49

b) Inhalt der Widerrufsbelehrung

Für Altfälle vor Inkrafttreten der Musterbelehrung bleiben hingegen die allgemeinen Anforderungen an die Widerrufsbelehrung maßgeblich. Gleiches gilt für den Fall, dass der Versicherer das Muster nicht verwendet oder in unzulässiger Weise davon abweicht. Der Versicherer muss den VN dann nicht nur über dessen Pflichten nach Ausübung des Widerrufs, sondern auch über dessen **wesentliche Rechte** informieren.[215] Maßgeblich sind die in § 9 (bei der Lebensversicherung § 152 II) genannten Rechte des VN. Sind hingegen die §§ 355, 357a BGB anwendbar (dazu noch § 9 Rdn. 37–40), ist auf die dort normierten Rechtsfolgen hinzuweisen.[216] Dem VN muss deutlich werden, in welcher Konstellation welche gegenseitigen Ansprüche bestehen, wobei eine **abstrakt-generelle Darstellung** des zu erfolgenden Ausgleichs genügt.[217] Es sind ferner **Name und ladungsfähige Anschrift** des Widerrufsadressaten anzugeben. Nach der bis zum 10.06.2010 geltenden Fassung musste die Anschrift hingegen keine ladungsfähige sein, sodass die Angabe eines Postfachs genügte.[218] 50

Erforderlich ist weiter ein **Hinweis auf den Fristbeginn**. Das genaue Datum muss dabei nicht angegeben werden;[219] es genügt, wenn deutlich wird, dass die Widerrufsfrist mit Zugang aller in § 8 II Nr. 1 i.V.m. § 7 I, II und §§ 1–3 VVG-InfoV genannten Unterlagen sowie der Belehrung nach § 8 II Nr. 2 beginnt (vgl. auch die Musterbelehrung).[220] Der Versicherer muss den VN ferner darauf hinweisen, dass die Informationen dem 51

---

207 BGBl. 2002 I 3002, zuletzt geändert durch Art. 1 Dritte ÄndVO v. 04.03.2008 (BGBl. 2008 I 292).
208 Anlage 2 neu gefasst m.W.v. 01.04.2008 durch VO v. 04.03.2008 (BGBl. 2008 I 292).
209 Näher *Föhlisch* MMR 2007, 139 ff.; *Buchmann* MMR 2007, 347 ff.; zur neuen Fassung *Faustmann* ZGS 2008, 147 f.; *Masuch* NJW 2008, 1700 ff.
210 Begr. RegE BT-Drucks. 16/11643 S. 146.
211 Vgl. Begr. RegE BT-Drucks. 16/11643 S. 146; P/M/*Armbrüster*, § 8 Rn. 32.
212 Vgl. dazu Soergel/*Pfeiffer*, § 355 Rn. 48; a.A. P/M/*Armbrüster*, § 8 Rn. 32 allerdings mit der Einschränkung, dass die Überprüfung sich jedenfalls praktisch auf die Abweichung von der Musterbelehrung reduziert.
213 Begr. RegE BT-Drucks. 16/11643 S. 146; L/W/*Eberhardt*, § 8 Rn. 49; PK/*Ebers*, § 8 Rn. 49;vgl. auch *Heinig* JR 2010, 461.
214 Begr. RegE BT-Drucks. 16/11643 S. 145.
215 PK/*Ebers*, § 8 Rn. 31; zum Widerrufsrecht bei Haustürgeschäften BGHZ 172, 58, 61 ff. = VersR 2007, 1089, 1090; *Looschelders*, SR AT, Rn. 895 ff.
216 Vgl. zum Ganzen *C. Schneider* VW 2008, 1168, 1170 f.
217 BGH VersR 2014, 567, 571; P/M/*Armbrüster*, § 8 Rn. 20.
218 P/M/*Armbrüster*, § 8 Rn. 21.
219 Vgl. *Neuhaus* ZAP 2008, 1159, 1160; Palandt/*Grüneberg*, Art. 246 EGBGB Rn. 13.
220 Vgl. PK/*Ebers*, § 8 Rn. 31; B/M/*Knops*, § 8 Rn. 32; *Niederleithinger* VersR 2006, 437, 442; *C. Schneider* VW 2008, 1168, 1169.

VN für den Fristbeginn in Textform (§ 126b BGB) zur Verfügung stehen müssen (ebenso die Musterbelehrung).[221] Der Wirksamkeit der Belehrung steht nicht entgegen, dass sie auf einen Fristbeginn »nach Erhalt« der Versicherungsunterlagen hinweist.[222] Anders als bei der Verwendung des Wortes »frühestens« wird dem VN hinreichend deutlich gemacht, dass die Widerrufsfrist zu dem Zeitpunkt beginnt, in dem er die Unterlagen erhält. Die Formulierung entspricht semantisch der Musterbelehrung, wonach die Frist beginnt, »nachdem« der VN die notwendigen Unterlagen erhalten hat.[223] Es bedarf ferner keines Hinweises auf die Fristberechnung nach § 187 I BGB.[224] Erfolgt die Belehrung **vor Vertragsschluss**, so ist darauf hinzuweisen, dass der Fristbeginn auch den Vertragsschluss voraussetzt, beim Vertragsschluss nach dem Antragsmodell genügt jedoch der Hinweis auf den Erhalt des Versicherungsscheins (näher unten Rdn. 65–72).[225] In Übereinstimmung mit der Musterbelehrung sollte der Versicherer auch auf den Erlöschenstatbestand des § 8 III 2 VVG (vollständige Erfüllung auf ausdrücklichen Wunsch des VN) hinweisen (siehe bereits oben Rdn. 23–26).[226] Außerdem muss er über die Regelungen in **§ 8 I 2** belehren, also die Entbehrlichkeit einer Begründung des Widerrufs, die Fristwahrung durch rechtzeitige Absendung sowie das Erfordernis der Textform (§ 126b BGB).[227] Über die Anforderungen der Textform muss zwar nicht aufgeklärt werden.[228] Eine Spezifizierung, wie sie auch in der Musterbelehrung enthalten ist (»z.B. Brief, Fax, E-Mail«), ist aber zulässig.

52 Im **elektronischen Geschäftsverkehr** hat der Versicherer den VN zusätzlich darüber zu belehren, dass für den Fristbeginn auch die in § 312i I 1 BGB genannten Pflichten erfüllt sein müssen (§ 8 IV, vgl. Gestaltungshinweis 2 zur Musterbelehrung). Entsprechend der Musterwiderrufsbelehrung genügt zur Konkretisierung der Pflichten ein Hinweis auf § 312i I 1 BGB i.V.m. Art. 246c EGBGB. Die Pflichten müssen hingegen nicht im Einzelnen beschrieben werden.[229] Im Fall der **Lebens- und Berufsunfähigkeitsversicherung** muss der Versicherer auch über die Regelungen in § 152 (ggf. i.V.m. § 176) belehren (vgl. Gestaltungshinweis 5 zur Musterbelehrung).[230] Soweit bei der Restschuldversicherung oder anderen Versicherungen § 358 I und II BGB Anwendung finden (näher oben Rdn. 7–10), gelten die allgemeinen Belehrungspflichten bei **verbundenen Verträgen**.[231] Das gesetzliche Muster ist für diesen Fall unzureichend und bedarf der Ergänzung.[232] Liegen **zusammenhängende Verträge** i.S.v. § 9 II vor, ist auch darauf und die sich hieraus ergebenden Rechtsfolgen hinzuweisen (vgl. oben Rdn. 10 f.).[233]

53 Die Belehrung darf **keine Zusätze** enthalten, die nicht der Erläuterung des Widerrufsrechts dienen und deshalb irreführend sind.[234] Da allein die rechtzeitige Absendung maßgeblich ist, darf die Widerrufsbelehrung nicht zusätzlich einen Poststempel mit dem entsprechenden Datum fordern.[235] Anderenfalls ist sie fehlerhaft und setzt die Widerrufsfrist nicht in Gang. Der Versicherer muss prinzipiell in **deutscher Sprache** über das Widerrufsrecht belehren. Sind die Vertragsverhandlungen in einer anderen Sprache geführt worden oder ist der Vertrag in einer anderen für den VN verständlichen Sprache abgefasst, so hat die Widerrufsbelehrung aber in dieser Sprache zu erfolgen.[236] Da die Musterbelehrung lediglich in deutscher Sprache vorliegt, genügt ihre Verwendung jedoch auch in diesem Fall.

---

221 *C. Schneider* VW 2008, 1168, 1169 f.
222 BGH VersR 2015, 829, 831; 2014, 824, 826.
223 Vgl. BGH VersR 2015, 829, 831 mit weiteren zulässigen Formulierungen; s. auch PK/*Ebers*, § 8 Rn. 31.
224 BGH VersR 2015, 829, 831.
225 Vgl. auch P/M/*Armbrüster*, § 8 Rn. 23.
226 Vgl. *C. Schneider* VW 2008, 1168, 1170.
227 Vgl. PK/*Ebers*, § 8 Rn. 33; P/M/*Armbrüster*, § 8 Rn. 24.
228 OLG München NJW-RR 2005, 573, 574; a.A. PK/*Ebers*, § 8 Rn. 30, 33.
229 *C. Schneider* VW 2008, 1168, 1170.
230 Vgl. OLG Brandenburg VersR 2016, 377, 381; *Römer* DB 2007, 2523, 2525.
231 Dazu Palandt/*Grüneberg*, § 358 Rn. 4, 9; zweifelhaft zu § 358 V BGB a.F. OLG Düsseldorf WM 2015, 718: Ein Widerruf des Darlehensvertrags sei mangels Verfristung zulässig, obwohl der Darlehensgeber ordnungsgemäß (§§ 358 V i.V.m. II, 360 BGB a.F.) darauf hingewiesen hatte, dass im Falle des Widerrufs des Darlehensvertrags gleichfalls keine Bindung mehr an den Versicherungsvertrag besteht. Es fehle nämlich an der nach Ansicht des Gerichts erforderlichen (anders oben Rdn. 8) Belehrung über die Rechtsfolgen des § 358 I BGB a.F., dass auch der Widerruf des Versicherungsvertrags umgekehrt zum Entfallen der Bindung an den Darlehensvertrag führe. Die Belehrungspflicht bezüglich § 358 I BGB a.F. hätte nach alter Rechtslage indes allein den Versicherer getroffen (vgl. MünchKommBGB⁶/*Habersack* § 358 Rn. 68), so dass allenfalls der Versicherungsvertrag noch mangels Fristablaufs hätte widerrufen werden können.
232 Vgl. *Schürnbrand* BKR 2011, 309, 313.
233 Eingehend *Wendt/Lorscheid-Kratz* BB 2013, 2434; vgl. BGH VersR 2014, 567, 571 (gesonderte Kostenausgleichsvereinbarung); P/M/*Armbrüster*, § 8 Rn. 20; vgl. auch Gestaltungshinweis 6 der Musterbelehrung; zu § 360 BGB s. Gestaltungshinweis 7 der Musterbelehrung zu Art. 246b § 2 III EGBGB.
234 OLG Oldenburg NJW 2006, 3076; Staudinger/*Kaiser*, § 360 Rn. 12.
235 Zum HWiG OLG Oldenburg NJW 2006, 3076.
236 LG Köln NJW-RR 2002, 1491; PK/*Ebers*, § 8 Rn. 30; L/W/*Eberhardt*, § 8 Rn. 38; Palandt/*Grüneberg*, Art. 246 EGBGB Rn. 15.

c) Äußere Gestaltung

Äußerlich muss die Widerrufsbelehrung klar lesbar und übersichtlich gestaltet sein und sich vom Vertragstext und den sonstigen Informationen abheben.[237] Der Versicherer kann dieses Erfordernis z.B. dadurch wahren, dass er die Belehrung in einem gesonderten Schriftstück übermittelt. Ist die Widerrufsbelehrung in die Vertragsurkunde integriert, so muss sie deutlich vom Vertragstext abgegrenzt werden.[238] Ausreichend sind die Wahl einer anderen Schriftfarbe sowie Fettdruck, Vergrößerung, Unterstreichung oder Umrahmung der Belehrung.[239] 54

3. Maßgeblicher Zeitpunkt für Belehrung und Information

Die Widerrufsbelehrung kann **frühestens bei Abgabe der Vertragserklärung** des VN erfolgen. Der BGH hat dies ausdrücklich für das Widerrufsrecht bei Haustürgeschäften entschieden.[240] Ihr Ziel, dem Verbraucher sein Widerrufsrecht zu verdeutlichen, könne die Belehrung nur erreichen, wenn sie bei Abgabe der zu widerrufenden Erklärung oder danach erfolge.[241] Diese Begründung lässt sich auf das Widerrufsrecht nach § 8 übertragen.[242] In der Literatur wird zwar z.T. darauf verwiesen, dass § 7 I 1 i.V.m. § 1 I Nr. 13 VVG-InfoV und die zugrunde liegenden Richtlinien eine Widerrufsbelehrung **rechtzeitig vor Abgabe** der Vertragserklärung des VN vorschreiben.[243] Der Verweis auf § 7 I 1 i.V.m. der VVG-InfoV findet sich jedoch nur in § 8 II 1 Nr. 1. Darüber hinaus verlangt § 8 II 1 Nr. 2 eine Widerrufsbelehrung, deren Zeitpunkt das Gesetz nicht festlegt.[244] Wenn der Verordnungsgeber der VVG-InfoV im Rahmen des § 7 I 1 eine Belehrung über das Widerrufsrecht bereits vor Abgabe der Vertragserklärung des VN vorsieht, so bedeutet dies daher nicht, dass die in § 8 II 1 Nr. 2 geregelte Belehrung von den allgemeinen zeitlichen Anforderungen freigestellt werden soll. 55

Knops macht ferner geltend, weder aus § 355 BGB noch aus § 8 ergebe sich ein bestimmter Zeitpunkt für die Widerrufsbelehrung. Um die Verlängerung der Widerrufsfrist zu vermeiden, müsse auch eine frühzeitige Belehrung möglich sein. Der Versicherer könnte ansonsten keine bindenden Vertragsangebote abgeben, die bereits alle relevanten Unterlagen enthalten. Es genüge zum Schutz des VN, wenn die Frist erst zu laufen beginne, sobald ihm alle Unterlagen nach § 8 II 1 zugegangen sind und der Vertrag geschlossen ist.[245] 56

Allerdings überzeugt die Argumentation des BGH gerade auch für den Bereich der Versicherungsverträge. Übersendet der Versicherer die Widerrufsbelehrung lediglich zusammen mit den anderen, oft umfangreichen Unterlagen, besteht die Gefahr, dass der VN sein Recht nicht zur Kenntnis nimmt. Die Widerrufsbelehrung soll die Kenntnisnahme aber gerade sicherstellen. Für den Versicherer ist es zumutbar, auch zu einem späteren Zeitpunkt – ggf. wiederholt – über das Widerrufsrecht zu belehren. Eine nochmalige Information bei Abgabe der Vertragserklärung ist sowohl beim Vertragsschluss über Vermittler als auch über das Internet leicht zu realisieren. 57

Die **Vertragsbestimmungen** einschließlich der **AVB** sowie die **weiteren Informationen** nach § 7 I und II (§ 8 II 1 Nr. 1) muss der Versicherer dem VN bereits früher übermitteln. § 7 I 1 sieht vor, dass die Mitteilung rechtzeitig vor Abgabe der Vertragserklärung des VN erfolgt (dazu § 7 Rdn. 22 f.).[246] Die Informationen sollen dem VN auch schon vor Vertragsschluss als Entscheidungsgrundlage dienen.[247] Eine gemeinsame Aushändigung bzw. Übersendung der in § 8 II 1 Nr. 1 genannten Unterlagen und der Widerrufsbelehrung kommt deshalb grundsätzlich nicht in Betracht. Ggf. greift beim Vertragsschluss auf elektronischem Wege aber die Ausnahme des **§ 7 I 3 Hs. 1** ein, sodass die Informationen nach § 7 I und II erst nach Vertragsschluss übermittelt werden müssen (s. dazu § 7 Rdn. 43 ff.). Gleiches gilt bei einem Verzicht des VN nach **§ 7 I 3 Hs. 2**. 58

Unabhängig davon **beginnt** die Widerrufsfrist auch, wenn die **Unterlagen** nach § 8 II 1 Nr. 1 erst **später übersandt** werden. Denn § 8 II 1 Nr. 1 verweist auf § 7 I und II nur im Hinblick auf die erforderlichen Unterlagen, nicht bezüglich des maßgeblichen Zeitpunkts.[248] Andernfalls könnte der Versicherer die Widerrufsfrist auch nicht mehr nachträglich in Gang setzen (dazu unten Rdn. 62). Ist die Widerrufsbelehrung in diesem Fall 59

---

[237] Vgl. BGH VersR 2014, 824, 826; NJW 1987, 125, 126; Palandt/*Grüneberg*, Art. 246 EGBGB Rn. 14.
[238] *C. Schneider* VW 2008, 1168, 1171; allg. Palandt/*Grüneberg*, Art. 246 EGBGB Rn. 14.
[239] Vgl. OLG Brandenburg VersR 2016, 377, 381; Staudinger/*Kaiser*, § 360 Rn. 11.
[240] BGH NJW 2002, 3396, 3398 f.
[241] BGH NJW 2002, 3396.
[242] Vgl. OLG Brandenburg VersR 2016, 377, 381; *Funck* VersR 2008, 163, 165; *C. Schneider* VW 2008, 1168, 1171 f.; *Armbrüster* r+s 2008, 493, 497; P/M/*Armbrüster*, § 8 Rn. 25 f.; allg. Palandt/*Grüneberg*, Art. 246 EGBGB Rn. 18; MünchKommBGB/*Fritsche* § 356 Rn. 25.
[243] PK/*Ebers*, § 8 Rn. 35a; vgl. auch L/W/*Eberhardt*, § 8 Rn. 39; *Hinsch-Timm*, Rn. 120; *Leverenz*, Rn. 4/24 lässt beim Antragsmodell eine Kurzbelehrung mit Hinweis auf die in den Antragsunterlagen enthaltene Widerrufsbelehrung genügen; dem folgend HK-VVG/*Schimikowski*, § 8 Rn. 21.
[244] Vgl. dazu *Wandt/Ganster* VersR 2008, 425, 431; P/M/*Armbrüster*, § 8 Rn. 25.
[245] B/M/*Knops*, § 8 Rn. 39.
[246] Zur Auslegung des Begriffs »rechtzeitig« auch *Gaul* VersR 2007, 21, 22; *Schimikowski* r+s 2007, 133, 134–136; vgl. zu Art. 5 I Fernabsatz-RiLi II *Dörner*, in: FS E. Lorenz, S. 195, 205 f.
[247] *Schimikowski* r+s 2007, 133, 134 f.
[248] P/M/*Armbrüster*, § 8 Rn. 16; vgl. auch *ders.* VersR 2012, 513.

bereits zuvor, etwa bei Übersendung des Versicherungsscheins, erfolgt, so muss die Belehrung bei der Übermittlung der Vertragsbestimmungen wiederholt werden.[249] Nimmt der Versicherer hingegen den Antrag des VN lediglich verspätet an und kommt der Vertrag deshalb konkludent durch Zahlung der Erstprämie zustande, so ist keine erneute Belehrung erforderlich,[250] wenn die Belehrung dadurch nicht unrichtig geworden ist. Die Belehrung bleibt ordnungsgemäß, wenn sie generell darauf hinweist, dass die Widerrufsfrist erst mit Vertragsschluss beginnt (dazu noch unten Rdn. 65 ff.). Stellt die Belehrung für den Fristbeginn auf den Zugang des Versicherungsscheins oder einer schriftlichen Annahmeerklärung ab, so wird sie unrichtig, wenn der Vertrag tatsächlich erst durch die Prämienzahlung zustande kommt.

60 Der VN kann seine Erklärung **sofort nach deren Abgabe widerrufen**, auch wenn der Versicherer sie noch nicht angenommen hat.[251] Dass die Widerrufsfrist zu diesem Zeitpunkt noch nicht läuft (unten Rdn. 70), ist unerheblich.

4. Textform

61 Alle in § 8 II genannten Unterlagen müssen dem VN in **Textform** (§ 126b BGB) zugehen.[252] Die bloße Darstellung auf einer **Internet-Seite** ist nach überwiegender Meinung für die Textform nicht ausreichend.[253] Damit eine dauerhafte Wiedergabemöglichkeit i.S.d. § 126b BGB gewährleistet ist, muss der VN nach der bisherigen deutschen Rechtsprechung die Informationen herunterladen und abspeichern oder ausdrucken.[254] Der EFTA-Gerichtshof verlangt in einem Urteil zur Vermittler-RiLi[255] nunmehr, dass die Internetseite derart gestaltet ist, dass der Kunde die Informationen mit an Sicherheit grenzender Wahrscheinlichkeit ausdruckt oder abspeichert.[256] Dass er dies tatsächlich tut, wird hingegen nicht vorausgesetzt.[257] Alternativ soll es möglich sein, einen sicheren, passwortgeschützten Speicherbereich für den Kunden auf einem Server einzurichten und die Informationen dort bereitzustellen, wenn der Anbieter diese nicht mehr verändern kann (näher zum Ganzen § 7 Rdn. 25 ff.).[258] Die Versicherer müssen daher entsprechende technische Vorkehrungen treffen, wenn sie die Informationen lediglich auf ihrer Internetseite zur Verfügung stellen (vgl. auch § 312i I 1 Nr. 4 BGB). Da die **Widerrufsbelehrung** dem VN auch nach Vertragsschluss als Informationsquelle dienen soll, muss ihm ein Exemplar **bis zum Fristende** zur Verfügung stehen.[259] Anderenfalls beginnt die Frist erneut, sobald der VN nochmals eine Widerrufsbelehrung erhält.[260] Bei einer Widerrufsbelehrung per **E-Mail** soll es nach einer verbreiteten Ansicht ausreichen, wenn die E-Mail auf dem Server des Online-Providers gespeichert wird und dort für den Empfänger zugänglich ist.[261] Andere Autoren verlangen einen Download oder Ausdruck der Nachricht oder zumindest eine dahingehende Aufforderung[262]. Dies erscheint jedoch zu streng.

5. Folgen fehlender oder fehlerhafter Belehrung/Information

62 Erfolgt keine bzw. **keine ordnungsgemäße Belehrung** oder werden andere der in § 8 II 1 bestimmten Informationen nicht vollständig übermittelt (zu den Anforderungen oben Rdn. 43–54), so wird die Widerrufsfrist nicht in Gang gesetzt.[263] Es besteht auch – anders als noch nach §§ 5a II 4, 8 IV 4, V 4 a.F. – **keine Maximalfrist** für die Ausübung des Widerrufsrechts,[264] obwohl aus europarechtlicher Sicht eine Befristung bei fehlerhafter

---

249 Vgl. zu § 5a a.F. AG Münster r+s 2000, 1, 2; PK/*Ebers*, § 8 Rn. 22; a.A. B/M/*Knops*, § 8 Rn. 41.
250 So generell P/M/*Armbrüster*, § 8 Rn. 27.
251 *Armbrüster* r+s 2008, 493, 498; P/M/*Armbrüster*, § 8 Rn. 44; R/L/*Rixecker*, § 8 Rn. 8; Palandt/*Grüneberg*, § 355 Rn. 7; zur Richtlinienkonformität *Kriegner*, S. 189.
252 Nach h.M. entspricht die Textform insoweit den Anforderungen der Fernabsatz-RiLi II, so *Felke/Jordans* WM 2004, 166, 168 f.; *C. Schneider*, S. 286; a.A. *Finke*, Rn. 418.
253 Vgl. Palandt/*Grüneberg*, Art. 246 EGBGB Rn. 16; vgl. aber zu sog. fortgeschrittenen Webseiten *Heinig* MDR 2012, 323, 325; *Schwab/Hromek* JZ 2015, 271, 279.
254 BGH NJW 2010, 3566, 3567 f.; KG NJW 2006, 3215, 3216; KG MMR 2007, 185, 186; OLG Hamburg NJW-RR 2007, 839, 840; ebenso Palandt/*Grüneberg*, § 126b Rn. 3; Staudinger/*Kaiser*, § 355 Rn. 60; PWW/*Ahrens*, § 126b Rn. 9; *Ebnet* NJW 2011, 1029, 1032; vgl. auch *Reiff* VersR 2011, 540, 542 (»Zwangsdownload«); a.A. NK-BGB/*Noack/Kremer*, § 126b Rn. 16 f.
255 Richtlinie 2002/92/EG des Europäischen Parlaments und des Rates vom 9. Dezember 2002 über Versicherungsvermittlung, ABl. Nr. L 9 vom 15.01.2003, S. 3.
256 EFTA-Gerichtshof VersR 2010, 793, 797 Rn. 65 m.Anm. *Reiff* (797 ff.).
257 Dazu *Reiff* VersR 2010, 797, 798; *Thalmair* NJW 2011, 14, 18 f.
258 EFTA-Gerichtshof VersR 2010, 793, 797 Rn. 66; krit. dazu *Reiff* VersR 2010, 797, 798.
259 Vgl. zum VerbrKrG BGH NJW 1998, 540, 542; OLG Koblenz WM 2002, 2456, 2460.
260 Vgl. OLG Koblenz WM 2002, 2456, 2460.
261 Staudinger/*Kaiser*, § 355 Rn. 60; MünchKommBGB⁶/*Masuch*, § 360 Rn. 29; allg. zur Textform Begr. RegE BT-Drucks. 14/7052 S. 195; Palandt/*Grüneberg*, § 126b Rn. 3.
262 So NK-BGB/*Ring*, § 355 Rn. 59.
263 HK-VVG/*Schimikowski*, § 8 Rn. 12; *Schimikowski/Höra*, S. 116; *Marlow/Spuhl*, Rn. 130; *Leverenz*, Rn. 3/85; *Franz* VersR 2008, 298, 303; *C. Schneider* VW 2008, 1168 f.; *Heß/Burmann* NJW-Spezial 2007, 111 f.; zu Art. 6 I 3 Fernabsatz-RiLi II und zu § 48c II 2 a.F. *Dörner*, in: FS E. Lorenz, S. 195, 204 f., 207.
264 *Marlow/Spuhl*, Rn. 131; *Meixner/Steinbeck*, § 3 Rn. 91; HK-VVG/*Schimikowski*, § 8 Rn. 12; *Schimikowski/Höra*, S. 116; zu § 48c a.F. *Schimikowski* ZfV 2005, 279, 282; zur Fernabsatz-RiLi II *C. Schneider*, S. 281; *Finke*, Rn. 131.

Belehrung zulässig sein kann.²⁶⁵ Nach der allgemeinen Regelung für außerhalb von Geschäftsräumen geschlossene Verträge und Fernabsatzverträge in § 356 III 1 BGB beginnt die Frist ebenfalls nicht zu laufen, wenn die Widerrufsbelehrung fehlt oder fehlerhaft ist.²⁶⁶ Zwar erlischt das Widerrufsrecht gemäß § 356 III 2 BGB in Umsetzung von Art. 10 I der Verbraucherrechte-RiLi nunmehr spätestens zwölf Monate nach Ablauf der regulären Widerrufsfrist.²⁶⁷ Die Begrenzung gilt indes nicht bei Finanzdienstleistungen (§ 356 III 3 BGB), so dass es insofern bei einem ewigen Widerrufsrecht des Verbrauchers bleibt. Auch dem VN kann daher im Einzelfall ein **zeitlich unbegrenztes Widerrufsrecht** zustehen.²⁶⁸ Die Widerrufsfrist kann allerdings in Lauf gesetzt werden, wenn der Versicherer die in § 8 II 1 genannten Unterlagen nachreicht.²⁶⁹ Für eine **nachträgliche Widerrufsbelehrung** gelten dieselben Anforderungen wie für eine anfängliche Belehrung. Sie muss sich überdies eindeutig auf die bereits abgegebenen Vertragserklärungen beziehen.²⁷⁰ In Betracht kommt ferner ein Ausschluss des Widerrufsrechts nach § 8 III 2 (dazu oben Rdn. 23–26).²⁷¹ Von einer ordnungsgemäßen Widerrufsbelehrung ist allerdings auszugehen, wenn die in der Belehrung enthaltenen Fehler sich im konkreten Fall von vornherein nicht auswirken können, weil die betroffenen Materien für den Fall nicht einschlägig sind.²⁷²

Ansonsten kann das Widerrufsrecht allenfalls nach Treu und Glauben (§ 242 BGB) begrenzt sein.²⁷³ Als Gestaltungsrecht unterliegt es den allgemeinen Schranken der **Verwirkung**.²⁷⁴ Einer speziellen Normierung im Rahmen des § 8 bedarf es dafür nicht.²⁷⁵ Da der Versicherer aber auch noch nachträglich seine Pflichten nach § 8 II erfüllen und so den Fristablauf auslösen kann, sind die Voraussetzungen einer Verwirkung restriktiv zu handhaben.²⁷⁶ Sie kann insbesondere relevant werden, wenn der Versicherer die Erfüllung von Belehrungs- und Informationspflichten nicht nachweisen kann und nach Ausübung des Widerrufs eine Nachholung nicht mehr in Betracht kommt.²⁷⁷ Für Zurückhaltung bei der Annahme einer Verwirkung spricht auch, dass die Fernabsatz-RiLi II eine Vollharmonisierung bezweckt und keine Aussage über eine etwaige Verwirkung des Widerrufsrechts trifft.²⁷⁸

Erforderlich für eine Verwirkung ist, **dass** der VN durch sein Verhalten beim Versicherer das **schutzwürdige Vertrauen** erweckt, er werde das Widerrufsrecht nicht mehr ausüben. Weitere tatsächliche Umstände müssen dieses Vertrauen zusätzlich rechtfertigen.²⁷⁹ Zum Teil wird für eine Verwirkung eine ordnungsgemäße Widerrufsbelehrung für erforderlich gehalten, da ansonsten kein schutzwürdiges Vertrauen auf die Nichtausübung des Widerrufs entstehen könne.²⁸⁰ Dem ist grundsätzlich zuzustimmen. Im Einzelfall können die Voraussetzungen der Verwirkung aber auch erfüllt sein, wenn der VN anderweitig über sein Widerrufsrecht informiert ist und dies dem Versicherer zur Kenntnis gelangt.²⁸¹ Diese Fallgruppe ist wiederum von Bedeutung, wenn der Versicherer die Erfüllung von Belehrungs- und Informationspflichten nicht beweisen kann.²⁸²

---

265 Näher EuGH, Rs. C-412/06 – Annelore Hamilton/Volksbank Filder eG – NJW 2008, 1865, 1867 Nr. 49; dazu *Looschelders* GPR 2008, 187 ff. und *ders.* VersR 2013, 653, 656; *Kroll-Ludwigs* ZEuP 2010, 509, 522 f.
266 Palandt/*Grüneberg*, § 356 Rn. 8.
267 Vgl. Palandt/*Grüneberg*, § 356 Rn. 7; *Looschelders*, SR AT, Rn. 871; vgl. *ders.* VersR 2013, 653, 656 f.
268 PK/*Ebers*, § 8 Rn. 37; *Wandt*, Rn. 337; *Meixner/Steinbeck*, § 3 Rn. 91; *Leverenz*, Rn. 3/80; *Grote/C. Schneider* BB 2007, 2689; *C. Schneider* VW 2008, 1168; krit. dazu vor allem im Hinblick auf Lebens- und Rentenversicherungen *Looschelders* VersR 2013, 653, 656.
269 Vgl. *Armbrüster* r+s 2008, 493, 496 f.; *ders.* VersR 2012, 513 f.; PK/*Ebers*, § 8 Rn. 37; B/M/*Knops*, § 8 Rn. 40; *Leverenz*, Rn. 3/82; *Franz* DStR 2008, 303, 306; zur Fernabsatz-RiLi II *C. Schneider*, S. 282; zur Europarechtskonformität *Heiderhoff*, S. 153 f.
270 BGH BKR 2011, 242, 243.
271 Vgl. *Grote/C. Schneider* BB 2007, 2689, 2694.
272 AG Berlin-Lichtenberg BeckRS 2011, 13427; P/M/*Armbrüster*, § 8 Rn. 34.
273 *Armbrüster* VersR 2012, 513, 517 ff.; *Franz* VersR 2008, 298, 304; *Wandt/Ganster* VersR 2008, 425, 428 Fn. 19; zu § 48c a.F. *Schimikowski* ZfV 2005, 279, 282; zur Fernabsatz-RiLi II und zu § 312d BGB *Domke* BB 2007, 341, 342; zum HWiG BGH NJW-RR 2007, 257, 259.
274 Vgl. *Schimikowski* jurisPR-VersR 6/2007 Anm. 3; HK-VVG/*Schimikowski*, § 8 Rn. 12; *Schimikowski/Höra*, S. 116; *Wandt*, Rn. 337; *Marlow/Spuhl*, Rn. 131; *Neuhaus* ZAP 2008, 1159, 1161; Staudinger/*Looschelders/Olzen*, § 242 Rn. 304; *Schmidt-Kessel* ZGS 2002, 311, 313; *Lippe/Voigt* NZG 2010, 1258, 1259; zu § 8 IV a.F. KG r+s 2003, 98, 99; ablehnend B/M/*Knops*, § 8 Rn. 45–50.
275 So aber B/M/*Knops*, § 8 Rn. 47 f.; vgl. auch PK/*Ebers*, § 8 Rn. 38a.
276 Palandt/*Grüneberg*, § 242 Rn. 107; *Looschelders*, SR AT, Rn. 87; *Ebnet* NJW 2011, 1029, 1035; vgl. zum HWiG auch BGH NJW-RR 2005, 180, 182.
277 Vgl. *Armbrüster* r+s 2008, 493, 499.
278 *Domke* BB 2007, 341, 342; vgl. Staudinger/*Thüsing*, § 312d Rn. 45; s. aber *Looschelders* VersR 2013, 653, 657.
279 Siehe im Einzelnen zu den Voraussetzungen Staudinger/*Looschelders/Olzen*, § 242 Rn. 306–312.
280 So Staudinger/*Kaiser*, § 355 Rn. 91; *Martens* VuR 2008, 121, 125; für den Regelfall auch Palandt/*Grüneberg*, § 242 Rn. 107; vgl. auch B/M/*Knops*, § 8 Rn. 46, 49.
281 Vgl. *Schmidt-Kessel* ZGS 2002, 311, 313; L/W/*Eberhardt*, § 8 Rn. 34; vgl. auch *Armbrüster* VersR 2012, 513, 519; weitergehend *Lippe/Voigt* NZG 2010, 1258, 1260: Verwirkung auch ohne Kenntnis des Widerrufsberechtigten möglich.
282 Vgl. *Armbrüster* r+s 2008, 493, 499.

6. Bedeutung des Vertragsschlusses für den Beginn der Widerrufsfrist

a) Erfordernis des Vertragsschlusses für den Fristbeginn

65 Fraglich ist, ob für den Beginn der Widerrufsfrist stets erforderlich ist, dass der **Versicherungsvertrag** bereits **abgeschlossen** wurde.[283] Dafür spricht Art. 6 I 3 der Fernabsatz-RiLi II.[284] Nach dieser Vorschrift beginnt die Widerrufsfrist frühestens mit Abschluss des Vertrages zu laufen.[285] Um ein richtlinienkonformes Ergebnis zu erzielen, muss daher auch § 8 in dieser Weise interpretiert werden. § 48c II 1, 2 a.F. sowie der Referentenentwurf zum neuen VVG sahen noch ausdrücklich vor, dass die Frist am Tag des Vertragsschlusses, jedoch nicht vor Zugang der näher bezeichneten Unterlagen beginnt.[286] In § 8 II 1 Nr. 1 wollte der Gesetzgeber für den Fristbeginn hingegen in erster Linie auf den Zugang des Versicherungsscheins abstellen, um für beide Vertragsparteien Klarheit zu schaffen.[287] Aus der **Gesetzesbegründung** ergibt sich nicht ganz zweifelsfrei, ob stets auch der Vertragsschluss für den Fristbeginn erforderlich sein soll. Einerseits geht der Gesetzgeber davon aus, der Zugang des Versicherungsscheins falle zumeist mit dem Zeitpunkt des Vertragsschlusses zusammen, sodass der Richtlinie entsprochen werde.[288] Andererseits wird festgestellt, hieran ändere sich nichts durch die Tatsache, dass im Fall des § 5 der Versicherungsvertrag auch erst nach Übersendung des Versicherungsscheins zustande kommen könne.[289] Dies spricht dafür, dass der Gesetzgeber auch für diesen Sonderfall am Zeitpunkt des Zugangs des Versicherungsscheins festhalten wollte. Ein solches Ergebnis wäre indes richtlinienwidrig, da Art. 6 I 3 der Fernabsatz-RiLi II den Vertragsschluss ausnahmslos zur Bedingung für den Fristbeginn macht.[290] Problematisch ist überdies, dass der Versicherungsschein beim Invitatio-Modell häufig bereits vor Vertragsschluss versandt wird.[291] Wollte man auch hier auf den Zeitpunkt des Zugangs des Scheins abstellen, so wäre das richtlinienwidrige Ergebnis nicht bloß auf die Fälle des § 5 beschränkt.

66 Voraussetzung für den Beginn der Widerrufsfrist ist deshalb, dass der Versicherungsvertrag geschlossen wurde.[292] Die abweichende Rechtsprechung des BGH[293] zum Haustürwiderruf, nach der die Widerrufsfrist schon mit der Abgabe des Angebots des Verbrauchers beginnen kann, lässt sich nicht auf § 8 VVG übertragen. Der BGH hat sein Ergebnis unter anderem damit begründet, dass nach Art. 1 IV der Haustürwiderrufs-RiLi[294] auch ein bindendes Angebot widerrufen werden könne. Die durch § 8 umgesetzte Fernabsatz-RiLi II setzt hingegen, wie beschrieben, den Vertragsschluss für den Beginn der Widerrufsfrist voraus.

b) Vertragsschluss nach dem Invitatio-Modell

67 Beim Vertragsschluss nach dem **Invitatio-Modell** beginnt die Widerrufsfrist somit frühestens, sobald die Annahmeerklärung des VN mit Zugang beim Versicherer wirksam wird.[295] Wegen der Vorgaben der Richtlinie (oben Rdn. 65) kann hingegen nicht auf die bloße Abgabe der Erklärung des VN abgestellt werden.[296] Auf den Zeitpunkt des Zugangs der Annahmeerklärung muss auch die Widerrufsbelehrung hinweisen, wenn sie wirksam sein soll.[297] Die Musterbelehrung enthält insoweit keine Angaben und ist deshalb für den Fall unzureichend, dass die Belehrung bereits vor Zustandekommen des Vertrages erfolgt, weil die Widerrufsfrist zu diesem Zeitpunkt noch nicht beginnt. Insoweit ist **§ 8 V teleologisch zu reduzieren**. Die Gesetzlichkeitsfiktion wird daher nicht ausgelöst, wenn das Muster zugleich mit der Abgabe der Annahmeerklärung des VN verwendet wird.[298] Nur auf diese Weise kann den Vorgaben der Fernabsatz-RiLi II entsprochen werden, die aus-

---

283 Vgl. *Gaul* VersR 2007, 21, 25.
284 So auch *Grote/C. Schneider* BB 2007, 2689, 2694 m. Fn. 39; *C. Schneider* VW 2008, 1168, 1170; *Armbrüster* r+s 2008, 493, 497 f.
285 Vgl. *Härting/Schirmbacher* CR 2002, 809, 814; *Brandl/Hohensinner* Bankarchiv 51 (2003), 52, 55; *Ring*, in: FS Lohmann, S. 321, 330; *Kriegner*, S. 190 f.
286 Vgl. zur Problematik auch die Gesetzesbegründung zu § 48c a.F.: Begr. RegE BT-Drucks. 15/2946 S. 30 sowie *Wilmer*, in: Wilmer/Hahn, S. 209 f., 556.
287 Begr. RegE BT-Drucks. 16/3945 S. 61 f.
288 Vgl. dazu auch PK/*Ebers*, § 8 Rn. 23.
289 Begr. RegE BT-Drucks. 16/3945 S. 61 f.
290 Vgl. *Finke*, Rn. 131; *Härting/Schirmbacher* CR 2002, 809, 814; *Kriegner*, S. 190 f.
291 *Gaul* VersR 2007, 21, 25; *Marlow/Spuhl*, Rn. 129.
292 So auch P/M/*Armbrüster*, § 8 Rn. 41; R/L/*Rixecker*, § 8 Rn. 8; *Grote/C. Schneider* BB 2007, 2689, 2694; *Marlow/Spuhl*, Rn. 129; *D. Wendt*, S. 75 f.; vgl. *Gaul* VersR 2007, 25 f.; für den Vertragsschluss nach dem Antragsmodell auch B/M/*Knops*, § 8 Rn. 36 f.; a.A. L/W/*Eberhardt*, § 8 Rn. 32; *Neuhaus* ZAP 2008, 1159, 1160 f.; wohl auch *Krause-Allenstein* NZBau 2008, 81, 82; für den Vertragsschluss nach dem Invitatiomodell auch B/M/*Knops*, § 8 Rn. 34.
293 NJW 2010, 3503.
294 ABl. Nr. L 372 v. 31.12.1985 S. 31.
295 PK/*Ebers*, § 8 Rn. 20; P/M/*Armbrüster*, § 8 Rn. 41; *Wandt*, Rn. 335; *Marlow/Spuhl*, Rn. 129; *Leverenz*, Rn. 4/101, 4/108; *Schimikowski* VW 2007, 715, 716; *ders./Höra*, S. 115; *Hinsch-Timm*, Rn. 110; im Ergebnis ebenso L/W/*Eberhardt*, § 8 Rn. 32; vgl. auch *Niederleithinger* VersR 2006, 437, 442.
296 So aber B/M/*Knops*, § 8 Rn. 34; *Neuhaus* ZAP 2008, 1159, 1161.
297 Vgl. P/M/*Armbrüster*, § 8 Rn. 22 f.; *Leverenz*, Rn. 4/110.
298 P/M/*Armbrüster*, Vorb. zum Muster für die Widerrufsbelehrung, Rn. 2; PK/*Ebers*, § 8 Rn. 48a, 59; *Marlow/Spuhl*, Rn. 129.

nahmslos den Vertragsschluss für den Beginn der Widerrufsfrist voraussetzt. Der Versicherer hat aber die Möglichkeit, dem VN die Musterbelehrung nach Eingang von dessen Annahmeerklärung zu übersenden, da zu diesem Zeitpunkt der Vertrag geschlossen ist. Alternativ kann der Versicherer dem Muster den Hinweis hinzufügen (zur Zulässigkeit von Zusätzen oben Rdn. 48), dass die Widerrufsfrist erst mit Vertragsschluss, also mit Zugang der Annahmeerklärung des VN, beginnt (zur Formulierung des Hinweises sogleich unten Rdn. 68 f.). Unabhängig davon ist eine Korrektur der Musterbelehrung durch den Gesetzgeber angezeigt. Hat der VN bereits **vor Vertragsschluss** ein als **Versicherungsschein** bezeichnetes Dokument erhalten, so muss der Versicherer nicht nach Vertragsschluss noch einen weiteren Versicherungsschein ausstellen. Vielmehr wird das übersandte Dokument mit dem Vertragsschluss zum Versicherungsschein i.S.d. § 3.[299]

Wird der VN bei Abgabe seiner Annahmeerklärung über das Widerrufsrecht belehrt, so genügt ein **abstrakter Hinweis**, dass die Frist mit **Zugang** der Erklärung zu laufen beginnt.[300] Es kann insoweit formuliert werden, dass die Widerrufsfrist mit Erhalt der Informationen (oben Rdn. 43–54), »jedoch nicht vor Abschluss des Vertrags«[301] oder »erst mit Zugang der Annahmeerklärung beim Versicherer« beginnt. Zum Teil wird bezweifelt, ob eine solche Angabe genüge, da der VN den Tag des Zugangs nicht erkennen könne.[302] *Gaul* erwägt deshalb, die Widerrufsfrist mit Ablauf einer bestimmten, zwei Wochen überschreitenden Zeitspanne nach Abgabe der Annahmeerklärung beginnen zu lassen.[303] Im gleichen Sinne plädiert *Ebers* dafür, dem VN eine längere Widerrufsfrist (z.B. 20 Tage) einzuräumen, die mit der Abgabe der Annahmeerklärung beginnt.[304] Gegen diese Überlegungen spricht jedoch, dass § 8 II keinerlei Anhaltspunkte dafür enthält, den Fristbeginn in Abhängigkeit von der Abgabe der Annahmeerklärung zu bestimmen. Der VN kann durch die Art der Übermittlung den Zugangszeitpunkt selbst beeinflussen oder in Erfahrung bringen.[305] Einer Zugangsbestätigung bedarf es deshalb für die Wirksamkeit der Widerrufsbelehrung nicht.[306]

68

Der **BGH** hat allerdings zum **Haustürwiderruf** entschieden, eine Belehrung sei unwirksam, die entgegen § 2 I 2 HWiG a.F. nicht allein auf die Aushändigung der Belehrung, sondern auf den Zeitpunkt des Zugangs der vom Verbraucher unterzeichneten Vertragsurkunde beim Unternehmer abstelle.[307] Denn der Verbraucher sei über die internen Abläufe beim Unternehmer nicht informiert. Dagegen spricht jedoch, dass der Zugang einer Willenserklärung nicht von den internen Abläufen beim Versicherer bzw. Versicherer abhängt. Vielmehr kann der Verbraucher bzw. VN bei den meisten gängigen Übertragungswegen den Zeitpunkt des Zugangs abschätzen. So geht etwa ein Telefax während der üblichen Geschäftszeiten des Versicherers bereits mit seinem Eingang zu.[308] Gleiches gilt nunmehr bei einer E-Mail.[309] Bei einem Widerruf per Brief kann der VN in der Regel von einer Postlaufzeit von einem Tag ausgehen. Gegen die uneingeschränkte Übertragung der Rechtsprechung auf § 8 VVG spricht überdies, dass der Beginn der Widerrufsfrist bei Haustürgeschäften nicht – wie bei § 8 – den Vertragsschluss, sondern lediglich die Abgabe der Willenserklärung des Verbrauchers voraussetzt (oben Rdn. 66). Freilich ist nicht auszuschließen, dass der BGH seine Rechtsprechung auch auf § 8 übertragen wird. Will der Versicherer dieses Risiko ausschließen, so kann er die Widerrufsbelehrung beim Invitatio-Modell erst versenden, nachdem ihm die Annahmeerklärung des VN zugegangen ist (oben Rdn. 67).

69

c) Vertragsschluss nach dem Antragsmodell

Beim Vertragsschluss nach dem **Antragsmodell** beginnt die Widerrufsfrist frühestens mit dem **Zugang der Annahmeerklärung des Versicherers** beim VN.[310] Dieser Zeitpunkt ist für den VN leicht nachvollziehbar und daher unproblematisch. Anders als beim Invitatio-Modell (oben Rdn. 67), kann die Musterbelehrung insoweit ohne Einschränkung verwendet werden. Sie erwähnt zwar nicht das Erfordernis des Vertragsschlusses, aber den Erhalt des Versicherungsscheins als Voraussetzung für den Fristbeginn. Beim Antragsmodell fallen diese beiden Zeitpunkte aber zusammen, sodass nicht zusätzlich über den Vertragsschluss belehrt werden muss.[311]

70

---

299 *Leverenz*, Rn. 4/103; *Wandt*, Rn. 335.
300 *Marlow/Spuhl*, Rn. 129; *Schimikowski* VW 2007, 715, 716; vgl. auch *Niederleithinger* VersR 2006, 437, 442.
301 *C. Schneider* VW 2008, 1168, 1170.
302 PK/*Ebers*, § 8 Rn. 32; P/M/*Armbrüster*, § 8 Rn. 23; *Gaul* VersR 2007, 21, 25 f.
303 *Gaul* VersR 2007, 21, 26.
304 PK/*Ebers*, § 8 Rn. 32; dies empfiehlt auch B/M/*Knops*, § 8 Rn. 34.
305 *Leverenz*, Rn. 4/110; *D. Wendt*, S. 78.
306 Anders P/M/*Armbrüster*, § 8 Rn. 23.
307 BGH NJW-RR 2009, 1275, 1276.
308 Palandt/*Ellenberger*, § 130 Rn. 7a.
309 Bamberger/Roth/*Wendtland*, § 130 Rn. 15; a.A. *Thalmair* NJW 2011, 14, 16.
310 Vgl. B/M/*Knops*, § 8 Rn. 36 f.
311 P/M/*Armbrüster*, § 8 Rn. 123; Vorb. zum Muster für die Widerrufsbelehrung, Rn. 1.

d) Vertragsschluss nach § 5 III 1 PflVG

71 Der genaue Zeitpunkt des Vertragsschlusses kann für den VN auch im Fall des § 5 III 1 PflVG unklar sein.[312] Nach dieser Vorschrift gilt ein Antrag auf Abschluss eines Haftpflichtversicherungsvertrags für die dort genannten Fahrzeuge als angenommen, wenn der Versicherer den Antrag nicht innerhalb von zwei Wochen ablehnt oder ein abweichendes Angebot unterbreitet. Allerdings hat der Versicherer in diesen Fällen zumeist auch den Versicherungsschein noch nicht übersandt. Die Widerrufsfrist beginnt dann erst mit dem Zugang des Versicherungsscheins beim VN (§ 8 II 1 Nr. 1). Übersendet der Versicherer den Versicherungsschein vor Ablauf der Zwei-Wochen-Frist, so ist damit zumeist eine Annahmeerklärung verbunden.[313] Der Fiktion des § 5 III 1 PflVG bedarf es dann nicht mehr.

e) Zugang des Versicherungsscheins nach Vertragsschluss

72 Erfolgt der Zugang des **Versicherungsscheins** erst **nach dem Vertragsschluss**, so ist dieser spätere Zeitpunkt für den Beginn der Widerrufsfrist maßgeblich.[314] § 8 II Nr. 1 weicht insoweit also zugunsten des VN von der Fernabsatz-RiLi II ab. Dies erscheint problematisch, weil die Richtlinie eine **Vollharmonisierung** bezweckt und den Zugang des Versicherungsscheins für den Fristbeginn nicht voraussetzt.[315] *Gaul* erwägt daher eine teleologische Reduktion mit der Begründung, der VN benötige den Versicherungsschein nicht, um über die Ausübung des Widerrufsrechts zu entscheiden.[316] Hiergegen spricht jedoch, dass der Zugang des Versicherungsscheins für den Fristbeginn nicht nur nach dem eindeutigen Wortlaut des § 8 II Nr. 1 und der Musterbelehrung, sondern auch nach dem klaren Willen des Gesetzgebers erforderlich ist.[317] Die Frage der Richtlinienwidrigkeit muss daher durch Vorlage an den EuGH geklärt werden.[318]

7. Elektronischer Geschäftsverkehr

73 Gemäß § 8 IV muss der Versicherer im **elektronischen Geschäftsverkehr** zusätzlich die in § 312i I 1 BGB (i.V.m. Art. 246c EGBGB, in Altfällen § 312g I 1 BGB i.V.m. Art. 246 § 3 EGBGB bzw. § 312e I 1 BGB a.F.i.V.m. § 3 BGB-InfoV a.F.) bestimmten Pflichten erfüllen, damit die Widerrufsfrist zu laufen beginnt.[319] Nach der Legaldefinition in § 312i I 1 BGB wird ein Vertrag im elektronischen Geschäftsverkehr geschlossen, wenn sich der Versicherer dazu eines Tele- oder Mediendienstes bedient.[320] Die genaue Eingrenzung dieser Begriffe ist problematisch.[321] Fest steht, dass nur ein Teil der Fernabsatzgeschäfte erfasst wird.[322] So fallen etwa Vertragsschlüsse per Telefon oder Brief nicht in den Bereich des elektronischen Geschäftsverkehrs, wohl aber der Vertragsschluss über eine Internetseite des Versicherers.[323] Zu beachten ist, dass Vertragsparteien, die keine Verbraucher sind, gemäß § 312i II 2 BGB die Pflichten nach § 312i I BGB weitgehend abbedingen können.[324] In diesem Fall ist die Erfüllung der Pflichten auch keine Bedingung für den Beginn der Widerrufsfrist. Die Erfüllung der Pflichten im elektronischen Geschäftsverkehr kann – wie die Übermittlung der Informationen nach § 8 II (oben Rdn. 62) – nachgeholt werden und setzt dann die Widerrufsfrist in Lauf.[325]

C. Beweislast
I. Allgemeines

74 Der **VN** muss nachweisen, dass er den **Widerruf** in Textform erklärt und **rechtzeitig abgesandt** hat und dass die Erklärung dem Versicherer **zugegangen** ist.[326] Hat der VN die rechtzeitige Absendung bewiesen, kommt

---

312 Vgl. zum Referentenentwurf v. 13.03.2006 *Niederleithinger* VersR 2006, 437, 442.
313 Vgl. *Niederleithinger* VersR 2006, 437, 442.
314 PK/*Ebers*, § 8 Rn. 23; zu § 48c a.F. *Wilmer*, in: Wilmer/Hahn, S. 210, 558.
315 Vgl. dazu B/M/*Knops*, § 8 Rn. 21; PK/*Ebers*, § 8 Rn. 24; *Wandt*, Rn. 334; a.A. *Armbrüster* r+s 2008, 493, 498; P/M/*Armbrüster*, § 8 Rn. 11: Zulässige Verbesserung des Versicherungsnehmerschutzes durch Erhöhung der Rechtssicherheit.
316 *Gaul* VersR 2007, 21, 26.
317 Begr. RegE BT-Drucks. 16/3945 S. 61 f.
318 So auch PK/*Ebers*, § 8 Rn. 24.
319 Zur entsprechenden Regelung in § 312e III 2 BGB a.F. vgl. *Schinkels* GPR 2005, 109, 112 mit Zweifeln an der Vereinbarkeit mit der Fernabsatz-RiLi II.
320 Zu § 312e BGB a.F. *Micklitz/Ebers* VersR 2002, 641, 643–650.
321 Ausführlich MünchKommBGB/*Wendehorst*, § 312i Rn. 8–22.
322 BeckOGK-BGB/*Busch*, § 312i Rn. 8.2; *Looschelders*, SR AT, Rn. 947.
323 Palandt/*Grüneberg*, § 312i Rn. 2; PWW/*Stürner*, § 312i Rn. 4.
324 Palandt/*Grüneberg*, § 312i Rn. 10; PWW/*Stürner*, § 312i Rn. 10.
325 P/M/*Armbrüster*, § 8 Rn. 40.
326 OLG Köln ZfS 2012, 37; B/M/*Knops*, § 8 Rn. 67; L/W/*Eberhardt*, § 8 Rn. 73, § 9 Rn. 35; *Leverenz*, Rn. 4/28; Palandt/*Grüneberg*, § 355 Rn. 16; Staudinger/*Kaiser*, § 355 Rn. 99; NK-BGB/*Ring*, § 355 Rn. 36; für den Zugang *Baumann/Beenken*, S. 107; vgl. zur Zulassung des Vorbringens in der Berufungsinstanz *Rohlfing* NJW 2010, 1787.

ihm hinsichtlich des Zugangs der Beweis des ersten Anscheins zugute.[327] Gelingt ihm der Beweis des Zugangs dennoch nicht, kann er den Widerruf wiederholen. Die Situation ist genauso zu beurteilen wie der Fall, dass der fehlende Zugang feststeht (dazu oben Rdn. 37). Nach allgemeinen Grundsätzen hat der VN auch zu beweisen, dass der Vertragsschluss erst im Jahr 2008 stattgefunden hat, wenn er sich auf die **Anwendbarkeit von § 8** berufen will.[328]

Der **Versicherer** ist dagegen für das Vorliegen der **Ausnahmetatbestände** nach § 8 III 1 beweispflichtig.[329] Das Gleiche gilt im Hinblick auf ein **nachträgliches Erlöschen** des Widerrufsrechts etwa nach § 8 III 2 oder wegen Verwirkung.[330]

II. Zugang der Unterlagen nach § 8 II 1

Nach der beweisrechtlichen Sonderregelung des **§ 8 II 2** obliegt dem Versicherer auch der Nachweis über den **Zugang** aller in § 8 II 1 genannten **Unterlagen**. Davon umfasst ist auch der Beweis, dass die Informationen inhaltlich und formell den gesetzlichen Anforderungen genügen.[331] Der Versicherer muss ferner den Zeitpunkt des Zugangs der Unterlagen beweisen, der für die Rechtzeitigkeit des Widerrufs maßgeblich ist.[332] Nach der Gesetzesbegründung kann der Versicherer zumindest den Zugang der Widerrufsbelehrung dadurch nachweisen, dass er sich den Erhalt schriftlich vom VN **bestätigen** lässt.[333] Diese Möglichkeit ist – in den Grenzen des § 309 Nr. 12b BGB[334] – auch bei den anderen Unterlagen anzuerkennen,[335] weil der Versicherer den Beweisanforderungen anders kaum nachkommen kann.

Nach der Gesetzesbegründung soll der Zugang der Unterlagen gemäß § 8 II 1 Nr. 1 auch dann vermutet werden können, wenn der VN bereits mehrfach **Prämien entrichtet** hat und erst dann den Widerruf erklärt.[336] Es ist jedoch nicht ersichtlich, weshalb die Vertragserfüllung darauf hindeuten soll, dass der VN auch alle Unterlagen erhalten hat.[337] Allerdings können gewisse **Indizien** den Schluss nahe legen, dass die Unterlagen dem VN zugegangen sind. Zu diesen Anhaltspunkten gehören der ordnungsgemäße Versand durch den Versicherer in anderen Fällen, insbesondere am selben Tag, der Zugang bei anderen VN, interne Vermerke über die Absendung sowie der **Zugang weiterer Vertragsunterlagen** beim VN.[338] Steht etwa der Zugang des Versicherungsscheins fest und wird dieser i.d.R. mit den anderen Unterlagen versandt, kann deren Zugang ebenfalls vermutet werden.[339] Diese Indizien wirken freilich umso stärker, wenn der Sachvortrag des VN unplausibel bzw. widersprüchlich ist.[340]

Die Beweislastverteilung nach § 8 II 2 ist gemäß § 18 zugunsten des VN **einseitig zwingend**. Eine vertragliche Regelung, die dem VN die Beweislast für den Zugang der Unterlagen auferlegt, ist demnach unwirksam. Ein Rückgriff auf § 309 Nr. 12 BGB ist somit nicht erforderlich. Die Unwirksamkeit einer abweichenden Vereinbarung über die Beweislastverteilung entspricht im Ergebnis den Vorgaben des Art. 15 II Fernabsatz-RiLi II, wonach die vertragliche Überwälzung der Beweislast für die Erfüllung der Anbieterpflichten auf den Verbraucher als missbräuchlich i.S.d. Klausel-RiLi anzusehen ist.[341] § 18 gilt allerdings nicht nur für Regelungen in AVB, sondern auch für die praktisch wenig relevanten Individualvereinbarungen.

---

327 So MünchKommBGB/*Fritsche*, § 355 Rn. 45; jurisPK-BGB/*Hönninger*, § 355 Rn. 53.
328 OLG Hamm VersR 2014, 485.
329 Vgl. BeckOGK-BGB/*Mörsdorf*, § 355 Rn. 58.
330 L/W/*Eberhardt*, § 8 Rn. 72; vgl. auch Staudinger/*Kaiser*, § 355 Rn. 100; vgl. zur Fernabsatz-RiLi II *Kriegner*, S. 203.
331 B/M/*Knops*, § 8 Rn. 66; für die Widerrufsbelehrung *Leverenz*, Rn. 4/23; zweifelnd L/W/*Eberhardt*, § 8 Rn. 72.
332 LG Dortmund NJW-RR 2011, 769, 770.
333 Begr. RegE BT-Drucks. 16/3945 S. 62.
334 Zutreffend P/M/*Armbrüster*, § 8 Rn. 46; *ders.* VersR 2013, 513, 514 mit Zweifeln an der Praxistauglichkeit.
335 Vgl. R/L/*Rixecker* § 8 Rn. 19; HK-VVG/*Schimikowski*, § 8 Rn. 22; *Armbrüster* r+s 2008, 493, 498; *ders.* VersR 2013, 513, 514; *Meixner/Steinbeck*, § 3 Rn. 88; wohl auch L/W/*Eberhardt*, § 8 Rn. 68.
336 Begr. RegE BT-Drucks. 16/3945 S. 62; ähnlich zu § 5a a.F. LG Aurich VersR 2001, 1225; zust. L/W/*Eberhardt*, § 8 Rn. 70.
337 Vgl. LG Offenburg VersR 2012, 1417, 1418; PK/*Ebers*, § 8 Rn. 36; B/M/*Knops*, § 8 Rn. 65; P/M/*Armbrüster*, § 8 Rn. 47; *Armbrüster* r+s 2008, 493, 498; *ders.* VersR 2012, 513, 516; *Meixner/Steinbeck*, § 3 Rn. 89.
338 Vgl. OLG Karlsruhe VersR 2006, 1625, 1626 zu § 5a a.F.; in Bezug genommen bei PK/*Ebers*, § 8 Rn. 36; L/W/*Eberhardt*, § 8 Rn. 70; *Armbrüster* VersR 2012, 513, 516.
339 AG Bonn VersR 1999, 1096 m.Anm. *Eberhardt* (1096 f.); PK/*Ebers*, § 8 Rn. 36; P/M/*Armbrüster*, § 8 Rn. 47; *Schimikowski* jurisPR-VersR 6/2007 Anm. 3; *ders./Höra*, S. 117; allg. *Neuhaus* ZAP 2008, 1159, 1162.
340 Vgl. OLG Karlsruhe VersR 2006, 1625, 1626; zust. PK/*Ebers*, § 8 Rn. 36; OLG Hamm VersR 2012, 745, 746 jeweils zu § 5a a.F.; vgl. auch OLG Naumburg VersR 2015, 308 f.
341 Zum entsprechenden Art. 13 II des Kommissionsvorschlags *Riesenhuber* WM 1999, 1441, 1450.

§ 8 Widerrufsrecht des Versicherungsnehmers

Anlage zu § 8 V 1 VVG
Muster für die Widerrufsbelehrung

Widerrufsbelehrung

Widerrufsrecht

Sie können Ihre Vertragserklärung innerhalb von [14] [1] Tagen ohne Angabe von Gründen in Textform (z.B. Brief, Fax, E-Mail) widerrufen. Die Frist beginnt, nachdem Sie den Versicherungsschein, die Vertragsbestimmungen einschließlich der Allgemeinen Versicherungsbedingungen, die weiteren Informationen nach § 7 Abs. 1 und 2 des Versicherungsvertragsgesetzes in Verbindung mit den §§ 1 bis 4 der VVG-Informationspflichtenverordnung und diese Belehrung jeweils in Textform erhalten haben [2]. Zur Wahrung der Widerrufsfrist genügt die rechtzeitige Absendung des Widerrufs. Der Widerruf ist zu richten an: [3]

Widerrufsfolgen

Im Falle eines wirksamen Widerrufs endet der Versicherungsschutz, und wir erstatten Ihnen den auf die Zeit nach Zugang des Widerrufs entfallenden Teil der Prämien, wenn Sie zugestimmt haben, dass der Versicherungsschutz vor dem Ende der Widerrufsfrist beginnt. Den Teil der Prämie, der auf die Zeit bis zum Zugang des Widerrufs entfällt, dürfen wir in diesem Fall einbehalten; dabei handelt es sich um [einen Betrag in Höhe von ...] [4]. [5] Die Erstattung zurückzuzahlender Beträge erfolgt unverzüglich, spätestens 30 Tage nach Zugang des Widerrufs. Beginnt der Versicherungsschutz nicht vor dem Ende der Widerrufsfrist, hat der wirksame Widerruf zur Folge, dass empfangene Leistungen zurückzugewähren und gezogene Nutzungen (z.B. Zinsen) herauszugeben sind. [6]

Besondere Hinweise

Ihr Widerrufsrecht erlischt, wenn der Vertrag auf Ihren ausdrücklichen Wunsch sowohl von Ihnen als auch von uns vollständig erfüllt ist, bevor Sie Ihr Widerrufsrecht ausgeübt haben.

(Ort), (Datum), (Unterschrift des Versicherungsnehmers) [7]

Gestaltungshinweise:
[1] Für die Lebensversicherung lautet der Klammerzusatz: »30«.
[2] Bei Verträgen im elektronischen Geschäftsverkehr (§ 312i Absatz 1 Satz 1 des Bürgerlichen Gesetzbuchs) ist vor dem Punkt am Satzende Folgendes einzufügen: », jedoch nicht vor Erfüllung unserer Pflichten gemäß § 312i Absatz 1 Satz 1 des Bürgerlichen Gesetzbuchs in Verbindung mit Artikel 246c des Einführungsgesetzes zum Bürgerlichen Gesetzbuche«.
[3] Hier sind einzusetzen: Name/Firma und ladungsfähige Anschrift des Widerrufsadressaten. Zusätzlich können angegeben werden: Telefaxnummer, E-Mail-Adresse und/oder, wenn der Versicherungsnehmer eine Bestätigung seiner Widerrufserklärung an den Versicherer erhält, auch eine Internet-Adresse.
[4] Der Betrag kann auch in anderen Unterlagen, z.B. im Antrag, ausgewiesen sein; dann lautet der Klammerzusatz je nach Ausgestaltung: »den im Antrag/im ... auf Seite .../unter Ziffer ... ausgewiesenen Betrag«.
[5] Bei der Lebensversicherung ist ggf. folgender Satz einzufügen: »Den Rückkaufswert einschließlich der Überschussanteile nach § 169 des Versicherungsvertragsgesetzes zahlen wir Ihnen aus.«
[6] Wird der Versicherungsvertrag mit einem zusammenhängenden Vertrag abgeschlossen, ist am Ende des Absatzes zu »Widerrufsfolgen« folgender Satz anzufügen:
»Haben Sie Ihr Widerrufsrecht nach § 8 des Versicherungsvertragsgesetzes wirksam ausgeübt, sind Sie auch an einen mit dem Versicherungsvertrag zusammenhängenden Vertrag nicht mehr gebunden. Ein zusammenhängender Vertrag liegt vor, wenn er einen Bezug zu dem widerrufenen Vertrag aufweist und eine Dienstleistung des Versicherers oder eines Dritten auf der Grundlage einer Vereinbarung zwischen dem Dritten und dem Versicherer betrifft. Eine Vertragsstrafe darf weder vereinbart noch verlangt werden.«
[7] Ort, Datum und Unterschriftsleiste können entfallen. In diesem Falle sind diese Angaben entweder durch die Wörter »Ende der Widerrufsbelehrung« oder durch die Wörter »Ihr(e) [einsetzen: Firma des Versicherers]« zu ersetzen.
[1] Anl. angef. mWv 11.06.2010 durch Gesetz v. 29.07.2009 (BGBl. I S. 2355); geänd. mWv 04.08.2011 durch Gesetz v. 27.07.2011 (BGBl. I S. 1600). Gestaltungshinweis 6 wurde durch Gesetz zur Änderung versicherungsrechtlicher Vorschriften vom 24.04.2013 mit Berichtigung vom 01.09.2013 (BGBl. I S. 932, berichtigt S. 2584) eingefügt, ohne die Stelle zu bezeichnen, an der die Ziffer in die Widerrufsbelehrung eingefügt werden soll. Gestaltungshinweis 2 wurde durch Gesetz zur Umsetzung der Verbraucherrechterichtlinie und zur Änderung des Gesetzes zur Regelung der Wohnungsvermittlung vom 20.09.2013 (BGBl. I S. 3642) mWv 13.06.2014 geändert.

§ 9 Rechtsfolgen des Widerrufs.

(1) ¹Übt der Versicherungsnehmer das Widerrufsrecht nach § 8 Abs. 1 aus, hat der Versicherer nur den auf die Zeit nach Zugang des Widerrufs entfallenden Teil der Prämien zu erstatten, wenn der Versicherungsnehmer in der Belehrung nach § 8 Abs. 2 Satz 1 Nr. 2 auf sein Widerrufsrecht, die Rechtsfolgen des Widerrufs und den zu zahlenden Betrag hingewiesen worden ist und zugestimmt hat, dass der Versicherungsschutz vor Ende der Widerrufsfrist beginnt; die Erstattungspflicht ist unverzüglich, spätestens 30 Tage nach Zugang des Widerrufs zu erfüllen. ²Ist der in Satz 1 genannte Hinweis unterblieben, hat der Versicherer zusätzlich die für das erste Jahr des Versicherungsschutzes gezahlten Prämien zu erstatten; dies gilt nicht, wenn der Versicherungsnehmer Leistungen aus dem Versicherungsvertrag in Anspruch genommen hat.
(2) ¹Hat der Versicherungsnehmer sein Widerrufsrecht nach § 8 wirksam ausgeübt, ist er auch an einen mit dem Versicherungsvertrag zusammenhängenden Vertrag nicht mehr gebunden. ²Ein zusammenhängender Vertrag liegt vor, wenn er einen Bezug zu dem widerrufenen Vertrag aufweist und eine Dienstleistung des Versicherers oder eines Dritten auf der Grundlage einer Vereinbarung zwischen dem Dritten und dem Versicherer betrifft. ³Eine Vertragsstrafe darf weder vereinbart noch verlangt werden.

Übersicht

	Rdn.
A. Allgemeines	1
I. Normzweck	1
II. Entstehungsgeschichte	4
III. Allgemeine Wirkungen des Widerrufs	6
B. Tatbestand	7
I. Prämienerstattung nur für die Zeit nach Zugang des Widerrufs (§ 9 Abs. 1 Satz 1)	7
1. Voraussetzungen	8
a) Erfüllung von Belehrungspflichten	8
aa) Inhalt der Belehrungspflichten	9
bb) Maßgeblicher Zeitpunkt für die Belehrung	11
b) Zustimmung zum Versicherungsbeginn vor Ende der Widerrufsfrist	12
aa) Ausdrückliche oder konkludente Erklärung	13
bb) Irrtum über Ablauf der Widerrufsfrist	15
cc) Rechtslage bei Fehlen der Zustimmung	16
2. Rechtsfolgen	18
a) Prämienerstattung nur ab Zugang des Widerrufs	18
b) Unverzügliche Erfüllung der Erstattungspflicht (§ 9 Abs. 1 Satz 1 Hs. 2)	19
c) Rechtslage bei noch ausstehenden Prämien	20
d) Keine Rückgewähr empfangener Versicherungsleistungen	22
3. Vereinbarkeit mit Art. 11 Fernabsatz-RiLi II	25
II. Einschränkung bei fehlendem Hinweis (§ 9 Abs. 1 Satz 2)	27
1. Voraussetzung: Fehlender Hinweis (§ 9 Abs. 1 Satz 2 Hs. 1)	27
2. Rechtsfolge: Rückzahlung der Prämien für das erste Jahr (§ 9 Abs. 1 Satz 2 Hs. 1)	29
3. Richtlinienwidrigkeit von § 9 Abs. 1 Satz 2 Hs. 1	30
4. Rückausnahme: VN hat Leistungen empfangen (§ 9 Abs. 1 Satz 2 Hs. 2)	32
5. Teilweise Richtlinienwidrigkeit von § 9 Abs. 1 Satz 2 Hs. 2	34
III. Subsidiäre Anwendung der §§ 355, 357a BGB	37
IV. Zusammenhängende Verträge (§ 9 Abs. 2)	41
C. Beweislast	45

Schrifttum:
Vgl. die Nachweise zu § 8.

A. Allgemeines

I. Normzweck

§ 9 I regelt (partiell) die Rechtsfolgen eines wirksamen Widerrufs nach § 8. Die Vorschrift **begrenzt** im Interesse der Versicherer und des Versichertenkollektivs[1] die **Rückzahlungsansprüche** des VN hinsichtlich der Prämien und soll damit eine nachträgliche Äquivalenzstörung verhindern.[2] Da dem Versicherer die Prämien in dem durch § 9 bestimmten Umfang verbleiben, hat aber auch der VN im Anwendungsbereich der Vorschrift grundsätzlich weder Wertersatz für den gewährten Versicherungsschutz zu leisten[3] noch etwa erhaltene Versicherungsleistungen zurückzuerstatten.[4] Der in § 9 II angeordnete Widerrufsdurchgriff auf mit dem Versicherungsvertrag zusammenhängende Verträge soll sicherstellen, dass der VN über die Ausübung seines Widerrufsrechts frei von der Sorge entscheiden kann, dass er an einen weiteren Zusatzvertrag gebunden bleibt.[5]

1

---

1 *Präve* VersR 2012, 657.
2 Vgl. zu § 48c V a.F. Begr. RegE BT-Drucks. 15/2946 S. 30 f.; P/M/*Armbrüster*, § 9 Rn. 23; *ders.* VersR 2012, 513, 520; *Präve* VersR 2012, 657.
3 B/M/*Knops*, § 9 Rn. 5; P/M/*Armbrüster*, § 9 Rn. 7, 40; vgl. zu § 48c V a.F. Begr. RegE BT-Drucks. 15/2946 S. 31.
4 Vgl. Begr. RegE BT-Drucks. 16/3945 S. 62; *Wandt*, Rn. 344; L/W/*Eberhardt*, § 9 Rn. 6; P/M/*Armbrüster*, § 9 Rn. 7, 40.
5 Vgl. zu § 360 BGB Begr. RegE BT-Drucks. 17/12637, S. 67; *Wendt/Lorscheid-Kratz* BB 2013, 2434, 2436.

§ 9 Rechtsfolgen des Widerrufs

2 Die Anwendung des § 9 setzt voraus, dass der Versicherungsschutz vor Ende der Widerrufsfrist beginnt. Liegt diese Voraussetzung nicht vor, so richtet sich die Rückabwicklung nach den zumindest entsprechend anwendbaren allgemeinen Regeln (§§ 355, 357a BGB).[6] Werden Leistungen erst nach dem Wirksamwerden des Widerrufs erbracht, so erfolgt die Rückabwicklung im Wege der Leistungskondiktion (§ 812 I 1 Fall 1 BGB).

3 Die §§ 152 II, 169 treffen für die **Lebensversicherung** eine Sonderregelung.[7]

II. Entstehungsgeschichte

4 Abgesehen von einigen sprachlichen Änderungen entspricht § 9 I der Regelung des § 48c V a.F.[8] Der Gesetzgeber hat eine Übernahme der von der VVG-Kommission vorgeschlagenen – aus seiner Sicht »etwas komplizierteren« – Lösung abgelehnt, weil die bisherige Regelung dem **Schutzbedürfnis der VN** ausreichend gerecht werde.[9] Ein weiterer Nachteil des Kommissionsvorschlags wurde darin gesehen, dass der VN danach eine bereits erhaltene Versicherungsleistung zurückzahlen müsste, wenn er in Unkenntnis dieser Rechtsfolge einen Widerruf erklärte.

5 § 9 I dient der Umsetzung von Art. 7 der Fernabsatz-RiLi II.[10] Der mit Wirkung seit 01.05.2013 neu eingefügte § 9 II setzt Art. 6 der Fernabsatz-RiLi II um.[11] Ebenso wie bei § 8 ist deshalb möglichst eine **richtlinienkonforme Auslegung** sicherzustellen. Dies gilt grundsätzlich auch für Fälle, die nicht in den Anwendungsbereich der Richtlinie fallen (siehe dazu § 8 Rdn. 3).[12] Die folgenden Ausführungen gelten deshalb für alle erfassten Versicherungsverträge, soweit nicht auf Abweichungen gesondert hingewiesen wird.

III. Allgemeine Wirkungen des Widerrufs

6 Der Widerruf des VN wirkt nach allgemeinen Grundsätzen ex nunc (§ 8 Rdn. 40). Er wandelt den Versicherungsvertrag in ein **Rückgewährschuldverhältnis** um.[13] Alle noch bestehenden vertraglichen Leistungspflichten erlöschen.[14] Die **Rückabwicklung** findet im Anwendungsbereich des § 9 aber nur **mit Einschränkungen** statt.

B. Tatbestand

I. Prämienerstattung nur für die Zeit nach Zugang des Widerrufs (§ 9 Abs. 1 Satz 1)

7 Sofern die Voraussetzungen des § 9 I 1 vorliegen, hat der Versicherer nur die Prämien für die Zeit nach Zugang des Widerrufs zurückzugewähren.

1. Voraussetzungen

a) Erfüllung von Belehrungspflichten

8 Erforderlich ist zunächst, dass der Versicherer den VN in der Belehrung nach § 8 II 1 auf bestimmte Umstände hingewiesen hat. Nach dem Wortlaut des § 9 I 1 bezieht sich das Hinweiserfordernis auf das **Widerrufsrecht** des VN, die **Rechtsfolgen des Widerrufs** und den **zu zahlenden Betrag**. Da das Muster für die Widerrufsbelehrung auch die nach § 9 I 1 zu erteilenden Hinweise umfasst, dürfte **§ 8 V analog** anzuwenden sein: Die Hinweise gelten daher qua gesetzlicher Fiktion als inhaltlich ordnungsgemäß erbracht, wenn der Versicherer das Muster verwendet. Die nach § 9 I 1 zu erteilenden Informationen hängen eng mit der ordnungsgemäßen Widerrufsbelehrung zusammen, sodass das vom Gesetzgeber angestrebte Ziel der Rechtssicherheit[15] auch bezüglich § 9 I 1 zutrifft. Die Fiktion gilt hingegen nicht im Hinblick auf den maßgeblichen Zeitpunkt, der von dem der Widerrufsbelehrung abweicht (dazu noch Rdn. 11) und das Erfordernis der Zustimmung des VN (Rdn. 12 ff.). Insoweit bleibt es bei den unten dargestellten Anforderungen.

aa) Inhalt der Belehrungspflichten

9 Unter dem **zu zahlenden Betrag** sind in Übereinstimmung mit Art. 7 III 1 und Art. 3 I Nr. 3 lit. a Fernabsatz-RiLi II die Prämien zu verstehen, die der VN für den bereits geleisteten Versicherungsschutz schuldet.[16] Insoweit genügt es, wenn der Versicherer die korrekte Berechnungsweise in Abhängigkeit von der Monats- oder Jahresprämie angibt, da der Zeitpunkt des Widerrufs und damit der konkrete Betrag bei Erteilung des Hin-

---

6 Begr. RegE BT-Drucks. 16/3945 S. 62; PK/*Ebers*, § 9 Rn. 11, 15; R/L/*Rixecker*, § 9 Rn. 9; HK-VVG/*Schimikowski*, § 9 Rn. 3; *Wandt*, Rn. 342.
7 PK/*Ebers*, § 9 Rn. 1, 3 f.
8 Vgl. Begr. RegE BT-Drucks. 16/3945 S. 62.
9 Begr. RegE BT-Drucks. 16/3945 S. 62; L/W/*Eberhardt*, § 9 Rn. 11.
10 Vgl. Begr. RegE BT-Drucks. 16/3945 S. 62.
11 Vgl. Begr. RegE BT-Drucks. 17/11469 S. 12.
12 *Wandt*, Rn. 341; allg. dazu NK-BGB/*Looschelders*, Anh. zu § 133 Rn. 35.
13 PK/*Ebers*, § 9 Rn. 1; Bamberger/Roth/*Müller-Christmann*, § 355 Rn. 22.
14 Bamberger/Roth/*Müller-Christmann*, § 355 Rn. 22.
15 Begr RegE BT-Drucks. 16/11643 S. 145.
16 *Wandt/Ganster* VersR 2008, 425, 431 Fn. 36; L/W/*Eberhardt*, § 9 Rn. 14.

weises noch nicht feststehen.[17] Zum Teil wird es sogar für ausreichend erachtet, wenn der Versicherer lediglich auf die Pflicht des VN hinweist, die Prämien bis zum Zeitpunkt des Widerrufs zu zahlen.[18] Der Versicherer kann entsprechend dem Gestaltungshinweis 4 zur Musterbelehrung auch auf einen in anderen Unterlagen genannten Betrag verweisen.[19] Dies erleichtert dem Versicherer die Erfüllung der Hinweispflicht, da er das Belehrungsformular insoweit nicht individuell anpassen muss.

Fraglich ist, ob der Hinweis in Bezug auf das **Widerrufsrecht** und die **Rechtsfolgen** vollumfänglich den Anforderungen des § 8 II 1 Nr. 2 entsprechen muss.[20] Auch nach dem Wortlaut von § 8 II 1 Nr. 2 ist über das Widerrufsrecht und dessen Rechtsfolgen zu belehren. Der Inhalt der Belehrung wird in § 9 I 1 lediglich spezifiziert, es handelt sich aber nach der Idee des Gesetzes (s. aber sogleich Rdn. 11) um die gleiche Belehrung (vgl. den Wortlaut: »in der Belehrung«). Dies spricht dafür, auch bei § 9 I 1 eine § 8 II 1 Nr. 2 entsprechende Belehrung zu fordern. Zwar wurde geltend gemacht, dass nach dem Zweck von § 9 I 1 dem VN die Einschränkung seiner Erstattungsansprüche bereits zuzumuten ist, wenn er über diese Rechtsfolge und den ihm gewährten Versicherungsschutz informiert wird.[21] Allein dies vermag aber angesichts der Bezugnahme auf § 8 II 1 Nr. 2 und mangels entsprechender Anhaltspunkte in der Gesetzesbegründung keine teleologische Reduktion zu begründen. Ein anderes könnte sich allenfalls aus der Fernabsatz-RiLi II ergeben: Art. 7 III 1 i.V.m. Art. 3 I Nr. 3a Fernabsatz-RiLi II erfordert nämlich lediglich, dass der VN **über den zu zahlenden Betrag unterrichtet** wird. Zwar kann die Unterrichtung sinnvoll nur erfolgen, wenn zugleich auch über das Widerrufsrecht informiert wird. Der Versicherer muss dafür aber nicht über alle Einzelheiten des Widerrufs aufklären.[22] Da die Fernabsatz-RiLi II eine Vollharmonisierung intendiert (vgl. § 8 Rdn. 3), wird deshalb vertreten, § 9 I 1 richtlinienkonform in einschränkender Weise auszulegen.[23] Die Vorschrift soll demnach voraussetzen, dass auf den zu zahlenden Betrag hingewiesen wird, auf das Widerrufsrecht jedoch nur insoweit, als dies für das Verständnis der Zahlungspflicht erforderlich ist. Dagegen wird zutreffend geltend gemacht, dass der nationale Gesetzgeber nach Art. 7 II der Richtlinie den Verbraucher auch ganz von einer Zahlungspflicht befreien kann. Aufgrund eines Erst-recht-Schlusses ist es daher auch zulässig, die Zahlungspflicht an weitere einschränkende Voraussetzungen wie eine umfassendere Belehrung zu knüpfen. Die mit der Richtlinie angestrebte Vollharmonisierung steht dem nicht entgegen, wenn sich durch Auslegung einer einzelnen Vorschrift doch ein Gestaltungsspielraum für den Gesetzgeber ergibt.[24] Verwendet der Versicherer das Muster für die Widerrufsbelehrung in dem für § 9 I 1 maßgeblichen Zeitpunkt (dazu sogleich Rdn. 11), so genügt er entsprechend § 8 V seiner Hinweispflicht (siehe bereits oben Rdn. 8).

bb) Maßgeblicher Zeitpunkt für die Belehrung

Gemäß § 9 I 1 soll der Hinweis »in der Belehrung« nach § 8 II 1 Nr. 2, also zeitgleich mit dieser, erfolgen. Dies würde bedeuten, dass über den zu zahlenden Betrag frühestens bei Abgabe der Vertragserklärung des VN informiert werden dürfte (vgl. § 8 Rdn. 55–57). Eine solche Auslegung würde jedoch Art. 7 III 1 i.V.m. Art. 3 I Nr. 3 lit. a Fernabsatz-RiLi II widersprechen. Denn diese Vorschriften setzen voraus, dass der Versicherer auf den zu zahlenden Betrag hinweist, **bevor der VN** durch einen Vertrag oder ein Angebot **gebunden ist**. § 9 I 1 ist daher richtlinienkonform in der Weise auszulegen, dass die Information schon zu diesem Zeitpunkt zu erteilen ist.[25] Der frühe Zeitpunkt findet sich ebenfalls in § 7 I 1 für die Informationspflichten des Versicherers. § 1 I VVG-InfoV konkretisiert die Informationspflichten und sieht in Nr. 13 auch eine Belehrung über den zu zahlenden Betrag vor. Erteilt der Versicherer diese Belehrung rechtzeitig, so genügt er auch den Anforderungen des § 9 I 1.[26]

b) Zustimmung zum Versicherungsbeginn vor Ende der Widerrufsfrist

Der VN muss ferner seine **Zustimmung** erklärt haben, dass der Versicherungsschutz bereits vor Ablauf der Widerrufsfrist beginnt. Logische Voraussetzung ist, dass der **Versicherungsschutz** überhaupt **vor Ende der Widerrufsfrist** einsetzt.[27] Diese Voraussetzung gilt auch für § 9 I 2, der ebenfalls eine entsprechende Zustimmung des VN erfordert. Für den Beginn des Versicherungsschutzes ist nach § 37 II 1 i.d.R. erforderlich, dass

---

17 Begr. RegE BT-Drucks. 16/11643 S. 150; *Funck* VersR 2008, 163, 166; *Wandt/Ganster* VersR 2008, 425, 431 Fn. 36; *Armbrüster* r+s 2008, 493, 502; L/W/*Eberhardt*, § 8 Rn. 61, § 9 Rn. 14; P/M/*Armbrüster*, § 8 Rn. 20, § 9 Rn. 12; vgl. auch *C. Schneider* VW 2008, 1168, 1171.
18 B/M/*Knops*, § 9 Rn. 13; L/W/*Eberhardt*, § 9 Rn. 14.
19 Dazu Begr. RegE BT-Drucks. 16/11643 S. 150.
20 Dafür B/M/*Knops*, § 9 Rn. 11; P/M/*Armbrüster*, § 10; *ders.* r+s 2008, 493, 500 f.
21 P/M/*Prölss*[28], § 9 Rn. 9; a.A. nunmehr P/M/*Armbrüster*, § 9 Rn. 10.
22 Vgl. *Wandt/Ganster* VersR 2008, 425, 431; *Wandt*, Rn. 352.
23 *Wandt/Ganster* VersR 2008, 425, 431; *Wandt*, Rn. 352; vgl. auch HK-VVG/*Schimikowski*, § 9 Rn. 7.
24 *Armbrüster* r+s 2008, 493, 501; P/M/*Armbrüster*, § 9 Rn. 10; PK/*Ebers*, § 9 Rn. 17a.
25 *Wandt/Ganster* VersR 2008, 425, 431 f.; *Wandt*, Rn. 353; *Armbrüster* r+s 2008, 493, 501; P/M/*Armbrüster*, § 9 Rn. 13 f.
26 Vgl. PK/*Ebers*, § 9 Rn. 17; B/M/*Knops*, § 9 Rn. 14.
27 Vgl. Begr. RegE BT-Drucks. 16/3945 S. 62; PK/*Ebers*, § 9 Rn. 15; *Wandt*, Rn. 342; *Gessner*, NZI 2011, 385, 387.

der VN die einmalige oder die erste Prämie zahlt.[28] Beginnt der Versicherungsschutz erst nach Ende der Widerrufsfrist, findet § 9 I keine Anwendung, sondern die Rechtsfolgen des Widerrufs richten sich nach den §§ 355, 357a BGB.[29]

aa) Ausdrückliche oder konkludente Erklärung

13 Ob die Zustimmung vom VN nur **ausdrücklich**[30] oder auch **konkludent**[31] erklärt werden kann, ist umstritten. Für die Einbeziehung von konkludenten Erklärungen spricht der Vergleich mit dem **Wortlaut** von § 8 III 2 und § 356 VI BGB. Denn anders als in § 9 I 1 wird in diesen beiden Vorschriften eine ausdrückliche Erklärung des VN bzw. des Verbrauchers verlangt. In § 9 I 1 hat der Gesetzgeber kein solches Erfordernis vorgesehen, so dass eine konkludente Erklärung genügt. Auch in **teleologischer** Hinsicht bedarf der VN keines Schutzes durch ein Zustimmungserfordernis, wenn er bereits Prämien gezahlt und damit seinen vertraglichen Pflichten nachgekommen ist.[32] Die Notwendigkeit einer ausdrücklichen Erklärung lässt sich auch nicht auf das Gebot der richtlinienkonformen Auslegung stützen.[33] Denn schon bei der Fernabsatz-RiLi II besteht keine Einigkeit, ob danach überhaupt eine (ausdrückliche) Zustimmung des Verbrauchers erforderlich ist.[34] Der Streit entzündet sich daran, ob für Art. 7 IV 1 Hs. 2 der Richtlinie, der die Erstattungspflicht begrenzt, auch das Zustimmungserfordernis nach § 7 I 1 bzw. III 2 gilt. Die nationalen Gerichte müssen die Frage daher ggf. dem EuGH vorlegen.

14 Lässt man eine konkludente Erklärung ausreichen, so kann die Zustimmung auch darin liegen, dass der VN einen Vertrag eingeht, der ein Anfangsdatum vor Ablauf der Widerrufsfrist festlegt, wenn der VN über diese belehrt wurde.[35] Davon geht auch der Gesetzgeber aus.[36] Zu weitgehend erscheint aber, eine Zustimmung schon dann anzunehmen, wenn sich der sofortige Versicherungsbeginn lediglich aus § 10 ergibt[37] oder der VN die Erstprämie zahlt[38]. Allein darin liegt noch keine konkludente Erklärung des VN. Anders als im Rahmen von § 8 III 2 ist auch eine Zustimmung in AGB möglich.[39] Zwar wird dagegen angeführt, der VN könne sich dann nur für oder gegen den Vertrag als Ganzes entscheiden und wähle den Beginn des Versicherungsschutzes nicht eigenverantwortlich.[40] Da § 9 I 1 Hs. 1 keine ausdrückliche Zustimmung verlangt, sind aber keine derart strengen Anforderungen wie bei § 8 III 2 zu stellen. Vielmehr ist die Zustimmung zum Vertragsbeginn wie die anderen in den AVB enthaltenen Bedingungen dem VN zurechenbar, wenn die Einbeziehungsvoraussetzungen erfüllt sind. § 308 Nr. 5 BGB steht dem nicht entgegen,[41] da die Vorschrift nicht eingreift, wenn der Vertragspartner in den AGB unmittelbar eine Willenserklärung abgibt.[42]

bb) Irrtum über Ablauf der Widerrufsfrist

15 Fraglich ist, ob eine Zustimmung des VN auch vorliegt, wenn Versicherer und VN zwar einen Beginn des Versicherungsschutzes nach Ablauf der Zwei-Wochen-Frist vereinbaren, sich dabei aber über den **Ablauftermin der Widerrufsfrist irren**. Ein solcher Irrtum kann insbesondere daraus resultieren, dass der Versicherer die Erfordernisse des § 8 II 1 nicht (ordnungsgemäß) erfüllt hat, so dass die Widerrufsfrist nicht zu laufen beginnt (vgl. § 8 Rdn. 62). Zum Teil wird auch hier eine Zustimmung nach § 9 I 1 bejaht. Denn der VN erkläre

---

28 Vgl. *Marlow/Spuhl*, Rn. 139.
29 Begr. RegE BT-Drucks. 16/3945 S. 62; Begr. RegE BT-Drucks. 16/11643 S. 150; PK/*Ebers*, § 9 Rn. 11, 15; *Marlow/Spuhl*, Rn. 134; *Baumann/Sandkühler*, S. 55; *Hinsch-Timm*, Rn. 126; *Wandt/Ganster* VersR 2008, 425, 430; *C. Schneider* VW 2008, 1168, 1170 f.
30 So PK/*Ebers*, § 9 Rn. 16; vgl. auch *Dörner/Staudinger* WM 2006, 1710, 1714.
31 So *Schimikowski* jurisPR-VersR 6/2007 Anm. 3; HK-VVG/*Schimikowski*, § 9 Rn. 11; L/W/*Eberhardt*, § 9 Rn. 17, 20; *Looschelders*, VersR 2013, 653, 657; *Funck* VersR 2008, 163, 166; *Wandt/Ganster* VersR 2008, 425, 432; *Wandt*, Rn. 348 f.; *Armbrüster* r+s 2008, 493, 502; *Neuhaus* ZAP 2008, 1159, 1162; *Marlow/Spuhl*, Rn. 139; *Leverenz*, Rn. 4/32.
32 Vgl. zur Fernabsatz-RiLi II *Wandt/Ganster* VersR 2008, 425, 427 f.
33 So aber PK/*Ebers*, § 9 Rn. 16.
34 Dagegen ausführlich *Wandt/Ganster* VersR 2008, 425, 427 ff.
35 P/M/*Armbrüster*, § 9 Rn. 17; HK-VVG/*Schimikowski*, § 9 Rn. 11; L/W/*Eberhardt*, § 8 Rn. 58, § 9 Rn. 18 f.; *Schimikowski* jurisPR-VersR 6/2007 Anm. 3; *ders.*/*Höra*, S. 116; *Marlow/Spuhl*, Rn. 139; *Leverenz*, Rn. 4/32; *Armbrüster* r+s 2008, 493, 502; *Wandt/Ganster* VersR 2008, 425, 432 Fn. 47 sehen darin bereits eine ausdrückliche Zustimmung; ebenso *Finke*, Rn. 153 zur Fernabsatz-RiLi II.
36 Begr. RegE BT-Drucks. 16/11643 S. 149.
37 So aber *Marlow/Spuhl*, Rn. 139; P/M/*Armbrüster*, § 9 Rn. 15; *ders.* r+s 2008, 493, 502; ebenso für Nicht-Fernabsatzverträge *Leverenz*, Rn. 4/32.
38 So auch B/M/*Knops*, § 9 Rn. 15; anders HK-VVG/*Schimikowski*, § 9 Rn. 11; *Schimikowski/Höra*, S. 116; L/W/*Eberhardt*, § 9 Rn. 19; nur für den Fall, dass zugleich Versicherungsschutz vor Ablauf der Widerrufsfrist beantragt wird *Wandt*, Rn. 349.
39 So wohl auch *Hinsch-Timm*, Rn. 126; a.A. PK/*Ebers*, § 9 Rn. 16.
40 B/M/*Knops*, § 9 Rn. 15, 27.
41 So aber *Felke/Jordans* WM 2004, 166, 170 zum Referentenentwurf für die Umsetzung der Fernabsatz-RiLi II; zu § 312d VI BGB *dies.* NJW 2005, 710, 711; *Kocher* DB 2004, 2679, 2683 Fn. 63.
42 Vgl. MünchKommBGB/*Wurmnest*, § 308 Nr. 5 Rn. 5.

sich ungeachtet des noch möglichen Widerrufs mit dem Beginn des Versicherungsschutzes zum jeweiligen Zeitpunkt einverstanden.[43] Diese Ansicht ist jedoch abzulehnen. § 9 I 1 setzt nicht nur voraus, dass der VN einem bestimmten Anfangstermin zustimmt, der vor dem Ablauf der Widerrufsfrist liegt.[44] Der VN muss vielmehr auch damit einverstanden sein, dass der Versicherungsschutz einsetzt, obwohl er sein Widerrufsrecht noch ausüben kann.[45] Eine dahingehende Erklärung gibt der VN jedoch nicht ab, wenn beide Vertragspartner davon ausgehen, die Widerrufsfrist werde beim vereinbarten Beginn des Versicherungsschutzes bereits abgelaufen sein.

cc) Rechtslage bei Fehlen der Zustimmung

Beginnt der Versicherungsschutz vor Ablauf der Widerrufsfrist, ohne dass der VN zugestimmt hat, so bestimmen sich die Rechtsfolgen des Widerrufs nach den **§§ 355, 357a BGB**.[46] Der Versicherer muss dem VN danach die volle Prämie zurückerstatten und kann für die Gewährung des Versicherungsschutzes keinen Wertersatz verlangen. Dies folgt unmittelbar aus dem entsprechend anwendbaren § 357a II 1 Nr. 2 BGB sowie aus dem Umkehrschluss zu § 9 I 1 und den Vorgaben der Fernabsatz-RiLi II.[47] Zu einer solchen Situation wird es aber nur selten kommen, da bereits eine konkludente Zustimmung genügt und der Versicherer ohne entsprechende Vereinbarungen i.d.R. keinen Versicherungsschutz gewähren wird.[48]   16

Tritt der Versicherungsfall bereits vor Ausübung des Widerrufs ein, lehnen *Wandt* und *Ganster* einen Anspruch auf die Versicherungsleistung ab, wenn der VN dem vertraglich vereinbarten Versicherungsbeginn ausdrücklich nicht zugestimmt hat, um im Fall des Widerrufs entgegen § 9 I 1 einen Prämienrückzahlungsanspruch zu behalten.[49] Es ist jedoch fraglich, ob eine solche Situation überhaupt eintreten kann.[50] **Vereinbart der VN** im Vertrag einen **Versicherungsbeginn** vor Ablauf der Widerrufsfrist, so liegt darin nach der hier vertretenen Ansicht auch eine **Zustimmung** i.S.d. § 9 I 1. Verweigert der VN zugleich ausdrücklich seine Zustimmung, so ist es eine Frage der Vertragsauslegung, ob der Versicherungsbeginn überhaupt wirksam vereinbart ist. Sollten vereinbarter Versicherungsbeginn und Zustimmung des VN doch einmal voneinander abweichen, ist ein Anspruch auf die Versicherungsleistung zu verneinen. Der VN verhält sich rechtsmissbräuchlich (§ 242 BGB), wenn er den vereinbarten Versicherungsbeginn ablehnt und auf den Prämienrückzahlungsanspruch spekuliert, aber die Versicherungsleistung einfordert.   17

2. Rechtsfolgen

a) Prämienerstattung nur ab Zugang des Widerrufs

Sind die Voraussetzungen von § 9 I 1 erfüllt, so hat der Versicherer nur den Teil der Prämien zu erstatten, den der VN für den Zeitraum nach Zugang des Widerrufs im Voraus gezahlt hat. Er ist somit berechtigt, die Prämien für den davor liegenden Zeitraum zu behalten.[51] Im Fall der **Lebensversicherung** muss der Versicherer nach § 152 dem VN auch den Rückkaufswert i.S.d. § 169 sowie die Überschussanteile zahlen (näher dazu § 152 Rdn. 6).   18

b) Unverzügliche Erfüllung der Erstattungspflicht (§ 9 Abs. 1 Satz 1 Hs. 2)

Gemäß § 9 I 1 Hs. 2 ist die Erstattungspflicht **unverzüglich**, also ohne schuldhaftes Zögern (§ 121 I 1 BGB), zu erfüllen. Die Erstattung muss spätestens 30 Tage nach Zugang des Widerrufs erfolgen. Zu diesem Zeitpunkt tritt wegen § 286 II Nr. 2 BGB auch spätestens der Verzug ein.[52] Der Prämienanteil ist dann nach § 288 I BGB zu verzinsen. Der höhere Zinssatz des § 288 II BGB ist hingegen nicht anwendbar, da es sich bei der Erstattungspflicht nicht um eine Entgeltforderung handelt.[53]   19

---

43 *Wandt/Ganster* VersR 2008, 425, 432; *Wandt*, Rn. 349; *Grote/C. Schneider* BB 2007, 2689, 2694; *Funck* VersR 2008, 163, 166; *C. Schneider* VW 2008, 1168, 1171.
44 So aber *Marlow/Spuhl*, Rn. 139; *Funck* VersR 2008, 163, 166.
45 Zust. P/M/*Armbrüster*, § 9 Rn. 19; *D. Wendt*, S. 158.
46 Vgl. PK/*Ebers*, § 9 Rn. 12, 16; a.A. P/M/*Armbrüster*, § 9 Rn. 25 f. (analoge Anwendung von § 9 I 2).
47 *Wandt/Ganster* VersR 2008, 425, 432 f.; PK/*Ebers*, § 9 Rn. 12; der RegE BT-Drucks. 16/11643 S. 150 stellt hinsichtlich des Wertersatzanspruchs auf § 242 BGB ab; ebenso L/W/*Eberhardt*, § 8 Rn. 64, § 9 Rn. 17.
48 Vgl. Begr. RegE BT-Drucks. 16/11643 S. 150; *Wandt*, Rn. 353 Fn. 217; L/W/*Eberhardt*, § 8 Rn. 65, § 9 Rn. 17.
49 *Wandt/Ganster* VersR 2008, 425, 433; *Wandt*, Rn. 353 Fn. 217.
50 Vgl. Begr. RegE BT-Drucks. 16/11643 S. 150; *Wandt/Ganster* VersR 2008, 425, 433; *Wandt*, Rn. 353 Fn. 217; L/W/*Eberhardt*, § 8 Rn. 65, § 9 Rn. 17.
51 *Wandt/Ganster* VersR 2008, 425, 430; *Wandt*, Rn. 343; PK/*Ebers*, § 9 Rn. 14; zum Referentenentwurf v. 13.03.2006 *Dörner/Staudinger* WM 2006, 1710, 1713 f.
52 Vgl. PK/*Ebers*, § 9 Rn. 18; P/M/*Armbrüster*, § 9 Rn. 22.
53 Zum Erfordernis der Entgeltforderung MünchKommBGB/*Ernst*, § 288 Rn. 20 i.V.m. § 286 Rn. 76; *Looschelders*, SR AT Rn. 571 i.V.m. Rn. 565.

c) Rechtslage bei noch ausstehenden Prämien

20 Nicht ausdrücklich regelt § 9 I 1 den Fall, dass der **VN** zum Zeitpunkt des Widerrufs **noch Prämien schuldet**. Im Ergebnis besteht Einigkeit, dass der VN zur nachträglichen Zahlung der Prämien verpflichtet ist.[54] Dafür spricht, dass der vertragstreue VN nicht gegenüber dem säumigen VN benachteiligt werden darf.[55] Die dogmatische Begründung der Zahlungspflicht variiert: Nach der h.M. soll der vertragliche Anspruch fortbestehen,[56] die Gegenansicht nimmt eine Pflicht zum Wertersatz nach den bürgerlichrechtlichen Vorschriften (§§ 355, 357a II BGB) an.[57] Da sich die Pflicht zum Wertersatz gemäß § 357a II 4 BGB nach der Höhe der vereinbarten Gegenleistung bemisst, besteht nach beiden Ansichten eine Zahlungspflicht in gleicher Höhe. Gegen die Anwendung der §§ 355, 357a II BGB spricht indes die systematische Erwägung, dass der VN im Anwendungsbereich von § 9 I 1 gerade nicht zum Wertersatz verpflichtet sein soll (vgl. oben Rdn. 1).

21 Die Pflicht zur nachträglichen Prämienzahlung gilt jedoch ebenso wie die Beschränkung der Rückzahlungspflicht nur, wenn alle Voraussetzungen des § 9 I 1 vorliegen. Zu den Voraussetzungen gehört auch, dass vor Ablauf der Widerrufsfrist bereits Versicherungsschutz bestanden hat (oben Rdn. 12). Letzteres ist nach **§ 37 II 1** nicht der Fall, wenn der VN die **Erstprämie nicht entrichtet** hat und keine der in § 37 II 1 oder 2 genannten Ausnahmen eingreifen. Im Fall des Widerrufs ist der VN dann auch nicht zur Nachzahlung verpflichtet.[58]

d) Keine Rückgewähr empfangener Versicherungsleistungen

22 Ist entweder § 9 I 1 oder 2 einschlägig, so darf der VN etwa empfangene **Versicherungsleistungen behalten**.[59] Da der Versicherer auch die erhaltenen Prämien nicht zurückzahlen muss, wird der Vertrag für die Vergangenheit aufrechterhalten. Dem entspricht es, dass auch der VN nicht zur Rückgewähr der Versicherungsleistungen verpflichtet ist. Dass der Gesetzgeber von dieser Rechtsfolge ausging, ergibt sich auch aus der Gesetzesbegründung[60] sowie der Regelung in § 9 I 2 Hs. 2. Nach dieser Vorschrift besteht der Prämienrückzahlungsanspruch für das erste Jahr (§ 9 I 2 Hs. 1, dazu noch Rdn. 27 ff.) nicht, wenn der VN bereits Versicherungsleistungen erhalten hat. Diese Ausnahme ist nur dann sinnvoll, wenn der VN die Versicherungsleistung behalten darf.[61] Hat der VN im Zeitpunkt des Widerrufs noch einen Anspruch auf Versicherungsleistungen, so kann er diesen weiterhin geltend machen.[62] Der Anspruch erlischt also ausnahmsweise nicht durch die Ausübung des Widerrufsrechts.

23 Art. 7 V Fernabsatz-RiLi II sieht es, dass der Verbraucher erhaltene Geldbeträge und/oder Gegenstände an den Anbieter zurückgeben muss. Diese Pflicht ist unverzüglich, jedenfalls nicht später als 30 Tage nach Absendung des Widerrufs zu erfüllen. Vom Wortlaut des Art. 7 V sind auch Versicherungsleistungen erfasst.[63] Dass der VN die empfangenen Versicherungsleistungen behalten darf, wird daher in der Literatur teilweise als Verstoß gegen die Fernabsatz-RiLi II betrachtet.[64]

24 Der Gesetzgeber hat Art. 7 V Fernabsatz-RiLi II nicht in das deutsche Recht umgesetzt. Eine Umsetzung wäre indes erforderlich gewesen, da die Richtlinie eine Vollharmonisierung bezweckt (vgl. § 8 Rdn. 3).[65] Es ist allerdings davon auszugehen, dass auch Art. 7 V den Verbraucher dann nicht zur Rückzahlung verpflichtet, wenn der Anbieter nach Art. 7 I, III, IV Zahlungen des Verbrauchers behalten oder sogar nachträglich verlangen darf.[66] Es würde den Verbraucher **in unverhältnismäßiger Weise benachteiligen**, wenn ihn Vergütungspflichten träfen, er zugleich aber erhaltene Geldbeträge zurückerstatten müsste. Die Rückerstattungspflicht des Verbrauchers nach Art. 7 V gilt deshalb nur für den Zeitraum, für den auch den Anbieter nach Art. 7 IV eine Rückerstattungspflicht trifft. Soweit § 9 Satz 1 und Satz 2 richtlinienkonform ausgelegt und angewandt werden müssen, entspricht es deshalb auch der Richtlinie, wenn der VN keine Versicherungsleistungen erstatten muss.

---

54 *Wandt/Ganster* VersR 2008, 425, 429 f.; PK/*Ebers*, § 9 Rn. 13; B/M/*Knops*, § 9 Rn. 16, 24; P/M/*Armbrüster*, § 9 Rn. 6, 37; *ders.* r+s 2008, 493, 501; *Leverenz*, Rn. 4/32.
55 Vgl. *Leverenz*, Rn. 4/32.
56 P/M/*Armbrüster*, § 9 Rn. 6, 37; *ders.* r+s 2008, 493, 501; *D. Wendt*, S. 164; wohl auch *Wandt/Ganster* VersR 2008, 425, 430; R/L/*Rixecker*, § 9 Rn. 11.
57 So PK/*Ebers*, § 9 Rn. 13; B/M/*Knops*, § 9 Rn. 24.
58 PK/*Ebers*, § 9 Rn. 13; *Wandt/Ganster* VersR 2008, 425, 430; P/M/*Armbrüster*, § 9 Rn. 21, 38; *ders.* r+s 2008, 493, 501.
59 Vgl. *Langheid* NJW 2007, 3665, 3667; *C. Schneider* VW 2008, 1168, 1171; P/M/*Armbrüster*, § 9 Rn. 7, 40; *ders.* r+s 2008, 493, 501; *Hinsch-Timm*, Rn. 124; VersHb/*K. Johannsen*, § 8 Rn. 36; L/W/*Eberhardt*, § 9 Rn. 6; R/L/*Rixecker*, § 9 Rn. 12; zu § 48c V a.F. *Schimikowski* ZfV 2005, 279, 282.
60 Vgl. Begr. RegE BT-Drucks. 16/3945 S. 62.
61 Vgl. *Meixner/Steinbeck*, § 3 Rn. 103; *C. Schneider* VW 2008, 1168, 1171.
62 So auch P/M/*Armbrüster*, § 9 Rn. 42.
63 Vgl. *C. Schneider*, S. 287 f.
64 So PK/*Ebers*, § 9 Rn. 9; a.A. *Wandt/Ganster* VersR 2008, 425, 429, 436, wonach die Fernabsatz-RiLi II insoweit keine Vorgaben enthält.
65 PK/*Ebers*, § 9 Rn. 9; zum Referentenentwurf v. 13.03.2006 *Dörner/Staudinger* WM 2006, 1710, 1714.
66 Vgl. *Wandt*, Rn. 359.

3. Vereinbarkeit mit Art. 11 Fernabsatz-RiLi II

Nach Art. 11 Fernabsatz-RiLi II muss der Gesetzgeber **wirksame, verhältnismäßige und abschreckende** 25
Sanktionen vorsehen, um Verstöße des Versicherers gegen Pflichten zu ahnden, welche in Umsetzung der Richtlinie statuiert wurden. Teilweise wird bestritten, dass § 9 I 1 dieser Vorgabe im Hinblick auf die Informationspflichten nach § 7 bzw. Art. 3–5 der Richtlinie entspricht. Die Nicht- oder Schlechterfüllung dieser Pflichten bleibe für den Versicherer nach § 9 I 1 ohne Folgen, da er lediglich den dort vorgeschriebenen Hinweis erteilen müsse, um eine Rückzahlung der Prämien im Falle des Widerrufs zu vermeiden.[67] Der Widerruf wirke dann nur wie ein außerordentliches Kündigungsrecht.[68]

Die Bedenken im Hinblick auf Art. 11 der Richtlinie sind jedoch unbegründet. Art. 7 I, III und IV Fern- 26
absatz-RiLi II sehen gerade vor, dass der Versicherer unter bestimmten Voraussetzungen im Fall des Widerrufs die Prämien behalten oder sogar nachträglich eine Zahlung verlangen darf. Die Vorschrift ist insoweit als **lex specialis** gegenüber Art. 11 Fernabsatz-RiLi anzusehen. Der Verstoß gegen die Informationspflichten wird ausreichend dadurch sanktioniert, dass die Widerrufsfrist nicht zu laufen beginnt (siehe § 8 Rdn. 62) und den Versicherer ggf. Schadensersatzansprüche treffen.[69]

II. Einschränkung bei fehlendem Hinweis (§ 9 Abs. 1 Satz 2)

1. Voraussetzung: Fehlender Hinweis (§ 9 Abs. 1 Satz 2 Hs. 1)

§ 9 I 2 regelt den Fall, dass der Versicherer den nach § 9 I 1 erforderlichen **Hinweis nicht erteilt** hat. Nach Sinn 27
und Zweck muss die Vorschrift auch eingreifen, wenn der Hinweis **nicht ordnungsgemäß** (z.B. unvollständig oder missverständlich; dazu oben Rdn. 9 f.) oder **nicht zeitgerecht** erfolgt ist.[70] *Leverenz* befürwortet, § 9 I 2 Hs. 1 auch dann anzuwenden, wenn der Versicherer dem VN die Vertragsinformationen nach der VVG-InfoV nicht übermittelt hat. Dieser Fall müsse ebenso wie der einer fehlerhaften Widerrufsbelehrung behandelt werden.[71] Allerdings bezieht sich § 9 I 1 Hs. 1 nur auf die Belehrung nach § 8 II 1 Nr. 2 über das Widerrufsrecht.[72] Wenn auch eine richtlinienkonforme Beschränkung der Hinweispflicht abzulehnen ist (oben Rdn. 10), so ist sie andererseits auch nicht über den Wortlaut und die gesetzgeberische Entscheidung hinaus zu erweitern. Eine Erstreckung auf die Vertragsinformationen nach der VVG-InfoV kommt deshalb nicht in Betracht.

Aus dem systematischen Zusammenhang mit § 9 I 1 folgt, dass auch Satz 2 nur eingreift, wenn der **Versiche-** 28
rungsschutz mit Zustimmung des VN vor Ablauf der Widerrufsfrist **gewährt** worden ist.[73] Fehlt eine wirksame Zustimmung des VN, so richten sich die Rechtsfolgen des Widerrufs nach den §§ 355, 357a BGB (vgl. oben Rdn. 16).

2. Rechtsfolge: Rückzahlung der Prämien für das erste Jahr (§ 9 Abs. 1 Satz 2 Hs. 1)

Liegen die Voraussetzungen des § 9 I 2 Hs. 1 vor, hat der Versicherer zusätzlich die Prämien zurückzugewäh- 29
ren, die der VN für das erste Jahr des Versicherungsschutzes gezahlt hat. Dadurch soll das Unterlassen des Hinweises durch den Versicherer sanktioniert werden.[74] Daneben gilt auch die Rechtsfolge von § 9 I 1, wie sich aus dem Wort »zusätzlich« ergibt.[75] Der Versicherer hat deshalb auch den Prämienanteil zu erstatten, der auf die Zeit nach Zugang der Widerrufserklärung entfällt. Bei der **Lebensversicherung** muss der Versicherer entweder die Prämien für das erste Jahr oder den Rückkaufswert einschließlich der Überschussanteile zahlen, je nachdem was für den VN günstiger ist (§ 152 II 2). Eine **zusätzliche Schadensersatzpflicht** nach § 6 V oder den §§ 280 I, 241 II, 311 II BGB wegen des fehlenden Hinweises ist **abzulehnen**, da § 9 I die Rechtsfolgen insoweit abschließend regelt.[76]

---

67 Zum Referentenentwurf v. 13.03.2006 *Niederleithinger* VersR 2006, 437, 443; vgl. auch *Grote/C. Schneider* BB 2007, 2689, 2694; vgl. zu § 48c V a.F. *Abram* VersPrax 2005, 42, 46.
68 Zu § 48c V a.F. *C. Schneider* VersR 2004, 696, 705; vgl. auch *Schimikowski* ZfV 2005, 279, 282; *Rott* BB 2005, 53, 62 f.
69 Zutreffend PK/*Ebers*, § 9 Rn. 7.
70 Zustimmend PK/*Ebers*, § 9 Rn. 19; P/M/*Armbrüster*, § 9 Rn. 24; für die nicht ordnungsgemäße Belehrung *Hinsch-Timm*, B Rn. 122; *Neuhaus* ZAP 2008, 1159, 1162; *Wandt*, Rn. 354; einschränkend noch *Wandt/Ganster* VersR 2008, 425, 435 mit Rücksicht auf die Richtlinienwidrigkeit des § 9 Satz 2 Hs. 1; nach der hier vertretenen Ansicht (unten Rdn. 30) ist eine solche Einschränkung nicht erforderlich, weil die Vorschrift im Anwendungsbereich der Fernabsatz-RiLi II unanwendbar ist.
71 *Leverenz*, Rn. 4/35.
72 Dies räumt auch *Leverenz*, a.a.O. ein.
73 *Wandt/Ganster* VersR 2008, 425, 433 f.; PK/*Ebers*, § 9 Rn. 12; HK-VVG/*Schimikowski*, § 9 Rn. 4; L/W/*Eberhardt*, § 9 Rn. 22; *D. Wendt*, S. 178; a.A. P/M/*Armbrüster*, § 9 Rn. 25 (analoge Anwendung des § 9 I 2).
74 Zu § 48c V a.F. Begr. RegE BT-Drucks. 15/2946 S. 31.
75 Vgl. *Neuhaus* ZAP 2008, 1159, 1162.
76 P/M/*Armbrüster*, § 9 Rn. 5; *ders.* r+s 2008, 493, 502.

3. Richtlinienwidrigkeit von § 9 Abs. 1 Satz 2 Hs. 1

30 Art. 7 I, III, IV Fernabsatz-RiLi II verbietet es dem Versicherer, Zahlungen des VN zu behalten oder nachträglich zu verlangen, wenn er ihn nicht über den zu zahlenden Betrag belehrt hat.[77] Nach § 9 I 2 Hs. 1 muss der Versicherer bei fehlendem Hinweis jedoch lediglich die Prämien für das erste Jahr zurückerstatten. Widerruft der VN nach Ablauf von mehr als einem Jahr, kann der Versicherer die Prämien ab dem zweiten Jahr behalten. Für diesen Zeitraum ist die Vorschrift daher richtlinienwidrig.[78] Eine **richtlinienkonforme Auslegung** scheitert am eindeutigen Gesetzeswortlaut, der die Rückerstattungspflicht auf das erste Jahr begrenzt.[79] In Betracht kommt aber eine **richtlinienkonforme Rechtsfortbildung** in Form der **teleologischen Reduktion**. Auch bei der richtlinienkonformen Rechtsfortbildung ist der Rechtsanwender allerdings an die methodischen Grenzen der jeweiligen nationalen Rechtsordnung gebunden. Die richtlinienkonforme Rechtsfortbildung wird daher durch den klaren und eindeutigen Willen des Gesetzgebers begrenzt.[80]

31 Der Gesetzgeber hat sich bei der Begrenzung der Rückgewährpflicht in § 9 I 2 Hs. 1 von der Erwägung leiten lassen, dass es nicht gerechtfertigt wäre, wenn der Versicherer alle Prämien zurückerstatten müsste, obgleich er bereits für einen langen Zeitraum Versicherungsschutz gewährt hat.[81] Die diesbezüglichen Erwägungen beziehen sich jedoch auf die Ausnahmeregelung des **Art. 7 II** Fernabsatz-RiLi II, wonach die Mitgliedstaaten abweichend von **Art. 7 I** vorsehen können, dass der Verbraucher bei Kündigung[82] einer Versicherungspolice überhaupt keinen Betrag schuldet. Zu der hier relevanten Problematik findet sich lediglich die Äußerung, die Rückzahlungspflicht für das erste Versicherungsjahr stelle eine Sanktion für die Verletzung der Informationspflicht dar. Der Gesetzgeber hat damit offenbar übersehen, dass die Zahlungspflicht des Verbrauchers gemäß **Art. 7 III** die ordnungsgemäße Unterrichtung über den zu zahlenden Betrag voraussetzt. Da der Gesetzgeber davon ausging, § 9 entspreche den Vorgaben des Art. 7 Fernabsatz-RiLi II,[83] erscheint eine teleologische Reduktion gerechtfertigt.[84] Im Anwendungsbereich der Fernabsatz-RiLi II muss daher auf die §§ 355, 357a BGB zurückgegriffen werden.[85] Die vom Gesetzgeber intendierte Begrenzung der Rückzahlungspflicht des Versicherers wird hierdurch nicht funktionslos, weil sie außerhalb des Anwendungsbereichs der Richtlinie volle Gültigkeit behält. Eines Schadensersatzanspruchs des VN gegen den Versicherer wegen unzureichender Belehrung gemäß §§ 280 I, 311 II, 249 f. BGB[86] bedarf es wegen der Möglichkeit der teleologischen Reduktion nicht.

4. Rückausnahme: VN hat Leistungen empfangen (§ 9 Abs. 1 Satz 2 Hs. 2)

32 § 9 I 2 Hs. 2 sieht eine **Rückausnahme** von der in Hs. 1 beschriebenen erweiterten Rückzahlungspflicht des Versicherers für den Fall vor, dass der VN aufgrund des Versicherungsvertrags bereits **Leistungen empfangen** hat. Unter Leistungen i.S.d. Vorschrift sind nur **Versicherungsleistungen aufgrund eines Versicherungsfalls** zu verstehen.[87] Der Gesetzgeber geht offenbar davon aus, der VN würde übermäßig begünstigt, wenn er sowohl die Versicherungsleistungen behalten dürfte als auch die Prämien für das erste Jahr zurückerhielte. Die alleinige Gewährung von Versicherungsschutz unabhängig vom Eintritt eines Versicherungsfalls genügt hingegen nicht für die Anwendung des § 9 Satz 2 Hs. 2.[88] Auch andere Leistungen wie etwa zur Erfüllung von Schadensersatzforderungen sind unerheblich.

33 Unter den Voraussetzungen des § 9 I 2 Hs. 2 tritt wiederum die **Rechtsfolge** des § 9 I 1 ein: Der Versicherer muss also nur die Prämien erstatten, die auf den Zeitraum nach Zugang der Widerrufserklärung entfallen. Der VN darf im Gegenzug auch die in Anspruch genommenen Versicherungsleistungen behalten (s. oben Rdn. 22–24). Erforderlich ist jedoch, dass ein **wirksamer Anspruch** auf die erhaltenen Versicherungsleistungen **bestand**. Ansonsten unterliegt die Zahlung der bereicherungsrechtlichen Rückabwicklung. Die Ratio von

---

77 *Wandt/Ganster* VersR 2008, 425, 426–429.
78 *Wandt/Ganster* VersR 2008, 425, 434; *Wandt*, Rn. 357; PK/*Ebers*, § 9 Rn. 8; B/M/*Knops*, § 9 Rn. 21; P/M/*Armbrüster*, § 9 Rn. 28; *ders*. r+s 2008, 493, 502; VersHb/*Dörner*, § 9 Rn. 22; L/W/*Eberhardt*, § 9 Rn. 23; *Looschelders*, VersR 2013, 653, 657; vgl. *Grote/C. Schneider* BB 2007, 2689, 2694; *Franz* VersR 2008, 298, 304; zum Referentenentwurf v. 13.03.2006 *Dörner/Staudinger* WM 2006, 1710, 1714; zu § 48c V 2 a.F. *Dörner*, FS E. Lorenz (2004), 195, 208.
79 Vgl. *Wandt/Ganster* VersR 2008, 425, 434; *Wandt*, Rn. 357; PK/*Ebers*, § 9 Rn. 8; a.A. wohl P/M/*Armbrüster*, § 9 Rn. 29.
80 Vgl. NK-BGB/*Looschelders*, Anh. zu § 133 Rn. 34; *Herresthal* WM 2007, 1354, 1356.
81 Begr. RegE BT-Drucks. 15/2946 S. 30 f. (zu § 48c V a.F.).
82 Gemeint ist der Widerruf, siehe *Wandt*, Rn. 351 m. Fn. 209.
83 Begr. RegE BT-Drucks. 16/3945 S. 62.
84 Zustimmend PK/*Ebers*, § 9 Rn. 8; R/L/*Rixecker*, § 9 Rn. 16; für eine richtlinienkonforme Auslegung P/M/*Armbrüster*, § 9 Rn. 29; gegen die Möglichkeit einer richtlinienkonformen Auslegung der Norm überhaupt L/W/*Eberhardt*, § 9 Rn. 23; ausführlich zur methodischen Rechtfertigung solcher Lösungen *Herresthal* WM 2007, 1354 ff.; zum Kaufrecht BGH NJW 2009, 427, 428 f. m. Anm. *Pfeiffer* (412 f.).
85 Vgl. *Wandt/Ganster* VersR 2008, 425, 435 Fn. 63; PK/*Ebers*, § 9 Rn. 8; R/L/*Rixecker*, § 9 Rn. 16.
86 Dafür B/M/*Knops*, § 9 Rn. 21.
87 *Wandt/Ganster* VersR 2008, 425, 435; *Wandt*, Rn. 356; B/M/*Knops*, § 9 Rn. 18; P/M/*Armbrüster*, § 9 Rn. 31; *ders*. r+s 2008, 493, 503.
88 *Wandt/Ganster* VersR 2008, 425, 435; P/M/*Armbrüster*, § 9 Rn. 31; L/W/*Eberhardt*, § 9 Rn. 26.

§ 9 I 2 Hs. 2 trifft in diesem Fall nicht zu. Auch § 9 I 2 Hs. 2 setzt wie Hs. 1 i.V.m. I 1 voraus, dass der VN dem Versicherungsbeginn vor Ende der Widerrufsfrist **zugestimmt** hat.

5. Teilweise Richtlinienwidrigkeit von § 9 Abs. 1 Satz 2 Hs. 2

§ 9 I 2 Hs. 2 schließt eine Erstattung von Prämien für die Zeit vor Zugang des Widerrufs vollständig aus. 34
Nach Art. 7 I, III, IV Fernabsatz-RiLi II darf der Versicherer die gezahlten Prämien dagegen nur behalten, wenn er auf den zu zahlenden Betrag **hingewiesen** hat (oben Rdn. 30 f.). Dies spricht dafür, dass § 9 I 2 Hs. 2 ebenso wie Hs. 1 **richtlinienwidrig** ist. Die Vorschrift des § 9 I 2 Hs. 2 setzt allerdings ihrem Wortlaut nach voraus, dass § 9 I 2 Hs. 1 anwendbar ist. Da Hs. 1 nach der hier vertretenen Auffassung (oben Rdn. 30 f.) im Anwendungsbereich der Fernabsatz-RiLi II jedoch unanwendbar ist, erübrigt sich für die verbleibenden Fälle eine weitere richtlinienkonforme Korrektur von Hs. 2. Bei Fernabsatzverträgen bleibt es somit bei der Rückabwicklung nach §§ 355, 357a BGB.

Lehnt man die hier vertretene teleologische Reduktion von Hs. 1 ab, ist im Hinblick auf die Rechtsfolgen des 35
Hs. 2 zu berücksichtigen, dass dem VN immerhin die in Anspruch genommenen Versicherungsleistungen verbleiben. Sofern die erhaltenen Versicherungsleistungen wertmäßig die gezahlten Prämien erreichen oder übersteigen, trifft ihn somit im Ergebnis keine finanzielle Belastung. Dem Zweck von Art. 7 I, III, IV Fernabsatz-RiLi II wäre damit ebenfalls Genüge getan.[89] Problematisch bleibt daher allein der Fall, dass der VN insgesamt **mehr Geld für Prämien aufgewandt** hat, **als** er in Form von **Versicherungsleistungen** wieder **zurückerhalten** hat. Die Aufrechterhaltung dieses Ergebnisses widerspräche der Intention des Richtliniengebers, wonach der Versicherer bei fehlendem Hinweis keinerlei Zahlungen verlangen oder behalten darf. Insoweit bedürfte § 9 I 2 Hs. 2 daher der Korrektur, die nur durch **Nichtanwendung** der Vorschrift erfolgen kann.[90] Erreicht die Höhe der vom VN in Anspruch genommenen Versicherungsleistungen nicht diejenige der gezahlten Prämien, müsste die Rückabwicklung also ebenfalls allein nach den §§ 355, 357a BGB erfolgen.[91] Die beiderseitigen Leistungen sind dann vollständig zurückzugewähren. Der finanzielle Nachteil wird so vom VN auf den Versicherer verlagert, der seiner Hinweispflicht nicht nachgekommen ist.

Die hier vertretene Nichtanwendung von § 9 I 2 Hs. 2 auf Fernabsatzverträge kann sich im Ergebnis freilich 36
auch zu Lasten des VN auswirken. Er dürfte nämlich eine Versicherungssumme, welche die von ihm gezahlten Prämien übersteigt, nicht behalten, sondern müsste sie nach §§ 355 III, 357a BGB zurückgewähren. Insofern könnte eine **analoge Anwendung von § 9 I 2 Hs. 2 im Rahmen der §§ 355, 357a BGB** erwogen werden: Wenn die geleistete Versicherungssumme die gezahlten Prämien übersteigt, müsste der Versicherer deshalb keine Prämien erstatten, der VN dürfte im Gegenzug aber auch die Versicherungssumme behalten.[92] In der Praxis dürfte dieser Fall allerdings kaum relevant werden, da der VN den Vertrag ohnehin zumeist nicht widerrufen wird.[93]

III. Subsidiäre Anwendung der §§ 355, 357a BGB

Liegen die Voraussetzungen des § 9 I 1 oder 2 nicht vor, so ist auf die §§ 355, 357a BGB zurückzugreifen.[94] 37
Grundsätzlich findet dann eine **vollständige Rückabwicklung** aller Leistungen statt.[95] Der Versicherer hat die gezahlten **Prämien**, der VN etwa empfangene **Versicherungsleistungen** nach § 355 III BGB in vollem Umfang zurückzugewähren.[96] § 355 I BGB ist auf Geldleistungen in dem Sinne anzuwenden, dass der jeweilige Wert zu erstatten ist.[97] Soweit der Versicherer ausnahmsweise einmal eine gegenständliche Versicherungsleistung erbracht hat, muss der VN diese zurückgewähren oder subsidiär **Wertersatz** nach § 357a II BGB leisten.[98] Auch für erbrachte Dienstleistungen besteht eine Wertersatzpflicht. **Nutzungsersatz** ist hingegen **nicht** vorgesehen. Hat der Versicherer im Zeitpunkt des Widerrufs ausstehende Versicherungsleistungen noch nicht erbracht, so kann der VN sie nach dem Widerruf nicht mehr verlangen.[99] Denn durch den wirksamen Widerruf erlöschen grundsätzlich alle noch nicht erfüllten Leistungspflichten (oben Rdn. 6).

Im Hinblick auf den **geleisteten Versicherungsschutz** trifft den VN keine Erstattungspflicht. Er schuldet in- 38
soweit auch **keinen Wertersatz** nach § 357a II BGB. Dies ergibt sich nicht nur daraus, dass i.d.R. die Voraussetzungen in § 357a II S. 1 Nr. 1 und 2 BGB nicht erfüllt sein werden, sondern auch aus den entsprechenden

---

[89] Vgl. *Wandt/Ganster* VersR 2008, 425, 436; *Wandt*, Rn. 360; P/M/*Armbrüster*, § 9 Rn. 33; R/L/*Rixecker*, § 9 Rn. 16.
[90] *Wandt/Ganster* VersR 2008, 425, 436; *Wandt*, Rn. 361 f.; *Armbrüster* r+s 2008, 493, 503; L/W/*Eberhardt*, § 9 Rn. 29.
[91] Vgl. *Wandt/Ganster* VersR 2008, 425, 436; *Wandt*, Rn. 362; L/W/*Eberhardt*, § 9 Rn. 29.
[92] So überzeugend *Wandt/Ganster* VersR 2008, 425, 437 Fn. 70; *Wandt*, Rn. 363.
[93] Vgl. *Niederleithinger* VersR 2006, 437, 443.
[94] Vgl. *Langheid* NJW 2007, 3665, 3667; *van Bühren* ZAP 2007, 1397, 1401; *Marlow/Spuhl*, Rn. 134; PK/*Ebers*, § 9 Rn. 10–12; B/M/*Knops*, § 9 Rn. 7, 12 f.; P/M/*Armbrüster*, § 9 Rn. 2; VersHb/*K. Johannsen*, § 8 Rn. 35.
[95] *Hinsch-Timm*, Rn. 126.
[96] Vgl. *Marlow/Spuhl*, Rn. 137; P/M/*Armbrüster*, § 9 Rn. 3, 41; *ders.* r+s 2008, 493, 501; L/W/*Eberhardt*, § 9 Rn. 7.
[97] Palandt/*Grüneberg*, § 355 Rn. 12; Bamberger/Roth/*Müller-Christmann*, § 355 Rn. 22.
[98] Vgl. *Marlow/Spuhl*, Rn. 137; *C. Schneider* VW 2008, 1168, 1171.
[99] So auch P/M/*Armbrüster*, § 9 Rn. 3, 42.

Wertungen von § 9 und Art. 7 I, III, IV Fernabsatz-RiLi II.[100] Sofern die dort geregelten Voraussetzungen nicht erfüllt sind, soll der Versicherer vom VN keinerlei Ersatz für den gewährten Versicherungsschutz erhalten.

39 Eine weitere Ausnahme vom Grundsatz der vollständigen Rückabwicklung besteht, wenn man eine **analoge Anwendung von § 9 I 2 Hs. 2** im Anwendungsbereich der Fernabsatz-RiLi II befürwortet (oben Rdn. 36). Soweit im Zeitpunkt des Widerrufs noch Ansprüche auf Prämien oder Versicherungsleistungen bestehen, können die Parteien deren Erfüllung hier ausnahmsweise noch nach dem Widerruf verlangen.

40 Ist § 9 I anwendbar, so regelt die Vorschrift die Rechtsfolgen des Widerrufs grundsätzlich abschließend. Soweit Rechtsfragen in § 9 I nicht geregelt sind, kann aber auf die allgemeinen Vorschriften der **§§ 355, 357a BGB** zurückgegriffen werden (vgl. oben Rdn. 2, 12, 16, 28, 31, 34 ff.).

IV. Zusammenhängende Verträge (§ 9 Abs. 2)

41 Mit Wirkung seit dem 01.05.2013 ist § 9 II neu eingefügt worden; die Musterwiderrufsbelehrung wurde entsprechend ergänzt (vgl. Anl. zu § 8 V 1, Gestaltungshinweis 6).[101] Die Vorschrift setzt Art. 6 Fernabsatz-RiLi II um (vgl. oben Rdn. 5).[102] Der Gesetzgeber schließt damit eine Umsetzungslücke, die dadurch entstanden ist, dass die für Fernabsatzverträge geltende Regelung des § 312f BGB a.F. keine Anwendung auf Versicherungsverträge fand (vgl. § 312b III Nr. 3 BGB a.F.; dazu § 8 Rdn. 11).[103] Im Einklang mit dem Regelungskonzept der §§ 8, 9 ist Abs. 2 indes nicht auf Fernabsatzverträge beschränkt, sondern erfasst sämtliche Versicherungsverträge unabhängig vom jeweiligen Vertriebsweg.[104] Die Vorschrift ordnet einen **Durchgriff des Widerrufs nach § 8** auf einen mit dem Versicherungsvertrag zusammenhängenden Vertrag an. Ob ein Widerruf nach den verbraucherschützenden Vorschriften des BGB umgekehrt zur Folge hat, dass der Verbraucher auch nicht mehr an einen zusammenhängenden Versicherungsvertrag gebunden ist, bestimmt sich hingegen nach § 360 BGB (vgl. § 8 Rdn. 10).

42 Nach § 9 II 2 setzt die Annahme eines **zusammenhängenden Vertrags** voraus, dass der Vertrag erstens einen Bezug zu dem widerrufenen Versicherungsvertrag aufweist und zweitens eine Dienstleistung entweder des Versicherers selbst oder eines Dritten betrifft, die dieser auf der Grundlage einer Vereinbarung mit dem Versicherer erbringt. Dies entspricht mutatis mutandis den in § 360 II 1 BGB normierten allgemeinen Voraussetzungen. Nach den Vorstellungen des Gesetzgebers spreche für das Vorliegen zusammenhängender Verträge, wenn diese in einem Verhältnis von **Haupt- und Nebenvertrag** stünden, der zweite Vertrag sich also als ein **Zusatzvertrag** darstelle.[105] Der erforderliche Bezug der Verträge besteht demnach vor allem bei Zusatz- oder Nebenleistungen, die ohne den Hauptvertrag wenig sinnvoll sind.[106] Ferner soll es maßgeblich darauf ankommen, ob die beiden Verträge in einem **engen zeitlichen Zusammenhang** geschlossen wurden.[107] Dass der VN bei einem Versicherer mehrere Verträge (zeitgleich) abschließt, kann für sich genommen – erst Recht bei völlig verschiedenartigen Risikoabsicherungen[108] – aber nicht genügen.[109]

43 Der Gesetzgeber nennt als Beispiel zusammenhängender Verträge die Hinzufügung einer Fahrradversicherung, wenn die Hausratversicherung das wertvolle Fahrrad nicht ausreichend absichere. Im Einzelfall kann insofern zwar durchaus zweifelhaft sein, ob tatsächlich ein weiterer Vertrag aufgrund einer selbstständigen rechtsgeschäftlichen Vereinbarung zustande gekommen ist oder lediglich ein einheitlicher Versicherungsvertrag modifiziert wurde (etwa durch eine **bloße Deckungserweiterung**).[110] § 9 II verschafft dem VN insoweit aber die Sicherheit, dass er an die weitere Verpflichtung selbst dann nicht gebunden ist, wenn ein selbstständiger Vertrag geschlossen wurde. Im Falle des Widerrufs kann daher regelmäßig dahinstehen, ob ohnehin nur ein einheitlicher Vertrag vorlag oder ob der weitere Vertrag nach den Parteivereinbarungen sowieso vom Schicksal des widerrufenen Hauptvertrages abhängig gemacht wurde. In diesem Sinne enden etwa **Zusatzversicherungen zu Lebens- und Unfallversicherungen** regelmäßig schon nach den Versicherungsbedingungen mit der Beendigung des Hauptvertrags.[111] Unklar ist, ob ein zusätzlich zu einer privaten Krankenversicherung abgeschlossener **privater Pflegepflichtversicherungsvertrag** oder eine **private Krankentagegeldver-**

---

100 Vgl. PK/*Ebers*, § 8 Rn. 12; *Wandt/Ganster* VersR 2008, 425, 429, 433; P/M/*Armbrüster*, § 9 Rn. 3, 39; auf Sanktionsgründe stellt B/M/*Knops*, § 9 Rn. 22 ab.
101 Gesetz zur Änderung versicherungsrechtlicher Vorschriften vom 24.04.2013, BGBl. I 932.
102 Begr. RegE BT-Drucks. 17/11469, S. 12.
103 Vgl. Stellungnahme des Bundesrates zum Entwurf eines Gesetzes zur Anpassung der Vorschriften über den Wertersatz bei Widerruf von Fernabsatzverträgen und über verbundene Verträge, BR-Drs. 855/10, S. 1.
104 Begr. RegE BT-Drucks. 17/11469, S. 12.
105 Vgl. auch *Wendt/Lorscheid-Kratz* BB 2013, 2434; 2436 f., 2439; ähnlich *Franz/Keune* ZfV 2012, 699 (»Über-/Unterordnungsverhältnis«).
106 R/L/*Rixecker*, § 9 Rn. 25; L/W/*Eberhardt*, § 9 Rn. 31.
107 Begr. RegE BT-Drucks. 17/11469, S. 13; *Wendt/Lorscheid-Kratz* BB 2013, 2434, 2437, 2439.
108 Zutreffend P/M/*Armbrüster*, § 9 Rn. 44.
109 Begr. RegE BT-Drucks. 17/11469, S. 13; *Wendt/Lorscheid-Kratz* BB 2013, 2434, 2439 (Bündelverträge).
110 Insofern krit. zur Regelung R/L/*Rixecker*, § 9 Rn. 24.
111 *Wendt/Lorscheid-Kratz* BB 2013, 2434; 2439.

sicherung als zusammenhängender Vertrag zu qualifizieren ist.[112] Zwar können jene Versicherungen auch ohne die zugrunde liegende Krankenversicherung sinnvoll sein. Auf der anderen Seite werden hier aber nicht völlig verschiedenartige Risiken abgesichert. Zudem wird dem VN vielfach daran gelegen sein, den Versicherungsschutz »aus einer Hand« zu erhalten. Werden dem VN daher zeitgleich mit dem Abschluss der Krankenversicherung die weiteren Versicherungen gleichsam als ergänzender Schutz angeboten, entspricht es dem Schutzzweck des § 9 II, den Widerruf des Krankenversicherungsvertrags auch auf die weiteren Versicherungen zu erstrecken. Sicherheitshalber sollte der VN aber alle Verträge widerrufen. Problematisch bleibt damit vor allem der Fall, dass die Widerrufsfrist mangels ordnungsgemäßer Belehrung nur für den einen Versicherungsvertrag noch läuft.[113] Nach dem BGH liegt ein zusammenhängender Vertrag aufgrund der wirtschaftlichen Einheit vor, wenn mit dem **Versicherer** eine **separate Kostenausgleichsvereinbarung** geschlossen wird.[114] Gleiches gilt, wenn der VN die Kostenausgleichsvereinbarung mit einem **Versicherungsvertreter** getroffen hat, der die Vermittlungsleistung auf der Grundlage einer Vereinbarung mit dem Versicherer erbringt.[115] Ein Widerrufsdurchgriff kommt hingegen nicht in Betracht, wenn die gesonderte Kostenvereinbarung mit einem **Versicherungsmakler** zustande kommt, der von dem Versicherer nicht mit der Vermittlung beauftragt worden ist.[116] Dem VN kann im Hinblick auf diese Vereinbarung allerdings ein eigenständiges Widerrufsrecht zustehen (vgl. §§ 506, 495, 355 BGB).[117]

Der VN ist nach Widerruf des Versicherungsvertrags ohne Weiteres auch nicht mehr an den zusammenhängenden Vertrag gebunden. Letzterer wird nach den Vorschriften **rückabgewickelt**, die bei einem (hypothetischen) Widerruf des Vertrags selbst gelten würden. Auf eine Zusatzversicherung finden daher grundsätzlich § 9 I, auf andere Verträge dagegen die allgemeinen bürgerlichrechtlichen Regelungen Anwendung.[118] Diese Rechtsfolge ist freilich misslich, wenn der VN an der **Aufrechterhaltung** des anderen Vertrags interessiert ist. Nach der Gesetzesbegründung folgt aus dem verbraucherschützenden Zweck der Vorschrift, dass dem VN der Widerrufsdurchgriff nicht »aufgezwungen« wird.[119] Der VN ist daher berechtigt, den Widerruf auf den Versicherungsvertrag zu beschränken, wenn der weitere Vertrag auch ohne Hauptvertrag durchgeführt werden kann. Liegt letztere Voraussetzung nicht vor, fehlt es freilich häufig schon an einem zusammenhängenden (selbstständigen) Vertrag (oben Rdn. 42). 44

C. Beweislast

Beruft sich der Versicherer darauf, dass seine Pflicht zur Prämienrückerstattung nach § 9 I 1 oder 2 eingeschränkt ist, so muss er alle diesbezüglichen Voraussetzungen beweisen.[120] Art. 7 III 1 Fernabsatz-RiLi II sieht ausdrücklich vor, dass der Anbieter die erforderliche Unterrichtung des Verbrauchers nachweisen muss. *Knops* nimmt an, ein VN, der vor Erklärung des Widerrufs vorbehaltlos Prämien entrichte, müsse beweisen, dass noch kein Versicherungsschutz gewährt worden sei.[121] Dagegen spricht aber, dass der Beginn des Versicherungsschutzes logische Voraussetzung der Anwendbarkeit von § 9 ist (oben Rdn. 12), sodass der Versicherer auch dafür beweisbelastet ist. In der Praxis dürften sich insoweit allerdings kaum einmal Beweisprobleme ergeben, weil es allein auf die Existenz einer Leistungspflicht des Versicherers im Versicherungsfall ankommt. In Bezug auf den Hinweis nach § 9 I 1 gelten die Überlegungen in § 8 Rdn. 76 f. betreffend die Erfüllung der Informations- und Belehrungspflichten entsprechend. 45

§ 10 Beginn und Ende der Versicherung.
Ist die Dauer der Versicherung nach Tagen, Wochen, Monaten oder einem mehrere Monate umfassenden Zeitraum bestimmt, beginnt die Versicherung mit Beginn des Tages, an dem der Vertrag geschlossen wird; er endet mit Ablauf des letzten Tages der Vertragszeit.

Übersicht

	Rdn.		Rdn.
A. Allgemeines	1	C. Rechtsfolgen	9
B. Anwendungsbereich	4	D. Vertragliche Ausgestaltung	12

---

112 Dagegen *Wendt/Lorscheid-Kratz* BB 2013, 2434; 2439.
113 Vgl. P/M/*Armbrüster*, § 9 Rn. 44.
114 BGH VersR 2014, 567, 571 Rn. 39 (fondsgebundene Rentenversicherung); vgl. auch BGH VersR 2014, 824, 826 Rn. 14; zust. P/M/*Armbrüster*, § 9 Rn. 44; L/W/*Eberhardt*, § 9 Rn. 34.
115 R/L/*Rixecker*, § 9 Rn. 29.
116 R/L/*Rixecker*, § 9 Rn. 28; a.A. *Reiff* VersR 2016, 757, 762 ff.
117 BGH NJW-RR 2013, 885; R/L/*Rixecker*, § 9 Rn. 28.
118 L/W/*Eberhardt*, § 9 Rn. 32; a.A. wohl R/L/*Rixecker*, § 9 Rn. 29.
119 Begr. RegE BT-Drucks. 17/11469, S. 13.
120 Vgl. PK/*Ebers*, § 9 Rn. 20; B/M/*Knops*, § 9 Rn. 28; L/W/*Eberhardt*, § 9 Rn. 35; für die Zustimmung nach § 48c V 1 a.F. *Wilmer/Hahn*, S. 211, 560; zu § 312d VI BGB *Rott* BB 2005, 53, 62.
121 B/M/*Knops*, § 9 Rn. 28.

§ 10 Beginn und Ende der Versicherung

A. Allgemeines

1 § 10 enthält eine **Auslegungsregel** für Beginn und Ende der Haftungsdauer, also den **materiellen Versicherungsbeginn** (vgl. § 2 Rdn. 2) und das **Ende des Haftungszeitraums**. Das Gesetz verwendet den Begriff »Versicherung« in § 10 für zwei unterschiedliche Tatbestände: Bei der ersten Erwähnung (»Ist die Dauer der Versicherung nach Tagen […] bestimmt«) ist das Vertragsverhältnis gemeint, mit der zweiten Erwähnung (»beginnt die Versicherung mit Beginn des Tages«) meint das Gesetz den materiellen Versicherungsbeginn, also den Haftungszeitraum.[1]
Wenn der Vertrag keine Bestimmung hierzu vorsieht, bestünde an sich Versicherungsschutz ab Vertragsschluss (§ 271 I BGB). Da der exakte Zeitpunkt des Vertragsschlusses im Nachhinein aber oft nur schwer festzustellen ist, legt § 10 den Beginn des Versicherungsschutzes anderweitig fest.[2] Danach beginnt der Versicherungsschutz um 0:00 Uhr des Tages, an dem der Vertrag geschlossen wurde (»**Mitternachtsregel**«).

2 Die bis zum 31.12.2007 geltende Vorgängerregelung des § 7 a.F. stellte für Beginn und Ende der Haftung des VR auf den Mittag des jeweils maßgeblichen Tages ab (12:00 Uhr; »Mittagsregel«), wobei die Krankenversicherung gem. § 7 II a.F. von dieser Regel ausgenommen war. Der Reformgesetzgeber sah in § 7 a.F. die Gefahr von Deckungslücken bei Vertragswechseln angelegt und einen Widerspruch zu anderen gesetzlichen Vorschriften, die bereits die Mitternachtsregel enthielten (z.B. § 1 II KfzPflVV[3]). Die Mittagsregel wurde daher aufgegeben, was zu der jetzigen Fassung des § 10 führte.[4]

3 Informationen über Beginn und Ende des Versicherungsschutzes i.S.v. § 10 gehören zum Pflichtinhalt der vorvertraglichen Information gem. § 7, § 1 I Nr. 12 VVG-InfoV und des **Produktinformationsblattes** für Verbraucherverträge (§ 4 II Nr. 8 VVG-InfoV; dazu § 4 VVG-InfoV Rdn. 25).

B. Anwendungsbereich

4 **Vertragliche Bestimmungen** über die Dauer des Versicherungsschutzes gehen § 10 vor (vgl. Rdn. 12). Auch ohne ausdrückliche Festlegung einer Uhrzeit für den Versicherungsbeginn kann der Vertrag eine vorrangige – durch **Auslegung** zu ermittelnde (§§ 133, 157 BGB) – Abrede über den Beginn des materiellen Versicherungsschutzes enthalten.[5] So dürfte i.d.R. die Nennung eines bestimmten Tages für den Versicherungsbeginn bedeuten, dass für den gesamten Tag Versicherungsschutz bestehen soll, also – ebenso wie § 10 dies anordnet – ab 0:00 Uhr (Rdn. 12).
Ansonsten gilt die Auslegungsregel des § 10 für nahezu sämtliche Versicherungsverträge. Einzige Voraussetzung ist, dass ihre **Dauer nach Tagen, Wochen oder Monaten bestimmt** ist oder nach einem »mehrere Monate umfassenden Zeitraum«. Letzteres meint, wie sich aus der Legaldefinition in § 188 II BGB ergibt, Zeitabschnitte wie die eines Jahres, eines halben Jahres oder eines Vierteljahres. Allein für Verträge, bei denen der materielle Versicherungsschutz nach einer kürzeren Zeiteinheit als der eines Tages bemessen wird, gilt § 10 nicht. Dies ist der Fall, wenn die Dauer des Vertrages nach Stunden (auch: 48 Stunden) bestimmt wird, z.B. bei der Versicherung von kurzen Veranstaltungen oder Ausstellungen. Keine Anwendung findet die Vorschrift, wenn die Dauer der Versicherung nicht in den von § 10 genannten Zeiteinheiten bemessen wird, sondern anderweitig beschrieben wird, etwa an bestimmte Abläufe oder Vorgänge (Transport, Reise etc.) anknüpft (Rdn. 6).

5 § 10 gilt auch für **widerrufliche Verträge**, bei denen dem VN gem. §§ 8, 9 ein Lösungsrecht zusteht.[6] Aus § 9 Satz 1 ergibt sich nichts anderes. Zwar heißt es dort, der VN müsse zugestimmt haben, wenn Versicherungsschutz schon vor dem Ablauf der Widerrufsfrist beginnen soll. Dies ist nach § 9 aber nur die Voraussetzung dafür, dass der VR eine anteilige Prämie für den bis zur Wirksamkeit des Widerrufs verstrichenen Zeitraum beanspruchen darf. § 9 Satz 1 regelt also nur das Prämienschicksal und sperrt deshalb nicht die Anwendung von § 10 auf widerrufliche Verträge. Im Gegenteil: § 9 Satz 1 ist zu entnehmen, dass Versicherungsschutz auch ohne Zustimmung des VN bereits vor Ablauf der Widerrufsfrist bestehen kann (wobei dem VN die Prämie in diesem Fall nach Widerruf zu erstatten ist; § 9 Rdn. 16). Fehlt es an einer Abrede über den Versicherungsbeginn – in der zugleich eine Zustimmung des Kunden i.S.v. § 9 Satz 1 läge – kann der Versicherungsbeginn nur § 10 entnommen werden. Regelmäßig werden widerrufliche Verträge jedoch eine Bestimmung zum Beginn des Versicherungsschutzes erhalten, die § 10 verdrängt. Hierfür kann bereits eine Datumsangabe ausreichen (Rdn. 12).

6 Das Bestehen des Versicherungsschutzes kann neben dem Erreichen des festgelegten Zeitpunkts von **weiteren Umständen** abhängen, namentlich dem Beginn bestimmter Gefahrvorgänge (Beginn der Reise, des Trans-

---

1 *Ehrenzweig*, S. 104; deutlicher insoweit § 7 öVersVG, der von »Haftung des Versicherers« spricht.
2 Vgl. Motive und amtliche Begr. zum Gesetz über den Versicherungsvertrag v. 30. März 1908, Neudruck Berlin 1963, S. 83.
3 Dazu Feyock/Jacobsen/*Lemor* Kraftfahrtversicherung, 3. Aufl. 2009, § 1 KfzPflVV Rn. 5.
4 Begr. RegE BT-Drucks. 16/3945 S. 63.
5 BGH VersR 1991, 1397, 1398.
6 Zweifelnd *Wandt/Ganster* VersR 2007, 1034, 1037.

ports usw.; ausdrücklich noch 134 II, 138 VVG a.F.).[7] Hierbei handelt es sich um sachliche Grenzen des Versicherungsschutzes, die der jeweiligen Eigenart der Versicherung geschuldet sind; es geht nicht um eine Bestimmung der Haftungsdauer i.S.v. § 10. Anders ist dies nur, wenn der Vertrag allein an die versicherten Vorgänge anknüpft und keinerlei Bezug zu Kalenderdaten aufweist. Dann findet § 10 keine Anwendung.

Das Einlösungsprinzip des § 37 II enthält rechtstechnisch gesehen keine Bestimmung zum Beginn des materiellen Versicherungsschutzes, sondern besondere Tatbestände der Leistungsfreiheit des VR.[8]   7

Auf andere Sachverhalte als den materiellen Versicherungsbeginn findet § 10 keine (entsprechende) Anwendung.[9] So gelten insbes. für Kündigungs-, Widerrufs- oder Anzeigepflichten allein die allgemeinen Bestimmungen der §§ 186 ff. BGB und nicht § 10.   8

C. Rechtsfolgen

Nach **Beginn** des materiellen Versicherungsschutzes hat der VR für Versicherungsfälle Deckung zu gewähren. Der Beginn des Haftungszeitraums ist Leistungsvoraussetzung. Der VN trägt die Beweislast dafür, dass der Versicherungsfall erst nach Beginn des Haftungszeitraums eingetreten ist.   9

Das **Ende** des Haftungszeitraums richtet sich – in Ermangelung spezieller Abreden – nach der Vertragsdauer. Die Haftung des VR endet mit Ablauf des letzten Tages der Vertragslaufzeit.

§ 10 legt nicht nur die **Uhrzeit**, sondern auch den **Tag** fest, ab dem Versicherungsschutz besteht, wenn und sofern die Parteien hierzu keine Regelung getroffen haben. § 10 ist insofern spezieller als die Bestimmung des § 271 I BGB.[10] Weiter fragt sich, ob die Uhrzeit für den materiellen Versicherungsbeginn auch dann § 10 zu entnehmen ist, wenn die Parteien für den Versicherungsbeginn einen anderen Tag als den des Vertragsschlusses festgelegt haben. In diesen Fällen wird regelmäßig schon eine Vertragsauslegung ergeben, dass Versicherungsschutz ab Beginn (0:00 Uhr) des bezeichneten Tages besteht. Denn wenn ohne nähere Angabe ein bestimmter Tag als Versicherungsbeginn festgelegt wird, deutet dies darauf hin, dass der ganze Tag vom Versicherungsschutz umfasst sein soll.[11] Führt die Vertragsauslegung zu keinem Ergebnis, dürfte § 10 entsprechend anzuwenden sein.[12] Wollte man die allgemeinen Bestimmungen der §§ 187 II, 188 BGB heranziehen,[13] führte dies indes zu keinem anderen Ergebnis.   10

Kommt die Regelung des § 10 zum Zuge, wird sie regelmäßig zu einer kurzfristigen Rückwärtsversicherung führen. Dies gilt für den Zeitraum zwischen Beginn des Tages des Vertragsschlusses (0:00 Uhr) und dem Zeitpunkt des tatsächlichen Vertragsschlusses im Laufe dieses Tages. Insoweit finden die Bestimmungen des § 2 Anwendung (§ 2 Rdn. 20).[14]   11

D. Vertragliche Ausgestaltung

§ 10 ist abdingbar (vgl. § 18). Vertragliche Regelungen der Parteien legen häufig nur die Tage für Beginn und Ende des materiellen Versicherungsbeginns fest, aber keine Uhrzeit. Dann besteht regelmäßig für den gesamten Tag ab bzw. bis 0:00 Versicherungsschutz (Rdn. 4). Es kann aber jede beliebige Uhrzeit vereinbart werden. Zulässig und gebräuchlich ist die vertragliche Vereinbarung der Mittagsregelung; dafür kann ein praktisches Bedürfnis bestehen in Versicherungszweigen, bei denen Versicherungsfälle häufig nachts eintreten können und deshalb die Zuordnung des Schadens vor oder nach Mitternacht Schwierigkeiten bereiten würde.[15] Bei der Festlegung der Dauer des Versicherungsschutzes sind zudem die Regeln von § 11 zu beachten.   12

§ 11   Verlängerung, Kündigung.
(1) Wird bei einem auf eine bestimmte Zeit eingegangenen Versicherungsverhältnis im Voraus eine Verlängerung für den Fall vereinbart, dass das Versicherungsverhältnis nicht vor Ablauf der Vertragszeit gekündigt wird, ist die Verlängerung unwirksam, soweit sie sich jeweils auf mehr als ein Jahr erstreckt.
(2) ¹Ist ein Versicherungsverhältnis auf unbestimmte Zeit eingegangen, kann es von beiden Vertragsparteien nur für den Schluss der laufenden Versicherungsperiode gekündigt werden. ²Auf das Kündigungsrecht können sie einvernehmlich bis zur Dauer von zwei Jahren verzichten.
(3) Die Kündigungsfrist muss für beide Vertragsparteien gleich sein; sie darf nicht weniger als einen Monat und nicht mehr als drei Monate betragen.

---

7 *Ehrenzweig*, S. 105.
8 Anders offenbar R/L/*Rixecker*, § 37 Rn. 1.
9 BGH VersR 1990, 258, 259; L/W/*Fausten*, § 10 Rn. 9; FAKomm-VersR/*Wendt*, § 10 Rn. 1; *Heimbücher* VW 1988, 1113.
10 A.A. *Wandt/Ganster* VersR 2007 1034, 1037.
11 LG Berlin r+s 2003, 187 f.; R/L/*Langheid*, § 10 Rn. 1 f.
12 Ebenso für das alte Recht P/M/*Prölss*[27], § 7 Rn. 1.
13 So wohl OLG Köln VersR 2016, 453, 454.
14 L/W/*Fausten*, § 10 Rn. 11.
15 Vgl. auch Motive und amtliche Begr. zum Gesetz über den Versicherungsvertrag v. 30. März 1908, Neudruck Berlin 1963, S. 83; L/W/*Fausten*, § 10 Rn. 7.

(4) Ein Versicherungsvertrag, der für die Dauer von mehr als drei Jahren geschlossen worden ist, kann vom Versicherungsnehmer zum Schluss des dritten oder jedes darauf folgenden Jahres unter Einhaltung einer Frist von drei Monaten gekündigt werden.

Übersicht

	Rdn.		Rdn.
A. Allgemeines	1	E. Kündigungsrecht bei langjährigen Verträgen (§ 11 IV)	47
I. Regelungsinhalt	2		
II. VVG-Reform	5	F. Kündigungserklärung	55
III. Anwendungsbereich und Abgrenzung	9	I. Form	55
1. Sonderregelungen	11	II. Kündigungsberechtigter	57
2. Fristlose Kündigung aus wichtigem Grund	19	III. Erklärungsempfänger	59
		IV. Erklärungsinhalt	63
3. Teilkündigung und Änderungskündigung	25	G. Rechtsfolgen	65
		I. Wirksame Kündigung	65
4. Kündigung im Insolvenzfall	28	II. Unwirksame Kündigung	68
5. Vertragsaufhebung	32	1. Zurückweisungspflicht des VR	69
6. Andere Lösungsrechte	34	2. Übrige Fälle	77
B. Verlängerungsklauseln (§ 11 I)	35	H. Beweislast	79
C. Verträge auf unbestimmte Zeit (§ 11 II)	42	I. Abweichende Vereinbarungen	81
D. Kündigungsfristen (§ 11 III)	45		

Schrifttum:
Brams, Die Zurückweisungspflicht des Versicherers auf ihm zugegangene unwirksame Kündigungen des VN, VersR 1997, 1308; *Ebnet*, Die Kündigung von Versicherungsverträgen, NJW 2006, 1697; *Elfing*, Versicherungsverträge im Insolvenzrecht, BB 2004, 617; *Funk/Pletsch*, Wann ist ein Fünfjahres(alt)vertrag kündbar?, VersR 2009, 615; *Heimbücher*, Die Kündigung des Versicherungsvertrages, VW 1988, 1113; *Jonczak*, Unwirksame Kündigung von Versicherungsverträgen durch den VN, VersR 2000, 306; *Leverenz*, Zurückweisung unwirksamer Kündigungen des VN, VersR 1999, 525; *Präve*, Das Kündigungs- und Widerrufsrecht des VN bei Neuverträgen, VW 1991, 488; *Rogler*, Pflicht des Versicherers zur Zurückweisung unwirksamer Kündigungen, r+s 2007, 140; *Wille*, Der langjährige Versicherungsvertrag, VersR 1992, 129.

A. Allgemeines

1 § 11 enthält versicherungsrechtliche Sondervorschriften zum Schutz des VN vor langen Vertragsbindungen. Die Norm verdrängt in ihrem Regelungsbereich das AGB-Recht der §§ 305 ff. BGB (Rdn. 48). § 11 enthält Begrenzungen für zulässige **Laufzeitvereinbarungen** und normiert (ordentliche) **Kündigungsrechte** für die Vertragsparteien.

I. Regelungsinhalt

2 Nach § 11 I dürfen **Verlängerungsklauseln bei Verträgen**, die **auf bestimmte Zeit** geschlossen sind, eine Verlängerung von nicht mehr als einem Jahr vorsehen. Demgegenüber befasst sich § 11 II mit Verträgen, die auf **unbestimmte Zeit** geschlossen sind und ordnet an, dass solche Verträge von beiden Parteien zum Schluss der jeweiligen Versicherungsperiode (§ 12) gekündigt werden können. Ein Verzicht auf dieses Kündigungsrecht ist nur für die ersten zwei Jahre möglich. § 11 III regelt die **Kündigungsfristen für die Fälle der § 11 I und II**. Sie müssen für VR und VN gleich lang sein und ein bis drei Monate betragen.

3 Eine weitere Regelung für Verträge, die **auf bestimmte Zeit abgeschlossen** sind, findet sich in § 11 IV. Er enthält zwar keine Begrenzung, welche Laufzeiten höchstens vereinbart werden dürfen. Jedoch räumt § 11 IV **dem VN** bei Verträgen, die für mehr als drei Jahre abgeschlossen sind, zum Ende des dritten Jahres **ein Kündigungsrecht** ein. Daraus ergibt sich faktisch eine Höchstbindungsfrist von drei Jahren für den VN. Die Bestimmung des § 309 Nr. 9 BGB, wonach bei Dauerschuldverhältnissen mit Verbrauchern durch AGB-Klauseln keine längere Festlaufzeit als zwei Jahre vereinbart werden darf, gilt für Versicherungsverträge nicht (§ 309 Nr. 9 2. Hs. BGB). An ihrer Stelle gilt § 11 IV, dessen Anwendungsbereich zudem nicht auf Verbraucher beschränkt ist (Rdn. 48).[1] Über **Kündigungsmöglichkeiten des VR** verhält sich § 11 IV nicht. Dem VR steht frei, solche in seinen AVB vorzusehen (Rdn. 52).

4 Der VN muss nach § 1 I Nr. 14 **VVG-InfoV** vor Abgabe seiner Vertragserklärung über die (Mindest-)Laufzeit des Vertrages und über die Fälligkeit der Leistungen informiert werden. Zudem müssen die **vorvertraglichen Informationen** gemäß § 7 i.V.m. § 1 I Nr. 15 VVG-InfoV Angaben zur Beendigung des Vertrages, insbes. zu den vertraglichen Kündigungsbedingungen enthalten. Aus der Einschränkung auf »vertragliche« Kündigungsmöglichkeiten ergibt sich, dass über die Regelungen des § 11 nur dann und insoweit informiert werden muss, als von ihnen abgewichen wird oder in den AVB von § 11 eingeräumte Gestaltungsmöglichkeiten wahrgenommen werden. Die gesetzlichen Bestimmungen brauchen ansonsten nicht wiederholt zu werden (vgl. § 1 VVG-

---

[1] Begr. RegE BT-Drucks. 16/3945 S. 63.

InfoV Rdn. 38 f.). Demgegenüber gehören die Kündigungsrechte des § 11 – soweit einschlägig – zu den Pflichtinhalten der **Produktinformationsblätter** bei Verbraucherverträgen (§ 4 I Nr. 9 VVG-InfoV, dazu § 4 VVG-InfoV Rdn. 26). Auf etwaige Verlängerungsklauseln sollte auch im **Versicherungsschein** bei den Angaben zur Dauer des Vertrages eingegangen werden (vgl. § 3 Rdn. 15).

II. VVG-Reform

§ 11 ersetzt die bis zum 31.12.2007 in § 8 a.F. enthaltenen Regelungen. Soweit § 8 IV und V a.F. dem VN unter bestimmten Voraussetzungen Widerrufs- und Rücktrittsrechte einräumten, sind diese Regelungen durch die §§ 8, 9, 152 abgelöst worden, die ein generelles Widerrufsrecht des VN vorsehen.[2] Die in § 8 I–III a.F. enthaltenen Bestimmungen über Laufzeitvereinbarungen und Kündigungsrechte waren bereits vor der VVG-Reform mehrfach geändert worden.[3] Die Neuerungen zum 01.01.2008 halten sich demgegenüber in Grenzen. 5

Kern der Neufassung war die **Absenkung der zulässigen Frist für eine Bindung des VN** an einen Versicherungsvertrag **ohne Kündigungsmöglichkeit** von fünf auf drei Jahre. Eine Höchstfrist für Laufzeitvereinbarungen ist in § 11 IV aber weiterhin nicht vorgesehen. Abgesehen von der Einräumung einer obligatorischen Kündigungsmöglichkeit nach drei Jahren liegt die Bestimmung der Vertragsdauer weiterhin im freien Ermessen der Parteien (Rdn. 48 f.). Ein Kündigungsrecht für den VR besteht in den Fällen des § 11 IV nicht mehr von Gesetzes wegen, sondern muss vereinbart werden (Rdn. 52). Das in § 14 a.F. vorgesehene Kündigungsrecht des VR bei **Insolvenz des VN** ist im Zuge der VVG-Reform entfallen (dazu Rdn. 28 ff.). 6

Was die Bestimmung des § 11 III zu den Kündigungsfristen betrifft, so wurde durch die Verlagerung in einen gesonderten Absatz klargestellt, dass die Regelung sowohl die Fälle von § 11 I als auch die des § 11 III erfasst.[4] Sie dürfte darüber hinaus auch für § 11 IV maßgeblich sein (Rdn. 52). 7

Die neuen Bestimmungen gelten für Neuverträge seit dem 01.01.2008, was unproblematisch ist, und für Altverträge ab dem 01.01.2009 (Art. 1 I EGVVG). Zweifelsfragen wirft das **Übergangsrecht** nur im Hinblick auf § 11 IV auf, da allein diese Vorschrift substanzielle Änderung erfahren hat (Rdn. 54). Die Übergangsvorschriften zu den früheren Gesetzesänderungen[5] dürften durch die Regelungen in den Art. 1 ff. EGVVG hinfällig geworden sein. 8

III. Anwendungsbereich und Abgrenzung

§ 11 gilt im Grundsatz für sämtliche Versicherungsverträge. Es muss sich aber um Verträge mit bestimmter Laufzeit und Verlängerungsklausel handeln (Absatz 1), um Verträge mit einer bestimmten Laufzeit von mehr als drei Jahren (Absatz 3) oder um Verträge mit unbestimmter Laufzeit (Absatz 2). **Nicht erfasst** sind also Verträge mit einer festen **Laufzeit von bis zu drei Jahren**. Für letztere gelten insbes. nicht die Vorgaben des § 11 III, soweit die AVB den Parteien trotz der kurzen Laufzeit Kündigungsrechte einräumen (Rdn. 45). 9

Die Vorschrift enthält **ordentliche Kündigungsrechte**. Ihre Wahrnehmung erfordert nicht das Vorliegen eines Kündigungsgrundes. Im Einzelfall kann die ordentliche Kündigung allerdings treuwidrig (§ 242) oder nach § 19 I Nr. 2 AGG unzulässig sein. 10

1. Sonderregelungen

Für eine Reihe von Sachverhalten und in verschiedenen Versicherungssparten, insbes. der Personenversicherung, wird § 11 durch speziellere Kündigungsregelungen verdrängt. 11

Nimmt der VR eine **Prämienerhöhung** auf Grund einer **Anpassungsklausel** vor, ohne dass sich der Umfang des Versicherungsschutzes ändert, kann der VN nach **§ 40** kündigen. Diese Kündigung kann innerhalb eines Monats nach Eingang der Mitteilung mit sofortiger Wirkung, frühestens aber zu dem Zeitpunkt erfolgen, an dem die Prämienerhöhung wirksam wird (§ 40 Rdn. 7). 12

Bei Verträgen über **vorläufige Deckung**, die auf unbestimmte Zeit eingegangen sind, können beide Parteien gem. **§ 52 IV** fristlos kündigen, wobei die Kündigung zwei Wochen nach Zugang wirksam wird. 13

In der **Lebensversicherung** kann der VN Verträge mit laufender Prämienzahlung gem. **§ 168** jederzeit zum Schluss der laufenden Versicherungsperiode kündigen. Dem VR steht nach dem Vertragszweck grundsätzlich kein ordentliches Kündigungsrecht zu;[6] sofern er ausnahmsweise doch zur Kündigung berechtigt ist, modifiziert § 166 deren Rechtsfolgen (prämienfreie Versicherung). Diese Bestimmungen gelten in der **Berufsunfähigkeitsversicherung** entsprechend (§ 176). 14

Ein absolutes Kündigungsverbot für den VR sieht das Gesetz seit dem 01.01.2009 in **§ 206 I 1** für die **Krankheitskostenversicherung** vor, soweit durch sie eine Versicherungspflicht aus § 193 III 1 erfüllt werden soll. Dieser Kündigungsausschluss erfasst neben der ordentlichen grundsätzlich auch die außerordentliche Kündi- 15

---

2 Begr. RegE BT-Drucks. 16/3945 S. 63.
3 Dazu BK/*Gruber*, § 8 a.F. Rn. 1 ff.; R/L/*Römer*[2], § 8 a.F. Rn. 31 ff.; P/M/*Prölss*[27], § 8 Rn. 34; VersHb/*K. Johannsen* § 11 Rn. 13 ff.; *Fetzer* VersR 1996, 169; *Präve* VW 1991, 488; *Wille* VersR 1992, 129.
4 Begr. RegE BT-Drucks. 16/3945 S. 63.
5 Dazu BK/*Gruber*, § 8 Rn. 6 f.
6 R/L/*Rixecker*, § 11 Rn. 1.

§ 11 Verlängerung, Kündigung

gung.[7] Bei sonstigen **Krankheitskosten-, Krankentagegeld- und Pflegekrankenversicherungen** steht dem VR gem. § 206 I 2 kein ordentliches Kündigungsrecht zu; zu weiteren Einschränkungen s. § 206 Rdn. 3 ff. Der VN kann eine Versicherung, mit der er eine Versicherungspflicht aus § 193 III 1 erfüllt, nur unter den Voraussetzungen des § 205 VI kündigen (Nachweis eines anderweitigen Abschlusses).

16 In der **Sachversicherung** sind beide Vertragsparteien nach Eintritt des Versicherungsfalls zur Kündigung berechtigt (§ 92). Bei Veräußerung der versicherten Sache können sowohl der VR als auch der Erwerber den Vertrag kündigen (§ 96). In der **Haftpflichtversicherung** besteht ebenfalls ein beiderseitiges Kündigungsrecht nach Eintritt des Versicherungsfalls (§ 111).

17 Sonderregelungen über Kündigungsrechte finden sich zudem bei der **Verletzung vorvertraglicher Anzeigepflichten** (§§ 19 III, 56 I, 131 I: VR; §§ 19 VI, 56 II, 131 II: VN), der **Gefahrerhöhung** (§ 24: VR; § 25 II: VN) und der **Verletzung vertraglicher Obliegenheiten** durch den VN (§ 28 I, § 58 II: VR).[8] Macht der VR von einem **Teilkündigungsrecht** nach § 29 I Gebrauch, kann der VN den Vertrag insgesamt kündigen (§ 29 II; Rdn. 26). Zu Regelungen für die **Vertragsbeendigung im Insolvenzfall** s. Rdn. 28 ff.

18 Bei **Verzug des VN** mit einer **Folgeprämie** kann der VR den Vertrag nach Maßgabe des § 38 III kündigen. Ein Kündigungsrecht für den Fall der Eröffnung des Insolvenzverfahrens kann sich der VR dagegen nicht mehr ohne weiteres ausbedingen (Rdn. 84 f.).

2. Fristlose Kündigung aus wichtigem Grund

19 Eine fristlose Kündigung aus wichtigem Grund gem. § 314 I BGB ist – wie bei allen Dauerschuldverhältnissen – auch bei Versicherungsverträgen möglich. Voraussetzung ist, dass Tatsachen vorliegen, auf Grund derer dem Kündigenden unter Berücksichtigung aller Umstände und Abwägung der beiderseitigen Interessen ein Festhalten am Vertrag bis zum Beendigungszeitpunkt oder zum Ablauf einer ordentlichen Kündigungsfrist nicht zugemutet werden kann (zu Einschränkungen Rdn. 22).[9] Verschulden der anderen Vertragspartei ist weder erforderlich noch ausreichend, um eine sofortige Kündigung zu rechtfertigen.[10] Besteht der Anlass für die Kündigung in einer Vertragsverletzung des Vertragspartners, muss dieser zwar im Grundsatz vor der Kündigung abgemahnt werden, § 314 II BGB. Eine solche Abmahnung wird aber häufig nach § 323 II BGB entbehrlich sein.[11]

20 Die außerordentliche Kündigung muss innerhalb einer **angemessenen Frist** ausgesprochen werden (§ 314 III BGB). Die Frist wird man bei Versicherungsverträgen in Anlehnung an § 21 I mit einem Monat ab Kenntnis von den zur Kündigung berechtigenden Umständen zu veranschlagen haben (Überlegungsfrist).[12] Die Kündigung führt mit Zugang (§ 130) beim Erklärungsempfänger zur **sofortigen Beendigung** des Versicherungsvertrages *ex nunc*.[13]

21 Eine außerordentliche **fristlose Kündigung** ist **ausgeschlossen**, wenn gesetzliche oder vertragliche Lösungsrechte die vorzeitige Vertragsbeendigung ermöglicht hätten und die berechtigte Partei es lediglich versäumt hat, hiervon (rechtzeitig) Gebrauch zu machen. Eine Kündigung nach § 314 BGB setzt also voraus, dass das Gesetz für die in Rede stehende Konstellation keine Regelungen bereithält.[14] Auch dürften Vertragsklauseln ein Recht zur außerordentlichen fristlosen Kündigung nicht ohne Weiteres für Sachverhalte einräumen, die unterhalb der Erheblichkeitsschwelle von § 314 I BGB liegen. Solche Vereinbarungen können wegen Verstoßes gegen § 307 I, II BGB nichtig sein.[15]

22 Ein wichtiger Grund für eine außerordentliche **Kündigung durch den VR** ist gegeben, wenn der VN Leistungen aus dem Vertrag zu erschleichen versucht oder bereits erschlichen hat,[16] z.B. durch Einreichen falscher Belege, durch falsche Angaben zum Versicherungsfall oder zu den Voraussetzungen für den Deckungsanspruch oder wenn er die bereits erfolgte Regulierung (eines Teils) des Schadens durch einen anderen VR verschweigt.[17] In der Krankheitskostenversicherung ist das außerordentliche Kündigungsrecht des VR aller-

---

7 *Grote/Bronkars* VersR 2008, 580; *Marlow/Spuhl* VersR 2009, 593, 693 f.; überholt insoweit z.B. OLG Karlsruhe VersR 2007, 530; anders Marlow/Spuhl/*Marko*, Rn. 1382; 530 ff.; *Eichelberger* VersR 2010, 586 ff.; die außerordentliche Kündigung zulassend bei Erschleichen von Leistungen durch den VN LG Hannover Urt. v. 10.08.2010, 2 O 262/09 m. ablehnender Anm. *Rogler*, jurisPR-VersR 10/2010; OLG Celle VersR 2011, 738 m. ablehnender Anm. *Lehmann* r+s 2011, 300 ff.
8 Siehe auch die Auflistung bei L/W/*Fausten*, § 11 Rn. 37 ff.
9 BGH VersR 2007, 1260, 1262 f.; Palandt/*Grüneberg*, § 314 Rn. 7.
10 BT-Drucks. 14/6040 S. 178; Palandt/*Grüneberg*, § 314 Rn. 7.
11 P/M/*Armbrüster*, Vorbemerkung zu § 11 Rn. 13.
12 VersHb/*K. Johannsen*, § 8 Rn. 176.
13 Palandt/*Grüneberg*, § 314 Rn. 10.
14 BGH VersR 1985, 54; *Ebnet* NJW 2006, 1697, 1701.
15 BGH NJW-RR 2003, 1635; PK/*Ebers*, § 8 Rn. 13.
16 BGH VersR 2007, 1260, 1261; VersR 1985, 54, 55; OLG Saarbrücken VersR 2014, 1491; OLG Koblenz VersR 2008, 1482, 1483; OLG Nürnberg VersR 2008, 388; OLG Hamm VersR 2007, 236, 237 f.; VersR 1991, 452, 453; OLG Saarbrücken VersR 2006, 644, 646; OLG Zweibrücken NJW-RR 2005, 1119 f.; VersR 1996, 362, 363.
17 OLG Köln VersR 1991, 410, 411.

dings ausgeschlossen (Rdn. 15). Auch bei den übrigen Krankenversicherungen stellt die Rechtsprechung sehr strenge Anforderungen an das Vorliegen eines wichtigen Grundes. Ein solcher soll nur dann vorliegen, wenn der VN in besonders schwerwiegender Weise aus Eigennutz die Interessen des VR verletzt.[18]

Eine die **Kündigung durch den VN** rechtfertigende Vertragsverletzung des VR kann vorliegen, wenn er willkürlich und unberechtigt den Versicherungsschutz verweigert,[19] wohl auch, wenn er vom Vertrag unberechtigt zurücktritt.[20] In Ausnahmefällen kann ein Recht zur außerordentlichen Kündigung bestehen, wenn der VR seine Beratungspflichten (§ 6) schwerwiegend verletzt.[21] Teilweise wird dem VN außerdem ein außerordentliches Kündigungsrecht zugestanden, und zwar auch schon vor Eröffnung des Insolvenzverfahrens, wenn der VR »**finanziell unsicher**« geworden ist.[22] Dies ist in Anbetracht der aufsichtsrechtlichen Reglementarien für eine solche Finanzlage des VR, den Regelungen der Insolvenzordnung und mit Blick auf § 16, demzufolge der Versicherungsvertrag (erst) einen Monat nach Eröffnung des Insolvenzverfahrens über das Vermögen des VR endet, also grundsätzlich bis zu diesem Zeitpunkt wirksam bleibt, abzulehnen.[23] Wollte man dies anders sehen, könnten aufsichtsrechtlich vorgesehene Eingriffsbefugnisse, die gerade auch Sanierungsmaßnahmen umfassen, kaum greifen, da der Bestand durch außerordentliche Kündigungen im Vorfeld einer Insolvenz eine kritische Situation des VR verschärfen und eine Sanierung unmöglich machen dürfte. 23

Eine unbegründete fristlose Kündigung kann in eine ordentliche Kündigung umgedeutet werden, wenn der Wille des Kündigenden erkennbar wird, den Vertrag in jedem Fall beenden zu wollen (dazu Rdn. 64).[24] 24

3. Teilkündigung und Änderungskündigung

Eine **Teilkündigung ist grundsätzlich nicht möglich**, da sie auf eine Vertragsänderung hinausliefe.[25] Anders ist dies nur, wenn mehrere getrennte Versicherungsverträge vorliegen, die lediglich gleichzeitig abgeschlossen und in einem Versicherungsschein gebündelt sind. Dies ist z.B. bei einer Kfz-Haftpflicht- und Kaskoversicherung der Fall (vgl. außerdem G.4 AKB 2008).[26] Stets ist aber erforderlich, dass die Verträge im Hinblick auf die *essentialia negotii* unterscheidbar sind, insbes. also für die jeweiligen Verträge auch die Prämien gesondert ausgewiesen sind oder jedenfalls gesondert festgestellt werden können. Werden in einem einheitlichen Versicherungsvertrag lediglich unterschiedliche Risiken oder Gefahren versichert, so ist eine Teilkündigung im Hinblick auf einzelne Gefahren oder Risiken nicht möglich (so etwa bei einer kombinierten Hausrat- und Wohngebäudeversicherung).[27] 25

Die **AVB** können stets vorsehen, dass eine Teilkündigung möglich sein soll (z.B. § 9 I ALB 2008). Die Wirkungen einer Teilkündigung können auch durch *ad hoc*-Vereinbarung zwischen den Parteien herbeigeführt werden.[28] Von Gesetzes wegen ist eine Teilkündigung des VR zulässig im Rahmen des **§ 29**, wenn die Voraussetzungen einer Kündigung auf Grund der Vorschriften des ersten Abschnitts nur in Anbetracht eines Teils der Gegenstände oder Personen, auf die sich der Vertrag bezieht, erfüllt sind. Das Teilkündigungsrecht in der Krankheitskosten- und Krankheitstagegeldversicherung regelt § 205 I, V. 26

Aus dem Vorstehenden ergibt sich, dass auch eine **Änderungskündigung** nur insoweit möglich ist, dass eine Vertragspartei den Vertrag insgesamt kündigt und der anderen eine Fortsetzung zu geänderten Konditionen anbietet. Sofern keine besonderen Kündigungstatbestände vorliegen (Rdn. 11 ff), ist dies nur im Zuge einer regulären Kündigung, insbes. nach Maßgabe der Vorschriften von § 11 möglich. Die Herbeiführung von Vertragsänderungen kann auch nicht durch Übersendung eines neuen, von den bisherigen Regelungen abweichenden Versicherungsscheins im Wege von § 5 erfolgen, sofern sich die Parteien nicht zuvor auf entsprechende Vertragsänderungen geeinigt haben (vgl. § 5 Rdn. 6). 27

4. Kündigung im Insolvenzfall

§ 14 a.F. in der bis zum 31.12.2007 geltenden Fassung ordnete an, dass sich der VR für den Fall der Eröffnung des **Insolvenzverfahrens über das Vermögen des VN** die Befugnis ausbedingen konnte, das Versicherungsverhältnis mit einer Frist von einem Monat zu kündigen. Als Sonderregel für Versicherungsverträge wurde 28

---

18 Dazu auch BGH VersR 2007, 1260, 1261; OLG Karlsruhe VersR 2007, 530, 531 f.; OLG Hamm VersR 2007, 236, 238; VersHb/*K. Johannsen*, § 8 Rn. 171 ff.; zur Berufsunfähigkeitsversicherung OLG Saarbrücken VersR 2009, 344 ff.
19 Vgl. BGH VersR 1972, 970; R/L/*Rixecker*, § 11 Rn. 19.
20 OLG Oldenburg VersR 1995, 819; *Ebnet* NJW 2006, 1697, 1701.
21 PK/*Ebers*, § 11 Rn. 9.
22 P/M/*Armbrüster*, § 16 Rn. 10.
23 I.E. ebenso (bereits zum alten Recht) *Ehrenzweig*, S. 124; a.A. P/M/*Armbrüster*, Vorbemerkung zu § 11 Rn. 4 i.V.m. § 16 Rn. 10 m.w.N.; L/W/*Fausten*, § 16 Rn. 34; B/M/*K. Johannsen*, § 11 Rn. 17; zum alten Recht ebenfalls anderer Auffassung B/M/*Möller*[8], § 13 Anm. 38; vgl. für eine Konstellation zu dieser Diskussion z.B. *Clemens* VW 2010, 1073.
24 So OLG Düsseldorf r+s 2001, 453, 454 f.
25 BGH VersR 1993, 743; P/M/*Armbrüster*, Vorbemerkung zu § 11 Rn. 23.
26 *Ebnet* NJW 2006, 1697, 1700; s. auch BGH NJW 1986, 1103.
27 P/M/*Armbrüster*, Vorbemerkung zu § 11 Rn. 23.
28 BGH VersR 1993, 743 ff.

§ 11 Verlängerung, Kündigung

dieser Bestimmung Vorrang vor den allgemeinen insolvenzrechtlichen Bestimmungen zugebilligt.[29] Die Vorschrift von § 14 a.F. ist im Zuge der **VVG-Reform** zum 01.01.2008 allerdings gestrichen worden. Der Gesetzgeber sah keinen Bedarf für ein gesetzlich normiertes Kündigungsrecht für den Fall der Insolvenz des VN.[30]

29 Ein **Sonderkündigungsrecht für den Fall der Insolvenz des VN kann sich der VR** daher grundsätzlich **nicht** mehr im Wege vertraglicher Vereinbarungen **ausbedingen**. Nach höchstrichterlicher Rspr. sind insolvenzabhängige Lösungsklauseln, die nicht lediglich ein gesetzliches Lösungsrecht (wie z.B. § 14 a.F.) wiederholen, bei Dauerschuldverhältnissen unwirksam, da sie das dem Insolvenzverwalter in § 103 InsO eingeräumte Erfüllungswahlrecht aushöhlen. Dies betrifft sowohl Vereinbarungen, die im Insolvenzfall ein automatisches Erlöschen des Vertrages vorsehen, wie auch Klauseln, die dem Vertragspartner ein insolvenzbedingtes Kündigungsrecht einräumen.[31] Das gilt uneingeschränkt auch für Versicherungsverträge, da es sich auch bei diesen um Dauerschuldverhältnisse handelt, die eine nach § 105 InsO teilbare Leistung zum Gegenstand haben und bei denen dem Insolvenzverwalter des VN deshalb das Erfüllungswahlrecht nach Maßgabe § 103 InsO zusteht.[32] Vereinbarungen, die dem VR ein Kündigungsrecht bei Insolvenz des VN einräumen, sind daher wegen Verstoßes gegen §§ 103, 119 InsO **unwirksam**.[33] Unerheblich ist, ob das Kündigungsrecht an die Eröffnung des Insolvenzverfahrens über das Vermögen des VN oder an die Stellung eines Antrags auf Eröffnung eines Insolvenzverfahrens gebunden sein soll.[34] Es verbleibt damit bei den Bestimmungen der InsO zum Schicksal des Versicherungsvertrages (insbes. Erfüllungswahl oder -ablehnung durch den Insolvenzverwalter, § 103 InsO). Auszunehmen hiervon wären nach höchstrichterlicher Rspr. allenfalls **Kautionsversicherungsverträge**.[35]

30 Sofern der VN seinen Prämienzahlungspflichten nicht mehr nachkommt, kann der VR den Vertrag allerdings weiterhin unter den Voraussetzungen der §§ 37, 38 VVG kündigen.[36] **Verzugsabhängige Lösungsrechte berühren § 119 InsO nicht**, da sie nicht an insolvenzbezogene Umstände, sondern an sonstige Vertragsverletzungen des Insolvenzschuldners anknüpfen.[37]

Grundsätzlich soll auch ein Anknüpfen eines vertraglich ausbedungenen Kündigungsrechts an andere, dem Insolvenzverfahren vorgelagerte Ereignisse, wie etwa eine **Vermögensverschlechterung** des Schuldners, möglich bleiben und eine Vereinbarung von Kündigungsrechten für diesen Fall nicht zwangsläufig unzulässig sein.[38] In Versicherungsverträgen dürfte dies im Falle von Zahlungsschwierigkeiten des VN oder dessen Vermögensverfall jedoch kaum in Frage kommen. Außerordentliche Kündigungsrechte des VR werden dort grundsätzlich nur in engen Grenzen anerkannt (s. Rdn. 19 ff.). Neben Bestimmtheitsproblemen wäre ein entsprechendes Lösungsrecht wohl auch als unzulässige Abweichung von den Regelungen zum Prämienzahlungsverzug in den §§ 37, 38 VVG anzusehen (§ 42 VVG) oder als unzulässige Abweichung vom Grundgedanken der §§ 37, 38 VVG und daher gem. § 307 Abs. 1 Satz 1 BGB unwirksam.[39]

Zudem können Lösungsrechte des VR weiterhin zulässig sein, wenn die Eröffnung des Insolvenzverfahrens beispielsweise als Gefahrerhöhung i.S.d. §§ 23 ff. VVG anzusehen wäre (dann gegebenenfalls Kündigungsrecht des VR nach § 24 Abs. 1 und Abs. 2 VVG).[40]

Verbreiteter als Sonderkündigungsrechte des VR bei Insolvenz des VN sind Klauseln in AVB, wonach der Versicherungsvertrag bei Eröffnung des Insolvenzverfahrens oder Stellung eines entsprechenden Antrags über das Vermögen des VN automatisch endet. Dies dürfte nach Maßgabe des Vorstehenden ebenfalls nicht zulässig sein (Rdn. 29). Anders ist dies, wenn die Vertragsbeendigung erst für den Ablauf der Versicherungsperiode vorgesehen ist, in der es zum Insolvenzantrag oder zur Eröffnung des Insolvenzverfahrens gekommen ist, also lediglich keine Verlängerung des Vertrages um ein weiteres Jahr erfolgt (§ 11 IV). Solche Regelungen dürften nicht zwangsläufig den Regelungen des Insolvenzrechts widersprechen und können daher – je nach Ausgestaltung – wirksam sein.[41] Unberührt davon bleiben zudem materielle Deckungseinschränkungen, die in AVB für insolvenzbezogene Sachverhalte vorgesehen sind. Solche Regelungen lassen den Fortbestand des Versicherungsvertrages und das Wahlrecht des Insolvenzverwalters aus § 103 InsO unberührt und stellen als materielle Beschränkung des Deckungsschutzes keinen Verstoß gegen § 119 InsO dar.[42]

---

29 BGH VersR 2003, 858; dazu *Elfring* BB 2004, 617 ff.
30 Begr. RegE BT-Drucks. 16/3945 S. 64.
31 BGH r+s 2013, 267 ff.
32 *C. Schneider/Köhler* r+s 2013, 269, 270.
33 *C. Schneider/Köhler* r+s 2013, 269, 270; so schon vor BGH r+s 2013, 267 ff. B/M/*K. Johannsen.*, Anh. § 16 Rn. 3.
34 BGH r+s 2013, 267 ff. (Gründe, Rn. 19 ff.).
35 Diese ordnet der BGH in stRspr. als Geschäftsbesorgungsvertrag nach § 116 InsO ein, mit der Folge, dass sie mit Eröffnung des Insolvenzverfahrens gem. § 115 InsO erlöschen: BGH NZI 2010, 859; VersR 2007, 1367; VersR 2006, 1637.
36 Vgl. OLG Düsseldorf VersR 2006, 250; *C. Schneider/Köhler* r+s 2013, 269, 270; a.A. *Simon:* in Dörner (Hrsg.), Forum Versicherungsrecht 2006, 179, 208.
37 BGH r+s 2013, 267 ff.
38 BGH r+s 2013, 267 ff.; s. auch BGH NJW 2006, 915, 917 (dort Rn. 24 ff.).
39 *C. Schneider/Köhler* r+s 2013, 269, 271.
40 *C. Schneider/Köhler* r+s 2013, 269, 271.
41 *C. Schneider/Köhler* r+s 2013, 269, 271 f.; in diesem Sinne auch BGH NJW 2006, 915, 917.
42 *C. Schneider/Köhler* r+s 2013, 269, 272.

Für den Fall einer **Insolvenz des VR** trifft § 16 eine Sonderregelung. Ein (außerordentliches) Kündigungs- 31
recht des VN kommt für diesen Fall nicht in Frage (s. Rdn. 23). Dasselbe gilt für den Fall, dass der VR »finanziell unsicher« wird (vgl. ebenfalls Rdn. 23).

5. Vertragsaufhebung

Der Versicherungsvertrag kann von den Parteien jederzeit einvernehmlich beendet werden (**Aufhebungsver-** 32
trag). Das geht auch dann noch, wenn bereits ein Schaden eingetreten ist.[43] Eine solche Vereinbarung ist formfrei möglich. Sie kann auch konkludent getroffen werden. Insbes. kann eine unwirksame Kündigungserklärung in ein Angebot auf Vertragsaufhebung zum intendierten Kündigungszeitpunkt umgedeutet werden (Rdn. 64). Stets aber bedarf ein solches Aufhebungsangebot der Annahme der anderen Partei. Das bloße Schweigen stellt keine entsprechende Annahmeerklärung dar,[44] auch dann nicht, wenn der VN sich bereits seit längerer Zeit aus der Vertragsbindung zu lösen versucht.[45] Auch existiert keine Verkehrssitte des Inhalts, dass eine Annahmeerklärung des VR auf ihm zugehende Aufhebungsangebote des VN nicht zu erwarten wäre (vgl. § 151 BGB).[46] Zur Frage, ob der VR unwirksame Kündigungen zurückweisen muss, vgl. Rdn. 69 ff.

Soweit durch den Versicherungsvertrag Interessen Dritter geschützt werden, kann der VR diesen Dritten ge- 33
genüber trotz Vertragsaufhebung in der Haftung bleiben (vgl. Rdn. 66).

6. Andere Lösungsrechte

Von den Kündigungsrechten zu unterscheiden sind Lösungsrechte, die den Vertrag *ex tunc* entfallen lassen, so 34
etwa das **Widerrufsrecht** des VN (§§ 8, 152), die **Rücktrittsrechte** des VR bei Verletzung vorvertraglicher Anzeigepflichten oder bei Zahlungsverzug der Erstprämie (§§ 19 II, 37 I) oder eine **Anfechtung** des Vertrages (§§ 119 ff., 123, 142 BGB, § 22).

B. Verlängerungsklauseln (§ 11 I)

§ 11 I regelt die Zulässigkeit von Verlängerungsklauseln. Sie sind gebräuchlich bei Verträgen, die zunächst 35
nur eine begrenzte Laufzeit vorsehen und bewirken, dass sich der Vertrag über die ursprünglich vereinbarte Laufzeit hinaus fortsetzt, wenn keine der Vertragsparteien den Vertrag vorher kündigt. Dies dient auch den Interessen des VN, der seinen Versicherungsschutz nicht dadurch verliert, dass er es versäumt, sich rechtzeitig vor Auslaufen des Vertrages um dessen Verlängerung oder anderweitigen Versicherungsschutz zu bemühen.[47] Von Gesetzes wegen ist ein § 11 I entsprechender Vertragsverlängerungs-Mechanismus in der Kfz-Haftpflichtversicherung vorgesehen (§ 5 V PflVG).

Mit den Beschränkungen in § 11 I will der Gesetzgeber den VN jedoch vor überlangen Vertragsbindungen 36
schützen, die allein durch sein Schweigen eintreten, und begrenzt die automatische Verlängerung auf jeweils ein Jahr.[48] Die Regelung gilt freilich für beide Vertragsparteien gleichermaßen.

In seiner **Neufassung zum 01.01.2008** will § 11 I klarstellen, dass alle auf bestimmte Zeit geschlossene Verträ- 37
ge mit Verlängerungsklausel erfasst sind und nicht nur solche, die als »stillschweigend verlängert gelten« sollen (so § 8 a.F.).[49] Welche zusätzlichen Fälle damit erfasst werden könnten, ist nicht ersichtlich. Ausdrückliche Vereinbarungen, durch die ein ursprünglich für eine bestimmte Zeit eingegangener Vertrag nachträglich für einen längeren Zeitraum als ein Jahr verlängert wird, bleiben jedenfalls zulässig.[50] Solche Vereinbarungen sind aber als Neuabschluss zu werten (§ 8 Rdn. 28).[51]

Nach § 11 I darf sich die vertraglich vorgesehene automatische Verlängerung **nicht auf einen längeren Zeit-** 38
raum als ein Jahr erstrecken. Dieser Zeitraum wird häufig der Dauer einer Versicherungsperiode entsprechen, aber das muss nicht sein (§ 12 Rdn. 3 ff.). **Mehrfache Verlängerungen** auf Grund einer Klausel nach § 11 I sind **möglich** (»jeweils«).[52] Eine Verlängerungsklausel, nach der sich der Vertrag mangels Kündigung für einen längeren Zeitraum als ein Jahr fortsetzen soll, ist nicht zur Gänze unwirksam. Vielmehr wird sie in ihren Rechtswirkungen durch § 11 I dahingehend korrigiert, dass eine Vertragsverlängerung nur für ein Jahr eintritt (»soweit«).[53]

---

43 OLG München TranspR 2001, 413.
44 BGH VersR 1987, 923 f.; OLG Hamm VersR 1985, 853, 854; LG Bremen VersR 2000, 305 m.Anm. *Jonczak*; *Rogler* r+s 2007, 140, 142.
45 Insoweit anders OLG Koblenz r+s 1993, 68, 69.
46 BGH r+s 1989, 69; VersR 1987, 923, 924; *Rogler* r+s 2007, 140, 142 f.
47 VVG-Kommission Abschlussbericht 2004 (VersR-Schriftenreihe Heft 25), S. 28 f.
48 Dazu Motive und amtliche Begr. zum Gesetz über den Versicherungsvertrag v. 30. März 1908, Neudruck Berlin 1963, S. 63.
49 Begr. RegE BT-Drucks. 16/3945 S. 63.
50 P/M/*Armbrüster*, § 11 Rn. 1.
51 *C. Schneider* VersR 2004, 696, 700.
52 Motive und amtliche Begr. zum Gesetz über den Versicherungsvertrag v. 30. März 1908, Neudruck Berlin 1963, S. 63 f.
53 B/M/*Möller*[8], § 8 Anm. 5.

39 Die Bestimmung des § 11 I ist, obgleich nicht in § 18 erwähnt, **zwingend**. Dies ergibt sich aus der Natur der Sache (»ist ... unwirksam«). Da es bei § 11 I aber an sich nur um den Schutz des VN geht,[54] dürfte es möglich sein, die Lösungsmöglichkeiten des VR über § 11 I hinaus zu beschränken. Die vereinbarten **Kündigungsfristen** müssen § 11 III genügen (Rdn. 45 f.).

40 **Rechtsfolge** einer nicht erfolgten Kündigung ist die **Fortsetzung des Vertrages** mit demselben Inhalt für ein weiteres Jahr. Es kommt **kein neuer Versicherungsvertrag** zustande.[55] Daher greifen die vorvertraglichen Beratungs- und Informationspflichten der §§ 6, 7 nicht erneut ein. Es besteht kein Widerrufsrecht nach § 8 und die weiteren Prämien sind Folge- und nicht Erstprämie (vgl. §§ 37 f.). Der VN hat auch keine Anzeigepflichten nach § 19 zu erfüllen. Der VR kann freilich vor der Verlängerung Risikodaten abfragen, um seine Entscheidung über die Ausübung seines Kündigungsrechts vorzubereiten. Für solche Abfragen gelten dann aber nicht die §§ 19 ff.[56] **Neue AVB** können dem Vertrag anlässlich seiner Verlängerung nur mit Einverständnis des VN zu Grunde gelegt werden.[57] Die Zustimmung des VN kann konkludent erfolgen, wofür der VR beweisbelastet ist. Bloßes Schweigen oder die widerspruchslose Fortzahlung der Prämie genügen nicht. Andernfalls muss der VR rechtzeitig eine Änderungskündigung aussprechen.

41 Im Rahmen der vorvertraglichen Informationen über die (Mindest-)Laufzeit des Vertrages ist auch auf automatische Verlängerungsklauseln hinzuweisen (§ 1 I Nr. 14 VVG-InfoV).

C. Verträge auf unbestimmte Zeit (§ 11 II)

42 Das Kündigungsrecht des § 11 II gilt nur für Verträge, die auf unbestimmte Zeit eingegangen wurden. Verträge mit festgelegten Laufzeiten – unerheblich über wie viele Jahre – zählen nicht hierzu. Ebenso wenig sind Verträge ohne kalendermäßige Laufzeitbegrenzung erfasst, wenn ihr Ablauf auf andere Weise im Vorhinein festgelegt und bestimmbar ist (Ende der Reise, der Ausstellung, des Transports usw.).[58] Auf Lebenszeit der versicherten Person geschlossene Verträge sind hingegen Verträge auf unbestimmte Zeit; in den praktisch häufigsten Fällen der Personenversicherung (Lebensversicherung, Krankenversicherung usw.) gelten jedoch Spezialregelungen, die § 11 II verdrängen (Rdn. 11 ff.). Wurde vereinbart, dass sich ein befristeter Vertrag nach Ablauf der ursprünglich vorgesehenen Vertragslaufzeit mangels gegenteiliger Willensäußerung fortsetzen soll und wurde der Verlängerungszeitraum nicht bestimmt, so wandelt sich der Vertrag in eine Versicherung auf unbestimmte Zeit um.[59]

43 Eine **Kündigung** der unter § 11 II fallenden Verträge ist **zum Schluss der laufenden Versicherungsperiode** (§ 12) möglich. Hiervon kann nicht zum Nachteil des VN abgewichen werden (§ 18; § 12 Rdn. 6). Zu den Anforderungen an die Kündigungserklärung s. Rdn. 55 ff. Vereinbarungen über die Kündigungsfrist müssen § 11 III entsprechen (Rdn. 45 f.).

44 Auf ihr **Kündigungsrecht** können die Parteien nur für die Dauer von **zwei Jahren verzichten**. Das passt nicht recht zu § 11 IV, der eine feste Bindung ohne Kündigungsmöglichkeit von drei Jahren zulässt (Rdn. 47 ff.). Ein sachlicher Grund für diese unterschiedliche Behandlung ist nicht ersichtlich; sie hat sich aus den vielfachen Änderungen des § 8 a.F. ergeben (vgl. Rdn. 5). Zwar formuliert § 11 II, dass der Verzicht **einvernehmlich** erfolgen muss. Dies bedeutet aber lediglich, dass überhaupt eine entsprechende vertragliche Vereinbarung erforderlich ist. Diese kann freilich in AVB erfolgen, eine Individualabrede ist nicht erforderlich.[60] Ohnehin ist der VN über solche Vereinbarungen in den vorvertraglichen Informationen und im Produktinformationsblatt zu informieren (vgl. Rdn. 4).

D. Kündigungsfristen (§ 11 III)

45 § 11 III enthält Vorgaben für die Dauer der **Kündigungsfrist in den Fällen von § 11 I und II**, gilt also für das Kündigungsrecht bei Verträgen mit Verlängerungsklausel ebenso wie für Verträge auf unbestimmte Zeit.[61] Die Vorschrift findet keine Anwendung, wenn Verträge mit einer festen Laufzeit von bis zu drei Jahren den Parteien Kündigungsmöglichkeiten einräumen (Rdn. 9).

46 Die Kündigungsfrist muss für beide Parteien gleich lang sein. Sie muss wenigstens einen Monat lang sein und darf nicht mehr als drei Monate betragen. Fehlt es an einer vertraglichen Bestimmung, gilt eine Kündigungsfrist von einem Monat.[62] Zu abweichenden Vereinbarungen Rdn. 81 ff.

---

54 Vgl. Motive und amtliche Begr. zum Gesetz über den Versicherungsvertrag v. 30. März 1908, Neudruck Berlin 1963, S. 63 f.; VVG-Kommission Abschlussbericht 2004 (VersR-Schriftenreihe Heft 25), S. 28 f.
55 BGH NJW 2002, 2170, 2171; OLG Saarbrücken VersR 1989, 245; P/M/*Armbrüster*, § 11 Rn. 2; L/W/*Fausten*, § 11 Rn. 13; *C. Schneider* VersR 2004, 696, 700.
56 Ebenso L/W/*Fausten*, § 11 Rn. 14 f.
57 Vgl. OLG Saarbrücken VersR 1989, 245 f.
58 B/M/*Möller*[8], § 8 Anm. 15; R/L/*Rixecker*, § 11 Rn. 5.
59 OGH VersR 2003, 90 ff.; PK/*Ebers*, § 11 Rn. 44.
60 A.A. PK/*Ebers*, § 11 Rn. 46.
61 Begr. RegE BT-Drucks. 16/3945 S. 63.
62 B/M/*Möller*[8], § 8 Anm. 16; R/L/*Rixecker*, § 11 Rn. 7.

E. Kündigungsrecht bei langjährigen Verträgen (§ 11 IV)

§ 11 IV regelt Verträge, die eine festgelegte Laufzeit von **mehr als drei Jahren** haben. Solche Verträge kann der VN zum Schluss des dritten Vertragsjahres (Rdn. 50) oder zum Schluss jedes folgenden Vertragsjahres kündigen. Bei Lebens- und Berufsunfähigkeitsversicherungen wird § 11 IV von den spezielleren Kündigungsrechten der §§ 168, 176 verdrängt. Sie erlauben dem VN, den Vertrag zum Schluss einer *jeden* Versicherungsperiode zu kündigen (Rdn. 14). Auch § 205 verdrängt § 11 IV.[63] Zum **Übergangsrecht** vgl. Rdn. 54. 47

Die Regelung des § 309 Nr. 9 BGB, wonach bei Dauerschuldverhältnissen eine längere Mindestlaufzeit als zwei Jahre nicht vorgesehen werden darf, gilt nicht für Versicherungsverträge (§ 309 Nr. 9 2. Hs.), erfasst solche Verträge aber auch schon tatbestandlich nicht. An ihre Stelle tritt § 11 IV.[64] Die Bestimmung reicht weiter als das AGB-Recht, denn sie ist nicht auf Verträge mit Verbrauchern beschränkt,[65] sondern gilt **für sämtliche Versicherungsverträge**. § 11 IV zieht zudem andere Rechtsfolgen nach sich als das AGB-Recht. Feste Laufzeitvereinbarungen, die eine Dauer von drei Jahren überschreiten, sind nicht unwirksam, sondern bleiben verbindlich.[66] Es besteht lediglich das von § 11 IV eingeräumte Kündigungsrecht für den VN.[67] § 11 enthält also **keine Höchstfrist für die zulässige Vertragsdauer**.[68] Verträge mit einer längeren Laufzeit sind deshalb auch nicht nach § 307 I, II BGB unwirksam. 48

Maßgeblich für die Frage, ob ein Vertrag für eine Dauer von mehr als drei Jahren geschlossen wurde, ist die **formelle Vertragsdauer** (§ 2 Rdn. 2), nicht hingegen die Haftungszeitraum (Dauer des materiellen Versicherungsschutzes).[69] Vor Vertragsschluss liegende Zeiten, für die eine Rückwärtsversicherung gewährt wird (§ 2), bleiben also ebenso außer Betracht, wie ein dem Vertragsschluss vorangehender Vertrag über vorläufige Deckung (§§ 49 ff.). 49

Die **Kündigungsmöglichkeit** für den VN besteht **erstmals mit Ablauf des dritten Vertragsjahres**. Maßgeblich ist der Jahrestag des Vertragsschlusses. Dieser Zeitpunkt muss nicht mit dem Ende der Versicherungsperiode i.S.v. § 12 zusammenfallen. Dies wird namentlich dann nicht der Fall sein, wenn für das erste Vertragsjahr eine Rumpfperiode bis zum 31.12. des laufenden Jahres vereinbart wird, die erste Versicherungsperiode also nicht die Dauer eines Kalenderjahres hat (vgl. § 12 Rdn. 4). Die §§ 168, 176, die dem VN ein jederzeitiges Kündigungsrecht zum Ende der Versicherungsperiode einräumen, verdrängen § 11 IV auch insoweit, als sich aus § 11 IV ein Kündigungsrecht zu einem vom Ende der Versicherungsperiode abweichenden Jahrestag der Versicherung ergeben könnte (Rdn. 14). 50

Die **Kündigungsfrist für den VN** beträgt drei Monate. Die Vereinbarung kürzerer Kündigungsfristen ist, da für den VN günstig, möglich (§ 18). Die Kündigungserklärung muss den allgemeinen Anforderungen entsprechen (Rdn. 55 ff.). 51

Das Gesetz sieht in § 11 IV keine **Kündigungsmöglichkeit für den VR** vor. Es steht dem VR aber frei, sich ebenfalls Kündigungsmöglichkeiten auszubedingen. Tut er dies, so muss es sich dabei um ein »den Vorschriften der Absätze 2 und 3 entsprechendes Recht« handeln.[70] Fraglich ist, was mit dem Verweis auf § 11 II gemeint ist. Der Hinweis des Gesetzgebers dürfte kaum so zu verstehen sein, dass sich der VR trotz mindestens dreijähriger Bindung des VN bereits für einen früheren Zeitpunkt ein Kündigungsrecht ausbedingen kann (vgl. § 11 II: zum Schluss der laufenden Versicherungsperiode). Auch nach den Vorgängervorschriften des § 8 a.F. i.V.m. mit § 15a a.F. wäre dies nicht möglich gewesen. Maßgeblich dürfte vielmehr der Rechtsgedanke des § 11 III sein. Danach darf zum einen die Kündigungsfrist für den VR nicht kürzer als die für den VN sein. Allerdings sollte es möglich sein – da § 11 IV das Kündigungsrecht des VR nicht regelt und dies für den VN günstig ist – für beide Seiten eine einmonatige Kündigungsfrist zu vereinbaren. Schließlich wird man den § 11 III und IV entnehmen müssen, dass sich der VR für den Zeitraum, über den der VN ohne Kündigungsmöglichkeit an den Vertrag gebunden ist – drei Jahre – kein Kündigungsrecht ausbedingen kann. Auf eine solche Vereinbarung kann er sich nach § 18 jedenfalls nicht berufen. 52

Sofern der Vertrag **Großrisiken** oder laufende Versicherungen i.S.v. § 210 betrifft, können die Parteien das Kündigungsrecht des VN auch für eine längere Zeit als 3 Jahre abbedingen (Rdn. 85); ein Verstoß gegen den Grundgedanken des § 11 IV i.S.v. § 307 II, II BGB liegt darin nicht. 53

Übergangsrecht: Fraglich ist, in welcher Weise § 11 IV Anwendung auf Altverträge findet, also solche, die vor dem 01.01.2008 geschlossen wurden.[71] Da § 11 IV eine Frist vorsieht, die für die Geltendmachung des Sonderkündigungsrechts maßgeblich ist, dürfte sich das Übergangsrecht insoweit nicht aus Art. 1 I EGVVG ergeben, sondern gem. Art. 3 IV EGVVG nach den Vorschriften von Art. 3 I–III EGVVG für die Verjährung rich- 54

---

63 Begr. RegE BT-Drucks. 16/3945 S. 63.
64 Diese Sonderregelung ist nicht zu beanstanden: BVerfG NJW 1986, 243.
65 Begr. RegE BT-Drucks. 16/3945 S. 63.
66 Vgl. BT-Drucks. 16/5862 S. 98 f.; FAKomm-VersR/*Wendt*, § 11 Rn. 35 f.
67 LG Berlin r+s 2013, 220.
68 Begr. RegE BT-Drucks. 16/3845 S. 48 f.; Beschlussempfehlung Rechtsausschuss BT-Drucks. 16/5862 S. 98 f.
69 P/M/*Armbrüster*, § 11 Rn. 8; PK/*Ebers*, § 11 Rn. 51.
70 RegE BT-Drucks. 16/3945 S. 63.
71 Ausführlich L/W/*Fausten*, § 11 Rn. 195 ff.

ten.[72] Das bedeutet: Da die Frist des § 11 IV kürzer (3 Jahre) als nach altem Recht ist (§ 8 II 1 a.F.: 5 Jahre), berechnet sich entsprechend Art. 3 III EGVVG die kürzere (dreijährige) Frist vom 01.01.2008 an. Läuft jedoch die alte (fünfjährige) Frist früher als die Frist nach § 11 IV 2008 ab, ist deren Ablauf für die Ausübung des Kündigungsrechts maßgeblich.[73]

F. Kündigungserklärung

I. Form

55 Eine bestimmte Form für die Kündigungserklärung ist in § 11 nicht vorgesehen. Grundsätzlich kann sie daher formlos, also mündlich oder in jeder anderen Form (Fax, E-Mail, schriftlich usw.) erfolgen. Häufig bestimmen **AVB**, dass Erklärungen des VN gegenüber dem VR bzw. Kündigungen **schriftlich** zu erfolgen haben. Das ist grundsätzlich zulässig (§ 309 Nr. 13 BGB). In den Fällen der § 11 II und IV kann sich der VR aber auf eine solche Vereinbarung nicht berufen. Die dortigen Kündigungsrechte sind halbzwingend (§ 18) und in § 11 ist eine Form für die Kündigung nicht vorgesehen. Der VN kann daher trotz Schriftformvereinbarung formlos kündigen. Für den VR gilt das nicht. Schon aus Beweisgründen sollte aber wenigstens die Textform gewählt werden (§ 126b BGB).

56 Nach § 171 kann für die Kündigung des VN bei **Lebensversicherungen** mit laufender Prämienzahlung die Schrift- oder die Textform vereinbart werden. Ob dies auch für die Berufsunfähigkeitsversicherung gilt, ist zweifelhaft (§ 176 Rdn. 2). Vereinbarungsfreiheit besteht außerdem bei **Großrisiken** oder laufenden Versicherungen, so dass der VN dort eine vereinbarte Schriftform einhalten muss (§ 210). Im Zweifelsfall genügt bei vertraglich vereinbarter Schriftform aber eine telekommunikative Übermittlung (z.B. Fax, E-Mail, vgl. § 127 II BGB).[74] Die klauselmäßige Vereinbarung strengerer Formen, also etwa die Übersendung durch eingeschriebenen Brief, bleibt aber unzulässig (§ 309 Nr. 13 BGB).

II. Kündigungsberechtigter

57 Das Kündigungsrecht steht grundsätzlich nur den **Vertragspartnern** zu. Dies gilt auch bei der Versicherung für fremde Rechnung; dem Versicherten steht kein Kündigungsrecht zu (vgl. §§ 44 ff.). Mehrere VN müssen gemeinsam kündigen.[75] Erfolgt die Kündigung durch einen Dritten in Vertretung für den VN und kündigt ein VN für die übrigen Mit-VN, sollte bei der Kündigung wegen § 174 BGB eine Vollmachtsurkunde vorgelegt werden. Die Vollmacht muss im Original vorliegen.[76] Das gilt ebenso, wenn der Makler des VN den Vertrag kündigt.[77] Aus der Urkunde muss sich hinreichend deutlich die Vollmacht zur Vornahme der Kündigung ergeben, andernfalls ist auch insoweit eine Zurückweisung der Erklärung nach § 174 BGB möglich.[78] Das Kündigungsrecht kann nicht isoliert abgetreten werden, wohl aber bei Abtretung der Deckungsansprüche auf den Zessionar übergehen.[79] Dieser bleibt auch dann zur Kündigung berechtigt, wenn der Sicherungszweck der Abtretung zwischenzeitlich entfallen ist.[80]

58 Bei der **Mitversicherung** hat jeder VR für seinen Anteil zu kündigen, sofern im Versicherungsvertrag nichts anderes vorgesehen ist.[81] Wird der VR bei der Kündigung gesetzlich bzw. satzungsgemäß vertreten, ist ein Vollmachtsnachweis nicht erforderlich, da sich die Vertretungsberechtigung aus dem Handelsregister ergibt (§ 15 II HGB).[82] Bei rechtsgeschäftlicher Vertretung empfiehlt sich auch hier die Beifügung eines Vollmachtsnachweises (§ 174 BGB).

III. Erklärungsempfänger

59 Die Kündigung ist an den Vertragspartner als Erklärungsempfänger zu richten; sie wird wirksam, wenn sie ihm zugegangen ist (§ 130 BGB). Dies muss innerhalb der Kündigungsfrist geschehen. Für den VR kann die Erleichterung des § 13 greifen (s. dort).

---

72 AG Düsseldorf NJW-RR 2010, 908; AG Daun VersR 2009, 1522; AG Eschweiler v. 17.11.2009, 21 C 243/09; P/M/*Armbrüster*, § 11 Rn. 11; *Funk/Pletsch* VersR 2009, 615; *Neuhaus/Kloth/Köther* ZfV 2009, 179; *W.T. Schneider* VersR 2008, 859; a.A. *Versicherungsombudsmann* VersR 2009, 913; *Steinbeck/Schmitz-Elvenich*, VW 2009, 1251 ff.
73 *Funk/Pletsch* VersR 2009, 615; *W.T. Schneider* VersR 2008, 859; a.A. *Versicherungsombudsmann* VersR 2009, 913; *Steinbeck/Schmitz-Elvenich* VW 2009, 1251 ff.
74 Vgl. Palandt/*Ellenberger* § 127 Rn. 2.
75 B/M/*Möller*[8], § 8 Anm. 31.
76 BGH NJW 1994, 1472; NJW 1981, 1210; OLG Hamm VersR 1991, 663, 664; Palandt/*Heinrichs*, § 174 Rn. 5.
77 OLG Hamm r+s 1992, 143 f.; *Ebnet* NJW 2006, 1697, 1698.
78 OLG Hamm r+s 1992, 143 f.; Palandt/*Ellenberger*, § 174 Rn. 5.
79 BGH VersR 1966, 359; OLG Karlsruhe r+s 1992, 325.
80 OLG Karlsruhe r+s 1992, 325.
81 Dazu *Lange/Dreher* VersR 2005, 717 ff.; *dies.* VersR 2008, 289 ff.; *Schaloske* VersR 2007, 606 ff.; L/W/*Fausten*, § 11 Rn. 75.
82 BGH NJW 2002, 1194, 1195; LG Halle NZV 2009, 297 f.; LG Baden-Baden r+s 1993, 90; AG Rastatt VersR 2002, 963; Palandt/*Ellenberg*, § 174 Rn. 4.

Bei einer **Kündigung durch den VN** ist es ausreichend, wenn die Erklärung einem Versicherungsvertreter des 60
VR zugeht (§ 69 I Nr. 2); Zugang beim Makler genügt nur bei entsprechender Vereinbarung. Bei mehreren
VR ist die Kündigung allen VR gegenüber auszusprechen, es sei denn, die Führungsklausel besagt etwas anderes.

Versicherte (§§ 44 ff.), Bezugsberechtigte (§§ 159 f., 185), Pfandgläubiger oder Zessionare sind nicht die richtigen 61
Erklärungsempfänger für die **Kündigungserklärung des VR**, sofern keine entsprechende Vollmacht vorliegt.[83] Anderes gilt bei Rechtsnachfolgern des VN. In der Insolvenz des VN ist die Kündigung gegenüber
dem Insolvenzverwalter zu erklären (nicht aber gegenüber dem vorläufigen »schwachen« Insolvenzverwalter,
§§ 21, 22 ff. InsO).

Bei mehreren VN muss der VR grundsätzlich allen VN gegenüber kündigen,[84] sofern nicht entsprechende 62
Vertretungsregelungen existieren. Grundsätzlich kann der VR davon ausgehen, dass eine bei Vertragsschluss
vorhandene Vollmacht auch während der Laufzeit fortbesteht (vgl. § 171 BGB). Zu Zurückweisungsrechten
nach § 174 BGB s. Rdn. 52.

IV. Erklärungsinhalt

Die Kündigungserklärung muss klar und bestimmt sein, sie ist aber auslegungsfähig (§ 133 BGB). Es ist nicht 63
erforderlich, dass der Begriff »Kündigung« verwendet wird. Aus der Erklärung muss jedoch erkennbar und
unzweideutig der Wille hervorgehen, die vertraglichen Bindungen endgültig zu lösen. Bestehen mehrere Verträge,
muss auch der betreffende Vertrag hinreichend konkret bezeichnet sein.

Bei anderen Erklärungen kommt eine **Umdeutung** in eine Kündigungserklärung in Frage (§ 140 BGB). So 64
kann ein unwirksamer Widerruf des VN (§§ 8, 152) oder eine unwirksame Vertragsanfechtung in eine Kündigung
zum nächstmöglichen Zeitpunkt umgedeutet werden, da die Rechtswirkungen der Kündigung weniger
weitreichend sind (Beendigung *ex nunc* statt *ex tunc*).[85] Ebenso kann eine unzulässige außerordentliche Kündigung
in eine ordentliche Kündigung zum nächsten ordentlichen Kündigungstermin umgedeutet werden
(Rdn. 24).[86] Höhere Hürden bestehen bei einer Umdeutung von Erklärungen des rechtskundigen VR.[87]

G. Rechtsfolgen
I. Wirksame Kündigung

Die wirksame Kündigung des Versicherungsvertrages führt zu dessen Beendigung *ex nunc*. Die Wirkung tritt 65
unmittelbar durch die Ausübung des Gestaltungsrechts ein, freilich erst zum Kündigungszeitpunkt (z.B. Ende
der Versicherungsperiode, § 11 II). Anders bei der außerordentlichen Kündigung (Rdn. 20). Die Wirksamkeit
der Kündigung muss nicht vom VR bestätigt werden (s. aber Rdn. 69 ff.).[88] In Ausnahmefällen, wenn die Kündigung
gegen § 19 I Nr. 2 AGG verstößt, kann sich der VR schadenersatzpflichtig machen bzw. die Kündigung
unwirksam sein (Einl. A Rdn. 46 ff.).

In einigen Versicherungszweigen sieht das Gesetz **Sonderregeln** für die Rechtsfolgen der Kündigung vor. So 66
führt in der **Lebensversicherung** die Kündigung durch den VR zur Umwandlung des Vertrages in eine prämienfreie
Versicherung (s. Kommentierung zu § 166). In der **Pflichtversicherung** kann der VR trotz Kündigung
des Vertrages und dessen Beendigung gegenüber Dritten noch an eine Nachhaftungsfrist gebunden sein
(§ 117). Für die **Gebäudefeuerversicherung** bestehen ähnliche Regelungen in § 143 zugunsten der Hypothekengläubiger.

Die Parteien können sich trotz Kündigung und auch, wenn die Wirkungen der Kündigung bereits eingetreten 67
sind (Rdn. 65), auf ein **Fortbestehen des Vertrages** einigen.[89] Ein Angebot auf Fortsetzung des Vertrages liegt
regelmäßig in einem Widerruf oder einer **Rücknahme der Kündigung**.[90] Dieses Angebot muss von der anderen
Partei ausdrücklich oder konkludent angenommen werden. Versendet der VR nach einer Kündigung eine
Prämienrechnung an den VN oder bucht er weiterhin die Prämie von dessen Konto ab, so ist diesen Vorgängen
i.d.R. kein Erklärungswert dahingehend beizumessen, dass der VR ein Angebot auf Fortsetzung des Vertrages
unterbreiten oder annehmen möchte.[91]

---

83 Vgl. BGH VersR 1992, 1382; P/M/*Armbrüster*, Vorbemerkung zu § 11 Rn. 20.
84 Vgl. BGH VersR 2014, 229 ff.
85 Dazu OLG Karlsruhe VersR 2006, 1625, 1627; OLG Hamm VersR 1981, 275; LG Berlin VersR 2002, 695; Palandt/*Ellenberger*, § 140 Rn. 6.
86 OLG Düsseldorf NVersZ 2001, 571; OLG Hamm VersR 1986, 759 f.; LG Aachen r+s 1993, 69, 70; AG Garmisch-Partenkirchen VersR 1972, 344.
87 OLG Hamm VersR 1985, 853, 854.
88 OLG Schleswig r+s 1996, 425.
89 BGH VersR 1988, 1013; VersR 1985, 54, 55; OLG Köln VersR 2000, 619; OLG Hamm r+s 1994, 161.
90 OLG Karlsruhe VersR 1981, 646, 647; L/W/*Fausten*, § 11 Rn. 154 ff.
91 OLG Köln VersR 2000, 619; VersR 1983, 527; OLG Hamm r+s 1994, 161; LG Bonn r+s 1999, 52.

II. Unwirksame Kündigung

68 Eine unwirksame Kündigung zieht an sich keine Rechtswirkungen nach sich. Im Versicherungsrecht haben sich aber eine Reihe von **Besonderheiten** herausgebildet, die insbes. der VR zu beachten hat.

1. Zurückweisungspflicht des VR

69 Nach h.M. ist der VR verpflichtet, eine **unwirksame Kündigung des VN** unverzüglich (vgl. § 121 I BGB) **zurückzuweisen**.[92] Dabei soll es nicht darauf ankommen, aus welchem Grund die Kündigung unwirksam ist, also ob die Kündigung verfristet oder nicht formgerecht oder z.B. deshalb unwirksam ist, weil gar kein Kündigungsgrund besteht. Eine Zurückweisungspflicht besteht nur dann nicht, wenn der kündigende VN den Mangel seiner Kündigung positiv kennt.[93] Selbst grob fahrlässige Unkenntnis von der Unwirksamkeit soll die Zurückweisung durch den VR nicht entbehrlich machen.[94] Ebenso wenig soll es darauf ankommen, ob der VN nach Zurückweisung überhaupt die Möglichkeit gehabt hätte, den Vertrag nochmals (wirksam) zu kündigen.[95] Zur Begründung heißt es, der VN sei davor zu bewahren, dass er in Unkenntnis der Unwirksamkeit seiner Kündigung seinen Versicherungsschutz anderweitig eindeckt und somit zwei Verträge zu bedienen hätte.[96]

70 **Rechtsgrundlage** einer solchen Zurückweisungspflicht kann allenfalls **§ 242 BGB** sein (soweit nicht bereits die AVB eine solche Pflicht vorsehen).[97] Auf die Pflicht zur Beratung im laufenden Vertragsverhältnis nach § 6 IV kann die Zurückweisungspflicht hingegen nicht gestützt werden.[98] Zum einen geht es bei § 6 nur um die Beratung über den Umfang des Versicherungsschutzes und nicht um eine allgemeine Pflicht, für die Rechtsangelegenheiten des VN zu sorgen.[99] Zum anderen gilt § 6 in einer Vielzahl von Konstellationen nicht, etwa bei Fernabsatzverträgen oder maklervermittelten Verträgen (vgl. § 6 V), was eine nicht zu rechtfertigende Ungleichbehandlung im Hinblick auf die Zurückweisungspflicht zur Folge hätte.

71 **Inhaltlich** muss der VN in der Zurückweisung darauf hingewiesen werden, dass seine Kündigung die notwendigen Anforderungen nicht erfüllt. Eine detaillierte **Belehrungspflicht** über die Unwirksamkeitsgründe kann dem VR aber nicht aufgebürdet werden.[100] Es genügt, wenn der VN weiß, dass der VR seine Erklärung für unwirksam hält. Entsprechenden Rechtsrat muss der VN im Bedarfsfall selbst einholen, dies ist nicht Aufgabe des VR. Jedenfalls aber muss der VR den VN nicht über mögliche Kündigungsalternativen belehren.[101]

72 **Unverzüglich** (§ 121 I BGB) erfordert ein Handeln des VN ohne schuldhaftes Zögern. Dies bedeutet aber nicht, dass die Zurückweisung stets innerhalb weniger Tage erfolgen muss. Bei komplizierten Sachverhalten kann eine Zurückweisung durchaus auch noch nach mehreren Wochen ausreichend sein.[102]

73 Umstritten ist, welche **Rechtsfolgen** eine unterlassene Zurückweisung durch den VR nach sich zieht. Die frühere Rspr. ging herkömmlich davon aus, dass auch die an sich unwirksame Kündigung mangels Zurückweisung als wirksam zu behandeln ist und den Vertrag beendet.[103] Das lässt sich rechtstechnisch nicht überzeugend begründen.[104] In der Sache liefe dies darauf hinaus, dem VN ein außerordentliches Kündigungsrecht bei Verletzung der Zurückweisungspflicht durch den VR einzuräumen. Ein solches dürfte aber durch das Verhalten des VR kaum je gerechtfertigt sein (vgl. § 314 I und Rdn. 23). Auch kann die fehlende Zurückweisung durch den VR nicht als stillschweigende Annahme eines Angebots auf Vertragsaufhebung verstanden werden. In der unwirksamen Kündigung des VN mag zwar ein solches Angebot liegen.[105] Häufig wird dem VR – er-

---

92 OLG Karlsruhe VersR 2002, 1497; OLG Koblenz VersR 1999, 875; OLG Hamm VersR 1977, 999; OLG Düsseldorf VersR 1954, 587; R/L/*Rixecker*, § 11 Rn. 11 ff.; BaFin v. 19.02.2014, VA 52-I 4209-2014 unter Bezugnahme auf und teilweiser Aufgabe von GB BAV 1994, 37 (7.5 »Einzelfälle«); weitere Nachweise bei *Brams* VersR 1997, 1308 ff.; *Leverenz* VersR 1999, 525 ff.; *Rogler* r+s 2007, 140 ff.

93 OLG Koblenz VersR 1999, 875; LG Köln r+s 1991, 243; AG Berlin-Neukölln VersR 2000, 877; P/M/*Armbrüster*, Vorbemerkung zu § 11 Rn. 32.

94 OLG Karlsruhe VersR 2002, 1497; a.A. LG Köln r+s 1991, 243, 244.

95 OLG Hamm VersR 1988, 514; wohl auch L/W/*Fausten*, § 11 Rn. 135.

96 OLG Köln VersR 1974, 462; OLG Karlsruhe VersR 2002, 1497.

97 H.M.; s. etwa OLG Karlsruhe VersR 2002, 1497; OLG Koblenz VersR 1999, 875; BaFin v. 19.02.2014, VA 52-I 4209-2014.

98 A.A. PK/*Ebers*, § 11 Rn. 33, 37; L/W/*Fausten*, § 11 Rn. 124.

99 FAKomm-VersR/*C. Schneider/Reuter-Gehrken* § 6 Rn. 74 f.

100 Anders die wohl h.M.: OLG Koblenz VersR 1999, 875; OLG Hamm VersR 1977, 999; L/W/*Fausten*, § 11 Rn. 127; R/L/*Rixecker*, § 11 Rn. 11.

101 PK/*Ebers*, § 8 Rn. 33; *Rogler* r+s 2007, 140, 142.

102 Dazu *Leverenz* VersR 1999, 525 ff. m.w.N.

103 OLG Düsseldorf VersR 2004, 996; OLG Karlsruhe VersR 2002, 1497; OLG Koblenz VersR 1999, 875; OLG Hamm VersR 1977, 999; LG Hannover VersR 1977, 351; AG Husum VersR 2001, 1368; R/L/*Rixecker*, § 11 Rn. 11; a.A. LG Bremen VersR 2000, 305 m. zust. Anm. *Jonczcak*.

104 BGH r+s 2013, 424; BSG r+s 2007, 144; ausführlich *Rogler* r+s 2007, 140, 142; *Leverenz* VersR 1999, 525 ff.; *Brams* VersR 1997, 1308.

105 BGH VersR 1987, 923.

kennbar – an der Fortsetzung des Vertrages gelegen sein, er auf die Aufhebung also nicht eingehen wollen.[106]
Richtigerweise ist die Zurückweisungspflicht des VR als **Nebenpflicht** (nicht: Obliegenheit) aus dem Versicherungsvertrag und aus § 242 BGB einzuordnen,[107] bei deren Verletzung sich der VR unter den Voraussetzungen des **§ 280 I BGB** schadenersatzpflichtig machen kann.[108] Diese Rechtsfolge ermöglicht interessengerechte Lösungen und sie ist der Annahme einer fiktiven Wirksamkeit der unwirksamen Kündigung vorzuziehen. Sie ist nunmehr auch vom **BGH** in einem kurzen Beschluss **bestätigt** worden.[109] 74

Bei unterbliebener Zurückweisung kann dem VN ein **Schadenersatzanspruch** zustehen, der sich auf Ersatz des negativen Interesses richtet. Der VN ist also so zu stellen, wie er ohne die Nebenpflichtverletzung des VR stünde. Deshalb kann der Schadenersatzanspruch durchaus auf Aufhebung des Vertrages gerichtet sein, etwa wenn sich der VN im Glauben an die Wirksamkeit seiner Kündigung inzwischen anderweitig versichert hat.[110] Das muss aber nicht in jedem Fall so sein. Stets kommt es auf den konkreten Schaden des VN an. 75

Voraussetzung für Schadenersatzansprüche des VN ist stets ein **Verschulden** des VR (§§ 280, 276 BGB), das z.B. fehlen kann, wenn den VN das versandte Zurückweisungsschreiben lediglich nicht erreicht. Auch kann den VN ein Mitverschulden an der unklaren Lage treffen, insbes. bei grober Fahrlässigkeit (Rdn. 69), was gegebenenfalls zu einer Kürzung seiner Schadenersatzansprüche führt (§ 254 BGB). 76

2. Übrige Fälle

Eine unwirksame, weil verfrühte oder verspätete Kündigung kann nach **§ 140 BGB** zum **nächstmöglichen Kündigungstermin wirksam** werden, ohne dass sie erneut ausgesprochen werden muss, sofern das dem **mutmaßlichen Willen** der kündigenden Partei entspricht.[111] Dies dürfte jedoch dann nicht gelten, wenn die Kündigung vom VR als unwirksam zurückgewiesen wurde.[112] Dann muss die Kündigungserklärung wiederholt werden, es sei denn, aus den Umständen ist ohne weiteres ersichtlich, dass der VN den Vertrag auf jeden Fall schnellstmöglich beenden möchte.[113] Schließlich kann in der unwirksamen Kündigung ein Angebot auf einvernehmliche vorzeitige Aufhebung des Vertrages liegen,[114] das aber der Annahme durch die andere Vertragspartei bedarf. 77

Im Übrigen besteht der Vertrag bei unwirksamer Kündigung fort. Eine **unberechtigte Kündigung** kann allerdings eine schuldhafte Vertragsverletzung nach § 280 I BGB darstellen, auf Grund derer der Kündigende seinem Vertragspartner zur Leistung von **Schadenersatz** verpflichtet ist (z.B. Erstattung von Rechtsverfolgungskosten usw.).[115] 78

H. Beweislast

Die Beweislast für die Kündigung trägt derjenige, der sich auf die vorzeitige Vertragsauflösung beruft. Dies ist der VN, wenn er den Prämienanspruch des VR abstreitet und der VR, wenn er auf Grund einer Kündigung Deckungsansprüche des VN ablehnen will. Diese Beweislast umfasst das Bestehen eines Kündigungsrechts und den rechtzeitigen Zugang einer Kündigungserklärung. Insoweit gelten die allgemeinen Regelungen. 79

Will der VN im Nachgang zu einer unwirksamen Kündigung Rechte daraus herleiten, dass der VR die Kündigung nicht unverzüglich zurückgewiesen habe (Rdn. 74 ff.), so trägt der VN für den fehlenden Zugang die Beweislast.[116] Der VR muss insoweit nur dartun und beweisen, dass er der Kündigung widersprochen hat.[117] 80

I. Abweichende Vereinbarungen

§ 18 erklärt nur die § 11 II–IV für halbzwingend. Gleichwohl kann auch von § 11 I nicht zum Nachteil des VN abgewichen werden (Rdn. 39). Für den VR hingegen können über § 11 hinausgehende Bindungen an den Vertrag vereinbart werden, wenn und soweit die Lösungsrechte für den VN sich im Rahmen des § 11 bewegen. 81

Die Vorgaben des § 11 gelten nicht für Verträge mit einer festen Laufzeit bis zu drei Jahren. Hier sind abweichende Kündigungsregelungen möglich (Rdn. 9, 45). Bei der Vereinbarung von über § 11 hinausgehenden Kündigungsrechten ist aber stets zu prüfen, ob das VVG für die in Bezug genommenen Sachverhalte speziel- 82

---

106 BGH VersR 1987, 923; LG Bremen VersR 2000, 305; LG Köln r+s 1991, 243; *Leverenz* VersR 1999, 525; *Brams* VersR 1997, 306 ff.
107 *Rogler* r+s 2007, 140, 143; BaFin v. 19.02.2014, VA 52-I 4209-2014.
108 BSG r+s 2007, 144, 145; BGH r+s 2013, 424; P/M/*Armbrüster*, Vorbemerkung zu § 11 Rn. 29, 33; L/W/*Fausten*, § 11 Rn. 130; *Leverenz* VersR 1999, 525; *Rogler* r+s 2007, 140, 142.
109 BGH r+s 2013, 424.
110 BSG r+s 2007, 144, 145; AG Hamburg VersR 1994, 665; *Rogler* r+s 2007, 140; *Leverenz* VersR 1999, 525.
111 P/M/*Armbrüster*, § 11 Rn. 25 m.w.N.
112 LG Düsseldorf VersR 1980, 60; AG Essen VersR 1967, 1190.
113 OLG Düsseldorf r+s 2001, 453; AG Garmisch-Partenkirchen VersR 1972, 344; R/L/*Rixecker*, § 11 Rn. 13.
114 BGH VersR 1987, 923.
115 OLG Celle VersR 2008, 1477, 1480.
116 *Ebnet* NJW 2006, 1697, 1699; a.A.: OLG Karlsruhe VersR 2002, 1497.
117 AG Frankfurt (Main) VersR 1999, 1006; *Brams* VersR 1997, 1308.

lere Regelungen bereit hält (Rdn. 11 ff.) und ob diese gegebenenfalls abweichende Regelungen zulassen. Dies ist z.B. bei den in den §§ 19 ff. geregelten Konstellationen wegen § 32 regelmäßig nicht zulässig.

83 In **Musterbedingungen** der Versicherungsverbände darf nach Art. 6 I lit. f. der Gruppenfreistellungs-VO 358/2003/EG[118] außer in der Lebensversicherung keine längere Vertragslaufzeit als drei Jahre vorgesehen werden. Der VR kann von den Musterbedingungen freilich abweichen und längere Fristen vorsehen.

84 Ein Kündigungsrecht des VR für den Fall der Eröffnung des **Insolvenzverfahrens über das Vermögen des VN** kann nach Entfallen von § **14 a.F.** nicht mehr wirksam vereinbart werden (Rdn. 28 ff.).

85 Vereinbarungsfreiheit im Rahmen des AGB-Rechts besteht bei Großrisiken und laufenden Versicherungen (§ **210**). Dort kann insbes. auch eine Abweichung von den durch § 11 III geforderten gleich langen Kündigungsfristen gerechtfertigt sein. Auch dürfte die Vereinbarung eines Kündigungsrechts für den Fall der Eröffnung des Insolvenzverfahrens über das Vermögen des VN zulässig sein (Rdn. 84).

§ 12 Versicherungsperiode.
Als Versicherungsperiode gilt, falls nicht die Prämie nach kürzeren Zeitabschnitten bemessen ist, der Zeitraum eines Jahres.

Schrifttum:
Hadding, Ergibt die unterjährige Zahlung von Versicherungsprämien einen entgeltlichen Zahlungsaufschub?, VersR 2010, 697; *Looschelders*, Die richtlinienkonforme Auslegung des § 506 BGB (§ 499 BGB a.F.) im Hinblick auf Versicherungsverträge mit unterjähriger Prämienzahlung, VersR 2010, 977; *Reusch*, Die Versicherungsperiode nach § 12 VVG, in: FS U.H. Schneider, 2011, S. 1039.

1 Die Versicherungsperiode ist ein Zeitabschnitt aus der Vertragsdauer (**Haftungs-Zeiteinheit**) und nicht identisch mit der Laufzeit des Vertrages (vgl. Erl. zu § 11). Zumeist, jedenfalls bei Verträgen mit laufender Prämie, besteht der Versicherungsvertrag für mehrere Versicherungsperioden. Die Dauer der Versicherungsperiode entspricht dem Zeitabschnitt, nach dem die Prämie berechnet wird. § 12 übernimmt unverändert die Regelung des § 9 in der bis zum 31.12.2007 geltenden Fassung.

2 Wann immer das **Gesetz** die **Versicherungsperiode als Tatbestandsmerkmal** verwendet, ist damit auf den in § 12 bestimmten Zeitraum verwiesen. Dies ist namentlich im Zusammenhang mit der **Beendigung des Versicherungsvertrages** der Fall. So kann ein auf unbestimmte Zeit eingegangener Versicherungsvertrag nur für den Schluss der laufenden Versicherungsperiode gekündigt werden (§ 11 II) und viele Sonderkündigungsrechte können ebenfalls nur bis zum Ende der laufenden Versicherungsperiode ausgeübt werden (z.B. §§ 29 II 2, 92 II 3, 96 II 1, 168 I). Auch **vertragliche Vereinbarungen** nehmen bisweilen Bezug auf die Versicherungsperiode (z.B. Vereinbarung eines **Deckungslimits** für alle Versicherungsfälle einer Versicherungsperiode).

3 § 12 enthält eine **Zweifelsregelung** für die Bestimmung der Versicherungsperiode. Seine Bedeutung ist gering, da die Versicherungsperiode regelmäßig vertraglich festgelegt wird (Rdn. 4). Finden sich keine vertraglichen Regelungen, so ist die Dauer der Versicherungsperiode anhand des der Prämienbemessung zu Grunde gelegten Zeitraums zu ermitteln. Im Zweifel gilt der Zeitraum eines Jahres als Versicherungsperiode.

4 Von kurzfristigen Versicherungsverträgen abgesehen, wird in der Praxis bereits vertraglich überwiegend die Dauer eines Jahres als Versicherungsperiode vereinbart. Häufig wird bei Verträgen mit Jahresprämie die Versicherungsperiode zudem auf das Kalenderjahr festgelegt und für den unterjährigen Zeitraum im Jahr des Vertragsschlusses eine kürzere erste Versicherungsperiode vereinbart. Dies geschieht, um in der Bilanz der VU, deren Geschäftsjahr i.d.R. dem Kalenderjahr entspricht, keine Rechnungsabgrenzungsposten bilden zu müssen.

5 Fehlen vertragliche Vereinbarungen, bestimmt sich die Versicherungsperiode gem. § 12 nach dem Bemessungszeitraum für die Prämie. Erfolgen **Ratenzahlungen** auf die Prämie, so hat dies auf die Dauer der Versicherungsperiode keinen Einfluss. Maßgeblich sind die Zeiträume der *Bemessung* der Prämie, nicht die mit dem VN vereinbarten Zahlungsperioden.[1] Über die **Fälligkeit** von Prämienansprüchen sagt die Bestimmung des § 12 nichts aus.[2] Weder in § 12 noch andernorts enthält das VVG Regelungen zur Fälligkeit von Folgeprämien (nur die Fälligkeit von Erst- oder Folgeprämie sind im Gesetz geregelt, freilich in einem anderen Zusammenhang, nämlich der Leistungsfreiheit bei unterbliebener Prämienzahlung).[3] Auch kann § 12 nicht etwa entnommen werden, dass kraft Gesetzes als Regelfall von einer jährlichen Zahlungsweise auszugehen sei.[4] Ob eine bloße Ratenzahlung vorliegt, oder ob auch der Bemessungszeitraum für die Prämie den vereinbarten Zahlungsabschnitten entspricht, ist durch Auslegung zu ermitteln. Wird die Zahlungsweise als

---

118 ABl. EG L 53 v. 28.02.2003, S. 8 ff.
1 L/W/*Fausten*, § 12 Rn. 20; *Hadding* VersR 2010, 697, 701; a.A. OLG Bamberg VersR 2007, 529, 530.
2 OLG Hamm VersR 2012, 215, 217; OLG Stuttgart r+s 2011, 218, 219; *Hadding* VersR 2010, 697, 700 f.; *Looschelders* VersR 2010, 977, 979 f.; *Reusch*, in: FS U.H. Schneider, S. 1039, 1043 ff.
3 BGH r+s 2013, 163, 164; OLG Hamm VersR 2012, 215, 217.
4 BGH r+s 2013, 163, 164.

»1/4-jährlich« oder »1/12-jährlich« bezeichnet, so belegt dies eine bloße Ratenzahlung auf eine Jahresprämie, ebenso wie der Ausweis von Zuschlägen auf unterjährig zu entrichtende Prämienzahlungen.[5]
Häufig finden sich in den AVB Bestimmungen, die die zu entrichtenden Prämien als »Jahresbeiträge« bezeichnen, zu denen eine unterjährige Zahlungsweise vereinbart werden kann. Als Reaktion auf die Streitfrage, ob Ratenzahlungszuschläge einen entgeltlichen Zahlungsaufschub i.S.v. § 506 BGB darstellen und die VN daher ein – mangels Belehrung gegebenenfalls »ewiges« – Widerrufsrecht gem. der §§ 506, 495, 355 BGB zusteht,[6] wurden die Bedingungswerke häufig abgeändert und legen als Versicherungsperiode nun einen Zeitabschnitt fest, der den Prämienzahlungsintervallen entspricht (vgl. z.B. § 7 ALB).[7] Ggf. sind die Regelungen zu den Deckungslimits (Rdn. 2) dann abzuändern. Überdies wären dann insbes. Folgeänderungen in Bezug auf Kündigungsrechte etc. erforderlich.[8] Nachdem nunmehr allerdings höchstrichterlich geklärt ist, dass ein Zusammenhang zwischen der Dauer der Versicherungsperiode und der Fälligkeit von Prämienzahlungen nicht besteht (Rdn. 5), dürften solche AVB-Änderungen und die diesbezüglichen Überlegungen hinfällig sein.
Die Vorschrift des § 12 **ist abdingbar** (vgl. § 18). Die Parteien können die Dauer der Versicherungsperiode daher im Grundsatz und in den Grenzen des AGB-Rechts (§§ 305 ff. BGB) frei festlegen. Soweit jedoch in **halbzwingenden Vorschriften** auf die Versicherungsperiode Bezug genommen wird, sind auch die Vorgaben des § 12 halbzwingend.[9] **Beispiel:** Soweit der VN den Vertrag zum Ende der Versicherungsperiode kündigen darf und dieses Kündigungsrecht halbzwingend ist (§ 11 II i.V.m. § 18; § 168 I i.V.m. § 171), darf die Versicherungsperiode nicht länger als der Prämienbemessungszeitraum sein *und* nicht mehr als ein Jahr betragen. Nachdem die Regelungen des VVG a.F., nach denen bei vorzeitiger Beendigung des Vertrages in vielen Fällen die gesamte Prämie der laufenden Versicherungsperiode beim VR verblieb, weitestgehend entfallen sind, ist § 12 insoweit nicht mehr von Bedeutung.[10] Vereinbarungen, wonach die Versicherungsperiode *mehr* als ein Jahr betragen soll, kommen aber – auch im Bereich der Großrisiken (§ 210) – nur selten vor.

6

§ 13 Änderung von Anschrift und Name.

(1) ¹Hat der Versicherungsnehmer eine Änderung seiner Anschrift dem Versicherer nicht mitgeteilt, genügt für eine dem Versicherungsnehmer gegenüber abzugebende Willenserklärung die Absendung eines eingeschriebenen Briefes an die letzte dem Versicherer bekannte Anschrift des Versicherungsnehmers. ²Die Erklärung gilt drei Tage nach der Absendung des Briefes als zugegangen. ³Die Sätze 1 und 2 sind im Fall einer Namensänderung des Versicherungsnehmers entsprechend anzuwenden.
(2) Hat der Versicherungsnehmer die Versicherung in seinem Gewerbebetrieb genommen, ist bei einer Verlegung der gewerblichen Niederlassung Absatz 1 Satz 1 und 2 entsprechend anzuwenden.

Übersicht

	Rdn.		Rdn.
A. Allgemeines	1	II. Namensänderung	15
I. Normzweck	1	III. Keine Mitteilung durch VN	17
II. Änderungen durch VVG-Reform	4	IV. Versand durch VR	20
III. Anwendungsbereich	5	C. Rechtsfolgen	21
B. Tatbestand	11	D. Beweislast	23
I. Änderung der Anschrift	11	E. Abdingbarkeit	24

Schrifttum:
Hunke, Das Einschreiben im Versicherungsrecht, VersR 2002, 660; *Jabornegg*, Der Zugang von Erklärungen des Versicherers an den VN, VersRdsch 1992, 337; *Jänich*, Übermittlung empfangsbedürftiger Willenserklärungen im Versicherungsvertragsrecht, VersR 1999, 535; *Klingmüller*, Zugang von Willenserklärungen bei verwaister Wohnung, VersR 1967, 1109; *Looschelders*, Das Wirksamwerden empfangsbedürftiger Willenserklärungen bei Übermittlung per Einschreiben, VersR 1998, 1198; *Surminski*, Beweislast für den Zugang der Mahnung nach § 39 VVG, VersR 1970, 603; *Voosen*, Zulässigkeit einer Beweislastumkehr in den AVB bei vertragswidrigem Verhalten des VN, VersR 1977, 895.

---

5 BGH r+s 2013, 163, 164; OLG Köln r+s 1992, 260 f.; OLG Düsseldorf VersR 1990, 1261; LG Lüneburg VersR 1978, 658; *Looschelders* VersR 2010, 977, 979 f.; abweichend OLG Bamberg VersR 2007, 529, 530 – indes hat die Fälligkeit der Prämienraten nicht zwingend etwas mit der Länge der Versicherungsperiode zu tun; s. auch AG Neuruppin VersR 2000, 1398; BK/*Gruber*, § 9 a.F. Rn. 2.
6 Vgl. (verneinend) BGH VersR 2013, 341 m.w.N.; OLG Köln VersR 2011, 248, 249; OLG Bamberg VersR 2007, 529 ff.; *Hadding* VersR 2010, 697 ff.; *Looschelders* VersR 2010, 977 ff.
7 Dazu *Reusch*, in: FS U.H. Schneider, S. 1039, 1051 ff.
8 Näher *Reusch*, in: FS U.H. Schneider, S. 1039, 1053 ff.
9 Vgl. OLG Hamm VersR 1981, 725; *Ehrenzweig*, S. 104; *Reusch*, in: FS U.H. Schneider, S. 1039, 1046 f.
10 Dazu Begr. RegE BT-Drucks. 16/3945 S. 72; Ausnahmen: §§ 74 II, 78 II (Betrügerische Über- bzw. Mehrfachversicherung), § 92 III (Hagelversicherung); zur früheren Rechtslage *Ehrenzweig*, S. 104.

§ 13 Änderung von Anschrift und Name

A. Allgemeines

I. Normzweck

1 § 13 erleichtert VR die Abgabe von Willenserklärungen, indem er – in Abweichung von § 130 BGB – eine **gesetzliche Zugangsfiktion** anordnet: Eine mit eingeschriebenem Brief an die zuletzt bekannt Anschrift des VN versandte Erklärung *gilt* drei Tage nach Absendung als zugegangen. Dies soll das Massengeschäft zu bewältigen helfen. Hier bestehen oft langfristige Verträge, ohne dass es zu regelmäßigen Interaktionen der Parteien kommt, weshalb Anschriften oder Namensänderungen auf Seiten des VN den VR häufig nicht erreichen. Der – umständlichere – Weg über eine förmliche Zustellung nach § 132 BGB soll dem VR erspart bleiben.

2 Die Bestimmung greift allerdings nur dann ein, wenn der VN dem VR eine Adress- oder Namensänderung nicht angezeigt hat. Nur bei derartigem Fehlverhalten des VN wird das Zugangsrisiko vom VR auf den VN verlagert.[1] Damit beinhaltet § 13 zugleich die **gesetzliche Obliegenheit des VN**, dem VR eine Änderung seiner Anschrift oder seines Namens mitzuteilen (Rdn. 18).[2] Die gesetzlich geregelte Sanktion bei Verletzung der Mitteilungsobliegenheit ist die in § 13 I vorgesehene Zugangsfiktion.

3 Die Vorschrift unterscheidet in den Absätzen 1 und 2 danach, **welche Anschrift** der VN bei Vertragsschluss angegeben hat. Nach herkömmlichem Verständnis erfasst Absatz 1 Verträge, die der VN unter Angabe seiner Privatanschrift abgeschlossen hat[3] und Absatz 2 solche Verträge, die der VN unter der Anschrift seines Gewerbebetriebs genommen hat. Nicht maßgeblich dürfte demgegenüber sein, ob sich der Versicherungsvertrag auf private Interessen des VN bezieht, oder ob der Vertrag für seinen »Gewerbebetrieb« abgeschlossen wurde. Diese Unterscheidung ist in der Vorschrift immer noch so angelegt. Sie ist jedoch spätestens seit der Neufassung von § 13 I überflüssig (Rdn. 14). I.E. gilt jedenfalls: Der VN hat jede Änderung der Anschrift, die er bei Vertragsschluss angegeben hat, dem VR anzuzeigen (Rdn. 13).

II. Änderungen durch VVG-Reform

4 Die Vorschrift entspricht im Wesentlichen § 10 a.F. in der bis zum 31.12.2007 geltenden Fassung. Während § 10 a.F. jedoch daran anknüpfte, dass der VN seine »Wohnung geändert« habe, stellt § 13 I schlicht auf die **Änderung der Anschrift** ab, was den Anwendungsbereich der Vorschrift erweitert (Rdn. 11). Neu ist ebenfalls die Einführung der **Drei-Tages-Frist** für die Zugangsfiktion. Zuvor stellte das Gesetz auf die Dauer der »regelmäßigen Beförderung« ab. Durch die Änderung sollen Streitigkeiten über die Dauer der »regelmäßigen Beförderung« vermieden werden. Schließlich wurde die Vorschrift auf Fälle der **Namensänderung** erstreckt, wofür der Gesetzgeber auf Grund zunehmender Namenswechsel ein praktisches Bedürfnis sah.[4] Demgegenüber sind gebotene Anpassungen in § 13 II unterblieben (Rdn. 13, 16). Die Regelungsbereiche von Abs. 1 und 2 ließen sich ohne weiteres und stimmiger in einem einzigen Absatz zusammenfassen.

III. Anwendungsbereich

5 § 13 gilt für **Willenserklärungen** des VR (z.B. Kündigung, Rücktritt, Anfechtung, Anpassung) und ebenso für **geschäftsähnliche Handlungen** (z.B. Mahnung). Zwar erwähnt das Gesetz nur Willenserklärungen; eine Unterscheidung nach der dogmatischen Einordnung einzelner auf den Vertrag bezogener Erklärungen war weder gewollt, noch wäre sie mit sachlichen Gründen zu rechtfertigen.[5]
Bloße **Realakte**, wie z.B. die Erbringung von Versicherungsleistungen (Zahlung) oder die Aushändigung von Unterlagen (Versicherungsschein; dazu Rdn. 9) oder die Übersendung von Pflichtinformationen (z.B. §§ 7, 155) werden von § 13 nicht erfasst. Hier bleibt es bei den allgemeinen Regeln. Ebenfalls nicht unter § 13 fallen **prozessuale Maßnahmen** (Mahnbescheid, Klageerhebung o.ä.). Die gesetzliche Obliegenheit des VN zur Anzeige einer Anschriftenänderung hindert den VN auch nicht daran, sich beispielsweise auf Verjährung zu berufen, wenn mangels Adresskenntnis eine Klage des VR gegen den VN nicht rechtzeitig zugestellt werden konnte.[6]

6 Die Zugangsfiktion des § 13 gilt für Erklärungen gegenüber dem **VN** und seinen **Rechtsnachfolgern**. Die Rechtsnachfolge kann sich aus allgemeinem Zivilrecht, aber auch aus Sondernormen des VVG ergeben (z.B. § 95: Veräußerung der versicherten Sache; § 170: Eintrittsrecht in die Lebensversicherung).

7 Eine Sonderregel besteht in der Feuerversicherung gem. § 147 für Anzeigen und Mitteilungen des VR gegenüber dem **Hypothekengläubiger**. Zeigt dieser eine Änderung seiner Anschrift oder seines Namens nicht an, gilt § 13 I entsprechend (s. Erl zu § 147). Trotz des fehlenden Verweises in § 147 auf § 13 II gelten die Regelungen der §§ 147, 13 i.E. auch für Namens- oder Anschriftenänderungen von Gewerbetreibenden (s. Erl. zu Rdn. 13, 14, 16).

---

1 Dazu *Voosen* VersR 1977, 895.
2 Differenzierend L/W/*Fausten*, § 13 Rn. 12 ff.
3 Dies ergab sich aus der Bezugnahme auf eine Wohnungsänderung; vgl. § 10 a.F.
4 Begr. RegE BT-Drucks. 16/3945 S. 63.
5 BGH VersR 1975, 365; *Ehrenzweig* S. 109; BK/Gruber, § 10 a.F. Rn. 10; P/M/*Armbrüster*, § 13 Rn. 7; FAKomm-VersR/ *Wendt*, § 13 Rn. 7.
6 LG München DAR 2002, 130.

Zweifelhaft ist, inwieweit die Erleichterungen des § 13 für sonstige **Erklärungen** des VR **gegenüber Dritten**, etwa den Bezugsberechtigten in der Lebensversicherung oder den Versicherten bei der Versicherung für fremde Rechnung (§§ 43 ff.), gelten.[7] Dagegen spricht die Existenz von § 147 in der Feuerversicherung (vgl. oben). Diese Sonderregel deutet darauf hin, dass es ansonsten bei anderen Personen als dem VN keine Zugangserleichterungen geben soll.[8] Auch aus § 47 dürfte sich nichts anderes ergeben.

Umstritten ist, ob die Vorschrift nur auf **Erklärungen** des VR **nach Vertragsschluss** anzuwenden ist. Dies hat Bedeutung z.B. für die Frage, ob die Erleichterungen des § 13 auch auf die Übersendung vorvertraglicher Erklärungen oder die Vertragserklärung des VR Anwendung finden (z.B. Übersendung des Versicherungsscheins, wenn hierdurch ein Vertragsangebot des VN angenommen werden soll). Diese Frage ist zu bejahen,[9] da sich die Obliegenheit des § 13 aus der Sonderverbindung zwischen VR und VN herleitet,[10] die jedenfalls bei hinreichend konkreter Kontaktaufnahme zwecks Vertragsschluss besteht (§§ 311 II, 241 II BGB). Für eine Beschränkung auf bereits geschlossene Verträge geben weder der Wortlaut noch die Motive zum VVG etwas her.

Ebenso ist § 13 anwendbar, wenn der VN bereits vor Vertragsschluss unzutreffende Angaben gemacht hat und nicht eine (spätere) Änderung von Anschrift oder Namen die beim VR vorhandenen Daten unrichtig gemacht haben. Es kann für § 13 nicht darauf ankommen, ob die Daten durch spätere Umstände unrichtig geworden sind. Eine »Änderung« i.S.d. § 13 liegt ebenso vor, wenn die ursprünglich angegebenen Adress- oder Namensdaten nicht den aktuell richtigen Daten entsprechen und so der Zugang von Erklärungen des VR gehindert werden könnte.[11]

B. Tatbestand
I. Änderung der Anschrift

§ 13 setzt eine Änderung der Anschrift des VN voraus. Aus welchen Gründen sich die Anschrift ändert, ist unerheblich. Damit geht § 13 I weiter als § 10 I a.F., der nur den Wohnungswechsel durch den VN erfasste (Rdn. 4).[12] Die Änderung der Wohnung durch den VN ist freilich der wichtigste Anwendungsfall des § 13. Sie ist gegeben, wenn der VN seinen Lebensmittelpunkt auf unabsehbare Zeit in eine andere als die bisher dem VR angegebene Wohnung verlegt. Eine auch formell vollzogene, den Behörden angezeigte Verlegung des Wohnsitzes ist hingegen nicht erforderlich.[13] Es reicht aber nach § 13 ebenfalls aus, wenn sich die Anschrift des VN aus anderen Gründen als einem Wohnungswechsel ändert, also z.B. durch Straßenumbenennung,[14] neue Adresszusätze u.ä.

§ 13 ist eine Ausnahmevorschrift von den allgemeinen Bestimmungen über den Zugang von Willenserklärungen und daher im Grundsatz nicht analogiefähig.[15] Eine (lediglich) durch **längere, vorübergehende Abwesenheit** vereitelte Erreichbarkeit stellt keine Änderung der Anschrift dar und genügt nicht.[16] In diesen Fällen wird Zugang aber bereits nach den allgemeinen Vorschriften anzunehmen sein (§ 130 BGB).[17] Auf andere Fälle als die Anschriftsänderung, z.B. auf den Tod des VN, findet § 13 ebenfalls keine Anwendung.

Hat der VN die Versicherung »in seinem **Gewerbebetriebe** genommen«, gilt **§ 13 II**. Hier greift die Zugangsfiktion einer nicht angezeigten »Verlegung der gewerblichen Niederlassung«.

Diese Formulierung stammt unverändert aus der VVG a.F. Sie passt nicht zu § 13 I, der seit dem 01.01.2008 lediglich an die Änderung der Anschrift anknüpft (Rdn. 11). Außerdem ist § 13 II zu eng formuliert, weil es nicht darauf ankommen kann, ob ein »**Gewerbe**« (i.S.d. GewO) vorliegt.[18] Bei § 13 II geht es schlicht um das Gegenstück zu Versicherungsverträgen, die unter der Privatadresse des VN genommen werden (Absatz 1).

---

7 Bejahend BK/*Gruber*, § 10 a.F. Rn. 10.
8 I.E. ebenso *Ehrenzweig*, S. 109; vgl. auch BGH VersR 2013, 1029 f. zur Ermittlung des aktuellen Wohnsitzes des Bezugsberechtigten und dessen Namensänderung (§ 13 VVG nicht herangezogen).
9 Ebenso P/M/*Armbrüster*, § 13 Rn. 8; FAKomm-VersR/*Wendt*, § 13 Rn. 8; BK/*Gruber*, § 10 a.F. Rn. 13; eingeschränkt auch L/W/*Fausten*, § 13 Rn. 17 ff.; a.A.: OGH VersR 2002 595; ZfS 1996, 378; LG Bonn r+s 1990, 42; R/L/*Rixecker*, § 13 Rn. 1.
10 Vgl. Motive und amtliche Begr. zum Gesetz über den Versicherungsvertrag v. 30. März 1908, Neudruck 1963, S. 85: »in Verbindung getreten ist«.
11 I.E. ebenso BK/*Gruber*, § 10 a.F. Rn. 5; a.A. OGH VersR 1985, 794; L/W/*Fausten*, § 13 Rn. 32; R/L/*Rixecker*, § 13 Rn. 2.
12 A.A. offenbar PK/*Ebers*, § 13 Rn. 4; L/W/*Fausten*, § 13 Rn. 6, 29 ff.; P/M/*Armbrüster*, § 13 Rn. 3, der auf eine »Wohnungsänderung« abstellt; enger für § 10 a.F. B/M/*Möller*[8], § 10 Anm. 10; vgl. auch Begr. RegE BT-Drucks. 16/3945 S. 63: Änderung sei »rein sprachlicher Natur«; dies dürfte jedoch nicht zutreffend sein.
13 P/M/*Armbrüster*, § 13 Rn. 4.
14 A.A. zu § 10 a.F. B/M/*Möller*[8], § 10 Anm. 10.
15 R/L/*Rixecker* § 13 Rn. 2f.
16 BGH VersR 1971, 262; OLG Koblenz VersR 1967, 1062; LG Duisburg r+s 1990, 328, 329; differenzierend: P/M/*Armbrüster*, § 13 Rn. 5.
17 Dazu *Looschelders* VersR 1998, 1198 ff.
18 A.A. L/W/*Fausten*, § 13 Rn. 54.

Deshalb fällt z.B. auch die unter der dienstlichen Anschrift genommene Haftpflichtversicherung von Freiberuflern unter § 13 II.

Die Unstimmigkeiten des § 13 II sind im Wege der **Auslegung** zu berichtigen: **Jede Änderung der Adresse, unter der der VN die Versicherung genommen ist, muss dem VR angezeigt werden**. Dies gilt für die von § 13 II erfassten Verträge ebenso, wie dies für die unter der Privatanschrift geschlossenen Verträge nach § 13 I der Fall ist, und auch für Verträge, die – aus welchen Gründen auch immer – unter der Anschrift eines Dritten geschlossen wurden.

14 § 13 II ist deshalb **überflüssig**, seit § 13 I nicht mehr an eine Wohnsitzverlegung, sondern nur noch an die Änderung der Anschrift des VN abstellt. Darunter lassen sich auch alle Fälle des § 13 II subsumieren.[19] Das Nebeneinander der unterschiedlichen Texte von Absatz 1 und Absatz 2 macht die Regelung unnötig unübersichtlich.

Die Aufspaltung der Regelung führt außerdem zu Unstimmigkeiten und Wertungswidersprüchen, etwa im Rahmen des § 147, der für den Fall der Änderung von Anschrift oder Namen des Grundpfandrechtsgläubigers nur § 13 I für entsprechend anwendbar erklärt. Dies könnte man so interpretieren wollen, dass Fälle einer Anschrifts- oder Firmenänderung Gewerbetreibender nicht unter die Regelung von § 13 fallen würden, sondern insoweit nur unter die – weniger strengen – Regelungen des allgemeinen Zivilrechts.[20] Dem ist allerdings nicht zuzustimmen (s. Rdn. 13 und Rdn. 16).

II. Namensänderung

15 Auch eine **Namensänderung** des VN kann den Zugang der Mitteilung verhindern. Wird sie nicht angezeigt, greifen die Regelungen des § 13 I ebenfalls, wie sich aus § 13 I 3 ergibt. Es genügt, wenn der VN einen anderen Namen faktisch führt. Auf eine rechtliche Berechtigung hierzu kommt es nicht an.[21]

16 Bei **Änderung der Firma** gilt § 13 I 3 ebenfalls, denn die Firma ist der *Name*, unter dem der Kaufmann seine Geschäfte betreibt (§ 17 I HGB). Folgt man dem nicht, etwa unter dem Gesichtspunkt, § 13 II sei *lex specialis* für Verträge, die der VN unter der Anschrift seines Gewerbebetriebs geschlossen hat, wird man § 13 I 3 im Falle einer Firmenänderung analog anwenden müssen. Ein Verweis auf § 13 I 3 fehlt zwar in § 13 II. Dies dürfte aber eine planwidrige Regelungslücke darstellen.[22] Wenn der Gesetzgeber anerkennt, dass eine Namensänderung bei natürlichen Personen den Zugang von Mitteilungen gefährden kann (§ 13 I 3) und deshalb eine Anzeigepflicht vorsieht, dann kann für die Änderung der Firma eines Unternehmens nichts anderes gelten. Insofern dürfte eine Analogie trotz des Ausnahmecharakters von § 13 (Rdn. 12) zulässig und geboten sein.[23]

III. Keine Mitteilung durch VN

17 Die Zugangsfiktion des § 13 setzt voraus, dass der VN die Anschrifts- oder Namensänderung nicht angezeigt hat. Eine besondere **Form** für die Mitteilung schreibt das Gesetz nicht vor (s. aber Rdn. 24).

Die Mitteilung muss **hinreichend deutlich** erfolgen. Ob dies der Fall ist, hängt von den Umständen ab. Versteckte Hinweise in der Korrespondenz, etwa die schlichte Nennung einer neuen Adresse auf dem Briefumschlag, genügen nicht.[24] Auch die bloße Verwendung eines anderen Briefkopfes im Rahmen anderweitig bedingter Korrespondenz *ohne* zusätzlichen Hinweis (z.B. »Achtung, neue Anschrift«) reicht nicht aus (s. aber Rdn. 19).[25] Die Zuordnung des Schreibens zu einem Vertragsvorgang nimmt der VR durch die Vertragsdaten (Name oder Versicherungsschein-Nummer) vor; er ist nicht gehalten, stets die Korrespondenzadresse des VN zu überprüfen. Erforderlich ist stets ein expliziter Hinweis auf die neue Anschrift.

18 Ausreichend ist es, wenn ein **Versicherungsvertreter** (§ 59 II) Kenntnis von der Adress- oder Namensänderung erhalten hat. Er ist von Gesetzes wegen bevollmächtigt, solche Erklärungen entgegenzunehmen, **§ 69 I Nr. 2**. Außerdem wird seine Kenntnis von vertragsrelevanten Tatsachen dem VR zugerechnet, **§ 70**.[26] Eine Mitteilung des VN an seinen **Makler** genügt hingegen nicht.

---

19 Klarstellungsbedarf bestand nur, als § 13 I VVG a.F. noch an eine Änderung des »Wohnsitzes« anknüpfte, da beispielsweise juristische Personen nur einen Sitz haben, nicht aber einen Wohnsitz. Dieses Problem stellt sich in der Neufassung bei der »Namensänderung« nach § 13 I; s. auch FAKomm-VersR/*Wendt*, § 13 Rn. 14.
20 So in der Tat L/W/*Staudinger*, § 147 Rn. 8 ff.; wie hier FAKomm-VersR/*Schnepp/Spallino*, § 147 Rn. 3; P/M/*Klimke*, § 147 Rn. 2; B/M/*K. Johannsen*, § 147 Rn. 4.
21 Ebenso P/M/*Armbrüster*, § 13 Rn. 6; a.A. B/M/*Johannsen*, § 13 Rn. 5.
22 Die Gesetzesbegründung ist insoweit unergiebig: Begr. RegE BT-Drucks. 16/3945 S. 63.
23 Zust. P/M/*Armbrüster*, § 13 Rn. 11; FAKomm-VersR/*Wendt*, § 13 Rn. 13; FAKomm-VersR/*Schnepp/Spallino*, § 147 Rn. 3; in der Wertung ähnlich R/L/*Rixecker*, § 13 Rn. 7; a.A. sub specie § 147 VVG L/W/*Staudinger*, § 147 Rn. 8 ff.
24 LG Köln JurBüro 1987, 620.
25 A.A. bei Änderungen im Briefkopf wohl P/M/*Armbrüster*, § 13 Rn. 9; L/W/*Fausten*, § 13 Rn. 37; BK/*Gruber*, § 10 Rn. 7; differenzierend B/M/*Möller*[8], § 10 Anm. 11.
26 L/W/*Fausten*, § 13 Rn. 45 ff.

§ 13 setzt **nicht** voraus, dass der VN seine Anzeigeobliegenheit **schuldhaft** verletzt hat. Die bloße Nichterfüllung genügt, um gegebenenfalls die Zugangsfiktion auszulösen.[27] § 28 findet auf die gesetzliche Obliegenheit des § 13 keine Anwendung; ohnehin geht es hier nicht um Leistungsfreiheit (so § 28), sondern (nur) um fingierten Zugang (Rdn. 2).

Hat der VR – nachweislich – **auf andere Weise** als durch Mitteilung des VN **Kenntnis** von der neuen Anschrift oder der Namensänderung erhalten, kann ein Berufen auf § 13 rechtsmissbräuchlich und dem VR verwehrt sein (§ 242 BGB).[28] Erforderlich ist dafür aber, dass der VR bzw. die zuständigen Mitarbeiter die Adress- oder Namensänderung aus anderen Quellen positiv zur Kenntnis genommen und registriert haben. Die bloße Möglichkeit, diese Änderungen zu bemerken, genügt nicht (Rdn. 18). Eine allgemeine Nachforschungspflicht des VR über die aktuelle Anschrift seines VN besteht nicht; anders nur, wenn eine unklare Mitteilung durch den VN erfolgt, die Anlass zu Nachfragen gibt.[29]

IV. Versand durch VR

Der VR muss seine Erklärung mit **eingeschriebenem Brief** versandt haben (Übergabe-Einschreiben oder Einwurf-Einschreiben[30]). Auf andere Versandformen ist § 13 nicht anwendbar.[31] Der VR muss seine Erklärung an die **letzte bekannte Anschrift** senden; diese muss nicht notwendigerweise vom VN mitgeteilt worden sein.[32]

C. Rechtsfolgen

Sind die Voraussetzungen von § 13 erfüllt, gilt die Erklärung – unabhängig von der Zustellung des Schreibens oder einer Kenntnisnahme durch den VN – drei Tage nach Absendung des Briefes als zugegangen.

Hat der VN seinen Adress- oder Namenswechsel angezeigt oder der VR nicht die in § 13 genannte Versandart gewählt, kann die Erklärung nur nach allgemeinen Regeln zugehen. Zugang tritt dann ein, wenn und sofern die Erklärung derart in den Machtbereich des VN gelangt ist, dass er unter normalen Umständen die Möglichkeit hat, vom Inhalt der Erklärung Kenntnis zu nehmen.[33] Dies wird in den Fällen von § 13 oft nicht der Fall sein; eine aufgegebene Wohnung gehört nicht mehr zum Machtbereich des VN. Hier kann im Einzelfall § 242 BGB helfen. Danach muss sich der VN so behandeln lassen, als sei ihm die Erklärung zugegangen, wenn er den Zugang der Erklärung bewusst verzögert oder vereitelt oder wenn er mit dem Eingang von Erklärungen rechnen musste und nicht ausreichend dafür sorgt, dass diese ihn erreichen können.[34] Ein objektives Zugangshindernis im Bereich des Empfängers allein genügt hingegen nicht.

D. Beweislast

Für die Zugangsfiktion des § 13 muss der VR die Absendung der Erklärung durch eingeschriebenen Brief beweisen und – unter Berücksichtigung der Drei-Tages-Frist – die Rechtzeitigkeit der Absendung, sofern es hierauf für die Wahrung von Fristen ankommt. Ein Nachweis, dass die Erklärung den VN ohne den nicht angezeigten Wohnungs- oder Namenswechsel erreicht hätte, ist nicht erforderlich. Die unterbliebene Anzeige der Anschrifts- oder Namensänderung ist ebenfalls Tatbestandsvoraussetzung für die Zugangsfiktion des § 13 und deshalb vom VR darzulegen. Da es sich hierbei um eine negative Tatsache handelt, wird sich der entsprechende Vortrag allerdings i.d.R. auf die Behauptung der Nichtanzeige beschränken, die der VN zu widerlegen hätte.[35] Wendet der VN ein, dass VR trotz der unterbliebenen Mitteilung anderweitig Kenntnis von den nicht angezeigten Änderungen erlangt habe (Rdn. 19), so trägt er hierfür die Darlegungs- und Beweislast.

E. Abdingbarkeit

Die Vorschrift des § 13 ist abdingbar, in den Grenzen der §§ 305 ff. BGB auch zu Lasten des VN. Häufig wird für Mitteilungen an den VR eine bestimmte **Form**, z.B. Textform vereinbart, was dann auch für Anzeigen nach § 13 gilt und ohne weiteres möglich ist. Grundsätzlich sind auch über § 13 hinausgehende **Zugangsfiktionen**, also z.B. die Erstreckung auf einfache Briefe, möglich.[36] Erfolgt dies durch AVB-Klauseln, darf die Zugangsfiktion wegen des Verbots in § 308 Nr. 6 BGB jedoch nicht Erklärungen »von besonderer Bedeutung« (z.B. Kündigung) erfassen. Entsprechendes hätte für eine von § 13 abweichende Verlagerung der **Beweislast** zu Lasten des VN zu gelten.[37]

---

[27] P/M/*Armbrüster*, § 13 Rn. 10; a.A.: *Jabornegg* VersRdsch 1992, 337 ff.
[28] BGH VersR 1990, 881, 882; OLG Düsseldorf VersR 1978, 912.
[29] L/W/*Fausten*, § 13 Rn. 39 f.
[30] Näher *Jänich* VersR 1999, 538 ff.; s. auch *Looschelders* VersR 1998, 1198 ff.
[31] Vgl. insoweit OLG Hamburg VersR 1980, 38.
[32] Vgl. BGH VersR 1990, 881, 882; VersR 1975, 365.
[33] Palandt/*Ellenberger*, § 130 Rn. 5; dazu auch OLG Köln VersR 2006, 1212.
[34] BGH VersR 1998, 472; VersR 1996, 742; *Jabonegg* VersRdsch 1992, 337 ff.
[35] Vgl. L/W/*Fausten*, § 13 Rn. 34.
[36] R/L/*Rixecker*, § 13. Rn. 9; a.A.: OLG Hamburg VersR 1980, 38; L/W/*Fausten*, § 13 Rn. 64.
[37] BK/*Gruber*, § 10 Rn. 14; zu weitgehend *Voosen* VersR 1977, 895 ff.

§ 14 Fälligkeit der Geldleistung.

(1) Geldleistungen des Versicherers sind fällig mit der Beendigung der zur Feststellung des Versicherungsfalles und des Umfanges der Leistung des Versicherers notwendigen Erhebungen.
(2) ¹Sind diese Erhebungen nicht bis zum Ablauf eines Monats seit der Anzeige des Versicherungsfalles beendet, kann der Versicherungsnehmer Abschlagszahlungen in Höhe des Betrags verlangen, den der Versicherer voraussichtlich mindestens zu zahlen hat. ²Der Lauf der Frist ist gehemmt, solange die Erhebungen infolge eines Verschuldens des Versicherungsnehmers nicht beendet werden können.
(3) Eine Vereinbarung, durch die der Versicherer von der Verpflichtung zur Zahlung von Verzugszinsen befreit wird, ist unwirksam.

Übersicht

	Rdn.		Rdn.
A. Allgemeines	1	III. Rechtsfolgen	32
I. Normzweck	1	C. Abschlagszahlungen (§ 14 II)	35
II. Anwendungsbereich	6	I. Anspruchsvoraussetzungen	36
B. Fälligkeit der Geldleistung (§ 14 I)	9	II. Höhe der Abschlagszahlung	41
I. Feststellung des Versicherungsfalls	10	III. Verschulden des VN	42
1. Notwendige Erhebungen	11	D. Verzug	44
2. Behördliche Ermittlungen	14	I. Voraussetzungen	45
3. Sachverständigenverfahren	19	II. Verzugsfolgen und Zinsansprüche	50
4. Mitwirkung des Anspruchstellers	20	III. Unabdingbarkeit der Zinspflicht	
5. Dauer der Erhebungen	24	(§ 14 III)	54
II. Anderweitiger Fälligkeitseintritt	27	E. Beweislast	56
1. Deckungszusage	27	F. Abweichende Vereinbarungen	58
2. Leistungsablehnung	29	G. Andere Fälle	62

Schrifttum:
Asmus, Erheblichkeit der Erhebungen in § 11 I VVG, NVersZ 2000, 361; *Gaul,* Zur Fälligkeit der Versicherungsleistung, NVersZ 1999, 458; *Hasse,* Gesetz zur Beschleunigung des Zahlungsverkehrs – Auswirkungen auf den Versicherungsvertrag, NVersZ 2000, 497; *Heller,* Die Fälligkeit des Versicherungsanspruchs, 1945; *Koch,* Der Direktanspruch in der Haftpflichtversicherung, r+s 2009, 133; *Looschelders/Danga,* Der Schuldnerverzug bei Geldforderungen nach Inkrafttreten des Gesetzes zur Beschleunigung fälliger Zahlungen, VersR 2000, 1049; *Magnussen,* Fälligkeitsklauseln in AGB – verzögerte Entschädigung bei strafrechtlichen Ermittlungen gegen VN, MDR 1994, 1160; *Martin,* Wegfall der Fälligkeit des Entschädigungsanspruchs, insbesondere bei (Wieder-)Aufnahme behördlicher Untersuchungen, VersR 1978, 392; *von Rintelen,* Die Fälligkeit und Durchsetzbarkeit des abgetretenen Freistellungsanspruchs in der Haftpflichtversicherung, r+s 2010, 133; *Veenker,* Die Fälligkeit von Geldleistungen des Versicherers, 2008.

A. Allgemeines

I. Normzweck

1 Nach § 271 BGB sind Ansprüche im Zweifel sofort – also mit ihrer Entstehung – fällig. Diese Regel passt nicht zu Versicherungsverträgen. Zwar entsteht der Anspruch des VN unmittelbar mit Eintritt des Versicherungsfalls. Ob aber ein Versicherungsfall tatsächlich vorliegt und Leistungen aus dem Vertrag zu erbringen sind, kann der VR i.d.R. erst nach Klärung von Sachverhalt und Rechtsfragen beurteilen. Um dies angemessen zu berücksichtigen, sieht § 14 eine **Sonderregel für die Fälligkeit von Deckungsansprüchen** gegen den VR vor.

2 Eine Leistung kann vom VR erst gefordert werden, wenn dieser die notwendigen Erhebungen abgeschlossen hat oder dieser seine Leistung anerkannt bzw. endgültig abgelehnt hat (Rdn. 10 ff.). Zugleich beschränkt § 14 die Möglichkeit des VR, die Fälligkeit ihrer Leistungen durch vertragliche Vereinbarungen hinauszuschieben (Rdn. 59 ff.). **Folgen** der Fälligkeit: gegebenenfalls Fälligkeitszinsen (Rdn. 33); es kann Verzug eintreten (Rdn. 45 ff.), wobei sich der VR von der Pflicht zur Zahlung von Verzugszinsen nicht freizeichnen kann (Rdn. 54); der Leistungsanspruch kann ab Fälligkeit mit Erfolg gerichtlich geltend gemacht werden (Rdn. 32); außerdem hängt der Beginn der Verjährung von der Fälligkeit ab (§ 195 ff. BGB, vgl. Rdn. 33 und § 15 Rdn. 3).

3 Steht die Leistungspflicht des VR dem Grunde nach fest und stehen (nur) noch Erhebungen zur Höhe der Leistung aus, kann der VN bereits Abschlagszahlungen verlangen, wenn seit der Schadensanzeige ein Monat vergangen ist (§ 14 II; Rdn. 25 ff.). Zu Sonderregeln für die Fälligkeit von Deckungsansprüchen in der **Rechtsschutz- und Haftpflichtversicherung** s.u. Rdn. 62 ff.

4 Informationen über die Fälligkeit von Versicherungsleistungen gehören nach **§ 10 I Nr. 2 VAG** zum **Pflichtinhalt von AVB**. Außerdem muss der VN nach § 1 I Nr. 6 lit. b) VVG-InfoV vor Abgabe seiner Vertragserklärung über die Fälligkeit der Leistungen informiert werden (§ 1 VVG-InfoV Rdn. 15). In der **Unfallversicherung** muss der VR, wenn ihm der Versicherungsfall angezeigt wird, den Anspruchsteller nochmals auf die vertraglichen Fälligkeitsvoraussetzungen hinweisen (§ 186 Rdn. 8 ff.).

Die Bestimmung wurde mit ihrem jetzigen Regelungsgehalt durch VO v. 19.12.1939 in das Gesetz eingefügt.[1] 5
Im Zuge der VVG-Reform ist § 14 redaktionell überarbeitet worden. In der Sache übernimmt er unverändert
die Regelungen von § 11 a.F. in der bis zum 31.12.2007 geltenden Fassung.[2]

II. Anwendungsbereich

§ 14 ist nur auf **Deckungsansprüche** gegen den VR aus einem Versicherungsvertrag anwendbar. Nicht erfasst 6
sind damit Nebenleistungsansprüche des VN, etwa Ansprüche auf Prämienrückerstattung, auf Auszahlung
von Überschussbeteiligungen an einem VVaG oder auf Ersatz von Rettungs- oder Ermittlungskosten (§§ 83,
85).[3] Demgegenüber ist der Anspruch auf Erstattung des Rückkaufwertes in der Lebensversicherung nur eine
andere Erscheinungsform des Anspruchs auf die Versicherungssumme, weshalb § 14 Anwendung findet.[4] Die
Fälligkeit der Prämienzahlungsansprüche des VR regeln die §§ 33 ff.

Zudem muss der Deckungsanspruch auf Zahlung eines Geldbetrages gerichtet sein (»**reine Geldleistungs-** 7
ansprüche«).[5] Sind für den Versicherungsfall andere Leistungen zugesagt, richtet sich deren Fälligkeit nach
den allgemeinen Vorschriften.[6] Deshalb fallen z.B. Deckungsansprüche aus Rechtsschutz- oder Haftpflichtversicherungen nicht unter § 14; anders nur, wenn sie sich in Zahlungsansprüche umgewandelt haben
(Rdn. 62 ff.).

§ 14 gilt auch dann, wenn nicht der VN, sondern **Dritte** Ansprüche auf Zahlung von Versicherungsleistungen 8
gegen den VR erheben,[7] also etwa bei der Versicherung für fremde Rechnung oder bei Direktansprüchen in
der Pflichtversicherung (§ 115). Für eine Beschränkung des § 14 auf das Verhältnis zwischen VR und VN findet sich im Gesetz keine Stütze. Es ist auch kein Grund für eine solche Differenzierung ersichtlich, denn die
oben geschilderten Schwierigkeiten (Rdn. 1) bestehen unabhängig davon, wer Ansprüche gegen den VR erhebt. Der BGH hat diese Frage zuletzt ausdrücklich offengelassen.[8] Jedenfalls dürfte mangels Verschuldens
des VR kein Verzug eintreten (vgl. Rdn. 44 ff.).[9]

B. Fälligkeit der Geldleistung (§ 14 I)

Die Fälligkeit von Geldleistungen setzt zunächst voraus, dass der VN einen Versicherungsfall anzeigt.[10] Hierzu 9
ist er durch § 30 angehalten, der in der Regel von Vereinbarungen in den AVB flankiert wird, wonach eine
verzögerte Anzeige den Versicherungsschutz gefährden kann (§ 28). Ohne die Anzeige kann i.d.R. keine Fälligkeit nach § 14 eintreten,[11] durchaus aber Verjährung (Rdn. 23). Ab Eingang der Anzeige kann – und muss
(Rdn. 24, 26) – der VR seine Einstandspflicht prüfen. Ein klagbarer Anspruch auf Prüfung der Einstandspflicht durch den VR besteht freilich nicht; es können bei unterlassener Prüfung aber etwaige Deckungsansprüche gleichwohl fällig werden (Rdn. 25).

I. Feststellung des Versicherungsfalls

Fälligkeit nach § 14 I ist gegeben bei Abschluss der notwendigen Erhebungen zur Feststellung des Versiche- 10
rungsfalls, also der Prüfung, ob sich während der Haftungsdauer eine versicherte Gefahr verwirklicht hat, versicherte Interessen beeinträchtigt wurden und ob und in welcher Höhe ein versicherter Schaden entstanden
ist.[12] Erreicht ist das Ende der Erhebungen, wenn entweder alle rechtserheblichen Tat- und Rechtsfragen geklärt sind oder zu ungeklärten Tatfragen weitere Erhebungen nicht mehr möglich sind, also weitere Beweismittel oder Erkenntnismöglichkeiten als nicht mehr verfügbar angesehen werden.[13]

1. Notwendige Erhebungen

Der Begriff der **Erhebungen** ist denkbar weit. Er umfasst alle Maßnahmen, die dazu dienen, den gestellten 11
Anspruch zu überprüfen: Anfordern von Unterlagen, Einholen von Auskünften bei Beteiligten oder Dritten,
Information über behördliche Verfahren, Beauftragung von Sachverständigen usw. In den **AVB** finden sich
häufig Bestimmungen, welche Unterlagen oder Auskünfte dem VR vorliegen müssen, damit ein Deckungsanspruch fällig wird (Rdn. 21). Dies sind i.d.R. jedoch nur Mindestanforderungen, die weiter gehende Erhebungen des VR nicht ausschließen.

---

1 RGBl. I 1939, 2443; dazu *Veenker*, S. 28 ff.
2 Begr. RegE BT-Drucks. 16/3945 S. 63; *Veenker* S. 67 ff.
3 *Veenker* S. 38 f.
4 Vgl. BGH VersR 2000, 709; VersR 2003, 1021; *Abel/Winkens* VersR 2007, 527; anders OLG Oldenburg r+s 2014, 90 f.
5 BGH VersR 2006, 404.
6 Begr. RegE BT-Drucks. 16/3945 S. 63; BGH VersR 2006, 404.
7 L/W/*Fausten*,§ 14 Rn. 12; R/L/*Rixecker*, § 14 Rn. 4; *Hasse* NVersZ 2000, 497, 500 f.; **a.A.**: *Veenker*, S. 52 ff.
8 BGH VersR 2009, 128; offen auch P/M/*Armbrüster*, § 14 Rn. 6.
9 P/M/*Armbrüsters*, § 14 Rn. 6.
10 OLG Karlsruhe VersR 1991, 869.
11 OLG Hamm VersR 1991, 869; anders z.B. in der Haftpflichtversicherung, vgl. Rdn. 63 und R/L/*Rixecker*, § 14 Rn. 3.
12 B/M/*Möller*[8], § 34 Anm. 12.
13 *Martin* VersR 1978, 392, 393; *Asmus* NVersZ 2000, 361, 364.

12 Welche Erhebungen **notwendig** sind bzw. waren, ist aus der *ex-ante*-Perspektive des VR zum Zeitpunkt der Erhebungen zu beurteilen.[14] Auch wenn sich Erhebungen im Nachhinein als ergebnislos oder irrelevant herausstellen, hindern sie den Eintritt der Fälligkeit, wenn der VR bei Erhebung annehmen durfte, dass sie zur Aufklärung der Leistungsfrage beitragen. Der VR ist nicht darauf beschränkt, die Behauptungen des VN zu überprüfen. Notwendig sind all jene Erhebungen, die ein sorgfältiger VR des entsprechenden Versicherungszweiges anstellen muss, um seine Leistungspflicht und deren Umfang zu prüfen und abschließend festzustellen.[15] Dies schließt die Prüfung mit ein, wem gegenüber die Leistungen zu erbringen sind.[16]

13 Die Erhebungen zur Leistungspflicht umfassen auch die Prüfung, ob der VN bei Antragstellung unzutreffende Angaben gemacht hat und der VR zum **Rücktritt** (§ 19 II) oder zur **Vertragsanfechtung** (§ 22) berechtigt ist.[17] Ebenso gehört die Prüfung von Obliegenheitsverletzungen oder subjektiven Risikoausschlüssen (z.B. §§ 81, 103) und deren Auswirkung auf den Deckungsanspruch (Leistungsfreiheit oder -kürzung) zu den von § 14 erfassten notwendigen Erhebungen.

2. Behördliche Ermittlungen

14 Häufig wird der VR auf Erkenntnisse aus behördlichen Ermittlungsverfahren angewiesen sein, um seine Leistungspflicht beurteilen zu können, insbes. auf polizeiliche, staatsanwaltschaftliche oder gerichtliche Untersuchungen. Sie zählen ebenfalls zu den notwendigen Erhebungen i.S.v. § 14; unerheblich ist, dass der VR hier nicht selbst Untersuchungen durchführt, sondern sich darauf beschränkt, Erkenntnisse Dritter auszuwerten. Behördliche Ermittlungen schieben den Eintritt der Fälligkeit nach § 14 aber nur dann hinaus, wenn und sofern das Ergebnis der Ermittlungen Relevanz für die Zahlungspflicht des VR oder deren Umfang haben kann.[18] Das wird regelmäßig so sein, wenn sich anlässlich des Schadens ein **Verfahren gegen den VN**, seine **Repräsentanten** oder gegen **mitversicherte Personen** richtet, ist aber nicht auf solche Fälle beschränkt.[19] Auch Verfahren gegen Unbekannt oder gegen benannte **Dritte** können die Fälligkeit hinausschieben, wenn Anlass zu der Annahme besteht, dass sich aus den behördlichen Ermittlungen relevante Erkenntnisse für die Leistungspflicht des VR ergeben.[20] Andererseits schieben Ermittlungen gegen den VN die Fälligkeit nicht hinaus, wenn es um Ansprüche Dritter geht und der VR gegenüber diesen Dritten selbst bei schuldhaftem Verhalten des VN leistungspflichtig bleibt (§§ 143 IV, 117 I oder z.B. bei entsprechendem Verzicht gegenüber Versicherten).

15 Ist das Ermittlungsverfahren für die Feststellung des Versicherungsfalls erheblich, tritt keine Fälligkeit ein, bevor der VR eine **Möglichkeit zur Einsicht** in die behördlichen Ermittlungen hatte.[21] Der VR ist jedoch auch hier zur Beschleunigung des Verfahrens angehalten und muss sich ausreichend und gegebenenfalls mehrfach um die Gewährung von Akteneinsicht bemühen;[22] er darf sich nicht darauf beschränken, die Beibringung der Akten durch den VN zu verlangen.[23] Sofern das Ermittlungsverfahren keine hinreichend sicheren Erkenntnisse eröffnet, kann der VR gehalten und berechtigt sein, das Ergebnis eines **Strafverfahrens** abzuwarten.[24]

16 Allein die **Dauer des Verfahrens** führt nicht dazu, dass es dem VR verwehrt wäre, sich auf fehlende Fälligkeit zu berufen.[25] Der Eintritt der Fälligkeit ist aber nicht stets mit dem Abschluss des strafrechtlichen Verfahrens identisch. Sofern aus dem behördlichen Verfahren keine weiteren relevanten Feststellungen für die Leistungspflicht mehr zu erwarten sind, können die notwendigen Erhebungen daher auch schon vor Abschluss des Verfahrens beendet sein.[26] Insbes. wenn nach Abschluss einer Instanz des strafgerichtlichen Verfahrens kein Grund zur Annahme besteht, dass in der folgenden Instanz überhaupt noch weitere Feststellungen getroffen werden, schiebt der Fortgang des Verfahrens die Fälligkeit nicht weiter hinaus.[27]

17 Vereinbarungen in **AVB**, wonach der VR die Zahlung aufschieben darf, solange behördliche bzw. strafrechtliche Ermittlungen durchgeführt werden, gehen über § 14 nicht hinaus und sind daher AGB-rechtlich nicht

---

14 *Veenker*, S. 100.
15 BGHZ 62, 103 = VersR 1974, 639; OLG Saarbrücken VersR 2004, 1301; OLG Karlsruhe r+s 1993, 443; VersR 1979, 564; OLG Hamm VersR 1977, 954.
16 OLG Saarbrücken VersR 2004, 1301; OLG Frankfurt (Main) VersR 2002, 566.
17 BGH VersR 2016, 793; OLG Köln VersR 2015, 305; OLG Hamburg VersR 2010, 749 m.Anm. *Schulze*; OLG Hamm VersR 2015, 1497; LG München I r+s 1993, 202; LG Berlin VersR 2014, 230, 231 f.; R/L/*Rixecker*, § 14 Rn. 6; *Veenker*, S. 24 f.
18 BGH VersR 1991, 331; OLG Köln r+s 2007, 458; eingehend *Veenker*, S. 209 ff.
19 P/M/*Armbrüster*, § 14 Rn. 10; *Veenker*, S. 211 ff.; vgl. auch OLG Stuttgart VersR 2010, 1074, 1075.
20 OLG Oldenburg VersR 1998, 1502; *Veenker*, S. 211 ff.; *Günther* r+s 2007, 458.
21 BGH r+s 1993, 188; VersR 1974, 639; OLG Stuttgart VersR 2010, 1074; OLG Saarbrücken r+s 2006, 385; OLG Frankfurt (Main) VersR 2002, 566; OLG Karlsruhe r+s 1993, 443; OLG Hamm r+s 1988, 31; s. auch KG Berlin VersR 2009, 1262.
22 BGH r+s 1993, 188; OLG Hamm VersR 1987, 602; OLG Frankfurt (Main) VersR 1986, 1009.
23 OLG Hamm r+s 2001, 263; VersR 1974, 329; OLG Hamburg VersR 1982, 543.
24 BGH VersR 1974, 639; OLG Köln r+s 2002, 188; KG Berlin NVersZ 1999, 387.
25 OLG Köln r+s 2007, 458.
26 BGH VersR 1991, 331; OLG Köln r+s 2007, 458; OGH VersR 2006, 291; *Asmus* NVersZ 2000, 361; *Veenker*, S. 218 f.
27 OLG Hamburg VersR 1967, 392; in der Sache ebenso OLG Karlsruhe r+s 1999, 468.

zu beanstanden. Nehmen die Klauseln auf »laufende« Verfahren Bezug, soll dies allerdings dahin gehend zu verstehen sein, dass der VR sich auf das Ermittlungsverfahren als Fälligkeitshindernis schon dann nicht mehr berufen kann, wenn dieses Verfahren auch nur vorläufig eingestellt wurde (Rdn. 18).[28] Freilich führt dies nicht zwingend zur Fälligkeit; der VR ist nicht gehindert, seine eigenen Ermittlungen fortzuführen, sofern dazu weiterhin Anlass besteht.[29]

Werden die **Ermittlungen vorläufig eingestellt** und stehen keine weiteren Erhebungen aus, tritt Fälligkeit ein, allerdings unter der auflösenden Bedingung, dass weitere Ermittlungen nicht notwendig werden.[30] Bei Wiederaufnahme von Ermittlungen entfällt die Fälligkeit also wieder. Diese Frage ist umstritten; nach anderer Auffassung soll es die Fälligkeit unberührt lassen, wenn es zu einer Wiederaufnahme des Verfahrens oder zu einem neuen Ermittlungsverfahren kommt.[31] Dem ist nicht zu folgen. Es kann dem VR nicht zugemutet werden, Leistungen zu erbringen, wenn die Ermittlungen und damit auch die notwendigen Erhebungen im Sinne von § 14 objektiv noch nicht abgeschlossen sind und er seine Leistungen gegebenenfalls zurückfolgen müsste. 18

3. Sachverständigenverfahren

Ist in den AVB die Möglichkeit eines Sachverständigenverfahrens vorgesehen (vgl. § 84), so ist dessen Durchführung, soweit erforderlich, Fälligkeitsvoraussetzung.[32] Den Einwand, das Sachverständigenverfahren sei noch nicht durchgeführt oder dessen Feststellungen seien nicht bindend, kann der VR auch im Prozess noch vorbringen,[33] sofern er seine Leistungspflicht nicht zuvor endgültig abgelehnt hat (Rdn. 29). Solange für den VN die Möglichkeit eines Sachverständigenverfahrens zur Feststellung der Höhe des Schadens in Betracht kommt, kann allerdings bereits eine **Feststellungsklage**, mit der die Regulierungsverpflichtung des VR dem Grunde nach geklärt werden soll, zulässig sein.[34] 19

4. Mitwirkung des Anspruchstellers

Der **VN muss** an den Erhebungen zur Feststellung des Versicherungsfalls mitwirken. Er muss den **Versicherungsfall anzeigen** (Rdn. 9) und ist gem. § 31 verpflichtet, dem VR jede von ihm verlangte und für die Erhebungen **erforderliche Auskunft** zu **erteilen** (§ 31 Rdn. 14 ff.). Gegebenenfalls muss er den VR in den Stand versetzen, Auskünfte bei Dritten einzuholen und die hierfür notwendigen Erklärungen abgeben (z.B. § 213: Erhebung personenbezogener Daten bei Ärzten, Krankenhäusern usw.).[35] Der VN muss auch solche Umstände **wahrheitsgemäß** und **vollständig** mitteilen, die die Gewährung von Versicherungsschutz oder den Versicherungsvertrag insgesamt gefährden können.[36] Im Einzelfall können sehr weitreichende Auskünfte notwendig sein. In solchen konkreten Auskunftsverlangen anlässlich eines Schadensfalls liegt auch kein Verstoß gegen das Recht auf informationelle Selbstbestimmung des VN und die hierzu vom BVerfG in VersR 2006, 1669 aufgestellten Grundsätze.[37] 20

Ist in den **AVB** vorgesehen, dass der VN **bestimmte Unterlagen** vorzulegen hat, so tritt Fälligkeit vor deren Beibringung nicht ein.[38] Weiter gehende Erhebungen und das Anfordern sonstiger notwendiger Unterlagen sind durch solche Klauseln indes i.d.R. nicht ausgeschlossen (Rdn. 11). Der **Rechtsnachfolger** – oder ein sonstiger Dritter, der den Anspruch stellt – muss sich aus dem Versicherungsvertrag über die vorzulegenden Unterlagen informieren. Eine allgemeine Hinweispflicht des VR auf die beizubringenden Auskünfte besteht im Regelfall nicht.[39] Jedoch kann dem VR das Berufen auf Obliegenheitsverletzungen versagt sein, wenn er den Anspruchsteller nicht auf die von ihm vorzunehmenden Handlungen und beizubringenden Unterlagen hinweist (§ 28 Rdn. 136).[40] Die Vorlage von Belegen kann vom VN nur insoweit verlangt werden, als ihm deren Beschaffung **zumutbar** ist (§ 31 I 2); ansonsten sind die Erhebungen als beendet anzusehen (s. auch Rdn. 26).[41] 21

---

28 BGH VersR 1999, 227; dazu *Gaul* NVersZ 1999, 458.
29 BGH VersR 1999, 227.
30 P/M/*Armbrüster*, § 14 Rn. 17; BK/*Gruber*, § 11 Rn. 13.
31 OLG Hamm VersR 1994, 1419; VersR 1989, 584; L/W/*Fausten*, § 14 Rn. 41 ff.; a.A.: *Martin* VersR 1978, 392: keinerlei Fälligkeit, da objektiv notwendige Erhebungen eben noch nicht abgeschlossen.
32 OLG Hamburg r+s 2010, 233, 234; OLG Koblenz r+s 1998, 404; OLG Hamm VersR 1991, 1369; VersR 1989, 906.
33 OLG Köln r+s 2002, 188; KG NVersZ 1999, 526; OLG Koblenz r+s 1998, 404; OLG Frankfurt (Main) VersR 1990, 1384.
34 BGH r+s 1998, 117; VersR 1986, 675; OLG Köln r+s 2003, 507; LG Berlin r+s 2005, 95.
35 OLG München VersR 2013, 169; LG Freiburg VersR 2000, 716; LG Kassel VersR 1997, 688; *Fricke* VersR 2009, 297; vgl. auch OLG Hamburg VersR 2010, 749 m.Anm. *Schulze*.
36 BGH VersR 1998, 228; VersR 1976, 84.
37 OLG Köln VersR 2008, 107.
38 BGH VersR 2002, 698; OLG Karlsruhe VersR 2009, 668.
39 AG Bonn ZfS 2003, 551.
40 BGH VersR 2008, 1491.
41 OLG Oldenburg VersR 1995, 90; LG Schweinfurt VersR 1990, 617; OGH VersR 1979, 170.

22 Für **Aufwendungen des VN**, die dieser für geboten halten durfte, kann der VR nach § 85 ersatzpflichtig sein (Unfallversicherung: § 189).[42] Die Mitwirkungspflichten treffen ebenso **Dritte**, wenn diese den Deckungsanspruch geltend machen (Rdn. 8, § 31 II).

23 **Verletzt der VN seine Mitwirkungspflichten** schuldhaft, kann dies zur Leistungsfreiheit des VR führen, sofern die AVB entsprechendes vorsehen (§§ 28 II–IV, 30 II), wobei dem VN allerdings selbst bei vorsätzlichem Verhalten der Kausalitätsgegenbeweis offen steht (§ 28 Rn. 37, 134 ff.). Außerdem hindert schuldhaftes Verhalten des VN den Eintritt der Fälligkeit und den Anspruch auf Abschlagszahlungen (Rdn. 42). Der Beginn der **Verjährung** wird durch schuldhafte Verzögerungen des VN jedoch nicht hinausgeschoben.[43] Vielmehr beginnt die Verjährung mit dem Schluss des Jahres, in dem die Erhebungen ohne das Verschulden des VN beendet gewesen wären;[44] bei einer schuldhaft unterlassenen Mitwirkung wird dann regelmäßig auch die erforderliche Kenntnis bzw. grob fahrlässige Unkenntnis des VN vorliegen (§ 199 I BGB). Nicht erforderlich ist hingegen, dass dem VN über das Verschulden hinaus der Vorwurf rechtsmissbräuchlichen Verhaltens gemacht werden kann (z.B. grundlose Verzögerungen, erhebliche und bewusste Beeinträchtigung berechtigter Feststellungsinteressen des VR).[45] Denn nachdem der Beginn der allgemeinen Verjährungsfristen des BGB seit 2002 ohnehin von subjektiven Elementen abhängt (Kenntnis des Gläubigers bzw. grob fahrlässige Unkenntnis von seinem Anspruch) ist das Anknüpfen an ein schuldhaftes Verhalten des VN (Verzögerung) für den Verjährungsbeginn nicht (mehr) systemfremd.[46]

5. Dauer der Erhebungen

24 Im Anschluss an die Beschaffung der notwendigen Auskünfte und Unterlagen ist dem VR eine Prüfungs- und Überlegungsfrist zuzubilligen, die i.d.R. mit zwei bis vier Wochen veranschlagt wird,[47] aber im Einzelfall bei besonders umfangreichen oder komplizierten Sachverhalten auch deutlich länger sein kann. Nach deren Ablauf tritt Fälligkeit ein. Auch bei einfach gelagerten Sachverhalten, z.B. einem Kfz-Unfall mit klarer Sachlage, dürfte für die Regulierung eine Frist von vier bis sechs Wochen ab der ersten Schadensanzeige an den VR die Untergrenze darstellen.[48] Feste **Fristen** für den gesamten Prozess der Feststellung einer Leistungspflicht gibt es aber nicht. Auch § 14 II kann keine Mindestfrist entnommen werden (Rdn. 37).[49] Generalisierende Aussagen zur Dauer der dem VR zuzubilligenden Zeit sind nicht möglich, maßgeblich ist stets der Einzelfall. Der VR hat die Feststellungen aber mit der gebotenen Eile durchzuführen (§ 242 BGB).[50] Eilbedürftigkeit ist insbes. gegeben, wenn die Folgen eines Versicherungsfalls den VN wirtschaftlich spürbar einengen oder existenziell bedrohen.[51] Sofern Dritte (z.B. Sachverständige) in die Erhebungen eingeschaltet sind, hat der VR auch sie zur zügigen Bearbeitung anzuhalten.[52]

25 Bei unsachgemäßen **Verzögerungen durch den VR** oder wenn dieser keinerlei Erhebungen anstellt, tritt die Fälligkeit zu dem Zeitpunkt ein, an dem die Erhebungen bei sachgerechtem Verhalten beendet gewesen wären.[53] Für die Verzögerungen und den Zeitpunkt, zu dem die Erhebungen hätten abgeschlossen werden können, ist der VN darlegungs- und beweisbelastet.[54] Den Ersatz des durch die unsachgemäßen Verzögerungen entstandenen Schadens kann der VN aber nur verlangen, wenn er den VR zusätzlich in Verzug gesetzt hat (§ 280 I, II BGB).[55]

26 **Unzulässige Verhaltensweisen des VR** bei der Erhebung von Feststellungen zum Versicherungsfall enthält der **Anhang zu § 3 III UWG** (»**Schwarze Liste**«).[56] Die Bestimmung, in Kraft seit dem 30.12.2008, definiert in Nr. 27 als unzulässige geschäftliche Handlung »Maßnahmen, durch die der Verbraucher von der Durchsetzung seiner vertraglichen Rechte aus einem Versicherungsverhältnis dadurch abgehalten werden soll, dass

---

42 Hierzu L/W/*Fausten*, § 14 Rn. 55.
43 OLG Hamm VersR 1991, 869; OLG Hamburg r+s 1986, 55.
44 Vgl. PK/*Ebers*, § 14 Rn. 15; VersHb/*Reichel*, § 21 Rn. 85 ff.
45 So noch BGH VersR 2002, 698; VersR 1987, 1235; R/L/*Römer*[2], § 12 Rn. 11.
46 So noch BGH VersR 2002, 698.
47 BGH VersR 1974, 639; OLG Stuttgart VersR 2010, 1075; KG Berlin VersR 2009, 1262; VersR 2006, 70; OLG Saarbrücken VersR 2004, 1301; OLG Karlsruhe r+s 1999, 468; LG Köln r+s 2000, 191; LG Bonn VersR 1990, 303; P/M/*Armbrüster*, § 14 Rn. 9.
48 OLG Stuttgart VersR 2010, 1074, 1075 m.w.N.
49 *Ehrenzweig*, S. 166 und Fn. 5; *Veenker*, S. 32 f.
50 OLG Frankfurt (Main) VersR 1986, 1009; OLG München VersR 1965, 173; unter Hinweis auf § 14 II, III: OLG Saarbrücken VersR 1996, 1494; *Veenker*, S. 96 f.; *Asmus* NVersZ 2000, 361, 363 f.
51 BGHZ 96, 88 = VersR 1986, 77; OLG Hamm r+s 1994, 23; VersR 1987, 602.
52 OLG Hamm VersR 1994, 717; verzögert ein nach AVB-Vereinbarung eingeschalteter Sachverständiger die Feststellungen, hat das Gericht die entsprechenden Feststellungen zu treffen (§ 84 I), dazu OLG Frankfurt (Main) VersR 2003, 1566.
53 OLG Saarbrücken r+s 2006, 385; VersR 1996, 1494; OLG Hamm VersR 2001, 263; OLG Düsseldorf VersR 1994, 1460; OLG Hamburg VersR 1982, 543; VersR 1967, 392; OLG München VersR 1965, 173.
54 OGH VersR 1985, 652; *Asmus* NVersZ 2000, 361, 364.
55 Weiter gehend *Asmus* NVersZ 2000, 361, 363 f. m.w.N.
56 Gesetz v. 28.12.2008, BGBl. I, 2949; dazu *Scherer* NJW 2009, 324, 330.

von ihm bei der Geltendmachung seines Anspruchs die Vorlage von Unterlagen verlangt wird, die zum Nachweis dieses Anspruchs nicht erforderlich sind, oder dass Schreiben zur Geltendmachung eines solchen Anspruchs systematisch nicht beantwortet werden.« Die aufgeführten Maßnahmen sind als unlautere geschäftliche Handlungen wettbewerbsrechtlich unzulässig. Damit sind sie zugleich auch nicht notwendig i.S.v. § 14 I. Umgekehrt beurteilt sich die Frage, welche Unterlagen vom VN zulässigerweise und ohne Verstoß gegen § 3 III UWG verlangt werden können, nach den §§ 14, 31. Es kommt also nicht allein auf die objektive Erforderlichkeit der verlangten Unterlagen für die Schadensfeststellung an, sondern darauf, ob der VR ihre Vorlage aus einer ex-ante-Perspektive für notwendig halten durfte (Rdn. 12). Damit ergibt sich aus § 3 III UWG für § 14 I nichts Neues.

Schreiben, mit denen Ansprüche geltend gemacht werden, also namentlich Schadensanzeigen, muss der VR beantworten. Hierfür soll – aus wettbewerbsrechtlicher Sicht – eine Obergrenze von vier Wochen anzunehmen sein.[57] Zu Verzögerungen durch den VR vgl. Rdn. 25.

II. Anderweitiger Fälligkeitseintritt

1. Deckungszusage

Unabhängig vom Stand der Erhebungen wird die **Leistung des VR fällig**, wenn er eine Regulierungszusage (**Deckungszusage**, Anerkenntnis) ausspricht.[58] Erklärt der VR, inwieweit er seine Leistungspflicht bejaht, dann bringt er damit zugleich zum Ausdruck, weitere Erhebungen nicht anstellen zu wollen. Erkennt der VR seine Leistungspflicht zunächst nur für einen Teil des angemeldeten Anspruchs an, so wird gleichwohl der gesamte Anspruch fällig, sofern im Hinblick auf den zurückbehaltenen Teil keine weiteren, über die bislang getroffenen Feststellungen hinausgehenden Erhebungen notwendig sind.[59] Erklärt der VR, er werde die Versicherungsleistung nach Vorlage bestimmter Unterlagen auszahlen, so tritt Fälligkeit ein, sobald er die angeforderten Unterlagen erhalten hat.[60]

Die Regulierungszusage stellt im Regelfall kein deklaratorisches Schuldanerkenntnis nach §§ 780, 781 BGB dar.[61] Der VR kann seine Leistungen also nach § 812 I BGB zurückfordern, wenn sich später herausstellt, dass ein deckungspflichtiger Versicherungsfall nicht vorgelegen hat (Rdn. 45). Er ist dann insbes. nicht gehindert, seine Leistung aus Gründen zurückzufordern, die er bereits zum Zeitpunkt der Regulierungszusage hätte erkennen können. Anders ist dies allerdings in der Rechtsschutzversicherung (Rdn. 62)[62] oder in der Haftpflichtversicherung (Rdn. 63), wenn der VR dem Geschädigten eine Regulierungszusage erteilt (dann: deklaratorisches Anerkenntnis gem. §§ 780, 781 BGB, auch formlos möglich, § 350 HGB).[63] Auch ein solches deklaratorisches Schuldanerkenntnis kann jedoch gegebenenfalls vom VR kondiziert werden.[64]

2. Leistungsablehnung

Fälligkeit kann auch bei endgültiger Ablehnung der Leistung eintreten.[65] Das ist der Fall, wenn der VR mit seiner Ablehnung zum Ausdruck bringt, weitere Erhebungen nicht anstellen zu wollen und – entgegen der Einschätzung des VR – tatsächlich ein deckungspflichtiger Versicherungsfall vorliegt. Mit der Ablehnung endet der Aufschub, der dem VR von § 14 I zur Prüfung seiner Leistungspflicht eingeräumt wird. Fälligkeit tritt dann mit Zugang des Ablehnungsschreibens ein.[66] Dies gilt auch dann, wenn der VR seine endgültige Ablehnung mit einem Vergleichsangebot verbunden hat.[67] Das Unterbreiten eines Vergleichsangebots bedeutet allerdings nicht zwingend, dass die Erhebungen abgeschlossen wären, denn der Vergleichsvorschlag wird häufig gerade zur Vermeidung weiterer (aufwändiger) Erhebungen erfolgen. Nach einer endgültigen Leistungsablehnung tritt Fälligkeit selbstverständlich nur in Bezug auf diejenigen Ansprüche ein, die bei dem VR angemeldet und auch tatsächlich bereits entstanden sind.[68] I.d.R. wird mit einer endgültigen Ablehnung zugleich Verzug eintreten (Rdn. 46).

Beantragt der VR **Klageabweisung**, liegt darin ebenfalls eine endgültige Ablehnung der Leistung. Eine Klageabweisung als derzeit unbegründet lediglich wegen fehlender Fälligkeit kommt dann nicht mehr in Be-

---

[57] *Scherer* NJW 2009, 324, 330.
[58] *Ehrenzweig*, S. 166.
[59] OLG Schleswig VersR 1996, 93.
[60] Vgl. KG Berlin VersR 1951, 73.
[61] BGH VersR 1977, 471; OLG Frankfurt (Main) r+s 2002, 85; LG Verden r+s 1993, 262; Palandt/*Sprau*, § 781 Rn. 10.
[62] Vgl. OLG Stuttgart ZfS 2008, 478; OLG Celle VersR 2008, 1645.
[63] BGHZ 113, 62 = VersR 1991, 356; VersR 2009, 106.
[64] OLG Frankfurt (Main) r+s 2002, 85.
[65] BGH VersR 2007, 537; VersR 2006, 404; VersR 2002, 472; VersR 2000, 753; VersR 1984, 1137; VersR 1954, 388; OLG Nürnberg NJW-RR 2016, 737, 739; r+s 2007, 469; OLG Hamm VersR 1990, 82; VersR 1987, 1081; LG Köln VersR 1983, 387.
[66] BGH VersR 2000, 753; VersR 1994, 1460; VersR 1990, 153; OLG Hamm r+s 1994, 241; OLG Köln VersR 1990, 373.
[67] OLG Köln VersR 1987, 1210.
[68] BGH VersR 2002, 472.

tracht.⁶⁹ Erklärt der VR die **Anfechtung** des Vertrages (§ 22) oder seinen **Rücktritt** vom Vertrag (§ 19), stellt auch das eine endgültige Leistungsverweigerung dar und kann ebenfalls zur Fälligkeit des Deckungsanspruchs führen.⁷⁰

31 Auf Bestimmungen in AVB, wonach die Versicherungsleistung so lange verweigert werden kann, wie gegen den VN ein Ermittlungsverfahren aus Gründen geführt wird, die für den Entschädigungsanspruch rechtserheblich sind oder nach denen ein Sachverständigenverfahren durchzuführen ist, kann sich der VR nach einer endgültigen Leistungsablehnung nicht mehr berufen.⁷¹ Auch kann der VR nach Ablehnung nicht mehr einwenden, Fälligkeit sei nicht eingetreten, weil der VN seinen Mitwirkungspflichten noch nicht genügt habe (Rdn. 20 ff.).⁷² Signalisiert der VR nach einer endgültigen Ablehnung erneute Prüfbereitschaft, lassen weitere Erhebungen zum Versicherungsfall die bereits eingetretene Fälligkeit nicht entfallen, jedenfalls dann nicht, wenn der VR gleichwohl weiterhin Leistungsfreiheit geltend macht.⁷³

III. Rechtsfolgen

32 Ab Fälligkeit kann der VN Zahlung der Versicherungsleistung verlangen und im Wege der **Leistungsklage** durchsetzen. Zuvor kommt eine Klage des VN, auch soweit sie nur auf Feststellung der Eintrittspflicht des VR dem Grunde nach gerichtet ist, nicht in Betracht (s. aber Rdn. 19).⁷⁴ In der Berufsunfähigkeitsversicherung ist der VR nach **§ 173** verpflichtet, sich bei Fälligkeit darüber zu erklären, ob er seine Leistungspflicht anerkennt (§ 173 Rdn. 7).

33 Ist der Versicherungsvertrag ein **beiderseitiges Handelsgeschäft** (§§ 343, 344 HGB), kann der VN auf den Zahlungsanspruch **Fälligkeitszinsen** in Höhe von fünf Prozent verlangen (§§ 353, 352 I 1 HGB). **Prozesszinsen** kommen ebenfalls frühestens ab Fälligkeit des Deckungsanspruchs gem. § 14 in Betracht (§ 291 BGB).⁷⁵ Unter den weiteren Voraussetzungen der §§ 286 ff. BGB kann er zudem den Verzugsschaden geltend machen (Rdn. 50 ff.). Schließlich beginnt die dreijährige **Verjährungsfrist** (§ 195 BGB) für den Deckungsanspruch des VN mit dessen Fälligkeit. Maßgeblich ist – trotz des in eine andere Richtung weisenden Wortlauts von § 199 I 1 BGB – nicht die Entstehung des Anspruchs, also der Eintritt des Versicherungsfalls (vgl. Rdn. 1), sondern der Zeitpunkt, an dem die Leistung notfalls im Wege der Klage durchgesetzt werden kann,⁷⁶ also dessen Fälligkeit i.S.v. § 14 I (dazu Erl. § 15).⁷⁷

34 Verweigert der VR trotz Fälligkeit die Leistung, kann der VN im Einzelfall zur **Kündigung** des Vertrages aus wichtigem Grund berechtigt sein (§ 314 BGB; § 11 Rdn. 23).

C. Abschlagszahlungen (§ 14 II)

35 Die notwendigen Erhebungen zur Feststellung des Versicherungsfalls dauern nicht selten mehrere Monate oder mitunter Jahre. Für den VN kann es aus wirtschaftlichen Gründen aber dringlich sein, die Zahlung vom VR möglichst kurzfristig zu erhalten. Deshalb billigt das Gesetz dem VN in § 14 II 1 einen Anspruch auf Abschlagszahlungen zu. Solche Zahlungen können allerdings frühestens einen Monat nach der Schadenanzeige verlangt werden. In der Sachversicherung kann der VN nach § 91 ab diesem Zeitpunkt zudem Zinsen auf die (gesamte) Versicherungsleistung in Höhe von vier Prozent verlangen (dazu Rdn. 53). Eine Sonderregelung für die Unfallversicherung enthält § 187 II 1 (dazu § 187 Rdn. 2 ff.).

I. Anspruchsvoraussetzungen

36 Ein Anspruch auf Abschlagszahlung besteht nur, wenn die **Eintrittspflicht des VR dem Grunde** nach bereits **feststeht**.⁷⁸ § 14 II will dem VR nicht zumuten, Geldleistungen zu erbringen, ohne dass seine Haftung für den Schadensfall geklärt ist. Die Höhe des Deckungsanspruchs muss demgegenüber noch ungewiss, also zwischen den Parteien streitig und nicht auf andere Weise, z.B. im Sachverständigenverfahren festgestellt sein.⁷⁹

37 Eine Abschlagszahlung ist frühestens **einen Monat nach Anzeige** des Schadensfalls fällig. Maßgeblich ist der Zugang der Anzeige beim VR. § 14 II statuiert allerdings keine Mindesterhebungsfrist für den VR. Sind die Erhebungen früher abgeschlossen, ist auch die Leistung ohne weiteres fällig.

38 Beispiele: In der Personenversicherung besteht ein Anspruch auf Abschlagszahlungen, wenn eine Lebensversicherung mit einer Unfallversicherung verbunden und lediglich zweifelhaft ist, ob der VR auch außerhalb

---

69 OLG Köln r+s 2000, 468.
70 LG Köln VersR 1982, 387.
71 BGH VersR 2007, 537; VersR 1954, 388; OLG Hamm VersR 1986, 567.
72 BGH VersR 2002, 472; OLG Nürnberg r+s 2007, 469.
73 OLG Köln ZfS 2007, 217; LG Düsseldorf VersR 1995, 566.
74 OLG Hamm VersR 1991, 1369.
75 OLG Stuttgart VersR 2010, 1074, 1075.
76 BGHZ 53, 222; BGH NJW 2001, 1724; Palandt/*Ellenberger*, § 199 Rn. 3.
77 Vgl. BGH VersR 2002, 472; VersR 1999, 706; *Veenker*, S. 67 ff.
78 RGZ 89, 351; 108, 201; BGH VersR 1986, 77; LG Essen VersR 1973, 558, 559; P/M/*Armbrüster*, § 14 Rn. 24.
79 OLG Köln r+s 1989, 142.

der Lebensversicherung haftet.[80] Liegt in der Kfz-Haftpflichtversicherung der Fahrzeugschaden über dem Wiederbeschaffungswert, aber innerhalb der 130 %-Grenze, kann es für den Anspruch auf Erstattung des den Wiederbeschaffungswert übersteigenden Betrages darauf ankommen, ob der Geschädigte das Kfz für mindestens sechs Monate weiternutzt. In Höhe des Wiederbeschaffungswertes kann dann Abschlagszahlung verlangt werden, in Höhe des Restbetrages gegebenenfalls erst nach Ablauf von sechs Monaten. Der Ablauf der Frist ist jedoch keine Fälligkeitsvoraussetzung für den Zahlungsanspruch gegen den VR, sondern hat lediglich beweismäßige Bedeutung.[81]

Weiterhin setzt der Anspruch auf Abschlagszahlung eine entsprechende **Anforderung** durch den VN oder den anspruchsberechtigten Dritten voraus. Der VN braucht den Ablauf der Monatsfrist allerdings nicht abzuwarten.[82] Er muss auch nicht ausdrücklich die Zahlung eines »Abschlags« verlangen. Jegliche Form von Zahlungsverlangen oder die bloße Übersendung eines Gutachtens dürften jedoch nicht ausreichen.[83] Aus der Erklärung des VN muss – erkennbar – hervorgehen, dass nicht die gesamte Entschädigung, sondern nur ein Betrag verlangt wird, für den der VR unbeschadet weiterer Erhebungen ohnehin einstandspflichtig ist.[84] Deshalb reicht die bloße Schadensanzeige nicht aus; anders nur, wenn in dieser bereits ein Abschlag bei Vorliegen der erforderlichen Voraussetzungen verlangt wird. 39

Bei Vorliegen der genannten Voraussetzungen ist der Anspruch auf Abschlagszahlung sofort fällig (§ 271 BGB), sobald die Monatsfrist abgelaufen ist und der VN ein entsprechendes Verlangen ausgesprochen hat. Dem VR ist allerdings eine angemessene Frist zur Bewirkung der Zahlung einzuräumen.[85] Bleibt die Zahlung aus, kann ein zusätzlicher Verzugsschaden zu ersetzen sein (Rdn. 45 ff.). Einer gesonderten Mahnung bedarf es nicht, wenn die Anforderung des Abschlags durch den VN vor Ablauf der Monatsfrist erfolgte (§ 286 II Nr. 2).[86] Erfolgt das Verlangen des VN zu einem späteren Zeitpunkt oder hat er eine anderweitige Frist gesetzt, bedarf es einer zusätzlichen Mahnung, um Verzug herbeizuführen (§ 286 I BGB; dazu Rdn. 46).[87] 40

II. Höhe der Abschlagszahlung

Als Abschlagszahlung fällig ist derjenige Betrag, den der VR nach dem Stand der bisherigen Erhebungen in jedem Fall zu zahlen hat.[88] Dies gilt auch dann, wenn ein Sachverständigenverfahren zur Höhe des Schadens noch nicht abgeschlossen ist, sofern der Mindestschaden bereits feststeht. Der VN kann **mehrfache Abschlagszahlungen** verlangen, wenn Ermittlungen nach einer bereits erfolgten Abschlagszahlung ergeben, dass ein höherer als der zunächst ausgezahlte Betrag vom VR mindestens zu leisten ist. Im Übrigen richtet sich die Fälligkeit weiterhin nach § 14 I. Der gegebenenfalls zu zahlende **Restbetrag** ist mithin erst bei Abschluss der (insoweit) notwendigen Erhebungen fällig. Stellt sich im Zuge der weiteren Erhebungen heraus, dass entgegen der vormaligen Annahme doch kein deckungspflichtiger Versicherungsfall vorlag, sind die Leistungen zurückzuzahlen (§ 812 I BGB; Rdn. 45). 41

III. Verschulden des VN

Die Monatsfrist wird gehemmt, solange die Erhebungen durch Verschulden des VN – oder jedes anderen, der den Anspruch erhebt (Rdn. 8)[89] – nicht abgeschlossen werden können, § 14 II 2. Das ist insbes. der Fall, wenn der VN seinen Mitwirkungs- und Aufklärungspflichten nicht nachkommt (Rdn. 20). Schädlich ist **jegliches Verschulden**, (einfache) Fahrlässigkeit ebenso wie Vorsatz. Kommt es auf die Mitwirkung versicherter Personen an, ist ihr Verschulden gleichermaßen schädlich wie das des VN (§ 47 I). Ansonsten schadet ein Verschulden Dritter nur dann, wenn es sich um Repräsentanten des VN handelt (§ 28 Rdn. 69 ff.). 42

Hemmung bedeutet, dass der Zeitraum, während dessen der Hinderungsgrund fortbesteht, nicht in die Monatsfrist mit eingerechnet wird (vgl. § 209 BGB). Die Monatsfrist wird auch dann gehemmt, wenn die vom VN verschuldete Verhinderung von Feststellungen sich auf Umstände bezieht, die mit dem mindestens zu zahlenden Betrag – der Abschlagszahlung nach § 14 II 1 – nicht in Zusammenhang stehen. Umgekehrt entfällt der Anspruch auf Abschlagszahlung nicht, wenn der VN nach Ablauf der Monatsfrist weitere Erhebungen erschwert (s. aber Rdn. 23).[90] 43

---

80 OLGR Zweibrücken 2005, 59.
81 BGH VersR 2009, 128.
82 B/M/*Möller*[8], § 11 Anm. 32; LG Essen VersR 1973, 558, 559.
83 VersHb/*Reichel*, § 21 Rn. 42; a.A.: (zu weit gehend) OLG Hamm r+s 1997, 356; LG Essen VersR 1973, 558, 559 f.; P/M/*Armbrüster*, § 14 Rn. 23.
84 OGH VersR 1995, 607; OLG Köln r+s 1989, 142.
85 VersHb/*Reichel*, § 21 Rn. 44 ff.
86 Vgl. insoweit LG Essen VersR 1973, 558.
87 Vgl. Palandt/*Grüneberg*, § 286 Rn. 22; anders offenbar P/M/*Armbrüster*, § 14 Rn. 24.
88 BGH VersR 1986, 77; OLG Hamm VersR 1991, 1369.
89 P/M/*Armbrüster*, § 14 Rn. 28.
90 BGH VersR 1984, 1137, 1138; VersHb/*Reichel*, § 21 Rn. 55.

§ 14 Fälligkeit der Geldleistung

D. Verzug

44 Solange der VR die geltend gemachten Ansprüche nicht abschließend beurteilen kann, etwa weil noch Auskünfte fehlen, oder die ihm zustehende Prüfungsfrist noch nicht abgelaufen ist, kann kein Verzug eintreten. Der VR gerät aber auch nicht automatisch mit der Fälligkeit der Geldleistung in Verzug und ebenso wenig tritt Verzug allein durch Ablauf der Monatsfrist des § 14 II ein.[91] Damit ein Verzugsschaden geltend gemacht werden kann, müssen neben der Fälligkeit des Deckungsanspruchs die allgemeinen **Verzugsvoraussetzungen der §§ 284 ff. BGB** erfüllt sein.

I. Voraussetzungen

45 Verzug setzt nach § 286 I BGB **Nichtleistung** des VR **trotz Fälligkeit** voraus. Erbringt der VR eine **Leistung unter Vorbehalt** oder »ohne Anerkennung einer Rechtspflicht« bedeutet dies im Zweifel lediglich, dass er auf die Möglichkeit zur Rückforderung nach § 812 BGB hinweisen und den Einwand des § 814 BGB (keine Rückforderung bei Leistung in Kenntnis der Nichtschuld) ausschließen will.[92] Eine solche Zahlung hat Erfüllungswirkung, sie stellt also keine Nichtleistung i.S.v. § 286 I BGB dar.[93] Im Falle der Rückforderung ist der VR für die Voraussetzungen des Rückforderungsanspruchs aus § 812 BGB beweispflichtig, muss also nachweisen, dass die Voraussetzungen eines Deckungsanspruchs nicht vorlagen. Keine Erfüllungswirkung hat dagegen eine Zahlung des VR, die (konkludent) mit dem Vorbehalt verbunden ist, dass dem VN bei einer späteren Rückforderung die Beweislast für das Bestehen eines Deckungsanspruchs aufgebürdet wird;[94] auch hier wird es allerdings an einem Verzugsschaden des VN fehlen, sofern er die Annahme der Zahlung nicht wegen des Vorbehalts abgelehnt hat.

46 Der VR gerät ohne Weiteres in Verzug, wenn er zu Unrecht eine ernsthafte und endgültige **Ablehnung** ausspricht, § 286 II Nr. 3 BGB.[95] Ansonsten setzt Verzug des VR eine **Mahnung** nach Eintritt der Fälligkeit voraus, § 286 I BGB. Der Mahnung stehen die Erhebung einer Leistungsklage (§§ 253 ff. ZPO) oder die Zustellung eines Mahnbescheids (§§ 693 ff. ZPO) gleich. Ohne eine Mahnung wird Verzug in aller Regel nicht anzunehmen sein. Die alternativen Verzugstatbestände des § 286 BGB spielen im Versicherungsbereich kaum eine Rolle. Insbes. ist die Fälligkeit der Leistung des VR nicht kalendermäßig bestimmt oder bestimmbar (§ 286 II Nrn. 1, 2 BGB), sondern hängt eben von der Beendigung der notwendigen Erhebungen ab (§ 14 I). Im Einzelfall kann Verzug nach § 286 II Nr. 4 BGB eintreten, wenn der VR von sich aus einen Zahlungstermin nennt, um einer Mahnung durch den VN zuvorzukommen und die Zahlung dann ausbleibt (»Selbstmahnung«).[96]

47 Grundsätzlich **nicht anwendbar** ist **§ 286 III BGB**. Nach dieser Vorschrift kommt der Schuldner einer Entgeltforderung 30 Tage nach Fälligkeit und Zugang einer Rechnung oder einer gleichwertigen Zahlungsaufforderung in Verzug. *Entgeltforderungen* sind aber nur solche Ansprüche, die auf Zahlung eines Entgelts für die Lieferung von Gütern oder die Erbringung von Dienstleistungen gerichtet sind.[97] Dies trifft auf Deckungsansprüche aus einem Versicherungsvertrag nicht zu.[98] Bei ihnen geht es nicht um die Zahlung eines Entgelts an den VN, sondern um die Einlösung des durch den Eintritt des Versicherungsfalls bedingten Geldleistungsversprechens des VR (s. auch Rdn. 7). Deshalb kommt es auch nicht darauf an, ob z.B. in der Schadenanzeige des VN eine »Rechnung« oder anderweitige »Zahlungsaufforderung« nach § 286 III BGB liegen könnte.[99] Auch für Forderungen nach Abschlagszahlungen gem. § 14 II gilt § 286 III BGB nicht.[100] Hier bedarf es also i.d.R. einer Mahnung durch den VN, soweit er dem VR nicht eine kalendermäßig bezeichnete Frist gesetzt hat, nach deren Verstreichen der VR gem. § 286 II BGB in Verzug gerät (Rdn. 46).

48 Weiterhin setzt Verzug ein **Verschulden** des VR voraus. Dies wird gem. § 286 IV BGB vermutet. Der VR kann sich aber entlasten. An einem Verschulden kann es im Einzelfall fehlen, wenn sich der VR in einem unverschuldeten **Rechtsirrtum** befindet. An die Sorgfaltspflichten des VR werden allerdings hohe Anforderungen gestellt. Es reicht nicht aus, dass er sich seine eigene Rechtsauffassung nach sorgfältiger Prüfung und sachge-

---

91 AG Karlsruhe VersR 1972, 873.
92 BGH VersR 1992, 1028; VersR 1991, 331; VersR 1984, 2826; OLG Düsseldorf VersR 1996, 89; OLG Hamm VersR 1987, 1129; P/M/*Armbrüster*, § 14 Rn. 29; L/W/*Fausten*, § 14 Rn. 91 ff.
93 P/M/*Armbrüster*, § 14 Rn. 29.
94 BGH VersR 1989, 161; VersR 1984, 2826; OLG Düsseldorf VersR 1996, 89; für einen Sonderfall auch BGH VersR 1991, 331 (Leistung an Grundschuldgläubiger).
95 BGH VersR 2006, 215; VersR 2007, 537; VersR 1984, 1137.
96 BGH NJW-RR 1997, 623; LG Münster VersR 1989, 844.
97 BGH VersR 2011, 363; OLG Karlsruhe MDR 2006, 101 m.Anm. *Mankowski* in EWiR 2005, 663; OLG Hamburg ZGS 2004, 237.
98 Vgl. Erwägungsgrund 13 der Zahlungsverzugs-RiLi 2000/25/EG; OLG Oldenburg r+s 2013 845; OLG Koblenz VersR 2012, 175, 176; VersR 2011, 70, 71; OLG Frankfurt r+s 2010, 469, 471; Palandt/*Grüneberg*, § 288 Rn. 8 f. i.V.m. § 286 Rn. 27; P/M/*Armbrüster*, § 14 Rn. 29; unzutreffend VersHb/*Reichel*, § 21 Rn. 69; PK/*Ebers*, § 14 Rn. 30; R/L/*Rixecker*, § 14 Rn. 16; B/M/*Johannsen*, § 14 Rn. 33; *Hasse* NVersZ 2000, 497, 500 f.
99 Dies zu Recht verneinend *Hasse* NVersZ 2000, 497, 500 f.; *Looschelders/Danga* VersR 2000, 1049, 1057.
100 A.A. R/L/*Rixecker*, § 14 Rn. 16.

mäßer Beratung gebildet hat. Das Risiko, die Rechtslage unzutreffend zu beurteilen, trägt grundsätzlich der Schuldner, also der VR. Unverschuldet ist ein Rechtsirrtum nur, wenn der VR nach sorgfältiger Prüfung der Sach- und Rechtslage mit einem Unterliegen im Rechtsstreit nicht zu rechnen brauchte.[101] Das kann vor allem bei höchstrichterlich ungeklärten Rechtsfragen anzunehmen sein.[102] Das »normale« Prozessrisiko entlastet den Schuldner hingegen nicht.[103] Ein normales Prozessrisiko liegt i.d.R. vor, wenn um die Frage gestritten wird, ob dem VN ein die Leistung ausschließendes oder beschränkendes Verschulden vorzuwerfen ist, also etwa die grob fahrlässige Verletzung von Obliegenheiten (§ 28 II) oder die grob fahrlässige oder vorsätzliche Herbeiführung des Versicherungsfalls (§ 81). In solchen Fällen muss der VR stets damit rechnen, dass der Prozess zu seinen Lasten ausgehen kann, namentlich da er die Beweislast für das Verschulden des VN trägt. Unterliegt er, treffen ihn die Verzugsfolgen auch dann, wenn die Vorinstanzen zu seinen Gunsten entschieden haben.[104]

Auch ein unverschuldeter **Tatsachenirrtum** kann Verzug ausschließen.[105] Es gelten aber dieselben strengen Anforderungen wie für einen Rechtsirrtum (Rdn. 48). Bei streitigem Sachverhalt und Beweisfragen bildet ein fehlendes Verschulden des Schuldners die Ausnahme.[106] Erforderlich ist, dass der VR gewichtige Bedenken gegen das Vorliegen eines Versicherungsfalls hat.[107] Geht der VR von einer falschen Tatsachenlage aus, ohne dass er Anlass hatte, an ihr zu zweifeln und stellt auch der VN die erkennbar zu Grunde gelegten Tatsachen nicht richtig, kann das Verschulden des VR fehlen. So tritt z.B. mangels Verschulden kein Verzug ein, wenn der VR die Zahlung einer Berufsunfähigkeitsrente ablehnt und den VN auf eine gleichwertige Tätigkeit verweist, weil er dabei aufgrund der übereinstimmenden Auskünfte mehrerer behandelnder Ärzte (fälschlich) davon ausgeht, dass der VN insoweit nicht berufsunfähig ist.[108] 49

II. Verzugsfolgen und Zinsansprüche

Ab Verzugseintritt hat der VR dem VN den gesamten Verzugsschaden zu ersetzen. Für dessen Höhe ist der VN darlegungs- und beweispflichtig. Stets aber kann er die gesetzlichen **Verzugszinsen** von fünf Prozentpunkten über dem Basiszinssatz verlangen (§§ 288 I, 247 BGB). Derartige Verzugsschäden müssen vom VN geltend gemacht werden; eine Verpflichtung, z.B. Verzugszinsen ohne entsprechendes Verlangen zu zahlen, besteht nicht.[109] 50

Auch wenn der VN kein Verbraucher ist, findet § 288 II BGB hingegen **keine Anwendung**. Der dort genannte Zinssatz von acht Prozentpunkten über dem Basiszins gilt nur für Entgeltforderungen. Deckungsansprüche aus einem Versicherungsvertrag sind indes keine Entgeltforderungen in diesem Sinne (Rdn. 47).[110] 51

Es bleibt dem VN unbenommen, vertraglich vereinbarte höhere Zinsen zu verlangen (§ 288 III BGB) oder einen weiter gehenden Schaden geltend zu machen (§ 288 IV BGB). Anspruchsgrundlage für Schäden wegen Verzögerung der Zahlung sind die §§ 280 I, II 286 BGB. Rechtsverfolgungskosten, namentlich **Anwaltskosten,** hat der VR zu ersetzen, soweit sie nach Verzugseintritt entstanden sind. Hat der VN schon vor dem Verzugseintritt einen Anwalt beauftragt, kann er Ersatz seiner Anwaltskosten nicht verlangen, auch dann nicht, wenn der VR später in Verzug gerät.[111] Dasselbe gilt, wenn der Anwalt Verzug begründend tätig geworden ist. 52

In der Sachversicherung (§ 91) oder soweit AVB dies vorsehen, kann der VN einen Monat nach Schadenanzeige Zinsen auf die Versicherungsleistung in Höhe von vier Prozent p.a. verlangen. Die Zinspflicht entfällt nach dem mit § 14 II 2 übereinstimmenden § 91 Satz 2, solange der Schaden infolge eines Verschuldens des VN nicht festgestellt werden kann. Diese **(vertraglichen) Zinsen** sind nicht neben den Verzugszinsen geschuldet, sondern auf die Verzugszinsen anzurechnen, da es um den Ausgleich desselben Schadens geht.[112] Ebenfalls anzurechnen sind **Fälligkeitszinsen** nach § 353 HGB (Rdn. 33). 53

---

101 BGH VersR 2007, 537; VersR 1990, 153; OLG Düsseldorf VersR 2001, 885; OLG Stuttgart VersR 1995, 523.
102 BGH VersR 2007, 537; VersR 1984, 1137.
103 BGH VersR 2007, 537; VersR 1990, 153.
104 BGH VersR 1991, 331; VersR 1990, 153.
105 BGH r+s 1991, 37; VersR 1991, 331; VersR 1974, 639; OLG Düsseldorf VersR 2001, 885; LG Nürnberg-Fürth r+s 1994, 407.
106 BGH VersR 2007, 537; VersR 1984, 1137.
107 BGH r+s 1991, 37; VersR 1974, 639.
108 OLG Düsseldorf VersR 2001, 885.
109 L/W/*Fausten*, § 14 Rn. 126.
110 OLG Koblenz VersR 2011, 70, 71; Palandt/*Grüneberg*, § 288 Rn. 8 f. i.V.m. § 286 Rn. 27; P/M/*Armbrüster*, § 14 Rn. 38, 29; a.A.: VersHb/*Reichel*, § 21 Rn. 69; PK/*Ebers*, § 14 Rn. 34; L/W/*Fausten*, § 14 Rn. 128.
111 OLG Saarbrücken VersR 2000, 358; OLG Köln r+s 2002, 188; VersR 1983, 922 (m. ablehnender Anm. *Klimke* VersR 1984, 230); LG Münster VersR 1989, 844; LG Offenburg VersR 1979, 1100; LG Nürnberg-Fürth VersR 1971, 248; AG Köln VersR 1994, 1170.
112 BGH VersR 1984, 1137; OLG Hamburg NJW-RR 89, 680; B/M/*Möller*[8], Bd. I, § 11 Anm. 30.

III. Unabdingbarkeit der Zinspflicht (§ 14 III)

54 Nach § 14 III kann die Verpflichtung des VR, Verzugszinsen zu zahlen, nicht ausgeschlossen werden. Unabdingbar soll danach nicht nur die Pflicht sein, ab Vorliegen der Voraussetzungen der §§ 286 ff. BGB überhaupt Verzugszinsen zu zahlen, sondern auch die Höhe der gesetzlichen Verzugszinsen.[113] Das erscheint nicht zwingend, nachdem der gesetzliche Verzugszinssatz vom Basiszins abhängt (§ 247 BGB) und deshalb schwankt. Eine andere Vereinbarung, z.B. eines fixen Zinssatzes mit vergleichbarem Niveau, muss daher für den VN keine Schlechterstellung bedeuten, insbes. da er dann nicht mehr das Risiko einer Absenkung des Basiszinses trägt. Jedenfalls bei Großrisiken oder der Laufenden Versicherung (§§ 53 ff.) ist wegen § 210 die Vereinbarung anderer, auch niedrigerer Verzugszinssätze möglich und üblich.

55 Den Parteien bleibt es unbenommen, abweichende Regelungen über die Fälligkeit der Geldleistungen zu treffen oder Zahlungsfristen zu vereinbaren (Rdn. 59 f.). Da Verzug frühestens ab Fälligkeit eintritt, können solche Vereinbarungen die Pflicht zur Zahlung von Verzugszinsen hinausschieben. Soll Fälligkeit aber erst erheblich nach Abschluss der notwendigen Erhebungen zur Feststellung des Versicherungsfalls – wozu auch die Überlegungsfrist (Rdn. 24) gehört – eintreten, kann in dieser Abweichung von § 14 allerdings eine unangemessene Benachteiligung des VN i.S.v. § 308 Nr. 1 und 2, 307 I, II BGB liegen und die Bestimmung unwirksam sein (Rdn. 59).[114]

E. Beweislast

56 Die Beweislast für die Fälligkeit der Geldleistung liegt beim Anspruchsteller, also dem VN oder Dritten. Er muss – neben den allgemeinen Leistungsvoraussetzungen – darlegen und beweisen, dass die möglichen und/oder erfolgten Erhebungen des VR ausreichend waren. Entsprechendes gilt für den Anspruch auf Abschlagszahlungen. Auch für Verzögerungen durch den VR ist er beweisbelastet (Rdn. 25 f.) und ebenso für die Verzugsvoraussetzungen (Rdn. 45 ff.); zu Entlastungsmöglichkeiten des VR Rdn. 48 f.

57 Für die Hemmung des Anspruchs auf Abschlagszahlungen nach § 14 II 2 ist der VR beweisbelastet (s. auch Rdn. 61). Zur Beweislast bei Rückforderung von Geldleistungen Rdn. 45.

F. Abweichende Vereinbarungen

58 Zu den halbzwingenden Vorschriften, von denen nicht zum Nachteil des VN abgewichen werden kann, gehört nach § 18 nur das in § 14 II 1 geregelte Recht, Abschlagszahlungen zu verlangen. Zudem sind Vereinbarungen, nach denen der VR keine Verzugszinsen entrichten muss, nach § 14 III unwirksam (dazu Rdn. 54).

59 Im Übrigen ist § 14 I abdingbar.[115] Von dem Leitbild des § 14 – Fälligkeit ab Beendigung der Erhebungen – kann aber nicht beliebig abgewichen werden. Der Gesetzgeber wollte mit § 14 u.a. Klauseln unterbinden, nach denen Zahlungsansprüche des VN ohne Einschränkung erst mit Anerkenntnis des VR, Vergleich oder rechtskräftigem Urteil fällig werden.[116] Derartige Vereinbarungen wären nach § 307 I, II BGB unwirksam. Die AVB können aber durchaus von § 14 I abweichende Fälligkeitszeitpunkte festlegen (Rdn. 55). Soweit also in AVB für die Fälligkeit an ein Anerkenntnis des VR angeknüpft wird, ist dies unbedenklich, wenn dafür ein fester Zeitrahmen vorgesehen wird, der seinerseits allerdings vom Zugang näher bezeichneter Unterlagen abhängig gemacht werden kann.[117] Entsprechendes sieht das Gesetz in § 187 für die Unfallversicherung vor.

60 Häufig findet sich in AVB die Bestimmung, dass **Zahlungen innerhalb von zwei Wochen** erbracht werden, wenn der VR den Anspruch anerkannt oder sich mit dem VN über Grund und Höhe der Leistung geeinigt hat (z.B. Ziff. 9.2 AUB 2008). Diese Klauseln räumen dem VR eine Zahlungs(höchst)frist ein. Vor deren Ablauf tritt Fälligkeit nicht ein,[118] weil der VN die Leistung gem. § 271 II BGB nicht verlangen kann (so auch ausdrücklich § 187 II). Fälligkeitszinsen sind deshalb nicht zu zahlen. Mit Ablauf der Frist dürfte aber regelmäßig Verzug vorliegen (§ 286 II Nr. 2 BGB). Eine unangemessene Benachteiligung des VN (§ 307 II BGB) kann in einer solchen Abweichung von dem – gerade nicht halbzwingenden – § 14 I nicht gesehen werden.[119] Bestimmungen wie § 187 oder § 9.2 AUB 2008 regeln allerdings nur für den Fall eines Anerkenntnisses oder einer Einigung, sie sagen nichts über die Fälligkeit bei Deckungsablehnung.[120] Insoweit verbleibt es bei den in Rdn. 29 ff. dargestellten Grundsätzen. Zu Klauseln über das Abwarten von Ermittlungs- oder Strafverfahren vgl. Rdn. 17.

61 Zu Vereinbarungen über die Pflicht, **Verzugszinsen** zu zahlen oder über deren Höhe vgl. Rdn. 54. § 14 II zur Hemmung des Anspruchs auf **Abschlagszahlungen** durch Verschulden des VN ist nicht halbzwingend. Da

---

113 P/M/*Armbrüster*, § 14 Rn. 38; PK/*Ebers*, § 14 Rn. 26.
114 Enger R/L/*Rixecker*, § 14 Rn. 16; P/M/*Armbrüster*, § 14 Rn. 38; L/W/*Fausten*, § 14 Rn. 62 f.
115 BGH VersR 2000, 753.
116 Motive und amtliche Begr. zum Gesetz über den Versicherungsvertrag v. 30. März 1908, Neudruck Berlin 1963, S. 86.
117 BGH VersR 2002, 698; VersR 2000, 753.
118 Insoweit a.A. R/L/*Rixecker*, § 14 Rn. 5.
119 Im Ergebnis ebenso OLG Saarbrücken ZfS 2002, 80; **a.A.** *Martin* VersR 1978, 392; R/L/*Rixecker*, § 14 Rn. 5; L/W/*Fausten*, § 14 Rn. 127.
120 BGH VersR 2002, 472; VersR 2000, 753; OLG Hamm r+s 2001, 263.

aber der Anspruch auf Abschlagszahlungen halbzwingend ist (§ 18), dürfte es nicht zulässig sein, dem VN durch AVB den Nachweis aufzuerlegen, dass die Verzögerung nicht auf sein Verschulden zurückgeht, auch dann nicht, wenn objektiv feststeht, dass sein Verhalten zu einer Verzögerung geführt hat.[121]

G. Andere Fälle

Nicht nach § 14 richten sich die Ansprüche des VN auf Wahrnehmung seiner rechtlichen Interessen in der **Rechtsschutzversicherung**.[122] Die Ansprüche auf Sorgeleistung werden fällig, wenn sich für den VN die Notwendigkeit einer rechtlichen Interessenwahrnehmung so konkret abzeichnet, dass er mit der Entstehung von Rechtskosten rechnen muss (§ 125 Rdn. 60).[123] Fälligkeit des Anspruchs auf Kostenbefreiung ist gegeben, wenn der VN wegen der Kosten in Anspruch genommen wird.[124] Hat der VN die Kosten bereits selbst beglichen, wandelt sich der Freistellungsanspruch in einen Zahlungsanspruch um.[125] Auch dieser Zahlungsanspruch wird jedoch nicht vor Inanspruchnahme des VN fällig; § 14 findet keine Anwendung.[126] 62

In der **Haftpflichtversicherung** sind Ansprüche des VN auf Rechtsschutzleistungen (Prüfung der Haftpflicht, gegebenenfalls Abwehr unbegründeter Ansprüche, § 101) fällig, sobald er gerichtlich oder außergerichtlich auf Schadenersatz in Anspruch genommen wird und der erhobene Anspruch in den Schutzbereich der Haftpflichtversicherung fällt (§ 100 Rdn. 31 ff.).[127] Für die Fälligkeit des Freistellungsanspruchs in der Haftpflichtversicherung findet sich eine Sonderregel in § 106. Wenn der VN selbst an den Geschädigten gezahlt und sich der Freistellungsanspruch dadurch in einen Erstattungsanspruch umgewandelt hat, richtet sich dessen Fälligkeit allerdings nach § 14 I, so dass Zahlung erst nach Abschluss der notwendigen Erhebungen des VR verlangt werden kann (Rdn. 7).[128] 63

Soweit der VR für den Versicherungsfall sonstige **Assistance-Leistungen** versprochen hat,[129] also die Erbringung von Dienst- oder Geschäftsbesorgungsleistungen, gilt § 14 ebenfalls nicht. Ebenso ist es, wenn der VR **Sachleistungen** bzw. **Naturalersatz** zusagt (z.B. in der Glasversicherung).[130] 64

Zur Fälligkeit bei **Wiederherstellungsklauseln** vgl. Erl. zu § 93. 65

§ 15 Hemmung der Verjährung.
Ist ein Anspruch aus dem Versicherungsvertrag beim Versicherer angemeldet worden, ist die Verjährung bis zu dem Zeitpunkt gehemmt, zu dem die Entscheidung des Versicherers dem Anspruchsteller in Textform zugeht.

Übersicht	Rdn.		Rdn.
A. Allgemeines	1	III. Entscheidung des VR	20
I. Normzweck	1	1. Entscheidung	21
II. Entstehungsgeschichte	2	2. Zugang in Textform	27
III. Geltung der allgemeinen Verjährungsregeln/Andere Hemmungstatbestände	3	3. Ende der Hemmung auch ohne ausdrückliche Entscheidung	28
B. Tatbestand	8	4. Erneute Verhandlungen nach Hemmungsbeendigung	31
I. Anspruch aus dem Versicherungsvertrag	8	C. Rechtsfolgen	35
II. Anmeldung beim VR	11	D. Beweislast	37
1. Person des Anmeldenden	12	E. Abänderung durch AVB	38
2. Adressat der Anmeldung	13		
3. Anmeldung/Erhebung des Anspruchs	14		

A. Allgemeines

I. Normzweck

§ 15 ist eine besondere Regelung der Hemmung von Ansprüchen aus dem Versicherungsvertrag nach deren Anmeldung beim VR. Sie soll eine Verjährung des angemeldeten Anspruchs des VN verhindern, während dieser durch hinhaltende oder mehrdeutige Mitteilungen von einer rechtzeitigen Unterbrechungshandlung abgehalten wird.[1] Die mit der Anmeldung des Anspruchs beginnende Hemmung endet daher erst dann, wenn 1

---

121 VersHb/*Reichel*, § 21 Rn. 47; R/L/*Rixecker*, § 14 Rn. 5.
122 BGH VersR 2006, 404; *Veenker*, S. 44 ff.
123 OLG Hamburg VersR 1999, 1012; OLG Hamm r+s 1999, 28; OLG Köln VersR 1986, 805.
124 BGH VersR 2006, 404; VersR 1999, 706; OLG Hamburg VersR 1999, 1012.
125 BGH VersR 1984, 530.
126 BGH VersR 2006, 404; *Veenker* S. 45 f.
127 BGH VersR 2004, 1043; VersR 1966, 229; VersR 1960, 554; OLG Köln r+s 1998, 323.
128 OLG Karlsruhe VersR 1992, 735; vgl. auch *v. Rintelen*, r+s 2010, 133, 137 ff.; *Koch*, r+s 2009, 133, 135.
129 Dazu *Esser*, Assistance in der Versicherungswirtschaft, 2004, S. 41 ff., 69 ff.
130 Dazu *Veenker*, S. 40 ff.
1 Vgl. BGH NJW 1983, 2699, 2700.

sich der VR durch eine abschließende Entscheidung eindeutig und abschließend dazu geäußert hat, wie er die Sache behandelt.[2]

II. Entstehungsgeschichte

2 Vor der Reform war in § 12 II a.F. ein entsprechender Hemmungstatbestand enthalten. Dieser war durch die Verordnung vom 19.12.1939 zur Angleichung an das österreichische Recht und mit dem Ziel eingefügt worden, den VN vor einer Verjährung zu bewahren, solange der VR seine Stellungnahme nicht schriftlich mitgeteilt hat.[3] Die Norm wurde durch die VVG-Reform nur geringfügig geändert: Anstelle der früher erforderlichen Schriftform ist nunmehr die Textform (§ 126b BGB) ausreichend. Weiterhin werden auch Ansprüche eines Zessionars oder Pfandgläubigers erfasst, da die Norm auf Ansprüche des Anspruchsinhabers und nicht mehr auf solche des VN abstellt.[4]
Eine parallele Regelung findet sich in § 115 II 3 für den Direktanspruch eines Dritten gegen einen (Pflicht-)VR des Schädigers.[5]

III. Geltung der allgemeinen Verjährungsregeln/Andere Hemmungstatbestände

3 Nach der Streichung des § 12 I a.F. gelten die **allgemeinen Verjährungsvorschriften** des BGB, vgl. Art. 3 I EGVVG. Die regelmäßige **Verjährungsfrist** beträgt nach § 195 BGB drei Jahre. § 199 II–IV BGB setzt für besondere Fälle **Verjährungshöchstfristen** fest. Damit wird dem Umstand Rechnung getragen, dass die für den Verjährungsbeginn vorausgesetzte Kenntnis des Schuldners auch ohne grobe Fahrlässigkeit niemals vorliegen kann. Die **Verjährung beginnt** nach § 199 I BGB mit dem Schluss des Jahres, in dem der Anspruch entstanden ist (Nr. 1) und der Gläubiger von den anspruchsbegründenden Tatsachen und der Person des Schuldners Kenntnis hat oder ohne grobe Fahrlässigkeit haben müsste (Nr. 2).
Entstanden ist der Anspruch in dem Zeitpunkt, ab dem er – notfalls klageweise – geltend gemacht werden kann; dieser Zeitpunkt entspricht dem der Fälligkeit.[6] Die Fälligkeit richtet sich nach Ansprüchen des VN auf Geldleistung nach § 14. Streitig ist in diesem Zusammenhang, wann die Verjährung beginnt, wenn der VN die nach § 14 erforderlichen **Mitwirkungshandlungen** schuldhaft nicht erbringt. Hier wird vertreten, die Verjährung beginne mit dem Schluss des Jahres, in dem die Erhebungen bei pflichtgemäßer Mitwirkung beendet gewesen wären.[7] Der BGH hat diese Auffassung mit der Begründung abgelehnt, das Abstellen auf das Verschulden des Gläubigers sei (vor der Schuldrechtsreform) systemfremd und entbehre einer Rechtsgrundlage, der maßgebliche Zeitpunkt sei überdies nicht verlässlich feststellbar.[8] Auch wenn das Argument der Systemfremdheit nach Schaffung des auf subjektive Umstände abstellenden § 199 I Nr. 2 BGB weggefallen ist, überzeugt die Auffassung des BGH im Ergebnis nach wie vor. Für eine Vorverlegung des Verjährungsbeginnes besteht – außerhalb des Anwendungsbereiches von Treu und Glauben (§§ 162 I, 242 BGB)[9] – weder eine gesetzliche Grundlage noch ein Bedürfnis. Der VR kann sein Interesse an schneller Abwicklung durch entsprechende Mitwirkungsobliegenheiten schützen.[10] Er hat es auch in der Hand, durch eine Ablehnung seiner Leistungspflicht, die Fälligkeit herbeizuführen (vgl. unten Rdn. 26 und § 14 Rdn. 29). **Besondere Fälligkeitsregeln** gelten in der Haftpflicht- und Rechtsschutzversicherung (vgl. § 14 Rdn. 62 ff.). Hat der VR Naturalersatz zu leisten, wird die Leistung nach § 271 BGB sofort fällig.[11]
Die von § 199 I Nr. 2 BGB vorausgesetzte **Kenntnis des Gläubigers** setzt voraus, dass die Erhebung einer Feststellungs- oder Leistungsklage – wenn auch nicht risikolos – möglich ist. Der Anspruchsinhaber muss den Sachverhalt in Grundzügen kennen und wissen, dass er erhebliche Anhaltspunkte für einen Anspruch enthält.[12] Nicht erforderlich sind: Kenntnis aller Einzelumstände, Verfügbarkeit aller Beweismittel und eine zutreffende rechtliche Würdigung.[13] Ausnahmsweise kann die Rechtsunkenntnis des Gläubigers den Verjährungsbeginn aber hinausschieben, wenn eine unsichere und zweifelhafte Rechtslage vorliegt, die selbst ein

---

2 BGH VersR 1991, 878, 879; VersR 1978, 423, 424; OLG Hamm VersR 1993, 1473, 1474; VersR 2002, 563, 564; (zu § 12 II a.F. oder § 3 Nr. 3 S. 3 PflVersG a.F. = § 115 II 3).
3 Amtliche Begr. zur VO vom 19.12.1939 – Motive und amtliche Begründung zum Gesetz über den Versicherungsvertrag v. 30.05.1908, Neudruck Berlin 1963, S. 643.
4 Vgl. Begr. RegE BT-Drucks. 16/3945 S. 64.
5 § 115 II 3 entspricht § 3 Nr. 3 S. 3 PflVersG a.F. Dieser wurde § 12 II a.F. nachgebildet (BGH VersR 1991, 878).
6 Z.B. BGH NJW 1991, 836; NJW 2009, 110; PK/*Ebers*, § 15 Rn. 14; B/M/*Johannsen*, § 15 Rn. 10 m.w.N.; aus der Rechtsprechung zu § 12 a.F.: z.B. BGH NJW 1983, 2882; NJW-RR 1999, 1037.
7 OLG Hamm VersR 1991, 869; OLG Hamburg r+s 1986, 55 f.; PK/*Ebers*, § 15 Rn. 14 und § 14 Rn. 15; B/M/*Möller*[8], Bd. I, § 12 Anm. 13; vgl. auch § 14 Rdn. 23.
8 BGH NJW-RR 2002, 892 f.
9 BGH NJW-RR 2002, 892.
10 Überzeugend: B/M/*Johannsen*, § 15 Rn. 12; *Versicherungsombudsmann*, Empfehlung vom 09.03.2010 Az.: 13596/2009; R/L/*Rixecker*, § 15 Rn. 8; ähnlich auch P/M/*Armbrüster*, § 15 Rn. 5.
11 B/M/*Johannsen*, § 15 Rn. 15.
12 BGH NJW-RR 2009, 544, 546; NJW 1990, 176, 179.
13 StRspr. vgl. BGH VersR 2009, 685, 688 f. m.w.N.

rechtskundiger Dritter nicht zuverlässig einzuschätzen vermag oder wenn höchstrichterliche Rechtsprechung entgegensteht.[14] Dann ist die Klageerhebung unzumutbar. Dies ist nicht der Fall, wenn die Höhe eines Anspruchs auf den Rückkaufswert (§ 176 a.F.) nach einer nach Abrechnung ergehenden Rspr. fehlerhaft bemessen war.[15] Die Kenntnis des VN wird regelmäßig vorliegen, wenn er – von § 14 für den Eintritt der Fälligkeit vorausgesetzt – den Versicherungsfall angemeldet hat.[16]

§ 15 ergänzt die **Hemmungstatbestände** der §§ 203 ff. BGB. § 203 BGB wird nicht verdrängt.[17] § 15 dient dem Schutz des VN und soll nicht die allgemeinen Hemmungstatbestände eingrenzen. Sähe man § 15 als lex specialis an, würde dem VN jedoch der teilweise weitergehende Schutz des § 203 BGB genommen. Gegen eine Verdrängung des § 203 BGB sprechen weiterhin die unterschiedlichen Voraussetzungen der Normen. Während nach § 15 die Hemmung bereits nach einer (einseitigen) Anspruchsanmeldung eintritt, erfordert § 203 die Aufnahme von Verhandlungen.[18] Praktisch kann die Anwendbarkeit wegen der von § 15 nicht vorgesehenen Ablaufhemmung des § 203 Satz 2 BGB bei einer Anmeldung unmittelbar vor Ablauf der Verjährungsfrist eine Rolle spielen. 4

Weitere relevante **Hemmungstatbestände** sind: **§ 3 IV 2** (Anforderung von Unterlagen), **§ 12 Verfahrensordnung des Versicherungsombudsmannes** (Beschwerde) sowie **§ 204 BGB** (Rechtsverfolgung) und **§ 205 BGB** (Leistungsverweigerungsrecht). Ein Leistungsverweigerungsrecht entsteht dabei beispielsweise bei der Klage auf Einleitung des Sachverständigenverfahrens[19] oder durch ein Teilungsabkommen zwischen einem Sozialversicherungsträger und Haftpflichtversicherer.[20] **Keine Hemmungswirkung** hat die (erfolglose) Beschwerde bei der Aufsichtsbehörde.[21] 5

Die Berufung auf den Einwand der Verjährung kann dem VR nach **Treu und Glauben** verwehrt sein, wenn er gewollt oder ungewollt den berechtigten Eindruck erweckt hat, die Ansprüche würden befriedigt oder nur mit sachlichen Argumenten bekämpft, oder der VR zu verstehen gegeben hat, dass er es auf eine Klage nicht ankommen lassen werde und der VN im Vertrauen darauf keine Deckungsklage erhebt.[22] Entsprechendes gilt, wenn er gegenüber einem Haftpflichtgläubiger wegen eines vorrangigen Deckungsprozesses auf die Verjährung verzichtet, sich jedoch auf Verjährung beruft, wenn dieser Gläubiger den Deckungsanspruch dann nach § 115 I Nr. 2 bei Insolvenz des VN selbst geltend macht.[23] Rechtsmissbräuchlich kann es auch sein, wenn der VR den Eintritt der Verjährung durch eine Pflichtverletzung verursacht hat, wie etwa durch die pflichtwidrige Verweigerung der Herausgabe eines im Rahmen der Leistungsprüfung eingeholten Gutachtens.[24] Nicht rechtsmissbräuchlich ist es, wenn sich der VR auf eine nach Änderung des Gesetzes oder der Rspr. neue, kürzere Frist beruft.[25] 6

Ein **stillschweigender Verzicht auf die Erhebung des Einwandes der Verjährung** ist z.B. anzunehmen, wenn ein Schuldner, der vom Eintritt der Verjährung weiß oder zumindest mit der Möglichkeit der Verjährung rechnet, erklärt, er werde im Falle des Vorliegens der Anspruchsvoraussetzungen leisten.[26] Der VR ist jedoch nicht verpflichtet, den VN auf drohende Verjährung[27] oder den Beginn der Verjährung[28] hinzuweisen. 7

B. Tatbestand

I. Anspruch aus dem Versicherungsvertrag

§ 15 erfasst Ansprüche aus dem Versicherungsvertrag. Solche haben ihre rechtliche Grundlage in dem Versicherungsvertrag, ihre Rechtsnatur beruht auf dem Versicherungsvertrag.[29] Die zum alten Recht vertretene weitergehende Ansicht, alle Ansprüche seien erfasst, bei denen das Bestehen oder Nicht-mehr-Bestehen eines Versicherungsvertrages auch nur eine klagebegründende Behauptung bilde,[30] lässt sich bereits mit dem Wort- 8

---

14 Z.B. BGH NJW 1960, 380, 381 (Verkennung eines Schadens oder der Person der Ersatzpflichtigen); BGH NJW 2014, 3713, 3715 Tz. 35 m.w.N. (Rechtsunkenntnis im Einzelfall bei unsicherer und zweifelhafter Rechtslage); vgl. zum Ganzen: *Otto* VersR 2009, 760 ff.; *Bitter/Alles* NJW 2011, 2081 ff.
15 BGH VersR 2010, 1067, 1069.
16 *Grote/Schneider* BB 2007, 2689, 2700.
17 Im Ergebnis auch: PK/*Ebers*, § 15 Rn. 9 f.
18 Vgl. BGH VersR 2008, 1669, 1670 zum Verhältnis des § 439 III HGB zu 203 BGB.
19 BGH VersR 1971, 433, 435.
20 BGH NJW 1978, 2506, 2507 f.
21 AG Köln VersR 1993, 215, 216.
22 BGH NJW 1959, 241; BGH VersR 1982, 365, 366; VersHb/*Schlegelmilch*, § 21 Rn. 77; P/M/*Armbrüster*, § 15 Rn. 21; L/W/*Fausten* § 15 Rn. 52 f.
23 BGH VersR 1981, 328.
24 LG Dortmund NJW-RR 2011, 253, 254 (dort aber keine Kausalität zwischen Pflichtverletzung und Schaden, da das Gutachten ein halbes Jahr vor Verjährungseintritt übersandt wurde).
25 BGH NJW 1964, 1022, 1023 (Änderung der Rspr.); L/W/*Fausten*, § 15 Rn. 54.
26 BGH NJW 1982, 1815, 1816; OLG Hamm VersR 1994, 1106, 1107; VersR 1996, 243, 245.
27 BGH NJW 1959, 241; OLG Hamm r+s 2001, 445, 446 f.; P/M/*Armbrüster*, § 15 Rn. 23.
28 LG Düsseldorf r+s 1995, 2, 3; P/M/*Armbrüster*, § 15 Rn. 23.
29 BGH NJW 1960, 529; B/M/*Möller*[8], Bd. I, § 12 Anm. 8; BK/*Gruber*, § 12 Rn. 5.
30 LG Stuttgart VersR 1960, 217, 218; OLG Düsseldorf VersR 1958, 617 f. (ausdrücklich aufgegeben in VersR 1992, 557).

laut des § 15 schwer in Einklang bringen.[31] Sie entspricht auch nicht dem nunmehr erklärten Willen des Gesetzgebers.[32] Die praktische Relevanz dieser Frage war früher sehr groß. Denn es ging um die Frage, ob der Anspruch der kurzen Verjährungsfrist des § 12 a.F. unterfiel oder den damals oft längeren anderen Fristen. Die Abgrenzung hat jedoch nach Einführung der einheitlichen Verjährungsfristen nur noch Bedeutung für die Frage, ob § 15 anwendbar ist. Dies wird jedoch oft dahinstehen können, wenn gleichzeitig eine Hemmung nach § 203 BGB eingetreten ist.

9 **Um Ansprüche aus dem Versicherungsvertrag** handelt es sich bei Ansprüchen auf Nebenkosten und Zinsen auf die Versicherungsleistung (Ersatz-, Kapital- oder Rentenleistung), Gewinnbeteiligungen[33], Überschüsse, Verzugsschäden[34], Schadensersatz aus § 280 I BGB[35] und wegen vertraglicher Beratungspflichtverletzung (§ 6 V), Erstattung des Rückkaufwertes (§ 176 a.F.)[36], Ansprüchen aufgrund von Satzungen von Zusatzversorgungsanstalten[37] sowie bei Ansprüchen der Grundpfandgläubigerin nach § 1127 BGB[38]. Ansprüche aus vorvertraglichen Pflichtverletzungen fallen dann unter § 15, wenn der Anspruch wirtschaftlich die Stelle des vertraglichen Erfüllungsanspruchs einnimmt und sich insoweit als »Ersatzwert des ursprünglich Bedungenen« darstellt.[39] Das gilt auch für Ansprüche wegen der vorvertraglichen Verletzung von Beratungspflichten; der Anspruch nach § 6 V stellt insoweit nur eine spezialgesetzliche Ausformung der §§ 280 I, 311 II, 241 II BGB dar.[40]

10 **Keine Ansprüche aus dem Versicherungsvertrag** im Sinne des § 15 sind deliktische Ansprüche aus §§ 823, 826 BGB und Ansprüche aus ungerechtfertigter Bereicherung (§ 812 BGB)[41] – sofern sich jedoch Rückforderungsansprüche aus dem Versicherungsvertrag (z.B. durch Auslegung der AVB) ergeben, haben diese Vorrang vor dem gesetzlichen Anspruch aus § 812 BGB[42], Rückgewähransprüche nach Rücktritt[43], der unmittelbare Anspruch des Dritten in der Kfz-Pflichtversicherung (§ 115 I 1), der Ausgleichanspruch bei Doppelversicherung § 78 II[44], Ansprüche aus einem Teilungsabkommen zwischen einem Sozialversicherungsträger und einem Kfz-Haftpflichtversicherer[45].

II. Anmeldung beim VR

11 Als Anmeldung gilt die formlose außergerichtliche Geltendmachung des Anspruchs.[46] Diese wurde zum alten Recht mit der in § 12 III 2 a.F. vorgesehenen »Erhebung des Anspruchs« gleichgesetzt.[47] Da mit dem Wegfall des § 12 III keine sachliche Änderung des Hemmungstatbestandes verbunden ist, kann die hierzu ergangene Rspr. auch weiterhin zur Anwendung des § 15 herangezogen werden.[48]

1. Person des Anmeldenden

12 Den Anspruch kann derjenige anmelden, der befugt ist, selbständig Ansprüche aus dem Versicherungsvertrag geltend zu machen. Entscheidend ist die **materielle Berechtigung**. Berechtigter kann neben dem VN sein: eine mitversicherte Person in der Kfz-Haftpflichtversicherung, der Versicherte in der auf fremde Rechnung abgeschlossenen Fahrzeugversicherung,[49] der Kreditgläubiger, dem ein sog. Sicherungsschein erteilt worden

---

31 Vgl. B/M/*Johannsen*, § 15 Rn. 6.
32 Vgl. Begr. RegE BT-Drucks. 16/3945 S. 64: »Er (§ 15) bezieht sich wie bisher nur auf Ansprüche, die ihre rechtliche Grundlage in dem Versicherungsvertrag haben«.
33 BK/*Gruber*, § 12 Rn. 8.
34 RGZ 111, 102, 104; BGH NJW 1983, 2882; OLG Hamburg NJW-RR 1989, 680; OLG Hamm VersR 1981, 947 (§ 12 a.F. analog).
35 BGH VersR 1994, 711; OLG Köln VersR 1973, 1058.
36 AG Köln VersR 1993, 215 f.
37 BGH VersR 1994, 711.
38 OLG Hamm VersR 1994, 1106; OLG Düsseldorf VersR 1996, 623.
39 BGH NJW-RR 2010, 606.
40 Weitergehend:R/L/*Rixecker*, § 15 Rn. 10: Wegen eines rechtlichen, wirtschaftlichen und normativen Zusammenhanges vollständig von § 15 erfasst.
41 BGH NJW-RR 2010, 606; NJW 1960, 529; VersR 1992, 479, 480 m.Anm. *Bach*; OLG Celle VersR 1960, 841; OLG Köln VersR 1986, 1233, 1234; VersR 1991, 648, 649; OLG Düsseldorf VersR 1992, 557 (unter ausdrücklicher Aufgabe der früheren Rspr. – VersR 1958, 617); OLG Hamm VersR 1991, 757, 758; B/M/*Möller*[8], Bd. I, § 12 Anm. 9; R/L/*Rixecker*, § 15 Rn. 10; BK/*Gruber*, § 12 Rn. 5; a.A.: P/M/*Armbrüster*, § 15 Rn. 7 im Anschluss an die zuvor von Prölss vertretene Auffassung.
42 BGH VersR 1992, 479, 480.
43 B/M/*Möller*[8], Bd. I, § 12 Anm. 9.
44 P/M/*Prölss*[28], § 15 Rn. 9 zu § 59 II a.F.
45 BGH NJW 1964, 102, 103; VersR 1974, 546 f.
46 BGH VersR 1955, 97, 98.
47 B/M/*Möller*[8], Bd. I, § 12 Anm. 15.
48 B/M/*Johannsen*, § 15 Rn. 18.
49 BGH VersR 1964, 131, 132.

ist,[50] der Bezugsberechtigte,[51] der Realgläubiger (§ 1127 BGB),[52] der Zessionar[53] und der Vollstreckungsgläubiger. Nicht ausreichend ist hingegen die Anspruchserhebung durch den Geschädigten in der Haftpflichtversicherung.[54] Die Übermittlung durch einen Boten oder Stellvertreter ist möglich.

2. Adressat der Anmeldung

Der Anspruch ist bei dem tatsächlich auf Leistung in Anspruch genommenen VR anzumelden. Erfolgt die Anmeldung bei einem Dritten, so ist sie nur wirksam, wenn dieser als Bote oder Stellvertreter anzusehen ist. Sofern dies nicht durch AVB ausgeschlossen ist, kann dies nach § 69 I Nr. 2 auch ein Versicherungsvertreter sein. Eine Anmeldung bei einem konzernrechtlich verbundenen Unternehmen ist nicht ausreichend.[55] Die Mitteilung von Name und Anschrift des VR und die Angabe der Versicherungsnummer durch den VN an den Geschädigten ist keine Anmeldung des Anspruchs beim VR, sofern keine Anhaltspunkte für eine Stellung als Vertreter oder Bote bestehen.[56]

13

3. Anmeldung/Erhebung des Anspruchs

Die **Anmeldung des Anspruchs** kann ausdrücklich oder konkludent erfolgen,[57] sofern nichts anderes vereinbart ist. Sie erfolgt regelmäßig (konkludent) durch die Erstattung der Schadensanzeige.[58] Es muss erkennbar sei, dass der Anspruchsteller nach dem eingetretenen Versicherungsfall dem Grunde nach einen Anspruch auf Versicherungsleistung geltend macht; eine genaue Bezeichnung oder Bezifferung ist nicht erforderlich.[59] Entscheidend sind immer die Umstände des Einzelfalles. In der Rechtsschutzversicherung reicht die Übersendung eines Kostenfestsetzungsbescheides aus.[60] Ohne Bedeutung ist es bei der Anmeldung, dass der Anspruchsteller noch Zweifel hat, ob er den Anspruch auf die Leistung geltend machen kann oder will und dass er solche Zweifel bei der Anzeige zum Ausdruck bringt.[61]

14

Nicht ausreichend ist die Schadensanzeige jedoch dann, wenn nicht klar erkennbar ist, welche Person aus dem Versicherungsverhältnis Ansprüche herleitet oder um welche Ansprüche es sich handelt.[62] Weiterhin wird es zu Recht als unzureichend angesehen, wenn Angaben zum Unfallhergang und den Verletzungen fehlen und der VN ein Formschreiben des VR mit weiteren Nachfragen unbeantwortet lässt.[63] Der Eintritt der Hemmung kann hier auch nicht deshalb bejaht werden, weil der VR den Anspruchsteller mit hemmungsbeseitigender Wirkung bescheiden könnte. Es ist nicht zu rechtfertigen, dem VR hier die »Handlungslast« aufzuerlegen, wenn der Anspruchsteller durch sein Verhalten deutlich gemacht hat, kein Interesse an der weiteren Verfolgung des Anspruchs zu haben. Hinzu kommt, dass sich der Umfang der Hemmung aufgrund der unzureichenden Angaben nicht immer sicher bestimmen ließe.

15

Der **Umfang der Anmeldung** ist durch Auslegung zu ermitteln. Dabei ist ein großzügiger Maßstab anzulegen. Grundsätzlich ist bei der Geltendmachung von Ersatzansprüchen wegen eines Versicherungsfalles regelmäßig davon auszugehen, dass der VN alle in Betracht kommenden Ansprüche geltend machen will.[64] Eine Beschränkung der Anmeldung ist nur anzunehmen, wenn sich der Beschränkungswille eindeutig aus der Anmeldung ergibt.[65] Das ist nicht schon dann der Fall, wenn der Anspruchsteller nach einem Verkehrsunfall zunächst nur ein Schmerzensgeld anmeldet,[66] oder wenn sich der Anspruchsteller auf das Ausfüllen eines vom VR vorgegebenen Formulars beschränkt und darüber hinausgehende Schäden nahe lagen[67].

16

Sofern mehrere Ansprüche mit unterschiedlichen Voraussetzungen aufgrund des angezeigten Schadens möglich sind, müssen die geltend gemachten Ansprüche jedoch ausdrücklich angegeben oder für den VR aus den

17

---

50 BGH VersR 1964, 131, 133; LG Köln VersR 1989, 395.
51 BGH VersR 1986, 803.
52 OLG Düsseldorf VersR 1996, 623; OLG Hamm VersR 1994, 1106.
53 BGH NJW 1987, 255, 257 f.
54 Vgl. zur Kfz-Haftpflichtversicherung: OLG Köln r+s 1985, 235; vgl. BGH VersR 1981, 323, 324 (keine Anwendung des § 12 III a.F. auf Direktanspruch des geschädigten Dritten); die Verjährung des Direktanspruches in der Pflichtversicherung kann jedoch nach § 115 II 3 gehemmt sein.
55 Vgl. OLG Köln r+s 2000, 303; OLG Saarbrücken VersR 2008, 780.
56 OLG Koblenz VersR 1975, 442, 443 (mit Anm. *Kaulbach* VersR 1975, 727).
57 Vgl. P/M/*Armbrüster*, § 15 Rn. 9; OLG Koblenz VersR 1975, 442, 443; OLG Hamm VersR 1977, 1155, 1156.
58 BGH VersR 1955, 97, 98; VersR 1964, 477, 478; VersR 1978, 313, 314; OGH VersR 1981, 71, 72.
59 RGZ 157, 78, 82; BGH VersR 1978, 313, 314; KG VersR 1999, 841, 842.
60 KG r+s 1991, 23, 24.
61 RGZ 157, 78, 82.
62 Vgl. OGH VersR 1979, 95; s. auch Rdn. 16 ff. zur Frage des Umfangs der Anmeldung.
63 OLG Düsseldorf r+s 1992, 322; ablehnend: PK/*Ebers*, § 15 Rn. 34.
64 BGH VersR 2001, 1497, 1498; VersR 1982, 674, 675; vgl. OLG Köln r+s 2015, 371.
65 BGH VersR 1982, 674, 675 (PflVersG zu einem Kraftfahrzeugunfall); VersR 1985, 1141, 1142; VersR 1991, 179, 180.
66 BGH VersR 1982, 674, 675; VersR 1985, 1141, 1142; OLG München r+s 1997, 48 (alle zum PflVersG).
67 OLG München NVersZ 2001, 427 (PflVersG).

eingereichten Unterlagen zumindest erkennbar sein.[68] So reicht allein die Meldung eines Unfallereignisses in der Unfallversicherung angesichts der verschiedenen möglichen Ansprüche nicht aus.[69] Der VR hat dann keine Möglichkeit zur Prüfung eines bestimmten Anspruches. Sobald er aber aus weiteren eingereichten Unterlagen z.B. aufgrund des Verletzungsmusters die in Betracht kommenden Ansprüche erkennen kann, ist auch hier von einer hemmenden Anmeldung auszugehen. Hier wird regelmäßig zugunsten des Versicherten ein großzügiger Maßstab anzulegen sein.

18 Kommen **Ansprüche mehrerer mitversicherter Personen** in Betracht, so ist die Frage der Anmeldung für jeden Anspruch gesondert zu prüfen.[70] Die Anmeldung kann stillschweigend oder konkludent sowie durch einen Boten oder Stellvertreter erfolgen. Die Erwähnung eines mitversicherten Fahrers in der Schadensanzeige des VN stellt dabei in der Regel auch eine Anmeldung der Ansprüche des Fahrers dar.[71] Voraussetzung ist jedoch, dass die Person, die Ansprüche geltend macht, klar erkennbar ist.[72] Ein Vermieter eines Kfz ist nicht ohne weiteres ermächtigt, den Haftpflichtanspruch des mitversicherten Mieters des Kfz anzumelden.[73]

19 Bei der Beurteilung von **übergegangenen Ansprüchen eines Dritten** im Verhältnis zu Ansprüchen des VN ist entscheidend die Anmeldung *des Anspruchs*. Wenn der VN, der von einem Dritten wegen eines Haftpflichtfalls in Anspruch genommen wird, diesen Anspruch bei seinem VR geltend macht, so gilt diese Anmeldung auch im Verhältnis zu einem Dritten, auf den der Anspruch (ganz oder teilweise) übergegangen ist.[74] Bei der Inanspruchnahme eines Versicherten durch den Geschädigten und einen gesamtschuldnerisch Mithaftenden entstehen zwei gesondert zu beurteilende Ansprüche des Versicherten gegen seinen Haftpflichtversicherer.[75] Selbständig zu beurteilen sind ebenfalls zivilrechtliche Schadensansprüche eines Geschädigten und daneben stehende eigene Ansprüche des Sozialversicherungsträgers (§ 110 SGB VII).[76]

III. Entscheidung des VR

20 Die Hemmung endet mit Zugang der Entscheidung des VR in Textform. In Ausnahmefällen endet die Hemmung auch ohne Entscheidung, wenn anzunehmen ist, dass der VN den Anspruch nicht mehr weiterverfolgt.

1. Entscheidung

21 Sowohl **ablehnende als auch anspruchsbejahende** Entscheidungen des VR sind als Entscheidung im Sinne des § 15 anzusehen.[77] Erforderlich ist – auch nach dem Scheitern von Vergleichsverhandlungen[78], jedenfalls solange in der Beendigung der Verhandlungen durch den VR keine abschließende Entscheidung zu sehen ist – eine abschließende Stellungnahme zu Grund und Umfang der Entschädigungspflicht.[79] Der Anspruchsteller muss im Interesse der Rechtssicherheit und Rechtsklarheit zweifelsfrei über die Haltung des VR gegenüber den gestellten Forderungen informiert werden;[80] die Auskunft muss dabei **erschöpfend, umfassend und endgültig** sein.[81] Eine betragsmäßige Bezifferung ist nicht erforderlich. Es reicht aus, wenn er sich bereit erklärt, über die bezifferten Schäden hinaus auch die weiteren, nach Lage der Dinge in Betracht kommenden Schadensposten zu regulieren (in der Kfz-Haftpflicht z.B. Verdienstausfall, Heilbehandlungskosten usw.); ob die Entscheidung ausreichend ist, hängt von den **Umständen des Einzelfalls** ab und ist unter Berücksichtigung der Entwicklung des Anmeldeverfahrens, insbes. der Konkretisierung der Schadensmeldung zu entscheiden.[82] Ausreichend sein kann auch ein Widerspruch gegen einen Mahnbescheid.[83] Eine Ablehnung der Leistungsbereitschaft ist auch darin zu sehen, dass der VR den Vertrag wegen arglistiger Täuschung anficht.[84]

---

68 OLG Hamm VersR 1993, 1473, 1474; OLG Köln r+s 2000, 303 (beide zur Unfallversicherung); OLG Düsseldorf, Urteil vom 05.03.2010, 4 U 82/09 – juris Rn. 51 (wobei es auf die Frage nicht ankam); R/L/*Rixecker*, § 15 Rn. 11; P/M/*Armbrüster*, § 15 Rn. 10; zu Fällen, in denen das Begehr des Anspruchsstellers jedoch erkennbar ist: BGH VersR 1982, 674, 675; OGH VersR 1993, 1039, 1040.
69 OLG Hamm VersR 1993, 1473, 1474; dagegen: L/W/*Fausten*, § 15 Rn. 63.
70 BGH VersR 1964, 477, 478; OLG Karlsruhe VersR 1986, 1180, 1181.
71 OLG Karlsruhe VersR 1986, 1180, 1181; LG Konstanz VersR 1972, 1042, 1043.
72 Vgl. OGH VersR 1979, 95.
73 BGH VersR 1964, 477, 478.
74 KG VersR 1999, 841, 842; davon zu unterscheiden ist die Frage, ob der Dritte sich die Kenntnis vom Anspruch zurechnen lassen muss, die den Beginn der Verjährung erst möglich macht (§ 199 I Nr. 2 BGB). Das ist nicht der Fall, wenn der Anspruch bereits bei Entstehung übergeht (z.B. nach § 116 SGB X), vgl. Palandt/*Heinrichs*, § 199 Rn. 25.
75 OLG Hamm VersR 1978, 809.
76 BGH NJW 1961, 2304, 2305 zu § 903 RVO.
77 BGH VersR 1991, 878 f.; OLG Hamm VersR 2002, 563 f. (zu § 3 Nr. 3 S. 3 PflVersG a.F.).
78 B/M/*Möller*[8], Bd. I, § 12 Anm. 15.
79 BGH NJW 1983, 2699, 2700; OLG Düsseldorf VersR 1976, 674; OLG Köln VersR 1987, 1210, 1211; OLG Hamm VersR 2002, 563, 564; OGH VersR 1975, 362.
80 BGH VersR 1982, 1006; VersR 1991, 179, 180 (beide zu § 3 PflVersG a.F.).
81 BGH VersR 2002, 563, 564 m.w.N.
82 BGH VersR 1991, 878, 879 (PflVersG).
83 OLG Köln r+s 2003, 274.
84 OLG Frankfurt VersR 2009, 1394, 1395.

Nicht ausreichend ist die Bezugnahme auf ein (noch nicht vorliegendes) »rechtskräftiges Urteil« in einem lau- 22
fenden Zivilprozess,[85] eine Entscheidung, in der sich der VR nur zum Grunde des Anspruchs positiv erklärt,
jedoch hinsichtlich der Höhe Vorbehalte anmeldet,[86] ein »befristeter Verzicht auf die Verjährung«,[87] eine vorbehaltlose Zahlung, wenn der VR formuliert: »Ihren Anspruch dürfen wir vorläufig wie folgt abrechnen:«,[88]
eine Kürzung von geltend gemachten Ansprüchen eines Haftpflichtgläubigers in mehreren Schreiben des
VR.[89]

Dem abschließenden Charakter steht es nicht entgegen, dass sich der VR **vorbehält, weitere Zahlungen nach** 23
dem Nachweis weiterer Schäden oder nach Bekanntwerden neuer Tatsachen zu erbringen. Beispiele sind
Entscheidungen, bei denen nach Studium der Ermittlungsakte »zum jetzigen Zeitpunkt« eine Leistung abgelehnt wurde,[90] oder bei denen der VR klarstellte, dass alles, »was bisher beziffert und belegt wurde«, bezahlt
worden ist.[91] Dass der VR Umstände noch nicht berücksichtigen kann, die er noch nicht kennt, ist selbstverständlich. Allein die Bereitschaft, bei neuen Erkenntnissen zu Schadensgrund oder Schadenshöhe, wieder in
die Prüfung einzusteigen, nimmt der Entscheidung nicht ihren abschließenden Charakter.[92]

Bei einem **Teilanerkenntnis** muss klar ersichtlich sein, welche restlichen Ansprüche abgelehnt sind, sonst 24
fehlt es an der Eindeutigkeit und damit an einer Entscheidung insgesamt.[93]

Eine Begründung der Entscheidung ist ebenso wenig erforderlich[94] wie eine Belehrung über das Ende der 25
Hemmung.[95]

Bei **fehlender Mitwirkung des Anspruchstellers** ist der VR nicht gezwungen, eine sachliche Entscheidung zu 26
treffen. Es reicht zur Beendigung der Hemmung aus, wenn er den VN bescheidet, er könne sich aufgrund des
bisherigen Sachvortrages (noch) nicht zu einer Schadensersatzleistung entschließen.[96] Nicht abzustellen ist
für das Ende der Hemmung auf den Zeitpunkt, in dem die Antwort des Anspruchstellers zu erwarten gewesen wäre (vgl. auch oben Rdn. 3).[97]

2. Zugang in Textform

Die Entscheidung muss dem Anspruchsteller in Textform (§ 126b BGB) zugehen; das kann der VN, der Ver- 27
sicherte, ein Bezugsberechtigter, ein Realgläubiger oder auch ein Pfandgläubiger oder Zessionar sein.[98] Zur
Schaffung von Rechtsklarheit ist die Textform grundsätzlich immer erforderlich, auch bei einer positiven Entscheidung,[99] bei Zahlung des geforderten Betrages,[100] und nach gescheiterten Verhandlungen, sofern sich die
Ablehnung nicht eindeutig aus der in Textform erfolgten Erklärung des Scheiterns ergibt. Eine mündliche Ablehnung durch den VR reicht auch dann nicht, wenn sie durch den Anwalt des VN schriftlich bestätigt wird.[101]

3. Ende der Hemmung auch ohne ausdrückliche Entscheidung

Ausnahmsweise endet nach **§ 242 BGB** die Hemmung auch ohne Bescheid des VR in Textform, wenn für den 28
Anspruchsteller kein Schutzbedürfnis mehr besteht. Wenn er die von ihm zunächst angemeldeten Ansprüche
inzwischen offensichtlich nicht mehr weiterverfolgt und einen ablehnenden Bescheid nicht mehr erwartet,
hätte die Erteilung eines Bescheides in Textform durch den VR keinen vernünftigen Sinn mehr und wäre reine Förmelei.[102]

---

85 KG VersR 2007, 98, 99.
86 BGH VersR 1991, 878, 879; OLG Hamm VersR 2002, 563, 564 (beide zum PflVersG).
87 KG VersR 1980, 156, 157 (PflVersG).
88 OLG Frankfurt (Main) r+s 1999, 12, 13 (PflVersG).
89 BGH VersR 1996, 369, 370 (PflVersG).
90 OLG Karlsruhe r+s 2002, 469 f.
91 OLG Rostock VersR 2003, 363.
92 So auch: P/M/*Armbrüster*, § 15 Rn. 16; anders jedoch: OLG Celle VersR 1976, 736, 737 (Vorbehalt einer Erhöhung der Leistung bei Nachweis eines höheren Schadens).
93 Vgl. B/M/*Johannsen*, § 15 Rn. 19.
94 BGH NJW 1961, 1576, 1577; VersR 1970, 826, 827; OLG Hamm r+s 1992, 428, 429; OLG Frankfurt (Main) NVersZ 2002, 91, 92.
95 OLG Köln VersR VersR 1983, 774; R/L/*Rixecker*, § 15 Rn. 12.
96 BGH VersR 1977, 335, 336 f. zu § 3 PflVersG a.F.; übernommen für § 12 II a.F.z.B. durch OLG Karlsruhe VersR 1988, 351, 352; OLG Düsseldorf NVersZ 2000, 387; OLG Hamburg r+s 1986, 55.
97 BGH VersR 1977, 335, 336; 1978, 93; P/M/*Armbrüster*, § 15 Rn. 19; dies jedoch unter Hinweis auf § 162 I BGB in Erwägung ziehend: OLG Hamm VersR 1977, 1155, 1157; zustimmend: BK/*Gruber* § 12 Rn. 29.
98 Vgl. B/M/*Möller*[8], Bd. I, § 12 Anm. 15; Begr. RegE BT-Drucks. 16/3945 S. 64.
99 BGH VersR 1991, 878 f.; BGH VersR 1992, 604, 605.
100 BGH VersR 1991, 878 f.; BGH VersR 1992, 604, 605 f.; a.A. wohl OLG München VersR 1992, 606 (Revision von BGH nicht angenommen; dieser hat bemerkt, dass der VR durch vorbehaltlose Zahlung auf Anforderung des Klägers über eine Reihe von Jahren eine positive Entscheidung zum Ausdruck gebracht hat).
101 BGH NJW 1997, 2521 f. (PflVersG).
102 BGH VersR 1977, 335, 336; VersR 1978, 93; VersR 1978, 423, 424 (alle zum PflVersG); OLG Düsseldorf VersR 1999, 873, 874; OLG Saarbrücken zfs 2008, 700; R/L/*Rixecker*, § 15 Rn. 14 (Verwirkung).

29 Allein die Untätigkeit des Geschädigten reicht für diese Annahme jedoch nicht aus. Erforderlich sind weitere Umstände.[103] Sie wurden angenommen: bei einem rechtskundigen VN, der in Kenntnis aller Schäden nach der teilweisen Beseitigung eine »Schlussrechnung« vorlegt und dann den Kontakt drei Jahre abreißen lässt,[104] einem VN, der einen Versicherungsfall meldet (nur Schadenstag, Standort, Fahrzeug, Vertragsdaten) und erst vier Jahre später weitere Schäden geltend macht, wobei ein zweimal an ihn versandtes Schadensformular nicht an den VR zurückgelangte,[105] oder einem VN, der sich nicht mehr meldet, nachdem der VR ihm mitgeteilt hat, er warte auf den Eingang der Reparaturrechnung.[106] Grundsätzlich ist hier auf die Kriterien des Einzelfalles abzustellen. Angesichts der Möglichkeit des VR, die Beendigung der Hemmung selbst herbeizuführen, ist jedoch Zurückhaltung geboten.

30 Eine förmliche »Entscheidung« kann auch durch einen **Abfindungsvergleich** entbehrlich werden. Einigen sich die Parteien auf die Zahlung eines bestimmten Betrages zur endgültigen Erledigung, ist eine förmliche schriftliche Entscheidung im Sinne des § 15 als bloße Förmelei entbehrlich.[107] Mit Abschluss eines Abfindungsvergleichs endet damit die Hemmung auch hinsichtlich der Verjährung der in dem Vergleich vorbehaltenen Ansprüche.[108] Das gilt auch, wenn der Vorbehalt hinsichtlich bereits konkret bestimmter weiterer Schäden vereinbart wird, deren Eintritt jedoch nicht sicher absehbar ist.[109]
Abzugrenzen sind diese Fälle jedoch vom Fall des ausdrücklich bezeichneten »Teil-Vergleiches« und Fällen der Fortsetzung der Verhandlungen nach Vergleichsschluss. Hier hat der VR noch keine eindeutige abschließende Erklärung abgegeben.[110]

4. Erneute Verhandlungen nach Hemmungsbeendigung

31 Nach der allgemeinen Regel des § 203 BGB ist eine (**weitere**) **Hemmung** möglich, wenn die Parteien nach einer abschließenden Ablehnung der Ansprüche doch wieder in Verhandlungen treten. Die Hemmungswirkung tritt jedoch nur ein, wenn der VR zu erkennen gibt, er wolle die ablehnende Entscheidung nicht aufrechterhalten.[111]

32 Beantwortet der VR Gegenvorstellungen des VN, kann daraus alleine kein Abgehen von der früheren Ablehnung gesehen werden, selbst wenn sich der VR erneut mit der Frage der Leistungspflicht auseinandersetzt.[112] Nicht ausreichend ist auch die Weiterleitung von Fragen an einen Sachverständigen,[113] die Mitteilung, eine Kulanzzahlung zu prüfen[114] oder die Durchführung einer Ortsbesichtigung durch einen Versicherungsvertreter, wenn der VN weiß, dass diese nicht zu neuen Ergebnissen führen kann.[115] Verhandelt im Sinne des § 203 BGB wird jedoch, wenn der VR die Berechtigung der angemeldeten Ansprüche wieder als offen ansieht,[116] oder nach zuvor geäußerter Zurückweisung der Ansprüche eine Überprüfung zusagt und Leistungen als noch nicht fällig bezeichnet, da Prüfungen noch nicht abgeschlossen seien.[117]

33 Die erneuten Verhandlungen hemmen **nur die Ansprüche aus dem Versicherungszweig, über die verhandelt wird**.[118] Die erneute Hemmung dauert bis zum Scheitern der Vergleichsverhandlungen durch die aus-

---

103 BGH VersR 1977, 335, 337 (PflVersG); OLG Düsseldorf VersR 1999, 873, 874; vgl. aber LG Köln VersR 1988, 927, 928: 7-jährige Untätigkeit führt zum Ende der Verjährung; OLG Saarbrücken zfs 2008, 700: 6-jährige Untätigkeit; anders wiederum: LG Mönchengladbach NVersZ 2000, 139, 140: Reaktion des Versicherers auf Schadensmeldung ist erforderlich.
104 OLG Düsseldorf VersR 1999, 873, 874 f.
105 OLG Hamm r+s 1991, 289.
106 OLG Celle VersR 1995, 1173.
107 Vgl. OLG Karlsruhe VersR 1998, 632, 683 (PflVersG).
108 BGH VersR 2002, 474, 475; OLG Karlsruhe VersR 1998, 632, 633; OLG Hamm NJW-RR 1999, 252 (PflVersG).
109 OLG Jena OLG-NL 2005, 54, 55; anders: OLG Frankfurt (Main) VersR 2002, 1142 f. = r+s 2002, 201 (m. abl. Anm. *Lemcke*) in einem Fall, in dem unfallbedingte Verschlechterungen nach Aussage des Sachverständigen konkret im Raum standen und Gegenstand einer weiteren Begutachtung in zwei Jahren sein sollten.
110 Nichtabhilfebeschluss des BGH v. 11.07.1995 im Verfahren VI ZR 395/94 (r+s 1995, 459 m.Anm. *Lemcke*); erläuternd zu diesem Fall auch BGH VersR 2002, 474 ff. (alle zum PflVersG).
111 BGH VersR 1955, 97, 98; OLG Celle VersR 1977, 1045, 1046; OLG Karlsruhe NVersZ 1999, 393; OLG Hamm VersR 1994, 465, 466; NVersZ 2001, 210; OLG Köln r+s 2003, 274; OLG Hamm Urt. v. 23. Februar. 2006, 28 U 217/04 – juris Rn. 55.
112 OLG Köln VersR 1983, 774; OLG Hamm NVersZ 2001, 210; OLG Hamm Urt. v. 23. Februar 2006, 28 U 217/04 – juris Rn. 55.
113 OLG Hamm VersR 1981, 727, 728.
114 OLG Saarbrücken VersR 2009, 976, 977.
115 OLG Düsseldorf VersR 1999, 873, 875.
116 OLG Hamm VersR 1981, 727, 728; OLG Karlsruhe NVersZ 1999, 393, 394.
117 OLG Hamm VersR 1978, 859, 860.
118 OLG Hamm r+s 1992, 146 (Wiederaufnahme der Verhandlungen über Leistungen aus Unfallversicherung/Krankenversicherung hemmt nicht zugleich die ebenfalls abgelehnten Ansprüche aus der Unfallversicherung); PK/*Ebers*, § 15 Rn. 43.

drücklich oder konkludent erklärte Weigerung einer Partei, die Verhandlungen fortzusetzen, vgl. § 203 BGB.[119] Eine (erneute) Entscheidung in Textform ist hier nicht erforderlich.[120]

Möglich ist nach ablehnender Entscheidung eine erneute Hemmung gem. § 3 II, III 2, wenn der VN Unterlagen anfordert.[121] 34

C. Rechtsfolgen

Nach § 209 BGB wird die Zeit der Hemmung in die Verjährungsfrist nicht mit eingerechnet. Die Verjährungsfrist ist um den Zeitraum vom Zugang der Anmeldung bis zum Zugang der Entscheidung zu verlängern. Die Tage der Entstehung und des Wegfalls des Hemmungsgrundes werden bei der Ermittlung des Zeitraumes der Hemmung mit berücksichtigt.[122] § 191 BGB findet keine Anwendung.[123] 35

Wenn die Verjährung zum Zeitpunkt der Anmeldung noch nicht läuft, beginnt sie erst mit Beendigung der Hemmung. Der Zeitraum der Hemmung reicht dann vom Beginn der Verjährung bis zur Entscheidung des Versicherers bzw. deren Zugang; der Zeitraum vor dem Beginn der Verjährung wird nicht mit einbezogen.[124] Fehlende Geschäftsfähigkeit ändert Beginn und Ablauf der Hemmung nicht; sie wirkt sich nur auf den Ablauf der Verjährung aus (vgl. § 210 BGB).[125] In der Pflichtversicherung wirken Hemmung, Ablaufhemmung und Neubeginn der Verjährung bzgl. des einen Gesamtschuldners auch gegen den anderen Gesamtschuldner, § 115 II 4. 36

D. Beweislast

Der Anspruchsteller hat die den Beginn der Hemmung erforderliche Anmeldung des Anspruchs darzulegen und zu beweisen.[126] Tatsachen, aus denen sich das Ende der Hemmung ergibt, wie das Vorliegen und den Zugang einer Entscheidung bei dem richtigen Adressaten, sind vom VR zu beweisen. 37

E. Abänderung durch AVB

Die Vorschrift ist halbzwingend; von ihr kann nicht zum Nachteil des VN abgewichen werden, § 18. Die Einführung einer Klagefrist im Sinne des § 12 III a.F. in AVB verstieße gegen § 307 I, II Nr. 1 BGB.[127] 38

§ 16 Insolvenz des Versicherers.
(1) Wird über das Vermögen des Versicherers das Insolvenzverfahren eröffnet, endet das Versicherungsverhältnis mit Ablauf eines Monats seit der Eröffnung; bis zu diesem Zeitpunkt bleibt es der Insolvenzmasse gegenüber wirksam.
(2) Die Vorschriften des Versicherungsaufsichtsgesetzes über die Wirkungen der Insolvenzeröffnung bleiben unberührt.

Übersicht

	Rdn.		Rdn.
A. Allgemeines	1	IV. Besonderheit im Bereich der Kfz-Haftpflichtversicherung	14
B. Abs. 1	5	C. Abs. 2	15
I. Ende des Versicherungsverhältnisses	5	D. Kündigung/Unsicherheitseinrede	16
II. Ansprüche des VR	6	E. Abänderung durch AVB	17
III. Ansprüche gegen den VR	8	F. Anhang: Insolvenz des VN	18
1. Privilegierung	8		
2. Einzelne Ansprüche	9		

Schrifttum:
Backes, Die Insolvenz des Versicherungsunternehmens, Diss. Hamburg 2003; *Heiss/Götz,* Zur deutschen Umsetzung der Richtlinie 2001/17/EG des Europäischen Parlaments und des Rates vom 19.03.2001 über die Sanierung und Liquidation von Versicherungsunternehmen, NZI 2006, 1; *Maus,* Der Konkurs der Lebensversicherungsgesellschaft, Diss. Köln 1993; *Männle,* Die Richtlinie 2001/17/EG über die Sanierung und Liquidation von Versicherungsunternehmen und ihre Umsetzung ins deutsche Recht, Diss. Freiburg 2006; *Plath,* Das Lebensversiche-

---

119 OLG Hamm r+s 1992, 146 (LS); zum Ende der Hemmung gem. § 203 BGB durch Einschlafenlassen der Verhandlungen s. BGH VersR 2009, 945, 946 und OLG Köln r+s 2008, 257, 258; r+s 2015, 371, 372.
120 A.A.: PK/*Ebers,* § 15 Rn. 43 unter nicht zutreffender Berufung auf OLG Hamm VersR 1994, 465, 466.
121 Vgl. OLG Köln r+s 1991, 254.
122 RGZ 161, 125, 127; BGH, Beschluss v. 17.12.2008, IV ZR 147/08 – juris Rn. 4 (für den Tag, in dessen Verlauf der Hemmungsgrund wegfällt); R/L/*Rixecker,* § 15 Rn. 9; MünchKommBGB/*Grothe,* § 209 Rn. 4; Staudinger/*Peters/Jacoby* (2014), § 209 Rn. 7; Palandt/*Heinrichs,* § 209 BGB Rn. 1.
123 MünchKommBGB/*Grothe,* § 209 Rn. 4; Staudinger/*Peters/Jacoby* (2014), § 209 BGB Rn. 7; BeckOK/*Henrich,* Ed. 38, Stand 01.02.2016, § 209 BGB Rn. 2.
124 OLG Köln VersR 2009, 391.
125 OLG Hamm NVersZ 2001, 210.
126 OLG Hamm VersR 1992, 1255; VersR 1993, 300.
127 *Neuhaus* r+s 2007, 180 f.; PK/*Ebers,* § 15 Rn. 48; *Grote/Schneider* BB 2007, 2689, 2701; L/W/*Fausten,* § 15 Rn. 51.

rungsunternehmen in der Insolvenz, Diss. Köln 2007; *Sieg*, Abwicklung von Schäden im Konkurs des Haftpflichtversicherers VersR 1964, 693; *Siemon*, Der Überschuldungsbegriff im Versicherungsrecht, VW 2004, 294.

A. Allgemeines

1   § 16 regelt die Auswirkungen der Eröffnung eines Insolvenzverfahrens über das Vermögen des VR. Die nach langer Zeit ohne praktische Bedeutung drohende Relevanz der Norm zeigt sich etwa in der Bestandsübertragung der Mannheimer Lebensversicherung AG auf die Auffanggesellschaft Protektor AG im Jahre 2003 oder dem Antrag der BaFin (§ 312 I VAG) auf Eröffnung des Insolvenzverfahrens über das Vermögen der Berliner Versicherung AG. Weitere, v.a. anlässlich der wirtschaftlichen Krise der Finanz- und Versicherungswirtschaft für erforderlich gehaltene Sicherungsmaßnahmen gegen drohende Insolvenzen sind etwa die Gründung der weiteren Auffanggesellschaft Medicator AG am 03.07.2003 für den Bereich der PKV sowie die zusätzliche Einrichtung von Sicherungsfonds gem. §§ 221 ff. VAG im Bereich der Lebensversicherung und substitutiven Krankenversicherung.[1] Die Medicator AG und die Protektor AG nehmen seit dem 23.05.2006 die Aufgaben der Sicherungsfonds als Beliehene wahr.

2   **§ 16 überlagert die allgemeine Regel des § 103 InsO.** Das dort vorgesehene Wahlrecht des Insolvenzverwalters wurde als nicht interessengerecht empfunden. Die Fortsetzung des Vertrages würde die Abwicklung der Insolvenz erschweren und verzögern. Ebenso wenig könne es sein, dass die Entscheidung über die Fortsetzung dem Insolvenzverwalter oder dem VN überlassen werde; im Hinblick auf die entstehende Absicherungslücke bei der Schadensversicherung wurde die Monatsfrist geschaffen, um dem VN eine neue Absicherung zu ermöglichen.[2]
Dass eine Sanierung des Unternehmens aufgrund der endenden Verträge kaum möglich ist, wird angesichts der besonderen Eingriffsrechte der Aufsichtsbehörde hingenommen.[3]

3   Die Regelung fand sich zuvor in § 13 a.F. Sie ist durch die VVG-Reform lediglich sprachlich modernisiert worden. Der bisherige Satz 2 wurde zu Abs. 2.

4   **§ 16 I** erfasst alle Versicherungsverträge, für die nicht nach **§ 16 II i.V.m. § 316 Satz 1 VAG** besondere Regeln gelten. Dies sind im Wesentlichen Lebens-, Kranken-, Pflege- und Unfallversicherungsverträge (vgl. Rdn. 15). Besonderheiten bestehen auch in der Pflichtversicherung (§ 117 V) und für Realgläubiger in der Gebäudefeuerversicherung (§ 143 II). Die Zweimonatsfrist des § 143 II schließt sich dort an die Monatsfrist des § 16 I an.[4]
§ 16 findet **keine Anwendung** bei Insolvenz eines Rück- oder Seeversicherers, § 209. Auch wenn das Versicherungsverhältnis während der Monatsfrist des § 16 I aus anderen Gründen erlischt (z.B. durch Kündigung nach einem Schadensfall) ändert sich der Zeitpunkt des Vertragsendes durch § 16 nicht.[5]

B. Abs. 1

I. Ende des Versicherungsverhältnisses

5   § 16 I erfasst vor allem Insolvenzen im Bereich der Schadenversicherung. Das Versicherungsverhältnis endet mit Ablauf eines Monats (§§ 187 I, 188 II, III BGB) nach der Insolvenzeröffnung. Obliegenheiten des VN aus Versicherungsfällen vor der Eröffnung des Insolvenzverfahrens (oder in der Monatsfrist) bleiben bestehen.[6]

II. Ansprüche des VR

6   Der VN schuldet die Zahlung der Prämie bis zum Ende des Versicherungsverhältnisses pro rata temporis, § 39 I 1. Das gilt auch bei Einmalprämien.[7]

7   Ist die Prämie zum Zeitpunkt der Eröffnung des Insolvenzverfahrens noch nicht gezahlt, muss der VN – auch nach der bisher h.M.[8] – nur den Anteil für die Zeit bis zum Ende des Versicherungsverhältnisses zahlen. Die zum alten VVG – wohl ausgehend vom Grundsatz der Einheitlichkeit der Prämie – vertretene Auffassung, der VN müsse alles zahlen und den überschießenden Teil zurückfordern,[9] ist spätestens jetzt nicht mehr haltbar.[10]

---

1   Hierzu: Einl. D Rdn. 108; *Heidel*, Die Regulierung im VAG über Sicherungsfonds unter besonderer Berücksichtigung einer zukünftigen EU-Richtlinie über Sicherungssysteme für Versicherte im Falle der Liquidation des Versicherungsunternehmens, Diss. 2007 Köln; *Fricke* VersR 2005, 161.
2   Motive und amtliche Begründung zum Gesetz über den Versicherungsvertrag vom 30.05.1908, Neudruck Berlin 1963, S. 87 f.
3   Vgl. Begründung des Entwurfs zum EGInsO BT-Drucks. 12/3803 S. 109.
4   Vgl. P/M/*Kollhosser*[27], § 103 Rn. 7.
5   P/M/*Armbrüster*, § 16 Rn. 2; BK/*Gruber*, § 13 Rn. 4.
6   OLG Breslau H 40 Spalte 86 f.; P/M/*Armbrüster*, § 16 Rn. 2.
7   RGZ 144, 26, 30; P/M/*Knappmann*, § 39 Rn. 12.
8   BK/*Gruber*, § 13 Rn. 5; *Plath*, S. 112.
9   KG VA 1914 Nr. 821; Goldberg/*Müller*, VAG, § 77 Rn. 13; Prölss/*Lipowsky*[11], § 77 Rn. 13 (in der aktuellen Auflage keine Angaben dazu – Prölss/*Lipowsky*, § 77b Rn. 4).
10 Wobei auch ohne die Regelung in § 39 I 1 der VN angesichts der Eröffnung des Insolvenzverfahrens nach § 321 I 1 BGB die Leistung verweigern oder nach § 96 I Nr. 2 InsO (anders als nach § 55 Nr. 2 KO) mit der Forderung aus § 39 II aufrechnen könnte.

III. Ansprüche gegen den VR

1. Privilegierung

Ansprüche gegen den VR sind unter den Voraussetzungen des § 315 I 1 Nr. 1 und 2 VAG **in der Insolvenz privilegiert.**[11] Erfasst sind Forderungen, die unmittelbar auf dem Versicherungsvertrag beruhen, für die eine Rückstellung nach § 125 II VAG gebildet wurde und die zeitlich vor der Eröffnung des Insolvenzverfahrens entstanden sind (zur Privilegierung von durch die Eröffnung des Verfahrens entstandenen Forderungen durch § 316 Satz 2 VAG vgl. Rdn. 15). Die Bevorrechtigung erstreckt sich jedoch nicht auf das gesamte Vermögen des VR, sondern nur auf einen Betrag in Höhe des jeweiligen Mindestumfanges am Sicherungsvermögen (§ 125 II VAG). Reicht dieser nicht aus, sind die überschießenden Forderungen nach h.M. normale Insolvenzforderungen.[12] 8

2. Einzelne Ansprüche

Liegt der **Versicherungsfall vor der Eröffnung des Insolvenzverfahrens**, ist der Anspruch des VN aus den Werten des Sicherungsvermögens nach § 315 I 1 Nr. 1 VAG anteilig bevorrechtigt zu befriedigen. Dieses Vorrecht besteht auch, wenn der Versicherungsfall **im Laufe der Monatsfrist** des § 16 I eingetreten ist. Da die Eröffnung des Insolvenzverfahrens die Zuführungspflicht zum Sicherungsvermögen nicht beendet, muss auch die Privilegierung der aus ihm zu befriedigenden Ansprüche fortdauern.[13] Wird der **Vertrag aufgehoben oder kommt er erst gar nicht zustande**, hat der VN einen gem. § 315 I 1 Nr. 2 VAG privilegierten Rückzahlungsanspruch. Nicht privilegiert ist der Anspruch auf **Rückzahlung einer Prämienvorauszahlung**, da er nach § 39 II erst durch die Eröffnung des Insolvenzverfahrens entstanden.[14] Nach Wegfall des früheren »Konkursvorrechtes« in § 80 VAG a.F. ist der Anspruch eine normale Insolvenzforderung.[15] Der VR kann aufgewendete Kosten (z.B. für Vermittler) abziehen (§ 39 II); die Vermittlerkosten können dabei in vollem Umfang abgezogen werden, auch wenn sie noch nicht bezahlt worden und Insolvenzforderung sind.[16] 9

Rückzahlungsansprüche wegen **Prämienzahlungen nach der Insolvenzanmeldung** sind Masseverbindlichkeiten aus ungerechtfertigter Bereicherung, § 55 I 3 InsO.[17] 10

Ansprüche des VN auf **Zinsen** auf die Hauptforderung fallen wegen ihres Zusammenhanges mit dem Versicherungsvertrag ebenfalls unter die Privilegierung.[18] **Rechtsverfolgungskosten**, die dem VN für die Verfolgung seiner Ansprüche bis zur Eröffnung des Insolvenzverfahrens entstehen, beruhen hingegen nicht auf dem Vertrag und müssen als normale Insolvenzforderung geltend gemacht werden.[19] 11

Dem VN steht nach h.M. ein **Schadensersatzanspruch** analog § 103 II 1 InsO zu auf Zahlung der Differenz zwischen der an den jetzt insolventen VR und nunmehr an einen anderen VR zu zahlenden Prämie bis zu dem Zeitpunkt, der als frühester Beendigungszeitpunkt ins Auge gefasst wurde.[20] Dieser ist normale Insolvenzforderung, da er sich als Sekundäranspruch nicht aus dem Versicherungsvertrag ergibt und erst mit Insolvenzeröffnung entsteht.[21] 12

Ansprüche, die **nicht auf Geldzahlung** gerichtet sind (z.B. Anspruch gegen den Haftpflichtversicherer auf Rechtsschutz), werden gem. § 45 InsO umgerechnet; ihr Wert z.Zt. der Eröffnung des Insolvenzverfahrens ist zu schätzen.[22] 13

IV. Besonderheit im Bereich der Kfz-Haftpflichtversicherung

Für Haftpflichtschäden aus Verkehrsunfällen besteht gem. § 12 I 1 Nr. 4 PflVG ab Stellung des Insolvenzantrages eine Eintrittspflicht eines Entschädigungsfonds[23] (vgl. Anhang A Rdn. 90 ff.). Diese ist nicht subsidi- 14

---

[11] Vgl. Prölss/Lipowsky, § 77a Rn. 5 zu den Voraussetzungen im Einzelnen.
[12] Prölss/Lipowsky, § 77a Rn. 10; Heiss/Götz NZI 2006, 1, 5; PK/Ebers, § 16 Rn. 7; Plath, S. 176; anders wohl: F/K/B/Kaulbach, § 77a Rn. 2: Begünstigte sind nach den Vorschriften der InsO über die Absonderungsberechtigten zu behandeln.
[13] F/K/B/Kaulbach, § 77a Rn. 4.
[14] Vgl. Plath, S. 161.
[15] Prölss/Lipowsky, § 77 Rn. 13; vgl. KG VA 14, Nr. 821 (S. 65).
[16] AG Hamburg H 1932, 573; P/M/Knappmann, § 39 Rn. 11.
[17] BK/Gruber, § 13 Rn. 6; P/M/Armbrüster, § 16 Rn. 2; B/M/Johannsen, § 16 Rn. 12.
[18] Plath, S. 162; Prölss/Lipowsky, § 77b Rn. 5.
[19] Plath, S. 162; Prölss/Lipowsky, § 77b Rn. 5; a.A. Männle, S. 171.
[20] OLG Hamburg VA 03 Nr. 6; Prölss/Lipowsky, § 77b Rn. 4; BK/Gruber, § 13 Rn. 7; Goldberg/Müller, VAG, § 77 Rn. 13; L/W/Fausten, § 16 Rn. 31; **a.A.** B/M/Möller[8], Bd. I, § 13 Rn. 12; Sieg VersR 1964, 693, 694; Fromm/Goldberg, VAG, § 77 Rn. 4 III B II (§ 16 geht als Sonderbestimmung vor); P/M/Armbrüster, § 16 Rn. 6; ebenso mit überzeugenden Argumenten: B/M/Johannsen, § 16 Rn. 12; zum Streit vgl. auch Plath, S. 134 ff.; vgl. auch Maus, S. 29, der den Anspruch nicht aus der InsO sondern aus §§ 280, 283, 275 BGB herleitet.
[21] Vgl. Plath, S. 161; a.A. Männle, S. 173 f.
[22] OLG Breslau H 1940 Spalte 86, 87.
[23] Rechtsgrundlage: VO über den Entschädigungsfonds für Schäden aus Kraftfahrzeugunfällen vom 14.12.1965 (BGBl I S. 2093) geändert durch VO vom 17.12.1994 (BGBl I S. 3845).

är gegenüber Schadensersatzansprüchen gegen Halter/Eigentümer/Fahrer/VR. Denn § 12 I 2 PflVG bezieht sich nur auf Satz 1 Nr. 1–3, nicht auf Nr. 4.[24]

C. Abs. 2

15 § 316 Satz 1 VAG ist eine Sonderregelung, nach der bestimmte Verträge bei Insolvenz des VR bereits mit **Eröffnung des Insolvenzverfahrens** und nicht erst nach Ablauf der Monatsfrist **erlöschen**. Dies gilt für Lebensversicherungen, die substitutiven Krankenversicherungen (§ 146 VAG), die privaten Pflegeversicherungen (§ 148 VAG) und die Unfallversicherungen mit Prämienrückgewähr (§ 161 VAG). Erfasst sind über §§ 316 Satz 1 Nr. 5, 162 VAG auch Verträge der Allgemeinen-, der Kfz-Haftpflicht- und der Kfz-Unfallversicherung, soweit aus ihnen Rentenleistungen geschuldet werden. Dies entspricht der vorher bestehenden Regelung der §§ 77b Satz 1, 65 IV VAG a.F. Diese Sonderregelung sollte Versicherungsverträge erfassen, bei denen ein Deckungsstock gebildet wird. Daher bezog sie sich nach Sinn und Zweck auch auf die Unfall- und Haftpflichtversicherung, sofern dort eine entsprechende Rückstellung für Renten erfolgt ist.[25]

Nach § 316 Satz 2 VAG ist der Anspruch des VN auf den rechnungsmäßigen Anteil am Mindestumfang des Sicherungsvermögens bevorrechtigt. Dieser Anspruch entsteht mit dem Erlöschen des Vertrages nach § 316 Satz 1 VAG. Vor Verfahrenseröffnung entstandene Ansprüche können nach § 315 I VAG bevorrechtigt sein. Hierzu zählt auch der Anspruch auf den Rückkaufwert nach § 169 I, wenn der Vertrag vor der Insolvenzeröffnung beendet wird.[26]

D. Kündigung/Unsicherheitseinrede

16 Bei wesentlicher Verschlechterung der bei Vertragsschluss vorhandenen finanziellen Lage des VR steht dem VN ein Recht nach § 314 I BGB[27] auf fristlose Kündigung zu. Weiterhin hat er die Möglichkeit der sog. Unsicherheitseinrede nach § 321 BGB.[28]

E. Abänderung durch AVB

17 Die Vorschrift kann vertraglich nicht zum Nachteil des VN abbedungen werden, § 18.

F. Anhang: Insolvenz des VN

18 Ansprüche aus Versicherungsverträgen gehören grundsätzlich zur **Insolvenzmasse**.

Etwas anderes gilt nur, soweit die Forderungen nicht pfändbar sind, § 36 InsO (vgl. dazu § 17). Nach Eröffnung des Insolvenzverfahrens entstandene Ansprüche aus solchen Forderungen können auch während des laufenden Insolvenzverfahrens gegen den VN geltend gemacht werden.[29] Streitig ist, ob dies auch für nicht pfändbare Forderungen gilt, die vor Eröffnung des Insolvenzverfahrens entstanden sind (z.B. Prämien aus Krankheitskostenversicherungsverträgen). Teilweise wird angenommen, diese könnten auch außerhalb des Insolvenzverfahrens geltend gemacht werden.[30] Nach der Gegenauffassung handelt es sich um Insolvenzforderungen gem. § 38 InsO; sind sie Gegenstand eines Rechtsstreits, so sei dieser gem. § 240 ZPO unterbrochen.[31]

Nicht in die Masse fallen auch Forderungen, über die der Versicherungsnehmer im Rahmen seiner Gestaltungsfreiheit verfügt hat. Das ist der Fall bei Forderungen aus einer Lebens- oder Unfallversicherung des VN mit einer unwiderruflichen Bezugsberechtigung zu Gunsten eines Dritten[32] oder auch bei Einräumung eines unwiderruflichen oder eingeschränkt widerruflichen Bezugsrechtes bei einer Direktversicherung zur betrieblichen Altersvorsorge[33]. Nicht ausreichend ist insoweit allerdings ein widerrufliches Bezugsrecht, selbst wenn die Beiträge aus Teilen der dem Versicherten zustehenden Vergütung gezahlt wurden.[34]

19 Versicherungsverträge gehören zu den **gegenseitigen Verträgen im Sinne des § 103 InsO**. Dazu gehören nach Auffassung des BGH nicht Kautionsversicherungsverträge; diese seien als Geschäftsbesorgungsverträge anzu-

---

24 BK/*Gruber*, § 13 Rn. 12; P/M/*Prölss*, § 16 Rn. 4.
25 So im Ergebnis auch: B/M/*Johannsen*, § 16 Rn. 10; Prölss/*Lipowsky*, § 77a Rn. 4; L/W/*Fausten*, § 16 Rn. 25; anders: F/K/B/*Kaulbach*, § 77b Rn. 1.
26 *Plath*, S. 134 f.; L/W/*Fausten*, § 16 Rn. 29; a.A. wohl *Backes*, S. 128 (Anspruch auf Rückkaufwert auch bei Vertragsbeendigung nach § 77b Satz 1 VAG) – dies spricht jedoch gegen den abschließenden Charakter der Regelung der Ansprüche durch § 77b Satz 2 VAG.
27 Früher wurde dieses Recht aus § 242 BGB hergeleitet; vgl. *Präve* VersR 1993, 265, 271; P/M/*Armbrüster*, § 16 Rn. 10; BK/*Gruber*, § 13 Rn. 16, 17 – alle m.w.N.
28 Vgl. *Präve* VersR 1993, 265, 271 f.
29 Vgl. z.B. BGH NJW-RR 2014, 683 zu nach Eröffnung des Insolvenzverfahrens entstandenen Prämienforderungen aus einem Krankheitskostenversicherungsvertrag (§ 850b ZPO).
30 OLG Schleswig ZInsO 2015, 802.
31 *Busch* VuR 2015, 272, 273 f.; *Harder* NJW-Spezial 2015, 469; vgl. auch OLG Hamm VuR 2013, 231.
32 BGH NJW 2004, 214.
33 BGH VersR 2005, 1134.
34 BGH VersR 2002, 1294.

sehen.[35] Als Folge dieser Einordnung erlöschen die Verträge mit Eröffnung des Insolvenzverfahrens nach § 115 InsO.

Die **Auswirkungen eines Insolvenzverfahrens** über das Vermögen des VN richten sich vor allem danach, ob eine Partei ihre Leistungspflicht bereits erfüllt hat.   20

Hat der **VN die Prämie bereits vollständig** erbracht (z.B. Einmalprämie, befristeter Vertrag), bleibt der Vertrag unverändert bestehen. Ein Anspruch aus einem Versicherungsfall fällt dann in die Insolvenzmasse. Hat der **VR seine Leistung bereits erbracht**, z.B. durch Leistung im Versicherungsfall, so bleibt der Vertrag ebenfalls bestehen. Prämienforderungen sind dann Insolvenzforderungen.[36] Bei einem fortbestehenden Versicherungsvertrag haben sowohl der VN als auch der Insolvenzverwalter die vertraglichen und gesetzlichen Obliegenheiten zu erfüllen.[37]   21

Bei **beidseits noch nicht vollständig erfüllten Verträgen** ist zu differenzieren: 22
Solange der Insolvenzverwalter **noch keine Erklärung** gem. § 103 InsO abgegeben hat, bestehen Zurückbehaltungsrechte gem. § 320 BGB bzgl. der gegenseitigen Leistungen;[38] diese Zurückbehaltungsrecht wird durch §§ 37 ff. modifiziert.[39] Der VN schuldet bis zur Entscheidung über die Erfüllung die Prämienzahlung; dieser Anspruch des VR ist Insolvenzforderung.
Die frühere Rechtsprechung, nach der die Verträge mit der Eröffnung des Insolvenzverfahrens automatisch in ein Abwicklungsverhältnis umgestaltet wurden, hat der BGH im Jahr 2002 aufgegeben.[40] Will der Insolvenzverwalter den Vertrag nicht fortführen, muss er ihn daher kündigen. Dabei dürfte es als konkludente Kündigung anzusehen sein, wenn der Insolvenzverwalter gegenüber dem VR nach § 103 II InsO die Vertragserfüllung ablehnt oder die Auszahlung des Rückkaufswertes einer Lebensversicherung verlangt.[41]
Wählt der Insolvenzverwalter die Erfüllung des Versicherungsvertrages, so werden die gegenseitigen Forderungen zu Masseverbindlichkeiten und -forderungen aufgewertet.[42] Prämienforderungen werden ab dem Zeitpunkt des Erfüllungsverlangens Masseschuld gem. § 55 I Nr. 2 InsO.[43] Der VR hat dann Versicherungsschutz zu gewähren. Entschädigungsleistungen fallen in die Masse, sofern sie pfändbar sind und der Versicherte nicht unwiderruflich über sie verfügt hat (vgl. oben).
Prämienrückstände aus der Zeit vor der Eröffnung sollen für den Fortbestand des Versicherungsschutzes nach Verfahrenseröffnung keine Bedeutung haben, da der Versicherungsvertrag durch die Erfüllungswahl in einen erfüllten und einen unerfüllten Teil gespalten wird.[44] Prämienrückstände aus der Zeit vor der Insolvenz sind Insolvenzforderungen (§ 105 S. 1 InsO). Etwas anderes gilt nur dann, wenn der Versicherer schon vor Insolvenzeröffnung nach § 38 II leistungsfrei war.[45]
Bei **Ablehnung der Erfüllung** tritt der Vertrag in ein Abwicklungsstadium. Die Erklärung wirkt mit ihrem Zugang.[46] Leistungen für bis zur diesem Zeitpunkt eingetretene Versicherungsfälle muss der VR erbringen; Der Entschädigungsanspruch gehört zur Masse.[47]

§ 17 Abtretungsverbot bei unpfändbaren Sachen.
Soweit sich die Versicherung auf unpfändbare Sachen bezieht, kann eine Forderung aus der Versicherung nur auf solche Gläubiger des Versicherungsnehmers übertragen werden, die diesem zum Ersatz der zerstörten oder beschädigten Sachen andere Sachen geliefert haben.

Übersicht

	Rdn.		Rdn.
A. Allgemeines	1	D. Weitere gesetzliche Verfügungsbeschränkungen	11
B. Grundsatz: Freie Verfügbarkeit über Forderungen aus der Versicherung	3	I. Pfändungsbeschränkungen	12
C. Abtretungsverbot des § 17	6	1. § 850b I Nr. 1 ZPO	14
I. Voraussetzung und Rechtsfolgen	7	2. § 850b I Nr. 4 ZPO	18
II. Ausnahme	10	3. § 850 III lit. b) ZPO	24

---

35 BGH VersR 2006, 1637; VersR 2007, 1367; **sehr streitig**, für eine Einordnung als Versicherungsvertrag insbesondere: *Thomas/Dreher* VersR 2007, 731; B/M/*Johannsen*, Anhang zu § 16 Rn. 10; P/M/*Armbrüster*, Anhang zu § 16 Rn. 3, § 1 Rn. 7.
36 B/M/*Johannsen*, Anhang zu § 16 Rn. 11.
37 BGH VersR 1994, 1465 für den Zwangsverwalter; B/M/*Johannsen*, Anhang zu § 16 Rn. 11.
38 BGH NJW 2002, 2783, 2785; NJW 2012, 678 (Lebensversicherung).
39 P/M/*Armbrüster*, Anhang zu § 16 Rn. 4.
40 BGH NJW 2002, 2783.
41 *Elfring* BB 2004, 617, 619.
42 BGH NJW 2002, 2783, 2785.
43 B/M/*Johannsen*, Anhang zu § 16 Rn. 16 m.w.N.
44 OLG Düsseldorf VersR 2006, 250; Uhlenbruck/*Wegner*, § 103 InsO Rn. 44; dagegen: *Prahl* VersR 2006, 884.
45 OLG Düsseldorf VersR 2006, 250; Uhlenbruck/*Wegner*, § 103 InsO Rn. 44.
46 P/M/*Armbrüster*, Anhang zu § 16 Rn. 7.
47 OLG Karlsruhe VersR 2002, 1143; B/M/*Johannsen*, Anhang zu § 16 Rn. 17.

§ 17 Abtretungsverbot bei unpfändbaren Sachen

	Rdn.		Rdn.
4. §§ 851c, 851d ZPO	25	III. Kraftfahrtversicherung	36
II. Abtretungsbeschränkungen	27	IV. Krankheitskosten-/Krankentagegeld-	
III. Verpfändungsbeschränkungen	31	versicherung	37
E. Vertragliche Verfügungsbeschränkungen	32	F. Rechtsfolgen einer Verfügung (Abtretung,	
I. Lebensversicherung	33	Pfändung, Verpfändung)	38
II. Haftpflichtversicherung	34	G. Rückforderung nach Zahlung an Zessionar	43

A. Allgemeines

1 § 17 regelt – inhaltlich unverändert zu § 15 a.F. – die beschränkte Abtretbarkeit von Forderungen aus Versicherungen, die sich auf unpfändbare Sachen beziehen.[1] Der Gläubiger soll nach Eintritt des Versicherungsfalls hinsichtlich der Versicherungsforderung nicht besser gestellt werden, als er hinsichtlich der Sache stünde.[2] Von einem bestehenden Abtretungsverbot wird eine Ausnahme zugelassen, wenn die Abtretung an einen Gläubiger erfolgt, der dem VN Ersatz für die zerstörte oder beschädigte Sache geliefert hat.

2 Die Regelung gilt gem. § 1274 II BGB auch für die Bestellung eines Pfandrechts und über § 851 ZPO auch für die Pfändung der Forderung. Sie ist in der Krankenversicherung nicht anwendbar, § 194 I 2.

B. Grundsatz: Freie Verfügbarkeit über Forderungen aus der Versicherung

3 Grundsätzlich kann über Forderungen aus der Versicherung frei durch Abtretung, Pfändung oder Verpfändung verfügt werden.[3]
Als »Forderungen aus der Versicherung« sind dabei alle Ansprüche aus dem Versicherungsvertrag anzusehen.[4]
Das sind die **Ansprüche auf die Hauptleistung**: der – aufschiebend bedingt versprochene – Anspruch auf die Geldleistung sowie die Prämienforderung des VR.[5] Verfügt werden kann auch über **selbständige Nebenansprüche** wie z.B. (Verzugs-)Zinsen, Schadensersatz, Aufwendungsersatz, Kostenerstattung, Überschussanteile,[6] Prämienrückgewähr,[7] sowie Ansprüche auf den Rückkaufswert in der Lebensversicherung.[8] Nur gemeinsam mit dem Hauptanspruch kann verfügt werden über **unselbständige Nebenansprüche** (z.B. aus § 3),[9] sowie über **Gestaltungsrechte** (z.B. das Kündigungsrecht in der Lebensversicherung (§ 168)[10] oder das Verfügungsrecht des VN in der Fremdversicherung (§ 45 I))[11].

4 Der **Umfang der Verfügung** muss im Einzelfall festgestellt werden. Bei einer Abtretung und Verpfändung ist er durch Auslegung des Parteiwillens zu ermitteln.[12] Bei der Pfändung gem. §§ 829 ff. ZPO erfasst die Beschlagnahme die der Hauptforderung zugehörigen Nebenforderungen, insbes. auch die Zinsen.[13]

5 **Verfügungsberechtigt** ist der VN (bei mehreren alle zusammen), auch bei der Versicherung für fremde Rechnung, sofern er im Besitz des Versicherungsscheines ist oder vertraglich zur Übertragung auch ohne Versicherungsschein berechtigt ist, der Insolvenzverwalter, der Testamentsvollstrecker und der unwiderruflich Bezugsberechtigte.[14] Bei einer Direktversicherung nach dem BetrAVG ist der Arbeitgeber alleiniger Vertragspartner des VR und daher berechtigt, die Ansprüche aus der Direktversicherung ohne Zustimmung des Arbeitnehmers abzutreten.[15]

C. Abtretungsverbot des § 17

6 Die freie Verfügbarkeit wird beschränkt durch das Abtretungsverbot des § 17.

---

1 BK/*Gruber*, § 15 Rn. 1.
2 Motive und amtliche Begründung zum Gesetz über den Versicherungsvertrag vom 30.05.1908, Neudruck Berlin 1963, S. 90.
3 P/M/*Armbrüster*, § 17 Rn. 1; BK/*Gruber*, § 15 Rn. 2; R/L/*Rixecker*, § 17 Rn. 1.
4 BK/*Gruber*, § 15 Rn. 2.
5 B/M/*Möller*[8], Bd. I, § 15 Rn. 2, der jedoch von der Gefahrtragungspflicht des VR ausgeht (vgl. zu den unterschiedlichen Auffassungen zum Inhalt des Anspruchs gegen den VR § 1 Rdn. 11 ff.).
6 Vgl. BGH NJW-RR 2007, 1433, 1434 (selbständiger Streitgegenstand neben Anspruch auf Versicherungsleistung).
7 B/M/*Möller*[8], Bd. I, § 15 Rn. 5.
8 Vgl. OLG Düsseldorf VersR 1961, 111.
9 B/M/*Möller*[8], Bd. I, § 15 Rn. 5; P/M/*Armbrüster*, § 17 Rn. 3.
10 Übertragbar nur gemeinsam mit dem Anspruch auf den Rückkaufswert – BGH NJW 1966, 1071, 1072; NJW 2003, 2679, 2680; vgl. auch P/M/*Reiff*, § 168 Rn. 9.
11 P/M/*Armbrüster*, § 17 Rn. 3; B/M/*Möller*[8], Bd. I, § 15 Rn. 7 – zu § 76 I a.F.
12 Vgl. BGH NJW 2007, 2320, 2321 ff.; LG Bonn VersR 2008, 768, 769; OLG Hamburg RdK 1939, 29.
13 Vgl. z.B. Musielak/Voit/*Becker*, ZPO, 12. Aufl. 2015, § 829 Rn. 21 und Rn. 32 sowie P/M/*Reiff/Schneider*, § 9 ALB 2012 Rn. 28 ff. zur Pfändung von Ansprüchen aus einer Lebensversicherung.
14 P/M/*Armbrüster*, § 17 Rn. 18.
15 BGH NJW-RR 1993, 770, 771; OLG Düsseldorf NJOZ 2007, 1810, 1811.

I. Voraussetzung und Rechtsfolgen

Die Forderung aus dem Versicherungsvertrag muss sich auf eine unpfändbare Sache beziehen. **Unpfändbare Sachen** sind die in § 811 ZPO aufgeführten Gegenstände,[16] sowie Haustiere nach § 811c ZPO. Erfasst sind nur Sachen, die überhaupt keiner irgendwie gearteten Zwangsvollstreckung unterliegen; nicht erfasst sind Sachen, bei denen zwar eine Mobiliarzwangsvollstreckung gem. § 865 II ZPO durch Pfändung unmöglich, jedoch eine Immobiliarzwangsvollstreckung möglich wäre.[17]

Der **Umfang des Übertragungsverbotes** richtet sich dabei nach der Höhe der Versicherungsleistung. Soweit auf die unpfändbaren Sachen nur ein Teil der Entschädigung fällt, ist der darüber hinausgehende Teil frei übertragbar.[18] Die Differenz zwischen dem Zeitwert und dem vom VR erstatteten Neuwert ist unpfändbar.[19] Sonst stünde der Gläubiger bei Eintritt des Versicherungsfalles besser als vorher; auch wird dem VN die Wiederbeschaffung zum Zeitwert mangels eines entsprechenden Marktes regelmäßig unmöglich sein.

Folge eines Verstoßes ist die absolute Nichtigkeit der Übertragung.[20]

II. Ausnahme

Die Forderung kann an Gläubiger übertragen werden, die dem VN Sachen zum Ersatz der zerstörten oder beschädigten Sachen geliefert und ihm damit den Besitz an der Sache verschafft haben. Nach Sinn und Zweck der Vorschrift ist eine Abtretung auch wirksam, wenn der Zessionar dem VN das Geld für die (tatsächlich erfolgte) Beschaffung der Ersatzsache zur Verfügung gestellt hat oder wenn der VN eine Sache unter Eigentumsvorbehalt gekauft und die Forderung aus dem Versicherungsvertrags zur Sicherheit an den Verkäufer abgetreten hat.[21]

D. Weitere gesetzliche Verfügungsbeschränkungen

Gesetzliche Verfügungsbeschränkungen bestehen in Form von Pfändungsbeschränkungen, Abtretungsverboten und Verpfändungsverboten. Dabei ergibt sich aus **§§ 400 BGB, 851 I ZPO (Ausnahme § 851 II ZPO)**, 1274 II BGB eine Wechselwirkung zwischen den einzelnen Beschränkungen.

I. Pfändungsbeschränkungen

Welche Ansprüche aus dem Versicherungsvertrag unpfändbar sind, ergibt sich nicht aus § 17 sondern aus dem Zwangsvollstreckungsrecht. Verstöße gegen Pfändungsbeschränkungen machen die Pfändung nicht unwirksam. Es entsteht jedoch kein Pfandrecht; die Nichtigkeit der Pfändung kann vom VN wie vom VR durch Erinnerung geltend gemacht werden.[22]

Der Übergang des Anspruchs des VN gegen einen Krankenversicherer auf einen Träger der Sozialhilfe wird jedoch nicht durch die Unpfändbarkeit verhindert (§ 93 I 4 SGB XII).

1. § 850b I Nr. 1 ZPO

Bedingt pfändbar (§ 850b II ZPO) sind »Renten, die wegen einer Verletzung des Körpers oder der Gesundheit zu entrichten sind«. Die **bedingte Pfändbarkeit** steht dabei solange einer Unpfändbarkeit gleich, wie nicht das Vollstreckungsgericht die Pfändung zugelassen hat; im Verfahren zwischen dem Zessionar und dem VR wird 850b II ZPO nicht geprüft. Die Forderungen sind daher **ohne vorangegangene Pfändung regelmäßig unabtretbar und auch der Aufrechnung entzogen**.[23] Im Insolvenzverfahren entscheidet das Insolvenzgericht, ob die Pfändung billig ist und der Anspruch deshalb in die Insolvenzmasse fällt; im Anfechtungsprozess führt das Prozessgericht diese Billigkeitsprüfung durch.[24]

Erfasst sind von § 850b I Nr. 1 ZPO wiederkehrende Geldleistungen, die bei Invalidität gezahlt werden.[25] Darunter fallen auch Ansprüche auf Invaliditätsrenten (nicht jedoch Todesfallsummen[26]) aus der (vertraglichen)

---

16 RGZ 135, 159, 160.
17 RGZ 135, 159, 160.
18 P/M/*Armbrüster*, § 17 Rn. 15.
19 LG Detmold Rpfleger 1988, 154; B/M/*Johannsen*, § 17 Rn. 3; a.A. B/M/*Möller*[8], Bd. I, § 15 Rn. 13.
20 P/M/*Armbrüster*, § 17 Rn. 11.
21 Vgl. P/M/*Armbrüster*, § 17 Rn. 16.
22 B/M/*Möller*[8], Bd. I, § 15 Rn. 28.
23 Vgl. RG DR 1943, 942, 943; BGHZ 31, 210, 217 f.; LG Hamburg VersR 1971, 926, 927; LG Köln NJOZ 2013, 1743; a.A: *Lorscheider/Targan* NZI 2012, 741 (Rückwirkung des Beschlusses nach § 850b II ZPO).
24 Vgl. BGH NJW-RR 2010, 474; auch NJW-RR 2014, 683, 684.
25 Zöller/*Stöber*, § 850b Rn. 2.
26 P/M/*Armbrüster*, § 17 Rn. 8; BK/*Gruber*, § 15 Rn. 5; a.A. *Sieg*, in: FS Klingmüller, 1974, S. 447, 449, 463 (Pfändungsschutz der Unfallversicherung mit Todesfallsumme über §§ 850i, 850 III lit. b) ZPO wegen des Versorgungscharakters der Lebensversicherung).

Unfallversicherung[27] und Berufsunfähigkeitsrenten.[28] Geschützt sind auch Rentenzahlungen einer Haftpflichtversicherung des Unfallgegners wegen einer Körper- oder Gesundheitsverletzung.[29] Da § 850b I Nr. 1 ZPO nicht nur fällige sondern auch künftige Ansprüche schützt, kommt es nicht darauf an, ob der Versicherungsfall bereits eingetreten ist.[30] Pfändbar sind hingegen Kapitalabfindungen, die anstelle einer Schadensersatzrente gezahlt werden sowie Rentenansprüche, die aus Freigiebigkeit oder durch letztwillige Verfügung gewährt werden, ohne dass eine gesetzliche Verpflichtung besteht.[31]

16 Das **Abtretungsverbot aus §§ 400 BGB, 851b I Nr. 1 ZPO gilt ausnahmsweise nicht**, wenn der Gläubiger vor Abtretung den vollen Renten-Gegenwert erhalten hat oder wenn die Abtretung durch termingemäß erfolgende Zahlungen bedingt ist.[32] Der beabsichtigte Schutz ist dann auf andere Weise sichergestellt.

17 Werden Ansprüche aus einer **Lebensversicherung und einer verbundenen BUZ-Versicherung zu Sicherungszwecken abgetreten**, so kann die Vereinbarung zerlegt werden in eine Abtretung von Ansprüchen aus der Lebensversicherung und eine (nach § 850b I Nr. 1 ZPO unwirksame) Abtretung der Ansprüche aus der BUZ-Versicherung.[33] Das folgt u.a. aus der Selbstständigkeit der Lebensversicherung, die auch ohne BUZ-Versicherung existieren kann und entspricht dem Parteiwillen, den Sicherungszweck so effektiv wie möglich zu verfolgen.[34] Auch die Möglichkeit des Zessionars, mit der (auf Erlangung des Rückkaufswertes gerichtete) Kündigung der Lebensversicherung die von ihr abhängige BUZ-Versicherung zu beenden, führt nicht zur Unwirksamkeit der Abtretung.[35] Der VN ist ausreichend geschützt, da anerkannte oder festgestellte Ansprüche bestehen bleiben. Der mit der Abtretung möglicherweise einhergehende Verzicht auf Versicherungsschutz ist auch von seiner Dipositionsbefugnis erfasst.[36] Wirksam ist auch die separate Abtretung nur der Ansprüche aus der Lebensversicherung.[37]

2. § 850b I Nr. 4 ZPO

18 Unpfändbar sind bestimmte Versorgungsbezüge und, bis zu einer Versicherungssumme von 3.579 Euro, Ansprüche aus Lebensversicherungen, die nur auf den Todesfall des VN abgeschlossen sind. Nicht anwendbar ist die Vorschrift bei Leistungen der Sozialversicherungsträger (Pfändbarkeit richtet sich nach § 54 SGB I)[38] und auf den Beihilfeanspruch des Beamten[39]. Zur Anwendung des § 850b II vgl. Rdn. 14.

19 Die Norm soll Versicherungsansprüche zur Deckung des durch den Tod des VN entstehenden Aufwandes schützen und Erben sowie öffentliche Kassen vor der Kostenübernahme bewahren.[40] Daher muss ausschließlich oder zu einem wesentlichen Teil zu Unterstützungszwecken gezahlt werden. Keine Rolle spielt, ob die Zahlungen durch öffentlich-rechtliche Einrichtungen oder privatrechtliche Rechtsträger, und ob sie einmalig oder wiederkehrend erbracht werden;[41] ausgeschlossen sind jedoch Ansprüche gegen gesetzliche Sozialversicherungsträger.[42] VN und versicherte Person müssen nach dem Wortlaut identisch sein. Ansprüche aus Vereins- und Firmengruppenversicherungen sind daher pfändbar.[43] Trotz des Versorgungscharakters erfordert der Pfändungsschutz jedoch nicht, dass ein Angehöriger des VN bezugsberechtigt ist.[44]

---

27 BGH NJW 1978, 950; BK/*Gruber*, § 15 Rn. 5; a.A. (§ 850b I Nr. 1 ZPO erfasse keine vertraglichen Renten): *Sieg*, in: FS Klingmüller, 1974, S. 447, 464; B/M/*Möller*[8], Bd. I, § 15 Rn. 25 (weitere Nachweise zur Gegenauffassung in BGH NJW 1978, 950).
28 BGH VersR 2010, 237, 238 m.w.N.; a.A. OLG München r+s 1996, 502, 503 (aufgegeben in VersR 1997, 1520).
29 BGH VersR 1988, 181, 182; dies gilt auch bei einem Direktanspruch gem. § 115 (P/M/*Armbrüster*, § 17 Rn. 8; BK/*Gruber*, § 15 Rn. 6).
30 BGH VersR 2010, 237, 238.
31 Zöller/*Stöber*, § 850b Rn. 2.
32 BGHZ 4, 153, 163; BGHZ 13, 360, 367 ff.; nicht bei der Gewährung eines Betriebsmittelkredites – OLG Oldenburg VersR 1994, 846, 847.
33 BGH VersR 2010, 237, 238 (weshalb es keine Rolle spielt, ob es sich bei einer auf beide Geschäfte bezogenen Abtretung um ein einheitliches Rechtsgeschäft im Sinne des § 139 BGB handelt).
34 BGH VersR 2010, 237, 238 mit zustimmenden Anmerkungen von *Armbrüster* LMK 2010, 297030 und *Gutzeit* NJW 2010, 1644, 1646 f.; OLG Köln VersR 1998, 222, 223; OLG Saarbrücken VersR 1995, 1227, 1228; a.A. OLG Jena VersR 2000, 1005.
35 Anders noch OLG Hamm ZInsO 2006, 878, 880; OLG Frankfurt (Main) r+s 2008, 386.
36 BGH VersR 2010, 237, 239.
37 *Armbrüster* LMK 2010, 297030; so der Sachverhalt aus BGH VersR 2010, 237, die Gründe beziehen sich jedoch auf eine gebündelte Abtretung.
38 OLG Köln NJW 1989, 2956.
39 BGH NJW-RR 2005, 720, 721.
40 Musielak/Voit/*Becker*, ZPO, 12. Aufl. 2015, § 850b Rn. 8; KG VersR 1964, 326, 327; LG Berlin VersR 1964, 473; AG Köln VersR 1967, 948.
41 Zöller/*Stöber*, § 850b Rn. 9 bzw. OLG Freiburg VersR 1954, 553; KG Rpfleger 1985, 73 f.; LG Oldenburg Rpfleger 1983, 33.
42 OLG Köln NJW 1989, 2956; Gaul/*Schilken*/Becker-Eberhard, Zwangsvollstreckungsrecht, 12. Aufl. 2010, § 56 Rn. 37; Zöller/*Stöber*, § 850b Rn. 9.
43 P/M/*Armbrüster*, § 17 Rn. 7; Musielak/Voit/*Becker*, ZPO, 12. Aufl. 2015, § 850b Rn. 8.
44 P/M/*Armbrüster*, § 17 Rn. 7.

Leistungen der **Krankenversicherer** können sein: Krankheitskostenersatz,[45] Sterbegeld aus privater Kranken- 20
versicherung,[46] Leistungen aus der Pflegeversicherung,[47] der privaten Zusatzversicherung für privatärztliche
Behandlung und Wahlleistungen,[48] Krankenhaustagegeld mit Unterstützungscharakter[49] oder Zahlungen privater Hilfsvereine, die sich der Unterstützung ihrer Mitglieder zur Aufgabe gemacht haben[50]. Nicht erfasst sind
jedoch: Ansprüche auf Beitragsrückerstattung[51] und Ansprüche aus einer privaten Unfallversicherung[52].
Zu beachten ist in diesem Zusammenhang die Vorschrift des § 394 Satz 2 BGB, nach mit Beitragsforderungen
gegen Ansprüche aus Kranken-, Hilfs- oder Sterbekassen (»Hebungen«) unbeschränkt aufgerechnet werden
kann. Ob dies auch für den Notlagentarif (§ 193) gilt, ist streitig.[53]

Als Leistungen der **Lebensversicherer** sind nur reine Kapitallebensversicherungen geschützt. Gemischte Ver- 21
sicherungen, die auf den Todes- und den Erlebensfall abgeschlossen sind, fallen nicht unter § 850b I Nr. 4
ZPO.[54] Diese Beschränkung verstößt nicht gegen Art. 3 I GG.[55]

Der Betrag von 3.579 € ist ein **Freibetrag**; bei seiner Überschreitung ist nur der überschießende Betrag pfänd- 22
bar.[56]

Ob bei mehreren Verträgen, bei denen die Versicherungssumme jedes einzelnen Vertrages unterhalb, die Ge- 23
samtsumme jedoch oberhalb 3.579 € liegt, eine **Zusammenrechnung** vorzunehmen ist, wird unterschiedlich
beurteilt.[57] Der Zweck der Norm, einen Freibetrag für die Kosten der Bestattung zu schaffen, ist ausschlaggebend, hier den Gesamtbetrag entscheiden zu lassen.[58] Dabei müssen zunächst auch die den Höchstbetrag
nicht übersteigenden Verträge als unpfändbar angesehen werden, dann ist im Verfahren nach § 850b II ZPO
im Rahmen der Billigkeitsprüfung die Zuordnung des Freibetrages vorzunehmen.[59] Sonst bereitet die Beantwortung der Frage Probleme, welcher Teil welches Vertrages pfändbar ist. Im Rahmen des § 400 BGB führt
dies letztlich zu einem Abtretungsverbot, da § 850b II ZPO hier nicht angewendet werden kann.

3. § 850 III lit. b) ZPO

»Renten, die auf Grund von Versicherungsverträgen gewährt werden, wenn diese Verträge zur Versorgung des 24
VN oder seiner unterhaltsberechtigten Angehörigen eingegangen sind« zählen zum Arbeitseinkommen und
sind daher nur nach den für Arbeitseinkommen geltenden Vorschriften (§§ 850a–850k ZPO) pfändbar. Geschützt sind auch Direktversicherungen nach dem BetrAVG. Private Versicherungsrenten selbständig oder
freiberuflich tätiger Personen sind von § 850 III lit. b) ZPO nicht erfasst.[60] Sie können durch § 851c ZPO geschützt sein. Kein Pfändungsschutz besteht für Kapitallebensversicherungen.[61]

---

45 AG Starnberg VersR 1956, 612; LG Köln NJW-RR 2004, 552, 553.
46 LG Lübeck JW 1937, 2611; vgl. auch LG Oldenburg Rpfleger 1983, 33 zu einmaligen Leistungen einer Krankenversicherung.
47 P/M/*Armbrüster*, § 17 Rn. 6.
48 LG Hannover Rpfleger 1995, 511.
49 LG Lübeck Rpfleger 1993, 207 f.; vgl. auch P/M/*Armbrüster*, § 17 Rn. 6.
50 Zöller/*Stöber*, § 850b Rn. 9.
51 AG Starnberg VersR 1956, 612.
52 RGZ 52, 49, 51.
53 Bejahend: LG Gera VersR 2015, 1413 mit zustimmenden Anmerkungen von *Erdmann*; **ablehnend**: *Wiemer* VersR 2016, 181 m.w.N.
54 BGHZ 35, 261, 263; KG VersR 1964, 326, 327; LG Berlin VersR 1964, 473; AG Köln VersR 1967, 948.
55 BVerfG NJW 2004, 2585, 2586.
56 BGH NJW-RR 2008, 412, 413 f. = VersR 2008, 1376 f. m.w.N. auch zur anderen Ansicht, die ausgehend vom Wortlaut von der Pfändbarkeit des gesamten Betrages ausging; zustimmende Anm. *Floeth* FamRZ 2008, 1247.
57 **Für eine Zusammenrechnung**: OLG Hamm MDR 1962, 661; LG Essen VersR 1962, 245; AG Köln VersR 1967, 948; wohl auch OLG Saarbrücken VersR 1995, 1225; Zöller/*Stöber*, § 850b Rn. 10; Baumbach/Lauterbach/Albers/*Hartmann*, ZPO, § 850b Rn. 14; **gegen eine Zusammenrechnung**: AG Kirchheimbolanden VersR 1970, 897 (LS); AG Fürth VersR 1982, 59; *Berner* Rpfleger 1964, 68 f. und Rpfleger 1957, 193, 197; P/M/*Armbrüster*, § 17 Rn. 7; B/M/*Johannsen*, § 17 Rn. 6; vgl. auch LG Kiel VersR 1971, 617 (keine Zusammenrechnung mit weiterer gemischter Lebensversicherung).
58 OLG Hamm MDR 1962, 661.
59 Insoweit auch: OLG Düsseldorf VersR 1961, 111; Stein/Jonas/*Brehm*, ZPO, Bd. 8, 22. Aufl. 2004, § 850b Rn. 23; Schuschke/Walker/*Kessal-Wulf*, Vollstreckung und Vorläufiger Rechtsschutz, 4. Aufl. 2008, § 850b Rn. 17; Musielak/Voit/*Becker*, ZPO, 12. Aufl. 2015, § 850b Rn. 8; Prütting/Gehrlein/*Ahrens*, ZPO, § 850b Rn. 21; anders: OLG Hamm MDR 1962, 661; OLG Saarbrücken VersR 1995, 1225 (volle Abtretbarkeit, wenn Summe den Grenzwert überschreitet); AG Kirchheimbolanden VersR 1970, 897 (LS) (geschützt sind nur diejenigen Versicherungen, deren Summen der Freibetragsgrenze am nächsten kommt); AG Fürth VersR 1982, 59 (geschützt ist nur der Vertrag, mit dem die Grenze überschritten wird).
60 BGH NJW-RR 2008, 496, 497 f. m.w.N. zur Gegenmeinung.
61 BFH DStR 2007, 1817, 1818 f. (selbst wenn ein Rentenwahlrecht bestand und der Abschluss des Versicherungsvertrages Bedingung für die Entlassung aus der gesetzlichen Rentenversicherung war).

4. §§ 851c, 851d ZPO

25 Die §§ 851c und 851d ZPO schützen ab dem 31.03.2007 Vermögenswerte, die im Rahmen einer **privaten Altersvorsorge** geschaffen wurden wie Arbeitseinkommen vor einem Gläubigerzugriff.[62] Ziel der Normen ist der Schutz des Existenzminimums, die Herstellung einer Gleichbehandlung mit Empfängern öffentlich-rechtlicher Renten und die Herstellung eines Anreizes zur privaten Altersvorsorge.[63]
§ **851c ZPO** schützt neben Ansprüchen aus Lebensversicherungen und privaten Rentenversicherungen auch solche auf Leistungen z.B. aus Bank- und Fondssparpläne, die der privaten Altersvorsorge dienen.[64] Der Pfändungsschutz aus § 851b I Nr. 1 ZPO wird davon nicht berührt.[65] Wenn die Verträge die Voraussetzungen des Abs. 1 erfüllen, sind Leistungsansprüche nur wie Arbeitseinkommen nach §§ 850 bis 850i ZPO pfändbar; § 850k ZPO ist anwendbar. § 851c II ZPO schützt das angesammelte Deckungskapital, das erforderlich ist, um eine in Höhe der Pfändungsfreigrenzen unpfändbare Rente zu erhalten. § 167 gibt dem VN einen Anspruch, eine bestehende Lebensversicherung jederzeit für den Schluss einer laufenden Versicherungsperiode in eine den Anforderungen des § 851c ZPO entsprechende Versicherung **umzuwandeln**.
Der Pfändungsschutz nach § 851c I ZPO setzt voraus, dass die unter Nr. 1–4 genannten Voraussetzungen kumulativ zum Zeitpunkt der Pfändung vorliegen; ergibt sich aus den vertraglichen Regelungen ein späterer Eintritt der Voraussetzungen, greift der Pfändungsschutz erst ab diesem Zeitpunkt.[66] Für einen Pfändungsschutz muss der Vertrag auch bereits umgewandelt sein; allein der Antrag des VN auf Umwandlung reicht nicht aus.[67] Das Tatbestandsmerkmal der »lebenslangen Leistung« muss bei beiden Alternativen des Leistungsbeginns des § 851c Abs. 1 Nr. 1 ZPO vorliegen.[68] Die Voraussetzung ist erfüllt, wenn eine lebenslange Leistung wegen eines alters- oder (vorausgehenden) gesundheitsbedingten Ausscheidens aus dem Berufsleben in regelmäßigen Abständen gezahlt wird; das kann auch bei als einheitliche Leistungsgewährung zu beurteilenden Leistungen zunächst aus einer Berufsunfähigkeitsversicherung und anschließend aus einem entsprechenden Vorsorgevertrag der Fall sein.[69] Setzt nach Ende der Rente wegen Berufsunfähigkeit keine Altersrente ein, greift § 851c Abs. 1 Nr. 1 ZPO nicht.[70] Die Vereinbarung eines Kapitalwahlrechtes schließt den Pfändungsschutz aus.[71]

26 § **851d ZPO** schützt laufende Zahlungen aus bestimmten steuerlich geförderte Altersvorsorgeverträge. Dabei handelt es sich vor allem um laufende Leistungen aus einem Altersvorsorgevermögen nach §§ 10a, 79 ff. EStG, 1 ff. AltZertG (sog. **Riester-Verträge**) und Basisrentenversicherungen nach § 10 I Nr. 2 lit. b) EStG (sog. **Rürup-Verträge**). Die Voraussetzungen des Pfändungsschutzes richten sind danach, ob die Voraussetzungen der steuerliche Förderung eingehalten sind und die Zahlungen im Rahmen eines Auszahlungsplanes erfolgen.[72]

II. Abtretungsbeschränkungen

27 Eine Forderung aus einem Versicherungsvertrag kann nicht abgetreten werden, **soweit sie der Pfändung nicht unterworfen ist, § 400 BGB** (vgl. Rdn. 11 ff.). Ebenso kann eine Forderung aus einem Versicherungsvertrag nicht übertragen werden, soweit sich die Versicherung auf unpfändbare Sachen bezieht, § 17 (vgl. Rdn. 6).

28 Verfügungen des VN über den Freistellungsanspruch gegen den Haftpflichtversicherer sind nach § 108 I gegenüber dem (geschädigten) Dritten (relativ) unwirksam. Es handelt sich um ein gesetzliches Verfügungsverbot i.S.d. § 135 BGB.[73]

29 Absolut unwirksam ist auch die Abtretung von Ansprüchen, **wenn sich dadurch ihr Inhalt verändern würde** (§ 399 1. Alt BGB). Das ist beispielsweise der Fall bei einem Wechsel der versicherten Person,[74] einem Anspruch auf Naturalersatz,[75] dem Anspruch des VN auf Kostenfreistellung in der Rechtsschutzversicherung[76] oder einem Anspruch auf Befreiung von der Beitragspflicht in der BUZ-Versicherung.[77]

---

[62] Ausführlich zu diesen Vorschriften: *Hasse* VersR 2007, 870; *Smid* FPR 2007, 443; *M. Stöber* NJW 2007, 1242.
[63] Begr. RegE des Gesetzes zum Pfändungsschutz der Altersvorsorge und zur Anpassung des Rechts der Insolvenzanfechtung, BT-Drucks. 16/886 S. 7.
[64] Vgl. BT-Drucks. 16/3844 S. 12; *M. Stöber* NJW 2007, 1242, 1244.
[65] BT-Drucks. 16/886 S. 8; *Gutzeit* NJW 2010, 1644, 1645 f.
[66] BGH NJW-RR 2011, 493, 494.
[67] BGH VersR 2015, 1150, 1151 f.
[68] BGH NZI 2010, 777, 778 f.
[69] Vgl. BGH NZI 2010, 777, 778 f.
[70] BGH NZI 2010, 777, 779.
[71] BGH NZI 2010, 777, 779.
[72] Vgl. im Einzelnen zu den Voraussetzungen und Lücken im Pfändungsschutz: *Hasse* VersR 2007, 870, 873 ff.
[73] Begr. RegE BT-Drucks. 16/3945 S. 86.
[74] Vgl. B/M/*Möller*[8], Bd. I, § 15 Rn. 16.
[75] OLG Saarbrücken r+s 1988, 111, 112 (Glasversicherung mit Naturalersatzklausel); einschränkend: B/M/*Möller*[8], Bd. I, § 15 Rn. 17.
[76] BGH VersR 2012, 230 Rn. 8.
[77] OLG Köln VersR 1998, 222, 223.

Bei einem bestehenden gesetzlichen Abtretungsverbot ist auch die Erteilung einer **Einziehungsermächtigung** 30
unwirksam.[78]

III. Verpfändungsbeschränkungen

Rechte, die nicht übertragen werden können, können gem. § 1274 II BGB auch nicht verpfändet werden. 31

E. Vertragliche Verfügungsbeschränkungen

Die Abtretungsmöglichkeit kann – in den Grenzen der §§ 354a HGB, 108 I VVG – vertraglich ausgeschlossen 32
oder von einer Zustimmung abhängig gemacht werden,[79] zeitlich beschränkt oder an eine Form gebunden
werden.[80] Das vertraglich vereinbarte Abtretungsverbot (§ 399 Alt. 2 BGB) bewirkt über § 851 I ZPO (Ausnahme: Abs. 2) ein Pfändungs- und über § 1274 II BGB ein Verpfändungsverbot. Auch die Erteilung einer Einzugsermächtigung ist ausgeschlossen.[81] Die Berufung auf ein Abtretungsverbot kann als rechtsmissbräuchliches
Verhalten ausgeschlossen sein, wenn es nicht von einem beachtlichen, im Zweckbereich der Klausel liegenden
Interesse gedeckt ist.[82] Anerkannt wird in der Regel das Bestreben des VR, nicht durch einen Dritten in Anspruch genommen zu werden und dabei beweisrechtlichen Schwierigkeiten ausgesetzt zu sein, da der VN
nun als Zeuge aussagen kann.[83] Dabei sollte jedoch überdacht werden, ob der VR hier tatsächlich des Schutzes vor der Zeugenstellung seines VN bedarf. Von der prozessualen Stellung des VN abhängende Verfahrensausgänge sollte es angesichts der Möglichkeit und Pflicht[84] der Gerichte, Parteien anzuhören und gegebenenfalls zu vernehmen, nicht geben.

I. Lebensversicherung

Nach § 9 III, IV ALB 12 (Regelung entspricht § 14 Nr. 3, 4 ALB 94 und § 13 Nr. 3, 4 ALB 86, 13 III, IV ALB 33
08) ist eine Abtretung oder Verpfändung nur wirksam, wenn sie dem VR vom bisherigen Berechtigten schriftlich angezeigt worden ist. Die nach h.M. AGB-rechtlich nicht zu beanstandende[85] Klausel, ermöglicht eine
übersichtliche Abrechnung und verhindert die Konfrontation des VR mit einer unbestimmt großen Zahl von
Gläubigern.[86]
Die Anzeige ist Wirksamkeitsvoraussetzung i.S.d. § 399 2. Alt. BGB; solange sie fehlt, ist die Verfügung nicht
nur dem VR gegenüber, sondern absolut unwirksam.[87]

II. Haftpflichtversicherung

Nr. 28 der AHB (Stand Februar 2014) verbietet eine Abtretung des noch nicht endgültig festgestellten Freistellungsanspruchs ohne Zustimmung des VR an eine andere Person als den Geschädigten. Das generelle Abtretungsverbot des **§ 7 Nr. 3 AHB a.F.** kann wegen § 108 II nicht mehr in AVB – wohl aber individualvertraglich – vereinbart werden. 34

Das Abtretungsverbot des § 108 II gilt in der D&O Versicherung auch im Verhältnis zwischen dem geschädigten Unternehmen und dem Schädiger. Das geschädigte Unternehmen oder ein in den Versicherungsschutz
einbezogenes Tochterunternehmen können nach einer aktuellen Entscheidung des BGH »Dritter« im Sinne
des § 108 II sein.[88] Dies wurde in der Vergangenheit vor allem deshalb bezweifelt, da in der – als Versicherung
für fremde Rechnung anzusehenden[89] – D&O-Versicherung das geschädigte Unternehmen gleichzeitig VN ist
und damit innerhalb des Versicherungsverhältnisses steht; überdies wurde eine Missbrauchsgefahr gesehen.[90]
Der BGH teilte diese Bedenken jedoch nicht. Das Missbrauchsrisiko bestehe generell in der Haftpflichtversicherung und stehe der gebotenen weiten Auslegung des § 108 II – ebenso wenig wie das Trennungsprinzip –
nicht entgegen. 35

---

78 BGHZ 4, 153, 165; a.A. RGZ 94, 137.
79 Zur unbilligen Verweigerung der Zustimmung vgl. BGH NJW-RR 2000, 1220.
80 P/M/*Armbrüster*, § 17 Rn. 13.
81 BGH VersR 1960, 300, 301; OLG Düsseldorf r+s 1997, 494, 495.
82 BGH NJW-RR 2004, 1100, 1101 f. (Verhinderung des Forderungsüberganges nach § 86 auf einen Subsidiärversicherer); VersR 1983, 823; OLG Düsseldorf VersR 1983, 625.
83 Vgl. BGH NJW-RR 2004, 1100, 1102.
84 Vgl. nur BVerfG NJW 2001, 2531 f.
85 P/M/*Reiff/Schneider*, § 9 ALB 12 Rn. 39 m.w.N.
86 BGH NJW 1991, 559.
87 BGH NJW 1991, 559 f.; NJW-RR 1992, 790 f.
88 BGH NJW 2016, 2184; dazu: *Armbrüster* NJW 2016, 2155.
89 OLG München VersR 2005, 540, 541.
90 Vgl. z.B. gegen die Qualifizierung des geschädigten VN als »Dritter«: *Schimmer* VersR 2008, 875 ff.; *Armbrüster* NJW 2009, 187, 192; HK-VVG/*Schimikowski*, § 108 Rn. 6; kritisch gegenüber einem Direktanspruch auch: Terbille/*Sieg*, § 17 Rn. 171; *Schramm* PHi 2008, 24, 25; anders dagegen und für eine Stellung des VN als »Dritter«: *Grooterhorst/Lohmann*, NZG 2015, 215 f. *Baumann* r+s 2011, 229, 230 f.; VersHb/*Beckmann*, § 28 Rn. 7b f.; *Olbrich*, Die D&O-Versicherung m.w.N.; S. 59 f. vgl. auch hier in der Vorauflage – weitere Nachweise in der zitierten BGH Entscheidung NJW 2016, 2184.

III. Kraftfahrtversicherung

36 Absolut unwirksam ist die Abtretung von noch nicht endgültig festgestellten Ansprüchen, sofern keine ausdrückliche Genehmigung des VR vorliegt, A.2.7.4 (Kaskoversicherung), A.3.10.2 (Auto Schutzbrief), A.4.11.1. (Kfz-Unfallversicherung), A.5.5.2 (Fahrerschutzversicherung) AKB (Stand Mai 2015). Das Verbot verstößt nicht gegen §§ 305c, 307 BGB, kann jedoch nach § 354a HGB unwirksam sein. Eine ausdrückliche Genehmigung ist auch durch schlüssiges Verhalten möglich.[91]

Das Abtretungsverbot hindert einen Eigentümer eines PKW nicht, als Versicherter aus einer Fremdversicherung Ansprüche geltend zu machen (44 II).[92]

IV. Krankheitskosten-/Krankentagegeldversicherung

37 Nach § 6 VI MBKK 2009 bzw. § 6 V MBKT 2009 können Ansprüche auf Leistungen aus der Versicherung weder abgetreten noch gepfändet werden.[93] Ein Verstoß führt zur absoluten Unwirksamkeit.

F. Rechtsfolgen einer Verfügung (Abtretung, Pfändung, Verpfändung)

38 Durch eine wirksame Abtretung oder (Ver-/)Pfändung rückt der Erwerber nur hinsichtlich der abgetretenen Forderung in die Stellung des VN ein. Dieser bleibt Vertragspartner des VR und Träger der aus dem Versicherungsvertrag zu erfüllenden Pflichten und Obliegenheiten.[94] Hinsichtlich der Prämienzahlung ergibt sich ein Ablösungsrecht des Pfandgläubigers aus § 34. Vertragsrelevante Erklärungen wie Kündigung,[95] Anfechtung, Rücktritt,[96] oder eine Mahnung/Kündigung nach § 38[97] sind vom VR nach wie vor an den VN zu richten.[98]

39 Zur **Anzeige des Versicherungsfalles** ist nach § 30 I 2 sowohl der VN als auch ein anderer Anspruchsinhaber (Zessionar, Pfandgläubiger, Pfändungsgläubiger) verpflichtet.

40 **Erklärungen**, die sich nur auf die Forderung beziehen (z.B. Klagefrist nach altem Recht), müssen gegenüber dem Zessionar abgegeben werden.[99] Sind Vertragsverhältnis und Forderung betroffen, müssen Erklärungen gegenüber dem VN und dem Anspruchsinhaber abgegeben werden. Zum Beispiel hat bei einem Versicherungsfall nach einer grob fahrlässigen Obliegenheitsverletzung die Kündigung nach § 28 I gegenüber dem VN, die Kürzung des Anspruchs gegenüber dem Anspruchsinhaber zu erfolgen.

41 Bei nur **teilweiser Abtretung** müssen Erklärungen gegenüber VN und dem Anspruchsinhaber abgegeben werden; in welchem Umfang abgetreten wurde, kann dabei in der Regel nur durch Auslegung ermittelt werden (vgl. oben Rdn. 4)

42 Der VR als Schuldner der Forderung wird bei der Abtretung durch §§ 404, 406–409 BGB vor deren Folgen geschützt. Bei einer Verpfändung der Forderung wird dieser Schutz durch das Anzeigeerfordernis des § 1280 BGB gewährleistet. Bei der Pfändung gilt hier § 836 II ZPO.

G. Rückforderung nach Zahlung an Zessionar

43 Zahlt der VR an den Zessionar/Pfändungsgläubiger, gehen die Ansprüche des VN gegen Dritte nach § 86 auf den VR über.[100]

Wenn der VR in Unkenntnis eines leistungsbefreienden Tatbestandes an einen Dritten gezahlt hat, an den der VN den (angeblichen) Anspruch zur Sicherheit abgetreten hat, richtet sich ein bereicherungsrechtlicher Rückforderungsanspruch regelmäßig gegen den VN.[101] Ein Anspruch gegen den Zessionar soll nur denkbar sein bei einer Überzahlung auf einen bestehenden (abgetretenen) Anspruch, die im Wesentlichen auf einem Verhalten des Zessionars beruht.[102]

---

91 Beispiel: VR lässt sich auf Schadensmeldung des Zessionars ein und erörtert Versicherungsforderung mit ihm, ohne auf Abtretungsverbot hinzuweisen (BGH NJW 1954, 148), nicht jedoch bei Ermittlungen zur Schadenshöhe und dem Hinweis, dass Ermittlungsakten eingesehen werden müssen (OLG Karlsruhe NJW-RR 1993, 921, 922).
92 OLG Hamm VersR 1990, 82, 93.
93 Wirksamkeit offengelassen von BGH VersR 2004, 994, 995; bejahend: HK-VVG/*Rogler*, § 6 MBKK 2009 Rn. 3; Bach/Moser/*Sauer*, § 6 MBKK Rn. 22 m.w.N.
94 RGZ 72, 213, 214 f.; P/M/*Armbrüster*, § 17 Rn. 20; R/L/*Rixecker*, § 17 Rn. 8; BK/*Gruber*, § 15 Rn. 15; B/M/*Möller*[8], Bd. I, § 15 Rn. 8.
95 OLG Koblenz VVGE § 8 Nr. 6 (S. 6).
96 OLG Stuttgart VersR 1982, 797.
97 OLG Frankfurt (Main) VersR 1996, 90.
98 P/M/*Armbrüster*, § 17 Rn. 20 BK/*Gruber*, § 15 Rn. 15.
99 P/M/*Armbrüster*, § 17 Rn. 20.
100 BGH NJW 1989, 900, 901; PK/*Ebers*, § 17 Rn. 12.
101 BGH NJW 1989, 900, 901 ff.; NJW 1993, 1578, 1579 mit Nachweisen zum Streit; 2005, 1369, 1370; *Lieb* Jura 1990, 359 ff.; P/M/*Armbrüster*, § 17 Rn. 22; BK/*Gruber*, § 15 Rn. 17; R/L/*Rixecker*, § 17 Rn. 8; PK/*Ebers*, § 17 Rn. 12; HK-VVG/*Muschner*, § 17 Rn. 7; B/M/*Johannsen*, § 17 Rn. 19; L/W/*Fausten*, § 17 Rn. 38; dagegen etwa: *Dörner* NJW 1990, 473 ff.; *Koch* VersR 1989, 891.
102 BGH NJW 1989, 161, 162; NJW 1989, 900, 901.

Bei einer irrtümlich vom Leistenden angenommenen Zession richtet sich der Rückgewähranspruch gegen den Leistungsempfänger.[103]

§ 18 Abweichende Vereinbarungen. Von § 3 Abs. 1 bis 4, § 5 Abs. 1 bis 3, den §§ 6 bis 9 und 11 Abs. 2 bis 4, § 14 Abs. 2 Satz 1 und § 15 kann nicht zum Nachteil des Versicherungsnehmers abgewichen werden.

Übersicht

	Rdn.		Rdn.
A. Allgemeines	1	B. Tatbestand: Abweichen zum Nachteil des VN .	7
I. Normzweck/Entstehungsgeschichte	1	C. Rechtsfolgen.......................	9
II. Anwendungsbereich	4		

Schrifttum:
Gebauer, Grenzen der Ausgestaltung weicher Tarifmerkmale, NVersZ 2000, 7; *Klimke*, Die halbzwingenden Vorschriften des VVG – Ihre Missachtung und ihr Verhältnis zur Kontrolle nach den §§ 305 ff. BGB n.F., Diss. Berlin 2004; *Michaelis*, Die Unwirksamkeit von Vertragsstrafenregelungen in den Tarifbestimmungen der Kraftfahrzeugbestimmung, DAR 1997, 433; *Sasse*, Die halbzwingenden Schutzvorschriften des VVG, VersWissArch 1956, 163; *Schirmer/Marlow*, Die versicherungsrechtliche Behandlung sogenannter weicher Tarifmerkmale, VersR 1997, 782; *Werber*, Halbzwingende Vorschriften des neuen VVG und Inhaltskontrolle, VersR 2010, 1253.

A. Allgemeines
I. Normzweck/Entstehungsgeschichte

§ 18 listet alle Normen auf, von denen nur zum Vorteil, aber nicht zum Nachteil des VN abgewichen werden 1 kann. Diese Auflistung der sog. halbzwingenden Vorschriften findet sich seit der VO vom 19.12.1939 und auch nach der Reform nach Möglichkeit jeweils am Ende der einzelnen Titel.[1]

Die nach österreichischem Vorbild geschaffene[2] Norm verhindert, dass dem VN eine durch bestimmte Vor- 2 schriften verschaffte Rechtsposition hinsichtlich des materiellen Gehalts oder der Beweislastregelung durch vertragliche Regelungen wieder entzogen wird.[3]

§ 18 ersetzt § 15a a.F. und (hinsichtlich der Fernabsatzverträge) § 48d a.F. Neu ist die Rechtsfolge der Nichtig- 3 keit, so dass – anders als bei § 15a a.F.[4] – schon nach dem Wortlaut eine Berufung auch des VN auf die Abweichung ausgeschlossen ist.[5] Die abweichende Auffassung, nach der der VN weiterhin ein Wahlrecht haben soll,[6] findet auch in den Gesetzgebungsmaterialien keine sichere Stütze. Zwar trifft es zu, dass keine Absicht des Gesetzgebers erkennbar ist, die Rechtsstellung des VN hier durch die Neuregelung zu verschlechtern. Dies rechtfertigt es jedoch nicht, entgegen dem Wortlaut eine Abweichung zum Nachteil des VN zuzulassen, wenn dieser es aus anderen Gründen für geboten hält. Auch die fortgesetzte Verwendung der alten Formulierung des Nicht-Berufen-Könnens etwa in § 98 Satz 1 spricht gegen ein Wahlrecht an Stellen, wo es der Gesetzestext es nicht (mehr) vorsieht. § 3 I, III sowie die neuen Regeln zu den Beratungs- und Informationspflichten (§§ 6, 7 – vgl. aber § 6 III, 7 I 3) wurden in den Katalog der halbzwingenden Vorschriften aufgenommen. Nicht aufgeführt sind Regelungen, von denen schon kraft Natur der Sache nicht abgewichen werden kann (z.B. §§ 7 II, III, 8 V).[7]

II. Anwendungsbereich

Die Vorschrift gilt über ihren Wortlaut hinaus auch bei Abweichungen zum Nachteil anderer in den Schutz- 4 bereich einbezogener Personen, wie Versicherten, Bezugsberechtigten, Zessionaren usw.[8] Ob sie neben Vereinbarungen auch einseitige (Verzichts-)Erklärungen erfasst,[9] ist angesichts des Wortlautes der Überschrift und der mit dieser Annahme verbundenen Bevormundung des VN zweifelhaft. Dies wird aber regelmäßig offen-

---

103 BGH NJW 1991, 919, 920.
1 Vgl. RGBl. I 1939, S. 2443, 2444.
2 Amtliche Begründung zur VO vom 19.12.1939, Motive und amtliche Begründung zum Gesetz über den Versicherungsvertrag vom 30.05.1908, Neudruck Berlin 1963, S. 642.
3 Vgl. *Klimke*, S. 28, 39 ff.; B/M/*Brömmelmeyer*, § 32 Rn. 5.
4 BGH NJW 1951, 231, 232 zu § 34a a.F.; vgl. *Klimke*, S. 110 ff. mit Angaben zur Gegenauffassung, die auch bei einem Verstoß gegen § 34a a.F. von der Unwirksamkeit der Klausel ausging.
5 B/M/*Johannsen*, § 18 Rn. 5; L/W/*Wandt*, § 32 Rn. 18; R/L/*Rixecker*, § 18 Rn. 1; PK/*Schwintowski*, § 32 Rn. 2.
6 B/M/*Beckmann*, Einf. A Rn. 128; P/M/*Armbrüster*, § 18 Rn. 7.
7 Begr. RegE BT-Drucks. 16/3945 S. 64.
8 B/M/*Möller*[8], Bd. I, § 15a Anm. 4; L/W/*Wandt*, § 32 Rn. 11.
9 So z.B. L/W/*Fausten*, § 18 Rn. 29; *Klimke*, S. 115 f. zum alten VVG.

§ 18 Abweichende Vereinbarungen

bleiben können, wenn es sich nicht um einen freier Motivation entspringenden einseitigen Verzicht handelt, sondern aufgrund der Mitwirkung des VR eine Vereinbarung anzunehmen ist.[10]
Wegen des mangelnden Schutzbedürfnisses erklärt § 210 I die halbzwingenden Vorschriften bei Großrisiken i.S.d. § 210 II 1 und laufenden Versicherungen (§ 53) für disponibel.[11]

5 § 18 gilt nicht nur für alle individuell oder durch AVB **vor dem Versicherungsfall** getroffenen Vereinbarungen. Sie verbietet auch eine dem VN nachteilige Abweichung durch Vereinbarungen, die **nach dem Versicherungsfall** geschlossen werden. Abweichend wird hier vertreten, die Norm verbiete nur Abreden vor dem Versicherungsfall; nach dem Versicherungsfall müsse es dem VN möglich sein, in Kenntnis aller Umstände aus der Vereinbarung erwachsende Nachteile zugunsten anderer Vorteile in Kauf zu nehmen.[12] Dem wurde jedoch entgegengehalten, eine Unterscheidung zwischen Vereinbarungen vor und nach Eintritt des Versicherungsfalles sei vom Gesetz nicht getroffen; für sie bestehe auch keine Notwendigkeit.[13] Dies überzeugt. Der Wortlaut differenziert nicht zwischen den Zeitpunkten. Die Annahme, der VN wisse bei Vereinbarungen nach dem Versicherungsfall genau, worauf er sich einlasse, und könne Vor- und Nachteile übersehen, ist angesichts der differenzierten Materie, mit welcher sich der durchschnittliche VN konfrontiert sieht, nicht überzeugend. Vor allem das Interesse an baldiger Zahlung und das Wissen um die wirtschaftliche und fachliche Überlegenheit des VR werden den VN häufig dazu verleiten, nachteilige Vereinbarungen zu akzeptieren.[14] Wegen des Schutzzweckes der Norm, die Einhaltung eines Mindeststandards bei der Gestaltung der Pflichten der Parteien des Versicherungsvertrages zu setzen, ist es jedoch zulässig, einen konkreten Streit über die Leistungspflicht aus einem Versicherungsfall durch einen (Prozess-)Vergleich zu beenden, wenn die dafür getroffene Regelung das fortlaufende Versicherungsverhältnis nicht umgestaltet.[15]

6 Neben der Prüfung eines Verstoßes gegen § 18 wurde bislang eine selbständige Prüfung für möglich gehalten, ob eine AVB-Klausel wegen eines **AGB-rechtlichen Verstoßes** unwirksam ist.[16] Dies wird zum neuen VVG mit guten Argumenten bezweifelt. Raum für eine ergänzende Inhaltskontrolle wegen einer Abweichung vom VVG (§ 307 II Nr. 1 BGB) dürfte neben der nach § 18 vorzunehmenden Gesamtabwägung vor dem Hintergrund der neuen umfassenden und verbraucherschutzorientierten Vorschriften nicht mehr bleiben.[17] Etwas anderes gilt für mögliche Kontrollen außerhalb des Anwendungsbereiches des § 18, z.B. bei Verstößen gegen das Transparenzgebot, dem Verhältnis zu dispositiven Vorschriften, im Anwendungsbereich des § 210, bei produktgestaltenden AVB und im Bereich der Klauselkontrolle nach §§ 308, 309 BGB.[18]

B. Tatbestand: Abweichen zum Nachteil des VN

7 Ob eine Abweichung **durch AVB** dem VN nachteilig ist, muss bei einer abstrakten Gesamtabwägung zwischen den sich aus der konkreten Abweichung ergebenden Vor- und Nachteilen ermittelt werden. Entscheidend ist dabei, ob die Nachteile generell-abstrakt in der Mehrzahl der Fälle innerhalb des konkreten Regelungszusammenhang von den Vorteilen aufgewogen werden.[19] Lässt sich dabei nicht sicher entscheiden, ob die Vorteile die Nachteile überwiegen, ist von einer Benachteiligung des VN auszugehen.[20] Nur wenn ausnahmsweise eine **individuelle Abrede** zwischen den Vertragsparteien getroffen wurde, ist bei der Beurteilung der Benachteiligung konkret auf den betroffenen VN abzustellen.[21] Entscheidend ist jeweils die Beurteilung eines aufgeklärten und verständigen VN ex ante.[22] Eine Benachteiligungsabsicht des VR ist nicht erforderlich.

---

10 Vgl. OLG Hamm NJW-RR 1992, 1510 f.; L/W/*Wandt*, § 32 Rn. 7.
11 BGH NJW 1992, 2631, 2632.
12 Zu § 15a a.F. *Martin*, M II Rn. 52; P/M/*Prölss*[28], § 15a Rn. 1; tendenziell auch zum neuen VVG: L/W/*Wandt*, § 32 Rn. 6.
13 OLG Hamm r+s 1992, 77, 78; im Ergebnis ebenso: BGH VersR 1988, 1013, 1014; offensichtlich auch OLG Koblenz VersR 2002, 175, 176 welches der Wirksamkeit einer angenommenen Vereinbarung nach dem Versicherungsfall an § 15a a.F. misst; OLG Saarbrücken VersR 1988, 1038 (zu § 67 II a.F.); PK/*Schwintowski*, § 32 Rn. 1; B/M/*Brömmelmeyer*, § 18 Rn. 5; B/M/*Johannsen*, § 18 Rn. 6; P/M/*Armbrüster*, § 18 Rn. 7.
14 Ebenso: B/M/*Brömmelmeyer*, § 32 Rn. 5.
15 Vgl. L/W/*Wandt*, § 32 Rn. 6; P/M/*Armbrüster*, § 18 Rn. 3.
16 Vgl. zum alten Recht: BGH VersR 2009, 769; OLG Brandenburg VersR 2007, 1071, 1072; B/M/*Brömmelmeyer*, § 32 Rn. 34; PK/*Ebers*, § 18 Rn. 5.
17 *Werber* VersR 2010, 1253, 1256 ff.; a.A. P/M/*Armbrüster*, § 18 Rn. 11.
18 *Werber* VersR 2010, 1253, 1257 f.
19 OLG Hamm NJW-RR 1992, 1058; wohl auch OLG Köln VersR 1990, 1381; wohl auch das KG in der Vorinstanz zu RGZ 162, 138, 240; OLG Dresden VersR 2006, 61, 62 f.; OLG Schleswig VuR 2007, 22, 23; OLG Brandenburg VersR 2007, 1071, 1072; OLG Saarbrücken VersR 2008, 280, 281; OLG Koblenz VersR 2008, 383, 384; P/M/*Armbrüster*, § 18 Rn. 4; P/M/*Knappmann*, § 42 Rn. 1; R/L/*Rixecker*, § 32 Rn. 3; HK-VVG/*Brömmelmeyer*, § 18 Rn. 4; B/M/*Johannsen*, § 18 Rn. 4; L/W/*Wandt*, § 32 Rn. 14; *Klimke*, S. 62 ff.; wohl auch: *Schirmer/Marlow* VersR 1997, 782, 785; a.A. wohl L/W/*Dörner*, § 175 Rn. 4.
20 P/M/*Armbrüster*, § 18 Rn. 6; OLG Saarbrücken NJW-RR 2008, 280, 282; B/M/*Johannsen*, § 18 Rn. 4.
21 P/M/*Knappmann*, § 42 Rn. 2; B/M/*Johannsen*, § 18 Rn. 4.
22 B/M/*Brömmelmeyer*, § 32 Rn. 10.

Abweichende Ansichten, nach denen die Umstände der abstrakten Saldierung nur aus dem gleichen recht- 8
lichen Tatbestand genommen werden sollen,[23] die bei der Beurteilung von AVB eine Saldierung der Vor- und
Nachteile nur im konkreten Einzelfall zulassen,[24] oder nach denen eine Saldierung unzulässig ist,[25] haben sich
in der Praxis nicht durchgesetzt.

C. Rechtsfolgen

Zum Nachteil des VN abweichende Regelungen sind nichtig; an ihre Stelle tritt die gesetzliche Regelung, die 9
Wirksamkeit des Gesamtvertrages wird nicht berührt.[26] Dies ergibt sich aus § 139 BGB oder einer analogen
Anwendung des § 306 BGB.[27]

Abschnitt 2. Anzeigepflicht, Gefahrerhöhung, andere Obliegenheiten

§ 19 Anzeigepflicht. (1) ¹Der Versicherungsnehmer hat bis zur Abgabe seiner Vertragserklärung die ihm bekannten Gefahrumstände, die für den Entschluss des Versicherers, den Vertrag mit dem vereinbarten Inhalt zu schließen, erheblich sind und nach denen der Versicherer in Textform gefragt hat, dem Versicherer anzuzeigen. ²Stellt der Versicherer nach der Vertragserklärung des Versicherungsnehmers, aber vor Vertragsannahme Fragen im Sinn des Satzes 1, ist der Versicherungsnehmer auch insoweit zur Anzeige verpflichtet.
(2) Verletzt der Versicherungsnehmer seine Anzeigepflicht nach Absatz 1, kann der Versicherer vom Vertrag zurücktreten.
(3) ¹Das Rücktrittsrecht des Versicherers ist ausgeschlossen, wenn der Versicherungsnehmer die Anzeigepflicht weder vorsätzlich noch grob fahrlässig verletzt hat. ²In diesem Fall hat der Versicherer das Recht, den Vertrag unter Einhaltung einer Frist von einem Monat zu kündigen.
(4) ¹Das Rücktrittsrecht des Versicherers wegen grob fahrlässiger Verletzung der Anzeigepflicht und sein Kündigungsrecht nach Absatz 3 Satz 2 sind ausgeschlossen, wenn er den Vertrag auch bei Kenntnis der nicht angezeigten Umstände, wenn auch zu anderen Bedingungen, geschlossen hätte. ²Die anderen Bedingungen werden auf Verlangen des Versicherers rückwirkend, bei einer vom Versicherungsnehmer nicht zu vertretenden Pflichtverletzung ab der laufenden Versicherungsperiode Vertragsbestandteil.
(5) ¹Dem Versicherer stehen die Rechte nach den Absätzen 2 bis 4 nur zu, wenn er den Versicherungsnehmer durch gesonderte Mitteilung in Textform auf die Folgen einer Anzeigepflichtverletzung hingewiesen hat. ²Die Rechte sind ausgeschlossen, wenn der Versicherer den nicht angezeigten Gefahrumstand oder die Unrichtigkeit der Anzeige kannte.
(6) ¹Erhöht sich im Fall des Absatzes 4 Satz 2 durch eine Vertragsänderung die Prämie um mehr als 10 Prozent oder schließt der Versicherer die Gefahrabsicherung für den nicht angezeigten Umstand aus, kann der Versicherungsnehmer den Vertrag innerhalb eines Monats nach Zugang der Mitteilung des Versicherers ohne Einhaltung einer Frist kündigen. ²Der Versicherer hat den Versicherungsnehmer in der Mitteilung auf dieses Recht hinzuweisen.

Übersicht

	Rdn.		Rdn.
A. Allgemeines	1	2. Vertretung	12
I. Normzweck	1	3. Anzeige durch Dritte	13
II. Entstehungsgeschichte und Übergangsprobleme	4	a) Wissenserklärungsvertretung	13
		b) Repräsentantenhaftung	16
III. Anwendungsbereich	7	II. Gegenstand der Anzeigepflicht	17
IV. Abgrenzungen	8	1. Ordnungsgemäße Frage des Versicherers	17
V. Abdingbarkeit	10		
B. Voraussetzungen und Inhalt der Anzeigepflicht	11	a) Abschaffung der spontanen Anzeigepflicht	17
I. Adressaten der Anzeigepflicht	11	b) Textform	19
1. VN und Versicherter	11	c) Bestimmtheit der Frage	23

---

[23] *Sasse* VersWissArch 1956, 163, 171; BK/*Riedler*, § 42 Rn. 2.
[24] RGZ 162, 238, 242; B/M/*Schnepp*, § 87 Rn. 15; B/M/*Beckmann*, Einf. A Rn. 128 bei dem aber nicht klar wird, ob er sich auf AVB oder Individualvereinbarungen bezieht.
[25] *Michaelis* DAR 1997, 433, 435; *Gebauer* NVersZ 2000, 7, 13; auch *Ganster*, Die Prämienzahlung im Versicherungsrecht, Diss. Frankfurt 2008, S. 23 ff.
[26] Vgl. BGH VersR 2005, 404, 405; PK/*Ebers*, § 18 Rn. 4; L/W/*Fausten*, § 18 Rn. 31 f. und oben Rdn. 3.
[27] Dazu: L/W/*Wandt*, § 32 Rn. 17 ff., 21.

§ 19 Anzeigepflicht

	Rdn.		Rdn.
d) Auslegung der Fragen	24	b) Modalitäten und Rechtsfolgen des Rücktritts	60
2. Erhebliche Gefahrumstände	26	3. Kündigung	63
a) Objektive Gefahrerheblichkeit	26	4. Vertragsanpassung bei vertragsändernden Umständen	65
b) Subjektive Gefahrerheblichkeit	29	a) Abgrenzung von vertragsändernden und vertragshindernden Umständen	65
c) Beispiele	32	b) Modalitäten der Vertragsanpassung	69
d) Sonderfall: Genetische Defekte	36	c) Vertragsanpassung und Leistungsausschluss	70
3. Dem VN bekannte Umstände	39	d) Wahl zwischen Risikoausschluss und Risikozuschlag	71
a) Notwendigkeit positiver Kenntnis	39	II. Allgemeine Voraussetzungen und Ausschlüsse (§ 19 V)	72
b) Wissenszurechnung	42	1. Belehrung des VN über die Rechtsfolgen	72
III. Empfänger der Anzeige	45	2. Kenntnis des Versicherers	77
IV. Auslegung der Antworten und Nachfrageobliegenheit des Versicherers	51	III. Kündigungsrecht des VN (§ 19 VI)	79
1. Unklare und unvollständige Antworten	51	D. Beweislast	81
2. Offenlassen und Streichen von Fragen	52		
V. Der maßgebliche Zeitraum	54		
C. Rechtsfolgen	57		
I. Rücktritt und Kündigung	57		
1. Überblick	57		
2. Rücktritt	58		
a) Vorsatz und grobe Fahrlässigkeit	58		

Schrifttum:
Barg, Die vorvertragliche Anzeigepflicht des VN im VVG 2008, 2008; *Bartholomäi,* Die Begrenzung von Anzeigepflichten durch berechtigte Interessen des VN, 2014; *Berberich,* Zur Zulässigkeit genetischer Tests in der Lebens- und privaten Krankenversicherung, 1998; *Brand,* Grenzen der vorvertraglichen Anzeigepflicht des VN, VersR 2009, 715; *Bruns,* Voraussetzungen und Auswirkungen der Zurechnung von Wissen und Wissenserklärungen im allgemeinen Privatrecht und im Privatversicherungsrecht, 2007; *Fenger/Schöffski,* Gentests und Lebensversicherung: Juristische und ökonomische Aspekte, NVersZ 2000, 449; *Fricke,* Beweislast und Beweisführung bei Verletzung der vorvertraglichen Anzeigepflicht – eine kritische Würdigung der Rechtsprechung des BGH, VersR 2007, 1614; *Genenger,* Das neue Gendiagnostikgesetz, NJW 2010, 113; *Grote/Finkel,* Der Rücktritt von einem Altvertrag – altes oder neues Recht?, VersR 2009, 312; *Günther/Spielmann,* Vollständige und teilweise Leistungsfreiheit nach dem VVG 2008 am Beispiel der Sachversicherung (Teil 1), r+s 2008, 133; *Harke,* Versicherungsrechtliche Anzeigepflicht und Garantiehaftung für culpa in contrahendo, ZVersWiss 2006, 391; *Heiss,* Grund und Grenzen der vorvertraglichen Aufklärungspflicht des Versicherers, ZVersWiss 2003, 339; *Kaldenbach,* Das Problem der Informationsgewinnung für die vorvertragliche Risikoprüfung auf Seiten des privaten Berufsunfähigkeitsversicherers, 2011; *Karczewski,* Vorvertragliche Anzeigepflichten, r+s 2012, 521; *Knappmann,* Grenzen und Beschränkungen der Rechte des Versicherers bei Verletzung der Anzeigepflichten (§§ 16 ff. VVG) durch den VN, r+s 1996, 81; *ders.,* Zurechnung des Verhaltens Dritter zu Lasten des VN, VersR 1997, 261; *ders.,* Beteiligung von Ärzten beim Abschluss eines Versicherungsvertrags oder bei der Regulierung von Versicherungsfällen, VersR 2005, 199; *ders.,* Anzeigepflicht hinsichtlich ausgeschlossener Umstände, VersR 2006, 51; *ders.,* Reform des Versicherungsvertragsgesetzes – Teil II – Vorvertragliche Anzeigepflichten, VRR 2007, 451; *ders.,* Rechtliche Stellung des arglistigen VN, VersR 2011, 724; *v. Koppenfels-Spies,* Zum Verhältnis der sog. Nachfrageobliegenheit des Versicherers zur vorvertraglichen Anzeigepflicht des VN, ZfS 2004, 489; *Köther,* Die vorvertragliche Anzeigepflicht in der privaten Krankenversicherung, VersR 2016, 831; *Kruse,* Die vorvertragliche Anzeigepflicht in der Reform des Versicherungsvertragsgesetzes, 2008; *Kubiak,* Gendiagnostik bei Abschluss von Privatversicherungen, 2008; *Lange,* Die vorvertragliche Anzeigepflicht in der D&O-Versicherung, VersR 2006, 605; *ders.,* Die vorvertragliche Anzeigepflicht nach der VVG-Reform, r+s 2008, 56; *Lensing,* Gendiagnostik in der Versicherungswirtschaft: Persönlichkeitsrecht versus unternehmerische Freiheit, VuR 2009, 411; *Leverenz,* Anforderungen an eine »gesonderte Mitteilung« nach dem VVG 2008, VersR 2008, 709; *Looschelders,* Aktuelle Probleme der vorvertraglichen Anzeigepflicht des VN, VersR 2011, 697; *ders.,* Arglist des VN – Privilegierung oder übermäßige Sanktionierung im Vergleich mit dem allgemeinen Vertragsrecht?, in: GS Hübner, 2012, S. 147; *ders.,* Obliegenheiten des VN – dogmatische Grundlagen und praktische Konsequenzen, in: FS E. Lorenz, 2014, S. 281; *E. Lorenz,* Zur Berücksichtigung genetischer Tests und ihrer Ergebnisse beim Abschluß von Personenversicherungsverträgen, VersR 1999, 1309; *Morisse,* Vorvertragliche Anzeigepflicht und vertragliche Obliegenheit, NVersZ 2000, 209; *Müller-Frank,* Täuschung durch Antragsteller und Wissen des vom Versicherer beauftragten Arztes, NVersZ 2001, 447; *Neuhaus,* Die vorvertragliche Anzeigepflichtverletzung im neuen VVG, r+s 2008, 45; *ders.,* Das Argument des »Vergessens« bei der vorvertraglichen Anzeigepflichtverletzung, r+s 2011, 273; *ders.,* Vorvertragliche Anzeigepflichtverletzung: Ausnahmen der »Auge- und Ohr«-Wissenszurechnung, ZfS 2011, 543; *ders.,* Genetische Defekte und vorvertragliche Anzeigepflichten, ZfS 2013, 64; *ders.,* Anzeigepflichten bei Änderungen und Wieder-Inkraftsetzen des Versicherungsvertrages, r+s 2013, 583; *ders.,* Vorvertragliche Anzeigepflicht – Die »eigene« Frage des Versicherers nach § 19 Abs. 1 VVG, VersR 2014, 432; *ders.,* Berufsunfähigkeitsversicherung, 3. Aufl. 2014; *Notthoff,* Anforderungen an die Belehrungspflicht aus § 19 Abs. 5 VVG, r+s 2016, 61; *Nugel,* Die Anzeigepflicht des VN im Hinblick auf gefahrerhebliche Umstände nach der VVG-Reform, MDR 2009, 186; *ders.,* Aktuelle Fragen der vorvertraglichen Anzeigepflichtverletzung, MDR 2010, 1360; *Pohlmann,* Beweislast für das Verschulden des VN bei Obliegenheitsverletzungen, VersR 2008, 437; *Präve,* Das Gendiagnostikgesetz aus versicherungsrechtlicher Sicht, VersR 2009, 857; *J. Prölss,* Künftige Sanktionen der Verletzung von Obliegenheiten des VN: die Reform des § 6 VVG sowie der §§ 16 ff. und der §§ 23 ff. VVG, ZVersWiss 2002, 471; *Reusch,* Die vor-

vertraglichen Anzeigepflichten im neuen VVG 2008, VersR 2007, 1313; *ders.*, Hat der VN trotz des Wegfalls der Nachmeldeobliegenheit wegen der Möglichkeit der Arglistanfechtung durch den Versicherer auch nach dem VVG 2008 eine spontane Anzeigepflicht vor und nach Abgabe seiner Vertragserklärung?, VersR 2008, 1179; *Ripke*, Wann führt die Verletzung von Aufklärungspflichten zur Leistungsfreiheit des Versicherers?, VersR 2006, 774; *Rixecker*, VVG 2008 – Eine Einführung: VII. Verletzung der vorvertraglichen Anzeigeobliegenheit, ZfS 2007, 369; *Rolfs*, Die vorvertragliche Anzeigeobliegenheit nach der Reform des VVG, in: FS E. Lorenz, 2014, S. 389; *Römer*, Obliegenheiten in der Personenversicherung, r+s 1998, 45; *Rühl*, Die vorvertragliche Anzeigepflicht – Empfehlungen für ein europäisches Versicherungsvertragsrecht, ZVersWiss 2005, 479; *Schäfers*, Das Verhältnis der vorvertraglichen Anzeigepflicht (§§ 19 ff. VVG) zur Culpa in contrahendo, VersR 2010, 301; *ders.*, Die vorvertragliche Anzeigepflicht des VN und das allgemeine Leistungsstörungsrecht, 2014; *Schimikowski*, Die vorvertragliche Anzeigepflicht – Ausgewählte Themen –, r+s 2009, 353; *Schlenker*, Die vorvertragliche Anzeigeobliegenheit des VN, 2005; *H.-D. Schmidt*, Der Rücktritt wegen Anzeigepflichtverletzung in der privaten Krankenversicherung, VersR 1986, 511; *Tschersich*, Rechtsfragen der vorvertraglichen Anzeigepflichtverletzung und der vertraglichen Obliegenheiten, r+s 2012, 53; *Uhlenbrock*, Die Lösungsrechte des Versicherers bei Verletzung der vorvertraglichen Anzeigepflicht durch den VN, 2005; *Wagner/Rattay*, Die Belehrung nach § 19 Abs. 5 VVG – der grenzenlose Verbraucherschutz, VersR 2011, 178; *Weiberle*, Änderungen der Antragsfragenpraxis der Versicherer in Folge der Reform des VVG, VuR 2008, 170; *Winterling/Harzenetter*, Vorvertragliche Anzeigepflichten in der D&O-Versicherung, VW 2007, 1792; *Ziegler/Ziegler*, Gendiagnostikgesetz und Versicherung: Anspruch und Wirklichkeit, ZVersWiss 2011, 29.

A. Allgemeines

I. Normzweck

§ 19 regelt die vorvertragliche Anzeigepflicht des VN. Aus dogmatischer Sicht handelt es sich um keine echte Rechtspflicht, sondern um eine bloße **Obliegenheit**.[1] Dies hat zur Folge, dass dem Versicherer kein klagbarer Anspruch auf Anzeige der betreffenden Umstände zusteht. Bei Verletzung der Anzeigepflicht kommt daher auch kein Schadensersatzanspruch des Versicherers in Betracht.[2] Er kann aber die in § 19 II–IV vorgesehenen Rechte geltend machen. Die Regelung über die Rechtsfolgen der Anzeigepflichtverletzung ist abschließend.[3] Der Rückgriff auf die allgemeinen Vorschriften des BGB ist also grundsätzlich ausgeschlossen. Eine Ausnahme gilt nur für die Anfechtung des Vertrages wegen arglistiger Täuschung (§ 22). 1

Da § 19 keine vertragliche, sondern eine **gesetzliche** Obliegenheit statuiert, ist § 28 ebenfalls unanwendbar.[4] Dies gilt auch dann, wenn der Versicherer eine entsprechende Regelung in die AVB aufnimmt. Eine solche Regelung hat nur deklaratorische Bedeutung.[5] Der Versicherer kann es nämlich nicht in der Hand haben, die differenzierten und halbzwingenden (§ 32) Regelungen des § 19 zu umgehen, indem er die Anzeigepflicht in eine vertragliche Obliegenheit umwandelt. 2

Die Anzeigepflicht des VN hat den Zweck, dem Versicherer eine möglichst genaue Kenntnis der gefahrerheblichen Umstände zu verschaffen, damit er die Prämie zutreffend berechnen oder den Vertragsschluss ganz ablehnen bzw. mit dem VN einen Risikoausschluss vereinbaren kann.[6] Das Gesetz trägt damit der Tatsache Rechnung, dass die gefahrerheblichen Umstände im Allgemeinen in der Sphäre des VN liegen und der Versicherer sich daher die relevanten Kenntnisse selbst nur sehr schwer verschaffen kann. Die Anzeigepflicht dient insofern dem **Schutz des Versicherers** bzw. der Versichertengemeinschaft. Auf der anderen Seite hat der **VN** ein **berechtigtes Interesse**, den Versicherungsschutz nicht bei jeder unzutreffenden Angabe über gefahrerhebliche Umstände zu verlieren. Die §§ 19 ff. schränken daher die Rechte des Versicherers gegenüber den allgemeinen zivilrechtlichen Instituten ein und sind insofern abschließend.[7] In Bezug auf **gefahrerhebliche Umstände** ist eine Anfechtung wegen Irrtums nach § 119 II BGB[8] daher ausgeschlossen. Der Versicherer kann seine **Leistungsfreiheit** auch nicht auf einen Schadensersatzanspruch aus culpa in contrahendo (§§ 311 II, 241 II, 280 I BGB) wegen Täuschung über gefahrerhebliche Umstände stützen.[9] Da der Versicherer bei arglistiger Täuschung be- 3

---

1 Begr. RegE BT-Drucks. 16/3945 S. 64; BGH VersR 1968, 293; B/M/*Rolfs*, § 19 Rn. 6; P/M/*Armbrüster*, § 19 Rn. 60; L/W/*Langheid*, § 19 Rn. 2; PK/*Härle*, § 19 Rn. 13; *Deutsch/Iversen*, Rn. 214; *Wandt*, Rn. 815; *Neuhaus* r+s 2008, 45; a.A. *Hofmann*, § 11 Rn. 54. Zum Begriff der Obliegenheit vgl. § 28 Rdn. 6 f.
2 Allg. zu den Rechtsfolgen von Obliegenheitsverletzungen *Looschelders*, in: FS E. Lorenz, S. 281, 284 ff.
3 Begr. RegE BT-Drucks. 16/3945 S. 64; B/M/*Rolfs*, § 19 Rn. 134; PK/*Härle*, § 19 Rn. 1; HK-VVG/*Schimikowski*, § 19 Rn. 2; *Neuhaus* r+s 2008, 45; zum alten Recht BGH VersR 1991, 1404, 1405; VersR 1984, 630, 631; VersR 2007, 630, 631; krit. *Schäfers*, S. 61 ff.
4 B/M/*Rolfs*, § 19 Rn. 6; a.A. zum österr. VVG OGH VersR 2000, 391.
5 *Morisse* NVersZ 2000, 209, 210; vgl. auch R/L/*Rixecker*, § 28 Rn. 3.
6 Zur Funktion der Anzeigepflicht Begr. RegE BT-Drucks. 16/3945 S. 64; R/L/*Langheid*, § 19 Rn. 1 f.; PK/*Härle*, § 19 Rn. 1; VersHb/*Knappmann*, § 14 Rn. 1; *Wandt*, Rn. 815.
7 Vgl. BGH VersR 2007, 630; B/M/*Rolfs*, § 19 Rn. 134; *Brand* VersR 2009, 715 f.; *Knappmann* r+s 1998, 81; a.A. *Schäfers* VersR 2010, 301 ff.
8 Zur Anfechtung nach § 119 BGB vgl. RGZ 132, 386, 390; BGH VersR 1995, 457; VersR 1986, 1089; P/M/*Armbrüster*, § 19 Rn. 152; HK-VVG/*Schimikowski*, § 19 Rn. 2.
9 Zur Unanwendbarkeit der Vorschriften über die culpa in contrahendo s. BGH VersR 2016, 101 Rn. 22; VersR 2007, 630; VersR 1984, 630, 631; OLG Saarbrücken VersR 1997, 863; P/M/*Armbrüster*, § 19 Rn. 152; sowie § 21 Rn. 27; i.E. auch *Harke* ZVersWiss 2006, 391, 410; differenzierend *Schäfers* VersR 2010, 301 ff.

sonders schutzwürdig ist, wird § 123 BGB aber nicht verdrängt (§ 22). **Folgeschäden** (z.B. Kosten für ein nutzlos erstelltes Sachverständigengutachten) sind unter dem Aspekt der culpa in contrahendo ersatzfähig.[10] Desgleichen werden **deliktische Ansprüche** des Versicherers aus §§ 823 II, 826 BGB nicht durch die §§ 19 ff. gesperrt.[11]

II. Entstehungsgeschichte und Übergangsprobleme

4 Die Anzeigepflicht des VN war **vor der Reform** in den §§ 16–22 a.F. geregelt. Die Vorschriften wiesen aus Sicht des Gesetzgebers erhebliche **Defizite** auf. So wurde die Pflicht des VN, unabhängig von Fragen des Versicherers alle ihm bekannten gefahrerheblichen Umstände anzuzeigen, für unangemessen erachtet, weil die Beurteilung der Gefahrerheblichkeit für den VN schwierig sei. Außerdem wurde die Regelung als sehr unübersichtlich empfunden.[12] Diese Defizite sollten durch die Reform beseitigt werden. Dabei wollte der Gesetzgeber die **Stellung des VN** durch die Einschränkung der Anzeigepflicht und die Neuregelung der Verletzungsfolgen **verbessern**, ohne die prinzipielle Anzeigepflicht des VN in Frage zu stellen. So sollte der VN möglichst vor dem Verlust des Anspruchs auf die Versicherungsleistung bewahrt werden.[13] Diese Ziele müssen bei der Auslegung der §§ 19 ff. berücksichtigt werden. Insgesamt sind die Änderungen so weitreichend, dass teilweise von einem »von Grund auf neue[m] System« gesprochen wird.[14]

5 Der **zeitliche Anwendungsbereich** der §§ 19 ff. n.F. wird nach den allgemeinen Regeln des Art. 1 EGVVG beurteilt. Die Vorschriften sind danach zunächst einmal nur auf Neuverträge anwendbar, die ab dem 01.01.2008 geschlossen worden sind (Art. 1 I EGVVG). Auf Altverträge sind die §§ 16 ff. a.F. bis zum 31.12.2008 weiterhin anwendbar. Nach diesem Zeitpunkt gelten die §§ 19 ff. n.F. zwar auch für Altverträge. Ob eine Anzeigepflicht verletzt worden ist, muss aber weiter nach altem Recht beurteilt werden. Denn die Parteien eines Altvertrages konnten die Vorschriften des neuen Rechts beim Vertragsschluss naturgemäß nicht beachten.[15] Die Vorschriften der §§ 19 ff. n.F. sind hier also letztlich nur für die **Rechtsfolgen** der Anzeigepflichtverletzung maßgeblich (sog. Spaltungsmodell).[16] Probleme bereitet vor diesem Hintergrund die Beurteilung von Neuverträgen, bei denen der VN die **Antragsfragen** des Versicherers schon **vor dem 01.01.2008** beantwortet hat. Die h.M. geht hier von der einheitlichen Anwendbarkeit der §§ 19 ff. n.F. aus.[17] Zur Begründung wird darauf verwiesen, dass die Übergangsvorschrift des Art. 1 I EGVVG in diesen Fällen nicht anwendbar sei, weil das Versicherungsverhältnis nicht vor dem Inkrafttreten des neuen VVG zustande gekommen sei. Außerdem könne nicht isoliert auf die Beantwortung der Antragsfragen abgestellt werden, da die Risikoprüfung erst mit der Annahme des Antrags durch den Versicherer abgeschlossen sei. Konkret lässt sich hieraus ableiten, dass der Versicherer sich in diesen Fällen nur dann auf die Rechtsfolgen einer Obliegenheitsverletzung berufen kann, wenn er den VN zumindest vor der Annahme des Antrags nach § 19 V 1 auf die Folgen einer Anzeigepflichtverletzung hingewiesen hat.[18]

6 Ist bei einem Altvertrag bis zum 31.12.2008 ein **Versicherungsfall eingetreten**, bleibt das alte VVG insoweit gem. Art. 1 II EGVVG auch über den Stichtag hinaus maßgeblich. Dies gilt auch dann, wenn der Versicherer anlässlich eines bis zum 31.12.2008 eingetretenen Versicherungsfalls wegen einer vorvertraglichen Anzeigepflichtverletzung zurücktritt, der Rücktritt aber erst nach dem Stichtag erklärt wird.[19] Dass das Rücktrittsrecht des Versicherers nicht an den Versicherungsfall, sondern an die Verletzung der Anzeigepflicht anknüpft, steht dem jedenfalls dann nicht entgegen, wenn der Eintritt des Versicherungsfalles in **kausalem Zusammenhang** mit dem Umstand steht, auf den sich die Verletzung der Anzeigepflicht bezieht. Entscheidend ist, dass die Leistungspflicht des Versicherers für den Versicherungsfall bei einem Rücktritt entfällt. Bei Anwendung der §§ 19 ff. n.F. würde die Leistungspflicht des Versicherers für den in der Übergangszeit eingetretenen Versicherungsfall nachträglich auf Fälle der leichten Fahrlässigkeit erweitert, was dem Zweck des Art. 1 II EGVVG widerspricht. In der Literatur wird zwar weitergehend die Auffassung vertreten, dass es für die Anwendbarkeit

---

10 OLG Hamm VersR 2004, 1398, 1399; P/M/*Armbrüster*, § 19 Rn. 152.
11 BGH VersR 2007, 630, 631; P/M/*Armbrüster*, § 19 Rn. 152; HK-VVG/*Schimikowski*, § 19 Rn. 2.
12 Begr. RegE BT-Drucks. 16/3945 S. 64.
13 Vgl. HK-VVG/*Schimikowski*, § 19 Rn. 1; Staudinger/Halm/Wendt/*Pilz/Gramse*, § 19 Rn. 4.
14 *Neuhaus*, Berufsunfähigkeitsversicherung, O. Rn. 1; *ders.* r+s 2008, 45; vgl. auch L/W/*Langheid*, § 19 Rn. 30; einschränkend *Knappmann* VRR 2007, 408.
15 Begr. RegE BT-Drucks. 16/3945 S. 118; OLG Frankfurt (Main) VersR 2012, 1107, 1108; KG VersR 2014, 181; LG Köln VersR 2012, 1108, 1109; B/M/*Rolfs*, § 19 Rn. 5.
16 Vgl. OLG Frankfurt (Main) VersR 2012, 1107, 1108; OLG Hamm VersR 2013, 437; LG Köln VersR 2010, 199; R/L/*Langheid*, § 19 Rn. 16; L/W/*Looschelders*, Art. 1 EGVVG Rn. 10; L/W/*Langheid*, § 19 Rn. 204; PK/*Härle*, § 19 Rn. 151; *Neuhaus* r+s 2008, 45; *ders.* MDR 2010, 1360, 1366; *Grote/Finkel* VersR 2009, 312; *Marlow*/Spuhl, Rn. 226; *Wandt*, Rn. 596.
17 So OLG Hamm VersR 2013, 437; LG Dortmund r+s 2012, 429; P/M/*Armbrüster*, § 19 Rn. 154; Staudinger/Halm/Wendt/*Pilz/Gramse*, § 19 Rn. 7; a. A. B/M/*Rolfs*, § 19 Rn. 4; *Marlow*/Spuhl, Rn. 226.
18 OLG Hamm VersR 2013, 437; LG Dortmund r+s 2012, 429.
19 So auch OLG Frankfurt (Main) VersR 2012, 1105, 1106; LG Dortmund VersR 2010, 515; L/W/*Looschelders*, Art. 1 EGVVG Rn. 8; P/M/*Armbrüster*, § 19 Rn. 154; PK/*Härle*, § 19 Rn. 153; *Brand* VersR 2011, 557, 560 f.; *Looschelders* VersR 2011, 697, 705; a.A. KG VersR 2014, 181, 182 f.; *Marlow*/Spuhl, Rn. 231 ff.; *Marlow* VersR 2010, 516, 517.

des alten Rechts nicht auf die Kausalität des nicht (zutreffend) angezeigten Umstands für den Eintritt des Versicherungsfalles ankommt.[20] Hiergegen spricht jedoch, dass Art. 1 II EGVVG mit der Wendung »insoweit« einen Zusammenhang mit dem Eintritt des Versicherungsfalles voraussetzt. Hierfür kann es auch aus teleologischer Sicht nicht ausreichen, dass die Anzeigepflichtverletzung anlässlich des Versicherungsfalles »zufällig« entdeckt wird.

III. Anwendungsbereich

Die vorvertragliche Anzeigepflicht des VN gilt entsprechend der systematischen Stellung der §§ 19 ff. für **alle** **Versicherungszweige**. Die größte praktische Bedeutung hat sie traditionell bei den **Personenversicherungen**. Dies beruht darauf, dass die Risikoeinschätzung hier meist von individuellen Umständen abhängt, die für den Versicherer mit eigenen Mitteln kaum erkennbar sind.[21] Dieses Problem könnte sich künftig durch den vermehrten Einsatz moderner Technologien im Gesundheitswesen (z.B. Gendiagnostik) verschärfen (vgl. unten Rdn. 36 ff.).[22] In der Sachversicherung begegnet man der Verletzung der Anzeigepflicht vor allem bei Nichtangabe objektiver Gefahrumstände (z.B. Nutzung und Zustand der versicherten Sache) sowie von Vorschäden oder Vorversicherungen.[23]

7

IV. Abgrenzungen

Die vorvertragliche Anzeigepflicht steht in engem Zusammenhang mit den Vorschriften über die **Gefahr-** **erhöhung** (§§ 23 ff.). In beiden Bereichen geht es darum, die Äquivalenz zwischen dem vom Versicherer übernommenen Risiko und der vom VN zu zahlenden Prämie zu wahren (vgl. § 23 Rdn. 1).[24] Während der VN die vorvertragliche Anzeigepflicht grundsätzlich »bis zur Abgabe seiner Vertragserklärung« zu erfüllen hat (§ 19 I 1), beziehen sich die Vorschriften über die Gefahrerhöhung auf den Zeitraum nach Abgabe seiner Vertragserklärung (§ 23 I).[25] Überschneidungen können auftreten, wenn der Versicherer zwischen der Vertragserklärung des VN und der Vertragsannahme nach Gefahrumständen fragt. In diesem Fall besteht die vorvertragliche Anzeigepflicht gem. § 19 I 2 noch, so dass die §§ 19 ff. und die §§ 23 ff. nebeneinander anwendbar sind.[26] Die §§ 23 ff. setzen allerdings voraus, dass die Gefahrerhöhung nach der Vertragserklärung des VN **eintritt**.[27] Sie erfassen also nicht den problematischen Fall, dass der VN nach seiner Vertragserklärung von einem schon vorher eingetretenen Gefahrumstand (z.B. schwere Krankheit) Kenntnis erlangt. Hier ist allein § 19 I 2 anwendbar.

8

Aufgrund des abschließenden Charakters der §§ 19 ff. sind sonstige Ansprüche und Rechte wegen vorvertraglichen Verschuldens mit Ausnahme der Anfechtung nach § 123 BGB ausgeschlossen (s.o. Rdn. 3). **Deliktische Ansprüche** des Versicherers (z.B. aus § 823 II BGB i.V.m. § 263 StGB und § 826 BGB) werden dagegen nicht verdrängt.[28] Zum Verhältnis der §§ 19 ff. zu § 28 s. oben Rdn. 2.

9

V. Abdingbarkeit

Die Vorschriften über die Anzeigepflicht des VN (§§ 19–22) sind gem. § 32 Satz 1 **halbzwingend**. Vertragliche Abweichungen – insbesondere in AVB – sind also nur zugunsten des VN zulässig (näher dazu § 32 Rdn. 4 ff.). Für die an sich formlos mögliche **Anzeige der gefahrerheblichen Umstände**[29] gegenüber dem Versicherer kann aber **Schrift- oder Textform** vereinbart werden (§ 32 Satz 2).

10

B. Voraussetzungen und Inhalt der Anzeigepflicht
I. Adressaten der Anzeigepflicht
1. VN und Versicherter

Die Anzeigepflicht trifft den VN. Bei einer **Mehrheit von VN** ist jeder anzeigepflichtig. Da dem Versicherer nach § 19 V 2 keine Rechte wegen der Anzeigepflichtverletzung zustehen, wenn er den nicht angezeigten Umstand kannte, reicht aber die Anzeige durch einen VN aus.[30] Bei der **Versicherung für fremde Rechnung** hat

11

---

20 So HK-VVG/*Muschner*, Art. 1 EGVVG Rn. 21; L/W/*Langheid*, § 19 Rn. 207.
21 Vgl. *Bruck*, PVR, S. 178 f.; *Knappmann* VRR 2007, 451.
22 Vgl. R/L/*Langheid*, § 19 Rn. 12 f.
23 Vgl. OLG Köln r+s 1991, 138 (Nutzung als Bordell); B/M/*Rolfs*, § 19 Rn. 49; *Günther/Spielmann* r+s 2008, 133, 133 f.; *Knappmann* VRR 2007, 408; *Neuhaus* VersR 2014, 432.
24 Vgl. *Harke* ZVersWiss 2006, 391, 394.
25 Vgl. Begr. RegE BT-Drucks. 16/3945 S. 67; L/W/*Langheid*, § 19 Rn. 2.
26 Vgl. R/L/*Langheid*, § 23 Rn. 51 f.; zum alten Recht B/M/*Möller*[8], § 29a Anm. 6; für Exklusivitätsverhältnis B/M/*Matusche-Beckmann*, Vor § 23 Rn. 5.
27 Vgl. OLG Celle VersR 2011, 663, 664.
28 BGH VersR 1984, 630, 631; VersR 2007, 630, 631; P/M/*Armbrüster*, § 19 Rn. 152; HK-VVG/*Schimikowski*, § 19 Rn. 2; B/M/*Rolfs*, § 19 Rn. 135.
29 Allg. zur Form der Anzeige VersHb/*Knappmann*, § 14 Rn. 42.
30 BK/*Beckmann*, § 16 Rn. 58; P/M/*Armbrüster*, § 19 Rn. 61; PK/*Härle*, § 19 Rn. 14; VersHb/*Knappmann*, § 14 Rn. 46.

der Versicherte neben dem VN eine eigene Anzeigepflicht.[31] Denn nach § 47 I kommt es nicht nur auf die Kenntnis, sondern auch auf das Verhalten des Versicherten – also die Nicht- oder Falschanzeige – an. Erforderlich ist aber, dass der Versicherer (auch) an den Versicherten Fragen richtet.[32] Bei der Lebens- und Krankenversicherung ergibt sich die Anzeigepflicht der versicherten Person aus § 156 bzw. § 193 II.[33]

2. Vertretung

12 Bei **gesetzlicher Vertretung** von **natürlichen Personen** (z.B. durch die Eltern oder den Vormund) trifft die Anzeigepflicht allein den Vertreter. Erfährt der Versicherer aufgrund einer Anzeige des Vertretenen (z.B. des geschäftsunfähigen oder beschränkt geschäftsfähigen VN) von dem in Frage stehenden Umstand, so kann er aber gemäß § 19 V 2 keine Rechte nach § 19 II–IV geltend machen.[34] Bei **juristischen Personen** und **rechtsfähigen Personengesellschaften** i.S.d. § 14 II BGB (z.B. GbR[35], OHG, KG) obliegt die Anzeige den vertretungsberechtigten Organen (Vorstand, Geschäftsführer, Gesellschafter etc). Gehören dem Organ mehrere Personen an, so richtet sich die Anzeigepflicht an jeden. Ebenso wie bei einer Mehrheit von VN (oben Rdn. 11) genügt aber i.E. die Anzeige durch einen von ihnen.[36] Zur **rechtsgeschäftlichen Vertretung** s. die Anmerkungen zu § 20.

3. Anzeige durch Dritte

a) Wissenserklärungsvertretung

13 Ob der VN sich die unrichtige Anzeige durch einen Dritten zurechnen lassen muss, richtet sich nach den Grundsätzen über die **Wissenserklärungsvertretung**.[37] Erforderlich ist danach, dass der VN den Dritten mit der Erfüllung der Anzeigepflicht betraut und dieser die Anzeige anstelle des VN abgegeben hat. Die h.M. wendet in diesem Zusammenhang § 166 I BGB entsprechend an.[38] Da es hier nicht um die Zurechnung von **Wissen**, sondern um die Zurechnung der **Erklärung** als solcher geht, erscheint eine Analogie zu § 164 I BGB aber vorzugswürdig.[39] Hat der VN den Dritten entsprechend § 164 I BGB mit der Erfüllung der Anzeigepflicht betraut, so findet die **Wissenszurechnung** nach § 166 I BGB analog statt.[40]

14 Nach der neueren Rechtsprechung des BGH kann der **Ehegatte** des VN nicht schon aufgrund seiner Stellung als Wissenserklärungsvertreter angesehen werden. Erforderlich ist vielmehr, dass der VN ihn mit der Abgabe der in Frage stehenden Wissenserklärung zumindest konkludent betraut hat.[41] Im **betrieblichen Bereich** wird darauf abgestellt, ob der betreffende Mitarbeiter im Betrieb des VN dafür zuständig ist, dessen Anzeigepflicht zu erfüllen.[42] Nach h.M. muss der VN sich auch die unzutreffenden Angaben eines **Arztes** zurechnen lassen, den er mit der Beantwortung von Gesundheitsfragen gegenüber dem Versicherer beauftragt hat.[43]

15 Hat der Versicherer den **Arzt** mit der Erstellung des Gesundheitszeugnisses beauftragt, scheidet die Zurechnung unrichtiger Angaben zu Lasten des VN nach einhelliger Auffassung aus.[44] Der Versicherer muss sich in einem solchen Fall dagegen gegebenenfalls das Wissen des Arztes im Rahmen des § 19 V 2 anrechnen lassen.[45]

b) Repräsentantenhaftung

16 Da sich die Repräsentantenhaftung (dazu § 28 Rdn. 69 ff.) in erster Linie auf die **Verwaltung des versicherten Risikos** bezieht,[46] hat sie bei der vorvertraglichen Anzeigepflicht keine praktische Bedeutung. Die Recht-

---

31 BGH VersR 1991, 1404, 1405; L/W/*Langheid*, § 19 Rn. 40; R/L/*Langheid*, § 19 Rn. 21; a.A. BK/*Beckmann*, § 16 Rn. 54, 59; krit. auch B/M/*Rolfs*, § 19 Rn. 25; HK-VVG/*Schimikowski*, § 19 Rn. 35.
32 P/M/*Armbrüster*, § 19 Rn. 61.
33 PK/*Härle*, § 19 Rn. 19; R/L/*Langheid*, § 156 Rn. 2 und § 1793 Rn. 15; zur Krankenversicherung vgl. auch (einschränkend) OLG Hamm VersR 1984, 230 und VersR 1980, 137.
34 Vgl. B/M/*Möller*[8], § 16 Anm. 38; Staudinger/Halm/Wendt/*Pilz*/*Gramse*, § 19 Rn. 11.
35 Zur (partiellen) Rechtsfähigkeit der Außen-GbR BGHZ 146, 341.
36 Vgl. B/M/*Rolfs*, § 19 Rn. 19.
37 Vgl. BGHZ 122, 388, 389 = VersR 1993, 960, 961; VersR 1995, 280, 281; P/M/*Armbrüster*, § 19 Rn. 62; BK/*Beckmann*, § 16 Rn. 7; PK/*Härle*, § 19 Rn. 16; VersHb/*Looschelders*, § 17 Rn. 96 ff.; *Knappmann* VersR 1997, 261, 265.
38 Vgl. BGHZ 122, 388, 389; OLG Koblenz r+s 2006, 74; B/M/*Rolfs*, § 19 Rn. 21; P/M/*Armbrüster*, § 19 Rn. 62; L/W/*Langheid*, § 19 Rn. 46; *Knappmann* VersR 1997, 261, 265; für Rückgriff auf § 278 BGB LG Stuttgart r+s 1998, 298, 299; P/M/*Prölss*[28], § 19 Rn. 32.
39 VersHb/*Looschelders*, § 17 Rn. 92; *Bruns*, Wissenszurechnung, S. 70 f.
40 Vgl. RGZ 97, 279, 282; VersHb/*Looschelders*, § 17 Rn. 127; L/W/*Langheid*, § 19 Rn. 46.
41 BGHZ 122, 388, 390; VersHb/*Looschelders*, § 17 Rn. 105.
42 Vgl. OLG Köln VersR 1990, 1225; OLG Koblenz r+s 2006, 74; VersHb/*Looschelders*, § 17 Rn. 111.
43 R/L/*Rixecker*, § 28 Rn. 52; *Knappmann* VersR 2005, 199 ff.; VersHb/*Looschelders*, § 17 Rn. 115.
44 BGH NJW-RR 1989, 675, 676; OLG Frankfurt (Main) VersR 1993, 425, 427; P/M/*Armbrüster*, § 19 Rn. 71; R/L/*Rixecker*, § 28 Rn. 52; VersHb/*Looschelders*, § 17 Rn. 108.
45 Vgl. BGH VersR 2009, 529; NJW-RR 2001, 889; VersR 2001, 620; OLG Hamm VersR 2005, 1572; VersHb/*Looschelders*, § 17 Rn. 115; *Knappmann* VersR 2005, 199 ff.; *Müller-Frank* NVersZ 2001, 447.
46 Zur Repräsentantenhaftung VersHb/*Looschelders*, § 17 Rn. 29 ff.

sprechung erkennt zwar auch die Figur des Repräsentanten kraft **Vertragsverwaltung** an.[47] Diese Figur dürfte hier aber schon deshalb nicht passen, weil es um den Abschluss des Vertrages (und nicht um die Verwaltung eines geschlossenen Vertrages) geht.[48] Davon abgesehen lässt sich das Problem der Zurechnung von Wissenserklärungen mit dem Institut der Wissenserklärungsvertretung lösen, so dass es für die Anwendung der Grundsätze über die Repräsentantenhaftung keinen Bedarf gibt.[49]

II. Gegenstand der Anzeigepflicht

1. Ordnungsgemäße Frage des Versicherers

a) Abschaffung der spontanen Anzeigepflicht

§ 19 I 1 beschränkt die Anzeigepflicht des VN auf Gefahrumstände, nach denen der Versicherer in Textform **gefragt** hat. Dies ist ein wesentlicher Unterschied gegenüber dem alten Recht, wonach der VN die ihm bekannten gefahrrelevanten Umstände auch ohne eine entsprechende Frage anzeigen musste.[50] Der Gesetzgeber hat diese sog. »**spontane**« **Anzeigepflicht** abgeschafft, weil er dem VN das Risiko einer falschen Einschätzung der Gefahrrelevanz abnehmen wollte.[51] Bei Fehlen einer Frage kommt allenfalls eine Anfechtung wegen **arglistiger Täuschung** nach § 123 BGB in Betracht (vgl. dazu § 22 Rdn. 6 ff.). 17

Erforderlich ist eine Frage **des Versicherers**. Das LG Hagen hat in einer viel beachteten Entscheidung die Auffassung vertreten, dass der von **einem Makler ausgearbeitete Fragenkatalog** dem § 19 I 1 nicht genüge, weil die Fragestellung gerade durch den Versicherer erfolgen müsse.[52] Diese Auffassung geht jedoch über den Schutzzweck des § 19 I 1 hinaus. Entscheidend ist, dass der Versicherer dem VN deutlich macht, welche Umstände er als gefahrerheblich ansieht. Diese Funktion wird auch durch den Fragenkatalog eines Maklers erfüllt, sofern der Makler die Fragen vom Versicherer erhalten hat oder der Versicherer sich die Fragen des Maklers – für den VN erkennbar – zu eigen macht.[53] Nach dem Schutzzweck der Frageobliegenheit muss es dem VN bei der Beantwortung der Fragen klar sein, dass der Versicherer seine Antworten bei der Risikoprüfung zugrunde legen wird.[54] Dass die Verwendung des vom Makler ausgearbeiteten Fragenkatalogs vor der VVG-Reform branchenüblich war, genügt nach Ansicht des OLG Hamm für ein »Zu-Eigen-Machen« durch den Versicherer nicht.[55] Dies erscheint freilich sehr streng.[56] Ist die Verwendung des Maklerfragebogens branchenüblich, so wird aus Sicht des VN i.d.R. kein Zweifel bestehen, dass der Versicherer die Antworten bei der Risikoprüfung zugrunde legen wird. Die Erkennbarkeit für den VN ist auch dann gegeben, wenn das vom Makler verwendete Antragsformular an den Versicherer gerichtet ist und einen Hinweis darauf enthält, dass der Antragsteller mit der Beantwortung der Fragen seine Anzeigepflicht gegenüber dem Versicherer erfüllt.[57] Hat der Versicherer sich den Fragenkatalogs des Maklers zu eigen gemacht, so gehen etwaige Lücken des Katalogs auch zu seinen Lasten.[58] 18

b) Textform

Der Versicherer hat seine Fragen in **Textform** zu stellen. Die Erklärung muss demnach in einer Urkunde oder auf andere zur dauerhaften Wiedergabe in Schriftzeichen geeignete Form abgegeben werden, in der die Person des Erklärenden genannt und der Abschluss der Erklärung durch Nachbildung der Namensunterschrift oder anders erkennbar gemacht wird (§ 126b BGB). Das Erfordernis der Textform hat den Zweck, die Erklärung im Interesse der Rechtssicherheit dauerhaft festzuhalten (**Dokumentationsfunktion**).[59] Außerdem soll der Erklärungsempfänger zuverlässiger als durch das gesprochene Wort über einen bestimmten Inhalt informiert werden (**Informationsfunktion**).[60] Bei § 19 I 1 geht es schließlich speziell darum, dem VN das Risi- 19

---

47 BGHZ 122, 250, 254; BGH VersR 2007, 673, 674; krit. VersHb/*Looschelders*, § 17 Rn. 46.
48 Vgl. VersHb/*Knappmann*, § 14 Rn. 59.
49 Vgl. *Knappmann* VersR 1997, 261, 263; *Bruns*, Wissenszurechnung, S. 128.
50 Zum alten Recht BK/*Voit*, § 16 Rn. 2.
51 Begr. RegE BT-Drucks. 16/3945 S. 64; OLG Hamm VersR 2011, 469, 470 m. Anm. *Naujoks/Heydom*; P/M/*Armbrüster*, § 19 Rn. 1; *Armbrüster*, Rn. 798; *Looschelders* VersR 2011, 697; *Rixecker* ZfS 2007, 369, 370.
52 LG Hagen r+s 2010, 276, 277.
53 So auch OLG Hamm VersR 2011, 469, 470 f.; LG Dortmund r+s 2012, 426, 427; r+s 2013, 324; P/M/*Armbrüster*, § 19 Rn. 32; VersHb/*Knappmann*, § 14 Rn. 23; *Looschelders* VersR 2011, 697, 698; *Neuhaus* VersR 2014, 432, 436; ähnlich *Schaloske* r+s 2010, 279, 280; *Marlow*/Spuhl, Rn. 158 Fn. 7.
54 Hierauf abstellend OLG Köln VersR 2013, 469.
55 OLG Hamm VersR 2011, 469, 471.
56 Krit. auch R/L/*Langheid*, § 19 Rn. 58; L/W/*Langheid*, § 19 Rn. 67; *Langheid* NJW 2011, 3265 f.
57 Vgl. OLG Köln VersR 2013, 745; VersHb/*Knappmann*, § 14 Rn. 23.
58 *Schimikowski* r+s 2009, 353, 354.
59 Vgl. Begr. RegE BT-Drucks. 16/3945 S. 64; HK-BGB/*Dörner*, § 126b Rn. 1.
60 Palandt/*Ellenberger*, § 126b Rn. 1; krit. MünchKommBGB/*Einsele*, § 126b Rn. 7.

ko einer **Fehleinschätzung** hinsichtlich der Gefahrrelevanz abzunehmen. Eine Warnfunktion gegenüber dem VN als Erklärungsempfänger besteht dagegen nicht.

20 Die in der Praxis üblichen Formulare genügen regelmäßig den Anforderungen des § 126b BGB. Fraglich erscheint dagegen, ob die Textform auch dann gewahrt ist, wenn der Vermittler dem VN die Fragen **vorliest** und dessen Antworten in das Formular einträgt oder in seinen **Laptop** eingibt.[61] Auf der Grundlage des § 16 I 3 a.F. wurde eine schriftliche Frage auch dann bejaht, wenn der Versicherungsvertreter die Fragen vorgelesen und die Antworten des VN in das Formular eingetragen hatte. Der Versicherer musste aber nachweisen, dass die Fragen in einer Art und Weise mit dem VN durchgegangen worden sind, die einer sorgsamen, nicht unter Zeitdruck stehenden Lektüre des Textes gleichsteht.[62] Diese Auslegung lässt sich auf das Textformerfordernis des § 19 I 1 übertragen.[63] Werden die in Textform niedergelegten Fragen ordnungsgemäß vorgelesen, so wird der VN zuverlässig darüber **informiert**, welche Umstände aus Sicht des Versicherers gefahrerheblich sind. Er trägt damit nicht das Risiko einer **Fehleinschätzung**. Dass der VN das Formular selbst ausfüllt, ist nach dem Zweck der Textform nicht erforderlich. Sofern der VN im Nachhinein jederzeit auf die Fragen zurückgreifen kann, bleibt auch die **Dokumentationsfunktion** gewahrt. Die Verkörperung der Fragen im Laptop des Vermittlers reicht aber nicht aus. Vielmehr müssen die Fragen dem VN dauerhaft zur Verfügung gestellt werden (z.B. durch Ausdruck, CD).[64]

21 Hat der Versicherungsvertreter das Formular eigenständig **ohne Rückfragen** ausgefüllt, so muss er dem VN die Gelegenheit geben, die Fragen im Nachhinein sorgfältig durchzulesen. Eine bloße Vorlage zur Unterschrift reicht nicht aus, weil die in Textform gestellten Fragen zur Kenntnis des VN gelangen müssen sind.[65] Nach altem Recht kam in solchen Fällen allenfalls ein Verstoß gegen die spontane Anzeigepflicht in Betracht;[66] diese ist aber gerade entfallen. Hat der VN das Formular **blanko unterschrieben** und den Agenten zum eigenständigen Ausfüllen ermächtigt, so kann er sich nach Treu und Glauben (§ 242 BGB) im Nachhinein nicht darauf berufen, er habe die Fragen überhaupt nicht gelesen und damit auch nicht zur Kenntnis genommen.[67] Macht der Versicherungsvertreter unzutreffende oder unvollständige Angaben, so muss der VN sich auch dies zurechnen lassen.[68]

22 Beim **Vertragsschluss im Internet** bereitet die Einhaltung der Textform Probleme im Hinblick auf die Dokumentationsfunktion. Eine dauerhafte Verkörperung ist nur gewährleistet, wenn der VN die Fragen herunterladen und ausdrucken oder speichern kann.[69] Ob darüber hinaus auch zu fordern ist, dass der Antragsteller die Fragen tatsächlich heruntergeladen und ausgedruckt oder gespeichert hat, ist umstritten.[70] Dem Zweck des § 126b BGB dürfte es in diesen Fällen entsprechen, die Formwirksamkeit nicht von einem nicht nachprüfbaren Verhalten des Antragstellers abhängig zu machen.[71]

c) Bestimmtheit der Frage

23 Nach dem Zweck der Neuregelung, dem VN das Risiko einer Fehleinschätzung abzunehmen, müssen die Fragen hinreichend **bestimmt** sein. Ganz allgemeine, pauschale oder völlig nichts sagende Fragen (etwa nach nicht näher konkretisierten gefahrerheblichen Umständen) können daher keine Anzeigepflicht auslösen.[72] Auf der anderen Seite sind allzu detailreiche Fragenkataloge nicht nur für den Versicherer unpraktikabel, sondern auch für den VN schwer verständlich.[73] Letztlich bleibt nur die Leitlinie, dass die Fragen **so konkret wie möglich** formuliert werden sollten.[74] Zu weit gefasste Fragen sind grundsätzlich nicht von vornherein irrele-

---

61 Dafür L/W/*Langheid*, § 19 Rn. 67; *Marlow*/Spuhl, Rn. 159; einschränkend PK/*Härle*, § 19 Rn. 25; *Wandt*, Rn. 822; dagegen *Meixner*/Steinbeck, § 6 Rn. 63; *Neuhaus* MDR 2010, 1360, 1361 f.
62 BGH VersR 1991, 575, 576; VersR 1990, 1002, 1003; BK/*Voit*, § 16 Rn. 28; R/L/*Langheid*, § 19 Rn. 74.
63 So auch B/M/*Rolfs*, § 19 Rn. 34; Staudinger/Halm/Wendt/*Pilz/Gramse*, § 19 Rn. 38; *Looschelders* VersR 2011, 697, 698; speziell zur Krankenversicherung *Köther* VersR 2016, 831, 833.
64 So auch P/M/*Armbrüster*, § 19 Rn. 55; PK/*Härle*, § 19 Rn. 25; *Wandt*, Rn. 822; *Schimikowski* r+s 2009, 353, 354; *Looschelders* VersR 2011, 697, 698; a.A. L/W/*Langheid*, § 19 Rn. 67.
65 Vgl. BGH VersR 1996, 1529; NJW-RR 1994, 1049; VersR 1991, 575; OLG Hamm NVersZ 1999, 74 = VersR 1999, 1226 (LS); L/W/*Langheid*, § 19 Rn. 105.
66 P/M/*Prölss*[27], §§ 16, 17 Rn. 30.
67 So i.E. auch OLG Düsseldorf NVersZ 1999, 443, 444; OLG Frankfurt (Main) r+s 1991, 430, 431; vgl. auch B/M/*Rolfs*, § 19 Rn. 86.
68 L/W/*Langheid*, § 19 Rn. 113; P/M/*Armbrüster*, § 19 Rn. 65.
69 Vgl. MünchKommBGB/*Einsele*, § 126b Rn. 9; R/L/*Langheid*, § 19 Rn. 76; PK/*Härle*, § 19 Rn. 25; *Neuhaus* MDR 2010, 1360, 1362.
70 Für Verzicht auf Nachweis des Herunterladens *Neuhaus*, Berufsunfähigkeitsversicherung, O. Rn. 50.
71 Vgl. allg. MünchKommBGB/*Einsele*, § 126b Rn. 4.
72 *Rixecker* ZfS 2007, 369, 370; *Reusch* VersR 2007, 1313, 1314; VersHb/*Knappmann*, § 14 Rn. 27; P/M/*Armbrüster*, § 19 Rn. 36; einschränkend *Marlow*/Spuhl, Rn. 161; *Lange* r+s 2008, 56, 57.
73 Vgl. OLG Frankfurt (Main) BeckRS 2011, 28322.
74 So auch VersHb/*Knappmann*, § 14 Rn. 28.

vant; die Anzeigepflicht beschränkt sich aber auf die gefahrerheblichen Umstände.[75] Die Anzeigepflicht entfällt nur in Extremfällen, in denen die Fragen »völlig nichtssagend« oder »schlicht unverständlich« sind.[76]

d) Auslegung der Fragen

Die **Auslegung von Formularfragen** richtet sich nach den gleichen Grundsätzen wie die Auslegung von AVB (dazu Einl. B Rdn. 9).[77] Maßgeblich ist also das Verständnis eines durchschnittlichen Antragstellers.[78] Bei den Personenversicherungen kann man sich regelmäßig am Leitbild eines verständigen VN ohne versicherungsrechtliche Spezialkenntnisse orientieren.[79] Die Fragen sind dabei grundsätzlich **eng auszulegen**;[80] Unklarheiten gehen zu Lasten des Versicherers.[81] So hat das OLG Saarbrücken die Auffassung vertreten, der VN müsse einen Alkoholmissbrauch bei Fehlen einer konkreten Frage nicht ohne weiteres als »Krankheit, Beschwerde oder Störung« angeben.[82] Fragt der Versicherer nach »angeratenen Operationen«, so muss der VN nicht auch solche Operationen anzeigen, deren Durchführung der Arzt nicht aus medizinischen Gründen empfohlen, sondern in das Belieben des VN gestellt hat.[83] Auf die Frage nach Krankenhausbehandlungen müssen keine stationären Untersuchungen zur Abklärung einer medizinisch noch nicht gesicherten Diagnose angegeben werden.[84] Die Frage nach bestehenden anderweitigen Berufsunfähigkeitsversicherungen ist nach Ansicht des OLG Hamm nicht dahingehend zu verstehen, dass er auch anderweitig beantragte Berufsunfähigkeitsversicherungen anzeigen muss.[85] Fragt der Versicherer im Antragsformular zunächst nach ärztlichen Behandlungen in den letzten fünf Jahren und im unmittelbaren Anschluss daran nach Krankheiten und Gesundheitsstörungen, so darf der VN davon ausgehen, dass sich diese zweite Frage ebenfalls nur auf die letzten fünf Jahre vor Antragstellung bezieht.[86] In all diesen Fällen fehlt es bereits an einer tatbestandlichen Anzeigepflichtverletzung.[87] Wird der nicht angezeigte Umstand nach dem Verständnis des durchschnittlichen VN von der Frage erfasst, kann ein mögliches Missverständnis des betroffenen VN dagegen nur noch bei der Frage des Verschuldens (dazu unten Rdn. 58 f.) berücksichtigt werden.[88]

24

Besondere Probleme bereitet die Verwendung von **unbestimmten und wertungsbedürftigen Begriffen** in den Fragekatalogen. So hat das OLG Oldenburg die Frage nach der »gewohnheitsmäßigen« Einnahme von Medikamenten, Alkohol und Drogen als unklar qualifiziert, weil der Begriff »gewohnheitsmäßig« nicht eindeutig definierbar sei.[89] In diesem Zusammenhang sind zwei Aspekte zu unterscheiden. Unbestimmte Begriffe können schon wegen der **unklaren begrifflichen Grenzen** große Auslegungsschwierigkeiten bereiten. Sie enthalten aber regelmäßig einen Kern, bei dem die Subsumtion eindeutig ist. Die Schwierigkeiten beschränken sich damit auf den Begriffshof. Hier muss dem VN ein gewisser Beurteilungsspielraum zugebilligt werden, innerhalb dessen eine Verletzung der Anzeigepflicht zu verneinen ist.[90] Die Frage nach dem »gewohnheitsmäßigen« Konsum von Medikamenten, Alkohol und Drogen impliziert darüber hinaus ein **negatives Werturteil**. Der Nachvollzug dieses Werturteils kann vom VN nur in eindeutigen Fällen erwartet werden;[91] selbst dann wird bei einer abweichenden Einschätzung oft zumindest kein grobes Verschulden vorliegen. Der Versicherer sollte daher den Rückgriff auf wertungsbedürftige Begriffe im eigenen Interesse möglichst vermeiden (z.B. »regelmäßig« statt »gewohnheitsmäßig«).

25

2. Erhebliche Gefahrumstände

a) Objektive Gefahrerheblichkeit

Die Anzeigepflicht des VN beschränkt sich unabhängig von der konkreten Frage auf solche Gefahrumstände, die für die Vertragsentscheidung des Versicherers erheblich sind. Nach der Gesetzesbegründung kommt es da-

26

---

75 Vgl. P/M/*Armbrüster*, § 19 Rn. 38; B/M/*Rolfs*, § 19 Rn. 29; L/W/*Langheid*, § 19 Rn. 55; *Armbrüster*, Rn. 802; *Marlow/Spuhl*, Rn. 163.
76 P/M/*Armbrüster*, § 19 Rn. 36, 41; VersHb/*Knappmann*, § 14 Rn. 34.
77 BK/*Voit*, § 16 Rn. 31; PK/*Härle*, § 19 Rn. 26; P/M/*Armbrüster*, § 19 Rn. 41; *Neuhaus*, Berufsunfähigkeitsversicherung, O. Rn. 62; *Römer* r+s 1998, 45, 46.
78 BGH VersR 1983, 850; OLG Hamm r+s 1993, 351.
79 BGH VersR 1982, 841.
80 PK/*Härle*, § 19 Rn. 27; VersHb/*Knappmann*, § 14 Rn. 34.
81 BK/*Voit*, § 16 Rn. 31; P/M/*Armbrüster*, § 19 Rn. 41.
82 OLG Saarbrücken VersR 2007, 193; vgl. auch OLG Düsseldorf r+s 1997, 475.
83 OLG Hamm VersR 1996, 441, 442.
84 BGH VersR 1990, 1382.
85 OLG Hamm VersR 1993, 1135.
86 OLG Oldenburg VersR 1998, 835; PK/*Härle*, § 19 Rn. 87; R/L/*Langheid*, § 19 Rn. 30.
87 R/L/*Langheid*, § 19 Rn. 75.
88 BK/*Voit*, § 16 Rn. 34; VersHb/*Knappmann*, § 14 Rn. 29.
89 OLG Oldenburg VersR 1994, 1169; zustimmend *Karczewski* r+s 2012, 521, 523; krit. BK/*Voit*, § 16 Rn. 32; L/W/*Langheid*, § 19 Rn. 108; R/L/*Langheid*, § 19 Rn. 75.
90 So auch P/M/*Armbrüster*, § 19 Rn. 44; *Looschelders* VersR 2011, 697, 698.
91 *Looschelders* VersR 2011, 697, 698; ähnlich BK/*Voit*, § 16 Rn. 33; weiter einschränkend PK/*Härle*, § 19 Rn. 43 und VersHb/*Knappmann*, § 14 Rn. 33, wonach Fragen, die dem VN Wertungen abverlangen, generell unzulässig sind.

bei nicht allein auf die Erheblichkeit des Umstands aus Sicht des **konkreten Versicherers** an; der Umstand muss vielmehr auch **objektiv** gefahrerheblich sein.[92] Diese Voraussetzung sei in der Regel zu verneinen, wenn sich die Nachfrage auf einen sehr lange zurückliegenden Zeitraum beziehe. Zur Konkretisierung wird auf die Sicht eines Versicherers mit **durchschnittlich strenger Risikoprüfung** abgestellt.[93] Letztlich kann es bei der objektiven Gefahrerheblichkeit aber nicht darum gehen, die Risikoprüfung auf einen durchschnittlichen Umfang zu begrenzen. Die objektive Gefahrerheblichkeit ist daher nur zu verneinen, wenn der betreffende Umstand unter keinem Aspekt geeignet ist, die Vertragsentscheidung eines **verständigen Versicherers** zu beeinflussen.[94] Die praktische Bedeutung der Problematik ist allerdings gering, weil sich die Versicherer i.d.R. ohnehin an die Grundsätze einer risikoadäquaten Prämienkalkulation halten.[95]

27 Probleme können sich allerdings dann ergeben, wenn die Berücksichtigung eines bestimmten Merkmals aus rechtlichen Gründen – etwa nach dem **AGG** – unzulässig ist. So dürfen nach § 20 II 1 AGG die Kosten von Schwangerschaft und Entbindung bei der Prämienkalkulation nicht berücksichtigt werden (Einl. A Rdn. 45); eine Rechtfertigung ist insoweit nicht möglich.[96] Bei den betreffenden Merkmalen handelt es sich damit um keine gefahrerheblichen Umstände.[97] Dies hat zur Folge, dass die Antragstellerin die Frage nach dem Bestehen einer **Schwangerschaft** nicht zu beantworten braucht. Bei unrichtiger Antwort kann der Versicherer nach dem Schutzweck des § 20 II 1 AGG weder nach § 21 II vom Vertrag zurücktreten noch den Vertrag nach § 123 BGB, § 22 wegen arglistiger Täuschung anfechten. Das Gleiche gilt aufgrund der Entscheidung des EuGH in der Rechtssache Test-Achats[98] (dazu Einl. A Rdn. 43) seit Ablauf der Übergangsfrist am 21.12.2012 für Fragen nach dem **Geschlecht**.[99] Die Frage nach einer **Behinderung** ist im Rahmen des § 19 I 1 nur relevant, wenn sich die Berücksichtigung dieses Merkmals mit den anerkannten Prinzipien risikoadäquater Kalkulation rechtfertigen lässt (vgl. Einl. A Rdn. 47).[100] Zu **Homosexualität** und **Transsexualität** Einl. A Rdn. 49.

28 In der Literatur wird teilweise die Auffassung vertreten, dass es dem Versicherer mit Rücksicht auf den **nemo-tenetur-Grundsatz** grundsätzlich verwehrt sei, den VN nach unentdeckten Straftaten zu fragen.[101] Dieser Auffassung ist entgegenzuhalten, dass der nemo-tenetur-Grundsatz zunächst nur im Strafrecht gilt und nicht uneingeschränkt auf das Zivilrecht übertragen werden kann.[102] Bei der vorvertraglichen Anzeigepflicht kommt es insbesondere darauf an, welche Bedeutung die in Frage stehende Straftat für die Risikoprüfung des Versicherers hat.[103] Betrifft die Frage nach Straftaten einen gefahrerheblichen Umstand, so hat der Versicherer grundsätzlich ein berechtigtes Interesse an der Offenbarung. Der VN kann sich dagegen dem Zwang zur Offenbarung der Straftat dadurch entziehen, dass er auf den Abschluss des Versicherungsvertrages verzichtet. Es ist daher davon auszugehen, dass das Offenbarungsinteresse des Versicherers in der Regel überwiegt.[104] Bei Fehlen einer diesbezüglichen Frage des Versicherers kommt eine spontane Anzeigepflicht des VN in Bezug auf Straftaten indes nur unter engen Voraussetzungen in Betracht (§ 22 Rdn. 8).

b) Subjektive Gefahrerheblichkeit

29 In **subjektiver** Hinsicht hängt die Erheblichkeit davon ab, ob der **konkrete Versicherer** den Vertrag bei Kenntnis der Umstände nicht oder mit einem anderen Inhalt geschlossen hätte. Dabei kommt es maßgeblich darauf an, von welchen Grundsätzen sich der Versicherer bei der Risikoprüfung leiten lässt.[105] Diese Grundsätze muss der Versicherer im Prozess darlegen und gegebenenfalls beweisen.[106]

30 Nach der Rechtsprechung zu § 16 a.F. kam es für die Gefahrerheblichkeit nicht darauf an, ob der Versicherer die konkreten Umstände tatsächlich im Hinblick auf den Deckungsumfang oder die Prämienkalkulation be-

---

92 Begr. RegE BT-Drucks. 16/3945 S. 64; vgl. auch HK-VVG/*Schimikowski*; § 19 Rn. 17; PK/*Härle*, § 19 Rn. 84; *Wandt*, Rn. 823; *Neuhaus* r+s 2008, 45, 47.
93 So *Neuhaus* r+s 2008, 45, 47; *ders.*, Berufsunfähigkeitsversicherung, O. Rn. 23.
94 Vgl. PK/*Härle*, § 19 Rn. 84; ähnlich VersHb/*Knappmann*, § 14 Rn. 16.
95 So ausdrücklich BGH VersR 1984, 629, 630.
96 Vgl. *Karczewski* r+s 2012, 521, 524; unzutreffend AG Hannover VersR 2009, 348.
97 OLG Hamm VersR 2011, 514, 515; P/M/*Armbrüster*, § 19 Rn. 10; VersHb/*Knappmann*, § 14 Rn. 41; *Brand* VersR 2009, 715, 718; *Looschelders* VersR 2011, 697, 699; *Rolfs*, in: FS E. Lorenz, S. 389, 392. Die abweichende Rechtsprechung (LG Düsseldorf VersR 1998, 1408; OLG Düsseldorf NVersZ 1999, 217, 218) ist nach dem Inkrafttreten des AGG überholt.
98 EuGH VersR 2011, 377; näher dazu *Looschelders* VersR 2011, 421, 424 ff.
99 Vgl. *Neuhaus*, Berufsunfähigkeitsversicherung, O. Rn. 66; *Karczewski* r+s 2012, 521, 524.
100 P/M/*Armbrüster*, § 19 Rn. 10; VersHb/*Knappmann*, § 14 Rn. 40; *Karczewski* r+s 2012, 521, 524.
101 So PK/*Härle*, § 19 Rn. 45; *Brand* VersR 2009, 715, 717.
102 Vgl. *Metz* VersR 2010, 1065 ff.; ausführlich zur Reichweite des nemo-tenetur-Grundsatzes im Versicherungsrecht *Bartholomäi*, S. 188 ff.
103 OLG Celle VersR 2008, 1532, 1535; LG Köln VersR 2009, 1488, 1490 m. Anm. *Thiel*.
104 So auch *Looschelders* VersR 2011, 697, 700; *Bartholomäi*, S. 192 ff.
105 BGH VersR 2000, 1486; B/M/*Rolfs*, § 19 Rn. 64; L/W/*Langheid*, § 19 Rn. 64; P/M/*Armbrüster*, § 19 Rn. 5; R/L/*Langheid*, § 19 Rn. 27.
106 *Bruns*, § 8 Rn. 16.

rücksichtigt hätte; die Geschäftsgrundsätze des Versicherers mussten bloß **Anhaltspunkte** dafür bieten, dass Umstände der fraglichen Art für seinen Entschluss bedeutsam sind.[107] Anknüpfungspunkt war die Formulierung des § 16 I 2 a.F., wonach die Gefahrumstände lediglich »geeignet« sein mussten, den Entschluss des Versicherers zu beeinflussen. Demgegenüber stellt § 19 I 1 auf die Erheblichkeit der Gefahrumstände für den Entschluss des Versicherers ab. Dies deutet darauf hin, dass die Anforderungen verschärft worden sind. Hierfür spricht auch das systematische Argument, dass die Rechtsfolgen der Anzeigepflichtverletzung davon abhängen, ob der Versicherer den Vertrag bei Kenntnis der Umstände überhaupt nicht oder zu anderen Bedingungen geschlossen hätte. Spätestens in diesem Zusammenhang muss also festgestellt werden, welche Entscheidung der Versicherer bei Kenntnis der betreffenden Umstände **tatsächlich** getroffen hätte.[108]

Nach § 16 I 3 a.F. bestand die **Vermutung**, dass ein vom Versicherer ausdrücklich und schriftlich erfragter 31
Umstand im Zweifel für seine Entscheidung erheblich ist.[109] Nachdem diese Regelung bei der Reform entfallen ist, kommt eine Beweislastumkehr nicht mehr in Betracht.[110] Die Frage kann aber als Indiz für die Gefahrerheblichkeit herangezogen werden.[111]

c) Beispiele

Nach der Rechtsprechung ist die **Gefahrerheblichkeit** trotz einer entsprechenden Frage des Versicherers 32
zweifelhaft, wenn die betreffende Gesundheitsstörung offenkundig als leicht einzuordnen ist, keine längere Behandlung erfordert hat und nicht wiederholt aufgetreten ist.[112] Dies gilt insbesondere für gewöhnliche Sportverletzungen einschließlich einer infolge einer Sportverletzung erstmals aufgetretenen Lumbalgie[113], aber auch für erstmalige Rückenbeschwerden, die nach einer kurzen Behandlung durch Massagen keine weiteren ärztlichen Maßnahmen erfordern.[114] Erhöhte Cholesterinwerte sind jedenfalls dann nicht automatisch als gefahrerheblich anzusehen, wenn nicht auszuschließen ist, dass die Werte nur ganz geringfügig über den Normalwerten lagen.[115] Bei Arztbesuchen kann die Gefahrerheblichkeit zweifelhaft sein, wenn die zugrunde liegenden Beschwerden nicht sehr schwer wiegen (z.B. Schlafstörungen, Müdigkeit) und der Arzt sie auf Arbeitsüberlastung und fehlenden körperlichen Ausgleich, nicht aber auf eine Erkrankung zurückgeführt hat.[116] Desgleichen ist ein früherer Krankenhausaufenthalt in der Krankenversicherung nicht ohne weiteres als gefahrerheblich anzusehen; entscheidend sind vielmehr die Begleitumstände und die Schwere der Erkrankung.[117]

Zweifel an der Gefahrerheblichkeit bestehen auch bei **lange zurückliegenden Krankheiten**, sofern diese voll- 33
ständig ausgeheilt sind. Die formularmäßigen Gesundheitsfragen beschränken sich daher im Allgemeinen auf einen Zeitraum von fünf oder zehn Jahren vor Antragstellung.[118] Auf der anderen Seite können aber auch länger zurückliegende gesundheitliche Störungen für die Vertragsentscheidung des Versicherers von Bedeutung sein, wenn sie auf gesundheitliche Anlagen und Dispositionen oder verborgene Risiken hindeuten.[119] Auch hier kann die objektive oder subjektive Gefahrrelevanz also nicht von vornherein verneint werden.

In anderen Fällen liegt die Gefahrerheblichkeit auf der Hand. Beispiele aus dem Bereich der **Lebensversiche-** 34
rung sind eine koronare Herzerkrankung mit Herzinfarkt und Herzinsuffizienz[120], Adipositas mit Bluthochdruck und einem drastisch erhöhten Risiko für Herzkreislauferkrankungen[121] oder eine Leberschädigung aufgrund von Alkoholmissbrauch[122]. Der Verdacht eines hochgradigen Wirbelsäulenleidens ist bei der Lebensversicherung nicht ohne weiteres relevant, wohl aber bei der **Berufsunfähigkeitsversicherung**.[123] Dort ist auch eine langjährig festgestellte und behandlungsbedürftige Erhöhung der Leberwerte regelmäßig gefahrerheblich.[124] Im Bereich der **Krankenversicherung** sind krankhafte Veränderungen der Wirbelsäule und

---

107 OLG Köln r+s 1995, 242, 243; OLG Saarbrücken VersR 1994, 847, 848; OLG Hamm NJW-RR 1991, 1184; BK/*Voit*, § 16 Rn. 25; P/M/*Prölss*[27], §§ 16, 17 Rn. 7a; hieran anknüpfend zum neuen Recht B/M/*Rolfs*, § 19 Rn. 63; *Neuhaus* r+s 2008, 45, 47.
108 Vgl. VersHb/*Knappmann*, § 14 Rn. 16.
109 Vgl. dazu BGH VersR 1994, 711, 712; VersHb/*Knappmann*, § 14 Rn. 25.
110 *Neuhaus* r+s 2008, 45, 47. Zur Beweislastumkehr nach altem Recht BGH VersR 2000, 1486.
111 Vgl. Begr. RegE BT-Drucks. 16/3945 S. 64; P/M/*Armbrüster*, § 19 Rn. 5; *Neuhaus* r+s 2008, 45, 47; *Karczewski* r+s 2012, 521, 522.
112 BGH VersR 2009, 529, 530; VersR 2000, 1486; r+s 1993, 393; *Karczewski* r+s 2012, 521, 523.
113 BGH VersR 1991, 578.
114 BGH r+s 1993, 393.
115 OLG Köln VersR 1991, 871 (LS).
116 OLG Karlsruhe r+s 2000, 82.
117 BGH VersR 1984, 629.
118 Vgl. *Neuhaus*, Berufsunfähigkeitsversicherung, O. Rn. 25.
119 OLG Saarbrücken VersR 2007, 193; *Neuhaus* MDR 2010, 1360, 1361.
120 OLG Karlsruhe r+s 1997, 38.
121 OLG Saarbrücken VersR 2007, 193; OLG Karlsruhe NVersZ 2002, 499.
122 BGH VersR 1990, 297.
123 OLG Düsseldorf VersR 2001, 1408; vgl. auch OLG Koblenz NVersZ 1999, 125.
124 BGH VersR 1994, 711, 712.

wiederholte Lumbagoanfälle ebenfalls als gefahrrelevant anzusehen;[125] das Gleiche gilt für akute schwere Atemnot,[126] Bluthochdruck[127] oder insulinpflichtige Diabetes mellitus.[128] Bei wiederholt diagnostizierter Erhöhung der Leberwerte kommt es im Allgemeinen nicht darauf an, ob der Arzt eine medikamentöse Behandlung für erforderlich hält.[129] Die Gefahrerheblichkeit fehlt bei Krankheiten oder Beschwerden, die fast jeden Menschen von Zeit zu Zeit befallen und nach der Lebenserfahrung in kurzer Zeit ohne Folgen wieder vorübergehen.[130] Bei der **Gebäudeversicherung** ist die Art der Nutzung gefahrerheblich.[131] Das Gleiche gilt für den Umstand, dass der Eigentümer des Gebäudes wegen Brandstiftung eine Freiheitsstrafe verbüßt hat.[132]

35 Die Anzeigepflicht erfasst bei entsprechenden Fragen auch solche Umstände, die für die Einschätzung des **subjektiven Risikos** relevant sind. Dazu können z.B. Vorverträge und Vorschäden sowie die Ablehnung früherer Anträge durch andere Versicherer gehören.[133] Hat der VN einen Betrieb neu errichtet, so muss er die Frage nach Vorschäden und Vorverträgen aber nicht notwendig auch auf Schäden oder Verträge beziehen, die einen früheren, anderen Betrieb betroffen haben.[134]

d) Sonderfall: Genetische Defekte

36 Ob genetische Defekte unter die vorvertragliche Anzeigepflicht des VN fallen können, war lange umstritten.[135] Dabei ging zunächst vor allem darum, ob eine Anzeigepflicht mit Rücksicht auf das **Grundrecht auf informationelle Selbstbestimmung** (Art. 1 I, 2 I GG) auszuschließen ist. Diese Frage wird heute überwiegend verneint. Dabei wird auf die Probleme der Antiselektion und der Informationsasymmetrie hingewiesen.[136] Der Versicherer wäre damit aus verfassungsrechtlichen Gründen nicht gehindert, den VN zur Offenbarung eines schon durchgeführten Gentests zu verpflichten.[137] Demgegenüber wäre der Versicherer aus verfassungsrechtlicher Sicht – Recht des VN auf **Nichtwissen** – grundsätzlich gehindert, den Abschluss eines Versicherungsvertrages von der Durchführung eines Gentests abhängig zu machen.[138]

37 Für die Praxis wurde das Problem dadurch entschärft, dass die Mitgliedsunternehmen des GDV sich in einer »**Freiwilligen Selbstverpflichtungserklärung**« vom 25.10.2001 bereit erklärt hatten, bis zum 31.12.2011 auf die Durchführung und Nutzung von prädiktiven Gentests im Rahmen der Risikoprüfung zu verzichten. Eine Ausnahme sollte nur bei sehr hohen Versicherungssummen (über 250.000 € in der Lebensversicherung und Jahresrenten von über 30.000 € in der Berufsunfähigkeits-, Erwerbsunfähigkeits- und Pflegerentenversicherung) gelten.[139] Soweit diese Selbstverpflichtung reichte, war § 19 abbedungen.[140] Die »Freiwillige Selbstverpflichtungserklärung« galt allerdings nur für **prädiktive Gentests**. Es ging also nur um solche Untersuchungen oder Analysen, mit denen genetische Defekte erkannt werden sollen, die zum späteren Ausbruch einer Krankheit führen können.[141] Die Versicherer waren unter diesem Aspekt also nicht an der Berücksichtigung von bereits aufgetretenen Krankheiten gehindert, die auf einem genetischen Defekt beruhten, aber auf andere Weise (z.B. durch eine Blutuntersuchung) festgestellt worden waren.[142]

38 Seit dem 01.02.2010 ist die Problematik nunmehr im **Gendiagnostikgesetz** vom 31.07.2009 (GenDG)[143] ausdrücklich geregelt.[144] § 18 I 1 Nr. 1 GenDG sieht vor, dass die Versicherer weder vor noch nach Abschluss eines Versicherungsvertrages die Durchführung einer genetischen Untersuchung oder Analyse verlangen dürfen. Nach § 18 I 1 Nr. 2 GenDG sind sie außerdem gehindert, die Mitteilung von Ergebnissen und Daten aus

---

125 OLG Naumburg VersR 2001, 222; OLG Hamm r+s 1991, 104.
126 OLG Schleswig VersR 2000, 716.
127 LG Chemnitz r+s 2000, 225.
128 OLG Karlsruhe VersR 1990, 76 (LS).
129 OLG Düsseldorf VersR 2003, 977 (LS) = r+s 2003, 205; anders bei erstmaliger Diagnose OLG Koblenz VersR 2002, 428 (LS) = NVersZ 2001, 413.
130 H.-D. Schmidt VersR 1986, 511, 513.
131 BGH VersR 1989, 398 (Nutzung als Bordell).
132 BGH VersR 1991, 1404.
133 Vgl. OLG Hamm VersR 1999, 1265; r+s 1993, 351; P/M/*Armbrüster*, § 19 Rn. 3; L/W/*Langheid*, § 19 Rn. 81; R/L/*Langheid*, § 19 Rn. 33.
134 OLG Hamm r+s 1993, 355.
135 Zur älteren Literatur P/M/*Prölss*[27], §§ 16, 17 Rn. 8a ff. m.w.N.
136 Vgl. B/M/*Rolfs*, § 19 Rn. 47; R/L/*Langheid*, § 19 Rn. 13.
137 So etwa VersHb/*Knappmann*, § 14 Rn. 36; *Brand* VersR 2009, 715, 718; *E. Lorenz* VersR 1999, 1309, 1309 ff.; *Berberich*, S. 202, 394; *Kubiak*, S. 65 ff.; *Kaldenbach*, S. 157 ff.
138 Näher dazu VersHb/*Knappmann*, § 14 Rn. 36; *Bartholomäi*, S. 248 f.
139 Vgl. VersHb/*Knappmann*, § 14 Rn. 37; ausführlich dazu *Bartholomäi*, S. 232 ff.; *Kubiak*, S. 126 ff.
140 *Kubiak*, S. 131; *Bartholomäi*, S. 232.
141 *Kubiak*, S. 128.
142 OLG Hamm VersR 2008, 773, 774; OLG Saarbrücken VersR 2012, 557, 558; *Neuhaus*, Berufsunfähigkeitsversicherung, C. Rn. 50; *Kubiak* VersR 2007, 636, 637; a.A. LG Bielefeld VersR 2007, 636; B/M/*Rolfs*, § 19 Rn. 48.
143 BGBl. I, 2529.
144 Ausführlich dazu *Präve* VersR 2009, 857 ff.; *Genenger* NJW 2010, 113, 116; *Lensing* VuR 2009, 411 ff.; *Ziegler/Ziegler* ZVersWiss 2011, 29 ff.; *Bartholomäi*, S. 234 ff.

bereits vorgenommenen Untersuchungen oder Analysen zu verlangen oder solche Ergebnisse oder Daten entgegenzunehmen oder zu verwenden. Das letztere Verbot gilt allerdings nicht für Personenversicherungen, bei denen besonders hohe Versicherungssummen (Leistungen von mehr als 300.000 € oder mehr als 30.000 € Jahresrente) vereinbart sind (§ 18 I 2 GenDG). Die strengere Handhabung der Offenbarungspflicht für die Ergebnisse durchgeführter Untersuchungen oder Analysen beruht darauf, dass das Recht des VN auf Nichtwissen in diesen Fällen nicht betroffen ist; außerdem sind die Missbrauchsrisiken gerade bei hohen Versicherungssummen wesentlich größer.[145] Die Anzeigepflicht für Vorerkrankungen und Erkrankungen wird durch das GenDG nicht in Frage gestellt (§ 18 II GenDG). Die Versicherer sind damit auch bei »normalen« Versicherungssummen nicht an der Berücksichtigung von bereits aufgetretenen Krankheiten gehindert, die auf einem genetischen Defekt beruhen. Dabei kommt es nicht darauf an, ob die Krankheit durch eine genetische Untersuchung oder auf andere Weise festgestellt worden ist.[146] Ebenso wie die freiwillige Selbstverpflichtungserklärung gelten nämlich auch die Einschränkungen der Anzeigepflicht nach § 18 GenDG nicht für **diagnostische Gentests** zur Aufklärung bestimmter Krankheitsbilder.[147] Fragen nach genetisch bedingten Krankheiten im Rahmen der **Familienanamnese** sind ebenfalls nicht erfasst.[148]

3. Dem VN bekannte Umstände

a) Notwendigkeit positiver Kenntnis

Die Anzeigepflicht beschränkt sich auf solche Umstände, die dem VN im maßgeblichen Zeitpunkt bekannt 39 sind. Erforderlich ist positive Kenntnis. Grob fahrlässige Unkenntnis – etwa wegen des Unterlassens von nahe liegenden Erkundigungen – schadet dem VN also nicht.[149] Dies lässt sich damit erklären, dass den VN grundsätzlich **keine Kenntnisverschaffungspflicht** trifft. Positive Kenntnis liegt allerdings nicht nur in Bezug auf das aktuelle, jederzeit verfügbare Wissen vor. Es genügt, wenn sich der VN des fraglichen Umstands bei gehöriger Anspannung seines Gedächtnisses bewusst werden kann.[150] Der VN kann sich also nicht damit entlasten, er habe an den Umstand gerade nicht gedacht. Hat der VN den Umstand in dem Sinne »**vergessen**«, dass er ihn aktuell nicht mehr in sein Bewusstsein zurückrufen kann, so ist aber keine positive Kenntnis gegeben.[151] Verfügt der VN über eine arbeitsteilige Organisation, so muss er auch das dort vorhandene Wissen abrufen.[152] Daneben kommt eine Wissenszurechnung (dazu Rdn. 42 ff.) in Betracht.

Die Kenntnis des VN muss sich gerade auf den gefahrerheblichen Umstand beziehen, nach dem der Versicherer gefragt hat. Bezieht sich die Frage auf »Krankheiten«, so genügt daher im Fall des **Alkoholmissbrauchs** nicht das Wissen, regelmäßig in größeren Mengen Alkohol zu trinken. Der VN muss sich vielmehr bewusst sein, dass sein Verhalten Krankheitswert hat. Dieses Bewusstsein wird aber bei Alkoholkranken häufig fehlen.[153] Die Kenntnis von einer Krankheit ist auch dann zu verneinen, wenn der VN die aufgetretenen Symptome auf andere Ursachen zurückführt[154] oder sich des Krankheitswerts seiner Beschwerden aus sonstigen Gründen nicht bewusst ist; letzteres kommt namentlich bei **psychischen Störungen** in Betracht.[155] Dass der VN die genaue Diagnose kennt, ist aber nicht erforderlich.[156]

Nach § 16 II 2 a.F. kam eine Verletzung der Anzeigepflicht auch dann in Betracht, wenn sich der VN der 41 **Kenntnis arglistig entzogen** hatte. Im neuen Recht findet sich keine entsprechende Vorschrift mehr. Die Gleichsetzung von positiver Kenntnis und arglistigem Sich-Entziehen der Kenntnis ergibt sich jedoch aus allgemeinen Grundsätzen. Wenn der VN gleichsam »Augen und Ohren verschließt«[157], um einen bestimmten gefahrerheblichen Umstand nicht zur Kenntnis nehmen zu müssen, dessen Existenz er für möglich hält, so ist er nämlich nach **Treu und Glauben** (§ 242 BGB) gehindert, sich im Nachhinein auf seine Unkenntnis zu berufen.

---

145 Vgl. Begr. RegE BT-Drucks. 16/10532 S. 36; *Bartholomäi*, S. 246.
146 Vgl. Begr. RegE BT-Drucks. 16/3233 S. 44; VersHb/*Knappmann*, § 14 Rn. 39; *Looschelders* VersR 2011, 697, 700; *Rolfs*, in: FS E. Lorenz, S. 389, 394.
147 OLG Saarbrücken VersR 2012, 557; *Karczewski* r+s 2012, 521, 524 f.; *Neuhaus* ZfS 2013, 64, 65; *Rolfs*, in: FS E. Lorenz, 2014, S. 389, 394.
148 Vgl. Staudinger/Halm/Wendt/*Pilz/Gramse*, § 19 Rn. 51; *Looschelders* VersR 2011, 697, 700.
149 BGH VersR 2009, 529; VersR 1994, 799, 800; VersR 1994, 711, 712; VersR 1984, 884; VersR 1983, 25; P/M/*Armbrüster*, § 19 Rn. 26; PK/*Härle*, § 19 Rn. 91.
150 BGH VersR 2009, 529, 530; P/M/*Armbrüster*, § 19 Rn. 26; L/W/*Langheid*, § 19 Rn. 60.
151 OLG Oldenburg VersR 1992, 434; LG Bielefeld VersR 2007, 636, 638; PK/*Härle*, § 19 Rn. 91; *Knappmann* r+s 1996, 81, 82; ausführlich dazu *Neuhaus* r+s 2011, 273 ff.
152 VersHb/*Knappmann*, § 14 Rn. 45; BK/*Voit*, § 16 Rn. 53.
153 Vgl. OLG Saarbrücken VersR 2007, 193; OLG Hamm r+s 1988, 311 (LS); vgl. aber auch OLG Hamm VersR 2008, 477, 478 (Bewusstsein der Sucht bejaht).
154 OLG Hamm VersR 1993, 956, 957.
155 OLG Brandenburg VersR 2010, 1301, 1302; OLG Saarbrücken VersR 2004, 1444, 1445.
156 P/M/*Armbrüster*, § 19 Rn. 28.
157 BK/*Voit*, § 16 Rn. 57; zum neuen Recht B/M/*Rolfs*, § 19 Rn. 55; VersHb/*Knappmann*, § 14 Rn. 57; P/M/*Armbrüster*, § 19 Rn. 29.

b) Wissenszurechnung

42 Nach dem Wortlaut des § 19 I 1 kommt es grundsätzlich auf das **Wissen des VN** selbst an. Bei der **Versicherung für fremde Rechnung** ist auch das Wissen des Versicherten maßgeblich (§ 47). Das Gleiche gilt bei der Lebens- und Krankenversicherung für das Wissen der versicherten Person (§§ 156, 193 II). Bei **gesetzlicher Vertretung** kommt es nach der Grundregel des § 166 I BGB allein auf das Wissen des Vertreters an (vgl. § 20 Rdn. 1).[158] Hat das für die Vertretung einer **juristischen Person** oder einer **Personengesellschaft**[159] zuständige Organ (z.B. Vorstand) mehrere Mitglieder, so muss die juristische Person bzw. die Gesellschaft sich nach h.M. das Wissen jedes Organmitgliedes zurechnen lassen, und zwar unabhängig davon, ob der Betreffende an dem Vertragsschluss mitgewirkt oder auch nur davon gewusst hat. Das soll auch dann gelten, wenn der Betreffende bereits aus dem Vertretungsorgan ausgeschieden oder verstorben ist.[160] In neuerer Zeit werden diese Grundsätze aber meist auf den Fall beschränkt, dass das in Frage stehende Wissen typischerweise aktenkundig gemacht oder gespeichert wird.[161] Bei lange zurückliegenden Vorgängen wird außerdem ein besonderer Anlass gefordert, in der konkreten Situation auf den Inhalt der Akten bzw. des Speichers zurückzugreifen.[162] Bei **rechtsgeschäftlicher Vertretung** gilt § 20. Maßgeblich ist also sowohl das Wissen des VN als auch das Wissen des Vertreters (vgl. § 20 Rdn. 5).

43 Die Zurechnung des **Wissens Dritter** richtet sich nach den Grundsätzen über die **Wissensvertretung**.[163] Voraussetzung ist, dass der Dritte vom VN in nicht ganz untergeordneter Stellung damit betraut ist, rechtserhebliche Tatsachen für ihn zur Kenntnis zu nehmen.[164] In neueren Entscheidungen wird auch darauf abgestellt, ob der Dritte nach der Arbeitsorganisation des Geschäftsherrn dazu berufen ist, im Rechtsverkehr für ihn in eigener Verantwortung bestimmte Aufgaben zu erledigen und die dabei anfallenden Informationen zur Kenntnis zu nehmen und weiterzuleiten.[165] Bei genauerer Betrachtung zeigt sich, dass zwischen beiden Definitionen keine inhaltlichen Unterschiede bestehen. Die zweite Formel passt aber besser auf betriebliche Verhältnisse, weil es dort meist nicht auf die konkrete Betrauung mit einer Aufgabe, sondern auf die faktisch-organisatorische Zuständigkeit ankommt.[166] Aus der Stellung des Dritten in der betrieblichen Organisation kann hier aber abgeleitet werden, dass er konkludent mit der betreffenden Aufgabe betraut worden ist. Als Rechtsgrundlage für die Zurechnung bietet sich eine **Analogie zu den §§ 164 III, 166 I BGB** an.[167] Das Wissen seines Wissenserklärungsvertreters wird dem VN entsprechend § 166 I BGB zugerechnet, ohne dass es auf die Voraussetzungen der Wissensvertretung ankommt (vgl. oben Rdn. 13 ff.).

44 Kenntnisse bloßer **Verhandlungsgehilfen** sind dem VN im Rahmen des § 19 I 1 nicht zurechenbar. Der Verhandlungsgehilfe des VN ist allerdings im Regelfall kein Dritter i.S.d. § 123 II BGB. Bei einer Anfechtung des Vertrags durch den Versicherer wegen arglistiger Täuschung (§ 22 i.V.m. § 123 BGB) muss sich der VN daher das Verschulden seines Verhandlungsgehilfen nach § 278 BGB zurechnen lassen (vgl. § 22 Rdn. 16).[168]

III. Empfänger der Anzeige

45 Die Anzeige hat nach § 19 I 1 gegenüber dem Versicherer zu erfolgen. Bei Anzeigen an den **Versicherungsvertreter** (§ 59 II) kommt es auf die Empfangszuständigkeit an. Diese beurteilt sich grundsätzlich nach § 164 III BGB analog.[169] Nach § 69 I Nr. 1 gilt der Versicherungsvertreter aber unabhängig davon als bevollmächtigt, die vor Vertragsschluss abzugebenden Anzeigen und sonstigen Erklärungen entgegenzunehmen. Die Vorschrift bestätigt die **Auge- und Ohr-Rechtsprechung** des BGH.[170] Der VN erfüllt seine Anzeigepflicht auch dann ordnungsgemäß, wenn er den Versicherungsvertreter mündlich über den betreffenden Umstand informiert und dieser die Angaben weder in den Fragenbogen einträgt noch sonst an den Versicherer weiterleitet[171]. Dabei kommt es nicht darauf an, ob der Versicherungsagent Abschlussvollmacht hat oder als bloßer

---

158 B/M/*Rolfs*, § 20 Rn. 8; BK/*Beckmann*, § 19 Rn. 3; P/M/*Armbrüster*, § 20 Rn. 2; a.A. L/W/*Muschner*, § 20 Rn. 3.
159 Zur Gleichstellung von juristischen Personen und Personengesellschaften bei der Wissenszurechnung Münch-KommBGB/*Schramm*, § 166 Rn. 21. P/M/*Armbrüster*, § 28 Rn. 146; a.A BGH NJW 1995, 2159, 2160.
160 BGH NJW-RR 2002, 978, 982; NJW 1996, 1205, 1206; NJW 1995, 2159, 2160.
161 Vgl. BGHZ 132, 30, 35 ff.; P/M/*Armbrüster*, § 28 Rn. 134, 143; MünchKommBGB/*Schramm*, § 166 Rn. 24; *Winterling/Harzenetter* VW 2007, 1792, 1793.
162 BGHZ 132, 30, 39.
163 P/M/*Armbrüster*, § 19 Rn. 63; allg. dazu VersHb/*Looschelders*, § 17 Rn. 116 ff.
164 BGH VersR 1971, 538, 539; OLG Hamm VersR 1995, 1437, 1438.
165 BGH VersR 2000, 1133, 1134; zum allgemeinen Zivilrecht BGHZ 117, 104, 106 f.; 132, 30, 35 ff.
166 VersHb/*Looschelders*, § 17 Rn. 120; *Bruns*, Wissenszurechnung, S. 169 ff.
167 VersHb/*Looschelders*, § 17 Rn. 126; *Bruns*, Wissenszurechnung, S. 157 f.
168 BGH VersR 1989, 465, 466; r+s 1990, 95 (LS); B/M/*Rolfs*, § 22 Rn. 18; P/M/*Armbrüster*, § 22 Rn. 25.
169 BK/*Voit*, § 16 Rn. 70.
170 Begr. RegE BT-Drucks. 16/3945 S. 77; zur Auge- und Ohr-Rechtsprechung vgl. BGHZ 107, 322, 323; 116, 387, 389; 123, 225, 230 f.; BGH VersR 2011, 337, 339.
171 BGH VersR 2011, 337, 339; Staudinger/Halm/Wendt/*Pilz/Gramse*, § 19 Rn. 77; P/M/*Armbrüster*, § 19 Rn. 68; *Looschelders* VersR 2011, 697, 704.

Vermittler tätig wird. Eine formularmäßige Beschränkung dieser Vertretungsmacht ist nach § 72 ausgeschlossen. Der Gesetzgeber hat auch insoweit die bisherige Rechtsprechung[172] kodifiziert.

Der Versicherer kann die Rechtsfolgen des § 69 I Nr. 1 auch nicht dadurch vermeiden, dass er für die Anzeigen des VN in den AVB die **Schrift- oder Textform** vorschreibt. Nach § 32 Satz 2 sind Schrift- oder Textformklauseln in Bezug auf Anzeigen nach §§ 19 ff. zwar grundsätzlich zulässig. Nach § 72 gilt dies aber gerade nicht für Klauseln, die in Bezug auf Erklärungen des VN gegenüber dem Versicherungsvertreter ein Formerfordernis vorsehen, weil darin eine Beschränkung der dem Versicherungsvertreter zustehenden Vertretungsmacht liegen würde.[173] **46**

Außerhalb des Anwendungsbereichs von § 69 I Nr. 1 stellt sich die Frage, ob dem Versicherer eine mögliche Kenntnis des Versicherungsagenten von den betreffenden Gefahrumständen zurechenbar ist, mit der Folge, dass er wegen der Anzeigepflichtverletzung keine Rechte geltend machen kann (§ 19 V 2). Praktische Bedeutung hat dies vor allem für Fälle, in denen die Kenntnis des Agenten nicht auf den Erklärungen des VN, sondern auf seinen **eigenen Wahrnehmungen** (z.B. vom Gesundheitszustand des VN bei der Aufnahme des Antrags oder von Beschaffenheit und Nutzung des versicherten Gebäudes bei dessen Besichtigung) beruht.[174] § 70 sieht eine solche Wissenszurechnung grundsätzlich vor.[175] Eine Ausnahme gilt nur für den Fall, dass der Agent die Kenntnis außerhalb seiner Tätigkeit als Vertreter und ohne Zusammenhang mit dem betreffenden Versicherungsvertrag – also gleichsam »privat« – erlangt hat (§ 70 Satz 2). Diese Einschränkung betrifft nach neuem Recht nicht mehr nur den Vermittlungsvertreter, sondern auch den Abschlussvertreter.[176] **47**

Bei **kollusivem Zusammenwirken** von VN und Versicherungsvertreter oder **evidentem Missbrauch der Vertretungsmacht** ist die Wissenszurechnung nach allgemeinen Regeln ausgeschlossen.[177] Denn der VN ist in solchen Fällen nicht schutzwürdig. Da der VN im Allgemeinen davon ausgehen darf, dass der Versicherungsvertreter die betreffenden Auskünfte erteilen darf, werden an die Evidenz des Missbrauchs aber strenge Anforderungen gestellt.[178] Davon abgesehen trägt der Versicherer die Beweislast für das kollusive Zusammenwirken bzw. die Evidenz des Missbrauchs.[179] **48**

Bedient sich der Versicherer beim Abschluss des Versicherungsvertrages der Dienste eines **Dritten**, der nicht die Stellung eines Versicherungsvertreters hat, aber auch nicht in vertraglicher Beziehung zum VN steht, so kommt eine entsprechende Anwendung der §§ 69 I Nr. 1, 70 in Betracht.[180] Dies gilt insbesondere dann, wenn der Versicherer dem Dritten seine Antragsformulare zur Verfügung stellt und die von ihm zurückgereichten Anträge ohne weitere Klärung entgegen- bzw. annimmt.[181] Die Anzeige kann auch gegenüber einem **Arzt** erfolgen, den der Versicherer zur Risikoprüfung vor Abschluss des Vertrages damit betraut hat, auf einem von ihm erstellten Fragebogen ein ärztliches Zeugnis anzufertigen.[182] Das Gleiche gilt, wenn sich der Versicherer der **Mitarbeiter einer Bank** bedient, die im Zusammenhang mit einem Kreditantrag des VN über den Versicherungsantrag mitentscheiden.[183] **49**

Da der **Versicherungsmakler** (§ 59 III) nicht »im Lager« des Versicherers steht, sind die §§ 69 I Nr. 1, 70 auf ihn jedenfalls nicht unmittelbar anwendbar.[184] Es muss daher jeweils genau geprüft werden, ob dem Makler nach § 164 III BGB Empfangszuständigkeit eingeräumt worden ist.[185] Dass der Makler Antragsformulare des Versicherers zur Verfügung hat und davon Gebrauch macht, ist hierfür nicht ausreichend.[186] Im Einzelfall kann die Empfangszuständigkeit des Maklers auch aus den Grundsätzen über die **Anscheins- oder Duldungsvollmacht** abgeleitet werden.[187] **50**

---

172 BGHZ 116, 387, 390; BVerwG NJW 1998, 3216, 3218 f. = VersR 1998, 1137.
173 Begr. RegE BT-Drucks. 16/3945 S. 78; L/W/*Langheid*, § 19 Rn. 99; P/M/*Armbrüster*, § 19 Rn. 69.
174 Vgl. OLG Koblenz VersR 2002, 1145; OLG Hamm VersR 1994, 294; P/M/*Armbrüster*, § 19 Rn. 70.
175 Vgl. BGH VersR 2008, 765, 766; P/M/*Armbrüster*, § 19 Rn. 70.
176 VersHb/*Reiff*, § 5 Rn. 119.
177 Vgl. Begr. RegE BT-Drucks. 16/3945 S. 77; BGH VersR 2008, 765, 766; VersR 2003, 1089, 1090; VersR 2002, 425 m. Anm. *Reiff* 597 und *Prölss* 961; VersR 2001, 620; OLG Karlsruhe r+s 1997, 38, 40; OLG Saarbrücken VersR 2005, 675, 676; LG Zweibrücken r+s 1999, 86, 87; P/M/*Armbrüster*, § 19 Rn. 75.
178 BGH VersR 2008, 765, 766; krit. P/M/*Armbrüster*, § 19 Rn. 75.
179 BGH VersR 1993, 1089, 1090; R/L/*Langheid*, § 19 Rn. 45.
180 OLG Hamm VersR 1996, 697, 700; OLG Karlsruhe VersR 2002, 737, 738; VersHb/*Matusche-Beckmann*, § 5 Rn. 213 ff.
181 OLG Hamm VersR 1996, 697, 700.
182 BGH VersR 2009, 529; VersR 2001, 620; VersR 1993, 170; VersR 1990, 77, 78; OLG Frankfurt (Main) VersR 1993, 425, 426; BK/*Voit*, § 16 Rn. 72; P/M/*Armbrüster*, § 19 Rn. 71; *Knappmann* r+s 1996, 81, 82.
183 OLG Hamm VersR 1991, 798; P/M/*Armbrüster*, § 19 Rn. 72; R/L/*Langheid*, § 19 Rn. 46.
184 Vgl. BGH VersR 1999, 1481 = NVersZ 2000, 124; OLG Köln VersR 1995, 946; LG Köln r+s 1999, 267; BK/*Voit*, § 16 Rn. 71 (jeweils zur Auge- und Ohr-Rechtsprechung).
185 Vgl. BGH VersR 2014, 565, 566.
186 BGH VersR 1999, 1481 = NVersZ 2000, 124, 125; VersR 2008, 809, 810; OLG Zweibrücken VersR 2005, 1373, 1374; OLG Saarbrücken ZfS 2013, 454, 455; B/M/*Rolfs*, § 19 Rn. 76; P/M/*Armbrüster*, § 19 Rn. 73; VersHb/*Matusche-Beckmann*, § 5 Rn. 205.
187 P/M/*Armbrüster*, § 19 Rn. 73; BK/*Voit*, § 16 Rn. 71.

IV. Auslegung der Antworten und Nachfrageobliegenheit des Versicherers

1. Unklare und unvollständige Antworten

51 Ob der VN die Fragen zutreffend beantwortet hat, ist durch Auslegung der Antworten festzustellen. Bei unklaren oder ersichtlich unvollständigen Antworten trifft den Versicherer eine Obliegenheit zur Nachfrage. Kann der Versicherer erkennen, dass der VN seiner Anzeigeobliegenheit noch nicht (vollständig) genügt hat, erfordern es die Grundsätze einer **ordnungsgemäßen Risikoprüfung**, dass er die notwendigen Erkundigungen beim VN einholt; anderenfalls verstößt er gegen Treu und Glauben (§ 242 BGB), wenn er sich später auf die Verletzung der Anzeigepflicht beruft.[188] Dies gilt auch für einen Direktversicherer.[189] Die früher h.M. bejahte selbst dann eine Nachfrageobliegenheit, wenn Anlass zur Annahme einer **arglistigen Täuschung** bestand.[190] Dahinter stand der Gedanke, dass der Versicherer nicht schutzwürdig ist, wenn er die bei Vertragsschluss gebotene Risikoprüfung erst anlässlich des Versicherungsfalls vornimmt.[191] Der BGH hat diese Auffassung aber schon vor der VVG-Reform aufgegeben (vgl. auch § 22 Rdn. 12).[192] Bei Arglist des VN hat die Verletzung der Nachfrageobliegenheit also nicht zur Folge, dass der Versicherer sein Rücktritts- oder Anfechtungsrecht verliert.[193]

2. Offenlassen und Streichen von Fragen

52 Das **Nichtausfüllen** eines Antwortfeldes kann im Regelfall nicht als Verneinung gewertet werden. Der VN macht damit vielmehr nur deutlich, dass er die Frage nicht beantworten will; dies löst beim Versicherer eine Nachfrageobliegenheit aus.[194] Nach h.M. kann der Versicherer in dem Antwortformular aber vorsehen, dass die Nichtbeantwortung einer Frage als Verneinung zu werten ist.[195]

53 Die gleichen Grundsätze wie für das Nichtausfüllen eines Antwortfeldes gelten für das **Streichen einer Antragsfrage**. Auch hier kann nicht ohne weiteres von einer Verneinung ausgegangen werden.[196] Füllt der VN das Antwortfeld mit einem **Leerstrich** aus, so kann der Versicherer dies dagegen im Allgemeinen als eine verneinende Antwort werten.[197] Eine Nachfrageobliegenheit besteht aber, wenn die Antwort bei diesem Verständnis in einem klaren Widerspruch zu anderen Angaben steht.[198]

V. Der maßgebliche Zeitraum

54 Der VN muss die Anzeigepflicht gemäß § 19 I 1 bis zur Abgabe seiner Vertragserklärung erfüllen. Die Vorschrift geht von einem Vertragsschluss nach dem **Antragsmodell** (dazu § 1 Rdn. 46) aus. Maßgeblich ist damit der Zeitpunkt, zu dem der VN sein Angebot abgibt. Der Vertrag kann aber auch nach dem **Invitatiomodell** geschlossen werden. In diesem Fall geht dem Vertragsschluss eine Anfrage des VN an den Versicherer auf Abschluss eines Versicherungsvertrages (sog. invitatio ad offerendum) voraus. Der Versicherer gibt dann sein Angebot ab, das vom VN ausdrücklich oder konkludent angenommen wird (vgl. § 1 Rdn. 47). Bei einem solchen Vorgehen kommt es nach der amtlichen Begründung für die Anzeigepflicht auf die Annahmeerklärung des VN an.[199] Diese Sichtweise ist jedoch problematisch, weil der VN den Fragenkatalog des Versicherers im Regelfall schon bei seiner »Anfrage« beantwortet. Es widerspräche aber den Wertungen des § 19 I 2, wenn den VN in der Zeit zwischen dem Ausfüllen des Fragebogens und der Annahme des vom Versicherer ausgehenden Angebots eine spontane Nachmeldeobliegenheit träfe. Denn der VN wird auch beim Vertragsschluss nach dem Invitatiomodell davon ausgehen, dass er seine Anzeigepflicht mit dem Ausfüllen des Fragebogens vollständig erfüllt hat. Die h.M. löst das Problem dadurch, dass sie die nach § 19 I 1 maßgebliche Vertragserklärung des VN in solchen Fällen auf die Anfrage an den Versicherer vorverlagert.[200] Diese Lösung lässt sich zwar schwer mit

---

188 BGHZ 117, 385 = VersR 1992, 603, 604; BGH VersR 2008, 668, 669; VersR 2011, 909, 910; NJW-RR 1997, 277; VersR 1993, 871, 872; OLG Saarbrücken VersR 2009, 99; OLG Hamm VersR 2009, 1649, 1650; VersR 2011, 949; P/M/*Armbrüster*, § 19 Rn. 88; VersHb/*Knappmann*, § 14 Rn. 74; Armbrüster, Rn. 809; *Neuhaus* r+s 2008, 45, 48.
189 OLG Karlsruhe VersR 2010, 1641, 1642.
190 BGH VersR 1992, 603, 604; KG VersR 1998, 1362; *Römer* r+s 1998, 45, 48 f.; so auch noch P/M/*Prölss*[27], §§ 16, 17 Rn. 25; a.A OLG Düsseldorf NVersZ 2002, 554; OLG Hamm VersR 2002, 342, 343; R/L/*Langheid*[2], § 22 Rn. 8; *Dreher* VersR 1998, 539.
191 *Römer* r+s 1998, 45, 49.
192 So BGH VersR 2007, 96 m. Anm. *E. Lorenz*; VersR 2007, 1256; vgl. auch BGH VersR 2011, 909, 910; PK/*Härle*, § 19 Rn. 79; P/M/*Armbrüster*, § 19 Rn. 97; *Neuhaus* r+s 2008, 45, 48.
193 Näher dazu *Looschelders*, in: GS U. Hübner, S. 147, 153.
194 OLG Düsseldorf r+s 1999, 356; B/M/*Rolfs*, § 19 Rn. 82; BK/*Voit*, § 16 Rn. 65, 80; P/M/*Armbrüster*, § 19 Rn. 85 f.; a.A OLG Frankfurt (Main) VersR 1993, 568, 569; OLG Karlsruhe VersR 1986, 1179 (LS); R/L/*Langheid*, § 19 Rn. 78.
195 L/W/*Langheid*, § 19 Rn. 111; P/M/*Armbrüster*, § 19 Rn. 86; R/L/*Langheid*, § 19 Rn. 77; a.A BK/*Voit*, § 16 Rn. 65.
196 B/M/*Rolfs*, § 19 Rn. 83; BK/*Voit*, § 16 Rn. 66; L/W/*Langheid*, § 19 Rn. 112; a.A P/M/*Armbrüster*, § 19 Rn. 87.
197 OLG Koblenz VersR 2009, 53 f.; OLG Bremen VersR 1998, 1149; LG Wuppertal VersR 1953, 473; B/M/*Rolfs*, § 19 Rn. 83; P/M/*Armbrüster*, § 19 Rn. 87.
198 R/L/*Langheid*, § 19 Rn. 78.
199 Vgl. Begr. RegE BT-Drucks. 16/3945 S. 65.
200 So P/M/*Armbrüster*, § 19 Rn. 100 ff.; PK/*Härle*, § 19 Rn. 100; L/W/*Langheid*, § 19 Rn. 52; Brand VersR 2009, 715, 720; *Marlow*/Spuhl, Rn. 156; i.E. auch *Schimikowski* r+s 2009, 353, 354.

dem Wortlaut des § 19 I 1 vereinbaren. Sie entspricht aber dem Schutzzweck des § 19 I 2 und dem mutmaßlichen Willen der Parteien.[201]

Nach Abgabe seiner Vertragserklärung trifft den VN grundsätzlich keine Anzeigepflicht mehr. Der Gesetzgeber trägt damit dem Umstand Rechnung, dass eine **Nachmeldeobliegenheit** im Regelfall nicht den Erwartungen des VN entspricht. Darüber hinaus werden die bislang mit der **spontanen** Nachmeldeobliegenheit verbundenen Probleme gelöst.[202] Nach Ansicht des Gesetzgebers reicht es in Anbetracht des Umfangs der vom VN bei Vertragsschluss zur Kenntnis zu nehmenden Informationen nicht aus, dass der Versicherer ihn im Voraus (z.B. im Antragsformular) darüber belehrt, er müsse auch solche nachgefragten Umstände anzeigen, die erst nach der Antragstellung entstanden oder ihm bekannt geworden sind.[203] Die Nachmeldeobliegenheit setzt daher gemäß § 19 I 2 voraus, dass der Versicherer den VN **nach dessen Vertragserklärung**, aber vor der Vertragsannahme erneut oder auch erstmals in Textform nach Gefahrumständen fragt (§ 19 I 2). In inhaltlicher Hinsicht gelten für die Frage des Versicherers die gleichen Anforderungen wie bei § 19 I 1. Auch hier sind also möglichst konkrete Fragen erforderlich. Die pauschale Frage nach nachteiligen Veränderungen des Gesundheitszustands reicht also nicht aus.[204] Ob dem Versicherer unabhängig davon ein Anfechtungsrecht nach § 123 BGB zusteht, wenn der VN einen gefahrerheblichen Umstand aufgrund von **Arglist** nicht nachmeldet, ist streitig (näher dazu § 22 Rdn. 6 ff.). 55

Nach Abschluss des Vertrages scheidet eine »vorvertragliche« Anzeigepflicht aus. Fordert der Versicherer den VN in einem mit dem Versicherungsschein übersendeten Begleitschreiben auf, darin enthaltene Gesundheitsangaben zu überprüfen und ggf. zu korrigieren, so kommt auch eine Anfechtung des Vertrages wegen arglistiger Täuschung (§ 22 i.V.m. § 123 BGB) nicht in Betracht, wenn der VN die Korrektur trotz Unrichtigkeit der Angaben unterlässt. Nachdem der Versicherer das Angebot auf Abschluss eines Versicherungsvertrages mit der Übersendung des Versicherungsscheins angenommen hat, kann nämlich nicht mehr auf seine Entscheidung über den Vertragsschluss eingewirkt werden.[205] Bei einer **Änderung des Vertrages** kann der Versicherer allerdings neue Antragsfragen stellen. Dies gilt insbesondere dann, wenn die Vertragsänderung zu einer Erweiterung der Leistungspflichten des Versicherers führt.[206] Außerdem kann sich nach dem Vertragsschluss eine Pflicht des VN zur Anzeige gefahrerheblicher Umstände auch noch aus den Regeln über die **Gefahrerhöhung** ergeben (s. oben Rdn. 8). 56

C. Rechtsfolgen
I. Rücktritt und Kündigung
1. Überblick

Die Rechtsfolgen der Anzeigepflichtverletzung sind in § 19 II–IV geregelt. § 19 II gibt dem Versicherer zunächst das Recht, vom Vertrag **zurückzutreten**. Der Rücktritt hat nach § 21 II zur Folge, dass die Leistungspflicht des Versicherers erlischt (näher dazu § 21 Rdn. 12 ff.). Er setzt deshalb nach der generellen Konzeption der Rechtsfolgen von Obliegenheitsverletzungen voraus, dass der VN vorsätzlich oder grob fahrlässig gehandelt hat (§ 19 III 1). Trifft den VN kein Verschulden oder fällt ihm nur einfache Fahrlässigkeit zur Last, so steht dem Versicherer lediglich das Recht zu, den Vertrag unter Einhaltung einer Frist von einem Monat für die Zukunft zu **kündigen** (§ 19 III 2). Nach § 19 IV 1 sind Rücktritt und Kündigung allerdings ausgeschlossen, wenn der Versicherer den Vertrag auch bei Kenntnis der nicht angezeigten Umstände – wenn auch vielleicht zu **anderen Bedingungen** – geschlossen hätte. Auf Verlangen des Versicherer werden in diesem Fall die anderen Bedingungen rückwirkend Vertragsbestandteil (§ 19 IV 2). Hat der VN die Pflichtverletzung nicht zu vertreten, so beschränkt sich die Rückwirkung auf den Beginn der laufenden Versicherungsperiode. Im Übrigen ergibt sich aus der Befristung des Rücktritts- und Kündigungsrechts in § 21 III 1 (dazu § 21 Rdn. 25 ff.), dass die Rückwirkung grundsätzlich auf höchstens fünf Jahre begrenzt ist.[207] 57

2. Rücktritt
a) Vorsatz und grobe Fahrlässigkeit

Das Rücktrittsrecht des Versicherers setzt nach § 19 III 1 voraus, dass der VN die Anzeigepflicht vorsätzlich oder grob fahrlässig verletzt hat. Die Begriffe des Vorsatzes und der groben Fahrlässigkeit bestimmen sich nach den allgemeinen Kriterien (§ 276 BGB). Der **Vorsatz** erfordert also das Wissen und Wollen der Obliegenheitsverletzung, wobei bedingter Vorsatz ausreicht.[208] Der VN muss sich außerdem der Existenz der Oblie- 58

---

201 Vgl. L/W/*Langheid*, § 19 Rn. 52; B/M/*Rolfs*, § 19 Rn. 69; *Looschelders* VersR 2011, 697, 701; i.E. auch P/M/*Armbrüster*, § 19 Rn. 100: konkludente Vereinbarung eines abweichenden Zeitpunkts.
202 Vgl. HK-VVG/*Schimikowski*, § 19 Rn. 34; *Franz* VersR 2008, 298, 305.
203 Vgl. Begr. RegE BT-Drucks. 16/3945 S. 65; so auch PK/*Härle*, § 19 Rn. 103; VersHb/*Knappmann*, § 14 Rn. 47.
204 HK-VVG/*Schimikowski*, § 19 Rn. 34.
205 BGH VersR 2011, 337, 338; R/L/*Langheid*, § 19 Rn. 50.
206 Vgl. P/M/*Armbrüster*, § 19 Rn. 116; *Neuhaus* r+s 2013, 583 ff.
207 Vgl. VersHb/*Knappmann*, § 14 Rn. 133; *Meixner/Steinbeck*[1], § 1 Rn. 251.
208 Vgl. L/W/*Langheid*, § 19 Rn. 133.

§ 19 Anzeigepflicht

genheit – hier also der Anzeigepflicht – bewusst sein. Letzteres wird nach Abschaffung der spontanen Anzeigepflicht aber regelmäßig der Fall sein. **Grobe Fahrlässigkeit** liegt vor, wenn der VN die im Verkehr erforderliche Sorgfalt objektiv in einem ungewöhnlich hohen Maße verletzt und nicht beachtet, was im gegebenen Fall jedem hätte einleuchten müssen. Darüber hinaus wird ganz überwiegend gefordert, dass der Sorgfaltsverstoß auch in subjektiver Hinsicht unentschuldbar erscheint.[209] Dies hat zur Folge, dass »auch subjektive in der Individualität des Handelnden begründete Umstände zu berücksichtigen« sind.[210] Der VN kann dabei insbesondere geltend machen, er habe die Antragsfragen des Versicherers falsch verstanden oder die Relevanz der ihm bekannten Umstände unzutreffend eingeschätzt.[211]

59 Aus der negativen Gesetzesformulierung folgt, dass sich der VN von Vorsatz und grober Fahrlässigkeit zu **entlasten** hat.[212] Anders als bei § 28 II 2 Hs. 2 (dazu § 28 Rdn. 168) beschränkt sich die Beweislastumkehr nicht auf die grobe Fahrlässigkeit, sondern erfasst auch den **Vorsatz**.[213] Der VN muss also Umstände darlegen und beweisen, die seinen Vorsatz ausschließen. Die Durchbrechung der allgemeinen Beweislastregeln rechtfertigt sich daraus, dass der Versicherer die **Kenntnis des VN** von den gefahrerheblichen Tatsachen beweisen muss; macht der VN trotz dieser Kenntnis falsche Angaben, liegt die Annahme von Vorsatz nahe.[214] Im Übrigen führt die Vorsatzvermutung bei vorvertraglichen Anzeigepflichtverletzungen zu keiner unangemessenen Einschränkung des Quotenprinzips, weil dieses hier ohnehin nicht gilt.[215] Bei der praktischen Rechtsanwendung hat die Vorsatzvermutung insofern große Bedeutung, als der Ausschluss des Rücktrittsrechts bei vertragsändernden Umständen nach § 19 IV 1 (unten Rdn. 66) nur im Fall grober Fahrlässigkeit eingreift.

b) Modalitäten und Rechtsfolgen des Rücktritts

60 Der Rücktritt ist gem. § 349 BGB gegenüber dem VN bzw. jedem Erben zu erklären.[216] Die weiteren Modalitäten (Form, Frist, Begründung) sind in § 21 I näher geregelt (dazu § 21 Rdn. 2 ff.). Die wichtigste Rechtsfolge des Rücktritts besteht darin, dass die **Leistungspflicht** des Versicherers gem. § 21 II **rückwirkend entfällt**,[217] sofern nicht der VN nachweist, dass der verschwiegene Umstand weder für den Eintritt oder die Feststellung des Versicherungsfalles noch für die Feststellung oder den Umfang der Leistungspflicht kausal ist (näher dazu § 21 Rdn. 15 ff.). Die **Prämie** steht dem Versicherer dagegen gemäß § 39 I 2 bis zum Wirksamwerden der Rücktrittserklärung zu. Diese Besonderheit wird damit gerechtfertigt, dass die Leistungspflicht des Versicherers im Hinblick auf nicht kausale Umstände bestehen bleibt.[218]

61 Im Übrigen richten sich die Rechtsfolgen des Rücktritts nach den allgemeinen Regeln des § 346 BGB.[219] Der Rücktritt wandelt den Versicherungsvertrag also in ein **Rückgewährschuldverhältnis** um. In der Lebensversicherung hat der Versicherer dem VN daher den **vollen Rückkaufswert** auszuzahlen (vgl. § 169 II 3). Umgekehrt muss der VN empfangene Leistungen zurückgewähren, sofern nicht die Leistungsfreiheit des Versicherers nach § 21 II 1 Hs. 2 ausgeschlossen ist.[220] Bei Leistungen an den **Bezugsberechtigten** oder den **Versicherten** (bei der Versicherung für fremde Rechnung) richtet sich der Rückgewähranspruch des Versicherers nach h.M. sowohl gegen den VN (bzw. dessen Erben) als auch gegen den Dritten.[221]

62 In der Gebäudefeuerversicherung wird der Rücktritt gegenüber einem **Hypothekengläubiger**, der seine Hypothek angemeldet hat, gem. § 143 II 1 erst mit Ablauf von 2 Monaten nach Mitteilung oder anderweitiger Kenntniserlangung wirksam. Bis dahin besteht die Leistungspflicht des Versicherers im Verhältnis zum Hypothekengläubiger fort (vgl. § 143 Rdn. 7 ff.).[222]

---

209 Vgl. BGH VersR 2003, 364; VersR 1997, 351, 352; VersR 1989, 840; VersR 1989, 582, 583 (jeweils zu § 61 a.F.); Staudinger/Halm/Wendt/*Pilz/Gramse*, § 19 Rn. 128; L/W/*Langheid*, § 19 Rn. 135.
210 Grundlegend BGHZ 10, 14, 17; vgl. auch L/W/*Langheid*, § 19 Rn. 135; HK-VVG/*Schimikowski*, § 19 Rn. 38. Näher zum Begriff der groben Fahrlässigkeit § 28 Rdn. 51 und § 81 Rdn. 31 ff.
211 Vgl. P/M/*Armbrüster*, § 19 Rn. 111; *Marlow*/Spuhl, Rn. 173.
212 Begr. RegE BT-Drucks. 16/3945 S. 65; B/M/*Rolfs*, § 19 Rn. 175; L/W/*Langheid*, § 19 Rn. 182; PK/*Härle*, § 19 Rn. 111; Meixner/Steinbeck, § 6 Rn. 92; *Looschelders* VersR 2011, 697, 703.
213 Vgl. P/M/*Armbrüster*, § 26 Rn. 10; HK-VVG/*Schimikowski*, § 19 Rn. 39; *Marlow*/Spuhl, Rn. 173, 175; *Pohlmann* VersR 2008, 437, 442; *Reusch* VersR 2007, 1313, 1315; a.A. B/M/*Rolfs*, § 19 Rn. 107; *Höra* r+s 2008, 89, 91. Zur parallelen Problematik bei § 26 II 2 s. § 26 Rdn. 14 f.
214 *Pohlmann* VersR 2008, 437, 442.
215 Hierauf abstellend P/M/*Armbrüster*, § 26 Rn. 10.
216 Vgl. P/M/*Armbrüster*, § 21 Rn. 3.
217 Zur Rückwirkung Begr. RegE BT-Drucks. 16/3945 S. 65.
218 Begr. RegE BT-Drucks. 16/3945 S. 72.
219 Begr. RegE BT-Drucks. 16/3945 S. 66; P/M/*Armbrüster*, § 21 Rn. 30.
220 Vgl. BK/*Voit*, § 21 Rn. 19; B/M/*Rolfs*, § 19 Rn. 127.
221 Vgl. OLG Düsseldorf VersR 1970, 738, 739; Palandt/*Grüneberg*, § 334 Rn. 3; P/M/*Armbrüster*, § 21 Rn. 3; a.A. BK/*Voit*, § 20 Rn. 20: nur gegen den VN.
222 PK/*Michaelis/Pagel*, § 143 Rn. 4 ff.; a.A. *Weidner* r+s 2007, 138, 140.

3. Kündigung

Bei **einfacher Fahrlässigkeit** steht dem Versicherer nur ein Kündigungsrecht für die Zukunft zu (§ 19 III 2). 63
Für die Vergangenheit bleibt damit die Leistungspflicht des Versicherers bestehen. Die Kündigungsfrist beträgt einen Monat. Der VN erhält so die Möglichkeit, sich rechtzeitig anderweitigen Versicherungsschutz zu verschaffen.[223] Nach dem klaren Wortlaut des § 19 III 2 besteht das Kündigungsrecht des Versicherers auch bei **schuldloser** Anzeigepflichtverletzung.[224] Hiervon geht auch § 19 IV 2 aus, der die rückwirkende Einbeziehung der »anderen Bedingungen« bei Verletzung vertragsändernder Umstände auf die laufende Versicherungsperiode beschränkt. In der **Krankenversicherung** ist § 19 III 2, IV bei schuldloser Anzeigepflichtverletzung nicht anwendbar (§ 194 I 3). Dem Versicherer steht in diesem Fall also kein Recht zur Kündigung oder Vertragsanpassung zu.[225]

Da der Grad des Verschuldens meist nicht von vornherein feststeht, ist dem Versicherer im Fall einer Anzeigepflichtverletzung anzuraten, neben dem Rücktritt **hilfsweise** eine Kündigung auszusprechen, um seine 64
Leistungspflicht wenigstens für die Zukunft auszuschließen. Der Grundsatz, dass die Ausübung eines Gestaltungsrechts nicht an eine Bedingung geknüpft werden darf, muss insoweit aus Praktikabilitätsgründen durchbrochen werden.[226] Fehlt es an einer hilfsweisen Kündigung, so stellt sich die Frage, ob der mangels subjektiver Voraussetzungen unwirksame Rücktritt nach § 140 BGB in eine Kündigung **umgedeutet** werden kann. Für die Zulässigkeit einer solchen Umdeutung spricht, dass die Unsicherheiten bei der Abgrenzung von einfacher und grober Fahrlässigkeit im Fall einer objektiven Anzeigepflichtverletzung nicht zu Lasten des Versicherers gehen sollten.[227]

4. Vertragsanpassung bei vertragsändernden Umständen

a) Abgrenzung von vertragsändernden und vertragshindernden Umständen

Nach § 19 IV 1 besteht das Rücktritts- oder Kündigungsrecht grundsätzlich nur im Hinblick auf solche Umstände, bei deren Kenntnis der Versicherer den Vertrag überhaupt nicht geschlossen hätte (sog **vertragshindernde** Umstände). Hätte der Versicherer den Vertrag trotz Kenntnis des in Frage stehenden Umstands geschlossen, so sind Rücktritt und Kündigung ausgeschlossen. Nach dem Wortlaut der Vorschrift gilt dies auch dann, wenn der Versicherer den Vertrag bei Kenntnis der Umstände zu anderen Bedingungen geschlossen hätte (sog. **vertragsändernde** Umstände).[228] Genau genommen handelt es sich sogar um den einzigen Anwendungsfall des § 19 IV 1. Wäre der Vertrag bei Kenntnis der Umstände zu den gleichen Bedingungen geschlossen worden, so betrifft die Nichtanzeige nämlich schon gar keine Umstände, die für die Vertragsentscheidung des Versicherers relevant sind (§ 19 I 1).[229] 65

Mit dem Ausschluss von Rücktritt und Kündigung bei vertragsändernden Umständen will der Gesetzgeber im Interesse des VN vermeiden, dass der Vertrag aufgehoben wird, ohne dass dies durch berechtigte Interessen des Versicherers geboten ist. Eine Ausnahme gilt nur bei **Vorsatz**. Hat der VN seine Anzeigepflicht bewusst und gewollt verletzt, so ist das Festhalten am Vertrag dem Versicherer nicht zumutbar.[230] 66

Ob ein bestimmter Umstand als vertragshindernd oder vertragsändernd anzusehen ist, ergibt sich aus den bei Vertragsschluss praktizierten **Risikoprüfungs-** und **Annahmegrundsätzen des jeweiligen Versicherers**.[231] 67
Bei der **Krankheitskostenversicherung** ist das Rücktrittsrecht des Versicherers wegen grob fahrlässiger Verletzung der Anzeigepflicht nicht deshalb nach § 19 IV 1 ausgeschlossen, weil der Versicherer einen Antrag des VN auf Versicherung zum Basistarif annehmen müsste. Denn bei dem allgemeinen privaten Krankenversicherungstarif und dem Basistarif handelt es sich um keine vergleichbaren Vertragstypen.[232]

Aus der Formulierung des § 19 IV 1 folgt zwar, dass der VN die **Beweislast** für den Ausschluss des Rücktritts- und Kündigungsrechts trägt. Da der VN die Geschäftsgrundsätze des Versicherers nicht kennen kann, dürfen an seine Darlegungs- und Substantiierungslast aber keine hohen Anforderungen gestellt werden. Im Einzelnen kann man sich an der Rechtsprechung zur Gefahrerheblichkeit von erfragten Umständen nach altem 68

---

223 Begr. RegE BT-Drucks. 16/3945 S. 65; L/W/*Langheid*, § 19 Rn. 138; *Neuhaus* r+s 2008, 45, 49.
224 Vgl. PK/*Härle*, § 19 Rn. 118; P/M/*Armbrüster*, § 19 Rn. 120; *Marlow*/Spuhl, Rn. 180; *Grote/Schneider* BB 2007, 2689, 2692.
225 Vgl. R/L/*Langheid*, § 19 Rn. 117; HK-VVG/*Schimikowski*, § 19 Rn. 40; *Reusch* VersR 2007, 1313, 1316; *Köther* VersR 2016, 831, 832.
226 Vgl. P/M/*Armbrüster*, § 19 Rn. 11; HK-VVG/*Schimikowski*, § 21 Rn. 4; *Reusch* VersR 2007, 1313, 1316.
227 Für Zulässigkeit der Umdeutung auch B/M/*Rolfs*, § 19 Rn. 130; L/W/*Muschner*, § 21 Rn. 31; PK/*Härle*, § 19 Rn. 107; *Marlow*/Spuhl, Rn. 179; *Neuhaus* r+s 2008, 45, 51; einschränkend VersHb/*Knappmann*, § 14 Rn. 100.
228 Zur Unterscheidung von vertragshindernden und vertragsändernden Umständen L/W/*Langheid*, § 19 Rn. 66, 141 ff.; R/L/*Langheid*, § 19 Rn. 104 ff.; VersHb/*Knappmann*, § 14 Rn. 87; *Reusch* VersR 2007, 1313, 1314; *Armbrüster*, Rn. 815; *Marlow*/Spuhl, Rn. 176.
229 So überzeugend *Lange* r+s 2008, 56, 60 Fn. 46.
230 Begr. RegE BT-Drucks. 16/3945 S. 65; PK/*Härle*, § 19 Rn. 122; *Meixner/Steinbeck*, § 6 Rn. 94.
231 B/M/*Rolfs*, § 19 Rn. 110; *Armbrüster*, Rn. 815.
232 BGH VersR 2016, 780; OLG Frankfurt (Main) VersR 2015, 1279, 1280 f. (3. Senat); a.A. OLG Frankfurt (Main), Urt. vom 19. November 2011, 7 U 77/10 Rn. 39 (juris).

Recht (§ 16 I 3 a.F.) orientieren.[233] Der VN muss hiernach zunächst nur pauschal darlegen, dass der Versicherer den Vertragsschluss auch bei Kenntnis des verschwiegenen Umstands nicht abgelehnt hätte. Der Versicherer hat dann aufgrund einer **sekundären Darlegungslast** seine Risikoprüfungs- und Annahmegrundsätze im Detail vorzutragen, wenn er sein Rücktritts- bzw. Kündigungsrecht erhalten will.[234]

b) Modalitäten der Vertragsanpassung

69 Bei vertragsändernden Umständen kann der Versicherer nach § 19 IV 2 verlangen, dass die »anderen Bedingungen« Bestandteil des Vertrages werden. Das Verlangen ist eine einseitige gestaltende Willenserklärung, die nicht an eine besondere Form gebunden ist. Bei den anderen Bedingungen geht es in erster Linie um **Risikoausschlüsse** oder **höhere Prämien** (insbes. Risikozuschläge).[235] Daneben kommen auch Selbstbehalte, Karenzfristen oder sonstige Leistungsbeschränkungen in Betracht.[236] Der Inhalt der »anderen Bedingungen« ergibt sich wieder aus den **Geschäftsgrundsätzen des Versicherers**; der Rechtsgedanke des § 25 I 1 (»eine seinen Geschäftsgrundsätzen ... entsprechende Prämie«) trifft auch hier zu.[237] Die Vertragsänderung tritt grundsätzlich mit **Rückwirkung auf den Vertragsschluss** ein. Hat der VN die Pflichtverletzung nicht zu vertreten, so ist die Rückwirkung aber auf den Beginn der laufenden Versicherungsperiode beschränkt. Für die Modalitäten der Vertragsanpassung gelten im Übrigen die Vorschriften des § 21 I und III.

c) Vertragsanpassung und Leistungsausschluss

70 Wird ein Risikoausschluss aufgrund der Vertragsanpassung rückwirkend Vertragsbestandteil, so kann dies bei zwischenzeitigem Eintritt des Versicherungsfalles dazu führen, dass die **Leistungspflicht** des Versicherers **entfällt**. Diese Konsequenz steht dem Grundsatz nach nicht in Widerspruch zum Schutzzweck des § 19 IV 1. Denn dem Gesetzgeber geht es mit dem Ausschluss von Rücktritt und Kündigung bei vertragsändernden Umständen allein darum, den Vertrag im Interesse des VN aufrechtzuerhalten, sofern dies den Geschäftsgrundsätzen des Versicherers entspricht.[238] Problematisch erscheint allerdings, dass die rückwirkende Implementierung eines Risikoausschlusses auch dann zur Leistungsfreiheit führen kann, wenn dem VN nur einfache Fahrlässigkeit oder sogar überhaupt kein Verschulden zur Last fällt. Dies widerspricht der generellen Leitlinie des neuen VVG, die Leistungsfreiheit des Versicherers nur bei Vorsatz und grober Fahrlässigkeit eintreten zu lassen. Außerdem stünde der VN bei vertragsändernden Umständen schlechter als bei vertragshindernden, weil die hier einschlägige Kündigung die Leistungspflicht des Versicherers unberührt lässt. Der Gesetzgeber wollte den VN durch den Ausschluss des Kündigungsrechts aber nicht benachteiligen, sondern begünstigen. In der Literatur wird daher teilweise für eine teleologische Reduktion des § 19 IV 2 plädiert, wonach die Vertragsänderung nur bei Vorsatz und grober Fahrlässigkeit des VN den rückwirkenden Wegfall der Leistungspflicht nach sich ziehen darf.[239] Die Gegenauffassung weist darauf hin, dass die teleologische Reduktion des § 19 IV 2 zu einem anderen Wertungswiderspruch führe.[240] Der VN stünde bei unverschuldeter oder einfach fahrlässiger Verletzung der Anzeigepflicht besser als bei ordnungsgemäßer Erfüllung der Anzeigepflicht. Denn in diesem Fall hätten die Parteien nach den Geschäftsgrundsätzen des Versicherers einen Risikoausschluss vereinbart, der im Versicherungsfall zum Leistungsausschluss geführt hätte. Dieser Einwand ist zwar nicht von der Hand zu weisen. Letztlich sind beide Konstellationen aber nicht in jeder Hinsicht vergleichbar. So steht keineswegs fest, dass der VN sich auf den Risikoausschluss eingelassen hätte. Denkbar ist auch, dass der VN einen anderen Versicherer gefunden hätte, der das Risiko (ggf. mit einem Prämienzuschlag) abgedeckt hätte. Der mögliche Wertungswiderspruch zu dem Fall der ordnungsgemäßen Anzeige ist daher eher hinnehmbar als der Umstand, dass der VN seinen Leistungsanspruch bei einer unverschuldeten oder leicht fahrlässigen Anzeigepflichtverletzung verliert. Die teleologische Reduktion des § 19 IV 2 ist daher vorzugswürdig.

---

233 Vgl. L/W/*Langheid*, § 19 Rn. 186; R/L/*Langheid*, § 19 Rn. 145; *Reusch* VersR 2007, 1313, 1314. Zum alten Recht BGH VersR 2000, 1486; VersR 1984, 629, 630.
234 So auch B/M/*Rolfs*, § 19 Rn. 176; HK-VVG/*Schimikowski*, § 19 Rn. 41; L/W/*Langheid*, § 19 Rn. 186; *Wandt*, Rn. 838; *Rixecker* ZfS 2007, 371; VersHb/*Knappmann*, § 14 Rn. 88; für eine Erstdarlegungslast des Versicherers *Marlow*/Spuhl, Rn. 176.
235 Vgl. L/W/*Langheid*, § 19 Rn. 150; P/M/*Armbrüster*, § 19 Rn. 116; PK/*Härle*, § 19 Rn. 125; *Bruns*, § 8 Rn. 21; *Reusch* VersR 2007, 1313, 1315; *Knappmann* r+s 2007, 408, 409.
236 Zum möglichen Inhalt der Vertragsänderung *Lange* r+s 2008, 56, 60 f.; *Marlow*/Spuhl, Rn. 183.
237 *Lange* r+s 2008, 56, 60 f.
238 Ähnlich L/W/*Langheid*, § 19 Rn. 145; *Meixner*/Steinbeck, § 6 Rn. 77.
239 So PK/*Härle*, § 19 Rn. 127; HK-VVG/*Schimikowski*, § 19 Rn. 43; B/M/*Rolfs*, § 21 Rn. 32; VersHb/*Knappmann*, § 14 Rn. 134; Veith/*Gräfe*/Hoenicke, § 2 Rn. 237; *Marlow*/Spuhl, Rn. 187; *Lange* r+s 2008, 56, 60; *Schimikowski* r+s 2009, 353, 354 ff.; *Knappmann* VRR 2007, 451, 452 f. (zumindest bei fehlendem Verschulden); *Looschelders* VersR 2011, 697, 703; *Rolfs*, in: FS E. Lorenz, S. 389, 404 f.
240 So LG Dortmund VersR 2010, 465, 467; L/W/*Langheid*, § 19 Rn. 145; R/L/*Langheid*, § 19 Rn. 114; P/M/*Armbrüster*, § 19 Rn. 117; *Wandt*, Rn. 842; *Neuhaus* r+s 2008, 45, 50; *Rixecker* ZfS 2007, 371; *Tschersich* r+s 2012, 53, 54 f.

d) Wahl zwischen Risikoausschluss und Risikozuschlag

In der Praxis stellt der Versicherer dem VN bei Vertragsschluss häufig anheim, ob er für einen bestimmten 71 gefahrerheblichen Umstand einen Risikoausschluss auf sich nehmen oder einen Risikozuschlag zahlen will. Fraglich ist, ob dieses Wahlrecht dem VN noch im Rahmen der Vertragsanpassung zusteht. Die Frage erlangt praktische Bedeutung, wenn der Versicherungsfall bereits eingetreten ist. Vorzugswürdig erscheint die Auffassung, dass der VN das **Wahlrecht nicht nachträglich** ausüben kann,[241] weil er es sonst in der Hand hätte, den Risikozuschlag nur dann zu zahlen, wenn sich das verschwiegene Risiko tatsächlich realisiert hat. Die Interessen des VN werden dadurch gewahrt, dass die Leistungsfreiheit auch im Fall einer Vertragsänderung nur bei Vorsatz oder grober Fahrlässigkeit eintreten kann.

II. Allgemeine Voraussetzungen und Ausschlüsse (§ 19 V)

1. Belehrung des VN über die Rechtsfolgen

Nach § 19 V 1 kann der Versicherer sein Recht auf Rücktritt, Kündigung oder Vertragsanpassung nur geltend 72 machen, wenn er den VN durch gesonderte Mitteilung **in Textform** (§ 126b BGB) auf die Folgen einer Anzeigepflichtverletzung hingewiesen hat. Die Belehrung soll dem VN deutlich machen, welche große Bedeutung die ordnungsgemäße Beantwortung der Antragsfragen für seinen Versicherungsschutz hat. Sie muss dem VN daher so **rechtzeitig** vorliegen, dass er sie bei der Erfüllung seiner Anzeigepflicht beachten kann.[242] Bei nachträglichen Fragen i.S.d. § 19 I 2 (dazu oben Rdn. 55) muss eine erneute Belehrung erfolgen.[243]

Welche Bedeutung der Wendung »**gesonderte Mitteilung**« zukommt, ist umstritten. Ein Teil der Literatur 73 zieht hieraus den Schluss, dass die Belehrung auf einem vom Antragsformular verschiedenen Schriftstück zu erfolgen hat.[244] Die Gegenauffassung lässt eine Belehrung auf dem Antragsformular ausreichen, sofern sie abgesetzt oder sonst deutlich hervorgehoben ist.[245] Für die Notwendigkeit eines »Extrablatts« spricht die Parallele zu § 7 I 3 Hs. 2. Dort stellt die Gesetzesbegründung ausdrücklich klar, dass die »gesonderte schriftliche Erklärung« des VN beim Verzicht auf eine vorvertragliche Information »in einem gesonderten ... Schriftstück« enthalten sein muss.[246] Das Erfordernis eines gesonderten Schriftstücks erklärt sich bei § 7 I 3 Hs. 2 jedoch aus dem Ziel des Gesetzgebers, einen formularmäßigen Verzicht auf eine Vorabinformation möglichst zu vermeiden. Demgegenüber wird eine **auf dem Antragsformular** deutlich hervorgehobene Mitteilung über die Folgen einer Anzeigepflichtverletzung der Warnfunktion der Belehrung sogar besser gerecht als eine entsprechende Mitteilung auf einem gesonderten Schriftstück.[247] Der BGH hat zur parallelen Problematik bei § 28 IV ebenfalls festgestellt, dass die Wendung »gesonderte Mitteilung« kein gesondertes Dokument erfordert.[248] Diese Auffassung hat der Senat in einer aktuellen Entscheidung für § 19 V bestätigt.[249] Im Ergebnis ist daher davon auszugehen, dass die Belehrung nach § 19 V 1 auch auf dem Antragsformular selbst vorgenommen werden kann. In diesem Fall muss die Belehrung aber **drucktechnisch deutlich hervorgehoben** und vom übrigen Text klar abgesetzt werden.[250] Die Hervorhebung entfällt, wenn die Belehrung aufgrund mehrerer in ähnlicher Weise hervorgehobener Textpassagen nahezu »untergeht«.[251] Die Belehrung muss nicht notwendig vor den Antragsfragen platziert sein; sie kann auch unmittelbar vor der Unterschriftenleiste erfol-

---

241 So auch P/M/*Armbrüster*, § 19 Rn. 116; für Wahlrecht des VN VersHb/*Knappmann*, § 14 Rn. 132; ausführlich *Bruns*, § 8 Rn. 22.
242 Vgl. P/M/*Armbrüster*, § 19 Rn. 128; HK-VVG/*Schimikowski*, § 19 Rn. 46; *Neuhaus* r+s 2008, 45, 52; *Looschelders* VersR 2011, 697, 703; missverständlich Begr. RegE BT-Drucks. 16/3945 S. 66, wonach die Belehrung dem VN rechtzeitig vor Vertragsschluss vorliegen muss; so aber auch L/W/*Langheid*, § 19 Rn. 159; R/L/*Langheid*, § 19 Rn. 122; *Meixner/Steinbeck*, § 6 Rn. 81.
243 PK/*Härle*, § 19 Rn. 132; *Marlow*/Spuhl, Rn. 196.
244 So B/M/*Rolfs*, § 19 Rn. 115; *Funck* VersR 2008, 163, 166; *Neuhaus* r+s 2008, 45, 52; *Reusch* VersR 2007, 1313, 1320.
245 OLG Stuttgart VersR 2014, 691, 694; OLG Saarbrücken VersR 2015, 91, 93; OLG Hamm VersR 2016, 103, 104; LG Dortmund VersR 2010, 465, 466; LG Hagen r+s 2010, 276, 277; HK-VVG/*Schimikowski*, § 19 Rn. 45; L/W/*Langheid*, § 19 Rn. 160; PK/*Härle*, § 19 Rn. 130; *Marlow*/Spuhl, Rn. 198; *Grote/Schneider* BB 2007, 2689, 2692; *Leverenz* VersR 2008, 709, 712; *Rixecker* ZfS 2007, 369, 370; *Wagner/Rattay* VersR 2011, 178 ff.; *Köther* VersR 2016, 831, 834; von OLG Hamm VersR 2011, 469, 471 offen gelassen.
246 Begr. RegE BT-Drucks. 16/3945 S. 60.
247 So auch L/W/*Langheid*, § 19 Rn. 160; PK/*Härle*, § 19 Rn. 130; *Marlow*/Spuhl, Rn. 198; *Grote/Schneider* BB 2007, 2689, 2692; *Leverenz* VersR 2008, 709, 712. Zur Unzulässigkeit einer Belehrung in den AVB OLG Hamm VersR 2011, 469, 471.
248 BGH VersR 2013, 297; hieran anknüpfend OLG Stuttgart VersR 2014, 691, 694; OLG Saarbrücken VersR 2015, 91, 93 f.
249 BGH VersR 2016, 780, 781 Rn. 13.
250 Zu diesem Erfordernis BGH VersR 2016, 780, 781 Rn. 13 ff.; OLG Hamm VersR 2016, 103, 104; OLG Karlsruhe VersR 2016, 105; LG Hagen r+s 2010, 276, 277.
251 OLG Karlsruhe VersR 2016, 105.

gen.²⁵² Erforderlich ist aber ein räumlicher Zusammenhang mit den Antragsfragen.²⁵³ Steht die Belehrung erst mehrere Seiten nach dem Fragenkatalog und der Unterschrift des VN, so sind die Anforderungen des § 19 V 1 nicht gewahrt, weil die Gefahr besteht, dass der VN jeden Text nach seiner Unterschrift für irrelevant hält.²⁵⁴

74 Erfolgt die Belehrung in einem **gesonderten Schriftstück**, das den Antragsfragen lose beigefügt ist, so wird ihre Warnfunktion nur erfüllt, wenn der Zusammenhang mit den Antragsfragen ausreichend klargestellt wird. Bei den Antragsfragen muss daher hinreichend deutlich auf die Belehrung hingewiesen werden.²⁵⁵

75 Fraglich erscheint, welchen **Inhalt und Umfang** die Mitteilung haben muss. Der Warnfunktion der Belehrung entspricht es, den VN knapp und präzise auf die Rechte des Versicherers im Fall einer Anzeigepflichtverletzung – Rücktritt, Kündigung oder Vertragsanpassung – und die damit verbundenen Konsequenzen – insbesondere die Gefahr eines rückwirkenden Verlusts des Versicherungsschutzes – hinzuweisen. Eine detaillierte Darstellung der einzelnen Rechte und ihrer Voraussetzungen ist nicht erforderlich.²⁵⁶ Dem VN muss aber deutlich gemacht werden, dass die Leistungsfreiheit nicht nur aufgrund eines Rücktritts des Versicherers, sondern auch durch die rückwirkende Einfügung eines Risikoausschlusses eintreten kann.²⁵⁷ Außerdem darf die Belehrung nicht den unzutreffenden Eindruck erwecken, dass eine leicht fahrlässige Verletzung der Anzeigepflicht folgenlos bliebe.²⁵⁸ Nach Ansicht des BGH muss der Versicherer bei der Darstellung der Rechtsfolgen der Vertragsanpassung aber nicht ausdrücklich darauf verweisen, dass kein Versicherungsschutz für einen eingetretenen Versicherungsfall besteht, wenn ein Risikoausschluss durch Vertragsanpassung rückwirkend Vertragsbestandteil wird. Der Hinweis auf die Möglichkeit der rückwirkenden Einführung eines Risikoausschlusses mache hinreichend deutlich, dass der VN nicht nur im Fall eines Rücktritts seinen Versicherungsschutz für die Vergangenheit verlieren könne.²⁵⁹ Die bloße Wiedergabe des Gesetzeswortlauts dürfte der Warnfunktion der Belehrungspflicht allerdings nicht genügen.²⁶⁰ Eine Doppelbelehrung (»Kombination von Kurzbelehrung über die Kernpunkte und ausführlicher Belehrung«) ist dagegen grundsätzlich zulässig.²⁶¹

76 Die Belehrungspflicht nach § 19 V 1 bezieht sich nicht auf die Anfechtung wegen **arglistiger Täuschung** (§ 22 i.V.m. § 123 BGB).²⁶² Dies erklärt sich daraus, dass der VN bei Arglist nicht schutzwürdig ist. Der arglistig handelnde VN kann sich nach Treu und Glauben auch nicht auf eine Verletzung der Belehrungspflicht berufen, wenn der Versicherer überhaupt keine Belehrung vorgenommen hat.²⁶³ Die Gegenauffassung weist zwar darauf hin, dass der VN zu dem Zeitpunkt, zu dem die Belehrung erfolgen müsse, noch gar nicht arglistig gehandelt habe und daher schutzwürdig sei.²⁶⁴ Indessen geht es gar nicht darum, die Belehrungspflicht des VN als solche in Frage zu stellen. Entscheidend ist, dass der arglistige VN gegen Treu und Glauben verstößt, wenn er sich auf die Verletzung der Belehrungspflicht beruft.²⁶⁵

2. Kenntnis des Versicherers

77 Nach § 19 V 2 sind die Rechte des Versicherers nach Abs. 2–4 ausgeschlossen, wenn der Versicherer den nicht angezeigten Umstand oder die Unrichtigkeit der Anzeige kannte. Dieser Ausschlussgrund war auch schon im alten VVG enthalten (§§ 16 III Alt. 1, 17 II Alt. 1 a.F.). Die hierzu entwickelten Grundsätze gelten also fort. Zu beachten ist insbesondere, dass der Versicherer von dem Umstand **sichere und zuverlässige Kenntnis** ha-

---

252 LG Dortmund VersR 2010, 465, 466; LG Köln VersR 2011, 336, 337; *Wagner/Rattay* VersR 2011, 178, 180; a.A. VersHb/*Knappmann*, § 14 Rn. 8; *Marlow* VersR 2010, 468; tendenziell auch mit Blick auf die neuere Rechtsprechung *Notthoff* r+s 2016, 61, 62.
253 OLG Karlsruhe VersR 2016, 105.
254 OLG Stuttgart VersR 2014, 691, 694.
255 OLG Saarbrücken VersR 2015, 91, 94.
256 P/M/*Armbrüster*, § 19 Rn. 131; PK/*Härle*, § 19 Rn. 131; *Marlow*/Spuhl, Rn. 199 ff.; *Neuhaus* r+s 2008, 45, 52; *ders*. MDR 2010, 1360, 1364; *Notthoff* r+s 2016, 61, 62; a.A. L/W/*Langheid*, § 19 Rn. 164; *Reusch* VersR 2007, 1313, 1320.
257 LG Dortmund VersR 2010, 465, 467; PK/*Härle*, § 19 Rn. 130a; Veith/Gräfe/*Hoenicke*, § 2 Rn. 237; *Armbrüster*, Rn. 821.
258 OLG Brandenburg VersR 2010, 1301, 1302; *Notthoff* r+s 2016, 61, 62.
259 BGH VersR 2016, 780, 781 Rn. 18.
260 So auch L/W/*Langheid*, § 19 Rn. 162 ff.; *Marlow*/Spuhl, Rn. 205; *Neuhaus* r+s 2008, 45, 52; *Reusch* VersR 2007, 1313, 1320; *Römer* VersR 2006, 740, 744; a.A. P/M/*Armbrüster*, § 19 Rn. 131; *Lange* r+s 2008, 56, 58.
261 BGH VersR 2016, 780, 781 Rn. 15; OLG München VersR 2016, 515 = r+s 2016, 68; a.A. OLG Hamm VersR 2016, 103, 104.
262 BGH VersR 2014, 565; LG Dortmund VersR 2010, 465, 467; L/W/*Langheid*, § 19 Rn. 157; P/M/*Armbrüster*, § 19 Rn. 133; PK/*Härle*, § 19 Rn. 131; *Marlow*/Spuhl, Rn. 193; *Reusch* VersR 2007, 1313, 1320; *Schimikowski* r+s 2009, 353, 356; *Looschelders*, in: GS U. Hübner, S. 147, 153 f.; a.A. VersHb/*Knappmann*, § 14 Rn. 14; *Lange* r+s 2008, 56, 58; *van Bühren* ZAP 2007, 1397, 1404.
263 BGH VersR 2014, 565, 566; OLG Hamm VersR 2016, 103, 104; P/M/*Armbrüster*, § 19 Rn. 133; *Looschelders*, in: GS U. Hübner, S. 147, 154; *Köther* VersR 2016, 831, 836; a.A. PK/*Härle*, § 19 Rn. 131; VersHb/*Knappmann*, § 14 Rn. 14; *ders*. VersR 2011, 724, 725.
264 So VersHb/*Knappmann*, § 14 Rn. 14; *ders*. VersR 2011, 724, 725.
265 Näher dazu *Looschelders*, in: GS U. Hübner, S. 147, 154.

ben muss (vgl. § 21 Rn. 4).²⁶⁶ Ein Kennenmüssen genügt also nicht.²⁶⁷ Ein bloßer Verdacht schließt die Rechte des Versicherers ebenfalls nicht aus. Den Versicherer trifft hier aber regelmäßig eine Nachfrageobliegenheit. Auch in diesem Zusammenhang muss er sich das Wissen seines **Versicherungsvertreters** nach allgemeinen Grundsätzen (oben Rdn. 47) zurechnen lassen.²⁶⁸ Das Gleiche gilt für das Wissen des vom Versicherer beauftragten **Arztes** (oben Rdn. 49), soweit dieser es durch den Antragsteller im Rahmen der »Erklärung vor dem Arzt« erlangt hat. Eine weitergehende Wissenszurechnung kommt nicht in Betracht.²⁶⁹ Im Fall der **Mitversicherung** müssen die beteiligten Versicherer sich das Wissen des führenden Versicherers bei einer entsprechenden Bevollmächtigung nach § 166 BGB analog zurechnen lassen.²⁷⁰ Die Bevollmächtigung aufgrund der Führungsklausel wird dagegen erst mit dem Vertragsschluss wirksam und wirkt sich daher noch nicht auf die vorvertragliche Anzeigepflicht aus.²⁷¹

Die Kenntnis des Versicherers kann nicht in jedem Fall darauf gestützt werden, dass die in Frage stehenden Umstände in seinem **Datenbestand** (z.B. aufgrund vorangegangener Anträge) registriert sind.²⁷² Eine solche Registrierung reicht nur dann aus, wenn für den Versicherer Anlass bestand, die Daten abzurufen. Nach der Rechtsprechung ist dieser Anlass jedenfalls dann gegeben, wenn der VN bei seinem Antrag hinreichend deutlich auf das Vorhandensein der Daten im Bestand des Versicherers hinweist.²⁷³ Sind die betreffenden Umstände einem **anderen Versicherer** bekannt, so lässt sich die Kenntnis des Versicherers nicht ohne weiteres daraus ableiten, dass beide Gesellschaften in einem Konzern verbunden sind.²⁷⁴ Hat der Versicherer sich im Antragsformular die Einwilligung geben lassen, die Daten im Verbund mit dem anderen Versicherer zu sammeln, so genügt der VN aber der Anzeigepflicht, wenn er bei seinem Antrag auf den Datenbestand des anderen Versicherers hinweist.²⁷⁵ 78

III. Kündigungsrecht des VN (§ 19 VI)

Die Vertragsänderung nach § 19 IV 2 kann dazu führen, dass sich die Prämie deutlich erhöht. Beträgt die **Erhöhung der Prämie** mehr als 10 Prozent, so kann der VN den Vertrag nach § 19 VI 1 innerhalb eines Monats nach Zugang der Mitteilung des Versicherers über die Vertragsänderung fristlos kündigen. Das Gleiche gilt, wenn die Vertragsänderung zu einem **Risikoausschluss** führt. Dahinter steht die Erwägung, dass dem VN ein Festhalten am Vertrag **unzumutbar** ist.²⁷⁶ Bei einer Prämienerhöhung kann der VN sich durch die Kündigung für die Vergangenheit aber nicht von der Pflicht zur (Nach-)Zahlung der erhöhten Prämien befreien.²⁷⁷ Für die laufende Versicherungsperiode richtet sich die Prämienzahlungspflicht nach § 39 I 1.²⁷⁸ 79

§ 19 VI 2 schreibt vor, dass der Versicherer den VN bei der Mitteilung der Vertragsänderung auf das Kündigungsrecht **hinweist**. Nach der amtlichen Begründung ist die Belehrung mit der Mitteilung zu verbinden.²⁷⁹ Ob eine gesonderte Belehrung den gesetzlichen Anforderungen genügt, erscheint daher zweifelhaft.²⁸⁰ Fehlt die Belehrung, so beginnt die Monatsfrist des § 19 VI 1 für die Ausübung des Kündigungsrechts nicht zu laufen.²⁸¹ Außerdem steht dem VN wegen der in der Zwischenzeit gezahlten Prämien ein Schadensersatzanspruch aus § 280 I BGB zu.²⁸² 80

D. Beweislast

Die Beweislast ist in § 19 differenziert geregelt. Der Versicherer muss zunächst darlegen und beweisen, dass der VN seine Anzeigepflicht **objektiv verletzt** hat.²⁸³ Dazu gehört auch die Tatsache, dass der VN den nicht angezeigten Gefahrumstand im maßgeblichen Zeitpunkt gekannt hat.²⁸⁴ Wie § 69 III 2 ausdrücklich klarstellt, liegt die Beweislast auch dann beim Versicherer, wenn der VN substantiiert vorträgt, er habe den Um- 81

---

266 BGH VersR 2000, 1486 (zu § 20 I a.F.); LG Zweibrücken r+s 1989, 86, 87; L/W/*Langheid*, § 19 Rn. 167; R/L/*Langheid*, § 19 Rn. 123.
267 PK/*Härle*, § 19 Rn. 133; *Neuhaus* r+s 2008, 45, 52.
268 OLG Hamm VersR 2002, 342, 343; VersR 1994, 294; L/W/*Langheid*, § 19 Rn. 167.
269 BGH VersR 2009, 529.
270 LG Hagen r+s 2010, 276, 278; OLG Hamm VersR 2011, 469, 472 f. (zu § 21 I).
271 Vgl. L/W/*Halbach*, § 77 Rn. 14; *Schaloske* r+s 2010, 279, 280.
272 OLG Hamm r+s 1998, 473, 474; LG Zweibrücken r+s 1999, 86, 87; P/M/*Armbrüster*, § 19 Rn. 125.
273 BGH VersR 2000, 1486; VersR 1993, 1089, 1090; PK/*Härle*, § 19 Rn. 135; weitergehend BGH NJW-RR 2003, 1603.
274 BGH VersR 1992, 217; VersR 1990, 258; R/L/*Langheid*, § 19 Rn. 47.
275 BGH VersR 1993, 1089, 1090; PK/*Härle*, § 19 Rn. 137.
276 Begr. RegE BT-Drucks. 16/3945 S. 66; L/W/*Langheid*, § 19 Rn. 168; *Marlow*/Spuhl, Rn. 191.
277 Vgl. B/M/*Rolfs*, § 19 Rn. 156; L/W/*Langheid*, § 19 Rn. 172; PK/*Härle*, § 19 Rn. 141; *Marlow*/Spuhl, Rn. 191.
278 *Reusch* VersR 2007, 1313, 1318.
279 Begr. RegE BT-Drucks. 16/3945 S. 66.
280 Bejahend aber HK-VVG/*Schimikowski*, § 19 Rn. 55; *Neuhaus* r+s 2008, 45, 50.
281 P/M/*Armbrüster*, § 19 Rn. 119.
282 Vgl. *Marlow*/Spuhl, Rn. 191.
283 BGH VersR 2011, 337, 339; OLG Saarbrücken VersR 2015, 91, 92 f.
284 L/W/*Langheid*, § 19 Rn. 179; PK/*Härle*, § 19 Rn. 143; *Reusch* VersR 2007, 1313, 1318; zum alten Recht OLG Hamm VersR 1994, 1333.

stand gegenüber dem Versicherungsvertreter mündlich angezeigt.[285] Das Antragsformular erbringt dabei keinen Beweis für die Falschbeantwortung durch den VN, wenn das Formular nicht vom VN, sondern vom Versicherungsvertreter ausgefüllt worden ist.[286] Die Beweislast des Versicherers erstreckt sich schließlich auch auf die objektive und subjektive Gefahrerheblichkeit des nicht angezeigten Umstands (vgl. oben Rdn. 26 ff.).

82 Im Hinblick auf die jeweiligen **subjektiven Merkmale** liegt die Beweislast nach § 19 III 1 beim VN.[287] Die Beweislastumkehr gilt auch für den Vorsatz (oben Rdn. 59). Darüber hinaus muss der VN alle Umstände darlegen und beweisen, die zum Ausschluss oder zur Einschränkung der dem Versicherer zustehenden Rechte führen.[288] Dies gilt namentlich für das Vorliegen eines bloß **vertragsändernden Umstand** nach § 19 IV 1;[289] soweit es dabei auf die Geschäftsgrundsätze des Versicherers ankommt, trifft diesen aber eine subjektive Darlegungslast (oben Rdn. 68). Den VN trifft auch die Beweislast für die **Kenntnis des Versicherers** nach § 19 V 2[290] sowie für die tatsächlichen Umstände, aus denen er die Verletzung der **Nachfrageobliegenheit** durch den Versicherer ableitet.[291] Die Beweislast für die Durchführung einer **ordnungsgemäßen Belehrung** nach § 19 V 1 trägt aber der Versicherer.[292]

§ 20 Vertreter des Versicherungsnehmers.

¹Wird der Vertrag von einem Vertreter des Versicherungsnehmers geschlossen, sind bei der Anwendung des § 19 Abs. 1 bis 4 und des § 21 Abs. 2 Satz 2 sowie Abs. 3 Satz 2 sowohl die Kenntnis und die Arglist des Vertreters als auch die Kenntnis und die Arglist des Versicherungsnehmers zu berücksichtigen. ²Der Versicherungsnehmer kann sich darauf, dass die Anzeigepflicht nicht vorsätzlich oder grob fahrlässig verletzt worden ist, nur berufen, wenn weder dem Vertreter noch dem Versicherungsnehmer Vorsatz oder grobe Fahrlässigkeit zur Last fällt.

Übersicht

	Rdn.		Rdn.
A. Allgemeines	1	II. Wissenserklärungsvertretung	6
B. Kenntnis und Arglist (Satz 1)	5	C. Vorsatz und grobe Fahrlässigkeit (Satz 2)	7
I. Alternative Anknüpfung an den VN und seinen Vertreter	5		

Schrifttum:
Vgl. die Nachweise zu § 19.

A. Allgemeines

1 § 20 enthält eine Sonderregelung für den Vertragsschluss durch einen Vertreter. Die Vorschrift entspricht inhaltlich dem § 19 a.F. Sie gilt daher ebenfalls nur für die **rechtsgeschäftliche** Vertretung i.S.d. §§ 164 ff. BGB. Bei gesetzlicher Vertretung muss auf die allgemeine Regel des § 166 I BGB zurückgegriffen werden.[1]

2 § 19 a.F. hatte neben dem Bevollmächtigten den **Vertreter ohne Vertretungsmacht** ausdrücklich genannt. Der Gesetzgeber hat diese Unterscheidung aufgegeben, weil sie aus seiner Sicht entbehrlich ist.[2] Hieraus folgt, dass § 20 auch auf die Vertretung ohne Vertretungsmacht anwendbar ist. Nach allgemeinen Regeln (§ 177 BGB) hängt die Wirksamkeit des Vertrages hier allerdings von der Genehmigung des VN ab.[3]

3 Ob sich der VN das Wissen von **Dritten** zurechnen lassen muss, die nicht die Stellung eines Vertreters haben, richtet sich nach den allgemeinen Grundsätzen über die Wissensvertretung (dazu § 19 Rdn. 42 ff.).

4 Nach dem klaren Gesetzeswortlaut ist § 20 nur im Rahmen der §§ 19 I–IV, 21 II 2 und III 2 anwendbar. Bei Anfechtung wegen **arglistiger Täuschung** richtet sich die Wissens- und Arglistzurechnung also nach den allgemeinen Regeln des BGB.[4] Zu den Einzelheiten s. § 22 Rdn. 16.

---

285 Vgl. BGH VersR 2011, 337, 339; VersR 2008, 765, 766; OLG Karlsruhe VuR 2010, 319; P/M/*Armbrüster*, § 19 Rn. 156; Marlow/Spuhl, Rn. 170.
286 P/M/*Armbrüster*, § 19 Rn. 157; so zum alten Recht BGHZ 107, 322, 325 = VersR 1989, 833; BGH VersR 1990, 77, 78; VersR 2011, 337, 339; krit. L/W/*Langheid*, § 19 Rn. 97, 181; R/L/*Langheid*, § 19 Rn. 40.
287 B/M/*Rolfs*, § 19 Rn. 175; *Pohlmann* VersR 2008, 437, 438; *Reusch* VersR 2007, 1313, 1314.
288 *Reusch* VersR 2007, 1313, 1320.
289 B/M/*Rolfs*, § 19 Rn. 176; P/M/*Armbrüster*, § 19 Rn. 160; Marlow/Spuhl, Rn. 176 f., 182.
290 B/M/*Rolfs*, § 19 Rn. 178; P/M/*Armbrüster*, § 19 Rn. 162; L/W/*Langheid*, § 19 Rn. 183; R/L/*Langheid*, § 19 Rn. 145.
291 P/M/*Armbrüster*, § 19 Rn. 162.
292 B/M/*Rolfs*, § 19 Rn. 177.
1 Vgl. B/M/*Rolfs*, § 20 Rn. 8; BK/*Beckmann*, § 19 Rn. 3; P/M/*Armbrüster*, § 20 Rn. 2; *Bruns*, § 5 Rn. 22; a.A. L/W/*Muschner*, § 20 Rn. 3; PK/*Härle*, § 20 Rn. 4.
2 Begr. RegE BT-Drucks. 16/3945 S. 66.
3 L/W/*Muschner*, § 20 Rn. 5; PK/*Härle*, § 20 Rn. 3.
4 Vgl. Begr. RegE BT-Drucks. 16/3945 S. 66; LG Hagen r+s 2010, 276, 278; R/L/*Langheid*, § 20 Rn. 3; L/W/*Muschner*, § 20 Rn. 4; PK/*Härle*, § 20 Rn. 6; HK-VVG/*Schimikowski*, § 20 Rn. 2; P/M/*Armbrüster*, § 20 Rn. 4; ebenso schon zum alten Recht RGZ 128, 116, 120.

B. Kenntnis und Arglist (Satz 1)
I. Alternative Anknüpfung an den VN und seinen Vertreter

Der unmittelbare Anwendungsbereich von § 20 Satz 1 betrifft die Frage, ob es beim Vertragsschluss durch einen Vertreter auf die **Kenntnis** und die **Arglist** des Vertretenen (also des VN) oder des Vertreters ankommt. Die allgemeine Regel des § 166 I BGB stellt grundsätzlich allein auf die Person des Vertreters ab. Auf das Wissen des Vertretenen kommt es nur dann an, wenn der Vertreter nach dessen Weisungen gehandelt hat (§ 166 II 1 BGB). Dagegen sieht § 20 Satz 1 vor, dass neben der Kenntnis und Arglist des Vertreters **alternativ** immer auch die Kenntnis und die Arglist des VN relevant sind. Dahinter steht die Erwägung, dass die anzeigepflichtigen Umstände oft nur dem VN, nicht aber dem Vertreter bekannt sind, was nicht zu Lasten des Versicherers gehen soll.[5] Die alternative Anknüpfung an den VN und seinen Vertreter bedeutet allerdings nicht, dass die Kenntnisse beider Personen zusammenzurechnen wären.[6] Ob eine solche **Wissenszusammenrechnung** gerechtfertigt ist, kann insbesondere bei der Frage der Arglist relevant werden. Maßgeblich sind hier die allgemeinen Grundsätze.[7]

II. Wissenserklärungsvertretung

Ob der VN sich die Anzeigen seines Vertreters zurechnen lassen muss, ist in § 20 nicht ausdrücklich geregelt. Die Anknüpfung an die Kenntnis bzw. Arglist des Vertreters hat aber nur Sinn, wenn dieser für die Erfüllung der Anzeigepflicht zuständig ist.[8] Da sich die Vertretung nach §§ 164 ff. BGB nur auf die Abgabe oder den Empfang von Willenserklärungen bezieht, ist der Vertreter zwar nicht notwendig für die Abgabe von **Wissenserklärungen** zuständig. Sofern keine gegenteiligen Anhaltspunkte (z.B. Einsetzung eines anderen Wissenserklärungsvertreters) vorliegen, kann aber davon ausgegangen werden, dass der VN seinen Vertreter auch mit der Abgabe der notwendigen Anzeigen betraut hat.[9]

C. Vorsatz und grobe Fahrlässigkeit (Satz 2)

§ 20 Satz 2 stellt klar, dass es auch im Hinblick auf den **Vorsatz** und die **grobe Fahrlässigkeit** sowohl auf den VN selbst als auch auf dessen Vertreter ankommt. Das Rücktrittsrecht des Versicherers ist daher nur dann nach § 19 III 1 ausgeschlossen, wenn der VN sich sowohl für die eigene Person als auch für seinen Vertreter von Vorsatz und grober Fahrlässigkeit entlasten kann. Das Verschulden des VN kann auch damit begründet werden, dass er den Vertreter nicht ausreichend über die ihm bekannten gefahrerheblichen Umstände unterrichtet hat.[10]

Bei der Vertragsanpassung nach § 19 IV hängt der Umfang der Rückwirkung davon ab, ob der VN die Pflichtverletzung überhaupt zu vertreten hat. Da § 20 Satz 2 die **einfache Fahrlässigkeit** nicht erwähnt, kann die Vorschrift hier nicht unmittelbar angewendet werden.[11] In Betracht kommt aber eine Analogie.[12] Die h.M. lehnt dies jedoch ab.[13] Der Verzicht auf die Anwendung des § 20 Satz 2 bei einfacher Fahrlässigkeit lässt sich damit rechtfertigen, dass der Versicherer nur bei grobem Verschulden des VN oder des Vertreters des besonderen Schutzes durch § 20 bedarf. Bei einfacher Fahrlässigkeit genügt dagegen eine Zurechnung nach den allgemeinen Regeln (§ 166 BGB), zumal eine Kündigung oder ein Recht zur Vertragsänderung auch ohne Verschulden des VN in Betracht kommen.[14]

§ 21 Ausübung der Rechte des Versicherers.

(1) ¹Der Versicherer muss die ihm nach § 19 Abs. 2 bis 4 zustehenden Rechte innerhalb eines Monats schriftlich geltend machen. ²Die Frist beginnt mit dem Zeitpunkt, zu dem der Versicherer von der Verletzung der Anzeigepflicht, die das von ihm geltend gemachte Recht begründet, Kenntnis erlangt. ³Der Versicherer hat bei der Ausübung seiner Rechte die Umstände anzugeben, auf die er seine Erklärung stützt; er darf nachträglich weitere Umstände zur Begründung seiner Erklärung angeben, wenn für diese die Frist nach Satz 1 nicht verstrichen ist.

(2) ¹Im Fall eines Rücktritts nach § 19 Abs. 2 nach Eintritt des Versicherungsfalles ist der Versicherer nicht zur Leistung verpflichtet, es sei denn, die Verletzung der Anzeigepflicht bezieht sich auf einen Umstand, der weder für den Eintritt oder die Feststellung des Versicherungsfalles noch für die Feststellung

---

5 Zum Schutzzweck vgl. BK/*Voit* § 19 Rn. 1; L/W/*Muschner*, § 20 Rn. 1.
6 BK/*Voit*, § 19 Rn. 11; P/M/*Armbrüster*, § 20 Rn. 3; PK/*Härle*, § 20 Rn. 8.
7 Vgl. dazu etwa MünchKommBGB/*Schramm*, § 166 Rn. 31.
8 Für eigene Anzeigepflicht des Vertreters B/M/*Rolfs*, § 19 Rn. 20; R/L/*Langheid*, § 19 Rn. 1; dagegen BK/*Voit*, § 19 Rn. 10.
9 So auch B/M/*Möller*[8], § 19 Anm. 12.
10 OLG Hamm VersR 1962, 511; PK/*Härle*, § 20 Rn. 10.
11 Krit. dazu P/M/*Armbrüster*, § 20 Rn. 5.
12 Dafür noch Voraufl.
13 Für unveränderte Anwendung des § 20 Satz 2 B/M/*Rolfs*, § 20 Rn. 17; L/W/*Muschner*, § 20 Rn. 9; HK-VVG/*Schimikowski*, § 20 Rn. 4.
14 Vgl. L/W/*Muschner*, § 20 Rn. 9.

oder den Umfang der Leistungspflicht des Versicherers ursächlich ist. ²Hat der Versicherungsnehmer die Anzeigepflicht arglistig verletzt, ist der Versicherer nicht zur Leistung verpflichtet.
(3) ¹Die Rechte des Versicherers nach § 19 Abs. 2 bis 4 erlöschen nach Ablauf von fünf Jahren nach Vertragsschluss; dies gilt nicht für Versicherungsfälle, die vor Ablauf dieser Frist eingetreten sind. ²Hat der Versicherungsnehmer die Anzeigepflicht vorsätzlich oder arglistig verletzt, beläuft sich die Frist auf zehn Jahre.

Übersicht

	Rdn.		Rdn.
A. Allgemeines	1	2. Kausalität und objektive Zurechnung	15
B. Fristen und Modalitäten (Abs. 1)	2	3. Rechtsfolgen	20
I. Die Frist zur Ausübung der Rechte	2	4. Beweislast	22
II. Schriftform und Begründungserfordernis	5	II. Ausschluss des Kausalitätsgegenbeweises bei Arglist	23
III. Beweislast	11		
C. Einschränkung der Leistungsfreiheit beim Rücktritt (Abs. 2)	12	D. Erlöschen der Rechte des Versicherers	25
I. Fehlende Kausalität des Umstands	12	I. Die allgemeine Frist	25
1. Überblick	12	II. Verlängerung der Frist bei Vorsatz oder Arglist des VN	27

Schrifttum:
Henrichs, Zur Reichweite des § 21 VVG in der privaten Krankenversicherung, VersR 1989, 230; *Hövel*, Ab wann gilt etwas zur Kenntnis eines Unternehmens gelangt? – eine Überlegung zu § 21 I VVG 2008 (§ 20 I VVG a.F.) –, VersR 2008, 315; *Langheid*, Nachschieben von Gründen zum Rücktritt vom Versicherungsvertrag, NVersZ 1999, 155; *Lücke*, Versicherungsbetrug in der Sachversicherung, VersR 1996, 785; *K. Müller*, Zur fristgerechten Ausübung des Rücktrittsrechts nach § 16 VVG – unter Berücksichtigung des Rücktritts nach Eintritt des Versicherungsfalles, r+s 2000, 485; *Neeße*, Leistungspflicht des Krankenversicherers trotz Rücktritts nach § 21 VVG, VersR 1967, 721; *ders.*, Ist § 21 VVG in der privaten Krankenversicherung uneingeschränkt anwendbar?, VersR 1972, 213. Vgl. auch die Nachweise zu § 19.

A. Allgemeines

1 § 21 I regelt die **Fristen** und **Modalitäten**, die der Versicherer bei der Ausübung seiner Rechte zu beachten hat. § 21 III enthält eine **objektive zeitliche Grenze** von 5 bzw. 10 Jahren, die an den Abschluss des Versicherungsvertrags anknüpft. Dazwischen findet sich – systematisch wenig glücklich[1] – in § 21 II eine Vorschrift über die **Rechtsfolgen des Rücktritts**, die § 19 II inhaltlich ergänzt.

B. Fristen und Modalitäten (Abs. 1)

I. Die Frist zur Ausübung der Rechte

2 § 21 I 1 überträgt die im alten Recht für die Ausübung des Rücktrittsrechts vorgeschriebene **Monatsfrist** (§ 20 I 1 a.F.) auf alle Rechte des Versicherers nach § 19 II–IV. Die Frist beginnt mit dem Zeitpunkt, zu dem der Versicherer von der Verletzung der Anzeigepflicht, die das geltend gemachte Recht begründet, **Kenntnis** erlangt (§ 21 I 2). Entscheidend ist dabei die Kenntnis des Mitarbeiters, der für die Feststellung der Obliegenheitsverletzung zuständig ist.[2] Dass die entsprechende Mitteilung in den zentralen Posteinlauf des Versicherers gelangt ist, reicht nicht.[3] Auf der anderen Seite kommt es aber auch nicht darauf an, wann die für die endgültige Entscheidung über die Rechtsausübung zuständige Stelle Kenntnis erlangt hat. Im Fall der offenen **Mitversicherung** kommt eine Zurechnung der Kenntnis des führenden Versicherers in Betracht.[4]

3 Aus der Bezugnahme auf das geltend gemachte Recht folgt, dass die Kenntnis der Pflichtverletzung als solche – anders als bei § 20 I 2 a.F.[5] – nicht ausreicht. Der Versicherer muss vielmehr auch die für die weiteren Voraussetzungen des geltend gemachten Rechts maßgeblichen Umstände kennen.[6] So kann die Monatsfrist für die Kündigung erst beginnen, wenn der Versicherer weiß, dass das Rücktrittsrecht nach § 19 III 1 ausgeschlossen ist.[7] Das Problem lässt sich ggf. aber auch durch Umdeutung des Rücktritts in eine Kündigung (dazu § 19 Rdn. 64) lösen.[8] Im Hinblick auf das Vertragsänderungsrecht nach § 19 IV 2 muss für den Fristbeginn

---
[1] Krit. auch *Neuhaus* r+s 2008, 45, 46.
[2] BGH VersR 2002, 425; VersR 1996, 742; OLG Stuttgart VersR 2007, 340; Staudinger/Halm/Wendt/*Pilz/Gramse*, § 21 Rn. 18; L/W/*Muschner*, § 21 Rn. 16; P/M/*Armbrüster*, § 21 Rn. 23; PK/*Härle*, § 21 Rn. 14.
[3] OLG Stuttgart VersR 2007, 340; P/M/*Armbrüster*, § 21 Rn. 19; PK/*Härle*, § 21 Rn. 14; *Hövel* VersR 2008, 315, 316; a.A. OLG Nürnberg VersR 1990, 1337 (LS).
[4] Vgl. OLG Hamm VersR 2011, 469, 472; LG Hagen r+s 2010, 276, 278.
[5] Dazu *K. Müller* r+s 2000, 485, 485 f.
[6] L/W/*Muschner*, § 21 Rn. 6 f.; *Marlow*/Spuhl, Rn. 208; *Langheid* NJW 2007, 3665, 3668; *Neuhaus* r+s 2009, 309, 314; a.A. P/M/*Armbrüster*, § 21 Rn. 21; PK/*Härle*, § 21 Rn. 6 f.; *Wandt*, Rn. 848; *Rixecker* ZfS 2007, 371; *Schimikowski* r+s 2009, 353, 357.
[7] L/W/*Muschner*, § 21 Rn. 9; *Bruns*, § 8 Rn. 26; *Langheid* NJW 2007, 3665, 3668.
[8] *Marlow*/Spuhl, Rn. 208; vgl. auch L/W/*Muschner*, § 21 Rn. 29, 31; PK/*Härle*, § 21 Rn. 7.

feststehen, dass der VN die Vorsatzvermutung des § 19 III 1 entkräften kann.⁹ Dem Versicherer ist aber anzuraten, das Vertragsänderungsrecht hilfsweise neben dem Rücktrittsrecht auszuüben, um die Monatsfrist in jedem Fall einzuhalten.¹⁰

Ebenso wie bei § 20 I 2 a.F. beginnt die Frist erst mit **sicherer Kenntnis** der maßgeblichen Umstände durch den Versicherer.¹¹ Dem Versicherer ist es nicht zuzumuten, das in Frage stehende Recht auf bloßen Verdacht auszuüben.¹² Hat der Versicherer Anhaltspunkte für eine Anzeigepflichtverletzung, so darf er die Monatsfrist aber nicht dadurch unterlaufen, dass er die gebotenen **Rückfragen** unterlässt oder zurückstellt.¹³ Führt der Versicherer die Rückfrage nicht innerhalb einer angemessenen Zeit durch, so beginnt die Monatsfrist mit dem Zeitpunkt, zu dem er bei ordnungsgemäßer Rückfrage die erforderliche Kenntnis erlangt hätte.¹⁴ Welche Zeit für die Erfüllung der Nachfrageobliegenheit angemessen ist, hängt von den Umständen des Einzelfalls ab. Dabei sind die betriebstypischen Abläufe beim jeweiligen Versicherer im Rahmen des branchenüblichen Standards zugrunde zu legen.¹⁵ Letztlich soll dem Versicherer ein Verhalten verwehrt werden, dass durch Nachlässigkeit und Missbrauchsabsicht geprägt ist.¹⁶   **4**

II. Schriftform und Begründungserfordernis

Im Interesse der Rechtsklarheit für den VN muss der Versicherer seine Rechte in **Schriftform** (§ 126 BGB) geltend machen (§ 21 I 1).¹⁷ § 21 I 3 fordert außerdem die schriftliche Angabe der Umstände, auf die der Versicherer seine Erklärung stützt. Die **Begründung** muss »bei der Ausübung« des jeweiligen Rechts gegeben werden; nach § 21 I 3 Hs. 2 ist aber auch ein »**Nachschieben**« **von Gründen** möglich.   **5**

Die **Monatsfrist** des § 21 I 1 gilt nach § 21 I 3 Hs. 2 auch für das Nachschieben von Gründen. Die genaue Bedeutung dieser Regelung ist streitig. Das Problem beruht darauf, dass die Wendung »für diese« sprachlich sowohl auf die »weitere[n] Umstände« als auch auf die »Erklärung« bezogen werden kann.¹⁸ Ein Teil der Literatur folgt der ersten Alternative und lässt die Frist mit der Erlangung der Kenntnis von den »weiteren Umständen« beginnen.¹⁹ Die Gegenauffassung stellt auf die Erklärung ab und zieht hieraus den Schluss, dass die neuen Gründe nur innerhalb der Frist geltend gemacht werden können, die durch die Kenntnis der für die vorliegende Erklärung maßgeblichen Gründe ausgelöst wurde; im Übrigen sei der Versicherer auf die erneute Ausübung seines Gestaltungsrechts verwiesen.²⁰   **6**

Bei der **Würdigung** ist davon auszugehen, dass sich das Problem wegen des verunglückten Wortlauts durch grammatikalische Auslegung nicht eindeutig lösen lässt. Entscheidend ist daher die Ratio der dem Versicherer eingeräumten Möglichkeit zum Nachschieben von Gründen. Nach der amtlichen Begründung ging es dem Gesetzgeber darum, eine »Überfrachtung« der schriftlichen Erklärung des Versicherers zu vermeiden und ihm die Möglichkeit zu geben, zusätzliche Erkenntnisse geltend zu machen, die für das von ihm ausgeübte Recht relevant sind.²¹ Dieser Zweck lässt sich nur gewährleisten, wenn man die Frist für das Nachschieben von Gründen mit der Erlangung der Kenntnis von den betreffenden Umständen beginnen lässt.²² Die Gegenauffassung hat zur Folge, dass die Möglichkeit des Nachschiebens von Gründen weitgehend leerläuft, wenn der Versicherer die Erklärung erst am Ende der Monatsfrist abgegeben hat. Neue Erkenntnisse könnten dann regelmäßig nur aufgrund einer neuen Gestaltungserklärung berücksichtigt werden. Dies erscheint unter dem Aspekt der **Prozessökonomie** wenig sinnvoll.²³ Außerdem wäre das Gericht gehindert, die dem Versicherer zu verschiedenen Zeitpunkten zur Kenntnis gelangten Umstände in der **Zusammenschau** zu würdigen, was   **7**

---

9 L/W/*Muschner*, § 21 Rn. 10; *Marlow*/Spuhl, Rn. 208; a.A. B/M/*Rolfs*, § 21 Rn. 24.
10 L/W/*Muschner*, § 21 Rn. 33 ff.; *Wandt*, Rn. 848; *Höra* r+s 2008, 89, 92; *Neuhaus* r+s 2008, 45, 51 ff.; *Reusch* VersR 2007, 1313, 1316.
11 P/M/*Armbrüster*, § 21 Rn. 19; PK/*Härle*, § 21 Rn. 10; L/W/*Muschner*, § 21 Rn. 11; *Langheid* NJW 2007, 3665, 3668; *K. Müller* r+s 2000, 485, 486.
12 BGHZ 108, 326, 328 = VersR 1989, 1249, 1250; BGH VersR 2000, 1486; VersR 1999, 217, 218; VersR 1991, 170, 172; LG Zweibrücken r+s 1989, 86, 87.
13 BGH VersR 1999, 217, 219; L/W/*Muschner*, § 21 Rn. 12. Zur Nachfrageobliegenheit s. auch § 19 Rdn. 51.
14 BGHZ 108, 326, 329; L/W/*Muschner*, § 21 Rn. 12; P/M/*Armbrüster*, § 21 Rn. 22; PK/*Härle*, § 21 Rn. 13; auf die Kenntnis der Verdachtsumstände abstellend B/M/*Rolfs*, § 21 Rn. 26.
15 *K. Müller* r+s 2000, 485, 487; nach L/W/*Muschner*, § 21 Rn. 13 sollte sich der Versicherer jedenfalls nicht länger als einen Monat seit Erkennen des Aufklärungsbedarfs für die Rückfragen Zeit lassen.
16 BGH VersR 1999, 217, 219; P/M/*Armbrüster*, § 21 Rn. 22.
17 Vgl. Begr. RegE BT-Drucks. 16/3945 S. 66.
18 Zur Problemstellung L/W/*Muschner*, § 21 Rn. 40 ff.; P/M/*Armbrüster*, § 21 Rn. 16; *Marlow*/Spuhl, Rn. 217; *Neuhaus* r+s 2008, 45, 53, *Reusch* VersR 2007, 1313, 1321.
19 Hierfür L/W/*Muschner*, § 21 Rn. 42 ff.; P/M/*Prölss*²⁸, § 21 Rn. 11; R/L/*Langheid*, § 21 Rn. 12; *Marlow*/Spuhl, Rn. 217; *Wandt*, Rn. 850.
20 Hierfür HK-VVG/*Schimikowski*, § 21 Rn. 12 f.; *Lange* r+s 2008, 56, 60; *Neuhaus* r+s 2008, 45, 53; P/M/*Armbrüster*, § 21 Rn. 17; *Reusch* VersR 2007, 1313, 1321.
21 Begr. RegE BT-Drucks. 16/3945 S. 66.
22 Vgl. R/L/*Langheid*, § 21 Rn. 12.
23 Krit. auch P/M/*Prölss*²⁸, § 21 Rn. 11; *Marlow*/Spuhl, Rn. 217: »unnötige Förmelei«.

insbesondere bei der Gewichtung des Verschuldens notwendig sein kann.[24] Dass der Versicherer die Erfolgsaussichten der von ihm geltend gemachten Gestaltungserklärung durch das Nachschieben von Gründen verbessern kann,[25] entspricht dem Zweck der Nachschiebemöglichkeit; die damit verbundenen Nachteile für den VN sind vom Gesetzgeber somit in Kauf genommen worden.

8 Eine abweichende Beurteilung lässt sich auch nicht auf die Rechtsprechung des BGH zu § 20 I a.F. stützen.[26] Nach dieser Rechtsprechung war der Versicherer nach altem Recht nicht gehindert, »weitere ihm innerhalb der für den erklärten Rücktritt maßgeblichen Frist bekanntgewordene, für die Obliegenheitsverletzung zusätzlich relevante Umstände nachzuschieben«.[27] Die Entscheidung lässt sich zwar als Beleg dafür anführen, dass der BGH bei der Frist auf den erklärten Rücktritt abstellt. Andererseits verlangt der BGH lediglich, dass die zusätzlichen Umstände dem Versicherer in dieser Frist »bekanntgeworden« sind. Anders als nach dem geltenden Recht war für das Nachschieben der Gründe also gerade keine Frist vorgesehen.[28] Auch sonst hat sich die diesbezügliche Rechtslage durch die VVG-Reform maßgeblich verändert. So gab es nach altem Recht weder ein Begründungserfordernis noch ein Nebeneinander mehrerer Gestaltungsrechte.[29]

9 Die hier vertretene Auffassung wird schließlich nicht dadurch in Frage gestellt, dass die h.M. ein Nachschieben von Gründen bei der **Anfechtung wegen arglistiger Täuschung** nach § 123 BGB nur innerhalb der Jahresfrist des § 124 BGB für zulässig hält (vgl. § 22 Rdn. 23). Denn anders als dort hat der Gesetzgeber in § 21 I 3 Hs. 2 ein Nachschieben von Gründen ausdrücklich zugelassen.

10 Die h.M. sieht eine ordnungsgemäße Begründung als **formale Voraussetzung** für eine wirksame Rechtsausübung an.[30] Da die Begründung dem VN Rechtsklarheit verschaffen soll, muss der Versicherer die **konkreten Umstände** darlegen, auf die er seine Erklärung stützt. Ob diese Gründe sich letztlich als tragfähig erweisen, ist in diesem Zusammenhang irrelevant.[31] Sind die dargelegten Gründe nicht tragfähig, so scheitert das geltend gemachte Gestaltungsrecht zwar aus **materiell-rechtlichen Gründen**.[32] Dies gilt jedoch nur dann, wenn der Versicherer keine tragfähigen Gründe nachgeschoben hat (dazu oben Rdn. 7 f.).[33]

III. Beweislast

11 Beruft sich der VN darauf, dass der Rücktritt nicht fristgerecht erfolgt sei, so trägt er dafür die Darlegungs- und Beweislast.[34] Dies gilt auch für den Zeitpunkt, in dem der Versicherer von der Verletzung der Anzeigepflicht **Kenntnis erlangt** hat.[35] Da der VN die im Geschäftsbereich des Versicherers angesiedelten Abläufe nicht kennen kann, trifft diesen ggf. aber eine sekundäre Darlegungslast.[36]

C. Einschränkung der Leistungsfreiheit beim Rücktritt (Abs. 2)

I. Fehlende Kausalität des Umstands

1. Überblick

12 § 21 II regelt die **Leistungsfreiheit** des Versicherers **im Fall des Rücktritts** (vgl. § 19 Rdn. 57 ff.). Die Vorschrift stellt klar, dass die Leistungspflicht bestehen bleibt, wenn dem VN der **Kausalitätsgegenbeweis** gelingt. Dies galt auch schon nach der Vorgängervorschrift des § 21 a.F.

13 § 21 II betrifft allein die Kausalität zwischen dem verschwiegenen oder unrichtig angezeigten Umstand und dem Eintritt bzw. der Feststellung des **Versicherungsfalls** oder der Feststellung bzw. dem Umfang der **Leistungspflicht** des Versicherers. Der Versicherer kann sich insoweit also nicht darauf berufen, er hätte den Vertrag bei ordnungsgemäßer Anzeige überhaupt nicht oder nur zu anderen Bedingungen geschlossen.[37] Die Kausalität der Pflichtverletzung für den **Vertragsschluss** muss schon bei der Gefahrerheblichkeit geprüft werden (dazu § 19 Rdn. 29 f.). Weist der VN nach, dass der Versicherer den Vertrag zu **anderen Bedingungen** geschlossen hätte, so ist der Rücktritt nach § 19 IV 1 ausgeschlossen (vgl. § 19 Rdn. 65). Das Problem des § 21 II stellt sich dann ohnehin nicht mehr.

---

24 Zu diesem Problem L/W/*Muschner*, § 21 Rn. 44.
25 Hierauf abstellend P/M/*Armbrüster*, § 21 Rn. 17.
26 So aber *Reusch* VersR 2007, 1313, 1321.
27 BGH VersR 1999, 217, 219.
28 Vgl. *Marlow*/Spuhl, Rn. 216 f.
29 So überzeugend L/W/*Muschner*, § 21 Rn. 45.
30 P/M/*Armbrüster*, § 21 Rn. 13; *Marlow*/Spuhl, Rn. 212; *Wandt*, Rn. 849.
31 P/M/*Armbrüster*, § 21 Rn. 14; HK-VVG/*Schimikowski*, § 21 Rn. 10; *Marlow*/Spuhl, Rn. 213; *Lange* r+s 2008, 56, 60.
32 Vgl. P/M/*Armbrüster*, § 21 Rn. 14; HK-VVG/*Schimikowski*, § 21 Rn. 10.
33 Vgl. R/L/*Langheid*, § 21 Rn. 12.
34 B/M/*Rolfs*, § 21 Rn. 62; *Marlow*/Spuhl, Rn. 211; *Hövel* VersR 2008, 315, 316.
35 BGH VersR 1991, 170, 171; VersR 1980, 762; L/W/*Muschner*, § 21 Rn. 23; P/M/*Armbrüster*, § 21 Rn. 28; R/L/*Langheid*, § 21 Rn. 15.
36 L/W/*Muschner*, § 21 Rn. 23; P/M/*Armbrüster*, § 21 Rn. 28; *Marlow*/Spuhl, Rn. 211.
37 BGH VersR 1996, 830; VersR 1985, 154; P/M/*Armbrüster*, § 21 Rn. 34; PK/*Härle*, § 21 Rn. 26; R/L/*Langheid*, § 21 Rn. 26; BK/*Voit*, § 21 Rn. 4; *Knappmann* r+s 1996, 81, 84; a.A. *Henrichs* VersR 1989, 230, 231.

Der Kausalitätsgegenbeweis nach § 21 II schließt nur die Leistungsfreiheit des Versicherers für einen **bereits eingetretenen** Versicherungsfall aus. Der Rücktritt als solcher bleibt wirksam. Ist der Versicherungsfall erst nach dem Wirksamwerden des Rücktritts eingetreten, so ist die Leistungspflicht des Versicherers daher nach allgemeinen Grundsätzen ohne Rücksicht auf die Kausalität ausgeschlossen.[38] Bei einem **gedehnten Versicherungsfall** – insbesondere in der Krankenversicherung und Berufsunfähigkeitsversicherung – kann der VN sich aber auch nach Wirksamwerden des Rücktritts noch auf die fehlende Kausalität berufen.[39] 14

2. Kausalität und objektive Zurechnung

Der Begriff der Kausalität richtet sich nach den allgemeinen Grundsätzen.[40] Mindestvoraussetzung ist damit die Ursächlichkeit im naturwissenschaftlichen Sinne, die mit Hilfe der **Äquivalenztheorie** und der **conditio-sine-qua-non-Formel** zu ermitteln ist.[41] Es genügt, dass der fragliche Umstand **mitursächlich** war.[42] 15

Nach h.M. muss der Eintritt des Versicherungsfalles eine **adäquate** Folge des verschwiegenen oder unzutreffend angezeigten Umstands sein.[43] Die Kausalität ist daher zu verneinen, wenn der Eintritt des Versicherungsfalles auf einem zufälligen, nach der allgemeinen Lebenserfahrung außer Betracht zu lassenden Geschehensverlauf beruht oder sich nicht als Verwirklichung eines spezifischen Risikos darstellt, das mit dem betreffenden Umstand verbunden ist.[44] Gegen die Anwendbarkeit des Adäquanzkriteriums wird zwar geltend gemacht, dass es beim Kausalitätsgegenbeweis nicht darum gehe, die Verantwortung des VN für die Folgen des verschwiegenen Umstands zu begrenzen.[45] Das Erfordernis eines nicht nur zufälligen Zusammenhangs mit dem Eintritt des Versicherungsfalls oder dem Umfang der Leistungspflicht entspricht aber dem Grundgedanken der Anzeigepflicht, das versicherte Risiko **planmäßig** zu begrenzen bzw. kalkulierbar zu machen. 16

Die Zurechenbarkeit darf allerdings nicht zu eng begrenzt werden. Ergibt sich aus dem verschwiegenen Umstand die Notwendigkeit einer Operation, so wird der Kausalzusammenhang nicht dadurch ausgeschlossen, dass der Schaden sich als unvermeidbare **Operationsfolge** oder auch als Ausfluss eines **fahrlässigen Behandlungsfehlers** erweist.[46] Bei vorsätzlichen oder grob fahrlässigen Kunstfehlern kann die Zurechenbarkeit im Einzelfall aber wie im allgemeinen Haftungsrecht[47] zu verneinen sein. 17

Besondere Probleme ergeben sich, wenn die Anzeigepflichtverletzung sich auf sog. **subjektive Risikoumstände** bezieht, die die Gefahr einer unberechtigten Inanspruchnahme des Versicherers erhöhen. Hierzu gehören etwa Vorschäden, frühere oder anderweitig bestehende gleichartige Versicherungen, die vorausgegangene Ablehnung von Versicherungsanträgen, die Eigentumsverhältnisse an der versicherten Sache oder die Existenz einer Vorstrafe wegen Brandstiftung. Die h.M. geht davon aus, dass solche Umstände im Allgemeinen weder für den Versicherungsfall noch für den Umfang der Leistungspflicht kausal sind.[48] Dass der verschwiegene subjektive Risikoumstand geeignet sein mag, den Versicherer zu näheren Überlegungen und Nachforschungen über seine Leistungspflicht zu veranlassen, rechtfertigt es für sich genommen nicht, die Kausalität im Hinblick auf den Umfang der Leistung zu bejahen.[49] Die für die gegenteilige Auffassung in Bezug genommene Entscheidung des BGH vom 05.04.1990[50] bezieht sich auf § 6 I a.F. und lässt sich auf § 21 II nicht übertragen.[51] Da der Gesetzgeber für subjektive Risikoumstände keine Sonderregelung getroffen hat, gilt der Kausalitätsgegenbeweis auch hier uneingeschränkt.[52] Die Interessen des Versicherers werden insoweit dadurch gewahrt, dass der Kausalitätsgegenbeweis nach § 21 II 2 bei Arglist ausgeschlossen ist. Darüber hinaus kommt bei Arglist auch eine Anfechtung nach § 123 BGB in Betracht (vgl. § 22), ohne dass der Kausalitätsgegenbeweis angetreten werden kann. 18

---

38 Vgl. BGH VersR 2001, 1014; L/W/*Muschner*, § 21 Rn. 51; P/M/*Armbrüster*, § 21 Rn. 43.
39 BGH VersR 1971, 810; L/W/*Muschner*, § 21 Rn. 52; PK/*Härle*, § 21 Rn. 24; R/L/*Langheid*, § 21 Rn. 24; VersHb/*Knappmann*, § 14 Rn. 117; a.A. P/M/*Armbrüster*, § 21 Rn. 43; *Neeße* VersR 1972, 213, 213 ff.
40 BGH VersR 1990, 1002, 1003 = NJW-RR 1990, 1359, 1360.
41 VersHb/*Knappmann*, § 14 Rn. 119; PK/*Härle*, § 21 Rn. 27.
42 BGH VersR 1990, 297, 298; BK/*Voit*, § 21 Rn. 5; L/W/*Muschner*, § 21 Rn. 53; PK/*Härle*, § 21 Rn. 27.
43 OLG Hamm VersR 1992, 1206, 1207; LG Köln NJW-RR 1995, 1496; B/M/*Möller*[8], § 21 Anm. 8; L/W/*Muschner*, § 21 Rn. 53; R/L/*Langheid*, § 21 Rn. 27; a.A. BK/*Voit*, § 21 Rn. 7; P/M/*Armbrüster*, § 21 Rn. 35; VersHb/*Knappmann*, § 14 Rn. 119.
44 Vgl. LG Köln NJW-RR 1995, 1496 (i.E. aber zweifelhaft).
45 So P/M/*Armbrüster*, § 21 Rn. 35.
46 BGH VersR 1990, 1002, 1003; zu eng LG Köln NJW-RR 1995, 1496, wo die Zurechenbarkeit des allgemeinen Operationsrisikos verneint wird.
47 BGH NJW 1989, 767; OLG Hamm r+s 2014, 255.
48 Vgl. BGH VersR 1991, 1404; VersR 1977, 660; OLG Köln VersR 1992, 231; OLG Hamm r+s 1990, 168; r+s 1989, 1; B/M/*Rolfs*, § 21 Rn. 38; P/M/*Armbrüster*, § 21 Rn. 37; PK/*Härle*, § 21 Rn. 28; *Martin*, N II Rn. 17; *Lücke* VersR 1996, 785, 787; a.A. L/W/*Muschner*, § 21 Rn. 56; R/L/*Langheid*, § 21 Rn. 31 f.; *Langheid* NJW 1991, 268, 271.
49 Anders P/M/*Armbrüster*, § 21 Rn. 37; L/W/*Muschner*, § 21 Rn. 56.
50 BGH VersR 1990, 384.
51 So auch BK/*Voit*, § 21 Rn. 18 (zu § 21 a.F.); a.A. P/M/*Armbrüster*, § 21 Rn. 37; R/L/*Langheid*, § 21 Rn. 32.
52 Zum alten Recht BGH VersR 1977, 660; a.A. *Surminski* NJW 1972, 343, 344.

19 Bei **indizierenden Umständen** (z.B. symptomatische Beschwerden, Arztbesuche, Krankenhausaufenthalte) besteht das Problem, dass der verschwiegene Umstand für sich genommen nicht für den Eintritt des Versicherungsfalles ursächlich sein kann. Der Kausalitätsgegenbeweis muss daher auch auf die Frage erstreckt werden, ob der Versicherer bei ordnungsgemäßer Anzeige des Umstands Nachforschungen angestellt hätte, mit denen die kausale Hauptursache festgestellt worden wäre.[53]

3. Rechtsfolgen

20 Kann der VN den Kausalitätsgegenbeweis nicht führen, so entfällt sein Anspruch auf die Leistung **vollständig**. Dies gilt auch dann, wenn sich der nicht oder falsch angezeigte Umstand nur auf einen **Teil des Schadens** ausgewirkt hat.[54] Die fehlende Beschränkung auf den kausalen Teil des Schadens galt zwar schon nach altem Recht als systemwidrig.[55] Indem der Gesetzgeber in § 21 II 1 Hs. 2 – anders als bei §§ 26 III Nr. 1, 28 III 1, 82 IV 1 – nicht das einschränkende Wort »soweit« verwendet, sondern die Wendung »es sei denn«, macht er deutlich, dass das Alles-oder-Nichts-Prinzip in diesem Bereich weiter gelten soll. In Ausnahmefällen kann der Versicherer aber nach Treu und Glauben (§ 242 BGB) an der Geltendmachung der vollständigen Leistungsfreiheit gehindert sein.[56]

21 Gelingt dem VN der Kausalitätsgegenbeweis, so bleibt die Leistungspflicht des Versicherers in Bezug auf den konkret **eingetretenen Versicherungsfall** bestehen. Die Wirksamkeit des Rücktritts als solchen wird dadurch aber nicht berührt. Tritt nach dem Wirksamwerden des Rücktritts ein weiterer Versicherungsfall ein, so ist der Versicherer daher nach allgemeinen Grundsätzen leistungsfrei.

4. Beweislast

22 Aus der negativen Formulierung des § 21 II 1 Hs. 2 ergibt sich, dass der **VN** die **Beweislast** für die fehlende Kausalität trägt. Bei indizierenden Umständen muss aber der Versicherer darlegen und beweisen, dass die kausale Hauptursache bei einer ordnungsgemäßen Anzeige festgestellt worden wäre.[57]

II. Ausschluss des Kausalitätsgegenbeweises bei Arglist

23 Bei Arglist bleibt dem VN nach § 21 II 2 aus Gründen der **Generalprävention** der Kausalitätsgegenbeweis verschlossen.[58] Für den Begriff der Arglist gelten die allgemeinen Grundsätze (näher dazu § 22 Rdn. 11). Entgegen der missverständlichen Gesetzesbegründung[59] ist Arglist danach **nicht** auf **betrügerisches Verhalten** beschränkt.[60] Es reicht, dass der VN die Unrichtigkeit seiner Angaben kennt und in dem Bewusstsein handelt, die Entscheidung des Versicherers über den Vertragsschluss zu beeinflussen.[61] Der VN muss also davon ausgehen, der Versicherer werde seinen Antrag bei ordnungsgemäßer Anzeige nicht oder nur zu ungünstigeren Bedingungen annehmen.[62] Dass der VN sich unrechtmäßig bereichern oder dem Versicherer einen Vermögensschaden zufügen will, ist nicht erforderlich.[63] Auf der anderen Seite gibt es nach der Rechtsprechung keinen allgemeinen Erfahrungssatz, dass die **bewusst unrichtige Antwort** auf eine Frage immer und nur in der Absicht erfolgt, auf den Willen des Versicherers einzuwirken.[64] Weitere denkbare Gründe sind Gleichgültigkeit, falsch verstandene Scham, Bequemlichkeit oder der Irrtum über die Relevanz des betreffenden Umstands.[65] Die Motivation des VN muss daher im Einzelfall sehr genau geprüft werden.[66] Den VN trifft dabei eine sekundäre Darlegungslast.[67] Er muss also plausibel darlegen, wie und weshalb es zu der objektiv unrichtigen Antwort gekommen ist.[68]

---

53 OLG Koblenz VersR 1999, 610 (LS) = NVersZ 1999, 125; OLG Karlsruhe NVersZ 2002, 499; OLG Düsseldorf VersR 1998, 349, 350; L/W/*Muschner*, § 21 Rn. 54; P/M/*Armbrüster*, § 21 Rn. 38; R/L/*Langheid*, § 21 Rn. 34; PK/*Härle*, § 21 Rn. 29; B/M/*Rolfs*, § 21 Rn. 41; von BGH VersR 1980, 762 offen gelassen.
54 B/M/*Rolfs*, § 21 Rn. 41; BK/*Voit*, § 21 Rn. 17.
55 BK/*Voit*, § 21 Rn. 17.
56 Vgl. B/M/*Rolfs*, § 21 Rn. 41; VersHb/*Knappmann*, § 14 Rn. 122.
57 OLG Düsseldorf VersR 1998, 349, 350; P/M/*Armbrüster*, § 21 Rn. 42.
58 Begr. RegE BT-Drucks. 16/3945 S. 66; P/M/*Armbrüster*, § 21 Rn. 44; *Looschelders*, in: GS U. Hübner, S. 147, 150; krit. *Franz* VersR 2008, 298, 305.
59 Begr. RegE BT-Drucks. 16/3945 S. 49.
60 L/W/*Müller-Frank*, § 22 Rn. 25 ff.; *Looschelders*, in: GS U. Hübner, S. 147, 149.
61 Vgl. BGH VersR 2007, 785 = NJW 2007, 2041, 2042; NJW-RR 1991, 411; VersR 1987, 91.
62 BGH VersR 2007, 785; OLG Hamm VersR 2016, 103, 104.
63 L/W/*Müller-Frank*, § 22 Rn. 25 ff.; P/M/*Armbrüster*, § 22 Rn. 7; R/L/*Langheid*, § 22 Rn. 7; *Looschelders*, in: GS U. Hübner, S. 147, 149; a.A. *Kolbe* JZ 2009, 550, 553: Schädigungsvorsatz erforderlich.
64 BGH VersR 2009, 968, 969; VersR 2007, 785; OLG Köln VersR 2013, 487, 488; OLG Karlsruhe r+s 2016, 39; P/M/*Armbrüster*, § 21 Rn. 44.
65 OLG Koblenz NVersZ 2001, 74; OLG Karlsruhe r+s 2016, 39; PK/*Härle*, § 22 Rn. 12.
66 Vgl. P/K/*Härle*, § 22 Rn. 13; *Langheid/Müller-Frank* NJW 2010, 344, 345.
67 BGH VersR 2011, 909, 910; OLG Köln VersR 2013, 487, 488; B/M/*Rolfs*, § 22 Rn. 46; Veith/Gräfe/*Hoenicke*, § 2 Rn. 246.
68 BGH VersR 2011, 909, 910; OLG Saarbrücken VersR 2013, 1030, 1032; OLG Hamm VersR 2016, 103, 104.

Ggf. können auch **Angaben »ins Blaue hinein«** den Vorwurf der Arglist rechtfertigen.[69] So handelt der VN 24
in der Berufsunfähigkeitsversicherung arglistig, wenn er bei der Antragstellung »ins Blaue hinein« unrichtige
Angaben über den Gesundheitszustand der zu versichernden Person macht, ohne die Unzuverlässigkeit seiner
Beurteilungsgrundlage offen zu legen.[70]

D. Erlöschen der Rechte des Versicherers
I. Die allgemeine Frist

§ 21 III sieht **objektive** (d.h. kenntnisunabhängige) Fristen für das Erlöschen der Rechte des Versicherers vor. 25
Der Gesetzgeber trägt damit dem Interesse des VN Rechnung, in einem angemessenen Zeitraum Rechtssicherheit über den Bestand des Vertrages zu erlangen, zumal eine Rückabwicklung oder rückwirkende Anpassung des Vertrages nach längerer Zeit zu unzumutbaren Belastungen für den VN führen kann.[71] Die Frist beträgt nach Satz 1 Hs. 1 grundsätzlich **fünf Jahre** nach Vertragsschluss. In der Krankenversicherung ist die Frist mit Rücksicht auf deren besondere soziale Bedeutung für den VN auf 3 Jahre verkürzt (§ 194 I 4).[72]
Die Frist von 5 bzw. 3 Jahren gilt nach § 21 III 1 Hs. 2 nicht für **Versicherungsfälle**, die bereits **vor dem** 26
Fristablauf eingetreten sind. Der Gesetzgeber will damit verhindern, dass der VN den Versicherungsfall bewusst erst nach Fristablauf anzeigt, um dem Versicherer dann das Erlöschen seiner Rechte entgegenhalten zu können.[73] Praktische Bedeutung hat dies vor allem für solche Fälle, in denen die AVB dem VN keine Obliegenheit zur unverzüglichen Anzeige des Versicherungsfalles auferlegen.[74] Die Privilegierung des Versicherers setzt voraus, dass der Versicherungsfall (d.h. die vertraglichen Voraussetzungen für die Leistungspflicht des Versicherers) vor Ablauf der Frist *tatsächlich* eingetreten ist. Es reicht also nicht, dass der VN Leistungsansprüche für einen vermeintlichen Versicherungsfall geltend gemacht hat, der in den fraglichen Zeitraum gefallen wäre.[75]

II. Verlängerung der Frist bei Vorsatz oder Arglist des VN

Bei **Vorsatz** oder **Arglist** des VN verlängert sich die Ausschlussfrist nach § 21 III 2 auf **10 Jahre ab Vertrags-** 27
schluss. Der Gesetzgeber hat sich dabei an § 124 III BGB orientiert, wonach das Anfechtungsrecht wegen arglistiger Täuschung oder widerrechtlicher Drohung ohne Rücksicht auf die Kenntnis des Anfechtungsberechtigten mit Ablauf von 10 Jahren nach Abgabe der Willenserklärung erlischt.[76]
Fraglich erscheint, ob die 10-Jahresfrist auch für Versicherungsfälle gilt, die bei Fristablauf bereits eingetreten 28
sind, oder ob auch insoweit die Vorschrift des § 21 III 1 Hs. 2 anwendbar ist. Für die Anwendbarkeit des § 21 III 1 Hs. 2 spricht der Gedanke, dass § 21 III 2 nur die Frist für die Geltendmachung der Rechte durch den Versicherer verlängert.[77] Auf der anderen Seite ist zu beachten, dass der Gesetzgeber sich bei der 10-Jahresfrist des § 21 III 2 an § 124 III BGB orientiert hat.[78] Bei § 124 III BGB ist anerkannt, dass es sich um eine **objektive Ausschlussfrist** handelt, die im Interesse des Rechtsfriedens keiner Verlängerung zugänglich ist.[79] Außerdem hat der BGH in einer aktuellen Entscheidung klargestellt, dass die Regelungen des § 21 III nicht auf die für die **Arglistanfechtung** maßgebliche Frist nach § 124 III BGB durchschlagen (vgl. § 22 Rdn. 20).[80] Wenn die Frist für die Arglistanfechtung nach § 124 III BGB ohne Rücksicht auf den vorherigen Eintritt eines Versicherungsfalles abläuft, wäre es widersprüchlich, dem Versicherer bei der 10-Jahresfrist nach § 21 III 2 die Vorschrift des § 21 III 1 Hs. 2 zugute kommen zu lassen. Denn die Frist für die Geltendmachung der Rechte aus § 19 II–IV nach § 21 III 2 wäre dann selbst bei einfachem Vorsatz des VN länger als die Frist für die Arglistanfechtung nach § 124 III BGB.[81]
Die Nichtanwendung des § 21 III 1 Hs. 2 kann im Einzelfall allerdings zu dem Problem führen, dass der VN 29
die Anzeige des Versicherungsfalls **bewusst hinauszögert**, um den Fristablauf abzuwarten. Dieses Problem ist bei der 10-jährigen Anfechtungsfrist aber nicht so gravierend wie bei der 5-jährigen Frist. Außerdem kann

---

69 P/M/*Armbrüster*, § 22 Rn. 9.
70 KG VersR 2007, 381, 382.
71 Vgl. Begr. RegE BT-Drucks. 16/3945 S. 66; *Franz* VersR 2008, 298, 306; *Wandt*, Rn. 851; krit. L/W/*Muschner*, § 21 Rn. 63.
72 Vgl. Begr. RegE BT-Drucks. 16/3945 S. 67, 111.
73 Vgl. OLG Braunschweig r+s 2016, 119.
74 Vgl. L/W/*Muschner*, § 21 Rn. 64; P/M/*Armbrüster*, § 21 Rn. 45; *Reusch* VersR 2007, 1313; *Rixecker* ZfS 2007, 370.
75 OLG Braunschweig r+s 2016, 119.
76 Begr. RegE BT-Drucks. 16/3945 S. 67.
77 Für Anwendbarkeit des § 21 III 1 Hs. 2 im Rahmen des § 21 III 2 L/W/*Muschner*, § 21 Rn. 65; *Knappmann* VRR 2007, 451, 453; *Neuhaus* r+s 2008, 45, 54; ebenso noch Voraufl. Rn. 26.
78 Vgl. Begr. RegE BT-Drucks. 16/3945 S. 67.
79 Vgl. B/M/*Rolfs*, § 21 Rn. 5; MünchKommBGB/*Armbrüster*, § 124 Rn. 10.
80 BGH VersR 2016, 101 = NJW 2016, 394 Rn. 14 ff.
81 Vgl. B/M/*Rolfs*, § 21 Rn. 5; *Neuhaus* jurisPR-VersR 1/2016 Anm. 1.

der Versicherer im Fall einer missbräuchlichen Verzögerung der Anzeige durch den VN über § 242 BGB geschützt werden.[82] § 21 III 1 Hs. 2 ist somit nicht auf die 10-Jahresfrist nach § 21 III 2 anwendbar.[83]

30 Im allgemeinen Zivilrecht geht die h.M. davon aus, dass der Fristablauf nach § 124 III den Getäuschten nicht hindert, Schadensersatzansprüche aus **culpa in contrahendo** (§§ 311 II, 241 II, 280 I BGB) geltend zu machen, die auf die Rückabwicklung des Vertrages gerichtet sein können.[84] Diese Auffassung lässt sich indes nicht auf das Versicherungsrecht übertragen, weil Ansprüche aus culpa in contrahendo dort auch bei Vorsatz und Arglist durch die §§ 19 ff. verdrängt werden (vgl. § 19 Rdn. 3).[85] Dass der Versicherer in diesen Fällen nicht schutzwürdig ist, rechtfertigt keine andere Beurteilung. Denn die §§ 19 ff. enthalten für die verschiedenen Formen des Verschuldens differenzierte Sonderregelungen, die auch der besonderen Interessenlage bei Vorsatz und Arglist Rechnung tragen. Diese Regelungen dürfen nicht durch Rückgriff auf das allgemeine Institut der culpa in contrahendo unterlaufen werden.[86]

§ 22 Arglistige Täuschung. Das Recht des Versicherers, den Vertrag wegen arglistiger Täuschung anzufechten, bleibt unberührt.

Übersicht

	Rdn.		Rdn.
A. Allgemeines	1	2. Begründung und Nachschieben von Gründen	22
I. Normzweck	1	3. Verhältnis von Anfechtung und Rücktritt	24
II. Anwendungsbereich und Konkurrenzen	3	4. Bestätigung	26
B. Voraussetzungen der Anfechtung	5	C. Rechtsfolgen	27
I. Arglistige Täuschung	5	D. Beweisfragen	31
1. Täuschung	5	I. Darlegungs- und Beweislast	31
2. Arglist	11	II. Einzelfälle	33
II. Irrtum und Kausalität	12	III. Erhebung von Gesundheitsdaten	35
III. Täuschung durch Dritte	14		
IV. Modalitäten der Anfechtung	19		
1. Fristen	20		

Schrifttum:
Dreher, Die »bedingungsgemäße Entschädigung« des arglistig täuschenden VN – Zur Begründung eines Kausalitätserfordernisses für die Anfechtung des Versicherungsvertrags wegen arglistiger Täuschung des Versicherers, VersR 1998, 539; *Mankowski*, Arglistige Täuschung durch vorsätzlich falsche oder unvollständige Antworten auf konkrete Fragen, JZ 2004, 121; *Metz*, Aufklärungspflicht des VN über unentdeckte Straftaten – versicherungs- und strafrechtliche Aspekte, VersR 2010, 1265; *Prahl*, Zum Prämienanspruch des Versicherers nach Anfechtung des Vertrags wegen arglistiger Täuschung des VN, VersR 2007, 459. Vgl. auch die Nachweise zu § 19.

A. Allgemeines

I. Normzweck

1 § 22 stellt klar, dass der Versicherer durch die Sonderregelungen der §§ 19 ff. nicht gehindert wird, den Vertrag nach § 123 BGB wegen **arglistiger Täuschung** anzufechten. Die Vorschrift stimmt inhaltlich mit § 22 a.F. überein. Der Gesetzgeber hat lediglich die dort vorgesehene »Beschränkung … auf eine Täuschung über Gefahrumstände« aufgehoben und dies mit dem Sinn und Zweck der Regelung begründet.[1] Dass die §§ 19 ff. eine Anfechtung wegen arglistiger Täuschung über nicht gefahrerhebliche Umstände nicht ausschließen, ergibt sich jedoch schon aus allgemeinen Erwägungen und war daher auch nach altem Recht anerkannt.[2] Die Neuregelung hat das Anfechtungsrecht des Versicherers insoweit also nicht ausgeweitet.[3]

2 § 22 beseitigt nur die **Sperrwirkung** der §§ 19 ff. Die inhaltlichen Voraussetzungen für die Anfechtung wegen arglistiger Täuschung richten sich allein nach § 123 BGB.[4] Praktische Bedeutung hatte die Anfechtungsmöglichkeit nach altem Recht vor allem für den Fall, dass der Rücktritt nach § 21 a.F. ausgeschlossen war, weil der VN den **Kausalitätsgegenbeweis** führen konnte.[5] Dieses Problem wurde bei der Reform dadurch entschärft, dass es bei Arglist auch für den Rücktritt nicht mehr auf das Kausalitätserfordernis ankommt (§ 21 II 2).

---
82 Vgl. BGH VersR 2016, 101 = NJW 2016, 394 Rn. 21.
83 So auch B/M/*Rolfs*, § 21 Rn. 51; HK-VVG/*Schimikowski*, § 21 Rn. 23; P/M/*Armbrüster*, § 21 Rn. 45.
84 Vgl. statt vieler Palandt/*Ellenberger*, § 124 Rn. 1; PWW/*Ahrens*, § 124 Rn. 8.
85 BGH VersR 2016, 101 Rn. 22; VersR 2007, 630 Rn. 15 ff.; VersR 1984, 630, 631; a.A. *Schäfers* VersR 2010, 301, 304 ff.; *ders.*, S. 107 f.
86 Vgl. zur parallelen Problematik im Kaufrecht *Looschelders*, Schuldrecht BT, Rn. 178.
 1 Begr. RegE BT-Drucks. 16/3945 S. 67.
 2 BGH VersR 1964, 1189, 1190; P/M/*Prölss*[27], § 22 Rn. 1.
 3 Vgl. auch B/M/*Rolfs*, § 22 Rn. 2; *Günther/Spielmann* r+s 2008, 133, 134; *Reusch* VersR 2007, 1313, 1321.
 4 BK/*Voit*, § 22 Rn. 22; B/M/*Rolfs*, § 22 Rn. 4; P/M/*Armbrüster*, § 22 Rn. 1.
 5 Vgl. BK/*Voit*, § 22 Rn. 1.

Nach geltendem Recht gewinnt die Anfechtung nach § 123 BGB aber für solche Umstände eigenständige Bedeutung, nach denen der Versicherer **nicht in Textform gefragt** hat (vgl. unten Rdn. 6).

II. Anwendungsbereich und Konkurrenzen

§ 22 betrifft nur die Anfechtung wegen arglistiger Täuschung. Dass der Versicherer den Vertrag nach § 123 BGB auch wegen **widerrechtlicher Drohung** anfechten kann, ergibt sich schon aus dem Fehlen einer entsprechenden Sonderregelung in den §§ 19 ff.[6] § 123 BGB ist insoweit also uneingeschränkt anwendbar. In der Praxis hat dieser Fall ohnehin keine nennenswerte Bedeutung.

Die **culpa in contrahendo** (§§ 311 II, 241 II, 280 I BGB) ist in § 22 nicht genannt. Soweit sich die vorvertragliche Pflichtverletzung auf einen gefahrerheblichen Umstand bezieht, wird dieses Institut daher auch bei Arglist des VN durch die Sonderregelungen der §§ 19 ff. verdrängt (näher dazu § 21 Rdn. 30).

B. Voraussetzungen der Anfechtung

I. Arglistige Täuschung

1. Täuschung

Die Anfechtung nach § 123 BGB setzt eine arglistige Täuschung voraus. Die Täuschung kann nach allgemeinen Grundsätzen durch **positives Tun** (falsche Angaben über gefahrerhebliche Umstände) oder **Unterlassen** (Verschweigen gefahrerheblicher Umstände) erfolgen.[7] Im letzteren Fall ist aber eine **Aufklärungs- oder Offenbarungspflicht** erforderlich.[8]

Der Verstoß gegen eine Aufklärungs- oder Offenbarungspflicht ist jedenfalls dann zu bejahen, wenn der VN einen Umstand verschweigt, nach dem der Versicherer **in Textform gefragt** hat (vgl. § 19 I). Ob eine Täuschung durch Unterlassen auch hinsichtlich solcher Umstände in Betracht kommt, nach denen der Versicherer nur **mündlich oder überhaupt nicht gefragt** hat, ist dagegen streitig. Der überwiegende Teil der Literatur geht im Einklang mit der Gesetzesbegründung[9] davon aus, dass das Verschweigen eines gefahrerheblichen Umstands auch hier ein Anfechtungsrecht nach § 123 BGB rechtfertigen kann.[10] Die **Anzeigepflicht** wird aus dem vorvertraglichen Schuldverhältnis (§§ 311 II, 241 II BGB) oder dem Grundsatz von Treu und Glauben (§ 242 BGB) abgeleitet. Die Gegenauffassung lehnt eine spontane Anzeigepflicht des VN ab, weil § 19 I die Anzeigepflicht auf Umstände beschränkt, nach denen der Versicherer in Textform gefragt hat. Eine Ausnahme wird aber zum Teil für mündliche Fragen anerkannt.[11]

Für die h.M. spricht neben der **Gesetzesbegründung** die **Funktion des § 22**, die Sperrwirkung der §§ 19 ff. aufzuheben (vgl. oben Rdn. 2). Mit dieser Funktion ist es nicht zu vereinbaren, das Anfechtungsrecht des Versicherers nach § 123 BGB unter Rückgriff auf die besonderen Erfordernisse des § 19 I einzuschränken.[12] Davon abgesehen besteht für die Anerkennung einer spontanen Anzeigepflicht bei Arglist ein **praktisches Bedürfnis**, weil der Versicherer in vielen Bereichen überhaupt nicht in der Lage ist, sämtliche gefahrrelevanten Umstände konkret zu erfragen.[13] Dem Vorliegen einer mündlichen Frage darf in diesem Zusammenhang allerdings keine entscheidende Bedeutung beigemessen werden, weil sonst die Gefahr besteht, dass das Textformerfordernis in der Praxis unterlaufen wird.

Die entscheidende Frage ist somit, unter welchen Voraussetzungen eine vorvertragliche Anzeigepflicht nach **Treu und Glauben** bejaht werden kann. Bei der Würdigung dieser Problematik ist zu berücksichtigen, dass der VN sich schon nach altem Recht grundsätzlich auf den abschließenden Charakter von Fragenkatalogen verlassen durfte (vgl. § 18 a.F.);[14] dieser **Vertrauensaspekt** ist durch die Reform noch verstärkt worden. Eine Anzeigepflicht aus Treu und Glauben kommt daher nur hinsichtlich solcher Umstände in Betracht, bei denen eine ungefragte Mitteilung allgemein oder in den betreffenden Verkehrskreisen als **selbstverständlich** angesehen wird.[15] In der Lebensversicherung trifft dies jedenfalls für solche Erkrankungen zu, die nach gesicherter ärztlicher Prognose die Lebenserwartung beträchtlich verkürzen.[16] So muss eine koronare Herzkrankheit mit

---

6 BK/*Voit*, § 22 Rn. 4; PK/*Härle*, § 22 Rn. 4; R/L/*Langheid*, § 22 Rn. 4.
7 Vgl. BGH VersR 2007, 785 = NJW 2007, 2041, 2042.
8 Vgl. NK-BGB/*Feuerborn*, § 123 Rn. 30 ff.; Palandt/*Ellenberger*, § 123 Rn. 5.
9 Begr. RegE BT-Drucks. 16/3945 S. 64.
10 So P/M/*Armbrüster*, § 22 Rn. 3; L/W/*Langheid*, § 19 Rn. 54; L/W/*Müller-Frank*, § 22 Rn. 9; B/M/*Rolfs*, § 22 Rn. 10; VersHb/*Knappmann*, § 14 Rn. 150; *Armbrüster*, Rn. 914; *Wandt*, Rn. 826; *Looschelders/Weckmann* VersR 2010, 1446, 1447; *Franz* VersR 2008, 298, 306; *Günther/Spielmann* r+s 2008, 133, 134 f.; *Neuhaus* r+s 2008, 45, 54; *Reusch* VersR 2007, 1313, 1321; *ders.* VersR 2008, 1179 ff.; *Schäfers* VersR 2010, 301 ff.; einschränkend *Brand* VersR 2009, 715, 720 f.
11 Vgl. PK/*Härle*, § 22 Rn. 8; *Marlow/Spuhl*, Rn. 167 ff.
12 So auch L/W/*Müller-Frank*, § 22 Rn. 6; *Brand* VersR 2009, 715, 720.
13 Vgl. L/W/*Müller-Frank*, § 22 Rn. 7.
14 Vgl. BGH VersR 1986, 1089, 1090; OLG Hamm VersR 1994, 293; P/M/*Prölss*[27], §§ 16, 17 Rn. 10.
15 BGH VersR 1986, 1089, 1090; ähnlich B/M/*Rolfs*, § 22 Rn. 10; P/M/*Armbrüster*, § 22 Rn. 3.
16 Vgl. OLG Koblenz r+s 1998, 212.

wenige Jahre zurückliegendem Herzinfarkt auch ohne ausdrückliche Frage angezeigt werden.[17] In der Gaststättenversicherung muss der VN auch ohne eine entsprechende Frage mitteilen, dass er von einem **Schutzgelderpresser** bedroht wird.[18] Demgegenüber ist der VN nach Ansicht des BGH grundsätzlich nicht gehalten, unaufgefordert **Straftaten** zu offenbaren, die bislang nicht entdeckt worden sind.[19] Da der nemo-tenetur-Grundsatz zunächst nur für das Strafrecht gilt,[20] können die Interessen des Versicherers im Einzelfall aber eine abweichende Beurteilung rechtfertigen.[21] Bei der Interessenabwägung kommt es vor allem darauf an, welche Bedeutung die Straftat für die Einschätzung des versicherten Risikos hat. So muss der VN bei einer Valorenversicherung massive wirtschaftliche Schwierigkeiten seines Unternehmens auch dann angeben, wenn diese auf der zweckwidrigen Verwendung von Geldern in Form eines Schneeballsystems beruhen.[22] Der nemo-tenetur-Grundsatz soll dem VN nämlich nicht die Möglichkeit geben, sich versicherungsvertragliche Vorteile zu erschleichen.[23] Verschweigt der VN beim Abschluss einer Lebensversicherung auf die Person eines anderen seine Absicht, die versicherte Person zu ermorden, so liegt darin ebenfalls eine arglistige Täuschung.[24] Das Gleiche gilt für das Bestehen einer Selbstmordabsicht.[25]

9 Insgesamt ist damit festzustellen, dass es im Einzelfall **besonderer Umstände** bedarf, um aus dem Grundsatz von Treu und Glauben eine Pflicht zur ungefragten Mitteilung eines gefahrerheblichen Umstands zu begründen.[26] Dies gilt umso mehr, als viele Umstände, bei denen eine spontane Mitteilung »selbstverständlich« erscheint (z.B. Herzinfarkt, Bandscheibenvorfall), auch schon in den Fragebögen berücksichtigt sind. Die praktische Bedeutung der spontanen Anzeigepflicht beschränkt sich daher auf solche Umstände, bei denen der VN sich nicht auf den abschließenden Charakter der Fragen verlassen kann, sei es, weil die betreffenden Umstände sehr **ungewöhnlich,** selten oder fernliegend sind,[27] sei es, dass eine ausdrückliche Frage nach der **Verkehrssitte** nicht zu erwarten ist, was insbesondere im Hinblick auf strafbare Handlungen (oben Rdn. 8) zutrifft.

10 Im Zeitraum zwischen der Vertragserklärung des VN und der Vertragsannahme darf sich der VN nicht mit dem abschließenden Charakter der Fragen entlasten; er darf aber bei Fehlen einer Nachfrage (§ 19 I 2) davon ausgehen, dass er seine Anzeigepflicht mit dem Ausfüllen des Antragsformulars vollständig erfüllt hat.[28] Eine spontane Anzeigepflicht kommt daher in diesem Zeitraum regelmäßig nur dann in Betracht, wenn eine **ordnungsgemäße Nachfrage** vorliegt und der VN aus besonderen Gründen nicht auf den abschließenden Charakter der Nachfrage vertrauen kann. Mündliche Nachfragen müssen grundsätzlich außer Betracht bleiben, weil das Textformerfordernis auch hier nicht entwertet werden darf.[29]

2. Arglist

11 In subjektiver Hinsicht ist **Arglist** erforderlich. Der VN muss also die Unrichtigkeit seiner Angaben kennen und zudem in dem Bewusstsein handeln, die Entscheidung des Versicherers über den Vertragsschluss zu beeinflussen.[30] Eine betrügerische Absicht ist nicht erforderlich (vgl. § 21 Rdn. 23). Der VN muss aber davon ausgehen, dass der Versicherer seinen Antrag bei Kenntnis der fraglichen Umstände nicht oder nur zu schlechteren Bedingungen annehmen würde.[31] Bedingter Vorsatz ist ausreichend. Arglist kann daher auch darin begründet sein, dass sich der VN der sich ihm aufdrängenden Erkenntnis der in Frage stehenden Umstände verschließt oder dem Versicherer das Fehlen solcher Umstände »**ins Blaue hinein**« zusichert, obwohl er

---

17 OLG Karlsruhe r+s 1997, 38, 39.
18 *Looschelders/Weckmann* VersR 2010, 1446, 1447; zum alten Recht KG NJW-RR 1999, 100; *Prölss* NVersZ 2000, 153, 159.
19 BGH VersR 1986, 1089, 1090.
20 Ausführlich zur Reichweite des nemo-tenetur-Grundsatzes *Bartholomäi*, S. 153 ff.; *Metz* VersR 2010, 1265 ff.
21 BGH VersR 2011, 1563, 1566; OLG Celle VersR 2008, 1532, 1535; LG Köln VersR 2009, 1488, 1490 m. Anm. *Thiel*; zur vergleichbaren Problematik bei der Auskunftspflicht des VN nach Eintritt des Versicherungsfalls (§ 31) vgl. BVerfG NStZ 1995, 599, 600 sowie § 31 Rdn. 17.
22 BGH VersR 2011, 1563, 1566; OLG Celle VersR 2008, 1532, 1535; LG Köln VersR 2008, 715, 717.
23 So überzeugend BGH VersR 2011, 1563, 1566 im Anschluss an BVerfG NStZ 1995, 599, 600.
24 Vgl. BGH VersR 1989, 465; der Täuschende hatte hier allerdings die Stellung eines Verhandlungsgehilfen.
25 OLG Koblenz r+s 1998, 212.
26 Ähnlich B/M/*Rolfs*, § 22 Rn. 10; VersHb/*Knappmann*, § 14 Rn. 150.
27 Zu diesem Aspekt OLG Hamm VersR 2015, 1551, 1552; *Schäfers* VersR 2010, 301, 305 f.
28 P/M/*Armbrüster*, § 22 Rn. 3; VersHb/*Knappmann*, § 14 Rn. 151; *Schimikowski* r+s 2009, 353, 354.
29 So auch *Schäfers* VersR 2010, 301, 306; a.A. L/W/*Müller-Frank*, § 22 Rn. 9; *Marlow*/Spuhl, Rn. 169.
30 Vgl. BGH NJW-RR 1991, 411; VersR 1987, 91; OLG Frankfurt (Main) r+s 2010, 523; PK/*Härle*, § 22 Rn. 11; P/M/*Armbrüster*, § 22 Rn. 7.
31 BGH VersR 2007, 785 = NJW 2007, 2041, 2042; VersR 2011, 337, 338; OLG Zweibrücken VersR 2005, 1373; OLG München VersR 2000, 711; OLG Saarbrücken VersR 2011, 659, 661; Staudinger/Halm/Wendt/*Pilz*/Gramse, § 22 Rn. 9; L/W/*Müller-Frank*, § 22 Rn. 26; P/M/*Armbrüster*, § 22 Rn. 7; PK/*Härle*, § 22 Rn. 11.

ihr Vorliegen für durchaus möglich hält.³² Die bewusste unrichtige Beantwortung einer Frage des Versicherers lässt aber noch keinen zwingenden Rückschluss auf Arglist zu (vgl. § 21 Rdn. 23).³³

II. Irrtum und Kausalität

Der VN muss durch die arglistige Täuschung beim Versicherer einen **Irrtum** hervorgerufen haben.³⁴ Kennt der Versicherer die wahren Umstände, so hat die Anfechtung keinen Erfolg. Der Versicherer muss sich auch hier die Kenntnisse seines Versicherungsvertreters zurechnen lassen (vgl. allg. § 19 Rdn. 47). Etwas anderes gilt wieder bei evidentem Missbrauch der Vertretungsmacht oder Kollusion. Die **Nachfrageobliegenheit** des Versicherers ist nach der neueren Rechtsprechung ausgeschlossen, sofern der VN arglistig gehandelt hat (vgl. § 19 Rdn. 51).

Der Irrtum muss nach allgemeinen Grundsätzen für eine Willenserklärung des Getäuschten **kausal** sein.³⁵ Konkret geht es darum, dass der Versicherer den Vertrag bei zutreffender Kenntnis der fraglichen Umstände nicht oder zumindest nicht mit den vereinbarten Bedingungen geschlossen hätte. Ob der verschwiegene oder unrichtig angegebene Umstand für den Eintritt des Versicherungsfalles kausal war, ist dagegen im Rahmen der Anfechtung irrelevant (vgl. noch unten Rdn. 27).

III. Täuschung durch Dritte

Wird die Täuschung durch einen Dritten begangen, so setzt die Anfechtung nach § 123 II 1 BGB voraus, dass der VN die **Täuschung kannte** oder **kennen musste**. Entscheidend ist damit, wer als Dritter i.S.d. § 123 II 1 BGB anzusehen ist.

Kein Dritter ist zunächst der VN. Bei einer **Mehrheit von VN** reicht es daher, dass einer von ihnen die arglistige Täuschung begeht.³⁶ Bei der Versicherung für fremde Rechnung sind nach § 47 I grundsätzlich auch die Kenntnis und das Verhalten des **Versicherten** relevant; dieser ist daher ebenfalls kein Dritter.³⁷ Umgekehrt muss sich der Versicherte auch eine arglistige Täuschung des Versicherers durch den VN entgegenhalten lassen.³⁸ Die gleichen Grundsätze gelten in der Lebens-, Unfall- und Krankenversicherung für die **versicherte Person** (§§ 156, 179 III, 193 II).

Bei **rechtsgeschäftlicher Stellvertretung** ist § 20 nicht auf die arglistige Täuschung anwendbar (vgl. § 20 Rdn. 4). Denn § 22 wird dort gerade nicht in Bezug genommen. Der Stellvertreter kann aber nach allgemeinen Grundsätzen nicht als Dritter i.S.d. § 123 II 1 BGB angesehen werden.³⁹ Der VN muss sich die arglistige Täuschung des Versicherers durch den Vertreter daher uneingeschränkt zurechnen lassen. Beruhen die unrichtigen Angaben des Vertreters darauf, dass der VN ihm bewusst unzutreffende oder unvollständige Informationen gegeben hat, so ergibt sich das Vorliegen einer arglistigen Täuschung aus dem Rechtsgedanken des § 166 II BGB.⁴⁰ Die gleichen Grundsätze gelten für den Fall, dass die Fragen des Versicherers von einem **Wissenserklärungsvertreter** des VN (dazu § 19 Rdn. 42 ff.) beantwortet werden. Auch bloße **Verhandlungsgehilfen** sind keine Dritten, sofern der VN sie mit der Erteilung von Auskünften betraut hat.⁴¹

Der **Versicherungsvertreter** steht im Lager des Versicherers und wird daher im Verhältnis zum VN als Dritter qualifiziert.⁴² Beim **Versicherungsmakler** ist danach zu unterscheiden, ob er eine neutrale Stellung einnimmt oder (wie üblich) im Interesse des VN tätig wird; im letzteren Fall handelt es sich um keinen Dritten i.S.d. § 123 II 1 BGB.⁴³

Die Zurechnung einer arglistigen Täuschung des Versicherers durch einen Vertreter oder Gehilfen des VN wird nicht dadurch ausgeschlossen, dass der Betreffende nicht im Interesse des VN handelt, sondern bewusst

---

32 Vgl. BGH VersR 1993, 170; OLG Frankfurt (Main) VersR 2005, 1136; OLG München VersR 2000, 711; KG VersR 2007, 381; NVersZ 1999, 225, 226 = VersR 1999, 577 (LS); OLG Hamm VersR 1990, 765; L/W/*Müller-Frank*, § 22 Rn. 20; P/M/*Armbrüster*, § 22 Rn. 9; PK/*Härle*, § 22 Rn. 11; R/L/*Langheid*, § 22 Rn. 8; zum allgemeinen Zivilrecht BGH NJW 1980, 2460, 2461; PWW/*Ahrens*, § 123 Rn. 25; Palandt/*Ellenberger*, § 123 Rn. 11.
33 BGH VersR 2007, 785; VersR 2009, 968, 969; OLG Karlsruhe r+s 2016, 39; PK/*Härle*, § 22 Rn. 12; *Langheid/Müller-Frank* NJW 2010, 344, 345.
34 Vgl. L/W/*Müller-Frank*, § 22 Rn. 21; P/M/*Armbrüster*, § 22 Rn. 14; allg. dazu NK-BGB/*Feuerborn*, § 123 Rn. 37.
35 BGH VersR 2011, 337, 338.
36 OLG Hamm r+s 1990, 168, 169; P/M/*Armbrüster*, § 22 Rn. 23.
37 B/M/*Rolfs*, § 22 Rn. 17; BK/*Voit*, § 33 Rn. 20; L/W/*Müller-Frank*, § 22 Rn. 31; PK/*Härle*, § 22 Rn. 27; R/L/*Langheid*, § 22 Rn. 24 f.; a.A. P/M/*Armbrüster*, § 22 Rn. 23.
38 Vgl. BGH VersR 1991, 1404, 1405.
39 Vgl. BGHZ 20, 36, 39; B/M/*Rolfs*, § 22 Rn. 18; L/W/*Müller-Frank*, § 22 Rn. 36; Palandt/*Ellenberger*, § 123 Rn. 13.
40 BK/*Voit*, § 22 Rn. 21; vgl. P/M/*Armbrüster*, § 22 Rn. 26.
41 So auch P/M/*Armbrüster*, § 22 Rn. 25; B/M/*Rolfs*, § 22 Rn. 18; L/W/*Müller-Frank*, § 22 Rn. 37.
42 L/W/*Müller-Frank*, § 22 Rn. 39; P/M/*Armbrüster*, § 22 Rn. 24; PK/*Härle*, § 22 Rn. 24; R/L/*Langheid*, § 22 Rn. 26.
43 BGH VersR 2008, 809; OLG Hamm VersR 2011, 469, 474; B/M/*Rolfs*, § 22 Rn. 19; L/W/*Müller-Frank*, § 22 Rn. 38; VersHb/*Knappmann*, § 14 Rn. 156.

§ 22 Arglistige Täuschung

eigene Interessen verfolgt, die denen des VN widersprechen. Da sich der VN seinen Vertreter oder Gehilfen selbst ausgesucht hat, trifft ihn auch das Risiko eines interessewidrigen Verhaltens.[44]

IV. Modalitäten der Anfechtung

19 Der Versicherer hat die Anfechtung gem. § 143 I, II BGB gegenüber dem VN zu erklären. Er muss dabei **eindeutig** zu erkennen geben, dass der Vertrag von Anfang an vollständig beseitigt werden soll. Die Verweigerung der Leistung reicht nicht aus.[45]

1. Fristen

20 Die **Anfechtungsfrist** ergibt sich aus § 124 I, II BGB. Die Anfechtung muss also innerhalb eines Jahres nach Entdeckung der Täuschung erfolgen. Erforderlich ist dabei **sichere Kenntnis** der maßgeblichen Tatsachen; ein bloßer Verdacht reicht hier ebenso wenig aus wie bei § 21 I (vgl. § 21 Rdn. 4).[46] Für die Einhaltung der Frist kommt es auf den Zugang der Anfechtungserklärung des Versicherers beim VN an.[47] **Unabhängig von der Kenntnis** erlischt das Anfechtungsrecht des Versicherers gem. § 124 III BGB nach zehn Jahren seit Abgabe der Willenserklärung. Dies gilt auch dann, wenn der Versicherungsfall vor Ablauf der 10-Jahresfrist eingetreten ist. Die Vorschrift des § 21 III 1 Hs. 2 ist auf die Frist des § 124 III BGB nicht entsprechend anwendbar.[48] Bei missbräuchlicher Hinauszögerung der Anzeige des Versicherungsfalls durch den VN bis zum Fristablauf kommt aber ein Rückgriff auf § 242 BGB in Betracht (vgl. § 21 Rdn. 29).

21 Nach Ablauf der Anfechtungsfrist kann sich der Versicherer ohne Hinzutreten besonderer Umstände nicht auf die **allgemeine Arglisteinrede** aus Treu und Glauben (§ 242 BGB) stützen, um seine Leistung für eingetretene Versicherungsfälle zu verweigern.[49] Schadensersatzansprüche aus **culpa in contrahendo** (§§ 311 II, 241 II, 280 I BGB) sind auch bei Arglist ausgeschlossen (vgl. § 21 Rdn. 30). Im Einzelfall kommt aber ein deliktischer **Schadensersatzanspruch** aus § 823 II BGB i.V.m. § 263 StGB oder § 826 BGB in Betracht. Der Versicherer kann dann nach § 249 I BGB verlangen, dass der VN ihn so stellt, wie wenn der Vertrag nicht geschlossen worden wäre,[50] was i.E. auf ein Leistungsverweigerungsrecht hinausläuft.

2. Begründung und Nachschieben von Gründen

22 Ob der Versicherer die Anfechtung **begründen** muss, ist streitig. Der überwiegende Teil der neueren Literatur hält eine formelle Begründung nicht für erforderlich; der Anfechtungsgegner müsse aber **wissen** oder zumindest **erkennen können**, auf welche tatsächlichen Umstände die Anfechtung gestützt wird.[51] Für diese Auffassung spricht das Interesse des Antragsgegners, die Berechtigung der Anfechtung überprüfen und sich ggf. dagegen verteidigen zu können. Sind die für die Anfechtung maßgeblichen Umstände dem VN nicht erkennbar, ist die Anfechtung unwirksam.[52] Nach anderer Ansicht ist die Anfechtung in einem solchen Fall nur als Irrtumsanfechtung.[53] Dies führt im Versicherungsrecht jedoch zu keiner abweichenden Beurteilung, weil die Anfechtung wegen eines Irrtums über gefahrerhebliche Umstände durch die §§ 19 ff. ausgeschlossen wird.

23 Geht man davon aus, dass der Anfechtungsgegner ein schutzwürdiges Interesse daran hat, sich nur mit solchen Gründen auseinandersetzen zu müssen, die er bei der Anfechtung kennt oder zumindest erkennen kann, so ist ein **Nachschieben von Gründen** (z.B. Täuschung über einen anderen Gefahrumstand) grundsätzlich ausgeschlossen.[54] Die Geltendmachung weiterer Anfechtungsgründe erfordert vielmehr eine **neue Anfechtungserklärung**, für die wieder die Fristen des § 124 BGB gelten. Dies kann nicht dadurch umgangen werden, dass der neue Anfechtungsgrund durch gleichzeitige Bezugnahme auf einen anderen, innerhalb der

---

44 Vgl. BGH VersR 1989, 465; BK/*Voit*, § 22 Rn. 23; VersHb/*Knappmann*, § 14 Rn. 157; a.A. OLG Hamm VersR 1988, 458, 459; B/M/*Rolfs*, § 22 Rn. 19.
45 Vgl. BGH NVersZ 2002, 112; B/M/*Rolfs*, § 22 Rn. 27; L/W/*Müller-Frank*, § 22 Rn. 42; P/M/*Armbrüster*, § 22 Rn. 32; VersHb/*Knappmann*, § 14 Rn. 163.
46 BK/*Voit*, § 22 Rn. 38; L/W/*Müller-Frank*, § 22 Rn. 52; R/L/*Langheid*, § 22 Rn. 28; PK/*Härle*, § 22 Rn. 46.
47 BK/*Voit*, § 22 Rn. 40.
48 BGH VersR 2016, 101 Rn. 14 ff.
49 BGH VersR 1991, 1404, 1405; VersR 1984, 630, 631; P/M/*Armbrüster*, § 22 Rn. 36.
50 Vgl. etwa BGH VersR 1989, 465, 467.
51 OLG Celle VersR 2008, 1532; Palandt/*Ellenberger*, § 143 Rn. 3; NK-BGB/*Feuerborn*, § 143 Rn. 7; MünchKommBGB/*Busche*, § 143 Rn. 7 f.; L/W/*Müller-Frank*, § 22 Rn. 44; P/M/*Armbrüster*, § 22 Rn. 33; Staudinger/*Roth*, § 143 Rn. 11; von BGH NJW 1966, 39 offen gelassen.
52 Palandt/*Ellenberger*, § 143 Rn. 3; Staudinger/*Roth*, § 143 Rn. 12; Erman/*Arnold*, § 143 Rn. 2; a.A. noch Erman/*Palm*[12], § 143 Rn. 1, wonach dem Anfechtungsgegner bei fehlender Erkennbarkeit des Anfechtungsgrunds nur ein Auskunftsanspruch zusteht.
53 So MünchKommBGB/*Busche*, § 143 Rn. 8.
54 Vgl. BGH NJW-RR 2004, 628, 630; NJW 1995, 190, 191; NJW-RR 1993, 948; VersR 1989, 463, 464; VersR 1969, 319, 320; NJW 1966, 39; BAG NJW 2008, 939, 940; OLG Bamberg BeckRS 2010, 10103 = FD-VersR 2010, 303084 (LS); BK/*Voit* § 22 Rn. 40; PK/*Härle*, § 22 Rn. 51; MünchKommBGB/*Busche*, § 143 Rn. 10; NK-BGB/*Feuerborn*, § 123 Rn. 9; PWW/*Ahrens*, § 143 Rn. 4; Palandt/*Ellenberger*, § 143 Rn. 3; a.A. L/W/*Müller-Frank*, § 22 Rn. 47.

Jahresfrist vorgebrachten Anfechtungsgrund nachgeschoben wird.[55] In Bezug auf die in § 19 II–IV genannten Rechte lässt § 21 I 3 Hs. 2 das Nachschieben von Gründen zwar in weiterem Umfang zu (vgl. § 21 Rdn. 5 ff.). Da die Anfechtung wegen arglistiger Täuschung allein nach den allgemeinen Grundsätzen des BGB zu beurteilen ist, scheidet eine analoge Anwendung des § 21 I 3 Hs. 2 aber aus.

3. Verhältnis von Anfechtung und Rücktritt

Die Anfechtung kann **gleichzeitig** mit dem Rücktritt erklärt werden.[56] Der Versicherer kann den Rücktritt auch hilfsweise für den Fall erklären, dass die Anfechtung keinen Erfolg hat. Umgekehrt ist auch eine hilfsweise Anfechtung für den Fall zulässig, dass sich der Rücktritt als nicht wirksam erweist.[57] Da der Kausalitätsgegenbeweis bei Arglist nach neuem Recht auch hinsichtlich des Rücktritts ausgeschlossen ist (§ 21 II 2), hat diese letztere Möglichkeit aber deutlich an praktischer Bedeutung verloren. 24

Eine unwirksame Anfechtung kann im Einzelfall nach § 140 BGB in einen Rücktritt **umgedeutet** werden.[58] Dagegen lässt sich ein unwirksamer Rücktritt wegen der weitergehenden Rechtsfolgen nicht in eine Anfechtung umdeuten.[59] 25

4. Bestätigung

Die Anfechtung ist nach § 144 I BGB ausgeschlossen, wenn der Versicherer den Vertrag **bestätigt** hat. Die Bestätigung kann ausdrücklich oder konkludent erfolgen. Die Abbuchung einer weiteren Prämie stellt aber jedenfalls dann keine konkludente Bestätigung dar, wenn dem Versicherer die Prämie nach § 39 II 2 zusteht.[60] 26

C. Rechtsfolgen

Die Anfechtung hat zur Folge, dass der Vertrag nach § 142 I BGB als **von Anfang an nichtig** anzusehen ist.[61] Die **Leistungspflicht** des Versicherers **entfällt damit rückwirkend**, ohne dass es auf die Kausalität des in Frage stehenden Umstands für den Eintritt des Versicherungsfalls ankommt.[62] Der Kausalitätsgegenbeweis nach § 21 II 1 steht dem VN also nicht zu. Das OLG Nürnberg hatte auf der Grundlage des alten VVG zwar die Auffassung vertreten, dass der Versicherer für einen vor der Anfechtung eingetretenen Versicherungsfall leistungspflichtig bleibt, wenn dieser unstreitig und evident keinen Zusammenhang mit dem arglistig verschwiegenen oder falsch angezeigten Umstand aufweise.[63] Diese Rechtsprechung hat das Gericht jedoch schon vor der Reform aufgegeben,[64] nachdem der BGH die Verfassungskonformität der damaligen Rechtslage festgestellt hatte.[65] Nach geltendem Recht kommt hinzu, dass der Kausalitätsgegenbeweis bei Arglist aus präventiven Gründen auch im Fall des Rücktritts ausgeschlossen ist (§ 21 II 2). 27

Trotz der Leistungsfreiheit steht dem Versicherer bei wirksamer Anfechtung wegen arglistiger Täuschung die **Prämie** bis zum Wirksamwerden der Anfechtungserklärung zu (§ 39 I 2). Auch diese Regelung rechtfertigt sich aus generalpräventiven Gründen und ist daher aus verfassungsrechtlicher Sicht nicht zu beanstanden.[66] Die Rückabwicklung richtet sich im Übrigen nach § 812 BGB.[67] In der Lebensversicherung steht dem VN auch im Fall der Anfechtung nach § 123 BGB der **volle Rückkaufswert** zu (§ 169 II 3). 28

In der **Gebäudefeuerversicherung** kann die Nichtigkeit des Vertrages gem. § 143 IV nicht gegenüber einem Hypothekengläubiger geltend gemacht werden, der seine Hypothek angemeldet hat. Die Leistungspflicht des Versicherers bleibt insofern also bestehen. Das Versicherungsverhältnis endet jedoch nach Ablauf von zwei Monaten ab Kenntniserlangung von der Nichtigkeit durch den Hypothekengläubiger. 29

Problematisch erscheint der Fall, dass der VN arglistig unrichtige Angaben macht, um eine ihm günstige **Vertragsänderung** (z.B. Erhöhung des Krankentagegeldes) zu erreichen. Nach Ansicht des LG Hannover ist hier 30

---

55 OLG Bamberg BeckRS 2010, 10103.
56 OLG Köln VersR 1992, 1252; P/M/*Armbrüster*, § 22 Rn. 35; R/L/*Langheid*, § 22 Rn. 28, *Reusch* VersR 2007, 1313, 1322.
57 B/M/*Rolfs*, § 22 Rn. 27.
58 BGH NJW 2006, 2839, 2842; P/M/*Armbrüster*, § 21 Rn. 6; Palandt/*Ellenberger*, § 140 Rn. 6; a.A. OLG Köln VersR 1993, 297; OLG Oldenburg VersR 1979, 269 m. abl. Anm. *Martin*; BK/*Voit*, § 22 Rn. 35; R/L/*Langheid*, § 22 Rn. 27.
59 BGH NJW-RR 1997, 1112, 1113; VersR 1991, 1404; PK/*Härle*, § 22 Rn. 49.
60 OLG Saarbrücken VersR 2003, 890; P/M/*Armbrüster*, § 22 Rn. 40.
61 Vgl. BGHZ 163, 148, 150 = JR 2006, 421 m. Anm. *Looschelders*; BGH VersR 2010, 97, 98 = JR 2010, 527 m. Anm. *Looschelders*; OLG Zweibrücken VersR 2006, 1373; KG VersR 2006, 381; allg. zur Rückwirkung der Anfechtung MünchKommBGB/*Busche*, § 142 Rn. 15; *Medicus*, BGB AT, Rn. 726.
62 Vgl. R/L/*Langheid*, § 22 Rn. 29 f.; HK-VVG/*Schimikowski*, § 22 Rn. 1; Staudinger/*Halm/Wendt/Pilz/Gramse*, § 22 Rn. 27.
63 OLG Nürnberg VersR 2001, 1368; VersR 2000, 437; VersR 1998, 217; zur Kritik R/L/*Langheid*, § 22 Rn. 30.
64 OLG Nürnberg VersR 2006, 1627.
65 BGHZ 163, 148 = JR 2006, 421 m. Anm. *Looschelders* = VersR 2005, 1065.
66 BGH VersR 2005, 1065 (zu § 40 I a.F.); B/M/*Rolfs*, § 22 Rn. 36; L/W/*Müller-Frank*, § 22 Rn. 67 f.
67 Unklar ist, ob der Versicherer Wertersatz für die abstrakte Deckung erhalten soll. Dazu *Bruns*, § 11 Rn. 23, 20 und *Deutsch/Iversen*, Rn. 66.

der ganze Vertrag anfechtbar.[68] Dies kann aber nur gelten, wenn der Änderungsvertrag an die Stelle des ursprünglichen Vertrages tritt; ein entsprechender Parteiwille muss wegen der damit verbundenen Folgen in der Vereinbarung eindeutig zum Ausdruck kommen. Eine bloße Änderung oder zeitliche Erweiterung des Vertrages rechtfertigt daher im Regelfall nicht die Annahme eines neuen Vertrages.[69] Liegt im Einzelfall keine bloße Änderung, sondern eine echte Vertragsersetzung (Novation) vor, so schlägt die Unwirksamkeit des neuen Vertrages im Regelfall nach § 139 BGB auf den Aufhebungsvertrag durch.[70] Der VN genießt damit Versicherungsschutz nach dem bisherigen Versicherungsvertrag.[71]

D. Beweisfragen

I. Darlegungs- und Beweislast

31 Der Versicherer trägt die Beweislast für alle objektiven und subjektiven Umstände, die die Anfechtung nach § 123 BGB rechtfertigen.[72] Dazu gehört nicht nur die **Kenntnis** von den in Frage stehenden Umständen, sondern auch die **Arglist** des VN. Dass der VN einen gefahrerheblichen Umstand wissentlich verschwiegen oder unrichtig angezeigt hat, rechtfertigt für sich genommen noch nicht den Schluss auf das Vorliegen einer arglistigen Täuschung.[73] Erforderlich ist vielmehr der Nachweis, dass der VN durch das Verschweigen oder die unrichtige Anzeige auf die Vertragsentschließung des Versicherers Einfluss nehmen wollte. Da es sich hier um innere Tatsachen handelt, die einer unmittelbaren Beweisführung nicht zugänglich sind, kann der Beweis nur mit Hilfe von **Indizien** geführt werden (vgl. § 21 Rdn. 23).[74] Dabei haben Art und Gewicht des in Frage stehenden Umstands mit Blick auf die jeweilige Art der Versicherung besondere Bedeutung. Weitere wichtige Indizien können sich im Einzelfall aus dem Persönlichkeitsbild und dem Bildungsstand des VN[75] sowie den besonderen Gegebenheiten beim Ausfüllen des Antrags ableiten lassen.[76] Die Annahme von Arglist liegt insbesondere dann nahe, wenn der VN weniger schwere Erkrankungen angezeigt und schwerere Erkrankungen verschwiegen hat, obwohl deren Gefahrerheblichkeit für ihn nicht ernsthaft in Zweifel stehen konnte.[77] Auf Arglist deutet es auch hin, wenn der VN länger zurückliegende Krankheiten oder Operationen angegeben, offensichtlich relevante aktuelle Erkrankungen oder Behandlungen dagegen nicht offenbart hat.[78]

32 Da der Versicherer außerhalb des Geschehensablaufs steht, trifft den **VN** eine **sekundäre Darlegungslast**. Der VN muss somit zunächst substantiiert und plausibel darlegen, aus welchen Gründen es zu der objektiven Nicht- oder Falschmitteilung gekommen ist.[79] Der Versicherer hat diese Gründe dann ggf. zu widerlegen.[80]

II. Einzelfälle

33 Zur Feststellung der Arglist gibt es eine reichhaltige Kasuistik, die vornehmlich an die Bedeutung des verschwiegenen Umstands für die Risikoeinschätzung in der jeweiligen Versicherung anknüpft. So liegt es in der Kranken-, Lebens- und Berufsunfähigkeitsversicherung für den VN auf der Hand, dass das Verschweigen schwerer oder chronischer Erkrankungen (z.B. lebensbedrohliches Herzleiden,[81] Herzmuskelschwäche,[82] chronischer Bluthochdruck,[83] schwere Diabetes[84]), längerer Krankenhausaufenthalte oder schwerer Operationen (z.B. Bypassoperation,[85] Entfernung eines bösartigen Melanoms[86]) **nicht ohne Einfluss** auf die Entschließung

---

68 LG Hannover VersR 1991, 1281 (LS).
69 OLG Saarbrücken VersR 2007, 1681, 1682; allg. zu dieser Problematik P/M/*Armbrüster*, § 1 Rn. 152 ff.
70 OLG Saarbrücken VersR 2007, 1681, 1682.
71 BK/*Voit*, § 22 Rn. 6; P/M/*Armbrüster*, § 22 Rn. 29.
72 OLG Hamm VersR 2011, 469, 474; B/M/*Rolfs*, § 22 Rn. 41.
73 BGH VersR 2011, 337, 338; VersR 2007, 785, 786; VersR 1991, 1404, 1405; VersR 1984, 630; L/W/*Müller-Frank*, § 22 Rn. 28; P/M/*Armbrüster*, § 22 Rn. 43.
74 OLG Saarbrücken r+s 2003, 3, 5; OLG Koblenz NVersZ 2002, 498; BK/*Voit*, § 22 Rn. 30; L/W/*Müller-Frank*, § 22 Rn. 28, 76; PK/*Härle*, § 22 Rn. 60; R/L/*Langheid*, § 22 Rn. 10.
75 Dazu OLG Hamm VersR 2008, 477, 478: promovierter Volljurist; vgl. auch L/W/*Müller-Frank*, § 22 Rn. 28.
76 OLG Saarbrücken VersR 1996, 488, 489; L/W/*Müller-Frank*, § 22 Rn. 28.
77 Vgl. OLG Frankfurt (Main) VersR 2011, 653, 654 f.; HK-VVG/*Schimikowski*, § 22 Rn. 5.
78 OLG Saarbrücken r+s 2000, 432; P/M/*Armbrüster*, § 22 Rn. 16; HK-VVG/*Schimikowski*, § 22 Rn. 5.
79 BGH VersR 2011, 909, 910; VersR 2008, 242 = r+s 2008, 62; VersR 1971, 142, 143; OLG Frankfurt (Main) NVersZ 2002, 401; VersR 2001, 1097; VersR 2010, 1357, 1358; OLG München VersR 2000, 711, 712; OLG Hamm VersR 1990, 765; KG r+s 1998, 471, 472; VersR 1997, 94, 95; L/W/*Müller-Frank*, § 22 Rn. 74; R/L/*Langheid*, § 22 Rn. 6.
80 BGH VersR 1981, 446; OLG Hamm BeckRS 2010, 30577; BK/*Voit*, § 22 Rn. 30.
81 OLG Karlsruhe r+s 1997, 38, 39; a.A. bei langfristig therapiefähigem Herzleiden OLG Koblenz r+s 1998, 212; dagegen P/M/*Armbrüster*, § 22 Rn. 15.
82 OLG Frankfurt (Main) VersR 2010, 1357.
83 OLG Karlsruhe VersR 1992, 1250, 1251; LG Hamburg VersR 1991, 986 (LS).
84 OLG Koblenz NVersZ 2002, 498; OLG Oldenburg VersR 2011, 387.
85 OLG Düsseldorf r+s 2002, 479 = VersR 2002, 1362 (LS).
86 OLG Koblenz VersR 1998, 1226.

des Versicherers sein kann.⁸⁷ Das Gleiche gilt für besonders schadensgeneigte Erkrankungen oder Beschwerden (z.B. Bandscheibenvorfall,⁸⁸ erhebliche Rückenschmerzen,⁸⁹ Hörsturz⁹⁰) oder einen Suizidversuch.⁹¹ Die indizielle Wirkung verstärkt sich bei solchen Umständen, deretwegen ein anderer Versicherer schon früher auf einen Risikoausschluss bestanden⁹² oder den Vertragsschluss abgelehnt hat.⁹³

Auf der anderen Seite können aber auch **entlastende Gründe** vorliegen. So mag der VN davon ausgegangen sein, dass es sich nur um eine Bagatellerkrankung handelt⁹⁴ oder dass die Erkrankung vollständig ausgeheilt ist.⁹⁵ Bei Alkohol- oder Drogenmissbrauch ist zu beachten, dass die Abhängigkeit von den Betroffenen oft verdrängt wird (vgl. auch § 19 Rdn. 40).⁹⁶ Arglist liegt aber nahe, wenn der VN sich seiner Abhängigkeit bewusst ist oder hierauf eindringlich hingewiesen wurde.⁹⁷ Der VN kann sich auch mit der Missverständlichkeit der Fragen (dazu § 19 Rdn. 24 und 58) oder der einschlägigen Erläuterungen durch den Versicherungsvertreter entlasten. Bei falschen Angaben über den Gesundheitszustand steht der Annahme von Arglist nicht entgegen, dass der VN auf die Frage nach dem am besten über seine gesundheitlichen Verhältnisse informierten Arzt zutreffend seinen Hausarzt benannt hat.⁹⁸ Dies gilt umso mehr, als den Versicherer bei Arglist keine Nachforschungsobliegenheit trifft (vgl. oben Rdn. 12). 34

III. Erhebung von Gesundheitsdaten

Für den Nachweis einer arglistigen Täuschung ist der Versicherer nicht selten darauf verwiesen, Gesundheitsdaten des VN zu erheben. Hierfür muss der VN die betreffenden Stellen (z.B. Ärzte, Krankenhäuser) von der **Schweigepflicht** entbinden. Die Anforderungen an die Wirksamkeit einer Schweigepflichtentbindung sind in § 213 geregelt. Verweigert der VN seine Einwilligung in die Erhebung der für die Prüfung des Versicherungsfalles erforderlichen Gesundheitsdaten, so wird sein Anspruch auf die Versicherungsleistung gemäß § 14 I **nicht fällig** (s. dazu § 213 Rdn. 16).⁹⁹ Ob Gesundheitsdaten, die vor Inkrafttreten des § 213 aufgrund einer zu weiten und damit **unwirksamen** Schweigepflichtentbindung¹⁰⁰ erhoben wurden, im Prozess **verwertet** werden können, hängt von einer Interessenabwägung im Einzelfall ab.¹⁰¹ Sind die Daten im Vertrauen auf die Wirksamkeit der Einwilligung erhoben worden, so unterliegen sie jedenfalls dann keinem Verwertungsverbot, wenn dem VN Arglist zur Last fällt.¹⁰² 35

§ 23 Gefahrerhöhung.
(1) Der Versicherungsnehmer darf nach Abgabe seiner Vertragserklärung ohne Einwilligung des Versicherers keine Gefahrerhöhung vornehmen oder deren Vornahme durch einen Dritten gestatten.
(2) Erkennt der Versicherungsnehmer nachträglich, dass er ohne Einwilligung des Versicherers eine Gefahrerhöhung vorgenommen oder gestattet hat, hat er die Gefahrerhöhung dem Versicherer unverzüglich anzuzeigen.
(3) Tritt nach Abgabe der Vertragserklärung des Versicherungsnehmers eine Gefahrerhöhung unabhängig von seinem Willen ein, hat er die Gefahrerhöhung, nachdem er von ihr Kenntnis erlangt hat, dem Versicherer unverzüglich anzuzeigen.

Übersicht

	Rdn.		Rdn.
A. Allgemeines	1	III. Anwendungsbereich	4
I. Normzweck	1	IV. Abgrenzungen	5
II. Entstehungsgeschichte und Übergangsprobleme	2	B. Gefahrerhöhung	8
		I. Begriff	8

---

87 Vgl. OLG Koblenz NVersZ 2001, 503 = VersR 2002, 222 (LS); dazu auch PK/*Härle*, § 22 Rn. 14; L/W/*Müller-Frank*, § 22 Rn. 28.
88 OLG Düsseldorf VersR 2001, 1408 (betr. Berufsunfähigkeit eines Dachdeckers).
89 OLG Köln VersR 1998, 224 (LS); KG VersR 2006, 1628.
90 OLG Saarbrücken VersR 1996, 488 (betr. Berufsunfähigkeit eines Lehrers).
91 OLG Frankfurt (Main) VersR 2002, 1134.
92 OLG Köln VersR 1998, 831.
93 OLG Frankfurt (Main) VersR 2010, 1357, 1358.
94 OLG Koblenz NVersZ 2001, 503 = VersR 2002, 222 (LS).
95 OLG Jena VersR 1999, 1526, 1527; einschränkend OLG Koblenz VersR 1998, 1226; P/M/*Armbrüster*, § 22 Rn. 20.
96 R/L/*Langheid*, § 22 Rn. 17; vgl. auch OLG Düsseldorf VersR 1998, 348.
97 Für Arglist OLG Koblenz VersR 1998, 1094 (LS); OLG Hamm VersR 2008, 477, 478; OLG Saarbrücken VersR 2011, 659, 660 f.
98 OLG Saarbrücken VersR 2001, 890.
99 PK/*Härle*, § 19 Rn. 148; *Looschelders* JR 2010, 530, 532.
100 Zur Unwirksamkeit genereller Schweigepflichtentbindungen BVerfG VersR 2006, 1669.
101 Vgl. PK/*Härle*, § 19 Rn. 147.
102 BGH VersR 2010, 97 = JR 2010, 527 m. Anm. *Looschelders*; OLG Saarbrücken VersR 2009, 1478, 1481.

§ 23 Gefahrerhöhung

	Rdn.		Rdn.
1. Zustand erhöhter Gefahr	9	5. Gestattung der Gefahrerhöhung	32
a) Allgemeine Grundsätze	9	6. Fehlende Einwilligung des Versicherers	33
b) Besonderheiten in der Kfz-Haftpflichtversicherung	14	7. Beweislast	35
2. Notwendigkeit eines Dauerzustands	15	II. Nachträglich erkannte subjektive Gefahrerhöhung (Abs. 2)	36
3. Keine unerhebliche oder mitversicherte Gefahrerhöhung	16	1. Anzeigeobliegenheit	36
II. Einzelfälle	17	2. Voraussetzungen	38
C. Arten der Gefahrerhöhung	21	3. Rechtsfolgen	40
I. Subjektive Gefahrerhöhung (Abs. 1)	22	4. Beweislast	42
1. Dogmatische Einordnung	22	III. Objektive Gefahrerhöhung (Abs. 3)	43
2. Adressaten der Gefahrstandspflicht	23	1. Voraussetzungen	43
3. Vornahme der Gefahrerhöhung	24	2. Anzeigepflicht	44
4. Kenntnis der gefahrerhöhenden Umstände	28	3. Beispiele	47
		D. Abdingbarkeit und Konkretisierung durch AVB	49

Schrifttum:
Armbrüster, Nichtrauchertarife in der Lebensversicherung, r+s 2013, 209; *Bauer*, Die Kraftfahrtversicherung, 6. Aufl. 2010; *Felsch*, Neuregelung von Obliegenheiten und Gefahrerhöhung, r+s 2007, 485; *Honsell*, Beweislast- und Kompensationsprobleme bei der Gefahrerhöhung, VersR 1981, 1094; *R. Koch*, Zur Qualifikation des Wechsels in der Beherrschung des VN und der erstmaligen Begründung eines Beherrschungsverhältnisses in der D&O-Versicherung als Gefahrerhöhung, in: GS Hübner, 2012, S. 123; *Kortüm*, Die Gefahrerhöhung in der Kraftfahrzeughaftpflicht- und Kaskoversicherung, 2013; *Langheid*, Ausfallversicherung und Gefahrerhöhung, NVersZ 2002, 433; *Loacker*, Die Gefahrerhöhung nach der VVG-Reform, VersR 2008, 1285; *Looschelders*, Schuldhafte Herbeiführung des Versicherungsfalls nach der VVG-Reform, VersR 2008, 1; *Martin*, Verstoß gegen vereinbarte Sicherheitsvorschriften als Vornahme einer Gefahrerhöhung durch Unterlassen?, VersR 1988, 209; *J. Prölss*, Anzeigeobliegenheiten des VN bei Drohungen Dritter – Zugleich ein Beitrag zur Mitversicherung von Gefahrerhöhungen –, NVersZ 2000, 153; *ders.*, Künftige Sanktionen der Verletzung von Obliegenheiten des VN: die Reform des § 6 VVG sowie der §§ 16 ff. und der §§ 23 ff. VVG, ZVersWiss 2002, 471; *ders.*, Der Zeitpunkt des Eintritts einer Gefahrerhöhung i.S.d. §§ 23 ff. VVG, VersR 2004, 576; *Reusch*, Die Erpressung von Schutzgeldern als Gefahrerhöhung i.S.d. §§ 23 bis 27 VVG, VersR 2011, 13; *Rixecker*, VVG 2008 – Eine Einführung, III. Gefahrerhöhung, ZfS 2007, 136; *Schmid*, Der Kfz-Schein im Auto als Gefahrerhöhung?, VersR 2008, 471; *Sieg*, Beweisfragen zur Herbeiführung des Versicherungsfalles durch sogenannte Brandreden, VersR 1995, 369; *Staudinger/Friesen*, Kündigungsrecht nach erfolgter Gefahrerhöhung – § 24 Abs. 1 und 2 VVG, DAR 2014, 184; *Teschabai-Oglu*, Die Aufdeckung des tatsächlichen Schädigungspotentials eines versicherten Risikos und das Institut der Gefahrerhöhung, ZVersWiss 2011, 769; *Werber*, Änderungsrisiko und Gefahrerhöhung, VersR 1976, 897; *Wussow*, Gefahrerhöhung in der Feuerversicherung, VersR 2001, 678.

A. Allgemeines

I. Normzweck

1 Die §§ 23–27 regeln den Fall, dass sich die beim Abschluss des Versicherungsvertrags vorausgesetzte **Gefahrenlage** nachträglich **zu Ungunsten des Versicherers verschiebt**.[1] Da eine solche »Verschiebung« das vereinbarte Gleichgewicht von Gefahrenlage und Prämie stört, muss dem Versicherer das Recht zur **Anpassung** oder **Auflösung des Vertrags** eingeräumt werden (vgl. §§ 24, 25). Die §§ 23 ff. enthalten insofern Sonderregelungen zu den allgemeinen Vorschriften über die **Störung der Geschäftsgrundlage**,[2] welche ebenfalls die Anpassung oder Auflösung des Vertrages vorsehen (vgl. § 313 III BGB). Führt die Gefahrerhöhung zum Eintritt des Versicherungsfalles, so stellt sich darüber hinaus die praktisch besonders wichtige Frage der **Leistungsfreiheit** des Versicherers (§ 26).

II. Entstehungsgeschichte und Übergangsprobleme

2 Die Gefahrerhöhung war in den §§ 23–29a a.F. sehr unübersichtlich und kompliziert geregelt.[3] Bei der Reform wurden die **tatbestandlichen Voraussetzungen** der Gefahrerhöhung und die entsprechenden **Obliegenheiten** des VN inhaltlich weitgehend unverändert in § 23 zusammengefasst. Die **Rechtsfolgen** wurden dagegen im Einklang mit den Grundsätzen über die Folgen der Verletzung von vorvertraglichen Anzeigepflichten (§§ 19 ff.) und vertraglichen Obliegenheiten (§ 28) neu geregelt. Neben das bekannte Kündigungsrecht (§ 24) ist dabei ein Recht auf Vertragsanpassung (§ 25) getreten. Leistungsfreiheit (§ 26) kommt bei einfacher Fahr-

---

1 Zur Problemstellung BGHZ 7, 311, 318 = VersR 1952, 387; BGHZ 79, 156, 158 = VersR 1981, 245, 246; BGH VersR 2004, 895, 896; VersR 2005, 218; VersR 2010, 1032; VersR 2012, 1300, 1301 Rn. 11; P/M/*Armbrüster*, § 23 Rn. 1 ff.; L/W/*Wrabetz/Reusch*, § 23 Rn. 1.
2 Vgl. P/M/*Armbrüster*, § 23 Rn. 1; L/W/*Wrabetz/Reusch*, § 23 Rn. 4; Staudinger/Halm/Wendt/*Segger/Degen*, § 23 Rn. 4; *Deutsch/Iversen*, Rn. 151; *Bruns*, § 18 Rn. 4; *Reusch* VersR 2011, 13, 14; *Rixecker* ZfS 2007, 136; *Werber* VersR 1976, 897.
3 Zur Kritik vgl. Begr. RegE BT-Drucks. 16/3945 S. 67; L/W/*Wrabetz/Reusch*, § 23 Rn. 8; B/M/*Möller*[8], § 23 Anm. 3.

lässigkeit nicht mehr in Betracht; bei grober Fahrlässigkeit gilt das Quotenprinzip. Die Ausnahme für unerhebliche Gefahrerhöhungen (§ 29 a.F.) wurde beibehalten. Dagegen hat der Gesetzgeber die Ausnahmevorschrift des § 26 a.F. unter Hinweis auf das fehlende praktische Bedürfnis gestrichen.[4] Inhaltlich führt dies zu keinen Änderungen, weil eine Gefahrerhöhung in den einschlägigen Fällen entweder schon gar nicht vorliegt oder nach allgemeinen Grundsätzen – aufgrund rechtfertigender Umstände, mangels Verschuldens des VN oder nach Treu und Glauben – jedenfalls keine nachteiligen Rechtsfolgen für den VN hat.[5]

In **zeitlicher Hinsicht** gelten die §§ 23 ff. n.F. für alle Verträge, die seit dem 01.01.2008 geschlossen worden sind. Auf Altverträge sind die neuen Vorschriften erst seit dem 01.01.2009 anwendbar (Art. 1 I EGVVG). Ist bis zum 31.12.2008 ein Versicherungsfall eingetreten, so finden die §§ 23 ff. a.F. weiter Anwendung (Art. 1 II EGVVG). Probleme ergeben sich, wenn die Gefahrerhöhung vor dem 01.01.2009, der Versicherungsfall aber erst danach eingetreten ist. Da Art. 1 II EGVVG hier nicht eingreift, richten sich die Rechtsfolgen der Gefahrerhöhung nach neuem Recht. Für die tatbestandlichen Voraussetzungen bleibt dagegen das alte Recht maßgeblich.[6] Da die tatbestandlichen Voraussetzungen praktisch unverändert sind, dürften die Probleme aber wesentlich leichter als bei § 19 (dort Rdn. 5) zu bewältigen sein. 3

III. Anwendungsbereich

Die §§ 23 ff. gelten wie die §§ 19 ff. grundsätzlich für **alle Versicherungszweige** einschließlich der Kfz-Haftpflichtversicherung.[7] Sonderregelungen bestehen aber für die laufende Versicherung (§ 57), die Transportversicherung (§ 132), die Lebens- und Berufsunfähigkeitsversicherung (§ 158, ggf. i.V.m. § 176) sowie die Unfallversicherung (§ 181). In der **Krankenversicherung** sind die §§ 23 ff. nicht anwendbar (§ 194 I 2). Dahinter steht die Erwägung, dass die Krankenversicherung den VN auch vor nachträglich auftretenden Krankheiten absichern soll. Dass das Krankheitsrisiko mit steigendem Lebensalter zunimmt, ist für den Versicherer bei Vertragsschluss vorhersehbar und gehört daher zu der versicherten Gefahr.[8] 4

IV. Abgrenzungen

Die Vorschriften über die Gefahrerhöhung setzen erst nach Abgabe der Vertragserklärung des VN ein (§ 23 I) und schließen damit in zeitlicher Hinsicht an die Vorschriften über die **vorvertragliche Anzeigepflicht** (§§ 19 ff.) an. Zu möglichen Überschneidungen s. § 19 Rdn. 8. 5

Die Parteien können vereinbaren, dass der VN zur Verhütung einer Gefahrerhöhung bestimmte **Obliegenheiten** (z.B. Beachtung von Sicherheitsvorschriften) zu erfüllen hat. § 32 a.F. hatte noch ausdrücklich klargestellt, dass eine solche Vereinbarung durch die gesetzlichen Vorschriften über die Gefahrerhöhung nicht verdrängt wird. Umgekehrt war aber auch weitgehend anerkannt, dass die §§ 23 ff. a.F. durch eine entsprechende Vereinbarung ebenfalls nicht verdrängt werden.[9] Hieran hat sich durch die Streichung des § 32 a.F. nichts geändert. Die §§ 23 ff. und der § 28 sind also grundsätzlich **nebeneinander** anwendbar.[10] 6

Tritt aufgrund der Gefahrerhöhung ein Versicherungsfall ein, so treffen die Regeln über die Gefahrerhöhung mit den Vorschriften über die **Herbeiführung des Versicherungsfalls** (§§ 81, 103) zusammen. Soweit es in einem solchen Fall um die Leistungsfreiheit des Versicherers geht, sind die §§ 23 ff. und die §§ 81, 103 **nebeneinander** anwendbar.[11] Bei der praktischen Rechtsanwendung hat die gleichzeitige Anwendbarkeit der §§ 81, 103 allerdings keine größeren Auswirkungen, weil sich die Leistungsfreiheit des Versicherers im Regelfall wesentlich leichter aus den §§ 23 ff. ableiten lässt. Dies gilt namentlich für die Fälle der groben Fahrlässigkeit. Denn für den Versicherer ist die Beweislastverteilung nach § 26 I 2 Hs. 2, III Nr. 1 wesentlich günstiger als bei § 81 II, wo er sowohl die grobe Fahrlässigkeit als auch die Kausalität nachweisen muss.[12] Der Begriff der Gefahrerhöhung muss daher in einem engen Sinne ausgelegt werden, damit die §§ 81, 103 ihre eigenständige Bedeutung behalten und nicht durch die strengeren Regeln der §§ 23 ff. unterlaufen werden (näher dazu unten Rdn. 15).[13] 7

---

4 Vgl. Begr. RegE BT-Drucks. 16/3945 S. 67; positiv dazu *Loacker* VersR 2008, 1285.
5 Zu den Einzelheiten vgl. BK/*Harrer*, § 26 Rn. 1 ff.; R/L/*Langheid*², § 26 Rn. 1 ff.
6 *Marlow*/Spuhl, Rn. 276.
7 Speziell dazu BGHZ 7, 311, 313; 50, 385, 386 f.; BK/*Harrer*, § 23 Rn. 18; *Bauer*, Rn. 457 ff.; *Kortüm*, S. 108.
8 Vgl. BGH VersR 1983, 848; HK-VVG/*Rogler*, § 194 Rn. 3; BK/*Hohlfeld*, § 178a Rn. 6; Staudinger/Halm/Wendt/*Segger/Degen*, § 23 Rn. 10.
9 BGH VersR 1987, 921.
10 BGHZ 4, 369, 377 = VersR 1952, 81, 82; BGH VersR 1994, 1465; P/M/*Armbrüster*, § 23 Rn. 120; BK/*Harrer*, § 32 Rn. 2.
11 OLG Köln r+s 1989, 160, 161; VersR 2007, 204; B/M/*Matusche-Beckmann*, § 23 Rn. 68; BK/*Beckmann*, § 61 Rn. 9 ff.; P/M/*Armbrüster*, § 23 Rn. 119; L/W/*Looschelders*, § 81 Rn. 26; *Martin*, O I Rn. 4; einschränkend OLG Hamm r+s 1991, 30, 31; von BGHZ 7, 311, 314 f. = VersR 1952, 387, 388 offen gelassen.
12 Vgl. *Looschelders* VersR 2008, 1, 4.
13 Vgl. L/W/*Wrabetz/Reusch*, § 23 Rn. 130; *Armbrüster*, Rn. 1164; *Looschelders/Paffenholz*, Rn. 272; *Deutsch/Iversen*, Rn. 154; zum alten Recht B/M/*Möller*⁸, § 23 Anm. 11.

B. Gefahrerhöhung
I. Begriff

8 Der Begriff der Gefahrerhöhung wird in § 23 nicht definiert. Die h.M. versteht darunter die **nachträgliche Schaffung eines Zustands erhöhter Gefahr**, der auf eine solche **Dauer** angelegt ist, dass er die Grundlage eines neuen natürlichen Gefahrenverlaufs bilden kann und damit geeignet ist, den Eintritt des Versicherungsfalls generell zu fördern.[14] Folgende Merkmale sind damit entscheidend:

1. Zustand erhöhter Gefahr
a) Allgemeine Grundsätze

9 Nach der Rechtsprechung liegt eine Gefahrerhöhung vor, wenn ein Umstand unter Berücksichtigung möglicher Kausalverläufe die **Wahrscheinlichkeit** des Eintritts des Versicherungsfalls ex ante steigert.[15] Zeitlicher Bezugspunkt der Gefahrerhöhung ist die **Abgabe der Vertragserklärung** durch den VN (§ 23 I).[16] Denn dies ist der maßgebliche Zeitpunkt für die auf der Grundlage der Anzeigen des VN vorzunehmende Risikokalkulation des Versicherers. Hat der VN seine Anzeigepflicht nach § 19 vor der Abgabe der eigentlichen Vertragserklärung erfüllt, so ist dieser frühere Zeitpunkt maßgeblich.[17] Nach Sinn und Zweck der §§ 23 ff. muss der betreffende Umstand nach Abgabe der Vertragserklärung eingetreten sein; die nachträgliche Aufdeckung des tatsächlichen Risikopotentials eines zu diesem Zeitpunkt vorhandenen Umstands reicht nicht.[18] Die nachträgliche **Änderung der Rechtslage** in Bezug auf das versicherte Risiko ist i.d.R. ebenfalls irrelevant, da die Wahrscheinlichkeit der Risikoverwirklichung dadurch nicht erhöht wird.[19] Eine andere Beurteilung kommt allerdings in Betracht, wenn das versicherte Risiko nach dem Zweck der Versicherung unmittelbar durch gesetzliche Bestimmungen geprägt wird. In der **Haftpflichtversicherung** kann die gesetzliche Ausweitung der materiell-rechtlichen Haftung daher zu einer Gefahrerhöhung führen.[20] Die AHB sehen jedoch im Allgemeinen vor, dass solche Änderungen mitversichert sind (vgl. Ziff. 3.2 AHB 2014).[21] Dem Versicherer wird allerdings unter bestimmten Voraussetzungen ein Kündigungsrecht zugebilligt (Ziff. 21 AHB 2014). In der **Rechtsschutzversicherung** wird die Anhebung der Gerichtskosten und Anwaltsgebühren als Gefahrerhöhung angesehen, da die Höhe des Schadens dadurch beeinflusst wird.[22]

10 Ob eine Gefahrerhöhung vorliegt, ergibt sich aus einem **Vergleich** zwischen der Gefahrenlage, die bei Abgabe der Vertragserklärung durch den VN vorlag, und der Gefahrenlage, die aufgrund der in Frage stehenden Veränderung der maßgeblichen Umstände eingetreten ist.[23] Dabei sind alle ersichtlichen gefahrerheblichen Umstände zu berücksichtigen.[24] Die Veränderung muss nach der Risikokalkulation des Versicherers **relevant** sein (vgl. aber Rdn. 11).[25] Die Rechtsprechung bejaht eine relevante Veränderung, wenn der Versicherer den Vertrag bei der neuen Gefahrenlage überhaupt nicht oder jedenfalls nicht zu der vereinbarten Prämie abgeschlossen hätte.[26] Dabei wird nicht isoliert auf einzelne gefahrerhebliche Umstände abgestellt. Es kommt vielmehr darauf an, wie sich die Gefahrenlage **im Ganzen** seit der Erklärung des VN entwickelt hat. Sind außer den gefahrerhöhenden auch gefahrmindernde Umstände eingetreten, ist eine **umfassende Abwägung im Einzelfall** erforderlich.[27] Zu prüfen ist dabei insbesondere, ob die gefahrerhöhenden Umstände durch die gefahrmindernden Umstände ausgeglichen werden (sog. **Gefahrkompensation**).[28] So führt das Leerstehen eines Wohn-

---

14 BGHZ 7, 311, 317 = VersR 1952, 387, 388; BGH VersR 1975, 845, 846; VersR 1979, 73, 74; VersR 1999, 484; VersR 2005, 218, 219; BGHZ 186, 42 = VersR 2010, 1032 Rn. 16; BGH VersR 2012, 1300, 1301 Rn. 8; VersR 2014, 1313, 1315 Rn. 17; OLG Hamm VersR 2016, 249, 250; B/M/*Matusche-Beckmann*, § 23 Rn. 4; L/W/*Wrabetz/Reusch*, § 23 Rn. 21; P/M/*Armbrüster*, § 23 Rn. 7 ff.; R/L/*Langheid*, § 23 Rn. 26 ff.; PK/*Loacker*, § 23 Rn. 13; *Teschabai-Oglu* ZVersWiss 2011, 769, 770.
15 BGH VersR 2012, 1300 = r+s 2012, 489 Rn. 8.
16 Vgl. B/M/*Matusche-Beckmann*, § 23 Rn. 5; L/W/*Wrabetz/Reusch*, § 23 Rn. 47; P/M/*Armbrüster*, § 23 Rn. 9; R/L/*Langheid*, § 23 Rn. 7; *Looschelders/Paffenholz*, Rn. 271; *Langheid* NJW 2007, 3665, 3668.
17 Vgl. *Marlow*/Spuhl, Rn. 248; *Felsch* r+s 2007, 485, 487.
18 Ausführlich zu dieser Problematik *Teschabai-Oglu* ZVersWiss 2011, 769, 775 f.
19 Vgl. *Armbrüster*, Rn. 1134.
20 P/M/*Armbrüster*, § 23 Rn. 24; R/L/*Langheid*, § 23 Rn. 77.
21 Näher dazu L/W/*Wrabetz/Reusch*, § 23 Rn. 261 ff.
22 Dafür P/M/*Armbrüster*, § 23 Rn. 24; BK/*Harrer*, § 23 Rn. 6; *Werber* VersR 1976, 897 ff.; a.A. zu § 9 ARB 1969 BVerwG VersR 1976, 377; *Suppes* VersR 1976, 396 ff.
23 BGH VersR 1979, 73, 74.
24 BGH VersR 2010, 944; VersR 2005, 218, 219; R/L/*Langheid*, § 23 Rn. 14.
25 P/M/*Armbrüster*, § 23 Rn. 13.
26 BGHZ 79, 156, 158; BGH VersR 2005, 218, 219; VersR 2012, 1300 Rn. 11; vgl. dazu B/M/*Matusche-Beckmann*, § 23 Rn. 6.
27 BGHZ 79, 156, 158; BGH VersR 2004, 895, 896; VersR 2005, 218, 219; VersR 2010, 944; R/L/*Langheid*, § 23 Rn. 11.
28 Vgl. BGH VersR 1975, 845, 846; VersR 2005, 218, 219; VersR 2010, 1032; B/M/*Matusche-Beckmann*, § 23 Rn. 9; L/W/*Wrabetz/Reusch*, § 23 Rn. 40; R/L/*Langheid*, § 23 Rn. 34 f.; *Armbrüster*, Rn. 1135; *Deutsch/Iversen*, Rn. 153; *Bruns*, § 18 Rn. 2.

oder Betriebsgebäudes in der **Feuerversicherung** nicht notwendig zu einer Gefahrerhöhung, weil dadurch zwar neue Gefahrenquellen (z.B. Brandstiftung durch Obdachlose) entstehen, andere (z.B. Unvorsichtigkeit der Bewohner) aber entfallen.[29] Davon abgesehen hat der VN die Möglichkeit, das Leerstehen des Gebäudes durch geeignete Sicherungsmaßnahmen (z.B. vermehrte Kontrollen) auszugleichen.[30] Die Rechtsprechung bejaht daher nur dann eine Gefahrerhöhung, wenn sich das leer stehende Gebäude aufgrund einer nach außen erkennbaren Verwahrlosung zu einem Anziehungspunkt für Unbefugte entwickelt.[31] Die baurechtlich genehmigte Errichtung eines Carports in Holzbauweise stellt in der Feuerversicherung ebenfalls keine Gefahrerhöhung dar.[32] In der Einbruchsdiebstahlversicherung wird die Errichtung eines Gerüstes an einem Geschäftsgebäude dagegen als Gefahrerhöhung angesehen, weil Diebe dadurch auf einfache Weise einsteigen können; die Gefahr kann aber durch nächtliche Bewachung des Gebäudes kompensiert werden.[33]

Bei der Abwägung haben die vom Versicherer praktizierten **Grundsätze der Risikoprüfung** (dazu § 19 Rdn. 30) lediglich eine Indizwirkung;[34] sie können für sich genommen nicht den Ausschlag geben, weil bestimmte Änderungen der Gefahrenlage nach **Sinn und Zweck des jeweiligen Versicherungsvertrages** außer Betracht bleiben müssen (z.B. das Älterwerden des VN in der Kranken- oder Lebensversicherung[35]). § 27 schließt deshalb die Anwendung der §§ 23–26 aus, wenn nur eine **unerhebliche Gefahrerhöhung** vorliegt oder wenn nach den Umständen davon auszugehen ist, dass die Gefahrerhöhung **mitversichert** sein soll (zu den Einzelheiten § 27 Rdn. 5 ff.). In der Literatur wird darüber hinaus teilweise die Auffassung vertreten, dass eine Gefahrerhöhung nur in Betracht kommt, wenn der in Frage stehende Umstand für den Versicherer **nicht vorhersehbar** ist.[36] Dahinter steht die Erwägung, dass der Versicherer die vorhersehbaren Änderungen einkalkulieren oder hinnehmen muss. Diese Aussage ist jedoch zu pauschal.[37] Welche Änderungen der Versicherer einkalkulieren oder hinnehmen muss, muss vielmehr durch **Auslegung** des jeweiligen Versicherungsvertrages bestimmt werden. Die Vorhersehbarkeit kann allerdings ein Indiz dafür sein, dass eine bestimmte Entwicklung sich innerhalb des vom Versicherer vertraglich übernommenen Risikos hält und daher schon gar keine Gefahrerhöhung darstellt oder jedenfalls mitversichert ist.[38]

Trotz des systematischen Zusammenhangs mit § 19 kommt eine Gefahrerhöhung auch in Bezug auf solche Umstände in Betracht, nach denen der Versicherer nicht in Textform gefragt hat.[39] Denn der Gesetzgeber hat in den §§ 23 ff. gerade keine solche Beschränkung vorgesehen. Sachlich lässt sich diese Differenzierung damit rechtfertigen, dass es bei Gefahrerhöhungen häufig um **unsachgemäßes, verkehrswidriges oder sonst gefährliches Verhalten** geht, das im vorvertraglichen Stadium keiner sinnvollen Frage zugänglich ist.[40] Hat der Versicherer nach einem bestimmten Umstand gefragt, so ist dies aber ein wichtiges Indiz für die Relevanz einer nachteiligen Änderung. Die neueren AVB stellen in diesem Sinne klar, dass eine Gefahrerhöhung »insbesondere« – aber nicht nur – vorliegen kann, wenn sich ein gefahrerheblicher Umstand ändert, nach dem der Versicherer vor Vertragsschluss gefragt hat (vgl. Abschn. A § 17 Nr. 1 lit. a) und Abschnitt B § 9 Nr. 1 lit. b) AFB 2010/VHB 2010 VGB 2010). Aus dem Wort »kann« folgt, dass die Gefahrerhöhung auch bei einer Frage im Einzelfall positiv festgestellt werden muss (s. unten Rdn. 53). Eine strengere Bestimmung wäre unwirksam, da die §§ 23 ff. nach § 32 Satz 1 nicht zu Lasten des VN geändert werden können.[41]

Umgekehrt kann das **Fehlen einer üblichen Frage** den Schluss rechtfertigen, dass die Änderung aus Sicht des Versicherers nicht gefahrerheblich ist.[42] Zumindest kann sich der VN darauf berufen, er habe bei der Vornahme oder Nichtanzeige der Gefahrerhöhung weder vorsätzlich noch grob fahrlässig gehandelt, weil er die Veränderung wegen des Fehlens der Frage für unerheblich gehalten habe.[43]

---

29 BGH VersR 1976, 825; VersR 1982, 466; VersR 1990, 881; OLG Hamm VersR 2006, 113; *Armbrüster*, Rn. 1147; ausführlich B/M/*Matusche-Beckmann*, § 23 Rn. 44; *Wälder* r+s 1989, 196 f.; krit. R/L/*Langheid*, § 23 Rn. 37 unter Hinweis auf die Notwendigkeit einer gewissen Kongruenz von erhöhter und verminderter Gefahr.
30 OLG Hamm VersR 1987, 397; r+s 1990, 22, 24 f.; OLG Celle VersR 2010, 383.
31 Vgl. BGH VersR 1982, 466; OLG Rostock r+s 2008, 72.
32 OLG Karlsruhe VersR 2010, 1641, 1643.
33 BGH VersR 1975, 845.
34 Klarstellend BGH VersR 2004, 895, 896 gegenüber BGHZ 79, 156, 158.
35 Vgl. R/L/*Langheid*, § 23 Rn. 16; *Deutsch/Iversen*, Rn. 162. § 158 I schränkt deshalb in der Lebensversicherung den Begriff der Gefahrerhöhung ein.
36 So B/M/*Matusche-Beckmann*, § 23 Rn. 17; *Werber* VersR 1976, 897.
37 So auch P/M/*Armbrüster*, § 23 Rn. 39.
38 Auf das allgemein übliche »Durchschnittsrisiko« abstellend B/M/*Matusche-Beckmann*, § 23 Rn. 17 ff.; BGHZ 42, 295, 298 spricht sogar von einer »natürliche[n], typische[n] Gefahrentwicklung, die ständig wiederkehrt und vorhersehbar ist«.
39 P/M/*Armbrüster*, § 23 Rn. 13; L/W/*Warbetz/Reusch*, § 23 Rn. 74 ff.; B/M/*Johannsen*, AFB 2008/2010 B § 9 Rn. 10; *Grote/Schneider* BB 2007, 2689, 2696; a.A. zu § 18 II a.F. OLG Köln VersR 2001, 580.
40 *Martin*, N I Rn. 14; vgl. auch P/M/*Armbrüster*, § 23 Rn. 13 a.E.
41 Vgl. BGH VersR 2012, 1506, 1508 m. Anm. *R. Koch*; B/M/*Jula*, VHB 2010 A § 17 Rn. 2.
42 Vgl. B/M/*Matusche-Beckmann*, § 23 Rn. 7; R/L/*Langheid*, § 23 Rn. 22 ff.; *Martin*, N I Rn. 12.
43 Ähnlich *Martin*, N I Rn. 16.

b) Besonderheiten in der Kfz-Haftpflichtversicherung

14 In der Kfz-Haftpflichtversicherung kommt es für die Gefahrerhöhung durch Gebrauch eines verkehrsunsicheren Fahrzeugs nicht darauf an, ob sich der Zustand des Kfz nach Antragstellung verschlechtert hat. Eine Gefahrerhöhung kann daher auch dann vorliegen, wenn sich das Fahrzeug **schon bei der Antragstellung** in einem nicht verkehrssicheren Zustand befunden hat.[44] Zur Begründung wird darauf verwiesen, dass die Verkehrssicherheit in der Kfz-Haftpflichtversicherung kein Bestandteil der vorvertraglichen Risikoprüfung ist; vielmehr wird generell davon ausgegangen, dass das Fahrzeug bei Vertragsschluss den Anforderungen der StVZO genügt.[45] Im Übrigen liegt die Gefahrerhöhung nicht im Eintritt des verkehrsunsicheren Zustands, sondern darin, dass der VN das Fahrzeug nach Abgabe seiner Vertragserklärung in dem verkehrswidrigen Zustand weiter benutzt (vgl. dazu auch unten Rdn. 26).[46]

2. Notwendigkeit eines Dauerzustands

15 Die höhere Gefahrenlage muss sich zu einem gewissen **Dauerzustand** verfestigt haben. Dass das Risiko nur einmalig und kurzfristig erhöht wird (z.B. Rotlichtverstoß, Trunkenheitsfahrt, Überladung eines Anhängers), reicht nicht.[47] Dahinter steht die Erwägung, dass die speziellen Regelungen über die Gefahrerhöhung (insbes. Anzeigepflicht, Vertragsanpassung) nur bei einer dauerhaften Änderung der Risikolage passen.[48] Außerdem soll verhindert werden, dass die für den VN günstigeren Regeln über die Herbeiführung des Versicherungsfalls (§§ 81, 103) durch die Anwendung der §§ 23 ff. unterlaufen werden können.[49] Das Konkurrenzproblem ist bei der Reform zwar dadurch entschärft worden, dass leichte Fahrlässigkeit auch bei Gefahrerhöhungen nicht mehr zur Leistungsfreiheit des Versicherers führt. Im Verhältnis zu § 81 ist die Beweislastverteilung bei § 26 für den VN aber immer noch ungünstiger (vgl. oben Rdn. 7). In der Haftpflichtversicherung schadet dem VN bei schuldhafter Herbeiführung des Versicherungsfalls außerdem nach § 103 nur Vorsatz.

3. Keine unerhebliche oder mitversicherte Gefahrerhöhung

16 Wenn eine Gefahrerhöhung vorliegt, muss im Einzelfall noch geprüft werden, ob sie nach § 27 **unerheblich** oder **mitversichert** ist (s. § 27 Rdn. 5 ff.). Bei der praktischen Rechtsanwendung lassen sich beide Aspekte oft nicht voneinander trennen. So kann man das Vorliegen einer Gefahrerhöhung offen lassen, wenn diese jedenfalls unerheblich oder mitversichert wäre. In der Literatur wird teilweise die Auffassung vertreten, in den Fällen des § 27 liege schon gar keine Gefahrerhöhung vor.[50] Hiergegen spricht aber, dass § 27 dann überflüssig wäre (vgl. auch § 27 Rdn. 4).[51] Der Meinungsstreit über die dogmatische Einordnung kann jedoch nichts daran ändern, dass die Kriterien des § 27 sorgfältig geprüft werden müssen.

II. Einzelfälle

17 In der **Gebäude- und Feuerversicherung** ist die notwendige Dauer der Gefahrerhöhung bei einem längeren Leerstehen oder einer Änderung der Nutzung des versicherten Gebäudes gegeben.[52] Das Gleiche gilt für den Fall, dass feuergefährliche Gegenstände (z.B. Benzin, Stroh) nachträglich für eine nicht unerhebliche Zeit eingelagert werden.[53] Hier muss aber sehr sorgfältig geprüft werden, ob die Gefahrerhöhung nicht aufgrund der allgemeinen Zweckbestimmung des Gebäudes nach § 27 mitversichert ist (vgl. § 27 Rdn. 7).[54] Ist das versicherte Gebäude bei Vertragsschluss schon so heruntergekommen, dass es nur noch als Abbruchhaus gelten kann, so scheidet eine Gefahrerhöhung regelmäßig aus. Eine anzeigepflichtige Gefahrerhöhung tritt aber ein, wenn nach dem Vertragsschluss andere risikoerhöhende Umstände wie das Auftreten von Vandalismus- und Verwahrlosungsschäden hinzukommen.[55] Wird in einem bislang als Kfz-Werkstatt genutzten Gebäude ein Bordell betrieben, so kann dies wegen des damit oft verbundenen kriminellen Milieus eine Gefahrerhöhung

---

44 Vgl. BGH VersR 1966, 1022; VersR 1967, 746; VersR 1970, 412; VersR 1979, 73; *Bauer*, Rn. 471; HK-VVG/*Karczewski*, § 23 Rn. 18; P/M/*Armbrüster*, § 23 Rn. 68; Stiefel/*Maier*, Kraftfahrtversicherung, § 23 VVG Rn. 24.
45 Vgl. R/L/*Langheid*, § 23 Rn. 72.
46 P/M/*Armbrüster*, § 23 Rn. 9, 32, 68; BK/*Harrer*, § 23 Rn. 18 ff.; L/W/*Wrabetz/Reusch*, § 23 Rn. 150; Staudinger/Halm/Wendt/*Segger/Degen*, § 23 Rn. 19.
47 Vgl. BGHZ 2, 360, 365; 7, 311, 318 ff.; BGH VersR 2010, 1032; OGH VersR 2008, 142; L/W/*Wrabetz/Reusch*, § 23 Rn. 35 ff.; P/M/*Armbrüster*, § 23 Rn. 31 ff.; B/M/*Matusche-Beckmann*, § 23 Rn. 15; *Armbrüster*, Rn. 1129; Looschelders/*Paffenholz*, Rn. 272; *Kortüm*, S. 97.
48 Anders insoweit P/M/*Armbrüster*, § 23 Rn. 33.
49 Vgl. L/W/*Wrabetz/Reusch*, § 23 Rn. 134; *Deutsch/Iversen*, Rn. 154; Looschelders/Paffenholz, Rn. 272.
50 So HK-VVG/*Karczewski*, § 23 Rn. 14; zu § 27 Alt. 1 auch B/M/*Matusche-Beckmann*, § 27 Rn. 3.
51 So in der Tat L/W/*Wrabetz/Reusch*, § 27 Rn. 3: »könnte ersatzlos gestrichen werden«.
52 Vgl. BGH VersR 1982, 466; VersR 2012, 1300 = r+s 2012, 489; B/M/*Matusche-Beckmann*, § 23 Rn. 44 ff.
53 RGZ 110, 152; Wussow VersR 2001, 678, 681.
54 OLG Hamm r+s 1990, 22, 24: Einlagerung von Stroh in einen Stall.
55 OLG Naumburg VersR 2016, 854.

darstellen.⁵⁶ Dass das Gebäude von außen nicht als Bordellbetrieb erkennbar ist, steht dem nicht entgegen⁵⁷ Das einmalige Brennenlassen von Kerzen ist nur unter dem Aspekt des § 81 relevant; eine Gefahrerhöhung liegt aber vor, wenn der VN über einen längeren Zeitraum Kerzen als Lichtquelle verwendet, weil der Stromanschluss seines Hauses gesperrt wurde.⁵⁸ Eine Gefahrerhöhung kommt auch bei sog. »Brandreden« in Betracht, in denen der VN die Absicht äußert, das Gebäude selbst anzuzünden, oder andere zu einer Brandstiftung auffordert. Der erforderliche Dauerzustand liegt aber nur vor, wenn sich die Brandreden über einen längeren Zeitraum erstrecken oder einen gewissen zeitlichen Abstand zum Eintritt des Brandes aufweisen.⁵⁹
Ernsthafte **Drohungen Dritter**, das versicherte Gebäude in Brand zu setzen oder in die Luft zu sprengen, können eine Gefahrerhöhung darstellen, wenn sie sich über einen längeren Zeitraum erstrecken.⁶⁰ Bei Drohungen im Rahmen von **Schutzgelderpressungen** besteht indessen die Besonderheit, dass der Tatentschluss des Dritten nicht primär auf die Beschädigung oder Zerstörung der versicherten Sache gerichtet ist. Ob der Täter seine Drohungen verwirklichen wird, bleibt meist zunächst unklar. Der BGH geht daher erst dann von einer Gefahrerhöhung aus, wenn die Täter damit beginnen, der Erpressung durch Beschädigung der versicherten Sache Nachdruck zu verleihen.⁶¹ In einem solchen Fall könne die Gefahrerhöhung auch nicht mehr als mitversichert angesehen werden (vgl. § 27 Rdn. 7). Bei einer **Warenkreditversicherung** für Kraftstofflieferungen kann eine Gefahrerhöhung eintreten, wenn Tankstellenpächter eine Poolvereinbarung treffen, um Streckengeschäfte unter Einschluss eines von Zahlungsunfähigkeit bedrohten Unternehmens durchzuführen.⁶² 18

In der **Einbruchsdiebstahlversicherung** liegt eine Gefahrerhöhung vor, wenn ein Gerüst wegen Renovierungsarbeiten über Wochen oder Monate an dem Gebäude aufgestellt ist (vgl. Rdn. 10).⁶³ Das Gleiche gilt für den Fall, dass Sicherungen entfernt werden oder über längere Zeit nicht funktionsfähig sind.⁶⁴ Vorübergehende, innerhalb weniger Tage abgeschlossene bauliche Veränderungen wie das Aushängen von Türen bei Umbaumaßnahmen begründen dagegen keine Gefahrerhöhung.⁶⁵ Das Gleiche gilt in der **Sturmversicherung** für kurzzeitige Reparaturen am Dach.⁶⁶ 19

In der **Kraftfahrtversicherung** führt die länger andauernde Benutzung eines Kfz in verkehrsunsicherem Zustand (z.B. abgefahrene Reifen, defekte Bremsen) zu einer Gefahrerhöhung (vgl. oben Rdn. 14).⁶⁷ Auf welchen Ursachen der Mangel beruht, ist unerheblich. Der VN kann sich daher nicht damit entlasten, dass der verkehrsunsichere Zustand Folge einer allmählichen, betriebsbedingten Abnutzung ist.⁶⁸ Wiederholte Schwarzfahrten durch führerscheinlose Personen stellen ebenfalls eine Gefahrerhöhung dar, während es bei der einmaligen Schwarzfahrt durch eine führerscheinlose Person am erforderlichen Dauerzustand fehlt.⁶⁹ Desgleichen begründet die einmalige Benutzung des Fahrzeugs in einem alkoholisierten oder übermüdeten Zustand keine Gefahrerhöhung, wohl aber das häufige Fahren in einem solchen Zustand.⁷⁰ Das Fahren eines abgemeldeten Kfz wird vom BGH nicht als Gefahrerhöhung qualifiziert, weil die Abmeldung nichts über die Verkehrssicherheit des Fahrzeugs oder die Eigenschaften des Fahrers besagt.⁷¹ In der Kaskoversicherung stellt die ständige Aufbewahrung eines Zweitschlüssels im Innenraum des Autos eine Gefahrerhöhung dar.⁷² Ob das Gleiche auch für die ständige Aufbewahrung des Kfz-Scheins im Handschuhfach gilt,⁷³ ist zweifelhaft, weil die 20

---

56 BGH VersR 2012, 1300, 1301.
57 OLG Hamm VersR 2016, 249, 251.
58 OLG Düsseldorf r+s 1985, 19, 20; B/M/*Matusche-Beckmann*, § 23 Rn. 48 f.
59 Vgl. OLG Düsseldorf VersR 1997, 231; OLG Schleswig VersR 1992, 1258; *Sieg* VersR 1995, 369, 371; *Wussow* VersR 2001, 678, 682.
60 BGH VersR 1999, 484; B/M/*Matusche-Beckmann*, § 23 Rn. 47; *Reusch* VersR 2011, 13, 16 f.; a.A. OLG Karlsruhe VersR 1998, 625; *Prölss* NVersZ 2000, 153, 157 f., wonach vorsätzliche Schädigungen durch Dritte grundsätzlich mitversichert sind.
61 BGH VersR 2010, 1032 m. Anm. *Looschelders/Weckmann* 1446 ff.; ausf. dazu *Reusch* VersR 2011, 13 ff.
62 BGH VersR 2010, 944.
63 BGH VersR 1975, 845; a.A. P/M/*Armbrüster*, § 23 Rn. 20 mit der Begründung, dass das Aufstellen eines Baugerüsts zur allgemein üblichen Nutzung gehört.
64 BGH VersR 1987, 921; OLG Frankfurt (Main) VersR 1985, 825; LG Köln VersR 1988, 902.
65 OLG Düsseldorf VersR 1986, 561; P/M/*Armbrüster*, § 23 Rn. 64.
66 BGH VersR 1992, 606, 607; nach OLG Oldenburg NJW-RR 1992, 289, 290 handelt es sich um eine mitversicherte Gefahrerhöhung i.S.d. § 29 a.F. (§ 27 n.F.).
67 BGHZ 23, 142, 144 ff. = VersR 1957, 123; BGHZ 50, 385, 386 ff. = VersR 1968, 1153; BGHZ 50, 392 = VersR 1968, 1131; BGH VersR 1982, 793.
68 BGH VersR 1969, 1011; *Bauer*, Rn. 471; *Maier/Stadler*, Rn. 214.
69 BGH VersR 1986, 693, 694.
70 OGH VersR 1980, 759; BGH VersR 1986, 693, 694.
71 BGH VersR 1986, 693, 694.
72 OLG Koblenz VersR 1998, 233.
73 So OLG Celle VersR 2008, 204; VersR 2011, 663.

damit verbundene Steigerung des Diebstahlsrisikos die Erheblichkeitsschwelle des § 27 im Allgemeinen nicht übersteigt.[74] Zur Gefahrerhöhung in der Kraftfahrtversicherung vgl. auch Anh. A Rdn. 67.

C. Arten der Gefahrerhöhung

21 Das VVG unterscheidet traditionell zwischen dem Fall, dass der VN die Gefahrerhöhung selbst vornimmt oder deren Vornahme durch einen Dritten gestattet (sog. **subjektive Gefahrerhöhung**), und dem Fall, dass die Gefahrerhöhung unabhängig vom Willen des VN eintritt (sog. **objektive Gefahrerhöhung**).[75] Diese Fälle sind nun in § 23 I und III geregelt. § 23 II betrifft den seltenen Sonderfall, dass der VN erst im Nachhinein erkennt, dass er eine Gefahrerhöhung vorgenommen oder gestattet hat (sog. **nachträglich erkannte subjektive Gefahrerhöhung**).[76]

I. Subjektive Gefahrerhöhung (Abs. 1)

1. Dogmatische Einordnung

22 § 23 I schreibt vor, dass der VN nach Abgabe seiner Vertragserklärung ohne Einwilligung des Versicherers keine Gefahrerhöhung vornehmen oder deren Vornahme durch einen Dritten gestatten darf. Aus dogmatischer Sicht handelt es sich um keine echte Rechtspflicht, sondern um eine **gesetzliche Obliegenheit**.[77] Die »Gefahrstandspflicht« schützt zwar die Interessen des Versicherers; der VN hat sie aber im eigenen Interesse zu erfüllen. Dem Versicherer steht also kein Anspruch auf Unterlassung von Gefahrerhöhungen zu. Im Verletzungsfall kommt deshalb auch kein Schadensersatzanspruch gegen den VN in Betracht; die Rechtsfolgen der Gefahrerhöhung sind vielmehr in den §§ 24–26 abschließend geregelt.

2. Adressaten der Gefahrstandspflicht

23 Das Verbot der Gefahrerhöhung trifft zunächst den VN. Bei einer Mehrheit von VN muss jeder von ihnen die Gefahrstandspflicht einhalten.[78] Bei der **Versicherung für fremde Rechnung** steht der Versicherte dem VN nach § 47 I gleich. Nach allgemeinen Grundsätzen muss der VN auch im Rahmen des § 23 I für das Verhalten seiner **Repräsentanten** einstehen (allg. dazu § 28 Rdn. 69 ff.).[79] Beim Handeln von Hilfspersonen ist § 278 BGB nicht anwendbar.[80] Das Verhalten sonstiger Dritter muss der VN sich ebenfalls nicht zurechnen lassen,[81] es sei denn, dass er die Vornahme der Gefahrerhöhung gestattet (dazu unten Rdn. 32).

3. Vornahme der Gefahrerhöhung

24 Die h.M. versteht unter der **Vornahme** der Gefahrerhöhung i.S.d. § 23 I Alt. 1 deren willentliche Herbeiführung durch **positives Tun**. Eine Gefahrerhöhung durch **Unterlassen** kommt hiernach nicht in Betracht.[82] Zur Begründung wird darauf verwiesen, dass § 23 I keine Verpflichtung zu einem positiven Tun – konkret: zur Beseitigung einer ohne den Willen des VN eingetretenen Gefahrerhöhung – statuiert. Eine solche Verpflichtung könne sich nur aus einer vertraglich vereinbarten Obliegenheit ergeben. Im Übrigen würden sich die Folgen eines Unterlassens ausschließlich nach den Regeln über die schuldhafte Herbeiführung des Versicherungsfalls richten. Die Gegenauffassung lehnt eine Begrenzung der Gefahrerhöhung auf positives Tun ab, weil eine strikte Unterscheidung zwischen positivem Tun und Unterlassen nicht möglich sei. Eine subjektive Gefahrerhöhung durch Unterlassen soll daher in Betracht kommen, wenn der VN den gefahrerhöhenden Umstand positiv kennt und zudem ausreichend Zeit und Gelegenheit hatte, diesen durch geeignete und ihm wirtschaftlich zumutbare Maßnahmen zu beseitigen oder zu kompensieren.[83]

25 Für die h.M. spricht die **Systematik** der Vorschriften über die Gefahrerhöhung.[84] Entscheidend ist danach, ob die Gefahrerhöhung vom VN vorgenommen wurde oder unabhängig von seinem Willen eingetreten ist. Für den letzteren Fall sieht § 23 III in der Tat keine Pflicht oder Obliegenheit zur Beseitigung der Gefahrerhöhung vor, sondern statuiert lediglich eine Anzeigepflicht. Weitergehende Obliegenheiten müssen daher durch

---

74 OLG Oldenburg VersR 2011, 256, 257; *Schmid* VersR 2008, 471; Stiefel/*Maier*, Kraftfahrtversicherung, § 23 Rn. 39; vgl. auch OLG Koblenz r+s 2002, 448.
75 Zu dieser Unterscheidung R/L/*Langheid*, § 23 Rn. 1, 77; PK/*Loacker*, § 23 Rn. 8; *Armbrüster*, Rn. 1136, 1143 ff.
76 Dazu *Marlow*/Spuhl, Rn. 249.
77 Vgl. BGH VersR 1987, 653; B/M/*Matusche-Beckmann*, § 23 Rn. 20; L/W/*Wrabetz/Reusch*, § 23 Rn. 49.
78 B/M/*Matusche-Beckmann*, § 23 Rn. 20; R/L/*Langheid*, § 23 Rn. 40.
79 B/M/*Johannsen/Johannsen*[8], Bd. III Anm. G 48; R/L/*Langheid*, § 23 Rn. 40. Zur Repräsentantenhaftung s. auch VersHb/*Looschelders*, § 17 Rn. 3, 29 ff.
80 Zur Unanwendbarkeit des § 278 BGB VersHb/*Looschelders*, § 17 Rn. 23 ff.
81 Vgl. OLG Karlsruhe VersR 1997, 1225 (betr. durch Dritte verursachte Schäden).
82 BGHZ 79, 156, 161 = VersR 1981, 245; BGH VersR 1987, 653; OLG Karlsruhe VersR 1997, 1225; OLG Köln r+s 2000, 207, 208; B/M/*Matusche-Beckmann*, § 23 Rn. 24; L/W/*Wrabetz/Reusch*, § 23 Rn. 62 ff.; differenzierend P/M/*Armbrüster*, § 23 Rn. 101 ff.; a.A. noch BGHZ 50, 385, 388; a.A. zu § 23 österr. VersVG OGH VersR 2011, 99.
83 So R/L/*Langheid*, § 23 Rn. 30 f.; *Langheid* NJW 1991, 268, 271; *ders.* NJW 1992, 656, 659 f.; *Martin*, N III Rn. 4, 8 ff.; *ders.* VersR 1988, 209 ff.; vgl. auch BGHZ 50, 385, 389.
84 Hierauf abstellend auch BK/*Harrer*, § 23 Rn. 11; VersHb/*Hahn*, § 20 Rn. 14.

vertragliche Vereinbarung begründet werden. Der Versicherer bleibt aber auch sonst nicht schutzlos, weil die Herbeiführung des Versicherungsfalls nach § 81 oder § 103 auch auf einem Unterlassen beruhen kann.[85]

26 Besonders große praktische Bedeutung hat die Abgrenzung von positivem Tun und Unterlassen bei der Benutzung eines verkehrsunsicheren Fahrzeugs in der **Kfz-Haftpflichtversicherung**. Die h.M. vermeidet in diesen Fällen eine übermäßige Einschränkung der Vorschriften über die Gefahrerhöhung, indem sie nicht auf das Unterlassen der Mängelbeseitigung abstellt, sondern auf die (Weiter-)Benutzung des Fahrzeugs in einem nicht verkehrssicheren Zustand (vgl. oben Rdn. 14).

27 Das Verhalten des VN muss für den Eintritt der Gefahrerhöhung **kausal** werden.[86] Die Kausalität richtet sich nach allgemeinen Grundsätzen. Die Zurechenbarkeit wird nicht dadurch ausgeschlossen, dass die Gefahrerhöhung durch Natureinflüsse oder das Verhalten eines Dritten mitverursacht wird.[87] Eine subjektive Gefahrerhöhung ist aber zu verneinen, wenn das Verhalten des VN nur aufgrund eines höchst ungewöhnlichen oder zufälligen Ablaufs zu der Gefahrerhöhung führt. In einem solchen Fall kommt nur eine objektive Gefahrerhöhung nach § 23 III in Betracht.

4. Kenntnis der gefahrerhöhenden Umstände

28 Aus dem Begriff des »Vornehmens« bzw. »Gestattens« sowie der Regelung über die objektive (unbewusste) Gefahrerhöhung in § 23 III folgt, dass der VN im Anwendungsbereich des § 23 I in Kenntnis der gefahrerhöhenden Umstände gehandelt haben muss.[88] Wie aus der Sonderregelung des § 23 II folgt, muss sich der VN aber nicht der Gefahrerhöhung als solcher bewusst sein.[89] Eine subjektive Gefahrerhöhung kommt daher auch dann in Betracht, wenn der VN bei der Vornahme der Gefahrerhöhung nicht wusste, dass die Änderung der gefahrerheblichen Umstände den Schadenseintritt generell wahrscheinlicher macht oder wenn er irrtümlich eine Genehmigung der Gefahrerhöhung durch den Versicherer angenommen hat.[90]

29 Der Kenntnis der gefahrerhöhenden Umstände steht der Fall gleich, dass der VN sich dieser Kenntnis **arglistig** entzieht.[91] Hiervon ist auszugehen, wenn der VN das Vorliegen eines gefahrerhöhenden Umstands für möglich hält und eine Nachprüfung unterlässt, um seinen Versicherungsschutz nicht zu gefährden.[92]

30 Der VN muss sich die Kenntnis oder Arglist seines **Repräsentanten** oder seines **Wissensvertreters** nach allgemeinen Grundsätzen (dazu § 28 Rdn. 69 ff., 88 ff.) zurechnen lassen. Bei der Versicherung für fremde Rechnung ist nach § 47 I auch die Kenntnis oder Arglist des **Versicherten** relevant.

31 Dass der VN die gefahrerhöhenden Umstände kennen muss, hat in der **Kfz-Haftpflichtversicherung** besonders große Bedeutung. Eine subjektive Gefahrerhöhung setzt hier voraus, dass der VN den mangelhaften Zustand des benutzten Fahrzeugs gekannt oder sich dieser Kenntnis arglistig entzogen hat.[93] Die Kenntnis des VN muss sich dagegen nicht darauf erstrecken, dass der mangelhafte Zustand den Eintritt eines Verkehrsunfalls wahrscheinlicher macht.[94]

5. Gestattung der Gefahrerhöhung

32 Nach § 23 I Alt. 2 liegt eine subjektive Gefahrerhöhung auch dann vor, wenn der VN die Vornahme der Gefahrerhöhung durch einen Dritten gestattet. Hiervon ist jedenfalls dann auszugehen, wenn der VN oder sein Repräsentant die Vornahme der Gefahrerhöhung **erlaubt**, obwohl er die gefahrerhöhenden Umstände **kennt**.[95] Hieran ist etwa zu denken, wenn der VN das versicherte Gebäude einem Dritten zur Einlagerung feuergefährlicher Sachen überlässt[96]. Nach überwiegender Ansicht ist auch die **Duldung** der Gefahrerhöhung ausreichend.[97] Hiergegen spricht jedoch, dass der VN nach der Systematik des § 23 nicht verpflichtet ist, die

---

85 BGH VersR 1976, 649; VersR 1986, 962, 963; VersR 1989, 582, 583; VersR 1997, 613; BK/*Beckmann*, § 61 Rn. 21; L/W/*Wrabetz/Reusch*, § 23 Rn. 68.
86 B/M/*Matusche-Beckmann*, § 23 Rn. 23.
87 P/M/*Armbrüster*, § 23 Rn. 108.
88 BGH VersR 2014, 1313, 1314 Rn. 7, 10; BGHZ 50, 385, 388; 50, 392, 396; BGH VersR 1982, 793, 794; OLG Köln VersR 1987, 1026; L/W/*Wrabetz/Reusch*, § 23 Rn. 51; R/L/*Langheid*, § 23 Rn. 39; *Armbrüster*, Rn. 1143; *Looschelders/Paffenholz*, Rn. 274.
89 BGH VersR 2014, 1313, 1314 Rn. 7; P/M/*Armbrüster*, § 23 Rn. 96; R/L/*Langheid*, § 23 Rn. 39; HK-VVG/*Karczewski*, § 23 Rn. 10; *Bruns*, § 18 Rn. 7.
90 Vgl. BGH VersR 1969, 167; P/M/*Armbrüster*, § 23 Rn. 95 ff.
91 BGHZ 50, 385, 390; 50, 392, 396; BGH VersR 1982, 793; VersR 1987, 897; R/L/*Langheid*, § 23 Rn. 39.
92 BGH VersR 1982, 793, 794; OLG Köln VersR 1990, 1226; vgl. B/M/*Matusche-Beckmann*, § 23 Rn. 26.
93 BGHZ 50, 385, 390 f.; 50, 392, 396; L/W/*Wrabetz/Reusch*, § 23 Rn. 52; *Bauer*, Rn. 471.
94 BGH VersR 1982, 793, 794; OLG Köln VersR 1990, 1226.
95 Vgl. BGHZ 50, 385, 388; VersHb/*Hahn*, § 20 Rn. 15.
96 OLG Hamm VersR 1981, 770; der BGH hat die Entscheidung aufgehoben, weil er die Merkmale einer Gefahrerhöhung im Einzelfall verneint hat.
97 P/M/*Armbrüster*, § 23 Rn. 109; VersHb/*Hahn*, § 20 Rn. 15.

Vornahme von Gefahrerhöhungen durch Dritte zu verhindern.[98] Die Anknüpfung an die Duldung ist allerdings konsequent, wenn man auch eine subjektive Gefahrerhöhung durch Unterlassen für möglich hält.

6. Fehlende Einwilligung des Versicherers

33 Der VN verletzt nur dann seine Gefahrstandspflicht, wenn die Vornahme oder Gestattung der Gefahrerhöhung ohne Einwilligung des Versicherers erfolgt. Die Einwilligung ist eine einseitige empfangsbedürftige Willenserklärung, die **vor** der Vornahme oder Gestattung der Gefahrerhöhung eingeholt werden muss und im Einzelfall auch aus den AVB des Versicherers abgeleitet werden kann.[99]

34 Die h.M. geht zu Recht davon aus, dass der VN auch durch die **nachträgliche Zustimmung** (Genehmigung) des Versicherers entlastet wird.[100] § 183 Satz 1 BGB beschränkt den Begriff der Einwilligung zwar auf die vorherige Zustimmung; die Vorschrift betrifft aber nur die Einwilligung in Rechtsgeschäfte und kann daher nicht unbesehen auf die Einwilligung in die Vornahme tatsächlicher Handlungen übertragen werden. Zumindest kann die nachträgliche Zustimmung des Versicherers als Verzicht auf die Geltendmachung der Rechte aus §§ 24 ff. gewertet werden.[101]

7. Beweislast

35 Der Versicherer trägt die Beweislast für alle tatbestandlichen Voraussetzungen der subjektiven Gefahrerhöhung.[102] Dazu gehört auch die **Kenntnis des VN** von den gefahrerhöhenden Umständen.[103] Ein unmittelbarer Nachweis scheitert hier allerdings daran, dass es sich um eine innere Tatsache handelt. Da bei subjektiven Vorgängen auch kein **Anscheinsbeweis** in Betracht kommt, ist der Versicherer auf **Indizien** verwiesen.[104] Die Rechtsprechung stellt etwa auf das Verhalten des VN vor und nach Eintritt des Versicherungsfalles ab. In der praktisch wichtigen Fallgruppe der Benutzung eines verkehrsunsicheren Kfz kann auch der Zustand des Fahrzeugs, insbesondere die Art und die leichte Erkennbarkeit der vorhandenen Mängel, darauf hindeuten, dass die gefahrerhöhenden Umstände dem VN bekannt waren.[105] Beruft sich der VN darauf, dass die Gefahrerhöhung durch gefahrmindernde Umstände **kompensiert** worden ist, so trifft ihn dafür die Beweislast.[106]

II. Nachträglich erkannte subjektive Gefahrerhöhung (Abs. 2)

1. Anzeigeobliegenheit

36 § 23 II betrifft den Fall, dass der VN eine Gefahrerhöhung in Kenntnis der gefahrerhöhenden Umstände vornimmt oder gestattet, ohne dabei zunächst aber den gefahrerhöhenden Charakter seines Verhaltens oder das Fehlen einer Einwilligung des Versicherers zu erkennen.[107] Erlangt dann der VN zu einem späteren Zeitpunkt auch diese Kenntnis, so muss er die Gefahrerhöhung dem Versicherer nach § 23 II unverzüglich anzeigen. Auch hier handelt es sich um eine **gesetzliche Obliegenheit**,[108] deren Verletzung die Rechtsfolgen nach §§ 24–26 auslösen kann. Dies gewinnt dann **eigenständige Bedeutung**, wenn die Verletzung der Gefahrstandspflicht nach § 23 I aufgrund fehlenden oder geringeren Verschuldens keine entsprechenden Rechtsfolgen nach sich zieht. Der Unterschied zwischen beiden Tatbeständen besteht also darin, dass sich die Verschuldensprüfung im Rahmen der §§ 24 ff. auf unterschiedliche Obliegenheitsverletzungen bezieht.

37 Die Neuregelung weicht insofern von der Vorgängervorschrift des § 23 II a.F. ab, als sie wie § 23 I von einer »**Gefahrerhöhung**« spricht und nicht mehr von einer bloßen »Änderung« der Gefahr.[109] Hieraus ergeben sich aber keine sachlichen Unterschiede, weil auch § 23 II a.F. nur auf gefahrerhöhende Änderungen anwendbar war.[110]

2. Voraussetzungen

38 Die Anzeigeobliegenheit wird dadurch ausgelöst, dass der VN das Vorliegen einer subjektiven Gefahrerhöhung erkennt. Bezugspunkt der Kenntnis ist dabei der **gefahrerhöhende Charakter** des neu geschaffenen Zu-

---

98 B/M/*Matusche-Beckmann*, § 23 Rn. 30; L/W/*Wrabetz/Reusch*, § 23 Rn. 58; anders noch BGHZ 50, 385, 388; vgl. auch BGH VersR 1975, 1017.
99 P/M/*Armbrüster*, § 23 Rn. 110; *Bruns*, § 18 Rn. 9.
100 PK/*Loacker*, § 23 Rn. 89; VersHb/*Hahn*, § 20 Rn. 17.
101 Ebenso schon B/M/*Möller*[8], § 23 Anm. 24.
102 BGHZ 79, 156, 159; L/W/*Wrabetz/Reusch*, § 23 Rn. 299; VersHb/*Hahn*, § 20 Rn. 22.
103 BGHZ 50, 385, 391; BGH VersR 1986, 255; R/L/*Langheid*, § 23 Rn. 41; HK-VVG/*Karczewski*, § 23 Rn. 50; BK/*Harrer*, § 23 Rn. 14.
104 BGHZ 50, 385, 391; P/M/*Armbrüster*, § 23 Rn. 114.
105 BGHZ 50, 385, 391; OLG Saarbrücken VersR 1990, 779.
106 BGHZ 79, 156, 159; BGH VersR 1975, 845; L/W/*Wrabetz/Reusch*, § 23 Rn. 305.
107 Vgl. P/M/*Armbrüster*, § 23 Rn. 111; R/L/*Langheid*, § 23 Rn. 75; *Marlow*/Spuhl, Rn. 249; *Armbrüster*, Rn. 1144; *Looschelders/Paffenholz*, Rn. 275.
108 B/M/*Matusche-Beckmann*, Vor § 23 Rn. 6; L/W/*Wrabetz/Reusch*, § 23 Rn. 89.
109 Zur Begründung vgl. Begr. RegE BT-Drucks. 16/3945 S. 67.
110 Zu § 23 II a.F. vgl. B/M/*Möller*[8], § 23 Anm. 27; P/M/*Prölss*[27], § 23 Rn. 43; abweichend BK/*Harrer*, § 23 Rn. 49.

stands[111] bzw. das **Fehlen einer Einwilligung** des Versicherers. Arglistiges Sich-Entziehen der Kenntnis steht auch hier positiver Kenntnis gleich.[112] Fahrlässige Unkenntnis schadet dagegen nicht. Die nachträgliche Kenntnis des gefahrerhöhenden Charakters kann auch dadurch erlangt werden, dass der VN die Untauglichkeit oder Unzulänglichkeit der von ihm zur Gefahrkompensation getroffenen Gegenmaßnahmen feststellt.[113] Die Kenntniserlangung durch seine **Repräsentanten** oder **Wissensvertreter** ist dem VN nach allgemeinen Grundsätzen zuzurechnen (vgl. auch oben Rdn. 30). In der Versicherung für fremde Rechnung hat der Versicherte eine eigene Anzeigepflicht.[114] Bei juristischen Personen muss die Anzeige durch die zuständigen Organe erfolgen. 39

3. Rechtsfolgen

Erlangt der VN die erforderliche Kenntnis, so muss er die Gefahrerhöhung dem Versicherer unverzüglich anzeigen. Die Anzeige bedarf keiner bestimmten **Form**; § 32 Satz 2 lässt aber zu, dass dafür die Schrift- oder die Textform vereinbart wird. Die Anzeige ist gegenüber dem Versicherer zu erstatten. Der Versicherungsvertreter gilt aber nach § 69 I Nr. 2 als zur Entgegennahme der Anzeige bevollmächtigt. 40

Der VN hat die Anzeige **unverzüglich**, d.h. ohne schuldhaftes Zögern (§ 121 I 1 BGB), zu erstatten. Die genaue Dauer der Frist lässt sich nicht abstrakt festlegen, sondern hängt von den **Umständen des Einzelfalles** ab.[115] Die Anzeige muss umso rascher erfolgen, je größer die nachträglich erkannte Gefahrerhöhung ist.[116] Auf der anderen Seite mag der VN in bestimmten Fällen aber auch eine gewisse Zeit für die Prüfung benötigen, ob er die Gefahr noch durch eigene Maßnahmen kompensieren kann. Außerdem sind jeweils die persönlichen Verhältnisse des VN zu berücksichtigen.[117] Der VN muss sich die schuldhafte Verzögerung der Anzeige durch seinen **Repräsentanten** oder **Wissenserklärungsvertreter** zurechnen lassen. 41

4. Beweislast

Die Beweislast für die nachträgliche Kenntniserlangung von der Gefahrerhöhung und deren genauen Zeitpunkt trifft den Versicherer. Der VN muss demgegenüber darlegen und beweisen, dass er eine etwaige Verzögerung **nicht verschuldet** hat.[118] 42

III. Objektive Gefahrerhöhung (Abs. 3)

1. Voraussetzungen

Nach § 23 III trifft den VN auch dann eine Anzeigeobliegenheit, wenn die Gefahrerhöhung **unabhängig von seinem Willen** eingetreten ist. Erfasst werden alle Fälle, in denen die Gefahrerhöhung nicht vom VN vorgenommen oder gestattet worden ist (arg. § 23 I). Eine solche objektive Gefahrerhöhung kann insbesondere durch **Naturereignisse** oder das **Verhalten Dritter** eintreten;[119] im letzteren Fall ist allerdings erforderlich, dass der Dritte nicht vorsätzlich handelt oder der VN sich das Verhalten des Dritten nicht zurechnen lassen muss, da sonst eine subjektive Gefahrerhöhung vorliegt (oben Rdn. 32). Eine objektive Gefahrerhöhung kann schließlich auch auf dem **Verhalten des VN** selbst oder seines **Repräsentanten** beruhen, sofern der Betreffende die gefahrerhöhenden Umstände nicht bewusst und gewollt herbeiführt. Das OLG Hamm hat diese Voraussetzung in einem Fall bejaht, in dem der VN sein Haus leer stehen ließ, weil er nach einem schweren Verkehrsunfall in ein Krankenhaus eingeliefert wurde und dort nach einigen Monaten verstarb.[120] 43

2. Anzeigepflicht

Ebenso wie bei der nicht erkannten subjektiven Gefahrerhöhung (oben Rdn. 36 ff.) trifft den VN auch bei der objektiven Gefahrerhöhung eine **gesetzliche Obliegenheit** zur unverzüglichen Anzeige nach Kenntniserlangung. Der VN muss dabei nicht nur die gefahrerhöhenden Umstände als solche kennen, sondern auch de- 44

---

111 BGH VersR 1969, 177, 178.
112 L/W/*Wrabetz/Reusch*, § 23 Rn. 91; P/M/*Armbrüster*, § 23 Rn. 97, 111; PK/*Loacker*, § 23 Rn. 98; VersHb/*Hahn*, § 20 Rn. 34a.
113 Vgl. B/M/*Johannsen/Johannsen*[8], Bd. III Anm. G 57.
114 B/M/*Matusche-Beckmann*, § 23 Rn. 32; P/M/*Armbrüster*, § 23 Rn. 111; L/W/*Wrabetz/Reusch*, § 23 Rn. 99; aA OLG Hamm VersR 1981, 870, 872.
115 B/M/*Matusche-Beckmann*, § 23 Rn. 38; PK/*Loacker*, § 23 Rn. 100; strenger R/L/*Langheid*, § 23 Rn. 75: maximal drei Werktage bis zum Eingang beim Versicherer; dagegen L/W/*Wrabetz/Reusch*, § 23 Rn. 98: nur grobe Richtschnur; großzügiger OLG Rostock r+s 2008, 72, 74: regelmäßig 14 Tage; anders MünchKommBGB/*Armbrüster*, § 121 Rn. 7: zwei Wochen i.d.R nicht mehr unverzüglich.
116 Vgl. BGH VersR 1951, 67, 68; BK/*Harrer*, § 23 Rn. 51.
117 PK/*Loacker*, § 23 Rn. 100; R/L/*Langheid*, § 23 Rn. 75; L/W/*Wrabetz/Reusch*, § 23 Rn. 98.
118 Vgl. B/M/*Matusche-Beckmann*, § 23 Rn. 81; zur parallelen Beweislastverteilung bei § 121 BGB MünchKommBGB/*Armbrüster*, § 121 Rn. 18.
119 Zum Verhalten Dritter vgl. z.B. BGH VersR 1999, 484; VersR 2010, 1032.
120 OLG Hamm VersR 1999, 359, 360.

ren gefahrerhöhenden Charakter.[121] Erforderlich ist **positive Kenntnis**. Bloßes Kennenmüssen reicht also nicht. Das Wissen seiner Wissensvertreter wird dem VN nach allgemeinen Grundsätzen (§ 19 Rdn. 43 ff. und § 28 Rdn. 88 ff.) zugerechnet.

45 Die Anzeige kann **formlos** gegenüber dem Versicherer oder dem Versicherungsvertreter (§ 69 I Nr. 2) erfolgen. Die Vereinbarung von Schrift- oder Textform ist nach § 32 Satz 2 zulässig. Die **Unverzüglichkeit** der Anzeige (§ 121 I BGB) richtet sich nach den Umständen des Einzelfalls. Insoweit gelten die gleichen Grundsätze wie für die Anzeige nach § 23 II (dazu oben Rdn. 40 f.). Bei der Beweislast bestehen ebenfalls keine Besonderheiten gegenüber § 23 II (oben Rdn. 42).

46 **Adressat** der Anzeigepflicht ist der VN. Bei juristischen Personen sind deren Organe zuständig.[122] Beim Tod des VN trifft die Anzeigepflicht dessen Erben.[123] In der Versicherung für fremde Rechnung hat der Versicherte eine eigene Anzeigepflicht.[124] Für das Verschulden von Repräsentanten und Wissenserklärungsvertretern muss der VN nach allgemeinen Grundsätzen (§ 19 Rdn. 13 ff. und § 28 Rdn. 69 ff.) einstehen.

3. Beispiele

47 In der **Feuerversicherung** liegt eine objektive Gefahrerhöhung z.B. vor, wenn ein Dritter (z.B. der Mieter oder Pächter[125]) ohne Wissen des VN in dem versicherten Gebäude feuergefährliche Gegenstände **einlagert**.[126] Sieht man die Gefahrerhöhung beim Leerstehen eines Gebäudes in dem aufgrund äußerer Einflüsse oder dem Verhalten Dritter eintretenden Verwahrlosungsprozess, so handelt es sich ebenfalls um eine anzeigepflichtige objektive Gefahrerhöhung.[127] Eine subjektive Gefahrerhöhung ließe sich hier nur mit dem Unterlassen von Vorkehrungen gegen die Verwahrlosung begründen; dagegen spricht aber, dass eine Gefahrerhöhung nicht durch Unterlassen »vorgenommen« werden kann (dazu oben Rdn. 24). Aus den gleichen Gründen stellt das vom VN nicht veranlasste Unbrauchbarwerden von Sicherheitseinrichtungen nur eine objektive Gefahrerhöhung dar.[128]

48 In der **D&O-Versicherung** geht die h.M. davon aus, dass ein **Wechsel in der Beherrschung** der VN zu einer Gefahrerhöhung führt.[129] Das Gleiche wird bei erstmaliger **Begründung** eines Beherrschungsverhältnisses über die VN angenommen.[130] Die Gefahrerhöhung folgt daraus, dass es in diesen Fällen zu einer umfassenden Überprüfung der Tätigkeit der bisherigen Organmitglieder kommt; hierdurch wird die Wahrscheinlichkeit einer (berechtigten oder unberechtigten) Inanspruchnahme der versicherten Organmitglieder in der D&O-Versicherung erheblich vergrößert.[131] Auch unabhängig davon mag das neue herrschende Unternehmen das Verhalten der bisherigen Organmitglieder kritischer beurteilen als sein Vorgänger.[132] Im Einzelfall kann auch darüber gestritten werden, ob den bisherigen Organmitgliedern bei den Übernahmeverhandlungen eine schuldhafte Pflichtverletzung zur Last fällt.[133] Soweit die VN selbst nicht am Wechsel in der Beherrschung mitgewirkt haben, handelt es sich um eine **objektive Gefahrerhöhung**.[134] Die alten AVB-AVG sahen eine Pflicht des VN zur **Anzeige** von Gefahrerhöhungen nur »auf Befragen« des Versicherers vor; ein Rückgriff auf die strengeren gesetzlichen Regelungen war damit ausgeschlossen.[135] Nach den aktuellen AVB-AVG besteht dagegen eine spontane Anzeigepflicht (vgl. Ziff. 7.2.1 AVB-AVG).

D. Abdingbarkeit und Konkretisierung durch AVB

49 Die Vorschriften über die Gefahrerhöhung können nach § 32 Satz 1 nicht zum Nachteil des VN abbedungen werden. Der Versicherer kann in den AVB zwar einzelne Gefahrerhöhungstatbestände oder Obliegenheiten

---

121 BGH VersR 1999, 484, 485.
122 L/W/*Wrabetz/Reusch*, § 23 Rn. 99; zum alten Recht B/M/*Möller*[8], § 27 Anm. 8.
123 OLG Hamm VersR 1989, 359.
124 B/M/*Matusche-Beckmann*, § 23 Rn. 43; L/W/*Wrabetz/Reusch*, § 23 Rn. 99; R/L/*Langheid*, § 23 Rn. 79.
125 Zur Einordnung des Mieters oder Pächters als Nicht-Repräsentant BGHZ 107, 229, 232 = VersR 1989, 737; BGH VersR 1989, 909; VersHb/*Looschelders*, § 17 Rn. 66 ff.
126 Vgl. BK/*Harrer*, § 27 Rn. 1.
127 Vgl. OLG Karlsruhe VersR 1997, 1225; OLG Köln VersR 2000, 207; OLG Rostock r+s 2008, 72, 73; B/M/*Matusche-Beckmann*, § 23 Rn. 44; von BGH VersR 1982, 466 offen gelassen.
128 BGH VersR 1987, 653: Defekt der Rollgitter.
129 OLG Frankfurt (Main) r+s 2012, 292; L/W/*Ihlas*, D&O Rn. 187 ff.; R/L/*Langheid*, § 23 Rn. 77; *Koch* VersR 2012, 1508, 1510 f.; *Lange* AG 2005, 459, 464 f.; *Wirth/Kuballa* r+s 2013, 17, 18; zweifelnd P/M/*Voit*, AVB-AVG Ziff. 7 Rn. 3; von BGH VersR 2012, 1506, 1507 = r+s 2012, 539 offen gelassen.
130 *R. Koch*, in: GS Hübner, S. 123 ff.; *ders.* VersR 2012, 1508, 1511 f.
131 Zu dieser Argumentation L/W/*Ihlas*, D&O Rn. 188; *R. Koch*, in: GS Hübner, S. 123 ff.; *ders.* VersR 2012, 1508, 1510 f.; *Wirth/Kuballa* r+s 2013, 17, 18.
132 Vgl. OLG Frankfurt (Main) r+s 2012, 292.
133 Vgl. L/W/*Ihlas*, D&O Rn. 188.
134 Vgl. OLG Frankfurt (Main) r+s 2012, 292; für grundsätzliche Annahme einer subjektiven Gefahrerhöhung *R. Koch*, in: GS Hübner, S. 123 ff. mit dem Argument, die VN müssten sich das Verhalten ihres Allein- oder Mehrheitsgesellschafters im Wege des Zurechnungsdurchgriffs entgegenhalten lassen.
135 Vgl. BGH VersR 2012, 1506, 1508.

konkretisieren (z.B. Abschn. A § 17 VHB 2010, Abschn. A § 17 VGB 2010 und Abschn. A § 12 AFB 2010); eine **Ausweitung** ist aber **nicht möglich**.[136] Die in den AVB angeführten Tatbestände müssen also außer Betracht bleiben, wenn sich die Gefahrlage im konkreten Fall nicht zum Nachteil des Versicherers verändert hat.[137] Es handelt sich also um bloße **Beispiele**.

Für die **Hausratversicherung** enthält Abschn. A § 17 Nr. 1 VHB 2008 wichtige Konkretisierungen (vgl. Anh. L Rdn. 207 ff.). Eine anzeigepflichtige Gefahrerhöhung kann danach insbesondere dann vorliegen, wenn sich ein Umstand ändert, nach dem vor Vertragsschluss gefragt worden ist (lit. a) oder wenn vereinbarte Sicherungen beseitigt, vermindert oder in nicht gebrauchsfähigem Zustand sind (lit. d). Das Gleiche gilt, wenn eine ansonsten ständig bewohnte Wohnung länger als 60 Tage oder über eine für den Einzelfall vereinbarte längere Frist hinaus **unbewohnt** bleibt und auch nicht beaufsichtigt wird. Hieraus lässt sich trotz des nicht abschließenden Charakters der Vorschrift (»insbesondere«) der Schluss ziehen, dass das Leerstehen einer Wohnung für weniger als 60 Tage im Regelfall keine anzeigepflichtige Gefahrerhöhung darstellt.[138] Abschn. A § 17 Nr. 1 lit. c) VHB 2008 sieht im Übrigen vor, dass eine Wohnung »nur dann« beaufsichtigt ist, wenn sich während der Nacht eine dazu berechtigte volljährige Person darin aufhält. Der damit verbundene vollständige Ausschluss von anderen Möglichkeiten der Gefahrkompensation erscheint unter dem Aspekt des § 32 Satz 2 problematisch.

50

Für die **Wohngebäudeversicherung** finden sich entsprechende Konkretisierungen in Abschn. A § 17 Nr. 1 VGB 2008. Eine anzeigepflichtige Gefahrerhöhung kann danach insbesondere vorliegen, wenn sich ein Umstand ändert, nach dem der Versicherer vor Vertragsschluss **gefragt** hat (lit. a), oder wenn ein Gebäude bzw. dessen überwiegender Teil **nicht genutzt** wird (lit. b). Weitere Beispiele sind die Durchführung von **Baumaßnahmen**, bei denen das Dach ganz oder teilweise entfernt oder das Gebäude unbenutzbar wird (lit. c), die Aufnahme oder Veränderung eines **Gewerbebetriebs** (lit. d)[139] sowie der Umstand, dass das Gebäude nach Vertragsschluss unter **Denkmalschutz** gestellt wird (lit. e).[140] Die nur zeitweilige Wohnnutzung des Gebäudes stellt dagegen für sich genommen ebenso wenig eine Gefahrerhöhung dar wie die zeitweilige Vermietung des Gebäudes an Feriengäste.[141]

51

Auch bei der **Feuerversicherung** kann eine anzeigepflichtige Gefahrerhöhung nach Abschn. A § 12 AFB 2010 insbesondere dann vorliegen, wenn sich ein Umstand ändert, nach dem der Versicherer vor Vertragsschluss gefragt hat (lit. a). Weitere Beispiele sind die Abweichung von der dokumentierten Betriebsbeschreibung, die Durchführung von Neu- oder Erweiterungsbauten sowie der Umstand, dass ein Gebäude oder der überwiegende Teil eines Gebäudes nicht genutzt wird (lit. b). Dabei müssen aber weitere Umstände hinzutreten, die zu einer Erhöhung der Brandgefahr führen (vgl. oben Rdn. 10).[142] Eine generelle Regelung der Gefahrerhöhung findet sich in Abschn. B § 9 AFB 2010. Nr. 1 lit. a) enthält zunächst eine allgemeine Definition der Gefahrerhöhung. Eine Gefahrerhöhung liegt danach vor, wenn nach Abgabe der Vertragserklärung des VN die tatsächlich vorhandenen Umstände so verändert werden, dass der Eintritt des Versicherungsfalles oder eine Vergrößerung des Schadens oder die ungerechtfertigte Inanspruchnahme des Versicherers wahrscheinlicher wird. Als Beispiel wird wiederum der Fall genannt, dass sich ein gefahrerheblicher Umstand ändert, nach dem der Versicherer vor Vertragsschluss gefragt hat (Nr. 1 lit. b).

52

Liegt eines der in den AVB angeführten Ereignisse vor, so rechtfertigt dies **nicht notwendig** die Annahme einer Gefahrerhöhung (»kann«). Da es sich nur um Beispiele handelt (oben Rdn. 49), muss **im Einzelfall** geprüft werden, ob das Ereignis im Hinblick auf die jeweilige Gefahr (Feuer, Einbruch, Leitungswasserschaden etc.) zu einer Gefahrerhöhung geführt hat (vgl. oben Rdn. 12).[143] Auf der anderen Seite sind die Beispiele **nicht abschließend** (»insbesondere«). Es kann daher weitere Fälle geben, in denen eine Gefahrerhöhung in den jeweiligen Versicherungszweigen zu bejahen ist.

53

§ 24 Kündigung wegen Gefahrerhöhung.

(1) ¹Verletzt der Versicherungsnehmer seine Verpflichtung nach § 23 Abs. 1, kann der Versicherer den Vertrag ohne Einhaltung einer Frist kündigen, es sei denn, der Versicherungsnehmer hat die Verpflichtung weder vorsätzlich noch grob fahrlässig verletzt. ²Beruht die Verletzung auf einfacher Fahrlässigkeit, kann der Versicherer unter Einhaltung einer Frist von einem Monat kündigen.

(2) In den Fällen einer Gefahrerhöhung nach § 23 Abs. 2 und 3 kann der Versicherer den Vertrag unter Einhaltung einer Frist von einem Monat kündigen.

---

136 OLG Hamm VersR 1987, 1105; P/M/*Armbrüster*, § 23 Rn. 116; VersHb/*Hahn*, § 20 Rn. 54; *Martin*, N IV Rn. 30.
137 OLG Hamm VersR 1987, 1105: Umbaumaßnahmen ohne Änderung der Gefahrenlage.
138 Vgl. OLG Hamm VersR 1998, 1152; B/M/*Jula*, VHB 2010 § 17 Rn. 5.
139 Vgl. OLG Düsseldorf r+s 1996, 147: Umwandlung eines Hotels in ein Bordell.
140 Zu lit. e) vgl. Veith/Gräfe/*Hoenicke*, § 2 Rn. 256 mit dem Hinweis, dass der Denkmalschutz in den VGB 2008 neu in den Beispielskatalog aufgenommen wurde.
141 OLG Oldenburg VersR 2016, 918.
142 Vgl. B/M/*Johannsen*, AFB 2008/2010 B § 9 Rn. 17.
143 Vgl. Veith/Gräfe/*Hoenicke*, § 2 Rn. 254 (zu Abschn. A § 17 Nr. 1 lit. c) VGB 2008); B/M/*Jula*, VHB 2010 A § 17 Rn. 2.

§ 24 Kündigung wegen Gefahrerhöhung

(3) Das Kündigungsrecht nach den Absätzen 1 und 2 erlischt, wenn es nicht innerhalb eines Monats ab der Kenntnis des Versicherers von der Erhöhung der Gefahr ausgeübt wird oder wenn der Zustand wiederhergestellt ist, der vor der Gefahrerhöhung bestanden hat.

Übersicht

	Rdn.		Rdn.
A. Allgemeines	1	III. Verhältnis von fristloser und fristgemäßer Kündigung	11
I. Normzweck	1	IV. Kündigungsmöglichkeit bei fehlendem Verschulden	12
II. Besonderheiten in einzelnen Versicherungszweigen	3	C. Kündigung wegen Gefahrerhöhung nach § 23 II oder III (§ 24 II)	13
III. Verhältnis zur Vertragsanpassung (§ 25) und zur Leistungsfreiheit (§ 26)	4	D. Erlöschen des Kündigungsrechts (Abs. 3)	14
B. Kündigung wegen Verletzung der Gefahrstandspflicht nach § 23 I (§ 24 I)	5	I. Ausschlussfrist	14
I. Fristlose Kündigung bei Vorsatz und grober Fahrlässigkeit	6	II. Wiederherstellung des ursprünglichen Zustands	15
II. Fristgemäße Kündigung bei einfacher Fahrlässigkeit	9		

Schrifttum:
Vgl. die Nachweise zu § 23.

A. Allgemeines
I. Normzweck

1 Nach § 24 steht dem Versicherer in den Fällen der Gefahrerhöhung ein Kündigungsrecht zu. Der Versicherer erhält damit die Möglichkeit, sich wegen der »Verschiebung« der Gefahrenlage vom Vertrag zu lösen. § 24 differenziert zwischen der Verletzung der **Gefahrstandspflicht** durch den VN nach § 23 I (Abs. 1) und den anzeigepflichtigen Gefahrerhöhungen nach § 23 II und III (Abs. 2). In zeitlicher Hinsicht wird das Kündigungsrecht für beide Fälle durch § 24 III **begrenzt**.

2 Die Kündigung ist ein einseitiges Gestaltungsrecht, das den Vertrag **für die Zukunft** beendet. Für Versicherungsfälle, die vor dem Wirksamwerden der Kündigung eingetreten sind, wird die Leistungspflicht des Versicherers durch die Kündigung nicht berührt; in Betracht kommt aber eine Leistungsfreiheit nach § 26. Für die laufende Versicherungsperiode steht dem Versicherer gem. § 39 I 1 nur der Teil der **Prämie** zu, der dem Zeitraum entspricht, in dem die Versicherung bestanden hat.

II. Besonderheiten in einzelnen Versicherungszweigen

3 In der **Gebäudefeuerversicherung** wird die Beendigung des Versicherungsverhältnisses gegenüber einem angemeldeten Hypothekengläubiger erst mit Ablauf von zwei Monaten nach Mitteilung durch den Versicherer oder anderweitiger Kenntniserlangung durch den Gläubiger wirksam (§ 143 II 1). Bei **Pflicht-Haftpflichtversicherungen**, insbesondere der Kfz-Haftpflichtversicherung, kann die Beendigung des Versicherungsverhältnisses dem geschädigten Dritten nur mit den Einschränkungen nach § 117 II entgegengehalten werden.

III. Verhältnis zur Vertragsanpassung (§ 25) und zur Leistungsfreiheit (§ 26)

4 Die Kündigungsmöglichkeit nach § 24 steht in einem Alternativverhältnis zur **Vertragsanpassung** nach § 25. Das Wahlrecht hat dabei der Versicherer.[1] Die **Leistungsfreiheit** nach § 26 kann neben der Kündigung geltend gemacht werden. Die Leistungspflicht des Versicherers bleibt aber gem. § 26 III Nr. 2 bestehen, wenn sein Kündigungsrecht bei Eintritt des Versicherungsfalls bereits wegen Ablaufs der Monatsfrist nach § 24 III ausgeschlossen war (vgl. § 26 Rdn. 24).

B. Kündigung wegen Verletzung der Gefahrstandspflicht nach § 23 I (§ 24 I)

5 Bei der Kündigung wegen subjektiver Gefahrerhöhung differenziert § 24 I zwischen **Vorsatz** und **grober Fahrlässigkeit** des VN auf der einen Seite und **einfacher Fahrlässigkeit** des VN auf der anderen Seite.

I. Fristlose Kündigung bei Vorsatz und grober Fahrlässigkeit

6 Bei Vorsatz und grober Fahrlässigkeit kann der Versicherer den Vertrag nach § 24 I 1 **fristlos**, d.h. mit sofortiger Wirkung **kündigen**. Die Vorschrift schränkt damit das Kündigungsrecht des Versicherers gegenüber dem alten Recht (§ 24 I a.F.) ein, wonach dieser bei jedem Verschulden zur fristlosen Kündigung berechtigt war.[2]

---

[1] Begr. RegE BT-Drucks. 16/3945 S. 68; L/W/*Wrabetz/Reusch*, § 25 Rn. 1, 5; P/M/*Armbrüster*, § 25 Rn. 1.
[2] Vgl. L/W/*Wrabetz/Reusch*, § 24 Rn. 4; HK-VVG/*Karczewski*, § 24 Rn. 1.

Die Begriffe des **Vorsatzes** und der **groben Fahrlässigkeit** beurteilen sich nach allgemeinen Grundsätzen (vgl. 7
§ 19 Rdn. 58 und § 28 Rdn. 50 ff.). Aus der einschränkenden Formulierung (»es sei denn«) folgt, dass der VN
die **Beweislast** für das Nichtvorliegen von Vorsatz oder grober Fahrlässigkeit trägt.[3]

Da die subjektive Gefahrerhöhung begrifflich die Kenntnis der gefahrerhöhenden Umstände voraussetzt (vgl. 8
§ 23 Rdn. 28), kann der VN sich insoweit nicht mit einem Irrtum entlasten. Er kann aber geltend machen, er
sei ohne **grobe Fahrlässigkeit** davon ausgegangen, dass die Änderung der gefahrerheblichen Umstände den
Eintritt des Schadens nicht wahrscheinlicher mache oder dass der Versicherer in die Gefahrerhöhung eingewilligt habe.[4] Das Gewicht des Verschuldens kann insbesondere dadurch gemindert sein, dass der VN auf die
Einschätzung eines Sachverständigen vertraut[5] oder Gegenmaßnahmen getroffen hat, die sich im Nachhinein
als ungeeignet oder unzureichend erweisen. **Vorsatz** liegt vor, wenn der VN die Gefahrerhöhung als solche
und das Fehlen der Einwilligung erkannt hat.

II. Fristgemäße Kündigung bei einfacher Fahrlässigkeit

Bei **einfacher Fahrlässigkeit** kann der Versicherer nur unter Beachtung einer **Frist von einem Monat** kündi- 9
gen (§ 24 I 2). Der VN erhält damit die Möglichkeit, sich rechtzeitig vor Beendigung des Versicherungsverhältnisses anderweitigen Versicherungsschutz zu verschaffen.[6] Da einfache Fahrlässigkeit ausreicht, geht die
Kündigungsmöglichkeit bei Gefahrerhöhungen über die Kündigungsmöglichkeit bei vertraglichen Obliegenheitsverletzungen (§ 28 I) hinaus. Dahinter steht die Erwägung, dass es sich bei der Gefahrerhöhung um einen den Versicherer auch in Zukunft belastenden **Dauerverstoß** handelt, der die Äquivalenz der Leistungen
stört und daher auch bei einfacher Fahrlässigkeit eine Kündigungsmöglichkeit eröffnen muss.[7]

Da die einfache Fahrlässigkeit nach dem Wortlaut des § 24 I 2 eine Voraussetzung für das Kündigungsrecht 10
des Versicherers ist, trifft diesen die **Beweislast**.[8] Im Allgemeinen wird sich die Fahrlässigkeit aber schon daraus ergeben, dass der VN die Gefahrerhöhung in Kenntnis der gefahrerändernden Umstände vorgenommen
oder gestattet hat. Es sind jedoch Ausnahmen denkbar. Auch **einfache Fahrlässigkeit** kann etwa zu verneinen
sein, wenn der VN auf das Urteil eines Sachverständigen oder die Wirksamkeit der von ihm getroffenen Gegenmaßnahmen vertrauen durfte. So hat der BGH in einer viel beachteten Entscheidung das Verschulden des
VN verneint, weil der TÜV wegen festgestellter Mängel der Bremsanlage zwar die Plakette versagt, nicht aber
die weitere Benutzung des Fahrzeugs untersagt hatte.[9] In der Literatur wird dem zu Recht entgegengehalten,
dass der gefahrerhöhende Charakter nicht funktionsfähiger Bremsen unmittelbar einsichtig sei.[10] Einfache
Fahrlässigkeit dürfte also zu bejahen sein. Die Entscheidung mag damit zu erklären sein, dass das Gericht die
strikte Rechtsfolge der vollständigen Leistungsfreiheit vermeiden wollte. Nach geltendem Recht hat dieses Problem seine Bedeutung verloren, weil einfache Fahrlässigkeit nach § 26 nicht mehr zur Leistungsfreiheit führt.

III. Verhältnis von fristloser und fristgemäßer Kündigung

Ob dem VN einfache oder grobe Fahrlässigkeit zur Last fällt, kann der Versicherer im Zeitpunkt der Kündigung 11
nicht immer sicher einschätzen. Hat der Versicherer eine fristlose Kündigung ausgesprochen, so kommt bei
Fehlen groben Verschuldens im Einzelfall eine **Umdeutung** in eine fristgemäße Kündigung nach § 140 BGB in
Betracht. Der Versicherer muss aber – für den VN ersichtlich – zum Ausdruck gebracht haben, dass er das Vertragsverhältnis wegen der Gefahrerhöhung auf alle Fälle beenden will.[11] Aus Gründen der Rechtssicherheit
empfiehlt es sich für den Versicherer, im Zweifelsfall **hilfsweise** eine fristgemäße Kündigung zu erklären.[12]

IV. Kündigungsmöglichkeit bei fehlendem Verschulden

Fällt dem VN bei subjektiver Gefahrerhöhung nicht einmal einfache Fahrlässigkeit zur Last, ist eine Kündi- 12
gung nach § 24 I ausgeschlossen.[13] In Betracht kommt aber eine **Kündigung** nach § 24 II analog.[14] Die Ana-

---

3 Begr. RegE BT-Drucks. 16/3945 S. 67; L/W/*Wrabetz/Reusch*, § 24 Rn. 32; HK-VVG/*Karczewski*, § 24 Rn. 2; *Marlow/Spuhl*, Rn. 256; *Looschelders/Paffenholz*, Rn. 281.
4 BK/*Harrer*, § 25 Rn. 2; P/M/*Armbrüster*, § 24 Rn. 8 f. Zum Irrtum über das Fehlen der Einwilligung OLG Hamm VersR 1976, 258.
5 Vgl. BGH VersR 1975, 366 (TÜV); OLG Hamm VersR 1975, 509 (Brandschau durch Feuerwehr).
6 Vgl. B/M/*Matusche-Beckmann*, § 24 Rn. 12; *Deutsch/Iversen*, Rn. 165; *Looschelders/Paffenholz*, Rn. 281.
7 Begr. RegE BT-Drucks. 16/3945 S. 67; HK-VVG/*Karczewski*, § 24 Rn. 3; *Wandt*, Rn. 884.
8 Vgl. HK-VVG/*Karczewski*, § 24 Rn. 3; PK/*Loacker*, § 24 Rn. 16; *Marlow*/Spuhl, Rn. 256; *Wandt*, Rn. 883; *Rixecker* ZfS 2007, 136; a.A. Begr. RegE BT-Drucks. 16/3945 S. 67; P/M/*Armbrüster*, § 24 Rn. 12.
9 BGH VersR 1975, 366.
10 BK/*Harrer*, § 25 Rn. 2.
11 Vgl. BGH NJW 1981, 976, 977; B/M/*Matusche-Beckmann*, § 24 Rn. 13; BK/*Harrer*, § 24 Rn. 2; einschränkend OLG Köln r+s 1990, 421.
12 Begr. RegE BT-Drucks. 16/3945 S. 67; B/M/*Matusche-Beckmann*, § 24 Rn. 23; P/M/*Armbrüster*, § 24 Rn. 3.
13 Vgl. R/L/*Langheid*, § 24 Rn. 4; HK-VVG/*Karczewski*, § 24 Rn. 3.
14 Vgl. Begr. RegE BT-Drucks. 16/3945 S. 67; P/M/*Armbrüster*, § 24 Rn. 6; B/M/*Matusche-Beckmann* § 24 Rn. 5; *Armbrüster* r+s 2013, 209, 214; *Felsch* r+s 2007, 485, 487; *Unberath* NZV 2008, 537, 539.

§ 24 Kündigung wegen Gefahrerhöhung

logie rechtfertigt sich daraus, dass das Kündigungsrecht der Störung des Äquivalenzverhältnisses von Leistung und Gegenleistung Rechnung trägt. Diese Störung hängt nicht davon ab, ob der VN die Gefahrerhöhung schuldhaft oder schuldlos vorgenommen hat. Die Analogie vermeidet überdies einen Wertungswiderspruch zu den anderen Fällen des § 24 II.[15] Im Einzelnen lässt sich die Analogie wie folgt begründen. Hat der VN ohne Verschulden (z.B. im Zustand der Schuldunfähigkeit) eine Gefahrerhöhung vorgenommen, so ist er entsprechend § 23 II gehalten, die Gefahrerhöhung unverzüglich anzuzeigen, nachdem er sie erkannt hat und etwaige Hinderungsgründe für die Anzeige (z.B. die Schuldunfähigkeit) entfallen sind. Die unverschuldete subjektive Gefahrerhöhung steht damit der nachträglich erkannten subjektiven Gefahrerhöhung gleich. Dies gilt dann auch für das Kündigungsrecht nach § 24 II.[16]

C. Kündigung wegen Gefahrerhöhung nach § 23 II oder III (§ 24 II)

13 § 24 II regelt die Kündigung wegen einer Gefahrerhöhung nach § 23 II oder III. Die Ratio dieser Kündigungsmöglichkeit ist unklar. Ein großer Teil der Literatur geht davon aus, dass § 24 II an die **Verletzung der Anzeigepflicht** aus § 23 II und III anknüpft.[17] Für diese Auffassung spricht, dass die Gesetzesbegründung zu § 24 II von einer »Pflichtverletzung nach § 23 II und III« spricht.[18] Auf der anderen Seite verweist die Gesetzesbegründung aber auch auf die Parallelen zwischen § 23 III und § 27 I a.F.[19] Bei § 27 I a.F. war aber anerkannt, dass es für das Kündigungsrecht des Versicherers genügt, wenn der Tatbestand einer objektiven Gefahrerhöhung vorliegt; die Verletzung der Anzeigepflicht nach § 27 II a.F. war nicht erforderlich.[20] Dahinter stand die Erwägung, dass der Versicherer nicht auf Dauer einseitig mit der erhöhten Gefahrenlage belastet bleiben soll.[21] Diese Erwägung trifft auch nach geltendem Recht zu.[22] Davon abgesehen wäre die Anzeigepflicht nach § 23 II und III weitgehend funktionslos, wenn der Versicherer auf die ordnungsgemäße Anzeige der Gefahrerhöhung nicht mit Kündigung oder Vertragsanpassung reagieren könnte.[23] Das Kündigungsrecht nach § 24 II setzt also allein das **objektive Vorliegen einer Gefahrerhöhung** nach § 23 II und III voraus.[24] Der VN wird dadurch geschützt, dass die Kündigung wie in jedem Fall nur unter Einhaltung der **Monatsfrist** ausgesprochen werden kann.

D. Erlöschen des Kündigungsrechts (Abs. 3)

I. Ausschlussfrist

14 Der Versicherer muss das Kündigungsrecht nach § 24 I und II innerhalb eines Monats nach Kenntnis von der Gefahrerhöhung ausüben (§ 24 III Alt. 1). Der Versicherer soll hier ebenso wie bei § 21 I zu einer **raschen Entscheidung** über den weiteren Bestand des Vertrages gezwungen werden. Der Fristbeginn setzt **positive Kenntnis** des Versicherers vom Eintritt der Gefahrerhöhung voraus. Bloßes Kennenmüssen genügt also nicht.[25] Der Versicherer muss sich aber ggf. die Kenntnis seines Versicherungsvertreters nach § 70 zurechnen lassen. Die Beweislast für die Kenntnis des Versicherers trägt ebenso wie bei § 21 I (dort Rdn. 11) der VN.[26]

II. Wiederherstellung des ursprünglichen Zustands

15 Das Kündigungsrecht des Versicherers erlischt auch bei Wiederherstellung des vor der Gefahrerhöhung bestehenden Zustands (§ 24 III Alt. 2). Der Ausschlusstatbestand darf nicht zu eng verstanden werden. Eine exakte Wiederherstellung des ursprünglichen Zustands ist nicht erforderlich. Es genügt vielmehr, dass das vertraglich vorausgesetzte **Verhältnis von Risiko und Prämie** wiederhergestellt wird.[27] Dies kann durch Beseitigung der gefahrerhöhenden Umstände oder durch Vornahme gefahrkompensierender Maßnahmen erfolgen.

16 Wird der vor der Gefahrerhöhung bestehende Zustand erst **nach der Kündigung** wiederhergestellt, so bleibt dennoch die Kündigung wirksam. Bei einer fristgemäßen Kündigung gilt dies aus Gründen der Rechtssicherheit auch dann, wenn die Wiederherstellung noch in der Monatsfrist bis zum Wirksamwerden der Kündi-

---

15 Vgl. B/M/*Matusche-Beckmann*, § 24 Rn. 5.
16 Vgl. P/M/*Armbrüster*, § 24 Rn. 4 ff.; B/M/*Matusche-Beckmann*, § 24 Rn. 5.
17 So etwa L/W/*Wrabetz/Reusch*, § 24 Rn. 11 ff.; HK-VVG/*Karczewski*, § 24 Rn. 4; *Wandt*, Rn. 875; Staudinger/Friesen DAR 2014, 184.
18 Begr. RegE BT-Drucks. 16/3945 S. 67; hierauf abstellend *Wandt*, Rn. 875.
19 Begr. RegE BT-Drucks. 16/3945 S. 68.
20 BK/*Harrer*, § 27 Rn. 2; R/L/*Langheid*², §§ 27, 28 Rn. 2.
21 B/M/*Möller*⁸, § 27 Rn. 6.
22 Vgl. *Armbrüster* r+s 2013, 209, 214.
23 P/M/*Armbrüster*, § 24 Rn. 10.
24 So auch P/M/*Armbrüster*, § 24 Rn. 10; R/L/*Langheid*, § 24 Rn. 5; PK/*Loacker*, § 24 Rn. 9 ff.; *Bruns*, § 18 Rn. 15; *Armbrüster* r+s 2013, 209, 214; Looschelders/Weckmann VersR 2010, 1446, 1447; Unberath NZV 2008, 537, 539.
25 Vgl. B/M/*Matusche-Beckmann*, § 24 Rn. 16.
26 Vgl. BK/*Harrer*, § 24 Rn. 3; L/W/*Wrabetz/Reusch*, § 24 Rn. 25.
27 B/M/*Matusche-Beckmann*, § 24 Rn. 18; P/M/*Armbrüster*, § 24 Rn. 11.

gung erfolgt.[28] Denn die Monatsfrist zielt auf die rechtzeitige Verschaffung anderweitigen Versicherungsschutzes ab. Sie soll dem VN aber nicht die Möglichkeit geben, der Kündigung durch Wiederherstellung des vor der Gefahrerhöhung bestehenden Zustands die Grundlage zu entziehen. Im Einzelfall kann der Versicherer allerdings nach Treu und Glauben (§ 242 BGB) gehindert sein, sich auf die Kündigung zu berufen.

§ 25 Prämienerhöhung wegen Gefahrerhöhung.

(1) ¹Der Versicherer kann an Stelle einer Kündigung ab dem Zeitpunkt der Gefahrerhöhung eine seinen Geschäftsgrundsätzen für diese höhere Gefahr entsprechende Prämie verlangen oder die Absicherung der höheren Gefahr ausschließen. ²Für das Erlöschen dieses Rechtes gilt § 24 Abs. 3 entsprechend.
(2) ¹Erhöht sich die Prämie als Folge der Gefahrerhöhung um mehr als 10 Prozent oder schließt der Versicherer die Absicherung der höheren Gefahr aus, kann der Versicherungsnehmer den Vertrag innerhalb eines Monats nach Zugang der Mitteilung des Versicherers ohne Einhaltung einer Frist kündigen. ²Der Versicherer hat den Versicherungsnehmer in der Mitteilung auf dieses Recht hinzuweisen.

Übersicht

	Rdn.		Rdn.
A. Allgemeines	1	II. Voraussetzungen und Rechtsfolgen	4
B. Vertragsanpassung	2	C. Kündigungsrecht des VN	7
I. Inhalt	2		

Schrifttum:
Loacker, Die Gefahrerhöhung nach der VVG-Reform – Überlegungen zur Anpassung des Versicherungsvertrags gem. § 25 VVG 2008, VersR 2008, 1285. Vgl. auch die Nachweise zu § 23.

A. Allgemeines

§ 25 I gibt dem Versicherer das Recht, anstelle der Kündigung nach § 24 eine erhöhte Prämie zu verlangen 1 oder die Absicherung der höheren Gefahr auszuschließen. Eine solche Vertragsanpassung entspricht den allgemeinen Grundsätzen über die **Störung der Geschäftsgrundlage** (vgl. § 313 I BGB).[1] Eine deutliche Parallele besteht auch zur Vertragsanpassung bei Verletzung der **vorvertraglichen Anzeigepflicht** (§ 19 IV 2). Anders als dort (§ 19 Rdn. 65) kommt der Vertragsanpassung aber kein Vorrang zu. Der Versicherer kann vielmehr zwischen Vertragsanpassung und Kündigung **wählen**.[2] Nach altem Recht war er auf die Kündigung verwiesen, auch wenn eine Fortsetzung des Vertrages zu geänderten Konditionen seinen Interessen besser entsprach. Den Interessen des VN wird durch das Kündigungsrecht nach § 25 II Rechnung getragen.

B. Vertragsanpassung

I. Inhalt

Die Vertragsanpassung ist ein **einseitiges Gestaltungsrecht**, das vom Versicherer durch eine formfreie empfangsbedürftige Willenserklärung ausgeübt wird.[3] Die Vertragsanpassung kann in der **Erhöhung der Prämie** 2 oder in einem **Risikoausschluss** bestehen. Sonstige Vertragsänderungen sind – anders als bei § 19 IV 2 (dazu § 19 Rdn. 69) – nicht vorgesehen. Im Einzelfall kann aber eine teleologische Modifikation der Rechtsfolgen in Betracht kommen. Hieran ist etwa zu denken, wenn die höhere Gefahr nach den Geschäftsgrundsätzen des Versicherers keine Prämienerhöhung, sondern nur eine **Herabsetzung der Versicherungssumme** oder einen **höheren Selbstbehalt** rechtfertigen würde.[4] Bei einer Pflicht-Haftpflichtversicherung (z.B. Kfz-Haftpflichtversicherung) ist ein Risikoausschluss grundsätzlich unzulässig.[5]

Entscheidet der Versicherer sich für eine Prämienerhöhung, so richtet sich die **Höhe der Prämie** nach den 3 Geschäftsgrundsätzen des Versicherers; dieser trägt für seine Geschäftsgrundsätze auch die Darlegungs- und Beweislast.[6] In der Literatur wird teilweise die Auffassung vertreten, es komme auch bei der Einfügung eines Risikoausschlusses auf die **Geschäftsgrundsätze des Versicherers** an.[7] Hiergegen spricht jedoch, dass § 25 II in Bezug auf den Risikoausschluss gerade nicht auf die Geschäftsgrundsätze des Versicherers verweist. Die nachträgliche Einfügung eines Risikoausschlusses kommt damit auch dann in Betracht, wenn der Versicherer

---

28 B/M/*Matusche-Beckmann*, § 24 Rn. 19; PK/*Loacker*, § 24 Rn. 15; BK/*Harrer*, § 24 Rn. 4; Staudinger/Halm/Wendt/*Segger/Degen*, § 24 Rn. 22; a.A. P/M/*Armbrüster*, § 24 Rn. 11; differenzierend L/W/*Wrabetz/Reusch*, § 24 Rn. 20.
1 Vgl. etwa *Looschelders*, Schuldrecht AT, Rn. 742 ff.
2 P/M/*Armbrüster*, § 25 Rn. 1; PK/*Loacker*, § 25 Rn. 1; HK-VVG/*Karczewski*, § 25 Rn. 2.
3 P/M/*Armbrüster*, § 25 Rn. 3.
4 Vgl. L/W/*Wrabetz/Reusch*, § 25 Rn. 21; PK/*Loacker*, § 25 Rn. 6.
5 VersHb/*Heß/Höke*, § 29 Rn. 228; *Rixecker* ZfS 2007, 136.
6 L/W/*Wrabetz/Reusch*, § 25 Rn. 31; *Marlow*/Spuhl, Rn. 259; *Meixner/Steinbeck*, § 6 Rn. 214.
7 So *Loacker* VersR 2008, 1285, 1290.

§ 26 Leistungsfreiheit wegen Gefahrerhöhung

bei Kenntnis des gefahrerhöhenden Umstands eine höhere Prämie verlangt oder den Vertrag überhaupt nicht abgeschlossen hätte.[8]

II. Voraussetzungen und Rechtsfolgen

4   Der Versicherer kann die Vertragsanpassung nach § 25 I 1 **anstelle der Kündigung** erklären. Das heißt, dass die Voraussetzungen der Kündigung nach § 24 I oder II vorliegen müssen. Für das **Erlöschen** des Rechts auf Vertragsanpassung verweist § 25 I 2 auf § 24 III (vgl. § 24 Rdn. 14 ff.). Kündigung und Vertragsanpassung unterliegen somit den gleichen Voraussetzungen und Ausschlussgründen. Dies hat zur Folge, dass die Vertragsanpassung **nicht hilfsweise** für den Fall erklärt werden kann, dass die Kündigung keinen Erfolg hat.[9] Die Zulässigkeit der hilfsweisen Geltendmachung der Vertragsanpassung bei vorvertraglichen Anzeigepflichtverletzungen (dazu § 21 Rdn. 3) beruht demgegenüber gerade darauf, dass das Kündigungsrecht nach § 19 IV 1 bei vertragsändernden Umständen ausgeschlossen ist.

5   Die Ausübung des Anpassungsrechts hat zur Folge, dass der Vertrag **ab dem Zeitpunkt der Gefahrerhöhung** den neuen Bedingungen unterliegt. Bei einer Prämienerhöhung ist der VN zur Nachzahlung der Prämie ab Eintritt der Gefahrerhöhung verpflichtet.[10] Die Beweislast für den Zeitpunkt der Gefahrerhöhung trifft den Versicherer.[11]

6   Entscheidet sich der Versicherer für einen Risikoausschluss, nachdem der Versicherungsfall bereits eingetreten ist, so stellt sich die Frage, ob der Versicherer hierdurch **leistungsfrei** wird. Hiergegen spricht ebenso wie bei § 19 IV 2 (dazu § 19 Rdn. 70), dass die Leistungspflicht des Versicherers nach den Wertungen des neuen VVG nicht schon bei einfacher Fahrlässigkeit entfallen darf. Auch bei grober Fahrlässigkeit würden aber Wertungswidersprüche zu § 26 auftreten, weil der Risikoausschluss zu einem vollständigen Leistungsausschluss und nicht nur zu einer quotalen Kürzung der Leistung führt. Vorzugswürdig ist daher die Auffassung, dass die Leistungsfreiheit für schon eingetretene Versicherungsfälle allein nach § 26 zu beurteilen ist. Der Risikoausschluss wirkt damit erst ab Zugang der Änderungserklärung des Versicherers.[12]

C. Kündigungsrecht des VN

7   Die einseitige Vertragsänderung kann den VN übermäßig belasten. Ebenso wie § 19 VI 1 (dazu § 19 Rdn. 79 f.) billigt § 25 II 1 dem VN daher ein **fristloses Kündigungsrecht** zu, wenn der Versicherer die Prämie um mehr als 10 % erhöht oder die Absicherung der Gefahr ausschließt. Die Kündigung muss innerhalb eines **Monats** nach Zugang der Mitteilung über die Vertragsänderung erfolgen. Der Versicherer hat den VN gem. § 25 II 2 auf das Kündigungsrecht **hinzuweisen**. Bei Fehlen eines ordnungsgemäßen Hinweises beginnt die Monatsfrist nicht zu laufen. Außerdem kommt ein Schadensersatzanspruch des VN aus § 280 I BGB in Betracht,[13] der insbesondere auf Rückzahlung der inzwischen gezahlten höheren Prämie gerichtet werden kann.

§ 26 Leistungsfreiheit wegen Gefahrerhöhung. (1) ¹Tritt der Versicherungsfall nach einer Gefahrerhöhung ein, ist der Versicherer nicht zur Leistung verpflichtet, wenn der Versicherungsnehmer seine Verpflichtung nach § 23 Abs. 1 vorsätzlich verletzt hat. ²Im Fall einer grob fahrlässigen Verletzung ist der Versicherer berechtigt, seine Leistung in einem der Schwere des Verschuldens des Versicherungsnehmers entsprechenden Verhältnis zu kürzen; die Beweislast für das Nichtvorliegen einer groben Fahrlässigkeit trägt der Versicherungsnehmer.
(2) ¹In den Fällen einer Gefahrerhöhung nach § 23 Abs. 2 und 3 ist der Versicherer nicht zur Leistung verpflichtet, wenn der Versicherungsfall später als einen Monat nach dem Zeitpunkt eintritt, zu dem die Anzeige dem Versicherer hätte zugegangen sein müssen, es sei denn, dem Versicherer war die Gefahrerhöhung zu diesem Zeitpunkt bekannt. ²Er ist zur Leistung verpflichtet, wenn die Verletzung der Anzeigepflicht nach § 23 Abs. 2 und 3 nicht auf Vorsatz beruht; im Fall einer grob fahrlässigen Verletzung gilt Absatz 1 Satz 2.
(3) Abweichend von den Absätzen 1 und 2 Satz 1 ist der Versicherer zur Leistung verpflichtet,
1. soweit die Gefahrerhöhung nicht ursächlich für den Eintritt des Versicherungsfalles oder den Umfang der Leistungspflicht war oder

---

8   So auch L/W/*Wrabetz/Reusch*, § 25 Rn. 11; P/M/*Armbrüster*, § 25 Rn. 6; PK/*Loacker*, § 25 Rn. 5; *Marlow*/Spuhl, Rn. 259; *Wandt*, Rn. 889.
9   *Marlow*/Spuhl, Rn. 263.
10 P/M/*Armbrüster*, § 25 Rn. 5; krit. PK/*Loacker*, § 25 Rn. 6.
11 B/M/*Matusche-Beckmann*, § 25 Rn. 21; L/W/*Wrabetz/Reusch*, § 25 Rn. 31; PK/*Loacker*, § 25 Rn. 13; *Marlow*/Spuhl, Rn. 259.
12 So auch P/M/*Armbrüster*, § 25 Rn. 8; R/L/*Langheid*, § 25 Rn. 6; L/W/*Wrabetz/Reusch*, § 25 Rn. 16 ff.; *Veith*/Gräfe, § 1 Rn. 272; *Marlow*/Spuhl, Rn. 260; a.A. *Rixecker* ZfS 2007, 136.
13 L/W/*Wrabetz/Reusch*, § 25 Rn. 30; P/M/*Armbrüster*, § 25 Rn. 9; *Marlow*/Spuhl, Rn. 261; krit. *Loacker* VersR 2008, 1285, 1288 f.

2. wenn zur Zeit des Eintrittes des Versicherungsfalles die Frist für die Kündigung des Versicherers abgelaufen und eine Kündigung nicht erfolgt war.

Übersicht

	Rdn.		Rdn.
A. Allgemeines	1	I. Objektive Voraussetzungen	11
B. Leistungsfreiheit bei Verletzung der Gefahrstandspflicht (Abs. 1)	3	1. Eintritt des Versicherungsfalls nach Ablauf der fiktiven Kündigungsfrist	11
I. Ausschluss der Leistungspflicht bei Vorsatz	3	2. Keine Kenntnis des Versicherers	13
II. Quotelung bei grober Fahrlässigkeit	5	II. Vorsatz	14
1. Voraussetzungen der groben Fahrlässigkeit	5	III. Grobe Fahrlässigkeit	16
2. Grundsätze der Quotelung	8	D. Aufrechterhaltung der vollen Leistungspflicht (Abs. 3)	18
3. Beweislast	9	I. Kausalitätsgegenbeweis	18
C. Leistungsfreiheit bei Verletzung von Anzeigeobliegenheiten (Abs. 2)	11	II. Unterlassen der Kündigung	24

Schrifttum:
Armbrüster, Folgenzurechnung im Privatversicherungsrecht, in: E. Lorenz (Hrsg.), Karlsruher Forum 2007: Folgenzurechnung im Schadensersatzrecht: Gründe und Grenzen, 2008, S. 89. Vgl. auch die Nachweise zu § 23.

A. Allgemeines

Die wichtigste Rechtsfolge der Gefahrerhöhung ist die Leistungsfreiheit des Versicherers nach § 26. Der Gesetzgeber hat diese Rechtsfolge weitgehend nach dem neuen System über die Leistungsfreiheit bei Obliegenheitsverletzungen (dazu § 28 Rdn. 117 ff.) ausgestaltet.[1] Auch bei Gefahrerhöhungen stellt die **einfache Fahrlässigkeit** die Leistungspflicht des Versicherers nicht mehr in Frage. Bei grob fahrlässiger Gefahrerhöhung erfolgt eine **Quotelung** nach der Schwere des Verschuldens. Der **Vorsatz** lässt die Leistungspflicht des Versicherers entfallen. Besonderheiten bestehen allerdings bei der Beweislast (vgl. unten Rdn. 4). 1

§ 26 unterscheidet zwischen der Verletzung der **Gefahrstandspflicht** nach § 23 I (Abs. 1) und der Verletzung einer **Anzeigepflicht** nach § 23 II oder III (Abs. 2). Bei fehlender Kausalität der Gefahrerhöhung oder einem Verstreichenlassen der Kündigungsfrist durch den Versicherer erhält § 26 III die Leistungspflicht des Versicherers entgegen § 26 II und III 1 aufrecht. Diese beiden Ausnahmetatbestände waren bislang für die subjektive und die objektive Gefahrerhöhung getrennt geregelt (25 III a.F. und § 28 II 2 a.F.). Sachliche Änderungen sind insoweit aber nicht erfolgt. 2

B. Leistungsfreiheit bei Verletzung der Gefahrstandspflicht (Abs. 1)

I. Ausschluss der Leistungspflicht bei Vorsatz

Im Einklang mit den allgemeinen Grundsätzen des neuen VVG hält § 26 I 1 bei vorsätzlicher Verletzung der Gefahrstandspflicht aus § 23 I am **Alles-oder-Nichts-Prinzip** fest und schließt die Leistungspflicht des Versicherers vollständig aus. Dahinter steht die Erwägung, dass der Versicherer bei vorsätzlichen Obliegenheitsverletzungen besonders schutzwürdig ist. 3

Der Vorsatz setzt nach allgemeinen Grundsätzen voraus, dass der VN die Gefahrerhöhung **bewusst und gewollt** vorgenommen oder gestattet hat. Die **Beweislast** liegt insoweit beim Versicherer.[2] Da es um innere Tatsachen geht, kommt nur der Indizienbeweis in Betracht. Der Beweis wird dem Versicherer dadurch erleichtert, dass eine subjektive Gefahrerhöhung i.S.d. § 23 I ohnehin nur vorliegt, wenn der VN die gefahrerhöhenden Umstände kennt (vgl. § 23 Rdn. 28). Aus dieser Kenntnis kann im Allgemeinen auf die Kenntnis der Gefahrerhöhung als solche geschlossen werden.[3] Der BGH hat in neuerer Zeit aber zu Recht betont, dass die Kenntnis der gefahrerhöhenden Umstände nach § 23 I keineswegs mit dem Vorsatz nach § 26 I gleichzusetzen ist.[4] Der VN muss im Regelfall aber darlegen, aus welchen Gründen er trotz Kenntnis der gefahrerhöhenden Umstände nicht gewusst habe, dass sein Verhalten den Eintritt des Versicherungsfalls wahrscheinlicher mache. Es handelt sich dabei um eine sog. sekundäre Darlegungslast, welche die Beweislastverteilung als solche – hier also die prinzipielle Beweispflicht des Versicherers für Vorsatz – nicht in Frage stellt. Ein möglicher Entlastungsgrund für den VN ist die Annahme, dass die erhöhte Gefahrenlage durch andere Maßnah- 4

---

[1] Begr. RegE BT-Drucks. 16/3945 S. 68; VersHb/*Hahn,* § 20 Rn. 43 ff.; *Felsch* r+s 2007, 485, 487. Zur umstrittenen Rechtsnatur s. *Bruns,* § 16 Rn. 56.
[2] B/M/*Matusche-Beckmann,* § 26 Rn. 38; P/M/*Armbrüster,* § 26 Rn. 10; L/W/*Wrabetz/Reusch,* § 26 Rn. 6; *Felsch* r+s 2007, 485, 487; *Pohlmann* VersR 2008, 437, 438.
[3] P/M/*Armbrüster,* § 26 Rn. 3; B/M/*Matusche-Beckmann,* § 26 Rn. 10; HK-VVG/*Karczewski,* § 26 Rn. 2; *Marlow*/Spuhl, Rn. 266; *Rixecker* ZfS 2007, 136.
[4] BGH VersR 2014, 1313, 1314 Rn. 12.

men **kompensiert** wird.[5] Vorsatz ist aber auch dann ausgeschlossen, wenn der VN auf das Urteil eines Sachverständigen über das Fehlen einer Gefahrerhöhung vertraut hat[6] oder irrig davon ausgegangen ist, die Gefahrerhöhung sei durch eine Einwilligung des Versicherers gedeckt.[7]

II. Quotelung bei grober Fahrlässigkeit
1. Voraussetzungen der groben Fahrlässigkeit

5 Bei **grober Fahrlässigkeit** kann der Versicherer seine Leistung gem. § 26 I 2 nach der Schwere des dem VN zur Last fallenden Verschuldens kürzen. Die Abgrenzung zur einfachen Fahrlässigkeit kann im Einzelfall Schwierigkeiten bereiten. Da die subjektive Gefahrerhöhung nach § 25 II 1 a.F. schon bei einfacher Fahrlässigkeit zur Leistungsfreiheit führte, fehlt es insoweit noch an einschlägigen Präjudizien.

6 Bezugspunkt der groben Fahrlässigkeit ist die Unkenntnis der Gefahrerhöhung als solche oder die irrtümliche Annahme einer Einwilligung. Der Begriff der groben Fahrlässigkeit beurteilt sich nach den allgemeinen Kriterien (§ 19 Rdn. 58 und § 28 Rdn. 51 ff.).[8] Erforderlich ist danach insbesondere ein gesteigertes **Maß an objektiver Erkennbarkeit und Vermeidbarkeit** der Gefahrerhöhung. Grobe Fahrlässigkeit liegt danach vor, wenn der VN durch einfachste Überlegungen hätte erkennen können, dass die von ihm vorgenommene oder gestattete Änderung der gefahrerheblichen Umstände den Eintritt des Versicherungsfalles generell wahrscheinlicher macht. Ein wichtiges Indiz ist dabei das **objektive Gewicht der Gefahrerhöhung**. Je größer die für den Versicherer nachteilige Veränderung der Gefahrenlage objektiv ist, desto einfacher wäre es für den VN gewesen, die Gefahrerhöhung als solche zu erkennen. Dies gilt umso mehr, als die Kenntnis der gefahrerhöhenden Umstände in den Fällen des § 23 I notwendig gegeben ist. Auch bei einer objektiv schwerwiegenden Änderung der gefahrerheblichen Umstände kann der VN allerdings Umstände darlegen und beweisen, welche die objektive Erkennbarkeit der Gefahrerhöhung und die Vermeidbarkeit des Irrtums im Einzelfall herabsetzen. Am ehesten wird der VN sich auch hier noch auf das unzutreffende Urteil eines Sachverständigen berufen können (vgl. § 24 Rdn. 8).

7 Die grobe Fahrlässigkeit setzt nach allgemeinen Grundsätzen auch eine besonders hohe **subjektive Vorwerfbarkeit** voraus.[9] Der VN kann sich damit im Einzelfall auch mit individuellen Defiziten (z.B. Hirnleistungsschwäche, Debilität[10]) entlasten.

2. Grundsätze der Quotelung

8 Die Festlegung der Quote erfordert eine **Gewichtung und Abwägung** aller Umstände, die im konkreten Fall für die objektive Erkennbarkeit und Vermeidbarkeit der Gefahrerhöhung und die subjektive Vorwerfbarkeit der Obliegenheitsverletzung relevant sind. Im Einzelnen gelten dabei die gleichen Grundsätze wie bei § 28 II 2 Hs. 1. Auf die dortige Kommentierung (§ 28 Rdn. 119 ff.) kann daher verwiesen werden.

3. Beweislast

9 Der VN trägt nach § 26 I 2 Hs. 2 die **Beweislast** für das Nichtvorliegen grober Fahrlässigkeit; diese wird also ebenso wie bei § 28 II 2 Hs. 2 vermutet.[11] Die Beweislastumkehr betrifft nach h.M. aber allein das »Ob« der groben Fahrlässigkeit, nicht aber deren genaues Ausmaß.[12] Dieses Verständnis führt zu einer schwierigen **Aufspaltung der Beweislast** innerhalb der groben Fahrlässigkeit; es entspricht aber der amtlichen Begründung zur parallelen Vorschrift des § 28 II 2 Hs. 2.[13] Für die Einzelheiten wird auf die Kommentierung zu § 28 (dort Rdn. 154 ff.) verwiesen.

10 Die von der h.M. befürwortete **Einschränkung der Beweislastumkehr** bei grober Fahrlässigkeit darf nicht dazu führen, dass die Vermutung des § 26 I 2 Hs. 2 zu Lasten des Versicherers vollständig entwertet wird, indem man bei Unaufklärbarkeit der maßgeblichen Umstände generell nur eine minimale Leistungskürzung vornimmt. Das Problem lässt sich jedoch dadurch lösen, dass man das Ausmaß der groben Fahrlässigkeit zunächst nach dem **objektiven Gewicht** der gefahrerhöhenden Umstände bestimmt. Ein solches Vorgehen rechtfertigt sich daraus, dass die objektive Erkennbarkeit und Vermeidbarkeit der Gefahrerhöhung maßgeblich durch das objektive Gewicht der gefahrerhöhenden Umstände geprägt wird. Macht der VN **individuelle Umstände** geltend, welche die Schwere der groben Fahrlässigkeit im Einzelfall herabsetzen, so trifft ihn inso-

---

5 Vgl. (auch zu den nachfolgenden weiteren Beispielen) BGH VersR 2014, 1313, 1314 Rn. 13.
6 Vgl. BGH VersR 1975, 366; P/M/*Armbrüster*, § 24 Rn. 8.
7 OLG Hamm VersR 1976, 258.
8 Vgl. dazu statt vieler MünchKommBGB/*Grundmann*, § 276 Rn. 97 ff.; *Looschelders*, Schuldrecht AT, Rn. 485.
9 Vgl. BGHZ 10, 14, 17; BGH VersR 2003, 364; MünchKommBGB/*Grundmann*, § 276 Rn. 104 ff.
10 Vgl. BGH VersR 1989, 840; OLG Düsseldorf VersR 1996, 1493 (jeweils zu § 61 a.F.).
11 B/M/*Matusche-Beckmann*, § 26 Rn. 39; L/W/*Wrabetz/Reusch*, § 26 Rn. 7; PK/*Loacker*, § 26 Rn. 7; *Marlow*/Spuhl, Rn. 266; *Felsch* r+s 2007, 485, 487.
12 Vgl. B/M/*Matusche-Beckmann*, § 26 Rn. 38; *Marlow*/Spuhl, Rn. 266; *Deutsch*/Iversen, Rn. 159; zu § 28 II 2 Hs. 2 auch *Rixecker* ZfS 2007, 73; a.A. *Pohlmann* VersR 2008, 443, 441.
13 Begr. RegE BT-Drucks. 36/3945 S. 69.

weit eine sekundäre Darlegungslast. Dahinter steht die Erwägung, dass der Versicherer insofern im Allgemeinen keine eigenen Erkenntnismöglichkeiten hat. Die Beweislast als solche bleibt aber beim Versicherer.

C. Leistungsfreiheit bei Verletzung von Anzeigeobliegenheiten (Abs. 2)

I. Objektive Voraussetzungen

1. Eintritt des Versicherungsfalls nach Ablauf der fiktiven Kündigungsfrist

Bei einer Verletzung der Anzeigeobliegenheiten nach § 23 II und III schließt § 26 II 1 die Leistungspflicht nur für solche Versicherungsfälle aus, die **später als einen Monat** nach dem **fiktiven Zugang der Anzeige** des VN von der Gefahrerhöhung eingetreten sind. Die Regelung entspricht § 25 II 2 a.F. und § 28 I a.F. Die Monatsfrist gewährleistet, dass der VN nicht schlechter als bei einer ordnungsgemäßen Erfüllung der Anzeigepflicht steht. Denn der Versicherer hätte den Vertrag hier gem. § 24 II nur unter Einhaltung einer Frist von einem Monat **kündigen** können.[14] Die Leistungspflicht bleibt somit bestehen, wenn der VN erst durch den Versicherungsfall oder nur kurz vor dessen Eintritt von der Gefahrerhöhung Kenntnis erlangt hat.[15] 11

Der für den Beginn der Monatsfrist maßgebliche **Zeitpunkt des fiktiven Zugangs** der Anzeige hängt davon ab, wann der VN von der Gefahrerhöhung Kenntnis erlangt hat.[16] Denn die Anzeigepflichten nach § 23 II und III knüpfen an die Kenntniserlangung durch den VN an (vgl. § 23 Rdn. 38 und 44). Da die Anzeige nicht sofort, sondern »unverzüglich« zu erstatten ist, kommt eine gewisse Prüfungs- und Überlegungsfrist hinzu (vgl. § 23 Rdn. 41 und 45). Der Versicherer trägt die **Beweislast** für den Zeitpunkt, zu dem der VN von der Gefahrerhöhung Kenntnis erlangt hat (vgl. § 23 Rdn. 42 und 45).[17] Um in den Genuss der Leistungsfreiheit zu gelangen, muss der Versicherer daher insbesondere nachweisen, dass der VN die notwendige Kenntnis nicht erst durch den Versicherungsfall erlangt hat. 12

2. Keine Kenntnis des Versicherers

Gem. § 26 II 1 Hs. 2 bleibt die Leistungspflicht des Versicherers auch dann bestehen, wenn ihm die Gefahrerhöhung zu dem Zeitpunkt **bekannt** war, in dem ihm die Anzeige hätte zugehen müssen. In diesem Fall hätte der Versicherer nämlich ebenfalls die Möglichkeit gehabt, seine Leistungspflicht für den betreffenden Versicherungsfall durch eine umgehende Kündigung auszuschließen.[18] Dem Versicherer schadet nur **positive Kenntnis**. Bloßes Kennenmüssen ist nicht ausreichend. Die Beweislast für die Kenntnis des Versicherers liegt beim VN.[19] 13

II. Vorsatz

Der Ausschluss der Leistungspflicht setzt nach § 26 II 2 Hs. 1 voraus, dass der VN die Anzeigepflicht vorsätzlich verletzt hat. Aus der negativen Formulierung der Vorschrift folgt, dass der **VN die Beweislast** für das Nichtvorliegen des Vorsatzes trägt.[20] 14

Die Zuweisung der Beweislast an den VN weicht von dem Grundsatz ab, dass die Beweislast für Vorsatz beim Versicherer liegt (vgl. §§ 26 I 1, 28 II 1, 82 III 1).[21] In der Literatur wird teilweise angenommen, dass es sich um ein **Redaktionsversehen** handelt; die Vorschrift sei daher so auszulegen, dass der Versicherer den Vorsatz des VN nachweisen müsse.[22] Diese Auffassung kann jedoch nicht überzeugen. Dass der VN das Nichtvorliegen von Vorsatz nachweisen muss, ist auch in § 19 III 1 (dazu § 19 Rdn. 59) vorgesehen. In sachlicher Hinsicht rechtfertigt sich die Erstreckung der Beweislastumkehr auf den Vorsatz damit, dass es in beiden Fällen um die Verletzung von Anzeigepflichten geht, wobei der Versicherer zunächst einmal darlegen und beweisen muss, dass die in Frage stehenden Umstände dem VN bekannt waren (vgl. auch § 23 Rdn. 35). Der Unterschied gegenüber § 26 I 1 besteht darin, dass sich die vom Versicherer nachzuweisende Kenntnis des VN in den Fällen des § 23 II und III auch auf die Gefahrerhöhung als solche erstrecken muss. Der VN muss also nicht nur die maßgeblichen Umstände kennen, sondern sich auch der gefahrerhöhenden Eigenschaft dieser Umstände bewusst sein.[23] Wenn der VN die Gefahrerhöhung trotz dieser Kenntnis nicht anzeigt, erscheint eine **Vorsatzvermutung gerechtfertigt**.[24] Der Entlastungsbeweis wird dem VN dann im Allgemeinen schwer 15

---

14 Vgl. B/M/*Matusche-Beckmann*, § 26 Rn. 18; L/W/*Wrabetz/Reusch*, § 26 Rn. 13.
15 BGH VersR 1987, 653, 655; OLG Köln r+s 1989, 195, 196; OLG Celle VersR 2005, 640; OLG Stuttgart r+s 1995, 90; Römer/*Langheid*, § 26 Rn. 5.
16 Vgl. *Meixner/Steinbeck*, § 6 Rn. 223.
17 Vgl. OLG Stuttgart r+s 1995, 90; B/M/*Matusche-Beckmann*, § 26 Rn. 38; L/W/*Wrabetz/Reusch*, § 26 Rn. 18.
18 B/M/*Matusche-Beckmann*, § 26 Rn. 19; L/W/*Wrabetz/Reusch*, § 26 Rn. 15.
19 B/M/*Matusche-Beckmann*, § 26 Rn. 39.
20 Vgl. R/L/*Langheid*, § 26 Rn. 6; L/W/*Wrabetz/Reusch*, § 26 Rn. 16 f.; B/M/*Matusche-Beckmann*, § 26 Rn. 20; PK/*Locker*, § 26 Rn. 14; Staudinger/Halm/Wendt/*Segger/Degen*, § 26 Rn. 14; *Wandt*, Rn. 898.
21 Dazu Begr. RegE BT-Drucks. 36/3945 S. 49; L/W/*Wrabetz/Reusch*, § 26 Rn. 16.
22 So HK-VVG/*Karczewski*, § 26 Rn. 18; *Felsch* r+s 2007, 485, 488; krit. auch P/M/*Armbrüster*, § 26 Rn. 10 (»schwer verständlich«); *Loacker* VersR 2008, 1285, 1286; *Rixecker* ZfS 2007, 136, 137.
23 BGH VersR 2014, 1313 Rn. 10 ff.; OLG Naumburg VersR 2016, 854, 856.
24 So L/W/*Wrabetz/Reusch*, § 26 Rn. 18; Staudinger/Halm/Wendt/*Segger/Degen*, § 26 Rn. 14; *Looschelders* VersR 2011, 697, 703; vgl. auch B/H/H/S/*Stahl*, Rn. 269; *Marlow*/Spuhl, Rn. 271; *Pohlmann* VersR 2008, 437, 442.

fallen. Denkbar ist allenfalls, dass der VN geltend macht, er habe seine Anzeigepflicht nicht gekannt. Da Vorsatz auch das Bewusstsein des Vorhandenseins der verletzten Verhaltensnorm voraussetzt,[25] kommt in einem solchen Fall lediglich grobe Fahrlässigkeit in Betracht.

III. Grobe Fahrlässigkeit

16 Für den Fall einer groben Fahrlässigkeit verweist § 26 II 2 Hs. 2 auf die Regelung des § 26 I 2. Der Versicherer kann seine Leistung also **nach dem Maß des Verschuldens** des VN **kürzen**. Die Beweislast für das Nichtvorliegen der groben Fahrlässigkeit liegt ebenso wie im unmittelbaren Anwendungsbereich des § 26 I 2 (oben Rdn. 9) beim VN; soweit es bei der Quotelung um das Maß der groben Fahrlässigkeit geht, ist wiederum der Versicherer beweispflichtig.[26]

17 Bezugspunkt der groben Fahrlässigkeit ist die Verletzung der Anzeigepflicht. In der Literatur wird hieraus teilweise der Schluss gezogen, dass eine Differenzierung nach der **Schwere des Verschuldens** kaum möglich sei.[27] Dieser Einwand geht jedoch zu weit. Zu beachten ist nämlich, dass sich die Anzeigepflicht ihrerseits auf die Gefahrerhöhung bezieht, so dass die Schwere des Verschuldens maßgeblich durch deren **objektives Gewicht** bestimmt wird. Je größer die vom VN erkannte Gefahrerhöhung ist und je mehr sie die Wahrscheinlichkeit eines Eintritts des Versicherungsfalls steigert, desto eher wird für den VN daher die Notwendigkeit einer Anzeige erkennbar und die Nichtanzeige vermeidbar sein. Im Rahmen seiner sekundären Darlegungslast (oben Rdn. 9) kann der VN im Übrigen wieder **individuelle Umstände** darlegen, die das Maß seines Verschuldens herabsetzen.

D. Aufrechterhaltung der vollen Leistungspflicht (Abs. 3)

I. Kausalitätsgegenbeweis

18 Unabhängig davon, ob sich die Leistungsfreiheit bzw. das Kürzungsrecht des Versicherers nach § 26 I oder § 26 II beurteilt, steht dem VN nach § 26 III Nr. 1 der **Kausalitätsgegenbeweis** zu.[28] Entsprechende Regelungen finden sich in § 21 II für vorvertragliche Anzeigepflichtverletzungen (dazu § 21 Rdn. 12 ff.), in § 28 III für die Verletzung vertraglicher Obliegenheiten (dazu § 28 Rdn. 44 ff.) und in § 82 IV für die Verletzung der sog. Schadensminderungspflicht (dazu § 82 Rdn. 30).

19 Die anderen Vorschriften schließen den Kausalitätsgegenbeweis bei **Arglist** aus generalpräventiven Gründen aus.[29] In § 26 III Nr. 1 findet sich keine entsprechende Einschränkung. Da die generalpräventiven Gründe auch bei Gefahrerhöhungen zutreffen, handelt es sich um eine **planwidrige Regelungslücke**, die durch die entsprechende Anwendung der §§ 21 II 2, 28 III 2 und § 82 IV 2 zu schließen ist.[30] Bei Gefahrerhöhungen dürfte Arglist zwar seltener als bei anderen Obliegenheitsverletzungen in Betracht kommen. Arglist ist aber anzunehmen, wenn der VN die Gefahrerhöhung vorsätzlich vornimmt und dabei den Plan hat, die Obliegenheitsverletzung bei einem möglichen Eintritt des Versicherungsfalls zu verschweigen.[31]

20 Bezugspunkt des Kausalitätsgegenbeweises ist das Verhältnis zwischen der Gefahrerhöhung und dem Eintritt des Versicherungsfalles bzw. dem Umfang der Leistungspflicht. Die Kausalität beurteilt sich nach allgemeinen Grundsätzen. Die Gefahrerhöhung muss sich also in **adäquat kausaler** Weise auf den Eintritt des Versicherungsfalles bzw. den Umfang der Leistungspflicht ausgewirkt haben. Völlig unwahrscheinliche Ereignisse bleiben daher außer Betracht.[32] Die Zurechnung setzt außerdem voraus, dass sich der Versicherungsfall als **Verwirklichung der zusätzlichen Risiken** darstellt, die der VN geschaffen oder nicht angezeigt hat.[33] Aus der negativen Formulierung des § 26 III Nr. 1 (»nicht ursächlich«) folgt, dass die **Beweislast** für das Fehlen der Kausalität beim VN liegt.[34]

21 Die Rechtsprechung stellt an den Kausalitätsgegenbeweis strenge Anforderungen. Erforderlich ist danach, dass der VN **jede mögliche Mitursächlichkeit** der Gefahrerhöhung an dem Eintritt des Versicherungsfalls

---

25 Vgl. etwa BGH VersR 1993, 830, 832; P/M/*Armbrüster*, § 28 Rn. 188.
26 P/M/*Armbrüster*, § 26 Rn. 12; B/M/*Matusche-Beckmann*, § 26 Rn. 38; *Marlow*/Spuhl, Rn. 272; differenzierend R/L/*Langheid*, § 26 Rn. 7.
27 *Marlow*/Spuhl, Rn. 272.
28 Vgl. B/M/*Matusche-Beckmann*, § 26 Rn. 26 ff.; P/M/*Armbrüster*, § 26 Rn. 13.
29 Vgl. Begr. RegE BT-Drucks. 16/3945 S. 66, 69 und 80.
30 So auch P/M/*Armbrüster*, § 26 Rn. 6; L/W/*Wrabetz/Reusch*, § 26 Rn. 35; PK/*Loacker*, § 26 Rn. 17; Staudinger/Halm/Wendt/*Segger/Degen*, § 26 Rn. 17; HK-VVG/*Karczewski*, § 26 Rn. 20; R/L/*Langheid*, § 26 Rn. 9.
31 Vgl. *Looschelders*, in: GS Hübner, S. 147, 167.
32 P/M/*Armbrüster*, § 26 Rn. 5; *Armbrüster*, Karlsruher Forum 2007, S. 89, 108.
33 Vgl. BK/*Harrer*, § 26 Rn. 6 (»normzweckorientierte Betrachtungsweise«); *Armbrüster*, Karlsruher Forum 2007, S. 89, 107.
34 P/M/*Armbrüster*, § 26 Rn. 13; B/M/*Matusche-Beckmann*, § 26 Rn. 39; *Meixner/Steinbeck*, § 6 Rn. 226; zum alten Recht BGH VersR 1964, 813, 814; VersR 2004, 895, 896; BK/*Harrer*, § 25 Rn. 7; zur parallelen Rechtslage im österreichischen Recht vgl. OGH VersR 2011, 99.

und dem Umfang des Schadens ausschließen kann.³⁵ Besteht die Gefahrerhöhung in der Benutzung eines Kraftfahrzeugs mit abgefahrenen Reifen (dazu § 23 Rdn. 20), so muss der VN daher nachweisen, dass sich der Unfall ebenso ereignet hätte, wenn das Profil der Reifen den Anforderungen der StVZO entsprochen hätte.³⁶ Beim Tuning eines Pkw scheitert der Kausalitätsgegenbeweis auch dann, wenn die technischen Veränderungen nicht unmittelbar unfallursächlich waren, das Fahrverhalten des Fahrers aber in unfallursächlicher Weise beeinflusst haben.³⁷ Auf der anderen Seite verlangt die Rechtsprechung aber nicht den Nachweis, dass die Möglichkeit eines anderen Geschehensverlaufs ohne die Gefahrerhöhung bei Null liegt.³⁸

Der BGH hat in einer älteren Entscheidung offen gelassen, ob sich der VN bei einer nur »**unbedeutenden** **Mitverursachung**« gegenüber der Leistungsfreiheit des Versicherers auf § 242 BGB berufen kann.³⁹ Ebenso wie im allgemeinen Schadensrecht ist der Grundsatz von Treu und Glauben indes auch im Versicherungsrecht keine geeignete Grundlage zur Einschränkung der objektiven Zurechnung.⁴⁰ Erscheint die Mitverursachung durch die gefahrerhöhenden Umstände als unbedeutend, so ist zu prüfen, ob sich der Versicherungsfall nicht doch als Verwirklichung des versicherten – und nicht eines zusätzlichen – Risikos darstellt.⁴¹ 22

Der Kausalitätsgegenbeweis schließt die Leistungsfreiheit nur für den Teil des Schadens aus, der nicht auf der Gefahrerhöhung beruht (»**soweit**«). Dies ist ein wesentlicher Unterschied zu § 21 II, der hier dem Alles-oder-Nichts-Prinzip folgt. 23

II. Unterlassen der Kündigung

Nach § 26 III Nr. 2 bleibt die Leistungspflicht des Versicherers auch dann bestehen, wenn der Versicherer es unterlassen hat, den Vertrag wegen der Gefahrerhöhung innerhalb der Monatsfrist des § 24 III zu kündigen. Hinter der Kündigungsobliegenheit steht traditionell die Erwägung, dass der Versicherer die **Rechtslage** im Interesse des VN **möglichst rasch klären** soll.⁴² Nach neuem Recht kommt hinzu, dass die Leistungsfreiheit nach § 26 entfallen muss, wenn der Versicherer sich anstelle der Kündigung für die **Vertragsanpassung** nach § 25 entscheidet. Der letztere Aspekt hat den Gesetzgeber dazu bewogen, die Leistungsfreiheit – anders als bei § 28 – weiter von der Ausübung des Kündigungsrechts abhängig zu machen.⁴³ Die **Beweislast** für die Voraussetzungen des § 26 III Nr. 2 liegt beim VN.⁴⁴ Dieser muss insbesondere den Zeitpunkt nachweisen, zu dem der Versicherer die für den Fristbeginn maßgebliche Kenntnis der Gefahrerhöhung erlangt hat (vgl. § 24 Rdn. 14). 24

§ 27 Unerhebliche Gefahrerhöhung. Die §§ 23 bis 26 sind nicht anzuwenden, wenn nur eine unerhebliche Erhöhung der Gefahr vorliegt oder wenn nach den Umständen als vereinbart anzusehen ist, dass die Gefahrerhöhung mitversichert sein soll.

Übersicht

	Rdn.		Rdn.
A. Allgemeines	1	B. Unerhebliche Erhöhung der Gefahr	5
I. Normzweck	1	C. Mitversicherte Erhöhung der Gefahr	7
II. Dogmatische Einordnung	3	D. Beweislast	8

Schrifttum:
Vgl. die Nachweise zu § 23.

A. Allgemeines

I. Normzweck

§ 27 stellt klar, dass die §§ 23–26 auf bestimmte Fälle der Gefahrerhöhung nicht anwendbar sind: nämlich die **unerhebliche** und die **mitversicherte** Gefahrerhöhung. Die Vorschrift entspricht sachlich dem § 29 a.F. Die Neuformulierung hat insbesondere den Zweck, den Inhalt des § 29 Satz 2 a.F. zu verdeutlichen.¹ 1

Die Vorschrift des § 27 beruht auf der Erwägung, dass die Gefahrenlage nach Abschluss des Versicherungsvertrags meist mehr oder weniger großen Schwankungen unterliegt. Auch wenn diese Schwankungen den Begriff 2

---

35 BGH VersR 1968, 590, 591; VersR 1969, 247; vgl. auch P/M/*Armbrüster*, § 26 Rn. 4; a.A. L/W/*Wrabetz/Reusch*, § 26 Rn. 24 ff.
36 BGH VersR 1968, 785, 786; VersR 1969, 886; P/M/*Armbrüster*, § 26 Rn. 4.
37 OLG Koblenz VersR 2007, 534, 535; a.A. Stiefel/*Maier*, Kraftfahrtversicherung, § 26 Rn. 26.
38 BGH VersR 1978, 146, 147.
39 BGH VersR 1964, 813, 814; VersR 2001, 756; OLG Köln VersR 2007, 351, 352; P/M/*Armbrüster*, § 26 Rn. 13.
40 Zum allgemeinen Schadensrecht Staudinger/*Looschelders/Olzen* (2015), § 242 Rn. 586.
41 Ähnlich *Armbrüster*, Karlsruher Forum 2007, S. 89, 108.
42 B/M/*Matusche-Beckmann*, § 26 Rn. 32.
43 Begr. RegE BT-Drucks. 16/3945 S. 68.
44 B/M/*Matusche-Beckmann*, § 26 Rn. 39; L/W/*Wrabetz/Reusch*, § 27 Rn. 42.
1 Begr. RegE BT-Drucks. 16/3945 S. 68; R/L/*Langheid*, § 27 Rn. 1.

der Gefahrerhöhung erfüllen, sollen sie die Rechtsfolgen der §§ 23 ff. nicht auslösen, sofern sie ein gewisses **quantitatives Maß** (sog. quantitative Unerheblichkeit) unterschreiten oder nach **Sinn und Zweck des Versicherungsvertrages** vom Versicherer zu tragen sind (sog. qualitative Unerheblichkeit).[2] Bei der praktischen Rechtsanwendung können beide Fälle ineinander übergehen.[3] So mag das geringe Maß der Gefahrerhöhung ein Indiz dafür sein, dass die Änderung nach dem Zweck des Versicherungsvertrags in den Risikobereich des Versicherers fällt.

II. Dogmatische Einordnung

3   Die dogmatische Einordnung der unerheblichen Gefahrerhöhung ist unsicher. In der Literatur wird teilweise die Auffassung vertreten, dass in den betreffenden Fällen schon überhaupt **keine Gefahrerhöhung** vorliegt.[4] Nach der Gegenauffassung handelt es sich um eine Gefahrerhöhung, die aber »**nicht die normalen Rechtsfolgen**« nach sich zieht.[5] Die Rechtsprechung hat eine genaue Einordnung vermieden. So hat der BGH bei kurzzeitigen Reparaturarbeiten an einem Gebäude einerseits das Vorliegen einer Gefahrerhöhung i.S.d. § 23 a.F. mit der Erwägung verneint, der VN habe keinen neuen Dauerzustand erhöhter Gefahr geschaffen. Andererseits hat das Gericht darauf hingewiesen, dass eine solche kurzfristige Änderung der Gefahrumstände von vornherein mitversichert ist.[6]

4   Auf der Grundlage des geltenden Rechts ist davon auszugehen, dass in den Fällen des § 27 **an sich** eine **Gefahrerhöhung** vorliegt. Denn die Anordnung der Unanwendbarkeit der §§ 23–26 hätte sonst keine eigenständige Bedeutung.[7] Bei der praktischen Rechtsanwendung stellt sich allerdings das Problem, dass das Vorliegen einer Gefahrerhöhung nicht immer stringent verneint werden kann. In diesen Fällen kann der Richter hilfsweise darauf verweisen, dass eine mögliche Gefahrerhöhung jedenfalls nach § 27 unerheblich oder mitversichert wäre.[8] § 27 hat insofern auch die Funktion, **Abgrenzungsprobleme** bei der Gefahrerhöhung zu entschärfen.[9]

B. Unerhebliche Erhöhung der Gefahr

5   Die Gefahrerhöhung ist als unerheblich anzusehen, wenn die **Wahrscheinlichkeit** für den Eintritt eines Versicherungsfalls dadurch nur **unwesentlich gesteigert** wird.[10] Nach h.M. kann eine unerhebliche Gefahrerhöhung insbesondere dann vorliegen, wenn die Gefahrenlage nur für einen kurzen Zeitraum gesteigert worden ist.[11] Da die Gefahrerhöhung eine **dauerhafte** Veränderung der gefahrrelevanten Umstände voraussetzt (§ 23 Rdn. 15), sind die §§ 23 ff. hier aber ohnehin nicht anwendbar.[12] § 27 kann aber im Einzelfall relevant werden, wenn Zweifel darüber bestehen, ob die erforderliche Dauer erreicht ist.

6   Als Beispiel für eine unerhebliche Gefahrerhöhung wird häufig der Fall genannt, dass der vertraglich vorgesehene Wachhund nicht in dem Raum mit den versicherten Sachen, sondern außerhalb davon untergebracht wird.[13] Zweifelhaft ist hier aber schon, ob die Wahrscheinlichkeit des Eintritts eines Versicherungsfalls **überhaupt gesteigert** worden ist.[14] In der Kfz-Kaskoversicherung wird die Wahrscheinlichkeit eines Diebstahls durch die ständige Aufbewahrung eines **Zweitschlüssels** im Innenraum des Fahrzeugs nicht nur unerheblich erhöht.[15] Die einmalige oder gelegentliche Aufbewahrung des **Kfz-Scheins im Handschuhfach** wird dagegen als unerhebliche Gefahrerhöhung gewertet;[16] indes fehlt es hier schon an dem erforderlichen Dauerzustand.[17] Bei ständiger Aufbewahrung des Kfz-Scheins im Handschuhfach liegt zwar ein Dauerzustand vor; entgegen der Ansicht des OLG Celle[18] und des OLG Koblenz[19] dürfte die damit verbundene Gefahrerhöhung aber nur unerheblich sein (vgl. § 23 Rdn. 20).[20] Da das Auffinden des Scheins durch die Diebe auch nicht für den im Regelfall schon vorher gefassten Diebstahlsentschluss ursächlich sein kann, scheidet auch eine Kürzung des

---

2   Vgl. L/W/*Wrabetz/Reusch*, § 27 Rn. 2 ff.; *Martin*, N III Rn. 24; R/L/*Langheid*, § 27 Rn. 1 ff.
3   So auch *Martin*, N III Rn. 28.
4   So etwa R/L/*Langheid*, § 27 Rn. 1; B/M/*Matusche-Beckmann*, § 27 Rn. 3.
5   So z.B. B/M/*Möller*[8], § 29 Anm. 3.
6   BGH VersR 1992, 606, 608.
7   Hiervon ausgehend L/W/*Wrabetz/Reusch*, § 27 Rn. 3: »kein eigener Regelungscharakter«.
8   Vgl. OLG Köln VersR 2001, 580, 581.
9   *Martin*, N III Rn. 24.
10 Vgl. L/W/*Wrabetz/Reusch*, § 27 Rn. 2; P/M/*Armbrüster*, § 27 Rn. 1; PK/*Loacker*, § 27 Rn. 3; *Martin*, N III Rn. 28.
11 Vgl. BGH VersR 1992, 606, 607; r+s 1993, 362, 363; OLG Köln VersR 2001, 580, 581.
12 Vgl. B/M/*Matusche-Beckmann*, § 27 Rn. 4; Staudinger/Halm/Wendt/*Segger/Degen*, § 27 Rn. 3.
13 Vgl. B/M/*Möller*[8], § 29 Anm. 6; *Deutsch/Iversen*, Rn. 162.
14 Vgl. BK/*Harrer*, § 29 Rn. 2.
15 OLG Koblenz VersR 1998, 233; Stiefel/*Maier*, Kraftfahrtversicherung, § 23 VVG Rn. 38.
16 OLG Koblenz r+s 2002, 448; OLG Karlsruhe ZfS 1995, 260.
17 Stiefel/*Maier*, Kraftfahrtversicherung, § 23 VVG Rn. 18.
18 OLG Celle VersR 2008, 204.
19 OLG Koblenz r+s 2002, 448.
20 So auch OLG Oldenburg r+s 2010, 367, 369; *Schmid* VersR 2008, 471; Stiefel/*Maier*, Kraftfahrtversicherung, § 23 VVG Rn. 39.

Anspruchs auf die Versicherungsleistung wegen grob fahrlässiger Herbeiführung des Versicherungsfalles (§ 81 II) aus.[21]

C. Mitversicherte Erhöhung der Gefahr

Ob die Gefahrerhöhung mitversichert ist, muss aufgrund einer **Auslegung des Vertrages** unter Würdigung aller Umstände des Einzelfalls festgestellt werden.[22] Im Vordergrund stehen dabei Fälle, in denen die Gefahr durch eine **allgemein übliche** und **wirtschaftlich sinnvolle** Nutzung der versicherten Sache erhöht wird. Dahinter steht die Erwägung, dass eine solche Nutzung nach Sinn und Zweck des Versicherungsvertrages nicht die Rechtsfolgen der §§ 23 ff. auslösen darf, weil der Versicherungsschutz sonst für eine Vielzahl von VN entwertet würde.[23] Ein mögliches Beispiel sind Reparaturarbeiten an einem Gebäude,[24] sofern es nicht bereits an dem für die Gefahrerhöhung erforderlichen Dauerelement fehlt (vgl. § 23 Rdn. 15). In der Feuerversicherung ist das Einlagern von Stroh in einem Stall aufgrund der allgemeinen Zweckbestimmung des versicherten Gebäudes mitversichert.[25] Der von Dritten gefasste Entschluss, die versicherte Sache im Rahmen einer **Schutzgelderpressung** wiederholt und in einer sich steigernden Weise zu beschädigen (dazu § 23 Rdn. 18), stellt dagegen keine mitversicherte Gefahrerhöhung dar, weil dem durchschnittlichen VN klar sein muss, dass der Versicherer ein solches Geschehen in seiner Prämienkalkulation nicht berücksichtigen kann.[26] Der BGH geht im konkreten Fall allerdings davon aus, dass die Anzeige erst nach dem ersten schädigenden Ereignis erfolgen musste; die bloße Bedrohung im Rahmen einer Schutzgelderpressung wird also noch als mitversichert gewertet.[27]

7

D. Beweislast

Die negative Formulierung des § 27 legt die Annahme nahe, dass der VN die Beweislast für die Unerheblichkeit der Gefahrerhöhung und die für die Annahme der Mitversicherung maßgeblichen Umstände trägt. Auf der Grundlage des § 29 a.F. war jedoch anerkannt, dass der Versicherer nicht nur die Gefahrerhöhung als solche, sondern auch deren **Erheblichkeit** nachweisen muss.[28] Mangels gegenteiliger Anhaltspunkte ist davon auszugehen, dass der Gesetzgeber hieran festhalten wollte, zumal es für die Beweislast nicht darauf ankommen sollte, ob die Gefahr überhaupt nicht oder nur unwesentlich erhöht worden ist.[29]

8

Wer die Beweislast für die Annahme einer **mitversicherten Gefahrerhöhung** trägt, war auf der Grundlage des § 29 a.F. sehr umstritten. Die h.M. ging von der Beweispflicht des VN aus.[30] Zur Vermeidung von Abgrenzungsproblemen erscheint es jedoch vorzugswürdig, dem Versicherer **einheitlich** die Beweislast für das Vorliegen einer **erheblichen** und **nicht mitversicherten Gefahrerhöhung** aufzuerlegen.[31]

9

§ 28 Verletzung einer vertraglichen Obliegenheit.

(1) Bei Verletzung einer vertraglichen Obliegenheit, die vom Versicherungsnehmer vor Eintritt des Versicherungsfalles gegenüber dem Versicherer zu erfüllen ist, kann der Versicherer den Vertrag innerhalb eines Monats, nachdem er von der Verletzung Kenntnis erlangt hat, ohne Einhaltung einer Frist kündigen, es sei denn, die Verletzung beruht nicht auf Vorsatz oder auf grober Fahrlässigkeit.

(2) ¹Bestimmt der Vertrag, dass der Versicherer bei Verletzung einer vom Versicherungsnehmer zu erfüllenden vertraglichen Obliegenheit nicht zur Leistung verpflichtet ist, ist er leistungsfrei, wenn der Versicherungsnehmer die Obliegenheit vorsätzlich verletzt hat. ²Im Fall einer grob fahrlässigen Verletzung der Obliegenheit ist der Versicherer berechtigt, seine Leistung in einem der Schwere des Verschuldens des Versicherungsnehmers entsprechenden Verhältnis zu kürzen; die Beweislast für das Nichtvorliegen einer groben Fahrlässigkeit trägt der Versicherungsnehmer.

---

21 OLG Oldenburg r+s 2010, 367, 368.
22 Vgl. RGZ 150, 48, 50; B/M/*Matusche-Beckmann*, § 27 Rn. 8; BK/*Harrer*, § 29 Anm. 3; L/W/*Wrabetz/Reusch*, § 27 Rn. 10; *Looschelders/Weckmann* VersR 2010, 1446, 1447; gegen Einordnung des § 27 Alt. 2 als Auslegungsregel P/M/*Armbrüster*, § 27 Rn. 2.
23 Vgl. OLG Oldenburg NJW-RR 1992, 289, 290; P/M/*Armbrüster*, § 27 Rn. 4; *Martin*, N III Rn. 33.
24 Vgl. BGH VersR 1992, 607, 608; OLG Oldenburg NJW-RR 1992, 289, 290.
25 OLG Hamm r+s 1990, 22, 24.
26 BGH VersR 2010, 1032, 1033; *Looschelders/Weckmann* VersR 2010, 1446 ff.; a.A. OLG Karlsruhe VersR 1998, 625, 626; *Prölss* NVersZ 2000, 153 ff.
27 Dies betont zu Recht *Reusch* VersR 2011, 13, 20; vgl. dazu auch L/W/*Wrabetz/Reusch*, § 27 Rn. 19; P/M/*Armbrüster*, § 23 Rn. 18; *Veith*/Gräfe, § 1 Rn. 363; *Looschelders/Weckmann* VersR 2010, 1446, 1448.
28 B/M/*Möller*[8], § 29 Anm. 7; *Baumgärtel/Prölss*, § 29 VVG Rn. 1.
29 So auch L/W/*Wrabetz/Reusch*, § 27 Rn. 21; P/M/*Armbrüster*, § 27 Rn. 7; Staudinger/Halm/Wendt/*Segger/Degen*, § 27 Rn. 5.
30 RGZ 150, 48, 50; B/M/*Möller*[8], § 29 Anm. 11; differenzierend *Baumgärtel/Prölss*, § 29 VVG Rn. 2.
31 So auch P/M/*Armbrüster*, § 27 Rn. 7; R/L/*Langheid*, § 27 Rn. 4; a.A. B/M/*Matusche-Beckmann*, § 27 Rn. 14; differenzierend L/W/*Wrabetz/Reusch*, § 27 Rn. 21.

§ 28 Verletzung einer vertraglichen Obliegenheit

(3) ¹Abweichend von Absatz 2 ist der Versicherer zur Leistung verpflichtet, soweit die Verletzung der Obliegenheit weder für den Eintritt oder die Feststellung des Versicherungsfalles noch für die Feststellung oder den Umfang der Leistungspflicht des Versicherers ursächlich ist. ²Satz 1 gilt nicht, wenn der Versicherungsnehmer die Obliegenheit arglistig verletzt hat.
(4) Die vollständige oder teilweise Leistungsfreiheit des Versicherers nach Absatz 2 hat bei Verletzung einer nach Eintritt des Versicherungsfalles bestehenden Auskunfts- oder Aufklärungsobliegenheit zur Voraussetzung, dass der Versicherer den Versicherungsnehmer durch gesonderte Mitteilung in Textform auf diese Rechtsfolge hingewiesen hat.
(5) Eine Vereinbarung, nach welcher der Versicherer bei Verletzung einer vertraglichen Obliegenheit zum Rücktritt berechtigt ist, ist unwirksam.

Übersicht

	Rdn.
A. Allgemeines	1
I. Normzweck	1
II. Überblick über den Regelungsgehalt	2
III. Entstehungsgeschichte	4
IV. Anwendungsbereich; Abgrenzungen	6
1. Begriff der Obliegenheiten	6
2. Rechtsnatur der versicherungsrechtlichen Obliegenheiten	8
a) Ausgangspunkt	8
b) Obliegenheitstypische Merkmale bei versicherungsrechtlichen Obliegenheiten	10
aa) Belasteter verliert bei Verletzung Rechtsposition	10
bb) Kein Erfüllungsanspruch	11
cc) Kein Schadensersatzanspruch	14
c) Anwendbarkeit der für Rechtspflichten geltenden Normen	15
3. Arten von Obliegenheiten	16
a) Gesetzliche und vertragliche Obliegenheiten	16
b) Obliegenheiten vor und nach dem Versicherungsfall	20
c) Materielle Inhalte von Obliegenheiten	21
4. Abgrenzung von Risikoausschlüssen	22
a) Das Problem	22
b) Obliegenheit i.S.v. § 28	23
c) Meinungsstand zur Einordnung von Klauseln	24
d) Stellungnahme	29
e) Kasuistik	34
aa) Sachversicherung	34
bb) Sonstige Versicherungen	35
5. Abgrenzung von Ausschlussfristen	36
6. Abgrenzung von Fristen als Anspruchsvoraussetzungen	37
B. Verletzung einer Obliegenheit	38
I. Bestehen einer Obliegenheit	38
II. Verpflichteter	42
C. Kausalität	44
I. Überblick; Verhältnis zur Relevanzrechtsprechung	44
II. Begriff	46
III. Kasuistik	49
D. Verschulden	50
I. Überblick	50
II. Grobe Fahrlässigkeit	51
III. Vorsatz	56
IV. Arglist	57
E. Zurechnung des Verhaltens Dritter	60
I. Problemstellung und Überblick	60
II. Gesetzliche Zurechnungstatbestände	62
III. Repräsentant	69

	Rdn.
1. Begriff	69
2. Repräsentant kraft Risikoverwaltung	73
3. Repräsentant kraft Vertragsverwaltung	74
4. Kasuistik	75
a) Ehegatten/Lebensgefährten	76
b) Sonstige Angehörige	80
c) Personen im betrieblichen Bereich	81
d) Haus- und Gutsverwalter, Makler	82
e) Mieter, Pächter	83
f) Rechtsanwalt	84
g) Fahrzeugführer	85
h) Sonstige Personen	87
IV. Wissensvertreter	88
1. Rechtsgrundlage und Begriff	88
2. Kasuistik	93
V. Wissenserklärungsvertreter	94
1. Rechtsgrundlage und Begriff	94
2. Kasuistik	97
VI. Zum Verhältnis der verschiedenen Zurechnungsinstrumente	104
F. Kündigungsrecht	105
I. Überblick	105
II. Ausschlussfrist	109
III. Anforderungen an die Kündigung	112
IV. Rechtsfolge	114
G. Leistungsfreiheit	115
I. Vereinbarung der Leistungsfreiheit	115
II. Leistungsfreiheit nach Abs. 2 Satz 1	117
III. Leistungskürzung nach Abs. 2 Satz 2	118
1. Abschaffung des Alles-oder-Nichts-Prinzips	118
2. Das Quotenmodell	119
3. Kriterien	123
a) Allgemeines	123
b) Einzelne Kriterien	125
4. Ausgangspunkt und Kürzungsschritte	129
5. Kürzung bei mehreren Obliegenheitsverletzungen	134
6. Kürzung und Regresshöchstbeträge in der Kfz-Haftpflicht	135
IV. Hinweisobliegenheit des Abs. 4	136
1. Anwendungsbereich	136
2. Inhalt/Umfang	138
3. Adressat	139
4. Form	140
5. Zeitpunkt; Wiederholung	141
V. Rechtsfolgen	143
H. Ausschluss des Rücktritts	147
I. Beweislast	148
I. Beweislast für die Verletzung der Obliegenheit	148
II. Beweislast für die Kausalität	150
1. Regelungen und Terminologie	150
2. Inhalt des Beweises	151

Verletzung einer vertraglichen Obliegenheit § 28

	Rdn.		Rdn.
3. Ausschluss des Beweises fehlender Kausalität	152	d) Unterscheidung von Tatsachen, die grobe Fahrlässigkeit begründen, und Tatsachen, die den Grad der groben Fahrlässigkeit bestimmen...	159
III. Beweislast für das Verschulden	153		
1. Grundkonzept	153		
2. Beweislast für grobe Fahrlässigkeit	154	e) Geteilte Beweislast	160
a) Beweislast des VN für grobe Fahrlässigkeit, Beweislast des VR für den Grad grober Fahrlässigkeit	156	f) Beweislast des VN	161
		g) Bewertung	162
		3. Beweislast für Vorsatz	168
b) Vermutung mittlerer grober Fahrlässigkeit, geteilte Beweislast	157	4. Beweislast für Arglist	169
		J. Ausgestaltung durch AVB	170
c) Vermutung mittlerer grober Fahrlässigkeit, Beweislast des VR, geteilte Darlegungslast	158		

Schrifttum:
Armbrüster, Das Alles-oder-nichts-Prinzip im Privatversicherungsrecht – zugleich ein Beitrag zur Reform des VVG, 2003; *Bach,* Entwicklung eines differenzierten Repräsentantenbegriffs/Zugleich Anmerkung zum Urteil des BGH vom 26.04.1989, (VersR 1989, 737), VersR 1990, 235; *Basedow/Meyer/Rückle/Schwintowski,* VVG Reform – Abschlussbericht/Rückzug des Staates aus sozialen Sicherungssystemen, 2005; *Brand,* das Quotelungsprinzip – Versuch einer Versöhnung, in: FS E. Lorenz, 2014, S. 55; *Bruns,* Voraussetzungen und Auswirkungen der Zurechnung von Wissen und Wissenserklärungen im allgemeinen Privatrecht und Privatversicherungsrecht, 2007; *Feifel,* Die Quotelung bei Obliegenheitsverletzungen, 2011; *Felsch,* Verhüllte Obliegenheiten – ein Nachruf, r+s 2015, 53; *Franz,* Das Versicherungsvertragsrecht im neuen Gewand – die Neuregelung und ausgewählte Probleme, VersR 2008, 298; *Funck,* Ausgewählte Fragen aus dem allgemeinen Teil zum neuen VVG aus der Sicht einer Rechtsabteilung, VersR 2008, 163; *Grote/Schneider,* VVG 2008: Das neue Versicherungsvertragsrecht, BB 2007, 2689; *Günther/Spielmann,* Vollständige und teilweise Leistungsfreiheit nach dem VVG 2008 am Beispiel der Sachversicherung, r+s 2008, 133, 177; *Hähnchen,* Obliegenheiten und Nebenpflichten, Eine Untersuchung dieser besonderen Verhaltensanforderungen im Privatversicherungsrecht und im allgemeinen Zivilrecht unter besonderer Berücksichtigung der Dogmengeschichte, 2010; *Hamann,* Änderungen im Obliegenheitenrecht, VersR 2010, 1145; *Heß,* Die Quotenbildung nach dem VVG – Erfahrungen seit 2008, r+s 2013, 1; *ders./Burmann,* Die VVG-Reform: Alles oder Nichts – das ist (nicht mehr) die Frage, NJW-Spezial 2007, 159; *dies.,* Das neue VVG und der Versicherungsbetrug – Kfz-Haftpflicht- und Kaskoversicherung, NJW-Spezial 2007, 399; *Kalischko,* Zur Repräsentantenstellung des Mieters/Pächters und dem Risiko eines Wegfalls der Versicherungsleistung zu Lasten des Vermieters/Verpächters, MDR 1990, 215; *Kampmann,* Änderung der höchstrichterlichen Rechtsprechung zum Repräsentantenbegriff, VersR 1994, 277; *ders.,* Die Repräsentantenhaftung im Privatversicherungsrecht, 1996; *Kläver,* Quotenbildung im Versicherungsvertragsgesetz, 2014; *Knappmann,* Rechtliche Stellung des arglistigen Versicherungsnehmers, VersR 2011, 724; *ders.,* Zurechnung des Verhaltens Dritter im Privatversicherungsrecht, NJW 1994, 3147; *ders.,* Grenzen und Beschränkungen der Rechte des Versicherers bei Verletzung der Anzeigepflichten (§§ 16 ff. VVG) durch den VN, r+s 1996, 81; *ders.,* Zurechnung des Verhaltens Dritter zu Lasten des VN, VersR 1997, 261; *ders.,* Anmerkung zu OLG Karlsruhe (r+s 1998, 162): Grob fahrlässige Herbeiführung eines Einbruchdiebstahls; Ehefrau als Repräsentantin, r+s 1998, 250; *ders.,* Der Eintritt des Versicherungsfalls und die Rechte und Pflichten der Vertragsbeteiligten, r+s 2002, 485; *ders.,* Zur Quotenbildung nach dem VVG 2008, VRR 2009, 9; *ders.,* Quotenregelung im VVG 2008, ZAP Fach 10, 361; *Koch,* Abschied von der Rechtsfigur der verhüllten Obliegenheit, VersR 2014, 281; *Kutschera,* Quotelung bei der grob fahrlässigen Herbeiführung des Versicherungsfalles nach neuem Recht, VuR 2008, 409; *Langheid,* Anmerkung zu BGH (r+s 1992, 1): Zur Leistungsfreiheit bei Obliegenheitsverletzung auch ohne entsprechende Sanktionsvereinbarung, r+s 1992, 3; *ders.,* Repräsentanz in der Kraftfahrt-Haftpflichtversicherung?, NVersZ 2000, 463; *Lier,* Statt ›Alles oder Nichts‹ bald Vertragsstrafen?, VW 2001, 198; *Looschelders,* Obliegenheiten des Versicherungsnehmers – dogmatische Grundlagen und praktische Konsequenzen, in: FS Lorenz, 2014, S. 281; *ders.,* Die Haftung des VN für seinen Repräsentanten – eine gelungene Rechtsfortbildung?, VersR 1999, 666; *ders.,* Schuldhafte Herbeiführung des Versicherungsfalls nach der VVG-Reform VersR 2008, 1; *ders.,* Quotelung bei Obliegenheitsverletzungen: Alles, Nichts oder die Hälfte, ZVersWiss 2009, 13; *Lücke,* Leistungsfreiheit des Versicherers auch ohne Vereinbarung bei Täuschungsversuchen im VN zur Entschädigungshöhe?, VersR 1992, 401; *Marlow,* Unwirksame Rechtsfolgenregelungen in Alt- und Neuverträgen – Einige Anmerkungen, r+s 2015, 591; *ders.,* Die Verletzung vertraglicher Obliegenheiten nach der VVG-Reform: Alles nichts, oder?, VersR 2007, 43; *Moosbauer,* Das quotale Leistungskürzungsrecht des Versicherers bei der grob fahrlässigen Verletzung einer vertraglichen Obliegenheit nach § 28 II S. 2 VVG, 2011; *Mordfeld,* Der Repräsentant im Privatversicherungsrecht, 1995; *Münstermann,* Anmerkung zu BGH (r+s 1998, 144): Belehrung bei vorsätzlicher, folgenloser Obliegenheitsverletzung nach dem VersFall, r+s 1998, 181; *Neumann,* Abkehr vom Alles-oder-nichts-Prinzip, 2004; *Nugel,* Kürzungsquoten nach dem VVG, 2. Aufl. 2012; *ders.,* Das neue VVG – Quotenbildung bei der Leistungskürzung wegen grober Fahrlässigkeit, Sonderbeilage zu MDR Heft 22, 2007, 23; *ders.,* Die Quotenbildung bei einer Leistungskürzung nach dem neuen VVG – eine Übersicht zu den aktuellen Streitständen, MDR 2008, 1320; *ders.* Alles, nichts oder 5000 €? Der Regress des Kraftfahrzeughaftpflichtversicherers gegenüber dem VN auf Grund einer Obliegenheitsverletzung nach der VVG-Reform, NZV 2008, 11; *ders.,* Die Leistungsfreiheit des Kraftfahrtversicherers nach dem neuen VVG wegen einer Obliegenheitsverletzung nach Eintritt des Versicherungsfalls – erste Erfahrungen und Musterfälle, ZfS 2009, 307; *ders.,* Quotenbildung nach dem neuen VVG – Eine Übersicht über die Entwicklung im Jahr 2009, MDR 2010, 597; *Pohlmann,* Keine Sanktionen bei Verletzung von Obliegenheiten aus Alt-AVB? in: NJW 2012, 188; *Radt-*

§ 28 Verletzung einer vertraglichen Obliegenheit

ke, Der Kausalitätsgegenbeweis des Versicherungsnehmers nach der VVG-Reform 2008, 2014; *Rattay,* Die verhüllte Obliegenheit – das Ende der akzeptierten Verhüllung, VersR 2015, 1075; *Rixecker,* Quotelung bei Obliegenheitsverletzung; Alles, Nichts oder die Hälfte? ZVersWiss 2009, 3; *Römer,* Das Alles-oder-Nichts-Prinzip im Privatversicherungsrecht, VersR 2005, 485; *ders.,* Alles-oder-Nichts-Prinzip, NVersZ 2000, 259; *ders.,* Die Haftung des VN für seine Repräsentanten, NZV 1993, 249; *Sackhoff,* Die Anzeige-, Auskunfts- und Belegpflicht des VN nach Eintritt des Versicherungsfalls, 1994; *Schäfers,* Mindest- und Höchstquote bei grober Fahrlässigkeit, VersR 2011, 842; *Schimikowski,* Haftung des VN für Verhalten und Kenntnis anderer Personen, VW 1996, 626; *Schirmer,* Repräsentantenbegriff im Wandel der Rechtsprechung, 1995; *ders.,* Die nichteheliche Lebensgemeinschaft im Versicherungs- und Verkehrsrecht, DAR 2007, 2; *ders.,* Offene Fragen nach dem Ende des Alles-oder-Nichts-Prinzips – Ausstrahlungen der Quotierung, VersR 2011, 289; *ders.,* Arglistiges Verhalten des VN im neuen VVG, r+s 2014, 533; *Schlömer,* Die Anwendung von § 28 Abs. 2 VVG im Falle einer unwirksamen Rechtsfolgenregelung für Obliegenheitsverletzungen, 2016; *Schmidt-Hollburg,* Die Abgrenzung von Risikoausschlüssen und Obliegenheiten in den kaufmännischen Versicherungszweigen, 1991; *Schütte,* Verhüllte Obliegenheiten im Versicherungsrecht, 1991; *Segger/Degen,* Das Recht zur Anpassung von Altverträgen: Alles oder nichts für den Versicherer?, VersR 2011, 440; *Sexauer,* Urteilsanmerkung zur Abgrenzung zwischen verhüllter Obliegenheit und Risikoausschluss, VuR 2005, 430; *Stahl,* Quotenbildung nach dem VVG in der Kraftfahrtversicherung – Bemessungskriterien und Quotenmodelle, NZV 2009, 265; *dies.,* Leistungskürzung nach dem VVG in der Kraftfahrtversicherung, Sonderheft zu r+s 4/2011, 115; *Staudinger,* Anmerkung zu BGH (NJW 2007, 2038): Zurechnung bei Beschränkung der Repräsentantenstellung auf Verwaltung des Versicherungsvertrags, NJW 2007, 2040; *Tschersich,* Rechtsfragen der vorvertraglichen Anzeigepflichtverletzung und der vertraglichen Obliegenheiten, r+s 2012, 53; *Unberath,* Die Leistungsfreiheit des Versicherers – Auswirkungen der Neuregelung auf die Kraftfahrtversicherung, NZV 2008, 537; *van Bühren,* Rechtliche Probleme in der Zusammenarbeit mit Rechtsschutzversicherern, NJW 2007, 3606; *Veith,* Das quotale Leistungskürzungsrecht des Versicherers gem. §§ 26 I 2, 28 II 2, 81 II VVG 2008, VersR 2008, 1580; *Waltermann,* Arglistiges Verschweigen eines Fehlers bei der Einschaltung von Hilfskräften, NJW 1993, 889; *Wandt,* Zur dogmatisch gebotenen Enthüllung von »verhüllten« Obliegenheiten, VersR 2015, 265; *ders.,* Zur Auslegung von § 28 VVG und zur analogen Anwendung des VVG auf entgeltliche Haftungsbegrenzungen in Kfz-Mietverträgen, in: FS E. Lorenz, 2014, S. 535; *ders.,* Grundfragen zu Anzeige-, Auskunfts- und Aufklärungsobliegenheiten nach dem VVG 2008, ZVersWiss 2011, 445; *Wendt/Jularic,* Die Einbeziehung des Arztes in das Versicherungsgeschäft, VersR 2008, 41; *Wittchen,* Die Wirksamkeit der Sanktionsregelung bei vertraglich vereinbarten Obliegenheiten, NJW 2012, 2480; *Wussow,* Die Haftung des VN für das Verschulden von Hilfspersonen insbesondere in der Reisegepäckversicherung, VersR 1993, 1454; *Zuther,* Entsprechende Anwendung des § 343 II BGB auf die Leistungsfreiheit bei Obliegenheitsverstoß eines VN (VVG § 6 III) – zugleich Stellungnahme zum Urteil des OLG Düsseldorf vom 20.11.1973, VersR 1974, 630.

A. Allgemeines

I. Normzweck

1 § 6 VVG a.F., der Vorgänger des § 28, sollte den **VN zu Verhaltensdisziplin anhalten**.[1] Dieser Zweck liegt auch dem § 28 zugrunde, aber hinzu kommt, dass § 28 auch zum **Schutze des VN** die Rechtsfolgen einer Verletzung seiner vertraglichen Obliegenheiten[2] beschränkt, d.h. dass die Vertragsfreiheit der VR in Gestalt der **Inhaltsfreiheit eingeschränkt** ist. Damit sucht die Norm einen Ausgleich zwischen dem Interesse des VR sowie der Versichertengemeinschaft einerseits, die VN zur Disziplin bei der Einhaltung ihrer Obliegenheiten gegenüber dem VR anzuhalten, um einen ordnungsgemäßen Geschäftsbetrieb zu gewährleisten, und dem Interesse des einzelnen VN andererseits, durch die Sanktionen bei Obliegenheitsverletzungen nicht unbillig gefährdet zu werden.[3] Seit 1908 haben sich allerdings die Vorstellungen darüber, wann der VN unbillig gefährdet werde, geändert. Die Versichertengemeinschaft, so die heute überwiegende Auffassung, solle auch leichte Fahrlässigkeit des einzelnen VN vollständig auffangen. Viele AVB enthielten schon vor Inkrafttreten des neuen VVG entsprechende Regelungen.[4] Aus § 28 ergibt sich heute, dass leicht fahrlässige Verletzungen von vertraglichen Obliegenheiten sanktionslos bleiben.[5] Der Rücktritt ist als Rechtsfolge ganz ausgeschlossen (Abs. 5) und die Kündigung nur bei der Verletzung von Obliegenheiten vor Eintritt des Versicherungsfalles möglich (Abs. 1). Vollständige Leistungsfreiheit kann als Rechtsfolge nur bei vorsätzlicher Obliegenheitsverletzung eintreten (Abs. 2 Satz 1) und eine Kürzung der Leistung, gegebenenfalls allerdings auch bis auf Null, dazu Rdn. 131, setzt mindestens grobe Fahrlässigkeit voraus (Abs. 2 Satz 2). § 28 weicht von dem Haftungsregime der §§ 280 ff. BGB in mehrfacher Hinsicht ab, und zwar zum Vor- und Nachteil beider Seiten.

II. Überblick über den Regelungsgehalt

2 § 28 differenziert zum einen zwischen verschiedenen **Arten von Obliegenheiten**, nämlich solchen, die vor Eintritt des Versicherungsfalles zu erfüllen sind, und solchen, die den VN nach diesem Zeitpunkt treffen; für eine Untergruppe der letztgenannten, die Auskunfts- und Aufklärungsobliegenheiten, gibt es in Abs. 4 noch

---

1 BK/*Schwintowski*, § 6 Rn. 2.
2 Vgl. Begr. RegE BT-Drucks. 16/3945 S. 68.
3 Motive und amtliche Begr. zum Gesetz über den Versicherungsvertrag v. 30.05.1908, Neudruck Berlin 1963, S. 80.
4 Begr. RegE BT-Drucks. 16/3945 S. 69.
5 Vgl. *Marlow* VersR 2007, 43; VVG-Kommission Abschlussbericht 2004 (VersR-Schriftenreihe Heft 25), S. 37.

eine Sonderregelung. Zum zweiten unterscheidet § 28 nach den **Rechtsfolgen**: Kündigung (Abs. 1), Leistungsfreiheit (Abs. 2 bis 4) und Rücktritt (Abs. 5).

Beide Differenzierungen sind ineinander verflochten, woraus sich folgende **Normstruktur** ergibt: **Abs. 1** betrifft ausschließlich die vor Eintritt des Versicherungsfalles bestehenden Obliegenheiten und knüpft an ihre Verletzung ein Kündigungsrecht. Im Umkehrschluss ergibt sich, dass für alle nach dem Eintritt des Versicherungsfalles zu erfüllenden Obliegenheiten kein Kündigungsrecht existiert. **Abs. 2** gilt für alle Obliegenheiten und regelt die allgemeinen Voraussetzungen der Leistungsfreiheit. **Abs. 3** fügt dieser Regelung eine Ausnahme bei fehlender Kausalität (Satz 1) und eine Gegenausnahme bei Arglist (Satz 2) hinzu. Auch **Abs. 4** ergänzt Abs. 2, und zwar um eine zusätzliche Voraussetzung für die Leistungsfreiheit bei der Verletzung von Auskunfts- oder Aufklärungsobliegenheiten, die nach Eintritt des Versicherungsfalles zu erfüllen sind. **Abs. 5** schließt für sämtliche Obliegenheiten die vertragliche Rechtsfolge des Rücktritts aus, indem er dahingehende Vereinbarungen für unwirksam erklärt.

III. Entstehungsgeschichte

Der gesetzliche Rahmen, in dem Obliegenheitsverletzungen des VN geahndet werden können, ist seit der **ursprünglichen Fassung des VVG** immer enger gezogen worden, und zwar sowohl durch den Gesetzgeber[6] als auch durch die Rspr. (Relevanz-Rspr.[7]; Belehrungspflicht bei Auskunfts- und Aufklärungsobliegenheiten[8]), deren Vorgaben die Regelung des § 6 a.F. immer mehr von ihrem Wortlaut entfernten.[9] Mit der großen VVG-Reform zum 01.01.2008 wurde § 28 zum einen der durch die Gerichte geschaffenen Rechtswirklichkeit angepasst und zum anderen wurden **vier grundlegende Neuerungen** Gesetz: Jegliche Sanktion für leichte Fahrlässigkeit wurde ausgeschlossen, das Alles-oder-Nichts-Prinzip wurde abgeschafft und durch eine Quotenteilung ersetzt (Abs. 2 Satz 2), Leistungsfreiheit bei vorsätzlicher Obliegenheitsverletzungen wurde, wie bisher auch bei fahrlässigen, an das Kausalitätserfordernis geknüpft (Ausnahme Arglist), und dem VR wurde die Beweislast für den Vorsatz des VN und nach h.A. auch für das Verschuldensmaß im Rahmen der Quotenteilung auferlegt. Man wollte damit § 28 an die allgemeinen Grundsätze für Vertragsverletzungen angleichen,[10] was im Hinblick auf weiterhin bestehende (sog. Kausalitätsgegenbeweis des VN) oder neue (Beweislast des VR für Vorsatz; keine Haftung für leichte Fahrlässigkeit) Abweichungen von §§ 276, 280 I 2 BGB aber keineswegs geglückt ist. Eine andere Frage ist, ob eine vollständige Angleichung wünschenswert ist.[11]

Der Grundstein zu § 28 wurde im **Zwischenbericht der Kommission zur Reform des Versicherungsvertragsrechts** gelegt. Sie schlug die oben genannten vier wesentlichen Neuerungen vor[12] und fasste sie in ihrem Abschlussbericht in einem Regelungsvorschlag (§ 30 des Kommissionsentwurfes) zusammen, der, von wenigen rein sprachlichen Kleinigkeiten abgesehen, identisch mit der Fassung im Regierungsentwurf war.[13] Im Rechtsausschuss wurde ein überflüssiges »nur« in Abs. 2 Satz 1 entfernt (»... ist er *nur* leistungsfrei, wenn ...«),[14] im Übrigen wurde die Norm unverändert Gesetz.

IV. Anwendungsbereich; Abgrenzungen

1. Begriff der Obliegenheiten

Unter einer Obliegenheit versteht man im allgemeinen Zivilrecht eine Verhaltensnorm, die ihrem Adressaten (dem Belasteten) ein bestimmtes Verhalten gebietet, **ohne** dass dem Begünstigten ein **Anspruch auf Erfüllung** oder auf **Schadensersatz** wegen Verletzung der Norm zusteht. Der Belastete **verliert** bei Verletzung der Obliegenheit aber eine dem Begünstigten gegenüber bestehende **Rechtsposition**.[15] Oft heißt es noch ergänzend, der Belastete nehme die Obliegenheit in seinem **eigenen Interesse** wahr.[16] Das letztgenannte Merkmal folgt jedoch schon zwingend aus dem vorletzten: Die Obliegenheit wird beachtet, um keine Rechtsposition zu verlieren. Dem Kriterium kommt daher keine eigenständige Bedeutung zu und es führt in die Irre, wenn

---

6 Näher zur Entwicklung HK-VVG/*Felsch*, § 28 Rn. 1.
7 BGHZ 53, 160, 164 f.; BGH VersR 1998, 447, 448 und 577 f. (Leistungsfreiheit nur, wenn Verstoß geeignet, Interessen des VR zu gefährden und VN grobes Verschulden trifft).
8 BGHZ 48, 7, 9 ff.; BGH VersR 1973, 174, 175.
9 B/M/*Heiss*, § 28 Rn. 2.
10 Begr. RegE BT-Drucks. 16/3945 S. 68.
11 Dazu ausführlich *Hähnchen*, Obliegenheiten und Nebenpflichten, Eine Untersuchung dieser besonderen Verhaltensanforderungen im VVG, BGB und HGB, 2010.
12 VVG-Kommission Zwischenbericht v. 30.05.2002, S. 45 f.
13 RegE BT-Drucks. 16/3945 S. 13.
14 Bericht der Abgeordneten *Wanderwitz, Mazewski, Brinkmann, Dyckmans, Dagdelen* und *Montag*, BT-Drucks. 16/5862 S. 99.
15 MünchKommBGB/*Ernst*, Einl. zu §§ 241 ff. Rn. 14; Staudinger/*Olzen* (2015), § 241 Rn. 120 ff., 123.
16 Staudinger/*Olzen* (2015), § 241 Rn. 128.

§ 28 Verletzung einer vertraglichen Obliegenheit

primär der Begünstigte – wie i.d.R.[17] – ein Interesse an der Erfüllung der Obliegenheit hat.[18] Es ist daher verzichtbar.

7 Fasst man Normen mit den geschilderten Merkmalen auf diese Weise unter dem Begriff der Obliegenheit zusammen, liegt darin zunächst nichts weiter als eine **sprachliche Verkürzung**.[19] Folgen knüpfen sich an den Begriff als solchen im allgemeinen Zivilrecht nicht. Inwieweit auf Obliegenheiten, die die genannten Merkmale erfüllen, einzelne Vorschriften der §§ 241 ff. direkt oder analog anwendbar sind, ist im Einzelnen ungeklärt.[20]

2. Rechtsnatur der versicherungsrechtlichen Obliegenheiten

a) Ausgangspunkt

8 Wenn im Versicherungsrecht die berühmte Diskussion um die Rechtsnatur der versicherungsrechtlichen »Obliegenheiten« geführt wird, ist voranzuschicken, dass die Bezeichnung eines Verhaltensgebots im Gesetz oder in AVB als »Obliegenheit«, »Pflicht« oder »Verpflichtung« für seine Einordnung weitgehend bedeutungslos ist. Gesetz wie Gesetzesbegründung verwenden diese Begriffe unterschiedslos.[21] So spricht § 19 von der Anzeige»pflicht«, § 24 I von einer »Verpflichtung« i.S.v. § 23 I und § 28 von »Obliegenheiten«, ohne dass etwa Rückschlüsse auf Erfüllungsansprüche zuließe; sie sind z.B. bei § 19 meist sinnlos, da der VR die anzuzeigenden Umstände nicht kennt und, wenn er sie kennt, nicht mehr ihre Anzeige verlangen kann.

9 Im Übrigen geht es um zwei Fragen: 1) Tragen die versicherungsrechtlichen »Obliegenheiten« die oben genannten **obliegenheitstypischen Merkmale** (keine Primär- und Sekundäransprüche des Begünstigten, Verlust eines Vorteils für den Belasteten)?[22] 2) Inwieweit sind, **soweit versicherungsrechtliche Obliegenheiten die obliegenheitstypischen Merkmale haben, trotzdem die für Rechtspflichten geltenden Vorschriften** auf sie anwendbar? Letzteres ist vor allem für § 278 BGB wichtig, aber gegebenenfalls auch dann, wenn zu klären ist, ob eine Versicherung für fremde Rechnung (§ 43) ein Vertrag zulasten Dritter ist, weil den Versicherten Obliegenheiten treffen.

b) Obliegenheitstypische Merkmale bei versicherungsrechtlichen Obliegenheiten

aa) Belasteter verliert bei Verletzung Rechtsposition

10 Vielen versicherungsrechtlichen Verhaltensgeboten, gesetzlichen (s. §§ 19, 23 ff., 13, 82, 86 II, 97) wie i.V.m. § 28 vertraglichen, ist gemeinsam, dass der VN eine günstige Rechtsposition, meist seinen Leistungsanspruch, verliert, wenn er die Obliegenheit verletzt. Allerdings ist das nicht immer so. Bei den gesetzlichen Obliegenheiten sehen z.B. §§ 30 I, 31, 77, 104 jedenfalls ausdrücklich keine solchen Folgen vor und §§ 30 II, 104 III 2 verweisen nur auf eine mögliche vertragliche Folge dieser Art. Verletzt ein VN eine vertragliche, vor dem Versicherungsfall zu beachtende Obliegenheit, verliert er durch das gesetzliche Kündigungsrecht des VR nach § 28 I seine Rechtsposition, die sich aus der Bindung des VR an den Vertrag ergab. Bei allen anderen vertraglichen Obliegenheiten verliert der VN seinen Leistungsanspruch, wenn das im Vertrag vereinbart ist.

bb) Kein Erfüllungsanspruch

11 Dem Wortlaut vieler gesetzlicher versicherungsrechtlicher Verhaltensgebote lässt sich nicht entnehmen, ob der beschriebenen Pflicht ein Erfüllungsanspruch des VR gegenübersteht. So hat etwa der VN nach § 19 I dem VR die Gefahrumstände anzuzeigen oder er hat ihm nach § 23 II eine Gefahrerhöhung anzuzeigen, ebenso wie nach § 433 II BGB der Käufer dem Verkäufer den Kaufpreis zu zahlen hat. Auch die vertraglich vereinbarten Obliegenheiten können nach den üblichen Formulierungen in den AVB z.T. durchaus so verstanden werden, dass sie einen Anspruch begründen.[23]

12 Hier nehmen die Theorien zu Rechtsnatur der Obliegenheiten ihren Ausgang. Die **Verbindlichkeitstheorie** geht davon aus, dass es sich bei den Obliegenheiten um echte Rechtspflichten handelt, deren Erfüllung beansprucht und eingeklagt werden kann.[24] Allerdings könne, wenn die Erfüllung ohne Leistungswert für den Gläubiger sei, die Klagbarkeit fehlen.[25] Die **Voraussetzungstheorie** sieht die Erfüllung der Obliegenheiten als

---

17 B/M/*Heiss*, § 28 Rn. 37.
18 So auch *Looschelders*, in: FS E. Lorenz, S. 281, 288.
19 So auch *Schäfers*, Die vorvertragliche Anzeigepflicht des Versicherungsnehmers und das allgemeine Leistungsstörungsrecht, 2014, S. 17.
20 Staudinger/*Olzen* (2015), § 241 Rn. 132.
21 So schon *Ehrenzweig*, S. 150; für das neue VVG *Armbrüster*, Rn. 1500.
22 *Wandt*, Rn. 569 weist richtig darauf hin, dass die Qualifikation als Obliegenheit oder als Rechtspflicht von der angeordneten Rechtsfolge her erfolgen muss.
23 Vgl. KG Berlin VersR 2015, 94, 95 zu § 9 Abs. 3 MBKK 09.
24 LG Köln VersR 64, 398; AG Garmisch-Partenkirchen VersR 1969, 148; *Gottschalk* JW 27, 147; *Ritter*, Kommentar zu den Allgemeinen Deutschen Seeversicherungsbedingungen 1953, S. 36, 337; *v. Gierke*, Versicherungsrecht 1937/1947 I 117, II 150; *Ehrenzweig*, S. 147 ff.; *ders.* ZVersWiss 1931, 364, 365; P/M/*Armbrüster*, § 28 Rn. 70; *Sackhoff*, Die Anzeige-, Auskunfts- und Belegpflicht des VN nach Eintritt des Versicherungsfalles, Diss. Hamburg 1994, S. 110.
25 P/M/*Prölss*[28], § 28 Rn. 38.

Tatbestandsvoraussetzung für die Ansprüche des VN aus dem Versicherungsvertrag an.[26] Der VR hat daher keinen Anspruch auf Erfüllung.[27] Eine **differenzierende Auffassung** will für verschiedene Arten von Obliegenheiten im Einzelnen prüfen, ob sie echte Rechtspflichten mit korrespondierendem Erfüllungsanspruch seien.[28] Die **Rechtszwangtheorie** sieht in den Obliegenheiten Rechtspflichten minderer Intensität, denen keine Erfüllungsansprüche gegenüberstünden, auf die aber bestimmte Vorschriften der §§ 241 ff. BGB analog anwendbar seien.[29] In diese Richtung geht auch die Auffassung, dass es sich um **Nebenpflichten ohne Erfüllungszwang** handele. *Heiss* entnimmt der Tatsache, dass der Gesetzgeber das Obliegenheitsrecht an das allgemeine Recht der Vertragsverletzungen angeglichen hat – vor allem durch das nun nahezu durchgängige (Ausnahme § 28 III 2) Kausalitätserfordernis, – dass Obliegenheiten Nebenpflichten ohne Erfüllungsanspruch seien.[30]

Ob eine gesetzliche oder eine vertragliche Obliegenheit dem VR einen Erfüllungsanspruch geben soll, ist nicht eine Frage der vorab zu klärenden Rechtsnatur der Obliegenheiten, sondern durch **Auslegung des Gesetzes und der AVB** zu klären. Viele Obliegenheiten begründen schon deshalb keinen Erfüllungsanspruch, weil dieser logisch ausscheidet. Die Anzeige nach § 30 könnte der VR nur beanspruchen, wenn er vom Versicherungsfall weiß. Dann aber ist die Anzeige entbehrlich.[31] Bei vielen Obliegenheiten im Zusammenhang mit dem Umgang mit dem versicherten Risiko (z.B. der Obliegenheit, in einem feuerversicherten Sägewerk keine offenen Feuer zu betreiben, oder der Obliegenheit nach § 23 I) scheidet ein Erfüllungsanspruch zwar nicht logisch, aber nach der Interessenlage aus: Der VR will sich um die Erfüllung der Obliegenheiten nicht kümmern, vor allem sie nicht überprüfen. Ihm genügt die Leistungsfreiheit als Schutz seiner Interessen. Auch der VN will nicht durch zu erfüllende Ge- und Verbote belastet sein.[32] Ähnlich ist es mit vielen Informationsobliegenheiten. Bei ihnen, z.B. § 31, kommt ein Erfüllungsanspruch logisch ebenso in Betracht wie bei der versicherungsvertraglichen Pflicht, eine Stehlgutliste einzureichen. Allerdings gilt auch hier, dass die Auslegung des Gesetzes ebenso wie die der AVB i.d.R. ergibt, dass mangels Interesses des VR an Erfüllungsansprüchen keine solchen bestehen. Freilich setzt dieses fehlende Interesse wiederum immer voraus, dass anderweitige Sanktionen insbes. in Gestalt der Leistungsfreiheit vorhanden sind. Ein Erfüllungsanspruch ist daher etwa bei § 77 I 2 (Anspruch auf nähere Informationen über den Zweitversicherer) anzunehmen,[33] die Norm begründet eine Rechtspflicht.[34] Man kann auch davon sprechen, dass die Obliegenheiten bedingte Gebote sind, die nur für den Fall gelten sollen, dass der VN die Leistung in Anspruch nehmen will, während echte Rechtspflichten vorliegen, wenn der VR ein unbedingtes Interesse an der Erfüllung der Verhaltensanforderung hat.[35] Festzuhalten bleibt auch danach, dass die meisten versicherungsvertraglichen Obliegenheiten keine Erfüllungsansprüche begründen.

cc) Kein Schadensersatzanspruch

Besteht nach dem oben Gesagten ausnahmsweise ein Erfüllungsanspruch, so schuldet der VN bei Nichterfüllung auch Schadensersatz (z.B. bei § 77 I 2[36]). Das Fehlen von Erfüllungsansprüchen bedeutet umgekehrt aber nicht, dass der VR keine Sekundäransprüche nach § 280 BGB haben kann, da es außer Nebenleistungspflichten auch Nebenpflichten ohne Erfüllungsanspruch gibt (s. nur § 241 II). Auch hier sind Gesetz und AVB **auszulegen**, ob sie Sekundäransprüche des VN begründen. Soweit das VVG für gesetzliche Obliegenheiten ein eigenes Sanktionssystem bereithält (z.B. §§ 19 II–IV, 24–27) ist das grundsätzlich abschließend, so dass ein Rückgriff auf § 280 I BGB ausscheidet.[37] §§ 30, 31 sehen keine Sanktionen vor; regelt der Vertrag die Anzeigepflichten selbst und die Folgen nach § 28, greift dieses Regime, weil die gesetzliche Obliegenheit zu einer vertraglichen wird (s. Rdn. 18). Sehen die AVB keine Sanktionen vor, soll bei vorsätzlicher Verletzung der Anzeigepflicht ein Anspruch gegen den VN oder einen versicherten Dritten aus § 280 I BGB in Betracht kommen,[38] die Gesetzesbegründung und auf sie gestützt die Rspr. halten nur Ansprüche gegen den Dritten, dem

---

26 HK-VVG/*Felsch*, § 28 Rn. 5; VersHb/*Marlow*, § 13 Rn. 4.
27 StRspr., RGZ 135, 370, 371; 83, 43, 44; BGHZ 11, 120; BGH VersR 1995, 80; VersR 1967, 27; OLG Hamm VersR 1970, 319; *Kisch*, Handbuch des Privatversicherungsrechts, 1920, S. 178 f.; *Bruck*, PVR, S. 283 f.; BK/*Schwintowski*, § 6 Rn. 18; R/L/*Römer*[2], § 6 Rn. 2.
28 *Oberbach*, AVB für Haftpflichtversicherung, 1947, S. 42; in diese Richtung auch Gitter/*Weyers*, Vertragsschuldverhältnisse (ohne Kaufvertrag), 1974, S. 429, 460 f.; *Wandt*, Rn. 567 a.E.; ausführlich die differenzierte Auffassung von *Hähnchen*, passim.
29 *R. Schmidt*, S. 280 und passim.
30 B/M/*Heiss*, § 28 Rn. 46.
31 Vgl. auch für Warnpflichten *Looschelders*, in: FS E. Lorenz, S. 281, 285.
32 *Looschelders*, Die Mitverantwortlichkeit des Geschädigten im Privatrecht, 1999, S. 218.
33 So auch R/L/*Langheid*, § 77 Rn. 23; *Looschelders*, in: FS E. Lorenz, S. 281, 288.
34 *Looschelders*, in: FS E. Lorenz, S. 281, 288.
35 *Looschelders*, in: FS E. Lorenz, S. 281, 286 f.
36 HK-VVG/*Brambach*, § 77 Rn. 15.
37 B/M/*Heiss*, § 28 Rn. 42, 47.
38 B/M/*Brömmelmeyer*, § 30 Rn. 47, § 31 Rn. 101.

der Anspruch vertraglich oder durch Zession zusteht, aus § 280 I BGB für möglich,[39] wieder andere wollen § 280 I BGB auf den Fall begrenzen, dass den Dritten wegen isolierten Erwerbs des Leistungsanspruchs keine eigenen Anzeigepflichten aus dem Versicherungsvertrag, sondern nur aus dem Gesetz treffen[40] und halten es z.T. aber für möglich, dass die AVB echte Rechtspflichten des versicherten Dritten regeln können (näher § 30 Rdn. 1 f.).[41] Bei vertraglichen Obliegenheiten, für die die vertragliche Sanktion der Leistungsfreiheit vereinbart ist, ist § 28 II–IV gegenüber §§ 280 ff. BGB speziell und abschließend. Greift § 28 II mangels Vereinbarung der Leistungsfreiheit nicht ein, bleibt ein Verstoß abgesehen von einer möglichen Kündigung nach Abs. 1 sanktionslos.[42] Nach dem Zweck des § 28, die Interessen des VR an discipliniertem Verhalten des VN und die des VN, keinen unbilligen Einschränkungen des Versicherungsschutzes ausgesetzt zu sein, in Einklang zu bringen, ist eine Anwendung des § 280 I BGB ausgeschlossen. Denn § 280 I BGB berücksichtigt diese spezielle Interessenlage nicht. Schadensersatzansprüche lösen Obliegenheitsverletzungen daher ganz überwiegend nicht aus. Allerdings ist zu bedenken, dass sie in Gestalt der kausalitäts- und verschuldensabhängigen Leistungsfreiheit einen Ausgleichsmechanismus kennen, der dem Schadensersatz wirtschaftlich und rechtlich sehr nahe kommt. Insofern **fehlt** den versicherungsrechtlichen Obliegenheiten ein **wichtiges Merkmal typischer Obliegenheiten**.

c) Anwendbarkeit der für Rechtspflichten geltenden Normen

15 Soweit versicherungsrechtliche Obliegenheiten schadensersatzrechtsähnliche Folgen haben, sind sie als **Nebenpflichten** anzusehen. Außer der dahingehenden Regelungsabsicht des Gesetzgebers[43] lässt sich hierfür anführen, dass es die heutige Dogmatik zu den Nebenpflichten und zu § 241 II BGB nicht mehr erfordert, Zuflucht bei der mit dem Wortlaut der meisten Obliegenheiten und mit dem Verschuldenserfordernis des § 28 II nicht übereinstimmenden Voraussetzungstheorie zu nehmen.[44] § 278 BGB ist daher ohne weiteres anwendbar. Ein Vertrag zulasten Dritter ist eine Versicherung für fremde Rechnung nicht, auch wenn sie Nebenpflichten des Versicherten begründet. Denn der Versicherte kann höchstens die ihm zugewandte Rechtsstellung verlieren.[45] Bleiben Obliegenheiten allerdings sanktionslos oder haben nur eine nicht schadensersatzähnliche Sanktion wie etwas das Kündigungsrecht nach § 28 I, erfüllen sie alle Merkmale typischer Obliegenheiten und sind **keine Nebenpflichten** (zur Anwendbarkeit des § 278 BGB in diesen Fällen s. unten Rdn. 60 ff.).

3. Arten von Obliegenheiten
a) Gesetzliche und vertragliche Obliegenheiten

16 § 28 gilt für die Verletzung **vertraglich**, also i.d.R. durch AVB, begründeter Obliegenheiten. Das VVG regelt auch eine Reihe **gesetzlicher** Obliegenheiten (z.B.: § 19 Anzeigepflicht; § 23 Gefahrerhöhung; § 13 Obliegenheit, einen Wohnungswechsel anzuzeigen; § 30 Anzeige des Versicherungsfalles; § 31 Auskunftsobliegenheit; § 77 Mitteilung bei Mehrfachversicherung; § 82 Schadensabwendungs- und Minderungspflicht; § 97 Anzeige der Veräußerung; § 104 Anzeigepflicht bei Haftpflicht). Sie fallen **nicht unter** § 28. Werden gesetzliche Obliegenheiten in AVB übernommen, ist zu unterscheiden:

17 Werden die gesetzlichen Obliegenheiten in den AVB **unverändert** wiederholt oder wird ohne Modifikation auf sie verwiesen, ergibt die Auslegung i.d.R., dass es sich lediglich um eine Inbezugnahme handelt, die nicht durch vertragliche Bestimmungen verändert werden sollte. Die Obliegenheiten bleiben dann gesetzliche, § 28 ist nicht anwendbar.[46] Werden gesetzliche Obliegenheiten in **veränderter Weise** in AVB übernommen, müssen zunächst solche Abweichungen vom Gesetz außer Betracht bleiben, die wegen **zwingenden Charakters** des Gesetzes ohnehin nicht wirksam vereinbart werden können. Das sind z.B. Fälle, die gegen den halbzwingenden Charakter des VVG verstoßen, indem sie die Rechtsfolge zum Nachteil des VN verändern. Solche Klauseln sind unwirksam. Auch kann man durch die tatbestandliche Modifikation einer Obliegenheit nicht bewirken, dass über § 28 VVG eine mit dem VVG unvereinbare Rechtsfolge gilt.[47]

18 Bewegen sich vertragliche Änderungen **im Rahmen der gesetzlichen Möglichkeiten**, ist es eine Frage der **Auslegung**, ob es sich um vertragliche Obliegenheiten handelt. Gesetzliche Obliegenheiten, für deren Verletzung das Gesetz keine Rechtsfolgen vorsieht, werden zu vertraglichen Obliegenheiten, wenn ihre Verletzung

---

39 LG Berlin VersR 2013, 746, 747 (keine Ansprüche gegen den VN; hinsichtlich der Ansprüche gegen den Dritten nur obiter dictum); Begr. RegE BT-Drucks. 16/3945 S. 70.
40 HK-VVG/*Muschner*, § 30 Rn. 17–20; *Looschelders*, in: FS E. Lorenz, S. 281, 295; L/W/*Wandt*, § 28 Rn. 10.
41 L/W/*Wandt*, § 28 Rn. 10 f.
42 B/M/*Heiss*, § 28 Rn. 12.
43 Begr. RegE BT-Drucks. 16/3945 S. 68.
44 Weitere überzeugende Argumente gegen die Voraussetzungstheorie bei B/M/*Heiss*, § 28 Rn. 37, 38.
45 MünchKommBGB/*Gottwald*, § 328 Rn. 267.
46 BGH VersR 1987, 477.
47 So i.E. auch L/W/*Wandt*, § 28 Rn. 28.

durch den Versicherungsvertrag mit einer Sanktion belegt wird.[48] Modifizieren die AVB den Tatbestand gesetzlicher Obliegenheiten mit gesetzlichem Rechtsfolgenregime, kann die Auslegung ergeben, dass der Charakter der Obliegenheit unverändert bleiben soll. Ändert eine Klausel die Obliegenheit z.B. nur minimal in einem vom Gesetz ausdrücklich vorgesehenen Rahmen, wird die Auslegung i.d.R. ergeben, dass die Obliegenheit eine gesetzliche bleiben soll. Das gilt etwa für die Übernahme der Anzeigepflicht nach § 97 I 1 in die AVB mit der nach § 98 Satz 1 zulässigen Erschwernis, dass in Schrift- oder Textform anzuzeigen ist. Hier wird die Rechtsnatur der gesetzlichen Obliegenheit nicht verändert,[49] wofür der BGH zusätzlich anführt, dass die Erschwernis durch die Form wegen § 97 Abs. 2 ohnehin wenig bedeutsam sei. Dasselbe gilt für die Anzeigepflicht nach § 30 I 1, s. § 32 Satz 2, sowie § 30 II. Bei umfassenderen Änderungen wird man eher von einer vertraglichen Obliegenheit ausgehen können, immer unterstellt, dass sie mit dem VVG vereinbar ist.

Kein notwendiger Inhalt einer vertraglichen Obliegenheit ist die Vereinbarung einer Sanktion. Ohne die für Abs. 2 erforderliche Rechtsfolgenabrede (Rdn. 136) greift aber nur das gesetzliche Kündigungsrecht nach Abs. 1, das ausschließlich für Obliegenheiten vor Eintritt des Versicherungsfalls gilt; zur Anwendung des § 280 BGB im Falle der §§ 30, 31 s. Rdn. 14.   19

b) Obliegenheiten vor und nach dem Versicherungsfall

Die Unterscheidung zwischen diesen beiden Arten von Obliegenheiten spielt für Abs. 1 und Abs. 4 eine Rolle. Das Kündigungsrecht gilt nur für die Obliegenheiten vor dem Versicherungsfall, die gesonderte Mitteilung nach Abs. 4 ist Sanktionsvoraussetzung nur bei nach dem Versicherungsfall bestehenden Auskunfts- und Aufklärungsobliegenheiten. Bei **gedehnten Versicherungsfällen**, z.B. in der Krankenversicherung, ist der maßgebliche Zeitpunkt für die Abgrenzung von Obliegenheiten vor und nach dem Versicherungsfall der Beginn des gedehnten Zeitraumes.[50]   20

c) Materielle Inhalte von Obliegenheiten

Obliegenheiten sind vielgestaltig. Man unterscheidet nach ihrem materiellen Inhalt verschiedene Arten von Obliegenheiten, ohne dass sich an die Begrifflichkeit unterschiedliche Rechtsfolgen knüpften: **Äquivalenzsichernde Obliegenheiten** sollen verhindern, dass das abgesicherte Risiko ein anderes ist oder sich anders entwickelt als der Prämienkalkulation zugrunde gelegt.[51] Dazu gehören insbes. Anzeige- und Informationspflichten (§§ 19, 23 II, III, 77, 97) und Obliegenheiten, die die Einflussnahme auf die versicherte Gefahr regeln (z.B. § 23 I) sowie das Verhalten nach dem Versicherungsfall (§ 82). Andere Obliegenheiten sollen die **Erfüllung und Durchführung des Vertrages** sicherstellen, wie z.B. §§ 30, 31.[52]   21

4. Abgrenzung von Risikoausschlüssen
a) Das Problem

§ 28 gilt nur für Obliegenheiten, nicht für Risikoausschlüsse. Durch Risikoausschlüsse (auch Risikobegrenzungen, Risikobeschreibungen) wird das versicherte Risiko **objektiv** begrenzt.[53] Außerhalb dieser Grenzen besteht kein Versicherungsschutz, unabhängig von einem möglichen Verschulden des VN. Bei der Verletzung einer Obliegenheit dagegen drohen Anspruchsverlust oder -kürzung nur bei **schuldhaftem Handeln** des VN und **Kausalität** der Obliegenheitsverletzung i.S.v. Abs. 3 Satz 1. Die Abgrenzung von Obliegenheit und Risikoausschlüssen ist also von großer praktischer Bedeutung. Für die **Beweislast** ist sie allerdings insofern unerheblich, als der VR sowohl das Vorliegen des einem Risikoausschluss unterfallenden Sachverhalts als auch das Vorliegen einer Obliegenheitsverletzung beweisen muss; beide sind im beweislastrechtlichen Sinne sog. sekundäre Risikobeschreibungen (§ 1 Rdn. 76).[54] Zwei Fragen sind zu unterscheiden: 22

b) Obliegenheit i.S.v. § 28

Welche Klauseln § 28 erfassen soll, ergibt sich zunächst aus seinem Tatbestand. Er gilt für solche Verhaltensgebote des VR an den VN, die Einfluss auf den Eintritt oder die Feststellung des Versicherungsfalles oder die Feststellung und den Umfang der Leistungspflicht des VR haben können (s. Abs. 3). Zudem muss das geschuldete Verhalten eines sein, das man schuldhaft unterlassen bzw., wenn Unterlassung geschuldet ist, schuldhaft vornehmen kann (s. Abs. 2). Weitere Vorgaben enthält der Wortlaut des § 28 nicht. Sein doppelter   23

---

48 BGH VersR 1951, 67; OLG Oldenburg VersR 1985, 977; OLG Hamm VersR 1981, 454; P/M/*Armbrüster*, § 28 Rn. 2 m.w.N.
49 BGH VersR 1987, 705 für § 71 VVG a.F.
50 HK-VVG/*Felsch*, § 28 Rn. 139; vgl. BGH VersR 1984, 630 ff.
51 *Wandt*, Rn. 560.
52 *Wandt*, Rn. 560; eine andere Systematik findet sich bei HK-VVG/*Felsch*, § 28 Rn. 2, 3: gefahrbezogene Obliegenheiten und Informationsobliegenheiten.
53 BK/*Schwintowski*, § 6 Rn. 22.
54 B/M/*Heiss*, § 28 Rn. 17 sieht Unterschiede im Nachweis der Kausalität, die aber ein objektiver Risikoausschluss regelmäßig nicht voraussetzt.

Zweck, einerseits den VN zu disziplinieren, andererseits aber die Sanktionen des VR zu beschränken, um dem VN den Versicherungsschutz nicht unbillig zu entziehen, ergibt eine Begrenzung des Anwendungsbereichs auf Klauseln, die den VN einer gewissen Disziplin unterwerfen sollen und bei denen es unbillig wäre, ihm verschuldens- und kausalitätsunabhängig den Versicherungsschutz zu entziehen. Die Vorgaben, die sich aus § 28 für den Begriff der Obliegenheit i.S. dieser Norm ergeben, sind danach sehr allgemein.

c) Meinungsstand zur Einordnung von Klauseln

24 Schwierig zu beantworten ist, ob die **jeweils zu beurteilende Klausel** diese soeben genannten Voraussetzungen erfüllt. Umstr. ist dabei zunächst, ob es methodisch allein um die **Auslegung der AVB** geht, also ob allein der nach den allgemeinen Auslegungsregeln zu ermittelnde Parteiwille über die Einordnung entscheidet, oder ob die AVB unabhängig von ihrer Auslegung aufgrund bestimmter **objektiver Umstände** als Risikoausschlüsse oder Obliegenheiten einzuordnen sind. Durchgesetzt hat sich inzwischen die erstgenannte Auffassung (s. Rdn. 26 ff.).[55]

25 Nach den **Gegenauffassungen** soll auch eine Klausel, die nach dem übereinstimmenden Willen der Parteien ein verschuldensunabhängiger Risikoausschluss sein soll, unter § 28 fallen können. Abgestellt wird auf den materiellen Regelungsgehalt der Klausel. Dabei nahm die **strenge Verhaltenstheorie** an,[56] jede Klausel, die an ein Verhalten des VN anknüpfe, sei Obliegenheit i.S.v. § 28. Ein Risikoausschluss soll mit wenigen Ausnahmen – z.B. bei Handlungen, die geeignet sind, den Versicherungsfall unmittelbar herbeizuführen oder bei der Festlegung des Versicherungsortes[57] – nur dann vorliegen, wenn es sich nicht um Handlungen oder Unterlassungen des VN handelt. **Modifizierte** Varianten der **Verhaltenstheorie** halten auch den materiellen Inhalt der Klausel für maßgeblich, beziehen jedoch neben dem Verhalten des VN weitere Kriterien in die Beurteilung mit ein.[58] Andere Auffassungen sind diejenige von der **Relativität der Obliegenheiten** – eine Klausel könne je nach der tatsächlichen Situation Obliegenheit oder Risikoausschluss sein[59] – und die **funktionsbezogene** Ansicht, wonach maßgeblich sei, welchen Belangen das Verhalten des VN diene.[60] Die sog. **Ausschlusstheorie**,[61] die den Wortlaut der Klausel ganz in den Vordergrund rückte, wird nicht mehr vertreten.[62]

26 Die Rspr. entscheidet im Wege der **Auslegung** über die Einordnung. Sie stellt dabei neben Wortlaut und systematischer Stellung der Klausel entscheidend auf ihren materiellen Inhalt ab.[63] Maßgeblich sei, ob die Klausel eine individualisierbare Beschreibung eines bestimmten Wagnisses enthalte, für das (allein) der VR Schutz gewähren wolle, oder ob sie in erster Linie ein bestimmtes Verhalten des VN verlange, von dem es abhänge, ob er einen zugesagten Versicherungsschutz behalte oder verliere.[64] Stehe ein solches Verhalten im Vordergrund und trete es nicht hinter objektiven Voraussetzungen, wie z.B. den Versicherungsort oder den Zustand der versicherten Sache zurück, so liege eine Obliegenheit vor. Ergebe die Auslegung, dass von vornherein nur ausschnittsweise Deckung gewährt und nicht ein gegebener Versicherungsschutz wegen nachlässigen Verhaltens wieder entzogen werde, so handele es sich um eine Risikobeschreibung.[65] Die AVB sind dabei so auszulegen, wie sie ein durchschnittlicher VN bei verständiger Würdigung, aufmerksamer Durchsicht und Berücksichtigung des erkennbaren Sinnzusammenhangs verstehen muss. Dabei kommt es auf die Verständnismöglichkeiten eines VN ohne versicherungsrechtliche Spezialkenntnisse und damit auch auf sein Interesse an.[66] Der BGH überträgt zudem den Grundsatz, dass Risikoausschlüsse **eng auszulegen** sind, auch auf die Frage, ob überhaupt ein Risikoausschluss vorliegt oder ein vorhandener Ausschluss durch eine Klausel erweitert wird.[67] Der BGH wendet diese Auslegungsgrundsätze auch an, wenn für **gesetzliche Bestimmungen** zu klären ist, ob sie eine Obliegenheit oder einen Risikoausschluss festlegen (z.B. § 132 I VVG a.F. = § 138 S. 1).[68]

27 Eine Klausel, die wie ein Risikoausschluss formuliert ist, aber in Wahrheit den Versicherungsschutz von einem bestimmten Verhalten des VN abhängig macht, also letztlich als Obliegenheit ausgelegt wird, bezeichnet die Rspr. als **verhüllte Obliegenheit**.[69] Auch eine gesetzliche Regelung soll in diesem Sinne eine verhüllte Ob-

---

55 L/W/*Wandt*, § 28 Rn. 56 ff. m.w.N. sowie die Rspr.-Nachweise sogleich.
56 RG JW 22, 100; B/M/*Möller*[8], § 6 Anm. 13 ff. unter Hinweis auf die Umgehung.
57 B/M/*Möller*[8], § 32 Anm. 39 ff.
58 *Schütte*, S. 139 ff.
59 P/M/*Armbrüster*, § 28 Rn. 30 ff. im Anschluss an P/M/*Prölss*[28], § 28 Rn. 19 ff.; ihm folgend B/M/*Heiss* § 28 Rn. 29.
60 *Bischoff* VersR 1972, 799 ff.; dazu ausführlich *Schütte*, S. 85 ff.; B/M/*Heiss*, § 28 Rn. 27–29.
61 Nachweise bei P/M/*Armbrüster*, § 28 Rn. 12 und *Schmidt-Hollburg*, S. 29.
62 *Martin*, M III Rn. 3.
63 StRspr. z.B. BGH VersR 2014, 869, 870; VersR 2011, 1048, 1050; VersR 2008, 1107; VersR 2006, 215, 216; VersR 1988, 267, 269; VersR 1986, 1097, 1098; VersR 1972, 575, 576; VersR 1967, 771.
64 Zuletzt BGH VersR 2014, 869, 870.
65 StRspr. z.B. BGH VersR 2011, 1048, 1050; VersR 2008, 1107; VersR 2006, 215, 216; VersR 2000, 969; VersR 1986, 1097, 1098; VersR 1972, 575, 576; s. auch *Felsch* r+s 2015, 53, 55; R/L/*Rixecker*, § 28 Rn. 13; VersHb/*Marlow*, § 13 Rn. 16.
66 StRspr. BGHZ 123, 83, 85; BGH VersR 2008, 1007; VersR 2000, 969; krit. P/M/*Armbrüster*, § 28 Rn. 18.
67 BGH VersR 2009, 341, 342.
68 BGH VersR 2011, 1048, 1050; krit. *Felsch* r+s 2015, 53, 56.
69 BGH VersR 2014, 869, 870; umfassend zur Entwicklung dieser Rechtsfigur *Felsch* r+s 2015, 53, 53 ff.; *Koch* VersR 2014, 283 f.

liegenheit sein können.[70] Nach dem **alten VVG** hatte die Annahme einer verhüllten Obliegenheit zur Konsequenz, dass die in den AVB vorgesehene Leistungsfreiheit nur unter den zusätzlichen Voraussetzungen des § 6 VVG a.F. eintrat, also Verschulden des VN (§ 6 I 1 VVG a.F.), Kündigung des VR (§ 6 I 3 VVG a.F.) und fehlender Kausalitätsgegenbeweis des VN.[71] Die Rspr. las gewissermaßen diese zusätzlichen Voraussetzungen in die als Risikoausschluss formulierte Klausel hinein. Der BGH ging diesen Weg auch für **gesetzliche Ausschlüsse**, die er als verhüllte Obliegenheit identifiziert hatte und dem Regime des § 6 VVG a.F. unterwerfen wollte.[72] Schon nach altem Recht wurde aber die Wirksamkeit solcher AVB-Klauseln unter dem Aspekt der Transparenz (§ 307 I 2 BGB) bezweifelt. Denn es wird aus der Klausel in aller Regel nicht deutlich, dass die drei genannten zusätzlichen Voraussetzungen vorliegen müssen, damit Leistungsfreiheit eintritt.[73]

Unter Geltung des **neuen VVG** weicht bereits die Rechtsfolge einer verhüllten Obliegenheit, also einer Klausel, die als Risikoausschluss formuliert, aber als Obliegenheit auszulegen ist, von § 28 II ab, da Leistungsfreiheit dort nur bei Vorsatz vorgesehen ist und bei grober Fahrlässigkeit nur anteilige Leistungsfreiheit eintritt, während leichte Fahrlässigkeit folgenlos bleibt. Das war nach altem Recht anders, da § 6 I 1 VVG a.F. bei Verschulden vollständige Leistungsfreiheit vorsah. Literatur und Rspr. nehmen daher heute an, dass als Risikoausschlüsse formulierte Obliegenheiten nach § 32 S. 1 VVG[74] oder als eine gegenüber § 28 II unangemessene Benachteiligung (§ 307 I 1 BGB)[75] oder als intransparent (§ 307 I 2 BGB)[76] unwirksam sind. Während z.T. angenommen wird, die so entstehende Lücke im Vertrag sei gem. § 306 II BGB analog § 28 II zu schließen,[77] wird das überwiegend abgelehnt[78] und die Rechtsfigur der verhüllten Obliegenheit als nicht mehr AGB-rechtlichen Standards entsprechend insgesamt abgelehnt.[79] 28

d) Stellungnahme

Ob eine Klausel die oben genannten Voraussetzungen einer Obliegenheit i.S.v. § 28 erfüllt, hängt – mit der h.L. und der Rspr. – **allein** von ihrer **Auslegung** ab. Dabei sind neben dem **Wortlaut** und der **Systematik** der **Sinn und Zweck** der Klausel zu berücksichtigen. Die Frage nach Sinn und Zweck ist sachlich nichts anderes als diejenige nach dem »materiellen Regelungsgehalt« (s.o.). Es ist zu klären, was der VR – für den VN erkennbar – mit der Klausel erreichen will. Kommt man unter Anwendung der sogleich noch näher zu konkretisierenden Auslegungskriterien des BGH zu dem Ergebnis, dass es sich um eine Obliegenheit oder einen Risikoausschluss handelt, bedarf es im Rahmen der Auslegung **keines weiteren Korrektivs in Gestalt der verhüllten Obliegenheit** mehr. Bei einer Obliegenheit ist weiter zu klären, ob die Klausel den Vorgaben des § 28 II materiell entspricht (§ 307 I 1 BGB) und die Regelung des § 28 klar wiedergibt oder dem VN seine danach gegebenen Verteidigungsmöglichkeiten nicht transparent vor Augen führt (§ 307 I 2 BGB). Bei einem Risikoausschluss ist zu prüfen, ob er den VN dadurch unbillig i.S.v. § 307 I 1 BGB benachteiligt, dass er den Versicherungsschutz verschuldensunabhängig entfallen lässt. Das kommt bei Risikoausschlüssen in Betracht, die der VN als objektive Ausschlüsse verstehen muss, die aber letztlich doch auf ein bestimmtes Verhalten des VN abstellen. Sie muss man nicht in (verhüllte) Obliegenheiten uminterpretieren und dann als – wegen der »Verhüllung« fast unumgänglich – intransparent bezeichnen. Vielmehr hat hier § 28 Leitbildfunktion i.S.v. §§ 307 I 1, II Nr. 1 BGB für die Gestaltung der Klausel.[80] 29

Regelten z.B. AVB ausdrücklich, dass der VN verhaltens- und verschuldensunabhängig seinen Leistungsanspruch verliert, wenn sein Auto nicht verkehrssicher ist,[81] und dass es sich dabei um einen objektiven Ausschluss handele, ein nicht verkehrssicheres Auto also nicht mitversichert sei, ist an der Auslegung der Klausel als Risikoausschluss nicht mehr zu deuten.[82] Dann ist aber zu prüfen, ob die Klausel nach §§ 307 I 1, II Nr. 1 BGB unwirksam ist, weil sie den Wertungen des § 28 widerspricht. Das wäre im Beispiel zu bejahen, weil sie der Sache nach auf ein Verhalten des VN abstellt – das Verkehrssicherhalten des Autos – und den VN damit 30

---

70 So zu § 132 I VVG a.F. = § 138 Satz 1 BGH VersR 2011, 1048, 1050.
71 So zuletzt noch zum alten Recht BGH VersR 2014, 869, 872.
72 BGH VersR 2011, 1048, 1050 f. (Zurückverweisung, damit die Vorinstanz das Vorliegen der Voraussetzungen des § 6 VVG a.F. klären konnte); krit. *Felsch* r+s 2015, 53, 56.
73 LG Hamburg VersR 1990, 1234, 1235.
74 LG Dortmund VersR 2015, 981, 982; *Wandt* VersR 2015, 265, 267; *Schlömer*, S. 12; *Rattay* VersR 2015, 1075, 1078 (offenlassend, ob § 32 oder § 307 I 1 BGB).
75 OLG Naumburg VersR 2015, 102, 106; *Felsch* r+s 2015, 53, 59; *Schlömer*, S. 12; *Rattay* VersR 2015, 1075, 1078 (offenlassend, ob § 32 oder § 307 I 1 BGB).
76 *Looschelders*, in: FS E. Lorenz, S. 281, 293 f.; *Rattay* VersR 2015, 1075, 1078; B/M/*Heiss*, § 28 Rn. 31; *Armbrüster*, Rn. 1594; *Schlömer*, S. 12; *Koch* VersR 2014, 283, 285 m.w.N.
77 OLG Naumburg VersR 2015, 102, 106.
78 *Wandt* VersR 2015, 265, 268 f.; *Rattay* VersR 2015, 1075, 1079; *Schlömer*, S. 23, 26.
79 *Wandt* VersR 2015, 265 ff.; *Felsch* r+s 2015, 53, 56 ff.; *Rattay* VersR 2015, 1075, 1079 ff.
80 Vgl. *Felsch*, r+s 2015, 53, 59.
81 Nach BGH VersR 2000, 969 handelt es sich bei der Klausel »Ausgeschlossen von der Haftung sind folgende Gefahren und Schäden: … durch nicht verkehrssicheren Zustand … der Fahrzeuge« in den alten AVB Werkverkehr um eine Obliegenheit.
82 Im genannten BGH-Fall gab es die hier unterstellten Zusätze nicht.

einer gewissen Disziplin unterwerfen soll. Zudem ist es unbillig, dem VN, der schuldlos keinerlei Kenntnis von der fehlenden Verkehrssicherheit hat (z.B. bei einem Fehler der Werkstatt), den Versicherungsschutz zu entziehen. Die Folge, dass der VR keine Rechte aus der Klausel herleiten kann, ist auch eine passende Konsequenz als diejenige, das an sich klare Auslegungsergebnis (Risikoausschluss) zu einer Obliegenheit zu korrigieren.[83] Denn durch Letzteres käme man, wenn man dann noch die Lücke analog § 28 II füllte (dazu sogleich), zu einer Art geltungserhaltender Reduktion, die nach allgemeinen Regeln dem VR nicht zugutekommen darf. Setzt sich diese, in der Literatur vordringende Sichtweise durch, dürften sich auch die Ergebnisse, welche Klauseln Obliegenheiten und welche Risikoausschlüsse sind, verschieben, und es dürfte häufiger dazu kommen, dass ein Risikoausschluss bejaht wird. Denn in der Vergangenheit dürfte die Annahme, der VN habe die Klausel so verstehen dürfen, dass sie ihm ein bestimmtes Verhalten abverlangt, manches Mal unrealistisch gewesen sein.

31 Die **Unwirksamkeit** einer Klausel, die als **Risikoausschluss** gegen das Leitbild des § 28 verstößt (§§ 307 I 1, II Nr. 1 BGB), führt zu einer Lücke im Vertrag. Diese kann nicht gem. § 306 II BGB durch direkte Anwendung des § 28 geschlossen werden,[84] denn § 28 setzt eine wirksam vereinbarte Obliegenheit voraus. Als Risikoausschlüsse formulierte Verhaltensvorgaben an den VN sind aber regelmäßig nicht in dem Sinne teilbar, dass die Verhaltensanweisung aufrechterhalten werden könnte (Beispiel: »Nicht verkehrssichere Fahrzeuge sind nicht versichert.«).[85] Hinzu kommt, dass § 28 II 2 an eine vertragliche Bestimmung der Rechtsfolge anknüpft,[86] also kein gesetzliches Leistungskürzungsrecht enthält,[87] sondern die Folgen einer vertraglichen Sanktion begrenzt. Fehlt es aber an der vertraglichen Sanktion, kann sie auch nicht begrenzt werden. Auch eine Analogie zu § 28 II scheidet aus, da das Gesetz nicht planwidrig lückenhaft ist.[88] Für die **Unwirksamkeit** einer Klausel, die als **Obliegenheit** die Folgen des § 28 nicht zutreffend wiedergibt, kann sich ein Unterschied insofern ergeben, als hier Teilbarkeit durchaus denkbar ist (Einl. B Rdn. 80; zu den Folgen im Übrigen s. Einl. B Rdn. 82–84).

32 Auch bei **gesetzlichen Ausschlüssen** wie § 138 Satz 1, bei denen ein verschuldensunabhängiger Ausschluss unangemessen erscheint, kommt es entgegen der Ansicht des BGH[89] **nicht** in Betracht, sie in »**verhüllte Obliegenheiten**« umzudefinieren, allerdings aus anderen Gründen als bei vertraglichen Klauseln. Es geht hier um die Auslegung des Gesetzes, so dass es auf die für AVB maßgebliche Sicht des durchschnittlichen VN ohnehin nicht ankommen kann (am Rande: Dass die Auslegungsformel des BGH ohne weiteres auf die Gesetzesauslegung passt, ist ein Beweis dafür, dass der BGH bei der Auslegung von Risikoausschlüssen die Sichtweise des VN aus den Augen verloren hat). Allerdings kann auch der für AVB vorgeschlagene Weg einer AGB-Kontrolle nicht beschritten werden. Methodisch geht es vielmehr darum, die Wertungen der beiden gleichrangigen Normen des gesetzlichen Risikoausschlusses einerseits, also etwa § 138 Satz 1, und des § 28 andererseits miteinander in Einklang zu bringen.[90] Dazu muss man sich des üblichen methodischen Handwerkszeugs bedienen und dessen Voraussetzungen prüfen. In Betracht kommt im Beispiel eine teleologische Reduktion des § 138 Satz 1. Da die Norm darauf abzielt, den VN zu vorbeugendem Verhalten anzuhalten, schießt sie in Fällen über ihr Ziel hinaus, in denen dem VN nicht vorwerfbar ist, dass er vorbeugende Maßnahmen unterließ. Der Anwendungsbereich des § 138 Satz 1 ist daher durch ein zusätzliches Verschuldenserfordernis zu ergänzen und damit zu reduzieren. Weiter ist dann zu fragen, ob der Anspruch des VN in jedem Fall des Verschuldens ausgeschlossen sein soll. Hier können die Wertungen der §§ 28 II, 81 I, II, 26 I im Wege einer Gesamtanalogie herangezogen werden, so dass bei leichter Fahrlässigkeit der Schutz bestehen bleibt, bei grober Fahrlässigkeit teilweise und bei Vorsatz ganz entfällt.

33 **Auslegungskriterien** für die Frage, ob eine AVB-Klausel eine Obliegenheit oder ein Risikoausschluss ist, sind neben dem **Wortlaut** (»… nur versichert, solange …« spricht ebenso für Ausschluss[91] wie »Versicherungsschutz besteht nur, wenn …«[92]; auch die Bezeichnung als »Risikoausschluss« deutet auf einen Ausschluss hin) die **Systematik** (z.B. Einzelgefahrendeckung mit Beschreibung einzelner versicherter Risiken und ohne Deckung aller üblichen Gefahren spricht für Risikoausschluss,[93] Allgefahrendeckung, bei der umfassender Schutz nur durch bestimmte Verhaltensweisen ausgeschlossen wird, spricht für Obliegenheit;[94] systematische

---

83 So nun auch HK-VVG/*Felsch*, § 28 Rn. 28; *ders.* r+s 2015, 53, 59; i.E. auch P/M/*Armbrüster*, § 28 Rn. 44.
84 *Wandt* VersR 2015, 265, 268 f.; *Rattay* VersR 2015, 1075, 1079; a.A. OLG Naumburg VersR 2015, 102, 106.
85 *Rattay* VersR 2015, 1075, 1079 ff.; *Schlömer*, S. 20 f.; a.A. insoweit *Koch* VersR 2014, 283, 288.
86 BGH VersR 2011, 1550, 1552; BGH VersR 2014, 699, 701; OLG Köln r+s 2010, 406, 408; L/W/*Wandt*, § 28 Rn. 214; *Schimikowski* r+s 2010, 195; *Wagner/Rattay* VersR 2010, 1271, 1274.
87 BGH VersR 2011, 1550, 1552.
88 *Rattay* VersR 2015, 1075, 1083; *Wandt* VersR 2015, 265, 268.
89 BGH VersR 2011, 1048, 1050 f. (Zurückverweisung, damit die Vorinstanz das Vorliegen der Voraussetzungen des § 6 VVG a.F. klären konnte).
90 Das deutet auch *Felsch* r+s 2015, 53, 56, an: § 6 VVG a.F. werde »zu einer Art Supernorm des alten VVG erhoben«.
91 BGH VersR 1986, 1097; VersR 1986, 781.
92 BGH VersR 1979, 343, 344.
93 BGH VersR 1986, 1097.
94 BGH VersR 1986, 781 zu der Safe- und Depotklausel der AVBSP 76.

Einordnung unter »Risikoausschlüssen« spricht für eine solche) sowie der **Sinn und Zweck**: Das Bestehen von Exkulpationsmöglichkeiten zeigt, dass der VN nur verschuldensabhängig einstehen soll;[95] ihr Fehlen lässt auf eine Risikoausschluss schließen.[96] Für die Annahme einer Obliegenheit spricht die Forderung eines »unverzüglichen« (d.h. ohne schuldhaftes Zögern erfolgenden, s. § 121 I 1 BGB) Verhaltens des VN als Hinweis auf eine persönliche Verpflichtung und eine geforderte Verhaltensweise des VN[97]. Eine Obliegenheit liegt i.d.R. vor, wenn eine gesetzliche Obliegenheit in AVB ausgestaltet wird.[98] Wird in AVB auf einen Straftatbestand in der Weise Bezug genommen, dass der VR leistungsfrei ist, wenn die Straftat den Versicherungsfall herbeigeführt hat, geht man einhellig von Risikoausschlüssen aus, da durch den Verweis auf das Strafrecht die zivilrechtliche Bewertung sich nach diesem zu richten habe und ohnehin das Verschulden geprüft werde.[99] Dem ist mit der Einschränkung zu folgen, dass man einem VN, der fahrlässig einen Straftatbestand verwirklicht und so den Versicherungsfall herbeiführt, den Anspruch gegen den VR nicht entziehen darf (s. § 81). Die AVB sehen aber z.T. ohnehin Vorsatz vor (z.B. § 3 V ARB 2008).

e) Kasuistik
aa) Sachversicherung
Bauleistungsversicherung 34
– Risikoausschlüsse
  – Versicherungsschutz nur für unvorhergesehen eingetretene Schadensfälle (§ 2 Nr. 1 ABN)[100]
  – kein Versicherungsschutz für Schäden durch Witterungseinflüsse[101] (§ 2 Nr. 4b ABN)
Diebstahl- und Raubversicherung
– Risikoausschlüsse
  – Verschlussklausel (§ 2 Nr. 2 AEB, § 3 Nr. 3 AERB 81, § 4 Nr. 3 AERB 87)[102]
  – Angestelltenklausel (§ 1 Nr. 6b S. 2 AEB)[103]
Feuerversicherung
– Risikoausschlüsse
  – keine Schäden durch Nutzfeuer[104] (§ 1 Nr 5d AFB 2010)
  – Versicherungsschutz nur für pünktlich angegebene Stichtagssummen (Ziff. 2 Abs. 2 Satz 2 der Stichtagsklausel 1705)[105]
Flusskaskoversicherung
– Obliegenheiten
  – § 132 Abs. 1 VVG a.F.[106] (= § 138 Satz 1)
Hagelversicherung
– Risikoausschlüsse
  – Pflicht zur Einreichung eines Anbauverzeichnisses[107]
Hausratversicherung
– Obliegenheiten
  – Verschlussklausel für Schmuck, der sich außer Gebrauch befindet (§ 2 Nr. 4b VHB 66)[108]
  – Verschlussklausel für Schmuck, der sich außer Gebrauch befindet (§ 4c ABEH der DDR)[109]
  – Fahrradsicherung durch ein Schloss (Ziff. 7110 VHB 92 Nr. 1a)[110]

---

95 OLG Hamm r+s 1996, 51.
96 BGH VersR 2006, 215 (Kapitalmangelklausel in der Betriebsunterbrechungsversicherung).
97 OLG Hamm VersR 1988, 371 zu § 6 Nr. 1 S. 1 AVBR 80.
98 BK/*Schwintowski*, § 6 Rn. 27; P/M/*Armbrüster*, § 28 Rn. 10.
99 HK-VVG/*Felsch*, § 28 Rn. 29 m.w.N.
100 BGH VersR 1983, 821, 822.
101 LG Osnabrück VersR 2011, 918.
102 BGH VersR 1972, 575, 577; Bargeld und Wertsachen sind seit § 3 Nr. 5a) AERB 08 vollständig vom Versicherungsschutz ausgenommen.
103 BGH VersR 1985, 1029, 1030.
104 BGH VersR 1988, 282, 283.
105 OLG Frankfurt (Main) r+s 1998, 28, 30.
106 BGH VersR 2011, 1048, 1050.
107 OLG Frankfurt (Main) VersR 1997, 873; OLG Düsseldorf VersR 2003, 853 zu § 9 Nr. 1 AHagB 94.
108 BGH VersR 1973, 1010, 1012; OLG Düsseldorf VersR 1997, 308, 309; die Formulierung der Klausel wurde in den VHB 74 geändert, maßgeblich sind nur noch Versicherungsort und Versicherungszustand, nicht mehr die Frage, ob sich der Gegenstand außer Gebrauch befindet. Die Folge ist eine Qualifizierung als Risikoausschluss (BGH VersR 1983, 573, 574).
109 BGH VersR 2004, 1132, 1133.
110 BGH VersR 2008, 1107, 1108; ebenso Nr. 7110 (10) PK VHB 2010.

- Risikoausschlüsse
  - Nachtzeitklausel für Fahrraddiebstahl (Ziff. 7110 VHB 92)[111]
  - Nachtzeitklausel für Diebstahl aus Kfz (§ 3b Nr. 5 VHB 74)[112]
  - Verschlussklausel mit Entschädigungsgrenze (§ 2 Nr. 8 VHB 74 und § 19 Nr. 3 VHB 92 zu vergleichen mit § 13 Nr. 2 VHB 08/Abschnitt A § 13 Nr. 2 VHB 2010)[113]
  - Schlüsselklausel (§ 5 VHB 05)[114]

Juwelier-, Reise und Warenlagerversicherung
- Obliegenheiten
  - Bewachungsklausel[115]

Kaskoversicherung für Wassersportfahrzeuge
- Obliegenheiten
  - Geeignetes Boottransportmittel[116]
  - Nicht ausreichende Sicherung des Fahrzeuges gegen Diebstahl[117]
  - Pflicht zur ausreichenden Verwahrung auf bestimmten Lagerplätzen[118]

Kfz-Kaskoversicherung
- Obliegenheiten
  - Vereinbarung einer Diebstahlssicherung[119]
  - Anforderungen an Abstellen des Fahrzeugs während der Ruheversicherung (H.1.5 2015)[120]
  - Fahrten mit rotem Kennzeichen nach § 29g StVO zu anderen als den in § 28 StVO zugelassenen Fahrten (Kaskoversicherung für Kfz-Betrieb)[121]
- Risikoausschlüsse
  - Einfriedungsklausel (Sonderbedingungen zur Haftpflicht- und Fahrzeugversicherung für Kfz-Handel und -Handwerk 80)[122]
  - Teilnahme an genehmigten Rennen (A 1.5.2 AKB 2015)[123]

Luftfahrtkaskoversicherung
- Obliegenheiten
  - ungenügende Sicherungsmaßnahmen während der Ruhe des Luftfahrzeuges (Nr. 4.1.3 AKB-Lu)[124]
- Risikoausschlüsse
  - vorschriftsmäßiger Zustand des Flugzeuges, erforderliche Genehmigungen: Erlaubnis zum Führen des Flugzeuges[125]

Reisegepäckversicherung
- Obliegenheiten
  - Mitführen in sicherem Gewahrsam (§ 1 Nr. 4b AVBR)[126]
  - mangelhafte Verpackung oder Verschluss von Gepäckstücken (§ 3 Nr. 2a AVBR a.F. – in den AVBR 94 nicht mehr enthalten)[127]
  - Kofferraumklausel (§ 5 Nr. 1a AVBR 1992 Fassung 1994)[128]
  - Nachtzeitklausel (§ 5 Nr. 1b aa AVBR)[129]

---

111 BGH VersR 2008, 1107 (die Ziffer 7110 der aktuellen VHB 08 enthält keine Differenzierung zwischen Diebstählen zur Tages- oder Nachtzeit); a.A. z.B. AG Köln VersR 1988, 76; AG Trier VersR 1985, 935.
112 AG Bad Homburg VersR 1988, 795, 796.
113 BGH VersR 1983, 573, 574 (entscheidend für die Abgrenzung zu § 2 Nr. 4b VHB 66 ist, dass nicht mehr auf den Gebrauch abgestellt wird); LG Dortmund r+s 2015, 199, 200; LG Verden VersR 2008, 115.
114 OLG Köln VersR 2013, 715, 716.
115 BGH VersR 1985, 979, 980.
116 OLG Frankfurt VersR 1997, 446, 447.
117 OLG Schleswig DAR 2006, 280.
118 BGH VersR 1982, 395.
119 OLG Hamm VersR 1998, 847, 848.
120 OLG Karlsruhe VersR 2012, 1249, 1250.
121 LG Köln r+s 2005, 325, 326.
122 OLG Saarbrücken VersR 2007, 238, 239 (Risikoabgrenzung).
123 OLG Karlsruhe VersR 2015, 62, 65; OLG Köln VersR 2007, 683, 684 zu § 2b Nr. 3b AKB a.F.
124 OLG Köln VersR 1997, 1268, 1269; OLG Düsseldorf VersR 1996, 970, 971.
125 OLG Oldenburg VersR 1998, 839, 840; a.A. LG Hamburg ZLW 2004, 111 (für einen Fall der geringfügigen Überladung).
126 LG Zweibrücken VersR 1991, 997; LG Berlin VersR 1987, 811, 812.
127 LG Hamburg VersR 1990, 1234.
128 BGH VersR 1979, 343, 344; KG Berlin VersR 1978, 366; a.A. LG München I VersR 1986, 885, 886; zu Ziff. 3.3 der VB-Reisegepäck 2008 P/M/*Dörner*, VB-Reisegepäck 2008 Rn. 48.
129 LG Lüneburg VersR 1986, 589; a.A. OLG Hamm VersR 1985, 855, 856.

Verletzung einer vertraglichen Obliegenheit § 28

- Beaufsichtigungsklausel (§ 5 Nr. 1d AVBR)[130]
- unverzügliche Abfahrt nach Beladung/Entladung nach Ankunft (§ 6 Nr. 1 AVBR 80)[131]
- Risikoausschlüsse
  - § 1 Nr. 4 AVBR 80 insgesamt[132] (entspricht in den maßgeblichen Punkten AVBR 92 Fassung 94)
  - Mitführen in sicherem Gewahrsam (§ 1 Nr. 4b AVBR 92)[133]
  - Ausschluss von Luftfahrzeugen (§ 1 Nr. 5 AVBR 80, entspricht AVBR 92 Stand 94)[134]

Transportversicherung
- Obliegenheiten
  - Pflicht zur Einhaltung aller behördlichen Auflagen der BRD und der durchfahrenen Länder[135]
  - Mitversicherung von eigentlich unter einen Risikoausschluss fallenden Transporten, sofern die Transporte im Rahmen der gesetzlichen Vorschriften vorgenommen werden[136]
  - Pflicht zur Sicherstellung einer ordnungsgemäßen Kühlung der Ware[137]
  - Pflicht zur Sicherung beladener Fahrzeuge gegen Diebstahl (Nr. 7.2 und 7.3.2. AVB Frachtführer)[138]
  - Schäden infolge nicht verkehrssicheren Fahrzeugzustands (Nr. 6.1.5 AVB Werkverkehr)[139]
  - kein unbewachtes Abstellen des Lkw von mehr als zwei Stunden (Nr. 1.2 Satz 2 Allg. Transportversicherungsbedingungen)[140]
  - Einhalten öffentlich-rechtlicher Vorschriften (Nr. 3.2.1 AVB Frachtführer 1998)[141]
  - sorgfältige Auswahl eines Erfüllungsgehilfen[142]
- Risikoausschlüsse
  - Verpackungsklausel (Nr. 1.4.1.5 ADS Güterversicherung 73/84)[143]
  - Klauseln, nach denen Versicherungsschutz nur besteht, soweit keine Sanktionen oder Embargos der EU oder Deutschlands entgegenstehen[144]

Valorenversicherung
- Obliegenheiten
  - in persönlichem Gewahrsam in geeigneten Behältnissen sicher verwahrt mitgeführt (5.1.2 AVBSP 76 = § 5 Nr. 1b AVBSP 85)[145]
  - in festen Gebäuden unter sicherem Verschluss (5.1.3 AVBSP 76 vgl. § 5 Nr. 1d Entschädigungsgrenzen § 6 AVBSP 85)[146]
  - Kofferraumklausel (Nr. 5.1.4 AVBSP 76 vgl. § 5 Nr. 1c AVBSP 85)[147]
  - Depotaufbewahrung/Zimmersafe in Beherbergungsbetrieben (Nr. 5.5.1 und 5.5.2 AVBSP 76 entspricht im Wesentlichen § 5 Nr. 5 AVBSP 85)[148]
  - bestimmungsgemäßes Tragen (Nr. 5.1.1 AVBSP 76, § 5 Nr. 1a AVBSP 85)[149]
- Risikoausschlüsse
  - Verschlussklauseln mit gestaffelten Entschädigungsgrenzen (Nr. 6.1.2–6 AVBSP 76 vgl. § 6 Nr. 1a)-e) AVBSP 1999)[150]

---

130 BGH VersR 1985, 854, 855; LG Hamburg VersR 1990, 973; LG Osnabrück VersR 1989, 1047; LG Berlin VersR 1987, 811, 812; a.A. LG Freiburg VersR 1991, 771, 772.
131 OLG Hamm VersR 1988, 371.
132 BGH VersR 1986, 1097, 1098; OLG Karlsruhe VersR 1991, 995, 996; LG Köln VersR 1997, 486.
133 OLG Frankfurt (Main) VersR 2004, 1601, 1602 im Anschluss an BGH VersR 1986, 1097; a.A. LG Zweibrücken VersR 1991, 997; LG Berlin VersR 1987, 811, 812.
134 OLG München VersR 1994, 344.
135 OLG Köln r+s 1995, 410.
136 OLG Köln VersR 1999, 618, 619.
137 OLG Hamburg OLGReport Hamburg 1997, 369.
138 BGH VersR 2003, 445, 446.
139 BGH VersR 2000, 969.
140 OLG Köln VersR 1993, 574.
141 OLG München r+s 2011, 437.
142 OLG Naumburg VersR 2015, 102, 104.
143 BGH VersR 2002, 845; für die Einordnung als Obliegenheit dagegen P/M/*Armbrüster*, § 28 Rn. 47.
144 *Wandt* VersR 2013, 257, 264.
145 BGH VersR 1985, 156.
146 BGH VersR 1985, 156; OLG Köln VersR 1997, 966 (zu § 5 Nr. 1b AVBSP 85).
147 BGH VersR 1989, 141, 142; OLG Köln r+s 1994, 311.
148 BGH VersR 1986, 781, 782.
149 BGH VersR 1986, 781, 782; anders noch BGH VersR 1980, 1042, 1043 zu den AVBSP 65. Diese unterschieden sich jedoch von den AVBSP 76 und 85 dadurch, dass keine Allgefahrendeckung vorlag. Dies übersieht OLG Frankfurt (Main) VersR 1984, 956, 957, welches die Ziffer 5.1.1 AVBSP 76 unter Bezug auf BGH VersR 1980, 1042 als Risikoausschluss ansieht.
150 BGH VersR 1985, 156.

§ 28 Verletzung einer vertraglichen Obliegenheit

Wassersportfahrzeugkaskoversicherung
- Risikoausschlüsse
  - Schäden, die durch Frost verursacht wurden (Nr. 3.4.2 AVB Wasserportfahrzeuge 85)[151]
- Obliegenheiten
  - Deckungsausschluss für Schäden, die durch eine dem VN bekannte oder fahrlässig nicht bekannte Fahruntüchtigkeit des Fahrzeugs bei Fahrtantritt mitverursacht sind[152]

bb) Sonstige Versicherungen
35 **Berufsunfähigkeitsversicherung**
- Risikoausschlüsse
  - Anzeige nicht später als 3 Monate nach Eintritt der Berufsunfähigkeit (§ 1 Nr. 3 Satz 2 BB-BUZ)[153]

Garantieversicherung Kfz-Handel
- Obliegenheit
  - Ausschluss für Schäden durch Einsatz einer erkennbar reparaturbedürftigen Sache[154]

Haftpflichtversicherung
- Obliegenheiten
  - Auflagenklausel (§ 4 II Nr. 3 AHB 1986 = Nr. 24 AHB 2008)[155]
  - Ermittlungspflicht vor Erdarbeiten in der Industriehaftpflichtversicherung »Kabelklausel«[156]
  - Brand- und Explosionsklausel in der Betriebshaftpflicht[157]
  - sorgfältige Auswahl und laufende Überwachung des Fahrpersonals in der Frachtführerhaftpflichtversicherung[158]
  - Deckungsschutz nur bei Vorliegen der erforderlichen Erlaubnisse und Berechtigungen für den Luftfahrzeugführer[159]
- Risikoausschlüsse
  - Pflichtwidrigkeitsklausel in der Architektenhaftpflicht[160], für wirtschafts- und steuerberatende Berufe (§ 4 Nr. 6 S. 1 AVB-WP)[161] oder in der Rechtsanwalt-/Notarhaftpflichtversicherung (§ 4 Nr. 5 Verm-SchAVB)[162]
  - C 5.7 der Musterbedingungen der Produkthaftpflichtversicherung von Industrie- und Handelsbetrieben »Erprobungsklausel«[163]
  - Deckungsschutz nur bei Vorliegen der erforderlichen behördlichen Genehmigung in der Luftfahrthaftpflicht[164]
  - Erprobungsklausel in der Produkthaftpflichtversicherung[165]

Krankenversicherung
- Risikoausschlüsse
  - Approbations- und Niederlassungserfordernis in der Krankheitskosten- (§ 4 II 1 MB/KK 09)[166] und der Krankentagegeldversicherung (§ 4 V MB/KT 09)[167]
  - Verordnungs- und Apothekenerfordernis (§ 4 III MB/KK 09)[168]
  - Anforderungen an ein Krankenhaus (§ 4 IV MB/KK 09)[169]
  - Leistungsausschluss bei Behandlung in gemischten Anstalten (§ 4 V MB/KK 09)[170]

---

151 OLG Karlsruhe VersR 2012, 854, 855.
152 OLG Hamm VersR 2016, 527, 528.
153 BGH VersR 1995, 82, 83.
154 LG Dortmund VersR 2015, 981, 982.
155 BGH NJW 1973, 284, 285.
156 OLG München VersR 1974, 153; KG Berlin, Urt. v. 03.11.1992, 6 U 3931/91.
157 BGH VersR 1980, 153; OLG Stuttgart VersR 1995, 1229, 1230; OLG Oldenburg VersR 1994, 715; OLG Hamm VersR 1994, 465.
158 OLG Saarbrücken VersR 2006, 503, 505.
159 BGH VersR 2014, 869, 870; a.A. OLG Stuttgart VersR 2011, 1559; OLG Celle VersR 2010, 1637, 1638.
160 BGH VersR 1959, 691; OLG Köln VersR 1997, 1345, 1346.
161 BGH VersR 1991, 176, 177; OLG Köln r+s 1997, 496; zweifelnd *Schimikowski* r+s 1996, 97 und 1997, 497; a.A. OLG Koblenz VersR 1982, 1089, 1090.
162 BGH NJW-RR 2003, 1572; VersR 1986, 647, 648; OLG Hamm r+s 1996, 96.
163 BGH VersR 1991, 414, 416.
164 BGH VersR 1990, 482, 483.
165 BGH VersR 1991, 414, 416.
166 BGH VersR 1978, 267, 268; OLG Saarbrücken NJW-RR 2006, 1623, 1625; OLG München VersR 1990, 614; OLG Hamm VersR 1993, 427 – jeweils zu älteren gleichlautenden Bedingungen.
167 OLG Saarbrücken NJW-RR 2006, 1623, 1625 zu älteren gleichlautenden Bedingungen.
168 OLG Saarbrücken NJW-RR 2006, 1623, 1625 zu älteren gleichlautenden Bedingungen.
169 BGH VersR 1978, 267, 268 zu älteren gleichlautenden Bedingungen.
170 BGH VersR 1983, 576, 577; OLG Frankfurt (Main) VersR 2001, 972, 973; OLG Hamm VersR 1992, 687, 688; OLG Karlsruhe VersR 1990, 37 – jeweils zu älteren gleichlautenden Bedingungen; AG Bad Segeberg, NJW-RR 2013, 279, 281.

- Kostenplan im Tarif für zahnärztliche Behandlungen[171]
- Alkoholmissbrauchsklausel[172]

Maschinen-Betriebsunterbrechungsversicherung
- Risikoausschlüsse
  - Kapitalmangelklausel[173]

Rechtsschutzversicherung
- Obliegenheiten
  - Führerscheinklausel (§ 26 VI ARB 75)[174]
- Risikoausschlüsse
  - vorsätzliches Herbeiführen des Versicherungsfalles (§ 4 II a ARB 75)[175]
  - Begrenzung der Erstattungsfähigkeit der Kosten eines Verkehrsanwalts auf den Fall, dass dieser im LG-Bezirk des VN ansässig ist (§ 5 Abs. 1 ARB 2000),[176]

Vertrauensschadenversicherung
- Obliegenheiten
  - Pflicht zur täglichen Kassen- und monatlichen Buchprüfung[177]
  - Überwachung der Vertrauensperson bzw. Überprüfung bei Neuanstellung[178]

Warenkreditversicherung
- Obliegenheiten
  - Saldenmeldung (§ 6 Nr. 2 AVB Warenkredit)[179]
- Risikoausschlüsse
  - Versicherung nur bei Eigentumsvorbehalt, der bei Scheck-Wechsel-Finanzierung nicht vor Einlösung des Wechsels erloschen sein darf (§ 2 Nr. 1a, 4 AVB WKV 81)[180]
  - Schadenmeldung später als zwei Jahre nach ihrer Verursachung[181]

5. Abgrenzung von Ausschlussfristen

Ausschlussfristen befristen die **Geltendmachung oder Anmeldung** versicherungsrechtlicher Ansprüche. Zweck der Ausschlussfristen ist eine zeitliche Begrenzung der Leistungspflicht des VR. Er soll davor geschützt werden, für Schäden eintreten zu müssen, die entweder erst spät eingetreten sind oder die nach inzwischen verstrichener Zeit nur schwer aufklärbar sind.[182] Beispiele sind Klauseln wie A 4.5.1. 3. Spiegelstrich AKB 2015, wonach ein Invaliditätsschaden in der Kfz-Unfallversicherung binnen 15 Monaten nach dem Unfall beim VR geltend gemacht worden sein muss[183] (entspricht 2.1.1.2 AUB 2014 zur Invaliditätsleistung aufgrund Unfalls), § 1 III 2 AB-BUZ,[184] wonach bei eingetretener Berufsunfähigkeit und unterlassener Mitteilung innerhalb der ersten drei Monate der Anspruch auf Versicherungsleistungen erst mit Beginn des Monats der entsprechenden Mitteilung beginnt, § 14 Nr. 3 AERB 87 (ab den AERB 08 nicht mehr enthalten), 3.1.3 ARB 2012 (kein Rechtsschutz, wenn der Anspruch später als 3 Jahre nach Beendigung des Versicherungsschutzes geltend gemacht wird)[185] und die in Vertrauensschadenversicherungen verwendete Klausel, wonach keine Schäden ersetzt werden, die später als zwei Jahre nach ihrer Verursachung gemeldet werden[186]. Die **unverschuldete Säumnis** ist nach der Rspr. unschädlich. Der VN hat zu beweisen, dass ihn an der Fristversäumnis keine Schuld trifft.[187] Der Entschuldigungsbeweis ist regelmäßig erbracht, wenn der Anspruchsteller die

36

---

171 BGH VersR 1995, 328, 329; LG Köln VersR 2014, 1244.
172 OGH VersR 2005, 1755.
173 BGH VersR 2006, 215, 216.
174 LG Münster NJW-RR 1990, 1121 f. (Klausel ist nunmehr in § 26 V ARB 08 ausdrücklich als Obliegenheit formuliert).
175 OLG Hamm NJW-RR 1996, 601, 602. Die Bedingung ist in den aktuellen AVB nicht mehr vorhanden; s. aber §§ 3 V i.V.m. 2 a)-h) ARB 08.
176 LG Coburg VersR 2016, 844 f.
177 LG Köln r+s 1977, 21.
178 OLG Köln r+s 1989, 236, 237.
179 BGHZ 120, 290, 294.
180 OLG Köln NVersZ 2002, 39, 40.
181 OLG Frankfurt (Main) NJW-RR 2013, 230, 231.
182 BGH VersR 2011, 1264, 1265; 1995, 82, 83; 1982, 567; 1978, 1036, 1037; R/L/*Rixecker*, § 28 Rn. 17; kritisch dazu: BK/*Schwintowski*, § 6 Rn. 29; zu Recht kritisch gegenüber dem hier oft verwendeten Begriff der »Spätschäden«, auf die sich die Problematik nicht reduziert, HK-VVG/*Felsch*, § 28 Rn. 32.
183 BGH VersR 1998, 175 zu AUB 88 § 7 I Nr. 1 Abs. 2; BGH VersR 1982, 567 zu § 18 III Nr. 2 AKB a.F.
184 BGH VersR 1995, 82; in Abgrenzung hierzu LG Saarbrücken VersR 2014, 1197, 1199 betr. § 4 Nr. 1 und 5 RSV-AU.
185 BGH VersR 1992, 819 zu § 4 Nr. 4 ARB 75.
186 BGH VersR 2011, 1264; VersR 2011, 1173; OLG Frankfurt (Main), NJW-RR 2013, 230.
187 BGH VersR 2011, 1264, 1265; VersR 1995, 1179, 1180; VersR 1982, 567, 568.

Absendung des Anspruchschreibens beweisen kann.[188] Angesichts dieses dogmatisch schwer begründbaren[189] Verschuldenserfordernisses wird die Rechtsfigur der Ausschlussfristen als **Zwitter** zwischen Obliegenheiten und Risikoausschlüssen bezeichnet.[190] Insgesamt sollten sie besser in die allgemeine Dogmatik von Obliegenheiten und Risikoausschlüssen eingebettet werden. Danach sind sie Obliegenheiten in Gestalt von Nebenpflichten (s.o. Rdn. 8 ff., 15), für die die Rspr. besondere, gegenüber § 28 spezielle Verschuldensregelungen entwickelt hat.[191] Sie sind richtig § 28 zu unterstellen.

6. Abgrenzung von Fristen als Anspruchsvoraussetzungen

37 Weder um Obliegenheiten noch um Ausschlussfristen soll es sich in den Fällen handeln, in denen Fristen Anspruchsvoraussetzungen sind.[192] Ein Fristversäumnis führt ohne Rücksicht auf ein Verschulden des VN zur Leistungsfreiheit des VR.[193] Über die Frist muss grundsätzlich nicht belehrt werden.[194] Beispiel ist Klausel A 4.5.1.2 AKB 2015[195] wonach ein Invaliditätsschaden in der Kfz-Unfallversicherung binnen 15 Monaten nach dem Unfall ärztlich festgestellt worden sein muss (entspricht 2.1.1.2 der AUB 2014 zur Invaliditätsleistung aufgrund Unfalls); die Klausel verstößt nicht gegen § 307 BGB.[196] In Ausnahmefällen wird dem VR die **Berufung auf den Fristablauf nach § 242 BGB verwehrt**: VN unterzieht sich auf Veranlassung des VR trotz Fristversäumnis umfangreichen belastenden Untersuchungen,[197] VR lässt sich auf verspätete Feststellung ein,[198] Fristablauf durch Verhalten eines Angestellten des VR verursacht,[199] VR erkennt aufgrund der Unterlagen den (naheliegenden) Eintritt von Invalidität und merkt, dass VN Frist aus Unkenntnis versäumen würde, weist dennoch nicht auf die Frist hin,[200] VR lehnt vor Fristablauf aus anderen Gründen ab, ohne auf die Frist hinzuweisen;[201] **nicht ausreichend** für die Annahme eines rechtsmissbräuchlichen Handelns ist es jedoch, wenn der VR in Kenntnis des Fristablaufs noch ein Gutachten in Auftrag gibt[202] oder nach Ablehnung von Leistungen auf den »Einspruch« des Versicherten noch ärztliche Unterlagen anfordert[203]. Der Einwand ist auch im Prozess möglich, wenn Ablehnung aufgrund eines eingeholten Gutachtens erfolgte.[204] Auch bei diesen Fristen handelt es sich um Obliegenheiten in Gestalt von Nebenpflichten, für die bisher spezielle richterrechtliche Regeln gelten. Richtig sollte § 28 uneingeschränkt Anwendung finden.

B. Verletzung einer Obliegenheit

I. Bestehen einer Obliegenheit

38 Das Bestehen einer Obliegenheit ist häufig, vor allem, wenn sie die Einwirkung auf die Gefahr selbst betrifft, unproblematisch. Allen Anzeige- und Aufklärungsobliegenheiten aber ist gemeinsam, dass zum **objektiven Tatbestand der Obliegenheit** die **Kenntnis des VN** von den anzuzeigenden Tatsachen gehört.[205] Es kann dem VN nicht obliegen, eine Tatsache anzuzeigen, die er nicht kennt (impossibilium nulla obligatio[206]).[207] Wenn es in Rspr. und Literatur z.T. heißt, die Kenntnis des VN von der anzuzeigenden Tatsache gehöre zum **objektiven**

---

188 OLG Hamm VersR 1993, 300, 301.
189 Dazu *Klimke* VersR 2010, 290 ff.
190 HK-VVG/*Felsch*, § 28 Rn. 32.
191 Anders L/W/*Wandt*, § 28 Rn. 75 (keine Obliegenheiten, sondern objektiv zeitliche Risikobegrenzungen); s. auch PK/*Schwintowski*, § 28 Rn. 30: Risikoausschlüsse mit Exkulpationsmöglichkeit; differenzierend *Klimke* VersR 2010, 290, 291, 295: Keine Obliegenheiten, wenn sie auf das Interesse des VR zurückgehen, Streit über länger zurückliegende Versicherungsfälle beruhen.
192 L/W/*Wandt*, § 28 Rn. 73 m.w.N.
193 BGH VersR 2007, 1114, 1115; VersR 1982, 567; VersR 1978, 1036, 1037 f.; R/L/*Rixecker*, § 28 Rn. 17; krit. BK/*Schwintowski*, § 6 Rn. 29 und VuR 1998, 195 f. (Verstoß gegen Bestimmtheits- und Transparenzgebot, darüber hinaus überraschend und unklar).
194 OLG Düsseldorf VersR 2008, 672, 673; OLG Hamm VersR 2005, 1069.
195 BGH VersR 2012, 1113, 1114 (für eine Klausel, die neben der Frist zur Feststellung zugleich die Frist zur Geltendmachung enthält und beide zur Anspruchsvoraussetzung macht); BGH VersR 1982, 567 zu § 8 AUB; VersR 1978, 1036, 1037 f.
196 BGH VersR 2005, 639; VersR 1998, 175, 176 = VuR 1998, 193 m.Anm. Schwintowski (S. 195).
197 BGH VersR 1978, 1036.
198 BGH VersR 1974, 234, 236.
199 OLG Hamm VersR 1990, 1344, 1345.
200 OLG Saarbrücken r+s 2005, 167.
201 OLG Hamm VersR 2005, 1069.
202 OLG Hamm VersR 1992, 1255.
203 OLG Düsseldorf VersR 1991, 59.
204 OLG Düsseldorf VersR 2008, 672, 673; vgl. auch OLG Celle VersR 2004, 1258.
205 BGH ZfS 2008, 453 f.
206 Dig 50, 17, 185 (Celsus), s. auch § 275 I BGB.
207 VersHb/*Marlow*, § 13 Rn. 20.

Tatbestand der Obliegenheitsverletzung,[208] ist das insofern ungenau, als die Unkenntnis des VN nicht erst die Verletzungshandlung, sondern schon die Obliegenheit entfallen lässt.

Nach Auffassung des BGH kann die **Kenntnis des VR** von der anzuzeigenden Tatsache die Obliegenheit des VN zur Anzeige entfallen lassen. Es fehle dann u.U. ein **Aufklärungsbedürfnis** des VR und damit die Obliegenheit,[209] z.B. wenn der verschwiegene Vorschaden wenige Monate vor dem zweiten Versicherungsfall vom VR selbst reguliert worden sei,[210] anders aber, wenn die Feststellung von Vorerkrankungen aufwendige Recherchen in den Archiven des VR erfordert hätten[211] oder wenn der VR zwar andere Erkenntnismöglichkeiten als nur die Auskunft des VN hat (hier: Uniwagnisdatei), aber diese Möglichkeiten erst **nach** der Anzeige des VN nutzt; im letztgenannten Fall könne das Aufklärungsbedürfnis schon aus zeitlichen Gründen nicht entfallen.[212]

Dogmatisch gehört das Problem, ebenso wie die entsprechende Regelung in § 30 II,[213] zur **Kausalität.** Drei Konstellationen sind zu unterscheiden: (1) Die bloße Möglichkeit des VR, anderweitig von den verschwiegenen Tatsachen zu erfahren, lässt die Kausalität einer unvollständigen Auskunft niemals entfallen. (2) Wenn der VR die vom VN verschwiegenen Tatsachen von vornherein schon kannte, kann die unvollständige Auskunft nicht mehr kausal i.S.v. § 28 III 1 sein.[214] (3) Erfährt der VR die verschwiegenen Tatsachen erst nach der unvollständigen Anzeige, kann dadurch, darin ist dem BGH zu folgen, die vorher zu erfüllende Obliegenheit nicht entfallen. Allerdings wird es dann i.d.R. an der Kausalität i.S.v. § 28 III 1 fehlen, so dass nur im Arglistfall Leistungsfreiheit in Betracht kommt. Auf eine analoge Anwendung des § 30 II kommt es nicht an. Der BGH hat diese allerdings mit dem Hinweis abgelehnt, der VN, der das Vertrauen des VR in die Richtigkeit seiner Auskunft enttäuscht habe, könne sich hinterher nicht darauf berufen, der VR habe von Dritten den wahren Sachverhalt erfahren.[215] Offen ist, ob diese Rspr. auch § 28 III 1 einschränkt. Nach hier vertretener Ansicht ist das nicht der Fall. Dann wird der VR nur bei Arglist des VN leistungsfrei.

Endgültige Leistungsverweigerung durch den VR (Deckungsablehnung) lässt **Aufklärungs-, Anzeige- und Belegobliegenheiten**[216] **entfallen**, weil das Schutzbedürfnis des VR entfällt und daher der Zweck der Obliegenheiten nicht mehr erreicht werden kann.[217] Insbes. im Prozess um die Versicherungsleistung bestehen daher die genannten Obliegenheiten nicht,[218] denn spätestens der Klageabweisungsantrag des VR ist eine Deckungsablehnung.[219] Auch Falschangaben in einem nach Deckungsablehnung gestellten »Wiederaufnahmeantrag« des VN können keine Auskunftsobliegenheit verletzen, da eine solche in diesem Zeitraum nicht besteht.[220] Dagegen lässt sich nicht einwenden, es gehe nicht an, dass nach Deckungsablehnung »aktiv getäuscht werden darf«.[221] Es gelten die allgemeinen Regeln der §§ 242, 241 II, 280 ff. BGB über die Verletzung vertraglicher Schutzpflichten, so dass der VR Schäden ersetzt verlangen kann, die ihm durch eine Täuschung des VN entstanden sind. Tritt der VR erneut in die Prüfung ein und gibt dem VN unmissverständlich zu erkennen, dass er die entsprechenden Verhandlungen wieder aufnehmen will,[222] leben die Obliegenheiten wieder auf. Das gilt auch, wenn ein Gericht im Prozess die generelle Leistungsablehnung als ungerechtfertigt ansieht und dem VN aufgibt, die Voraussetzungen der Versicherungsleistung nachzuweisen, und dem VR, sie zu prüfen.[223] Ob auch **Rettungsobliegenheiten** wegfallen, wenn der VR die Leistung verweigert, ist umstr.[224] und richtig zu verneinen. Der Zweck dieser Obliegenheiten wird von der Leistungsablehnung nicht berührt.

II. Verpflichteter

Aus der Obliegenheit ist i.d.R. der VN verpflichtet. Stehen in der **Sachversicherung mehrere VN** dem VR als Vertragspartner gegenüber, so könnte eine vertragliche Obliegenheit sie als Gesamtschuldner treffen (§ 427 BGB analog). Die Erfüllung der Obliegenheit durch einen der VN wirkte dann auch für die anderen (§ 422 I 1 BGB). Letzteres ist zwar i.E. unstreitig, soweit die Versicherung ein einheitliches gemeinschaftliches Risiko

---

208 Z.B. BGH VersR 2008, 484; VersHb/*Marlow*, § 13 Rn. 20, der aber im selben Zusammenhang bereits das Nichtbestehen der Obliegenheit annimmt.
209 BGH VersR 2005, 493, 495.
210 BGH r+s 2007, 366 f.; BGH VersR 2005, 493, 495.
211 So BGH VersR 2005, 493, 495 unter Abgrenzung von KG Berlin VersR 2003, 1119.
212 BGH VersR 2007, 629.
213 Vgl. für § 30 II B/M/*Brömmelmeyer*, § 30 Rn. 45: Fehlende Kenntnis des VN ist nicht Voraussetzung der Anzeigepflicht.
214 Anders BGH VersR 1965, 1190.
215 BGH VersR 1982, 182, 183; VersR 1965, 1190, 1191.
216 Für letztere B/M/*Heiss*, § 28 Rn. 58.
217 BGHZ 107, 368, 369; BGH VersR 2013, 609, 610; VersR 1992, 345.
218 BGH VersR 1999, 1134, 1135.
219 *Langheid*, in: FS E. Lorenz, S. 241, 256.
220 BGH VersR 2013, 609, 611; ablehnend *Langheid*, in: FS E. Lorenz, S. 241, 252 f.
221 *Langheid*, in: FS E. Lorenz, S. 241, 253.
222 BGHZ 107, 368, 371 f.; BGH VersR 2013, 609, 610; VersR 1991, 1129, 1130; OLG Saarbrücken VersR 2012, 845, 847.
223 BGH VersR 1991, 1129, 1130.
224 Dafür B/M/*Heiss*, § 28 Rn. 58; dagegen *Schirmer* ZVersWiss 1969, 353, 374 f.

§ 28 Verletzung einer vertraglichen Obliegenheit

der VN abdeckt.[225] Die Rspr.[226] nimmt jedoch an, dass die VN aus der Obliegenheit als Gesamthänder verpflichtet sind. Denn der Versicherungsanspruch stehe den VN als unteilbarer Anspruch zur gesamten Hand zu und könne nur ein einheitliches Schicksal haben. Deshalb rechnet man – insofern abweichend von § 425 BGB – die Obliegenheitsverletzung eines VN den anderen zu. Das soll nicht nur gelten, wenn die VN materiell-rechtlich an der versicherten Sache als Gesamthänder berechtigt sind, sondern auch, wenn sie Miteigentümer[227] oder gar Alleineigentümer bestimmter Teile der versicherten Sachgesamtheit (Hausrat)[228] sind. Wo ein eigenständiges Interesse der jeweiligen VN versichert ist, vor allem in der **Haftpflichtversicherung**, wird dagegen das Verschulden eines VN dem anderen nicht zugerechnet.[229] In der Literatur hat Heiss hieran Kritik geübt, weil die unterschiedlichen Ergebnisse nicht zu rechtfertigen seien.[230] Gegen die Annahme einer gesamthänderischen Berechtigung am Versicherungsanspruch und der gesamthänderischen Verpflichtung aus der Obliegenheit spricht der sachenrechtliche numerus clausus, nach dem es Gesamthandsgemeinschaften nur dort gibt, wo das Gesetz es anordnet. M.E. sollte man die Zurechnung bei Obliegenheiten analog § 425 BGB lösen, der durch den »soweit«-Einschub auch Raum lässt, den Besonderheiten des jeweiligen Versicherungsvertrages gerecht zu werden. Hier ist, umgekehrt zu den Einschränkungen des § 278 BGB, zu erwägen, inwieweit der Zweck des Versicherungsschutzes es gebietet, entgegen den Wertungen des § 425 BGB dem einen VN das Verhalten des anderen VN zuzurechnen.[231]

43 Obliegenheiten können nicht nur den VN, sondern auch den **Versicherten** treffen. Nach § 47 I kann auch eine Obliegenheitsverletzung des Versicherten zum Verlust des Leistungsanspruchs führen. Welche Obliegenheiten den Versicherten treffen, ergibt sich aus dem Vertrag.[232]

C. Kausalität
I. Überblick; Verhältnis zur Relevanzrechtsprechung

44 Nach § 28 III 1 wird der VR nicht leistungsfrei, soweit die Verletzung der Obliegenheit weder für den Eintritt oder die Feststellung des Versicherungsfalles noch für die Feststellung oder den Umfang der Leistungspflicht des VR ursächlich ist. Mit dieser der Beweislast (s. Rdn. 150 ff.) geschuldeten negativen Formulierung setzt das VVG für die Leistungsfreiheit des VR die **Kausalität der Obliegenheitsverletzung** voraus. Nicht kausale Obliegenheitsverletzungen führen nur bei Arglist des VN zur Leistungsfreiheit, Abs. 3 Satz 2. Diese Regelung wurde im Zusammenhang mit der **Abschaffung des Alles-oder-Nichts-Prinzips** nicht nur für vertragliche Obliegenheiten, sondern auch für andere Obliegenheiten eingeführt (§§ 21 II 1, 26 III Nr. 1, 82 IV 1). Nach der Gesetzesbegründung lehnt sich Abs. 3 an die Relevanzrspr. des BGH an. Abs. 3 soll Leistungsfreiheit ausschließen, wenn der VR durch die Obliegenheitsverletzung keinen Nachteil erlitten hat.[233] Aus generalpräventiven Gründen verliert der arglistige VN seinen Leistungsanspruch auch dann, wenn seine Obliegenheitsverletzung nicht kausal war.[234]

45 Das VVG verlangte auch vor der Reform Kausalität der Obliegenheitsverletzung, allerdings durchgängig nur bei Verletzung gefahrbezogener Obliegenheiten (§ 6 II a.F.), im Übrigen noch bei grob fahrlässigen Obliegenheitsverletzungen nach dem Versicherungsfall (§ 6 III a.F.). Verletzte der VN nicht gefahrbezogene Obliegenheiten vor dem Versicherungsfall, konnte Leistungsfreiheit ohne Kausalität eintreten. Abhilfe schufen die Gerichte im letztgenannten Fall durch § 242 BGB,[235] im Fall der vorsätzlichen Obliegenheitsverletzungen nach dem Versicherungsfall durch die ebenfalls auf § 242 gestützte sog. **Relevanzrspr.**[236] Der VR wurde danach nur leistungsfrei, wenn die Obliegenheitsverletzung generell geeignet war, das Interesse des VR zu gefährden, und wenn den VN schweres Verschulden traf (damit wurde ein Teilbereich des Vorsatzes beschrieben[237]). Bei Auskunftsobliegenheiten musste der VN zudem über den möglichen Anspruchsverlust belehrt worden sein. Für beide Rechtsfortbildungen ist nun angesichts des umfassenden Kausalitätserfordernisses kein Raum mehr.[238] Der von § 28 III 2 ausgenommene Fall der Arglist hätte auch unter der Relevanzrspr. zur Leistungsfreiheit geführt (schweres Verschulden).

---

225 P/M/*Armbrüster*, § 28 Rn. 87.
226 BGH VersR 2006, 258, 259 f. m.w.N.
227 BGH VersR 2006, 258, 259 m.w.N.
228 OLG Hamm VersR 1988, 508, 509.
229 BGH VersR 1967, 990, 991; L/W/*Wandt*, § 28 Rn. 101.
230 B/M/*Heiss*, § 28 Rn. 64.
231 Vgl. VersHb/*Looschelders*, § 17 Rn. 11.
232 B/M/*Heiss*, § 28 Rn. 71.
233 Begr. RegE BT-Drucks. 16/3945 S. 69.
234 Begr. RegE BT-Drucks. 16/3945 S. 69.
235 R/L/*Römer*[2], § 6 Rn. 42, 43; *Schimikowski*, Rn. 213.
236 BGH VersR 1998, 447 ff.; R/L/*Römer*[2], § 6 Rn. 60 m.w.N.
237 R/L/*Römer*[2], § 6 Rn. 82.
238 Für die Relevanzrspr. ebenso KG Berlin VersR 2011, 15, 16 f.; LG Saarbrücken ZfS 2010, 630, 631; HK-VVG/*Felsch*, § 28 Rn. 56.

II. Begriff

Um der Verschiedenartigkeit der Obliegenheiten gerecht zu werden, nennt § 28 III 1 vier verschiedene mögliche Kausalzusammenhänge. Allen ist gemeinsam, dass die Obliegenheitsverletzung für einen **Nachteil** des VR ursächlich gewesen sein muss.[239] Das folgt zwar nicht in allen Varianten des Abs. 3 aus dem Wortlaut (danach wäre auch eine Obliegenheitsverletzung ursächlich, die zu einem geringeren Umfang der Leistungspflicht geführt hat), aber aus dem Sinn der Norm, dem VN, der den VR nicht geschädigt hat, nicht seines Leistungsanspruchs zu berauben. Der Nachteil kann in dem Eintritt des Versicherungsfalls, in Schwierigkeiten seiner Feststellung oder der Feststellung der Leistungspflicht sowie in einem größeren Umfang der Leistungspflicht liegen.   46

Der RegE sagt zwar nicht ausdrücklich, was unter Ursächlichkeit i.S.v. Abs. 3 Satz 1 zu verstehen ist,[240] insbes., ob **abstrakte Kausalität** i.S.d. Relevanzrspr. maßgeblich ist (Eignung, die Interessen des VR in erheblicher Weise zu verletzen),[241] oder ob **konkrete Kausalität**[242] zu verlangen ist. Letzteres ist der Fall. Denn die Regierungsbegründung spricht zwar davon, man habe sich mit Abs. 3 an die Relevanzrspr. »angelehnt«, aber als Regelungsziel der Vorschrift wird eindeutig ausgesprochen, die bisherige Beschränkung des Kausalitätserfordernisses in § 6 III 2 a.F. auf grob fahrlässige Verletzungen solle entfallen.[243] Da § 6 III 2 a.F. auch konkrete Kausalität voraussetzte und man diesen Tatbestand ausweiten wollte, wird der konkrete Kausalitätsbegriff gemeint gewesen sein. Dafür spricht auch, dass der Wortlaut des Abs. 3 weitgehend mit § 6 II, III a.F. übereinstimmt. Rechtspolitisch wird diese Lösung für vorsätzliche Verstöße freilich für missglückt gehalten, weil bei Aufklärungsobliegenheiten kein »wirkliches« Sanktionsrisiko bestehe.[244] Allerdings können hier auch vor der Regulierung schon Nachteile für den VR entstehen.[245] Jedenfalls wird die **Arglist** des VN, die das Kausalitätserfordernis entfallen lässt, künftig häufiger Gegenstand von Rechtsstreitigkeiten werden.[246]   47

Bevor die Kausalität geprüft wird, ist zunächst der vom VR geltend gemachte **Nachteil festzustellen** – der Eintritt des Versicherungsfalles, die für den VR ungünstigeren Ergebnisse bei der Feststellung des Versicherungsfalles oder der Leistungspflicht sowie schließlich ein höherer Umfang der Leistungspflicht. Die Obliegenheitsverletzung ist **nicht kausal**, wenn der Nachteil des VR auch ohne die Obliegenheitsverletzung entstanden wäre[247] oder wenn die Obliegenheitsverletzung sich in keiner Weise auf den Eintritt/die Regulierung des konkreten Versicherungsfalles ausgewirkt hat.[248] Stehen dem VN mehrere Handlungsvarianten zur Erfüllung einer Obliegenheit offen, z.B. zur Abstellung des Autos auf einem »umfriedeten Abstellplatz«, fehlt es an der Kausalität, wenn die Wahl auch nur einer der Varianten den Nachteil für den VR nicht hätte vermeiden können.[249] Falschangaben sind dann nicht kausal für die Regulierung, wenn der VR vorher ihre Unrichtigkeit bemerkt.[250] Besteht der Obliegenheitsverstoß in einem Unterlassen, genügt der Nachweis, dass der Nachteil für den VR bei obliegenheitsgemäßen Verhalten des VN genauso eingetreten wäre.[251] Die Tatsache, dass die Kausalität stets negativ definiert wird, beruht auf der Beweislast: Der VN muss das Fehlen von Kausalität beweisen, um seinen Leistungsfreiheitsanspruch zu erhalten (anders § 81); näher s.u. Rdn. 150 ff. Kausalität kann auch nur **teilweise** bestehen, in der Weise, dass nur ein Teil des vom VR behaupteten Nachteils auf der Obliegenheitsverletzung beruht. Das ergibt sich aus dem klaren Wortlaut des Abs. 3 Satz 1 (»soweit«). Damit nicht zu verwechseln ist, dass die **Mitursächlichkeit** der Obliegenheitsverletzung genügt. Ist die Obliegenheitsverletzung zusammen mit anderen Ursachen kausal für den gesamten Nachteil des VR, dann liegt Kausalität bzgl. des gesamten Nachteils vor.[252]   48

III. Kasuistik

Zur Kausalität der Obliegenheitsverletzung für den **Eintritt des Versicherungsfalles** kann auf die Kommentierung zu § 81 verwiesen werden. Obliegenheitsverletzungen, die typischerweise zu Nachteilen bei der **Feststellung des Versicherungsfalles** führen, sind eine verspätete Anzeige nach § 30.[253] Allerdings ist erforderlich, dass das Ergebnis zum Nachteil des VR beeinflusst worden ist. Ein nur erschwertes oder anders   49

---

239 Vgl. R/L/*Rixecker*, § 28 Rn. 90.
240 So *Mergner* NZV 2007, 385, 390.
241 So *Langheid* NJW 2007, 3665, 3669.
242 OLG Naumburg VersR 2014, 621, 622; OLG Oldenburg VersR 2011, 1437, 1438; KG VersR 2011, 789, 790; P/M/*Armbrüster*, § 28 Rn. 243; R/L/*Rixecker*, § 28 Rn. 91; FAKomm-VersR/*Nugel*, § 28 Rn. 151 f.; Maier r+s 2007, 89, 91.
243 Begr. RegE BT-Drucks. 16/3945 S. 69.
244 *Meixner/Steinbeck*, § 6 Rn. 149; *Maier* r+s 2007, 89, 91 f.
245 KG Berlin VersR 2011, 789, 790; FAKomm-VersR/*Nugel*, § 28 Rn. 152.
246 *Rixecker* ZfS 2009, 5, 6; *Maier* r+s 2007, 89, 91.
247 R/L/*Rixecker*, § 28 Rn. 95.
248 BGH VersR 1997, 485, 486.
249 OLG Karlsruhe VersR 2012, 1249, 1251; B/M/*Heiss*, § 28 Rn. 169.
250 OLG Naumburg VersR 2014, 621, 622.
251 R/L/*Rixecker*, § 28 Rn. 95.
252 BGH VersR 1969, 247.
253 BGHZ 41, 327, 337.

verlaufenes Feststellungsverfahren genügt nicht.[254] Nachteile bei den **Feststellungen der Leistungspflicht** oder, was häufig zugleich gegeben ist, beim **Umfang der Leistungspflicht,** werden durch eine Obliegenheitsverletzung nicht schon herbeigeführt, weil der VN dem VR eigene Schadensermittlungen durch verspätete Anzeige des Versicherungsfalles unmöglich gemacht hat; es müssen mindestens Anhaltspunkte dafür bestehen, dass diese Erkenntnisquelle auch weitergehende Feststellungen ermöglicht hätte.[255] Verneint der VN fälschlich seine Vorsteuerabzugsberechtigung, korrigiert diese Angabe aber vor der Leistungsentscheidung des VR, fehlt die Kausalität der Falschangabe.[256] Zur Beweislast s. Rdn. 150 ff.

D. Verschulden

I. Überblick

50 Der VN muss Nachteile in Folge einer Obliegenheitsverletzung nur in Kauf nehmen, wenn ihn Verschulden trifft. Der Verschuldensbegriff des § 28 deckt sich wie der des gesamten VVG mit § 276 BGB.[257] Allerdings enthält § 28 ein nach drei verschiedenen Verschuldensformen (grobe Fahrlässigkeit, Vorsatz, Arglist) gestuftes Sanktionssystem, das zudem innerhalb der einen Verschuldensform (grobe Fahrlässigkeit) noch eine Quotenbildung vorsieht. Die vierte Verschuldensform, die einfache Fahrlässigkeit, bleibt sanktionslos. Die Anwendung des § 28 erfordert also, dass man das Verschulden sehr präzise auf der Verschuldensskala einordnet.

II. Grobe Fahrlässigkeit

51 Grob fahrlässig handelt, wer die im Verkehr erforderliche Sorgfalt gröblich, in hohem Grade, außer Acht lässt, wer nicht beachtet, was unter den gegebenen Umständen jedem einleuchten musste.[258] Eine andere Formulierung lautet, dass man einfachste Überlegungen nicht angestellt und keine Maßnahmen ergriffen hat, die jedermann einleuchten müssen.[259] Grobe Fahrlässigkeit verlangt damit einen **objektiv schweren Verstoß** gegen die im konkreten Fall gebotene Sorgfalt und ein **subjektiv unentschuldbares Verhalten**.[260] Subjektive Besonderheiten können im Einzelfall vom schweren Vorwurf der groben Fahrlässigkeit entlasten,[261] so z.B. in Verbindung mit bestimmten weiteren Umständen das sog. **Augenblicksversagen**,[262] können ihn aber auch erst begründen.[263]

52 *Looschelders* hat angedacht, subjektive Kriterien nur im Rahmen der Bestimmung der Quote nach § 28 II 1, nicht aber bei der Frage nach dem Vorliegen grober Fahrlässigkeit heranzuziehen,[264] sich aber i.E. zu Recht dagegen ausgesprochen, weil auch ein VN mit individuellen Defiziten Interesse an angemessenem Versicherungsschutz hat. Dieser bliebe ihm versagt, dürfte er sich nicht von grober Fahrlässigkeit mit dem Hinweis z.B. auf Übermüdung oder Debilität entlasten.

53 **Typische Fälle** grober Fahrlässigkeit sind nach der Rspr. – ohne dass in solchen Fällen stets und unter allen Umständen grobe Fahrlässigkeit gegeben sein müsste – der Rotlichtverstoß im Straßenverkehr, das Führen eines Kfz im Straßenverkehr trotz alkoholbedingter Fahruntüchtigkeit, das Überschreiten der Geschwindigkeitsbeschränkungen, vor allem innerorts sowie die Unkenntnis von vertraglichen Obliegenheiten nach dem Versicherungsfall.

54 Für die nach Abs. 2 Satz 2 erforderliche Bildung einer **Kürzungsquote** muss zwischen verschiedenen Graden grober Fahrlässigkeit differenziert werden (zu den Kriterien s. Rdn. 123 ff.), also etwa zwischen einfacher, normaler und schwerer grober Fahrlässigkeit,[265] nach a.A. hat eine Abwägung innerhalb der Verschuldensstufe der groben Fahrlässigkeit zu erfolgen, ohne dass Kategorien gebildet werden.[266]

55 Bei der Auswertung von **Urteilen zum früheren VVG** ist zu beachten, dass die Subsumtion von Sachverhalten unter das Tatbestandsmerkmal der groben Fahrlässigkeit vielfach von dem Bemühen geprägt war, die grobe Fahrlässigkeit und damit die harte Folge der völligen Leistungsfreiheit des VR zu vermeiden. Deshalb sollte man sich mit einem Blick in die Judikatur außerhalb des Versicherungsvertragsrechts vergewissern, ob sich das herangezogene versicherungsrechtliche Urteil in den Grenzen des üblichen Verständnisses von grober Fahrlässigkeit bewegt. Es ist zu erwarten, dass sich künftig die Grenze zur groben Fahrlässigkeit nach unten in den Bereich der vormals einfachen Fahrlässigkeit hineinbewegt.

---

254 BGHZ 41, 327, 337.
255 Bzgl. eigener Ermittlungen des VR s. BGH VersR 2001, 756, 757 (Kausalität verneint); OLG Celle VersR 1992, 1000; OLG Frankfurt (Main) VersR 1980, 326, 327 (Kausalität bejaht); *Looschelders* ZVersWiss 2011, 461, 472 f.
256 LG Dortmund Urt. v. 11.03.2010, 2 O 245/09, Juris Rn. 19 ff.
257 HK-VVG/*Felsch*, § 28 Rn. 72.
258 P/M/*Armbrüster*, § 28 Rn. 205 m.w.N.
259 Jeweils mit Nachweisen aus der Rspr. P/M/*Armbrüster*, § 28 Rn. 205.
260 BGH VersR 2011, 916, 917 m.w.N. aus der stRspr.; R/L/*Rixecker*, § 28 Rn. 68.
261 R/L/*Rixecker*, § 28 Rn. 68 m.w.N.
262 BGHZ 119, 147, 150; BGH VersR 2011, 916, 917; VersR 2003, 364, 365.
263 HK-VVG/*Felsch*, § 28 Rn. 97.
264 *Looschelders* VersR 2008, 1, 5; ebenso *Günther/Spielmann* r+s 2008, 177, 186.
265 *Marlow* VersR 2003, 43, 45.
266 *Nugel* Sonderbeilage zu MDR 2007, Heft 22, S. 23, 25 ff.

In der **neuen Judikatur** wird unter Geltung des neuen VVG nur **einfache Fahrlässigkeit** etwa dann angenommen, wenn der Fahrer nach 15 km langer Fahrt zur Arbeitsstelle und anschließender einstündiger Fahrt um 5.30 Uhr am Steuer einnickt, ohne dass er Anzeichen einer Übermüdung verspürt hatte.[267] Ein VN, der die Höhe der noch offenen Forderungen für das noch nicht ganz bezahlte KFZ um 15 % zu niedrig angibt, handele nicht grob fahrlässig, wenn er den Wert als ca.-Wert bezeichne.[268] Auch ein Mieter, der einen Topf mit heißem Fett und Kartoffelröllchen auf dem Herd vergisst, nachdem er die Küche verlassen hat, um den Fernseher anzuschalten, handelt nur einfach fahrlässig.[269] Das gleiche gilt für einen VN, der sicherstellt, dass sich permanent eine Person in dem Raum aufhält, in dem ein mit brennenden Kerzen bestückter Weihnachtsbaum steht.[270]

III. Vorsatz

Vorsatz erfordert das Wollen der Obliegenheitsverletzung im Bewusstsein des Vorhandenseins der Verhaltensnorm.[271] Als **Wissenselement** ist danach erforderlich, dass der VN die Tatumstände und auch die Verhaltensnorm kennt. Rechts- oder Tatsachenirrtümer schließen den Vorsatz grundsätzlich aus,[272] können aber Fahrlässigkeit begründen. Ein den Vorsatz ausschließender Rechtsirrtum liegt z.B. bei falscher Auskunft durch einen Anwalt vor.[273] Kein den Vorsatz ausschließender Rechtsirrtum liegt vor, wenn der VN glaubt, dass eine bestimmte Obliegenheit für ihn nicht gelte, weil er sie für sinnlos oder unzumutbar hält.[274] Bei klaren Rechtsvorschriften oder AVB ist der Rechtsirrtum über ihren Inhalt unbeachtlich,[275] allerdings lässt die Unkenntnis von ihrer Existenz den Vorsatz entfallen. Für die inhaltliche Kenntnis von der Obliegenheit ist von einer Parallelwertung in der Laiensphäre auszugehen.[276] Das **Wollenselement** des Vorsatzes liegt praktisch selten in Form der Absicht, sondern als einfacher direkter Vorsatz vor. Ausreichend ist auch bedingter Vorsatz,[277] der z.B. bei Aussagen ins Blaue hinein vorliegt.[278]

Vorsätzlich handelt z.B., wer gefälschte ärztliche Befundberichte vorlegt,[279] wer seine Unfallbeteiligung aktiv verschleiert und sich vom Unfallort entfernt,[280] aber auch, wer es an der Unfallstelle geschehen lässt, dass seine zum Unfallort herbeigerufene Mutter sich als Fahrerin ausgibt und diese Angaben später auch gegenüber dem VR gemacht werden,[281] wer sich trotz Kenntnis vom Unfall vom Unfallort entfernt,[282] wer die Frage des VR nach dem Alkoholgenuss des Fahrers nicht beantwortet[283] oder die Heizung[284] oder andere Wasser führende Leitungen[285] entgegen der in den AVB enthaltenen Pflicht nicht entleert. Für die im neuen VVG wegen des Wechsels der Beweislast wichtige Abgrenzung von bedingtem Vorsatz und grober Fahrlässigkeit ist entscheidend, was im Bewusstsein des Täters vorgegangen ist,[286] d.h. ob er sich mit der Schadenfolge abfindet[287] oder ob er sich von der Hoffnung leiten lässt, diese werde nicht eintreten. Verminderte **Zurechnungsfähigkeit** schließt den Vorsatz nicht aus,[288] wohl aber völlige Unzurechnungsfähigkeit.[289] Vorsatz ergibt sich nicht zwingend aus widersprüchlichen oder offenkundig unzureichenden Angaben in einer formularmäßig gestalteten Schadensanzeige.[290] Auch kann nicht schon allein deshalb auf Vorsatz geschlossen werden, weil eine Person mit einer BAK von deutlich über 1,1 Promille ein Fahrzeug führt.[291]

---

267 LG Nürnberg-Fürth r+s 2010, 145, 148.
268 LG Nürnberg-Fürth r+s 2010, 412, 413 f.
269 BGH VersR 2011, 916, 917 im Fall eines Regresses des Gebäudeversicherers.
270 LG Oldenburg VersR 2012, 1562, 1563.
271 P/M/*Armbrüster*, § 28 Rn. 188 m.w.N.; R/L/*Rixecker*, § 28 Rn. 63 m.w.N.
272 L/W/*Wandt*, § 28 Rn. 222 m.w.N.
273 BGH VersR 1981, 322, 322 f. im Anschluss an OLG Nürnberg VersR 1979, 561, 562; OLG Saarbrücken VersR 2012, 845, 846; L/W/*Wandt*, § 28 Rn. 222.
274 OLG Bremen VersR 2012, 1389, 1399.
275 BK/*Schwintowski*, § 6 Rn. 160.
276 OLG Frankfurt (Main) VersR 2016, 47.
277 Jeweils m.w.N. P/M/*Armbrüster*, § 28 Rn. 188; R/L/*Rixecker*, § 28 Rn. 63; FAKomm-VersR/*Nugel*, § 28 Rn. 68.
278 R/L/*Rixecker*, § 28 Rn. 63.
279 OLG Celle VersR 2014, 341, 342.
280 LG Ellwangen VersR 2011, 62 f.
281 KG Berlin VersR 2011, 875, 876.
282 OLG Frankfurt (Main) VersR 2016, 47; LG Offenbach ZfS 2013, 36, 37; LG Saarbrücken ZfS 2010, 630, 631.
283 LG Paderborn ZfS 2011, 98 m.Anm. *Rixecker*.
284 LG Mainz VersR 2010, 1449, 1450.
285 LG Wiesbaden ZfS 2011, 393.
286 OLG Köln VersR 1994, 339, 340.
287 HK-VVG/*Felsch*, § 28 Rn. 85.
288 BGH VersR 2006, 108, 109; P/M/*Armbrüster*, § 28 Rn. 190 m.w.N.
289 BGH VersR 1966, 458; OLG Saarbrücken VersR 2007, 532, 534.
290 OLG Karlsruhe VersR 2015, 62, 66, zunächst Nachfrageobliegenheit des VR.
291 *Brockmöller* ZfS 2013, 184, 185.

IV. Arglist

57 Arglist ist nach der Gesetzesbegründung »betrügerisches Verhalten«.[292] Dies stellt die Arglist allerdings unzureichend dar.[293] Der VN handelt arglistig, wenn er nicht nur direkten oder bedingten Vorsatz hinsichtlich der Obliegenheitsverletzung hat, sondern wenn ihm zusätzlich bewusst ist, dass sein Verhalten Einfluss auf das Verhalten des VR haben kann, und er sich damit zumindest abfindet (bewusstes und willentliches Einwirken auf das Verhalten des VR).[294] Im Einzelnen muss sich das Wissen und Wollen des VN beziehen auf:
(1) bei der Anzeigepflichtverletzung Einfluss auf den Vertragsabschluss (s. auch § 22),[295]
(2) bei der Pflicht zur Schadenabwendung oder -minderung Einfluss auf das Regulierungsverhalten,[296]
(3) bei der Gefahrerhöhung Einfluss auf das Festhalten an der vertraglichen Bindung, d.h. wenn der VN erkennt und billigt, dass der VR in die Gefahrerhöhung nicht einwilligen würde (Fälle des § 23 I) oder auf die Anzeige hin (Fälle des § 23 II und III) kündigen oder die Prämie erhöhen würde oder
(4) bei sonstigen Obliegenheitsverletzungen Einfluss auf das Regulierungsverhalten. Hier kommt Arglist wohl nur bei bestimmten Obliegenheiten, insbes. Anzeige- und Aufklärungsobliegenheiten,[297] in Betracht. Arglistiges Vernachlässigen einer gefahrvorbeugenden Obliegenheit ist allerdings auch nicht undenkbar.[298]

58 Ein engerer Arglistbegriff verlangt neben dem vorsätzlichen Obliegenheitsverstoß den bedingten Vorsatz des VN, den VR zu benachteiligen,[299] oder dass der VN einen gegen die Interessen des VR gerichteten Zweck verfolgt.[300] Praktisch werden sich i.d.R. kaum Unterschiede zu dem weiteren Arglistbegriff ergeben. Auch dann, wenn mit gefälschten Belegen der tatsächliche Wert der Sache nachgewiesen wird, kann Arglist in diesem engeren Sinne bejaht werden, weil der Wille darauf gerichtet ist, die Regulierung zu beschleunigen[301] und bereits darin ein Nachteil des VR liegt.[302]

59 Arglistiges Sich-der-Kenntnis-Verschließen steht u.U. der Kenntnis gleich, und zwar – insbes. bei Gefahrerhöhungen – unter folgenden Voraussetzungen: Der VN muss mit der Möglichkeit des Vorliegens gefahrerhöhender Umstände rechnen, und er geht davon aus, dass es für den Erhalt des Versicherungsschutzes auf seine Kenntnis von diesen Umständen ankommt und er nimmt von einer Überprüfung Abstand, damit sein Versicherungsschutz nicht gefährdet wird.[303] Auf diese Weise lassen sich u.U. auch Fälle erfassen, in denen ein VN ein Schadensformular durch einen Dritten ausfüllen lässt, ohne Fragen und Antworten zu lesen.[304]

E. Zurechnung des Verhaltens Dritter
I. Problemstellung und Überblick

60 Beim Zustandekommen und bei der Durchführung des Versicherungsvertrages sowie beim Umgang mit dem versicherten Risiko handelt der VN häufig nicht selbst, sondern durch Dritte. Im Rahmen von § 28 ist dann zu klären, ob das Verhalten und das Wissen des Dritten dem VN zuzurechnen ist und so eine schuldhafte Obliegenheitsverletzung begründen kann. Als Gegenstand der Zurechnung kommen die **Verletzungshandlung** und das **Verschulden** in Betracht, insbes. also **tatsächliche Verhaltensweisen**, **Erklärungen über Umstände** und die **Kenntnis von Umständen**. Das VVG enthält nur punktuell Zurechnungstatbestände, so dass der Rückgriff auf solche des BGB, insbes. §§ 164, 166, 278, zu erwägen ist.

61 Die h.M. lehnt eine direkte oder analoge Anwendung des § 278 BGB ab, befürwortet unter bestimmten Umständen aber eine Analogie zu § 166 I BGB (Wissensvertreter), manche auch eine Analogie zu § 164 I BGB (Wissenserklärungsvertreter). Soweit sich Zurechnungslücken ergeben, sind sie durch die **versicherungsspezifische Zurechnungsfigur** des Repräsentanten geschlossen worden.

---

292 Begr. RegE BT-Drucks. 16/3945 S. 49.
293 *Armbrüster*, Rn. 1554.
294 HK-VVG/*Felsch*, § 28 Rn. 87; *Knappmann* VersR 2011, 724.
295 BGH VersR 2009, 968, 969 und 2007, 785: Kein Erfahrungssatz, dass bewusst unrichtige Angaben immer und nur in der Absicht erfolgen, auf den Willen des VR einzuwirken; so auch OLG Köln VersR 2013, 1428, 1429.
296 BGH VersR 1986, 77; OLG Saarbrücken NJW-RR 2006, 607, 608; OLG Düsseldorf r+s 1996, 319, 320; LG Saarbrücken ZfS 2010, 630, 631; LG Düsseldorf ZfS 2010, 509 (Arglist bei unerlaubtem Entfernen vom Unfallort).
297 Z.B. OLG Hamm VersR 2015, 1019 f.; OLG München ZfS 2015, 213, 215; OLG Karlsruhe, VersR 2013, 1393, 1395; VersR 2010, 1448; OLG Naumburg VersR 2013, 577, 578 (Verschweigen von Unfallbeteiligung und Vorschäden); LG Ellwangen VersR 2011, 62, 62 f. (Verschleiern eigener Unfallbeteiligung und unerlaubtes Entfernen vom Unfallort); OLG Saarbrücken r+s 2016, 287, 290 (keine Arglist bei morgendlicher Meldung beim vermeintlich Geschädigten eines nächtlichen Unfalls); R/L/*Rixecker*, § 28 Rn. 105; *Schirmer* r+s 2014, 533, 538.
298 HK-VVG/*Felsch*, § 28 Rn. 89; *Schirmer* r+s 2014, 533, 537 f.; anders B/M/*Heiss*, § 28 Rn. 159.
299 LG Wuppertal ZfS 2016, 210, 211; *Prölss* VersR 2003, 669, 673; s. auch *ders.* ZVersWiss 2001, 471, 488.
300 BGH VersR 2013, 175, 176 a.E.; *Kärger*, Rn. 262.
301 *Armbrüster*, Rn. 1554; L/W/*Wandt*, § 28 Rn. 302.
302 I.E. auch *Kärger*, Rn. 262; auf der Grundlage des weiteren Arglistbegriffs bejaht die Arglist in diesen Fällen OLG Köln VersR 2004, 907; r+s 1999, 517, 518; gegen zu hohe Anforderungen an den Arglistbegriff, die die Abwehr unbegründeter Ansprüche weiter erschweren würden, *Hamann* VersR 2010, 1145, 1146.
303 BGH VersR 1982, 793; OLG Köln VersR 1990, 1226; R/L/*Langheid*, § 23 Rn. 39.
304 Vgl. aber OLG Saarbrücken VersR 2011, 1511, 1514 f., wo allerdings der Ausfüllende als Wissenserklärungsvertreter angesehen und die Arglist der VN verneint wird.

II. Gesetzliche Zurechnungstatbestände

Das VVG kennt einige spezielle Zurechnungstatbestände. Nach § 47 I sind bei der Versicherung für fremde 62
Rechnung auch Kenntnis und Verhalten des Versicherten zu berücksichtigen.[305] §§ 156, 179 III, 193 II treffen
vergleichbare Regelungen für Kenntnis und Verhalten der Person, auf die die Versicherung genommen ist.
§ 20 ordnet selbst keine Zurechnung an, aber modifiziert im Bereich rechtgeschäftlicher Erklärungen die Regelung des § 166 BGB zugunsten des VR dahingehend, dass Kenntnis und Arglist des VN sowie des Vertreters zusammen berücksichtigt werden müssen. Dieselbe Rechtsfolge hat § 2 III. Aus den genannten Regeln lassen sich angesichts ihres engen Anwendungsbereichs nicht, etwa im Wege der Gesamtanalogie, allgemeine Zurechnungsregeln entwickeln.

Von den Zurechnungstatbeständen des BGB sind **§§ 31, 89 BGB** unstreitig analog anwendbar, da juristische 63
Personen und vergleichbare Gebilde nur über diese Zurechnung überhaupt handlungsfähig werden und ohne
eine solche Zurechnung im Verhältnis zu natürlichen Personen bevorzugt würden.

Umstr. ist die Anwendbarkeit des **§ 278 BGB**. Sie kommt in erster Linie für **tatsächliche Verhaltensweisen** 64
des Dritten in Betracht, während §§ 164 I, 166 BGB bei Erklärungen über Umstände und Kenntnis von Umständen näher liegen. Die ganz **h.M.**[306] lehnt es ab, § 278 BGB anzuwenden und hat zur Ausfüllung der Lücke die Zurechnungsfigur des **Repräsentanten** entwickelt. Das entspricht schon der stRspr. des RG und wurde vom BGH fortgeführt.[307] Das Argument, Obliegenheiten fielen, da sie keine Verbindlichkeiten darstellten, nicht unter den Wortlaut des § 278 BGB,[308] überzeugt allein nicht.[309] Eine analoge Anwendung kommt aber, nimmt man eine Regelungslücke an,[310] nur bei vergleichbarer Interessenlage in Betracht. § 278 BGB beruht auf der Annahme, dass ein Schuldner, der einen Dritten zur Erfüllung seiner Pflichten einschaltet, für diesen auch einstehen will.[311] Diese Garantie will der VN aber keinesfalls für alle Dritten, die mit dem versicherten Risiko in Berührung kommen, übernehmen. Im Gegenteil besteht der Zweck des Versicherungsvertrages darin, auch solche Risiken des VN abzusichern, die Dritte in seinem Umfeld verursachen.[312] Für eine **vollständige Analogie** besteht daher keine Basis. Eine **beschränkte analoge Anwendung** könnte zu denselben Ergebnissen führen wie die Repräsentantenhaftung.[313] Nimmt man an, die versicherungsrechtlichen Obliegenheiten könnten angesichts ihrer Rechtsfolgen durchaus als Nebenpflichten bezeichnet werden, ist § 278 BGB seinem Wortlaut nach sogar **direkt anwendbar**, aber der soeben geschilderte Widerspruch zwischen dem Zweck des § 278 BGB und dem Zweck des Versicherungsvertrages erfordert eine korrigierende Einschränkung des § 278 BGB.[314] I.E. führen alle Lösungen – direkte, teilweise analoge Anwendung des § 278, Repräsentantenhaftung – daher nicht zu wesentlichen Unterschieden.[315] Für eine vorsichtige analoge oder direkte Anwendung des § 278 spricht **methodisch**, dass sie eine **vergleichende Rückbindung der versicherungsvertraglichen Besonderheiten an das allgemeine Zivilrecht gewährleistet**. *Heiss* weist zu Recht darauf hin, dass der Zweck des § 278 auch im Versicherungsrecht zum Tragen kommen kann.[316]

Die genannten Überlegungen sollen aber nach der h.L. nicht für den **gesetzlichen Vertreter** des VN gelten. 65
Eine versicherungszweckwidrige Ausweitung der Verantwortlichkeit des VN sei nicht zu befürchten und deshalb sei **§ 278 BGB analog anwendbar**.[317] Das RG hatte in einem Fall, in dem der Vater der VN das versicherte Haus durch Brandstiftung zerstört hatte, § 278 BGB für nicht anwendbar erklärt, weil die Obliegenheit keine Verbindlichkeit sei. Es hatte dann geprüft, ob der VN das Verhalten des Vaters über die Figur des Repräsentanten zuzurechnen sei.[318] M.E. muss auch hier danach differenziert werden, ob nach dem Zweck des Versicherungsvertrages auch Schäden durch den gesetzlichen Vertreter erfasst werden sollten, oder ob letzterer als Repräsentant in die Durchführung und Erfüllung des Vertrages eingeschaltet war.[319] Eine **generelle analoge Anwendung des § 278 BGB auf gesetzliche Vertreter ist nicht gerechtfertigt**.

---

305 Näher HK-VVG/*Muschner*, § 47 Rn. 1; gegen den Charakter als Zurechnungsnorm B/M/*Heiss*, § 28 Rn. 70.
306 BGH VersR 2006, 1530, 1533; NJW-RR 2003, 1250, 1251 m.w.N. (stRspr.); R/L/*Rixecker*, § 28 Rn. 37; VersHb/*Looschelders*, § 17 Rn. 26; *Armbrüster*, Rn. 1511.
307 RGZ 117, 327, 328, 329 (zu § 61 VVG a.F.) m.w.N.; BGHZ 11, 120, 122 (zu § 61 VVG a.F.); *Römer* NZV 1993, 249, 250.
308 R/L/*Rixecker*, § 28 Rn. 37.
309 HK-VVG/*Felsch*, § 28 Rn. 109.
310 Anders R/L/*Römer*², § 6 Rn. 145.
311 Näher VersHb/*Looschelders*, § 17 Rn. 25.
312 BGHZ 11, 120, 123 (zu § 61 VVG a.F.); *Looschelders* VersR 2008, 1, 4 (zu § 81 VVG); *Mordfeld*, S. 36.
313 Vgl. etwa PWW/*Schmidt-Kessel*, § 278 Rn. 6.
314 B/M/*Heiss*, § 28 Rn. 81 a.E.; P/M/*Armbrüster*, § 28 Rn. 95.
315 *Looschelders* r+s 2015, 581, 589; *Wandt*, Rn. 668.
316 B/M/*Heiss*, § 28 Rn. 81.
317 VersHb/*Looschelders*, § 17 Rn. 27; B/M/*Heiss*, § 28 Rn. 76.
318 RGZ 135, 370, 371 f.
319 Das zeigt auch die Entscheidung des RG, das den Fall zurückverwies. Es sei zu klären, ob der Vater tatsächlich Repräsentant war oder ob er der VN das Haus (eine Bäckerei) zum selbständigen Betrieb (§ 112 BGB) überlassen habe.

66 Umstr. ist des Weiteren, ob §§ **164 I, 166 BGB** bei Erklärungen über Umstände und Kenntnis von Umständen analog anwendbar sind, wenn Dritte im Umfeld des VN die betreffenden Erklärungen abgeben (z.B. Anzeigepflichten nach § 16 für den VN erfüllen, sog. **Wissenserklärungsvertreter**) oder bestimmte Umstände kennen (z.B. Kenntnis von einer Gefahrerhöhung haben, von der der VN nichts weiß; sog. **Wissensvertreter**).

67 Festzuhalten ist zunächst, dass die genannten Vorschriften ohne weiteres anwendbar sind, wenn **materiellrechtlich eine Stellvertretung vorliegt**; die Modifikationen durch die §§ 2 III, 20 sind zu beachten. Dabei ist nach § 166 I BGB die Kenntnis des Vertreters, nach § 164 I BGB seine Erklärung zuzurechnen, und zwar nicht nur Willenserklärungen, sondern in analoger Anwendung des § 164 I BGB auch Anzeigen, die der Vertretene schuldet.[320]

68 Ist der Dritte, wie häufig, **nicht als Stellvertreter** tätig, ist nach h.M.[321] § 166 I BGB für die Zurechnung von Kenntnissen und von Wissenserklärungen analog anwendbar. Eine zutreffende vordringende Ansicht will zur Zurechnung von Wissenserklärungen nicht § 166 I BGB, sondern § 164 I BGB analog anwenden,[322] was deshalb überzeugt, weil es der allgemeinen Dogmatik des Stellvertretungsrechts (s.o.) entspricht. Nur für die Zurechnung des Wissens selbst greift § 166 I BGB analog. Die z.T. vertretene Zurechnung über § 278 BGB[323] ist als zu weitreichend abzulehnen.

III. Repräsentant
1. Begriff

69 Die Rechtsfigur des Repräsentanten füllt im Bereich des tatsächlichen Handelns für den VN die Lücke, die sich aus der Unanwendbarkeit des § 278 BGB ergibt (s.o.). Zugerechnet wird dem VN ein Verhalten eines Dritten nur, wenn dieser Repräsentant des VN ist. Hinter der sogleich zu erläuternden Definition verbirgt sich eine **Abwägung** der oben schon dargelegten Interessen. Der VN soll einerseits in gewissem Umfang selbst die Risiken tragen, die sich daraus ergeben, dass er Dritte in den Umgang mit dem versicherten Risiko und in die Vertragsdurchführung einschaltet; die Position des VR soll sich dadurch nicht verschlechtern.[324] Das ist letztlich auch der Gedanke, auf dem § 278 BGB beruht. Andererseits soll der VN, so der Zweck des Versicherungsvertrages, grundsätzlich auch gegen Schäden versichert sein, die ihm Dritte zufügen, so dass nicht das Verhalten eines jeden Dritten zugerechnet werden kann.[325]

70 Der Begriff des Repräsentanten wurde bewusst nicht im neuen VVG legaldefiniert, da eine gesetzliche Regelung nicht den vielfältigen Kriterien des Einzelfalls gerecht werden kann.[326] Es gelten daher die Grundsätze der **Rspr.** fort.[327] Nach der Formel des BGH ist Repräsentant, »**wer in dem Geschäftsbereich, zu dem das versicherte Risiko gehört, aufgrund eines Vertretungs- oder ähnlichen Verhältnisses an die Stelle des VN getreten ist.**«[328]

71 Von dieser Formel sind nach der Rspr. zwei Fallgruppen erfasst: die Repräsentanz kraft **Risikoverwaltung** und kraft **Vertragsverwaltung**.[329] In der Literatur werden Notwendigkeit und Sachgerechtigkeit der zweiten Fallgruppe z.T. angezweifelt, weil die Fälle der Repräsentanz kraft Vertragsverwaltung durch andere Zurechnungsgründe gelöst werden können, nämlich durch die Wissenserklärungsvertretung, soweit Aufklärungs- oder Anzeigeobliegenheiten betroffen sind.[330] Soweit der Umgang mit dem versicherten Risiko in Rede stehe, könne eine Repräsentanz in der Vertragsverwaltung ohnehin keine Zurechnung rechtfertigen.[331] Letzterem hat sich der BGH angeschlossen und dem VN die Herbeiführung des Versicherungsfalles durch den Dritten (Brandstiftung) nicht zugerechnet, weil der Dritte nicht in die Risiko- sondern nur in die Vertragsverwaltung eingebunden war.[332]

---

320 Palandt/*Ellenberger*, Einf. v. § 164 Rn. 3, soweit geschäftsähnliche Handlung und nicht nur Realakt vorliegt.
321 Zum Wissenserklärungsvertreter: BGHZ 122, 388, 389 m.w.N.; *Knappmann* VersR 1997, 261, 265; *Mordfeld*, S. 42; für den Wissensvertreter: *van Bühren* NJW 2007, 3606, 3608.
322 B/M/*Heiss*, § 28 Rn. 98; VersHb/*Looschelders*, § 17 Rn. 92; *Bruns* ZVersWiss 2007, 485, 490.
323 P/M/*Armbrüster*, § 28 Rn. 154.
324 Vgl. BGH VersR 2012, 219, 222; NJW 2007, 2038, 2039; NJW-RR 2003, 1250 f.; VersR 1990, 736; RG, Gruchot 47, 991, 994; *Looschelders* r+s 2015, 581, 589.
325 OLG Hamm r+s 1990, 345, 346.
326 Begr. RegE BT-Drucks. 16/3945 S. 79 (zu § 81 VVG).
327 *Staudinger* NJW 2007, 2038, 2041 (zu § 81 VVG).
328 RGZ 135, 370, 371; BGHZ 107, 229, 230; 122, 250, 252 f.; BGH NJW-RR 2003, 1250 f.; VersR 1993, 1229, 1230; 1993, 828, 829; 1965, 149, 150; 1964, 475.
329 **Früher** wurden Risiko- und Vertragsverwaltung als kumulativ notwendige Voraussetzung für die Repräsentanteneigenschaft angesehen (so noch BGH NJW-RR 1991, 1307, 1308). Diese Rspr. wurde jedoch **aufgegeben**, so dass es nicht erforderlich ist, dass dem Dritten zusätzlich zur Risikoverwaltung auch die Berechtigung zur Verwaltung des Versicherungsvertrages übertragen wird (BGHZ 122, 250, 253 VersR 1993, 1098 m.Anm. *Lücke*).
330 VersHb/*Looschelders*, § 17 Rn. 44 ff.; B/M/*Heiss*, § 28 Rn. 97.
331 VersHb/*Looschelders*, § 17 Rn. 44 ff.
332 BGH VersR 2007, 673, 674.

Für beide Fallgruppen gilt danach, dass die Zurechnung im Umfang begrenzt ist. **Der VN muss sich Repräsentantenverhalten nur insoweit zurechnen lassen, als er den Dritten an seine Stelle hat treten lassen.** Überträgt er dem Dritten die selbstständige Wahrnehmung seiner Befugnisse nur in einem bestimmten abgrenzbaren Geschäftsbereich, ist die Zurechnung darauf beschränkt und kann nicht auf andere Tätigkeitsbereiche ausgedehnt werden.[333] Eine auf einen bestimmten Bereich bezogene Repräsentantenstellung kommt insbes. bei Geschäfts- und Betriebsversicherungen in Betracht.[334]

2. Repräsentant kraft Risikoverwaltung

Sie liegt unter folgenden drei Voraussetzungen vor: (1) Der Dritte muss **aufgrund eines Vertretungs- oder ähnlichen Rechtsverhältnisses** tätig werden. Auf eine rechtsgeschäftlich übertragene Vertretungsmacht kommt es nicht an[335] und umgekehrt ist nicht jeder rechtsgeschäftliche Vertreter auch Repräsentant.[336] Nicht entscheidend ist zudem, ob der Repräsentant im mutmaßlichen Willen des VN gehandelt hat.[337] Auch der »Repräsentantenexzess« wird dem VN zugerechnet,[338] z.T. sogar die vorsätzliche Schädigung des VN durch den Repräsentanten.[339] Der Dritte muss (2) **in dem Geschäftsbereich tätig sein, zu dem das versicherte Risiko zählt**[340] und er muss (3) **befugt sein, selbstständig in einem gewissen, nicht ganz unbedeutenden Umfang für den VN zu handeln.** Die bloße Überlassung der Obhut über die versicherte Sache reicht nicht aus.[341] Nötig ist allerdings auch nicht eine vollständige Entledigung hinsichtlich der Verfügungsbefugnis und Verantwortlichkeit für den versicherten Gegenstand,[342] so dass Repräsentant auch sein kann, wem nicht die alleinige Verantwortlichkeit übertragen ist.[343] Z.T. wird eine Risikoverwaltung für längere Zeit verlangt.[344] Im Einzelnen ist das eine Frage tatrichterlicher Würdigung.[345] Sinn und Zweck der jeweiligen Versicherungssparte sind zu beachten.[346] Maßgeblich ist, ob der VN die von der Sachnutzung zu unterscheidende Risikoverwaltung über die versicherte Sache ohne wesentliche Einschränkung und Vorbehalte an den Repräsentanten abgegeben hat.[347] Der unfreiwillige Verlust der Verfügungsbefugnis des VN an den Dritten genügt nicht.[348]

3. Repräsentant kraft Vertragsverwaltung

Auch der Repräsentant kraft Vertragsverwaltung muss **aufgrund eines Vertretungs- oder ähnlichen Rechtsverhältnisses** tätig werden (s.o.). Erforderlich ist weiter, dass er die Vertragsverwaltung **selbstständig, in einem gewissen Umfang**[349] **und eigenverantwortlich ausübt**.[350] Ob die Vertragsverwaltung vor oder nach Eintritt des Versicherungsfalls übertragen wurde oder ob sie sich auf die Zeit vor oder nach dem Versicherungsfall erstreckt, ist unerheblich. Maßgeblich ist allein, ob der Pflichtenkreis die betreffende Obliegenheit erfasste.[351]

4. Kasuistik

Wer Repräsentant ist, hängt vom Einzelfall ab, insbes. von der jeweiligen Vertragsgestaltung, dem Sinn und Zweck der jeweiligen Versicherungssparte[352] und der tatsächlichen Übung. Bei der im Folgenden dargestell-

---

333 BGH VersR 2007, 673, 674; VersR 1986, 541, 542 (nicht jeder rechtsgeschäftliche Vertreter ist Repräsentant, insbes. nicht für andere Tätigkeitsbereiche).
334 BGH VersR 2007, 673, 674; VersR 1971, 538, 539 (eingeschränkte Verantwortlichkeit für Verkehrssicherheit des einzelnen Fahrzeugs).
335 *Römer* NZV 1993, 249, 251.
336 OLG Köln r+s 1993, 69, 70.
337 BK/*Schwintowski*, § 6 Rn. 212; HK-VVG/*Felsch*, § 28 Rn. 121; R/L/*Römer*²; § 6 Rn. 148.
338 HK-VVG/*Felsch*, § 28 Rn. 121.
339 BGH VersR 1981, 822; OLG Hamm VersR 1987, 1002 (LS); anders LG Münster VersR 1988, 732; *Looschelders* VersR 1999, 666, 673; anders für die KfZ-Haftpflichtversicherung BGH VersR 1971, 239, 241; OLG Nürnberg VersR 2001, 634; OLG Köln VersR 2000, 1140.
340 BGH VersR 2007, 673, 674.
341 RGZ 117, 327, 329; BGHZ 122, 250, 253; BGH NJW-RR 2003, 1250 f.; VersR 1993, 828, 829; VersR 1990, 736; VersR 1965, 149, 150; OLG München VersR 2006, 1492; OLG Koblenz NJW-RR 2005, 825.
342 So aber noch BGHZ 107, 229, 233; BGH VersR 1990, 736; VersR 1989, 737, 738; OLG Frankfurt (Main) VersR 2005, 1232.
343 BGH NJW-RR 2003, 1250, 1251 (VN nutzte Räume in dem Gebäude, für das sonst der Ehemann verantwortlich war).
344 *Römer* NZV 1993, 249, 251.
345 OLG München VersR 2006, 1492, 1493.
346 RGZ 37, 149, 150.
347 BGH NJW-RR 2003, 1250, 1251, Abgrenzung zu BGHZ 107, 229.
348 LG Münster VersR 1988, 732, 733.
349 »So umfassend, dass der Dritte insoweit an die Stelle des VN tritt« verlangt R/L/*Rixecker*, § 28 Rn. 42.
350 BGHZ 122, 250, 254; BGH NJW 2007, 2038, 2039; VersR 1996, 1229, 1230; OLG Koblenz VersR 2005, 825 f.; VersR 2004, 642 m.w.N.
351 Vgl. *Knappmann* VersR 1997, 261, 263.
352 RGZ 37, 149, 150.

ten Kasuistik ist zu beachten, dass ältere Entscheidungen auf ihre Vereinbarkeit mit der jüngeren, großzügigeren Rspr. zu prüfen sind (Wegfall des Erfordernisses von kumulativer Risiko- und Vertragsverwaltung sowie der Voraussetzung des vollständigen Begebens der Verantwortung).

a) Ehegatten/Lebensgefährten

76 Die Stellung als Ehegatte oder Lebensgefährte allein begründet noch **keine Repräsentantenstellung**,[353] sondern es müssen die Voraussetzungen der Repräsentantenhaftung erfüllt sein,[354] für deren Vorliegen keine tatsächliche Vermutung spricht.[355] Die bloße Mitobhut an den Sachen des Ehegatten aufgrund der ehelichen Lebensgemeinschaft genügt nicht,[356] auch nicht bei längerfristiger Abwesenheit des Ehepartners,[357] etwa im Falle des Auszugs aus der gemeinsamen Wohnung aufgrund der Einleitung des Scheidungsverfahrens,[358] bei Übertragung der Obhut oder der notwendigen Sicherheitsmaßnahmen zur Schadensverhütung,[359] bei vorübergehender Übertragung der Benutzungsmöglichkeit und der Obhut eines Pkw während eines Krankenhausaufenthaltes[360] oder bei vorübergehender Überlassung der Obhut über die Sache (Pkw) während eines Auslandsaufenthaltes.[361]

77 Der Partner ist **Repräsentant in der Kfz-Versicherung**, wenn er das versicherte Kfz ständig oder überwiegend benutzt, im Besitz der Papiere und sämtlicher Schlüssel ist und jeden Fahrzeugschaden wirtschaftlich trägt,[362] wenn er Besitzer, Halter und Leasingnehmer des Fahrzeugs ist, das zu seinem Betriebsvermögen gehört, und er sämtliche Kosten trägt,[363] wenn der Ehegatte das Fahrzeug für seine gewerblichen Fahrten nutzt, alle Kosten trägt und der VN die Versicherung lediglich abgeschlossen hat, da er einen höheren Schadensfreiheitsrabatt erhalten hat,[364] wenn er das Fahrzeug ganz überwiegend nutzt und die gesamte Schadensabwicklung übernimmt,[365] wenn ihm die Schadensabwicklung und sämtliche Versicherungsangelegenheiten übertragen wurden[366] (Vertragsverwaltung). Er ist **nicht Repräsentant**, wenn er das Fahrzeug lediglich mitbenutzt,[367] im Fall vorübergehender Übertragung der Benutzungsmöglichkeit und der Obhut eines Pkw während eines Krankenhausaufenthaltes,[368] wenn die Ehegatten eine gemeinsame Kaskoversicherung abgeschlossen haben und beide das Fahrzeug nutzen,[369] wenn der VN den Wagen nur selten benutzt und die Versicherung zur Erreichung eines günstigeren Tarifs abschließt,[370] wenn der Ehegatte das Fahrzeug lediglich mitbenutzt und der VN die Verfügungsbefugnis nicht freiwillig i.S. einer Übertragung auf den Dritten aufgegeben hat,[371] wenn er den Wagen lediglich überwiegend nutzt.[372]

78 Der Partner **ist Repräsentant**, wenn er im **gewerblichen Bereich** eingesetzt wird und die Voraussetzungen der Repräsentanteneigenschaft unabhängig von der Ehegatteneigenschaft bejaht werden können[373], also bei Führung des Handelsgeschäfts des VN durch den Ehegatten,[374] **nicht** dagegen bei bloßem Angestelltenver-

---

[353] Zum Ehegatten: BGH NJW-RR 1994, 988; VersR 1990, 736; VersR 1988, 240; VersR 1982, 463, 465; VersR 1965, 425, 429 m.w.N. zur Rspr. des RG; OLG Karlsruhe VersR 1991, 1048; OLG Hamm VersR 1990, 509, 510; nach *Schimikowski* VW 1996, 626, Fn. 31 stRspr.; zum Lebensgefährten: BGH VersR 1988, 240; OLG Hamm NJW-RR 1990, 993, 994; VersR 1989, 509, 510.
[354] BGH NJW-RR 1990, 1305, 1306; VersR 1982, 463; OLG Karlsruhe VersR 2013, 1123, 1125 f.; OLG Köln r+s 2006, 379, 380; VersR 1999, 311, 312; OLG Hamm NJW-RR 1990, 993, 994; OLG Düsseldorf VersR 1984, 1060, 1061; *Schimikowski* VW 1996, 626, 628; BK/*Schwintowski*, § 6 Rn. 216 mit Beispielen.
[355] OLG Karlsruhe VersR 2013, 1123, 1126; OLG Koblenz VersR 2004, 1410, 1411; OLG Koblenz VersR 1999, 1231.
[356] BGH VersR 1965, 425, 429; VersR 1993, 828 (allg. zur Repräsentantenstellung); OLG Karlsruhe VersR 1991, 1048; OLG Braunschweig VersR 1986, 331.
[357] So bereits RGZ 117, 327, 329.
[358] OLG Braunschweig VersR 1986, 331.
[359] LG Berlin 1982, 83, 84.
[360] OLG Köln VersR 1990, 1226, 1227.
[361] OLG Koblenz VersR 2004, 1410; anders OLG München VersR 1986, 585 m.w.N.; OLG Frankfurt (Main) VersR 1988, 820, 821 mit zusätzlicher Begr. im Einzelfall.
[362] LG Karlsruhe VersR 1976, 58; AG Düsseldorf VersR 1990, 1229, 1230.
[363] OLG Hamm VersR 1996, 225.
[364] OLG Oldenburg VersR 1996, 746 (Kasko-Versicherung).
[365] OLG Köln VersR 1986, 1233, 1235.
[366] OLG Bremen VersR 1998, 1149.
[367] OLG Karlsruhe VersR 2013, 1123, 1125; OLG Hamm VersR 1988, 240, 241; LG Paderborn ZfS 2007, 636, 637.
[368] OLG Köln VersR 1990, 1226, 1227.
[369] OLG Düsseldorf VersR 1984, 1060, 1061.
[370] LG Aachen VersR 1986, 1095, 1096.
[371] LG Münster VersR 1988, 732, 733.
[372] OLG Frankfurt (Main) VersR 2005, 1232.
[373] *Schirmer*, S. 33 f. m.w.N.
[374] BGH NJW-RR 1988, 920, 921 (vorangehend OLG Hamm VersR 1988, 26); OLG Köln VersR 2005, 1281, 1282; OLG Koblenz VersR 2004, 642; OLG Frankfurt r+s 1988, 143 (LS).

hältnis[375] oder wenn VN und Ehepartner in gleichem Umfang im Betrieb tätig sind,[376] ebenso wenig, wenn während krankheitsbedingter Abwesenheit des VN als Betriebsinhaber der Ehegatte tätig wird, sofern mit diesem Rücksprache in wichtigen Dingen gehalten wird.[377]

Er ist ferner dann **Repräsentant,** wenn ihm die Obhut und Verwaltung des feuerversicherten Gebäudes mit allgemein umfassender Vollmacht durch den VN übertragen wurde,[378] wenn er alleiniger Inhaber der tatsächlichen Obhut ist und Verfügungsbefugnis hinsichtlich der versicherten Gegenstände hat, die seinem persönlichen Gebrauch dienen,[379] wenn der versicherte Gegenstand allein seinem Gebrauch dient (beispielsweise Schmuck) und er allein darüber entscheidet,[380] wenn er die vollständige Obhut hinsichtlich des versicherten Gegenstandes innehat[381] oder wenn er die Abrechnungen mit der Krankenversicherung des Ehepartners vollständig und eigenverantwortlich vornimmt.[382]

b) Sonstige Angehörige

Die **Repräsentanteneigenschaft ist gegeben,** wenn Eltern ihr Anwesen auf ihr Kind übertragen und noch die volle Verwaltung ausüben,[383] wenn der Vater eine Gaststätte für seinen Sohn betreibt, während dieser bei der Bundeswehr ist,[384] wenn der eine Elternteil als faktischer Betriebsinhaber anzusehen ist,[385] wenn ein Familienangehöriger als eigenverantwortlicher Geschäftsführer auftritt,[386] wenn der Vater ein Geschäft für sein minderjähriges Kind führt,[387] wenn der Sohn für die Mutter die selbständige Leitung ihres Geschäfts übernimmt, das versicherte Fahrzeug allein nutzt und verfügungsbefugt ist,[388] wenn der Sohn im Geschäft des Vaters mitarbeitet und das Geschäftsfahrzeug zu einer Privatfahrt nutzt,[389] wenn der Sohn die Versicherungsbeiträge entrichtet, er in der Doppelkarte eingetragen ist und alleiniger Halter des Wagens ist,[390] wenn der Vater als Vertragsverwalter einzuordnen ist,[391] wenn der Schwager uneingeschränkt über ein gemeinsam angeschafftes Fahrzeug verfügen kann und abgesehen von vereinzelten Besorgungsfahrten für den VN allein nutzt,[392] wenn der Bruder das leer stehende Haus bei längerer Abwesenheit kontrolliert, ihm eine notarielle Generalvollmacht gegeben wurde und er gegenüber dem VR als Eigentümer auftritt[393] oder wenn der Sohn über die Nutzung und Instandsetzung des Fahrzeugs allein entscheidet.[394] Die **Repräsentanteneigenschaft fehlt** bei gemeinsamer Bewirtschaftung eines Hofes durch Mutter und Sohn, wenn sämtliche Angelegenheiten des Hofes gemeinsam besprochen werden,[395] wenn der Sohn im Geschäft des Vaters lediglich mitarbeitet,[396] wenn die Tochter in dem Antrag auf Abschluss der Kraftfahrtversicherung und in der Schadensanzeige als Halterin bezeichnet wird, das Fahrzeug jedoch nur überwiegend und nicht ausschließlich von ihr gefahren wird,[397] wenn der zuhause wohnende Sohn bei Abwesenheit der VN »nach dem Rechten sieht« und nur gelegentlich Arbeiten für sie übernommen hat,[398] wenn der Sohn den Privatwagen der Mutter nutzt,[399] wenn der im Betrieb des Vaters mitarbeitende Sohn das Firmenfahrzeug benutzt, auf das mehrere Mitarbeiter Zugriff hatten, selbst wenn er als alleiniger Nutzer anzusehen ist[400] oder wenn der Sohn ein- bis zweimal im Haus der Mutter aufgrund deren krankheitsbedingter Abwesenheit nach dem Rechten sieht.[401]

---

375 OLG Hamm VersR 1990, 1230.
376 OLG Köln r+s 1993, 69, 70.
377 OLG Köln r+s 1993, 69, 70.
378 OLG Hamm VersR 1987, 1002 (LS).
379 OLG Düsseldorf VersR 1996, 749, 750 (LS), 751; OLG Hamburg VersR 1979, 736.
380 OLG Köln; VersR 1999, 311, 312 (Reisegepäckversicherung); OLG Düsseldorf r+s 1995, 426.
381 LG Bielefeld VersR 1990, 1354 (Reisegepäckversicherung).
382 BGH VersR 2012, 219, 222; hierzu krit. *Looschelders* r+s 2015, 581, 590.
383 OLG Köln r+s 1996, 7, 9.
384 BGH NJW-RR 1991, 1307, 1308.
385 OLG Köln r +s 1995, 308, 310; VersR 1996, 94; OLG Düsseldorf r+s 2002, 379, 381.
386 OLG Köln VersR 2005, 357, 358 m.w.N.
387 RGZ 135, 370, 372; OLG Düsseldorf VersR 1958, 757, 758.
388 LG Köln VersR 1958, 337.
389 LG Karlsruhe VersR 1967, 174, laut BK/*Schwintowski*, § 6 Rn. 221 fragwürdig.
390 OLG Köln r+s 2003, 56.
391 OLG Köln NJW-RR 2003, 1112 (nachgehend BGH VersR 2007, 673: Aufhebung und Rückverweisung der Sache).
392 OLG Bamberg r+s 2005, 459, 460.
393 OLG Köln r+s 2006, 114.
394 OLG Oldenburg VersR 1996, 841, 842.
395 OLG Hamm VersR 1977, 1145, 1146.
396 OLG Hamm r+s 1990, 345, 346.
397 OLG Koblenz NJW-RR 2005, 828, 829.
398 OLG Hamm VersR 1982, 966.
399 OLG Frankfurt (Main) r+s 2003, 146, 147.
400 OLG Köln r+s 2003, 278, 279.
401 OLG Koblenz NJW-RR 2005, 825, 826.

c) Personen im betrieblichen Bereich

81 Bei Betriebsleitern und ähnlichen Personen kommt es immer auf die konkrete Gestaltung der Tätigkeit an, insbes. darauf, ob der VN bereit und in der Lage ist, jederzeit einzugreifen, und ob er Maßnahmen zur Überwachung des Betriebsleiters getroffen hat.[402] Auch hier sind also die Umstände des Einzelfalls maßgeblich.[403] Ist der Betreffende **Organ** des Unternehmensträgers, z.B. AG-Vorstand, GmbH-Geschäftsführer oder geschäftsführender Gesellschafter einer Personengesellschaft, ist sein Verhalten analog § 31 BGB der unternehmenstragenden Gesellschaft zuzurechnen.[404] Eines Rückgriffs auf die Figur des Repräsentanten bedarf es nicht, auch wenn vor allem die Praxis und die Literatur das wohl überwiegend annimmt.[405] Der **Prokurist** kann Repräsentant sein,[406] **nicht** aber hinsichtlich der Kfz-Haftpflichtversicherung, wenn ihm der Dienstwagen zur betrieblichen und privaten Nutzung übertragen wird, er jedoch nicht verpflichtet wird, das Fahrzeug in verkehrs- und betriebssicheren Zustand zu erhalten.[407] Der **Betriebsleiter** ist nicht grundsätzlich Repräsentant,[408] insbes. dann nicht, wenn er nur einen eingeschränkten Entscheidungsspielraum hat,[409] anders bei eigenverantwortlicher Entscheidungsbefugnis; alleinige Obhut zu verlangen ist jedoch unrealistisch, auch sollte die Kontrollmöglichkeit durch Vorstand usw. als notwendige Organisationsmaßnahme die Repräsentantenstellung nicht ausschließen.[410] **Repräsentanteneigenschaft wurde angenommen** für den Leiter eines Supermarktes,[411] Betriebs- und Abteilungsleiter,[412] den faktischen Betriebsleiter,[413] wenn er die Risikoverwaltung ausübt,[414] oder wenn die Unternehmensführung nur formal einem Dritten übertragen wurde;[415] des Weiteren für einen **Handelsvertreter**[416], wenn ihm als selbständigem Handelsvertreter ein Fahrzeug zur eigenverantwortlichen Benutzung einschließlich Instandhaltungspflicht und der Möglichkeit der Weitergabe an Dritte überlassen ist[417] oder wenn er zugleich Kolonnenführer ist.[418] Ob **Sicherheits-, Umwelt- und Gewässerschutzbeauftragte** aufgrund ihrer i.d.R. nur beratenden Funktion keine Repräsentanten des VN sind, ist umstr.[419] Einfache **Mitarbeiter und Angestellte** sind i.d.R. nicht als Repräsentanten zu qualifizieren[420], auch sind sie als Mitversicherte in der Betriebshaftpflicht des VN keineswegs automatisch dessen Repräsentant;[421] keine Repräsentanten sind ein Mitarbeiter im Laden des VN,[422] ein Lehrling, auch wenn seine Tätigkeit aufgrund einer bestehenden familiären Beziehung über die übliche Lehrlingstätigkeit hinausgeht,[423] der angestellte Kraftfahrzeugmechaniker, der die Fahrzeuge auf ihre Verkehrssicherheit zu überprüfen hat,[424] wer lediglich mit bestimmten technischen Verrichtungen an der versicherten Sache ständig betraut ist und innerhalb dieses begrenzten Wirkungskreises als Fachmann eine gewisse Bewegungsfreiheit hat.[425] Als Repräsentant einzuordnen ist aber der für das (Versicherungs-)Vertragsmanagement zuständige Mitarbeiter,[426] der Angestellte, der nach Maßgabe dessen, was ihm die Fahrer an Mängeln mitteilen, für die Verkehrssicherheit der Kfz zu sorgen hat,[427] der Angestellte, dem der VN (Kfz-Händler) die Entscheidung über die Zulassung

---

402 BGH VersR 1992, 865, 866.
403 *Schirmer*, S. 35 f.; *Römer* NZV 1993, 249, 253.
404 OLG Saarbrücken NJW-RR 2003, 605, 606 m.w.N.; OLG Köln r+s 1994, 370, 371.
405 OLG Koblenz r+s 2012, 482; OLG Bremen VersR 2007, 1692, 1693; OLG Düsseldorf r+s 2001, 101; OLG Zweibrücken VersR 1981, 973, 974; OLG Celle VersR 1974, 737; OLG Hamm VersR 1961, 505; VersR 1958, 778; *Koch* VersR 2005, 1192; *Schimikowski* VW 1996, 626, 628.
406 BGH VersR 1959, 1013, 1015; OLG Hamburg VersR 1988, 1147; VersR 1958, 777, 778; *Koch* VersR 2005, 1192.
407 OLG Hamm VersR 1995, 1086, 1087; vgl. aber für den Betriebsleiter OLG Köln NVersZ r+s 2002, 104, 105 (Repräsentanteneigenschaft bejaht).
408 *Schimikowski* VW 1996, 626, 629.
409 BGH VersR 1992, 865.
410 *Schimikowski* VW 1996, 626, 630.
411 LG Wiesbaden ZfS 1984, 312.
412 OLG Hamm VersR 1966, 131, 132 (Betriebsleiter, der für die Überwachung der Einhaltung der Ruhezeiten verantwortlich war); OLG Hamm VersR 1978, 221, 222 (technischer Betriebsleiter, der für die Überwachung der Fahrzeiten einzelner Fahrer betraut war), jeweils zur Gefahrerhöhung.
413 OLG Düsseldorf r+s 2002, 379, 381.
414 OLG Köln VersR 1996, 94.
415 OLG Koblenz VersR 2007, 787; OLG Koblenz VersR 2004, 642; OLG Köln VersR 1996, 94.
416 OLG Koblenz VersR 2001, 1507, 1508.
417 OLG Hamm VersR 1988, 509, 510.
418 BGH VersR 1969, 1086, 1087.
419 *Schimikowski* VW 1996, 626, 629 (keine Repräsentanten); anders LG Zweibrücken VersR 1985, 932 (für den Sicherheitsbeauftragten); LG Kaiserslautern VersR 1965, 278, 279 (für einen beratenden Ingenieur).
420 OLG Hamm VersR 1990, 1230, 1231; *Schirmer*, S. 34 f.
421 *Schimikowski* VW 1996, 626, 629.
422 OLG Hamm r+s 1990, 345, 347.
423 OLG Nürnberg VersR 1960, 975.
424 OLG Köln VersR 1969, 317, 318.
425 BGH VersR 1957, 386; VersR 1967, 745; OLG Köln VersR 1969, 939, 940.
426 *Koch* VersR 2005, 1192.
427 BGH VersR 1971, 538, 539.

zum Straßenverkehr durch Anbringen eines roten Kennzeichens zwecks einer Überführungsfahrt eines gebrauchten Kfz überlässt.[428] Bei **sonstigen Personen** wurde eine Repräsentanteneigenschaft angenommen für den **Bauleiter** eines Bauunternehmers,[429] den **Lagerleiter** einer Kohlengroßhandlung,[430] für den **Kapitän** eines Schiffes hinsichtlich des Schiffes selbst,[431] den einzigen **Piloten** eines Unternehmers (im Hinblick auf das Flugzeug)[432] und den Geschäftsführer einer Gastwirtschaft.[433] Abgelehnt wurde die Repräsentanteneigenschaft für den **Schachtmeister**, der bei größeren Bauvorhaben den Weisungen des Bauleiters unterliegt,[434] den **Polier**, der bei einer Großbaustelle dem Bauleiter unterstellt ist und einen nur eingeschränkten Entscheidungsspielraum hat,[435] für den Kapitän eines Schiffes im Hinblick auf die versicherte Ladung,[436] für den Kapitän/Schiffsführer, der das Schiff einmalig führt,[437] den Charterer eines Flugzeuges (jedenfalls nicht ohne weiteres)[438] und den Geschäftsführer einer Gastwirtschaft, der die Gaststätte nur an bestimmten Tagen und im Wechsel mit dem VN führt.[439]

d) Haus- und Gutsverwalter, Makler

Repräsentant ist der **Verwalter einer WEG**, wenn er nach dem Verwaltungsvertrag berechtigt und verpflichtet ist, Versicherungsangelegenheiten/Schadenabwicklung zu übernehmen,[440] der **Hausverwalter**, wenn die Eigentümer die Verwaltung des Grundbesitzes gänzlich in seine Hände legen und er berechtigt und verpflichtet ist, alle Versicherungsangelegenheiten selbständig abzuwickeln,[441] wenn die Hausverwaltung faktisch fortgeführt wird,[442] der Gutsverwalter,[443] der Makler,[444] der Ingenieur, der ein unbewohntes Haus betreut und dem die Berechtigung erteilt wurde, erforderliche Reparaturaufträge selbständig im Namen der Eigentümerin zu erteilen, im Hinblick auf die Pflicht, die Wasserleitungen abzusperren.[445]   82

e) Mieter, Pächter

Allein ein Miet- oder Pachtverhältnis über die versicherte Sache begründet keine Repräsentantenstellung,[446] da im Regelfall nicht davon ausgegangen werden kann, dass der Dritte infolge des Miet- oder Pachtvertrages die Sache in alleiniger Obhut hat[447] und da er nicht die vollständige Verfügungsbefugnis über die Sache erhält. Die Übertragung einzelner Pflichten genügt nicht, so dass es i.d.R. auch an dem Merkmal der Ausübung einer nicht ganz unbedeutenden Tätigkeit fehlt.[448] Vielmehr ist der **Mieter oder Pächter allgemein nicht Repräsentant des Vermieters/Verpächters**.[449] Im Einzelfall ist das aber denkbar, je nachdem, ob ein vollständiger Übergang der Obhut und Risikoverwaltung anzunehmen ist.[450] Zur Annahme der Repräsentantenstellung des Mieters/Pächters genügt es nicht, dass dem Mieter die Instandhaltungs- und Verkehrssicherungspflicht übertragen wurde,[451] dass der Mieter auf die Gefahrenquelle, deren Risiko sich realisiert hat, aufpassen sollte,[452] dass der Mieter gelegentlich im Rahmen der Risiko- und Vertragsverwaltung mit Wissen des Vermieters nach außen tätig wird[453] oder dass der Mieter die Kosten der Feuerversicherung übernimmt und vorkaufs-   83

---

428 BGH VersR 1975, 229, 231.
429 OLG Celle VersR 2001, 453; BayObLG VersR 1976, 33.
430 BGH VersR 1959, 1013, 1015; Vorinstanz: OLG Hamburg VersR 1958, 777, 778; OLG Nürnberg VersR 1964, 135.
431 BGH VersR 1983, 479, 481 (Schiffskaskoversicherung); OLG Hamburg VersR 1987, 1004, 1006; näher dazu *Looks* VersR 2003, 1509.
432 OLG Oldenburg VersR 1998, 839, 841.
433 OLG Nürnberg VersR 2001, 711.
434 OLG Celle VersR 2001, 453, 454.
435 OLG Hamm ZfS 2000, 113, 114; NJW-RR 1999, 1633.
436 OLG Karlsruhe VersR 1983, 74, 75; OLG Hamburg VersR 1983, 1151, 1152, jeweils zur Güterversicherung.
437 OLG Köln VersR 2003, 991 (LS).
438 OLG Hamburg VersR 2002, 1507, 1508.
439 OLG Köln VersR 1990, 1270.
440 OLG Köln r+s 2001, 255, 256.
441 OLG Brandenburg r+s 2013, 24; OLG Köln r+s 1999, 517, 518.
442 OLG Hamburg VersR 2005, 221, 222 (i.E. offenlassend).
443 RG, Gruchot 47, 991, 994.
444 OLG Braunschweig VersR 1971, 812.
445 OLG Celle r+s 1986, 214.
446 BGH VersR 1989, 909, 910 (zur Feuerversicherung); OLG Hamburg VersR 1990, 264, 265.
447 BGHZ 107, 229, 233 (zur Feuerversicherung); BGH NJW-RR 2003, 1250 f.; Grundsätze übertragbar auf andere Versicherungszweige nach *Römer* NZV, 1993, 249, 253; s. auch *Kalischko* MDR 1990, 215 f.; OLG Hamm VersR 2002, 433, 434; OLG Hamburg VersR 1990, 264, 265.
448 *Schimikowski* VW 1996, 626, 628.
449 P/M/*Armbrüster*, § 28 Rn. 125 (für die Leitungswasser- Sturm-, und Feuerversicherung).
450 *Römer* NZV 1993, 249, 253.
451 BGH VersR 1989, 909, 910.
452 OLG Hamm NJW-RR 1996, 219.
453 OLG Hamm VersR 2002, 433, 434.

berechtigt ist.[454] **Repräsentant** ist der Mieter/Pächter, der die Herrschaft über das Risiko innehatte, das sich verwirklicht hat.[455]

f) Rechtsanwalt

84 Er ist nicht grundsätzlich als Repräsentant einzuordnen.[456] Teilweise wird der Rechtsanwalt als **Repräsentant**[457], teilweise als **Wissenserklärungsvertreter**[458] angesehen, teilweise wird die Frage der Einordnung offengelassen.[459] Bei interner Beratung hinsichtlich der dem VR gegenüber bestehenden Obliegenheiten ist der Rechtsanwalt weder Repräsentant noch Wissenserklärungsvertreter.[460] Dies gilt auch dann nicht, wenn der Anwalt die Korrespondenz führt.[461] Der Anwalt, der vom VN mit einem Vorgehen gegen den Schuldner betraut worden ist, ist im Rahmen der Warenkreditversicherung Repräsentant des VN.[462] Repräsentanten sind i.d.R. die Parteien kraft Amtes, d.h. der **Zwangsverwalter**[463] und der **Insolvenzverwalter**.[464]

g) Fahrzeugführer

85 Im Rahmen der **Kfz-Haftpflichtversicherung** kann das bloße Fahren **nicht** als Repräsentation gewertet werden, da dieses Verhalten zum versicherten Risiko gehört.[465] Hinzu kommt, dass der Fahrer in der Kfz-Haftpflichtversicherung als mitversicherte Person eigene Obliegenheiten zu erfüllen hat.[466] Repräsentant ist auch nicht der angestellte Fahrer, der das Fahrzeug vorübergehend nutzt, insbes. wenn er als Mitversicherter anzusehen ist;[467] ebensowenig der Mithalter und Miteigentümer eines Kraftwagens.[468] Der Fahrer ist ausnahmsweise **Repräsentant**, wenn er Eigentümer des PKW ist, die Sorge für die Betriebs- und Verkehrssicherheit, Wartung und Pflege trägt sowie alle Kosten übernimmt, d.h. wenn seine Mutter nur »formal« als VN fungiert.[469]

86 In der **Kfz-Kasko-Versicherung** ist der Fahrer nicht mitversichert und die Ausgangssituation daher anders. Fehlverhalten des Repräsentanten im Straßenverkehr (z.B. Trunkenheitsfahrt, Nachtrunk, Unfallflucht oder Verstoß gegen die Führerscheinklausel) ist dem VN zuzurechnen.[470] Der Dritte ist **Repräsentant**, wenn er den Wagen eigenverantwortlich nutzt und für die Wartung und Instandhaltung, insbes. die Verkehrssicherheit, zu sorgen hat;[471] wer die Kosten trägt, soll irrelevant sein,[472] dürfte aber je nach Fallkonstellation ein Indiz sein. Auch wenn der VN nur »formal« als VN fungiert, ist der Fahrer Repräsentant.[473] Der angestellte Fahrer des VN ist als solcher kein Repräsentant,[474] ebenso wenig der Mieter,[475] der Entleiher,[476] derjenige,

---

454 OLG Köln VersR 1991, 533.
455 OLG Hamm, 1990, 265; VersR 1989, 1083; OLG Köln r+s 1989, 23; LG Mönchengladbach VersR 1989, 845; LG Köln r+s 1989, 126 (diese Urteile ergingen vor BGHZ 107, 229); grundsätzlich zur Annahme der Repräsentanteneigenschaft des Mieters neigt auch *Zierke* VersR 1987, 132, 133; *ders.* MDR 1989, 872, 873.
456 *Römer* NZV 1993, 249, 253; anders OLG Hamm VersR 1984, 31, 32 (zur Rechtsschutzversicherung).
457 OLG Nürnberg VersR 1992, 1511; OLG Hamm VersR 1984, 31, 32 (m.w.N. zur Gegenansicht); OLG Köln ZfS 1984, 48; OLG Nürnberg VersR 1982, 695; LG Hannover VersR 2002, 93; LG Aachen ZfS 1984, 49.
458 R/L/*Rixecker*, § 28 Rn. 46; OLG Köln VersR 2004, 639, 640; OLG Bamberg r+s 1993, 173; OLG Karlsruhe ZfS 1986, 303; LG Karlsruhe VersR 2011, 1044, 1045; LG Hannover r+s 1994, 21.
459 OLG Köln VersR 2002, 704, 705: »Dieses Verhalten des Anwalts ist dem VN zuzurechnen, weil der Anwalt entweder als sein Repräsentant gehandelt hat oder jedenfalls als sein Wissensvertreter entsprechend § 166 I BGB anzusehen ist«.
460 BGH VersR 1981, 321; OLG Nürnberg VersR 1979, 561, 562; *Schirmer*, S. 37 f.
461 OLG Saarbrücken VersR 2012, 845, 846.
462 OLG Koblenz VersR 2000, 178, 180.
463 BGH VersR 1994, 1465.
464 LG Frankfurt (Main) VersR 1969, 843 (für den Konkursverwalter, ohne den Begriff des Repräsentanten zu verwenden).
465 BGH VersR 1998, 79, 81; VersR 1969, 695, 696; VersR 1965, 149, 150; OLG Frankfurt (Main) VersR 2006, 115; OLG Düsseldorf VersR 2004, 1129, 1130.
466 BGH VersR 1996, 1229, 1230; VersR 1969, 695; OLG Düsseldorf VersR 2004, 1129, 1130.
467 BGH VersR 1965, 149, 150.
468 OLG Düsseldorf VersR 1959, 101, 102.
469 LG Karlsruhe NVersZ 2000, 394.
470 BGH VersR 1996, 1229, 1230; OLG Koblenz VersR 2001, 1508, 1509; OLG Celle, SP 2000, 388, 389; OLG Oldenburg VersR 1996, 746; wohl auch OLG Hamm VersR 1995, 1086, 1087, aber i.E. offenlassend; LG Gießen VersR 1997, 998; *Rüther* NZV 1994, 457, 460; anders OLG Köln VersR 1996, 839, 840: Verhalten des Repräsentanten ist nicht zuzurechnen; OLG Frankfurt (Main) VersR 1986, 1095; s. auch OLG Stuttgart VersR 1977, 173 (Trunkenheitsfahrt): Repräsentanteneigenschaft und hilfsweise Zurechnung verneint.
471 OLG Düsseldorf VersR 2007, 982 ff.
472 BGH VersR 1996, 1229, 1231; OLG Frankfurt (Main) VersR 2005, 1232; OLG Köln VersR 1995, 839, 840.
473 OLG Saarbrücken r+s 2003, 148; OLG Köln r+s 2003, 56; OLG Oldenburg VersR 1997, 997.
474 B/M/*Johannsen*[8], Bd. V/1, Anm. J 85 mit Nachweisen aus Rspr.
475 BGH VersR 1969, 695; OLG Stuttgart VersR 1977, 173.
476 OLG Hamm VersR 2001, 376, 377.

dem der Geschäftswagen außerhalb der Geschäftszeit zu Privatzwecken überlassen ist,[477] der (Mit)Inhaber des Fahrzeugs,[478] der Außendienstmitarbeiter im Angestelltenverhältnis, der für Wartung, Pflege und Verkehrssicherheit auf Kosten des VN zu sorgen hat und das Fahrzeug lediglich beschränkt Dritten zum Gebrauch überlassen darf.[479] Die Bejahung der Frage in Anzeigeformular, ob der Fahrer Repräsentant gewesen sei, hat keine Bedeutung.[480] In der **Verkehrsrechtsschutzversicherung** ist ebenfalls nur derjenige Repräsentant, der das Fahrzeug eigenverantwortlich nutzen kann.[481] In der **Transportversicherung ist** nicht Repräsentant der Fahrer von Lastzügen wegen seiner Unselbständigkeit und eingeschränkten Verantwortlichkeit[482] und der Auslieferungsfahrer, sofern ihm kein Entscheidungsspielraum zusteht.[483]

h) Sonstige Personen
Repräsentant ist derjenige, der das Reisegepäck des VN während dessen Abwesenheit beaufsichtigen soll,[484] der Eigentumsvorbehaltskäufer nach der Übergabe,[485] der Käufer eines Kfz, dem zur Überführung rote Kennzeichen ausgehändigt werden,[486] der noch nicht im Grundbuch eingetragenen Erwerber eines Hofes, der diesen selbständig bewirtschaftet[487] und der Sicherungsgeber oder Veräußerer, der die Obhut über die übereigneten Sachen behält.[488]
Repräsentant ist nicht der Führer eines Bootes[489] oder der Skipper einer Segelyacht, der diese in Abwesenheit des VN von einem Ort zum anderen überführt.[490]

IV. Wissensvertreter
1. Rechtsgrundlage und Begriff
Mithilfe der Rechtsfigur des Wissensvertreters rechnet man dem VN das Wissen Dritter zu, die er in die Vertragsverwaltung, insbes. in die Kommunikation mit dem VR (z.B. bei der Erfüllung von Anzeigepflichten) oder in den Umgang mit dem versicherten Risiko (z.B. bei Gefahrerhöhungen) eingebunden hat. Die Rechtsfigur findet nach h.M. ihre gesetzliche Grundlage in einer analogen Anwendung des § 166 I BGB,[491] nicht in § 278 BGB oder gar § 242 BGB. Denn § 166 I BGB passt auch auf Fälle, in denen keine rechtsgeschäftliche Vertretung gegeben ist.[492]
Wissensvertreter ist nach stRspr., wer in nicht ganz untergeordneter Stellung vom VN zumindest in einem Teilbereich damit betraut ist, an dessen Stelle[493] – oder an Stelle des dazu berufenen Organs[494] – für das Versicherungsverhältnis rechtserhebliche Tatsachen zur Kenntnis zu nehmen.[495] Zuweilen formuliert der BGH auch, Wissensvertreter sei jeder, den der Geschäftsherr dazu berufen hat, im Rechtsverkehr für ihn bestimmte Aufgaben in eigener Verantwortung zu erledigen und die dabei anfallenden Informationen zur Kenntnis zu nehmen und gegebenenfalls weiterzugeben.[496] *Looschelders* hat herausgearbeitet, dass beide Begriffe sich sachlich nicht unterscheiden.[497] Beide stellen folgende Voraussetzungen auf:

---

477 OLG Köln VersR 1990, 1223, 1225; OLG Karlsruhe VersR 1969, 555, 556.
478 OLG Hamm VersR 1995, 1086.
479 OLG Karlsruhe r+s 1995, 442, 443.
480 OLG Hamm NJW-RR 1990, 993, 994; NJW-RR 1989, 860.
481 OLG Köln VersR 2000, 97 (Repräsentanteneigenschaft im Fall abgelehnt).
482 BGH VersR 1986, 696; VersR 1971, 538, 539.
483 OLG Köln NVersZ 2001, 355.
484 LG Hamburg VersR 1993, 226; LG Nürnberg-Fürth VersR 1991, 224; *Wussow* VersR 1993, 1454, 1456.
485 RGZ 37, 149, 151; OLG Düsseldorf VersR 1963, 351, 352 (»weit verbreitete Ansicht, dass der Eigentumsvorbehaltskäufer Repräsentant ist«; im konkreten Fall lag jedoch kein Eigentumsvorbehaltskauf vor); OLG Hamburg VersR 1957, 15 (Mieter, dem seine Mietzahlungen auf den späteren Eigentumserwerb angerechnet werden).
486 OLG Düsseldorf VersR 1963, 351, 352.
487 OLG Hamm VersR 1973, 169.
488 BGHZ 122, 250, 254.
489 OLG Karlsruhe VersR 1999, 1237, 1238.
490 OLG Köln r+s 2003, 296, 297.
491 B/M/*Heiss*, § 28 Rn. 115; VersHb/*Looschelders*, § 17 Rn. 126 m.w.N.
492 Näher zu den Argumenten VersHb/*Looschelders*, § 17 Rn. 127.
493 *Schimikowski* VW 1996, 626.
494 BGH r+s 2004, 376, 377.
495 RGZ 101, 402; BGH VersR 2005, 218, 220; OLG Hamm VersR 1995, 1437; VersR 1981, 227, 228; BK/*Schwintowski*, § 6 Rn. 248.
496 BGH VersR 2000, 1133, 1134.
497 VersHb/*Looschelders*, § 17 Rn. 120.

90 Der Wissensvertreter muss im weiten Sinne **Aufgaben im Rechtsverkehr oder von rechtlicher Erheblichkeit** wahrnehmen.[498] Nicht erforderlich ist, dass er in einem Geschäftsbereich von gewisser Bedeutung eingesetzt wird.[499]

91 Er muss damit **betraut** bzw. dazu **berufen** sein, die im Zusammenhang mit der Erfüllung dieser Aufgaben anfallenden **Informationen zur Kenntnis zu nehmen und gegebenenfalls weiterzugeben.**[500] Die bloße Zuständigkeit zur Weiterleitung der Informationen genügt nicht. Die Betrauung kann auch konkludent geschehen.[501]

92 Schließlich ist erforderlich, dass der Dritte in gewissem Umfang in eigener Verantwortung, also nicht in untergeordneter Stellung, tätig wird.[502] Er muss über eine **gewisse Selbständigkeit** verfügen, die allerdings nicht denselben Grad wie beim Repräsentanten erreichen muss. Daher ist eine Hilfsperson, die das Anzeigeformular ausfüllt, kein Wissensvertreter.[503]

2. Kasuistik

93 Ein **Versicherungsmakler** ist Wissensvertreter, wenn er mit der Weiterleitung des Antrags durch den VN beauftragt wurde.[504] Ein **Ehepartner,** der Kenntnis von der unberechtigten Nutzung eines durch den VN versicherten Gebäudes hat, kann Wissensvertreter sein.[505] Die **Lebensgefährtin** des VN, die seine gesamten versicherungsrechtlichen Angelegenheiten mit seinem generellen Einverständnis erledigt, ist Wissensvertreterin.[506] Eine **Angestellte**, in deren Aufgabenbereich die Überwachung eines Mietverhältnisses fällt, ist Wissensvertreterin, so dass ihre Kenntnis vom Leerstand des Hauses dem VN zuzurechnen ist.[507] **Rechtsanwälte** sind häufig Wissensvertreter,[508] ebenso **Architekten** in der Bauwesenversicherung hinsichtlich der Kenntnis vom Eintritt des Versicherungsfalls.[509] Wissensvertreter ist **nicht** der angestellte Kraftfahrer.[510]

V. Wissenserklärungsvertreter
1. Rechtsgrundlage und Begriff

94 Während es bei der Wissensvertretung analog § 166 I BGB um die Zurechnung des Wissens eines Dritten geht, wird über die Rechtsfigur des Wissenserklärungsvertreters dem VN die **Erklärung eines Dritten über Tatsachen,** aber ebenso das Unterlassen einer Erklärung,[511] zugerechnet. Im Versicherungsrecht muss der VN in verschiedenen Zusammenhängen dem VR Tatsachen mitteilen (§§ 19, 23 II, III, 30, 31). Schaltet er dabei Dritte ein, kommt eine Zurechnung über § 164 I BGB nur bei rechtsgeschäftlichen Erklärungen in Betracht. Da diese in den genannten Zusammenhängen i.d.R. nicht vorliegen, fragt sich, ob und aufgrund welcher Norm die Zurechnung erfolgen kann. Die Lösungsvorschläge reichen von einer **Analogie zu § 164 I BGB,**[512] zu **§ 166 I BGB**[513] oder zu **§ 278 BGB**[514] bis zur **direkten Anwendung des § 278 BGB.**[515] Die Analogie zu § 166 I BGB ist abzulehnen, weil nicht Wissen, sondern die Erklärung über Wissen zugerechnet werden soll. Hier passt § 164 I BGB besser. Die Anwendung des § 278 BGB berge, so heißt es, die oben im Zusammenhang mit dem Repräsentanten dargelegte Gefahr, dem Zweck des Versicherungsvertrages zuwiderzulaufen.[516] Die Zurechnung nach § 164 I BGB deckt in ihrer Rechtsfolge an sich nur die Zurechnung des Erklärungsaktes, nicht aber eines unterlassenen Erklärungsaktes und nicht des Verschuldens.[517] Insofern spricht einiges dafür, § 278 BGB analog anzuwenden, um die in falschen oder unterlassenen Erklärungen bestehenden Obliegenheitsverletzungen des Dritten dem VN zuzurechnen. Man muss, sofern ein Bedürfnis dafür besteht, einschränkende Kriterien entwickeln. *Heiss* bezweifelt zu Recht, ob in diesen Fällen der Zweck des Versicherungsvertrages

---

498 VersHb/*Looschelders*, § 17 Rn. 117; P/M/*Armbrüster*, § 28 Rn. 132 m.w.N. aus Rspr.
499 P/M/*Armbrüster*, § 28 Rn. 133 m.w.N. aus Rspr.; *Bruns*, Zurechnung von Wissen und Wissenserklärungen, S. 167; a.A. *Knappmann* VersR 1997, 261.
500 BGHZ 117, 104, 106; BGH VersR 2000, 1133; OLG Frankfurt (Main) NVersZ 2002, 523.
501 VersHb/*Looschelders*, § 17 Rn. 120.
502 VersHb/*Looschelders*, § 17 Rn. 122 ff.; a.A. P/M/*Armbrüster*, § 28 Rn. 141.
503 OLG Karlsruhe SP 2001, 171–172.
504 BGH VersR 2000, 1133, 1134.
505 OLG Hamm VersR 2006, 113, 114 (allerdings ohne Begr.).
506 OLG Köln VersR 2005, 1528, 1529.
507 OLG Hamm r+s 1998, 474.
508 OLG Frankfurt (Main) NJOZ 2003, 694, 695; OLG Köln VersR 2002, 704; OLG Jena, Urt. v. 29.11.2000, 4 U 1677/99, Juris Rn. 35.
509 OLG Frankfurt (Main) NVersZ 2002, 523.
510 OLG Hamm VersR 1981, 227, 228; BK/*Schwintowski*, § 6 Rn. 252.
511 R/L/*Rixecker*, § 28 Rn. 49.
512 VersHb/*Looschelders*, § 17 Rn. 92.
513 BGH VersR 1993, 960 f.
514 LG Würzburg VersR 1983, 723, 724.
515 P/M/*Armbrüster*, § 28 Rn. 154; *Martin*, O II Rn. 6 ff.
516 Vgl. VersHb/*Looschelders*, § 17 Rn. 92.
517 So die Kritik von B/M/*Heiss*, § 28 Rn. 102 ff.; anders VersHb/*Looschelders*, § 17 Rn. 93.

überhaupt mit dem des § 278 BGB kollidiert.[518] In der Tat besteht das Risiko, vor dem der Versicherungsvertrag den VN schützen soll, nicht in unzutreffenden Erklärungen der vom VN eingeschalteten Dritten an den VR. Die sich widersprechenden Zwecke des Versicherungsvertrags einerseits und des § 278 BGB andererseits, die bei der Risikoverwaltung eine Einschränkung der Zurechnung erforderten, bestehen hier nicht, so dass i.E. eine analoge Anwendung des § 278 BGB zu befürworten ist.

Auf der Basis der h.M. haben sich folgende **Voraussetzungen** für die Wissenserklärungsvertretung herausgebildet: Wissenserklärungsvertreter des VN ist derjenige, den dieser mit der Erfüllung seiner Obliegenheiten gegenüber dem VR betraut hat und der die erforderlichen Erklärungen anstelle des VN abgibt.[519] Die **Betrauung** kann ausdrücklich oder konkludent erfolgen, so dass es genügt, wenn der VN dem Dritten die Abgabe der Erklärung durch Ausfüllen der Schadenanzeige überlässt.[520] Anders als die Repräsentanz kann die Wissenserklärungsvertretung auch vorliegen, wenn der Dritte nur für eine einzelne Obliegenheit mit der Abgabe von Erklärungen betraut ist.[521] Es reicht aber umgekehrt auch aus, wenn der Dritte generell mit den Aufgaben betraut worden ist, was sich auch aus den Umständen des Einzelfalls ergeben kann.[522] Der Vertreter muss die **Erklärung anstelle des VN** abgeben, d.h. er muss selbst eine Erklärung abgeben, dies muss jedoch im Namen des VN geschehen. Daran fehlt es, wenn der VN das von dem Dritten aus eigenem Wissen ausgefüllte Schadensformular unterschreibt und sich die Erklärung so zu eigen macht,[523] ebenso, wenn der VN die Schadensanzeige ungelesen[524] unterschreibt. Nach a.A. soll, wenn der VN die von einem Dritten ausgefüllte Schadensanzeige »blind« unterschreibt, also ohne Fragen und Antworten zu lesen, der Dritte Wissenserklärungsvertreter sein.[525] Aber auch hier gibt der VN eine eigene Erklärung ab, so dass das Wissen des Ausfüllenden ihm nicht zugerechnet werden kann; in Betracht kommt aber eigene Arglist des VN, weil er sich eigenen Erkenntnissen bewusst verschließt. Umstr. ist, ob die Ausfüllung eines blanko unterschriebenen Formulars durch einen Dritten dessen zum Wissenserklärungsvertreter macht. Dagegen spricht, dass der VN sich auch hier die Erklärung des Dritten zu eigen macht.[526] Nach a.A. soll der Dritte Wissenserklärungsvertreter sein, wenn er das blanko unterschriebene Formular eigenständig unter Zuhilfenahme computermäßig erfasster Daten ausfüllt.[527] Eine das Anzeigeformular ausfüllende Hilfsperson, die lediglich als Schreibhilfe agiert, ist nicht Wissenserklärungsvertreter des VN.[528] Auch für einen **Boten**, der die Erklärung des VN lediglich zu übermitteln hat, haftet der VN nur für Auswahlverschulden.[529]

Dem VN wird das Verhalten des Wissenserklärungsvertreters zugerechnet. Bei **Falschangaben** eines Wissenserklärungsvertreters ist dem VN dessen Kenntnis zuzurechnen.[530] § 166 II BGB gilt analog, so dass es den VN grundsätzlich nicht belastet, wenn nur er, nicht jedoch der Wissenserklärungsvertreter Kenntnis hatte.[531] Dem VN wird auch **Vorsatz**, d.h. auch eine arglistige Täuschung durch seinen Wissenserklärungsvertreter zugerechnet.[532]

2. Kasuistik

Der **Ehegatte**[533] **oder Partner in der nichtehelichen Lebensgemeinschaft**[534] ist als solcher nicht automatisch Wissenserklärungsvertreter des anderen, vielmehr muss auch er mit Wissenserklärungen betraut sein. Deshalb ist die Ehefrau auch dann nicht Wissenserklärungsvertreterin, wenn der VN im Koma liegt und sie nicht mit der Ausfüllung der Schadensanzeige beauftragen kann.[535] Nach a.A. kann der Ehegatte – im Fall der intakten Ehe[536] – ohne weiteres die entsprechende Befugnis für den Fall haben, dass der VN für längere

---

518 B/M/*Heiss*, § 28 Rn. 108.
519 BGHZ 122, 388, 389; OLG Köln r+s 2006, 235, 236; r+s 2005, 240; r+s 2004, 19.
520 OLG Frankfurt (Main) r+s 2002, 37.
521 VersHb/*Looschelders*, § 17 Rn. 97.
522 BGHZ 122, 388, 389 f.; OLG Köln r+s 2005, 240: Der VN hat seiner Lebensgefährtin die Erledigung aller versicherungsrechtlichen Angelegenheiten überlassen.
523 BGHZ 128, 167, 169; OLG Frankfurt (Main), Urt. v. 17.08.2000, 3 U 72/99, Juris Rn. 2; *Knappmann* VersR 1997, 261, 265; anders P/M/*Armbrüster*, § 28 Rn. 159.
524 B/M/*Heiss*, § 28 Rn. 99.
525 OLG Saarbrücken VersR 2011, 1511, 1514 f.
526 B/M/*Heiss*, § 28 Rn. 99; VersHb/*Looschelders*, § 17 Rn. 100.
527 OLG Frankfurt (Main) r+s 2002, 37; P/M/*Armbrüster*, § 28 Rn. 159 m.w.N. auch zur h.M.
528 OLG Hamm r+s 1997, 1; VersR 1983, 1174.
529 R/L/*Rixecker*, § 28 Rn. 50.
530 OLG Hamm VersR 2004, 1398, 1399.
531 Vgl. OLG Hamm NJW-RR 1996, 96; VersHb/*Looschelders*, § 17 Rn. 103.
532 OLG Köln r+s 2004, 67, 68.
533 BGHZ 122, 388, 389; OLG Saarbrücken r+s 2014, 448; OLG Köln ZfS 2007, 217, 218; *Schirmer* DAR 2008, 2, 4.
534 *Schirmer* DAR 2007, 2, 4.
535 BGHZ 122, 388, 390; OLG Düsseldorf VersR 2000, 310, 311: Die Ehefrau gab nicht alle im Unfallzeitpunkt bestehenden Krankheiten des VN an.
536 P/M/*Armbrüster*, § 28 Rn. 165; nach BGH VersR 1982, 463, 465 und OLG Koblenz VersR 1980, 916, 917: Zurechnung jedenfalls wegen eingeleitetem Scheidungsverfahren ausgeschlossen.

Zeit an der Abgabe der erforderlichen Erklärungen gehindert ist.[537] Auch bei getrennt lebenden Ehegatten kann der Mann der VN ihr Wissenserklärungsvertreter sein, wenn er von der VN umfassend mit der Schadensabwicklung betraut ist.[538] Die Lebensgefährtin des VN ist dessen Wissenserklärungsvertreterin, wenn sie seine versicherungsrechtlichen Angelegenheiten mit generellem Einverständnis erledigt.[539] Ein Ehemann soll auch dann Wissenserklärungsvertreter sein, wenn er eine Schadensanzeige nur ausfüllt und die Ehefrau als VN die Anzeige anschließend blind unterschreibt, wobei sie sich auf den Ehemann als Vertrauensperson verlassen darf.[540] Dagegen spricht, dass die VN sich die Erklärung des Ehemanns zu eigen macht (näher oben Rdn. 95).

98 Der **Sohn** des VN ist Wissenserklärungsvertreter, wenn der VN einen Angestellten des VR darauf verweist, das Schadensprüfungsgespräch nicht mit ihm, sondern an seiner Stelle mit seinem Sohn zu führen.[541] Gleiches gilt, wenn der VN seinen Sohn damit beauftragt, die Schadensanzeige an seiner Stelle auszufüllen und zu unterschreiben.[542] Überträgt die 17-jährige Antragstellerin die Ausfüllung des Gesundheitsfragebogens ihrem **Vater**, der **gleichzeitig Versicherungsagent** des beklagten VR ist, so ist der Vater Wissenserklärungsvertreter der Antragstellerin.[543]

99 Eine GmbH muss sich die Kenntnis und das Handeln ihres **Angestellten** als ihres Wissenserklärungsvertreters zurechnen lassen, wenn dieser durch die Geschäftsführerin mit der Abwicklung der Versicherungsfälle beauftragt ist und wenn das Schreiben, mit welchem dem VR eine gefälschte Rechnung übermittelt wird, die Unterschrift dieses Angestellten trägt.[544] Ein mit der einzelnen Schadensangelegenheit befasster Sachbearbeiter kann Wissenserklärungsvertreter sein.[545]

100 Der mitversicherte **Fahrer** ist nicht als solcher in der Kfz-Haftpflichtversicherung Wissenserklärungsvertreter des VN.[546]

101 Der **Rechtsanwalt** ist Wissenserklärungsvertreter des VN im Hinblick auf die Erfüllung der Obliegenheit zur Vermeidung unnötiger Kosten,[547] im Hinblick auf die Abstimmungsobliegenheit,[548] wenn er anzeigepflichtige Vorgänge in Rücksprache mit dem VN bearbeitet,[549] wenn er mit dem VR verhandelt,[550] wenn er zur Erledigung einer versicherungsrechtlichen Angelegenheit eingesetzt wird und beauftragt ist, Erklärungen an Stelle des VN abzugeben[551] oder wenn er mit der versicherungsrechtlichen Abwicklung beauftragt wurde.[552] Wissenserklärungsvertreter ist **nicht** der Anwalt, den der VN im Haftpflichtprozess neben dem vom Haftpflichtversicherer bestellten Anwalt hinzuzieht, da im Zweifel davon auszugehen ist, dass der Rechtsanwalt ausschließlich zur Wahrung der Rechte des VN und nicht zur Erfüllung von Obliegenheiten eingesetzt wird.[553]

102 Der **Versicherungsmakler,** der ohne Befragen des VN den Versicherungsantrag ausfüllt, den der VN unterschreibt, ist nicht Wissenserklärungsvertreter.[554] Der das Schadensanzeigeformular ausfüllende **Versicherungsvertreter** des VR kann Wissenserklärungsvertreter sein.[555] Der **Mieter**, der bei einem Ortstermin dem Sachverständigen Auskünfte gibt, ist nicht Wissenserklärungsvertreter.[556] Der **Leasinggeber** ist Wissenserklärungsvertreter des Leasingnehmers, wenn er die Führung des Schriftverkehrs mit dem VR übernimmt.[557] Der Dritte, dem der VN seine Ersatzansprüche für einen Leitungswasserschaden **abgetreten** hat, ist Wissenserklärungsvertreter des VN, wenn er die Schadenanzeige für den VN ausfüllt und unterschreibt,[558] der **Betreuer**, der vom VN nicht mit der Abgabe der Erklärung betraut werden konnte, ist nicht dessen Wissenserklärungsvertreter,[559] er ist aber gesetzlicher Vertreter (§ 1902 BGB) des VN.

---

537 P/M/*Armbrüster*, § 28 Rn. 165; a.A. VersHb/*Looschelders*, § 17 Rn. 107 (Regeln über die Vertretung ohne Vertretungsmacht gelten analog).
538 OLG Saarbrücken r+s 2014, 448.
539 OLG Köln VersR 2005, 1528, 1529.
540 OLG Saarbrücken VersR 2011, 1511, 1514.
541 OLG Hamm NVersZ 2001, 563.
542 OLG Köln VersR 2014, 1452, 1453.
543 OLG Dresden VersR 2006, 1526.
544 OLG Koblenz r+s 2006, 74.
545 OLG Köln VersR 1990, 1225.
546 BGH VersR 1969, 695, 696.
547 OLG Köln VersR 2004, 639, 640.
548 OLG Köln r+s 2003, 414, 415.
549 OLG Köln VersR 1997, 1394.
550 OLG Celle VersR 1990, 376.
551 OLG Hamm r+s 1996, 296.
552 OLG Koblenz VersR 2000, 180.
553 BGH VersR 1981, 948.
554 OLG Frankfurt (Main) r+s 2000, 517.
555 OLG Köln NVersZ 2002, 504.
556 Nach P/M/*Armbrüster*, § 28 Rn. 163: OLG Hamm VersR 1990, 265, 266.
557 OLG Köln r+s 2006, 13, 14.
558 OLG Köln r+s 2004, 67, 68.
559 P/M/*Armbrüster*, § 28 Rn. 165.

Der von dem VN zur Beantwortung von Gesundheitsfragen (oder zur Einsendung eines Befundberichtes[560]) gegenüber dem Versicherer eingesetzte **Arzt** ist Wissenserklärungsvertreter des VN,[561] da er seine Angaben mit Einverständnis des VN direkt gegenüber dem VR macht; entscheidend sei, ob der Arzt gegenüber dem VR auftrete.[562] Hat der VR den Arzt beauftragt, sind dessen Angaben dem VN nicht zuzurechnen,[563] sondern dem VR das Wissen des Arztes.[564] Der Arzt steht insofern dem Versicherungsagenten gleich.[565] Das gilt aber nicht für Kenntnisse, die der Arzt nicht im Rahmen der Erklärung des VN erlangt hat, sondern in früheren Behandlungen. Ebenso wie beim Versicherungsvertreter wird Wissen, das nicht im Zusammenhang mit dem Vertrag und dem Antrag erlangt wurde, nicht zugerechnet.[566] **103**

VI. Zum Verhältnis der verschiedenen Zurechnungsinstrumente

An die **Wissensvertretung** werden geringere Anforderungen gestellt als an die Repräsentanz. Der **Repräsentant** ist daher i.d.R. auch Wissensvertreter,[567] nicht aber umgekehrt. **Repräsentanz** umfasst i.d.R. auch **Wissenserklärungsvertretung,** wegen der geringeren Anforderungen an die letztere gilt das aber nicht umgekehrt.[568] Der **Wissenserklärungsvertreter** ist häufig auch **Wissensvertreter**.[569] **104**

F. Kündigungsrecht

I. Überblick

Verletzt der VN Obliegenheiten vor dem Versicherungsfall, kann der VR nach Abs. 1 fristlos kündigen, anders als bisher aber nur bei grob fahrlässigem oder vorsätzlichem Handeln des VN, nicht bei einfacher Fahrlässigkeit. Rechtspolitischer Kritik[570] kann zumindest für manche Konstellationen der verbleibende Weg über § 24 I 2 entgegengehalten werden.[571] Der VR muss das Kündigungsrecht innerhalb von einem Monat ab Kenntnis von der Obliegenheitsverletzung ausüben. **Sinn und Zweck** des Kündigungsrechts ist es, dem VR die Möglichkeit der Vertragsbeendigung zu geben, wenn sein Vertrauen in die Vertragstreue des VN enttäuscht ist. Er soll sich vor der eventuell ungerechtfertigten künftigen Inanspruchnahme schützen dürfen.[572] Bei **gedehnten Versicherungsfällen**, z.B. in der Krankenversicherung, ist der maßgebliche Zeitpunkt für die Abgrenzung von Obliegenheiten vor und nach dem Versicherungsfall der Beginn des gedehnten Zeitraumes.[573] **105**

Die **Kündigung ist nicht mehr**, wie in § 6 I 3 a.F., **Voraussetzung der Leistungsfreiheit**. Die Regierungsbegründung führt dafür das Interesse des VN an, dem eine Beendigung des Vertrages widersprechen könne.[574] Das trifft z.B. auf die Krankenversicherung zu. Allerdings sollte auch die frühere Abhängigkeit der Leistungsfreiheit von einer Kündigung den VN schützen, und zwar davor, weiter Prämien an einen VR zu zahlen, der schon absieht, im Versicherungsfall wegen der Obliegenheitsverletzung nicht leisten zu wollen. Heute kann man dieses Interesse des VN nur über § 242 BGB berücksichtigen, indem man unter bestimmten Voraussetzungen eine Geltendmachung der Leistungsfreiheit ohne vorherigen **Hinweis** auf die Folgen der bekannten Obliegenheitsverletzung (nicht notwendig ohne vorherige **Kündigung**) als treuwidrig ansieht.[575] **106**

In **AVB** kann das Kündigungsrecht an eine Frist gekoppelt werden, ebenso wie die Schriftform vorgeschrieben werden kann, da beides den VN nur besser stellt (s. § 32).[576] Kündigt der VR trotz einer **AVB**, die eine Kündigungsfrist festlegt, fristlos, kann diese Kündigung nicht in eine fristgerechte nach § 140 BGB umgedeutet werden.[577] Aus den allgemeinen Grundsätzen zu § 140 BGB ergibt sich das zwar nicht. Das Ergebnis lässt sich aber mit dem Schutz des VN begründen, der nicht erkennen kann, dass die fristlose Kündigung eine den AVB entsprechende fristgemäße ist. **107**

Die **Beweislast** ist abweichend vom Grundkonzept des VVG hier so geregelt, dass der VN sich sowohl von grober Fahrlässigkeit als auch vom Vorsatz entlasten muss (näher unten Rdn. 153). **108**

---

560 *Knappmann* VersR 2005, 199, 201.
561 R/L/*Rixecker,* § 28 Rn. 52 unter Verweis auf OLG Hamm VersR 1985, 1032, 1033 (Ergebnis offenlassend); VersHb/*Looschelders,* § 17 Rn. 115.
562 *Wendt/Jularic* VersR 2008, 41, 42, 45.
563 OLG Frankfurt (Main) VersR 1993, 425, 427.
564 Vgl. BGH VersR 2001, 620; OLG Hamm VersR 2005, 1572.
565 BGH VersR 2001, 620.
566 BGH VersR 2009, 529, 530 f.
567 BGH VersR 1971, 538, 539.
568 *Bruns,* Zurechnung von Wissen und Wissenserklärungen, S. 127.
569 Näher zum Ganzen *Kampmann,* S. 14 f.; VersHb/*Looschelders,* § 17 Rn. 128 ff.
570 *Langheid* NJW 2007, 3665, 3669; *Marlow* VersR 2007, 43, 44; angedeutet von *Rixecker* ZfS 2007, 73.
571 HK-VVG/*Felsch,* § 28 Rn. 146; *Neuhaus/Kloth,* S. 68.
572 R/L/*Rixecker,* § 28 Rn. 56; BK/*Schwintowski,* § 6 Rn. 74.
573 HK-VVG/*Felsch,* § 28 Rn. 139; vgl. BGH VersR 1984, 630 ff.
574 Begr. RegE BT-Drucks. 16/3945 S. 69.
575 Näher HK-VVG/*Felsch,* § 28 Rn. 150.
576 FAKomm-VersR/*Nugel,* § 28 Rn. 52.
577 R/L/*Römer*[2]*,* § 6 Rn. 93; BK/*Schwintowski,* § 6 Rn. 80.

II. Ausschlussfrist

109 Die **Frist des § 28 I beginnt** mit **positiver Kenntnis** des VR vom **objektiven Tatbestand** der Obliegenheitsverletzung.[578] Die Kenntnis der Verletzung einer Obliegenheit vor dem Versicherungsfall kann sich z.B. aus einer Schadensmeldung ergeben.[579] **Kennenmüssen** genügt grundsätzlich nicht.[580] Kommt auf Grund der dem VR bekannten Tatsachen ein Obliegenheitsverstoß ernsthaft in Betracht, kann aber, so der BGH, der VR gehalten sein, rückzufragen, und er kann durch das Hinauszögern der gebotenen Rückfrage den Lauf der Frist nicht beeinflussen.[581] In diesen Fällen beginnt die Frist mit dem Zeitpunkt zu laufen, in dem der VR Klarheit erhalten hätte.[582] Man will so verhindern, dass der VR die Kündigungsfrist künstlich verlängert, indem er geltend macht, der Obliegenheitsverstoß habe noch nicht sicher festgestanden. Hat also etwa der VN im Antragsformular vom Januar 1983 bei der Frage nach Darmerkrankungen »keine« angegeben und erfährt der VR durch einen ärztlichen Bericht, der VN habe »wiederholt 1982–1984« an einer Darmerkrankung gelitten,[583] kann der VR nicht einwenden, er habe erst durch spätere Berichte sichere Kenntnis von der Anzeigepflichtverletzung erlangt, sondern er ist gehalten, nachzufragen. Zu weit geht allerdings die Annahme, dem VR habe sich aus einer Schadenanzeige, die zu nahes Herankommen an den rechten Fahrbahnrand und Beschädigung geparkter PKW sowie Vornahme einer Blutalkoholuntersuchung ergebe, aufdrängen müssen, dass alkoholbedingte Fahruntüchtigkeit vorlag.[584] Bei polizeilichen oder staatsanwaltlichen Ermittlungen, die auch die Feststellung eines als Obliegenheitsverletzung zu wertenden Sachverhalts umfassen, darf der VR nicht die Einstellung des Verfahrens oder die Rechtskraft des Urteils abwarten.[585] Auf die Kenntnis des **Verschuldens**[586] des VN und darauf, ob der VR sich des Leistungsverweigerungsrechts bewusst ist, kommt es nicht an.[587]

110 Der Fristlauf beginnt unabhängig davon, ob der VN die Obliegenheitsverletzung **wieder abstellt**. Ob die Obliegenheitsverletzung im Zeitpunkt der Kündigung noch fortbesteht, ist für das Kündigungsrecht grundsätzlich ohne Bedeutung.[588] Stellt der VN die Obliegenheitsverletzung später wieder ab, so könnte bei solchen Obliegenheiten, die einen vertragswidrigen und damit der Gefahrerhöhung ähnlichen Dauerzustand herstellen, § 24 III Fall 2 analog anwendbar sein, so dass das Kündigungsrecht entfiele.[589] Unter Geltung des alten VVG hat der BGH diese Analogie mit Hinweis auf § 32 VVG a.F. verneint.[590] Nach dieser Vorschrift wurden Vereinbarungen über Obliegenheiten zur Verhütung einer Gefahrerhöhung durch die gesetzlichen Regeln über die Gefahrerhöhung nicht berührt. Das bedeutete aber kein Analogieverbot, sondern stellte nur die parallele Anwendbarkeit beider Regime klar, die auch heute, nach Wegfall des § 32 VVG a.F., weiterhin gegeben ist.[591] Ist im Einzelfall die Interessenlage bei der Obliegenheitsverletzung mit derjenigen einer Gefahrerhöhung vergleichbar – was vom Inhalt der Obliegenheit abhängt – kommt eine Analogie zu § 24 III Fall 2 in Betracht.[592] Verstößt der VN über einen längeren Zeitraum gegen Obliegenheiten, ist für die Frage, ob jeweils ein neues Kündigungsrecht entsteht, zu unterscheiden, ob er einen Dauerverstoß oder aber mehrere Verstöße begangen hat.[593]

111 Die Frist ist gem. § 186 BGB nach den Regeln der **§§ 187–193 BGB zu berechnen**. Die Kündigung muss innerhalb der Frist **zugehen** (arg. e contr. § 13).[594] Ist die Frist versäumt, kann der VR sich nicht auf ein außerordentliches Kündigungsrecht aus wichtigem Grund berufen.[595]

III. Anforderungen an die Kündigung

112 Die Kündigung ist eine **einseitige, empfangsbedürftige Gestaltungserklärung**. Für sie gelten deshalb die für Erklärungen dieser Art grundsätzlich zu beachtenden Besonderheiten wie Bedingungsfeindlichkeit[596] oder

---

578 BGHZ 33, 281, 283 m.w.N.; BGH VersR 1965, 29, 30.
579 R/L/*Rixecker*, § 28 Rn. 57; VersHb/*Marlow*, § 13 Rn. 66.
580 L/W/*Wandt*, § 28 Rn. 191 m.w.N. aus der Rspr.
581 OLG Köln NVersZ 2000, 534; HK-VVG/*Felsch*, § 28 Rn. 144 m.w.N.; a.A. L/W/*Wandt*, § 28 Rn. 192; krit. auch VersHb/*Marlow*, § 13 Rn. 79 m.w.N.
582 OLG Köln NVersZ 2000, 534; R/L/*Rixecker*, § 28 Rn. 57.
583 So – verkürzt – der Sachverhalt in BGHZ 108, 326.
584 So aber OLG Köln NVersZ 2000, 534.
585 L/W/*Wandt*, § 28 Rn. 193; BK/*Schwintowski*, § 6 Rn. 85 jeweils m.w.N. auch zur Gegenansicht.
586 BGHZ 33, 281, 283 m.w.N.
587 P/M/*Armbrüster*, § 28 Rn. 173 m.w.N. aus Rspr.
588 OLG Köln VersR 1983, 1048; VersR 1980, 738, 739, jeweils für die Doppelversicherung.
589 Dafür OLG Karlsruhe VersR 1988, 709.
590 BGH VersR 1989, 1250.
591 § 23 Rdn. 6.
592 Generell eine vergleichbare Interessenlage verneinend P/M/*Armbrüster*, § 28 Rn. 170; zusätzlich eine planwidrige Regelungslücke ablehnend L/W/*Wandt*, § 28 Rn. 175.
593 *Martin*, M II Rn. 40.
594 HK-VVG/*Felsch*, § 28 Rn. 141.
595 OLG Hamm VersR 99, 1265, 1266.
596 OLG Celle VersR 1984, 437, 439; OLG Hamburg, 1994, 427.

Besonderheiten bei der Stellvertretung (§ 174 BGB). Ein Vertreter des VR, der nicht gesetzlicher Vertreter ist und dessen Vertretungsmacht sich auch nicht aus dem Handelsregister ergibt, muss der Kündigung eine Originalvollmacht beilegen; eine beglaubigte Fotokopie oder ein Telefax genügen nicht.[597] Wird die Vollmacht nicht entsprechend nachgewiesen, ist die Kündigung nach § 174 Satz 1 BGB unwirksam, wenn sie unverzüglich unter Hinweis auf die fehlende Vollmacht zurückgewiesen wird. Die Zurückweisung unterfällt ihrerseits den Regeln des § 174 BGB.[598] Der VR muss mit seiner Erklärung unmissverständlich deutlich machen, dass er in einer bestimmten Obliegenheitsverletzung einen so schwerwiegenden Verstoß sieht, dass er deshalb das Versicherungsverhältnis mit sofortiger Wirkung beendet.[599]

Eine **Form** ist gesetzlich nicht vorgesehen, vertraglich wird für die Kündigung des VR meist Schriftform vereinbart, was nach § 32 zulässig ist. 113

IV. Rechtsfolge

Mit der Kündigung endet das Versicherungsverhältnis ex nunc. Für die Prämie gilt nun § 39 I 1, wonach dem VR die Prämie nicht für die gesamte Versicherungsperiode, sondern nur anteilig zusteht. 114

G. Leistungsfreiheit
I. Vereinbarung der Leistungsfreiheit

Abs. 2 regelt in Satz 1 und in Satz 2 keinen gesetzlichen Wegfall des Anspruchs des VN und auch kein gesetzliches Leistungskürzungsrecht (Einführung B Rdn. 82). Vielmehr bedürfen die Rechtsfolgen der Leistungsfreiheit und des Leistungskürzungsrechts jeweils einer entsprechenden **vertraglichen Vereinbarung**.[600] Für Satz 1 ergibt sich das klar aus dem Wortlaut (»Bestimmt der Vertrag …«), für Satz 2 aus dem Zusammenhang mit Satz 1. Abs. 2 modifiziert und ergänzt also nur eine vertraglich vereinbarte Rechtsposition. 115

Ungeklärt ist allerdings, welche Anforderungen einerseits § 28 II selbst, andererseits das AGB-Recht an eine **wirksame vertragliche Vereinbarung** i.S.v. § 28 II stellen. Zunächst ist zu beachten, dass der Vereinbarungsinhalt nicht gegen § 32 Satz 1 verstößt, soweit er nicht zum Nachteil des VN von dem schuldabhängigen abgestuften System der Leistungsfreiheit nach Abs. 2 abweicht. Ist in den Klauseln ausschließlich die Rechtsfolge der Leistungsfreiheit bei Obliegenheitsverletzung vorgesehen, entspricht dies aus Sicht des durchschnittlichen VN dem Alles-oder-Nichts-Prinzip. Er könnte den Klauseln nicht entnehmen, dass abhängig von der Schwere seines Verschuldens der VR ganz, teilweise oder gar nicht leistungsfrei ist. Es läge ein Verstoß gegen § 32 Satz 1 i.V.m. § 28 II 2 vor.[601] Daneben sind, soweit sie über § 32 Satz 1 hinausgehen, die Anforderungen nach § 307 BGB zu beachten. Insbes. gilt dies für das Transparenzgebot aus § 307 I 2 BGB. Nicht nur müssen die Bedingungen danach klar und verständlich formuliert sein. Zusätzlich müssen sie unter Berücksichtigung von Treu und Glauben die wirtschaftlichen Nachteile und Belastungen für den VN soweit erkennen lassen, wie dies nach den Umständen gefordert werden kann.[602] Soll der VN klar erkennen können, unter welchen Umständen er noch eine ggf. gekürzte Leistung verlangen kann,[603] erfordert dies neben einer Vereinbarung des schuldabhängigen Leistungskürzungsrechts nach Abs. 2 zumindest auch einen deutlichen Hinweis auf die weiteren Voraussetzungen für eine teilweise oder ganze Leistungsfreiheit nach Abs. 3 und Abs. 4.[604] 116

II. Leistungsfreiheit nach Abs. 2 Satz 1

Hat der VN eine Obliegenheit vorsätzlich oder sogar arglistig verletzt, wird der VR nach Abs. 2 Satz 1 leistungsfrei, sofern die Bedingungen diese Rechtsfolge vorsehen. Bei vorsätzlichen Verletzungen ist die Leistungsfreiheit kausalitätsabhängig (Abs. 3 Satz 1), bei arglistigen nicht (Abs. 3 Satz 2). Bei letzteren kann es in besonders gelagerten Ausnahmefällen gegen Treu und Glauben verstoßen, wenn der VR sich auf die Leistungsfreiheit beruft.[605] Bei Auskunfts- oder Aufklärungsobliegenheiten nach Eintritt des Versicherungsfalles setzt die Leistungsfreiheit zudem noch eine Belehrung nach Abs. 4 voraus. Der Gesetzgeber hat hier die Relevanzspr. gewissermaßen »überschießend« normiert. Die Beweislast ist anders als früher so verteilt, dass der VR den Vorsatz des VN beweisen muss; auch die Arglist muss der VR beweisen (näher Rdn. 169). 117

---

597 BGH VersR 1994, 938, 939.
598 R/L/*Rixecker*, § 28 Rn. 58.
599 OLG Hamburg r+s 1994, 426, 427; OLG Celle VersR 1984, 437, 439.
600 BGHZ 191, 159, 166; BGH r+s 2015, 347, 349; ausführlich *Wandt*, in: FS E. Lorenz, S. 535, 543 ff.; *ders.* VersR 2015, 265, 266 f.; *Schlömer*, S. 4 f.
601 *Schlömer*, S. 6 f.
602 BGH VersR 2015, 318, 319 f.; Palandt/*Grüneberg*, § 307 Rn. 21.
603 Vgl. BGHZ 191, 159, 168; *Felsch* r+s 2015, 53, 58; *Marlow* r+s 2015, 591, 592.
604 BGH r+s 2015, 347, 349 mit dem Hinweis auf eine fehlende, § 28 IV entsprechende Regelung; L/W/*Wandt*, § 28 Rn. 216; HK-VVG/*Felsch*, § 28 Rn. 26; *Marlow* r+s 2015, 591, 592; *Schlömer*, S. 7.
605 Näher L/W/*Wandt*, § 28 Rn. 305 ff.; s. auch BGH VersR 2013, 609, 611 für die Berufung auf Klauseln, die eine Verwirkung des Leistungsanspruchs wegen arglistiger Täuschung vorsehen.

III. Leistungskürzung nach Abs. 2 Satz 2
1. Abschaffung des Alles-oder-Nichts-Prinzips

118 Das in § 6 I, III 1 VVG a.F. normierte Alles-oder-Nichts-Prinzip bedeutete, dass der VN bei Obliegenheitsverletzungen entweder den Anspruch auf die gesamte Versicherungsleistung verlor oder den Anspruch zur Gänze behielt.[606] Dieses Prinzip wurde durch das Kausalitätserfordernis der § 6 II, III 2 a.F. sowie der Relevanzrspr. zwar abgemildert. Dennoch wurde es **als ungerecht empfunden**. Nur geringe Unterschiede des Verschuldens bewirkten gegensätzliche Rechtsfolgen.[607] Obliegenheitsverletzungen, die knapp über der Schwelle zur groben Fahrlässigkeit lagen, lösten mit der Leistungsfreiheit eine Rechtsfolge aus, die im Missverhältnis zum Verhaltensvorwurf stand.[608] Ein solches pönales Element ist unserer Rechtsordnung fremd.[609] Allenfalls Präventivzwecke[610] konnte man ins Feld führen, die freilich von den Strafzwecken kaum sicher zu unterscheiden sind. Zudem führten Korrekturversuche der Gerichte dazu, dass sich der Begriff der groben Fahrlässigkeit in dem Bemühen, ihr Vorliegen zu verneinen, von dem des übrigen Zivilrechts entfernte.[611] Grobe Fahrlässigkeit wurde im Zweifel nicht angenommen.[612] Diese Entwicklung war nicht geeignet, Rechtssicherheit zu schaffen.[613]

2. Das Quotenmodell

119 Die Reform setzte hier doppelt an: Man führte nahezu ausnahmslos (Abs. 3) das Kausalitätserfordernis ein (oben Rdn. 44 ff.) und stellte ihm das sog. Quotenmodell des Abs. 2 Satz 2 zur Seite.[614] Leistungsfreiheit tritt also erstens aufgrund des Kausalitätserfordernisses nur soweit ein, wie die Obliegenheitsverletzung kausal für einen der in Abs. 3 Satz 1 genannten Umstände war (Ausnahme Abs. 3 Satz 2). Zweitens wird **dann** die gegebenenfalls nur anteilige Haftung des VN noch einmal anteilig reduziert, wenn er nur grob fahrlässig war. Dann darf der VR die Leistung »**in einem der Schwere des Verschuldens des VN entsprechenden Verhältnis**« kürzen. Parallele Regelungen finden sich in §§ 26 I 2, 26 II 2 Hs. 2, 81 II, 82 III 2, 86 II 2. Mit allgemeinen Grundsätzen für Vertragsverletzungen, denen der Gesetzgeber sich annähern wollte,[615] steht das nicht in Einklang. Im Zivilrecht gibt es nach § 276 BGB keine Abstufung der Haftung nach dem Verschuldensgrad. Wo sie aufgrund Gesetzes oder Rechtsgeschäfts existiert, verläuft die maßgebliche Grenze i.d.R. zwischen einfacher und grober Fahrlässigkeit oder zwischen Fahrlässigkeit und Vorsatz, und sie bedeutet regelmäßig eine Entscheidung zwischen voller Haftung und Nichthaftung. Lediglich das Mitverschulden kann zu Quoten führen (§ 254 BGB); um ein Mitverschulden des VR geht es hier aber nicht. Vielmehr soll in dem schmalen Bereich grober Fahrlässigkeit eine dem Verhalten des VN angemessene Quote benannt werden. Eine dem Quotelungsmodell des § 28 vergleichbare Ausnahme besteht lediglich im Arbeitsrecht. Hier haftet der Arbeitnehmer nicht nach allgemeinen Grundsätzen für Pflichtverletzungen, sondern nach den Grundsätzen des innerbetrieblichen Schadensausgleichs,[616] wobei die Rspr. mit der »leichtesten« (keine Haftung des Arbeitnehmers[617]) und der »gröbsten« Fahrlässigkeit (volle Haftung des Arbeitnehmers[618]) Fahrlässigkeitsstufen entwickelt hat, die eine interessengerechte Schadensquotelung ermöglichen sollen. Die Parallele zwischen Versicherungsvertrags- und Arbeitsrecht besteht darin, dass es entgegen allgemeiner Grundsätze zu einer Schadensteilung kommt, obwohl dem Gläubiger (VR bzw. Arbeitgeber) kein Mitverschulden i.S.v. § 254 BGB angelastet werden kann. Im Gegensatz zum Versicherungsrecht leitet sich diese Schadensteilung im Arbeitsrecht aber ab aus dem sozialen Schutzprinzip und einer Risikoverteilung nach Verantwortungsbereichen,[619] während sich das Quotenmodell im Versicherungsrecht damit rechtfertigen lässt, dass der VN durch seine Prämie schon über einen gewissen Zeitraum eine Leistung an den VR erbracht hat.[620] Das rechtfertigt es, ihm seinen Anspruch auf die Versicherungsleistung auch bei grober Fahrlässigkeit nicht ganz zu nehmen.

---

606 *Klein* BB 1980, 391.
607 Begr. RegE BT-Drucks. 16/3945 S. 49; *Heß/Burmann* NJW-Spezial 2007, 159.
608 BGHZ 53, 160, 164; BGH VersR 1969, 651; VersR 1968, 1155, 1157; *Kramer* NJW 1972, 1974.
609 BGH VersR 1969, 651; *Kramer* NJW 1972, 1974; auch dargestellt in *Raiser* ZVersWiss 1978, 375, 385; *Fischer* VersR 1965, 197, 202.
610 *Kramer* NJW 1972, 1974, 1975 m.w.N. aus der Rspr.
611 *Römer* VersR 2006, 740.
612 *Sieg*, S. 116; krit. L/W/*Wandt*, § 28 Rn. 231.
613 Vgl. *Römer* NVersZ 2000, 259, 260 (Erschütterung des Vertrauens in die Gerichte).
614 Zur Entstehungsgeschichte ausführlich *Feifel*, S. 39–79; krit. *Armbrüster*, Alles-oder-nichts-Prinzip im Privatversicherungsrecht, Rn. 229 ff., 262 nach dessen Auffassung über das umfassende Kausalitätserfordernis die Probleme des Alles-oder-Nichts-Prinzips überwunden werden können.
615 Begr. RegE BT-Drucks. 16/3945 S. 68.
616 Vgl. etwa BAG NJW 1959, 1796; NZA 1990, 97; NZA 1998, 210; *Lieb/Jacobs*, Arbeitsrecht, 9. Aufl. 2006, Rn. 219 ff.; *Dütz/Thüsing*, Arbeitsrecht, 20. Aufl. 2015, Rn. 201 ff.
617 BAG NJW 1959, 1796.
618 BAG NZA 1998, 310; dazu *Walker* JuS 2002, 736, 739.
619 *Dütz/Thüsing*, Arbeitsrecht, 20. Aufl. 2015, Rn. 201.
620 Zu Alternativen in der rechtspolitischen Diskussion s. auch *Armbrüster*, Alles-oder-nichts-Prinzip im Privatversicherungsrecht, Rn. 85 ff.

Ein vieldiskutiertes **Vorbild** für die Regelung findet sich in Art. 14 II des **schweizerischen** Bundesgesetzes 120
über den Versicherungsvertrag, der bei Herbeiführung des Versicherungsfalles eine Kürzung entsprechend dem Verschuldensgrad vorsieht. Die Norm entspricht § 81 und nicht § 28. Sie ist auch im schweizerischen Recht nicht unumstritten.[621] In **Österreich** gibt es gem. § 6 Ia öVVG neben Kausalitätserfordernissen[622] eine prämienproportionale Kürzung, wenn äquivalenzsichernde Obliegenheiten verletzt werden.[623] Vergleichbares findet sich bei Verletzung vorvertraglicher Obliegenheiten in **Italien**[624] und in **Belgien, Luxemburg, Griechenland, Spanien, Frankreich, den Nordischen Ländern** und im Harmonisierungsentwurf der **Europäischen Kommission** aus dem Jahre 1979.[625]

Vorteile des Quotenmodells sind seine Flexibilität und der Wegfall des pönalen Charakters des Abs. 2; letzteres wird allerdings schon durch das Kausalitätserfordernis erreicht. **Nachteile** sind vor allem der Verlust der präventiven Wirkung des Alles-oder-Nichts-Prinzips[626] sowie der Verlust an Rechtssicherheit,[627] der allerdings deshalb leichter zu verschmerzen ist, weil zugleich der Fahrlässigkeitsbegriff sich wieder dem allgemeinen Zivilrecht angleichen kann. Die Abgrenzung verschiedener Grade grober Fahrlässigkeit handhabt die Praxis, ohne dass große Widersprüche zutage getreten wären. Auch dass das Quotelungsprinzip, wie von manchen erwartet, mehr Prozesse[628] und höhere Prämien[629] zur Folge hatte, ist bisher, soweit ersichtlich, nicht nachgewiesen.[630] Die Quotenregelung hat Konsequenzen für verschiedene verwandte Fragen oder Folgefragen, etwa für den Regress des Gebäudeversicherers gegen den Mieter (richtig: Beschränkung auf Quote).[631] 121

Für die **dogmatische Einordnung** der Frage nach dem Grad grober Fahrlässigkeit wird häufig der Vergleich 122
zu § 254 BGB bemüht.[632] Dort werden aber Verschuldens- und Verursachungsbeiträge zweier Beteiligter abgewogen.[633] Im Verhältnis von VR und VN ist nicht abzuwägen, denn die Einstandspflicht des VR ist immer gleich zu veranschlagen.[634] Vielmehr ist das Verschulden des VN auf einer gedachten Skala grober Fahrlässigkeit einzuordnen. Vergleichbare Einordnungen sind im Zivilrecht bislang nur auf der Gesamtverschuldensskala in der Weise erforderlich, dass im Einzelfall entscheidend sein kann, ob einfache oder grobe Fahrlässigkeit vorliegt. Dogmatisch verlangt das Quotenmodell also eine Differenzierung verschiedener Grade grober Fahrlässigkeit.

3. Kriterien
a) Allgemeines

Grobe Fahrlässigkeit i.S.v. § 28 setzt, anders die allein objektiv zu bestimmende leichte Fahrlässigkeit, einen 123
objektiv schweren Verstoß gegen die im konkreten Fall gebotene **Sorgfalt** und ein **subjektiv unentschuldbares Verhalten** voraus (Rdn. 51). Damit steht das Versicherungsrecht im Einklang mit den Grundsätzen des allgemeinen Zivilrechts.[635] Zur Bestimmung des Grades grober Fahrlässigkeit kommen daher objektive und subjektive Kriterien in Betracht. Es handelt sich dabei um dieselben Kriterien, nach denen sich das Vorliegen grober Fahrlässigkeit richtet, d.h. die Frage nach dem »Ob« und diejenige nach dem »Wie« grober Fahrlässigkeit lassen sich nicht trennen, sondern sind aufgrund desselben Tatsachenkomplexes zu beantworten.

Wenn es demgegenüber heißt, es sei wie im Strafrecht das Problem der **Doppelverwertung** von Tatsachen zu 124
lösen, ist dem nicht zu folgen; das Problem existiert nicht.[636] Die Frage, ob Umstände, »die den Rahmen des § 28 Abs. 2 Satz 2 überhaupt erst eröffnen oder offen halten, also den Vorwurf grober Fahrlässigkeit erst begründen, im Weiteren noch dazu herangezogen werden dürfen, um die Leistungsfreistellungsquote zu erhöhen«,[637] stellt sich jedenfalls **bei unstreitigem Sachverhalt** nicht. Steht fest, dass der VN nach drei Sekunden Rotlicht noch über die Ampel gefahren ist, wäre es künstlich, die erste Sekunde als für die Fahrlässigkeitsbegründung verbrauchte Tatsache nicht mehr heranzuziehen, wenn man über den Verschuldensgrad nach-

---

621 *Kurzka* VersR 2001, 698, 700; *Armbrüster* VersR 2003, 675, 678; *Römer* NVersZ 2000, 259, 261.
622 *Kurzka* VersR 2001, 698.
623 Basedow/Fock/*Lemmel*, Bd. II, S. 1065; *Terbille* r+s 2001, 1, 4.
624 *Terbille* r+s 2001, 1, 4; Basedow/Fock/*d'Usseaux*, Bd. I, S. 704.
625 Basedow/Fock, Bd. I, S. 75 m.w.N.
626 *Baumgärtel* VersR 1968, 818.
627 *Kurzka* VersR 2001, 698, 700; *Marlow* VersR 2007, 43, 45; *Armbrüster*, Alles-oder-nichts-Prinzip im Privatversicherungsrecht, Rn. 187 (zu den Problemen bei der Quotelung nach Verschuldensgraden im schweizerischen Recht).
628 *Kurzka* VersR 2001, 698, 700.
629 Stellungnahme des GDV zum RefE S. 69.
630 Vgl. zu den Prämien *Brand*, in: FS E. Lorenz, S. 55, 58.
631 *Schirmer* VersR 2011, 289–294.
632 *Marlow* VersR 2007, 43, 45; *Weidner/Schuster* r+s 2007, 363, 365.
633 *Marlow* VersR 2007, 43, 45.
634 *Looschelders* VersR 2008, 1, 6; vgl. auch *E. Lorenz* VersR 2000, 2, 10.
635 MünchKommBGB/*Grundmann*, § 276 Rn. 94, 95, auch zu den Ausnahmen.
636 Ebenso *Looschelders* ZVersWiss 2009, 13, 18 (»Scheinproblem«); *Brand*, in: FS E. Lorenz, S. 55, 67.
637 *Felsch* r+s 2007, 485, 493; ebenso HK-VVG/*Felsch*, § 28 Rn. 190 f.

denkt.⁶³⁸ Die zum Strafrecht gezogene Parallele überzeugt nicht, weil es um das einheitliche Tatbestandsmerkmal des Verschuldens und nicht (wie bei § 46 III StGB) um das Verhältnis von Tatbestand und Strafzumessung geht. Ein Doppelverwertungsverbot kommt auch dann nicht in Betracht, wenn der Tatbestand der Obliegenheitsverletzung (z.B. Fahren in alkoholisiertem Zustand) bereits ein schuldbeeinflussendes Merkmal enthält.⁶³⁹ Denn für den objektiven Tatbestand der Obliegenheitsverletzung kommt es allein darauf an, ob objektiv eine Alkoholisierung vorliegt. Beim Verschulden ist zu prüfen, welche Bedeutung die Alkoholisierung für den Schuldvorwurf hat. Eine Doppelverwertung liegt darin nicht. Beim **streitigen Sachverhalt** kann auf der Grundlage der h.M. zur Beweislast (s. unten Rdn. 156) die Situation entstehen, dass zu Lasten des VN eine schuldbegründende Tatsache als richtig zu unterstellen ist, soweit das »Ob« seines Verschuldens in Rede steht, dass aber, sobald es um den Grad seines Verschuldens geht, zu seinen Gunsten dieselbe Tatsache als nicht gegeben zu anzunehmen ist.

b) Einzelne Kriterien

125 Aus der **objektiven Obliegenheitsverletzung** ergibt sich regelmäßig ein bestimmter Grad grober Fahrlässigkeit, da aus den objektiven Umständen auf innere Vorgänge und deren gesteigerte Vorwerfbarkeit geschlossen werden kann.⁶⁴⁰ Maßgeblich ist zunächst das **Gewicht** des Verstoßes, insbes. sein **Gefährdungspotential**.⁶⁴¹ So könnte einem Sägewerksbesitzer, der im Werk raucht und damit auch Dritte gefährdet, u.U. ein größerer Vorwurf zu machen sein als einem Hauseigentümer, der ein Erdgeschossfenster zu schließen vergisst.⁶⁴² Hiergegen ist zu Recht eingewandt worden, dass man die Obliegenheiten nur jeweils auf das versicherte Risiko bezogen gewichten kann.⁶⁴³ Man kann den VN, der das Fenster gekippt lässt, also nicht mit einem trunkenen Fahrer, sondern nur mit einem VN vergleichen, der die Verandatür offen lässt. Zu den objektiven Umständen gehört beim **Rotlichtverstoß**, wie lange die Ampel bereits Rot zeigte.⁶⁴⁴
Des Weiteren spielt die **Dauer** der Sorgfaltspflichtverletzung eine Rolle,⁶⁴⁵ z.B. ein langer Leerstand des versicherten Gebäudes⁶⁴⁶ sowie ihre **Intensität**⁶⁴⁷ und ihre Einordnung in anderen Rechtsgebieten (als Ordnungswidrigkeit oder Straftatbestand).⁶⁴⁸ Auch das Verhältnis zwischen dem Aufwand zur Erfüllung der Obliegenheit und dem drohenden Schaden gibt Aufschluss über den Verschuldensgrad.⁶⁴⁹
Ob der **Grad der Ursächlichkeit** (alleinige Ursache, Ursachenkette oder Verursachungsanteil) der Obliegenheitsverletzung für einen Schaden zu berücksichtigen ist, ist umstr.⁶⁵⁰ Ebenso besteht Uneinigkeit darüber, ob die **Höhe eines eingetretenen Schadens** ein maßgebliches Kriterium ist. Nach Teilen von Literatur und Rspr. ist das der Fall.⁶⁵¹ Die überwiegende Literatur lehnt das jedoch ab, weil das Gewicht der Obliegenheitsverletzung nicht von dem nachträglich eintretenden Umstand der Schadenshöhe abhänge.⁶⁵² In der Tat kommt es im Rahmen von § 28 II allein auf das Verschulden hinsichtlich der Obliegenheitsverletzung, also auf die Vorhersehbarkeit letzterer, an.⁶⁵³ Dabei ist unter Umständen aber die drohende Schadenshöhe zu berücksichtigen.⁶⁵⁴ Der tatsächliche Geschehensablauf nach Verletzung der Obliegenheit lässt aber Rückschlüsse darauf

---

638 So aber *Felsch* r+s 2007, 485, 493.
639 Anders *Nugel* Sonderbeilage MDR 2007, Heft 22, 23, 30.
640 Vgl. BGH VersR 2003, 364, 365; LG Münster NJW 2010, 240, 241; *Kessal-Wulf*, in: Homburger Tage 2006, 41, 67; P/M/*Prölss*²⁷, § 61 Rn. 24; *Felsch* r+s 2007, 485, 493; *Rixecker* ZfS 2007, 15, 16 (zu § 81 VVG); *Feifel*, S. 107.
641 B/M/*Heiss*, § 28 Rn. 197; FAKomm-VersR/*Nugel*, § 28 Rn. 121; vgl. aber *Armbrüster*, Alles-oder-nichts-Prinzip im Privatversicherungsrecht, Rn. 192: Auf die Bedeutung der Obliegenheit dürfe nicht abgestellt werden; ebenfalls in diese Richtung, aber großzügiger *Veith* VersR 2008, 1580, 1585.
642 Weitere Beispiele bei *Günther/Spielmann* r+s 2008, 177, 178.
643 *Veith* VersR 2008, 1580, 1585.
644 LG Münster VersR 2010, 240.
645 OLG Saarbrücken r+s 2012, 392, 393; OLG Hamm NJW-Spezial 2010, 297; LG Aachen VersR 2015, 360, 362; LG Dortmund VersR 2010, 1594, 1597; *Brand*, in: FS E. Lorenz, S. 55, 71, der aber daran erinnert, die Anforderungen nicht zu überspannen; *Felsch* r+s 2007, 485, 494; FAKomm-VersR/*Nugel*, § 28 Rn. 125.
646 *Günther/Spielmann* r+s 2008, 177, 180.
647 OLG Hamm NJW-Spezial 2010, 297; LG Aachen VersR 2015, 360, 362; LG Bonn VersR 2010, 1079, 1081 (unterlassene Kontrolle von Leitungen wiegt weniger schwer als das aktive Befüllen mit Wasser).
648 FAKomm-VersR/*Nugel*, § 28 Rn. 123; *Heß/Burmann* NZV 2009, 7, 9.
649 LG Aachen VersR 2015, 360, 362; LG Dortmund VersR 2010, 1594, 1597.
650 Dafür *Baumann* r+s 2005, 1, 9; *Armbrüster* VersR 2003, 675, 679; *Felsch* r+s 2007, 485, 494; s. aber *Looschelders* ZVersWiss 2005, 13, 21 gegen eine eigenständige Bewertung; ganz gegen die Berücksichtigung des Grades der Ursächlichkeit *Moosbauer*, D. VI. 1. d).
651 OLG Hamm NJW-Spezial 2010, 297; für eine Berücksichtigung »in Grenzen« *Felsch* r+s 2007, 485, 494; *Feifel*, S. 108 ff.
652 *Looschelders* ZVersWiss 2005, 13, 21 f.; *Heß/Burmann* NZV 2009, 7, 9; *Armbrüster* VersR 2003, 675, 680.
653 P/M/*Armbrüster*, § 28 Rn. 217; *Moosbauer*, D. VI. 2. h) und i).
654 FAKomm-VersR/*Nugel*, § 28 Rn. 124; *Heß/Burmann* NZV 2009, 7, 9.

zu, ob für den VN die Obliegenheitsverletzung vorhersehbar war.[655] Dem VN wird dort, wo Kausalabläufe und Schäden vorhersehbar sind, regelmäßig deutlicher sein, dass eine Obliegenheit bestehen könnte, die er zu beachten hat. So fließt bei einer **Reiserücktrittsversicherung** in die Abwägung ein, um wie viel niedriger die Stornokosten bei rechtzeitiger Stornierung gewesen wären,[656] oder bei der **Inventarversicherung**, wie wahrscheinlich es war, dass die unterlassene Sicherungsvorrichtung zu einem Schaden führen kann.[657]
In der Rspr.[658] und Lehre[659] wird zudem darauf abgestellt, wie deutlich für den VN **erkennbar** war, dass er die verletzte Obliegenheit hatte. So lasse z.B. bereits der Begriff der Reiserücktrittsversicherung erkennen, dass ein Rücktritt erforderlich sei.[660] Umgekehrt wird zugunsten des VN berücksichtigt, wenn der VR nicht in hervorgehobener Weise auf die Obliegenheiten hingewiesen hat.[661] Je erkennbarer die Anforderungen an ein Verhalten sind, umso vorwerfbarer ist es, wenn sie nicht erfüllt werden.[662]

Motive des VN spielen eine Rolle, z.B. unlautere Beweggründe oder, zu seinem Vorteil, Hilfsbereitschaft. Auch besondere Interesselosigkeit des VN[663] oder eine rechtsfeindliche Gesinnung[664] fließen in die Bewertung ein. Weitere **subjektive Besonderheiten** kommen in Betracht, und zwar in Form von Defiziten zugunsten des VN, z.B. Erkrankung, besondere berufliche oder familiäre Belastung,[665] Ablenkung durch Kinder, aber auch in Form von individuellen Fähigkeiten und Kenntnissen[666] zulasten des VN.   126

Der **bisherige Verlauf der Versicherung**,[667] insbes. die Höhe der vom VR bereits an den VN erbrachten Leistungen,[668] soll zu berücksichtigen sein. Es ist allerdings nicht denkbar, dass diese Einfluss auf den Verschuldensgrad bei einer später zu erfüllenden Obliegenheit haben können; allenfalls können sie Indizien für subjektive oder objektive Umstände bei einem späteren Versicherungsfall sein. Zudem darf die berechtigte Inanspruchnahme von Versicherungsleistungen dem VN keine Nachteile bringen.[669] Das **Verhalten des VN nach dem Versicherungsfall**[670] kann seinen Obliegenheitsverstoß in einem milderen (oder klareren) Licht erscheinen lassen, weil es Rückschlüsse auf seine Motive oder seine Geisteshaltung zulässt.[671]   127

Grundsätzlich nicht zu beachten sind die **wirtschaftlichen Verhältnisse des VN**,[672] es sei denn, sie erschwerten ihm in besonderer Weise die Erfüllung einer Obliegenheit, z.B. wenn Sicherungsmaßnahmen wegen der finanziellen Situation nicht durchführbar waren.[673] Eine durch die Versagung der Versicherungsleistung eintretende Existenzgefährdung darf keinerlei Auswirkungen auf den Versicherungsschutz haben, da dies die Einführung versicherungsfremder Zwecke in das Privatversicherungsrecht bedeutete.[674] **Mitverschulden des VR**[675] kommt nur bei wenigen Obliegenheitsverstößen in Betracht, vor allem bei Aufklärungsobliegenheiten. Hier kann dann wie bei § 254 BGB abgewogen werden. Mittelbar kann das Verhalten des VR die Quote beeinflussen, wenn er eine Obliegenheit in den AVB nicht deutlich genug hervorgehoben hat und sie daher für den VN nicht evident war.[676]   128

---

655 A.A. P/M/*Armbrüster*, § 28 Rn. 218, der für die Vorhersehbarkeit allein das Geschehen der Obliegenheitsverletzung und nicht deren Folgen heranziehen will.
656 AG Königstein VersR 2010, 1314.
657 LG Dortmund VersR 2010, 1594, 1597.
658 OLG Saarbrücken r+s 2012, 392, 393; LG Dortmund VersR 2010, 1594, 1597; LG Trier, r+s 2010, 509, 510 (zu § 81 II); LG Nürnberg-Fürth r+s 2010, 412, 415; AG Königstein VersR 2010, 1314.
659 *Looschelders* ZVersWiss 2009, 13, 19; FAKomm-VersR/*Nugel*, § 28 Rn. 126; L/W/*Wandt*, § 28 Rn. 243; *Brand*, in: FS E. Lorenz, S. 55, 73; *Moosbauer* D. VI. 1. a) bb) m.w.N.
660 AG Königstein VersR 2010, 1314.
661 AG Königstein VersR 2010, 1314.
662 *Looschelders* ZVersWiss 2009, 13, 19.
663 *Günther/Spielmann* r+s 2008, 177, 179.
664 *Felsch* r+s 2007, 485, 495.
665 *Günther/Spielmann* r+s 2008, 177, 179.
666 *Brand*, in: FS E. Lorenz, S. 55, 73 f.
667 *Felsch* r+s 2007, 485, 496; *Heß* r+s 2013, 1, 3.
668 So in der schweizerischen Rspr. nach *Armbrüster* VersR 2003, 675, 680.
669 *Armbrüster* VersR 2003, 675, 680.
670 Dargestellt und abgelehnt von *Armbrüster* VersR 2003, 675, 680.
671 A.A. *Feifel*, S. 123 f.
672 *Felsch* r+s 2007, 485, 495; *Nugel* Sonderbeilage zu MDR Heft 22, 2007, 23, 33; *Looschelders* ZVersWiss 2009, 13, 23; *Brand*, in: FS E. Lorenz, S. 55, 69.
673 *Felsch* r+s 2007, 485, 495; *Brand*, in: FS E. Lorenz, S. 55, 69.
674 *Armbrüster* VersR 2003, 675, 680.
675 *Felsch* r+s 2007, 485, 496.
676 AG Königstein VersR 2010, 1314.

§ 28 Verletzung einer vertraglichen Obliegenheit

4. Ausgangspunkt und Kürzungsschritte

129 Teile von Rspr. und Lehre schlagen vor, bei der Kürzung mit einer **Quote von 50 %** einzusetzen (»Mittelwertmodell«).[677] Dieser Ansatz ist jedoch vorwiegend durch die angestrebten Konsequenzen für die Beweislast motiviert[678] und daher in diesem Zusammenhang zu erörtern (Rdn. 153 ff.). Bei unstreitigem Sachverhalt ist nicht ersichtlich, woher die 50 %-Einordnung kommen soll, da dann auch sogleich in einem zweiten Schritt korrigiert werden soll.[679] Vielmehr ist **ohne eine »Einstiegsquote«** aufgrund des – gegebenenfalls nach Beweisaufnahme – feststehenden Sachverhaltes die Gesamtbewertung vorzunehmen (flexibles Quotenmodell[680]). Diesen Ansatz verfolgt auch die **überwiegende Rspr.**[681] Die Gerichte halten z.T. für maßgeblich, ob der Einzelfall »eher sich der Grenze des bedingten Vorsatzes oder der Grenze der einfachen Fahrlässigkeit annähert«.[682] Starre Einstiegsquoten widersprächen dem gesetzgeberischen Ziel, mehr Einzelfallgerechtigkeit zu erreichen.[683]

130 In welchen **Prozentschritten** die Leistungskürzung vorgenommen werden soll, wird in **Literatur und Rspr.** mit dem einhelligen Tenor diskutiert, dass die Stufen nicht zu klein ausfallen sollen. Über die Details besteht allerdings Uneinigkeit. Drittel-, Viertel-, Fünftelschritte (d.h. 33 %, 25 %, 20 %) seien kommunizierbar, Verfeinerungen kaum.[684] Andere halten Schritte von fünf Prozentpunkten für möglich,[685] wieder andere wollen nicht unter 10 % gehen,[686] halten jedoch gröbere Stufen für geeignet, um den Besonderheiten des Einzelfalles gerecht werden zu können,[687] wieder andere wollen 25 %-Schritte (25 %/50 %/75 %) einziehen.[688] Auch wird vorgeschlagen, die Größe der Prozentschritte von der Schadenshöhe abhängig zu machen, also bei größeren Schäden in kleineren Schritten (bis 10 %), bei kleineren Schäden in 25 %-Schritten vorzugehen.[689] Vereinzelt wird jegliche Vorgabe an Quotenschritte abgelehnt.[690] Dem ist zu folgen. Die Gerichte werden nach den bisherigen Erfahrungen eine Scheingenauigkeit in zu kleinschrittigen Quoten vermeiden.

131 Inzwischen bilden sich zunehmend **Fallgruppen** zu den zu bildenden Quoten.[691] Speziell für den Fall der Trunkenheit im Straßenverkehr werden in der Literatur verschiedene, an den Grad der Blutalkoholkonzentration geknüpfte Quotenmodelle vorgeschlagen.[692] Die überwiegende Praxis geht z.B. von vollständiger Kürzung aus, wenn absolute Fahruntüchtigkeit vorliegt, und will im Übrigen parallel zum steigenden BAK größere Streichungen vornehmen (s. die Kasuistik in Anh. A Rdn. 99 f.). Auch wenn Fallgruppen eine Orientierung geben können, müssen letztlich immer die Umstände des Einzelfalls maßgeblich sein.[693] Es ist grundsätzlich auch nicht zulässig, Fallgruppen mit pauschalierten Leistungskürzungsquoten in **AVB** aufzunehmen (s.

---

677 LG Kassel ZfS 2011, 33, 34; LG Hannover VersR 2011, 112, 113 (zu § 81 II); AG Hamburg St. Georg r+s 2010, 323 (zu § 81 II); HK-VVG/*Felsch*, § 28 Rn. 178; *Knappmann* VRR 2009, 9, 11; *Unberath* NZV 2008, 537, 541; *Langheid* NJW 2007, 3665, 3670; *Meixner/Steinbeck* § 6 Rn. 139, 141; für die Anwendung des Mittelwertmodells als Auffangmodell, wenn eine Fallgruppe fehlt, unter die subsumiert werden kann, *Günther* r+s 2009, 492, 494; anders der rechtspolitische Vorschlag von *H. Baumann* zu § 61 VVG a.F., wonach der VN bei grober Fahrlässigkeit maximal 50 % erhalten soll.
678 Vgl. auch *Nugel* Sonderbeilage MDR 2007, 23, 26: »im Zweifel« hälftige Kürzung.
679 So aber HK-VVG/*Felsch*, § 28 Rn. 178 f.; warum der Einstieg bei 50 % nötig ist, ist unklar; krit. auch *Rixecker* ZVersWiss 2009, 3, 6.
680 Stiefel/Maier/*Halbach*, Kraftfahrtversicherung, 18. Aufl. 2010, § 81 VVG Rn. 21.
681 OLG Saarbrücken r+s 2012, 392, 393; OLG Hamm VersR 2011, 206, 208 (zu § 81 II); LG Dortmund VersR 2010, 1594, 1596; LG Nürnberg-Fürth r+s 2010, 412, 415; LG Münster NJW 2010, 240, 241 f. (zu § 81 II); LG Münster r+s 2010, 321, 322 f. (zu § 81 II); LG Trier r+s 2010, 509, 510 (zu § 81 II); AG Königstein VersR 2010, 1314 (ohne Diskussion).
682 LG Göttingen VersR 2010, 1490, 1492.
683 LG Dortmund VersR 2010, 1594, 1596.
684 *Felsch* r+s 2007, 485, 492; *Heß* r+s 2013, 1, 5; *Rixecker* ZfS 2007, 15, 16 (zu § 81).
685 LG Hannover VersR 2011, 112, 113 (zu § 81 II); *Schubach* AnwBl 2008, 27, 29; vgl. auch LG Dortmund VersR 2010, 1594, 1597: 10 %, in Einzelfällen auch darunter.
686 OLG Hamm VersR 2011, 206, 209 (zu § 81 II); LG Erfurt VersR 2011, 335, 336 (90:10-Quote, aber ohne Erörterung); LG Hannover VersR 2011, 112, 113 (zu § 81 II); LG Trier r+s 2010, 509, 510 (zu § 81 II); *Looschelders* VersR 2008, 1, 6 (zu § 81 II); *Schäfers* VersR 2011, 842, 844 f.
687 OLG Hamm VersR 2011, 206, 209 (zu § 81 II); LG Hannover VersR 2011, 112, 113 (zu § 81 II).
688 LG Münster NJW 2010, 240, 242; r+s 2010, 321, 322 f. (zu § 81 II); *Heß* r+s 2013, 1, 5, »Grobraster« mit möglicher Korrektur im Einzelfall.
689 OLG Hamm NJW-Spezial 2010, 297.
690 *Moosbauer*, F. III. 3.
691 S. etwa Goslarer Orientierungsrahmen, dargestellt bei *Nugel* MDR 2010, 597 und *Nehm* ZfS 2010, 12, 13; *Nugel*, § 2 passim; *Heß* r+s 2013, 1, 6 ff.; *Maier/Stadler*, AKB 2008 und VVG-Reform, 2008, Rn. 141 f.; *Meschkat/Nauert/Stehl*, VVG-Quoten, 2008, Rn. 100 ff.; FAKomm-VersR/*Nugel*, § 28 Rn. 136 ff.; *Richter* SVR 2009, 13, 16; *Kloth*, Private Unfallversicherung, 2008, N. Rn. 13 (S. 228 f.); *Kärger*, Rn. 211 ff.; *Lücke*, 47. VGT 2009, 109, 116 ff.; *Günther/Spielmann* r+s 2008, 177 ff.; L/W/*Wandt*, § 28 Rn. 246.
692 Ausführlich dargestellt sind diese Modelle bei *Moosbauer*, F. IV. 1. B); s. auch *Nugel*, § 2 Rn. 14.
693 *Heß* r+s 2013, 1, 6; vgl. auch BGHZ 190, 120, 131.

§ 32).[694] Denn hier ist es nahezu immer möglich, dass die AVB zum Nachteil des VN von den Quoten abweichen, die die Rspr. entwickeln würde, da der konkrete Einzelfall sich immer durch ein zusätzliches Detail von anderen unterscheiden kann. Allenfalls ganz klare Fälle, wie es etwa die 100 %ige Kürzung bei absoluter Fahruntüchtigkeit sein könnte, wenn der BGH sie bestätigt, können in AVB normiert werden.

Ob bei Vorliegen grober Fahrlässigkeit eine Leistungskürzung um 100 % oder die vollständige Versagung der Leistungskürzung, ob also **Quoten von 0:100 oder 100:0** zulässig sind, ist umstritten, wird aber in Praxis und Lehre überwiegend bejaht.[695] Dafür spricht, dass das Gesetz keine Einschränkung vorsieht und zudem im Gesetzgebungsverfahren die Formulierung in Abs. 2 Satz 1 »wird nur leistungsfrei« in »wird leistungsfrei« geändert wurde.[696] Auch der Abschlussbericht der Reformkommission ergibt, dass man zur Begrenzung des moralischen Risikos eine vollständige Leistungsfreiheit für möglich hielt.[697] Zudem wäre es gekünstelt, Quoten von 1:99 zu bilden. Die Annahme, in der Praxis würden die genannten Null-/Hundertquoten kaum vorkommen,[698] hat sich nicht bestätigt.[699] Dennoch kommt, wie der BGH in seinen entsprechenden Urteilen richtigerweise betont,[700] eine vollständige Leistungskürzung nur in Ausnahmefällen in Betracht und ist stets anhand der konkreten Umstände des Einzelfalls zu rechtfertigen.

132

Die Kasuistik wird im Folgenden sowohl für § 28 II als auch für § 81 II wiedergegeben:

133

§ 28 II:
Reiserücktrittsversicherung: Verstoß gegen die Obliegenheit, die Reise unverzüglich zu stornieren: Kürzung um 50 %.[701]

Notebook-Versicherung: Verstoß gegen die Obliegenheit, Diebstahl unverzüglich polizeilich anzuzeigen: Allenfalls geringfügige quotale Kürzung.[702]

Wassersportversicherung: Verstoß gegen die Obliegenheit, einen Außenbordmotor zusätzlich zu sichern (neben Sicherung durch Seilzug und Schrauben); Boot lag außerdem auf umzäuntem Gelände: 50 % Kürzung.[703]

KFZ-Versicherung: S. dazu die Kasuistik in Anh. A Rdn. 99 f.

Wohngebäudeversicherung (WGV) und Bauleistungsversicherung (BLV): Verstoß gegen die Obliegenheit, Wasserleitungen in nicht genutztem Gebäude entleert zu halten und alle zwei Tage zu kontrollieren (WGV); zugleich Verstoß gegen die Regeln über Bauen im Winter (BLV): 50 % Kürzung, wenn VN Leitungen zwar entleert hatte, aber mit dem späteren Wiederbefüllen durch Dritte rechnen musste.[704]

Wohngebäudeversicherung (WGV): Verstoß gegen die Obliegenheit, ein bewohntes Haus so zu beheizen, dass keine Frostschäden an Wasserleitungen eintreten, bei allgemeiner Überforderung des »unbedarften« VN mit der Instandhaltung des Gebäudes: 90 % Kürzung.[705]

Nichtbeheizen eines leer stehenden Gebäudes während der kalten Jahreszeit, keine regelmäßigen Kontrollen sowie kein vollständiges Entleeren der Wasserleitungen: 100 % Kürzung.[706]

Firmen-Immobilienversicherung: Verstoß gegen Obliegenheit, den Schaden unverzüglich anzuzeigen: 60 % Kürzung.[707]

---

694 Im Grundsatz bejahend Begr. RegE BT-Drucks. 16/3945 S. 69; skeptisch *Brand*, in: FS E. Lorenz, S. 55, 61 f.; *Felsch* r+s 2007, 485, 491; *Kärger*, Rn. 264 und *Rixecker*, ZfS 2007, 15, 16.

695 **Dafür** BGHZ 190, 120, 126 ff. (zu § 81 II); BGH VersR 2012, 341, 342; OLG Frankfurt (Main) VersR 2013, 356, 357 (zu § 81 II); OLG Hamm, VersR 2013, 101; VersR 2011, 206, 209 (beide zu § 81 II); KG VersR 2011, 487 (zu § 81 II); OLG Stuttgart r+s 2011, 280, 281 (zu § 81 II); OLG Stuttgart SP 2010, 370; LG Kleve r+s 2011, 206, 207 (zu § 81 II); LG Oldenburg r+s 2010, 461 (zu § 81 II); LG Münster r+s 2010, 321, 322 f. (zu § 81 II); LG Tübingen ZfS 2010, 394, 395 (zu § 81 II); *Knappmann* VRR 2009, 9, 11; *Rixecker* ZVersWiss 2009, 3, 7; *Looschelders* VersR 2008, 1, 6; *Römer* VersR 2006, 740, 741; *Schubach* AnwBl 2008, 27, 29; *ders.*, in AnwBl 2007, 215, 216; *Weidner/Schuster* r+s 2007, 363, 364; *Felsch* r+s 2007, 485, 492; *Grote/Schneider* BB 2007, 2689, 2695; *Römer* VersR 2006, 740, 741; *Knappmann* r+s 2002, 485, 486; so auch »Goslarer Orientierungsrahmen«, dargestellt bei *Nugel* MDR 2010, 597 und *Nehm* ZfS 2010, 12, 13; L/W/*Wandt*, § 28 Rn. 240; **dagegen** *Schäfers* VersR 2011, 842 ff. (maximale Kürzung um 90 %, minimale Kürzung 10 %); *Heß/Burmann* NJW-Spezial 2007, 159, 160; *Nugel*, Sonderbeilage zu MDR Heft 22, 2007, 23, 27 (mit ausführlicher Argumentation: VN erhält höchstens 90 % und mindestens 10 %); VersHb/*Marlow*[2], § 13 Rn. 96; P/M/*Armbrüster*, § 28 Rn. 234; *Moosbauer*, E. II.; *Kerst* VW 2010, 501 f. (zu § 81 II).

696 BT-Drucks. 16/5862 S. 14 allerdings nur unter Hinweis auf die Überflüssigkeit; BGHZ 190, 120, 121; bestätigt von BGH VersR 2012, 341 f.

697 VVG-Kommission Abschlussbericht 2004 (VersR-Schriftenreihe Heft 25), S. 70.

698 *Knappmann* VRR 2009, 9, 11; *Meixner/Steinbeck*, § 6 Rn. 143.

699 S. die Nachweise zu Rn. 123.

700 BGHZ 190, 120, 130 f.; BGH VersR 2012, 341 f.

701 AG Königstein VersR 2010, 1314.

702 LG Köln, Urt. v. 22.03.2010, 20 T 2/10, Juris Rn. 13 (obiter dictum).

703 OLG Hamm NJW-Spezial 2010, 297.

704 LG Bonn VersR 2010, 1079.

705 LG Erfurt VersR 2011, 335 f.

706 LG Aachen VersR 2015, 360, 362.

707 LG Frankfurt (Main) r+s 2015, 75, 76.

Inventarversicherung für Schmuckgeschäft: Verstoß gegen Sicherheitsvorschrift (Anbringung eines Panzerriegels): Kürzung um 60 %, und gegen die Obliegenheit, bei der Polizei unverzüglich eine Stehlgutliste einzureichen (sechs Wochen später; Kürzung des kausal entstandenen Schadens um 40 %), dann nicht Addition, sondern Bildung einer Gesamtsumme.[708]
Hausratversicherung:
Nichtabschließen der Wohnungstür bei Abwesenheit zum Einkaufen, die insgesamt von 2 ¼ Stunden dauerte: Kürzung um 50 %; keine unverzügliche (vier Wochen später) Einreichung einer Stehlgutliste bei der Polizei (50 %); Quotenaddition: Kürzung um 100 %.[709]
Keine unverzügliche (17 Tage später) Einreichung einer Stehlgutliste bei der Polizei: Kürzung um 20 %.[710]
Keine unverzügliche (fast einen Monat später) Einreichung einer Stehlgutliste bei der Polizei, aber pünktliche Einreichung beim VR: Kürzung um 40 %.[711]
Krankentagegeldversicherung: Verspätete Anzeige der Arbeitsunfähigkeit: Kürzung um 90 %.[712]
§ 81 II:
KFZ-Versicherung: S. dazu die Kasuistik in Anh. A Rdn. 99 f.
Reisegepäckversicherung: Abstellen teuren Kamerazubehörs (Wert über 40.000 €) auf einem südeuropäischen Flughafen ohne Blick- oder Körperkontakt für ca. eine Minute wegen Ablenkung durch ein Gespräch: 40 % Kürzung.[713]
Hausratversicherung:
Liegenlassen eines Notebooks auf dem Rücksitz eines für den Urlaub voll bepackten Autos bei Einkauf von 20 Minuten Dauer: 70 % Kürzung.[714]
Belassen einer hochwertigen Taucherausrüstung in einem von außen einsehbaren Kellerverschlag eines Mehrfamilienhauses: 50 % Kürzung.[715]
Verursachung eines Saunabrandes durch Ablegen entflammbarer Gegenstände auf dem Saunaofen ohne sicherzugehen, dass der Ofen abgeschaltet ist: 60 % Kürzung.[716]
Gebäudeversicherung:
Leitungswasserschaden bei unzureichender Beheizung bzw. unterlassener Absperrung und Entleerung: 50 %-100 % Kürzung.[717]
Verlassen der Wohnung, ohne den Wasserfluss einer Waschmaschine ohne Aquastop abzustellen: 70 % Kürzung.[718]
Unbeobachtetes Erhitzen von Fett ohne Kontroll- und Zugriffsmöglichkeit: 50 % Kürzung.[719]
Feuerversicherung: Verlassen der Küche während des Erhitzens von Fett in einem offenen Behältnis auf einem Gasherd: 40 % Kürzung.[720]
Transportversicherung: Unterschreiten der Sicherheitsmindesthöhe durch Luftfahrzeugführer um 500 Fuß: 100 % Kürzung.[721]

5. Kürzung bei mehreren Obliegenheitsverletzungen

134 Treffen mehrere vertragliche Obliegenheitsverletzungen oder vertragliche und gesetzliche Verletzungen, die ebenfalls eine Quotelung vorsehen (z.B. § 26 I 2, II 2), zusammen, muss eine Methode gefunden werden, zu einer angemessenen Gesamtquote zu kommen. Auszuscheiden sind zunächst die Fälle, in denen eine **einzige Handlung** zwei Obliegenheiten verletzt. Die Leistungskürzungsrechte stehen dann in Anspruchskonkurrenz.[722] Die Rechte werden i.d.R. auch zu einer identischen Kürzungsquote führen. Sollte das nicht so sein, etwa wegen des unterschiedlichen Gewichts der Obliegenheitsverletzung, kann der VR aus dem weiterreichenden Recht vorgehen. Sind **zwei oder mehrere Handlungen** als Verstöße gegen Obliegenheiten anzusehen, können sie zu verschiedenen Schäden führen (Frage der Kausalität, § 28 III). Dann stellt sich keine Kon-

---

708 LG Dortmund ZfS 2010, 515.
709 LG Kassel ZfS 2011, 33, 35 (wobei das Nichtabschließen der Wohnungstür unter § 81 II geprüft wurde).
710 LG Hannover ZfS 2010, 637, 639.
711 LG Oldenburg VersR 2011, 69, 70.
712 LG Oldenburg r+s 2013, 83.
713 LG Hannover VersR 2011, 112, 113.
714 AG Langenfeld VersR 2010, 1449.
715 LG Berlin VersR 2013, 998, 999.
716 OLG Hamm r+s 2016, 186, 189.
717 OLG Frankfurt (Main) VersR 2013, 356, 357 (100 %); OLG Hamm VersR 2013, 101 f.; OLG Brandenburg r+s 2013, 24, 25; OLG Saarbrücken r+s 2012, 392, 393 (50 %); LG Mannheim VersR 2011, 665, 666 (65 %).
718 LG Osnabrück VersR 2013, 233, 234.
719 LG Dortmund r+s 2012, 27, 28.
720 LG Göttingen r+s 2015, 611 f.
721 OLG München r+s 2014, 80, 81.
722 B/M/*Heiss*, § 28 Rn. 200; a.A. HK-VVG/*Felsch*, § 28 Rn. 216.

kurrenzfrage.[723] Viel häufiger werden sie ganz oder zumindest teilweise dieselben Schäden verursachen (offenes Fenster ermöglicht Einbruch; verspätete Stehlgutliste erschwert Auffinden des Diebesgutes). Für den Fall lässt sich diskutieren, ob der VR die verschiedenen Leistungskürzungsrechte **addieren,**[724] **in Stufen chronologisch kumulieren**[725] – Kürzung z.B. erst um 50 % wegen des ersten Verstoßes, dann Kürzung des Restes um 70 % wegen des zweiten Verstoßes –, oder **in Stufen schuldabhängig kumulieren** kann[726] – Kürzung zunächst wegen der schwersten Obliegenheitsverletzung, dann Kürzung des Restes wegen der nächsten usw. –, oder ob er **wegen Konsumption**[727] nur eines, nämlich das höchste Leistungskürzungsrecht, geltend machen kann.

Die ersten drei mathematischen Lösungen führen zu Kürzungsquoten, die zu hoch sind, vor allem angesichts der teils oder ganz deckungsgleichen Kausalität der Verstöße. Dagegen begünstigt die Konsumption den VN zu sehr.[728] Es ist daher mit der h.L.[729] und der Rspr.[730] **im Wege der Gesamtbewertung** eine Gesamtquote zu bilden. Auch für die Bildung der Gesamtquote sind **verschiedene Wege** denkbar. Denkbar ist, dass erst alle quotalen Kürzungen durchgerechnet werden und dann der konkret sich ergebende Kürzungsbetrag abgerundet wird.[731] Das bietet sich vor allem dort an, wo fehlende Kausalität einer Obliegenheitsverletzung von vornherein bestimmte Schadensposten aus der Kürzung herausfallen lässt (Beispiel:[732] Schaden 190.393 Euro, Obliegenheitsverletzung 1: Kürzung um 60 % = 114.235,80 Euro; Obliegenheitsverletzung 2: Kürzung um 40 %, aber da nur kausal für 7.993 Euro des Schadens, wird nur um 3197,20 Euro gekürzt. Beide Kürzungssummen werden nun nicht einfach addiert – anders als das Additionsmodell –, sondern es wird dann eine Gesamtkürzungssumme festgesetzt, also etwa 116.000 Euro). Man kann auch im Wege einer Gesamtbewertung zu einer Gesamtquote kommen, also etwa eine 50 %ige Kürzung und eine 25 %ige Kürzung zu einer 60 %-Kürzung zusammenziehen.

6. Kürzung und Regresshöchstbeträge in der Kfz-Haftpflicht

Nach §§ 5, 6 KfzPflVV ist die Leistungsfreiheit des VR gegenüber dem VN durch absolute Schwellen begrenzt: Nach § 5 III 1 KfzPflVV auf 5000 Euro bei Verletzung von Obliegenheiten vor dem Versicherungsfall, nach § 6 I, III KfzPflVV bei Obliegenheiten nach dem Versicherungsfall auf 2500 Euro oder, bei bestimmten, schwerwiegenden Verstößen, auf 5000 Euro. Hier addieren sich nach der Rspr. die Leistungsfreiheitsquoten, wenn mehrere Obliegenheitsverletzungen vorliegen.[733] Wie sich diese Begrenzung der Leistungsfreiheit aber zu einer möglichen quotalen Leistungsfreiheit aus § 28 II 2 verhält, ist umstr. Soll § 28 II 2 neben der KfzPflVV unanwendbar sein, weil der VN sonst doppelt begünstigt wäre (keine Quote bei Regress),[734] soll die Quote innerhalb der nach der KfzPflVV gegebenen Regresshöchstgrenze (Regress vor Quote)[735] gebildet werden oder soll, wie es inzwischen h.M. ist, erst die Quote gebildet und dann die Höchstgrenze angewandt werden (Quote vor Regress)[736]? Die Tatsache, dass der Gesetzgeber des VVG die KfzPflVV in diesem Punkt unverändert ließ, lässt den Schluss zu, dass die Regressbegrenzung weiterhin unverändert Tragen kommen sollte. Die Regressbegrenzung dient dem Schutz des VN, den sie vor Existenzgefährdung bewahren soll, ohne jegliche abschreckende Wirkung seiner Haftung auszuschalten. Hinzutreten ist die einem anderen Zweck, der einzelfallgerechten Leistungskürzung, dienende Norm des § 28 II 2.[737] Eine Schlechterstellung des VN durch Nichtanwendung des § 28 II 2 war ersichtlich nicht gewollt. Aber auch eine über die bisherige Regelung der KfzPflVV hinausgehende Besserstellung des VN war nicht gewollt, eben weil die Obergrenze unverändert blieb. Vielmehr ver-

135

---

723 B/M/*Heiss*, § 28 Rn. 201.
724 LG Kassel ZfS 2011, 33, 35 (zu § 28 II und 81 II); *Kärger*, Rn. 194 ff., Rn. 202 ff. (in der Kfz-Versicherung, dort jedoch Schutz des VN durch Begrenzung der Regressforderung) m.w.N. aus Rspr.; *Knappmann* r+s 2000, 485, 486 f. (bei Verletzung von Obliegenheiten vor und nach dem VersFall); *Moosbauer*, G. VI.
725 LG Hechingen ZfS 2013, 392, 393; P/M/*Prölss*², § 28 Rn. 134; dargestellt von *Nugel*, Sonderbeilage zu MDR Heft 22, 2007, 23, 31.
726 *Nugel*, Sonderbeilage zu MDR Heft 22, 2007, 23, 31; P/M/*Prölss*², § 28 Rn. 134 sieht keinen praktischen Unterschied zwischen der chronologischen und der zeitlichen Stufenbildung; *Looschelders* ZVersWiss 2009, 13, 30, mit zusätzlicher Gesamtwürdigung.
727 *Felsch* r+s 2007, 485, 497; HK-VVG/*Felsch*¹, § 28 Rn. 189, danach explizit aufgegeben: HK-VVG/*Felsch*, § 28 Rn. 213.
728 *Heß/Burmann* NZV 2009, 7, 10; ähnlich *Tschersich* r+s 2012, 53, 59.
729 B/M/*Heiss*, § 28 Rn. 202; P/M/*Armbrüster*, § 28 Rn. 231; L/W/*Wandt*, § 28 Rn. 248 f.; R/L/*Rixecker*, § 28 Rn. 85; *Tschersich* r+s 2012, 53, 59; *Heß/Burmann* NZV 2009, 7, 10; so auch »Goslarer Orientierungsrahmen«, dargestellt bei *Nugel* MDR 2010, 597, 598.
730 OLG Naumburg VersR 2015, 102, 107; LG Dortmund VersR 2010, 1594, 1597.
731 So LG Dortmund VersR 2010, 1594, 1598.
732 Nach LG Dortmund VersR 2010, 1594, 1598.
733 BGH VersR 2005, 1720 f.
734 *Mergner* NZV 2007, 385, 388; *Nugel* NZV 2008, 11, 15; *Tischler* Blutalkohol 2010, 47, Sup 29 unter B. II. 1. a) a.E.
735 Vgl. die Überlegungen bei *Kerst* VW 2010, 501, 503.
736 So die h.M., s. statt vieler OLG Saarbrücken r+s 2015, 340, 345; LG Bochum ZfS 2012, 573; P/M/*Armbrüster*, § 28 Rn. 186; L/W/*Wandt*, § 28 Rn. 255; VersHb/*Marlow*, § 13. Rn. 116.
737 S. die überzeugende Argumentation bei *Moosbauer*, H. II.

§ 28 Verletzung einer vertraglichen Obliegenheit

folgt das Gesetz die unterschiedlichen Ziele beider Normen parallel, so dass der von der h.M. gewählte Weg »Quote vor Regress« zu bevorzugen ist. Er ermöglicht es, die Zwecke beider Normen zu verwirklichen.

IV. Hinweisobliegenheit des Abs. 4
1. Anwendungsbereich

136 Für **Auskunfts- oder Aufklärungsobliegenheiten nach dem Versicherungsfall** tritt nach Abs. 4 Leistungsfreiheit des VR nur ein, wenn er den VN auf diese Rechtsfolge hingewiesen hat.[738] Die Norm geht auf die Relevanzrspr.[739] (oben Rdn. 45) zurück.[740] Sie dient dem Schutz des VN, der die schwere Folge des Anspruchsverlustes nur nach Warnung erleiden soll (Warn-[741]/Hinweisfunktion[742]). Genau genommen begründet Abs. 4 keine Pflicht, sondern **Obliegenheit des VR**, da der VN von ihm nicht den Hinweis verlangen kann, aber der VR bei fehlendem Hinweis nicht leistungsfrei wird. **Keine Hinweisobliegenheit** besteht (1) im Falle der Arglist,[743] so dass auch ein unzureichender Hinweis in diesem Fall nicht schadet,[744] und (2) bei den Anzeigeobliegenheiten nach §§ 30, 104.[745] Schließlich besteht die Hinweisobliegenheit (3) nicht, wenn dem VR ein Hinweis in der konkreten Situation tatsächlich nicht möglich ist.[746] Das ergibt sich schon aus dem Rechtsgedanken des § 275 Abs. 1 BGB. Ein Beispiel hierfür sind Obliegenheiten, die aufgrund des konkreten Ablaufs nach Eintritt des Versicherungsfalls entstehen und auf die der VR nicht im Voraus hinweisen kann.[747] Man spricht hier von spontan zu erfüllenden Obliegenheiten,[748] wie etwa der Wartepflicht nach einem Verkehrsunfall.[749] Darunter fallen alle Auskunfts- und Aufklärungsobliegenheiten, die vor Anzeige des Versicherungsfalles zu erfüllen sind. Ob es über die genannten Fälle (1) – (3) noch weitere gibt, in denen dem VR ein Hinweis zwar möglich, aber dann doch entbehrlich ist, erscheint zweifelhaft;[750] mögliche Hinweise sind zu erteilen. Eine Grenze mag in Anlehnung an § 275 Abs. 2 und 3 BGB die Unzumutbarkeit sein, an die aber hohe Anforderungen zu stellen sind. Die Hinweispflicht entfällt jedenfalls nicht aufgrund anwaltlicher Beratung des VN.[751]

137 Äußerst umstr. ist, ob die Obliegenheit zur Einreichung einer **Stehlgutliste** bei der Polizei unter Abs. 4 fällt und ob sie eine spontan zu erfüllende Obliegenheit ist.[752] Mit der Liste wird neben der Erleichterung des Wiederauffindens, also der Schadensminderung, auch der Zweck verfolgt, dem VR die Feststellung des Schadensumfangs zu ermöglichen und ein nachträgliches Aufbauschen des Schadens zu verhindern, so dass die Obliegenheit zur Vorlage nicht nur als Schadensminderungsobliegenheit zu verstehen ist.[753] Ohnehin aber würde letzteres die Anwendung des Abs. 4 nicht ausschließen.[754] Die Obliegenheit ist auch i.d.R. keine spontan zu erfüllende im oben genannten Sinne. Wenn der VN den Versicherungsfall gem. § 30 I 1 unverzüglich anzeigt, kann der VR ihm unproblematisch für die Stehlgutliste den Hinweis nach Abs. 4 erteilen.[755] Hier ist zu berücksichtigen, dass die Textform des § 126b BGB genügt, also durch E-Mail hingewiesen werden kann (Rdn. 140).

---

738 Zur Belehrung im Zusammenhang mit der Anpassung von Vertragsgrundlagen an das VVG 2008 ausführlich *Rogler* r+s 2010, 1 ff.
739 BGHZ 48, 7, 9 f.
740 *Felsch* r+s 2007, 485, 490; Abschlussbericht der Kommission, S. 43, S. 317 (zu § 30 VVG-E); Begr. RegE BT-Drucks. 16/3945 S. 69; vgl. auch zur Belehrungspflicht bei Aufklärungsobliegenheiten außerhalb der Relevanzrspr. BGH r+s 2008, 513, 514 m.w.N. aus der OLG-Rspr.
741 R/L/*Rixecker*, § 28 Rn. 108.
742 *Neuhaus/Kloth*, S. 55.
743 Begr RegE BT-Drucks. 16/3945 S. 69; BGHZ 200, 286, 290 f. (obiter dictum); OLG Köln VersR 2013, 1428, 1429; OLG Karlsruhe VersR 2013, 1393, 1394; VersR 2010, 1448; OLG Frankfurt (Main) VersR 2013, 1127, 1128 f.; LG Saarbrücken VersR 2012, 98, 100; L/W/*Wandt*, § 28 Rn. 350; P/M/*Armbrüster*, § 28 Rn. 261; *Marlow* VersR 2007, 43, 47; *Neuhaus/Kloth*, S. 70; a.A. *Knappmann* VersR 2011, 724, 725 f.
744 OLG Köln VersR 2013, 1428, 1429.
745 Begr. RegE BT-Drucks. 16/3945 S. 69.
746 Vgl. Wandt VersR 2015, 1122, 1123 f.
747 Begr. RegE BT-Drucks. 16/3945 S. 69; VVG-Kommission Abschlussbericht 2004 (VersR-Schriftenreihe Heft 25), S. 43, S. 317 (zu § 30 VVG-E); *Neuhaus/Kloth*, S. 70.
748 FAKomm-VersR/*Nugel*, § 28 Rn. 171; *Kärger*, Rn. 255.
749 OLG Naumburg VersR 2013, 178, 180; HK-VVG/*Felsch*, § 28 Rn. 224.
750 Dafür aber Wandt VersR 2015, 1122, 1123 f.
751 PK/*Schwintowski*, § 28 Rn. 108; L/W/*Wandt*, § 28 Rn. 329.
752 **Keine Hinweispflicht:** LG Dortmund VersR 2010, 1594, 1596 (spontan zu erfüllende Obliegenheit); *Wandt* VersR 2015, 1122 f.; *Rixecker* ZfS 2010, 334; OLG Köln VersR 2014, 105, 106 m.w.N. (keine Hinweispflicht, da lediglich Schadensminderungsobliegenheit nach § 82); **für Hinweispflicht:** OLG Celle VersR 2015, 1124, 1126 f.; **einzelfallabhängig:** VersHb/*Marlow*, § 13 Rn. 153; vgl. OLG Karlsruhe VersR 2011, 1560, 1561, Hinweispflicht, wenn Schadensmeldung zu einem Zeitpunkt, in dem VN seiner Obliegenheit nicht nachkommen kann; ebenso wohl *Felsch* r+s 2012, 555, 557; anders FAKomm-VersR/*Nugel*, § 28 Rn. 173 mit Verweis auf BGH VersR 2010, 903: Keine Hinweispflicht, aber u.U. widersprüchliches Verhalten des VR, das nach § 242 BGB zu berücksichtigen ist.
753 OLG Celle VersR 2015, 1124, 1126.
754 So zutr. *Wandt* VersR 2015, 1122.
755 OLG Celle VersR 2015, 1124, 1126 f.

2. Inhalt/Umfang

Überträgt man die früheren Anforderungen der Rspr. auf das neue Recht, muss der VN darauf hingewiesen werden, dass ihm die Rechtsfolge des vollständigen oder teilweisen Anspruchsverlustes droht, wenn er die betreffende Obliegenheit vorsätzlich oder grob fahrlässig verletzt. Noch ungeklärt ist, wie detailliert der VN über die Voraussetzungen und Rechtsfolgen belehrt werden muss. Wenn zum alten Recht verlangt wurde, es müsse hinreichend deutlich gemacht werden, unter welchen Voraussetzungen den VN welche Rechtsfolgen treffen,[756] war das bereits sehr weitgehend. Müsste der VR auch nach der aktuellen Rechtslage über alle Voraussetzungen (z.B. auch Kausalität[757] und ihre Entbehrlichkeit bei Arglist, gegebenenfalls gar die Einzelheiten der Beweislast) und die Rechtsfolgen aufgeklärt werden, würde der »Hinweis« recht ausführlich und kaum verständlich. Wegen ihrer Warnfunktion darf die Belehrung **nicht überfrachtet** werden.[758] Es kann nur darum gehen, die wesentliche Rechtsfolge (teilweiser/ganzer Verlust des Anspruchs abhängig vom Verschulden) und ihre Voraussetzung (Verstoß gegen die genau benannte Obliegenheit[759]) zu erläutern. Dies gilt umso mehr, als auf die darüber hinausgehenden Einzelheiten in den Bedingungen hinzuweisen ist (Rdn. 116). Insbes. darf die Belehrung keine falschen Angaben enthalten,[760] z.B. dass auch eine folgenlose Obliegenheitsverletzung generell zur Leistungsfreiheit führt.[761] Der GDV empfahl in seinem **Belehrungsmuster** eine sehr ausführliche Belehrung,[762] die dennoch lückenhaft (Verspätungsfall nicht erwähnt[763]) und auch irreführend (Nichterwähnung der Möglichkeit vollständigen Verlusts der Leistung bei grober Fahrlässigkeit)[764] war. Eine vollständigere, sprachlich aber recht komplizierte Alternative ist bei *Felsch*[765] zu finden.

138

3. Adressat

Zu belehren ist nach dem Wortlaut nur der VN, nach Sinn und Zweck der Norm aber auch der Versicherte, wenn ihn eine Auskunfts- oder Aufklärungsobliegenheit trifft.[766]

139

4. Form

Abs. 4 verlangt eine gesonderte Mitteilung in Textform gem. § 126b BGB. Danach ist insbes. auch eine E-Mail ausreichend. In Übereinstimmung mit §§ 6 III, 7 I 3 wird z.T. gefordert, dass der Hinweis in einem eigenen Schriftstück erfolgen müsse,[767] das jedoch mit anderen Schriftstücken verbunden werden könne.[768] Nach inzwischen h.M. muss die Belehrung nicht in einem gesonderten Schriftstück erfolgen, der Hinweis muss sich nur vom übrigen Inhalt abheben.[769] Die Entstehungsgeschichte des Abs. 4 spricht zwar für das Erfordernis eines »Extrablattes«.[770] Allerdings verlangen die Materialien ein solches, anders als bei §§ 6, 7, nicht ausdrücklich. Zudem sprechen **Sinn und Zweck des Abs. 4**, dem VN bezogen auf die betreffende Obliegenheit vor Augen zu führen, welche Folgen eine Verletzung nach sich zieht, sogar **für eine räumliche Verbindung von Auskunftsersuchen und Hinweis**. Außerdem geht es, anders als bei §§ 6 und 7, nicht um die Abgabe einer Verzichtserklärung durch den VN. Daher ist eine deutliche drucktechnische Hervorhebung[771] des Hinweises dann ausreichend, wenn er vom VN nicht übersehen werden kann.[772] Dasselbe gilt für die Übermittlung im Wege einer Datei. Auch hier muss für den Hinweis keine separate Datei angelegt sein.

140

---

756 R/L/*Römer*[2], § 6 Rn. 61.
757 Das verlangt OLG Saarbrücken VersR 2013, 180, 181; a.A. zu Recht B/M/*Heiss*, § 28 Rn. 179; VersHb/*Marlow*, § 13 Rn. 156.
758 B/M/*Heiss*, § 28 Rn. 179.
759 Wie hier LG Nürnberg-Fürth VersR 2011, 1177; a.A. L/W/*Wandt*, § 28 Rn. 333, der es nicht für erforderlich hält, dass die Belehrung ausdrücklich und speziell die konkrete Obliegenheit benennt; ebenso R/L/*Rixecker*, § 28 Rn. 113.
760 P/M/*Armbrüster*, § 28 Rn. 269; *Tschersich* r+s 2012, 53, 61; *Wandt* ZVersWiss 2011, 445, 457; a.A. zu § 6 VVG a.F. OLG Saarbrücken VersR 2008, 1643 (1644), falsche Angaben unschädlich, wenn Warnfunktion erhalten bleibt.
761 LG Nürnberg-Fürth VersR 2011, 1177 f.; *Wandt* ZVersWiss 2011, 445, 458.
762 Vgl. den bei B/M/*Heiss*, § 28 Rn. 180 abgedruckten Text.
763 L/W/*Wandt*, § 28 Rn. 336.
764 L/W/*Wandt*, § 28 Rn. 336.
765 HK-VVG/*Felsch*, § 28 Rn. 226.
766 *Marlow* VersR 2007, 43, 47; vgl. zum alten Recht BGH VersR 1967, 1087, 1088.
767 *Neuhaus/Kloth*, S. 70; Begr. RegE BT-Drucks. 16/3945 S. 60 zu § 7 VVG (Informationspflichten); *Funck* VersR 2008, 163, 166; *Marlow* VersR 2007, 43, 47; PK/*Schwintowski*, § 28 Rn. 114.
768 *Funck* VersR 2008, 163, 166.
769 BGHZ 196, 67, 71; KG Berlin VersR 2014, 1357, 1358 (zu § 19 V 1); OLG Stuttgart VersR 2014, 691, 694 (zu § 19 V 1); OLG Karlsruhe, VersR 2010, 1448; LG Nürnberg-Fürth r+s 2010, 412, 415; L/W/*Wandt*, § 28 Rn. 340; P/M/*Armbrüster*, § 28 Rn. 267; B/M/*Heiss*, § 28 Rn. 177; VersHb/*Marlow*, § 13 Rn. 161; R/L/*Rixecker*, § 28 Rn. 112.
770 B/M/*Heiss*, § 28 Rn. 177 mit dem Hinweis darauf, dass noch der RefE eine dem § 37 II entsprechende Regelung vorgesehen hatte.
771 FAKomm-VersR/*Nugel*, § 28 Rn. 169.
772 BGHZ 196, 67, 75; OLG Stuttgart VersR 2014, 1441, 1443; VersR 2014, 691, 694 (jeweils zu § 19 V 1); KG Berlin VersR 2014, 1357, 1358 (zu § 19 V 1); OLG Köln VersR 2013, 1428, 1429; L/W/*Wandt*, § 28 Rn. 340 m.w.N.

5. Zeitpunkt; Wiederholung

141 Über den Zeitpunkt des Hinweises schweigt das Gesetz. Aus der Warnfunktion der Hinweispflicht folgt, dass ein Hinweis bei Vertragsschluss, also i.d.R. bei Übermittlung des Versicherungsscheins, nicht genügt.[773] Vielmehr ist **anlässlich des konkreten Versicherungsfalls** zu belehren.[774] Zeitlich kommt es entscheidend darauf an, dass der VN den Hinweis noch vor einer potentiellen Obliegenheitsverletzung beachten kann.[775]

142 Ob der VR, der später ergänzende Auskünfte verlangt, **erneut belehren** muss, lässt das Gesetz offen. Der BGH hat die Frage in einem Fall unentschieden gelassen, in dem zwischen der ersten Belehrung und einem ergänzenden Auskunftsbegehren fast vier Monate lagen,[776] aber später entschieden, dass diese Frage sich nicht generell beantworten lasse, sondern von den Umständen des Einzelfalls abhänge. Insbes. sei es **nicht** geboten, bei jeder Anfrage[777] oder nach bestimmten festen Zeitabständen der Anfragen[778] erneut zu belehren.[779] Dem ist zu folgen. Ob ein erneuter Hinweis nach Abs. 4 nötig ist, hängt nach Sinn und Zweck der Norm[780] davon ab, wie eng ein erneutes Auskunftsbegehren des VR **sachlich und zeitlich** mit der ursprünglichen **Obliegenheit** und der zu ihr erfolgten **Belehrung** zusammenhängt. Kann der VN ohne weiteres erkennen, dass die erneute Anfrage die bisherige vertieft und deshalb auch die Belehrung für sie gilt, und kann er sich wegen der zeitlichen Nähe an die Belehrung erinnern, ist keine erneute Belehrung nötig. Der BGH hielt im Einzelfall eine erneute Belehrung zwei Monate nach der im Schadenformular erfolgten für entbehrlich, weil die Nachfrage dem VN auch inhaltlich deutlich vor Augen führte, dass er aufgrund seiner bisherigen Angaben Gefahr lief, den Anspruch auf die Versicherungsleistung zu verlieren. Das sei Anlass genug gewesen, sich der im Schadensmeldungsformular enthaltenen Belehrung zu erinnern.[781] Anders lag es in einem Fall, in dem die erste Belehrung knapp fünf Monate zurück lag und der VN nicht erkennen konnte, dass der VR weiterhin zur Schadensursache und nicht nur zur Schadenshöhe ermitteln wollte.[782]

V. Rechtsfolgen

143 § 28 II 1 bestimmt, dass der VR unter den genannten Voraussetzungen bei vorsätzlicher Obliegenheitsverletzung leistungsfrei ist. Satz 2 gibt dem VR ein Leistungskürzungsrecht. Wie diese Rechtsfolgen im Einzelnen richtig einzuordnen sind, ist umstr. Vergleichsweise klar ist noch die Einordnung des **Leistungskürzungsrechts** nach Abs. 2 Satz 2: Es ist ein **Gestaltungsrecht** des VR.[783] Das ergibt schon aus dem Wortlaut der Norm, nach dem der VR »berechtigt« ist, seine Leistung »zu kürzen«. Die teilweise Leistungsfreiheit tritt danach nicht von selbst ein, wenn der VN eine Obliegenheit grob fahrlässig verletzt, sondern ex nunc erst dann, wenn die Kürzung erklärt ist.[784] Z.T. wird das Recht nach Abs. 2 Satz 2 deshalb als rechtsvernichtende Einrede bezeichnet.[785] Ist die **Kürzung erklärt**, begründet dies jedoch eine **rechtsvernichtende Einwendung**, da der Anspruch erlischt. Um eine Einrede handelt es sich nicht, da Einreden im materiell-rechtlichen Sinne die Existenz des Anspruchs nicht berühren, sondern nur seine Durchsetzbarkeit. Auf die Einwendung muss der VR, der die Kürzung erklärt hat, sich im Prozess nicht mehr eigens berufen, da es sich eben nicht um eine Einrede im bürgerlich-rechtlichen Sinne handelt. Dem lässt sich nicht entgegenhalten, dass das Gericht die Kürzung nur berücksichtigen könne, wenn sie zum vorgebrachten Prozessstoff gehöre. Das ist selbstverständlich. Da es sich nicht um eine Einrede handelt, ist aber unerheblich, ob der VR oder der VN vorgetragen hat, dass der VR die Kürzung erklärt habe. Ist die Kürzung nicht erklärt, kann der VR dem Anspruch des VN nicht im Wege der Einrede entgegenhalten, dass er ein Gestaltungsrecht habe; er muss es ausüben, wenn er Folgen daraus herleiten will.

144 Schwieriger ist die dogmatische Einordnung der **vollständigen Leistungsfreiheit** nach Abs. 2 Satz 1. Nach dem **Wortlaut** des Abs. 2 Satz 1 »ist« der VR »leistungsfrei«. Das deutet auf einen Wegfall des Anspruchs kraft Gesetzes hin,[786] wobei je nachdem, ob eine Obliegenheit vor oder nach dem Versicherungsfall verletzt wurde, eine **rechtshindernde oder eine rechtsvernichtende Einwendung** gegeben wäre. Die Gegenauffassung nimmt dennoch nur ein Leistungsverweigerungsrecht des VR an, auf das er sich berufen müsse.[787] Der **Zweck** der Norm führt in diesem Punkt zu keinem klaren Ergebnis. Die Leistungsfreiheit bei Vorsatz hält im

---

773 BGHZ 196, 67, 75.
774 BGHZ 196, 67, 75; *Marlow* VersR 2007, 43, 47; *Mergner* NZV 2007, 385, 387; *Steinbeck*, S. 185.
775 *Wandt* ZVersWiss 2011, 445, 453.
776 BGH VersR 1998, 447, 448.
777 So aber z.B. OLG Oldenburg VersR 1998, 449.
778 So R/L/*Römer*², § 6 Rn. 65.
779 BGH NJW-RR 2007, 907, 908; bestätigt von BGH VersR 2011, 1121, 1122.
780 Der BGH stützte sich zum alten Recht noch auf § 242 BGB.
781 BGH NJW-RR 2007, 907, 908.
782 BGH VersR 2011, 1121, 1122.
783 OLG Düsseldorf VersR 2011, 1388, 1389; L/W/*Wandt*, § 28 Rn. 258; B/M/*Heiss*, § 28 Rn. 148 und 184.
784 R/L/*Rixecker*, § 28 Rn. 61.
785 *Armbrüster*, Rn. 384.
786 P/M/*Armbrüster*, § 28 Rn. 183 a.E.; *Armbrüster*, Rn. 1645.
787 Für letzteres B/M/*Heiss*, § 28 Rn. 148; L/W/*Wandt*, § 28 Rn. 257; R/L/*Rixecker*, § 28 Rn. 61.

Interesse des VR den VN zum sorgsamen Umgang mit dem versicherten Risiko an. Sie dient den Interessen des VR auch insofern, als sie ihn gegenüber dem allgemeinen Schadensersatzrecht besser stellt. Zugleich schützt sie den VN, da die Vertragsfreiheit des VR im Hinblick auf die Voraussetzungen der Leistungsfreiheit begrenzt wird. Dem Interesse des VR wird die Norm besser gerecht, wenn die Leistungsfreiheit ipso iure eintritt, für den VN ist es günstiger, wenn die Rechtsfolge nicht unmittelbar kraft Gesetzes eintritt, sondern erfordert, dass der VR sich darauf beruft. Die Rechtssicherheit ist für den VN höher, und die zusätzliche Voraussetzung ist eine weitere Hürde für den VR.

Zur **Vorgängerregelung** des § 6 VVG a.F. hielt man für maßgeblich, dass die Leistungsfreiheit dem Interesse des VR diente.[788] Eine von selbst eintretende Leistungsfreiheit hindere den VR an einer verständigen Handhabung der Verwirkungsregelung, Leistungsfreiheit in jedem Fall entspreche nicht seinen Interessen.[789] Auch vertrage das Vertrauensverhältnis aus dem Versicherungsvertrag es nicht, ausnahmslos Leistungsfreiheit auch bei Verstößen geringeren Gewichts anzunehmen.[790] Die Inanspruchnahme des Leistungsverweigerungsrechts aus § 6 VVG a.F. hänge deshalb von einer Entscheidung des VR ab, die gegenüber dem VN zu erklären sei.[791] Aus der Erklärung müsse hervorgehen, dass die Leistung wegen der Obliegenheitsverletzung verweigert werde.[792] Allerdings ist diese Argumentation nicht einfach auf das neue Recht übertragbar, weil bei Verstößen von geringer Bedeutung inzwischen in aller Regel die Quotelungsmöglichkeit eingreift, die es früher nicht gab. Es ist dem VR außerdem unbenommen, seine Leistung trotz § 28 II 1 zu erbringen.[793] § 6 VVG a.F. war auch im Wortlaut offener als § 28, da insbes. in § 6 II VVG a.F. die Rede davon war, der VR könne sich unter bestimmten Voraussetzungen auf die vereinbarte Leistungsfreiheit »nicht berufen«, was den Umkehrschluss zuließ, dass ein Berufen notwendig sei.[794] Nach alldem tragen die Argumente zum alten Recht heute nicht mehr die Annahme, die Leistungsfreiheit sei ein Leistungsverweigerungsrecht, auf das sich der VR berufen müsse.

145

Für eine Leistungsfreiheit nur bei entsprechender Erklärung lässt sich zwar anführen, dass in diesem Punkt eine parallele Gestaltung zu Abs. 2 Satz 2 erreicht wird.[795] Es ergibt sich aber auch ein Unterschied: Bei grober Fahrlässigkeit entfällt durch die Kürzung der Anspruch ganz, bei Vorsatz wird durch die Einredeerhebung nur seine Durchsetzung – wenn auch dauerhaft – gehemmt. Dem ließe sich nicht abhelfen, wenn man auch für die Leistungsfreiheit eine Gestaltungserklärung des VR verlangte, was der Wortlaut des Abs. 2 Satz 1 jedoch nicht hergibt. Gegen die Annahme eines Leistungsverweigerungsrechts, das ausgeübt werden muss, spricht auch, dass die Leistungsfreiheit wirtschaftlich gesehen wie ein Schadensersatzanspruch des VR gegen den VN wirkt und der VR dem VN einen solchen Anspruch nach § 242 BGB im Wege des dolo petit-Einwands entgegenhalten könnte, was von Amts wegen zu berücksichtigen wäre. Auch die Parallele zu § 81 Abs. 1, ebenfalls eine Einwendung, spricht für dieses Ergebnis. Nach alldem führt Abs. 2 Satz 1 zur Leistungsfreiheit kraft Gesetzes (natürlich vorausgesetzt, es gibt eine entsprechende vertragliche Vereinbarung, s. Rdn. 115), begründet also eine **rechtshindernde oder rechtsvernichtende Einwendung,** je nachdem, ob die vorsätzliche Obliegenheitsverletzung vor oder nach dem Eintritt des Versicherungsfalles geschah.

146

H. Ausschluss des Rücktritts

Abs. 5 erklärt Vereinbarungen für unwirksam, in denen dem VR bei Obliegenheitsverletzungen des VN ein Rücktrittsrecht eingeräumt wird. Die Bestimmung ist zwingend, während nach § 32 Satz 1 die Abs. 1 bis 4 nur halbzwingend sind, d.h. nur nicht zum Nachteil des VN von ihnen abgewichen werden darf.

147

I. Beweislast

I. Beweislast für die Verletzung der Obliegenheit

Nach § 69 III 2 muss der VR die Verletzung einer Anzeigepflicht oder einer Obliegenheit durch den VN beweisen. Die Norm entspricht der Rspr. zum VVG a.F. und hat daher **nur klarstellende Bedeutung**.[796] Ihre systematische Stellung ist missglückt, denn sie soll nicht nur gelten, wenn der VR durch Versicherungsvertreter oder die in § 73 genannten Personen handelt.[797] Beweislast und Zurechnung sind dogmatisch zu trennen.[798] Auch wenn ein Organ des VR tätig würde, gälte die Beweislastverteilung des § 69 III 1. Die Regelung hätte an das Ende des 2. Abschnitts des 1. Kapitels des Allgemeinen Teils gehört.

148

---

788 BGH VersR 2005, 493, 494; BGH VersR 1990, 384 (allerdings für eine Klausel, nach der der Versicherungsschutz entfallen »kann«).
789 BGH VersR 2005, 493, 494; VersR 1974, 689.
790 BGH VersR 2005, 493, 494.
791 BGH VersR 2005, 493, 494.
792 BGH VersR 2005, 493, 494.
793 So zu § 81 I L/W/*Looschelders*, § 81 Rn. 119.
794 Vgl. zum alten VVG BGH VersR 1974, 689.
795 So B/M/*Heiss*, § 28 Rn. 148.
796 Begr. RegE BT-Drucks. 16/3945 S. 77.
797 A.A. L/W/*Wandt*, § 28 Rn. 165, i.E. aber kein Unterschied, da den allgemeinen Regeln entsprechend.
798 Vgl. BGH VersR 2002, 1089, 1090.

149 Welche Tatsachen den Tatbestand einer Obliegenheitsverletzung begründen und damit vom VR zu beweisen sind, hängt von der einzelnen Obliegenheit ab. Ob bei Aufklärungsobliegenheiten die Kenntnis des VN von den aufklärungspflichtigen Umständen zum objektiven Tatbestand der Pflichtverletzung oder zum Verschulden gehört, hat der BGH unter Aufgabe seiner z.T. anders lautenden Rspr.[799] im ersteren Sinne entschieden.[800] Macht der VN geltend, er habe den aufklärungspflichtigen Umstand zwar gekannt, aber wieder vergessen, z.B. weil er sich durch den Unfallschock an die Person des Fahrers nicht mehr erinnere, war nach altem Recht der VN dafür beweispflichtig, so der BGH unter Hinweis auf die Vorsatzvermutung in § 6 III a.F.[801] Nach neuem Recht muss der VR den Vorsatz (Ausnahme: § 28 I) und damit auch beweisen, dass der VN den aufklärungspflichtigen Umstand nicht vergessen hat.

II. Beweislast für die Kausalität

1. Regelungen und Terminologie

150 Trotz einer Obliegenheitsverletzung des VN muss der VR leisten, soweit die Obliegenheitsverletzung nicht ursächlich für den Eintritt oder die Feststellung des Versicherungsfalles oder für die Feststellung oder den Umfang der Leistungspflicht war (§ 28 III 1; s. auch § 21 II 2 S. 1, 26 III Nr. 1, 82 IV 1). Nach dem Wortlaut des Gesetzes trägt der VN die Beweislast: Er muss beweisen, dass seine Obliegenheitsverletzung nicht kausal war. Die hierfür übliche Bezeichnung »**Kausalitätsgegenbeweis**« ist missglückt. Nach beweisrechtlicher Terminologie führt der Gegenbeweis der nicht mit dem Hauptbeweis belasteten Partei gegen den mit dem Hauptbeweis belasteten. Er ist erfolgreich, wenn die Überzeugung des Gerichts von der mit dem Hauptbeweis nachzuweisenden Tatsache erschüttert wird.[802] Den VN trifft aber der Hauptbeweis, kein Gegenbeweis. Richtig müsste vom (Haupt-)**Beweis fehlender Kausalität** gesprochen werden.[803] Durch die Beweislast des VN wird seine Haftung für Obliegenheitsverletzungen verschärft: Er soll das Risiko der Unaufklärbarkeit tragen. Legitim erscheint das vor allem deshalb, weil ein obliegenheitswidrig geschaffenes Verletzungsrisiko mit dem Risiko der Unaufklärbarkeit des Sachverhaltes verbunden ist.[804]

2. Inhalt des Beweises

151 Der VN muss beweisen, dass der Nachteil des VR auch ohne die Obliegenheitsverletzung entstanden wäre[805] bzw. dass die Obliegenheitsverletzung sich in keiner Weise auf den Eintritt und/oder die Regulierung des konkreten Versicherungsfalles ausgewirkt hat.[806] Besteht der Obliegenheitsverstoß in einem Unterlassen, genügt der Nachweis, dass der Nachteil für den VR bei obliegenheitsgemäßem Verhalten des VN genauso eingetreten wäre. Dabei muss der VN die aus dem Sachverhalt sich ergebenden Kausalzusammenhänge widerlegen. Ist ihm das gelungen, trifft den **VR** eine **sekundäre Darlegungslast** für weitere Kausalzusammenhänge, die der VN dann widerlegen muss.[807]

Verletzt VN die **Warteobliegenheit** nach Nr.E.1.3 AKB 08 (entspricht Nr. E.1.1.3 AKB 15) und können daher keine Feststellungen mehr zu einem Unfall unter Alkohol- oder Drogeneinfluss getroffen werden, kann er den Beweis fehlender Kausalität nicht führen.[808] Können später hinzukommende Polizeibeamte aber keinen Hinweis auf eine alkohol- oder drogenbedingte Fahruntüchtigkeit des Fahrers feststellen und besteht kein Zweifel an der Fahreridentität, ist bewiesen, dass die Entfernung vom Unfallort nicht kausal war.[809] Das gleiche gilt, wenn der Sachverhalt keine realistischen Möglichkeiten zulässt, dass bei Erfüllung der Warteobliegenheit etwas anderes als die volle Leistungspflicht des VR festgestellt worden wäre.[810] Die fehlende Kausalität einer durch Blutprobe festgestellten **Alkoholisierung** für einen Unfall kann nicht durch Zeugen bewiesen werden, die die tatsächliche Fahrtüchtigkeit des Fahrers bestätigen, insbes. dann nicht, wenn diese Zeugen im Zeitpunkt des Unfalls nicht im Auto saßen.[811]

---

799 BGHZ 52, 86, 89; BGH VersR 1993, 828; anders aber schon BGH VersR 1966, 577, 578.
800 BGH VersR 2007, 389 f.
801 BGH VersR 2007, 389, 390. Nicht überzeugend ist der Hinweis des BGH auf § 827 BGB, weil diese Norm auf den Zeitpunkt der schädigenden Handlung – das ist hier die Nichtangabe des Namens des Fahrers – abstellt. In diesem Zeitpunkt lagen die Voraussetzungen des § 827 BGB beim VN aber nicht vor.
802 *Musielak/Stadler*, Grundfragen des Beweisrechts, 1984, Rn. 28.
803 Vgl. *K. Sieg*, Karlsruher Forum 1966, 29, 32: »negativer Kausalitätsbeweis«.
804 Vgl. *Stoll*, Die Beweislastverteilung bei positiven Vertragsverletzungen, in: FS für v. *Hippel*, 1967, S. 517, 550 f. bzgl. der Unaufklärbarkeit des Kausalzusammenhanges.
805 R/L/*Rixecker*, § 28 Rn. 91.
806 BGH VersR 1997, 485, 486.
807 BGHZ 41, 327, 336 f.; BGH VersR 2001, 756, 757; OLG Saarbrücken r+s 2016, 287, 291; zum neuen VVG KG Berlin VersR 2010, 1488, 1489; AG Köln r+s 2015, 285, 286; *Looschelders* ZVersWiss 2011, 461, 467.
808 OLG Frankfurt (Main) VersR 2016, 47.
809 AG Köln r+s 2015, 285, 286.
810 LG Bonn ZfS 2014, 215, 216.
811 KG Berlin VersR 2011, 875, 876.

3. Ausschluss des Beweises fehlender Kausalität

Der Beweis fehlender Kausalität ist bei Arglist ausgeschlossen (§ 28 III 2; s. auch §§ 21 II 2, 82 IV 2). Ausnahmen gelten scheinbar bei der Gefahrerhöhung: § 26 III Nr. 1 sowie für die laufende Versicherung § 57 II 2 Nr. 3 und für die Transportversicherung § 132 II 3 Nr. 3 enthalten diesen Ausschluss nicht.[812] Diese Ausnahmen können angesichts des von den Gesetzesverfassern angestrebten Ziels, arglistiges Verhalten vor und nach dem Versicherungsfall solle kausalitätsunabhängig zu Leistungsfreiheit führen,[813] nicht überzeugen. Ein vernünftiger Grund für diese Abweichung von den allgemeinen Regeln ist nicht ersichtlich.[814] Auch bei Gefahrerhöhungen ist zudem Arglist denkbar (s. nur § 158 II 2 zur Arglist bei Gefahrerhöhung in der Lebensversicherung). Daher schließt in Gesamtanalogie zu §§ 28 III 2, § 21 II 2, 82 IV 2 auch bei Gefahrerhöhung Arglist den Beweis fehlender Kausalität aus.

152

III. Beweislast für das Verschulden

1. Grundkonzept

Die Gesetzesverfasser strebten für Obliegenheitsverletzungen eine klare und einheitliche Beweislastregelung an.[815] Nach dem Grundkonzept die Beweislast, das auch in § 28 II umgesetzt worden ist (s. die Parallelen in §§ 26 I, 82 III, 86 II 2, 3), gilt: Die Beweislast für **Arglist** und **Vorsatz** trägt der Versicherer (s. unten), diejenige für das Nichtvorliegen **grober Fahrlässigkeit** der VN. Wer die Beweislast für den **Grad grober Fahrlässigkeit** trägt, nach dem sich der Umfang des Leistungskürzungsrechts richtet, ist umstr. (s. sogleich). Eine andere Beweislastverteilung gilt nur für das Kündigungsrecht des § 28 I: Dort muss sich der VN von Vorsatz und grober Fahrlässigkeit entlasten.

153

2. Beweislast für grobe Fahrlässigkeit

Nach dem klaren Wortlaut des Abs. 2 Satz 2 Hs. 2 trägt der VN die Beweislast für das Nichtvorliegen grober Fahrlässigkeit. Beim non liquet ist daher von grober Fahrlässigkeit auszugehen, so dass eine gänzliche Folgenlosigkeit der Obliegenheitsverletzung, die es nur bei leichter Fahrlässigkeit gibt, beim non liquet ausscheidet. Es bleibt allenfalls die – wohl kaum einmal praktische – Möglichkeit, dass dem VR das Leistungskürzungsrecht auch bei grober Fahrlässigkeit ganz genommen wird (»0:100 Quote«). Der VN muss also Nachweise für das Fehlen seines Verschuldens erbringen, und zwar muss er nach allgemeinen Regeln sowohl das **Vorliegen entlastender Umstände** als auch das **Nichtvorliegen belastender Umstände** nachweisen. Den VR kann aber eine sekundäre Darlegungslast insbesondere für das Vorliegen belastender Umstände treffen. Der VN trägt auch die Beweislast dafür, dass er im Zustand der **Schuldunfähigkeit** handelte.[816]

154

Ist dem VN der Beweis leichter Fahrlässigkeit nicht gelungen, muss für das Leistungskürzungsrecht des VR der Grad der groben Fahrlässigkeit bestimmt werden. Nahe läge, den Fahrlässigkeitsgrad, den der nun aufgrund der Beweislast des VN festgestellte Sachverhalt ergibt, zugrunde zu legen. Literatur und Rspr. gehen jedoch überwiegend davon aus, dass nun beweislastrechtlich neu angesetzt und der Grad des Verschuldens nachgewiesen werden muss. Dafür kommen verschiedene Lösungswege in Betracht:

155

a) Beweislast des VN für grobe Fahrlässigkeit, Beweislast des VR für den Grad grober Fahrlässigkeit

Die h.L.[817] und die Rspr.[818] stützen sich auf eine Aussage in der Regierungsbegründung, nach welcher der VR die Beweislast für das Verschuldensmaß trägt.[819] Wenn der VN sich von grober Fahrlässigkeit nicht entlasten könne, müsse der VR den Grad grober Fahrlässigkeit beweisen. Er muss dann das Vorliegen belastender und das Nichtvorliegen entlastender Umstände beweisen. Für letztere trifft den VN gegebenenfalls eine sekundäre Darlegungslast.

156

---

812 Vgl. *Prölss* VersR 2003, 669, 675, der schon zum Kommissionsentwurf bemerkt, dass dem betrügerischen Verhalten des VN bei der Gefahrerhöhung keine Beachtung geschenkt wird. – Siehe auch § 134 II, der den Beweis fehlender Kausalität ebenfalls bei Arglist nicht ausschließt. Allerdings sind hier Fälle arglistiger Verletzung der Obliegenheit auch kaum denkbar.
813 Begr. RegE BT-Drucks. 16/3945 S. 66, 69, 80; VVG-Kommission Abschlussbericht 2004 (VersR-Schriftenreihe Heft 25), S. 43, 72.
814 Vgl. auch *Armbrüster*, Alles-oder-nichts-Prinzip im Privatversicherungsrecht, Rn. 271.
815 Begr. RegE BT-Drucks. 16/3945 S. 49.
816 BGHZ 190, 120, 125.
817 B/M/*Heiss*, § 28 Rn. 217; R/L/*Rixecker*, § 28 Rn. 89; *Deutsch/Iversen*, Rn. 159 (für § 26 I und II), Rn. 212, 222; *Heß* r+s 2013, 1, 4; *Marlow/Spuhl*, Rn. 352; *Marlow* VersR 2007, 43, 44; *Tschersich* r+s 2012, 53, 59; *Moosbauer*, C. VI.
818 LG Dortmund VersR 2010, 1594, 1596; LG Nürnberg-Fürth r+s 2010, 412, 415.
819 Begr. RegE BT-Drucks. 16/3945 S. 69.

b) Vermutung mittlerer grober Fahrlässigkeit, geteilte Beweislast

157 Andere gehen davon aus, dass ein mittlerer Grad grober Fahrlässigkeit vermutet werde, mit der Folge, dass hälftige Leistungsfreiheit eintrete und jede Seite die Gründe für eine Erhöhung ihrer Quote beweisen müsse.[820] Im Falle des non liquet bleibe es bei hälftiger Teilung.

c) Vermutung mittlerer grober Fahrlässigkeit, Beweislast des VR, geteilte Darlegungslast

158 Erwogen wird auch, zwar dem VR die Beweislast für den Verschuldensgrad aufzuerlegen, aber bei der Darlegungslast zu differenzieren. Auszugehen sei davon, dass im Zweifel eine hälftige Quotelung angemessen sei. Sie entspreche der dreistufigen Verschuldensskala: Leichte Fahrlässigkeit – keine Kürzung, grobe Fahrlässigkeit – hälftige Kürzung, Vorsatz – Leistungsfreiheit. Für eine Kürzung über 50 % trage der VR die Darlegungs- und Beweislast. Für eine Kürzung unter 50 % sei der VN darlegungspflichtig, die Beweislast bleibe jedoch beim VR. Könne der VR die Darlegungen des VN nicht widerlegen, seien sie der Quotenbildung zugrunde zu legen.[821]

d) Unterscheidung von Tatsachen, die grobe Fahrlässigkeit begründen, und Tatsachen, die den Grad der groben Fahrlässigkeit bestimmen

159 Von vornherein auszuscheiden ist die Lösung, zwischen Tatsachen zu unterscheiden, die grobe Fahrlässigkeit begründen – Beweislast VN – und solchen, die einen höheren Fahrlässigkeitsgrad ergeben – Beweislast VR. Da die Bewertung des Verschuldens im Einzelfall von einer Vielzahl von Umständen abhängt, lässt sich eine solche Unterscheidung nicht treffen.

e) Geteilte Beweislast

160 Die unter b) dargestellte Lösung ließe sich wie folgt modifizieren: Ausgehend von dem feststehenden Sachverhalt, der das Vorliegen einer Obliegenheitsverletzung ergibt, wird eine erste Einordnung auf der Skala grober Fahrlässigkeit vorgenommen. Der VR muss dann den VN Belastendes, dieser Entlastendes beweisen.[822]

f) Beweislast des VN

161 Abs. 2 Satz 2 kann auch so zu verstehen sein, dass der VN die Beweislast auch hinsichtlich des Grades grober Fahrlässigkeit trägt.[823] Die tatsächliche Situation, die sich nach einer Beweisaufnahme über das Vorliegen grober Fahrlässigkeit ergibt, wäre dann auch für den Grad der Fahrlässigkeit maßgeblich. Das führt zu einer klaren Beweislastverteilung. Der VN muss sich von grober Fahrlässigkeit entlasten, indem er Entlastendes beweist und vom VR substantiiert vorgetragenes Belastendes widerlegt. Wo ihm dieser Beweis nicht gelingt, ist das auch für den anzunehmenden Verschuldensgrad maßgeblich.

g) Bewertung

162 Die unter b) und c) genannten Ansichten, die beide zunächst eine Einordnung bei 50 % vornehmen wollen, lassen außer Acht, dass in jedem zu beurteilenden Fall ein Minimum an unstreitigem Sachverhalt – jedenfalls in Gestalt der Obliegenheitsverletzung – vorliegen wird, das eine erste Einstufung hinsichtlich des Verschuldensgrades ermöglichen wird. Setzte diese Einstufung immer erst bei einer vorab vorgenommenen 50 %-Bewertung ein, kann sie dieser nur hinzugerechnet oder von ihr abgezogen werden. Das führt zu anderen Kürzungsquoten, als wenn man sogleich den unstreitigen Sachverhalt auf der Skala grober Fahrlässigkeit einstuft. Das erkennen die Vertreter dieser Auffassung selbst, wenn sie sogleich ihre 50 %-Einordnung in einem zweiten Schritt korrigieren wollen.[824]

163 Eine Aufspaltung der Beweislast für das Verschulden nach be- und entlastenden Tatsachen passt zu der allgemeinen Regel, dass jede Seite die ihr günstigen Tatsachen beweisen muss. Auch fingiert man im non-liquet-Fall lieber das Nichtvorliegen als das Vorliegen einer Tatsache.[825] Allerdings ist das Verschulden eine einheitliche Tatsache, die man nicht in verschiedene, in der Beweislast unterschiedliche Tatsachen aufspaltet. Eine solche Lösung steht nicht im Einklang mit den allgemeinen Grundsätzen des BGB. Sie widerspricht zudem Abs. 2 Satz 2, wonach der VN sich von grober Fahrlässigkeit entlasten muss.

---

820 HK-VVG/*Felsch*, § 28 Rn. 179; *ders.* r+s 2007, 485, 493; *Knappmann* VRR 2009, 9, 12; *Langheid* NJW 2007, 3665, 3669; *Grote/Schneider* BB 2007, 2689; *Weidner/Schuster* r+s 2007, 363, 364; dahin tendierend auch *Meixner/Steinbeck*, § 6 Rn. 139, 141; vgl. LG Kassel ZfS 2011, 33, 34 (zu § 28 II) und 34 f. (zu § 81 II, daher insofern nur sekundäre Darlegungslast des VN).
821 *Nugel* MDR 2007, Sonderbeilage zu Heft 22, S. 23, 26 f.
822 P/M/*Armbrüster*, § 28 Rn. 238; VersHb/*Marlow*, § 13 Rn. 174; *Knappmann* ZAP Fach 10, 361–368 unter Abs. IV Satz 2. In diesem Sinne wohl auch *Deutsch* VersR 2004, 1485, 1488: VN trägt die Beweislast für die Abwesenheit und die Geringfügigkeit der groben Fahrlässigkeit.
823 Dafür *Veith* VersR 2008, 1580, 1587 f.; *Pohlmann* VersR 2008, 437 ff.
824 HK-VVG/*Felsch*, § 28 Rn. 178 f.; warum der Einstieg bei 50 % nötig ist, ist unklar; ebenso *Knappmann* VRR 2009, 9, 11.
825 Vgl. *Musielak*, Die Grundlagen der Beweislast im Zivilprozess, 1975, S. 293 f.

Gegen die unter a) genannte Ansicht spricht, dass der VN die Beweislast für eine Tatsache, der VR die Beweislast für ihr Nichtvorliegen trägt. Das Gericht müsste beim non liquet vom Nichtvorliegen und vom Vorliegen der Tatsache zugleich ausgehen. Das ist, verglichen mit allgemeinen Beweislastregeln, ungewöhnlich.[826] Es gibt sonst innerhalb der Prüfung **eines und desselben Tatbestandsmerkmals** (grobe Fahrlässigkeit) für eine Tatsache nur eine Beweislast und nicht eine weitere für ihr genaues Gegenteil. Sonst träten die Vorwirkungen der Beweislast, wie insbes. ihre Folgen für die Darlegungs- und die Beweisführungslast, doppelt ein: VR und VN hätten den Beweis zu führen, einmal positiv, einmal negativ. Der Gegenbeweis des VR wäre zugleich sein Hauptbeweis für den Fahrlässigkeitsgrad.[827] Ihre Darlegungslasten ließen sich nicht mehr voneinander abgrenzen, eine Folge, die man etwa auch im Zusammenhang mit sekundären Darlegungslasten zu vermeiden sucht.[828] Eine vergleichbare (früher bestehende) Rechtslage im Transportrecht führte dazu, dass Gerichte die unpraktikable Regelung des Gesetzes i.E. außer Kraft setzten.[829] *Heiss* führt an, dass bei Schmerzensgeldansprüchen der Schuldner sich von seinem Verschulden zu entlasten habe (§ 280 I 2 BGB), aber der Gläubiger das für die Schmerzensgeldhöhe relevante Verschulden des Schuldners zu beweisen habe.[830] Diese Situation ist in der Tat vergleichbar. Zu untersuchen wäre freilich, wie häufig die Gerichte hier eine Beweiswürdigung unter zwei verschiedenen beweislastrechtlichen Perspektiven tatsächlich durchführen.

164

Gewichtiger erscheint zudem, dass sich, folgte man der h.M., die Beweislast gegenüber der früheren Rechtslage nahezu vollständig umgekehrt hätte. Der VN trüge die Beweislast nur bis zum Erreichen der unteren Schwelle grober Fahrlässigkeit. Wenn diese – je nach Sachverhalt – keine Kürzung rechtfertigt, trifft die Beweislast für die Voraussetzungen der teilweisen Leistungsfreiheit weitgehend nur den VR. Ein dahingehender Änderungswille der Reformkommission oder des Gesetzgebers ist nicht erkennbar, zumal immer wieder der Unterschied zu § 81 betont wurde,[831] der aber, nimmt man bei Abs. 2 Satz 2 die volle Beweislast des VR für den Verschuldensgrad an, nicht mehr groß ist.

165

Vorzuziehen ist es daher, dem **VN auch die Beweislast für den Grad der groben Fahrlässigkeit** aufzuerlegen. Die Schwere des Verschuldens ergibt sich dann ohne weiteres aus den Tatsachen, die der VN nach Abs. 2 Satz 2 Hs. 2 beweisen muss, so dass die dort getroffene Beweislastverteilung abschließend ist. Die Formulierung des Abs. 2 Satz 2 Hs. 1 will diese Beweislastregel nicht ändern, sondern knüpft an sie an.

166

Die **Entstehungsgeschichte** spricht ebenfalls für dieses Verständnis. Bis zur ersten Fassung der Regierungsbegründung[832] hatte man nur zwei Fragen diskutiert: der VR sollte die Beweislast für Vorsatz tragen und der VN für grobe Fahrlässigkeit.[833] Für den Grad grober Fahrlässigkeit dagegen sah man besondere Beweislastregeln nicht vor. Man ging vermutlich davon aus, dass die Beweislast für das Ob und Wie der groben Fahrlässigkeit eins sei und beim VN liegen solle. Der Zusatz in der Regierungsbegründung wurde ohne Veränderung des Gesetzeswortlauts und ohne Auseinandersetzung mit dem klaren Beweislastkonzept der Reformkommission aufgenommen. Insbes. hat man nicht diskutiert, ob man so weitgehend von der früheren Rechtslage abweichen wollte. Da die Lösung zudem dogmatisch unausgereift ist, ist sie für die Auslegung nicht bindend.

167

3. Beweislast für Vorsatz

Das vom Gesetzgeber als einheitlich bezeichnete neue Beweislastkonzept erlegt dem **VR grundsätzlich** die Beweislast für den **Vorsatz** des VN auf. Das ist nach Abs. 2 Satz 1 auch bei Verletzung vertraglicher Obliegenheiten der Fall. Will der VR aber kündigen (Abs. 1 Satz 1), muss der **VN** sich auch von Vorsatz **entlasten**. Auch bei anderen Obliegenheiten muss der VR Vorsatz nur beweisen, wenn er die Rechtsfolge der Leistungsfreiheit geltend machen will (§§ 26 I 1, 86 II 2, 82 III 1; Ausnahme §§ 21 II 1, 26 II 2 Hs. 2). Und auch sonst gilt: Beruft der VR sich auf Rücktritts- oder Kündigungsrechte, muss der VN sich vom Vorsatz entlasten (§§ 19 III 1, 24 I 1). Da Beweislastregeln materielle Haftung verschärfen oder mildern können, ist darin kein Widerspruch zu sehen. Die Kündigung soll dem VR erleichtert, die Möglichkeit, Leistungsfreiheit zu erlangen, soll ihm erschwert werden.

168

4. Beweislast für Arglist

Verletzt der VN Obliegenheiten arglistig, ist es ihm verwehrt, den Beweis fehlender Kausalität anzutreten (Abs. 3 Satz 2, s. auch §§ 21 II 2, 82 IV 2). Die Beweislast für die Arglist trägt der **VR**. Innerhalb des neuen

169

---

826 Krit. deshalb auch *Knappmann* VRR 2009, 9, 12.
827 Das übersieht *Feifel*, S. 148, der die Beweislast des VR nur für Tatsachen als gegeben sieht, die zu den die grobe Fahrlässigkeit begründenden Tatsachen hinzukommen.
828 Vgl. OLG Nürnberg TranspR 1994, 406, 407 f.; krit. deshalb auch *Stiefel/Maier*, Kraftfahrtversicherung, 18. Aufl. 2010, § 28 Rn. 45.
829 Siehe die Nachweise bei *Pohlmann* VersR 2008, 437, 439 f.
830 B/M/*Heiss*, § 28 Rn. 219.
831 Begr. RegE BT-Drucks. 16/3945 S. 80; VVG-Kommission Abschlussbericht 2004 (VersR-Schriftenreihe Heft 25), S. 351 f.
832 Begr RegE v. 11.10.2006, BR-Drs. 707/06, S. 173.
833 VVG-Kommission Abschlussbericht 2004 (VersR-Schriftenreihe Heft 25), S. 38; VVG-Kommission Zwischenbericht v. 30.05.2002, S. 45 f.

§ 29 Teilrücktritt, Teilkündigung, teilweise Leistungsfreiheit

Systems ist das schon insofern stimmig, als der VR grundsätzlich auch den Vorsatz beweisen muss (Ausnahme Abs. 1, aber dort gibt es ohnehin keine Leistungsfreiheit). Ein erneutes Umspringen der Beweislast mit geänderter Verschuldensform würde die Rechtslage noch komplizierter machen. Zudem muss auch bei § 123 BGB, § 22 VVG der VR die Arglist beweisen.[834] Bei Arglist gibt es eine **sekundäre Darlegungslast des VN**: Er muss z.B., wenn er unrichtige Angaben gemacht hat, plausibel machen, wie es zu einer Falschangabe kam.[835]

J. Ausgestaltung durch AVB

170 Von Abs. 1 bis 4 kann nach § 32 Satz 1 nicht zum Nachteil des VN abgewichen werden. Die Vereinbarung einer Kündigungsfrist für den VR[836] oder eines Formerfordernisses[837] für die Kündigung sind für den VN nicht nachteilig, ebenso wenig die Beschränkung der Leistungsfreiheit und des Kündigungsrechts auf Vorsatz. Zum zwingenden Regelungsgehalt gehört auch die Beweislastverteilung,[838] nicht aber die Voraussetzungen des Repräsentantenbegriffs, da sie nicht in den in § 32 Satz 1 genannten Vorschriften normiert sind. Hier kann die AVB-Kontrolle abhelfen.[839] Zur Problematik **nicht an das neue VVG angepasster AVB**: Einl. B Rdn. 75 ff., insbes. auch zu der Frage, ob AVB, die bei grober Fahrlässigkeit noch vollständige Leistungsfreiheit vorsehen, ganz unwirksam sind oder als Verhaltensgebot bestehen bleiben, und ob sich die Rechtsfolgen sich nach § 28 richten. Zur notwendigen Vereinbarung der Leistungsfreiheit und des Leistungskürzungsrechts in AVB s. Rdn. 115 f.

§ 29 Teilrücktritt, Teilkündigung, teilweise Leistungsfreiheit.

(1) Liegen die Voraussetzungen, unter denen der Versicherer nach den Vorschriften dieses Abschnittes zum Rücktritt oder zur Kündigung berechtigt ist, nur bezüglich eines Teils der Gegenstände oder Personen vor, auf die sich die Versicherung bezieht, steht dem Versicherer das Recht zum Rücktritt oder zur Kündigung für den übrigen Teil nur zu, wenn anzunehmen ist, dass für diesen allein der Versicherer den Vertrag unter den gleichen Bedingungen nicht geschlossen hätte.
(2) Macht der Versicherer von dem Recht zum Rücktritt oder zur Kündigung bezüglich eines Teils der Gegenstände oder Personen Gebrauch, ist der Versicherungsnehmer berechtigt, das Versicherungsverhältnis bezüglich des übrigen Teils zu kündigen. Die Kündigung muss spätestens zum Schluss der Versicherungsperiode erklärt werden, in welcher der Rücktritt oder die Kündigung des Versicherers wirksam wird.
(3) Liegen die Voraussetzungen, unter denen der Versicherer wegen einer Verletzung der Vorschriften über die Gefahrerhöhung ganz oder teilweise leistungsfrei ist, nur bezüglich eines Teils der Gegenstände oder Personen vor, auf die sich die Versicherung bezieht, ist auf die Leistungsfreiheit Absatz 1 entsprechend anzuwenden.

Übersicht

	Rdn.		Rdn.
A. Allgemeines	1	III. Auswirkung nur auf einen Vertragsteil	16
I. Normzweck	1	C. Rechtsfolgen	19
II. Anwendungsbereich/Abgrenzungen	3	I. Regel: Teilrechtsbehelf	20
B. Tatbestand (Abs. 1 und 3)	7	II. Ausnahme: Totalrechtsbehelf	22
I. Einheitlicher Versicherungsvertrag	7	D. Kündigungsrecht des VN (Abs. 2)	23
II. Erfassung mehrerer Gegenstände oder Personen	12	E. Beweislast	25
		F. Ausgestaltung/Abänderung durch AVB	26

A. Allgemeines

I. Normzweck

1 Die Norm bezweckt eine angemessene Regelung der Interessen von VR und VN in Fällen, bei denen die Anzeige von gefahrerhöhenden Umständen und Gefahrerhöhungen lediglich einen Teil der Gegenstände oder der Personen betrifft, auf welche sich die Versicherung bezieht.[1] Der Vertrag soll so weit wie möglich aufrechterhalten werden.[2]

---

834 OLG Koblenz NVersZ 2001, 503.
835 BGH VersR 2011, 909, 910; VersR 2008, 809, 810; OLG Frankfurt (Main) VersR 2013, 1127, 1128; OLG Karlsruhe Urt. v. 03.08.2010, 12 U 86/10, Juris Rn. 21 (insoweit nicht abgedruckt in VersR 2010, 1448); OLG Saarbrücken OLGR 2004, 592; LG Saarbrücken r+s 2014, 287, 289; R/L/*Langheid*, § 22 Rn. 11.
836 OLG Hamm VersR 1972, 265, 266; HK-VVG/*Felsch*, § 28 Rn. 136.
837 HK-VVG/*Felsch*, § 28 Rn. 135.
838 BGH r+s 2015, 347, 349; OLG Dresden r+s 2015, 233, B/M/*Heiss*, § 28 Rn. 230.
839 BGH VersR 1993, 830, 831; OLG Karlsruhe VersR 1999, 1237, 1238.
1 Motive und amtliche Begründung zum Gesetz über den Versicherungsvertrag vom 30.05.1908, Neudruck Berlin 1963, S. 102 zu § 30 a.F.
2 BK/*Harrer*, § 30 Rn. 3; HK-VVG/*Muschner*, § 29 Rn. 1.

Der Text des § 29 entspricht – bis auf kleinere sprachliche Änderungen – § 30 des VVG vom 30.05.1908. Durch die Regelung der vertraglichen Obliegenheiten im selben Abschnitt (§ 28) sind nunmehr auch die aus ihrer Verletzung folgenden Rechte des VR ausdrücklich[3] den Beschränkungen des § 29 unterworfen.

II. Anwendungsbereich/Abgrenzungen

Das für die Anwendung des Abs. 1 erforderliche Kündigungs- oder Rücktrittsrecht kann sich ergeben aus: §§ 19 II, III 3, 24 I, II, 28 I.

Die im Rahmen des Abs. 3 erforderliche Leistungsfreiheit kann bei Gefahrerhöhung (§ 26 I, II) bestehen. Die Bedeutung des § 29 III ist hier aber wegen des Kausalitätserfordernisses des § 26 III Nr. 1 gering. Die vorgeschlagene analoge Anwendung des Abs. 3 auf Obliegenheitsverletzungen ist wegen § 28 III 1 nicht erforderlich.[4] Durch die geforderte Kausalität erstreckt sich die Leistungsfreiheit nur auf den von der Obliegenheitsverletzung »betroffenen« Teil des Vertrages.

Nicht anwendbar ist § 29 für Fälle der Anfechtung wegen arglistiger Täuschung, die nach § 139 BGB zu beurteilen sind,[5] (wobei auch eine teilweise Anfechtung möglich ist)[6] bei vertraglich vereinbarten Rücktritts-/Kündigungsrechten,[7] im Rahmen des § 81,[8] bei arglistiger Täuschung im Rahmen der Schadensermittlung, sowie in der Krankenversicherung (§ 194 I 2). Dort existiert mit § 205 V eine Parallelbestimmung zu § 29 II für vertraglich vorbehaltene Teilkündigungen. Der Grundgedanke des § 29 soll jedoch auch in der Krankenversicherung anwendbar sein.[9]

Nicht anwendbar ist § 29 auf das Vertragsanpassungsrecht nach § 19 IV 1.[10] Das von § 29 I vorausgesetzte Kündigungs- bzw. Rücktrittsrecht besteht hier gerade nicht. Auch die Interessenlage ist nicht vergleichbar, da das Schutzbedürfnis des VN nicht annähernd so groß ist wie bei dem teilweisen Verlust von Versicherungsschutz durch Kündigung oder Rücktritt. Durch die Anpassung wird er lediglich so gestellt, wie er ohne Verletzung der Anzeigepflicht stehen würde.

B. Tatbestand (Abs. 1 und 3)

I. Einheitlicher Versicherungsvertrag

§ 29 gilt nur für einen einheitlichen Versicherungsvertrag, nicht jedoch bei Vorliegen mehrerer – eigenständig zu behandelnder – Verträge. Die Abgrenzung richtet sich nach dem durch Auslegung zu ermittelnden Parteiwillen und den Umständen des Einzelfalles.[11]

Teilweise wird vermutet, die Anzahl der Versicherungsscheine entspreche der Anzahl der Verträge.[12] In der Rspr. wurde unter diesem Aspekt ein einheitlicher Vertrag bei in einem Versicherungsschein enthaltener Krankentagegeld-, Kranken- und Pflegeversicherung angenommen,[13] hingegen von verschiedenen Verträgen ausgegangen bei am selben Tag policierten Gebäude- und Hausratsversicherungen,[14] einer Feuerversicherung des Gebäudes und des Inventars,[15] am selben Tag abgeschlossenen und policierten Verträgen über Krankheitskosten und Krankenhaustagegeldversicherung.[16]

Diese Vermutungsregel ist jedoch mit äußerster Zurückhaltung anzuwenden. Der Art der Policierung als formale Ausgestaltung kann allenfalls ein Indiz sein. Sie lässt einen zuverlässigen inhaltlichen Rückschluss auf

---

3 Eine Anwendung des § 30 a.F. auf Verletzungen von Obliegenheiten erfolgte zwar nach dem Wortlaut bislang nicht, der BGH (NJW 1992, 2631, 2633) wandte den Rechtsgedanken jedoch entsprechend an.
4 Anders: B/M/*Heiss*, § 29 Rn. 32.
5 P/M/*Armbrüster*, § 29 Rn. 8; B/M/*Möller*[8], Bd. I, § 30 Anm. 22; R/L/*Rixecker*, § 29 Rn. 10; AG Aschaffenburg VersR 1952, 365, 366; OLG Saarbrücken VersR 1996, 488, 489; OLG Düsseldorf VersR 2006, 785, 787; a.A. wohl LG Köln VersR 1953, 356.
6 BGH NJW 2010, 289, 290; vgl. OLG Saarbrücken VersR 2012, 429.
7 Vgl. B/M/*Möller*[8], Bd. I, § 30 Anm. 24.
8 P/M/*Prölss*[27], § 30 Rn. 4 zu § 61 a.F.
9 OLG Karlsruhe VersR 2007, 530, 532; LG Dortmund Urt. v. 19.10.2006 2 O 559/03 – juris; OLG Celle VersR 1986, 569, 570; a.A.: OLG Stuttgart VersR 2006, 1485, 1487; HK-VVG/*Muschner*, § 29 Rn. 2; im Ergebnis P/M/*Armbrüster*, § 29 Rn. 9.
10 Vgl. den Streit zur Prämienverbesserung nach § 41 a.F.; gegen eine Anwendung: P/M/*Prölss*[27], § 30 Rn. 4; für eine Anwendung: B/M/*Möller*[8], Bd. I, § 30 Anm. 17; BK/*Riedler*, § 41 Rn. 14; P/M/*Knappmann*[27], § 41 Rn. 6; hinsichtlich § 41 II a.F. hat sich der Streit erledigt, da das Kündigungsrecht nunmehr in § 19 IV 2 von § 29 I erfasst ist.
11 OLG Hamm VersR 1980, 137; P/M/*Armbrüster*, § 29 Rn. 2.
12 OLG Saarbrücken VersR 2012, 429, 430; *Ehrenzweig* I, S. 179; P/M/*Armbrüster*, § 29 Rn. 2; R/L/*Rixecker*, § 29 Rn. 3; B/M/*Möller*[8], Bd. I, § 30 Rn. 12; PK/Schwintowski, § 29 Rn. 2.
13 OLG Stuttgart VersR 2006, 1485, 1487; dagegen: LG Dortmund, Urt. v. 19.10.2006, Az 2 O 559/03 – juris; vgl. auch OLG Karlsruhe VersR 2007, 530, 532.
14 RGZ 150, 147, 151.
15 OLG Celle VersR 1966, 964, 965.
16 OLG Nürnberg VersR 1966, 532, 533.

die rechtliche Vertragsgestaltung nicht zu.[17] Die formale Gestaltung wird zudem regelmäßig durch den VR bestimmt und vom VN unreflektiert hingenommen werden.

10 Entscheidend ist der bei einer Gesamtwertung der Umstände des Einzelfalles zu ermittelnde Parteiwille. Den Ausschlag gibt dabei – wie auch bei der Abgrenzung der Vertragsänderung von der Novation – der dem VR erkennbare Wille des VN.[18] Maßgeblich können neben dem Versicherungsschein sein: die Zahl der Anträge sowie der Auswurf einer Einzel- oder Gesamtprämie,[19] (fehlende) vollständige Identität der Vertragsparteien, Verschiedenartigkeit und separate AVB/Versicherbarkeit der Risiken,[20] rechtliche Abhängigkeiten von Vertragsbestandteilen[21].

11 **Beispiele** aus der Rspr. für **einheitliche Verträge** sind: Lebensversicherung mit Unfallzusatzversicherung auf die verbundenen Leben von Ehepartnern,[22] Lebensversicherung mit Berufsunfähigkeitsversicherung,[23] »Paketversicherung« (Unfall-, Haftpflicht- und Hausrat in einem Versicherungsschein und mit einheitlicher Prämie),[24] späterer Erwerb von Flugzeugen, die in einen bestehenden (Rahmen-)Versicherungsvertrag mit einbezogen werden,[25] Krankenversicherung mit Tarif für Zahnbehandlungskosten.[26] Mehrere **selbständige Verträge** wurde hingegen in folgenden Fällen angenommen: Haftpflicht-, Fahrzeug-, Unfall- und/oder Gepäckversicherung in der Kfz-Versicherung trotz eines einheitlichen Antrages,[27] Gebäudeversicherung und Hausratversicherung,[28] Krankenhaustagegeld- und Krankheitskostenversicherung[29].

II. Erfassung mehrerer Gegenstände oder Personen

12 Der Vertrag muss aufgrund der Erfassung mehrerer Gegenstände, Personen oder – über den Wortlaut hinaus – Gefahren teilbar sein.

13 Eine **Mehrheit von Gegenständen** liegt vor bei mehreren Gebäuden als wesentlichen Bestandteilen eines Grundstücks, § 94 I 1 BGB,[30] bei mehreren wesentlichen Bestandteilen i.S.d. § 94 II BGB sowie bei Scheinbestandteilen und Zubehör i.S.d. §§ 95, 97–98 BGB.[31] Mangels Individualisierbarkeit ist die Versicherung von Sachen, die durch einen Inbegriff beschrieben sind, § 89 I, (z.B.: Warenlager mit wechselndem Bestand) jedoch keine Mehrheit von Gegenständen.[32] Anwendbar ist § 29 außerhalb der Sachversicherung auch bei einer Mehrheit von Forderungen in der Kreditversicherung.[33]

14 Eine **Mehrheit von Personen** findet sich vorwiegend in der Personenversicherung (z.B. Kollektiv-Lebensversicherung, Kollektiv-Unfallversicherung, Familien-Krankenversicherung).[34] Der Vertrag muss sich auf mehrere versicherte Personen beziehen.[35] Nicht ausreichend ist es dabei, wenn ein mehreren Personen gemeinsam zustehendes Objekt (Gesamthandseigentum) versichert ist,[36] anders soll es bei der Versicherung von Bruchteilseigentum mehrerer Bruchteilseigentümer sein.[37]

15 Die Anwendung des § 29 über den Wortlaut hinaus wird mit Recht zugelassen, wenn die Versicherung **mehrerer Gefahren** vorgenommen wurde, die einer Person drohen. Das ist etwa der Fall, wenn ein VR bei einem

---

17 So auch: OLG Hamm VersR 1980, 137 (für die Frage, ob eine Vertragsänderung oder ein Neuabschluss vorliegt); ebenso: Bach/Moser/*Staudinger*, Private Krankenversicherung, 4. Aufl. 2009, Einleitung 47 f.; zustimmend BK/*Harrer*, § 30 Rn. 2.
18 Vgl. § 1 Rdn. 57.
19 B/M/*Heiss*, § 29 Rn. 15.
20 LG Dortmund Urt. v. 19.10.2006, Az 2 O 559/03 – juris.
21 BGH VersR 1989, 689, 690; 1249, 1250 zum Verhältnis BUZ/Lebensversicherung.
22 BGH VersR 1987, 177.
23 BGH VersR 1989, 689, 690; KG VersR 1997, 94, 95; OLG Köln VersR 1998, 1495.
24 AG Melsungen VersR 1988, 1014.
25 BGH VersR 1977, 346, 348 (besondere Vertragsgestaltung: ein Versicherungsschein und mehrerer Nachträge); eine andere Auslegung (Rahmenvertrag bildet nur den normativen Rahmen für selbständige Einzelversicherungen) wäre hier möglich gewesen.
26 OLG Celle VersR 1986, 569, 570 (Tarife einzeln kündbar).
27 BGH VersR 1973, 409, 410.
28 BGHZ 42, 295, 297.
29 LG Dortmund Urt. v. 19.10.2006 2 O 559/03 – juris; a.A. OLG Stuttgart VersR 2006, 1485, 1487; offen lassend: OLG Karlsruhe VersR 2007, 530, 532 (jedenfalls Kündigung einzelner Tarife möglich – vgl. § 14 IV MB/KK 94: Die Kündigung kann auf einzelne Tarife oder Personen beschränkt werden).
30 B/M/*Heiss*, § 30 Rn. 17; BK/*Harrer*, § 30 Rn. 1.
31 B/M/*Möller*[8], Bd. I, § 30 Anm. 6.
32 L/W/*Wandt*, § 29 Rn. 13; a.A. B/M/*Möller*[8], Bd. I, § 30 Anm. 6.
33 BGH NJW 1992, 2631, 2633 zu einem Einzelvertrag in einem Mantelversicherungsvertrag; hierzu: *Wittchen* VersR 1993, 530; B/M/*Möller*[8], Bd. I, § 30 Anm. 6.
34 BK/*Harrer*, § 30 Rn. 1.
35 B/M/*Möller*[8], Bd. I, § 30 Anm. 8.
36 *Kisch*, Handbuch des Privatversicherungsrechtes, 2. Band: Die Lehre von der Versicherungsgefahr, 1920, S. 379; B/M/*Heiss*, § 30 Rn. 18.
37 L/W/*Wandt*, § 29 Rn. 15.

Lebensversicherungs- und BUZ-Vertrag die Vertragsbeendigung auf die BUZ beschränkt.[38] Die Beendigung allein des Hauptvertrages ist jedoch wegen § 9 I MB/BUZ nicht möglich.

III. Auswirkung nur auf einen Vertragsteil

Der Umstand, der dem VR ein Recht zum Rücktritt oder zur Kündigung gibt, bzw. zur Leistungsfreiheit führt, darf isoliert nur auf einen Vertragsteil wirken. Anderenfalls bezieht sich das Recht des VR auf den gesamten Vertrag. In welchem Umfang sich die betreffenden Tatsachen auswirken, kann nur im Einzelfall festgestellt werden. Dabei ist vor allem die räumliche oder persönliche Beziehung zwischen den durch die verschiedenen Vertragsteile versicherten Risiken von Bedeutung. Indizwirkung kann auch eine Auswirkung des wegfallenden Vertragsteiles auf die übrige Risikokalkulation haben. Diese versicherungstechnischen Aspekte spiegeln die tatsächlichen Auswirkungen wider. 16

An der **isolierten Wirkung fehlt es** beispielsweise, wenn in einem von zwei unmittelbar angrenzenden Gebäuden ein feuergefährlicher Betrieb aufgenommen wird,[39] eins von mehreren gemeinschaftlich versicherten und untergebrachten Tieren seuchenverdächtig ist,[40] eine ansteckende Krankheit des Ehepartners bei Abschluss eines Lebensversicherungsvertrages verschwiegen wird[41]. 17

Ob Gesamtwirkung auch anzunehmen ist, wenn die Eigentumsfrage durch den VN nur hinsichtlich eines von mehreren versicherten Gegenständen falsch beantwortet wird[42], oder die Frage, ob es schon einmal gebrannt hat, hinsichtlich eines von mehreren Häusern falsch beantwortet wird,[43] ist zweifelhaft.[44] Diese Fragen betreffen das subjektive Risiko, nicht jedoch die (objektiv zu beurteilende) Frage der Betroffenheit des Gesamtvertrages. Das subjektive Risiko wird jedoch bei der Frage eine Rolle spielen, ob der VR den Vertrag zu denselben Bedingungen abgeschlossen hätte.

Keine Auswirkungen auf den gesamten Vertrag haben beispielsweise Vorerkrankung mit Auswirkungen auf die BUZ ohne (substantiiert vorgetragene) Auswirkungen auf den Lebensversicherungsvertrag,[45] oder gefahrerhöhende Umstände, die sich nur auf eine von zwei versicherten Personen beziehen für die Versicherung der anderen Person[46]. 18

C. Rechtsfolgen

Liegen die Voraussetzungen des Abs. 1 oder 3 vor, ist der VR nur zum Teilrücktritt bzw. zur Teilkündigung berechtigt bzw. wird nur teilweise leistungsfrei. Im Übrigen bleibt der Vertrag bestehen und der VR zur Leistung verpflichtet. Ausnahmen von diesem Grundsatz bestehen nur, wenn der VR nachweist, dass er einen Vertrag über den nicht betroffenen Teil nicht abgeschlossen hätte (Abs. 1 Satz 2, Abs. 3 Satz 2) oder im Rahmen des Abs. 1 der VN selbst kündigt. 19

I. Regel: Teilrechtsbehelf

Abweichend von § 139 BGB sieht § 29 als Regelfall eine Erstreckung des Rechtsbehelfes des VR nur auf einen Teil des Vertrages vor. 20

Das **Prämienschicksal** richtet sich dabei nach § 39. Nach Aufhebung des Unteilbarkeitsgrundsatzes ist für den beendeten Teil eine Abrechnung pro rata temporis vorzunehmen, vgl. § 39 I 1 und 2. Ausnahmen bestehen, wenn der VN in betrügerischer Absicht handelt (§§ 74 II, 78 III, 80 III). 21

Die Berechnung der neuen Prämie ist unproblematisch, sofern für den weggefallenen Vertragsteil eine gesonderte Prämie ausgewiesen war. Bei einer Einheitsprämie muss diese entsprechend dem verminderten Risiko für die Zukunft herabgesetzt werden. Dabei ist vom VR darzulegen, welche Prämie geschuldet gewesen wäre, wenn von vornherein die Versicherung mit der jetzt vorliegenden Einschränkung abgeschlossen worden wäre.[47]

---

38 BGH VersR 1983, 25; 1989, 1249; OLG Düsseldorf VersR 2001, 1408, 1410; OLG Koblenz NVersZ 2001, 161; OLG Köln VersR 1998, 1495, 1496; OLG Saarbrücken VersR 2005, 675; zustimmend: P/M/*Armbrüster*, § 29 Rn. 3 (das Abstellen auf verschiedene Gegenstände/Personen stehe beispielhaft für eine Zusammenfassung verschiedener Risiken in einem Vertrag); ablehnend: B/M/*Möller*[8], Bd. I, § 30 Anm. 13.
39 Motive und amtliche Begründung zum Gesetz über den Versicherungsvertrag vom 30.05.1908, Neudruck Berlin 1963, S. 103.
40 *Kisch*, Handbuch des Privatversicherungsrechtes, 2. Band: Die Lehre von der Versicherungsgefahr, 1920, S. 380.
41 BK/*Harrer*, § 30 Rn. 1.
42 So: P/M/*Armbrüster*, § 29 Rn. 4; anders: B/M/*Heiss*, § 29 Rn. 20.
43 P/M/*Armbrüster*, § 29 Rn. 4.
44 Vgl. auch (zu einem Mantelversicherungsvertrag) BGH NJW 1992, 2631, 2633.
45 OLG Düsseldorf VersR 2001, 1408, 1410.
46 Vgl. BGH VersR 1987, 177; BK/*Harrer*, § 30 Rn. 1.
47 *Kisch*, Handbuch des Privatversicherungsrechtes, 2. Band: Die Lehre von der Versicherungsgefahr, 1920, S. 385.

Die **Prämienanpassung** erfolgt automatisch. Da das Gesetz in § 39 I 1, 2 bereits davon ausgeht, dass nur ein Teil der Prämie zu zahlen ist, ist kein Anpassungsverlangen i.S.v. § 74 I erforderlich.

II. Ausnahme: Totalrechtsbehelf

22 Der VR ist berechtigt (nicht verpflichtet), den gesamten Vertrag zu kündigen bzw. sich auf vollständige Leistungsfreiheit berufen, wenn anzunehmen ist, dass er den verbleibenden Vertragsteil nicht zu den gleichen Bedingungen geschlossen hätte. Die »Bedingungen« umfassen dabei sowohl die vertraglichen Bedingungen als auch die Höhe der Prämie (angepasst an den verringerten Vertragsumfang). Dabei gelten die für den Geschäftsbetrieb maßgeblichen Risikoprüfungs- und Abschlussgrundsätze des konkreten VR[48] zum Zeitpunkt des Vertragsschlusses[49]. Berücksichtigung finden können bei der Ermittlung des hypothetischen Willens des VR auch die Umstände des Vertragsschlusses und Erklärungen des VR in diesem Zusammenhang, Fragen der Zumutbarkeit der Vertragsfortsetzung durch den VR sowie der tatsächliche Parteiwille.[50]

D. Kündigungsrecht des VN (Abs. 2)

23 Das Kündigungsrecht des Abs. 2 kommt dem VN entgegen, der ein Interesse an einem einheitlichen Versicherungsschutz hat. So kann er das Problem umgehen, allein für den gekündigten Teil Versicherungsschutz mit akzeptabler Prämie zu erhalten; eine Versicherung des gesamten Risikos wird regelmäßig problemlos möglich sein.[51]

24 Die Kündigung bedarf keiner Begründung.[52] Sie kann fristlos erfolgen.[53] Die Kündigung muss spätestens zum Schluss der Versicherungsperiode erklärt werden, in welcher der Rücktritt oder die Kündigung wirksam wird (Abs. 2 Satz 2). Sie darf nicht auf einen Zeitpunkt vor dem Wirksamwerden des Rücktritts oder der Kündigung des VR erklärt werden.[54]

E. Beweislast

25 Die Beweislast für die Voraussetzungen von Rücktritt, Kündigung oder Leistungsfreiheit richten sich nach den entsprechenden Tatbeständen. Der VR ist darlegungs- und beweisbelastet, dass sich ein Gefahrumstand nicht nur auf einen trennbaren Teil bezieht.[55] Er trägt weiterhin im Rahmen des Abs. 1 letzter Hs. die Darlegungs- und Beweislast, dass er den verbleibenden Vertrag unter den gleichen Bedingungen nicht geschlossen hätte.[56] Dafür hat er substantiiert seine allgemeinen Risikoprüfungs- und Abschlussgrundsätze vorzutragen und gegebenenfalls zu beweisen. Auf allgemeine Regeln kommt es dabei nicht an. Entscheidend ist die übliche Vorgehensweise des betroffenen VR.

F. Ausgestaltung/Abänderung durch AVB

26 Die Vorschrift kann vertraglich abbedungen werden. Sie ist in § 32 Satz 1 nicht erwähnt. Eine Teilbeendigung außerhalb des Anwendungsbereiches des § 29 wird als unzulässig angesehen, da sie eine Umgehung des Kündigungsrechtes des VN aus Abs. 2 darstelle.[57] Dementsprechend wird eine vertragliche Vereinbarung von Teilkündigung/-rücktritt für möglich erachtet, sofern dem VN entsprechend § 29 II ein Recht zur sofortigen Kündigung eingeräumt wird.[58]

§ 30 Anzeige des Versicherungsfalles.

(1) ¹Der Versicherungsnehmer hat den Eintritt des Versicherungsfalles, nachdem er von ihm Kenntnis erlangt hat, dem Versicherer unverzüglich anzuzeigen. ²Steht das Recht auf die vertragliche Leistung des Versicherers einem Dritten zu, ist auch dieser zur Anzeige verpflichtet.

(2) Auf eine Vereinbarung, nach welcher der Versicherer im Fall der Verletzung der Anzeigepflicht nach Absatz 1 Satz 1 nicht zur Leistung verpflichtet ist, kann sich der Versicherer nicht berufen, wenn er auf andere Weise vom Eintritt des Versicherungsfalles rechtzeitig Kenntnis erlangt hat.

---

[48] B/M/*Möller*⁸, § 30 Anm. 18; BK/*Harrer*, § 30 Rn. 3.
[49] *Kisch*, Handbuch des Privatversicherungsrechtes, 2. Band: Die Lehre von der Versicherungsgefahr, 1920, S. 389.
[50] Eingehend: B/M/*Heiss*, § 29 Rn. 24 ff.
[51] Vgl. Motive und amtliche Begründung zum Gesetz über den Versicherungsvertrag vom 30.05.1908, Neudruck Berlin 1963, S. 102.
[52] Vgl. P/M/*Armbrüster*, § 29 Rn. 6; R/L/*Rixecker*, § 29 Rn. 8; *Kisch*, Handbuch des Privatversicherungsrechtes, 2. Band: Die Lehre von der Versicherungsgefahr, 1920, S. 395 fordert, dass der VN zumindest auf die Kündigung des VR nach Abs. 1 Bezug nimmt.
[53] R/L/*Rixecker*, § 29 Rn. 8.
[54] B/M/*Möller*⁸, Bd. I, § 30 Anm. 20.
[55] *Kisch*, Handbuch des Privatversicherungsrechtes, 2. Band: Die Lehre von der Versicherungsgefahr, 1920, S. 386.
[56] OLG Saarbrücken VersR 2012, 429, 430; P/M/*Armbrüster*, § 29 Rn. 5. B/M/*Möller*⁸, Bd. I, § 30 Anm. 18.
[57] Vgl. P/M/*Armbrüster*, § 29 Rn. 9.
[58] P/M/*Armbrüster*, § 29 Rn. 9.

Anzeige des Versicherungsfalles § 30

Übersicht

	Rdn.		Rdn.
A. Allgemeines	1	C. Rechtsfolgen	17
I. Normzweck und dogmatische Einordnung	1	I. Anwendbarkeit des § 28	17
		1. Vorsatz und grobe Fahrlässigkeit	18
II. Anwendungsbereich	4	2. Kausalitätsgegenbeweis	21
III. Abdingbarkeit	5	3. Entbehrlichkeit eines besonderen Hinweises auf die mögliche Leistungsfreiheit	24
B. Voraussetzungen	6		
I. Normadressaten	6		
II. Empfänger der Anzeige	9	II. Keine Leistungsfreiheit bei Kenntnis des Versicherers	25
III. Eintritt des Versicherungsfalls	11	D. Beweislast	27
IV. Kenntniserlangung durch den VN oder den anzeigepflichtigen Dritten	12	I. Objektive Verletzung der Anzeigepflicht	27
V. Unverzügliche Anzeige	14	II. Vorsatz und grobe Fahrlässigkeit	29
VI. Form und Inhalt der Anzeige	15	III. Einschränkungen der Leistungsfreiheit	31

Schrifttum:
Bartholomäi, Die Begrenzung von Anzeigepflichten durch berechtigte Interessen des VN – unter besonderer Berücksichtigung des nemo-tenetur-Grundsatzes, 2014; *Bauer*, Die Rechtsprechung des Bundesgerichtshofs zum Verlust des Versicherungsschutzes wegen vorsätzlicher Verletzung von Obliegenheiten nach dem Versicherungsfall in der Kraftfahrtversicherung, VersR 1972, 15; *Bruns*, Voraussetzungen und Auswirkungen der Zurechnung von Wissen und Wissenserklärungen im allgemeinen Privatrecht und im Privatversicherungsrecht, 2007; *Klimke*, Vertragliche Ausschlussfristen für die Geltendmachung des Versicherungsanspruchs nach der VVG-Reform – Entschuldigungsmöglichkeit, Hinweispflicht und Transparenz, VersR 2010, 290; *Krebs*, Zur Frage der Kenntniserlangung des Versicherers vom Versicherungsfall i.S. des § 33 II VVG – Haftpflicht- und Unfallversicherung, VersR 1962, 13; *Looschelders*, Quotelung bei Obliegenheitsverletzungen: Alles, Nichts oder die Hälfte, ZVersWiss 2009, 13; *ders.*, Der Kausalitätsgegenbeweis des VN, ZVersWiss 2011, 461; *ders.*, Arglist des VN – Privilegierung oder übermäßige Sanktionierung im Vergleich mit dem allgemeinen Vertragsrecht?, in: FS Hübner, 2012, S. 147; *Martin*, Beweislast des Versicherers für die Nichtabsendung einer Schadensanzeige?, r+s 1988, 317; *Niewerth/Vespermann*, Beweislastverteilung bei der Verletzung von Anzeigeobliegenheiten, VersR 1995, 1290; *Rüther*, Schriftformklauseln und Ausschluss der Agentenvollmacht nach § 43 Nr. 2 VVG – Anspruch und Wirklichkeit, NVersZ 2001, 241; *Sackhoff*, Die Anzeige-, Auskunfts- und Belegpflicht des VN nach Eintritt des Versicherungsfalles, 1994; *Tietgens*, Anwaltliche Beratungs-, Aufklärungs- und Auskunftspflichten in der Rechtsschutzversicherung, r+s 2005, 489; *Wandt*, Grundfragen zu Anzeige-, Auskunfts- und Aufklärungsobliegenheiten nach dem VVG 2008, ZVersWiss 2011, 445.

A. Allgemeines

I. Normzweck und dogmatische Einordnung

§ 30 regelt in I 1, II die Pflicht des VN zur Anzeige des Versicherungsfalles. Der Versicherer soll möglichst **1** schnell Kenntnis vom Eintritt des Versicherungsfalls erhalten, damit er die notwendigen Feststellungen oder Prüfungen vornehmen und gegebenenfalls nach § 31 weitere Auskünfte vom VN einholen oder dem VN nach § 82 II Weisungen zur Schadensminderung erteilen kann.[1] Nach h.M. handelt es sich um keine echte Rechtspflicht, sondern um eine gesetzliche **Obliegenheit**.[2] Die Gegenauffassung sieht die Anzeige als **Nebenpflicht** des VN an.[3] Praktische Bedeutung hat diese dogmatische Frage vor allem im Hinblick auf die Rechtsfolgen. Hier ist zu unterscheiden:

Eine wesentliche Besonderheit des § 30 gegenüber den anderen gesetzlich geregelten Obliegenheiten des VN **2** besteht darin, dass die Vorschrift – ebenso wie schon § 33 a.F. – für den Fall der Verletzung **keine eigenen Rechtsfolgen** vorsieht. Der Gesetzgeber hat auf eine gesonderte Regelung der Sanktionen mit der Erwägung verzichtet, dass »die AVB regelmäßig entsprechende Anzeigepflichten enthalten und somit § 28 VVG-E zur Anwendung kommt«.[4] Der bei dieser Betrachtung nahe liegende völlige Verzicht auf eine gesetzliche Regelung wurde mit Rücksicht auf die grundlegende Bedeutung der Anzeigepflicht für den Versicherer abgelehnt.[5] In der Praxis sehen die AVB durchwegs eine Obliegenheit des VN zur Anzeige des Versicherungsfalls mit Sanktionen für den Fall des Verstoßes vor. Es gelten damit die Vorschriften über die Verletzung **vertraglicher Obliegenheiten**, insbesondere § 28.[6] Zu den Einzelheiten s. unten Rdn. 17 ff.

Eine andere Frage ist, ob neben den Rechtsfolgen des § 28 auch ein **Schadensersatzanspruch** des Versicherers **3** **wegen Pflichtverletzung** nach § 280 I BGB in Betracht kommt. Der amtlichen Begründung ist zu entneh-

---

[1] BK/*Dörner*, § 33 Rn. 1; B/M/*Brömmelmeyer*, § 30 Rn. 3; *Klimke* VersR 2010, 290, 291.
[2] Vgl. Begr. RegE BT-Drucks. 16/3945 S. 70; OLG Celle VersR 1992, 1000; B/M/*Brömmelmeyer*, § 30 Rn. 11; L/W/*Wandt*, § 30 Rn. 8; P/M/*Armbrüster*, § 30 Rn. 10; R/L/*Rixecker*, § 30 Rn. 1; Staudinger/Halm/Wendt/*Nugel*, § 30 Rn. 1; *Armbrüster*, Rn. 1199; *Deutsch/Iversen*, Rn. 216; *Looschelders/Paffenholz*, Rn. 296; *Klimke* VersR 2010, 290, 291; *Wandt* ZVersWiss 2011, 445, 447 ff.
[3] OLG Karlsruhe VersR 1994, 421, 422; BK/*Dörner*, § 33 Rn. 3; P/M/*Prölss*[28], § 30 Rn. 9.
[4] Begr. RegE BT-Drucks. 16/3945 S. 70.
[5] Begr. RegE BT-Drucks. 16/3945 S. 70.
[6] Vgl. L/W/*Wandt*, § 30 Rn. 42.

men, dass der Gesetzgeber zumindest einen Schadensersatzanspruch des Versicherers gegen den nach § 30 I 2 anzeigepflichtigen Dritten für möglich hält.[7] Vor diesem Hintergrund erscheint auch ein Schadensersatzanspruch gegen den VN nicht schon wegen der Rechtsnatur der Anzeigepflicht ausgeschlossen.[8] Die Anzeigepflicht hätte dann eine ähnliche »Doppelnatur« wie die Pflicht zur Abnahme der Kaufsache nach § 433 II BGB, bei deren Verletzung der Käufer in Schuldner- und Gläubigerverzug kommt.[9] Gegen die Anwendbarkeit des § 280 I BGB spricht allerdings, dass die strengeren Voraussetzungen des § 28 – keine Einstandspflicht bei einfacher Fahrlässigkeit, Quotelung bei grober Fahrlässigkeit – nicht durch den Rückgriff auf das allgemeine Schuldrecht unterlaufen werden dürfen.[10] Soweit der Schaden des Versicherers aus der Leistungspflicht gegenüber dem VN resultiert, ist § 28 daher lex specialis.[11] Die Vorschrift des § 280 I BGB ist daher nur auf Schäden des Versicherers anwendbar, die nicht in der Leistungspflicht bestehen.

II. Anwendungsbereich

4 Aus der systematischen Stellung des § 30 folgt, dass die Vorschrift grundsätzlich für **sämtliche Versicherungszweige** gilt.[12] Für die **Haftpflichtversicherung** enthalten § 104 und § 119 I allerdings Sonderregelungen.[13] Die Vorschriften der §§ 171 II, 182 a.F. über die Anzeigepflicht anspruchsberechtigter Dritter in der Lebens- und Unfallversicherung wurden bei der Reform in § 30 I 2 verallgemeinert.[14]

III. Abdingbarkeit

5 Da § 32 Satz 1 den § 30 nicht erwähnt, ist die Vorschrift **abdingbar**.[15] Dem Versicherer steht es damit in den Grenzen des § 307 BGB frei, die spontane Anzeigepflicht des VN auf weitere, über den Eintritt des Versicherungsfalls hinausgehende Umstände (z.B. Art und Höhe des Schadens) auszudehnen. Die Anzeigepflicht kann damit in die Auskunfts- oder Aufklärungspflicht nach § 31 übergehen.[16] Bei der Abgrenzung ist davon auszugehen, dass die Anzeige lediglich den Zweck hat, dem Versicherer die notwendigen Informationen zu geben, damit er in die Schadensermittlung eintreten kann (s. unten Rdn. 16). Umfangreiche Darlegungen zum Eintritt des Versicherungsfalls stellen sich daher im Zweifel schon als Erfüllung einer Auskunfts- oder Aufklärungsobliegenheit dar.[17] Zu beachten ist dabei, dass ein Auskunfts- oder Aufklärungsverlangen schon vor dem Eintritt des Versicherungsfalles gestellt werden kann (sog. **antizipiertes Verlangen**), z.B. durch Überlassung eines Schadensanzeigeformulars bei Vertragsschluss. Die prinzipielle Zulässigkeit dieses Vorgehens ändert freilich nichts daran, dass die Belehrung gem. § 28 IV zwingend nach Eintritt des Versicherungsfalles zu erfolgen hat.[18] Für die **Rechtsfolgen** einer Verletzung der Pflicht zur Anzeige des Versicherungsfalles gilt § 28, der zugunsten des VN weitgehend **zwingend** ist.[19]

B. Voraussetzungen

I. Normadressaten

6 Die Anzeigepflicht trifft nach § 30 I 1 zunächst einmal den **VN**. Dieser muss sich das Verhalten seines **Repräsentanten** nach allgemeinen Grundsätzen (dazu § 28 Rdn. 69 ff.) zurechnen lassen. Bei Anzeige- und Aufklärungsobliegenheiten kann die Repräsentantenstellung nach h.M. vor allem darauf gestützt werden, dass der VN dem Dritten die eigenverantwortliche **Verwaltung des Vertrages** übertragen hat.[20] Denn die Erfüllung solcher Obliegenheiten steht in einem sachlichen Zusammenhang mit der Zuständigkeit für die Vertragsverwaltung. In einem neueren Urteil zur privaten Krankenversicherung hat der BGH angenommen, dass die Ehefrau des VN auch dann dessen Repräsentantin ist, wenn der VN ihr die eigenständige Abrechnung von

---

7 Begr. RegE BT-Drucks. 16/3945 S. 70; a.A. BK/*Schwintowski*, § 171 Rn. 7 (zu § 171 II a.F.).
8 Für einen solchen Anspruch OLG Karlsruhe VersR 1994, 421, 422; BK/*Dörner*, § 33 Rn. 3 und 34; B/M/*Brömmelmeyer*, § 30 Rn. 13, 47 (nur bei Vorsatz des VN); *Sackhoff*, S. 118, 187; tendenziell auch VersHb/*Schneider*, § 24 Rn. 120; dagegen etwa L/W/*Wandt*, § 30 Rn. 8; HK-VVG/*Muschner*, § 30 Rn. 17; R/L/*Rixecker*, § 30 Rn. 11.
9 Vgl. etwa MünchKommBGB/*Westermann*, § 433 Rn. 76.
10 Vgl. L/W/*Wandt*, § 30 Rn. 8; P/M/*Armbrüster*, § 30 Rn. 10. Nach Ansicht von B/M/*Brömmelmeyer*, § 30 Rn. 48 lässt sich ein Widerspruch zu § 28 dadurch vermeiden, dass man die Schadensersatzpflicht aus § 280 I BGB nur bei Vorsatz des VN eingreifen lässt. Hiergegen spricht jedoch, dass § 28 eine sehr differenzierte Lösung enthält, die auch den Vorsatz und die Arglist des VN gesondert erfasst.
11 Für Spezialität auch *Armbrüster*, Rn. 1201.
12 BK/*Dörner*, § 33 Rn. 4; L/W/*Wandt*, § 30 Rn. 5.
13 Vgl. R/L/*Rixecker*, § 30 Rn. 2.
14 Begr. RegE BT-Drucks. 16/3945 S. 70.
15 B/M/*Brömmelmeyer*, § 30 Rn. 50.
16 Vgl. R/L/*Rixecker*, § 30 Rn. 9; B/M/*Möller*[8], § 34 Anm. 7.
17 Vgl. BGH NJW 1968, 58, 59; P/M/*Armbrüster*, § 30 Rn. 5.
18 Zum maßgeblichen Zeitpunkt BGH VersR 2013, 297 Rn. 18 = JR 2014, 156 m. Anm. *Looschelders*; L/W/*Wandt*, § 31 Rn. 25; *Wandt* ZVersWiss 2011, 445, 453.
19 Vgl. R/L/*Rixecker*, § 30 Rn. 2.
20 Vgl. BGH VersR 2007, 673, 674; R/L/*Rixecker*, § 30 Rn. 5; *Knappmann* VersR 1997, 261, 263; krit. VersHb/*Looschelders*, § 17 Rn. 46.

Leistungsfällen übertragen hat.[21] Im Einzelfall kommt bei Anzeige- und Aufklärungsobliegenheiten auch eine Repräsentantenhaftung kraft **Risikoverwaltung** in Betracht. Dies setzt allerdings voraus, dass die Obliegenheit einen inneren Zusammenhang mit der Verwaltung des versicherten Risikos aufweist. In der Kaskoversicherung muss der VN daher für seinen Repräsentanten einstehen, wenn dieser durch Unfallflucht seine Aufklärungsobliegenheit verletzt hat.[22]

Der VN muss schließlich auch für das Verschulden von Dritten einstehen, die er mit der Anzeige des Versicherungsfalles betraut hat (sog. **Wissenserklärungsvertreter**, s. dazu § 28 Rdn. 94 ff.).[23] Dies setzt voraus, dass der VN den Dritten mit der Erfüllung der betreffenden Anzeigeobliegenheit betraut hat. Der Unterschied zur Repräsentantenhaftung besteht darin, dass die Wissenserklärungsvertretung auf eine konkrete Obliegenheit bezogen ist. Eine umfassende Übertragung der Vertragsverwaltung oder der Zuständigkeit für die Abwicklung von Versicherungsfällen ist also nicht erforderlich. Der Ehegatte des VN ist als solcher nicht dessen Wissenserklärungsvertreter. Im Einzelfall kommt aber eine stillschweigende Betrauung des Ehegatten mit der Erfüllung von Anzeigeobliegenheiten in Betracht. Hiervon ist z.B. auszugehen, wenn der Ehegatte schon vor dem Eintritt des Versicherungsfalles für den entsprechenden Aufgabenbereich zuständig war.[24] 7

Die Anzeigepflicht richtet sich gem. § 30 I 2 auch gegen einen **Dritten**, dem der Anspruch auf die Versicherungsleistung zusteht. Die Anspruchsberechtigung des Dritten kann sich aus dem Versicherungsvertrag oder einer Zession ergeben.[25] Erfasst werden insbesondere der Versicherte bei der Versicherung für fremde Rechnung sowie der Bezugsberechtigte bei der Lebens- und Unfallversicherung.[26] Daneben bleibt auch der VN bzw. sein Rechtsnachfolger nach § 30 I 1 zur Anzeige verpflichtet.[27] Verletzt der Dritte seine Anzeigepflicht aus § 30 I 2, so kommt ein **Schadensersatzanspruch** des Versicherers in Betracht (vgl. oben Rdn. 3). Wichtigster Anwendungsfall des § 30 I 2 ist indes die **Versicherung für fremde Rechnung**. Da die »Anzeigepflicht« des Versicherten bei der Versicherung für fremde Rechnung in den AVB regelmäßig als Obliegenheit ausgestaltet ist, ist auch insoweit § 28 maßgeblich. Die differenzierten Regelungen über die Rechtsfolgen von Obliegenheitsverletzungen sind dabei abschließend. Dem Versicherer steht somit im Regelfall auch kein Schadensersatzanspruch gegen den Versicherten aus § 280 I BGB zu.[28] 8

II. Empfänger der Anzeige

Die Anzeige hat nach § 30 I 1 grundsätzlich gegenüber dem Versicherer zu erfolgen. Der **Versicherungsvertreter** gilt nach § 69 I Nr. 2 als bevollmächtigt, die Anzeige des VN hinsichtlich des Eintritts des Versicherungsfalles entgegenzunehmen. Anders als nach altem Recht[29] kann die Empfangszuständigkeit des Versicherungsvertreters durch die AVB nicht mehr wirksam beschränkt werden (§ 72).[30] 9

Bei Schäden durch **strafbare Handlungen gegen das Eigentum** (z.B. Diebstahl, Sachbeschädigung, Brandstiftung) schreiben die meisten AVB zusätzlich zur Anzeige an den Versicherer eine Anzeige an die **Polizei** vor.[31] Diese Obliegenheit hat vor allem den Zweck, die Hemmschwelle zur Anzeige vorgetäuschter Eigentumsdelikte zu erhöhen.[32] Im Fall eines Diebstahls oder Raubs geht es außerdem darum, der Polizei die Suche nach den entwendeten Sachen zu ermöglichen. Insofern handelt es sich um eine **spezielle Ausprägung der Rettungspflicht** nach § 82.[33] Zur Obliegenheit des VN zur Einreichung einer **Stehlgutliste** bei der Polizei s. § 31 Rdn. 39 ff. 10

III. Eintritt des Versicherungsfalls

Die Anzeigepflicht setzt den Eintritt des Versicherungsfalls voraus. Unter dem **Versicherungsfall** wird im Allgemeinen das Ereignis verstanden, dessen Eintritt die Leistungspflicht des Versicherers begründet.[34] Die Einzelheiten hängen von der Umschreibung des Versicherungsfalls in den jeweiligen AVB ab. Für das Merkmal 11

---

21 BGH VersR 2012, 219, 222.
22 Vgl. BGH VersR 1996, 1229 = NJW 1996, 2935; OLG Oldenburg VersR 1995, 746; P/M/*Armbrüster*, § 28 Rn. 107; VersHb/*Looschelders*, § 17 Rn. 51.
23 Zur Haftung für Wissenserklärungsvertreter s. auch VersHb/*Looschelders*, § 17 Rn. 89 ff.; *Bruns*, S. 33 ff.
24 Vgl. VersHb/*Looschelders*, § 17 Rn. 106.
25 Zur Anzeigepflicht des Zessionars vgl. Begr. RegE BT-Drucks. 16/3945 S. 70; P/M/*Armbrüster*, § 30 Rn. 2; B/M/*Brömmelmeyer*, § 30 Rn. 10; a.A. R/L/*Rixecker*, § 30 Rn. 5. Nach altem Recht wurde die Anzeigepflicht des Zessionars dagegen überwiegend abgelehnt (vgl. BK/*Dörner*, § 33 Rn. 13; P/M/*Prölss*[27], § 33 Rn. 4; a.A. B/M/*Möller*[8], § 33 Anm. 12).
26 Vgl. B/M/*Brömmelmeyer*, § 30 Rn. 10.
27 Begr. RegE BT-Drucks. 16/3945 S. 70; B/M/*Brömmelmeyer*, § 30 Rn. 36; L/W/*Wandt*, § 30 Rn. 53.
28 So auch *Wandt* ZVersWiss 2009, 445, 452.
29 Dazu BGHZ 141, 137, 152 = VersR 1999, 710 m. Anm. *Präve* 755; BGH VersR 1999, 565 m. Anm. *E. Lorenz*.
30 Vgl. P/M/*Armbrüster*, § 30 Rn. 6; B/M/*Brömmelmeyer*, § 30 Rn. 29.
31 Vgl. z.B. Abschnitt B § 8 Nr. 2a ee) VHB 2010; Abschnitt B § 8 Nr. 2a ee) VGB 2010; Abschnitt B § 8 Nr. 2a ee) AFB 2010. Zu älteren AVB *Martin*, X II Rn. 59 ff.
32 Vgl. OLG Hamm VersR 1991, 923; *Martin*, X II Rn. 64.
33 R/L/*Rixecker*, § 30 Rn. 2; B/M/*Johannsen/Johannsen*[8], Bd. III Anm. G 103.
34 Motive zum VVG S. 70; R/L/*Rixecker*, § 30 Rn. 3; L/W/*Looschelders*, § 1 Rn. 31; BK/*Schwintowski*, § 1 Rn. 45; *Wandt*, Rn. 907.

§ 30 Anzeige des Versicherungsfalles

des **Eintritts** ist der Zeitpunkt maßgeblich, zu dem sich das versicherte Risiko verwirklicht hat oder zu verwirklichen beginnt.[35] Bei einem **gedehnten Versicherungsfall**, der sich über einen längeren Zeitraum erstreckt (z.B. in der Kranken-, Feuer- oder Betriebsunterbrechung), setzt die Anzeigepflicht schon dann ein, wenn die versicherte Gefahr beginnt, sich schädigend auf den versicherten Gegenstand (Sache, Vermögen etc.) auszuwirken.[36] Denn der Versicherer muss möglichst rasch die Gelegenheit zur Erteilung von Weisungen nach § 82 II erhalten. Vor dem Beginn der schädigenden Einwirkung kann eine Anzeigepflicht nur unter dem Aspekt der Gefahrerhöhung nach § 23 II, III begründet werden.[37]

IV. Kenntniserlangung durch den VN oder den anzeigepflichtigen Dritten

12 Der VN muss vom Eintritt des Versicherungsfalls **positive Kenntnis** erlangt haben. Grob fahrlässige Unkenntnis reicht nicht aus.[38] Der VN muss sich aber das Wissen seiner **Repräsentanten** und **Wissensvertreter** nach allgemeinen Grundsätzen zurechnen lassen (vgl. dazu § 19 Rdn. 39 ff. und § 28 Rdn. 69 ff.). Bei der Versicherung für fremde Rechnung schadet dem VN auch die Kenntnis des Versicherten (§ 47 I).[39] Für die Anzeigepflicht des anspruchsberechtigten Dritten (§ 30 I 2) kommt es auf dessen Wissen bzw. das Wissen seines Wissensvertreters an.[40]

13 Die Kenntnis muss sich auf die Tatsachen beziehen, aus denen sich der Charakter des Ereignisses als **Versicherungsfall** ergibt (z.B. Unfalltod des Versicherten in der Unfallversicherung).[41] Erforderlich ist außerdem, dass der Anzeigepflichtige die **Existenz des Versicherungsvertrages** kennt. Praktische Bedeutung hat dies vor allem für den Fall, dass die Anzeigepflicht von einem Dritten (z.B. dem Bezugsberechtigten in der Lebens- und Unfallversicherung) zu erfüllen ist.[42] Dass der VN das Ereignis zutreffend als Versicherungsfall qualifiziert hat, ist nicht erforderlich. Er muss aber mit der Möglichkeit gerechnet haben, dass ein Versicherungsfall vorliegen könnte.[43]

V. Unverzügliche Anzeige

14 Die Anzeige muss nach § 30 I 1 unverzüglich, d.h. **ohne schuldhaftes Zögern** (§ 121 I 1 BGB) erfolgen. Die Unverzüglichkeit beurteilt sich nach den **Umständen des Einzelfalls** (vgl. § 23 Rdn. 41). Da der VN bei der Anzeige noch keine detaillierten Angaben machen muss (unten Rdn. 16), braucht ihm im Allgemeinen aber keine längere Prüfungs- und Überlegungsfrist zugebilligt zu werden. Die älteren AVB haben zum Teil eine Frist von **drei Tagen** vorgeschrieben (vgl. § 13 Nr. 1a AFB 30[44], § 15 Nr. 1a VGB 62[45]), was jedoch unter dem Aspekt des § 307 BGB problematisch erscheint. Die meisten neueren AVB verzichten zu Recht auf eine nähere Konkretisierung der Unverzüglichkeit.[46] Für die **Haftpflichtversicherung** schreibt § 104 I 1 vor, dass der VN dem Versicherer innerhalb einer Woche die Tatsachen anzeigen muss, die seine Verantwortlichkeit gegenüber einem Dritten zur Folge haben könnten. Eine entsprechende Regelung findet sich in den AKB 1988 und 2008.[47] Bei der Krankheitskostenversicherung schreibt § 9 I MB/KK 2009 vor, dass jede Krankenhausbehandlung binnen 10 Tagen anzuzeigen ist.[48]

VI. Form und Inhalt der Anzeige

15 § 30 schreibt für die Anzeige des Versicherungsfalls **keine besondere Form** vor. Die meisten AVB statuieren zwar für Anzeigen und Erklärungen des VN ein Schrift- oder Textformerfordernis.[49] Dieses Erfordernis gilt aber im Allgemeinen nicht für die Anzeige des Versicherungsfalls oder des Schadens. Insofern wird in den AVB regelmäßig darauf hingewiesen, dass die Anzeige »gegebenenfalls auch mündlich oder telefonisch« erfolgen kann.[50] Dahinter steht der Zweck der Anzeigepflicht, dem Versicherer möglichst rasch Kenntnis vom Eintritt des Versicherungsfalls zu verschaffen. Es gibt jedoch auch Klauseln, die für die Anzeige des Versiche-

---

35 BK/*Dörner* § 33 Rn. 7; zur parallelen Problematik bei § 82 L/W/*Looschelders*, § 82 Rn. 15.
36 B/M/*Brömmelmeyer*, § 30 Rn. 15; HK-VVG/*Muschner*, § 30 Rn. 3; L/W/*Wandt*, § 30 Rn. 14; R/L/*Rixecker*, § 30 Rn. 3.
37 Vgl. B/M/*Möller*[8], § 33 Anm. 7; L/W/*Wandt*, § 30 Rn. 14.
38 BGH VersR 1967, 56, 58; VersR 1970, 1045, 1046; VersR 2008, 905, 906; OLG Hamm r+s 1995, 52; R/L/*Rixecker*, § 40 Rn. 4; L/W/*Wandt*, § 30 Rn. 19; *B/H/S*, Rn. 317.
39 Vgl. Staudinger/Halm/Wendt/*Nugel*, § 30 Rn. 6; BK/*Dörner*, § 33 Rn. 10.
40 B/M/*Brömmelmeyer*, § 30 Rn. 37; BK/*Dörner*, § 33 Rn. 10.
41 Vgl. BGH NJW 2007, 1126, 1127; B/M/*Brömmelmeyer*, § 30 Rn. 17; *Bartholomäi*, S. 36; *Bruns*, § 16 Rn. 31.
42 OLG Hamm r+s 1997, 391, 392; P/M/*Armbrüster*, § 30 Rn. 3.
43 OLG Köln BeckRS 2010, 02239; B/M/*Brömmelmeyer*, § 30 Rn. 21; L/W/*Wandt*, § 30 Rn. 20.
44 Vgl. dazu OLG Koblenz NJW-RR 1994, 1182, 1183.
45 Dazu OLG Hamm VersR 1993, 1268.
46 Vgl. jeweils Abschnitt B § 8 Nr. 2a bb) AFB 2010, VGB 2010 und VHB 2010.
47 § 7 I Nr. 2 Satz 1 AKB 1988; Ziff E.1.1. AKB 2008; vgl. OLG Köln BeckRS 2010, 02239.
48 Zu weiteren Konkretisierungen in AVB L/W/*Wandt*, § 30 Rn. 30.
49 Vgl. Abschnitt B § 17 Nr. 1 AFB 2010; § 20 Nr. 1 AFB 87.
50 Vgl. jeweils Abschnitt B § 8 Nr. 2a bb) AFB 2010, VGB 2010 und VHB 2010. Zu weiteren Beispielen L/W/*Wandt*, § 30 Rn. 35.

rungsfalls die **Schrift- oder Textform** vorschreiben.[51] Soweit solche Klauseln sich auf Anzeigen gegenüber dem **Versicherungsvertrete**r beziehen, beschränken sie dessen Empfangszuständigkeit aus § 69 I Nr. 2 (dazu oben Rdn. 9) und sind daher nach § 72 unwirksam.[52] Davon abgesehen kann der Versicherer seine Leistungsfreiheit im Hinblick auf § 30 II nicht auf die Nichteinhaltung der vereinbarten Schrift- oder Textform stützen, wenn er auf andere Weise – konkret etwa durch eine mündliche oder telefonische Anzeige des VN – rechtzeitig Kenntnis vom Eintritt des Versicherungsfalles erlangt hat (s. unten Rdn. 25 f.).

In **inhaltlicher** Hinsicht erfordert die Anzeige des Versicherungsfalls lediglich, dass der Versicherer aufgrund der Angaben in die Schadensermittlung eintreten kann. Die Einzelheiten über die eingetretenen Schäden und den Umfang des Schadens müssen dagegen noch nicht mitgeteilt werden.[53] Benötigt der Versicherer genauere Informationen, so kann er nach § 31 vom VN Auskunft verlangen.[54] Das Vorliegen einer wirksamen Anzeige kann daher nicht mit der Erwägung verneint werden, dass Einzelheiten des Schadens nicht genannt worden seien und eine Beschreibung der betroffenen Gegenstände sowie Angaben zu ihrem Wert fehlen.[55] Vermittelt die Anzeige dem Versicherer nicht einmal genügend Anhaltspunkte, um in die Schadensermittlung einzutreten, dürfte der Versicherer im Übrigen nach § 242 BGB gehalten sein, den VN hierauf hinzuweisen. 16

C. Rechtsfolgen
I. Anwendbarkeit des § 28

§ 30 enthält für den Fall einer Verletzung der Pflicht zur Anzeige des Versicherungsfalls keine eigenständige Rechtsfolgenregelung. Die Vorschrift geht vielmehr davon aus, dass die AVB im Regelfall eine Klausel enthalten, wonach die Leistungspflicht des Versicherers bei einer Verletzung der Anzeigepflicht ganz oder partiell entfällt (vgl. § 30 II sowie oben Rdn. 2). Eine solche Regelung dürfte sich auch in den meisten AVB finden.[56] Die Rechtsfolgen richten sich damit nach § 28. Bei einer **vorsätzlichen** Verletzung der Anzeigepflicht ist der Versicherer demnach leistungsfrei (§ 28 II 1); bei **grober Fahrlässigkeit** des VN ist der Versicherer berechtigt, seine Leistung nach dem Quotenmodell in einem der Schwere des Verschuldens entsprechenden Verhältnis zu kürzen (§ 28 II 2 Hs. 1). Wegen der Einzelheiten kann weitgehend auf die Kommentierung des § 28 verwiesen werden (§ 28 Rdn. 117 ff.). Nachfolgend werden daher nur einige spezifische Fragen im Zusammenhang mit der Anzeigepflicht behandelt. 17

1. Vorsatz und grobe Fahrlässigkeit

Da der objektive Tatbestand einer Anzeigepflichtverletzung nur vorliegt, wenn der VN weiß, dass der Versicherungsfall eingetreten ist, erscheint die Annahme von **Vorsatz** auf den ersten Blick nahe liegend. In der Praxis wird der Vorsatz aber oft daran scheitern, dass dem VN das Vorhandensein der betreffenden Anzeigepflicht nicht bewusst war.[57] Nach der Rechtsprechung des BGH zum alten VVG sprach gegen den Vorsatz außerdem die Erwägung, dass ein vernünftiger VN im Allgemeinen kein Interesse daran hat, seinen Versicherungsschutz durch die bewusste Verletzung der Pflicht zur Anzeige des Versicherungsfalls zu gefährden.[58] Diese Rechtsprechung ist vor dem Hintergrund zu sehen, dass der VN nach dem alten VVG das Fehlen des Vorsatzes beweisen musste; überdies war der Kausalitätsgegenbeweis bei Vorsatz ausgeschlossen. Nach geltendem Recht trägt der Versicherer die Beweislast für Vorsatz (s. unten Rdn. 29). Dem VN muss insoweit also keine Beweiserleichterung mehr eingeräumt werden.[59] 18

Grobe Fahrlässigkeit setzt nach allgemeinen Grundsätzen voraus, dass der VN die erforderliche Sorgfalt objektiv in einem besonders hohen Maße verletzt und nicht beachtet, was unter den gegebenen Umständen jedem einleuchten muss; außerdem muss das Fehlverhalten auch subjektiv unentschuldbar sein (vgl. § 28 Rdn. 51). Die objektive Komponente erfordert damit eine **gesteigerte** (objektive) **Erkennbarkeit und Vermeidbarkeit** der Aufklärungspflichtverletzung. In der Kraftfahrtversicherung kann diese Voraussetzung zu verneinen sein, wenn das versicherte Fahrzeug während eines Urlaubs in Italien entwendet wird und der VN 19

---

51 Vgl. etwa § 16 MB/KK 2009 und § 16 MB/KT 2009.
52 B/M/*Brömmelmeyer*, § 30 Rn. 25, 50; L/W/*Wandt*, § 30 Rn. 37; vgl. auch *Rüther* NVersZ 2001, 241, 244 (zu § 47 a.F.).
53 Vgl. BGH VersR 1968, 58, 59; 1993, 828, 829; OLG Saarbrücken VersR 2007, 780, 783; P/M/*Armbrüster*, § 30 Rn. 5; B/M/*Brömmelmeyer*, § 30 Rn. 28; Staudinger/Halm/Wendt/*Nugel*, § 30 Rn. 8; *Bartholomäi*, S. 37.
54 BGH VersR 1968, 58, 59; VersR 1993, 828, 830 (insoweit in BGHZ 122, 250 nicht abgedruckt); OLG Hamm VersR 1993, 1268, 1269; OLG Köln VersR 1995, 1480, 1481; BK/*Dörner*, § 33 Rn. 16; P/M/*Armbrüster*, § 30 Rn. 5.
55 So aber LG München I r+s 2000, 165; hieran anknüpfend HK-VVG/*Muschner*, § 30 Rn. 10, wonach dem Versicherer auch Einschätzungen zum Umfang des Schadens ermöglicht werden müssen.
56 Vgl. etwa Abschnitt B § 8 Nr. 3 AFB 2010, VGB 2010 und VHB 2010.
57 Zur Notwendigkeit eines solchen Bewusstseins BGH VersR 1969, 1107, 1108; VersR 1993, 830, 831; OLG Düsseldorf VersR 1995, 1301, 1302; B/M/*Brömmelmeyer*, § 30 Rn. 41; P/M/*Armbrüster*, § 28 Rn. 188.
58 BGH VersR 1981, 321, 322; VersR 1979, 117; OLG Düsseldorf VersR 2001, 452; OLG Köln VersR 1992, 1460; *Rüther* NVersZ 2001, 241, 245; vgl. auch HK-VVG/*Muschner*, § 30 Rn. 21; ablehnend P/M/*Armbrüster*, § 30 Rn. 23; R/L/*Rixecker*, § 30 Rn. 12.
59 So auch L/W/*Wandt*, § 30 Rn. 60; R/L/*Rixecker*, § 30 Rn. 12; P/M/*Armbrüster*, § 30 Rn. 23.

§ 30 Anzeige des Versicherungsfalles

den Diebstahl erst nach seiner Urlaubsrückkehr beim Versicherer anzeigt, weil er davon ausgeht, er habe mit der Anzeige des Diebstahls bei der italienischen Polizei seinen Obliegenheiten genügt.[60]

20 Im Hinblick auf die mögliche **Unkenntnis der Anzeigepflicht** wird die Annahme grober Fahrlässigkeit dagegen nicht allein dadurch gehindert, dass der VN der deutschen Sprache nicht mächtig ist. Denn der VN ist in einem solchen Fall grundsätzlich gehalten, sich die AVB durch eine der deutschen Sprache mächtige Person übersetzen zu lassen.[61] Die sprachlichen Schwierigkeiten beim Verständnis der AVB sind jedoch im Rahmen der Quotenbildung zu berücksichtigen. Auf der subjektiven Seite können **individuelle Entlastungsgründe** (z.B. Krankheit, altersbedingte Defizite) bereits der Annahme grober Fahrlässigkeit entgegenstehen.[62] Zumindest kann hierdurch die Schwere der groben Fahrlässigkeit deutlich herabgesetzt sein. Der Vorwurf der groben Fahrlässigkeit kann auch dann ausgeschlossen sein, wenn der VN auf die **Einschätzung seines Rechtsanwalts** vertraut hat, das in Frage stehende Ereignis sei nicht anzeigepflichtig oder müsse nicht unverzüglich angezeigt werden.[63] Da der Anwalt im Allgemeinen nicht als Repräsentant des VN anzusehen ist,[64] muss sich der VN hier auch nicht dessen Verschulden zurechnen lassen.

2. Kausalitätsgegenbeweis

21 Bei einer vorsätzlichen oder grob fahrlässigen Verletzung der Anzeigepflicht kann sich der VN gem. § 28 III 1 darauf berufen, sein Verhalten sei weder für den Eintritt oder die Feststellung des Versicherungsfalles noch für die Feststellung oder den Umfang der Leistungspflicht des Versicherers ursächlich (vgl. dazu § 28 Rdn. 44 ff.). Die Leistungsfreiheit oder das Kürzungsrecht des Versicherers besteht also nur **insoweit**, wie die Anzeigepflichtverletzung für den Versicherungsfall oder die Leistungspflicht des Versicherers **kausal** geworden ist. Dieses Erfordernis bereitet bei Anzeige- und Aufklärungsobliegenheiten Probleme, weil die Obliegenheitsverletzung hier naturgemäß nicht für den Versicherungsfall oder den Schaden kausal werden kann. Als Bezugspunkt der Kausalität kommt nur die Feststellung des Versicherungsfalles oder des Umfangs der Leistungspflicht des Versicherers in Betracht. Die Kausalität setzt dabei voraus, dass die Obliegenheitsverletzung die Feststellungen im **Ergebnis** zum Nachteil des Versicherers beeinflusst hat. Dass die Obliegenheitsverletzung einen nachteiligen Einfluss auf das **Feststellungsverfahren** hatte, reicht allein nicht aus.[65] Wird der Sachverhalt **vollständig aufgeklärt**, so liegt daher keine Kausalität vor.[66] Dies führt zu den gleichen Folgeproblemen wie bei der Verletzung von Aufklärungsobliegenheiten (dazu § 31 Rdn. 31).

22 Die verspätete Anzeige des Versicherungsfalles kann auch dazu führen, dass die für die Leistungspflicht des Versicherers maßgeblichen Umstände **nicht mehr vollständig aufzuklären** sind. Soweit es sich dabei um Umstände handelt, für die der VN die Darlegungs- und Beweislast trägt (z.B. Eintritt des Versicherungsfalls, Höhe des Schadens), kann dem Versicherer von vornherein kein Nachteil entstehen. Da der VN die Voraussetzungen für seinen Anspruch nicht beweisen kann, ist der Versicherer per se leistungsfrei. Soweit die Unaufklärbarkeit sich auf Umstände bezieht, für die der Versicherer beweispflichtig ist (z.B. Risikoausschlüsse, Obliegenheitsverletzungen, Anzeichen für Vortäuschung des Versicherungsfalls), führt die Obliegenheitsverletzung dagegen zu Nachteilen für den Versicherer bei der Feststellung des Versicherungsfalles oder des Umfangs seiner Leistungspflicht. In diesen Fällen ist daher ein Ausschluss oder eine anteilige Kürzung des Anspruchs des VN auf die Leistung nach § 28 II gerechtfertigt.[67]

23 Der Kausalitätsgegenbeweis ist nach § 28 III 2 ausgeschlossen, wenn der VN die Anzeigepflicht **arglistig** verletzt hat. Hieran ist etwa zu denken, wenn der VN die Anzeige des Versicherungsfalles bewusst hinauszögert, um dem Versicherer die Aufklärung des Sachverhalts zu erschweren oder unmöglich zu machen.[68] Da der Kausalitätsgegenbeweis in Fällen der Anzeigepflichtverletzung bei vollständiger Aufklärung des Sachverhalts erfolgreich ist, hängt die Leistungspflicht des Versicherers bei Anzeigepflichtverletzungen nach Eintritt des Versicherungsfalles oft davon ab, ob ihm der Nachweis gelingt, dass dem VN Arglist zur Last fällt.[69]

3. Entbehrlichkeit eines besonderen Hinweises auf die mögliche Leistungsfreiheit

24 Die Leistungsfreiheit wegen Verletzung der Obliegenheit nach § 30 setzt nicht voraus, dass der Versicherer den VN durch gesonderte Mitteilung in Textform auf diese Rechtsfolge **hingewiesen** hat. Der Gesetzgeber

---

60 OLG Düsseldorf VersR 1995, 1301.
61 OLG Köln r+s 1992, 318, 319 = VersR 1992, 1215 (LS).
62 Im Einzelfall ablehnend OLG Köln r+s 1992, 318 = VersR 1992, 1215 (LS).
63 BGH VersR 1981, 321; OLG Frankfurt NVersZ 1999, 230; B/M/*Johannsen/Johannsen*[8], Bd. III Anm. G 106.
64 Vgl. VersHb/*Looschelders*, § 17 Rn. 81.
65 Vgl. BGHZ 41, 326, 336 f.; BGH VersR 2001, 756, 757; OLG Köln BeckRS 2010, 02239 (jeweils zu § 6 III 2 a. F).
66 Vgl. *Looschelders* ZVersWiss 2011, 461, 470 ff.; *Rüther* NVersZ 2001, 241, 247; *Schirmer* DAR 2008, 319, 322.
67 Näher dazu *Looschelders* ZVersWiss 2011, 461, 472 f.
68 P/M/*Armbrüster*, § 30 Rn. 14; *Bartholomäi*, S. 39.
69 Vgl. *Looschelders* ZVersWiss 2011, 461, 471; *ders.*, FS Hübner, 2012, 147, 158 ff.

hat die Anforderungen des § 28 IV nicht auf die Verletzung der Obliegenheit zur Anzeige des Versicherungsfalls erstreckt, weil hierauf im Voraus nicht sinnvoll hingewiesen werden kann.[70]

II. Keine Leistungsfreiheit bei Kenntnis des Versicherers

Gem. § 30 II kann der Versicherer sich auf die Leistungsfreiheit bzw. das Kürzungsrecht nicht berufen, wenn er auf andere Weise vom Eintritt des Versicherungsfalles rechtzeitig Kenntnis erlangt hat.[71] Ob der Versicherer die Kenntnis durch einen **Dritten** (z.B. den Geschädigten in der Haftpflichtversicherung) oder aufgrund **eigener Untersuchungen** erlangt hat, ist unerheblich.[72] Haben die Parteien für die Anzeige **Schrift- oder Textform** vereinbart (dazu oben Rdn. 15), so begründet eine mündliche oder fernmündliche Anzeige anderweitige Kenntnis.[73] Die **Kenntnis des Versicherungsvertreters** muss der Versicherer sich nach § 70 zurechnen lassen, sofern der Vertreter sie nicht außerhalb seiner Tätigkeit und ohne Zusammenhang mit dem betreffenden Versicherungsverhältnis erlangt hat.

Die anderweitige Kenntnis ist nur relevant, wenn sie **rechtzeitig** erlangt wurde. Maßgeblich ist die Frist, in der die Anzeige dem Versicherer bei ordnungsgemäßer Erfüllung der Obliegenheit zugegangen wäre.[74] Eine verspätete Anzeige kann aber dazu führen, dass der Versicherer bei der Ermittlung des Sachverhalts und der Minderung des Schadens keine Nachteile hat; dem VN steht insofern der Kausalitätsgegenbeweis offen. Bei **Arglist** ist der VN nach der Wertung des § 28 III 2 daran gehindert, sich auf die Kenntnis des Versicherers zu berufen.[75] Denn die Kenntnis des Versicherers ist letztlich nur ein Sonderfall fehlender Kausalität.

D. Beweislast

I. Objektive Verletzung der Anzeigepflicht

Der Versicherer trägt die Beweislast für das Vorliegen eines **objektiven Verstoßes** gegen die Pflicht zur Anzeige des Versicherungsfalles (vgl. § 69 III 2).[76] In diesem Zusammenhang muss der Versicherer auch die **Kenntnis** des VN von dem Eintritt des Versicherungsfalls und der Existenz des Versicherungsvertrages nachweisen.[77]

Die Beweislast des Versicherers erstreckt sich auch auf die Tatsache, dass der VN den Versicherungsfall nicht oder nicht rechtzeitig angezeigt hat.[78] Der Versicherer muss damit zwar gegebenenfalls einen **Negativbeweis** führen. Entgegen einer in der älteren Literatur verbreiteten Auffassung[79] rechtfertigen die damit verbundenen Beweisprobleme keine vollständige Umkehr der Beweislast. Der VN muss aber substantiiert darlegen, zu welcher Zeit und in welcher Form er seine Anzeigepflicht erfüllt hat.[80]

II. Vorsatz und grobe Fahrlässigkeit

Für die subjektiven Voraussetzungen der Leistungsfreiheit gilt § 28 II. Der Versicherer muss somit den **Vorsatz** des VN nachweisen. Anders als bei einer Verletzung der Anzeigepflichten nach § 19 und § 23 II, III (dazu § 19 Rdn. 59 und § 26 Rdn. 15) besteht also keine Vorsatzvermutung. Die Unterschiede bei der Beweislastverteilung lassen sich damit rechtfertigen, dass die Annahme von Vorsatz in den Fällen des § 30 nicht sehr nahe liegend erscheint (vgl. oben Rdn. 18). **Grobe Fahrlässigkeit** wird nach § 28 II 2 Hs. 2 vermutet. Der VN muss sich insoweit also entlasten. Soweit es um die Schwere der groben Fahrlässigkeit geht, liegt die Beweislast nach h.M. aber wieder beim Versicherer (s. dazu § 28 Rdn. 154 ff.).[81]

Da die Anzeigepflicht nach § 30 an die – nachgewiesene – Kenntnis des VN vom Eintritt des Versicherungsfalles anknüpft, kommt eine **Entlastung** vom Vorwurf der groben Fahrlässigkeit nur unter besonderen Voraussetzungen in Betracht. So kann der VN sich gegebenenfalls darauf berufen, er habe auf den Rat seines Rechtsanwalts vertraut, dass das Ereignis nicht angezeigt werden müsse.[82]

---

70 Begr. RegE BT-Drucks. 16/3945 S. 69; B/M/*Brömmelmeyer*, § 30 Rn. 44; *Günther/Spielmann* r+s 2008, 133, 140; *Wandt* ZVersWiss 2011, 445, 454.
71 Vgl. OLG Köln BeckRS 2010, 02239; P/M/*Armbrüster*, § 30 Rn. 18.
72 Vgl. BK/*Dörner*, § 33 Rn. 19; L/W/*Wandt*, § 30 Rn. 47.
73 BGH VersR 1966, 153, 154; OLG Hamm VersR 1982, 1161; P/M/*Armbrüster*, § 30 Rn. 18; B/M/*Brömmelmeyer*, § 30 Rn. 50; R/L/*Rixecker*, § 30 Rn. 2; BK/*Dörner*, § 33 Rn. 19.
74 OLG Hamm VersR 1967, 747, 748; L/W/*Wandt*, § 30 Rn. 48; P/M/*Armbrüster*, § 30 Rn. 19.
75 L/W/*Wandt*, § 30 Rn. 49; P/M/*Armbrüster*, § 30 Rn. 19; a.A. B/M/*Brömmelmeyer*, § 30 Rn. 43, wonach § 30 II auch bei Arglist des VN anwendbar ist.
76 BGH VersR 1967, 56, 58; L/W/*Wandt*, § 30 Rn. 60.
77 Vgl. BGH VersR 1967, 56, 58; VersR 1986, 541, 542; OLG Hamm r+s 1997, 391, 392.
78 OLG Köln VersR 1995, 567; VersR 1998, 504, 505; OLG Hamm r+s 1988, 302; LG Osnabrück VersR 1986, 1237; B/M/*Brömmelmeyer*, § 30 Rn. 51; BK/*Dörner*, § 33 Rn. 19.
79 P/M/*Prölss*[27], § 28 Rn. 114 und § 33 Rn. 18; *Martin*, X II Rn. 11, 40; *ders.* r+s 1988, 317 ff.; *Niewerth/Vespermann* VersR 1995, 1290, 1291; heute auch ablehnend: P/M/*Armbrüster*, § 30 Rn. 22.
80 OLG Köln VersR 1995, 567; VersR 1998, 504, 505; P/M/*Armbrüster*, § 30 Rn. 22.
81 Vgl. P/M/*Armbrüster*, § 30 Rn. 24; *Looschelders* ZVersWiss 2009, 13, 29; *Rixecker* ZVersWiss 2009, 1, 10 f.
82 BGH VersR 1981, 321, 322.

III. Einschränkungen der Leistungsfreiheit

31 Aus der negativen Formulierung des § 30 II folgt, dass der VN die **anderweitige Kenntnis** des Versicherers vom Eintritt des Versicherungsfalles nachweisen muss.[83] Die Beweislast für die **fehlende Kausalität** der Obliegenheitsverletzung (§ 28 III 1) liegt ebenfalls beim VN (vgl. § 28 Rdn. 150 ff.). Der Kausalitätsgegenbeweis muss daher schon dann scheitern, wenn die konkrete Möglichkeit besteht, dass der Versicherer bei rechtzeitiger Anzeige zu anderen Feststellungen gelangt wäre.[84]

§ 31 Auskunftspflicht des Versicherungsnehmers.

(1) ¹Der Versicherer kann nach dem Eintritt des Versicherungsfalles verlangen, dass der Versicherungsnehmer jede Auskunft erteilt, die zur Feststellung des Versicherungsfalles oder des Umfanges der Leistungspflicht des Versicherers erforderlich ist. ²Belege kann der Versicherer insoweit verlangen, als deren Beschaffung dem Versicherungsnehmer billigerweise zugemutet werden kann.
(2) Steht das Recht auf die vertragliche Leistung des Versicherers einem Dritten zu, hat auch dieser die Pflichten nach Absatz 1 zu erfüllen.

Übersicht

	Rdn.		Rdn.
A. Allgemeines	1	IV. Inhalt, Umfang und Form der Auskunft	18
I. Normzweck	1	V. Nachfrageobliegenheit des Versicherers	21
II. Dogmatische Einordnung	2	VI. Auswirkungen der Leistungsablehnung	22
III. Anwendungsbereich und Abgrenzungen	5	C. Belegpflicht (§ 31 I 2)	23
1. Anzeigepflicht	6	D. Rechtsfolgen	26
2. Aufklärungspflicht	7	I. Vorsatz und grobe Fahrlässigkeit	27
3. Leistungsfreiheit bei arglistiger Täuschung über den Schaden	8	II. Kausalitätsgegenbeweis	29
		III. Belehrungserfordernis	35
IV. Abdingbarkeit	11	IV. Bedeutung der Kenntnis des Versicherers	36
B. Auskunftspflicht	12	E. Besondere Ausprägungen der Aufklärungspflicht	39
I. Normadressaten und Empfänger der Auskunft	12	I. Pflicht zur Einreichung einer Stehlgutliste	39
II. Verlangen des Versicherers	14	II. Unerlaubtes Entfernen vom Unfallort	44
III. Kenntnis und Erkundigungspflicht des VN	16		

Schrifttum:
Günther/Spielmann, Vollständige und teilweise Leistungsfreiheit nach dem VVG 2008 am Beispiel der Sachversicherung (Teil 1), r+s 2008, 133; *Herdter*, Grenzen der Auskunfts- und Belegpflicht in der D&O-Versicherung, ZVersWiss 2011, 655; *Knappmann*, Versicherungsschutz bei arglistiger Täuschung durch unglaubwürdigen VN, NVersZ 2000, 68; *ders.*, Zur Obliegenheit des VN, der Polizei eine »Stehlgutliste« einzureichen, FS Kollhosser, 2004, 195; *Langheid*, Obliegenheiten nach Deckungsablehnung, FS E. Lorenz, 2014, 241; *Lücke*, Leistungsfreiheit des Versicherers auch ohne Vereinbarung bei Täuschungsversuchen des VN zur Entschädigungshöhe, VersR 1992, 402; *Maier*, Die Leistungsfreiheit bei Obliegenheitsverletzungen nach dem Regierungsentwurf zur VVG-Reform, r+s 2007, 89. Vgl. auch die Nachweise zu § 28 und § 30.

A. Allgemeines

I. Normzweck

1 § 31 regelt die Pflicht des VN, dem Versicherer auf dessen Verlangen die zur Feststellung des Versicherungsfalles oder des Umfangs der Leistungspflicht erforderlichen Auskünfte zu erteilen und die in zumutbarer Weise zu beschaffenden Belege vorzulegen. Dahinter steht die Erwägung, dass die Anzeige des Versicherungsfalles für sich genommen dem Aufklärungsinteresse des Versicherers meist nicht genügt; der Versicherer soll daher die Möglichkeit haben, sich ein **genaueres Bild vom Versicherungsfall** zu verschaffen, damit er über sein weiteres Vorgehen sachgemäße Entscheidungen treffen kann.[1] Da der VN im Allgemeinen nicht weiß, welche Informationen der Versicherer benötigt, greift die Auskunftspflicht grundsätzlich nur auf **Verlangen des Versicherers** ein. Ausnahmsweise kann den VN aber auch eine spontane Aufklärungspflicht über die für den Versicherungsfall maßgeblichen Umstände treffen (s. Rdn. 15).

---

[83] P/M/*Armbrüster*, § 30 Rn. 24; L/W/*Wandt*, § 30 Rn. 61.
[84] Vgl. OLG Köln BeckRS 2010, 02239; R/L/*Rixecker*, § 30 Rn. 14.
[1] Zum Normzweck BGH VersR 1969, 267, 268; VersR 2006, 258; B/M/*Brömmelmeyer*, § 31 Rn. 2; L/W/*Wandt*, § 31 Rn. 4; HK-VVG/*Muschner*, § 31 Rn. 1; *Bruns*, § 16 Rn. 34.

II. Dogmatische Einordnung

Aus dogmatischer Sicht handelt es sich bei § 31 ebenso wie bei § 30 (vgl. dort Rdn. 1) um eine gesetzlich geregelte **Obliegenheit ohne eigenständige Rechtsfolgenanordnung**.[2] Der Gesetzgeber ist auch hier davon ausgegangen, dass die AVB regelmäßig eine entsprechende Obliegenheit vorsehen, bei deren Verletzung die Rechtsfolgen nach § 28 zu beurteilen sind.[3] Fehlt eine solche Vereinbarung, so lässt die Verletzung der Auskunftspflicht aus § 31 die Leistungspflicht des Versicherers grundsätzlich unberührt.[4]

Rechtsprechung und h.L. gehen davon aus, dass der VN seinen Anspruch auf die Versicherungsleistung bei **arglistiger Täuschung** über den eingetretenen Schaden nach Treu und Glauben (§ 242 BGB) auch **ohne eine entsprechende Vereinbarung** in den AVB verwirken kann.[5] Da die Leistungsfreiheit bei Verstößen gegen § 31 eine vertragliche Vereinbarung voraussetzt, muss dieser Ansatz aber auf enge Ausnahmefälle begrenzt bleiben, in denen die Arglisteinrede nach allgemeinen Grundsätzen gerechtfertigt ist.[6] Zu speziellen »**Verwirkungsklauseln**« für den Fall arglistiger Täuschung unten Rdn. 8 ff.

Ob dem Versicherer bei einer Verletzung der Pflichten nach § 31 ein **Schadensersatzanspruch** wegen Pflichtverletzung aus § 280 I BGB zustehen kann, ist umstritten. Vor der Reform hat ein Teil der Rechtsprechung und Literatur einen solchen Anspruch mit der Begründung bejaht, die Auskunftspflicht stelle keine bloße Obliegenheit, sondern eine echte Nebenpflicht dar.[7] Anders als die Leistungsfreiheit sollte der Schadensersatzanspruch danach selbst bei einfacher Fahrlässigkeit in Betracht kommen.[8] Diese Auffassung war jedoch schon vor der Reform zweifelhaft;[9] auf der Grundlage des geltenden Rechts kann ihr keinesfalls mehr gefolgt werden. Soweit der Schaden in der Leistungspflicht besteht, kann der Versicherer ihn durch die Vereinbarung der Leistungsfreiheit für den Fall einer Verletzung der Auskunftspflicht vermeiden. Nach § 28 unterliegt eine solche Vereinbarung zwar gewissen Grenzen (Unschädlichkeit der leichten Fahrlässigkeit, Quotelung bei grober Fahrlässigkeit etc.). Diese Grenzen dürfen aber nicht durch Rückgriff auf § 280 I BGB unterlaufen werden. Soweit der Schaden in der Leistungspflicht des Versicherers besteht, scheidet ein Schadensersatzanspruch daher ebenso wie bei § 30 (dort Rdn. 3) aus.

III. Anwendungsbereich und Abgrenzungen

Die Auskunfts- und Belegpflicht nach § 31 gilt für **alle Versicherungszweige**. Für die Haftpflichtversicherung enthalten die §§ 119 III, 120 Sonderregelungen.

1. Anzeigepflicht

Die **Anzeigepflicht** nach § 30 hat u.a. den Zweck, dem Versicherer ein Auskunftsverlangen nach § 31 zu ermöglichen. Bei einer entsprechenden Ausweitung der Anzeigepflicht (dazu § 30 Rdn. 5) können die Pflichten aus § 30 und § 31 allerdings ineinander übergehen. Eine genaue Abgrenzung erscheint zwar insofern entbehrlich, als die Rechtsfolgen einer Obliegenheitsverletzung jeweils nach § 28 zu beurteilen sind. Zu beachten ist jedoch, dass der Ausschluss der Leistungsfreiheit nach § 30 II wegen rechtzeitiger anderweitiger Kenntniserlangung durch den Versicherer auf § 31 und die entsprechenden Bestimmungen in den AVB nicht entsprechend anwendbar ist (näher dazu unten Rdn. 36).[10] Außerdem setzt die vollständige oder teilweise Leistungsfreiheit des Versicherers in den Fällen des § 31 – anders als in den Fällen des § 30 (dazu dort Rdn. 24) – voraus, dass der VN durch gesonderte Mitteilung in Textform auf diese Rechtsfolge **hingewiesen** worden ist (§ 28 IV). Sofern es unter diesen Aspekten auf die Abgrenzung ankommt, ist darauf abzustellen, ob die Mitteilung den Eintritt des Versicherungsfalls als solchen betrifft oder darüber hinausgeht (vgl. § 30 Rdn. 5). Die Rechtsprechung unterscheidet teilweise auch danach, ob die Erklärung **spontan** oder auf **Nachfrage des Versicherers** abzugeben ist.[11] Dies erscheint jedoch zu formal. Richtig ist zwar, dass die Belehrungspflicht nach § 28 IV nicht für Aufklärungsobliegenheiten gilt, die der VN ausnahmsweise spontan zu erfüllen hat.[12] Eine Aufklärungsobliegenheit wird hierdurch aber nicht zur bloßen Anzeigeobliegenheit. Dies hat zur Folge, dass

---

2 Vgl. BGH VersR 2011, 1549, 1550 Rn. 7; LG Berlin VersR 2013, 746, 747; B/M/*Brömmelmeyer, Bruns*, § 16 Rn. 33; § 31 Rn. 18 f.; L/W/*Wandt*, § 31 Rn. 11; P/M/*Armbrüster*, § 31 Rn. 1; R/L/*Rixecker*, § 31 Rn. 1; a.A. BK/*Dörner*, § 34 Rn. 2: »Nebenpflicht«.
3 Vgl. Begr. RegE BT-Drucks. 16/3945 S. 70.
4 BGH VersR 1979, 343, 345.
5 So BGH VersR 1991, 1129, 1130 im Anschluss an BGH VersR 1987, 1182; B/M/*Brömmelmeyer*, § 31 Rn. 102 f.; R/L/*Rixecker*, § 31 Rn. 25 ff.; *Looschelders*, GS Hübner, 147, 163 f.
6 Zutreffend *Lücke* VersR 1992, 402 ff.; krit. auch BK/*Dörner*, § 34 Rn. 24.
7 So OLG Frankfurt a.M. VersR 1983, 1045, 1046; BK/*Dörner*, § 34 Rn. 2.
8 BK/*Dörner*, § 34 Rn. 30, 43.
9 Ablehnend B/M/*Möller*[8], § 34 Anm. 36.
10 BGH VersR 1965, 1190, 1191; VersR 1982, 182, 183; VersR 2005, 493; OLG Hamm NJW-RR 1990, 1310; VersR 1994, 590, 591; P/M/*Armbrüster*, § 31 Rn. 62; L/W/*Wandt*, § 31 Rn. 120.
11 Vgl. BGH VersR 1993, 828, 829 (insoweit in BGHZ 122, 250 nicht abgedruckt).
12 Vgl. *Wandt* ZVersWiss 2011, 445, 455.

§ 31 Auskunftspflicht des Versicherungsnehmers

der Versicherer seine Belehrungspflicht auch in diesen Fällen zu erfüllen hat, sofern er im konkreten Fall hierzu die Möglichkeit hat, also z.B. ein entsprechendes Verlangen an den VN richtet.[13]

2. Aufklärungspflicht

7 Nach den in der **Kraftfahrtversicherung** üblichen AVB hat der VN nach Eintritt des Versicherungsfalls alles zu tun, was der Aufklärung des Schadensereignisses dienen kann (vgl. Anh. A Rdn. 61).[14] Diese sog. **Aufklärungsobliegenheit** schließt die Auskunftspflicht nach § 31 I 1 mit ein, geht aber inhaltlich darüber hinaus und erfasst u.a. auch das Verhalten des VN am Unfallort.[15] Die Aufklärungsobliegenheit kann daher auch dadurch verletzt werden, dass sich der VN nach dem Schadensereignis entgegen § 142 I StGB vom Unfallort entfernt oder entgegen § 142 II StGB keine nachträglichen Feststellungen ermöglicht.[16] Zu den Einzelheiten s. unten Rdn. 44 ff.

3. Leistungsfreiheit bei arglistiger Täuschung über den Schaden

8 Die meisten AVB enthalten nicht nur Regeln über die Leistungsfreiheit des Versicherers bei vorsätzlicher oder grob fahrlässiger Verletzung der Auskunfts- oder Aufklärungspflicht, sondern sehen außerdem vor, dass der Versicherer leistungsfrei ist, wenn ihn der VN arglistig über Tatsachen, die für den Grund oder die Höhe der Entschädigung von Bedeutung sind, täuscht oder zu täuschen versucht.[17] Die rechtliche Einordnung solcher Klauseln ist umstritten. Die h.M. geht davon aus, dass es sich nicht um Obliegenheiten, sondern um eigenständige **Verwirkungsbestimmungen mit Strafcharakter** handelt, die auf dem Gedanken von Treu und Glauben (§ 242 BGB) beruhen und neben den Bestimmungen über die Leistungsfreiheit bei Auskunfts- oder Aufklärungspflichtverletzungen anwendbar sind.[18] Die Gegenauffassung misst den Bestimmungen über die arglistige Täuschung nur deklaratorischen Charakter bei, weil bei einer arglistigen Täuschung über den Schaden immer auch die **Auskunfts- bzw. Aufklärungsobliegenheit** des VN verletzt sei.[19]

9 Für die praktische Rechtsanwendung sind die unterschiedlichen dogmatischen Auffassungen nicht relevant. So müssen sich die Klauseln über die Leistungsfreiheit des Versicherers bei arglistiger Täuschung unabhängig von der dogmatischen Einordnung an § 28 messen lassen. Die wichtigsten Einschränkungen der Leistungsfreiheit – der **Kausalitätsgegenbeweis** nach § 28 III und das **Belehrungserfordernis** nach § 28 IV – sind bei Arglist ohnehin nicht anwendbar (vgl. unten Rdn. 34 f.).[20] Verwirkungsklauseln sind daher grundsätzlich nicht nach § 32 oder § 307 BGB unwirksam.[21]

10 Im Einzelfall kann allerdings eine Einschränkung der Leistungsfreiheit nach **Treu und Glauben** (§ 242 BGB) gerechtfertigt sein. Hieran ist insbesondere zu denken, wenn die arglistige Täuschung sich auf einen geringen Teil des Schadens beschränkt und die wirtschaftliche Existenz des VN bei einer vollständigen Versagung der Leistung gefährdet wäre.[22] Der BGH zieht eine Einschränkung der Leistungsfreiheit nach § 242 BGB auch dann in Betracht, wenn die arglistige Täuschung nur einen Aspekt betrifft, den der Versicherer zu Unrecht für entscheidungsrelevant erachtet hat.[23] Die Verwirkungsklauseln setzen jedoch voraus, dass die Täuschung oder der Täuschungsversuch sich auf Tatsachen bezieht, die für den Grund oder die Höhe der Entschädigung von Bedeutung sind. Bezieht sich die Täuschung auf Tatsachen, die weder für den Grund noch für die Höhe der Entschädigung relevant sind, so handelt es sich um einen »**untauglichen Versuch**«,[24] der bereits tatbestandlich nicht erfasst ist.[25] Ein Rückgriff auf § 242 BGB ist daher entbehrlich.

---

13 Ausführlich dazu *Wandt* ZVersWiss 2011, 445, 455.
14 Vgl. Ziff. E.1.3. AKB 2008; § 7 I Nr. 2 Satz 3 AKB 1988.
15 BGH VersR 2000, 222; *Bauer*, Die Kraftfahrtversicherung, 6. Auflage 2010, Rn. 655 ff.
16 BGH VersR 2000, 222, 223; VersR 2013, 175 m. Anm. *Tomson/Kirmse* = NJW 2013, 936 m. Anm. *Omlor* = JR 2014, 162 m. Anm. *Makowsky*; OLG Brandenburg r+s 2007, 412; R/L/*Rixecker*, § 31 Rn. 29 f.; P/M/*Knappmann*, E.1 AKB 2008 Rn. 20 ff.; einschränkend OLG Saarbrücken VersR 1998, 883, 884 ff.
17 Vgl. jeweils Abschnitt B § 16 Nr. 2 VHB 2010, VGB 2010 und AFB 2010; zu älteren AVB *Martin*, X III Rn. 1.
18 BGHZ 44, 1, 3; BGH VersR 1986, 77; VersR 2001, 1020, 1021; VersR 2013, 609 Rn. 26; OLG Hamm r+s 2002, 423, 425; R/L/*Rixecker*, § 31 Rn. 25; VersHb/*Rüffer*, § 33 Rn. 175; *Marlow*/Spuhl, Rn. 383; *Günther*/Spielmann r+s 2008, 133, 140; *Looschelders*, GS Hübner, 147, 163.
19 So B/M/*Brömmelmeyer*, § 31 Rn. 104; B/M/*Johannsen*, B § 16 AFB 2008/2010 Rn. 20; B/M/*Johannsen/Johannsen*[8], Bd. III Anm. G 136; P/M/*Armbrüster*, § 31 Rn. 52; *Martin*, X III Rn. 3.
20 Vgl. *Marlow*/Spuhl, Rn. 383.
21 Vgl. OLG Frankfurt a.M. VersR 2013, 1127, 1128 f.; OLG Hamm VersR 2012, 356, 357; Bruck/Möller/*Brömmelmeyer* § 31 Rn. 102 ff.; *Günther*/Spielmann VersR 2012, 549, 552 f.; vgl. auch *Looschelders*, GS Hübner, S. 147, 163.
22 Vgl. BGH VersR 1994, 45; VersR 1993, 1351; VersR 1986, 77; OLG Köln VersR 2007, 493; OLG Hamm VersR 2015, 1289, 1290; B/M/*Brömmelmeyer*, § 31 Rn. 96; R/L/*Rixecker*, § 31 Rn. 28; *Looschelders*, GS Hübner, 147, 160.
23 BGH VersR 2013, 609 Rn. 29.
24 So ausdrücklich BGH VersR 2013, 609 Rn. 29.
25 So auch R/L/*Rixecker*, § 31 Rn. 26.

IV. Abdingbarkeit

Die Vorschrift des § 31 ist grundsätzlich abdingbar. Eine Ausnahme gilt nach § 32 Satz 1 für die in § 31 I 2 geregelte Pflicht zur **Vorlage von Belegen**. Diese Pflicht ist somit **zwingend** auf den Fall begrenzt, dass die Beschaffung der Belege dem VN billigerweise zugemutet werden kann.[26] Demgegenüber kann die Auskunftspflicht des VN in den Grenzen des § 307 BGB erweitert werden.[27] Ein Beispiel dafür ist die Aufklärungsobliegenheit in der Kraftfahrtversicherung (näher dazu unten Rdn. 44 ff.). Die Vorschriften über die **Leistungsfreiheit des Versicherers** nach § 28 I–IV sind allerdings auch insoweit gem. § 32 Satz 1 einseitig zwingend.

B. Auskunftspflicht

I. Normadressaten und Empfänger der Auskunft

Die Auskunftspflicht richtet sich nach § 31 I 1 primär an den VN. Dieser muss sich das Verschulden von **Repräsentanten** und **Wissenserklärungsvertretern** nach allgemeinen Grundsätzen zurechnen lassen (vgl. § 28 Rdn. 69 ff. und § 30 Rdn. 6 f.). Nach § 31 II trifft die Auskunftspflicht auch einen **Dritten**, dem das Recht auf die Versicherungsleistung zusteht.[28] Für die Einzelheiten kann auf die Ausführungen zu § 30 I 2 (§ 30 Rdn. 8) verwiesen werden.

Der VN hat die Auskunft gegenüber dem Versicherer zu erteilen. Der **Versicherungsvertreter** gilt nach § 69 I Nr. 2 als bevollmächtigt, die betreffenden Auskünfte vom VN entgegenzunehmen. Die Auskunft ist zwar keine Anzeige im Sinne dieser Vorschrift, wohl aber eine sonstige das Versicherungsverhältnis betreffende Erklärung.[29] Bei einem entsprechenden Verlangen hat der VN auch die vom Versicherer mit der Untersuchung beauftragten Personen (z.B. Anwälten, Regulierungsbeauftragten, Sachverständigen) die erforderlichen Auskünfte zu erteilen.[30] In der Feuerversicherung hat der BGH eine Auskunftspflicht des VN nach § 13 Nr. 1c) AFB 30 (§ 13 Nr. 1e AFB 87) gegenüber den Mitgliedern der nach § 15 AFB 30/87 gebildeten Sachverständigenkommission dagegen mit der Begründung verneint, dass es sich nicht um Hilfspersonen des Versicherers handle.[31]

II. Verlangen des Versicherers

Die Auskunftspflicht entsteht nach § 31 I 1 nur auf Verlangen des Versicherers. Man spricht auch von einer **»verhaltenen«** Obliegenheit.[32] In der Praxis wird das Auskunftsverlangen meist durch die Übersendung eines entsprechenden **Formulars** geltend gemacht. Die h.M. geht aber davon aus, dass sich die Auskunftspflicht nicht auf die formalistische Beantwortung der gestellten Fragen beschränkt.[33] Der VN hat sich vielmehr am Zweck der Auskunftspflicht zu orientieren, dem Versicherer sachgemäße Entscheidungen über die Behandlung des Versicherungsfalls zu ermöglichen (vgl. oben Rdn. 1). Die Mitteilungspflicht umfasst daher alle Umstände, die für die Entscheidung des Versicherers über den Leistungsanspruch des VN ersichtlich von wesentlicher Bedeutung sind.[34]

In Ausnahmefällen kann der VN sogar **ohne ein Auskunftsverlangen** des Versicherers nach Treu und Glauben gehalten sein, dem Versicherer bestimmte Mitteilungen über den Versicherungsfall zu machen.[35] Dabei geht es um außergewöhnliche und besonders wesentliche Informationen über Umstände, die für jedermann erkennbar das Aufklärungsinteresse des Versicherers so grundlegend berühren, dass sich dem VN ihre Mitteilungsbedürftigkeit auch ohne Auskunftsverlangen aufdrängen muss.[36] Der BGH betont zu Recht den Ausnahmecharakter der **spontanen Aufklärungspflicht** des VN. Anders als bei § 19 I 1 hat der Gesetzgeber die Auskunftspflicht nach § 31 I 1 zwar nicht auf Umstände beschränkt, nach denen der Versicherer ausdrücklich gefragt hat. Die Notwendigkeit eines entsprechenden Auskunftsverlangens soll aber verhindern, dass der VN die Bedeutung von Umständen verkennt, die für den Versicherer wesentlich sind.[37] Dem trägt der BGH mit der Beschränkung der spontanen Aufklärungspflicht auf **Evidenzfälle** Rechnung.

---

26 Vgl. B/M/*Brömmelmeyer*, § 31 Rn. 108; Staudinger/Halm/Wendt/*Nugel*, § 31 Rn. 6.
27 P/M/*Armbrüster*, § 31 Rn. 63; Staudinger/Halm/Wendt/*Nugel*, § 31 Rn. 7; BK/*Dörner*, § 34 Rn. 45.
28 Vgl. dazu Begr. RegE BT-Drucks. 16/3945 S. 70; HK-VVG/*Muschner*, § 31 Rn. 36.
29 Vgl. L/W/*Wandt*, § 31 Rn. 21; B/M/*Schwintowski*, § 69 Rn. 35; L/W/*Reiff*, § 69 Rn. 31; *Rüther* NVersZ 2001, 241, 245.
30 B/M/*Brömmelmeyer*, § 31 Rn. 72; L/W/*Wandt*, § 31 Rn. 85; BK/*Dörner*, § 34 Rn. 8.
31 BGH VersR 1976, 821, 823; B/M/*Brömmelmeyer*, § 31 Rn. 72; B/M/*Johannsen/Johannsen*[8], Bd. III Anm. G 122.
32 B/M/*Brömmelmeyer*, § 31 Rn. 21; L/W/*Wandt*, § 31 Rn. 17; R/L/*Rixecker*, § 31 Rn. 3.
33 BGH VersR 1993, 828, 829 (insoweit in BGHZ 122, 250 nicht abgedruckt); B/M/*Brömmelmeyer*, § 31 Rn. 59 f.; HK-VVG/*Muschner*, § 31 Rn. 12; P/M/*Armbrüster*, § 31 Rn. 24 f.; Staudinger/Halm/Wendt/*Nugel*, § 31 Rn. 11.
34 Vgl. BGH VersR 1993, 828, 829; VersR 1960, 1033, 1034; OLG Köln r+s 1990, 284, 285 = VersR 1991, 410.
35 Vgl. BGH VersR 2011, 1549 Rn. 3; P/M/*Armbrüster*, § 31 Rn. 24; L/W/*Wandt*, § 31 Rn. 27; B/M/*Brömmelmeyer*, § 31 Rn. 59 f.
36 BGH VersR 2011, 1549 Rn. 3 (Eröffnung eines Insolvenzverfahrens); vgl. auch OLG Köln r+s 1990, 284, 285 = VersR 1991, 410 (Schadensregulierung durch anderen Versicherer).
37 BGH VersR 1976, 821, 823; B/M/*Brömmelmeyer*, § 31 Rn. 4 ff.

§ 31 Auskunftspflicht des Versicherungsnehmers

III. Kenntnis und Erkundigungspflicht des VN

16 Die Auskunftspflicht nach § 31 setzt voraus, dass der VN **positive Kenntnis** von den in Frage stehenden Tatsachen hat.[38] Nach der neueren Rechtsprechung des BGH gehört die Kenntnis der mitzuteilenden Tatsachen zum **objektiven Tatbestand** der jeweiligen Auskunfts- oder Aufklärungsobliegenheit.[39] Dahinter steht die Erwägung, der VN könne den Tatbestand einer Auskunfts- oder Aufklärungsobliegenheit schon objektiv nicht verletzen, wenn es nichts gebe, worüber er den Versicherer nach seinem Kenntnisstand aufklären könne. Die dogmatische Einordnung hat Auswirkungen auf die Beweislast. Da der Versicherer die Beweislast für den objektiven Tatbestand einer Obliegenheitsverletzung hat, muss er auch die Kenntnis des VN beweisen.[40] Die differenzierte Ausgestaltung der Beweislast bei Verschulden ist insoweit nicht relevant.

17 Im Unterschied zur Anzeigepflicht nach § 30 (dort Rdn. 12 f.) beschränkt sich die Auskunftspflicht nach § 31 nicht auf Umstände, die dem VN positiv bekannt sind. Bei einem berechtigten Auskunftsverlangen des Versicherers muss der VN vielmehr **Erkundigungen** einholen und sonstige **Nachforschungen** anstellen, soweit ihm dies nach Treu und Glauben (§ 242 BGB) zumutbar ist.[41] Die **Zumutbarkeit der Auskunft** wird nicht dadurch ausgeschlossen, dass sich die Lage des VN in einem Strafverfahren (z.B. nach § 142 StGB oder § 316 StGB) verschlechtern würde, wenn die fraglichen Umstände den Ermittlungsbehörden bekannt würden.[42] Der VN kann sich auch nicht auf den **nemo-tenetur-Grundsatz** berufen, weil dieser nur für das Strafrecht gilt und auf vertragliche Pflichten grundsätzlich nicht übertragen werden kann (vgl. § 22 Rdn. 8).[43]

IV. Inhalt, Umfang und Form der Auskunft

18 Der Inhalt der Auskunftspflicht wird durch die jeweiligen **Fragen des Versicherers** konkretisiert.[44] Die Auskunftspflicht kann sich dabei auf alle Umstände erstrecken, deren Kenntnis zur Feststellung des Versicherungsfalles oder des Umfanges der Leistungspflicht des Versicherers **erforderlich** ist. Dazu gehören auch solche Umstände, aus denen sich die Leistungsfreiheit des Versicherers ergeben kann.[45] Der Begriff der Erforderlichkeit beschränkt sich nach Sinn und Zweck des § 31 nicht auf die objektiv absolut unerlässlichen Angaben. Der Versicherer kann vom VN vielmehr grundsätzlich alle Angaben verlangen, die nach seiner Einschätzung dienlich sein können, um eine sachgemäße Entscheidung über die Abwicklung des Versicherungsfalls treffen zu können.[46] Die Erforderlichkeit beurteilt sich also aus der ex ante-Perspektive, wobei dem Versicherer ein erheblicher Beurteilungsspielraum zugebilligt wird.[47] Ob die betreffenden Angaben sich am Ende nach dem Abschluss der Prüfung – also ex post – tatsächlich als relevant erweisen, ist daher unerheblich.

19 Der VN ist verpflichtet, die Fragen des Versicherers **richtig** und **vollständig** zu beantworten.[48] Sind die in Frage stehenden Tatsachen dem VN selbst nicht bekannt, so muss er ggf. Erkundigungen einholen (vgl. oben Rdn. 17).[49] Bei unklaren Fragen kommt es ebenso wie im Rahmen des § 19 (dort Rdn. 24) auf die Sicht eines durchschnittlichen verständigen VN an.[50] Der VN verletzt auch dann seine Auskunftspflicht, wenn er bestimmte Fragen überhaupt nicht beantwortet[51] oder sich auf Nichtwissen beruft, obwohl er die fraglichen Umstände kennt oder durch zumutbare Nachforschungen ermitteln kann.[52] Den Versicherer kann in diesen Fällen aber nach Treu und Glauben (§ 242 BGB) eine Nachfrageobliegenheit treffen (vgl. Rdn. 21).[53]

---

38 BGH VersR 2007, 389; VersR 2008, 484 (zu beiden Urteilen *Prölss* VersR 2008, 674 f.); R/L/*Rixecker*, § 31 Rn. 14; B/M/*Brömmelmeyer*, § 31 Rn. 32; L/W/*Wandt*, § 31 Rn. 63.
39 BGH VersR 2007, 389; VersR 2008, 484; für Einordnung auf der Schuldseite noch BGHZ 52, 86, 89.
40 BGH VersR 2007, 389; B/M/*Brömmelmeyer*, § 31 Rn. 106; R/L/*Rixecker*, § 31 Rn. 37.
41 Vgl. BGHZ 52, 86, 88; BGH VersR 1993, 828, 829 (insoweit in BGHZ 122, 250 nicht abgedruckt); VersR 2015, 44, 46; L/W/*Wandt*, § 31 Rn. 65 f.; P/M/*Armbrüster*, § 31 Rn. 28 f.; R/L/*Rixecker*, § 31 Rn. 14; HK-VVG/*Muschner*, § 31 Rn. 12; a.A. OLG Karlsruhe VersR 2008, 250; krit. auch *Lücke* VersR 1993, 1098 ff.
42 BGHZ 47, 101, 105; BGH VersR 1976, 383, 884; L/W/*Wandt*, § 31 Rn. 33; BK/*Dörner*, § 34 Rn. 17.
43 BVerfG NStZ 1995, 599, 600; *Looschelders* VersR 2011, 697, 700; ausführlich zur Bedeutung des nemo-tenetur-Grundsatzes im Versicherungsvertragsrecht *Bartholomäi*, S. 146 ff.
44 BGH r+s 2006, 185, 186 = VersR 2006, 258; B/M/*Brömmelmeyer*, § 31 Rn. 45.
45 BGH VersR 1976, 84, 85; VersR 1998, 228; VersR 2000, 222, 223.
46 BGHZ 41, 101, 105; BGH VersR 2015, 45, 46; P/M/*Armbrüster*, § 31 Rn. 7; L/W/*Wandt*, § 31 Rn. 30 ff.; *Bruns*, § 16 Rn. 34.
47 BGH VersR 2015, 45, 46.
48 BGHZ 47, 101, 105; BGH VersR 1969, 267, 268; OLG Saarbrücken VersR 1993, 569, 570; B/M/*Brömmelmeyer*, § 31 Rn. 45; L/W/*Wandt*, § 31 Rn. 69.
49 BGH VersR 2015, 45, 46.
50 BGH r+s 1989, 5, 6; VersR 1983, 850; VersR 1982, 841; VersR 1965, 994; P/M/*Armbrüster*, § 31 Rn. 14; B/M/*Brömmelmeyer*, § 31 Rn. 48; L/W/*Wandt*, § 31 Rn. 58.
51 BGH VersR 1969, 214, 215; OLG Hamm VersR 1985, 387, 388; OLG Köln VersR 1990, 1225, 1226; VersR 1991, 183; OLG Saarbrücken VersR 1990, 1143; VersR 2007, 1646, 1647; L/W/*Wandt*, § 31 Rn. 77; HK-VVG/*Muschner*, § 31 Rn. 11; B/M/*Brömmelmeyer*, § 31 Rn. 53.
52 OLG Köln r+s 1985, 262; R/L/*Rixecker*, § 31 Rn. 12.
53 OLG Hamm VersR 1996, 53; OLG Köln VersR 1997, 962; L/W/*Wandt*, § 31 Rn. 78 ff.

§ 31 sieht für die Auskunft keine besondere **Form** vor. In den AVB kann jedoch Schriftform vereinbart werden. Die meisten AVB sehen in dieser Hinsicht vor, dass die Auskunft auf Verlangen des Versicherers in Schriftform zu erteilen ist.[54] Dies hat zur Folge, dass der VN ggf. auch mündlich Auskunft erteilen muss.[55] In der Praxis wird dem VN meist ein **Schadensanzeigeformular** zum Ausfüllen übersendet. 20

V. Nachfrageobliegenheit des Versicherers

Beantwortet der VN bestimmte Fragen **erkennbar** unklar, unvollständig oder widersprüchlich, so trifft den Versicherer nach h.M. eine Nachfrageobliegenheit, bei deren Verletzung er sich nach **Treu und Glauben** (§ 242 BGB) nicht auf die Leistungsfreiheit berufen kann.[56] Entsprechend der neueren Rechtsprechung des BGH zur vorvertraglichen Anzeigepflicht (dazu § 19 Rdn. 51 und § 22 Rdn. 12) kann dies aber nicht gelten, wenn der VN seine Auskunftspflicht **arglistig** verletzt hat. Denn der VN ist in diesem Fall nicht schutzwürdig.[57] 21

VI. Auswirkungen der Leistungsablehnung

Die Auskunfts- und Aufklärungspflichten des VN entfallen bei endgültiger Ablehnung der Leistung durch den Versicherer. Da diese Obliegenheiten dem Versicherer eine sachgemäße Prüfung des Versicherungsfalls und seiner etwaigen Leistungspflicht ermöglichen sollen, können sie ihren Zweck nur erfüllen, wenn der Versicherer **prüfungs- und verhandlungsbereit** ist.[58] Dies gilt auch dann, wenn der VN nach der endgültigen Leistungsverweigerung arglistig falsche Angaben macht, um den Versicherer zur Wiederaufnahme der Prüfung zu bewegen.[59] Die Leistungsfreiheit des Versicherers kann hier auch nicht auf eine **Verwirkungsklausel** (dazu oben Rdn. 8 ff.) gestützt werden.[60] Die Auskunfts- und Aufklärungsobliegenheiten des VN leben allerdings wieder auf, wenn der Versicherer seinerseits unmissverständlich zu erkennen gibt, dass er die Prüfung seiner Leistungspflicht und die Verhandlungen über die Schadensregulierung erneut aufnehmen will.[61] Der VN ist dann gegebenenfalls auch zur Berichtigung früherer unzutreffender Angaben verpflichtet.[62] 22

C. Belegpflicht (§ 31 I 2)

Der Versicherer kann nach § 31 I 2 auch die Vorlage von Belegen verlangen. Da es bei der Vorlage von Belegen nicht um die Abgabe von Wissenserklärungen, sondern um die Vornahme von Realakten geht, stellt die Belegpflicht keinen Sonderfall der Auskunftspflicht nach § 31 I 1 dar.[63] Beide Obliegenheiten haben aber **dieselbe Zweckrichtung**. Die Pflicht aus § 31 I 2 beschränkt sich daher auf die Vorlage solcher Belege, die zur Feststellung des Versicherungsfalls oder des Umfangs der Leistungspflicht des Versicherers erforderlich sind.[64] 23

Die Belegpflicht entspricht im Ausgangspunkt dem prozessualen Grundsatz, dass der VN für den Eintritt des Versicherungsfalls und den Umfang des zu ersetzenden Schadens **beweispflichtig** ist.[65] Soweit es um eine mögliche Leistungsfreiheit geht, kann der Versicherer aber auch Belege verlangen, aus denen sich ergibt, dass der VN seine Obliegenheiten beim Umgang mit dem versicherten Risiko eingehalten und den Versicherungsfall nicht vorsätzlich oder grob fahrlässig herbeigeführt hat.[66] Auch hierbei handelt es sich um Belege, die zur Feststellung des Versicherungsfalls oder des Umfangs der Leistungspflicht erforderlich sind. 24

Die Pflicht aus § 31 I 2 bezieht sich grundsätzlich nur auf solche Belege, die bei Eintritt des Versicherungsfalls **vorhanden** sind. Bei Fehlen einer entsprechenden Vereinbarung trifft den VN vor dem Eintritt des Versicherungsfalls keine Obliegenheit zur Sammlung und Aufbewahrung von Belegen, die bei Eintritt des Versicherungsfalls relevant werden können.[67] Nach Eintritt des Versicherungsfalles kann der VN allerdings zur Beschaffung von Belegen verpflichtet sein.[68] Die Pflicht zur Beschaffung von Belegen wird indes durch das nach 25

---

54 Vgl. jeweils Abschnitt B § 8 Nr. 2a hh VHB 2010, VGB 2010 und AFB 2010.
55 Vgl. L/W/*Wandt*, § 31 Rn. 92; VersHb/*Rüffer*, § 33 Rn. 155.
56 BGH VersR 1980, 159, 160; r+s 1997, 84, 85; OLG Hamm VersR 2001, 1419, 1420; OLG Karlsruhe NJW-RR 2003, 607, 608; OLG Bremen VersR 2007, 1692, 1693; B/M/*Brömmelmeyer*, § 31 Rn. 57; L/W/*Wandt*, § 31 Rn. 78 ff.; krit. P/M/*Armbrüster*, § 31 Rn. 19.
57 BGH r+s 2008, 234 f.; OLG Saarbrücken VersR 2006, 824, 826; L/W/*Wandt*, § 31 Rn. 80.
58 BGHZ 107, 368, 370 ff. = VersR 1989, 842; BGH VersR 1999, 1535, 1536; VersR 2013, 609 Rn. 18; OLG Hamm r+s 1998, 381, 382; B/M/*Brömmelmeyer*, § 31 Rn. 34; L/W/*Wandt*, § 31 Rn. 48; R/L/*Rixecker*, § 31 Rn. 20; *Knappmann* NVersZ 2000, 68, 69.
59 BGH VersR 1999, 1535, 1536; VersR 2013, 609 Rn. 17 ff.; OLG Hamm r+s 1992, 97; B/M/*Brömmelmeyer*, § 31 Rn. 37; *Knappmann* NVersZ 2000, 68, 70; R/L/*Rixecker*, § 31 Rn. 21; a.A. P/M/*Armbrüster*, § 28 Rn. 81; R/L/*Langheid*, § 104 Rn. 9 ff.; *Langheid*, FS E. Lorenz, 241, 251 ff.; *ders.* r+s 1992, 109.
60 BGH VersR 2013, 609 Rn. 26.
61 BGHZ 107, 367, 371 f.; BGH VersR 1991, 1129; VersR 2013, 609 Rn. 19.
62 L/W/*Wandt*, § 31 Rn. 50; R/L/*Rixecker*, § 31 Rn. 21; B/M/*Brömmelmeyer*, § 31 Rn. 26.
63 B/M/*Brömmelmeyer*, § 31 Rn. 80.
64 B/M/*Brömmelmeyer*, § 31 Rn. 82; L/W/*Wandt*, § 31 Rn. 101; Staudinger/Halm/Wendt/*Nugel*, § 31 Rn. 14.
65 Staudinger/Halm/Wendt/*Nugel*, § 31 Rn. 14; B/M/*Möller*[8], § 34 Anm. 23.
66 B/M/*Johannsen/Johannsen*[8], Bd. III Anm. G 125.
67 OLG Karlsruhe VersR 1998, 977, 978; L/W/*Wandt*, § 31 Rn. 106; P/M/*Armbrüster*, § 31 Rn. 45.
68 L/W/*Wandt*, § 31 Rn. 109.

§ 31 Auskunftspflicht des Versicherungsnehmers

§ 32 Satz 1 einseitig zwingende Erfordernis der **Zumutbarkeit** begrenzt.[69] Die Zumutbarkeit muss dabei durch eine umfassende Interessenabwägung im Einzelfall festgestellt werden. Dabei kann insbesondere das Interesse des VN an der Wahrung von Geschäftsgeheimnissen relevant werden[70].

D. Rechtsfolgen

26 Verletzt der VN eine vertraglich vereinbarte Auskunfts- oder Belegpflicht, so beurteilen sich die **Rechtsfolgen nach § 28**. Der Versicherer ist also bei Vorsatz leistungsfrei; bei grober Fahrlässigkeit kann er die Leistung nach der Schwere des Verschuldens des VN kürzen (§ 28 II).

I. Vorsatz und grobe Fahrlässigkeit

27 **Vorsatz** liegt vor, wenn dem VN die Obliegenheit bewusst ist und er ihre Verletzung zumindest billigend in Kauf nimmt.[71] Nach § 28 II 1 wird der Vorsatz zwar nicht mehr vermutet. Der Versicherer trägt insoweit also die Beweislast. Zu beachten ist jedoch, dass eine Obliegenheitsverletzung nur vorliegt, wenn dem VN die in Frage stehenden Tatsachen **positiv bekannt** waren (oben Rdn. 17). Hat der VN objektiv unrichtige oder unvollständige Auskünfte gegeben, obwohl ihm die betreffenden Tatsachen bekannt waren, so rechtfertigt dies zwar noch keine Beweislastumkehr; der VN muss aber darlegen, auf welchen Gründen die Unrichtigkeit oder Unvollständigkeit der Auskunft beruht (sog. sekundäre Darlegungslast).[72] Da die Auskunftsobliegenheit durch ein entsprechendes Verlangen des Versicherers ausgelöst wird und der VN zudem nach § 28 IV über die Folgen einer Obliegenheitsverletzung belehrt werden muss, wird der VN sich dabei im Regelfall nicht darauf berufen können, dass ihm seine Obliegenheit nicht bewusst gewesen sei. Die Annahme von Vorsatz liegt im Übrigen besonders nahe, wenn der VN zum Nachweis des Schadens **gefälschte Belege** vorlegt.[73] Hier wird im Allgemeinen sogar **Arglist** anzunehmen sein.[74] Bloße Verzögerungen deuten dagegen eher auf grobe Fahrlässigkeit hin, weil der VN hieraus im Allgemeinen keine Vorteile hat.[75] Denkbar ist aber, dass der VN die Auskunft bewusst hinauszögert, um die Ermittlungen des Versicherers zu erschweren. **Grobe Fahrlässigkeit** setzt nach allgemeinen Grundsätzen voraus, dass dem VN objektiv ein besonders schwerer Sorgfaltsverstoß zur Last fällt; außerdem muss sein Verhalten subjektiv schlechthin unentschuldbar sein (§ 28 Rdn. 51).[76] Die Beweislast für das Nichtvorliegen grober Fahrlässigkeit trägt nach § 28 II 2 Hs. 2 der VN.[77]

28 Bei der **Quotenbildung** nach § 28 II 2 Hs. 1 kommt dem objektiven Gewicht der Obliegenheitsverletzung (z.B. Dauer der Verzögerung, Bedeutung der Angaben für den Versicherer) große Bedeutung zu. Die Schwere des Verschuldens kann aber durch individuelle Umstände (z.B. geschäftliche Unerfahrenheit, Krankheit des VN) herabgesetzt sein.[78] Ausführlich zu den Grundsätzen der Quotelung § 28 Rdn. 119 ff.

II. Kausalitätsgegenbeweis

29 Dem VN steht nach § 28 III 1 grundsätzlich der **Kausalitätsgegenbeweis** offen. Die Kausalität setzt voraus, dass die Verletzung der Auskunfts- oder Belegpflicht sich im Ergebnis **konkret** auf die Feststellung des Versicherungsfalls bzw. die Feststellung oder den Umfang der Leistungspflicht des VN **ausgewirkt** hat. Dass das Verhalten des VN generell geeignet war, die Interessen des Versicherers in erheblicher Weise zu beeinträchtigen, reicht auch bei der Verletzung von Auskunfts- oder Aufklärungsobliegenheiten nicht aus.[79]

30 Der VN trägt für das Fehlen der Kausalität die **Beweislast**.[80] Da es sich dabei um eine negative Tatsache handelt, kommen ihm Beweiserleichterungen zugute. Nach der Rechtsprechung muss der VN zunächst nur die möglichen Kausalverläufe ausräumen, die sich aus dem Sachverhalt von selbst ergeben. Der Versicherer hat dann eine subjektive Darlegungslast im Hinblick darauf, welche Maßnahmen er bei ordnungsgemäßer Erfül-

---

69 Vgl. B/M/*Brömmelmeyer*, § 31 Rn. 84; R/L/*Rixecker*, § 31 Rn. 22.
70 Vgl. dazu mit Blick auf die D&O-Versicherung *Herdter* ZVersWiss 2011, 655, 663 f.
71 Vgl. OLG Saarbrücken VersR 2007, 532, 533; OLG Karlsruhe VersR 2008, 250; OLG Frankfurt a.M. VersR 1991, 1167 (LS); L/W/*Wandt*, § 31 Rn. 121; BK/*Dörner*, § 34 Rn. 33.
72 *Günther/Spielmann* r+s 2008, 133, 136.
73 OLG Köln NVersZ 2001, 278, 279; OLG Koblenz VersR 2001, 100, 101; VersR 2006, 1120; KG VersR 2005, 351; vgl. auch B/M/*Brömmelmeyer*, § 31 Rn. 87.
74 KG VersR 2005, 351; OLG Köln r+s 2006, 421; L/W/*Wandt*, § 75 Rn. 110; *Maier/Stadler*, Rn. 193.
75 B/M/*Johannsen/Johannsen*[8], Bd. III Anm. G 132.
76 Vgl. L/W/*Wandt*, § 31 Rn. 122.
77 Vgl. B/M/*Brömmelmeyer*, § 31 Rn. 107; L/W/*Wandt*, § 31 Rn. 126.
78 *Looschelders* ZVersWiss 2009, 13, 19.
79 P/M/*Armbrüster*, § 31 Rn. 58 m. § 28 Rn. 243; L/W/*Wandt*, § 28 Rn. 294; B/M/*Heiss*, § 28 Rn. 160; R/L/*Rixecker*, § 28 Rn. 90 ff.; *Marlow/Spuhl*, Rn. 365; *Looschelders*, ZVersWiss 2011, 461, 464; *Maier* r+s 2007, 89, 91 f.; *Franz* VersR 2008, 298, 305; a.A. für Anzeige- und Aufklärungsobliegenheiten *Langheid* NJW 2007, 3665, 3669; vgl. auch *Günther/Spielmann* r+s 2008, 133, 137 ff. Zum Unterschied zwischen konkreter Kausalität und genereller Relevanz vgl. OLG Saarbrücken VersR 2007, 532, 533.
80 L/W/*Wandt*, § 31 Rn. 119.

lung der Auskunfts- oder Aufklärungsobliegenheit getroffen hätte und welcher Erfolg dadurch eventuell eingetreten wäre. Der VN muss dann auch diese möglichen Verläufe widerlegen (vgl. § 28 Rdn. 151).[81]

Die vorstehenden Grundsätze führen dazu, dass der Kausalitätsgegenbeweis **Erfolg** hat, wenn der Versicherer die für seine Leistungspflicht maßgeblichen Tatsachen trotz der unzutreffenden, unvollständigen oder verspäteten Angaben des VN vollständig und zutreffend festgestellt hat.[82] Der Versicherer ist dann auch nicht nach § 28 II leistungsfrei oder zu einer Leistungskürzung berechtigt. Dies ist aber insofern hinnehmbar, als der Versicherer ohnehin nur die Leistung zu erbringen hat, die er nach dem Vertrag tatsächlich schuldet. Da der Versicherer auch sonst keinen Nachteil erlitten hat, ist die ausgleichende Gerechtigkeit gewahrt. Leistungsfreiheit ist daher nur unter dem Aspekt der **Prävention** gerechtfertigt, d.h. bei Arglist des VN. 31

Nach der Rechtsprechung des BGH zum VVG a.F. war der Versicherer nach § 242 BGB gehindert, sich auf die vorsätzliche Verletzung einer Auskunfts- oder Aufklärungsobliegenheit zu berufen, wenn der VN die in Frage stehenden Angaben **freiwillig nachgeholt** oder **berichtigt** hatte, bevor dadurch ein Nachteil für den Versicherer eingetreten war.[83] Diese Rechtsprechung beruht jedoch darauf, dass das alte VVG bei Vorsatz des VN keinen Kausalitätsgegenbeweis zuließ. Nach geltendem Recht ist das Problem über § 28 III zu lösen.[84] Auf die Freiwilligkeit der Nachholung oder Korrektur kommt es dabei nicht mehr an. 32

Besondere Kausalitätsprobleme stellen sich, wenn die Verletzung der Auskunftsobliegenheit Umstände betrifft, die dem Versicherer die Einschätzung des sog. »**subjektiven Risikos**« ermöglichen sollen (z.B. Auskünfte über Vor- und Mehrfachversicherungen oder frühere Versicherungsfälle). Entgegen einer in der Literatur verbreiteten Auffassung ist der Kausalitätsgegenbeweis auch hier keineswegs obsolet.[85] Der Nachteil des Versicherers kann nämlich darin bestehen, dass er bestimmte Nachforschungen nicht vorgenommen hat, die er bei rechtzeitiger oder zutreffender Auskunft eingeleitet hätte.[86] Um dem VN den Kausalitätsgegenbeweis zu ermöglichen, muss der Versicherer im Rahmen seiner subjektiven Darlegungslast allerdings mitteilen, welche konkreten Maßnahmen er getroffen und welche Informationen er dabei möglicherweise erhalten hätte. 33

Der Kausalitätsgegenbeweis entfällt nach § 28 III 2 bei **Arglist**. Arglist erfordert nach allgemeinen Grundsätzen keine rechtswidrige Bereicherungsabsicht; der VN muss sich aber bewusst sein und in Kauf nehmen, dass seine falschen Angaben die Entscheidungen des Versicherers über die Regulierung des Schadens zum eigenen Vorteil beeinflussen können.[87] Es reicht daher aus, dass der VN die Regulierung des Schadens beschleunigen oder Beweisprobleme vermeiden will.[88] Bei **Vorlage gefälschter Belege** wird der Vorwurf der Arglist im Allgemeinen gerechtfertigt sein (vgl. oben Rdn. 27).[89] Im Einzelfall können aber auch **Angaben »ins Blaue hinein«** die Annahme von Arglist begründen (vgl. § 21 Rdn. 24). 34

III. Belehrungserfordernis

Anders als bei den Anzeigeobliegenheiten (dazu § 30 Rdn. 24) setzt die Leistungsfreiheit bei den nach Eintritt des Versicherungsfalls zu erfüllenden Auskunfts- und Aufklärungsobliegenheiten gem. § 28 IV voraus, dass der Versicherer den VN durch gesonderte Mitteilung in Textform auf diese Rechtsfolge hingewiesen hat.[90] Die Hinweispflicht entfällt bei **Arglist** des VN, weil dieser insoweit nicht schutzwürdig ist.[91] Zu den Einzelheiten § 28 Rdn. 136 ff.; zum Streit über die Anwendbarkeit des § 28 IV auf die Obliegenheit des VN zur Einreichung einer **Stehlgutliste** beim Versicherer oder bei der Polizei s. unten Rdn. 41 f. 35

IV. Bedeutung der Kenntnis des Versicherers

Da § 30 II auf die Verletzung der Auskunfts- oder Belegpflicht weder direkt noch analog anwendbar ist (oben Rdn. 6), kann sich der VN grundsätzlich nicht damit entlasten, dass der Versicherer die maßgeblichen Tatsachen **auf andere Weise** rechtzeitig **erfahren** hat.[92] Der Versicherer muss sich im Allgemeinen auch nicht ent- 36

---

81 Vgl. BGHZ 41, 327, 336 f.; BGH VersR 2001, 756, 757; HK-VVG/*Felsch*, § 28 Rn. 66; *Looschelders* ZVersWiss 2011, 461, 467.
82 Vgl. *Looschelders* ZVersWiss 2011, 461, 470; krit. *Langheid* NJW 2007, 3665, 3669.
83 So BGH VersR 2002, 173.
84 So auch L/W/*Wandt*, § 31 Rn. 82; R/L/*Rixecker*, § 31 Rn. 19; HK-VVG/*Muschner*, § 31 Rn. 21.
85 *Franz* VersR 2008, 298, 305; *Nugel* MDR 22/2007, Sonderbeil 23, 24.
86 Vgl. BGH VersR 1990, 384, 385; P/M/*Armbrüster*, § 28 Rn. 251.
87 Vgl. BGH VersR 1987, 149; OLG Frankfurt a.M. NVersZ 2001, 37, 38; OLG Naumburg NVersZ 2001, 39; OLG Saarbrücken VersR 1997, 826, 827; OLG Hamm VersR 2015, 1289, 1290; *Marlow*/Spuhl, Rn. 366.
88 OLG Hamm r+s 2002, 422, 426; VersR 2015, 1289, 1290; KG VersR 2005, 351.
89 Vgl. KG VersR 2005, 351; OLG Köln r+s 2006, 421; OLG München VersR 1992, 181 (LS); L/W/*Wandt*, § 31 Rn. 110; *Maier/Stadler*, Rn. 193; *van Bühren* ZAP 2007, 1397, 1405.
90 Vgl. BGH VersR 2013, 297 = JR 2014, 156 m. Anm. *Looschelders*.
91 Vgl. Begr. RegE BT-Drucks. 16/3945 S. 69; L/W/*Wandt*, § 28 Rn. 350; *Günther/Spielmann* r+s 2008, 133, 141; *Wandt* ZVersWiss 2011, 445, 456; *Looschelders*, GS Hübner, 2012, 147« 160 f.; *ders*. JR 2014, 159, 160; ebenso schon zum alten Recht BGH VersR 1976, 383; OLG Hamm r+s 2002, 423, 424.
92 BGH VersR 1982, 182, 183; VersR 2005, 493, 495; OLG Hamm VersR 1994, 590, 591; OLG Karlsruhe VersR 1992, 1256; OLG Saarbrücken VersR 1993, 569, 590; OLG Köln VersR 1990, 1225, 1226; VersR 1996, 449 (LS); P/M/*Armbrüster*, § 31 Rn. 35; HK-VVG/*Muschner*, § 31 Rn. 16.

gegenhalten lassen, dass er ohne Weiteres in der Lage gewesen wäre, sich die erforderlichen Informationen **anderweitig zu beschaffen**.[93] Nach Sinn und Zweck der Auskunfts- und Aufklärungsobliegenheiten muss der Versicherer sich nämlich uneingeschränkt darauf verlassen können, dass der VN von sich aus vollständige und zutreffende Angaben über den Versicherungsfall macht.[94]

37 Problematisch erscheint allerdings der Fall, dass der wahre Sachverhalt dem Versicherer im Zeitpunkt des Auskunftsverlangens oder des Zugangs der falschen Auskunft schon **sicher bekannt** war. Der überwiegende Teil der Rechtsprechung und Literatur verneint hier bereits die Existenz einer Auskunftspflicht des VN.[95] Zur Begründung wird auf das mangelnde Schutzbedürfnis des Versicherers verwiesen. Dem ist aber entgegenzuhalten, dass der Versicherer sich in jedem Fall auf die Richtigkeit und Vollständigkeit der Angaben des VN verlassen können muss.[96] Soweit der VN nicht arglistig gehandelt hat, wird die Leistungsfreiheit des Versicherers in solchen Fällen meist ohnehin wegen **fehlender Kausalität** ausgeschlossen sein (dazu oben Rdn. 29 ff.). Der BGH trägt diesen Bedenken dadurch Rechnung, dass er auf das aktuelle eigene Wissen des Versicherers im Zeitpunkt der Aufklärungspflichtverletzung abstellt. Bloße Erkenntnismöglichkeiten (z.B. Uni-Wagnis-Datei) schaden dem Versicherer nach Ansicht des BGH nicht.[97]

38 Zweifelhaft erscheint auch, wann von einer **Kenntnis des Versicherers** auszugehen ist. Der BGH geht in den einschlägigen Entscheidungen davon aus, dass es nicht auf die Kenntnis des im konkreten Fall zuständigen Sachbearbeiters ankommt. Es reicht, dass die Kenntnis bei der Regulierung eines früheren Versicherungsfalls im Rahmen desselben Versicherungsvertrags – wenn auch durch einen anderen Sachbearbeiter – erworben wurde. Denn es sei allein eine Frage der betrieblichen Organisation des Versicherers, auf welche Weise er solche Kenntnisse den anderen Sachbearbeitern zugänglich mache.[98]

E. Besondere Ausprägungen der Aufklärungspflicht

I. Pflicht zur Einreichung einer Stehlgutliste

39 Soweit es um den **Raub oder Diebstahl** von Sachen geht, sehen die AVB häufig vor, dass der VN bei dem Versicherer und der Polizei ein Verzeichnis der abhandengekommen Sachen (sog. **Stehlgutliste**) einreichen muss.[99] Dabei geht es vor allem darum, dem Versicherer Ermittlungen über den Umfang seiner Leistungspflicht zu ermöglichen und die Polizei bei der Suche nach den entwendeten Sachen zu unterstützen.

40 Die Rechtsnatur dieser Obliegenheit ist umstritten. Da die Einreichung einer Stehlgutliste deutlich über die Anzeige des Versicherungsfalles hinausgeht, handelt es sich jedenfalls um **keine Anzeigeobliegenheit**. Soweit es darum geht, dem Versicherer Ermittlungen über den Versicherungsfall und den Umfang seiner Leistungspflicht zu ermöglichen, liegt eine Qualifikation als **Aufklärungsobliegenheit** nahe.[100] Soweit das Wiederauffinden der entwendeten Sachen gefördert werden soll, stellt die Obliegenheit zur Einreichung einer Stehlgutliste dagegen eine besondere Ausprägung der **Schadensminderungspflicht** nach § 82 dar.[101]

41 Ob der Versicherer den VN über die Obliegenheit zur Einreichung der Stehlgutliste bei der Polizei und die Rechtsfolgen einer Verletzung dieser Obliegenheit **belehren** muss, war schon vor der VVG-Reform sehr umstritten. Das Problem besteht darin, dass eine Belehrung bei **spontan** zu erfüllenden Auskunfts- und Aufklärungsobliegenheiten im Allgemeinen aus praktischen Gründen nicht möglich ist (vgl. § 28 Rdn. 136). Der BGH hat zum alten VVG die Auffassung entwickelt, den Versicherer könne nach **Treu und Glauben** (§ 242 BGB) im Einzelfall eine Belehrungspflicht treffen, wenn er den VN bei einer Anzeige des Versicherungsfalles auffordere, nähere Angaben über den Versicherungsfall zu machen und diesen bei der Polizei anzuzeigen.[102] Das Gericht hat es aber nicht ausreichen lassen, dass die Unkenntnis über diese Obliegenheit verbreitet ist. Ein Verstoß gegen Treu und Glauben soll nur vorliegen, wenn der Versicherer die Belehrung unterlässt, obwohl sein Verhalten geeignet war, den VN über die Obliegenheit zur Einreichung der Stehlgutliste und die

---

93 BGH VersR 2007, 481 = NJW 2007, 2700 m. Anm. *Höher*; VersR 2005, 493, 495; VersR 2001, 419; OLG Hamm VersR 2012, 356, 358; HK-VVG/*Muschner*, § 31 Rn. 17; R/L/*Rixecker*, § 31 Rn. 16; L/W/*Wandt*, § 31 Rn. 46.
94 BGH VersR 2007, 481 Rn. 15; *Höher* NJW 2007, 2701, 2702.
95 So BGH VersR 2005, 493; 2007, 1267; OLG Hamm NJW-RR 1990, 1310; OLG Köln VersR 1996, 449 (LS); B/M/*Brömmelmeyer*, § 31 Rn. 62; R/L/*Rixecker*, § 31 Rn. 16; L/W/*Wandt*, § 31 Rn. 42.
96 P/M/*Armbrüster*, § 31 Rn. 36; *Armbrüster* LMK 2007, 239, 994; *Armbrüster*, Rn. 1206.
97 BGH VersR 2007, 481; L/W/*Wandt*, § 31 Rn. 46; krit. PK/*Schwintowski*, § 31 Rn. 37.
98 BGH VersR 2007, 481 Rn. 14; ebenso L/W/*Wandt*, § 31 Rn. 44; B/M/*Brömmelmeyer*, § 31 Rn. 63. Bei Behörden und juristischen Personen des öffentlichen Rechts (z.B. Sozialversicherungsträgern) wird dagegen auf die Kenntnis des zuständigen Sachbearbeiters abgestellt (so BGH VersR 2007, 513; näher zu dieser Divergenz HK-VVG/*Muschner*, § 31 Rn. 19; *Höher* NJW 2007, 2701).
99 Vgl. jeweils Abschnitt B § 8 Nr. 2 a) ff.) VHB 2010 (dazu Anh. L Rdn. 203), AERB 2010 (dazu Anh. M Rdn. 108 ff.), AFB 2010 (vgl. Anh. K Rdn. 62) und VGB 2010. Zu älteren AVB *Martin*, X II Rn. 70 ff.
100 So OLG Karlsruhe VersR 2011, 1560; OLG Celle VersR 2015, 1124, 1126 f. = MDR 2015, 654.
101 BGH VersR 1984, 429, 430; L/W/*Looschelders*, § 82 Rn. 31; B/M/*Johannsen/Johannsen*, Bd. III Anm. G 149.
102 BGH VersR 2008, 1491 = r+s 2008, 513 m. Anm. *Eckes*; vgl. *Felsch* r+s 2010, 265, 267 f.

Rechtsfolgen ihrer Verletzung irrezuführen.[103] Eine solche Irreführung liegt nahe, wenn der Versicherer dem VN den Eindruck vermittelt, dass ihm die Anzeige des Versicherungsfalls ausreiche.[104]
Nach geltendem Recht muss in diesen Fällen vorrangig geprüft werden, ob der Versicherer nach § 28 IV zu einer Belehrung verpflichtet ist. Dabei wird der Streit über die Einordnung der Obliegenheit zur Einreichung einer Stehlgutliste relevant. Das OLG Köln hat die Anwendbarkeit des § 28 IV mit der Begründung abgelehnt, dass es sich hier allein um eine reine Schadensminderungsobliegenheit handle.[105] Damit wird die zweite Komponente der Stehlgutlistenobliegenheit aber zu Unrecht vernachlässigt.[106] An sich wäre also § 28 IV einschlägig.[107] Nach einer verbreiteten Auffassung ist die Vorschrift jedoch nicht auf **spontan** zu erfüllende Anzeige- und Aufklärungspflichten wie das Einreichen der Stehlgutliste anwendbar.[108] Da der Wortlaut des § 28 IV keine solche Einschränkung vorsieht, kommt hierfür nur eine **teleologische Reduktion** in Betracht. Diese Lösung ist aber jedenfalls dann nicht gerechtfertigt, wenn aus der Sicht des Versicherers im Einzelfall **Gelegenheit und Anlass** zu einer Belehrung besteht.[109] Im Übrigen bleibt der Rückgriff auf § 242 BGB möglich, wenn der VN durch das Verhalten des Versicherers irregeführt wurde.[110] 42

Im Fall einer Verletzung der Pflicht zur Einreichung einer Stehlgutliste bei der Polizei bleibt oft unklar, inwiefern dem Versicherer hierdurch tatsächlich ein Schaden entstanden ist. Dies hat zur Folge, dass der **Kausalitätsgegenbeweis** nach § 28 III in diesen Fällen auf erhebliche Schwierigkeiten stößt. Einerseits lässt sich nicht bestreiten, dass die Aufklärungsquoten bei den meisten Eigentumsdelikten sehr gering sind. Auf der anderen Seite kann man aber nur selten mit Sicherheit ausschließen, dass die polizeiliche Fahndung bei rechtzeitiger Einreichung der Liste nicht doch Erfolg gehabt hätte. Die h.M. verfolgt hier einen Mittelweg. Bei Massenwaren wird davon ausgegangen, dass die Obliegenheitsverletzung die Gefahr des Nichtauffindens nicht oder nur unerheblich erhöht hat, sodass der Kausalitätsgegenbeweis im Regelfall Erfolg hat. Bei hochwertigen oder stärker individualisierten Sachen (z.B. Kunstgegenständen, Designerstücken) ist eine Gefahrerhöhung dagegen nicht auszuschließen.[111] Der VN kann daher nur geltend machen, dass die Fahndung trotz der Obliegenheitsverletzung erfolgreich war oder dass die Polizei auch bei rechtzeitiger Einreichung einer vollständigen Liste keine weitergehenden Fahndungsmaßnahmen vorgenommen hätte.[112] 43

II. Unerlaubtes Entfernen vom Unfallort

Einen Sonderfall der Aufklärungspflichtverletzung stellt in der Kraftfahrtversicherung das unerlaubte Entfernen vom Unfallort dar.[113] Dies beruht darauf, dass der **Zweck des § 142 StGB**, die privaten Interessen der Unfallbeteiligten und Geschädigten zu schützen und dem Verlust von Beweismitteln zu begegnen, sich regelmäßig mit dem Interesse des Versicherers an der Aufklärung des Unfallhergangs und der Unfallursachen deckt.[114] Die Problematik ist in **E.1.3 AKB 2008** näher geregelt. Der VN ist danach verpflichtet, alles zu tun, was der Aufklärung des Schadensereignisses dienen kann. Dies bedeutet insbesondere, dass er die Fragen des Versicherers zu den Umständen des Schadensereignisses wahrheitsgemäß und vollständig beantworten müsse und den Unfallort nicht verlassen dürfe, ohne die erforderlichen Feststellungen zu ermöglichen. 44

Dem Wortlaut nach geht E.1.3 AKB 2008 über den Straftatbestand des **§ 142 I StGB** hinaus. Für die Auslegung der Klausel ist jedoch die Sicht eines durchschnittlichen VN maßgeblich. Da der durchschnittliche VN die Klausel als Bezugnahme auf § 142 I StGB verstehen wird, gehen die Obliegenheiten des VN gegenüber dem Versicherer aber letztlich nicht über § 142 I StGB hinaus.[115] Umgekehrt führt ein Verstoß gegen § 142 I StGB dazu, dass auch die Aufklärungsobliegenheit nach E.1.3 AKB 2008 verletzt ist.[116] 45

---

103 BGH VersR 2010, 903, 904; einschränkend auch OLG Celle r+s 2009, 193, 196; OLG Düsseldorf VersR 2009, 354; speziell zur Einbruchdiebstahl- und Raubversicherung OLG Nürnberg r+s 2010, 116, 117 f. sowie Anh. M Rdn. 109.
104 Vgl. P/M/*Knappmann*, B § 8 VHB Rn. 15 m.w.N.
105 OLG Köln VersR 2014, 105, 106 = r+s 2013, 604 m. Anm. *Felsch* r+s 2014, 555.
106 So auch P/M/*Knappmann*, B § 8 VHB Rn. 15; HK-VVG/*Felsch*, § 28 Rn. 67 Fn. 127; *Felsch* r+s 2014, 555 ff.; in Bezug auf die Einreichung der Liste beim Versicherer auch R/L/*Rixecker*, § 31 Rn. 35.
107 Hierfür OLG Karlsruhe VersR 2011, 1560; OLG Celle VersR 2015, 1124, 1126 f.
108 B/M/*Heiss*, § 28 Rn. 174; in Bezug auf die Einreichung der Liste bei der Polizei auch R/L/*Rixecker*, § 31 Rn. 35; zum alten Recht OLG Köln VersR 2008, 917.
109 P/M/*Knappmann*, B § 8 VHB Rn. 15; L/W/*Wandt*, § 28 Rn. 326; *Felsch* r+s 2014, 555, 557; in diesem Sinne auch OLG Celle VersR 2015, 1124, 1126 f.: Belehrung z.B. mit Übersendung des Schadensformulars.
110 L/W/*Wandt*, § 28 Rn. 328.
111 Zu dieser Differenzierung OLG Köln r+s 2003, 201, 202; OLG Hamm r+s 1993, 385; OLG Düsseldorf VersR 2009, 354; VersHb/*Marlow*, § 13 Rn. 146a; *Knappmann*, FS Kollhosser, 195, 201 f.; *Looschelders* ZVersWiss 2011, 461, 473 f.
112 Vgl. OLG Hamm VersR 2002, 1233, 1234; LG Berlin VersR 2013, 998 = r+s 2013, 231, 232; VersHb/*Marlow*, § 13 Rn. 146a; *Knappmann*, FS Kollhosser, 195, 202.
113 BGH VersR 2000, 222, 223; VersR 2013, 175 m. Anm. *Tomson/Kirmse* = NJW 2013, 936 m. Anm. *Omlor*; OLG Brandenburg r+s 2007, 412; OLG Köln VersR 1996, 839; LG Düsseldorf VersR 2016, 917; R/L/*Rixecker*, § 31 Rn. 29 f.; HK-VVG/*Muschner*, § 31 Rn. 28; P/M/*Knappmann*, E.1 AKB 2008 Rn. 20 ff.; einschränkend OLG Saarbrücken VersR 1998, 883, 884 ff.
114 BGH VersR 2013, 175 Rn. 19.
115 Vgl. R/L/*Rixecker*, § 31 Rn. 29.
116 BGH VersR 2000, 222, 223; VersR 2013, 175 Rn. 24.

§ 32 Abweichende Vereinbarungen

46 In Bezug auf die Obliegenheiten des VN nach erlaubtem Verlassen der Unfallstelle enthält E.1.3 AKB 2008 keine konkreten Vorgaben. Insoweit muss also auf die allgemeine Aufklärungsobliegenheit des VN abgestellt werden. Dabei kann man sich an den Wertungen des **§ 142 II StGB** orientieren. Nach der neueren Rechtsprechung des BGH führt der Verstoß gegen § 142 II StGB allerdings nicht notwendig zu einer Verletzung der versicherungsvertraglichen Aufklärungsobliegenheit des VN.[117] Nach § 142 III StGB genügt der Unfallbeteiligte seiner Pflicht zur nachträglichen Ermöglichung der Feststellungen nur durch die unverzügliche Mitteilung des Unfalls an den **Geschädigten** oder eine **Polizeidienststelle**. Wenn der VN in dem Zeitrahmen des § 142 II StGB den **Versicherer** informiere, werde dessen Aufklärungsinteresse aber zumindest ebenso gut gewahrt wie durch die nachträgliche Benachrichtigung des Geschädigten.[118] Dem VN falle in diesen Fällen also trotz des Verstoßes gegen § 142 II StGB keine Obliegenheitsverletzung zur Last.

§ 32 Abweichende Vereinbarungen.
Von den §§ 19 bis 28 Abs. 4 und § 31 Abs. 1 Satz 2 kann nicht zum Nachteil des Versicherungsnehmers abgewichen werden. Für Anzeigen nach diesem Abschnitt, zu denen der Versicherungsnehmer verpflichtet ist, kann jedoch die Schrift- oder die Textform vereinbart werden.

Übersicht

	Rdn.		Rdn.
A. Allgemeines	1	II. Einschränkung der Zulässigkeit	13
B. Satz 1	4	III. Schrift- oder Textform	15
C. Satz 2	11	IV. Folgen der Nichteinhaltung	19
I. Anwendungsbereich	11		

A. Allgemeines

1 § 32 Satz 1 listet alle Normen auf, von denen nur zum Vorteil, aber nicht zum Nachteil des VN abgewichen werden kann. Diese Auflistung der sog. halbzwingenden Vorschriften findet sich seit der VO vom 19.12.1939 und auch nach der Reform nach Möglichkeit jeweils am Ende der einzelnen Titel.[1] Verhindert werden soll, dass dem VN, eine durch bestimmte Vorschriften verschaffte Rechtsposition hinsichtlich des materiellen Gehalts oder der Beweislastregelung durch vertragliche Regelungen wieder entzogen wird.[2]

2 Satz 2 erklärt die Vereinbarung der Schrift- oder Textform für Anzeigen, zu denen der VN verpflichtet ist, für zulässig. Er schränkt insoweit die Regelung des Satzes 1 ein.

3 Die Änderungen durch die VVG-Reform sind vor allem sprachlicher aber nicht inhaltlicher Natur. Die bislang von § 34a Satz 1 a.F. erfassten Vorschriften sollten – soweit sie beibehalten wurden – halbzwingend bleiben.[3] Nach der a.F. konnte sich (nur) der VR nicht auf die abweichenden Vereinbarungen berufen.[4] Jetzt kann von den Regelungen nicht abgewichen werden, auch wenn es im Einzelfall für den VN günstiger ist.[5] Satz 2 spricht von Anzeigen, zu denen der VN verpflichtet ist; nach der a.F. oblagen sie ihm. Weiterhin ist aufgenommen worden, dass neben oder anstelle der Schriftform auch die Textform vereinbart werden kann.

B. Satz 1

4 Der **Anwendungsbereich** von Satz 1 erstreckt sich über den Wortlaut hinaus auch auf Abweichungen zum Nachteil des Versicherten, Bezugsberechtigten, Zessionars usw.[6] Wegen des mangelnden Schutzbedürfnisses erklärt § 210 I die halbzwingenden Vorschriften bei Großrisiken i.S.d. § 210 II 1) und laufenden Versicherungen (§ 53) für abdingbar.

5 § 32 Satz 1 gilt nicht nur für alle individuell oder durch AVB **vor dem Versicherungsfall** getroffenen Vereinbarungen. Er verbietet auch eine dem VN nachteilige Abweichung durch Vereinbarungen, die **nach dem Versicherungsfall** geschlossen werden.[8] Zum Verhältnis der Prüfung nach § 32 und der **AGB-rechtlichen Kontrolle** vgl. § 18 Rdn. 6.

---

117 BGH VersR 2013, 175 = NJW 2013, 936 m. Anm. *Omlor/Spies* = JR 2014, 162 m. Anm. *Makowsky*.
118 BGH VersR 2013, 175 Rn. 24; zustimmend R/L/*Rixecker*, § 31 Rn. 30; *Bartholomäi*, S. 172; krit. *Tomson/Kirmse* VersR 2013, 177; *Makowsky* JR 2014, 165, 167.
1 Vgl. RGBl. I 1939, S. 2443, 2445.
2 Vgl. *Klimke*, Die halbzwingenden Vorschriften des VVG, 2004, S. 28, 39 ff.; B/M/*Brömmelmeyer*, § 32 Rn. 5.
3 Begr. RegE BT-Drucks. 16/3945 S. 70.
4 Vgl. BGH NJW 1951, 231, 232 zu § 34a a.F. und damit zur alten Rechtslage; *Klimke*, Die halbzwingenden Vorschriften des VVG, 2004, S. 110 ff. mit Angaben zur Gegenauffassung, die auch bei einem Verstoß gegen § 34a a.F. von der Unwirksamkeit der Klausel ausging.
5 Streitig, vgl. § 18 Rdn. 3, 9.
6 B/M/*Möller*[8], Bd. I, § 15a Anm. 4.
7 BGH NJW 1992, 2631, 2632.
8 Vgl. zum Streit § 18 Rdn. 5.

Von § 32 Satz 1 benannte **halbzwingende Vorschriften** sind: §§ 19–28 IV sowie § 31 I 2. Unabdingbar ist auch § 28 V Die Norm ist in Satz 1 nicht genannt, da sich ihre Unabdingbarkeit aus ihr selbst ergibt.[9] § 30 II ist ebenfalls halbzwingend. Die Anzeigepflicht ist nicht verletzt, wenn der VR die Kenntnis auf andere Weise erlangt hat.[10]

Ob eine Abweichung **durch AVB** dem VN nachteilig ist, muss bei einer abstrakten Gesamtabwägung zwischen den sich aus der konkreten Abweichung ergebenden Vor- und Nachteilen ermittelt werden. Entscheidend ist dabei, ob die Nachteile generell-abstrakt in der Mehrzahl der Fälle innerhalb des konkreten Regelungszusammenhanges von den Vorteilen aufgewogen werden.[11] Lässt sich dabei nicht sicher feststellen, ob die Vorteile die Nachteile überwiegen, ist von einer Benachteiligung des VN auszugehen.[12] Nur wenn ausnahmsweise eine **individuelle Abrede** zwischen den Vertragsparteien getroffen wurde, ist bei der Beurteilung der Benachteiligung konkret auf den betroffenen VN abzustellen.[13] Abzustellen ist jeweils auf die Beurteilung eines aufgeklärten und verständigen VN ex ante.[14] Eine Benachteiligungsabsicht des VR ist nicht erforderlich.

Rechtsfolge einer Abweichung von den halbzwingenden Vorschriften zum Nachteil des VN ist nach hier vertretener Ansicht die Unwirksamkeit der Vereinbarung.[15] An ihre Stelle tritt die gesetzliche Regelung.

Kontrovers diskutiert wird vor allem in der **Restschuldversicherung**, ob – bei Verzicht auf eine Gesundheitsprüfung – ein Leistungsausschluss für Versicherungsfälle vereinbart werden kann, die mit einer in den 12 Monaten vor Vertragsschluss bekannten Gesundheitsstörung zusammenhängen und innerhalb einer Wartezeit nach Vertragsschluss eintreten. Der BGH hat wegen Verstoßes gegen §§ 34a, 16 ff. a.F. eine Klausel für unwirksam erklärt, bei der nicht erkennbar war, ob sie sich nicht auch auf unbekannte Gesundheitsstörungen erstreckt.[16] Mit Hinweis auf Zweck und Inhalt der Risikoprüfung werden vergleichbare Klauseln – unabhängig von Fragen der regelmäßig wohl nicht gegebenen AGB-rechtlichen Zulässigkeit[17] – mit Recht überwiegend wegen Verstoßes gegen § 32 Satz 1 auch dann als unzulässig angesehen, wenn sie sich nur auf dem VN bekannte Umstände erstrecken.[18] Sie stellen eine Abweichung vom System der §§ 19 ff. dar.[19] Der Gesetzgeber hat ein differenziertes Regelungswerk zum Ausgleich der unterschiedlichen Interessen bei Abschluss des Versicherungsvertrages geschaffen. Danach hat der VR auf der Grundlage der Angaben des Antragenden eine Risikoprüfung vorzunehmen. Mit deren Abschluss müssen für den korrekt handelnden VN die Grenzen seines Versicherungsschutzes klar erkennbar sein.[20] Bei unzutreffenden Angaben sieht das – abschließende[21] – System der §§ 19 ff. differenzierte Rechtsfolgen vor. Von diesem, auch dem Schutz des VN dienenden[22], und für den VR daher nicht einseitig disponiblen System weicht der VR ab, wenn er auf die Risikoprüfung verzichtet und bestimmte Risikoumstände per se mit einem Ausschluss sanktioniert. Aus der Festlegung der §§ 19 f. als halbzwingend folgt dabei, dass nicht nur die Veränderung, sondern erst recht auch die Nichtanwendung des Systems an § 32 Satz 1 zu messen ist.[23] Dass sich der Verzicht auf die Risikoprüfung in der Mehrzahl der Fälle vorteilhaft auswirkt, lässt sich angesichts der vielfältigen Reaktionsmöglichkeiten des VR bei der Anzeige eines Gefahrenumstandes nicht sicher sagen.[24] Indem die Einschätzung und Bewertung des

---

9 Begr. RegE BT-Drucks. 16/3945 S. 70.
10 BGH VersR 1966, 153, 154; BK/*Dörner*, § 34a Rn. 3, § 33 Rn. 37.
11 Vgl. die Nachweise bei § 18 Rdn. 7 Fn. 18 und die Angaben zu den vertretenen abweichenden Ansichten bei § 18 Rdn. 8.
12 P/M/*Prölss*, § 18 Rn. 6; OLG Saarbrücken NJW-RR 2008, 280, 282; B/M/*Johannsen*, § 18 Rn. 4.
13 P/M/*Knappmann*, § 42 Rn. 2; B/M/*Johannsen*, § 18 Rn. 4.
14 B/M/*Brömmelmeyer*, § 32 Rn. 10.
15 Str., vgl. § 18 Rdn. 3, 9.
16 BGH VersR 1996, 486, 487 f.; vergleichbar schon VersR 1994, 549, 551 und NJW-RR 2008, 189, 192.
17 Beurteilung als intransparent: BGH NJW-RR 2015, 801, 802 f. »ernstliche Erkrankungen« nicht klar verständlich; OLG Düsseldorf VersR 2000, 1093, 1094; OLG Brandenburg VersR 2007, 1071, 1072; Verstoß gegen § 307 II Nr. 1 und 2 BGB: VersHb/*Präve*[1], § 10 Rn. 440.
18 Vgl. OLG Hamm NVersZ 1999, 164 f.; zweifelnd auch in VersR 2009, 1482; OLG Saarbrücken NJW-RR 2008, 280, 282; *Knappmann* VersR 2006, 495 ff.; *ders*, FS E. Lorenz, 2004, S. 399, 402 ff.; *ders*, in: VersHb, § 14 Rn. 140 ff.; B/M/*Winter*, V 2 F29; R/L/*Rixecker*, § 32 Rn. 4; zweifelnd aber offen lassend: OLG Frankfurt (Main) VersR 2000, 1135, 1136; vgl. auch BGH NJW-RR 2001, 741, 742 f. zu »erkennbar gewordenen« Umständen allerdings im Rahmen einer vorläufigen Deckungszusage; **anders** (zu im Detail abweichenden Klauseln): OLG Dresden VersR 2006, 61 ff. und OLG Koblenz VersR 2008, 383 (Klausel stellt jeweils auf dem VN bekannt ernsthafte Erkrankungen ab); OLG Schleswig VersR 2007, 22 f. (Restschuldversicherung mit einer Kreditlaufzeit von mehr als 60 Monaten bei Ausschlussklausel für Tod innerhalb von 24 Monaten nach Vertragsschluss); LG Köln VersR 2009, 490; LG Braunschweig r+s 2015, 86 mit kritischer Anm. von *Marlow*; PK/*Schwintowski*, § 32 Rn. 3 (Produktgestaltungsfreiheit des VR); *ders*, VuR 2007, 27 f.
19 BGH VersR 1996, 486; OLG Koblenz VersR 2008, 383. Anders: P/M/*Prölss*, § 19 Rn. 77; *ders*. VersR 1994, 1216, 1217; *Krämer* VersR 2004, 713, 715; wohl auch *Schwintowski* VuR 2007, 27 f.; *Marlow/Spuhl* r+s 2009, 177, 179.
20 Vgl. BGH VersR 1996, 486, 487 f.
21 Vgl. BGH NJW-RR 2007, 826.
22 Vgl. BGH VersR 2007, 630, 631; VersR 1984, 630.
23 Ebenso: *Knappmann* VersR 2006, 495, 496.
24 So überzeugend: OLG Hamm NVersZ 1999, 164 f.; OLG Saarbrücken NJW-RR 2008, 280, 282; OLG Düsseldorf VersR 2000, 1093, 1094; *Knappmann* VersR 2006, 495, 496 f.; B/M/*Brömmelmeyer*, § 32 Rn. 15 ff. der sich aus dem neuen

§ 32 Abweichende Vereinbarungen

Risikos dem VR abgenommen und dem VN aufgebürdet wird, gerät dieser zusätzlich in die Verlegenheit, mit eigenen gesundheitlichen Beeinträchtigungen und ihren Auswirkungen spekulieren zu müssen. Auch um dies zu vermeiden, wurde das System der §§ 19 ff. geschaffen, dessen Schutz dem VN hier genommen würde. Anders dürfte allerdings der Fall zu beurteilen sein, wenn der VR bestimmte konkrete Krankheiten aufzählt. Dann ist es dem VN möglich, das Risiko einzuschätzen.[25] Die Abweichung von §§ 19 ff. stellt auch einen Verstoß gegen § 307 I 1, II Nr. 1 BGB dar (vgl. aber § 18 Rdn. 6). Sie kann weiterhin gegen das Transparenzgebot (§ 307 I 2 BGB) verstoßen.

10 Zunehmend wird in Literatur und Rechtsprechung mit guten Argumenten angenommen, dass auch verhüllte Obliegenheiten, also eine als Risikoausschluss bezeichnete Regelung in den Bedingungen, durch die dem Versicherten tatsächlich aber eine Verhaltenspflicht auferlegt wird, gegen § 32 Satz 1 verstoßen.[26]

C. Satz 2
I. Anwendungsbereich

11 § 32 Satz 2 ist eine Ausnahmeregelung zu Satz 1. Sie erlaubt es, für Anzeigepflichten des VN aus diesem Abschnitt, also für solche nach **§ 19 I 1 und 2, § 23 II und III**, trotz des halbzwingenden Charakters der Normen ein Text- oder Schriftformerfordernis zu vereinbaren. Die Möglichkeit der Vereinbarung der Text- und Schriftform gilt darüber hinaus erst recht für Anzeigen, die von Satz 1 erst gar nicht erfasst sind, wie etwa nach § 30 I. Für diese Anzeige des Versicherungsfalls kann in den Grenzen des § 309 Nr. 13 BGB jede Form vereinbart werden.[27] Entsprechendes gilt für von Satz 2 nicht erfasste geschäftsähnliche Handlungen (z.B. die Auskunftserteilung nach § 31 I 1) oder Willenserklärungen (z.B. Kündigungserklärungen nach § 29 II).[28] Für Rechtsakte des VR kann jede Form vereinbart werden.[29]

12 Eine Vereinbarung der Schriftform durch AVB für vorvertragliche Anzeigen ist nicht möglich, da sich die Wirkung der AVB nicht auf den vorvertraglichen Zeitraum erstreckt.

II. Einschränkung der Zulässigkeit

13 Allgemeine Einschränkungen der Formfreiheit ergeben sich bei der Verwendung von AVB vor allem aus § 309 Nr. 13 BGB. Unzulässig ist nach der h.M. etwa die Vorschrift bestimmter Erklärungsformen (Einschreiben, Telegramm usw.)[30] oder bestimmter Formulare[31]. Als unzulässig wird in diesem Zusammenhang ebenfalls die Bestimmung einer bestimmten Stelle innerhalb des VR als Adressat (z.B. Vorstand) angesehen.[32]

14 Ein in AVB geregeltes Schrift-/Textformerfordernis – das weitestgehend wie eine Vollmachtsbeschränkung behandelt wird[33] – für gegenüber Versicherungsvermittlern abgegebenen Erklärungen ist wegen Verstoßes gegen §§ 72, 69 I Nr. 1, 2 unwirksam. Die nach früherem Recht getroffene Unterscheidung zwischen unzulässigen Vollmachtsbeschränkungen vor Vertragsschluss,[34] und zulässigen Beschränkungen während des laufenden Vertrages,[35] wurde als nicht sachgerecht angesehen und aufgegeben.[36]

Recht ergebende Anforderungen an eine Ausschlussklausel in Rn. 17 darstellt, die bei aller Formulierungskunst nur schwerlich transparent darstellbar wären. Anders: OLG Dresden VersR 2006, 61, 62 f.; OLG Koblenz VersR 2008, 383; OLG Schleswig VuR 2007, 22 f.; PK/*Schwintowski*, § 32 Rn. 3; offen lassend: OLG Frankfurt (Main) VersR 2000, 1135, 1136.

25 R/L/*Rixecker*, § 32 Rn. 4; wohl auch L/W/*Wandt*, § 32 Rn. 33.
26 LG Dortmund VersR 2015, 981 (nach *Piontek/Tschersich* r+s 2015, 363 f. auch das OLG Hamm im durch Vergleich beendeten Berufungsverfahren); *Felsch* r+s 2015, 53; *Piontek/Tschersich* r+s 2015, 363; vgl. hierzu auch *Wandt* VersR 2015, 265; *Koch* VersR 2014, 283 und OLG Naumburg VersR 2015, 102 (durch unwirksame Regelung entstandene Lücke wird durch § 28 II geschlossen); vgl. auch § 28 Rdn. 27 ff.
27 B/M/*Brömmelmeyer*, § 32 Rn. 24.
28 BK/*Dörner*, § 34a Rn. 5.
29 BK/*Dörner*, § 34a Rn. 5.
30 Staudinger/*Coester-Waltjen* (2013), § 309 Nr. 13 BGB, Rn. 5; Ulmer/Brandner/Hensen/*Habersack*, AGB-Recht, 11. Aufl. 2011, § 309 Nr. 13 Rn. 8; BK/*Voit*, § 16 Rn. 108; *Hansen* VersR 1988, 1110, 1116.
31 Staudinger/*Coester-Waltjen* (2013), § 309 Nr. 13 BGB, Rn. 5; *Hansen* VersR 1988, 1110, 1116; VersHb/*Präve*[1], § 10 Rn. 497.
32 BK/*Dörner*, § 34a Rn. 9; VersHb/*Präve*[1], § 10 Rn. 497; *Hansen* VersR 1988, 1110, 1116. Ebenso für das allgemeine Zivilrecht: MünchKommBGB/*Kieninger*, § 309 Nr. 13 Rn. 5; Staudinger/*Coester-Waltjen* (2013), § 309 Nr. 13 Rn. 6; Ulmer/Brandner/Hensen/*Habersack*, AGB-Recht, 11. Aufl. 2011, § 309 Nr. 13 Rn. 8; OLG München NJW-RR 1987, 661, 664; offengelassen von BGH VersR 1999, 565, 567.
33 *Beckmann* NJW 1996, 1378, 1380; *Büsken/Dreyer* NVersZ 1999, 455, 456; *BAV*, VerBAV 1996, 259, 265; Ulmer/Brandner/Hensen/*H. Schmidt*, AGB-Recht, 11. Aufl. 2011, Teil 3 (13) Rn. 8; BT-Drucks. 16/3945 S. 78.
34 Z.B.: BGHZ 116, 387, 390; dazu etwa VersHb/*Reiff*[1], § 5 Rn. 47 ff. – mit weiteren Nachweisen aus der Literatur und Rspr.
35 BGH VersR 1999, 565, 566 (m. Anm. *E. Lorenz*); VersR 1999, 710, 714 (m. Anm. *Präve* VersR 99, 755, 756).
36 Begr. RegE BT-Drucks. 16/3945 S. 78; VVG-Kommission Abschlussbericht 2004 (VersR-Schriftenreihe Heft 25), S. 65 f.

III. Schrift- oder Textform

§ 32 Satz 2 erlaubt Schrift- und Textform, beschränkt die Formenwahl zugleich aber auch auf diese beiden Arten. Darüber hinaus gehende Anforderungen sind ebenso unzulässig, wie – von § 127 BGB nicht vorgesehene – Modifizierungen der Anforderungen an die Text- oder Schriftform.[37] **15**

Bei Vereinbarung der **Schriftform** gelten gem. § 127 I BGB im Zweifel die Anforderungen des § 126 BGB. Erforderlich ist danach eine eigenhändig durch Namensunterschrift oder mittels notariellem Handzeichen unterzeichnete Urkunde. Die Schriftform kann dabei gem. § 126 III durch die elektronische Form (§ 126a BGB) ersetzt werden. **16**

Nach § 127 II BGB genügt – sofern kein anderer Wille feststellbar ist – zur Wahrung der Form auch die telekommunikative Übermittlung. Danach genügt nicht nur ein **Telegramm**, sondern auch ein **Fernschreiben, Teletext, Telefax** oder ein **Computerfax**.[38] Auch die Anzeige per **Email** reicht aus, wenn ihr Inhalt durch Nennung des vollständigen Namens und der Adresse, einen erkennbaren Zusammenhang zum Vertragsinhalt, die Angabe der Policennummern oder aufgrund von Anlagen zur Email usw. einen zuverlässigen Rückschluss auf den Absender zulässt.[39] **17**

Bei Vereinbarung der **Textform** gelten nach § 127 I BGB im Zweifel die Anforderungen des § 126b BGB. Erforderlich ist, dass die Erklärung in einer Urkunde oder auf andere zur dauerhaften Wiedergabe in Schriftzeichen geeignete Weise abgegeben wurde, die Person des Erklärenden genannt ist und der Abschluss der Erklärung durch Namensunterschrift oder anders kenntlich gemacht ist. Die Fixierung einer Mitteilung in lesbaren Schriftzeichen reicht aus. Auf eine eigenhändige Unterschrift und das Urkundenerfordernis wird verzichtet.[40] Deshalb genügt der Zugang einer Erklärung als **(Computer-)Fax, Kopie, E-Mail**, aber auch einer dauerhaft abrufbaren **Internetseite**.[41] **18**

IV. Folgen der Nichteinhaltung

Im Gegensatz zu Willenserklärungen, bei denen – sofern der VR nicht ausdrücklich oder konkludent auf die Einhaltung der Form verzichtet hat[42] – ein Verstoß gegen eine Formvorschrift nach § 125 Satz 2 BGB im Zweifel zur Nichtigkeit führt, wirken Anzeigen als Wissenserklärungen gleichwohl gegen den VR, wenn er durch sie oder auf andere Weise zuverlässig und fristgerecht Kenntnis vom angezeigten Umstand erhalten hat (arg ex §§ 19 V 2, 26 II 1, 30 II, 57 II Nr. 1, 97 II, 132 II 2 Nr. 1).[43] Auch kann bei einer Verletzung der vereinbarten Form das Verschulden als weniger schwer anzusehen sein oder ganz entfallen[44]. **19**

Abschnitt 3. Prämie

§ 33 Fälligkeit.

(1) Der Versicherungsnehmer hat eine einmalige Prämie oder, wenn laufende Prämien vereinbart sind, die erste Prämie unverzüglich nach Ablauf von zwei Wochen nach Zugang des Versicherungsscheins zu zahlen.

(2) Ist die Prämie zuletzt vom Versicherer eingezogen worden, ist der Versicherungsnehmer zur Übermittlung der Prämie erst verpflichtet, wenn er vom Versicherer hierzu in Textform aufgefordert worden ist.

Übersicht

	Rdn.		Rdn.
A. Normzweck und -geschichte	1	III. Prämienanforderung	18
B. Anwendungsbereich	4	IV. Rechtsfolge	19
C. Prämienschuld	5	E. Stundung	20
D. Voraussetzungen der Fälligkeit (Abs. 1)	9	F. Regelmäßige Einziehung (Abs. 2)	22
I. Zustandekommen des Vertrages	9	G. Abdingbarkeit	24
II. Ablauf der 14-Tage-Frist und Widerruf	14	H. Beweislast	25

---

37 B/M/*Brömmelmeyer*, § 32 Rn. 26.
38 MünchKommBGB/*Einsele*, § 127 Rn. 10.
39 Dagegen: *Leverenz* VersR 2002, 1318, 1327 f.; P/M/*Armbrüster*, § 32 Rn. 7; wie hier: B/M/*Brömmelmeyer*, § 32 Rn. 30.
40 BT-Drucks. 14/4987 S. 18 ff.
41 MünchKommBGB/*Einsele*, § 126b Rn. 9.
42 Vgl. P/M/*Armbrüster*, § 32 Rn. 7.
43 BGH VersR 1966, 153, 154; OLG Neustadt VersR 1963, 151, 152; P/M/*Prölss*, § 32 Rn. 4; B/M/*Brömmelmeyer*, § 32 Rn. 33, der jedoch – m.E. zu Unrecht – die Folgenlosigkeit des Verstoßes nur dann annimmt, wenn der VR durch den VN informiert wurde.
44 B/M/*Möller*[8], Bd. I, § 34a Rn. 12.

§ 33 Fälligkeit

Schrifttum:
Dörner/Hoffmann, Der Abschluss von Versicherungsverträgen nach § 5a VVG, NJW 1996, 135; *Gärtner,* Prämienzahlungsverzug, 2. Aufl., 1977; *Gassmann,* Zur Fälligkeit der Erstprämie, VersR 1966, 325; *Gitze,* Die Beendigung eines Vertrags über vorläufige Deckung bei Prämienzahlungsverzug nach dem Regierungsentwurf eines Gesetzes zur Reform des Versicherungsrechts, VersR 2007, 322; *Haymann,* Die Einlösung des Versicherungsscheines, ZVersWiss 1933, 93; *Herresthal,* Das Ende der Geldschuld als sog. qualifizierte Schickschuld, ZGS 2008, 259; *Hill,* Der Prämienzahlungsverzug, 1996; *Klimke,* Die Bedeutung der Zahlungsverzugsrichtlinie 2000/35/EG für die Prämienschuld des Versicherungsnehmers, VersR 2010, 1259; *Lang,* Prämienverzug, Voraussetzungen und Rechtsfolgen in der Rechtsprechung des BGH, VersR 1987, 1157; *Langheid,* Die Reform des Versicherungsvertragsgesetzes – 1. Teil: Allgemeine Vorschriften, NJW 2007, 3665; *Looschelders,* Die richtlinienkonforme Auslegung des § 506 BGB (§ 499 a.F.) im Hinblick auf Versicherungsverträge mit unterjähriger Prämienzahlung, VersR 2010, 977; *Mohr,* VN – Prämienschuldner, Beitragsschuldner, VersR 1964, 885; *Prahl,* Der Prämienanspruch des Lebensversicherers in der Insolvenz des Versicherungsnehmers bei beiderseits nicht erfülltem Vertrag, VersR 2006, 884; *Riedler,* Der Prämienzahlungsverzug bei Erst- und Folgeprämie, 1990; *Schön,* Prinzipien des bargeldlosen Zahlungsverkehrs, ACP 198, 401; *Wandt/Ganster,* Zur Harmonisierung von Versicherungsbeginn und Prämienfälligkeit durch AVB im Rahmen des VVG 2008, VersR 2007, 1034; *Will,* Der Prämienzahlungsverzug, 1996.

A. Normzweck und -geschichte

1 Der weitaus wichtigere **Abs. 1** der Vorschrift regelt abweichend von § 271 BGB die **Fälligkeit** einer **Einmalprämie oder** – bei Vereinbarung laufender Prämienzahlung – der **Erstprämie,** nicht aber die Fälligkeit der Folgeprämie (zur Abgrenzung siehe § 37 Rdn. 2).[1] Deren Fälligkeit wird zumeist vertraglich geregelt. Wo dies unterblieben ist, gilt § 271 BGB.[2] Ist dies der Fall, wird die Folgeprämie sofort fällig, d.h. am ersten Tag der betreffenden Versicherungsperiode. Die Fälligkeit der Erst- oder Einmalprämie ist von großer Bedeutung für den Versicherungsschutz, da der VR gegebenenfalls von seiner Leistungspflicht frei wird, wenn der VN nicht rechtzeitig zahlt (§ 37). Die Vorschrift koppelt die Fälligkeit an das **Widerrufsrecht** des VN in § 8.

2 **Abs. 2,** der nicht nur für die Erst- und Einmalprämie, sondern für sämtliche Prämien gilt, ist eine besondere Ausprägung des Grundsatzes von Treu und Glauben und verfolgt den Zweck, den VN davor zu bewahren, wegen einer **Änderung des Zahlungsmodus** in Verzug zu geraten.

3 § 33 I geht auf § 35 a.F. zurück. Allerdings wurde der Zeitpunkt der Fälligkeit (ursprünglich: Abschluss des Vertrages) verschoben, um § 33 mit dem zweiwöchigen Widerrufsrecht nach § 8 I zu harmonisieren. Abs. 2 entspricht mit leichten sprachlichen Änderungen inhaltlich § 37 a.F.

B. Anwendungsbereich

4 § 152 III enthält für die **Lebensversicherung** eine Sonderregelung, weil sich die Widerrufsfrist in der Lebensversicherung auf 30 Tage beläuft.

C. Prämienschuld

5 **Prämie** ist nach der Legaldefinition des § 1 Satz 2 die zwischen VR und VN »vereinbarte Zahlung«. Damit gemeint ist sowohl die vom VN geschuldete Gegenleistung für die Risikotragung durch den VR als auch Nebengebühren (z.B. Inkasso- und Ausfertigungsgebühren des VR sowie die Versicherungssteuer, § 7 IV VersStG), die kein Entgelt für die Risikotragung sind, da § 1 nicht zwischen synallagmatischen und nicht-synallagmatischen Pflichten unterscheidet.[3] Prämie in diesem Sinne sind insbesondere auch die für den Versicherungsverein auf Gegenseitigkeit zu entrichtenden Beiträge (Umlagen, Nachschüsse, Eintrittsgelder, etc.).[4] Das war in § 1 II 2 a.F. noch ausdrücklich geregelt. Im VVG 2008 gilt aber nichts anderes. **Gläubiger** der **Prämie** ist der VR, bei offener Mitversicherung sämtliche VR als Teilgläubiger. **Schuldner** ist der VN, nicht die versicherte Person oder Bezugsberechtigte. Mehrere VN sind Gesamtschuldner. Der Erwerber der versicherten Sache wird mit dem Veräußerer Gesamtschuldner.[5] Keine **Prämie** sind eine rückständige Prämienschuld, die ein Erwerber von seinem Rechtsvorgänger vertraglich übernommen hat,[6] Zinsen eines Policendarlehens[7] oder Depoteinzahlungen, aus denen später Prämien an den VR gezahlt werden sollen.[8]

6 Die **Höhe der Prämie** richtet sich grundsätzlich nach der Vereinbarung zwischen den Parteien. Ist eine solche Vereinbarung unterblieben, ist anzunehmen, dass sich der VN stillschweigend bereit gefunden hat, Versicherungsschutz zu den Prämienkonditionen zu zeichnen, die der VR üblicherweise auf vergleichbare Fälle

---

1 So auch *Looschelders* VersR 2010, 980.
2 BGH VersR 2013, 341; P/M/*Knappmann,* § 33 Rn. 3; R/L/*Rixecker,* § 33 Rn. 1; HK-VVG/*Karczewski* § 33 Rn. 1.
3 L/W/*Staudinger,* § 33 Rn. 5; HK-VVG/*Karczewski* § 33 Rn. 2; P/M/*Knappmann,* § 33 Rn. 4; FAKomm-VersR/*Thessinga,* § 33 Rn. 2; VersHB/*Hahn,* § 12 Rn. 3; a.A. zum alten Recht BK/*Riedler,* § 35 Rn. 4; diffrenzierend hinsichtlich Gebühren für Sondertatbestände wie die Ausstellung eines neuen Versicherungsscheins *Ganster,* S. 71 f.
4 Begr. RegE BT-Drucks. 16/3945 S. 56.
5 So auch P/M/*Knappmann,* § 33 Rn. 9.
6 OLG Hamm r+s 1987, 166.
7 BGH VersR 1999, 433; HK-VVG/*Karczewski* § 33 Rn. 2.
8 BGH VersR 1999, 433.

anwendet,[9] da der VN nicht auf kostenfreien Versicherungsschutz hoffen darf. Regelmäßig bietet der VR standardisierte Tarife an, deren Kalkulation ggf. aufsichtsrechtlich geregelt wird. Lassen sich übliche Prämienbedingungen nicht feststellen, gelten hilfsweise §§ 315 f. BGB.

Prämiengläubiger ist der VR, bei einer Bestandsübertragung nach § 14 der übernehmende VR.[10] Offene Mitversicherer sind Teilgläubiger i.S.d. § 420 BGB. Haben sie eine Führungsklausel vereinbart, ist der führende VR berechtigt, sämtliche Prämien einzuziehen.[11] Bei verdeckter Mitversicherung ist allein derjenige VR Prämiengläubiger, der dem VN vertraglich gegenüber getreten ist.[12] Anders als der Versicherungsmakler gilt der **Versicherungsvertreter** nach § 69 Abs. 2 als bevollmächtigt, Zahlungen im Zusammenhang mit dem Abschluss eines Vertrages entgegen zu nehmen, ohne selbst Prämiengläubiger zu sein. Beschränkungen der Empfangsvollmacht des Versicherungsvertreters entfalten gegenüber dem VN nur dann Wirkung, wenn er sie kannte oder sie hätte kennen müssen.[13] Der Versicherungsmakler kann nur dann wirksam Prämien entgegennehmen, wenn er vom VR dazu bevollmächtigt wurde oder zumindest eine Anscheinsvollmacht vorliegt.

7

Prämienschuldner ist der VN. Mehrere VN haften als Gesamtschuldner.[14] Versicherte Personen, Bezugsberechtigte, Zessionare, Vollstreckungsgläubiger oder gar der Makler sind hingegen keine Prämienschuldner.[15] Dritte kann der VR nur in Anspruch nehmen, wenn sie der Schuld des VN beigetreten sind, Parteien kraft Amtes (z.B. einen Insolvenzverwalter) nur im Rahmen des von ihnen verwalteten Vermögens.[16] **Gesamtrechtsnachfolge** (mit Beendigungsmöglichkeiten) tritt nur bei sachbezogenen Risiken ein; bei personenbezogenen Risiken liegt ein Interessewegfall i.S.d. § 80 vor. Teilweise sind aber Fortsetzungsmöglichkeiten vorgesehen, z.B. nach § 207 in der privaten Krankenversicherung.

8

D. Voraussetzungen der Fälligkeit (Abs. 1)

I. Zustandekommen des Vertrages

Der Versicherungsvertrag ist solange schwebend wirksam, wie der VN ein Widerrufsrecht hat.[17] Grundsätzlich kann der VN seine Vertragserklärung (also Antrag oder Annahme) innerhalb von zwei Wochen widerrufen. Damit die Frist zu laufen beginnt, müssen ihm Versicherungsschein, AVB und Belehrung über das Widerrufsrecht vorliegen (§ 8 II). Genügt der VR den Anforderungen des § 8 II nicht, beginnt die Frist für das Widerrufsrecht nicht zu laufen. Für den Zeitpunkt des Vertragsschlusses ist zu unterscheiden:

9

Nach dem **Antragsmodell** informiert der VR den VN vollumfänglich. Auf dieser Grundlage trägt der VN dem VR an, einen Versicherungsvertrag zu schließen. Ist der VR einverstanden, nimmt er den Antrag an und sendet dem VN den Versicherungsschein mit den anderen Unterlagen nach § 8 II. Hier kommt also *uno actu* der Vertrag zustande und die Widerrufsfrist beginnt zu laufen. Das Antragsmodell entspricht also der Regelvorstellung des Gesetzes.

10

Der **Versicherungsschein** ist dem VN **zugegangen**, wenn er Besitz daran erlangt hat. Der VR trägt die Beweislast für den Zugang und den Zeitpunkt des Zugangs.[18] Der VN kann den Zeitpunkt des Zugangs mit Nichtwissen bestreiten.[19]

11

Es sind aber auch andere Konstellationen denkbar: Nach dem »*invitatio*-Modell« lädt der VN den VR dazu ein, ihm einen Antrag zu machen (*invitatio ad offerendum*), gibt also keine Vertragserklärung ab. Auf der Grundlage dieser *invitatio* macht der VR dem VN ein Angebot, das er ihm zusammen mit der Police zusendet. Der VN nimmt dieses Angebot ausdrücklich oder konkludent an, indem er die Prämie zahlt.[20] Sofern die Rechtsprechung diese Umgehung von § 7 akzeptieren sollte, kann es dazu kommen, dass der VN den Versicherungsschein in den Händen hält, bevor der Vertrag zustande kommt. Dies führt aber nicht dazu, dass dem Wortlaut von § 33 entsprechend die Prämie fällig würde, bevor der VN das Angebot des VR angenommen hätte. Es ist auch nicht so, dass *uno actu* der Vertrag zustande käme und die Prämie fällig würde, wenn sich der Versicherungsschein schon zwei Wochen vor Annahme beim VN befand. Vielmehr hat der VN **nach Annahme des Vertrages** das zweiwöchige Widerrufsrecht aus § 8 I 1 und auch erst zu diesem Zeitpunkt **beginnt die Frist des § 33 I zu laufen**.[21] § 33 setzt also voraus, dass der Vertrag zustande gekommen ist und der Versicherungsschein vorliegt.[22]

12

---

9 So auch P/M/*Knappmann*, § 33 Rn. 5; VersHb/*Hahn*, § 12 Rn. 24; *Wandt*, Rn. 486.
10 L/W/*Staudinger*, § 33 Rn. 12.
11 P/M/*Knappmann*, § 33 Rn. 10; R/L/*Rixecker*, § 33 Rn. 2.
12 VersHB/*Hahn*, § 13 Rn. 20.
13 Begr. RegE BT-Drucks. 16/1935 S. 26; HK-VVG/*Karczewski* § 33 Rn. 3.
14 HK-VVG/*Karczewski* § 33 Rn. 3.
15 B/M/*Beckmann*, § 33 Rn. 41 f.; L/W/*Staudinger*, § 33 Rn. 15 ff.; P/M/*Knappmann*, § 33 Rn. 9.
16 L/W/*Staudinger*, § 33 Rn. 15; P/M/*Knappmann*, § 33 Rn. 9.
17 So auch *Schimkowski*, Rn. 152.
18 Vgl. B/M/*Beckmann*, § 33 Rn. 65; P/M/*Knappmann*, § 33 Rn. 8.
19 OLG Hamm VersR 1996, 1408.
20 *Langheid* NJW 2007, 3666.
21 B/M/*Beckmann*, § 33 Rn. 50; FAKomm-VersR/*Thessinga*, § 33 Rn. 11.
22 Vgl. B/M/*Beckmann*, § 33 Rn. 50; P/M/*Knappmann*, § 33 Rn. 27; VersHb/*Hahn*, § 12 Rn. 21.

13 In den **Fällen von § 8 III** besteht kein Widerrufsrecht. Hier ergibt sich aus der Systematik des Gesetzes (Junktim der §§ 8 und 33 hinsichtlich der Frist), dass § 33 nicht gilt, mit der Folge, dass sich die Fälligkeit der Prämie nach § 271 BGB richtet, der VN also im Zweifel sofort zu leisten hat.[23] Da § 33 Abs. 1 disponibel ist (s. unten Rdn. 24), können die Parteien aber abweichende Vereinbarungen treffen.[24]

II. Ablauf der 14-Tage-Frist und Widerruf

14 Anders als nach § 35 S. 1 und 2 a.F. wird die Prämie nach § 33 I nicht mehr sofort nach Abschluss des Versicherungsvertrages fällig, sondern erst nach Ablauf einer Frist von 14 Tagen. Das ist nach § 8 I der regelmäßige Lauf der Widerrufsfrist des VN. Für den Ablauf der 14-Tage-Frist (bis 11.06.2010: Zwei-Wochen-Frist[25]) sind mehrere Konstellationen zu unterscheiden:

15 a) Der **VR schickt alle Unterlagen im Sinne von § 8 II**, dann fallen Fälligkeit und Ablauf der Widerrufsfrist zusammen – so zumindest die Vorstellung des Gesetzgebers.[26] Dies wäre unzweifelhaft der Fall, wenn in § 33 anstelle von »**unverzüglich**« wie in § 35 a.F. »**sofort**« stünde. Unverzüglich bedeutet nach § 121 I BGB »ohne schuldhaftes Zögern«. Gründe, aus denen heraus es nicht schuldhaft sein sollte, zwei Wochen nach Zugang des Versicherungsscheines nicht unmittelbar zu zahlen, dürften nur in Ausnahmefällen vorliegen. Im Zweifel bedeutet »unverzüglich« hier also **sofort** nach Fristende.[27] Diese Auslegung entspricht den Gründen, aus denen heraus der Gesetzgeber die Zwei-Wochen-Frist eingeführt hat: Er wollte die Fälligkeit an das Ende der Schwebezeit koppeln. Sonst hätte es nämlich der VR in der Hand, durch Vorgehen gegen den VN sich vor Ablauf der Widerrufsfrist zur Entscheidung zu zwingen. Das würde aber die Ratio der Widerrufsfrist konterkarieren; sie soll es dem VN ermöglichen, auf Grundlage der zugesandten Unterlagen die Entscheidung zu treffen, ob er den Vertrag wirklich will oder nicht.[28] Die Fälligkeit frühestens mit Ende der Widerrufsfrist eintreten zu lassen, ist auch ein Anreiz für den VR, seinen Obliegenheiten und Pflichten aus § 8 II zu genügen.

In **Zahlungsaufforderungen** sollte der VR sich darauf beschränken, die gesetzliche Regelung wiederzugeben. Längere Zahlungsfristen können intransparent sein oder gar erst nach Ablauf der gesetzlichen 14-Tages-Frist zu laufen beginnen,[29] kürzere sind unwirksam.

Im Falle eines **Versicherungsscheins, der vom Antrag abweicht**, hat der VN unter den übrigen Voraussetzungen des § 5 ein einmonatiges Widerspruchsrecht. Nach der Ratio des § 33 I sind hier ebenso die beiden Fristen gekoppelt, auch wenn dies nicht ausdrücklich angeordnet ist.[30] Es wäre nicht sachgerecht, wenn die Forderung des VR fällig wäre, die Genehmigungsfiktion aus § 5 aber noch Platz greifen würde. Bei einem abweichenden Versicherungsschein tritt also Fälligkeit frühestens einen Monat nach Zugang des Versicherungsscheins ein.[31] Dieses Ergebnis bestätigt sich indirekt aus der Sonderregelung für die **Lebensversicherung** in § 152 III.

16 b) **Der VN erhält nicht alle Unterlagen im Sinne von § 8 II, aber den Versicherungsschein**. Man könnte meinen, hier würde die Forderung fällig, obwohl die Schwebezeit noch anhält. Dies würde aber dem Sinn von § 33 I widersprechen, Fälligkeit und Ende der Schwebeperiode miteinander zu verkoppeln. Die Forderung des VR wird daher erst dann fällig, wenn dem VN sämtliche Unterlagen zugegangen sind und die Widerrufsfrist zu laufen begonnen hat.[32] Wenn der VN gleichwohl zahlt, ist sein Kondiktionsanspruch gem. § 813 II BGB gesperrt. Will er seine Leistung zurück erhalten, muss er den Vertrag widerrufen. Die Rückerstattung der Prämien richtet sich dann nach dem europarechtskonform auszulegenden § 9. Die gleiche Rechtslage gilt für den Fall, dass der VR zwar den Versicherungsschein und die erforderlichen Unterlagen übersendet, den **VN aber fehlerhaft oder gar nicht belehrt**.[33] Ein bloßes Leistungsverweigerungsrecht des VN[34] wird dem Normzweck nicht gerecht.

---

23 A.A. P/M/*Knappmann*, § 33 Rn. 1.
24 L/W/*Staudinger*, § 33 Rn. 1.
25 Die Änderung war rein redaktioneller Natur; BR-Drucks. 848/08 S. 248; L/W/*Staudinger*, § 33 Rn. 24.
26 Begr. RegE BT-Drucks. 16/3945 S. 70.
27 Noch strenger *Funck* VersR 2008, 163 (immer sofort); a.A. HK-VVG/*Karczewski*, § 33 Rn. 7; L/W/*Staudinger*, § 33 Rn. 19; PK/*Michaelis/Pagel*, § 33 Rn. 4; P/M/*Knappmann*, § 33 Rn. 6; VersHb/*Hahn*, § 12 Rn. 22; FAKomm-VersR/*Thessinga*, § 33 Rn. 13 (Zeitspanne von 2–3 Tagen); differenzierend B/M/*Beckmann*, § 33 Rn. 44 (ggf. auch längere Frist).
28 A.A. *Schimikowski*, Rn. 152.
29 OLG Hamm VersR 1999, 1229; HK-VVG/*Karczewski*, § 33 Rn. 7.
30 So wohl auch Begr. RegE BT-Drucks. 16/3945 S. 70.
31 B/M/*Beckmann*, § 33 Rn. 46; HK-VVG/*Karczewski*, § 33 Rn. 6; P/M/*Knappmann*, § 33 Rn. 1; FAKomm-VersR/*Thessinga*, § 33 Rn. 10.
32 So auch HK-VVG/*Karczewski*, § 33 Rn. 5; L/W/*Staudinger*, § 33 Rn. 19; P/M/*Knappmann*, § 33 Rn. 1; FAKomm-VersR/*Thessinga*, § 33 Rn. 9; *Wandt/Ganster* VersR 2007, 1034 Fn. 5; a.A. B/M/*Beckmann*, § 33 Rn. 47 f.; R/L/*Rixecker*, § 33 Rn. 4; *Schimikowski*, Rn. 152.
33 Wie hier HK-VVG/*Karczewski*, § 33 Rn. 6; L/W/*Staudinger*, § 33 Rn. 19; P/M/*Knappmann*, § 33 Rn. 1; FAKomm-VersR/*Thessinga*, § 33 Rn. 9.
34 Dafür B/M/*Beckmann*, § 33 Rn. 49; *Marlow/Spuhl* S. 115.

c) **Der VN erhält den Versicherungsschein nicht**, dann wird die Forderung nicht fällig. Zahlt er gleichwohl, gilt das zu b) Gesagte. 17

III. Prämienanforderung

Die Forderung muss ihrem Gegenstand nach klar und richtig berechnet sein.[35] Da der VN die Forderung der Höhe nach nicht kennen kann, muss der VR sie anfordern, sei es im Versicherungsschein oder durch eine Lastschrift. 18

IV. Rechtsfolge

Einzige Rechtsfolge des Abs. 1 ist die Fälligkeit der Erst- oder Einmalprämie. 19

E. Stundung

Vereinbaren die Parteien eine »**Stundung**«, so bedeutet dies, dass die Fälligkeit der Prämienforderung hinausgeschoben ist[36]. Ist dies der Fall, so hat der VR die Rechte aus den §§ 38 f. nicht. Im Zweifel ist von einer solchen sog. **deckenden Stundung** auszugehen, da dies nach Treu und Glauben mit Rücksicht auf die Verkehrssitte (§ 157 BGB) der Sinn und Zweck einer Stundung ist.[37] Dies gilt erst recht bei der Vereinbarung vorläufiger Deckung (§§ 49 ff.), es sei denn, der VR hat nach § 51 den Beginn des Versicherungsschutzes von der Zahlung der Prämie abhängig gemacht.[38] Selbstverständlich steht es im Rahmen der Privatautonomie frei, eine Konstruktion zu wählen, bei welcher Stundung nur die Nichtgeltendmachung der fälligen Forderung bedeutet, etwa ein *pactum de non petendo* – zu unterstellen ist dies aber nicht, wenn die Parteien von »Stundung« sprechen. 20

Erteilt der VN dem VR eine **Einzugsermächtigung** und ist dieser hiermit einverstanden, so liegt hierin in aller Regel eine zumindest konkludent erklärte deckende Stundung: Der VR hat ja einen Vorteil hiervon und der VN kann den Zeitpunkt der Einziehung nicht bestimmen.[39] 21

F. Regelmäßige Einziehung (Abs. 2)

Die aus dem VVG 1908 unverändert fortgeschriebene Vorschrift knüpft eigentlich an die früher gebräuchliche Praxis der VR an, die Prämie durch einen Agenten beim VN abholen zu lassen. Heute geht es aber um etwas anderes: Prämienschuld wird mittlerweile durch die h.L. als modifizierte Bringschuld qualifiziert (s. § 36). Erteilt der VN dem VR eine **Einzugsermächtigung**, liegt hierin gleichzeitig die Vereinbarung einer **Holschuld**.[40] Obwohl diese Anordnung in § 33 steht, bezieht sie sich nicht nur auf die **Erst- oder Einmalprämie**, sondern auch auf **Folgeprämien**. Die Verwandlung in eine Holschuld wird bereits durch **einmaliges Einziehen** bewirkt.[41] 22

Will der VR die Prämienschuld in eine Bringschuld zurückverwandeln, gibt ihm Abs. 2 die Möglichkeit, dies durch eine entsprechende Erklärung zu tun. Hierzu muss er den VN in Textform (§ 126b BGB) auffordern. Diese **Aufforderung** hat die Erklärung des VR zu enthalten, dass er für die Zukunft die Prämie nicht mehr einzuziehen wünsche und dass daher der VN die Pflicht habe, sie ihm auf Gefahr und auf Kosten des VN zuzuschicken. Eine **qualifizierte Mahnung** des VR ist für eine solche Erklärung unzureichend, denn aus Sicht des VN ergibt sich aus einer solchen Mahnung nicht die Umstellung des Zahlungsmodus.[42] Hat der VR von der Einzugsermächtigung noch keinen Gebrauch gemacht, gilt § 33 Abs. 2 nicht.[43] Die Norm ist in ihrem Anwendungsbereich daher auf Folgeprämien beschränkt. 23

G. Abdingbarkeit

Abs. 1 ist nach § 42 disponibel und wird in der Praxis auch teilweise abbedungen, vgl. etwa Abschnitt B § 2 Nr. 2 Abs. 1 VHB 2008 oder Abschnitt B § 2 Nr. 2 Abs. 1 VHB 2008 (Fälligkeit zum Zeitpunkt des vereinbarten Versicherungsbeginns) oder Ziff. 1.1 AKB 2008 (14-tägige Zahlungsfrist); zur Abdingbarkeit siehe im Übrigen § 42. 24

H. Beweislast

Der VN muss zu **Abs. 1** darlegen und beweisen, dass er die Prämie gezahlt hat und dass dies rechtzeitig (insb. unverzüglich) erfolgt ist – allerdings nur sofern es um die Erfüllung als solche geht; den VR trifft hingegen 25

---

35 R/L/*Römer*², § 38 Rn. 10 f.
36 Jauernig/*Stadler*, § 271 Rn. 9; L/W/*Staudinger*, § 33 Rn. 27; VersHb/*Hahn*, § 12 Rn. 24.
37 VersHb/*Hahn*, § 12 Rn. 25; differenzierend B/M/*Beckmann*, § 37 Rn. 19.
38 OLG Hamm VersR 1984, 377; HK-VVG/*Karczewski*, § 33 Rn. 8; L/W/*Staudinger*, § 33 Rn. 30.
39 OLG Hamm VersR 1984, 231; OLG Köln NJW-RR 1986, 390; PK/*Michaelis*, § 33 Rn. 5.
40 B/M/*Beckmann* § 33 Rn. 57; VersHb/*Hahn*, § 12 Rn. 33.
41 Anders wohl OLG Hamm VersR 1979, 1047.
42 OLG Hamm VersR 1979, 1047.
43 OLG Celle VersR 1976, 854; HK-VVG/*Karczewski*, § 33 Rn. 20; P/M/*Knappmann*, § 33 Rn. 22; FAKomm-VersR/*Thessinga*, § 33 Rn. 15.

§ 34 Zahlung durch Dritte

die Beweislast, wenn es darum geht, aus der nicht rechtzeitigen Erfüllung oder Nichterfüllung weitere Rechte abzuleiten (näher dazu § 36). Zugang und Zugangszeitpunkt des Versicherungsscheins hat der VR ebenfalls zu beweisen, da es sich um Voraussetzungen der Fälligkeit handelt. Hier ist mit Blick auf die Beweisschwierigkeiten des VR über Beweiserleichterungen nachzudenken.[44] Im Lastschriftverfahren hat der VR zu beweisen, dass er ordnungsgemäß, aber vergeblich versucht hat, die Prämie einzuziehen; der VN hat Deckung seines Kontos zum maßgeblichen Zeitpunkt zu beweisen.[45] Was **Abs. 2** anbelangt, ist der VR dafür beweisbelastet, dass er sein Gestaltungsrecht den Voraussetzungen des Gesetzes entsprechend ausgeübt hat.

§ 34 Zahlung durch Dritte. (1) Der Versicherer muss fällige Prämien oder sonstige ihm auf Grund des Vertrags zustehende Zahlungen vom Versicherten bei einer Versicherung für fremde Rechnung, von einem Bezugsberechtigten, der ein Recht auf die Leistung des Versicherers erworben hat, sowie von einem Pfandgläubiger auch dann annehmen, wenn er die Zahlung nach den Vorschriften des Bürgerlichen Gesetzbuchs zurückweisen könnte.
(2) Ein Pfandrecht an der Versicherungsforderung kann auch wegen der Beträge einschließlich ihrer Zinsen geltend gemacht werden, die der Pfandgläubiger zur Zahlung von Prämien oder zu sonstigen dem Versicherer auf Grund des Vertrags zustehenden Zahlungen verwendet hat.

Übersicht

	Rdn.		Rdn.
A. Normzweck und -geschichte	1	III. Informationsrecht gegenüber dem VR	5
B. Zur Zahlung berechtigte Dritte	3	C. Rechtsfolgen	6
I. Genannte Personengruppen	3	D. Pfandrechtserweiterung (Abs. 2)	8
II. Ungenannte Personengruppen	4	E. Abdingbarkeit	10

A. Normzweck und -geschichte

1 VN und versicherte Person oder Bezugsberechtigter müssen nicht identisch sein. Um solche Personen zu schützen, die materiell am Bestand des Versicherungsvertrags interessiert sind, ohne dessen Partei zu sein, wird § 267 II BGB durch § 34 als *lex specialis* verdrängt. Das Gesetz trägt damit dem Umstand Rechnung, dass der Dritte ein besonderes Interesse an der Leistung hat, und dass die privatautonome Bestimmungsbefugnis der Parteien des Versicherungsvertrages hinter diesem Interesse zurücktreten muss.

2 § 34 übernimmt § 35a a.F. mit einer leichten sprachlichen Korrektur. Statt »bürgerlichen Rechts« heißt es jetzt korrekt »Bürgerlichen Gesetzbuchs«. Inhaltlich ist damit keine Änderung verbunden.

B. Zur Zahlung berechtigte Dritte

I. Genannte Personengruppen

3 Hat der Gläubiger kein spezifisches Interesse daran, dass der Schuldner in Person leistet, was exemplarisch bei Geldschulden der Fall ist, so kann auch ein Dritter die Leistung erbringen. Freilich kann er die Leistung zurückweisen, wenn der Schuldner ihr widerspricht (§ 267 BGB). § 34 nimmt dem VR dieses Recht in folgenden drei im Tatbestand genannten Fällen:
a) Bei versicherten Personen im Falle einer Versicherung für fremde Rechnung.
b) Bei Bezugsberechtigten (§ 159), sofern sie ein eigenes Leistungsrecht erworben haben. Hierunter fällt stets der unwiderruflich Bezugsberechtigte und der widerruflich Bezugsberechtigte nach Eintritt des Versicherungsfalles (§ 159 II).[1] Widerspricht der VN der Leistung, ist dies als Widerruf der Bezugsberechtigung zu werten.
c) Beim Inhaber eines Pfandrechts an der Versicherungsforderung. Ob es sich dabei um ein vertragliches Pfandrecht, ein Grundpfandrecht, das sich auf die Versicherungsforderung erstreckt (§ 1127 BGB) oder ein Pfändungspfandrecht handelt, ist unerheblich. Ein Pfandrecht am versicherten Gegenstand reicht hingegen nicht aus, weil hier die Leistung des VR die Rechtsstellung des Pfandgläubigers nicht beeinflusst.[2]

II. Ungenannte Personengruppen

4 Im Schrifttum wird verbreitet vertreten, § 34 Abs. 1 sei als Ausnahmevorschrift eng auszulegen.[3] Dem ist in dieser Allgemeinheit nicht zu folgen. Die Vorschrift ist nach ihrem Sinn und Zweck auszulegen. Daher ist kritisch zu prüfen, ob die im Folgenden aufgeführten Personen tatsächlich nicht von § 34 geschützt sind, wie auf Grundlage der verfehlten Prämisse einer Pflicht zur engen Auslegung der Norm angenommen wird:[4]

---

44 Dazu ausführlich *Brand* VersR 2015, 10, 16.
45 BGH VersR 1977, 1153; P/M/*Knappmann*, § 33 Rn. 21.
1 B/M/*Beckmann*, § 34 Rn. 9; a.A. P/M/*Knappmann*, § 34 Rn. 5.
2 HK-VVG/*Karczewski*, § 34 Rn. 2; L/W/*Staudinger*, § 34 Rn. 8; P/M/*Knappmann*, § 34, Rn. 5.
3 HK-VVG/*Karczewski*, § 34 Rn. 2; L/W/*Staudinger*, § 34 Rn. 1; PK/*Michaelis*, § 34 Rn. 3; *Schimikowski*, Rn. 150.
4 B/M/*Beckmann*, § 34 Rn. 12; P/M/*Knappmann*, § 35 Rn. 5; FAKomm-VersR/*Thessinga*, § 34 Rn. 6.

a) Der **Zessionar**: Dem ist nicht zu folgen.[5] Der Zessionar ist genauso schützenswert wie die anderen genannten Personen.
b) Der **Drittgeschädigte** in der Haftpflichtversicherung. Das kann in den Fällen eines Direktanspruchs (§ 115) nicht überzeugen: Das Gesetz will es dem Geschädigten so leicht und so sicher wie möglich machen, den Schaden ersetzt zu bekommen. Es stellt sich daher die Frage, wieso der VN diese Position aushebeln können sollte, indem er die Prämie nicht bezahlt, einer Leistung seitens des Geschädigten widerspricht und so dem VR die Ablehnung der Leistung ermöglicht (§ 267 II BGB).
c) Der **Inhaber eines Versicherungsscheins auf den Inhaber** (§ 4) oder der **Inhaber einer Orderpolice** (§ 363 II HGB). Auch das überzeugt nicht. Dieser hat genauso ein legitimes Interesse wie ein gewöhnlicher VN auch.

Auch die vorgenannten Personen können sich mithin auf § 34 berufen. Voraussetzung ist aber, dass sie die fällige Leistung vollständig anbieten.

III. Informationsrecht gegenüber dem VR

Umstritten ist, ob der Dritte gegenüber dem Versicherer ein Informationsrecht im Fall des Verzuges seitens des VN hat.[6] § 34 regelt diese Frage nicht. Insbes. verpflichtet sie den VN nicht, den privilegierten Personenkreis über einen Zahlungsrückstand zu informieren. Eine solche Informationspflicht mag im Einzelfall aus anderer Quelle bestehen.[7] Häufig ist sie für den Dritten aber wirtschaftlich wertlos.[8] Für ein Informationsrecht gegenüber dem VR spricht, dass der Realgläubiger in der Gebäudeversicherung explizit ein solches Informationsrecht eingeräumt bekommen hat (§§ 142, 146). Diese Regel beruht auf einem Gedanken, der auch § 34 innewohnt, nämlich dass der Dritte ein rechtlich geschütztes Interesse daran hat, dass ihm Leistungsstörungen des VN nicht zum Nachteil gereichen.[9] Die von § 34 privilegierten Dritten stehen dem Realgläubiger aber nur dann gleich, wenn sie besonders schutzbedürftig sind. Das ist wegen der strengen Rechtsfolgen des § 37 dann der Fall, wenn sich der VN im Verzug mit der Zahlung einer Erst- oder Einmalprämie befindet,[10] oder bei besonderer sozialer Bedeutung des Versicherungsvertrags (z.B. im Rahmen der Altersvorsorge).[11] Datenschutzrechtliche Bedenken stehen einer Informationspflicht des VR nicht entgegen.[12]

C. Rechtsfolgen

§ 34 verschafft dem privilegierten Dritten das Recht, an den VR die Leistung zu bewirken wie der VN. Diesem Leistungsrecht des Dritten steht kein Forderungsrecht des VR gegenüber, aber auch keine Rechtspflicht, die Leistung entgegenzunehmen, sondern nur eine Obliegenheit, sich nicht dem VN gegenüber auf einen Zahlungsverzug zu berufen, wenn ein Dritter ihm berechtigterweise die Prämie anbietet.[13] **Weist der VR ein solches Leistungsangebot ungerechtfertigt zurück**, so gerät er in Annahmeverzug nach § 293 BGB. Nach allgemeinen Regeln bedeutet dies jedoch nicht, dass deshalb der Vertrag seitens des VN als erfüllt anzusehen ist.[14] Auch lässt sich eine Erfüllungswirkung nicht indirekt im Wege des Schadenersatzes (§ 280 I BGB) erzielen, da die Annahme keine Pflicht des VR darstellt. Allerdings kann der Dritte die Summe nach den §§ 372 ff. BGB hinterlegen[15]. Befindet sich der VR in Annahmeverzug, ist ein gleichzeitiger Leistungsverzug des VN nach den allgemeinen Regeln ausgeschlossen.[16]

Leistet der Dritte, tritt Erfüllung ein. **Analog § 268 III BGB** geht die Prämienforderung des VR gegen den VN auf ihn über.[17]

D. Pfandrechtserweiterung (Abs. 2)

Zahlt der Inhaber eines Pfandrechts (sei es aus Vertrag oder Pfändung) an der Versicherungsforderung des VN die Prämie an den VR, so erweitert sich sein Pfandrecht entsprechend. Da das Pfandrecht streng akzesso-

---

[5] Wie hier auch R/L/*Rixecker* § 34 Rn. 2.
[6] Ablehnend OLG Nürnberg VersR 1973, 414; PK/*Michaelis*, § 34 Rn. 10; *Schimikowski*, Rn. 150; befürwortend OLG Düsseldorf VersR 2003, 627; L/W/*Staudinger*, § 34 Rn. 9; differenzierend HK-VVG/*Karczewski*, § 34 Rn. 4; P/M/*Knappmann*, § 34 Rn. 7; R/L/*Rixecker* § 34 Rn. 3 (ggf. aus § 242 BGB).
[7] So für die D&O-Versicherung *Lange* VersR 2010, 162, 173.
[8] Näher L/W/*Staudinger*, § 34 Rn. 9.
[9] Wie hier B/M/*Beckmann*, § 34 Rn. 17.
[10] B/M/*Möller*[8] § 35a Anm. 9; L/W/*Staudinger*, § 34 Rn. 9.
[11] OLG Düsseldorf VersR 2003, 627.
[12] L/W/*Staudinger*, § 34 Rn. 9.
[13] So auch: B/M/*Beckmann*, § 34 Rn. 15; HK-VVG/*Karczewski*, § 34 Rn. 3; P/M/*Knappmann*, § 35 Rn. 1; R/L/*Rixecker* § 34 Rn. 2; FAKomm-VersR/*Thessinga*, § 34 Rn. 8; L/W/*Staudinger*, § 34 Rn. 2; *Schimikowski*, Rn. 150; a.A. VersHb/*Hahn*, § 12 Rn. 43; MünchKomm-BGB/*Krüger*, § 267 Rn. 16.
[14] MünchKommBGB/*Ernst*, § 293 Rn. 1.
[15] HK-VVG/*Karczewski*, § 34 Rn. 3; P/M/*Knappmann*, § 35 Rn. 1; *Schimikowski*, Rn. 150.
[16] Jauernig/*Stadler*, § 293 Rn. 9; so auch BGH VersR 1964, 497, 500.
[17] So auch B/M/*Beckmann*, § 34 Rn. 16.

risch ist,[18] ist davon auszugehen, dass diese Vorschrift einen Forderungsübergang wie bei § 268 III BGB voraussetzt; der Inhaber des Pfandrechts erwirbt also eine Forderung gegen den VN in entsprechender Höhe.

9 Steht die Versicherungsforderung nicht dem VN, sondern einem Dritten zu, so bleibt das Pfandrecht im alten Umfang bestehen und der Pfandrechtsgläubiger erwirbt nach § 268 III BGB zusätzlich eine Forderung in Höhe des Geleisteten gegen den VN.[19]

E. Abdingbarkeit

10 § 34 wird nicht von § 42 als einseitig zwingende Norm benannt. Man könnte ihn daher auf den ersten Blick für abdingbar halten. Das würde allerdings bedeuten, dass man den Eingriff in die Rechte Dritter, nämlich der ablöseberechtigten Personen, zuließe. Aus diesem Grund wird § 34 zu Recht für zwingendes Recht und damit für unabdingbar gehalten.[20]

§ 35 Aufrechnung durch den Versicherer.
Der Versicherer kann eine fällige Prämienforderung oder eine andere ihm aus dem Vertrag zustehende fällige Forderung gegen eine Forderung aus der Versicherung auch dann aufrechnen, wenn diese Forderung nicht dem Versicherungsnehmer, sondern einem Dritten zusteht.

Übersicht

	Rdn.		Rdn.
A. Normzweck	1	C. Aufrechnungserklärung	8
B. Tatbestandsvoraussetzungen	4	D. Abdingbarkeit	9

A. Normzweck

1 Die Vorschrift erweitert zugunsten des VR die Möglichkeiten der Aufrechnung gegenüber den allgemeinen Vorschriften des bürgerlichen Rechts (§§ 387 ff., 406 BGB). Er soll davor geschützt werden, Leistungen an einen forderungsberechtigten Dritten zu erbringen, die Prämien aber weiterhin gegenüber dem VN verfolgen zu müssen.[1]

2 Im Einzelnen: Aufrechnung setzt **Gegenseitigkeit** voraus. Hiervon macht § 406 BGB eine Ausnahme. Danach kann der Schuldner eine ihm gegen den Altgläubiger zustehende Forderung auch gegen den Zessionar/Neugläubiger aufrechnen. Von diesem Recht kann auch der VR Gebrauch machen (das gleiche gilt gem. § 95 bei Veräußerung der besicherten Sache). Die Aufrechnung gegenüber dem Zessionar ist freilich dann nicht möglich, wenn der Schuldner beim Erwerb seiner Forderung Kenntnis von der Zession hatte, oder wenn die Forderung nach Erlangung der Kenntnis und später als die zedierte Forderung fällig geworden ist.

3 Nach den Vorschriften des BGB könnte der VR auch bei Versicherungsverträgen zugunsten Dritter (Versicherung auf fremde Rechnung, Bezugsberechtigung) nicht aufrechnen. Die Aufrechnung fällt nicht unter die Ausnahmevorschrift des § 334 BGB, so dass der Versprechende (VR) nicht gegenüber dem Dritten (etwa Bezugsberechtigter) mit Forderungen gegen den Versprechensempfänger (VN) aufrechnen könnte.[2] In diesen Situationen kommt § 35 dem VR zur Hilfe: Die Norm stellt den VR im Wesentlichen so, als würde er gegenüber dem VN aufrechnen.

B. Tatbestandsvoraussetzungen

4 Die Vorschrift greift ein, wenn die Versicherungsforderung nicht dem VN, sondern einem **Dritten** zusteht. Dritter kann jeder sein, der nicht Vertragspartner des VR ist,[3] etwa der Zessionar der Versicherungsforderung, oder der Erwerber der versicherten Sache. Weiterhin ist an Fälle des Versicherungsvertrages zugunsten Dritter zu denken, an Grundpfandgläubiger bei § 143 I und § 36 SchiffsRG sowie an geschädigte Dritte in der allgemeinen Haftpflichtversicherung.

5 Für die Vorgängervorschrift ergab sich aus dem Wortlaut »diesem Vertrag« das Erfordernis »**qualifizierter Konnexität**«[4]: die aufgerechneten Forderungen mussten aus demselben Vertragsverhältnis stammen, in welchem freilich mehrere Risiken gleichzeitig versichert sein konnten.[5] Das geltende Recht spricht – weniger deutlich – nur von einer »Forderung aus der Versicherung«. Aus der Tatsache, dass der Gesetzgeber mit der sprachlichen Neufassung keine rechtliche Änderung herbeiführen wollte,[6] folgt jedoch, dass an dem Erfordernis

---

18 Jauernig/*Jauernig*, § 1204 Rn. 2.
19 B/M/*Beckmann*, § 34 Rn. 19; L/W/*Staudinger*, § 34 Rn. 11.
20 BK/*Riedler*, § 35a Rn. 14; B/M/*Beckmann*, § 34 Rn. 21; L/W/*Staudinger*, § 34 Rn. 12; P/M/*Knappmann*, § 34 Rn. 10.
1 HK-VVG/*Karczewski*, § 35 Rn. 1.
2 Jauernig/*Stadler*, § 334 Rn. 6.
3 B/M/*Beckmann*, § 35 Rn. 8 ff.; L/W/*Staudinger*, § 35 Rn. 9 f.; P/M/*Knappmann*, § 35 Rn. 4.
4 B/M/*Möller*[8], § 35b Anm. 5; L/W/*Staudinger*, § 35 Rn. 5.
5 BGH VersR 1977, 346.
6 Begr. RegE BT-Drucks. 16/3945 S. 70 f.

qualifizierter Konnexität festzuhalten ist.[7] Dieses Erfordernis ist vor allem deshalb gerechtfertigt, weil sonst der Dritte sich die Aufrechnung mit allen möglichen Forderungen entgegenhalten lassen müsste, mit denen er nichts zu tun hat.

Auf den geschädigten Dritten bei der Pflicht-Haftpflichtversicherung findet § 35 hingegen gem. § 121 keine Anwendung[8]. In der **allgemeinen Haftpflichtversicherung** gilt die Vorschrift zwar, die Sozialbindung der Haftpflichtversicherung führt allerdings auch hier dazu, dass der VR gegen die Forderung des dritten Anspruchstellers nur mit solchen Prämienforderungen aufrechnen kann, welche vor dem Versicherungsfall entstanden sind.[9] In der **privaten Krankenversicherung** ist § 35 ebenfalls nicht anzuwenden.[10] 6

Aus der Schutzrichtung des § 35 wird teilweise abgeleitet, dass nicht so hohe Anforderungen an die Gleichartigkeit zu stellen seien. So sei es – entgegen dem allgemeinen Zivilrecht[11] – insbesondere auch bei einer Haftpflichtversicherung möglich, dass der VR gegen eine Forderung auf Schuldbefreiung aufrechne.[12] Dies ist abzulehnen,[13] da hierdurch in schützenswerte Positionen eines Dritten eingegriffen wird. Auch lässt sich aus dem Wortlaut der Vorschrift und ihrer Entstehungsgeschichte nicht herleiten, dass das Erfordernis der Gleichartigkeit auszuhebeln sei. 7

C. Aufrechnungserklärung

Die Aufrechnungsbefugnis des VR ist ein Gestaltungsrecht. Dieses kann er auch konkludent ausüben – etwa, indem er von der Versicherungsforderung Prämien abzieht.[14] Die **Aufrechnungserklärung** ist empfangsbedürftig und hat gegenüber dem Dritten zu erfolgen, nicht gegenüber dem VN oder Leasinggeber in der Kfz-Kaskoversicherung[15]. Sie ist unwiderruflich und bedingungsfeindlich. 8

D. Abdingbarkeit

§ 35 ist – auch zum Nachteil des VN – abdingbar, da die Vorschrift in § 42 nicht genannt wird. Abreden von VN und VR, welche in die Rechte der Dritten eingreifen, sind als Vereinbarungen zu Lasten Dritter indes unwirksam.[16] Dem VR bleibt es aber unbenommen, direkt mit den Dritten etwas anderes zu regeln. 9

§ 36 Leistungsort.
(1) Leistungsort für die Zahlung der Prämie ist der jeweilige Wohnsitz des Versicherungsnehmers. Der Versicherungsnehmer hat jedoch auf seine Gefahr und seine Kosten die Prämie dem Versicherer zu übermitteln.
(2) Hat der Versicherungsnehmer die Versicherung in seinem Gewerbebetrieb genommen, tritt, wenn er seine gewerbliche Niederlassung an einem anderen Ort hat, der Ort der Niederlassung an die Stelle des Wohnsitzes.

Übersicht

	Rdn.		Rdn.
A. Verteilung von Verzögerungs- und Verlustgefahr	1	I. Lastschriftverfahren	6
B. Leistungsort und Erfolgsort	4	II. Dauerauftrag und Einzelüberweisung	9
C. Rechtzeitigkeit der Leistung	6	III. Beweislast	11
		D. Abdingbarkeit	13

Schrifttum:
Knöpper, Rechtzeitigkeit der Leistung bei Geldschulden? – Prämienzahlung, NJW-Spezial 2009, 105.

A. Verteilung von Verzögerungs- und Verlustgefahr

§ 36 überführt seinen Normvorgänger, § 36 a.F, nahezu unverändert in das VVG 2008. Die Vorschrift modifiziert die §§ 269 f. BGB hinsichtlich des Ortes, an dem die Prämie zu zahlen ist (Leistungsort) und dem Ort, an dem Erfüllung einzutreten hat (Erfolgsort). Sie gilt ihrem Wortlaut nach für die »Prämie«, also sowohl 1

---

7 R/L/*Rixecker* § 35 Rn. 2; FAKomm-VersR/*Thessinga*, § 35 Rn. 2.
8 So auch B/M/*Beckmann*, § 35 Rn. 6.
9 BGH VersR 1987, 655; BGH VersR 2001, 235; HK-VVG/*Karczewski*, § 35 Rn. 3; P/M/*Knappmann*, § 35 Rn. 3; R/L/*Rixecker* § 35 Rn. 3; FAKomm-VersR/*Thessinga*, § 35 Rn. 1.
10 LSG Nordrhein-Westfalen BeckRS 2009, 73630; L/W/*Staudinger*, § 35 Rn. 3.
11 Jauernig/*Stürner*, § 387 Rn. 6.
12 BK/*Riedler*, § 35b Rn. 11; B/M/*Beckmann*, § 35 Rn. 13; FAKomm-VersR/*Thessinga*, § 35 Rn. 3.
13 Wie hier R/L/*Rixecker* § 35 Rn. 3.
14 BK/*Riedler*, § 35b Rn. 7; L/W/*Staudinger*, § 35 Rn. 11; FAKomm-VersR/*Thessinga*, § 35 Rn. 3; einschränkend B/M/*Beckmann*, § 35 Rn. 16.
15 OLG Köln VersR 1997, 1265; B/M/*Beckmann*, § 35 Rn. 8; L/W/*Staudinger*, § 35 Rn. 11; P/M/*Knappmann*, § 35 Rn. 2.
16 L/W/*Staudinger*, § 35 Rn. 13; P/M/*Knappmann*, § 35 Rn. 5.

§ 36 Leistungsort

Erst- als auch Folgeprämien, und über den Wortlaut hinaus auch für begleitende Geldleistungen des VN wie etwa Nebengebühren.[1]
Nach der früher h.M. war Leistungsort der Wohnsitz des VN, doch hatte er dem VR auf seine Kosten und seine Gefahr die Prämie zu übermitteln. Dementsprechend war die Prämienschuld nach bisher mehrheitlich vertretener Auffassung eine **qualifizierte Schickschuld (ähnlich § 270 BGB)**.[2] Die **Verlustgefahr** trug nach diesem Verständnis also der VN, die **Verzögerungsgefahr** der VR.

2 **Nunmehr ist** die Prämienschuld nicht mehr als »qualifizierte Schickschuld«, sondern als **modifizierte Bringschuld** zu qualifizieren. Der Begriff »Gefahr« in § 36 Abs. 1 ist dementsprechend so zu verstehen, dass er nicht nur die Verlustgefahr, sondern auch die Verzögerungsgefahr umfasst. Dies hat zur Folge, dass es für die Rechtzeitigkeit der Zahlung auf die Gutschrift des Betrages beim VR ankommt.[3] Es ist also nicht ausreichend, wenn der VN am letztmöglichen Tag die Überweisung tätigt und die Prämie erst nach Fälligkeit dem VN gutgeschrieben wird.[4] Dass die Prämienschuld als modifizierte Bringschuld anzusehen ist, beruht auf **folgenden Gründen**:

3 Aus der Entstehungsgeschichte des VVG ergibt sich[5], dass mit § 36 keine andere Regelung getroffen werden soll, als mit den §§ 269 f. BGB[6] (freilich ist die Begründung sehr missverständlich formuliert). Damit gilt für die Auslegung des § 36 dasselbe wie für §§ 269 f. BGB. Nach richtiger Auffassung ist die Geldschuld unter Anwendung der §§ 269 f. BGB aber als eine modifizierte Bringschuld zu qualifizieren und nicht als modifizierte Schickschuld.[7] Es ist bereits sprachlich schief, wenn man von »Verzögerungsgefahr« spricht, obwohl der VN sicher weiß, dass seine Zahlung dem VR erst nach Fälligkeit gutgeschrieben wird. Der ungenaue Sprachgebrauch ist Abbild einer fragwürdigen Konzeption: Die Gefahr in § 36 in eine Verzögerungs- und Verlustgefahr aufzuspalten, hat wenig für sich, weil – wirtschaftlich gesehen – beide Gefahren in vielen Fällen kaum voneinander zu trennen sind. Historisch gesehen hat § 270 IV BGB auch nicht die Funktion, die genannte Aufspaltung herbeizuführen, sondern einfach diejenige klarzustellen, dass Gerichtsstand der Wohnsitz des Schuldners ist.[8] Das Gesetz zwingt also nicht zu einer Qualifikation als Schickschuld (weder BGB noch VVG). Hinzu tritt die Entscheidung des **EuGH vom 03.04.2008 C-305/06 (01051 Telecom GmbH/Deutsche Telekom AG)**: Danach ist Art. 3 lit. C Ziff. ii der Zahlungsverzugs-Richtlinie (2000/35/EG)[9] dahin auszulegen, dass bei einer Zahlung durch Banküberweisung der geschuldete Beitrag dem Konto des Gläubigers rechtzeitig gutgeschrieben sein muss, wenn das Entstehen von Verzugszinsen vermieden oder beendet werden soll. Die nationalen Vorschriften sind entsprechend richtlinienkonform auszulegen: Diese Entscheidung gilt – wie sich aus den Erwägungen 13 u. 14 der Zahlungsverzugs-RL ergibt – persönlich **im Verhältnis von Unternehmer zu Unternehmer** und sachlich für Entgeltforderungen für die Lieferung von Gütern oder die Erbringung von Dienstleistungen. Unter letzterem sind auch **Prämienzahlungen** von Unternehmern zu verstehen, was sich zweifelsfrei daraus ergibt, dass die Zahlungen »von« Versicherungsgesellschaft in Erwägung 13 ausgeschlossen werden.[10] Sollte der Gesetzgeber aus Gründen des Verbraucherschutzes nicht etwas anderes explizit regeln, wird kein Weg daran vorbeiführen, diese Entscheidung zum Anlass zu nehmen, **auch bei VN, die Verbraucher sind**, für die Rechtzeitigkeit der Zahlung nicht auf die Vornahme der notwendigen Handlung, sondern auf den Eintritt des Erfolges abzustellen.[11] Der BGH hat dies freilich einstweilen noch offen gelassen.[12] Die Prämie ist aber nach der hier vertretenen Ansicht als Bringschuld zu qualifizieren – auch wenn der VN Verbrauchereigenschaft hat, welche dadurch modifiziert wird, dass Gerichtsstand nicht der Wohnort des VR, sondern gem. § 36 i.V.m. 29 ZPO der Wohnort des VN ist.[13]

B. Leistungsort und Erfolgsort

4 Sowohl der Leistungsort als auch der Erfolgsort befinden sich an dem Ort, an dem der **VR** zur Zeit der Fälligkeit der jeweiligen Prämie seinen Sitz hat. Dorthin hat der VN auf seine Gefahr und seine Kosten die Prämie zu übermitteln.

---

1 B/M/*Beckmann*, § 36 Rn. 4; L/W/*Staudinger*, § 36 Rn. 3; FAKomm-VersR/*Thessinga*, § 36 Rn. 1.
2 Wie hier B/M/*Beckmann*, § 36 Rn. 10; a.A. RGZ 78, 141 ff.
3 Vgl. B/M/*Beckmann*, § 36 Rn. 15.
4 S. *Klimke* VersR 2010, 1259, 1261.
5 Motive und amtliche Begründung zum Gesetz über den Versicherungsvertrag vom 30.05.1908, Neudruck Berlin 1963, S. 106.
6 A.A. aber HK-VVG/*Karczewski*, § 36 Rn. 2.
7 So auch HK-BGB/*Schulze*, § 270 Rn. 6; Jauernig/*Stadler*, § 270 Rn. 7; Staudinger/*Bittner*, § 270 Rn. 36 f.
8 Zum BGB: *Schön* AcP 198, 401, 442 ff.; zum VVG: Motive und amtliche Begründung zum Gesetz über den Versicherungsvertrag vom 30.05.1908, Neudruck Berlin 1963, S. 106.
9 Abl. EG L 200 v. 08.08.2000, S. 35.
10 Hierzu *Herresthal* ZGS 2008, 259, 263; L/W/*Staudinger*, § 36 Rn. 6.
11 B/M/*Beckmann*, § 36 Rn. 15 ff.; L/W/*Staudinger*, § 36 Rn. 4 ff.; *Knöpper* NJW-Spezial 2009, 105, 106; a.A. FAKomm-VersR/*Thessinga*, § 37 Rn. 21; P/M/*Knappmann*, § 36 Rn. 2; PK/*Michaelis/Pilz*, § 36 Rn. 2; *Armbrüster*, Rn. 1456 und 1480.
12 BGH NJW 2010, 2879; ebenso offengelassen von OLG Düsseldorf VersR 2013, 121.
13 So auch B/M/*Beckmann*, § 36 Rn. 15; P/M/*Knappmann*, § 36 Rn. 1; PWW/*Zöchling-Jud*, § 270 Rn. 1; differenzierend *Klimke* VersR 2010, 1259, 1265; L/W/*Staudinger* § 36 Rn. 6; a.A. nach wie vor FAKomm-VersR/*Thessinga*, § 36 Rn. 4.

Das Gesetz regelt nicht, auf wessen Kosten und wessen Gefahr eine nach Entstehung des Versicherungs- 5
verhältnisses sich ergebende **Änderung des Wohnsitzes** oder der **Niederlassung des VR** geht. Dass § 270 III
BGB auf den Versicherungsvertrag keine Anwendung finden soll, ergibt sich nicht aus der Entstehungsgeschichte[14]. Da Lücken des VVG in diesem Bereiche durch das BGB zu schließen sind, ist von einer Geltung
des § 270 III BGB auszugehen.[15]

C. Rechtzeitigkeit der Leistung

I. Lastschriftverfahren

Erteilt der VN dem VR eine **Einzugsermächtigung**, verwandelt sich die Prämienschuld in eine Holschuld[16], 6
Leistungsort und Erfolgsort liegen also beim VN. Grund dafür ist, dass die Einzugsermächtigung sehr im
Interesse des VR liegt und dass es unbillig wäre, den VN mit dem Verspätungsrisiko zu belasten, da er sich ja
hinsichtlich seiner Leistung in die Hände des VR begibt.[17] Will der Versicherer beides, Einzugsermächtigung
und qualifizierte Schickschuld, verstößt dies gegen § 42 (s. dort). Freilich fällt es in das Risiko des VN, dass
auf seinem Konto hinreichend **Deckung** vorhanden ist; kann der VR nicht abbuchen, hat der VN nicht geleistet.[18] Das Risiko fällt aber an den VR zurück, er kann sich also auf nicht rechtzeitige Leistung nicht berufen, wenn er nicht dem VN angekündigt hat, wann er welchen Betrag einziehen werde.[19] Dies spielt naturgemäß vor allem bei einer Erst- oder Einmalprämie eine Rolle.

Der VR trägt auch dann das Verspätungsrisiko, wenn er bei mehreren Versicherungen desselben VN eine **ein-** 7
heitliche Lastschrift erteilt hat. Das **Lastschriftverfahren** kann sowohl hinsichtlich der Buchung als auch des
Widerrufs nur einheitlich durchgeführt werden. Teilt der VR die Lastschrift nicht nach Versicherungssparten
auf, so hat der VN nicht die Möglichkeit, für jede Sparte gesondert zu reagieren.[20]

§ 366 BGB gilt auch beim Lastschriftverfahren. Vorrangig ist die dem VN lästigste Prämienforderung, also 8
diejenige, welche am ehesten geeignet ist, dem Versicherer Befugnisse nach §§ 37 f. zu geben.[21]

II. Dauerauftrag und Einzelüberweisung

Bei einem **Dauerauftrag** und einer **Überweisung** hat der VN die erforderliche Leistungshandlung gesetzt, 9
wenn er für Deckung auf seinem Konto gesorgt hat und die Überweisungstermine richtig bestimmt hat. Für
die **Rechtzeitigkeit der Leistung** kommt es – anders als nach der alten h.M. – nicht mehr darauf an, dass der
Überweisungsauftrag der Bank des VN vor dem Zahlungstermin zugeht und das Konto gedeckt ist, sondern,
dass die **Gutschrift auf dem Konto des VR** erfolgt.[22]

Für Hingabe eines **Wechsels** oder **Schecks** an den VR oder seiner hierzu berechtigten Leute, kommt es darauf 10
an, dass der VR noch während des Laufs der Zahlungsfrist den Besitz hieran erlangt.[23] Da Bezahlung auf diese
Weise üblich ist, muss der VR Wechsel oder Scheck sofort ablehnen, wenn er sie nicht gelten lassen will.[24]

III. Beweislast

Einer verbreiteten Auffassung in Rechtsprechung und Schrifttum zufolge muss der VN (und nicht der VR) 11
beweisen, dass er die geschuldete **Leistungshandlung (rechtzeitig)** vorgenommen hat, und zwar auch dann,
wenn der VR Rechte aus §§ 37 f. herleiten will.[25] Diese Auffassung basiert auf einer Gesamtanalogie aus den
Sondervorschriften der §§ 345 und 543 IV 2 BGB. Zwar muss der Schuldner Erfüllung beweisen, wenn der
Gläubiger Nichterfüllung geltend macht. Wenn aber der Gläubiger eigene Rechte geltend macht, wie etwa das
Rücktrittsrecht aus § 323 BGB, so trägt er nach den allgemeinen Grundsätzen die Beweislast für die Voraussetzungen dieses Rücktrittsrechts.[26] Warum im Versicherungsrecht etwas anderes gelten soll, ist nicht ersicht-

---

14 Motive und amtliche Begründung zum Gesetz über den Versicherungsvertrag vom 30.05.1908, Neudruck Berlin 1963,
   S. 106; anders B/M/*Möller*[8], Bd. I, § 36 Anm. 5.
15 So auch B/M/*Beckmann*, § 36 Rn. 5.
16 So auch B/M/*Beckmann*, § 36 Rn. 37; L/W/*Staudinger*, § 36 Rn. 16; P/M/*Knappmann*, § 33 Rn. 17; VersHb/*Hahn*, § 12
   Rn. 33.
17 BGH VersR 1977, 1153 f.; Staudinger/*Bittner*, § 270 Rn. 16.
18 BGH VersR 1985, 447, so auch B/M/*Beckmann* § 36 Rn. 38; P/M/*Knappmann*, § 33 Rn. 17.
19 BGH VersR 1985, 447, so auch B/M/*Beckmann*, § 36 Rn. 37.
20 BGH VersR 1985, 447.
21 Sinngemäß BGH VersR 1985, 447; vgl. VersHb/*Hahn*, § 12 Rn. 38 f.
22 So auch: Jauernig/*Stadler*, § 270 Rn. 7; *Klimke* VersR 2010, 1259, 1265; L/W/*Staudinger*, § 36 Rn. 14; Staudinger/*Bittner*, § 270 Rn. 20; offengelassen für die Prämie von BGH VersR 1964, 129; angesichts des Urteils des EuGH v.
   03.04.2008 offen gelassen bei B/M/*Beckmann* § 36 Rn. 36; a.A. P/M/*Knappmann*, § 33 Rn. 16; *Schimikowski*, Rn. 157;
   VersHb/*Hahn*, § 12 Rn. 32.
23 So auch L/W/*Staudinger*, § 36 Rn. 20; a,A, B/M/*Beckmann*, § 36 Rn. 42.
24 BGH VersR 1965, 1141 f.; L/W/*Staudinger*, § 36 Rn. 20.
25 BGH VersR 1969, 368; BK/*Riedler*, § 35 Rn. 45; B/M/*Beckmann*, § 36 Rn. 26; L/W/*Staudinger*, § 36 Rn. 28; P/M/*Knappmann*, § 33 Rn. 21; R/L/*Römer*[2], § 35 Rn. 15; VersHb/*Hahn*, § 12, Rn. 37.
26 MünchKommBGB/*Ernst*, § 323 Rn. 276.

lich und die geschilderte Auffassung daher abzulehnen.[27] Das Nichtvorliegen der Voraussetzungen der Fälligkeit hat also der VN zu beweisen, wenn es um die Erfüllung als solche geht; den VR trifft hingegen die Beweislast, wenn es darum geht, aus der nicht rechtzeitigen Erfüllung oder Nichterfüllung weitere Rechte abzuleiten.

12 Beim **Lastschriftverfahren** muss der VN beweisen, dass auf seinem Konto zu dem Zeitpunkt die notwendige Deckung vorhanden war, als die Prämienforderung fällig wurde.[28]

D. Abdingbarkeit

13 Nach einer Ansicht ist § 36 zu Lasten des VN abdingbar. Insb. soll es möglich sein, hinsichtlich der Prämie eine Bringschuld zu vereinbaren.[29] Als Grund dafür wird angeführt, dass § 36 in § 42 nicht aufgeführt sei. Der Streit, ob die Vertragsparteien eine Bringschuld vereinbaren können, ist durch die Entscheidung des EuGH vom 03.04.2008 gegenstandslos geworden, da die Geldschuld als modifizierte Bringschuld zu qualifizieren ist (s. oben Rdn. 1).[30]

§ 37 Zahlungsverzug bei Erstprämie.
(1) Wird die einmalige oder die erste Prämie nicht rechtzeitig gezahlt, ist der Versicherer, solange die Zahlung nicht bewirkt ist, zum Rücktritt vom Vertrag berechtigt, es sei denn, der Versicherungsnehmer hat die Nichtzahlung nicht zu vertreten.
(2) ¹Ist die einmalige oder die erste Prämie bei Eintritt des Versicherungsfalles nicht gezahlt, ist der Versicherer nicht zur Leistung verpflichtet, es sei denn, der Versicherungsnehmer hat die Nichtzahlung nicht zu vertreten. ²Der Versicherer ist nur leistungsfrei, wenn er den Versicherungsnehmer durch gesonderte Mitteilung in Textform oder durch einen auffälligen Hinweis im Versicherungsschein auf diese Rechtsfolge der Nichtzahlung der Prämie aufmerksam gemacht hat.

Übersicht

	Rdn.		Rdn.
A. Normzweck und -geschichte	1	III. Vertretenmüssen	15
B. Tatbestandvoraussetzungen	2	C. Rechtsfolge: Rücktrittsrecht (Abs. 1)	16
I. Abgrenzung der Erst- oder Einmalprämie von der Folgeprämie	2	D. Rechtsfolge: Leistungsfreiheit des VR (Abs. 2)	18
II. Nicht rechtzeitige Zahlung	9	I. Grundlagen	18
1. Allgemein	9	II. Belehrung (Satz 2)	22
2. Aufrechnung	12	III. Ausschluss der Leistungsfreiheit	24
3. »Bei Eintritt des Versicherungsfalls« – Abs. 2	13	E. Anwendungsbereich	26
		F. Beweislast	27

A. Normzweck und -geschichte

1 Die Vorschrift regelt in **Abs. 1** die Rechte des VR für den Fall, dass der VN mit Leistung der Erst- oder Einmalprämie in Verzug ist: Der VR kann zurücktreten, ohne dass es auf eine Nachfristsetzung ankäme wie nach den Vorschriften des allgemeinen Schuldrecht (§ 323 I und II BGB). Funktion dieser Vorschrift ist es, Klarheit über das Schicksal des Vertrages zu schaffen. **Abs. 2** normiert das sog. **Einlösungsprinzip**. Danach lebt der Versicherungsschutz erst dann auf, wenn »der Versicherungsschein eingelöst« wurde, also die Erst- oder Einmalprämie gezahlt wurde. Wird nicht einmal die Erst- oder Einmalprämie gezahlt, besteht seitens des VN offensichtlich kein Interesse an der Versicherung, weshalb der VR zurücktreten kann oder von seiner Leistungspflicht befreit ist.[1] Im Gegensatz zum Verzug mit einer Folgeprämie, der in § 38 geregelt ist, bedarf es keiner weiteren Mahnung des VR, damit diese Rechtsfolge eintritt. Zum Schutz des VN ist aber eine Belehrung des VN über die Folgen der Nichteinlösung im Versicherungsschein oder durch gesonderte Mitteilung in Textform gem. § 126b BGB erforderlich.

B. Tatbestandvoraussetzungen

I. Abgrenzung der Erst- oder Einmalprämie von der Folgeprämie

2 Der Gegensatz zur Erst- oder Einmalprämie ist die Folgeprämie. Da § 38 für die verspätete Leistung der Folgeprämie unter anderen Voraussetzungen andere Rechtsfolgen anordnet, sind die beiden Arten von Prämien **abzugrenzen**. Für die Abgrenzung ist der Grund wesentlich, aus dem heraus das Gesetz die genannte Unterscheidung überhaupt aufstellt: Ist das Versicherungsverhältnis einmal in Gang gesetzt, soll nicht jede Verfehlung des VN dazu führen, dass es aufgelöst wird. Auf der anderen Seite soll auch nicht der VR Risiken tragen,

---

27 Wie hier R/L/*Rixecker*, § 36 Rn. 4.
28 BGH VersR 1977, 1153, 1155.
29 So BGH VersR 1971, 216; ihm folgend HK-VVG/*Karczewski*, § 36 Rn. 3; P/M/*Knappmann*, § 36 Rn. 3 m.w.N; FA-Komm-VersR/*Thessinga*, § 36 Rn. 7.
30 So B/M/*Beckmann*, § 36 Rn. 43; L/W/*Staudinger*, § 36 Rn. 26.
1 BGH VersR 1956, 482.

ohne dass der VN die Ernsthaftigkeit seiner Vertragsabsicht durch Leistung bekundet hat. Die Funktion der Unterscheidung von Erst- oder Einmalprämie und Folgeprämie ist es, das **vollzogene vom nicht vollzogenen Versicherungsverhältnis** zu unterscheiden.

Erstprämie ist diejenige Prämie, die als erstmals zu entrichtende Prämie bei einer laufenden Prämienzahlungspflicht den materiellen Versicherungsschutz auslöst.[2] Eine Stundung ändert nichts an dem Charakter einer Prämie als Erstprämie. Die Zahlung einer Erstprämie liegt auch dann vor, wenn der VR zunächst vergeblich versucht, die Prämie vom Konto des VN einzuziehen und die Parteien daraufhin den Beginn des Versicherungsschutzes verschieben.[3]   3

Ist **Ratenzahlung** vereinbart, soll also z.B. die nach der einjährigen Versicherungsperiode (§ 12) berechnete Prämie im Quartal fällig werden, so ist die erste Ratenzahlung Erstprämie i.S.d. Vorschrift, die weiteren sind Folgeprämien.[4] Denn durch diese Zahlung hat der VN dem VR deutlich gemacht, das Versicherungsverhältnis ernsthaft zu wollen.[5] Stundet der VR einen Teil der bereits fälligen Erst- oder Einmalprämie, hat er nach Ablauf der Frist die Rechte aus § 38.[6]   4

Die Vereinbarung **vorläufiger Deckung** (§§ 49 ff.) ist ein eigener, seiner Bestimmung nach vorläufiger Vertrag. Die wohl h.M. schließt hieraus, dass er als solcher eine eigene Erst- oder Einmalprämie kennt, die Prämie des Hauptvertrages also nicht etwa Folgeprämie ist, sondern ihrerseits Erst- oder Einmalprämie.[7] Diese Auffassung ist abzulehnen: Was Erst- und was Folgeprämie ist, bestimmt sich nach der Funktion der § 37 f. und nicht danach, ob ein oder zwei Verträge vorliegen. Wenn der VN die Prämie für die vorläufige Deckung gezahlt hat, so hat er damit zum Ausdruck gebracht, dass er den Hauptvertrag durchführen will. Es wäre daher nicht gerechtfertigt, dem VN des Hauptvertrages die Vorteile des § 38 zu entziehen.[8]   5

Bei der **Ersetzung eines alten Versicherungsvertrages durch einen neuen** stellt sich die Frage, ob die Prämien des neuen Vertrages als Erst- oder Folgeprämien anzusehen sind. Das ist letztlich eine Wertungsfrage, bei der es zu entscheiden gilt, ob es gerechtfertigt ist, dem VN den Schutz des § 38 zu entziehen, weil der Vertrag sich geändert hat. Hier kommt es nicht auf den Willen der Parteien an (§§ 37 f. sind halbzwingendes Recht!), sondern auf eine **Gesamtbetrachtung** von einem objektiven Standpunkt aus.[9] Maßgeblich für die Qualifikation der ersten Prämie des neuen Vertrages ist das Ausmaß der Änderungen gegenüber dem vorherigen Vertrag. Grundsätzlich wird man davon ausgehen müssen, dass der VN bereits die Ersthaftigkeit seines Willens, an den Versicherungsvertrag gebunden zu sein, durch Zahlung der Prämien des ursprünglichen Vertrags bestätigt hat, so dass die vom VN nunmehr zu zahlenden Prämien als Folgeprämien anzusehen sind.[10] Anders ist aber zu werten, wenn es zu **wesentlichen materiellen Änderungen** des versicherten Risikos oder Objekts, der Versicherungssumme, der Prämie, der Vertragsdauer sowie der AVB gekommen ist.[11] Dann ist die erstmals auf den neuen Vertrag gezahlte Prämie Erstprämie. Eine wesentliche Änderung des versicherten Risikos liegt etwa vor, wenn eine Teil- in eine Vollkaskoversicherung umgewandelt wird.[12] Beim Auswechseln des versicherten Objekts sind Sonderregeln in den AVB zu beachten. So bestimmt etwa die Klausel C.3 AKB 2008 bei der Veräußerung des Kfz in der Kaskoversicherung, dass für die Versicherung eines Neufahrzeugs hinsichtlich der Erstprämie § 38 gilt.   6

Ein **Parteiwechsel** ändert an der Rechtsnatur einer Prämie nichts. Das gilt auf Seiten des Versicherers etwa für den Fall der Umwandlung oder Bestandsübertragung und auf Seiten des VN für einen **Wechsel der Person des VN** durch Universalnachfolge oder Veräußerung der versicherten Sache (§ 95). Zwar befindet sich der VR hier in derselben Situation wie nach Abschluss eines Versicherungsvertrages: Er weiß nicht, ob der neue VN den Vertrag wirklich durchführen will. Indes besteht das ursprüngliche Versicherungsverhältnis fort, so dass die vom neuen VN zunächst zu zahlende Prämie nicht unter § 37 fällt, sondern Folgeprämie ist.[13]   7

Folgeprämie ist jede Prämie, die nicht Erst- oder Einmalprämie ist.   8

---

2 HK-VVG/*Karczewski*, § 37 Rn. 3.
3 OLG Oldenburg NJW-RR 2004, 182.
4 B/M/*Beckmann*, § 37 Rn. 17; *Schimikowski*, Rn. 148; differenzierend L/W/*Staudinger*, § 37 Rn. 5.
5 OLG Hamm VersR 1982, 867.
6 So auch P/M/*Knappmann*, § 37 Rn. 8.
7 BGH VersR 1967, 569; BK/*Riedler*, § 38 Rn. 21 m.w.N.; HK-VVG/*Karczewski*, § 37 Rn. 3; L/W/*Staudinger*, § 37 Rn. 4; PK/*Michaelis*, § 37 Rn. 4; P/M/*Knappmann*, § 37 Rn. 3; *Schimikowski*, Rn. 148; VersHb/*Hahn*, § 12 Rn. 17.
8 Wie hier mit etwas anderer Begründung B/M/*Möller*[8], Bd. I, § 1 Anm. 105.
9 Ebenso HK-VVG/*Karczewski*, § 37 Rn. 5.
10 Im Ergebnis ebenso: P/M/*Knappmann*, § 37 Rn. 5 f.; PK/*Michaelis*, § 37 Rn. 5; VersHb/*Hahn*, § 12 Rn. 11; differenzierend L/W/*Staudinger*, § 37 Rn. 6 f.; a.A. B/M/*Beckmann*, § 37 Rn. 9.
11 OLG Köln VersR 2002, 1225; HK-VVG/*Karczewski*, § 37 Rn. 5; ablehnend noch Vorauflage *Stagl*, Rn. 5.
12 HK-VVG/*Karczewski*, § 37 Rn. 5.
13 B/M/*Beckmann*, § 37 Rn. 14; P/M/*Knappmann*, § 37 Rn. 5a; R/L/*Rixecker*, § 37 Rn. 9; a.A. noch Vorauflage *Stagl* Rn. 7.

II. Nicht rechtzeitige Zahlung
1. Allgemein

9 Voraussetzung für das Rücktrittsrecht des VR nach Abs. 1 und seine Leistungsfreiheit nach Abs. 2 ist die nicht rechtzeitige Zahlung des Erstprämie. Nicht rechtzeitig ist eine Zahlung, wenn die Leistungshandlung zum Zeitpunkt der Fälligkeit ausbleibt (Zur Fälligkeit und ihren Voraussetzungen s. § 33).[14] Wegen der einschneidenden Rechtsfolgen des § 37 muss der VR den VN zudem im Versicherungsschein oder in einer Lastschrift präzise zur Zahlung der Erstprämie auffordern. Die Anforderungen an diese sog. »Erstprämienanforderung« sind formal und streng, damit der VN hinreichende Klarheit über seine Pflichten erhält und auf dieser Grundlage die Rechtsfolgen des § 37 II abwenden kann. Der VN hat zutreffend beziffert denjenigen Betrag anzufordern, den der VN als Gegenleistung für den Versicherungsschutz schuldet.[15] Bereits geringfügige Mehrforderungen von wenigen Euro machen die Erstprämienanforderung unwirksam.[16] Werden mehrere Prämien für unterschiedliche Verträge gemeinsam angefordert (z.B. in der Kfz-Versicherung für eine Kasko- und eine Haftpflichtpolice), müssen die jeweils geschuldeten Beträge gesondert ausgewiesen werden.[17] Ähnlich klar ist zu differenzieren, wenn Erst- und Folgeprämien gemeinsam angefordert werden. Zudem muss der VN in diesem Fall vom VR darüber belehrt werden, dass allein die Zahlung der Erstprämie genügt, um Versicherungsschutz zu genießen.[18]

10 Grundsätzlich ist der VN nicht berechtigt, Teilleistungen zu erbringen. Daher wird vertreten, auch **geringste Verzögerungen** und **Teilleistungen** sollten als nicht rechtzeitige Zahlung i.S.d. § 37 zu werten sein.[19] Dem ist in dieser Pauschalität nicht zu folgen.[20] § 242 BGB ist hinsichtlich geringfügiger Verzögerungen und bei Teilleistungen zu berücksichtigen.[21] Das bedeutet, dass sie **prinzipiell unbeachtlich** sind. In der Rechtsprechung sind bisher Beträge als geringfügig angesehen, die absolut € 1,50 nicht überschritten.[22] Für nicht geringfügig wurden hingegen Rückstände angesehen, die absolut mehr als € 15,– betrugen.[23] Der prozentuale Anteil des rückständigen Betrags scheint hingegen nicht von Belang. Etwas anderes gilt nicht deshalb, weil eine besonders exakte Leistungspflicht die »Kehrseite« der Verpflichtung des VR sei, die Erst- oder Einmalprämie exakt zu benennen und zu berechnen. Denn diese Pflicht dient allein dazu, für den Versicherungsvertrag eine bei diesem schwieriger als sonst zu erfüllende Selbstverständlichkeit durchzusetzen. Wenn der VR dem nachgekommen ist, hat er nur den Unterschied zu anderen Verträgen abgebaut. Hieraus besondere Präzisionspflichten des VN abzuleiten, wäre also nicht adäquat. Auch von den Rechtsfolgen her ist es unverhältnismäßig, wenn man sagt, der VR müsse bis auf € 1,50 genau die Prämie angeben, daher müsse der VN aber auch entsprechend genau die Prämie überweisen:[24] Der VR verliert nur seine Rechte aus §§ 37 f., der VN aber die Deckung – was für ihn existentielle Folgen haben kann. Etwas anderes muss aber gelten, wenn der VN bewusst und gewollt zu wenig leistet – etwa um seinen VR zu »ärgern«. Dann ist sein Verhalten nicht schutzwürdig[25] mit der Folge, dass er nicht rechtzeitig gezahlt hat.

11 **§ 366 BGB** findet Anwendung. Schuldet der VN mehrere Erst- oder Einmalprämien entscheidet entsprechend seine Tilgungsbestimmung darüber, auf welche Forderung des VR geleistet wird (§ 366 I BGB). Liegt keine Tilgungsbestimmung vor, gilt § 366 II BGB. Die erste Zahlung des VN ist danach im Zweifel als auf die Erstprämie geleistet anzusehen, weil es sich um die Schuld handelt, die für den VN die lästigere (weil mit schwereren Rechtsfolgen im Falle der Nichtzahlung bewehrt) ist.[26]

2. Aufrechnung

12 Die **Aufrechnung** mit einer Forderung, die nach Eintritt des Versicherungsfalls entstanden ist, ist nicht als rechtzeitige Zahlung zu werten und beseitigt entsprechend auch eine bereits eingetretene Leistungsfreiheit nach Abs. 2 nicht. Anderenfalls würden Sinn und Zweck des § 37 II unterlaufen, pünktliche Prämienzahlung

---

14 OLG Stuttgart VersR 2015, 1541; R/L/*Rixecker*, § 37 Rn. 6.
15 BGH VersR 1986, 986; B/M/*Beckmann*, § 37 Rn. 25; HK-VVG/*Karczewski*, § 37 Rn. 7; R/L/*Rixecker*, § 37 Rn. 7.
16 BGH VersR 1985, 447; VersR 1988, 484; HK-VVG/*Karczewski*, § 37 Rn. 7.
17 BGH VersR 1986, 54; HK-VVG/*Karczewski*, § 37 Rn. 7.
18 OLG Hamm VersR 1988, 709.
19 BGH VersR 1986, 54, VersR 1988, 484; B/M/*Beckmann*, § 37 Rn. 28; P/M/*Knappmann*, § 37 Rn. 13; PK/*Michaelis*, § 37 Rn. 7.
20 BGHZ 21, 122; HK-VVG/*Karczewski*, § 37 Rn. 10; PK/*Michaelis*, § 37 Rn. 7; P/M/*Knappmann*, § 37 Rn. 13; FAKomm-VersR/*Thessinga*, § 37 Rn. 23; *Klimke* VersR 2010, 1259, 1264.
21 Jauernig/*Stadler*, § 271 Rn. 14, § 266 Rn. 10; Staudinger/*Bittner*, § 271 Rn. 17; VersHb/*Hahn*, § 12 Rn. 47.
22 BGHZ 21, 122; OLG Düsseldorf VersR 1976, 429.
23 BGH VersR 1985, 981; VersR 1986, 54.
24 BGH VersR 1986, 54.
25 Wie hier OLG Frankfurt VersR 2006, 537; B/M/*Beckmann*, § 37 Rn. 32; P/M/*Knappmann*, § 37 Rn. 13; FAKomm-VersR/*Thessinga*, § 37 Rn. 23.
26 B/M/*Beckmann*, § 37 Rn. 36; P/M/*Knappmann*, § 37 Rn. 15.

herbeizuführen. Wegen der **Rückwirkung** der Aufrechnung (§ 389 BGB) beseitigt die Aufrechnung mit einer Forderung, die bereits vor dem Versicherungsfall entstanden ist, die Leistungsfreiheit hingegen schon.[27]

3. »Bei Eintritt des Versicherungsfalls« – Abs. 2

Der VN muss die Leistungshandlung vor dem Versicherungsfall vollendet haben[28]. Was ein **Versicherungsfall** 13 ist, ergibt sich nicht allein aus den AVB.[29] Denn sonst hätte der VR es in der Hand, über eine Definition des Versicherungsfalles das Derogationsverbot von § 42 auszuhöhlen. Der Versicherungsfall bei § 37 II muss im Zweifel objektiv bestimmt werden, d.h. danach, wie ein unparteiischer Dritter ihn bestimmt hätte.

Abs. 2 gilt zugunsten des VN nicht in den Fällen einer **Rückwärtsversicherung** oder einer **erweiterten Ein-** 14 **lösungsklausel**. Das ergibt sich aus der Natur dieser Vereinbarungen.

III. Vertretenmüssen

Wie beim bürgerlich-rechtlichen Verzug auch (§ 286 IV BGB), treten die Rechtsfolgen einer nicht rechtzeiti- 15 gen Leistung der Prämie nur ein, wenn der VN dies zu vertreten hat. Die sprachliche Fassung als Ausnahme macht klar, dass der VN die Beweislast für das Nichtvertretenmüssen trägt.[30] Von den hergebrachten Fällen, in denen der Verzug nicht zu vertreten ist, kommt beim Versicherungsvertrag kaum einer in Betracht.[31] Im Schrifttum wird allenfalls eine Erkrankung des VN ernsthaft erwogen.

C. Rechtsfolge: Rücktrittsrecht (Abs. 1)

Liegen die genannten Voraussetzungen einschließlich des Verschuldens des VN vor, hat der VR ein **Rück-** 16 **trittsrecht**, er ist insbesondere nicht gehalten, dem VN noch eine Frist zu setzen, insoweit ist § 37 eine Sonderregelung gegenüber § 323 BGB.[32] Der VR muss den Rücktritt allerdings **ausdrücklich erklären**.[33] Liegen zusätzlich die Voraussetzungen des Abs. 2 nicht vor, bleibt der VR trotz Rücktritts zur Leistung im Versicherungsfall verpflichtet. Dieses Ergebnis mutet auf den ersten Blick merkwürdig an. Es ist aber vom Gesetzgeber so gewollt, so dass die im Schrifttum erwogene Möglichkeit einer Korrektur[34] (etwa im Wege einer teleologischen Reduktion des Abs. 2) nicht besteht.[35]

In der Vorgängerschrift, § 38 I 1 a.F., war bis 2008 angeordnet, dass es als Rücktritt zu werten sei, wenn der 17 VR nicht innerhalb von drei Monaten ab Fälligkeit die Prämie geltend mache (**Rücktrittsfiktion**). Diese Vorschrift wurde mit der Begründung gestrichen, die Rücktrittsfiktion habe »nicht immer im Interesse des VN« gelegen.[36] Die heutige Rechtslage bedarf der Klärung: Nach dem nackten Buchstaben des Gesetzes ist das Schicksal des Vertrages bei nicht rechtzeitiger Zahlung der Erst- oder Einmalprämie in der Schwebe und kann der VR eine gehörige Zeit warten, um dann die Prämienrückstände einzuklagen.[37] Diese Auffassung ist abzulehnen: Tut der VR nichts, obwohl der VN die Prämie nicht gezahlt hat, ist dies ein Schweigen im Rechtssinne. Dies hat dann Erklärungswirkung, wenn der Schweigende verpflichtet wäre, seinen Willen zum Ausdruck zu bringen.[38] Diese Verpflichtung entsteht hier daraus, dass der VR auf der einen Seite Prämienforderungen akkumulieren kann (§ 37 I), auf der anderen Seite aber im Schadensfall von der Leistung frei ist (§ 37 II): Der VN ist also aus dem Vertrag verpflichtet, ohne dass dem eine Verpflichtung des VR gegenüberstünde. Dieser Zustand wäre grob unbillig. Aus § 242 BGB ist daher die Verpflichtung des VR herzuleiten, den Schwebezustand baldigst zu beenden. Als Frist hierfür sind drei Monate sachgerecht. Nach Ablauf dieser Frist treten die Rechtsfolgen einer Rücktrittserklärung des VR ein, und zwar von Rechts wegen.

D. Rechtsfolge: Leistungsfreiheit des VR (Abs. 2)

I. Grundlagen

Leistet der VN auf eine fällige Prämienforderung nicht rechtzeitig, ist der VR von der Leistungspflicht frei, 18 muss also trotz bestehenden Versicherungsvertrages das Risiko nicht tragen.[39] Er bleibt solange frei, bis er zurücktritt (bzw. der Rücktritt fingiert wird) und damit der Vertrag sein Ende findet oder der VN die geschuldete Erst- oder Einmalprämie gezahlt hat. **Rechtzeitig** bedeutet vor Eintritt des Versicherungsfalls. Maßgeb-

---

27 Ebenso HK-VVG/*Karczewski*, § 37 Rn. 11; P/M/*Knappmann*, § 37 Rn. 23 f.
28 R/L/*Römer*, § 38 Rn. 8.
29 Vgl. aber R/L/*Römer*, § 38 Rn. 9.
30 So auch: P/M/*Knappmann*, § 37 Rn. 16; vgl. Jauernig/*Stadler*, § 286 Rn. 40; *Klimke* VersR 2010, 1259, 1264; L/W/*Staudinger*, § 37 Rn. 18.
31 Ausführlich MünchKommBGB/*Ernst*, § 286 Rn. 106 ff.
32 P/M/*Knappmann*, § 37 Rn. 16.
33 HK-VVG/*Karczewski*, § 37 Rn. 12.
34 *Wandt*, Rn. 518.
35 HK-VVG/*Karczewski*, § 37 Rn. 12.
36 Begr. RegE BT-Drucks. 16/3945 S. 71.
37 So etwa PK/*Michaelis*, § 37 Rn. 1.
38 Palandt/*Ellenberger*, vor § 116 Rn. 8.
39 BGHZ 47, 352, 354.

lich ist die Leistungshandlung (§ 33).[40] Versicherungsfall ist das erste Ereignis, welches diesen Fall auslöst; im Übrigen ist auf die AVB zu rekurrieren.[41]

19 Wegen der Bestimmung des § 33 I ist der Fall problematisch, dass der **Versicherungsfall vor Ablauf der Widerrufsfrist und Zahlung der Prämie** eintritt. Hier muss Deckungsschutz bestehen,[42] da der VN seine Nichtzahlung bereits deswegen nicht zu vertreten hat, da die Prämienforderung des VR noch gar nicht fällig war. Der VN muss die Gelegenheit haben, die ihm von § 33 I gewährte Zahlungsfrist auszuschöpfen und durch Zahlung noch Versicherungsschutz zu erlangen.

20 § 37 koppelt den Versicherungsschutz an die Prämienzahlung. Den Parteien bleibt es unbenommen, zugunsten des VN (also in Übereinstimmung mit § 42) § 37 II abzubedingen und im Rahmen einer sog. **erweiterten Einlösungsklausel** den Versicherungsschutz mit Abschluss des Vertrages greifen zu lassen, sofern der VN die Prämie nach Aufforderung sofort zahlt. Die Parteien können auch den materiellen Versicherungsbeginn auf einen Zeitpunkt vor dem Vertragsschluss legen, § 2 – **Rückwärtsversicherung**. Auch in diesem Fall ergibt sich aus der Natur der Sache, dass Abs. 2 nicht gilt, wie § 2 IV deklaratorisch feststellt. Der VR kann aber durch Rücktritt die Versicherungsschutz rückwirkend beseitigen,[43] so dass die nicht-rechtzeitige Zahlung des VN auch in diesem Fall nicht unsanktioniert bleibt.

21 Grundsätzlich sind auch **Dritte** von der Leistungsfreiheit betroffen; Sonderregeln gelten gem. § 117 für die Pflicht-Haftpflichtversicherung und gem. § 3 PflVG für die Kfz-Haftpflichtversicherung.

II. Belehrung (Satz 2)

22 Nach **Abs. 2 Satz 2** wird der VR nur dann leistungsfrei, wenn er den VN durch besondere Mitteilung in Textform oder durch einen auffälligen Hinweis im Versicherungsschein auf die Rechtsfolgen der Nichtzahlung einer Erst- oder Einmalprämie hingewiesen hat. Darauf, ob eine fehlende oder mangelhafte Belehrung das Verhalten des VN beeinflusst hat oder dazu geeignet war, bzw. ob der VN überhaupt belehrungsbedürftig war, kommt es nicht an.[44] Belehrt der VR nicht ordnungsgemäß, wird der VN so gestellt, als habe er rechtzeitig gezahlt. Die Belehrungspflicht hat den Zweck, den VN über die Risiken nicht rechtzeitiger Zahlung aufzuklären. Er muss genau wissen, was er zu tun hat und was die Konsequenzen eines Unterlassens sind. Hiernach richten sich die Anforderungen an die **Belehrung** im konkreten Fall.[45] Nach dem eindeutigen Wortlaut der Norm genügt eine Belehrung im Antragsformular oder in einem etwaigen Rücktrittsschreiben des VR den Anforderungen des Abs. 2 Satz 2 nicht.[46] **Drucktechnisch** muss sie deutlich gestaltet sein. Das erfordert räumlich, dass sie entweder auf der Vorderseite des Versicherungsscheins angebracht ist oder, dass sich auf Vorderseite zumindest ein vom umliegenden Text klar unterscheidbarer Hinweis in Fettdruck befindet, der auf eine Belehrung auf einer Folgeseite hinweist.[47] Deutlich gestaltet ist die Belehrung, wenn sie sich zumindest durch Fettdruck der Überschrift im Versicherungsschein vom Umfeld klar abhebt. Insoweit ist darauf zu achten, ob andere Hervorhebungen (etwa durch weitere Passagen im Fettdruck), die Hervorhebung nicht etwa relativieren.[48] Verwendet der VR eine **besondere Mitteilung**, so muss diese dem VN zusammen mit dem Versicherungsschein übersandt werden, weil sich die Zahlungsfrist nach dessen Zugang berechnet.[49] Sie darf nicht mit anderen Schriftstücken verbunden werden.

23 **Inhaltlich** muss die Belehrung zutreffend und vollständig sein. Dazu muss sich aus ihr vor allem ergeben, was rechtzeitige Zahlung bedeutet (also bis wann welcher Betrag zu leisten ist), welcher Versicherungsschutz in Rede steht und welches die Rechtsfolgen bei Zahlungsverzug sind.[50] Der bloße Hinweis darauf, dass die Erstprämie rechtzeitig zu zahlen ist, genügt entsprechend nicht.[51] Ebenso lassen widersprüchliche Angaben des VR zur Frist, innerhalb derer die Erstprämie zu zahlen ist, die Belehrung nicht mehr zutreffend sein.[52] Die Erstprämie muss zudem deutlich von anderen Prämien unterschieden werden, so dass beim VN nicht der Eindruck entsteht, erst die Zahlung sämtlicher Prämien oder einer Gesamtprämie lasse den Versicherungsschutz aufleben. Bestehen zwischen den Parteien mehrere Verträge, muss der VR hinsichtlich der jeweiligen Erstprämien deutlich unterschieden – und zwar auch dann, wenn diese Verträge in einem Versicherungsschein zusammenge-

---

40 OLG Stuttgart VersR 2015, 1541 Rn. 5.
41 BK/*Riedler*, § 38 Rn. 59.
42 HK-VVG/*Karczewski*, § 37 Rn. 18; L/W/*Staudinger*, § 37 Rn. 22; *Johannsen*, in: FS Schirmer, S. 263 ff.; a.A. FAKomm-VersR/*Thessinga*, § 37 Rn. 34; *Wandt/Ganster* VersR 2007, 1034, 1035 f.; kritisch B/M/*Beckmann*, § 37 Rn. 55 ff.
43 Dazu auch B/M/*Beckmann*, § 37 Rn. 61 f.
44 BGH VersR 2006, 533; R/L/*Rixecker*, § 37 Rn. 17; FAKomm-VersR/*Thessinga*, § 37 Rn. 40.
45 Einzelheiten bei P/M/*Knappmann*, § 37 Rn. 44 ff.; VersHb/*Hahn*, § 12 Rn. 50 ff.
46 OLG Celle VersR 2000, 314; HK-VVG/*Karczewski*, § 37 Rn. 20; L/W/*Staudinger*, § 37 Rn. 29; P/M/*Knappmann*, § 37 Rn. 30; PK/*Michaelis*, § 37 Rn. 17.
47 OLG Naumburg VersR 2012, 973; LG Dortmund VuR kompakt 2011, 121; HK-VVG/*Karczewski*, § 37 Rn. 21.
48 OLG Naumburg VersR 2012, 973; L/W/*Staudinger*, § 37 Rn. 31.
49 P/M/*Knappmann*, § 37 Rn. 30; FAKomm-VersR/*Thessinga*, § 37 Rn. 41.
50 LG Dortmund r+s 2012, 482; LG Duisburg SP 2013, 27; B/M/*Beckmann*, § 37 Rn. 39; P/M/*Knappmann*, § 37 Rn. 29.
51 OLG Hamm VersR 1980, 178; LG Dortmund r+s 2012, 482.
52 LG Dortmund VuR kompakt 2011, 121; HK-VVG/*Karczewski*, § 37 Rn. 22.

fasst sind.[53] In der **Kraftfahrtversicherung** muss der VR entsprechend Kasko- und Haftpflichtprämie auseinander halten. Insb. muss dem VN deutlich werden, dass er in der jeweiligen Komponente Versicherungsschutz genießt, wenn er die korrespondierende Prämie gezahlt hat – und zwar unabhängig davon, wie es sich mit der Prämie der anderen Komponente verhält.[54] Im **Bankeinzugsverfahren** wird der VR wegen dieser Anforderungen regelmäßig gesonderte Lastschriften verwenden müssen.[55]

III. Ausschluss der Leistungsfreiheit

Ein **Verzicht** darauf, Leistungsfreiheit nach Abs. 2 geltend zu machen, ist möglich, praktisch aber nur in Ausnahmefällen anzunehmen. Insb. ist in der Annahme einer Prämie durch den VR nach Eintritt des Versicherungsfalls kein solcher Verzicht zu sehen, da dem VN die Prämie auch im Falle der Leistungsfreiheit zusteht.[56] 24

Als Verzicht ist es nach Treu und Glauben aber anzusehen, wenn der VR Folgeprämiezahlungen des VN ohne Hinweis auf die Nichtzahlung der Erstprämie annimmt und der VN sich offensichtlich in einem Irrtum hinsichtlich des Schicksals der Erstprämie befindet.[57] Auch die Ausstellung eines **Sicherungsscheins**, in dem der VR Deckung bestätigt, verwehrt es ihm, sich später gegenüber einem redlichen Inhaber dieses Scheins auf eine Nichtzahlung der Erstprämie zu berufen.[58] Schließlich kann sich der VR nach Treu und Glauben nicht auf Leistungsfreiheit berufen, wenn er zum Zeitpunkt der Fälligkeit der Erstprämie die Möglichkeit hatte, aufzurechnen – und sei es mit einer Forderung des VN auf Leistung.[59]

Für die **vorläufige Deckung** findet sich eine Sonderregelung zu § 37 II in §§ 51, 52 I 2. Haben die Parteien keine Regelung nach § 51 I getroffen, hat der VR Versicherungsschutz zu gewähren, bis entweder der Hauptvertrag geschlossen wurde oder dessen Abschluss endgültig gescheitert ist.[60] 25

E. Anwendungsbereich

Die Vorschrift findet im Rahmen des § 211 keine Anwendung. 26

F. Beweislast

Der VN muss darlegen und beweisen, dass er die Erst- oder Einmalprämie rechtzeitig gezahlt hat.[61] Das gilt auch, wenn eine sog. »erweiterte Einlösungsklausel« vereinbart ist und ergibt sich aus den allgemeinen Regeln, da der Schuldner auch dann die Rechtzeitigkeit seiner Leistung beweisen muss, wenn der Gläubiger aus einer nicht rechtzeitigen Erfüllung Rechte herleitet. Der VR hat zu beweisen, dass seine Prämienforderung an den VN zutreffen,[62] der Versicherungsschein zugegangen[63] und die Belehrung nach Abs. 2 Satz 2 ordnungsgemäß ist. Das gleiche gilt für den Zugang der Belehrung.[64] Siehe im Übrigen § 36 Rn. 9. 27

§ 38 Zahlungsverzug bei Folgeprämie. (1) ¹Wird eine Folgeprämie nicht rechtzeitig gezahlt, kann der Versicherer dem Versicherungsnehmer auf dessen Kosten in Textform eine Zahlungsfrist bestimmen, die mindestens zwei Wochen betragen muss. ²Die Bestimmung ist nur wirksam, wenn sie die rückständigen Beträge der Prämie, Zinsen und Kosten im Einzelnen beziffert und die Rechtsfolgen angibt, die nach den Absätzen 2 und 3 mit dem Fristablauf verbunden sind; bei zusammengefassten Verträgen sind die Beträge jeweils getrennt anzugeben.
(2) Tritt der Versicherungsfall nach Fristablauf ein und ist der Versicherungsnehmer bei Eintritt mit der Zahlung der Prämie oder der Zinsen oder Kosten in Verzug, ist der Versicherer nicht zur Leistung verpflichtet.
(3) ¹Der Versicherer kann nach Fristablauf den Vertrag ohne Einhaltung einer Frist kündigen, sofern der Versicherungsnehmer mit der Zahlung der geschuldeten Beträge in Verzug ist. ²Die Kündigung kann mit der Bestimmung der Zahlungsfrist so verbunden werden, dass sie mit Fristablauf wirksam wird, wenn der Versicherungsnehmer zu diesem Zeitpunkt mit der Zahlung in Verzug ist; hierauf ist der Versicherungsnehmer bei der Kündigung ausdrücklich hinzuweisen. ³Die Kündigung wird unwirksam, wenn der Versicherungsnehmer innerhalb eines Monats nach der Kündigung oder, wenn sie mit der Fristbestimmung verbunden worden ist, innerhalb eines Monats nach Fristablauf die Zahlung leistet; Absatz 2 bleibt unberührt.

---

53 BGH VersR 1985, 447; OLG Düsseldorf VersR 2006, 250; P/M/*Knappmann*, § 37 Rn. 29.
54 OLG Hamm VersR 1991, 220; P/M/*Knappmann*, § 37 Rn. 29.
55 R/L/*Rixecker*, § 37 Rn. 7; P/M/*Knappmann*, § 37 Rn. 29.
56 HK-VVG/*Karczewski*, § 37 Rn. 24.
57 R/L/*Rixecker*, § 37 Rn. 19.
58 BGH VersR 1985, 981; HK-VVG/*Karczewski*, § 37 Rn. 25; P/M/*Knappmann*, § 37 Rn. 28.
59 BGH VersR 1985, 981; OLG Hamm VersR 1996, 1408.
60 BGH VersR 1986, 986, 987; B/M/*Beckmann*, § 37 Rn. 60; FAKomm-VersR/*Thessinga*, § 37 Rn. 36.
61 P/M/*Knappmann*, § 37 Rn. 10.
62 BGH VersR 1986, 986; B/M/*Beckmann*, § 37 Rn. 71; FAKomm-VersR/*Thessinga*, § 37 Rn. 43.
63 OLG Hamm r+s 1992, 258; OLG Stuttgart VersR 2015, 1541 Rn. 5.
64 L/W/*Staudinger*, § 37 Rn. 37; P/M/*Knappmann*, § 37 Rn. 31.

§ 38 Zahlungsverzug bei Folgeprämie

Übersicht

	Rdn.		Rdn.
A. Normzweck und – geschichte	1	D. Rechtsfolgen	13
B. Anwendungsbereich	3	I. Allgemeines	13
C. Tatbestandsvoraussetzungen	4	II. Leistungsfreiheit (Abs. 2)	14
I. Folgeprämienrückstand	4	III. Kündigungsrecht (Abs. 3)	17
II. Fristsetzung (Abs. 1 Satz 1)	7	E. Beweislast	21
III. Qualifizierte Mahnung (Abs. 1 Satz 2)	9	F. Abdingbarkeit	23
IV. Vertretenmüssen	12		

A. Normzweck und – geschichte

1 § 38 regelt **den Rückstand** mit einer Folgeprämie. Im Vergleich zu den Rechtsfolgen des Rückstands mit einer Erst- oder Einmalprämie ist die Vorschrift für den VN weniger einschneidend. Er soll bei nicht rechtzeitiger Zahlung einen gewissen Bestandschutz des durchgeführten Versicherungsvertrages garantieren.[1] Daran kann er u.a. deswegen ein Interesse haben, weil er der Prämienhöhe oder der Risikoprüfung beim Neuabschluss eines anderen Versicherungsvertrages entgehen will.

2 § 38 entspricht im Wesentlichen § 39 a.F. Die Beschränkung der Heilungswirkung einer Prämiennachzahlung innerhalb der Nachfrist bis zum Eintritt des Versicherungsfalls (§ 39 Abs. 3 Satz 3 a.F.) ist allerdings in der Neuregelung entfallen, § 38 Abs. 3 Satz 3. Für die qualifizierte Mahnung fordert das neu kodifizierte VVG 2008 abweichend vom vorherigen Recht nicht mehr die sog. »vereinfachte Schriftform« i.S.d. § 39 Abs. 1 Satz 1 Hs. 2 a.F., sondern Textform.

B. Anwendungsbereich

3 § 38 ist *lex specialis* zu § 323 BGB; die Vorschriften der §§ 326, 275 BGB über die Unmöglichkeit bleiben aber parallel anwendbar.[2] Das Gleiche gilt für § 286 BGB in Bezug auf Verzögerungsschäden und Verzugszinsen, die von § 38 nicht erfasst werden. Innerhalb des Versicherungsvertragsrechts wird § 38 im Recht der Lebensversicherung von § 166 umgestaltet und im Recht der privaten Krankenversicherung von §§ 193 Abs. 6, 7, 206 Abs. 1 als *lex specialis* verdrängt. Dort wird bei einem Prämienrückstand das Ruhen der Leistungen und gegebenenfalls die Umstufung in den Notlagentarif angeordnet, eine Kündigung wegen Prämienverzugs aber ausgeschlossen.[3] In der privaten Pflegeversicherung verdrängt § 110 Abs. 4 SGB XI den § 38.[4] Nach § 211 findet § 38 keine Anwendung auf Pensionskassen, kleine VVaG und die anderen dort genannten Unternehmen.

C. Tatbestandsvoraussetzungen

I. Folgeprämienrückstand

4 Der VN muss mit der Zahlung einer **Folgeprämie** (Begriff § 37 Rn. 2) in Rückstand geraten sein. § 38 kommt auch dann zur Anwendung, wenn der VR Prämien für eine weitere Versicherungsperiode (etwa in Ausübung einer Verlängerungsklausel) einzieht, oder wenn der VN zusätzlich die Erstprämie niemals gezahlt, der VR aber sein Rücktrittsrecht nach § 37 Abs. 1 noch nicht ausgeübt hat.[5]

5 Weiterhin muss sich der VN **objektiv im Rückstand** mit der Zahlung seiner Prämien befinden. Für den Tatbestand (also qualifizierte Mahnung und Fristsetzung) kommt es zunächst nicht darauf an, dass die zusätzlichen Voraussetzungen eines bürgerlich-rechtlichen Verzugs vorliegen.[6] Nach dem Wortlaut der Norm und der Konstruktion der Vorschrift seit Inkrafttreten des VVG 1908[7] muss der VN den Zahlungsrückstand aber nach Fristablauf wie bei § 286 BGB zu vertreten haben, damit sich der VR auf die Rechtsfolgen der Leistungsfreiheit und der Kündigungsmöglichkeit berufen kann.[8] Die **Fälligkeit** richtet sich nicht nach § 33 I, der nur die Erst- oder Einmalprämie betrifft. Maßgeblich ist also die jeweilige Vereinbarung der Parteien – vor allem in AVB (z.B. Ziff. 101 AHB 2008) – und in zweiter Linie § 271 BGB.[9]

6 Der VN kann auch durch eine wirksame **Aufrechnung** rechtzeitig zahlen, und zwar auch dann, wenn die Gegenforderung erst nach Fristsetzung aber vor Fristablauf entstanden ist.[10] Entsteht die Forderung erst nach

---

1 P/M/*Knappmann*, § 38 Rn. 2; sinngemäß auch R/L/*Rixecker*, § 38 Rn. 1.
2 B/M/*Beckmann*, § 38 Rn. 2; P/M/*Knappmann*, § 38 Rn. 2; FAKomm-VersR/*Thessinga*, § 38 Rn. 2.
3 Zur Rechtslage in der privaten Krankenversicherung BGH VersR 2012, 219, 304; *Brand* VersR 2011, 1337 ff.; ferner L/W/*Staudinger*, § 38 Rn. 4; P/M/*Knappmann*, § 38 Rn. 3.
4 KG Berlin VersR 2016, 138, 139.
5 P/M/*Knappmann*, § 38 Rn. 4.
6 BGH VersR 1968, 241 f.; B/M/*Beckmann*, § 38 Rn. 14; HK-VVG/*Karczweski*, § 38 Rn. 2; P/M/*Knappmann*, § 38 Rn. 4; R/L/*Rixecker*, § 38 Rn. 7.
7 Dazu Mot., S. 84.
8 B/M/*Möller*, § 39 Anm. 26.
9 Für die Rechtzeitigkeit der Zahlung ist die Entscheidung des EuGH vom 03.04.2008 zu berücksichtigen. Vgl. § 36 Rdn. 3; so auch B/M/*Beckmann*, § 38 Rn. 14; L/W/*Staudinger*, § 38 Rn. 4; ferner PK/*Michaelis/Pilz*, § 38 Rn. 5.
10 OLG Frankfurt VersR 2006, 537; PK/*Michaelis/Pilz*, § 38 Rn. 5a.

Fristablauf, bleibt der VR nach Abs. 2 leistungsfrei, kündigen nach Abs. 3 kann er aber nicht.[11] Hat der VR die Prämie vor Fristsetzung **gestundet**, findet § 38 keine Anwendung. Fristsetzung und/oder Kündigung entfalten keine Wirkung. Im Einzelfall muss aber durch Auslegung gegenüber einem bloß vorläufigen Verzicht, die Prämie geltend zu machen, abgegrenzt werden. Letzterer berührt die Fälligkeit der Prämie nicht.[12] Wird die Stundung nach Eintritt der Leistungsfreiheit nach Abs. 2 erklärt, muss der VR festlegen, ob eine Nachzahlung der Prämien dazu führt, dass auch für den Zeitraum der Stundung Versicherungsschutz besteht. Haben die Parteien ein **Ruhen der Leistung** vereinbart, bleibt der VR auch nach dem Ende des Ruhens bis zur Zahlung durch den VN leistungsfrei, wenn er dies auch zu Beginn des Ruhens war.[13]

II. Fristsetzung (Abs. 1 Satz 1)

Ab Fälligkeit kann der VR dem Prämienschuldner oder dessen gesetzlichem Vertreter in Textform (§ 126b BGB) eine Frist setzen, die offene Folgeprämie zu begleichen; eine zuvor erklärte Fristsetzung ist gegenstandslos.[14] Die Fristsetzung muss qualifiziert sein, d.h. den Anforderungen des Abs. 1 Satz 2 entsprechen (dazu sogleich Rn. 9). Der 2008 eingeführte Hs. 2 stellt dabei klar, dass die rückständigen Beträge bei Verträgen, die in einem Versicherungsschein zusammengefasst werden, für jeden Vertrag gesondert ausgewiesen werden müssen. Das ist etwa für die Haftpflicht- und die Kaskokomponente der Kfz-Versicherung von Belang, aber auch in der privaten Krankenversicherung. Bereits geringfügige Zuvielforderungen oder eine unklare Differenzierung zwischen Erst- und Folgeprämien führen dazu, ihr die notwendige Qualität zu versagen, so dass sie unwirksam ist.[15]

Berechnung der Frist: Abs. 1 Satz 1 spricht von einer »Zahlungsfrist, die mindestens zwei Wochen betragen muss«. Fasst der VR die Zahlungsfrist abstrakt (»innerhalb von zwei Wochen«), so ist der Zugang beim Erklärungsempfänger maßgeblich und gegebenenfalls zu beweisen.[16] Liegen die Voraussetzungen des § 13 vor, wird der Zugang fingiert. Die Berechnung der Frist richtet sich nach den §§ 187 I, 188 II und 193 BGB. Die Sonderregel für die Gebäudefeuerversicherung in § 91 a.F. ist nicht in das VVG 2008 übernommen worden.

III. Qualifizierte Mahnung (Abs. 1 Satz 2)

Neben einer ordnungsgemäßen Fristsetzung nach Abs. 1 Satz 1 muss der VR den VN auch qualifiziert gemahnt haben, um sich auf die Rechtsfolgen der Abs. 2 und 3 berufen zu können. Bei einer Mitversicherung wird in der Regel der führende VR die Mahnung aussprechen, berechtigt dazu ist aber jedes Mitglied des Konsortiums.[17] Auch der Abschlussagent kann für den VR eine wirksame Mahnung aussprechen, wie aus seiner weitreichenden Verfügungsmacht über das Versicherungsverhältnis gem. § 71 folgt. Eine qualifizierte Mahnung setzt nach dem Wortlaut des Abs. 1 Satz 2 voraus, dass der VR die rückständigen Prämien, Zinsen und Kosten im konkreten Fall betragsmäßig exakt beziffert und die Rechtsfolgen korrekt angibt, die dem VN mit Fristablauf drohen.[18] Die vor 2008 herrschend vertretene Ansicht, eine genaue Bezifferung sei entbehrlich, wenn sich die zu leistende Prämie eindeutig aus dem Versicherungsschein ergebe,[19] lässt sich angesichts des neu gefassten Wortlauts nicht mehr vertreten. Mahnt der VR einen höheren Prämienrückstand an, als er tatsächlich besteht, so ist die Mahnung unwirksam.[20] Mahnt er hingegen einen geringeren Betrag als den geschuldeten an, bleibt die Mahnung zwar wirksam, die Zahlung der angemahnten Summe genügt dann aber, um dem VR für die gesamte Summe die Rechtsfolgen der Abs. 2 und 3 aus der Hand zu schlagen.[21]

Die Rechtsprechung stellt traditionell strenge Anforderungen an eine qualifizierte Mahnung. Das beginnt mit der **Belehrung** über die Rechtsfolgen, welche der VR vorzunehmen hat. Der Schutzzweck der Norm gebietet, dass sie optisch deutlich hervorzuheben ist und innerhalb der Mahnung leicht auffindbar zu positionieren ist (etwa vor der Unterschriftszeile).[22] Ferner muss sie für den VN aus sich heraus verständlich sein und ihn über sämtliche Folgen des Versäumens der Zahlungsfrist korrekt aufklären. Entsprechend genügt weder die reine Wiedergabe des Gesetzestextes, noch darf der VR den Eindruck erwecken, eine Zahlung nach Fristablauf habe in jedem Fall Leistungsfreiheit und/oder Kündigung des Vertrages zur Folge; es ist auf die Möglichkeit des

---

11 PK/*Michaelis/Pilz*, § 38 Rn. 5a; P/M/Knappmann, § 38 Rn. 28.
12 PK/*Michaelis/Pilz*, § 38 Rn. 6.
13 B/M/*Beckmann*, § 38 Rn. 77; P/M/*Knappmann*, § 38 Rn. 49.
14 P/M/*Knappmann*, § 38 Rn. 6.
15 BGH VersR 1985, 533 f.; NJW 1993, 130; OLG Oldenburg OLGR 2000, 142; HK-VVG/*Karczweski*, § 38 Rn. 7; L/W/*Staudinger*, § 38 Rn. 5; R/L/*Rixecker*, § 38 Rn. 2; s. auch OLG Celle VersR 2008, 1477.
16 R/L/*Rixecker*, § 38 Rn. 4.
17 BK/*Riedler*, § 39 Rn. 9; B/M/*Beckmann*, § 38 Rn. 16; FAKomm-VersR/*Thessinga*, § 38 Rn. 9, a.A. P/M/*Knappmann*, § 38 Rn. 8.
18 VersHb/*Hahn*, § 12 Rn. 64; Anforderungen an das Mahnschreiben bei mehreren versicherten Personen und Tarifen: OLG Düsseldorf VersR 2010, 1439 mit einer kritischen Anmerkung von *Reinhard*.
19 So etwa BK/*Riedler*, § 38 Rn. 22 ff.
20 PK/*Michaelis/Pilz*, § 38 Rn. 8.
21 L/W/*Staudinger*, § 38 Rn. 5.
22 L/W/*Staudinger*, § 38 Rn. 7; FAKomm-VersR/*Thessinga*, § 38 Rn. 17.

Abs. 3 hinzuweisen.[23] Auch darf die Belehrung keine Hinweise auf andere Sachverhalte – etwa den Verzug mit einer Erstprämie – enthalten, da dies den durchschnittlichen VN verwirren kann. Wenn der VR Prämienrückstände aus mehreren Versicherungsverträgen anmahnt, darf seine Belehrung auch nicht den Eindruck erwecken, die einzelnen Versicherungsverträge würden nur dann bestehen bleiben, wenn sämtliche Rückstände beglichen würden.[24] Erfüllt die Belehrung diese Anforderungen nicht, ist die Mahnung insgesamt unwirksam.[25]

11 Adressat der qualifizierten Mahnung ist der VN, es sei denn, er ist ausnahmsweise nicht der Prämienschuldner. Dann ist dieser zu mahnen. Die qualifizierte Mahnung muss gem. § 130 BGB zugegangen sein. Bei mehreren VN muss die Mahnung jedem VN gesondert zugegangen sein, selbst wenn alle VN unter derselben Adresse gemeldet sind.[26] Bei gegenteiliger Rechtsauffassung wäre nicht gesichert, dass derjenige VN, welcher das Mahnschreiben eröffnet, dessen Inhalt an die anderen VN weiter übermittelt, so dass die Warnfunktion des Schreibens verpuffen würde. Auch der Insolvenz- und der Zwangsverwalter können Adressat der Mahnung sein.[27]

IV. Vertretenmüssen

12 Diese Tatbestandsvoraussetzung ist in der Vorschrift nicht ausdrücklich genannt, doch sprechen die Überschrift sowie die Abs. 2 und 3 ausdrücklich von »Verzug« und verweisen damit auf § 286 BGB und dieser wieder setzt Vertretenmüssen voraus.[28] Maßgeblicher Zeitpunkt für die Ermittlung des Verschuldens ist für die Frage der Leistungsfreiheit nach Abs. 2 der Eintritt des Versicherungsfalles. Da Geldschulden Gattungsschulden sind, hat der VN ein Unvermögen zur Leistung stets zu vertreten, § 279 BGB. Ein Verschulden liegt nicht vor, wenn der VN annehmen durfte, er sei beitragsfrei geworden,[29] oder wenn er ein Zurückbehaltungsrecht geltend macht.[30] Das Gleiche gilt, wenn er am Tag der Fälligkeit bewusstlos ist und das Bewusstsein bis zu seinem Tode nicht wiedererlangt,[31] nicht aber bei einer bloß schweren Erkrankung.[32] Hinsichtlich der Gründe, welche zu einem Entfallen des Verschuldens führen, ist der VN beweisbelastet; s. § 36 Rdn. 11.

D. Rechtsfolgen
I. Allgemeines

13 Der VR kann auf die Rechte aus Abs. 2 und 3 verzichten.[33] Ob ein Verzicht vorliegt, ist im Einzelfall durch Auslegung der Erklärung der Parteien zu ermitteln. Nicht als Verzicht zu werten ist es, wenn der VR nach Eintritt des Versicherungsfalls die Leistung entgegennimmt:[34] Der VR hat nämlich auch im Falle der Leistungsfreiheit einen Anspruch auf die Prämie. Ein Verzicht auf die Rechte nach Abs. 2 und 3 ist daher auch nicht anzunehmen, wenn der VR einen Schaden aufnimmt,[35] rückständige Prämien einklagt oder andere Prämien als die rückständigen und angemahnten Folgeprämien entgegennimmt.[36] Den VR kann gegebenenfalls eine Aufklärungspflicht treffen, wenn ihm bewusst ist, dass der VN die objektive Rechtslage nicht richtig erkennt.[37] Als Verzicht kann eine sog. »Wiederherstellungsklausel« zu werten sein, in welcher der VR nach ausgesprochener Kündigung mit dem VN Fortsetzung des ursprünglichen Vertrages unter der Bedingung vereinbart, dass der VN die rückständigen Prämien nachzahlt.

II. Leistungsfreiheit (Abs. 2)

14 Ist der VN mit einer Folgeprämie, Zinsen oder Kosten nach den genannten Voraussetzungen in Verzug und tritt Versicherungsfall ein, so ist der VR nach Abs. 2 nicht zur Leistung verpflichtet. Die Leistungspflicht setzt erst wieder mit Wirkung für die Zukunft ein, wenn der VN mit keiner Folgeprämie mehr in Verzug ist.

15 Hinsichtlich eines Rückstandes des VN mit **Bagatellbeträgen** gilt das zu § 37 Rn. 9 Gesagte. Entgegen einer in Rechtsprechung und Schrifttum vertreten Auffassung[38] kann der VR sich in einem solchen Fall aus Treu

---

23 HK-VVG/*Karczewski*, § 38 Rn. 6.
24 BGH VersR 1967, 467.
25 BGH VersR 1999, 1525 f. (Belehrung); R/L/*Rixecker*, § 38 Rn. 2.
26 BGH VersR 2014, 229; HK-VVG/*Karczewski*, § 38 Rn. 8.
27 P/M/*Knappmmann*, § 38 Rn. 10; FAKomm-VersR/*Thessinga*, § 38 Rn. 10.
28 Vgl. B/M/*Beckmann*, § 38 Rn. 56; hinsichtlich der EuGH-Entscheidung L/W/*Staudinger*, § 38 Rn. 12.
29 PK/*Michaelis/Pilz*, § 38 Rn. 13.
30 LG Tübingen VersR 1990, 33.
31 KG JRPV 1930, 429.
32 OLG Stuttgart VersR 1953, 18.
33 OLG Hamm VersR 1983, 577.
34 BGH VersR 1963, 376 ff.; HK-VVG/*Karczewski*, § 38 Rn. 20; P/M/*Knappmann*, § 38 Rn. 43.
35 B/M/*Beckmann*, § 38 Rn. 78; FAKomm-VersR/*Thessinga*, § 38 Rn. 32.
36 BGH VersR 1963, 376 ff.; HK-VVG/*Karczewski*, § 38 Rn. 20.
37 BGH VersR 1963, 376 ff.
38 BGH VersR 1988, 484; OLG Düsseldorf zfs 2006, 523; HK-VVG/*Karczewski*, § 38 Rn. 19; PK/*Michaelis/Pilz*, § 38 Rn. 15; R/L/*Rixecker*, § 38 Rn. 12.

und Glauben nicht auf Leistungsfreiheit berufen. Etwas anderes kann nur dann gelten, wenn der VN seiner Leistungsverpflichtung bewusst nicht nachkommt. Dann kann er sich seinerseits nicht auf Treu und Glauben berufen.

16 Das Gesetz sieht es dem nackten Wortlaut nach vor, dass der VR auf der einen Seite von der Leistung frei ist, weil der VN mit einer Folgeprämie in Verzug ist, aber auf der anderen Seite weitere Folgeprämien einziehen kann. In einem solchen Fall weiß der VN offensichtlich nicht, in welcher Situation er sich befindet, er glaubt seine Pflichten aus dem Vertrag erfüllt zu haben und geht auch davon aus, dass der VR seine Pflichten aus dem Vertrag zu erfüllen hat. Aus § 242 BGB ergibt sich nicht, wie der BGH meinte, dass es dem VR gegebenenfalls verwehrt sei, sich auf die Leistungsfreiheit zu berufen.[39] Aus § 242 BGB folgt vielmehr die **Pflicht des VR, den VN auf die Rechtsfolgen des Verzuges hinzuweisen**. Und diese Pflicht entsteht spätestens dann, wenn der VN eine weitere Folgeprämie zahlt, ohne die eine nach wie vor offene Folgeprämie beglichen zu haben. Dass hier im Gegensatz zu § 37 nicht von einer Kündigung auszugehen ist, ergibt sich daraus, dass § 38 eher auf den Erhalt des bereits in Vollzug gesetzten Vertrages gerichtet ist.

III. Kündigungsrecht (Abs. 3)

17 Der VR kann kündigen, wenn sich der VN zum Zeitpunkt der Kündigung (Zugang) noch in Verzug befindet;[40] es bedarf keiner weiteren Fristsetzung (Abs. 3 Satz 1). Einer zeitlichen Grenze unterliegt dieses Kündigungsrecht des VR grundsätzlich nicht. Aus Treu und Glauben kann der VR sein Kündigungsrecht aber verwirkt haben, wenn der VR eine untunlich lange Zeit bis zur Erklärung der Kündigung hat verstreichen lassen (Zeitmoment) und sich der VN daher auf den Fortbestand des Versicherungsschutzes hat einrichten dürfen (Umstandsmoment).[41]

18 Im Einklang mit dem Bürgerlichen Recht erlaubt **Abs. 3 Satz 2** ausdrücklich dem VR die Rücktrittserklärung schon mit der Mahnung zu verbinden,[42] so dass es nach fruchtlosem Fristablauf keiner weiteren Erklärung des VR bedarf, um das Vertragsverhältnis aufzulösen. Wie Hs. 2 ausdrücklich anordnet, ist der VN hierauf ausdrücklich hinzuweisen. Ein Verweis auf die gesetzliche Regelung allein genügt dazu ebenso wenig[43] wie die bloße Ankündigung einer Kündigung.[44]

19 **Abs. 3 Satz 3** gibt dem VN die Möglichkeit die **Wirkung der Kündigung zu beseitigen**: Zahlt er einen Monat nach der Kündigung bzw. nach Ablauf der vom VR für das Wirksamwerden der Kündigung gesetzten Frist, wird die Kündigung unwirksam. Rechtstechnisch bedeutet dies, dass die Kündigung auflösend bedingt durch die Nachzahlung ist.[45] Anders als nach der Rechtslage vor 2008 (§ 39 III 3 a.F.) gilt dies auch dann, wenn der Versicherungsfall bereits eingetreten ist. Das Nachholen der Zahlung ist ein Gestaltungsrecht. Der VN muss es entsprechend aktiv ausüben. Ein Nachholen liegt entsprechend nicht vor, wenn der VR die rückständige Prämienforderung mit einem Zahlungsanspruch des VN verrechnet,[46] oder wenn er gegen den VN die Zwangsvollstreckung betreibt. Zahlt der VN selbst zur Abwendung der Zwangsvollstreckung kann dies dann als Nachholen gewertet werden, wenn er zugleich erklärt, dass er die Zahlung auch bewirke, um die Kündigung des VR wegfallen zu lassen.[47]

20 Nach Hs. 2 bleiben die **Wirkungen des Abs. 2** von einer Nachholung der Zahlung unberührt. Das Gestaltungsrecht des Abs. 3 Satz 3 beseitigt also die Wirkung der Kündigung, nicht aber die Leistungsfreiheit.[48] Wegen der Prämienforderung im Falle der Kündigung s. § 40 I.

E. Beweislast

21 Der VR trägt nach allgemeinen Grundsätzen die Beweislast dafür, dass und wann die qualifizierte Mahnung zugegangen ist. Hierbei kommen ihm nach ganz h.M. keinerlei Beweiserleichterungen zugute: Weder die Absendung eines normalen Briefes noch eines Einschreibens begründen einen Anscheins-Beweis für den Zugang.[49] Die zunehmend befürworteten Beweiserleichterungen zugunsten des VR bei der Zusendung von Unterlagen nach § 8 II[50] lassen sich auf § 38 nicht übertragen, da es sich bei der Übersendung nicht um ein vergleichbares Massengeschäft handelt wie die bei der Übersendung von Vertragsbedingungen. Steht aber fest,

---

39 BGH VersR 1963, 376; so auch L/W/*Staudinger*, § 38 Rn. 17.
40 P/M/*Knappmann*, § 38 Rn. 31.
41 OLG Düsseldorf VersR 2002, 217; HK-VVG/*Karczewski*, § 38 Rn. 24.
42 MünchKommBGB/*Ernst*, § 323 Rn. 148; B/M/*Beckmann*, § 38 Rn. 68; HK-VVG/*Karczewski*, § 38 Rn. 24; PK/*Michaelis/Pilz*, § 38 Rn. 17.
43 R/L/*Rixecker*, § 38 Rn. 20.
44 OLG Köln r+s 1992, 151.
45 PK/*Michaelis/Pilz*, § 38 Rn. 18.
46 AG Neuss NJW-RR 2003, 893; HK-VVG/*Karczewski*, § 38 Rn. 27.
47 HK-VVG/*Karczewski*, § 38 Rn. 27; a.A. PK/*Michaelis/Pilz*, § 38 Rn. 18 (keine Nachzahlung).
48 B/M/*Beckmann*, § 38 Rn. 70.
49 BGH VersR 1957, 442 ff.; LG Arnsberg 08.03.2011 – 3 S 152/10; so auch: P/M/*Knappmann*, § 38 Rn. 16; *Schimikowski*, Rn. 163.
50 Siehe nur *Armbrüster*, VersR 2012, 9, 15; *Brand* VersR 2015, 10, 12 ff.

dass der VN ein Einschreiben des VR erhalten hat, spricht die Vermutung dafür, dass es sich hierbei um ein Mahnschreiben handelt.[51] Wie das OLG Hamm richtig sieht, muss der VR sich also eines Einschreibens mit Rückschein bedienen, wenn er ganz sicher gehen will.[52] Der VN kann den Zeitpunkt des Zuganges mit Nichtwissen bestreiten.[53] Den Zugang der Kündigung muss der VR ebenfalls beweisen. Der VN ist nach den allgemeinen Regeln darlegungs- und beweisbelastet, dass er die Leistungshandlung rechtzeitig vorgenommen hat und dass ihn kein Verschulden trifft, § 286 IV BGB. Zudem hat er Stundung oder Verzicht durch den VR zu beweisen, wenn er sich darauf beruft.[54]

22 Wird in einem **späteren Schreiben** des VR auf ein Mahnschreiben rekurriert, begründet dies für den VN keinerlei Handlungspflichten, welche Beweiserleichterungen für den VR zur Folge hätten.[55]

F. Abdingbarkeit

23 Die Vorschrift kann nach Maßgabe des § 42 nicht zuungunsten des VN abbedungen werden (sog. »halbzwingende Vorschrift«). Im Versicherungsvertrag können allerdings strengere Maßstäbe für die qualifizierte Mahnung oder die Belehrungen vorgesehen sein oder dem VN längere Fristen eingeräumt werden, weil diese Maßnahmen ihm günstig sind.[56]

§ 39 Vorzeitige Vertragsbeendigung.
(1) Im Fall der Beendigung des Versicherungsverhältnisses vor Ablauf der Versicherungsperiode steht dem Versicherer für diese Versicherungsperiode nur derjenige Teil der Prämie zu, der dem Zeitraum entspricht, in dem Versicherungsschutz bestanden hat. Wird das Versicherungsverhältnis durch Rücktritt auf Grund des § 19 Abs. 2 oder durch Anfechtung des Versicherers wegen arglistiger Täuschung beendet, steht dem Versicherer die Prämie bis zum Wirksamwerden der Rücktritts- oder Anfechtungserklärung zu. Tritt der Versicherer nach § 37 Abs. 1 zurück, kann er eine angemessene Geschäftsgebühr verlangen.
(2) Endet das Versicherungsverhältnis nach § 16, kann der Versicherungsnehmer den auf die Zeit nach der Beendigung des Versicherungsverhältnisses entfallenden Teil der Prämie unter Abzug der für diese Zeit aufgewendeten Kosten zurückfordern.

Übersicht

	Rdn.		Rdn.
A. Normzweck und -geschichte	1	D. Nichtzahlung der Erstprämie (Abs. 1 S. 3)	7
B. Erstattung der Prämie nach Zeitanteilen (Abs. 1 S. 1)	2	E. Insolvenz des VN (Abs. 2)	8
C. Sonderregel für Rücktritt und Anfechtung (Abs. 1 S. 2)	5	F. Abdingbarkeit	9

A. Normzweck und -geschichte

1 § 39 regelt die Frage, in welchem Umfang die Prämie geschuldet wird, wenn das Versicherungsverhältnis vor Ablauf der Versicherungsperiode gekündigt wird. Die Vorschrift stellt eine deutliche **Abkehr von** der Rechtslage vor der Neukodifikation von 2008 dar. Nach dem früheren Recht (§ 40 I, II 1 a.F.) hatte der VN im Falle des Rücktritts, der Anfechtung oder der Kündigung auf Verlangen des VR die Prämie auch für denjenigen Teil der Versicherungsperiode zu zahlen, für den ihm kein Leistungsanspruch gegen den VR mehr zustand (sog. **Grundsatz der Unteilbarkeit der Prämie**). Der Reformgesetzgeber sah in diesem Grundsatz eine unangemessene Benachteiligung des VN und entschloss sich daher, ihn aufzugeben.[1]

B. Erstattung der Prämie nach Zeitanteilen (Abs. 1 S. 1)

2 Abs. 1 S. 1 setzt an Stelle des alten Grundsatzes der Unteilbarkeit der Prämie einen neuen Grundsatz (sog. *Pro-rata-temporis*-Grundsatz oder **Grundsatz der Prämienteilung**). Danach soll der VN nur für den Zeitraum die Prämie zahlen, in dem er Versicherungsschutz genoss.[2] Anwendungsvoraussetzung des § 39 I ist die Vertragsbeendigung. Eine qualifizierte Mahnung nach § 38 II genügt daher nicht, auch wenn der VN keinen materiellen Versicherungsschutz mehr genießt.[3] Nach dem klaren Wortlaut der Norm (»Beendigung des Versicherungsverhältnisses«) genügt ferner auch die Beendigung des Versicherungsschutzes nicht, sondern allein

---

51 OLG Köln VersR 1990, 1261, 1263.
52 OLG Hamm VersR 1992, 1205.
53 OLG Hamm VersR 1982, 1045.
54 B/M/*Beckmann*, § 38 Rn. 84 und 90; FAKomm-VersR/*Thessinga*, § 38 Rn. 34.
55 So auch R/L/*Römer*, § 39 Rn. 22 m.w.N.
56 P/M/*Knappmann*, § 38 Rn. 50; FAKomm-VersR/*Thessinga*, § 38 Rn. 35.
1 Begr. RegE BT-Drucks. 16/3945 S. 72.
2 Vgl. LG Bremen VersR 2008, 1388.
3 B/M/*Beckmann*, § 39 Rn. 11; L/W/*Staudinger*, § 39 Rn. 10; P/M/*Knappmann*, § 39 Rn. 2.

das Vertragsende.⁴ Eine (disponible) Sonderregelung besteht nach § 92 III für die **Hagelversicherung** wegen der »jahreszeitlichen Besonderheiten« in dieser Versicherungssparte: Die Prämie ist hier bei einer Vertragsbeendigung stets bis zum Ende der Versicherungsperiode zu zahlen, damit der VN nicht das Einbringen der Ernte oder das Ende der Hagelsaison ausnutzen kann, um zu kündigen und so mit nur einem Teil der Prämie faktisch Versicherungsschutz für die Gesamtgefahr der ganzen Versicherungsperiode zu erlangen.

Entfällt der Versicherungsvertrag *ex tunc* (etwa im Falle einer Anfechtung des VN oder des VR nach §§ 119 f. BGB), so bestand für die Versicherungsperiode kein Versicherungsschutz, so dass auch keine Prämie geschuldet ist.⁵ Der VN kann verlangen, dass ihm die geleisteten Prämien nach dem Bereicherungsrecht erstattet werden. **Ausnahmen** hiervon gelten bei betrügerischem Verhalten des VN in den Fällen der Überversicherung (§ 74 II), der Mehrfachversicherung (§ 78 III) und bei Fehlen eines versicherten Interesses (§ 80 III). Hier kann der VR jeweils die Prämien bis zu demjenigen Zeitpunkt verlangen, in dem er von den Umständen Kenntnis erlangt hat, die zur Nichtigkeit des Vertrages führen, weil der VN nicht schutzwürdig ist. 3

Seinem Normzweck nach erfasst § 39 Abs. 1 **nur außerplanmäßige Beendigungen** des Versicherungsvertrags.⁶ Er gilt daher nicht beim Tod der versicherten Person in der Lebensversicherung, da dieser den Eintritt des Versicherungsfalls darstellt und in der Prämienkalkulation des VR bereits berücksichtigt ist.⁷ 4

C. Sonderregel für Rücktritt und Anfechtung (Abs. 1 S. 2)

Beendet der VR das Versicherungsverhältnis wegen einer Verletzung einer vorvertraglichen Anzeigeobliegenheit durch den VN durch Rücktritt nach § 19 II oder Anfechtung wegen arglistiger Täuschung gem. § 22 i.V.m. § 123 BGB, so bleibt ihm nach Abs. 1 S. 2 die Prämie bis zum Wirksamwerden des Rücktritts bzw. der Anfechtungserklärung (Zugang) nach § 39 Abs. 1 S. 2 erhalten. Im Falle des **Rücktritts** wird dies damit begründet, dass der VR nach § 21 II selbst bis zum Wirksamwerden der Rücktrittserklärung zur Leistung verpflichtet bleibt, wenn die Verletzung der Anzeigeobliegenheit weder Einfluss auf den Eintritt oder die Feststellung des Versicherungsfalls noch auf die Feststellung oder den Umfang der Leistungspflicht des VR hatte. Es wäre aber nicht interessengerecht, den VR weiterhin zur Leistung zu verpflichten, ohne ihm einen korrespondieren Anspruch auf die Prämie zuzusprechen.⁸ Eine Gefahr, dass der VR die Rücktrittserklärung hinauszögert, um weiterhin in den Genuss der Prämien zu gelangen, besteht wegen der Fristbindung des § 21 I nicht.⁹. 5

Bei einer **Anfechtung** wegen arglistiger Täuschung nach § 22 i.V.m. § 123 BGB kann der VN zwar – anders als bei einem Rücktritt des VR – keinen Kausalitätsgegenbeweis führen. Es wäre aber unbillig¹⁰, den VN rückwirkend vollständig von seiner Pflicht zur Prämienzahlung zu befreien. Würde man dies tun, böte man ihm einen gefährlichen Anreiz dafür, im Wege der arglistigen Täuschung günstige Vertragsschlüsse zu suchen, da eine Anfechtung des VR ohne effektive Sanktion bliebe. § 39 Abs. 1 S. 2 soll dem präventiv entgegenwirken. 6

D. Nichtzahlung der Erstprämie (Abs. 1 S. 3)

Tritt der VR gem. § 37 I wegen Nichtzahlung der Erst- oder Einmalprämie vom Vertrag zurück, so bestand zu keinem Zeitpunkt Versicherungsschutz. Der VR, der noch kein Risiko getragen hat, kann daher von dem VN nur eine »angemessene Geschäftsgebühr« für die gehabten Aufwendungen verlangen, Abs. 1 S. 3. Was unter einer angemessenen Geschäftsgebühr zu verstehen ist, hat der Gesetzgeber selbst nicht festgelegt, sondern der Rechtslehre und Rechtsprechung zur Ausgestaltung überlassen. Trotz des Begriffes der »Geschäftsgebühr« hat der VR nicht etwa ein einseitiges Bestimmungsrecht hinsichtlich der Höhe. Diese hat sich vielmehr an den tatsächlichen Aufwendungen des VR (insb. Abschluss- und Verwaltungskosten) zu orientieren.¹¹ Die Praxis behilft sich mit Pauschalierungen, die im Prozess häufig nach § 287 ZPO geschätzt werden.¹² Üblich sind nach bisheriger Judikatur zwischen 18,5 und 27,5 % der Prämie für die Versicherungsperiode.¹³ Der VR kann eine Pauschalierung auch in seinen AVB vornehmen, die insb. anhand von §§ 307 I, 308 Nr. 7b BGB zu überprüfen sind. In der Kfz-Versicherung ist insoweit die Klausel C.1.3 AKB 2008 zu beachten. Die Beweislast für die Angemessenheit der Geschäftsgebühr trägt der VR.¹⁴ 7

---

4 P/M/*Knappmann*, § 39 Rn. 2; a.A. S/B/*Michaelis/Pilz*, § 39 Rn. 3a.
5 HK-VVG/*Karczewski*, § 39 Rn. 2; differenzierend für die Anfechtung L/W/*Staudinger*, § 39 Rn. 7 (Redaktionsversehen).
6 HK-VVG/*Karczewski*, § 39 Rn. 2.
7 BGH v. 23.07.2014 – IV ZR 304/13.
8 B/M/*Beckmann*, § 39 Rn. 12 f.; P/M/*Knappmann*, § 39 Rn. 12 f.
9 FAKomm-VersR/*Thessinga*, § 39 Rn. 4.
10 Begr. RegE BT-Drucks. 16/3945 S. 72.
11 AG Arnsberg VersR 2007, 1254, 1255; FAKomm-VersR/*Thessinga*, § 39 Rn. 7; L/W/*Staudinger*, § 39 Rn. 6; *Markopoulos* r+s 2013, 110.
12 HK-VVG/*Karczewski*, § 39 Rn. 5.
13 Nachweise bei P/M/*Knappmann*, § 40 Rn. 6 und L/W/*Staudinger*, § 39 Rn. 6.
14 B/M/*Beckmann*, § 39 Rn. 19; L/W/*Staudinger*, § 39 Rn. 12; *Sieg* VersR 1988, 309, 310.

§ 40 Kündigung bei Prämienerhöhung

E. Insolvenz des VN (Abs. 2)

8 Nach § 16 I endet das Versicherungsverhältnis einen Monat nach Eröffnung des Insolvenzverfahrens. Gem. Abs. 2 kann der VN den auf die Zeit nach Beendigung des Versicherungsverhältnisses entfallenden Teil – abzüglich der Kosten des VR für diesen Zeitraum – zurückverlangen. Abzuziehen sind allerdings die Kosten des VR für den Zeitraum des Monats nach Eröffnung des Insolvenzverfahrens. Dazu zählen auch Provisionen, die an Vermittler gezahlt worden sind, und zwar auch dann, wenn sie Insolvenzforderungen geworden sind.[15]

F. Abdingbarkeit

9 Nach § 42 kann von § 39 nicht zum Nachteil des VN abgewichen werden.

§ 40 Kündigung bei Prämienerhöhung.

(1) Erhöht der Versicherer auf Grund einer Anpassungsklausel die Prämie, ohne dass sich der Umfang des Versicherungsschutzes entsprechend ändert, kann der Versicherungsnehmer den Vertrag innerhalb eines Monats nach Zugang der Mitteilung des Versicherers mit sofortiger Wirkung, frühestens jedoch zum Zeitpunkt des Wirksamwerdens der Erhöhung, kündigen. Der Versicherer hat den Versicherungsnehmer in der Mitteilung auf das Kündigungsrecht hinzuweisen. Die Mitteilung muss dem Versicherungsnehmer spätestens einen Monat vor dem Wirksamwerden der Erhöhung der Prämie zugehen.
(2) Absatz 1 gilt entsprechend, wenn der Versicherer auf Grund einer Anpassungsklausel den Umfang des Versicherungsschutzes vermindert, ohne die Prämie entsprechend herabzusetzen.

Übersicht

	Rdn.		Rdn.
A. Normzweck und -geschichte	1	D. Verhältnis zu anderen Vorschriften	12
B. Tatbestandsvoraussetzungen (Abs. 1 S. 1, Abs. 2)	3	E. Inhaltskontrolle von Anpassungsklauseln	13
		F. Beweislast	17
C. Rechtsfolge (Abs. 1 S. 1–3)	8	G. Abdingbarkeit	18

Schrifttum:
Armbrüster, Wirksamkeitsvoraussetzungen für Prämienanpassungsklauseln, r+s 2012, 366; *Beckmann*, Die Zulässigkeit von Preis- und Prämienanpassungsklauseln nach dem AGBG, 1991; *Schwintowski*, Zu Bedingungsanpassungsklauseln in Allgemeinen Versicherungsbedingungen, VuR 1998, 128 f.; *Wandt*, Änderungsklauseln in Versicherungsverträgen, 2000.

A. Normzweck und -geschichte

1 § 40 räumt dem VN ein **außerordentliches Kündigungsrecht** für den Fall ein, dass der VR die Prämien bei gleichbleibendem Versicherungsschutz erhöht. Damit erkennt der Gesetzgeber indirekt an, dass es dem VR bei einem laufenden Vertrag unter bestimmten formellen und materiellen Voraussetzungen möglich sein muss, die Prämien einseitig anzupassen, um veränderten Aufwendungen und Kosten zu begegnen. Ein solches einseitiges Änderungsrecht birgt für den VN Risiken, weil die Änderungen dazu führen können, dass benötigter Versicherungsschutz für ihn zu teuer wird, sei es, dass die Prämie sich erhöht, sei es, dass sich der Umfang des Schutzes vermindert. § 40 will vor diesem Hintergrund die **vertragliche Äquivalenz bewahren** und **Waffengleichheit der Parteien** aufrecht erhalten, indem er dem VN die Möglichkeit gibt, sich von dem Vertrag zu lösen, wenn der VR von einem Recht, das ihm zu seinen Gunsten in ein bestehendes Schuldverhältnis und die Äquivalenz des Versicherungsverhältnisses einzugreifen, Gebrauch macht.[1]

2 § 40 I 1 VVG überführt die Vorgängerbestimmung des § 31 VVG a.F. mit einer leichten sprachlichen Anpassung (Einfügen des »entsprechend«) in das VVG 2008. Ergänzt wird die Bestimmung um eine Hinweispflicht des VR (S. 2) und eine Frist für die Erteilung des Hinweises (S. 3). Der ebenfalls 2008 neu eingeführte **Abs. 2** stellt klar, dass der VN auch dann ein Lösungsrecht hat, wenn der VR bei gleichbleibender Prämie den Umfang des Versicherungsschutzes verringert. Zu denken ist an die Erhöhung eines Selbstbehaltes oder eine nachträgliche Begrenzung der Versicherungssumme. Das ist jeweils nichts anderes als eine versteckte Prämienerhöhung.[2]

B. Tatbestandsvoraussetzungen (Abs. 1 S. 1, Abs. 2)

3 Voraussetzung für ein außerordentliches Kündigungsrecht des VN ist, dass der VR von einer **Anpassungsklausel** Gebrauch macht. Gemeint sind damit lediglich vertraglich vereinbarte AVB, in denen sich der VR vorbehält, die Prämie den veränderten Umständen entsprechend zu erhöhen (Beispiele sind etwa Ziff. J.1–3 AKB 2008, Ziff. 15 AHB 2008, § 10 ARB 2008 oder § 16 II VGB), nicht gesetzliche Anpassungsrechte wie

---
15 L/W/*Staudinger*, § 39 Rn. 9; P/M/*Knappmann*, § 39 Rn. 11.
1 L/W/*Staudinger*, § 40 Rn. 1.
2 HK-VVG/*Karczewski*, § 40 Rn. 1.

§ 163 I in der Lebensversicherung oder § 203 in der privaten Krankenversicherung.[3] **Prämienerhöhung** ist jede auch noch so geringe Erhöhung der Entgeltforderung des VR. § 40 kennt weder prozentuale noch absolute Schwellenwerte.[4]

Nicht in den Anwendungsbereich der Vorschrift fällt eine individuell ausgehandelte **neue Prämie** und eine Prämienanpassung für den Fall, dass sich der Versicherungsschutz auf **bisher nicht versicherte Risiken** erstreckt.[5] Ebenfalls nicht erfasst von § 40 VVG werden Prämienanpassungen des VR, die er vornimmt, ohne dass eine Anpassungsklausel oder ein gesetzliches Anpassungsrecht vorliegen. Solche Anpassungen sind schlicht unwirksam.[6]

Ist eine Prämienerhöhung für den Fall vorgesehen, dass sich die **versicherte Gefahr erhöht** hat, so ist der Anwendungsbereich von § 40 nicht eröffnet, da sich in diesem Fall der Versicherungsschutz ändert und zwar insoweit, als der Eintritt des Versicherungsfalls wahrscheinlicher wird: Der VR gibt mehr für gleich viel Geld. Auch Abs. 2 (gleich viel Geld für weniger Schutz) spricht dafür, dass dieser Fall nicht von § 40 erfasst ist.[7] Stattdessen gilt § 25 II (siehe auch unten Rdn. 12). Das LG Berlin hat § 40 entsprechend nicht angewandt, als der VR bei einer Betriebshaftpflichtversicherung die Prämie angehoben hat, weil in dem Betrieb mehr Personen beschäftigt waren als ursprünglich angegeben.[8]

Wird mit der Prämie gleichzeitig der Leistungsumfang angehoben, kann sich aus deren Verhältnis zueinander eine versteckte, aber gleichwohl tatbestandliche Prämienerhöhung ergeben.[9] Zu denken ist an **Erhöhungen der Versicherungssumme**, wie sie häufig in der Lebens-, Unfall- oder Berufsunfähigkeitsversicherung, aber auch in der Gebäudeversicherung vorkommen. Verhält sich die Erhöhung der Prämie proportional zur Erhöhung der Leistung, liegt kein Fall von § 40 vor. Anders verhält es sich, wenn die Prämie proportional stärker ansteigt als der Leistungsumfang.[10]

Nicht erforderlich ist es, dass die Prämienerhöhung oder Verminderung des Versicherungsschutzes in **Abs. 2** wirksam sind, Irrtümer gehen auf das Risiko des VR. Um nicht in eine Deckungslücke zu geraten, muss der VN die Möglichkeit haben, sofort einen anderen Versicherungsvertrag zu schließen, wenn er die Äquivalenz des alten Vertrages nicht als gewahrt ansieht.[11]

C. Rechtsfolge (Abs. 1 S. 1–3)

Sind die Voraussetzungen des Abs. 1 S. 1 erfüllt, steht dem VN ein außerordentliches Kündigungsrecht innerhalb eines Monats nach Zugang der Mitteilung des VR über die Prämienerhöhung zu. Das gilt auch für Verträge mit einer Laufzeit von nur einem Jahr.[12] Die Kündigung unterliegt **keinem Formerfordernis**. Sie kann sofort ausgesprochen werden, wirkt entgegen einer im Schrifttum vertretenen Ansicht[13] aber nicht auf den Zeitpunkt der Prämienerhöhung zurück. Das widerspräche allgemein-zivilrechtlichen Prinzipien, die der Gesetzgeber zwar durchbrechen kann. Dazu fehlt es in § 40 aber einer § 205 II 1 entsprechenden Anordnung. In keinem Fall kann die Kündigung wirksam werden, bevor auch die Prämienerhöhung wirksam wird.[14] Die Zugangsfiktion des § 13 gilt nicht.[15]

Der VN kann auch dann kündigen, wenn die **Prämienerhöhung des VR unwirksam** war, weil der durchschnittliche VN häufig die Frage der Wirksamkeit für sich nicht wird klären können.[16] Es wäre zudem merkwürdig, wenn der VR sich gegen ein außerordentliches Kündigungsbegehren des VN mit dem Argument wehren könnte, die von ihm selbst vorgenommene Prämienerhöhung sei unwirksam. Kündigt der VN nicht, bemisst sich die Prämie bei einer unwirksamen Erhöhung durch den VR nach den bisherigen Maßzahlen. Kündigt er hingegen, obwohl die Prämienerhöhung unwirksam war, kann ihm u.U. ein Schadensersatzanspruch aus § 280 I 1 BGB gegen den VR zustehen. Dieser ist dann darauf gerichtet, ihn zu stellen, als wäre er noch bei dem VR des gekündigten Vertrages zur ursprünglichen Prämie versichert.[17] Kündigt der VN **nach Ablauf der**

---

3 P/M/*Knappmann*, § 40 Rn. 1; FAKomm-VersR/*Thessinga*, § 40 Rn. 1.
4 HK-VVG/*Karczewski*, § 40 Rn. 5; P/M/*Knappmann*, § 40 Rn. 1.
5 B/M/*Beckmann*, § 40 Rn. 9; HK-VVG/*Karczewski*, § 40 Rn. 2; R/L/*Rixecker*, § 40 Rn. 1.
6 FAKomm-VersR/*Thessinga*, § 40 Rn. 4.
7 Im Ergebnis ebenso BK/*Harrer*, § 31 Rn. 5; B/M/*Beckmann*, § 40 Rn. 10; P/M/*Prölss*, § 31 Rn. 1; R/L/*Rixecker*, § 40 Rn. 2.
8 LG Berlin VersR 2004, 726.
9 BK/*Harrer*, § 31 Rn. 5; B/M/*Beckmann*, § 40 Rn. 11.
10 B/M/*Beckmann*, § 40 Rn. 12; HK-VVG/*Karczewski*, § 40 Rn. 3; P/M/*Knappmann*, § 40 Rn. 29; a.A. R/L/*Rixecker*, § 40 Rn. 2.
11 Ebenso B/M/*Beckmann*, § 40 Rn. 15; R/L/*Rixecker*, § 40 Rn. 3; a.A. BK/*Harrer*, § 31 Rn. 37.
12 P/M/*Knappmann*, § 40 Rn. 21.
13 P/M/*Knappmann*, § 40 Rn. 21; R/L/*Langheid*[2], § 31 Rn. 31; wie hier L/W/*Staudinger*, § 40 Rn. 14.
14 Vgl. B/M/*Beckmann*, § 40 Rn. 17; L/W/*Staudinger*, § 40 Rn. 13.
15 FAKomm-VersR/*Thessinga*, § 40 Rn. 6; a.A. B/M/*Beckmann*, § 40 Rn. 19.
16 B/M/*Beckmann*, § 40 Rn. 15 und 60; HK-VVG/*Karczewski*, § 40 Rn. 17; L/W/*Staudinger*, § 40 Rn. 13; PK/Michaelis/*Pilz*, § 40 Rn. 6; P/M/*Knappmann*, § 40 Rn. 21; a.A. noch BK/*Harrer*, § 31 Rn. 37.
17 FAKomm-VersR/*Thessinga*, § 40 Rn. 5; P/M/*Knappmann*, § 40 Rn. 20.

§ 40 Kündigung bei Prämienerhöhung

Monatsfrist ist seine außerordentliche Kündigung unwirksam.[18] Sie kann aber in eine ordentliche Kündigung umgedeutet werden. Eine solche bleibt von dem außerordentlichen Kündigungsrecht nach § 40 I 1 VVG unberührt.[19]

10 Der 2008 neu eingeführte **Abs. 1 S. 2** verpflichtet den VR, den VN in der Mitteilung über die Prämienerhöhung auf sein Kündigungsrecht hinzuweisen, da dieser häufig anderweitig nicht darüber aufgeklärt wird. Bei mehreren VN hat eine Mitteilung an sämtliche VN zu ergehen. Eine besondere Form sieht das Gesetz für die **Mitteilung über das Kündigungsrecht** nicht vor. Da der VR die Beweislast für den Zugang und den Inhalt des Hinweises trägt, empfiehlt sich aber zumindest eine Abfassung in Textform gem. § 126b BGB. Darüber hinaus muss die Mitteilung ausdrücklich erfolgen und deutlich gestaltet sein. Die Mitteilung ist keine Tatbestandsvoraussetzung. Unterbleibt der Hinweis des VR oder ist er fehlerhaft, hindert dies nicht den Beginn des Fristlaufs.[20] Die Erhöhung ist vielmehr insgesamt unwirksam.[21] Der VR kann aber einen ordnungsgemäßen Hinweis nachholen.

11 Die Mitteilung über die Prämienerhöhung muss dem VN nach **Abs. 1 S. 3** spätestens einen Monat vor dem Zeitpunkt zugehen, zu dem die Prämienerhöhung wirksam werden soll. Dadurch soll der VN Zeit bekommen, Mittel für die Deckung der höheren Prämie zu sammeln oder von seinem Kündigungsrecht Gebrauch zu machen.[22]

D. Verhältnis zu anderen Vorschriften

12 Das ordentliche Kündigungsrecht in § 11 bleibt von § 40 unberührt. Vorrangige Sondervorschriften zu § 40 sind in der Lebensversicherung § 163 I und in der privaten Krankenversicherung § 203. Im Bereich der Gefahrerhöhung gilt § 25 II, nicht § 40,[23] bei der Verletzung einer vorvertraglichen Anzeigeobliegenheit allein § 19 IV und VI.

E. Inhaltskontrolle von Anpassungsklauseln

13 Nach dem Wortlaut des Gesetzes unterliegen Prämienanpassungsklauseln keinen Anforderungen darüber, in welchem Umfang und aus welchen Gründen Prämien erhöht werden dürfen. Obwohl sie die **Hauptleistungspflicht** betreffen, fallen auch Anpassungsklauseln nach der Rspr. unter die Inhaltskontrolle des **§ 307 BGB**,[24] freilich nicht unbeschränkt, sondern vor allem in Hinblick auf ihre **Transparenz**. Insoweit sind drei Anforderungen an eine nach AGB-Recht wirksame Preiserhöhungsklausel zu stellen[25]: Klauselbestimmtheit, Kostenorientierung und Lösungsrecht (hier kraft Gesetzes). Der VN muss erkennen können, aufgrund welcher Faktoren und nach welchen Maßstäben eine Prämienerhöhung aufgrund der Klausel erfolgen kann.[26]

14 Nach der Rechtsprechung kommt eine Prämienanpassung ferner nur dann in Betracht, wenn sie nicht nur vorübergehend erfolgt und für den VR bei Vertragsschluss nicht vorhersehbar war.[27] Diese Voraussetzung ist insb. bei Versicherungsverhältnissen erfüllt, die für einen längeren Zeitraum geschlossen werden. Der Grund der Prämienerhöhung ist grundsätzlich unerheblich. Treu und Glauben hindern den VR aber Prämienerhöhungen vorzunehmen, die auf reinem Gewinnstreben beruhen[28] oder auf Kosten, die er selbst vorwerfbar verursacht hat. Auch ganz geringfügige Umstände, die für die Prämiengestaltung maßgeblich sind, darf der VR nicht zum Anlass für eine Erhöhung heranziehen. Diese materielle **Bagatellschwelle** (bis 5 % bei kleineren Prämien bis ca. € 150,–, bis 3 % bei größeren[29]), die in der Anpassungsklausel nicht erwähnt sein muss, folgt ebenfalls aus Treu und Glauben, da die Äquivalenz des Vertrages nicht verletzt ist.

15 Die Benachteiligungskontrolle nach § 307 BGB hindert den VR ferner daran, die Prämien für sämtliche VN zu erhöhen, wenn sich **Gruppen von VN** bilden lassen, für welche die Schadensentwicklung ganz unterschiedlich verläuft.[30] In einem solchen Fall darf nur diejenige Gruppe belastet werden, die tatsächlich die höheren Kosten verursacht hat. Das kann sich ergänzend auch aus den Gleichbehandlungsgrundsätzen des VAG erge-

---

18 P/M/*Knappmann*, § 40 Rn. 21.
19 B/M/*Beckmann*, § 40 Rn. 6; FAKomm-VersR/*Thessinga*, § 40 Rn. 3.
20 So aber AG Charlottenburg r+s 2013, 12; P/M/*Knappmann*, § 40 Rn. 2.
21 HK-VVG/*Karczewski*, § 40 Rn. 15; P/M/*Knappmann*, § 40 Rn. 24; FAKomm-VersR/*Thessinga*, § 40 Rn. 8; differenzierend PK/*Michaelis*, § 40 Rn. 7 (schwebende Unwirksamkeit mit Möglichkeit der Nachholung); a.A. noch Vorlaufl./*Stagl* Rn. 6 (bloßer Schadensersatzanspruch nach § 280 I 1 BGB).
22 Begr. RegE BT-Drucks. 16/3945 S. 72.
23 HK-VVG/*Karczewski*, § 40 Rn. 4; R/L/*Rixecker*, § 40 Rn. 1.
24 BGH NJW 2000, 651 f.; BGHZ 119, 55, 59; L/W/*Staudinger*, § 40 Rn. 5; P/M/*Knappmann*, § 40 Rn. 4 ff.
25 Ulmer/Brandner/Hensen/*Fuchs*, § 307 Rn. 182.
26 BGH NJW 2000, 651 f.; HK-VVG/*Karczewski*, § 40 Rn. 6; L/W/*Staudinger*, § 40 Rn. 8; P/M/*Knappmann*, § 40 Rn. 6; R/L/*Langheid*[2], § 31 Rn. 16.
27 BGH VersR 1992, 1211; HK-VVG/*Karczewski*, § 40 Rn. 8; P/M/*Knappmann*, § 40 Rn. 5.
28 R/L/*Rixecker*, § 40 Rn. 5.
29 P/M/*Knappmann*, § 40 Rn. 16; ferner *Armbrüster* r+s 2012, 366, 371.
30 HK-VVG/*Karczewski*, § 40 Rn. 10; P/M/*Knappmann*, § 40 Rn. 13; R/L/*Rixecker*, § 40 Rn. 10; *Armbrüster* r+s 2012, 366, 375.

ben. Ebenso darf sich der VR bei einer Prämienerhöhung nur dann auf **Branchenwerte** berufen, wenn die Geschäftsentwicklung des eigenen Unternehmens nicht über einen längeren Zeitraum (ca. 3 Jahre) kontinuierlich erheblich besser verläuft.[31]

Der Inhalts- bzw. Transparenzkontrolle nachgeschaltet ist die Billigkeitskontrolle nach § 315 BGB.[32] Anpassungsklauseln unterfallen dem Tatbestand des § 315 BGB, da sie einem der Vertragspartner das Recht geben, einseitig den Inhalt der Gegenleistung zu bestimmen.[33] Dass die Bestimmung der Leistung nach billigem Ermessen zu treffen ist, kann formularmäßig wegen § 307 II BGB nicht abbedungen werden.[34]   16

F. Beweislast

Der VR hat den Inhalt seiner Mitteilung nach Abs. 1 S. 2, deren Zugang und die Rechtzeitigkeit desselben darzulegen und zu beweisen.[35] Den VN trifft die Beweislast hinsichtlich des Zugangs seiner Kündigung.[36]   17

G. Abdingbarkeit

§ 40 ist nach § 42 einseitig zwingend. Das bedeutet vor allem, dass die Fristen des Abs. 1 zwar verlängert, nicht aber verkürzt werden dürfen.[37] Die Erklärungen des VR dürfen einer bestimmten Form unterworfen werden, nicht aber die Kündigungserklärung des VN, auch wenn dies die Rechtssicherheit fördert. Das folgt im Übrigen schon aus einem Umkehrschluss zu § 208 S. 2.   18

§ 41 Herabsetzung der Prämie.
Ist wegen bestimmter gefahrerhöhender Umstände eine höhere Prämie vereinbart und sind diese Umstände nach Antragstellung des Versicherungsnehmers oder nach Vertragsschluss weggefallen oder bedeutungslos geworden, kann der Versicherungsnehmer verlangen, dass die Prämie ab Zugang des Verlangens beim Versicherer angemessen herabgesetzt wird. Dies gilt auch, wenn die Bemessung der höheren Prämie durch unrichtige, auf einem Irrtum des Versicherungsnehmers beruhende Angaben über einen solchen Umstand veranlasst worden ist.

Übersicht

	Rdn.		Rdn.
A. Normzweck und -geschichte	1	D. Rechtsfolge	7
B. Anwendungsbereich	3	E. Beweislast	8
C. Tatbestand	4	F. Abdingbarkeit	9

A. Normzweck und -geschichte

Gibt § 40 dem VN das Recht, sich vom Vertrag zu lösen, wenn Prämie und Versicherungsschutz aus seiner Sicht nicht mehr im rechten Verhältnis stehen, so gibt ihm § 41 das Recht, eine **Vertragsanpassung** zu verlangen, wenn ein Gefahrumstand wegfällt bzw. wenn sich im Nachhinein herausstellt, dass ein bestimmter Gefahrumstand gar nicht bestand. Es geht hier weniger um eine Sonderregelung der Geschäftsgrundlage[1], als um einen **gesetzlich geregelten Fall ergänzender Vertragsauslegung**. Das Bestehen oder Nichtbestehen des Gefahrumstandes wird zum Vertragsinhalt gemacht.   1

§ 41 weicht inhaltlich in einem Punkt von seinem Normvorgänger, § 41a VVG a.F., ab. Der VN kann die Herabsetzung der Prämien nunmehr nicht erst für die nächste Versicherungsperiode verlangen, sondern schon ab dem Zugang seines Herabsetzungsverlangens beim VR. Das trägt der Aufgabe des Grundsatzes der Unteilbarkeit der Prämie in § 39 Rechnung (vgl. dort Rn. 1).[2] Strukturell wurde § 41a II VVG a.F. ohne inhaltliche Änderung wegen Sachzusammenhangs in § 40 I 2 verschoben.   2

B. Anwendungsbereich

§ 41 gilt auch für Prämienerhöhungen nach § 21 IV 2; in der **Lebensversicherung** wird die Vorschrift von § 158 III modifiziert. Hier kann eine Herabsetzung der Prämie nur wegen solcher Minderungen von Gefahrumständen verlangt werden, die vertraglich als Gefahrminderungen vereinbart worden sind. Das gleiche gilt auf Grundlage von § 176 in der **Berufsunfähigkeitsversicherung**. Erhebt der VR in der privaten **Krankenversicherung** einen Risikozuschlag bei einem Tarifwechsel des VN nach § 204, kann der VN dem u.U. ein He-   3

---

31 BVerwG VersR 1981, 221; LG Hamburg VersR 1990, 303; P/M/*Knappmann*, § 40 Rn. 12; *Beckmann*, S. 138.
32 Wohl auch R/L/*Langheid*[2], § 31 Rn. 2; L/W/*Staudinger*, § 40 Rn. 11 und 17.
33 MünchKommBGB/*Gottwald*, § 315 Rn. 21 unter Bezugnahme auf eine kryptische Äußerung von BGHZ 119, 55, 59; wie hier OLG Hamm VersR 1993, 1342 ff.
34 MünchKommBGB/*Gottwald*, § 315 Rn. 32.
35 P/M/*Knappmann*, § 40 Rn. 25.
36 B/M/*Beckmann*, § 40 Rn. 63; FAKomm-VersR/*Thessinga*, § 40 Rn. 11.
37 P/M/*Knappmann*, § 40 Rn. 26.
1 So aber BGH VersR 1981, 621 f.; P/M/*Knappmann*, § 41 Rn. 1; FAKomm-VersR/*Thessinga*, § 41 Rn. 1; HK-VVG/*Karczewski*, § 41 Rn. 1; R/L/*Rixecker*, § 41 Rn. 2.
2 Siehe auch L/W/*Staudinger*, § 40 Rn. 2.

rabsetzungsverlangen nach § 41 entgegen halten.³ **Fällt das versicherte Interesse weg**, gilt nicht § 41, sondern ausschließlich § 80.⁴

C. Tatbestand

4 Eine höhere Prämie ist »wegen bestimmter gefahrerhöhender Umstände« vereinbart, wenn der betreffende Gefahrumstand durch die **Prämienbemessung** abgebildet wird. Das ist insbesondere bei Tarifen der Fall, die bestimmte Umstände gesondert berücksichtigen⁵. Weder die betreffenden Gefahrumstände noch die konkrete Prämienkalkulation müssen im Versicherungsschein offen gelegt werden.⁶ Der Wegfall eines Gefahrumstands ist vom Wegfall des versicherten Interesses zu unterscheiden⁷ (teilweise: Überversicherung § 74, ganz: § 80).

5 Von **Wegfall** oder **Bedeutungslosigkeit** eines gefahrerhöhenden Umstands kann nur die Rede sein, wenn er sich **dauerhaft** erheblich vermindert hat.⁸ Das ist etwa bei Prämienerhöhungen in der Krankenversicherung nicht der Fall, wenn das Risiko von kostenträchtigen Folgebeschwerden fortbesteht.⁹ Ist ein die Gefahr erhöhender Umstand zwar weggefallen, aber durch einen anderen **ersetzt** worden, so hat der VN kein Anpassungsrecht.¹⁰ Das ergibt sich aus Sinn und Zweck der Vorschrift, die nur dann angewandt sein will, wenn die Äquivalenz der Leistungen bedroht ist.

6 S. 2 bestimmt, dass der VN auch dann eine Herabsetzung der Prämie verlangen kann, wenn die höhere Prämie auf Angaben beruht, die er irrtümlich gemacht hat. Ob der **Irrtum** verschuldet oder unverschuldet war, ist dabei gleichgültig.¹¹ Wegen Vergleichbarkeit der Lebenssachverhalte lässt sich S. 2 **analog** auf die nicht geregelten Fällen eines **Irrtums des VR**, der zu höheren Prämien geführt hat, und eines Versäumnisses des VN, vor Abgabe seiner Willenserklärung zum Vertragsschluss **begünstigende Umstände** hingewiesen zu haben, anwenden.¹²

D. Rechtsfolge

7 Der VN kann unbefristet Herabsetzung der Prämie verlangen – allerdings nur mit Wirkung für die Zukunft. Maßgeblich ist der Zeitpunkt des Zugangs seines Herabsetzungsverlangens beim VR. Bereits für die Vergangenheit geleistete Prämien können nicht nach § 812 I 1 Alt. 1 BGB zurückverlangt werden, und zwar auch dann nicht, wenn der gefahrerhöhende Umstand bereits zuvor weggefallen war.¹³ Der VN ist auf Grundlage des dem Vertrag zugrunde gelegten Prämienberechnungssystems künftig so zu stellen, wie er stünde, wenn die Prämie nicht im Hinblick auf die weggefallene oder nicht vorhandene Gefahr berechnet worden wäre.¹⁴ Dabei gelten für die Risikobewertung die aktuellen Grundsätze des VR, wenn dieser sich auf eine Gefahrerhöhung berufen kann (das kann er etwa in der Krankenversicherung nicht und in der Lebensversicherung nur eingeschränkt).¹⁵ Im Übrigen gelten die Risikoprüfungsgrundsätze zum Zeitpunkt des Vertragsschlusses. Setzt der VR auf Verlangen des VN die Prämie nicht herab, hat der VN die Einrede aus § 320 BGB, ein Kündigungsrecht nach § 323 BGB und gegebenenfalls einen Anspruch auf Schadensersatz nach § 280 BGB.¹⁶

E. Beweislast

8 Der VN trägt die Beweislast für den Wegfall gefahrerhöhender Umstände, für deren Eintritt eine erhöhte Prämie vereinbart worden ist. Auch den Zugang seines Änderungsverlangens und den Zeitpunkt des Zugangs hat er darzulegen und zu beweisen.¹⁷ Das Gleiche gilt für den Irrtum nach § 41 S. 2. Dem VR ist eine sekundäre Darlegungslast hinsichtlich der Prämienberechnung aufzuerlegen, wenn der ursprüngliche Risikozuschlag nicht im Versicherungsschein oder anderweitig ausgewiesen ist.¹⁸

---

3 BGH VersR 2015, 1012 (Vorbringen im Fall wegen Verspätung zurückgewiesen).
4 B/M/*Beckmann*, § 41 Rn. 12; FAKomm-VersR/*Thessinga*, § 41 Rn. 3.
5 B/M/*Beckmann*, § 41 Rn. 6; P/M/*Knappmann*, § 41 Rn. 4.
6 BGH VersR 1981, 621; HK-VVG/*Karczewski*, § 41 Rn. 2; P/M/*Knappmann*, § 41 Rn. 4.
7 P/M/*Knappmann*, § 41 Rn. 3.
8 BK/*Riedler*, § 41a Rn. 4; HK-VVG/*Karczewski*, § 41 Rn. 2; L/W/*Staudinger*, § 41 Rn. 4; *Schmidt-Thüngler*, ZVersWiss 1942, 190, 197.
9 OLG Karlsruhe VersR 2011, 788; LG Berlin VersR 2014, 97.
10 BGH VersR 1951, 76 f.; P/M/*Knappmann*, § 41 Rn. 3; HK-VVG/*Karczewski*, § 41 Rn. 2; FAKomm-VersR/*Thessinga*, § 41 Rn. 5.
11 B/M/*Beckmann*, § 41 Rn. 11; L/W/*Staudinger*, § 41 Rn. 5; P/M/*Knappmann*, § 41 Rn. 6; FAKomm-VersR/*Thessinga*, § 41 Rn. 6.
12 BK/*Riedler*, § 4a Rn. 6.
13 HK-VVG/*Karczewski*, § 41 Rn. 1; L/W/*Staudinger*, § 41 Rn. 6; kritisch PK/*Michaelis*, § 41 Rn. 4.
14 BGH VersR 1981, 621, 623; LG Berlin VersR 2014, 97, 98.
15 OLG Karlsruhe VersR 2011, 788.
16 Vgl. B/M/*Beckmann*, § 41 Rn. 14 f.
17 P/M/*Knappmann*, § 41 Rn. 6; FAKomm-VersR/*Thessinga*, § 41 Rn. 11.
18 OLG Karlsruhe VersR 2011, 788; HK-VGG/*Karczewski*, § 41 Rn. 3; P/M/*Knappmann*, § 41 Rn. 6.

F. Abdingbarkeit

§ 41 ist nach § 42 einseitig zwingend (auch »halbzwingend«), kann also nicht zum Nachteil des VN abbedungen werden. Das bedeutet insb., dass der VR das Recht des VN auf Prämienanpassung abweichend vom Gesetzeswortlaut nicht von der Einhaltung bestimmter Fristen oder Formerfordernisse abhängig machen kann.[19] Da dem VN günstig, können aber eine Vorverlagerung der Prämienminderung (vgl. etwa Ziff. K.2.2 AKB 2008) oder ein Wahlrecht des VN zwischen Prämiennachlass oder Steigerung des Versicherungsschutzes (vgl. etwa Ziff. 6.2 AUB 2008) vereinbart werden.

9

§ 42 Abweichende Vereinbarungen. Von § 33 Abs. 2 und den §§ 37 bis 41 kann nicht zum Nachteil des Versicherungsnehmers abgewichen werden.

Übersicht

	Rdn.		Rdn.
A. Wesen der Regelung	1	I. § 33 I	4
B. Anwendungsbereich	2	II. § 34	5
C. Regelungsgehalt und Rechtsfolgen	3	III. § 35	6
D. Nicht genannte Bestimmungen	4	IV. § 36	7

A. Wesen der Regelung

Die Vorschrift stammt im Kern aus dem Jahre 1908, damit also aus einer Zeit, wo man glaubte, grob benachteiligenden Klauseln in AGB am besten durch zwingende Vorschriften begegnen zu können. Diese Regelungstechnik und die damalige liberale Einstellung zur Vertragsfreiheit führten zwangsläufig dazu, dass nur äußere Grenzen des Zulässigen von § 42 erfasst sind. Aus heutiger Sicht hat die Norm vor allem die Bedeutung, dass sie anzeigt, welche Vorschriften über die Prämie unter keinen Umständen zu Lasten des VN abbedungen werden dürfen. Normen des Abschnitts 3 des VVG, die nicht in § 42 genannt sind, können grundsätzlich abbedungen werden. Eine Abbedingung in AVB unterliegt allerdings der AGB-Kontrolle nach §§ 307 ff. BGB. Insoweit kommt § 307 II Nr. 1 BGB, der eine Abweichung von Grundgedanken des Gesetzes verbietet, besondere Bedeutung zu.[1]

1

B. Anwendungsbereich

Die Vorschrift gilt nicht für Großrisiken i.S.v. § 210; für die sog. Volksversicherung trifft § 211 eine Sonderregelung für §§ 37 f. Selbstverständlich bleibt die Geltung des AGB-Rechts, §§ 305 ff. BGB, von den genannten Normen unberührt.

2

C. Regelungsgehalt und Rechtsfolgen

§ 42 stellt § 33 II und die §§ 37 bis 41 einseitig zwingend (auch »halbzwingend«). Regelungen, die zum Nachteil des VN abweichen, sind unwirksam.[2] An ihre Stelle tritt das vermeintlich abbedungene Gesetzesrecht. Auf einem anderen Blatt steht die Frage, ob der VR von **§ 33 I und §§ 34 bis 36** abweichen kann. Dies richtet sich für Abweichungen in AVB nach §§ 307 ff. BGB. Aus der versicherungsrechtlichen Abdingbarkeit lässt sich nicht auf eine AGB-rechtliche Abdingbarkeit schließen. Das folgt schon daraus« dass zum Zeitpunkt des Inkrafttretens des ursprünglichen VVG im Jahre 1908 der AGB-Schutz noch nicht in der heutigen Form existierte.

3

D. Nicht genannte Bestimmungen

I. § 33 I

Da der Abs. 1 des § 33 in § 42 nicht genannt ist, gilt er – u.a. auch dem Reformgesetzgeber von 2008 – als abdingbar.[3] Das ist zu einfach. Da die Prämie erst zwei Wochen nach Zugang des Versicherungsscheines fällig wird, entzieht sich § 33 I wegen des Widerrufsrechts aus § 8 der Disposition der Parteien. **§ 8 I 1 AVB** ist dem anzupassen. Wird die Fälligkeit einer Prämie rückwirkend auf einen vor Abschluss des endgültigen Vertrages liegenden Zeitpunkt verlegt,[4] so ist diese Vereinbarung nach wie vor möglich, muss sich aber an § 8 orientieren.

4

---

19 P/M/*Knappmann*, § 41 Rn. 7.
1 Dazu *Brand*, in: E. Lorenz, Karlsruher Forum 2011, S. 55, 72 ff.
2 BK/*Riedler*, § 42 Rn. 5; FAKomm-VersR/*Thessinga*, § 42 Rn. 4; a.A. B/M/*Beckmann*, § 42 Rn. 11 (VR kann sich nicht auf die abweichenden Abreden berufen).
3 Begr. RegE BT-Drucks. 16/3945 S. 70.
4 BGHZ 21, 122, 135 = VersR 1956, 482, vgl. B/M/*Beckmann*, § 33 Rn. 63; L/W/*Staudinger*, § 33 Rn. 25 f.

II. § 34

5 § 34 nimmt dem VR die Möglichkeit, Zahlungen von bestimmten Dritten, die ein Interesse am Versicherungsschutz haben, zurückzuweisen. Würde man erlauben, dass VN und VR in die Rechte der Dritten durch Vereinbarung eingreifen, wäre das ein echter Vertrag zu Lasten Dritter. Aus diesem Grund wird § 34 allgemein nicht für abdingbar gehalten.[5]

III. § 35

6 Die erweiterte Aufrechnungsbefugnis des VR nach § 35 ist – auch zum Nachteil des VN – abdingbar, da die Vorschrift in § 42 nicht genannt wird. Abreden von VN und VR dürfen aber nicht in die Rechte Dritter eingreifen, so dass faktisch nur Abreden mit den Dritten in Betracht kommen (siehe auch § 35 Rdn. 9).

IV. § 36

7 Diese Vorschrift über den Leistungsort soll nach einer Ansicht zu Lasten des VN abdingbar sein; so sei es insbesondere möglich, hinsichtlich der Prämie eine Bringschuld zu vereinbaren. Grund hierfür soll sein, dass § 36 in § 42 nicht aufgeführt sei.[6] Der Streit, ob die Vertragsparteien eine Bringschuld vereinbaren können, ist durch die Entscheidung des EuGH vom 03.04.2008 gegenstandslos geworden, da die Geldschuld als modifizierte Bringschuld zu qualifizieren ist (ausführlich dazu § 36 Rn. 1).[7]

Abschnitt 4. Versicherung für fremde Rechnung

§ 43 Begriffsbestimmung. (1) Der Versicherungsnehmer kann den Versicherungsvertrag im eigenen Namen für einen anderen, mit oder ohne Benennung der Person des Versicherten, schließen (Versicherung für fremde Rechnung).
(2) Wird der Versicherungsvertrag für einen anderen geschlossen, ist, auch wenn dieser benannt wird, im Zweifel anzunehmen, dass der Versicherungsnehmer nicht als Vertreter, sondern im eigenen Namen für fremde Rechnung handelt.
(3) Ergibt sich aus den Umständen nicht, dass der Versicherungsvertrag für einen anderen geschlossen werden soll, gilt er als für eigene Rechnung geschlossen.

Übersicht

	Rdn.
A. Allgemeines	1
I. Begriff und Bedeutung der Versicherung für fremde Rechnung	1
II. Normzweck	5
III. Entstehungsgeschichte	6
IV. Anwendungsbereich	7
V. Versicherung für fremde Rechnung als Sonderregelung des bürgerlich-rechtlichen Vertrags zugunsten Dritter	10
1. Überblick über die Rechtsbeziehungen	10
2. Anwendbare Vorschriften der §§ 328 ff. BGB	11
VI. Abgrenzung zu sonstigen Erscheinungen von Drittbegünstigungen	15
1. Begünstigte aus einem (echten) Vertrag zugunsten Dritter	15
2. Bezugsberechtigte	16
3. Eintrittsberechtigte	17
4. Gefahrspersonen	18
5. Erwerber der versicherten Sache/Übernehmer des Unternehmens	19
6. Dinglich an der Versicherungsforderung Berechtigte	20
7. Geschädigte Dritte in der Haftpflichtversicherung	21
8. Begünstigte eines Regressverzichts	22
VII. Beispiele für Versicherungen für fremde Rechnung	23
1. Obligatorische Ausdehnung des Versicherungsschutzes auf dritte Personen	24
2. Versicherung für fremde Rechnung als gesetzliche Vermutung	29
3. Versicherung für fremde Rechnung kraft vertraglicher Vereinbarung	30
a) Sachversicherung	31
b) Haftpflichtversicherung	32
c) Transportversicherung	33
d) Lebensversicherung	34
e) Berufsunfähigkeitsversicherung	35
f) Rentenversicherung	36
g) Kredit-, Kautions- und Vertrauensschadenversicherung	37
h) Rechtsschutzversicherung	38
i) Gruppenversicherung	39
B. Tatbestand	40
I. Vertragsschluss im eigenen Namen	40
1. Abgrenzung zur Stellvertretung	40
2. Zweifelsfälle	42
3. VN als Vertragspartei	43
II. Für einen anderen	45
1. Versicherung eines fremden Interesses	45
a) Versicherung fremden Interesses in der Haftpflichtversicherung	46

---

5 BK/*Riedler*, § 35a Rn. 14; differenzierend B/M/*Beckmann*, § 34 Rn. 21; P/M/*Knappmann*, § 34 Rn. 10.
6 So in der Tat BGH VersR 1971, 216; ihm folgend etwa P/M/*Knappmann*, § 36 Rn. 3 m.w.N.
7 So B/M/*Beckmann*, § 36 Rn. 43; L/W/*Staudinger*, § 36 Rn. 26.

	Rdn.		Rdn.
b) Versicherung fremden Interesses in der Sachversicherung	47	2. Zweifelsfälle	57
		C. Rechtsfolgen	58
aa) Eigentümer ist VN	49	D. Beweislast	59
bb) Besitzer ist VN	55		

A. Allgemeines

I. Begriff und Bedeutung der Versicherung für fremde Rechnung

Der Begriff »Versicherung für fremde Rechnung« kennzeichnet einen Versicherungsvertrag, den der VN im eigenen Namen für einen anderen, nicht am Vertrag beteiligten Dritten – den **Versicherten** – abschließt. Versichert ist das **Interesse des Dritten** daran, dass der von den Parteien des Versicherungsvertrages beim Vertragsschluss für möglich gehaltene Vermögensnachteil im Fall seines Eintritts durch die Versicherungsleistung ausgeglichen wird (Fremdversicherung).[1] Der Vermögensnachteil des Dritten kann ebenso wie bei Versicherung des eigenen Interesses des VN (Eigenversicherung) darin bestehen, dass seine Sachen zerstört oder beschädigt werden oder verloren gehen, er von Dritten auf Schadensersatz in Anspruch genommen wird, Aufwendungen für Heilbehandlungen erbringen muss oder infolge eines Unfalls arbeitsunfähig wird. 1

In der Praxis kommt der Versicherung für fremde Rechnung vor allem in der **Schadenversicherung** besondere Bedeutung zu. Die Versicherung für fremde Rechnung hat ihr Vorbild in der Seeversicherung (vgl. §§ 781, 783, 807, 886–890 HGB a.F.).[2] Früher war sie oft deshalb nötig, weil Ortsfremde keine Versicherung nehmen konnten oder die betreffende Person nicht bekannt werden wollte.[3] Heutzutage trägt sie vor allem den besonderen **Bedürfnissen des wirtschaftlichen Verkehrs** Rechnung. Oftmals ist der VN vertraglich, in Ausnahmefällen auch nach dem Gesetz (Rdn. 24 ff.), verpflichtet, fremdes Interesse auf eigene Kosten zu versichern. Gleichartige Interessen Dritter lassen sich vielfach zweckmäßiger und i.d.R. zu günstigeren Prämien zusammen als einzeln versichern. Durch den Einschluss fremder Interessen lassen sich zudem mehrere ungleichartige Interessen des Vertragschließenden und Dritter (z.B. das Sacherhaltungsinteresse des Eigentümers und das Sachersatz-/Haftpflichtinteresse des Besitzers) versichern. Schließlich lässt sich bei ungewisser Interessenlage, etwa weil das Eigentum schnell wechselt oder die Eigentumsverhältnisse nicht geklärt sind, ein effektiver Versicherungsschutz nur durch eine Versicherung erreichen, die neben dem eigenen Interesse auch fremdes Interesse mitversichert (sog. kombinierte Eigen- und Fremdversicherung) (Rdn. 47) oder als Versicherung »für Rechnung wen es angeht« (§ 48) entweder eigenes oder fremdes Interesse versichert. Dasselbe gilt in solchen Fällen, in denen mehrere schwebende Interessen verschiedener Personen (z.B. die Interessen des Verkäufers und des die Gefahr tragenden Käufers[4]) betroffen sind.[5] 2

In der **Sachversicherung** sind i.d.R. nicht nur im Eigentum des VN stehende Sachen, sondern auch fremde Sachen versichert, die der VN unter Eigentumsvorbehalt erworben, die er geleast oder die er zur Sicherheit übereignet hat. Darüber hinaus ist fremdes Eigentum versichert, soweit es seiner Art nach zu den versicherten Sachen gehört und dem VN zur Bearbeitung, Benutzung, Verwahrung oder zum Verkauf in Obhut gegeben wurde. Die Versicherung gilt ausdrücklich für Rechnung des VN und des Eigentümers genommen (vgl. Abschnitt A § 3 Ziff. 5 AFB 2008). Im Falle der Zerstörung, Beschädigung oder des Abhandenkommens fremder Sachen ist somit nicht nur das Sacherhaltungsinteresse[6] des Eigentümers, sondern – weil dem VR der Regress nach § 86 I 1 verwehrt ist – auch das Sachersatz-/Haftpflichtinteresse des VN versichert, wenn er dem Eigentümer gegenüber für die Zerstörung, Beschädigung oder das Abhandenkommen haftet (Rdn. 55).[7] 3

In den Zweigen der Haftpflichtversicherung, die Schutz gegen Haftpflichtrisiken aus gewerblicher oder selbständiger beruflicher Tätigkeit bieten (z.B. **Betriebs-, Berufs-, Vermögensschadenhaftpflichtversicherung**), besteht vielfach ein Bedürfnis danach, auch Tochterunternehmen in den Versicherungsschutz einzubeziehen und den Versicherungsschutz auf die Mitarbeiter auszudehnen, weil letztere nach den Grundsätzen des innerbetrieblichen Schadenausgleichs gegenüber dem Unternehmer oftmals gar nicht oder nur beschränkt haften und im Falle ihrer Inanspruchnahme durch Dritte wegen Schäden aus ihrer betrieblichen/beruflichen Tätigkeit Freistellung vom Unternehmer verlangen können.[8] Die Ausdehnung des Versicherungsschutzes auf die Mitarbeiter hilft, Spannungen zwischen den Mitarbeitern und dem VN zu vermeiden, die bei ihrer unmittelbaren Inanspruchnahme durch den geschädigten Dritten entstehen können. § 102 I 1 stellt deshalb die Vermutung auf, dass die Betriebshaftpflichtversicherung als für Rechnung der Betriebsangehörigen genommen 4

---

[1] BGH NJW-RR 1998, 727.
[2] B/M/*Brand*, Vor §§ 43–48 Rn. 9.
[3] Vgl. Ritter/*Abraham*, Das Recht der Seeversicherung, 2. Aufl. 1967, § 52 ADS Anm. 6.
[4] Vgl. OLG Jena r+s 2004, 331, 333; OLG Düsseldorf r+s 1995, 425.
[5] Vgl. Ritter/*Abraham*, Das Recht der Seeversicherung, 2. Aufl. 1967, § 52 ADS Anm. 6.
[6] Dieses Interesse wird auch als »Sachwertinteresse« (VersHb/*Armbrüster* § 6 Rn. 128) oder »Substanzwertinteresse« (vgl. P/M/*Klimke*, § 43 Rn. 75; Prölss r+s 1997, 221, 225) bezeichnet.
[7] Vgl. BGHZ 175, 374, 377; P/M/*Klimke*, § 43 Rn. 71.
[8] Vgl. Palandt/*Weidenkaff*, § 611 Rn. 15; *Walker* JuS 2002, 736, 742.

§ 43 Begriffsbestimmung

gilt.[9] In der **Privathaftpflichtversicherung** ist der Versicherungsschutz für den Privatmann nur vollwertig, wenn er auch Schutz gegen Schäden bietet, die vom Ehegatten, Lebenspartner, Kind sowie von im Haushalt des VN beschäftigten Personen verursacht worden sind. Selbst wenn der VN rechtlich für die von diesen Personen angerichteten Schäden nicht verantwortlich ist, wird er sie wirtschaftlich meist selbst wieder gut zu machen haben.[10]

II. Normzweck

5 § 43 I definiert die Versicherung für fremde Rechnung (Vertragsabschluss durch den VN im eigenen Namen »für einen anderen«) und stellt klar, dass der VN grundsätzlich dazu berechtigt ist, fremde Interessen im eigenen Namen zu versichern. § 43 II stellt die **Auslegungsregel**[11] auf, dass der Antragsteller im Zweifel nicht als Vertreter des (namentlich benannten) begünstigten Dritten, sondern im eigenen Namen für fremde Rechnung handelt. Diese Regelung gibt einerseits einem am Versicherungsverhältnis Interessierten die Möglichkeit, dieses Interesse als Vertragspartei wahrzunehmen. Für den VR bietet es den Vorteil, nicht einen unbekannten Dritten als Vertragspartei, insbes. als Prämienschuldner und Erklärungsempfänger, zu haben.[12] § 43 III enthält eine widerlegbare gesetzliche Vermutung für Fälle, in denen es zweifelhaft erscheint, ob der Vertrag für ein eigenes Interesse des VN oder für ein fremdes Interesse geschlossen ist.[13] In diesem Fall gilt der Vertrag als für eigene Rechnung geschlossen. § 43 III stellt somit klar, dass die Versicherung fremden Interesses sich nicht nur aus dem Versicherungsvertrag, sondern auch aus den Umständen ergeben kann.[14]

III. Entstehungsgeschichte

6 Die Definition der Versicherung für fremde Rechnung nach § 43 I stimmt sachlich mit § 74 I a.F. überein. § 43 II entspricht der Regelung des § 74 II a.F. Die Vorschrift ist – wie Abs. 1 – lediglich sprachlich geändert. § 43 III enthält den bisherigen § 80 I a.F., der wegen des Sachzusammenhanges einbezogen worden ist.[15] Damit ändert sich an der Rechtslage gegenüber dem VVG 1908 nichts.[16]

IV. Anwendungsbereich

7 Vor der VVG-Reform waren die Vorschriften über die Versicherung für fremde Rechnung im Abschnitt über die **Schadenversicherung** enthalten. Ausdrücklich ordnete § 85 a.F. für die Feuerversicherung an, dass die **Inbegriffsversicherung** als für fremde Rechnung der in häuslicher Gemeinschaft mit dem VN lebenden oder an dem Ort, für den die Versicherung gilt, ihren Beruf ausübenden Personen genommen gilt. Für den Bereich der Betriebshaftpflichtversicherung und der obligatorischen Haftpflichtversicherung folgte aus §§ 151 I 2, 158i Satz 1 a.F., dass es sich um eine Versicherung auf eigene Rechnung des Unternehmers und auf fremde Rechnung zugunsten der Betriebsangehörigen handeln konnte. Keine unmittelbare Anwendung fanden die Bestimmungen über die Versicherung für fremde Rechnung auf Personenversicherungen. Dies erklärte sich daraus, dass § 1 I a.F. zwischen Schaden- und Personenversicherung unterschied. Somit konnten die §§ 74 ff. a.F. aufgrund ihrer Verortung im Abschnitt über die Schadenversicherung aus rechtssystematischen Gründen selbst dann keine unmittelbare Anwendung auf Personenversicherungen finden, wenn letztere nach den Grundsätzen der Schadenversicherung Versicherungsschutz gewährte.[17]

8 Nicht anwendbar waren deshalb die Bestimmungen über die Versicherung für fremde Rechnung auf die **Krankenversicherung**[18] und die **Lebensversicherung**.[19] Soweit der VN in diesen Versicherungszweigen fremde Interessen versichern und den Begünstigten eigene und selbstständig wahrnehmbare Rechte gegenüber dem VR einräumen wollte, musste er einen bürgerlich-rechtlichen (echten) Vertrag zu Gunsten eines Dritten i.S.v. § 328 I BGB abschließen.[20] Für die **Unfallversicherung** sah § 179 II 2 a.F. eine entsprechende Anwendung der Vorschriften über die Fremdversicherung vor.

---

9 Vgl. Motive und amtliche Begründung zum Gesetz über den Versicherungsvertrag vom 30.05.1908, Neudruck Berlin 1963, S. 205; s.a. BFH DStRE 2016, 331, 332.
10 *Heimbücher* VW 1987, 1256.
11 BGH NJW 1965, 758.
12 Vgl. Ritter/*Abraham*, Das Recht der Seeversicherung, 2. Aufl. 1967, § 52 ADS Anm. 4; B/M/*Brand*, § 43 Rn. 2 (§ 43 II ist lex specialis zu § 164 I 2 BGB).
13 BGH VersR 1994, 1103, 1104.
14 PK/*Hübsch*, § 43 Rn. 1 f.
15 Begr. RegE BT-Drucks. 16/3945 S. 72.
16 Zur Entwicklungsgeschichte der Versicherung für fremde Rechnung s. B/M/*Brand*, Vor §§ 43–48 Rn. 7 ff.
17 Begr. RegE BT-Drucks. 16/3945 S. 72.
18 BGH VersR 2008, 64; BGH VersR 2006, 686.
19 B/M/*Brand*, Vor §§ 43–48 Rn. 33.
20 BGH VersR 2006, 686; vgl. auch LG Essen VersR 1998, 618 (Parkplatzversicherung des Arbeitgebers zugunsten seiner Familienangehörigen).

Durch die Aufnahme der Regelung der Versicherung für fremde Rechnung in Kapitel 1 des Teils 1 erstreckt 9
sie sich nunmehr auf **alle Versicherungszweige**.[21] Die §§ 43 ff. sind deshalb nicht mehr nur entsprechend, sondern unmittelbar auf die Unfallversicherung[22] anwendbar und gelten zudem auch für die Krankenversicherung (§ 194 III)[23] sowie die Berufsunfähigkeitsversicherung, soweit nicht aus Sonderregelungen etwas anderes folgt. Grundsätzlich finden sie auch auf Lebensversicherungen Anwendung,[24] so z.B. bei der Kollektivlebensversicherung für fremde Rechnung im Bereich der betrieblichen Altersversorgung[25] oder bei der Risikolebensversicherung in Form der Restschuld- oder der Kreditlebensversicherung.[26]

V. Versicherung für fremde Rechnung als Sonderregelung des bürgerlich-rechtlichen Vertrags zugunsten Dritter

1. Überblick über die Rechtsbeziehungen

Die Versicherung für fremde Rechnung stellt sich als Anwendungsfall des bürgerlich-rechtlichen **Vertrags zu-** 10
gunsten Dritter dar, auf den die §§ 328 ff. BGB insoweit Anwendung finden, als sich nicht aus den §§ 44 ff. etwas anderes ergibt.[27] §§ 44 I 2, 45 III und 47 betreffen das **Deckungsverhältnis** (Versicherungsvertrag) zwischen dem VR (Versprechendem) und dem VN (Versprechensempfänger), das sowohl den Inhalt der zu erbringenden Leistung als auch die Person des Dritten bestimmt und der Rechtsgrund für die Leistung des VR ist. § 46 regelt Ausschnitte aus dem **Zuwendungs- und Valutaverhältnis** zwischen dem VN und dem Versicherten, das den Anlass und rechtlichen Grund für die Leistung des VN an den Versicherten enthält. Nach der Rspr. handelt es sich hierbei um ein gesetzliches Treuhandverhältnis, das i.V.m. dem Bereicherungsverbot für den VN diesen verpflichtet, den ihm nicht zustehenden Entschädigungsbetrag einzuziehen und an den Versicherten auszukehren.[28] Es wird durch ein etwa daneben zwischen dem VN und dem Versicherten begründetes vertragliches Schuldverhältnis (z.B. Auftrag, Arbeits-, Dienst-, Werk-, Speditions- oder Frachtvertrag) ergänzt und modifiziert (Rdn. 2). §§ 44 I 1, 45 I und II betreffen das **Vollzugsverhältnis** zwischen dem VR und dem Versicherten. Regelungen, die sich auf das Vollzugsverhältnis beziehen, finden sich zudem in § 34 (Befriedigungsrecht des Versicherten gegenüber dem VR), § 35 (Aufrechnungsrecht des VR gegenüber dem Versicherten) und § 123 (Durchbrechung des § 334 BGB in der obligatorischen Haftpflichtversicherung).

2. Anwendbare Vorschriften der §§ 328 ff. BGB

Zu den Vorschriften, die nicht auf eine Versicherung für fremde Rechnung anwendbar sind, zählt **§ 328 I** 11
BGB.[29] Zwar erwirbt der Versicherte nach § 44 I einen eigenen Anspruch gegen den VR. Er hat jedoch keine Verfügungsmacht über seinen Anspruch. Diese steht nach § 45 I im Grundsatz dem VN zu, soweit sich nicht aus dem Gesetz (vgl. § 2 III KfzPflVV) oder dem Versicherungsvertrag etwas anderes ergibt. Ist der Versicherte im Besitz des Versicherungsscheins, ist er vorbehaltlich abweichender Vereinbarungen (z.B. § 12 I 3 VGB 2008 – Wert 1914) grundsätzlich zur Geltendmachung des Anspruchs berechtigt (§ 45 II). Hat der Versicherte den VN z.B. bei einer Risikolebensversicherung in Form einer Restschuld-/Kreditlebensversicherung ausdrücklich als unwiderruflich Bezugsberechtigten (Rdn. 16) aus dem Versicherungsvertrag bestimmt, ist der VN nicht nur formell, sondern auch materiell verfügungsbefugt.[30]

Zu den nicht anwendbaren Vorschriften zählt auch **§ 328 II BGB**.[31] Während bei sonstigen Verträgen zugunsten Dritter die Vertragsparteien bestimmen können, ob dem Dritten ein unmittelbares Forderungsrecht gegen 12
den Versprechenden überhaupt zustehen soll, weist § 44 I mit zwingender Wirkung (§ 44 Rdn. 33) die Rechte aus der Versicherung dem Versicherten als dem Interesseträger zu. **§ 329 BGB** ist als eine der besonderen Bestimmungen, auf die § 328 II BGB verweist, ebenfalls nicht anwendbar.[32]

---

21 Vgl. B/M/*Brand*, Vor §§ 43–48 Rn. 10; L/W/*Dageförde*, Vor § 43 Rn. 7.
22 Begr. RegE BT-Drucks. 16/3945 S. 107 zu § 179.
23 Vgl. Begr. RegE BT-Drucks. 16/3945 S. 111 zu § 193.
24 Vgl. Begr. RegE BT-Drucks. 16/3945 S. 94 zu § 150, S. 98 zu § 156; B/M/*Brand*, Vor §§ 43–48 Rn. 33 f.; *Hasse* VersR 2010, 837 ff.
25 Vgl. OLG Celle VersR 2008, 60 (zur Rentenversicherung).
26 AG Breisach VersR 2007, 936.
27 BGH VersR 2006, 686; BGH r+s 1979, 76, 77; BGHZ 49, 130, 134; RGZ 130, 237, 241; RGZ 89, 23, 25; KG BerlinVersR 2011, 254; LG Kiel NJW-RR 1999, 1635, 1636; LG Essen VersR 1998, 618; BAG VersR 1958, 360; OGH VersR 1988, 502; vgl. auch BGH NJW 1993, 1578, 1579; BGH VersR 1988, 362, 363 (Versicherung für fremde Rechnung ist einem Vertrag zugunsten Dritter »ähnlich«); zur Rechtsnatur der Versicherung für fremde Rechnung s. B/M/*Brand*, Vor §§ 43–48 Rn. 11 ff.
28 BGH NJW 1991, 3031, 3032; BAG NZA 1990, 701; OLG Hamm ZMR 2008, 401; OLG Karlsruhe VersR 1976, 239.
29 B/M/*Brand*, Vor §§ 43–48 Rn. 20.
30 AG Breisach VersR 2007, 936.
31 B/M/*Brand*, Vor §§ 43–48 Rn. 20.
32 B/M/*Brand*, Vor §§ 43–48 Rn. 20.

13 §§ 330 bis 332 BGB sind auf die Bezugsberechtigung i.S.d. §§ 159 I, 160 zugeschnitten und erfassen die Versicherung für fremde Rechnung nicht.[33] Die Auslegungsregel des § 335 BGB wird durch die Regeln der §§ 43, 44 verdrängt.[34] Anwendbar ist demgegenüber § 333 BGB. Weist der Versicherte den Erwerb des Rechts zurück, ist sein Interesse nicht (mehr) versichert.[35]

14 § 334 BGB findet auf die Versicherung für fremde Rechnung grundsätzlich Anwendung.[36] Dass der VR Einwendungen aus dem Versicherungsvertrag auch gegenüber dem Versicherten geltend machen kann, ergibt sich allerdings bereits daraus, dass dem Versicherten nach § 44 I nur die Rechte »aus dem Versicherungsvertrag« zustehen. Die Rechtsstellung des Versicherten ist somit grundsätzlich **akzessorisch** zu der des VN. Verletzt der VN eine ihn gerade als Vertragspartei betreffende Verbindlichkeit, gerät er z.B. in Prämienverzug, so wirkt dies – soweit sich aus dem Gesetz oder dem Versicherungsvertrag nichts anderes ergibt – auch gegen die versicherte Person.[37] Gleiches gilt, wenn der VN einen Risikoausschluss verwirklicht.[38] Ob und inwieweit sich **Obliegenheitsverletzungen des VN** nachteilig auf den Versicherungsanspruch des Versicherten auswirken, beurteilt sich nach Sinn und Zweck der Obliegenheit und dem Gewicht der durch sie geschützten Interessen des VR (§ 47 Rdn. 17 und 27).[39] Klagt der Versicherte gegen den VR, ist er an zwischen dem VN und dem VR wirksam getroffene Gerichtsstandsvereinbarung gebunden. In Einzelfällen kann es zu einer **Durchbrechung der Akzessorietät** kommen, weil es nach der Rechtsprechung bei der Auslegung einer Fremdversicherung auch auf die Verständnismöglichkeiten durchschnittlicher Versicherter und ihre Interessen ankommt.[40]

VI. Abgrenzung zu sonstigen Erscheinungen von Drittbegünstigungen

1. Begünstigte aus einem (echten) Vertrag zugunsten Dritter

15 Schließen die Parteien einen bürgerlich-rechtlichen Vertrag zugunsten Dritter i.S.v. § 328 BGB, ist der begünstigte Dritte nicht nur materiell-rechtlich Inhaber des Leistungsanspruchs gegen den VR, sondern auch formell verfügungsberechtigt, d.h. dass er seine Rechte selbstständig wahrnehmen kann.[41]

2. Bezugsberechtigte

16 Die Bezugsberechtigung spielt eine Rolle in der Personenversicherung. Während es bei der Versicherung für fremde Rechnung einer Einigung zwischen VN und VR dahingehend bedarf, dass ein Dritter berechtigt ist, eigene Rechte aus dem Versicherungsvertrag geltend zu machen,[42] genügt für die Einräumung einer Bezugsberechtigung in der **Lebens-, Berufsunfähigkeits- und Unfallversicherung** eine einseitige Willenserklärung des VN gegenüber dem VR (vgl. §§ 159 I, 176, 185). Bei dieser Form der Drittbegünstigung deckt der VN nicht ein fremdes, sondern sein **eigenes Interesse** und wendet seinen Versicherungsanspruch einem Dritten zu.[43] Der VN kann in der Risikolebensversicherung (Restschuld-/Kreditlebensversicherung) Bezugsberechtigter sein, wenn der Versicherte ihm ein unwiderrufliches Bezugsrecht einräumt.[44]

3. Eintrittsberechtigte

17 § 170 I und II räumt dem Bezugsberechtigten ein Recht zum Eintritt in den Lebensversicherungsvertrag ein, wenn in die Versicherungsforderung ein **Arrest** vollzogen oder eine **Zwangsvollstreckung** vorgenommen oder das **Insolvenzverfahren** über das Vermögen des VN eröffnet wird. Macht der Bezugsberechtigte von seinem Recht Gebrauch, hat er die Forderungen der betreibenden Gläubiger oder der Insolvenzmasse bis zur Höhe des Betrags zu befriedigen, dessen Zahlung der VN im Fall der Kündigung des Versicherungsverhältnisses vom VR verlangen könnte.

4. Gefahrspersonen

18 Bei einer **Lebens-, Berufsunfähigkeits-, Unfall- oder Krankenversicherung**, die nicht auf die Person des VN, sondern auf die Person »eines anderen« genommen wird (vgl. §§ 150 I, 176, 179 I, 193 I), verwirklicht sich die versicherte Gefahr (Tod, Berufsunfähigkeit, Unfall oder Krankheit) nicht in der Person des VN, sondern in

---

33 B/M/*K. Sieg*, § 74 Anm. 2; PK/*Hübsch*, §§ 43–48 Rn. 6; Staudinger/*Jagmann* (2004), § 330 BGB Rn. 4.
34 BGH VersR 2006, 686 zu §§ 75, 76 VVG a.F.; PK/*Hübsch*, §§ 43–48 Rn. 6.
35 BGH VersR 1954, 297, 298; B/M/*Brand*, Vor §§ 43–48 Rn. 21; R/L/*Rixecker*, § 43 Rn. 5.
36 BGH VersR 1967, 343, 344; B/M/*Brand*, Vor §§ 43–48 Rn. 21.
37 Vgl. BGH VersR 1979, 176, 177; BGHZ 24, 378, 383; BGHZ 26, 282, 287 ff.
38 BGH VersR 1965, 425, 428.
39 So auch B/M/*Brand*, Vor §§ 43–48 Rn. 22.
40 Vgl. BGH VersR 2014, 1118 (zur Rechtsschutzversicherung); BGH VersR 2013, 853 (zur Transparenzkontrolle in der Gruppenrechtsschutzversicherung).
41 Vgl. BGH NJW 2006, 1434, 1437 zur Mitversicherung des Ehegatten in der privaten Krankheitskostenversicherung gem. § 178 VVG a.F.
42 Vgl. *Voit* NJW 2006, 2225, 2226.
43 PK/*Hübsch*, §§ 43–48 Rn. 31; R/L/*Rixecker*, § 43 Rn. 4.
44 Zweifelnd an der Rechtmäßigkeit dieser Konstruktion: *Brömmelmeyer* VersR 2015, 1460, 1461.

der eines Dritten. Ob der »andere« – die Gefahrsperson – eigene Rechte aus dem Versicherungsvertrag erlangt, hängt davon ab, ob die Versicherung als für Rechnung des anderen genommen worden ist oder nicht. Für die Unfallversicherung wird dies gem. § 179 I 2 vermutet. In der Krankenversicherung besteht eine solche Vermutung dagegen nicht. Jedoch bestimmt § 194 III, dass die §§ 43 ff. auf die Krankenversicherung anwendbar sind.[45]

5. Erwerber der versicherten Sache/Übernehmer des Unternehmens

Wird die versicherte Sache oder das versicherte Unternehmen vom VN veräußert, wandelt sich die Versicherung auf eigene nicht in eine Versicherung für fremde Rechnung um, da der Erwerber nach § 95 I/103 II lediglich an Stelle des alten Eigentümers/Betriebsinhabers in den Vertrag eintritt und die Versicherung – auf eigene Rechnung – weiterführt.[46] In der **Gebäudeversicherung** ist das Interesse des Käufers in der Zeit zwischen Gefahrübergang und Eigentumswechsel durch Grundbuchumschreibung im Zweifel nach § 48 mitversichert.[47]

19

6. Dinglich an der Versicherungsforderung Berechtigte

Nicht zu den versicherten Personen i.S.d. §§ 43 ff. zählen die **Grundpfandrechtsgläubiger** (Hypothek, Grundschuld), da sich ihre Rechte an der Versicherungsforderung aus §§ 1127, 1128 III BGB (gegebenenfalls i.V.m. § 1192 BGB) ergeben.[48] Gleiches gilt beim **Nießbrauch**, wenn nicht der Nießbraucher, sondern der Eigentümer die Sache versichert hat (§§ 1045 II, 1046 BGB).[49]

20

7. Geschädigte Dritte in der Haftpflichtversicherung

Die Haftpflichtversicherung dient zwar auch – die obligatorische Haftpflichtversicherung sogar vorwiegend – dem Schutz des geschädigten Dritten. Gleichwohl handelt es sich nicht um eine Versicherung für Rechnung des Geschädigten. Der Geschädigte hat in der freiwilligen Haftpflichtversicherung erst nach **Abtretung**[50] oder nach **Pfändung und Überweisung des Freistellungsanspruchs** (§§ 829, 835 ZPO) einen Zahlungsanspruch gegen den VR. Im Fall der Insolvenz des VR kann er **abgesonderte Befriedigung** aus dem Freistellungsanspruch des VN verlangen (§ 110). Soweit der Dritte in der obligatorischen Haftpflichtversicherung unter den Voraussetzungen des § 115 I unmittelbar gegenüber dem VR anspruchsberechtigt ist, geht es nicht um den versicherungsrechtlichen Freistellungsanspruch, sondern um den auf Schadensersatz gerichteten **Haftpflichtanspruch**.[51]

21

8. Begünstigte eines Regressverzichts

Jede Schadenversicherung wirkt **faktisch** wie eine **Haftpflichtversicherung für fremde Rechnung**, wenn der Regress des VR gegen den für den Schaden verantwortlichen Dritten wegen eines entsprechenden Verzichts beschränkt ist.[52] Dann verbleibt die Regressforderung beim VN und der VR kann den Übergang nach § 86 I nicht geltend machen. Beispiele hierfür sind § 86 III, der Regressverzicht des Kaskoversicherers gegenüber Fahrer, Mieter und Entleiher (Abschnitt A.2.8 AKB 2015) oder des Gebäudeversicherers zugunsten des Mieters.[53] Dagegen besteht kein Regressverzicht des Hausratversicherers des Vermieters zugunsten des Mieters[54] oder des Geschäftsversicherers des Mieters zugunsten des Vermieters.[55] Offengelassen hat der BGH die Frage, ob ein Regressverzicht des Gebäudeversicherers eines Vereins zugunsten der Vereinsmitglieder besteht.[56] Da das Interesse des Dritten nicht mitversichert ist, hat der Dritte beim Regressverzicht jedoch keinen eigenen Anspruch gegen den VR auf Ersatz des Schadens. Zudem ist der Dritte nicht geschützt, wenn der VN nicht von dem VR, sondern von ihm Ersatz des eingetretenen Schadens verlangt.[57] Hierzu ist der VN bei Bestehen einer Sonderverbindung wegen § 241 Abs. 2 BGB allerdings nur berechtigt, wenn besondere Umstände vorliegen, die ausnahmsweise eine Inanspruchnahme des Dritten rechtfertigen. Liegen solche besonderen Umstände nicht vor, ist der VN verpflichtet, zunächst den VR in Anspruch zu nehmen.[58]

22

---

45 Vgl. PK/*Brömmelmeyer*, § 194 Rn. 8; B/M/*Brand*, § 43 Rn. 11.
46 BGH VersR 1990, 88.
47 BGH r+s 2009, 376; BGH r+s 2001, 31; *Martin*, J II 24 f.; *ders.* VersR 1974, 253 f.; *ders.* VersR 1974, 821, 825.
48 B/M/*Brand*, § 43 Rn. 10.
49 PK/*Hübsch*, §§ 43–48 Rn. 36.
50 Vgl. BGH VersR 2016, 786; BGH AG 2016, 395; B/M/*R. Koch*, § 108 Rn. 36; PK/*Retter*, § 108 Rn. 26 ff.
51 B/M/*Brand*, § 43 Rn. 17.
52 B/M/*Brand*, § 43 Rn. 18.
53 BGH NJW-RR 2008, 1413, 1414: »Der Regressverzicht stellt den Mieter im Verhältnis zum VR so, als sei sein Sachersatzinteresse (in Gestalt des Haftpflichtrisikos) durch den Gebäudeversicherungsvertrag mitversichert«; vgl. auch BGH VersR 2012, 354.
54 BGH r+s 2006, 454 f.
55 BGH VersR 2013 318, 320 f.
56 BGH VersR 2012, 580.
57 BGH VersR 1986, 755, 756; BGH VersR 1991, 462, 463.
58 Vgl. BGH r+s 2015, 70, 75; BGH VersR 2007, 411, 412; OLG Düsseldorf TranspR 2014, 341; B/M/*Voit* § 86 Rn. 93. *Looschelders* r+s 2015, 582 f.; abweichende Ansicht in der Voraufl. wird aufgegeben.

VII. Beispiele für Versicherungen für fremde Rechnung

23 Zu unterscheiden ist zwischen Versicherungen für fremde Rechnung, bei denen der Versicherungsschutz auf Dritte obligatorisch ausgedehnt wird, Versicherungen für fremde Rechnung, die nach dispositiver Gesetzesvorschrift als Regel vorgesehen sind, und Versicherungen, die kraft vertraglicher Vereinbarung als für fremde Rechnung genommen werden.

1. Obligatorische Ausdehnung des Versicherungsschutzes auf dritte Personen

24 Gesetzliche Verpflichtungen zur Ausdehnung des Versicherungsschutzes auf dritte Personen finden sich in Versicherungen, zu deren Abschluss der VN verpflichtet ist. Beispiele:

25 **Kfz-Halter**: Der Halter eines Kfz mit regelmäßigem Standort im Inland ist gem. § 1 PflVG verpflichtet, für sich, den Eigentümer und den Fahrer eine Haftpflichtversicherung zur Deckung der durch den Gebrauch des Fahrzeugs verursachten Personenschäden, Sachschäden und sonstigen Vermögensschäden abzuschließen und aufrechtzuerhalten. § 2 II Nr. 4–6 KfzPflVV dehnt den Versicherungsschutz darüber hinaus aus auf Beifahrer, Omnibusschaffner und Arbeitgeber oder öffentliche Dienstherren des VN. Nach § 1 I AuslPflVG dürfen Kfz, die in Deutschland keinen regelmäßigen Standort haben, nur gebraucht werden, wenn für den Halter, den Eigentümer und den Führer zur Deckung der durch den Gebrauch verursachten Personen- und Sachschäden eine Haftpflichtversicherung besteht. Bei einer Kfz-Haftpflichtversicherung mit einer OHG als VN sind die einzelnen Gesellschafter mitversicherte Personen.[59]

26 **Bewachungsgewerbe/Nießbrauch**: Gewerbetreibende haben nach §§ 34a II Nr. 3 lit. a) GewO, 6 I BewachV für sich und die in ihrem Gewerbebetrieb beschäftigten Personen zur Deckung der Schäden, die den Auftraggebern oder Dritten bei der Durchführung des Bewachungsvertrages entstehen, eine Haftpflichtversicherung abzuschließen und aufrechtzuerhalten. Der Nießbraucher hat die Sache für die Dauer des Nießbrauchs gegen Feuer und »je nach Ortsgebrauch« gegen Leitungswasser, Sturm und Einbruchdiebstahl zugunsten des Eigentümers zu versichern, soweit die Versicherung einer ordnungsmäßigen Wirtschaft entspricht (§ 1045 I BGB).[60] Mit der Beendigung des Nießbrauchs wandelt sich die Fremdversicherung in eine Eigenversicherung des Eigentümers um (OLG Hamm zfs 2016, 449).

27 **Rechtsanwälte und Notare**: Rechtsanwälte (§ 51 I BRAO), Rechtsanwaltsgesellschaften (§ 59j BRAO) und Notare (§ 19a BNotO) sind verpflichtet, eine Berufshaftpflichtversicherung zu unterhalten zur Deckung der Haftpflichtgefahren für Vermögensschäden, die sich aus ihrer Berufstätigkeit und der Tätigkeit von Personen ergeben, für die sie haften. § 61 II BNotO verpflichtet die Notarkammern, für sich und den Notariatsverwalter gegen Verluste aus der Haftung für Amtspflichtverletzungen eine Haftpflichtversicherung und zugunsten der durch ein vorsätzliches Handeln eines Notars in ihrem Vermögen Geschädigten nach § 67 III Nr. 3 Satz 1 BNotO eine Vertrauensschadensversicherung[61] abzuschließen.

28 **Klinische Forschung**: Der Sponsor i.S.v. § 4 XXIV AMG hat gem. § 40 I Nr. 8, III AMG eine Unfallversicherung zugunsten der von der klinischen Prüfung eines Arzneimittels oder eines Medizinprodukts betroffenen Person abzuschließen (vgl. auch § 20 I Nr. 9, III MedizinprodukteG).

2. Versicherung für fremde Rechnung als gesetzliche Vermutung

29 Nach dem VVG gilt als Versicherung für fremde Rechnung die **Versicherung für einen Inbegriff von Sachen**, die sich gem. § 89 II auf die Sachen der Personen erstreckt, mit denen der VN bei Eintritt des Schadens in häuslicher Gemeinschaft lebt oder die zu diesem Zeitpunkt in einem Dienstverhältnis zum VN stehen und ihre Tätigkeit an dem Ort ausüben. Die **Betriebshaftpflichtversicherung** erstreckt sich nach § 102 I auf die Haftpflicht der zur Vertretung des Unternehmens befugten Personen sowie der Personen, die in einem Dienstverhältnis zu dem Unternehmen stehen. In der Betriebshaftpflichtversicherung sind in Abgrenzung zur Privat- und Berufshaftpflichtversicherung vornehmlich Risiken aus gewerblicher Tätigkeit versichert. Spezielle Ausprägungen der Betriebshaftpflichtversicherung sind die Produkthaftpflichtversicherung, die Umwelthaftpflichtversicherung und die Umweltschadenversicherung. Eine **Versicherung gegen Unfälle** eines anderen gilt nach § 179 I 2 im Zweifel als für Rechnung des anderen genommen.[62]

3. Versicherung für fremde Rechnung kraft vertraglicher Vereinbarung

30 Kraft vertraglicher Vereinbarung sind als Versicherung für fremde Rechnung u.a. folgende Versicherungstypen (unterteilt nach Versicherungszweigen) ausgestaltet:

---

59 OLG Hamm VersR 2012, 1425, 1426.
60 *K. Sieg* BB 1993, 149; MünchKommBGB/*Pohlmann*, § 1045 Rn. 3; vgl. auch BFH DStR 2015, 687.
61 BGH VersR 2011, 1435; BGH NJW 1998, 2537; BGHZ 113, 151, 153 = VersR 1991, 299; BGHZ 115, 275, 278 = NJW 1992, 2423.
62 BGH VersR 1968, 138; OGH VersR 2008, 1283.

a) Sachversicherung

Versicherung des Kommissionsgutes durch den Kommissionär zugunsten des Eigentümers des Gutes gegen Diebstahl, Feuer usw.[63]; Gebäudeversicherung des Zwangsverwalters zugunsten des Grundstückseigentümers[64]; Gebäudeversicherung der Wohnungseigentümergemeinschaft für das Sondereigentum der einzelnen Miteigentümer[65]; Mitversicherung von Ernteerzeugnissen des Hofpächters in der Feuerversicherung des Hofeigentümers[66]; Hausratversicherung zugunsten des Eigentums(anteils) der Ehefrau des VN[67]; Glasversicherung des Mieters zugunsten des Vermieters[68]; Versicherung von Kundeneigentum in Reinigungsbetrieben[69]; Automatenversicherung des Gastwirts zugunsten des Aufstellers[70]; Schlachttierversicherung des Käufers zugunsten des Verkäufers[71]; Kfz-Vollkaskoversicherung des Leasingnehmers zugunsten des Leasinggebers[72] oder zugunsten des Eigentums(anteils) des Ehemannes der VN[73]; Bauwesenversicherung des Bauherrn zugunsten der beauftragten Unternehmer.[74]

31

b) Haftpflichtversicherung

Privathaftpflichtversicherung[75]; Kaskoversicherung nach den Sonderbedingungen zur Haftpflicht- und Fahrzeugversicherung im Kfz-Handel und -Handwerk bei Anbringung eines roten Kennzeichens an einem betriebsfremden Kfz[76]; Vermögensschadenhaftpflichtversicherung zugunsten der anwaltlichen Mitarbeiter[77]; D&O-Versicherung (Directors and Officers Liability-Insurance) zugunsten der Organe einer juristischen Person[78]; Haftpflichtversicherung des Betreuungsvereins zugunsten seiner Mitarbeiter (§ 1908f BGB).

32

c) Transportversicherung

Speditionsversicherung zugunsten des Auftraggebers des Spediteurs oder Frachtführers[79]; Frachtführer-Haftpflichtversicherung[80]; Valoren-Transportversicherung zugunsten der Auftraggeber des VN[81]; Transportversicherung (§ 130 I) des Verkäufers zugunsten des Käufers[82], des Spediteurs bzw. Frachtführers zugunsten der Ladungsbeteiligten[83] oder einer Schwestergesellschaft zugunsten der anderen[84]; Lagerversicherung des Lagerhalters zugunsten der Einlagerer.[85]

33

d) Lebensversicherung

Restschuldversicherung des Ehemanns als Kreditnehmer zugunsten der Ehefrau als sog. Kreditnehmerin[86]; Restschuldversicherung eines Kreditinstituts zugunsten des Kreditnehmers.[87]

34

e) Berufsunfähigkeitsversicherung

Restschuldversicherung des Kreditgebers, die das Risiko der Arbeitsunfähigkeit erfasst, zugunsten des Kreditnehmers.[88]

35

---

63 PK/*Hübsch*, §§ 43–48 Rn. 40.
64 LG Essen VersR 1995, 211.
65 OLG Hamm ZMR 2008, 401; OLG Frankfurt (Main) r+s 2007, 124.
66 BGH NJW-RR 1988, 468.
67 OLG Hamm NJW-RR 1995, 287; OLG Karlsruhe r+s 1998, 162, 163.
68 *K. Sieg* BB 1993, 149, 150 f.; P/M/*Kollhosser*[8], § 1 AGlB Rn. 10 ff.
69 PK/*Hübsch*, §§ 43–48 Rn. 40.
70 *K. Sieg* BB 1993, 149, 152.
71 LG Osnabrück VersR 1963, 448.
72 Vgl. BGH VersR 2014, 1367; BGH VersR 2008, 501, 502; OLG Hamm VersR 2013, 178.
73 OLG Karlsruhe r+s 2013, 121, 122.
74 OLG Köln VersR 1998, 184.
75 Vgl. BGH VersR 1978, 409; BGH LM Nr. 1 zu § 74 VVG.
76 BGH NJW-RR 1987, 856; OLG Köln VersR 1990, 847, 848.
77 LG Düsseldorf VersR 1980, 81.
78 OLG Köln r+s 2008, 469; OLG Dresden ZBB 2008, 125; OLG Düsseldorf, Urt. vom 21.12.2006, I-4 U 6/06; OLG München VersR 2005, 540.
79 BGH VersR 2002, 436.
80 Zur CMR-Haftpflichtversicherung OLG Bremen VersR 1998, 450 f.
81 OLG Celle, Urt. vom 19.09.2008, 8 U 63/08.
82 OGH VersRdsch 1992, 85, 86.
83 BGH VersR 2003, 1171, 1172; *Thume* VersR 2008, 455, 457 f.
84 OLG Frankfurt (Main) NJW-RR 1998, 1327.
85 *K. Sieg* BB 1993, 149, 153.
86 OLG Hamm VersR 1989, 694.
87 OGH VersR 2008, 283; vgl. AG Breisach VersR 2007, 936.
88 OLG Celle VersR 2007, 1641; OLG Karlsruhe VersR 2006, 637; OLG Hamm VersR 1987, 354.

f) Rentenversicherung

36 Private Rentenversicherung für eine betriebliche Altersvorsorge des Arbeitgebers zugunsten des Arbeitnehmers.[89]

g) Kredit-, Kautions- und Vertrauensschadenversicherung

37 Kautionsversicherung[90]; Personenkautionsversicherung[91]; Notarvertrauensschadenversicherung zugunsten des vom Notar Geschädigten[92]; Completion Bond des Filmproduzenten zur Sicherung der Fertigstellung seines Produkts zugunsten des Geldgebers.[93]

h) Rechtsschutzversicherung

38 Rechtsschutzversicherung zugunsten von Personen, die zusammen mit dem VN eine Rechtsgemeinschaft an der Mietwohnung bilden[94], zugunsten von weiteren Miteigentümern nach Aufteilung in Wohnungseigentum.[95]

i) Gruppenversicherung

39 Gruppenversicherungsverträge zugunsten von Arbeitnehmern[96], Kreditkarteninhabern[97], Vereinsmitgliedern[98], Urlaubsreisenden in der Unfallversicherung, (Auslands-)Krankenversicherung, Kfz-Kaskoversicherung, Haftpflichtversicherung, Rechtsschutzversicherung.[99]

B. Tatbestand
I. Vertragsschluss im eigenen Namen
1. Abgrenzung zur Stellvertretung

40 Eine Versicherung für fremde Rechnung i.S.v. § 43 I hat zunächst zur Voraussetzung, dass der Antragsteller den Versicherungsvertrag **im eigenen Namen** schließt.[100] Daran fehlt es, wenn er ausdrücklich als Vertreter gehandelt hat oder die Umstände ihn als Vertreter erkennen lassen (§ 164 I 2 BGB). Schließen Organmitglieder juristischer Personen, vertretungsberechtigte Gesellschafter, Prokuristen oder Handelsbevollmächtigte unternehmensbezogene Versicherungsverträge ab, liegt deshalb keine Versicherung für fremde Rechnung vor.[101] Ebenso wenig ist eine Versicherung für fremde Rechnung gegeben, wenn eine Partei kraft Amtes (Testamentsvollstrecker, Insolvenzverwalter, Nachlassverwalter, Zwangsverwalter) kraft ihrer gesetzlichen Ermächtigung einen Versicherungsvertrag über Gegenstände schließt, die ihrer Verwaltung unterliegen.[102] Soweit Stellvertretung vorliegt, wird § 166 BGB durch § 2 III und § 20 verdrängt.

41 Schließt der Antragsteller zwar im fremden Namen, jedoch **ohne Vertretungsmacht** den Versicherungsvertrag ab, kommen die §§ 177 ff. BGB zum Tragen. Genehmigt der Vertretene den Vertrag nicht, hat der Vertreter gem. § 179 I BGB nach Wahl des VR entweder zu erfüllen oder den Schaden zu ersetzen. Wählt der VR Erfüllung, so wird der Vertreter jedoch nicht Vertragspartner, weil die gesetzliche Haftung aus § 179 I BGB nichts an der Unwirksamkeit des Vertrages ändert. Die Vorschrift des § 179 I BGB gewährt dem Geschäftspartner nämlich keinen vertraglichen Anspruch gegen den vollmachtlosen Vertreter, dieser haftet ihm vielmehr nur kraft Gesetzes auf Vertragserfüllung.[103] Da dem Vertreter das versicherte Interesse fehlt, kann der VR gem. § 80 I 2 eine angemessene Geschäftsgebühr verlangen.

2. Zweifelsfälle

42 Ergibt sich weder aus dem Versicherungsantrag noch mit hinreichender Deutlichkeit aus den Umständen, dass der Antragsteller den Versicherungsvertrag im fremden Namen schließen wollte, kommt die **Auslegungsregel** des § 43 II zum Tragen, der zufolge der VN nicht als Vertreter, sondern im eigenen Namen für eigene Rechnung handelt.[104]

---

89 Vgl. OLG Celle VersR 2008, 60.
90 LG Hamburg VersR 1951, 275.
91 BGH VersR 1972, 194, 195; BGHZ 33, 97, 102 ff.
92 BGH BeckRS 2011, 20249; BGH NJW 1991, 1055; BGH NJW 1992, 2423.
93 OLG Köln VersR 2008, 680; L/W/*Dageförde*, § 43 Rn. 22.
94 AG Kelheim NJW-RR 1986, 110.
95 OLG Karlsruhe NJW-RR 2001, 599.
96 BAG VersR 2008, 558; BAG NZA 1990, 701; OLG Hamm VersR 1977, 1124.
97 OGH VersR 1995, 443.
98 OLG Köln r+s 2000, 367, 368.
99 LG Karlsruhe VersR 1982, 997.
100 BGH r+s 1997, 139, 140.
101 BGH r+s 1997, 139, 140; B/M/*Brand*, § 43 Rn. 22.
102 B/M/*Brand*, § 43 Rn. 23.
103 BGH NJW 1970, 240, 241.
104 BGH r+s 1997, 139, 140; BGH VersR 1965, 274; B/M/*Brand*, § 43 Rn. 26.

3. VN als Vertragspartei

Der Vertragsschluss im eigenen Namen hat zur Folge, dass der VN Vertragspartei wird. Für die Wirksamkeit des Vertrages kommt es auf seine Einigung mit dem VR, auf seine Verständnismöglichkeiten, auf seine Geschäftsfähigkeit, auf seinen Irrtum, auf seine Arglist und auf seine Kenntnis von Gefahrumständen an, die für den Entschluss des VR, den Vertrag abzuschließen, erheblich sind. Hinsichtlich der Rechte und Pflichten aus dem Versicherungsvertrag ist zu unterscheiden. Die Pflichten treffen allein den VN. Er schuldet insbes. Zahlung der Prämie (§ 1 Satz 2).

43

Hinsichtlich der Rechte aus dem Versicherungsvertrag ist eine differenzierte Betrachtung geboten. Nach § 44 I 1 stehen die Rechte aus dem Versicherungsvertrag allein der versicherten Person zu. Hierzu zählen alle **Forderungsrechte** (§ 44 Rdn. 3), die mit der Entschädigung zusammenhängen, nicht jedoch die den Vertrag als Ganzes betreffenden **Gestaltungsrechte** (§ 44 Rdn. 4). Diese verbleiben bei dem VN. Dieser hat zudem das Recht, vom VR die Aushändigung der Police zu verlangen (§ 44 I 2).

44

II. Für einen anderen

1. Versicherung eines fremden Interesses

Für einen anderen ist die Versicherung geschlossen, wenn nicht (nur) das Interesse des VN versichert ist. Die Parteien des Versicherungsvertrages müssen sich also darüber einig sein, dass (auch) ein **Vermögensnachteil eines Dritten** – Eigenschaden/Fremdschaden in Form der Belastung mit einer Verbindlichkeit – ausgeglichen werden soll.[105] Für eine solche Einigung genügt nach der Rspr., dass die Erklärungen der Parteien nach der Verkehrssitte dahingehend aufzufassen sind, dass solche Interessen versichert werden sollen, die nach der objektiven Rechtslage als Gegenstand der Versicherung in Betracht kommen.[106] Es kommt nicht darauf an, ob dem VR bekannt ist, dass ein Dritter Träger des versicherten Interesses ist, ob der VR den VN als Eigentümer ansieht, oder ob sich der VN bei Vertragsschluss für den Eigentümer hält oder sich als solcher bezeichnet.[107] Wessen und welches Interesse im Einzelnen versichert ist, muss durch (gegebenenfalls ergänzende) **Auslegung des Versicherungsvertrages** ermittelt werden,[108] soweit nicht der Vertrag eine ausdrückliche Regelung enthält oder das Gesetz eine Auslegungs- oder Vermutungsregel bereithält.

45

a) Versicherung fremden Interesses in der Haftpflichtversicherung

In der Haftpflichtversicherung sind die versicherten Personen im Versicherungsvertrag i.d.R. zwar nicht namentlich bezeichnet, jedoch durch persönliche Merkmale individualisiert. In der **Betriebshaftpflichtversicherung** (Ziff. 7.1.2 Besondere Bedingungen und Risikobeschreibungen für die Musterbedingungsstruktur AT 2015) und in der **Umweltschadenversicherung** (Ziff. 1.2 USV) sind es die Betriebsangehörigen, in der **Privathaftpflichtversicherung** sind es u.a. der Ehegatte und die in häuslicher Gemeinschaft lebenden unverheirateten Kinder des VN (Ziff. 1 GDV- Muster-Bedingungsstruktur IX 2015) und in der **Berufshaftpflichtversicherung** sind es beim VN angestellte Berufsträger (§ 1 III AVB-Vermögen). Bei diesen Versicherungstypen ist sowohl das Fremdschaden-/Haftpflichtinteresse des VN als auch das der versicherten Personen versichert (sog. kombinierte Eigen- und Fremdversicherung). Um eine reine Fremdversicherung zugunsten der Organmitglieder und leitenden Angestellten des VN handelt es sich bei der **D&O-Versicherung** (Ziff. 1 AVB-AVG 2013).

46

b) Versicherung fremden Interesses in der Sachversicherung

In der Sachversicherung geschieht die Individualisierung des Interesses i.d.R. nicht nach der Person des Dritten, sondern nach dem **Typus des Interesses**, wie es in dem Kreise der vertragsmäßig möglicherweise in Betracht kommenden Personen gegeben zu sein pflegt. So ist z.B. in der Feuerversicherung (Abschnitt A § 3 Ziff. 5 AFB 2008) bestimmt, dass die Versicherung für Rechnung des VN und des Eigentümers genommen gilt, soweit der VN die versicherten Sachen unter Eigentumsvorbehalt erworben oder mit Kaufoption geleast, sie zur Sicherheit übereignet, als Mieter auf seine Kosten angeschafft und in das Gebäude eingefügt hat oder sie ihm zur Bearbeitung, Benutzung, Verwahrung oder zum Verkauf in Obhut gegeben wurden. In den Obhutsfällen ist dabei für die Höhe des Versicherungswertes das Interesse des Eigentümers maßgebend. Es handelt sich insoweit um eine kombinierte Eigen- und Fremdversicherung, bei der nicht nur das **Sacherhaltungsinteresse des Eigentümers**, sondern auch das **Sachersatzinteresse** (= Haftpflichtinteresse) und – soweit er z.B. als Leasingnehmer die Gefahr für Beschädigung, Zerstörung oder Verlust der Sache trägt – das **Sacherhaltungsinteresse des VN** versichert sind (Rdn. 56).

47

Fehlt es an einer ausdrücklichen Regelung, ist bei der Feststellung, wessen und welche Interessen mitversichert sind oder ob nur ein Regressverzicht vorliegt, zu unterscheiden zwischen den Fällen, in denen der Ei-

48

---

105 Zum Begriff des versicherten Interesses s. BGH NJW-RR 1988, 727.
106 BGH VersR 2001, 53; BGH VersR 1988, 949; OLG Karlsruhe r+s 2013, 121, 122; OLG Hamm r+s 1993, 247.
107 BGH VersR 2001, 53; OLG Karlsruhe r+s 2013, 121, 122.
108 BGHZ 175, 374, 380 = VersR 2008, 634; BGHZ 145, 393, 397 f.; BGH VersR 2001, 713; BGH VersR 2003, 1171; BGH NJW-RR 1988, 727; OGH VersR 1993, 1303, 1304.

gentümer VN ist, und solchen, in denen der zur Nutzung berechtigte, gefahrtragende oder zur Obhut verpflichtete Besitzer VN ist.

aa) Eigentümer ist VN

49 Bei einer Sachversicherung ist regelmäßig das **Sacherhaltungsinteresse des Eigentümers** versichert.[109] **Ausnahmsweise** kann (nur) das Sacherhaltungsinteresse des Besitzers versichert sein, so z.B. das Interesse des Mieters an Sachen, die seinem **Wegnahmerecht** nach § 539 II BGB unterliegen.[110] An solchen Sachen hat der Vermieter – soweit nicht das Wegnahmerecht im Mietvertrag ausgeschlossen worden ist[111] – kein Sacherhaltungsinteresse,[112] sondern nur ein Sachersatzinteresse, falls er dem Mieter für die Zerstörung der Sachen haftet.[113] Während das Sachersatzinteresse auf den Zeitwert beschränkt ist, ist der Anspruch des Mieters bei einer Neuwertversicherung mit Wiederherstellungsklausel auf den Neuwert gerichtet.[114]

50 Über das Sacherhaltungsinteresse des Eigentümers hinaus kann auch das **Sachersatzinteresse des** zur Obhut verpflichteten oder zur Nutzung berechtigten **Besitzers** einbezogen werden, aufgrund seiner Haftung gegenüber dem Eigentümer nicht wegen Beschädigung oder Verlusts der Sache in Anspruch genommen zu werden. Es kann aber auch nur ein Regressverzicht vereinbart sein. Bejaht hat der BGH den Einschluss des Sachersatzinteresses für eine **Gebäudeversicherung**, die durch eine **Wohnungseigentümergemeinschaft** genommen wird, weil dort eine besondere Verbundenheit der Wohnungseigentümer untereinander bestehe und daher auch ein Sachersatzinteresse einzelner Wohnungseigentümer in Bezug auf Schäden am Gemeinschaftseigentum und am Sondereigentum der anderen Wohnungseigentümer gegeben sei.[115]

51 Demgegenüber hat der BGH eine Einbeziehung des Sachersatzinteresses zugunsten des **Mieters** – als dem nutzungsberechtigten Nichteigentümer – im Rahmen einer Gebäudeversicherung abgelehnt. Zwar bedürfe der Mieter des Schutzes davor, bei einem nur leicht fahrlässig verursachten Brand des Gebäudes vom VR in Anspruch genommen zu werden. Um diesen Schutz zu erreichen, brauche der Mieter aber nicht als Mitversicherter in den Versicherungsvertrag einbezogen zu werden mit der Folge, dass ihm – entgegen möglichen Interessen des Vermieters – eigene Ansprüche gegen den VR zustünden.[116] Der BGH hat stattdessen einen über die ergänzende Vertragsauslegung des Gebäudeversicherungsvertrages gewonnenen Regressverzicht des VR für die Fälle angenommen, in denen der Mieter einen Brandschaden durch einfache Fahrlässigkeit verursacht hat.[117]

52 Bejaht hat der BGH den Einschluss des Sachersatzinteresses von **Gesellschaftern** und **Geschäftsführern** einer **Personenhandelsgesellschaft** in der Kfz-Kaskoversicherung.[118] Deren Interesse sei bei der Auslegung mit zu berücksichtigen, da die Nutzung des versicherten Kfz und die Ausübung des unmittelbaren Besitzes daran für den VN als körperschaftlich strukturierte und damit als solche für den VR erkennbar nicht handlungsfähige Personengesellschaft überhaupt nur durch natürliche Personen möglich sei. Für eine Mitversicherung spreche die Üblichkeit, dass eine Gesellschaft die von ihr abgeschaffte und unter Versicherungsschutz gebrachte Kfz ihren Gesellschaftern oder Geschäftsführern zur (privaten) Nutzung überlasse. Der Gesellschaft sei, für den VR erkennbar, daran gelegen, nicht in haftungsrechtliche Auseinandersetzungen mit ihren eigenen Gesellschaftern und Organen verwickelt zu werden, auf die sie zur Ausübung der unmittelbaren Sachherrschaft angewiesen sei, wenn die diesen anvertrauten Sachen beschädigt oder zerstört würden. Gesellschafter und Geschäftsführer könnten aufgrund ihres Innenverhältnisses zur Gesellschaft, der sie den Besitz an dem Kfz vermittelten, die berechtigte Erwartung hegen, dass ihnen der Schutz der abgeschlossenen Kaskoversicherung zugutekomme, um nicht im Falle einer Beschädigung der Sache Regressansprüchen ausgesetzt zu sein.[119]

53 Dieser **innergesellschaftlichen Interessenlage**, so der BGH, lasse sich in der Kfz-Kaskoversicherung nur durch einen Einschluss des Sachersatzinteresses der Gesellschafter und Geschäftsführer, die mit der Sache bestimmungsgemäß in Berührung kommen, gerecht werden. Durch einen bloßen Regressverzicht des VR allein könne ihr nicht genügt werden, denn das Interesse der VN sei auch und gerade darauf gerichtet, den Gesellschaftern und Geschäftsführern, die Einwirkungsmöglichkeiten auf die Sache hätten, einen eigenen Anspruch gegen den VR zu verschaffen. Dem könne der VR angesichts des Umstandes, dass sich für ihn das versicherte und bei Begründung der vertraglichen Beziehungen erkennbare Risiko nicht erhöhe, gleichrangige eigene Interessen, die gegen eine Einbeziehung des Sachersatzinteresses sprächen, nicht entgegensetzen.[120]

---

109 BGH VersR 2008, 634; BGH VersR 1994, 85.
110 BGH VersR 1994, 1103, 1104; BGH r+s 1991, 346 f.; P/M/*Klimke*, § 43 Rn. 74 f.; VersHb/*Armbrüster*, § 6 Rn. 131; B/M/*Brand*, § 43 Rn. 37.
111 Vgl. OLG Oldenburg VersR 1996, 1364.
112 P/M/*Klimke*, § 43 Rn. 71; PK/*Hübsch*, § 43 Rn. 39; *Prölss* VersR 1994, 1404 f.; a.A. *Lorenz* VersR 1994, 1104, 1105.
113 P/M/*Klimke*, § 43 Rn. 71.
114 P/M/*Klimke*, § 43 Rn. 72; a.A. BGH VersR 1994, 1103, 1104.
115 BGH r+s 1994, 223, 224; BGH VersR 2001, 713.
116 BGHZ 145, 393, 398.
117 BGHZ 145, 393, 398; BGH VersR 2006, 1530; BGH VersR 2006, 1533; BGH VersR 2006, 1536.
118 BGHZ 175, 374, 381 ff.; vgl. auch OLG Hamm VersR 2013, 55 (Luftfahrzeug-Kasko).
119 BGHZ 175, 374, 382 f.
120 BGHZ 175, 374, 383; vgl. auch *Armbrüster* VersR 1994, 896; *ders.* NVersZ 2001, 197.

Die Ausführungen des BGH zur **Mitversicherung des Sachersatzinteresses des Besitzers** lassen sich **verall-** 54
gemeinernd dahingehend zusammenfassen, dass es bei der Auslegung eines Vertrags, der keinen ausdrücklichen Einschluss des Sachersatzinteresses enthält, entscheidend darauf ankommt, ob der Eigentümer dem Besitzer einen eigenen Anspruch gegen den VR verschaffen will. Von einem solchen Willen ist auszugehen, wenn er sich gegenüber dem Besitzer zum Abschluss einer Fremdversicherung verpflichtet hat. Besteht keine Verpflichtung, ist im Zweifel nur ein Regressverzicht gewollt.[121]

bb) Besitzer ist VN

Ist der Besitzer gegenüber dem Eigentümer der Sache **zur Obhut verpflichtet** (z.B. Werkstattinhaber, Spedi- 55 teur, Lagerhalter, Frachtführer oder Handwerker) oder **zur Nutzung berechtigt** (z.B. Mieter), ist die Interessenlage eindeutig. Da eine Sachversicherung dem Erhalt des Sachwerts eines Gegenstandes im Vermögen dient, ist das **Sacherhaltungsinteresse des jeweiligen Eigentümers** versichert.[122] Zu seinen Gunsten besteht eine Versicherung für fremde Rechnung. Daneben ist das **Sachersatzinteresse des Besitzers** mitversichert,[123] so dass ein Regress nach § 86 I 1 ausgeschlossen ist. Der VR wird hierdurch nicht benachteiligt. Da sich die zu erbringende Versicherungsleistung nach dem Wert der versicherten Sache bestimmt, erhöht sich für ihn das versicherte Risiko nicht.[124] Etwas anderes gilt allerdings für den Fall, dass der VN nach dem Gesetz zum Abschluss einer Haftpflichtversicherung verpflichtet ist (§ 7a GüKG), deren maßgeblicher Inhalt die Abdeckung des Sachersatzinteresses ist.[125] Dann besteht keine Veranlassung für den Sachversicherer, das Sachersatzinteresse (zusätzlich) mitzuversichern.[126]

Trägt der Besitzer die Gefahr für Beschädigung, Zerstörung oder Verlust der Sache (Leasingnehmer[127], 56 wegnahmeberechtigte Mieter (Rdn. 49), Eigentumsvorbehalts-[128] und Versendungskäufer[129], Grundstückskäufer bis zur Eintragung ins Grundbuch[130], Sicherungsgeber einer zur Sicherheit übereigneten Sache[131]) (sog. wirtschaftlicher Eigentümer), ist nicht nur sein **Sachersatzinteresse**[132], sondern auch sein **Sacherhaltungsinteresse** versichert. Solange der VN entweder den geschuldeten Schadensersatz oder – bei Eigentumsvorbehalts- oder Sicherungsgut – den Kaufpreis oder das Darlehen noch nicht voll (zurück-)gezahlt hat, ist daneben auch das **Sacherhaltungsinteresse des Sicherungsnehmers und Eigentumsvorbehaltsverkäufers** – und zwar in Höhe ihrer Rest- (Darlehens- oder Kaufpreis-)forderung – versichert.[133] Soweit die Sachsubstanzentschädigung die Restschuld übersteigt, steht sie dem Besitzer als wirtschaftlichem Eigentümer zu.[134] Gleicht er den Schaden des mitversicherten (rechtlichen) Eigentümers aus (bevor dieser den VR in Anspruch genommen hat), steht ihm ein eigener Zahlungsanspruch gegen den VR zu.[135]

2. Zweifelsfälle

Ergibt sich **aus den Umständen** nicht, dass der Versicherungsvertrag für einen anderen geschlossen werden 57 soll, gilt er gem. § 43 III als für eigene Rechnung geschlossen. Allerdings ist diese Vermutung zugunsten der Eigenversicherung nur schwach. Sie greift erst dann ein, wenn das Auslegungsergebnis Zweifel offen lässt. Führt die Auslegung zu einem eindeutigen Ergebnis, ist somit für die Anwendung des § 43 III kein Raum mehr.[136] Für den Bereich der **Unfallversicherung** wird § 43 III durch § 179 I 2 verdrängt (lex specialis): Ist die Versicherung nicht für den Eintritt eines Unfalls des VN, sondern eines anderen genommen, sind also VN und Gefahrsperson nicht identisch, ist »im Zweifel« Fremdversicherung anzunehmen.

C. Rechtsfolgen

Die Rechtsfolgen einer Versicherung für fremde Rechnung lassen sich dahingehend zusammenfassen, dass 58 erstens der Versicherte neben dem VN (kombinierte Eigen- und Fremdversicherung) oder er allein (reine

---

121 P/M/*Klimke*, § 43 Rn. 23 f.; L/W/*Dageförde*, Vor § 43 Rn. 8 f.
122 Vgl. BGH, VersR 2001, 53, 54; BGH, NJW 1995, 1541, 1542; BGH NJW 1988, 2803; OLG Köln ZfS 2005, 248; P/M/*Klimke*, § 43 Rn. 29; B/M/*Brand*, § 43 Rn. 42 f.
123 P/M/*Klimke*, § 43 Rn. 29.
124 Vgl. OGH VersR 2005, 1267, 1268; B/M/*Brand*, § 43 Rn. 39.
125 BGH VersR 2003, 1171; *Thume* VersR 2004, 1222 ff.
126 A.A. P/M/*Klimke*, § 43 Rn. 31, 61; *Prölss* ZMR 2001, 157.
127 BGH VersR 1993, 1223, 1224; BGH r+s 1989, 317, 318.
128 B/M/*Brand*, § 43 Rn. 37; *Brünjes*, Der Veräußerungsbegriff des § 69 VVG, Diss., Hamburg 1995, S. 87 ff.
129 B/M/*Brand*, § 43 Rn. 37; *Brünjes*, Der Veräußerungsbegriff des § 69 VVG, Diss., Hamburg 1995, S. 75 ff.; *Nießen*, Die Rechtswirkungen der Versicherung für fremde Rechnung unter besonderer Berücksichtigung des Innenverhältnisses zwischen Versichertem und Versicherungsnehmer, 2004, S. 22.
130 BGH VersR 2009, 1531; BGH VersR 2001, 53, 54; LG Düsseldorf r+s 1995, 425.
131 BGHZ 10, 376, 378; OLG Köln SP 1996, 287 f.
132 LG Düsseldorf SP 2008, 59; vgl. auch R/L/*Rixecker*, § 43 Rn. 12.
133 Vgl. BGH VersR 2009, 1531; BGH VersR 2001, 53, 54; B/M/*Brand*, § 43 Rn. 44; P/M/*Klimke*, § 43 Rn. 77; ablehnend L/W/*Dageförde*, § 43 Rn. 16.
134 *Martin*, J IV Rn. 5.
135 *Martin*, J IV Rn. 3; B/M/*Brand*, § 43 Rn. 44.
136 BGH VersR 1994, 1103, 1104.

Fremdversicherung) einen (eigenen) Anspruch auf die Versicherungsleistung gegen den VR hat. Erfüllt der Sachversicherer bei einer kombinierten Eigen- und Fremdversicherung den auf die Befriedigung des Sacherhaltungsinteresses gerichteten Anspruch des VN, erlischt zugleich der Anspruch des Versicherten auf Deckung des Sachersatzinteresses. Ist das Sachersatzinteresse des VN mitversichert, erlischt der Anspruch auf Deckung dieses Interesses mit Erfüllung des auf die Befriedigung des Sacherhaltungsinteresses gerichteten Anspruchs des Versicherten.[137] Zweitens gehen bei einer kombinierten Eigen- und Fremdversicherung etwaige Ersatzansprüche des VN gegen den Versicherten, weil dieser Sachen des VN beschädigt hat, nicht nach § 86 I 1 auf den VR über. Bei einer reinen Fremdversicherung gehen dagegen Ersatzansprüche des Versicherten gegen den VN auf den VR über, soweit nicht ein Regressverzicht (Rdn. 22) vorliegt. Die Rechtsstellung von VN und Versicherten ergeben sich im Übrigen aus §§ 44 ff.

D. Beweislast

59 Den Antragsteller trifft die Beweislast, dass er als Vertreter gehandelt hat, wenn ihn der VR auf Zahlung der Prämie in Anspruch nimmt. Verlangt der VR vom Dritten Zahlung, muss er beweisen, dass der Antragsteller den Dritten wirksam vertreten hat. Verlangt der Dritte vom VR Leistung der Entschädigung, hat er zu beweisen, dass der VN entweder für ihn als Vertreter oder zwar im eigenen Namen gehandelt hat, aber sein Interesse mitversichert ist. Im letzteren Fall muss der versicherte Dritte ferner die Zustimmung des VN beweisen oder den Versicherungsschein beibringen, da ihm anderenfalls das Einzugsrecht nach § 45 II fehlt.[138]

§ 44 Rechte des Versicherten.
(1) ¹Bei der Versicherung für fremde Rechnung stehen die Rechte aus dem Versicherungsvertrag dem Versicherten zu. ²Die Übermittlung des Versicherungsscheins kann jedoch nur der Versicherungsnehmer verlangen.
(2) Der Versicherte kann ohne Zustimmung des Versicherungsnehmers nur dann über seine Rechte verfügen und diese Rechte gerichtlich geltend machen, wenn er im Besitz des Versicherungsscheins ist.

Übersicht

	Rdn.
A. Allgemeines	1
I. Normzweck	1
II. Entstehungsgeschichte	2
B. Tatbestand	3
I. Rechte des Versicherten aus dem Versicherungsvertrag (Abs. 1)	3
1. Forderungsrechte	3
2. Den Versicherungsvertrag als Ganzes berührende Rechte	4
3. Recht auf Aushändigung des Versicherungsscheins	5
4. Zwangsvollstreckung	7
a) Gläubiger des Versicherten	7
b) Gläubiger des VN	9
5. Insolvenz	10
6. Rechtsnachfolge	11
7. Aufrechnung	12
a) Gläubiger des Versicherten	12
b) Versicherer als Gläubiger	13
8. Veräußerung der versicherten Sache	14
II. Verfügungsverbot über Forderungsrechte (Abs. 2)	15
1. Inhalt des Verfügungsverbots	15
2. Abgrenzungen	18
III. Ausnahmen vom Verfügungsverbot	20
1. Zustimmung des VN	20
2. Besitz des Versicherungsscheins	22
3. Fehlende Anspruchsverfolgung durch den VN	24
IV. Auswirkungen der Erteilung eines Sicherungsscheins	26
V. Versicherter als Erklärungsadressat	28
C. Rechtsfolgen bei Zahlungen an den Versicherten	29
I. Verfügungsberechtigter Versicherter	29
II. Nichtverfügungsberechtigter Versicherter	31
D. Beweislast	32
E. Abänderlichkeit	33

A. Allgemeines

I. Normzweck

1 § 44 regelt die **Rechtsstellung des Versicherten**. § 44 I stellt den allgemeinen Grundsatz auf, dass die Rechte aus dem Versicherungsvertrag als solche dem Versicherten zustehen, verbindet aber hiermit den Vorbehalt, dass die Aushändigung eines Versicherungsscheins nur der VN verlangen kann. Die Bedeutung des § 44 II erschließt sich erst aus dem Zusammenspiel mit § 45 I, der die Verfügungsbefugnis über die Rechte des Versicherten dem VN zuweist. § 44 II stellt klar, dass der Versicherte ohne Zustimmung des VN nicht über seine Rechte verfügen und diese Rechte auch nicht gerichtlich geltend machen kann, soweit er nicht im Besitz des Versicherungsscheins ist. Die **Aufspaltung von materieller Anspruchsberechtigung und formeller Verfügungsmacht** dient einerseits dem Schutz geschäftlicher Forderungen des VN gegen den Versicherten, die durch ein gesetzliches Pfandrecht an den versicherten Sachen (§§ 647 BGB, 397, 410, 421, 623 HGB) gesichert

---

[137] Vgl. P/M/*Prölss*, § 80 Rn. 11.
[138] Ritter/*Abraham*, Das Recht der Seeversicherung, 2. Aufl. 1967, § 52 ADS Anm. 15; B/M/*Brand*, § 43 Rn. 71.

sind.[1] Könnte der Versicherte die Versicherungsleistung bei Untergang der Sachen selbst einziehen, so wäre die Position des VN entwertet. Andererseits soll der VR davor bewahrt werden, sich im Versicherungsfall mit einer Vielzahl von Dritten auseinandersetzen zu müssen, die behaupten, ein Recht aus der Versicherung zu haben.[2]

II. Entstehungsgeschichte

§ 44 stimmt mit § 75 a.F., dessen Fassung seit dem Inkrafttreten des VVG 1908 nicht geändert wurde, sachlich überein. Abs. 1 Satz 2 enthält lediglich eine redaktionelle Anpassung: Im Hinblick auf den geänderten § 3 I wird auf die Übermittlung des Versicherungsscheins und nicht auf dessen Aushändigung abgestellt.[3]

B. Tatbestand

I. Rechte des Versicherten aus dem Versicherungsvertrag (Abs. 1)

1. Forderungsrechte

Zu den Rechten aus dem Versicherungsvertrag, die dem Versicherten nach § 44 I zustehen, zählen alle Forderungsrechte, die den Eintritt des Versicherungsfalls zur Voraussetzung haben oder an den Eintritt des Versicherungsfalls anknüpfen, insbes. der **Anspruch auf die Versicherungsleistung**[4], der Anspruch auf Zinsen (§§ 14 III, 91 VVG; § 291 BGB; § 353 HGB), der Anspruch auf den Verzugsschaden (§ 286 BGB) einschließlich der Verzugszinsen (§ 288 BGB).[5] Die Rechte aus dem Versicherungsvertrag schließen auch den Anspruch auf Ersatz von Rettungskosten i.S.v. § 83 I, auf erweiterten Aufwendungsersatz i.S.v. § 90 und auf Ersatz von Schadenermittlungskosten i.S.v. § 85 ein, soweit der Aufwand vom Versicherten getragen wurde.[6]

2. Den Versicherungsvertrag als Ganzes berührende Rechte

Rechte, die den Versicherungsvertrag als Ganzes berühren, stehen nur dem VN kraft seiner Stellung als Vertragspartei zu. **Gestaltungsrechte** kann somit nur der VN, nicht hingegen der Versicherte ausüben. Er kann den Versicherungsvertrag weder kündigen, anfechten oder von ihm zurücktreten[7] noch entsprechende Erklärungen des VR wirksam entgegennehmen.[8] Der Versicherte ist auch nicht berechtigt, das Widerrufsrecht nach § 8 auszuüben.[9] Der VR ist dem Versicherten nicht zur Information nach § 7 verpflichtet.[10] Diese Beschränkungen ergeben sich zwar nicht aus dem Wortlaut des § 44. Sie folgen jedoch aus der Rechtsnatur der Versicherung für fremde Rechnung als Unterfall des Vertrags zugunsten Dritter (§ 43 Rdn. 10 ff.)[11] und aus dem Zweck der Versicherung für fremde Rechnung, den Vermögensnachteil eines Dritten auszugleichen. Dieser Zweck wird durch die Einräumung eines eigenen Forderungsrechts erreicht. Der Versicherte kann deshalb auch nicht den Fortbestand eines Vertrags beanspruchen, den der VN selbst unter Umständen nicht mehr fortführen will. Ferner kann sich der Versicherte mit dem VR nicht über Vertragsänderungen einigen und etwa in den Fällen der Überversicherung (§ 74) oder Mehrfachversicherung (§ 78) Herabsetzung der Versicherungssumme verlangen. Der Versicherte ist auch nicht Inhaber des Anspruchs auf Prämienrückerstattung, da dieser dem VN als Prämienschuldner zusteht.[12]

3. Recht auf Aushändigung des Versicherungsscheins

Die Aushändigung des Versicherungsscheins kann nach § 44 I 2 nur der VN verlangen (vgl. auch § 3 I), nicht der Versicherte. Der Versicherte kann auch nicht Aushändigung an den VN verlangen und ist nicht gem. § 5 berechtigt, dem Inhalt des Versicherungsscheins zu widersprechen.[13] Ist der VN im Besitz des Versicherungsscheins, kann sich ein Anspruch des Versicherten gegen den VN auf Herausgabe des Versicherungsscheins nur aus einem zwischen ihnen bestehenden Rechtsverhältnis ergeben.

---

1 Vgl. Motive und amtliche Begründung zum Gesetz über den Versicherungsvertrag vom 30. Mai 1908, Neudruck Berlin 1963, S. 148.
2 Vgl.OGH VersR 1995, 1123; P/M/*Klimke*, § 44 Rn. 2; B/M/*Brand*, § 44 Rn. 3; PK/*Hübsch*, § 44 Rn. 4; Looschelders VersR 2000, 23, 25.
3 Begr. RegE BT-Drucks. 16/3945 S. 73.
4 OLG Celle VersR 2008, 1532, 1537; OGH VersR 1988, 502; OGH VersR 1984, 1196.
5 P/M/*Klimke*, § 44 Rn. 5; B/M/*Brand*, § 44 Rn. 5.
6 P/M/*Klimke*, § 44 Rn. 5; B/M/*Brand*, § 44 Rn. 4; PK/*Hübsch*, § 44 Rn. 5.
7 Vgl. OGH VersR 1995, 443, 444; OGH VersR 1988, 502; OGH VersR 1984, 1196; OLG Köln VersR 1997, 1265, 1266; zur Rechtslage beim Nießbrauch s. B/M/*Brand*, § 44 Rn. 8.
8 OLG Hamburg VersR 1980, 375, 376; B/M/*Brand*, § 44 Rn. 8; a.A. für den Gruppenversicherung: OLG München VersR 1995, 902.
9 PK/*Hübsch*, § 44 Rn. 9; P/M/*Klimke*, § 44 Rn. 3, § 45 Rn. 5.
10 PK/*Hübsch*, § 44 Rn. 9.
11 Vgl. OGH VersR 1988, 502; OGH VersR 1984, 1196.
12 PK/*Hübsch*, § 44 Rn. 8.
13 PK/*Hübsch*, § 44 Rn. 8.

6 Dem Versicherten stehen die Rechte aus § 3 II und III auf Ausstellung eines neuen Versicherungsscheins und Übersendung von Abschriften erst dann zu, wenn er im Besitz des Versicherungsscheins war. Er kann aber vom VR zur Klarstellung seiner Ansprüche verlangen, dass ihm der Versicherungsschein an dem Ort, wo sich die Urkunde befindet, zugänglich gemacht und ihm gewährt wird, eine **Abschrift** oder **Fotokopie** zu nehmen.[14]

4. Zwangsvollstreckung

a) Gläubiger des Versicherten

7 Die Rechte des Versicherten können von seinen Gläubigern (zu denen auch der VN zählen kann) nach **§ 829 ZPO** gepfändet werden.[15] § 851 I ZPO steht der Pfändung nicht entgegen, da die Rechte des Versicherten nicht grundsätzlich unübertragbar sind, sondern nur nicht vom Versicherten übertragen werden können. Etwaige sich aus § 108 I 2 oder § 850b I Nr. 1, II ZPO ergebende Beschränkungen (z.B. Ansprüche aus der privaten Unfallversicherung[16] und der Berufsunfähigkeits(zusatz)versicherung[17]) sind zu beachten. Da die Gläubiger nicht mehr Rechte pfänden können, als dem Versicherten zustehen, können sie jedoch nur so gepfändet werden, wie der Versicherte sie hat, also unter Ausschluss der (dem VN zustehenden) Ausübungsbefugnis. Die Verfügungsmacht des VN bleibt somit von der Pfändung unberührt.[18] Deshalb ist der Pfändungsbeschluss auch nur dem Versicherten, nicht auch dem VN zuzustellen. Dem VN kann nicht gem. § 829 I ZPO verboten werden, sich jeder Verfügung über die Forderung, insbes. der Einziehung derselben zu enthalten.[19]

8 Die gepfändete Forderung kann als solche, d.h. ohne die dem VN zustehende Ausübungsbefugnis gem. **§ 835 ZPO** überwiesen werden.[20] In Höhe der titulierten Forderung, deretwegen gepfändet worden ist, kann der VN nur Zahlung an die pfändenden Gläubiger verlangen.[21] Die Gläubiger können vom VR erst dann Zahlung verlangen, wenn der VN in die Auszahlung eingewilligt hat oder sie den Anspruch des Versicherten auf Einwilligung in die Auszahlung gegenüber dem VN erfolgreich (gegebenenfalls im Wege der Klage) durchgesetzt haben.[22] Dazu müssen sie diesen Anspruch des Versicherten gesondert pfänden und sich überweisen lassen.[23]

b) Gläubiger des VN

9 Pfänden Gläubiger des VN den Anspruch des Versicherten, kann dieser **Drittwiderspruchsklage** nach § 771 ZPO erheben.[24]

5. Insolvenz

10 Wird über das Vermögen des Versicherten ein Insolvenzverfahren eröffnet, fallen seine Ansprüche aus dem Versicherungsvertrag in die Insolvenzmasse (§ 35 InsO).[25] Die Insolvenz des VN beeinträchtigt die Rechtsposition des Versicherten dagegen nicht, da der Anspruch auf die Versicherungsleistung nicht zur Insolvenzmasse des VN, sondern der des Versicherten gehört.[26] Deshalb steht dem Versicherten ein Aussonderungsanspruch gem. § 47 InsO zu.[27] Leistet der VR an den VN, so erhält dieser die Versicherungsleistung nur als Treuhänder des Versicherten (§ 46 Rdn. 3). Der Versicherte kann deshalb auch noch nach Leistung an den Insolvenzverwalter Ersatzaussonderung (§ 48 Satz 2 InsO) beanspruchen.[28]

6. Rechtsnachfolge

11 Die **Einzelrechtsnachfolge** in das Recht des Versicherten aus § 44 I ist ohne Zustimmung des VN nicht möglich, weil es sich um eine Verfügung i.S.v. § 44 II handelt (Rdn. 16). Eine **Gesamtrechtsnachfolge** ist dagegen möglich. Beim Tod des Versicherten fällt der Anspruch in den Nachlass und steht den gesetzlichen Erben zu.[29]

---

14 B/M/*Brand*, § 44 Rn. 8; a.A. PK/*Hübsch*, § 44 Rn. 8 unter irrtümlicher Berufung auf OGH VersR 1984, 1196.
15 OLG Hamm OLGR 1992, 327; OLG Hamm NJW-RR 1987, 217; *Nießen*, Die Rechtswirkungen der Versicherung für fremde Rechnung unter besonderer Berücksichtigung des Innenverhältnisses zwischen Versichertem und Versicherungsnehmer, 2004, S. 210 f.
16 LAG Rheinland-Pfalz AE 2006, 95.
17 BGH r+s 2010, 71, 73 = VersR 2010, 237.
18 OLG München r+s 2000, 58; OLG Düsseldorf VersR 1997, 1475.
19 Vgl. OLG Hamm NJW-RR 1987, 217.
20 Vgl. OLG Düsseldorf VersR 1997, 1475; OLG Hamburg VersR 1951, 227.
21 OLG Hamm NJW-RR 1987, 217.
22 Vgl. OGH VersR 1971, 140; OGH VersR 1960, 454.
23 OLG München r+s 2000, 58; OLG Düsseldorf VersR 1997, 1475; PK/*Hübsch*, § 44 Rn. 11.
24 B/M/*Brand*, § 44 Rn. 10; PK/*Hübsch*, § 44 Rn. 11.
25 P/M/*Klimke*, § 44 Rn. 6; PK/*Hübsch*, § 44 Rn. 12.
26 BGH VersR 2014, 1118, 1119; B/M/*Brand*, § 44 Rn. 11.
27 BGHZ 10, 376, 384 = NJW 1953, 1825; OLG Köln NJW-RR 2015, 725, 726, OLG Düsseldorf 21.10.2014 BeckRS 2014, 20466.
28 BGHZ 10, 376, 384 = NJW 1953, 1825; OLG Frankfurt (Main) NZI 2002, 262; OLG Celle VersR 1953, 489.
29 BGH VersR 1995, 332, 333; BGH VersR 1973, 634, 635.

7. Aufrechnung
a) Gläubiger des Versicherten

Gläubiger des Versicherten können nicht uneingeschränkt gegen die Entschädigungsforderung aufrechnen, wenn dem Versicherten die Verfügungsbefugnis fehlt. Zwar ist das Gegenseitigkeitserfordernis des § 387 BGB erfüllt. Jedoch wird das Recht zur Aufrechnung beschränkt durch das **Absonderungsrecht des VN** gem. § 46 Satz 2.[30] 12

b) Versicherer als Gläubiger

Demgegenüber ist der VR (trotz fehlender Gegenseitigkeit) nach § 35 berechtigt, mit einer **Prämienforderung** gegen den VN dem Versicherten gegenüber aufzurechnen.[31] 13

8. Veräußerung der versicherten Sache

Veräußert der Versicherte (Eigentümer) die versicherte Sache an einen Dritten, bleibt die Rechtsstellung des VN unberührt. § 95 findet keine Anwendung.[32] Der Dritte rückt an die Stelle des Versicherten.[33] 14

II. Verfügungsverbot über Forderungsrechte (Abs. 2)
1. Inhalt des Verfügungsverbots

Nach § 44 II kann der Versicherte ohne Zustimmung des VN über seine Forderungsrechte nicht verfügen und sie (deshalb) auch nicht gerichtlich geltend machen. § 44 II stellt kein gesetzliches Veräußerungsverbot i.S.v. § 135 BGB dar, sondern eine durch den Versicherungsvertrag begründete **Verfügungsbeschränkung**[34], die in ihrer Wirkung einem absoluten Verfügungsverbot gleichsteht. Verfügungen des Versicherten sind deshalb unwirksam, soweit nicht ein Ausnahmetatbestand eingreift (Rdn. 20 ff.).[35] 15

Unter **Verfügung i.S.d. § 44 II** ist, wie sonst auch, jede Handlung zu verstehen, die unmittelbar auf Änderung, Übertragung, Belastung oder Vernichtung der Forderungsrechte gerichtet ist.[36] Hierzu zählen insbes. Entgegennahme der Entschädigung durch den VN,[37] Ermächtigung zu Einziehung, Erlass, Abtretung, Verpfändung oder Stundung der Forderung (einschließlich der Zinsen), Aufrechnung gegen oder mit der Forderung, Mahnung, Vergleich mit dem VR, Anerkennung von Gegenrechten des VR. Keine Verfügung stellt es dar, wenn der Versicherte den Erwerb der Rechte selbst ablehnt (§ 333 BGB).[38] 16

Die **gerichtliche Geltendmachung** umfasst nicht nur die Leistungsklage, sondern auch das Erwirken eines Mahnbescheids, den Antrag auf Erlass einer einstweiligen Verfügung gegen den VR sowie das Erwirken eines Arrests[39]. Eine vom Versicherten gegen den VR erhobene Leistungsklage ist **mangels Prozessführungsbefugnis** unzulässig.[40] 17

2. Abgrenzungen

§ 44 II hindert den Versicherten nicht daran, den **Übergang sämtlicher Forderungsrechte aus dem Vertrag** zu bewirken, indem er die versicherte Sache veräußert. Dann ist der Erwerber der »Versicherte«, der die Rechte aus dem Vertrag, aber nicht das Recht zu ihrer Ausübung hat. Der Versicherte ist auch berechtigt, **gegen den VR** Klage auf Feststellung zu erheben, dass ein Versicherungsvertrag besteht und er (der Versicherte) zum Kreis der Versicherten gehört. Die Erhebung einer Feststellungsklage stellt keine Verfügung dar, weil sie nicht auf Änderung, Übertragung, Belastung oder Vernichtung der Forderungsrechte gerichtet ist. Da die Klage nur der Feststellung eines vorgreiflichen Rechtsverhältnisses i.S.v. § 256 ZPO dient, macht der Versicherte auch noch keine Rechte aus dem Versicherungsvertrag geltend.[41] Ebenso wenig verfügt der Versicherte über seine Rechte aus dem Versicherungsvertrag, wenn er **gegen den VN** im Hinblick auf die Versicherungsforderung Feststellungsklage erhebt, den Erlass einer einstweiligen Verfügung beantragt oder Klage nach § 771 ZPO erhebt, weil Gläubiger des VN die Versicherungsforderung gepfändet haben.[42] 18

---

30 B/M/*Brand*, § 44 Rn. 13; Ritter/*Abraham*, Das Recht der Seeversicherung, 2. Aufl. 1967, § 56 ADS Anm. 2.
31 Vgl. OLG Köln VersR 1997, 1265, 1266; B/M/*Brand*, § 44 Rn. 13; Ritter/*Abraham*, Das Recht der Seeversicherung, 2. Aufl. 1967, § 56 ADS Anm. 2.
32 Vgl. OLG Hamm NZV 1996, 412.
33 PK/*Hübsch*, § 44 Rn. 15.
34 Vgl. Ritter/*Abraham*, Das Recht der Seeversicherung, 2. Aufl. 1967, § 53 ADS Anm. 9.
35 PK/*Hübsch*, § 44 Rn. 17.
36 OGH VersR 2006, 1143.
37 BGHZ 15, 154; BGH VersR 1987, 655; BGH VersR 1993, 1222, 1223.
38 B/M/*Brand*, § 44 Rn. 17; PK/*Hübsch*, § 44 Rn. 18.
39 PK/*Hübsch*, § 44 Rn. 17.
40 Vgl. OLG Stuttgart r+s 1992, 331; OLG Celle VersR 1986, 1099.
41 BGH VersR 1983, 823, 824 f.; vgl. auch OLG Köln r+s 1986, 16.
42 B/M/*Brand*, § 44 Rn. 17; PK/*Hübsch*, § 44 Rn. 19.

19 Handlungen des Versicherten zum Zwecke der Erfüllung der von ihm nach § 47 zu beachtenden **Obliegenheiten** sind keine Verfügungen, da sie auf den Erhalt der Versicherungsforderung gerichtet sind. Rein passives oder ein solches Verhalten, das als Obliegenheitsverletzung ein Leistungsverweigerungsrecht begründen kann, stellt ebenfalls keine Verfügung dar. Bei Obliegenheitsverletzungen fehlt regelmäßig der rechtsgeschäftliche Wille, auf den Bestand des Rechtes verfügend einzuwirken. Sie sind tatsächliches Verhalten und können das Erlöschen der Versicherungsforderung nicht bewirken.[43] Vielmehr begründen sie nur ein Leistungsverweigerungsrecht des VR, in dessen Belieben es steht, ob er sich darauf beruft.[44]

III. Ausnahmen vom Verfügungsverbot

1. Zustimmung des VN

20 Der Versicherte kann über seine Forderungsrechte verfügen, wenn und soweit der VN gem. § 182 BGB zustimmt. Die Zustimmung ist eine empfangsbedürftige Willenserklärung, die die Geschäftsfähigkeit des VN voraussetzt.[45] Sie bedarf keiner besonderen Form und kann auch durch konkludentes Verhalten erfolgen, etwa wenn der VN den Versicherten zur gerichtlichen Geltendmachung des Versicherungsanspruchs ermächtigt (Fall der **gewillkürten Prozessstandschaft**).[46] Der VR kann jedoch einseitige Rechtsgeschäfte des Versicherten zurückweisen, wenn dieser nicht die Zustimmung des VN in schriftlicher Form vorlegt (§§ 182 III, 111 Satz 2 BGB).[47]

21 Die Zustimmung kann – auch formularmäßig[48] – vor (Einwilligung, vgl. § 183 BGB) oder nach der Ausübungshandlung (Genehmigung, vgl. § 184 BGB) gegenüber dem Versicherten oder gegenüber dem VR erklärt werden. Sie kann auch in AGB, die auf das Vertragsverhältnis zwischen VN und Versichertem Anwendung finden, enthalten sein.[49] Eine Verpflichtung des VN zur Erteilung der Zustimmung besteht nur in den Fällen, in denen die Nichterteilung rechtsmissbräuchlich oder pflichtwidrig erscheint. Unter Ehegatten kann sich eine Verpflichtung zur Zustimmung aus § 1353 I 2 BGB ergeben.[50] Hat der VN seine Einwilligung erteilt, kann er diese, wenn der Versicherte bereits über den Entschädigungsanspruch verfügt oder ihn gerichtlich geltend gemacht hat, nicht mehr widerrufen (§ 183 I BGB).

2. Besitz des Versicherungsscheins

22 Der Versicherte kann über seine Forderungsrechte auch dann verfügen und sie selbst gerichtlich geltend machen, wenn er im Besitz des Versicherungsscheins ist (§ 44 II). Nach der Begründung des Gesetzgebers darf der Besitz des Scheines »unbedenklich der Zustimmung des VN gleichgestellt werden, da der Schein stets zunächst diesem ausgehändigt wird, also regelmäßig nur durch ihn oder mit seiner Einwilligung an den Versicherten gelangen kann«.[51] In der Literatur wir darüber hinaus die Ansicht vertreten, dass die Legitimationswirkung des Versicherungsscheins auch dann besteht, wenn der Versicherte in den Besitz des Versicherungsscheins ohne oder sogar gegen den Willen des VN gelangt ist und dem VR ein fehlender Wille des VN zur Aushändigung des Versicherungsscheins an den Versicherten unbekannt ist.[52]

23 Dieser Auffassung ist mit der Einschränkung zu folgen, dass § 44 II für **abhanden gekommene Versicherungsscheine** nicht gilt. Durch die Aushändigung des Versicherungsscheins wird nämlich eine Legitimation für die Zustimmung des VN geschaffen. Ist die Zustimmung erteilt, kommt es für die Befugnis des Versicherten nicht auf den Besitz des Versicherungsscheins an. Der Versicherungsschein entfaltet somit – vergleichbar einer Vollmachtsurkunde – seine wesentliche Bedeutung als **Rechtsscheinträger**. Die gesetzlichen Regeln über die Scheinvollmacht (§§ 170–173 BGB) finden analog Anwendung.[53] Ist die Zustimmung nicht oder nicht wirksam erteilt worden oder hat der Versicherte sie zur Zeit der Vornahme der Verfügung nicht mehr, so wird der gutgläubige Geschäftsgegner in seinem Vertrauen auf die Zustimmung geschützt. Der VR wird somit nicht von seiner Leistungspflicht befreit, wenn er weiß, dass der Versicherte gegen den Willen des VN in den Besitz des Versicherungsscheins gelangt und dem VN gegenüber auch sonst nicht befugt ist, sich die Entschä-

---

43 BGH VersR 1993, 1222, 1223 zu § 156 VVG a.F.
44 BGH r+s 2005, 143 f.; BGH VersR 1993, 1222, 1223 zu § 156 VVG a.F.
45 B/M/*Brand*, § 44 Rn. 19.
46 Vgl. OLG Celle VersR 2007, 1641; OLG Stuttgart r+s 1992, 331; R/L/*Rixecker* § 44 Rn. 9.
47 So auch B/M/*Brand*, § 44 Rn. 19.
48 OGH VersR 1990, 407; P/M/*Klimke*, § 44 Rn. 10.
49 OGH VersR 1995, 443, 444.
50 LG Köln r+s 1997, 423.
51 So Motive und amtliche Begründung zum Gesetz über den Versicherungsvertrag vom 30. Mai 1908, Neudruck Berlin 1963, S. 148.
52 Vgl. PK/*Hübsch*, § 44 Rn. 20; Ritter/*Abraham*, Das Recht der Seeversicherung, 2. Aufl. 1967, § 53 ADS Anm. 14 m.w.N.
53 Vgl. Staudinger/*Gursky* (2004), § 182 BGB Rn. 20 m.w.N.; B/M/*Brand*, § 44 Rn. 22 stellt den Versicherungsschein mit einem Legitimationspapier gleich, an dessen Inhaber befreiend geleistet werden könne. Dies überzeugt nicht, da dem Versicherungsschein, soweit er nicht auf den Inhaber gestellt ist (§ 4 I), keine Legitimationsfunktion zukommt.

digung auszahlen zu lassen. Bei der laufenden Versicherung legitimiert nur die Einzelpolice, nicht die laufende Police.[54]

3. Fehlende Anspruchsverfolgung durch den VN

Der Versicherte kann auch ohne Zustimmung, ja sogar gegen den Willen des VN und ohne im Besitz des Versicherungsscheins zu sein, über seine Forderungsrechte verfügen, wenn der VR die Regulierung ablehnt und der VN zu erkennen gibt, dass er seinerseits die Ansprüche des Versicherten nicht selbst weiterverfolgen will. Der Versicherte ist in einem solchen Fall berechtigt, Klage gegen den VR zu erheben, ohne zuvor den VN aus dem Treuhandverhältnis und dem regelmäßig daneben bestehenden vertraglichen Schuldverhältnis, das den Anlass für die Fremdversicherung gab, auf Erteilung der Zustimmung (§ 75 II) in Anspruch nehmen zu müssen.[55] Gleiches gilt, wenn der VN den VR von vornherein nicht in Anspruch nimmt und er für die Ablehnung der Geltendmachung des Versicherungsanspruchs keine billigenswerten Gründe hat.[56] Der Versicherte kann den VN ohnehin nicht dazu zwingen, seine Rechte aus der Fremdversicherung für ihn, den Mitversicherten, auszuüben.[57] Weder die Besorgnis einer Prämienerhöhung[58] noch das Risiko, dass der VR den Versicherungsfall zum Anlass nimmt, den Vertrag zu kündigen, stellen billigenswerte Gründe dar. Zur gerichtlichen Geltendmachung seines Versicherungsanspruchs ist der Versicherte auch befugt, wenn der VN nach Eintritt des Versicherungsfalles wegen Vermögenslosigkeit und/oder Löschung im Handelsregister als Rechtsperson untergeht.[59] In all diesen Fällen ist die **Berufung des VR auf die fehlende Prozessführungsbefugnis** des Versicherten als **rechtsmissbräuchlich** (§ 242 BGB) anzusehen.[60]

24

Die Annahme eines Rechtsmissbrauchs des VR kommt auch dann in Betracht, wenn der VR bereits vor Klageerhebung mit dem Versicherten korrespondiert hat[61] oder der Versicherte sonst an den VR herantritt und der VR es unterlässt, darauf hinzuweisen, dass nur der VN klagebefugt ist.[62] Der fehlenden Anspruchsverfolgung stehen das Eintreten in Vergleichsverhandlungen des VN mit dem VR und der Abschluss eines Vergleichs nicht gleich.[63]

25

IV. Auswirkungen der Erteilung eines Sicherungsscheins

Bei einer vom Besitzer zugunsten des (Sicherungs-)Eigentümers abgeschlossenen Fremdversicherung verlangen die Versicherten (z.B. Darlehensgeber, Leasinggeber) i.d.R. zur Stärkung und Sicherung dieser Rechte einen Sicherungsschein (oder eine Sicherungsbestätigung)[64] des VR.[65] Der von den Beteiligten damit verfolgte **wirtschaftliche Zweck** besteht darin, den (Sicherungs-)Eigentümer davor zu bewahren, durch den ersatzlosen Untergang des finanzierten Gegenstandes einen Verlust zu erleiden.[66] Durch die Erteilung des Sicherungsscheins werden zwischen dem VR und dem Versicherten Rechtsbeziehungen begründet, die über die in den §§ 43 ff. geregelten hinausgehen. So ist abweichend von § 44 II sowie § 45 I und II allein der Versicherte berechtigt, die Rechte aus dem Versicherungsvertrag geltend zu machen, selbst wenn er nicht im Besitz des Versicherungsscheins ist.[67] Die Abtretung des Entschädigungsanspruchs durch den VN an einen Dritten ist deshalb unwirksam.[68] Der VN kann zwar – neben dem Versicherten – die Rechte aus dem Versicherungsvertrag in gewillkürter Prozessstandschaft gerichtlich geltend machen, er muss aber auf Leistung an den Versicherten klagen.[69] Zahlt der VR an den VN, erlischt der Anspruch des Versicherten nicht gem. § 362 BGB.[70]

26

---

54 Ritter/*Abraham*, Das Recht der Seeversicherung, 2. Aufl. 1967, § 53 ADS Anm. 14 m.w.N.
55 Vgl. BGHZ 115, 275, 282 = NJW 1992, 2423; BGH NJW-RR 1987, 856 f.
56 BGH NJW 1998, 2537, 2538; BGH NJW 1998, 2449, 2450; BGH VersR 1995, 332, 333; OLG Hamm VersR 2005, 934; öOHG VersR 2008, 283.
57 BGH NJW 1998, 2449, 2450; BGHZ 64, 260, 267 f. = NJW 1975, 1273.
58 BGH NJW-RR 1987, 856 f.
59 So bei Auflösung einer GmbH: OLG Köln VersR 1998, 1104, 1105.
60 S. auch *Nießen*, Die Rechtswirkungen der Versicherung für fremde Rechnung unter besonderer Berücksichtigung des Innenverhältnisses zwischen Versichertem und Versicherungsnehmer, 2004, S. 89 ff.; *Looschelders* VersR 2000, 23, 25 f.
61 Vgl. OLG Hamm VersR 2005, 934; OLG Hamm r+s 1997, 249.
62 Vgl. OLG Hamm VersR 2005, 934; OLG Hamm NJW-RR 1996, 672.
63 Vgl. OGH VersR 1984, 1196; B/M/*Brand*, § 44 Rn. 24; PK/*Hübsch*, § 44 Rn. 23.
64 Beispiele bei *Martin*, Texte 52 und 53.
65 Vgl. BGH r+s 2001, 97, 98; OLG Stuttgart NJW-RR 2011, 182; OLG Köln r+s 1992, 225.
66 Vgl. zum Zweck eines Sicherungsscheins BGH VersR 1979, 176; BGHZ 40, 297, 300 ff. = NJW 1964, 654; HK-VVG/*Rüffer*, § 44 Rn. 4.
67 BGH NJW 2004, 1041, 1042; BGHZ 122, 46, 49 = NJW 1993, 1578; BGHZ 93, 391, 395 = NJW 1985, 1537; BGHZ 40, 297, 300 ff.; OLG Celle VersR 2008, 1532; OLG Köln VersR 2001, 2; OLG Hamm VersR 1999, 44, 45.
68 BGHZ 93, 391, 393 = VersR 1985, 679.
69 Vgl. BGH VersR 1985, 981, 982; BGH VersR 1967, 343 f.; PK/*Hübsch*, § 44 Rn. 24; HK-VVG/*Rüffer*, § 44 Rn. 7.
70 OLG Stuttgart r+s 2011, 245; OLG Köln NJOZ 2006, 1664, 1665.

27 Der VR ist zudem verpflichtet, dem Versicherten **Auskunft über das Versicherungsverhältnis** zu erteilen.[71] Für die Richtigkeit der Angaben haftet der VR dem Versicherten.[72] Darüber hinaus muss der VR den Versicherten über mögliche Prämienrückstände des VN vor einer Kündigung informieren, um ihm die Möglichkeit zu eröffnen, die Kündigung des Vertrags durch Zahlung der Prämien zu verhindern (**Prämieneintrittsrecht**).[73]

V. Versicherer als Erklärungsadressat

28 § 44 enthält keine Regelung darüber, inwieweit der VR **einseitige Rechtsgeschäfte**, die sich auf die Versicherung oder die Geltendmachung der Forderungsrechte beziehen, dem Versicherten gegenüber wirksam vornehmen kann. Es gilt der Grundsatz, dass die Befugnis des Versicherten zur Entgegennahme von Willenserklärungen nicht weiter reicht als sein Verfügungsrecht.[74] Er ist deshalb nicht richtiger Adressat von Erklärungen, die den Versicherungsvertrag als Ganzes betreffen. Beziehen sich die Erklärungen des VR hingegen nur auf die Ausübung der Forderungsrechte, ist der Versicherte richtiger Adressat, soweit die Voraussetzungen des § 44 II vorliegen oder ihm ein Sicherungsschein erteilt worden ist.[75] Der VN ist in diesen Fällen weder Empfangsbevollmächtigter noch Empfangsbote des Versicherten.

C. Rechtsfolgen bei Zahlungen an den Versicherten
I. Verfügungsberechtigter Versicherter

29 Hat der VR die Entschädigung an den verfügungsberechtigten Versicherten gezahlt, wird er gem. § 362 BGB von seiner Leistungspflicht gegenüber dem VN befreit.

30 Hat der VR in Unkenntnis eines leistungsbefreienden Tatbestandes gezahlt, richtet sich der **Rückforderungsanspruch** aus § 812 I 1 Alt. 1 BGB nach der Rspr. nicht gegen den Versicherten, sondern gegen den VN, weil VR und Versicherter übereinstimmend davon ausgehen, dass der VR mit der Zahlung die Verbindlichkeit aus dem Versicherungsvertrag erfüllen will.[76] Ein Bereicherungsanspruch des VR gegen den Versicherten besteht unter den Voraussetzungen des § 822 BGB, wenn der VN die Entschädigung unentgeltlich an den Versicherten weitergeleitet hat.[77] Ist dies nicht der Fall, so kann der VR den Bereicherungsanspruch des VN gegen den Versicherten nach § 812 I 1 BGB kondizieren, wenn es an einer Auskehrungsverpflichtung des VN fehlt.[78]

II. Nichtverfügungsberechtigter Versicherter

31 Hat der VR die Entschädigung an den nicht verfügungsberechtigten Versicherten ausgezahlt, wird er von seiner Schuld gegenüber dem VN nicht befreit (soweit nicht der VN die Zahlung an den Versicherten als Erfüllung akzeptiert).[79] Der Rückforderungsanspruch richtet sich gegen den Versicherten. Insoweit beurteilt sich die Rechtslage nicht anders als im Fall der irrig angenommenen Zession, bei der die dem vermeintlichen Zessionar erbrachte Leistung bei diesem kondiziert werden kann.[80] Der VR kann den Kondiktionsanspruch gegen den Versicherten nicht gegenüber dem Anspruch des VN aufrechnen.[81] Ausnahmsweise muss sich der VN nach § 242 BGB so behandeln lassen, als ob er die Zahlung an den Versicherten genehmigt hat, wenn die Versicherungsleistung zu dem zwischen dem VN und dem Versicherten vereinbarten Zweck verwendet worden ist und der VN unter keinem rechtlichen Gesichtspunkt berechtigt ist, die Versicherungsleistung einem anderen Verwendungszweck zuzuführen.[82]

D. Beweislast

32 Macht der Versicherte seine Forderungsrechte aus dem Versicherungsvertrag gerichtlich geltend, so muss er das Vorliegen einer Ausnahme von dem Verfügungsverbot beweisen. Lehnt der VN die Geltendmachung des Versicherungsanspruchs ab und herrscht zwischen dem Versicherten und dem VN Streit über das Vorliegen billigenswerter Gründe für die Ablehnung, so muss dies in einem Prozess zwischen Versichertem und VN ge-

---

71 Vgl. BGH r+s 2001, 97, 98.
72 BGH VersR 1985, 981, 982.
73 Vgl. zur Haftung des Versicherers BGH r+s 2001, 97, 99; OLG Köln r+s 1992, 225, 226.
74 So Motive und amtliche Begründung zum Gesetz über den Versicherungsvertrag vom 30. Mai 1908, Neudruck Berlin 1963, S. 148.
75 Vgl. OLG Köln VersR 1997, 1222.
76 BGH NJW-RR 1994, 988; BGH r+s 1993, 327; BGHZ 122, 46, 49 ff. = r+s 1993, 239.
77 Ritter/*Abraham*, Das Recht der Seeversicherung, 2. Aufl. 1967, § 53 ADS Anm. 17; B/M/*Brand*, § 45 Rn. 34.
78 Ritter/*Abraham*, Das Recht der Seeversicherung, 2. Aufl. 1967, § 53 ADS Anm. 17; PK/*Hübsch*, § 45 Rn. 17; *Martin*, VersR 1976, 242; a.A. P/M/*Klimke*, § 44 Rn. 19: Nichtleistungskondiktion; B/M/*Brand*, § 45 Rn. 35: Wert der Versicherungsleistung ist Gegenstand des Bereicherungsanspruchs (§ 818 II BGB).
79 OLG Köln NJW-RR 2015, 725, 726; OLG Hamm VersR 1988, 30.
80 BGH NJW 1991, 919, 920.
81 OLG Köln NJW-RR 2015, 725, 726; B/M/*Sieg*[8], Bd. II, §§ 75, 76 Anm. 51; Ritter/*Abraham*, Das Recht der Seeversicherung, 2. Aufl. 1967, § 53 ADS Anm. 13.
82 Vgl. OLG Düsseldorf BeckRS 2014, 20466; OLG Stuttgart RuS 2011, 245, 248.

klärt werden.[83] Ist der Versicherte im Besitz des Versicherungsscheins, hat der VN zu beweisen, dass ihm der Versicherungsschein abhanden gekommen ist, wenn er vom VR Auszahlung an sich verlangt.

E. Abänderlichkeit

§ 44 I 1 beinhaltet den für die Versicherung für fremde Rechnung begriffswesentlichen Grundsatz, dass das Recht auf die Versicherungsleistung nicht dem VN, sondern einer am Versicherungsvertrag nicht beteiligten Person zustehen. Er ist nicht abänderlich.[84] § 44 I 2 ist halbzwingend. Von ihm kann nicht zum Nachteil des VN abgewichen werden.[85] 33

§ 44 II ist abdingbar.[86] Eine Stärkung der Rechtsposition des Versicherten findet vor allem in den Fällen statt, in denen der VR einen Sicherungsschein oder eine Sicherungsbestätigung erteilt. Ansonsten wird den Versicherten vertragsseitig nur **ausnahmsweise** das Recht zur selbständigen Geltendmachung ihrer Forderungsrechte eingeräumt (z.B.A.1.2 AKB 2015 für in der Kfz-Haftpflichtversicherung mitversicherte Personen, A.4.2.6 AKB 2015 für in der Kraftfahrtunfallversicherung namentlich Versicherte, vgl. auch Ziff. 2.1.2 ARB 2012 für in der Rechtsschutzversicherung mitversicherte Personen, Ziff. 10.1 AVB-AVG 2013 für in der D&O-Versicherung versicherte Organmitglieder). 34

Im **Regelfall** steht die Ausübung der Rechte aus dem Versicherungsvertrag ausschließlich dem VN zu (vgl. Ziff. 27.2 Satz 1 AHB 2015; § 7 Ziff. 1 Satz 2 AVB-Vermögen; Abschnitt B § 12 Ziff. 1 AFB 2010; F. 2 Satz 1 AKB 2015). In den Sach-AVB findet sich ergänzend der Zusatz, dass der Versicherte die Zahlung der Entschädigung nur mit Zustimmung des VN verlangen kann (vgl. Abschnitt B § 12 Ziff. 2 Satz 2 AFB 2010). Der Versicherte ist danach selbst dann nicht verfügungsbefugt, wenn er im Besitz des Versicherungsscheins ist[87] oder der VN zu seinen Gunsten auf die Geltendmachung des Anspruchs aus der Versicherung verzichtet hat.[88] Solche Klauseln sieht die Rspr. grundsätzlich als mit § 307 BGB vereinbar an, da der VR ein berechtigtes Interesse habe, sich nur mit seinem Vertragspartner über den Anspruch auf die Versicherungsleistung auseinandersetzen zu müssen,[89] u.a. auch deshalb, weil er dann nur in Bezug auf diesen das Prozesskostenrisiko tragen müsse.[90] Soweit der VR der Geltendmachung durch den Versicherten nicht widerspricht[91] oder die Berufung auf die fehlende Verfügungsbefugnis des Versicherten rechtsmissbräuchlich ist, kann sich der VR auf diese Klauseln aber nicht berufen (Rdn. 24 f.).[92] 35

Bei der **Krankenversicherung** kann nach § 194 IV 1 ausschließlich der Versicherte die Versicherungsleistung verlangen, wenn der VN ihn gegenüber dem VR in Textform als Empfangsberechtigten der Versicherungsleistung benannt hat (vgl. auch § 6 III MB/KK 2008). Gibt der Rechtsschutz-VR zugunsten des Versicherten eine Deckungszusage ab, legt er sich hinsichtlich seiner Leistungspflicht auf diesen fest. Bei einer Zahlung an den VN verstößt er gegen das Verbot widersprüchlichen Verhaltens, wenn er sich auf dessen gleichermaßen bestehende Verfügungsbefugnis beruft.[93] 36

Steht aufgrund gesetzlicher Anordnung (vgl. § 61 II BNotO) oder vertragsseitig die Verfügungsbefugnis sowohl dem VN als auch dem Versicherten zu (z.B.F.2 Satz 2 AKB 2015 in der Kfz-Haftpflicht- und -Unfallversicherung), kann es zu sich widersprechenden Verfügungen kommen. Es liegt **keine Gesamtgläubigerschaft** vor, so dass es nicht auf die Priorität ankommt. Vielmehr ist den Verfügungen des Versicherten Vorrang einzuräumen.[94] Eine Geltendmachung des Versicherungsanspruchs durch den VN (auf Leistung an sich oder an den Versicherten) ist daher möglich, solange keine gegenteilige Verfügung des Versicherten vorliegt.[95] 37

Im Rahmen der Inhaltskontrolle nach Maßgabe des § 307 BGB sind bei der Prüfung, ob eine unangemessene Benachteiligung vorliegt, auch die Interessen der versicherten Personen in die Interessenabwägung einzustellen, soweit es nicht um die den Versicherungsvertrag als Ganzes berührenden Rechte (Rdn. 4), sondern um 38

---

83 *Looschelders* VersR 2000, 23, 25.
84 Begr. RegE BT-Drucks. 16/3945 S. 73; B/M/*Brand*, § 44 Rn. 36; PK/*Hübsch*, § 44 Rn. 26; a.A. Bruck/Möller/*Winter* § 159 Rn. 268.
85 B/M/*Brand*, § 44 Rn. 36.
86 BGH NJW-RR 1987, 856; OLG Köln NJW-RR 2015, 725, 726; OLG Hamm r+s 2005, 406, 407.
87 Vgl. BGH NJW-RR 1987, 856; s. auch § 12 Ziff. 1 S. 3 AFB 2008.
88 Vgl. OLG Hamm r+s 2005, 406, 407; OLG Stuttgart r+s 1992, 331; AG und LG Köln r+s 1997, 465, 466.
89 Vgl. BGH NJW 1998, 2449, 2450; OLG Düsseldorf VersR 1995, 525; OLG Köln VersR 1995, 525.
90 Vgl. BGHZ 41, 327, 329 = NJW 1964, 1899; OLG Hamm VersR 2005, 934.
91 BGH VersR 1978, 409.
92 Vgl. OLG Hamm r+s 2005, 406, 407; OLG Stuttgart r+s 1992, 331; AG und LG Köln r+s 1997, 465, 466.
93 BGH VersR 2014, 1118, 1120.
94 B/M/*Sieg*[8], Bd. II, §§ 75, 76 Anm. 37; *Nießen*, Die Rechtswirkungen der Versicherung für fremde Rechnung unter besonderer Berücksichtigung des Innenverhältnisses zwischen Versichertem und Versicherungsnehmer, 2004, S. 86; *Wendt* r+s 2014, 328, 338 (soweit Zusammenführung von materieller Rechtsinhaberschaft und formeller Verfügungsbefugnis auf Grund vom VR vorgegebener AVB erfolgt, weil dies einer Zustimmung des VR gem. § 44 II ähnlich erscheine); a.A. *Looschelders* r+s 2015, 581, 585; P/M/*Klimke*, § 45 Rn. 23; B/M/*Brand*, § 45 Rn. 9: Priorität maßgebend; offenlassend BGH VersR 2014, 1118, 1119.
95 OGH VersR 1960, 191, 192; PK/*Hübsch*, § 44 Rn. 30.

Forderungsrechte (Rdn. 3) geht; bei einer reinen Fremdversicherung sogar in erster Linie die Interessen der versicherten Personen.[96]

§ 45 Rechte des Versicherungsnehmers.

(1) Der Versicherungsnehmer kann über die Rechte, die dem Versicherten aus dem Versicherungsvertrag zustehen, im eigenen Namen verfügen.

(2) Ist ein Versicherungsschein ausgestellt, ist der Versicherungsnehmer ohne Zustimmung des Versicherten zur Annahme der Leistung des Versicherers und zur Übertragung der Rechte des Versicherten nur befugt, wenn er im Besitz des Versicherungsscheins ist.

(3) Der Versicherer ist zur Leistung an den Versicherungsnehmer nur verpflichtet, wenn der Versicherte seine Zustimmung zu der Versicherung erteilt hat.

Übersicht

	Rdn.		Rdn.
A. Allgemeines	1	aa) Gesetzliche Prozessstandschaft	9
I. Normzweck	1	bb) Gewillkürte Prozessstandschaft	12
II. Entstehungsgeschichte	2	b) Das Vertragsganze betreffende Rechte	13
B. Tatbestand	3	II. Rechtsnachfolge	14
I. VN als Verfügungsberechtigter	3	III. Insolvenz	15
1. Umfang der Verfügungsberechtigung	4	IV. Verzicht auf Verfügungsberechtigung	16
a) Annahme der Leistung und Übertragung der Forderungsrechte des Versicherten (Abs. 2)	4	V. Zustimmung des Versicherten zur Versicherung (Abs. 3)	17
b) Sonstige Verfügungen über die Forderungsrechte des Versicherten (Abs. 1)	6	C. Rechtsfolgen bei Zahlungen an den VN	20
		I. Verfügungsberechtigter VN	20
c) VN als Erklärungsadressat	8	II. Nichtverfügungsberechtigter VN	21
2. Gerichtliche Geltendmachung	9	D. Beweislast	22
a) Forderungsrechte	9	E. Abänderlichkeit	23

A. Allgemeines

I. Normzweck

1 § 45 I und II regelt die **Rechtsstellung des VN** einer Versicherung für fremde Rechnung. Diese ist dadurch gekennzeichnet, dass die Forderungsrechte aus dem Versicherungsvertrag nach § 44 I zwingend dem Versicherten zustehen, die Verfügungsmacht über diese Rechte einschließlich der Klagebefugnis nach § 45 I dagegen allein dem VN zugewiesen ist (zum Zweck der Spaltung von materieller Rechtszuständigkeit und formellem Verfügungsrecht: § 44 Rdn. 1). Dem Merkmal »im eigenen Namen« kommt keine eigenständige Bedeutung zu. § 45 II schränkt diese Befugnis ein, wenn ein Versicherungsschein ausgestellt ist, was regelmäßig geschieht. § 45 III will verhindern, dass der VN einen Vertrag über die Versicherung einer fremden Sache schließt und, weil der wahre Interessenträger davon nichts weiß, darauf spekuliert, die Versicherungsleistung behalten zu können.[1]

II. Entstehungsgeschichte

2 § 45 I und II stimmt inhaltlich mit § 76 I und II a.F. überein. § 45 III weicht insoweit von § 76 III a.F. ab, als die Leistungspflicht des VR nicht mehr an den fehlenden Nachweis der Zustimmung gegenüber dem VR, sondern an das Fehlen der Zustimmung anknüpft (dazu s. Rdn. 18). Im Übrigen ist der Begriff der Zahlung i.S.v. § 76 II und III a.F. durch den Begriff der Leistung ersetzt worden. In der Sache ändert sich dadurch nichts. Sämtliche vom VR geschuldete Zahlungen (Entschädigung, Aufwendungsersatz, Verzugsschadensersatz) fallen unter den Begriff der Leistung.

B. Tatbestand

I. VN als Verfügungsberechtigter

3 Soweit § 45 I und II dem VN die Verfügungsberechtigung zuweisen, liegt materiell-rechtlich der Fall einer **gesetzlichen Einziehungsermächtigung** vor, deren prozessrechtliches Gegenstück die **gesetzliche Prozessstandschaft** ist. Hinsichtlich des Umfangs der Verfügungsberechtigung über die Forderungsrechte des Versicherten ist zu unterscheiden.

---

96 Vgl. BGH NJW 2001, 1934, 1935; BGH NJW 1999, 3558, 3559; BGHZ 120, 216, 223 = NJW 1993, 2442; Staudinger/ M. *Coester* (2013), § 307 Rn. 146.

1 Vgl. R/L/*Rixecker*, § 45 Rn. 4.

1. Umfang der Verfügungsberechtigung

a) Annahme der Leistung und Übertragung der Forderungsrechte des Versicherten (Abs. 2)

Ist ein Versicherungsschein ausgestellt, so kann der VN die Leistung nur annehmen oder die Forderungsrechte des Versicherten übertragen, wenn er im Besitz des Versicherungsscheins ist oder der Versicherte gem. §§ 182 ff. BGB zugestimmt hat.[2] **Mittelbarer Besitz** am Versicherungsschein genügt.[3] Der Annahme stehen die Erfüllungssurrogate gleich.[4] Die Erhebung der Leistungsklage, die auf die Verurteilung des VR zur Zahlung an den VN gerichtet ist, ist wie die Annahme der Leistung zu behandeln. Der VR kann aber nur verurteilt werden, Zug um Zug gegen Vorlegung des Versicherungsscheins zu zahlen.[5] Die Erwirkung eines Mahnbescheids zur Leistung an den VN ist ebenfalls wie die Annahme der Leistung zu behandeln.[6] Mit »Übertragung der Rechte« sind neben der Vollabtretung auch **Teilabtretung, Inkasso-, Sicherungszession** sowie die **Verpfändung** gemeint.[7]

Nicht von § 45 II, sondern von § 45 I werden erfasst der **Vergleich** und der **Erlass** i.S.v. § 397 I BGB.[8] Demgegenüber findet § 45 II trotz des Auseinanderfallens von Verfügungsbefugnis und materieller Anspruchsinhaberschaft Anwendung auf die **Aufrechnung** gegen die Prämienforderung des VR.[9]

b) Sonstige Verfügungen über die Forderungsrechte des Versicherten (Abs. 1)

Zu Verfügungen, die nicht § 45 II unterstehen, ist der VN ohne Rücksicht auf den Versicherungsschein oder die Zustimmung des Versicherten berechtigt. Zu § 45 I zählen alle die Einziehung **vorbereitenden Handlungen** wie z.B. Mahnung, Verhandlungen über die Entschädigungsforderung und Zahlungsmodalitäten,[10] Betreibung eines selbständigen Beweisverfahrens, Betreibung des Sachverständigenverfahrens,[11] Stundung und der Abschluss eines Vergleichs.[12] Der VN ist insoweit auch befugt, sich mit einer gesetzlich nicht zulässigen Aufrechnung durch den VR einverstanden zu erklären und anzuordnen, dass die Zahlung der Versicherungssumme an den Versicherten auf Schadensersatzansprüche gegen ihn angerechnet wird.[13] Dem VN ist es darüber hinaus gestattet, eine Feststellungserklärung zur Entschädigungshöhe abzugeben[14] oder mit dem VR in Bezug auf die Forderung einen Erlassvertrag i.S.v. § 397 I BGB zu schließen.[15]

Derartige Rechtsgeschäfte sind nach **§ 138 I BGB** nichtig, wenn ein kollusives, also unerlaubtes Zusammenwirken zwischen VR und VN zum Nachteil des Versicherten vorliegt.[16] In solchen Fällen bleiben die Forderungsrechte des Versicherten unberührt. Ferner ist der Versicherte zum Schadensersatz nach § 826 BGB berechtigt. Daneben kommen Ansprüche aus dem zwischen dem VN und dem Versicherten bestehenden Rechtsverhältnis in Betracht.[17] Letzteres gilt auch für den von § 45 nicht erfassten, weil den Versicherungsvertrag als Ganzes betreffenden Fall, dass der VN den Versicherungsvertrag aufhebt.

c) VN als Erklärungsadressat

Ebenso wie beim Versicherten (§ 44 Rdn. 28) gilt auch beim VN, dass seine Befugnis zur Entgegennahme von Willenserklärungen nicht weiter reicht als sein Verfügungsrecht.[18]

---

2 . OLG Düsseldorf BeckRS 2014, 20466.
3 BGH LM § 13 HinterlegungsO Nr. 3; PK/*Hübsch*, § 45 Rn. 11; a.A. B/M/*Brand*, § 45 Rn. 18.
4 P/M/*Klimke*, § 45 Rn. 27; B/M/*Brand*, § 45 Rn. 20; *Looschelders* r+s 2015, 581, 585.
5 So Motive und amtliche Begründung zum Gesetz über den Versicherungsvertrag vom 30. Mai 1908, Neudruck Berlin 1963, S. 148; B/M/*Brand*, § 45 Rn. 21; R/L/*Rixecker*, § 45 Rn. 3.
6 B/M/*Brand*, § 45 Rn. 21; *Ritter/Abraham*, Das Recht der Seeversicherung, 2. Aufl. 1967, § 54 ADS Anm. 7; a.A. OLG Karlsruhe VersR 1995, 1087, 1088; P/M/*Klimke*, § 45 Rn. 27: Annahme ist nur die Annahme im engsten Sinne des Wortes, nicht schon die auf die Annahme gerichtete Handlung; PK/*Hübsch*, § 45 Rn. 12.
7 B/M/*Brand*, § 45 Rn. 23; PK/*Hübsch*, § 45 Rn. 12.
8 BGH VersR 1963, 521, 522; R/L/*Rixecker*, § 45 Rn. 1.
9 OLG Köln VersR 1997, 1265, 1266; B/M/*Brand*, § 45 Rn. 20; PK/*Hübsch*, § 45 Rn. 5; *Lorenz* VersR 1997, 1267 f.; a.A. OLG Hamm VersR 2003, 190; R/L/*Rixecker*, § 45 Rn. 2.
10 Vgl. OLG Hamm NVersZ 2001, 181, 182.
11 LG Berlin VersR 1984, 250, 251.
12 Vgl. OLG Hamm NVersZ 2001, 181, 182; B/M/*Brand*, § 45 Rn. 6.
13 PK/*Hübsch*, § 45 Rn. 5.
14 LG Berlin VersR 1984, 250, 251; PK/*Hübsch*, § 45 Rn. 6.
15 BGH VersR 2013, 853, 857; BGH VersR 1963, 521, 522; B/M/*Brand*, § 45 Rn. 7.
16 OLG Hamburg VersR 1960, 1132; LG Berlin VersR 1984, 250, 251.
17 B/M/*Brand*, § 45 Rn. 8.
18 B/M/*Brand*, § 45 Rn. 6.

2. Gerichtliche Geltendmachung

a) Forderungsrechte

aa) Gesetzliche Prozessstandschaft

9 Aufgrund seiner Verfügungsbefugnis ist es dem VN erlaubt, im Wege der gesetzlichen Prozessstandschaft die auf dem Versicherungsvertrag beruhenden Forderungsrechte gegen den VR gerichtlich geltend zu machen.[19] Der VN ist Partei des Rechtsstreits. Die **Rechtskraft** des von ihm erstrittenen Urteils wirkt auch für und gegen den Versicherten. Der Versicherte kann als Zeuge fungieren und nebenintervenieren, er kann auch Feststellungsklage erheben (§ 44 Rdn. 18).[20]

10 Die **Kosten des Rechtsstreits** trägt der VN.[21] Für diese Kosten besteht Versicherungsschutz in einer vom VN abgeschlossenen Rechtsschutzversicherung. Die Ausschlussklausel des Ziff. 3.2.20 ARB 2012 greift nicht ein.[22] Umstr. ist, ob die Voraussetzungen für die Bewilligung von Prozesskostenhilfe sowohl in der Person des VN als auch in der Person des Versicherten vorliegen müssen.[23] Im Rahmen einer im Wege der gesetzlichen Prozessstandschaft gem. § 1629 III 1 BGB erhobenen Unterhaltsklage hat der *BGH* auf die Einkommens- und Vermögensverhältnisse des klagenden Elternteils abgestellt.[24] Dies hat er mit dem Wortlaut der §§ 114, 115 ZPO begründet, demzufolge bei der Bewilligung von Prozesskostenhilfe auf die persönlichen und wirtschaftlichen Verhältnisse der Prozesspartei abzustellen ist. Sodann ist der *BGH* der Frage nachgegangen, ob Sinn und Zweck des § 1629 III 1 BGB eine abweichende Entscheidung rechtfertigen. Er hat diese Frage mit der Begründung verneint, die Vorschrift wolle zum einen bis zum Zeitpunkt der rechtskräftigen Scheidung in der Ehesache und im Rechtsstreit auf Kindesunterhalt Parteiidentität gewährleisten. Zum anderen solle auch eine nur mittelbare Einbeziehung des Kindes in den Rechtsstreit seiner noch nicht geschiedenen Eltern verhindert werden. Schließlich würde ein Abstellen auf die Verhältnisse des Kindes nicht im Einklang mit der materiellen Kostenpflicht gem. § 12 I GKG stehen.

11 Vergegenwärtigt man sich den Zweck der Aufspaltung von materieller Anspruchsberechtigung und formeller Verfügungsmacht gem. §§ 44 I, 45 I – Befriedigungsmöglichkeit des VN wegen seiner Forderungen aus dem Geschäftsverhältnis mit dem Versicherten, Rechtssicherheit und Möglichkeit einfacher Abwicklung für den VR (§ 44 Rdn. 1) –, muss es bei der gesetzlichen Ausgangsregelung bleiben. Würde man auch auf die persönlichen und wirtschaftlichen Verhältnisse der versicherten Person(en) abstellen, wäre die Befriedigungsmöglichkeit des VN beschränkt. Insbes. in den Fällen, in denen es eine Vielzahl von versicherten Personen gibt, wäre eine einfache Abwicklung des Versicherungsfalls erschwert. Die besseren Gründe sprechen deshalb dafür, nur auf die persönlichen und wirtschaftlichen Verhältnisses des VN abzustellen. Ein gegen den Versicherten bestehender Vorschussanspruch ist nach Maßgabe des § 115 ZPO zu berücksichtigen.

bb) Gewillkürte Prozessstandschaft

12 Macht der VN die Rechte eines selbst verfügungsbefugten Versicherten aufgrund einer entsprechenden **Ermächtigung des Versicherten** geltend, liegt ein Fall der gewillkürten Prozessstandschaft vor.[25] Das für die Prozessführung erforderliche eigene schutzwürdige Interesse des VN ist zu bejahen, wenn er durch die Versicherungsleistung in entsprechender Höhe von seiner eigenen Verpflichtung gegenüber dem Versicherten frei wird.[26] Für die Kosten des Rechtsstreits besteht gemäß Ziff. 3.2.19 ARB 2012 kein Versicherungsschutz in einer vom VN abgeschlossenen Rechtsschutzversicherung.[27] Anspruch auf Prozesskostenhilfe besteht nur dann, wenn die Voraussetzungen für die Gewähr sowohl beim VN als auch beim Versicherten vorliegen.[28]

b) Das Vertragsganze betreffende Rechte

13 Fehlt dem VN die Verfügungsbefugnis über die Forderungsrechte, kann er nur die Rechte, die den Versicherungsvertrag als Ganzes betreffen, gerichtlich geltend machen. So liegt der Fall in der **D&O-Versicherung**, bei der die Geltendmachung des Versicherungsanspruchs in der Vertragspraxis ausschließlich den versicherten

---

[19] OLG Düsseldorf NJOZ 2007, 1242; OLG Hamm NVersZ 2002, 181, 182; OLG Hamm r+s 2002, 145, 146; OLG Karlsruhe r+s 1993, 448; R/L/*Rixecker*, § 45 Rn. 3.
[20] B/M/*Brand*, § 45 Rn. 14.
[21] BGH NJW 1998, 2449, 2450.
[22] BGH NJW 1998, 2449, 2450 zu § 4 II c ARB 75; B/M/*Brand*, § 45 Rn. 14; L/W/*Dageförde*, § 45 Rn. 11.
[23] Nur in der Person des VN: B/M/*Sieg*[8]; L/W/*Dageförde*, § 45 Rn. 12; sowohl in der Person des VN als auch in der des Versicherten: PK/*Hübsch*, § 45 Rn. 10; B/M/*Brand*, § 45 Rn. 16 (Ausnahme bei Fremdversicherung aufgrund einer gesetzlichen Pflicht).
[24] BGH NJW-RR 2005, 1237, 1238.
[25] Vgl. BGH VersR 1986, 21; BGH VersR 1967, 343; OLG Hamm VersR 1999, 44, 45; OLG Hamm VersR 1988, 926; OLG Saarbrücken VersR 1989, 38; OLG Köln VersR 1986, 229.
[26] Vgl. OLG Hamm VersR 1999, 44, 45; VersHb/*v. Rintelen*, § 23 Rn. 51.
[27] Vgl. auch BGH NJW 1998, 2449, 2450.
[28] BGH VersR 1992, 594; OLG Hamm NJW 1990, 1053.

Personen zugewiesen wird.²⁹ Der VN ist also nicht zur gerichtlichen Geltendmachung des Versicherungsanspruches befugt, wenn der VR die Deckung wegen Eingreifens eines Ausschlusses versagt. Er kann aber Klage auf Feststellung des Bestehens eines Versicherungsvertrages erheben, wenn der VR die Deckung mit der Begründung ablehnt, der Vertrag sei nicht wirksam zustande gekommen, er (der VR) sei vor Eintritt des Versicherungsfalls wirksam zurückgetreten (§ 21) oder habe den Versicherungsvertrag wegen arglistiger Täuschung wirksam angefochten (§ 22 VVG, § 123 BGB).³⁰

II. Rechtsnachfolge

Eine **Einzelrechtsnachfolge** in die Verfügungsbefugnis scheidet aus, da diese nicht übertragbar ist.³¹ Der gem. § 45 II verfügungsbefugte VN ist allerdings berechtigt, Dritten eine Einziehungsermächtigung zu erteilen. Der Ermächtigte kann die Forderung bei Vorliegen eines eigenen schutzwürdigen Interesses sodann im Wege gewillkürter Prozessstandschaft geltend machen. Geht dagegen die Rechtsstellung des VN im Ganzen (z.B. im Erbfall oder bei einem Rechtsübergang nach § 25 HGB) über, erwirbt der **Gesamtrechtsnachfolger** auch das Verfügungsrecht.³²

14

III. Insolvenz

Im Insolvenzfall steht die Ausübung des Verfügungsrechts nach § 80 I InsO dem **Insolvenzverwalter** zu.³³ Lehnt er die Erfüllung des Versicherungsvertrags ab, wirkt diese Ablehnung nach § 103 II 1 InsO auch gegen den Versicherten.³⁴

15

IV. Verzicht auf Verfügungsberechtigung

Der VN kann durch einseitige Erklärung gegenüber dem VR auf sein Recht zur Verfügung über die Forderungsrechte aus § 45 I und II zugunsten des Versicherten verzichten.³⁵ Erklärt der VN, er trete seine Ansprüche aus dem Versicherungsvertrag an den Versicherten ab, liegt hierin keine Abtretung der Rechte aus dem Versicherungsvertrag, da der Versicherte bereits Inhaber der Ansprüche ist.³⁶ Die unwirksame Abtretung ist entweder in einen **Verzicht auf die Verfügungsbefugnis**³⁷ oder in eine **Erteilung der Zustimmung** i.S.v. § 44 II umzudeuten.³⁸ Ist in den AVB das Verfügungsrecht dem VN ausschließlich zugewiesen, kann der VN ohne Zustimmung des VR nicht auf die Verfügungsbefugnis zugunsten des Versicherten verzichten.³⁹ Versagt der VR die Zustimmung, ist der Versicherte i.d.R. berechtigt, seine Rechte aus dem Versicherungsvertrag selbst gegenüber dem VR geltend zu machen.⁴⁰

16

V. Zustimmung des Versicherten zur Versicherung (Abs. 3)

Ist die Versicherung für fremde Rechnung ohne Wissen oder ohne Willen des Versicherten eingegangen, könnte der Fall eintreten, dass der VN die empfangene Entschädigung nicht an den Versicherten auszukehren braucht. In diesem Fall würde der Versicherte nämlich die Forderungsrechte aus dem Vertrag erwerben und der VN könnte, wenn er im Besitz des Versicherungsscheins ist, Zahlung verlangen. Wegen der fehlenden Zurückweisung der Entschädigung gem. § 333 BGB könnte der VN die Entschädigung behalten, wenn er nicht auf Grund seines Verhältnisses zum Versicherten sie diesem herausgeben müsste. Damit wäre die Möglichkeit zur **Wettversicherung** gegeben.⁴¹ Deshalb bestimmt § 45 III, dass der VR dem verfügungsberechtigten VN gegenüber nur dann zur Leistung verpflichtet ist, wenn dieser ihm gegenüber nachweist, dass der Versicherte der Versicherung zugestimmt hat. § 45 III ist somit nur von Bedeutung, wenn der VN seine Legitimation allein aus dem Versicherungsschein ableitet.⁴²

17

Der VR »kann« die Zahlung der Entschädigung von einem entsprechenden Nachweis abhängig machen, er muss es aber nicht.⁴³ Er kann jederzeit mit **befreiender Wirkung** die Auszahlung der Entschädigung an den

18

---

29 Vgl. Ziff. 10.1 GDV-Musterbedingungen für die Vermögensschaden-Haftpflichtversicherung von Aufsichtsräten, Vorständen und Geschäftsführern (AVB-AVG).
30 Teilweise abweichend LG Marburg DB 2005, 437; *Lange* VersR 2007, 893, 896 f.; wohl auch PK/*Hübsch*, § 45 Rn. 7.
31 B/M/*Brand*, § 45 Rn. 26; PK/*Hübsch*, § 45 Rn. 14.
32 B/M/*Brand*, § 45 Rn. 26; PK/*Hübsch*, § 45 Rn. 14.
33 Vgl. BGH VersR 2014, 1118, 119; OLG Köln NJW-RR 2015, 725; OLG Hamm NZV 1996, 412.
34 OLG Celle VersR 1986, 1099 f.; zu den Einzelheiten s. PK/*Hübsch*, § 45 Rn. 15.
35 PK/*Hübsch*, § 45 Rn. 13.
36 OGH VersR 2008, 283; OLG Köln r+s 2008, 391; OLG Frankfurt (Main) NVersZ 2002, 180; LG Hamburg, Urt. vom 20.09.2007, 409 O 53/06; PK/*Hübsch*, § 45 Rn. 13.
37 Vgl. OGH VersR 2008, 283; *Schauer*, Das Österreichische Versicherungsvertragsrecht, 3. Aufl. 1995, S. 168 m.w.N.
38 Vgl. OLG Hamm NZV 1996, 412.
39 BGHZ 41, 327, 329 = NJW 1964, 1899; PK/*Hübsch*, § 45 Rn. 13.
40 PK/*Hübsch*, § 45 Rn. 13.
41 Vgl. Ritter/*Abraham*, Das Recht der Seeversicherung, 2. Aufl. 1967, § 54 ADS Anm. 10.
42 B/M/*Sieg*⁸, Bd. II, §§ 75, 76 Anm. 15.
43 LG Nürnberg-Fürth VersR 1978, 73, 74; PK/*Hübsch*, § 45 Rn. 13.

VN vornehmen, wenn dieser im Besitz des Versicherungsscheins ist, und ist auch nicht verpflichtet, sich die Zustimmung des Versicherten zur Auszahlung nachweisen zu lassen.[44] Verlangt der VR aber den Nachweis der Zustimmung, ist der Anspruch auf Auszahlung der Entschädigung angesichts der Begründung des Gesetzgebers zu § 46, wonach die Neuregelung mit § 76 a.F. übereinstimme, trotz des geänderten Wortlauts (Rdn. 1) erst mit der Erbringung des Nachweises **fällig**.[45] Gleiches gilt für Schadensabwendungskosten, die der VN oder der Versicherte aufgewendet haben. Keiner Zustimmung und damit auch keines Nachweises bedarf es, wenn der VN **gesetzlich verpflichtet** war, Versicherung zu nehmen.[46]

19 Die Zustimmung ist eine empfangsbedürftige Willenserklärung, die keiner Form bedarf. Sie kann gegenüber dem VN oder dem VR ausdrücklich oder konkludent vor oder nach Vertragsschluss, insbes. auch noch nach dem Versicherungsfall, erklärt werden. Die Zustimmung muss »zu der Versicherung« erteilt sein. Eine Zustimmung zur Einziehung der Entschädigung beinhaltet zugleich die Zustimmung zur Versicherung.[47]

C. Rechtsfolgen bei Zahlungen an den VN
I. Verfügungsberechtigter VN

20 Hat der VR die Entschädigung an den verfügungsberechtigten VN gezahlt, wird er gem. § 362 BGB von seiner Leistungspflicht frei. War der VR nicht zur Leistung verpflichtet, weil z.B. ein Ausschluss eingreift, richtet sich der Rückforderungsanspruch gem. § 812 I 1 Alt. 1 BGB gegen den VN[48]. Daneben kommt unter den Voraussetzungen des § 822 BGB ein Direktanspruch gegen den Versicherten in Betracht (§ 44 Rdn. 30).

II. Nichtverfügungsberechtigter VN

21 Hat der VR die Entschädigung an den nicht verfügungsberechtigten VN ausgezahlt, wird er von seiner Schuld gegenüber dem Versicherten erst nach der Auskehrung an den Versicherten befreit.[49] Unterbleibt die Auskehrung, kann der VR vom VN gemäß § 812 I 1 Alt. 1 BGB kondizieren.

D. Beweislast

22 Verlangt der VN Zahlung an sich, muss er entweder den Versicherungsschein vorlegen oder die Zustimmung des Versicherten zur Auszahlung behaupten und gegebenenfalls beweisen (§ 45 II und III).

E. Abänderlichkeit

23 § 45 ist dispositiv.

24 In den AVB wird § 45 II regelmäßig zugunsten des VN dahingehend abgeändert, dass dem VN die Ausübung der Rechte auch dann zusteht, wenn der Versicherte den Versicherungsschein besitzt (vgl. Abschnitt B § 12 Ziff. 1 AFB 2010/AERB 2010). Der VN ist somit berechtigt, die Entschädigung anzunehmen und die Forderung abzutreten, ohne im Besitz des Versicherungsscheins zu sein. Die Abtretung verschafft dem Zessionar die volle Rechtsstellung gegenüber dem VR, nicht nur die Stellung des VN.[50] In der **Kraftfahrtunfallversicherung** benötigt der VN dagegen selbst dann die Zustimmung des Versicherten zur Auszahlung der Entschädigung, wenn er im Besitz des Versicherungsscheins ist (A.4.11.2 AKB 2015).[51] Teilweise ist in Versicherungsbedingungen ein ausschließliches Verfügungsrecht des Versicherten vorgesehen (vgl. § 11 PKautV).[52] Zuweilen wird insbes. in der **Gruppen(unfall)versicherung** den Versicherten das Recht eingeräumt, Versicherungsleistungen ohne Zustimmung des VN unmittelbar gegenüber dem VR geltend zu machen. Solche Vereinbarungen gehen als Individualabrede den AVB vor.[53]

25 Bei Abänderung des § 45 III muss der VR den Gegenbeweis führen können, dass der VN die Entschädigung an den Versicherten nicht herauszugeben braucht und es sich deshalb um eine versteckte Wettversicherung handelt.[54]

---

44 LG Berlin VersR 1984, 250, 251.
45 PK/*Hübsch*, § 45 Rn. 16; a.A. B/M/*Brand*, § 45 Rn. 29; anders P/M/*Klimke*, § 45 Rn. 32; HK-VVG/*Muschner*, § 45 Rn. 8; zu § 76 III a.F. LG Nürnberg-Fürth VersR 1978, 73, 74; LG Berlin r+s 1995, 109, 110.
46 Ritter/*Abraham*, Das Recht der Seeversicherung, 2. Aufl. 1967, § 54 ADS Anm. 14.
47 PK/*Hübsch*, § 45 Rn. 16; Ritter/*Abraham*, Das Recht der Seeversicherung, 2. Aufl. 1967, § 54 ADS Anm. 14; B/M/*Brand*, § 45 Rn. 31.
48 Vgl. OLG Karlsruhe VersR 1995, 1301; B/M/*Brand*, § 45 Rn. 33.
49 Vgl. OLG Stuttgart NJW-RR 2011, 182.
50 PK/*Hübsch*, § 45 Rn. 20; P/M/*Klimke*, § 45 Rn. 33.
51 BGH VersR 1995, 332 f. zu § 3 II 2 AKB a.F.
52 Text der PKautV abgedruckt bei R. *Koch*, Vertrauensschadenversicherung, 2006, Rn. 541.
53 BAG NJOZ 2001, 3172, 3176 f.
54 Ritter/*Abraham*, Das Recht der Seeversicherung, 2. Aufl. 1967, § 53 ADS Anm. 15; B/M/*Brand*, § 45 Rn. 38.

§ 46 Rechte zwischen Versicherungsnehmer und Versichertem.

¹Der Versicherungsnehmer ist nicht verpflichtet, dem Versicherten oder, falls über dessen Vermögen das Insolvenzverfahren eröffnet ist, der Insolvenzmasse den Versicherungsschein auszuliefern, bevor er wegen seiner Ansprüche gegen den Versicherten in Bezug auf die versicherte Sache befriedigt ist. ²Er kann sich für diese Ansprüche aus der Entschädigungsforderung gegen den Versicherer und nach deren Einziehung aus der Entschädigungssumme vor dem Versicherten und dessen Gläubigern befriedigen.

Übersicht

	Rdn.		Rdn.
A. Allgemeines	1	II. Gesetzliches Treuhandverhältnis	10
I. Normzweck	1	1. Pflichten des VN	11
II. Entstehungsgeschichte	2	a) Vor Eintritt des Versicherungsfalls	11
B. Rechtsverhältnis zwischen VN und Versichertem	3	b) Nach Eintritt des Versicherungsfalls	12
I. Vertragsverhältnis zwischen VN und Versichertem	4	aa) Einziehungsverpflichtung	12
		(1) Obligatorische Versicherung	13
1. Pflichten des VN aus dem Vertragsverhältnis	4	(2) Freiwillige Versicherung	14
a) Einziehungs- und Auskehrungsverpflichtung	4	bb) Auskehrungsverpflichtung	15
		cc) Auskunftsverpflichtung	17
b) Auskunftsverpflichtung	7	dd) Schadensersatzverpflichtung	18
c) Verpflichtung zum Schadensersatz	8	C. Tatbestand	19
2. Pflichten des Versicherten aus dem Vertragsverhältnis	9	I. Zurückbehaltungsrecht	19
		II. Befriedigungs(vor)recht	22
		D. Abänderlichkeit	25

A. Allgemeines

I. Normzweck

Das **Rechtsverhältnis zwischen dem VN und dem Versicherten** ist im VVG nicht ausdrücklich geregelt, sondern wird in § 46 »gedanklich vorausgesetzt«.[1] Der Regelungsgehalt des § 46 beschränkt sich darauf, dem VN ein **Zurückbehaltungsrecht** am Versicherungsschein (Satz 1) und ein **Befriedigungs(vor)recht** an der Entschädigungsforderung und der eingezogenen Entschädigung (Satz 2) zu geben, soweit ihm »Ansprüche in Bezug auf die versicherte Sache« zustehen. Dies gilt selbst für den Fall, dass über das Vermögen des Versicherten ein Insolvenzverfahren eröffnet ist. Diese Regelung rechtfertigt sich aus der Überlegung, dass die Versicherung nicht aus Mitteln des insolventen Versicherten, sondern aus denen des VN genommen worden ist.[2]

II. Entstehungsgeschichte

§ 46 stimmt sachlich mit § 77 a.F. überein, dessen Fassung seit Inkrafttreten des VVG 1908 nicht geändert wurde.[3]

B. Rechtsverhältnis zwischen VN und Versichertem

Im Hinblick auf das Auseinanderfallen von Verfügungsmacht und materieller Berechtigung an der Entschädigungsforderung (oder gegebenenfalls sonstigen Leistung) (§ 45 Rdn. 1) stellt sich vor allem die Frage, ob der VN verpflichtet ist, den VR im Versicherungsfall in Anspruch zu nehmen und vom VR an ihn erbrachte Zahlungen an den Versicherten auszukehren. Die Aufspaltung von materieller und formeller Berechtigung ist charakteristisch für Treuhandverhältnisse. Es verwundert daher nicht, dass die Rspr. das Rechtsverhältnis zwischen VN und Versichertem als **gesetzliches Treuhandverhältnis** qualifiziert.[4] Dieses tritt neben eine **vertragliche und/oder familiäre Beziehung** zwischen VN und Versichertem, die den Anlass für die Einräumung einer Drittbegünstigung gegeben hat.

I. Vertragsverhältnis zwischen VN und Versichertem

1. Pflichten des VN aus dem Vertragsverhältnis

a) Einziehungs- und Auskehrungsverpflichtung

Eine **vertragliche Verpflichtung** zur Inanspruchnahme des VR/Einziehung und Auskehr der Versicherungsleistung besteht, wenn der VN gegenüber dem Versicherten zur Sicherstellung von Versicherungsschutz ver-

---

1 Martin, J IV Rn. 7.
2 MünchKommInsO/Ganter, § 51 Rn. 233.
3 Vgl. Begr. RegE BT-Drucks. 16/3945 S. 73.
4 Vgl. BGHZ 64, 260, 264 = NJW 1975, 1273; bestätigt durch BGH VersR 2011, 1435, 1436; BGHZ 113, 151, 154 = VersR 1991, 299; BGHZ 115, 275, 280 = VersR 1991, 299; BGH NJW 1991, 3031, 3032 = VersR 1994, 1011; BGH NJW 1998, 2537, 2538; BAG NZA 1998, 376, 377; OLG Saarbrücken NJW-RR 2005, 709, 710; OGH VersR 2005, 1267, 1268; OGH VersR 2008, 283.

pflichtet ist. So liegt der Fall, wenn der Leasingnehmer sich zum Abschluss einer Kfz-Kaskoversicherung für Rechnung des Leasinggebers verpflichtet. Beschädigt der Leasingnehmer das Fahrzeug, ist der Anspruch des Leasinggebers gegen den Leasingnehmer grundsätzlich gestundet, bis der Versuch des Leasingnehmers fehlschlägt, die Entschädigung vom Kasko-VR einzuziehen und an den Leasinggeber auszukehren.[5] Hat ausnahmsweise der Leasinggeber die Versicherung abgeschlossen, muss er zunächst in entsprechender Anwendung der Auslegungsregel des § 364 Abs. 2 BGB Befriedigung aus den Ansprüchen gegen den VR suchen.[6]

5 Hat der VN eine Fremdversicherung freiwillig – also ohne sich hierzu gegenüber dem Versicherten verpflichtet zu haben – abgeschlossen, kann sich eine Verpflichtung zur Inanspruchnahme aus der **Rücksichtspflicht** gem. § 241 II BGB ergeben. Dies setzt jedoch eine **Interessenabwägung** voraus, bei der es vor allem auf die Schutzwürdigkeit des Versicherten ankommt. Eine Pflicht zur Inanspruchnahme ist zu verneinen, wenn der Versicherte einen anderweitigen sicheren Anspruch auf Ersatz des Schadens hat.[7] In allen anderen Fällen ist die mit der Einziehung verbundene Preisgabe eigener Interessen (Arbeit, Rabattverlust, Kündigungsmöglichkeit des VR usw.) mit dem Interesse des Versicherten an dem Ausgleich des Vermögensnachteils abzuwägen. Diese Abwägung fällt i.d.R. zugunsten des Versicherten aus, wenn er ohne die Versicherungsleistung einen Nachteil erleiden könnte, vor dem ihn die Versicherung schützen sollte, wie das insbesondere bei den Versicherungen der Fall ist, die nach dem Gesetz als Versicherung für fremde Rechnung ausgestaltet sind (§ 43 Rdn. 29). In der Betriebshaftpflichtversicherung (§ 102 I 2) ist deshalb eine Verpflichtung des Unternehmers zur Inanspruchnahme des VR aus § 241 II BGB i.V.m. dem Arbeitsvertrag anzuerkennen.[8] Hat der Arbeitgeber für seine Arbeitnehmer eine Gruppenunfallversicherung (§ 179 I 2) abgeschlossen, besteht ebenfalls eine solche Verpflichtung.[9]

6 Etwa bestehende **Einwendungen** aus dem Vertragsverhältnis mit dem VN muss sich der Versicherte entgegenhalten lassen.[10] Hierzu zählt auch die Frage, ob der (zur Geltendmachung seiner Ansprüche befugte) Versicherte die Versicherungsleistung in einer bestimmten Weise verwenden darf.[11] Zum anderen kann der VN – vorbehaltlich abweichender vertraglicher Abreden – gegenüber dem Anspruch des Versicherten auf Auskehrung der vom Versicherer gezahlten Entschädigung **mit (sonstigen) eigenen Ansprüchen gegen den Versicherten aufrechnen**.[12]

b) Auskunftsverpflichtung

7 Zur Sicherung des Herausgabeanspruchs kann der Versicherte gem. § 241 II BGB **Auskunft** über die Existenz und den Inhalt der Fremdversicherung verlangen.[13] Hat ein Arbeitgeber für seine Arbeitnehmer eine Gruppenunfallversicherung abgeschlossen und hat er ihnen in einer Vereinbarung mit dem VR das Recht eingeräumt, Versicherungsleistungen ohne seine Zustimmung unmittelbar gegenüber dem VR geltend zu machen, so hat er die betroffenen Arbeitnehmer unaufgefordert, d.h. von sich aus von dieser Vereinbarung zu unterrichten.[14] Hat sich der VN gegenüber dem Versicherten zum Abschluss der Versicherung für fremde Rechnung verpflichtet, kommt auch ein Anspruch auf Auskunft aus § 666 BGB in Betracht.[15]

c) Verpflichtung zum Schadensersatz

8 Kommt der VN nach Eintritt des Versicherungsfalles seiner Einziehungs-/Auskehrungspflicht nicht nach, verzichtet er auf die Rechte des Versicherten oder trifft er eine für den Versicherten nachteilige Vereinbarung mit dem VR über die Höhe der Entschädigungsforderung, macht er sich gegenüber dem Versicherten nach **§ 280 I BGB** schadensersatzpflichtig.[16] Durch Auslegung des vertraglichen Innenverhältnisses zwischen VN und Versichertem kann sich jedoch im Einzelfall ergeben, dass der VN, insbesondere wenn dies auch im Inte-

---

5 A.A. OLG Koblenz NJW-RR 1996, 174, 175 = VersR 1997, 627, das den Leasinggeber lediglich als verpflichtet ansieht, durch die nur ihm mögliche Übersendung der Rechnung über den Fahrzeugeinkauf eine zügige Bearbeitung des Kaskoschadensfalls zu ermöglichen.
6 Vgl. auch OLG Hamm NJOZ 2015, 203, 204, das allerdings übersieht, dass der Leasinggeber gem. F.2 AKB nicht zur Geltendmachung der Kaskoentschädigung befugt ist; OLG Koblenz NJW-RR 1996, 174, 175 = VersR 1997, 627.
7 BGHZ 64, 260, 267 = NJW 1975, 1273; OLG Karlsruhe VersR 1976, 239, 240.
8 Zur Pflicht eines Unternehmens, seine Organmitglieder auch ohne entsprechende anstellungsvertragliche Vereinbarung zu versichern, vgl. *R. Koch*, GmbHR 2004, 160, 167 ff.
9 BAG NJOZ 2008, 3171 ff.
10 Vgl. BAG NZA 1990, 701, 702; P/M/*Klimke*, § 46 Rn. 5.
11 BGH VersR 1985, 679: Anspruch des Leasingnehmers auf Verwendung der Versicherungsleistung zur Reparatur, ohne dass der Leasinggeber mit Mietzinsforderungen aufrechnen darf.
12 BGH VersR 1973, 634; P/M/*Klimke*, § 46 Rn. 6.
13 Vgl. BAG NZA 2005, 983, 984; zum gesetzlichen Treuhandverhältnis: BGH NJW 1991, 3031, 3032 (Gebäudeversicherung); BGHZ 113, 151, 154 = VersR 1991, 299 (Vertrauensschadenversicherung der Notarkammern).
14 BAG NJOZ 2008, 3171 ff.
15 B/M/*Brand*, § 46 Rn. 18.
16 Vgl. BGH VersR 1986, 285, 286; BGH VersR 1963, 521 = NJW 1963, 1201; BAG VersR 1958, 360 = NJW 1958, 764; KG VersR 1954, 454.

resse der anderen Versicherten liegt, auf bereits entstandene Ansprüche des Versicherten verzichten darf.[17] Bei Vorliegen der jeweiligen Voraussetzungen kann der Versicherte seinen Schadensersatzanspruch auch aus § 826 BGB haben.[18] Dasselbe gilt, wenn der VN den zur selbständigen Geltendmachung berechtigten Versicherten nicht über den Abschluss der Versicherung unterrichtet und dieser deshalb die für die Geltendmachung von Versicherungsansprüchen einzuhaltenden Fristen versäumt,[19] wenn der VN den gezahlten Betrag nicht an den Versicherten weiterleitet, sondern an den VR zurück überweist,[20] wenn er kollusiv mit dem VR zum Nachteil des Versicherten zusammenwirkt[21], wenn er schuldhaft gegen Obliegenheiten verstößt, die den VR (teilweise) leistungsfrei werden lassen[22] oder wenn er einen subjektiven Risikoausschluss (§§ 81, 103) verwirklicht.

2. Pflichten des Versicherten aus dem Vertragsverhältnis

Pflichten des Versicherten gegenüber dem VN kommen vornehmlich in den Fällen in Betracht, in denen der Versicherte gem. § 44 II zur Einziehung der Entschädigung berechtigt ist. So ist der **mitversicherte Leasinggeber**, der im Besitz eines Sicherungsscheins (§ 44 Rdn. 26) ist, im Verhältnis zum Leasingnehmer (= VN) aus dem Leasingvertrag grundsätzlich verpflichtet, eine ihm von dem VR geleistete Entschädigung für die Reparatur des geleasten Kfz zur Verfügung zu stellen.[23] Hat der Leasingnehmer den Auftrag zur Reparatur des unfallbeschädigten Fahrzeugs im eigenen Namen erteilt, so kann er vom Leasinggeber verlangen, dass dieser ihn mit dem Entschädigungsbetrag von einer Verbindlichkeit gegenüber dem mit der Reparatur beauftragten Unternehmer befreit, das heißt, die Versicherungsleistung zur Begleichung der Reparaturkosten an diesen auszahlt.[24] Dem Leasinggeber ist es dagegen verwehrt, mit Forderungen auf Nutzungsentgelt aufzurechnen.[25] Beim **Nießbrauch** kann der Eigentümer vom Nießbraucher verlangen, dass die Versicherungssumme zur Wiederherstellung der Sache oder zur Beschaffung eines Ersatzes insoweit verwendet wird.[26] Eine entsprechende Verpflichtung des Versicherten gegenüber dem VN besteht bei einer **Wiederherstellungsklausel** (§ 93).

9

II. Gesetzliches Treuhandverhältnis

Fehlt es an einer vertraglichen Verpflichtung zur Inanspruchnahme des VR und zur Auskehrung der Entschädigung an den Versicherten, gewinnt das gesetzliche Treuhandverhältnis an Bedeutung. Nachdem die Rspr. bei Fehlen eines Vertragsverhältnisses zunächst die Grundsätze der GoA heranzog und den Auskehranspruch aus §§ 681, 667 BGB herleitete[27], wird das Rechtsverhältnis zwischen VN und Versichertem seit der Grundsatzentscheidung des BGH vom 07.05.1975[28] als gesetzliches Treuhandverhältnis qualifiziert.[29] Dieses gesetzliche Treuhandverhältnis verpflichtet den VN im Grundsatz, den ihm nicht zustehenden Entschädigungsbetrag einzuziehen und an den Versicherten auszukehren.[30] Etwas anderes soll nur in den Fällen gelten, in denen der VN im Auftrag eines anderen eine Versicherung für Rechnung wen es angeht (§ 48) genommen hat. Hier habe der Versicherte ohne entsprechendes Innenverhältnis keinen Anspruch gegen den VN, sondern könne sich nur an den Auftraggeber halten.[31]

10

---

17 BGH VersR 2013, 853, 855 m. Anm. Wandt; P/M/*Klimke*, § 46 Rn. 13.
18 LG Berlin VersR 1984, 250, 251 f.; PK/*Hübsch*, Vorbem. §§ 43–48 Rn. 28; P/M/*Klimke*, § 46 Rn. 16.
19 BAG NJOZ 2008, 3171, 3177 f.
20 OLG Köln VersR 1990, 847.
21 LG Berlin VersR 1984, 250; P/M/*Klimke*, § 46 Rn. 13; R/L/*Rixecker*, § 77 Rn. 7.
22 Vgl. BGH VersR 1986, 285, 286: »im Hinblick auf die sie treffenden Sorgfaltspflichten als Spediteurin (§§ 1, 35 Buchst. a Satz 2 ADSp) [wäre] Aufgabe der Beklagten gewesen, Obliegenheiten aus dem von ihr abgeschlossenen Transportversicherungsvertrag wahrzunehmen, *deren Nichterfüllung wiederum eine Verletzung vertraglicher Pflichten gewesen wäre.«* [Hervorhebung durch den Verfasser].
23 Vgl. OLG Stuttgart r+s 2011, 245, 247.
24 Vgl. BGHZ 93, 391, 395 = VersR 1985, 679.
25 Vgl. BGHZ 93, 391, 396 = VersR 1985, 679.
26 B/M/*Brand*, § 46 Rn. 17.
27 BGHZ 32, 44, 51 = VersR 1958, 797; BAG VersR 1958, 360 m.w.N.
28 BGHZ 64, 260 ff. = NJW 1975, 1273; dem folgend B/M/*Brand*, § 46 Rn. 4; VersHb/*Armbrüster*, § 6 Rn. 111; *Wandt*, Rn. 698.
29 Vgl. BGHZ 64, 260, 264 = NJW 1975, 1273; bestätigt durch BGH VersR 2011, 1435, 1436; BGHZ 113, 151, 154 = VersR 1991, 299; BGHZ 115, 275, 280 = VersR 1991, 299; BGH NJW 1991, 3031, 3032 = VersR 1994, 1011; BGH NJW 1998, 2537, 2538; BAG NZA 1998, 376, 377; OLG Saarbrücken NJW-RR 2005, 709, 710; OLG Köln VersR 1990, 847, 848; OGH VersR 2005, 1267, 1268; OGH VersR 2008, 283.
30 BGH NJW 1991, 3031, 3032 = VersR 1994, 1101; BAG NZA 1990, 701; OLG Hamm ZMR 2008, 401; OLG Karlsruhe VersR 1976, 239; vgl. auch OVG Münster BeckRS 2012, 57715.
31 BGH VersR 1968, 42.

1. Pflichten des VN

a) Vor Eintritt des Versicherungsfalls

11 Die treuhänderische Bindung des VN ist auf die dem Versicherten zustehenden Forderungsrechte gegen den VR beschränkt.[32] Hinsichtlich der den Versicherungsvertrag als Ganzes berührenden Rechte kann dagegen keine treuhänderische Bindung bestehen, weil diese Rechte nur dem VN zustehen. Von einem Treuhandverhältnis lässt sich somit nur insoweit sprechen, als die **Forderungsrechte des Versicherten bereits entstanden sind**, mit anderen Worten ab Eintritt des Versicherungsfalls. Der VN ist vor dessen Eintritt somit (noch) nicht Treuhänder und kann deshalb bis zu diesem Zeitpunkt frei über das Versicherungsverhältnis verfügen.[33] Für den Versicherten nachteilige Verfügungen können nur zu vertraglichen Schadensersatzansprüchen gegen den VN führen (Rdn. 8).

b) Nach Eintritt des Versicherungsfalls
aa) Einziehungsverpflichtung

12 Nach Eintritt des Versicherungsfalls stellt sich zunächst die Frage, ob der VN verpflichtet ist, die Versicherungsforderung für den Versicherten einzuziehen. Eine solche Verpflichtung ist bei der Sachversicherung in den Fällen zu verneinen, in denen neben dem Sacherhaltungsinteresse des VN an der sich in seinem Eigentum befindlichen Sache das Sachersatzinteresse des Besitzers mitversichert ist (§ 43 Rdn. 49 ff.). Hier beschränkt sich die Wirkung der Mitversicherung auf das Unterlassen des Regresses gegen den mitversicherten Besitzer.[34] Im Übrigen ist zwischen der **freiwilligen** und **obligatorischen Versicherung** zu unterscheiden.

(1) Obligatorische Versicherung

13 Ist der VN **kraft Gesetzes zum Abschluss einer Fremdversicherung verpflichtet**, muss er den VR in Anspruch nehmen,[35] d.h. dem VR den Schaden anzeigen und nachweisen und dann nötigenfalls entweder den VR verklagen oder dem Versicherten die Verfügungsbefugnis über seinen Anspruch übertragen.[36] Etwas anderes gilt nur dann, wenn der Versicherte selbst zur Geltendmachung befugt ist (§ 44 Rdn. 24 f.). Hat der Versicherte einen »sicheren Anspruch« auf Ersatz des Schadens, sei es gegenüber dem eigenen Haftpflichtversicherer, sei es gegenüber dem eines schuldigen Dritten, befreit dieser Umstand den VN einer obligatorischen Versicherung nicht.[37]

(2) Freiwillige Versicherung

14 In der **freiwilligen Versicherung** ist der VN nicht zwingend aus dem gesetzlichen Treuhandverhältnis verpflichtet, die Versicherung in Anspruch zu nehmen.[38] Er ist grundsätzlich dazu berechtigt, eigene Interessen bei der in seine Hand gelegten Durchsetzung des Versicherungsanspruchs zu verfolgen und zu berücksichtigen.[39] Deshalb können ihm die mit der Inanspruchnahme verbundenen Nachteile nur zugemutet werden, wenn ohne die Versicherungsleistung der Versicherte einen Nachteil erleiden könnte, vor dem ihn die Versicherung schützen sollte. Insoweit beurteilt sich die Pflicht zur Inanspruchnahme nach den gleichen Kriterien wie die darauf gerichtete Pflicht aus § 241 II bei bestehendem Vertragsverhältnis (Rdn. 5). Anders als bei der obligatorischen Versicherung besteht deshalb keine Einziehungspflicht, wenn der (gegen Unfall) Versicherte einen sicheren Anspruch gegen andere VR hat.[40]

bb) Auskehrungsverpflichtung

15 Hat der VN die Versicherungsleistung erhalten, ist er zur **Auskehrung der Entschädigungssumme** einschließlich etwaiger »**Kulanzzahlungen**«[41] verpflichtet. Etwa bestehende **Einwendungen** aus einem zwischen dem VN und dem Versicherten bestehenden schuldrechtlichen Vertrag muss sich der Versicherte auch hier entgegenhalten lassen (Rdn. 6). Ist der VN dem Versicherten aus demselben Unfall zum Schadensersatz verpflichtet, ist er berechtigt, eine **Tilgungsbestimmung** dahingehend zu treffen, dass die Entschädigungsleistung auf den Schadensersatzanspruch anzurechnen ist.[42] Der VN kann auch die Anrechnung auf Schadensersatzansprüche des

---

32 Vgl. BGHZ 64, 260, 264 = NJW 1975, 1273.
33 OVG Münster BeckRS 2012, 57715; unpräzise insoweit BGHZ 64, 260, 264 = NJW 1975, 1273.
34 *Martin*, J IV Rn. 12.
35 Vgl. BGHZ 113, 151, 154 = VersR 1991, 299.
36 *Martin* VersR 1976, 240.
37 B/M/*Brand*, § 46 Rn. 16.
38 P/M/*Klimke*, § 46 Rn. 9.
39 Vgl. BGHZ 64, 260, 265 = NJW 1975, 1273; BGH NJW 1981, 1613 = VersR 1981, 447.
40 Vgl. BGHZ 64, 260, 264 = NJW 1975, 1273; OLG Karlsruhe VersR 1976, 239, 240; B/M/*Brand*, § 46 Rn. 16; P/M/*Klimke*, § 46 Rn. 12.
41 OGH VersR 2005, 1267; P/M/*Klimke*. § 46 Rn. 6.
42 Vgl. BGH VersR 1981, 447 = NJW 1981, 1613; BGHZ 64, 260, 265; PK/*Hübsch*, Vorbem. §§ 43–48 Rn. 25; P/M/*Klimke*, § 46 Rn. 11.

Versicherten gegen Dritte anordnen, wenn er am Schutz des Dritten ein berechtigtes Interesse hat.[43] Die Anrechnung oder wenigstens deren Vorbehalt muss bei Anrechnung auf Ansprüche gegen Dritte spätestens bei Auszahlung erklärt sein.[44] Nach Ansicht des BAG steht der Schutzzweck einer zugunsten der Arbeitnehmer abgeschlossenen **Gruppen-Unfallversicherung** der Anrechnung der Entschädigungsleistung auf vom Arbeitgeber geleistete Entgeltfortzahlung im Krankheitsfall entgegen.[45]

Sind **eigene** und **fremde Interessen** versichert (§ 43 Rdn. 45 ff.), hat der VN den Bruchteil der Entschädigungssumme an den Versicherten zu zahlen, der demjenigen des Schadens des Versicherten am Gesamtschaden entspricht.[46] 16

cc) Auskunftsverpflichtung

Zur Sicherung des Herausgabeanspruchs kann der Versicherte – sowohl bei der freiwilligen als auch bei der obligatorischen Fremdversicherung – gem. § 241 II BGB, gegebenenfalls aus § 666 BGB **Auskunft** über die Existenz und den Inhalt der Fremdversicherung verlangen.[47] Dies gilt auch für Arbeitnehmer, für die der Arbeitgeber eine Gruppenunfallversicherung abgeschlossen hat (Rdn. 7).[48] 17

dd) Schadensersatzverpflichtung

Hinsichtlich der Verpflichtung des VN zum Schadensersatz wegen Verletzung des gesetzlichen Treuhandverhältnisses gelten die obigen Ausführungen zur Verletzung vertraglicher Pflichten entsprechend (Rdn. 8). Bei Bestehen einer (nur) auf Gesetz beruhenden Verpflichtung zur Inanspruchnahme und Auskehr ist die Haftung des VN nach Analogie der Schenkungsgrundsätze (§ 521 BGB) auf Vorsatz und grobe Fahrlässigkeit zu beschränken.[49] Bei freiwilliger Mitversicherung von Familienangehörigen haftet der VN für die Sorgfalt in eigenen Angelegenheiten (analog §§ 1359, 1664 BGB).[50] 18

C. Tatbestand

I. Zurückbehaltungsrecht

Der VN muss den Versicherungsschein an den Versicherten oder, falls über dessen Vermögen das Insolvenzverfahren eröffnet ist, der Insolvenzmasse erst dann herausgeben, wenn er wegen seiner ihm in Bezug auf die versicherte Sache zustehenden Ansprüche befriedigt worden ist. § 46 Satz 1 begründet somit ein Zurückbehaltungsrecht des VN gegenüber dem Herausgabeanspruch des Versicherten. Letzterer kann sich nur aus einem **vertraglichen Schuldverhältnis zwischen VN und dem Versicherten** ergeben.[51] Das Recht aus § 46 Satz 1 unterscheidet sich vom allgemeinen Zurückbehaltungsrecht des § 273 BGB dadurch, dass es nicht wie dieses durch Sicherheitsleistung abgewendet werden kann,[52] nicht die Fälligkeit der Forderung des VN erfordert[53] und in der Insolvenz des Versicherten gegenüber dem Anspruch des Insolvenzverwalters aus §§ 985, 952 BGB Bestand hat.[54] Der VN braucht auch außerhalb der Insolvenz des Versicherten den Gläubigern des Versicherten (die etwa den Anspruch des Versicherten auf Herausgabe des Scheins haben pfänden lassen) den Schein nicht auszuliefern, bevor er befriedigt ist, da die Gläubiger nicht mehr Rechte haben als der Versicherte.[55] 19

Umstritten – in der Rechtsprechungspraxis bislang ohne erkennbare Bedeutung – ist, ob das Zurückbehaltungsrecht auch wegen solcher Ansprüche besteht, die zwar mit dem der Versicherung zugrunde liegenden Verhältnis nichts zu tun haben, jedoch in Bezug auf die versicherte Sache bestehen (z.B. eine Forderung, für die die versicherte Sache als Pfand haftet)[56] oder nur solche Ansprüche gemeint sind, die sich auf das konkre- 20

---

43 BGH VersR 1981, 447 = NJW 1981, 1613.
44 BGH VersR 1981, 447 = NJW 1981, 1613.
45 BAG NZA 1998, 376, 377.
46 OLG Bremen VersR 1978, 315, 316; OLG Karlsruhe VersR 1976, 239, 240.
47 Vgl. BGH NJW 1991, 3031, 3032 (Gebäudeversicherung); BGHZ 113, 151, 154 = VersR 1991, 299 (Vertrauensschadenversicherung der Notarkammern).
48 BAG NJOZ 2008, 3171 ff.
49 Vgl. BGHZ 32, 44, 52 (noch unter Annahme einer GoA im Verhältnis VN-Versicherter); B/M/*Brand*, § 46 Rn. 19; *Nießen*, Die Rechtswirkungen der Versicherung für fremde Rechnung unter besonderer Berücksichtigung des Innenverhältnisses zwischen Versichertem und Versicherungsnehmer, 2004, S. 176.
50 B/M/*Brand*, § 46 Rn. 19.
51 B/M/*Brand*, § 46 Rn. 12; PK/*Hübsch*, § 46 Rn. 2.
52 B/M/*Brand*, § 46 Rn. 26; PK/*Hübsch*, § 46 Rn. 2; P/M/*Klimke*, § 46 Rn. 18; a.A. Ritter/*Abraham*, § 55 ADS Anm. 6.
53 B/M/*Brand*, § 46 Rn. 24; P/M/*Klimke*, § 46 Rn. 18; a.A. Ritter/*Abraham*, Das Recht der Seeversicherung, 2. Aufl. 1967, § 55 ADS Anm. 5.
54 B/M/*Brand*, § 46 Rn. 24; Ritter/*Abraham*, Das Recht der Seeversicherung, 2. Aufl. 1967, § 55 ADS Anm. 7.
55 So Motive und amtliche Begründung zum Gesetz über den Versicherungsvertrag vom 30.05.1908, Neudruck Berlin 1963, S. 148; Ritter/*Abraham*, Das Recht der Seeversicherung, 2. Aufl. 1967, § 55 ADS Anm. 8; PK/*Hübsch*, § 46 Rn. 3.
56 So mehrheitlich die (ältere) Literatur, vgl. *Bruck*, Das Privatversicherungsrecht, 1930, S. 613; *Kisch*, Handbuch des Privatversicherungsrechts, Bd. 3, 1922, S. 546.

te Versicherungsverhältnis beziehen (z.B. Erstattung gezahlter Prämien).[57] Im Hinblick auf den Wortlaut des § 46 Satz 1, der von § 273 BGB abweicht, ist der weiten, am Wortlaut orientierten Auslegung der Vorzug zu geben.[58]

21 Unabhängig vom Vorliegen der Voraussetzungen des § 46 Satz 1 kann sich ein Zurückbehaltungsrecht des VN auch aus den §§ 273, 320 BGB ergeben.[59] Ist der Versicherungsschein **Order- oder Inhaberpapier** (z.B. in der Seeversicherung), so hat der VN auch das Zurückbehaltungsrecht des § 369 HGB.[60]

II. Befriedigungs(vor)recht

22 Der VN kann sich nach § 46 Satz 2 für die ihm gegen den Versicherten in Bezug auf die versicherte Sache zustehenden **Ansprüche aus der Entschädigungsforderung** gegen den VR und nach ihrer Einziehung aus der Entschädigungssumme vor dem Versicherten und dessen Gläubigern befriedigen. Voraussetzung hierfür ist, dass der VN zur Annahme der Zahlung i.S.v. § 45 II befugt ist.[61] § 46 Satz 2 ersetzt die zur Einziehung der Forderung nach § 45 III erforderliche Zustimmung des Versicherten.[62] Zu den Gläubigern des Versicherten kann auch der VR gehören. Das Befriedigungsvorrecht des VN hat insoweit zur Folge, dass der VR Forderungen an den Versicherten dem VN gegenüber nicht aufrechnen kann, soweit die Ansprüche reichen, die dem VN gegen den Versicherten in Bezug auf die versicherte Sache zustehen.[63]

23 Das Befriedigungsvorrecht des VN besteht auch in der **Insolvenz des Versicherten**.[64] Er darf sich aus dem Anspruch auf die Versicherungssumme **abgesondert befriedigen**[65] und mit Hilfe des zurückgehaltenen Versicherungsscheins die entsprechende Forderung einziehen, ohne dass es der Zustimmung des Versicherten nach § 45 III bedarf. Der Insolvenzverwalter kann nur gegen Befriedigung des VN von diesem den Versicherungsschein oder die Zustimmung zur Einziehung verlangen.[66]

24 Den Betrag, der die Ansprüche des VN übersteigt, hat dieser an die Insolvenzmasse abzuführen. Hat der VN den Versicherungsschein an den Insolvenzverwalter herausgegeben und dieser daraufhin die Forderung gegen den VR eingezogen, steht dem VN ein Anspruch aus **§ 55 I Nr. 3 InsO** gegen die Masse zu.[67] Ist die Entschädigung bereits vor Insolvenzeröffnung an den Versicherten bezahlt worden, hat der VN unter den Voraussetzungen des § 48 Satz 2 analog ein **Ersatzabsonderungsrecht**.[68]

D. Abänderlichkeit

25 § 46 ist abdingbar.[69]

§ 47 Kenntnis und Verhalten des Versicherten.
(1) Soweit die Kenntnis und das Verhalten des Versicherungsnehmers von rechtlicher Bedeutung sind, sind bei der Versicherung für fremde Rechnung auch die Kenntnis und das Verhalten des Versicherten zu berücksichtigen.
(2) ¹Die Kenntnis des Versicherten ist nicht zu berücksichtigen, wenn der Vertrag ohne sein Wissen geschlossen worden ist oder ihm eine rechtzeitige Benachrichtigung des Versicherungsnehmers nicht möglich oder nicht zumutbar war. ²Der Versicherer braucht den Einwand, dass der Vertrag ohne Wissen des Versicherten geschlossen worden ist, nicht gegen sich gelten zu lassen, wenn der Versicherungsnehmer den Vertrag ohne Auftrag des Versicherten geschlossen und bei Vertragsschluss dem Versicherer nicht angezeigt hat, dass er den Vertrag ohne Auftrag des Versicherten schließt.

Übersicht

	Rdn.		Rdn.
A. Allgemeines	1	B. Tatbestand	4
I. Normzweck	1	I. Gleichstellung des Versicherten mit dem	
II. Entstehungsgeschichte	3	VN (Abs. 1)	4

---

57 I.d.S. P/M/*Klimke*, § 46 Rn. 19; Ritter/*Abraham*, Das Recht der Seeversicherung, 2. Aufl. 1967, § 55 ADS Anm. 4; unklar B/M/*Sieg*⁸, Bd. II, §§ 75, 76 Anm. 11; PK/*Hübsch*, § 46 Rn. 2.
58 So auch B/M/*Brand*, § 46 Rn. 22.
59 Vgl. B/M/*Brand*, § 46 Rn. 28; P/M/*Klimke*, § 46 Rn. 18; L/W/*Dageförde*, § 46 Rn. 1.
60 Vgl. OGH VersR 1960, 454, 455; B/M/*Brand*, § 46 Rn. 28; P/M/*Klimke*, § 46 Rn. 11; L/W/*Dageförde*, § 46 Rn. 1.
61 B/M/*Brand*, § 46 Rn. 31.
62 P/M/*Klimke*, § 46 Rn. 20.
63 Vgl. B/M/*Brand*, § 46 Rn. 32; Ritter/*Abraham*, Das Recht der Seeversicherung, 2. Aufl. 1967, § 55 ADS Anm. 13; P/M/*Klimke*, § 46 Rn. 20; a.A. PK/*Hübsch*, § 46 Rn. 3.
64 B/M/*Brand*, § 46 Rn. 22; PK/*Hübsch*, § 46 Rn. 3.
65 L/W/*Dageförde*, § 46 Rn. 3; B/M/*Brand*, § 46 Rn. 22; MünchKommInsO/*Ganter*, § 51 Rn. 233.
66 B/M/*Brand*, § 46 Rn. 34.
67 B/M/*Brand*, § 46 Rn. 35; MünchKommInsO/*Ganter*, § 51 Rn. 233; P/M/*Klimke*, § 46 Rn. 20; PK/*Hübsch*, § 46 Rn. 3.
68 B/M/*Brand*, § 46 Rn. 35; MünchKommInsO/*Ganter*, § 51 Rn. 233.
69 B/M/*Brand*, § 46 Rn. 37; P/M/*Klimke*, § 46 Rn. 21.

	Rdn.		Rdn.
II. Zurechnungsbeschränkungen (Abs. 2)	7	1. Obliegenheitsverletzungen/subjektive Risikoausschlüsse in der Person des Versicherten	21
1. Fehlendes Wissen vom Versicherungsvertrag	7	a) Auswirkungen auf den Fremdversicherungsschutz	21
a) Grundsatz	7	b) Auswirkungen auf den Eigenversicherungsschutz	22
b) Ausnahme	8	2. Obliegenheitsverletzungen/subjektive Risikoausschlüsse in der Person des VN	25
2. Unmöglichkeit oder Unzumutbarkeit rechtzeitiger Benachrichtigung	10	a) Auswirkungen auf den Eigenversicherungsschutz	25
C. Rechtsfolgen	11	b) Auswirkungen auf den Fremdversicherungsschutz	26
I. Reine Fremdversicherung	12	D. Beweislast	28
1. Obliegenheitsverletzungen/subjektive Risikoausschlüsse in der Person des Versicherten	12	E. Abänderlichkeit	29
2. Obliegenheitsverletzungen/subjektive Risikoausschlüsse in der Person des VN	16		
II. Kombinierte Eigen- und Fremdversicherung	20		

A. Allgemeines

I. Normzweck

§ 47 I stellt den allgemeinen Grundsatz auf, dass **im Rahmen der Fremdversicherung** die Kenntnis und das Verhalten des Versicherten der Kenntnis und dem Verhalten des VN gleichstehen[1], ohne dass es darauf ankommt, ob der Versicherte zugleich Repräsentant, Wissens- oder Wissenserklärungsvertreter ist.[2] Der VN kann sich somit weder den Verhaltensanforderungen noch den Rechtsfolgen im Falle ihrer Verletzung dadurch entziehen, dass er einen anderen mit dem Abschluss einer Fremdversicherung in seinem Interesse beauftragt.[3] Insoweit greifen hier ähnliche Erwägungen wie bei § 20 ein. § 47 I ist somit nicht nur **Zurechnungsnorm**[4], sondern begründet auch eine **eigene Verantwortlichkeit des Versicherten**.[5] Als Zurechnungsnorm kommt § 47 I insbes. Bedeutung bei der vorvertraglichen Anzeigepflichtverletzung zu (Rdn. 23).[6] 1

Von dieser Zurechnungs- und Verhaltensregel macht § 47 II 1 eine Ausnahme, wenn der Versicherte keine Kenntnis von der Fremdversicherung hat (Alt. 1) oder ihm eine rechtzeitige Benachrichtigung des VN nicht möglich oder nicht zumutbar war (Alt. 2). Dann kann dem Versicherten kein Vorwurf gemacht werden, wenn er weder den VN noch den VR benachrichtigt. Die fehlende Kenntnis schützt den Versicherten allerdings nach § 47 II 2 nicht, wenn der VN dem VR bei Vertragsabschluss nicht angezeigt hat, dass er ohne Auftrag der versicherten Personen handelte. Dahinter steht die Erwägung, dass der VR bei Kenntnis des auftragslosen Handelns seinerseits den Versicherten benachrichtigen kann, um auf diese Weise die Anzeigepflicht des Versicherten auszulösen. Der VR soll durch die Rollenspaltung auf der Gegenseite keine Nachteile erleiden.[7] 2

II. Entstehungsgeschichte

§ 47 I ist gegenüber § 79 I a.F. lediglich sprachlich geändert. § 79 I a.F. beruht auf den Verordnungen vom 19.12.1939 und 28.12.1942. Die ursprüngliche Fassung erklärte nur in den Fällen der §§ 2, 19 a.F. Kenntnis und Arglist des Versicherten für beachtlich.[8] § 47 II 1 entspricht sachlich § 79 II a.F. Der Begriff »nicht tunlich« ist durch die Formulierung »nicht möglich oder nicht zumutbar« ersetzt. Wegen des Sachzusammenhanges ist die Regelung des § 79 III a.F. in § 47 II als Satz 2 eingefügt und lediglich sprachlich vereinfacht. 3

B. Tatbestand

I. Gleichstellung des Versicherten mit dem VN (Abs. 1)

§ 47 I erstreckt sich nicht nur auf **gesetzliche**, sondern auch auf **vertragliche Obliegenheiten** und **Risikoausschlüsse**, da diese angesichts der Rechtsfolgen im Falle ihrer Verletzung »von rechtlicher Bedeutung« sind.[9] Im Hinblick auf die Gleichstellung des Versicherten mit dem VN ist es nicht erforderlich, dass vertragliche 4

---

[1] BGHZ 49, 130, 134 = NJW 1968, 447.
[2] Vgl. OLG Karlsruhe r+s 2013, 121, 122; B/M/*Brand*, § 47 Rn. 4; HK-VVG/*Muschner*, § 47 Rn. 2; R/L/*Rixecker*, § 47 Rn. 1.
[3] B/M/*Brand*, § 47 Rn. 4.
[4] Vgl. BGH r+s 1991, 423, 424 = VersR 1991, 1404; OLG Hamm VersR 1994, 1464; L/W/*Dageförde*, § 47 Rn. 2; a.A. B/M/*Brand*, § 47 Rn. 8; *Nießen*, Die Rechtswirkungen der Versicherung für fremde Rechnung unter besonderer Berücksichtigung des Innenverhältnisses zwischen Versichertem und Versicherungsnehmer, 2004, S. 105; VersHb/*Armbrüster*, § 6 Rn. 99.
[5] Vgl. P/M/*Klimke*, § 47 Rn. 3, 5; R/L/*Rixecker* § 47 Rn. 2.
[6] Vgl. BGH r+s 1991, 423, 424 = VersR 1991, 1404; OLG Hamm VersR 1994, 1464.
[7] B/M/*Brand*, § 47 Rn. 5.
[8] Vgl. Begr. RegE BT-Drucks. 16/3945 S. 73.
[9] PK/*Hübsch*, § 47 Rn. 2.

Obliegenheiten ausdrücklich auch an den Versicherten gerichtet werden.[10] Die Obliegenheiten richten sich bei der Versicherung für fremde Rechnung somit grundsätzlich **sowohl an den VN als auch an den Versicherten**, soweit sich nicht etwas anderes aus dem Versicherungsvertrag ergibt. Durch die Vereinbarung von Obliegenheiten wird die Versicherung für fremde Rechnung nicht zu einem (unzulässigen) Vertrag zu Lasten Dritter, da der Versicherte höchstens die ihm zugewandte Rechtsstellung verliert.[11]

5 § 47 findet grundsätzlich auch auf die **arglistige Täuschung** durch den Versicherten Anwendung.[12] Der gegenteiligen Auffassung in der Literatur zu § 79 I a.F.,[13] die unter Bezugnahme auf dessen Wortlaut (»Soweit nach den Vorschriften dieses Gesetzes«) die Ansicht vertrat, nur die/das nach den Vorschriften des VVG maßgebliche Kenntnis/Verhalten sei zu berücksichtigen, ist durch die Streichung dieser Formulierung die Grundlage entzogen worden.[14] Diese Ansicht berücksichtigte zudem nicht die Entstehungsgeschichte von § 47/§ 79 a.F., der ursprünglich nur in den Fällen der Rückwärtsversicherung und der vorvertraglichen Anzeigeobliegenheit die Kenntnis und Arglist des Versicherten für beachtlich hielt und erst später dahin **erweitert** wurde, dass schlechthin Kenntnis und Verhalten des Versicherten in Betracht kommen, wie das beim VN der Fall ist.

6 § 47 I verlangt **positive Kenntnis** von den Umständen, die eine Anzeige- oder Auskunftspflicht zur Folge haben. Kennenmüssen steht der Kenntnis nicht gleich.[15] Unter »**Verhalten**« zu verstehen ist zum einen das aufgrund der Kenntnis zu beobachtende (unselbständige) Verhalten (Tun oder Unterlassen) vor Abschluss des Vertrags (z.B. arglistige Täuschung), nach Abschluss des Vertrags und nach Eintritt des Versicherungsfalls (z.B. Obliegenheitsverletzungen).[16] Zum anderen erfasst der Begriff auch (selbständige) Verhaltensweisen, bei denen es auf die Kenntnis des Versicherten von der Versicherung nicht ankommt, so v.a. bei der Herbeiführung des Versicherungsfalls.

II. Zurechnungsbeschränkungen (Abs. 2)

1. Fehlendes Wissen vom Versicherungsvertrag

a) Grundsatz

7 Nach § 47 II 1 Alt. 1 ist die Kenntnis des Versicherten nicht zu berücksichtigen, wenn der Vertrag **ohne sein Wissen** geschlossen worden ist. In diesem Fall besteht für den Versicherten kein Anlass, seine Kenntnisse dem VN anzuzeigen. Dies gilt auch für das Verhalten, das der Versicherte aufgrund seiner Kenntnis zu beobachten hätte (z.B. Anzeigepflicht).[17] Keine Anwendung findet die Vorschrift auf selbständige Verhaltensweisen.[18] Im Übrigen kommt es nicht darauf an, ob der Versicherte, als der Vertrag geschlossen wurde, hierum wusste, sondern darauf, dass er wusste, der Vertrag solle geschlossen werden.[19] Dies ist zum einen der Fall, wenn der Versicherte dem VN den Auftrag zur Versicherungsnahme erteilt hat; zum anderen, wenn der VN kraft Gesetzes zum Abschluss einer fremdes Interesse schützenden Versicherung verpflichtet ist.[20] Die gesetzliche Verpflichtung, Versicherung zu nehmen, ersetzt insoweit den Auftrag.[21]

b) Ausnahme

8 Der VR braucht nach § 47 II 2 den Einwand, dass der Vertrag ohne Wissen des Versicherten geschlossen worden ist, nicht gegen sich gelten zu lassen, wenn der VN den Vertrag **ohne Auftrag des Versicherten** geschlossen und dies dem VR bei Vertragsschluss **nicht angezeigt** hat.[22] Als Grund für diese Rückausnahme wird angeführt, die versicherte Person könne in diesen Fällen den notwendigen Informationsfluss zum VR nicht

---

10 BGH VersR 2003, 445, 446 = NJW-RR 2003, 600; BGH VersR 1971, 239, 240; BGHZ 26, 133, 137 f.
11 B/M/*Brand*, § 47 Rn. 8; *Schirmer*, in: FS R. Schmidt, 1976, S. 821, 843; *Bayer*, Der Vertrag zugunsten Dritter: neuere Dogmengeschichte – Anwendungsbereich – dogmatische Strukturen, 1995, S. 228.
12 Vgl. BGH VersR 1991, 1404 = NJW-RR 1992, 161; OLG Saarbrücken VersR 2012, 429 f.; OLG Köln NVersZ 1999, 183, 184; OLG Saarbrücken VersR 1998, 835; B/M/*Brand*, § 47 Rn. 5; VersHb/*Armbrüster*, § 6 Rn. 98; P/M/*Prölss*[27], § 77 Rn. 1; a.A P/M/*Klimke*, § 47 Rn. 8, der den Versicherten als »Dritten« i.S.d. § 123 II 1 BGB ansieht; zur Problematik vgl. im Übrigen Rn. 14.
13 Z.B. B/M/*K. Sieg*[8], Bd. II, § 79 Anm. 4; BK/*Hübsch*, § 79 Rn. 1.
14 PK/*Hübsch*, § 47 Rn. 2; HK-VVG/*Muschner*, § 47 Rn. 10 f.; P/M/*Klimke*, § 47, Rn. 2.
15 B/M/*Brand*, § 47 Rn. 19; Ritter/*Abraham*, Das Recht der Seeversicherung, 2. Aufl. 1967, § 57 ADS Anm. 8.
16 A.A. OLG Saarbrücken VersR 1998, 883: »Unter »Verhalten« im Sinne dieser Vorschrift ist jedoch nur ein Verhalten vor Abschluss des Vertrags wie z.B. eine arglistige Täuschung, die zur Anfechtung berechtigt, zu verstehen, nicht aber ein Verhalten nach Eintritt des Versicherungsfalls wie z.B. eine Obliegenheitsverletzung, die der Versicherte nach Eintritt des Versicherungsfalls begeht«.
17 B/M/*K. Sieg*[8], Bd. II, § 79 Anm. 13.
18 B/M/*K. Sieg*[8], Bd. II, § 79 Anm. 13.
19 Vgl. Ritter/*Abraham*, Das Recht der Seeversicherung, 2. Aufl. 1967, § 57 ADS Anm. 8.
20 B/M/*Brand*, § 47 Rn. 19.
21 Vgl. auch Ritter/*Abraham*, Das Recht der Seeversicherung, 2. Aufl. 1967, § 57 ADS Anm. 11.
22 Nach B/M/*Brand*, § 47 Rn. 20 soll es sich hierbei um eine Obliegenheit handeln, weshalb es auf Verschulden des VN ankommt.

sicherstellen.²³ Der »Auftrag« kann auch stillschweigend erteilt sein. Kommissionäre, Spediteure, Lagerhalter gelten an und für sich nicht als beauftragt, für Rechnung des Kommittenten, des Versenders, des Einlagerers, der Reederei Versicherung zu nehmen (vgl. §§ 390, 407, 417, 493 HGB).²⁴ Ebenso wenig gelten Schiffsmakler ohne weiteres auch als beauftragt, Kaskoversicherung zu nehmen. Kein stillschweigender, sondern ein ausdrücklicher Auftrag, Versicherung zu nehmen, ist in der Vereinbarung der CIF-Klausel enthalten.²⁵
Der VN muss den fehlenden Auftrag grundsätzlich auch dann anzeigen, wenn der VR hiervon Kenntnis hat.²⁶ **9**
VR und VN können jedoch – auch stillschweigend – vereinbaren, dass der Mangel des Auftrags nicht angezeigt zu werden braucht. Dann bleibt es bei der Regel des § 47 II 1 Alt. 1. Solche Vereinbarungen werden bei der **laufenden Versicherung** durchweg getroffen, weil dort noch ungewiss ist, welche Fremdinteressen »künftig« entstehen werden. Von »Aufträgen« kann insoweit zur Zeit des Vertragsschlusses nicht die Rede sein. Dies ist dem VR auch bekannt. Der Mangel der Aufträge braucht deshalb nicht angezeigt zu werden.²⁷

2. Unmöglichkeit oder Unzumutbarkeit rechtzeitiger Benachrichtigung

Nach § 47 II 1 Alt. 2 ist die Kenntnis des Versicherten ferner nicht zu berücksichtigen, wenn ihm eine **recht- 10 zeitige Benachrichtigung des VN** nicht möglich oder nicht zumutbar war. Das Gesetz behandelt somit nur den Fall, dass der VN nicht mehr rechtzeitig benachrichtigt werden kann. Diese Beschränkung ist jedoch nur für den gewöhnlichen Fall gedacht, dass der Versicherte zwar den VN, nicht aber den Versicherer kennt. Ist dem Versicherten der VR bekannt und ist ihm zwar eine rechtzeitige Benachrichtigung des VR, nicht aber des VN möglich und zumutbar, so muss er den **VR benachrichtigen**.²⁸ § 47 II 1 Alt. 2 ist insoweit teleologisch zu reduzieren.²⁹ Grundsätzlich ist von dem Versicherten zu verlangen, dass er sich des schnellsten, noch verkehrsmäßigen Anzeigemittels bedient.³⁰

C. Rechtsfolgen

Verletzen der VN und/oder der Versicherte Obliegenheiten oder verwirklichen subjektive Risikoausschlüsse, **11** gilt es hinsichtlich der Rechtsfolgen zwischen der reinen Fremdversicherung und der kombinierten Eigen- und Fremdversicherung zu unterscheiden.

I. Reine Fremdversicherung

1. Obliegenheitsverletzungen/subjektive Risikoausschlüsse in der Person des Versicherten

Wird nur das Interesse des Versicherten geschützt (z.B. D&O-Versicherung³¹; Hausratsversicherung bezüglich **12** einer gestohlenen Sache³²; Kfz-Kaskoversicherung, wenn der VN weder rechtlicher noch wirtschaftlicher Eigentümer ist³³; Kfz-Haftpflichtversicherung, wenn VN weder Halter noch Fahrer des versicherten Kfz ist³⁴), wird der VR – wie bei der Eigenversicherung – bei **Obliegenheitsverletzungen des Versicherten** von der Leistungspflicht gegenüber dem Versicherten (teilweise) befreit. Verwirklicht der Versicherte einen **subjektiven Risikoausschluss** (§§ 81, 103), ist der VR ihm gegenüber (teilweise, § 81 II) leistungsfrei.³⁵ Dabei ist zu berücksichtigen, dass bei der Mitversicherung des Sachersatz-/Haftpflichtinteresses in der Sachversicherung sich die (teilweise) Leistungsfreiheit des VR nicht nach § 103, sondern nach § 81 beurteilt.³⁶
Liegt eine **Fremdversicherung zugunsten mehrerer Versicherter** vor, wird der Versicherungsschutz eines **13** Versicherten im Grundsatz, d.h. soweit nicht die Regeln der Repräsentantenhaftung zum Tragen kommen, nicht nachteilig durch die Kenntnis oder das Verhalten eines anderen Versicherten berührt, da § 47 I nur eine Zurechnung im Verhältnis zum VN vorsieht.³⁷ Mittelbar kann diese Zurechnung allerdings Auswirkungen auf den Versicherungsschutz aller Versicherten haben, wenn nämlich der VR infolge der Zurechnung des Wissens eines Versicherten von gefahrerheblichen Umständen vom Versicherungsvertrag zurücktritt (§ 19 II) oder diesen anficht (§ 123 BGB, § 22 VVG).³⁸ Der Fall ist nicht anders zu behandeln, als ob der VN selbst

---

23 *Langheid/Grote* VersR 2005, 1165, 1167.
24 B/M/*Brand*, § 47 Rn. 19; vgl. Ritter/*Abraham*, Das Recht der Seeversicherung, 2. Aufl. 1967, § 57 ADS Anm. 11.
25 B/M/*Brand*, § 47 Rn. 19; vgl. Ritter/*Abraham*, Das Recht der Seeversicherung, 2. Aufl. 1967, § 57 ADS Anm. 11.
26 B/M/*Brand*, § 47 Rn. 21.
27 B/M/*Brand*, § 47 Rn. 22; Ritter/*Abraham*, Das Recht der Seeversicherung, 2. Aufl. 1967, § 57 ADS Anm. 14.
28 B/M/*Brand*, § 47 Rn. 23; vgl. auch Ritter/*Abraham*, Das Recht der Seeversicherung, 2. Aufl. 1967, § 57 ADS Anm. 9.
29 P/M/*Klimke*, § 47 Rn. 21.
30 B/M/*Brand*, § 47 Rn. 22; Ritter/*Abraham*, Das Recht der Seeversicherung, 2. Aufl. 1967, § 57 ADS Anm. 9.
31 *Langheid/Grote* VersR 2005, 1165, 1166.
32 LG Berlin r+s 1995, 109, 110.
33 OLG Oldenburg VersR 1997, 997; OLG Hamm VersR 1994, 1223; OGH VersR 1987, 1204.
34 OLG Schleswig NZV 1997, 442; OGH VersR 1963, 590.
35 VersHb/*Armbrüster*, § 6 Rn. 99; vgl. auch LG Dortmund r+s 2014, 347, 348.
36 Vgl. P/M/*Klimke*, § 47 Rn. 10.
37 OLG Hamm NJW-RR 1995, 287, 288; *R. Koch* WM 2007, 2173, 2181.
38 Vgl. OLG Düsseldorf VersR 2006, 785, 786 f.; *R. Koch* WM 2007, 2173, 2181 f.; *Lange* VersR 2006, 605, 606 f.; a.A. ohne Begründung: HK-VVG/*Muschner*, § 47 Rn. 11.

vorsätzlich oder arglistig gehandelt hätte. Während der **Rücktritt** nach § 29 I auf die Person des sich fehlverhaltenden Versicherten beschränkt ist,[39] ist der Vertrag im Fall der Anfechtung nach § 142 I BGB insgesamt unwirksam.

14 Soweit in der Literatur unter Hinweis auf § 123 II 2 BGB für eine Beschränkung der Anfechtungsfolgen plädiert wird,[40] hilft dies nicht darüber hinweg, dass der VR nach **§ 123 I BGB** zur Anfechtung des ganzen Vertrags berechtigt bleibt, weil der Versicherte – wie nicht zuletzt § 47 I deutlich macht – im Lager des VN steht und deshalb nicht Dritter i.S.d. § 123 II BGB ist.[41] Der VR ist somit nicht auf eine grundsätzlich mögliche (Teil-)Anfechtung gegenüber dem Versicherten beschränkt.[42] Im Übrigen ist die Anwendbarkeit von § 123 II 2 BGB bei der Fremdversicherung sehr fraglich, weil diese Vorschrift an § 123 II 1 BGB anknüpft und damit von einer Täuschung durch einen Dritten und nicht von der Täuschung durch eine Vertragspartei ausgeht.[43] Gegen die Anwendbarkeit spricht zudem, dass die Anfechtung nach § 143 II BGB gegenüber dem Versicherten zu erklären ist, dieser mangels Verfügungsberechtigung jedoch nicht Erklärungsadressat sein kann (vgl. § 44 Rdn. 28).

15 Ist lediglich die Anfechtung des Vertragsteils möglich, der das Interesse des arglistig täuschenden Versicherten betrifft, beschränkt der VR die Anfechtung jedoch nicht auf diesen Teil, kann in Fällen, in denen der VR den Vertrag unter Ausschluss des Interesses des arglistig täuschenden Versicherten geschlossen hätte, **ausnahmsweise** eine **Rechtsfolgenbegrenzung i.S.v. § 139 BGB durch § 242 BGB** geboten sein.[44] Eine solche Begrenzung mag in der D&O-Versicherung in Betracht kommen, wenn vertragsseitig von der Rückwärtsdeckung nur diejenigen Versicherten ausgeschlossen sind, die Kenntnis von der vorvertraglich begangenen Pflichtverletzung hatten.[45] Durch eine solche Regelung gibt der VR nämlich zu erkennen, dass er grundsätzlich am Versicherungsvertrag festhalten will.

2. Obliegenheitsverletzungen/subjektive Risikoausschlüsse in der Person des VN

16 Verwirklicht der VN einen **subjektiven Risikoausschluss**, ist der VR auch gegenüber dem Versicherten (teilweise, § 81 II) leistungsfrei.[46] Demgegenüber wirken sich **Obliegenheitsverletzungen** des VN nicht stets zu Lasten des Versicherten aus.[47] Die Fassung von § 47 I (»auch ... die Kenntnis und das Verhalten des Versicherten«) lässt zwar nach Ansicht des BGH den Willen des Gesetzgebers erkennen, den VN als Träger von Obliegenheiten bei der Fremdversicherung nicht einfach durch den Versicherten zu ersetzen, sondern die Möglichkeit offen zu halten, eine Obliegenheitsverletzung des VN auch dem Versicherten zuzurechnen. Der Vorschrift sei jedoch nicht zu entnehmen, dass eine solche Zurechnung schlechthin bei allen, insbes. auch vertraglichen Obliegenheiten stattfinden solle.[48]

17 Entgegen einer verbreiteten Ansicht in der Literatur kommt es für die Zurechnung nicht darauf an, ob die Obliegenheit ein Gebot zum Tun – dann soll es genügen, wenn entweder der VN oder der Versicherte die Obliegenheit erfüllt – oder zum Unterlassen – Verletzung ist zu bejahen, wenn nur einer von beiden die Obliegenheit verletzt – aufstellt.[49] Dieses Zurechnungskriterium ist schon deshalb kein taugliches Abgrenzungsmerkmal, weil sich die Grenze zwischen Tun und Unterlassen oft kaum ziehen lässt. Für die Frage, ob Obliegenheitsverletzungen des VN sich nachteilig auf den Versicherungsanspruch des Versicherten auswirken, ist vielmehr der **Zweck der Obliegenheit** und das **Gewicht der durch sie geschützten Interessen des VR** zu berücksichtigen.

18 Zu beachten ist, dass der VR – abgesehen von den Fällen der Arglist – zur Leistung verpflichtet bleibt, soweit die Verletzung der Obliegenheit weder für den Eintritt oder die Feststellung des Versicherungsfalles noch für die Feststellung oder den Umfang der Leistungspflicht des VR ursächlich ist (vgl. §§ 21 II, 26 III Nr. 1, 28 III, 82 IV). Diese Wertung ist auch hinsichtlich der Auswirkungen von Obliegenheitsverletzungen des VN auf den Fremdversicherungsschutz des Versicherten zu berücksichtigen und hat zur Folge, dass der Fremdversicherungsschutz unberührt bleibt, wenn die Obliegenheitsverletzung des VN z.B. wegen Erfüllung der Obliegenheit durch den Versicherten folgenlos für den VR geblieben ist. Insoweit ist BGHZ 49, 130 ff. zu folgen. In

---

39 Vgl. L/W/*Wandt*, § 29 Rn. 14; B/M/*Heiss*, § 29 Rn. 16 ff.; P/M/*Armbrüster*, § 29 Rn. 3 f.; R/L/*Rixecker*, § 47 Rn. 6; a.A. *Rudzio*, Vorvertragliche Anzeigepflicht bei der D&O-Versicherung der Aktiengesellschaft, 2010, S. 174.
40 P/M/*Klimke*, § 47 Rn. 13; vgl. auch R/L/*Rixecker*, § 47 Rn. 7; HK-VVG/*Muschner* § 47 Rn. 11.
41 OLG Celle BeckRS 2009, 04747; OLG Celle BeckRS 2009, 05981; OLG Celle BeckRS 2009, 05982; LG Hannover BeckRS 2009, 20868; LG Hannover BeckRS 2009, 08099; *Gädtke* r+s 2013, 313, 321 f.; VersHb/*Armbrüster* § 6 Rn. 98; P/M/*Prölss*[27], § 74 VVG Rn. 7; Palandt/*Ellenberger*, § 123 Rn. 12; *Lange* ZIP 2006, 1680, 1681 f.; *Rudzio*, Vorvertragliche Anzeigpflicht bei der D&O-Versicherung der Aktiengesellschaft, 2010, S. 177; a.A. P/M/*Klimke* § 47 Rn. 8.
42 *Gädtke* r+s 2013, 313, 321.
43 Vgl. dazu auch *Sommer* ZVersWiss 2013, 491, 503.
44 Ablehnend *Rudzio*, Vorvertragliche Anzeigepflicht bei der D&O-Versicherung der Aktiengesellschaft, 2010, S. 176 f.
45 *R. Koch* WM 2007, 2371, 2183.
46 BGH VersR 1965, 425, 428.
47 BGHZ 24, 378, 382 = NJW 1957, 1233; BGHZ 26, 133, 136 = NJW 1958, 140; BGHZ 26, 282, 287 = NJW 1958, 548; BGHZ 49, 130, 134 = NJW 1968, 447; anders BGH VersR 1967, 343, 344.
48 Vgl. BGHZ 49, 130, 134 = NJW 1968, 447.
49 B/M/*K. Sieg*[8], Bd. II, § 79 Anm. 5 ff.; PK/*Hübsch*, § 47 Rn. 3.

jener zur Kfz-Haftpflichtversicherung vor Inkrafttreten des § 158i a.F. (= § 123) ergangenen Entscheidung hatte nur der versicherte Fahrer, nicht aber der VN Auskunft über den Versicherungsfall gegeben. Der BGH wandte § 334 BGB nicht an und lehnte eine Zurechnung der Aufklärungsobliegenheitsverletzung des VN zu Lasten des Mitversicherten nach § 79 a.F. mit der Begründung ab, die schutzwürdigen Interessen des VR seien durch den vom Mitversicherten abgegebenen Schadenbericht voll gewahrt.[50] **Täuscht der VN den VR arglistig** (§ 123 BGB), ergreift die Anfechtung des VR auch den Fremdversicherungsvertragsteil.[51]

Für den Bereich der **obligatorischen Haftpflichtversicherung** beschränkt § 123 I die Möglichkeit des VR, seine (teilweise) Leistungsfreiheit dem Versicherten entgegenzuhalten auf die Fälle, in denen der versicherte Dritte die zur Leistungsfreiheit führenden Umstände selbst zu vertreten hat oder sie ihm bekannt oder grob fahrlässig nicht bekannt sind.[52] 19

II. Kombinierte Eigen- und Fremdversicherung

Bei einer kombinierten Eigen- und Fremdversicherung ist durch denselben Versicherungsvertrag sowohl das eigene Interesse des VN als auch fremdes Interesse (des oder der Versicherten) gedeckt. Ein Versicherungsanspruch kann in diesen Fällen in der Person des VN und in der Person des (oder der) Versicherten entstehen (z.B. Kfz-Haftpflichtversicherung des Halters zugunsten des mitversicherten Fahrers, Betriebshaftpflichtversicherung des Unternehmers zugunsten der Betriebsangehörigen, Privathaftpflichtversicherung zugunsten der Familienangehörigen, Kfz-Kaskoversicherung zugunsten des Miteigentümers oder des Leasingnehmers zugunsten des Leasinggebers). Der einheitliche Versicherungsvertrag ist insoweit aufzuspalten in eine Versicherung für eigene Rechnung (des VN) »mit einer gedanklich davon zu trennenden Fremdversicherung«.[53] 20

1. Obliegenheitsverletzungen/subjektive Risikoausschlüsse in der Person des Versicherten

a) Auswirkungen auf den Fremdversicherungsschutz

Obliegenheitsverletzungen des Versicherten berühren im Grundsatz nur dessen eigenen Fremdversicherungsschutz.[54] Der Versicherungsanspruch des VN oder anderer Versicherter bleibt unberührt.[55] Gleiches gilt, wenn der Versicherte einen subjektiven Risikoausschluss verwirklicht.[56] 21

b) Auswirkungen auf den Eigenversicherungsschutz

Soweit der Versicherte seine vorvertragliche Anzeigeobliegenheit verletzt und der VR deshalb den Rücktritt vom Versicherungsvertrag erklärt, ist dieser nach § 29 I auf den Fremdversicherungsteil beschränkt. § 29 III findet analog Anwendung.[57] Der Versicherungsanspruch des VN bleibt somit unberührt.[58] Anders ist dies nur, wenn der Versicherte arglistig täuscht und der VR deshalb den Versicherungsvertrag anficht. Da Eigen- und Fremdversicherung Bestandteil ein und desselben Versicherungsvertrags sind, entfällt gem. § 142 BGB auch der Eigenversicherungsschutz, soweit nicht der VR die Anfechtung auf die Fremdversicherung beschränkt.[59] Eine derartige **Teilanfechtung** ist möglich, da die Eigenversicherung nach Wegfall des angefochtenen Teils bei objektiver und vom Parteiwillen unabhängiger Betrachtungsweise als selbständiges und unabhängig von dem angefochtenen Teil bestehendes Rechtsgeschäft denkbar ist. Ob der restliche Teil – die Eigenversicherung – wirksam bleibt, beurteilt sich nach **§ 139 BGB**.[60] Es kommt darauf an, ob die Parteien den Versicherungsvertrag nur als Eigenversicherung, d.h. ohne Mitversicherung fremder Risiken, abgeschlossen hätten. 22

Eine Rechtsfolgenbegrenzung i.S.v. § 139 BGB aus § 242 BGB (Rdn. 15) ist hier im Hinblick auf die Rechtsnatur von § 47 I als Zurechnungsnorm und den Normzweck (Rdn. 1) nicht angezeigt. Dem VR drohten nämlich durch die Rollenspaltung Nachteile in den Fällen, in denen der VN auf Veranlassung der versicherten Person einen Versicherungsvertrag abschließt und nur die versicherte Person Kenntnis von Umständen hat, nach denen der VR den VN gefragt hatte. Hat beim Abschluss einer Kfz-Kaskoversicherung durch den Leasingnehmer zugunsten des Leasinggebers (= versicherte Person) nur der Leasinggeber Kenntnis von Vorschäden hat, nach denen der VR den Leasingnehmer gefragt hatte, muss sich der Leasingnehmer das Wissen des 23

---

50 A.A. wohl BGH VersR 1979, 176, 177; OGH VersR 1994, 459, 460; vgl. auch B/M/*K. Sieg*[8], Bd. II, § 79 Rn. 6.
51 *Looschelders* r+s 2015, 581, 585 f.
52 Vgl. *R. Johannsen* VersR 1991, 500.
53 BGHZ 49, 130, 133 = NJW 1968, 447.
54 BGH r+s 2003, 186 f.; BGHZ 35, 153, 163 f.; BGHZ 24, 378, 384; BGH VersR 1982, 84; B/M/*Brand*, § 47 Rn. 32; P/M/*Klimke*, § 47 Rn. 10; R/L/*Rixecker*, § 47 Rn. 8; vgl. auch OLG Rostock ZfS 2011, 393.
55 OLG Köln r+s 2003, 296, 297; OLG Hamm VersR 1994, 1464; R/L/*Rixecker*, § 47 Rn. 8.
56 Vgl. BGH VersR 1971, 239, 240; OLG Karlsruhe r+s 2013, 121, 122; OLG Hamm NJW-RR 2006, 397; OLG Köln r+s 2003, 296, 297; OLG Frankfurt (Main) VersR 1997, 224, 225; OLG Schleswig VersR 1995, 827; OLG Koblenz VersR 1994, 715, 716; LG Berlin, Urt. vom 27.11.2012, 7 O 395/11; P/M/*Klimke*, § 47 Rn. 11; B/M/*Brand*, § 47 Rn. 32; R/L/*Rixecker*, § 47 Rn. 8; VersHb/*Armbrüster*, § 6 Rn. 124.
57 B/M/*Heiss*, § 29 Rn. 32.
58 OLG Köln r+s 2003, 296, 297; OLG Hamm VersR 1994, 1464.
59 BGH NJW 1969, 1759, 1760.
60 Vgl. OLG Saarbrücken r+s 1997, 303, 304 f.; s. auch BGH NJW 1969, 1759, 1760; BAG NJOZ 2006, 1859, 1864.

Leasinggebers nach § 47 I zurechnen lassen mit der Folge, dass der VR vom Versicherungsvertrag zurücktreten und/oder den Vertrag wegen arglistiger Täuschung anfechten kann. Anderenfalls würde der Leasinggeber als Eigentümer des Kfz unmittelbar von der Versicherungsleistung des VR profitieren. Bei der Haftpflichtversicherung stellt sich die Situation im Grunde genommen nicht anders dar, wenn die versicherte Person Kenntnis von Umständen hat, nach denen der VR gefragt hatte. Hat die vom geschädigten Dritten in Anspruch genommene versicherte Person einen Freistellungsanspruch gegen den VN, profitiert sie nämlich mittelbar von der Aufrechterhaltung des (Betriebs-)Haftpflichteigenversicherungsschutzes.

24 Der Versicherungsschutz des VN wird darüber hinaus durch Obliegenheitsverletzungen des Versicherten nachteilig berührt, wenn dieser **Repräsentant** des VN war.[61] Gleiches gilt für die Verwirklichung subjektiver Risikoausschlüsse.[62]

2. Obliegenheitsverletzungen/subjektive Risikoausschlüsse in der Person des VN

a) Auswirkungen auf den Eigenversicherungsschutz

25 Verstöße des VN gegen Obliegenheiten lassen den VR ebenso wie die Verwirklichung eines subjektiven Risikoausschlusses durch den VN hinsichtlich der Eigenversicherung ganz oder teilweise (§ 81 II) leistungsfrei werden.

b) Auswirkungen auf den Fremdversicherungsschutz

26 Verwirklicht der VN einen subjektiven **Risikoausschluss**, ist der VR auch gegenüber dem Versicherten (teilweise, § 81 II) leistungsfrei.[63] Subjektive Risikoausschlüsse sind vornehmlich in der Sachversicherung von Bedeutung. Beschädigt der Leasingnehmer in seiner Eigenschaft als VN vorsätzlich das Leasinggut, so verliert auch der mitversicherte Leasinggeber seinen Anspruch gegen den Kaskoversicherer.[64] In der Haftpflichtversicherung lässt die vorsätzliche Herbeiführung des Schadens (§ 103) durch den VN den Versicherungsschutz des nur fahrlässig an der Schadensherbeiführung mitwirkenden Versicherten entfallen. Dies gilt gem. § 123 II auch für die obligatorische Haftpflichtversicherung.

27 Ob sich **Obliegenheitsverletzungen** des VN nachteilig auf den Versicherungsanspruch des Versicherten auswirken, hängt vom **Zweck der Obliegenheit** und dem Gewicht der durch sie geschützten **Interessen des VR** ab (Rdn. 17). Eine Zurechnung kommt deshalb nur unter der Voraussetzung in Betracht, dass sich die verletzte Obliegenheit auch auf den das Fremdinteresse des Versicherten deckenden Teil des Versicherungsvertrages bezieht. Im Übrigen bleibt der Fremdversicherungsschutz unberührt, wenn die Obliegenheitsverletzung des VN z.B. wegen Erfüllung der Obliegenheit durch den Versicherten folgenlos für den VR geblieben ist (Rdn. 18). **Täuscht der VN den VR arglistig** (§ 123 BGB), ergreift die Anfechtung des VR auch den Fremdversicherungsvertragsteil. Für den Bereich der **obligatorischen Haftpflichtversicherung** gilt die Beschränkung des § 123 I (Rdn. 19).

D. Beweislast

28 Will der VR Leistungen wegen des Verhaltens oder des Wissens einer nicht am Vertrag als Partei beteiligten Person unter Berufung auf § 47 versagen, muss er den Charakter des Versicherungsvertrages als vollständige oder teilweise Versicherung für fremde Rechnung beweisen.[65]

E. Abänderlichkeit

29 **§ 47 ist abdingbar.**[66] Die bei der Versicherung für fremde Rechnung vorhandene Gefährdung der Rechte des Versicherten durch ihre Abhängigkeit von dem Verhalten des VN kann durch besondere Vereinbarungen der Beteiligten ausgeschlossen werden.[67] Eine Vereinbarung, wonach dem Versicherten von ihm nicht mitverschuldete Obliegenheitsverletzungen des VN entgegengehalten werden können, ist wirksam. Auch kann der VR gegenüber dem Versicherten (Kreditinstitut, Leasinggeber) auf bestimmte Einwendungen aus seinem Rechtsverhältnis zum VN verzichten.[68] In diesen Fällen bleibt er gegenüber dem Versicherten kraft vertraglicher Vereinbarung verpflichtet, auch wenn eine solche Verpflichtung gegenüber dem VN nicht besteht. Ist der VN Dritter i.S.v. § 86 I 1, ist ein Regress gegen den VN möglich.[69] Ob und inwieweit Repräsentantenklauseln die Zurechnung gem. § 47 abbedingen, ist eine Frage der Auslegung.[70]

---

61 BGH r+s 2003, 186; BGH VersR 1971, 1119, 1121; zur Kfz-Kasko-Versicherung: OLG Karlsruhe r+s 2013, 121, 123; OLG Nürnberg NJW-RR 1992, 360; OLG Hamm NJW-RR 1998, 821; OLG Saarbrücken VersR 1998, 883.
62 P/M/*Klimke*, § 47 Rn. 10, 11 m.w.N.
63 BGH VersR 1965, 425, 428.
64 Vgl. B/M/*Brand*, § 47 Rn. 35.
65 OLG Oldenburg NVersZ 2000, 280 f.; R/L/*Rixecker* § 47 Rn. 9; a.A. P/M/*Klimke* § 47 Rn. 14.
66 Nach B/M/*Brand*, § 47 Rn. 35 ist § 47 II 1 Alt. 1 zwingendes Recht.
67 BGHZ 49, 130, 134 = NJW 1968, 447.
68 BGH VersR 1979, 176, 178.
69 *Koch* VersR 2016, 765, 766; vgl. auch OGH VersR 1994, 459, 460.
70 Vgl. hierzu *Gädtke* r+s 2013, 313, 318 ff.

§ 48 Versicherung für Rechnung »wen es angeht«.

Ist die Versicherung für Rechnung »wen es angeht« genommen oder ist dem Vertrag in sonstiger Weise zu entnehmen, dass unbestimmt bleiben soll, ob eigenes oder fremdes Interesse versichert ist, sind die §§ 43 bis 47 anzuwenden, wenn sich aus den Umständen ergibt, dass fremdes Interesse versichert ist.

Übersicht

	Rdn.		Rdn.
A. Allgemeines	1	B. Tatbestand	3
I. Normzweck	1	C. Rechtsfolgen	6
II. Entstehungsgeschichte	2	D. Beweislast	7

A. Allgemeines

I. Normzweck

§ 48 regelt den Fall, dass nach dem Versicherungsvertrag zunächst offen gelassen ist, ob eigenes oder fremdes Interesse versichert werden soll. Die Versicherung für »wen es angeht« zählt zu denjenigen Rechtsgeschäften, bei denen ein Inhaltselement zunächst unbestimmt bleibt.[1] Sie weist insoweit Parallelen zu Blankovollmacht, -wechsel und -indossament auf.[2] Durch eine Versicherung für Rechnung »wen es angeht« können Interessen gedeckt werden, deren Träger bei Abschluss des Versicherungsvertrages noch nicht existent sind (z.B. Feuerversicherung für künftige Wohnungseigentümergemeinschaft[3]), ungewiss sind (etwa weil die Berechtigung an der versicherten Sache unklar/im Streit ist) oder wechseln können[4], oder eine Mehrheit von Personen mit unbestimmter/veränderlicher Beteiligung bilden.[5]

1

II. Entstehungsgeschichte

Die Regelung stimmt mit § 80 II a.F. überein.[6]

2

B. Tatbestand

Die Anwendung von § 48 hat zur Voraussetzung, dass die Parteien bewusst – sei es durch die Verwendung des Begriffs »für Rechnung, wen es angeht«, sei es sonst wie – unbestimmt lassen, ob eigenes oder fremdes Interesse versichert ist. Dem Vertrag muss nur »zu entnehmen« sein, dass die Parteien sich darüber einig sind, dass **entweder eigenes oder fremdes Interesse** versichert sein soll. Darüber hinaus ist eine Einigung über die **Art des Interesses** nötig, damit der Träger im Versicherungsfall bestimmt werden kann.[7] Ob die Parteien sich unter der Versicherung für Rechnung, wen es angeht, eine Eigenversicherung oder eine Fremdversicherung oder die Versicherung eines bestimmten Fremden vorgestellt haben, und ob diese Vorstellung richtig oder unrichtig ist, ist ohne Bedeutung.[8]

3

Keine Anwendung findet § 48 auf die kombinierte Eigen- und Fremdversicherung (§ 47 Rdn. 20).[9] § 48 ist ferner nicht anwendbar auf den Fall der Veräußerung der Sache durch den VN gem. § 95, weil der Erwerber seine Rechtsstellung als Versicherter unmittelbar aus dem Versicherungsvertrag erwirbt.[10]

4

Beispiele für Versicherungen für Rechnung »wen es angeht« sind die Transportversicherung[11], die Kaskoversicherung nach den Sonderbedingungen zur Haftpflicht- und Fahrzeugversicherung im Kfz-Handel und -Handwerk bei Anbringung eines roten Kennzeichens an einem betriebsfremden Fahrzeug[12], die Insassenunfallversicherung[13], vom Alleineigentümer eines Wohngebäudes genommene Wohngebäudeversicherung zugunsten einer noch nicht bestehenden Wohnungseigentümergemeinschaft[14], die Wohngebäudeversicherung zugunsten des Käufers in der Zeit zwischen Gefahrübergang und Eigentumswechsel durch Grundbuchumschreibung.[15]

5

---

1 BGH VersR 1968, 42, 43.
2 B/M/*Brand*, § 48 Rn. 15.
3 Vgl. OLG Koblenz r+s 1996, 450, 451.
4 Vgl. BGH NJW-RR 1987, 856; BGH VersR 1968, 42, 43.
5 PK/*Hübsch*, § 48 Rn. 3.
6 Zur Entwicklung s. Ritter/*Abraham*, Das Recht der Seeversicherung, 2. Aufl. 1967, § 52 ADS Anm. 16.
7 Vgl. RGZ 145, 384, 386 f.; P/M/*Klimke*, § 48 Rn. 2; B/M/*Brand*, § 48 Rn. 20.
8 Vgl. RGZ 89, 21, 25.
9 PK/*Hübsch*, § 45 Rn. 4.
10 Vgl. OLG Koblenz r+s 1996, 450, 451; P/M/*Klimke*, § 48 Rn. 2; VersHb/*Armbrüster*, § 6 Rn. 148; R/L/*Rixecker*, § 48 Rn. 2.
11 BGH VersR 1968, 42, 43; BGH VersR 1967, 151, 152; OLG Frankfurt (Main) VersR 1978, 169, 170.
12 BGH NJW-RR 1987, 856; OLG Köln VersR 1990, 847, 848.
13 OGH VersR 1974, 455.
14 OLG Brandenburg, Urt. vom 20.12.2006, 13 U 85/06; OLG Koblenz r+s 1996, 450, 451; a.A. P/M/*Klimke*, § 48 Rn. 2; VersHb/*Armbrüster*, § 6 Rn. 148, 194.
15 OLG Jena r+s 2004, 331, 333; OLG Düsseldorf r+s 1995, 425; OLG Hamburg VersR 1978, 1138; B/M/*Brand*, § 48 Rn. 10; L/W/*Dageförde*, § 48 Rn. 4; a.A. *Schirmer* ZVersWiss 1981, 637, 651; *K. Sieg* VersR 1995, 125 f.

Vor §§ 49 ff.

C. Rechtsfolgen

6   Ist die Versicherung für Rechnung »wen es angeht« genommen worden, ist zunächst festzustellen, ob eigenes oder fremdes Interesse – oder beides – versichert ist.[16] Bei Versicherung fremden Interesses sind die Regeln über die Fremdversicherung anzuwenden. Gleiches gilt, wenn dem Vertrag in sonstiger Weise zu entnehmen ist, dass offen bleiben soll, ob mit dem Versicherungsvertrag eigenes oder fremdes Interesse versichert sein soll. Inhaber des Versicherungsanspruchs ist der **jeweilige Interessenträger im Zeitpunkt des Versicherungsfalls**.[17]

D. Beweislast

7   Beweispflichtig für das Vorliegen einer Fremdversicherung ist derjenige, der sich auf ihr Bestehen beruft.[18]

Abschnitt 5. Vorläufige Deckung
Vorbemerkung zu §§ 49 ff.

Übersicht

	Rdn.		Rdn.
A. Allgemeines	1	III. Anwendungsbereich/Bedeutung in der Kraftfahrtversicherung	4
I. Entstehungsgeschichte	1		
II. Normzweck und Rechtsnatur	2	B. AKB 2008/AKB 2015	8

Schrifttum:
Gitzel, Die Beendigung eines Vertrags über die vorläufige Deckung bei Prämienzahlungsverzug nach dem Regierungsentwurf eines Gesetzes zur Reform des Versicherungsvertragsrechts, VersR 2007, 322; *Münstermann,* Vertragsschluss und Beginn des Versicherungsschutzes nach der VVG-Reform, Versicherung und Recht kompakt 2007, 73; *Rixecker,* VVG 2008 – Eine Einführung, ZfS 2007, 314.

A. Allgemeines

I. Entstehungsgeschichte

1   Bis zum Inkrafttreten des VVG von 2008 gab es lediglich hinsichtlich des in der Praxis besonders relevanten Bereichs der Kfz-Haftpflichtversicherung einige notwendige Regelungen für die vorläufige Deckung in dem (weiterhin geltenden) § 9 KfzPflVV. Die vorläufige Deckung hat nicht nur in der Kraftfahrtversicherung, sondern auch in anderen Versicherungszweigen, z.B. bei Haftpflicht- und Sachversicherungen im Industriesektor und auch bei der fakultativen Einzelrückversicherung[1], große Bedeutung sowohl für den VR als auch für den VN: Vielfach besteht erhebliches Interesse, Versicherungsschutz bereits vor Abschluss eines beabsichtigten Versicherungsvertrags zu erhalten. Hierdurch kann zum einen der Zeitraum überbrückt werden, der für die Verhandlungen über den Hauptversicherungsvertrag, für die Beibringung der notwendigen Unterlagen durch den VN und für die Prüfung des Antrags durch den VR einschließlich der Risikoprüfung und Tarifierung benötigt wird. Zum anderen kann der VR die vorläufige Deckung auch als Marketingmittel einsetzen, indem er einen vertraglich noch nicht gebundenen Interessenten hierdurch zu bevorzugten Vertragsverhandlungen veranlasst.[2] Der Gesetzgeber erkannte das Fehlen gesetzlicher Regelungen als nicht sachgerechten Zustand und regelte die vorläufige Deckung erstmals im VVG von 2008. Er hat in den §§ 49–52 die von der Rspr. aufgrund des allgemeinen Zivilrechts bereits entwickelten Grundsätze zur vorläufigen Deckung[3] weitestgehend gesetzlich umgesetzt. Weitere Regelungen zur vorläufigen Deckung finden sich in den §§ 6 II, 8 III Nr. 2, 62 II.

II. Normzweck und Rechtsnatur

2   Aufgrund der Zusage der vorläufigen Deckung besteht Versicherungsschutz bereits vor Ausstellung der Versicherungspolice zum Hauptvertrag und zumeist auch vor Zahlung einer Prämie. Wesentliches Merkmal des Vertrags über die vorläufige Deckung ist, dass der VR das Risiko des VN für einen vorübergehenden Zeitraum absichert; auf diesen Versicherungsvertrag sind die Bestimmungen des VVG anzuwenden.[4]

---

16 R/L/*Rixecker*, § 48 Rn. 2.
17 PK/*Hübsch*, § 45 Rn. 5; a.A. B/M/*Brand*, § 48 Rn. 27: Zeitpunkt des Wechsels des Interesseträgers ist maßgeblich.
18 B/M/*Brand*, § 48 Rn. 36.
1   PK/*Schwintowski*, Vorbemerkungen zu den §§ 49 bis 52, Rn. 1.
2   Begr. RegE BT-Drucks. 16/3945 S. 73.
3   Vgl. P/M/*Klimke*, Vor § 49 Rn. 1.
4   Begr. RegE BT-Drucks. 16/3945 S. 73.

Es besteht in der Wirkung Ähnlichkeit mit der Rückwärtsversicherung gem. § 2,[5] bei der Rückwärtsversicherung besteht jedoch nur bei Zustandekommen des Hauptvertrages Versicherungsschutz, während die vorläufige Deckungszusage selbst ein **eigenständiger Versicherungsvertrag** ist. Der insofern eindeutige Wortlaut des § 49 I 1 wird von der stRspr.[6] bestätigt. Der eigenständige Versicherungsvertrag über die vorläufige Deckung ist somit von dem sich i.d.R. anschließenden Hauptvertrag zu unterscheiden, selbst wenn Bestimmungen zur vorläufigen Deckung (z.B. Prämienzahlung, Versicherungszeit) im Hauptvertrag enthalten sind.[7] Auch wenn von einer Zusage des VR über die vorläufige Versicherung gesprochen wird, handelt es sich nicht um ein einseitiges, sondern um ein synallagmatisches Rechtsgeschäft. Der Vertrag über die vorläufige Deckung kommt durch Angebot und Annahme zustande.[8] Er kann **formlos** und auch stillschweigend durch VR und VN vereinbart werden, falls in den jeweiligen vertraglichen Vereinbarungen keine andere Regelung enthalten ist.[9] Bereits in der Angabe des Antragsdatums als Versicherungsbeginn im Antragsformular kann ein **konkludenter Antrag** des VN auf vorläufige Deckung gesehen werden.[10] Ebenso kann ein konkludenter Abschluss gegeben sein, wenn der Zweck des Versicherungsschutzes ohne Gewährung sofortiger Deckung erkennbar für beide Vertragsparteien grundsätzlich verfehlt würde.[11] Im Bereich der Kraftfahrtversicherung kommt der Vertrag durch schlüssiges Handeln bei Aushändigung der elektronischen Versicherungsbestätigungsnummer (eVB-Nummer) zustande.[12]   3

III. Anwendungsbereich/Bedeutung in der Kraftfahrtversicherung

Die gesetzlichen Bestimmungen zur vorläufigen Deckung beziehen sich auf **alle Versicherungsarten**, nicht nur auf die Kraftfahrtversicherung. Im Bereich der Kraftfahrtversicherung (s. Anh. Teil A. Kraftfahrtversicherung) hat die vorläufige Deckung jedoch die größte praktische Bedeutung. Denn das Bestehen der erforderlichen Kfz-Haftpflichtversicherung i.S.v. § 1 PflVG ist einerseits Voraussetzung für die Zulassung eines Kfz gem. § 3 I 2 Fahrzeug-Zulassungsverordnung (FZV),[13] und andererseits kann der endgültige Vertrag über die Kfz-Haftpflichtversicherung erst nach der Zulassung geschlossen werden. Gem. § 23 II 4 Nr. 1 FZV können der Halter des Fahrzeugs und der Versicherungsnehmer des vorläufigen Deckungsschutzes personenverschieden sein.[14]   4

Zur vorläufigen Deckung in der **Kfz-Haftpflichtversicherung** finden sich neben den §§ 49–52 Spezialregelungen in § 9 KfzPflVV und in den vom GDV empfohlenen AKB (aktuell: B.2 AKB 2015). Zur vorläufigen Deckung in der **Kaskoversicherung** und Unfallversicherung bestehen keine spezialgesetzlichen Regelungen. Die §§ 49–52 sind hierauf anwendbar, enthalten aber keine Änderung zur bisherigen stRspr.: Danach führt die Aushändigung der Versicherungsbestätigung an den VN, der einen einheitlichen Antrag auf Abschluss einer Kfz-Haftpflicht- und einer Kaskoversicherung gestellt hat, auch zur vorläufigen Deckung in der Kaskoversicherung, und zwar immer dann, wenn der VR nicht darauf hingewiesen hat, dass die vorläufige Deckung nur für die Kfz-Haftpflichtversicherung gewährt wird.[15] Dies gilt sogar dann, wenn der VN dem VR den Wunsch auf Kaskoversicherungsschutz nur telefonisch oder auch sonst mündlich mitgeteilt hat.[16] Insoweit ist der VN allerdings beweisbelastet. Weiterhin kommt es nicht darauf an, ob der VN einen verbindlichen schriftlichen Antrag auf Abschluss eines Hauptvertrages überhaupt stellt.[17] Die von der Rspr. entwickelten Grundsätze gelten ebenso für den Fall des Versands einer eVB an die Zulassungsstelle.[18]   5

Die Regelung in B.2.2 AKB 2008, wonach in der Kasko- und der Kfz-Unfallversicherung vorläufiger Versicherungsschutz nur dann bestehen soll, wenn der VR dies ausdrücklich zugesagt hat, wird einer gerichtlichen   6

---

5 Vgl. R/L/*Rixecker*, § 49 Rn. 2; PK/*Schwintowski*, § 49 Rn. 12 ff.
6 Vgl. OLG Saarbrücken ZfS 2013, 100; AG Bremen r+s 2014, 406; bereits vor der VVG-Reform war die Eigenschaft als eigenständiger Versicherungsvertrag stRspr.: BGH VersR 2001, 489; weitere Nachweise bei P/M/*Klimke*, Vor § 49 Rn. 4.
7 BGH VersR 2001, 489; VersR 1999, 1266, 1267; vgl. AG Krefeld, Urt. v. 1. August 2013, 3 C 16/12, Rn. 24.
8 OLG Frankfurt (Main) VersR 1993, 1347, 1348; AG Bremen r+s 2014, 406.
9 BGH NZV 1999, 465; vgl. auch P/M/*Klimke*, Vor § 49 Rn. 6 m.w.N.
10 OLG Frankfurt (Main) VersR 1993, 1347, 1348; LG Hannover VersR 1980, 350; a.A. OLG München r+s 1988, 372, 373; P/M/*Klimke*, Vor § 49 Rn. 6.
11 OLG Hamm VersR 1992, 1462.
12 AG Bremen r+s 2014, 406, 407; AG Krefeld, Urt. v. 1. August 2013, 3 C 16/12, Rn. 24; AG Nordenham DV 2013, 34.
13 Ursprungsfassung vom 25.04.2006 (BGBl. I 2006, S. 988 ff. und S. 3226 ff.), Neufassung vom 03.02.2011 (BGBl. I 2011, S. 139) ersetzte den alten § 29a StVZO, der damit entfiel, zum 01.03.2007.
14 Vgl. LG Heidelberg NJW-RR 2013, 93 f.; AG Bremen r+s 2014, 406; AG Krefeld, Urt. v. 1. August 2013, 3 C 16/12, Rn. 24; AG Nordenham DV 2013, 34.
15 BGH VersR 1999, 1274, 1275; VersR 1964, 840.
16 BGH VersR 1999, 1274, 1275; VersR 1986, 541, 542; KG Berlin VersR 2015, 1285, 1286; differenzierend L/W/*Rixecker*, § 49 Rn. 16; *Schimikowski*, jurisPR-VersR 7/2015 Anm. 5.
17 BGH NZV 1999, 465; VersR 1999, 1274, 1275.
18 KG Berlin VersR 2015, 1285.

Überprüfung kaum standhalten:[19] Derjenige, dem die Klausel bei den Verhandlungen mit seinem VR unbekannt oder nicht mehr gegenwärtig ist, bleibt unverändert schutz- und aufklärungsbedürftig im Hinblick darauf, ob die Regelung in den AVB steht oder nicht.[20]

7 Der VN ist somit bei Nennung der eVB-Nummer ausdrücklich darauf hinzuweisen, dass die vorläufige Deckung sich nur auf die Kfz-Haftpflichtversicherung bezieht und dass eine vorläufige Deckung in der Kaskoversicherung gerade nicht zustande kommen soll.[21] Der VR hat zu beweisen, dass er auf die beschränkte Deckung nur für die Kfz-Haftpflichtversicherung ausdrücklich hingewiesen hat.[22] Aus Sicht des VR ist es daher sinnvoll, einen betreffenden drucktechnisch hervorgehobenen deutlichen Hinweis in das Antragsformular und auch in die AVB aufzunehmen[23] oder sogar zusammen mit der Versicherungsbestätigungskarte einen separaten Handzettel mit entsprechendem Warnhinweis auszuhändigen.[24]

B. AKB 2008/AKB 2015

8 Im Vorfeld zum Inkrafttreten der VVG-Reform zum 01.01.2008 hat der GDV die von ihm empfohlenen unverbindlichen MB für die Kraftfahrtversicherung grundlegend überarbeitet. Zum 05.07.2007 gab der GDV die Allgemeinen Bedingungen für die Kfz-Versicherung (AKB 2008) heraus. Aktuell sind die AKB 2008 in der Fassung vom 17.03.2010.

9 Ende Januar 2015 veröffentlichte der GDV die AKB 2015, die nunmehr in der Fassung zum 06.07.2016 aktuell sind. Wenngleich der Anlass für die Aktualisierung primär darin bestand, den Kritikpunkten im Hinblick auf sprachliche Unverständlichkeiten weiter entgegenzuwirken, stellen die AKB 2015 gleichwohl die erste größere Überarbeitung der AKB 2008 dar:[25] Erstmals ist die Fahrerschutzversicherung in den vom GDV empfohlenen MB geregelt.

10 In B.2 AKB 2008 bzw. B.2 AKB 2015 sind die Versicherungsbedingungen zum vorläufigen Versicherungsschutz enthalten. Hierauf wird nachfolgend jeweils hingewiesen.

§ 49 Inhalt des Vertrags.

(1) ¹Bei einem Versicherungsvertrag, dessen wesentlicher Inhalt die Gewährung einer vorläufigen Deckung durch den Versicherer ist, kann vereinbart werden, dass dem Versicherungsnehmer die Vertragsbestimmungen und die Informationen nach § 7 Abs. 1 in Verbindung mit einer Rechtsverordnung nach § 7 Abs. 2 nur auf Anforderung und spätestens mit dem Versicherungsschein vom Versicherer zu übermitteln sind. ²Auf einen Fernabsatzvertrag im Sinn des § 312c des Bürgerlichen Gesetzbuchs ist Satz 1 nicht anzuwenden.
(2) ¹Werden die Allgemeinen Versicherungsbedingungen dem Versicherungsnehmer bei Vertragsschluss nicht übermittelt, werden die vom Versicherer zu diesem Zeitpunkt für den vorläufigen Versicherungsschutz üblicherweise verwendeten Bedingungen, bei Fehlen solcher Bedingungen die für den Hauptvertrag vom Versicherer verwendeten Bedingungen auch ohne ausdrücklichen Hinweis hierauf Vertragsbestandteil. ²Bestehen Zweifel, welche Bedingungen für den Vertrag gelten sollen, werden die zum Zeitpunkt des Vertragsschlusses vom Versicherer verwendeten Bedingungen, die für den Versicherungsnehmer am günstigsten sind, Vertragsbestandteil.

Übersicht

	Rdn.		Rdn.
A. Tatbestand und Rechtsfolgen	1	III. Vertragsinhalt (Abs. 2)	6
I. Eigenständiger Vertrag (Abs. 1 Satz 1)	1	B. Beweislast	11
II. Eingeschränkte Informationspflichten (Abs. 1 Satz 1 und 2)	2		

A. Tatbestand und Rechtsfolgen

I. Eigenständiger Vertrag (Abs. 1 Satz 1)

1 Abs. 1 Satz 1 stellt gesetzlich klar, dass die Vereinbarung über die vorläufige Deckung ein eigenständiger Versicherungsvertrag ist, der vom i.d.R. sich anschließenden Hauptversicherungsvertrag zu unterscheiden ist. Eine wirksame Anfechtung des Hauptvertrages führt aber nicht dazu, dass der vorläufige Versicherungsschutz wiederauflebt.[1]

---

19 Das gilt auch für B.2.2 AKB 2015 zum vorläufigen Versicherungsschutz, der um die Fahrerschutzversicherung ergänzt wurde.
20 BGH VersR 1986, 541; OLG Hamm VersR 1990, 82, 84; P/M/*Knappmann*, AKB 2008 § B_2 Rn. 6 m.w.N.
21 Vgl. BGH NJW-RR 1986, 767, 768; KG Berlin, VersR 2015, 1285, 1286.
22 OLG Saarbrücken NJW-RR 2006, 1104; LG Frankfurt (Main) VersR 1994, 301, 302; vgl. R/L/*Rixecker*, § 49 Rn. 14.
23 P/M/*Knappmann*, AKB 2008 § B-2 Rn. 6.
24 Vgl. PK/*Schwintowski*, § 49 Rn. 7.
25 So auch *Heinrichs*, DAR 2015, 195, 195 f.; *Knappmann*, VRR 2015, 3.
1 OLG Saarbrücken ZfS 2013, 100.

II. Eingeschränkte Informationspflichten (Abs. 1 Satz 1 und 2)

Der Gesetzgeber hat das Bedürfnis der Praxis nach Erleichterung eines schnellen Abschlusses des Vertrags 2
über die vorläufige Deckung erkannt und in Abs. 1 Satz 2 gesetzliche Ausnahmen zu den grundsätzlich zu beachtenden Informationspflichten des VR vor Abgabe der Vertragserklärung des VN gem. § 7 I geregelt: Beim Vertrag über die vorläufige Deckung können die Vertragsparteien den § 7 I **vertraglich abbedingen** und vereinbaren, dass dem VN die Vertragsbestimmungen einschließlich der AVB und die weiteren Informationen gem. der VVG-InfoV[2] nicht bereits vor Abgabe von dessen Vertragserklärung mitzuteilen sind, sondern dass diese Informationen nur auf Verlangen des VN und spätestens mit dem Versicherungsschein (zum Hauptvertrag) in Textform übermittelt werden.

Der Gesetzgeber erläutert in der Begr. zum Gesetzesentwurf, dass eine solche Vereinbarung auch stillschweigend zustande kommen kann; dies kommt v.a. dem Interesse des VN an Versicherungsschutz in der Übergangsphase bis zum Abschluss des Hauptvertrags entgegen. Durch die i.d.R. kurze Dauer des Vertrags und die in § 52 geregelten Möglichkeiten der vorzeitigen Beendigung der vorläufigen Deckung ist umgekehrt eine unangemessene Benachteiligung des VN, der den vorläufigen Versicherungsschutz i.d.R. gem. § 51 zu bezahlen hat, weitgehend ausgeschlossen.[3] 3

Die Informations-, Beratungs- und Dokumentationspflichten gem. den **§§ 6, 61 und 62** bleiben hiervon unberührt, für Verträge über die vorläufige Deckung sind aber ebenfalls einige Erleichterungen in §§ 6 II 2 und 3, 62 II vorgesehen: So dürfen die Informationen und Beratungsinhalte nach §§ 6 II 1, 61 und 62 I **mündlich übermittelt** werden. In diesem Fall sind die Angaben dem VN jedoch unverzüglich nach Vertragsschluss nochmals in Textform zu übermitteln, es sei denn – im Fall von § 6 – der Hauptvertrag kommt gar nicht zustande oder es handelt sich um einen Vertrag über die vorläufige Deckung bei Pflichtversicherungen. Bei einem einheitlichen Antrag des VN auf Gewährung von Kfz-Haftpflicht- und Kaskoversicherung ist die Dokumentation allerdings ebenfalls einheitlich, also nicht bloß für die Kaskoversicherung, geschuldet.[4] 4

Gem. Abs. 1 Satz 2 gelten die vorgenannten Erleichterungen der Informationspflichten nicht für **Fernabsatzverträge i.S.v. § 312c BGB**, da diese Erleichterungen für Verträge über die vorläufige Deckung in der RiLi 2002/65/EG v. 23.09.2002 über den Fernabsatz von Finanzdienstleistungen an Verbraucher[5] nicht vorgesehen sind. Gem. § 312 VI BGB finden von den §§ 312a bis 312h BGB auf Verträge über Versicherungen sowie auf Verträge über deren Vermittlung nur § 312a Absatz 3, 4 und 6 BGB Anwendung; insoweit wurden die betr. Sonderregelungen aufgrund des Sachzusammenhangs in den §§ 7 I 3, 8, 152 und der VVG-InfoV platziert.[6] Danach ist bei Fernabsatz die Information des VN unverzüglich nach Vertragsschluss in Textform nachzuholen, und zwar auch dann, wenn der VN durch eine gesonderte schriftliche Erklärung auf eine solche Information vor Abgabe seiner Vertragserklärung ausdrücklich verzichtet. 5

III. Vertragsinhalt (Abs. 2)

Der **Inhalt der vorläufigen Deckung** richtet sich nach den Vereinbarungen der Vertragsparteien, insbes. nach den AVB, sowie den Bestimmungen des VVG. In der Praxis treffen die Parteien selten schriftliche Vereinbarungen über die vorläufige Deckung. Oftmals sprechen die Parteien zum Inhalt der vorläufigen Deckung gar nichts ab, insbes. dann, wenn der Vertrag konkludent zustande kommt. Früher wurde in solchen Fällen angenommen, dass dennoch irgendwelche AVB als vereinbart angesehen werden müssen.[7] 6

Grundsätzlich können AVB nur bei Erfüllung der Voraussetzungen des **§ 305 II Nr. 1 BGB** Vertragsbestandteil werden: Der Verwender, also der VR, weist auf sie hin und verschafft dem Vertragspartner, also dem VN, die Möglichkeit zur Kenntnisnahme. Dies geschieht beim Abschluss eines Vertrages über die vorläufige Deckung praktisch nie. Selbst wenn z.B. in der Kfz-Haftpflichtversicherung ein solcher Hinweis auf der Versicherungsbestätigung abgedruckt wäre, würde dieser den Anforderungen des § 305 II Nr. 1 BGB nicht entsprechen: Denn Empfänger der Versicherungsbestätigung/eVB ist nicht der VN, sondern die Zulassungsstelle, der zwecks Zulassung mitgeteilt wird, dass für das Fahrzeug eine Kfz-Haftpflichtdeckung besteht.[8] 7

Die Regelung des Abs. 2 schafft hier **Rechtsklarheit** und zusätzlichen **Schutz des VN**: Es werden die vom VR zum Zeitpunkt der Vereinbarung der vorläufigen Deckung für den vorläufigen Versicherungsschutz üblicherweise verwendeten Bedingungen, und bei Fehlen solcher Bedingungen, die für den Hauptvertrag vom VR verwendeten Bedingungen – auch ohne ausdrücklichen Hinweis hierauf – Vertragsbestandteil des Vertrages über die vorläufige Deckung.[9] Dies ist eine gesetzliche Ausnahmeregelung zu § 305 II BGB. 8

---

2 BGBl. I 2007, S. 3004 ff., zuletzt geändert am durch Art. 2 Abs. 50 des Gesetzes zur Modernisierung der Finanzaufsicht über Versicherungen (BGBl. I 2015, S. 434).
3 Begr. RegE BT-Drucks. 16/3945 S. 73.
4 PK/*Schwintowski*, § 49 Rn. 23.
5 ABl. EG Nr. L 271 v. 09.10.2002, S. 16 ff.
6 Palandt/*Grüneberg*, § 312 Rn. 29.
7 OLG Nürnberg VersR 2008, 70, 71; R/L/*Rixecker*, § 49 Rn. 12 f.
8 BGH VersR 1999, 1274, 1275; KG Berlin VersR 2015, 1285; van Bühren/*Therstappen*, § 2 Rn. 23.
9 Vgl. OLG Köln VersR 2012, 1514, 1515.

9 Weiterhin regelt Abs. 2 Satz 2 den Fall, dass der VR zum Zeitpunkt des Vertragsabschlusses unterschiedliche AVB verwendet. Bei Zweifeln darüber, welche Bedingungen für den Vertrag gelten sollen, sind die zum Zeitpunkt des Vertragsschlusses vom VR verwendeten Bedingungen, die für den konkreten VN am **günstigsten** sind, anzuwenden.[10] Maßgeblicher Zeitpunkt ist der Zeitpunkt des Vertragsabschlusses.[11] Durch diese gesetzliche Regelung sind schwierige Auslegungsfragen bzgl. einer konkludenten Verzichtsvereinbarung über die Einbeziehung von AVB in den Vertrag für die vorläufige Deckung obsolet.

10 Abs. 2 Satz 2 hilft aber z.B. nicht in dem Fall, in dem der VN telefonisch um Überlassung der Versicherungsbestätigung auch bzgl. einer Kaskoversicherung bittet und die Parteien die Höhe der Selbstbeteiligung des VN nicht vereinbaren: Die Selbstbeteiligung als solche ist zwar i.d.R. in den vom VR verwendeten AVB geregelt, nicht aber deren Höhe. Diese Einigungslücke ist im Einzelfall entsprechend den §§ 315 ff. BGB nach billigem Ermessen auszufüllen.[12]

B. Beweislast

11 Der VN ist für das Zustandekommen der vorläufigen Deckung und auch für den Inhalt der betr. Vereinbarung beweispflichtig.[13] In der Kraftfahrtversicherung wird ihm vom VR unmittelbar die eVB-Nummer sowie eine schriftliche Bestätigung über den Erhalt ausgehändigt; letztere kann er zugleich als Nachweis des Bestehens vorläufiger Deckung verwenden. Bei anderen Versicherungsarten wird sich die Vereinbarung der vorläufigen Deckung regelmäßig erst aus dem Hauptversicherungsvertrag ergeben, es sei denn, der VN verlangt vom VR eine schriftliche Bestätigung, was in der Praxis insbes. bei der Versicherung von Industrierisiken üblich ist.

12 Hinsichtlich des Inhaltsnachweises verschafft die in Abs. 2 Satz 2 verankerte gesetzliche Vermutung dem VN erhebliche Erleichterung, da er sich im Zweifel auf die für ihn günstigsten vom VR verwendeten AVB berufen darf.

§ 50 Nichtzustandekommen des Hauptvertrags.
Ist der Versicherungsnehmer verpflichtet, im Fall des Nichtzustandekommens des Hauptvertrags eine Prämie für die vorläufige Deckung zu zahlen, steht dem Versicherer ein Anspruch auf einen der Laufzeit der vorläufigen Deckung entsprechenden Teil der Prämie zu, die beim Zustandekommen des Hauptvertrags für diesen zu zahlen wäre.

Übersicht

	Rdn.		Rdn.
A. Tatbestand	1	B. AKB 2008/AKB 2015	5

A. Tatbestand

1 Es ist von jeher anerkannt, dass die Zusage der vorläufigen Deckung nicht per se unentgeltlich ist. Allerdings verzichtet der VR abweichend von der sonstigen Versicherungsvertragspraxis im Hinblick auf die vorläufige Deckung i.d.R. darauf, die Zahlung des Erst- oder Einmalbeitrags zur Voraussetzung für den Beginn des Versicherungsschutzes zu machen. Dies ist dem Interesse des VN geschuldet, durch die vorläufige Deckung – insbes. bei der Kfz-Haftpflichtversicherung – möglichst unverzüglich Versicherungsschutz zu erhalten.

2 Gem. § 50 ist gesetzlich geregelt, dass der VN verpflichtet ist, dem VR im Fall des Nichtzustandekommens des Hauptvertrages eine Prämie für die vorläufige Deckung in Höhe eines der Laufzeit der vorläufigen Deckung entsprechenden Teils der Prämie zu zahlen, die beim Zustandekommen des Hauptvertrages für diesen zu zahlen gewesen wäre. Da es dem Gesetzgeber abweichend von der bisherigen Praxis ein Anliegen war, die Höhe der vom VN für den vorläufigen Versicherungsschutz zu zahlenden Prämie gesetzlich zu definieren und nicht der einseitigen Bestimmung durch den VR zu überlassen, legt § 50 fest, dass der VR maximal einen Beitragsanspruch **pro rata temporis** gem. der Versicherungsprämie nach dem Hauptvertrag hat.

3 Der Gesetzgeber bestätigt in seiner Begr. des Gesetzesentwurfs ausdrücklich, dass der VR in seinen AVB abweichend von § 50 auch die Abrechnung nach einem Kurzzeittarif, z.B. einen festen Betrag für jeden angefangenen Monat im Zeitraum der vorläufigen Deckung, vereinbaren kann; hier hat der VR, wie immer bei AGB, das Transparenzgebot zu beachten.

4 Es ist dem VR zudem nach der gesetzlichen Regelung unbenommen, den Beginn des vorläufigen Versicherungsschutzes entgegen der bisher üblichen Praxis von der Beitragszahlung abhängig zu machen (vgl. § 51).

---

10 P/M/*Klimke*, § 49 Rn. 22 f. m.w.N.
11 PK/*Schwintowski*, § 49 Rn. 27.
12 OLG Saarbrücken VersR 2006, 1353, 1355; PK/*Schwintowski*, § 49 Rn. 8.
13 BGH VersR 1986, 541, 542; OLG Hamm NVersZ 1999, 175; *Kärger*, Rn. 116; L/W/*Rixecker*, § 49 Rn. 18.

B. AKB 2008/AKB 2015

Die gesetzliche Regelung des § 50 ist in B.2.7 AKB 2008 bzw. B.2.7 AKB 2015 entsprechend übernommen worden. Danach hat der VR für den Zeitraum des vorläufigen Versicherungsschutzes einen Anspruch auf einen der Laufzeit entsprechenden Teil der Versicherungsprämie.

Im Leistungsfall ist der VR berechtigt, mit seinem Prämienanspruch **aufzurechnen**.[1]

§ 51 Prämienzahlung.
(1) Der Beginn des Versicherungsschutzes kann von der Zahlung der Prämie abhängig gemacht werden, sofern der Versicherer den Versicherungsnehmer durch gesonderte Mitteilung in Textform oder durch einen auffälligen Hinweis im Versicherungsschein auf diese Voraussetzung aufmerksam gemacht hat.
(2) Von Absatz 1 kann nicht zum Nachteil des Versicherungsnehmers abgewichen werden.

Übersicht

	Rdn.		Rdn.
A. Beginn des vorläufigen Versicherungsschutzes	1	C. Abdingbarkeit (Abs. 2)	6
		D. Beweislast	7
B. Tatbestand und Rechtsfolgen (Abs. 1)	3	E. AKB 2008/AKB 2015	8

A. Beginn des vorläufigen Versicherungsschutzes

Den **Beginn** der vorläufigen Deckung regelt § 51 nur für den Fall, dass dieser von einer Prämienzahlung abhängig gemacht wird. Anderenfalls ist nach wie vor im Einzelfall zu klären, welche Vereinbarungen die Vertragsparteien getroffen haben. In der Kraftfahrtversicherung gelten zusätzlich die bestehenden Bestimmungen in der FZV und der KfzPflVV: Gem. § 9 Satz 1 KfzPflVV sagt der VR vorläufigen Deckungsschutz durch Aushändigung der zur behördlichen Zulassung notwendigen Versicherungsbestätigung zu; der vorläufige Deckungsschutz beginnt zum Zeitpunkt der behördlichen Zulassung des Fahrzeuges oder bei einem bereits zugelassenen Fahrzeug zum Zeitpunkt der Vorlage der Versicherungsbestätigung bei der Zulassungsstelle.

Der VN will i.d.R. sofort Versicherungsschutz für ein bestimmtes Risiko erhalten, weshalb der VR in der Praxis üblicherweise auf die sofortige Zahlung einer Versicherungsprämie als Voraussetzung für den Beginn des Versicherungsschutzes verzichtet, die Zahlung somit stundet. § 37 gilt auch weiterhin, entsprechend der bisherigen Rspr. zu § 38 a.F., als vertraglich abbedungen: der VN erhält zunächst Versicherungsschutz ohne Gegenleistung, d.h. ohne dass eine Prämienzahlung fällig wird (»**deckende Stundung**«).[1]

B. Tatbestand und Rechtsfolgen (Abs. 1)

§ 51 I bestätigt die bisherige Rechtslage, wonach der VR statt der Stundung auch die Möglichkeit hat, den Beginn des Versicherungsschutzes unter dem Vertrag für die vorläufige Deckung von der Zahlung der Prämie abhängig zu machen. In diesem Fall ist dann **§ 37 anwendbar**:[2] Tritt der Versicherungsfall ein, während sich der VN mit der Zahlung der Prämie für die vorläufige Deckung schuldhaft im Verzug befindet, so ist der VR grundsätzlich gem. § 37 II 1 von der Leistungspflicht befreit, es sei denn, der VN hat die Nichtzahlung nicht zu vertreten. Zudem kann der VR nach § 37 I vom Vertrag über die vorläufige Deckung zurücktreten, solange die Prämienzahlung nicht bewirkt ist und wenn der VN dies zu vertreten hat; der Gesetzgeber betont in seiner Begr., dass dem VR, der in der vorläufigen Deckung eine Vorleistung erbringt, mit dem Rücktrittsrecht ein wirksames Sanktionsmittel gegenüber dem trotz Belehrung säumigen VN zur Verfügung stehen muss.[3]

Angesichts dieser großen Risiken für den VN hat der Gesetzgeber in § 51 I Hs. 2 allerdings festgeschrieben, dass der VR den VN – entsprechend § 37 II 2 – durch eine gesonderte Mitteilung in Textform oder durch einen auffälligen Hinweis im Versicherungsschein auf die Verpflichtung zur Prämienzahlung und auf die Rechtsfolgen aufmerksam zu machen hat. Da hinsichtlich der Vereinbarung über den vorläufigen Versicherungsschutz regelmäßig kein Versicherungsschein ausgestellt wird, kommt es hier also auf die **gesonderte Mitteilung** in Textform an. Der Gesetzeswortlaut verlangt nicht, dass die gesonderte Mitteilung auf einem separaten Druckstück zu erfolgen hat; die Begr. des Gesetzgebers schließt ebenfalls nicht aus, dass die Mitteilung i.V.m. anderen Texten erfolgen kann, solange sie deutlich vom übrigen Text abgegrenzt wird. Denkbar ist also auch eine **Mitteilung im Antragsformular**, die z.B. durch einen Kasten klar vom übrigen Text abgegrenzt ist.[4] Bei der Kfz-Haftpflichtversicherung würde ein Warnhinweis auf der Versicherungsbestätigung dagegen nicht ausreichen, weil der Adressat nicht der VN, sondern die Zulassungsstelle ist.[5]

---

1 BGH VersR 1985, 877, 878.
1 BGH VersR 2006, 913, 914; VersR 1958, 173; P/M/*Klimke*, § 51 Rn. 1; L/W/*Rixecker*, § 51 Rn. 1.
2 So auch HK-VVG/*Karczewski*, § 51 Rn. 2; für eine analoge Anwendung P/M/*Klimke*, § 51 Rn. 3; a.A. L/W/*Rixecker*, § 51 Rn. 5.
3 Begr. RegE BT-Drucks. 16/3945 S. 74.
4 Vgl. BGH VersR 2013, 297, 299; *Leverenz* VersR 2008, 709, 711.
5 BGH VersR 1999, 1274, 1275.

§ 52 Beendigung des Vertrags

5 Derzeit bleibt die praktische Anwendung des § 51 I eher die Ausnahme. Angesichts ansteigenden Wettbewerbs insbes. der Internet-Anbieter im deutschen Markt sind aber Veränderungen und neue Praktiken (z.B. Zahlung der Prämie für den vorläufigen Versicherungsschutz per Kreditkarte und Zusendung/Aushändigung des gesonderten Warnhinweises in Textform per E-Mail zusammen mit der Versicherungsbestätigung[6] an den VN) denkbar. S. auch § 52 Rdn. 12 ff. zum rückwirkenden Wegfall der vorläufigen Deckung im Fall des Prämienverzugs.

C. Abdingbarkeit (Abs. 2)

6 Die gesetzliche Anforderung der gesonderten Mitteilung ist gem. § 51 II nicht zum Nachteil des VN abdingbar, die Bestimmung ist also halbzwingend.[7]

D. Beweislast

7 Der VR ist beweispflichtig dafür, dass er den VN durch gesonderte Mitteilung in Textform oder durch einen auffälligen Hinweis im Versicherungsschein darauf aufmerksam gemacht hat, dass der Beginn des Versicherungsschutzes von der Prämienzahlung abhängig ist.

E. AKB 2008/AKB 2015

8 B.2.1 AKB 2008 bzw. B.2.1 AKB 2015 sehen vor, dass der VN in der Kfz-Haftpflichtversicherung und beim Autoschutzbrief vorläufigen Versicherungsschutz zu dem vereinbarten Zeitpunkt hat, spätestens ab dem Tag, an dem das Fahrzeug unter Nennung der eVB-Nummer **zugelassen** wird. Bei einem bereits zugelassenen Fahrzeug soll der vorläufige Versicherungsschutz nur ab einem vereinbarten Zeitpunkt beginnen.

9 Die Option, die Prämie für die vorläufige Deckung in die Prämie des Hauptvertrages einzurechnen, ist gesetzlich weiterhin nicht geregelt, bleibt also unverändert möglich. Weder die AKB 2008 noch die AKB 2015 sehen hierzu eine spezielle Bedingungsempfehlung vor. Im Übrigen wird auf Rdn. 1 Bezug genommen.

§ 52 Beendigung des Vertrags.

(1) ¹Der Vertrag über vorläufige Deckung endet spätestens zu dem Zeitpunkt, zu dem nach einem vom Versicherungsnehmer geschlossenen Hauptvertrag oder einem weiteren Vertrag über vorläufige Deckung ein gleichartiger Versicherungsschutz beginnt. ²Ist der Beginn des Versicherungsschutzes nach dem Hauptvertrag oder dem weiteren Vertrag über vorläufige Deckung von der Zahlung der Prämie durch den Versicherungsnehmer abhängig, endet der Vertrag über vorläufige Deckung bei Nichtzahlung oder verspäteter Zahlung der Prämie abweichend von Satz 1 spätestens zu dem Zeitpunkt, zu dem der Versicherungsnehmer mit der Prämienzahlung in Verzug ist, vorausgesetzt, dass der Versicherer den Versicherungsnehmer durch gesonderte Mitteilung in Textform oder durch einen auffälligen Hinweis im Versicherungsschein auf diese Rechtsfolge aufmerksam gemacht hat.
(2) ¹Absatz 1 ist auch anzuwenden, wenn der Versicherungsnehmer den Hauptvertrag oder den weiteren Vertrag über vorläufige Deckung mit einem anderen Versicherer schließt. ²Der Versicherungsnehmer hat dem bisherigen Versicherer den Vertragsschluss unverzüglich mitzuteilen.
(3) Kommt der Hauptvertrag mit dem Versicherer, mit dem der Vertrag über vorläufige Deckung besteht, nicht zustande, weil der Versicherungsnehmer seine Vertragserklärung nach § 8 widerruft oder nach § 5 Abs. 1 und 2 einen Widerspruch erklärt, endet der Vertrag über vorläufige Deckung spätestens mit dem Zugang des Widerrufs oder des Widerspruchs beim Versicherer.
(4) ¹Ist das Vertragsverhältnis auf unbestimmte Zeit eingegangen, kann jede Vertragspartei den Vertrag ohne Einhaltung einer Frist kündigen. ²Die Kündigung des Versicherers wird jedoch erst nach Ablauf von zwei Wochen nach Zugang wirksam.
(5) Von den Absätzen 1 bis 4 kann nicht zum Nachteil des Versicherungsnehmers abgewichen werden.

Übersicht

	Rdn.
A. Allgemeines	1
B. Tatbestand	2
I. Beendigung durch neuen Vertrag (Abs. 1 und 2)	2
II. Beendigung durch Widerruf oder Widerspruch (Abs. 3)	6
III. Beendigung durch ordentliche Kündigung (Abs. 4)	10
IV. Rückwirkender Wegfall der vorläufigen Deckung	12
V. Abdingbarkeit (Abs. 5)	18
C. Beweislast	19
D. AKB 2008/AKB 2015	20

---

[6] Vgl. HK-VVG/*Karczewski*, § 51 Rn. 2; *Honsel* VW 2007, 359, 360.
[7] *Münstermann* Versicherung und Recht kompakt 2007, 73, 76; vgl. P/M/*Armbrüster*, Einl. Rn. 8 (zu halbzwingenden Vorschriften).

A. Allgemeines

Bzgl. der **Beendigung** des Vertrages über die vorläufige Deckung findet sich in § 52 erstmals eine umfassende gesetzliche Regelung. Vor der VVG-Reform von 2008 war es Regelfall, dass die vorläufige Deckung immer mit Einlösung des Versicherungsscheins des Hauptvertrages endete; dieses Prinzip wird durch die neue gesetzliche Regelung in § 52 bestätigt und um weitere Beendigungsmöglichkeiten ergänzt.

B. Tatbestand

I. Beendigung durch neuen Vertrag (Abs. 1 und 2)

Gem. Abs. 1 Satz 1 endet der Vertrag über die vorläufige Deckung grundsätzlich spätestens zu dem Zeitpunkt, zu dem nach einem vom VN geschlossenen Hauptvertrag oder einem weiteren Vertrag über vorläufige Deckung ein **gleichartiger Versicherungsschutz** beginnt. Es ist also gesetzlich gefordert, dass der Versicherungsschutz aus dem Hauptvertrag bereits begonnen hat; somit reicht der bloße Abschluss des Hauptvertrags (der z.B. erst mit Zahlung der Erstprämie beginnt) nicht mehr wie bisher aus. Eine zeitlich spätere Anfechtung des Hauptvertrages ändert jedoch auch nichts an dem einmal eingetretenen Beginn.[1] Des Weiteren muss der Versicherungsschutz aus dem Hauptvertrag im Wesentlichen dem Versicherungsschutz entsprechen, den schon die vorläufige Deckung gewährte. Anderenfalls endet die vorläufige Deckung trotz Abschluss eines Hauptvertrages nicht (!) automatisch. Die Frage, ob Gleichartigkeit des Versicherungsschutzes tatsächlich besteht, wird sich immer nur im Einzelfall beantworten lassen und ist von der Vertragspartei nachzuweisen, die sich auf die Beendigung beruft (meist der VR). Die Bestimmung soll jedenfalls auch dann gelten, wenn die Deckung nach dem vorläufigen Versicherungsschutz sachlich weitergehend ist als nach dem sich anschließenden Vertrag.[2] Ein gleichartiger Versicherungsschutz kann u.U. hinter dem Umfang der vorläufigen Deckung zurückbleiben.[3] Wenn der VR sicher erreichen will, dass der Versicherungsschutz aus der vorläufigen Deckung endet, so wird er letztlich den Weg über die **ordentliche Kündigung** der vorläufigen Deckung gem. Abs. 4 beschreiben müssen.

Weiterhin sieht Abs. 1 in Satz 2 Folgendes vor: Wenn der Beginn des Versicherungsschutzes aus dem Hauptvertrag oder einem weiteren Vertrag über vorläufige Deckung von der Zahlung der Prämie durch den VN abhängig gemacht wird – dies dürfte wegen des Einlösungsprinzips gem. § 37 II in der Praxis der Regelfall sein –, so endet der Vertrag über die vorläufige Deckung bei **Nichtzahlung oder verspäteter Zahlung der Prämie** abweichend von der grundsätzlichen Regelung in Abs. 1 Satz 1 zu dem Zeitpunkt, zu dem der VN mit der betr. Prämienzahlung in Verzug ist. Hierdurch wird der VR davor geschützt, dass der VN das Ende des vorläufigen Versicherungsschutzes dadurch hinausschiebt, dass er die Prämie nach dem Hauptvertrag nicht zahlt oder die Zahlung verzögert. Angesichts dieses großen Risikos für den VN verlangt Satz 2 Hs. 2 aber, dass der VN durch gesonderte Mitteilung in Textform oder auffälligen Hinweis im Versicherungsschein über diese Rechtsfolge zu belehren ist.[3]

Ein späterer rückwirkender Wegfall des sich anschließenden Vertrages (z.B. durch Anfechtung) ist unbeachtlich, führt also nicht zum Wiederaufleben der vorläufigen Deckung.[4] Allerdings führt ein neuer Vertrag mit vom VN ausdrücklich beantragter Rückwärtsversicherung zum rückwirkenden Wegfall der vorläufigen Deckung, um Mehrfachversicherung zu vermeiden (z.B. in der Industrieversicherung).[5]

Abs. 2 stellt klar, dass das Vorstehende auch dann gilt, wenn ein Hauptvertrag oder ein weiterer Vertrag über die vorläufige Deckung nicht mit demselben VR, sondern mit einem **anderen VR** abgeschlossen wird. In diesem Fall hat der VN den bisherigen VR der vorläufigen Deckung im Hinblick auf den Vertragsschluss mit dem anderen VR unverzüglich zu informieren. Die Information ist keine Voraussetzung für die Beendigung der vorläufigen Deckung, eine Verletzung der Pflicht kann aber zu einem Schadensersatzanspruch des VR gegenüber dem VN führen. Im Umkehrschluss besteht bei Vertragsabschluss mit demselben VR kein solches Informationsrecht.

II. Beendigung durch Widerruf oder Widerspruch (Abs. 3)

Der VN kann den Vertrag über die vorläufige Deckung durch Widerruf seiner Vertragserklärung zum Hauptvertrag gem. § 8 oder durch Widerspruch zum Hauptvertrag nach § 5 I und II beenden. Gem. § 8 III Nr. 2 besteht allerdings grundsätzlich **kein Widerrufsrecht** des VN bei Versicherungsverträgen über die vorläufige Deckung selbst, es sei denn es handelt sich um **Fernabsatzverträge** i.S.v. § 312c BGB. Allerdings kommt aufgrund der praktisch regelmäßig kurzen Laufzeit des vorläufigen Deckungsschutzes in Betracht, dass das Widerrufsrecht gem. **§ 8 III Nr. 1** (Versicherungsverträge mit Laufzeit von weniger als einem Monat) im Einzelfall doch ausgeschlossen ist.

---

1 Begr. RegE BT-Drucks. 16/3945 S. 75; OLG Saarbrücken, ZfS 2013, 100, 101.
2 Begr. RegE BT-Drucks. 16/3945 S. 75.
3 Vgl. P/M/*Klimke*, § 52 Rn. 11 m.w.N.
4 Begr. RegE BT-Drucks. 16/3945 S. 75.
5 P/M/*Klimke*, § 52 Rn. 6.

Abs. 3 sieht eine ganz entscheidende, u.U. aber für den VN problematische Konkretisierung zum bisherigen Recht vor: Wenn der Hauptvertrag mit dem VR, mit dem auch der Vertrag über die vorläufige Deckung besteht, nicht zustande kommt, weil der VN seine Vertragserklärung gem. § 8 widerruft oder nach § 5 I und II einen Widerspruch erklärt, endet der Vertrag über die vorläufige Deckung nach dem bloßen Wortlaut in jedem Fall spätestens mit dem **Zugang** des Widerrufs oder des Widerspruchs beim VR. Dies kann in bestimmten Fällen große Nachteile für den VN mit sich bringen, z.B. wenn der VN wegen falscher Angaben im Versicherungsschein zum Hauptvertrag Widerspruch einlegt, aber immer noch am Vertragsabschluss interessiert ist; zwar ist das Zustandekommen des beantragten Hauptvertrags zunächst durch den Widerspruch gescheitert, aber i.d.R. immer noch durch den VN gewollt. Nach dem Wortlaut des § 52 III endet aber jedenfalls automatisch die vorläufige Deckung. Zwar kommt ein geschädigter Dritter bei der Pflichtversicherung (Kfz-Haftpflichtversicherung) im Zweifel immer in den Genuss einer Nachhaftung des VR gem. § 117 II, der VR kann aber in einem solchen Fall gegen den VN unbegrenzt Regress nehmen. Dieses Ergebnis kann nicht Sinn und Zweck der neuen gesetzlichen Regelung sein.

7 Abs. 3 ist daher so zu verstehen, dass die Rechtsfolge des Widerspruchs **nur bei endgültigem Scheitern des Hauptvertrags** ausgelöst wird, nicht bereits durch den bloßen Widerspruch. Ansonsten bliebe zum Schutz des VN nur die Auslegung, dass die vorläufige Deckung zumindest konkludent wieder erneuert wird in dem Moment, in dem der VN – verbunden mit dem Widerspruch – die Korrektur des Versicherungsscheins und damit einen neuen Antrag stellt.

8 Falls der VN keinen Widerspruch einlegt und der VR über das Widerspruchsrecht **nicht ordnungsgemäß belehrt** hat, ist die Rechtsfolge eindeutig: Der Hauptvertrag gilt gem. § 5 III als mit dem Inhalt des Antrags des VN geschlossen, die vorläufige Deckung endet zugleich.

9 § 52 III ist nach dem Willen des Gesetzgebers auch im Fall der **Rücknahme des Antrags** auf Vertragsschluss des Hauptvertrages anwendbar.[6] § 52 III ist entsprechend anwendbar, wenn der VN einen **Antrag des VR ausdrücklich ablehnt**.[7] Wenn der VN ein Angebot des VR dagegen nur **nicht rechtzeitig annimmt**, liegt keine entsprechende Sachlage vor, so dass eine analoge Anwendung des § 52 III in einem solchen Fall ausscheidet.[8]

III. Beendigung durch ordentliche Kündigung (Abs. 4)

10 Wenn der Vertrag über die vorläufige Deckung zeitlich **befristet** ist, endet er zum vereinbarten Zeitpunkt. Wenn der Vertrag dagegen – wie üblich – auf **unbestimmte Zeit** geschlossen wird, kann jede Vertragspartei die vorläufige Deckung gem. Abs. 4 durch Kündigung ohne Einhaltung einer Frist beenden. Die Kündigung des VR wird allerdings erst nach Ablauf von zwei Wochen ab Zugang beim VN wirksam. Früher war gem. § 1 V AKB 2004 eine Kündigungsfrist von einer Woche üblich. Der VN soll jedenfalls die Möglichkeit bekommen, sich kurzfristig anderweitig Versicherungsschutz zu beschaffen.

11 Bei einem unbefristeten Vertrag über die vorläufige Deckung bleibt die Möglichkeit der Kündigung aus wichtigem Grund gem. § 314 I BGB unberührt; angesichts der Spezialregelungen in den §§ 19 ff. und §§ 28, 29 wird es hierfür aber wohl kaum praktische Anwendungsfälle geben.

IV. Rückwirkender Wegfall der vorläufigen Deckung

12 Das in der Literatur viel diskutierte Thema[9] des rückwirkenden Wegfalls der vorläufigen Deckung ist vom Gesetzgeber letztlich in den §§ 49–52 nicht aufgegriffen worden. Der Referentenentwurf des Bundesjustizministeriums v. 13.03.2006 enthielt entsprechend der Empfehlung der Regierungskommission von 2004[10] noch den Vorschlag für eine Regelung in § 53 II mit folgendem Wortlaut: »Eine Vereinbarung, nach der bei einem Vertrag über vorläufige Deckung bei Verzug des VN mit der Zahlung der Prämie für die vorläufige Deckung oder der ersten Prämie für den Hauptvertrag die vorläufige Deckung rückwirkend entfällt, ist unwirksam. [...]).«[11] Diese Regelung wurde vom Gesetzgeber letztlich nicht übernommen, die bisherige Rechtslage besteht somit unverändert fort:

13 Die vorläufige Deckung kann rückwirkend außer Kraft treten, wenn dieses in den jeweiligen vertraglichen Vereinbarungen vorgesehen ist. Abs. 1 spricht dementsprechend davon, dass der Vertrag über die vorläufige Deckung »spätestens« zum Zeitpunkt des Verzugs mit der Erstprämie endet. Daraus ist zu folgern, dass die Vereinbarung des rückwirkenden Wegfalls der vorläufigen Deckung auch weiterhin zulässig ist.[12] Ohne eine

---

6 Begr. RegE BT-Drucks. 16/3945 S. 75.
7 P/M/*Klimke*, § 52 Rn. 30; a.A. L/W/*Rixecker*, § 52 Rn. 19.
8 P/M/*Klimke*, § 52 Rn. 31; L/W/*Rixecker*, § 52 Rn. 20.
9 Vgl. L/W/*Rixecker*, § 52 Rn. 30 ff.; R/L/*Rixecker*, § 52 Rn. 13 ff.; PK/*Schwintowski*, § 52 Rn. 10 ff. m.w.N.; im Einzelnen: *Römer* VersR 2006, 865, 866 Ziff. 2b).
10 VVG-Kommission Abschlussbericht 2004 (VersR-Schriftenreihe Heft 25), S. 217 ff.
11 Quelle: www.hzv-uhh.de/fileadmin/Versicherungsrecht/VVG_Reform/VVG-Referentenentwurf_des_BMJ.pdf; abgerufen am 26.08.2016.
12 *Rixecker* ZfS 2007, 314, 315; *Gitzel* VersR 2007, 322 ff.; kritisch: P/M/*Klimke*, § 52 Rn. 38 f. (im Fall des Prämienverzugs).

entsprechende vertragliche **Vereinbarung in den AVB** ist ein rückwirkender Wegfall der vorläufigen Deckung allerdings nicht möglich. Der VN ist über die Rechtsfolgen der verspäteten Prämienzahlung für die vorläufige Deckung in Textform zu belehren; diese **Belehrung** soll drucktechnisch deutlich hervorgehoben sowie umfassend und vollständig sein, d.h. auch den Hinweis enthalten, dass der VN bei unverschuldeter Verspätung die Möglichkeit hat, sich durch Nachzahlung der Erstprämie den Versicherungsschutz zu erhalten.[13] Die Belehrung hat spätestens mit der Zahlungsaufforderung zu erfolgen. Ein bloßer Hinweis auf »rechtzeitige Zahlung« reicht nicht aus.[14] Wenn sich der VN angesichts fehlender oder unzureichender Belehrung allerdings noch Jahre später auf vorläufige Deckung berufen will, so ist dies mit dem sich aus § 242 BGB folgenden Grundsatz von Treu und Glauben nicht vereinbar und zu verwehren.[15]

Gem. § 123 kann der VR die Leistungsfreiheit gegenüber dem VN wegen Prämienzahlungsverzugs allerdings nicht gegenüber einem Mitversicherten (z.B. Fahrer bei der Kfz-Haftpflichtversicherung) geltend machen, der von dem Prämienverzug keine Kenntnis hatte oder haben konnte.[16]

14

§ 9 Satz 2 KfzPflVV verlangt für den rückwirkenden Wegfall der vorläufigen Deckung in der **Kfz-Haftpflichtversicherung**, dass der Versicherungsantrag vom VR unverändert angenommen wurde, aber vom VN nicht binnen einer im Versicherungsvertrag bestimmten, mindestens zweiwöchigen Frist eingelöst wird und der VN die Verspätung der Prämienzahlung zu vertreten hat. Nach der bisherigen Rspr. zu § 39 a.F. hat der VN die Nichtzahlung der Prämie dann nicht zu vertreten, wenn er z.B. krankheitsbedingt an der Zahlung gehindert war[17] oder wenn aufgrund einer missverständlichen oder falschen Beitragsrechnung nicht klar ist, welchen Beitrag der VN zu bezahlen hat.[18] Die Einlösungspflicht beginnt zwei Wochen, nachdem dem VN der Versicherungsschein zugegangen ist, denn vorher hat der VN gem. § 33 I ein Leistungsverweigerungsrecht (früher: § 35 Satz 2 a.F.).

15

Voraussetzung für den rückwirkenden Wegfall der vorläufigen Deckung in der Kfz-Haftpflichtversicherung ist zudem, dass der VN über die Rechtsfolge im Falle nicht rechtzeitiger Zahlung der Erstprämie nicht nur in Textform, sondern sogar **schriftlich belehrt** worden ist.[19] Angesichts des Straftatbestands in **§ 6 PflVG**, wonach das Fahren eines Fahrzeugs, für das die erforderliche Kfz-Haftpflichtversicherung nicht besteht, mit Freiheitsstrafe bis zu einem Jahr oder mit Geldstrafe bestraft wird,[20] hat die schriftliche Belehrung eine äußerst wichtige **Warn- und Schutzfunktion** für den VN.

16

Der VN kann im Leistungsfall, der vor Verzug der Prämienzahlung eintritt, – ebenfalls rückwirkend – die **Aufrechnung** mit dem Prämienanspruch erklären; umgekehrt hat der VR seinen Prämienanspruch mit dem Anspruch des VN auf Versicherungsleistung zu verrechnen.[21]

17

V. Abdingbarkeit (Abs. 5)

Die gesetzlichen Vorgaben in § 52 I–IV sind gem. § 52 V nicht zum Nachteil des VN abdingbar, also **halbzwingend**.

18

C. Beweislast

Für den **Zugang** des Versicherungsscheins zum Hauptversicherungsvertrag ist der VR beweispflichtig.[22] Für den Zugang der Widerrufs- oder Widerspruchserklärung ist der VN beweispflichtig. Den Zugang einer Kündigungserklärung hat jeweils die erklärende Partei nachzuweisen. Der Nachweis des Zugangs ist bei Postsendungen bekanntlich immer schwierig: Der Nachweis des Zugangs kann nicht dadurch geführt werden, dass bewiesen wird, dass die Unterlagen an einem bestimmten Tag abgesandt wurden. Es bleibt die Möglichkeit der Versendung mit Einschreiben und Rückschein, wobei auch dies kein Nachweis über den Inhalt der jeweiligen Sendung ist, aber zumindest ein Indiz für den Zugang sein kann.[23]

19

D. AKB 2008/AKB 2015

Gem. B.2.4 AKB 2008 bzw. B.2.4 AKB 2015 entfällt der vorläufige Versicherungsschutz rückwirkend, wenn der VR den Antrag des VN unverändert angenommen hat und der VN die im Versicherungsschein genannte erste oder einmalige Versicherungsprämie nicht unverzüglich nach Ablauf von zwei Wochen nach Zugang des

20

---

13 BGH VersR 2007, 1116, 1118; VersR 2006, 913, 914; LG Dortmund r+s 2015, 543, 544; vgl. LG Bielefeld, Urt. v. 22. Dezember 2014, 6 O 339/14, Rn. 19.
14 LG Dortmund ZfS 2011, 630.
15 OLG Nürnberg VersR 2008, 70, 72.
16 OLG Naumburg r+s 2005, 280, 282.
17 Vgl. OLG Stuttgart VersR 1953, 18; P/M/*Knappmann*, § 37 Rn. 17.
18 BGH r+s 1992, 398; VersR 1978, 241, 242; OLG München VersR 2000, 1094; LG Dortmund r+s 2015, 543, 545.
19 Vgl. auch *Stiefel/Maier*, KfzPflVV, § 9 Rn. 7.
20 S. Details in *Heinzlmeier* NZV 2006, 225 ff.
21 BGH VersR 1985, 877; OLG Hamm VersR 1996, 1408; *Gitzel* VersR 2007, 322, 325; PK/*Schwintowski*, § 52 Rn. 17 m.w.N.
22 BGH VersR 1996, 445; OLG Stuttgart, VersR 2015, 1541 f.
23 Vgl. hierzu BGH VersR 1998, 472; 1984, 45; OLG Hamm NZFam 2015, 1163; OLG Stuttgart, VersR 2015, 1541, 1542.

§ 53 Anmeldepflicht

Versicherungsscheins bezahlt hat. In diesem Fall hat der VN laut AKB von Anfang an keinen Versicherungsschutz; dies gilt allerdings nur, wenn der VN die nicht rechtzeitige Zahlung der Versicherungsprämie zu vertreten hat.

Gem. B.2.5 AKB 2008 bzw. B.2.5. AKB 2015 sind beide Vertragsparteien berechtigt, den vorläufigen Versicherungsschutz jederzeit zu kündigen. Allerdings wird die Kündigung des VR erst nach Ablauf von zwei Wochen ab Zugang der Kündigung beim VN wirksam.

Nach B.2.6 AKB 2008 bzw. B.2.6. AKB 2015 endet der vorläufige Versicherungsschutz im Fall eines Widerrufs gem. § 8 mit dem Zugang der Widerrufserklärung des VN beim VR.

Abschnitt 6. Laufende Versicherung

§ 53 Anmeldepflicht. Wird ein Vertrag in der Weise geschlossen, dass das versicherte Interesse bei Vertragsabschluss nur der Gattung nach bezeichnet und erst nach seiner Entstehung dem Versicherer einzeln aufgegeben wird (laufende Versicherung), ist der Versicherungsnehmer verpflichtet, entweder die versicherten Risiken einzeln oder, wenn der Versicherer darauf verzichtet hat, die vereinbarte Prämiengrundlage unverzüglich anzumelden oder, wenn dies vereinbart ist, jeweils Deckungszusage zu beantragen.

Übersicht

	Rdn.		Rdn.
A. Allgemeines	1	3. Laufende Versicherung als endgültiger Versicherungsvertrag oder Rahmenvertrag	19
I. Normzweck	1	a) Allgemeines	19
II. Entstehungsgeschichte	3	b) Meinungsstand	20
III. Ausgestaltung durch AVB	6	VI. Erscheinungsformen der laufenden Versicherung	22
IV. Anwendungsbereich und Abgrenzungen	7	1. Generalpolice	23
1. Verbreitung	7	2. Abschreibepolice	24
2. Abgrenzungen	8	3. Pauschal- und Umsatzpolice	25
a) Versicherung für einen Inbegriff von Sachen	8	B. Tatbestand	26
b) Einheitsversicherung	10	I. Versichertes Interesses	28
c) Gruppenversicherung	11	II. Gattungsmäßige Bezeichnung	29
V. Rechtliche Einordnung	12	III. Versichertes Interesse nach den DTV-Güter 2000/2011	32
1. Allgemeines	12	C. Pflichten des VN bei laufender Versicherung	33
2. Obligatorische oder fakultative laufende Versicherung	13	I. Anmeldung der Einzelrisiken	34
a) Das Verständnis der h.M.	13	II. Anmeldung der Prämiengrundlage	35
b) Beschränkung des Begriffs auf die obligatorische Ausgestaltung	17	III. Beantragung einer Deckungszusage	37

Schrifttum:
Abele, Transporthaftungsversicherung und laufende Versicherung nach § 210 VVG oder frei nach Wilhelm Bendow: »Wo laufen Sie denn, wo laufen Sie denn hin?«, in: FS Thume, 2008, S. 119; *Berliner*, Einheitsversicherung und laufende Versicherung, JRPV 1931, 249; *Braun*, Die Einheitsversicherung, Diss., Erlangen-Nürnberg 1963; *Ehrenberg*, Die gesetzliche Regelung der laufenden Versicherung, ZVersWiss 1903, 203; *Ehrensperger*, Der laufende Versicherungsvertrag in der Seetransportversicherung besonders seine Rechtsnatur, 1944; *Himer*, Kostfrachtgeschäft und laufende Versicherung, 1933; *v. Kottwitz*, Die laufende Versicherung, Diss., Hamburg 1976; *Langheid*, Die laufende Versicherung, in: FS Wälder, 2009, S. 119; *Möhrle*, Laufende Versicherung, 1994; *Moldenhauer*, Die laufende Versicherung, Diss., Göttingen 1899; *Mürl*, Die laufende Versicherung, Diss., Erlangen 1929; *Ritter/Abraham*, Das Recht der Seeversicherung, Bd. II, 2. Aufl. 1976; *Thume/de la Motte/Ehlers* (Hrsg.), Transportversicherungsrecht, 2. Aufl. 2011.

A. Allgemeines

I. Normzweck

1 Für eine Reihe von Versicherungszweigen ist es **unpraktikabel, jedes einzelne Interesse gesondert zu versichern**, wenn damit zu rechnen ist, dass **künftig immer wieder** eine größere Anzahl gleichartiger Interessen entstehen und zu versichern sein werden. Um dieses Problem zu lösen, ermöglicht die laufende Versicherung die pauschale Versicherung auch künftiger Interessen; eine Individualisierung der versicherten Interessen findet erst nach deren Entstehung statt.

Der Abschluss einer laufenden Versicherung bietet sich überall dort an, wo in einem Geschäftsbetrieb **zahlrei-** 2
che gleichartige Interessen immer wieder neu zur Entstehung gelangen.[1] Der **Vorteil** dieser Versicherungstechnik liegt in der Schaffung einer dauerhaften Vertragsbeziehung, die es dem VN erspart, für jedes der gleichartigen wiederkehrenden Interessen bei seiner Entstehung einen eigenen Versicherungsvertrag abschließen zu müssen. Außerdem erlangt der VN **Rechtssicherheit**, weil er darauf vertrauen kann, dass alle in Frage stehenden Risiken bei ihrer Entstehung automatisch versichert sind. Die laufende Versicherung ist aber auch für den Versicherer vorteilhaft, weil sie ihm eine einigermaßen **gesicherte Kalkulation der künftigen Prämieneingänge** ermöglicht.[2]

II. Entstehungsgeschichte

Bis zum 30.06.1990 war die laufende Versicherung in § 187 II a.F. definiert. Die Vorschrift befreite die laufen- 3
de Versicherung von den im VVG enthaltenen Beschränkungen der Vertragsfreiheit. Eine über diese Anordnung hinausgehende ausführliche Regelung fehlte. Mit Wirkung zum 01.07.1990 wurde die Vorschrift des § 187 II a.F. durch das 2. Durchführungsgesetz/EWG zum VAG[3] aufgehoben. Die laufende Versicherung war damit kein »terminus legalis« mehr.[4]

Bei der Reform des VVG 2008 empfand es der Gesetzgeber angesichts der praktischen Bedeutung der laufen- 4
den Versicherung als nicht sachgerecht, auf einschlägige Regelungen völlig zu verzichten.[5] Der Gesetzgeber sah dabei das Problem, dass die Vertragsgestaltung bei der laufenden Versicherung **erhebliche Abweichungen von den allgemeinen Grundsätzen des VVG** erfordert.[6] Ohne eine gesetzliche Regelung wären die einschlägigen AVB gem. § 307 II Nr. 1 BGB am Leitbild des übrigen VVG zu messen.[7] Dies würde dem Wesen der nur im gewerblich-kommerziellen Bereich relevanten laufenden Versicherung nicht gerecht.[8]

Seit der VVG-Reform vom 01.01.2008 sind die Grundzüge der laufenden Versicherung in den §§ 53–58 gere- 5
gelt. Die Vorschriften sind in vollem Umfang **dispositiv**.[9] Da die laufende Versicherung ausschließlich kommerzielle Risiken abdeckt, bei denen der VN nicht besonders schutzbedürftig ist,[10] erlaubt § 210 den Parteien, auch von den zwingenden, die Vertragsfreiheit einschränkenden Vorschriften des VVG abzuweichen (s. § 210 Rdn. 6). Eine **Ausnahme** vom Grundsatz der Dispositivität gilt allerdings für die **Definition der laufenden Versicherung** in § 53.[11] Die Parteien können den Begriff der laufenden Versicherung im Hinblick auf § 210 nicht auf andere Formen der Versicherungstechnik erweitern, weil sie es sonst in der Hand hätten, den Anwendungsbereich der zwingenden Vorschriften des VVG zu beschränken. Bei der Transportversicherung von Gütern hat dies allerdings keine praktische Bedeutung, weil sie als Großrisiko nach § 210 II 1 Nr. 1 i.V.m. Nr. 7 Anlage A zum VAG in jedem Fall die Voraussetzungen des § 210 erfüllt.[12]

III. Ausgestaltung durch AVB

Aufgrund des dispositiven Charakters der §§ 53–58 hängt die Ausgestaltung der laufenden Versicherung in 6
der Praxis weiterhin primär von den jeweiligen AVB ab. Da die laufende Versicherung **kein selbständiger Versicherungszweig** ist (Rdn. 12), gibt es für sie zwar keine eigenen AVB. In bestimmten Versicherungszweigen enthalten die AVB aber Sonderregelungen für den Fall, dass der Vertrag in Form der laufenden Versicherung abgeschlossen wird. Von Bedeutung sind dabei vor allem die Bestimmungen in den **DTV-Güter 2000/2011 – Laufende Versicherung**.[13]

---

1 *v. Kottwitz*, S. 3.
2 BK/*Schauer*, Vorbem. zu §§ 49–68a Rn. 56; *Mürl*, S. 3; eingehend zu Vor- und Nachteilen *Ehrensperger*, S. 124 ff.; *Himer*, S. 18 f.; *Möhrle*, S. 5 ff. Zu den Besonderheiten s. auch B/M/*Renger*, Vor §§ 53–58 Rn. 7.
3 BGBl. 1990 I S. 1249, 1257.
4 BK/*Schauer*, Vorbem. zu §§ 49–68a Rn. 55; vgl. auch *Abele*, in: FS Thume, S. 119, 121 f.
5 Begr. RegE BT-Drucks. 16/3945 S. 50; vgl. *Langheid* NJW 2007, 3665, 3671. Zur Frage, ob ein Bedürfnis für eine gesetzliche Regelung besteht, s. schon *Ehrenberg* ZVersWiss 1903, 203 ff.
6 Begr. RegE BT-Drucks. 16/3945 S. 50; vgl. L/W/*Reinhard*, Vor §§ 53–58 Rn. 14; *Langheid* NJW 2006, 3317, 3320.
7 BGHZ 120, 290, 294 f.; BGH VersR 1984, 830 f.; L/W/*Reinhard*, Vor §§ 53–58 Rn. 14 f.; BK/*Schauer*, Vorbem. zu §§ 49–68a Rn. 59, § 187 Rn. 1, 8; *Möhrle*, S. 40 ff.; vgl. auch B/M/*Renger*, Vor §§ 53–58 Rn. 10.
8 Vgl. Begr. RegE BT-Drucks. 16/3945 S. 76, 115; *Langheid* NJW 2007, 3665, 3671.
9 Begr. RegE BT-Drucks. 16/3945 S. 50, 75.
10 *Ehlers* TranspR 2007, 5, 8.
11 So auch P/M/*Armbrüster*, Vor § 53 Rn. 7; L/W/*Reinhard*, Vor §§ 53–58 Rn. 9; a.A. PK/*Schwintowski*, Vor §§ 53–58 Rn. 7.
12 Vgl. Begr. RegE BT-Drucks. 16/3945 S. 115.
13 Siehe zu den DTV-Güter 2000/2011 – Laufende Versicherung die Kommentierung von P/M/*Koller*, DTV-Güter lfd. Vers., und zu der vorherigen Fassung die Kommentierung von Thume/de la Motte/*Ehlers*, DTV-Güter 2000/2008 Rn. 683 ff.

IV. Anwendungsbereich und Abgrenzungen

1. Verbreitung

7 Wichtigster Anwendungsbereich der laufenden Versicherung ist die **Transportversicherung von Gütern**.[14] Die laufende Versicherung betrifft darüber hinaus vor allem die Versicherung von **Warenlagern mit wechselndem Inhalt** sowie Investitionsversicherungen über eine Anzahl von Projekten.[15] Eine wichtige Rolle spielt die laufende Versicherung auch bei der Speditionsversicherung, der (Waren-)Kreditversicherung, bei **technischen Versicherungen** wie der Bauleistungs- und Montageversicherung, bei der Filmversicherung[16] sowie bei einigen Arten der Haftpflichtversicherung,[17] nicht aber bei der Betriebshaftpflichtversicherung.[18] Die laufende Versicherung ist schließlich auch in der vom VVG nicht geregelten **Rückversicherung** sehr verbreitet.

2. Abgrenzungen

a) Versicherung für einen Inbegriff von Sachen

8 Bei der Versicherung für einen Inbegriff von Sachen (Inbegriffsversicherung) gem. **§ 89** wird ebenfalls ein wechselnder Bestand versichert (§ 89 Rdn. 1). Sowohl die laufende Versicherung als auch die Inbegriffsversicherung erfassen damit **auch zukünftige Interessen**.[19] Die Abgrenzung, vor allem für Warenlager mit wechselndem Bestand,[20] hat durch die Reform wieder größere Bedeutung gewonnen, weil die Inbegriffsversicherung nicht nach § 210 von den Einschränkungen der Vertragsfreiheit durch das VVG befreit ist.

9 Kennzeichnend für die Inbegriffsversicherung ist die Vereinbarung einer festen Versicherungssumme, die sich **auf den jeweiligen Bestand**, nicht auf das versicherte Einzelinteresse bezieht (s. auch § 89 Rdn. 1).[21] Den VN trifft daher keine Pflicht oder Obliegenheit, den Versicherer über die einzelnen Güter, aus denen sich der Inbegriff zusammensetzt, in Kenntnis zu setzen.[22] Bei der laufenden Versicherung richtet sich die Prämie dagegen grundsätzlich nach dem einzelnen Risiko;[23] dieses muss daher angemeldet werden. Die Inbegriffsversicherung ist somit kein Unterfall der laufenden Versicherung.[24] Eine analoge Anwendung der §§ 53 ff. auf die Inbegriffsversicherung ist wegen der Unterschiedlichkeit der Interessenlage abzulehnen.[25]

b) Einheitsversicherung

10 Abgrenzungsprobleme bestehen auch mit Blick auf die Einheitsversicherung, die **Elemente der Transport- und der Sachversicherung** in einem einheitlichen Versicherungsvertrag kombiniert.[26] Die Zuordnung hängt von der jeweiligen Ausgestaltung des Vertrages ab. Nach den heute üblichen AVB handelt es sich um keine laufende Versicherung, sondern um eine **Inbegriffsversicherung**.[27]

c) Gruppenversicherung

11 In der Gruppenversicherung besteht ein Versicherungsvertrag für eine **unbestimmte Vielzahl von Personen mit gleichen Merkmalen** (z.B. Zugehörigkeit zu einer Vereinigung oder zu einem Unternehmen).[28] In der Praxis kommt diese Gestaltung vor allem bei der Lebensversicherung vor. Ob die Gruppenversicherung der laufenden Versicherung zuzuordnen ist oder eine Parallelerscheinung zur Inbegriffsversicherung bei der Personenversicherung darstellt, ist streitig. Letztlich kommt es auch hier auf die jeweilige Ausgestaltung des Versicherungsvertrags an.[29]

---

14 B/M/*Renger*, § 53 Rn. 24 ff.; PK/*Schwintowski*, § 53 Rn. 3; Staudinger/Halm/Wendt/*Wolf*, Vorb. §§ 53–58 Rn. 6; *Ehlers* TranspR 2007, 5, 8; *Möhrle*, S. 141.
15 *Grote/Schneider* BB 2007, 2689, 2700; *Langheid* NJW 2007, 3665, 3671.
16 P/M/*Armbrüster*, Vor § 53 Rn. 5.
17 L/W/*Reinhard*, § 53 Rn. 4; BK/*Schauer*, Vorbem. zu §§ 49–68a Rn. 56; P/M/*Armbrüster*, Vor § 53 Rn. 5; *Langheid*, in: FS Wälder, S. 119, 120; *Neuhaus* r+s 2008, 45, 46.
18 BGH VersR 1967, 771 = NJW 1967, 2205, 2206 f.; P/M/*Armbrüster*, Vor § 53 Rn. 6.
19 *v. Kottwitz*, S. 14.
20 Inbegriffsversicherung: L/W/*Reinhard*, § 53 Rn. 25; *Möhrle*, S. 23. Laufende Versicherung: *Langheid* NJW 2007, 3556, 3671.
21 *Möhrle*, S. 24; *v. Kottwitz*, S. 15.
22 BK/*Schauer*, Vorbem. zu §§ 49–68a Rn. 60; *Möhrle*, S. 24.
23 Vgl. BK/*Schauer*, Vorbem. zu §§ 49–68a Rn. 60; *v. Kottwitz*, S. 15.
24 B/M/*Renger*, § 53 Rn. 22; *v. Kottwitz*, S. 15 f.; *Möhrle*, S. 25; zweifelnd BK/*Schauer*, Vorbem. zu §§ 49–68a Rn. 60.
25 Zum umgekehrten Fall s. BK/*Schauer*, Vorbem. zu §§ 49–68a Rn. 60.
26 Vgl. *v. Fürstenwerth/Weiß*, Versicherungsrechts-Alphabet, S. 193; *v. Kottwitz*, S. 150; *Möhrle*, S. 25.
27 Vgl. P/M/*Armbrüster*, § 53 Rn. 9; L/W/*Reinhard*, § 53 Rn. 25; *v. Kottwitz*, S. 150 ff.; *Möhrle*, S. 25 f.; a.A. noch *Berliner* JRPV 1931, 249, 250.
28 L/W/*Boetius*, vor §§ 192–208 Rn. 603; *von Fürstenwerth/Weiß*, Versicherungs-Alphabet, S. 302 f.
29 Ausführlich *Möhrle*, S. 27 ff. Vgl. auch R/L/*Rixecker*, § 53 Rn. 5; L/W/*Reinhard*, § 53 Rn. 26; Staudinger/Halm/Wendt/*Wolf*, Vorb. §§ 53–58 Rn. 20.

V. Rechtliche Einordnung

1. Allgemeines

Die laufende Versicherung stellt keinen eigenständigen Versicherungszweig dar, sondern ist **eine bestimmte** **Technik der Vertragsgestaltung**, die in verschiedenen Versicherungszweigen verwendet wird.[30] Während § 187 II a.F. die laufende Versicherung noch als Schadensversicherung einordnete, gelten die §§ 53 ff. als Vorschriften des Allgemeinen Teils für alle Versicherungsarten. In der Regel handelt es sich bei der laufenden Versicherung aber um eine **Schadensversicherung**. 12

2. Obligatorische oder fakultative laufende Versicherung

a) Das Verständnis der h.M.

Die h.M. unterscheidet **zwei Grundformen** der laufenden Versicherung: die obligatorische und die fakultative.[31] Bei der **obligatorischen laufenden Versicherung** fallen alle Risiken, die von der gattungsbezogenen Risikoumschreibung erfasst werden, per se unter den Versicherungsschutz. Die Anmeldung nach § 53 hat keine konstitutive Bedeutung und stellt daher auch keine Willenserklärung, sondern eine bloße Tatsachen- bzw. Wissenserklärung dar.[32] Soweit in den AVB eine Deckungszusage des Versicherers für das angemeldete Risiko vorgesehen ist, hat diese ebenfalls nur deklaratorische Bedeutung. 13

Bei der **fakultativen laufenden Versicherung** steht es dagegen beiden Parteien frei, ob sie das jeweilige Einzelrisiko bei seiner Entstehung anmelden bzw. abdecken wollen. In diesem Fall kommt für jedes vom VN angemeldete und vom Versicherer in Deckung genommene Risiko ein eigenständiger Vertrag zustande;[33] die Erklärungen der Parteien haben also konstitutive Bedeutung. 14

Die laufende Versicherung kann schließlich auch als **Mischform** in der Gestalt auftreten, dass sie für die eine Partei obligatorisch und für die andere Partei fakultativ ausgestaltet ist.[34] 15

In der Praxis ist die laufende Versicherung meistens **für beide Seiten obligatorisch**. Dies sieht auch Ziff. 2 DTV-Güter 2000/2011 – Laufende Versicherung vor. 16

b) Beschränkung des Begriffs auf die obligatorische Ausgestaltung

Schon **vor der Reform des VVG 2008** wurde teilweise die Auffassung vertreten, der Begriff der laufenden Versicherung setze die »Versicherung wiederkehrend entstehender Risiken **ohne konstitutive Anmeldung**« voraus.[35] Für diese Auffassung spricht der Zweck der laufenden Versicherung, beiden Parteien von vornherein Sicherheit zu verschaffen (vgl. Rdn. 2). **Nach neuem Recht** ist außerdem zu beachten, dass das versicherte Interesse gemäß der nicht dispositiven Definition des § 53 bereits bei Vertragsschluss der Gattung nach bezeichnet ist und dem Versicherer nach seiner Entstehung einzeln »aufgegeben« wird. Die Annahme einer konstitutiven Vereinbarung über die Abdeckung des Einzelrisikos ist hiermit schwer vereinbar. Wenn der Gesetzgeber in § 53 eine Anmeldepflicht des VN vorsieht und die Anmeldung in der Gesetzesbegründung als Tatsachenerklärung qualifiziert,[36] geht er jedenfalls von einer **für beide Seiten obligatorischen Ausgestaltung** aus.[37] 17

Die hier vertretene Auffassung hat zur Folge, dass die Befreiung von den Einschränkungen der Vertragsfreiheit in **§ 210 nur für die obligatorische laufende Versicherung** gilt. Die fakultative laufende Versicherung ist dagegen nur bei Vorliegen eines Großrisikos von den Einschränkungen befreit. Im Rahmen der AGB-Kontrolle nach § 307 II Nr. 1 BGB ist es aber nicht ausgeschlossen, auch bei einer fakultativen Ausgestaltung die Wertungen der §§ 53 ff. zu berücksichtigen.[38] 18

3. Laufende Versicherung als endgültiger Versicherungsvertrag oder Rahmenvertrag

a) Allgemeines

Die Frage, ob die laufende Versicherung einen endgültigen Versicherungsvertrag oder einen bloßen Rahmenvertrag darstellt, ist nicht nur von theoretischem Interesse. Hiervon hängt der Zeitpunkt ab, zu dem die **vorvertragliche Anzeigepflicht** gem. § 19 I zu erfüllen ist.[39] Die Einordnung als endgültiger Versicherungsvertrag 19

---

30 VersHb/*Heiss/Trümper*, § 38 Rn. 183; B/M/*Renger*, § 53 Rn. 2; BK/*Schauer*, Vorbem. zu §§ 49–68a Rn. 56; PK/*Schwintowski*, Vorbem. zu §§ 53–58 Rn. 3; *Braun*, S. 16; *Ehrenzweig*, S. 22; *Möhrle*, S. 1.
31 Vgl. VersHb/*Heiss/Trümper*, § 38 Rn. 184; BK/*Schauer*, Vorbem. zu §§ 49–68a Rn. 58; *v. Kottwitz*, S. 28 ff.; vgl. auch *Langheid*, in: FS Wälder, S. 119, 122 ff.
32 Vgl. VersHb/*Heiss/Trümper*, § 38 Rn. 191; BK/*Schauer*, Vorbem. zu §§ 49–68a Rn. 58.
33 *v. Kottwitz* S. 31.
34 VersHb/*Heiss/Trümper*, § 38 Rn. 184; BK/*Schauer*, Vorbem. zu §§ 49–68a Rn. 58; *v. Kottwitz*, S. 28 ff.
35 P/M/*Kollhosser*[27], § 187 Rn. 17 (Hervorhebung nicht im Original).
36 Begr. RegE BT-Drucks. 16/3945 S. 75.
37 So auch L/W/*Reinhard*, § 53 Rn. 10 ff.; vgl. auch R/L/*Rixecker*, § 53 Rn. 4; a.A. P/M/*Armbrüster*, § 53 Rn. 12; *Langheid*, in: FS Wälder, S. 119, 123 f., 127, 129.
38 L/W/*Reinhard*, § 53 Rn. 17.
39 *v. Kottwitz*, S. 80 ff.; *Möhrle*, S. 15.

§ 53 Anmeldepflicht

führt dazu, dass diese Pflicht schon bei Abschluss der laufenden Versicherung zu erfüllen ist. Bei Annahme eines Rahmenvertrags gilt die Anzeigepflicht dagegen grundsätzlich bei jeder Anmeldung eines Einzelrisikos.

b) Meinungsstand

20 Auf der Grundlage des alten Rechts wurde die laufende Versicherung überwiegend als endgültiger Versicherungsvertrag qualifiziert.[40] Nach einer differenzierenden Auffassung kam es darauf an, ob die laufende Versicherung für die Parteien obligatorisch oder fakultativ ausgestaltet ist:[41] Die beiderseits obligatorische Versicherung war danach ein endgültiger Versicherungsvertrag, während es sich bei der für beide Seiten fakultativen Ausgestaltung um einen Rahmenvertrag handelte.

21 Da die Anmeldung der Einzelrisiken und die etwaige Deckungszusage des Versicherers nach der hier vertretenen Auffassung keine konstitutive Bedeutung haben (s.o. Rdn. 13, 17), handelt es sich bei der laufenden Versicherung nach § 53 um einen **endgültigen Versicherungsvertrag**.[42] Dies hat zur Folge, dass der VN die vorvertragliche Anzeigepflicht schon bei Abschluss der laufenden Versicherung zu erfüllen hat, nicht aber bei der Deklaration der Einzelrisiken (vgl. § 56 Rdn. 5). Bei fakultativer Ausgestaltung handelt es sich dagegen um einen Rahmenvertrag, auf den die §§ 53 ff. zumindest nicht unmittelbar anwendbar sind. Die vorvertragliche Anzeigepflicht ist daher bei der Anmeldung der Einzelrisiken zu erfüllen. Dies gilt jedenfalls dann, wenn der Versicherer noch darüber entscheiden kann, ob er die Deckung des angemeldeten Risikos übernimmt oder ablehnt.

VI. Erscheinungsformen der laufenden Versicherung

22 Bei der laufenden Versicherung lassen sich je nach dem **versicherten Zeitraum** und der **Art der Prämienberechnung** verschiedene Formen unterscheiden.[43]

1. Generalpolice

23 Die Generalpolice stellt die **klassische Form** der laufenden Versicherung dar.[44] Von dieser Ausgestaltung gehen auch die Bestimmungen der **DTV-Güter 2000/2011** für die laufende Versicherung aus. Die einzelnen Sendungen bzw. Transporte werden jeweils in ein Beibuch eingetragen und dem Versicherer in bestimmten Zeitabständen mitgeteilt (**Deklarationspflicht**).[45] Aus der Gesamtheit der eingetragenen Einzelsendungen bzw. -transporte wird **nachträglich** die **Höhe der Versicherungsprämie** berechnet. Im Voraus wird zwar keine bestimmte Versicherungssumme vereinbart. In der Praxis ist aber die **Vereinbarung eines sog. Maximums** je Sendung bzw. Transport gebräuchlich. Nach Ziff. 4.1.1. Satz 1 DTV-Güter – Laufende Versicherung sind die vereinbarten Maxima im Allgemeinen **Höchstversicherungssummen** pro Transportmittel bzw. feuertechnisch getrennten Lager. Übersteigt die Gesamtversicherungssumme aller versicherten Güter auf einem Transportmittel oder Lager das Maximum, so vermindern sich die einzelnen Versicherungssummen gemäß Ziff. 4.1.1. Satz 2 im Verhältnis des Maximums zur Gesamtversicherungssumme. Es findet eine anteilige Kürzung der Versicherungsleistung nach den Grundsätzen der Unterversicherung statt.[46] Die Parteien können nach Ziff. 4.2. DTV-Güter – Laufende Versicherung vereinbaren, dass die Maxima **Höchsthaftungssummen** sein sollen. Dies hat zur Folge, dass der Schaden bis zur Höchsthaftungssumme im vollen Umfang gedeckt ist.[47]

2. Abschreibepolice

24 Bei der Abschreibepolice wird eine **Gesamtversicherungssumme** vereinbart, von der die jeweils in Anspruch genommenen Beträge für Sendungen oder Transporte, also **die einzelnen Versicherungssummen abgezogen** werden. Dadurch vermindert sich der Wert der Gesamtversicherungssumme ständig und der Versicherungsschutz endet, wenn sie vollständig erschöpft ist.[48] Wie bei der Generalpolice ist der VN verpflichtet, die Einzelsendungen bzw. -transporte jeweils in ein Beibuch einzutragen (Dokumentationspflicht) und dem Versicherer periodisch mitzuteilen.[49] Die **Prämie** wird **im Voraus** nach der anfänglichen Gesamtversicherungssumme be-

---

40 RGZ 90, 5, 8; OLG Hamburg VersR 1955, 501, 502; *Bruck*, VVG, § 187 Rn. 9; P/M/*Kollhosser*[27], § 187 Rn. 16; *Ehrenzweig*, S. 22 f.; *Himer*, S. 18; a.A. (Rahmenvertrag): *v. Kottwitz*, S. 16, 150 f.; differenzierend *Sieg* VersR 1986, 929, 932. Zum Meinungsstand nach altem Recht s. auch *Ehrensperger*, S. 81 ff.; *Moldenhauer*, S. 62 ff.
41 BK/*Schauer*, Vorbem. zu §§ 49–68a Rn. 58; *Möhrle*, S. 9 ff., 18 ff.; *Mürl*, S. 14 ff.; ähnlich *Ritter/Abraham*, Bd. II, § 97 Anm. 13.
42 So auch L/W/*Reinhard*, § 53 Rn. 11 f.; a.A. wohl P/M/*Armbrüster*, Vor § 53 Rn. 2, § 53 Rn. 12.
43 Siehe dazu P/M/*Armbrüster*, § 53 Rn. 5 ff.; L/W/*Reinhard*, § 53 Rn. 19 ff.; B/M/*Renger*, § 53 Rn. 12 ff
44 Thume/de la Motte/*Ehlers*, DTV-Güter 2000/2008 Rn. 685; Staudinger/Halm/Wendt/*Wolf*, Vorb. §§ 53–58 Rn. 15; vgl. *Möhrle*, S. 12.
45 Thume/de la Motte/*Ehlers*, DTV-Güter 2000/2008 Rn. 685; BK/*Schauer*, Vorbem. zu §§ 49–68a Rn. 57.
46 VersHb/*Heiss/Trümper*, § 38 Rn. 196.
47 VersHb/*Heiss/Trümper*, § 38 Rn. 197; Thume/de la Motte/*Ehlers*, DTV-Güter 2000/2008 Rn. 721.
48 VersHb/*Heiss/Trümper*, § 38 Rn. 184; L/W/*Reinhard*, § 53 Rn. 21.
49 VersHb/*Heiss/Trümper*, § 38 Rn. 184; P/M/*Armbrüster*, § 53 Rn. 7.

rechnet.⁵⁰ In der Praxis findet sich diese Gestaltung bei der Lieferung von Gütern gleicher Art und Güte, die in verschiedenen Etappen transportiert werden.⁵¹

3. Pauschal- und Umsatzpolice

Bei der in der Praxis wenig verbreiteten **Pauschalpolice** wird eine **Gesamtversicherungssumme** für alle Transporte vereinbart, die an einem bestimmten Tag innerhalb eines räumlich abgegrenzten Bereichs und/oder mit einem bestimmten Transportmittel durchgeführt werden.⁵² Die **Prämie** wird **vorab** nach der vereinbarten Gesamtversicherungssumme **berechnet**.⁵³ Anders als bei der General- und der Abschreibepolice trifft den VN **keine Deklarationspflicht**; er muss aber auf Verlangen des Versicherers die durchgeführten Transporte nachweisen.⁵⁴ 25

Ein **Unterfall** der Pauschalpolice liegt vor, wenn die Prämie nicht im Vorhinein vereinbart, sondern vom Umsatz der Transporte abhängig gemacht wird. Als Prämie wird ein bestimmter Prozentsatz von dem Gesamtumsatz erhoben, den der VN im Nachhinein zu melden hat. Man spricht dann von einer **Umsatzpolice**.⁵⁵

B. Tatbestand

§ 53 enthält eine **Legaldefinition** der laufenden Versicherung. Diese entspricht der Definition des bis zum 30.06.1990 geltenden § 187 II a.F. (vgl. Rdn. 3). Daher kann auch auf ältere Rechtsprechung und Literatur zurückgegriffen werden. 26

§ 53 kennzeichnet die laufende Versicherung dahingehend, dass das versicherte Interesse bei Vertragsschluss nur der Gattung nach bezeichnet und erst nach seiner Entstehung dem Versicherer einzeln aufgegeben wird. Folgende Merkmale sind danach zu unterscheiden: 27

I. Versichertes Interesses

Die h.M. versteht unter dem versicherten Interesse die rechtliche Beziehung eines Rechtssubjekts – des VN oder des Versicherten – zu einem Vermögensgut, dessen Beeinträchtigung bei ihm einen wirtschaftlichen Nachteil herbeiführt.⁵⁶ **Gegenstand und Objekt der Versicherung** ist damit das wirtschaftliche Gut oder die Person, an dem oder an der sich der schädigende Umstand zum Nachteil des VN auswirkt.⁵⁷ In der Sachversicherung ist dies häufig das Eigentum an einer Sache; es können aber auch schuldrechtliche Beziehungen zu einer Sache versichert werden. 28

II. Gattungsmäßige Bezeichnung

Der Begriff »Gattung« bezeichnet eine Gruppe von Gegenständen, die durch **gemeinschaftliche Merkmale** gekennzeichnet und von anderen Gegenständen abgegrenzt ist.⁵⁸ Eine gattungsmäßige Bezeichnung liegt somit vor, wenn das versicherte Interesse bei Vertragsschluss allein nach solchen gemeinschaftlichen (generellen) Merkmalen bestimmt wird. Der Versicherungsschutz erfasst dann alle Interessen, auf welche die generelle Umschreibung zutrifft.⁵⁹ **Nicht ausreichend** ist allerdings der Umstand, dass sich mehrere Sachen an einem vereinbarten Versicherungsort befinden, da sonst fast jede ortsgebundene Versicherung beweglicher Sachen eine laufende Versicherung darstellen würde.⁶⁰ 29

Nach dem Wortlaut des § 53 werden vor allem **künftige Interessen** versichert, d.h. solche, die erst nach Vertragsschluss entstehen.⁶¹ Es können jedoch auch Interessen gedeckt werden, die bereits **bei Vertragsschluss** bestehen.⁶² 30

Aufgrund der gattungsmäßigen Bezeichnung bleibt bei der laufenden Versicherung zunächst offen, welche konkreten Interessen vom Versicherungsschutz umfasst werden. Da die laufende Versicherung dem VN die Abdeckung der umschriebenen Risiken garantieren soll, muss bei der Entstehung des einzelnen Interesses aber **feststellbar** sein, ob es vom Versicherungsschutz erfasst wird oder nicht. 31

---

50 P/M/*Armbrüster*, § 53 Rn. 7.
51 Vgl. Thume/de la Motte/*Ehlers*, DTV-Güter 2000/2008 Rn. 688.
52 VersHb/*Heiss/Trümper*, § 38 Rn. 184; P/M/*Armbrüster*, § 53 Rn. 8; BK/*Schauer*, Vorbem. zu §§ 49–68a Rn. 57.
53 *Möhrle*, S. 13; vgl. auch VersHb/*Heiss/Trümper*, § 38 Rn. 184.
54 VersHb/*Heiss/Trümper*, § 38 Rn. 184; BK/*Schauer*, Vorbem. zu §§ 49–68a Rn. 57; P/M/*Armbrüster*, § 53 Rn. 8.
55 Thume/de la Motte/*Ehlers*, DTV-Güter 2000/2008 Rn. 688; L/W/*Reinhard*, § 53 Rn. 23.
56 P/M/*Armbrüster*, Vor §§ 74–99 Rn. 28; VersHb/*E. Lorenz*, § 1 Rn. 121; *Wandt*, Rn. 687 f.; *Himer*, S. 24; *v. Kottwitz*, S. 8 ff.; eingehend *Möhrle*, S. 55; vgl. auch BGH NJW-RR 1988, 727; RGZ 169, 368, 373.
57 *Moldenhauer*, S. 12.
58 *Looschelders*, Schuldrecht AT, Rn. 282; HK-BGB/*Schulze*, § 243 Rn. 3; Palandt/*Grüneberg*, § 243 Rn. 2. Eingehend L/W/*Reinhard*, § 53 Rn. 7.
59 Krit. zur gattungsmäßigen Bezeichnung HK-VVG/*Harms*, § 53 Rn. 2 f.
60 P/M/*Armbrüster*, Vor § 53 Rn. 6.
61 Siehe dazu *Möhrle*, S. 57 f.
62 Begr. RegE BT-Drucks. 16/3945 S. 75; *Bruck*, § 187 Rn. 8; *v. Kottwitz*, S. 1.

III. Versichertes Interesse nach den DTV-Güter 2000/2011

32 Nach Ziff. 1.1. DTV-Güter 2000/2011 – **Laufende Versicherung** sind Gegenstand der laufenden Versicherung und damit versichertes Interesse »Güter aller Art oder alle Güter der im Vertrag bestimmten Art, die vom VN nach kaufmännischen Grundsätzen für eigene oder fremde Rechnung zu versichern sind.« Nicht versichert sind »solche Güter, die der VN ohne eigenes rechtliches oder wirtschaftliches Interesse nur deshalb zu versichern hat, weil er sich hierzu einem Dritten gegenüber, sei es auch gegen Entgelt, verpflichtet hat.« Dies führt zu **Abgrenzungsfragen** bei der Versicherung von Sachen, die im Eigentum eines anderen stehen. Die Einordnung hängt davon ab, ob die Versicherung der betreffenden Sachen **kaufmännischen Grundsätzen** entspricht oder allein wegen einer Verpflichtung gegenüber dem Eigentümer erfolgt. In der **Transportversicherung** entspricht die Versicherung fremder Sachen kaufmännischen Grundsätzen, weil der Frachtführer für den Verlust und die Beschädigung des Transportguts nach § 425 HGB haftet.[63]

C. Pflichten des VN bei laufender Versicherung

33 Bei Vorliegen einer laufenden Versicherung treffen den VN die in § 53 geregelten (dispositiven) **Verhaltensanforderungen**. Die Rechtsnatur dieser Anforderungen ist umstritten. In der Rechtsprechung und Literatur ist die Anmeldung der Einzelrisiken bzw. der Prämiengrundlage bislang überwiegend als **echte Rechtspflicht** angesehen worden, die dem Interesse des Versicherers an einer zutreffenden Ermittlung der Prämien dient.[64] Hiervon geht auch die Gesetzesbegründung aus.[65] Den Parteien steht es jedoch frei, die Anmeldung als bloße Obliegenheit auszugestalten.[66]

I. Anmeldung der Einzelrisiken

34 § 53 Var. 1 begründet für den Regelfall der laufenden Versicherung, namentlich für die **Generalpolice** (Rdn. 23), die Rechtspflicht des VN zur **unverzüglichen** Anmeldung der Einzelrisiken (**Deklarationspflicht**). Sie muss also ohne schuldhaftes Zögern erfolgen, vgl. § 121 I 1 BGB. Die Anmeldung ist keine Willenserklärung, sondern **Tatsachen- oder Wissenserklärung**[67] und Erfüllungshandlung und Leistung des VN.[68] Sie dient der Konkretisierung des versicherten Interesses und hat nach der hier vertretenen Ansicht (vgl. Rdn. 13, 17) **nur deklaratorische Bedeutung**.

II. Anmeldung der Prämiengrundlage

35 § 53 Var. 2 regelt den Fall, dass der Versicherer auf die Anmeldung der Einzelrisiken verzichtet. Hier ist der VN gehalten, dem Versicherer die vereinbarte Prämiengrundlage **unverzüglich**, d. h. ohne schuldhaftes Zögern (§ 121 I 1 BGB), anzumelden. Praktische Bedeutung hat dies bei der **Pauschal- und Umsatzpolice** (Rdn. 25). Die Anmeldung betrifft dabei den Wert der in einem bestimmten Zeitraum durchgeführten Transporte und Lagerungen, ggf. mit Angabe der einzelnen Länder- oder Erdteilsrelationen (vgl. Ziff. 3.2.1. DTV-Güter 2000/2011 – Laufende Versicherung).[69]

36 Da die Rechtsfolgen des § 53 dispositiv sind, können die Parteien auch auf jegliche Anmeldung verzichten, wie dies bei der Pauschalpolice (Rdn. 25) der Fall ist.

III. Beantragung einer Deckungszusage

37 Die Parteien können schließlich vereinbaren, dass der VN verpflichtet ist, für jedes Einzelrisiko bei seiner Entstehung eine Deckungszusage zu beantragen (§ 53 Var. 3). **Bei der obligatorischen laufenden Versicherung** hat eine solche Deckungszusage nur **deklaratorische** Bedeutung (vgl. Rdn. 13). Wird das Einzelrisiko von der gattungsmäßigen Risikobeschreibung erfasst, so besteht der Versicherungsschutz auch dann, wenn der Versicherer die Deckungszusage ablehnt.[70] Der Versicherer verletzt in diesem Fall allerdings seine Pflicht aus dem Versicherungsvertrag.

38 Die Parteien können im Rahmen der Privatautonomie auch **vereinbaren**, dass die Erteilung der Deckungszusage für den Versicherer **fakultativ** ist und entsprechend konstitutive Wirkung hat.[71] Nach der hier vertre-

---

63 OLG Hamm r+s 2004, 35, 36.
64 OLG Stuttgart VersR 1994, 721; OLG Hamm VersR 1993, 1519; R/L/*Rixecker*, § 53 Rn. 9; L/W/*Reinhard*, § 53 Rn. 27 f.; offen BGH VersR 2001, 368. A.A. (Risikoausschluss) OLG Köln OLG-Report 2000, 147.
65 Begr. RegE BT-Drucks. 16/3945 S. 75. So auch L/W/*Reinhard*, § 53 Rn. 27; B/M/*Renger*, § 53 Rn. 3, 34; R/L/*Rixecker*, § 53 Rn. 9. Nach Ansicht von P/M/*Armbrüster*, § 54 Rn. 5; HK-VVG/*Harms*, § 53 Rn. 13 nur Obliegenheit; so wohl auch *Bruns*, § 15 Rn. 34.
66 BGH VersR 2001, 368; Staudinger/Halm/Wendt/*Wolf*, § 53 Rn. 6.
67 RGZ 169, 1, 6; HK-VVG/*Harms*, § 53 Rn. 14; BK/*Schauer*, Vorbem. zu §§ 49–68a Rn. 58; Ritter/Abraham, Bd. II, § 97 Anm. 44; *Möhrle*, S. 20. A.A. *Bruck*, PVR, S. 244; *R. Schmidt*, Die Obliegenheiten, 1953, S. 249 (beide ohne Begründung).
68 Begr. RegE BT-Drucks. 16/3945 S. 75 f.; vgl. B/M/*Renger*, § 53 Rn. 32.
69 *Ehlers* TranspR 2007, 5, 8; *Langheid*, in: FS Wälder, S. 119, 121.
70 A.A. B/M/*Renger*, § 53 Rn. 37.
71 Vgl. Staudinger/Halm/Wendt/*Wolf*, § 53 Rn. 9.

tenen Auffassung liegt in diesem Fall allerdings keine »echte« laufende Versicherung i.S.d. §§ 53 ff., sondern bloß ein Rahmenvertrag vor (vgl. Rdn. 21).[72] Da der VN bei einer solchen Gestaltung besonders schutzbedürftig ist, erscheint eine Freistellung von den Einschränkungen der Vertragsfreiheit nach § 210 nicht gerechtfertigt.

§ 54 Verletzung der Anmeldepflicht.

(1) [1]Hat der Versicherungsnehmer die Anmeldung eines versicherten Risikos oder der vereinbarten Prämiengrundlage oder die Beantragung der Deckungszusage unterlassen oder fehlerhaft vorgenommen, ist der Versicherer nicht zur Leistung verpflichtet. [2]Dies gilt nicht, wenn der Versicherungsnehmer die Anmelde- oder Antragspflicht weder vorsätzlich noch grob fahrlässig verletzt hat und die Anmeldung oder den Antrag unverzüglich nach Kenntniserlangung von dem Fehler nachholt oder berichtigt.
(2) [1]Verletzt der Versicherungsnehmer die Anmelde- oder Antragspflicht vorsätzlich, kann der Versicherer den Vertrag fristlos kündigen. [2]Die Versicherung von Einzelrisiken, für die der Versicherungsschutz begonnen hat, bleibt, wenn nichts anderes vereinbart ist, über das Ende der laufenden Versicherung hinaus bis zu dem Zeitpunkt bestehen, zu dem die vereinbarte Dauer der Versicherung dieser Einzelrisiken endet. [3]Der Versicherer kann ferner die Prämie verlangen, die bis zum Wirksamwerden der Kündigung zu zahlen gewesen wäre, wenn der Versicherungsnehmer die Anmeldepflicht erfüllt hätte.

Übersicht

	Rdn.		Rdn.
A. Tatbestand	1	II. Fristlose Kündigung	7
B. Rechtsfolgen	3	C. Beweislast	9
I. Befreiung des Versicherers von der Leistungspflicht	3		

Schrifttum:
Vgl. die Nachweise zu § 53.

A. Tatbestand

§ 54 regelt die **Rechtsfolgen** einer **Verletzung der in § 53 geregelten Pflichten**. Die dispositive Vorschrift unterscheidet danach, ob der VN nach dem Vertrag zur Anmeldung des Einzelrisikos, zur Anmeldung der Prämiengrundlage oder zur Beantragung einer Deckungszusage verpflichtet ist. Sie berücksichtigt damit die bei der laufenden Versicherung wichtigsten Gestaltungen (vgl. § 53 Rdn. 34 ff.). 1

Die vorgesehenen Rechtsfolgen greifen ein, wenn die Anmeldung oder die Beantragung der Deckungszusage unterlassen oder fehlerhaft vorgenommen wurde. Die Anmeldung ist **fehlerhaft**, wenn sie unvollständig ist oder unrichtige Angaben enthält. Ein **Unterlassen** liegt bei Nichtvornahme der Anmeldung vor. Dies gilt jeweils auch für den Antrag auf Deckungszusage. 2

B. Rechtsfolgen
I. Befreiung des Versicherers von der Leistungspflicht

Wichtigste Rechtsfolge einer Pflichtverletzung ist nach Abs. 1 Satz 1 die **Leistungsfreiheit des Versicherers**. Verletzt der VN seine Pflicht zur Anmeldung eines Einzelrisikos, so mangelt es nach der Gesetzesbegründung an der Bestimmtheit des versicherten Interesses, die für die Gewährung des Versicherungsschutzes notwendig ist.[1] Leistungsfreiheit erscheint daher als sachgemäße Rechtsfolge und wird auch in der Praxis regelmäßig vereinbart (vgl. **Ziff. 3.1.3. DTV-Güter 2000/2011 – Laufende Versicherung**). Dabei handelt es sich nicht um einen Risikoausschluss.[2] Leistungsfreiheit tritt gem. Abs. 1 Satz 1 auch dann ein, wenn die Pflichtverletzung des VN die Anmeldung der Prämiengrundlage oder die Beantragung der Deckungszusage betrifft. 3

Die Leistungsfreiheit des Versicherers unterliegt nach § 54 dem **Alles-oder-Nichts-Prinzip**. Das sonst für Obliegenheitsverletzungen geltende Quotenprinzip wurde wegen der **Besonderheiten der laufenden Versicherung** nicht eingeführt.[3] Die Leistungsfreiheit beschränkt sich aber auf das nicht oder falsch angemeldete Einzelrisiko bzw. das Risiko, für das keine Deckungszusage beantragt worden ist.[4] 4

---

[72] So auch mit ausführlicher Begründung L/W/*Reinhard*, § 53 Rn. 13 ff.; a.A. P/M/*Armbrüster*, § 53 Rn. 3, 12; *Langheid*, in: FS Wälder, S. 119, 123 f., 128.
[1] Begr. RegE BT-Drucks. 16/3945 S. 50, 76; PK/*Schwintowski*, § 54 Rn. 2. Dagegen L/W/*Reinhard*, § 54 Rn. 9.
[2] BGH VersR 2001, 368, 369; P/M/*Koller*, Ziff. 3 DTV-Güter lfd. Vers. Rn. 1; L/W/*Reinhard*, § 53 Rn. 35; a.A. OLG Köln OLG-Report 2000, 147.
[3] Vgl. P/M/*Armbrüster*, § 54 Rn. 3; Staudinger/Halm/Wendt/*Wolf*, § 54 Rn. 2; *Grote/Schneider* BB 2007, 2689, 2700; *Langheid* NJW 2007, 3665, 3671; *Weidner/Schuster* r+s 2007, 363, 364.
[4] HK-VVG/*Harms*, § 54 Rn. 1; L/W/*Reinhard*, § 54 Rn. 11.

5 Entgegen den allgemeinen Grundsätzen des VVG setzt die Leistungsfreiheit des Versicherers **kein Verschulden** des VN voraus. Nach der »**Versehensklausel**« des Abs. 1 Satz 2 bleibt die Leistungspflicht des Versicherers aber bestehen, wenn der VN seine Pflicht »weder vorsätzlich noch grob fahrlässig verletzt hat und die Anmeldung oder den Antrag unverzüglich nach Kenntniserlangung von dem Fehler nachholt oder berichtigt«. Sofern den VN kein Verschulden oder nur einfache Fahrlässigkeit trifft, kann er sich also durch **unverzügliche** (vgl. § 121 I 1 BGB) **Nachholung oder Berichtigung** der Anmeldung bzw. des Antrags entlasten. Bezieht sich die Pflichtverletzung auf die Beantragung der **Deckungszusage**, so besteht die Leistungspflicht des Versicherers nach der Gesetzesbegründung allerdings erst nach Erteilung der Deckungszusage.[5] Gegen diese Einschränkung spricht jedoch, dass sie die Nachholungs- bzw. Berichtigungsmöglichkeit bei Fehlern in Bezug auf die Beantragung der Deckungszusage weitgehend entwertet. War der Versicherer nach dem Versicherungsvertrag verpflichtet, die Deckungszusage zu gewähren, so muss der Versicherungsschutz nach Sinn und Zweck des Abs. 1 Satz 2 im Fall einer korrekten Nachholung des Antrags schon ab dem Zeitpunkt einsetzen, zu dem die Deckungszusage ohne das ursprüngliche »Versehen« des VN erteilt worden wäre.[6]

6 Ziff. 3.1.3. DTV-Güter 2000/2011 – **Laufende Versicherung** beschränkt die »**Versehensklausel**« auf den Fall, dass der VN die **Sorgfalt eines ordentlichen Kaufmanns** (§ 347 HGB) eingehalten hat, was einen strengeren Maßstab als die im Verkehr erforderliche Sorgfalt bedingt.[7] Die damit verbundene Einschränkung der Entlastungsmöglichkeit bei einfacher Fahrlässigkeit ist zulässig, weil § 54 auch insoweit dispositiv ist.[8]

II. Fristlose Kündigung

7 **Bei vorsätzlicher Verletzung** der Anmelde- oder Antragspflicht billigt Abs. 2 Satz 1 dem Versicherer das **Recht zur fristlosen Kündigung** zu. Der Begriff des Vorsatzes richtet sich nach allgemeinen Grundsätzen. Der VN muss also die verletzte Anmelde- oder Antragspflicht kennen und wissen, dass das betreffende Risiko hiervon erfasst wird. Ein entsprechendes Kündigungsrecht findet sich in **Ziff. 3.1.4. Satz 1 DTV-Güter 2000/2011 – Laufende Versicherung.**

8 Absatz 2 Satz 2 regelt die sog. **Auslaufhaftung**, die bei der Transportversicherung für Güter verbreitet ist.[9] Für Einzelrisiken, für die der Versicherungsschutz bereits begonnen hat, bleibt die Versicherung grundsätzlich erhalten.[10] Der Versicherer kann dann nach Absatz 2 Satz 3 die Prämie verlangen, die er bei pflichtgemäßem Verhalten des VN erhalten hätte (vgl. Ziff. 3.1.4. Satz 2 DTV-Güter 2000/2011 – Laufende Versicherung).

C. Beweislast

9 Die Verletzung der Anmelde- bzw. Antragspflicht ist nach allgemeinen Grundsätzen vom Versicherer zu beweisen.[11] Das Gleiche gilt für den Vorsatz des VN nach Abs. 2 Satz 1. Dagegen folgt aus der negativen Formulierung des Abs. 1 Satz 2, dass der **VN die Beweislast für die Aufrechterhaltung der Leistungspflicht nach der »Versehensklausel«** trägt. Er muss also darlegen und beweisen, dass er weder vorsätzlich noch grob fahrlässig gehandelt hat.

§ 55 Einzelpolice.

(1) ¹Ist bei einer laufenden Versicherung ein Versicherungsschein für ein einzelnes Risiko (Einzelpolice) oder ein Versicherungszertifikat ausgestellt worden, ist der Versicherer nur gegen Vorlage der Urkunde zur Leistung verpflichtet. ²Durch die Leistung an den Inhaber der Urkunde wird er befreit.

(2) ¹Ist die Urkunde abhanden gekommen oder vernichtet, ist der Versicherer zur Leistung erst verpflichtet, wenn die Urkunde für kraftlos erklärt oder Sicherheit geleistet ist; eine Sicherheitsleistung durch Bürgen ist ausgeschlossen. ²Dies gilt auch für die Verpflichtung des Versicherers zur Ausstellung einer Ersatzurkunde.

(3) ¹Der Inhalt der Einzelpolice oder eines Versicherungszertifikats gilt abweichend von § 5 als vom Versicherungsnehmer genehmigt, wenn dieser nicht unverzüglich nach der Übermittlung widerspricht. ²Das Recht des Versicherungsnehmers, die Genehmigung wegen Irrtums anzufechten, bleibt unberührt.

Übersicht

	Rdn.		Rdn.
A. Normzweck	1	II. Besonderheiten bei Abhandenkommen oder Vernichtung der Einzelpolice	6
B. Tatbestand	2	III. Genehmigungsfiktion	9
C. Rechtsfolgen	3		
I. Leistungspflicht des Versicherers	3		

---

5 Begr. RegE BT-Drucks. 16/3945 S. 76; ebenso P/M/*Armbrüster*, § 54 Rn. 3.
6 So überzeugend L/W/*Reinhard*, § 54 Rn. 14.
7 Vgl. BGH NJW 1981, 577, 578; Staudinger/Halm/Wendt/*Wolf*, § 54 Rn. 6.
8 Vgl. PK/*Schwintowski*, § 54 Rn. 5.
9 Begr. RegE BT-Drucks. 16/3945 S. 76.
10 Zur rechtspolitischen Kritik an dieser Regelung s. L/W/*Reinhard*, § 54 Rn. 16.
11 HK-VVG/*Harms*, § 54 Rn. 1; B/M/*Renger*, § 54 Rn. 18; R/L/*Rixecker*, § 54 Rn. 1; a.A. L/W/*Reinhard*, § 54 Rn. 19.

Schrifttum:
Vgl. die Nachweise zu § 53.

A. Normzweck

Bei der laufenden Versicherung ist der Versicherungsschein (sog. Generalpolice) kein geeignetes Verkehrsdokument, weil er keine **Angaben über die versicherten Einzelrisiken** enthält.[1] Um dieses Manko auszugleichen, sehen die AVB regelmäßig vor, dass der Versicherer dem VN auf dessen Verlangen eine Einzelpolice oder ein Versicherungszertifikat über das jeweils versicherte Einzelrisiko auszuhändigen hat (vgl. Ziff. 6.2 DTV-Güter 2000/2011 – Laufende Versicherung). Hieran anknüpfend regelt Abs. 1 die **Legitimationswirkung** solcher Einzelpolicen oder Zertifikate. Abs. 2 und Abs. 3 enthalten außerdem **Sonderregelungen zu § 3 III und § 5 I–III**.

B. Tatbestand

§ 55 erfasst sowohl die **Einzelpolice** als auch das **Versicherungszertifikat**. Da das Versicherungszertifikat auch Einzelpolice genannt wird, handelt es sich um eine **rein terminologische Unterscheidung** ohne inhaltliche Bedeutung.[2] Sowohl die Einzelpolice als auch das Versicherungszertifikat gelten als **Versicherungsschein i.S.d. VVG**,[3] so dass vorbehaltlich der Sonderregelung des § 55 die allgemeine Vorschrift des § 3 anwendbar ist.[4] Das Versicherungszertifikat trägt oft die Inhaberklausel, so dass § 4 maßgeblich ist.[5]

C. Rechtsfolgen
I. Leistungspflicht des Versicherers

In der **Güterversicherung** wird die laufende Versicherung oft als **Versicherung für fremde Rechnung** abgeschlossen. Für den Versicherer stellt sich in diesem Fall die Frage, ob er an den VN oder an den Versicherten zu leisten hat. Die Unsicherheit des Versicherers vergrößert sich bei der »**Versicherung für wen es angeht**«. Denn hier ist ihm die Person des Versicherten bei Vertragsschluss nicht bekannt.[6] In solchen Fällen wird die Legitimationswirkung der Einzelpolice daher besonders relevant.

Abs. 1 Satz 1 sieht vor, dass der Versicherer **nur gegen Vorlage der Einzelpolice zur Leistung verpflichtet** ist. Daraus folgt aber nicht, dass der Inhaber der Urkunde als solcher berechtigt ist, die Leistung zu verlangen. Die Einzelpolice wird vielmehr im Regelfall auf den Inhaber ausgestellt und stellt dann ein sog. **hinkendes Inhaberpapier** oder **qualifiziertes Legitimationspapier** i.S.d. § 4 I i.V.m. § 808 I 2 BGB dar.[7] Abs. 1 Satz 1 begrenzt somit nur die Leistungspflicht des Versicherers.

Abs. 1 Satz 2 stellt klar, dass der **Versicherer durch die Leistung** an den Inhaber der Urkunde **befreit** wird, auch wenn dieser in materieller Hinsicht nicht berechtigt ist. Die Regelung entspricht dem Grundsatz des § 808 I 1 BGB. Der Versicherer muss die materielle Berechtigung also nicht prüfen. Die h.M. erkennt eine **Ausnahme** nur an, wenn der Versicherer die mangelnde Berechtigung des Inhabers **positiv kennt** oder die Leistung sonst **gegen Treu und Glauben** bewirkt.[8]

II. Besonderheiten bei Abhandenkommen oder Vernichtung der Einzelpolice

Abs. 2 regelt den Fall, dass die Einzelpolice abhandengekommen ist oder vernichtet wurde. Der **Begriff des Abhandenkommens** wird dabei in einem weiteren Sinne als bei § 935 I BGB verstanden. Nach Sinn und Zweck der Vorschrift kommt es nämlich nicht darauf an, dass der Inhaber den Besitz unfreiwillig verloren hat.[9]

Abs. 2 Satz 1 sieht vor, dass der Versicherer bei Abhandenkommen oder Vernichtung der Urkunde erst dann **zur Leistung verpflichtet** ist, wenn die Urkunde für kraftlos erklärt oder Sicherheit geleistet ist. Dem Versicherer steht insoweit also ein **Leistungsverweigerungsrecht** zu.[10] Die **Kraftloserklärung** richtet sich nach den §§ 466 ff. FamFG. Für die **Sicherheitsleistung** gilt die allgemeine Vorschrift des § 232 BGB; Sicherheitsleistung durch Bürgen (§ 232 II BGB) ist jedoch nach Abs. 2 Satz 1 Hs. 2 ausgeschlossen.

---

1 Begr. RegE BT-Drucks. 16/3945 S. 50, 76.
2 PK/*Schwintowski*, § 55 Rn. 3; *Sieg* VersR 1986, 1137; *ders.* VersR 1977, 213, 217. Vgl. auch Ziff. 6.2 DTV-Güter 2000/2011 – Laufende Versicherung.
3 A.A. B/M/*Renger*, § 55 Rn. 4 (fingierte Gleichstellung).
4 Vgl. Begr. RegE BT-Drucks. 16/3945 S. 50, 76.
5 Vgl. *Sieg* VersR 1977, 213, 217.
6 Vgl. *Sieg* VersR 1986, 1137, 1138; *ders.* VersR 1977, 213, 217.
7 So auch PK/*Schwintowski*, § 55 Rn. 4; P/M/*Armbrüster*, § 54 Rn. 2.
8 BGH NJW 2000, 2103; VersR 1999, 700; BGHZ 28, 368, 371; OLG Koblenz NVersZ 2002, 212; L/W/*Reinhard*, § 55 Rn. 4.
9 P/M/*Rudy*, § 3 Rn. 8; PK/*Schwintowski*, § 55 Rn. 6; a.A. noch RGZ 101, 224.
10 Vgl. Staudinger/Halm/Wendt/*Wolf*, § 55 Rn. 5.

8 Abs. 2 Satz 2 enthält eine Sonderregelung zu § 3 III. Der Versicherer ist hiernach erst dann zur **Ausstellung einer Ersatzurkunde** verpflichtet, wenn die ursprüngliche Urkunde für kraftlos erklärt oder Sicherheit geleistet ist. Dies entspricht im Wesentlichen § 3 III 2, nur dass dort keine Sicherheitsleistung zugelassen ist.

III. Genehmigungsfiktion

9 Abs. 3 regelt die **Genehmigung des Inhalts der Einzelpolice** und weicht von der allgemeinen Vorschrift des § 5 ab. Gem. Abs. 3 Satz 1 gilt der Inhalt der Einzelpolice als vom VN genehmigt, **wenn dieser nicht unverzüglich**, d.h. ohne schuldhaftes Zögern (§ 121 I 1 BGB), nach der Übermittlung (§ 3 I) **widerspricht**.[11] Demgegenüber sieht § 5 I für den Widerspruch des VN eine Monatsfrist vor. Nach den allgemeinen Regeln des § 5 II, III greift die Genehmigungsfiktion nur dann ein, wenn der Versicherer den VN bei der Übermittlung des Versicherungsscheins darauf hingewiesen hat. Eine solche **Hinweispflicht** ist bei der laufenden Versicherung wegen der geringeren Schutzbedürftigkeit des VN **nicht vorgesehen**.

10 Auch bei der laufenden Versicherung steht dem VN ein **Anfechtungsrecht wegen Irrtums** zu, vgl. Abs. 3 Satz 2. Anders als bei § 5 IV ist dieses aber abdingbar.[12]

11 Die **DTV-Güter 2000/2011 – Laufende Versicherung** sehen in Ziff. 6.1. eine entsprechende Genehmigungsfiktion für den Inhalt der laufenden Versicherung vor. Die Frist für den Widerspruch beträgt hier einen Monat. Ein Hinweis auf die Genehmigungsfiktion ist nicht erforderlich.

§ 56 Verletzung der Anzeigepflicht.

(1) ¹Abweichend von § 19 Abs. 2 ist bei Verletzung der Anzeigepflicht der Rücktritt des Versicherers ausgeschlossen; der Versicherer kann innerhalb eines Monats von dem Zeitpunkt an, zu dem er Kenntnis von dem nicht oder unrichtig angezeigten Umstand erlangt hat, den Vertrag kündigen und die Leistung verweigern. ²Der Versicherer bleibt zur Leistung verpflichtet, soweit die nicht oder unrichtig angezeigte Umstand nicht ursächlich für den Eintritt des Versicherungsfalles oder den Umfang der Leistungspflicht war.
(2) ¹Verweigert der Versicherer die Leistung, kann der Versicherungsnehmer den Vertrag kündigen. ²Das Kündigungsrecht erlischt, wenn es nicht innerhalb eines Monats von dem Zeitpunkt an ausgeübt wird, zu welchem dem Versicherungsnehmer die Entscheidung des Versicherers, die Leistung zu verweigern, zugeht.

Übersicht

	Rdn.		Rdn.
A. Normzweck	1	III. Zeitpunkt der Anzeigepflicht	5
B. Vorvertragliche Anzeigepflicht bei der laufenden Versicherung	3	C. Rechtsfolgen der Anzeigepflichtverletzung	6
I. Reichweite der Anzeigepflicht	3	I. Rechte des Versicherers	6
II. Kenntnis vom anzeigepflichtigen Umstand	4	II. Kündigungsrecht des VN	12

Schrifttum:
Vgl. die Nachweise zu § 53.

A. Normzweck

1 Abs. 1 enthält eine Sonderregelung für die Rechtsfolgen bei Verletzung der vorvertraglichen Anzeigepflicht nach § 19 I. Die Vorschrift schließt das Rücktrittsrecht des Versicherers nach § 19 II aus. Stattdessen wird ihm ein **Kündigungs- und Leistungsverweigerungsrecht** zugebilligt. Macht der Versicherer von seinem Leistungsverweigerungsrecht Gebrauch, ohne zu kündigen, steht dem VN nach Abs. 2 ein besonderes Kündigungsrecht zu.

2 § 56 stimmt wörtlich mit der für die Transportversicherung maßgeblichen Vorschrift des § 131 überein. Beide Bestimmungen beruhen auf dem Gedanken, dass das in § 19 II geregelte **Rücktrittsrecht** bei den einschlägigen Versicherungen in der Praxis **nicht üblich** ist, weil die AVB für den Fall einer Verletzung der vorvertraglichen Anzeigepflicht Leistungsfreiheit vorsehen (vgl. Ziff. 4.2. DTV-Güter 2000/2011). Der Gesetzgeber hat eine gesetzliche Anerkennung dieser Praxis für geboten erachtet, um durch § 19 II kein falsches **gesetzliches Leitbild für die laufende Versicherung** und die Transportversicherung zu schaffen.[1]

---

11 Zur Bemessung dieser Frist s. L/W/*Reinhard*, § 55 Rn. 15.
12 Begr. RegE BT-Drucks. 16/3945 S. 50, 76.
 1 Begr. RegE BT-Drucks. 16/3945 S. 76, 92.

B. Vorvertragliche Anzeigepflicht bei der laufenden Versicherung
I. Reichweite der Anzeigepflicht

Anknüpfungspunkt des § 56 ist eine **Verletzung der vorvertraglichen Anzeigepflicht** nach § 19 I, der auch bei der laufenden Versicherung gilt. Für die Einzelheiten kann grundsätzlich auf die Kommentierung zu § 19 I verwiesen werden. Zu beachten ist allerdings, dass die einschlägigen AVB auch insoweit ganz erheblich von der gesetzlichen Neuregelung abweichen. So gibt **Ziff. 4.1. DTV-Güter 2000/2011** dem VN nach wie vor auf, bei Vertragsschluss alle für die Übernahme des Versicherungsschutzes gefahrerheblichen Umstände anzuzeigen und die gestellten Fragen wahrheitsgemäß und vollständig zu beantworten. Entgegen der allgemeinen Regelung des § 19 I muss der VN also nicht nur die in Textform gestellten Fragen des Versicherers beantworten (dazu § 19 Rdn. 17); ihn trifft vielmehr auch eine **spontane Anzeigepflicht**. Hatte der VN die gefahrerheblichen Umstände anhand schriftlicher Fragen des Versicherers zu beantworten, so schadet ihm die Nichtanzeige eines Umstands, nach dem nicht ausdrücklich gefragt wurde, aber nur bei **Arglist** (Ziff. 4.3. Abs. 3 DTV-Güter 2000/2011). Die Abweichung von der nach § 32 halbzwingenden Vorschrift des § 19 I ist zulässig, weil die Beschränkungen der Vertragsfreiheit nach **§ 210** für die Versicherung von Transportgütern im Allgemeinen (Großrisiko nach § 210 II 1 Nr. 1 i.V.m. Nr. 7 Anlage A zum VAG) und für die laufende Versicherung im Besonderen nicht gelten. 3

II. Kenntnis vom anzeigepflichtigen Umstand

Nach § 19 I 1 bezieht sich die Anzeigepflicht des VN nur auf die ihm **bekannten** Gefahrumstände (dazu § 19 Rdn. 39 ff.). **Ziff. 4.2. DTV-Güter 2000/2011** lässt es dagegen ausreichen, dass der VN den Umstand infolge grober Fahrlässigkeit nicht kannte. Der VN muss sich das **Wissen seines Vertreters nach § 20** zurechnen lassen.[2] Im Übrigen gelten auch hier die allgemeinen Grundsätze über die Wissenszurechnung (vgl. § 19 Rdn. 13 ff.). 4

III. Zeitpunkt der Anzeigepflicht

Der VN hat die vorvertragliche Anzeigepflicht bis zur Abgabe seiner Vertragserklärung (§ 19 I) bzw. beim Abschluss des Vertrages (Ziff. 4.1 DTV-Güter 2000/2011) zu erfüllen. **Bezugspunkt** ist dabei der **Abschluss der laufenden Versicherung**. Bei der Deklaration der Einzelrisiken besteht demgegenüber keine entsprechende Anzeigepflicht (vgl. § 53 Rdn. 21). Die Rechtsfolgen einer Verletzung der Deklarationspflicht sind vielmehr in § 54 geregelt. Eine abweichende Beurteilung kommt in Betracht, wenn der Vertrag auf Seiten des Versicherers fakultativ ist. In diesem Fall handelt es sich nach der hier vertretenen Auffassung aber um keinen »echten« Fall der laufenden Versicherung (vgl. § 53 Rdn. 17). 5

C. Rechtsfolgen der Anzeigepflichtverletzung
I. Rechte des Versicherers

Hat der VN seine Anzeigepflicht verletzt, steht dem Versicherer gem. Abs. 1 kein Rücktrittsrecht nach § 19 II zu. Er kann aber den Vertrag innerhalb eines Monats ab Kenntniserlangung von dem nicht oder unrichtig angezeigten Umstand **kündigen** und die **Leistung verweigern**. Die Monatsfrist entspricht dabei der Frist für die Ausübung der Rechte des Versicherers nach § 21 I 1, 2.[3] Bei arglistiger Täuschung kann der Versicherer den Vertrag darüber hinaus **nach § 123 BGB anfechten** (vgl. § 22; Ziff. 4.5. DTV-Güter 2000/2011). 6

Die Leistungsverweigerung setzt nicht voraus, dass der Versicherer den Vertrag kündigt. Denn sonst wäre das Kündigungsrecht des VN nach § 56 II funktionslos. 7

Das Leistungsverweigerungsrecht wird nicht durch die auf den Rücktritt bezogenen Regelungen des § 19 III–V begrenzt. Dass der VN vorsätzlich oder grob fahrlässig gehandelt hat, ist also nicht erforderlich. Die **gesetzliche Regelung verzichtet** sogar **auf jedes Verschuldenserfordernis**. Nach Ziff. 4.3. Abs. 2 DTV-Güter 2000/2011 kann der VN sich allerdings damit entlasten, dass die unrichtigen oder unvollständigen Angaben weder von ihm noch von seinem Vertreter schuldhaft gemacht worden sind. In diesem Fall kann der Versicherer nach Ziff. 4.4 DTV-Güter 2000/2011 aber wenigstens die Vereinbarung einer der höheren Gefahr entsprechenden Zuschlagsprämie verlangen. Mangels Anwendbarkeit von § 19 V bedarf es **keiner vorherigen Belehrung** des VN, damit die Rechte des Versicherers aus Abs. 1 greifen.[4] 8

Abs. 1 Satz 2 schließt das Leistungsverweigerungsrecht des Versicherers aus, soweit der nicht oder unrichtig angezeigte Umstand **nicht ursächlich** für den Eintritt des Versicherungsfalls oder den Umfang der Leistungspflicht war.[5] Ebenso wie nach § 21 II 1 Hs. 2 (dazu § 21 Rdn. 12 ff.) steht dem VN also auch hier der **Kausalitätsgegenbeweis** offen (vgl. Ziff. 4.2. Abs. 3 DTV-Güter 2000/2011). 9

---

[2] P/M/*Armbrüster*, § 56 Rn. 2; PK/*Schwintowski*, § 56 Rn. 6.
[3] Vgl. Staudinger/Halm/Wendt/*Wolf*, § 56 Rn. 6.
[4] P/M/*Armbrüster*, § 56 Rn. 2; R/L/*Rixecker*, § 56 Rn. 1; PK/*Schwintowski*, § 56 Rn. 6; a.A. L/W/*Reinhardt*, § 56 Rn. 6.
[5] Hierzu eingehend L/W/*Reinhard*, § 56 Rn. 13.

10 Nach Ziff. 4.3. Abs. 1 DTV-Güter 2000/2011 kann sich der VN auch darauf berufen, dass der Versicherer die gefahrerheblichen Umstände oder deren unrichtige Anzeige kannte. Dies entspricht der allgemeinen Regel des § 19 V 2 (s. § 19 Rdn. 77).

11 Der Versicherer muss seine Rechte gemäß Abs. 1 Satz 1 **innerhalb eines Monats ab Kenntniserlangung** von dem nicht oder unrichtig angezeigten Umstand ausüben. Es gelten insoweit die gleichen Grundsätze wie bei § 21 I 1, 2 (vgl. dazu § 21 Rdn. 2 ff.).

II. Kündigungsrecht des VN

12 Verweigert der Versicherer die Leistung, ohne den Vertrag zu kündigen, so kann der VN seinerseits nach Abs. 2 kündigen. Dies gilt nach Sinn und Zweck der Vorschrift auch – wenn nicht sogar gerade – bei einer berechtigten Leistungsverweigerung.[6] Der VN muss sein Kündigungsrecht ebenfalls innerhalb einer **Monatsfrist** ausüben. Die Frist beginnt, wenn dem VN die Entscheidung des Versicherers, die Leistung zu verweigern, zugeht (§ 130 BGB).

§ 57 Gefahränderung.
(1) Der Versicherungsnehmer hat dem Versicherer eine Änderung der Gefahr unverzüglich anzuzeigen.
(2) ¹Hat der Versicherungsnehmer eine Gefahrerhöhung nicht angezeigt, ist der Versicherer nicht zur Leistung verpflichtet, wenn der Versicherungsfall nach dem Zeitpunkt eintritt, zu dem die Anzeige dem Versicherer hätte zugehen müssen. ²Er ist zur Leistung verpflichtet,
1. wenn ihm die Gefahrerhöhung zu dem Zeitpunkt bekannt war, zu dem ihm die Anzeige hätte zugehen müssen,
2. wenn die Anzeigepflicht weder vorsätzlich noch grob fahrlässig verletzt worden ist oder
3. soweit die Gefahrerhöhung nicht ursächlich für den Eintritt des Versicherungsfalles oder den Umfang der Leistungspflicht war.

(3) Der Versicherer ist abweichend von § 24 nicht berechtigt, den Vertrag wegen einer Gefahrerhöhung zu kündigen.

Übersicht

	Rdn.		Rdn.
A. Normzweck	1	C. Rechtsfolgen bei Verletzung der Anzeigepflicht	7
B. Anzeigepflicht des VN	3	I. Leistungsfreiheit des Versicherers	7
I. Gefahränderung und Gefahrerhöhung	3	II. Kein Kündigungsrecht des Versicherers	11
II. Kenntnis der Gefahränderung und Unverzüglichkeit der Anzeige	5		

Schrifttum:
Vgl. die Nachweise zu § 53.

A. Normzweck

1 Da die laufende Versicherung eine Vielzahl von wechselnden Interessen abdeckt, ergeben sich in diesem Bereich häufig Gefahränderungen, denen sich der VN nicht entziehen kann.[1] Der VN hat ein berechtigtes Interesse daran, dass solche Gefahränderungen seinen Versicherungsschutz nicht in Frage stellen.[2] Dieser besonderen Interessenlage werden die allgemeinen Vorschriften der §§ 23 ff. nicht gerecht. § 57 enthält deshalb einige **Sonderregeln**.

2 Die gleiche Interessenlage wie bei der laufenden Versicherung besteht allgemein bei der **Transportversicherung**. Für diese enthält § 132 daher eine entsprechende Regelung.

B. Anzeigepflicht des VN
I. Gefahränderung und Gefahrerhöhung

3 Entgegen der allgemeinen Regelung des § 23 I (dazu § 23 Rdn. 1) ist es dem VN bei der laufenden Versicherung und der Transportversicherung mit Rücksicht auf die besondere Interessenlage (Rdn. 1) **erlaubt**, nach Vertragsschluss eine **Gefahrerhöhung vorzunehmen** oder deren Vornahme durch einen Dritten zu gestatten (vgl. Ziff. 5.1 DTV-Güter 2000/2011).[3] Zum Ausgleich dafür muss der VN dem Versicherer aber nach Abs. 1 **jede Änderung der Gefahr unverzüglich anzeigen**, auch wenn sie nicht zu einer Gefahrerhöhung führt (vgl. Ziff. 5.2. DTV-Güter 2000/2011). Die Leistungsfreiheit des Versicherers nach Abs. 2 greift zwar nur bei Nicht-

---

[6] *Langheid*, in: FS Wälder, S. 119, 130. Vgl. Begr. RegE BT-Drucks. 16/3945 S. 92.
[1] Begr. RegE BT-Drucks. 16/3945 S. 76.
[2] Begr. RegE BT-Drucks. 16/3945 S. 92.
[3] PK/*Schwintowski*, § 57 Rn. 2; P/M/*Armbrüster*, § 57 Rn. 2; R/L/*Rixecker*, § 57 Rn. 1; Staudinger/Halm/Wendt/*Wolf*, § 57 Rn. 2; a.A. L/W/*Reinhardt*, § 57 Rn. 2.

anzeige einer Gefahrerhöhung ein. Die Ausweitung der Anzeigepflicht nach Abs. 1 hat aber zur Folge, dass sich der VN im Rahmen des Abs. 2 nicht darauf berufen kann, er habe den gefahrerhöhenden Charakter der Änderung nicht gekannt.

Für den **Begriff der Gefahränderung** gelten die allgemeinen Grundsätze (§ 23 Rdn. 8). Anders als in § 23 wird jedoch keine Unterscheidung zwischen objektiver und subjektiver Gefahrerhöhung gemacht. Ob eine Gefahränderung oder -erhöhung vorliegt, ergibt sich aus einem Vergleich mit dem Zustand bei Abgabe der Vertragserklärung.[4] Die Gefahränderung bzw. -erhöhung bezieht sich damit auf die laufende Versicherung, nicht auf die deklarierten Einzelrisiken.[5] In der Praxis hat die Gefahrerhöhung bei der laufenden Versicherung daher keine große Bedeutung.

II. Kenntnis der Gefahränderung und Unverzüglichkeit der Anzeige

Nach dem Wortlaut des Abs. 1 setzt die Entstehung der Anzeigepflicht nicht voraus, dass der VN von der Gefahränderung Kenntnis hat. Die Vorschrift schreibt allerdings vor, dass der VN die Gefahränderung **unverzüglich**, d.h. ohne schuldhaftes Zögern (§ 121 I 1 BGB), anzuzeigen hat. Notwendiger Anknüpfungspunkt für die Beurteilung der Unverzüglichkeit ist die **Kenntniserlangung** von der Gefahränderung. Das Problem stellt sich in der Praxis aber nur bei der **objektiven** Gefahrerhöhung, weil die notwendige Kenntnis bei der **subjektiven** Gefahrerhöhung vorausgesetzt werden kann. Der Sonderfall des § 23 II (dazu § 23 Rdn. 36) kann im Rahmen des § 57 nicht auftreten, weil der VN sich gerade nicht darauf berufen kann, er habe den gefahrerhöhenden Charakter der Änderung nicht erkannt (vgl. Rdn. 3). Die Unterscheidung von subjektiver und objektiver Gefahrerhöhung spiegelt sich auch in **Ziff. 5.2 DTV-Güter 2000/2011** wider. Denn danach besteht die Anzeigepflicht, wenn der VN die Gefahr ändert oder von einer Gefahränderung Kenntnis erlangt.

Die **Unverzüglichkeit** der Anzeige beurteilt sich nach den gleichen Grundsätzen wie bei § 23 II und III. Auf die dortigen Ausführungen (§ 23 Rdn. 41 und 45) kann daher verwiesen werden. Da die laufende Versicherung ausschließlich den kommerziellen Bereich betrifft, erscheint aber die Anlegung eines strengen Maßstabs gerechtfertigt. In der Literatur wird eine **Frist von zwei bis drei Werktagen** im Regelfall für ausreichend erachtet.[6]

C. Rechtsfolgen bei Verletzung der Anzeigepflicht

I. Leistungsfreiheit des Versicherers

Bei Verletzung der in Abs. 1 normierten Anzeigepflicht ist der Versicherer gemäß Abs. 2 Satz 1 leistungsfrei, sofern die Gefahränderung sich als **Gefahrerhöhung** darstellt und keiner der in Abs. 2 Satz 2 abschließend aufgezählten **Ausnahmetatbestände** vorliegt. Entgegen der allgemeinen Vorschrift des § 26 I, II wird das **Alles-oder-Nichts-Prinzip** also beibehalten.[7]

Nach Abs. 2 Satz 2 Nr. 1 bleibt die Leistungspflicht bestehen, wenn die Gefahrerhöhung **dem Versicherer** im Zeitpunkt des fiktiven Zugangs der Anzeige (dazu § 26 Rdn. 11) **bekannt** war. Dahinter steht die Erwägung, dass der Versicherer bei eigener Kenntnis von der Gefahrerhöhung nicht schutzbedürftig ist.

Abs. 2 Satz 2 Nr. 2 erhält die Leistungspflicht des Versicherers auch dann aufrecht, wenn die Anzeigepflicht **weder vorsätzlich noch grob fahrlässig** verletzt worden ist. Die Regelung entspricht Ziff. 5.4. DTV-Güter 2000/2008. Die **Beweislast** für das Fehlen von Vorsatz und grober Fahrlässigkeit liegt beim VN.

Der VN kann sich schließlich gemäß Abs. 2 Satz 2 Nr. 3 damit entlasten, dass die **Gefahrerhöhung nicht ursächlich** für den Eintritt des Versicherungsfalls oder den Umfang der Leistungspflicht war. Ebenso wie nach § 26 III Nr. 2 steht ihm also auch bei der laufenden Versicherung der **Kausalitätsgegenbeweis** zu (vgl. § 26 Rdn. 18). Eine entsprechende Regelung enthält Ziff. 5.4. DTV-Güter 2000/2011.

II. Kein Kündigungsrecht des Versicherers

Abweichend von § 24 I, II ist der Versicherer bei der laufenden Versicherung nicht berechtigt, den Versicherungsvertrag wegen einer Gefahrerhöhung zu kündigen (Abs. 3). Da Gefahrerhöhungen den Versicherungsschutz des VN nicht in Frage stellen sollen (Rdn. 1), wäre ein Kündigungsrecht des Versicherers nicht interessengerecht.[8] § 57 ist allerdings dispositiv. Die Parteien wären also nicht gehindert, dem Versicherer ein Kündigungsrecht einzuräumen.[9]

Das Kündigungsrecht des VN ist auch nach **Ziff. 5.6. DTV-Güter 2000/2011** ausgeschlossen. Stattdessen hat der Versicherer nach Ziff. 5.5 das Recht, für die Gefahrerhöhung die Vereinbarung einer **Zuschlagsprämie** zu verlangen.

---

[4] Vgl. PK/*Schwintowski*, § 57 Rn. 3.
[5] Anders Möhrle, S. 107.
[6] So PK/*Schwintowski*, § 57 Rn. 8; ähnlich L/W/*Reinhard*, § 57 Rn. 10 (»Frist von wenigen Tagen«).
[7] Staudinger/Halm/Wendt/*Wolf*, § 57 Rn. 5; zur Begründung vgl. Begr. RegE BT-Drucks. 16/3945 S. 76.
[8] Begr. RegE BT-Drucks. 16/3945 S. 50, 76.
[9] Begr. RegE BT-Drucks. 16/3945 S. 50, 76.

13 Ob der Versicherer bei einer laufenden Versicherung auch ohne eine entsprechende Vereinbarung berechtigt ist, die Rechte aus § 25 – **Prämienerhöhung** oder **Risikoausschluss** – geltend zu machen, ist umstritten.[10] Für die Anwendbarkeit des § 25 spricht, dass § 57 III ausdrücklich nur das Kündigungsrecht nach § 24 ausschließt. Hiergegen lässt sich nicht einwenden, dass die Rechte aus § 25 nach dem Wortlaut der Vorschrift nur »an Stelle einer Kündigung« ausgeübt werden können. Denn die Bezugnahme auf das Kündigungsrecht soll lediglich deutlich machen, dass der Versicherer die Rechte aus § 25 nur geltend machen kann, wenn die Voraussetzungen für eine Kündigung nach § 24 vorliegen (vgl. § 25 Rdn. 4). Davon abgesehen würde es über das berechtigte Schutzinteresse des VN hinausgehen, dem Versicherer auch die Rechte aus § 25 zu versagen.[11] Wegen der bestehenden Rechtsunsicherheit sollten die Parteien die Frage aber vertraglich klar regeln.[12]

§ 58 Obliegenheitsverletzung.

(1) Verletzt der Versicherungsnehmer bei einer laufenden Versicherung schuldhaft eine vor Eintritt des Versicherungsfalles zu erfüllende Obliegenheit, ist der Versicherer in Bezug auf ein versichertes Einzelrisiko, für das die verletzte Obliegenheit gilt, nicht zur Leistung verpflichtet.
(2) Bei schuldhafter Verletzung einer Obliegenheit kann der Versicherer den Vertrag innerhalb eines Monats, nachdem er Kenntnis von der Verletzung erlangt hat, mit einer Frist von einem Monat kündigen.

Übersicht

	Rdn.		Rdn.
A. Allgemeines	1	I. Regelungsinhalt	5
I. Normzweck	1	II. Beweislast	8
II. Abgrenzungen	4	III. AVB	9
B. Leistungsfreiheit des Versicherers	5	C. Kündigungsrecht des Versicherers	10

Schrifttum:
Vgl. die Nachweise zu § 53.

A. Allgemeines

I. Normzweck

1 Da die laufende Versicherung nur im gewerblich-kommerziellen Bereich eine Rolle spielt (s. dazu § 53 Rdn. 4), kann vom VN grundsätzlich erwartet werden, dass er bei der Erfüllung seiner Obliegenheiten die Sorgfalt eines ordentlichen Kaufmanns, vgl. § 347 HGB, einhält. Die Sonderregel des § 58 modifiziert daher die allgemeine Vorschrift des § 28 dahingehend, dass die vorgesehenen **Sanktionen** (Leistungsfreiheit, Rücktrittsrecht) **schon bei einfacher Fahrlässigkeit** eingreifen.[1] Soweit es um Leistungsfreiheit geht, gilt dabei das **Alles-oder-Nichts-Prinzip**.

2 Nach dem ausdrücklichen Wortlaut des Abs. 1 bezieht sich die Vorschrift nur auf die Verletzung solcher Obliegenheiten, die der VN **vor Eintritt des Versicherungsfalls** zu erfüllen hat. Für die **nach** Eintritt des Versicherungsfalls zu erfüllenden Obliegenheiten (z.B. Anzeige- und Auskunftsobliegenheiten nach §§ 30, 31) gelten daher die allgemeinen Regeln des § 28 II–V.[2] Dem VN schadet danach nur Vorsatz und grobe Fahrlässigkeit. Außerdem gilt auf der Rechtsfolgenseite das Quotenprinzip (zu den Einzelheiten § 28 Rdn. 119 ff.).

3 **Aus rechtspolitischer Sicht** ist die Differenzierung zwischen vor und nach Eintritt des Versicherungsfalls zu erfüllenden Obliegenheiten zweifelhaft.[3] Dabei erscheint auf der einen Seite die Einführung des Quotenprinzips für die nach Eintritt des Versicherungsfalls zu erfüllenden Obliegenheiten problematisch. Auf der anderen Seite geht aber auch die Herabsetzung des Haftungsmaßstabs auf einfache Fahrlässigkeit für die von Abs. 1 erfassten Fälle sehr weit. Sachgemäßer wäre die generelle Beibehaltung des Alles-oder-Nichts-Prinzips bei gleichzeitiger Festschreibung des Verschuldensmaßstabs auf Vorsatz und grobe Fahrlässigkeit. Für die Praxis wird das Problem dadurch gemildert, dass § 58 dispositiv ist.

II. Abgrenzungen

4 Die Pflicht zur Anzeige einer Gefahränderung (§ 57) besteht ebenfalls vor Eintritt des Versicherungsfalls. Nach der hier vertretenen Auffassung ergeben sich insoweit aber keine Überschneidungen, weil § 57 sich auf **die laufende Versicherung als solche** bezieht (dort Rdn. 4), während § 58 Obliegenheiten in Bezug auf ein

---

10 Für die generelle Anwendbarkeit des § 25 bei der laufenden Versicherung P/M/*Armbrüster*, § 57 Rn. 4; *Langheid*, in: FS Wälder, S. 119, 131, 132; a.A. L/W/*Reinhardt*, § 57 Rn. 19; PK/*Schwintowski*, § 57 Rn. 13; R/L/*Rixecker*, § 57 Rn. 3.
11 So auch P/M/*Armbrüster*, § 57 Rn. 4.
12 In diesem Sinne auch Staudinger/Halm/Wendt/*Wolf*, § 58 Rn. 11.
1 Begr. RegE BT-Drucks. 16/3945 S. 76 f.; *Langheid* NJW 2007, 3665, 3671.
2 PK/*Schwintowski*, § 58 Rn. 2.
3 Krit. auch PK/*Schwintowski*, § 58 Rn. 2.

versichertes Einzelrisiko betrifft (vgl. Rdn. 6). Die Anmeldepflicht nach §§ 53, 54 nimmt ebenfalls auf die Einzelrisiken Bezug. Insoweit wird § 58 nach dem Spezialitätsgrundsatz verdrängt.[4]

B. Leistungsfreiheit des Versicherers
I. Regelungsinhalt

Nach Abs. 1 führt jede **schuldhafte** Verletzung einer **vor Eintritt des Versicherungsfalls** zu erfüllenden Obliegenheit zur **vollständigen Leistungsfreiheit** des Versicherers hinsichtlich des betroffenen Einzelrisikos. Der Sache nach geht es in Abs. 1 vor allem um gefahrvorbeugende Obliegenheiten. Der Begriff der Obliegenheit richtet sich nach den allgemeinen Grundsätzen. Insofern kann daher auf die Ausführungen zu § 28 (dort Rdn. 6 f.) verwiesen werden.

Abs. 1 setzt voraus, dass die Obliegenheit sich auf ein **einzelnes Risiko** bezieht.[5] Die Leistungsfreiheit tritt daher auch nur in Bezug auf das jeweilige Einzelrisiko ein. Dahinter steht die Erwägung, dass eine Obliegenheitsverletzung meist nicht alle versicherten Einzelrisiken betrifft.[6] In der Literatur wird teilweise die Auffassung vertreten, Abs. 1 sei nur auf solche Obliegenheiten anwendbar, die gerade in Bezug auf das betroffene Einzelrisiko vereinbart werden.[7] Eine solche Einschränkung lässt sich dem Gesetz indes nicht entnehmen, zumal die Vorschrift sonst kaum einen praktischen Anwendungsbereich hätte. Abs. 1 gilt vielmehr auch für solche in dem Versicherungsvertrag festgelegten Obliegenheiten, die dem VN generell ein bestimmtes Verhalten mit Blick auf die Einzelrisiken aufgeben.

Im Unterschied zu § 28 III sieht Abs. 1 keinen **Kausalitätsgegenbeweis** vor. Der VN könnte sich somit nicht darauf berufen, dass die Obliegenheitsverletzung für den Eintritt des Versicherungsfalls oder den Umfang der Leistungspflicht nicht ursächlich war. Dies ist auch bei der laufenden Versicherung überraschend, zumal § 57 II 2 Nr. 3 für den Fall der Gefahrerhöhung den Kausalitätsgegenbeweis ausdrücklich regelt. Ob der Gesetzgeber die Einstandspflicht des VN wirklich auf nicht kausale Obliegenheitsverletzung ausweiten wollte, ist unklar.[8] Der Gesetzesbegründung ist hierzu jedenfalls nichts zu entnehmen. Da die einschlägigen AVB den Kausalitätsgegenbeweis regelmäßig zulassen (vgl. Rdn. 9), dürfte das Problem in der Praxis nicht relevant werden. Ggf. wäre daran zu denken, den Kausalitätsgegenbeweis unter Rückgriff auf **§ 242 BGB** im Einzelfall doch zuzulassen.

II. Beweislast

Nach dem Wortlaut des Abs. 1 liegt die Beweislast für die schuldhafte Obliegenheitsverletzung vollständig beim Versicherer. Dieser müsste demnach auch das **Verschulden des VN** nachweisen. Bei Eingreifen der allgemeinen Vorschrift des § 28 hat sich der VN hingegen nach § 28 II 2 Hs. 2 von grober Fahrlässigkeit zu entlasten, so dass der VN bei der laufenden Versicherung in Hinblick auf die Beweislast begünstigt wäre. Ein solches Verständnis widerspricht aber dem Sinn und Zweck des Abs. 1, der gerade die geringere Schutzwürdigkeit des VN bei der laufenden Versicherung berücksichtigt. Daher ist davon auszugehen, dass das Verschulden des VN auch bei Abs. 1 vermutet wird. Der überwiegende Teil der Literatur stellt demgegenüber darauf ab, dass für das Verschulden keine Beweislastumkehr vorgesehen ist.[9] Auch nach dieser Auffassung wäre der Versicherer rechtlich aber nicht daran gehindert, in den AVB eine solche Beweislastumkehr zu regeln.[10]

III. AVB

Die AVB schränken die Rechtsstellung des VN meist nicht so weitgehend ein wie Abs. 1. So sieht **Ziff. 7.3.1 DTV–VHV – Laufende Versicherung 2003/2011** vor, dass der Versicherer auch im Fall der Verletzung einer vor Eintritt des Versicherungsfalls zu erfüllenden Obliegenheit nur **bei Vorsatz und grober Fahrlässigkeit** leistungsfrei ist. Außerdem wird der Kausalitätsgegenbeweis zugelassen. Eine entsprechende Regelung enthält Ziff. 7.2 Abs. 1 DTV-Güter 2000/2011 allgemein für Obliegenheitsverletzungen in der Güterversicherung.

C. Kündigungsrecht des Versicherers

Nach Ansicht des Gesetzgebers werden die Interessen des Versicherers durch die Leistungsfreiheit bezüglich des jeweiligen Einzelrisikos nicht ausreichend geschützt, weil die Obliegenheitsverletzung das für den Fortbestand des gesamten Versicherungsverhältnisses erforderliche Vertrauensverhältnis zum VN zerstören kann.

---

4 So auch PK/*Schwintowski*, § 58 Rn. 3; Staudinger/Halm/Wendt/*Wolf*, § 58 Rn. 7.
5 PK/*Schwintowski*, § 58 Rn. 4.
6 Vgl. Begr. RegE BT-Drucks. 16/3945 S. 50, 76; L/W/*Reinhard*, § 58 Rn. 4.
7 So PK/*Schwintowski*, § 58 Rn. 5.
8 Vgl. Staudinger/Halm/Wendt/*Wolf*, § 58 Rn. 3. Für Zulassung des Kausalitätsgegenbeweises gem. § 28 III, der insoweit nicht verdrängt werde, P/M/*Armbrüster*, § 58 Rn. 3; HK-VVG/*Harms*, § 58 Rn. 3; L/W/*Reinhardt*, § 58 Rn. 7; R/L/*Rixecker*, § 58 Rn. 1.
9 So P/M/*Armbrüster*, § 58 Rn. 3; L/W/*Reinhard*, § 58 Rn. 12; B/M/*Renger*, § 58 Rn. 15; Staudinger/Halm/Wendt/*Wolf*, § 58 Rn. 8.
10 Vgl. P/M/*Armbrüster*, § 58 Rn. 3; L/W/*Reinhard*, § 58 Rn. 12.

§ 59 Begriffsbestimmungen

Abs. 2 billigt dem Versicherer daher **bei jeder schuldhaften Obliegenheitsverletzung** ein Kündigungsrecht zu.[11] Nach der allgemeinen Vorschrift des § 28 I ist eine Kündigung dagegen ausgeschlossen, wenn die Obliegenheitsverletzung nicht auf Vorsatz oder grober Fahrlässigkeit beruht.

11 In der Literatur wird nahezu einhellig die Auffassung vertreten, dass die Kündigungsmöglichkeit nach Abs. 2 auch bei Verletzung einer **nach** Eintritt des Versicherungsfalls zu erfüllenden Obliegenheit besteht.[12] Zur Begründung wird darauf verwiesen, dass das Kündigungsrecht nach dem Wortlaut des Abs. 2 allgemein bei »schuldhafter Verletzung *einer* Obliegenheit« besteht. Aus der Funktion der Vorschrift als Sonderregelung zu § 28 I und dem systematischen Zusammenhang mit Abs. 1 folgt indes, dass auch hier die Verletzung einer **vor Eintritt des Versicherungsfalls zu erfüllenden Obliegenheit** vorausgesetzt wird.

12 Der Versicherer muss das Kündigungsrecht innerhalb eines Monats ausüben, nachdem er von der Verletzung Kenntnis erlangt hat. Die **Kündigungsfrist** beträgt einen Monat und beginnt gemäß § 187 I BGB an dem Tag, der auf den Tag der Kenntniserlangung folgt. Der VN erhält dadurch die Möglichkeit, sich rechtzeitig anderweitigen Versicherungsschutz zu verschaffen.

13 Die **Geltendmachung der Leistungsfreiheit** nach Abs. 1 setzt nicht voraus, dass der Versicherer von seinem Kündigungsrecht Gebrauch macht.

Abschnitt 7. Versicherungsvermittler, Versicherungsberater

Unterabschnitt 1. Mitteilungs- und Beratungspflichten

§ 59 Begriffsbestimmungen. (1) Versicherungsvermittler im Sinne dieses Gesetzes sind Versicherungsvertreter und Versicherungsmakler.
(2) Versicherungsvertreter im Sinne dieses Gesetzes ist, wer von einem Versicherer oder einem Versicherungsvertreter damit betraut ist, gewerbsmäßig Versicherungsverträge zu vermitteln oder abzuschließen.
(3) ¹Versicherungsmakler im Sinne dieses Gesetzes ist, wer gewerbsmäßig für den Auftraggeber die Vermittlung oder den Abschluss von Versicherungsverträgen übernimmt, ohne von einem Versicherer oder von einem Versicherungsvertreter damit betraut zu sein. ²Als Versicherungsmakler gilt, wer gegenüber dem Versicherungsnehmer den Anschein erweckt, er erbringe seine Leistungen als Versicherungsmakler nach Satz 1.
(4) Versicherungsberater im Sinne dieses Gesetzes ist, wer gewerbsmäßig Dritte bei der Vereinbarung, Änderung oder Prüfung von Versicherungsverträgen oder bei der Wahrnehmung von Ansprüchen aus Versicherungsverträgen im Versicherungsfall berät oder gegenüber dem Versicherer außergerichtlich vertritt, ohne von einem Versicherer einen wirtschaftlichen Vorteil zu erhalten oder in anderer Weise von ihm abhängig zu sein.

Übersicht

	Rdn.		Rdn.
A. Allgemeines	1	III. Versicherungsmakler	15
B. Tatbestand	2	IV. Versicherungsberater	54
I. Begriff des Versicherungsvermittlers	2	C. Beweislast	57
II. Versicherungsvertreter	5		

Schrifttum:
Armbrüster, Aktuelle Rechtsfragen der Beratungspflichten von Versicherern und Vermittlern (§§ 6, 61 VVG), Münster 2009; *F. Baumann,* Versicherungsvermittlung durch Versicherungsmakler, 1998; *ders.,* Die praktischen Auswirkungen der Beratungspflichten des Vermittlers, Münsteraner Reihe Bd. 110, 33; *F. Baumann/Beenken,* Das neue Versicherungsvertragsrecht in der Praxis, 2. Aufl. 2008; *Beenken/Sandkühler,* Das neue Versicherungsvermittlergesetz, 2007; *Blankenburg,* Verzicht auf Beratung und Informationsrechte nach dem neuen VVG, VersR 2008, 1446; *Böckmann/Ostendorf,* Probleme für Versicherungsvermittler bei ihrer Statusbestimmung als Vertreter oder Makler und den daraus resultierenden Informationspflichten nach dem neuen Recht, VersR 2009, 154; *Fetzer,* Das neue Recht für Versicherungsvermittler, jurisPR-VersR 1/2007 Anm. 4, jurisPR-VersR 2/2007 Anm. 4, jurisPR-VersR 5/2007, Anm. 4; *Franz,* Das Versicherungsvertragsrecht im neuen Gewand, VersR 2008, 298; *Funck,* Ausgewählte Fragen aus dem Allgemeinen Teil des VVG aus der Sicht einer Rechtsabteilung, VersR 2008, 163; *Gamm/Sohn,* Versicherungsvermittlerrecht, 2007; *Gaul,* Zum Abschluss des Versicherungsvertrags, VersR 2007, 21; *Just,* VVG – Reform, Beratungspflichten des Versicherers, VersPrax 2007, 221; *Isringhaus,* Financial Services Act in

---
[11] Vgl. Begr. RegE BT-Drucks. 16/3945 S. 77; *Langheid* NJW 2007, 3665, 3671. Kritisch dazu PK/*Schwintowski,* § 58 Rn. 6.
[12] L/W/*Reinhard,* § 58 Rn. 9; B/M/*Renger,* § 58 Rn. 11; P/M/*Armbrüster,* § 58 Rn. 4; R/L/*Rixecker,* § 58 Rn. 2; HK-VVG/*Harms,* § 58 Rn. 5; Staudinger/Halm/Wendt/*Wolf,* § 58 Rn. 6.

Großbritannien, VW 1988, 1220; *Niederleithinger,* Auf dem Weg zu einer VVG-Reform, VersR 2006, 437; *Neuhaus/ Kloth,* Praxis des neuen VVG, 2007; *Pohlmann,* Viel Lärm um Nichts – Beratungspflichten nach § 6 VVG und das Verhältnis zwischen Beratungsaufwand und Prämie, VersR 2009, 327; *Reiff,* Versicherungsvermittlerrecht im Umbruch, 2006; *Römer,* Beratung nötig, Verzicht möglich. Zur Kunst der Gesetzgebung, VuR 2007, 717; *Stöbener,* Informations- und Beratungspflichten nach der VVG – Reform, ZVersWiss 2007, 465; *Teichler,* Das zukünftige Vermittlerrecht, VersR 2002, 385; *Werber,* »Best Advice« und die Sachwalterhaftung des Versicherungsmaklers, VersR 1992, 917; *Zinnert,* Recht und Praxis des Versicherungsmaklers, 2009; *Zinnert/Günther,* Versicherungsmakler: Haftung, Fälle, Lösungen, 1995.

A. Allgemeines

Der Abschnitt 7 enthält die Vorschriften für Versicherungsvermittler und Versicherungsberater, die zur Umsetzung der Richtlinie 2002/92/EG über Versicherungsvermittlung (EU-Vermittlerrichtlinie) nach dem Gesetz zur Neuregelung des Versicherungsvermittlerrechts[1] in das VVG eingefügt wurden. Die in den §§ 59–68 enthaltenen Vorschriften hatten mit den §§ 42a–42j a.F. ursprünglich einen anderen Regelungsort.[2] Ihr Inhalt ist aber in den Regelungen der §§ 59–68 weitgehend gegenüber den §§ 42a–42f II, §§ 42g–42j a.F. unverändert geblieben. Der Gesetzgeber hat wegen der Begründungen zu den §§ 59–68 daher auch auf die Begründungen der oben genannten Vorschriften verwiesen.[3] Neben den Neuregelungen im VVG sind vor allen Dingen Regelungen in der GewO und der VersVermV zu beachten.[4] Die Richtlinie 2002/92/EG über Versicherungsvermittlung ist zwischenzeitlich überarbeitet worden. Das Europäische Parlament hat am 25.11.2015 die IDD (Insurance Distribution Directive) verabschiedet. Erhöhte Transparenzanforderungen und neue Regeln für die Weiterbildung der Versicherungsvermittler sollen zu steigender Beratungsqualität im Interesse der Kunden beitragen. U.a. gelten neue Transparenzvorgaben für den Vertrieb. So muss beim Verkauf einer Versicherung angegeben werden, wer die Vergütung zahlt und welche Art die Vergütung (Honorar, Provision, Courtage) ist. Es bleibt bei der Wahlfreiheit für Verbraucher. Ein Provisionsverbot ergibt sich aus der IDD nicht. Ausgenommen vom Anwendungsbereich der IDD bleiben Versicherungsvermittler in Nebentätigkeit die ergänzenden Leistungen. Auch dann bleibt allerdings eine Verantwortlichkeit des Versicherers bzw. des Vermittlers für die vom Anwendungsbereich der IDD ausgenommenen Vermittler. Es muss vor allen Dingen gewährleistet sein, dass der Kunde vor Vertragsschluss Informationen über die Identität und die Anschrift des Versicherers bzw. des Vermittlers sowie über die Verfahren erhält, nach denen er Beschwerde erheben kann, Art. 1 IDD. Gem. Art. 10 IDD müssen die Mitgliedstaaten eine Fortbildung der Versicherungsvermittler sicherstellen. Die Fortbildungspflicht gilt für Versicherungsvermittler, deren Angestellte und auch Angestellte von Versicherern. Vorgesehen sind mindestens 15 Stunden à 60 Minuten pro Jahr. Gem. Art. 17 IDD müssen Versicherungsvermittler, die in der IDD in Art. 2 als Versicherungsvertreiber bezeichnet werden, bei ihrer Vertriebstätigkeit gegenüber ihren Kunden stets ehrlich, redlich und professionell in deren bestmöglichen Interesse handeln. Ob sich hieraus die Vorgabe eines »best advice« ergeben wird, bleibt abzuwarten. Gem. Art. 20 IV und V IDD werden Versicherer für alle Sparten ein Produktinformationsblatt erstellen müssen. Die EIOPA ist mit der Entwicklung eines einheitlichen europäischen Formats beauftragt. Für Lebensversicherungsverträge mit Sparanteil gilt darüber hinaus die PRIIPS-Verordnung. Aus Art. 25 IDD ergibt sich, dass Versicherer in Zukunft Ziele definieren müssen, die mit dem Versicherungsbetrag erreicht werden sollen. Dabei müssen Versicherer Wünsche und Bedürfnisse der Zielgruppe berücksichtigen und regelmäßig prüfen, ob das Versicherungsprodukt richtig eingesetzt wird. Ob diese Pflicht auch Versicherungsmakler trifft, die eigene Deckungskonzepte entwerfen, bleibt abzuwarten. Die Art. 27 ff. IDD enthalten umfangreiche Vorschriften zur Vermeidung von Interessenkonflikten. Interessenkonflikte sind zu identifizieren und – sofern möglich – zu vermeiden. Ist dies nicht möglich, müssen mögliche Interessenkonflikte gegenüber dem Kunden offen angesprochen werden. Auch hier soll die EIOPA mit der Entwicklung von Standards beauftragt werden. Der Kommission wird die Befugnis übertragen, delegierte Rechtsakte zu erlassen, um die Maßnahmen zu bestimmen, die von Versicherungsvermittlern und -unternehmen nach vernünftigem Ermessen erwartet werden können, um Interessenkonflikte bei der Ausübung von Versicherungstätigkeiten zu erkennen, zu vermeiden, zu regeln und offen zu legen. Ferner sollen im Wege delegierter Rechtsakte geeignete Kriterien festgelegt werden, anhand derer die Typen von Interessenkonflikten bestimmt werden können, die den Interessen des Kunden oder potentiellen Kunden des Versicherungsvermittlers bzw. Versicherungsunternehmens schaden könnten. Art. 29 IDD sieht die Erteilung umfassender Kundeninformationen über den Vertrieb von Versicherungsanlageprodukten und sämtliche Kosten und verbundene Gebühren vor. Ob damit auch die Offenlegung der individuellen Vermittlervergütung gemeint ist, bleibt abzuwarten. Jedenfalls dürfen sich Provision und erhaltener Vorteil nicht negativ auf die Qualität der Dienstleistung des Versicherungsvermittlers oder des Versicherers im Rahmen des

---
1 BGBl. 2006, Teil I, S. 3232 f.
2 Vgl. allg. *Abram* r+s 2005, 137.
3 BT-Drucks. 16/1935 S. 5 f.
4 *Beenken/Sandkühler,* S. 4; *Gamm/Sohn,* S. 18; *Koban/Marck/Simon-Widmann,* Rechte und Pflichten des Versicherungsmaklers, 2007, S. 18; Terbille/Höra/*F. Baumann,* § 4 Rn. 1.

Beratungsprozesses auswirken. Insbesondere dürfen sie nicht dessen Verpflichtung beeinträchtigen, im Interesse seiner Kunden zu handeln. Umzusetzen ist die IDD innerhalb von zwei Jahren ab in Kraft treten.

B. Tatbestand
I. Begriff des Versicherungsvermittlers

2   Der in § 59 I verwendete und definierte Begriff des **Versicherungsvermittlers** wird neu in das deutsche Recht eingeführt. Die Definition des Versicherungsvermittlers orientiert sich an der begrifflichen Bestimmung des § 34c GewO. Hiernach gilt als Vermittler, wer gewerbsmäßig den Abschluss von bestimmten Verträgen vermittelt. Der Abschluss von Versicherungsverträgen als Teil der Versicherungsvermittlung ist vom Begriff der »Vermittlung« erfasst. Dabei wird allerdings nur die eigentliche Versicherungsvermittlung in dem Sinne erfasst, dass eine gewerbsmäßige Tätigkeit vorliegen muss, die auf den konkreten Abschluss eines Versicherungsvertrages abzielt. Anders als die EU-Vermittlerrichtlinie hat sich der Gesetzgeber demzufolge für den engen Begriff der Versicherungsvermittlung entschieden, der nicht die Verwaltung und die Schadenabwicklung erfasst.[5] Nach Kapitel 1 Art. 2 Ziff. 3 der EU-Vermittlerrichtlinie bezeichnet der Begriff der Versicherungsvermittlung das Anbieten, Vorschlagen oder Durchführen anderer Vorbereitungsarbeiten zum Abschließen von Versicherungsverträgen oder das Abschließen von Versicherungsverträgen oder das Mitwirken bei deren Verwaltung und Erfüllung, insbes. im Schadenfall. Diese Tätigkeiten gelten nach der EU-Vermittlerrichtlinie nicht als Versicherungsvermittlung, wenn sie von einem VU oder einem Angestellten eines VU, der unter der Verantwortung des VU tätig wird, ausgeübt werden. Damit ist vor allen Dingen der angestellte Außendienst eines VR kein Versicherungsvermittler im Sinne der EU-Vermittlerrichtlinie, er wird auch nicht von § 59 erfasst. Es bleibt damit festzuhalten, dass sich der Gesetzgeber für einen deutlich engeren Begriff der Versicherungsvermittlung entschieden hat als der europäische Richtliniengeber. Anhaltspunkte dafür, dass die klassischen beruflichen Tätigkeiten eines Versicherungsvertreters oder eines Versicherungsmaklers im Zuge der Umsetzung der EU-Vermittlerrichtlinie beschränkt werden sollten, gibt es aber nicht. Die Tätigkeit eines Rückversicherungsvermittlers ist im Hinblick auf die Regelung des § 209 nicht erfasst.[6]

3   Keine Versicherungsvermittlung stellt die Tätigkeit eines Tippgebers dar, die darauf beschränkt ist, Möglichkeiten zum Abschluss von Versicherungsverträgen namhaft zu machen oder Kontakte zwischen einem potentiellen VN und einem Versicherungsvermittler oder VU herzustellen. Diese Tätigkeiten stellen lediglich eine Vermittlung an einen Vermittler dar. Nach LG Wiesbaden vom 14.05.2008 (VersR 2008, 919) scheidet ein Tippgeberstatus aus, wenn eine Konkretisierung auf ein bestimmtes Produkt bereits stattgefunden hat.[7] Dies dürfte in dieser Allgemeinheit nicht zutreffend sein, denn auch hinsichtlich eines bestimmten Versicherungsproduktes kann ein Tipp in Betracht kommen. Für die Abgrenzung zwischen Tippgeber einerseits und Versicherungsvermittler andererseits kommt es nicht allein darauf an, ob auf die Abschlussbereitschaft des Kunden eingewirkt wird,[8] denn auch ein Tippgeber wirkt durch den Tipp auf die Abschlussbereitschaft des Kunden ein. Nicht entscheidend ist auch, ob sich die Vergütung des Tippgebers in einem Werbegeschenk erschöpft.[9] Entscheidend ist vielmehr, ob der Versicherungsvermittler bewusst und final die Bereitschaft des Vertragspartners zum Abschluss des in Aussicht genommenen Hauptvertrages herbeiführt.[10] Dabei reicht ein mitursächliches Verhalten aus, wenn die Abschlussbereitschaft des VN gefördert wird. Der Versicherungsvermittler muss bei den Vertragspartnern ein Motiv setzen, das nicht völlig unbedeutend im Hinblick auf den nachfolgenden Abschluss des Hauptvertrages erscheint.[11] Ein Homepage-Betreiber, der nur die technischen Voraussetzungen für eine invitatio ad offerendum zur Verfügung stellt, ist noch nicht einmal Tippgeber und erst Recht kein Versicherungsvermittler. Für einen Tippgeberstatus spricht allerdings, wenn der Betreiber der Homepage auf die Möglichkeit eines Vertragsschlusses mit einem eindeutig bestimmbaren Versicherer hinweist. Die Grenze zu einem Versicherungsvermittler kann hier fließend sein. Insbes. spielt es eine Rolle, ob auf Versicherungsprodukte hingewiesen wird, die speziell auf die Kunden des Homepagebetreibers zugeschnitten sind. Wichtig ist für die Abgrenzung zwischen Tippgeber einerseits und Versicherungsvermittler andererseits, ob der Kunde noch erkennen kann, ob er sich noch auf der Website des Produktanbieters oder schon eines Versicherungsvermittlers befindet.[12] Gleiches gilt für ein Call-Center, es sei denn das Call-Center betreibt Akquise und Beratung.[13] Das Vermitteln setzt voraus, dass eine Einwirkung auf den zukünftigen Vertragspartner stattfindet. Auch die bloße Nachweistätigkeit ist für einen Vermittlungsakt nicht ausreichend. Ebenfalls außerhalb der Vermittlungstätigkeit liegen nebensächliche Beiträge wie z.B. Dolmetscherdienste oder Schreibhilfe. Eine Vermittlungstätigkeit setzt regelmäßig

---

5   OLG Hamburg, Urt. v. 12.12.2012, 5 U 79/10; B/M/*Schwintowski*, § 59 Rn. 9; P/M/*Dörner*, § 59 Rn. 1.
6   P/M/*Dörner*, § 59 Rn. 1.
7   Zustimmend L/W/*Reiff*, § 59 Rn. 16.
8   So aber LG Wiesbaden VersR 2008, 919.
9   So anscheinend R/L/*Rixecker*, § 59 Rn. 3.
10 BGH VersR 2005, 405; KG Berlin VergabeR 2004, 408; B/M/*Schwintowski*, § 59 Rn. 20.
11 KG Berlin VergabeR 2004, 408.
12 OLG Hamburg, Urt. v. 12.12.2012, 5 U 79/10.
13 B/M/*Schwintowski*, § 59 Rn. 20.

voraus, dass der Vermittler mit beiden zukünftigen Vertragsparteien in Verbindung tritt und dadurch zum Vertragsschluss beiträgt.[14] Dabei muss die Tätigkeit stets auf das Zustandekommen von Verträgen gerichtet sein, was wiederum voraussetzt, dass auf die zukünftigen Vertragsparteien tatsächlich eingewirkt wird. Eine persönliche Mitwirkung ist dabei nicht erforderlich.[15] Es ist auch nicht zwingend erforderlich, dass der Vermittler in Vertretung der Vertragsparteien die notwendigen Willenserklärungen abgibt oder empfängt. Ein Vermitteln setzt ein finales Einwirken auf die Willenserklärung der Vertragsparteien voraus, um die Bereitschaft zum Abschluss des Vertrages herbeizuführen.[16] Eine Mitwirkung beim Vertragsschluss selbst ist nicht erforderlich.

Versicherungsvermittler im Sinne des VVG sind nur Versicherungsvertreter und Versicherungsmakler, die in den Regelungen des § 59 II und III näher definiert werden. Auch im Rahmen des VVG hat sich der Gesetzgeber von dem Grundsatz der Polarisation leiten lassen, wonach nur zwischen dem Versicherungsvertreter als Verkaufsvermittler eines VR und dem Versicherungsmakler eines Einkaufsvermittlers und Sachwalters eines VN differenziert wird. Damit besteht ein Gleichklang zwischen den Regelungen des § 34d GewO und des § 59.   4

II. Versicherungsvertreter

Die Definition des Versicherungsvertreters weicht in § 59 II nur geringfügig von der Definition des Vertreters in den §§ 84 und 92 I HGB ab. Diese Abweichung war erforderlich, um den Vorgaben der EU-Vermittlerrichtlinie zu entsprechen.[17] In Abweichung von § 84 I HGB ist Versicherungsvertreter auch derjenige, der nicht ständig damit betraut ist, für den Unternehmer Versicherungsverträge zu vermitteln oder abzuschließen. § 59 II erfasst demzufolge auch den Gelegenheitsvermittler.[18] Dies dient dem Schutz des VN, denn gerade derjenige, der nur gelegentlich Versicherungsverträge vermittelt, bietet unter Umständen nicht dieselbe Gewähr für eine qualifizierte Beratung wie ein hauptberuflich tätiger Versicherungsvermittler.   5

Der Versicherungsvertreter kann für einen oder mehrere VR oder auch einen anderen oder mehrere andere Versicherungsvertreter tätig werden.[19] Im letzteren Fall wird der Versicherungsvertreter als Untervermittler eines Versicherungsvertreters tätig und hat die Pflichten des Versicherungsvertreters zu erfüllen. Kein Versicherungsvertreter im Sinne des § 59 II ist demzufolge derjenige Vertreter, der für einen Versicherungsmakler i.S.d. § 59 III handelt. Dieser hat vielmehr die Pflichten eines Versicherungsmaklers nach § 59 III zu erfüllen.   6

Die Versicherungsvermittler sind wie folgt zu unterscheiden: 7

Versicherungsvertreter mit Erlaubnis nach § 34d I GewO	§§ 84, 92 HGB	Hauptberuflicher Ausschließlichkeitsvertreter (Versicherungsvertreter)
Versicherungsvertreter mit Erlaubnis nach § 34d I GewO	§§ 84, 92 HGB	Nebenberuflicher Ausschließlichkeitsvertreter (Versicherungsvertreter)
Versicherungsvertreter mit Erlaubnis nach § 34d I GewO	§§ 84, 92 HGB	Hauptberuflicher Mehrfachvertreter (Versicherungsvertreter)
Versicherungsvertreter mit Erlaubnis nach § 34d I GewO	§§ 84, 92 HGB	Nebenberuflicher Mehrfachvertreter (Versicherungsvertreter)
Versicherungsmakler mit Erlaubnis nach § 34d I GewO	§ 93 HGB	Nein
Produktakzessorischer Vermittler mit Erlaubnis nach § 34d III GewO	§§ 84, 92, 93 HGB	Nebenberuflicher Ausschließlichkeits- oder Mehrfachvertreter (Versicherungsvertreter, Versicherungsmakler)
Gebundener Vertreter gem. § 34d IV GewO	§§ 84, 92 HGB	Nebenberuflicher oder hauptberuflicher Ausschließlichkeitsvertreter (Versicherungsvertreter)
Annexvertrieb gem. § 34d IX GewO	§§ 84, 92, 93 HGB	Nebenberuflicher Ausschließlichkeits- oder Mehrfachvertreter (Versicherungsvertreter, Versicherungsmakler)

Erforderlich ist eine gewerbsmäßige Tätigkeit. Diesem Kriterium kommt eine besondere Bedeutung zu, denn auch vielen Angestellten eines VU ist arbeitsvertraglich ausdrücklich das Recht eingeräumt, neben der eigentlichen Tätigkeit die Produkte ihres Arbeitgebers gegen Provision zu vermitteln. Nicht jede Vermittlungstätigkeit hat allerdings auch einen gewerbsmäßigen Charakter. So ist in der Rspr. die gewerberechtliche Bagatelle   8

---

14 OLG Karlsruhe VersR 2003, 592.
15 BGHZ 56, 293; Terbille/Höra/*F. Baumann*, § 4 Rn. 5; *Zinnert*, S. 311.
16 OLG Koblenz NJW-RR 1992, 891.
17 BT-Drucks. 16/1935 S. 22; P/M/*Dörner*, § 59 Rn. 8.
18 B/M/*Schwintowski*, § 59 Rn. 37; *Meixner/Steinbeck*, § 1 Rn. 381; *Böckmann* VersR 2009, 154.
19 BGH BB 1972, 11; NJW-RR 1986, 709; MDR 1992, 562; OLG Hamm VersR 1995, 167; P/M/*Dörner*, § 59 Rn. 13; L/W/*Reiff*, § 59 Rn. 33; R/L/*Rixecker*, § 59 Rn. 4.

§ 59 Begriffsbestimmungen

anerkannt.[20] Jedenfalls dann, wenn mehr als sechs Versicherungen vermittelt werden und/oder die Gesamtprovisionseinnahmen 1.000,00 € pro Jahr übersteigen, wird man von einer gewerberechtlich regelungsbedürftigen Tätigkeit sprechen können.[21] Der Umstand, dass § 66 bestimmte Fälle von der Anwendung der §§ 60–64, 69 II und 214 ausnimmt, zeigt nicht, dass der Gesetzgeber auch in diesen Fällen von einem gewerbsmäßigen Handeln ausgegangen ist, da das VVG nicht regelt, welche Tätigkeiten gewerbsmäßig i.S.d. GewO sind.[22] Der Gesetzgeber hat vielmehr verdeutlicht, dass in den dort geregelten Fällen eine geringere Schutzwürdigkeit des Versicherungsnehmers gegeben ist. Das hat aber z.B. nichts mit der Höhe der Vergütung zu tun, die der Versicherungsvermittler erhält. Die in § 66 geregelten Ausnahmen sind nicht richtlinienwidrig.[23]

9 Mit dem Versicherungsvertreter ist der VR durch den Vertretervertrag verbunden, der in der Regel eine Pflicht des Versicherungsvertreters beinhaltet, für das VU Versicherungsverträge zu vermitteln oder abzuschließen. Darüber hinaus ist Gegenstand des Versicherungsvertretervertrages regelmäßig die Befugnis, nur für ein oder mehrere VU als Versicherungsvertreter tätig zu werden, sowie die Frage, unter welchen Umständen ein Versicherungsvertreter Anspruch auf seine Vergütung gegen den VR hat. Versicherungsvertreter und Versicherungsmakler sind oft schwer voneinander abzugrenzen. Die Vermengung von Vertreter- und Maklertätigkeit wird meist mit den Schlagwörtern des »Makleragenten«, des »Pseudomaklers« und des »Pseudoagenten« umschrieben.[24]

10 Das Rechtsverhältnis zwischen VR und Versicherungsvertreter wird vor allen Dingen durch das Merkmal der »**Betrauung durch den VR**« geprägt.[25] Die »Betrauung« beinhaltet die Beauftragung des Versicherungsvertreters zu einer bestimmten Tätigkeit. Dies ist im Falle des Versicherungsvertreters regelmäßig die Vermittlung einer unbestimmten Anzahl von Versicherungsverträgen. Im Gegensatz zu den §§ 92 I, 84 HGB ist für die Qualifizierung als Versicherungsvertreter nicht erforderlich, dass eine ständige Betrauung vorliegt. Ein »Betrauen« liegt nicht schon dann vor, wenn der Vermittler mit Wissen und Wollen des VR tätig wird. Es reicht daher nicht, dass der VR dem Vermittler nur Antragsformulare überlässt.[26]

11 Der Versicherungsvertretervertrag kommt nach allgemeinen Regeln formfrei zustande.[27] Charakteristisch für den Vertretervertrag sind zum einen die Pflicht zum Tätigwerden und zum anderen die Interessenwahrungspflicht zugunsten des Unternehmers. Es reicht demzufolge nicht aus, wenn die Parteien des Vertretervertrages nur tatsächlich über einen längeren Zeitraum Geschäftsbeziehungen miteinander unterhalten, solange es nach wie vor im Belieben des Versicherungsvertreters steht, tätig zu werden. Kennzeichnend für den Vertretervertrag ist darüber hinaus die gegenseitige besondere Vertrauensbeziehung, die Ausdruck der Tätigkeits- und Interessenwahrungspflicht des Versicherungsvertreters ist.[28] Das Merkmal der Betrauung geht daher mit der Begründung eines Interessenwahrungsverhältnisses einher, das dem Versicherungsvertreter ebenso wie dem VR eine besondere Loyalität abverlangt. Durch Abschluss des Versicherungsvertretervertrags wird der Versicherungsvertreter zum »Angehörigen« i.S.d. § 203 I Nr. 6 StGB.[29] Im Hinblick auf § 402 BGB ist die Abtretung eines Provisionsanspruchs gem. § 134 BGB nichtig, wenn dem Zessionar personenbezogene Daten des VN oder der versicherten Person übermittelt werden müssen und eine entsprechende Legitimation, z.B. durch eine Einwilligung des Betroffenen gem. § 4a BDSG, fehlt. Das besondere Vertrauensverhältnis führt zu einer verstärkten wechselseitigen Rücksichtnahme auf die unternehmerischen Interessen beider Seiten und betrifft den Versicherungsvertreter auch im Hinblick auf dessen private Belange. Die Tätigkeitspflicht ist eines der konstitutiven Merkmale des »Betrautwerdens«. Welche Tätigkeiten im Einzelnen von dem Versicherungsvertreter gefordert werden, ergibt sich aus den jeweiligen Regelungen des Versicherungsvertretervertrags. Die Tätigkeitspflicht ist jedenfalls auch auf die Vermittlung von Versicherungsverträgen gerichtet, kann aber auch z.B. die Bestandspflege beinhalten. Die Bestandspflege bekommt vor dem Hintergrund der dem VR auch nach Vertragsschluss obliegenden Beratungspflicht gem. § 6 IV eine besondere Bedeutung, denn ohne vertragliche Abrede im Versicherungsvertretervertrag ist der Versicherungsvertreter auch gegenüber dem VR nicht zu einer Bestandspflege verpflichtet.

12 Auch wenn der Versicherungsvertreter nach §§ 92, 84 I 2 HGB selbständig ist, so ist er gleichwohl in beträchtlichem Maße gegenüber dem VR weisungsgebunden, was ihn wiederum deutlich von dem Versicherungsmakler unterscheidet. Von solchen Weisungen darf der Versicherungsvertreter nur ausnahmsweise dann abweichen, wenn den Umständen nach eine Billigung dieses Verhaltens seitens des VR bei Kenntnis der Sachlage

---

20 *Schönleiter* GewArch 2007, 265; Landmann/Rohmer/*Schönleiter*, GewO, 68. Ergänzungslieferung 2014, § 34d Rn. 61.
21 *Schönleiter* GewArch 2007, 265; Landmann/Rohmer/*Schönleiter*, GewO, 68. Ergänzungslieferung 2014, § 34d Rn. 61.
22 So R/L/*Rixecker*, § 59 Rn. 2; wie hier: L/W/*Reiff*, § 59 Rn. 4.
23 L/W/*Reiff*, § 59 Rn. 5; P/M/*Dörner*, § 59 Rn. 5.
24 P/M/*Dörner*, § 59 Rn. 99; *Deckers*, Die Abgrenzung des Versicherungsvertreters vom Versicherungsmakler, 2004, S. 31; *Waldstein*, Der Versicherungsmakler, 1928, S. 8.
25 P/M/*Dörner*, § 59 Rn. 9; R/L/*Rixecker*, § 59 Rn. 4.
26 B/M/*Schwintowski*, § 59 Rn. 37; HK-VVG/*Münkel*, § 59 Rn. 10; P/M/*Dörner*, § 59 Rn. 9.
27 BGH NJW 1983, 1727, 1728.
28 P/M/*Dörner*, § 59 Rn. 20; *Deckers*, Die Abgrenzung des Versicherungsvertreters vom Versicherungsmakler, 2004, S. 90; *Zinnert*, Der Versicherungsvertreter, 2009, S. 230 f.
29 BGH NJW 2010, 2509.

anzunehmen ist, §§ 675 I, 665 Satz 2 BGB analog. Dies kann insbes. dann der Fall sein, wenn dem VR durch die zeitliche Verzögerung ein wertvolles Geschäft entgehen würde.[30] Die Weisungen betreffen allerdings nur das Innenverhältnis zwischen Versicherungsvertreter und VR, so dass sich der Versicherungsvertreter gegenüber dem Kunden gleichwohl nach § 63 schadensersatzpflichtig machen kann, wenn er in Erfüllung einer Weisung handelt. Dem Status eines Versicherungsvertreters steht allerdings nicht entgegen, dass dieser seine Tätigkeit im wesentlichen frei ausübt, denn dies ist wiederum charakteristisch für eine selbständige Tätigkeit.[31] Dem Status eines Versicherungsvertreters steht auch nicht entgegen, dass dieser eine Vergütung vom Versicherungsnehmer erhält.[32]

Inhalt und Umfang der Weisungspflicht werden in der Regel nicht vertraglich näher vereinbart. Typisch sind 13 z.B. Vorgaben bezüglich der Verwendung bestimmter Werbemethoden, der Art der Akquisition und des Außenauftritts. Als beschränkt weisungsabhängigen Handelsvertreter treffen den Versicherungsvertreter u.U. umfangreiche Berichts- und Rechenschaftspflichten gem. §§ 86 II HGB, 675 I, 666 BGB. Die Berichtspflicht umfasst neben allgemeinen Informationen zur Marktsituation auch Angaben zu dem besuchten Kunden sowie zur Vermittlungstätigkeit.[33] Die Rechenschaftspflicht bezieht sich auch auf die mit einem vermittelten Vertrag einhergehende Verwaltungstätigkeit.

Denkbar sind schließlich auch Nebenpflichten, wie z.B. Mitteilungs- und Auskunftspflichten sowie als Ergän- 14 zung hierzu die Pflicht zur Einholung von Erkundigungen einschließlich der Bonitätsprüfungspflicht. Ferner ist zu denken an die Verwaltungspflicht insbes. einschließlich einer Inkasso- und Schadenbearbeitungspflicht. Auch dies ist allerdings eine Frage des Einzelfalls.

III. Versicherungsmakler

Der Versicherungsmakler i.S.d. § 59 III ist der Einkaufsvermittler des präsumtiven VN.[34] Auch wenn nach 15 dem Gesetzeswortlaut Versicherungsmakler nur derjenige ist, der gewerbsmäßig für den Auftraggeber die Vermittlung oder den Abschluss von Versicherungsverträgen übernimmt, ohne von einem VR oder einem Versicherungsvertreter damit betraut zu sein, ist es sehr wohl denkbar, dass auch ein VR einen Versicherungsmakler beauftragt, z.B. eine D&O-Versicherung für seine Vorstandsmitglieder abzuschließen. In diesem Fall ist der VR ausnahmsweise selbst VN. Entsprechendes gilt auch für einen Versicherungsvertreter. Auch dieser kann demzufolge ausnahmsweise einmal Auftraggeber eines Versicherungsmaklers sein. Für den nicht gewerbsmäßig handelnden Versicherungsmakler gelten die Regeln über den Zivilmakler, §§ 652–655 BGB.[35] Ein Versicherungsmakler kann sich aber nicht gleichzeitig als Versicherungsvertreter registrieren lassen, dies verstieße gegen den Grundsatz der Polarisation. Es ist aber zulässig, wenn für die Versicherungsvertretertätigkeit ein eigenes Vermittlerunternehmen gegründet wird.[36]

Der Gesetzgeber hat sich bei der Definition des Versicherungsmaklers von dem Leitbild eines Versicherungs- 16 maklers leiten lassen, das der BGH bereits in dem Sachwalterurteil[37] aufgestellt hat. Der Versicherungsmakler ist demzufolge treuhänderähnlicher Sachwalter seines Kunden, dessen Interessen er wahrzunehmen hat. Er wird regelmäßig vom VN beauftragt und als sein Interessen- oder sogar Abschlussvertreter angesehen und hat als Vertrauter und Berater des VN individuellen, für das betreffende Objekt passenden Versicherungsschutz oft kurzfristig zu besorgen.

Der Versicherungsmaklervertrag wird zwischen dem Versicherungsmakler und seinem Kunden geschlossen.[38] 17 Der Versicherungsmaklervertrag ist ein Geschäftsbesorgungsvertrag, der den Versicherungsmakler zum Tätigwerden verpflichtet. Er kommt durch ausdrückliche Einigung ebenso zustande wie durch schlüssiges Verhalten.[39] Unterschiedliche Auffassungen werden zu der Frage vertreten, ob der Geschäftsbesorgungsvertrag sowohl dienstvertragliche als auch werkvertragliche Elemente enthält und ob in diesem Fall dienstvertragliche oder werkvertragliche Elemente überwiegen.[40]

---

30 *Deckers*, Die Abgrenzung des Versicherungsvertreters vom Versicherungsmakler, 2004, S. 103.
31 B/M/*Schwintowski*, § 59 Rn. 41.
32 BGH NJW-RR 2014, 669; NJW 2014, 1655, *Reiff*, r+s 2013, 525).
33 *Deckers*, Die Abgrenzung des Versicherungsvertreters vom Versicherungsmakler, 2004, S. 105.
34 L/W/*Reiff*, § 59 Rn. 43.
35 P/M/*Dörner*, § 59 Rn. 70.
36 B/M/*Schwintowski*, § 59 Rn. 64.
37 BGH VersR 1985, 930; vgl. auch *Baumann/Sandkühler*, S. 70; die von *Deutsch*, Rn. 136 vertretene Gegenauffassung, wonach der Versicherungsmakler in der Mitte zwischen VR und VN stehen soll, ist abzulehnen. Sie lässt sich auch mit dem Prinzip der Polarisation nicht in Einklang bringen; vgl. BGHZ 94, 356; OLG München WM 1991, 1815; OLG Stuttgart VersR 1991, 883; *Koch* VW 2007, 248, 249; *Zinnert*, S. 131; Terbille/Höra/*F. Baumann*, § 4 Rn. 8.
38 P/M/*Dörner*, § 59 Rn. 48; R/L/*Rixecker*, § 59 Rn. 8; *Baumann*, Versicherungsvermittlung durch Versicherungsmakler, S. 39.
39 OLG Oldenburg VersR 1999, 757.
40 *F. Baumann*, Versicherungsvermittlung durch Versicherungsmakler, S. 122; *Matusche*, Pflichten und Haftung des Versicherungsmaklers, 4. Aufl. 1995, S. 30.

§ 59 Begriffsbestimmungen

18 Für das Überwiegen werkvertraglicher Elemente spricht, dass die Courtage als Vergütung des Versicherungsmaklers nicht schon für das bloße Bemühen des Maklers um Versicherungsschutz, sondern nur bei erfolgreichem Abschluss gezahlt wird, ferner spricht für das Überwiegen werkvertraglicher Elemente, dass es dem Kunden letztendlich auf die Erreichung eines bestimmten Erfolges, nämlich die Absicherung seines Risikos ankommt, erst dann ist sein Interesse an der Leistung des Versicherungsmaklers befriedigt.

19 Auf der anderen Seite bildet aber die Beratungstätigkeit des Versicherungsmaklers eindeutig den Schwerpunkt seiner Tätigkeit. Der Kunde kann außerdem von dem Versicherungsmakler verlangen, dass dieser für ihn tätig wird, was wiederum typisch für einen Dienstvertrag ist. Zutreffend ist zwar, dass der Anspruch des Versicherungsmaklers auf die Courtage von dem Zustandekommen des Versicherungsvertrags abhängt, doch besteht der Zahlungsanspruch nicht gegenüber dem VN, sondern gegenüber dem VR. Es liegt daher nicht die für einen Werkvertrag typische Verknüpfung zwischen Werkleistung und Werklohn vor. Die Herbeiführung des Erfolges ist zwar Bedingung für den Zahlungsanspruch, wird aber nicht gegenüber dem VN geschuldet. Dies spricht für das Überwiegen dienstvertraglicher Elemente. Zum Teil wird der Versicherungsmaklervertrag auch als Geschäftsbesorgungsvertrag mit anderstypischer Gegenleistung definiert.[41]

20 Der Versicherungsmaklervertrag ist regelmäßig kein gegenseitiger Vertrag, da weder der Makler seinem Auftraggeber die Herbeiführung des Vermittlungserfolges noch der Kunde dem Versicherungsmakler die Zahlung der Courtage schuldet.[42] Die Gegenauffassung, wonach es sich bei dem Versicherungsmaklervertrag um einen gegenseitigen Vertrag handele, überzeugt nicht. Die Gegenleistung des VN besteht nicht in der Zahlung der Courtage, da diese gegenüber dem VR aufgrund des abgeschlossenen Versicherungsvertrags als Teil der Prämie geschuldet wird. Ein gegenseitiger Vertrag kann nur dann vorliegen, wenn sich zu irgendeinem Zeitpunkt zwei in einem Gegenseitigkeitsverhältnis zueinander stehende Hauptleistungspflichten gegenüber stehen. Dies kann auf Seiten des Auftraggebers nur die Pflicht zur Zahlung der Courtage sein, da der VN nach allgemeiner Auffassung nicht verpflichtet ist, den ihm angebotenen Vertrag abzuschließen. Der Anspruch auf Zahlung des Vermittlerentgeltes steht beim Zustandekommen des Versicherungsvertrages nicht dem Versicherungsmakler, sondern zunächst einmal dem VR zu, der Anspruch auf die gesamte Prämie einschließlich der in dieser einkalkulierten Courtage hat. Der Courtageanspruch des Versicherungsmaklers richtet sich wiederum alleine gegen den VR. Damit stellt der Versicherungsmaklervertrag grundsätzlich keinen gegenseitigen Vertrag dar.

21 Dies kann allerdings dann anders sein, wenn der Versicherungsmakler ausnahmsweise für seine Beratungstätigkeit ein Honorar erheben kann oder der VN selbst Courtageschuldner ist. Dies kann z.B. der Fall sein, wenn der Versicherungsmakler von dem VN eine erfolgsabhängige Vergütung für den Fall erhält, dass er den Abschluss eines courtagefreien Versicherungsvertrags vermittelt. Demgegenüber wird ein Honorar von dem VN aufgrund einer mit dem Versicherungsmakler abgeschlossenen Honorarvereinbarung erfolgsunabhängig gezahlt. In beiden Fällen stünde der Hauptleistungspflicht des Versicherungsmaklers als Hauptleistungspflicht die Pflicht des Kunden zur Zahlung der vereinbarten Vergütung gegenüber. Unter diesen Umständen ist dann auch der Versicherungsmaklervertrag ein gegenseitiger Vertrag.

22 Inwieweit der Versicherungsmakler berechtigt ist, den VN gegen Honorar zu beraten, ist umstritten.[43] Nach teilweiser Auffassung stellt eine Beratungstätigkeit nach § 61 keine Rechtsberatung dar.[44] Es fehle an einer umfassenden und vollwertigen Rechtsberatung. Dies ist zweifelhaft, denn ein Versicherungsvermittler wird in aller Regel bereits einen bunten Strauß an Versicherungsverträgen vorfinden, den es zu optimieren gilt, was u.a. voraussetzt, dass versicherte Leistungen miteinander verglichen werden und u.U. eine Kündigungshilfe geleistet wird. Dies stellt dann schon eine umfassende und vollwertige Rechtsberatung auf einem Teilbereich des Rechts dar. Gleiches gilt aber auch in dem Fall, dass für ein bestimmtes Risiko noch kein Versicherungsschutz vorhanden ist. Gerade der Vergleich verschiedener Versicherungsprodukte setzt voraus, dass sich der Versicherungsvermittler mit den Regelungsmechanismen der einzelnen Versicherungsverträge auseinandersetzt, Bedingungen, Einschlüsse und Ausschlüsse miteinander vergleicht. Versicherungsvermittlung und -beratung umfassen daher nach h.M. notwendigerweise auch Rechtsberatung.[45] Das traditionelle Berufsbild des Versicherungsmaklers schließt daher die notwendige geschäftsmäßige Rechtsberatung mit ein.[46] In der Vergangenheit wurden der entgeltlichen Rechtsberatung durch Art. 1 § 1 I 1 RBerG Grenzen gesetzt, denn nach dieser Vorschrift war jede geschäftsmäßige rechtsberatende Tätigkeit verboten, sofern sie nicht nach den Regelungen des RBerG erlaubt war. Aus diesem Grunde durfte der Versicherungsmakler keine selbstständige Rechtsberatung leisten.[47] Auch war es einem Versicherungsmakler nicht möglich, zugleich als Rechtsanwalt tätig zu sein.[48] Eine selbstständige Versicherungsberatung durfte gem. Art. 1 § 1 I 2 Nr. 2 RBerG nur durch den Versicherungsberater geleistet werden. Allerdings war es auch schon in der Vergangenheit einem Versicherungsmakler aufgrund

---

41 P/M/*Dörner*, § 59 Rn. 70.
42 B/M/*Schwintowski*, § 59 Rn. 126; P/M/*Dörner*, § 59 Rn. 70; anders *Zinnert*, S. 133.
43 Vgl. umfassend B/M/*Schwintowski*, § 59 Rn. 172 ff.; P/M/*Dörner*, § 59 Rn. 80.
44 B/M/*Schwintowski*, § 59 Rn. 177; *Schwintowski* VersR 2009, 1335; wohl auch *Lensing* ZfV 2009, 18.
45 BGH VersR 1967, 686; OLG Karlsruhe NJW 1988, 828; OLG München WM 1991, 1815; P/M/*Dörner*, § 59 Rn. 80.
46 BGH VersR 1967, 686.
47 VerBAV 1996, 222; *Ruttloff* GewArch 2009, 60.
48 BGH VersR 1995, 1285.

der Ausnahmeregelung des Art. 1 § 5 Nr. 1 RBerG erlaubt, für seine Kunden diejenigen rechtlichen Angelegenheiten mitzuerledigen, die mit dem Geschäft seines Gewerbebetriebes in einem unmittelbaren Zusammenhang stehen. Wann ein solcher Zusammenhang besteht, richtet sich danach, ob die Rechtsberatung lediglich Hilfs- und Nebentätigkeit zur vernünftigen Ausübung des Berufes eines Versicherungsmaklers nach dem herkömmlichen Berufsbild ist oder eine selbstständige Bedeutung bekommt.

Als rechtlich unproblematisch wurde in der Vergangenheit die mit der Vermittlung neuer Versicherungsverträge im Zusammenhang stehende Rechtsberatung gesehen. Gleiches gilt für die Übernahme fremdvermittelter Verträge bei der sog. Bestandsübertragung.[49] Der für Art. 1 § 5 Nr. 1 RBerG erforderliche unmittelbare Zusammenhang wurde in der Vergangenheit auch für die Beratung und außergerichtliche Vertretung des VN gegenüber dem Versicherer bei der Geltendmachung von Ansprüchen aus dem Versicherungsvertrag nach dem Versicherungsfall bejaht.[50] Die Grenze zur nicht mehr erlaubten Rechtsberatung wurde aber bei der außergerichtlichen Geltendmachung von Schadensersatzansprüchen des VN gegen den Schädiger überschritten.[51] Gleiches gilt für die gerichtliche Geltendmachung von Ansprüchen des VN gegen den VR oder Dritte, auch wenn vor dem angerufenen Gericht kein Anwaltszwang besteht.[52]

Durch das Inkrafttreten des Rechtsdienstleistungsgesetzes (RDG) hat sich an diesen Grundsätzen nichts geändert. Eine erlaubnispflichtige Rechtsdienstleistung liegt nach § 2 I RDG bei jeder Tätigkeit in konkreten fremden Angelegenheiten vor, sobald sie eine rechtliche Prüfung des Einzelfalls erfordert. Das ist bei den oben beschriebenen beratenden Tätigkeiten eines Versicherungsmaklers regelmäßig der Fall. Allerdings bleibt auch nach Inkrafttreten des RDG die mit der beruflichen Tätigkeit des Versicherungsmaklers im Zusammenhang stehende Rechtsberatung weiterhin erlaubt, denn nach § 5 I RDG sind Rechtsdienstleistungen erlaubt, die im Zusammenhang mit einer anderen beruflichen oder gesetzlich geregelten Tätigkeit stehen, wenn sie als Nebenleistung zum Berufs- oder Tätigkeitsbild oder zur vollständigen Erfüllung der mit der Haupttätigkeit verbundenen gesetzlichen oder vertraglichen Pflichten gehören. Die Regulierung von Haftpflichtschäden aufgrund einer seitens des Versicherers erteilten Regulierungsvollmacht im Auftrag des Versicherers gegenüber dem Anspruchsteller ist nach Auffassung des BGH selbst dann keine zulässige Nebenleistung, wenn der Versicherungsmakler den Haftpflichtversicherungsvertrag vermittelt und betreut[53] Der BGH sieht in dieser Tätigkeit vor allen Dingen einen Interessenkonflikt zwischen den Interessen des Geschädigten und des Versicherungsnehmers einerseits und den Interessen des Versicherers andererseits. Dem dürfte jedenfalls dann nicht zu folgen sein, wenn der Versicherungsmakler auch im Verhältnis zum Versicherer klarstellt, dass er trotz erteilter Regulierungsvollmacht alleiniger Interessenvertreter des Kunden bleibt. Gleichwohl ist die Regulierung von Haftpflichtschäden gegenüber Dritten kritisch zu sehen. Es stellt sich in der Tat die vom BGH aufgeworfenen Frage, ob die Regulierung dieser Schäden gegenüber Dritten zur vollständigen Erfüllung der mit der Haupttätigkeit eines Versicherungsmaklers verbundenen gesetzlichen oder vertraglichen Pflichten gehört. Für die Regulierung von Eigenschäden des Versicherungsnehmers gegenüber dem Versicherer gilt dies allerdings jedenfalls dann nicht, wenn klargestellt ist, dass der Versicherungsmakler die Schäden ausschließlich als Interessenvertreter des Kunden reguliert, was auch im Verhältnis zum Versicherer klarzustellen ist. In diesem Fall ist eine dem Versicherungsmakler erteilte Regulierungsvollmacht sogar im Interesse des Versicherungsnehmers, führt sie doch in der Regel zu einer deutlichen Verkürzung der Regulierungsdauer. Demzufolge ist auch nach Inkrafttreten des RDG dieselbe Abgrenzung vorzunehmen wie vor seinem Inkrafttreten.[54]

Umstritten ist, ob sich an der Qualifizierung der oben genannten Tätigkeit eines Versicherungsmaklers als Hilfstätigkeit etwas ändert, wenn der Versicherungsmakler für seine beratende Tätigkeit mit dem VN ein Honorar vereinbart, das unabhängig vom Erfolg einer Vertragsvermittlung gezahlt werden soll. Nach teilweise vertretener Auffassung zur alten Rechtslage überschreitet er in diesen Fällen das herkömmliche Berufsbild des Versicherungsmaklers und übt die Tätigkeit eines Versicherungsberaters als Haupttätigkeit aus, für die ihm nach Art. 1 § 1 I 2 Nr. 2 RBerG die Erlaubnis fehlt.[55] Dies überzeugt allerdings nicht, denn die auch bei einem Courtagemakler deutlich im Vordergrund stehende Beratungstätigkeit mutiert nicht von einer Nebentätigkeit zu einer Haupttätigkeit, wenn der Versicherungsmakler ein erfolgsunabhängiges Honorar erhält.[56] Dies gilt vor allen Dingen dann, wenn man den Versicherungsmaklervertrag als Geschäftsbesorgungsvertrag mit überwiegend dienstvertraglichem Charakter qualifiziert. In beiden Fällen stellt die beratende Tätigkeit die Haupttätigkeit eines Versicherungsmaklers dar.

---

49 *Otting*, Rechtsdienstleistungen, 2008, Rn. 633 f.; OLG Hamburg GRUR 2008, 360; OLG Karlsruhe VersR 1987, 1217; OLG Stuttgart VersR 1991, 883.
50 *Spielberger* VersR 1984, 1013; *Werber* VW 1988, 1159; OLG Hamm VersR 1986, 59.
51 OLG Düsseldorf AnwBl 1994, 574.
52 BGH VersR 1967, 686; OLG Düsseldorf MDR 1991, 64.
53 BGH r+s 2016, 376. Zum technischen Versicherungsmakler in diesem Zusammenhang LG Hamburg v. 06.12.2005 Az.: 312 O 592/05.
54 OLG Karlsruhe NJW 2011, 119; NJW 2010, 994.
55 *Karle* VersR 2000, 425; *Müller-Stein* VersR 1991, 1408.
56 P/M/*Dörner*, § 59 Rn. 80 und 99; so auch *Ruttloff* GewArch 2009, 59, 62, der auf den grundlegenden Schutz (Art. 12 GG) der Gewerbefreiheit verweist.

26 Im Rahmen der Umsetzung der EU-Vermittlerrichtlinie hat der Gesetzgeber für Versicherungsmakler die Zulässigkeit der Beratung gegen Zahlung eines Honorars in § 34d I 4 GewO geregelt. Nach dieser Vorschrift beinhaltet die einem Versicherungsmakler erteilte Erlaubnis die Befugnis, Dritte, die nicht Verbraucher sind, bei der Vereinbarung, Änderung oder Prüfung von Versicherungsverträgen gegen gesondertes Entgelt rechtlich zu beraten. Diese Befugnis ist durch das 3. MittelstandsentlastungsG (MESG III = BGBl. 2009 Teil I, S. 550) auf die Beratung der Beschäftigten von Unternehmen in den Fällen erstreckt worden, in denen der Versicherungsmakler das Unternehmen berät. Verbraucher i.S.d. § 34d I 4 GewO ist gem. § 13 BGB jede natürliche Person, die ein Rechtsgeschäft zu einem Zweck abschließt, der weder ihrer gewerblichen noch ihrer selbstständigen beruflichen Tätigkeit zugerechnet werden kann. Dem steht der Unternehmer gem. § 14 BGB gegenüber, bei dem es sich um eine natürliche oder juristische Person oder eine rechtsfähige Personengesellschaft handelt, die bei Abschluss eines Rechtsgeschäfts in Ausübung ihrer gewerblichen oder selbstständigen beruflichen Tätigkeit handelt. Der Begriff des Beschäftigten ist unklar. Nach Sinn und Zweck der Vorschrift, die Befugnis zur Beratung gegen Honorar zu erweitern, wird man das Bestehen eines gültigen Arbeitsverhältnisses nicht verlangen können. Eine »Beschäftigung« liegt auch vor, wenn die zu beratende Person für das von dem Versicherungsmakler beratene Unternehmen Leistungen erbringt, ohne hierfür ein Entgelt zu erhalten, denn eine Beschäftigung gegen Entgelt verlangt die Vorschrift nicht. Im Anwendungsbereich des § 34d I 4 GewO gestattet das Vermittlerrecht dem Versicherungsmakler die Beratung gegen gesondertes Entgelt, also gegen Zahlung eines Honorars. § 34d I 4 GewO erfasst sowohl den Fall, dass der Unternehmer eine Beratung über Versicherungsangelegenheiten ohne konkreten Vermittlungswunsch wünscht, als auch den Fall, bei dem der Kunde nach erfolgter Beratung gegen Honorar eine Vermittlung des Versicherungsvertrages wünscht, für den dann der Versicherungsmakler gegenüber dem VR Anspruch auf Zahlung der Courtage hat. In diesem Fall schließen Versicherungsmakler und Unternehmer regelmäßig zwei Verträge: Zum einen den Beratungsvertrag, aufgrund dessen der Versicherungsmakler Beratung bei der Vereinbarung, Änderung oder Prüfung von Versicherungsverträgen gegen Zahlung des Honorars schuldet, und zum anderen den Versicherungsmaklervertrag, der auf die Vermittlung von Versicherungsschutz gerichtet ist. Da zwei Verträge geschlossen werden, ist der Versicherungsmakler in diesem Fall nicht verpflichtet, dem Kunden das für die Beratung vorab gezahlte Honorar im Falle der Herbeiführung des Vermittlungserfolges zurückzuzahlen, da § 34d I 4 GewO gerade die Beratung gegen gesondertes Entgelt für zulässig erklärt. Schließt der Versicherungsmakler hingegen mit dem VN einen einheitlichen Versicherungsmaklervertrag, ruft dieser aber zunächst nur eine Prüfung seiner Versicherungsverträge gegen Honorar ab, um dann nach erfolgter Prüfung auch die Vermittlungsleistung abzurufen, so soll nach teilweiser Auffassung der Versicherungsmakler das Honorar nach Erhalt der Courtage an den VN zurückzahlen müssen.[57] Das überzeugt aber nicht, denn der Gesetzgeber räumt dem Versicherungsmakler in § 34d I 1 GewO gerade die Befugnis ein, gegen gesondertes Entgelt den VN beraten zu dürfen. Es existiert kein Rechtssatz, wonach die gesamte Tätigkeit eines Versicherungsmaklers durch die Zahlung der Courtage abgegolten ist. In den Fällen des § 34d I 4 GewO darf der Versicherungsmakler daher das vereinnahmte Honorar auch dann behalten, wenn er sodann den Vermittlungserfolg im Rahmen eines einheitlichen Versicherungsmaklervertrags herbeiführt. Dass er den Vermittlungserfolg herbeiführen darf, steht außer Frage, denn dies gehört zu den ureigensten Aufgaben eines Versicherungsmaklers.[58] Die Gegenauffassung[59] überzeugt nicht, da sie von einem unzutreffenden Berufsbild des Versicherungsmaklers ausgeht. Der Versicherungsmakler ist treuhänderähnlicher Sachwalter seines Kunden, dessen Interessen er wahrzunehmen hat.[60] Er ist kein objektiver zwischen den Parteien vermittelnder Makler und auch kein objektiver Gutachter, sondern Interessenvertreter.

27 Der Versicherungsmakler kann mit dem VN auch eine erfolgsabhängige Vergütung vereinbaren, wenn der VR z.B. courtagefreie oder gar abschlusskostenfreie Tarife anbietet.[61] In diesem Fall stellt das vereinbarte Entgelt eine durch den VN zu zahlende Courtage dar. Diese Fallkonstellation wird von § 34d I 4 GewO nicht erfasst. Der Neuregelung des § 34d I 4 GewO kann nicht entnommen werden, dass der Gesetzgeber das herkömmliche Berufsbild des Versicherungsmaklers, zu dem die Herbeiführung des Vermittlungserfolges gehört, einschränken wollte. Aus diesem Grunde ist es dem Versicherungsmakler auch erlaubt, den Vermittlungserfolg gegen Zahlung einer vom VN zu zahlenden Vergütung herbeizuführen. Dies gilt auch dann, wenn es sich bei dem VN um einen Verbraucher handelt. Etwas anderes gilt hingegen, wenn ein erfolgsunabhängiges Beraterhonorar nur bedingt und insbes. für den Fall vereinbart wird, dass der angestrebte Vertragsschluss nicht zustande kommt oder wieder wegfällt.[62]

28 Ob durch den Abschluss des Versicherungsmaklervertrages ein Dauerschuldverhältnis zwischen den Vertragsparteien begründet wird, welches den Versicherungsmakler zu fortdauernden Leistungen verpflichtet, ist umstritten.

---

57 *Zinnert* VersR 2008, 313, 314.
58 *Zinnert* VersR 2008, 313, 314; im Ergebnis auch P/M/*Dörner*, § 59 Rn. 80.
59 *Harstorff* VersR 2008, 47.
60 BGH VersR 1985, 930.
61 BGHZ 162, 67; VersR 2007, 1127; VerBAV 1996, 222; P/M/*Dörner*, § 59 Rn. 53.
62 P/M/*Dörner*, § 59 Rn. 81.

29 Ein Dauerschuldverhältnis ist dadurch gekennzeichnet, dass die geschuldete Leistung in einem dauernden Verhalten oder in wiederkehrenden, sich über einen längeren Zeitraum erstreckenden Einzelleistungen besteht. Entscheidend ist, ob das Schuldverhältnis nach seiner konkreten Ausgestaltung auf eine ständige Leistungsanspannung und damit auf ein fortgesetztes Vertrauen angelegt ist.[63]

30 Nach einer Auffassung steht § 93 HGB der Qualifikation des Versicherungsmaklervertrages als Dauerschuldverhältnis stets entgegen. Selbst wenn der Versicherungsmakler verpflichtet sei, generell die Versicherungsinteressen seines Kunden wahrzunehmen, müssten alle in diesem Rahmen getätigten Vorgänge juristisch gesondert betrachtet werden, der Versicherungsmakler werde daher von Fall zu Fall tätig.[64]

31 Nach anderer Auffassung begründet der Versicherungsmaklervertrag regelmäßig ein Dauerschuldverhältnis, das sich nicht in der Vermittlung erschöpft.[65] Für das Bestehen eines Dauerschuldverhältnisses spreche, dass der Auftraggeber eines Versicherungsmaklers regelmäßig von diesem erwarte, auf Dauer in Versicherungsdingen betreut zu werden. Die Vorschrift des § 93 I HGB sei insoweit abbedungen.[66]

32 Für eine sich an den Vermittlungsakt anschließende Betreuungspflicht des Versicherungsmaklers spricht ferner, dass der Gesetzgeber, wie sich aus dem Zusammenspiel zwischen § 6 I und 6 IV ergibt, unterstellt hat, dass der VN auch nach Abschluss des Versicherungsvertrages betreut wird. Nach BGH[67] ist der Versicherungsmakler als Interessenvertreter des VN zu einer umfassenden Betreuung aller Versicherungsinteressen seines Kunden und zu einer entsprechenden Beratung in Bezug auf den von ihm vermittelten Versicherungsvertrag verpflichtet, was auch die Betreuung dieses Versicherungsvertrages mit einschließen dürfte. Gleichwohl vertritt das OLG Frankfurt[68] die Auffassung, ein Versicherungsmakler sei nicht per se zur Betreuung des von ihm vermittelten Vertrages verpflichtet. Eine Betreuungspflicht könne sich aber aus einer konkludenten oder ausdrücklich getroffenen Vereinbarung ergeben. Für die konkludente Vereinbarung einer Betreuungspflicht nach Vertragsabschluss spricht nach OLG Frankfurt der Beitragseinzug oder der Erhalt einer Betreuungscourtage.

33 Die aus dem Versicherungsmaklervertrag resultierenden Pflichten werden vor allen Dingen dem Sachwalterurteil des BGH[69] entnommen. Nach diesem grundlegenden Urteil des BGH wird der Versicherungsmakler regelmäßig vom VN beauftragt und als sein Interessen- oder sogar Abschlussvertreter angesehen. Er hat als Vertreter und Berater des VN individuellen für das betreffende Objekt passenden Versicherungsschutz auch kurzfristig zu besorgen und wird wegen dieser umfassenden Pflichten für den Bereich der Versicherungsverhältnisse des von ihm betreuten VN als dessen treuhänderähnlicher Sachwalter bezeichnet. Der BGH vergleicht ihn mit anderen Beratern, die ähnlich hoch qualifizierte Aufgaben zu erfüllen haben. Diese Rechtsprechung ist durch die Instanzrechtsprechung weiter ausgebaut worden.[70] Üblicherweise wird der Auftraggeber eines Versicherungsmaklers von diesem erwarten, auch nach Vermittlung des Versicherungsvertrags durch diesen in Versicherungsdingen betreut zu werden. Auch lässt sich mit dem Fehlen einer Betreuungspflicht kaum vereinbaren, dass der Versicherungsmakler für eine der Vermittlung nachfolgende Betreuung ein Entgelt in Form einer Bestandspflegecourtage erhält, das sein Auftraggeber über die Prämie bezahlt, ohne hierfür eine Gegenleistung leisten zu sollen. Regelmäßig wird der Versicherungsmakler nach der Herbeiführung des Vermittlungserfolgs daher auch verpflichtet sein, den VN in Versicherungsdingen weiter zu betreuen.[71]

34 Die sich aus dem Versicherungsmaklervertrag ergebenden Pflichten des Versicherungsmaklers können, müssen aber nicht deckungsgleich mit den Pflichten sein, die sich aus den §§ 59 ff. ergeben. Dies folgt schon aus dem Umstand, dass die §§ 59 ff. von einem engen Begriff der Versicherungsvermittlung ausgehen, der die sich anschließende Betreuung nicht erfasst.

35 Der Versicherungsmaklervertrag kann wie alle anderen Dauerschuldverhältnisse durch Tod des Versicherungsmaklers, Anfechtung, Rücktritt oder Kündigung (vgl. §§ 119 ff., 346, 675, 673 BGB) enden. Darüber hinaus besteht analog § 627 BGB ein fristloses Kündigungsrecht, denn der Versicherungsmakler leistet Dienste höherer Art im Sinne dieser Vorschrift.[72] Dieses fristlose Kündigungsrecht kann nicht durch allgemeine Mak-

---

63 Palandt/*Heinrichs*, vor § 241 Rn. 5.
64 B/M/*Möller*[8], Bd. I, vor §§ 43–48 Anm. 38; *Benkel/Reusch* VersR 1992, 1404; *Koch* VW 2007, 248; *Odendahl* ZfV 1993, 390, 413.
65 *F. Baumann*, Versicherungsvermittlung durch Versicherungsmakler, S. 128; P/M/*Dörner*, § 59 Rn. 72; PK/*Michaelis*, § 61 Rn. 18; VersHb/*Matusche-Beckmann*, § 5 Rn. 271; L/W/*Reiff*, § 60 Rn. 29; R/L/*Rixecker*, § 59 Rn. 8.
66 Vgl. auch OLG Hamm MedR 1997, 463. Für das Bestehen eines Dauerschuldverhältnisses sprechen auch die Entscheidungen OLG Düsseldorf VersR 2000, 54; r+s 1997, 219.
67 BGH r+s 2005, 222; auch VersR 2007, 1127.
68 OLG Frankfurt (Main) VersR 2006, 1546.
69 BGH VersR 1985, 930.
70 OLG Düsseldorf VersR 2000, 54; NJW-RR 1997, 756; r+s 1997, 219; OLG Hamm MedR 1997, 463; OLG München VersR 2001, 459.
71 OLG Brandenburg, Urt. v. 19.03.2014, 2014, 11 U 212/12; OLG Düsseldorf, VersR 2000, 54; OLG Stuttgart, Urt. v. 30.03.2011, 3 U 192/10.
72 P/M/*Dörner*, § 59 Rn. 109.

§ 59 Begriffsbestimmungen

lerbedingungen oder sonstige AGB abbedungen werden.[73] Der Versicherungsmaklervertrag endet nicht schon dann, wenn der VN einen zweiten Versicherungsmakler beauftragt. Dies gilt auch dann, wenn VN und Versicherungsmakler im Versicherungsmaklervertrag einen Alleinauftrag vereinbart haben. Eine Beendigung des Versicherungsmaklervertrags durch Kündigung erfordert demzufolge eine Kündigungserklärung als empfangsbedürftige Willenserklärung durch die kündigende Partei, die der anderen Vertragspartei zugehen muss.

36 Sofern der VR nicht ausnahmsweise selbst Auftraggeber des Versicherungsmaklers ist, sind Versicherungsmakler und VR nach teilweiser Auffassung durch ein rechtsgeschäftsähnliches Schuldverhältnis verbunden, welches entstehen soll, wenn der Versicherungsmakler an den VR herantritt, um einen Vertragsschluss zwischen ihm und seinem Auftraggeber zu vermitteln.[74] Aus dem rechtsgeschäftsähnlichen Rechtsverhältnis zwischen VR und Versicherungsmakler sollen Pflichten des Versicherungsmaklers gegenüber dem VR resultieren, deren Intensität allerdings geringer ist als bei denjenigen Pflichten, die der Versicherungsmakler gegenüber seinem Auftraggeber zu erfüllen hat. Nach a.A. soll zwischen VR und Versicherungsmakler ein eigener Kooperationsvertrag entstehen, wenn der Versicherungsmakler im Hinblick auf eine konkrete Vermittlung an den VR herantritt, da der VR wisse, dass der Versicherungsmakler ihm einen Versicherungsvertrag nur gegen Zahlung der Courtage zuführen wolle. Dieser Kooperationsvertrag soll sich auf die Regelung der Vergütungsfragen und der wechselseitigen Kooperation bei der Betreuung des Versicherungsverhältnisses beschränken.[75] Es erscheint zweifelhaft, ob sich der VR gegenüber dem Versicherungsmakler bereits rechtlich binden will, wenn dieser an ihn zwecks Vermittlung eines Versicherungsvertrags herantritt. Ist dies der Fall, wird er mit dem Versicherungsmakler eine Courtagevereinbarung abschließen oder dem Versicherungsmakler eine Courtagezusage erteilen. Lehnt er dies aber ab, so will er sich gerade nicht vertraglich an den Versicherungsmakler binden. Der von *Dörner* vertretenen Gegenauffassung ist daher nicht zu folgen.

37 Eine allgemeine Interessenwahrnehmungspflicht des Versicherungsmaklers gegenüber dem VR besteht nicht.[76] Eine allgemeine Interessenwahrnehmungspflicht als Auffangtatbestand besteht nur gegenüber dem Auftraggeber des Versicherungsmaklers, dessen treuhänderähnlicher Sachwalter der Versicherungsmakler ist.[77]

38 Auskunfts- und Mitteilungspflichten können allerdings auch gegenüber dem VR bestehen. Der Versicherungsmakler ist nach teilweiser Auffassung sogar verpflichtet, dem VR ungefragt Umstände mitzuteilen, die für diesen ersichtlich von Bedeutung sind.[78] Dies soll sogar für den Zeitraum während des Vertragslaufes gelten.[79] Dem ist jedoch nicht zu folgen. Der Versicherungsmakler ist gegenüber seinem Auftraggeber zur Verschwiegenheit verpflichtet. Der VR hat es in der Hand, dem VN Fragen bezüglich der Umstände zu stellen, die für ihn für die Gewährung des Versicherungsschutzes oder die Einstufung des Risikos von Bedeutung sind. Wahrheitswidrige Umstände muss der Versicherungsmakler dem VR auch dann nicht mitteilen, wenn sein Auftraggeber dies wünscht, denn der Versicherungsmakler ist gegenüber seinem Auftraggeber nicht verpflichtet, rechtswidrige Weisungen auszuführen. Er ist demzufolge auch nicht verpflichtet, Informationen an den VR weiterzuleiten, die für den Versicherungsmakler ersichtlich falsch sind. Der Versicherungsmakler kann in diesem Fall nicht nur den Maklervertrag außerordentlich kündigen, sondern eine Vermittlungstätigkeit schlicht unterlassen. Für eine darüber hinausgehende Mitteilungspflicht gegenüber dem VR bleibt aus diesem Grunde kein Raum.[80]

Gegenüber dem VR ist der Versicherungsmakler ebenso zur Verschwiegenheit verpflichtet wie gegenüber seinem Mandanten. Dies gilt zumindest gegenüber Außenstehenden. Berechtigte Interessen des VR an der Geheimhaltung geheimhaltungsbedürftiger Tatsachen sind zu wahren.

39 Darüber hinaus können VR und Versicherungsmakler das rechtsgeschäftsähnliche Verhältnis durch vertragliche Vereinbarungen intensivieren. Gegenstand dieser vertraglichen Vereinbarungen können z.B. diejenigen Kriterien sein, die aus Sicht des VR für eine Zusammenarbeit mit dem Versicherungsmakler erfüllt sein müssen. Ebenso ist es denkbar, dass der Versicherungsmakler durch den VR mit besonderen Befugnissen wie z.B. einer Schadenregulierungsvollmacht ausgestattet wird. Grundsätzlich ist dies unbedenklich, sofern der Versicherungsmakler nicht seinen Status als treuhänderähnlicher Sachwalter seines Kunden verliert.[81] Auch der Vergütungsanspruch des Versicherungsmaklers wird oft im Rahmen einer vertraglichen Regelung zwischen VR und Versicherungsmakler geregelt, denn der Schuldner des Courtageanspruchs ist der VR.[82] Eine Ausnahme hiervon stellt nur der Versicherungsmakler dar, der ausnahmsweise einen Vergütungsanspruch gegen seinen Auftraggeber hat.

---

73 OLG Koblenz NJW 1990, 3153; *F. Baumann*, Versicherungsvermittlung durch Versicherungsmakler, S. 142; *Zinnert*, S. 244.
74 *F. Baumann*, Versicherungsvermittlung durch Versicherungsmakler, S. 166 ff.
75 P/M/*Dörner*, § 59, Rn. 113.
76 P/M/*Dörner*, § 59 Rn. 111; a.A. *Matusche*, Pflichten und Haftung des Versicherungsmaklers, 4. Aufl. 1995, S. 134.
77 BGH VersR 1985, 930; *Koch* VW 2007, 248, 249.
78 *Heinemann* VersR 1992, 1319, 1323.
79 B/M/*Möller*[8], Bd. I, vor §§ 43–48 Anm. 54.
80 P/M/*Dörner*, § 59 Rn. 111.
81 P/M/*Dörner*, § 59 Rn. 115.
82 BGH VersR 1986, 236, 237.

Ebenso gut ist denkbar, dass sich Versicherungsmakler und VR nicht im Rahmen einer Courtagevereinbarung über die Voraussetzungen und die Höhe eines Courtageanspruchs einigen, sondern sich der VR vorbehält, dem Versicherungsmakler eine Courtagezusage, die einseitig widerrufen werden kann, zu erteilen. 40

Aus dem rechtsgeschäftsähnlichen Verhältnis resultieren aber auch Pflichten des VR. So ist der VR verpflichtet, die Korrespondenz über den Versicherungsmakler mit dem VN zu führen, wenn ein Versicherungsvertrag unter Einschaltung eines Versicherungsmaklers vermittelt wurde.[83] Der VR kann sich demzufolge nicht darauf berufen, er sei zwar mit der Vermittlung des Vertrages einverstanden, akzeptiere den Versicherungsmakler als Korrespondenzweg aber nicht. Für ihn ist nämlich eindeutig, dass der Versicherungsmakler den Vertrag nicht nur vermitteln, sondern auch später betreuen will, sofern sich aus dem Versicherungsmaklervertrag nichts Abweichendes ergibt. Dies muss der VR schon gegenüber dem VN akzeptieren und auch nach Abschluss des Vertrages die Korrespondenz an ihn richten. Allerdings ist es dem VR nicht untersagt, dem VN Werbeschriften zuzusenden, die einen Bereich betreffen, für die der kein Versicherungsvertrag besteht.[84] 41

Entsprechendes gilt auch dann, wenn der Versicherungsmakler den Maklervertrag nicht vermittelt hat, ihn aber aufgrund einer Vereinbarung mit dem VN zukünftig verwalten soll. Gemeint ist der Fall des Maklerwechsels. Wenn der Versicherungsmakler dem VR die Betreuung der Versicherungsverträge seines Kunden durch ihn anzeigt und der VR mit der Verwaltung des Versicherungsvertrages durch den Versicherungsmakler einverstanden ist, so ist er auch verpflichtet, über den Versicherungsmakler mit dem VN zu korrespondieren.[85] Ist der VR hingegen nicht mit der Einschaltung des Versicherungsmaklers in die Korrespondenz einverstanden, dann resultiert die Korrespondenzpflicht jedenfalls nicht aus dem vertragsähnlichen Rechtsverhältnis zwischen Versicherungsmakler und VN, das in diesen Fällen gar nicht entsteht. Allerdings darf nicht übersehen werden, dass der VN den Vertrag zukünftig durch einen Versicherungsmakler betreut wissen will. Dies muss der VR aufgrund des mit dem VN geschlossenen Versicherungsvertrages akzeptieren, sofern nicht ausnahmsweise das Führen der Korrespondenz über den Versicherungsmakler dem VR nicht zugemutet werden kann. Einen solchen Fall hat das OLG Bamberg bejaht für den Fall eines ausgeschiedenen Ausschließlichkeitsvertreters, der das bestehende Vertriebssystem seines früheren Vertragspartners gezielt umgehen wollte.[86] Unklar ist, ob der VR demjenigen Versicherungsmakler, der den Versicherungsvertrag vermittelt hatte, die Beauftragung eines weiteren Versicherungsmaklers anzeigen muss oder von einer konkludenten Kündigung des Maklervertrags ausgehen darf. Letzteres ist zu verneinen, denn die Kündigung des Maklervertrags setzt voraus, dass eine Kündigungserklärung durch den Auftraggeber des Maklers abgegeben wird und diese Erklärung dem Makler zugeht. Der VR ist aber kraft des rechtsgeschäftsähnlichen Verhältnisses verpflichtet, dem »besitzenden« Makler den Eingang eines weiteren Maklervertrags anzuzeigen, damit auch geklärt werden kann, wer in Zukunft die Courtage erhalten soll. 42

Einen Schutz vor werblichen Aktivitäten gegenüber dem VU hat der Versicherungsmakler nicht. Der VR kann demzufolge an den VN herantreten und direkt mit ihm korrespondieren, wenn der Versicherungsmakler und der VR nichts Abweichendes vereinbart haben.[87] 43

Der Versicherungsmakler erhält seine Vergütung i.d.R. vom VR. Ausnahmsweise kann er auch von dem VN die Zahlung einer erfolgsabhängigen Courtage oder eines erfolgsunabhängigen Honorars verlangen. Courtageschuldner ist daher üblicherweise der VR. Dies beruht nach teilweiser Auffassung auf einer konkludenten Vereinbarung zwischen VN und VR,[88] nach anderer Auffassung auf einer Verkehrssitte oder auch auf Handelsbrauch. Zum Teil wird auch auf eine Übung des Versicherungsvertragsrechts oder auf den Rechtsgedanken des § 354 I HGB abgestellt.[89] 44

Im Einzelfall kommt es darauf an, ob zwischen den Beteiligten (Versicherungsmakler, VN und VR) eine vertragliche Abrede getroffen wurde, wer Schuldner der Courtage ist. Häufig sind derartige Abreden in den Courtagevereinbarungen zwischen VR und Versicherungsmaklern oder in den Courtagezusagen der VR enthalten. In diesem Fall kann der Courtageanspruch direkt aus der Courtagevereinbarung oder der Courtagezusage hergeleitet werden. Ansonsten kann aus § 354 HGB hergeleitet werden, dass derjenige, der in Ausübung seines Handelsgewerbes Geschäfte für einen anderen besorgt, auch ohne Verabredung kraft Gesetzes einen Courtageanspruch hat. Der Schuldner dieses Courtageanspruchs ist dem Handelsbrauch zu entnehmen, wonach traditionell der VR Schuldner der Courtage ist. 45

Umstritten ist, aus welchen Elementen die von dem VR zu zahlende Courtage besteht. Auch hier ist zunächst zu überprüfen, ob die zwischen Versicherungsmakler und VR geschlossene Courtagevereinbarung bezüglich der Bestandteile des Courtageanspruchs nähere Regelungen enthält. Ist dies nicht der Fall, so geht wohl die 46

---

83 *F. Baumann*, Versicherungsvermittlung durch Versicherungsmakler, S. 174; *Habermayr* ZfV 1997, 113, 115; *Wilting* ZfV 1987, 271.
84 OLG Koblenz NJW-RR 2004, 23.
85 BGH VersR 2013, 841; LG Münster, Urt. v. 29.03.2012, 015 S 25/11; LG Potsdam r+s 2012, 465.
86 OLG Bamberg VersR 1992, 1146, 1147.
87 OLG Koblenz NJW-RR 2004, 23.
88 OLG Hamm VersR 1995, 658; *Zinnert*, S. 287.
89 Vgl. insgesamt zum Meinungsstand P/M/*Dörner*, § 59 Rn. 117 ff.

§ 59 Begriffsbestimmungen

h.M. davon aus, dass die Courtage i.d.R. ein Vermittlungs- und ein Betreuungsentgelt enthält.[90] Während das Vermittlungsentgelt für die erfolgreiche Vermittlung des Vertragsabschlusses gezahlt wird, wird das Betreuungsentgelt für die weitere Betreuung des Versicherungsvertrages gezahlt. Nach *Odendahl*[91] soll die Courtage demgegenüber nur eine unteilbare Erfolgsvergütung darstellen.

47 Auch hier ist eine Einzelfallbetrachtung erforderlich. Ein wichtiges Indiz ist i.d.R. die Dauer des Versicherungsvertrages. So werden im gewerblichen Geschäft i.d.R. Jahresverträge abgeschlossen. Der einen gewerblichen Kunden betreuende Versicherungsmakler überprüft bei Herannahen des nächstmöglichen Kündigungstermins, ob der von ihm vermittelte Versicherungsschutz optimiert werden muss oder beibehalten werden kann. In diesem Fall stellt die Courtage ein reines Vermittlungsentgelt dar, denn die Entscheidung des Versicherungsmaklers, den von ihm überprüften Versicherungsvertrag nicht zu kündigen, steht der Herbeiführung eines Vermittlungserfolges gleich. Es ist in diesen Fällen nicht sachgerecht, die Courtage in einen Vermittlungs- und Betreuungsanteil aufzuspalten. Bei einem Versicherungsvertrag, dessen Laufzeit mehrere Jahre beträgt, mag dies allerdings anders sein. Gerade bei Versicherungsverträgen, die einen hohen Betreuungsaufwand erfordern, weil z.B. viele Schadenfälle betreut werden müssen, ist es sachgerecht, hier von einer Aufteilung in einen Vermittlungs- und einen Betreuungsanteil auszugehen. In Ermangelung einer näheren Regelung ist von einer hälftigen Aufteilung auszugehen.[92]

48 Der Versicherungsmakler hat gegen den VR einen Anspruch auf Zahlung der vereinbarten Courtage, wenn infolge seiner Vermittlungstätigkeit ein wirksamer Vertrag zustande gekommen ist und der VN die mit dem VR vereinbarte Versicherungsprämie gezahlt hat.[93] Eine Mitursächlichkeit reicht aus. Werden ausnahmsweise mehrere Versicherungsmakler gleichzeitig eingeschaltet, so müssen sie sich die Courtage teilen, die der VR nur einmal zu zahlen hat.[94] Ausreichend ist, dass der Versicherungsmakler den Vertragsschluss so weit vorbereitet hat, dass er ohne weiteres zustande kommen kann. Bei den förmlichen, endgültigen Vertragsabschluss muss er nicht unbedingt mitwirken. Der letztendlich zustande gekommene Versicherungsvertrag muss allerdings zumindest in den wesentlichen Punkten mit dem durch den Versicherungsmakler verhandelten Vertragsentwurf identisch sein. Schließt der VN den Versicherungsvertrag trotz Einschaltung des Versicherungsmaklers selbst mit dem VR oder lässt er den Versicherungsvertrag durch einen anderen Versicherungsvermittler vermitteln, so kommt es für die Frage, ob der nicht vermittelnde Makler gleichwohl einen Courtageanspruch hat, darauf an, ob die Voraussetzungen des § 162 BGB vorliegen.[95]

49 Bewirkt der VR im Zusammenwirken mit dem VN rückwirkend die Beendigung des Versicherungsvertrages, weil er erkennbar den Zweck verfolgt, den Courtageanspruch des Versicherungsmaklers zu vereiteln, so handelt er treuwidrig mit der Folge, dass er sich so behandeln lassen muss, als sei der Versicherungsvertrag nicht rückwirkend beendet worden.[96]

50 Im Übrigen teilt die Courtage das Schicksal der Prämie im Guten wie im Bösen und hängt davon ab, ob der VN die Prämie zahlt. Der Courtageanspruch entsteht aufschiebend bedingt. Aus dem Schicksalsteilungsgrundsatz folgt ferner, dass er insoweit auch auflösend bedingt ist (§ 158 II BGB). Eine Pflicht des VR, entsprechend § 87a III HGB den Versicherungsmakler über eine drohende Stornierung des von ihm vermittelten Versicherungsvertrages zu informieren, um ihm so Gelegenheit zur sog. Nachbearbeitung zu geben, besteht grundsätzlich nicht.[97] Der Versicherungsmakler bedarf i.d.R. des Schutzes des § 87a III HGB nicht. Dem Wortlaut der Vorschrift kann nicht entnommen werden, dass der Gesetzgeber einen derartigen Schutz gewollt hat. Dies gilt auch angesichts des Umstandes, dass die VN häufig gar nicht erkennen können, ob sie es rechtlich mit einem Versicherungsmakler oder einem Versicherungsvertreter zu tun haben. Etwas anderes gilt nur dann, wenn der Versicherungsmakler ausnahmsweise in ähnlicher Form schutzwürdig ist wie ein Versicherungsvertreter. Das kann der Fall sein, wenn der Versicherungsmakler zu dem VR in laufender Geschäftsbeziehung steht, dort insbes. ein Agenturkonto für ihn geführt wird, die Tätigkeit im Rahmen dieser Geschäftsbeziehung den wesentlichen Teil seiner Vermittlungstätigkeit ausmacht und er aufgrund einer allgemein mit dem Versicherungsmakler abgeschlossenen Abrede laufend Provisionsvorschüsse bezieht. Eine derartige Konstellation liegt vor, wenn der Umfang der Vermittlungstätigkeit des Versicherungsmaklers für einen Versicherer z.B. 80–90 % beträgt.[98]

51 In § 59 III 2 ist der sog. Pseudomakler geregelt. Der Gesetzgeber hat hier lediglich das geregelt, was ohnehin bereits Stand der Rspr. war.[99] Allerdings knüpft die Fiktion des § 59 III 2 an die von dem Anscheinsmakler

---

[90] BGH VersR 1986, 58, 59; VersR 1986, 236, 237; OLG Hamm VersR 1995, 658; B/M, vor § 3 Rn. 43–48, Anm. 72; P/M/*Dörner*, § 59 Rn. 78; *F. Baumann*, Versicherungsvermittlung durch Versicherungsmakler, S. 310.
[91] *Odendahl* ZfV 1993, 390, 391.
[92] H.M.; vgl. VersHb/*Matusche-Beckmann*, § 5 Rn. 605; P/M/*Kollhosser*[27], § 46 Rn. 31.
[93] P/M/*Dörner*, § 59 Rn. 124.
[94] P/M/*Dörner*, § 59 Rn. 124.
[95] P/M/*Dörner*, § 59 Rn. 124.
[96] OLG Köln VersR 2007, 836.
[97] OLG Hamm, Urt. v. 21.01.1999, 18 U 109/98; im Ergebnis auch P/M/*Dörner*, § 59 Rn. 127.
[98] Zu Fragen der Auszahlung der Courtage und dem Courtageanspruch beim Maklerwechsel vgl. P/M/*Dörner*, § 59 Rn. 131 ff.
[99] OLG Oldenburg VersR 1999, 757.

übernommene Rolle. Nicht entscheidend ist, ob der VN durchschaut, dass es sich bei dem Vermittler gar nicht um einen Versicherungsmakler handelt.[100]

Wann ein VR wie ein Versicherungsmakler auftritt, ist eine Frage des Einzelfalls. Abzustellen ist auf den verständigen Verbraucher.[101] Bezeichnet sich der Versicherungsvertreter als »Fachgeschäft für preiswerten Versicherungsschutz« und wirbt er damit, »Versicherungen aller Art« zu vermitteln, so kann sich dem verständigen Verbraucher aufdrängen, dass er es mit einem unabhängigen Versicherungsmakler zu tun hat. Dies kann durchaus auch dann noch gelten, wenn der Versicherungsvertreter gegenüber dem VN die Erstinformationen gem. § 11 VersVermV erfüllt hat. Die Informationen gem. § 11 VersVermV sind nur beim ersten Geschäftskontakt, danach aber nicht mehr zu erfüllen, sofern sich der Status des Versicherungsvermittlers nicht geändert hat. Gegenüber dem VN kann deshalb der Eindruck hervorgerufen werden, der Vermittler habe den Vermittlerstatus geändert. Unproblematisch kommt eine Haftung als Pseudomakler in Betracht, wenn der Versicherungsvertreter die Erstinformationen gem. § 11 VersVermV nicht korrekt erteilt und gegenüber dem VN als Versicherungsmakler auftritt.

Eine Haftung als Pseudomakler kann sich nicht nur aus §§ 59 III 2, 63 ergeben, sondern auch aus allgemeinen Grundsätzen.[102] Dies kann dann eine Rolle spielen, wenn der VN aufgrund des Auftretens des Versicherungsvertreters als Versicherungsmakler den Eindruck vermittelt bekommt, auch nach Vermittlung des Versicherungsvertrages werde sich der Pseudomakler um die Versicherungsbelange des VN kümmern. In diesem Fall haftet der Pseudomakler für etwaige Fehler auch für den Zeitraum nach Abschluss des Versicherungsvertrages.

IV. Versicherungsberater

Da auch die Versicherungsberater der EU-Vermittlerrichtlinie unterfallen, war es erforderlich, in § 59 auch diese Berufsgruppe aufzunehmen. Die Definition des Versicherungsberaters in § 59 IV entspricht der Legaldefinition in § 34e I GewO.

Der Versicherungsberater wird ebenso wie Versicherungsmakler und Versicherungsvertreter gewerbsmäßig tätig, beschränkt seine Tätigkeit aber auf die Beratung eines Dritten, der auch Verbraucher sein darf, bei der Vereinbarung, Änderung oder Prüfung von Versicherungsverträgen. Damit ist es dem Versicherungsberater anders als dem Versicherungsmakler gestattet, einen VN umfassend bei der Vereinbarung, Änderung oder Prüfung von Versicherungsverträgen zu beraten. Dritter i.S.d. § 59 IV kann aber durchaus auch die versicherte Person sein.

Der Versicherungsberater ist darüber hinaus befugt, Dritte auch bei der Wahrnehmung von Ansprüchen aus Versicherungsverträgen im Versicherungsfall zu beraten oder gegenüber dem VR außergerichtlich zu vertreten. Die gerichtliche Vertretung ist dem Versicherungsberater nicht erlaubt.

Der Versicherungsberater darf von einem VR keinen wirtschaftlichen Vorteil erhalten oder in anderer Weise von ihm abhängig sein.[103] Versicherungsberater i.S.d. § 59 IV kann demzufolge derjenige nicht sein, der für seine Beratungstätigkeit von einem Versicherer auch ein Entgelt erhält, wobei es keine Rolle spielt, ob der Versicherungsberater dieses Entgelt dann an den VN weiterleitet. Der Gesetzgeber geht davon aus, dass mit der Gewährung eines wirtschaftlichen Vorteils an den Versicherungsberater durch den VR ein Abhängigkeitsverhältnis einhergeht. Aus diesem Grunde lässt sich die Entgegennahme eines jeglichen wirtschaftlichen Vorteils unabhängig von dessen Höhe und unabhängig von dem Umstand, ob er letztendlich bei dem Versicherungsberater verbleibt, mit dem Status eines Versicherungsberaters nicht in Übereinstimmung bringen.

C. Beweislast

Wer sich auf einen für ihn günstigen Vermittlerstatus beruft, muss die Voraussetzungen, die für das Eingreifen dieses Vermittlerstatus erfüllt sein müssen, beweisen.[104] Wer demzufolge z.B. einen Versicherungsmittler als Versicherungsmakler wegen Verletzung der ihm obliegenden Pflichten auf Schadenersatz in Anspruch nehmen will, muss darlegen und beweisen, dass es sich bei dem von ihm in Anspruch genommenen Versicherungsvermittler um einen Versicherungsmakler handelt.

§ 60 Beratungsgrundlage des Versicherungsvermittlers. (1) ¹Der Versicherungsmakler ist verpflichtet, seinem Rat eine hinreichende Zahl von auf dem Markt angebotenen Versicherungsverträgen und von Versicherern zugrunde zu legen, so dass er nach fachlichen Kriterien eine Empfehlung dahingehend abgeben kann, welcher Versicherungsvertrag geeignet ist, die Bedürfnisse des Versicherungsnehmers zu erfüllen. ²Dies gilt nicht, soweit er im Einzelfall vor Abgabe der Vertragserklä-

---

100 P/M/*Dörner*, § 59 Rn. 150; a.A. R/L/*Rixecker*, § 59 Rn. 10 und L/W/*Reiff*, § 59 Rn. 45 ff., wonach es darauf ankommen soll, ob der VN den Eindruck hat, der Vermittler erbringe Maklertätigkeiten.
101 OLG Oldenburg VersR 1999, 757.
102 OLG Oldenburg VersR 1999, 757.
103 P/M/*Dörner*, § 59 Rn. 152; *Durstin/Peters* VersR 2007, 1456, 1458.
104 P/M/*Dörner*, § 59 Rn. 7.

rung des Versicherungsnehmers diesen ausdrücklich auf eine eingeschränkte Versicherer- und Vertragsauswahl hinweist.
(2) ¹Der Versicherungsmakler, der nach I 2 auf eine eingeschränkte Auswahl hinweist und der Versicherungsvertreter haben dem Versicherungsnehmer mitzuteilen, auf welcher Markt- und Informationsgrundlage sie ihre Leistung erbringen, und die Namen der ihrem Rat zugrunde gelegten Versicherer anzugeben. ²Der Versicherungsvertreter hat außerdem mitzuteilen, für welche Versicherer er seine Tätigkeit ausübt und ob er für diese ausschließlich tätig ist.
(3) Der Versicherungsnehmer kann auf die Mitteilungen und Angaben nach II durch eine gesonderte schriftliche Erklärung verzichten.

Übersicht

	Rdn.			Rdn.
A. Allgemeines	1	C.	Rechtsfolge	28
B. Tatbestand	2	I.	Mitteilung der Markt- und Informationsgrundlage	28
I. Hinreichende Zahl	2	II.	Versicherungsmakler	30
II. Markt	7	III.	Versicherungsvertreter	32
III. Auswahlkriterien	10	IV.	Besondere Hinweispflicht des Versicherungsvertreters	33
IV. Bedarfsgerecht	11	V.	Verzicht	34
V. Beschränkung der Beratungsgrundlage	12	VI.	Verzicht und AGB	36
VI. Zeitpunkt des Hinweises nach § 60 I 2	21	VII.	Schriftform	38
VII. Ausdrücklicher Hinweis	23	D.	Beweislast	39
VIII. § 11 VersVermV	24			

A. Allgemeines

1 Die Beratungsgrundlage des Versicherungsvermittlers hängt maßgeblich von seinem Vermittlerstatus ab.[1] § 60 I definiert einen allgemeinen Rahmen für die Beratungsgrundlage des Versicherungsmaklers. § 60 II regelt spezielle Hinweispflichten des Versicherungsvermittlers, der auf der Basis einer eingeschränkten Auswahl berät. Informationen über die Beratungsgrundlage sollen dem VN aber auch nicht aufgezwungen werden. Aus diesem Grunde räumt § 60 III eine Verzichtsmöglichkeit ein.

B. Tatbestand

I. Hinreichende Zahl

2 Bei der Festlegung der Beratungsgrundlage des Versicherungsmaklers gemäß § 60 I 1 hat sich der Gesetzgeber im Wesentlichen an der Regelung des Art. 12 I lit. e) und i) in Verbindung mit II der EU-Vermittlerrichtlinie orientiert.[2] Nach Art. 12 II der EU-Vermittlerrichtlinie muss derjenige Versicherungsvermittler, der dem Kunden mitteilt, dass er ihn auf der Grundlage einer objektiven Untersuchung berät, seinen Rat auf eine Untersuchung einer hinreichenden Anzahl von auf dem Markt angebotenen Versicherungsverträgen stützen, so dass er gemäß fachlichen Kriterien eine Empfehlung dahin gehend abgeben kann, welcher Versicherungsvertrag geeignet wäre, die Bedürfnisse des Kunden zu erfüllen.

3 Was eine hinreichende Zahl i.S.d. § 60 I 1 ist, muss für jeden Einzelfall gesondert überprüft werden.[3] In Versicherungssparten wie z.B. der Kreditversicherung oder bei speziellen Formen der Transportversicherung wird auch derjenige Versicherungsmakler, der den gesamten Markt der angebotenen Versicherungsverträge berücksichtigt, nur einige wenige Versicherer und Versicherungsprodukte vorfinden, die er berücksichtigen kann. Unter diesen Umständen ist die Anzahl der zu berücksichtigenden Versicherungsverträge und Versicherer gering. Im standardisierten Massengeschäft kann hingegen eine Vielzahl von Versicherungsverträgen und Versicherern in Betracht kommen, die der Versicherungsmakler berücksichtigen muss.[4] Wenn der Versicherungsmakler in diesen Segmenten ein Computervergleichsprogramm berücksichtigt, wie es z.B. in der Kraftfahrtversicherung oder der Krankenversicherung üblich ist, kann er keinesfalls sicher sein, stets eine hinreichende Zahl von Versicherungsverträgen und Versicherern berücksichtigt zu haben, denn entscheidend ist, ob auch der Softwareanbieter seinem Vergleichsprogramm eine hinreichende Zahl von auf dem Markt angebotenen Versicherungsverträgen und von Versicherern zugrunde gelegt hat.[5] Ist dies nicht der Fall, so muss sich der Versicherungsmakler hieraus resultierende Deckungslücken gem. § 278 BGB zurechnen lassen, denn er muss sich Fehler des von ihm eingesetzten Softwareanbieters zurechnen lassen.

---

1 P/M/*Dörner*, § 60 Rn. 1; *Gamm/Sohn*, S. 105.
2 P/M/*Dörner*, § 60 Rn. 1; L/W/*Reiff*, § 60 Rn. 3.
3 P/M/*Dörner*, § 60 Rn. 5; R/L/*Rixecker*, § 60 Rn. 3; wohl auch L/W/*Reiff*, § 60 Rn. 17, der von allen »ernsthaft in Betracht kommenden Versicherungsprodukten sämtlicher Anbieter« spricht.
4 R/L/*Rixecker*, § 60 Rn. 4; *Fetzer* jurisPR-VersR 5/2007, Anm. 4.
5 So auch P/M/*Dörner*, § 60 Rn. 4 für Internetmakler und Vergleichsportale.

Wenn der VN dem Versicherungsmakler konkrete Vorgaben hinsichtlich der Auswahl des Versicherers macht, 4
so kann er sich nicht im Nachhinein darauf berufen, der Versicherungsmakler habe keine hinreichende Anzahl von Versicherungsverträgen und Versicherern berücksichtigt. In diesem Fall ist die Berücksichtigung der vorgegebenen Versicherer hinreichend i.S.d. Vorschrift.

Der Versicherungsmakler ist nicht verpflichtet, einen »best advice« abzugeben.[6] Die Haftung für »best advice« 5
basiert auf dem 1988 in Großbritannien in Kraft getretenen Financial Service Act, der allerdings nicht generell die Vermittlung von Versicherungsverträgen, sondern vielmehr den Finanzdienstleistungsbereich einschließlich der Vermittlung von langfristigen Lebensversicherungsverträgen als Kapitalanlage betraf.[7] Es handelt sich um eine Verhaltensnorm für Mitglieder von Selbstregulierungsorganisationen in Großbritannien, nämlich der LAUTRO, der für Lebensversicherungsunternehmen zuständigen Organisation und der FIMBRA, der für Versicherungs- und Finanzmakler zuständigen Organisation. Die Haftungsgrundsätze des »best advice« galten schon in Großbritannien nicht für alle Tätigkeitsbereiche eines Versicherungsmaklers. Auch aus der vielzitierten Sachwalterentscheidung des BGH ergibt sich für das deutsche Versicherungsmaklerrecht nichts Abweichendes. Der BGH beschreibt die dem Versicherungsmakler obliegenden Pflichten zwar als weitgehend, nicht aber als grenzenlos. Dem ist auch zu folgen, denn kein Versicherungsmakler kann mit zumutbarem Aufwand sicherstellen, den in jeder Hinsicht besten Versicherungsschutz vermittelt zu haben. Kein Versicherungsmakler kann verhindern, dass nach Abschluss eines Versicherungsvertrages ein von ihm nicht berücksichtigter Versicherer mitteilt, er hätte dem Kunden ein noch besseres Angebot unterbreitet. Nach dem Sachwalterurteil des BGH ist der Versicherungsmakler daher auch nur verpflichtet, passenden Versicherungsschutz zu besorgen.[8]

Ist im Streitfall die Frage zu beantworten, ob ein von dem Versicherungsmakler nicht berücksichtigter Versicherer/Versicherungsvertrag Teil einer hinreichenden Anzahl von auf dem Markt angebotenen Versicherungsverträgen und Versicherern war, so werden Kriterien wie Bekanntheitsgrad des Versicherers/des Deckungskonzepts am Markt, die Größe des Maklerunternehmens und die damit verbundene Erwartungshaltung des Kunden sowie der wirtschaftliche Aufwand des Versicherungsmaklers bei der Marktanalyse eine Rolle spielen. Beratungsleistungen, die der Versicherungsmakler mit zumutbarem wirtschaftlichen Aufwand erkennbar nicht erbringen kann und die der Kunde deshalb von ihm nicht erwartet, schuldet er auch nicht.[9] Einen Ermessensspielraum hat der Versicherungsmakler allerdings bei der Auswahl seiner Produkte nicht, denn letztendlich muss das von ihm empfohlene Produkt geeignet sein, die Bedürfnisse des VN zu erfüllen. Diese Anforderung lässt keinen Raum für ein gerichtlich nur beschränkt überprüfbares Ermessen.[10] 6

II. Markt

Der Begriff des Marktes i.S.d. § 60 I 1 ist in einem objektiven Sinne zu verstehen, denn die Gesetzesbegründung spricht von einer objektiven ausgewogenen Marktuntersuchung.[11] Derjenige Versicherungsmakler, der z.B. nur Geschäftsbeziehungen zu zwei oder drei Versicherungsgesellschaften unterhält, kann sich nicht darauf berufen, nur diese zwei Gesellschaften stellten den ihm zur Verfügung stehenden Markt an Versicherungsverträgen und Versicherern dar, sondern muss vielmehr den VN über die reduzierte Beratungsgrundlage gem. § 60 I 2 aufklären. 7

Der Markt ist daher zunächst einmal der gesamte Markt, bei dem das Risiko des VN platziert werden kann.[12] 8
Dieser kann nicht durch den Versicherungsmaklervertrag eingeschränkt werden, sondern der Versicherungsmakler, der auf der Basis einer eingeschränkten Beratungsgrundlage beraten will, muss nach § 60 I 2 vorgehen.[13]

Aus diesem Grunde sind auch Direktversicherer grundsätzlich zu dem von einem Versicherungsmakler zu berücksichtigenden Markt zu zählen, auch wenn sie dem Versicherungsmakler für die erfolgreiche Vermittlung keine Vergütung zahlen.[14] Es wäre nicht sachgerecht, diese Versicherer von vornherein aus dem zu berücksichtigenden Markt auszuschließen, denn dann würde dem Kunden die Möglichkeit verwehrt, bei einem bestimmten 9

---

6 *Beenken/Sandkühler*, S. 57. Zur alten Rechtslage bereits *Baumann*, Versicherungsvermittlung durch Versicherungsmakler, S. 65 f. Unklar die Ausführungen von *Zinnert* in VersR 2000, 399, 405, der von einer Verpflichtung des deutschen Versicherungsmaklers zum »best advice« auszugehen scheint. Zur Problematik vgl. auch *Teichler* VersR 2002, 385, 387 und *Werber* VersR 1992, 917.
7 *Isringhaus* VW 1988, 1220.
8 So auch OLG Düsseldorf VersR 2000, 54; OLG München VersR 2001, 459; AG Kassel r+s 1997, 44; PK/*Michaelis*, § 60 Rn. 6; *Fetzer* jurisPR-VersR 5/2004, Anm. 4; Terbille/Höra/*Baumann*, § 4 Rn. 24.
9 LG Düsseldorf Wirtschaftsdienst für Versicherungsmakler 1/2001, 8; vgl. auch P/M/*Dörner*, § 60 Rn. 5.
10 Anders PK/*Michaelis*, § 60 Rn. 8.
11 Vgl. BT-Drucks. 16/1935 S. 23; P/M/*Dörner*,§ 60 Rn. 4.
12 P/M/*Dörner*, § 60 Rn. 4; *Baumann/Sandkühler*, S. 73; *Meixner/Steinbeck*, § 1 Rn. 394.
13 P/M/*Dörner*, § 60 Rn. 7; im Ergebnis auch R/L/*Rixecker*, § 60 Rn. 5 und L/W/*Reiff*, § 60 Rn. 20.
14 B/M/*Schwintowski*, § 60 Rn. 11; P/M/*Dörner*, § 60 Rn. 4; Terbille/Höra/*Baumann*, § 4 Rn. 32; a.A. *Fetzer* jurisPR-VersR 5/2007, Anm. 4, der den Versicherungsmakler nicht für verpflichtet hält, Direktversicherungen einzubeziehen, die keine Vergütung zahlen.

Versicherer einen Versicherungsvertrag abzuschließen, ohne dass er über die Existenz dieses Versicherers in Kenntnis gesetzt würde. Wenn der Versicherungsmakler demzufolge Direktversicherer oder Versicherer, die ihm keine Vergütung für die Vermittlung eines Versicherungsvertrags gewähren, nicht berücksichtigen will, so bedarf es eines Hinweises i.S.d. § 60 I 2.[15] Nicht entscheidend ist allerdings, ob der Kunde weiß, dass der Versicherungsmakler regelmäßig vom Versicherer sein Vermittlungsentgelt in Form der Courtage erhält.[16] Hierauf käme es nur an, wenn der Begriff des Marktes subjektiv, also aus der Sicht des Kunden bestimmt würde. Das ist aber nicht der Fall. Gleiches gilt für ausländische Versicherer, die im Bundesgebiet keine Niederlassung unterhalten.[17] Der Markt kann zeitlich und/oder räumlich eingegrenzt sein, etwa wenn der VN Versicherungsschutz für ein bestimmtes Ereignis oder einen bestimmten Risikoort benötigt. Unter diesen Umständen kann der Markt dann sehr eingegrenzt sein.[18]

III. Auswahlkriterien

10 Für die Empfehlung des Versicherungsmaklers dürfen allein fachliche Kriterien eine Rolle spielen. Das Courtageinteresse des Versicherungsmaklers muss demzufolge unberücksichtigt bleiben. Welche fachlichen Kriterien zu berücksichtigen sind, ist im konkreten Einzelfall zu entscheiden. Die fachlichen Kriterien, die der Versicherungsmakler bei der Entscheidung für ein konkretes Versicherungsprodukt berücksichtigt hat, müssen im Streitfall genau bezeichnet werden können, denn sofern sich die von dem Versicherungsmakler berücksichtigten Kriterien nicht bereits aus der Dokumentation ergeben, ist es jedenfalls Sache des Versicherungsmaklers, darzulegen, welche fachlichen Kriterien er berücksichtigt hat. Bereits nach bisherigem Recht musste der Versicherungsmakler substantiiert darlegen, was er in Erfüllung des Versicherungsmaklervertrages unternommen hatte.[19] Der Versicherungsmakler hat demzufolge den Sachverhalt substantiiert vorzutragen, der erforderlich ist, um dem Kunden den von ihm erhobenen Vorwurf einer Pflichtverletzung substantiiert zu bestreiten. Dazu gehört eben auch, dass der Versicherungsmakler die fachlichen Kriterien, die letztendlich für ihn ausschlaggebend waren, transparent macht.

IV. Bedarfsgerecht

11 Entscheidend ist, dass der Versicherungsvertrag geeignet ist, die Bedürfnisse des VN zu erfüllen. Es muss sich demzufolge bei dem vermittelten Versicherungsvertrag nicht um den »besten« Versicherungsvertrag handeln.[20] Der Gesetzgeber hat auf die objektiven Bedürfnisse des Kunden abgestellt, nicht aber auf den subjektiven Willen des VN. Das dürfte nicht allen Fallgestaltungen gerecht werden. Wenn der VN dem Versicherungsmakler die Vorgabe macht, aus geschäftspolitischen Gründen nur die Versicherer eines bestimmten Konzerns zu berücksichtigen, so entspricht das zwar seinem Wunsch, möglicherweise aber nicht seinen Bedürfnissen. Gleichwohl wird man den Versicherungsmakler in dieser Situation nicht für verpflichtet halten können, auch Versicherer zu berücksichtigen, die zwar das Kundenbedürfnis befriedigen könnten, ein Abschluss aber nicht dem Willen des VN entspricht.

V. Beschränkung der Beratungsgrundlage

12 § 60 I 2 räumt dem Versicherungsmakler, auch dem Pseudomakler gem. § 59 III 3, die Möglichkeit ein, seine Beratungsgrundlage durch einen ausdrücklichen Hinweis zu beschränken. Die Einschränkung der Beratungsgrundlage ist richtlinienkonform, weil Art. 12 II der EU–Vermittlerrichtlinie von einer »hinreichenden Zahl von auf dem Markt angebotenen Versicherungsverträgen spricht« und diese Festlegung nicht nur durch eine Reihe objektiver Umstände, sondern in engen Grenzen auch parteiautonom präzisiert werden kann.[21]
Der Gesetzgeber spricht von Markt- und Informationsgrundlage. Beide Begriffe sind unklar und konturenlos, gemeint ist im Ergebnis die Beratungsgrundlage. Die Marktgrundlage wird durch den Zugang zu Versicherungsprodukten und Versicherern gebildet und ist keineswegs nur räumlich i.S. eines Produktauswahlgebiets zu verstehen.[22] Eine eingeschränkte Informationsgrundlage kann z.B. vorliegen, wenn der Versicherungsvermittler auf der Basis eines Vergleichsprogramms vermittelt, das nur Informationen über die Produkte eines bestimmten Kreises von Produktanbietern liefert.[23]

---

15 B/M/*Schwintowski*, § 60 Rn. 14; Auch *Fetzer* jurisPR-VersR 5/2007, Anm. 4; a.A. VersHb/*Matusche-Beckmann*, § 5 Rn. 288; L/W/*Reiff*, § 60 Rn. 20.
16 So aber L/W/*Reiff*, § 60 Rn. 20.
17 Nach P/M/*Dörner*, § 60 Rn. 4 sind ausländische Versicherer nur dann zu berücksichtigen, wenn dies nach Art des Risikos und Erwartungshorizont des VN üblich ist.
18 B/M/*Schwintowski*, § 60 Rn. 14.
19 OLG Hamm VersR 2001, 583; PK/*Michaelis*, § 60 Rn. 7; Terbille/Höra/*Baumann*, § 4 Rn. 78.
20 P/M/*Dörner*, § 60 Rn. 6.
21 P/M/*Dörner*, § 60 Rn. 7.
22 So aber *Schimikowski/Höra*, S. 143.
23 A.A. B/M/*Schwintowski*, § 60 Rn. 14, der aber verkennt, dass nicht jedes Vergleichsprogramm oder jedes Vergleichstool marktumfassend ist. Verwendet der Versicherungsmakler hingegen ein marktumfassendes Vergleichsprogramm, hat er den »Markt« berücksichtigt.

13 Eine Beschränkung der Beratungsgrundlage ist nach dem Gesetzeswortlaut allerdings nur im Einzelfall möglich. Der Gesetzgeber ist hier nicht unerheblich von dem Wortlaut des § 42b I 2 a.F. abgewichen, wonach es dem Versicherungsmakler möglich war, die Beratungsgrundlage in »einzelnen Fällen« zu reduzieren. Mit dieser Möglichkeit wollte der Gesetzgeber denjenigen Maklern, die sich keinen hinreichenden Marktüberblick verschaffen können, ermöglichen, ohne Statusverlust als Makler tätig zu sein. Der Gesetzgeber hat zu Recht darauf hingewiesen, dass dies wichtig für diejenigen Versicherungsmakler ist, die außerhalb des von ihnen betreuten Versicherungsbereichs Versicherungsverträge vermitteln wollen. Die Vorstellung, ein Versicherungsmakler, der nicht eine hinreichende Anzahl von auf dem Markt angebotenen Versicherungsverträgen und Versicherern anbiete, verliere seinen Status als Versicherungsmakler, ist unzutreffend. Allenfalls stellt sich die Frage, ob sich ein solcher Versicherungsmakler gegenüber seinem Kunden wegen einer Pflichtverletzung schadenersatzpflichtig macht.

14 Aus § 42b I 2 a.F. wurde jedenfalls zum Teil die Befugnis des Versicherungsmaklers abgeleitet, seine Beratungsgrundlage im Rahmen vorformulierter Maklerverträge einzuschränken.[24] Da nach § 60 I 2 eine Beschränkung der Beratungsgrundlage des Versicherungsmaklers nunmehr nur noch »im Einzelfall« möglich ist, scheidet diese Möglichkeit nach dem Gesetzeswortlaut aus, denn vorformulierte Maklerverträge stellen regelmäßig allgemeine Geschäftsbedingungen und damit eben keinen Einzelfall i.S.d. § 60 I 2 dar.[25] Nach anderer Auffassung soll der Versicherungsmakler berechtigt sein, bei der Ausführung eines jeden Versicherungsmaklervertrags seine Beratungsgrundlage auch im Rahmen allgemeiner Maklerbedingungen zu beschränken.[26] Dagegen dürfte allerdings der Gesetzeswortlaut sprechen, der eine generelle Einschränkung der Beratungsgrundlage unabhängig von dem Abschluss eines jeden Versicherungsmaklervertrags gerade nicht vorsieht. Eine zu starke Beschränkung der Beratungsgrundlage sowie eine Beschränkung, die unter Verzicht auf jede nähere Festlegung die Erbringung der Beratungsleistung dem Ermessen des Maklers überlässt, soll außerdem eine unangemessene Benachteiligung des Maklerkunden darstellen mit der Folge, dass eine in diesem Sinne vorformulierte Vertragsbedingung unwirksam sei.[27] Dem ist zuzustimmen, wobei zu Lasten des Verwenders auch noch § 307 I 2 BGB zu berücksichtigen ist. Ist die Beschränkung daher unklar formuliert, geht dies zu Lasten des Versicherungsmaklers.

15 In der Begründung zu § 60 gibt es allerdings keinen Hinweis, aus welchem Grund der Wortlaut des § 60 I 2 von dem des § 42b I 2 a.F. abweicht. Ein gesetzgeberisches Versehen kann jedenfalls nicht ausgeschlossen werden.

16 Nach dem Schutzzweck der Norm ist entscheidend, dass der Kunde eines Versicherungsmaklers vor Abgabe seiner Vertragserklärung weiß, dass sein Berater seine Empfehlung nicht auf die Breite des gesamten Marktes von angebotenen Versicherungsverträgen und Versicherern stützen wird. Diesem Schutzzweck wird auch dann genüge getan, wenn der Versicherungsmakler im individuellen einzelnen Vermittlungsfall mit Hilfe einer vorformulierten Erklärung auf eine eingeschränkte Auswahl an Versicherern und Versicherungsprodukten hinweist. Auch bei einer solchen vorformulierten Erklärung dürfte es sich zwar um Allgemeine Geschäftsbedingungen und damit keinen Einzelfall im Rechtssinne handeln, doch wird so dem Schutzbedürfnis des VN ausreichend Rechnung getragen, denn sein Kunde weiß, dass sein Berater nur auf der Grundlage einer eingeschränkten Beratungsgrundlage berät, und kann entsprechend disponieren.[28]

17 Auch wenn der Versicherungsmakler mit Hilfe von vorformulierten Erklärungen auf eine eingeschränkte Auswahl an Versicherern und Versicherungsprodukten hinweist, verliert er hierdurch den Status eines Versicherungsmaklers nicht.[29] Für den Kunden ist entscheidend, dass er weiß, dass der von ihm angesprochene Versicherungsmakler seinen Rat eben nicht auf die gesamte Breite des Marktes stützt. Auch führt eine wiederholte unwirksame Beschränkung der Beratungsgrundlage nicht dazu, dass es sich bei der Tätigkeit des Versicherungsmaklers nicht mehr um eine Versicherungsmaklertätigkeit handelt.[30] In Betracht kommen dann vielmehr Schadenersatzansprüche des jeweiligen Auftraggebers. In Ausnahmefällen kann allerdings auch ein Widerruf der Gewerbeerlaubnis in Betracht kommen.[31]

18 Ein Hinweis ist auch erforderlich, wenn der Versicherungsmakler Versicherungsgesellschaften nicht berücksichtigen will, die als Direktversicherer am Markt agieren, courtagefreie Tarife anbieten oder dem Makler aus sonstigen Gründen keine Vergütung gewähren. Der VN kann i.d.R. nicht zwischen den einzelnen Formen des Versicherungsvertriebs unterscheiden. Er kann deshalb nicht davon ausgehen, dass der Versicherungsmakler z.B. einen Direktversicherer allein deshalb nicht berücksichtigt, weil dieser ihm keine Vergütung für einen Vermittlungsakt gewährt. Auf der anderen Seite hat der Versicherungsmakler natürlich ein berechtigtes Inte-

---

24 *Beenken/Sandkühler*, S. 63; *Reiff*, S. 71.
25 B/M/*Schwintowski*, § 60 Rn. 20.
26 P/M/*Dörner*, § 60 Rn. 11; PK/*Michaelis*, § 60 Rn. 13.
27 P/M/*Dörner*, § 60 Rn. 1.
28 B/M/*Schwintowski*, § 60 Rn. 11; a.A. PK/*Michaelis*, § 60 Rn. 14, der einen Hinweis in AGB ohne Differenzierung für unzulässig hält; zweifelnd auch VersHb/*Matusche-Beckmann*, § 5 Rn. 293; L/W/*Reiff*, § 69 Rn. 24 f.
29 So aber L/W/*Reiff*, § 60 Rn. 24.
30 So aber P/M/*Dörner*, § 60 Rn. 12; *Reiff* VersR 2007, 724.
31 P/M/*Dörner*, § 60 Rn. 12.

§ 60 Beratungsgrundlage des Versicherungsvermittlers

resse, nur mit denjenigen Gesellschaften zu kontrahieren, die ihm für seine Tätigkeit auch ein Vermittlungsentgelt gewähren. Dieser Interessengegensatz wird dadurch gelöst, dass der VN einen ausdrücklichen Hinweis darüber enthält, dass der Versicherungsmakler Direktversicherer nicht berücksichtigt. Mit dieser Information kann der VN nun selbst entscheiden, ob er gleichwohl die Dienste eines Versicherungsmaklers in Anspruch nehmen will. Der Versicherungsmakler ist gegenüber dem VN verpflichtet, diesen über Direktversicherer, abschlusskostenfreie und courtagefreie Tarife aufzuklären, wenn er von dem VN hierauf angesprochen wird.

19 Der Versicherungsmakler sollte dem VN auch einen gesonderten Hinweis erteilen, wenn er nur Versicherungsgesellschaften berücksichtigen will, die durch die BaFin zugelassen sind, eine Niederlassung in Deutschland unterhalten und Versicherungsbedingungen in deutscher Sprache anbieten. I.d.R. wird der durchschnittliche VN mit dieser sog. »Beschränkung auf den inländischen Markt« einverstanden sein, doch kann nicht ausgeschlossen werden, dass er möglicherweise auch über internationale Versicherungsprodukte informiert werden möchte. Aus diesem Grunde hat er ein berechtigtes Interesse daran, zu erfahren, dass der Versicherungsmakler seine Produktpalette auch insoweit eingeschränkt hat.

20 Kein Fall der reduzierten Beratungsgrundlage liegt vor, wenn der Versicherungsmakler in regelmäßigen Abständen für die Auswahl eines bestimmten Versicherungsprodukts den Markt untersucht und sich sodann für eine bestimmte Auswahl an Versicherern entscheidet. In der Praxis überprüfen Versicherungsmakler oft einmal im Jahr den Versicherungs-/Versicherermarkt, um dann eine Auswahl der Anbieter für z.B. eine bestimmte Sparte treffen zu können. In diesem Fall hat der Versicherungsmakler nämlich im Rahmen der Marktuntersuchung eine hinreichende Anzahl von Versicherern und Versicherungsverträgen berücksichtigt.[32]

VI. Zeitpunkt des Hinweises nach § 60 I 2

21 Der Hinweis hat vor Abgabe der Vertragserklärung des VN zu erfolgen. Dabei hat sich der Gesetzgeber offensichtlich von dem Antragsmodell leiten lassen, bei dem der Antrag des VN dessen Vertragserklärung darstellt.

22 In der Praxis ist mittlerweile allerdings auch das sog. Invitatio-Modell verbreitet, bei dem der Versicherungsvertrag durch ausdrückliche oder konkludente Annahme des seitens des Versicherers unterbreiteten Antrags auf Abschluss eines Versicherungsvertrags zustande kommt. Nach dem Wortlaut des § 60 I 2, der auf die Abgabe der Vertragserklärung des VN abstellt, würde es demzufolge ausreichen, wenn der VN zu diesem Zeitpunkt erführe, dass sein Versicherungsvermittler eine eingeschränkte Auswahl an Versicherern und Versicherungsverträgen berücksichtigt. Dies erscheint nicht interessengerecht, denn hier besteht immer die Gefahr, dass der VN die rechtlichen Auswirkungen des Invitatio-Modells nicht überblickt oder möglicherweise den Hinweis auf eine reduzierte Beratungsgrundlage gar nicht mehr zur Kenntnis nimmt.[33] Beim Invitatio-Modell wird der durchschnittliche VN der Auffassung sein, bereits mit seiner Invitatio alles Wesentliche getan zu haben, was für den Abschluss eines Versicherungsvertrags erforderlich ist. Nach dem Schutzzweck der Vorschrift ist es deshalb sachgerecht, wenn bei dem Vertragsschluss nach dem Invitatio-Modell der Hinweis auf die eingeschränkte Beratungsgrundlage vor Abgabe der Invitatio des VN erfolgt.[34]

VII. Ausdrücklicher Hinweis

23 Der Hinweis auf die Einschränkung der Beratungsgrundlage hat ausdrücklich zu erfolgen.[35] Entscheidend ist, dass der VN dem Hinweis die Einschränkung der Beratungsgrundlage eindeutig entnehmen kann. Dies setzt eine entsprechend eindeutig gehaltene Formulierung voraus, die im Regelfall in deutscher oder einer anderen von den Parteien vereinbarten Sprache zu erfolgen hat. Ausdrücklich bedeutet allerdings auch, dass der Hinweis nicht zwischen anderen Regelungen oder Bestimmungen verschwinden darf.[36] Weitere Einzelheiten der Informationserteilung sind in § 62 I geregelt.

VIII. § 11 VersVermV

24 Die unter § 60 geregelten Informationspflichten betreffen den durch den Versicherungsvermittler zu vermittelnden Versicherungsvertrag und sind von den sog. statusbezogenen Informationspflichten zu unterscheiden, die sich aus § 11 VersVermV ergeben. Nach § 11 I VersVermV hat der Gewerbetreibende dem VN beim ersten Geschäftskontakt mit ihm folgende Angaben klar und verständlich in Textform mitzuteilen:
1. seinen Familiennamen und Vornamen sowie die Firma, Personenhandelsgesellschaften, in denen der Eintragungspflichtige als geschäftsführender Gesellschafter tätig ist,
2. seine betriebliche Anschrift,
3. ob er
   a) als Versicherungsmakler mit einer Erlaubnis nach § 34d I GewO,

---

32 Terbille/Höra/*Baumann*, § 4 Rn. 25; VersHb/*Matusche-Beckmann*, § 5 Rn. 291; L/W/*Reiff*, § 60 Rn. 21; wohl auch P/M/*Dörner*, § 60 Rn. 4.
33 Vgl. Franz VersR 2008, 298; *Schimikowski* r+s 2006, 411 und VW 2007, 715; Marlow/*Spuhl*, S. 9.
34 P/M/*Dörner*, § 60 Rn. 9.
35 PK/*Michaelis*, § 60 Rn. 12.
36 PK/*Michaelis*, § 60 Rn. 18.

b) als Versicherungsvertreter,
  aa) mit einer Erlaubnis nach § 34d I GewO,
  bb) nach § 34d IV GewO als gebundener Versicherungsvertreter oder
  cc) mit Erlaubnisbefreiung nach § 34d III GewO als produktakzessorischer Versicherungsvertreter oder
c) als Versicherungsberater mit Erlaubnis nach § 34e I GewO
  bei der zuständigen Behörde gemeldet und in das Register nach § 34d VII der Gewerbeordnung eingetragen ist und wie sich diese Eintragung überprüfen lässt.
4. Anschrift, Telefonnummer sowie die Internetadresse der gemeinsamen Stelle i.S.d. § 11a I GewO und die Registrierungsnummer, unter der er im Register eingetragen ist,
5. die direkten oder indirekten Beteiligungen von über 10 %, die er an den Stimmrechten oder am Kapital eines Versicherungsunternehmens besitzt,
6. die Versicherungsunternehmen oder Mutterunternehmen eines Versicherungsunternehmens, die eine direkte oder indirekte Beteiligung von über 10 % an den Stimmrechten oder am Kapital des Informationspflichtigen besitzen,
7. die Anschrift der Schlichtungsstelle, die bei Streitigkeiten zwischen Versicherungsvermittlern oder Versicherungsberatern und VN angerufen werden kann.

Gemäß § 11 II VersVermV hat der Informationspflichtige sicherzustellen, dass auch seine Mitarbeiter die Mitteilungspflichten nach § 11 I VersVermV erfüllen. 25

Gemäß § 11 III VersVermV dürfen die Informationen nach § 11 I VersVermV mündlich übermittelt werden, 26 wenn der VN dies wünscht oder wenn und soweit das Versicherungsunternehmen vorläufige Deckung gewährt. In diesen Fällen sind die Informationen unverzüglich nach Vertragsschluss, spätestens mit dem Versicherungsschein, dem VN in Textform zur Verfügung zu stellen; dies gilt nicht für Verträge über die vorläufige Deckung bei Pflichtversicherungen.[37]

Unklar ist, was unter dem ersten Geschäftskontakt i.S.d. § 11 VersVermV zu verstehen ist. Allein ein privater 27 Kontakt wird, wie sich schon aus dem Wortlaut ergibt, nicht ausreichen, auch die Vereinbarung eines bloßen Besprechungstermins reicht für einen ersten Geschäftskontakt jedenfalls dann nicht aus, wenn zwischen den Parteien noch gar nicht klar ist, ob dem Versicherungsvermittler überhaupt ein Vermittlungsauftrag erteilt werden soll, man sich also noch im Stadium des unverbindlichen Gesprächs befindet. Entscheidend ist, dass der Kontakt darauf gerichtet ist, die Dienste des Versicherungsvermittlers für die Vermittlung eines Versicherungsvertrags in Anspruch zu nehmen.[38]

C. Rechtsfolge

I. Mitteilung der Markt- und Informationsgrundlage

Hinsichtlich der Rechtsfolge stellt § 60 II 1 den Versicherungsmakler, der nach § 60 I 2 auf eine eingeschränkte Auswahl hingewiesen hat, und den Versicherungsvertreter gleich. 28

Beide müssen dem VN mitteilen, auf welcher Markt- und Informationsgrundlage sie ihre Leistungen erbringen. Die dem Rat zugrunde gelegten Versicherer sind anzugeben. 29

II. Versicherungsmakler

Der mit reduzierter Beratungsgrundlage arbeitende Versicherungsmakler muss seine Markt- und Informationsgrundlage mitteilen und die Namen der seinem Rat zugrunde gelegten Versicherer angeben. Dies können bei Versicherungsmaklern die Gesellschaften sein, mit denen sie Courtagevereinbarungen unterhalten und die mit ihnen zusammenarbeiten. 30

Nach dem Sinn und Zweck der Vorschrift dürfte es aber auch möglich sein, dem VN diejenigen Versicherer mitzuteilen, die nicht berücksichtigt wurden. Letzteres kann auch in allgemeiner Form geschehen, wenn es sich z.B. um eine gesamte Gruppe von Versicherungsgesellschaften wie z.B. Direktversicherern oder sonstigen Versicherern, die Versicherungsmaklern keine Vergütung gewähren, handelt. 31

III. Versicherungsvertreter

Versicherungsvertreter müssen ebenfalls die Namen der dem Rat zugrunde gelegten Versicherer mitteilen und die Markt- und Informationsgrundlage mitteilen. Das wird regelmäßig ineinander übergehen. Versicherungsvertreter werden in der Praxis üblicherweise diejenigen Gesellschaften namentlich erwähnen, mit denen sie auch Vertreterverträge abgeschlossen haben, denn dies werden diejenigen Gesellschaften sein, die sie ihrem Rat zugrunde legen, weil sie deren Interessen vertreten müssen. Dies ist dann ihre Markt- und Informationsgrundlage. Produktbezogen ist dann eine weitere Einschränkung denkbar. 32

---

37 Zur Umsetzung der statusbezogenen Erstinformationen nach § 11 VersVermV vgl. *Baumann/Beenken*, S. 71 und *Böckmann/Ostendorf* VersR 2009, 154.
38 Terbille/Höra/*Baumann*, § 4 Rn. 144; VersHb/*Matusche-Beckmann*, § 5 Rn. 281.

IV. Besondere Hinweispflicht des Versicherungsvertreters

33 Der Versicherungsvertreter hat ferner gem. § 60 II 3 stets mitzuteilen, für welche Versicherer er seine Tätigkeiten ausübt und ob er für diese ausschließlich tätig ist. § 60 II 2 kann neben § 60 II 1 durchaus eine eigene Bedeutung haben, wenn z.B. ein Mehrfachvertreter nicht alle Gesellschaften berücksichtigt hat, für die er tätig ist, weil z.B. eine Gesellschaft überhaupt kein Produkt anbietet, das geeignet ist, die Bedürfnisse des VN zu befriedigen.

V. Verzicht

34 Der VN kann nach § 60 III auf die Hinweise, die nach § 60 II zu erteilen sind, durch eine **gesonderte schriftliche Erklärung** verzichten. Damit bringt der Gesetzgeber auch im Rahmen der Informationen über eine reduzierte Beratungsgrundlage zum Ausdruck, dass keine Zwangsberatung des VN erfolgen soll. Die Vorschrift ist richtlinienkonform.[39]

35 Eine gesonderte schriftliche Erklärung erfordert ein eigenes Dokument.[40] Mit Hilfe dieses eigenen Dokuments soll dem VN der Verzicht bewusst vor Augen geführt werden. Die Verzichtserklärung nach § 60 III kann demzufolge nicht Bestandteil eines anderen Dokuments wie z.B. des Versicherungsmaklervertrags, der Versicherungsmaklervollmacht oder des Beratungsprotokolls sein. Ebenso wenig ist es möglich, die Verzichtserklärung nach § 60 III auf die Rückseite einer Maklervollmacht oder eines Versicherungsmaklervertrages zu drucken, denn sie bleibt dann immer noch Teil eines sonstigen Dokuments. Die Verzichtserklärung kann auch nicht Bestandteil eines Versicherungsantrags sein.

VI. Verzicht und AGB

36 Fraglich ist allerdings, ob der Versicherungsvermittler für eine Verzichtserklärung gleichwohl Allgemeine Geschäftsbedingungen verwenden kann, wenn diese wiederum inhaltlich den Anforderungen des § 60 II entsprechen.

37 Aus der Gesetzesbegründung lässt sich zwar entnehmen, dass die Verzichtserklärung nach § 60 III nicht Bestandteil (sonstiger) Allgemeiner Geschäftsbedingungen sein darf,[41] doch ergibt sich aus ihr nicht, dass die Verzichtserklärung selbst ebenfalls eine mit dem VN ausgehandelte individuelle Einzelfallvereinbarung sein muss. Anders als in § 60 I 2 ist in § 60 III eine gesonderte schriftliche Erklärung im Einzelfall vom Gesetzgeber nicht ausdrücklich gefordert worden. Der Versicherungsvermittler darf sich somit grundsätzlich durchaus einer von ihm vorgefertigten Mustererklärung bedienen, die allerdings im Übrigen den Anforderungen des § 60 II und III entsprechen muss.[42]

VII. Schriftform

38 Die Verzichtserklärung muss durch den VN unterschrieben werden, denn es ist eine gesonderte schriftliche Erklärung erforderlich. Eine Verzichtserklärung über das Telefon oder das Internet ist daher nicht möglich. Unzureichend wäre es auch, auf der Website eines Versicherungsmaklers einen Verzicht durch Anklicken eines Buttons auszusprechen.

D. Beweislast

39 Der Versicherungsvermittler ist beweispflichtig für eine Beschränkung der Beratungsgrundlage oder für das Vorliegen eines Verzichts auf die Mitteilungen und Angaben nach § 60 II. Für das Vorliegen eines Verstoßes gegen die Hinweispflichten gem. § 60 II ist wiederum der VN beweispflichtig.

§ 61 Beratungs- und Dokumentationspflichten des Versicherungsvermittlers.

(1) ¹Der Versicherungsvermittler hat den Versicherungsnehmer, soweit nach der Schwierigkeit, die angebotene Versicherung zu beurteilen, oder der Person des Versicherungsnehmers und dessen Situation hierfür Anlass besteht, nach seinen Wünschen und Bedürfnissen zu befragen und, auch unter Berücksichtigung eines angemessenen Verhältnisses zwischen Beratungsaufwand und der vom Versicherungsnehmer zu zahlenden Prämien, zu beraten sowie die Gründe für jeden zu einer bestimmten Versicherung erteilten Rat anzugeben. ²Er hat dies unter Berücksichtigung der Komplexität des angebotenen Versicherungsvertrags nach § 62 VVG zu dokumentieren.
(2) Der Versicherungsnehmer kann auf die Beratung oder die Dokumentation nach Absatz 1 durch eine gesonderte schriftliche Erklärung verzichten, in der er vom Versicherungsvermittler ausdrücklich darauf

---

39 L/W/*Reiff*, § 60 Rn. 37; *Reiff* VersR 2007, 725; a.A. P/M/*Dörner*, § 60 Rn. 22; zweifelnd auch B/M/*Schwintowski*, § 60 Rn. 22.
40 BT-Drucks. 16/1935 S. 23; PK/*Michaelis*, § 60 Rn. 18; HK-VVG*Münkel*, § 60 Rn. 8; P/M/*Dörner*, § 60 Rn. 22; a.A. R/L/*Rixecker*, § 60 Rn. 9; *Leverenz* VersR 2008, 710.
41 BT-Drucks. 16/1935 S. 23 rechte Spalte; *Baumann*, Münsteraner Reihe Bd. 110, 33, 36 (Einschränkung der Beratungsgrundlage führt nicht zum Verlust des Versicherungsmaklerstatus).
42 P/M/*Dörner*, § 60 Rn. 24 ff.

hingewiesen wird, dass sich ein Verzicht nachteilig auf die Möglichkeit des Versicherungsnehmers auswirken kann, gegen den Versicherungsvermittler einen Schadensersatzanspruch nach § 63 geltend zu machen.

Übersicht

	Rdn.		Rdn.
A. Allgemeines	1	I. Verstoß gegen Befragungs-, Beratungs- und Begründungspflicht	31
B. Tatbestand	2	II. Verstoß gegen Dokumentationspflicht	32
I. Befragungspflicht	5	D. Beweislast	34
II. Beratungspflicht	9	I. Verstoß gegen Befragungs-, Beratungs- und Begründungspflicht/Dokumentationspflicht	34
III. Begründungspflicht	16		
IV. Dokumentationspflicht	18		
V. Verzicht	25	II. Verzicht	35
C. Rechtsfolgen	31		

Schrifttum:
Vgl. die Nachweise zu § 59.

A. Allgemeines

Mit § 61 wird Art. 12 III der EU-Vermittlerrichtlinie umgesetzt. Nach Art. 12 III der EU-Vermittlerrichtlinie 1 hat der Versicherungsvermittler vor Abschluss des Versicherungsvertrags insbes. anhand der vom Kunden gemachten Angaben zumindest dessen Wünsche und Bedürfnisse sowie die Gründe für jeden diesem zu einem bestimmten Versicherungsprodukt erteilten Rat genau anzugeben. Dabei sind diese Angaben der Komplexität des angebotenen Versicherungsvertrags anzupassen. Der Wortlaut lehnt sich grundsätzlich an denjenigen der Richtlinie an. In einzelnen Punkten waren allerdings nach Auffassung des Gesetzgebers Abweichungen vom Wortlaut erforderlich, um die Regelung den Erfordernissen der Praxis anzupassen. Die Vorschrift regelt Beratungspflichten und Dokumentationspflichten, die jeder Versicherungsvermittler i.S.d.§ 59 I zu erfüllen hat. Beabsichtigt ist, das regelmäßig vorhandene Informationsgefälle zwischen einem Versicherungsvermittler und einem Versicherungsnehmer auszugleichen.[1] Die sich aus § 61 ergebenden Pflichten gelten für jeden Versicherungsvermittler i.S.d. § 59, sofern das Gesetz keine Ausnahmen vorsieht, haben aber unterschiedliche Reichweiten.[2] Die Beratungs- und Dokumentationspflichten des Versicherers sind hingegen in § 6 geregelt.

B. Tatbestand

Die in § 61 geregelten Befragungs-, Beratungs- und Begründungspflichten gehen deutlich über die Vorgabe 2 der EU-Vermittlerrichtlinie hinaus.[3] Entgegen der Auffassung des Gesetzgebers war dies allerdings nicht erforderlich, um die Vorgabe der EU-Vermittlerrichtlinie der Praxis anzupassen. Der Gesetzgeber hat die Anforderungen an den Beratungsprozess vielmehr ohne Not verschärft, wie an der eingeschränkten Verzichtsmöglichkeit besonders deutlich wird. Auch der Dokumentationsprozess wäre deutlich entschlackt worden, wenn sich der deutsche Gesetzgeber an den Wortlaut des Art. 12 III der EU-Vermittlerrichtlinie gehalten hätte.

Bei den in § 61 geregelten Beratungspflichten handelt es sich um die vertragsspezifischen Beratungspflichten, 3 die von den statusbezogenen Informationspflichten des Versicherungsvermittlers gem. § 11 VersVermV zu unterscheiden sind.

Die in §§ 61 und 62 geregelten Befragungs-, Beratungs- und Dokumentationspflichten gelten, anders als im 4 Falle des § 6 I, auch dann, wenn der Versicherungsvertrag im Wege des Fernabsatzes gem. § 312b BGB zustande kommt, da das Versicherungsrecht eine mit dem § 6 VI vergleichbare Privilegierung nicht vorsieht. Dies benachteiligt Versicherungsvermittler gegenüber Direktversicherern.[4] Diese Unterscheidung ist sachlich nicht gerechtfertigt. Ein VN, der über Telefon oder ein Internetportal eines Versicherungsvermittlers bei diesem um Vermittlung von Versicherungsschutz nachsucht, wird grundsätzlich von dem Vermittler ebenso wenig eine umfassende und qualifizierte Beratung verlangen und erwarten, wie dies bei einem Online-Anschluss mit einem Direktversicherer der Fall ist. Art. 13 III der EU-Vermittlerrichtlinie schreibt eine Befragungs- und Beratungspflicht bei Vermittlung von Versicherungsverträgen im Fernabsatz nicht vor, sondern verweist nur auf die Gemeinschaftsvorschriften über den Fernabsatz von Finanzdienstleistungen an Verbraucher. Diese sehen aber die vom Gesetzgeber in § 61 fixierten vertragsbezogenen Befragungs- und Beratungspflichten nicht vor. Dessen ungeachtet bleibt aber festzustellen, dass der Wortlaut des § 61 nicht danach unterscheidet, auf welche Art und Weise der VN den Kontakt zu dem Versicherungsvermittler hergestellt hat und auf welche Art und Weise der Versicherungsvertrag vermittelt worden ist. Vieles spricht für eine analoge Anwendung des § 6 VI, wenn der Versicherungsvermittler einen Versicherungsvertrag vermittelt, der im Fernabsatz i.S.d. § 312b I und

---

1 R/L/*Rixecker*, § 61 Rn. 1.
2 R/L/*Rixecker*, § 61 Rn. 3, aber auch Rn. 8; HK-VVG/*Münkel*, § 61 Rn. 2.
3 PK/*Michaelis*, § 61 Rn. 1; Terbille/Höra/*Baumann*, § 4 Rn. 44; *Dörner/Staudinger* WM 2006, 1710; Reiff, S. 75.
4 P/M/*Dörner*, § 61 Rn. 4.

II BGB zustande kommt. Es dürfte, da die Gesetzesbegründung schweigt, eine planwidrige Regelungslücke, ein gesetzgeberisches Versehen, vorliegen. Eine vergleichbare Interessenlage liegt aus den geschilderten Gründen vor, so dass die Lücke durch eine analoge Anwendung des § 6 VI geschlossen werden kann.[5] Nach anderer Auffassung soll es für eine anlassbezogene Beratung auch darauf ankommen, inwieweit der VN in der Lage ist, seine Wünsche und Bedürfnisse klar zu artikulieren.[6] Kann der VN aufgrund des gewählten Mediums seine Wünsche und Bedürfnisse nicht klar artikulieren, würde demzufolge insoweit auch eine Beratungspflicht ausscheiden. Der Auffassung ist jedenfalls insoweit zuzustimmen, als die Wahl eines bestimmten Kommunikationswegs auch Auswirkungen auf den Umfang der Beratung haben muss.

I. Befragungspflicht

5 § 61 I 1 enthält zunächst einmal eine anlassbezogene Pflicht des Versicherungsvermittlers, den VN zu befragen.[7] Die Pflicht des Versicherungsvermittlers, den Kunden nach seinen Wünschen und Bedürfnissen zu befragen, ist demnach nicht grenzenlos, sondern hängt davon ab, inwieweit aufgrund konkreter Umstände für den Versicherungsvermittler ein erkennbarer Anlass zur Befragung besteht. Eine eingehende Ermittlungs- und Nachforschungstätigkeit mit investigativem Charakter verlangt der Gesetzgeber demzufolge nicht.[8] Es ist zulässig, den Umfang des Versicherungsmaklervertrags auf bestimmte Versicherungsverträge oder Versicherungssparten zu beschränken.[9] In diesem Rahmen hat er allerdings von sich aus das zu versichernde Risiko zu ermitteln.[10] Zum Teil wird in Anlehnung an die ältere Rechtsprechung die Rechtsauffassung vertreten, im Verhältnis zum Versicherungsvertreter müsse der Versicherungsnehmer seinen Versicherungsbedarf selbst ermitteln, weil er diese in seiner Sphäre liegenden Umstände am besten beurteilen könne.[11] Dem ist allerdings nicht zu folgen, denn der Gesetzgeber differenziert in § 61 I 1 nicht zwischen den einzelnen Vermittlertypen. In der Praxis findet davon abgesehen auch häufig ein Vermittlerwechsel statt, ohne dass der Versicherungsnehmer exakt zwischen den einzelnen Vermittlertypen differenziert. So kann ihm ein großer Mehrfachvertreter irrtümlich als Versicherungsmakler erscheinen. Auch im Verhältnis zum Versicherungsmakler ist der Kunde regelmäßig über die in seiner Sphäre liegenden Umstände besser als der Versicherungsmakler informiert. Aus diesem Grunde trifft den Versicherungsmakler ja auch eine Befragungspflicht, die dieses Defizit ausgleichen soll. Warum dies bei einem Versicherungsvertreter anders sein soll, ist nicht einleuchtend.

6 Mit den Wünschen des Kunden sind seine subjektiven Vorstellungen gemeint, die er in das Beratungsgespräch einbringt, während Bedürfnisse mit Bedarf gleichzusetzen sind.[12] Ein klar geäußerter Wunsch ist für den Versicherungsvermittler als Weisung verbindlich, allerdings muss er bestehende Fehlvorstellungen ausräumen, so sie für den Versicherungsvermittler erkennbar sind.[13] Die Grenze kann im Einzelfall fließend sein.

7 Der Umfang der Befragungspflicht hängt von der Schwierigkeit ab, die angebotene Versicherung zu beurteilen.[14] Dies ist aus Sicht des konkreten VN zu beurteilen. Es kommt demzufolge nicht darauf an, ob die angebotene Versicherung aus Sicht des durchschnittlichen VN schwierig zu beurteilen ist, das Sonderwissen des konkreten VN ist vielmehr zu berücksichtigen. Ebenso wenig ist es von Bedeutung, ob es für den Versicherungsvermittler schwierig ist, die angebotene Versicherung zu beurteilen.

8 Umstände in der Person des VN und dessen Situation, die einen Befragungsanlass auslösen, sind jeweils im konkreten Einzelfall zu beurteilen. Es wird zunächst einmal eine Rolle spielen, aus welchem Grund der VN den Kontakt zum Versicherungsvermittler hergestellt hat. Geht es bei dem Beratungsgespräch um den Abschluss eines konkreten Versicherungsvertrages (z.B. Abschluss einer Berufsunfähigkeitsversicherung), so besteht regelmäßig kein darüber hinausgehender Anlass, den VN auch über den Abschluss anderer Versicherungsverträge (z.B. Hundehalterhaftpflichtversicherung) zu befragen und ggf. zu beraten. Eine Ausnahme kann allerdings dann vorliegen, wenn der Versicherungsvermittler im Zuge des konkreten Beratungsgesprächs Grund zu der Annahme hat, dass der VN einen solchen Versicherungsschutz benötigt. Unter diesen Umständen muss der VN auch über den eigentlichen Beratungsanlass hinaus befragt werden, weil der Versicherungsvermittler im Zuge des Beratungsgesprächs einen neuen Anlass zur Befragung erfährt. Eine Pflicht, den VN auch über den eigentlichen Beratungsanlass hinaus zu befragen, besteht auch dann, wenn sich der VN für den Versicherungsvermittler

---

5 L/W/*Reiff*, § 61 Rn. 38; *Fischer* BB 2012, 2773, 2775.
6 B/M/*Schwintowski*, § 61 Rn. 10.
7 P/M/*Dörner*, § 61 Rn. 8 spricht von Bedarfsermittlung.
8 Vgl. Begründung zum Versicherungsvermittlergesetz, BT-Drucks. 16/1935 S. 24; P/M/*Dörner*, § 61 Rn. 7; *Beenken/Sandkühler*, S. 66; *Reiff*, Das Gesetz zur Neuregelung des Versicherungsvermittlerrechts, S. 26.
9 Vgl. OLG Hamm, Urt. v. 21.05.2015, 18 U 132/14.
10 BGHZ 94, 356, 359; OLG Brandenburg r+s 2013, 125; OLG Hamm NJW-RR 2013, 38; OLG Hamm r+s 2014, 208; OLG Hamm r+s 2013, 523; OLG Karlsruhe VersR 2012, 856; P/M/*Dörner*, § 61 Rn. 8.
11 P/M/*Dörner*, § 61 Rn. 10.
12 *Beenken/Sandkühler*, S. 64, 65.
13 P/M/*Dörner*, § 61 Rn. 12.
14 Armbrüster, S. 10; a.A. *Just* VersPrax 2007, 221, 224.

erkennbar unklare oder sogar fehlerhafte Vorstellungen vom Versicherungsschutz macht.[15] In diesem Sinne besteht eine Befragungspflicht z.B. dann, wenn sich der türkische VN unrichtige Vorstellungen über die Reichweite einer Grünen Versicherungskarte macht.[16] Der Wortlaut des § 61 I 1 zeigt allerdings auch, dass der Versicherungsvermittler nicht stets verpflichtet ist, ein Gesamtdeckungskonzept zu erstellen. Der Umfang der anlassbezogenen Befragungspflicht ist somit stets einzelfallabhängig zu ermitteln. Aus diesem Grunde ist es für den Versicherungsvermittler und den VN wichtig, den Anlass des Beratungsgesprächs im Rahmen der zu erstellenden Beratungsdokumentation konkret festzuhalten.

II. Beratungspflicht

Auf der Grundlage der erfragten Angaben hat der Versicherungsvermittler sodann seinen Kunden zu beraten, wobei der Umfang der Beratungspflicht produktpreisabhängig ist, denn er soll auch von einem angemessenen Verhältnis zwischen Beratungsaufwand und der vom VN zu zahlenden Prämie abhängen.[17] Der Gesetzgeber hatte demzufolge die Vorstellung, eine geringe Versicherungsprämie indiziere ein einfaches Standardprodukt, das keine umfangreiche Beratung erfordere. Dies dürfte in der Sache aber unzutreffend sein. Es gibt Versicherungsprodukte mit sehr niedrigen Versicherungsprämien, aber mit für den VN gefährlichen Deckungslücken.[18] Als Beispiel verweist *Reiff* auf die Reisekrankenversicherung mit einer sog. Nachleistungsklausel über 28 Tage.[19] Auch eine Privathaftpflichtversicherung kostet i.d.R. nur eine geringe Versicherungsprämie, ihr Fehlen kann aber im Schadenfall für einen VN sogar existenzbedrohend sein. Die Vorstellung, bei einem für den VN mit geringer Prämienbelastung verbundenen Versicherungsprodukt könne der Beratungsaufwand sozusagen »auf Null« reduziert werden, entspricht daher nicht dem Schutzbedürfnis des VN.[20]

9

In der Praxis wird der Beratungsaufwand allerdings bei diesen Produkten, die weitgehend standardisiert sind, gering sein. Ob ein angemessenes Verhältnis zwischen Beratungsaufwand und der vom VN zu zahlenden Prämie vorliegt, ist nach allem eine Frage des Einzelfalls. Mit dem Merkmal der Angemessenheit wollte der Gesetzgeber zum Ausdruck bringen, dass die von dem Versicherungsmakler geschuldete Beratung zu der von dem VN zu zahlenden Prämie nicht außer Verhältnis stehen darf. Kommt es nur auf die Verknüpfung zwischen Beratungsaufwand und der Höhe der Prämie an, dann dürfte der VN bei der Vermittlung einer Privathaftpflichtversicherung oder einer Hundehalterhaftpflichtversicherung, bei der die Jahresprämie im zweistelligen Eurobereich liegt, keinen Anspruch auf eine mehrstündige Beratung haben, da die Prämienbelastung in beiden Fällen gering ist. Demgegenüber wäre der von einem Versicherungsvermittler zu leistende Beratungsaufwand hoch, wenn der Versicherungsnehmer z.B. in den Abschluss einer Lebensversicherung monatlich einen dreistelligen Eurobetrag investieren wollte.

10

Diese pauschale Betrachtungsweise wird allerdings dem individuellen Einzelfall nicht gerecht. So kann die wirtschaftliche Belastung, die durch die Vermittlung eines Versicherungsvertrages entsteht, je nach den finanziellen Verhältnissen des VN höchst unterschiedlich sein. Was für den einen VN eine hohe wirtschaftliche Belastung darstellt, kann für den anderen VN eine kaum erwähnenswerte Bagatelle sein. Aus diesem Grunde kann es nur auf die Verhältnisse des individuellen VN ankommen. Für den Umfang des Beratungsaufwandes kann nicht nur entscheidend sein, wie hoch die Belastung des individuellen VN mit der Prämienschuld ist, sondern zu berücksichtigen sind die gesamten wirtschaftlichen Folgen, die der Abschluss des Versicherungsvertrages bzw. der Nichtabschluss eines solchen Vertrages für den VN hat.[21] In der Praxis nicht hilfreich ist es, den Umfang der geschuldeten Beratung davon abhängig zu machen, inwieweit der VN bereit wäre, für die Beratung ein Entgelt an den Vermittler zu zahlen, wenn dieser die Beratung als selbständig zu vergütende Leistung anbieten würde, weil es dafür praktisch keine Erfahrungswerte gibt. Stellt man darauf ab, ob die durch die Vermittlung des konkreten Versicherungsvertrags durch den Vermittler generierte Provision kostendeckend oder auskömmlich ist, müsste man in vielen Massensparten eine Beratungspflicht verneinen.

11

§ 61 I eröffnet dem Versicherungsvermittler allerdings die Möglichkeit, Beratungsprozesse bei den Versicherungsprodukten, die gegen Zahlung einer geringen Prämie »erworben« werden können, weitgehend zu standardisieren. Eine Befugnis des Versicherungsmaklers, bei gering verprovisionierten Versicherungsprodukten die Auswahl der zu berücksichtigenden Versicherer von vornherein einzuschränken, lässt sich aus § 61 nicht ableiten. Allerdings hat der Versicherungsmakler die Möglichkeit, in diesen Fällen mit eingeschränkter Beratungsgrundlage zu arbeiten, sofern er die Anforderungen des § 60 erfüllt. Die Beratungspflicht erstreckt sich nicht

12

---

15 BGH VersR 1990, 1381, 1382; NJW 1963, 1378, 1379; OLG Hamm VersR 1992, 49, 50; *Armbrüster*, S. 10; *Franz* VersR 2008, 298; *Stöbener* ZVersWiss 2007, 465, 468. Zur Frage eines Mitverschuldens OLG Celle r+s 2011, 117.
16 BGH VersR 1956, 789, 791; OLG Koblenz ZfS 1998, 261; OLG Frankfurt (Main) VersR 1987, 579; OLG München VersR 2001, 459.
17 So auch *Reiff*, Das Gesetz zur Neuregelung des Versicherungsvermittlerrechts, S. 27; L/W/*Reiff*, § 61 Rn. 12.
18 *Pohlmann* VersR 2009, 327; *Dörner/Staudinger* WM 2006, 1710; L/W/*Reiff*, § 61 Rn. 12.
19 Vgl. *Reiff*, Das Gesetz zur Neuregelung des Versicherungsvermittlerrechts, S. 28 unter Bezugnahme auf die Stellungnahme des VZBV vom 07.01.2005, S. 37; auch *Beenken/Sandkühler* S. 67.
20 *Fetzer* jurisPR-VersR 5/2007, Anm. 4; *Just* VP 2007, 221, 226; *Niederleithinger* VersR 2006, 437, 439; krit. Terbille/Höra/*Baumann*, § 4 Rn. 56. Zum beratungslosen Verkauf vgl. *Grote/Schneider* BB 2007, 2689.
21 P/M/*Dörner*, § 61 Rn. 20.

ohne weiteres auch auf Versicherungsverträge, die der Versicherungsmakler nicht vermittelt hat. Ob eine so weitgehende Beratungspflicht des Versicherungsmaklers besteht, muss durch Auslegung des Versicherungsmaklervertrags ermittelt werden.[22] Wenn keine abweichenden Abreden vorliegen, so beschränkt sich das Pflichtenprogramm des Versicherungsmaklers auf das konkrete Absicherungsanliegen des Versicherungsnehmers und die in diesem Zusammenhang dem Versicherungsmakler erkennbaren weiteren Absicherungsbedürfnisse. Wendet sich der Kunde also zur Absicherung eines speziellen Risikos an den Makler, bezieht sich der Maklervertrag nicht ohne weitere Anhaltspunkte auch auf weitere Versicherungsangelegenheiten des Kunden. Dem Makler nicht zur Prüfung aufgegebene – erst recht nicht ihm unbekannte – Risiken können demzufolge keine entsprechenden vertraglichen Beratungs- und Betreuungspflichten auslösen. Allerdings können den Makler insoweit in augenfälligen Sachverhalten entsprechende Erkundigungspflichten sowie Aufklärungs- und Beratungspflichten treffen. Dies setzt aber einen erkennbaren Anlass voraus.[23] Wenn der Versicherungsvermittler, insbes. der Versicherungsmakler, allerdings zu einer Umdeckung bestehender Versicherungsverträge rät, bestehen besonders hohe Aufklärungs- und Beratungspflichten. Bei einer Umdeckung wird ein bestehender Versicherungsvertrag beendet und ein neuer Versicherungsvertrag abgeschlossen. In diesem Fall hat der Versicherungsmakler einen geordneten Überblick über alle relevanten Unterschiede der bestehenden und der angebotenen Versicherung zu verschaffen.[24] Das gilt auch bei einem Wechsel von der gesetzlichen in die private Krankenversicherung.[25] Dem Versicherungsnehmer müssen Vor- und Nachteile eines Versicherungswechsels klar und deutlich vor Augen geführt werden, wobei der Versicherungsmakler allerdings nicht alle, wohl aber die für den Kunden wesentlichen Unterschiede benennen muss. Was für den Kunden wesentlich ist, muss der Versicherungsmakler durch Befragen ermitteln.

13 Die Erfüllung der Beratungspflicht stellt an die unterschiedlichen Versicherungsvermittlergruppen unterschiedliche Anforderungen. Da ein Versicherungsmakler auf der Basis einer breiteren Beratungsgrundlage berät, muss er nicht über das Versicherungsprodukt eines bestimmten Anbieters beraten, sondern miteinander konkurrierende Versicherungsprodukte vergleichen und dem Kunden Vor- und Nachteile der von ihm in Betracht gezogenen Versicherungsprodukte erläutern. Gleiches gilt im Ergebnis für den Mehrfachvertreter, wenn auch die Beratungsgrundlage hier regelmäßig geringer als diejenige eines Versicherungsmaklers sein wird. Ein Einfirmenvertreter muss hingegen nur über die Produkte seines Versicherers beraten. Besondere Anforderungen an die Erfüllung der Beratungspflicht bestehen, wenn der Versicherungsvermittler einen Versichererwechsel herbeiführen will. Hier muss der Versicherungsvermittler vor allen Dingen für einen nahtlosen Wechsel des Versicherers sorgen.[26] Die Beratungspflicht erstreckt sich auch auf die Besonderheiten einer neben dem Versicherungsvertrag abgeschlossenen Vergütungsvereinbarung.[27]

14 Die Beratungspflicht hat regelmäßig derjenige Versicherungsvermittler zu erfüllen, der auch den direkten Kontakt zum VN unterhält, nicht aber ein von ihm etwaig eingesetzter Untervermittler, der nur für die Platzierung des Risikos sorgt. Im Rahmen einer solchen Vermittlerkette besteht für den jeweiligen Vermittler nur die Pflicht, die in der Kette weitergegeben wird.[28] Wenn ein Versicherungsmakler demzufolge seinen Kunden über den Abschluss eines Versicherungsvertrags berät und den Versicherungsvertrag aber nicht selbst, sondern mit Hilfe eines Maklerpools vermittelt, so hat dieser Maklerpool gegenüber dem VN weder Befragungs- noch Beratungspflichten, sondern nur gegenüber dem Versicherungsmakler die Pflicht, den vermittelten Versicherungsantrag beim Versicherer einzureichen.

15 Der Umfang der Beratungspflicht wird sich vernünftigerweise nicht nur an dem Preis des Produktes, sondern ebenfalls daran orientieren müssen, ob und in welchem Umfang Anlass für eine Beratung besteht. Kriterien sind hier wiederum die Komplexität des Produktes sowie die Person und die Situation des VN.[29]

III. Begründungspflicht

16 Der Versicherungsvermittler muss die Gründe für jeden zu einer bestimmten Versicherung erteilten Rat angeben. Der Umfang dieser Begründungspflicht hängt wiederum maßgeblich vom Schwierigkeitsgrad des Versicherungsproduktes, der Person und Situation des VN ab. Entscheidend ist, dass der Kunde letztendlich versteht, warum der Versicherungsvermittler für ihn ein ganz bestimmtes Versicherungsprodukt ausgewählt hat.

---

22 OLG Hamm BeckRS 2015, 12435; P/M/*Dörner*, § 61 Rn. 21.
23 OLG Hamm BeckRS 2015, 12435. Zur Nachfragepflicht bei entsprechendem Anlass auch OLG Brandenburg BeckRS 2015, 08565.
24 BGH, Urt. v. 13.11.2014, III ZR 544/13; OLG Köln BeckRS 2015, 18321; OLG Hamm r+s 2015, 554; OLG Karlsruhe VersR 2012, 856; OLG München, Urt. v. 22.06.2012, 25 U 3343/11; OLG Köln r+s 2006, 483; OLG Saarbrücken, Urt. v. 27.01.2010, 5 U 337/09; OLG Saarbrücken, Urt. v. 04.05.2011, 5 U 502/10–76.
25 OLG Hamm r+s 2015, 554.
26 BGH r+s 2010, 264; VersR 2006, 1072; WM 2009, 1435; OLG Celle VersR 2008, 1098; OLG Frankfurt r+s 2009, 218; OLG Koblenz VuR 2007, 191.
27 HK-VVG/*Münkel*, § 61 Rn. 15; auch OLG Karlsruhe VersR 2014, 45; LG Saarbrücken VersR 2013, 759.
28 So auch BT-Drucks. 16/1935 S. 24.
29 Vgl. auch *Beenken/Sandkühler*, S. 67; PK/*Michaelis*, § 61 Rn. 3; HK-VVG/*Münkel*, § 61 Rn. 4; zur Beratungspflicht, wenn der VN sachverständige Beratung erhält OLG Oldenburg VersR 1993, 1226.

Der Versicherungsvermittler kann im Rahmen der Begründung seines Rates durchaus standardisierte Formulare einsetzen. Entscheidend ist in diesem Fall, ob auch die standardisierte Begründung den Anforderungen an die Begründungpflicht im individuellen Beratungsfall gerecht wird. Dies kann der Fall sein, soweit es um grundsätzliche Erwägungen bezüglich des vermittelten Versicherungsschutzes geht. Geht es um die individuellen Verhältnisse des VN, wird eine standardisierte Begründung i.d.R. nicht ausreichend sein.

Darüber hinaus spielt auch im Rahmen der Begründungspflicht selbstverständlich eine Rolle, welcher Vermittlertyp den Versicherungsvertrag vermittelt.[30] Ein Einfirmenvertreter, der ausschließlich einen bestimmten Versicherer vertritt, muss den Kunden nicht darüber beraten, warum er gerade ein Versicherungsprodukt seines von ihm vertretenen Versicherers empfiehlt. Für einen Mehrfachvertreter und einen Versicherungsmakler gilt dies hingegen nicht. Diese müssen auch darlegen, warum sie sich für das Versicherungsprodukt eines bestimmten Versicherers entschieden haben. Es besteht allerdings keine Verpflichtung, dem VN mitzuteilen, warum man sich nicht für das Produkt eines anderen bestimmten Versicherers entschieden hat, es sei denn, der VN verlangt von dem Versicherungsvermittler eine diesbezügliche Aufklärung.

IV. Dokumentationspflicht

Gem. § 61 I 2 i.V.m. § 62 ist der Versicherungsvermittler zur Dokumentation verpflichtet. Mit Hilfe der Dokumentation soll der Kunde darüber informiert werden, weshalb letztendlich ein bestimmter Versicherungsvertrag abgeschlossen wurde. Der wesentliche Inhalt vor allen Dingen des Beratungsgesprächs soll für den VN auch später rekapitulierbar sein.

»Dies« bezieht sich auf die in § 61 I 1 geregelten Befragungs-, Beratungs- und Begründungspflichten. Es reicht demzufolge nicht aus, nur festzuhalten, dass der Kunde befragt, beraten und die Vermittlung einer bestimmten Versicherung begründet wurde. In der Dokumentation ist vielmehr der wesentliche Gang des Beratungsgesprächs wiederzugeben.[31] Grundsätzlich erstreckt sich die Dokumentationspflicht auf das gesamte Gespräch einschließlich der gestellten Fragen. Es muss aber nicht nach Art eines Wortprotokolls wiedergegeben werden. Eine solche umfangreiche Dokumentation wäre unpraktikabel und ist nicht zumutbar. Besteht keine Beratungspflicht, so entfällt auch eine Dokumentationspflicht.[32]

Der Umfang der Dokumentationspflicht richtet sich nach der Komplexität des angebotenen Versicherungsvertrages, nähere inhaltliche Anforderungen an die Dokumentation gibt es aber nicht. Sie muss nur klar und verständlich sein, was bedeutet, dass sie im Wesentlichen in deutscher Sprache oder einer sonstigen von den Parteien vereinbarten Sprache abgefasst sein muss. Anders als in dem Gesetzeswortlaut ist in der Gesetzesbegründung nicht von einer Dokumentation, sondern von Beratungsprotokollen die Rede. Der Gesetzgeber hat hingegen nicht zwischen einer Dokumentation einerseits und Beratungsprotokoll andererseits unterschieden, doch zeigt die Erwähnung der Beratungsprotokolle in der Begründung zum Regierungsentwurf, dass sich die Dokumentation nicht auf die schlichte Feststellung beschränken darf, der VN sei beraten worden. Auf nähere Vorgaben für die Entwicklung von Beratungsprotokollen hat der Gesetzgeber aber bewusst verzichtet, um hier der Praxis Ausgestaltungsmöglichkeiten zu belassen.[33] Als allgemeine Faustregel lässt sich festhalten: Bei beratungsintensiven Versicherungsprodukten mit vielen Modulen muss regelmäßig auch in einem größeren Umfang protokolliert werden. Das schematische Ankreuzen nach bestimmten Themenbereichen reicht vor allen Dingen dann nicht, wenn nicht alle Themenbereiche etwas mit dem Beratungsgegenstand zu tun haben.[34] Unzureichend ist es, wenn sich aus der Dokumentation noch nicht einmal die Eckdaten des vermittelten Produkts ergeben.[35] Gleiches gilt, wenn die Dokumentation keine Angaben zu der Motivation des Versicherungsnehmers enthält, einen bestimmten Versicherungsvertrag abzuschließen.[36] Das gilt insbes. im Fall der Umdeckung bestehender Versicherungsverträge.[37]

In der Praxis sind umfangreiche Musterprotokolle entwickelt worden. Versicherungsgesellschaften stellen »ihren« Versicherungsvertretern i.d.R. Musterprotokolle in elektronischer Form zur Verfügung. Auch EDV-Dienstleister haben Musterprotokolle entwickelt. Die Verwendung derartiger Vorgaben ist uneingeschränkt zu begrüßen, weil sie dem Versicherungsvermittler den Beratungsprozess erleichtern und helfen, Deckungslücken zu vermeiden. Allerdings muss beachtet werden, dass allein das Benutzen eines Musterprotokolls nicht zwangsläufig zu einer gesetzeskonformen Beratung führt.[38] Eine qualifizierte Beratung kann durch ein Musterprotokoll nicht ersetzt werden. Jegliche Musterprotokolle sind nur als Arbeitshilfen zu begreifen.

---

30 P/M/*Dörner*, § 61 Rn. 28.
31 BGH, Urt. v. 13.11.2014, III ZR 544/13; OLG Frankfurt, Urt. v. 30.01.2014, 12 U 146/12; OLG Karlsruhe, Urt. v. 15.09.2011, 12 U 56/11; OLG München, Urt. v. 22.06.2012, 25 U 3343/11; OLG Naumburg, Urt. v. 05.12.2013, 4 U 27/13.
32 OLG Hamm r+s 2011, 88.
33 Vgl. BT-Drucks. 16/1935 S. 25.
34 OLG München, Urt. v. 22.06.2012, 25 U 3343/11.
35 OLG München, Urt. v. 22.06.2012, 25 U 3343/11.
36 BGH, Urt. v. 13.11.2014, III ZR 544/13; OLG Frankfurt, Urt. v. 30.01.2014, 12 U 146/12.
37 OLG Karlsruhe, Urt. v. 15.09.2011, 12 U 56/11.
38 P/M/*Dörner*; § 61 Rn. 29.

22 Als Dokumentation muss das Beratungsprotokoll jedenfalls den wesentlichen Gang des Beratungsgesprächs wiedergeben können. Verbreitet ist vor allen Dingen die folgende Struktur:
- Name und Anschrift desjenigen, der die Dokumentation erstellt hat;
- Ort und Datum der Beratung, Personen, die bei Antragsunterzeichnung anwesend waren;
- vollständige Erstinformation gem. § 11 VersVermV;
- Anlass des Beratungsgesprächs;
- Wünsche und Bedürfnisse des Kunden (Welche Aspekte sind dem Versicherungsnehmer wichtig?);
- Risikoanalyse/Risikobewertung;
- Rat/Empfehlung;
- Entscheidung des Kunden einschließlich der zugrunde liegenden Motivation, insbes. Entscheidung, warum der Kunde einer Empfehlung des Versicherungsvermittlers nicht gefolgt ist.
- Unterschrift des Kunden und des Vermittlers[39].

23 Nach Sinn und Zweck der Dokumentationspflicht muss der Weg der Entscheidungsfindung zu einem späteren Zeitpunkt für einen Dritten nachvollziehbar sein. Der Ausdruck eines bloßen »Entscheidungsbaumes« reicht demzufolge nicht aus, da mit Hilfe eines solchen Entscheidungsbaumes meist nicht nachvollziehbar ist, warum sich der VN an einer bestimmten Stelle für eine bestimmte Variante entschieden hat.

24 Ungeklärt ist, wie lang die Dokumentation vom Versicherungsvermittler aufbewahrt werden muss. Denkbar ist, auf die für Handelsbriefe geltende Vorschrift des § 257 HGB abzustellen, was letztendlich einer 6-jährigen Aufbewahrungspflicht entsprechen würde, § 257 IV HGB. Denkbar ist auch, an die Verjährung eines möglichen Regressanspruchs gegen den Versicherungsvermittler anzuknüpfen. Schon aus Beweissicherungsgründen sollte eine erstellte Dokumentation während der Dauer des vermittelten Versicherungsvertrages nicht vernichtet werden. Entsprechendes gilt, sofern etwaige Schadensersatzansprüche des VN gegen den Versicherungsvermittler nicht offensichtlich verjährt sind. Aufbewahrungspflichten können sich schließlich auch aus dem zwischen dem Versicherungsvermittler und seinem Vermögensschadenhaftpflichtversicherer geschlossenen Vermögensschadenhaftpflichtversicherungsvertrag ergeben. Eine besondere Form der Aufbewahrung schreibt der Gesetzgeber nicht vor, die Dokumentation kann deshalb auch in elektronischer Form archiviert werden.

V. Verzicht

25 Sowohl auf die Beratung als auch auf die Dokumentation kann der VN gem. § 61 II durch eine gesonderte schriftliche Erklärung verzichten. Diese Erklärung muss zusätzlich den in § 61 II geregelten Warnhinweis enthalten. Die Möglichkeit eines Verzichts verstößt nicht gegen die EU-Vermittlerrichtlinie.[40] Zwar sieht Art. 12 der EU-Vermittlerrichtlinie die Möglichkeit eines Verzichts nicht ausdrücklich vor, verbietet ihn aber auch nicht.[41] Nach der Gegenauffassung soll gegen die Vereinbarkeit des Beratungsverzichts mit der EU-Vermittlerrichtlinie der Umstand sprechen, dass die in Art. 12 II 1 der Richtlinie geregelte Mitteilungspflicht notwendigerweise voraussetze, dass eine Bedarfsermittlung, Beratung und begründete Empfehlung zuvor überhaupt stattgefunden hat. Hierfür spreche auch der verbraucherschützende Charakter der Richtlinie.[42] Gegen diese Auffassung spricht allerdings, dass die EU-Vermittlerrichtlinie keine Beratungspflicht vorschreibt.[43] Sie enthält zwar nicht nur eine Dokumentationspflicht, sondern auch eine Begründungspflicht, wenn aber die Richtlinie keine Verpflichtung des Versicherungsvermittlers statuiert, den Versicherungsnehmer zu beraten, kann der Verzicht auf eine nicht bestehende Pflicht nicht EU-rechtswidrig sein. Es ist auch nicht zwingend, dass die Erteilung eines Rates stets voraussetzt, dass der Versicherungsnehmer zuvor beraten wurde. Es ist z.B. denkbar, dass sich der Versicherungsnehmer bereits durch einen anderen Versicherungsvermittler oder einen Versicherungsberater beraten ließ.

26 Da der VN nur durch eine gesonderte schriftliche Erklärung verzichten kann, kann die Verzichtserklärung nicht unselbstständiger Bestandteil sonstiger allgemeiner Versicherungsbedingungen sein.[44] Es ist demzufolge nicht möglich, auf Beratung und/oder Dokumentation im Rahmen eines Antragsformulars, einer Mustermaklervollmacht oder eines Mustermaklervertrages zu verzichten. Die Verzichtserklärung muss in einem gesonderten Dokument enthalten sein und vom VN unterschrieben werden.[45] Wenn demzufolge ein Versicherungsvermittler mit Hilfe eines Internetportals Versicherungsverträge vermittelt, so ist ein formwirksamer Verzicht auf Beratung und/oder Dokumentation jedenfalls via Internet nicht möglich. Insbes. reicht es nicht aus, wenn

---

39 *Neuhaus/Kloth*, S. 41 meinen, eine Dokumentation ohne Unterschrift habe keinen Beweiswert.
40 So wohl PK/*Michaelis*, § 61 Rn. 31; *Franz* VersR 2008, 298; *Reiff* VersR 2007, 717, 726; L/W/*Reiff*, § 61 Rn. 33; a.A. *Römer* VuR 2007, 94, 95; *Dörner/Staudinger* WM 2006, 1710, 1711.
41 A.A. B/M/*Schwintowski*, § 6 Rn. 35; P/M/*Dörner*, § 61 Rn. 33; HK-VVG/*Münkel*, § 61 Rn. 30.
42 P/M/*Dörner*, § 61 Rn. 34.
43 L/W/*Reiff*, § 61 Rn. 33.
44 P/M/*Dörner*, § 61 Rn. 31; *Blankenburg* VersR 2008, 1446; *Funck* VersR 2008, 163, 166; *Gaul* VersR 2007, 21, 23; a.A. HK/*Münkel*, § 61 Rn. 16.
45 P/M/*Dörner*, § 61 Rn. 31; PK/*Michaelis*, § 61 Rn. 28; *Blankenburg* VersR 2008, 1446; *Funck* VersR 2008, 163, 166; *Gaul* VersR 2007, 21, 23; BT-Drucks. 16/1935 S. 24; Begr. RegE BT-Drucks. 16/3945 S. 58.

der VN einen Button anklickt, der eine Verzichtserklärung mit dem in § 61 II geregelten Inhalt freischaltet, da es eben an einer gesonderten schriftlichen Erklärung fehlt. Auch ein telefonischer Verzicht ist unwirksam.

Der VN kann auf die Beratung, die Dokumentation oder beides verzichten. Auch ein Teilverzicht auf einzelne Bereiche der Beratung und/oder der Dokumentation ist möglich. 27

Die Verzichtserklärung muss ferner gem. § 61 II einen speziellen Warnhinweis enthalten, der in dieser Form für beratende Berufe einzigartig ist und in dem Gesetzgebungsverfahren höchst umstritten war. Der VN muss ausdrücklich darauf hingewiesen werden, dass sich ein Verzicht nachteilig auf seine Möglichkeit auswirken kann, gegen den Versicherungsvermittler einen Schadenersatzanspruch nach § 63 geltend zu machen.[46] Das Erfordernis eines ausdrücklichen Hinweises schließt es aus, dass der Warnhinweis zwischen sonstigen allgemeinen Informationen »versteckt« wird. Die Folgen eines Verzichts auf die Beratung und/oder die Dokumentation dürfen auch nicht durch eine »kundenfreundliche« Formulierung relativiert werden. 28

Umstritten ist die Frage, ob ein Versicherungsmakler vorformulierte Verzichtserklärungen, die formell und inhaltlich den Anforderungen des § 61 II entsprechen, einsetzen darf. § 61 II verlangt nicht, dass der VN im Einzelfall auf die Beratung oder die Dokumentation verzichtet. Allerdings stellt die Beratungspflicht des Versicherungsmaklers bei der Vermittlung von Versicherungsverträgen durch einen Versicherungsmakler eine Kardinalpflicht des Versicherungsmaklers dar, von der er sich im Rahmen Allgemeiner Geschäftsbedingungen nach ständiger Rechtsprechung des BGH nicht freizeichnen darf.[47] Es könnte deshalb dem Versicherungsmakler verwehrt sein, vorformulierte Verzichtserklärungen einzusetzen. Gegen diese Wertung spricht aber, dass es in einer auf der Grundlage der Privatautonomie beruhenden Rechtsordnung nicht hinnehmbar ist, ein Rechtssubjekt zur Information und Beratung eines anderen Rechtssubjektes zu verpflichten, obwohl die zu beratende Person ausdrücklich keine Information oder Beratung oder Dokumentation will. Außerdem entspricht es einer gesetzgeberischen Grundentscheidung, dass der VN wirksam auf Beratung oder Dokumentation verzichten können soll, wenn die Anforderungen des § 61 II eingehalten werden. Dies spricht dafür, dass der Versicherungsmakler vorformulierte Verzichtserklärungen einsetzen darf.[48] 29

Allerdings muss bedacht werden, dass nach der Wertung des Gesetzgebers der Verzicht auf die Beratung oder die Dokumentation den Ausnahmefall darstellen soll. Der massenhafte Einsatz von Verzichtsformularen kann deshalb schnell als wettbewerbswidriges Verhalten eines Versicherungsmaklers eingestuft werden, weil der Versicherungsmakler versucht, auf diese Art und Weise schneller zu einem Vertragsschluss zu kommen. Auch kann der VN zu einem späteren Zeitpunkt möglicherweise einwenden, ihm sei eine Verzichtserklärung untergeschoben worden. Grundsätzlich sollte deshalb auf den Verzicht verzichtet werden. 30

C. Rechtsfolgen

I. Verstoß gegen Befragungs-, Beratungs- und Begründungspflicht

Ein Verstoß des Versicherungsvermittlers gegen die sich aus § 61 I 1 ergebenden Befragungs-, Beratungs- und Begründungspflichten kann zu einer Schadensersatzpflicht des Versicherungsvermittlers nach § 63 führen. 31

II. Verstoß gegen Dokumentationspflicht

Unklar ist, welche Folgen ein Verstoß gegen die sich aus § 61 I 2 ergebende Dokumentationspflicht hat. Die Gesetzesbegründung spricht von einer Beweiserleichterung.[49] Welche Art der Beweiserleichterung der Gesetzgeber meint, ergibt sich aus der Gesetzesbegründung allerdings nicht.[50] Die Rechtsprechung bejaht bei Fehlen der Dokumentation oder bei groben Mängeln derselben eine Beweislastumkehr.[51] Eine Umkehr der Beweislast ist abzulehnen. Sie lässt sich weder dem Gesetzeswortlaut noch der Gesetzesbegründung entnehmen. Verstößt der Versicherungsvermittler gegen die Pflicht zur Dokumentation, so kann sich der VN vielmehr auf den Vorteil der sekundären Behauptungslast berufen. Es ist bei fehlender Dokumentation Sache des Versicherungsvermittlers, substantiiert darzulegen, was er in Erfüllung seiner ihm obliegenden Pflichten geleistet hat. Der VN muss dann wiederum beweisen, dass der Versicherungsvermittler ihn nicht korrekt befragt/beraten hat. 32

Liegt ein wirksamer Verzicht vor, dann erlischt der Anspruch auf Beratung/Dokumentation (§ 397 I BGB analog). Fehlt es an einem wirksamen Verzicht auf die Beratung oder die Dokumentation i.S.d. § 61 II, dann wird regelmäßig auch ein Verstoß des Versicherungsvermittlers gegen § 61 I vorliegen. 33

---

46 *Meixner/Steinbeck*, § 1 Rn. 40; *Gaul* VersR 2007, 21, 23.
47 Vgl. BGH NJW 2007, 1537; BGH VersR 2007, 1676.
48 *Blankenburg* VersR 2008, 1446, 1449; PK/*Michaelis*, § 61 Rn. 34; a.A. P/M/*Dörner*, § 61 Rn. 38; *Franz* VersR 2008, 298, 300.
49 Vgl. Begründung zum Versicherungsvermittlergesetz, BT-Drucks. 16/1935 S. 26.
50 Vgl. allgemein zu Beweiserleichterungen Zöller/*Greger*, vor § 284 Rn. 24 ff.
51 BGH, Urt. v. 13.11.2014, III ZR 544/13; OLG Frankfurt, Urt. v. 30.01.2014, 12 U 146/12; OLG Karlsruhe, Urt. v. 15.09.2011, 12 U 56/11; OLG München, Urt. v. 22.06.2012, 25 U 3343/11; OLG Naumburg, Urt. v. 05.12.2013, 4 U 27/13.

D. Beweislast

I. Verstoß gegen Befragungs-, Beratungs- und Begründungspflicht/Dokumentationspflicht

34 Der VN muss den Verstoß des Versicherungsvermittlers gegen Befragungs-, Beratungs- und Begründungspflichten nach § 61 I darlegen und beweisen.[52] Im Hinblick auf den Umstand, dass der Versicherungsvermittler nach § 61 I 2 zur Dokumentation verpflichtet ist, besteht grundsätzlich kein Bedürfnis, dem VN die Vorzüge der sog. sekundären Behauptungslast zugutekommen zu lassen.[53] Wenn der VN nämlich über eine aussagekräftige Dokumentation verfügt, ist er in der Lage, substantiiert Schadenersatzansprüche gegen den Versicherungsvermittler geltend zu machen. Es ist dann nicht gerechtfertigt, dem VN eine zusätzliche Erleichterung der Darlegungs- oder Behauptungslast zukommen zu lassen.[54] Erst recht besteht keine Veranlassung, die Beweislast zu seinen Gunsten zu verschieben. Etwas anderes gilt nur dann, wenn der Versicherungsvermittler auch gegen die Pflicht zur Dokumentation verstoßen hat.[55] Verstöße gegen die Dokumentationspflicht hat der VN zu beweisen. Auf Beweiserleichterungen kann er sich diesbezüglich nicht berufen.

II. Verzicht

35 Das Vorliegen eines wirksamen Verzichts auf die Beratung und/oder die Dokumentation ist von dem Versicherungsvermittler darzulegen und zu beweisen. Einwände gegen einen von ihm unterschriebenen Verzicht hat wiederum der VN darzulegen und zu beweisen.

§ 62 Zeitpunkt und Form der Information.

(1) Dem Versicherungsnehmer sind die Informationen nach § 60 Abs. 2 vor Abgabe seiner Vertragserklärung, die Informationen nach § 61 Abs. 1 vor dem Abschluss des Vertrags klar und verständlich in Textform zu übermitteln.
(2) ¹Die Informationen nach Absatz 1 dürfen mündlich übermittelt werden, wenn der Versicherungsnehmer dies wünscht oder wenn und soweit der Versicherer vorläufige Deckung gewährt. ²In diesen Fällen sind die Informationen unverzüglich nach Vertragsschluss, spätestens mit dem Versicherungsschein dem Versicherungsnehmer in Textform zu übermitteln; dies gilt nicht für Verträge über vorläufige Deckung bei Pflichtversicherungen.

Übersicht

	Rdn.		Rdn.
A. Allgemeines	1	III. Klar und verständlich in Textform	4
B. Tatbestand	2	IV. Ausnahmen gem. § 62 II	5
I. Informationen nach § 60 II	2	C. Rechtsfolgen	8
II. Informationen nach § 61 I	3	D. Beweislast	9

A. Allgemeines

1 § 62 regelt Zeitpunkt, Form und Ausgestaltung der Informationen über die Beratungsgrundlage sowie nähere Details bezüglich der Dokumentationspflicht des Versicherungsvermittlers.

B. Tatbestand

I. Informationen nach § 60 II

2 Über eine Reduzierung der Beratungsgrundlage ist der VN grundsätzlich vor Abgabe seiner Vertragserklärung zu informieren. Dies ist regelmäßig der Antrag des VN auf Abschluss eines Versicherungsvertrages, wenn der Vertragsschluss nach dem Antragsmodell zustande kommt. Erfolgt der Vertragsabschluss nach dem Invitatio-Modell, so ist die Information nach § 60 II dem VN nach Sinn und Zweck der Vorschrift vor Abgabe seiner Invitatio mitzuteilen.[1]

II. Informationen nach § 61 I

3 Die Dokumentation nach § 61 I ist dem VN nach § 62 I vor dem Abschluss des Vertrages, gemeint ist der Versicherungsvertrag, zu übermitteln. Damit hat sich der Gesetzgeber an der Vorgabe in Art. 12 III der EU-Versicherungsvermittlerrichtlinie orientiert. Eine Vorverlegung bereits auf den Zeitpunkt der Abgabe der Vertragserklärung durch den Kunden hat der Gesetzgeber nicht für erforderlich gehalten, sondern die Meinung vertreten, der Versicherungsvermittler werde dann vor praktisch kaum lösbare Aufgaben gestellt.[2] Bei dieser Rechtsauffassung ging der Gesetzgeber allerdings offensichtlich von dem Vertragsabschluss im Antragsmodell

---

[52] PK/*Michaelis*, § 61 Rn. 32.
[53] Vgl. hierzu OLG Hamm VersR 2001, 583 zur Haftung eines Versicherungsmaklers.
[54] PK/*Michaelis*, § 61 Rn. 32, der sich bei Verbrauchern für eine allg. Vermutung i.S. eines Anscheinsbeweises für eine Frage- und Beratungspflicht ausspricht.
[55] B/M/*Schwintowski*, § 63 Rn. 24.
[1] P/M/*Dörner*, § 60 Rn. 3.
[2] Vgl. BT-Drucks. 16/1935 S. 25.

aus. Erfolgt der Vertragsschluss hingegen nach dem Invitatio-Modell, dann wird der Versicherungsvermittler dem VN das Beratungsprotokoll i.d.R. übergeben haben, bevor dieser seine Vertragserklärung abgegeben hat.

III. Klar und verständlich in Textform

Sowohl die Informationen nach § 60 II als auch diejenigen nach § 61 I sind dem VN klar und verständlich, d.h. in deutscher oder einer sonstigen von den Vertragsparteien vereinbarten Sprache in Textform (§ 126b BGB) zu übermitteln.[3] Dies setzt voraus, dass die jeweilige Erklärung in einer zur dauerhaften Wiedergabe in Schriftzeichen geeigneten Weise abgegeben, die Person des Erklärenden genannt und der Abschluss der Erklärung z.B. durch Nachbildung der Namensunterschrift erkennbar gemacht werden. Damit kann eine Informationsübermittlung nicht nur in einem Papier, sondern auch in einem elektronischen Dokument erfolgen. Übersendung der E-Mail und Niederlegung auf der Festplatte mit Möglichkeit des Ausdrucks reichen, nicht jedoch eine Website, es sei denn diese Site entspräche den in § 62 I genannten Kriterien.[4] Der EFTA Gerichtshof hat klargestellt, dass die in der Vermittlerrichtlinie genannten Kriterien eines dauerhaften Datenträgers auch erfüllt sind, wenn die Informationen auf einer Vermittler-Homepage eingestellt sind, wenn die Website Informationen bereit stelle und den Benutzer mit an Sicherheit grenzender Wahrscheinlichkeit anhalte, die Informationen auf einem anderen Medium zu speichern.[5] Der Kunde muss demzufolge vor einer Beendigung des Programms zu einem Ausdruck oder einem Download auf seinem eigenen Rechner gezwungen werden.[6] Die Bereitstellung auf der Website des Versicherungsvermittlers soll nur dann ausreichen, wenn der Kunde auf einen gesicherten Bereich mittels Nutzernamen und Passwort zugreifen könne und der Vermittler keine Möglichkeit zur Änderung der Informationen habe. Das überzeugt nicht, denn zu Recht weisen die Kritiker dieser Rechtsauffassung auf die Möglichkeit des Abschaltens der Website hin.[7] Das Speichermedium muss sich aber nicht unbedingt im Herrschaftsbereich des Versicherungsnehmers befinden, wenn das gespeicherte Information nicht dem Einfluss des Versicherungsvermittlers unterliegt (s. näher zur Problematik der Websites § 7 Rdn. 25). Mit »klar und verständlich« ist ein einfach und präzise formuliertes und gut strukturiertes Dokument gemeint, wobei dies aus der Sicht eines durchschnittlichen Versicherungsnehmers zu beurteilen ist.[8]

IV. Ausnahmen gem. § 62 II

Mit der Zulassung einer mündlichen Übermittlung wird in § 62 II lediglich eine Ausnahme vom Textformerfordernis ermöglicht, die inhaltlichen Anforderungen bleiben jedoch bestehen. Der Gesetzgeber hat eine mündliche Übermittlung für vertretbar gehalten, wenn dies dem Wunsch des Kunden entspricht. Der weitere Ausnahmefall der Gewährung einer vorläufigen Deckung geht auf Art. 13 II der EU-Vermittlerrichtlinie zurück. In beiden Fällen sind die Informationen allerdings unverzüglich (§ 121 BGB) nach Abschluss des Versicherungsvertrages, spätestens aber mit der Übermittlung des Versicherungsscheins in Textform nachzuholen. Damit bleibt es im Ergebnis auch bei dem in § 62 II geregelten Ausnahmefällen bei der Informationsübermittlung in Textform.

Eine Ausnahme hiervon gilt nur für Verträge über vorläufige Deckung bei Pflichtversicherungen. Bei diesen Verträgen ist es demzufolge auch nicht erforderlich, dem VN die Informationen nach § 62 I nach Vertragsschluss in Textform zu übermitteln. Hier reicht demzufolge die mündliche Übermittlung aus. Dieser Ausnahmefall geht über die Regelung des Art. 13 II der EU-Vermittlerrichtlinie hinaus.

Ein weiterer Ausnahmefall liegt vor, wenn der VN auf die Dokumentation nach § 61 II verzichtet hat.

C. Rechtsfolgen

Verstöße gegen § 62 I und II können zu einem Schadensersatzanspruch des VN gem. § 280 BGB führen.

D. Beweislast

Einen Verstoß des Versicherungsvermittlers gegen § 62 I hat der VN darzulegen und zu beweisen.[9] Für die in § 62 II geregelten Ausnahmefälle ist hingegen der Versicherungsvermittler beweispflichtig.

§ 63 Schadensersatzpflicht.
[1]Der Versicherungsvermittler ist zum Ersatz des Schadens verpflichtet, der dem Versicherungsnehmer durch die Verletzung einer Pflicht nach §§ 60 oder 61 entsteht. [2]Dies gilt nicht, wenn der Versicherungsvermittler die Pflichtverletzung nicht zu vertreten hat.

---

3 HK-VVG/*Münkel*, § 63 Rn. 2; PK/*Michaelis*, § 63 Rn. 2.
4 P/M/*Dörner*, § 62 Rn. 5.
5 EFTA-Gerichtshof VersR 2010, 793 ff.
6 P/M/*Dörner*, § 62 Rn. 6.
7 P/M/*Dörner*, § 62 Rn. 7.
8 P/M/*Dörner*, § 62 Rn. 8.
9 A.A. P/M/*Dörner*, § 62 Rn. 9.

§ 63 Schadensersatzpflicht

Übersicht

	Rdn.		Rdn.
A. Allgemeines	1	III. Kausaler Schaden	9
B. Tatbestand	7	IV. Mitverschulden	12
I. Pflichtverletzung	7	C. Rechtsfolgen	13
II. Vertretenmüssen	8	D. Beweislast	15

A. Allgemeines

1 Der Gesetzgeber hat es im Interesse des Schutzes der VN für erforderlich gehalten, eine Sanktion für den Fall vorzusehen, dass der Versicherungsvermittler eine ihm im Zusammenhang mit seiner Beratungstätigkeit nach den §§ 60 und 61 obliegende Pflicht schuldhaft verletzt. Adressat der Schadensersatzpflicht soll in erster Linie der Versicherungsmakler sein, der sich keinen ausreichenden Marktüberblick verschafft hat und deswegen einen VN nach der Marktsituation objektiv ungünstigen oder ungeeigneten Versicherungsvertrag empfohlen hat.[1] Tatsächlich wird sich das Prozessrisiko des VN durch die neue Vorschrift erheblich verringern, denn wenn jeder Vermittler unabhängig von seinem Vermittlerstatus für Beratungsfehler persönlich haftbar gemacht werden kann, so trägt der VN nicht mehr wie früher das Risiko, möglicherweise nicht beweisen zu können, dass sein Anspruchsgegner ein Versicherungsmakler ist. Der Aufbau der Vorschrift orientiert sich im Wesentlichen an § 280 BGB, ist aber eine spezialgesetzliche Ausformung dieser Vorschrift.[2] Unberührt bleibt eine etwaige deliktische Haftung des Versicherungsmaklers.[3]

2 Den Zeitraum nach Abschluss des Versicherungsvertrages regeln die §§ 59 ff. allerdings nicht. Verletzt der Versicherungsmakler demzufolge während des laufenden Versicherungsvertrages eine ihm aufgrund des Versicherungsmaklervertrags gegenüber dem VN obliegende Pflicht und entsteht dem VN hierdurch ein Schaden, so kann sich der VN aufgrund dieses Sachverhalts nicht auf einen Schadensersatzanspruch gegen den Versicherungsmakler gem. § 63 berufen. Anspruchsgrundlage ist dann vielmehr § 280 BGB i.V.m. dem Versicherungsmaklervertrag.[4]

3 Hat ein Versicherungsvertreter den Versicherungsvertrag vermittelt, so gilt § 63 für den Zeitraum nach Abschluss des Versicherungsvertrages ebenfalls nicht, allerdings ist zu überprüfen, ob ein Schadensersatzanspruch des VN gegen den Versicherer gem. § 6 V i.V.m. § 6 IV besteht.

4 § 63 schließt eine weitergehende Haftung des Versicherungsmaklers wegen Verletzung des Versicherungsmaklervertrages nicht aus. Anspruchsgrundlage ist hier ebenso wie für den Zeitraum nach Abschluss des Versicherungsvertrages § 280 BGB.[5] Das Vorliegen einer Pflichtverletzung ist von dem VN substantiiert darzulegen und ggf. zu beweisen, wobei der Versicherungsmakler zunächst dezidiert darlegen muss, was er in Erfüllung des Versicherungsmaklervertrages geleistet hat.[6]

5 Unberührt durch § 63 bleiben auch die Tatbestände, bei denen ausnahmsweise ein Versicherungsvertreter selbst in Regress genommen werden konnte.[7] Die Verpflichtungen, die aus dem gesetzlichen Schuldverhältnis, das mit der Vertragsanbahnung entsteht, folgen, treffen grundsätzlich den Vertretenen, also den Versicherer, und nur ausnahmsweise unter besonderen Umständen den Vertreter, nämlich dann, wenn er ein besonderes wirtschaftliches Interesse am Vertragsschluss gehabt oder in einem besonderen Maße persönliches Vertrauen in Anspruch genommen hat. Ein besonderes wirtschaftliches Interesse wird z.B. bejaht, wenn der Vermittler wirtschaftlich Herr des Geschäfts ist. Allein das Bestehen eines Provisionsinteresses reicht hingegen nicht aus. Eine Inanspruchnahme besonderen persönlichen Vertrauens setzt voraus, dass eine zusätzliche, von dem Vermittler selbst ausgehende Gewähr für die Seriosität, das Zustandekommen oder die Erfüllung des von ihm angebahnten Geschäfts vorliegt. Der allgemeine Hinweis auf die Sachkunde des Vertreters reicht nicht.[8]

6 In der Praxis haben diese Tatbestände nur eine geringe Relevanz. Sofern die tatbestandlichen Voraussetzungen dieser Fallgruppen erfüllt sind, kommt auch nach dem 01.01.2008 eine über den § 63 hinausgehende Haftung des Vertreters in Betracht. Es ist allerdings nicht davon auszugehen, dass diese Fallgruppen eine selbstständige Bedeutung neben § 63 haben werden.

---

1 Vgl. BT-Drucks. 16/1935 S. 25.
2 P/M/*Dörner*, § 63 Rn. 1.
3 HK-VVG/*Münkel*, § 63 Rn. 3.
4 PK/*Michaelis*, § 63 Rn. 7, der auch von einer subsidiären Anwendbarkeit des § 280 BGB ausgeht; a.A. L/W/*Reiff*, § 63 Rn. 22 und 34 ff.; *Reiff* VersR 2007, 717, 727, der § 63 als abschließend erachtet.
5 A.A. P/M/*Dörner*, § 63 Rn. 5, der § 63 für ein lex specialis in seinem Anwendungsbereich hält.
6 Vgl. hierzu OLG Hamm VersR 2001, 583; LG Düsseldorf, Urt. v. 25.10.2000, 5 O 20/97.
7 A.A. P/M/*Dörner*, § 63 Rn. 8, der eine Haftung des Versicherungsvertreters aus Vertragsanbahnung aufgrund einer Inanspruchnahme persönlichen Vertrauens durch § 63 ausgeschlossen sieht; wohl auch L/W/*Reiff*, § 63 Rn. 22. Dies lässt sich aus der Gesetzesbegründung nicht entnehmen.
8 Vgl. zum Ganzen BGH VersR 1990, 457; BGH VersR 1990, 757; OLG Hamm VersR 1993, 227; Terbille/Höra/*Baumann*, § 2 Rn. 301.

B. Tatbestand
I. Pflichtverletzung

Der Versicherungsvermittler muss gegen eine ihm nach den §§ 60 oder 61 obliegende Pflicht verstoßen haben. Ein Verstoß gegen eine dem Versicherungsvermittler nach den §§ 60 oder 61 obliegende Pflicht scheidet aus, wenn einer der dort geregelten Verzichtstatbestände zugunsten des Versicherungsvermittlers eingreift. Pflichtverstöße nach Abschluss des Versicherungsvertrags werden von § 63 nicht erfasst.

II. Vertretenmüssen

Eine Haftung des Versicherungsvermittlers kommt nicht in Betracht, wenn der Versicherungsvermittler die Pflichtverletzungen nicht zu vertreten hat. Das Vorliegen eines non liquet geht zu Lasten des Versicherungsvermittlers.[9] Die Vorschrift ist insoweit § 280 BGB nachgebildet. Zu vertreten hat der Versicherungsvermittler Vorsatz und Fahrlässigkeit nach Maßgabe der §§ 276 ff. BGB. Das Fehlverhalten eines Erfüllungsgehilfen muss er sich gem. § 278 BGB zurechnen lassen. Da § 63 bezüglich des Vertretenmüssens keine gesonderte Regelung enthält, mithin allgemeines Zivilrecht gilt, besteht grundsätzlich die Möglichkeit, eine mildere Haftung zu bestimmen, sofern dies nicht gegen die §§ 276 ff. BGB, die §§ 305 ff. BGB im Falle der Verwendung allgemeiner Vertragsbedingungen oder die sonstigen allgemeinen Regelungen (z.B. §§ 134, 138 BGB) verstößt.

III. Kausaler Schaden

Durch den Verstoß gegen §§ 60 oder 61 muss dem VN ein Schaden entstanden sein. Unter welchen Umständen dem VN durch die Pflichtverletzung ein Schaden entstanden ist, ergibt sich aus den §§ 59 ff. nicht, so dass insoweit wieder die allgemeinen Regelungen des Schadensersatzrechts (§§ 249 ff. BGB) gelten.[10] Ausgehend von der Differenzhypothese besteht der Schaden in der Differenz zwischen zwei Güterlagen: Der tatsächlich durch das Schadenereignis geschaffenen und der unter Ausschalten dieses Ereignisses gedachten.[11] Es muss demzufolge geklärt werden, welche Vermögenslage auf Seiten des VN bestanden hätte, wenn der Versicherungsvermittler die sich aus den §§ 60 und 61 ergebenden Pflichten korrekt erfüllt hätte.[12]

Hätte der VN bei korrekter Beratung einen bestimmten Versicherungsvertrag mit einem bestimmten Versicherer abgeschlossen und wäre dieser Versicherer aufgrund des von dem VN behaupteten Versicherungsfalls eintrittspflichtig gewesen, so besteht der Schaden des VN in der ausgebliebenen Versicherungsleistung, die sich um die ersparten Versicherungsprämien reduziert.[13] Hätte der VN demgegenüber bei korrekter Erfüllung der dem Versicherungsvermittler obliegenden Pflichten von dem Abschluss eines Versicherungsvertrages abgesehen, so besteht sein Schaden in den gezahlten Versicherungsprämien einschließlich der in Zukunft bestehenden Versicherungsprämien, wobei der VN verpflichtet ist, in diesem Fall den Versicherungsvertrag zum nächstmöglichen Kündigungszeitpunkt zu kündigen. Darüber hinaus sind bei der Schadenberechnung entgangene Anlagezinsen zu berücksichtigen.

Der Schaden ist vom VN darzulegen und zu beweisen, was den VN unter Umständen vor erhebliche Schwierigkeiten stellen kann, wenn er z.B. darzulegen und zu beweisen hat, wie sich der Sachverhalt bei korrekter Beratung entwickelt hätte, weil der Versicherungsmakler wegen Falschberatung beim Abschluss einer Berufsunfähigkeitsversicherung in Regress genommen werden soll.[14] Darüber hinaus muss der Schaden kausal durch die Pflichtverletzung des Versicherungsvermittlers verursacht sein. Hier gelten die allgemeinen Kausalitätsgrundsätze und die Vermutung beratungsgemäßen Verhaltens, mit der Folge, dass der Schaden dann nicht eingetreten wäre.[15]

---

9 P/M/*Dörner*, § 63 Rn. 13 unter Hinweis auf OLG Frankfurt r+s 2009, 219 und OLG Köln r+s 2004, 527.
10 PK/*Michaelis*, § 63 Rn. 4.
11 Vgl. Palandt/*Heinrichs*, Vorb. v. § 249 Rn. 9.
12 BGH VersR 2014, 625; KG Berlin VersR 2009, 343; OLG Saarbrücken VersR 2011, 1441; HK-VVG/*Münkel*, § 63 Rn. 7.
13 P/M/*Dörner*, § 63 Rn. 17.
14 Vgl. OLG Koblenz r+s 2007, 176. Weitere Beispiele für Falschberatung durch einen Versicherungsmakler: BGH VersR 1971, 714 (Unterversicherung); VersR 1985, 930 (Sachwalterurteil); VersR 2000, 846 (Inventarversicherung); OLG Düsseldorf VersR 2000, 54 (Betreuung in der Kaskoversicherung); Urt. v. 26.10.1990, 7 U 242/88; OLG Frankfurt VersR 2006, 1546 (Betreuung in der Gebäudeversicherung); OLG Hamburg, Urt. v. 08.12.2000, 14 U 81/00 (Vermittlung unter Verstoß gegen § 144a VAG a.F.); OLG Hamm VersR 2001, 583 (Betreuungspflichten in der Kaskoversicherung); MedR 1997, 463 (Betreuungspflichten in der Berufshaftpflichtversicherung); OLG Karlsruhe OLGR 2004, 345 (Kaskoversicherung); OLG München OLGR 2001, 3 (Kraftfahrtversicherung); LG Aachen VersR 2003, 1440 (Lebensversicherung); LG Wuppertal VersR 1991, 94 (Kraftfahrtversicherung); AG Kassel r+s 1997, 44 (Unterversicherung); AG Dortmund, Urt. v. 10.03.2003, 113 C 7044/02 (Erfüllungsschäden in der Haftpflichtversicherung).
15 PK/*Michaelis*, § 63 Rn. 12; HK-VVG/*Münkel*, § 63 Rn. 7; L/W/*Reiff*, § 63 Rn. 51; *Reiff* VersR 2007, 717, 727.

§ 63 Schadensersatzpflicht

IV. Mitverschulden

12 Der in Anspruch genommene Versicherungsvermittler hat die Möglichkeit, den Einwand eines Mitverschuldens zu erheben.[16] Darlegungs- und beweisbelastet ist insoweit der Versicherungsvermittler. Nur in Ausnahmefällen wird der Einwand erfolgreich sein.[17] Vor allen Dingen kann dem Versicherungsnehmer regelmäßig nicht entgegengehalten werden, dass er die Risiken der Vertragsgestaltung selbst hätte erkennen können.[18] Angesichts der Beratungs- und Informationspflichten des Versicherungsvermittlers und des Schutzzwecks der §§ 60 und 61 wird man nur selten ein Mitverschulden des VN bejahen können.[19]

C. Rechtsfolgen

13 Der Versicherungsvermittler schuldet Ersatz des Schadens, der dem VN durch die Verletzung einer Pflicht nach §§ 60 oder 61 entstanden ist. Der VN ist demzufolge so zu stellen, wie er stünde, wenn der Versicherungsvermittler die ihn nach den §§ 60 oder 61 obliegenden Pflichten ordnungsgemäß erfüllt hätte. Es gilt insoweit allgemeines Schadensersatzrecht. Nimmt der VN sowohl den Versicherer als auch den Versicherungsvertreter wegen Verletzung von Beratungspflichten in Anspruch, so kommt eine gesamtschuldnerische Haftung in Betracht.[20]

14 Auch die Verjährung des Schadensersatzanspruchs nach § 63 richtet sich nach allgemeinem Recht.

D. Beweislast

15 Das Vorliegen einer Pflichtverletzung ist von dem VN darzulegen und zu beweisen. Für den Nachweis der Pflichtverletzung gilt der Maßstab des § 286 ZPO. Erforderlich ist daher ein für das praktische Leben brauchbarer Grad an Gewissheit, der vernünftigen Zweifeln Schweigen gebietet, ohne diese vollständig auszuschließen.[21]

16 Erleichterungen hinsichtlich der Darlegungslast gibt es bei Verletzung der Dokumentationspflicht nach § 61 I 2.[22] In diesem Fall muss der Versicherungsvermittler nach den Grundsätzen der sekundären Darlegungslast substantiieren, was er in Erfüllung der ihm nach §§ 60 und 61 obliegenden Pflichten geleistet hat. Ohne derartige Angaben ist ein Bestreiten des Versicherungsvermittlers grundsätzlich nicht hinreichend substantiiert.[23]

Liegt ein lückenhaftes, aber von dem VN unterzeichnetes Beratungsprotokoll vor, kann dieser sich nicht auf eine Unvollständigkeit des Beratungsprotokolls berufen. Auf der anderen Seite beinhaltet die Dokumentation die Vermutung, dass nicht dokumentierte Beratungsvorschläge auch nicht erfolgt sind.[24] Dies ändert aber nichts an der Tatsache, dass es auch bei Verletzung der Dokumentationspflicht Sache des VN ist, das Vorliegen einer Pflichtverletzung zu beweisen. Nach der Rechtsprechung soll das Fehlen einer Dokumentation oder das Vorliegen einer Dokumentation mit groben Mängeln zu einer Beweislastumkehr führen.[25] Das überzeugt allerdings nicht. Nach der Gesetzesbegründung führen Verstöße gegen die Dokumentationspflicht nämlich nur zu einer Beweiserleichterung. Dazu gehört eine Umkehr der Beweislast jedoch nicht, denn Beweiserleichterungen ändern nichts an der Beweislast.[26]

17 Der VN hat auch zu beweisen, dass ihm durch die Pflichtverletzung ein Schaden entstanden ist, wobei ihm dabei die Vermutung eines aufklärungsgerechten Verhaltens zugutekommt.[27] Der Geschädigte hat zwar grundsätzlich auch bei einem Unterlassen des Schädigers ggf. unter Inanspruchnahme der Beweiserleichterungen gem. § 287 ZPO zu beweisen, dass der Verletzungserfolg durch die unterlassene Handlung vermieden worden wäre. Bei der Verletzung einer vertraglichen Aufklärungs- und Beratungspflicht trifft aber abweichend von diesem Grundsatz die Beweislast den für die vertragsgerechte Erfüllung verantwortlichen Berater und damit den Schädiger. Er muss darlegen und je nach dem Gegenvortrag des Geschädigten auch beweisen, dass der Schaden trotz Pflichtverletzung eingetreten wäre, weil der Geschädigte sich über die aus der Aufklärung

---

16 OLG Brandenburg r+s 2013, 125; OLG Celle r+s 2011, 117; OLG Hamm VersR 2010, 388.
17 Vgl. BGH BeckRS 2014, 07862; OLG Hamm BeckRS 2015, 12224; OLG Karlsruhe NJOZ 2014, 11375; OLG Naumburg BeckRS 2014, 19301; OLG Hamm NJW-RR 2013, 38: jeweils Mitverschulden verneint; R/L/*Rixecker*, § 63 Rn. 7.
18 R/L/*Rixecker*, § 63 Rn. 7.
19 OLG Düsseldorf r+s 1997, 219, 220.
20 *Abram* r+s 1995, 141.
21 BGHZ 53, 245, 256; vgl. *Pohlmann*, in: E. Lorenz (Hrsg.), VersR Schriftenreihe Bd. 42, S. 55, 73.
22 B/M/*Schwintowski*, § 63 Rn. 30 will die von der Rechtsprechung entwickelten Grundsätze der Beweislastverteilung nach Gefahren- und Verantwortungsbereichen auch dann anwenden, wenn der Versicherungsvermittler der Dokumentationspflicht genügt hat. Dies überzeugt nicht, denn mit der Dokumentation hat der VN ein Instrument in der Hand, das es ihm erleichtert, den Vorwurf einer Pflichtverletzung zu substantiieren. Einer weitergehenden Erleichterung für die Darlegung und/oder den Beweis einer Pflichtverletzung bedarf es nicht.
23 Vgl. OLG Hamm VersR 2001, 583.
24 P/M/*Dörner*, § 63 Rn. 12.
25 BGH NJW 2015, 1026; OLG Karlsruhe r+s 2015, 49; OLG Saarbrücken VersR 2010, 1314; OLG Hamm NZS 2015, 821.
26 Vgl. MünchKommZPO/*Prütting*, § 286 Rn. 128.
27 BGH VersR 1985, 930.

und Beratung folgenden Bedenken hinweggesetzt haben würde.[28] Dies gilt nach dem Schutzzweck der sich aus den §§ 60 und 61 ergebenden Pflichten auch in dem Fall, dass es nicht um die Verletzung einer vertraglichen, sondern gesetzlichen Aufklärungs- und Beratungspflicht geht. Auch in diesem Fall wäre ansonsten häufig unaufklärbar, wie sich der Sachverhalt bei pflichtgemäßer Beratung abgespielt hätte. Der Versicherungsmakler kann in diesem Fall z.B. aber einwenden, dass der VN bereits in der Vergangenheit mehrfach ihm angeratene Versicherungsvertragsschlüsse abgeschlossen hatte, weil er die Zahlung von Versicherungsprämien sparen wollte. Auch hier kommt es demzufolge auf den Einzelfall an. Zugunsten des VN wird demzufolge vermutet, dass er sich bei Erfüllung der dem Versicherungsvermittler nach §§ 60 oder 61 obliegenden Pflichten so verhalten hätte, dass ihm kein Schaden entstanden wäre.

Das fehlende Verschulden hat der Versicherungsvermittler ebenso zu beweisen wie die Umstände, die ein Mitverschulden des VN rechtfertigen.[29]   18

§ 64 Zahlungssicherung zugunsten des Versicherungsnehmers.

Eine Bevollmächtigung des Versicherungsvermittlers durch den Versicherungsnehmer zur Annahme von Leistungen des Versicherers, die dieser aufgrund eines Versicherungsvertrags an den Versicherungsnehmer zu erbringen hat, bedarf einer gesonderten schriftlichen Erklärung des Versicherungsnehmers.

Übersicht

	Rdn.		Rdn.
A. Allgemeines	1	III. §§ 12 ff. VersVermV	5
B. Tatbestand	2	C. Rechtsfolgen	12
I. Leistungen des Versicherers	2	D. Beweislast	13
II. Vollmacht	3		

A. Allgemeines

Der Wortlaut des § 64 weicht von der Regelung des § 42f a.F. ab. In § 64 ist nur noch die Regelung des § 42f II a.F. enthalten. § 42f I a.F. ist nun § 69 II. Die Vorschrift wird ergänzt durch § 12 VersVermV. Allerdings ist mit der in § 12 VersVermV nicht die in § 34d GewO geregelte Berufshaftpflichtversicherung gemeint, wie sich aus § 12 III VersVermV ergibt.[1] Die Vorschrift betrifft in erster Linie das Verhältnis zwischen Versicherungsnehmer und Versicherungsmakler.[2] Sie ist halbzwingend und auf Versicherungsberater entsprechend anzuwenden, §§ 67, 68 S. 1. Sie gilt nicht für Bagatellvermittler i.S.d. § 34d IX Nr. 1 GewO gem. § 66.   1

B. Tatbestand

I. Leistungen des Versicherers

Leistungen des Versicherers, die dieser aufgrund eines Versicherungsvertrags an den VN zu erbringen hat, können z.B. die Entschädigungsleistungen sein. Denkbar ist aber auch die Zahlung überzahlter Versicherungsbeiträge.   2

II. Vollmacht

Die Bevollmächtigung des Versicherungsvermittlers durch den VN zur Annahme solcher Leistungen bedarf einer gesonderten schriftlichen Erklärung des VN. Mit dieser Regelung soll verhindert werden, dass die Geldempfangsvollmacht z.B. in Allgemeinen Geschäftsbedingungen eines Versicherungsmaklers »versteckt wird«.[3]   3

Unklar ist, ob es ausreicht, dass die Geldempfangsvollmacht Bestandteil der sonstigen Maklervollmacht ist oder ob sie in einem gesonderten Dokument enthalten sein muss.[4] Der Warnfunktion dürfte zwar genüge getan sein, wenn die Geldempfangsvollmacht drucktechnisch hervorgehoben über der Unterschriftszeile der sonstigen Maklervollmacht steht und die Maklervollmacht selbst nicht Bestandteil sonstiger Allgemeiner Geschäftsbedingungen des Versicherungsmaklers ist. Der Wortlaut und die Gesetzessystematik sprechen aber dafür, dass es sich um ein gesondertes, von dem VN unterschriebenes Dokument handeln muss.[5]   4

III. §§ 12 ff. VersVermV

Von der in § 64 geregelten Zahlungssicherung ist die in der Versicherungsvermittlerverordnung unter §§ 12 ff. VersVermV geregelte Sicherheitsleistung zu unterscheiden. Gem. § 12 I VersVermV darf der Gewerbetreibende für das Versicherungsunternehmen bestimmte Zahlungen, die der VN im Zusammenhang mit   5

---

28 BGH NJW 1998, 749; NJW-RR 1992, 1110; r+s 1987, 239; VersR 1985, 930, 931; OLG Düsseldorf VersR 1996, 1104.
29 PK/*Michaelis*, § 63 Rn. 11; P/M/*Dörner*, § 63 Rn. 15; VersHb/*Matusche-Beckmann*, § 5 Rn. 335; OLG Frankfurt VersR 2006, 406; auch OLG Frankfurt r+s 2009, 219; OLG Köln r+s 2004, 527.
1 Anders anscheinend P/M/*Dörner*, § 64 Rn. 3.
2 P/M/*Dörner*, § 64 Rn. 1.
3 Vgl. Begründung zum Versicherungsvermittlergesetz, BT-Drucks. 16/1935 S. 26.
4 HK-VVG/*Münkel*, § 64 Rn. 1; P/M/*Dörner*, § 64 Rn. 4.
5 P/M/*Dörner*, § 64 Rn. 4; R/L/*Rixecker*, § 64 Rn. 3.

§ 65 Großrisiken

der Vermittlung oder dem Abschluss eines Versicherungsvertrages an ihn leistet, nur annehmen, wenn er zuvor eine Sicherheit geleistet oder eine geeignete Versicherung abgeschlossen hat, die den VN dagegen schützt, dass der Gewerbetreibende die Zahlung nicht an das Versicherungsunternehmen weiterleiten kann. Dies gilt nicht, soweit der Gewerbetreibende zur Entgegennahme von Zahlungen des VN bevollmächtigt ist. Gem. § 12 II VersVermV kann die Sicherheit durch die Stellung einer Bürgschaft oder andere vergleichbare Sicherheiten geleistet werden. Als Bürge können nur Körperschaften des öffentlichen Rechts mit Sitz im Inland, Kreditinstitute, die im Inland zum Geschäftsbetrieb befugt sind, sowie Versicherungsunternehmen bestellt werden, die zum Betrieb der Kautionsversicherung im Inland befugt sind. Die Bürgschaft darf dabei nicht vor dem Zeitpunkt ablaufen, der sich aus § 12 V VersVermV ergibt.

6 Versicherungen sind i.S.v. § 12 I VersVermV geeignet, wenn
1. das Versicherungsunternehmen zum Betrieb der Vertrauensschadenssicherung im Inland befugt ist und
2. die Allgemeinen Versicherungsbedingungen dem Zweck der Versicherungsvermittlerverordnung gerecht werden, insbesondere den VN aus dem Versicherungsvertrag auch in den Fällen der Insolvenz des Gewerbetreibenden unmittelbar berechtigen.

7 Gem. § 12 IV VersVermV können Sicherheiten und Versicherungen nebeneinander geleistet und abgeschlossen werden und können für jedes einzelne Vermittlungsgeschäft oder für mehrere gemeinsam geleistet oder abgeschlossen werden. Insgesamt hat die Mindestversicherungssumme 4 % der jährlichen vom Gewerbetreibenden entgegengenommenen Prämieneinnahme zu entsprechen, mindestens jedoch 17.000,00 €. Diese erhöht oder vermindert sich ab dem 15. Januar 2013 und danach regelmäßig alle 5 Jahre entsprechend den von **Eurostat** veröffentlichten Änderungen des Europäischen Verbraucherpreisindexes, wobei auf den nächst höheren Hundertbetrag in Euro aufzurunden ist. Die angepasste Mindestversicherungssumme wird jeweils zum 2. Januar des jeweiligen Jahres, in dem die Anpassung zu erfolgen hat, durch das Bundesministerium für Wirtschaft und Technologie im Bundesanzeiger veröffentlicht.

8 Der Gewerbetreibende hat die Sicherheiten und Versicherungen gem. § 12 V VersVermV aufrechtzuerhalten, bis er die Vermögenswerte an das Versicherungsunternehmen übermittelt hat.

9 Gem. § 12 VI VersVermV gilt § 12 I 1 und II bis V VersVermV entsprechend, wenn der Gewerbetreibende Leistungen des Versicherungsunternehmens annimmt, die dieser aufgrund eines Versicherungsvertrages an den VN zu erbringen hat. Die Verpflichtung nach § 12 I 1 VersVermV besteht demgegenüber nicht, soweit der Gewerbetreibende vom VN zur Entgegennahme von Leistungen des Versicherungsunternehmens nach § 64 bevollmächtigt ist.

10 Hat im Zeitpunkt einer Zahlungsannahme der Gewerbetreibende seine Hauptniederlassung in einem anderen Mitgliedstaat der Europäischen Union oder in einem anderen Vertragsstaat des Abkommens über den europäischen Wirtschaftsraum, so genügt er seiner Verpflichtung nach I auch dann, wenn der nach Art. 4 IV der EU-Vermittlerrichtlinie notwendige Schutz des VN durch die Vorschriften des anderen Staates sichergestellt ist.

11 Das Vorliegen der nach § 12 I VersVermV oder § 12 VI VersVermV zu stellenden Sicherheit/Versicherung ist dem VN nach § 13 VersVermV auf Verlangen nachzuweisen. § 14 VersVermV regelt Aufzeichnungspflichten des Gewerbetreibenden. Die Aufzeichnungspflichten werden durch Prüfungsbefugnisse der für die Erlaubniserteilung nach § 34d I und § 34e I GewO zuständigen Behörde flankiert, die in § 15 VersVermV im Einzelnen geregelt sind.

C. Rechtsfolgen

12 Verfügt der Versicherungsvermittler über keine Vollmacht i.S.d. § 64 und erbringt der Versicherer gleichwohl eine Leistung an den Versicherungsvermittler, die der Versicherer aufgrund des Versicherungsvertrags an den VN zu erbringen hat, so ist mit der Zahlung an den Versicherungsvermittler noch keine Erfüllung eingetreten. Leitet der Versicherungsvermittler die Leistung demzufolge nicht an den VN weiter, so verliert der VN seinen Zahlungsanspruch gegen den Versicherer nicht.

D. Beweislast

13 Der Versicherer, der sich auf eine Bevollmächtigung des Versicherungsvermittlers i.S.d. § 64 beruft, hat das tatsächliche Vorliegen der Voraussetzungen des § 64 darzulegen und zu beweisen.

§ 65 Großrisiken. Die §§ 60–63 gelten nicht für die Vermittlung von Versicherungsverträgen über Großrisiken im Sinne des § 210 Absatz 2.

Übersicht

	Rdn.		Rdn.
A. Allgemeines	1	C. Rechtsfolgen	3
B. Tatbestand	2	D. Beweislast	4

A. Allgemeines

§ 65 macht von der in Art. 12 IV der EU-Versicherungsvermittlerrichtlinie eingeräumten Möglichkeit Gebrauch, Vermittler von Versicherungen für Großrisiken i.S.v. § 210 II von den Informations- und Dokumentationspflichten zu befreien. Der Verweis stellt klar, dass unter dem Versicherungsvertrag über ein Großrisiko ein Versicherungsvertrag i.S.d. § 210 II (vormals Art. 10 I 2 Nr. 1, 2 oder 3 EGVVG) zu verstehen ist. Die Freistellung der Versicherungsvermittler bei Verträgen über Großrisiken bezieht sich aber nur auf die dem Kundenschutz dienenden besonderen Verpflichtungen. Unberührt bleibt z.B. § 64.[1] Gleiches gilt für Pflichten des Versicherungsmaklers, die sich aus dem Versicherungsmaklervertrag und der hieraus folgenden Sachwalterposition des Versicherungsmaklers ergeben.

B. Tatbestand

Der Ausnahmetatbestand greift ein, wenn ein Großrisiko i.S.d. § 210 II (vormals Art. 10 I 2 des EGVVG) vorliegt.

C. Rechtsfolgen

Greift der Ausnahmetatbestand ein, so sind lediglich die §§ 60–63 nicht anwendbar.

D. Beweislast

Der Versicherungsvermittler, der sich auf das Eingreifen des Ausnahmetatbestands gem. § 65 beruft, ist für dessen Eingreifen darlegungs- und beweispflichtig.

§ 66 Sonstige Ausnahmen.
Die §§ 60 bis 64, 69 Abs. 2 und 214 gelten nicht für Versicherungsvermittler im Sinn von § 34d Abs. 9 Nr. 1 der Gewerbeordnung.

Übersicht

	Rdn.		Rdn.
A. Allgemeines	1	C. Rechtsfolgen	3
B. Tatbestand	2	D. Beweislast	4

A. Allgemeines

Die in der Vorschrift genannten Paragraphen gelten nicht für Versicherungsvermittler i.S.d. § 34d IX Nr. 1 GewO. Dort hat der Gesetzgeber gem. Art. 1 II der EU-Versicherungsvermittlerrichtlinie gewisse Vermittlungstätigkeiten von der Erlaubnispflicht ausgeschlossen. Privilegiert sind Versicherungsvermittler, wenn sie
– nicht hauptberuflich Versicherungen vermitteln,
– ausschließlich Versicherungsverträge vermitteln, für die nur Kenntnisse des angebotenen Versicherungsschutzes erforderlich sind,
– sie keine Lebensversicherungen oder Versicherungen zur Abdeckung von Haftpflichtrisiken vermitteln,
– die Versicherung eine Zusatzleistung zur Lieferung einer Ware oder der Erbringung einer Dienstleistung darstellt und entweder das Risiko eines Defekts, eines Verlusts oder einer Beschädigung von Gütern abdeckt oder die Beschädigung, den Verlust von Gepäck oder andere Risiken im Zusammenhang mit einer bei dem Gewerbetreibenden gebuchten Reise, einschließlich Haftpflicht- oder Unfallversicherungsrisiken, sofern die Deckung zusätzlich zur Hauptversicherungsdeckung für Risiken im Zusammenhang mit einer Reise gewährt wird,
– die Jahresprämie einen Betrag von 500 € nicht übersteigt und
– die Gesamtlaufzeit einschließlich etwaiger Verlängerungen nicht mehr als fünf Jahre beträgt.
Es handelt sich dabei durchweg um Tätigkeiten, bei denen aufgrund des unbeachtlichen Umfangs, des geringen Risikos sowie der geringen Höhe der Versicherungsprämie die an die Person des Vermittlers gestellten Anforderungen unverhältnismäßig wären.[1]

B. Tatbestand

Die in § 34d IX Nr. 1 GewO geregelten Voraussetzungen des Ausnahmetatbestands müssen kumulativ vorliegen. Regelmäßig werden die folgenden Personengruppen den Ausnahmetatbestand erfüllen: Kredit-, Kreditkartenvermittler (z.B. Arbeitslosigkeitsversicherung); Brillenhändler (z.B. Kaskoversicherung); Reifenhändler (z.B. Reifenversicherung); Versand- und Einzelhandel (z.B. Garantieversicherung zur Verlängerung der Gewährleistung); Elektrohändler (z.B. Garantie- und Reparaturkostenversicherung); Fahrradhändler und Fahrradhersteller (z.B. Unfall- und Diebstahlversicherung); Reisebüros (z.B. Reiserücktritts- und Reisekrankenversicherung).

---

1 P/M/*Dörner*, § 64 Rn. 4.
1 BT-Drucks. 16/1935 S. 20; P/M/*Dörner*, § 66 Rn. 1.

C. Rechtsfolgen

3 Nur die in der Vorschrift genannten Vorschriften sind nicht auf die privilegierten Versicherungsvermittler anwendbar. Damit sind z.B. keine Beratungs- und Dokumentationspflichten nach § 61 zu erfüllen. Allerdings können sich Beratungs- und Aufklärungspflichten nach allgemeinem Zivilrecht ergeben. Auch bleiben die §§ 69 I und III sowie §§ 70–72 anwendbar. Auch ein Bagatellvermittler kann demzufolge Auge und Ohr eines Versicherers sein.[2] Aus dem Wortlaut der Vorschrift ergibt sich nicht, dass die dort genannten Vorschriften auch auf die nicht gewerbsmäßig tätigen Versicherungsvermittler anwendbar sind, denn der Vermittlerbegriff setzt gem. § 59 II und III eine gewerbsmäßige Betätigung voraus.[3]

D. Beweislast

4 Für das Eingreifen des Ausnahmetatbestands sowie für das Erfüllen der Voraussetzung gem. § 34d IX Nr. 1 GewO ist der Versicherungsvermittler darlegungs- und beweispflichtig, der sich hierauf beruft.

§ 67 Abweichende Vereinbarung.
Von den §§ 60–66 kann nicht zum Nachteil des Versicherungsnehmers abgewichen werden.

1 Gem. § 67 sind die §§ 60–66 halbzwingend. Eine abweichende Vereinbarung insbes. von den Informations-, Beratungs- und Dokumentationspflichten nach den §§ 60–62 ist damit sowohl im Rahmen Allgemeiner Geschäftsbedingungen als auch im Rahmen einer Individualvereinbarung ausgeschlossen. Insbes. kann sich der Versicherungsvermittler nicht von den in den genannten Vorschriften geregelten Pflichten freizeichnen.[1]

2 Fraglich ist die Reichweite des § 67. § 67 unterscheidet zunächst einmal nicht danach, ob durch eine Individualvereinbarung oder durch Allgemeine Geschäftsbedingungen von den §§ 60–66 zum Nachteil des VN abgewichen wurde. Allerdings gilt der halbzwingende Charakter der §§ 60–66 auch nur für die dort getroffenen Regelungen. Sofern die §§ 60–66 keine eigenen Regelungen enthalten, sondern vielmehr allgemeines Recht gilt, sind der Privatautonomie nur die allgemeinen Grenzen gesetzt.[2] So wird eine formularmäßige Haftungsbeschränkung auf vertragstypisch vorhersehbare Schäden für möglich gehalten, so dass die Haftung für darüber hinausgehende Schäden zumindest summenmäßig begrenzt oder ausgeschlossen werden kann, wenn im Übrigen eine Berufshaftpflichtversicherung unterhalten wird.[3] Haftungsbegrenzungen durch Individualvereinbarungen sind in den Grenzen der §§ 276 III, 278 S. 2; 138 BGB möglich.[4]

3 Hinsichtlich des sich aus § 63 ergebenden Schadensersatzanspruchs gilt § 67 allerdings nur für den Haftungsgrund, nicht aber für die Haftungshöhe.[5] § 63 regelt nur den Haftungsgrund, die Haftungshöhe ergibt sich ebenso wie die Verjährung aus dem allgemeinen Recht. Soweit dem entgegengehalten wird, dass § 63 einen integralen Schadensersatz anordne, überzeugt dies nicht.[6] § 67 verbietet lediglich, von bestimmten, explizit genannten Vorschriften abzuweichen. § 63 regelt aber gerade nicht, in welcher Höhe der in Anspruch genommene Versicherungsvermittler haftet und welchen Verjährungsfristen der Anspruch unterliegt. Es ist auch nicht ersichtlich, dass der Gesetzgeber § 202 I BGB abbedingen wollte, der den Grundsatz der Vertragsfreiheit im Verjährungsrecht gerade betont.[7] Wenn der Gesetzgeber jegliche Beschränkung des sich aus § 63 ergebenden Schadensersatzanspruchs hätte vermeiden wollen, wäre dies durch eine entsprechende Regelung in § 63 unschwer möglich gewesen. Die Vorschrift des § 63 ist aber § 280 BGB nachgebildet, der eben nur den Haftungsgrund regelt, während sich Haftungshöhe und auch Verjährung nach allgemeinem Recht richten. Haftungsbeschränkende Vereinbarungen, die z.B. die Haftungshöchstsumme oder den Lauf der Verjährungsfrist betreffen, sind demzufolge mit § 67 vereinbar. Ihre Wirksamkeit regelt sich aber nach allgemeinem Recht, insbes. den §§ 305 ff. BGB, wenn Allgemeine Geschäftsbedingungen verwendet werden, oder den §§ 134, 138, 242 BGB.

§ 68 Versicherungsberater.
[1]Die für Versicherungsmakler geltenden Vorschriften des § 60 I 1, des § 61 I und der §§ 62–65 und 67 sind auf Versicherungsberater entsprechend anzuwenden. [2]Weitergehende Pflichten des Versicherungsberaters aus dem Auftragsverhältnis bleiben unberührt.

---

2 HK-VVG/*Münkel*, § 66 Rn. 1; L/W/*Reiff*, § 66 Rn. 9, der zu Recht betont, dass die §§ 69 I, II; 70–72 nach § 73 auch auf Angestellte eines Versicherers im Werbeaußendienst und auf nichtgewerbliche Gelegenheitsvermittler anwendbar sind.
3 So auch P/M/*Dörner*, § 66 Rn. 3; anders PK/*Michaelis*, § 66 Rn. 3, der sich allerdings auf die überholte Begründung zu § 42h VVG a.F. bezieht.
1 HK-VVG/*Münkel*, § 67 Rn. 1; L/W/*Reiff*, § 67 Rn. 2.
2 P/M/*Dörner*, § 67 Rn. 2; anders *Werber* VersR 2007, 1153.
3 P/M/*Dörner*, § 67 Rn. 2.
4 *Werber* VersR 2010, 553, 556.
5 A.A. B/M/*Schwintowski*, § 67 Rn. 1; PK/*Michaelis*, § 67 Rn. 4; P/M/*Dörner*, § 67 Rn. 4.
6 So aber P/M/*Dörner*, § 67 Rn. 5.
7 MünchKommBGB/*Grothe*, § 202 Rn. 1; Palandt/*Ellenberger*, § 202 Rn. 1.

Übersicht

	Rdn.		Rdn.
A. Allgemeines	1	II. Reichweite	4
B. Tatbestand	2	C. Rechtsfolgen und Beweislast	5
I. Eingeschränkte Anwendbarkeit des Vermittlerrechts	2		

A. Allgemeines

Gem. § 68 gelten auch für den Versicherungsberater die Vorschriften der §§ 60 I 1, 61 I und 62–65 und 67 entsprechend. Diese Regelung war erforderlich, da auch Versicherungsberater von der EU-Versicherungsvermittlerrichtlinie erfasst werden.[1] Die Vorschrift ist verfassungsgemäß.[2] Ob sie rechtspolitisch notwendig ist, ist umstritten.[3] **1**

B. Tatbestand

I. Eingeschränkte Anwendbarkeit des Vermittlerrechts

Der Gesetzgeber hat nicht alle Vorschriften des in das VVG integrierten Versicherungsvermittlerrechts für auf den Versicherungsberater anwendbar erklärt, um dem besonderen Berufsbild des Versicherungsberaters Rechnung zu tragen. So hat der Versicherungsberater nicht die Möglichkeit, seine Beratungsgrundlage einzuschränken. Auch der Verzicht auf Beratung und Dokumentation ist nicht möglich. **2**

Dass der Kunde eines Versicherungsberaters gegenüber einem Versicherungsberater nicht auf die Beratung verzichten können soll, ist ohne weiteres nachvollziehbar, denn ansonsten wäre der mit dem Versicherungsberater abgeschlossene Vertrag inhaltsleer.[4] Nicht nachvollziehbar ist allerdings, wieso es dem VN nicht möglich sein soll, unter den in § 61 II geregelten Voraussetzungen auf die Dokumentation verzichten zu können. Hierzu fehlt in der Gesetzesbegründung eine plausible Erklärung. Ein Verzicht auf eine Dokumentation ist durchaus mit dem Berufsbild eines Beraters in Einklang zu bringen, denn auch für andere Berufsberater gibt es keine gesetzlich geregelte Dokumentationspflicht. **3**

II. Reichweite

§ 68 Satz 2 stellt klar, dass § 68 Satz 1 keineswegs abschließend ist, sondern sich über die in den §§ 59 ff. geregelten Pflichten hinaus weitere Pflichten gemäß dem Inhalt des Versicherungsberatervertrages ergeben können. Die Rechtslage ist hier vergleichbar mit der Rechtslage, wie sie für den Versicherungsmakler gilt. **4**

C. Rechtsfolgen und Beweislast

Soweit der Gesetzgeber Vorschriften der §§ 59 ff. für anwendbar erklärt hat, gelten für den Versicherungsberater dieselben Rechtsfolgen und Beweislastgrundsätze wie für einen Versicherungsvermittler. **5**

Unterabschnitt 2. Vertretungsmacht

§ 69 Gesetzliche Vollmacht.

(1) Der Versicherungsvertreter gilt als bevollmächtigt,
1. Anträge, die auf den Abschluss eines Versicherungsvertrags gerichtet sind, und deren Widerruf sowie die vor Vertragsschluss abzugebenden Anzeigen und sonstigen Erklärungen vom Versicherungsnehmer entgegenzunehmen,
2. Anträge auf Verlängerung oder Änderung eines Versicherungsvertrags und deren Widerruf, die Kündigung, den Rücktritt und sonstige das Versicherungsverhältnis betreffende Erklärungen sowie die während der Dauer des Versicherungsverhältnisses zu erstattenden Anzeigen vom Versicherungsnehmer entgegenzunehmen und
3. die vom Versicherer ausgefertigten Versicherungsscheine oder Verlängerungsscheine dem Versicherungsnehmer zu übermitteln.

(2) ¹Der Versicherungsvertreter gilt als bevollmächtigt, Zahlungen, die der Versicherungsnehmer im Zusammenhang mit der Vermittlung oder dem Abschluss eines Versicherungsvertrags an ihn leistet, anzunehmen. ²Eine Beschränkung dieser Vollmacht muss der Versicherungsnehmer nur gegen sich gelten lassen, wenn er die Beschränkung bei der Vornahme der Zahlung kannte oder infolge grober Fahrlässigkeit nicht kannte.

---

1 BT-Drucks. 16/1935 S. 26.
2 BVerfG NJW 2007, 2537.
3 Vgl. *Schimikowski/Höra*, S. 145.
4 P/M/*Dörner*, § 68, Rn. 3.

(3) ¹Der Versicherungsnehmer trägt die Beweislast für die Abgabe oder den Inhalt eines Antrags oder einer sonstigen Willenserklärung nach Absatz 1 Nr. 1 und 2. ²Die Beweislast für die Verletzung der Anzeigepflicht oder einer Obliegenheit durch den Versicherungsnehmer trägt der Versicherer.

Übersicht

	Rdn.		Rdn.
A. Allgemeines	1	3. Erklärungen eines Dritten	18
I. Normzweck	1	4. Grenzen der Empfangsvollmacht	19
II. Entstehungsgeschichte	2	a) Zurückweisung von Erklärungen	19
III. Anwendungsbereich	4	b) Kollusives Zusammenwirken und evidenter Fehlgebrauch der Vertretungsmacht	21
B. Tatbestand	7		
C. Rechtsfolge	8		
I. Empfangsvollmacht (Abs. 1)	8	5. Erlöschen der Vertretungsmacht	22
1. Entgegennahme von Anträgen, Anzeigen und sonstigen Erklärungen vor Vertragsschluss (Abs. 1 Nr. 1)	9	II. Übermittlung des Versicherungsscheins (Abs. 1 Nr. 3)	23
a) Anträge	9	III. Annahme von Zahlungen (Abs. 2)	25
b) Anzeigen	10	1. Reichweite der Inkassovollmacht	25
c) Sonstige Erklärungen	11	2. Vertragliche Beschränkungen der Inkassovollmacht	27
2. Entgegennahme von Anträgen, Anzeigen und sonstigen Erklärungen nach Vertragsschluss (Abs. 1 Nr. 2)	12	IV. Erweiterung des Vollmachtumfangs	28
a) Anträge	12	V. Vertretung ohne Vertretungsmacht	30
b) Anzeigen	13	D. Vertretungsmacht sonstiger Dritter	31
c) Sonstige Erklärungen	16	E. Beweislast (Abs. 3)	32
		F. Abänderlichkeit	34

A. Allgemeines

I. Normzweck

1 § 69 I und II bestimmt den (**Mindest-**)**Umfang der Vertretungsmacht** des selbstständigen Versicherungsvertreters. Es handelt sich um eine gesetzlich umschriebene **widerlegbare Vermutung** (»gilt als bevollmächtigt«),[1] die den Interessen und dem Schutz des VN dient. Dieser soll grundsätzlich darauf vertrauen können, dass der Versicherungsvertreter mit den im Gesetz genannten Befugnissen ausgestattet ist. Die Vermutung wird nur durch einen **individuellen Hinweis** auf eine Beschränkung der Vollmacht widerlegt (vgl. § 72).[2] § 69 III regelt die **Beweislast** für die Abgabe oder den Inhalt eines Antrags oder einer sonstigen Willenserklärung des VN sowie für die Verletzung der Anzeigepflicht oder einer Obliegenheit durch den VN.

II. Entstehungsgeschichte

2 § 69 basiert auf § 43 a.F., der abgesehen von einer sprachlichen Anpassung des § 43 Nr. 4 a.F. durch die VO vom 19.12.1939[3] und der Aufhebung dieser Regelung infolge der Umsetzung von Art. 4 IV Vermittlerrichtlinie[4] seit dem Inkrafttreten des VVG 1908 unverändert geblieben war. Die Neuregelung knüpft im Grundsatz an die Unterscheidung zwischen der Vollmacht zur Vermittlung und der Vollmacht zum Abschluss von Versicherungsverträgen an. Die Vollmacht ist nach neuem Recht **nicht mehr auf den Versicherungszweig beschränkt**, in dem der Versicherungsvertreter vertraglich tätig ist, da eine solche Beschränkung nach Ansicht des Gesetzgebers dem Schutzbedürfnis des VN widerspricht.[5]

3 Abweichend von § 43 Nr. 1 a.F. werden nunmehr die vor Vertragsschluss abzugebenden Anzeigen ausdrücklich in § 69 I Nr. 1 erwähnt. Damit hat der Gesetzgeber die sog. »Auge-und-Ohr-Rechtsprechung« kodifiziert.[6] § 69 II räumt dem Versicherungsvertreter Inkassovollmacht ein und knüpft insoweit an § 43 Nr. 4 VVG 1908 an. Diese Vorschrift, nach der der Versicherungsvertreter als ermächtigt galt, Prämien nebst Zinsen und Kosten anzunehmen, sofern er sich im Besitz einer vom VR unterzeichneten Prämienrechnung war, wurde im Rahmen der Umsetzung der Vermittlerrichtlinie durch § 42f a.F. über die Zahlungssicherung zugunsten des VN ersetzt. Neu ist die Klarstellung der Beweislastverteilung durch § 69 III entsprechend den vom BGH entwickelten Grundsätzen.[7]

---

1 Zur Rechtsnatur vgl. B/M/*Schwintowski*, § 69 Rn. 11.
2 Vgl. P/M/*Dörner*, § 72 Rn. 4; a.A. L/W/*Reiff*, § 69 Rn. 22; R/L/*Rixecker*, § 72 Rn. 1 und wohl auch B/M/*Schwintowski*, § 72 Rn. 9: Individualvereinbarung zwischen VN und Versicherer erforderlich.
3 RGBl. I S. 2443.
4 Richtlinie 2002/92/EG des Europäischen Parlaments und des Rates vom 09.12.2002 über Versicherungsvermittlung, Abl.EG L 9/3 vom 15.01.2003.
5 Begr. RegE BT-Drucks. 16/3945 S. 77.
6 Vgl. BGH r+s 2008, 284, 285.
7 Vgl. BGH r+s 2008, 284, 285; BGH r+s 2005, 10, 11 f. = NJW 2004, 3427; BGHZ 107, 322, 325 = r+s 1989, 242, 243; BGH r+s 2003, 53, 54 = VersR 2002, 1089.

III. Anwendungsbereich

§ 69 findet auf **Versicherungsvertreter i.S.v. § 59 II** Anwendung. Darüber hinaus gibt er nach § 73 auch das Maß für den Umfang der Vollmacht für solche Vermittler, die beim Versicherer **angestellt** sind, sowie für Vermittler, die als Versicherungsvertreter zwar selbstständig Versicherungsverträge vermitteln, dies jedoch nicht gewerbsmäßig tun (**Gelegenheitsvermittler**). Versicherungsmakler sind hingegen nicht erfasst.[8] 4

Keine Anwendung findet § 69 auf die Vermittlung der **Seeversicherung** und der **Rückversicherung** (§ 209). Der Umfang der Vollmacht bestimmt sich dort für den selbstständigen Versicherungsvertreter nach §§ 84, 91, 91a, 92 HGB und für den angestellten Vermittler nach §§ 55 IV, 59, 75g, 75h HGB. 5

Nach Art. 2 Nr. 1 EGVVG findet § 69 auf Versicherungsverträge, die bis zum 31.12.2007 abgeschlossen wurden, bereits ab dem 01.01.2008 Anwendung. 6

B. Tatbestand

Die Anwendung des § 69 setzt eine **rechtsgeschäftlich erteilte Innen- oder Außenvollmacht** (§ 167 I BGB) voraus.[9] Das Vertrauen auf die wirksam erteilte Vollmacht ist nur über die Grundsätze der Anscheinsvollmacht geschützt (Rdn. 29). Auf die Wirksamkeit des Versicherungsvertretervertrags kommt es nicht an.[10] 7

C. Rechtsfolge
I. Empfangsvollmacht (Abs. 1)

Die Bevollmächtigung zur Entgegennahme von Anträgen oder deren Widerruf sowie von Anzeigen und sonstigen Erklärungen, die die Anbahnung, Durchführung und Beendigung des Vertrags betreffen, gibt dem Versicherungsvertreter nur eine **Passivvertretungsmacht**, bevollmächtigt ihn aber nicht zu eigenen Erklärungen für den VR in Bezug auf den Umfang des Versicherungsschutzes. Diesbezüglich tritt eine Bindung nur unter den Voraussetzungen des § 71, bei Vorliegen einer konkreten rechtsgeschäftlichen Vollmachtsabrede oder nach den Grundsätzen über die Duldungs-/Anscheinsvollmacht (Rdn. 28 f.) ein. Unberührt von § 69 I bleibt die Beratungs- und Dokumentationspflicht des Versicherungsvermittlers gemäß § 61. 8

1. Entgegennahme von Anträgen, Anzeigen und sonstigen Erklärungen vor Vertragsschluss (Abs. 1 Nr. 1)
a) Anträge

Der Antrag muss sich auf die **Schließung eines Versicherungsvertrags** richten. Mit dem Zugang der Erklärung des VN beim Versicherungsvertreter ist sie gemäß § 164 III BGB dem VR zugegangen[11] und der Antragsteller an seinen Antrag gebunden (§ 145 BGB). Ob ein Antrag auf Abschluss, Änderung oder Verlängerung des Versicherungsvertrags wirksam widerrufen worden ist, beurteilt sich bei Willenserklärungen gegenüber Abwesenden zunächst nach § 130 I 2 BGB, im Übrigen nach § 8. 9

b) Anzeigen

Welche Anzeigen vor Vertragsschluss vom VN abzugeben sind, ergibt sich aus § 19 I. Danach hat der VN alle **gefahrerheblichen Umstände**, nach denen er gefragt worden ist, dem VR, hier also dem Versicherungsvertreter, anzuzeigen. Zu den Anzeigen zählt auch die **Richtigstellung** fehlerhaft beantworteter Fragen. Auf den Zugang der Anzeige findet § 164 III BGB (nur) entsprechend Anwendung, da es sich bei Anzeigen nicht um Willens-, sondern um **Wissenserklärungen** handelt.[12] 10

c) Sonstige Erklärungen

Zu den sonstigen Erklärungen, die aus der Natur der Sache vor Vertragsschluss abzugeben sind, zu deren Abgabe der VN aber nicht verpflichtet ist, zählen sowohl **Willenserklärungen** wie z.B. der bereits erwähnte **Widerruf** nach § 130 I 2 BGB, der **Verzicht** auf die Beratung (§§ 6 III, 61 II) und/oder auf Information (§ 7 I) als auch **Wissenserklärungen** über nicht gefahrerhebliche Umstände.[13] 11

2. Entgegennahme von Anträgen, Anzeigen und sonstigen Erklärungen nach Vertragsschluss (Abs. 1 Nr. 2)
a) Anträge

Der Antrag muss auf **Verlängerung oder Änderung eines Versicherungsvertrags** gerichtet sein. Hinsichtlich des Zugangs und des Widerrufs des Antrags gilt im Grundsatz nichts anderes als beim Antrag auf Abschluss 12

---

8 Vgl. AG Bad Segeberg 2014, VuR 2015, 119; R/L/*Rixecker* § 69 Rn. 3; HK-VVG/*Münkel* § 69 Rn. 7.
9 Vgl. *Werber*, VersR 2000, 393, 394 Fn. 6; a.A. HK-VVG/*Münkel* § 69 Rn. 19.
10 Ebenso P/M/*Dörner*, § 69 Rn. 3.
11 BGH VersR 1987, 663; OLG Brandenburg VersR 1997, 347; *Reiff* r+s 1998, 89, 96.
12 MünchKommBGB/*Schramm*, § 164 Rn. 5; *Reiff* r+s 1998, 89, 96.
13 Vgl. HK-VVG/*Münkel*, § 69 Rn. 31 f.; L/W/*Reiff*, § 69 Rn. 28.

des Versicherungsvertrags. Allerdings besteht das Widerrufsrecht nach § 8 nur hinsichtlich des Änderungsantrags, nicht aber hinsichtlich des Verlängerungsantrags.[14]

b) Anzeigen

13 Welche Anzeigen während der Laufzeit des Vertrags zu erstatten sind, ergibt sich in erster Linie aus dem Versicherungsvertrag, ergänzend aus dem VVG. Vor Eintritt des Versicherungsfalls betreffen die Anzeigepflichten im Allgemeinen **Änderungen der Gefahrslage** (§ 23 II und III), den **Abschluss weiterer Versicherungsverträge** gegen dieselbe Gefahr (§ 77), die **Veräußerung der versicherten Sache** (§ 97) **oder des versicherten Unternehmens** (§ 102), nach **Eintritt des Versicherungsfalls** vor allem die Anzeige desselben (§§ 30, 104).[15]

14 Den Anzeigen stehen gleich **Auskünfte**, deren Erteilung den VN als Obliegenheit trifft. Vor Eintritt des Versicherungsfalls handelt es sich z.B. um Auskünfte, die der **Berechnung der Prämienhöhe** dienen, nach Eintritt des Versicherungsfalls um **Angaben (einschließlich deren Korrekturen) zum Versicherungsfall** (§ 31), die **Einholung von Weisungen** (§ 82) und **Angaben zur Verfolgung von Regressansprüchen** des Versicherers (§ 86).

15 § 69 I Nr. 2 ist entsprechend anzuwenden auf Anzeigen, die nach der **Beendigung des Versicherungsvertrags** gemacht werden (z.B. Anzeige des Versicherungsfalls bei claims-made-Deckungen innerhalb einer vereinbarten Nachmeldefrist oder in der Vermögensschadenhaftpflichtversicherung).

c) Sonstige Erklärungen

16 Zu den sonstigen Erklärungen während der Laufzeit des Vertrags zählen neben der **Kündigung** und dem **Rücktritt**, die ausdrücklich genannt werden, u.a. die **Anfechtung** (§§ 119, 123 BGB), das Verlangen auf **Ausstellen einer Ersatzurkunde** (§ 3 III 1), der **Widerspruch** (§ 5), der **Verzicht** (vgl. §§ 6 IV, 11 II), Anträge auf **Aufhebung des Versicherungsvertrags** sowie die **Einsetzung** und der **Widerruf des Bezugsberechtigten**.[16]

17 Den sonstigen Erklärungen stehen **geschäftsähnliche Handlungen** wie z.B. die Mahnung gleich.[17]

3. Erklärungen eines Dritten

18 Der Versicherungsvertreter kann auch Anzeigen und Erklärungen Dritter annehmen, die die Anbahnung, Durchführung und Beendigung des vermittelten Vertrags betreffen, soweit der Dritte an die Stelle des VN tritt, so z.B. der **Erwerber der versicherten Sache** (§ 96 II)[18] oder der **Wissenserklärungsvertreter**, der im Auftrag oder mit Zustimmung des VN handelt.[19]

4. Grenzen der Empfangsvollmacht
a) Zurückweisung von Erklärungen

19 Ob der Versicherungsvertreter aus § 69 I berechtigt ist, eine mangelhafte Erklärung des VN (z.B. fehlende Schriftform) oder eine einseitige Willenserklärung, die ein nicht ordnungsgemäß ausgewiesener Dritter für den VN abgibt, zurückzuweisen,[20] ist fraglich, da es sich bei der Zurückweisung um eine (einseitige) Willenserklärung[21] und somit einen Akt aktiver Vertretung handelt.[22]

20 Hat der VR die Vollmacht des Versicherungsvertreters wirksam beschränkt, ist der Versicherungsvertreter in jedem Fall zur Zurückweisung berechtigt. Der Versicherungsvertreter ist in diesem Fall nicht etwa Empfangsbote des VR, sondern **Erklärungsbote** des VN,[23] so dass der VN das Risiko trägt, wenn der Versicherungsvertreter die Erklärung nicht an den Versicherer weiterleitet.

b) Kollusives Zusammenwirken und evidenter Fehlgebrauch der Vertretungsmacht

21 Handelt der VN kollusiv mit dem Versicherungsvertreter zum Nachteil des VR zusammen, kann sich der VN nicht auf einen wirksamen Zugang der Erklärung berufen. Gleiches gilt nach § 242 BGB für die Fälle eines Empfangsvollmachtsmissbrauchs unterhalb der Schwelle der Kollusion, wenn der Missbrauch **auf Grund massiver Verdachtsmomente** objektiv evident ist.[24] Betroffen ist vor allem der Bereich der vorvertraglichen

---

14 PK/*Ebers*, § 8 Rn. 13.
15 Vgl. L/W/*Reiff*, § 69 Rn. 31.
16 B/M/*Schwintowski*, § 69 Rn. 37.
17 B/M/*Schwintowski*, § 69 Rn. 35.
18 Vgl. OLG Frankfurt (Main) VersR 1965, 995.
19 P/M/*Dörner*, § 69 Rn. 20; B/M/*Schwintowski*, § 69 Rn. 35; BK/*Gruber*, § 43 Rn. 13.
20 Bejahend R/L/*Rixecker*, § 69 Rn. 94; P/M/*Dörner*, § 69 Rn. 20; wohl auch BK/*Gruber*, § 43 Rn. 14; a.A. OGH VersR 2001, 1311.
21 Vgl. Palandt/*Ellenberger*, § 111 Rn. 5.
22 Vgl. HK-VVG/*Münkel* § 69 Rn. 33; P/M/*Dörner*, § 69 Rn. 14.
23 OLG Hamburg VersR 1998, 627, 630; HK-VVG/*Münkel* § 72 Rn. 11; *Büsken/Dreyer*, NVersZ 1999, 455, 457; a.A. OLG Hamm r+s 2009, 204; OLG Hamm r+s 2001, 399, 400; *Reiff*, ZVersWiss 2002, 103, 121; *Rüthers*, NVersZ 2001, 241, 242 f.; *Werber*, VersR 2000, 393, 395.
24 BGH r+s 2008, 284, 286; BGH NJW 1994, 2082; BGH WM 1999, 1617.

Anzeigepflichtverletzung.[25] An die Evidenz des Vollmachtsmissbrauchs durch einen Versicherungsvertreter ist allerdings ein strenger Maßstab anzulegen, der dessen besonderer Stellung Rechnung trägt.[26] Der Antragsteller darf im Hinblick darauf, dass der VR sich zur Erfüllung seiner Pflicht zur Auskunft und Beratung des Versicherungsvertreters bedient, davon ausgehen, dass der Versicherungsvertreter zur Erteilung solcher Auskünfte regelmäßig auch befugt ist. Ein evidenter Missbrauch liegt deshalb nicht vor, wenn der Versicherungsvertreter dem Antragsteller durch einschränkende Bemerkungen verdeckt, was auf die jeweilige Frage nach gefahrerheblichen Umständen im Antragsformular anzugeben und in das Formular aufzunehmen ist.[27] Evidenz ist für den Fall bejaht worden, dass der Versicherungsvertreter auf den Hinweis des VN, er habe einen Herzinfarkt erlitten, antwortet, das wolle er gar nicht wissen. Ein offensichtlicher Missbrauch liegt darüber hinaus vor, wenn der VN erkennt, dass der Versicherungsvertreter ihm zuvor mitgeteilte schwere Erkrankungen oder Operationen nicht in das Antragsformular aufnimmt.[28]

5. Erlöschen der Vertretungsmacht

Das Erlöschen der Vertretungsmacht beurteilt sich nach **bürgerlich-rechtlichen Regeln**. Vorbehaltlich besonderer Abreden erlischt die Vollmacht gemäß § 168 S. 1 BGB mit der Beendigung des Versicherungsvertreterverhältnisses.[29] Im Falle des Todes des Versicherungsvertreters gelten §§ 673, 675 BGB.[30] Handelt es sich bei dem Versicherungsvertreter um eine Handelsgesellschaft[31] oder um eine juristische Person, so endet die Vollmacht nicht bereits mit dem Eintritt in die Liquidation, sondern erst mit dem völligen Erlöschen.[32] 22

II. Übermittlung des Versicherungsscheins (Abs. 1 Nr. 3)

Im Unterschied zu § 69 I Nr. 1 und 2 geht es in Nr. 3 um ein aktives Verhalten des Versicherungsvertreters. Er ist bevollmächtigt, dem VN die vom VR ausgefertigten Versicherungsscheine und Verlängerungsscheine zu übermitteln. Der Versicherungsvertreter darf somit nur Urkunden aushändigen, die vom VR ausgefertigt und dann dem Versicherungsvertreter übergeben worden sind. Die Übergabe durch den Versicherer bevollmächtigt den Versicherungsvertreter nicht zur Abgabe von Willenserklärungen, welche über die Aushändigung des Versicherungsscheins hinausgehen.[33] § 69 I Nr. 3 erfasst auch **Einzelpolicen** und Versicherungszertifikate nach § 55 I, die **bei laufenden Versicherungen** vom VR ausgestellt werden.[34] 23

Der Übermittlung des Versicherungsscheins gleichzustellen ist die **Aushändigung anderer Urkunden**, z.B. Nachträge (Anhänge) und Versicherungsbestätigungen in der Kfz-Haftpflichtversicherung, die der VR ausgefertigt hat. Kommt durch die Aushändigung der Versicherungsbestätigung ein Versicherungsvertrag über die Gewährung vorläufiger Deckung zustande,[35] ist der Versicherungsvertreter gemäß § 69 I Nr. 3 als bevollmächtigt anzusehen.[36] 24

III. Annahme von Zahlungen (Abs. 2)

1. Reichweite der Inkassovollmacht

Der Versicherungsvertreter gilt als bevollmächtigt, Zahlungen des VN im Zusammenhang mit der Vermittlung oder dem Abschluss eines Versicherungsvertrags – gemeint ist die **Erst-/Einmalprämie** – anzunehmen. Anders als im umgekehrten Fall der Bevollmächtigung des Versicherungsvermittlers durch den VN zur Annahme von Leistungen des VR (vgl. § 64), bedarf es also keiner gesonderten schriftlichen Erklärung des Vertretenen. Mit der Zahlung der Prämie an den Versicherungsvertreter tritt Erfüllung i.S.v. § 362 BGB ein.[37] Die Vollmacht gilt nach § 66 nicht für Bagatellvermittler i.S.v. § 34d IX Nr. 1 GewO. 25

Nach dem Wortlaut des § 69 II gilt die Inkassovollmacht nicht für **Folgeprämien**.[38] Damit wäre die Reichweite der Vollmacht gegenüber § 43 Nr. 4 a.F. eingeschränkt, der auch Folgeprämien erfasste.[39] Da der Gesetzes- 26

---

25 Für ein Beispiel im Zusammenhang mit der Schadensregulierung s. LG Kleve, Urt. vom 26.02.2008, 3 O 510/06.
26 BGH r+s 2008, 284, 286; BGH r+s 2002, 140 = VersR 2002, 425; krit. L/W/*Reiff*, § 69 Rn. 38 f.; *Prölss*, VersR 2002, 961 f.; HK-VVG/*Münkel*, § 69 Rn. 42.
27 BGH r+s 2008, 284, 286; BGH r+s 2002, 140, 141 = VersR 2002, 425.
28 Vgl. OLG Karlsruhe VersR 1997, 861, 862; OLG Schleswig VersR 1995, 406, 407; OLG Saarbrücken VersR 1998, 444; OLG Zweibrücken VersR 2002, 1017, 1018.
29 Vgl. B/M/*Möller*[8], Bd. I, § 43 Anm. 39.
30 B/M/*Möller*[8], Bd. I, Vor §§ 43–48 Anm. 341.
31 Vgl. OLG Düsseldorf NJW-RR 1990, 1299, 1300.
32 Palandt/*Ellenberger*, § 168 Rn. 3; MünchKommBGB/*Schramm*, § 168 Rn. 6a.
33 B/M/*Schwintowski*, § 69 Rn. 38; AG Oelde VersR 1953, 234.
34 Begr. RegE BT-Drucks. 16/3945 S. 193.
35 BGH NJW 1999, 3560 f.
36 B/M/*Schwintowski*, § 69 Rn. 38; vgl. auch P/M/*Dörner*, § 69 Rn. 26: Fall gesetzlicher Botenmacht; P/M/*Kollhosser*[27], § 43 Rn. 26: Fall der rechtsgeschäftlichen Erweiterung der Vollmacht.
37 OLG Köln r+s 1986, 144; HK-VVG/*Münkel*, § 69 Rn. 48.
38 *Reiff*, VersR 2007, 717, 727.
39 *Reiff*, VersR 2007, 717, 727; BK/*Gruber*, § 43 Rn. 16; PK/*Michaelis*, § 69 Rn. 6.

begründung nicht zu entnehmen ist, dass eine solche Beschränkung auf einer bewussten und gewollten Entscheidung des Gesetzgebers beruht, ist eine analoge Anwendung von § 69 II auf Folgeprämien geboten.[40]

2. Vertragliche Beschränkungen der Inkassovollmacht

27 Nach § 69 II 2 muss der VN eine Beschränkung der Inkassovollmacht nur gegen sich gelten lassen, wenn er die Beschränkung bei der Vornahme der Zahlung kannte oder infolge grober Fahrlässigkeit nicht kannte. Nach der Gesetzesbegründung zu § 42f I a.F. bedarf es eines deutlichen Hinweises des Versicherers auf das Nichtbestehen einer Inkassovollmacht. Ferner wird nach Einschätzung des Gesetzgebers »kein Fall grober Fahrlässigkeit vorliegen, wenn es sich lediglich um einen standardisierten Hinweis in den Allgemeinen Geschäftsbedingungen handelt«. In der Gesetzesbegründung zu § 69 II heißt es ferner »für die Beschränkung der Vollmacht ist zusätzlich die Vorschrift des § 72 VVG-E zu berücksichtigen.«[41] Zur Beschränkung der Inkassovollmacht bedarf es somit stets eines **individuellen Hinweises** des VR.[42]

IV. Erweiterung des Vollmachtsumfangs

28 Ist eine Willenserklärung oder geschäftsähnliche Handlung nicht von § 69 I und II erfasst, wird der VR nur bei Vorliegen einer besonderen rechtsgeschäftlichen Vollmacht berechtigt oder verpflichtet. Ohne eine solche Vollmacht ist der Versicherungsvertreter nicht ermächtigt, Anträge abzulehnen, Prozesse für den VR zu führen, Zustellungen für ihn entgegenzunehmen, Prämien zu stunden,[43] Erklärungen für den VR abzugeben, z.B. Abtretungen zu genehmigen,[44] Deckungszusagen zu erteilen,[45] eine Frist nach § 38 zu bestimmen, Entschädigungen gegen rückständige Prämien aufzurechnen, vom VR gesetzte Fristen zu verlängern,[46] Versicherungsschutz zuzusagen, wenn der VR ihn abgelehnt hat,[47] oder eine im Versicherungsfall verlangte Entschädigung zu zahlen.[48]

29 Die rechtsgeschäftliche Erweiterung kann bis zur Abschlussvollmacht gehen. Dabei kommen auch die **Grundsätze über die Duldungs- oder Anscheinsvollmacht** zur Anwendung.[49] Weder eine bestehende Inkassovollmacht noch eine Vollmacht zur Zusage vorläufiger Deckung vermag allerdings den Rechtsschein, der Versicherungsvertreter sei zum Abschluss von Versicherungsverträgen bevollmächtigt, zu begründen.[50] Eine Vollmacht des Versicherungsvertreters zum Abschluss von Versicherungsverträgen lässt sich auch nicht aus der Bezeichnung »Generalagentur« in seinem Briefkopf unter Anführung von verschiedenen Versicherern herleiten.[51]

V. Vertretung ohne Vertretungsmacht

30 Hat ein Versicherungsvertreter, der nur mit der Vermittlung von Versicherungsverträgen betraut ist, einen Versicherungsvertrag im Namen des VR abgeschlossen, und war dem VN der Mangel an Vertretungsmacht nicht bekannt, so gilt der Vertrag nach §§ **92, 91a HGB** als von dem VR genehmigt, wenn dieser nicht unverzüglich, nachdem er von dem Versicherungsvertreter oder dem VN über Abschluss und wesentlichen Inhalt benachrichtigt worden ist, dem VN gegenüber das Geschäft ablehnt. Entsprechendes gilt gemäß **§ 75h HGB** für den Fall des angestellten Vermittlers. § 177 I BGB wird insoweit verdrängt.

D. Vertretungsmacht sonstiger Dritter

31 Um den Fall einer besonderen rechtsgeschäftlichen Empfangsvollmacht handelt es sich, wenn der VR einen **Versicherungsmakler** mit der Entgegennahme von Anträgen und Anzeigen (§ 73 Rdn. 8) oder den **Arzt** beim Abschluss einer Personenversicherung mit der Aufnahme der »Erklärung vor dem Arzt« hinsichtlich der in diesem Zusammenhang gestellten Fragen und erteilten Auskünfte und Antworten beauftragt. Was dem Arzt zur Beantwortung der vom VR vorformulierten Fragen gesagt ist, ist dem VR gesagt, selbst wenn der Arzt die ihm erteilten Antworten nicht in die Erklärung aufnimmt.[52]

---

40 L/W/*Reiff*, § 69 Rn. 42; P/M/*Dörner*, § 69 Rn. 25; PK/*Michaelis*, § 69 Rn. 6.
41 Begr. RegE BT-Drucks. 16/3945 S. 77.
42 Ebenso P/M/*Dörner*, § 69 Rn. 26; a.A. L/W/*Reiff*, § 69 Rn. 44; PK/*Michaelis*, § 69 Rn. 7.
43 RGZ 114, 347; OLG Hamburg VersR 1951, 226; OLG Köln VersR 1950, 82, 83.
44 BGH VersR 1968, 35, 36 f. = NJW 1968, 299.
45 BGH VersR 1951, 114, 115; BayObLG VersR 1957, 215; LG München VersR 1958, 590, 591; OGH VersR 1966, 1018 f.
46 RG JW 1934, 414, 417.
47 RGZ 155, 103, 107.
48 P/M/*Dörner*, § 69 Rn. 14; vgl. auch HK-VVG/*Münkel*, § 69 Rn. 50.
49 P/M/*Dörner*, § 69 Rn. 12; BK/*Gruber*, § 43 Rn. 20; vgl. OLG Düsseldorf NJOZ 2008, 1760, 1761; KG VersR 2009, 343.
50 BGH NJW 1983, 631; OLG Köln r+s 1990, 325, 326.
51 OLG Köln r+s 1990, 325, 326.
52 BGH NVersZ 2001, 306, 307 = VersR 2001, 620; BGH r+s 1990, 101 f. = VersR 1990, 77; vgl. auch HK-VVG/*Münkel*, § 69 Rn. 16.

E. Beweislast (Abs. 3)

Ist die Abgabe oder der Inhalt des Antrags oder einer sonstigen Erklärung nach § 69 I Nr. 1 und 2 streitig, liegt die Beweislast nach § 69 III 1 beim **VN**. Er muss beweisen, dass er den schriftlichen **Antrag** gegenüber dem Vertreter **mündlich – zu seinen Gunsten**[53] – **ergänzt** hat.[54] Diese Beweislastregelung gilt auch dann, wenn der Vertreter den Antragsvordruck ausgefüllt hat, da eine Wissenszurechnung (vgl. § 70) die Beweislast nicht zu verändern vermag.[55] Der VN trägt auch die Beweislast dafür, dass der Versicherungsvertreter den Antrag nach Entgegennahme eigenmächtig abgeändert hat.[56]

32

Den **VR** trifft gemäß § 69 III 2 die Beweislast dafür, dass der VN seine **vorvertragliche Anzeigepflicht** nach § 19 I VVG oder eine **Obliegenheit** verletzt hat. Der Nachweis falscher Angaben des VN lässt sich, wenn der Vertreter das Formular ausgefüllt hat, allein mit dessen Inhalt jedoch nicht erbringen, sofern der VN substantiiert behauptet, die Fragen des Vertreters mündlich richtig beantwortet zu haben. Der VR muss in einem solchen Fall darlegen und gegebenenfalls – im Regelfall durch die Aussage seines Versicherungsvertreters – beweisen, dass der VN diesen auch mündlich unzutreffend unterrichtet hat.[57] Denn was dem Vertreter in Bezug auf die Antragstellung gesagt und vorgelegt wird, ist dem VR gesagt und vorgelegt worden (§§ 69 I Nr. 1, 70), selbst wenn der Versicherungsvertreter es nicht in das Formular aufgenommen hat.[58] Das gilt auch insoweit, als der VN ergänzende Angaben unterlässt, weil der Vertreter ihn über die in den schriftlichen Antrag aufzunehmenden Tatsachen falsch unterrichtet.[59] Beweisen muss der VR auch, dass der Vertreter die angeblich falsch beantworteten Fragen überhaupt gestellt hat.[60]

33

F. Abänderlichkeit

§ 69 ist in den Grenzen des § 72 abänderlich.

34

§ 70 Kenntnis des Versicherungsvertreters.
[1]Soweit nach diesem Gesetz die Kenntnis des Versicherers erheblich ist, steht die Kenntnis des Versicherungsvertreters der Kenntnis des Versicherers gleich. [2]Dies gilt nicht für die Kenntnis des Versicherungsvertreters, die er außerhalb seiner Tätigkeit als Versicherungsvertreter und ohne Zusammenhang mit dem betreffenden Versicherungsvertrag erlangt hat.

Übersicht

	Rdn.		Rdn.
A. Allgemeines	1	2. Versicherungsvertretertätigkeit im Zusammenhang mit dem betreffenden Versicherungsvertrag	8
I. Normzweck	1		
II. Entstehungsgeschichte	3	3. Kollusives Zusammenwirken und evidenter Fehlgebrauch der Vertretungsmacht	13
III. Anwendungsbereich	4		
B. Tatbestand	7		
I. Wissenszurechnung	7	C. Beweislast	16
1. Erheblichkeit der Kenntnis	7	D. Abänderlichkeit	17

A. Allgemeines

I. Normzweck

§ 70 Satz 1 regelt die **Wissenszurechnung im Verhältnis zwischen VR und Versicherungsvertreter**. Die Bedeutung dieser Vorschrift ist angesichts der Regelung des § 69 I, die den Versicherungsvertreter nicht nur zur Entgegennahme von Willenserklärungen, sondern auch von Wissenserklärungen berechtigt, eher gering. Sie beschränkt sich auf die Fälle, in denen der Versicherungsvertreter ausnahmsweise keine Empfangsvollmacht hat, weil die gesetzliche Vertretungsmacht wirksam beschränkt wurde[1] (vgl. § 72) und/oder der Versicherungsvertreter auf andere Weise von dem anzeigepflichtigen Umstand Kenntnis erlangt hat.[2]

1

---

53 L/W/*Reiff*, § 69 Rn. 47; R/L/*Rixecker* § 69 Rn. 18; HK-VVG/*Münkel* § 69 Rn. 52; Bruck/Möller/*Schwintowski* § 69 Rn. 46.
54 Vgl. BGH VersR 2002, 1089 1090; OLG Saarbrücken VersR 2001, 1405, 1406.
55 P/M/*Dörner*, § 69 Rn. 29; L/W/*Reiff*, § 69 Rn. 49 f.
56 HK-VVG/*Münkel*, § 69 Rn. 52.
57 Vgl. BGH r+s 2011, 258; BGH r+s 2008, 249; BGH r+s 2008, 284, 285; BGHZ 107, 322, 325 = r+s 1989, 242; OLG Karlsruhe, Urt. vom 18.05.2010 12, U 20/09.
58 BGHZ 116, 387, 389 = r+s 1992, 76; OLG Karlsruhe, Urt. vom 18.05.2010, 12 U 20/09.
59 Vgl. BGH VersR 2001, 1541; OLG Karlsruhe, Urt. vom 18.05.2010, 12 U 20/09.
60 Vgl. BGH r+s 2005, 10, 12; OLG Karlsruhe, Urt. vom 18.05.2010 12, U 20/09.
1 Vgl. L/W/*Reiff*, § 70 Rn. 1; R/L/*Rixecker*, § 70 Rn. 1; Schwintowski/Brömmelmeyer/*Michaelis*, § 70 Rn. 3; a.A Prölss/Martin/*Dörner*, § 70 Rn. 1 mit § 69 Rn. 11.
2 Vgl. BGH r+s 2008, 284, 285; BGHZ 116, 387, 389 = r+s 1992, 76, 77.

§ 70 Kenntnis des Versicherungsvertreters

2 § 70 Satz 2 **beschränkt die Wissenszurechnung** zugunsten des VR – abweichend von § 166 I BGB – auf die Kenntnis, die der Versicherungsvertreter im Rahmen seiner Versicherungsvertretertätigkeit im Zusammenhang mit dem betreffenden Versicherungsvertrag erlangt. § 70 ist insoweit lex specialis.[3]

II. Entstehungsgeschichte

3 Die Neuregelung des § 70 entspricht der Auslegung des § 44 a.F. durch die »Auge-und-Ohr-Rechtsprechung« des BGH,[4] der zufolge § 44 a.F. nur die Frage der Wissenszurechnung für denjenigen Teilausschnitt der Tätigkeit eines Versicherungsvertreters regelte, der nicht im Zusammenhang mit dem betreffenden Versicherungsvertrag und seinem Tätigwerden als Stellvertreter des Versicherers stand, d.h. wo es sich um privat erworbenes Wissen handelte.[5]

III. Anwendungsbereich

4 § 70 gilt für **Versicherungsvertreter i.S.v.** § 59 II sowie nach § 73 für **angestellte Vermittler** und für **Gelegenheitsvermittler**. Er findet damit grundsätzlich auch auf den zum Abschluss von Versicherungsverträgen bevollmächtigten Vertreter Anwendung[6], so dass eine Zurechnung auch privaten Wissens nach § 166 I BGB nicht in Betracht kommt.

5 § 70 hat keine Geltung für die Vermittlung der **Seeversicherung** und der **Rückversicherung** (§ 209). Die Zurechnung bestimmt sich hier nach bürgerlich-rechtlichen Regeln, (entsprechend) § 166 I BGB.[7]

6 Nach Art. 2 Nr. 1 EGVVG findet § 70 auf Versicherungsverträge, die bis zum 31.12.2007 abgeschlossen wurden, bereits ab 01.01.2008 Anwendung.

B. Tatbestand

I. Wissenszurechnung

1. Erheblichkeit der Kenntnis

7 Grundsätzlich wird dem VR die Kenntnis des Versicherungsvertreters zugerechnet, soweit »nach diesem Gesetz die Kenntnis des Versicherers erheblich ist«. Dies ist u.a. der Fall bei der **Rückwärtsversicherung** (§ 2 III 1) und bei **Anzeigepflichten**. So muss sich der VR das Wissen des Versicherungsvertreters z.B. von einer Vorerkrankung des VN zurechnen lassen, mit der Folge, dass dem VR das Recht zum Rücktritt oder zur Kündigung nach § 19 V 2 nicht zusteht. **Weitere Beispiele** für die Erheblichkeit der Kenntnis des VR: Rücktritt vom Vertrag (§§ 21 I 2, 56 I), Kündigung (§§ 21 I 2, 131 I), Kündigungsausschlussfristen (§§ 24 III, 28 I, 58 II, 96 I), Wegfall des versicherten Interesses (§ 80 II), Entbehrlichkeit der Anzeigepflicht (§ 30 II, 95 III, 143 IV), Über-/Mehrfachversicherung (§§ 74 II, 78 III), Abandon (§ 141 II).

2. Versicherungsvertretertätigkeit im Zusammenhang mit dem betreffenden Versicherungsvertrag

8 Der VR muss sich nur das **(dienstliche) Wissen** des Versicherungsvertreters zurechnen lassen, das der Versicherungsvertreter im Rahmen seiner Versicherungsvertretertätigkeit und im Zusammenhang mit dem konkreten Versicherungsvertrag erlangt hat. Beide Voraussetzungen müssen **kumulativ** vorliegen. Eine Wissenszurechnung findet somit nicht statt, wenn der Versicherungsvertreter, der sowohl für einen Berufsunfähigkeits-VR als auch für einen Kranken-VR Vermittlungstätigkeiten ausübt, im Rahmen des Abschlusses der Berufsunfähigkeitsversicherung Kenntnis z.B. von einer Vorerkrankung des VN erlangt hat und der Kranken-VR dieses VN wegen Nichtanzeige der Vorerkrankung im Zusammenhang mit dem Abschluss des Krankenversicherungsvertrages vom Vertrag zurücktritt.[8] Neben dem sachlichen ist zudem auch ein zeitlicher Zusammenhang zu verlangen.

9 Da der Gesetzgeber mit der Neufassung des § 70 die »Auge-und-Ohr-Rechtsprechung« des BGH kodifiziert, kann zur Abgrenzung zwischen dienstlich und privat erlangtem Wissen auf die bisherige Kasuistik zurückgegriffen werden. Die Kenntnis des Vorgesetzten eines Versicherungsvertreters, der nicht mit dem Vertragsschluss befasst ist und der sein Wissen nur aus den ihm zugänglichen Personalakten des VN hat oder sich beschaffen kann, ist dem VR danach nicht zuzurechnen.[9] Ebenso wenig reicht die Kenntnis von Sachbearbeitern anderer Sparten, die eines früheren Sachbearbeiters, die dieser bei der Bearbeitung eines Vorvertrags, auf

---

3 Vgl. P/M/*Dörner*, § 70 Rn. 1; L/W/*Reiff*, § 70 Rn. 11; *Reiff*, ZVersWiss 2002, 103, 130; a.A. offenbar HK-VVG/*Münkel*, § 70 Rn. 4.
4 Begr. RegE BT-Drucks. 16/3945 S. 77.
5 Grundlegend BGHZ 102, 194, 197 = NJW 1988, 973; vgl. auch BGH VersR 1990, 150, 151 = r+s 1990, 109; OLG Koblenz r+s 2000, 226 f.; OLG Koblenz VersR 2001, 45 f.; zur Frage der Durchbrechung dieses Grundsatzes vgl. *Neuhaus*, ZfS 2011, 543.
6 Vgl. L/W/*Reiff*, § 70 Rn. 16; HK-VVG/*Münkel*, § 70 Rn. 5.
7 Vgl. hierzu *Reiff*, r+s 1998, 133 ff.; Palandt/*Ellenberger*, § 166 Rn. 4, 6.
8 Vgl. auch R/L/*Rixecker*, § 70 Rn. 4; a.A. P/M/*Dörner*, § 70 Rn. 7; HK-VVG/*Münkel*, § 70 Rn. 11.
9 Vgl. OLG Hamm r+s 1991, 322; R/L/*Rixecker*, § 70 Rn. 5; A.A. LG Frankfurt NJW-RR 1986, 1085, 1086; P/M/*Dörner*, § 70 Rn. 16.

den nicht hingewiesen wird, gewonnen hat, oder die Kenntnis Angestellter anderer Konzerngesellschaften aus.[10] Erkenntnisse, die sich aus den Unterlagen eines konzernverbundenen Versicherungsunternehmens ergeben, muss sich der Versicherer nicht schon deswegen zurechnen lassen, weil der VN die Versicherung bei dem konzernverbundenen Versicherungsunternehmen angegeben und sein Einverständnis zur Einsichtnahme in dort vorhandene Unterlagen gegeben hat.[11]

Hinsichtlich der **Wissenszurechnung bezüglich EDV-gespeicherter Daten** bei konzernverbundenen Unternehmen soll es nach dem Willen des Gesetzgebers bei der höchstrichterlichen Rechtsprechung[12] bleiben, nach welcher der VR sich die gespeicherten Kenntnisse eines Konzernunternehmens zurechnen lassen muss, wenn er **Veranlassung** hatte und **tatsächlich und rechtlich in der Lage** war, die entsprechenden Daten abzurufen.[13] Wann ein Anlass und in welchem Umfang ein Datenabruf geboten ist, richtet sich nach den Umständen des Falles und lässt sich deshalb nicht einheitlich für den Vertragsschluss und die Dauer der Versicherung bestimmen. Soweit hinreichender Verdacht arglistiger Täuschung besteht und der VN noch weitere Versicherungen bei demselben VR hat, hat der VR jedenfalls Anlass, die ihm zugänglichen Datenbanken und Akten zu überprüfen. Versäumt er dies und stößt er zu einem späteren Zeitpunkt anlässlich der Inanspruchnahme aus einer Risikolebensversicherung dieses VN auf denselben Täuschungssachverhalt, kann die Frist für eine Anfechtung dieses Versicherungsabschlusses verstrichen sein.[14] Informationen, die in der **Uni-Wagnis-Datei** des Gesamtverbands der Deutschen Versicherungswirtschaft e.V. (GDV) gespeichert sind, sind den VR grundsätzlich nicht zuzurechnen[15], können aber Anlass zu weiteren Nachforschungen in ihren eigenen Datenbanken geben.[16]

Macht der Antragsteller bei der mündlichen Beantwortung von Antragsfragen dem das Antragsformular ausfüllenden Versicherungsvertreter gegenüber erkennbar unvollständige Angaben, hat dieser für die nach der Sachlage gebotenen Rückfragen zu sorgen. Unterbleibt die Nachfrage, kann sich der Versicherer gem. § 242 BGB nach Treu und Glauben nicht auf die Unvollständigkeit der Angaben des Antragstellers berufen.[17]

Abgelehnt haben die Instanzgerichte eine Wissenszurechnung bei Kenntnis des Versicherungsvertreters über den Umzug seines Sohnes,[18] bejaht haben sie hingegen die Zurechnung bei Kenntnis des Versicherungsvertreters von besonderen örtlichen Risikoumständen.[19]

3. Kollusives Zusammenwirken und evidenter Fehlgebrauch der Vertretungsmacht

Aus einem privaten Wissen des Versicherungsvertreters z.B. bei Antragsaufnahme kann ein dem VR ebenfalls nicht zuzurechnendes kollusives Zusammenwirken zwischen Versicherungsvertreter und VN resultieren.[20] In diesem Fall ist ebenso wie bei der Stellvertretung eine Wissenszurechnung nach § 70 S. 1 ausgeschlossen. Gleiches gilt bei einem dem Kunden evidenten Fehlverhalten des Versicherungsvertreters.[21]

Eine Kollusion nimmt die Rechtsprechung an, wenn der VN auf die Auskunft des Versicherungsvertreters, eine erhebliche Vorerkrankung sei nicht anzeigepflichtig, nicht vertraut, sondern im Bewusstsein der Anzeigeobliegenheit erkennt und billigt, dass der VR durch das Vorgehen des Versicherungsvertreters über seinen Gesundheitszustand getäuscht und dadurch in der Entscheidung über den Abschluss des Versicherungsvertrags beeinflusst wird und er deshalb – im Einvernehmen mit dem Versicherungsvertreter – will, dass die betreffende Erkrankung im Antragsformular unerwähnt bleibt.[22]

Täuscht nicht der VN, sondern nur der Versicherungsvertreter, dann ist dieser Dritter i.S.v. § 123 II 1 BGB.[23] Der VR kann somit nur dann anfechten, wenn der VN die Täuschung kannte oder kennen musste.

C. Beweislast

Für privat erlangtes Wissen trägt nach allgemeinen Grundsätzen der VR die Beweislast. Der VR muss auch die Kollusion beweisen.[24] Soweit der VR nach § 69 III (§ 69 Rdn. 32) die Beweislast für die Verletzung einer

---

10 *Knappmann*, r+s 1996, 81, 83; R/L/*Rixecker*, § 70 Rn. 5; a.A. P/M/*Dörner*, § 70 Rn. 16.
11 Vgl. nur BGH r+s 1992, 76, 77 = VersR 1992, 217; BGH VersR 1990, 258 = NJW-RR 1990, 285.
12 Vgl. BGHZ 123, 224 ff.= VersR 1993, 1089.
13 Begr. RegE BT-Drucks. 16/3945 S. 77; L/W/*Reiff*, § 70 Rn. 24.
14 BGH NJW-RR 2003, 1603.
15 BGH VersR 2007, 481, 482; OLG Hamm VersR 2008, 958, 959.
16 Vgl. B/M/*Schwintowski*, § 70 Rn. 3; a.A. L/W/*Reiff*, § 70 Rn. 25.
17 OLG Hamm NJW-RR 2011, 827; OLG Hamm r+s 2010, 124.
18 LG Aurich ZfS 1991, 241.
19 OLG Nürnberg r+s 1991, 349; s. auch L/W/*Schwintowski*, § 70 Rn. 14.
20 OLG Koblenz r+s 2000, 226, 227.
21 Zuletzt BGH r+s 2008, 284, 285; BGH NVersZ 2001, 306 = VersR 2001, 620; BGH VersR 2001, 1541.
22 BGH r+s 2008, 284, 285; BGH r+s 2005, 10 = VersR 2004, 1297; vgl. auch *Fricke*, VersR 2007, 1614, 1615.
23 OLG Hamm r+s 1975, 113.
24 BGH VersR 1993, 1089 = NJW 1993, 2807; OLG Köln r+s 1983, 172; OLG Köln r+s 1991, 320; OLG Hamm r+s 1993, 442; LG Berlin VersR 1990, 1107.

§ 71 Abschlussvollmacht

Anzeigepflicht oder einer sonstigen Obliegenheit trägt, ist er dafür Beweis belastet, dass ihm bestimmte Informationen nicht zugegangen sind. Er muss somit den Nachweis führen, dass ein Versicherungsvertreter diese Informationen nicht erhalten hat.[25] Dagegen liegt die Beweislast für die Voraussetzungen von Wissensnormen (z.B. §§ 19 V 2, 26 II 1, 30 II, 97 II) beim VN, da solche Normen nachteilige Rechtsfolgen an die Kenntnis des VR von vertragsrelevanten Umständen knüpfen.[26]

D. Abänderlichkeit

17 § 70 ist formularmäßig **nicht** zum Nachteil des VN **abdingbar**. Zwar greift § 72 nicht ein, da sich diese Vorschrift nur auf § 69 und § 71 bezieht. Eine Klausel, die die Zurechnung des Versicherungsvertreterwissens über das Maß des § 70 S. 2 hinausgehend beschränkt, verstößt jedoch gegen § 307 II Nr. 1 BGB.[27]

§ 71 Abschlussvollmacht.
Ist der Versicherungsvertreter zum Abschluss von Versicherungsverträgen bevollmächtigt, ist er auch befugt, die Änderung oder Verlängerung solcher Verträge zu vereinbaren sowie Kündigungs- und Rücktrittserklärungen abzugeben.

Übersicht

	Rdn.		Rdn.
A. Allgemeines	1	1. Erteilung von Deckungszusagen	7
I. Normzweck	1	2. Vereinbarung von Änderungen und	
II. Entstehungsgeschichte	2	Verlängerungen	8
III. Anwendungsbereich	3	3. Abgabe von Kündigungs- und	
B. Tatbestand	6	Rücktrittserklärungen	9
C. Rechtsfolge	7	II. Grenzen der Vollmacht	10
I. Befugnisse des Abschlussvertreters	7	D. Abänderlichkarkeit	11

A. Allgemeines

I. Normzweck

1 Die Vorschrift gestaltet zum Schutz des VN den Umfang der Befugnisse des Versicherungsvertreters aus, der vom Versicherer zum Abschluss von Versicherungsverträgen bevollmächtigt ist. Der Abschlussvertreter hat stets Empfangsvollmacht i.S.v. § 69 I und II.

II. Entstehungsgeschichte

2 Die Regelung entspricht § 45 a.F.

III. Anwendungsbereich

3 § 71 gilt nicht nur für Versicherungsvertreter i.S.v. § 59 II, sondern nach § 73 auch für angestellte Vermittler und für Gelegenheitsvermittler.

4 Keine Anwendung findet § 71 auf die Vermittlung der **Seeversicherung** und der **Rückversicherung** (§ 209). Der Umfang der Abschlussvollmacht bestimmt sich dort für den selbstständigen Versicherungsvertreter nach §§ 55, 84, 91, 91a, 92 HGB und für den angestellten Vermittler nach §§ 55, 59 HGB.

5 Nach Art. 2 Nr. 1 EGVVG findet § 71 auf Versicherungsverträge, die bis zum 31.12.2007 abgeschlossen wurden, bereits ab 01.01.2008 Anwendung.

B. Tatbestand

6 § 71 setzt eine tatsächlich bestehende Abschlussvollmacht, sei es aufgrund **rechtsgeschäftlicher Erteilung**, sei es aufgrund **Duldungs- oder Anscheinsvollmacht**, voraus. Insoweit kann auch ein Vermittlungsvertreter Abschlussvertreter sein.[1] Eine Abschlussvollmacht lässt sich weder aus der Bezeichnung »Generalagentur« in seinem Briefkopf unter Anführung verschiedener VR[2] noch aus einer etwaigen Inkassovollmacht herleiten.[3]

---

25 Vgl. auch BGH VersR 2004, 1297; OLG Hamm NJW-RR 2011, 827; P/M/*Dörner*, § 70 Rn. 12; L/W/*Reiff*, § 70 Rn. 20; HK-VVG/*Münkel*, § 70 Rn. 11.
26 HK-VVG/*Münkel*, § 70 Rn. 11; L/W/*Reiff*, § 70 Rn. 20; P/M/*Dörner*, § 70 Rn. 10.
27 PK/*Michaelis*, § 70 Rn. 7: analoge Anwendung von § 72.
1 BGH VersR 1951, 195; BGH VersR 1956, 482; OLG Köln VersR 1963, 182; OLG Schleswig VersR 1960, 591; OLG Karlsruhe VersR 1957, 797.
2 OLG Köln r+s 1990, 325; vgl. auch OLG Köln r+s 1986, 143; ebenso L/W/*Reiff*, § 71 Rn. 4.
3 BGH r+s 1983, 68, 69; OLG Köln r+s 1990, 325.

C. Rechtsfolge
I. Befugnisse des Abschlussvertreters
1. Erteilung von Deckungszusagen

Der zum Abschluss von Versicherungsverträgen bevollmächtigte Versicherungsvertreter ist befugt, (auch vorläufige) Deckungszusagen als Sonderfall des Abschlusses von Versicherungsverträgen zu erteilen.[4] 7

2. Vereinbarung von Änderungen und Verlängerungen

Die Befugnis des Abschlussvertreters zur Vertragsänderung umfasst auch die **Verkürzung der Laufzeit des Vertrags**,[5] Einschränkungen und Erweiterungen des versicherten Risikos, der Versicherungssumme, der Höhe und Zahlungsweise der Prämie usw.[6] Die Befugnis zur Verlängerung von Verträgen ist nicht auf selbst abgeschlossene Verträge beschränkt.[7] 8

3. Abgabe von Kündigungs- und Rücktrittserklärungen

Der Abschlussvertreter ist zur Abgabe von Kündigungs- und Rücktrittserklärungen befugt, soweit die vertraglichen oder gesetzlichen Voraussetzungen vorliegen (z.B. Kündigung nach dem Schadenfall oder wegen Veräußerung, Rücktritt vom Vertrag wegen vorvertraglicher Anzeigepflichtverletzung). Die Kündigungsvollmacht umfasst auch die einvernehmliche Aufhebung des Vertrags.[8] Ferner darf der Abschlussvertreter die Handlungen vornehmen, um die Voraussetzungen für die Kündigung oder den Rücktritt zu schaffen (z.B. Mahnung nach § 38).[9] 9

II. Grenzen der Vollmacht

Aus der Formulierung »auch befugt« folgt, dass die Umschreibung der Befugnisse des Abschlussvertreters abschließend ist.[10] Nicht von der Abschlussvollmacht umfasst ist deshalb die **Erteilung einer Regulierungszusage**, die **Anerkennung oder Ablehnung der Entschädigung**,[11] die **Prozessführung für den VR** und die Entgegennahme von Zustellungen.[12] Der Abschlussvertreter ist auch nicht befugt, auf die Folgen von Obliegenheitsverletzungen oder des Prämienverzuges zu verzichten.[13] Er darf nicht Prämien im eigenen Namen einklagen. Hierzu bedarf es einer besonderen Vollmacht, die auch aus den Umständen entnommen, stillschweigend erteilt werden oder sich aus den Grundsätzen der Duldungs- oder Anscheinsvollmacht ergeben kann. Überschreitet der Abschlussvertreter seine Vollmacht, greifen hinsichtlich einer Genehmigung die §§ 92, 91a HGB, bei angestellten Vermittlern § 75h HGB ein (§ 69 Rdn. 30). 10

D. Abänderlichkeit

§ 69 ist in den Grenzen des § 72 abänderlich. 11

§ 72 Beschränkung der Vertretungsmacht.
Eine Beschränkung der dem Versicherungsvertreter nach den §§ 69 und 71 zustehenden Vertretungsmacht durch Allgemeine Versicherungsbedingungen ist gegenüber dem Versicherungsnehmer und Dritten unwirksam.

Übersicht	Rdn.		Rdn.
A. Allgemeines	1	B. Tatbestand	6
I. Normzweck	1	C. Rechtsfolge	9
II. Entstehungsgeschichte	2	D. Abänderlichkeit	10
III. Anwendungsbereich	3		

A. Allgemeines
I. Normzweck

§ 72 stellt klar, dass eine Beschränkung des Umfangs der dem Versicherungsvertreter nach §§ 69 und 71 eingeräumten Vertretungsmacht, dem VN oder einem sonstigen Dritten – die Gesetzbegründung nennt als Bei- 1

---

4 BGH VersR 1956, 482; RGZ 141, 410; OLG Hamm VersR 1991, 914; OLG Hamm NZV 1992, 491 = VersR 1993, 43; L/W/*Reiff*, § 71 Rn. 5.
5 OLG Nürnberg VersR 1966, 1070.
6 P/M/*Dörner*, § 71 Rn. 2; HK-VVG/*Münkel*, § 71 Rn. 3.
7 L/W/*Reiff*, § 71 Rn. 5; B/M/*Schwintowski*, § 71 Rn. 10; P/M/*Dörner*, § 71 Rn. 2.
8 P/M/*Dörner*, § 71 Rn. 3.
9 Vgl. B/M/*Schwintowski*, § 71 Rn. 19; P/M/*Dörner*, § 71 Rn. 3.
10 Vgl. R/L/*Rixecker*, § 71 Rn. 3.
11 P/M/*Dörner*, § 71 Rn. 5; HK-VVG/*Münkel*, § 71 Rn. 4.
12 OLG Köln VersR 1958, 588; LG Hagen VersR 1959, 441; LAG Baden VersR 1952, 231.
13 L/W/*Reiff*, § 71 Rn. 6; P/M/*Dörner*, § 71 Rn. 2; R/L/*Rixecker*, § 71 Rn. 3.

spiel den Erwerber nach § 96 II[1] – entgegengehalten werden kann, es hierzu jedoch eines **individuellen Hinweises** auf die fehlende Empfangs- und/oder Abschlussvollmacht durch den VR oder den Versicherungsvertreter bedarf.[2] Ein formularmäßiger Hinweis des VR in dem Antragsformular reicht demnach nicht aus.

II. Entstehungsgeschichte

2   Die Regelung knüpft an § 47 a.F. an. Nach dieser Regelung musste sich ein Dritter eine Beschränkung der Vertretungsmacht entgegenhalten lassen, wenn er die Beschränkung bei Vornahme des Geschäftes oder der Rechtshandlung kannte oder grob fahrlässig nicht kannte. Als Folge der »Auge-und-Ohr-Rechtsprechung«, der zufolge die Empfangsvollmacht des Versicherungsvertreters aus § 43 Nr. 1 a.F. sich nicht nur auf die Entgegennahme von Willens-, sondern auch auf sog. Wissenserklärungen bezog, die der VN im Rahmen der Antragstellung – in der Regel mündlich – abgegeben hatte, versuchten die VR, die Empfangsvollmacht des Versicherungsvertreters formularmäßig – sei es im Antragsformular, sei es durch Regelungen in den AVB – einzuschränken. Der BGH hat jedoch Beschränkungen, die der VR für **Erklärungen vor Vertragsschluss** durchsetzen wollte, als unangemessene Benachteiligung i.S.v. § 307 I BGB und damit als unwirksam angesehen.[3] Der Gesetzgeber hat diese Rechtsprechung aufgegriffen und auch auf Beschränkungen der Empfangsvollmacht des Versicherungsvertreters für **Erklärungen nach Vertragsschluss** erstreckt, da er eine Differenzierung zwischen Erklärungen vor Vertragsschluss und solchen nach Vertragsschluss für nicht sachgerecht erachtete.[4]

III. Anwendungsbereich

3   § 72 gilt nicht nur für Versicherungsvertreter i.S.v. § 59 II, sondern nach § 73 auch für angestellte Vermittler und für Gelegenheitsvermittler.

4   Keine Anwendung findet § 72 auf die Vermittlung der **Seeversicherung** und der **Rückversicherung** (§ 209). Dort ergeben sich die Grenzen von Vollmachtsbeschränkungen aus § 307 BGB.

5   Nach Art. 2 Nr. 1 EGVVG findet § 72 auf Versicherungsverträge, die bis zum 31.12.2007 abgeschlossen wurden, bereits ab 01.01.2008 Anwendung.

B. Tatbestand

6   Eine Beschränkung der Vertretungsmacht liegt stets vor, wenn der **Umfang der Vermittlungsvollmacht** abweichend von § 69 und der **Umfang der Abschlussvollmacht** abweichend von § 71 geringer ausgestaltet werden. Eine wörtliche Übernahme des Gesetzestextes ist nicht erforderlich. Unbedenklich ist z.B. die Klausel zur Vermittlungsvollmacht nach Abschnitt B § 18 AFB 2010, die folgenden Wortlaut hat:

> *» § 18 Vollmacht des Versicherungsvertreters*
> *1. Erklärungen des VN*
> *Der Versicherungsvertreter gilt als bevollmächtigt, vom VN abgegebene Erklärungen entgegenzunehmen betreffend*
> *a) den Abschluss bzw. den Widerruf eines Versicherungsvertrags;*
> *b) ein bestehendes Versicherungsverhältnis einschließlich dessen Beendigung;*
> *c) Anzeige- und Informationspflichten vor Abschluss des Vertrags und während des Versicherungsverhältnisses.*
> *2. Erklärungen des Versicherers*
> *Der Versicherungsvertreter gilt als bevollmächtigt, vom Versicherer ausgefertigte Versicherungsscheine oder deren Nachträge dem VN zu übermitteln.*
> *3. Zahlungen an den Versicherungsvertreter*
> *Der Versicherungsvertreter gilt als bevollmächtigt, Zahlungen, die der VN im Zusammenhang mit der Vermittlung oder dem Abschluss eines Versicherungsvertrags an ihn leistet, anzunehmen. Eine Beschränkung dieser Vollmacht muss der VN nur gegen sich gelten lassen, wenn er die Beschränkung bei der Vornahme der Zahlung kannte oder in Folge grober Fahrlässigkeit nicht kannte.«*

7   Der Begriff der »AVB« ist weit zu verstehen. Soweit es sich bei dem VN um einen Verbraucher i.S.v. § 13 BGB handelt, fallen auch Einmalbedingungen (§ 310 III Nr. 2 BGB) darunter.[5] Nach der Gesetzesbegründung stellen auch Klauseln, die für Erklärungen des VN gegenüber dem Versicherungsvertreter die **Schriftform** oder

---

[1] Begr. RegE BT-Drucks. 16/3945 S. 78.
[2] Vgl. P/M/*Dörner*, § 72 Rn. 4; a.A. L/W/*Reiff*, § 69 Rn. 22; R/L/*Rixecker* § 72 Rn. 1 und wohl auch B/M/*Schwintowski*, § 72 Rn. 9: Individualvereinbarung zwischen VN und VR erforderlich.
[3] BGHZ 116, 387, 389 f. = r+s 1992, 76.
[4] Begr. RegE BT-Drucks. 16/3945 S. 78.
[5] Begr. RegE BT-Drucks. 16/3945 S. 78.

Textform verlangen, unzulässige Beschränkungen der Empfangsvollmacht nach § 69 I dar.[6] Zulässig sind dagegen Klauseln, wonach bestimmte Willenserklärungen oder Anzeigen des VN gegenüber dem VR, z.B. die **Änderung eines Bezugsrechts** oder die **Anzeige einer Abtretung**, der Schriftform bedürfen.[7]
Diese Vorstellungen des Gesetzgebers entsprechen der bisherigen Rechtsprechung zu § 43 I a.F. Diese bejahte eine unzulässige Beschränkung der Empfangsvollmacht bei Schriftformerfordernissen, die sich auf Erklärungen des VN **vor Vertragsschluss** bezogen.[8] Schriftformerfordernisse für Erklärungen des VN **nach Vertragsschluss** wurden dagegen mit der Begründung als wirksam angesehen, diese setzten einen konkreten Anlass voraus, bei dem es dem VN in der Regel möglich sei, sich im Versicherungsvertrag und in den zugrunde liegenden Bedingungen über die Form der Mitteilung und die Empfangszuständigkeit zu vergewissern.[9]

8

C. Rechtsfolge

Vollmachtsbeschränkende Formularklauseln sind gegenüber dem VN und Dritten **unwirksam**. Es bedarf stets einer an den VN oder eine bestimmte dritte Person individuell gerichteten Erklärung.[10] Insoweit liegt eine Beschränkung der Grundsätze über den Missbrauch der Vertretungsmacht vor, die dem Geschäftsgegner die Berufung auf die Vertretungsmacht nach Treu und Glauben versagt, wenn der Vertreter seine Vertretungsmacht missbraucht und der Gegner den Missbrauch erkannt hat oder hätte erkennen müssen.[11] Einer darüber hinausgehenden Zustimmung des VN zur Beschränkung bedarf es nicht.[12] Ein solches Erfordernis liefe auf eine vollständige Außerkraftsetzung der Grundsätze über den Missbrauch der Vertretungsmacht bei Versicherungsvertretern hinaus und führte zu einer unangemessenen Risikobelastung des VR. Der VR kann gemäß § 1 UKlaG auf Unterlassung und Widerruf in Anspruch genommen werden.[13] Daneben kann die BaFin im Wege anlassbezogener nachträglicher Missstandsaufsicht (§ 298 I VAG) die Verwendung untersagen.[14]

9

D. Abänderlichkeit

§ 72 ist **unabänderlich**.

10

§ 73 Angestellte und nicht gewerbsmäßig tätige Vermittler.
Die §§ 69 bis 72 sind auf Angestellte eines Versicherers, die mit der Vermittlung oder dem Abschluss von Versicherungsverträgen betraut sind, und auf Personen, die als Versicherungsvertreter selbständig Versicherungsverträge vermitteln oder abschließen, ohne gewerbsmäßig tätig zu sein, entsprechend anzuwenden.

Übersicht

	Rdn.		Rdn.
A. Allgemeines	1	B. Tatbestand	5
I. Normzweck	1	I. Angestellte	5
II. Entstehungsgeschichte	2	II. Gelegenheitsvertreter	6
III. Anwendungsbereich	3	C. Rechtsfolge	7

A. Allgemeines

I. Normzweck

§ 73 stellt klar, dass die Vorschriften der §§ 69 bis 72 auch für selbstständige Gelegenheitsvertreter und für angestellte Vermittler eines VR gelten.

1

II. Entstehungsgeschichte

§ 73 ist eine Neuregelung, welche die bisherige Rechtsprechung[1] und Literatur[2] kodifiziert, nach der die Vorschriften der §§ 43 ff. a.F. nicht nur für selbstständige Vertreter, sondern auch für angestellte Vermittler eines

2

---

6 B/M/*Schwintowski*, § 72 Rn. 4; P/M/*Dörner*, § 72 Rn. 9; L/W/*Reiff*, § 69 Rn. 16; R/L/*Rixecker* § 72 Rn. 2; HK-VVG/*Münkel* § 72 Rn. 12 ff.
7 Begr. RegE BT-Drucks. 16/3945 S. 78; R/L/*Rixecker* § 72 Rn. 2; L/W/*Reiff*, § 72 Rn. 17.
8 Vgl. BVerwG NVersZ 1998, 24; OLG Hamburg VersR 1998, 627.
9 BGH r+s 1999, 225, 226 = VersR 1999, 565; BGH r+s 1999, 301, 304 f. = VersR 1999, 710; OLG Hamm r+s 2001, 399, 400.
10 Vgl. P/M/*Dörner*, § 72 Rn. 5.
11 Vgl. BGH NJW 2006, 2776; Umfassend MünchKommBGB/*Schramm*, § 164 Rn. 106 ff.
12 So aber L/W/*Reiff*, § 72 Rn. 12: Beseitigung oder Beschränkung der gesetzlichen Vertretungsmacht erfordert die Zustimmung und nicht nur die Kenntnis bzw. das Kennenmüssen des VN.
13 Vgl. BGH NJW 1983, 1320, 1322.
14 Vgl. BVerwG NVersZ 1998, 24.
1 Z.B. OLG Köln r+s 1991, 183; KG VersR 1951, 129; OLG Bremen VersR 1950, 19; öOGH VersR 2001, 1311 f.
2 R/L/*Langheid*[2], § 43 Rn. 16; P/M/*Kollhosser*[27], § 43 Rn. 11; *Reiff*, ZVersWiss 2002, 103, 107 f.

VR galten. Gelegenheitsvertreter wurden vor der VVG-Reform den ständig betrauten Versicherungsvertretern gleichgestellt.³

III. Anwendungsbereich

3 § 73 gilt nicht für Angestellte eines See- oder Rückversicherers, die mit der Vermittlung oder dem Abschluss von See- oder Rückversicherungsverträgen betraut sind, und für Personen, die als Versicherungsvertreter gelegentlich selbstständig See- oder Rückversicherungsverträge vermitteln oder abschließen (§ 209).

4 Nach Art. 2 Nr. 1 EGVVG findet § 73 auf Versicherungsverträge, die bis zum 31.12.2007 abgeschlossen wurden, bereits ab 01.01.2008 Anwendung.

B. Tatbestand

I. Angestellte

5 Im Bereich der Vermittlung und des Abschlusses von Versicherungen für Dritte kommt es für die Abgrenzung zum unselbstständigen Angestellten nach §§ 92, 84 I 2 HGB darauf an, ob der Vertreter im Wesentlichen **frei seine Tätigkeit gestalten und seine Arbeitszeit bestimmen** kann. Liegen die letztgenannten Voraussetzungen nicht vor, gilt der Vertreter nach § 84 II HGB als Angestellter. Er ist Handlungsgehilfe i.S.v. § 59 HGB.⁴

II. Gelegenheitsvertreter

6 Gelegenheitsvertreter sind Personen, die **als Versicherungsvertreter selbstständig Versicherungsverträge** vermitteln oder abschließen, ohne gewerbsmäßig tätig zu sein. Innen- oder Außendienstmitarbeiter mit Kundenkontakt, aber einem anderen Aufgabenbereich (Telefon-Hotline), sind keine Gelegenheitsvertreter. Eine Wissenszurechnung kann hier nur über § 166 I BGB erfolgen.⁵ **Gewerbsmäßig** handelt, wer seine Tätigkeit mit der Absicht betreibt, dauernden Gewinn zu erzielen.⁶ Ob eine gewerbsmäßige Tätigkeit vorliegt, ist im Einzelfall zu entscheiden. Als Maßstab wird vertreten, dass nicht gewerblich tätig ist, wer bis zu sechs Versicherungen pro Jahr vermittelt und dabei nicht mehr als insgesamt 1.000 Euro Provision erhält.⁷

C. Rechtsfolge

7 Für angestellte Vertreter sowie für Gelegenheitsvertreter gelten die Regelungen zum Mindestumfang der Vertretungsmacht (§ 69), zur Kenntniszurechnung (§ 70), zum Umfang der Abschlussvollmacht (§ 71) und zur Möglichkeit der Beschränkung (§ 72).

8 **Keine Anwendung** finden die §§ 69 bis 72 dagegen **auf Versicherungsmakler**. Eine Gleichstellung des Maklers mit einem Versicherungsvertreter kommt nur bei entsprechender rechtsgeschäftlicher Bevollmächtigung durch den VR in Betracht.⁸ Eine solche liegt vor, wenn der VR diesen Makler mit Antragsformularen ausgestattet und ihn bevollmächtigt hat, solche Antragsformulare auszufüllen, Prämien zu errechnen und die Anträge entgegenzunehmen.⁹

---

3 H.M., vgl. P/M/*Kollhosser*²⁷, § 43 Rn. 10; R/L/*Langheid* ², § 43 Rn. 4; vgl. auch OGH VersR 1993, 383; OGH VersR 1976, 1195.
4 B/M/*Möller*⁸, Vor §§ 43–48 Anm. 15; MünchKommHGB/*v. Hoyningen-Huene*, § 92 Rn. 6.
5 P/M/*Dörner*, § 73 Rn. 1; HK-VVG/*Münkel*, § 69 Rn. 15.
6 BGH NJW 2006, 2250; BGH NJW 1981, 1665, 1666.
7 *Schönleiter*, GewArch 2007, 265, 267; BeckOK-GewO/*Ramos*, Edition: 31, § 34d GewO Rn. 11.
8 Vgl. OLG Köln r+s 1995, 285; OLG Hamm VersR 1992, 1462, 1463; OLG Nürnberg VersR 1995, 94 = NJW-RR 1995, 227.
9 Vgl. OLG Hamm VersR 1992, 1462, 1463.

Kapitel 2. Schadensversicherung

Abschnitt 1. Allgemeine Vorschriften

§ 74 Überversicherung. (1) Übersteigt die Versicherungssumme den Wert des versicherten Interesses (Versicherungswert) erheblich, kann jede Vertragspartei verlangen, dass die Versicherungssumme zur Beseitigung der Überversicherung unter verhältnismäßiger Minderung der Prämie mit sofortiger Wirkung herabgesetzt wird.
(2) Schließt der Versicherungsnehmer den Vertrag in der Absicht, sich aus der Überversicherung einen rechtswidrigen Vermögensvorteil zu verschaffen, ist der Vertrag nichtig; dem Versicherer steht die Prämie bis zu dem Zeitpunkt zu, zu dem er von den die Nichtigkeit begründenden Umständen Kenntnis erlangt.

Übersicht

	Rdn.		Rdn.
A. Einleitung und Anwendungsbereich	1	D. Betrügerische Überversicherung	16
B. Abgrenzung zu anderen Regelungen	4	I. Voraussetzungen	17
C. Überversicherung	7	II. Rechtsfolgen	19
I. Voraussetzungen	7	E. Beweislast	22
II. Rechtsfolgen	13		

Schrifttum:
(zu § 51 a.F.): *Asmus*, Wesen und Wirkung der Versicherungssumme, VersR 1965, 635 ff.; *Sieg*, Betrachtungen zur Neuwertversicherung, FS E. Lorenz, 1994, S. 643 ff. (zu § 74): *Armbrüster*, Versicherungswert und Privatautonomie, FS Prölss, 2009, S. 1 ff.; *Eckelt*, Vertragsanpassungsrecht, 2008; *Hinz*, Die Über- und Unterversicherung im deutschen Privatversicherungsrecht, Diss. Hamburg 1963; *Langheid*, Die Reform des Versicherungsvertragsgesetzes, NJW 2007, 3745 ff.

A. Einleitung und Anwendungsbereich

Versicherungssumme und Versicherungswert sollen sich in der Schadensversicherung grundsätzlich in etwa entsprechen (sog. Vollwertversicherung). Verhindert werden soll vor allem, dass die Versicherungssumme den Versicherungswert deutlich übersteigt, da sich die zu zahlende Versicherungsprämie an der Versicherungssumme orientiert und somit überhöhte Prämien gezahlt würden; des Weiteren soll auch kein Anreiz zur Herbeiführung des Versicherungsfalles zwecks Versicherungsbetruges geboten werden.[1] § 74 will aus diesen Gründen Überversicherungen beseitigen und Vollwertversicherungen erreichen.[2] 1

§ 74 entspricht sachlich § 51 a.F. Die Vorschrift ist nun insgesamt – auch im Hinblick auf § 74 II 2. Hs. – ausweislich der ausdrücklichen Anordnung in § 87 halbzwingend.[3] 2

§ 74 gilt für die gesamte Schadensversicherung, soweit ein Versicherungswert feststellbar ist (Aktivenversicherung), mit Ausnahme der Erstrisikoversicherung und der Stichtagsversicherung.[4] In der privaten Krankenversicherung ist § 74 grundsätzlich unanwendbar (auch eine analoge Anwendung ist ausgeschlossen), weil es dort keinen von der Versicherungssumme abweichenden Versicherungswert gibt, sondern ein offenes Schadensrisiko.[5] Eine Ausnahme besteht dann, wenn die private Krankenversicherung nach den Grundsätzen der Schadensversicherung gewährt wird.[6] In der Summenversicherung kommt aber eine Anpassung nach den Grundsätzen des Wegfalls der Geschäftsgrundlage gem. § 313 BGB in Betracht.[7] 3

B. Abgrenzung zu anderen Regelungen

Die Regelung der Überversicherung in § 74 ist abzugrenzen von der Doppelversicherung gem. §§ 78 f. sowie vom Interessemangel gem. § 80. 4

Im Unterschied zu § 74, der einen einzigen Versicherungsvertrag voraussetzt, liegen bei der Mehrfachversicherung mehrere Versicherungsverträge vor, deren Versicherungssummen insgesamt den Versicherungswert übersteigen (vgl. § 77 Rdn. 5). Überversicherung und Mehrfachversicherung können gleichzeitig verwirklicht sein, wenn jeder einzelne von mehreren Versicherungsverträgen bei der Mehrfachversicherung eine Überver- 5

---

1 BK/*Schauer*, § 51 Rn. 3.
2 B/M/*Schnepp*, § 74 Rn. 7; BK/*Schauer*, § 51 Rn. 1.
3 Eingehend und differenzierend im Hinblick auf die Abdingbarkeit von § 74 II B/M/*Schnepp*, § 74 Rn. 85, der davon ausgeht, dass Absatz 2 – wie schon nach altem Recht – beidseitig zwingend ist; ebenso HK-VVG/*Brambach*, § 74 Rn. 31.
4 P/M/*Armbrüster*, § 74 Rn. 2, 2a; PK/*Kloth/Neuhaus*, § 74 Rn. 4, 5.
5 OLG Frankfurt (Main), Urt. vom 24. Mai 2006, 3 U 145/05; HK-VVG/*Brambach*, § 74 Rn. 5.
6 P/M/*Armbrüster*, § 74 Rn. 2; R/L/*Langheid*, § 74 Rn. 1; OLG Frankfurt (Main), Urt. vom 24. Mai 2006, 3 U 145/05.
7 BGH VersR 1990, 884.

§ 74 Überversicherung

sicherung beinhaltet. Die Beseitigung von Über- und Mehrfachversicherung kann sowohl nach § 74 als auch nach § 79 erreicht werden.[8]

6 Während § 74 den teilweisen Mangel des versicherten Interesses voraussetzt, regelt § 80 den gänzlichen Mangel.[9]

C. Überversicherung
I. Voraussetzungen

7 Eine Überversicherung liegt vor, wenn die Versicherungssumme den Versicherungswert erheblich übersteigt, was schon im Zeitpunkt des Abschlusses des Versicherungsvertrages gegeben sein, aber auch erst im Laufe der Zeit eintreten kann.

8 Die Versicherungssumme ergibt sich aus dem Versicherungsvertrag.

9 Versicherungswert ist gem. Abs. 1 der Wert des versicherten Interesses. Welches Interesse genau versichert ist, ist im Versicherungsvertrag vereinbart. Haben die Parteien dem Versicherungswert vertraglich keinen anderen Wert zugrunde gelegt (etwa durch die Vereinbarung einer Neuwertversicherung), gilt als Versicherungswert für die Sachversicherung gem. § 88 der Zeitwert der versicherten Sache im Zeitpunkt des schädigenden Ereignisses.[10] Für die Wertbemessung ist der Betrag maßgeblich, der für die Wiederbeschaffung oder Wiederherstellung der beschädigten Sache in neuwertigem Zustand unter Abzug neu für alt aufzuwenden ist. Versicherungswert ist gem. § 76 auch die Taxe. Bei Versicherungsobjekten, deren Wert Schwankungen unterworfen ist, greift die Praxis zur Vermeidung von Überversicherungen auf Vereinbarungen zurück, nach denen die Versicherungssumme in regelmäßigen zeitlichen Abständen einer Überprüfung zugeführt und gegebenenfalls neu vereinbart wird.[11]

10 Erheblich ist die Abweichung zwischen Versicherungssumme und Versicherungswert, wenn die erfolgende Prämienreduzierung ins Gewicht fällt. Wann dies der Fall ist, definiert § 74 I nicht, so dass weiterhin auf die zu §§ 51, 57 a.F. entwickelten Grundsätze zurückzugreifen ist.[12] Allgemein wird vorbehaltlich des Einzelfalles eine Differenz zwischen Versicherungssumme und Versicherungswert von 10 % als Anhaltspunkt genommen.[13] Die erhebliche Abweichung muss auch dauerhaft sein; nur kurzfristige, vorübergehende Überversicherungen reichen nicht aus, selbst wenn sie momentan erheblich sind.[14]

11 Die Überversicherung muss im Zeitpunkt des Herabsetzungsverlangens vorliegen, unabhängig davon, seit wann und aus welchen Gründen die Überversicherung besteht und ob sie gewollt ist oder nicht.[15]

12 Der Sonderfall einer Überversicherung infolge von Kriegsereignissen in § 51 II a.F. ist in § 74 nicht mehr enthalten, da die alte Regelung als überholt angesehen wird.[16]

II. Rechtsfolgen

13 Diejenigen, die ein Prämieninteresse haben, also VN und VR, nicht aber der Versicherte oder der Bezugsberechtigte, können verlangen, dass die Versicherungssumme und verhältnismäßig auch die Prämie herabgesetzt werden. Bis zum Herabsetzungsverlangen ist der Versicherungsvertrag wirksam.[17]

14 Nach h.M.[18] ist das Herabsetzungsverlangen ein Gestaltungsrecht, für dessen Ausübung und Wirkweise die §§ 130 ff. BGB gelten. Das Verlangen ist eine einseitige empfangsbedürftige Willenserklärung, die formfrei und unbefristet ist. Diese sog. Gestaltungstheorie schließt nicht aus, auch eine vertragliche Vereinbarung anzunehmen, wenn sich VN und VR über die Herabsetzung einigen. Eine Anfechtung des Herabsetzungsverlangens ist nach den allgemeinen Vorschriften der §§ 119 ff. BGB zulässig.[19]

15 Das Herabsetzungsverlangen ändert den Versicherungsvertrag im Hinblick auf Versicherungssumme und Prämie mit sofortiger Wirkung für die Zukunft (ex nunc). In welchem Umfang die Prämie verhältnismäßig zu mindern ist, ergibt sich nicht zwangsläufig aus dem Prozentsatz, um den die Versicherungssumme herabzusetzen ist, sondern auch aus etwaigen einschlägigen Tarifen des VR.[20]

---

8 BK/*Schauer*, § 51 Rn. 8.
9 Motive und amtl. Begr. zum Gesetz über den Versicherungsvertrag v. 30.05.1908, Neudruck Berlin 1963, S. 142; BK/*Schauer*, § 51 Rn. 9; P/M/*Armbrüster*, § 74 Rn. 1.
10 P/M/*Armbrüster*, § 74 Rn. 5.
11 H/E/K/*Wandt*, 1. Kap. Rn. 745.
12 Staudinger/*Kassing*, Das neue VVG, 2008, § 2 Rn. 4.
13 H/E/K/*Wandt*, 1. Kap. Rn. 745; Terbille/Höra/Steinbeck/Terno, § 2 Rn. 348; BK/*Schauer*, § 51 Rn. 13.
14 R/L/*Langheid*, § 74 Rn. 3; HK-VVG/*Brambach*, § 74 Rn. 25.
15 HK-VVG/Brambach, § 74 Rn. 24.
16 Begr. RegE BT-Drucks. 16/3945 S. 78.
17 BK/*Schauer*, § 51 Rn. 17; H/E/K/*Wandt*, 1 Kap. Rn. 747.
18 Überblick bei B/M/*Möller*[8], § 51 Anm. 23 ff.; zum Meinungsstand zu § 74 B/M/*Schnepp*, § 74 Rn. 37 ff.
19 B/M/*Schnepp*, § 74 Rn. 58.
20 P/M/*Armbrüster*, § 74 Rn. 11; PK/*Kloth/Neuhaus*, § 74 Rn. 13.

D. Betrügerische Überversicherung

§ 74 II, der die Nichtigkeit des Versicherungsvertrages bei betrügerischen Absichten des VN im Hinblick auf eine Überversicherung anordnet, hat pönalen Charakter.[21] 16

I. Voraussetzungen

§ 74 II regelt die betrügerische Überversicherung. Im Vergleich zu § 51 III a.F. ist nur der Zeitraum, für den der VN noch zur Zahlung verpflichtet ist, geändert worden. 17

Bei Vertragsschluss bzw. bei einer späteren Erhöhung der Versicherungssumme muss der VN, sein Willensvertreter (§ 166 BGB), Repräsentant[22] oder Wissensvertreter die Absicht haben, sich aus der Überversicherung einen rechtswidrigen Vermögensvorteil zu verschaffen. Die unredliche Absicht muss sich auf die im Versicherungsfall zu zahlende unrechtmäßige Versicherungssumme, nicht aber auf die Herbeiführung des Versicherungsfalles, beziehen; keine Absicht i.S.d. § 74 II liegt demgemäß vor, wenn der VN in Vorsorgeabsicht handelte. 18

II. Rechtsfolgen

Der gesamte Versicherungsvertrag, nicht nur die Überversicherung, ist nichtig. 19

Wenngleich im neuen VVG der Grundsatz der Unteilbarkeit der Prämie aufgegeben wurde (vgl. § 39), bleibt es dabei, dass der VN trotz der Nichtigkeit des Vertrages zur Zahlung einer Prämie verpflichtet ist.[23] Im Unterschied zum alten Recht besteht die Zahlungsverpflichtung aber nicht bis zum Schluss der Versicherungsperiode, sondern nur bis zu dem Zeitpunkt, zu dem der VR von den Umständen, welche die Nichtigkeit des Vertrages begründen, Kenntnis erlangt.[24] Diese zumindest teilweise Aufrechterhaltung der Sanktion ist aus Präventionsgründen gerechtfertigt, liegt doch ein arglistiges Verhalten des VN zugrunde.[25] 20

Gegenüber einem Hypothekengläubiger kann die Nichtigkeit des Versicherungsvertrages gem. § 143 IV nicht geltend gemacht werden. 21

E. Beweislast

Die Beweislast für das Vorliegen einer Überversicherung trägt derjenige, der sie behauptet.[26] Beweisbelastet im Hinblick auf die betrügerische Absicht ist der VR[27], im Hinblick auf die Kenntnis des VR der VN.[28] 22

§ 75 Unterversicherung.
Ist die Versicherungssumme erheblich niedriger als der Versicherungswert zur Zeit des Eintrittes des Versicherungsfalles, ist der Versicherer nur verpflichtet, die Leistung nach dem Verhältnis der Versicherungssumme zu diesem Wert zu erbringen.

Übersicht

	Rdn.		Rdn.
A. Allgemeines und Anwendungsbereich	1	D. Abweichende vertragliche Gestaltungen	12
B. Voraussetzungen	6	E. Beweislast	15
C. Rechtsfolgen	9		

Schrifttum (auch zu § 56 a.F.):
Blanck, Warum Vollwertprinzip nach § 56 VVG?, VW 1954, 392 ff.; *Eckelt*, Vertragsanpassungsrecht, 2008; *Evers*, Haftung des Maklers bei Unterversicherungen, VW 2011, 1043; *Hinz*, Die Über- und Unterversicherung im deutschen Privatversicherungsrecht, Diss. Hamburg 1963; *Martin*, Aktuelle Fragen der Unterversicherung, VersRdsch 1985, 1 ff.; *Risthaus*, Die Unterversicherung, Karlsruhe 1999; *Sieg*, Betrachtungen zur Neuwertversicherung, FS E. Lorenz, 1994, S. 643 ff.

A. Allgemeines und Anwendungsbereich

Für den Fall, dass die Versicherungssumme erheblich niedriger als der Versicherungswert ist, ordnet § 75 an, dass der VN im Versicherungsfall nur proportional entschädigt wird. 1

Während bei einer Überversicherung beide Vertragsparteien den Versicherungsvertrag unabhängig vom Eintritt eines konkreten Versicherungsfalles auf das Niveau einer Vollwertversicherung abändern können, normiert § 75 im Falle einer Unterversicherung nur die reduzierte Leistungspflicht des VR bei Eintritt eines Versicherungsfalles, ohne dass zugleich der Versicherungsvertrag geändert wird. § 75 stellt insoweit das Äquivalenzinte- 2

---

21 Motive und amtliche Begr. zum Gesetz über den Versicherungsvertrag v. 30.05.1908, Neudruck Berlin 1963, S. 124.
22 BGH NJW-RR 1990, 1305.
23 B/M/*Schnepp*, § 74 Rn. 4; *Langheid* NJW 2007, 3745.
24 *Niederleithinger*, Teil A Rn. 165 (S. 46); Staudinger/*Kassing*, Das neue VVG, 2008, § 2 Rn. 8.
25 Begr. RegE BT-Drucks. 16/3945 S. 78.
26 P/M/*Armbrüster*, § 74 Rn. 20.
27 *Deutsch*, § 27 Rn. 295.
28 P/M/*Armbrüster*, § 74 Rn. 20; HK-VVG/*Brambach*, § 74 Rn. 30.

/ § 75 Unterversicherung

resse von Leistung und Gegenleistung im konkreten Versicherungsfall her,[1] mittelbar soll der Abschluss von Vollwertversicherungen gefördert und für Prämiengerechtigkeit gesorgt werden.[2] Dies zeigt sich vor allem darin, dass aufgrund der in § 75 normierten Kürzungsanordnung der Schaden des VN selbst dann nicht komplett ersetzt wird, wenn er durch die Versicherungssumme gedeckt wäre.[3]

3 Im Unterschied zu § 56 a.F., der eine einfache Unterversicherung genügen ließ, setzt § 75 nun voraus, dass die Versicherungssumme den Versicherungswert erheblich unterschreitet. Zum einen wird damit eine Übereinstimmung mit der Parallelregelung der Überversicherung in § 74 sowie mit § 76 Satz 2 und Satz 3 hergestellt. Zum anderen wird dem Umstand Rechnung getragen, dass in den AVB ohnehin meist Geringfügigkeitsgrenzen festgelegt sind, unterhalb derer eine Unterversicherung nicht geltend gemacht werden kann.[4] Der bislang bei unerheblichen Abweichungen erforderliche Rückgriff auf § 242 BGB wird durch die Neufassung somit entbehrlich.[5]

4 Ist die Unterversicherung Folge der Verletzung einer Beratungspflicht des Versicherers aus § 6 bzw. des Versicherungsvermittlers aus § 61, und ist anzunehmen, dass der VN die Versicherungssumme dem Versicherungswert bei richtiger Beratung angepasst hätte, kann der VN dem Einwand der Unterversicherung einen Schadensersatzanspruch aus § 6 V oder § 63 entgegenhalten.[6] Nach teilweise vertretener Ansicht kann sich der Versicherer schon nicht auf die Unterversicherung berufen.[7]

5 § 75 gilt für die gesamte Schadensversicherung, soweit ein Versicherungswert feststellbar ist (Aktivenversicherung); auf die Summenversicherung ist § 75 nicht anwendbar.[8]

B. Voraussetzungen

6 Eine Unterversicherung liegt gem. § 75 vor, wenn die Versicherungssumme erheblich niedriger als der Versicherungswert ist. Sind mehrere Sachen oder ein Inbegriff in einem Vertrag versichert (vgl. § 89), umfasst der Versicherungswert den Gesamtwert aller Sachen, der dann der Versicherungssumme gegenüber zu stellen ist.[9] Sind in einem Versicherungsvertrag mehrere Versicherungssummen für Positionen (Sachgruppen, Inbegriffe) vereinbart, sind der Versicherungswert und das Vorliegen einer Unterversicherung für jede Position gesondert festzustellen. Die Unterversicherung einer Position wird nicht automatisch, sondern nur bei Vereinbarung eines Summenausgleichs durch die Überversicherung einer anderen Position ausgeglichen.[10] Der Versicherungswert umfasst auch solche Sachen, für die wegen Obliegenheitsverletzung (§ 28) oder schuldhafter Herbeiführung des Versicherungsfalles (§ 81) Leistungsfreiheit des VR besteht.[11]

7 Nach neuem Recht erfasst die Unterversicherung nur erhebliche Abweichungen; ein geringfügiges Unterschreiten der Versicherungssumme bleibt nun ausdrücklich – wie es schon nach früherem Recht verbreiteter Praxis entsprach – unberücksichtigt. Als Anhaltspunkt für die Erheblichkeit kann auch hier – entsprechend der Regelung der Überversicherung und vorbehaltlich des Einzelfalles – eine Differenz von etwa 10 % angenommen werden.[12]

8 Maßgeblicher Beurteilungszeitpunkt ist der Eintritt des Versicherungsfalles; vorher hat die Unterversicherung keine Konsequenzen.

C. Rechtsfolgen

9 Die Unterversicherung hat keine Auswirkungen auf die Gültigkeit des Versicherungsvertrages;[13] anders als im Falle einer Überversicherung (vgl. § 74) gewährt § 75 kein einseitiges Recht auf Änderung des Vertrages hin zu einer Vollwertversicherung.

10 Ist eine erhebliche Unterversicherung gegeben, ist die Leistung des VR proportional nach der Proportionalitätsregel zu kürzen.[14] Danach entspricht die Leistung dem Verhältnis zwischen der Versicherungssumme und dem Versicherungswert. Die entsprechende Formel lautet:
Leistung = Schaden × Versicherungssumme: Versicherungswert.

---

1 P/M/*Armbrüster*, § 75 Rn. 1.
2 L/W/*Halbach*, § 75 Rn. 1; B/M/*Schnepp*, § 74 Rn. 5; BK/*Schauer*, § 56 Rn. 2.
3 BK/*Schauer*, § 56 Rn. 2.
4 Begr. RegE BT-Drucks. 16/3945 S. 78.
5 Marlow/Spuhl/*Spuhl*, Rn. 548; Staudinger/*Kassing*, Das neue VVG, 2008, § 2 Rn. 11.
6 BGH NJW 1964, 244; BGH r+s 1989, 58; OLG Frankfurt (Main) VersR 2006, 406; OLG Saarbrücken VersR 2003, 195; KG Berlin VersR 2007, 1649 ff.; Marlow/Spuhl/*Spuhl*, Rn. 547 Fn. 1.
7 OLG Celle, Urt. vom 22. November 2012, 8 U 178/12; R/L/*Langheid* § 75 Rn. 2; dies als Folge des Schadensersatzanspruchs herleitend P/M/*Armbrüster*, § 75 Rn. 31; a.A. HK-VVG/*Brambach* § 75 Rn. 4.
8 BK/*Schauer*, § 56 Rn. 6; L/W/*Halbach*, § 75 Rn. 4.
9 B/M/*Schnepp*, § 75 Rn. 18; PK/*Kloth/Neuhaus*, § 75 Rn. 4.
10 BK/*Schauer*, § 56 Rn. 5.
11 BK/*Schauer*, § 56 Rn. 7.
12 *Niederleithinger*, Rn. 168; L/W/*Halbach*, § 75 Rn. 5; BGH VersR 2001, 749.
13 BK/*Schauer*, § 56 Rn. 16; H/E/K/*Wandt*, 1. Kap Rn. 736.
14 L/W/*Halbach*, § 75 Rn. 2.

Aus dieser Formel folgt, dass im Falle eines Totalschadens, wenn also Schaden und Versicherungswert identisch sind, die Leistung immer der Versicherungssumme entspricht.[15] Damit hat § 75 eine eigenständige Bedeutung nur für Teilschäden.[16] Bei Inbegriffen ist die Versicherungsleistung für alle beschädigten Sachen entsprechend der Formel zu berechnen.[17]

Sind vertragliche Entschädigungsgrenzen oder ein Selbstbehalt vereinbart, bleiben diese aufgrund des Zwecks des § 75, die Prämienkalkulation des VR zu schützen, zunächst unberücksichtigt; daher ist in einem ersten Schritt die Leistung des VR anhand der Proportionalitätsregel zu errechnen und erst in einem zweiten Schritt ist dann von dem errechneten Betrag der Selbstbehalt abzuziehen bzw. die Entschädigungsgrenze zu berücksichtigen.[18]   11

D. Abweichende vertragliche Gestaltungen

Wie schon nach bisherigem Recht ist § 75 abdingbar. Dementsprechend finden sich in den Versicherungsbedingungen Klauseln, die das Entstehen einer Unterversicherung verhindern sollen; so gleicht etwa bei einer **Summenausgleichsklausel** die Überversicherung einer Position ganz oder teilweise die Unterversicherung einer anderen Position aus, wobei die überversicherte Position nicht vom Schadensereignis betroffen sein muss.[19] Die vereinbarte **Vorsorgeversicherungssumme** (bzw. Reserveversicherungssumme), die bei der Versicherung mehrerer Positionen in einem Vertrag zweckmäßig ist, mildert eine Unterversicherung insofern ab, als im Schadensfall vor Anwendung des § 75 die Versicherungssummen unterversicherter Positionen mithilfe dieser Reserveversicherungssumme erhöht werden.[20] Sind Inbegriffe mit häufig wechselndem Bestand zu versichern, ist der Inbegriff bei einer **Stichtagsversicherung** mit dem jeweiligen Stichtagswert versichert, maximal jedoch bis zur vereinbarten Höchstversicherungssumme.[21] Bei **Wertsicherungs-** bzw. **Summenanpassungsklauseln** wird die Versicherungssumme nach Maßgabe eines im Voraus vereinbarten Indexes oder Prozentsatzes angepasst, um den inflationsbedingten Anstieg des Versicherungswertes und die mögliche Wertsteigerung durch eine Zunahme versicherter Gegenstände auszugleichen.[22]   12

Die Rechtsfolgen einer Unterversicherung können durch die Vereinbarung einer **Erstrisikoversicherung** sowie eines **Unterversicherungsverzichts** verhindert werden. Bei der **Erstrisikoversicherung** wird der Schaden ohne Rücksicht auf eine etwaige Unterversicherung ersetzt, § 75 somit abbedungen.[23] Jeder Schaden wird ohne Rücksicht auf einen Versicherungswert bis zur Höhe der Versicherungssumme vollständig ersetzt. Bis zur Höhe der Versicherungssumme trägt der VR das erste Risiko, wohingegen der VN das zweite Risiko für den über die Versicherungssumme hinausgehenden Schaden trägt.[24] Die Erstrisikoversicherung erfordert keine Feststellung des Versicherungswertes bei Vertragsabschluss und im Versicherungsfall, so etwa bei der Hausratversicherung.[25] § 75 ist ebenfalls abbedungen beim sog. **Unterversicherungsverzicht**, bei dem der VR auf die Anwendung des § 75 ganz oder teilweise verzichtet.[26]   13

Eine Unterversicherung soll bewusst erreicht werden bzw. eine vollständige Entschädigung des VN von vornherein ausgeschlossen werden durch die Vereinbarung eines **Selbstbehalts** oder einer **Entschädigungsgrenze**. Bei einem **Selbstbehalt**, den den VN zu einem sorgfältigeren Umgang mit den versicherten Interesse anhalten soll und dem VR die kostenintensive Abwicklung von Bagatellschäden erspart, hat der VR auch bei einer Vollwertversicherung einen bestimmten (prozentualen) Anteil des versicherten Schadens nicht zu ersetzen; im Gegenzug kommt der VN in den Genuss einer Prämienreduzierung.[27] Die Wirkung eines Selbstbehalts kommt auch der Vereinbarung einer **Entschädigungsgrenze** zu, die niedriger als die Versicherungssumme ist und das erhöhte Risiko, das mit einer bestimmten Gruppe von Sachen verbunden ist, begrenzen soll.[28] Ein Unterfall der vereinbarten Entschädigungsgrenze ist die sog. **Bruchteilsversicherung**, bei der die Leistung des VR auf einen bestimmten Bruchteil des Versicherungswertes begrenzt wird.[29] Uneinheitlich beurteilt werden die Konsequenzen, die das Zusammentreffen von Selbstbehalt und Entschädigungsgrenze hat. Nach teilweise vertrete-   14

---

15 *Niederleithinger*, Rn. 168.
16 BK/*Schauer*, § 56 Rn. 13; P/M/*Armbrüster*, § 75 Rn. 1, 7.
17 P/M/*Armbrüster*, § 75 Rn. 7.
18 R/L/*Römer*, § 75 Rn. 8; BK/*Schauer*, § 56 Rn. 14.
19 BGH VersR 1983, 1123; P/M/*Armbrüster*, § 75 Rn. 18.
20 P/M/*Armbrüster*, § 75 Rn. 18; L/W/*Halbach*, § 75 Rn. 17; B/M/*Schnepp*, § 75 Rn. 47.
21 L/W/*Halbach*, § 75 Rn. 17; B/M/*Schnepp*, § 75 Rn. 50; BK/*Schauer*, § 56 Rn. 21.
22 *Deutsch*, § 27 Rn. 296; P/M/*Armbrüster*, § 75 Rn. 18.
23 OLG Düsseldorf VersR 2002, 183; *Martin*, S II Rn. 10; *van Bühren*, § 1 Rn. 147.
24 P/M/*Armbrüster*, § 75 Rn. 21.
25 L/W/*Halbach*, § 75 Rn. 16; BK/*Schauer*, § 56 Rn. 23.
26 B/M/*Schnepp*, § 75 Rn. 49.
27 H/E/K/*Wandt*, 1. Kap. Rn. 742; PK/*Kloth/Neuhaus*, § 75 Rn. 11; Ausführlich zur Selbstbeteiligung des VN B/M/*Schnepp*, § 75 Rn. 62 ff.
28 P/M/*Armbrüster*, § 75 Rn. 16.
29 BK/*Schauer*, § 56 Rn. 25; L/W/*Halbach*, § 75 Rn. 16.

ner Ansicht ist zunächst der Selbstbehalt und danach erst die Entschädigungsgrenze zu berücksichtigen[30], nach anderer Auffassung erst die Entschädigungsgrenze und dann erst der Selbstbehalt.[31]

E. Beweislast

15 Beruft sich der VR auf § 75, trägt er die Beweislast für das Vorliegen einer Unterversicherung bzw. deren Voraussetzungen einschließlich des Versicherungswertes als deren Berechnungsgrundlage.[32] Der VN ist allerdings aufgrund seiner Auskunftspflicht gem. § 31 und seiner allgemeinen Aufklärungsobliegenheit gehalten, dem VR die Ermittlung des Wertverhältnisses von Versicherungswert und Versicherungssumme an Ort und Stelle zu ermöglichen.[33]

§ 76 Taxe.
Der Versicherungswert kann durch Vereinbarung auf einen bestimmten Betrag (Taxe) festgesetzt werden. Die Taxe gilt auch als der Wert, den das versicherte Interesse bei Eintritt des Versicherungsfalles hat, es sei denn, sie übersteigt den wirklichen Versicherungswert zu diesem Zeitpunkt erheblich. Ist die Versicherungssumme niedriger als die Taxe, hat der Versicherer, auch wenn die Taxe erheblich übersetzt ist, den Schaden nur nach dem Verhältnis der Versicherungssumme zur Taxe zu ersetzen.

Übersicht

	Rdn.		Rdn.
A. Allgemeines und Anwendungsbereich	1	D. Erheblich erhöhte Taxe	8
B. Vorliegen einer Taxe, Auslegung der Vereinbarung	4	E. Unterversicherung	11
		F. Anfechtung der Taxenvereinbarung	13
C. Rechtsfolgen einer Taxe	7		

Schrifttum (auch zu § 57 a.F.):
Armbrüster, Versicherung des Finanzinteresses in internationalen Versicherungsprogrammen, VersR 2008, 853 ff.; *Armbrüster*, Versicherungswert und Privatautonomie, FS Prölss, 2009, S. 1 ff.; *Gärtner*, Rechtsprobleme bei der Versicherung von Kunstgegenständen, NJW 1991, 2989; *ders.*, Vereinbarungen über den Versicherungswert von Kunstgegenständen in Zusammenhang mit Auktionen, VersR 2007, 1441 ff.; *Hesse*, Die Taxe in der Transportversicherung, VersR 1963, 698; *Kisch*, Die Taxierung des Versicherungswertes, Berlin 1940; *Looks*, Taxe, Neuwertversicherung und Bereicherungsverbot, VersR 1991, 731; *Schwampe*, Die Taxe in der Schifffahrtskrise – Möglichkeiten vertraglicher Gestaltung, TranspR 2009, 239; *Stahl*, Die Taxe in der Seeversicherung, VersR 2004, 558 ff.

A. Allgemeines und Anwendungsbereich

1 Die Ermittlung des Versicherungswertes kann sich im Versicherungsfall als schwierig erweisen und leicht zu Streitigkeiten führen. Daher ermöglicht § 76, den Versicherungswert durch eine pauschalierende Vereinbarung auf einen bestimmten Betrag (Taxe) festzusetzen, der dann auch im Versicherungsfall gilt.[1] Dies bedeutet eine erhebliche Beweiserleichterung für den VN, der andernfalls im Versicherungsfall den Wert des versicherten Interesses nachweisen müsste.[2] Sofern die Taxe der Versicherungssumme entspricht, schützt die Vereinbarung einer Taxe auch vor einer Unterversicherung, da die Taxe als Versicherungswert im Zeitpunkt des Versicherungsfalles gilt und die Proportionalitätsregel gem. § 76 Satz 3 dann gerade nicht gilt.[3] Schließlich will § 76 mit der Vereinbarung einer verbindlichen Festlegung des Versicherungswertes Streitigkeiten über die Höhe des Versicherungswertes verhindern.[4]

2 Die Vorschrift entspricht dem früheren § 57 a.F. Die Regelung gilt für die gesamte Schadensversicherung, soweit ein Versicherungswert feststellbar ist; § 76 gilt nicht für die Passivversicherung und die Summenversicherung.[5] Die für die Feuerversicherung nach altem Recht bestehenden Sonderregelungen der §§ 87, 89 a.F. wurden aufgehoben. Der Begriff der Taxe wird in § 76 beibehalten, weil er sich in der Versicherungsbranche etabliert hat und dort nach wie vor üblich ist.[6]

3 § 76 ist wie bisher abdingbar.[7] Daher kann im Versicherungsvertrag die Befugnis des VR zur Herabsetzung der Taxe vereinbart werden, wie dies auch z.T. die AVB für einzelne Versicherungszweige schon vorsehen.

---

30 BK/*Schauer*, § 56 Rn. 28.
31 P/M/*Armbrüster*, § 75 Rn. 17; *Risthaus*, S. 235 ff.
32 OLG Hamm ZfSch 2006, 462; OLG Hamm NJW-RR 1987, 859; B/M/*Schnepp*, § 75 Rn. 100.
33 LG Köln r+s 1990, 25; B/M/*Schnepp*, § 75 Rn. 102.
 1 Vgl. Motive und amtliche Begr. zum Gesetz über den Versicherungsvertrag v. 30.05.1908, Neudruck Berlin 1963, S. 127.
 2 PK/*Kloth/Neuhaus*, § 76 Rn. 1; BK/*Schauer*, § 57 Rn. 1.
 3 L/W/*Halbach*, § 76 Rn. 1; BK/*Schauer*, § 57 Rn. 1.
 4 *Staudinger/Kassing*, Das neue VVG, 2008, § 2 Rn. 12.
 5 L/W/*Halbach*, § 76 Rn. 3; BK/*Schauer*, § 57 Rn. 4.
 6 Begr. RegE BT-Drucks. 16/3945 S. 78 f.
 7 Begr. RegE BT-Drucks. 16/3945 S. 79.

Umstritten ist aber, ob die Erheblichkeitsregel in § 76 Satz 3 abbedungen werden kann. § 87 ist insoweit nicht einschlägig, da hieraus lediglich die Möglichkeit folgt, eine Taxe insgesamt auszuschließen.[8] Überwiegend wird eine Abbedingung des § 76 Satz 3 abgelehnt, da dem VVG insgesamt die Entscheidung für den Grundsatz der konkreten Bedarfsdeckung zu entnehmen ist, mit dem es nicht vereinbar wäre, wenn der Versicherungswert völlig freier Vereinbarung zugänglich wäre.[9]

B. Vorliegen einer Taxe, Auslegung der Vereinbarung

Gem. § 76 Satz 1 kann der Versicherungswert durch Vereinbarung auf einen bestimmten Betrag (Taxe) festgesetzt werden. Damit ist klargestellt, dass der Versicherungswert nicht mit der Taxe identisch ist, vielmehr ergibt sich der Versicherungswert aus § 88 oder einer vertraglichen Vereinbarung, und die Taxe ist nur ein ausgewählter Betrag, der nach dem Willen der Vertragsparteien dem Versicherungswert entsprechen soll und der sich dementsprechend an dem Versicherungswert orientiert.[10] 4

Im Regelfall beruht eine Taxe auf einer formlosen Vereinbarung der Vertragsparteien, die bei Vertragsschluss oder auch später erfolgen kann; förmliche Taxen gibt es nur in der See- oder sonstigen Transportversicherung.[11] Die entsprechenden Willenserklärungen der Vertragsparteien sind auszulegen; lässt sich ein übereinstimmender Parteiwille feststellen, dass der festgelegte Betrag verbindlich als Wert des versicherten Interesses gelten soll und dass im Falle eines Totalschadens der Betrag der Taxe ohne weiteren Nachweis der Schadenshöhe gezahlt werden soll, liegt eine Taxe vor.[12] Ein starkes Indiz für das Vorliegen einer Taxe i.S.d. § 76 ist gegeben, wenn der Begriff »Taxe« als versicherungsrechtlicher Fachbegriff verwendet wird.[13] Nach allgemeinen Auslegungsgrundsätzen reicht es aus, wenn der bestimmte, von den Parteien vereinbarte Betrag – entgegen dem Wortlaut des § 76 – nur bestimmbar ist.[14] 5

Keine Taxe liegt vor, wenn vor Vertragsschluss die Werte der zu versichernden Sachen geschätzt werden, um die Versicherungssumme und die Prämie richtig festlegen zu können, oder wenn für die einzelnen zu versichernden Sachen, die zu einer Gesamtsumme versichert werden sollen, als rechnerische Grundlage einzelne Beträge aufgeführt werden.[15] 6

C. Rechtsfolgen einer Taxe

Die vereinbarte Taxe gilt im Versicherungsfall als Versicherungswert. Haben die Parteien eine Taxe vereinbart, haben sie durch den taxierten Versicherungswert den Ersatzwert bzw. Letztwert und den Höchstbetrag des vom VR zu ersetzenden Schadens festgelegt. Dass der VN im Versicherungsfall somit nicht den Wert des versicherten Interesses nachweisen muss, wirkt sich allerdings nur bei Totalschäden, nicht hingegen bei Teilschäden aus, sofern nicht für Teilschäden eigene Taxbeträge oder Prozentsätze vereinbart wurden.[16] 7

D. Erheblich erhöhte Taxe

Aufgrund der vertraglichen Dispositionsbefugnis können die Parteien eine Taxe vereinbaren, die den wirklichen Versicherungswert übersteigt, was entweder schon bei Vertragsschluss der Fall sein oder erst im Laufe der Zeit eintreten kann, weil der Versicherungswert gesunken ist. Bei einem Totalschaden erhielte der VN dann eine seinen Schaden übersteigende Versicherungsleistung; ist die hierin liegende Bereicherung des VN nur geringfügig, wird sie aufgrund der durch die Taxe bewirkten Erleichterung der Schadensliquidierung akzeptiert. Die Taxe verliert indes ihre bindende Kraft, wenn die Abweichung zwischen Taxe und wirklichem Versicherungswert erheblich ist. 8

Wann Erheblichkeit gegeben ist, ist unter Abwägung der Umstände des Einzelfalls, vor allem unter Berücksichtigung des Zwecks des § 76, zu ermitteln; eine feste, in einer starren Prozentzahl ausgedrückte Grenze hat der BGH abgelehnt.[17] Die h.M. geht aber bei einer Differenz zwischen Taxe und Versicherungswert von mindestens 10 % von einer erheblich erhöhten Taxe aus.[18] Bei der Beurteilung des Verhältnisses zwischen Taxe und wirklichem Versicherungswert haben Selbstbehalte und Entschädigungsgrenzen außer Betracht zu blei- 9

---

8 *Armbrüster* VersR 2008, 853 ff.
9 BGH VersR 2001, 749, 750.
10 BK/*Schauer*, § 57 Rn. 3; B/M/*Schnepp*, § 76 Rn. 4.
11 BGH VersR 1994, 91; P/M/*Armbrüster*, § 76 Rn. 4.
12 P/M/*Armbrüster*, § 76 Rn. 5; OLG Köln VersR 2014, 1251.
13 P/M/*Armbrüster*, § 76 Rn. 5; B/M/*Schnepp*, § 76 Rn. 22.
14 BK/*Schauer*, § 57 Rn. 5; P/M/*Armbrüster*, § 76 Rn. 4; B/M/*Schnepp*, § 76 Rn. 24.
15 Motive und amtliche Begr. zum Gesetz über den Versicherungsvertrag v. 30.05.1908, Neudruck Berlin 1963, S. 127; P/M/*Armbrüster*, § 76 Rn. 5; R/L/*Langheid*, § 76 Rn. 1; Saarländisches OLG r+s 2014, 74.
16 B/M/*Schnepp*, § 76 Rn. 35.
17 BGH VersR 2001, 304 f.
18 BGHZ 147, 212, 217; *Armbrüster* VersR 2008, 853 ff.; BK/*Schauer*, § 57 Rn. 14; P/M/*Armbrüster*, § 76 Rn. 13; L/W/*Halbach*, § 76 Rn. 8; *Looks* VersR 1991, 732.

ben, da sie nur den Leistungsumfang des VR begrenzen, aber keine Auswirkungen auf den Versicherungswert haben.[19]

10 Vor Eintritt des Versicherungsfalles ist die Taxenvereinbarung grundsätzlich wirksam. Ist die Taxe erheblich überhöht, ist umstritten, ob beide Parteien die Möglichkeit haben, nach Maßgabe des § 74 die Herabsetzung des Taxbetrages auf den wirklichen Versicherungswert und dementsprechend auch der Prämie zu verlangen; dafür spricht der Wortlaut des § 74 und die in beiden Fällen identische Interessenlage.[20] Nicht einheitlich beurteilt wird auch, welche Rechtsfolgen eine erheblich überhöhte Taxe im Versicherungsfall hat. Die überwiegende Auffassung geht davon aus, dass die erheblich überhöhte Taxe ex lege unwirksam wird,[21] wohingegen sie nach anderer Auffassung grundsätzlich wirksam, aber im Versicherungsfall unbeachtlich ist.[22] Da sich aber die Unwirksamkeit einer Taxenvereinbarung nicht auf den Versicherungsvertrag im Übrigen auswirkt, da die Taxenvereinbarung nicht zu den essentialia negotii zählt, hat der Streit in der Praxis keine Auswirkungen. Übereinstimmung herrscht darüber, dass an die Stelle der Taxe der wirkliche Versicherungswert tritt.[23]

E. Unterversicherung

11 § 76 Satz 3 regelt einen Fall der Unterversicherung und hat wegen der nahezu gleichlautenden Regelung des § 75 nur klarstellende Funktion. Für den Fall, dass die Versicherungssumme die Taxe unterschreitet, berechnet sich die Höhe der vom VR im Versicherungsfall zu erbringenden Leistung nach der Proportionalitätsregel, wie sie auch in § 75 normiert ist. In diesem Fall ist das Verhältnis der Taxe zur Versicherungssumme und nicht das Verhältnis des wirklichen Versicherungswertes zur Versicherungssumme entscheidend. Dies gilt auch, wenn die Taxe die Versicherungssumme erheblich übersteigt, denn mit der Vereinbarung einer Taxe oberhalb der Versicherungssumme haben die Vertragsparteien ihren Willen zum Ausdruck gebracht, dass der VN einen Teil des Schadens selbst tragen soll, was dann auch gilt, wenn die Taxe erheblich übersetzt und damit an sich nach Satz 2 unwirksam wäre.[24]

12 Im Gegensatz zu § 75, der nach der Neuregelung nur noch bei einem »erheblichen« Unterschreiten eingreift, ist ausweislich seines eindeutigen Wortlauts § 76 Satz 3 bereits anwendbar, wenn die Versicherungssumme (überhaupt) niedriger als die Taxe ist. Da aber der Gesetzgeber die Änderung des § 75 damit begründet hat, dass auf diese Weise eine Übereinstimmung mit (unter anderem) § 76 Satz 3 hergestellt werden soll, ist das Fehlen der Erheblichkeit im Hinblick auf die Differenz zwischen Versicherungssumme und Taxe in § 76 Satz 3 als gesetzgeberisches Versehen zu bewerten. Daher kommt es – entsprechend der Neuregelung des § 75 – nur zur Anwendung der Proportionalitätsregelung, wenn die Versicherungssumme erheblich niedriger als die Taxe ist. Wann dies der Fall ist, vgl. die Erläuterungen zu § 75 Rdn. 7.

F. Anfechtung der Taxenvereinbarung

13 Die Vereinbarung einer Taxenvereinbarung kann von beiden Vertragsparteien nach §§ 119 ff. BGB angefochten werden. Dass eine erheblich erhöhte Taxe im Versicherungsfall unbeachtlich bzw. unwirksam ist, schließt eine rückwirkende Anfechtung gem. § 142 BGB nicht aus. Ein Motivirrtum im Hinblick darauf, dass der wirkliche Versicherungswert bei der Festlegung der Taxe falsch eingeschätzt wird, ist unbeachtlich.[25]

§ 77 Mehrere Versicherer.
(1) Wer bei mehreren Versicherern ein Interesse gegen dieselbe Gefahr versichert, ist verpflichtet, jedem Versicherer die andere Versicherung unverzüglich mitzuteilen. In der Mitteilung sind der andere Versicherer und die Versicherungssumme anzugeben.
(2) Wird bezüglich desselben Interesses bei einem Versicherer der entgehende Gewinn, bei einem anderen Versicherer der sonstige Schaden versichert, ist Absatz 1 entsprechend anzuwenden.

Übersicht

	Rdn.		Rdn.
A. Anwendungsbereich und Normzweck	1	D. Anzeigepflicht	15
B. Arten der Mehrfachversicherung und Abgrenzungsfragen	5	E. § 77 II	17
C. Identität des Interesses und der Gefahr	8	F. Rechtsfolgen	18

---

19 P/M/*Armbrüster*, § 76 Rn. 14.
20 BK/*Schauer*, § 57 Rn. 15; *Looks* VersR 1991, 731; a.A. P/M/*Armbrüster*, § 76 Rn. 15b; B/M/*Schnepp*, § 76 Rn. 50 f.
21 B/M/*Schnepp*, § 76 Rn. 47; BK/*Schauer*, § 57 Rn. 16.
22 P/M/*Armbrüster*, § 76 Rn. 15; PK/*Kloth/Neuhaus*, § 76 Rn. 7; *Looks* VersR 1991, 731.
23 Nicht mehr an der Auffassung der Vorauflage (B/M/*Möller*[8], § 57 Anm. 43) hält B/M/*Schnepp*, § 76 Rn. 49 fest.
24 Motive und amtliche Begr. zum Gesetz über den Versicherungsvertrag v. 30.05.1908, Neudruck Berlin 1963, S. 128; HK-VVG/*Brambach*, § 76 Rn. 12.
25 BK/*Schauer*, § 57 Rn. 5; *Looks* VersR 91, 732.

Schrifttum (auch noch zu § 58 a.F.):
Brinker/Schädle, Risikosteuerung durch Mitversicherung, VW 2003, 1318 ff., 1420 ff.; *Dreher/Kling,* Die Mitversicherung bei der Ausschreibung von Versicherungsdienstleistungen, VersR 2007, 1040 ff.; *Kohleick,* Die Doppelversicherung im deutschen Versicherungsvertragsrecht, Karlsruhe 1999; *Lange/Dreher,* Der Führende in der Mitversicherung, VersR 2008, 289 ff.; *Martin,* Regress des Doppelversicherers gegen den VN des anderen Doppelversicherers?, VersR 1978, 881; *Schaloske,* Das Vertragsrecht der sog. offenen Mitversicherung, VersR 2007, 606 ff.; *ders.,* Offene Mitversicherung und Kartellverbot – Wettbewerbsbeschränkung oder Wettbewerbsneutralität, VersR 2008, 734 ff.; *ders.,* Praxisfragen der Exzedentenversicherung, PHI 2012, 166; *Voigt,* Grundlagen der Mitversicherung, VW 1972, 1514 ff.; 1583 ff.

A. Anwendungsbereich und Normzweck

§ 77 regelt die Anzeigepflicht für alle Arten der Mehrfachversicherung in der Schadensversicherung. § 77 I entspricht sachlich dem bisherigen § 58 a.F. § 77 II übernimmt die Regelung des § 90 a.F. bei der Feuerversicherung. Die §§ 77 ff. sprechen nunmehr einheitlich von einer Mehrfachversicherung; der früher in den §§ 59, 60 a.F. verwendete unpräzise (und zum Teil irreführende) Begriff der Doppelversicherung fällt weg.[1]   1

§ 77 gilt für die Sachversicherung, die übrige Schadensversicherung, und zwar sowohl für die Aktiven- als auch die Passivenversicherung.[2] § 77 ist insbesondere auf die Haftpflichtversicherung[3], die Rechtsschutzversicherung[4] und die Krankenversicherung anwendbar, soweit diese nach den Grundsätzen der Schadensversicherung gewährt wird. Für andere Versicherungen, etwa eine Unfallversicherung, gilt § 77 nicht; insbesondere ist die Regelung auch nicht auf das Nebeneinander einer privaten Versicherung mit einer entsprechenden Sozialversicherung, etwa einer gesetzlichen Krankenversicherung, anwendbar.[5] Zum Teil wird hier wegen der vergleichbaren Interessenlage und der Bedürfnisse in der Praxis die entsprechende Anwendung des § 77 vertreten.[6] § 77 gilt nicht für die Summenversicherung.[7]   2

Gem. § 77 I muss eine Mehrfachversicherung dem jeweils anderen VR mit bestimmten Angaben (etwa bei welchen VR die Versicherungen genommen wurden und mit welchen Versicherungssummen) unverzüglich mitgeteilt werden. Diese Anzeigepflicht bezweckt, die verschiedenen VR auf umfassender Informationsgrundlage entscheiden zu lassen, ob es bei einer Mehrfachversicherung bleiben soll oder nicht; ferner wird ihnen so die Möglichkeit gegeben, ihre Rechte aus § 78 geltend zu machen und zu prüfen, ob der VN eine Mehrfachversicherung in Betrugsabsicht genommen hat, § 78 III.[8] Auch wegen des möglicherweise erhöhten subjektiven Risikos ist die Kenntnis der Mehrfachversicherung für die VR unerlässlich.[9]   3

Wie auch nach bisherigem Recht ist § 77 abdingbar; es kann – in den Grenzen der §§ 305 ff. BGB – etwa vereinbart werden, dass eine Mehrfachversicherung gar nicht möglich ist oder dass sie an das Einverständnis des VR geknüpft ist.[10]   4

B. Arten der Mehrfachversicherung und Abgrenzungsfragen

Eine Mehrfachversicherung ist gegeben, wenn dasselbe Interesse gegen dieselbe Gefahr bei mehreren VR versichert ist. Je nachdem, auf welche Weise dies geschehen war, wurde unter der Geltung des alten VVG, das die Begriffe »Mehrfachversicherung« (vgl. § 58 a.F.) und »Doppelversicherung« (vgl. § 59 a.F.) verwendete, zwischen verschiedenen Ausprägungen der Mehrfachversicherung differenziert. So war eine Nebenversicherung gegeben, wenn mit mehreren VR ohne ihr Zusammenwirken selbständige Verträge über dasselbe Interesse und dasselbe Risiko abgeschlossen wurden und sich der Gesamtbetrag der Versicherungssummen innerhalb der Grenze des Versicherungswertes hielt.[11] Eine Mitversicherung lag demgegenüber vor, wenn dasselbe Interesse von mehreren VR durch ihr Zusammenwirken versichert wurde. Hier wurden die verdeckte und die offene Mitversicherung unterschieden. Bei ersterer hat der VN nur mit einem VR einen Versicherungsvertrag geschlossen, der dann seinerseits mit weiteren Verträgen einen Teil des Risikos und der Prämie an andere VR weitergegeben hat, so dass die verdeckte Mitversicherung der Sache nach eine Art Rückversicherung (vgl. § 209) war.[12] Bei der offenen Mitversicherung (sog. Konsortialversicherung) haben sich die VR einverständlich an der Deckung desselben (oftmals größeren) Risikos beteiligt.[13] Da die VR bei der offenen Mitversicherung ohnehin schon Kenntnis voneinander haben, war § 58 a.F. (jetzt § 77 n.F.) mit seiner Anzeigepflicht   5

---

1 B/M/*Schnepp*, § 77 Rn. 9 ff. differenziert zwischen der uneinheitlich verwendeten Terminologie.
2 B/M/*Schnepp*, § 77 Rn. 15; BK/*Schauer*, § 58 Rn. 9.
3 BGH VersR 1976, 847; BGHZ 91, 172.
4 BGHZ 110, 156, 166.
5 LG Berlin VersR 77, 661; P/M/*Armbrüster*, § 77 Rn. 3; L/W/*Halbach*, § 77 Rn. 3.
6 Ablehnend P/M/*Armbrüster*, § 77 Rn. 3.
7 VersHb/*Armbrüster*, § 6 Rn. 23; B/M/*Schnepp*, § 77 Rn. 16; BK/*Schauer*, § 58 Rn. 9.
8 *Deutsch*, § 14 Rn. 121; L/W/*Halbach*, § 77 Rn. 1.
9 R/L/*Langheid*, § 77 Rn. 1.
10 R/L/*Langheid*, § 77 Rn. 30.
11 BK/*Schauer*, § 58 Rn. 5; R/L/*Langheid*, § 77 Rn. 3.
12 VersHb/*Armbrüster*, § 6 Rn. 40; P/M/*Armbrüster*, Vor § 77 Rn. 1.
13 RL/*Langheid*, § 77 Rn. 7.

nicht auf sie anwendbar.[14] Das alte VVG hat in den §§ 59, 60 a.F. mit dem Begriff der »Doppelversicherung« eine Sonderform der Mehrfachversicherung umschrieben, die sich dadurch auszeichnet, dass dasselbe Interesse gegen dieselbe Gefahr bei mehreren VR versichert wird und die Versicherungssummen der einzelnen Verträge insgesamt den Versicherungswert oder die Summe der Entschädigungen den Gesamtschaden übersteigen. Der Begriff »Doppelversicherung« ist indes unpräzise, weil die Voraussetzungen nicht nur bei der Konkurrenz zweier VR, sondern auch bei einer Vielzahl von VR verwirklicht sind. Aus diesem Grund verwendet das neue VVG den Begriff der »Doppelversicherung« nicht mehr, sondern spricht einheitlich von »Mehrfachversicherung« (vgl. § 78 I). Obwohl im VVG nur der Begriff der Mehrfachversicherung, der in § 78 I definiert wird, verwendet wird, werden in der Praxis doch immer noch die unterschiedlichen Begriffe der Mit-, Neben- und Doppelversicherung verwendet.

6 Uneinheitlich beurteilt wird das Verhältnis des § 77 zur vorvertraglichen Anzeigepflicht gem. § 19. Die ganz h.M. geht davon aus, dass § 77 und § 19 nebeneinander zur Anwendung kommen, da die Mitteilungspflicht des § 77 erst nach Vertragsschluss besteht, wohingegen das Bestehen einer weiteren Versicherung unter den Voraussetzungen des § 19 schon vor Abschluss der weiteren Versicherung anzuzeigen ist. Dementsprechend ist § 77 keine lex specialis im Verhältnis zu § 19.[15]

7 Im Verhältnis zur Anzeigepflicht bei Gefahrerhöhungen gem. §§ 23 ff. geht § 77 als lex specialis vor; die Pflichten gem. § 23 II und III werden von § 77 verdrängt.[16]

C. Identität des Interesses und der Gefahr

8 Eine Mehrfachversicherung als Neben- oder Doppelversicherung setzt voraus, dass sowohl das mit mehreren Verträgen versicherte Interesse als auch die versicherte Gefahr identisch sind.[17] Nicht einheitlich wird dagegen beurteilt, ob auch Identität im Hinblick auf den VN bestehen muss. Dies wird teilweise angenommen.[18] Mit Blick auf den Zweck der Vorschrift, das subjektive Risiko zu verringern und dem VR die Geltendmachung von Ausgleichsansprüchen zu ermöglichen, ist dieser Auffassung indes nicht zu folgen.[19] Weiterhin liegt eine Mehrfachversicherung i.S.d. §§ 77 ff. nur vor, wenn sich auch der zeitliche und örtliche Geltungsbereich der Versicherungen ganz oder zumindest teilweise überschneiden.[20]

9 Welches Interesse genau versichert ist, ist dem Versicherungsvertrag zu entnehmen.

10 Identität des Interesses ist zum Beispiel bei Haftpflichtversicherungen, die gegen dieselbe Haftpflichtverbindlichkeit schützen,[21] oder bei mehreren Rechtsschutzversicherungen[22] möglich. Dies gilt auch, wenn eine Haftpflichtversicherung des Schädigers mit einer Sachversicherung konkurriert, die zumindest auch dessen Sachersatzinteresse umfasst.[23]

11 Der BGH wendet die Grundsätze der Doppelversicherung entsprechend an, wenn ein Gebäudeversicherer, dem der Regress gegen den Mieter aufgrund eines Regressverzichtes, der sich aus der Auslegung des Gebäudeversicherungsvertrages ergibt, verwehrt ist, mit dessen Haftpflichtversicherer konkurriert (zum Regress vgl. § 86 Rdn. 86).[24] Zwar deckten die Verträge über die Gebäudeversicherung und die Haftpflichtversicherung auch nicht teilweise dasselbe Interesse und zwar führte der Regressverzicht in der Regel[25] auch nicht zu einer Mitversicherung des Sachersatzinteresses des Mieters in der Gebäudeversicherung; gleichwohl bestehe aber eine der Doppelversicherung strukturell vergleichbare Interessenlage, wonach eine analoge Anwendung der §§ 77 ff., vor allem des § 78 II (vgl. § 78 Rdn. 10 ff.) gerechtfertigt sei.[26]

12 Es muss keine vollständige Identität bestehen; § 78 ist schon anwendbar, wenn das versicherte Interesse und die versicherte Gefahr jeweils zumindest teilweise identisch sind. Dann besteht in dem sich deckenden Teil ei-

---

14 VersHb/*Armbrüster*, § 6 Rn. 28; BK/*Schauer*, § 58 Rn. 13.
15 RGZ 132, 386; OLG Hamm VersR 88, 172; BK/*Schauer*, § 58 Rn. 6; *Kisch*, Mehrfache Versicherung, S. 29 Fn. 1; a.A. *Honsell* VersR 1982, 113; in der Vorauflage ordnete auch B/M/*Möller*[8], § 58 Rn. 27, § 58 a.F. noch als lex specialis gegenüber den Vorschriften zur vertraglichen Anzeigepflicht ein; nunmehr schließt sich B/M/*Schnepp*, § 77 Rn. 93 f., der h.M. an.
16 P/M/*Armbrüster*, § 77 Rn. 19; BK/*Schauer*, § 58 Rn. 7.
17 VersHb/*Armbrüster*, § 6 Rn. 21; R/L/*Langheid*, § 77 Rn. 2, 17.
18 R/L/*Langheid*, § 77 Rn. 22; *Schmidt*, Die Obliegenheiten, 1953, Rn. 10.
19 BGH VersR 1976, 847; BGHZ 110, 156, 166; LG Köln VersR 1982, 1165; VersHb/*Armbrüster*, § 6 Rn. 28 f.; BK/*Schauer*, § 58 Rn. 19; P/M/*Armbrüster*, § 77 Rn. 10.
20 P/M/*Armbrüster*, § 77 Rn. 9.
21 BGH VersR 1991, 172, 174.
22 BGHZ 110, 156, 166.
23 *Prölss* VersR 1977, 696 ff.; BK/*Schauer*, § 58 Rn. 11.
24 BGHZ 169, 86 ff.
25 Seit BGHZ 145, 393 ff. kann die Auslegung des Gebäudefeuerversicherungsvertrages aber ergeben, dass sie das Sachersatzinteresse des Mieters mit einbezieht.
26 BGHZ 169, 86 ff. Vgl. zur Berechnung des Ausgleichsanspruchs des Gebäudeversicherers gegen den Haftpflichtversicherer des Mieters: BGH VersR 2008, 1108 ff. Zweifel an dem Vorliegen der Voraussetzungen einer Analogie äußern *Staudinger/Kassing* VersR 2007, 10, 14.

ne Mehrfachversicherung.[27] Teilidentität ist etwa gegeben, wenn eine Sache einzeln versichert ist und zugleich als Teil eines Inbegriffs, der in einem anderen Vertrag versichert ist.[28] Teilidentität besteht des Weiteren bei einer Zeit- und Neuwertversicherung im Hinblick auf das Zeitwertinteresse[29] sowie beim Zusammentreffen einer Einzelversicherung mit einer Allgefahrenversicherung bzw. mit einer kombinierten Versicherung, die die Einzelgefahr mit umfasst; so ist eine (teilweise) Mehrfachversicherung beispielsweise im Verhältnis zwischen einer Feuerversicherung und einer Hausratversicherung gegeben, da letztere auch die Brandgefahr deckt.[30]

Keine Identität des Interesses besteht, wenn der Eigentümer seine Sachversicherung und zugleich die Haftpflichtversicherung des Schädigers in Anspruch nimmt.[31] An der Identität des Interesses fehlt es auch zwischen der Versicherung des Sacherhaltungsinteresses und des Gewinninteresses, etwa bei einer Berufsunfähigkeitsversicherung.[32] Keine Mehrfachversicherung ist auch im Hinblick auf die Interessen bei der Gütertransportversicherung einerseits und der Verkehrshaftungsversicherung andererseits gegeben. Es besteht ferner keine Mehrfachversicherung bei einer Haftung wegen Aufsichtspflichtverletzung einerseits und einer Haftung des Flughafens für einen Unfall zwischen einem Flugzeug und einem Flughafenfahrzeug andererseits.[33] Bei verschiedenen VN ist keine Identität des Interesses gegeben, wenn der eine sein Eigentümerinteresse und der andere sein Gebrauchs- oder Wiederherstellungsinteresse versichert hat.[34]

13

Die Versicherungsverträge müssen bei verschiedenen VR abgeschlossen worden sein, die wohl einem gemeinsamen Konzern angehören dürfen, aber jeweils eigenständige juristische Personen sein müssen. § 77 ist seinem Normzweck nach nicht anwendbar, wenn mehrere Verträge bei demselben VR bestehen, da dann von der gegenseitigen Kenntnis auszugehen ist.[35]

14

D. Anzeigepflicht

Unter der Voraussetzung, dass das versicherte Interesse und die versicherte Gefahr identisch sind, hat der VN gem. § 77 I 1 dem jeweils anderen VR die Mehrfachversicherung unverzüglich (§ 121 BGB) und formfrei[36] mitzuteilen. Maßstab des Inhalts und Umfangs der Mitteilungspflicht gem. Satz 1 ist das Informationsinteresse des anderen VR; erforderlich ist zumindest die Angabe, dass und in welchem Umfang sich die versicherten Interessen und Gefahren überschneiden.[37] Die Angaben müssen ferner gem. § 77 I 2 den jeweils anderen VR und die Versicherungssumme enthalten. Dies gilt bei gleichzeitigem wie auch bei zeitlich nachfolgendem Abschluss der Versicherungsverträge.

15

Uneinheitlich beurteilt wird der Rechtscharakter der in § 77 normierten Anzeigepflicht. Überwiegend wird davon ausgegangen, dass es sich um eine Rechtspflicht und nicht lediglich um eine Obliegenheit handelt, da das Gesetz keine Rechtsfolgen nennt und nach den allgemeinen Regeln bei Verschulden eine Schadensersatzverpflichtung besteht.[38] Auch die Tatsache, dass die angeordnete Anzeigepflicht die Interessen der VR schützen soll, spricht für den Charakter einer Rechtspflicht.[39] Sofern allerdings in den AVB eine entsprechende Anzeige verlangt wird und die Nichtanzeige die Leistungsfreiheit des VR nach sich zieht, liegt eine Obliegenheit vor;[40] für diesen Fall ist § 28 zu beachten.

16

E. § 77 II

§ 77 II übernimmt die in § 90 a.F. für die Feuerversicherung normierte Regelung für die gesamte Schadensversicherung. Danach gelten die Mitteilungs- und Anzeigepflicht des Absatzes 1 auch, wenn bezüglich desselben Interesses bei einem VR der entgehende Gewinn und bei einem anderen VR der sonstige Schaden versichert ist. § 77 II gilt für die gesamte Schadensversicherung, wobei die Regelung allerdings nur für die Sachversicherung praktisch bedeutsam werden dürfte.[41]

17

---

27 BGH NJW-RR 1988, 727.
28 P/M/*Armbrüster*, § 77 Rn. 7.
29 OLG Hamm VersR 1986, 544; PK/*Kloth/Neuhaus*, § 77 Rn. 6.
30 BGH NJW-RR 1988, 727; BK/*Schauer*, § 58 Rn. 12; P/M/*Armbrüster*, § 77 Rn. 7.
31 BGH VersR 1961, 114; BGH VersR 1962, 129.
32 BK/*Schauer*, § 58 Rn. 11.
33 BGH VersR 1962, 129; OLG Stuttgart VersR 2009, 206.
34 OLG München VersR 1986, 1116.
35 BK/*Schauer*, § 58 Rn. 13; P/M/*Armbrüster*, § 77 Rn. 4.
36 B/M/*Schnepp*, § 77 Rn. 81; PK/*Kloth/Neuhaus*, § 77 Rn. 9.
37 BK/*Schauer*, § 58 Rn. 17.
38 P/M/*Armbrüster*, § 77 Rn. 17; BK/*Schauer*, § 58 Rn. 21; L/W/*Halbach*, § 77 Rn. 29; R/L/*Langheid*, § 77 Rn. 23; Unter Aufgabe der in der Vorauflage noch vertretenen Gegenansicht (B/M/*Möller* [8], § 58 Rn. 26) geht nunmehr auch B/M/*Schnepp* § 77 Rn. 68 von einer echten Rechtspflicht aus.
39 P/M/*Armbrüster*, § 77 Rn. 17.
40 R/L/*Langheid*, § 77 Rn. 23.
41 Begr. RegE BT-Drucks. 16/3945 S. 79.

von Koppenfels-Spies

F. Rechtsfolgen

18 Auch die neue Fassung des § 77 enthält keine Rechtsfolgen für den Fall, dass die erforderlichen Angaben nicht erfolgen. Daher kommt nach allgemeinen Grundsätzen ein Schadensersatzanspruch des VR gegen den VN in Betracht, sofern eine schuldhafte Verletzung der Anzeigepflicht gegeben ist (§§ 241 II, 280 I BGB).[42]

19 Normieren die AVB ausdrücklich Rechtsfolgen für den Fall, dass die in § 77 I 2 genannten Angaben nicht gemacht werden, so zum Beispiel die Leistungsfreiheit des VR, ist § 28 zu beachten.

§ 78 Haftung bei Mehrfachversicherung.

(1) Ist bei mehreren Versicherern ein Interesse gegen dieselbe Gefahr versichert und übersteigen die Versicherungssummen zusammen den Versicherungswert oder übersteigt aus anderen Gründen die Summe der Entschädigungen, die von jedem Versicherer ohne Bestehen der anderen Versicherung zu zahlen wären, den Gesamtschaden (Mehrfachversicherung), haften die Versicherer in der Weise als Gesamtschuldner, dass jeder Versicherer den von ihm nach dem Vertrag zu leistenden Betrag zu zahlen hat, der Versicherungsnehmer aber insgesamt nicht mehr als den Betrag des Schadens verlangen kann.
(2) Die Versicherer sind im Verhältnis zueinander zu Anteilen nach Maßgabe der Beträge verpflichtet, die sie dem Versicherungsnehmer nach dem jeweiligen Vertrag zu zahlen haben. Ist auf eine der Versicherungen ausländisches Recht anzuwenden, kann der Versicherer, für den das ausländische Recht gilt, gegen den anderen Versicherer einen Anspruch auf Ausgleichung nur geltend machen, wenn er selbst nach dem für ihn maßgeblichen Recht zur Ausgleichung verpflichtet ist.
(3) Hat der Versicherungsnehmer eine Mehrfachversicherung in der Absicht vereinbart, sich dadurch einen rechtswidrigen Vermögensvorteil zu verschaffen, ist jeder in dieser Absicht geschlossene Vertrag nichtig; dem Versicherer steht die Prämie bis zu dem Zeitpunkt zu, zu dem er von den die Nichtigkeit begründenden Umständen Kenntnis erlangt.

Übersicht

	Rdn.		Rdn.
A. Einleitung, Normzweck und Anwendungsbereich	1	III. Gesetzlicher Forderungsübergang gem. § 86	13
B. Voraussetzungen der Mehrfachversicherung	4	D. Ausländisches Recht	14
C. Rechtsfolgen der Mehrfachversicherung	6	E. Betrügerische Mehrfachversicherung, Abs. 3	15
I. Außenverhältnis	6	F. Abdingbarkeit	17
II. Ausgleichsansprüche der VR untereinander	10	G. Verjährung	24

Schrifttum (auch zu § 59 a.F.):
Armbrust, Subsidiaritätsabreden in Versicherungsverträgen, 1991; *Bartosch-Koch,* Regressschutz des Mieters – Ausgleichsansprüche der beteiligten Versicherungen, NJW 2011, 484; *Dickmann,* Zum Innenausgleichsanspruch des Gebäudeversicherers gegen den Haftpflichtversicherer des Mieters nach § 78 II VVG analog, VersR 2013, 1227; *ders.,* Materiellrechtliche Probleme des Innenausgleichs zwischen dem Gebäudeversicherer und dem Haftpflichtversicherer des Mieters nach § 78 Abs. 2 VVG analog, VersR 2014, 1178; *Fajen,* Die Subsidiaritätsklauseln im Versicherungsrecht unter besonderer Berücksichtigung der qualifizierten Subsidiaritätsklausel, VersR 2013, 973; *Harsdorf-Gebhardt,* Die Rechtsprechung des BGH zum Versicherungsrecht – Regress in der Sachversicherung, r+s 2010, 309; *Kisch,* Die mehrfache Versicherung desselben Interesses, 1935; *Kohleick,* Die Doppelversicherung im deutschen Versicherungsvertragsrecht, 1999; *Langenick,* Erkenntnisse zur Doppelversicherung, Haftung und dem gesamtschuldnerischen Innenausgleich im Lichte der »Gespann-Entscheidung« des BGH, NZV 2011, 577; *Lemcke,* Innenausgleich bei Drittschäden durch Kfz und Kfz-Anhänger, r+s 2011, 56; *Piepenbrock,* Regreß des Gebäudeversicherers gegen den Mieter vor dem Aus?, VersR 2008, 319 ff.; *Roth,* Internationales Versicherungsvertragsrecht, Tübingen 1985; *Schaloske, Kassing,* Kollision von Subsidiaritätsklauseln: Welcher Versicherer ist eintrittspflichtig?, PHI 2014, 174; *Segger/Degen:* Die Konditionendifferenz- und Schutzversicherung als subsidiärer Versicherungsschutz in der Technischen Versicherung, r+s 2012, 422; *Siegel,* Das Regressverzichtsabkommen der Feuerversicherer, VersR 2009, 46 ff.; *Winter,* Subsidiaritätsklauseln und AGBG, VersR 1991, 527; *ders.,* Konkrete und abstrakte Bedarfsdeckung in der Sachversicherung, 1962.

A. Einleitung, Normzweck und Anwendungsbereich

1 Wenngleich sich der Gesetzgeber auch bei der Neuregelung des VVG gegen eine Kodifikation des versicherungsrechtlichen Bereicherungsverbotes entschieden hat, kommt doch eine Facette des Bereicherungsverbotes in § 78 I zum Ausdruck, denn bei der Mehrfachversicherung wird die Obergrenze der Entschädigungszahlung auf den eingetretenen Gesamtschaden festgelegt. Ohne diese Regelung läge der Eintritt einer Bereicherung bei der Mehrfachversicherung in den meisten Fällen auf der Hand.

---

[42] Motive und amtliche Begr. zum Gesetz über den Versicherungsvertrag v. 30.05.1908, Neudruck Berlin 1963, S. 129.

Der Gesetzgeber verbietet die Mehrfachversicherung nicht, weil sie aus vielfältigen Gründen eintreten und für 2
sie durchaus auch ein Bedarf in der Praxis bestehen kann;[1] § 78 will die Mehrfachversicherung auch nicht
einschränken. Die einzige Intention der gesetzlichen Regelung liegt darin, dass sich der VN aufgrund des Bereicherungsverbotes durch eine Mehrfachversicherung nicht eine mehrfache Entschädigung für denselben
Schaden verschaffen können soll (§ 78 I) und der interne Ausgleich der VR untereinander angemessen geregelt ist (§ 78 II).[2]

§ 78 gilt für die gesamte Schadensversicherung, einschließlich der Haftpflichtversicherung[3], sowie für die 3
Rechtsschutzversicherung[4]. Eine Mehrfachversicherung ist in der Summenversicherung nicht möglich, da sich
bei ihr das versicherte Interesse nicht durch einen bezifferten Höchstschaden ausdrückt.[5] Sind dasselbe Interesse und dieselbe Gefahr zwar in verschiedenen Versicherungsverträgen, aber bei demselben VR versichert (für
diesen Fall gelten die Mitteilungs- und Anzeigepflichten gem. § 77 aufgrund des Normzwecks nicht[6]), ist § 78
analog anzuwenden, da sich auch in diesem Fall das Problem einer ansonsten eintretenden Bereicherung beim
VN stellt.[7]

B. Voraussetzungen der Mehrfachversicherung

Anders als im bisherigen Recht, das in den Parallelvorschriften zwischen Mehrfachversicherung (vgl. § 58 4
a.F.) und Doppelversicherung (§ 59 a.F.) differenzierte, spricht das neue VVG nun einheitlich und auch präziser und eindeutiger von der Mehrfachversicherung (vgl. §§ 77–79).[8]

§ 78 I definiert zwei Fälle einer Mehrfachversicherung. Beide Fälle setzen voraus, dass dasselbe Interesse gegen 5
dieselbe Gefahr versichert ist (vgl. auch § 77). In der ersten Alternative müssen die Versicherungssummen insgesamt den Versicherungswert übersteigen, d.h. durch die Mehrfachversicherung muss im Grunde eine Überversicherung eingetreten sein (vgl. § 74). Anders als in § 74 verlangt § 78 I für das Vorliegen einer Mehrfachversicherung nicht, dass die Versicherungssummen den Versicherungswert erheblich übersteigen. Es genügt, dass
dies überhaupt der Fall ist. Entscheidender Zeitpunkt ist der Eintritt des Versicherungsfalles.[9] In der zweiten
Alternative liegt eine Mehrfachversicherung vor, wenn die Entschädigungen, die von jedem VR zu zahlen wären, den Gesamtschaden übersteigen. Da die erste Alternative einer Mehrfachversicherung vollständig in der
zweiten Alternative enthalten ist, dürfte die erste Alternative praktisch bedeutungslos sein.[10] Zur Feststellung,
ob eine Mehrfachversicherung nach der zweiten Alternative des § 78 I gegeben ist, muss zunächst ermittelt werden, welche Entschädigung ein VR in diesem Versicherungsfall vertragsgemäß zu erbringen hätte, wenn keine
weitere(n) Versicherung(en) vorläge(n). Dabei ist alles zu berücksichtigen – beispielsweise Selbstbehalte, Entschädigungsgrenzen, eine Über- bzw. Unterversicherung –, was eine Rolle spielte, wenn die entsprechende Versicherung eine Einzelversicherung wäre. Einzurechnen in die Entschädigungsleistung sind auch etwaige Rettungskosten (§§ 83 I, 90) sowie Kosten für die Ermittlung und Feststellung des Schadens (§ 85), nicht aber
Schadensregulierungs- und Prozesskosten der VR.[11] Maßgeblicher Zeitpunkt ist auch hier der Eintritt des
Versicherungsfalles. Beispiel für eine Mehrfachversicherung nach der zweiten Alternative des § 78 ist etwa eine Mehrheit von Haftpflichtversicherungen, bei denen mangels Versicherungswert nur der Schaden mit der
Entschädigung verglichen werden kann.[12] Unter die zweite Alternative fallen auch mehrere Krankheitskostenversicherungen sowie das Zusammentreffen einer Erstrisikoversicherung mit einer weiteren Erstrisikoversicherung oder einer normalen Versicherung.[13]

---

1 Motive und amtliche Begr. zum Gesetz über den Versicherungsvertrag v. 30.05.1908, Neudruck Berlin 1963, S. 129; VersHb/*Armbrüster*, § 6 Rn. 24.
2 Motive und amtliche Begr. zum Gesetz über den Versicherungsvertrag v. 30.05.1908, Neudruck Berlin 1963, S. 71, 74.
3 BGH VersR 1976, 847; VersR 1991, 172.
4 BGHZ 110, 156, 166 (vgl. § 77 Rdn. 2).
5 R/L/*Langheid*, § 78 Rn. 3; HK-VVG/*Brambach* § 78 Rn. 3; sofern für den Fall des Zusammentreffens mit anderen Versicherungsverträgen Höchstversicherungssummen vereinbart werden, ohne dass die hieraus resultierenden Rechtsfolgen vereinbart werden, befürwortet B/M/*Schnepp*, § 78 Rn. 14 eine analoge Anwendung von § 78 in der Summenversicherung.
6 Siehe oben § 77 Rdn. 14.
7 BGH VersR 1991, 172, 173; BK/*Schauer*, § 59 Rn. 20; *Kohleick*, S. 48; nunmehr auch B/M/*Schnepp*, § 78 Rn. 11; a.A. *Winter*, Bedarfsdeckung, S. 41 f.
8 BT-Drucks. 16/3945 S. 79.
9 L/W/*Halbach*, § 78 Rn. 8.
10 VersHb/*Armbrüster*, § 6 Rn. 49; BK/*Schauer*, § 59 Rn. 10; differenziert zur Bedeutung beider Varianten in der Praxis L/W/*Halbach*, § 78, Rn. 9.
11 VersHb/*Armbrüster*, § 6 Rn. 54; P/M/*Armbrüster*, § 78 Rn. 12; a.A. OLG Frankfurt (Main) VersR 2013, 451, 454.
12 BGH VersR 1976, 847; OLG München VersR 1988, 1235; R/L/*Langheid*, § 78 Rn. 9.
13 Beispiele bei R/L/*Langheid*, § 78 Rn. 9.

C. Rechtsfolgen der Mehrfachversicherung
I. Außenverhältnis

6 Gem. § 78 I 2. Hs. haften die VR dem VN als Gesamtschuldner. Der VN kann somit von jedem VR die Entschädigung verlangen, die nach dem jeweiligen Vertrag vorgesehen ist, begrenzt allerdings gem. § 78 I 2. Hs. auf den Gesamtbetrag des Schadens. Diese Regelung begründet für den VN den Vorteil, dass er nicht selbst die anteiligen Zahlungsverpflichtungen der verschiedenen VR ermitteln muss, sondern sich direkt an den oder die VR wegen des ganzen durch dessen bzw. deren Versicherungssumme gedeckten Betrages wenden kann.[14]

7 Jedes Versicherungsverhältnis ist mithin zunächst isoliert zu betrachten und die Leistung so zu bemessen, als bestünde keine Mehrfachversicherung. Dabei sind die Versicherungssumme, die Schadenshöhe, eine etwaige Unterversicherung und ein etwaiger Selbstbehalt des Vertrages zu berücksichtigen. Desgleichen ist erforderlich, dass der VN jedem der in Anspruch genommenen VR gegenüber die entsprechenden Obliegenheiten, Verjährungs- und Klagefristen beachtet.[15]

8 Die VR bilden bei der Mehrfachversicherung keine notwendigen Streitgenossen i.S.d. § 62 ZPO; es liegt vielmehr eine einfache/gewöhnliche Streitgenossenschaft (§ 60 ZPO) vor.[16]

9 Für den Fall, dass ein VR in Unkenntnis der Doppelversicherung an den VN noch gezahlt hat, obwohl dieser schon durch den anderen VR vollständig entschädigt wurde, kann er die über den Schadensbetrag hinausgehende Zahlung gem. § 812 I 1 1. Alt. BGB herausverlangen.[17]

II. Ausgleichsansprüche der VR untereinander

10 Die VR sind gem. § 78 I Gesamtschuldner. Allerdings enthält § 78 II 1 für den Ausgleich der VR eine Sonderregelung, die § 426 I 1 BGB verdrängt.[18] Im Übrigen gelten aber die §§ 423–426 BGB. Der Ausgleichsanspruch gem. § 78 II 1 setzt voraus, dass die VR überhaupt als Gesamtschuldner haften. Daran fehlt es, wenn einer der VR gegenüber dem VN im Zeitpunkt des Versicherungsfalles ganz oder teilweise leistungsfrei ist.[19]

11 Abweichend von § 426 I 1 BGB, wonach die Gesamtschuldner im Innenverhältnis zu gleichen Teilen verpflichtet sind, haben die VR bei der Mehrfachversicherung die Anteile an der Gesamtentschädigungsleistung zu tragen, die dem Verhältnis der Entschädigungsleistungen entspricht, die sie dem VN vertragsgemäß schuldeten, wenn es sich jeweils um Einzelversicherungen handelte.[20] Hat ein VR an den VN mehr gezahlt als seiner internen Quote entspricht, hat er gegen die übrigen VR einen Ausgleichsanspruch; hat er exakt so viel gezahlt, wie seiner Quote entspricht, hat er gegen die übrigen VR einen Befreiungsanspruch.[21] Auf das Innenverhältnis der VR untereinander und den sich aus § 78 II 1 ergebenden Ausgleichsanspruch hat es nach h.M. keinen Einfluss, wenn einer von ihnen nach dem Versicherungsfall gegenüber dem VN leistungsfrei wird, beispielsweise durch eine Obliegenheitsverletzung des VN oder Verjährung oder wenn der VR mit dem VN einen Erlass- oder Vergleichsvertrag schließt, eine auflösende Bedingung eintritt oder der Vertrag aufgehoben wird.[22]

12 Zur analogen Anwendung des § 78 II bei der Gebäudeversicherung, vgl. § 77 Rdn. 11 und § 86 Rdn. 86. Der Ausgleich gem. § 78 II analog hat nur nach dem Verhältnis der jeweiligen Leistungspflichten zu erfolgen, soweit die Ersatzverpflichtungen deckungsgleich sind. Zu berücksichtigen sind daher nur der Zeitwert i.S.d. Gebäudeversicherung und die Mietsachschäden, für die der Haftpflichtversicherer ebenfalls einzustehen hat.[23]

III. Gesetzlicher Forderungsübergang gem. § 86

13 Hat einer der VR an den VN gezahlt und damit gem. § 86 kraft Gesetzes einen Schadensersatzanspruch gegen den Schädiger erworben, kann der VR wählen, ob er Ersatz von dem Dritten oder Ausgleich von den anderen VR gem. § 78 II 1 verlangt. Im letzteren Fall geht nach herrschender Meinung analog § 86 der Schadensersatzanspruch gegen den Dritten anteilig auf den leistenden VR über.[24] Ist der Schädiger VN eines Vertrages,

---

14 R/L/*Langheid*, § 78 Rn. 11; PK/*Kloth/Neuhaus* § 78 Rn. 33.
15 P/M/*Armbrüster*, § 78 Rn. 20; B/M/*Schnepp*, § 78 Rn. 51.
16 L/W/*Halbach*, § 78 Rn. 13; VersHb/*Armbrüster*, § 6 Rn. 57.
17 VersHb/*Armbrüster*, § 6 Rn. 55; P/M/*Armbrüster*, § 78 Rn. 16.
18 Zu den einzelnen Modifikationen der gesamtschuldnerischen Haftung B/M/*Schnepp*, § 78 Rn. 49 ff.
19 BGH VersR 1986, 380; LG München I VersR 2015, 356; VersHb/*Armbrüster*, § 6 Rn. 68.
20 BGHZ 169, 86 ff.; P/M/*Armbrüster*, § 78 Rn. 19; BK/*Schauer*, § 59 Rn. 23; Berechnungsbeispiel bei LG Köln VersR 1982, 1165; zum Problem einer abweichenden Ausgleichspflicht bei der Anwendbarkeit von § 17 IV StVG: BGH VersR 2011, 105, 107; OLG Celle MDR 2013, 775, 776 m.w.N.
21 VersHb/*Armbrüster*, § 6 Rn. 67; P/M/*Armbrüster*, § 78 Rn. 18.
22 OLG Düsseldorf VersR 2000, 1353; P/M/*Armbrüster*, § 78 Rn. 20; R/L/*Langheid*, § 78 Rn. 17 f.; a.A. B/M/*Möller*[8], § 59 Anm. 37;weiter differenzierend: B/M/*Schnepp*, § 78 Rn. 109 ff.; zu Sonderkonstellationen, bei denen sich ein geschlossener Vergleich auch auf das Innenverhältnis auswirkt, BGH NJW 2000, 1942 1943.
23 BGH VersR 2008, 1108 ff.; OLG Köln, VersR 2007, 1411 f.
24 *Kohleick*, S. 17–119; BK/*Schauer*, § 59 Rn. 34; a.A. B/M/*Möller*[8], § 59 Anm. 39, der davon ausgeht, dass der rückgriffsberechtigte VR zur Abtretung verpflichtet ist. Dem pflichtet B/M/Schnepp, § 78 Rn. 114 bei, da durch den nur schuldrechtlichen Abtretungsanspruch eine effektivere Anspruchsdurchsetzung gegeben sei.

durch den eine Mehrfachversicherung entstanden ist, wird § 86 nach herrschender Meinung durch § 78 II verdrängt, weil der Schädiger in diesem Fall kein Dritter i.S.d. § 86 ist.[25]

D. Ausländisches Recht

Für den Fall, dass einer der VR ausländischem Recht unterliegt, ordnet die Reziprozitätsregel des § 78 II 2 wie auch schon § 59 II 2 a.F. die Gegenseitigkeit an.[26] Das bedeutet, dass ein Ausgleichsanspruch des dem ausländischen Recht unterliegenden VR gegen den dem deutschen Recht unterliegenden VR nur gegeben ist, wenn er selbst nach dem für ihn maßgeblichen Recht zur Ausgleichung verpflichtet ist. Damit soll verhindert werden, dass der dem deutschen Recht unterliegende VR durch die Rückgriffsregelung des § 78 II benachteiligt wird.[27] 14

E. Betrügerische Mehrfachversicherung, Abs. 3

Die Regelung der betrügerischen Mehrfachversicherung in § 78 III entspricht § 74 II bei der Überversicherung. Hat der VN die Mehrfachversicherung in der Absicht vereinbart, sich dadurch einen rechtswidrigen Vermögensvorteil zu verschaffen–ein Vertragsschluss in dem Bewusstsein, dass hierdurch eine Mehrfachversicherung entsteht, genügt nicht[28] –, ist der Vertrag nichtig. Ein rechtswidriger Vermögensvorteil liegt in der Erlangung einer Entschädigung, die über die Grenzen des Abs. 1 hinausgeht. Die Absicht muss darauf gerichtet sein, gerade durch die Mehrfachversicherung die erhöhte Entschädigung zu erlangen, es genügt, dass dies zumindest eines der Ziele des VN beim Vertragsschluss war.[29] Ob diese Betrugsabsicht gegeben ist, ist anhand der Umstände des Einzelfalls zu beurteilen.[30] Anders als im Falle des § 78 I ist maßgeblicher Zeitpunkt nicht der des Eintritts des Versicherungsfalles, sondern der des Abschlusses des Versicherungsvertrages.[31] 15

Rechtsfolge einer betrügerischen Mehrfachversicherung ist die Nichtigkeit des bzw. der Verträge, die in betrügerischer Absicht geschlossen wurden. Der VN kann aus dem bzw. den Versicherungsverträgen keine Leistungen verlangen. Trotz der Nichtigkeit des bzw. der Verträge bleibt es aber bei der Prämienzahlungspflicht des VN. Anders als nach bisherigem Recht (vgl. § 59 III a.F.) besteht diese Verpflichtung aber nicht mehr bis zum Schluss der Versicherungsperiode, sondern nur bis zu dem Zeitpunkt, zu dem VR von Umständen, die die Nichtigkeit begründen, Kenntnis erlangt.[32] 16

F. Abdingbarkeit

§ 78 I und II sind wie auch nach bisherigem Recht grundsätzlich nicht zwingend; dies ergibt der Umkehrschluss aus § 87. Im Hinblick auf § 78 I wird allerdings uneinheitlich beurteilt, ob eine Vereinbarung zulässig ist, wonach § 78 I insoweit abbedungen wird, als der VN im Versicherungsfall von mehreren VR insgesamt mehr als den Betrag seines Schadens erhält. Geht man von der Existenz eines zwar ungeschriebenen, aber im Versicherungsrecht doch geltenden Bereicherungsverbotes aus,[33] ist eine derartige Vereinbarung unzulässig.[34] Damit ist § 78 I doch insoweit zwingend, als die Gesamtentschädigung den eingetretenen Schaden nicht übersteigen darf. Zulässig sind aber Vereinbarungen über den Versicherungswert in Gestalt sog. Tax- oder Neuwertvereinbarungen.[35] 17

Zulässig ist weiterhin die Vereinbarung einer Haftung pro rata, wonach einer von mehreren VR gegenüber dem VN nicht auf das Ganze, sondern von vornherein – abweichend von Abs. 2 Satz 1 – nur entsprechend seinem Verhältnis zu den weiteren VR haftet.[36] Möglich ist auch die Vereinbarung einer Haftungspriorität, wonach der Schaden abweichend von Abs. 2 Satz 1 nicht anteilig zwischen den VR verteilt wird, sondern primär von einem zu tragen ist.[37] 18

Häufig finden sich in den AVB sog. Subsidiaritätsklauseln, die mit § 78 in Einklang stehen. Nach einer sog. einfachen Subsidiaritätsklausel haftet ein VR nur für den Fall, dass kein anderer Versicherungsschutz bzw. 19

---

25 BGH VersR 1976, 847, 848 f.; AG München VersR 1994, 1187; P/M/*Armbrüster*, § 78 Rn. 23; *Prölss* VersR 1977, 696; BK/*Schauer*, § 59 Rn. 35.
26 AG Köln VersR 1978, 835; *Kohleick*, S. 110; weitergehend *Roth*, S. 642.
27 Motive und amtliche Begr. zum Gesetz über den Versicherungsvertrag v. 30.05.1908, Neudruck Berlin 1963, S. 31; VersHb/*Armbrüster*, § 6 Rn. 72.
28 VersHb/*Armbrüster*, § 6 Rn. 73.
29 BK/*Schauer*, § 59 Rn. 43 f.
30 LG Bonn VersR 1986, 865.
31 R/L/*Langheid*, § 78 Rn. 25.
32 Vgl. auch die Erläuterungen zu § 74.
33 A.A. insoweit allerdings BGH VersR 2001, 749.
34 BK/*Schauer*, § 59 Rn. 47; a.A.: HK-VVG/*Brambach* § 78 Rn. 27; nicht von vornherein ausschließend: VersHb/*Armbrüster*, § 6 Rn. 75; P/M/*Armbrüster*, § 78 Rn. 27.
35 BGH VersR 1998, 305; P/M/*Armbrüster*, § 78 Rn. 27.
36 B/M/*Schnepp*, § 78 Rn. 188 ff. allerdings einschränkend im Vergleich zu der in der Vorauflage (B/M/*Möller*[8], § 59 Anm. 48) vertretenen Auffassung; R/L/*Langheid*, § 78 Rn. 28.
37 BK/*Schauer*, § 59 Rn. 55; B/M/*Schnepp*, § 78 Rn. 196; *Kisch*, S. 221 f.

kein anderweitiger Entschädigungsanspruch aus einem anderen Versicherungsvertrag besteht.[38] Maßgeblicher Zeitpunkt ist der Eintritt des Versicherungsfalles. Mit derartigen einfachen Subsidiaritätsklauseln wird § 78 abbedungen. Solche Klauseln sind mit den §§ 305 ff. BGB vereinbar. Sie reduzieren das Risiko eines VR und können dementsprechend geringere Prämien nach sich ziehen. Zur exakten Risikoabgrenzung und zur Vermeidung von Deckungsüberschneidungen werden vielfach auch sog. qualifizierte Subsidiaritätsklauseln vereinbart. Hiernach haftet der subsidiäre VR nur, wenn ein anderer Versicherungsvertrag für dasselbe Interesse und dieselbe Gefahr gar nicht oder nicht in ausreichendem Umfang besteht.[39] Treffen konkurrierende Subsidiaritätsklauseln aufeinander, ist deren Verhältnis durch Auslegung zu ermitteln.[40] In der Regel verdrängt eine qualifizierte Subsidiaritätsklausel eine einfache.[41] Zwei einfache, gleichrangige Subsidiaritätsklauseln heben einander auf, so dass wieder die Regelungen des § 78 gelten.[42] Konkurrieren zwei qualifizierte Subsidiaritätsklauseln miteinander, haftet nach überwiegender Auffassung kein VR; dies wird mit der Vertragsfreiheit, der Gleichheit der Verträge sowie der Nähe zu einem Risikoausschluss begründet.[43]

20 Zulässig ist bei der Mehrfachversicherung auch die Vereinbarung einer Gesamtentschädigungsgrenze. Obwohl sie die Leistungspflicht eines VR beschränkt, benachteiligt sie den VN nicht unangemessen i.S.d. § 307 BGB.[44]

21 Bei sog. Zessionsklauseln verpflichtet sich der subsidiär haftende VR gegenüber dem VN, nur gegen Abtretung des Anspruchs gegen den primären VR im Versicherungsfall vorschussweise zu zahlen. Soweit eine derartige Klausel eindeutig mit einer Subsidiaritätsklausel kombiniert ist und daher § 78 II 1 nicht tangiert sein kann, weil der subsidiäre VR in diesem Fall keine Leistung aus dem Versicherungsvertrag zu erbringen hat, werden derartige Zessionsklauseln überwiegend für zulässig gehalten.[45]

22 Eine Vereinbarung zwischen VR und VN, wonach der Ausgleichsanspruch des anderen VR aus Abs. 2 Satz 1 ganz ausgeschlossen wird, ist als Vertrag zu Lasten Dritter unzulässig.[46]

23 § 78 III ist gem. § 87 halbzwingend.

G. Verjährung

24 Der Ausgleichsanspruch gem. § 78 II verjährt gem. § 195 BGB in drei Jahren.[47] Eine eigenständige Verjährungsregelung für das Versicherungsrecht ist im neuen VVG nicht mehr enthalten.[48]

§ 79 Beseitigung der Mehrfachversicherung.

(1) Hat der Versicherungsnehmer den Vertrag, durch den die Mehrfachversicherung entstanden ist, ohne Kenntnis von dem Entstehen der Mehrfachversicherung geschlossen, kann er verlangen, dass der später geschlossene Vertrag aufgehoben oder die Versicherungssumme unter verhältnismäßiger Minderung der Prämie auf den Teilbetrag herabgesetzt wird, der durch die frühere Versicherung nicht gedeckt ist.

(2) Absatz 1 ist auch anzuwenden, wenn die Mehrfachversicherung dadurch entstanden ist, dass nach Abschluss der mehreren Versicherungsverträge der Versicherungswert gesunken ist. Sind in diesem Fall die mehreren Versicherungsverträge gleichzeitig oder im Einvernehmen der Versicherer geschlossen worden, kann der Versicherungsnehmer nur die verhältnismäßige Herabsetzung der Versicherungssumme und der Prämien verlangen.

Übersicht

	Rdn.		Rdn.
A. Einleitung und Normzweck	1	IV. Gleichzeitig oder im Einvernehmen der Versicherer geschlossene Verträge	11
B. Systematik	4	D. Rechtsfolgen	13
C. Tatbestand	5	I. Aufhebung oder Anpassung des später geschlossenen Vertrages, Abs. 1	16
I. Anfängliche, unbewusste Mehrfachversicherung, Abs. 1	5	II. Verhältnismäßige Anpassung, Abs. 2	22
II. Nachträgliche Mehrfachversicherung	8	E. Abdingbarkeit	23
III. Zeitlich nacheinander geschlossene Verträge	9	F. Beweislast	24

---

38 Umfassend zu Subsidiaritätsklauseln: BGH VersR 1989, 250; BK/*Schauer*, § 59 Rn. 49 ff.; *Armbrust*, Subsidiaritätsabreden in Versicherungsverträgen, Hamburg 1991; *Winter*, VersR 1991, 527.
39 VersHb/*Armbrüster*, § 6 Rn. 86; mit Beispielen P/M/*Armbrüster*, § 78 Rn. 31 f.
40 BGH VersR 2014, 450; eingehend *Armbrust*, Subsidiaritätsabreden, S. 149 ff.
41 *Kohleick*, S. 171; BK/*Schauer*, § 59 Rn. 52.
42 BGH VersR 2014, 450, 451; VersR 2010, 477, 479 m.w.N.; LG Hamburg VersR 1978, 933; BK/*Schauer*, § 59 Rn. 52.
43 P/M/*Armbrüster*, § 78 Rn. 35; *Martin* VersR 1973, 694.
44 R/L/*Langheid*, § 78 Rn. 28; BK/*Schauer*, § 59 Rn. 51.
45 BK/*Schauer*, § 59 Rn. 56; P/M/*Armbrüster*, § 78 Rn. 37; *Möller*, FS Sieg, 1976, S. 418; B/M/*Schnepp*, § 78 Rn. 187.
46 Motive und amtliche Begr. zum Gesetz über den Versicherungsvertrag v. 30.05.1908, Neudruck Berlin 1963, S. 131; P/M/*Armbrüster*, § 78 Rn. 28.
47 BGHZ 58, 218; OLG Hamm VersR 1982, 1091.
48 Nur die Hemmung der Verjährung ist in § 15 eigenständig geregelt.

Schrifttum (sämtlich zu § 60 a.F.):
Kisch, Die mehrfache Versicherung desselben Interesses, 1935; *Kohleick*, Die Doppelversicherung im deutschen Versicherungsvertragsrecht, 1999; *Schauer*, Kündigungsrecht eines VN aus Anlaß einer Verschmelzung?, VersRdSch 1993, 209; *Sieg*, Prämienbelegte Zeiträume ohne Versicherungsschutz nach VVG, BB 1987, 2249; *ders.*, Betrachtungen zur Neuwertversicherung, FS E. Lorenz, 1994, S. 643; *Vogel*, Subsidiaritätsabreden und Doppelversicherung, ZVersWiss 1973, 563; *Vollmar*, Beendigung von Doppelversicherungen, VersR 1987, 735; *Winter*, Konkrete und abstrakte Bedarfsdeckung in der Sachversicherung, Göttingen 1962.

A. Einleitung und Normzweck

Vor dem Hintergrund, dass die VR auch bei einer Mehrfachversicherung, bei der insgesamt höhere Prämien als bei einer Vollwertversicherung gezahlt worden sind, nicht mehr zu leisten brauchen als bei einer Vollwertversicherung, will § 79 die in der Mehrfachversicherung liegende Prämienvergeudung beseitigen.[1] Während § 78 eher das Missbrauchsrisiko, das durch eine Mehrfachversicherung entstehen kann, zugunsten der VR verringern will, verfolgt § 79 zugunsten des VN das Ziel, unnötige Prämienzahlungen zu vermeiden, indem dieser die Möglichkeit erhält, den Vertrag aufzuheben oder die Versicherungssumme und die Prämie herabzusetzen.[2] Diese Zielsetzung deckt sich mit der Situation bei einer Überversicherung (§ 74); da bei einer Mehrfachversicherung die Überversicherung aber mehrere Versicherungsverträge entsteht, muss § 79 zusätzlich klären, welche Verträge von der Vertragsaufhebung oder -anpassung betroffen sein sollen.

§ 79 entspricht weitgehend dem bisherigen § 60 I und II a.F. Die bisherige Regelung des § 60 III a.F. wurde gestrichen: § 60 III 1 a.F. wurde gestrichen, da der Grundsatz der Unteilbarkeit der Prämie, dessen Ausfluss § 60 III a.F. war, im neuen VVG nicht mehr gilt (vgl. § 39).

Der Gesetzgeber hat die Gelegenheit der Neukodifikation des VVG nicht genutzt, alle mit der bisherigen Regelung des § 60 a.F. verbundenen Kritikpunkte auszuräumen und die Vorschrift insgesamt zu verbessern. Nach wie vor ist nicht nachvollziehbar, warum es nur bei einer nachträglichen Mehrfachversicherung, wenn die Versicherungsverträge gleichzeitig oder im Einvernehmen geschlossen wurden, zu einer proportionalen Anpassung kommen kann (§ 79 II), nicht aber auch bei einer anfänglichen, unbewussten Mehrfachversicherung (§ 79 I).[3] Des Weiteren ist § 79 nach wie vor nicht ausreichend abgestimmt mit der Regelung der Überversicherung in § 74, was aber angesichts der Tatsache, dass § 79 im Grunde auch eine Form der Überversicherung regelt, zwingend wäre. So ist etwa bei der Überversicherung (§ 74) eine Vertragsanpassung in jedem Fall möglich, wohingegen § 79 die Anpassungsrechte nur auf bestimmte Fallgruppen beschränkt (dazu unten Rdn. 16 ff.); auch spielt bei § 79 – anders als bei § 74 – das Merkmal der »Erheblichkeit« keine Rolle.[4]

B. Systematik

Im Hinblick auf die Rechtsfolgen einer Mehrfachversicherung erfasst § 79 vier verschiedene Fallgestaltungen: § 79 I geht von einer anfänglichen unbewussten Mehrfachversicherung aus, bei der die zur Mehrfachversicherung führenden Versicherungsverträge zeitlich nacheinander abgeschlossen wurden. Abs. 2 regelt eine nachträgliche Mehrfachversicherung; diese kann durch zeitlich nacheinander abgeschlossene Versicherungsverträge (Abs. 2 Satz 1) oder durch gleichzeitig oder im Einvernehmen der VR geschlossene Verträge (Abs. 2 Satz 2) zustande gekommen sein. Es ist auch möglich, dass eine anfängliche unbewusste Mehrfachversicherung durch gleichzeitig oder im Einvernehmen der VR geschlossene Versicherungsverträge entsteht; diese Konstellation ist allerdings im Gesetz nicht geregelt. Deshalb könnte man schließen, dass der VN dann keinerlei Änderungsmöglichkeiten hat. Aus §§ 74 und 79 lässt sich aber die Wertung entnehmen, dass der VN an unwirtschaftliche Vertragsgestaltungen, die ein Zuviel an Versicherungsschutz enthalten, nicht gebunden sein soll, so dass eine analoge Anwendung der Regelung über die verhältnismäßige Herabsetzung in Betracht kommt.[5]

C. Tatbestand

I. Anfängliche, unbewusste Mehrfachversicherung, Abs. 1

§ 79 I setzt voraus, dass die Mehrfachversicherung mit Abschluss des zweiten Versicherungsvertrages entsteht (die später entstehende Mehrfachversicherung regelt Abs. 2).

Der VN darf beim Vertragsschluss aber keine Kenntnis von der Mehrfachversicherung haben. Dass der VN weiß, dass zwei Verträge über dasselbe Interesse abgeschlossen wurden, ist unschädlich, denn zwei oder mehr Versicherungsverträge bedeuten nicht zwangsläufig, dass eine Mehrfachversicherung gegeben ist;[6] der VN verliert seine Rechte aus § 79 I erst dann, wenn er weiß, dass die Versicherungssummen insgesamt höher als der

---

[1] BK/*Schauer*, § 60 Rn. 1.
[2] P/M/*Armbrüster*, § 79 Rn. 1; R/L/*Langheid*, § 79 Rn. 1.
[3] P/M/*Armbrüster*, § 79 Rn. 2; BK/*Schauer*, § 60 Rn. 3.
[4] BK/*Schauer*, § 60 Rn. 3; P/M/*Armbrüster*, § 79 Rn. 2.
[5] B/M/*Schnepp*, § 79 Rn. 25; BK/*Schauer*, § 60 Rn. 8; *Schauer* VersRdsch 1993, 227 f.
[6] R/L/*Langheid*, § 79 Rn. 5.

Versicherungswert sind und zu einer den Schaden übersteigenden Entschädigung führen würden.[7] Schädlich ist nur positive Kenntnis, nicht aber Kennenmüssen; eine Erkundigungspflicht des VN besteht nicht.[8]

7 Es kommt auf die Kenntnis bzw. Unkenntnis des den Versicherungsvertrag Abschließenden an, also auch auf den VN. Uneinheitlich beurteilt wird, ob die Kenntnis des Versicherten der Kenntnis des VN gleichsteht.[9] § 47 I spricht hierfür, wenngleich die Einschränkungen des § 47 II für Verträge, die ohne Wissen des Versicherten abgeschlossen wurden, zu berücksichtigen sind.[10]

II. Nachträgliche Mehrfachversicherung

8 § 79 II geht davon aus, dass bei Abschluss des zweiten Versicherungsvertrages noch keine Mehrfachversicherung vorlag; die Summe der Versicherungssummen beider Verträge bleibt somit unterhalb des Versicherungswertes. Zur Mehrfachversicherung kommt es vielmehr erst dadurch, dass der Versicherungswert absinkt. Wie bei § 74 muss das Absinken von Dauer sein, es darf sich nicht nur um eine vorübergehende Schwankung handeln (vgl. § 74 Rdn. 10). § 79 II 1 gilt analog, wenn die Versicherungssumme automatisch ansteigt, etwa durch eine Wertsicherungsklausel, und dadurch eine Mehrfachversicherung entsteht.[11]

III. Zeitlich nacheinander geschlossene Verträge

9 Abs. 1 setzt voraus, dass die mehreren Versicherungsverträge zeitlich nacheinander abgeschlossen wurden. Dies bestimmt sich nach dem Zeitpunkt des Vertragsschlusses als dem formellen Versicherungsbeginn.[12] Wird ein abgelaufener Vertrag durch einen neuen ersetzt, was ebenfalls als Neuabschluss gewertet wird, kommt es auf den Zeitpunkt des Neuabschlusses an.[13]

10 Zu einer Mehrfachversicherung kann es auch kommen, wenn bei einer Veräußerung der versicherten Sache die Versicherung gem. § 95 auf den Erwerber übergeht und der Erwerber, der selbst schon einen Versicherungsvertrag über die erworbene Sache abgeschlossen hat, es versäumt, gem. § 96 II den mitübergegangenen Versicherungsvertrag zu kündigen. Damit ist der nach dem Eigentumsübergang durch den Erwerber abgeschlossene Versicherungsvertrag der zeitlich jüngere, so dass dieser unter den Voraussetzungen des § 79 I aufgehoben oder angepasst werden kann.[14] Das Unterlassen der Kündigung gem. § 96 II ist nicht als Neuabschluss anzusehen, was zu einer Umkehrung der zeitlichen Priorität führen würde.[15]

IV. Gleichzeitig oder im Einvernehmen der Versicherer geschlossene Verträge

11 Abs. 2 Satz 2 regelt die Konstellation einer Mehrfachversicherung, bei der die Versicherungsverträge gleichzeitig oder im Einvernehmen der VR geschlossen wurden. Dass Versicherungsverträge gleichzeitig zustande kommen, kommt in der Praxis kaum vor, etwa nur dann, wenn die Annahmeerklärungen der VR mit der Post gleichzeitig beim VN eintreffen; es genügt daher schon, wenn die Verträge auf einem einheitlichen Plan des VN beruhen und in etwa zur selben Zeit geschlossen wurden.[16]

12 Ein Einvernehmen der VR ist gegeben bei gegenseitiger Fühlungnahme wegen der Prämie und der Versicherungsbedingungen. Mit dieser Konstellation ist sowohl die Mitversicherung als auch ein Zusammenwirken ohne Mitversicherung gemeint.[17]

D. Rechtsfolgen

13 Der VN kann im Falle einer Mehrfachversicherung nach Abs. 1 oder Abs. 2 verlangen, dass der später geschlossene Vertrag aufgehoben oder angepasst wird, oder dass eine verhältnismäßige Anpassung erfolgt. Bei diesem Aufhebungs- und Anpassungsrecht handelt es sich nach h.M. wie bei der Überversicherung gem. § 74 um ein Gestaltungsrecht, das durch einseitige empfangsbedürftige Willenserklärung ausgeübt wird (vgl. § 74 Rdn. 14).[18] Dieses Gestaltungsrecht steht allein dem VN sowie dem Erwerber zu, falls die versicherte Sache

---

7 P/M/*Armbrüster*, § 79 Rn. 9; PK/*Kloth/Neuhaus* § 79 Rn. 4.
8 B/M/*Schnepp*, § 79 Rn. 35.
9 Dies nehmen an BK/*Schauer*, § 60 Rn. 9; B/M/*Schnepp*, § 79 Rn. 39 f.; a.A. P/M/*Armbrüster*, § 79 Rn. 9; R/L/*Langheid*, § 79 Rn. 6.
10 B/M/*Schnepp*, § 79 Rn. 41.
11 BK/*Schauer*, § 60 Rn. 10; B/M/*Schnepp*, § 79 Rn. 46; *Kohleick*, S. 201.
12 B/M/*Schnepp*, § 79 Rn. 31; BK/*Schauer*, § 60 Rn. 11.
13 B/M/*Schnepp*, § 79 Rn. 31.
14 Ausführlich und danach differenzierend, wann der Erwerber den Versicherungsvertrag abgeschlossen hat und wann der Eigentumsübergang stattfindet B/M/*Schnepp*, § 79 Rn. 27 ff.; vgl. auch R/L/*Langheid*, § 79 Rn. 4; *Kisch*, S. 211.
15 BK/*Schauer*, § 60 Rn. 12; B/M/*Schnepp*, § 79 Rn. 28; *Schauer* VersRdsch 1993, 237 Fn. 107.
16 BK/*Schauer*, § 60 Rn. 13.
17 P/M/*Armbrüster*, § 79 Rn. 21; P/M/*Armbrüster*, Vor § 77 Rn. 1, 3; B/M/*Schnepp*, § 79 Rn. 56; früher a.A. B/M/*Möller*[8], § 60 Anm. 11.
18 VersHb/*Armbrüster*, § 6 Rn. 66; B/M/*Schnepp* § 79 Rn. 60.

gem. § 95 veräußert wurde, nicht aber dem Versicherten, einem Bezugsberechtigten, einer anderen dritten Person oder dem VR.[19]

Die Erklärung ist formfrei und an den VR zu richten; es muss deutlich werden, dass der VN die Beseitigung der Mehrfachversicherung erreichen will.[20] Eine Frist zur Ausübung des Gestaltungsrechts ist nicht vorgesehen. 14

Andere als die in § 79 normierten Rechtsfolgen können sich bei einer Mehrfachversicherung nicht ergeben; ausgeschlossen ist etwa ein Kündigungsrecht des VN aus wichtigem Grund.[21] 15

I. Aufhebung oder Anpassung des später geschlossenen Vertrages, Abs. 1

Bei anfänglicher, unbewusster Mehrfachversicherung kann der VN die Aufhebung oder Anpassung des zeitlich später abgeschlossenen Versicherungsvertrages verlangen. Damit folgt Abs. 1 dem Prioritätsprinzip, das nicht als Sanktionierung des VR des zweiten Vertrages, der sich nicht über bereits bestehende Versicherungen informiert hat, verstanden werden darf, denn schließlich kommt es nicht auf die Kenntnis des VR an und der VN fällt – da Abs. 1 ja gerade dessen Unkenntnis voraussetzt – als Informationsquelle aus.[22] Das Prioritätsprinzip beinhaltet in § 79 I vielmehr eine Risikoverteilung, nach welcher der VR des zweiten Versicherungsvertrages die schwächere Rechtsstellung hat.[23] 16

Die zeitliche Reihenfolge mehrerer Versicherungsverträge richtet sich nach den Zeitpunkten der formellen Vertragsschlüsse. Dabei ist eine Vertragserweiterung ebenso als Neuabschluss eines Versicherungsvertrages anzusehen wie die Ersetzung eines abgelaufenen Vertrages durch einen neuen.[24] Die Vereinbarung zwischen VN und VR über die Rücknahme einer Kündigung des Versicherungsvertrages wird – angesichts des Normzwecks des § 79 – als Neuabschluss gewertet.[25] 17

Abs. 1 ist uneingeschränkt anwendbar, wenn Vollidentität beider Versicherungsverträge gegeben ist, also beide Verträge dasselbe Interesse gegen dieselbe Gefahr versichern. Enthält der erste Versicherungsvertrag eine Vollwertversicherung, wird der spätere Versicherungsvertrag vollständig aufgehoben. Liegt keine Vollwertversicherung vor, kann der VN verlangen, dass die Versicherungssumme auf jenen Teilbetrag des Versicherungswertes herabgesetzt wird, der durch die Versicherungssumme des älteren Vertrages nicht gedeckt ist. Auch die Prämie wird herabgesetzt, allerdings nicht proportional, sondern entsprechend dem Tarif des VR; ist ein solcher nicht gegeben, erfolgt die Prämienreduktion nach billigem Ermessen (§ 315 BGB).[26] Ist die Reduzierung der Versicherungssumme nur geringfügig, kann die Prämie unter Umständen auch gleich bleiben.[27] 18

Decken sich die versicherten Interessen, die versicherten Gefahren, versicherte Zeit und Ort nicht vollständig (Teilidentität der Versicherungsverträge), kann der zeitlich spätere Vertrag nur dann aufgehoben werden, wenn jeder Versicherungsfall dieses Vertrages auch durch den älteren Vertrag gedeckt ist.[28] Ist das nicht der Fall, muss der jüngere Vertrag so geändert werden, dass die Überschneidungen beseitigt werden und er den älteren Vertrag ergänzt.[29] Da sich diese Rechtsfolge nicht unmittelbar aus dem Wortlaut des § 79 ergibt, muss bei der Anpassung bzw. Aufhebung der Zweck des § 79 beachtet werden. VR haben hierzu Empfehlungen für das Verfahren bei der Beseitigung von Mehrfachversicherungen herausgegeben.[30] 19

Sind mehr als zwei Versicherungsverträge zeitlich nacheinander abgeschlossen worden, kann der VN des jüngsten Vertrages die Rechte aus § 79 geltend machen; für den Fall, dass dann noch eine Mehrfachversicherung bleibt, wäre dies bei dem zweitjüngsten Vertrag zu korrigieren.[31] 20

Sichern die beiden Versicherungsverträge keinen bestimmten Wert ab (Passivenversicherung), ist § 79 nicht unmittelbar anwendbar, da es am Versicherungswert als Maßstab für Anpassung oder Aufhebung fehlt, und ohne konkreten Versicherungsfall in der Regel nicht sicher vorhergesagt werden kann, ob in einem künftigen Versicherungsfall eine Überentschädigung entsteht.[32] Dem Anliegen des § 79, eine Prämienvergeudung zu vermeiden, könnte dadurch entsprochen werden, dass die Versicherungssumme des früheren Vertrages als Selbstbehalt in den späteren Vertrag aufgenommen wird.[33] 21

---

19 L/W/*Halbach*, § 79 Rn. 7; B/M/*Schnepp*, § 79 Rn. 61; P/M/*Armbrüster*, § 79 Rn. 23; BK/*Schauer*, § 60 Rn. 25.
20 BK/*Schauer*, § 60 Rn. 27; P/M/*Armbrüster*, § 79 Rn. 24.
21 OLG Nürnberg VersR 1981, 745; R/L/*Langheid*, § 79 Rn. 1.
22 BK/*Schauer* § 60 Rn. 14 m.w.N.; *Schauer* VersRdsch 1993, 238 f.
23 *Schauer* VersRdsch 1993, 238 f.
24 P/M/*Armbrüster*, § 79 Rn. 8.
25 LG Oldenburg VersR 1998, 1009; BK/*Schauer*, § 60 Rn. 11; P/M/*Armbrüster*, § 79 Rn. 8; *Vollmar* VersR 1987, 736; *Mathy* VersR 1984, 1028 f.
26 P/M/*Armbrüster*, § 79 Rn. 13.
27 BK/*Schauer*, § 60 Rn. 23.
28 VersHb/*Armbrüster*, § 6 Rn. 61.
29 P/M/*Armbrüster*, § 79 Rn. 17; *Schauer* VersRdsch 1993, 209, 228 f.
30 BK/*Schauer*, § 60 Rn. 17.
31 BK/*Schauer*, § 60 Rn. 16; P/M/*Armbrüster*, § 79 Rn. 26.
32 BK/*Schauer*, § 60 Rn. 22; R/L/*Langheid*, § 79 Rn. 3; P/M/*Armbrüster*, § 79 Rn. 18.
33 P/M/*Armbrüster*, § 79 Rn. 18; B/M/*Schnepp*, § 79 Rn. 116; *Schauer* VersRdsch 1993, 233 f.

II. Verhältnismäßige Anpassung, Abs. 2

22 Bei nachträglicher Mehrfachversicherung, bei der die Versicherungsverträge gleichzeitig oder im Einvernehmen der VR geschlossen wurden, kann der VN nur die verhältnismäßige Herabsetzung der Versicherungssummen und Prämien beider Verträge erreichen.

E. Abdingbarkeit

23 Aus dem Umkehrschluss des § 87 ergibt sich, dass § 79 abdingbar ist. Beispielsweise können Schriftformerfordernisse oder die rückwirkende Aufhebung einer Mehrfachversicherung vereinbart werden, oder es können dem VR die Rechte aus § 79 eingeräumt werden.[34]

F. Beweislast

24 Den VN trifft die Beweislast für das Vorliegen einer Mehrfachversicherung sowie dafür, dass er – im Falle einer anfänglichen Mehrfachversicherung – keine Kenntnis von dieser hatte.[35] Je nachdem, wer sich auf eine verhältnismäßige Anpassung gem. Abs. 2 beruft, ist für den gleichzeitigen oder im Einvernehmen erfolgten Abschluss der Versicherungsverträge beweisbelastet.[36]

§ 80 Fehlendes versichertes Interesse.

(1) Der Versicherungsnehmer ist nicht zur Zahlung der Prämie verpflichtet, wenn das versicherte Interesse bei Beginn der Versicherung nicht besteht; dies gilt auch, wenn das Interesse bei einer Versicherung, die für ein künftiges Unternehmen oder für ein anderes künftiges Interesse genommen ist, nicht entsteht. Der Versicherer kann jedoch eine angemessene Geschäftsgebühr verlangen.
(2) Fällt das versicherte Interesse nach dem Beginn der Versicherung weg, steht dem Versicherer die Prämie zu, die er hätte beanspruchen können, wenn die Versicherung nur bis zu dem Zeitpunkt beantragt worden wäre, zu dem der Versicherer vom Wegfall des Interesses Kenntnis erlangt hat.
(3) Hat der Versicherungsnehmer ein nicht bestehendes Interesse in der Absicht versichert, sich dadurch einen rechtswidrigen Vermögensvorteil zu verschaffen, ist der Vertrag nichtig; dem Versicherer steht die Prämie bis zu dem Zeitpunkt zu, zu dem er von den die Nichtigkeit begründenden Umständen Kenntnis erlangt.

Übersicht

	Rdn.		Rdn.
A. Einleitung	1	F. Betrügerische Versicherung eines nicht	
B. Anwendungsbereich	3	bestehenden Interesses	16
C. Interessemangel, Abgrenzungsfragen	4	G. Abdingbarkeit	18
D. Anfänglicher Interessemangel, Abs. 1	9	H. Beweislast	19
E. Nachträglicher Interessemangel, Abs. 2	11		

Schrifttum (auch zu § 68 a.F.):
Hasse, B., Lebensversicherung und § 80 VVG 2008: Fehlendes »versichertes Interesse«, VersR 2010, 1118; *ders.*, Zweitmarkt für Lebensversicherungen und »versichertes Interesse«, VersR 2011, 156; *Ottow,* Interessen- und Gefahrenwegfall, 1965; *Sasse,* Die fehlende Gefahrtragung des Versicherers in § 68 VVG, 1952; *Sasse,* Anm. zu LG Köln, Urt. v. 24.11.53, VersR 1954, 556 ff.; *Sieg,* Betrachtungen zur Geschäftsgebühr, VersR 1988, 309 ff.; *Schweitzer,* Das versicherte Interesse (im Binnenversicherungsrecht), 1990; *Sommer,* Mangel des Interesses nach § 68 VVG, 2002; *Thomas,* Standpunkt: Derivative ohne »versichertes Interesse«?, VW 2010, 388 ff.

A. Einleitung

1 Gegenstand des Schadensversicherungsvertrages ist die Versicherung eines bestimmten Interesses des VN gegen eine Beeinträchtigung. Im Gegenzug ist der VN verpflichtet, die vereinbarte Prämie zu zahlen (vgl. § 1). Dieses Leistungs- und Gegenleistungsverhältnis ist indes gestört, wenn der VR ausnahmsweise kein Risiko trägt, weil das versicherte Interesse nicht besteht oder wegfällt. Diese Störung korrigiert § 80 dahingehend, dass der Prämienzahlungsanspruch des VR reduziert wird, da es unbillig ist, wenn dieser die Gegenleistung beansprucht, aber kein Risiko trägt.[1] § 80 normiert somit eine besondere Regelung einer Zweckstörung bzw. eines Zweckfortfalls eines gegenseitigen Vertrages.[2]

2 § 80 I und II entsprechen sachlich § 68 I und II a.F. § 80 II erfasst auch den bislang in § 68 IV a.F. geregelten Fall, dass das versicherte Interesse wegen Eintritts des Versicherungsfalles entfällt. Da der Grundsatz der Unteilbarkeit der Prämie im neuen VVG nicht mehr enthalten ist (vgl. § 39), steht dem Versicherer die Prämie

---

34 OLG Karlsruhe r+s 1978, 193; BK/*Schauer*, § 60 Rn. 31; P/M/*Armbrüster*, § 79 Rn. 28.
35 R/L/*Römer*, § 60 Rn. 10; P/M/*Armbrüster*, § 79 Rn. 27; *Kisch*, ZHR 75, 228.
36 BK/*Schauer*, § 60 Rn. 32.
1 Motive und amtliche Begr. zum Gesetz über den Versicherungsvertrag v. 30.05.1908, Neudruck Berlin 1963 S. 141.
2 BK/*Beckmann*, § 68 Rn. 3.

auch in diesem Fall nur bis zu dem Zeitpunkt zu, zu dem er vom Wegfall des Interesses Kenntnis erlangt hat. § 68 III a.F., der die Konstellation des Interessewegfalls aufgrund eines Kriegsereignisses normierte, wurde ersatzlos gestrichen.[3] Neu in § 80 III ist die Regelung einer betrügerischen Versicherung eines nicht bestehenden Interesses, die sich an § 74 II und § 78 III anlehnt. Aus Gründen der Prävention wird auch diese sanktioniert.[4]

B. Anwendungsbereich

§ 80 ist ausschließlich in der Schadensversicherung anwendbar.[5] Eine (analoge) Anwendung auf die Personen- und Summenversicherung scheidet aus, selbst wenn diese einen »schadensrechtlichen Einschlag« hat;[6] hier kann unter Umständen die Anwendung des § 313 BGB in Betracht kommen.[7] § 80 gilt auch für die Krankenversicherung, sofern sie nach den Grundsätzen der Schadensversicherung gewährt wird (dies gilt nicht für die Krankentagegeldversicherung; diese ist eine Summenversicherung).[8] 3

C. Interessemangel, Abgrenzungsfragen

§ 80 regelt nur das Fehlen bzw. den Wegfall des versicherten Interesses. Ob auch das Fehlen oder der Wegfall der Gefahr von § 80 erfasst wird, wird uneinheitlich beurteilt. Zum Teil wird dies angenommen und damit begründet, dass das VVG den Wegfall der Gefahr nicht regele und der Zweck des § 80 auch diese Situation erfasse; außerdem könnten Interessen- und Gefahrmangel ohnehin häufig nicht klar genug voneinander abgegrenzt werden.[9] Andere lehnen hingegen eine (analoge) Anwendung des § 80 auf das Nichtbestehen oder den Wegfall der Gefahr ab, weil hierfür kein Bedürfnis bestehe.[10] Nach einer vermittelnden Auffassung sei § 80 nur dann anwendbar, wenn bei Fehlen oder Wegfall der Gefahr zugleich auch das Interesse fehle.[11] 4

Was das VVG unter dem versicherten Interesse versteht, ist auch im neuen VVG nicht definiert. Überwiegend wird darunter die Beziehung einer bestimmten Person zu einem bestimmten Rechtsgut[12] oder die rechtlichen Beziehungen verstanden, kraft derer der VN oder der versicherte Dritte durch den Versicherungsfall einen Nachteil erleiden kann.[13] Das versicherte Interesse fehlt demgemäß, wenn diese Beziehung zwischen einer bestimmten Person und einem bestimmten versicherten Rechtsgut nicht mehr besteht.[14] Grundsätzlich stellen die Veräußerung des versicherten Gegenstandes (§§ 95 f.), der Tod des VN und in der Hausratversicherung die Trennung der Ehegatten oder der Mangel der Verfügungsgewalt keinen Interessemangel dar.[15] In der Sachversicherung ist ein Interessemangel etwa gegeben, wenn in der Rechtsschutzversicherung der Betrieb aufgegeben wird, wenn in der Haftpflichtversicherung die versicherten Risiken vollständig und dauernd wegfallen, wenn in der Kraftfahrzeugversicherung das versicherte Fahrzeug vollständig zerstört wird oder wenn in der Hausratversicherung der Hausrat vollständig aufgelöst wird.[16] 5

§ 80 ist nicht betroffen, wenn das versicherte Interesse lediglich geändert wird, etwa dadurch, dass in der Rechtsschutzversicherung statt der einen nun eine andere gewerbliche Tätigkeit ausgeübt wird oder im Rahmen der Hausratversicherung ein Fahrrad verkauft und ein anderes erworben wird.[17] 6

§ 80 setzt das vollständige Fehlen oder den vollständigen Wegfall des versicherten Interesses voraus; ein partieller oder teilweiser Wegfall des versicherten Interesses genügt nicht.[18] Ist die Versicherung indes nach einzelnen Positionen abgeschlossen, für die jeweils gesonderte Prämien vereinbart wurden, ist ein Interessemangel gem. § 80 bereits dann gegeben, wenn das Interesse an der jeweiligen Position, d.h. an der einzelnen versicher- 7

---

3 P/M/*Armbrüster*, § 80 Rn. 25.
4 Begr. RegE BT-Drucks. 16/3945 S. 79.
5 BGH VersR 2013, 1397, 1399; B/M/*Schnepp*, § 80 Rn. 10; BK/*Beckmann*, § 68 Rn. 4.
6 BGH VersR 1990, 884, 885; BK/*Beckmann*, § 68 Rn. 4; P/M/*Armbrüster* § 80 Rn. 4; R/L/*Langheid*, § 80 Rn. 1; B/M/*Schnepp*, § 80 Rn. 11; so grundsätzlich auch H/E/K/*Wandt*, 1. Kap. Rn. 692 (Fn. 1203), 646 f., für eine analoge Anwendung im Einzelfall; HK-VVG/*Brambach*, § 80 Rn. 1; *Hasse*, VersR 2010, 1118, 1119 f. (für eine analoge Anwendung von § 80 in der Lebensversicherung).
7 BGH NJW 1990, 2807; P/M/*Armbrüster*, § 80 Rn. 4.
8 LG Dortmund VersR 1996, 963 f.; P/M/*Armbrüster*, § 80 Rn. 4; BK/*Beckmann*, § 68 Rn. 4; a.A. *Dehner* NJW 1993, 2961, 2964.
9 B/M/*Schnepp*, § 80 Rn. 14; BK/*Beckmann*, § 68 Rn. 5; *Sasse* VersR 1954, 556; *Wälder* r+s 1976, 128, 130.
10 P/M/*Armbrüster*, § 80 Rn. 3.
11 R/L/*Langheid*, § 80 Rn. 3.
12 B/M/*Schnepp*, § 80 Rn. 16; *Sasse* VersR 1954, 556.
13 P/M/*Armbrüster*, Vor § 74 Rn. 23 ff.
14 BK/*Beckmann*, § 68 Rn. 7.
15 BK/*Beckmann*, § 68 Rn. 8 m.w.N.
16 BK/*Beckmann*, § 68 Rn. 9 m.w.N.
17 AG Köln ZfS 2006, 227 ff.
18 B/M/*Schnepp*, § 80 Rn. 36.

§ 80 Fehlendes versichertes Interesse

ten Sache, wegfällt.[19] Bei einer Inbegriffsversicherung (§ 89 I) kann § 80 indes erst angenommen werden, wenn keiner der versicherten Inbegriffe mehr vorhanden ist.[20]

8 Kennt der VN bei Abschluss des Versicherungsvertrages den Interessemangel oder hat er das Fehlen oder den Wegfall des Interesses schuldhaft verursacht, kommt neben § 80 eine Schadensersatzhaftung des VN (etwa aus §§ 241 II, 311 II, 280 I BGB) nicht in Betracht.[21] § 80 regelt die Situation des Interessemangels abschließend; die Geschäftsgebühr, die der VR gem. § 80 I verlangen kann, entspricht gerade dem Vertrauensinteresse des VR.[22] Es liegt allerdings ein Verstoß gegen Treu und Glauben vor, wenn der VR, der Kenntnis vom Interessemangel hat, den Versicherungsvertrag abschließt und dann die Geschäftsgebühr verlangt.[23]

D. Anfänglicher Interessemangel, Abs. 1

9 § 80 I setzt voraus, dass das versicherte Interesse beim technischen Versicherungsbeginn fehlt und später auch nicht mehr entstehen wird.[24] Im Unterschied zu Abs. 2 (dazu unten Rdn. 11 ff.) ist es unerheblich, ob der Interessemangel dauernd oder nur vorübergehend gegeben ist; es kommt für die Anwendung des § 80 I lediglich darauf an, dass das versicherte Interesse im Zeitpunkt des Versicherungsbeginns fehlt; entsteht es später, muss ein neuer Versicherungsvertrag geschlossen werden.[25]

10 Aus § 80 I ergibt sich, dass der anfängliche Interessemangel dem Zustandekommen des Versicherungsvertrages nicht entgegensteht. Rechtsfolge des anfänglichen Interessemangels gem. § 80 I ist zum einen das Entfallen der Prämienzahlungsverpflichtung des VN. Dessen Leistungsfreiheit tritt ipso iure, ohne eine besondere Erklärung ein.[26] Zum anderen hat der VR als Ausgleich für seinen Aufwand einen Anspruch auf eine angemessene Geschäftsgebühr. Was angemessen ist, regelt das VVG nicht; es kann nicht abgestellt werden auf einen pauschalen Prozentsatz von der Jahresprämie, vielmehr kommt es auf die Umstände des Einzelfalls, etwa auf die Grundkosten des VR, die durchschnittlichen Kosten für die Antragsbearbeitung sowie die speziellen Aufwendungen für den Einzelfall an.[27] Da dem VR durch den Wegfall des Interesses keine Vorteile entstehen sollen, ist Obergrenze der Geschäftsgebühr die Prämie, die der VR für die geringste Versicherungsdauer vorgesehen hat.[28]

E. Nachträglicher Interessemangel, Abs. 2

11 § 80 II setzt voraus, dass ein zunächst vorhandenes versicherbares Interesse unter keinen Gesichtspunkten mehr gegeben ist. Im Unterschied zu Abs. 1 darf der Interessemangel nicht nur vorübergehend, sondern muss dauerhaft sein;[29] dies ist etwa bei unaufklärbarem Abhandenkommen und unwahrscheinlichem Wiederherbeischaffen der versicherten Sache[30] oder bei völliger Zerstörung des gegen Feuer versicherten Hauses der Fall.[31]

12 Der bisher in § 68 IV a.F. geregelte Interessewegfall wegen Eintritts des Versicherungsfalles wird nunmehr auch von § 80 II erfasst.

13 Rechtsfolge des nachträglichen Interessemangels ist, dass der VR, da er einen Teil der Gegenleistung erbracht hat, auch einen Teil der Prämie verlangen kann. Er hat Anspruch auf den Anteil der Prämie, die er hätte erheben können, wenn die Versicherung von vornherein nur bis zu dem Zeitpunkt beantragt worden wäre, in dem der VR von dem Wegfall des Interesses Kenntnis erlangt hat. Für den Fall, dass der VR einen Kurztarif hat und das versicherte Interesse bereits im ersten Jahr der Versicherung wegfällt, ist nach dem Kurztarif abzurechnen.[32] Besteht ein solcher nicht, steht dem VR eine Prämie pro rata zuzüglich eines angemessenen Kostenanteils (wie nach Abs. 1) zu.[33] Für den Fall, dass das versicherte Interesse erst nach der ersten Versicherungsperiode wegfällt, wird überwiegend ebenfalls eine Abrechnung pro rata angenommen und nicht nach dem Kurztarif.[34] Diese Rechtsfolge gilt nunmehr auch für den Interessewegfall infolge Eintritts des Versicherungsfalles; der VR kann nun nicht mehr die Prämie für die gesamte Versicherungsperiode verlangen (so aber § 68 IV a.F.), da der Grundsatz der Unteilbarkeit im neuen VVG nicht mehr enthalten ist.[35]

---

19 R/L/*Langheid*, § 80 Rn. 24; P/M/*Armbrüster*, § 80 Rn. 2; BK/*Beckmann*, § 68 Rn. 14.
20 OLG Hamm VersR 1993, 48, 49; B/M/*Schnepp*, § 80 Rn. 24; BK/*Beckmann*, § 68 Rn. 14.
21 BK/*Beckmann*, § 68 Rn. 27.
22 BK/*Beckmann*, § 68 Rn. 20; B/M/*Schnepp*, § 80 Rn. 54; P/M/*Armbrüster*, § 80 Rn. 22.
23 BK/*Beckmann*, § 68 Rn. 19; P/M/*Armbrüster*, § 80 Rn. 22.
24 H/E/K/*Wandt*, 1. Kap. Rn. 693.
25 BK/*Beckmann*, § 68 Rn. 15.
26 BK/*Beckmann*, § 68 Rn. 17.
27 R/L/*Langheid*, § 80 Rn. 7; P/M/*Armbrüster*, § 80 Rn. 20.
28 P/M/*Armbrüster*, § 80 Rn. 20; BK/*Beckmann*, § 68 Rn. 18.
29 Noch zu § 68 II a.F. OLG Köln VersR 2012, 1512, 1513.
30 LG Hamburg VersR 1986, 697; P/M/*Armbrüster*, § 80 Rn. 9.
31 BGH VersR 1992, 1221; P/M/*Armbrüster*, § 80 Rn. 11 ff.; mit weiteren Beispielen L/W/*Halbach*, § 80 Rn. 7 ff.
32 BK/*Beckmann*, § 68 Rn. 23.
33 P/M/*Armbrüster*, § 80 Rn. 23a; R/L/*Langheid*, § 80 Rn. 20.
34 P/M/*Armbrüster*, § 80 Rn. 23a; R/L/*Langheid* § 80 Rn. 21; BK/*Beckmann*, § 68 Rn. 23; a.A. B/M/*Schnepp*, § 80 Rn. 78.
35 Vgl. Begr. RegE BT-Drucks. 16/3945 S. 79.

Der Wegfall des versicherten Interesses entzieht dem Versicherungsvertrag seine Grundlage, so dass das Versicherungsverhältnis beendet wird.[36] **14**

Bei nachträglichem Interessemangel kann zugleich eine Obliegenheitsverletzung durch den VN gegeben sein. Der für diese Fälle in § 28 I vorgesehenen, fristgebundenen Kündigung durch den VR bedarf es, wenn das versicherte Interesse vollständig und auf Dauer weggefallen ist, allerdings nicht mehr.[37] **15**

F. Betrügerische Versicherung eines nicht bestehenden Interesses

In Anlehnung an die Regelungen der §§ 74 II und 78 III sanktioniert § 80 III die Versicherung eines nicht bestehenden Interesses, die in betrügerischer Absicht geschlossen wurde. Aus Präventionsgründen ist der Versicherungsvertrag in diesem Fall nichtig, und der VN ist verpflichtet, die Prämie bis zu dem Zeitpunkt zu zahlen, zu dem der VR von den die Nichtigkeit begründenden Umständen Kenntnis erlangt. Eine Rückforderung der für eine nichtexistierende Sache gezahlten Versicherungsprämie scheidet nach §§ 812 ff. BGB aus.[38] Wie auch die Parallelregelungen in §§ 74 II und 78 III hat § 80 III pönalen Charakter (vgl. Kommentierung zu § 74 Rdn. 16 und § 78 Rdn. 15 f.). **16**

Die unredliche Absicht des VN muss sich auf die im Versicherungsfall zu zahlende unrechtmäßige Versicherungssumme erstrecken (vgl. § 74 Rdn. 18). **17**

G. Abdingbarkeit

Wie bisher ist § 80 gem. § 87 halbzwingend. Unzulässig, weil für den VN nachteilig, ist etwa die Vereinbarung einer Vertragsstrafe, einer Schadensersatzpflicht oder einer unangemessen hohen Geschäftsgebühr.[39] **18**

H. Beweislast

Dass ein Interessemangel gegeben ist, ist vom VN zu beweisen; dies gilt unabhängig davon, ob sich der VN auf das Erlöschen oder die Reduzierung seiner Prämienzahlungsverpflichtung beruft, oder der VR den Interessemangel geltend macht und deshalb seine Eintrittspflicht für einen geltend gemachten Schaden bestreitet.[40] **19**

Die Frage, ob die Geschäftsgebühr, die der VR gem. Abs. 1 verlangen kann, angemessen ist, ist von diesem zu beweisen.[41] **20**

Der VN trägt die Beweislast für die Frage, zu welchem Zeitpunkt der VR von dem Wegfall des versicherten Interesses Kenntnis erlangt hat.[42] **21**

§ 81 Herbeiführung des Versicherungsfalles. (1) Der Versicherer ist nicht zur Leistung verpflichtet, wenn der Versicherungsnehmer vorsätzlich den Versicherungsfall herbeiführt.
(2) Führt der Versicherungsnehmer den Versicherungsfall grob fahrlässig herbei, ist der Versicherer berechtigt, seine Leistung in einem der Schwere des Verschuldens des Versicherungsnehmers entsprechenden Verhältnis zu kürzen.

Übersicht

	Rdn.		Rdn.
A. Allgemeines	1	1. Gefahrerhöhung, §§ 23 ff.	15
I. Normzweck	1	2. Vertragliche Obliegenheiten, §§ 28 f.	16
II. Entstehungsgeschichte	4	3. Abwendung und Minderung des	
III. Regelungsinhalt	5	Schadens, § 82	17
B. Dogmatische Einordnung	8	4. Verhältnis zu §§ 242, 162 BGB	18
I. Sachfragen	8	5. Verhältnis zu § 254 BGB	19
II. Auffassungen	10	III. Konkurrenzen	20
1. Subjektiver Risikoausschluss	10	D. Tatbestand der Herbeiführung des Versicherungsfalles	21
2. Schadensverhütungspflicht oder -obliegenheit	12	I. Objektive Pflichtwidrigkeit	21
3. Sonstige Auffassungen	13	II. Versicherungsfall	26
C. Anwendungsbereich	14	III. Kausalität und Unmittelbarkeit	27
I. Schadensversicherung	14	IV. Vorsatz	29
II. Abgrenzungen	15	V. Grobe Fahrlässigkeit	31

---
36 OLG Köln VersR 2012, 1512, 1513; OLG Hamm VersR 1999, 50; BK/*Beckmann*, § 68 Rn. 21; P/M/*Armbrüster*, § 80 Rn. 23.
37 BGH VersR 1985, 775; P/M/*Armbrüster*, § 80 Rn. 7.
38 OLG Karlsruhe VersR 2005, 1269; Vgl. auch Begr. RegE BT-Drucks. 16/3945 S. 79; zur ansonsten einschlägigen Anspruchsgrundlage: OLG Köln VersR 2012, 1512.
39 BK/*Beckmann*, § 68 Rn. 29.
40 B/M/*Schnepp*, § 80 Rn. 101.
41 BK/*Beckmann*, § 68 Rn. 28; *Sieg*, VersR 1988, 309, 310.
42 OLG Hamm VersR 1993, 1514; PK/*Kloth/Neuhaus*, § 80 Rn. 16; R/L/*Langheid* § 80 Rn. 20.

§ 81 Herbeiführung des Versicherungsfalles

	Rdn.		Rdn.
VI. Sogenanntes Augenblicksversagen	37	III. Verschulden	68
VII. Verschuldensfähigkeit	40	IV. Rechtsfolgenseite	73
VIII. Einstehen für Dritte	42	G. Abweichende vertragliche Regelungen	74
1. Versicherung für fremde Rechnung	42	H. Fallgruppen	82
2. Mehrheit von VN	43	I. Kfz-Versicherung	82
3. Sukzessionen und Sicherungsnehmer	44	1. Alkohol	82
4. Organhaftung und gesetzliche Vertretung	45	2. Drogen und Medikamente	87
		3. Diebstahl	88
5. Repräsentantenhaftung	46	4. Rotlichtverstöße	93
E. Rechtsfolgen	49	5. Sonstige Verstöße gegen Verkehrsregeln	95
I. Leistungsfreiheit bei Vorsatz	49		
II. Kürzung bei grober Fahrlässigkeit	50	II. Sachversicherung im Übrigen	96
III. Schicksal des Vertrags	62	1. Einbruchdiebstahl	96
IV. Schadensersatzanspruch des Versicherers	63	2. Leitungswasserschäden bei der Hausratsversicherung	97
F. Darlegungs- und Beweislast	64		
I. Objektive Pflichtwidrigkeit	64	3. Gebäudeschaden	98
II. Eintritt des Versicherungsfalls und Kausalität	65		

Schrifttum:
Armbrüster, Künftige Sanktionen der Herbeiführung des Versicherungsfalls und der Verletzung der Rettungsobliegenheit: Die Reform des § 61 VVG und der §§ 62, 63 VVG, ZVersWiss 2001, 501; *ders.*, Abstufung der Leistungsfreiheit bei grob fahrlässigem Verhalten des Versicherungsnehmers, VersR 2003, 675; *ders.*, Das Alles-oder-nichts-Prinzip im Privatversicherungsrecht, 2003; *Baumann*, Quotenregelung contra Alles-oder-Nichts-Prinzip im Versicherungsfall – Überlegungen zur Reform des § 61 VVG, r+s 2005, 1; *Canaris*, Verstöße gegen das verfassungsrechtliche Übermaßverbot im Recht der Geschäftsfähigkeit und im Schadensrecht, JZ 1987, 993; *Deutsch*, Die grobe Fahrlässigkeit im künftigen Versicherungsvertragsrecht, VersR 2004, 1485; *Günther/Spielmann*, Vollständige und teilweise Leistungsfreiheit nach dem VVG 2008 am Beispiel der Sachversicherung, r+s 2008, 133 und 177; *Hähnchen*, Obliegenheiten und Nebenpflichten, 2010; *Hiort*, Das Alles-oder-Nichts-Prinzip im Privatversicherungsrecht und die Neuregelung durch die VVG-Reform, 2010; *Koppenfels-Spies*, Die Konsequenzen der schuldhaften Herbeiführung des Versicherungsfalls – das »Alles-oder-nichts-Prinzip« auf dem Prüfstand, VersR 2006, 23; *Lang*, Zur entsprechenden Anwendung des § 827 S. 2 BGB im Rahmen des § 61 VVG, NZV 1990, 336; *Looschelders*, Schuldhafte Herbeiführung des Versicherungsfalls nach der VVG-Reform, VersR 2008, 1; *ders.*, Quotelung bei Obliegenheitsverletzungen: Alles, nichts oder die Hälfte, ZVersWiss 2009, 13; *E. Lorenz*, Der subjektive Risikoausschluss durch § 61 VVG und die Sonderregelung in § 152 VVG, VersR 2000, 2; *ders.*, Zur quotalen Kürzung der Leistungspflicht des Versicherers bei grob fahrlässiger Herbeiführung des Versicherungsfalls durch den Versicherungsnehmer, FS Deutsch, 2009, 855; *Marlow*, Die Verletzung vertraglicher Obliegenheiten nach der VVG-Reform: Alles nichts, oder?, VersR 2007, 43; *Nugel*, Das neue VVG – Quotenbildung bei der Leistungskürzung wegen grober Fahrlässigkeit, MDR 2007, Sonderbeilage zu Heft 22, 23; *Rixecker*, VVG 2008 – Eine Einführung: I. Herbeiführung des Versicherungsfalls, zfs 2007, 15; *Römer*, Das sogenannte Augenblicksversagen, VersR 1992, 1187; *Schwintowski*, Vom Alles-oder-Nichts-Prinzip zum Quotensystem, VuR 2008, 1; *Veith*, Das quotale Leistungskürzungsrecht des Versicherers gem. §§ 26 Abs. 1 S. 2, 28 Abs. 2 S. 2, 81 Abs. 2 VVG 2008, VersR 2008, 1580.

A. Allgemeines

I. Normzweck

1 Zweck von § 81 ist die vollständige oder teilweise **Entlastung** des Versicherers **bei Fehlverhalten des VN**. Die Norm erfasst dabei sowohl Fälle vorsätzlicher Herbeiführung des Versicherungsfalls als auch solche, in welchen der Eintritt des Versicherungsfalls zumindest auch auf einem schweren Sorgfaltsverstoß des VN beruht. Letztere sind der Regelfall in der Anwendungspraxis der Vorschrift.[1] Auf sie bezieht sich auch der **zusätzliche Zweck** von § 81, den VN zu **sorgfältigem Verhalten** anzuhalten.[2]

2 Umgekehrt verdeutlicht die Vorschrift auch das Grundprinzip des Versicherungsrechts, dass **einfache Fahrlässigkeit** die Einstandspflicht des Versicherers nicht ausschließt und diese mithin nicht – wie teilweise noch im 19. Jahrhundert – auf Fälle des Zufalls beschränkt ist. Die einfache Fahrlässigkeit ist – unabhängig von der dogmatischen Deutung der Vorschrift (s. Rdn. 8–13) – **Teil des versicherten Risikos**. Ein Fehlverhalten, das auch einem im Allgemeinen sorgfältigen VN unterlaufen kann, soll nicht zum Verlust des Versicherungsschutzes führen.[3]

3 In der Rechtsprechung hat die Vorschrift zudem in jüngerer Zeit wichtige Wirkungen als **gesetzliches Leitbild** beim gewerblichen **KfZ-Mietvertag** sowie als Basis ergänzenden dispositiven Rechts entfaltet. Der undif-

---

1 *Looschelders* VersR 2008, 1.
2 Für diesen *Canaris* JZ 1987, 993, 1004.
3 Mit umgekehrter Tendenz (Begrenzung der Haftung) *Looschelders* VersR 2008, 1; L/W/*Looschelders*, § 81 Rn. 1 (»begrenzt ... das subjektive Risiko«); P/M/*Armbrüster*, § 81 Rn. 1.

ferenzierte Haftungsvorbehalt wegen grober Fahrlässigkeit des Mieters verstößt dementsprechend gegen § 307 BGB.[4] An die Stelle der unwirksamen Klausel tritt nach der Rechtsprechung der »Grundgedanke der gesetzlichen Regelung des § 81 II«.[5] Es kommt also zu einer quotalen Freistellung des Mieters, soweit eine Kaskoversicherung zur Leistung verpflichtet wäre.[6] Diese schlägt auch beim Regress des Versicherers nach § 86 durch[7] und ebenso auf den Freistellungsanspruch eines den Mietwagen steuernden ArbN gegen seinen ArbG.[8] Schlichte Haftungshöchstgrenzen wirken ohnehin nur zugunsten des Mieters und sind daher als solche möglich.[9]

II. Entstehungsgeschichte

Bereits das VVG von 1908 enthielt eine generelle Regelung zur schuldhaften Herbeiführung des Versicherungsfalls für die Schadensversicherung in § 61 VVG a.F. Allerdings wurden dort noch beide erfassten Arten des Fehlverhaltens des VN gleichermaßen mit dem Verlust des Versicherungsschutzes sanktioniert – anders als etwa nach Art. 14 II schweizVVG, wo bei grober Fahrlässigkeit schon lange eine nur anteilige Kürzung der Leistung nach dem Maß des Verschuldens angeordnet wurde.[10] Die Neuregelung folgt nun diesem Vorbild und führt das **Quotenteilungsprinzip** für die Fälle grober Fahrlässigkeit ein.

4

III. Regelungsinhalt

Die Regelung des § 81 enthält die allgemeine Regelung der schuldhaften Herbeiführung des Versicherungsfalls für die **Schadensversicherung**. Gegenüber § 61 VVG a.F. hat sie durch die Neufassung eine Aufteilung auf zwei Absätze erfahren. Nach Abs. 1 schließt die **vorsätzliche** Herbeiführung des Versicherungsfalls die Leistungspflicht des Versicherers aus. Abs. 2 gibt dem Versicherer im Fall **grob fahrlässiger** Herbeiführung des Versicherungsfalls die Möglichkeit einer Kürzung. Zu abweichenden Regelungen für einzelne Versicherungssparten (auch außerhalb der Schadensversicherung) u. Rdn. 14.

5

Wegen der harten Rechtsfolge der Alles-oder-Nichts-Lösung war gelegentlich die **Verfassungsgemäßheit** von § 61 VVG a.F. in Frage gestellt worden. Gerügt wurde ein Verstoß gegen das verfassungsrechtliche Übermaßverbot, soweit katastrophale oder generell ruinöse Schäden in Rede stehen. Gefordert wurde dementsprechend eine verfassungskonforme Korrektur mittels § 242 BGB.[11] Jedenfalls für die Neuregelung haben solche Bedenken aber keinen Bestand. Das gilt auch für den Verlust der Deckung bei vorsätzlicher Herbeiführung des Versicherungsfalls und zwar unabhängig davon, ob sich der Vorsatz auch auf den entstandenen Schaden beziehen muss (dazu u. Rdn. 30)[12].

6

Rechtspolitisch hat die Neuregelung – wie früher schon Art. 14 schweizVVG – Kritik erfahren. Vorgeworfen werden ihr mangelnde Praktikabilität, eine Gefährdung der Rechtssicherheit sowie der Verlust von Präventionswirkungen.[13] Für die flexiblere Neuregelung spricht zunächst die Ermangelung harter Kriterien für eine Abgrenzung der groben von der leichten Fahrlässigkeit.[14] An einen derart weichen Tatbestand unter die Berufung auf die Rechtssicherheit harte Rechtsfolgen zu knüpfen, erscheint nicht sachgerecht. Die sich daraus in der Praxis entwickelnde Fallgruppenbildung (s.u. Rdn. 82–100) führt zu Fehlentwicklungen, wo die generelle Einordnung bestimmten Fehlverhaltens – etwa des Rotlichtverstoßes[15] – im Einzelfall nicht sachgerecht ist, etwa wegen sog. Augenblicksversagens. Diese Entwicklungen sind mit Präventionswirkungen nicht zu rechtfertigen, zumal diese auch unter der Neuregelung bestehen bleiben.[16] Die früher bereits erforderlichen Korrekturen hat die Rechtsprechung – gerade in den Fällen des sog. Augenblicksversagens – auf der Tatbestandsseite vorgenommen und diese damit unter teilweiser Entwertung der Fallgruppen zulasten der Rechtssicherheit erheblich flexibilisiert. Den Gegnern der Neuregelung ist aber zuzugestehen, dass bei der Kürzung der Versicherungsleistung auf den Erhalt der Präventionswirkungen besonders zu achten ist.

7

---

4 BGHZ 191, 150; BGH NJW 2014, 3234.
5 BGHZ 191, 150.
6 BGH NJW 2014, 3234.
7 LG Krefeld, BeckRS 2015, 11779.
8 LAG Schleswig-Holstein, BeckRS 2014, 69393.
9 BGH NJW 2015, 928, Rn. 15 (mit weiteren Einzelheiten).
10 Zur schweizerischen Rechtsprechung instruktiv *Günther* FS Wälder, S. 123, 136 f.
11 Insbes. *Canaris* JZ 1987, 993, 1003 f.
12 Vgl. *Looschelders* VersR 2008, 1, 2. A.A. *Canaris* JZ 1987, 993, 1004.
13 So insbes. in der rechtspolitischen Debatte um die VVG-Reform *Armbrüster* VersR 2003, 675; *Prölss* VersR 2003, 669. Ebenso schon früher B/M/*Möller*[8], § 61 Rn. 3 sowie BK/*Beckmann*, § 61 Rn. 5.
14 So ausdrücklich auch die Begr. des Regierungsentwurfs, BT-Drucks. 16/3945 S. 49.
15 I.d.S. war BGHZ 119, 147 bis zur Entscheidung BGH NJW 2003, 1118 verstanden worden.
16 *Looschelders* VersR 2008, 1.

§ 81 Herbeiführung des Versicherungsfalles

B. Dogmatische Einordnung
I. Sachfragen

8 Die dogmatische Einordnung der Vorschrift ist – wie in beinahe allen Fällen des Gläubigerfehlverhaltens – herkömmlich sehr umstr. gewesen. Der hier betriebene dogmatische Aufwand[17] steht freilich außer Verhältnis zu den mit der Einordnung verbundenen **Sachfragen**. Selbständige Lösungen haben sich insbes. hinsichtlich des Fehlverhaltens von Hilfspersonen des VN (s.u. Rdn. 46 ff.) sowie für Fälle des Auseinanderfallens von VN und Versichertem (s.u. Rdn. 42) entwickelt. Dasselbe gilt für die inzwischen sehr ausdifferenzierte Behandlung der Darlegungs- und Beweislast (s.u. Rdn. 64 ff.). Dass die Vorschrift allein aufgrund einer bestimmten dogmatischen Einordnung eng auszulegen sei, ist angesichts der methodischen Unsicherheit der Regel einer engen Auslegung von Ausnahmetatbeständen irrelevant. Soweit § 81 – zu Unrecht (s. Rdn. 2) – als Ausnahmetatbestand verstanden wird, mag dies ein zusätzliches Gegenargument abgeben.

9 Praktische Relevanz hat die dogmatische Einordnung damit allein, soweit **Direktansprüche Dritter** trotz Leistungsfreiheit im Innenverhältnis fortbestehen, respektive uneingeschränkt bleiben, wenn die Fälle des § 81 vorliegen. Gesetzlich geregelt ist dies nur für § 103 bei der Pflichthaftpflichtversicherung: Je nach dogmatischer Einordnung kommt es entweder nach § 115 I 2 i.V.m. § 117 III zur Leistungsfreiheit oder es bleibt nach § 115 I 2 i.V.m. § 117 I bei der Leistungspflicht.[18]

II. Auffassungen
1. Subjektiver Risikoausschluss

10 Nach heute – bereits zu § 61 VVG a.F. – herrschender Auffassung begründet § 81 einen subjektiven Risikoausschluss.[19] Dahinter steht der Gedanke, dass der VN das **Risiko eigenen groben Fehlverhaltens** selbst zu tragen hat; es fehlt funktional bereits am Versicherungsfall.[20] Theoretische Schwierigkeiten bereitet diese Auffassung wegen der Verknüpfung des Risikos mit Verhaltensanforderungen an den VN, die nicht durchgehend dem allgemeinen Sprachgebrauch des Privatrechts entspricht. Der Umstand, dass die in den Fällen des § 81 verletzten Standards auch Gegenstand vertraglich vereinbarter Obliegenheiten i.S.v. § 28 sein können, weckt Zweifel an der Abgrenzbarkeit der Kategorien auf der Tatbestandsseite.

11 Für § 81 ist die Auffassung vertreten worden, der **Systemwechsel in Abs. 2** führe zu einer Änderung der dogmatischen Einordnung der Vorschrift.[21] Daran ist jedenfalls zutr., dass in den Fällen des Abs. 2 ein Versicherungsfall vorliegt.[22] Argumentativ lässt sich die herrschende Auffassung daher nur noch mit der Annahme einer von vornherein dem Umfang nach beschränkten Risikoübernahme retten.[23] Damit stellt sich freilich die Frage nach dem Sinne einer – praktisch wirkungslosen – Kategorisierung.

2. Schadensverhütungspflicht oder -obliegenheit

12 Eine Obliegenheit oder gar Pflicht des VN, den Versicherungsfall nicht herbeizuführen, gibt es nach herrschender Auffassung nicht.[24] Allerdings ist die generelle Ablehnung der Idee einer Pflicht oder Obliegenheit wohl einem Mangel an dogmatischer Phantasie geschuldet: Bezieht man diese Pflicht oder Obliegenheit nämlich nicht auf den Vermeidungserfolg, sondern auf bestimmte Standards des Bemühens um Schadensvermeidung, lassen sich Sorgfaltsstandards des VN ohne weiteres formulieren. Dementsprechend knüpft die Rechtsprechung heute in § 81 an ein **objektives Fehlverhalten** des VN an, das richtigerweise als Verletzung einer Pflicht zu qualifizieren ist, wobei diese einem beschränkten Schutzzweck dient.

3. Sonstige Auffassungen

13 Das Fehlen einer allgemeinen Theorie des Gläubigerfehlverhaltens hat eine Reihe weiterer Erklärungsversuche hervorgebracht, die heute weitgehend vergessen sind. Das gilt für die Nichtherbeiführung als Voraussetzung oder Bedingung der Leistungspflicht[25] sowie die Idee einer Konkretisierung von § 162 II BGB.[26]

---

17 Vgl. die umfänglichen Ausführungen bei B/M/*Möller*[8], § 61 Rn. 17–22.
18 Vgl. *Looschelders* VersR 2008, 1 f. (auch zur gemeinschaftsrechtlichen Zulässigkeit des Ausschlusses); L/W/*Looschelders*, § 81 Rn. 1.
19 *Looschelders* VersR 2008, 1, 2; HK-VVG/*Karczewski*, § 81 Rn. 1; P/M/*Armbrüster*, § 81 Rn. 3. Ebenso für § 61 VVG a.F.: BGHZ 11, 120, 122 f.; BGHZ 42, 295, 300; BGH VersR 1976, 649; B/M/*Möller*[8], § 61 Rn. 17; BK/*Beckmann*, § 61 Rn. 6.
20 *Looschelders* VersR 2008, 1.
21 *Neumann*, Abkehr vom Alles-oder-Nichts-Prinzip, 2004, 169 f.
22 Das konzediert auch *Looschelders* VersR 2008, 1.
23 So *Looschelders* VersR 2008, 1.
24 B/M/*Möller*[8], § 61 Rn. 18 f.; HK-VVG/*Karczewski*, § 81 Rn. 1.
25 *Schneider* ZVersWiss 1905, 230, 260 f.
26 *Framhein*, Die Herbeiführung des Versicherungsfalls, 1927, 53 ff.

C. Anwendungsbereich

I. Schadensversicherung

§ 81 gilt nur für die **Schadensversicherung**.[27] Für die Transportversicherung sieht § 137 einen generellen Leistungsausschluss sowohl bei Vorsatz als auch bei grober Fahrlässigkeit vor, der freilich eine Milderung gegenüber der bisherigen Rechtslage darstellt. Da für die Personenversicherung in Form der Summenversicherung sowie für die Krankenversicherung Sondervorschriften gelten (s. §§ 154, 161, 162), ist der praktische Anwendungsbereich der Vorschrift weitgehend auf die Sachschadensversicherung beschränkt. Eine Anwendung bei der Unfallversicherung ist ausgeschlossen;[28] auch hier enthält das Gesetz eine Sondervorschrift in § 183. Für die Haftpflichtversicherung gilt § 103.

II. Abgrenzungen

1. Gefahrerhöhung, §§ 23 ff.

Anders als § 81, der auf die **konkrete Risikolage** des Einzelfalls gegebenenfalls mit Sorgfaltspflichten reagiert, behandeln die §§ 23 ff. Wandlungen der **abstrakten Gefahrenlage**[29]. Dementsprechend sind erste Rechtsfolgen der Gefahrerhöhung auch das Kündigungsrecht des Versicherers nach § 24 sowie das Recht zur Prämienerhöhung nach § 25. Die Abgrenzung hat freilich wegen der Angleichung der Rechtsfolgen hinsichtlich der Leistungsbefreiung in § 26 an Bedeutung verloren; es verbleiben allerdings Unterschiede bei der Beweislastverteilung.

2. Vertragliche Obliegenheiten, §§ 28 f.

Auch die Abgrenzung von vertraglichen Obliegenheiten hat durch die Angleichung der Rechtsfolgenseite erheblich an Bedeutung verloren, wenngleich auch hier Differenzen bei der Beweislastverteilung verbleiben. Eine **kategoriale Abgrenzung** zu den vertraglich vereinbarten Verhaltensanforderungen ist richtigerweise **nicht möglich**.[30] § 81 begründet letztlich nur einen Mindeststandard für den Umgang mit dem versicherten Risiko.[31]

3. Abwendung und Minderung des Schadens, § 82

§ 82 greift zur »Abwendung« des Schadens bereits vor Eintritt des Versicherungsfalls und kann daher insoweit mit § 81 konkurrieren.[32] Historisch ist die Aufteilung der Verhaltenserwartungen wohl mit der überholten Vorstellung zu erklären, § 61 VVG a.F. sei auf aktives Tun beschränkt, während § 62 VVG a.F. das Unterlassen sanktioniere. Zur Abgrenzung s. § 82 Rdn. 5 ff.

4. Verhältnis zu §§ 242, 162 BGB

Eines Rückgriffs auf die Generalklauseln der §§ 242, 162 BGB neben § 81 bedarf es regelmäßig nicht,[33] mag es sich nach gelegentlich vertretenen Auffassungen auch um Konkretisierungen dieser Vorschriften handeln. Richtigerweise werden sie durch die flexible Norm des § 81 kraft Spezialität verdrängt.

5. Verhältnis zu § 254 BGB

Neben § 81 ist § 254 BGB nicht anwendbar; das gilt auch, soweit es um die von § 81 nicht erfasste einfache Fahrlässigkeit geht.[34]

III. Konkurrenzen

Die VVG-Reform hat die Unterschiede zwischen den verschiedenen Formen von Fehlverhalten des VN an vielen Stellen eingeebnet. Dementsprechend haben auch die Konkurrenzregeln **an Bedeutung verloren**. § 81 konkurriert daher auch weiterhin frei mit den Regeln über Obliegenheitsverletzungen (§ 28)[35] und Gefahrerhöhung (§§ 23 ff.)[36], deren Wertungen freilich auch auf § 81 durchschlagen können. So sperrt insbesondere § 26 Abs. 3 Nr. 2 auch die Rechtsfolgen von § 81, weil die unterbliebene Kündigung eine Änderung des versicherten Risikos nach sich zieht.[37]

---

27 BGH VersR 1991, 289; HK-VVG/*Karczewski*, § 81 Rn. 2.
28 BGH VersR 1998, 1231; OLG Hamm 1985, 561.
29 BGHZ 7, 311, 318 f.; B/M/*Möller*[8], § 61 Rn. 23; HK-VVG/*Karczewski*, § 81 Rn. 3.
30 Vgl. schon B/M/*Möller*[8], § 61 Rn. 24.
31 Das konzidiert letztlich, wer (wie L/W/*Looschelders*, § 81 Rn. 24) § 28 und § 81 als »häufig nebeneinander anwendbar« sieht.
32 B/M/*Möller*[8], § 61 Rn. 5.
33 P/M/*Armbrüster*, § 81 Rn. 1.
34 P/M/*Prölss*[27], § 61 Rn. 27.
35 HK-VVG/*Karczewski*, § 81 Rn. 4. Ebenso zu § 61 VVG a.F. R/L/*Langheid*[2], § 61 Rn. 9.
36 HK-VVG/*Karczewski*, § 81 Rn. 3. Ebenso zum bisherigen Recht OLG Celle r+s 2007, 449.
37 Wie hier L/W/*Looschelders*, § 81 Rn. 27.

D. Tatbestand der Herbeiführung des Versicherungsfalles
I. Objektive Pflichtwidrigkeit

21 Entgegen verbreiteter Auffassung[38] liegt § 81 die Vorstellung eines **objektiven Fehlverhaltens** des VN zugrunde.[39] Den VN trifft die in § 81 verschlüsselte Pflicht, den **notwendigen Sicherheitsstandard einzuhalten**.[40] Der objektive Tatbestand kann daher – wohl entgegen der historischen Konzeption von § 61 VVG a.F. – **auch durch Unterlassen** verwirklicht werden.[41] Eines Verstoßes gegen vereinbarte Obliegenheiten bedarf es dafür nicht.[42] Erfüllt der VN diese Pflicht, fehlt es bereits objektiv an der Herbeiführung des Versicherungsfalls;[43] die insbes. von *Prölss* vertretene Gegenauffassung[44] ist überholt. Damit schadet dem VN insbes. nicht der bewusste Verstoß gegen einen nur vermeintlichen, tatsächlich aber nicht anzulegenden Sicherheitsstandard.[45] Dieses Einbeschreiben des objektiven Fehlverhaltens in den Haftungstatbestand entspricht der modernen Fortentwicklung der klassischen culpa-Haftung, die bei § 61 VVG a.F. noch dem Gesetz von 1909 zugrunde lag. Die damit einhergehenden Abgrenzungsschwierigkeiten sind keine anderen als die zwischen der Pflichtverletzung i.s.v. § 280 I BGB und der Fahrlässigkeit nach § 276 II BGB.[46]

22 Die Qualifikation als **Pflicht im Rechtssinne** wird herkömmlich – soweit § 81 überhaupt Verhaltensanforderungen entnommen werden – ganz überwiegend abgelehnt.[47] Der VN sei frei darin, ob er den Sicherheitsstandard einhalte; es gehe nur um den Schutz seiner eigenen Rechtsgüter und Interessen.[48] Ob dies zutrifft, erscheint im Blick auf das – funktional § 314 BGB entsprechende – Kündigungsrecht nach § 28 bei Verletzung vertraglicher Obliegenheiten zweifelhaft. Jedenfalls hat die Pflicht unter § 81 allein den Schutzzweck, das Risiko des Versicherers zu begrenzen; zusätzliche Schadensersatzpflichten oder Kündigungsrechte des Versicherers entstehen daraus allein nicht. Im Übrigen ist der Erkenntniswert der Differenzierung nach Pflichten und Verhaltensanforderungen, die keine Pflichten sind, weitaus geringer als der Aufwand zu ihrer Begr. und Abgrenzung.

23 **Maßstab** für die Verhaltensanforderungen nach § 81 ist das Vorliegen einer **konkreten Gefährdung** des versicherten Interesses. Ohne eine solche Gefährdung ist der VN nicht aufgrund von § 81 gehalten, Maßnahmen zur Vermeidung des Versicherungsfalls zu treffen.[49] Hingegen dienen Obliegenheiten i.S.v. § 28 häufig zwar der abstrakten Gefahrvermeidung,[50] können aber auch der Konkretisierung der Standards von § 81 dienen.[51] Will der Versicherer das Verhalten des VN zum Zwecke abstrakter Gefahrvermeidung steuern, muss er sich daher einer vertraglichen Obliegenheit bedienen. Durch diese erreicht er zusätzlich die Beweislastumkehr bzgl. der Kausalität und der groben Fahrlässigkeit nach § 28 II 2 Hs. 2, III 1 (s.u. Rdn. 65 ff., 68 ff.).

24 Ob Rechtfertigungsgründe wie **Notstand** oder **Notwehr** den Versicherungsschutz ausschließen, hängt vom Umfang des versicherten Interesses ab. Der Versicherer ist nicht verpflichtet, die Kosten zur Rettung nicht versicherter Interessen Dritter zu tragen.[52] Das gilt auch für eigene Interessen, so sie nicht von Versicherungsschutz erfasst sind. Die Grenze zu § 82 kann freilich schwierig zu ziehen sein. Nicht mitversichert ist regelmäßig auch die Herbeiführung des Versicherungsfalls aus humanitären Gründen.[53]

25 Durch die Annahme einer in § 81 verschlüsselten Pflicht wird nicht notwendig eine **Anwendbarkeit von § 278 BGB** begründet.[54] Die Qualifikation als Pflicht würde aber – ohne Abweichung von den Maßstäben der sog. Repräsentantenhaftung – dessen sachgerechte Anwendung ermöglichen, weil sich anhand des Schutzzwecks der

---

38 Insbes. – zum alten Recht – RGZ 117, 327; RGZ 135, 370; BGHZ 11, 120; BGHZ 43, 88; P/M/*Armbrüster*, § 81 Rn. 22.
39 Wie hier *Looschelders* VersR 2008, 1, 3; L/W/*Looschelders*, § 81 Rn. 9. Ebenso zum alten Recht RGZ 123, 320, 323 (für die Seeversicherung); *Martin*, O I Rn. 61.
40 Vgl. die Formulierungen der Rechtsprechung BGH VersR 1984, 25; VersR 1989, 582, 583; NJW-RR 1996, 734; VersR 1997, 613; VersR 1998, 44. Zur Qualifikation als Pflicht s. Rdn. 12.
41 HK-VVG/*Karczewski*, § 81 Rn. 6.
42 HK-VVG/*Karczewski*, § 81 Rn. 5.
43 BGH VersR 1996, 576, VersR 1998, 44; *Looschelders* VersR 2008, 1, 3.
44 P/M/*Armbrüster*, § 81 Rn. 14. Der dort (mit Fehlzitat) bezeichnete Fall des gedehnten Versicherungsfalles und unterlassener Abwendungsmaßnahmen ist für § 81 ein schlichtes Kausalitätsproblem, das nachgewiesen ohnehin mit § 82 zu lösen ist.
45 *Looschelders* VersR 2008, 1, 4.
46 Siehe den Verweis auf die Verwandtschaft der Verhaltensanforderungen unter § 81 mit den Schutzpflichten nach § 241 II BGB sowie PWW/*Schmidt-Kessel*, § 280 Rn. 22.
47 *Looschelders* VersR 2008, 1, 4; P/M/*Prölss*[27], § 61 Rn. 2 (Konstruktion möglich aber ohne Vorzüge).
48 *Looschelders* VersR 2008, 1, 4.
49 So *Looschelders* VersR 2008, 1, 4.
50 Darauf beschränkt *Looschelders* VersR 2008, 1, 4.
51 I.d.S. offenbar auch P/M/*Armbrüster*, § 81 Rn. 4.
52 P/M/*Armbrüster*, § 81 Rn. 25.
53 P/M/*Armbrüster*, § 81 Rn. 26. A.A. B/M/*Möller*[8], § 61 Rn. 52.
54 Wie hier *Looschelders* VersR 2008, 1, 4; L/W/*Looschelders*, § 81 Rn. 12; P/M/*Prölss*[28], § 81 Rn. 6. Anders BK/*Beckmann*, § 61 Rn. 8.

Pflicht der Kreis der Erfüllungsgehilfen auf den der herkömmlichen Repräsentanten eingrenzen lässt (s.u. Rdn. 46 ff.).

II. Versicherungsfall

Herbeiführung des Versicherungsfalls – statt wie bei § 103 des Schadens – spricht gegen die h.L.v. **Risikoausschluss**, weil diese den Versicherungsfall streng genommen gerade verneinen müsste.[55] Gemeint ist daher das im Übrigen durch die Versicherung gedeckte Risiko. 26

III. Kausalität und Unmittelbarkeit

§ 81 setzt in beiden Fällen die Kausalität des Fehlverhaltens für den Eintritt des Versicherungsfalls voraus. Dafür genügt es, dass das Verhalten mitursächlich war.[56] Lag der zum Versicherungsfall führende Umstand bereits bei Vertragsschluss vor, fehlt es hingegen an der Ursächlichkeit des Fehlverhaltens.[57] Die auch unter § 81 geltende **Äquivalenz** der Schadensursachen wird – wie im allgemeinen Privatrecht – mit den Mitteln der **Adäquanz**- und Schutzzwecklehre korrigiert. Eröffnet wird damit zugleich die Duplik des vertragskonformen Alternativverhaltens.[58] Zur – von § 28 abweichenden – Beweislast s. Rdn. 66 f. 27

Eine über das Kausalitätserfordernis hinausgehende **Unmittelbarkeit** macht § 81 nicht zur Voraussetzung.[59] Daher genügt auch das grob fahrlässige Einschalten zusätzlicher Personen, wenn diese die Gefahr für das versicherte Risiko erhöhen und sich diese erhöhte Gefahr verwirklicht,[60] oder das Unterlassen sicherheitsdienlicher Anweisungen.[61] Zur Behandlung von Mehrfachverstößen u. Rdn. 57. 28

IV. Vorsatz

Der Vorsatz folgt unter Abs. 1 den allgemeinen zivilrechtlichen Kriterien. Erforderlich ist der Wille zur Herbeiführung des Versicherungsfalls in Kenntnis der maßgebenden Umstände.[62] Der Vorsatz muss dabei die Pflichtwidrigkeit[63] umfassen,[64] so dass Irrtümer über den Sorgfaltsstandard aber auch über Rechtfertigungsgründe den VN entlasten.[65] *Dolus eventualis* genügt;[66] vertraut der VN hingegen auf das Nichteintreten des Versicherungsfalls, liegt lediglich eine bewusste Fahrlässigkeit vor.[67] 29

Unsicherheiten bestehen freilich hinsichtlich der **vom Vorsatz erfassten Umstände**. Nach verbreiteter Auffassung muss sich dieser nicht nur auf das Fehlverhalten, sondern auch auf den eingetretenen Schaden selbst beziehen.[68] Anders als für die Haftpflichtversicherung in § 103 ist bei der Schadensversicherung eine Klärung durch die Neufassung des Wortlauts in Abs. 1 nicht erfolgt, obwohl der Gesetzgeber in Kenntnis des Meinungsstreits dies unschwer hätte tun können, indem er jeweils statt auf den Versicherungsfall auf den **eingetretenen Schaden** Bezug genommen hätte. Gegen das Erfordernis, dass der Vorsatz auch den eingetretenen Schaden erfasst, wird v.a. dieser Wortlaut ins Treffen geführt.[69] Zusätzlich ließe sich nunmehr systematisch die abweichende Regelung in § 103 anführen. Für eine Verengung von § 81 Abs. 1 soll hingegen der Grundsatz der Verhältnismäßigkeit sprechen, der eine enge Auslegung von § 81 Abs. 1 gebiete.[70] Praktisch wird der Streit freilich kaum je Bedeutung erlangen, weil in den Fällen einer vorsätzlichen Herbeiführung mit fehlendem Schädigungsvorsatz (solange Tatrichter überhaupt bereit sind, darüber zu entscheiden) in aller Regel eine Leistungskürzung auf Null nach § 81 Abs. 2 angezeigt sein wird (s.u. Rdn. 56). 30

V. Grobe Fahrlässigkeit

Entsprechend dem Verständnis des allgemeinen Privatrechts[71] liegt grobe Fahrlässigkeit vor, wenn die im Verkehr erforderliche Sorgfalt **in besonders schwerem und ungewöhnlich hohem Maße** vernachlässigt worden 31

---

55 Konsequent B/M/*Möller*[8], § 61 Rn. 31: kein »echter« Versicherungsfall.
56 BGH NJW 1986, 2838; OLG Köln r+s 1995, 203; HK-VVG/*Karczewski*, § 81 Rn. 89; P/M/*Prölss*, § 81 Rn. 10.
57 Vgl. HK-VVG/*Karczewski*, § 81 Rn. 5.
58 P/M/*Armbrüster*, § 81 Rn. 50.
59 OLG Köln VersR 1982, 643; P/M/*Armbrüster*, § 81 Rn. 17. Anders *Sieg* BB 1970, 106, 110.
60 OLG Frankfurt (Main), NVZ 2000, 529 (»gefährlicher« Arbeitnehmer); P/M/*Armbrüster*, § 81 Rn. 18f.
61 OLG Hamm VersR 1997, 236.
62 *Looschelders* VersR 2008, 1, 5; HK-VVG/*Karczewski*, § 81 Rn. 7.
63 Nicht: Unrecht oder Rechtswidrigkeit, die im Vertragsrecht ohnehin nur ausnahmsweise auftreten können, s. PWW/*Schmidt-Kessel*, § 276 Rn. 4. Vgl. *Looschelders* VersR 2008, 1, 5; HK-VVG/*Karczewski*, § 81 Rn. 7.
64 HK-VVG/*Karczewski*, § 81 Rn. 7; *Looschelders* VersR 2008, 1, 5; P/M/*Armbrüster*, § 81 Rn. 29.
65 OLG Düsseldorf VersR 1994, 850 (Putativnotwehr unter § 152 VVG a.F.); *Looschelders* VersR 2008, 1, 5.
66 BGH NJW 1986, 180; HK-VVG/*Karczewski*, § 81 Rn. 7.
67 BGH NJW-RR 1998, 34; HK-VVG/*Karczewski*, § 81 Rn. 7.
68 *Looschelders* VersR 2008, 1, 5; L/W/*Looschelders*, § 81 Rn. 65. Ebenso zum alten Recht etwa: *E. Lorenz* VersR 2000, 2, 6. Anders wohl BGHZ 16, 37, 43.
69 P/M/*Armbrüster*, § 81 Rn. 30.
70 L/W/*Looschelders*, § 81 Rn. 66.
71 Siehe PWW/*Schmidt-Kessel*, § 276 Rn. 20.

ist.[72] Vorausgesetzt wird eine das gewöhnliche Maß der Fahrlässigkeit erheblich übersteigende Schwere des Sorgfaltsverstoßes. Dieser Sorgfaltsverstoß bezieht sich sowohl auf die **Erkennbarkeit**[73] als auch auf die **Vermeidbarkeit** des drohenden Eintritts des Versicherungsfalls. Hinsichtlich beider Elemente bedarf es unter Abs. 2 eines groben Sorgfaltsverstoßes.[74] Der Grund für diese hohen Anforderungen liegt darin, dass Abs. 2 eine konkrete Gefahr voraussetzt (s.o. Rdn. 15), deren Erkennbarkeit ebenfalls nach dem einschlägigen Sorgfaltsmaßstab zu beurteilen ist.[75] Positive Kenntnis von der konkreten Gefahr – also **bewusste Fahrlässigkeit** – ist freilich ein starkes Indiz für grobe Fahrlässigkeit,[76] weil durch sie das Ergreifen von Maßnahmen zur Vermeidung erheblich erleichtert wird.

32 Als **Faustformel** für das Vorliegen des besonders groben Sorgfaltsverstoßes lässt sich mit der Formulierung arbeiten, der Schuldner habe einfachste Anforderungen an seine Sorgfalt nicht eingehalten sowie diejenigen Standards verletzt, die jedermann als offensichtlich einzuhalten ansehen würde.[77] Zu diesen Standards zählen etwa allgemeingültige Sicherheitsregeln, wenn deren Kenntnis nach dem Grad der Verbreitung allgemein vorausgesetzt werden kann.[78] So ist beispielsweise das weitere Ausfahren einer bereits sturmbedingt beschädigten Markise während des Sturms für grob fahrlässig gehalten worden.[79] Der Verstoß gegen **Unfallverhütungsvorschriften** der Berufsgenossenschaften begründet jedoch nicht per se grobe Fahrlässigkeit,[80] und ebenso wenig genügt der Verstoß gegen **vereinbarte Obliegenheiten** i.S.v. § 28 als solche.[81] Auch der Verstoß gegen Straßenverkehrsregeln begründet nicht als solche grobe Fahrlässigkeit[82], wenngleich nach der Neufassung in § 81 Abs. 2 hier verstärkt mit Leistungskürzungen zu rechnen ist. Umgekehrt wird der VN durch die Branchenüblichkeit des Fehlverhaltens nicht entlastet.[83] Bei der Frage des grob fahrlässigen Verhaltens eines Bootsführers sind insbes. die Maßstäbe des Schiffsverkehrs zu berücksichtigen sowie ist im Rahmen der Bewertung das allgemeine seemännische Grundwissen der beteiligten Kreise heranzuziehen.[84]

33 Nach st. Rspr. u. h. L. ist zudem in subjektiver Hinsicht **persönliche Vorwerfbarkeit** gefordert.[85] Der Sorgfaltsverstoß muss auch in subjektiver Hinsicht unentschuldbar sein.[86] Zur Begr. wird darauf verwiesen, dass es bei Abs. 2 nicht um Fragen des Verkehrsschutzes, sondern um eine gerechte Verteilung des Schadens gehe.[87] Das ist freilich schon **deshalb unrichtig**, weil das Zivilverfahren auf die Feststellung eines subjektiven Vorwurfs nicht ausgelegt ist.[88] Außerdem passen die Anknüpfung an den Vorwurf und dessen Begr. mit der Verteilungsgerechtigkeit nicht zur herrschenden Einordnung der Vorschrift als Risikoausschluss oder -beschränkung.[89]

34 Funktional handelt es sich vielmehr in den **bisherigen Fällen** der Verneinung grober Fahrlässigkeit aus subjektiven Gründen um solche, in denen die Zwecke der Vorschrift einen **völligen Verlust** der Versicherungsleistung **nicht rechtfertigen**, weil sie teilweise dem versicherten Risiko zuzurechnen sind.[90] Dazu aber ist vorrangig an die Maßstäbe der §§ 827 ff. BGB anzuknüpfen (s. Rdn. 40 f.). Für die an dieser Stelle häufig genannten Fälle gestörter Wahrnehmung ist zudem – i.S. einer Prüfung der inneren Sorgfalt – die Erkennbarkeit der konkreten Gefahrensituation ebenfalls nach den Maßstäben einer objektiv zu bestimmenden groben Fahrlässigkeit zu prüfen. Gerade in den Fällen des sog. Augenblicksversagens (s. Rdn. 37–39) werden die Fragen der objektiv groben Sorgfaltswidrigkeit des Irrtums mit der individuellen Vorwerfbarkeit häufig vermengt.

---

72 Vgl. die Legaldefinition in § 45 II 3 Nr. 3 SGB X.
73 BGH VersR 1980, 180; P/M/*Armbrüster*, § 81 Rn. 30. LG Trier BeckRS 2010, 22269 spricht treffend von »grob fahrlässigem Irrtum«.
74 Geringere Anforderungen offenbar bei *Looschelders* ZVersWiss 2009, 13, 19, wo von einem beweglichen System die Rede ist.
75 P/M/*Prölss*[28], § 81 Rn. 15.
76 *Looschelders* ZVersWiss 2009, 13, 22.
77 BGHZ 77, 274, 276; BGHZ 89, 153, 161; ähnlich HK-VVG/*Karczewski*, § 81 Rn. 8: »was im gegebenen Fall jedem hätte einleuchten müssen«.
78 BGH VersR 1977, 465; P/M/*Armbrüster*, § 81 Rn. 34.
79 AG Bad Dürkheim VersR 2015, 446.
80 BGH VersR 1981, 75; P/M/*Armbrüster*, § 81 Rn. 36.
81 HK-VVG/*Karczewski*, § 81 Rn. 4.
82 Vgl. LG Hamburg, DAR 2010, 473.
83 LG Köln VersR 1993, 348; P/M/*Armbrüster*, § 81 Rn. 33.
84 OLG Köln, r+s 2015, 139 (Überbordgehen des ungesicherten Bootsführers bei 25–27 Knoten in der Wassersportkaskoversicherung; 30 %).
85 BGH NJW 88, 1265, 1266; BGHZ 119, 147, 149.
86 BGHZ 10, 14, 17; BGH VersR 2003, 364; B/M/*Möller*[8], § 61 Rn. 46; BK/*Beckmann*, § 61 Rn. 60; *Looschelders* ZVersWiss 2009, 13, 19; *Römer* VersR 1992, 1187. A.A. *Müller* VersR 1985, 1101, 1105 f.
87 HK-VVG/*Karczewski*, § 81 Rn. 8; *Looschelders* VersR 2008, 1, 5; L/W/Looschelders, § 81 Rn. 68.
88 PWW/*Schmidt-Kessel*, § 276 Rn. 20; vgl. auch *König*, Grobe Fahrlässigkeit S. 150 ff., 194 f. (je nach betroffener Norm).
89 Vgl. die rechtspolitisch gemeinte Kritik bei P/M/*Armbrüster*, § 81 Rn. 48.
90 Allgemein zu Rückwirkungen von Abs. 2 auf den Maßstab der groben Fahrlässigkeit L/W/*Looschelders*, § 81 Rn. 83; vorausschauend schon *Neumann*, Die Abkehr vom Alles-oder-Nichts-Prinzip (2004), S. 48 ff., 67 ff.

Die **Grenze zur einfachen Fahrlässigkeit** lässt sich über die üblichen Formeln hinaus abstrakt nicht beschreiben,[91] weil kein kategorialer Unterschied zwischen beiden Formen besteht.[92] Maßgebender Zeitpunkt für die Bestimmung der geforderten Sorgfalt ist grundsätzlich der Vertragsschluss; allerdings wirken spätere Änderungen der verbindlichen oder allgemein üblichen Sorgfaltsstandards auch auf die Konkretisierung von Abs. 2.[93] Die Entscheidung des Tatrichters ist nur insoweit revisibel, als es um eine Verkennung des Rechtsbegriffs der groben Fahrlässigkeit geht.[94] 35

Nach teilweise vertretener Auffassung soll sich die grobe Fahrlässigkeit – wie der Vorsatz (s. Rdn. 30) – auch auf den Schaden selbst erstrecken müssen.[95] Das entspricht der h.A. zum bisherigen Recht.[96] Es erscheint freilich schwer vorstellbar, wie dieses geschehen soll. Allenfalls im Rahmen der Schadensentwicklung nach Eintritt des Versicherungsfalls liegt solches nahe; dann jedoch ist der Anwendungsbereich von § 82 eröffnet (zur Abgrenzung s. Rdn. 17). 36

VI. Sogenanntes Augenblicksversagen

Die vor allem für die Fallgruppe **Rotlichtverstöße** (s. Rdn. 93–94) entwickelte Figur des sog. Augenblicksversagens hat ihren Ursprung in der zumindest zeitweise vorgenommenen grundsätzlichen Einordnung des Rotlichtverstoßes als schwerer Sorgfaltsverstoß.[97] Die Rechtsprechung verlangt für eine Entlastung in diesen Fällen außer der konstitutiven **Kurzzeitigkeit des Versagens** das Hinzutreten weiterer Umstände[98] etwa eine unübersichtliche Verkehrssituation, ansonsten bleibe der Verstoß unentschuldbar. Andere wollen in Fällen kurzzeitigen Versagens die grobe Fahrlässigkeit immer ausschließen, weil diese jedermann unterlaufen könnten.[99] Gestritten wird dabei letztlich nicht um einen Vorwurf an den VN, sondern um das von diesem geforderte Maß an Sorgfalt an dessen Aufmerksamkeit. Die **Sachaussage** der Rechtsprechung entspricht dem Maß grober Fahrlässigkeit, weil eine grundlose fehlende Aufmerksamkeit die im Verkehr erforderliche Sorgfalt in besonderem Maße verletzt.[100] Der sog. Goslaer Orientierungsrahmen berücksichtigt das Augenblicksversagen, ohne den Streit zu entscheiden, als Entlastungsgrund, GO I 1 e. 37

Eine erleichterte Entlastung von der groben Fahrlässigkeit kommt **auch in anderen Fällen kurzzeitigen Versagens** in Betracht. Erforderlich dafür ist, dass das Fehlverhalten – gerade auch wegen seiner Kurzfristigkeit – die Schadensgefahr nicht ungewöhnlich gesteigert hat.[101] Beispiele sind auch sonst überwiegend Fälle des Straßenverkehrs wie das Missachten eines Stoppschilds[102] oder die Unaufmerksamkeit vor Einfahren in eine scharfe Kurve.[103] Außerhalb des Straßenverkehrs geht es etwa um das Verlassen der Küche bei Erhitzen von Frittierfett[104] oder der Wohnung bei brennender Adventskerze.[105] 38

Die weiteren Umstände, welche in derartigen Fällen die Entlastung erst ermöglichen, sind fast durchgehend Ablenkungen der Aufmerksamkeit. Der sog. Goslaer Orientierungsrahmen nennt beispielhaft die psychische Situation, ein Kind im Fahrzeug sowie berufliche oder private Probleme, GO I 1 e. Ob diese für eine Entlastung genügen, hängt von der Gefährlichkeit der Situation einerseits und dem Grund der Ablenkung andererseits ab.[106] Schon grundsätzlich kein Fall grober Fahrlässigkeit ist das Vergessen eines Handgriffs in einem routinemäßigen Ablauf,[107] es sei denn die Routine ist ohnehin in aufmerksamkeitsheischender Weise gestört.[108] 39

VII. Verschuldensfähigkeit

Durch die Anknüpfung an die klassischen Verschuldensformen verweist § 81 implizit auch auf die Regeln der Verschuldensunfähigkeit in § 827 BGB.[109] Diese schließt den Verlust oder die Kürzung des Anspruchs des 40

---

91 Vgl. BGHZ 129, 136, 163; PWW/*Schmidt-Kessel*, § 276 Rn. 21.
92 *Looschelders* ZVersWiss 2009, 13, 17.
93 OLG Hamm VersR 1964, 1010 (Änderung gesetzlich vorgeschriebener Standards); P/M/*Armbrüster*, § 81 Rn. 15.
94 BGHZ 89, 153, 160 f.; BGHZ 131, 288, 296.
95 *Looschelders* VersR 2008, 1, 5.
96 *E. Lorenz* VersR 2000, 2, 6.
97 I.d.S. war BGHZ 119, 147 bis zur Entscheidung BGH NJW 2003, 1118 verstanden worden.
98 BGHZ 119, 147, 150; BGH VersR 2003, 364 = NJW 2003, 1118; HK-VVG/*Karczewski*, § 81 Rn. 9.
99 So vor allem *Haberstroh* VersR 1998, 943.
100 So der Sache nach auch *Looschelders* VersR 2008, 1, 5 f.
101 *Römer* VersR 1992, 1187; ihm folgend P/M/*Armbrüster*, § 81 Rn. 41.
102 OLG Köln NVZ 2002, 409.
103 OLG Köln VersR 1997, 57.
104 OLG Köln VersR 1996, 1491.
105 OLG Oldenburg r+s 2000, 425.
106 P/M/*Armbrüster*, § 81 Rn. 44; HK-VVG/*Karczewski*, § 81 Rn. 9.
107 BGH NJW 1989, 1354.
108 LG Konstanz BeckRS 2010, 09530 sub 1b; P/M/*Armbrüster*, § 81 Rn. 46.
109 Die h.M. geht (freilich regelmäßig ohne Prüfung der Analogievoraussetzungen) von einer entsprechenden Anwendung aus, s. BGHZ 190, 120 Rn. 12; HK-VVG/*Karczewski*, § 81 Rn. 12; P/M/*Armbrüster*, § 81 Rn. 49.

VN aus.[110] Anwendbar ist allerdings auch § 827 S. 2 BGB,[111] so dass der VN, der sich selbst, ohne die erforderlichen Vorkehrungen zu treffen, durch Alkoholgenuss verschuldensunfähig gemacht hat, obwohl er mit versicherungsrelevanten Risiken rechnen musste, nicht entlastet wird.[112] Auf die Grundsätze der *actio libera in causa* muss insoweit nicht zurückgegriffen werden.[113] Ein fortdauernder Zustand i.S.v. § 827 BGB kann zudem Gefahrerhöhung i.S.v. §§ 23 ff. sein.[114]

41 Unterhalb der Schwelle zur Verschuldensunfähigkeit bleibt eine Verwirklichung von § 81 möglich.[115] Allerdings können **Minderungen der Verschuldensfähigkeit** die Erkennbarkeit des Risikos beeinträchtigen und dadurch die grobe Fahrlässigkeit ausschließen[116], dies kann ggf. auch durch erleichterte Annahme eines Augenblicksversagens geschehen (vgl. o. Rdn. 39). Anderes gilt i.d.R. für die **Trunkenheitsfahrt** wegen der dort verletzten elementaren Verhaltensregeln (s.u. Rdn. 82).

VIII. Einstehen für Dritte
1. Versicherung für fremde Rechnung

42 Für die Versicherung für fremde Rechnung, bei der VN und Versicherter auseinanderfallen, hält § 47 eine eigene Regelung vor. Die Pflichtverletzung des Versicherten wird dem VN zugerechnet,[117] so dass die Folgen von § 81 auch dann eintreten, wenn der Versicherte den Versicherungsfall vorsätzlich oder grob fahrlässig herbeiführt. Unter § 47 wirkt das Fehlverhalten sowohl zu Lasten des Versicherten als auch – das ist neu[118] – zu Lasten des VN.[119]

2. Mehrheit von VN

43 Bei einer Mehrheit von VN genügt grundsätzlich das Fehlverhalten eines der VN.[120] Das gilt freilich nur dann, wenn – wie in der Sachversicherung meistens – ein gemeinschaftliches, gleichartiges und ungeteiltes Interesse aller VN versichert ist.[121] Typischer Fall ist die Versicherung einer im Miteigentum stehenden Sache. Die früher in dieser Hinsicht problematische Versicherung von Vermögensgegenständen einer Personengesellschaft ist durch deren Anerkennung als eigenes Rechtssubjekt bewältigt.

3. Sukzessionen und Sicherungsnehmer

44 Soweit Dritte durch Pfandrecht oder Hypothek oder durch eine Zession ein Recht an der Forderung auf die Versicherungsleistung erhalten, kann ihr Fehlverhalten ebenfalls zu einem **Verteidigungsrecht des Versicherers** führen. Dieses folgt freilich nicht aus § 81, sondern ergibt sich aus § 242 BGB.[122] Umgekehrt berührt der Eintritt eines Zwangsverwalters in den Versicherungsvertrag die Stellung des Schuldners als VN nicht, so dass dieser nach § 81 verantwortlich bleibt.[123]

4. Organhaftung und gesetzliche Vertretung

45 Der VN hat für seine Organe einzustehen. Deren Fehlverhalten ist daher geeignet, die Tatbestände des § 81 zu erfüllen;[124] nach zutreffender Ansicht ergibt sich dies aus § 31 BGB. Dasselbe gilt für gesetzliche Vertreter des VN,[125] auf die richtigerweise § 278 S. 1 Alt. 1 BGB unmittelbar anzuwenden ist.

5. Repräsentantenhaftung

46 Darüber hinaus kommt auch eine Zurechnung des Verhaltens weiterer Dritter in Betracht. Diese erfolgt freilich nach herrschender Auffassung nicht nach § 278 BGB.[126] Das Ziel der Vermeidung von § 278 BGB ist sogar der zentrale Geburtshelfer bei der Ausbildung der dogmatischen Kategorie der Obliegenheit gewesen, ob-

---

110 BGH NJW 1989, 1612; NJW 1990, 2387.
111 Nicht etwa der Rechtsgedanke, wofür BGHZ 190, 120 Rn. 17 mich fälschlicherweise zitiert.
112 Unrichtigerweise gegen diese Stütze im Gesetz nunmehr BGHZ 190, 120 Rn. 17. Wie oben noch RG DR 1941, 1786; BGH VersR 1991, 289; P/M/*Armbrüster*, § 81 Rn. 49. Anders *Lang*, NVZ 1990, 336.
113 So ausdrücklich auch BGHZ 190, 120 Rn. 17. Vgl. P/M/*Armbrüster*, § 81 Rn. 49. Offen noch HK-VVG/*Karczewski*, § 81 Rn. 13.
114 P/M/*Armbrüster*, § 81 Rn. 49.
115 BGH VersR 2006, 108; HK-VVG/*Karczewski*, § 81 Rn. 12.
116 BGH VersR 2003, 1561.
117 HK-VVG/*Muschner*, § 47 Rn. 4.
118 Siehe die gegenteilige Auffassung zu § 61 VVG a.F.: BGH VersR 1985, 440; P/M/*Prölss/Klimke*[28], § 47 Rn. 12.
119 LG Dortmund, NJW-RR 2014, 1182; HK-VVG/*Muschner*, § 47 Rn. 4: Zurechnung. Anders HK-VVG/*Karczewski*, § 81 Rn. 82.
120 RGZ 157, 314; BGHZ 24, 378; P/M/*Armbrüster*, § 28 Rn. 87; HK-VVG/*Karczewski*, § 81 Rn. 82.
121 P/M/*Armbrüster*, § 28 Rn. 87; HK-VVG/*Karczewski*, § 81 Rn. 82.
122 P/M/*Armbrüster*, § 81 Rn. 54.
123 OLG München, NJOZ 2015, 1648, Rn. 29.
124 OLG Karlsruhe VersR 1982, 1189; P/M/*Armbrüster*, § 81 Rn. 6.
125 P/M/*Armbrüster*, § 81 Rn. 7. Ebenso OGH VersR 2002, 1267.
126 BGH VersR 2006, 1530; HK-VVG/*Karczewski*, § 81 Rn. 66; P/M/*Armbrüster*, § 81 Rn. 6.

wohl eine Lösung in Anwendung von § 278 bei hinreichender Orientierung des Begriffs des Erfüllungsgehilfen am Schutzzweck der jeweiligen Pflicht ohne weiteres möglich gewesen wäre (s.o. Rdn. 25).[127]

Die st. Rspr. wendet vielmehr die zur Verletzung vertraglicher Obliegenheiten entwickelten Regeln der **Repräsentantenhaftung** (s. zu den Einzelheiten § 28 Rdn. 69) an.[128] Repräsentant ist nach der Rechtsprechung des Bundesgerichtshofs, »wer in dem Geschäftsbereich, zu dem das versicherte Risiko gehört, aufgrund eines Vertretungs- oder ähnlichen Verhältnisses an die Stelle des VN getreten ist. Die bloße Überlassung der Obhut über die versicherte Sache reicht hierbei nicht aus. Repräsentant kann nur sein, wer befugt ist, selbständig in einem gewissen, nicht ganz unbedeutenden Umfang für den VN zu handeln (**Risikoverwaltung**)«.[129] Der Kreis möglicher Repräsentanten ist in der Schadensversicherung recht klein; insbes. ist das Fehlverhalten einfacher Arbeitnehmer regelmäßig mitversichert, so dass sich der VN ihrer nicht zur Erfüllung des geforderten Sorgfaltsstandards bedient.[130] Zweck der Figur der Repräsentantenhaftung ist – wie bei § 278 BGB – die Vermeidung der Haftungsentlastung durch Delegation.[131] 47

Dabei kommt es nicht darauf an, ob das Fehlverhalten gerade in der Eigenschaft als Repräsentant geschieht oder auch anderen Hilfspersonen hätte unterlaufen können.[132] Allerdings muss das Fehlverhalten in Zusammenhang mit der Betrauung des Repräsentanten mit der Verantwortung für das versicherte Risiko stehen. Die vorsätzliche Herbeiführung des Versicherungsfalls durch den Repräsentanten wird dadurch aber nicht ausgeschlossen.[133] 48

E. Rechtsfolgen

I. Leistungsfreiheit bei Vorsatz

Nur im Falle vorsätzlicher Herbeiführung wird der Versicherer nach Abs. 1 wie bisher von seiner Leistungspflicht befreit. Dasselbe Ergebnis würde auch mittels § 242 BGB zu begründen sein:[134] Das Verhalten des VN ist widersprüchlich. Die Abschaffung des Alles-oder-Nichts-Prinzips bei grob fahrlässiger Herbeiführung wird die Feststellung des Vorsatzes häufiger erforderlich machen als bislang[135] und damit den praktischen Druck auf das Tatbestandsmerkmal erhöhen; die Möglichkeit, ausnahmsweise auch unter Abs. 2 Leistungsfreiheit zu gewähren, wird das nicht vollständig auffangen können. Soweit die Versicherung auch willentlich herbeigeführte Ereignisse abdeckt – etwa in der Aussteuerversicherung oder der Ausbildungsversicherung –, kommt eine Anwendung von § 242 in der Form des Rechtsmissbrauchseinwands in Betracht.[136] In krassen Ausnahmefällen – insbes. bei drohender Existenzvernichtung – soll umgekehrt die Herbeiführung gleichwohl nach § 242 BGB unbeachtlich sein können (s.u. Rdn. 54). 49

II. Kürzung bei grober Fahrlässigkeit

Abs. 2 ordnet nunmehr an, dass bei grob fahrlässiger Herbeiführung des Versicherungsfalls die Versicherungsleistung von Versicherer »in einem der Schwere des Verschuldens des VN entsprechenden Verhältnis« herabgesetzt werden kann. In dieser Rechtsfolge entspricht die Vorschrift §§ 26 I 2, 28 II 2, was die Forderung eines Gleichlaufs der Kürzungsregeln befördert hat.[137] Zu beachten ist freilich, dass Abs. 2 sowohl hinsichtlich der maßgebenden Verhaltensstandards und deren Funktion als auch hinsichtlich der Beweislastverteilung von den übrigen Bestimmungen abweicht. Daraus könnten sich Unterschiede in den Einzelheiten ergeben. 50

Die **Wirkungen** der Vorschrift werden in beiden Absätzen unterschiedlich beschrieben: Während Abs. 1 die Verpflichtung zur Leistung beseitigt, gibt Abs. II dem Wortlaut nach ein Kürzungsrecht. Freilich ist damit nicht etwa ein Gestaltungsrecht des Versicherers[138] oder ein Anspruch auf Zustimmung zur Kürzung begründet, vielmehr greift auch die Kürzung nach Abs. 2 *ipso iure* ein. 51

Der genaue **Grundgedanke** der Neuregelung ist nicht leicht zu ermitteln. Jedenfalls geht es nicht um eine reine Billigkeitsentscheidung.[139] Auch der weit verbreitete Vergleich mit der Strafzumessung ist mangels Sanktionscharakter[140] fragwürdig. Positiv genannt werden eine mit § 254 BGB verwandte Gleichbehandlung der 52

---

127 Zweifelhaft daher *Römer* NZV 1993, 249, 250.
128 BGHZ 107, 229; BGHZ 122, 250; *Römer* NZV 1993, 249; HK-VVG/*Karczewski*, § 81 Rn. 67; gegen die h.M. insbes. P/M/*Prölss*[28], § 81 Rn. 6 f. außerdem OLG Frankfurt (Main) VersR 1986, 1095.
129 So die Definition durch BGHZ 122, 250.
130 In diesem Sinne auch die Argumentation bei L/W/*Looschelders*, § 81 Rn. 116.
131 HK-VVG/*Karczewski*, § 81 Rn. 67.
132 BGH r+s 1988, 176; *Römer* NZV 1993, 249.
133 Anders *Looschelders* VersR 1999, 673; L/W/*Looschelders*, § 81 Rn. 126.
134 P/M/*Armbrüster*, § 81 Rn. 54. Zu der daraus folgenden Anwendbarkeit von § 242 BGB gegenüber interessierten Dritten bei deren Fehlverhalten s.o. Rdn. 44.
135 HK-VVG/*Karczewski*, § 81 Rn. 96.
136 Düsseldorf NVZ 2000, 541 (Scheinehe); P/M/*Armbrüster*, § 81 Rn. 54.
137 *Looschelders* ZVersWiss 2009, 13, 14.
138 Zu entsprechenden Ideen bei § 61 VVG a.F. s. B/M/*Möller*[8], § 61 Rn. 22.
139 *Looschelders* ZVersWiss 2009, 13, 16.
140 Siehe etwa *Felsch* r+s 2007, 485, 492.

§ 81 Herbeiführung des Versicherungsfalles

VN sowie die Unverhältnismäßigkeit des völligen Ausschlusses der Leistungspflicht unterhalb der Vorsatzschwelle.[141] Noch näher liegt wohl die Orientierung am Risikoausschlussgedanken: Der historischen Einbeziehung fahrlässig verursachter Schäden in den Versicherungsschutz folgt nun die teilweise Einbeziehung solcher Schäden nach, welche grob fahrlässig verursacht worden sind (s.o. Rdn. 2).

53 Bei den Faktoren der Bestimmung der Kürzungsquote ist zu beachten, dass sich diese allein auf das **Maß der groben Fahrlässigkeit** beziehen, während das Gewicht der Einstandspflicht des Versicherers immer gleichbleibend ist.[142] Grundsätzlich sind die anzulegenden Kriterien mit denen der groben Fahrlässigkeit als solcher (s.o. Rdn. 31) identisch.[143] Hinzu kommen weitere Gesichtspunkte: So spricht eine bewusste Fahrlässigkeit ohne das Ergreifen von Gegenmaßnahmen für eine hohe Kürzungsquote[144] und ebenso die besondere Leichtfertigkeit oder Rücksichtslosigkeit.[145] Dasselbe gilt für die Dauerhaftigkeit oder Häufigkeit des Sorgfaltsverstoßes im Vergleich mit einem Augenblicksversagen (dazu o. Rdn. 37–39): Legt der VN ständig ein Verhalten an den Tag, dass auf Dauer nicht gut gehen kann, spricht das für eine umfängliche Kürzung der Versicherungsleistung.[146] Teilweise wird auch der zugleich erfolgten Verwirklichung eines Straftatbestands Gewicht zugemessen;[147] das begegnet freilich mit Blick auf die damit verbundene Wirkung als Nebenfolge der Straftat Bedenken. Umgekehrt wirken Augenblicksversagen oder verminderte Schuldfähigkeit zugunsten des VN.

54 Anders als gelegentlich erwogen sind **keine anderen Faktoren** in Betracht zu ziehen.[148] Unerheblich sind insbes. die wirtschaftlichen Verhältnisse des VN[149] oder andere soziale Gesichtspunkte[150]. Im Extremfall einer drohenden Existenzvernichtung kann unter ganz besonderen Umständen – außerhalb von Abs. 2 – mit § 242 BGB zu helfen sein.[151] Unerheblich sind ferner die Höhe des Schadens[152] sowie die Dauer des Versicherungsverhältnisses,[153] bei der es mehr um eine Frage der Kulanz und der Kundenbindung geht. Kein eigenständiges Kriterium ist auch der Grad der Ursächlichkeit,[154] wenn diese nur überhaupt gegeben ist (s.o. Rdn. 27 f.). Allerdings werden – vor allem wenn sich der schwere Sorgfaltsverstoß für § 81 Abs. 2 auch auf den Schaden beziehen soll (s.o. Rdn. 36) – die Grenzen hier kaum scharf zu ziehen sein. Richtigerweise kommt es zu einer Würdigung der Ursächlichkeit im Rahmen des Verschuldens, weil sie mit dem Maß objektiver Erkennbarkeit korrespondiert.[155]

55 Im Schrifttum werden verschiedene **Modelle** für die praktische Umsetzung der Quotenteilung diskutiert.[156] Der Deutsche Verkehrsgerichtstag hat mit dem sog. Goslaer Orientierungsrahmen wichtige unverbindliche Leitlinien für die Praxis verabschiedet. Wenig hilfreich ist hingegen der Vorschlag, auch nach § 81 Abs. 2 immer zur völligen Leistungsfreiheit zu kommen, wenn sich der VN nicht entlasten kann.[157] Als zu grob ist jedenfalls das im Gesetzgebungsverfahren vertretene Modell dreier Bereiche (Grenzbereich zum bedingten Vorsatz, Grenzbereich zur einfachen Fahrlässigkeit, »normale« grobe Fahrlässigkeit)[158] abzulehnen.[159] Mehr als eine erste grobe Annäherung bietet dieses Modell nicht.[160] Vor allem zu § 28 wird zunehmend die Auffassung vertreten, es sei grundsätzlich von einer Quote von 50 % auszugehen und die Voraussetzungen einer Abweichung davon seien von der daran interessierten Partei nachzuweisen.[161] Zu Abs. 2 passt dies freilich nicht, vor allem wenn zusätzlich die grundsätzliche Beweisbelastung des Versicherers auch hinsichtlich des Maßes der Schuld (s. Rdn. 70) zu Lasten des VN modifiziert wird. Zudem lässt sich bereits beim jetzigen Stand der Diskussion absehen, dass die Marke 50 % auch dazu genutzt wird, um im Durchschnitt die Abzüge bei über

---

141 HK-VVG/*Karczewski*, § 81 Rn. 97; *Looschelders* VersR 2008, 1, 6. Vgl. aber *Looschelders* ZVersWiss 2009, 13, 16 (»nicht ... reine Billigkeitsentscheidungen unter dem Aspekt der Verhältnismäßigkeit«).
142 Anders *Looschelders* VersR 2008, 1, 6 (wechselnd).
143 *Looschelders* ZVersWiss 2009, 13.
144 HK-VVG/*Karczewski*, § 81 Rn. 101; vgl. LG Göttingen r+s 2010, 194, 195 sowie *Looschelders* ZVersWiss 2009, 13, 22.
145 LG Göttingen r+s 2010, 194, 195; HK-VVG/*Karczewski*, § 81 Rn. 101.
146 *Römer* VersR 1992, 1187, 1188; HK-VVG/*Karczewski*, § 81 Rn. 101.
147 HK-VVG/*Karczewski*, § 81 Rn. 101.
148 *Looschelders* ZVersWiss 2009, 13, 15.
149 *Armbrüster* ZVersWiss 2001, 501, 505 f.; *Armbrüster* VersR 2003, 675, 679 f.; *Looschelders* VersR 2008, 1, 6; *Looschelders* ZVersWiss 2009, 13, 23 f.
150 *Looschelders* VersR 2008, 1, 6.
151 *Looschelders* VersR 2008, 1, 7; *Looschelders* ZVersWiss 2009, 13, 24. Vgl. zur Anwendbarkeit von § 242 BGB im Falle der Existenzvernichtung PWW/*Schmidt-Kessel*, § 242 Rn. 52.
152 *Looschelders* ZVersWiss 2009, 13, 21 f.
153 *Looschelders* ZVersWiss 2009, 13, 24.
154 *Looschelders* VersR 2008, 1, 6; *Looschelders* ZVersWiss 2009, 13, 21.
155 Richtig *Looschelders* ZVersWiss 2009, 13, 21. Weitergehend offenbar *Knappmann* VRR 2008, 10, 11.
156 Eingehend *Looschelders* ZVersWiss 2009, 13, 26–29.
157 *Veith*, VersR 2008, 1580.
158 Siehe die Begr. des Regierungsentwurfs, BT-Drucks. 16/3945 S. 80.
159 *Marlow* VersR 2007, 43, 45; vgl. *Looschelders* ZVersWiss 2009, 13, 26 und 28.
160 Richtig *Looschelders* ZVersWiss 2009, 13, 28.
161 *Felsch* r+s 2007, 485, 493; HK-VVG/*Felsch*, § 28 Rn. 161 ff.; HK-VVG/*Karczewski*, § 81 Rn. 97; *Knappmann* r+s 2002, 485, 486; *Langheid* NJW 2007, 3665, 3669; *Weidner/Schuster* r+s 2007, 363, 364.

50 % zu halten (vgl. die Fallgruppen u. Rdn. 82–100). Bislang ergangene Entscheidungen der Rechtsprechung lehnen einen solchen Ansatz ganz überwiegend ab.[162]

Technisch sollte die Bemessung des Kürzungsbetrags in Schritten von mindestens 10 % geschehen.[163] Kleinere Einheiten entsprechen nicht der fehlenden mathematisch exakten Bestimmbarkeit der Schwere des Verschuldens.[164] Im Zweifel erfolgt eine Abrundung zu Lasten des Versicherers. Höhere Quoten (1/4, 1/2, 3/4) sind richtigerweise nur angebracht, soweit es an Kriterien für eine stärkere Differenzierung fehlt.[165] Es ist freilich absehbar, dass die Rechtsprechung diesem gröberen Muster folgt. **In Ausnahmefällen** kommt es zu **keiner Kürzung**[166] oder zu einer **Kürzung auf Null**;[167] Abs. 1 begründet insoweit keinen Umkehrschluss, weil Zweck der Regelung nicht die völlige Vermeidung des Ausschlusses der Leistungspflicht sondern deren Anpassung ist. Zudem streitet die Entstehungsgeschichte von Abs. 1 für die Möglichkeit einer Kürzung auf Null unter Abs. 2.[168] Anwendungsfälle könnten die alkoholbedingte absolute Fahruntüchtigkeit in der Kfz-Versicherung sowie Fälle mehrfachen Fehlverhaltens (sog. Quotenaddition, s. Rdn. 57) sein.[169] Soweit Fälle d. vorsätzlichen Herbeiführens ohne Schädigungsvorsatz nicht unter Abs. 1 fallen (s.o. Rdn. 30) wird in aller Regel ebenfalls eine Kürzung auf Null anzunehmen sein. 56

Diskutiert werden ferner Fälle **mehrfachen Fehlverhaltens** des VN etwa durch gleichzeitige Verletzung der Pflicht nach § 81 und einer vertraglichen Obliegenheit i.S.v. § 28. Dabei ist weitgehend unstreitig, dass mehrfaches Fehlverhalten zu einem mehr an Abzügen führen muss.[170] Hingegen ist das genaue Vorgehen in einem solchen Fall umstr., und die vorgeschlagenen Berechnungsmodelle sind wenig hilfreich; letztlich ist auch in einem solchen Fall eine Gesamtwürdigung unvermeidlich. Wichtig erscheint vor allem, dass bei Verletzung mehrerer Tatbestände durch dasselbe Verhalten es nicht zu einer Doppelbelastung des VN kommen darf.[171] 57

Im Schrifttum wird unter Hinweis auf die notwendige Einzelfallentscheidung bezweifelt, dass es für das Maß der Kürzung zu **Fallgruppenbildungen** kommen wird.[172] Das entspricht freilich nicht den Erfahrungen mit der – unverändert gebliebenen – Tatbestandsseite. Für das Massengeschäft insbes. der Kfz-Kaskoversicherung und der Hausratsversicherung sind derartige Fallgruppen unerlässlich und werden sich nötigenfalls in Konkretisierung des gesetzlichen Leitbilds bei der Inhaltskontrolle entsprechender Pauschalierungen und Typisierungen in AVB ergeben (s.u. Rdn. 87–97). Der Goslaer Orientierungsrahmen macht diese Entwicklung bereits deutlich. 58

Wegen der Unbestimmtheit der Tatbestands- wie der Rechtsfolgenseite von Abs. 2 stellt sich die Frage nach der **prozessualen Behandlung** von Kürzungen der Versicherungsleistung. Der VN wird bei einer Kürzung durch den Versicherer in aller Regel in der Klägerposition sein, wodurch sich die Gefahr prohibitiver Wirkungen des Prozesskostenrisikos ergibt, die sich auf der Gegenseite in Missbrauchsgefahren spiegeln. Der Kläger wird i.d.R. zweistufig vorgehen und in erster Linie die grobe Fahrlässigkeit als solche negieren und nur hilfsweise den Umfang der Kürzung angehen. Durch diese prozessuale Zweigleisigkeit werden die teilweise vorhergesagten Erleichterungen bei der Rechtsanwendung[173] zumindest ausbleiben. 59

Teilweise wird – unter Übernahme entsprechender Regeln bei der Strafzumessung – im Schrifttum postuliert, bei der Bestimmung des Kürzungsbetrags dürfe nicht auf solche Umstände abgestellt werden, die bereits zur Begr. der groben Fahrlässigkeit genutzt worden seien.[174] Jedoch kennt Abs. 2 **kein** solches **Verbot der Doppelverwertung**.[175] Die strafrechtlichen Kategorien passen hier schon deshalb nicht, weil es auf der Rechtsfolgenseite des Abs. 2 nicht um die Sanktionierung von Unrecht geht. 60

Hinsichtlich der Kürzungsvoraussetzung »grobe Fahrlässigkeit« als solcher fehlt es an der für das Prozesskostenrisiko problematischen Doppelung der Unbestimmtheit, weil es insoweit nur um die Rechtsfolgenseite 61

---

162 LG Münster, NJW 2010, 240 (zustimmende Anmerkung Aurin, VuR 2010, 190 f.); LG Münster BeckRS 2010 13443; LG Trier BeckRS 2010 22269; i.d.S. auch LG Göttingen, r+s 2010, 194, 195 sowie OLG Naumburg r+s 2010, 319. Die Gegenauffassung wird etwa vertreten von OLG Hamm, VRR 2010, 264.
163 LG Trier BeckRS 2010, 22269; HK-VVG/*Karczewski*, § 81 Rn. 99; *Looschelders* ZVersWiss 2009, 13, 25.
164 *Looschelders* VersR 2008, 1, 6; *Looschelders* ZVersWiss 2009, 13, 25.
165 *Looschelders* ZVersWiss 2009, 13, 25.
166 *Looschelders* VersR 2008, 1, 6; *Looschelders* ZVersWiss 2009, 13, 26 (»theoretisch denkbar«); *Römer* VersR 2006, 740, 741.
167 BGHZ 190, 120 (»in Ausnahmefällen«), Rn. 23 ff. (in Einzelfällen); BGH VersR 2012, 341 (Übertragung auf § 28 II); BGH NJW 2014, 3234, Rn. 12 (»kommt … praktisch nicht in Betracht«); LG Dortmund, NJW-RR 2014, 1182, 1183; HK-VVG/*Karczewski*, § 81 Rn. 99; *Looschelders* VersR 2008, 1, 6; *Looschelders* ZVersWiss 2009, 13, 25; *Römer* VersR 2006, 740, 741; a.A. *Marlow* VersR 2007, 43, 45.
168 *Looschelders* ZVersWiss 2009, 13, 25.
169 Beispiele bei HK-VVG/*Karczewski*, § 81 Rn. 99.
170 *Franz* VersR 2008, 298, 304; *Grote/Schneider* BB 2007, 2689, 2695; *Knappmann* r+s 2002, 485, 486 f.; *Looschelders* ZVersWiss 2009, 13, 29 f.
171 *Looschelders* ZVersWiss 2009, 13, 30.
172 *Looschelders* ZVersWiss 2009, 13, 18.
173 So etwa *Looschelders* ZVersWiss 2009, 13, 17.
174 So insbes. *Felsch* r+s 2007, 485, 493 f.; HK-VVG/*Felsch*, § 28 Rn. 168 f.
175 Wie hier *Looschelders* ZVersWiss 2009, 13, 18.

§ 81 Herbeiführung des Versicherungsfalles

geht. Zu erwägen ist freilich, ob dem VN hinsichtlich des nachfolgenden Hilfsantrags nicht dadurch zu helfen ist, dass er diesen als **unbezifferten Antrag** stellen darf. Entsprechende Optionen werden auch sonst nicht nur bei den nach Billigkeit zu treffenden Entscheidungen wie unter § 253 II BGB[176], sondern auch im Falle des vergleichbar doppelt unbestimmten Tatbestandes des § 313 I, II BGB angenommen.[177] Zumindest bis zur Festigung der »Kürzungstarife« in den Standardfallgruppen verhülfe dies zu einer fairen Verteilung des Prozesskostenrisikos.

III. Schicksal des Vertrags

62 Die Herbeiführung des Versicherungsfalls lässt den **Vertrag** als solchen zunächst **unberührt**, sofern nicht zugleich das versicherte Interesse wegfällt, etwa durch Zerstörung der versicherten Sache.[178] Die objektiv grob sorgfaltswidrige Herbeiführung des Versicherungsfalls ist freilich eine Pflichtverletzung i.S.v. § 314 II BGB, so dass der Versicherer den Vertrag **außerordentlich kündigen** kann; wer die Einordnung als Pflichtverletzung ablehnt, erreicht dasselbe Ergebnis durch die Annahme eines wichtigen Grundes i.S.v. § 314 I BGB.[179] Eine Fristsetzung oder Abmahnung ist – entsprechend der Wertung des § 28 I – nach §§ 314 II, 2, 323 II Nr. 3 BGB nicht erforderlich; die grobe Sorgfaltswidrigkeit genügt, um das Vertrauen des Versicherers in die künftige Vertragstreue zu erschüttern. Für die Angemessenheit der Frist nach § 314 III BGB ist auf die Wertung von § 28 I (Monatsfrist) Rücksicht zu nehmen. Die gelegentlich behauptete Beschränkung der Kündigungsmöglichkeit auf Vorsatzfälle findet im Gesetz keine Stütze. Zutreffend ist freilich, dass die Wertungen von § 81 auf die Anwendung von § 314 BGB durchschlagen, sodass eine Kündigung wegen einfach fahrlässiger Herbeiführung d. Versicherungsfalles ausscheidet. Der Versicherer ist insoweit auf die anlässlich d. Versicherungsfalles ohnehin entstehenden Kündigungsrechte verwiesen, weshalb insbesondere die Kündigungsfrist nach § 96 Abs. 2 S. 2 zu beachten ist.[180]

IV. Schadensersatzanspruch des Versicherers

63 Soweit in § 81 die Verletzung einer Vertragspflicht gesehen wird oder – andernfalls – eine daneben bestehende Vertragstreuepflicht bejaht wird, kommt eine Haftung des VN nach **§ 280 BGB** in Betracht.[181] Sie kann etwa auf den Ersatz entstandener Gutachterkosten des Versicherers gerichtet sein. In Betracht kommt aber auch die Einforderung von Schadensersatz statt der ganzen Leistung wegen des sog. Kündigungsschadens, vgl. §§ 314 IV, 280 I, III BGB. Daneben können Schadensersatzansprüche aus Delikt, §§ 823 II, 826 BGB, bestehen.[182]

F. Darlegungs- und Beweislast

I. Objektive Pflichtwidrigkeit

64 Den Beweis der Herbeiführung des Versicherungsfalls hat der Versicherer insgesamt zu führen.[183] Das schließt den Nachweis objektiver Pflichtwidrigkeit ein.[184] Hinsichtlich des maßgebenden Sorgfaltsstandards hat der Versicherer daher hinreichend substantiiert vorzutragen und gegebenenfalls Beweis anzutreten. Allein durch die Darlegung eines vandalismustypischen Schadensbildes erfolgt keine Verlagerung der Beweislast auf den geschädigten Fahrzeughalter (OLG Naumburg, BeckRS 2014, 19101 Rn. 13 [im Weiteren auch zu den Anforderungen an die Feststellungen]).

II. Eintritt des Versicherungsfalls und Kausalität

65 Da die Situation des § 81 regelmäßig eine prozessuale Lage voraussetzt, in welcher der Versicherer sich gegen die Inanspruchnahme durch den VN verteidigt, wird der Versicherungsfall als solcher **zumeist unstreitig** sein. Soweit dies nicht der Fall ist, liegt die Beweislast beim VN.[185] Die Sache kann freilich anders liegen, wenn der Versicherer gegen den VN mit einer negativen Feststellungsklage vorgeht. Hier mag der VN bereits den Versicherungsfall als solchen bestreiten, um bindenden Feststellungen zu dessen Herbeiführung zu entgehen. In diesem Falle bliebe es auch insoweit bei der Beweisbelastung des Versicherers. § 81 schützt den Ver-

---

176 Vgl. zur Verwandtschaft der dort erforderlichen Entscheidung mit der nach § 81 II *Looschelders* ZVersWiss 2009, 13, 16.
177 Dazu *Schmidt-Kessel/Baldus* NJW 2002, 2076.
178 L/W/*Looschelders*, § 81 Rn. 151.
179 Ebenso schon zum alten Schuldrecht; P/M/*Armbrüster*, § 81 Rn. 53, ebenso schon zum alten Recht KG JR 26, 221; 28, 276.
180 L/W/*Looschelders*, § 81 Rn. 151.
181 P/M/*Armbrüster*, § 81 Rn. 53.
182 OLG Düsseldorf VersR 1996, 884 (§ 823 II BGB i.V.m. § 265 StGB); P/M/*Armbrüster*, § 81 Rn. 53.
183 BGH NJW 1975, 686; VersR 1985, 78; NJW 1985, 2648; OLG Naumburg, BeckRS 2014, 19101 Rn. 13; OLG Hamm, r+s 2015, 235, 237; LG Nürnberg-Fürth, r+s 2015, 547; P/M/*Armbrüster*, § 81 Rn. 67.
184 HK-VVG/*Karczewski*, § 81 Rn. 84.
185 OLG Karlsruhe, r + s 2015, 599, Rn. 19.

Herbeiführung des Versicherungsfalles § 81

sicherer nur gegen die Herbeiführung des Versicherungsfalls, nicht gegen eine bereits vor diesem – und daher von § 82 nicht erfassten – angelegte **Ausweitung** eines einmal eingetretenen Schadens.

Der **Versicherer** muss auch die **Kausalität** der Pflichtverletzung für den Eintritt des Versicherungsfalls darlegen und gegebenenfalls beweisen.[186] Dazu genügt freilich der Nachweis, dass der Versicherungsfall ohne das Fehlverhalten nicht so eingetreten wäre, wie dann tatsächlich geschehen.[187] Ein entlastender Nachweis vertragsgemäßen Alternativverhaltens obliegt hingegen – entsprechend den allgemeinen Grundsätzen zum Beweis hypothetischer Tatsachen – dem VN.[188] Kommen mehrere Geschehensabläufe in Betracht, die alle auf ein hinreichendes Fehlverhalten des VN zurückgehen, bedarf es keiner weiteren Aufklärung, um § 81 eingreifen zu lassen.[189] 66

Die von § 28 II abweichende Beweislastverteilung bei der Kausalität wird teilweise mit der Abwesenheit einer Obliegenheitsverletzung begründet.[190] Diese **dogmatische Begründung** überzeugt freilich nicht, weil es auch bei § 81 um die Verletzung objektiver Verhaltensstandards mit § 28 entsprechendem Schutzzweck geht (s.o. Rdn. 22). Maßgebend ist vielmehr der Umstand, dass die Obliegenheiten nach § 28 dem VN ausdrückliche Verhaltensanweisungen auferlegen, während diese im Falle des § 81 erst durch Konkretisierung der Generalklausel erschlossen werden müssen.[191] Das damit verbundene erheblich erhöhte Irrtumsrisiko nimmt einer Umkehr der Beweislast ihre tatsächliche Grundlage. 67

III. Verschulden

Auch der Beweis des Verschuldens obliegt dem **Versicherer**.[192] Zur **dogmatischen Begr.** auch dieser Differenz zu § 28 ist wiederum auf das erheblich erhöhte Irrtumsrisiko für den VN zu verweisen (s. Rdn. 67). Die Beweisbelastung des Versicherers umfasst auch den Nachweis der Voraussetzungen einer Repräsentantenstellung.[193] Die Grauzone der ungeklärten Fälle liegt allerdings letztlich im Risikobereich des dafür bezahlten Versicherers.[194] 68

Für den Nachweis des **Vorsatzes** steht nach heute h.A. der **Anscheinsbeweis nicht** zur Verfügung, sofern die Herbeiführung des Versicherungsfalls nur durch die rechtswidrige Erlangung der Versicherungsleistung motiviert sein konnte.[195] Das Beweismaß ist durch die Notwendigkeit gekennzeichnet, einen sehr **hohen Grad an Wahrscheinlichkeit**, jedoch keine nahezu hundertprozentige zu belegen.[196] In den Sonderfällen Selbstmord oder Selbstverstümmelung liegen die Anforderungen gleichwohl noch höher.[197] Gegenausnahme sind die zum Kfz-Diebstahl entwickelten Grundsätze, nach denen der Versicherer den erleichterten Diebstahlnachweis des VN durch den Nachweis einer erheblichen Wahrscheinlichkeit der Vortäuschung des Diebstahls begegnen kann.[198] 69

Auch der Nachweis **grober Fahrlässigkeit** obliegt dem Versicherer. Für den objektiven groben Sorgfaltsverstoß ergibt sich dies bereits aus den oben bei Rdn. 64 Ausgeführten. Soweit zusätzlich die subjektive Unentschuldbarkeit gefordert wird (s.o. Rdn. 33), obliegt auch deren Nachweis dem Versicherer.[199] Teilweise wird eine Umkehr der Beweislast vertreten, wenn sich die grobe Fahrlässigkeit bereits aus der Schadensanzeige ergibt.[200] 70

Auch ein **prima-facie-Beweis** grob fahrlässigen Verhaltens wird überwiegend **abgelehnt**.[201] Gleichwohl sollten keine zu hohen Anforderungen an den Nachweis der subjektiven Komponente – soweit diese überhaupt verlangt wird – gestellt werden.[202] Dieser Forderung entspricht die Rechtsprechung, wenn sie grundsätzlich den Schluss von Ausmaß des objektiven Verstoßes auf die subjektive Vorwerfbarkeit zulässt.[203] Den **VN** trifft dann die **Substantiierungslast**, er hat ihn entlastende Tatsachen vorzutragen.[204] Das wird freilich vielfach nicht möglich sein; funktional entspricht dieses Vorgehen damit der Zulassung des *prima-facie*-Beweises. Ein- 71

---

186 HK-VVG/*Karczewski*, § 81 Rn. 88.
187 P/M/*Armbrüster*, § 81 Rn. 51, 67.
188 BGH NJW 1986, 2838; BK/*Beckmann*, § 61 Rn. 101; P/M/*Armbrüster*, § 81 Rn. 70. Abweichend KG VersR 1985, 465.
189 P/M/*Armbrüster*, § 81 Rn. 70.
190 *Prölss* ZVersWiss 2001, 471, 481 f.
191 Wie hier *Looschelders* VersR 2008, 1, 4.
192 HK-VVG/*Karczewski*, § 81 Rn. 93; P/M/*Armbrüster*, § 81 Rn. 67.
193 OLG Koblenz NJW-RR 2005, 828; HK-VVG/*Karczewski*, § 81 Rn. 69.
194 OLG Karlsruhe, r + s 2015, 599, Rn. 20 unter Verweis auf *Hoegen* (Hrsg.), 80 Jahre VVG, S. 256).
195 BGHZ 104, 256 (Brandstiftung); OLG Hamm, BeckRS 2015, 09670; OLG Hamm, r + s 2015, 360 Rn. 44; P/M/*Armbrüster*, § 81 Rn. 71. Anders noch Teile der reichsgerichtlichen Judikatur, s. RGZ 130, 263.
196 BGH r+s. 1999, 247; P/M/*Armbrüster*, § 81 Rn. 72.
197 P/M/*Armbrüster*, § 81 Rn. 72.
198 BGH VersR 1989, 841; VersR 1990, 894.
199 BGH VersR 1986, 254; VersR 1989, 582; P/M/*Armbrüster*, § 81 Rn. 67.
200 OLG Stuttgart VersR 1999, 1359; kritisch P/M/*Armbrüster*, § 81 Rn. 69.
201 BGH VersR 1967, 909; VersR 1986, 254; NJW 2003, 1118; OLG Hamm, BeckRS 2016, 03855, Rn. 17. Anders etwa OLG Köln VersR 1967, 273.
202 P/M/*Armbrüster*, § 81 Rn. 73.
203 BGHZ 119, 147; BGH NJW 2003, 1118; HK-VVG/*Karczewski*, § 81 Rn. 8.
204 BGH NJW 2003, 1118, 1119; BGH NZM 2011, 894, Rn. 15; HK-VVG/*Karczewski*, § 81 Rn. 8, 93.

schlägige Fälle sind etwa die Trunkenheitsfahrt mit absoluter Fahruntüchtigkeit[205] oder die Überschreitung der zulässigen Höchstgeschwindigkeit um mehr als 50 %.[206]

72 Die Beweislastverteilung hinsichtlich der **Verschuldensfähigkeit** ist umstr. Teilweise wird die Auffassung vertreten, der Versicherer müsse das Fehlen der Verschuldensunfähigkeit nachweisen; bei feststehender Verschuldensunfähigkeit obliege ihm der Nachweis, dass sich der VN grob schuldhaft in den Zustand der Verschuldensunfähigkeit versetzt hat.[207] Die Rechtsprechung wendet hingegen die **Beweislastverteilung des § 827 BGB** auch auf die Herbeiführung des Versicherungsfalls an: Der VN hat daher die fehlende Verschuldensfähigkeit nachzuweisen, § 827 S. 1 BGB.[208] Ferner muss er sich entlasten, falls er sich i.S.v. § 827 S. 2 BGB in den Zustand fehlender Verschuldensfähigkeit versetzt hat.[209] Einzige **Ausnahme** von Belastung ist die verminderte Zurechnungsfähigkeit, soweit sie die grobe Fahrlässigkeit ausschließen würde; deren Abwesenheit hat der Versicherer zu beweisen.[210]

IV. Rechtsfolgenseite

73 Auf der Rechtsfolgenseite kann es zu Nachweisproblemen nur im Bereich von Abs. 2 kommen. Die Beweislast für die tatsächlichen **Voraussetzungen der Kürzung** trägt auch hinsichtlich deren Umfangs der Versicherer.[211] Das gilt auch, soweit – zu Unrecht – eine Kürzung um 50 % als Regelfall angesehen wird, und zwar auch soweit es um eine geringere Kürzung geht.[212] Auch eine Basis für eine sekundäre Darlegungs- oder Substantiierungslast des VN[213] bietet das Gesetz nicht.

G. Abweichende vertragliche Regelungen

74 § 81 ist – anders als die Rechtsfolgenseite vertraglicher Obliegenheiten i.S.v. § 28 – **grundsätzlich abdingbar**. § 87 nennt die Vorschrift nicht und eröffnet somit den Umkehrschluss. Der Grund dafür liegt weniger darin, dass dem Versicherer bei der Umschreibung des versicherten Risikos ein größerer Spielraum zukommen muss als nach § 28,[214] als vielmehr darin, dass eine (Halb-)Zwingendstellung den Spielraum des Versicherers zur Begr. zusätzlicher oder auch nur konkretisierender Obliegenheiten beseitigen würde. Dass damit zugleich die Rechtsfolgenseite von § 81 zu Lasten des VN geändert werden kann, ist im Blick auf die ohnehin eingreifende AVB-Kontrolle nach § 307 ff. BGB rechtspolitisch unschädlich.[215] Umgekehrt hindert die AGB-rechtliche Unwirksamkeit vereinbarter Obliegenheiten den Versicherer nicht daran, sich auf Leistungsfreiheit oder Leistungskürzung nach § 81 zu berufen.[216]

75 Die Abschaffung des Alles-oder-Nichts-Prinzips begründet ein **neues gesetzliches Leitbild** i.S.v. § 307 II Nr. 1 BGB. Diese gilt auch, soweit bei der KFZ-Vermietung mit Haftungsreduzierung und Selbstbehalt der Mieter als »Quasi-VN« fungiert.[217] Eine Rückkehr zum Rechtszustand nach § 61 VVG a.F. ist daher nicht möglich,[218] auch nicht im Wege intertemporaler Rechtswahl, weil diese nicht materiellrechtlich wirkt.[219] Auch das Angebot einer geringeren Prämie soll hier nicht helfen.[220] Das neue gesetzliche Leitbild setzt auch anderen **groben Pauschalierungen** eine Grenze; so verstieße eine Klausel, welche bei grober Fahrlässigkeit die Einstandspflicht des Versicherers stets auf 50 % des Schadens reduzierte, gegen § 307 I BGB.[221] Zudem wird die Einführung von Stufen (etwa »leichte«, »mittlere« und »schwere« grobe Fahrlässigkeit), die nicht an klare Fäl-

---

205 BGH VersR 1991, 1367 (1,1 ‰).
206 OLG Koblenz VersR 2000, 720.
207 P/M/*Armbrüster*, § 81 Rn. 77.
208 BGH NJW 1989, 1612; NJW 1990, 2387; dem folgt auch das Schrifttum: HK-VVG/*Karczewski*, § 81 Rn. 93; BK/*Beckmann*, § 61 Rn. 101; R/L/*Langheid*, § 81 Rn. 92.
209 OLG Celle VersR 1961, 684; OLG Frankfurt (Main) VersR 2000, 883; BK/*Beckmann*, § 61 Rn. 101; R/L/*Langheid*, § 81 Rn. 92.
210 BGHZ 190, 120 Rn. 19 und entsprechend die frühere Rspr zu § 61 a.F.: BGH NJW 1985, 2648; NJW 1989, 1612; VersR 1998, 1011.
211 HK-VVG/*Karczewski*, § 81 Rn. 97.
212 Zutr. HK-VVG/*Karczewski*, § 81 Rn. 98. Anders *Felsch* r+s 2007, 485, 493 (zu § 28); *Weidner/Schuster* r+s 2007, 363, 364.
213 So HK-VVG/*Karczewski*, § 81 Rn. 98.
214 So aber *Looschelders* VersR 2008, 1, 5.
215 Siehe *Looschelders* ZVersWiss 2009, 13, 33.
216 BGHZ 191, 159 (für den Sonderfall einer Unwirksamkeit nach Versäumung der Vertragsanpassung unter Art. 1 Abs. 1 EGVVG).
217 OLG Köln BeckRS 2010, 4515.
218 OLG Köln, r+s 2015, 139; OLG Köln BeckRS 2010 4515; LG Göttingen, r+s 2010, 194; LG Konstanz BeckRS 2010, 9530; LG Nürnberg-Fürth, r+s 2010, 145, 148; LG Offenburg, BeckRS 2015, 02183, sub B 1c; HK-VVG/*Karczewski*, § 81 Rn. 114; *Looschelders* VersR 2008, 1, 7. A.A. *Günther/Spielmann* r+s 2008, 133, 143.
219 Vgl. PWW/*Schmidt-Kessel*, vor § 241 Rn. 27.
220 HK-VVG/*Karczewski*, § 81 Rn. 114; offen gelassen OLG Köln, BeckRS 2010, 4515.
221 Wie hier *Looschelders* VersR 2008, 1, 7. Anders HK-VVG/*Karczewski*, § 81 Rn. 118.

le des Fehlverhaltens anknüpfen (etwa Alkohol am Steuer), möglicherweise an mangelnder Transparenz scheitern, § 307 I 2 BGB, oder jedenfalls gegen den Versicherer auszulegen sein, § 305c II BGB.[222]

Im Übrigen lässt die Abdingbarkeit der Regelung aber Raum für differenziertere **Pauschalierungen und Typisierungen** für die Behandlung von Massenphänomenen.[223] Das gilt etwa für die Anknüpfung von Kürzungen von Unfallschäden an den Grad der – für den Schaden mitursächlich gewordenen – Alkoholisierung des VN,[224] jedenfalls dann wenn der Gegenbeweis möglich bleibt. 76

Der Versicherer ist nicht gehindert, Abs. 2 **vollständig abzubedingen** und auch bei grober Fahrlässigkeit des VN einzutreten.[225] Das kann insbes. bei geringem Präventionsinteresse des Versicherers praktische Bedeutung erlangen.[226] Hingegen wird ein Abbedingen von Abs. 1 für die Schadensversicherung i.d.R. an § 138 BGB scheitern.[227] 77

Grundsätzlich möglich ist auch der Ausschluss einer Einstandspflicht des Versicherers für **einfache Fahrlässigkeit** des VN.[228] Die Inhaltskontrolle nach § 307 BGB begründet hier freilich ein sehr **differenziertes Bild**: Ist die einfache Unachtsamkeit des VN gerade die typische Schadensursache, etwa weil sich der versicherte Gegenstand in seiner Obhut befindet, ist die Ausweitung auf einfache Fahrlässigkeit überwiegend unzulässig.[229] Ausnahmsweise kann eine solche Vereinbarung aber zulässig sein, wenn ein echtes versicherungstechnisches Bedürfnis an der Begrenzung des Risikos besteht, etwa bei der Versicherung von Wertsachen.[230] Geht es hingegen typischerweise um den Schutz vor Fehlern Dritter, ist die Ausweitung regelmäßig möglich, so etwa in der Bauwesenversicherung[231] oder der Transportversicherung[232]. Ein Sonderfall ist die Versicherung gegen Diebstahl, weil hier typische Fehler des Versicherten mit einem externen Schadensverursacher zusammentreffen, der diese Fehler ausnutzt; die typischen einfachen Fehler des Versicherten, welche der Versicherer typischerweise durch entsprechende vertragliche Obliegenheiten zu vermeiden sucht, gehören damit richtigerweise zum AVB-festen gesetzlichen Leitbild von § 81, sodass eine pauschale Freizeichnung von der Eintrittspflicht insoweit ausscheidet.[233] 78

Grundsätzlich zulässig sollte – vor allem für Diebstahlsfälle – auch ein Überspielen des **Kausalitätserfordernisses** sein, wenn es um von VN zu verantwortende Gefahren einer Schadensausweitung geht. § 81 schützt den Versicherer nur gegen die Herbeiführung des Versicherungsfalls, nicht gegen die Ausweitung des Schadens (s.o. Rdn. 27, Rdn. 65). Da dem Versicherer die Möglichkeit offen steht, entsprechende Obliegenheiten i.S.v. § 28 zu vereinbaren, dürfte auch eine derart begrenzte Abweichung vom Kausalitätserfordernis (zumal ohne die Beweislastumkehr nach § 28 II, III) nicht an § 307 BGB scheitern. 79

Ebenfalls der Inhaltskontrolle nach § 307 BGB unterliegen Klauseln, welche den Kreis derjenigen Dritten erweitern oder beschränken, deren Verhalten sich der VN zurechnen lassen muss. Eine Verengung des Kreises der **Repräsentanten** ist ohnehin unproblematisch, weil damit deren Verhalten in das versicherte Risiko einbezogen wird. Hingegen verwehrt die Rechtsprechung dem Versicherer regelmäßig eine Ausweitung dieses Kreises als Verstoß gegen das gesetzliche Leitbild.[234] Der Ausschluss für das Fehlverhalten sonstiger Dritter in AVB soll hingegen möglich sein.[235] 80

Bestimmungen, welche die **Beweislast** zu Lasten des VN verschieben, scheitern vielfach ebenfalls an § 307 BGB.[236] Teilweise wird vertreten, es sei zulässig, dem VN den Beweis fehlender grober Fahrlässigkeit für den Fall aufzuerlegen, dass dem Versicherer der Beweis der Fahrlässigkeit gelinge.[237] Wirksam soll ferner eine Klausel sein, nach welcher die vorsätzliche Herbeiführung angenommen wird, sofern eine rechtskräftige strafrechtliche Verurteilung wegen einer Vorsatztat stattgefunden hat.[238] 81

---

222 Zu Unsicherheit solcher Klauseln vgl. auch HK-VVG/*Karczewski*, § 81 Rn. 116.
223 OLG Köln BeckRS 2010 4515.
224 *Looschelders* VersR 2008, 1, 7. Skeptischer HK-VVG/*Karczewski*, § 81 Rn. 117.
225 *Looschelders* VersR 2008, 1, 7.
226 *Looschelders* VersR 2008, 1, 7.
227 P/M/*Armbrüster*, § 81 Rn. 86 (auch zu Ausnahmen, die freilich nicht die Schadensversicherung betreffen).
228 RGZ 121, 158; BGH VersR 72, 85; P/M/*Armbrüster*, § 81 Rn. 81.
229 Allgemeine Meinung HK-VVG/*Karczewski*, § 81 Rn. 113; BK/*Beckmann*, § 61 Rn. 111; P/M/*Armbrüster*, § 81 Rn. 82.
230 P/M/*Armbrüster*, § 81 Rn. 80 (mit dem genannten Beispiel).
231 BGH VersR 1983, 821.
232 LG Ellwangen VersR 1989, 958. Vgl. aber § 130 VVG a.F. wonach teilweise – anders als nach § 137 – ohnehin bereits einfache Fahrlässigkeit schadete.
233 Wie hier OLG Karlsruhe VersR 1997, 1230; P/M/*Armbrüster*, § 81 Rn. 83. Anders die bislang wohl überwiegende Ansicht: OLG Frankfurt (Main) VersR 1989, 623; OLG Stuttgart VersR 2001, 1146; LG Berlin VersR 1988, 346; vgl. auch OLG Hamm VersR 1989, 624.
234 BGH VersR 1993, 830; ferner etwa OLG Hamm VersR 1992, 570 (Mitbewohner und Hausgestellte – Hausratsversicherung); OLG Karlsruhe r+s 1997, 164 (Schlüsselinhaber – Hausratsversicherung).
235 P/M/*Armbrüster*, § 81 Rn. 89.
236 HK-VVG/*Karczewski*, § 81 Rn. 113; P/M/*Armbrüster*, § 81 Rn. 92 ff.
237 OLG Karlsruhe VersR 1998, 94.
238 P/M/*Armbrüster*, § 81 Rn. 96.

H. Fallgruppen
I. Kfz-Versicherung
1. Alkohol

82 Führt der VN das Kfz trotz starker Alkoholisierung und verursacht er dadurch einen Schaden, liegt **regelmäßig grobe Fahrlässigkeit** vor, die den Versicherer zur Kürzung der Leistung berechtigt.[239] Dasselbe gilt, wenn der VN die Schlüssel einer erkennbar fahruntüchtigen Person überlässt.[240] Dafür genügt die absolute Fahruntüchtigkeit bei einem Blutalkoholwert von **1,1 ‰**.[241] Bereits die Wertung von § 827 S. 2 BGB verdeutlicht, dass eine Entlastung allenfalls dann in Betracht kommt, wenn der VN seine Alkoholisierung nicht erkennen musste. Zwar können **Minderungen der Verschuldensfähigkeit** unterhalb der Schwelle zur Verschuldensunfähigkeit die Erkennbarkeit des Risikos beeinträchtigen und dadurch die grobe Fahrlässigkeit ausschließen (s.o. Rdn. 41). Mit einer **Trunkenheitsfahrt** werden jedoch derart elementare Verhaltensregeln verletzt, dass auch die Minderung der Verschuldensfähigkeit, grobe Fahrlässigkeit i.d.R. nicht ausschließt.[242]

83 **Relative Fahruntüchtigkeit** mit einem Blutalkoholwert ab 0,3 ‰ genügt für sich allein nicht für die Annahme grober Fahrlässigkeit. Sie eröffnet auch keinen prima-facie-Beweis.[243] Erforderlich sind zusätzliche Anzeichen für eine Fahruntüchtigkeit wie Fahrfehler (insbes. Abkommen von der Fahrbahn; Überschreiten der Höchstgeschwindigkeit) oder Ausfallerscheinungen.[244] Für den Nachweis von letzteren kann das Blutentnahmeprotokoll hilfreich sein.[245] Je höher der Blutalkoholwert, desto geringere Anzeichen genügen.

84 Absolute Fahruntüchtigkeit eröffnet hingegen den prima-facie-Beweis der **Kausalität** für den in diesem Zustand geschehenen Unfall. Zur Entkräftung dieses Beweises muss der VN Umstände nachweisen, aus denen sich die ernsthafte und nicht nur theoretische Möglichkeit eines anderen Geschehensablaufs ergibt.[246] Die Anforderungen bei relativer Fahruntüchtigkeit sind entsprechend.[247]

85 Eine **Verschuldensunfähigkeit** kommt bei Trunkenheitsfahrten i.d.R. erst ab einem Blutalkoholwert von **3 ‰** in Betracht.[248] Dieser Wert reicht freilich nicht immer aus; ohne weitere Indizien kann die Verschuldensfähigkeit gleichwohl zu bejahen sein.[249] Eine Blutalkoholkonzentration ab 3 ‰ stellt daher lediglich ein Anzeichen für Schuldunfähigkeit dar.[250] Es sind vielmehr sämtliche Indizien zu berücksichtigen wie Angaben des Fahrers gegenüber der Polizei und dem Arzt anlässlich der Blutentnahme, Alkoholgewöhnung, physische und psychische Konstitution des Fahrers, die an den Tag gelegte Fahrweise, Zeit, Menge und Art der Nahrungsaufnahme.[251]

86 Für die Bestimmung des **Kürzungs**betrags wird nach Ansicht mancher – auch ohne entsprechende vertragliche Regelung (s.o. Rdn. 75) – regelmäßig an den Grad der Alkoholisierung anzuknüpfen sein.[252] Dies ist freilich mit Vorsicht zu genießen, weil das Maß der Kürzung dann auch von der Konstitution des VN abhängt. Bei absoluter Fahruntauglichkeit werden zu Recht Kürzungsquoten von 70–100 % gefordert, wobei die von GO II geforderten 100 % schon ab 1,1 ‰ zu viele Abweichungen im Einzelfall erforderlich machen werden.[253] Richtigerweise ist daher **auch bei absoluter Fahruntüchtigkeit** daher immer eine **Abwägung** erforderlich.[254] Eine Leistungskürzung auf Null kommt insbesondere in Betracht, wenn die Abwägung aller Umstände des Einzelfalls die Trunkenheitsfahrt als ebenso schwerwiegend erscheinen lässt, wie die vorsätzliche Herbeiführung des Versicherungsfalls.[255] Das Ausmaß einer Fremdgefährdung ist für das versicherte Risiko hingegen unerheblich, so dass es unbeachtlich bleiben sollte.[256] Ist lediglich der Schlüssel an eine alkoholisier-

---

239 BGHZ 190, 120 Rn. 11; LG Dortmund, NJW-RR 2014, 1182, 1183.
240 LG Bonn BeckRS 2010 4753.
241 BGHZ 190, 120 Rn. 11; BGH VersR 1991, 1367 (unter II 3).
242 BGH VersR 1989, 469; HK-VVG/*Karczewski*, § 81 Rn. 35.
243 HK-VVG/*Karczewski*, § 81 Rn. 37.
244 BGH VersR 1988, 733; OLG Karlsruhe, VersR 2014, 1369 (Übersehen einer gut ausgeschilderten Baustelle auch ohne Ausfallerscheinungen); OLG Saarbrücken, NJW-RR 2015, 411 (u.a. Auffahren auf leicht zu umfahrende Verkehrsinsel, Unsicherheiten bei Finger-Finger-Probe und Finger-Nase-Probe).
245 HK-VVG/*Karczewski*, § 81 Rn. 36.
246 BGH VersR 1991, 1367; HK-VVG/*Karczewski*, § 81 Rn. 33.
247 HK-VVG/*Karczewski*, § 81 Rn. 38.
248 BGH VersR 1967, 125.
249 HK-VVG/*Karczewski*, § 81 Rn. 13.
250 BGHZ 190, 120 Rn. 14.
251 So die Aufzählung bei BGHZ 190, 120 Rn. 14.
252 HK-VVG/*Karczewski*, § 81 Rn. 105; *Looschelders* ZVersWiss 2009, 13, 20.
253 HK-VVG/*Karczewski*, § 81 Rn. 105 (70–100 %); *Nugel* MDR-Sonderbeilage 2007, 23, 32 (70–90 %); *Rixecker* ZfS 2007, 15, 16 (100 %).
254 BGHZ 190, 120 Rn. 33.
255 LG Dortmund, NJW-RR 2014, 1182, 1183 (wo allerdings die Befugnis zur Kürzung auf Null für den Regelfall bejaht wird, 2,07 ‰); ebenso die Formulierung bei BGH VersR 2012, 341 (für § 28 II).
256 Anders HK-VVG/*Karczewski*, § 81 Rn. 105.

te Person überlassen worden, wird eine Kürzung von 100 % i.d.R. unangemessen sein.[257] Im Übrigen wird in der instanzgerichtlichen Rechtsprechung regelmäßig ein vollständiger Leistungsausschluss angenommen.[258] Bei **relativer Fahruntauglichkeit** sollen i.d.R. 50–70 % der Leistung gekürzt werden,[259] was angesichts der sehr unterschiedlichen erfassten Blutalkoholwerte nicht immer hinkommen dürfte. Teilweise wird auch eine höhere Kürzungsquote[260] oder ein gänzliches Entfallen der Leistungspflicht[261] angenommen, wobei letzteres ohne besondere Umstände sicher über das Ziel hinausschießt. Erforderlich ist immer eine Abwägung sämtlicher Umstände des Einzelfalls.[262] Zurecht enthält GO II für Werte unter 0,5 ‰ keine Empfehlung. Kürzungsbeträge deutlich unter 50 % sind insbesondere möglich,[263] wenn die hinzutretenden Umstände geringfügig sind. Da die Rechtsordnung Alkohol am Steuer in kleinsten Mengen toleriert, ergibt sich sonst ein zu großer Wertungssprung, auf den Abs. 2 nicht (mehr) angelegt ist.

2. Drogen und Medikamente

Die Lage bei Fahren unter Drogen oder Medikamenten ist weitaus weniger gesichert als bei Alkohol, obwohl 87 es strukturell um dieselben Risiken geht. Insbes. gibt es keine Orientierung durch Richt- und Grenzwerte. Der Nachweis von Drogenwirkstoffen oder die Fahrtüchtigkeit beeinträchtigenden Medikamenten im Blut genügt hierfür nicht.[264] Bei Medikamenten spielen zusätzlich ärztliche Verschreibung und ärztlicher Rat eine wichtige Rolle, deren Fehlerhaftigkeit dem VN für die Zwecke des § 81 nicht zuzurechnen ist. Die Angabe von Kürzungsquoten in diesen Fällen, erscheint angesichts dieser Unsicherheiten unangebracht. Jedenfalls liegen sie (nicht anders als nach GO II) i.d.R. über 50 %.[265]

3. Diebstahl

Bei der Anwendung von § 81 auf Diebstähle von Kfz bereiten vor allem die Konkretisierung des Haftungs- 88 maßstabs und das Kausalitätserfordernis Schwierigkeiten. Im Kern geht es dabei um drei Unterfallgruppen:[266]

Die **Art und Weise des Abstellens** des Fahrzeugs führt nur ausnahmsweise zum Verlust des Versicherungs- 89 schutzes. Insbes. ist es – ohne besondere Anhaltspunkte für eine konkrete Gefährdung – zulässig, auch besonders hochwertige Fahrzeuge unter Beschränkung auf die gewöhnlichen Sicherheitsvorkehrungen im Ausland öffentlich zugänglich abzustellen; das folgt bereits aus dem Umstand, dass Versicherungsschutz für den betreffenden Staat angeboten wird.[267]

Ist dem Diebstahl des Kfz ein **Diebstahl der Schlüssel** vorausgegangen, ist zu klären, ob die Art und Weise 90 der Lagerung der Schlüssel grobe Fahrlässigkeit begründet. Entscheidend ist, ob durch die Aufbewahrung ein erheblich erleichterter Zugriff für unbefugte Dritte bestand.[268] Erst recht begründet die Untätigkeit nach festgestelltem Diebstahl der Schlüssel regelmäßig grobe Fahrlässigkeit.[269] Die Kausalität für den Diebstahl des Kfz ist mit den allgemeinen Regeln (Rdn. 66) von Versicherer nachzuweisen, was Schwierigkeiten bereitet, falls das Kfz nicht wieder auftaucht; dann kommt nur ein Rückgriff auf Indizien in Betracht (etwa: Erkennbarkeit der Zuordnung der Schlüssel zu einem bestimmten Pkw).

Das **Zurücklassen von Schlüsseln oder Papieren** im Fahrzeug kann ebenfalls grobe Fahrlässigkeit begründen. 91 Standardfall ist der im Zündschloss oder anders sichtbar im unverschlossenen Fahrzeug oder außen zurückgelassene Zündschlüssel.[270] Hier kommen Ausnahmen nur dann in Betracht, wenn der VN von Dieb geradezu überlistet wird.[271] Bei Sichtbarkeit von außen wird auch das Zurücklassen des Schlüssels im verschlossenen Fahrzeug grobe Fahrlässigkeit begründen.[272] Auch ohne Sichtbarkeit des Schlüssels soll regelmäßig grobe Fahrlässigkeit vorliegen, weil dem Dieb unterstellt wird, von vornherein nach Schlüsseln suchen zu wol-

---

257 LG Bonn BeckRS 2010 4753 (75 %).
258 LG Münster BeckRS 2010 13443 (1,67‰/100 %); LG Tübingen BeckRS 2010 20026 (1,2 ‰/100 %).
259 HK-VVG/*Karczewski*, § 81 Rn. 105 (50–80 %); *Rixecker* ZfS 2007, 15, 16 (50–80 %); vgl. *Nugel* MDR-Sonderbeilage 2007, 23, 32 (50–70 %).
260 OLG Karlsruhe, VersR 2014, 1369 (1,09‰/75 %); OLG Saarbrücken, NJW-RR 2015, 411 (0,93‰/75 %); AG Darmstadt, 11.06.2015, 317 C 137/14 (zitiert nach *Rixecker*, ZfS 2015, 697): 0,67‰/75 %.
261 LG Kaiserslautern, BeckRS 2014, 12126 (0,9 ‰).
262 OLG Karlsruhe, VersR 2014, 1369.
263 A.A. für den Regelfall HK-VVG/*Karczewski*, § 81 Rn. 105.
264 Vgl. BGH VersR 1999, 72.
265 So aber HK-VVG/*Karczewski*, § 81 Rn. 106.
266 Dazu ausführlich HK-VVG/*Karczewski*, § 81 Rn. 14–27.
267 BGH VersR 1996, 576 (Porsche in Mailand); VersR 1996, 621 (BMW Z1); VersR 1998, 44 (Mercedes Benz Roadster 500 SL in Warschau); HK-VVG/*Karczewski*, § 81 Rn. 15 f.
268 Standardfall: OLG Hamm VersR 2006, 403 (Einwurf des Schlüssels nach Geschäftsschluss in ungesicherten und leicht zugänglichen Briefkasten der Werkstatt.
269 LG Mainz VersR 1996, 705.
270 OLG Koblenz r+s 2008, 11; VersR 2001, 1278; HK-VVG/*Karczewski*, § 81 Rn. 23.
271 OLG Frankfurt (Main) MDR 2003, 632 (vorgetäuschte Panne).
272 BGH VersR 1986, 962.

§ 81 Herbeiführung des Versicherungsfalles

len.²⁷³ Bei lediglich einmaligem Vergessen eines Zweitschlüssels im Fahrzeug über einen nur kurzen Zeitraum soll es allerdings an der besonderen subjektiven Vorwerfbarkeit fehlen.²⁷⁴ Freilich ist zweifelhaft, ob in den Fällen nicht sichtbar zurückgelassener Schlüssel ein Kausalzusammenhang zwischen Sorgfaltsverstoß und Versicherungsfall besteht²⁷⁵: Der Sache nach geht es um eine vorverlegte Schadensminderungsobliegenheit, mit der über § 81 Defizite von § 82 ausgeglichen werden. Dasselbe Problem stellt sich bei zurückgelassenen Papieren (Fahrzeugbrief oder Fahrzeugschein): Die Kausalität für den Diebstahl wird hier nur bei offen sichtbar liegenden Papieren hinreichend belegbar sein.²⁷⁶ Die Erleichterung der Verwertung des bereits gestohlenen Guts wird durch § 81 nicht sanktioniert.²⁷⁷ Durch das Aufbewahren von Zweitschlüssel und Fahrzeugschein im Handschuhfach ist der Diebstahl eines Kfz daher nicht grob fahrlässig herbeigeführt;²⁷⁸ das gilt auch dann, wenn sich der Fahrzeugbrief zeitgleich in einem Umzugskarton im Kofferraum des Fahrzeuges befindet.²⁷⁹

92 Hinsichtlich des **Umfangs der** vorzunehmenden **Kürzung** werden überwiegend für die erste Fallgruppe 25 % regelmäßig für sachgerecht gehalten, GO II.²⁸⁰ Dem ist zuzustimmen, wenn man bedenkt, dass grobe Fahrlässigkeit hier nur in seltenen Umständen vorliegt. Bei unverschlossenen Fahrzeugen wird es nicht zuletzt auf die Sozialnormen des Umfelds ankommen, welche in ländlicher Umgebung andere sein werden als in Großstädten. Offen erkennbare Schlüssel im Auto rechtfertigen hingegen Abzüge bis zu 90 %²⁸¹, wobei regelmäßig 75 % zu Grunde zu legen sind (GO II).

4. Rotlichtverstöße

93 Rotlichtverstöße begründen **im Regelfall** grobe Fahrlässigkeit²⁸² und führen zur Kürzung der Einstandspflicht für daraus folgende Schäden. Von einem durchschnittlich sorgfältigen Verkehrsteilnehmer kann erwartet werden, dass er an eine Ampel mit einem Mindestmaß an Konzentration heranfährt, die es ihm ermöglicht, deren Stellung wahrzunehmen.²⁸³
Allerdings hat die Rechtsprechung eine ganze Reihe von **Ausnahmen** angenommen, wenn die **Wahrnehmung** des VN in der konkreten Situation **beeinträchtigt** war. Diese Ausnahmen insbes. des sog. **Augenblicksversagens** (s.o. Rdn. 37–39) werden überwiegend der Frage der Unentschuldbarkeit des Sorgfaltsverstoßes zugeordnet, lassen sich aber ohne weiteres auch mit der Anwendung des Sorgfaltsstandards auf die Aufmerksamkeit des Fahrers erklären. Ein solches Augenblicksversagen muss freilich in einer Weise erklärbar sein, welche die grobe Sorgfaltswidrigkeit zu beseitigen geeignet ist.²⁸⁴ Nachvollziehbare tatrichterliche Entscheidungen werden hier wegen der großen Einzelfallabhängigkeit kaum angreifbar sein.

94 Bei Rotlichtverstößen wird Abs. 2 seine volle Flexibilität entfalten. Bei bewussten Verstößen wird hier – außer im Falle eines vermeintlichen Defekts – eine Kürzung bis zu 100 % möglich sein. Umgekehrt scheinen auch Fälle vorstellbar, in welchen eine Kürzung aufgrund der Umstände gänzlich entfällt. Fälle des Augenblicksversagens werden generell nur eine unterdurchschnittliche Kürzung rechtfertigen.²⁸⁵ Vor diesem Hintergrund erscheint es unangebracht mit GO II von einem Standardwert von 50 % auszugehen. Ein solcher würde der Vielfalt der Fälle nicht gerecht.²⁸⁶
Die Entscheidungspraxis der Untergerichte geht überwiegend von einer Standardkürzung von 50 % aus.²⁸⁷ Die Entscheidungen machen jedoch zugleich deutlich, dass durch den Einstieg bei 50 % die gesetzliche Verteilung der Darlegungs- und Beweislast für den unterhälftigen Bereich ausgehebelt wird, weil die Gerichte vom VN die Darlegung und ggf. den Beweis solcher Umstände zumindest de facto erwarten, die eine geringere Kürzungsquote rechtfertigen. Dementsprechend findet sich auch in der Rechtsprechungspraxis die zutreffende Position, die Kürzungsquote sei unter Berücksichtigung aller Umstände des Einzelfalls nach dem Grad des Verschuldens zu bemessen.²⁸⁸ Der Vortrag des Versicherers, es habe sich um eine gut einsehbare Kreu-

---

273 OLG Frankfurt (Main)VersR 1988, 1122; OLG Nürnberg VersR 1994, 1417; HK-VVG/*Karczewski*, § 81 Rn. 25. Dass dies bei abgeschlossenem Handschuhfach anders sein soll (vgl. BGH VersR 1986, 962), ist nicht überzeugend.
274 LG Ingolstadt BeckRS 2010, 14529.
275 Verneinend LG Ingolstadt BeckRS 2010, 14529.
276 BGH VersR 1996, 621; OLG München VersR 1999, 1360.
277 Wie hier OLG Köln VersR 2004, 999; HK-VVG/*Karczewski*, § 81 Rn. 26.
278 OLG Karlsruhe, r+s 2015, 226.
279 OLG Karlsruhe, r+s 2015, 226.
280 Abweichend Vorauflage (Rn. 90) sowie HK-VVG/*Karczewski*, § 81 Rn. 105 (50 %).
281 HK-VVG/*Karczewski*, § 81 Rn. 103.
282 BGHZ 119, 147; BGH NJW 2014, 3234; HK-VVG/*Karczewski*, § 81 Rn. 28.
283 HK-VVG/*Karczewski*, § 81 Rn. 28.
284 Vgl. OLG Köln r+s 2007, 149 (nach Rangieren Blick auf Ampel erschwert); OLG Koblenz VersR 2004, 728 (Ablenkung durch Kinder im Fahrzeug + Hupsignal).
285 Ähnlich HK-VVG/*Karczewski*, § 81 Rn. 104.
286 Wie hier LG Münster NJW 2010, 240, 241 f.
287 LG Essen SVR 2010, 306 (unter Bestätigung von AG Essen BeckRS 2010, 9550); AG Duisburg BeckRS 2010, 10925).
288 LG Münster NJW 2010, 240.

zung gehandelt und aufgrund der Dämmerung seien die Lichtzeichen der Ampelanlage schon von weitem gut zu erkennen gewesen, soll dabei nicht für eine Kürzung über 50 % hinaus ausreichen.[289]

5. Sonstige Verstöße gegen Verkehrsregeln

Auch für sonstige Verstöße gegen Verkehrsregeln zeichnet sich ab, dass auch diese Verstöße in der Regel grobe Fahrlässigkeit begründen. Als grob fahrlässig sahen die Gerichte es insbesondere an, wenn der VN mit einem gemieteten LKW eine Straßenbrücke[290] bzw. die Parkhauseinfahrt[291] rammt, obwohl auf die **geringere Durchfahrtshöhe** mit entsprechenden Verkehrsschildern u.ä. hingewiesen wurde; aufgrund der im Vergleich zum PKW deutlich höheren Sitzposition müsse dem VN bewusst sein, dass mit diesem Fahrzeug besondere Vorsicht bei der Durchfahrt von Brücken u.ä. geboten ist. 95

Das **Einnicken am Steuer** begründet hingegen regelmäßig nur dann grobe Fahrlässigkeit, wenn sich der VN nachweislich über die von ihm erkannten Vorzeichen d. Ermüdung bewusst hinwegsetzt.[292] In einem vom LG Nürnberg-Fürth[293] zu entscheidenden Fall wurde das Vorliegen grober Fahrlässigkeit verneint, da der VN vor dem Unfall bereits 15km zu seiner Arbeitsstelle gefahren war und dort das Auto gewechselt hatte, wobei auch die Polizei keine Übermüdungserscheinungen feststellen konnte.

Im Bereich des Fahrens bei **winterlichen Straßenverhältnissen** wird dem VN die Beachtung besonderer Vorsichtsmaßnahmen auferlegt. So soll das Anzünden einer Zigarette unmittelbar vor dem Abkommen von der frostbedingt rutschigen Fahrbahn grobe Fahrlässigkeit begründen, wenn das Display des Sattelzuges bereits »durchdrehende Räder« angezeigt hat.[294] Das Fahren mit Sommerreifen bei winterlichen Straßenverhältnissen begründete bereits vor der straßenverkehrsrechtlichen Winterreifenpflicht nach § 2 Abs 3a StVO in der Regel grobe Fahrlässigkeit.[295] Lediglich in Regionen, in denen normalerweise nicht mit winterlichen Straßenverhältnissen zu rechnen ist, begründete das Fahren mit Sommerreifen trotz tatsächlich winterlichen Straßen keine grobe Fahrlässigkeit.[296] Richtigerweise ist nach der Einführung von § 2 Abs 3a StVO auch in diesen Fällen nunmehr durchgehend grobe Fahrlässigkeit anzunehmen; die straßenverkehrsrechtliche Wertung schlägt auf die Konkretisierung von § 81 durch. Ein Schaden, der bei winterlichen Straßenverhältnissen und mäßiger Geschwindigkeit durch Ausweichen vor einem Tier verursacht wird, ist hingegen nicht als grob fahrlässig verursacht eingeordnet worden.[297]

II. Sachversicherung im Übrigen

1. Einbruchdiebstahl

Die vorsätzliche Herbeiführung des Versicherungsfalls scheidet in dieser Konstellation regelmäßig schon deshalb aus, weil die Beteiligung am Diebstahl durch das Einverständnis mit der Wegnahme diesen bereits im strengen Sinne tatbestandlich ausschließt. Für die grobe Fahrlässigkeit haben sich wiederum Unterfallgruppen gebildet: Standardfälle sind hier das unterbliebene Schließen der **Fenster** und -türen[298] sowie die unabgeschlossene **Haustür**.[299] Auch in diesen Fällen aber kann die Kürze der Abwesenheit dem groben Sorgfaltsverstoß entgegenstehen. Für den Diebstahl des **Hausschlüssels** kommt es wiederum auf den Umgang mit diesem an (vgl. die Ausführungen zum Kfz-Schlüssel o. Rdn. 90 f.); hier kommt es dann auch besonders auf die Kausalität an. Bei abhanden gekommenen Hausschlüsseln muss der VN die Schlösser innerhalb hinreichend kurzer Zeit austauschen.[300] Hinsichtlich der **Kürzungsquote** wird in diesen Fällen zwischen der offenen »Einladung« und der – nicht selten gar sozial üblichen – Unachtsamkeit im Umgang mit dem dafür zu wertvollen Gut der gesamte Spielraum des Abs. 2 auszuschöpfen sein. 96

2. Leitungswasserschäden bei der Hausratsversicherung

Auch in Fällen von Leitungswasserschäden kann eine Kürzung der Leistungspflicht nach § 81 II in Betracht kommen. Das gilt etwa dort, wo keine ausreichenden Vorkehrungen gegen das **Einfrieren von Leitungen** getroffen werden. Vereinzelt ist hier sogar die Befugnis zur Kürzung auf Null angenommen worden, soweit das 97

---

289 AG Solingen, BeckRS 2015, 11204.
290 LG Göttingen r+s 2010, 194 – Kürzung um 2/3.
291 LG Konstanz BeckRS 2010, 09530 – Kürzung um 50 %.
292 BGH VersR 1974, 593; BGH VersR 1977, 619.
293 r+s 2010, 145.
294 OLG Naumburg r+s 2010, 319 – Kürzung um 75 %.
295 AG Hamburg-St. Georg r+s 2010, 319, 323 – Kürzung um 50 %. Anders für Wintereinbruch im Oktober mit überraschendem Glatteis auf Brücke AG Mannheim NJW-RR 2015, 1440.
296 LG Hamburg BeckRS 2010, 19393.
297 LG Nürnberg-Fürth, r + s 2014, 493.
298 OLG Saarbrücken VersR 2004, 1265 (gekipptes Kellerfenster); OLG München NJW-RR 2006, 103 (Terrassentür bei Nacht); OLG Köln r+s 2006, 75 (schwenkbares Fenster).
299 OLG Oldenburg NJW-RR 2005, 1552.
300 OLG Köln r+s 2004, 464.

betreffende Gebäude gar nicht beheizt wurde.[301] Insoweit gelten dieselben Überlegungen wie für die Gebäudeversicherung (s.u. Rdn. 100).

3. Gebäudeschaden

98 Praktische Bedeutung hat § 81 bei der Gebäudeversicherung zunächst für **Brandschäden**. Dabei ist der Standardfall der **brennenden Kerze** besonders streitträchtig, weil eine Regelbildung hierzu bislang nicht gelungen ist. Nicht jedes unbeaufsichtigte Brennenlassen einer Kerze begründet nämlich grobe Fahrlässigkeit.[302] Auch hier lässt sich die Figur des Augenblicksversagens (s.o. Rdn. 37–39) nutzbar machen. Kurze Abwesenheiten schaden dem Versicherungsschutz häufig nicht.[303] **Rauchen** und die Verwendung **offenen Feuers** verlangen eine besondere Sorgfalt des VN. Das Einschlafen im Bett mit brennender Zigarette ist regelmäßig grob fahrlässig.[304] Auch die Anforderungen an die Aufsicht über offenes Feuer und nicht erloschene Glut sind recht hoch.[305] Dasselbe gilt für das Erhitzen von Fett in der Küche eines Gasthauses.[306] Hingegen soll das Legen einer Holzplatte auf eine noch heiße Kochplatte nicht für grobe Fahrlässigkeit genügen.[307]

99 Typische Gebäudeschäden sind ferner **Wasserschäden**, die aus Undichtigkeit oder Platzen wasserführender Schläuche und Rohre entstehen. Gefordert wird vom VN vor allem, dass er bei längerer Abwesenheit die Absperrventile schließt.[308] Bei länger ungenutzten und ungeheizten Räumen müssen zudem vor der kalten Jahreszeit die wasserführenden Leitungen entleert werden.[309] Die von Tatrichtern angelegten Maßstäbe divergieren offenbar je nach Region und persönlichem Erfahrungsschatz. Aber auch in anderen Zusammenhängen kann grobe Fahrlässigkeit zu Wasserschäden führen: Bei manueller Befüllung einer Heizungsanlage über eine temporäre Schlauchverbindung etwa liegt ein gefahrgeneigter Betriebsvorgang vor, den der VN hinreichend überwachen muss.[310]

100 Für Gebäudeschäden könnte die **Kürzungs**möglichkeit nach Abs. 2 eine erhebliche Entlastung bringen, weil es dem Richter nun möglich ist, stärker auf die Einzelfälle zu reagieren, ohne die Kategorie der groben Fahrlässigkeit noch weiter zu strapazieren. Es liegt nahe, bei Hantieren mit Kerzen, Zigaretten und offenem Feuer erheblich öfter als bislang von grober Fahrlässigkeit auszugehen und dann nur geringe Abzüge vorzunehmen.[311] Bei Wasserschäden als Frostfolge am unbeheizten Gebäude wird hingegen – wie bei der Hauratsversicherung – teilweise auch eine Kürzung auf Null vorgenommen.[312]

§ 82 Abwendung und Minderung des Schadens.

(1) Der Versicherungsnehmer hat bei Eintritt des Versicherungsfalles nach Möglichkeit für die Abwendung und Minderung des Schadens zu sorgen.
(2) Der Versicherungsnehmer hat Weisungen des Versicherers, soweit für ihn zumutbar, zu befolgen sowie Weisungen einzuholen, wenn die Umstände dies gestatten. Erteilen mehrere an dem Versicherungsvertrag beteiligte Versicherer unterschiedliche Weisungen, hat der Versicherungsnehmer nach pflichtgemäßem Ermessen zu handeln.
(3) Bei Verletzung einer Obliegenheit nach den Absätzen 1 und 2 ist der Versicherer nicht zur Leistung verpflichtet, wenn der Versicherungsnehmer die Obliegenheit vorsätzlich verletzt hat. Im Fall einer grob fahrlässigen Verletzung ist der Versicherer berechtigt, seine Leistung in einem der Schwere des Verschuldens des Versicherungsnehmers entsprechenden Verhältnis zu kürzen; die Beweislast für das Nichtvorliegen einer groben Fahrlässigkeit trägt der Versicherungsnehmer.
(4) Abweichend von Absatz 3 ist der Versicherer zur Leistung verpflichtet, soweit die Verletzung der Obliegenheit weder für die Feststellung des Versicherungsfalles noch für die Feststellung oder den Umfang der Leistungspflicht ursächlich ist. Satz 1 gilt nicht, wenn der Versicherungsnehmer die Obliegenheit arglistig verletzt hat.

Übersicht

	Rdn.		Rdn.
A. Allgemeines	1	II. Anwendungsbereich	4
I. Normzweck	1	III. Abgrenzungen	5

---

301 OLG Hamm VersR 2013, 101; LG Bayreuth, BeckRS 2014, 19638.
302 BGH VersR 1986, 254; HK-VVG/*Karczewski*, § 81 Rn. 46.
303 Siehe die Beispiele bei HK-VVG/*Karczewski*, § 81 Rn. 47.
304 OLG Köln r+s 1994, 24.
305 OLG Koblenz r+s 2003, 112; OLG Hamm VersR 1991, 923.
306 LG Göttingen, r+s 2015, 611 (40 %).
307 LG Siegen, BeckRS 2015, 18370.
308 BGH NJW-RR 2003, 1461 (mehrtägige Urlaubsreise); OLG Oldenburg VersR 1996, 1492 (mehrwöchige Urlaubsreise).
309 Vgl. OLGR Bremen 2003, 533.
310 LG Gießen, r + s 2015, 77.
311 Für geringe Abzüge teilweise auch HK-VVG/*Karczewski*, § 81 Rn. 108.
312 LG Aachen, BeckRS 2015, 05186.

	Rdn.		Rdn.
B. Rettungsobliegenheit (Abs. 1)	9	D. Folgen der Verletzung der Obliegenheiten	
I. Beginn und Ende	9	(Abs. 3, 4)	28
II. Inhalt	12	I. Vorsätzliche Verletzung	28
C. Weisungen des Versicherers (Abs. 2)	17	II. Grob fahrlässige Verletzung	29
I. Voraussetzungen und mögliche Inhalte	18	III. Beweislast	30
II. Obliegenheit der Befolgung	25	IV. Abdingbarkeit	31
III. Pflichten des Versicherers bezüglich der Weisung	27		

Schrifttum:
Felsch, Neuregelung von Obliegenheiten und Gefahrerhöhung, r+s 2007, 485; *Looschelders,* Rettungsobliegenheit des Versicherungsnehmers und Ersatz der Rettungskosten nach dem neuen VVG, FS Deutsch, 2009, 835; *ders.,* Quotelung bei Obliegenheitsverletzungen: Alles, Nichts oder die Hälfte, ZVersWiss 2009, 13; *Nugel,* Das neue VVG – Quotenbildung bei der Leistungskürzung wegen grober Fahrlässigkeit, MDR 2007, Sonderbeilage zu Heft 22, 23; *Pohlmann,* Beweislast für das Verschulden des Versicherungsnehmers bei Obliegenheitsverletzungen, VersR 2008, 437; *Rixecker,* VVG 2008 – Eine Einführung: V. Rettungsobliegenheit und Rettungskostenersatz, zfs 2007, 255.

A. Allgemeines

I. Normzweck

Durch die Rettungsobliegenheit des § 82 soll der VN zu Rettungsbemühungen motiviert[1] und zugleich einer Demotivation durch die vorhandene Deckung entgegen gewirkt werden.[2] Im Zusammenspiel mit §§ 83, 90 wird aber deutlich, dass der VN dabei nicht im eigenen Interesse, sondern in dem des Versicherers handelt: Die **Rettung gehört zum versicherten Risiko**, soweit es um deren Kosten geht. § 82 spiegelt damit zugleich ein allgemeines zivilrechtliches Prinzip wider,[3] das sich auch in der Schadensminderungsobliegenheit des § 254 BGB niedergeschlagen hat. 1

Weil die Rettungsbemühungen im Interesse des Versicherers liegen und diesem zu dienen bestimmt sind, stellt die Vorschrift zugleich durch das Weisungsrecht nach Abs. 2 sicher, dass der Versicherer die **Rettung steuern** kann. Soweit er steuernd eingreift, gehört dies erst recht zum versicherten Risiko und löst ebenfalls Aufwendungsersatzansprüche aus, § 83. 2

Durch die strikte – und durch die VVG-Reform noch verstärkte – Trennung der Anwendungsbereiche von §§ 81, 82, welche für die Pflichtenbegründung an den Versicherungsfall anknüpfen, entsteht freilich eine **Schutzlücke** im dispositiven Recht: Streng genommen ist der VN vor dem Versicherungsfall nicht zu Maßnahmen der Schadensminderung verpflichtet, weil § 81 – anders als § 82 – nur die Herbeiführung des Versicherungsfalls, nicht aber die vor dessen Eintritt angelegte Schadensausweitung sanktioniert. Die Praxis behilft sich teilweise durch einen großzügigen Umgang mit der Kausalität bei § 81, indem an sich nur schadensausweitendes Verhalten mit der Herbeiführung – unausgesprochen – gleichgesetzt wird. Hauptbeispiel ist die Unterstellung, jeder Fahrzeugdieb suche in dem einmal aufgebrochenen Fahrzeug nach einem Schlüssel und habe dadurch von Anfang an – durch den hypothetischen Schlüssel verursachten – Diebstahlsvorsatz (s. § 81 Rdn. 91). 3

II. Anwendungsbereich

§ 82 gilt für alle Arten der Schadensversicherung mit Ausnahme der Unfallversicherung, § 184.[4] Die Vorschrift erfasst insbesondere die Krankenkostenversicherung, sofern diese nach den Grundsätzen der Schadensversicherung ausgestaltet ist,[5] sowie die Haftpflichtversicherung.[6] 4

III. Abgrenzungen

Schlüsselfrage des Anwendungsbereichs ist die Abgrenzung zur Herbeiführung des Versicherungsfalls nach § 81. Insoweit besteht zwischen beiden Normen ein enger sachlicher Zusammenhang, der aber in mehrfacher Hinsicht verkompliziert wird. Vor allem kann es erst mit der Durchsetzung der These, dass § 81 auch die Herbeiführung durch Unterlassen erfasst (s. § 81 Rdn. 17, 21), überhaupt zu Kollisionen zwischen beiden Normen kommen, weil § 82 nur das Unterlassen sanktioniert. 5

Die Zahl der für die Abgrenzung maßgebenden **Sachfragen** hat sich durch die VVG-Reform reduziert, diese aber nicht beseitigt. Geblieben ist insbesondere die unterschiedliche **Beweislastverteilung**: § 82 verlangt den 6

---

1 BGH NJW 1972, 1809; R/L/*Langheid*, § 82 Rn. 2.
2 R/L/*Langheid*, § 82 Rn. 2.
3 HK-VVG/*Schimikowski*, § 82 Rn. 1.
4 L/W/*Looschelders*, § 82 Rn. 8; R/L/*Langheid*[2], § 82 Rn. 1.
5 L/W/*Looschelders*, § 82 Rn. 8; P/M/*Voit*, § 82 Rn. 1.
6 HK-VVG/*Schimikowski*, vor § 100 Rn. 5; R/L/*Römer*[2], § 62 Rn. 4.

Entlastungsbeweis des VN.[7] Weitgehend entfallen ist hingegen die abschließende Verknüpfung des Anwendungsbereichs von § 82 mit dem **Aufwendungsersatz** nach § 83:[8] Der Gesetzgeber hat nämlich – für die Sachversicherung – mit § 90 einen von der Rettungsobliegenheit unabhängigen Aufwendungsersatzanspruch begründet.[9] Die Abgrenzung von § 81 entscheidet zudem nach herrschender Ansicht über den **Beginn der Rettungspflicht**. Deren Vorverlagerung – und damit die Ambivalenz der Vorerstreckungstheorie – wurde unter dem früheren Recht als problematisch angesehen.[10] Mit der Ausweitung von § 81 auf die Herbeiführung durch Unterlassen und der schrittweisen Entwicklung einer Pflicht, den notwendigen Sicherheitsstandard einzuhalten (s. § 81 Rdn. 21 ff.), die ihrerseits an die konkrete Risikolage anknüpft, lassen sich §§ 81, 82 auch in der Weise verstehen, dass sie ein Pflichtenkontinuum bilden. Damit bleibt als zentrale Sachfrage lediglich der Umschlag hinsichtlich der Beweislastverteilung.

7 Die **Grenzziehung** zu § 81 erfolgt grundsätzlich durch den Eintritt des Versicherungsfalls. Für § 62 VVG a.F. wurde diese Grenze durch die sog. **Vorerstreckungstheorie** durchbrochen (zu den Fällen s. § 90 Rdn. 3), freilich nur für die Sachversicherung.[11] Für die Haftpflichtversicherung hatte der BGH die Durchbrechung ausdrücklich offen gelassen; sie war und ist problematisch wegen des Vorsatzerfordernisses in § 152 VVG a.F. und § 103.[12] Die mit der Durchbrechung beabsichtigte Vorerstreckung des Aufwendungsersatzes[13] findet sich heute auf diesen beschränkt in § 90. Abgesehen davon hat die Neuregelung die Vorerstreckungstheorie beseitigt[14] und knüpft nunmehr ausschließlich an den Eintritt des Versicherungsfalls an. Dies ergibt sich zunächst aus der Gesetzesbegründung,[15] wobei unverständlich ist, dass der Gesetzgeber an dem auch die bisherige Lösung deckenden Wortlaut »bei Eintritt«[16] keine Änderung vorgenommen hat. Deutlich wird die Änderung aber vor allem durch die Systematik, weil § 90 bei Fortgeltung der Vorerstreckungstheorie entbehrlich wäre. Umgekehrt verdeutlicht die Klarstellung, dass Schäden, deren Kosten über §§ 83, 90 ersatzfähig sind, nicht im Sinne von § 81 vorsätzlich oder grob fahrlässig herbeigeführt sein können; die §§ 82, 83, 90 begrenzen damit auch § 81.[17]

8 Die Vorschrift gilt neben § 28. Beide Regelungen konkurrieren, entsprechen sich auf der Rechtsfolgenseite ohnehin weitgehend. Der Unterschied bleibt freilich im Blick auf § 83 dort von Interesse, wo mit der Erfüllung der vereinbarten Obliegenheit nicht zugleich eine gesetzliche nach § 82 erfüllt wird. Die Rettungspflicht unterliegt auch nicht der Hinweispflicht nach § 28 IV,[18] so dass § 82 die Ersatzpflicht auch dann ausschließen kann wenn die Wirkungen einer parallel wirkenden Obliegenheit nach § 28 mangels Hinweis nicht eintreten.[19] Verhaltensmaßregeln in AVB sind Obliegenheiten i.S.v. § 28 und konkretisieren nicht § 82.[20] Allerdings kann die Gewährung von Aufwendungsersatz Auswirkungen auf die Inhaltskontrolle nach § 307 BGB haben, weil §§ 82, 83 auch insoweit das gesetzliche Leitbild – Rettungskosten sind versichertes Risiko – bestimmen. Soweit entsprechende Klauseln § 307 BGB nicht standhalten, bleibt es bei den Maßstäben von § 82.[21]

B. Rettungsobliegenheit (Abs. 1)
I. Beginn und Ende

9 Die Rettungsobliegenheit beginnt mit dem **Eintritt des Versicherungsfalls**.[22] Anders als nach altem Recht genügt unmittelbares Drohen[23] nicht mehr. Maßgebend ist in aller Regel der Beginn des Schadenseintritts.[24] Allerdings hängt der Beginn genau genommen von der vertraglichen Definition des Versicherungsfalls ab, die nicht unbedingt mit dem Schadenseintritt identisch sein muss.[25] Das gilt insbesondere für die Haftpflichtversicherung.[26]

---

7 Ebenso unter altem Recht, s. P/M/*Voit/Knappmann*[27], § 62 Rn. 7.
8 Vgl. P/M/*Voit*, § 82 Rn. 6; P/M/*Voit/Knappmann*[27], § 62 Rn. 5.
9 Zur entsprechenden Anwendbarkeit von § 90 für die übrigen Arten der Schadensversicherung s. § 90 Rdn. 2.
10 R/L/*Langheid*, § 82 Rn. 5.
11 BGHZ 113, 359, 361; BGH NJW-RR 1994, 1366; P/M/*Voit/Knappmann*[27], § 62 Rn. 3.
12 Vgl. BGHZ 43, 88, 93 f.; P/M/*Armbrüster* § 90 Rn. 2.
13 R/L/*Langheid*, § 82 Rn. 6.
14 HK-VVG/*Schimikowski*, § 82 Rn. 4; *Meixner/Steinbeck*, § 2 Rn. 28.
15 Begr. RegE BT-Drucks. 16/3945 S. 80.
16 R/L/*Langheid*, § 82 Rn. 5.
17 Dazu der Sache nach LG Nürnberg-Fürth, r + s 2014, 493.
18 S. OLG Köln r+s 2013, 604, 606 und BGH VersR 2015, 1121, Rn. 5.
19 Umgekehrt stellt § 82 solche Obliegenheiten auch nicht von der Hinweispflicht frei: OLG Celle, BeckRS 2015, 10735.
20 R/L/*Langheid*, § 82 Rn. 14.
21 OLG Saarbrücken, BeckRS 2016, 02541, Rn. 38.
22 LG Aachen, BeckRS 2015, 17941 (aufgehoben durch OLG Köln NJOZ 2015, 1878 unter Hinweis auf § 90).
23 BGHZ 113, 359; BGH r+s 1994, 326.
24 HK-VVG/*Schimikowski*, § 82 Rn. 6.
25 Zu eng daher P/M/*Voit/Knappmann*[27], § 62 Rn. 2 und P/M/*Voit*, § 82 Rn. 3, wo nur auf das Ereignis abgestellt wird.
26 S. die von HK-VVG/*Schimikowski*, § 82 Rn. 7 aufgeführten Anknüpfungen Verstoßprinzip (Beginn mit Pflichtverletzung), Schadensereignisprinzip (Schadensverursachendes Ereignis), Manifestationsprinzip (Feststellung des Schadens) und Claims-made-Prinzip (Geltendmachung von Ansprüchen).

Da die Kosten der Rettungsbemühungen zum versicherten Risiko gehören, entsteht die Rettungsobliegenheit 10
nicht, wenn ohnehin ein **Leistungsausschluss** besteht.[27] Umgekehrt ist die Obliegenheit – nicht aber die Folgen ihrer Verletzung – unabhängig von der **Kenntnis** des VN.[28]
Die Rettungsobliegenheit endet mit dem **Abschluss der Schadensentwicklung**, weil erst damit keine Möglichkeiten zur Abwendung oder Minderung des Schadens mehr bestehen.[29] Solange noch Folgeschäden eintreten können, besteht sie also fort.[30] Bei gedehnten Versicherungsfällen kann sie über den gesamten Zeitraum andauern.[31] 11

II. Inhalt

Die Rettungsobliegenheit nach Abs. 1 ist **Pflicht mit beschränktem Schutzzweck** (s. § 81 Rdn. 22). Geschützt 12
wird nur das Interesse des Versicherers an der Begrenzung seiner Leistungspflicht. Der Schutz bezieht sich auch auf die Rettungskosten nach § 83 selbst,[32] da diese Teil des versicherten Risikos sind. Die Verletzung führt per se nicht zu einem Kündigungsrecht nach § 314 BGB, ein solches wird aber wegen des besonderen Gewichts des Fehlverhaltens gleichwohl häufig gegeben sein.
Maßstab für das Verhalten ist das pflichtgemäße Ermessen eines ordentlichen VN,[33] also ein objektiver Sorgfaltsstandard.[34] Hilfreich ist auch die Formel, »welche möglichen und zumutbaren Maßnahmen eine unversicherte Person in der jeweiligen Situation ergriffen hätte«.[35] Erwartet wird nur das dem VN tatsächlich Mögliche.[36] Wichtigste Grenze ist die **Zumutbarkeit** der zu ergreifenden Gegenmaßnahmen.[37] Insbesondere muss der VN keine Gefahren für Leib und Leben auf sich nehmen.[38] Auch eine Zusammenarbeit mit Kriminellen (etwa für Lösegeldverhandlungen) wird von ihm nicht erwartet, wohl aber die Weitergabe entsprechender Angebote von deren Seite an den Versicherer.[39] Ferner ist es dem VN nicht verwehrt, Rücksicht auf eigene Güter zu nehmen,[40] soweit er die versicherten Gegenstände nicht diskriminiert. Der VN muss ferner keine Maßnahmen ergreifen, die außer **Verhältnis zum drohenden Schaden** wären.[41] Ein Einwirken auf den eigenen Ehegatten wird nicht erwartet, soweit dieser nicht ohnehin Repräsentant ist.[42] 13
Die Maßnahmen müssen ferner aus der Sicht *ex ante* zur Rettung **geeignet** sein[43]. Eine Aussichtslosigkeit aus der *ex post*-Perspektive hindert die Obliegenheit nicht.[44] Schließlich müssen die Maßnahmen unverzüglich ergriffen werden,[45] wobei auch insoweit der Haftungsmaßstab nach Abs. 3 maßgebend ist. Der Umstand, dass der Versicherer von seinem **Weisungsrecht** nach Abs. 3 trotz Kenntnis der Sachlage keinen Gebrauch gemacht hat, kann gegen eine Verletzung der Rettungsobliegenheit sprechen.[46] 14
Im Einzelnen kann der VN etwa bei der Gebäude- oder Hausratsversicherung zu Löschmaßnahmen und zur Benachrichtigung der Feuerwehr verpflichtet sein, ferner dazu, versicherte Gegenstände in Sicherheit zu bringen; dabei ist keine Vorzugsbehandlung versicherter Gegenstände gegenüber eigenen erforderlich,[47] es darf aber auch keine Diskriminierung stattfinden. Wiederbeschaffungsmaßnahmen werden grundsätzlich nicht erfasst,[48] ihre Vereinbarung in AVB ist aber möglich;[49] ausnahmsweise soll auch die Aussetzung einer Belohnung geboten sein können.[50] Die Vorlage einer Stehlgutliste bei der Polizei ist hingegen in aller Regel geboten.[51] Gegebenenfalls muss der VN auch – vor allem vorläufige – prozessuale Maßnahmen ergreifen.[52] Vor 15

---

27 OLG Koblenz r+s 2001, 453.
28 BGHZ 52, 86, 87.
29 P/M/Voit/Knappmann[27], § 62 Rn. 10 (»zeitlich unbeschränkt«; zurück haltender nunmehr P/M/Voit, § 82 Rn. 8).
30 Vgl. Hamm VersR 84, 175, 176 (Schäden durch Löschhelfer, Plünderer oder Witterungseinflüsse nach einem Brand).
31 R/L/*Langheid*, § 82 Rn. 9.
32 Ebenso noch P/M/Voit/Knappmann[27], § 62 Rn. 10.
33 R/L/*Langheid*, § 82 Rn. 10; ebenso P/M/Voit/Knappmann[27], § 62 Rn. 11.
34 BGH NJW 1972, 1809.
35 P/M/Voit, § 82 Rn. 9.
36 R/L/*Langheid*, § 82 Rn. 10.
37 HK-VVG/*Schimikowski*, § 82 Rn. 9; P/M/Voit, § 82 Rn. 9, 15 f.; R/L/*Langheid*, § 82 Rn. 10; Schimikowski/Höra, S. 151.
38 OLG Karlsruhe VersR 1994, 468, 469; HK-VVG/*Schimikowski*, § 82 Rn. 9; P/M/Voit, § 82 Rn: 15.
39 P/M/Voit, § 82 Rn. 15.
40 L/W/*Looschelders*, § 82 Rn. 25; P/M/Voit, § 82 Rn. 15.
41 R/L/*Langheid*, § 82 Rn. 10.
42 LG Mönchengladbach, BeckRS 2010, 05579 (btr. Mitwirkung der Ehefrau bei Reduzierung der Kosten einer In-Vitro-Fertilisation).
43 HK-VVG/*Schimikowski*, § 82 Rn. 10; P/M/Voit, § 82 Rn. 9.
44 BGH NJW 1972, 1809; R/L/*Langheid*, § 82 Rn. 11.
45 R/L/*Langheid*, § 82 Rn. 10.
46 Siehe etwa OLG Hamm. r+s 2015, 360, Rn. 56.
47 HK-VVG/*Schimikowski*, § 82 Rn. 11.
48 R/L/*Langheid*, § 82 Rn. 10.
49 R/L/*Langheid*, § 82 Rn. 10.
50 P/M/Voit, § 82 Rn. 15.
51 Vgl. OLG Köln r+s 2013, 604, 606.
52 OGH VersR 2003, 1150.

allem in der Rechtsschutzversicherung kann auch das Verhalten des VN im Prozess im Übrigen am Maßstab des § 82 zu messen sein.[53] Er ist aber, wie § 86 verdeutlicht, nicht generell zur Inanspruchnahme Dritter gehalten;[54] abgesehen von der Seeversicherung kommen Ausnahmen hiervon nur selten in Frage und sind dann kein Anwendungsfall von § 82, sondern richtigerweise von § 280 BGB.[55] Bei der Warenkreditversicherung schützt § 82 den Versicherer auch gegen ein kollusives Zusammenwirken zwischen dem VN und seinem Kunden.[56] In der Krankheitskostenversicherung schränkt § 82 die Zahl der zu ersetzenden Medizinprodukte auf ein angemessenes Maß ein, um unnötige Kosten zu vermeiden.[57]

16 In der **Haftpflichtversicherung** besteht keine Pflicht, der Geltendmachung der Forderung des Geschädigten entgegen zu wirken.[58] Selbst die Aufforderung zur Geltendmachung begründet keinen Verstoß gegen § 82,[59] es sei denn, es geht um unberechtigte Ansprüche.[60]

C. Weisungen des Versicherers (Abs. 2)

17 Das Weisungsrecht des Versicherers dient dazu, ihm die **Steuerung der** zu seiner Risikosphäre gehörenden **Rettungsbemühungen** des VN zu ermöglichen. Die Einholung von Weisungen ist daher dogmatisch mehr als die bloße Anzeige des Versicherungsfalls.[61] Praktisch wird die Anzeige aber i.d.R. als hinreichend angesehen werden können,[62] weil sie dem Versicherer Gelegenheit zur Weisung gibt. Voraussetzung ist dabei jedoch, dass dem Versicherer bereits in dieser Schadensanzeige der Schaden so genau mitgeteilt wird, dass sich dieser ein genaues Bild vom Schadensumfang und den für ihn zu erwartenden Kosten machen kann.[63] Eine fehlerhafte Anzeige kann die Rechtsfolgen nach Abs. 3 auslösen.[64]

I. Voraussetzungen und mögliche Inhalte

18 Voraussetzung der Obliegenheit nach Abs. 2 ist zunächst die Eröffnung der Risikosphäre des Versicherers. Sie entstehen daher **nicht bei Leistungsfreiheit** des Versicherers.[65] Gleichwohl erteilte Weisungen können Schadensersatzansprüche nach § 280 BGB auslösen.[66] Ferner muss dem VN die **Einholung möglich** sein; daran fehlt es, wenn die Eilbedürftigkeit der Rettung dies nicht gestattet.[67] Der Versicherer ist aber nicht daran gehindert, Weisungen auch ohne deren Einholung zu erteilen.

19 Auch wenn dies bislang in der versicherungsrechtlichen Literatur nicht erörtert wird, ist das Weisungsrecht des Versicherers nach Abs. 2 ein Fall der einseitigen Leistungsbestimmung nach § 315 BGB,[68] dessen Regeln – wie grundsätzlich bei allen vertraglichen Weisungsrechten – Anwendung finden, durch Abs. 2–4. freilich teilweise modifiziert werden. Die Weisung nach Abs. 2 ist daher eine einseitige rechtsgestaltende Willenserklärung, welche den allgemeinen Regeln über Willenserklärungen folgt.[69]

20 Der Versicherer ist nicht völlig frei, sondern muss die Weisung **nach billigem Ermessen** erteilen, § 315 I BGB.[70] Dabei wird er durch die vertraglichen Abreden begrenzt. Der ihm gesetzte Rahmen ist freilich weiter als unter Abs. 1, weil es für das Entstehen der Obliegenheit nicht auf die kognitiven Fähigkeiten des VN ankommt. Die weitgehend identisch mit Abs. 1 benannten Grenzen der Weisung sind dementsprechend abweichend zu konkretisieren: Weisungen dürfen nur auf mögliche Maßnahmen gerichtet sein[71] und sie dürfen die Grenzen der **Zumutbarkeit** nicht überschreiten.[72] Maßstab für deren Bestimmung ist wiederum das Verhalten des verständigen VN.[73] Eine Gefährdung höherrangiger Rechtsgüter wie Leben oder Gesundheit muss

---

53 S. etwa OLG Saarbrücken, BeckRS 2016, 02541 (zu hohe Streitwertangabe schädlich); LG Berlin, NJOZ 2014, 1744, 1746 (Anhängigmachen mehrerer Klagen unschädlich).
54 OLG Hamm r+s 1991, 401.
55 Vgl. OGH VersR 1980, 591 sowie zum alten Recht P/M/Voit/Knappmann[27], § 62 Rn. 19.
56 BGH NJW-RR 2014, 604, Rn. 25.
57 LG Nürnberg-Fürth, r+s 2015, 299, 302 (nicht ein Rollstuhl pro Jahr).
58 R/L/Langheid, § 82 Rn. 12.
59 R/L/Langheid, § 82 Rn. 12.
60 BGH VersR 1955, 340.
61 R/L/Langheid, § 82 Rn. 13; HK-VVG/Schimikowski, § 82 Rn. 14.
62 AG Lichtenfels, BeckRS 2010, 27876; P/M/Voit, § 82 Rn. 21 (wo die Vorauß. dieser Kommentierung unkorrekt eingeordnet wird); vgl. B/M/Möller[8], § 62 Rn. 22.
63 So wörtlich AG Lichtenfels, BeckRS 2010, 27876 für die Beschädigung des Fahrzeuges.
64 P/M/Voit, § 82 Rn. 24.
65 P/M/Voit, § 82 Rn. 22.
66 BGH VersR 1984, 1161.
67 R/L/Langheid, § 82 Rn. 13.
68 Dagegen nun offenbar P/M/Voit, § 82 Rn. 25.
69 Der Sache nach P/M/Voit/Knappmann[27], § 62 Rn. 26. Anders nunmehr P/M/Voit, § 82 Rn. 22.
70 Enger, nur auf die Zumutbarkeit abstellend nunmehr ausdrücklich P/M/Voit, § 82 Rn. 21.
71 L/W/Looschelders, § 82 Rn. 48.
72 HK-VVG/Schimikowski, § 82 Rn. 12; Meixner/Steinbeck, § 2 Rn. 32; R/L/Langheid, § 82 Rn. 15; Schimikowski/Höra, S. 151; P/M/Voit, § 82 Rn. 25.
73 R/L/Langheid, § 82 Rn. 15.

der VN auch auf Weisung hin nicht eingehen.[74] Auch die durch Weisung angeordnete Maßnahme darf nicht außer Verhältnis zum drohenden Schaden stehen.[75]

Widersprechende oder unklare Weisungen sind nicht per se vertragswidrig und unbeachtlich, vielmehr trifft 21 den VN eine Rückfrageobliegenheit, soweit deren Erfüllung noch möglich und zumutbar ist. Erst danach ist er zu einer eigenen Entscheidung befugt. Etwas anderes gilt freilich, wenn Quelle des Widerspruchs das Verhalten mehrerer Versicherer ist: Abs. 2 Satz 2 gewährt hier bereits bei einfacher Widersprüchlichkeit ein Entscheidungsrecht für den Versicherten.

Die materiellen **Kosten** der Maßnahme sind kein Verweigerungsgrund, weil der VN den gesetzlichen Anspruch auf Aufwendungsersatz nach § 83 hat. Der Versicherer darf den Versicherten aber über die Ersatzpflicht nicht im Unklaren lassen, geschweige denn diese bestreiten;[76] ansonsten ist die Befolgung der Weisung dem VN nicht zumutbar. Außerdem kann er nach § 83 I 2 Vorschuss auf die Aufwendungen (etwa für Prozesskosten) verlangen und hat ein entsprechendes Zurückbehaltungsrecht, falls die Vorschussgewährung als solche die Rettung nicht vereitelt. 22

Das Weisungsrecht nach Abs. 2 erlaubt nur die Anordnungen von Maßnahmen für den **konkreten Schadensfall**.[77] Allgemeine Verhaltensregeln für den Versicherungsfall kann der Versicherer nur im Vertrag selbst vereinbaren und nicht einseitig festsetzen. Das hindert den Versicherer freilich weder daran, für seine Regulierungspraxis unverbindliche Verhaltenshinweise zu erstellen noch sich bei Weisungen auf diese Hinweise zu beziehen und diese dadurch verbindlich zu machen. 23

Die in § 315 III BGB vorgesehene **Bestimmung durch Urteil** spielt bei § 82 keine praktische Rolle. Insbesondere findet sie bei **Ausbleiben der Weisung** nicht statt. § 315 III BGB gewährt daher nur dem VN einen besonderen (in der Sache vorbeugenden) Rechtsschutz, auf welchen er auch nur dann zurückgreifen kann, wenn die Gefahrenlage dies erlaubt. 24

II. Obliegenheit der Befolgung

Den VN trifft eine **Obliegenheit zur Befolgung** der Weisung.[78] Die damit erforderlichen Maßnahmen können die nach Abs. 1 erforderlichen ergänzen oder von diesen abweichen. Die Obliegenheit wird im Text nur vorausgesetzt, ist aber unumstritten. 25

Die **Grenzen** der Befolgungsobliegenheit entsprechen denen der Rechtmäßigkeit der Weisung (s.o. Rdn. 20 f.). Sie gelten grundsätzlich auch für nachträgliche Hindernisse für die Ausführung einer rechtmäßigen Weisung. Zusätzlich steht dem VN aber entsprechend § 665 Satz 1 BGB das Recht zu, von einer Weisung **abzuweichen**, wenn von einer hypothetischen Billigung durch den Versicherer auszugehen ist.[79] § 665 Satz 2 BGB schaltet dem freilich eine Rückfrageobliegenheit vor. Ein Ignorieren der fehlerhaften oder fehlerhaft gewordenen Weisung ist nur bei Gefahr im Verzug möglich, § 665 Satz 2 Hs. 2 BGB. Verletzt der VN seine Pflicht zur Rückfrage, soll dies nur Schadensersatz nach § 280 BGB auslösen, den Versicherungsschutz aber unberührt lassen.[80] 26

III. Pflichten des Versicherers bezüglich der Weisung

Den Versicherer trifft **keine Pflicht zur Weisungserteilung**.[81] Allerdings kann die unterlassene Erteilung erbetener Weisungen nach Abs. 2 Obliegenheiten nach Abs. 1 beschränken.[82] Außerdem besteht eine **Pflicht zur Ordnungsgemäßheit** der Weisung im Erteilungsfall. Die Fehlerhaftigkeit der Weisung begründet eine Pflichtverletzung i.s.v. § 280 BGB. Kann sich der Versicherer nicht entlasten, schuldet er dann Schadensersatz, soweit der Schaden die Summe aus Versicherungsleistung und Aufwendungsersatz übersteigt (vor allem bei begrenzter Versicherungssumme). § 278 BGB ist auf Verhalten des Gehilfen des Versicherers anwendbar.[83] 27

D. Folgen der Verletzung der Obliegenheiten (Abs. 3, 4)

I. Vorsätzliche Verletzung

Bei vorsätzlicher (zum Begriff s. § 81 Rdn. 29) Verletzung der Rettungsobliegenheit wird der Versicherer leistungsfrei, Abs. 3 Satz 1. Dem VN bleibt freilich der Nachweis fehlender Kausalität oder Relevanz nach Abs. 4 Satz 1 möglich,[84] falls keine Arglist des VN vorliegt, Abs. 4 Satz 2. Diese Neuregelung ersetzt für § 82 die frü- 28

---

74 R/L/*Langheid*, § 82 Rn. 15.
75 R/L/*Römer*[2], § 62 Rn. 11.
76 Vgl. P/M/*Voit*, § 82 Rn. 15.
77 HK-VVG/*Schimikowski*, § 82 Rn. 15.
78 Vgl. P/M/*Voit*, § 82 Rn. 25.
79 BK/*Beckmann*, § 62 Rn. 16. Dagegen P/M/*Voit*, § 82 Rn. 25.
80 Richtig HK-VVG/*Schimikowski*, § 82 Rn. 16.
81 P/M/*Voit*, § 82 Rn. 22; R/L/*Langheid*, § 82 Rn. 14.
82 Vgl. P/M/*Voit*, § 82 Rn. 22.
83 BGH VersR 1984, 1161, 1162.
84 Vgl. zur bisherigen Rechtslage BGH VersR 1972, 363; R/L/*Römer*[2], § 62 Rn. 13.

II. Grob fahrlässige Verletzung

29 Bei Vorliegen grober Fahrlässigkeit (zum Begriff s. § 81 Rdn. 31) kommt es regelmäßig zur **Kürzung der Leistung** nach Abs. 3 Satz 2. Betroffen ist aber nur derjenige Teil der Versicherungsleistung, für den dem VN der Nachweis der fehlenden Kausalität oder Relevanz der Obliegenheitsverletzung nach Abs. 4 Satz 1 nicht gelingt. Die Kürzung erfolgt daher in einem zweistufigen Verfahren, indem zunächst der Leistungsteil festgestellt wird, der der Kürzung unterliegt,[87] und dann die Kürzung (nur) dieses Teils erfolgt. Die Kürzung erfolgt im Kern nach den zu § 81 entwickelten Regeln (s. § 81 Rdn. 50). Die abweichende Beweislast zu den Elementen der groben Fahrlässigkeit, Abs. 3 Satz 2 Hs. 2, macht freilich Anpassungen erforderlich.

III. Beweislast

30 Mit dem Nachweis der objektiven Obliegenheitsverletzung ist der Versicherer belastet.[88] Er muss darlegen und beweisen, welche konkreten Maßnahmen der VN hätte ergreifen müssen.[89] Auch für den Vorsatz trifft die Beweislast den Versicherer,[90] das folgt per *argumentum e contrario* aus Abs. 3 Satz 2 Hs. 2. Umgekehrt muss sich der VN von der groben Fahrlässigkeit entlasten Abs. 3 Satz 2 Hs. 2 und dementsprechend sind auch die Umstände, welche die Kürzung steuern, ebenfalls vom VN zu beweisen. Auch der Nachweis fehlender Kausalität oder Relevanz obliegt dem VN, Abs. 4 Satz 1.[91]

IV. Abdingbarkeit

31 § 82 ist **halbzwingend**, § 87. Das hindert den Versicherer freilich nicht an der Vereinbarung von Obliegenheiten für den Schadensfall.[92] Genau genommen bezieht sich der zwingende Charakter damit allein auf den generellen Verhaltensmaßstab und die Rechtsfolgenseite.

§ 83 Aufwendungsersatz.

(1) Der Versicherer hat Aufwendungen des Versicherungsnehmers nach § 82 Abs. 1 und 2, auch wenn sie erfolglos bleiben, insoweit zu erstatten, als der Versicherungsnehmer sie den Umständen nach für geboten halten durfte. Der Versicherer hat den für die Aufwendungen erforderlichen Betrag auf Verlangen des Versicherungsnehmers vorzuschießen.
(2) Ist der Versicherer berechtigt, seine Leistung zu kürzen, kann er auch den Aufwendungsersatz nach Absatz 1 entsprechend kürzen.
(3) Aufwendungen des Versicherungsnehmers, die er gemäß den Weisungen des Versicherers macht, sind auch insoweit zu erstatten, als sie zusammen mit der sonstigen Entschädigung die Versicherungssumme übersteigen.
(4) Bei der Tierversicherung gehören die Kosten der Fütterung und der Pflege sowie die Kosten der tierärztlichen Untersuchung und Behandlung nicht zu den vom Versicherer nach den Absätzen 1 bis 3 zu erstattenden Aufwendungen.

Übersicht

	Rdn.		Rdn.
A. Allgemeines	1	VI. Beweislast	12
I. Normzweck	1	VII. Fütterungs- und Pflegekosten in der Tierversicherung	13
II. Anwendungsbereich	3		
B. Aufwendungsersatzanspruch	4	C. Vorschussanspruch	14
I. Nach Eintritt des Versicherungsfalls	4	D. Wirkung von Kürzungsrechten des Versicherers	15
II. Versicherter Schaden	5	I. Allgemeines	15
III. Rettungsmaßnahme	6	II. Weisungsbedingte Mehraufwendungen	16
IV. Aufwendungen	8	E. Abdingbarkeit	17
V. Subjektive Gebotenheit	9		

---

[85] HK-VVG/*Schimikowski*, § 82 Rn. 20.
[86] BGH NJW-RR 1991, 1372.
[87] *Meixner/Steinbeck*, § 2 Rn. 37. Auch insoweit ersetzt Abs. 4 die bisherige Relevanzrechtsprechung: HK-VVG/*Schimikowski*, § 82 Rn. 20.
[88] HK-VVG/*Schimikowski*, § 82 Rn. 8; R/L/*Langheid*, § 83 Rn. 24.
[89] P/M/*Voit*, § 82 Rn. 20.
[90] HK-VVG/*Schimikowski*, § 82 Rn. 18.
[91] P/M/*Voit*, § 82 Rn. 32.
[92] Wie hier jetzt auch P/M/*Voit*, § 82 Rn. 36.

Schrifttum:
Büchner, Entschädigungsbegrenzungen und Rettungskostenersatz, VersR 1967, 628; *Martin*, Aufwendungsersatz (§ 63 VVG) nach Abwendungs- und Minderungsmaßnahmen zugleich gegen versicherte und nicht versicherte Sachen in der Sachversicherung, VersR 1968, 909. Vgl. auch die Nachweise zu § 82.

A. Allgemeines
I. Normzweck

§ 83 verdeutlicht im Zusammenspiel mit § 82, dass die Rettung – ab Eintritt des Versicherungsfalls – hinsichtlich der entstehenden Kosten **zum versicherten Risiko** gehört. Dementsprechend ist der Aufwendungsersatzanspruch nach dieser Vorschrift ein vertraglicher und nicht etwa Sonderfall der GoA.[1] Das hindert freilich eine entsprechende Heranziehung der Wertungen der Geschäftsbesorgung nicht, weil die Bewertung der Grundsituation durch den Gesetzgeber derjenigen des Schuldverhältnisses stark ähnelt[2] und der Gesetzgeber bewusst die Formulierungen der §§ 683 Satz 1, 670 BGB aufgreift. § 83 ist verdrängende lex specialis zu §§ 669, 670 BGB.[3]

1

Regelmäßig findet sich außerdem der Hinweis, § 83 bilde die Kehrseite der Rettungsobliegenheit.[4] Das ist freilich unter der Neuregelung dogmatisch unrichtig: Der die Rettungskosten betreffende Teil des versicherten Risikos ist richtigerweise **unabhängig von der Rettungsobliegenheit**.[5] § 90 belegt die Zugehörigkeit zum versicherten Risiko auch für den Fall des Fehlens der Obliegenheit; der Verweis in § 83 I 1 auf § 82 bezieht sich richtigerweise allein auf die dort festgelegte zeitliche Begrenzung nach vorne. § 83 gilt damit insbesondere auch dann, wenn die Rettungsobliegenheit nach § 82 zugunsten des VN abbedungen oder soweit sie beschränkt wird, oder die Obliegenheit nicht so weit reicht, wie die Rettungsbemühungen des Versicherten. Zusammen mit § 82 begrenzt § 83 allerdings § 81.[6]

2

II. Anwendungsbereich

Der Aufwendungsersatz für Rettungskosten gilt für die Sachversicherung, richtigerweise aber auch für die Schadensversicherung im Übrigen[7] und somit auch für die Haftpflichtversicherung[8] und die Krankenversicherung (§ 194 I 1)[9]. Das zeigt bereits der ausdrückliche Ausschluss für die Unfallversicherung durch § 184.[10] Für die Transportversicherung trifft § 135 eine Sonderregelung zum Umfang der ersatzfähigen Aufwendungen. Abs. 4 enthält eine Sonderregelung für die Tierversicherung (s. Rdn. 13). § 83 gilt nur für Aufwendungen des Versicherungsnehmers respektive Versicherten; die Vorschrift begründet **keinen Direktanspruch Dritter**.[11]

3

B. Aufwendungsersatzanspruch
I. Nach Eintritt des Versicherungsfalls

Die Neuregelung löst den Aufwendungsersatz zwar von seiner Abhängigkeit von der Rettungsobliegenheit des § 82, beschränkt den Ersatz jedoch zugleich zeitlich auf Aufwendungen für Rettungsmaßnahmen, die nach dem Versicherungsfall erfolgen. Dies ergibt sich systematisch aus der Neuregelung für Rettungsmaßnahmen vor diesem Zeitpunkt in § 90.[12] Unfälle durch Ausweichen vor Haarwild sind daher nunmehr nach § 90 und nicht nach § 83 zu behandeln;[13] s. § 90 Rdn. 3. Zum maßgebenden Zeitpunkt im Einzelnen s. § 82 Rdn. 9–11.

4

II. Versicherter Schaden

§ 83 erfasst **nur** die Kosten einer Abwendung und Minderung von Schäden, **für die Versicherungsschutz** besteht[14] und **soweit** er für diese besteht. Das entspricht dem Grundgedanken der Regelung, diese Kosten zum

5

---

1 HK-VVG/*Schimikowski*, § 83 Rn. 1.
2 *Looschelders*, in: FS Deutsch, 2009, S. 835, 851. Ähnlich AG Lörrach, BeckRS 2015, 15943 (»entspricht den Grundsätzen«).
3 L/W/*Looschelders* § 83 Rn. 3; a.A. P/M/*Voit*, § 83 Rn. 1.
4 BGH VersR 1977, 709; HK-VVG/*Schimikowski*, § 83 Rn. 1; R/L/*Langheid*, § 83 Rn. 1.
5 Anders OLG Karlsruhe, MDR 2016, 152 Rn. 14 (obiter und ohne Begründung); HK-VVG/*Schimikowski*, § 83 Rn. 2 sowie für das alte Recht R/L/*Römer*², § 63 Rn. 1.
6 S. § 81 Rdn. 8.
7 Vgl. HK-VVG/*Schimikowski*, § 82 Rn. 5 Fn. 5.
8 LG Hof BeckRS 2010, 25135.
9 OLG Karlsruhe, r+s 2015, 364, Rn. 39.
10 Anders die h.M. zum alten Recht R/L/*Römer*², § 63 Rn. 3.
11 Richtig LG Hof BeckRS 2010, 25135.
12 HK-VVG/*Schimikowski*, § 83 Rn. 4; *Looschelders*, in: FS Deutsch, 2009, S. 835, 839 (dort auch zur Vorgeschichte).
13 HK-VVG/*Schimikowski*, § 83 Rn. 5.
14 BGH VersR 1985, 656, 658; R/L/*Langheid*, § 83 Rn. 2.

Teil des versicherten Risikos zu machen. Der Ersatz von Rettungskosten scheidet daher aus, wenn der Versicherer leistungsfrei ist,[15] etwa wegen einer Obliegenheitsverletzung.[16] Hingegen bleibt § 83 anwendbar, wenn der Versicherer zur Kürzung seiner Leistung berechtigt ist, s. Abs. 2 und Rdn. 15. Bei Rettung versicherter und nicht versicherter Gegenstände kommen die zu §§ 683 Satz 1, 670 BGB entwickelten Grundsätze[17] für das Zusammentreffen von Fremd- und Eigengeschäftsführung zur Anwendung;[18] das kann auch zum Ausschluss der Ersatzfähigkeit führen.

III. Rettungsmaßnahme

6   Ausreichend ist eine Maßnahme, die objektiv den Charakter eines Rettungsversuchs hat. Ein **Erfolg** der Rettungsmaßnahme ist **nicht erforderlich**[19] und auch die objektive Aussichtslosigkeit schadet nicht. Der Gedanke der Erfassung des versicherten Risikos (und der Unabhängigkeit von der Rettungsobliegenheit) lässt § 83 auch solche Aufwendungen erfassen, die durch Handlungen Dritter entstehen, wenn nur der VN für diese Aufwendungen einzustehen hat.[20]

7   Ein **Rettungswille** oder eine Rettungsabsicht sind hingegen **entbehrlich**.[21] Damit schließt insbesondere die irrtümliche Annahme des Fehlens eines tatsächlich gegebenen Versicherungsschutzes den Aufwendungsersatz nicht aus.[22] Regelmäßig ist zu lesen, dass **Reflexwirkungen** von Handlungen zur Rettung anderer (nicht versicherter) Güter nicht erfasst seien.[23] Dies ist aber unrichtig, und mit der Anknüpfung an eine objektive Rettungshandlung nicht zu vereinbaren. Die Berücksichtigung eines bloßen Reflexcharakters erfolgt vielmehr **erst auf der Rechtsfolgenseite**: Gegenüber der Rettung von Leib und Leben bleibt das Sachschadensrisiko soweit zurück, dass die Sachversicherung allenfalls einen Bruchteil zu erstatten hat (s.o. Rdn. 5). Eine öffentlich-rechtliche Beseitigungspflicht steht einem Erstattungsanspruch nach § 83 Abs. 1 in der Kaskoversicherung zwar nicht entgegen. Sie ist aber nicht geeignet, einen Erstattungsanspruch zu begründen,[24] weil sie nicht zum versicherten Risiko der Kaskoversicherung gehört.

IV. Aufwendungen

8   Aufwendung i.S.v. § 83 ist **jede** – auch unfreiwillige – **Vermögensminderung**, die adäquat kausale Folge einer Rettungsmaßnahme ist.[25] Das gilt zunächst für freiwillige Vermögensopfer wie etwa die Kosten einer Kreditaufnahme.[26] Zugleich sind aber auch Schäden des VN erfasst, sofern sich in ihnen die spezifische Gefahr der Rettungsmaßnahme verwirklicht,[27] einschließlich aller noch adäquat verursachten Folgeschäden. Der Schaden muss dabei normativ als Aufwendung gelten können, die gerade der Abwendung des Versicherungsfalls gilt.[28] An der adäquaten Verursachung fehlt es bei Folgeschäden durch eigenes Fehlverhalten gegenüber Dritten.[29] Der Aufwendungsersatz schließt hingegen Schäden ein, gegen die der VN primär nicht versichert ist,[30] und umfasst auch ein Schmerzensgeld i.S.v. § 253 II BGB[31] oder Finderlohn. Der Einsatz der eigenen Arbeitskraft kann entsprechend § 1835 III BGB ausnahmsweise eine ersatzfähige Aufwendung darstellen, wenn die Tätigkeit in den Bereich der gewerblichen oder beruflichen Tätigkeit des VN fällt. Erfasst sind schließlich auch adäquat verursachte Rettungskosten Dritter, für die der Versicherte – etwa nach GoA oder aus Dienstvertrag – einzustehen hat.[32] Hinsichtlich der Fälligkeit und der Verzinsung überlagert § 14 die Folgen des § 256 BGB, der daher außer Anwendung bleibt.[33]

---

15 R/L/*Langheid*, § 83 Rn. 2.
16 OLG Karlsruhe VersR 1995, 1088.
17 Zu diesen PWW/*Fehrenbacher*, § 683 Rn. 8; MünchKommBGB/*Seiler*, § 683 Rn. 26.
18 BGH NJW-RR 1994, 1366, 1367.
19 R/L/*Langheid*, § 83 Rn. 6, 8.
20 BGHZ 113, 359; R/L/*Langheid*, § 83 Rn. 10.
21 BGH NJW-RR 1994, 1366, 1367; R/L/*Langheid*, § 83 Rn. 6.
22 HK-VVG/*Schimikowski*, § 83 Rn. 3.
23 BGH NJW-RR 1994, 1366; R/L/*Langheid*, § 83 Rn. 6.
24 Richtig OLG Karlsruhe, MDR 2016, 152 Rn. 21.
25 BGH VersR 1977, 709; R/L/*Langheid*, § 83 Rn. 12.
26 HK-VVG/*Schimikowski*, § 83 Rn. 11.
27 AG Lörrach, BeckRS 2015, 15943; *Looschelders*, in: FS Deutsch, 2009, S. 835, 851.
28 AG Lörrach, BeckRS 2015, 15943.
29 BGH NVersZ 2002, 285.
30 *Looschelders*, in: FS Deutsch, 2009, S. 835, 852.
31 *Looschelders*, in: FS Deutsch, 2009, S. 835, 852.
32 R/L/*Langheid*, § 83 Rn. 12.
33 Teilweise abweichend B/M/*Möller*[8], § 63 Anm. 19.

V. Subjektive Gebotenheit

Die Maßnahme muss subjektiv geboten sein; daran fehlt es mit der herrschenden Ansicht nur, wenn sich der VN über die Gebotenheit **grob fahrlässig irrt**.[34] Den entsprechenden Streit zum alten Recht[35] hat der Gesetzgeber zwar nicht entschieden[36] und die Formulierung des Gesetzes insoweit unverändert gelassen. Maßgebend ist freilich der sonst eintretende Wertungssprung zu den Maßstäben der §§ 28, 81, 82 III. Der Irrtum muss sich auf die objektive Gebotenheit beziehen. Bei einem erkennbar völlig zerstörten oder ausgebrannten Fahrzeug ohne jeglichen Restwert des Fahrzeugwracks kann es bereits an der subjektiven Gebotenheit für einen Rücktransport fehlen.[37] 9

Objektiv geboten ist nur, was zur Schadensabwendung **geeignet und erforderlich** ist. Zudem darf **kein Missverhältnis** der Aufwendungen zum möglichen Erfolg bestehen,[38] was etwa bei Zahlung eines Lösegelds für ein Kfz[39] oder einem Rücktransport der erkrankten VN mit eigens gechartertem Flugzeug[40] fraglich sein kann. Der Irrtum über das Bestehen einer Schadensabwendungsobliegenheit ist hingegen unerheblich,[41] weil § 83 von deren Bestehen ohnehin nicht (mehr) abhängt. 10

Fehlt die subjektive Gebotenheit, so war nach bisheriger Rechtslage der Aufwendungsersatz vollständig ausgeschlossen.[42] Eine Milderung ließ sich auch nicht in Anwendung von § 254 BGB erreichen.[43] Für das neue Recht befindet sich freilich die Auffassung im Vordringen, wonach bei grober Fahrlässigkeit die **Quotelungen** nach §§ 28, 81, 82 III 2 nunmehr entsprechend anzuwenden seien.[44] 11

VI. Beweislast

Die Beweislast für die Voraussetzungen des Anspruchs liegt vollständig beim VN.[45] Das gilt sowohl für die objektive Gebotenheit der Rettungsmaßnahme[46] und den Charakter der Handlung als eine solche, wie auch für die Abwesenheit von grober Fahrlässigkeit.[47] 12

VII. Fütterungs- und Pflegekosten in der Tierversicherung

In der **Folge der Streichung** der früher in §§ 116 ff. VVG a.F. enthaltenen Regelungen zur Tierversicherung enthält Abs. 4. eine Sonderregelung für die Tierversicherung, die § 123 I VVG a.F. entspricht. Der Ausschluss des Ersatzes von Fütterungskosten erfasst auch etwaige Ansprüche aus GoA. 13

C. Vorschussanspruch

Abs. 1 Satz 2 **durchbricht** die Fälligkeitsregel des § 14 und verpflichtet den Versicherer zur Leistung von Vorschuss. Der VN kann seine Rettungsmaßnahmen nach § 273 BGB von der Leistung – gegebenenfalls auch nur von der Zusage – dieses Vorschusses abhängig machen.[48] 14

D. Wirkung von Kürzungsrechten des Versicherers
I. Allgemeines

Da die Aufwendungen zur Rettung **Teil des versicherten Risikos** sind, schlagen auch Kürzungen der Leistungspflicht auf die Ersatzfähigkeit der Aufwendungen durch, Abs. 2. Die frühere, auf den Fall der Unterversicherung begrenzte, Regelung in § 63 II VVG a.F. ist damit verallgemeinert worden. Sie erfasst nunmehr neben der Kürzung wegen erheblicher Unterversicherung nach § 75 auch die Kürzungen nach §§ 28, 81, 82 III 2. Die versicherungsvertraglich vereinbarte Selbstbeteiligung ist hingegen nicht in Abzug zu bringen.[49] 15

---

34 OLG Karlsruhe, r+s 2015, 364, Rn. 41; OLG Karlsruhe, MDR 2016, 152 Rn. 15; *Looschelders*, in: FS Deutsch, 2009, S. 835, 853. Abweichend gegen die bislang h.M. HK-VVG/*Schimikowski*, § 83 Rn. 13, der auf die gebotene Sorgfalt unter den konkreten Umständen abstellen will.
35 S. die Nachweise bei BGH NJW 1997, 1012.
36 *Looschelders*, in: FS Deutsch, 2009, S. 835, 853.
37 Vgl. OLG Karlsruhe, MDR 2016, 152 Rn. 15 einerseits und Rn. 18 f. andererseits.
38 R/L/*Langheid*, § 83 Rn. 8.
39 OLG Saarbrücken NJW-RR 1998, 463; OLG Karlsruhe, r+s 2015, 364, Rn. 40.
40 Vgl. OLG Karlsruhe, r+s 2015, 364, Rn. 39 ff.: LG Karlsruhe, BeckRS 2015, 11958 (Wehen bei Schwangerer im Frankreichurlaub).
41 Anders die h.M. zum alten Recht: vgl. R/L/*Römer*[2], § 63 Rn. 7.
42 OLG Karlsruhe, r+s 2015, 364, Rn. 41.
43 R/L/*Langheid*, § 83 Rn. 4.
44 AG Bad Segeberg, NJOZ 2015, 1650f. (§ 82 III 2 VVG); *Looschelders*, in: FS Deutsch, 2009, S. 835, 854. Nicht erörtert bei: OLG Karlsruhe, r+s 2015, 364, Rn. 41.
45 OLG Karlsruhe, r+s 2015, 364, Rn. 40; OLG Karlsruhe, MDR 2016, 152 Rn. 16.
46 HK-VVG/*Schimikowski*, § 83 Rn. 16.
47 P/M/*Voit*, § 83 Rn. 32; R/L/*Langheid*, § 83 Rn. 19. Anders zum alten Recht noch P/M/*Knappmann*[26], § 63 Rn. 20.
48 B/M/*Möller*[8], § 63 Anm. 28.
49 AG Bad Segeberg, NJOZ 2015, 1650, 1651.

§ 84 Sachverständigenverfahren

II. Weisungsbedingte Mehraufwendungen

16 Ist die Leistungspflicht des Versicherers beschränkt, kann es zu Konflikten zwischen der Obliegenheit zur Befolgung von Weisungen und dem auf das Risiko beschränkten Ersatz von Aufwendungen zur Rettung kommen. Soweit Weisungen des Versicherers über das versicherte Risiko hinausreichen, werden ihre Kosten daher durch Abs. 3 **in den Bereich des versicherten Risikos** einbezogen. Das gilt freilich nur, soweit die Aufwendungen erst durch die Weisung adäquat verursacht sind.

E. Abdingbarkeit

17 Wegen der Zugehörigkeit zum versicherten Risiko war der Aufwendungsersatz richtigerweise bereits bislang AVB-fest.[50] Der Gesetzgeber hat daraus nunmehr die Konsequenz gezogen und § 83 **halbzwingend** ausgestaltet. Das gilt richtigerweise auch dann, wenn die Rettungsobliegenheit nach § 82 abbedungen oder soweit sie beschränkt wird. Die neue Unabhängigkeit des Aufwendungsersatzes von der Rettungsobliegenheit (s. Rdn. 2) schlägt auch hier durch.

§ 84 Sachverständigenverfahren.

(1) Sollen nach dem Vertrag einzelne Voraussetzungen des Anspruchs aus der Versicherung oder die Höhe des Schadens durch Sachverständige festgestellt werden, ist die getroffene Feststellung nicht verbindlich, wenn sie offenbar von der wirklichen Sachlage erheblich abweicht. Die Feststellung erfolgt in diesem Fall durch gerichtliche Entscheidung. Dies gilt auch, wenn die Sachverständigen die Feststellung nicht treffen können oder wollen oder sie verzögern.

(2) Sind nach dem Vertrag die Sachverständigen durch das Gericht zu ernennen, ist für die Ernennung das Amtsgericht zuständig, in dessen Bezirk der Schaden entstanden ist. Durch eine ausdrückliche Vereinbarung der Beteiligten kann die Zuständigkeit eines anderen Amtsgerichts begründet werden. Die Verfügung, durch die dem Antrag auf Ernennung der Sachverständigen stattgegeben wird, ist nicht anfechtbar.

Übersicht

	Rdn.		Rdn.
A. Normzweck von § 84	1	V. Ende des Verfahrens	17
B. Sachverständigenverfahren	2	C. Unverbindlichkeit des Gutachtens	18
I. Zwecke des Verfahrens und Anwendungsbereich	2	I. Allgemeines	18
II. Rechtsnatur	4	II. Offenbare Unrichtigkeit	20
III. Einleitung des Verfahrens	7	III. Befangenheit des Sachverständigen	26
IV. Tätigkeit der Sachverständigen	15	D. Gerichtliche Ersetzung	30
		E. Abdingbarkeit	32

A. Normzweck von § 84

1 Die Vorschrift behandelt ausschnittweise die Folgen der vertraglichen Vereinbarung eines **Sachverständigenverfahrens** zur Feststellung des Leistungsumfangs bei Meinungsverschiedenheiten zwischen Versicherer und VN. Geregelt wird die Behandlung offensichtlicher Fehlentscheidungen, Abs. 1 (dazu Rdn. 20 ff.), sowie die Zuständigkeit bei gerichtlicher Benennung der Sachverständigen, Abs. 2 (dazu Rdn. 12). Die Vorschrift ist auf die Bildung eines **Ausschusses durch mehrere Sachverständige** zugeschnitten, findet richtigerweise aber auch bei Einigung auf einen gemeinsamen Sachverständigen Anwendung.[1]

B. Sachverständigenverfahren

I. Zwecke des Verfahrens und Anwendungsbereich

2 Die Vereinbarung eines Sachverständigenverfahrens nach § 84 hat vor allem den **Zweck** einer Beschleunigung der Feststellung des Umfangs der Leistungspflicht durch Vermeidung der ordentlichen Gerichte.[2] Soweit dies – etwa in A.2.17 AKB 2008 – gesondert vorgeschrieben wird, erfolgt zudem ein Rückgriff auf die besondere Sachkunde der Gutachter.[3]

3 § 84 gilt nur für die **Schadensversicherung:** § 189 ordnet die Anwendung auch für die Unfallversicherung an, soweit diese Summenversicherung ist. Ferner setzt die Anwendung der Vorschrift eine vertragliche Vereinbarung in AVB voraus.[4] Eine solche findet sich etwa in § 10 AERB 2008, § 10 AFB 2008, A.2.17 AKB 2008, § 15 VGB 2008 sowie in § 15 VHB 2008. Auf private Pflegeversicherungsverträge ist die Vorschrift nicht an-

---

50 P/M/*Voit/Knappmann*[27], § 62 Rn. 9; R/L/*Langheid*, § 83 Rn. 20.
1 Anders OLG Celle VersR 1998, 441: §§ 317, 319 BGB; wie hier schon P/M/*Voit/Knappmann*[27], § 64 Rn. 5.
2 BGH NJW-RR 1987, 917: OLG Celle r+s 2014, 173, 174.
3 BGH VersR 1984, 429.
4 BSGE 118, 239, Rn. 15.

wendbar, da sich die Verbindlichkeitsanordnung in § 84 I nicht mit der spezielleren Regelung des § 23 SGB XI vereinbaren lässt und für die private Pflegeversicherung das Verfahren gesetzlich angeordnet ist.[5]

II. Rechtsnatur

Die Sachverständigen i.S.v. § 84 sind **Schiedsgutachter**.[6] Dementsprechend finden die §§ 317 ff. BGB grundsätzlich entsprechende Anwendung, soweit nicht § 84 abweichende Regeln fordert.[7] Zwischen den Schiedsgutachtern und Parteien besteht ein Vertrag (s. unten Rdn. 9), aus welchem die Schiedsgutachter u.U. auch nach § 280 BGB haften.[8] Allerdings ist der Haftungsstandard entsprechend dem Maßstab von § 84 zu modifizieren: Die Sachverständigen haften nur für eine offenbare Abweichung von der tatsächlichen Sachlage.[9] 4

Das Verfahren nach § 84 hat zur Folge, dass die **Fälligkeit** der Versicherungsleistung bis zur Vorlage des Gutachtens suspendiert ist.[10] Es gehört zu den notwendigen Erhebungen nach § 14 I; die Fälligkeit von Abschlagszahlungen nach § 14 II wird dadurch freilich nicht berührt. 5

Vom **Schiedsverfahren** nach §§ 1025 ff. ZPO unterscheidet sich das Verfahren nach § 84 dadurch, dass keine abschließende Entscheidung über das gesamte Rechtsverhältnis anstelle der ordentlichen Gerichte erfolgt.[11] Hingegen geht die Einigung bei einem **Schadensfeststellungsvertrag** oder Entschädigungsfeststellungsvertrag weiter, weil sie bereits eine – u.U. vergleichsweise erfolgende[12] – Einigung über den Umfang des Schadens respektive die Höhe der Entschädigung beinhaltet;[13] beide sind ebenfalls von § 84 nicht erfasst.[14] 6

III. Einleitung des Verfahrens

Das Sachverständigenverfahren nach § 84 kann regelmäßig einseitig durch jede Partei eingeleitet werden.[15] Die AVB sehen teilweise ein **einseitiges Einleitungsrecht** des VN vor, etwa § 15 VGB 2008. Ein ausschließliches Einleitungsrecht des Versicherers ist unzulässig. Eine Einleitung durch den Versicherer enthält kein Anerkenntnis dem Grunde nach.[16] 7

Der VN kann die **Durchführung** des Verfahrens letztlich nicht **erzwingen**, wohl aber ersetzen: Bei Weigerung des Versicherers kann der VN ferner auf Feststellung des Versicherungsschutzes klagen,[17] wobei die Möglichkeit der Leistungsklage das Feststellungsinteresse ausnahmsweise nicht ausschließt.[18] Bei gänzlicher Leistungsverweigerung des Versicherers kann unmittelbar auf Leistung geklagt werden.[19] Dieser Weg scheidet freilich aus, wenn nur Streit um die Höhe der Leistungspflicht besteht.[20] 8

Die **Bestellung der Sachverständigen** erfolgt in der Weise, dass jede Partei einen eigenen Sachverständigen benennt.[21] Idealiter werden die Verträge mit den Sachverständigen jedoch durch beide Parteien geschlossen. Grundsätzlich kann auch einer der Vertragspartner allein den Schiedsgutachtervertrag mit dem Sachverständigen schließen.[22] Dabei muss jedoch eindeutig offengelegt werden, dass es sich um ein für beide Seiten zu erstattendes Schiedsgutachten handelt.[23] Auch bei der Auftragsvergabe durch einen Vertragspartner ist der Schiedsgutachter beiden Parteien zur ordnungsgemäßen Erstellung seines Gutachtens verpflichtet.[24] Erst mit vollständiger Bestellung des Gremiums (ggf. unter Einschluß des Obmanns) beginnen die Feststellungen, so dass zuvor eine Kooperationspflicht des VN (etwa Ermöglichung der Besichtigung des versicherten Gegenstandes) nicht besteht.[25] 9

---

5 BSGE 118, 239, Rn. 13 (unter Aufgabe der früheren Rspr., insbes. BSGE 88, 262 und BSGE 88, 268) und Rn. 17: BSG NJW 2016, 1758, Rn. 13. Abweichend auf der Basis der früheren BSG-Rspr. noch LSG Bayern NZS 2014, 785.
6 BGH VersR 1976, 821.
7 P/M/*Voit/Knappmann*[27], § 64 Rn. 1; zurückhaltender nunmehr P/M/*Voit*, § 84 Rn. 2.
8 R/L/*Langheid*, § 84 Rn. 2.
9 OLG Hamm NJW-RR 1989, 681.
10 LG Frankfurt (Oder), r+s 2014, 120; P/M/*Voit*, § 84 Rn. 2.
11 BGH VersR 1957, 122.
12 P/M/*Voit*, § 84 Rn. 38 (§ 779 BGB entsprechend anwendbar).
13 R/L/*Langheid*, § 84 Rn. 3.
14 P/M/*Voit*, § 84 Rn. 38 sowie Rn. 4 (Form des § 1031 ZPO nicht erforderlich).
15 BGH NJW-RR 1986, 962.
16 R/L/*Langheid*, § 84 Rn. 4.
17 BGH VersR 1971, 433; P/M/*Voit*, § 84 Rn. 9.
18 BGH VersR 1966, 673.
19 BGH VersR 1984, 1161, 1162.
20 OLG Frankfurt (Main) VersR 1990, 1384.
21 R/L/*Langheid*, § 84 Rn. 4.
22 LG Frankfurt (Oder), r+s 2014, 120.
23 LG Frankfurt (Oder), r+s 2014, 120.
24 LG Frankfurt (Oder), r+s 2014, 120. Ebenso für § 319 BGB BGH NJW-RR1994, 1314; RGZ 87, 190; RGZ 87, 194.
25 LG Frankfurt (Oder), BeckRS 2015, 12119 (keine Obliegenheitsverletzung nach § 28 vor Bestellung des vorgesehenen Obmanns).

10 Die Benennung ist verbindlich und kann grundsätzlich **nicht einseitig widerrufen** werden;[26] das ergibt sich freilich nicht aus der dogmatischen Einordnung als Gestaltungsrecht, sondern aus dem Zweck des Sachverständigenverfahrens einer verbindlichen Feststellung von Tatsachen. Eine Abberufung aus wichtigem Grund ist freilich möglich – etwa bei längerer Krankheit[27] – und begründet eine Pflicht zur Bestellung eines Nachfolgers. Dasselbe gilt bei Niederlegung des Amts durch den Sachverständigen.[28]

11 Ein **Ablehnungsrecht** des anderen Teils besteht nur ganz ausnahmsweise und i.d.R. auch nur dann, wenn die vertraglich festgelegten Anforderungen an den Sachverständigen verletzt sind. Insbesondere ist eine Ablehnung wegen mangelnder Qualifikation i.d.R. ausgeschlossen, soweit nicht die AVB ausnahmsweise eine bestimmte Qualifikation vorschreiben.[29] Zudem ist die Bestellung von Mitarbeitern von Mitbewerbern des Versicherers ausgeschlossen,[30] was keiner besonderen Dokumentation durch Ablehnung durch die andere Partei bedarf. Zur Ablehnung wegen Befangenheit s.u. Rdn. 27.

12 Für den Fall, dass dies vertraglich vorgesehen ist, regelt Abs. 2 ansatzweise die **Benennung** der Sachverständigen durch das Gericht und folgt dabei der Regelung der §§ 410 Nr. 2, 411 Abs. 2 FamFG. Zuständig ist danach grundsätzlich das **Amtsgericht**, in dessen Bezirk der Schaden entstanden ist, Abs. 2 Satz 1. Die Parteien können von der gesetzlichen Verteilung der örtlichen Zuständigkeit durch ausdrückliche Vereinbarung abweichen, Abs. 2 Satz 2. Bei dem Verfahren ist jeweils entsprechend § 412 Nr. 2 FamFG der Gegner zu hören; Gründe für eine Untunlichkeit der Anhörung werden kaum einmal vorliegen. Die dem Antrag entsprechende Entscheidung ist gem. Abs. 2 Satz 3 unanfechtbar. Dagegen ist gegen die Ablehnung des Antrags die Beschwerde und weitere Beschwerde gegeben.[31] Wie bei §§ 410 ff. FamFG besteht – soweit materielle Gründe vorliegen (s. Rdn. 27) – ein Recht zur Ablehnung des ernannten Sachverständigen entsprechend § 29 Abs. 2 FamFG i.V.m. § 406 ZPO. Weder dieses noch das Recht zur sofortigen Beschwerde gegen eine die Ablehnung verwerfende Verfügung werden von Abs. 2 Satz 3 berührt.[32]

13 Vielfach wird in den AVB zusätzlich die Bestellung eines **Obmanns** vorgesehen, etwa in A.2.17 AKB 2008.[33] Die Funktion eines solchen Obmanns ist der Stichentscheid über die anzuwendenden Bewertungsmaßstäbe.[34] Hingegen hat er keine eigenen Feststellungen zu treffen. Tut er es gleichwohl und weicht seine Entscheidung von den Feststellungen der benannten Sachverständigen ab, ist seine Entscheidung unwirksam; der anzuwendende Maßstab weicht damit von Abs. 1 ab.[35] Um dies zu vermeiden, kann der Obmann zusätzliche Feststellungen durch die Sachverständigen verlangen, falls er dies für erforderlich hält; bei Ausbleiben dieser weiteren Feststellungen liegt ein Fall von Abs. 1 Satz 3 vor.[36] Die Bestellung des Obmanns haben die Sachverständigen unverzüglich nach ihrer eigenen Bestellung vorzunehmen und zu protokollieren,[37] damit sie vor dem Auftreten von inhaltlichen Meinungsverschiedenheiten abgeschlossen ist.[38] Auch eine gerichtliche Bestellung hat vor Beginn der Feststellungen durch die Sachverständigen zu erfolgen.[39] Vorher sind die Gutachter zu eigenen Feststellungen nicht berechtigt.[40]

14 § 84 enthält keine Regelung über die anfallenden **Kosten**. Entgegen der herrschenden Auffassung begründet eine Vereinbarung nach § 84 eine vertragliche Verpflichtung i.S.v. § 85 II. Zu Ansprüchen auf Vorschuss s. § 85 Rdn. 1.

IV. Tätigkeit der Sachverständigen

15 Der Sachverständige **erstellt** sein **Gutachten**; bei Verfahren mit mehreren Sachverständigen erstellt i.d.R. jeder das seinige für sich.[41] Dabei ist der Gegenstand des Gutachtens durch die jeweilige Regelung der AVB begrenzt. Er betrifft regelmäßig die Schadenshöhe. Dies schließt gegebenenfalls die Ermittlung der Menge der betroffenen Gegenstände[42] jedenfalls aber die Bestimmung des Werts der zerstörten oder beschädigten Ge-

---

26 P/M/*Voit*, § 84 Rn. 12; R/L/*Langheid*, § 84 Rn. 5; A.A. OLG Nürnberg NJW-RR 1995, 544.
27 R/L/*Langheid*, § 84 Rn. 5.
28 HK-VVG/*Rüffer*, § 84 Rn. 5.
29 P/M/*Voit*, § 84 Rn. 15.
30 BGH NJW 2015, 703 (insbes. Rn. 14); HK-VVG/*Rüffer*, § 84 Rn. 5.
31 *Bumiller/Winkler*, FGG § 164 Rn. 6.
32 Entsprechend für § 164 FGG: *Bumiller/Winkler*, FGG § 164 Rn. 6.
33 P/M/*Voit*, § 84 Rn. 11.
34 BGH NJW 1971, 1455.
35 BGH NJW 1968, 593.
36 OLG Düsseldorf VersR 1991, 657; P/M/*Voit*, § 84 Rn. 19.
37 R/L/*Langheid*, § 84 Rn. 11.
38 R/L/*Langheid*, § 84 Rn. 11.
39 BGH VersR 1989, 910; LG Frankfurt (Oder), BeckRS 2015, 12119.
40 LG Frankfurt (Oder), BeckRS 2015, 12119.
41 P/M/*Voit*, § 84 Rn. 19.
42 BGH VersR 1984, 429.

genstände ein.[43] Nicht Gegenstand eines Gutachtens nach § 84 kann hingegen die Prüfung eines Fehlverhaltens des VN nach §§ 28, 81, 82 III 2 sein.[44]

Die **Erkenntnismittel** der Sachverständigen sind begrenzt. Zur Ergänzung ihrer Sachkompetenz können sie 16 weitere Sachverständige hinzuziehen.[45] Die Möglichkeit einer Zeugen- oder Parteivernehmung besteht hingegen nicht.[46] Genügten die vorhandenen Erkenntnismittel – insbesondere Gegenstände des Augenscheins – für eine Bewertung nicht, ist zum Nachteil des VN zu entscheiden.[47] Der VN sollte im eigenen Interesse sämtliche Beweismittel vorlegen, weil er ansonsten auch für ein späteres gerichtliches Erkenntnisverfahren präkludiert ist.[48] Etwas anderes gilt selbstverständlich bei Vorliegen der Voraussetzungen einer Restitutionsklage nach §§ 578 ff. ZPO.

V. Ende des Verfahrens

Das Verfahren endet mit dem Treffen der verbindlichen Feststellungen durch Vorlage zweier Gutachten.[49] Es 17 genügt allerdings auch die Vorlage eines gemeinsamen Gutachtens, wenn sich zumindest aus den Umständen ergibt, dass die Parteien damit einverstanden sind.[50] § 318 I BGB ist unanwendbar: Erforderlich ist die Erklärung gegenüber beiden Vertragschließenden. Die Gutachten sind abschließend, eine spätere **Korrektur** des Gutachtens ist – von den Fällen der Unverbindlichkeit abgesehen – **ausgeschlossen**.[51] Gleichwohl von den Sachverständigen vorgenommene Korrekturen sind unbeachtlich.[52]

C. Unverbindlichkeit des Gutachtens

I. Allgemeines

Ein Gutachten i.S.v. § 84 ist grundsätzlich **für beide Seiten verbindlich**.[53] Für die Erreichung der Zwecke des 18 Gutachtens – einer begrenzten und schnellen Streitentscheidung – bedarf es **hoher Schwellen vor** einer **Unverbindlichkeit**.[54] Die maßgebenden Wertungen lassen sich Abs. 1 entnehmen: es bedarf einer offensichtlichen Fehlentscheidung[55] und einer Fehlerhaftigkeit des Gesamtergebnisses.[56] Diese Wertungen schlagen auch auf Unwirksamkeitsgründe durch, welche vom Wortlaut der Vorschrift nicht erfasst werden.

Die Wertungen von § 84 überwinden freilich nicht die Wirksamkeitsschranken durch die begrenzte **Zustän-** 19 **digkeit der Gutachter**. Soweit deren Aussagen nicht auf der Grundlage des Sachverständigenverfahrens stehen, sind sie immer unwirksam und binden die Parteien nicht.[57] Grundsätzlich möglich ist auch eine **Anfechtung** wegen Willensmängeln der Gutachter; diese erfolgt dann nach den Regeln des § 318 II BGB durch die Parteien und nicht durch den betreffenden Sachverständigen,[58] wobei die Vertretung durch den Sachverständigen möglich ist.[59] Zu beachten ist freilich, dass es die Funktion des Sachverständigenverfahrens erforderlich macht, eine Anfechtung nach § 119 II BGB auszuschließen; Abs. 1 ist insoweit die speziellere Norm.

II. Offenbare Unrichtigkeit

Nach Abs. 1 Satz 1 ist die von den Sachverständigen getroffene Feststellung nicht verbindlich, wenn sie offen- 20 bar von der wirklichen Sachlage erheblich abweicht. Der anzuwendende **zweiteilige Maßstab**[60] fragt einerseits nach der Offenkundigkeit der Fehlerhaftigkeit und andererseits nach einer erheblichen Abweichung vom »richtigen« Ergebnis der Feststellungen.

Nach der von Rechtsprechung und Lehre entwickelten Faustformel liegt die **offenbare Unrichtigkeit** der 21 Feststellungen vor, wenn sich die Fehlerhaftigkeit des Gutachtens dem sachkundigen und unbefangenen Beobachter aufdrängt.[61] Dafür ist die schlichte objektive Fehlerhaftigkeit nicht ausreichend.[62] Vielmehr sind hohe Anforderungen zu stellen, weil sonst der von den Parteien verfolgte Zweck in Frage gestellt würde, den

---

43 BGH NJW 1967, 1141.
44 BGH VersR 1979, 25.
45 BGH VersR 1957, 122; P/M/*Voit*, § 84 Rn. 18.
46 BGH VersR 1989, 395.
47 R/L/*Langheid*, § 84 Rn. 16.
48 BGH VersR 1976, 821; BGH NJW 1979, 1885; R/L/*Langheid*, § 84 Rn. 19.
49 BGH NJW-RR 1986, 962.
50 BGH NJW-RR 1987, 917.
51 R/L/*Langheid*, § 84 Rn. 15.
52 OLG Köln r+s 1991, 382.
53 BSGE 118, 239 Rn. 13, LG Aachen, r+s 2011, 110.
54 OLG Celle r+s 2014, 173, 174.
55 BGH NJW-RR 1987, 917.
56 BGH VersR 1957, 122.
57 BGH r+s 1991, 173; BGH NJW-RR 1993, 1371; P/M/*Voit*, § 84 Rn. 20.
58 P/M/*Voit*, § 84 Rn. 29.
59 R/L/*Langheid*, § 84 Rn. 34.
60 Betont bei OLG Celle r+s 2014, 173, 174.
61 BGH NJW 2015, 703, Rn. 18; R/L/*Langheid*, § 84 Rn. 18.
62 R/L/*Langheid*, § 84 Rn. 18.

§ 84 Sachverständigenverfahren

Schaden möglichst rasch und kostengünstig zu regulieren.[63] Umgekehrt schließt die Notwendigkeit einer eingehenden Prüfung die offenbare Unrichtigkeit nicht aus; es ist nicht erforderlich, dass der Fehler in die Augen springt.[64]

22 Für das Erfordernis des **erheblichen Abweichens** ist das Gesamtergebnis des Gutachtens maßgebend,[65] so dass im Rahmen desselben versicherten Risikos[66] grundsätzlich die Möglichkeit zum Ausgleich besteht.[67] Die Erheblichkeit der Abweichung ist Tatfrage[68] und verschließt sich einer schematischen Beurteilung nach Prozentsätzen.[69] Gleichwohl lässt sich aus der bisherigen Rechtsprechung eine Richtschnur von 15–20 % Schwankungsbreite ableiten,[70] die sich freilich bei größeren absoluten Beträgen gegen 10 % verschiebt.[71]

23 **Grundlagen der Beurteilung** beider Kriterien sind allein die bei Lieferung des Gutachtens vorliegenden Erkenntnismittel.[72] Neuer Sachvortrag erst während des Rechtsstreits bleibt unberücksichtigt.[73] Die **Beweislast** für die offenbare Unrichtigkeit trifft denjenigen, der sich auf die Unrichtigkeit beruft.[74]

24 **Fälle** offenbarer Unrichtigkeit sind wesentliche Irrtümer und grobe Verstöße gegen die Regeln der Sachkunde[75] sowie falsche Berechnungs- oder Schätzungsgrundlagen.[76] Letztere begründen die offenbare Unrichtigkeit auch, soweit diese auf einer fehlerhaften Auslegung von AVB beruht.[77] Für eine offenbare Unrichtigkeit genügt ferner eine Lückenhaftigkeit der Ausführungen der Sachverständigen, die eine Überprüfung hindert.[78] Dasselbe gilt für ein offensichtliches Abweichen vom Gutachtenauftrag.[79]

25 Gesetz und Entscheidungspraxis haben zudem Gruppen von der offenbaren Unrichtigkeit **gleichgestellten Fällen** entwickelt. Zu diesen gehören insbesondere das Ausbleiben oder die erhebliche Verzögerung des Gutachtens, Abs. 1 Satz 3 (s.u. Rdn. 31). Auf **Verfahrensfehler** ist Abs. 1 entsprechend anzuwenden, wenn sie das nötige Gewicht aufweisen.[80] Zu letzteren gehört etwa die fehlende oder ungenügende Benutzung der Buchungsunterlagen[81] sowie das fehlende Gehör.[82] Zur Befangenheit von Sachverständigen s.u. Rdn. 26 ff.

III. Befangenheit des Sachverständigen

26 Die Behandlung befangener Sachverständiger ist hoch streitig. Hinter den verschiedenen diskutierten technischen Gestaltungen stehen dabei zunächst die Fragen einer Präklusion des Ablehnungsrechts entsprechend § 406 II ZPO sowie die Anwendung der erhöhten Anforderungen von Abs. 1. Vor allem aber geht es um die Maßstäbe für eine Befangenheit, die von denjenigen, welche an einen Schiedsrichter anzulegen sind, möglicherweise abweichen.

27 Während teilweise – insbesondere in allgemeinen Äußerungen zu §§ 317 ff. BGB – die Möglichkeit einer **Ablehnung** des Sachverständigen verneint wird,[83] will die wohl herrschende Ansicht zum alten wie zum neuen Recht die Ablehnung entsprechend §§ 1036, 1037 ZPO – also durch Entscheidung der Gutachter einschließlich des abgelehnten[84] – zulassen;[85] Vergleichbarkeit ist zumindest weitgehend gegeben.[86] Eine schlichte Ab-

---

63 BGH NJW 2015, 703, Rn. 18.
64 BGH VersR 1979, 173; HK-VVG/*Rüffer*, § 84 Rn. 10.
65 OLG Celle r+s 2014, 173, 174; HK-VVG/*Rüffer*, § 84 Rn. 9.
66 LG Köln r+s 1991, 382.
67 BGH VersR 1987, 601.
68 Ausdrücklich noch P/M/*Voit/Knappmann*[27], § 64 Rn. 39.
69 OLG Celle r+s 2014, 173, 174; LG Aachen, r+s 2011, 110; R/L/*Langheid*, § 84 Rn. 23; HK-VVG/*Rüffer*, § 84 Rn. 12.
70 S. BGH NJW-RR 1987, 917 (15 % noch nicht erheblich); OLG Köln r+s 1989, 59 f. (16,66 % noch nicht erheblich); OLG Braunschweig VersR 1976, 329 (24,6 % erheblich); BGH VersR 1979, 173 (30 % erheblich). Zum neuen Recht: LG Aachen, r + s 2011, 110 (15 % nicht erheblich).
71 R/L/*Langheid*, § 84 Rn. 25.
72 BGH VersR 1957, 122.
73 BGH VersR 1976, 821, 823; BGH NJW 1979, 1885; R/L/*Langheid*, § 84 Rn. 19.
74 LG Aachen, r+s 2011, 110; R/L/*Langheid*, § 84 Rn. 17.
75 BGH MDR 1973, 210 (Annahme von Bedienungs- statt Konstruktionsfehler).
76 R/L/*Langheid*, § 84 Rn. 19.
77 BGHZ 9, 195, 198 f.
78 BGH NJW-RR 1991, 228; BGHZ 146, 280, 285.
79 LG Essen, BeckRS 2011, 00264 (Ausführungen zur Berechtigung auf den Neuwert statt beauftragter Bestimmung des Wiederbeschaffungswerts).
80 HK-VVG/*Rüffer*, § 84 Rn. 16; P/M/*Voit*, § 84 Rn. 27. Abweichend noch P/M/*Voit/Knappmann*[27], § 64 Rn. 55: Bei schweren Verfahrensmängeln unabhängig von § 84 unverbindlich.
81 R/L/*Langheid*, § 84 Rn. 19.
82 R/L/*Langheid*, § 84 Rn. 29; offengelassen in BGH VersR 1979, 173.
83 BGH VersR 1957, 122; OLG München BB 1976, 1047; Staudinger/*Rieble*, § 317 Rn. 67; P/M/*Voit*, § 84 Rn. 16. Offengelassen in BGH NJW 1978, 826; BGH NJW-RR 1987, 917.
84 S. MünchKommZPO/*Münch* § 1037 Rn. 16 (mit der regelmäßigen Folge der Ablehnung der Ablehnung im Zweiergremium, Rn. 19). Kritisch dazu aus Gründen der Praktikabilität LG Frankfurt (Oder), r+s 2014, 120, 121.
85 HK-VVG/*Rüffer*, § 84 Rn. 13; MünchKommBGB/*Gottwald*, § 317 Rn. 44; R/L/*Langheid*, § 84 Rn. 26f.
86 Zweifelnd P/M/*Voit*, § 84 Rn. 16 vor allem im Blick auf das gerichtliche Ablehnungsverfahren, das freilich von der Gestaltung des § 315 BGB nicht weit fortführt.

lehnung durch einseitige Erklärung findet hingegen nicht statt.[87] Rechtsschutz erfolgt zusätzlich entsprechend § 84 I (s. Rdn. 28). Bei verspäteter Geltendmachung der Befangenheit droht jedoch der Verlust des Anfechtungsrechts entsprechend § 406 II ZPO.[88]

Auch die **Wirkungen von Gutachten** bei bestehender Befangenheit sind umstritten: Teilweise wird die Unverbindlichkeit des Gutachtens angenommen.[89] Vorherrschend ist aber wohl die Auffassung, dass die Befangenheit des Gutachters der Unrichtigkeit des Gutachtens gleichzustellen ist,[90] die nur unter den erhöhten Voraussetzungen des § 84 – nämlich bei erheblicher Abweichung – zur Unbeachtlichkeit des Gutachtens führt.[91] 28

Die herrschende Auffassung **schränkt die Gründe** einer Befangenheit – gegenüber den nach § 1036 ZPO maßgebenden – erheblich ein, so dass nicht schon Zweifel an der Unparteilichkeit oder Unabhängigkeit des Sachverständigen für eine Ablehnung oder Unrichtigkeit des Gutachtens genügen. Befangen ist der Sachverständige vielmehr erst bei völliger Abhängigkeit oder Weisungsgebundenheit von einer Seite.[92] Insbesondere ist die einfache Vorbeauftragung durch denselben Versicherer unschädlich.[93] Umgekehrt sind Mitarbeiter des Versicherers regelmäßig nicht nur befangen, sondern mangels hinreichender Qualifikation als Dritter ausgeschlossen.[94] Für den Obmann gelten hingegen wegen seiner Funktion als Stichentscheider strengere Anforderungen,[95] die richtigerweise § 1036 ZPO entsprechen. Der Umstand, dass ein Obmann bestellt wird oder bei Uneinigkeit werden muss, senkt die Anforderungen an die von den Parteien benannten Sachverständigen nicht.[96] 29

D. Gerichtliche Ersetzung

Abs. 1 Satz 2 gibt die Möglichkeit einer Ersetzung des Sachverständigenverfahrens durch gerichtliche Feststellung, wenn eine offenbare Unrichtigkeit oder ein dieser gleichgestellter Fall vorliegen. Die fehlende Bindung des Gutachtens ermöglicht dann die ansonsten bereits mangels Fälligkeit ausgeschlossene **gerichtliche Feststellung im Deckungsprozess**;[97] eine gesonderte Anfechtung des Gutachtens oder (regelmäßig) Feststellung der Unverbindlichkeit ist nicht zulässig.[98] Die Ersetzung erfolgt vielmehr – anders als bei den Billigkeitsentscheidungen nach §§ 317, 319 BGB – im Erkenntnisverfahren; die Fälligkeitssperre entfällt dann. 30

Ausdrücklich gleichgestellt sind der Unrichtigkeit nach Abs. 1 Satz 3 Fälle des Ausbleibens des Gutachtens wegen **Unmöglichkeit** der Erstellung, **Unwilligkeit** der Sachverständigen oder unzumutbarer **Verzögerung**. Das Ausscheiden eines Sachverständigen – etwa durch Tod[99] oder durch Befangenheit – ist allerdings kein Fall des Abs. 1 Satz 3,[100] sondern macht eine Nachbesetzung des Ausschusses erforderlich. Eine unzumutbare Verzögerung setzt voraus, dass mehr als der gewöhnliche Zeitraum für die Erstellung eines entsprechenden Gutachtens verstrichen ist[101] und dass eine Partei gemahnt oder ähnlich auf Erledigung gedrängt hat.[102] 31

E. Abdingbarkeit

§ 84 ist gem. § 87 **halbzwingend**; das gilt richtigerweise auch für die Kostenfolge des § 85, obwohl die Vorschrift in § 87 nicht genannt ist. Die Vereinbarung eines Schiedsverfahrens ist dadurch richtigerweise nicht ausgeschlossen.[103] Insoweit sind aber bei der Kontrolle nach §§ 305 ff. BGB hohe Anforderungen zu stellen. 32

§ 85 Schadensermittlungskosten.

(1) Der Versicherer hat dem Versicherungsnehmer die Kosten, die durch die Ermittlung und Feststellung des von ihm zu ersetzenden Schadens entstehen, insoweit zu erstatten, als ihre Aufwendung den Umständen nach geboten war. Diese Kosten sind auch insoweit zu erstatten, als sie zusammen mit der sonstigen Entschädigung die Versicherungssumme übersteigen.

---

87 LG Frankfurt (Oder), r+s 2014, 120.
88 P/M/*Voit*, § 84 Rn. 16; R/L/*Langheid*, § 84 Rn. 28.
89 BGH MDR 1994, 885; P/M/*Voit*, § 84 Rn. 16; HK-VVG/*Rüffer*, § 84 Rn. 14.
90 LG Frankfurt (Oder), r+s 2014, 120; Staudinger/*Rieble* (2004), § 319 Rn. 11.
91 So entschieden von LG Frankfurt (Oder), r+s 2014, 120; gegen diese Auffassung jetzt ausdrücklich P/M/*Voit*, § 84 Rn. 16.
92 BGH NJW 2015, 703, Rn. 15; R/L/*Langheid*, § 84 Rn. 29.
93 OLG Köln VersR 1992, 849; OLG Naumburg r+s 2004, 65, 66.
94 BGH NJW 2015, 703, Rn. 14.
95 HK-VVG/*Rüffer*, § 84 Rn. 13.
96 So für den Fall des benannten Mitarbeiters des Versicherers BGH NJW 2015, 703, Rn. 15 (anders die Vorinstanz LG Frankfurt (Oder), r+s 2014, 120).
97 BGH VersR 1989, 910.
98 P/M/*Voit*, § 84 Rn. 30.
99 OLG Hamm VersR 1982, 57.
100 R/L/*Langheid*, § 84 Rn. 48.
101 P/M/*Voit*, § 84 Rn. 31.
102 OLG München VersR 1959, 302.
103 So auch die h.M. LG Kiel VersR 1981, 770; R/L/*Langheid*, § 84 Rn. 49.

§ 85 Schadensermittlungskosten

(2) Kosten, die dem Versicherungsnehmer durch die Zuziehung eines Sachverständigen oder eines Beistandes entstehen, hat der Versicherer nicht zu erstatten, es sei denn, der Versicherungsnehmer ist zu der Zuziehung vertraglich verpflichtet oder vom Versicherer aufgefordert worden.
(3) Ist der Versicherer berechtigt, seine Leistung zu kürzen, kann er auch den Kostenersatz entsprechend kürzen.

Übersicht

	Rdn.		Rdn.
A. Normzweck und Anwendungsbereich	1	D. Leistungsfreiheit und Kürzungsberechtigungen des Versicherers	12
B. Kosten der Schadensermittlung und -feststellung (Abs. 1)	3	E. Verhältnis zu anderen Anspruchsgrundlagen	14
C. Kosten von Sachverständigen oder Beiständen des VN (Abs. 2)	8	F. Abdingbarkeit	16

A. Normzweck und Anwendungsbereich

1 Die Kosten der Schadensermittlung und -feststellung sind – auch über eine Versicherungssumme hinaus, Abs. 1 Satz 2 – **Teil des versicherten Risikos**. Das entspricht dem Ziel des VN, vollständigen Schutz des Vermögens zu erlangen.[1] Zudem ist der Versicherer i.d.R. weit besser als der VN geeignet, die Kosten gering zu halten. Wegen des Geschäftsbesorgungscharakters der Ermittlungskosten kann der VN – auch vor Ablauf der Frist nach § 14 II – entsprechend § 669 BGB einen **Vorschuss** verlangen[2] und ggf. seine Mitwirkung an der Schadensermittlung durch den Versicherer (etwa Versendung von Gegenständen) insoweit nach § 273 BGB verweigern.

2 Der Grundsatz, dass auch die Kosten der Schadensermittlung und -feststellung zum versicherten Risiko gehören, erfährt weitgehende **Einschränkungen** bei Sachverständigen, weil dem Versicherer selbst i.d.R. der nötige Sachverstand als Teil seiner Dienstleistung zuzuschreiben ist. Die Norm gilt zudem grundsätzlich nicht in der Summenversicherung; s. aber den Verweis in § 189 für die Unfallversicherung, soweit sie Summenversicherung ist.

B. Kosten der Schadensermittlung und -feststellung (Abs. 1)

3 Abs. 1 **erfasst** alle Kosten der Ermittlung und Feststellung[3] des Schadens, soweit sie beim VN entstanden sind; Kosten des Versicherers verbleiben – grundsätzlich (vgl. Rdn. 15) – ohnehin bei diesem. Dies schließt die Untersuchung der Schadensursache[4] oder etwa die Prüfung von Geschäftsunterlagen ein.[5] Die persönliche Tätigkeit des VN kann ebenfalls erfasst sein, wenn sie beruflich oder betrieblich begründet ist.[6] In Ausnahmefällen erfasst Abs. 1 auch ein förmliches Beweissicherungsverfahren nach § 485 ZPO.[7] Zu Kosten für Sachverständige und Beistände enthält Abs. 2 eine Sonderregel, s. Rdn. 8–11.

4 Dass bestimmte Kosten **nicht erfasst** werden, entscheidet noch nicht über ihre Ersatzfähigkeit. Reparatur und Wiederherstellungskosten etwa sind zwar nicht von Abs. 1 erfasst, aber diese gehören bereits zum Hauptschaden und sind damit abgedeckt.[8] Die Kosten einer Feststellung der Reparaturwürdigkeit sind jedenfalls von § 83 gedeckt.[9] Hingegen fallen Aufräum- und Abbruchkosten gänzlich aus der Deckung,[10] soweit diese nicht von vornherein auf diese Kosten erstreckt sind. Regulierungskosten sind vom Versicherer zu tragen,[11] während private Tätigkeiten des VN unvergütet bleiben.[12]

5 Bei **Rechtsverfolgungskosten des Versicherers** führt § 85 zu Modifikationen bei der Ersatzfähigkeit von Kosten nach § 91 ZPO.[13] Insbesondere kann der Versicherer Kosten, die er bereits bei der Schadensermittlung hätte aufwenden müssen, nicht durch zeitliche Verlagerung nach hinten in die Verteilungsregel des § 91 ZPO hineinzwingen.

6 Teil des versicherten Risikos sind diese Kosten nur, wenn und soweit sie **nach den Umständen** geboten waren. Diese Voraussetzung wird richtigerweise durch einen objektiven Sorgfaltsstandard konkretisiert: Gedeckt sind Kosten, die der VN im Zeitpunkt ihrer Aufwendung als in der Sache geeignet, erforderlich und der Höhe

---

1 BGHZ 83, 169, 175; R/L/*Langheid*, § 85 Rn. 1.
2 Anders offenbar P/M/*Voit*, § 85 Rn. 17: Anwendbarkeit von § 14.
3 Vgl. zu den beiden – wohl letztlich nicht vollständig abgrenzbaren – Begriffen HK-VVG/*Rüffer*, § 85 Rn. 2 f.
4 B/M/*Möller*[8], § 66 Anm. 15.
5 HK-VVG/*Rüffer*, § 85 Rn. 3; R/L/*Langheid*, § 85 Rn. 3.
6 P/M/*Voit*, § 85 Rn. 5.
7 So noch P/M/*Voit*/*Knappmann*[27], § 66 Rn. 9.
8 P/M/*Voit*, § 85 Rn. 6.
9 Ausdrücklich zum alten Recht P/M/*Voit*/*Knappmann*[27], § 66 Rn. 6.
10 HK-VVG/*Rüffer*, § 85 Rn. 2; R/L/*Langheid*, § 85 Rn. 3.
11 HK-VVG/*Rüffer*, § 85 Rn. 7.
12 P/M/*Voit*, § 85 Rn. 5.
13 BGH VersR 2008, 801.

nach angemessen ansehen durfte.[14] Die Entscheidung darüber ist Tatfrage. Beruhen die Aufwendungen des VN auf Weisungen des Versicherers, sind diese immer als geboten anzusehen,[15] auch soweit die Weisungen den VN binden. Abs. 2 lässt sich als Konkretisierung dieses Maßstabs begreifen: Geboten sind Aufwendungen für Sachverständige und Beistände nur unter den dort genannten Voraussetzungen.

Die Kosten der Ermittlung und Feststellung sind auch dann mitversichert, wenn durch ihr Hinzukommen 7 die **Versicherungssumme überschritten** wird. Dies war früher streitig;[16] der Gesetzgeber hat diesen Streit nunmehr zugunsten des VN entschieden, Abs. 1 Satz 2.[17] Dies gilt aber nicht für Kürzungsrechte des Versicherers, s. Abs. 3 (Rdn. 13). Die Überlappung der Ermittlungs- und Feststellungsaktivitäten des VN mit seinen Obliegenheiten ist – schon mit Blick auf die in §§ 82, 83 enthaltene Wertung – unschädlich.[18]

C. Kosten von Sachverständigen oder Beiständen des VN (Abs. 2)

Die Grundidee von Abs. 2 beruht auf der Professionalität des **Versicherers**, zu **dessen Dienstleistungen** auch 8 die Schadensermittlung gehört. Zudem stellt die Schadensermittlung durch den Versicherer i.d.R. eine ausreichende Verhandlungsgrundlage für die Regulierung dar.[19] Eigene Aufwendungen des VN sind daher i.d.R. überflüssig, soweit es nicht um seinen Rechtsschutz geht. Es fehlt daher an der Gebotenheit der Aufwendungen.[20] Diese liegt nach der gesetzlichen Wertung nur dann vor, wenn der VN zur Beiziehung **vertraglich verpflichtet** ist oder **vom Versicherer** zur Beiziehung **aufgefordert** wurde.

Der Anwendungsbereich der Vorschrift ist weit gesteckt, was sich insbesondere in einem **weiten Sachverständigenbegriff** niederschlägt.[21] Dieser erfasst richtigerweise auch technische Sachverständige,[22] wofür sowohl Wortlaut als auch Zweck der Vorschrift streiten.[23] Etwas anderes gilt freilich, soweit die Kosten für den Sachverständigen (zugleich) Teil der Widerherstellungs- oder Reparaturkosten sind: so kann die Beauftragung eines Architekten in der Gebäudeversicherung auch Teil der Reparaturkosten und damit ohnehin gedeckt sein.[24] Die zusätzlichen Erfordernisse der Ersatzfähigkeit (Verpflichtung/Aufforderung) werden die Ersatzfähigkeit von Kosten für Buchsachverständige, technische Sachverständige und Rechtssachverständige regelmäßig ausschließen.[25]

Der Ausschluss von Beistandskosten bezieht sich vornehmlich auf **Anwälte**.[26] Ob der Bereich der Schadens- 9 ermittlung und -feststellung bereits zur Rechtsverfolgung durch den VN zählt, will das Gesetz nicht entscheiden. Umgekehrt begründet Abs. 2 daher auch keine Sperrung des Ersatzes von Rechtsverfolgungskosten.[27] Deren Ersatz geschieht eben nur unter den dafür aufgestellten Voraussetzungen, § 91 ZPO, §§ 280 I, II, 286 BGB.

Zur Sonderregel des Abs. 2 finden sich geschriebene und ungeschriebene **Ausnahmen**. Ersatzfähig sind Sach- 10 verständigen- und Beistandskosten daher, wenn der VN vertraglich zur Beiziehung einer entsprechenden Person verpflichtet ist. Das Verfahren nach § 84 ist davon nach bislang herrschender Auffassung nicht erfasst.[28] Allerdings ist dies zweifelhaft, da § 84 ein zusätzliches Fälligkeitserfordernis begründet. Zudem wäre dies ein Widerspruch zur Grundidee von § 85 sowie zur Erfassung der Aufforderung durch den Versicherer durch Abs. 2. Es handelt sich bei den Fällen des § 84 um ein zusätzliches Verfahren, welches anders als vor den staatlichen Gerichten jedenfalls zwei Gutachter und häufig einen Obmann kennt und damit teurer ist als bei einer Kostenverteilung nach § 91 ZPO. Jedenfalls unrichtig ist es, Abs. 1 außer Anwendung zu lassen, wenn der Versicherer selbst ein Verfahren nach § 84 einleitet.[29]

Eine weitere Ausnahme bildet der Fall der **Aufforderung** durch den Versicherer zur Einschaltung einer 11 einschlägigen Person. Dies war von Rechtsprechung und Lehre bereits früher akzeptiert,[30] und ist jetzt durch die Neufassung der Vorschrift gesetzlich festgeschrieben worden. Weitere – ungeschriebene – Ausnahmen von Abs. 2 begründen die **Verzögerung** der Schadensermittlung[31] sowie die **unrichtige oder unvollständige**

---

14 Ähnlich HK-VVG/*Rüffer*, § 85 Rn. 4; R/L/*Langheid*, § 85 Rn. 4; P/M/*Voit*, § 85 Rn. 7 (Beurteilung ex ante).
15 HK-VVG/*Rüffer*, § 85 Rn. 4.
16 R/L/*Langheid*, § 85 Rn. 5.
17 P/M/*Voit*, § 85 Rn. 16.
18 So schon zum alten Recht P/M/*Voit*/Knappmann[27], § 66 Rn. 10.
19 BGH VersR 1982, 482.
20 R/L/*Langheid*, § 85 Rn. 6; vgl. LG Dortmund, BeckRS 2015, 17019.
21 HK-VVG/*Rüffer*, § 85 Rn. 8.
22 R/L/*Langheid*, § 85 Rn. 7; P/M/*Voit*, § 85 Rn. 10.
23 R/L/*Langheid*, § 85 Rn. 7.
24 BGH VersR 1985, 780.
25 P/M/*Voit*, § 85 Rn. 10.
26 LG Hamburg VersR 1977, 365; AG Köln 1977, 29.
27 R/L/*Langheid*, § 85 Rn. 8.
28 R/L/*Langheid*, § 85 Rn. 9; anders nunmehr HK-VVG/*Rüffer*, § 85 Rn. 9.
29 Wie hier P/M/*Voit*, § 85 Rn. 11.
30 OLG Hamm VersR 1993, 738.
31 HK-VVG/*Rüffer*, § 85 Rn. 11; ebenso zum alten Recht P/M/*Voit*/Knappmann[27], § 66 Rn. 19.

§ 85 Schadensermittlungskosten

Schadensermittlung durch den Versicherer.[32] Diese Ausnahmen ergeben sich aus dem Zweck des Abs. 2,[33] belassen das Risiko einer Fehleinschätzung aber beim VN.[34] Teilweise wird vertreten, dass ein Fehlbetrag von nur 10 % die Kosten eines Sachverständigen nicht rechtfertigt.[35] Das ist freilich unrichtig: Will sich der Versicherer von einem solchen Risiko befreien, muss er nach § 84 vorgehen.

D. Leistungsfreiheit und Kürzungsberechtigungen des Versicherers

12 Bei **Leistungsfreiheit** des Versicherers besteht **kein Anspruch** auf Kostenerstattung.[36] Das gilt auch dann, wenn die Voraussetzungen der Leistungspflicht unbewiesen bleiben,[37] es sei denn der Versicherer hat die Kostenübernahme zugesagt.[38] Anzuwenden ist diese Regel auch auf für abgrenzbare Schadensteile vorliegende Ermittlungskosten, für welche eine Leistungspflicht nicht besteht; es ist also nach Schadensposten zu differenzieren.[39]

13 **Kürzungsrechte** des Versicherers – etwa wegen Unterversicherung nach § 75 oder wegen Fehlverhaltens des Versicherten nach §§ 28, 81, 82 II 3 – schlagen auf die Kostenerstattung durch, Abs. 3.

E. Verhältnis zu anderen Anspruchsgrundlagen

14 Richtigerweise regelt § 85 die Erstattung von Ermittlungs- und Feststellungskosten **abschließend**.[40] §§ 670, 683 Satz 1 BGB sowie §§ 670, 662 ff., 675 BGB treten zurück, soweit § 85 reicht;[41] sie bleiben im Übrigen – d.h. für andere Maßnahmen des VN – aber anwendbar.[42] § 85 kreiert auch einen Behaltensgrund für etwa beim Versicherer verbliebene Kostenersparnisse.[43] Ausnahme vom abschließenden Charakter sind die Ersatzansprüche des VN für Kosten der Rechtsverfolgung und Verspätungsschäden, § 91 ZPO[44] und §§ 280 I, II, 286 BGB.

15 **Täuscht** der VN den Versicherungsfall vor, besteht keine Leistungspflicht des Versicherers (s.o. Rdn. 12). Soweit dem Versicherer aus der Täuschung ein **Schaden** entsteht, hat er Anspruch auf Schadensersatz nach § 280 BGB[45] sowie nach § 826 BGB. Voraussetzung ist die adäquate Verursachung des Schadens durch den Täuschungsversuch.[46] Hingegen ist die Erforderlichkeit der Aufwendungen in den Grenzen von § 254 BGB unerheblich.[47]

F. Abdingbarkeit

16 Grundsätzlich ist § 85 **abdingbar**, weil die Vorschrift nicht in § 87 genannt ist. Das gilt auch für die Regel, dass der Aufwendungsersatz durch die Versicherungssumme nicht limitiert wird, Abs. 1 Satz 2 (s.o. Rdn. 7); allerdings wird das neue gesetzliche Leitbild einer Derogation durch AVB unter § 307 BGB enge Grenzen setzen.[48] Richtigerweise gilt die Abdingbarkeit ferner auch dann nicht, wenn die Kostenverteilung des Gutachterverfahrens nach § 84 in Rede steht; diese ist nach dem Zweck von § 87 durch den Verweis auf § 84 I 1 von der Halbzwingendstellung mit erfasst.[49]

17 Im Übrigen greift die **Inhaltskontrolle** nach § 307 BGB. Unzulässig ist danach insbesondere die Überwälzung von Sachverständigenkosten, soweit diese einschränkungslos erfolgt,[50] weil dadurch auf die zum Leitbild gehörenden Ausnahmen des Abs. 2 keine hinreichende Rücksicht genommen wird. Unzulässig ist ferner – auch wenn man der These der Halbzwingendstellung von § 85 für die Fälle des § 84 (s. dort Rdn. 32) nicht folgt – eine Regelung, unter welcher der Versicherer ein Sachverständigenverfahren verlangen kann, welches schematisch zur hälftigen Kostenteilung führt.[51]

---

32 R/L/*Langheid*, § 85 Rn. 11; dagegen nunmehr P/M/*Voit*, § 85 Rn. 15.
33 P/M/*Voit/Knappmann*[27], § 66 Rn. 19. A.A. nunmehr offenbar P/M/*Voit*, § 85 Rn. 15.
34 R/L/*Langheid*, § 85 Rn. 11.
35 OLG Köln VersR 1996, 1534.
36 HK-VVG/*Rüffer*, § 85 Rn. 6; R/L/*Langheid*, § 85 Rn. 2.
37 OLG Köln r+s 1993, 71.
38 LG Köln r+s 2003, 330.
39 P/M/*Voit*, § 85 Rn. 9.
40 A.A. offenbar R/L/*Langheid*, § 85 Rn. 12.
41 Ebenso für § 66 II VVG a.F. AG Essen VersR 1994, 88.
42 So früher auch P/M/*Voit/Knappmann*[27], § 66 Rn. 2.
43 R/L/*Langheid*, § 85 Rn. 12.
44 OLG Hamburg r+s 1990, 385.
45 OLG Oldenburg VersR 1992, 1150.
46 R/L/*Langheid*, § 85 Rn. 14.
47 OLG Hamburg VersR 1988, 482.
48 HK-VVG/*Rüffer*, § 85 Rn. 5.
49 Anders HK-VVG/*Rüffer*, § 85 Rn. 9.
50 HK-VVG/*Rüffer*, § 85 Rn. 11.
51 Vgl. P/M/*Voit/Knappmann*[27], § 66 Rn. 23; BGHZ 83, 169. Abweichend nunmehr wohl P/M/*Voit*, § 85 Rn. 20.

§ 86 Übergang von Ersatzansprüchen.

§ 86 Übergang von Ersatzansprüchen. (1) Steht dem Versicherungsnehmer ein Ersatzanspruch gegen einen Dritten zu, geht dieser Anspruch auf den Versicherer über, soweit der Versicherer den Schaden ersetzt. Der Übergang kann nicht zum Nachteil des Versicherungsnehmers geltend gemacht werden.
(2) Der Versicherungsnehmer hat seinen Ersatzanspruch oder ein zur Sicherung dieses Anspruchs dienendes Recht unter Beachtung der geltenden Form- und Fristvorschriften zu wahren und bei dessen Durchsetzung durch den Versicherer soweit erforderlich mitzuwirken. Verletzt der Versicherungsnehmer diese Obliegenheit vorsätzlich, ist der Versicherer zur Leistung insoweit nicht verpflichtet, als er infolgedessen keinen Ersatz von dem Dritten erlangen kann. Im Fall einer grob fahrlässigen Verletzung der Obliegenheit ist der Versicherer berechtigt, seine Leistung in einem der Schwere des Verschuldens des Versicherungsnehmers entsprechenden Verhältnis zu kürzen; die Beweislast für das Nichtvorliegen einer groben Fahrlässigkeit trägt der Versicherungsnehmer.
(3) Richtet sich der Ersatzanspruch des Versicherungsnehmers gegen eine Person, mit der er bei Eintritt des Schadens in häuslicher Gemeinschaft lebt, kann der Übergang nach Absatz 1 nicht geltend gemacht werden, es sei denn, diese Person hat den Schaden vorsätzlich verursacht.

Übersicht

	Rdn.		Rdn.
A. Einleitung und Anwendungsbereich	1	V. Mehrheit von VR	48
B. Voraussetzungen des Anspruchsübergangs gem. § 86 I 1	5	D. Obliegenheiten des VN und Rechtsfolgen, § 86 II	51
I. Übergangsfähige Schadensersatzansprüche	6	I. Inhalt der Obliegenheiten	51
II. Anspruchsinhaber	10	II. Rechtsfolgen einer Obliegenheitsverletzung	54
III. Dritter	11	III. Beweislast	58
IV. Versicherungsleistung	19	IV. Obliegenheitsverletzung vor Eintritt des Versicherungsfalles/Zulässigkeit von Haftungsbeschränkungen und -ausschlüssen	60
1. Leistungsempfänger	20		
2. Inhalt der Versicherungsleistung, Behandlung irrtümlicher und freiwilliger Leistungen	23		
3. Leistung durch Dritten	25	E. Regressausschluss bei Schädigungen in häuslicher Gemeinschaft, § 86 III	63
V. Kongruenz zwischen Schadensersatzanspruch und Versicherungsleistung	26	I. Normzweck	65
C. Rechtsfolgen des Anspruchsübergangs gem. § 86 I 1	31	II. Voraussetzungen	67
I. Zeitpunkt des Anspruchsübergangs	31	III. Kritik an der Neufassung des § 86 III und einschränkende Auslegung	71
II. Modifikationen bzw. Einschränkungen des Forderungsübergangs gem. §§ 401 ff. BGB	32	IV. Rechtsfolge	75
		F. Schadensteilungsabkommen	76
III. Umfang des Anspruchsübergangs/Quotenvorrecht des VN	34	G. Regressverzicht(sabkommen)	83
		H. Verfahrensfragen	88
IV. Verbot der Gläubigerbenachteiligung (Subrogationsklausel), § 86 I 2	42	I. Beweislast	92
		J. Abdingbarkeit	95

Schrifttum (auch noch zu § 67 a.F.):
Bartholomäus, Das versicherungsrechtliche Bereicherungsverbot, 1997; *Bauer,* Rechtsentwicklung bei den Allgemeinen Bedingungen für die Rechtsschutzversicherung bis Anfang 2009, NJW 2009, 1564 ff.; *Bost,* Das Quotenvorrecht des VN, VersR 2007, 1199 ff.; *Dahm,* Häusliche Gemeinschaft und nichteheliche Lebensgemeinschaft, NZV 2008, 280 ff.; *Dickmann,* Der Regress in der Kfz-Kaskoversicherung nach der VVG-Reform, VersR 2012, 678 ff.; *Ebert/Segger,* Abschied vom Quotenrecht, VersR 2001, 143 ff.; *Felsch,* Die Rechtsprechung des BGH zum Versicherungsrecht Haftpflichtversicherung und Sachversicherung, r+s 2010, 265 ff.; *Fuchs,* Der Forderungsübergang nach § 116 SGB X und § 86 VVG, JZ 2012, 134 ff.; *Gebauer,* Legalzession zwischen Vertrags- und Deliktsstatut, IPRax 2015, 331 ff.; *Grziwotz,* Rechtsprechung zur nichtehelichen Lebensgemeinschaft, FamRZ 2009, 750 ff.; *Holtmann,* Das Quotenrecht des VN, JuS 1991, 649 ff.; *Hübener,* Der gesetzliche Forderungsübergang im System der Rechtsordnung, 1968; *Jahnke,* Angehörigenprivileg im Wandel, NZV 2008, 57 ff.; *Kamps,* Das sog. Quotenvorrecht des VN in der Privatversicherung, Jura 1981, 410 ff.; *Koller,* Kondiktionsanspruch des Versicherers gegen den vermeintlich Versicherten und § 86 VVG, VersR 2015, 270 ff.; *ders.* Der Hauptfrachtführer als Versicherungsnehmer einer Transportversicherung und der Regress des Versicherers, TranspR 2015, 173 ff.; *Kunte,* Zur Anwendbarkeit von Teilungsabkommen, VersR 2011, 307; *Langheid/Müller-Frank,* Rechtsprechungsübersicht zum Versicherungsvertragsrecht 2009, NJW 2010, 344 ff.; *Lucas,* Das Quotenvorrecht – wer es nicht kennt, verschenkt Geld!, VRR 2010, 127 ff.; *Marburger,* Anwendung von Teilungsabkommen bei Verkehrsunfällen, NZV 2012, 521; *Piepenbrock,* Regress des Gebäudeversicherers gegen den Mieter vor dem Aus?, VersR 2008, 319 ff.; *Plagemann/Schafhausen,* Teilungsabkommen mit Sozialversicherungsträgern und ihre Auswirkungen auf Dritte, NZV 1991, 49 ff.; *Pohl,* Die nichteheliche Lebensgemeinschaft im Versicherungs- und Haftungsrecht des Straßenverkehrs, 2011; *Pohlmann,* Beweislast für das Verschulden des VN bei Obliegenheitsverletzungen, VersR 2008, 437 ff.; *Rischar,* Steht das Familienprivileg zur Disposition der Rechtsprechung?, VersR 1998, 27 ff.; *Rosch,* Der gesetzliche Forderungsübergang nach der Reform

des Versicherungsvertragsrechts § 86 VVG (2008), Diss. Berlin 2008; *Schims,* Der gesetzliche Forderungsübergang, Düsseldorf 2005; *Schmidt,* Der Regreß des Versicherers (§ 67 VVG und § 1542 RVO), VersR 1953, 457 ff.; *Sieg,* Der Regreß des Versicherers in neuerer Sicht, VersRdsch 1968, 181 ff.; *Siegel,* Das Regressverzichtsabkommen der Feuerversicherer, VersR 2009, 46 ff.; *Staudinger/Kassing,* Der Regress des Gebäudeversicherers gegen den Mieter im Lichte der VVG-Reform, VersR 2007, 10 ff.; *Thume,* Der Regress des Transportversicherers, VersR 2008, 455 ff.; *von Goldbeck,* Grenzen des Versichererregresses, ZEuP 2013, 283 ff.; *von Koppenfels-Spies,* Die cessio legis, 2006; *Wachsmuth,* Voraussetzungen und Wirkungen der versicherungsrechtlichen Legalzession, 1978; *Zeising,* Benachteiligungsverbot und Befriedigungsvorrecht bei Legalzession im Gesamtschuldverhältnis, DZWIR 2010, 316 ff.

A. Einleitung und Anwendungsbereich

1 Wird dem VN durch einen Dritten ein Schaden zugefügt, gegen den er versichert ist, kann er seinen Schaden entweder vom Schädiger (gegebenenfalls von dessen Haftpflichtversicherer) ersetzt verlangen oder seinen VR in Anspruch nehmen. Für den letzteren Fall ordnet § 86 den Übergang des bürgerlich-rechtlichen Ersatzanspruchs auf den in Anspruch genommenen VR an. Der Versicherte erhält die Versicherungsleistung, verliert aber seinen Ersatzanspruch gegen Dritte. Es handelt sich um eine versicherungsrechtliche Ausprägung des Grundsatzes der Vorteilsausgleichung[1], die dazu führt, dass eine Vorteilsausgleichung nach bürgerlich-rechtlichen Grundsätzen, also die Minderung des Schadens durch die Leistung des VR, unter Hinweis auf den Anspruchsübergang nach § 86 nicht diskutiert wird.

2 § 86 will zum einen verhindern, dass sich der Geschädigte durch die Inanspruchnahme von VR und Schädiger am Schadensfall bereichert und zum anderen ausschließen, dass der Schädiger wegen einer zugunsten des Geschädigten bestehenden Versicherung von seiner Ersatzpflicht entlastet wird.[2] Der VR soll in die Lage gesetzt werden, den Schädiger nach der Regulierung des Schadens wegen seiner Aufwendungen in Regress zu nehmen.[3]

3 § 86 gilt aufgrund seiner systematischen Stellung im 2. Kapitel des VVG für alle Zweige der Schadensversicherung. Die bisherige Ausnahmeregelung für die Transportversicherung in § 148 a.F. entfällt. Der Grund für diese Änderung liegt ausweislich der Gesetzesbegründung darin, dass die Regelung insgesamt, also auch hinsichtlich des Quotenvorrechts nach § 67 I 2 a.F. der Parteienautonomie überlassen werden kann, schließlich werden Transportversicherungen in der Regel von Kaufleuten abgeschlossen.[4] Keine Anwendung findet § 86 auf die Summenversicherung.[5] Wird eine Summenversicherung indes nach Art der Schadensversicherung betrieben, d.h. wird ein konkret nachgewiesener Schaden vorausgesetzt, ist § 86 anwendbar; dies gilt etwa für die Krankheitskostenversicherung.[6] Umstritten ist die Anwendbarkeit des § 86 in der Krankentagegeldversicherung. Zum Teil wird eine Analogie zu § 86 bejaht, weil der Krankentagegeldversicherung als Summenversicherung auch die Funktion einer Schadenskompensation zukomme.[7] Die h.M. lehnt indes die (direkte oder analoge) Anwendung des § 86 auf die Krankentagegeldversicherung ab, weil es sich bei ihr um eine Summenversicherung handele.[8]

4 Im Vergleich zur Vorgängerregelung § 67 a.F. hat § 86 keine grundlegenden Änderungen erfahren, sondern ist nur in einzelnen Punkten modifiziert bzw. an andere Regelungen angepasst worden. So ist etwa das in § 67 I 3 a.F. normierte Aufgabeverbot nun in § 86 II geregelt und als Obliegenheit des VN ausgestaltet worden. Die Folgen dieser Obliegenheitsverletzung sind in Übereinstimmung mit den §§ 28 II und 82 III geregelt worden. Wie schon § 67 II a.F. enthält auch § 86 in seinem Abs. 3 ein »Familienprivileg«; dies allerdings mit dem Unterschied, dass nunmehr kein Anspruchsausschluss, sondern ein Regressausschluss angeordnet ist; des Weiteren ist die vielfach kritisierte Begrenzung auf Familienangehörige entfallen; § 86 III erstreckt sich nunmehr generell auf Personen, die in häuslicher Gemeinschaft zusammenleben.

B. Voraussetzungen des Anspruchsübergangs gem. § 86 I 1

5 Ersetzt der VR den Schaden, geht der Ersatzanspruch des VN gegen einen Dritten auf den VR über.

---

1 VersHb/*Hormuth,* § 22 Rn. 2; L/W/*Möller/Segger,* § 86 Rn. 27; Palandt/*Grüneberg,* Vorbem. § 249 Rn. 83 f.; PK/*Kloth/Neuhaus,* § 86 Rn. 4.
2 BGHZ 79, 35; *Bost* VersR 2007, 1199, 1200, der die Funktion von § 86 als Instrument der Unterbindung einer Bereicherung versteht und nicht als positive Zuweisung.
3 BGHZ 13, 28, 30; BGHZ 33, 97, 100; B/M/*Voit,* § 86 Rn. 3 ff.; *Wandt,* Rn. 952; *Wachsmuth,* S. 100 f.
4 Begr. RegE BT-Drucks. 16/3945 S. 81.
5 VersHb/*Hormuth,* § 22 Rn. 13; BK/*Baumann,* § 67 Rn. 22; P/M/*Armbrüster,* § 86 Rn. 4.
6 BGH NJW 1969, 2284; R/L/*Langheid,* § 86 Rn. 7; BK/*Baumann,* § 67 Rn. 24; B/M/*Voit,* § 86 Rn. 29; weiterführend: *Göbel/Köther,* VersR 2013, 1084.
7 P/M/*Armbrüster,* § 86 Rn. 4 m.w.N; *Wilmes/Müller-Frank* VersR 1990, 345, 354.
8 BGH VersR 2001, 1100 ff.; BGH VersR 1984, 690 f.; BGH VersR 1976, 756, 757; *Hartung* VersR 1986, 673; BK/*Baumann,* § 67 Rn. 26; B/M/*Voit,* § 86 Rn. 30.

I. Übergangsfähige Schadensersatzansprüche

Im Rahmen des § 86 I 1 gehen Ersatzansprüche gegen einen Dritten auf den leistenden VR über. Übergangsfähig sind grundsätzlich gesetzliche und vertragliche Schadensersatzansprüche[9] aus Verschuldens- oder Gefährdungshaftung, die den Schaden, auf den der VR geleistet hat, kompensieren sollen (zum Erfordernis der Kongruenz zwischen Schadensersatzanspruch und Versichererleistung siehe Rdn. 26 ff.). Unerheblich ist, ob die Ansprüche auf Geld- oder Naturalersatz gerichtet sind[10], auf Abtretung einer Forderung oder Befreiung von einer Forderung.[11] Übergangsfähig sind auch Ausgleichsansprüche gem. §§ 426, 840 BGB, § 17 StVG[12], ferner Ansprüche aus §§ 683, 670 BGB[13], aus §§ 675, 667 BGB – auch verbunden mit einem Auskunftsanspruch gem. § 666 BGB-,[14] Befreiungsansprüche des Arbeitgebers gegen einen Arbeitnehmer[15], Ansprüche aus Delikt, Bereicherungs- und Gewährleistungsansprüche[16]. 6

Nicht erfasst wird vom gesetzlichen Anspruchsübergang gem. § 86 der Eigentumsherausgabeanspruch gem. § 985 BGB, da dieser Anspruch mit dem beim VN verbliebenen Eigentum untrennbar verbunden ist.[17] Übergangsfähig sind hingegen die aus dem Eigentum folgenden Schadensersatzansprüche gem. §§ 989 ff. BGB.[18] Nicht übergangsfähig ist auch der Erstattungsanspruch nach § 13 III SGB V. Der gesetzliche Forderungsübergang würde den Sozialleistungsberechtigten aus dem Sozialrechtsverhältnis verdrängen und seinem besonderen Schutzbedürfnis mit dem Recht auf Feststellung eines vermeintlichen Kostenerstattungsanspruchs im Verwaltungs- oder Gerichtsverfahren nicht gerecht werden.[19] Gleiches soll für einen Anspruch auf Rückzahlung unverbrauchter Gerichtskostenvorschüsse gem. GKG und der KostVfg gelten.[20] 7

Uneinheitlich wird beurteilt, ob bzw. inwieweit Ansprüche aus einem selbständigen Garantievertrag von § 86 erfasst werden. Für den Fall, dass die Auslegung der Garantie nicht schon deren Subsidiarität ergibt, wird überwiegend vertreten, dass beim Zusammentreffen von Garantie und Versichererleistung § 78 anwendbar sei (vgl. Kommentierung dort), da die Garantie funktionell Versicherung sei.[21] Andere nehmen die alleinige Haftung des Garanten an[22] bzw. sehen Garanten und VR als Gesamtschuldner und wenden § 426 BGB an.[23] 8

Auch das Zusammentreffen von Amtshaftungsansprüchen und Versichererleistungen ist problematisch. Früher nahm die Rechtsprechung an, dass Versicherungsansprüche anderweitige Ersatzmöglichkeiten seien und lehnte gem. § 839 I 2 BGB einen gesetzlichen Forderungsübergang ab.[24] Dies gilt nach der neueren Rechtsprechung indes nicht, wenn der Staat haftet, Art. 34 GG; dann wird ein gesetzlicher Forderungsübergang angenommen.[25] Auch nach dieser neueren Rechtsprechung bleibt es hingegen bim Verweisungsprivileg des § 839 I 2 BGB, wenn Sonderrechte in Anspruch genommen werden[26] oder die polizeiliche Pflicht zur Gefahrenabwehr im Straßenverkehr betroffen ist; dann stellt der Anspruch des geschädigten VN gegen seinen VR eine anderweitige Ersatzmöglichkeit dar.[27] 9

II. Anspruchsinhaber

Vom gesetzlichen Forderungsübergang erfasst wird der Anspruch des VN. Liegt eine Versicherung für fremde Rechnung vor, geht auch der Anspruch des Versicherten bzw. der Anspruch des VN auf Ersatz des dem Versicherten entstandenen Schadens im Umfang der Versichererleistung auf den VR über.[28] 10

---

9 BGH NJW-RR 1992, 283.
10 BGHZ 5, 105.
11 BGH VersR 1985, 753; BGH VersR 1997, 1088.
12 L/W/*Möller/Segger*, § 86 Rn. 72; BGH VersR 1989, 730.
13 OLG Hamm VersR 1970, 729.
14 OLG Frankfurt (Main), Urt. vom 13. März 2013, 2 U 250/12; LG Bochum, Urt. vom 26. Juni 2012, I-11 S 150/11, 11 S 150/11; LG Bonn, SVR 2011, 231.
15 BAG VersR 1968, 266; *Müller*, DB 1981, 2589, 2591, der wegen des Zwecks des Freistellungsanspruchs einen Übergang ausschließt.
16 BGH NJW-RR 1992, 283; P/M/*Armbrüster*, § 86 Rn. 7 ff.
17 RGZ 108, 110; B/M/*Voit*, § 86 Rn. 55; BK/*Baumann*, § 67 Rn. 47.
18 BK/*Baumann*, § 67 Rn. 48; B/M/*Voit*, § 86 Rn. 48.
19 BSGE 115, 247, 251.
20 Brandenburgisches OLG AGS 2012, 603.
21 Vgl. auch B/M/*Sieg*[8], § 67 Anm. 35; P/M/*Armbrüster*, § 86 Rn. 11.
22 R/L/*Langheid*, § 86 Rn. 17; L/W/*Möller/Segger*, § 86, Rn. 63, 65; *Martin* VersR 1975, 101.
23 BK/*Baumann*, § 67 Rn. 31.
24 BGHZ 47, 196; BGHZ 50, 271; BGH VersR 1977, 564; P/M/*Armbrüster*, § 86 Rn. 12 m.w.N. auch zur Kritik.
25 BGHZ 79, 35; BGH VersR 1981, 252; BGH VersR 1983, 85; BGH VersR 2000, 356; R/L/*Langheid*, § 86 Rn. 18; P/M/*Armbrüsters*, § 86 Rn. 12.
26 L/W/*Möller/Segger*, § 86 Rn. 71; BGH VersR 1983, 84.
27 BGH VersR 1983, 84; BGH VersR 1984, 759; BGH VersR 1991, 925.
28 BGHZ 117, 151; BGH VersR 1985, 753; LG Hamburg VersR 1977, 1052; R/L/*Langheid*, § 86 Rn. 23; P/M/*Armbrüster*, § 86 Rn. 21.

III. Dritter

11 Der Ersatzanspruch muss sich gegen einen Dritten richten. Dritte sind grundsätzlich alle Personen, die weder VN noch Versicherte des betreffenden Versicherungsverhältnisses sind.[29] Dritter kann in besonders gelagerten Fällen auch der VN, der Versicherte oder ein mitversicherter Dritter sein.[30] Entscheidend ist, ob und in welchem Umfang die Versicherung das Interesse des VN oder Versicherten schützt.[31]

12 Schließt die Versicherung das Sachersatzinteresse anderer Personen ein, ist die andere Person nicht automatisch Dritter, sondern Versicherter.[32] Bei der Gebäudeversicherung muss durch Auslegung ermittelt werden, ob das Sachersatzinteresse des Mieters im Einzelfall in sie einbezogen ist.[33] Fehlen besondere Anhaltspunkte, ist der Mieter im Regelfall nicht in der Gebäudeversicherung der Wohnung des Eigentümers mitversichert, er ist daher Dritter, so dass gem. § 86 der Übergang eines gegen ihn gerichteten Schadensersatzanspruchs des Wohnungseigentümers auf den VR nicht ausgeschlossen ist (zu den Auswirkungen eines konkludenten Regressverzichts, vgl. unten Rdn. 83 ff.).[34]

13 Der Repräsentant des VN ist Dritter, wenn nicht zugleich auch sein Sachersatzinteresse geschützt ist.[35]

14 Bei der Versicherung von Gesamthandsgesellschaften sind Träger des versicherten Sacherhaltungsinteresses nicht die einzelnen Gesellschafter, sondern die rechtlich verselbständigte Gesamthand.[36] Das Sachersatzinteresse der persönlich haftenden Gesellschafter ist aber in der Regel als mitversichert anzusehen, wenn sie gesellschaftsintern dazu berufen sind, das versicherte Fahrzeug zu nutzen; sie sind daher nicht Dritte i.S.d. § 86.[37]

15 Auch bei einer Kapitalgesellschaft oder sonstigen juristischen Person des Privatrechts kann sich nach überwiegender Ansicht aus der Auslegung der Versicherungsbedingungen der Einbezug des Sachersatzinteresses der Gesellschafter und Organwalter ergeben, sodass diese nicht Dritte i.S.d. § 86 sind.[38] Ist der Gesellschafter VN, ist die Gesellschaft Dritte und kann im Wege des gesetzlichen Forderungsübergangs in Anspruch genommen werden.[39]

16 Bei der Bruchteilsgemeinschaft ist das Interesse eines Bruchteilseigentümers grundsätzlich mitversichert, so dass dieser nicht Dritter ist und damit ein Regress gegen ihn gem. § 86 ausscheidet.[40]

17 Auch der VN selbst kann Dritter i.S.d. § 86 I 1 sein. Dies setzt voraus, dass eine Fremdversicherung besteht, die das Integritätsinteresse des VN nicht mitversichert.[41] Kommt die Versicherung somit dem VN nicht zugute, ist ein Regress gem. § 86 gegen ihn möglich. Die Frage, ob eine Fremdversicherung auch dem VN selbst zugute kommen soll, ist im Einzelfall durch Auslegung zu ermitteln.[42] Für den Fall, dass der VN den Dritten nach Leistung des VR, aber vor Erfüllung des übergegangenen Anspruchs beerbt, kommt es zum Rückgriff des VR gegen den VN, sofern nicht der Ausschluss gem. § 86 III (vgl. Rdn. 63 ff.) eingreift.[43]

18 Im Regelfall ist der Versicherte nicht Dritter i.S.d. § 86, da sein Interesse gerade mitversichert sein soll. Nur unter den Voraussetzungen, dass der Versicherungsvertrag eine Eigen- und eine Fremdversicherung umfasst, der VR nur dem VN, nicht aber dem Versicherten zur Leistung verpflichtet ist und an den VN leistet, ist der Versicherte ausnahmsweise als Dritter i.S.d. § 86 anzusehen.[44]

IV. Versicherungsleistung

19 Voraussetzung des Anspruchsübergangs ist die tatsächliche Leistung des VR; dieser muss den Schaden ersetzen.

---

29 BGHZ 30, 40, 42; BGH VersR 1964, 479; BGH VersR 1989, 251.
30 BGH VersR 2001, 713.
31 BGH NJW 2008, 1737 zum versicherten Interesse bei der Kaskoversicherung durch eine Personengesellschaft; P/M/*Armbrüster*, § 86 Rn. 27.
32 BGH VersR 1990, 625, 626; P/M/*Armbrüster*, § 86 Rn. 23 ff.
33 BGHZ 145, 393 ff.; B/M/*Voit*, § 86 Rn. 86 f.
34 BGHZ 145, 393 ff.; BGH VersR 1996, 320, 321; OLG Köln OLGR Karlsruhe 2007, 378 ff.; BK/*Baumann*, § 67 Rn. 57.
35 PK/*Kloth/Neuhaus*, § 86 Rn. 13; P/M/*Armbrüster*, § 86 Rn. 23 f.; zum Zwangsverwalter einzelner Wohnungen in einer WEG: LG Nürnberg-Fürth NJW-RR 2013, 41; a.A. *Lorenz* VersR 2000, 2, 6.
36 BGH VersR 2008, 634, 635; früher a.A.: BGH MDR 1964, 485; BGH NJW 1990, 1181.
37 BGH VersR 2008, 634, 635 f.; P/M/*Armbrüster*, § 86 Rn. 24 i.V.m. P/M/*Klimke*, § 43 Rn. 10, 39.
38 OLG Hamm, Beschl. vom 04. Januar 2012, 20 U 191/11, I-20 U 191/11; P/M/*Armbrüster*, § 86 Rn. 24 i.V.m. P/M/*Klimke*, § 43 Rn. 39 f.; VersHb/*Hormuth*, § 22 Rn. 61; B/M/*Voit*, § 86 Rn. 84.
39 R/L/*Langheid*, § 86 Rn. 25.
40 BK/*Baumann*, § 67 Rn. 67; VersHb/*Hormuth*, § 22 Rn. 58. zur WEG: BGH VersR 2001, 713; OLG Hamm NJW-RR 1995, 1419.
41 R/L/*Langheid*, § 86 Rn. 26.
42 BGHZ 33, 97, 100; BK/*Baumann*, § 67 Rn. 68.
43 Umfassend hierzu P/M/*Armbrüster*, § 86 Rn. 28 ff. m.w.N.
44 OLG Karlsruhe VersR 2000, 1360; OLG Hamm VersR 1970, 708; OLG Düsseldorf VersR 1961, 685; a.A. OLG Hamm VersR 1991, 1406; ferner BGH VersR 1992, 311 dahingehend, dass das Sachersatzinteresse des Mieters in der Gebäudefeuerversicherung nicht versichert ist.

1. Leistungsempfänger

Die Leistung muss an den Berechtigten erfolgen. Leistungsempfänger der Versichererleistung ist in der Regel der VN, in der Haftpflichtversicherung auch der Geschädigte und bei Zahlung aufgrund eines Schadensteilungsabkommens auch ein Sozialversicherungsträger.[45] **20**

Auch die Zahlung an einen Zessionar oder Forderungspfandgläubiger löst den gesetzlichen Forderungsübergang aus, wenn die gegen den VR bestehende Forderung auf die Versicherungsleistung abgetreten oder gepfändet wurde;[46] unter den Voraussetzungen des § 407 I BGB kommt es auch bei Zahlung an den VN bzw. Versicherten zum Forderungsübergang (vgl. unten Rdn. 32 ff.). **21**

Liegt eine Fremdversicherung vor, löst die Zahlung an den Versicherten den Anspruchsübergang aus, wenn dieser empfangsberechtigt ist. Zahlt der VR in diesen Fällen hingegen an den VN, findet die cessio legis im Moment dieser Zahlung (und nicht erst mit Weiterleitung der Versicherungsleistung an den Versicherten) statt und es gehen die Ansprüche des Versicherten auf den VR über, sofern der VN berechtigt ist, die Forderung entgegenzunehmen und der Versicherte dem Abschluss der Versicherung zugestimmt hatte (§ 45 II, III; vgl. Kommentierung dort).[47] **22**

2. Inhalt der Versicherungsleistung, Behandlung irrtümlicher und freiwilliger Leistungen

Ersatz des Schadens durch den VR bedeutet die tatsächliche Geld- oder Sachleistung, letztere etwa in Gestalt des Rechtsschutzanspruchs in der Rechtsschutz- oder Haftpflichtversicherung. Leistung des VR ist nicht nur die eigentliche Versicherungsleistung, sondern auch alle sonstigen Zahlungen des VR, sofern Kongruenz mit dem übergehenden Schadensersatzanspruch des VN bzw. Versicherten besteht (zur Kongruenz s.u. Rdn. 26 ff.). Somit lösen auch Aufwendungsersatzzahlungen des VR (vgl. §§ 83, 90)[48] sowie notwendige Regulierungskosten, wie etwa die Kosten für Gutachten, Vergleiche, Akteneinsicht oder für Sachverständige den gesetzlichen Forderungsübergang aus;[49] für Regulierungskosten gilt dies aber nur in der Haftpflichtversicherung; hier zählen diese notwendigen Kosten im Verhältnis zum Schädiger als solche des VN.[50] In der Sachversicherung entstehen die Regulierungskosten indes unmittelbar dem VR, diese dienen lediglich der Feststellung der Leistung des VR, so dass etwaige Regulierungskosten hier keinen Forderungsübergang auslösen.[51] **23**

Die h.M.[52] geht davon aus, dass ein gesetzlicher Forderungsübergang gem. § 86 auch erfolgt, wenn der VR gegenüber seinem VN geleistet hat, ohne dass eine Leistungspflicht bestand. Die Schadensersatzforderung des VN gehe auch dann auf den VR über, wenn der VR den Schaden reguliert, obwohl ein Fall zweifelhafter Deckung[53] oder bewusster Liberalität[54] gegeben ist. Auch Leistungen, die der VR erbringt, weil er irrtümlich vom Bestehen einer Leistungspflicht ausgeht, ziehen nach h.M. einen gesetzlichen Forderungsübergang gem. § 86 nach sich.[55] Es genüge, dass der VR den Schaden tatsächlich gedeckt hat, ohne dass es darauf ankomme, ob er rechtlich dazu verpflichtet war; Voraussetzung sei allein, dass überhaupt ein Versicherungsverhältnis bestehe.[56] Begründet wird dies mit dem Wortlaut des § 86 I, wonach die cessio legis nur voraussetze, dass der VR dem VN den Schaden ersetzt, nicht aber, dass die Zahlung des VR aufgrund einer Leistungspflicht erfolgt.[57] Eine Leistungspflicht des VR werde für § 86 nicht vorausgesetzt, weil nur so Leistungen aus Kulanz ermöglicht und gefördert würden; der Anspruchserwerb nach § 86 gehöre zum Inhalt der Versicherungsleistung.[58] Die Ratio des § 86 treffe stets zu, unabhängig aus welchen Gründen der VR gezahlt habe.[59] Dieser Auffassung ist indes nicht zu folgen; die Annahme eines gesetzlichen Forderungsübergangs auch bei Nichtbestehen einer Leistungspflicht betrachtet die cessio legis als beliebiges Regressinstrument und verkennt dabei ihre besondere Funktion als gesetzlicher Regulierungs- und Umverteilungsmechanismus.[60] Das deutsche Recht kennt keinen generellen Forderungsübergang zugunsten eines nicht verpflichteten, aber gleichwohl irrtümlich oder bewusst zahlenden Dritten. **24**

---

45 OLG Köln VersR 1997, 225, 226.
46 B/M/*Voit* § 86 Rn. 99; BK/*Baumann*, § 67 Rn. 76.
47 BK/*Baumann*, § 67 Rn. 75; nach P/M/*Armbrüster*, § 86 Rn. 32 und B/M/*Voit*, § 86 Rn. 100 komme es nicht darauf an, ob der Versicherte Kenntnis von der Versicherung hat.
48 B/M/*Voit*, § 86 Rn. 98; P/M/*Armbrüster*, § 86 Rn. 33; BK/*Baumann*, § 67 Rn. 77.
49 BGH VersR 1962, 725; VersHb/*Hormuth*, § 22 Rn. 70 f.; R/L/*Langheid*, § 86 Rn. 30.
50 BGH VersR 1962, 725, 726; BK/*Baumann*, § 67 Rn. 79.
51 BGH VersR 1962, 1103, 1104; B/M/*Voit*, § 86 Rn. 98 weiter differenzierend.
52 BGH VersR 1989, 250, 251; *Raiser* VersR 1967, 312 ff.; BK/*Baumann*, § 67 Rn. 80 m.w.N.
53 BGH VersR 1963, 1192, 1193; B/M/*Voit*, § 86 Rn. 104; BK/*Baumann*, § 67 Rn. 80.
54 *Lenz*, Die Kulanzleistung des Versicherers, Diss., Karlsruhe 1993, 129 f.; *Raiser* VersR 1967, 312, 315 ff.; *Schirmer* VersR 1987, 19, 25; a.A. OLG Köln VersR 1960, 894, 895.
55 BGH VersR 1961, 992, 993; BGH VersR 1963, 1192, 1193; OLG Koblenz VersR 2014, 1365, 1366; VersHb/*Hormuth*, § 22 Rn. 64; B/M/*Voit*, § 86 Rn. 104, 108 f.; P/M/*Armbrüster*, § 86 Rn. 41; HK-VVG/*Muschner*, § 86 Rn. 10.
56 BGH VersR 1963, 1192, 1193; BK/*Baumann*, § 67 Rn. 82.
57 P/M/*Armbrüster*, § 86 Rn. 41; B/M/*Voit*, § 86 Rn. 104.
58 BK/*Baumann*, § 67 Rn. 81; P/M/*Armbrüster*« § 86 Rn. 38.
59 *Raiser* VersR 1967, 312, 315.
60 *v. Koppenfels-Spies*, Die cessio legis, S. 432 ff.

Wer freiwillig – und möglicherweise gegen den Willen des Verpflichteten – eine fremde Schuld tilgt, soll dadurch allein noch nicht in die Rechtsstellung des ursprünglichen Gläubigers eintreten.[61] Bereits das Argument, ein gesetzlicher Forderungsübergang sei auch bei freiwilligen Versichererleistungen außerhalb einer Leistungsverpflichtung einzuräumen, um Kulanzleistungen zu fördern, überzeugt nicht.[62] Wenn dies eine der Intentionen des Gesetzgebers bei der Strukturierung des Regresses bzw. der Rückgriffsordnung gewesen wäre, dann hätte er auch bei jeder Drittleistung im Sinne des § 267 BGB einen gesetzlichen Forderungsübergang vorsehen müssen, um generell die Bereitschaft zur Schuldentilgung für einen anderen zu erhöhen. Dies ist aber nicht der Fall; vielmehr bleibt der gesetzliche Forderungsübergang als privilegierter Rückgriff nur speziellen Drittleistungskonstellationen und nur der Verfolgung bestimmter Zwecke vorbehalten. Ein Ausgleich kann sich in diesem Fall aber über eine Abtretungspflicht ergeben, die ihre Grundlage im Versicherungsverhältnis findet, das in besonderem Maße von Treu und Glauben beherrscht wird.[63]

3. Leistung durch Dritten

25 Die Leistung eines Dritten an den VN ist als Leistung des VR anzusehen, wenn der Dritte aufgrund einer Vereinbarung mit dem VR den Schaden ersetzt. Konsequenz ist dann ein gesetzlicher Forderungsübergang gem. § 86.[64] Keine Leistung des VR ist gegeben, wenn der Dritte ohne Veranlassung des VR zahlt.[65]

V. Kongruenz zwischen Schadensersatzanspruch und Versicherungsleistung

26 Es geht nur jener Teil des Ersatzanspruchs auf den VR über, der derjenigen Leistung entspricht, die vom VR an den VN erbracht worden ist[66]; beide Leistungen müssen einen sachlich und zeitlich identischen, d.h. kongruenten Bedarf decken.[67] Sachliche Kongruenz zwischen der Versichererleistung und dem Schadensersatzanspruch des VN gegen den Schädiger besteht, wenn beide ihrer Art nach identisch sind und inhaltlich bzw. funktional denselben Zwecken dienen. Es muss ein »innerer Zusammenhang im Sinne der Abdeckung desselben Lebenssachverhaltes«[68] gegeben sein.

27 Anders als es die Formulierung »soweit« in § 86 I vermuten lässt, reicht somit die quantitative Übereinstimmung von Versicherungsleistung und Schadensersatz nicht aus, vielmehr müssen die Ersatzansprüche Schadenspositionen betreffen, die in den Schutzbereich der in Frage stehenden Versicherung fallen und dem versicherten Interesse entsprechen.[69] In zeitlicher Hinsicht müssen die Schadensersatzforderungen den Zeitraum betreffen, auf den sich der Schutzbereich des Versicherungsvertrages bezieht.[70]

28 Für die Ermittlung der sachlichen Kongruenz kommt es allein auf den Schutzbereich der Versicherung, nicht auf die Leistungspflicht des VR an.[71] Im Falle einer Neuwertversicherung fehlt die Kongruenz zwischen bürgerlich-rechtlichem Schaden und versicherungsrechtlicher Deckungspflicht, denn der VR ersetzt den Neuwert der versicherten Sache, während der Schädiger nur zum Ersatz des Zeitwerts verpflichtet ist. Kongruent ist in diesem Fall allein der Sachsubstanzschaden auf der Basis des Zeitwerts, so dass ein gesetzlicher Forderungsübergang gem. § 86 auch nur insoweit eintritt.[72] Übersteigt der entstandene Schaden die Versicherungsleistung, etwa weil ein Schadensfall auch nicht mitversicherte Gegenstände erfasst oder eine Selbstbeteiligung vereinbart wurde, fehlt die Kongruenz zwischen Schadensersatzanspruch und Versicherungsleistung; ein Forderungsübergang erfolgt nur, soweit sich der Schadensersatzanspruch auf die versicherten Gegenstände bezieht.[73] Entsprechendes gilt, wenn der Geschädigte nur gegen Substanzschäden und nicht auch gegen einen Nutzungsausfall versichert ist; nach dem Grundsatz der sachlichen Kongruenz können die auf den Nutzungsausfall gerichteten Ansprüche nicht auf den VR übergehen.[74]

29 Wann im Einzelfall zwischen bürgerlich-rechtlichem Schadensersatzanspruch und versicherungsrechtlicher Deckung Kongruenz gegeben ist, richtet sich in erster Linie nach der Versicherungssparte. In der Kfz-Kaskoversicherung etwa sind nur die Ansprüche auf Ersatz des unmittelbaren Sachschadens, nicht des Sachfolge-

---

61 *Wengler*, Rechtsvergleichendes Handwörterbuch, VI S. 495.
62 Vgl. hierzu *v. Koppenfels-Spies*, Die cessio legis, S. 432 ff.
63 P/M/*Armbrüster* Einl. Rn. 245 f.; BK/*Dörner* Einl. Rn. 92.
64 OLG Hamm VersR 1994, 975.
65 Umfassend hierzu P/M/*Armbrüster*, § 86 Rn. 35 f.
66 BGHZ 25, 340, 342 f.; BGH VersR 1982, 283.
67 BK/*Baumann*, § 67 Rn. 89; P/M/*Armbrüster*, § 86 Rn. 13.
68 *Nörr/Scheyhing/Pöggeler*, Sukzessionen, S. 166.
69 BGHZ 25, 340, 343; BGHZ 82, 338, 341; VersHb/*Hormuth*, § 22 Rn. 80; B/M/*Voit*, § 86 Rn. 112 ff.; P/M/*Armbrüster*, § 86 Rn. 13; *Groß* DAR 99, 337, 338.
70 BGH VersR 1979, 640, 641; *Sblowski* r+s 1985, 313, 314.
71 BGH VersR 1958, 161, 162; BK/*Baumann*, § 67 Rn. 91.
72 VersHb/*Hormuth*, § 22 Rn. 78; Thüringer OLG, Urt. vom 19. April 2011, 4 U 515/10.
73 B/M/*Voit*, § 86 Rn. 112, 116 ff.
74 BGHZ 25, 340, 345 f.; BK/*Baumann*, § 67 Rn. 91; B/M/*Voit*, § 86 Rn. 119; L/W/*Möller/Segger*, § 86 Rn. 59.

schadens kongruent.[75] Kongruent sind zum Beispiel die Reparatur- und Wiederbeschaffungskosten,[76] der technische und merkantile Minderwert des Unfallwagens,[77] sowie die Sachverständigenkosten für die Feststellung des Schadensumfangs;[78] nicht kongruent sind demgegenüber beispielsweise der unfallbedingte Verdienstausfall des Geschädigten,[79] die Mietwagenkosten,[80] der Nutzungsausfall[81], der Verlust der Beitragsrückvergütung und des Schadenfreiheitsrabatts[82] und die »allgemeinen Unkostenpauschalen«.[83] In der Feuerversicherung sind beispielsweise Ansprüche des Geschädigten wegen eines Mietausfallschadens nicht kongruent.[84] In der Krankheitskostenversicherung sind Ansprüche auf Ersatz des Erwerbsausfallschadens nicht kongruent.[85] In der Rechtsschutzversicherung ist der Schaden kongruent, der sich auf überflüssig gezahlte Prozesskosten bezieht, nicht aber der sonstige dem VN entstandene Schaden.[86]

Die für § 86 vorausgesetzte Kongruenz in persönlicher Hinsicht bedeutet, dass der Gläubiger des Anspruchs 30 gegen den Schadensverursacher, also der Geschädigte, zugleich auch der Empfänger der vom VR erbrachten Leistung sein muss.

C. Rechtsfolgen des Anspruchsübergangs gem. § 86 I 1
I. Zeitpunkt des Anspruchsübergangs

Der gesetzliche Forderungsübergang in § 86 I 1 ist an den Zeitpunkt der tatsächlichen Leistungserbringung sei- 31 tens des VR geknüpft. Auf diese Weise lassen sich Übergangszeitpunkt, Art der Versichererleistung und Leistungszeitraum klar und eindeutig bestimmen. Die Entstehung der Forderung gegen den (primären) Schuldner und der Forderungsübergang fallen zeitlich auseinander; der geschädigte VN behält zunächst – bis zur Leistungserbringung durch den VR – die Verfügungsbefugnis über seinen Anspruch gegen den Schädiger. Damit dient das Anknüpfen des Übergangszeitpunktes an die tatsächliche Leistungserbringung durch den VR dem Schutz des VN, denn es wird verhindert, dass zwar der Anspruch des VN gegen den Schädiger auf den VR übergeht, der VR aber – entgegen seiner Verpflichtung – nicht an den geschädigten VN zahlt und dieser daher weder durch den Schadensverursacher noch durch den VR rechtzeitig Befriedigung erlangt.[87] Der VN bleibt somit Inhaber seines Anspruchs gegen den Schädiger, solange der VR seine ihm gegenüber bestehenden Verpflichtungen noch nicht erfüllt hat.

II. Modifikationen bzw. Einschränkungen des Forderungsübergangs gem. §§ 401 ff. BGB

Gem. § 412 BGB gelten die §§ 399 ff. BGB auch für den gesetzlichen Forderungsübergang und damit auch für 32 § 86.[88] Gem. §§ 412, 401 BGB gehen akzessorische Neben- und Sicherungsrechte auf den VR mit der Schadensersatzforderung über. Gem. §§ 412, 404 BGB kann der Dritte dem VR seine Einwendungen gegen den Anspruch des VN, die im Zeitpunkt des Forderungsübergangs bereits begründet waren, entgegenhalten,[89] etwa den Ablauf der Verjährung[90], das Eingreifen tariflicher Ausschlussfristen[91] oder den Mitverschuldenseinwand bei der Inanspruchnahme als Mitschädiger[92]. Der Anspruchsübergang hat keine Auswirkungen auf die Verjährung des übergehenden Schadensersatzanspruchs; die für ihn geltende Verjährungsfrist bleibt maßgeblich, eine Unterbrechung oder Hemmung der Verjährung tritt nicht ein.[93] Unter den Voraussetzungen des § 406 BGB kann der Schädiger mit einer Forderung gegen den VN auch gegenüber dem VR aufrechnen. Leistungen des

---

75 BGHZ 25, 340, 343 ff.; P/M/*Prölss*, § 86 Rn. 10; BK/*Baumann*, § 67 Rn. 94 f.; die Abgrenzung zwischen unmittelbaren Sachschäden und Sachfolgeschäden richtet sich danach, ob der in Betracht kommende Schaden unmittelbar die Substanz des betroffenen Fahrzeuges berührt, dessen Wert mindert oder in der Notwendigkeit besteht, Geldmittel zur Beseitigung der Beschädigung im Sinne von § 249 II 1 BGB aufzuwenden (BGHZ 82, 338, 341 f.; vgl. *Groß* DAR 99, 337, 338).
76 BGH VersR 1982, 383, 384.
77 BGH VersR 1958, 161; BGH VersR 1982, 283.
78 BGH VersR 1982, 383; L/W/*Möller/Segger*, § 86 Rn. 59.
79 BGHZ 50, 271; BGH VersR 1982, 283; *Groß* DAR 99, 337, 338.
80 BGH VersR 1982, 283; *Groß*, DAR 99, 337, 338.
81 BGHZ 50, 271; BGH VersR 1982, 283.
82 BGHZ 44, 382, 387; OLG Celle NJW-RR 2011, 830.
83 BGHZ 25, 340, 345 f.; BGHZ 82, 338, 343 f.
84 BGH VersR 1963, 1185, 1187.
85 BGH VersR 1971, 127.
86 OLG Köln NJW-RR 1994, 955, 956.
87 *v. Koppenfels-Spies*, Die cessio legis, S. 231.
88 Umfassend hierzu *v. Koppenfels-Spies*, Die cessio legis, S. 189 ff.
89 BGH VersR 1961, 910; BGH VersR 1993, 981, 982; B/M/*Voit*, § 86, Rn. 131.
90 BGH VersR 1964, 540; OLG Hamm r+s 1998, 184.
91 BAG VersR 1969, 337.
92 BGH VersR 1955, 381.
93 BGH VersR 1961, 910; OLG Koblenz VersR 2012, 610, 611; OLGR Celle, 153; B/M/*Voit*, § 86 Rn. 129; BK/*Baumann*, § 67 Rn. 138; *Wachsmuth*, S. 222.

Schädigers an den VN sind auch nach dem Anspruchsübergang unter den Voraussetzungen des § 407 BGB dem VR gegenüber wirksam.[94]

33 Uneinheitlich beurteilt werden die Konsequenzen eines rechtsgeschäftlichen oder gesetzlichen Abtretungsausschlusses für den gesetzlichen Forderungsübergang. Aus der Tatsache, dass § 412 BGB explizit die Geltung der §§ 399, 400 BGB und damit auch die Geltung von Abtretungsausschlüssen im Rahmen einer Legalzession anordnet, wird überwiegend geschlossen, dass Gesetzeswortlaut und -systematik für einen Vorrang des Abtretungsausschlusses vor der cessio legis sprechen; ein Forderungsübergang gem. § 86 wäre somit ausgeschlossen.[95] Der VN solle dann aber verpflichtet sein, die Forderung gegen den Schädiger selbst einzuziehen; hat der VR in diesem Zeitpunkt noch nicht geleistet, fehle es an einem Versicherungsschaden, so dass der VR leistungsfrei werde; hat der VN bereits Versicherungsleistungen erhalten, sei er verpflichtet, das Erlangte (Versicherungsleistung oder Schädigerleistung) an den VR herauszugeben.[96] § 412 BGB ordnet aber nur die »entsprechende Anwendung« der §§ 399 ff. BGB auf die Legalzession an, d.h. es ist in jedem Fall der Zweck der die cessio legis anordnenden Norm zu berücksichtigen.[97] Die der cessio legis innewohnende Regressfunktion verdrängt aber die privatautonomen Interessen bei rechtsgeschäftlichen Abtretungsverboten sowie die gesetzlichen Intentionen bei gesetzlichen Abtretungsverboten. Daher bedeutet die »entsprechende Anwendung« der §§ 399, 400 BGB ein vollständiges Zurücktreten eines Abtretungsausschlusses hinter den gesetzlichen Forderungsübergang, d.h. eine cessio legis ist möglich.[98]

III. Umfang des Anspruchsübergangs/Quotenvorrecht des VN

34 Grundsätzlich richtet sich der Umfang des Anspruchsübergangs nach der Leistung des VR und der Höhe des Schadensersatzanspruchs. Reichen allerdings sowohl die Versicherungsleistung als auch der Schadensersatzanspruch des VN gegen den Schädiger nicht aus, um den gesamten Schaden des VN auszugleichen, etwa weil eine Eigenbeteiligung oder ein Selbstbehalt vereinbart wurden, eine Unterversicherung eingetreten ist und/oder der zivilrechtliche Schadensersatzanspruch des geschädigten VN gegen den Schädiger aufgrund eines Mitverschuldens (§ 254 BGB) oder einer mitwirkenden Gefährdungshaftung (§ 9 StVG) des VN gekürzt ist oder eine gesetzliche Haftungshöchstsumme (beispielsweise gem. § 12 StVG) eingreift, stellt sich die Frage, wie diese »Unterdeckung« aufzulösen bzw. zu verteilen ist.

35 Diese Konkurrenz zwischen dem VN, der seinen bislang ungedeckten Differenzschaden ausgeglichen wissen will, und dem VR, der für seine vorschussweise Leistung einen Ausgleich im Wege des gesetzlichen Forderungsübergangs erlangen möchte, löst die h.M. mit der Differenztheorie, aus der sich ein Quotenvorrecht des VN ableitet.[99] Danach geht weder der Anspruch in Höhe der erbrachten Versicherungsleistung auf den VR über (so die »absolute« Theorie) noch ist er zwischen VN und VR verhältnismäßig aufzuteilen (so die »relative« Theorie). Vielmehr bleibt der VN bezüglich des Anteils des Schadensersatzanspruchs, der vom VR noch nicht entschädigt wurde, Gläubiger seines Anspruchs gegen den Schädiger. Trotz kongruenter Versicherungsleistungen findet insoweit kein gesetzlicher Forderungsübergang statt. Der Umfang der legalzedierten Forderung richtet sich somit nicht nach den erbrachten (kongruenten) Leistungen, sondern nach dem Schadensersatzanteil, der gegebenenfalls verbleibt, nachdem der Gläubigerschaden vollständig durch Versicherungsleistung und Schadensersatz gedeckt worden ist.[100]

36 Als Schaden wird dabei nicht der bürgerlich-rechtliche, gegebenenfalls gekürzte Schaden zugrunde gelegt, sondern der im Verhältnis VR-VN vereinbarte bzw. festgesetzte Versicherungsschaden, der den bürgerlich-rechtlichen Schaden übersteigen kann, so beispielsweise bei der Neuwertversicherung.[101] Auf den sog. normierten Versicherungsschaden wird im Rahmen des Quotenvorrechts auch dann abgestellt, wenn die tatsächliche Leistung des VR wegen einer Unterversicherung oder eines Selbstbehalts hinter diesem normierten Schaden zurückbleibt.[102]

37 Auf dieser Grundlage wird ein Quotenvorrecht des VN ferner durch den Grundsatz »Kongruenz vor Differenz« begrenzt: Besteht der Schadensersatzanspruch des VN aus kongruenten und inkongruenten Schadenspositionen, bezieht sich das Quotenvorrecht nur auf die Ansprüche, die dem versicherten Risiko kongruent

---

94 BGH VersR 1966, 330; OLG Köln VersR 2014, 623 m. Anm. von *Günther* auch zur Frage der Kenntnis des Schuldners und zur Verletzung der Aufgabeobliegenheit gem. § 86 II.
95 RGZ 97, 76; BGH VersR 1997, 1090; BK/*Baumann*, § 67 Rn. 149; R/L/*Langheid*, § 86 Rn. 15; *Wachsmuth*, S. 213 f.
96 RGZ 97, 76, 79; darauf aufbauend das Abtretungsverbot eines Frachtführers in AGB im konkreten Fall als unwirksam ansehend: BGHZ 65, 364, 366; vgl. auch B/M/*Voit*, § 86 Rn. 127.
97 RGZ 135, 25, 31; Palandt/*Heinrichs*, § 412 Rn. 2; MünchKommBGB/*Roth*, § 412 Rn. 14.
98 Umfassend hierzu *v. Koppenfels-Spies*, Die cessio legis, S. 218 ff.; P/M/*Armbrüster*, § 86 Rn. 43; *Klimke* VersR 1999, 19; *Nies* VersR 1999, 1214.
99 BGHZ 13, 28, 30; BGHZ 47, 196, 199 f.; BGH VersR 1979, 640; P/M/*Armbrüster*, § 86 Rn. 46; BK/*Baumann*, § 67 Rn. 98 ff. m.w.N.; *Holtmann* JuS 1991, 649, 650; *Sblowski* r+s 1985, 313; *Kamps* Jura 1981, 410, 412; *Schims*, S. 194.
100 P/M/*Armbrüster*, § 86 Rn. 46.
101 VersHb/*Hormuth*, § 22 Rn. 87; P/M/*Armbrüster*, § 86 Rn. 55 am Anfang.
102 BGHZ 47, 308, 311; OLG Köln VersR 1985, 631; OLG Köln r+s 1992, 326 mit ablehnender Anmerkung von *Langheid*.

sind, d.h. ihrer Art nach in den Schutzbereich der vom VN abgeschlossenen Versicherung fallen (zur Kongruenz siehe oben Rdn. 26 ff.);[103] andernfalls erhielte der VN einen versicherungsfremden Vorteil.[104]

Ein Quotenvorrecht ist in § 86 nicht ausdrücklich geregelt, es wird aber überwiegend aus § 86 I 2 abgeleitet.[105] Das Quotenvorrecht des VN wird mit dem Zweck des Versicherungsvertrages bzw. dem Versicherungsprinzip gerechtfertigt. Auch der Schutzzweck des § 86 wird herangezogen; denn § 86 will nur verhindern, dass der VN durch den Versicherungsfall bereichert wird; ihm kann umgekehrt aber nicht die Aussage entnommen werden, dass der VN nicht vollständig für die erlittenen Schäden entschädigt und stattdessen dem VR eine umfängliche Entlastung garantiert werden soll. Das Quotenvorrecht des VN wird weiterhin damit begründet, dass nur dieses »der modernen Auffassung vom Wesen der Assekuranz«[106] entspreche, dem Geschädigten eine vorrangige Sicherung für den Ersatz eines etwaigen Schadens zu verschaffen. Sofern die Versicherungsleistung nicht alle Schäden des VN ausgleiche, solle nicht der VN die entstandene Lücke tragen müssen, sondern der VR, schließlich sei er für sein Eintreten in Gestalt der Prämie bezahlt worden; seine Leistungspflicht bestehe unabhängig davon, ob und in welcher Höhe er einen Regressanspruch gewinne.[107] Als Konsequenz eines (richtig verstandenen) Versicherungsprinzips müsse daher dem VN das Quotenvorrecht zustehen, denn der Gegenwert, den die Versicherung für ihre Leistung erhalte, bestehe in der Prämienzahlung und nicht darin, dass ihr der Regress ermöglicht werde.[108]

38

Gegen ein Quotenvorrecht des VN ist aber anzuführen, dass es oftmals dazu führt, dass der geschädigte VN einen Betrag erhält, der ihm weder nach zivil- noch versicherungsrechtlichen Grundsätzen zusteht, sondern er bereichert wird. Diese Konsequenzen des Quotenvorrechts zugunsten des geschädigten VN bei einer Anspruchskürzung wegen Mitverschuldens zeigt das folgende Beispiel auf:[109] Ein kaskoversichertes Fahrzeug erlitt einen Totalschaden (Zeitwert: 40.000 €), wobei den VN eine Mitverschuldensquote von 25 % trifft. Aufgrund der vereinbarten Neuwertentschädigung (Neuwert 50.000 €) mit einem Selbstbehalt in Höhe von 2.000 € zahlt der Versicherer an den VN 48.000 €. Aufgrund seines Quotenvorrechts hat der VN noch einen Schadensersatzanspruch gegen den Schädiger in Höhe von 2.000 €, was dem Selbstbehalt entspricht; die verbleibenden 28.000 € (von einem wegen Mitverschuldens gekürzten Schadensersatzanspruch iHv insgesamt 30.000 €) gehen auf den VR über. Insgesamt erhält der geschädigte VN demnach 50.000 €, was dem Neuwert des Fahrzeugs entspricht. Der VR erhält eine legalzedierte Forderung in Höhe von nur 28.000 €. Während der VR nur einen Teil der von ihm getragenen Aufwendungen ersetzt erhält, bekommt der VN insgesamt mehr als ihm nach zivilrechtlichen und versicherungsrechtlichen Grundsätzen zusteht (50.000 € an Stelle von 30.000 € zivilrechtlicher oder 48.000 € versicherungsrechtlicher Anspruch). Ein vereinbarter Selbstbehalt oder die Regeln der Unterversicherung (§ 75) laufen weitgehend leer.[110]

39

Gleichwohl nimmt die h.M. an, dass das Quotenvorrecht des VN nicht gegen den Zweck des § 86 verstoße.[111] Außerdem bedeuteten Unterversicherung und Selbstbehalt nicht, dass der VN auf Vorteile, die mit dem Versicherungsvertrag nichts zu tun haben und ihm die vollständige Abdeckung seines Schadens ermöglichen, zugunsten des VR verzichten müsse.[112]

40

Das von der h.M. angenommene Quotenvorrecht des VN verstößt aber gegen das Versicherungsprinzip.[113] Indem der VN aufgrund des Quotenvorrechts zu Lasten des VR mehr ersetzt erhält, als ihm versicherungsrechtlich zustünde und Selbstbehalt und Unterversicherungsregeln im Ergebnis gegenstandslos werden, erhält der VN insofern einen versicherungsfremden Vorteil, als er im Ergebnis für die Verwirklichung eines nicht versicherten Risikos mehr erhält, als er ohne die Einstandspflicht des VR erhalten könnte.[114] Darüber hinaus kommt es auch zu einer Bereicherung des VN, da er insgesamt mehr bekommt, als ihm versicherungsrechtlich (unter Berücksichtigung eines etwaigen Selbstbehalts bzw. einer Unterversicherung) oder zivilrechtlich (unter Berücksichtigung eines etwaigen Mitverschuldens) tatsächlich zusteht.[115] Anstelle eines statischen, absoluten Vorrechts des VN sollten etwaige Schadensunterdeckungen systemkonform anhand des Grundsatzes

41

---

103 BGHZ 25, 340, 344; BGHZ 47, 196, 200; VersHb/*Hormuth*, § 22 Rn. 86 m.w.N.
104 *Lange/Schiemann*, Schadensersatz, 3. Aufl. 2003, S. 695; *Wandt*, Rn. 981; *Rolfs*, Das Versicherungsprinzip im Sozialversicherungsrecht, 2000, S. 387.
105 Vgl. R/L/*Langheid*, § 86 Rn. 40 m.w.N.; BK/*Baumann*, § 67 Rn. 98 ff., 110; a.A. B/M/*Voit*, § 86 Rn. 136. Wegweisend für die Anerkennung und Ausgestaltung des Quotenvorrechts waren zwei BGH-Entscheidungen: BGHZ 13, 28 ff.; BGHZ 47, 196 ff.; vgl. auch die Begr. RegE BT-Drucks. 16/3945 S. 81, wo ausdrücklich vom Quotenvorrecht des VN ausgegangen und daran festgehalten wird.
106 B/M/*Sieg*[8], § 67 Anm. 66.
107 B/M/*Voit*, § 86 Rn. 114; *Müller* VersR 1989, 317.
108 Vgl. BGHZ 13, 28, 31 f.
109 Beispiel bei BK/*Baumann*, § 67 Rn. 108.
110 Vgl. auch VersHb/*Hormuth*, § 22 Rn. 88; R/L/*Langheid*, § 86 Rn. 42.
111 BK/*Baumann*, § 67 Rn. 106; *Müller* VersR 1989, 317.
112 P/M/*Armbrüster*, § 86 Rn. 48.
113 Zur Kritik am Quotenvorrecht *v. Koppenfels-Spies*, Die cessio legis, S. 307 ff.
114 *Lange/Schiemann*, Schadensersatz, 3. Aufl. 2003, S. 695, 719.
115 Nicht gefolgt werden kann BK/*Baumann*, § 67 Rn. 106, der keinen Verstoß gegen das Bereicherungsverbot sieht mit der Begründung, dieses gelte nur so weit, bis der Geschädigte vollständig befriedigt werde.

der Kongruenz, des Versicherungsprinzips sowie unter Beachtung des Verbots einer Bereicherung aufgelöst werden. Dies bedeutete für das obige Beispiel, dass der VN keinen Rest-Schadensersatzanspruch gegen den Schädiger geltend machen kann, weil er durch die Versicherungsleistung seinen versicherungsrechtlichen Schaden (i.H.v. 48.000 €) komplett ersetzt erhalten hat. Auf den VR geht gem. § 86 der bestehende Schadensersatzanspruch i.H.v. 30.000 € über. Dass der VR keinen vollständigen Ersatz für seine Aufwendungen erhält, ist jetzt aber nicht Ausfluss eines (dogmatisch fragwürdigen) Quotenvorrechts, sondern Konsequenz des Grundsatzes der Kongruenz; es besteht nur in dieser Höhe ein kongruenter, übergangsfähiger Schadensersatzanspruch.[116]

IV. Verbot der Gläubigerbenachteiligung (Subrogationsklausel), § 86 I 2

42 Entsprechend anderen Legalzessionsanordnungen (vgl. §§ 268 III 2, 426 II 2, 774 I 2, 1607 IV BGB, § 6 III EFZG) ordnet § 86 I 2 an, dass der Anspruchsübergang nicht zum Nachteil des VN geltend gemacht werden kann (sog. Subrogationsklausel).[117] Dem VN wird somit der Vorrang vor dem VR eingeräumt, weil der VN durch die Versicherungsleistung und die cessio legis nicht schlechter gestellt werden soll, als wenn der Schädiger selbst an ihn geleistet hätte.

43 Ein Nachteil kann sich für den VN aus der Geltendmachung des Forderungsübergangs ergeben, wenn der Schädiger wirtschaftlich außerstande ist, sowohl die Regressforderung des VR als auch die gegebenenfalls daneben bestehenden (Rest-)Forderungen des VN – inkongruente Forderungen oder die aus der nur teilweisen Bedarfsdeckung des VR resultierenden kongruenten Restforderungen – zu erfüllen.

44 Dieser Vorrang des VN vor dem VR kommt erst in der Zwangsvollstreckung zum Tragen; nach h.M. beinhaltet die Subrogationsklausel die vollstreckungsrechtliche Verwirklichung des Quotenvorrechts des Gläubigers und statuiert insoweit ein Befriedigungs- bzw. Durchsetzungsvorrecht;[118] Die Klausel hat die Funktion, dem Gläubiger bzw. Geschädigten, dem ein Teil der Forderung verblieben ist, bei der Verwirklichung den Vorrang einzuräumen.[119]

45 Die Subrogationsklausel gem. § 86 I 2 bezieht sich nur auf kongruente Ansprüche, denn nur insoweit ist überhaupt eine echte Konkurrenzsituation zwischen VR und VN gegeben.[120] Der VN soll nicht vor allen denkbaren, aus der cessio legis resultierenden Nachteilen bewahrt werden, sondern nur vor jenen, die sich gerade aus der Konkurrenz der (nunmehr verselbständigten[121]) Forderungsteile ergeben.[122]

46 Hat der VR entgegen der Subrogationsklausel etwa den kompletten Schadensersatzanspruch eingezogen, ohne dass der VN sich bereits wegen des Quotenvorrechts befriedigen konnte, muss der VR den zu viel eingezogenen Schadensersatzanteil an den VN herausgeben.[123]

47 Die Subrogationsklausel des § 86 I 2 gilt auch im Verteilungsverfahren nach § 109. Sofern allein der Geschädigte und sein VR als Dritte im Sinne des § 109 miteinander konkurrieren, verdrängt die Subrogationsklausel den Grundsatz der verhältnismäßigen Befriedigung.[124] Allerdings gilt der Vorrang des VN aufgrund des relativen Charakters der Subrogationsklausel nur im Verhältnis zwischen dem geschädigten VN und dem leistenden VR; die Stellung eines weiteren Geschädigten wird nicht berührt, vielmehr erhält dieser den Betrag, der ihm bei Gleichrangigkeit beider zustände.[125]

V. Mehrheit von VR

48 Liegt eine Mit- oder Nebenversicherung (vgl. § 77 Rdn. 5) vor, geht der Schadensersatzanspruch anteilig auf jeden VR entsprechend seiner Beteiligungsquote über.[126] Auch wenn die beteiligten VR zugunsten eines VR eine Führungsklausel vereinbart haben, kann dieser nur die auf ihn entfallende Quote im eigenen Namen geltend machen; eine Führungsklausel beinhaltet nicht automatisch auch eine Prozessstandschaft.[127] Vielmehr muss die entsprechende Führungsklausel ausgelegt werden. Im Transportversicherungsvertrag ist einer Führungsklausel nach h.M. die Ermächtigung zur Geltendmachung anteiliger Regressansprüche der Mitversiche-

---

116 Ähnlich R/L/*Langheid*, § 86 Rn. 45; vgl. *v. Koppenfels-Spies*, Die cessio legis, S. 310 ff.
117 Umfassend hierzu *v. Koppenfels-Spies*, Die cessio legis, S. 268 ff.
118 BGHZ 13, 28, 31; BK/*Baumann*, § 67 Rn. 143 f.; R/L/*Langheid*, § 86 Rn. 33; *Gernhuber*, Die Erfüllung und ihre Surrogate, 2. Aufl. 1994, S. 471 f.; *von Olshausen*, Gläubigerrecht und Schuldnerschutz bei Forderungsübergang und Regreß, 1988, S. 249 ff.; *Hübener*, S. 108; *Schims*, S. 191 f.; a.A. *Herpers* AcP 166, 454, 459 f., der das »Geltendmachen« schon in der Inanspruchnahme des Schuldners im Wege einer Klage sieht.
119 So auch *Sieg*, SGb 1983, 179, 180; Staudinger/*Engler* (2000), § 1607 Rn. 51; *Schims*, S. 191 f.
120 VersHb/*Hormuth*, § 22 Rn. 108; BK/*Baumann*, § 67 Rn. 144; B/M/*Voit*, § 86 Rn. 138.
121 BGHZ 47, 30; BGH VersR 68, 786.
122 *Gernhuber*, Die Erfüllung und ihre Surrogate, 2. Aufl. 1994, S. 471.
123 VersHb/*Hormuth*, § 22 Rn. 107; BK/*Baumann* § 67 Rn. 110; *Holtmann* JuS 1991, 649, 652.
124 BK/*Baumann*, § 156 Rn. 54 ff.; R/L/*Langheid*, § 109 Rn. 3.
125 BGHZ 84, 151, 153, 157; P/M/*Lücke*, § 109 Rn. 9.
126 Motive und amtliche Begr. zum Gesetz über den Versicherungsvertrag vom 30.05.1908, Neudruck Berlin 1963, S. 139; B/M/*Voit*, § 86 Rn. 135; BK/*Baumann*, § 67 Rn. 112; PK/*Kloth/Neuhaus*, § 86 Rn. 31; P/M/*Armbrüster*, § 86 Rn. 58.
127 BGH VersR 1954, 249 f.; BGH VersR 2002, 117 ff.

rer in gewillkürter Prozessstandschaft zu entnehmen.[128] Das eigene schutzwürdige Interesse ist gegeben, wenn der führende VR vom Ausgang des Rechtsstreits im Umfang seiner Haftungsquote profitiert.[129]

Bei einer Mehrfachversicherung (vgl. § 77 Rdn. 5 und § 78 Rdn. 5) geht der Schadensersatzanspruch ebenfalls anteilig auf die VR über, wenn jeder VR gem. § 78 II anteilig an den VN geleistet hat.[130] Leistet nur einer der VR, geht der Schadensersatzanspruch in voller Höhe auf ihn über. Fordert der leistende VR dann vom anderen VR gem. § 78 II dessen Quote, kann dieser vom leistenden VR die anteilige Abtretung des gegen den Dritten bestehenden Ersatzanspruchs verlangen.[131]   49

Privat- und Sozialversicherer sind keine Gesamtgläubiger, da die cessio legis im Sozialversicherungsrecht gem. § 116 I SGB X bereits mit Entstehen der Leistungspflicht und damit vor dem möglichen Übergang auf den Schadensversicherer eintritt.[132]   50

D. Obliegenheiten des VN und Rechtsfolgen, § 86 II
I. Inhalt der Obliegenheiten

Anstelle des bisherigen Aufgabeverbots normiert § 86 II die Obliegenheiten des VN, seinen Ersatzanspruch oder ein zur Sicherung dieses Anspruchs dienendes Recht unter Beachtung der geltenden Form- und Fristvorschriften zu wahren und bei dessen Durchsetzung durch den VR mitzuwirken. Damit soll dem Interesse des VR, sich bei einem ersatzpflichtigen Dritten schadlos zu halten, umfänglicher gedient sein als nach dem früheren Aufgabeverbot in § 67 I 3 a.F.[133] Da aber auch schon das Aufgabeverbot von der h.M. als (verhüllte) Obliegenheit des VN angesehen wurde,[134] sind die Änderungen des § 86 II im Vergleich zum Aufgabeverbot – anders als es der Wortlaut vermuten lässt – nicht so gravierend. Eine deutlichere Änderung haben aber die Rechtsfolgen, die eine Obliegenheitsverletzung beim gesetzlichen Forderungsübergang nach sich zieht, erfahren.   51

Welche Obliegenheiten der VN zu wahren hat, ist nun in § 86 II genauer als in § 67 I 3 a.F. normiert: Der VN muss den Ersatzanspruch und ein Sicherungsrecht wahren und – soweit erforderlich – bei dessen Durchsetzung mitwirken. Hierunter sind die Fälle zu fassen, die von der früheren »Aufgabe des Ersatzanspruchs« erfasst wurden, also Maßnahmen, die zum Verlust bzw. Erlöschen des Anspruchs führen, ihn in seinem Umfang verringern oder seine Durchsetzung verhindern, etwa durch einen Erlass, Verzicht, Vergleich oder Abtretung des Anspruchs.[135] Außerdem folgt aus § 86 II auch die Obliegenheit, dem VR alle erforderlichen Auskünfte zu erteilen, die zur Realisierung des übergegangenen Ersatzanspruchs erforderlich sind.[136] Ausdrücklich erwähnt ist in § 86 II nun auch die Obliegenheit des VN, die geltenden Form- und Fristvorschriften zu wahren. Damit wird nun auch das Unterlassen sanktioniert, etwa das Unterlassen anspruchsverfolgender Maßnahmen zur Vermeidung von Fristversäumnissen, was unter der Geltung des § 67 I 3 a.F. noch umstritten war.[137] Von § 86 II erfasst wird beispielsweise das Verstreichenlassen einer Verjährungs- oder Ausschlussfrist ebenso wie der unterlassene Hinweis darauf,[138] ferner das Nichtverfolgen des möglichen Schadensersatzanspruchs oder das Unterlassen der Feststellung der Person des Schädigers.[139]   52

Wie auch bisher setzen diese Obliegenheiten voraus, dass der Ersatzanspruch gegen den Schadensverursacher entstanden ist und nicht von vornherein, etwa aufgrund eines zulässigen Haftungsausschlusses zwischen dem VN und dem Schädiger, ausgeschlossen ist, denn dann bestand von Anfang an kein Ersatzanspruch, der übergehen und deshalb vom VN gewahrt werden könnte (zu den Konsequenzen von Haftungsausschlüssen und -beschränkungen, vgl. Rdn. 60 ff.).[140]   53

II. Rechtsfolgen einer Obliegenheitsverletzung

Im Unterschied zu § 67 I 3 a.F., der als Rechtsfolge die Leistungsfreiheit des VR insoweit vorsah, als der VR aus dem Anspruch oder dem Recht hätte Ersatz erlangen können, sind die Rechtsfolgen einer Verletzung der   54

---

128 BGH VersR 2002, 117 ff.
129 BGH VersR 1954, 249 f.; BGH VersR 2002, 117.
130 P/M/*Armbrüster*, § 86 Rn. 59.
131 PK/*Kloth/Neuhaus*, § 86 Rn. 33; BK/*Baumann*, § 67 Rn. 113.
132 BGH VersR 1980, 1072; P/M/*Armbrüster*, § 86 Rn. 60.
133 Begr. RegE BT-Drucks. 16/3945 S. 81.
134 OLG Hamm r+s 1991, 401, 402; VersHb/*Hormuth*[2], § 22 Rn. 58; B/M/*Voit*, § 86 Rn. 143; BK/*Baumann*, § 67 Rn. 115; R/L/*Langheid*[2], § 67 Rn. 42; a.A. zu § 67 a.F. P/M/*Prölss*[27], § 67 Rn. 31.
135 B/M/*Voit*, § 86 Rn. 148 ff.; BK/*Baumann*, § 67 Rn. 116; *Günther* VersR 2014, 623, 624.
136 Vgl. *Thume* VersR 2008, 455 ff.
137 Überwiegend wurde angenommen, dass auch das Unterlassen unter § 67 I 3 a.F. fällt (OLG Celle VersR 1965, 349, 350; BK/*Baumann*, § 67 Rn. 122; B/M/*Voit* § 86 Rn. 148); a.A. P/M/*Prölss*[27], § 67 Rn. 32, da das Aufgabeverbot keinen Zwang zu Aufwendungen begründe; stattdessen wurde insoweit eine Obliegenheit des VN gem. § 62 a.F. angenommen.
138 Vgl. OLG Celle VersR 1965, 349, 350; *Wachsmuth*, 222; B/M/*Voit*, § 86 Rn. 148.
139 R/L/*Langheid*, § 86 Rn. 48.
140 Begr. RegE BT-Drucks. 16/3945 S. 81.

in § 86 II genannten Obliegenheiten in Übereinstimmung mit § 28 II (vgl. dort Rdn. 117) und § 82 III (vgl. dort Rdn. 28 f.) geregelt.

55 Liegt eine vorsätzliche Obliegenheitsverletzung vor, ist der VR leistungsfrei, wenn die Obliegenheitsverletzung kausal dafür ist, dass der VR vom Dritten keinen Ersatz verlangen kann. Dem VN steht insoweit der Kausalitätsgegenbeweis offen.

Vorsatz setzt Wissen und Wollen des rechtswidrigen Erfolges voraus; der Vorsatz muss sich nur auf die Verletzung der Obliegenheit und nicht auf den daraus resultierenden Schaden usw. erstrecken.[141]

56 Eine grob fahrlässige Obliegenheitsverletzung hat die abgestufte Leistungsfreiheit des VR zur Folge; der VR kann seine Leistung in einem der Schwere des Verschuldens des VN entsprechenden Verhältnis kürzen.[142] Wie auch sonst bei den Obliegenheitsverletzungen (vgl. § 26 I, § 28 II, § 82 III) ist die Quotelung problematisch; diese soll sich an der Schwere des Verschuldens des VN, also an der Schwere der groben Fahrlässigkeit, orientieren. Hier werden sich erst durch richterliche Rechtsfortbildung verlässliche Fallgruppen bilden müssen, die eine bestimmte Kategorisierung innerhalb des weiten Bereichs der groben Fahrlässigkeit zwischen der leichtesten Form grober Fahrlässigkeit bis hin zur groben Fahrlässigkeit an der Vorsatzgrenze ermöglichen. Bis dahin wird eine gewisse Rechtsunsicherheit hinzunehmen sein. Das Zivilrecht hat gezeigt, dass eine Quotelung (beim mitwirkenden Verschulden gem. § 254 BGB) auf Dauer zu keinen nennenswerten Schwierigkeiten geführt hat.[143] Anders als bei den sonstigen Obliegenheitsverletzungen (vgl. § 26 III, § 28 III, § 82 IV) gilt für eine grob fahrlässige Obliegenheitsverletzung kein besonderes Kausalitätserfordernis.

57 Eine leicht fahrlässige Obliegenheitsverletzung des VN hat keine Konsequenzen.

III. Beweislast

58 Die Beweislast für das Vorliegen einer vorsätzlichen Obliegenheit i.S.d. § 86 II 2 trägt der VR, da er sich insoweit auf Leistungsfreiheit, also eine für ihn günstige Tatsache, berufen kann (vgl. allerdings an systematisch falscher Stelle: § 69 III 2). Er muss beweisen, dass der VN wissentlich und willentlich die in § 86 II genannten Obliegenheiten verletzt hat.

59 Gem. § 86 II 3, 2. Hs. trägt der VN die Beweislast für das Nichtvorliegen einer groben Fahrlässigkeit. Er muss somit beweisen, dass entlastende Umstände gegeben sind und belastende Umstände nicht vorliegen. Problematisch ist aber, wer den Grad der groben Fahrlässigkeit, nach dem sich dann der Umfang der Leistungsfreiheit des VR bemisst, beweisen muss.[144] Legte man allein § 86 II 3, 2. Hs. zugrunde, wäre die Beweislast eindeutig beim VN; er müsste sich insgesamt, also auch im Hinblick auf deren Grad von der groben Fahrlässigkeit entlasten. Verwirrung bezüglich der Beweislast für den Grad der groben Fahrlässigkeit herrscht aber deswegen, weil der Gesetzgeber im Zusammenhang mit der Beweislast bei der Verletzung vertraglicher Obliegenheiten (§ 28 II) ausgeführt hat, dass für das Verschuldensmaß, nach dem sich im Fall grober Fahrlässigkeit der Umfang der Leistungspflicht bestimmt, der VR beweispflichtig ist.[145] Aufgrund des identischen Wortlauts von § 28 II, 3. Hs. und § 86 II 3, 2. Hs. kann dieser Satz in der Gesetzesbegründung auch bei den Obliegenheiten im Rahmen der cessio legis nicht ignoriert werden. Uneinheitlich wird nun beurteilt, wie dieser Hinweis in der Gesetzesbegründung zu bewerten ist und welche Konsequenzen für die Beweislast aus ihm zu ziehen sind.[146] Vorzugswürdig erscheint es – vor allem um Probleme der doppelten oder geteilten Beweislast zu vermeiden[147] – den Satz in der Gesetzesbegründung zu ignorieren und – so wie es § 86 II 3, 2. Hs. formuliert – dem VN die Beweislast insgesamt, also auch für den Grad der groben Fahrlässigkeit aufzuerlegen.[148]

IV. Obliegenheitsverletzung vor Eintritt des Versicherungsfalles/Zulässigkeit von Haftungsbeschränkungen und -ausschlüssen

60 Seinem Wortlaut nach erfasst § 86 II nur Obliegenheiten nach Entstehen des Schadensersatzanspruchs.[149] Fraglich ist, welche Konsequenzen es hat, wenn der VN schon vorher den Ersatzanspruch schuldhaft gar nicht hat entstehen lassen, etwa weil er einen Haftungsausschluss oder eine Haftungsbeschränkung vereinbart hat,

---

141 *Schwintowski* VuR 2008, 1, 4.
142 Vgl. *Schäfers* VersR 2011, 842 ff.
143 Vgl. *Römer* VersR 2006, 740.
144 Umfassend *Pohlmann* VersR 2008, 437, 438.
145 Begr. RegE BT-Drucks. 16/3945 S. 69.
146 Die Literatur geht überwiegend davon aus, dass der Versicherer die Beweislast für den Grad der groben Fahrlässigkeit trägt (vgl. *Deutsch*, Versicherungsvertragsrecht, § 17 Rn. 159, § 19 Rn. 170, § 22 Rn. 222; § 26 Rn. 272, 283; Marlow/Spuhl/*Marlow*, Rn. 315 f.; *Rixecker* ZfS 2007, 73, 255, 256). Zum Teil wird auch ein mittlerer Grad der groben Fahrlässigkeit zum Ausgangspunkt genommen, so dass dann jede Seite die ihr jeweils günstigen Umstände, d.h. die Gründe für eine Erhöhung der Quote beweisen muss (*Langheid* NJW 2007, 3665, 3669; *Weidner/Schuster* r+s 2007, 363, 364; *Felsch* r+s 2007, 485, 493).
147 Umfassend *Pohlmann*, VersR 2008, 437, 439 ff.
148 Überzeugend *Pohlmann*, VersR 2008, 437, 441.
149 Begr. RegE BT-Drucks. 16/3945 S. 81.

wonach der Schadensersatzanspruch von vornherein nicht gegeben ist. Der VN kann ein berechtigtes Interesse daran haben, beim Abschluss von Verträgen Haftungsausschlüsse zu akzeptieren. Umgekehrt macht es für den VR keinen Unterschied, ob der VN den Regressanspruch generell-abstrakt vor oder individuell-konkret nach Eintritt des Versicherungsfalles nicht wahrt; beide Fälle sind für ihn gleich nachteilig.[150]

Für die Frage der versicherungsrechtlichen Zulässigkeit bzw. Sanktionierung von Vereinbarungen, die einen Schadensersatzanspruch schon nicht entstehen lassen, ist darauf abzustellen, welche Auswirkungen diese Vereinbarung auf das Versicherungsverhältnis hat. Der VN ist aufgrund des abgeschlossenen Versicherungsvertrages grundsätzlich berechtigt, die ihm zustehende Versicherungsleistung uneingeschränkt in Anspruch zu nehmen. Es kann ihm daher an sich kein Nachteil daraus erwachsen, dass er einen Schadensersatzanspruch nicht entstehen lässt, denn die dem VR obliegende Ersatzpflicht ist zunächst von der Existenz anderweitiger Schadensersatzansprüche unabhängig. Allerdings übernimmt der Privatversicherer nicht die Schadensersatzverpflichtung schlechthin, sondern nur das Risiko der Realisierbarkeit dieses Anspruchs. Daher sind vorher vereinbarte haftungsausschließende Klauseln, an denen der VN ein berechtigtes Interesse hat, nur zulässig, soweit sie dem vom Versicherungsvertrag abzudeckenden Versicherungsrisiko noch immanent sind. Umfasst das vom VR abzudeckende Risiko die Möglichkeit der Regressnahme, kann ein Haftungsausschluss nicht gebilligt werden, weil dann der VR das vom Haftungsausschluss betroffene Schadensrisiko ohne Regressmöglichkeit abdecken müsste. 61

Vor diesem Hintergrund differenziert die h.M. im Hinblick auf Haftungsausschlüsse und das Vorliegen einer unzulässigen Haftungserweiterung zwischen üblichen und unüblichen Klauseln.[151] Letztere begründen ein Schadensrisiko, das über den im Versicherungsvertrag zugrunde gelegten Umfang hinausgeht; für sie greift der Rechtsgedanke des § 86 II. Bei üblichen Haftungsausschlüssen, zum Beispiel für leichte Fahrlässigkeit, bleibt der VR dagegen zur Leistung verpflichtet, denn der Rahmen des versicherten Risikos wird noch eingehalten.[152] Zum Teil wird dieser Gesichtspunkt auch unter dem Stichwort der »Gefahrerhöhung« (vgl. § 23) behandelt.[153] Eine zur Leistungsfreiheit des VR gem. §§ 23, 26 führende Gefahrerhöhung wird bei ungewöhnlichen haftungsausschließenden Klauseln bejaht.[154] 62

E. Regressausschluss bei Schädigungen in häuslicher Gemeinschaft, § 86 III

Gem. § 86 III kann der Forderungsübergang seitens des leistenden VR nicht geltend gemacht werden, wenn sich der Ersatzanspruch des VN gegen eine mit ihm in häuslicher Gemeinschaft lebende Person richtet, sofern diese Person den Schaden nicht vorsätzlich verursacht hat. Die häusliche Gemeinschaft muss im Zeitpunkt des Schadenseintritts bestehen. 63

§ 86 III will den Rechtsgedanken des Familienprivilegs gem. § 67 II a.F. übernehmen, ist dabei aber in wesentlichen Punkten geändert worden. Zum einen knüpft § 86 III nicht mehr an die Eigenschaft als Familienangehöriger, der mit dem VN in häuslicher Gemeinschaft lebt, an, sondern erweitert den Kreis der Privilegierten auf alle Personen, die mit dem VN in häuslicher Gemeinschaft leben.[155] Geändert wurde auch die Rechtsfolge dieses Privilegs: Während das Familienprivileg gem. § 67 II a.F. den Forderungsübergang ausschloss, zieht die Schädigung durch eine in häuslicher Gemeinschaft lebende Person nun gem. § 86 III einen Regressausschluss nach sich.[156] 64

I. Normzweck

Wenngleich mit § 86 III keine grundlegenden Änderungen im Verhältnis zum ursprünglichen Familienprivileg verfolgt wurden, sondern der Rechtsgedanke des § 67 II a.F. weitgehend übernommen werden sollte,[157] hat sich der Normzweck des Hausgemeinschaftsprivilegs im Vergleich zu § 67 II a.F. verlagert. Das Familienprivileg gem. § 67 II a.F. wollte in erster Linie verhindern, dass Streitigkeiten über die Verantwortung von Schadenszufügungen unter Familienangehörigen ausgetragen wurden; es bezweckte damit den Schutz des häuslichen Familienfriedens. Zugleich wollte das Familienprivileg den VN selbst vor einer finanziellen Belastung durch den Rückgriff des VR schützen, da die in einer häuslichen Gemeinschaft lebenden Familienangehörigen als wirtschaftliche Einheit angesehen werden. Der VN hätte – ohne das Familienprivileg – das, was er mit der einen Hand erhalten hat, mit der anderen Hand wieder herausgeben müssen; am Ende hätte er den Schaden doch aus eigener Tasche bezahlen müssen.[158] Für diesen Schutzzweck war es auch unerheblich, ob der VN oder das gemeinsame Familienbudget im Einzelfall überhaupt tatsächlich belastet wurden, was etwa 65

---

150 Vgl. R/L/*Langheid*, § 86 Rn. 49.
151 RGZ 122, 292, 294; BGHZ 22, 109, 119 f.; BGH VersR 1985, 983; B/M/*Voit*, § 86 Rn. 154; BK/*Baumann*, § 67 Rn. 129 ff.
152 BK/*Baumann*, § 67 Rn. 129.
153 BGHZ 22, 109, 119; OLG Karlsruhe VersR 1971, 159; P/M/*Armbrüster*, § 86 Rn. 73.
154 RGZ 123, 320, 324 ff.; BGHZ 42, 295, 298; R/L/*Langheid*, § 86 Rn. 54.
155 Einschränkend OLG Nürnberg NZV 2009, 287.
156 Begr. RegE BT-Drucks. 16/3945 S. 82.
157 Vgl. Begr. RegE BT-Drucks. 16/3945 S. 82.
158 BGHZ 41, 79, 83; BGH NJW 1962, 41, 42.

bei einer zugunsten des Familienangehörigen eintretenden Haftpflichtversicherung nicht der Fall gewesen wäre; das Gesetz unterstellte vielmehr in einer typisierenden Betrachtungsweise, dass es bei der Durchführung des Regresses zu einer Belastung des VN gekommen wäre.[159]

66 Überträgt man diesen Normzweck auf die geltende Fassung des § 86 III, so müsste der Normzweck nunmehr allein darin gesehen werden, den Frieden innerhalb einer bestehenden Haushalts- bzw. Wohngemeinschaft zu schützen. Dies allein könnte aber die in § 86 III liegende Privilegierung des Schädigers und die damit einhergehende Belastung des VR mit der endgültigen Schadenstragung nicht rechtfertigen. Entscheidend muss der Gedanke sein, eine potentielle Belastung des VN selbst infolge des Rückgriffs zu verhindern. Der Regressausschluss ist daher nur dann gerechtfertigt, wenn Schädiger und VN eine wirtschaftliche Einheit bilden und der VN – ohne § 86 III – durch die Inanspruchnahme des Schädigers selbst finanziell belastet würde.

II. Voraussetzungen

67 Das Privileg des § 86 III setzt voraus, dass der Schädiger mit dem VN in häuslicher Gemeinschaft lebt.
Für die Frage, wann eine häusliche Gemeinschaft i.S.d. § 86 III anzunehmen ist, kann nur bedingt auf die Grundsätze zu § 67 II a.F. zurückgegriffen werden, da die häusliche Gemeinschaft mit Blick auf die Familienangehörigeneigenschaft interpretiert wurde. Eine häusliche Gemeinschaft wurde unter Geltung des § 67 II a.F. angenommen, wenn eine auf Dauer angelegte gemeinschaftliche Wirtschaftsführung bestand, wobei es weder auf die konkreten wirtschaftlichen Abreden noch auf eine momentane Abwesenheit ankam; diese ließ das Familienprivileg nur dann entfallen, wenn der Familienverband tatsächlich gelockert war.[160] Das Vorliegen einer häuslichen Gemeinschaft im Sinne des § 67 II a.F. konnte nicht schematisch festgestellt werden, vielmehr waren alle Indizien im Einzelfall zu bewerten. Dabei mussten jeweils mehr und gewichtigere Indizien vorliegen, je entfernter der Verwandtschaftsgrad war.[161] Entscheidendes Kriterium war hierbei eine gemeinsame Wirtschaftsführung, da in erster Linie das gemeinsame Familienbudget geschützt werden sollte.[162]

68 Da der Wortlaut des § 86 III nur noch verlangt, dass der Schädiger mit dem VN in häuslicher Gemeinschaft lebt, und damit noch nicht einmal ein »Zusammenleben« oder ein »miteinander Leben« vorausgesetzt wird, wird man eine häusliche Gemeinschaft i.S.d. § 86 III – zumindest wenn allein dessen Wortlaut zugrunde gelegt wird – bereits bejahen müssen, wenn eine gemeinsame Wohnung bzw. ein gemeinsames Haus bewohnt werden und gemeinsam gewirtschaftet wird.

69 Im Hinblick auf den Zeitpunkt des Vorliegens der häuslichen Gemeinschaft kodifiziert § 86 III nun, was nach § 67 II a.F. schon der h.M. entsprach.[163] Die häusliche Gemeinschaft muss im Zeitpunkt des Schadenseintritts bereits bestanden haben. Damit solle Missbrauch verhindert werden,[164] beispielsweise durch die nachträgliche Begründung einer häuslichen Gemeinschaft. Ob damit aber der Rechtssicherheit ausreichend Genüge getan ist, ist angesichts des hohen Rangs, den der BGH der Rechtssicherheit unter Geltung des § 67 II a.F. bei der Frage einer erweiternden Auslegung einräumte,[165] äußerst fraglich.

70 Der in häuslicher Gemeinschaft mit dem VN lebende Schädiger ist gem. § 86 III a.E. dann nicht privilegiert, wenn er den Schaden vorsätzlich herbeigeführt hat. Entsprechend dem eindeutigen Wortlaut muss sich der Vorsatz nicht auf die Herbeiführung des Versicherungsfalles beziehen, sondern auf den verursachten Schaden und dessen Folgen;[166] hinsichtlich letzterer genügt es, dass der Schädiger die Gefährlichkeit seines Verletzungsverhaltens erkannt und die aus Laiensicht naheliegenden Verletzungsfolgen billigend in Kauf genommen hat.[167]

III. Kritik an der Neufassung des § 86 III und einschränkende Auslegung

71 Äußerst problematisch an der Neufassung des Privilegs in § 86 III ist der weite Wortlaut, der nur noch auf das Vorliegen einer häuslichen Gemeinschaft abstellt. Dem Wandel der gesellschaftlichen Verhältnisse Rechnung tragend, wollte der Gesetzgeber mit der Änderung die Fälle kodifizieren, die längst schon von der

---

159 Es war dementsprechend unerheblich, ob der Familienangehörige selbst haftpflichtversichert war; vgl. BGHZ 41, 79, 84; a.A. zu § 67 a.F. P/M/*Prölss*[27], § 67 Rn. 36 und auch zu § 86: P/M/*Armbrüster*, § 86 Rn. 87.
160 BGH VersR 1986, 333, 334 f.
161 BGH VersR 1980, 644, 645.
162 BGH VersR 1980, 644, 645; BK/*Baumann*, § 67 Rn. 156.
163 Vgl. etwa BGHZ 54, 256, 260; B/M/*Voit*, § 86 Rn. 164, 176; R/L/*Langheid*, § 86 Rn. 56; BK/*Baumann*, § 67 Rn. 157. Nach neuem Recht nicht mehr haltbar ist die Auffassung, es komme auf den Zeitpunkt der Versichererleistung an, da erst dann der Zweck des Familienprivilegs zum Tragen komme (P/M/*Armbrüster*, § 86 Rn. 94). Die Manipulationsgefahr wäre angesichts der weiten Fassung des Tatbestandes des § 86 III (»häusliche Gemeinschaft«) zu groß, da zwischen Versicherungsfall und Versichererleistung zugunsten des Schädigers eine häusliche Gemeinschaft noch begründet werden könnte.
164 Begr. RegE BT-Drucks. 16/3945 S. 82; zur analogen Anwendung des § 86 III bei Schadensverursachung durch einen in häuslicher Gemeinschaft Lebenden kurz nach Versterben des VN: LG Berlin, Urt. vom 07. Juli 2011, 16 O 249/10.
165 BGHZ 102, 257, 261 ff.; BGH VersR 1972, 764.
166 BGH VersR 1986, 233, 235; PK/*Kloth/Neuhaus*, § 86 Rn. 53; P/M/*Armbrüster*, § 86 Rn. 95.
167 OLG Koblenz NJW-RR 2001, 1600, 1601.

Rechtspraxis unter das Familienprivileg subsumiert wurden, nämlich Schädigungen durch Partner einer nichtehelichen Lebensgemeinschaft[168] oder durch Verlobte[169]. Diese werden vom Zusammenleben in häuslicher Gemeinschaft erfasst; darüber hinaus fallen nun – ausweislich des Wortlauts – aber auch etliche Situationen in den Anwendungsbereich des Privilegs gem. § 86 III, die der Gesetzgeber wohl nicht im Blick hatte und bei denen der Normzweck des Privilegs nicht erfüllt ist, schließlich sollte mit der Änderung des § 86 III (nur) dem Wandel der gesellschaftlichen Verhältnisse Rechnung getragen werden.[170] So müsste nun gem. § 86 III auch der Regress gegen den Mitbewohner einer Wohngemeinschaft ausgeschlossen sein, der einen anderen versicherten Mitbewohner schädigt, da beide in einer häuslichen Gemeinschaft leben. Gleiches müsste auch für Pflegepersonen oder Haushaltshilfen, die mit dem versicherten Geschädigten in einem gemeinsamen Haushalt leben, gelten. Der Normzweck des § 86 III, die »Familien- bzw. Haushaltskasse« zu schützen oder den Geschädigten vor einer mittelbaren Inanspruchnahme zu bewahren, ist hier nicht zu erkennen. Gründe, den Schädiger (Mitbewohner oder Haushaltshilfe usw.) in den Genuss der Privilegierung kommen zu lassen, sind indes nicht ersichtlich.

Bemerkenswert ist auch die Rechtfertigung für diese Erweiterung des § 86 III im Verhältnis zum ursprünglichen Familienprivileg: Ausweislich der Gesetzesbegründung entspricht die Beschränkung des Privilegs auf Familienangehörige nicht mehr den heutigen gesellschaftlichen Verhältnissen.[171] Diese Begründung verwundert, hat doch der BGH die Anwendung des Familienprivilegs auf nichteheliche Lebenspartner und Verlobte – also Personen, die nun im Regelfall unter § 86 III fallen – mit dem Hinweis auf die Rechtssicherheit bis zum Urteil vom 22.04.2009 entschieden abgelehnt.[172] Gerade die Missbrauchsgefahr wird doch durch den erweiterten Anwendungsbereich des § 86 III deutlich erhöht, da nur vorausgesetzt wird, dass eine häusliche Gemeinschaft im Zeitpunkt des Schadenseintritts besteht. Auch wenn nach Auffassung des BGH die Unsicherheiten bezüglich nichtehelichen Lebensgemeinschaften mit Blick auf die Rechtsprechung des BVerfG und die weite Akzeptanz des darin herausgearbeiteten Begriffs der nichtehelichen Lebensgemeinschaft inzwischen beseitigt worden sind, so gilt dies doch gerade nicht in Bezug auf die anderen, vom Wortlaut des § 86 III noch umfassten Fallgruppen der Mitbewohner einer Wohngemeinschaft, Pflegepersonen oder Haushaltshilfen.

Bedenklich an der Neuregelung des Privilegs in § 86 III ist auch der nun fehlende Gleichlauf mit der Parallelvorschrift im Sozialrecht. Mit der Reformierung des § 67 a.F. wurde nicht zugleich auch das Angehörigenprivileg in § 116 VI SGB X geändert. Damit wurde der bislang richtigerweise geltende Gleichklang dieser Regressvorschriften, die bislang stets gleich interpretiert wurden[173], aufgegeben.[174] Der dem jetzigen § 86 III zugrundeliegende Wandel der gesellschaftlichen Verhältnisse ist aber nicht nur auf privatrechtlich bestimmte Versicherungszweige beschränkt. Für den schädigenden Haushaltsangehörigen darf es im Hinblick auf seine Inanspruchnahme durch den VR keinen Unterschied machen, ob nach einem Unfall die private (Ausschluss seiner Haftung gem. § 86 III) oder die gesetzliche Krankenversicherung (kein Ausschluss gem. § 116 VI SGB X) Kostenträger ist.[175] Folgerichtig ist deshalb die nunmehr vom BGH angenommene analoge Anwendung des § 116 VI 1 SGB X auch auf Partner einer nichtehelichen Lebensgemeinschaft.[176] Darüber hinausgehend wird das Familienprivileg gem. § 67 II a.F. und § 116 VI SGB X sogar als Ausdruck eines allgemeinen Grundsatzes im Regressrecht angesehen, der über die Kodifikationen im VVG und SGB X auch in anderen Rechtsbereichen gilt, die über keine entsprechende gesetzliche Regelung verfügen,[177] wie etwa die Vorschriften über den Rückgriff des beamtenrechtlichen Versorgungsträgers (§ 87a BBG)[178] und des privaten Arbeitgebers (§ 6 EFZG)[179].

---

168 OLG Brandenburg VersR 2002, 839 ff.; OLG Naumburg VersR 2007, 1405 ff.; Staudinger/*Strätz*, (2000) Anh. zu §§ 1297 ff. Rn. 225; MünchKommBGB/*Wellenhofer*, nach § 1302 Rn. 13; BK/*Baumann*, § 67 Rn. 162 ff.; P/M/*Armbrüster*, § 86 Rn. 90; *Kohte* NZV 1991, 89 ff. Vom BGH für § 67 II a.F. zunächst offen gelassen, vgl. BGH VersR 1980, 526, 527; nunmehr für eine analoge Anwendung von § 67 II a.F. BGH VersR 2009, 813, 814; hierzu auch *Günther*, Anmerkung zur analogen Anwendung des Angehörigenprivilegs nach VVG § 67 Absatz 2 a.F. auf Partner einer nichtehelichen Lebensgemeinschaft, VersR 2009, 816 f.; *Grziwotz* FamRZ 2009, 750, 753; LG Zweibrücken, Urt. vom 7. Juli 2015, 3 S 119/14, das § 86 III auch auf den nicht ehelichen Lebenspartner anwendet, wenn er mit seinem Lebenspartner und dessen Kind in häuslicher Gemeinschaft lebt.
169 *v. Koppenfels-Spies*, Die cessio legis, S. 256 f.
170 Begr. RegE BT-Drucks. 16/3945 S. 82.
171 Begr. RegE BT-Drucks. 16/3945 S. 82.
172 Für Verlobte: BGH VersR 1972, 764, 765; für nichteheliche Lebensgefährten: BGHZ 102, 257, 261 ff., (allerdings zu § 116 VI SGB X).
173 Vgl. *v. Koppenfels-Spies*, Die cessio legis, S. 255 ff.; *Küppersbusch*, Ersatzansprüche bei Personenschaden, 9. Aufl. 2006, 196.
174 *Lang* jurisPR-VerkR 2/2008, Anm. 5.
175 *Jahnke* NZV 2008, 57, 59 f.; *Lang* jurisPR-VerkR 2/2008, Anm. 5.
176 BGH VersR 2013, 520, 521 (Aufgabe von BGHZ 102, 257).
177 BGH VersR 2011, 1204; BGH VersR 1980, 526; BGH VersR 1980, 644; gegen eine analoge Anwendung im Rahmen des Ausgleichsanspruchs des KFZ-Haftpflichtversicherers gem. § 426 II BGB: OLG Koblenz VersR 2012, 1026 m.w.N.; BGH VersR 1988, 1062; BGH VersR 1984, 327.
178 BGHZ 43, 72, 78; BGHZ 106, 284.
179 BGHZ 66, 104, 105; BGHZ 106, 284.

Fraglich bleibt, ob § 86 III mit seiner weiten Fassung als nunmehr neuer Grundsatz des Regressrechts auf die genannten Regresswege analog anwendbar ist oder ob dies eher für das Angehörigenprivileg in der bisher geltenden Form (gem. § 116 VI SGB X) anzunehmen ist. Da § 86 III die Regelung des § 67 II a.F. ersetzt, der bislang als Ausgangspunkt der entsprechenden Anwendung auf andere Regresswege angesehen wurde und im Verhältnis zu § 116 VI SGB X die ältere Norm ist, müsste nun ein Hausgemeinschaftsprivileg als allgemeiner Regressgrundsatz auf andere Regresswege, die keine entsprechende gesetzliche Regelung aufweisen, Anwendung finden.

74 Vor diesem Hintergrund und dem gesetzgeberischen Willen bzw. dem Normzweck Rechnung tragend muss § 86 III einschränkend ausgelegt werden. Für das Vorliegen einer häuslichen Gemeinschaft genügt daher nicht allein das gemeinsame Bewohnen eines Hauses oder einer Wohnung einschließlich einer gemeinsamen Wirtschaftsführung, vielmehr muss ein Zusammen- bzw. Miteinanderleben von Schädiger und geschädigtem VN gegeben sein, das dem Zusammenleben in einer familiären Gemeinschaft vergleichbar ist und sich durch ähnliche persönliche und wirtschaftliche Bindungen auszeichnet, mit andern Worten muss eine nichteheliche oder partnerschaftsähnliche Lebensgemeinschaft gegeben sein.[180]

IV. Rechtsfolge

75 Das Familienprivileg gem. § 67 II a.F. hatte zur Konsequenz, dass der Anspruchsübergang auf den VR ausgeschlossen war. Der geschädigte VN behielt also diesen Anspruch, selbst wenn der VR an ihn geleistet hatte, und konnte diesen dann trotz der vorangegangenen Leistung des VR weiterhin gegen den Schädiger geltend machen. Dies hatte dann eine bereicherungsrechtliche Rückabwicklung zur Folge.[181] Da diese Konsequenzen für unbillig und ungerechtfertigt gehalten wurden, sieht § 86 III nunmehr vor, dass der Schadensersatzanspruch infolge der Leistung des VR auf diesen übergeht, der VR ihn aber nicht geltend machen kann. Es ist somit nicht mehr die cessio legis, sondern der Regress des VR ausgeschlossen; der Ersatzanspruch geht zwar über, ist jedoch nicht durchsetzbar. Damit steht dem geschädigte VN vor der Wahl, entweder den Ersatzanspruch gegen den Schädiger oder den Versicherungsanspruch gegen den VR zu realisieren; hat er sich für ersteres entschieden, kommt es mangels Versicherungsschadens nicht mehr zur Versichererleistung. Wählt der VN die Versicherungsleistung, geht in dem Moment der Zahlung durch den VR der Schadensersatzanspruch auf diesen über und kann nicht mehr vom VN eingezogen werden. Dass somit beide Ansprüche nacheinander realisiert werden, ist gem. § 86 III nicht mehr möglich.

F. Schadensteilungsabkommen

76 Schadensteilungsabkommen sind Rahmenverträge zwischen VR, die vergleichsweise regeln, wie die Aufwendungen für künftig auftretende Schadensfälle aufzuteilen sind.[182] Vertragsparteien sind auf der einen Seite ein Haftpflichtversicherer und auf der anderen Seite ein Sozialversicherungsträger (insbesondere ein Unfallversicherungsträger oder eine Krankenkasse) oder ebenfalls ein Haftpflichtversicherer.

77 Der Haftpflichtversicherer verpflichtet sich im eigenen Namen, die Schäden seines VN in Höhe der Abkommensquote zu übernehmen. Zahlt er die vereinbarte Quote, erfüllt er nicht nur seine Schuld aus dem Teilungsabkommen, sondern tilgt auch gem. §§ 362, 364 I BGB den Regressanspruch gegen seinen VN.[183] Demgegenüber verpflichtet sich der andere Haftpflichtversicherer (oder Sozialversicherungsträger), keine weiteren Ansprüche geltend zu machen (»pactum de non petendo«).[184] Da im Teilungsabkommen aufgrund dieser Regelung auch ein Vertrag zugunsten Dritter liegt, kann sich auch der Schädiger auf dieses Stillhalteabkommen gem. § 328 II BGB berufen und die Leistung verweigern.[185] Beinhaltet das Teilungsabkommen einen mit dem Regressgläubiger vereinbarten Erlassvertrag, wirkt dieser gem. § 423 BGB auch zugunsten des Schädigers.[186]

78 Indem die Teilungsabkommen eine Quote festlegen, nach der die Aufwendungen für einen Schadensfall aufgeteilt werden, stellen sie die Schadensabwicklung auf eine eigene vertragliche Grundlage; diese lässt neue, privatrechtliche Vertragsansprüche zwischen den Parteien und nur in ihrem Verhältnis zueinander entstehen und verdrängt gesetzliche Ausgleichsregelungen.[187] Dies bedeutet zum einen, dass die Schadensabwicklung zwischen den (Haftpflicht-)VR ohne Prüfung der Haftung des Schädigers erfolgt. Entsprechend der getroffenen Vereinbarung beteiligt sich der Haftpflichtversicherer an den Aufwendungen des anderen VR; relevant ist

---

180 Vgl. auch *Dahm* NZV 2008, 280, 281; Marlow/Spuhl/*Spuhl*, Rn. 586.
181 B/M/*Voit*, § 86 Rn. 182; BK/*Baumann*, § 67 Rn. 152.
182 BGH VersR 1969, 641, 642; BGH VersR 1976, 923, 924; BGH VersR 1993, 841, 842; Wussow/*G. Schneider*, Unfallhaftpflichtrecht, Kapitel 76 Rn. 1; Geigel/*Plagemann*, Der Haftpflichtprozess, Kapitel 30 Rn. 95.
183 BK/*Baumann*, § 67 Rn. 185.
184 BGH VersR 1960, 988, 989; BGH VersR 1978, 278, 280; BGH VersR 1984, 526, 527; BGH VersR 1993, 881, 883; PK/*Kloth/Neuhaus*, § 86 Rn. 60.
185 BGH VersR 1973, 759, 760.
186 BGH VersR 1993, 981, 983; BK/*Baumann*, § 67 Rn. 185.
187 OLG Köln ZfS 1994, 165.

ausschließlich die jeweils vereinbarte Quote.[188] Zum anderen bedeutet die in den Teilungsabkommen liegende selbständige vertragliche Ausgleichsregelung, dass die Einzelregelungen des § 86 – wie etwa Quotenvorrecht, Subrogationsklausel, Obliegenheiten und Hausgemeinschaftsprivileg – beim Regress unter Anwendung von Schadensteilungsabkommen nicht zu berücksichtigen sind, es sei denn es wurde individuell im Teilungsabkommen etwas anderes vereinbart.[189] Da Teilungsabkommen die Rechtsbeziehung zwischen den beteiligten (Haftpflicht-)VR ausschließlich und abschließend regeln, sind auch ein mit dem Verletzten abgeschlossener Vergleich und der Wegfall der Geschäftsgrundlage unbeachtlich.[190]

Im Mittelpunkt der vertraglichen Regelung steht die vereinbarte Haftungsquote. Sie ist im Regelfall so bemessen, dass die beteiligten (Haftpflicht-)VR nach der Abwicklung einer großen Zahl von Fällen, in denen pauschal abgerechnet wurde, so stehen, als hätten sie jeden Fall individuell nach der Sach- und Rechtslage entschieden.[191] **79**

Die Anwendung des Teilungsabkommens setzt voraus, dass die Voraussetzungen des gesetzlichen Forderungsübergangs gem. § 86 gegeben sind; die Auslegung des § 86 ist somit auch für die Anwendung der Teilungsabkommen von entscheidender Bedeutung. Viele Teilungsabkommen verlangen, dass der berechtigte Partner eines Teilungsabkommens seine Leistung bedingungsgemäß erbracht haben muss; Liberalitätszahlungen oder irrtümlich gewährte Entschädigungen lassen ein Teilungsabkommen nicht zur Anwendung gelangen.[192] **80**

Für die Begründung der Leistungspflicht des Regressschuldners ist nicht erforderlich, dass der VR die haftungsbegründende Kausalität sowie die objektive Pflichtwidrigkeit und das Verschulden nachweist, vielmehr genügt es, wenn der Schaden mit dem vom Haftpflichtversicherer zu verantwortenden Gefahrenbereich abstrakt in einem inneren Zusammenhang steht.[193] Begrenzt wird das Erfordernis des »inneren Zusammenhangs« durch die sogenannten Groteskfälle: Aus dem Teilungsabkommen kann nicht vorgegangen werden, wenn eine Schadensersatzpflicht offensichtlich und unzweifelhaft nicht gegeben ist.[194]

Die pauschalierte und quotierte Schadensabwicklung durch Teilungsabkommen betrifft alle Versicherungsleistungen; erfasst sind auch Leistungserhöhungen infolge späterer Gesetzes- oder Systemänderungen. Allerdings sehen Teilungsabkommen im Regelfall Klauseln vor, welche die abkommensmäßige Regulierung der Höhe nach limitieren (sogenannte Spitzenklauseln), so dass nur bezüglich der innerhalb des Limits liegenden Schäden ein Ausgleich nach dem Teilungsabkommen erfolgt, während hinsichtlich des darüber hinausgehenden Betrages die gesetzlichen Regelungen wieder zur Anwendung gelangen. Dem liegt die Funktion der Teilungsabkommen zugrunde: Sie sollen nur die große Masse der Schäden erledigen, nicht aber Schäden, die ungewöhnlich hoch ausfallen, so dass bei ihrer Einbeziehung in die abkommensmäßige Regulierung nicht mehr der Durchschnitt eines Ausgleichs nach dem »Gesetz der großen Zahl« widergespiegelt würde.[195] **81**

Teilungsabkommen dienen der Rationalisierung des kollektiven Schadensausgleichs. Da die Schadensregulierung keine Prüfung der Sach- und Rechtslage erfordert, sondern nach einer durch das Gesetz der großen Zahl ermittelten Quote, nach Pauschalen und Spitzenklauseln erfolgt, bezwecken Schadensteilungsabkommen die Einsparung von Verwaltungskosten und die Senkung der Regress- und Regressabwehrkosten.[196] **82**

G. Regressverzicht(sabkommen)

Der Regress gem. § 86 kann aufgrund eines Regressverzichtsabkommens, das zwischen zwei oder mehreren VR geschlossen wurde, ausgeschlossen sein. Gegen Zahlung einer Jahrespauschale wird auf alle Ansprüche, die in einem bestimmten, im Abkommen festgelegten Zeitraum entstanden sind, verzichtet.[197] **83**

Durch die Vereinbarung von Regressverzichtsabkommen sollen Prozessrisiken ausgeschaltet und der Verwaltungsaufwand verringert werden.[198] Insoweit bezwecken diese Abkommen Ähnliches wie Schadensteilungsabkommen. Regressverzichts- und Schadensteilungsabkommen unterscheiden sich aber hinsichtlich ihres Inhalts bzw. hinsichtlich der vereinbarten Leistung zwischen den Partnern des Abkommens, die dann zur Ablösung der gesetzlichen Regresslage führt: Während die in den Schadensteilungsabkommen festgelegte Quote die Regresskosten insgesamt annähernd widerspiegelt, steht die Pauschalzahlung bei Regressverzichtsabkommen weder in einem Zusammenhang zur Zahl der im Abkommenszeitraum eintretenden Versicherungsfälle **84**

---

188 BGHZ 40, 108, 111.
189 Vgl. B/M/*Voit*, § 86 Rn. 184.
190 Geigel/*Plagemann*, Der Haftpflichtprozess, Kapitel, 30 Rn. 95.
191 Geigel/*Plagemann*, Der Haftpflichtprozess, Kapitel 30 Rn. 95.
192 BK/*Baumann*, § 67 Rn. 183; B/M/*Voit*, § 86 Rn. 185.
193 BGH VersR 1982, 281, 282; BGH VersR 1984, 158, 159; OLG Celle VersR 2002, 114, 115; Wussow/*G. Schneider*, Unfallhaftpflichtrecht, Kapitel 76 Rn. 10 ff.
194 BGHZ 20, 385, 390; P/M/*Armbrüster*, § 86 Rn. 136; B/M/Voit, § 86 Rn. 185.
195 *Bischoff* VersR 1974, 217; Geigel/*Plagemann*, Der Haftpflichtprozess, Kapitel 30 Rn. 110.
196 *Wussow*, Teilungsabkommen zwischen Sozialversicherern und Haftpflichtversicherern, 4. Aufl. 1975, S. 1; BK/*Baumann*, § 67 Rn. 182; P/M/*Armbrüster*, § 86 Rn. 110; *Denck* NJW 1982, 2048, 2049.
197 *Lange/Schiemann*, Schadensersatz, 3. Aufl. 2003, S. 729.
198 BK/*Baumann*, § 67 Rn. 182.

noch zur Höhe des durch sie begründeten Regulierungsaufwandes.[199] Regressverzichtsabkommen werden immer dann vereinbart, wenn die Zahlung einer Jahrespauschale für den Versicherer ökonomisch günstiger ist als die konkrete Regressabwicklung im Einzelfall, so etwa, wenn der VR in vielen Fällen auf der Passiv- wie auf der Aktivseite steht oder wenn er sowohl Sach- als auch Haftpflichtversicherungsschutz gewährt.[200]

85 Regressverzichtsabkommen oder auch einseitige Regressverzichte (etwa der Regressverzicht der Gebäudefeuerversicherer, dazu unten Rdn. 86) werden in der Regel in Form einer geschäftsplanmäßigen Erklärung abgegeben.[201] Der rechtlichen Konstruktion nach handelt es sich bei Regressverzichtsabkommen um Verträge zugunsten Dritter im Sinne der §§ 328 ff. BGB zwischen dem VR des Regressschuldners (des Schädigers) und dem des alten Gläubigers zugunsten des Regressschuldners. In diesem wird dem Regressschuldner die Nichtausübung übergegangener Forderungsrechte zugesagt (»pactum de non petendo«).[202] Für Regressverzichtsabkommen gilt ebenso wie für Schadensteilungsabkommen, dass die abkommensgemäße Regulierung, welche die gesetzliche Rechtslage ablöst, nur zwischen den Abkommenspartnern wirkt.[203]

86 Die ganz h.M. nimmt einen Regressverzicht des Gebäudeversicherers des Eigentümers bzw. Vermieters gegen den Mieter an, der einen Schaden nur leicht fahrlässig verursacht hat. Dies ergibt die sog. versicherungsrechtliche Lösung, wonach der Gebäudeversicherungsvertrag – wenn nicht besondere Anhaltspunkte für eine Mitversicherung des Sachersatzinteresses des Mieters vorliegen – dahin auszulegen ist, dass ihm ein Regressverzicht des VR für die Fälle zu entnehmen ist, in denen der Mieter einen Schaden durch einfache Fahrlässigkeit verursacht hat. Denn der Vermieter habe ein für den VR erkennbares Interesse daran, das in der Regel auf längere Zeit angelegte Vertragsverhältnis zu seinem Mieter so weit wie möglich unbelastet zu lassen, und nicht das Vermögen des Mieters mit Regressforderungen zu belasten.[204] Aufgrund der Abschaffung des Alles-oder-Nichts-Prinzips (vgl. § 28 Rdn. 118, § 81 Rdn. 4, Rdn. 49, § 82 Rdn. 28 ff.) entfällt der Regressverzicht dem Mieter gegenüber aber ab der Schwelle der groben Fahrlässigkeit nicht komplett, sondern ist innerhalb dieser Verschuldensstufe bis zur Grenze des Vorsatzes quotal ausgestaltet.[205] Die ergänzende Auslegung des Gebäudeversicherungsvertrages ergibt ferner, dass der Regressverzicht zugunsten des Mieters auch dann anzunehmen ist, wenn der Mieter haftpflichtversichert ist und abweichend von § 4 I 6a AHB 99[206] Deckungsschutz auch für Haftpflichtansprüche wegen Schäden an gemieteten Sachen hat.[207] Statt eines Regresses gem. § 86 kann der Gebäudeversicherer in analoger Anwendung von § 78 II (vgl. § 78 Rdn. 12 ff.) Ausgleich verlangen.[208] Auf diesen Regressverzicht können sich auch der Untermieter des Hauptmieters, der aus unerlaubter Handlung in Anspruch genommen wird, sowie der die Mieträume mit Billigung des Hauptvermieters bzw. VN (unentgeltlich) nutzende Unter-Untermieter berufen.[209] Da der Mieter so gestellt werden soll, wie wenn er versichert wäre,[210] muss der Regressverzicht auch zugunsten der mit dem Mieter in häuslicher Gemeinschaft lebenden Personen gelten, weil andernfalls die Wertung des § 86 III (vgl. oben Rdn. 63 ff.) umgangen würde.[211] Nach teilweise vertretener Ansicht wird der Regressverzicht auch auf dem Mieter nahe stehende Personen angewendet oder jedenfalls auf Personen, bei denen nach ihrer Inanspruchnahme durch den Vermieter oder seinen Sachversicherer ein Rückgriffs- oder Freistellungsanspruch gegen den Mieter in Betracht kommt, z.B. in arbeitsrechtlichen Fallgestaltungen wegen einer betrieblich veranlassten Tätigkeit.[212]

---

199 Vgl. BGH VersR 1981, 649, 650.
200 *Wandt*, Rn. 1004.
201 R/L/*Langheid*, § 86 Rn. 35; BK/*Baumann*, § 67 Rn. 181; häufig sind auch sog. »Rahmenteilungsabkommen«, welche die Haftpflichtversicherer mit den Bundes- oder Landesverbänden der Krankenkassen oder mit den Berufsgenossenschaften abschließen. Die Abrechnung einzelner Schadensfälle entsprechend den Vereinbarungen des Abkommens setzt voraus, dass das betroffene Verbandsmitglied zuvor seinen Beitritt zu diesem Abkommen erklärt hat (Geigel/*Plagemann*, Der Haftpflichtprozess, Kapitel 30 Rn. 114).
202 Vgl. zu den Regressverzichtsabkommen der Feuerversicherer *Essert* VersR 1981, 1111 ff.
203 BGH VersR 1981, 649, 650.
204 BGHZ 145, 393 ff., auch zu den zuvor vertretenen verschiedenen Lösungswegen; BGH VersR 2014, 999; BGHZ 169, 86 ff.; BGH VersR 2007, 539 ff.; R/L/*Rixecker*, § 43 Rn. 13; *Lorenz* VersR 2001, 96 ff.; *Armbrüster* NVersZ 2001, 193, 195; *Prölss* ZMR 2001, 157 f. Aufgrund dieser herrschenden versicherungsrechtlichen Lösung kann der Vermieter den Mieter noch auf Schadensersatz in Anspruch nehmen, da der Regressverzicht nur zwischen den Parteien des Versicherungsvertrages wirkt.
205 Vgl. *Staudinger/Kassing* VersR 2007, 10, 11; *Schirmer* VersR 2011, 289, 290; VersHb/*Hormuth*, § 86 Rn. 145; a.A. wohl OLG Bremen r+s 2012, 547, dazu: *Rixecker* VersR 2012, 456.
206 Entspricht Ziff. 7.6. AHB Februar 2014.
207 BGHZ 145, 393 ff.; BGHZ 169, 86 ff.; BGH VersR 2007, 539 ff.; a.A. dagegen die Literatur *Armbrüster* NVersZ 2001, 193, 195 f.; *Armbrüster* ZMR 2001, 185, 186; *Prölss* ZMR 2004, 389, 391 jeweils m.w.N.
208 BGHZ 169, 86 ff.; BGH VersR 2007, 539 ff. Zweifel am Vorliegen der Voraussetzungen einer Analogie äußern *Staudinger/Kassing* VersR 2007, 10, 14; die Analogie bei grober Fahrlässigkeit folgerichtig verneinend: OLG Koblenz VersR 2014, 1500.
209 OLG Karlsruhe 13.03.2007, 8 U 13/06, OLGR Karlsruhe 2007, 378 ff.
210 BGHZ 145, 393, 400; BGHZ 169, 86 ff.; BGH VersR 2006, 1530 ff.
211 *Piepenbrock*, VersR 2008, 319, 321; *Staudinger/Kassing* VersR 2007, 10, 13.
212 OLG Schleswig r+s 2015, 357, 359; OLG Hamm VersR 2001, 1153; P/M/*Klimke*, § 43 Rn. 27.

Zugleich geht mit der versicherungsrechtlichen Lösung die mietvertragliche Pflicht des Vermieters einher, die Versicherung in Anspruch zu nehmen (oder auf Schadensersatz zu verzichten), wenn ein Versicherungsfall vorliegt, ein Regress des Versicherers gegen den Mieter ausgeschlossen ist und der Vermieter nicht ausnahmsweise ein besonderes Interesse an einem Schadensausgleich durch den Mieter hat.[213]

Der Regressverzicht erstreckt sich nicht auf die Hausratversicherung des Vermieters und nicht auf den Direktanspruch gegen die Kfz-Haftpflichtversicherung des Mieters.[214] Ein Regressverzicht ergibt sich zudem nicht in der umgekehrten Konstellation zugunsten des Vermieters durch ergänzende Vertragsauslegung aus einem Geschäftsversicherungsvertrag des Mieters, durch den dieser seine Geschäftseinrichtung und seinen Betriebsunterbrechungsschaden u.a. gegen Feuer versichert. Neben der Absicherung des eigenen wirtschaftlichen Interesses des Mieters ist kein zur oben genannten Konstellation vergleichbares Interesse des Mieters daran erkennbar, den Vermieter vor einem Regress wegen eines von diesem leicht fahrlässig verursachten Schadens an den versicherten Gegenständen zu schützen.[215]   87

H. Verfahrensfragen

Vor dem Übergang der Schadensersatzforderung ist der VN Inhaber dieser Forderung und kann sie einklagen; der VR kann als Nebenintervenient beitreten. Eine Prozessführungsbefugnis des VR ohne Ermächtigung des VN vor dem Forderungsübergang besteht nicht.[216]   88

Nach Übergang der Schadensersatzforderung ist der VN nicht mehr aktivlegitimiert. Eine gewillkürte Prozessstandschaft durch den VN ist zulässig, sofern der VR eingewilligt hat und ein schützwürdiges Interesse des VN gegeben ist, etwa bei der Gefahr einer Prämienanhebung oder des Verlustes eines Schadensfreiheitsrabattes.[217] Leistet der VR an den VN, nachdem dieser bereits Klage gegen den Schädiger erhoben hat, führt dies gem. § 265 II ZPO nicht zum Wegfall der Aktivlegitimation und nicht zur Erledigung. Der VN muss die Klage aber auf Leistung an den VR umstellen.[218]   89

Die Frage, ob ein Forderungsübergang auf den Ersatz leistenden VR stattgefunden hat, gehört zur Entscheidung über den Grund des Anspruchs und ist damit an sich im Grundurteil zu erledigen. Dies gilt zumindest wenn feststeht oder mit der erforderlichen Wahrscheinlichkeit zu erwarten ist, dass sich ein Betrag zugunsten der Klagepartei ergibt.[219] Ist aber – etwa wegen des Quotenvorrechts (siehe oben Rdn. 34 ff.) – die Aktivlegitimation des klagenden VR nicht hinreichend wahrscheinlich, kann ein Grundurteil nicht ergehen.[220]   90

Existiert ein vollstreckbarer Titel, kann der VR dessen Herausgabe und Umschreibung auf ihn selbst gem. § 727 ZPO verlangen, nachdem er die Versicherungsleistung erbracht hat.[221] In der Regel muss zum Nachweis der Rechtsnachfolge eine öffentlich oder öffentlich beglaubigte Urkunde vorgelegt werden (in den seltensten Fällen ist die Rechtsnachfolge offenkundig). Der Nachweis der Rechtsnachfolge durch öffentliche oder öffentlich beglaubigte Urkunden ist entbehrlich, wenn der Schuldner die Rechtsnachfolge zugesteht, § 288 ZPO, und der bisherige Gläubiger der Erteilung der Vollstreckungsklausel an den Rechtsnachfolger zustimmt; es genügt nicht, wenn der Schuldner den Antrag des neuen Gläubigers nicht bestreitet, denn die Geständnisfiktion des § 138 III ZPO ist im Verfahren nach § 727 ZPO nicht anwendbar.[222]   91

I. Beweislast

Die Beweislast, dass und in welchem Umfang ein Forderungsübergang stattgefunden hat, trägt der VR.[223]   92

Will sich der Schadensverursacher auf das Privileg des § 86 III berufen, trägt er die Beweislast für das Bestehen einer häuslichen Gemeinschaft im Zeitpunkt des Schadenseintritts.[224] Der VR muss hingegen beweisen, dass die in häuslicher Gemeinschaft lebende Person den Schaden vorsätzlich verursacht hat.[225]   93

Zur Beweislastverteilung bei einer Obliegenheitsverletzung gem. § 86 II s.o. Rdn. 58 f.   94

---

213 BGH VersR 2015, 459, 461; BGH VersR 2014, 999, 1000 m.w.N.
214 BGH NJW 2006, 3714 f.; OLG Nürnberg VersR 2009, 65.
215 BGH VersR 2013, 318, 320 f.
216 AG Bad Homburg VersR 2000, 844; P/M/*Armbrüster*, § 86 Rn. 66.
217 BGHZ 5, 105, 110; OLG Düsseldorf NJW-RR 1998, 964; OLG Köln VersR 1993, 1528; P/M/*Armbrüster*, § 86 Rn. 66.
218 OLG Karlsruhe r+s 2015, 267; OLG Frankfurt (Main), Urt. vom 28. Oktober 2014, 22 U 150/13; B/M/*Voit*, § 86 Rn. 211; ausführlich: L/W/*Möller/Segger*, § 86 Rn. 314 ff. bzgl. der Erledigung; anders bei Teilungsabkommen: Brandenburgisches OLG, Urt. vom 01. Juli 2010, 12 U 15/10.
219 BGH VersR 1964, 966, 967; OLG Köln VersR 2014, 689, 691; P/M/*Armbrüster*, § 86 Rn. 66; s. zu der besonderen Fallgestaltung, in der Bekl. die Geltendmachung des Forderungsübergangs versäumt hat: BGH VersR 1968, 69.
220 BGH NJW 1956, 1755; BK/*Baumann*, § 67 Rn. 199.
221 BK/*Baumann*, § 67 Rn. 200; B/M/*Voit*, § 86 Rn. 217; eingehend zur Titelumschreibung L/W/*Möller/Segger*, § 86 Rn. 324 ff.
222 BGH MDR 2006, 52; a.A. (für Anwendbarkeit des § 138 III ZPO analog): OLG Koblenz NJW-RR 2003, 1007; OLG Celle VersR 1989, 1319; OLG Köln VersR 1997, 599, 600; BK/*Baumann*, § 67 Rn. 202 m.w.N; Sieg VersR 1997, 159 f.
223 Baumgärtel/*Prölss*, § 67 Rn. 1; BK/*Baumann*, § 67 Rn. 204.
224 BGH VersR 1980, 644, 645; B/M/*Voit*, § 86 Rn. 214.
225 PK/*Kloth/Neuhaus*, § 86 Rn. 65; L/W/*Möller/Segger*, § 86 Rn. 309.

J. Abdingbarkeit

95 Gem. § 87 ist die Regelung des § 86 insgesamt halbzwingend. Abweichungen zum Nachteil des VN sind somit unwirksam. Abweichungen zum Vorteil des VN, etwa dadurch, dass neben der Versicherungsleistung auch Schadensersatz vom Schädiger erlangt werden kann, sind unzulässig, selbst wenn ein ausdrückliches versicherungsrechtliches Bereicherungsverbot nicht existiert.[226]

96 Keine Abweichung zum Nachteil des VN und damit zulässig ist die Vereinbarung von Regressverzichten (vgl. oben Rdn. 83 ff.); gleiches gilt für die Vereinbarung, dass der VN Forderungen ganz behalten oder einziehen darf, wenn er im Gegenzug den Erlös auskehrt[227] oder die Entschädigung abtritt.[228]

97 Die Verfügung über Ansprüche, die von § 86 I 1 nicht erfasst werden, verstößt nicht gegen § 87.[229]

98 Vereinbarungen über eine pauschalierte Quotelung im Falle einer grob fahrlässigen Obliegenheitsverletzung des VN (§ 86 II 3) sind insoweit zulässig, als sie nicht zu einer Benachteiligung des VN führen.

99 Unwirksam ist die Vereinbarung zwischen VN und VR, dass der Regressausschluss gem. § 86 III bei Schädigungen in häuslicher Gemeinschaft nicht gelten soll.[230] Fraglich ist, ob dies auch dann der Fall ist, wenn VR und VN § 86 III dadurch auszuschalten versuchen, dass der VN seinen Anspruch gegen den mit ihm in häuslicher Gemeinschaft lebenden Schädiger an den VR abtritt. Erfolgt diese Abtretung vor Eintritt des Versicherungsfalles, so ist sie wegen Verstoßes gegen § 87 unzulässig. Ließe man hier (aufgrund wirksamer Abtretung) einen Rückgriff zu, bestünde die Gefahr, dass der VN wirtschaftlich doch betroffen wird, was dem Zweck des § 86 III zuwiderliefe.[231] Zulässig ist hingegen nach überwiegender Auffassung eine Abtretung, die nach Eintritt des Versicherungsfalles freiwillig und ad hoc durch den VN vorgenommen wird.[232] Zur Begründung wird angeführt, dass § 86 III nicht dem Schutz der in häuslicher Gemeinschaft lebenden Person diene und der VN hier »sehenden Auges« auf den Schutz, den ihm § 86 III gewähren will, verzichte. Dem kann aber mit Recht entgegen gehalten werden, dass § 87 eine derartige Ausnahme von § 86 III durch Verzicht bzw. Abtretung seitens des VN nicht vorsieht.[233]

§ 87 Abweichende Vereinbarungen.
Von den §§ 74, 78 Abs. 3, den §§ 80, 82 bis 84 Abs. 1 Satz 1 und § 86 kann nicht zum Nachteil des Versicherungsnehmers abgewichen werden.

1 Die in § 87 genannten Vorschriften sind halbzwingend, d.h. der VR kann sich auf Abweichungen, die für den VN nachteilig sind, nicht berufen.

2 § 87 stimmt weitgehend mit der Vorläuferregelung des § 68a a.F. überein. Neu ist, dass nunmehr auch die Regelung des § 83 über den Aufwendungsersatz halbzwingend ist. Ebenfalls darf nun nicht zum Nachteil des VN von den §§ 74 III, 78 III und 80 III abgewichen werden; die sachlich übereinstimmenden Regelungen über die betrügerische Über- oder Mehrfachversicherung sowie die betrügerische Versicherung eines nicht bestehenden Interesses und deren Rechtsfolgen sind nun halbzwingend.[1] Aus gesetzessystematischen Gründen wurde nun auch die Regelung des § 84 I 1 in § 87 aufgenommen.

Abschnitt 2. Sachversicherung

§ 88 Versicherungswert.
Soweit nichts anderes vereinbart ist, gilt als Versicherungswert, wenn sich die Versicherung auf eine Sache oder einen Inbegriff von Sachen bezieht, der Betrag, den der Versicherungsnehmer zur Zeit des Eintritts des Versicherungsfalles für die Wiederbeschaffung oder Wiederherstellung der versicherten Sache in neuwertigem Zustand unter Abzug des sich aus dem Unterschied zwischen alt und neu ergebenden Minderwertes aufzuwenden hat.

Übersicht

	Rdn.		Rdn.
A. Textgeschichte, Anwendungsbereich und Zweck	1	I. Zeitwert	5
		1. Wiederbeschaffungswert	5
B. Versicherungswert	4	2. Relevanter Markt	6

---

226 BGHZ 147, 212; P/M/*Armbrüster*, § 86 Rn. 107; BK/*Baumann*, § 67 Rn. 189.
227 RGZ 97, 76; BGHZ 5, 105; P/M/*Armbrüster*, § 86 Rn. 108.
228 P/M/*Armbrüster*, § 86 Rn. 108.
229 P/M/*Armbrüster*, § 86 Rn. 108.
230 Noch zum Familienprivileg gem. § 67 a.F.: BGHZ 52, 350, 352.
231 BGHZ 52, 350, 352, 355; P/M/*Armbrüster*, § 86 Rn. 109; BK/*Baumann*, § 67 Rn. 190; z.T.a.: *Bayer*, VersR 1989, 1123, 1124.
232 OLG Köln VersR 1960, 894, 895; P/M/*Armbrüster*, § 86 Rn. 109; *Bayer* VersR 1989, 1123, 1124.
233 OLG Frankfurt (Main) VersR 1984, 254, 255; OLG Saarbrücken VersR 1988, 1038; BK/*Baumann*, § 67 Rn. 191.
1 BT-Drucks. 16/3945 S. 82.

	Rdn.		Rdn.
3. Marktstufe	8	IV. Inkonstante Versicherungswerte	12
4. Marktbesonderheiten	9	V. Befragung und Beratung	14
II. Neuwert	10	C. Prozessuales	15
III. Veräußerungswert	11		

Schrifttum:
Armbrüster, Versicherungswert und Privatautonomie, in: Liber amicorum Prölss, 2009, S. 1; *ders.*, Anrechnung von Rabatten bei der Schadensregulierung, VersR 2008, 1154; *ders.*, Zur Verantwortung für die Festlegung des bedarfsgerechten Versicherungswertes in der Gebäudeversicherung, VersR 1997, 931; *ders.*, Die Unterdeckung bei der Versicherung von denkmalgeschützten Gebäuden, GE 1997, 286; *Asmus*, Begriff und Bestimmung des Versicherungswerts, ZVersWiss 1964, 369; *Baur*, Der vertragliche Versicherungswert, Affoltern 1934; *Berndt/Luttmer*, Ersatzwert in der Feuerversicherung, 1971; *Blanck*, Der Versicherungswert in der Schadensversicherung, ZVersWiss 1928, 39; *Bomba*, Reduzierte Leistungspflicht des (Sach-)Versicherers bei Schutzrechtsverletzung – ein Beitrag zur Bekämpfung von Versicherungsbetrug, VersR 2014, 34; *Clauss*, Der Versicherungswert, Zeulenroda 1913; *Essert*, Die Fortentwicklung der Neuwertversicherung, Diss. Hamburg 1981; *Farny*, Betriebswirtschaftliche Anmerkungen zum Versicherungswert, in: FG H. Möller, 1972, S. 201; *Gärtner*, Rechtsprobleme bei der Versicherung von Kunstgegenständen, NJW 1991, 2993; *ders.*, Vereinbarungen über den Versicherungswert von Kunstgegenständen im Zusammenhang mit Auktionen, VersR 2007, 1441; *Griem*, Zum Begriff des Sachwertes im Versicherungsrecht, Diss. Hamburg 1964; *Hansen*, Beweislast und Beweiswürdigung im Versicherungsrecht, 1990; *Heuer*, Die Ermittlung des gemeinen Werts von Kunstgegenständen (Anmerkung), DStR 1999, 1389; *Klimke*, Wiederbeschaffungswert oder Veränderungswert in der Fahrzeugversicherung, VersR 1982, 943; *Krause*, Der Begriff des versicherten Interesses, 1997; *Kulenkampff*, Neuwertersatz bei Brand eines zum Abbruch bestimmten Hauses?, VersR 1983, 413; *Mesenhöller/Frahm*, Ermittlung von Gebäude-Versicherungswerten, 2000; *Mittelmeier*, Neuwertversicherung nach den AKB, VersR 1979, 4; *Prütting*, Gegenwartsprobleme der Beweislast, 1983; *Risthaus*, Die Unterversicherung nach § 56 VVG, 1999; *Schleemann*, Wiederbeschaffungswert – Zeitwert, VersR 1983, 716; *Schnitzler*, Der Schaden als Leistungsgrenze in der Sachversicherung, 2002; *Schweitzer*, Das versicherte Interesse, 1990; *Selb*, Sachversicherung: Mehrwertsteuer in Wiederherstellungs- oder Wiederbeschaffungskosten, in: FS Klingmüller, 1974, S. 441; *Sieg*, Betrachtungen zur Neuwertversicherung, in: FS Lorenz, 1994, S. 643; *Stöbener*, Informations- und Beratungspflichten des Versicherers nach der VVG-Reform, ZVersWiss 2008, 467; *Wälder*, Mehrkosten durch Preissteigerungen in den klassischen Sachversicherungen – statisch fixierte oder dynamisch orientierte Entschädigungen, in: FS Schirmer, 2005, S. 591; *ders.*, Mehrkosten durch technologischen Fortschritt in den klassischen Sachversicherungen, in: FS Winter, 2007, S. 441; *ders.*, Zum Ausschluss von Schäden in bzw. an nicht bezugsfertigen Gebäuden oder Gebäudeteilen in der Leitungswasser- und in der Sturm- und Hagelversicherung, r+s 2012, 5.

A. Textgeschichte, Anwendungsbereich und Zweck

Die Vorschrift, die die vorherigen Bestimmungen der §§ 52, 54 sowie der §§ 86 und 88 (Feuerversicherung) aufnimmt, definiert den Versicherungswert in der Sachversicherung, also der Versicherung des **quantifizierten wirtschaftlichen Interesses** eines Rechtssubjekts an einer Sache oder einem Inbegriff von Sachen (§ 89);[1] auf andere Schadensversicherungen, z.B. die Haftpflichtversicherung, die das Interesse eines VN, keine Aktiva aufgrund bestimmter Schadensersatzverpflichtungen gegenüber Dritten einzubüßen,[2] erfasst, oder Summenversicherungen, die abstrakte Bedarfsdeckung und frei bezifferbares Interesse am Nichteintritt des Versicherungsfalls prägen,[3] wie z.B. Lebensversicherungen, findet die Norm deshalb keine Anwendung. 1

Diese Legaldefinition ist z.B. bei der Auslegung der §§ 93 I, 78–79, 74–76 Satz 1 heranzuziehen. Ihr **Zweck** besteht dementsprechend vor allem darin, eine sach- und bedarfsgerechte Versicherungssumme festlegen und Über- oder Unterversicherungen feststellen bzw. vermeiden zu können.[4] Der Versicherungswert legt die Obergrenze des vom VR zu ersetzenden Schadens fest und bildet damit auch eine Grundlage für seine Prämienkalkulation.[5] Es besteht keine Verpflichtung, das Interesse in vollem Umfang zu versichern. Wird es nicht voll ausgeschöpft, liegt die Versicherungssumme niedriger als der Versicherungswert, so dass in diesem Umfang eine Unterversicherung entsteht (§ 75). 2

§ 136 enthält eine **besondere Regelung** für Transportversicherungen, weil das Interesse des VN hier im Verkauf der Güter zum objektiven Marktwert einschließlich eines möglichen Gewinns, nicht aber in einer Wiederbeschaffung nach Eintritt des Versicherungsfalls – wie § 88 es dagegen grundsätzlich unterstellt – liegt,[6] und weil der maßgebliche Zeitpunkt für die Bestimmung des Versicherungswerts nicht der Eintritt des Versicherungsfalls, sondern der Versicherungsbeginn ist. 3

---

1 *Armbrüster* VersR 2008, 853, 854 m.w.N. in Fn. 8.
2 *Kisch*, Privatversicherungsrecht III, 1922, S. 120.
3 H.A., vgl. *Krause*, S. 66–74; *Armbrüster* VersR 2008, 853 f.
4 *Armbrüster* VersR 1997, 931 Fn. 1 (»Sollversicherungssumme«).
5 BGHZ 137, 319 = JR 1999, 353 m.Anm. *A. Staudinger* und Anm. *Hübner/Enzian* EWiR 1998, 237.
6 BGH NJW-RR 1993, 1371 unten.

B. Versicherungswert

4 Die Funktionen des § 88 führen zu der Frage, nach welchen **Kriterien** der Versicherungswert **bestimmt** werden muss. Er ist keine eindeutig festgelegte, objektive Größe, sondern entsteht erst durch die subjektive Wertschätzung (Interesse) an einem für sich wertneutralen Gut. **Vorrangig** ist deshalb seine **individuelle Bestimmung** durch Vereinbarung.[7]

I. Zeitwert

1. Wiederbeschaffungswert

5 Wird eine solche weder ausdrücklich noch durch schlüssiges Verhalten getroffen, enthält § 88 die materiale Auslegungsregel,[8] Versicherungswert sei der Zeitwert,[9] d.h. der Abschreibungswert, der sich dadurch ergibt, dass der Neuwert sukzessive um Wertverluste infolge von Abnutzung, Schäden und Veralterung (sachspezifisch-materielle Faktoren) verringert wird;[10] extern-immateriell wertmindernde Faktoren (Mode, Markt) bleiben unberücksichtigt.[11] Das entspricht dem sog. Wiederbeschaffungswert, also dem Betrag, den der VN aufwenden muss, um eine gleichwertige gebrauchte Sache zu erwerben,[12] vgl. etwa A.2.6.1 AKB 2008. Dieser Wert setzt sich im Falle einer Immobilie aus dem ortsüblichen Neubauwert zum Zeitpunkt des Versicherungsfalls einschließlich der Planungs- und Herstellungskosten sowie eines alters- und abnutzungsbedingten Abzugs zusammen.[13] Zwischenzeitliche Wertminderungen etwa aufgrund negativ veränderten Umfelds müssten z.B. außer Betracht bleiben. Der Veräußerungswert – also der Wert, zu dem der VN die Sache im Zeitpunkt des Eintritts des Versicherungsfalls gewöhnlich hätte veräußern können – ist dagegen grundsätzlich nicht maßgeblich, sofern nicht anderes vereinbart ist,[14] weil VN ihre Güter regelmäßig ohne den Versicherungsfall nicht veräußern, sondern behalten würden wollen.[15]

2. Relevanter Markt

6 Die Höhe des Wiederbeschaffungswerts richtet sich nach dem relevanten Markt, auf dem das Gut nachzufragen ist. Nicht das denkbar günstigste Angebot, das der VN darauf erhalten könnte, gibt Maß,[16] sondern ein durchschnittliches,[17] abstrakt – gegebenenfalls durch Sachverständige – zu ermittelndes. Nach dem eindeutigen Gesetzeswortlaut und dem ausdrücklichen Willen des Gesetzgebers[18] kommt es dafür auf den Zeitpunkt des Versicherungsfalls an.[19] Zwar ist dagegen vorgebracht worden, damit trage der VN zu Unrecht das Risiko der Inflation oder von Preissteigerungen während der Wiederherstellungsphase.[20] Doch das erscheint zu einseitig, weil dem VN zugleich Vorteile von Preisermäßigungen zugute kommen können, was nach Aufgabe des Bereicherungsverbots unbedenklich ist. Eine sog. **Nachschadensversicherung** – d.h. eine Erstattung von Kostensteigerungen zwischen Eintritt des Versicherungsfalls – kann freilich vereinbart werden, vgl. etwa § 8 Nr. 4 VGB 2008.

7 **Rabatte** sind bei der Bestimmung des Wiederbeschaffungswerts grundsätzlich nur dann zu berücksichtigen, soweit sie markt- bzw. »ortsüblich« (vgl. A.2.11 AKB 2008) oder ohne weiteres zu erzielen sind,[21] vgl. auch

---

7 Motive und amtliche Begründung zum Gesetz über den Versicherungsvertrag vom 30.05.1908, Neudruck Berlin 1963, S. 124 zu § 51 VVG a.F., S. 125 zu § 52 VVG a.F.; *Bomba* VersR 2014, 34.
8 *Larenz/Wolf*, Allgemeiner Teil des Bürgerlichen Rechts, 9. Aufl. 2004, § 28 Rn. 99.
9 Begr. RegE BT-Drucks. 16/3945 S. 82.
10 *Sieg*, in: FS Lorenz, S. 644 ff.; *Piepenbrock* VersR 2006, 1195 m.w.N. in Fn. 11; plastisch *Schwintowski* VersR 2008, 1425, 1427: »*echter Wert*«.
11 *Martin*, Q III Rn. 6; BK/*Dörner/Staudinger*, § 86 Rn. 15.
12 OLG Oldenburg VersR 2000, 177.
13 OLG Hamm VersR 1993, 1352. – S. wegen der Einzelheiten *Armbrüster* VersR 1997, 931 ff.
14 Beispiel: BGH VersR 1981, 772: Gewerbliche Restauration und Handel mit sog. Oldtimern.
15 BGH NJW 1984, 2165 (unter Aufgabe einer früheren Rspr.); *R. Johannsen*, in: FS Reimer Schmidt, 1976, S. 899 ff.
16 So jedoch wohl PK/*Hammel*, § 88 Rn. 7.
17 BGH NJW 1984, 2165, 2166.
18 Begr. RegE BT-Drucks. 16/3945 S. 82 [r. Sp. oben].
19 Die früher geführte Kontroverse, ob es auf den Zeitpunkt des Versicherungsfalles (so die h.M., v.a. BGH VersR 1997, 1231, 1232 [»nach dem Gesetz und in der Versicherungspraxis der Regelfall«]; *Essert*, S. 94–126 m.w.N.) oder auf den Zeitpunkt unverzüglicher Wiederherstellung ankomme (so z.B. *Wälder* r+s 1997, 380 f.), hat sich damit erledigt.
20 *Matzen*, Die moderne Neuwertversicherung, 1969, S. 62 ff.
21 BGH VersR 1986, 177, 179(»marktgängig«); OLG Koblenz VersR 1997, 963 (nur individuell erzielbare Rabatte unbeachtlich); OLG Schleswig VersR 1996, 93 (LS 2); Feyock/Jacobsen/Lemor/*Jacobsen*, Kraftfahrtversicherung, 3. Aufl. 2009, § 13 AKB Rn. 6 ff. (Rabatte berücksichtigend, soweit sie »marktüblich«, »ohne weiteres« und »bei zumutbaren Verhandlungen« zu erzielen). – Dem zustimmend und die Problematik umfassend diskutierend *Armbrüster* VersR 2008, 1154 ff., insbes. zu Sonderfragen (z.B. Mitarbeiterrabatten), und *Schnitzler*, S. 356–370. – In lauterkeitsrechtlichen Entscheidungen scheint die höchstrichterliche Rspr. freilich z.T. strenger: Jeder Rabatt sei zu berücksichtigen, vgl. BGH NJW 2008, 1888; BGH WRP 2008, 780. – Die Problematik umfassend behandelnd Bruck/Möller/*Schnepp*, § 88 Rn. 27 ff., S. 584 ff.

A.2.7.1 AKB 2008 (objektiv »erforderliche« Kosten). Allein eine solche Auslegung stimmt mit allgemeinen schadensrechtlichen Grundsätzen überein[22] und wird den berechtigten Interessen und Erwartungen eines VN gerecht, die er mit dem Abschluss einer Sachversicherung verbindet: mit Hilfe der Leistung ohne weiteres ein gleichwertiges Gut erlangen zu können. Er ist – Wiederherstellungsklauseln ungeachtet, vgl. § 93 – nicht gezwungen, es sich tatsächlich zu beschaffen, und es spielt für den Versicherungswert auch keine Rolle, wie viel es tatsächlich kostet.[23] Von diesem Grundsatz gibt es nur einzelne Ausnahmen, etwa A.2.6.6. AKB 2008. **Staatlich gewährte Vorteile** sind nur zu berücksichtigen, sofern sie an objektive Kriterien anknüpfen sowie generell und in im voraus bestimmbarer Weise zuteil werden, wie z.B. Investitionszulagen, nicht aber steuerrechtliche Abschreibungsmöglichkeiten oder Absetzbarkeit.[24]

3. Marktstufe

Der Wiederbeschaffungswert kann auf jeder Marktstufe infolge der Zwischengewinne unterschiedlich hoch sein. Erzeugt ein VN **Vorprodukte**, sind ihm nicht die sog. Gestehungskosten zu ersetzen, sondern der Betrag, der erforderlich ist, um die Produkte erneut zu beschaffen.[25] Ein **Einzelhändler** kann den Betrag beanspruchen, der notwendig ist, um ein Gut im Großhandel erneut zu beschaffen. Es stiftet deshalb Verwirrung, wenn recht pauschal behauptet wird, auch »Gewinn« sei erfasst.[26] **Endverbraucher**, die Umsatzsteuer nicht als Vorsteuer geltend machen können und die gesamte Steuerlast wirtschaftlich zu tragen haben, können als VN nach heute wohl unbestrittener Ansicht – im Gegensatz zu vorsteuerabzugsberechtigten Unternehmen, die durch die Steuer nicht belastet werden[27] – Umsatz- bzw. Mehrwertsteuer vom VR ersetzt verlangen.[28] Das gilt nach der weit überwiegenden Zahl der Autoren und der Rspr. auch für **fiktive Mehrwertsteuern**.[29] Dem ist zuzustimmen, weil ein VR dem nicht vorsteuerabzugsberechtigten VN auch in diesem Fall das zur Verfügung stellen muss, was für eine Wiederbeschaffung oder -herstellung abstrakt notwendig ist. 8

4. Marktbesonderheiten

Marktbesonderheiten bestehen, wenn Güter durch Alter und Abnutzung nicht an Wert verlieren, sondern gewinnen – wie z.B. Antiquitäten –. Ergibt sich ihr wirtschaftlicher Wert gerade auch daraus, so ist der reine Wiederbeschaffungspreis ohne Abzug zu erstatten. Sind sie – wie z.B. singuläre Kunstwerke – überhaupt nicht anderweitig wiederzubeschaffen, können sie gleichwohl mit einem zu vereinbarenden Wert versichert werden, weil sie prinzipiell handelbar sind und sich ihr Wert keinesfalls im Affektiven verliert.[30] Auch wenn Bildungsbürger sie zu Recht als »unersetzlich« bezeichnen, gibt es für sie sehr wohl einen engen Markt, auf dem sich ein objektivierbarer wirtschaftlicher Wert bilden kann. Die Grenze zu einem nicht versicherbaren und ersatzfähigen Affektionsinteresse ist erst überschritten, wenn ein bestimmter Gegenstand einen besonderen Liebhaber- oder Erinnerungswert nur für eine ganz bestimmte Person hat.[31] 9

II. Neuwert

Es ist möglich, als Versicherungswert den sog. Neuwert zu vereinbaren.[32] Damit wird der Betrag bezeichnet, der zur Wiederbeschaffung einer Sache gleicher Art und Güte in neuwertigem Zustand aufzuwenden ist, vgl. § 9 Ziff. 1 lit. a) VHB 2008. Ein Abzug »neu für alt« unterbleibt.[33] Gelegentlich wird auch die Bezeichnung »Listenpreis« benutzt, vgl. § 5 Ziff. 1 AEB 2008. Eine Neuwertversicherung bezweckt vor allem den Ausgleich 10

---

22 Siehe dazu BGH VersR 2007, 1577; BGH VersR 2003, 920; BGHZ 143, 189 = VersR 2000, 467; BGHZ 132, 373 = VersR 1996, 902; *Koch* MDR 2005, 1081, 1084; MünchKommBGB/*Oetker*, § 251 Rn. 23.
23 BGH VersR 1996, 91, 92; *Armbrüster* VersR 2008, 1154 unter B.I. 2.
24 *Schnitzler*, S. 372–375; vgl. ferner P/M/*Armbrüster*, § 88 Rn. 18 m.w.N.
25 Grundlegend RGZ 97, 44, 47: Gewinnung von Erdöl; B/M/*Sieg*[8], Bd. II, § 52 Anm. 10.
26 So noch P/M/*Kollhosser*[27], § 52 Rn. 4.
27 BGH VersR 1986, 177, 179; OLG Köln VersR 1994, 303, 304; *Selb*, in: FS Klingmüller, S. 441, 442.
28 BGH VersR 1986, 177, 179; OLG Köln VersR 1994, 303, 304; *Selb*, in: FS Klingmüller, S. 441, 442.
29 BGH VersR 1985, 354; OLG Köln VersR 1994, 303, 304; *Schnitzler*, S. 382–385 m.w.N.
30 Zutr. *Gärtner* NJW 1991, 2993, 2994 f. – Zweifelhaft BK/*Schauer*, § 52 Rn. 9 a.E., der meint, es gebe »keinen Markt«, obwohl auch das Evangeliar *Heinrichs des Löwen* angeboten und nachgefragt wurde. – Allgemein zum Versicherungswert von Kunstgegenständen, insbes. im Zusammenhang mit Auktionen *Gärtner* VersR 2008, 1441 ff.; Bruck/Möller/*Schnepp*, § 88 Rn. 41 ff.
31 *Schnitzler*, S. 37 f.; *Blanck* ZVersWiss 1928, 39, 41.
32 BGHZ 147, 212 = VersR 2001, 749; BGHZ 137, 318 = VersR 1998, 305; *Armbrüster* VersR 2008, 1154 unter II. 2. a), und VersR 2008, 853 f.; *Langheid* NJW 2007, 3745, 3746. – Nach Aufgabe des sog. Bereicherungsverbots bestehen zudem keine ernsthaften Bedenken mehr daran, dass die Neuwertversicherung eine einheitliche Versicherung und keine Kombination aus Aktiven- und Passivenversicherung darstellt – vgl. dazu *Bartholomäus*, Das versicherungsrechtliche Bereicherungsverbot, 1997, S. 121 ff.; *Sieg*, in: FS Lorenz, S. 643, 646 ff.; BK/*Schauer*, § 55 Rn. 36 f. – und keine besonderen Schranken hat (z.B. Entwertungsgrenzen).
33 Begr. RegE BT-Drucks. 16/3945 S. 82 [r. Sp. oben]; BGHZ 103, 228 = NJW 1988, 1590; Bruck/Möller/*Schnepp*, § 88 Rn. 61; L/W/*A. Staudinger*, § 88 Rn. 10.

von Nachteilen, die dem VN dadurch entstehen können, dass er einen höheren Betrag als den Zeitwert aufwenden muss, um ein entsprechendes Gut zu erlangen – etwa weil ein Gebrauchtwarenmarkt nicht besteht, aus Gründen der Inflation u.a. mehr.[34] Kosten für die zwischenzeitliche Miete eines Ersatzgutes werden nicht ersetzt.[35] Zu ersetzen ist des Weiteren nicht der Betrag, den der VN für das Gut ursprünglich zu zahlen hatte. Es kommt vielmehr auf den Wiederbeschaffungsaufwand am Schadenstag[36] und am Schadensort[37] an. Der Neuwert von Gebäuden setzt sich beispielsweise aus den ortsüblichen Herstellungskosten einschließlich aller Planungs- und Konstruktionskosten zusammen, vgl. etwa § 7 Ziff. 1 lit. a) aa) AFB 2008.[38] Hausrats- und Wohngebäudeversicherungen stellen freilich Neuwertanteile bzw. »Neuwertspitzen« – d.h. den Teil der Entschädigung, der den Zeitwert übersteigt – i.d.R. unter den Vorbehalt der Sicherstellung einer Wiederherstellung,[39] vgl. § 8 Ziff. 2 AFB 2008. Gibt es das Gut in seiner ursprünglichen Art und Güte nicht mehr, sondern nur in einer besseren (technischen oder moderneren), ist sein Wert ohne Abzug maßgeblich. Das wird i.d.R. nicht nur den Interessen des VN, sondern auch des VR entsprechen, der für die Anfertigung eines genau gleichen Gutes einen sinnlosen Mehrbetrag zur Verfügung stellen müsste.[40]

III. Veräußerungswert

11 Nur soweit ausdrücklich vereinbart oder Umstände, aus denen auf ein entsprechendes Interesse geschlossen werden kann, gegeben sind, besteht der Zeitwert nicht im Wiederbeschaffungs-, sondern im Veräußerungswert, d.h. dem Wert, den der VN durch eine Veräußerung der Sache erzielen kann (Verkaufspreis). Diesen Wert beschreiben die AVB mitunter auch als »gemeinen Wert«, vgl. etwa §§ 9 Nr. 1 lit. c) VHB 2008, § 10 Nr. 1 lit. d) VGB 2008, obwohl der gemeine Wert – d.h. der Wert, den das Gut nach seiner objektiven Beschaffenheit für jedermann hat[41] – auch je nach Lage des Einzelfalls ein Wiederbeschaffungswert sein kann. Ein Veräußerungsinteresse wird insbes. dann zugrunde zu legen sein, wenn der VN die Sache nicht oder nicht mehr selbst nutzen kann oder will, z.B., wenn sie in seinem Betrieb keine Verwendung mehr finden kann oder wenn sie dauerhaft entwertet ist.

IV. Inkonstante Versicherungswerte

12 Versicherungswerte können sich zeitbedingt ändern. Infolge von Baukostensteigerungen **nimmt** z.B. der Versicherungswert in der Gebäudeversicherung **zu**. Um das erfassen zu können, wurde die sog. **gleitende Neuwertversicherung** entwickelt. Bei ihr richtet sich die Versicherungssumme nach dem Versicherungswert 1914, d.h. nach dem fiktiven Bauwert 1914, vgl. § 10 Nr. 1 lit. a) VGB 2008. Die Versicherungssumme wird gem. § 11 Nr. 1 VGB 2008 ermittelt. Die Haftung des VR wird während der Vertragslaufzeit jährlich an die Baupreisentwicklung angepasst. Entsprechend verändert sich auch die Prämie durch Erhöhung oder Verminderung des gleitenden Neuwertfaktors. Dieser Faktor erhöht oder vermindert sich jeweils zum 1. Januar eines jeden Jahres entsprechend der Veröffentlichung des aktuellen Baupreisindex durch das Statistische Bundesamt, vgl. § 12 Nr. 2 lit. b) VGB 2008. Die Änderung des Baupreisindexes für Wohngebäude wird zu 80 % und die des Tariflohnindexes für das Baugewerbe zu 20 % berücksichtigt. Innerhalb eines Monats nach Zugang der Mitteilung über die Erhöhung des gleitenden Neuwertfaktors kann der VN durch schriftliche Erklärung die Erhöhung mit Wirkung für den Zeitpunkt aufheben, in dem sie wirksam werden sollte. Die Versicherung bleibt in diesem Fall als Neuwertversicherung in Kraft.[42]

13 Bei **schwankenden** Versicherungswerten – insbes. bei Inbegriffen im Sinne des § 89, z.B. bei sich verändernden Warenvorräten – wendet die Praxis sog. **Stichtagsklauseln** an, weil eine dauernde Anpassung der Versicherungssumme an den jeweiligen Versicherungswert technisch unmöglich ist und der VN für eine nach dem denkbaren Höchstwert ausgerichtete Versicherungssumme eine hohe Prämie auch für die Zeit entrichten müsste, in der die Versicherungssumme nur zum Teil benötigt wird. Nach jenen Klauseln ist der Versicherungswert, den die versicherten Güter an dem vereinbarten Stichtag eines jeden Monats haben (sog. Stichtagswert), typischerweise (vgl. etwa Kl. 1705 FeuerV) dem VR jeweils innerhalb von zehn Tagen oder innerhalb einer vereinbarten anderen Frist nach diesem Stichtag zu melden (sog. Stichtagssumme). Solange für einen Stichtag trotz Fristablaufs keine Meldung erfolgt ist, gilt auch für diesen Stichtag die zuletzt gemeldete Stichtagssumme.[43] Geht bereits die erste Meldung dem VR nicht rechtzeitig zu, so sind Güter nur zur Hälfte

---

34 BGH VersR 2007, 489, 490; OLG Köln VersR 2008, 962 f. – S. für die Gebäudeversicherung *Armbrüster* VersR 1997, 931 unter II. 1.
35 *Sieg*, in: FS Lorenz, S. 643, 644.
36 Vgl. OLG Saarbrücken VersR 2000, 358 unter II (2); *Sieg*, in: FS Lorenz, S. 643.
37 *Asmus* ZVersWiss 1964, 369, 427; *Sieg*, in: FS Lorenz, S. 643, 645.
38 Einzelheiten bei *Armbrüster* VersR 1997, 931 ff.
39 OLG Köln VersR 2008, 962; *Piepenbrock* VersR 2006, 1195 unter 2.
40 BK/*Dörner/Staudinger*, § 86 Rn. 7; *Martin*, Q IV Rn. 14 ff.
41 RGZ 96, 124, 125.
42 Einzelheiten bei *Risthaus*, S. 160–187.
43 Vgl. etwa den Fall des BGH VersR 1991, 921.

der Versicherungssumme versichert. Wenn die gemeldete Stichtagssumme niedriger ist als der tatsächliche Stichtagswert, so haftet der VR erstens für den Schaden nur nach dem Verhältnis von Stichtagssumme zum Stichtagswert.[44] Entsprechendes soll zweitens bedingungsgemäß gelten, wenn die gemeldete Stichtagssumme die Versicherungssumme übersteigt und der VN ihre Erhöhung nicht wünscht oder der VR dies ablehnt. § 75 oder allgemeine Bestimmungen über die Unterversicherung greifen in diesen beiden Fällen schon wegen der unterschiedlichen sachlich-zeitlichen Bezugspunkte – Stichtagswert statt Versicherungswert zur Zeit des Eintritts des Versicherungsfalles – nicht ein.[45] Wenn dagegen bereits die erste Stichtagsmeldung nicht erfolgte, gelten die allgemeinen Grundsätze der Unterversicherung. Das folgt zwar nicht aus dem regelmäßig unklaren Wortlaut der einschlägigen Bedingungen,[46] wohl aber aus dem Zweck der Proportionalitätsregeln bei Unterversicherungen, die den VN zu sorgfältiger Kalkulation und Angabe des Versicherungswertes zwingen sollen, damit die Versicherungssumme – als Berechnungsgrundlage der Prämie – dem Versicherungswert angepasst werden kann. Dieser Zweck würde verfehlt, wenn der VN es durch Unterlassung der ersten Stichtagsmeldung in der Hand hätte, ungerechtfertigte Vorteile zu erlangen.[47]

V. Befragung und Beratung

Wegen der erheblichen Schwierigkeiten der Beurteilung des Versicherungswertes, die grundsätzlich Aufgabe des VN, der den Wert des zu versichernden Gutes am besten kennt, ist,[48] besteht im Zuge des Vertragsschlusses[49] generell Anlass zu Befragung und Beratung im Sinne des § 6 I.[50] Der bei Risikoermittlung erfragte Versicherungswert (Zeitwert, Neuwert) ist zu erläutern, so dass der VN den Versicherungswert aufgrund dieser Informationen selbst bestimmen und korrekt angeben kann.[51] Bei besonders komplexer Bestimmung und Berechnung des abzusichernden Risikos, etwa des Versicherungswertes 1914 in der Gebäudeversicherung,[52] hat der VR den VN darüber hinaus entweder bei der Ermittlung des Versicherungswerts zu unterstützen oder auf die Notwendigkeit sachverständiger Hilfe hinzuweisen. Verletzt der VR seine Befragungs- und Beratungspflicht, führt dies zu einer Schadensersatzpflicht gem. § 6 V, die z.B. bedeutet, dass dem VR im Versicherungsfall die Berufung auf eine Unterversicherung und eine Kürzung der Entschädigung verwehrt ist.

C. Prozessuales

Es ist danach zu unterscheiden,[53] wem – erstens – Darlegung und Beweis des vereinbarten Versicherungswertes, d.h. der **Art** des Interesses, obliegen, und wer – zweitens – darzulegen und gegebenenfalls zu beweisen hat, **wie hoch** der Versicherungswert tatsächlich ist. Indem § 88 den Zeitwert zur Regel erhebt (Auslegungsregel),[54] statuiert er erstens eine Beweislastregel:[55] Derjenige, der einen abweichenden, für ihn günstigen Wert behauptet, muss ihn u.U. auch nachweisen. So muss beispielsweise ein VN im Streitfall beweisen, der Neuwert sei versichert, der VR etwa, Versicherungswert sei der Veräußerungswert (»Verkaufspreis«). Zweitens muss der VN die tatsächliche Höhe nachweisen. Sie muss jedoch nicht mit Gewissheit im Sinne des § 286 ZPO feststehen, sondern es genügen Größenangaben, die eine richterliche Schätzung im Sinne des § 287 ZPO ermöglichen, sofern eine exakte Bestimmung unmöglich ist oder mit unverhältnismäßigem Aufwand verbunden wäre. Zwar lässt sich der Nachweis des Versicherungswertes unter § 287 ZPO nicht unmittelbar subsumieren; die Norm muss aber analog angewendet werden, weil ihr Regelungszweck, eine präzise quantitative Bestimmung durch Schätzung auch dort zu ermöglichen, wo sie tatsächlich unökonomisch oder unmöglich wäre, auch darauf zutrifft.[56]

---

44 Als Formel: Ersatzfähiger Betrag = [Schaden × Stichtagssumme]/Stichtagswert.
45 OLG Frankfurt (Main) r+s 1998, 28, 30 [l. Sp. unten] m.Anm. *Wälder*; *Martin*, S. VI Rn. 2.
46 Dazu *Wälder* r+s 1998, 31. – A.A. *Risthaus*, S. 210.
47 Im Ergebnis wie hier *Risthaus*, S. 210 m.w.N. (umfassend auch zu weiteren Problemen).
48 BGH VersR 1987, 601 f.; OLG Hamm VersR 1996, 93; LG Düsseldorf VersR 2006, 502 Rn. 27; R/L/*Langheid*, § 50 Rn. 5.
49 Ablehnend im Falle eines Vertragsübergangs gem. § 95: LG Düsseldorf VersR 2006, 502 Rn. 28.
50 Siehe etwa *Stöbener* ZVersWiss 2008, 467, 468 f. (unter 2.1.1); *Ihle*, Der Informationsschutz des VN, 2006, S. 254 f.; *Armbrüster* VersR 1997, 931, 936 f.; *Kieninger* AcP 199 [1999], 190, 201 ff.
51 BGH VersR 1989, 472, 473; OLG Hamm VersR 1996, 93; OLG Köln VersR 1997, 1530, 1531; OLG Koblenz VersR 1997, 1226; *Schirmer* r+s 1999, 133, 136.
52 BGH VersR 1989, 472, 473; OLG KoblenzVersR 1997, 1226. Im Einzelfall mangels Beratungsbedarfs abgelehnt hatte eine Pflicht das OLG Hamm VersR 1992, 49. Das LG Düsseldorf VersR 2006, 502 Rn. 28, differenziert zwischen einer Beratungspflicht im Falle der gleitenden Neuwertversicherung und einer fehlenden im Falle einer Versicherung zum sog. festen Neuwert.
53 Ungenau insoweit *Hansen*, S. 89 f.; PK/*Hammel*, § 88 Rn. 22.
54 Vgl. oben Rdn. 5.
55 Vgl. zur Herleitung *Prütting*, Gegenwartsprobleme der Beweislast, § 11 III 1.
56 Zutr. RGZ 190, 191 f. = LZ 1917, Sp. 192. – Zu Unrecht ablehnend *Drefahl*, Beweislast und Beweiswürdigung im Versicherungsrecht, Hamburg 1939, S. 43.

§ 89 Versicherung für Inbegriff von Sachen.

(1) Eine Versicherung, die für einen Inbegriff von Sachen genommen ist, umfasst die jeweils dem Inbegriff zugehörigen Sachen. (2) ¹Ist die Versicherung für einen Inbegriff von Sachen genommen, erstreckt sie sich auf die Sachen der Personen, mit denen der Versicherungsnehmer bei Eintritt des Schadens in häuslicher Gemeinschaft lebt oder die zu diesem Zeitpunkt in einem Dienstverhältnis zum Versicherungsnehmer stehen und ihre Tätigkeit an dem Ort ausüben, für den die Versicherung gilt. ²Die Versicherung gilt insoweit als für fremde Rechnung genommen.

Übersicht

	Rdn.		Rdn.
A. Textgeschichte, Anwendungsbereich und Zweck	1	II. Drittinteressenten	6
B. Tatbestandsmerkmale	4	C. Rechtsfolgen	8
I. Sachinbegriff	4	D. Abdingbarkeit	10
		E. Prozessuales	11

Schrifttum:
Bolte, Die Feuerversicherung von Hausrat, Diss. Göttingen 1936; *Düby*, Die rechtliche Natur der Kollektivversicherung, Bern 1930; *Oertmann*, Zum Rechtsproblem der Sachgesamtheit, AcP 136 [1932], 88; *Risthaus*, Die Unterversicherung (§ 56 VVG), 1999; *Schirmer*, Die nichteheliche Lebensgemeinschaft im Versicherungs- und Verkehrsrecht – Tempora mutantur et nos in illis!, DAR 2007, 2; *Schnitzler*, Der Schaden als Begrenzung der Leistungspflicht des Versicherers in der Sachversicherung (§ 55 VVG), 2002; *Wittchen*, Vertragsform und Kündigungsrecht in der Warenkreditversicherung, VersR 1993, 530.

A. Textgeschichte, Anwendungsbereich und Zweck

1 Die Vorschrift übernimmt die bisherigen §§ 54 und 85. Grundsätzlich sind wirtschaftliche Interessen einer Person an bestimmten Sachen versichert (s. § 88 Rdn. 1). Diese Sachen können in Versicherungsverträgen oft aber weder effizient noch endgültig bezeichnet werden. Würden einzelne Sachen aus einem Bestand entfernt, entfiele das einzelne versicherte Interesse, § 80 II; würden sie durch andere ersetzt, müsste das Interesse neu bestimmt werden. § 89 I stellt deshalb zunächst lediglich klar, es liege in der Hand der privatautonomen Parteien, sowohl eine größere Zahl einzelner Güter als auch einen wechselnden Bestand von Sachen unter einem Oberbegriff – z.B. »Hausrat« oder »Betriebseinrichtung« – zu versichern. Die versicherten Interessen richten sich dann zwar weiterhin jeweils auf bestimmte Güter,[1] doch verklammert der Bestand, bezeichnet durch den Ober- bzw. Inbegriff, diese Interessen.[2]

2 Indem der Abs. 2 die Inbegriffsversicherung auf Sachen aller Personen in der »häuslichen Gemeinschaft« (vgl. § 86 III) des VN erweitert, erspart sie den Beteiligten jedoch praktisch auch, die genauen Eigentumsverhältnisse an beschädigten oder zerstörten Sachen im Schadensfall klären zu müssen. Der Inbegriff wird dadurch mehrpersonal: Er konstituiert sich nicht nur aus Eigentümerinteressen, sondern auch aus fremden Interessen, die sich dem übergeordneten Zweck unterordnen.

3 Nach ihrem Wortlaut und der formalen Systematik des Gesetzes beschränkt sich der Anwendungsbereich der Norm auf die Sachversicherung. Mehrheiten von Gegenständen werden jedoch auch darüber hinaus versichert (arg. § 29). Die Normzwecke (s.o. Rdn. 1 f.) gebieten deshalb u.U. ihre analoge Anwendung, etwa in der Passivenversicherung, in der sich die jeweils versicherten Risiken ex ante nicht immer präzise konkretisieren lassen, z.B. in der Haftpflichtversicherung. Erfasst werden Schadensersatzansprüche kraft eines bestimmten Oberbegriffs, z.B. aufgrund einer beruflichen Tätigkeit.

B. Tatbestandsmerkmale

I. Sachinbegriff

4 »Inbegriff« wird als Mehrheit von Sachen beschrieben, die einander nicht nur **räumlich**, sondern auch durch einen gemeinsamen **Zweck** verbunden sind.[3] Eigentumsverhältnisse sind – arg. Abs. 2 – unerheblich, so dass z.B. auch unter Eigentumsvorbehalt gelieferte oder sicherungsübereignete Sachen Inbegriffsbestandteil sein können.

5 Der gesamte Inbegriff wird mit einer Versicherungssumme versichert. Schafft der VN neue Sachen an, so liegt darin keine Gefahrerhöhung im Sinne des § 23 I, solange nicht die Schadenseintrittswahrscheinlichkeit er-

---

1 *Bolte*, S. 5.
2 Es ist deshalb nicht exakt, wenn formuliert wird, »das Interesse« entfalle, wenn der Bestand leer sei (vgl. OLG Hamm VersR 1993, 48; PK/*Hammel*, § 89 Rn. 15; P/M/*Kollhosser*[27], § 54 Rn. 8), oder: »das Interesse entfalle nicht vollständig […], wenn ein bestimmtes Fahrzeug […] aus einem versicherten Kraftfahrzeug-Handel entwendet« werde (so jedoch BGH VersR 1997, 443, 444).
3 *Oertmann* AcP 136 [1932], 88, 96 ff.; L/W/*A. Staudinger*, § 89 Rn. 4.

höht wird.[4] Erhöht wird aber der Versicherungswert, so dass u.U. Unterversicherung eintreten kann und der VR nur proportional haftet.[5] Versicherungssumme und Wert des gesamten versicherten Inbegriffs sind in Beziehung zu setzen. Ist der VN überversichert, so steht ihm das Recht zur Herabsetzung von Versicherungssumme und Prämie zu, das nur dann nicht besteht, wenn die Überversicherung nur vorübergehend ist, da sie dann nicht als »erheblich« i.S.d. § 74 bezeichnet werden kann.[6]

II. Drittinteressenten

Der Reformgesetzgeber sah sich gezwungen, geänderte gesellschaftliche Verhältnisse zu berücksichtigen. Es ist jetzt nicht mehr nötig, dass der Drittinteressent der Familie des VN angehört, sondern es genügt eine **häusliche Kommune**.[7] Das ist eine auf gewisse Dauer angelegte[8] Wohngemeinschaft, in der Räume und Hausrat wenigstens teilweise gemeinschaftlich genutzt werden. Der Lebensmittelpunkt des Mitversicherten muss also nur bei dem VN liegen.[9] Dass gelegentlich eine Zweitwohnung benutzt wird – z.B. an Werktagen – schadet ebenso wenig wie eine kurze urlaubs-, krankheits- oder ausbildungsbedingte Abwesenheit (vgl. auch § 7 Nr. 2 VHB 2008). Als typische Form ist vor allem das Konkubinat zu nennen.[10] 6

In den Versicherungsschutz sind auch Sachen von Personen, die einem **Dienstverhältnis** zu dem VN stehen, einbezogen. Es kommt nicht mehr darauf an, ob sie in häuslicher Gemeinschaft mit diesem leben (z.B. Haushälterin, Au-pair-Mädchen), sondern nur darauf, ob sie für den VN am Versicherungsort tätig sind (z.B. Gärtner).[11] 7

C. Rechtsfolgen

Die Rechtsfolge des **Abs. 1** liegt darin, dass Sachen, die zum Anfangsbestand hinzukommen, ohne weiteres – insbes. ohne Verlautbarungspflicht oder -obliegenheit gegenüber dem VR –[12] versichert sind. Ein solcher **Zugang** setzt – dem oben Gesagten (Rdn. 4) entsprechend – voraus, dass die Sache dem übergeordneten Zweck gewidmet und ein räumlicher Bezug geschaffen wird. Umgekehrt endet die Versicherung im Falle des **Abgangs**, d.h. der Zweckentwidmung *oder* der räumlichen Verbringung. Weder ein nur vorübergehender Zugang noch ein lediglich temporärer Abgang schließen aber die Zugehörigkeit zu einem Inbegriff aus (vgl. auch die sog. Außenversicherung, § 7 Nr. 1 VHB 2008). 8

Die Rechtsfolge des **Abs. 2** liegt infolge seines Satzes 2 in der Fiktion, die Versicherung sei für fremde Rechnung genommen, so dass die § 43 ff. Anwendung finden. 9

D. Abdingbarkeit

Vertraglich kann anderes als das gesetzlich Vorgesehene vereinbart werden; beispielsweise abweichend vom zuvor (Rdn. 1) Ausgeführten, der Inbegriff sei als solcher versichert, nicht nur gebündelte Interessen an einzelnen Sachen. Dann können VN Ansprüche daraus herleiten, dass ein Inbegriff als solcher wegen der Beschädigung oder Zerstörung einzelner Sachen an Wert eingebüßt habe. 10

E. Prozessuales

Der VN hat darzulegen und gegebenenfalls zu beweisen, dass eine beschädigte Sache zum Zeitpunkt des Eintritts des Versicherungsfalls zum Inbegriff gehörte.[13] 11

§ 90 Erweiterter Aufwendungsersatz. Macht der Versicherungsnehmer Aufwendungen, um einen unmittelbar bevorstehenden Versicherungsfall abzuwenden oder in seinen Auswirkungen zu mindern, ist § 83 Abs. 1 Satz 1, Abs. 2 und 3 entsprechend anzuwenden.

---

4 Z.B. durch Anschaffung leicht brennbarer Stoffe. – Vgl. RG JW 1928, 791, LS 1: »Eine Gefahrerhöhung ist nicht in der Vergrößerung des versicherten Lagerbestandes, sondern nur in der Änderung der Umstände zu erblicken, die den Eintritt des Versicherungsfalls wahrscheinlicher machen«; OLG Hamm VersR 1993, 48 (teilweise Betriebsverlagerung und -stilllegung).
5 BGH NJW 1964, 244, 245.
6 So bereits Begr. I, S. 61–62. A.M. B/M/*Möller*[8], Bd. II, § 54 Anm. 31 wohl weil er den Begriff »Erheblichkeit« nicht temporär, sondern nur quantitativ umschreibt (s. § 51 Anm. 16).
7 LG Berlin BeckRS 2011, 20918; s. auch BGH VersR 2013, 520; BGH VersR 2009, 813 ff. m.Anm. *Günther*.
8 BGH NJW-RR 1986, 385, 386; OLG Naumburg VersR 2007, 1405; B/M/*K. Johannsen*, § 89 Rn. 15, S. 620.
9 OLG Hamm r+s 1992, 118.
10 OLG Naumburg VersR 2007, 1405 [nicht rechtskräftig, vgl. BGH VersR 2009, 813]; *Dahm* NZV 2008, 280 f.; *Schirmer* DAR 2007, 2 ff.
11 Begr. RegE BT-Drucks. 16/3945 S. 82 [r. Sp.].
12 *Sieg* ZVersWiss 1993, 325, 328 (vor 2.).
13 Baumgärtel/*Prölss*, Beweislast, § 54 Rn. 1.

§ 90 Erweiterter Aufwendungsersatz

Übersicht

	Rdn.		Rdn.
A. Normzweck	1	D. Aufwendungsersatz	6
B. Anwendungsbereich	2	E. Abdingbarkeit	7
C. Unmittelbar bevorstehender Versicherungsfall	3		

Schrifttum:
Looschelders, Rettungsobliegenheit des VN und Ersatz der Rettungskosten nach dem neuen VVG, in: FS Deutsch, 2009, S. 835.

A. Normzweck

1 Die Rettung der versicherten Sache gehört hinsichtlich der entstehenden Kosten – auch ohne Rettungsobliegenheit – zum **versicherten Risiko**. § 90 schreibt diesen Grundsatz nunmehr auch für die Fälle des unmittelbar drohenden Eintritts des Versicherungsfalls fest und greift damit die zuvor durch die Vorerstreckungstheorie erzielten Ergebnisse teilweise auf.[1] Wie richtigerweise auch bei § 83 ist der Aufwendungsersatz nach § 90 nicht vom Bestehen einer Rettungsobliegenheit abhängig; diese wird auch nicht etwa durch Rettungsobliegenheiten nach § 81 (s. dort Rdn. 17, 21 ff.) ersetzt. Wie bei § 83 handelt es sich um einen vertraglichen Anspruch und nicht um einen Sonderfall der GoA (s. § 83 Rdn. 1), wenngleich auch hier die Ähnlichkeit mit der GoA die Übernahme von Wertungen erlaubt.[2] Wie § 83 begrenzt § 90 die möglichen Fälle des § 81.[3]

B. Anwendungsbereich

2 § 90 gilt nach seinem systematischen Standort[4] sowie dem Willen des historischen Gesetzgebers nur für die **Sachversicherung**. Für die **Schadensversicherung im Übrigen** und insbesondere für die Haftpflichtversicherung wird – mangels Regelungslücke – eine (entsprechende) Anwendung verneint.[5] Das Gegenteil folgt jedenfalls nicht aus der fehlenden Erwähnung von § 90 in § 184, weil diese gerade der geschriebenen Systematik entspricht. Die h.M. ist freilich zumindest rechtspolitisch fragwürdig, weil es dem VN jedenfalls in der Haftpflichtversicherung Anreize zu besonderer Sorgfalt nimmt.[6] Dementsprechend findet sich bereits der Versuch, in solchen Fällen mit § 83 zu operieren.[7]

C. Unmittelbar bevorstehender Versicherungsfall

3 Besondere Voraussetzung des Anspruchs nach § 90 ist das unmittelbare Bevorstehen des Versicherungsfalls.[8] Dazu ist zunächst ein objektiver Test anzuwenden. Fehlt es am unmittelbaren Bevorstehen, darf der VN dies zumindest nicht **grob fahrlässig** verkannt haben (s. Rdn. 4). Paradigma für diese Regelung sind die **Kfz-Unfälle mit Haarwild**. Hintergrund ist die Deckung von solchen Unfällen durch Teilkasko nach A.2.2.4 AKB 2008 (früher § 12 I Nr. I d AKB), womit auch Rettungskosten zur Vermeidung solcher Unfälle nach § 90 grundsätzlich zum versicherten Risiko zählen.[9]

4 Wie nach § 83 bedarf es auch für § 90 einer **subjektiven Gebotenheit** der Rettungsmaßnahme. Auch insoweit gilt der Maßstab grober Fahrlässigkeit.[10] Problematisch kann insbesondere die Angemessenheit des Ausweichens bei kleinen Tieren sein,[11] bei dem ein Augenblicksversagen auch nur ausnahmsweise von der groben Fahrlässigkeit entlastet (vgl. § 81 Rdn. 37–39). So wird etwa die drohende Kollision mit einem Fuchs i.d.R. keine Ausweichbewegung erfordern; das Verkennen dieses Umstands wird i.d.R. grob fahrlässig sein.[12]

5 Wichtigstes praktisches Hindernis für Ansprüche nach § 90 ist die **Beweislast**. Diese trifft durchweg den VN.[13] § 90 gestattet wegen der akuten Missbrauchsgefahr[14] bei Unfällen mit Haarwild auch keine Beweiserleichterungen.[15] So begründet etwa ein Warnschild »Wildwechsel« keine Anfangswahrscheinlichkeit nach

---

1 AG Bad Segeberg, NJOZ 2015, 1650, 1651 f.
2 *Looschelders*, in: FS Deutsch, 2009, S. 835, 851.
3 S. § 81 Rdn. 8.
4 OLG Köln NJOZ 2015, 1878 Rn. 40 (Rn. 41 erwähnt zusätzlich die Kollision mit § 103).
5 OLG Köln NJOZ 2015, 1878; HK-VVG/*Halbach*, § 90 Rn. 1; *Looschelders*, in: FS Deutsch, 2009, S. 835, 839; P/M/*Armbrüster*, § 90 Rn. 2.
6 Offen auch P/M/*Voit*, § 83 Rn. 2.
7 So LG Aachen, BeckRS 2015, 17941 aufgehoben durch OLG Köln NJOZ 2015, 1878 unter Hinweis auf § 90.
8 Zur bisherigen Rechtslage insoweit vgl. P/M/*Voit*/Knappmann^{27}, § 62 Rn. 16.
9 BGHZ 113, 359, 361.
10 AG Lörrach, BeckRS 2015, 15943.
11 R/L/*Langheid*, § 90 Rn. 11.
12 LG Trier, r+s 2010, 509; AG Lörrach, BeckRS 2015.
13 Wie hier auch P/M/*Armbrüster*, § 90 Rn. 3. Ein Beispiel für eine ausführliche Beweiswürdigung zugunsten des VN findet sich bei AG Lörrach, BeckRS 2015, 15943.
14 R/L/*Langheid*, § 90 Rn. 15.
15 OLG Jena NJW-RR 1999, 1258; OLG Düsseldorf NZV 2000, 579; AG Lörrach, BeckRS 2015, 15943; R/L/*Langheid*, § 90 Rn. 14.

§ 448 ZPO für die **Parteivernehmung**.[16] Wie wahrscheinlich es ist, dass die klagende Partei den ihr obliegenden Beweis alleine durch ihre Angaben zu führen vermag, ist für die Pflicht des Gerichts zur Beweiserhebung und damit auch zur Prüfung einer in sein pflichtgemäß auszuübendes Ermessen gestellten Parteivernehmung von Amts wegen nach § 448 ZPO unerheblich.[17]

D. Aufwendungsersatz

Im Übrigen bleibt es durch den Verweis bei den Regeln des § 83. Das gilt insbesondere für die **Kürzungsmöglichkeiten** nach § 83 II[18] und deren partielle Überwindung bei der Befolgung von **Weisungen** nach § 83 III. § 83 IV ist richtigerweise entsprechend anzuwenden. Auf ein Vorliegen der Voraussetzungen von § 81 kommt es nicht an. Der in § 90 nicht in Bezug genommene Vorschussanspruch wird i.d.R. irrelevant sein; allerdings besteht kein sachlicher Grund für eine Verweigerung bei gestreckten Sachverhalten, so dass eine Analogie zu § 83 I 2 möglich erscheint.[19] 6

E. Abdingbarkeit

Anders als § 83 ist § 90 nicht durch eine § 87 entsprechende Vorschrift halbzwingend ausgestaltet. Allerdings ist auch hier die Zugehörigkeit der Rettungsaufwendungen zum versicherten Risiko zu beachten. Diese macht richtigerweise auch § 90 AVB-fest.[20] Soweit etwa die AFB 2008 Teil B § 13 Nr. 1 Abweichendes bestimmen, scheitern sie an § 307 BGB.[21] 7

§ 91 Verzinsung der Entschädigung.

¹Die vom Versicherer zu zahlende Entschädigung ist nach Ablauf eines Monats seit der Anzeige des Versicherungsfalles für das Jahr mit vier Prozent zu verzinsen, soweit nicht aus einem anderen Rechtsgrund höhere Zinsen verlangt werden können. ²Der Lauf der Frist ist gehemmt, solange der Schaden infolge eines Verschuldens des Versicherungsnehmers nicht festgestellt werden kann.

Übersicht

	Rdn.		Rdn.
A. Textgeschichte, Anwendungsbereich und Zweck	1	C. Fristverlängerung (Satz 2)	8
B. Verzinsung (Satz 1)	4	D. Abdingbarkeit	10

Schrifttum:
Sackhoff, Die Anzeige-, Auskunfts- und Belegpflicht des VN nach Eintritt des Versicherungsfalls – eine rechtsvergleichende Untersuchung unter besonderer Berücksichtigung des Richtlinienentwurfes zur Harmonisierung des Versicherungsvertragsrechts, 1994; *Veenker*, Die Fälligkeit von Geldleistungen des Versicherers nach § 14 VVG 2008, 2008.

A. Textgeschichte, Anwendungsbereich und Zweck

Eine dem § 91 vergleichbare Regelung enthielt bislang § 94 a.F., der aber auf die Feuerversicherung beschränkt war. Der Gesetzgeber beabsichtigte – offensichtlich Forderungen einzelner Autoren folgend[1] – eine Erstreckung des § 94 a.F. auf die gesamte Sachversicherung, weil die ihm zugrunde liegenden Erwägungen auf diese insgesamt übertragen werden können.[2] 1

Mit dem Versicherungsfall konkretisiert sich die Pflicht des VR zur Gefahrtragung zu einer Leistungspflicht. Der Entschädigungsanspruch entsteht also sofort mit dem schädigenden Ereignis, das den Versicherungsfall herbeiführt. Nach § 14 I werden Geldleistungen des VR aber erst fällig, wenn die zur Feststellung des Versicherungsfalles und des Leistungsumfanges nötigen, zeitlich nicht befristeten Ermittlungen abgeschlossen sind. Zwar sind umfangreiche und lang andauernde Schadensermittlungen insbes. ein Phänomen der Feuerversicherung; sie können jedoch trotz der Pflicht des VR zu zügiger Erforschung (arg. § 241 II BGB)[3] generell langwierig sein und die Auszahlung der Entschädigung erheblich verzögern. § 14 II trägt dem zunächst durch ein Recht des VN auf Abschlagszahlungen vor Fälligkeit Rechnung. Ergänzt wird diese Regelung durch § 94: Weil der VN auf Dauer und Umfang der Ermittlungen grundsätzlich keinen Einfluss hat (Satz 1), ihm aber – 2

---

16 R/L/*Langheid*, § 90 Rn. 14.
17 AG Bad Segeberg, NJOZ 2015, 1650, 1652; anders OLG Jena NJW-RR 2001, 1319.
18 LG Trier, r+s 2010, 509, 510.
19 A.A. HK-VVG/*Halbach*, § 90 Rn. 3; P/M/*Armbrüster*, § 90 Rn. 4. Skeptisch – trotz Hinweis auf die Gesetzgeberische Fehleinschätzung – auch L/W/*Staudinger* § 90 Rn. 17.
20 A.A. HK-VVG/*Halbach*, § 90 Rn. 4. Vgl. P/M/*Voit*/*Knappmann*[27], § 62 Rn. 9.
21 Wie hier L/W/*Staudinger* § 90 Rn. 22; a.A. P/M/*Armbrüster*, § 90 Rn. 5.
1 Vgl. *Martin*, Y IV Rn. 4, der schon damals eine Anwendung auf die Sachversicherung insgesamt postuliert hatte.
2 Begr. RegE BT-Drucks. 16/3945 S. 83.
3 Siehe zu dieser Pflicht etwa BGHZ 96, 88–98 = VersR 1986, 77.

§ 91 Verzinsung der Entschädigung

wie der BGH untechnisch formuliert – »die Entschädigungssumme an sich schon zusteht«,[4] soll der VR die Entschädigung verzinsen. Diesem entsteht dadurch keine Belastung, weil er die voraussichtliche Entschädigungssumme mit Schadensmeldung reserviert und verzinslich anlegt. Zur Rückstellung ist der VR gem. § 341g I HGB verpflichtet.

3 Soweit und solange der VN dagegen die Schadensermittlung in ihm vorwerfbarer Weise behindert – etwa indem er untätig bleibt oder für Sachverständige unerreichbar ist –, verlängert sich die Monatsfrist des Satzes 1 entsprechend (Satz 2). Eine Verzinsung ist dann also nicht geschuldet.

B. Verzinsung (Satz 1)

4 Die Verzinsungspflicht des VR hat drei Voraussetzungen: Eintritt des Versicherungsfalls, erstattete Schadensanzeige sowie Ablauf der Monatsfrist, die der VR für die ordnungsgemäße Bearbeitung des Schadensfalles nicht erfolgreich genutzt hat. Die **Frist** wird nach den §§ 187 ff. BGB **berechnet**. Es ist umstr., ob sie mit der Absendung oder dem Zugang der Anzeige **beginnt**. Überwiegend wurde bislang für Ersteres der Rechtsgedanke des § 92 I 2 a.F. ins Feld geführt.[5] Doch erstens ist diese Norm entfallen, und zweitens liegt in der Anzeige eine geschäftsähnliche, zugangsbedürftige Handlung,[6] so dass § 130 I BGB gilt. Drittens kann den VR eine Pflicht zur verzinslichen Anlage der voraussichtlichen Entschädigungssumme nur treffen, wenn er tatsächlich Kenntnis vom Schadensfall erlangt hat oder unter regelhaften Umständen erlangen musste. Es kommt nicht darauf an, ob der VR die **abgelaufene** Frist erheblich oder nur geringfügig überschreitet. Er schuldet in jedem Falle Verzinsung ab Schadensmeldung (vgl. auch A § 9 Nr. 3 AFB 2010, A § 14 Nr. 2 VHB 2010, A § 14 Nr. 3 VGB 2010).

5 **Fälligkeit** der Entschädigung ist nach dem zuvor (Rdn. 2) Gesagten gerade keine Voraussetzung der Verzinsungspflicht. Ist sie gegeben, kommt vielmehr – unter den weiteren Voraussetzungen des **Verzuges**, §§ 280 I, II, 286 BGB – sogar eine Pflicht zu höherer Verzinsung in Betracht (vgl. insbes. § 288 BGB). Ob ein »anderer Rechtsgrund« in § 352 HGB liegt, wird unterschiedlich beantwortet;[7] sein ohnehin zweifelhafter Zweck, die vermeintlich größere Begabung eines Kaufmannes zur Anlage von Geld zu honorieren,[8] wird auf Entschädigungsleistungen freilich funktional umso weniger zutreffen (teleologische Reduktion). Alle jene Zinsen sind nicht zu den gem. § 91 geschuldeten zu addieren; vielmehr ist nur der jeweils höhere Zins geschuldet.[9] Zinsen sind auch dann in vollem Umfang zu entrichten, wenn sie die Versicherungssumme als Entschädigungsgrenze überschreiten.[10]

6 Der Zinsanspruch selbst wird – in Ermangelung anderer vertraglicher Regelung – **fällig**, wenn auch die Entschädigungsleistung – die in ihrer Höhe seine Grundlage bildet – nach § 14 fällig ist. Werden Abschlagszahlungen, die antizipierter Teil der Entschädigung sind, geleistet, sind auch diese zu verzinsen.

7 Vereinzelt haben Gerichte die Frage aufgeworfen, ob auch die sog. **Neuwertspitze** (vgl. dazu näher §§ 93, 94 Rdn. 8 ff.) zu verzinsen sei.[11] Ein Anspruch auf Zahlung der Differenz zwischen dem Zeitwert bzw. gemeinen Wert und dem Neuwert wird nämlich im Falle sog. strenger Wiederherstellungsklauseln erst, wenn die Wiederherstellung bzw. -beschaffung gesichert ist. Sieht man den Normzweck des § 91 im Ausgleich von Nachteilen des VN, der ihm zustehendes Geld nicht nutzen könne, so trifft dieser Zweck also auf die Neuwertspitze nicht zu. Der Wortlaut der Norm ist jedoch eindeutig: Die insgesamt zu zahlende Entschädigung – und damit auch die Neuwertspitze – sei zu verzinsen.[12]

C. Fristverlängerung (Satz 2)

8 Die Feststellung des Schadens nicht in dem VN vorwerfbarer Weise zu behindern, ist – entgegen dem Wortlaut – Obliegenheit. Verletzt er sie durch Tun oder Untätigkeit,[13] wird der Ablauf der Monatsfrist (Satz 1) während des Zeitraums gehemmt, in dem die Ermittlungsmaßnahmen tatsächlich ins Stocken geraten. Die Dauer der Behinderung durch den VN ist dagegen dem eindeutigen Wortlaut der Norm zufolge nicht maß-

---

4 BGH VersR 1984, 1137, 1138. Präziser LG Münster VersR 1989, 844: »Der wirtschaftliche Hintergrund ist, [...] dass im Augenblick des Schadensereignisses die Versicherungssumme theoretisch dem VN zusteht, weil in diesem Augenblick der Anspruch auf die Versicherungssumme entsteht; wenn sie daher noch nicht zur Auszahlung gelangt, der Versicherer dieses Geld also weiter behält, so ist es für ihn – wirtschaftlich gesehen – fremdes Geld, und er muss es aus diesem Grunde verzinsen«.
5 Dazu P/M/*Armbrüster*, § 91 Rn. 2; BK/*Dörner/Staudinger*, § 94 Rn. 3 – Dagegen i.E. schon unter altem Recht zutr. B/M/*Johannsen/Johannsen*[8], Bd. III, Anm. H 212.
6 Vgl. *Sackhoff*, S. 72.
7 Bejahend B/M/*Johannsen/Johannsen*[8], Bd. III, Anm. H 212; verneinend (§ 91: lex specialis): *Martin*, Y IV 3.
8 Ausführlich Ebenroth/Boujong/Joost/Stohn/*Kindler*, HGB, 2. Aufl. 2009, § 352 Rn. 3 m. zahlreichen w.N.
9 LG Hamburg NJW-RR 1989, 681 (bestätigt durch OLG Hamburg, Urt. v. 23.02.1989, 6 U 234/88, ibid.).
10 Begr. I, S. 98.
11 Vgl. dazu BGH VersR 2007, 489, 491; LG Münster VersR 1989, 844 f.; B/M/*Johannsen*, § 91 Rn. 3, S. 632.
12 So i.E. auch die hM., vgl. dazu BK/*Dörner/Staudinger*, § 94 Rn. 8.
13 OLG Hamm VersR 1982, 1091 (Verweigerung der Vorlage von Belegen).

geblich.[14] Nur Fehlverhalten des VN während eines beliebigen Zeitraums innerhalb der Monatsfrist hemmt den Lauf; späteres hat keine Konsequenzen für den bereits entstandenen Zinsanspruch, denn eine abgelaufene Frist kann nicht mehr gehemmt werden.[15]

Eine weitere Obliegenheitsverletzung kann im Annahmeverzug des VN liegen, während dessen der VR gem. § 301 BGB nicht zur Verzinsung verpflichtet ist. 9

D. Abdingbarkeit

Von § 91 abweichende vertragliche Regelungen müssen einer **Inhaltskontrolle gem. den §§ 307 ff. BGB** standhalten. Das ist z.B. für **§ 17 I 5 AFB 1930** gem. § 307 II Nr. 1 BGB verneint worden; diese sprachlich vollkommen missglückte Bedingung sah wohl vor, dass die Pflicht zur Verzinsung frühestens mit Sicherung der Wiederherstellung, jedenfalls aber nicht vor dem Abschluss der Feststellungen von Grund *und Höhe* der Leistungspflicht des VR (= Zeitpunkt der Fälligkeit gem. § 14 I) entstehe (strenge Wiederherstellungsklausel).[16] Grundgedanken und Zweck des § 91 entsprechend, wird dem VN aber nutzbares Kapital jedenfalls dann vorenthalten, wenn über die Entstehung des Anspruchs *dem Grunde nach* kein Zweifel herrscht. Da die Verzinsungspflicht jedoch selbst zu diesem Zeitpunkt gem. § 17 I 5 AFB 1930 noch nicht entsteht, verstößt diese Klausel – schon ungeachtet der Zinshöhe – gegen den Grundgedanken des § 94. 10

Vereinzelt sehen AVB vor, dass **Abschlagszahlungen** nicht zu verzinsen seien. Dadurch wird der VN nicht unangemessen benachteiligt, weil er – um mit dem BGH zu sprechen – Kapital erhält, das »ihm zusteht«. 11

§ 92 Kündigung nach Versicherungsfall.
(1) Nach dem Eintritt des Versicherungsfalles kann jede Vertragspartei das Versicherungsverhältnis kündigen.
(2) ¹Die Kündigung ist nur bis zum Ablauf eines Monats seit dem Abschluß der Verhandlungen über die Entschädigung zulässig. ²Der Versicherer hat eine Kündigungsfrist von einem Monat einzuhalten. ³Der Versicherungsnehmer kann nicht für einen späteren Zeitpunkt als den Schluß der laufenden Versicherungsperiode kündigen.
(3) ¹Bei der Hagelversicherung kann der Versicherer nur für den Schluß der Versicherungsperiode kündigen, in welcher der Versicherungsfall eingetreten ist. ²Kündigt der Versicherungsnehmer für einen früheren Zeitpunkt als den Schluß dieser Versicherungsperiode, steht dem Versicherer gleichwohl die Prämie für die laufende Versicherungsperiode zu.

Übersicht

	Rdn.		Rdn.
A. Textgeschichte, Anwendungsbereich und Zweck	1	2. Vereinbarte bzw. einbezogene (AVB)	6
B. Kündigungsrecht	3	a) Versicherungsfall	6
I. Voraussetzungen	3	b) Form und zeitliche Begrenzung	7
1. Gesetzliche	3	II. Frist und Wirkungen	8
a) Versicherungsfall	3	C. Kündigungsberechtigte und -gegenstand	10
b) Form und zeitliche Begrenzung	4	D. Hagelversicherung (Abs. 3)	11

Schrifttum:
Ebnet, Die Kündigung von Versicherungsverträgen, NJW 2006, 1697; *Fricke,* Kündigungsrecht im Versicherungsfall für alle Schadensversicherungszweige? – Ein Beitrag zur Reform des VVG, VersR 2000, 16; *Kagelmacher,* Die Schadenfallkündigung im Versicherungsvertragsrecht – zugleich ein Beitrag zur Dogmatik der Kündigungsrechte und zur Entwicklung des Kündigungsschutzes im Zivilrecht, 1992; *Klatt,* Einige Anmerkungen zum Urteil des OLG Düsseldorfs v. 31. Oktober 1967, 4 U 93/67, VersR 1968, 245; *Ollick,* Die neuen Bedingungen für die Versicherungen gegen Schäden durch Einbruchdiebstahl und Raub nebst Klauseln, VerBAV 1981, 34; *Präve,* Das neue VVG und das AGB-Recht, VW 2009, 98; *ders.,* Zum Für und Wider einer gesetzlichen Fixierung außerordentlicher Kündigungsrechte – Bemerkungen zu den Vorschlägen der Schuldrechtskommission aus versicherungsrechtlicher Sicht, VersR 1993, 265; *Prölss,* § 158 VVG und die Rechtsschutzversicherung, VersR 1963, 893; *Spielmann,* Sicherheitsvorschriften in der Leitungswasser-/Rohrbruchversicherung, VersR 2006, 317; *Waschbusch/Knoll/Lucas,* Versicherer tolerieren Betrug noch zu oft als Volkssport, VW 2010, 810.

---

14 Wenn also der VN z.B. lediglich während der zweiten und dritten Woche der Frist untätig ist, sich dadurch hingegen die Beendigung der Erhebungen vom Ende der sechsten auf das Ende der neunten Woche verschiebt nach Anzeige des Schadens verschiebt, verlängert sich die Frist *um drei Wochen.* Der Effekt kann jedoch auch geringer als das Fehlverhalten des VN sein.
15 BGH VersR 1984, 1137, 1138; L/W/*A. Staudinger,* § 91 Rn. 7.
16 So die Interpretation von P/M/*Kollhosser*[27], § 17 AFB 30 Rn. 13 [dort für Konformität mit § 307 II Nr. 1 BGB].

§ 92 Kündigung nach Versicherungsfall

A. Textgeschichte, Anwendungsbereich und Zweck

1 Ursprünglich hatte der Gesetzgeber die Einführung eines allgemeinen Schadensfallkündigungsrechts[1] geplant, dies aber aus heute nicht mehr rekonstruierbaren Gründen zugunsten einer spartenspezifischen Regelung bewusst verworfen.[2] Deshalb bestand es lediglich in der Feuer-, Hagel- und Haftpflichtversicherung. Alsbald mehrten sich aber die Stimmen, die eine entsprechende Anwendung der §§ 96, 113, 158 a.F. auf die gesamte Schadensversicherung aus unterschiedlichen Gründen forderten;[3] teilweise stießen sie auf Ablehnung.[4] Der Gesetzgeber hat die Regelung des § 96 a.F. nun auf die gesamte Sachversicherung erstreckt, weil die Motive für das Schadenfallkündigungsrecht auf sie insgesamt zutreffen:[5]

2 In der amtlichen Begr. heißt es, dass »die Wahrnehmungen, zu welchen die Ermittelung und Feststellung des Schadens Anlass gibt, häufig bei dem einen oder anderen Teile den begründeten Wunsch hervorrufen, an den Vertrag nicht weiter gebunden zu bleiben«.[6] Damit wird die ökonomische Erkenntnis, Versicherungen seien Vertrauensgüter, bestätigt.[7] Das Versicherungsverhältnis bleibt während einer schadensfreien Zeit zwar i.d.R. konfliktfrei. Wenn aber der Versicherungsfall eintritt, so konkretisiert sich das zuvor abstrakte Leistungsversprechen des VR, wird die Effektivität seiner Schadensbearbeitung offenkundig und ein gegebenenfalls übertriebenes Misstrauen gegenüber den Angaben des VN über Entstehung, Art und Höhe des Schadens deutlich. Umgekehrt kann der VR Kooperationsfähigkeit und -freudigkeit des VN einschätzen und seine womöglich vorhandene Neigung, den tatsächlich erlittenen Schaden aufzubauschen, erkennen. Diese Möglichkeiten bietet nicht das auf gegenseitigem Vertrauen beruhende Versicherungsverhältnis als solches, sondern lediglich der Schadensfall.[8] Eine Durchbrechung des Prinzips *pacta sunt servanda* erscheint deshalb gerechtfertigt. Die Regelung des § 92 I bildet deshalb eine besondere Ausprägung des allgemein anerkannten, ungeschriebenen Rechts zur Kündigung von Dauerschuldverhältnissen aus wichtigem Grund.[9] Jedoch wird darüber hinaus vom Einzelfall abstrahiert und nicht einmal die Angabe, geschweige denn der tatsächliche Nachweis eines wichtigen Grundes gefordert. Die Regelung dient damit zudem dem Rechtsfrieden, indem sie eine unkomplizierte, konfliktfreie Lösung vom Versicherungsvertrag ermöglicht und gerichtliche Auseinandersetzungen über Vorwürfe an die Gegenseite vermeidet. Die Kündigung kann deshalb auch auf ganz anderen Motiven als auf negativen Erfahrungen mit dem Vertragspartner anlässlich eines Schadensfalles beruhen, z.B. weil sich der VR von einem schlechten Risiko lösen oder der VN sein Risiko wegen besserer Konditionen der Konkurrenz umdecken will.[10]

---

1 In dem 1903 veröffentlichten Entwurf des VVG war in beinahe wörtlicher Übernahme des § 49 aus dem ersten, 1902 im Reichsjustizamt gefertigten Entwurf (Entwurf eines Gesetzes über den Versicherungsvertrag v. April 1902 [Akte Rep 84a 5575 Geheimes Staatsarchiv Preußischer Kulturbesitz Berlin-Dahlem, Bl. 91 bis 124]) eine allgemeine Vorschrift zum Kündigungsrecht im Versicherungsfall für die Schadensversicherung vorgesehen (§ 63 VVG-E). Die Norm stand im II. Abschnitt (Schadensversicherung), Erster Titel (Vorschriften für die gesamte Schadensversicherung) unter I (Inhalt des Vertrages).
2 Das folgt schon daraus, dass das Tierversicherungsrecht zwischenzeitlich eine Sonderregelung enthielt, die später gestrichen wurde (§ 113 VVG-E 1903). – A.A. *Kagelmacher*, S. 15: Der Gesetzgeber sei sich über die Bedeutung eines Schadenfallkündigungsrechts in anderen als den Sparten, in denen er es geregelt habe, lediglich nicht im Klaren gewesen.
3 *Bruck*, PVR, S. 681 (gesamtes Schadensversicherungsrecht mit Ausnahme von Transport-, See- und Unfallversicherung); *Prölss* VersR 1963, 893 ff.: entsprechende Anwendung des § 158 VVG auf Rechtsschutzversicherungen; R/L/*Langheid*, § 96 Rn. 4 f. – Ebenso aus der Rspr.: OLG Düsseldorf NVersZ 2001, 422, 423; LG Hannover VersR 2000, 26.
4 BK/*Dörner/Staudinger*, § 96 Rn. 2: VN und VR genügten die allgemeinen Regelungen (§ 11 III, IV), um ihrer Unzufriedenheit über die jeweils andere Partei Ausdruck zu verleihen. – Der BGH VersR 1991, 580 hatte diese Frage zuletzt offengelassen.
5 Begr. RegE BT-Drucks. 16/3945 S. 83 [r. Sp.]; der Gesetzgeber hält dort die Regelung des § 11 zudem nicht für ausreichend.
6 Vgl. auch LG München VersR 2008, 916: »Vielmehr eröffnet der Schadensfall und die damit verbundene Interessenwahrnehmung beiden Parteien die Möglichkeit weiterer Beobachtungen und Feststellungen hinsichtlich des anderen Vertragspartners. Diese Wahrnehmungen […] können für beide Parteien den Wunsch hervorrufen, sich vom Vertrag zu lösen«.
7 *Taupitz*, in: Basedow/Meyer/Schwintowski, Lebensversicherung, Internationale Versicherungsverträge und Verbraucherschutz, 1996, S. 105, 106 f.; *Schäfer/Ott*, Lehrbuch der ökonomischen Analyse des Rechts, 4. Aufl. 2005, S. 466; *Wessling*, Individuum und Information, 1991, S. 90 ff.; *Nelson*, J. Pol. Econ. 78 [1970], 311 ff.; *ders.*, J. Pol. Econ. 81 [1974], 729 ff.; *Kihlstrom*, Int. Econ. Rev. 15 [1974], 99 ff.; *Fritsch/Wein/Ewers*, Marktversagen und Wirtschaftspolitik, 2007, Kap. X.
8 LG München VersR 2008, 916; *Waschbusch/Knoll/Lucas* VW 2010, 810.
9 So *Fricke* VersR 2000, 16 ff., und *Klatt* VersR 1968, 245.
10 B/M/K. *Johannsen*, § 88 Rn. 2 a.E.; *Martin*, L II 2. – A.A. *Kagelmacher*, S. 101 ff., der die Kündigung nur aus sachlichen Gründen, die jedoch weniger bedeutend als »wichtige« Gründe sind, ermöglichen will.

B. Kündigungsrecht
I. Voraussetzungen
1. Gesetzliche
a) Versicherungsfall

Eine Kündigung ist nach **Eintritt des Versicherungsfalles** – d.h. nach Verwirklichung einer versicherten Gefahr für die versicherte Sache am Versicherungsort – möglich. Aus Wortlaut der Norm (Abs. 2 Satz 1) und ihrem Zweck folgt, dass den VR dagegen **keine Leistungspflicht** treffen muss, z.B. weil der VN eine Obliegenheit verletzt hat oder mit der Zahlung der Prämie in Verzug ist (vgl. § 38 II).[11] Zu differenzieren ist, wenn die Leistungsfreiheit des VR darauf beruht, dass die Schadenshöhe unter dem Selbstbehalt liegt: Selbstbehalte sind ökonomische Mittel des VR, die adverse Auslese und *moral hazard* durch sog. *signaling* bekämpfen und den VN veranlassen sollen, seine eigene Risikoeinschätzung zu offenbaren. Bleibt der Schaden unstrittig unter dem Selbstbehalt, so hat der VN keinen Grund zur Unzufriedenheit mit dem VR, und der VR kann aus dem Verhalten des VN nach dem Schadensfall nichts herleiten. Wird aber über die Schadenshöhe gestritten, so dürfen die Parteien kündigen. Entsprechendes gilt für Kulanzzahlungen: Leistet der VR ohne Anerkennung einer Rechtspflicht und Auseinandersetzungen, scheidet ein Kündigungsrecht aus; folgen sie solchen nach, ist es zu bejahen. Ein **fingierter** Versicherungsfall kann dem VN zwar Aufschluss darüber geben, wie ein VR Schäden abwickelt, und dem VR gegebenenfalls verdeutlichen, dass der VN moralisch verwerflich handelt,[12] doch ist er nach zutr.Ansicht[13] kein Versicherungsfall per definitionem (s. zuvor) und kann deshalb kein Kündigungsrecht des VN gem. § 92 I begründen, während der Versicherer kraft betrügerischen Verhaltens aus wichtigem Grund in außerordentlicher Weise zu kündigen (vgl. § 314 BGB)[14] oder gegebenenfalls gem. § 123 BGB anzufechten vermag.[15] Dagegen begründet ein **vorsätzlich herbeigeführter** Versicherungsfall i.S.d. § 81 I zwar ein Kündigungsrecht des VN, das aber aufgrund des Einwandes der *exceptio doli specialis*, § 242 BGB, ausgeschlossen ist; ein grob fahrlässiger Versicherungsfall i.S.d. § 81 II prädestiniert ein Kündigungsrecht i.S.d. Abs. 1, weil gerade Streitigkeiten über die Abgrenzung des Fahrlässigkeitsgrades zu Verärgerungen der Vertragsparteien führen können, die sich deshalb eine Lösung vom Vertrag wünschen.[16]

b) Form und zeitliche Begrenzung

Mit dem Abschluss der Verhandlungen beginnt der Lauf der Monatsfrist des Abs. 2 Satz 1. Eine **Verhandlung** besteht im Austausch von Meinungen über den Anspruch oder die diesen begründenden Umstände, aufgrund derer der VN davon ausgehen kann, dass sein Begehren vom VN weder endgültig abgelehnt noch verbindlich und in bestimmter Weise bejaht werde.[17] **Abgeschlossen** sind jene erstens, wenn entweder die Entschädigung vollständig geleistet (vgl. § 362 BGB), ein Scheck über die Entschädigungsleistung gegeben (vgl. § 364 II BGB), eine verbindliche Einigung erzielt wird oder der VR die Forderung vorbehaltlos anerkennt. Im Schrifttum wird zwar vereinzelt vertreten, es komme stets – auch im Einigungsfall – auf den Zeitpunkt endgültiger Zahlung durch den VR an.[18] Doch ist das nicht mit dem Wortlaut der Norm vereinbar, denn Verhandlungen werden mit einer Einigung abgeschlossen. Zudem zeigt sich schon an ihr, ob der VR kulant regulieren wird, also ein Festhalten am Vertrag für den VN lohnt. Zweitens sind Verhandlungen abgeschlossen, wenn eine Deckung endgültig und vollständig verweigert wird. Gleichgültig ist, ob das zu Recht oder – wie ein folgender Deckungsprozess verdeutlichen kann – zu Unrecht erfolgt.[19] Werden **Verhandlungen wegen neuer Tatsachen** wieder aufgenommen, so beginnen neue Verhandlungen i.S.d. Abs. 2 Satz 1.[20] Das ist dagegen nicht der Fall, wenn Korrespondenz über **bereits bekannte Tatsachen** geführt wird. Auch eine nochmalige, ergänzende Begründung einer bereits erfolgten Deckungsablehnung durch den VR setzt deshalb keine neue Frist in Lauf. Sollte sich der VR tatsächlich auf erneute Verhandlungen über denselben Stoff einlassen und regulieren, bedarf es keines verlängerten Kündigungsrechts; sollte er eine Regulierung ganz oder teilweise

---

11 Dazu zuletzt *Ebnet* NJW 2006, 1697, 1700.
12 Aus diesem Grund für ein Kündigungsrecht gem. Abs. 1 das OLG Düsseldorf NVersZ 2001, 422, 423; PK/*Hammel*, § 92 Rn. 10; R/L/*Langheid*, § 96 Rn. 13.
13 Die Gegenauffassung (s. vorige Fn.) subordiniert fingierte Versicherungsfälle unter den Begriff »Versicherungsfall«, während dies von der überwiegenden Ansicht zu Recht abgelehnt wird (vgl. etwa B/M/*Möller*[8], § 61 Anm. 31; *Rokas* VersR 2008, 1457, 1458). Das VVG definiert den Begriff nicht; deshalb ist er vor allem anhand der AVB zu konkretisieren (s. etwa BK/*Beckmann*, § 61 Rn. 29. Dort heißt es freilich, inhaltlich sei das »Schadensereignis« [vgl. Nr. 1.1 AHB 2015, ähnlich A § 1 Nr. 1 VHB 2010, A § 1 Nr. 1 VGB 2010] entscheidend.).
14 B/M/*K. Johannsen*, § 92 Rn. 4, S. 637.
15 BK/*Dörner/Staudinger*, § 96 Rn. 5.
16 Im Einzelnen sehr str., vgl. etwa *Kagelmacher*, S. 127 ff.; *Martin*, L II Rn. 19.
17 BGH NJW 2004, 1654 f.
18 R/L/*Langheid*, § 96 Rn. 23.
19 P/M/*Armbrüster*, § 92 Rn. 10.
20 Vgl. im Einzelnen L/W/*A. Staudinger*, § 92 Rn. 14. – A.A. R/L/*Langheid*, § 96 Rn. 25: Tatsächlich nicht abgeschlossene Erstverhandlungen (mit unbefriedigender Differenzierung anhand unbestimmter Zeitabstände).

§ 92 Kündigung nach Versicherungsfall

ablehnen, so macht der VN keine neuen Erfahrungen, die eine weitere Kündigungsfrist rechtfertigen würden. Werden die Verhandlungen **nicht abgeschlossen** – etwa weil die Korrespondenz abbricht –, so würde eine Lösung, die Kündigungsfrist beginne nicht einmal zu laufen,[21] weder den gesetzgeberischen Intentionen noch den praktischen Bedürfnissen, nach denen »die durch das Kündigungsrecht gegebene Ungewissheit über den Fortbestand des Versicherungsverhältnisses [...] stets nur von beschränkter Dauer sein darf«,[22] gerecht. Vielmehr wird man auf die allgemeinen Grundsätze der Verwirkung des Kündigungsrechts zurückzugreifen haben, § 242 BGB: Zeitlich genügen dafür im allgemeinen wenige Wochen,[23] während derer der Berechtigte untätig blieb, und umstandshalber muss die andere Partei darauf vertraut haben dürfen, das Kündigungsrecht werde nicht mehr geltend gemacht. Das darf sie umso eher, je weniger Gründe es für einen Verhandlungsabbruch gibt – z.B. wenn ein recht eindeutiger Sachverhalt, der eine schnelle Entscheidung zuließe, gegeben ist –, umso weniger, je differenzierter er erscheint – etwa wenn Sachverständige tätig werden müssen –. Die Grundsätze der Verwirkung schützen[24] den VR auch vor einer späteren Kündigung des VN aufgrund von **Schäden**, die der VN zunächst nicht gemeldet hat, so dass die Frist des Abs. 2 Satz 1 mangels Verhandlungen gar nicht zu laufen beginnt.

5 Als empfangsbedürftige, rechtsgestaltende Willenserklärung muss die Kündigung binnen Monatsfrist **zugehen**, § 130 I BGB. Der Erklärende muss ihren rechtzeitigen Zugang darlegen und gegebenenfalls beweisen.[25] Sie muss – dem Rdn. 2 a.E. Gesagten folgend – grundsätzlich **nicht begründet** werden. Kommt eine Kündigung auch aus besonderen Gründen – etwa gem. § 28 I – in Betracht, so sollte der VR klarstellen, dass er zugleich nach § 92 I kündigt, damit der VN weiß, dass die Kündigung auch dann gelten solle, falls die Voraussetzungen der Norm nicht erfüllt sind – d.h. die Obliegenheit nicht in grob fahrlässiger Weise verletzt wurde –. Denn Rspr. und Lehre vertreten folgenden Standpunkt: Hat der VR einen Kündigungsgrund angegeben, der einer anderen Norm Rechnung trägt – als Beispiel wird § 38 III genannt –, liege darin eine Beschränkung auf eine derartige Kündigung unter den dafür geltenden Voraussetzungen, eine Konversion in eine Schadenfallkündigung scheide aus.[26] Ob dem zuzustimmen ist, erscheint freilich zweifelhaft: Der VR kann sich aus jedem beliebigen Motiv, das er nicht näher konkretisieren muss, vom Vertrag lösen, sofern nur der Versicherungsfall eingetreten ist (s. oben Rdn. 2). Es ist nicht selbstverständlich, dass er darauf verzichten will, falls sich jene Voraussetzungen nicht nachweisen lassen.

2. Vereinbarte bzw. einbezogene (AVB)
a) Versicherungsfall

6 Die Regelung steht zur Disposition der Parteien.[27] Wird sie in AVB modifiziert, muss dies insbes. mit § 307 II BGB vereinbar sein. Denn § 92 stellt das Leitbild[28] i.S.d. § 307 II Nr. 1 BGB dar,[29] so dass sein Zweck und seine Funktion durch AVB nicht erheblich eingeschränkt oder aufgehoben werden dürfen. Die in einer ersten, etwa bis zum Jahre 1984 zu datierenden Phase unternommenen Versuche, das Kündigungsrecht des VN insgesamt auszuschließen[30] oder auf **Versicherungsfälle**, die zu einer **Entschädigungspflicht** des VR führen,[31] zu beschränken, konnten deshalb nicht erfolgreich sein. In einer zweiten, folgenden Phase wurden diese Mängel der AVB beseitigt, vgl. etwa § 19 Nr. 2 AFB 1987, § 24 Nr. 2 VGB 1988. Doch werfen diese neuen Normen neue Bedenken auf, weil §§ 19 Nr. 2 Abs. 2 Satz 3 AFB 1987, 24 Nr. 2 Abs. 2 Satz 3 VGB 1988 bestimmen, dass »die Kündigung spätestens einen Monat nach Auszahlung zugehen muss« und »es der Auszahlung gleichsteht, wenn die Entschädigung aus Gründen abgelehnt wird, die den Eintritt des Versicherungsfalles unberührt lassen«. Mit diesen gänzlich unverständlichen Regelungen sollte zum Ausdruck gebracht werden, dass ein Kündigungsrecht bestehe, wenn die Leistungsfreiheit des VR auf subjektiven, in der Person des VN liegenden Gründen (z.B. Zahlungsverzug), nicht aber, wenn sie auf objektiven Gründen (z.B. Schadenshöhe unter der Selbstbehaltsgrenze) beruht.[32] Das ist jedoch in dieser Form nicht zutreffend. VN könnten ferner den Eindruck gewinnen, eine Kündigung sei nur möglich, wenn der VR eine Entschädigung aus bestimmten Gründen ablehnt, nicht aber, wenn eine Begründung nicht gegeben, auf eine Entschädigungsforderung nicht rea-

---

21 P/M/*Armbrüster*, § 92 Rn. 10.
22 So die Motive und amtliche Begr. zum Gesetz über den Versicherungsvertrag v. 30.05.1908, Neudruck Berlin 1963, S. 164.
23 Vgl. statt vieler Palandt/*Heinrichs*, § 242 Rn. 93 m.w.N. – Das auch vom Gesetzgeber hervorgehobene Interesse, es möge alsbald Rechtsklarheit herrschen, fällt hier besonders ins Gewicht (s. dazu MünchKommBGB/*Roth*, § 242 Rn. 304 m.w.N. in Fn. 842).
24 Ein derartiges Schutzbedürfnis nimmt *Martin*, L II Rn. 41 f. an.
25 Zu den Anforderungen *Ebnet* NJW 2006, 1697.
26 OLG Hamm VersR 1999, 1265.
27 Begr. RegE BT-Drucksache 16/3945 S. 83.
28 S. dazu MünchKommBGB/*Kieninger*, § 307 Rn. 60.
29 Vgl. BGH VersR 1991, 580.
30 OLG Düsseldorf NJW-RR 1988, 1051, 1052 (öffentlich-rechtlicher Feuerversicherer).
31 B/M/K. *Johannsen*, § 92 Rn. 13.
32 R/L/*Langheid*, § 96 Rn. 12.

giert oder eine Einigung nicht erzielt wird. Doch gerade auch dann muss eine Kündigung möglich sein. Da diese AVB also gegen das sog. Transparenzgebot, das klare, gleichsam aus sich heraus verständliche Regeln fordert,[33] verstoßen und mit wesentlichen Grundgedanken des § 92 nicht in Einklang zu bringen sind, sind sie unwirksam. Durch § 15 Nr. 1 AFB 2008, § 15 Nr. 1 VHB 2008 und § 15 Nr. 1 VGB 2008 wurden die genannten Mängel später beseitigt, s. nunmehr auch B § 15 AFB 2010, B § 15 VHB 2010 und B § 15 VGB 2010.

b) Form und zeitliche Begrenzung

Wird in AVB gefordert, die **schriftlich** zu erklärende Kündigung müsse binnen Monatsfrist **zugehen**, vgl. § 26 Nr. 2 VHB 1984, liegt darin neben einer Gesetzeskonkretisierung lediglich ein angemessenes Mittel sicherer Dokumentation und Empfängnis (arg. § 309 Nr. 13 BGB). 7

II. Frist und Wirkungen

Der Regelung in Abs. 2 Sätze 2 und 3 ist zu entnehmen, dass die Kündigungen von VN und VR zu unterschiedlichen Zeitpunkten wirksam werden können. Der **VR** muss eine Kündigungsfrist von einem Monat einhalten, damit der VN sich um anderweitigen Versicherungsschutz bemühen kann.[34] Der Vertrag wird also binnen Monatsfrist nach Zugang der Kündigung beendet. Er läuft also längstens zwei Monate über den Abschluss der Verhandlungen i.S.d. Abs. 2 Satz 1 hinaus.[35] Dem **VN** steht dagegen ein Wahlrecht zu (arg. Abs. 2 Satz 3): Er kann ihre Wirksamkeit auf jeden beliebigen Zeitpunkt zwischen Zugang bei dem VR (fristlose Kündigung) und Ende des laufenden Versicherungsjahres legen. In ähnlicher Weise bestimmen verschiedene AVB – vgl. B § 15 Nr. 2 VHB 2010 –, die Kündigung werde sofort nach Zugang bei dem VR wirksam, es sei denn der VN bestimme, seine Kündigung solle zu einem späteren Zeitpunkt, jedoch spätestens zum Ende der laufenden Versicherungsperiode wirksam werden. Sollte der VN einen Zeitpunkt für die Wirksamkeit der Kündigung nennen, der diesen Rahmen überschreitet, kann sie in eine solche zum Ende der laufenden Versicherungsperiode konvertiert werden, § 140 BGB, wenn dies dem mutmaßlichen Willen des VN entspricht. Das kann u.U. nicht der Fall sein, wenn der VN zwischen diesem Ende und dem von ihm genannten Zeitpunkt ohne Deckung bliebe, weil er eine neue Versicherung erst ab diesem Zeitpunkt abgeschlossen hat; seine Kündigung ist dann nichtig, das Versicherungsverhältnis besteht fort.[36] Es kommt jedoch auf die Umstände des Einzelfalles an: Eine kurzfristige Schutzlücke wird der VN gegebenenfalls einer mangels allgemeiner Rechte i.S.d. § 11 langfristigen Vertragsbindung sowie einer Mehrfachversicherung vorziehen. Wird **wechselseitig** gekündigt, so beendet die Kündigung, die früher wirksam wird, den Vertrag; der später wirkenden Kündigung fehlt der Bezugspunkt. 8

Die Wirkungen der Kündigung auf die **Versicherungsprämie** bestimmte § 96 III VVG a.F. anhand des Grundsatzes der Unteilbarkeit der Prämie. Der Gesetzgeber hat an diesem Grundsatz nun nicht mehr festgehalten:[37] Der VN habe die Prämie lediglich **pro rata temporis**, d.h. bis zu dem Zeitpunkt zu zahlen, zu dem das Versicherungsverhältnis durch die Kündigung beendet wird. 9

C. Kündigungsberechtigte und -gegenstand

Sowohl VN als auch VR sind kündigungsberechtigt. Aus dem Wortlaut des Abs. 1 (»das Versicherungsverhältnis«, nicht: der Versicherungsvertrag) sowie Sinn und Zweck der Norm (oben Rdn. 2) folgt, dass nicht nur verbundene Verträge – etwa Feuer- und Betriebsunterbrechungsvertrag –, sondern auch mehrere isoliert nebeneinander stehende, nicht kombinierte **Versicherungsverträge zwischen VN und VR** gekündigt werden können, obwohl sich ein Risiko nicht verwirklicht hat – etwa Feuer- und Hausratversicherung bei nicht betroffenem Hausrat –. Besteht eine **Mehrheit von VR**, so gilt: Versichern mehrere VR dasselbe Interesse gegen dieselbe Gefahr ohne Einverständnis untereinander (Nebenversicherung, § 77), so kann jeder Vertrag für sich gekündigt werden; handeln die VR im Einverständnis untereinander und übernehmen jeweils nur einen Teil des Risikos (offene Mitversicherung),[38] so gilt Entsprechendes, es sei denn, eine Führungsklausel ist Teil der Versicherungsverträge (s. beispielsweise § 37 ZFgA 81b für die Feuerversicherung). Ist an einem Versicherungsvertrag eine **Mehrheit von VN** beteiligt, müssen diese gemeinsam kündigen und die Erklärung gegebenenfalls gemeinsam unterzeichnen. Sofern eine andere Person – etwa ein Ehegatte – in Bezug auf gemeinsamen Hausrat mitversichert ist, ist er deshalb jedoch nicht als VN zu qualifizieren. 10

---

33 Ausführlich BGHZ 147, 373, 377 f. = NJW 2001, 2012; *Prölss* VersR 2000, 1441, 1452; *Römer*, in: FS 50 Jahre BGH, 2000, S. 375, 386 und in: FS E. Lorenz, 2004, S. 615, 616 ff.; MünchKommBGB/*Kieninger*, § 307 Rn. 159.
34 So die Begr. des VVG 1908, Motive und amtliche Begr. zum Gesetz über den Versicherungsvertrag v. 30.05.1908, Neudruck Berlin 1963, S. 164.
35 Auf diese Weise wird der zeitliche Zusammenhang zum Versicherungsfall gewahrt und dem VN rasch genug die nötige Gewissheit gegeben, ob der VR kündigen möchte.
36 R/L/*Langheid*, § 96 Rn. 32. – Zu kurz PK/*Hammel*, § 92 Rn. 26.
37 Begr. RegE BT-Drucksache 16/3945 S. 83 [r. Sp. oben].
38 Im Falle der verdeckten Mitversicherung – es besteht nur ein Versicherungsvertrag zwischen VN und VR, der VR schließt weitere Verträge mit anderen VR zwecks Risikoteilung – ergeben sich entsprechende Probleme nicht.

§ 94 Wirksamkeit der Zahlung gegenüber Hypothekengläubigern

D. Hagelversicherung (Abs. 3)

11 Abs. 3 enthält eine Sonderregelung der Kündigung von Hagelversicherungen, die der Gesetzgeber wegen ihrer äußerst geringen praktischen Bedeutung nicht mehr gesondert regeln wollte.[39] Er ersetzt § 113 VVG a.F. Der VR kann lediglich mit Wirkung für den Schluss der Versicherungsperiode kündigen (S. 1), weil der VN während laufender Periode – insbes. während der Hagelzeit – nur schwer einen anderen Versicherungsvertrag abschließen kann. Der VN kann frühestens mit sofortiger Wirkung, spätestens aber zum Schluss der Periode kündigen, muss dann jedoch dem VR die Prämie für die gesamte laufende Versicherungsperiode zahlen. Die Vorschrift kann **abbedungen** werden. Gem. § 8 Nr. 4 AHagB 1987 sollen Schadensfälle nicht zur Kündigung berechtigen. Diese in den typischerweise langfristigen Hagelversicherungsverträgen enthaltene Klausel benachteiligt den VN jedoch unangemessen i.S.d. § 307 II Nr. 1 BGB.

§ 93 Wiederherstellungsklausel.

¹Ist der Versicherer nach dem Vertrag verpflichtet, einen Teil der Entschädigung nur bei Wiederherstellung oder Wiederbeschaffung der versicherten Sache zu zahlen, kann der Versicherungsnehmer die Zahlung eines über den Versicherungswert hinausgehenden Betrages erst verlangen, wenn die Wiederherstellung oder Wiederbeschaffung gesichert ist. ²Der Versicherungsnehmer ist zur Rückzahlung der vom Versicherer geleisteten Entschädigung abzüglich des Versicherungswertes der Sache verpflichtet, wenn die Sache infolge eines Verschuldens des Versicherungsnehmers nicht innerhalb einer angemessenen Frist wiederhergestellt oder wiederbeschafft worden ist.

§ 94 Wirksamkeit der Zahlung gegenüber Hypothekengläubigern.

(1) Im Fall des § 93 Satz 1 ist eine Zahlung, die ohne die Sicherung der Wiederherstellung oder Wiederbeschaffung geleistet wird, einem Hypothekengläubiger gegenüber nur wirksam, wenn ihm der Versicherer oder Versicherungsnehmer mitgeteilt hat, daß ohne die Sicherung geleistet werden soll und seit dem Zugang der Mitteilung mindestens ein Monat verstrichen ist.
(2) Soweit die Entschädigungssumme nicht zu einer den Vertragsbestimmungen entsprechenden Wiederherstellung oder Wiederbeschaffung verwendet werden soll, kann der Versicherer mit Wirkung gegen einen Hypothekengläubiger erst zahlen, wenn er oder der Versicherungsnehmer diese Absicht dem Hypothekengläubiger mitgeteilt hat und seit dem Zugang der Mitteilung mindestens ein Monat verstrichen ist.
(3) ¹Der Hypothekengläubiger kann bis zum Ablauf der Frist von einem Monat dem Versicherer gegenüber der Zahlung widersprechen. ²Die Mitteilungen nach den Absätzen 1 und 2 dürfen unterbleiben, wenn sie einen unangemessenen Aufwand erfordern würden; in diesem Fall läuft die Frist ab dem Zeitpunkt der Fälligkeit der Entschädigungssumme.
(4) Hat der Hypothekengläubiger seine Hypothek dem Versicherer angemeldet, ist eine Zahlung, die ohne die Sicherung der Wiederherstellung oder Wiederbeschaffung geleistet wird, dem Hypothekengläubiger gegenüber nur wirksam, wenn dieser in Textform der Zahlung zugestimmt hat.
(5) Die Absätze 1 bis 4 sind entsprechend anzuwenden, wenn das Grundstück mit einer Grundschuld, Rentenschuld oder Reallast belastet ist.

§ 1127 BGB Erstreckung auf die Versicherungsforderung. (1) Sind Gegenstände, die der Hypothek unterliegen, für den Eigentümer oder den Eigenbesitzer des Grundstücks unter Versicherung gebracht, so erstreckt sich die Hypothek auf die Forderung gegen den Versicherer.
(2) Die Haftung der Forderung gegen den Versicherer erlischt, wenn der versicherte Gegenstand wiederhergestellt oder Ersatz für ihn beschafft ist.

§ 1128 BGB Gebäudeversicherung. (1) Ist ein Gebäude versichert, so kann der Versicherer die Versicherungssumme mit Wirkung gegen den Hypothekengläubiger an den Versicherten erst zahlen, wenn er oder der Versicherte den Eintritt des Schadens dem Hypothekengläubiger angezeigt hat und seit dem Empfang der Anzeige ein Monat verstrichen ist. Der Hypothekengläubiger kann bis zum Ablauf der Frist dem Versicherer gegenüber der Zahlung widersprechen. Die Anzeige darf unterbleiben, wenn sie untunlich ist; in diesem Falle wird der Monat von dem Zeitpunkt an berechnet, in welchem die Versicherungssumme fällig wird.
(2) Hat der Hypothekengläubiger seine Hypothek dem Versicherer angemeldet, so kann der Versicherer mit Wirkung gegen den Hypothekengläubiger an den Versicherten nur zahlen, wenn der Hypothekengläubiger der Zahlung schriftlich zugestimmt hat.
(3) Im Übrigen finden die für eine verpfändete Forderung geltenden Vorschriften Anwendung; der Versicherer kann sich jedoch nicht darauf berufen, dass er eine aus dem Grundbuch ersichtliche Hypothek nicht gekannt habe.

---

[39] Begr. RegE BT-Drucksache 16/3945 S. 83 [r. Sp.].

§ 1129 BGB Sonstige Schadensversicherung. Ist ein anderer Gegenstand als ein Gebäude versichert, so bestimmt sich die Haftung der Forderung gegen den Versicherer nach den Vorschriften der § 1123 Abs. 2 Satz 1 und § 1124 Abs. 1, 3.

§ 1130 BGB Wiederherstellungsklausel. Ist der Versicherer nach den Versicherungsbestimmungen nur verpflichtet, die Versicherungssumme zur Wiederherstellung des versicherten Gegenstands zu zahlen, so ist eine diesen Bestimmungen entsprechende Zahlung an den Versicherten dem Hypothekengläubiger gegenüber wirksam.

Übersicht

	Rdn.		Rdn.
A. Textgeschichte, Systematik und Zweck	1	II. Frist	11
B. Wiederherstellungsklauseln	5	III. Sicherung und Rechtsnachfolge	12
I. Einfache	5	IV. Konsequenzen	13
II. Strenge	6	D. Nicht sichergestellte Restitution, § 94	14
C. Sichergestellte Restitution, § 93	10	E. Prozessuales	17
I. Sicherungsmaßstäbe	10		

Schrifttum:
Beyer, Gebäudeversicherung und Hypothek, Diss. Leipzig 1937; *Braun*, Auswirkungen der Wiederherstellungsbestimmungen innerhalb der Gebäudeneuwertversicherung, VersR 1987, 337; *Brisken*, Der Schutz des Hypothekengläubigers bei der Gebäudeversicherung, Diss. Karlsruhe 1964; *Fenyves*, Zum Ministerialentwurf einer VersVG-Novelle 1994, VersRdSch 1994, 33; *ders.*, Die rechtliche Natur der Wiederherstellungsklausel in der Gebäudeversicherung, VersRdSch 1972, 117; *Grassl-Palten*, Die Wiederherstellungsklausel als Ersatzabrede oder Obliegenheit? – § 97 in der österreichischen Rechtsprechung und Lehre, VersRAI 1994, 3; *dies.*, Ausgewählte Fragen zum Anwendungsbereich der §§ 99 ff. VersVG, VersRdSch 1992, 129; *Gürtler*, Die Rechtsstellung des Realgläubigers in der Feuerversicherung, Diss. Köln 1937; *Hense*, Die Abtretung der (Feuer-)Versicherungsforderung an Bauhandwerker nach § 98 VVG im Lichte des RBerG – ein Fauxpas des Gesetzgebers?, r+s 2005, 318; *Hoenicke*, Wiederherstellungsvorbehalt für Gebäude nach den AVB 2008, in: FS Wälder, 2009, S. 143; *Kisch*, Die juristische Natur der Rechte des Hypothekengläubigers an der Versicherungsforderung, VersWiuR 1918, 1; *Kollhosser*, Bereicherungsverbot, Neuwertversicherungen, Entwertungsgrenzen und Wiederherstellungsklauseln, VersR 1997, 521; *Kömürcü-Spielbüchler*, Die Vinkulierung von Versicherungen, 1990; *Petersen*, Der Schutz der Realberechtigten in der Immobiliarfeuerversicherung, Diss. Hamburg 1964; *Reinbeck*, Die Haftung der Versicherungsforderung für Hypotheken und Grundschulden, 1905; *Römer*, Eintritt eines versicherten Schadens vor und während der Veräußerung einer Immobilie, ZNotP 1998, 213; *ders.*, Zur Erfüllung des Wiederherstellungsvorbehalts durch den Erwerber – zugleich Anm. zum Urteil des BGH v. 8. Juli 1992, IV ZR 229/91, r+s 1993, 81; *Schirmer/Clauß*, Zum Ersatz von Teilschäden in der Neuwertversicherung, Anm. zu OLG Düsseldorf, Urt. v. 05.02.2002, 4 U 81/01, r+s 2003, 1; *Schmidt*, Die rechtliche Stellung des Realgläubigers gegenüber dem Versicherer nach den §§ 1127–1130 BGB und den §§ 97–107c VVG, 1982; *Schorling*, Hypothekengläubiger und Feuerversicherung, ZHR 112 [1949], 12; *Schütz*, Rechte des Realgläubigers in der Schadenversicherung, VersR 1987, 134; *Voß*, Feuerversicherung und Erbbaurecht, VersR 1961, 961; *Wälder*, Mehrkosten durch Preissteigerungen in den klassischen Sachversicherungen – statisch fixierte oder dynamisch orientierte Entschädigungen, in: FS Schirmer, 2005, S. 591; *ders.*, Mehrkosten durch technologischen Fortschritt in den klassischen Sachversicherungen – statisch fixierte oder dynamisch orientierte Entschädigungen, in: FS Gerrit Winter, 2007, S. 441; *ders.*, Anmerkung zum Urteil des LG Stuttgart, 17.07.2007, 16 O 579/06, r+s 2008, 155; *ders.*, Zum Wiederherstellungsvorbehalt für Gebäude nach den AFB 87, r+s 2007, 8; *Weidner*, Notwendige Korrekturen am Gesetzesentwurf der Bundesregierung zur VVG-Reform, r+s 2007, 138; *Wendt*, Strukturen der neuen Rechtsprechung des Bundesgerichtshofs zur Rechtsschutzversicherung – II – r+s 2006, 45; *ders.*, Vertiefung der neueren Rechtsprechung des BGH zur Rechtsschutzversicherung, r+s 2008, 221; *Wiesinger*, Die Rechtsstellung des Hypothekengläubigers im privaten Feuerversicherungsrecht, Diss. Hamburg 1940; *Wünschmann*, Der Anspruch des Hypothekengläubigers gegen den Gebäudeversicherer nach § 101 VVG, JW 1928, 3157.

A. Textgeschichte, Systematik und Zweck

Gem. **§ 1127 I BGB** haften auch **Versicherungsforderungen** gleichsam **als Surrogat** versicherter Sachen für 1
Hypotheken. Sie fallen also in den sog. Haftungsverband der Hypothek. Entsprechendes gilt gem. den
§§ 1192 I, 1199 BGB für die praktisch bedeutsameren Grundschulden. Grundpfandrechtsgläubiger sollen auf
diese Weise vor einem Verlust des Haftungssubstrats geschützt werden.[1] Da sich der Haftungsverband des
Grundpfandrechts gem. den §§ 1120 ff. BGB auf Erzeugnisse, Bestandteile und Zubehör erstreckt, haften
dem Grundpfandrecht auch Forderungen aus grundsätzlich **allen Sachversicherungsverträgen** – z.B. Hausrat, Glasschaden oder Maschinenbruch –. Es müssen lediglich Eigentümer oder Eigenbesitzer versichert, d.h.
VN oder aus dem Versicherungsvertrag anspruchsberechtigt – so etwa im Fall der §§ 43 ff. – sein (nachfolgend verkürzt: VN). Denn ein Grundpfandrecht erstreckt sich nicht auf Fremdvermögen. Die Haftung der
Versicherungsforderung erlischt insoweit, als die versicherte Sache nach einem Versicherungsfall wiederher-

---

[1] Motive zu dem Entwurf des BGB III, S. 659, 2. Abs., zu § 1067-E; *Kisch* VersWiuR 1918, 1, 25 ff.; *Reinbeck*, S. 60 ff.

§ 94 Wirksamkeit der Zahlung gegenüber Hypothekengläubigern

gestellt oder -beschafft wird (§ 1127 II BGB), denn den Interessen des Grundpfandrechtsgläubigers wird genügt, wenn er auf die frühere Sicherheit zugreifen kann.[2] Die Sache fällt ipso iure wieder in den Haftungsverband des Grundpfandrechts.[3]

2 In den §§ **1128, 1129 BGB** ist insbes. die Rechtsstellung des Grundpfandrechtsgläubigers in Abhängigkeit von der versicherten Sache geregelt worden: Ist ein **Gebäude,** also ein Bauwerk, das den Eintritt von Menschen gestattet und dazu geeignet ist, Mensch, Tier oder Sachen gegen äußere Einflüsse zu schützen, – gleich, gegen welches Risiko – versichert worden, so gilt § 1128 BGB. Gem. § 1128 III BGB tritt der Grundpfandrechtsgläubiger zwar nicht an die Stelle des VN und erlangt seine Forderung nicht, aber er steht mit dem Zeitpunkt des Abschlusses des Versicherungsvertrages auch ohne Beschlagnahme einem Gläubiger gleich, dem die Forderung verpfändet wurde (vgl. §§ 1279 ff. BGB). Ist das Grundpfandrecht noch nicht fällig (pfand-, d.h. verwertungsreif),[4] kann er von dem VR nur Zahlung der Entschädigungssumme an sich und den VN gemeinschaftlich verlangen (§§ 1281, 1288 BGB; z.B. Zahlung auf ein Girokonto mit Sperrvermerk oder Hinterlegung), denn hier hat er lediglich ein Sicherungsinteresse.[5] Ist es dagegen ganz oder zum Teil fällig, kann er von dem VR Zahlung an sich selbst verlangen, der VR kann grundsätzlich nur an ihn leisten (§ 1282 I BGB). Leistet der VR dagegen an den VN, so wird er frei, wenn der Gläubiger über den Schadenseintritt benachrichtigt wurde und seit diesem Zeitpunkt ein Monat verstrichen ist, ohne dass dieser Widerspruch erhoben hat (vgl. § 1128 I BGB, der damit als Schutzvorschrift zugunsten des VR dient). Meldet der Gläubiger sein Pfandrecht bei dem VR an, so ist seine Stellung gestärkt: Der VR kann mit befreiender Wirkung an den VN nur leisten, wenn der Gläubiger dem schriftlich zugestimmt hat (vgl. § 1128 II BGB, der damit als Schutzvorschrift zugunsten des Gläubigers dient). Wurde dagegen ein **anderes Objekt als** ein **Gebäude** – etwa Zubehör als bewegliche Sachen – versichert, so findet § **1129 BGB** Anwendung. Wie der versicherte Eigentümer über Früchte und Zubehör bis zur Beschlagnahme frei verfügen kann, so ist er auch in der Befugnis zu Verfügungen über die an Stelle beschädigter oder zerstörter Sachen tretende Versicherungsforderung durch den bloßen Bestand des Grundpfandrechts nicht beschränkt. Die Forderung haftet deshalb nicht nach den Vorschriften über das Forderungspfandrecht, sondern nach den Bestimmungen des § 1123 II 1 BGB und § 1124 I, III BGB über die Haftung der Miet- und Pachtzinsforderungen. Der Grundpfandrechtsgläubiger kann den Anspruch aus dem Versicherungsvertrag bei Pfandreife – vorbehaltlich abweichender Regelungen im Versicherungsvertrag –[6] erst dann geltend machen, wenn er ihn gepfändet hat und dieser zur Einziehung überwiesen ist. Umgekehrt ist jede zuvor erfolgte Einziehung oder sonstige Verfügung durch den VN dem Gläubiger gegenüber uneingeschränkt wirksam.[7]

3 Durch § **1130 BGB** sowie §§ **93, 94** wird die Gültigkeit von – insbes. in der Gebäudeversicherung üblichen – Versicherungsklauseln anerkannt, in denen der VR die Entschädigungssumme nur an den VN zu Wiederherstellung oder -beschaffung (folgend kurz: Restitution) der versicherten Sache zu zahlen hat. Bedeutung und Zwecke der Normen sind verschieden, ergänzen einander jedoch. § 1130 BGB erstreckt die Wirksamkeit dieser Klauseln auf den Grundpfandrechtsgläubiger.[8] Der VN gilt als allein berechtigt zum Empfang der Entschädigungssumme; der Grundpfandrechtsgläubiger kann stets nur Leistung an ihn zum Zweck der Wiederherstellung fordern. Aus der freilich wenig klaren Formulierung »den Versicherungsbestimmungen […][9] entsprechende Zahlung« (§ 1130 BGB) sei – so wird allgemein angenommen – zu schließen, die Leistung des VR an den VN wirke gegenüber dem Grundpfandrechtsgläubiger auch dann, wenn zum Zweck der Wiederherstellung oder -beschaffung gezahlt werde, jedoch eine solche tatsächlich nicht erfolge,[10] entsprechendes Haftungssubstrat den Grundpfandrechtsgläubigern also nicht zur Verfügung stehe. Vielmehr sollen die Bestimmungen der §§ 93, 94 – wie allerorten zu lesen ist –[11] die Gläubiger schützen und bewirken, dass tatsächlich restituiert wird, so dass ihnen wieder ein werthaltiges Objekt zur Verfügung steht. § 93 kann diese Aufgabe kaum erfüllen, weil er inhaltlich nahezu keinen eigenständigen zweckerheblichen Regelungsgehalt hat. Zwar heißt es nun in der neu-

---

2 Planck/*Strecker*, BGB, § 1127 Anm. 3a) [S. 835, dort auch ausführlich zu unterschiedlichen rechtlichen Beurteilungen im Falle teilweiser Wiederherstellung].
3 Motive zu dem Entwurf des BGB III, S. 665.
4 Die Hypothek wird i.d.R. zu einem bestimmten Zeitpunkt fällig (z.B. wenn ein Darlehen auf eine bestimmte Anzahl von Jahren fest gegeben wird) oder kann mit der Wirkung sofortiger Fälligkeit gekündigt werden, wenn der Schuldner Verpflichtungen nicht erfüllt (etwa Zinsen nicht rechtzeitig zahlt). Die Fälligkeit der Grundschuld richtet sich dagegen nach den bei der Bestellung des dinglichen Rechts getroffenen, in das Grundbuch aufgenommenen Vereinbarungen (i.d.R. wird sofortige Fälligkeit vereinbart). Fehlen solche, gilt § 1193 BGB.
5 Vgl. *Heck*, Grundriss des Sachenrechts, 3. Neudruck der Ausgabe Tübingen 1930, 1994, § 122, 6.
6 Planck/*Strecker*, § 1129 Bem. 4.
7 Einzelheiten bei *Reinbeck*, Die Haftung der Versicherungsforderung für Hypotheken und Grundschulden (1905), S. 87 ff.
8 Motive zu dem Entwurf des BGB III, S. 665 [unter 1. b)].
9 § 9 Nr. 1 lit. b) AFB 2008 statuiert z.B. in typischer Weise, der VN habe »gegenüber dem Versicherer den Nachweis [zu] führen, dass die Wiederherstellung oder Wiederbeschaffung sichergestellt« habe.
10 Staudinger/*Wolfsteiner*, BGB (2002), § 1130 Rn. 2 m.w.N.
11 PK/*Hammel*, §§ 93, 94 Rn. 1; BK/*Dörner/Staudinger*, § 97 Rn. 3: »Die im Interesse der Realgläubiger geschaffene Bestimmung soll bewirken, dass die Entschädigung auch tatsächlich zur Wiederherstellung eingesetzt wird.«

en, jetzt **für die gesamte Sachversicherung geltenden** Norm bewusst,[12] es müsse nicht nur die »bestimmungsgemäße Verwendung des Geldes« (§ 97 a.F.) gesichert sein, sondern Wiederherstellung oder -beschaffung selbst. Doch selbst wenn darin ein signifikanter inhaltlicher Unterschied liegen sollte,[13] würden AVB (vgl. etwa § 9 Nr. 1 lit. b) AFB 2008) davon ohnehin abweichen. Zudem sind die §§ 93 f. lediglich auf strenge Wiederherstellungsklauseln zugeschnitten, die zumindest nicht primär Grundpfandrechtsgläubiger zu schützen bezwecken und das tatsächlich nur tun, wenn Zeit- und Neuwert stark divergieren. Scheint es formal sichergestellt, dass der VN das vom VR gezahlte Geld zur Restitution verwenden wird, unternimmt er das aber tatsächlich nicht, so muss der Grundpfandrechtsgläubiger nach wie vor die Zahlung gegen sich gelten lassen.[14] Auch die neu eingefügte Sanktion einer Rückzahlungspflicht im Falle schuldhafter Nichtwiederherstellung (**Satz 2**) hilft Gläubigern im praktisch sehr häufigen Fall der Insolvenz des VN nicht weiter. § 94 trägt zu ihrem Schutz zwar in seinem Abs. 1 entscheidend bei, indem jede Zahlung, die ohne Sicherung einer Restitution erfolgt, ihnen gegenüber unwirksam ist. Die Norm greift aber nicht ein, wenn eine Prognose für Restitution spricht, sie sich aber als falsch erweist. Daraus folgt die zwingende Notwendigkeit, den bisher unklaren Begriff der »Sicherstellung« **strenger und ökonomischer auszulegen**, als das bislang[15] der Fall war.[16] Das ist auch deshalb wichtig, weil die Risikoverteilung allein von ihm abhängt: Ist eine Restitution gesichert und zahlt der VR, so wird er frei; ist sie es nicht, besteht die Gefahr einer Pflicht zu erneuter Zahlung.

Der Gesetzgeber verzichtete auf eine Übernahme des § 98 a.F., da die Bedeutung des sog. **Abtretungsverbotes** gering sei und einer Regelung in AVB überantwortet werden könne.[17]   4

B. Wiederherstellungsklauseln

I. Einfache

Einfache Wiederherstellungsklauseln[18] bezwecken ausschließlich den Schutz etwaiger Grundpfandrechtsgläubiger.[19] Eine Entschädigung wird nur gezahlt, wenn ihre Verwendung zur Wiederherstellung gewiss ist. Ein Anspruch auf sie entsteht bereits im Zeitpunkt des Versicherungsfalls, doch ist seine Fälligkeit – abweichend von § 14 – bis zur Restitution der beschädigten Sache hinausgeschoben. Ein Beispiel bildet § 17 III AFB 1930.[20]   5

II. Strenge

§§ 93 f. selbst regeln nur strenge Wiederherstellungsklauseln.[21] Von solchen spricht man, wenn ein Entschädigungsanspruch im Zeitpunkt des Eintritts des Versicherungsfalls nur teilweise entsteht.[22] In der Zeitwertversicherung etwa ist zunächst nur der gemeine Wert geschuldet, in der Neuwertversicherung – das ist die praktische Regel – nur der Zeitwert. Der Restanspruch entsteht erst, wenn eine bestimmte Verwendung des Entschädigungsbetrags gesichert ist.[23] Anders als in den üblichen AVB (»erwirbt Anspruch nur«, § 8 Nr. 2 AFB 2010) heißt es nun freilich in § 93 Satz 1, der Restbetrag könne bei Sicherstellung erst »verlangt« werden (nicht Entstehung, sondern Fälligkeit, vgl. § 271 I BGB).[24] Ungeachtet dessen sind solche Klauseln nicht von der **Rechtsnatur** einer Obliegenheit geprägt,[25] weil der VN, der nicht restituiert oder dies nicht sicherstellt, keinen Anspruch verliert, sondern ohne dies schon gar nichts verlangen kann. Vielmehr grenzen sie das materielle Leistungsversprechen des VN ein.[26]   6

Strenge Wiederherstellungsklauseln verfolgen mehrere **Zwecke**: Erstens soll die »Beschränkung der Entschädigung auf den Bereich [gewiss sein], der das Bedürfnis für die Neuwertversicherung begründet, nämlich auf   7

---

12 Siehe dazu den deutlichen Hinweis in der Begr. RegE BT-Drucks. 16/3945 S. 83 [r. Sp.].
13 Dagegen spricht, dass der VN nicht nur im Falle einer einfachen, sondern im Zweifel auch einer strengen Wiederherstellungsklausel (also bezüglich des Neuwertanteils) typischerweise auf das Geld angewiesen ist, um überhaupt restituieren zu können. Restitution kann bei Zahlung der Entschädigung als solche also nie ganz gewiss sein.
14 *Brisken*, S. 57.
15 Auch nach neuem Recht noch PK/*Hammel*, § 93 Rn. 26: Völlige »Sicherheit nicht […] zu erlangen«; vgl. ferner P/M/*Kollhosser*[27], § 97 Rn. 15.
16 Vgl. auch Planck/*Strecker*, § 1030 Bem. 2, der zu Recht feststellt, es sei gegenüber § 1030 BGB die Aufgabe der Bestimmungen des Versicherungsrechts zu entscheiden, wann eine Sicherung genügend sei.
17 Begr. RegE BT-Drucksache 16/3945 S. 83 [r. Sp.].
18 Zur Wiederherstellungsklausel in der österreichischen Judikatur siehe OGH VersR 2014, 858.
19 *Schmidt*, S. 116; *Martin*, R IV Rn. 4.
20 Darin heißt es, dass für Gebäude, die zur Zeit des Schadensfalles mit Hypotheken, Reallasten, Grund- und Rentenschulden belastet sind, die Entschädigung nur gezahlt wird, »soweit ihre Verwendung zur Wiederherstellung gesichert ist«. - Zu überholten abweichenden Auslegungsergebnissen B/M/*Johannsen/Johannsen*[8], Bd. III, Anm. J 22.
21 Begr. RegE BT-Drucks. 16/3945 S. 83 [r. Sp.].
22 B/M/K. *Johannsen*, §§ 93, 94 Rn. 43.
23 Vgl. BGH VersR 2007, 489 m.Anm. *Dallmayr*; BGH VersR 2001, 326 [unter I. 2 a)]; BGH VersR 1988, 925 unter II. 1. a). Besonders deutlich OLG Schleswig NJW-RR 2004, 681 f. [unter 6.].
24 So auch OGH VersR 2008, 706 (»Fälligkeit dieser Differenz […] bis zur Sicherung […] aufgeschoben«).
25 RGZ 133, 117 ff.; *Fenyves* VersRdSch 1992, 117 ff.; *Bruck*, PVR, S. 468 f.
26 *Boldt*, Die Feuerversicherung, 7. Aufl. 1995, S. 230; BK/*Dörner/Staudinger*, § 97 Rn. 14.

die ungeplanten, dem VN durch den Versicherungsfall aufgezwungenen Ausgaben«.[27] Mit der Neuwertversicherung soll also nur jener den Zeitwert übersteigende Vermögensposten abgedeckt werden, den der VN zur Restitution nach Art und Umfang entsprechender Sachen tatsächlich aufwenden muss.[28] Für andere oder quantitativ bzw. qualitativ dem VN günstiger oder besser erscheinende Sachen kann dagegen auch deshalb keine Entschädigung gezahlt werden, weil die Qualifikation der Neuwertversicherung als Schadensversicherung dann vollends ad absurdum geführt würde. Zweitens soll das Interesse an der Vernichtung einer Sache gemindert werden und so eine subjektive Risikobegrenzung erfolgen[29] (Vermeidung von opportunistischem Verhalten – *moral hazard* – nach Vertragsschluss). Aus diesem Grund gelten strenge Wiederherstellungsklauseln auch, wenn Grundstücke dinglich nicht belastet sind. Drittens schützen sie auch Grundpfandrechtsgläubiger, und zwar umso mehr, je größer die Differenz zwischen Zeit- und Neuwert ist.

8 Kennzeichen moderner strenger Wiederherstellungsklauseln ist es aus diesen Gründen, dass der Anspruch auf die Neuwertspitze nur entsteht, wenn Sachen **gleicher Art, Zweckbestimmung und Größe** restituiert werden oder das gesichert ist,[30] vgl. 8 Nr. 2 AERB 2010. Deshalb ist eine Wiederherstellung nur gegeben, wenn die neue Sache etwa gleiche Dimensionen wie die zerstörte hat und zudem gleichartigen Zwecken dient. Als nicht vergleichbar **groß** haben Gerichte in neuerer Zeit Neubauten beurteilt, deren Nutzfläche die frühere um 53 % sowie deren umbauter Raum den früheren um 60 % überstieg,[31] ferner Bauten, die vor einem Brand auf drei Etagen sechs Wohnungen mit einer Wohnfläche von 583 m^2 und später 747 m^2 auf fünf Ebenen aufwiesen,[32] ferner Objekte, die zunächst eine Grundfläche von 220,18 m^2 und einen umbauten Raum von 1772 cbm, später aber eine Grundfläche von 437,57 m^2 und einen umbauten Raum von 4300 cbm hatten.[33] Eine größere Geschosszahl allein ist nicht erheblich.[34] Andersartig ist eine neue Sache nicht schon allein deshalb, weil sie **zeit- und fortschrittsbedingt modernisiert** ist – z.B. technisch und architektonisch-statisch –, denn es wäre sinnlos, wenn man Bedürfnissen moderner Wirtschaftsführung nicht Rechnung tragen könnte.[35] Statt eines Bauernhofes wird man deshalb beispielsweise eine landwirtschaftliche Nutzhalle mit getrenntem Wohnhaus bauen können. Sachen dienen einem gemeinsamen **Zweck** insbes., wenn ihre Nutzungsart ähnlich ist. Von der Judikatur ist das verneint worden für ein Objekt, das ursprünglich »zur Unterbringung von Asylbewerbern dienende Kleinstwohnungen enthielt und insoweit hotelartigen Charakter hatte«,[36] später aber als Wohnhaus genutzt wurde, für eine Fremdenpension anstelle eines landwirtschaftlichen Wohn- und Betriebsgebäudes, für eine Tankstelle anstelle eines Schnellrestaurants[37] sowie für ein Sportheim mit Turnhalle statt eines abgebrannten Vereinsheims.[38] Probleme können entstehen, wenn nach dem Versicherungsfall durch Restitution **Mehrkosten** anfallen. Wie diese rechtlich zu behandeln sind, ist inzwischen für Mehrkosten **durch Preissteigerungen** und **durch technologischen** Fortschritt weitgehend geklärt.[39] Offengeblieben ist die Behandlung von durch **behördliche Wiederherstellungsbeschränkungen** verursachten Mehrkosten, z.B. wegen gebotener Vergrößerung der Gebäudenutzfläche.[40] Man wird differenzieren müssen: Wurde eine herkömmliche Wiederherstellungsklausel in den Vertrag einbezogen, würde die Annahme einer Entschädigungspflicht für die Mehrkosten ein für den VR unkalkulierbares Risiko darstellen; zudem wäre sie mit dem Sinn und Zweck der Klausel, den VN ausschließlich in die Lage zu versetzen, die ursprüngliche Sache wiederzuerrichten, nicht in Einklang zu bringen. Sieht aber der Versicherungsvertrag den Ersatz von Mehrkosten wegen behördlicher Restitutionsbeschränkungen ausdrücklich vor, manifestiert sich darin erkennbar der Parteiwille, den VN auch vor Aufwendungen zu schützen, die sich im Versicherungsfall aus behördlichen Auflagen ergeben.[41]

9 Werden Zweck oder Größe im zuvor beschriebenen Sinne modifiziert oder überschritten, so hat das – entgegen vereinzelter Kritik –[42] zur **Folge**, dass die Entschädigungsspitze nicht vermindert, sondern überhaupt

---

27 So BGH NJW-RR 1990, 920, 921 (freilich unter unzutreffendem Rekurs auf das inzwischen überholte Bereicherungsverbot).
28 OLG Köln NJOZ 2008, 1542, 1543; OLG Saarbrücken VersR 2004, 237 [unter 1. a) aa)].
29 BGH VersR 2007, 489 Rn. 12; BGH NJW-RR 2004, 753, 754 [unter II. 1. c) a.E.]; OLG Köln VersR 2008, 962; VersR 2006, 1357.
30 BGH VersR 2011, 1180; VersR 1990, 486; LG Berlin, VersR 2015, 1555 f.; *Wälder* r+s 2008, 155, 156.
31 OLG Frankfurt (Main) r+s 2006, 112.
32 OLG Köln r+s 2001, 156.
33 OLG Köln VersR 2008, 962; OLG Frankfurt (Main) r+s 2006, 112 [unter (15)] m.Anm. *Wälder*.
34 OLG Frankfurt (Main) r+s 2006, 112 [unter (15)] m.Anm. *Wälder*.
35 BGH NJW-RR 1990, 920, 921; OGH VersR 2008, 706 a.E.
36 So OLG Köln VersR 2008, 962.
37 Dazu jeweils OLG Düsseldorf r+s 1998, 161.
38 OLG Köln NJOZ 2006, 2411, 2413.
39 Siehe dazu näher *Wälder*, in: FS Schirmer, S. 591 ff.; *ders.*, in: FS Winter, S. 441 ff.
40 Beispiel bei LG Stuttgart r+s 2008, 154 f. m.Anm. *Wälder*: Baugenehmigung und Betriebserlaubnis für einen Kindergarten nur bei einer Vergrößerung der Nutzfläche von 467 m^2 auf 634 m^2.
41 Unrichtig deshalb LG Stuttgart r+s 2008, 154 f.m. zu Recht abl. Anm. *Wälder*.
42 Vgl. dazu etwa B/M/K. *Johannsen*, §§ 93, 94 Rn. 49.

nicht ausbezahlt wird.⁴³ Diese Rspr. lässt sich mit dem Zweck, das subjektive Risiko des VR zu verringern, wohl noch rechtfertigen. Umgekehrt soll sich die Entschädigung mindern, wenn die restituierte Sache in Größe, Zweck oder Ausstattung hinter der ursprünglichen zurückbleibt.⁴⁴ Die Neuwertspitze wird grundsätzlich insgesamt und unabhängig davon fällig, dass die tatsächlichen Aufwendungen des VN niedriger als der Neuwert sind.⁴⁵

C. Sichergestellte Restitution, § 93
I. Sicherungsmaßstäbe

Anders als § 97 a.F., der eine Fälligkeit der Entschädigung an die »Sicherung [...] der bestimmungsgemäßen Verwendung des Geldes« knüpfte, setzt § 93 Satz 1 voraus, die Restitution selbst müsse gesichert sein. Ob sich daraus ein inhaltlicher Unterschied ergeben kann, erscheint zweifelhaft. Denn erstens lassen die gebräuchlichen AVB auch die Sicherstellung der bestimmungsgemäßen Verwendung der Entschädigung für die Auszahlung genügen.⁴⁶ Zweitens wird die Normänderung darauf beruhen, dass § 93 – anders als § 97 a.F. – auf strenge Wiederherstellungsklauseln zugeschnitten ist. Man könnte deshalb annehmen, die Zahlung der Neuwertspitze von einem weiteren Fortschritt der Restitution – etwa dem Baufortschritt – abhängig zu machen. Eine Weigerung des VR, dem VN die Neuwertspitze zu zahlen, wäre in einem solch späten Stadium jedoch gänzlich unzumutbar, weil dieser dann irreversible Verpflichtungen eingegangen ist und gleichsam vollendete Tatsachen geschaffen hat. Im Übrigen wird der VN häufig nur mit Hilfe der Entschädigung in der Lage sein, eine Restitution tatsächlich durchzuführen. Der VN muss aber restituieren können, ohne in Vorleistung zu treten oder Kredit aufnehmen zu müssen.⁴⁷ Auch nach neuem Recht kommt es deshalb auf eine **Prognose** an, der VN werde gewiss restituieren.⁴⁸ Er müsse – so heißt es – Maßnahmen getroffen haben, die – auch wenn sie keine restlose Sicherheit garantierten, so dass stets ein Restrisiko unterbliebener Restitution verbleibe – jedenfalls keine vernünftigen Zweifel an der Wiederbeschaffung oder -herstellung aufkommen lassen.⁴⁹ Teilweise wird man die dazu von Rspr. und Lehre entwickelten Präzisionskriterien indes nicht ohne erhebliche Zweifel anwenden können,⁵⁰ im Übrigen sind sie viel zu unbestimmt. Bei **beweglichen Sachen** genüge die Vorlage eines schriftlichen Kauf- oder Werkvertrags oder eine schriftliche Bestätigung.⁵¹ Das gelte auch dann, wenn der VN ein Recht zum Rücktritt habe, falls der VR Entschädigung verweigere.⁵² Ein Kauf unter Eigentumsvorbehalt sichere eine Wiederbeschaffung.⁵³ Seien **unbewegliche Sachen** (Gebäude) versichert, genüge der Abschluss eines Bauvertrages oder Fertighauskaufvertrages »mit einem leistungsfähigen Unternehmer«, wenn die Möglichkeit der Rückgängigmachung des Vertrages »nur eine fernliegende« sei.⁵⁴ Der Kauf von Baumaterial könne sogar die nötige Gewissheit verschaffen.⁵⁵ Dagegen bestehe diese nicht, wenn ein Bau nur geplant oder ein Bauantrag nur gestellt sei. Auch eine bereits erteilte Baugenehmigung biete keine Sicherheit, wenn damit keine vertragliche Verpflichtung des VN zum Wiederaufbau korrespondiere. Denn eine Baugenehmigung berechtige zwar zum Bauen, verpflichte dazu aber nicht.⁵⁶ Das Fehlen einer Baugenehmigung oder positiver Bauvoranfrage führe andererseits selbst dann zu fehlender Gewissheit, wenn bereits ein bindender Bauvertrag abgeschlossen worden sei.⁵⁷ Keinesfalls dürfe sich der »Eindruck« ergeben, dass VN die Restitution »nicht ernsthaft durchführen wollen.«⁵⁸ Anstelle solch fragwürdiger Kriterien erscheint eine fundierte **ökonomische Präzisierung** der Sicherstellung im Einzelfall erforderlich. Sie kann nach den allgemeinen Grundsätzen der Investitionsrechnung erfolgen. Der VN hat zwei Realoptionen – Restitution (Sachinvestition), Unterlassen der Restitution (materiell-finanzielle oder immaterielle Investitionen) –.⁵⁹ Er wird die Option

---

43 BGH VersR 1984, 843; PK/*Hammel*, Rn. 34.
44 Martin, R IV Rn. 81–83; L/W/Staudinger, § 93 Rn. 17.
45 BGH VersR 2011, 1180; R/L/Langheid, § 93 Rn. 27.
46 Vgl. § 8 Nr. 2 AERB 2008, § 13 Nr. 7 VGB 2008, § 8 Nr. 2 AFB 2008 u.a.m.
47 OLG Düsseldorf VersR 1996, 623; B/M/*Johannsen/Johannsen*⁸, Bd. III, Anm. J 28.
48 BGH VersR 2004, 512; OLG Köln VersR 2008, 962.
49 OLG Celle VersR 2010, 383 Rn. 59; OGH VersR 2008, 706.
50 P/M/*Armbrüster*, § 93 Rn. 26 (freilich unter Verweis auf eine weitere Quelle): »Treu und Glauben«. – Ähnlich *Schmidt*, S. 122 f.
51 B/M/*K. Johannsen*, §§ 93, 94 Rn. 46.
52 B/M/*Johannsen/Johannsen*⁸, Bd. III, Anm. H 171.
53 OGH VersR 2008, 706 [LS 2 und Gründe].
54 So jeweils BGH VersR 2004, 512; OLG Celle VersR 2010, 383 Rn. 59; OGH VersR 2008, 706 (das sich in diesem Zusammenhang auch mit den Nachteilen sog. Treuhandlösungen auseinandersetzt, vgl. Rn. 59 ff.); OLG Köln NJOZ 2008, 1542, 1545. – Ebenso R/L/*Langheid*, § 97 Rn. 20 [S. 871 f.]; *Martin*, R IV Rn. 35.
55 BK/*Dörner/Staudinger*, § 97 Rn. 16; *Schmidt*, S. 122.
56 LG Köln VersR 2005, 1077; P/M/*Kollhosser*²⁷, § 97 Rn. 14; L/W/*A. Staudinger*, § 93 Rn. 15 a.E.
57 OLG Hamm VersR 1998, 1152: Notwendige, aber keine hinreichende Bedingung.
58 OLG Köln r+s 2001, 156, 157.
59 Vgl. zu diesem Begriff *Dixit/Pindyck*, Investment under Uncertainty, 1994, Ch. 1; *Arrow/Fisher*, Quarterly Journal of Economics 88 [1974], 312 ff.; *Fisher/Hanemann*, Journal of Environmental Economics and Management 14 [1987], 183 ff.; *Kruschwitz*, Investitionsrechnung, 12. Aufl. 2009, S. 3, 461 ff. und öfter.

wählen, die seinen Nutzen vergrößert.[60] Die nötige Gewissheit besteht, wenn es für den VN betriebswirtschaftlich sinnvoll ist zu restituieren, z.B. zu bauen. Der Bau hat Opportunitätskosten z.B. in Form entgangener Zinsen kraft Kapitalnutzung bzw. -anlage. Diese Kosten dürfen nicht größer sein als der Nutzen, den der VN aus einer Restitution zieht. Die Wertsteigerung durch den Bau muss genügend groß sein, um die Opportunitätskosten zu kompensieren. Die durch ihn erzielten Gewinne müssen also die Gewinne der Alternative (z.B. Zinsen) übersteigen. Es kommt demnach darauf an, ob und welche Gewinne die Restitution abwirft, beispielsweise Wertsteigerungen des Grundstücks oder Nutzungsvorteile, die sich durch Analyse einschlägiger Mietspiegel quantifizieren lassen. Hohe Kosten einer Objektnutzung – z.B. aufgrund der einen inzwischen geminderten Bedarf übersteigenden Größe – sind nicht von vornherein entscheidend, wenn das Objekt marktgängig ist (kalkulatorische Mieten). Der Anreiz zu betrügerischem Verhalten nimmt umso mehr zu, je weniger solvent der VN ist. Die Restschuldhöhe kann also eine entscheidende Rolle spielen. In die Kosten-Nutzen-Rechnung ist zwar z.B. auch ein Bauvertrag ohne Rücktrittsvorbehalt einzustellen, doch bleibt die Möglichkeit eines sog. *efficient breach*. Deshalb wird man entsprechende Vertragsstrafen fordern müssen.

II. Frist

11 Regelmäßig sehen Klauseln vor, der VN müsse Wiederherstellung oder -beschaffung innerhalb einer bestimmten Ausschlussfrist (von **zwei** oder **drei** Jahren nach Eintritt des Versicherungsfalls) sicherstellen. Auf den Ablauf der Frist kann sich der VR auch dann berufen, wenn der VN objektiv und ohne Verschulden an der Restitution gehindert war.[61] Die Frist kann jedoch zu verlängern sein, wenn der VR eine Entschädigungspflicht zu Unrecht bestritten und der VN deshalb von einer Sicherstellung abgesehen hat.[62] Eine Verlängerung um ca. 18 Monate ab Eintritt der Rechtskraft eines den VR zur Leistung verurteilenden Deckungsprozesses hält die Rspr. für angemessen.[63] Erklärt der VN ernsthaft und endgültig, er werde nicht restituieren, wird der Anspruch auf Entschädigungsspitze nicht mehr entstehen. Sofern ein Gebäude versichert ist, kann ein Grundpfandrechtsgläubiger freilich die Wiederherstellung gem. § 1134 II BGB erzwingen.

III. Sicherung und Rechtsnachfolge

12 Komplizierte Rechtsfragen ergeben sich, wenn die Restitution zu einem Zeitpunkt erfolgt, zu dem bereits eine Rechtsnachfolge eingetreten ist, insbes. wenn ein Erwerber bereits **Sacheigentümer** geworden ist. Wurde eine Sache vor Abschluss eines Veräußerungsvorganges **teilbeschädigt**, so ist § 95 anwendbar; der Anspruch auf die Neuwertspitze entsteht in der Person des Rechtsnachfolgers, der eine Restitution sicherstellt.[64] Das soll nach einer Ansicht auch gelten, wenn die Sache **totalbeschädigt** wurde: Der Rechtsnachfolger erwerbe Entschädigungsanwartschaften, die bei Sicherung gleichsam zu einem Anspruch erstarkten.[65] Dagegen wird ins Feld geführt,[66] dass der Untergang der Sache das Interesse des VN i.S.d. § 80 II entfallen lasse, so dass das Versicherungsverhältnis, in das der Erwerber nicht mehr als Partei gem. § 95 eintreten könne, erlösche.[67] Vielmehr bleibe die Neuwertentschädigungsanwartschaft in der Person des Geschädigten bestehen und müsse an den Rechtsnachfolger abgetreten werden.[68] Erfolgt die Sicherstellung dagegen bereits **vor Eigentumsübergang** – dies ist der stets maßgebliche Zeitpunkt –, so entsteht der Anspruch auf Neuwertspitze in der Person des veräußernden VN.[69] Das gilt unabhängig davon, was Veräußerer oder Erwerber zur Restitution beigetragen haben.

IV. Konsequenzen

13 Bestehen nach den oben genannten Kriterien **keine vernünftigen Zweifel**[70] an einer art- und zweckgerechten Restitution, hat der VN Anspruch auf Zahlung auch der Neuwertspitze. Das gilt selbst dann, wenn der tatsächliche Wiederherstellungsaufwand niedriger ist.[71] Ein Grundpfandrechtsgläubiger muss die Auszahlung der Entschädigung gegen sich gelten lassen, auch wenn sich die Prognose als falsch herausstellt und der VN

---

60 *Kruschwitz*, Investitionsrechnung, 12. Aufl. 2009, S. 33 ff.; *Götze*, Investitionsrechnung, 6. Aufl. 2008, S. 50 ff.
61 OLG Frankfurt (Main) ZfS 2007, 518 Rn. 24 (verzögerte Erteilung der Baugenehmigung); OLG Schleswig NJW-RR 2004, 681 f. (unter 7. [»objektive Risikoverteilung«]).
62 BGH VersR 1979, 173 (arg. § 242 BGB); OLG Hamm r+s 2007, 20, 21 [unter (62)]; OLG Hamm VersR 1989, 1082.
63 OLG Hamm VersR 1989, 1082; OLG Hamm VersR 1993, 1352 (LS 2b).
64 BGH VersR 2004, 512 (unter II. 2. a); OLG Frankfurt (Main) ZfS 2007, 518 Rn. 23; Vorinstanz zu BGH: KG Berlin r+s 2004, 149; BGH r+s 1988, 274, 275 f.
65 BGH r+s 1992, 381, 382.
66 Ausführlich *Schirmer* r+s 1993, 81, 82 ff.; *Martin*, R IV Rn. 43 ff.
67 Zu letzterem ausdrücklich Begr. RegE BT-Drucks. 16/3945 S. 79 [zu § 80 II a.E.].
68 OLG Schleswig NJW-RR 1989, 280, 281 ff.; *Schirmer* r+s 1993, 81, 82 ff. – Vgl. auch *Römer* ZNotP 1998, 213 ff.
69 BGH VersR 2004, 512 [unter II. 2. m.w.N.]; *Langheid/Müller-Frank* NJW 2005, 340, 342.
70 Zu diesem Maßstab OLG Düsseldorf VersR 1996, 623.
71 OLG Köln VersR 1994, 932 (6. Abs.); *Martin*, R IV Rn. 56 ff.; R/L/*Langheid*, § 97 Rn. 18 (dieser freilich für eine generelle Berücksichtigung von Rabattmöglichkeiten).

nicht restituiert.[72] Während früher anerkannt war, dass der VN unter diesen Umständen seine Leistung in Form der Neuwertspitze nicht kondizieren oder auf andere Weise zurückfordern konnte,[73] sieht § 93 **Satz 2** nun vor, dass das möglich ist, wenn der VN in schuldhafter Weise binnen angemessener Frist nicht restituiert. An einem Verschulden fehlt es beispielsweise, wenn unbeeinflussbare Marktumstände oder höhere Gewalt eine Wiederbeschaffung oder -herstellung verzögern oder ausschließen. Die Rückzahlungsverpflichtung umfasst auch etwaige nach § 91 gezahlte Zinsen.[74] Zahlte jedoch der VR an den VN, obwohl prognostisch **Zweifel** an der Restitution bestehen mussten, ist diese Zahlung gegenüber dem Grundpfandrechtsgläubiger unwirksam, es sei denn die Voraussetzungen des § 94 liegen vor.

D. Nicht sichergestellte Restitution, § 94

Die Regelung des § 94 tritt an die Stelle der bisherigen §§ 99, 100, 107b VVG und erstreckt diese auf sämtliche Sachversicherungsverträge.[75] Anders als diese ist sie – § 93 entsprechend – jedoch auf strenge Wiederherstellungsklauseln zugeschnitten. Auch sie schützt Grundpfandrechtsgläubiger. Während **Abs. 1** die Wirkung von Zahlungen ohne die erforderliche **Sicherung** gegenüber diesen regelt, erfasst **Abs. 2** solche, die zu einem **anderen Zweck** als der Restitution verwendet werden sollen. Derartige Zahlungen wirken diesen gegenüber nur, wenn sie ausdrücklich oder durch Schweigen zugestimmt haben (vgl. auch **Abs. 3**), nachdem ihnen jeweils mitgeteilt wurde, dass ohne Sicherung geleistet werden bzw. von der bestimmungsgemäßen Verwendung abgewichen werden soll. Eine Mitteilung über den Eintritt des Schadens genügt dagegen nicht,[76] denn die Norm **bezweckt** eine Sicherung des Widerspruchsrechts des Grundpfandgläubigers gegen Zahlungen ohne Sicherung oder zu anderen Zwecken als einer Restitution.[77] Die Mitteilung, die VN oder VR machen können, ist zwar an keine besondere **Form** gebunden. Es genügt aber wegen des Normzweckes nicht, dass der Grundpfandrechtsgläubiger auf andere Weise von den Zahlungsabsichten des VR erfährt. Allen im Grundbuch ver- oder vorgemerkten Gläubigern ist Mitteilung zu machen. Bestehen Briefrechte, muss der gegenwärtige Gläubiger ermittelt werden.[78] Einer Mitteilung bedarf es nicht, wenn sie einen **unverhältnismäßigen Aufwand** erfordern würde. Das kann der Fall sein, wenn sie mit erheblichen Kosten verbunden oder gar unmöglich ist, weil sich die Anschrift des Gläubigers nicht ermitteln lässt. Die Monatsfrist beginnt dann zu dem Zeitpunkt, zu dem die Entschädigungssumme fällig war, d.h. im Zweifel mit Abschluss der Feststellungen i.S.d. § 14 I.

Widerspricht der Gläubiger – was formlos und gegebenenfalls sogar vor oder ohne vorherige Mitteilung erfolgen kann, jedoch im Falle einer solchen binnen Monatsfrist erfolgen muss –, so befreit eine Zahlung den VR ihm gegenüber nicht; er muss entsprechend § 1130 BGB noch einmal an den VN zum Zwecke der Restitution zahlen, sofern die Versicherungsforderung nicht wegen zwischenzeitlicher Restitution gem. § 1127 II BGB aus dem Haftungsverband ausgeschieden ist. Im Falle einer **Mehrheit von VR** muss gegenüber allen widersprochen werden; ausnahmsweise genügt ein Widerspruch gegenüber dem führenden VR bei Vereinbarung einer Führungsklausel. Im Falle einer **Mehrheit von Gläubigern** muss jeder Gläubiger selbst widersprechen.[79] **Widerspricht** der Gläubiger dagegen **nicht**, so bedeutet dieses Schweigen ausnahmsweise Zustimmung: Es wird vermutet, dass er in die bestimmungswidrige Auszahlung an den VN einwilligt. Sein Pfandrecht erlischt mit Zahlung des VR an den VN[80] und setzt sich nicht kraft dinglicher Surrogation am Geld fort, §§ 1128 III, 1287 BGB.

Grundpfandrechtsgläubiger, die ihr Recht angemeldet haben (**Abs. 4**), genießen den stärksten Schutz: Eine Zahlung im Falle mangelnder Sicherung ist ihnen gegenüber nur wirksam, wenn sie ihr in Textform zugestimmt haben. Sie laufen also hier – abweichend von dem zuvor Ausgeführten – nicht Gefahr, Rechtsnachteile wegen Versäumnis eines fristgerechten Widerspruchs hinnehmen zu müssen. Die Anmeldung des Rechts kann zwar formlos erfolgen. Da sie aber dem VR nicht nur Kenntnis vom Rechtsbestand verschaffen, sondern ihm auch deutlich machen soll, dass der Gläubiger Interesse an der Verwertung der Versicherungsforderung hat, wird die Mitteilung nicht durch anderweitige Kenntniserlangung des VR vom Rechtsbestand ersetzt.[81]

E. Prozessuales

Beruft sich der Grundpfandrechtsgläubiger auf § 94, muss der VR beweisen, zu welchem Zeitpunkt eine Mitteilung erfolgt ist bzw. dass sie ausnahmsweise i.S.d. Abs. 3 Satz 2 unterbleiben konnte. Der VR trägt ferner

---

72 *Brisken*, S. 57.
73 Vgl. BGH VersR 1986, 756.
74 Begr. RegE BT-Drucks. 16/3945 S. 84 [l. Sp.].
75 Begr. RegE BT-Drucks. 16/3945 S. 84 [l. Sp.].
76 BGH VersR 1981, 49, 50 [l. Sp.].
77 *Schmidt*, S. 160.
78 BGH VersR 1981, 49, 50 [l. Sp.].
79 *Schmidt*, S. 85.
80 *Schmidt*, S. 160.
81 *Brisken*, S. 58; *Beyer*, S. 28.

die Beweislast dafür, dass die Zahlung nach Ablauf der Monatsfrist erfolgte. Dagegen muss der Gläubiger nachweisen, dass er der Zahlung rechtzeitig widersprochen hat.

§ 95 Veräußerung der versicherten Sache.

(1) Wird die versicherte Sache vom Versicherungsnehmer veräußert, tritt an dessen Stelle der Erwerber in die während der Dauer seines Eigentums aus dem Versicherungsverhältnis sich ergebenden Rechte und Pflichten des Versicherungsnehmers ein.

(2) Der Veräußerer und der Erwerber haften für die Prämie, die auf die zur Zeit des Eintrittes des Erwerbers laufende Versicherungsperiode entfällt, als Gesamtschuldner.

(3) Der Versicherer muss den Eintritt des Erwerbers erst gegen sich gelten lassen, wenn er hiervon Kenntnis erlangt hat.

Übersicht

	Rdn.		Rdn.
A. Textgeschichte, Zweck und Anwendungsbereich	1	bb) Eigeninteresse und fremde Sachen	12
B. Tatbestandsvoraussetzungen	5	II. Veräußernder	13
I. Veräußerung	5	III. Versicherungsvertrag	14
1. Grundsätze	5	C. Rechtsfolgen	15
2. Sonderfälle	8	I. Eintritt	15
a) Eigentumsübertragungen unter besonderer Gefahrtragung	8	II. Prämienzahlungsverpflichtung (Abs. 2)	16
b) Entsprechende Anwendung	10	D. Schutz des uninformierten Versicherers (Abs. 3)	17
aa) Veräußerungsähnliche Vorgänge	10	E. Abdingbarkeit	20
		F. Prozessuales	21

Schrifttum:
Armbrüster, Der Übergang von Versicherungen beim Immobilienerwerb, in: FS Mock, 2009, S. 1; *Berger,* Überleitung von Gebäudeversicherungsverträgen beim Immobilienkauf, MittBayNot 2010, 164; *Bezzenberger,* Ersatzherausgabe und Versicherung beim Grundstückskaufvertrag in der Schwebe, in: FS Mock, 2009, S. 39; *Bonsmann,* Die Veräußerung der versicherten Sache, DB-Beilage XIV/1973, 15; *Böhme,* Die Veräußerung versicherter Sachen, BB 1957, 167; *Brünjes,* Der Veräußerungsbegriff des § 69 VVG, 1995; *ders.,* Der Eintritt des Immobilienerwerbers in den Versicherungsvertrag nach § 69 I VVG, VersR 1995, 1416; *Cahn,* Der Wechsel des Interessenten im Rechte der Schadensversicherung, Mannheim/Leipzig 1914; *Canaris,* Die Verdinglichung obligatorischer Rechte, in: FS Werner Flume I, 1978, S. 371; *Carstensen,* Die Anwendbarkeit des § 69 VVG auf die Haftpflichtversicherung, Diss. Kiel 1936; *Dörner,* Dynamische Relativität, 1985; *ders.,* Kein Ausschluß der Erwerberkündigung in Verträgen mit öffentlich-rechtlichen Feuerversicherungen, NJW 1991, 409; *Dötsch,* Übergang sachbezogener Haftpflichtversicherungen bei Veräußerung der versicherten Sache, NZM 2012, 830; *Dumont,* Eigentumsübergang bei der Gebäudeversicherung, Diss. Köln 1939; *Ehrenberg,* Die Veräußerung der versicherten Sache und die Haftpflichtversicherung, in: FG Manes, Berlin 1927, S. 189; *Elkan,* Die Bedeutung des Interesses für die Veräußerung der versicherten Sache, Hamburg 1928; *Frey,* Eine Lücke im VVG: §§ 69 I und II, 70 II und III, 39 VVG, VersR 1959, 324; *Gärtner,* Veräußerung und Interesse im Versicherungsrecht, VersR 1964, 699; *Gerding,* Sicherungsscheine in der Mobiliarversicherung – die Rechtsverhältnisse der Beteiligten einer Sachversicherung beweglicher Güter bei Ausstellung eines so genannten Sicherungsscheins bzw. einer Sicherungsbestätigung, 2004; *Grassl-Palten,* Sacherwerb und Versicherungsschutz, 1996; *dies.,* Miteigentum und Veräußerung der versicherten Sache, JBl. 1994, 375; *Kisch,* Der Tatbestand der Veräußerung der versicherten Sache (§ 69 VVG), VersWiuR 1914, 68; *Koppenfels-Spies,* Die cessio legis, 2006; *Leitzen,* Der Übergang der Gebäudeversicherung auf den Immobilienerwerber nach dem reformierten VVG, RNotZ 2008, 534; *Lenski,* Zur Veräußerung des Gebäudes, 1965; *Martin,* Veräußerung von Wohnungseigentum und § 69 VVG, VersR 1974, 410; *ders.,* Haushalts-Glasversicherung für Einfamilienhäuser nach Wohnungswechsel und Veräußerung des Gebäudes, VersR 1989, 560; *Möller/Mathews,* Versicherungsrecht im Rahmen von Immobilien-Transaktionen, ZfIR 2008, 709; *Oetker,* Partielle Universalsukzession und Versicherungsvertrag, VersR 1992, 7; *Reusch,* Die Zurechnung von Obliegenheitsverletzungen des Versicherungsnehmers eines Gebäudeversicherungsvertrags zulasten der Mitversicherten nach Abschluss des Grundstückskaufvertrags, aber vor Eigentumsumschreibung, VersR 2009, 1478; *Riedel,* Sicherungsschein und Sicherungsbestätigung in der Versicherungswirtschaft, 2004; *Roesch,* Veräußerung der versicherten Sache und Versicherungsschutz, DB 1953, 99; *Römer,* Eintritt eines versicherten Schadens vor und während der Veräußerung einer Immobilie, ZNotP 1998, 213; *Schnepp,* Sachversicherung bei Mobilienleasing, 1989; *Sieg,* Die versicherungsrechtliche Stellung des Sacherwerbers nach Gefahrübergang auf ihn, VersR 1995, 125; *Tenbieg,* Grundstücksrecht in den neuen Bundesländern und Anwendbarkeit der §§ 69 ff. VVG, VersR 1993, 8; *Vorwerk,* Die Rechtsnachfolge in das versicherte Interesse, insbesondere die Veräußerung der versicherten Sache, Diss. Leipzig 1912; *Waclawik,* Der Eintritt des Erwerbers einer versicherten Sache in Schadensversicherungen, 2003; *Weiß,* Die Veräußerung der versicherten Sache und ihre Wirkungen auf das Versicherungsverhältnis nach dem VVG, Diss. Göttingen 1916; *Wolff,* Der Begriff der Veräußerung nach § 69 VVG, Diss. Köln 1934.

A. Textgeschichte, Zweck und Anwendungsbereich

§ 95, dessen Abs. 1 und 2 § 69 I u. II a.F. lediglich ersetzen und dessen Abs. 3 § 69 III a.F. modifiziert, regelt 1
eine Ausnahme von § 80 II. Grundsätzlich wäre es dem historischen VVG-Gesetzgeber möglich gewesen, es
bei der Rechtsfolge dieser Norm zu belassen: Aufgrund der Veräußerung einer Sache entfiele das versicherte
Interesse; das Versicherungsverhältnis ginge nicht auf den Erwerber über. Diese Lösung entsprach indes nicht
»dem praktischen Bedürfnis«.[1] Ferner hätte der Gesetzgeber die für die Seeversicherung geltende Regelung
des § 899 I HGB übernehmen können, die einen Vertragsübergang nicht anordnete; eine Vereinbarung zwischen
Veräußerer und Erwerber wäre ohne Mitwirkung des VR möglich. Diese Variante berücksichtigte die
Interessen des Erwerbers, indem sie ihn selbst über das weitere Schicksal des Versicherungsvertrags bestimmen
ließe. Gleichwohl war der Schutz nach Ansicht des Gesetzgebers noch nicht ausreichend, da man befürchtete,
Veräußerer und Erwerber könnten eine derartige Vereinbarung vergessen.[2] Man entschied sich deshalb
für einen gesetzlich angeordneten Übergang des Versicherungsverhältnisses – eine Kombination aus
cessio legis (§§ 412, 399 ff. BGB) und gesetzlicher Schuldübernahme (§§ 414 ff. BGB) – und orientierte sich
an der Regelung des § 571 BGB a.F. = § 566 BGB.[3] Damit wurde die bereits vorhandene Regelung des II. Teils,
8. Titel § 2163 ALR grundsätzlich übernommen, gleichzeitig aber dem VR untersagt, den Vertragsübergang in
AVB auszuschließen und statt dessen einen Schwebezustand herbeizuführen, während dessen der Erwerber
ohne Deckungsschutz bleibt.[4] Deshalb verhindert § 95 versicherungslose Zustände in Übergangsphasen.[5] Außerdem
soll der Erwerber nicht befürchten müssen, den bisher bestehenden Versicherungsschutz für die Sache
zu verlieren, ohne dass ihm dies ausdrücklich – z.B. durch Kündigung des Vertrages – mitgeteilt wird.[6]
Die **Interessen des VR** werden ausgleichend ebenso berücksichtigt: Erstens haften ihm für die Prämie der 2
laufenden Versicherungsperiode Veräußerer und Erwerber gem. § 95 II als Gesamtschuldner, weil ihm durch
die Regelung des § 95 I zumindest vorübergehend ein neuer Vertragspartner aufgezwungen wird, ohne dass
es – wie dagegen bei rechtsgeschäftlicher Schuldübernahme erforderlich – auf seine Zustimmung ankäme.
Zweitens muss er gem. § 95 III den Eintritt des Erwerbers erst gegen sich gelten lassen, wenn er davon Kenntnis
erlangt hat. Drittens ist der VR unter den Voraussetzungen des § 97 leistungsfrei, wenn ihm die Veräußerung
nicht unverzüglich angezeigt wurde. Viertens kann er schließlich – ebenso wie der Erwerber – den Versicherungsvertrag
gemäß § 96 innerhalb zeitlich bestimmter Grenzen kündigen, um sich von dem neuen,
unbekannten und gegebenenfalls ungewollten Vertragspartner zu lösen. Unzulässig ist dagegen eine für den
Erwerber nachteilige Abweichung von der gesetzlichen Regelung (§ 98), etwa in AVB.
Schließlich trägt die Norm den **Interessen des Veräußerers**, der von einer für ihn nutzlos gewordenen vertraglichen 3
Bindung befreit wird, Rechnung. Der Vertragsübergang greift damit zwar grundsätzlich in die Vertragsfreiheit
der Beteiligten ein, doch entspricht dieser Eingriff, den Erwerber und VR im Übrigen durch
Kündigung beseitigen können, ihren mutmaßlichen Interessen.
Der Anwendungsbereich der Norm ist nicht auf die Sachversicherung i.e.S. beschränkt. Er erstreckt sich auch 4
auf sachbezogene Haftpflichtversicherungen, was durch § 102 II und § 122 für praktisch bedeutsame Fälle
ausdrücklich klargestellt wird.[7]

B. Tatbestandsvoraussetzungen
I. Veräußerung
1. Grundsätze

Veräußerung ist jede **Übertragung eines Rechts** auf einen Erwerber **durch Verfügung (Singularsukzession)**. 5
Rechte werden nicht bereits mit Abschluss eines schuldrechtlichen Verpflichtungsgeschäfts, sondern erst
durch dingliche Verfügungsgeschäfte übertragen. Deshalb genügt insbes. der Abschluss eines schuldrechtlichen
Kaufvertrages nicht, vielmehr müssen auch die Voraussetzungen der §§ 929 ff. BGB, §§ 873, 925 BGB
erfüllt, die Eigentumsübertragung demzufolge stets abgeschlossen sein.[8] Wird Eigentum aufschiebend **bedingt**
veräußert (§ 158 I BGB), geht der Versicherungsvertrag also erst mit Bedingungseintritt über (vgl. jedoch
zum Sonderfall des Eigentumsvorbehaltskaufs Rdn. 9); steht eine Eigentumsübertragung unter einer

---

1 Motive und amtliche Begründung zum Gesetz über den Versicherungsvertrag v. 30.05.1908, Neudruck Berlin 1963, S. 142.
2 Motive und amtliche Begründung zum Gesetz über den Versicherungsvertrag v. 30.05.1908, Neudruck Berlin 1963, S. 143.
3 *Dörner*, S. 189 ff., 357.
4 B/M/K. *Johannsen*, § 95 Rn. 1; *Oetker* VersR 1992, 7, 10; *Schirmer* r+s 1993, 81, 82.
5 BGHZ 111, 295, 298 = VersR 1990, 1115; OLG Jena BauR 2007, 603 Rn. 27 = DB 2007, 1136 (LS).
6 OLG Schleswig NJW-RR 1989, 280, 283; *Brünjes*, S. 10 und S. 169 ff.
7 S. Begr. RegE BT-Drucks. 16/3945 S. 84.
8 Ohne Eigentumsübergang ist also keine »Veräußerung« denkbar, etwa im Falle der Zwangsverwaltung, der Insolvenzeröffnung, der Ernennung eines Testamentsvollstreckers oder Nachlassverwalters sowie bei Bestellung eines Betreuers. – Sofern Geschäfte von vornherein nicht auf eine Rechtsübertragung zielen – Miete, Pacht –, scheidet eine Anwendung des § 95 ohnehin aus.

auflösenden Bedingung (§ 158 II BGB), führt der Bedingungseintritt zu einem erneuten Übergang des Versicherungsverhältnisses. Bedarf das Verfügungsgeschäft einer **Genehmigung** – z.B. nach den §§ 108 I, 177 Abs. 1, 1366 Abs. 1, 1369 Abs. 1 u. 3 BGB –, so geht der Vertrag erst mit ihrer Erteilung, aber mit Wirkung ex tunc über (§ 184 I BGB). Erwirbt ein beschränkt geschäftsfähiger **Minderjähriger** Eigentum an einer versicherten Sache, so wird das Geschäft für ihn nicht allein deshalb rechtlich nachteilig, weil er in den Versicherungsvertrag eintritt, denn darin liegt nur ein sog. mittelbarer Nachteil,[9] der mit der für ihn rechtlich ausschließlich vorteilhaften Sachveräußerung – etwa einer schenkweisen Übereignung – selbst nichts zu tun hat.

6 **Universalsukzessionen** beruhen auf einer Fiktion der Identität von Rechtsvorgänger und -nachfolger.[10] Da somit das versicherte Interesse – anders als in Rdn. 1 beschrieben – unverändert bleibt, gilt § 95 I **nicht**.[11] Ein Erbe setzt also z.B. den Vertrag fort, wie er bestanden hat. Es spielt keine Rolle, ob die Sukzession nach einer **natürlichen** Person oder durch Verschmelzung zweier **juristischer** Personen bzw. durch übertragende Umwandlung einer Kapitalgesellschaft in eine Personengesellschaft oder in ein Einzelunternehmen eintritt.

7 Ist die Verfügung **absolut unwirksam**, z.B. kraft § 142 I BGB, so greift § 95 I nicht ein. Sollte der VR zwischen Verfügung und Ausübung des Anfechtungsrechts Leistungen an den vermeintlichen Erwerber erbracht haben, wird er entsprechend §§ 412, 409 BGB geschützt, wenn der Veräußerer dem VN Anzeige gemacht oder der Scheinerwerber eine entsprechende Urkunde vorgelegt hat.[12] Eine Anzeige des Scheinerwerbers genügt dagegen nicht.[13] Ob der VR auch dann geschützt wird, wenn er die Anfechtbarkeit bzw. Unwirksamkeit der Verfügung (vgl. § 142 II BGB) kannte oder kennen musste, hängt von der Beurteilung der heftig umstritten Rechtsnatur des § 409 BGB – Vertrauenshaftung oder Begründung einer konstitutiven Rechtszuständigkeit des Scheinerwerbers – ab.[14] Muss dagegen nach Anfechtung nur des Verpflichtungsgeschäfts und wirksamer Verfügung Eigentum gem. § 812 I 1 Fall 1 BGB zurückübertragen werden, liegen zwei Veräußerungen vor; § 69 ist erneut anzuwenden. Unterbleibt demgegenüber eine Verfügung nach Anfechtung des Verpflichtungsgeschäfts, so greift § 95 I ohnehin nicht ein. Ist die Verfügung **relativ unwirksam** (§§ 135 f. BGB), so tritt der Erwerber zwar in den Vertrag ein; gerade dem Geschützten[15] gegenüber ist er jedoch weder Eigentümer noch VN geworden.

2. Sonderfälle

a) Eigentumsübertragungen unter besonderer Gefahrtragung

8 Es stellt sich die Frage, ob die zuvor genannten Grundsätze auch dann gelten, wenn die Gefahr des zufälligen Untergangs der Sache bereits vor Abschluss der Eigentumsübertragung auf den Erwerber übergeht – so etwa bei einem Verkauf unter Eigentumsvorbehalt – oder trotz Abschlusses bei dem Veräußerer verbleibt – so etwa bei der Sicherungsübereignung –. Die Rspr. hat das stets bejaht (**formaler Veräußerungsbegriff**) und mit dem Wortlaut der Norm sowie seiner Entstehungsgeschichte begründet:[16] Ein Vertragseintritt des Erwerbers »während der Dauer seines Eigentums« setze einen vollständig abgeschlossenen Eigentumsübergang voraus. Für § 566 BGB, dem die Norm nachgebildet sei, gelte Gleiches. Schließlich gebiete die Rechtssicherheit eine Übertragung allgemeiner bürgerlich-rechtlicher Grundsätze: Die an die Veräußerung geknüpften Rechtsfolgen forderten eine sichere und rasche Feststellung ihres Zeitpunktes.[17] Es entspreche der Wertung des § 446 BGB, dass der Erwerber für etwas zu zahlen habe, das er nicht bekomme; er werde durch § 285 BGB hinreichend geschützt.[18] Manche Autoren wenden ein, versichert sei nicht die Sache, sondern das wirtschaftliche Interesse an ihr, so dass nicht der Sacheigentums-, sondern der Interesseübergang maßgeblich sei (**Interessentheorie**).[19] Das Versicherungsverhältnis gehe also über, wenn sich die Interessenlage bei wirtschaftlicher Beurteilung so geändert habe, dass der Erwerber nach Eintritt des Versicherungsfalls Ansprüche haben müsse, weil er zwar rechtlich noch kein Eigentümer, aber wirtschaftlich Geschädigter sei. Z.B. trage ein Eigentums-

---

9 Siehe zu dieser Doktrin etwa MünchKommBGB/*Schmitt*, § 107 Rn. 29.
10 *von Tuhr*, Der allgemeine Teil des deutschen bürgerlichen Rechts, Bd. II/1, § 46, S. 84 ff.
11 Siehe etwa *Oetker* VersR 1992, 7, 9.
12 *Lenski*, S. 92 f. (m.w.N. in Fn. 83 f.).
13 HK-BGB/*Schulze*, § 409 Rn. 1; MünchKommBGB/*Roth*, § 409 Rn. 5.
14 Herrschend ist die letztgenannte Beurteilung, vgl. *Larenz*, Lehrbuch des Schuldrechts, Bd. I, 14. Aufl. 1987, § 34 IV; MünchKommBGB/*Roth*, § 409 Rn. 2. Dafür spricht neben dem Wortlaut der Vorschrift ihr Zweck: Sie will den Schuldner – d.h. den VR – schützen. Selbst wenn er etwa von Dritten erfahren sollte, dass die Verfügung unwirksam war, kann er sich auf den Standpunkt stellen, er müsse sich nur nach dem, was ihm vom Schuldner – d.h. dem VN – mitgeteilt worden sei, richten. – A.A. Staudinger/*Busche* (2005), § 409 Rn. 29.
15 Beispiel: Dieser habe eine gegen einen Schuldner Anspruch auf Übereignung eines Gutes und eine einstweilige Verfügung (§§ 935, 938 Abs. 2 ZPO) erwirkt, durch die dem Schuldner die Veräußerung des Gutes untersagt wird. Gleichwohl veräußere er es an einen Dritten.
16 StRspr. seit RGZ 84, 409, 411 ff.; BGHZ 100, 60, 61 = VersR 1987, 476; OLG Jena BauR 2007, 603 Rn. 21 = DB 2007, 1136 (LS); OLG Düsseldorf r+s 2000, 185 f.
17 Vgl. auch P/M/*Armbrüster*, § 95 Rn. 8.
18 Dazu auch L/W/*Reusch*, § 95 Rn. 127.
19 *Lenski*, S. 19 ff.; B/M/*K. Johannsen*, § 95 Rn. 38.

vorbehaltskäufer ab Übergabe die Gefahr des zufälligen Sachuntergangs, obwohl er vor Bedingungseintritt noch kein Eigentümer sei; für einen Grundstückskauf seien Gefahr- bzw. Besitzübergang entscheidend. Dazu ist wie folgt **Stellung zu nehmen:** Die Argumente der Judikatur überzeugen wenig. Der Gesetzgeber hat lediglich den Regelfall, in dem formales und wirtschaftliches Eigentum zusammenfallen, geregelt, eine Divergenzmöglichkeit aber nicht berücksichtigt.[20] Auch sind die Parallelen zu § 566 BGB nicht groß. Denn abgesehen von dem Prinzip der Relativität der Rechtsbegriffe[21] schützt diese Norm erstens nicht die Interessen des Sacherwerbers, und zweitens ist nicht die Sache, sondern das an ihr bestehende Interesse versichert. Doch weist ebenso die Interessentheorie Defizite auf, denn auch nach Gefahrübergang können Sachinteressen des Veräußerers bestehen, was z.B. am Rücktritt eines Vorbehaltsverkäufers kraft Zahlungsverzugs deutlich wird. Vorzugswürdig erscheint deshalb die sog. **Theorie des mitversicherten Fremdinteresses,**[22] die berücksichtigt, dass sowohl Veräußerer als auch Erwerber Träger von Sachinteressen sind. Danach setzt eine »Veräußerung« eine abgeschlossene Rechtsübertragung voraus, doch gelten Interessen des Erwerbers entsprechend § 43 III als mitversichert, weil dies die »Umstände« – eigenes Sachinteresse des Dritten, erkennbares Interesse des VN am Einschluss dieses Interesses, kein erhöhtes Risiko des VR – ergeben.[23]

Demzufolge gilt für zeitlich gestreckte **Grundstücksveräußerungen,** dass ein Eintritt des Erwerbers in den Vertrag erst dann erfolgt, wenn die Veräußerung i.S.d. §§ 873, 925 BGB vollständig abgeschlossen ist,[24] dass aber bereits ab dem Zeitpunkt, in dem das Sachinteresse auf den Erwerber übergeht – was regelmäßig mit dem Gefahrübergang gem. § 446 I BGB der Fall ist –, dieses Interesse durch den Versicherungsvertrag des Veräußerers mitversichert ist (Versicherung für fremde Rechnung).[25] Also hat der Erwerber Anspruch auf Entschädigung, § 44 I; der Veräußerer ist freilich gem. § 45 verfügungsbefugt. Er kann also auch die Versicherungsforderung einziehen, was insbes. dann gerechtfertigt ist, wenn der Erwerber den Kaufpreis nicht oder nicht vollständig gezahlt hat. Gegen den Anspruch des versicherten Erwerbers auf Auskehr der Versicherungssumme, die der VR an den Veräußerer gezahlt hat, kann dieser aufrechnen.[26] Dagegen lässt sich einwenden, dass sich der Erwerber als Mitversicherter Prämienverzug oder Obliegenheitsverletzungen des Veräußerers entgegenhalten lassen und befürchten muss, dass er des Versicherungsschutzes verlustig wird. Wie der BGH in einer neueren Entscheidung ausführt, sei es »insbesondere (…) nicht fernliegend, dass nicht rechtskundige Kaufvertragsparteien, wenn der Abschluss des Vertrags dem VR mitgeteilt worden ist, glauben, nunmehr sei der Erwerber zur Prämienzahlung verpflichtet, wenn dies im Innenverhältnis (…) vereinbart worden ist«.[27] Wenn der Erwerber den Verlust vermeiden will, muss er eine eigene Versicherung abschließen.[28] Der BGH erkennt an, »dass dem Käufer eines Grundstücks in der Zeit zwischen Gefahrübergang und dem Eigentumserwerb durch Eintragung im Grundbuch ein versicherbares – nach Zahlung des Kaufpreises sogar das alleinige – Sacherhaltungsinteresse zukommt und der mit dem Verkäufer bestehende Versicherungsvertrag auch ohne ausdrückliche Regelung grundsätzlich so auszulegen ist, dass dieses (fremde) Interesse darin mitversichert ist«.[29] Trotz des § 95 sei eine *Vereinbarung* möglich, aufgrund der der Erwerber bereits vor Grundbuchumschreibung in den zwischen VR und Veräußerer bestehenden Vertrag eintrete, so dass er Versicherungsschutz *unabhängig von dem Verhalten des Veräußerers* – der hier trotz mehrfacher Mahnung nicht gezahlt hatte – erlange. Um das Sacherhaltungsinteresse des Erwerbers, der ein Fehlverhalten des Veräußerers ausnahmsweise fürchtet, zu schützen, bieten sich demnach entweder eine Vereinbarung mit dem VR des Veräußerers oder ein Vertrag mit einem anderen VR an.

Ähnliches gilt für den **Versendungskauf,** bei dem der Käufer aufgrund der Regelung des § 447 BGB ebenso wie der Grundstückserwerber bereits vor Eigentumsübergang zur Gefahrtragung verpflichtet ist. Im Falle des **Kaufs unter Eigentumsvorbehalt** muss unterschieden werden: Ist – erstens – ein **Sachinbegriff** versichert (s. dazu § 89), so wird § 95 regelmäßig von AVB verdrängt. Die versicherte Sache scheidet mit Übergabe aus der alten Versicherung aus (s. etwa § 6 Nr. AERB 2008, § 6 Nr. 1 AFB 2008) und wird in eine bestehende Inbegriffsversicherung des Erwerbers eingegliedert (vgl. etwa § 3 Nr. 2 lit. b), Nr. 3 AERB 2008, § 3 Nr. 3 lit. b), Nr. 4 AFB 2008). Bis zum Bedingungseintritt ist zugleich das Interesse des Verkäufers, dessen Sicherheit in der Sache liegt, gedeckt (§§ 43 ff.). Jedoch nimmt sein Interesse mit fortschreitender Abzahlung des Kaufprei-

---

20 *Wolff,* S. 31 f.
21 *Müller-Erzbach,* Jher. Jb. 61 [1913], 343 ff.; *Esser,* Vorverständnis und Methodenwahl in der Rechtsfindung, 1970, S. 99 f.; *Ryu/Silving* ARSP 59 [1973], 57 ff., 76 ff.; *Larenz,* Methodenlehre der Rechtswissenschaft, 3. Aufl. 1995, S. 324 ff.
22 *Martin* VersR 1974, 410 ff., und Sachversicherungsrecht, J II Rn. 24 – Dem folgen etwa OLG Schleswig NJW-RR 1989, 280 ff.; *Brünjes,* S. 56 ff.; BK/*Dörner,* § 69 Rn. 22.
23 *Martin* VersR 1974, 410 ff. und 825 Fn. 38; *Brünjes,* S. 62; BK/*Dörner,* § 69 Rn. 23.
24 LG Detmold, Beschluss v. 07.04.2015, 9 O 304/14, juris, Rn. 5.
25 Siehe dazu auch OLG Jena BauR 2007, 603 Rn. 22 = DB 2007, 1136 (LS), das jedoch grundsätzlich den Veräußerungsbegriff formal fasst.
26 Siehe etwa L/W/*Reusch,* § 95 Rn. 132 a.E.
27 BGH VersR 2009, 1114 Rn. 12.
28 Ähnlich bereits *Sieg* VersR 1995, 125, 127.
29 BGH VersR 2009, 1114 Rn. 11.

ses in dem Maß ab, in dem das Interesse des Erwerbers zunimmt. Die Entschädigung des VR gebührt demnach insoweit teilweise diesem, teilweise jenem. Sind dagegen – zweitens – **individuell bezeichnete Sachen** versichert, so sind eine »Veräußerung« der versicherten Sache sowie ein Vertragseintritt erst dann gegeben, wenn der Käufer formal-rechtlich Eigentümer geworden ist. Aufgrund der bereits mit Sachübergabe eintretenden Gefahrtragungspflicht ist jedoch ab diesem Zeitpunkt das Sachinteresse des Käufers mitversichert (§§ 43 ff.). Mit fortschreitender Kaufpreiszahlung nimmt dieses Interesse in dem Maße zu, in dem sich jenes des Verkäufers verringert. Diesem steht die Entschädigung des VR nur in der Höhe, in der seine Forderung noch besteht, zu; im Übrigen ist der Käufer berechtigt. Einen Sonderfall bildet dagegen die **Sicherungsübereignung**: Kreditgeber ist hier nicht der Veräußerer, sondern der Erwerber, es besteht die Absicht nur temporärer Eigentumsübertragung, und nicht die Phase zwischen Übergabe und Eigentumsübergang, sondern jene zwischen sofortigem Eigentumsübergang (§§ 929, 930, 868 BGB) und -rückfall erscheint problematisch. Doch auch hier ist in der Praxis im Falle der **Inbegriffsversicherung** die Sache durch einen vom Kreditnehmer geschlossenen Vertrag versichert (vgl. etwa § 3 Nr. 2 lit. c), Nr. 3 AERB 2008, § 3 Nr. 3 lit. c), Nr. 4 AFB 2008), und zum Schutz des Kreditgebers – der bei Beschädigung und Zerstörung der Sache einer Sicherheit verlustig gehen würde und sich mit einer ungesicherten und schwerer zu realisierenden Forderung begnügen müsste – sind seine Interessen auch hier mit eingeschlossen. Im **Individualversicherungs**falle dagegen, auf den die Wirkung des § 95 – Vertragseintritt des Sicherungsnehmers, der dadurch neuer Prämienschuldner würde, und Kündigungsrecht des VR nach § 96 – ebenso wenig passt, hilft sich die Praxis mit sog. Sicherungsscheinen zugunsten der Kreditinstitute bzw. Sicherungsbestätigungen zugunsten sonstiger Kreditgeber. Das sind trilaterale Vereinbarungen, in denen die Rechtsfolgen des § 95 ausgeschlossen werden.[30] Wenn sie fehlen, stellt sich die Frage einer sachgerechten Lösung, die anhand des zuvor Ausgeführten ausnahmsweise nicht möglich ist, weil eine Sicherungsübereignung – wie dargelegt – zu einem sofortigen Eigentumsübergang führt und ein Bedürfnis für eine Mitversicherung des Erwerberinteresses nicht besteht. § 95 kann aber teleologisch reduziert werden, weil die Interessen des Sicherungsgebers wegen der nur vorübergehenden Eigentumsübertragung nicht gleichermaßen schutzwürdig sind wie in den zuvor genannten Fällen. Deshalb liegt in einer Sicherungsübereignung keine »Veräußerung«; Vertragspartei bleibt deshalb der Sicherungsgeber. Das Interesse des Sicherungsnehmers an der Erhaltung des sichernden Gutes ist jedoch in Höhe der jeweils noch offenen Forderung umständehalber (§ 43 III) mitversichert.[31] Trägt ein **Leasingnehmer** die Sachgefahr, ist sein Interesse entsprechend den §§ 43 ff. mitversichert. Soll das Eigentum an der geleasten Sache nach Vertragsablauf ohne weiteres auf den Leasingnehmer übergehen, tritt erst zu diesem Zeitpunkt die Rechtsfolge des § 95 ein.[32]

b) Entsprechende Anwendung

aa) Veräußerungsähnliche Vorgänge

10 Durch die auch höchstrichterlich gebilligte dogmatische Neukonzeption der Gesamthand hat sich die Kontroverse, ob § 95 auf einen Übergang von **Anteilen am Vermögen einer Personen- bzw. Personenhandelsgesellschaft** entsprechende Anwendung findet, erübrigt. Denn danach hat ein Gesellschafter – entgegen den §§ 718 f. BGB – keinen »Anteil an den zum Gesellschaftsvermögen gehörenden Gegenständen«, der im Falle seines Wechsels übergehe. Das Vermögen steht vielmehr ausschließlich der Gesellschaft zu.[33] Allein seine Mitgliedschaft, aus der keine dingliche Berechtigung folgt, geht über. Entsprechend bedeutungslos ist § 95 im Falle einer Übertragung von **Anteilen an Kapitalgesellschaften**.

11 Ein Vorerbe muss dem Nacherben Sachen nach dem Eintritt der **Nacherbfolge** herausgeben (§ 2130 I 1 BGB). Da beide als Erben desselben Erblassers gelten,[34] folgt dieser jenem nicht im Recht nach.[35] Deshalb sehen auch weder das BGB noch § 95 einen Übergang des Versicherungsvertrags vor. Diese Lücke ist nicht durch analoge Anwendung dieser Norm zu schließen.[36] Zwar hat der Nacherbe möglicherweise ein Interesse daran, eines Versicherungsschutzes nicht verlustig zu gehen. Dieses Interesse wiegt umso schwerer, als er – anders als ein Käufer – vom Eintritt des Nacherbfalls u.U. nicht sofort Kenntnis erlangt. Doch weicht die Rechtslage wegen des Fehlens eines Interesseübergangs vom Vor- auf den Nacherben (s. Rdn. 1) so stark vom Grundtatbestand des § 95 ab, dass eine Analogie nicht mehr zulässig ist. Bestätigt wird dieses Ergebnis durch

---

30 Danach bleibt der Veräußerer VN, die Versicherung gilt aber als für Rechnung des Sicherungsnehmers genommen. – Einzelheiten bei *Riedel*, passim, und *Gerding*, S. 9 f., 59 ff.
31 Im Ergebnis ebenso *Brünjes*, S. 113 ff.
32 Ausführlich *Schnepp*, S. 18 ff., 44 ff.
33 Siehe erläuternd zu BGHZ 146, 314 = NJW 2001, 1056 ff.: *Schmidt* NJW 2001, 993, 998; *Flume*, Personengesellschaft, 1977, § 5; MünchKommBGB/*C. Schäfer*, § 718 Rn. 6. – Auf der Grundlage der heute nicht mehr h.A. etwa BK/*Dörner*, § 69 Rn. 36 f.; *Brünjes*, S. 152 f. – Zutr. jetzt: AG Hamburg, Urt. v. 31.08.2006, 7a C 23/06, Rn. 4 a.E. (unveröff.).
34 Allgemeine Ansicht, vgl. *v. Lübtow*, Erbrecht, Bd. II, 1971, S. 907; MünchKommBGB/*Grunsky*, § 2139 Rn. 1.
35 Schon aus diesem Grund wird der Grundsatz der Unanwendbarkeit des § 95 auf Universalsukzessionen nicht durchbrochen.
36 Zutr. *Lenski*, S. 41; *Kisch* WuR 1914, 68, 72.

§ 2135 BGB, der Vertragseintritte des Nacherben grundsätzlich ausschließt und lediglich für Mietverträge über Grundstücke eine Ausnahme vorsieht.

bb) Eigeninteresse und fremde Sachen

§ 95 gilt entsprechend, wenn ein Dritter, der ein eigenes Interesse an der Sache eines anderen hat, über Rechte an dieser verfügt. Das ist z.B. der Fall, wenn ein künftiger Sacherwerber sein **Anwartschaftsrecht** mangels Deckung auf Seiten des Verkäufers versichert und dieses überträgt.[37] Entsprechendes gilt für die Übertragung **beschränkt dinglicher Rechte**, etwa eines Erbbaurechts: Ist das im Eigentum des Erbbauberechtigten stehende Gebäude versichert, geht ein Gebäudeversicherungsvertrag mit dem Erbbaurecht, über das der Berechtigte verfügt, analog § 95 I auf den Erwerber über. Dagegen kommt eine Analogie nicht in Frage, wenn ein **Mieter**,[38] Pächter oder Leasingnehmer, der sein Interesse an einer Sache versichert hat, diese dem Eigentümer zurück- oder einem anderen übergibt: Die Nutzungsbefugnis des Mieters entfällt zugunsten des Eigentümers, gleichzeitig entfällt sein Interesse (§ 80 II); sodann räumt der Eigentümer die Nutzungsbefugnis dem Nachmieter, in dessen Person ein entsprechendes Interesse entsteht, ein. Lediglich dann, wenn die Nutzungsbefugnis durch eine trilaterale Vereinbarung vom Vor- auf den Nachmieter übertragen wird, geht das Nutzungsinteresse von jenem auf diesen über, so dass eine analoge Anwendung des § 95 I in Betracht kommt.[39] 12

II. Veräußernder

Der **VN** muss die Sache – als Berechtigter, sein Vertreter oder ermächtigter Nichtberechtigter – veräußern, gleich, ob er ein eigenes oder ein fremdes Interesse eines anderen Versicherten (§§ 43 ff.) geschützt hat. Das trifft z.B. auf die Veräußerung durch einen Sicherungsgeber zu. Wenn dagegen der **Versicherte** (z.B. ein Eigentümer, dessen Mieter einen Feuerversicherungsvertrag abgeschlossen hat) die Sache veräußert, gilt § 95 I – wie der Gesetzgeber nun ausdrücklich bestätigt hat –[40] entsprechend, so dass der Erwerber die Rechtsstellung des Versicherten einnimmt.[41] Weder der Erwerber, der kein Vertragspartner des VR, sondern nur Versicherter ist, noch der VN, für den § 96 II nicht gilt, haben ein Kündigungsrecht. Veräußert der Versicherte jedoch gerade **an den VN** (z.B. im oben angeführten Beispiel der Eigentümer an den Mieter), wandelt sich die Fremd- zu einer Eigenversicherung. § 96 II greift nach h.A. zu seinen Gunsten ein. Der Wortlaut lässt das zu, wenngleich der Normzweck – die Möglichkeit der Trennung von einem VR als Vertragspartner, den der Erwerber nicht selbst gewählt hat – hier kaum passt.[42] Veräußert ein **Nichtberechtigter** eine Sache des VN (vgl. §§ 932 ff. BGB), greift § 95 I nicht ein.[43] Denn eine fortwährende Prämienhaftung ist ihm nur zuzumuten, wenn eine Veräußerung seinem Willen entspricht. 13

III. Versicherungsvertrag

Zum Zeitpunkt der Übertragung des Eigentums an der Sache muss ein wirksamer Sachversicherungsvertrag[44] abgeschlossen worden sein (**formeller** Versicherungsbeginn). **Materiell** muss die Versicherung noch nicht begonnen haben (vgl. § 37 II), doch ist der Erwerber dann erst nach Zahlung der (Erst-)Prämie geschützt. Bei der Veräußerung von **Sachinbegriffen** (§ 89) ist zu differenzieren:[45] Wird der **gesamte** Inbegriff veräußert, tritt der Erwerber in den Versicherungsvertrag ein. Wird jedoch nur ein **Teil** veräußert, bleiben die veräußerten Güter mitversichert (Fremdversicherung), sofern der Versicherungsvertrag die Versicherung fremden Eigentums einschließt. Sobald aber ein veräußertes Gut vom Versicherungsort entfernt wird, erlischt der Versicherungsschutz, auch aus der Fremdversicherung. Wird ein **Miteigentumsanteil** – z.B. Wohnungseigentum – veräußert, so gilt: Ist der Anteil **separat** versichert, tritt der Erwerber in den Vertrag ein, ohne dass die übrigen Verträge der Miteigentümer tangiert würden. Wenn aber eine Sache von den Miteigentümern **gemeinsam** versichert wurde – also z.B. eine Gebäudeversicherung durch eine Wohnungseigentümergemeinschaft abgeschlossen wurde und eine Eigentumswohnung veräußert wird –, so tritt der Erwerber entsprechend § 95 I als Gesamtschuldner und Mitgläubiger in das Versicherungsverhältnis ein.[46] Hat ein VN **mehrere** selbständige **Sachen** in einem Vertrag versichert und veräußert er einzelne davon, wird der Vertrag entsprechend § 95 I gespalten, d.h. der Veräußerer bleibt Partei eines selbständigen Versicherungsvertrags, durch den seine Interessen an den nicht veräußer- 14

---

37 *Brünjes*, S. 162 f.; *Lenski*, S. 59 ff.
38 Siehe dazu auch OLG Frankfurt r+s 2013, 27.
39 BK/*Dörner*, § 69 Rn. 43 f. – Abw. AG Hamburg, Urt. v. 31.08.2006, 7a C 23/06, Rn. 5 (unveröff.).
40 Begr. RegE BT-Drucks. 16/3945 S. 84 [r. Sp.].
41 BGHZ 26, 133, 137 f. = NJW 1958, 140; *Lenski*, S. 83; BK/*Dörner*, § 69 Rn. 47; B/M/*Sieg*[8], Bd. II, § 69 Rn. 53, und B/M/*A. Staudinger*, § 95 Rn. 55, S. 692, jeweils m.w.N. zur überholten Gegenauffassung.
42 B/M/*Sieg*[8], Bd. II, § 69 Rn. 54, der § 96 II aufgrund seiner »praktischen Bedeutung« anwenden will: Der VN könne u.U. als Interessenträger günstigere Vertragsbedingungen erzielen, als es möglich war, solange der veräußernde Versicherte das Interesse beherrschte. – Zust. BK/*Dörner*, § 69 Rn. 47 (»entsprechende Anwendung«).
43 H.A., vgl. P/M/*Armbrüster*, § 95 Rn. 11 m.w.N.; *Lenski*, S. 36 (m.w.N.).
44 Zur Anwendung des § 95 auf Klein-/Groß-Betriebsunterbrechungsversicherungen BGH VersR 1987, 704.
45 Siehe BK/*Dörner*, § 69 Rn. 54 und 61 ff.; *Wälder* r+s 1976, 128 ff., 217 ff.
46 Vgl. OLG Köln r+s 1989, 94; *Martin*, H II Rn. 75 und 73 f.; PK/*Hammel*, § 95 Rn. 8.

ten Sachen geschützt werden, während die Interessen des Erwerbers an den veräußerten Sachen von einem weiteren Versicherungsvertrag erfasst sind.[47]

C. Rechtsfolgen
I. Eintritt

15 In dem Zeitpunkt, in dem der Eigentumsübergang vollendet ist, tritt der **Erwerber** in die aktuelle **Rechtsstellung** des Veräußerers ein.[48] Er muss beispielsweise Obliegenheiten erfüllen und Obliegenheitsverletzungen des Veräußerers oder eine Unterversicherung gegen sich gelten lassen.[49] Der Vertrag gilt mit den ihm zugrundeliegenden AVB unverändert fort; der VR ist nicht verpflichtet, diese dem Erwerber auszuhändigen.[50] Der **Veräußerer** scheidet als Vertragspartei aus (vgl. jedoch Abs. 2). Die Rechtsstellung des **VR** wird nur insoweit tangiert, als er sich nunmehr einem neuen Vertragspartner und einem veränderten subjektiven Risiko gegenübersieht.[51]

II. Prämienzahlungsverpflichtung (Abs. 2)

16 Im **Außenverhältnis** gegenüber dem VR haften Erwerber und Veräußerer für die Zahlung der Prämie für den Schutz während der laufenden Versicherungsperiode[52] gesamtschuldnerisch. Diese Haftung beginnt mit dem Eintritt des Erwerbers in den Vertrag, d.h. mit Vollendung des Rechtserwerbs. Aus dem Wortlaut des Abs. 2 wird geschlossen, dass für die Prämie, die auf die dem Zeitpunkt der Veräußerung voranliegenden Versicherungsperioden entfällt, lediglich der Veräußerer hafte, während für die Prämien nach der bei der Veräußerung laufenden Periode nur der Erwerber hafte,[53] obwohl das wegen der – als solcher unbestrittenen – Sukzession des Erwerbers in die vollständige Rechtslage keineswegs zwingend erscheint. Ferner folge aus dem Wortlaut, dass der Erwerber nicht für Nebenkosten (Verzugszinsen, Mahngebühren, Prozesskosten) hafte. Im **Innenverhältnis** haben Erwerber und Veräußerer die Prämie primär ihrer Vereinbarung entsprechend zu tragen, sekundär – falls eine solche nicht geschlossen worden sein sollte – danach, wie lange Veräußerer und Erwerber in der fraglichen Versicherungsperiode Eigentümer der Sache und VN waren.

D. Schutz des uninformierten Versicherers (Abs. 3)

17 § 95 III schützt den VR (s. Rdn. 1): Er soll den Veräußerer bis zur Kenntnis der Veräußerung nach wie vor als VN behandeln dürfen.[54] § 95 III wurde zwar § 69 III a.F. nachgebildet, ist aber erweitert worden. Diese Norm schützte den VR nur »in Ansehung der durch das Versicherungsverhältnis gegen ihn [den VR] begründeten Forderungen«. Daraus konnte man schließen, dass dieser Schutz nur für Rechtsgeschäfte und -handlungen nach Eintritt des Versicherungsfalls gelten sollte. Der Gesetzgeber stellt nun – möglicherweise unbewusst, aber konform mit der Rspr.[55] – klar, dass das nicht der Fall ist: Der VR kann **sämtliche Rechtshandlungen** in wirksamer Weise gegenüber dem Veräußerer vornehmen, bis er Kenntnis von der Veräußerung erlangt hat.

18 Über diese **Kenntnis** verfügt er, wenn er von dem abgeschlossenen Eigentumsübergang positiv weiß. Anders als angenommen wird,[56] müssen ihm Name und Anschrift des Erwerbers aber nicht bekannt sein. Dies entspricht der zutreffenden allgemeinen bürgerlich-rechtlichen Auslegung vergleichbarer Vorschriften[57] sowie dem Schutzzweck der Norm, der schon dann nicht mehr eingreift, wenn der VR weiß, dass er nicht mehr gegenüber dem materiell Berechtigten tätig wird. Dass dem VR die Veräußerung hätte bekannt sein müssen oder ihm der Abschluss des Verpflichtungsgeschäfts bekannt war, genügt dagegen nicht. Der Gesetzgeber hat es – anders als z.B. in § 13 – nicht für maßgeblich gehalten, ob der VN die Veräußerung i.S.d. § 97 I angezeigt hat. Ob er seiner Anzeigeobliegenheit genügt hat, ist deshalb hier belanglos.

---

47 *Schäfer* VersR 1976, 357; *Kisch* WuR 1914, 68, 87.
48 OLG Celle VersR 2008, 348 Rn. 41; OLG Jena BauR 2007, 603 Rn. 28 = DB 2007, 1136 (LS), das zugleich betont, dass sich an der Maßgeblichkeit dieses Zeitpunkt durch Abreden im Vertrag zwischen Veräußerer und Erwerber allein nichts ändert; *Dörner*, S. 357 ff.
49 OLG Hamm r+s 1991, 312, 313 f.
50 OLG Celle VersR 2008, 348 Rn. 41.
51 *Dörner*, S. 363, 254 ff.
52 Ihre Dauer bestimmt sich nach der Parteivereinbarung und beträgt ohne eine solche ein Jahr, vgl. § 12. Haben die Parteien ratenweise Zahlung der Versicherungsprämie vereinbart, so liegt darin keine kürzere Bemessung (s. OLG Köln r+s 1992, 260 f.), so dass der Erwerber auf Zahlung aller ausstehenden Jahresraten haftet.
53 *Lenski*, S. 87; BK/*Dörner*, § 69 Rn. 71.
54 BGH VersR 1990, 881; LG Erfurt NJW-RR 2008, 46, 47; L/W/*Reusch*, § 95 Rn. 291, S. 2066.
55 BGH VersR 1990, 881; LG Erfurt NJW-RR 2008, 46, 47.
56 BK/*Dörner*, § 69 Rn. 90 und 71 Rn. 22, der wohl zu Unrecht auf § 96 I verweist, denn die Ausübung des Kündigungsrechts wird durch § 97 gesichert, und für die Anzeige ist in der Tat eine entsprechend inhaltlich konkrete Mitteilung zu verlangen.
57 Vgl. etwa MünchKommBGB/*Roth*, § 407 Rn. 14.

Weil sich der von § 95 angeordnete Vertragsübergang aus einer cessio legis und einer gesetzlichen Schuldübernahme zusammensetzt, **finden die §§ 412, 406 ff. BGB Anwendung.**[58] Die in § 69 III a.F. enthaltene, ohnehin zu enge Verweisung auf diese Normen – die auf der unzutreffenden Annahme des historischen Gesetzgebers beruhte, der auf Forderungsübergänge zugeschnittene § 412 BGB finde auf Vertragsübergänge keine Anwendung – ist deshalb gestrichen worden.

E. Abdingbarkeit

§ 95 ist halbzwingend, vgl. § 98. Seine Rechtsfolge kann durch Vereinbarung zwischen Veräußerer und VR nicht zulasten des Erwerbers modifiziert werden. Es ist auch nicht möglich, dass Veräußerer und Erwerber die Rechte des VR einschränken (Vereinbarung zu Lasten eines Dritten). Wirksam und im Großgeschäft auch praktisch denkbar sind jedoch trilaterale Modifikationen.[59]

F. Prozessuales

Die Voraussetzungen des Vertragsüberganges hat zu beweisen, wer sich darauf beruft, also z.B. der VR, wenn er Zahlung der Prämie von dem Erwerber fordert, der Veräußerer, wenn er wegen der Veräußerung Prämienzahlung verweigert.[60] Der neue VN muss beweisen, dass der VR Kenntnis vom Vertragsübergang i.S.d. Abs. 3 hatte. Dies ergibt sich aus § 407 I BGB (arg. »es sei denn«),[61] der nach Auffassung des Gesetzgebers Anwendung findet.

§ 96 Kündigung nach Veräußerung.
(1) ¹Der Versicherer ist berechtigt, dem Erwerber einer versicherten Sache das Versicherungsverhältnis unter Einhaltung einer Frist von einem Monat zu kündigen. ²Das Kündigungsrecht erlischt, wenn es nicht innerhalb eines Monats ab der Kenntnis des Versicherers von der Veräußerung ausgeübt wird.
(2) ¹Der Erwerber ist berechtigt, das Versicherungsverhältnis mit sofortiger Wirkung oder für den Schluss der laufenden Versicherungsperiode zu kündigen. ²Das Kündigungsrecht erlischt, wenn es nicht innerhalb eines Monats nach dem Erwerb, bei fehlender Kenntnis des Erwerbers vom Bestehen der Versicherung innerhalb eines Monats ab Erlangung der Kenntnis, ausgeübt wird.
(3) Im Fall der Kündigung des Versicherungsverhältnisses nach Absatz 1 oder Absatz 2 ist der Veräußerer zur Zahlung der Prämie verpflichtet; eine Haftung des Erwerbers für die Prämie besteht nicht.

Übersicht

	Rdn.		Rdn.
A. Textgeschichte und Normzweck	1	I. Voraussetzungen	5
B. Kündigungsrecht des VR	2	II. Erklärung	6
I. Voraussetzungen	2	III. Frist	7
II. Erklärung	3	D. Rechtsfolgen	8
III. Frist	4	E. Prozessuales	9
C. Kündigungsrecht des Erwerbers	5		

Schrifttum:
Ebnet, Die Kündigung von Versicherungsverträgen, NJW 2006, 1697; *Ganster,* Prämienzahlung im Versicherungsrecht – Grundlagen und ausgewählte Problemfelder vor dem Hintergrund der VVG-Reform 2008, 2008; *Lauer,* Die Kündigung in der Sachversicherung bei Veräußerung des versicherten Objekts und die sich hierbei ergebenden Probleme, Diss. Köln 1934; *Lenski,* Zur Veräußerung der versicherten Sache, 1965; *Martin,* Verzicht auf das Kündigungsrecht des Erwerbers gemäß § 70 II VVG?, VersR 1970, 481; *Müller,* Erwerberkündigungsrecht und Lastenbegriff, VersR 1991, 739.

A. Textgeschichte und Normzweck

Die Bestimmungen der **Abs. 1 und 2** entsprechen sachlich § 70 I und II a.F. Sie stellen die durch § 95 beschränkte Vertragsfreiheit von VR und Erwerber, denen aufgrund des Vertragsüberganges jeweils ein Vertragspartner, den sie nicht selbst gewählt haben, aufgedrängt wird, wieder her, indem ihnen ein Kündigungsrecht gewährt wird. Dadurch kann sich der VR von einem unerwünschten subjektiven Risiko trennen, der Erwerber günstigeren Versicherungsschutz suchen oder auf einen solchen ganz verzichten. Der Veräußerer hat dagegen kein Kündigungsrecht, was nahezu selbstverständlich erscheint, in der Praxis aber nicht immer bekannt ist:[1] Häufig senden Veräußerer zum Zeitpunkt des vereinbarten Eigentumsübergangs entsprechende Kündi-

---

58 Begr. RegE BT-Drucks. 16/3945 S. 84 [r. Sp.].
59 L/W/*Reusch,* § 95 Rn. 315.
60 Baumgärtel/*Prölss,* § 69 Rn. 4.
61 BGH VersR 1990, 881; *Lenski,* S. 91; *Hansen,* Beweislast und Beweiswürdigung im Versicherungsrecht, 1990, S. 135; Baumgärtel/*Prölss,* Beweislast, § 69 Rn. 2.
1 L/W/*Reusch,* § 96 Rn. 1.

gungserklärungen. Der VR muss solche Kündigungen als unwirksam zurückweisen und den Veräußerer über die Rechtslage aufklären.[2] Die Regelung des **Abs. 3** folgt jener des § 70 III a.F. nach. Diese fußte auf dem vormals gültigen Grundsatz der Unteilbarkeit der Prämie und verpflichtete den Veräußerer zur Zahlung der Prämie für die gesamte laufende Versicherungsperiode auch dann, wenn der Versicherungsschutz früher endigte.[3] Nach Aufgabe dieses Grundsatzes (vgl. § 39 I) ist jetzt geregelt, dass allein der Veräußerer zur Zahlung der Prämie verpflichtet ist; sie ist von ihm nur für den Zeitraum bis zur Beendigung des Versicherungsschutzes zu entrichten.[4]

B. Kündigungsrecht des VR
I. Voraussetzungen

2   Aus Wortlaut und Zweck des Abs. 1 lässt sich folgern, dass eine Sache **wirksam erworben** worden und der Erwerber deshalb in den Versicherungsvertrag **eingetreten** sein muss. Es genügt nicht, wenn ein Vertrag erst anlässlich der Veräußerung geschlossen wird, weil dem VR dann kein Vertragspartner aufgezwungen wird. Kündigt der VR vor Vollendung der Veräußerung, so wird die Unwirksamkeit der Kündigung im Zeitpunkt der Vollendung geheilt. Das folgt daraus, dass der genaue Zeitpunkt des Abschlusses der Veräußerung häufig – wie z.B. im Falle der Grundstücksveräußerung die Grundbucheintragung – nicht rasch bekannt bzw. mitgeteilt wird, so dass dem Erwerber entgegen der Wertung der Norm nicht genügend Zeit verbliebe, um sich rechtzeitig um neuen Versicherungsschutz kümmern zu können. Möglich bleibt freilich eine Novation,[5] § 141 BGB, die jedoch den Lauf einer neuen Monatsfrist in Gang setzt. Der VR muss ferner die **Ausschlussfrist** des Abs. 1 Satz 2 wahren, die den Erwerber, der rasch Gewissheit erlangen soll, ob sich der VR vom Vertrag lösen will, schützt.[6] Er erlangt Kenntnis von der wirksamen Veräußerung, wenn ihm eine Anzeige i.S.d. § 97 zugeht oder er auf andere Weise von ihr erfährt. Anders als im Falle des § 69 müssen ihm auch Name und Anschrift des Erwerbers bekannt sein, ohne die er sein Kündigungsrecht tatsächlich nicht ausüben könnte.[7] Ein Versäumnis der Fristwahrung kann nicht angefochten werden, weil Schweigen keinen Erklärungsgehalt hat.[8] Es dürfen keine Umstände, aus denen auf einen **Verzicht** des VR auf sein Kündigungsrecht geschlossen werden könnte, gegeben sein. Das ist z.B. der Fall, wenn der VR in Kenntnis der Veräußerung vom Erwerber Prämien fordert oder in Empfang nimmt.[9]

II. Erklärung

3   Aus einer Erklärung des VR oder eines Abschlussagenten (vgl. § 71), die keiner Form bedarf, muss sich ergeben, dass das Versicherungsverhältnis nach § 96 beendet werden soll. Weiterer Begründung bedarf es nicht. Die Erklärung ist an den Erwerber zu richten.

III. Frist

4   Auch eines Hinweises auf die Frist des Abs. 1 Satz 1 – die den Erwerber, der sich gegebenenfalls zügig um anderweitige Deckung bemühen muss, schützen soll –[10] bedarf es in der Erklärung nicht. Kündigt der VR fristlos oder unter Angabe einer zu kurz bemessenen Frist, so endet das Versicherungsverhältnis gleichwohl nach einem Zeitraum von einem Monat. Der Erwerber wird nicht durch eine Unwirksamkeit der Kündigung geschützt, sondern kann etwaige ihm entstandene Schäden – z.B. Prämienzahlungen aufgrund eines neuen Versicherungsvertrags, den er bei zutreffender Information des VR nicht abgeschlossen hätte – gem. § 280 I BGB liquidieren.[11]

C. Kündigungsrecht des Erwerbers
I. Voraussetzungen

5   **Kündigungsberechtigt** ist lediglich der Erwerber, nicht der Veräußerer, weil nur jenem durch Veräußerung und Vertragsübergang ein neuer Vertragspartner aufgezwungen wird. Fraglich ist aus diesem Grund jedoch, ob auch ein Rückerwerber kündigungsberechtigt ist. In der Literatur wird diese Frage pauschal bejaht und nur für den Fall, dass Veräußerer und Erwerber kollusiv handeln, um dem Rückerwerber eine zügige Kündi-

---

2 Vgl. dazu BGH VersR 2009, 1114, 1115.
3 Siehe zur rechtspolitischen Kritik an dieser Regelung etwa B/M/*Sieg*[8], Bd. II, § 70 Rn. 45; *Lenski*, S. 118.
4 Begr. RegE BT-Drucks. 16/3945 S. 84 [r. Sp.].
5 MünchKommBGB/*Busche*, § 141 Rn. 2.
6 Aus gutem Grund kann die Frist zwar vertraglich verkürzt, aber nicht verlängert werden, vgl. *Lenski*, S. 104. A.A. zu Unrecht B/M/*Sieg*[8], Bd. II, § 70 Rn. 22.
7 HK-VVG/*Halbach*, § 96 Rn. 3 a.E.
8 Ausführlich *Medicus/Petersen*, Bürgerliches Recht, 25. Aufl. 2015, Rn. 52 ff.
9 PK/*Hammel*, § 96 Rn. 8 [S. 588].
10 Deshalb kann diese Frist zwar vertraglich verlängert, aber nicht verkürzt werden.
11 Siehe dazu BK/*Dörner*, § 70 Rn. 13; B/M/A. *Staudinger*, § 96 Rn. 28 ff.

gung zu ermöglichen, verneint.[12] Auch hier muss die **Veräußerung** einer Sache **wirksam und vollendet** sein. Kündigt der Erwerber früher, ist seine Kündigung unwirksam.[13] Das folgt aus seiner fehlenden Verfügungsbefugnis vor Vertragsübergang. Die **Ausschlussfrist** des Abs. 2 Satz 2 muss gewahrt sein. Ihr Lauf beginnt mit Vollendung des Rechtserwerbs bzw. Kenntnis vom Versicherungsbestand und der Person des VR. Umstritten ist, ob der Erwerber außerdem Kenntnis von weiteren Einzelheiten – insbes. der AVB – haben muss, weil er nur dann die Versicherung inhaltlich beurteilen, nach Alternativen suchen und sein Kündigungsrecht in informierter Weise ausüben kann. Von der h.A. wird das in sehr formaler Weise verneint, weil in Abs. 2 Satz 2 von einem Bestand der »Versicherung«, nicht aber – wie in Abs. 2 Satz 1 – von dem »Versicherungsverhältnis« die Rede sei. Es genüge vollauf, wenn sich der Erwerber innerhalb der Monatsfrist über Einzelheiten informieren könne. Dem ist nicht zuzustimmen, weil der Vertragsübergang auf den Erwerber einen gravierenden Eingriff in seine Privatautonomie bildet. Die ihm zu gewährende Prüfungs- und Bedenkzeit weiter zu verkürzen und die Gefahr, ihm ein ungewolltes bzw. ungünstiges Vertragsverhältnis auf Dauer aufzudrängen, zu vergrößern, erscheint nicht sachgerecht.[14] Ferner kann jene Vollendung des Rechtserwerbs nicht maßgeblich sein, wenn der Erwerber von ihr keine Kenntnis hat, etwa weil ihm – wie häufig im Falle der Grundstücksveräußerung –[15] über eine grundbuchliche Eintragung nicht rechtzeitig Mitteilung gemacht wurde (vgl. § 55 I GBO). In solchen Fällen ist stattdessen die Kenntnis der Vollendung des Erwerbs maßgeblich.[16] Eine andere Auslegung würde zu einer ungerechtfertigten Asymmetrie zwischen der rechtlichen Behandlung des VR – auf dessen Kenntnis von der Veräußerung es nach Abs. 1 Satz 2 ankommt – und des Erwerbers, von dessen Einfluss die Vollendung des Rechtserwerbs nicht abhängt, führen.[17] Schließlich dürfen auch hier keine Umstände, aus denen auf einen **Verzicht** des Erwerbers auf sein Kündigungsrecht geschlossen werden könnte, gegeben sein. Wegen der Regelung des Abs. 3 Hs. 2 kann ein solcher Umstand die vorbehaltlose Zahlung einer Prämie sein. Er kann dagegen i.d.R. nicht in einer vertraglichen Regelung zwischen Veräußerer und Erwerber, dieser solle in den Versicherungsvertrag eintreten, erblickt werden: Den Interessen der Parteien entspricht es nämlich nur, ihre Haftung für die Prämie im Innenverhältnis ihrer Eigentümerposition gemäß zeitlich aufzuteilen, und der Veräußerer will im Fall der Kündigung des Erwerbers von einer Haftung i.S.d. Abs. 3 befreit sein. Ein Verzicht des Erwerbers auf sein Kündigungsrecht gegenüber dem VR liegt darin indes nicht.[18] Erst recht liegt in einer Veräußerungsanzeige (§ 97 I) kein Verzicht, denn der Erwerber muss seiner Anzeigeobliegenheit genügen, um sich vor Leistungsfreiheit des VR im Schadensfalle zu schützen; erst dann wird er innerhalb der Ausschlussfrist des Abs. 2 Satz 2 nach Konkurrenzangeboten günstigeren Versicherungsschutzes suchen und die Entscheidung über eine Kündigung treffen.

II. Erklärung

Eine Auslegung der Erklärung des Erwerbers gegenüber dem VR,[19] die keiner besonderen Form bedarf (vgl. jedoch die gem. § 98 Satz 2 zulässigen Regelungen in AVB), muss ergeben, dass er den Vertrag gem. § 96 II beenden will.

6

---

12 *Lenski*, S. 74 f., 114 f.; BK/*Dörner*, § 70 Rn. 20.
13 AG Lünen VersR 1997, 354.
14 Der Erwerber muss sich freilich unverzüglich Kenntnis von Einzelheiten des Vertrags verschaffen; geschieht das nicht, beginnt die Frist analog § 162 I BGB mit dem Zeitpunkt zu laufen, zu dem das hätte geschehen müssen (zutr. BK/*Dörner*, § 70 Rn. 36).
15 Zu dieser Problematik bereits oben Rdn. 2.
16 Das folgt daraus, dass Abs. 2 Satz 2 offensichtlich die Interessen des VR, nicht zu lange über die Ausübung der Kündigungsoption durch den Erwerber im Unklaren zu bleiben, und des VN, Alternativen zu suchen und abzuwägen, ausbalancieren möchte. Dieser Interessenausgleich würde durch eine andere Auslegung verfehlt. Auch der BGH VersR 2004, 765, unter 1. b), legt dar, der Wortlaut des Abs. 2 Satz 2 »macht deutlich, dass es hinsichtlich des Eigentumsübergangs (anders als im Hinblick auf die Versicherung) gerade nicht auf die Kenntnis des Erwerbers ankommt. [...] Dass es bezüglich des Erwerbs lediglich auf das Vorliegen der dafür bestehenden gesetzlichen Voraussetzungen ankommt, dient dem Interesse einer möglichst einfachen und zuverlässigen Berechnung der Frist und dient der Rechtssicherheit« (dem folgt LG Berlin VersR 2005, 1235, unter b). Es bleibt indes unklar, warum eine solche Berechnung nicht möglich sein sollte, da sich der Zeitpunkt der Information des Erwerbers durch das Gericht doch klar ermitteln und bestimmen lässt (sehr deutlich z.B. im Fall des LG Berlin, a.a.O., unter b), 2. Abs.). Der Wortlaut des Abs. 2 Satz 2 ist deshalb wegen des Normzwecks, dem Erwerber eine fundierte und wohl erwogene Entscheidung über eine Beendigung des Vertrags mit einem nicht selbst gewählten Partner zu ermöglichen, teleologisch zu korrigieren (zutr. deshalb i.E. BK/*Dörner*, § 70 Rn. 36).
17 Vgl. das äußerst fragwürdige Ergebnis von HK-VVG/*Halbach*, § 96 Rn. 7: »Dies kann dazu führen, dass das Kündigungsrecht nicht mehr besteht, wenn eine Grundbucheintragung erst nach Ablauf eines Monats bekannt wird«.
18 Siehe zu dieser Frage eingehend *Martin* VersR 1970, 481, 483 ff.; *Lenski*, S. 126 ff.; BK/*Dörner*, § 70 Rn. 22.
19 Im Falle mehrerer VR muss gegenüber allen VR gekündigt werden, es sei denn, es wurde eine Führungsklausel vereinbart.

III. Frist

7 Bleibt unklar, zu welchem Zeitpunkt i.S.d. Abs. 2 Satz 1 der Vertrag beendet werden soll, wird bei dieser Auslegung zu berücksichtigen sein, dass der Erwerber gem. Abs. 3 Versicherungsschutz genießen kann, ohne dafür eine Prämie entrichten zu müssen, so dass dann die Kündigung zum Ende der laufenden Versicherungsperiode wirkt. Kündigt der Erwerber zu einem **anderen Zeitpunkt** als zu dem zulässigen, gilt Entsprechendes, denn der Erklärung kann sein Wille entnommen werden, den Vertrag zumindest nicht sofort beenden zu wollen. Der VR muss den Erwerber über seinen Irrtum aufklären, § 241 II BGB. Unterlässt er dies, hat er den Erwerber so zu stellen, als sei das erfolgt, § 280 I BGB. Dieser hätte deshalb gegebenenfalls seine Kündigung wiederholt oder einen anderen Versicherungsvertrag erst zu einem späteren Zeitpunkt abgeschlossen.[20]

D. Rechtsfolgen

8 Kündigt der VR, wird der Vertrag nach Ablauf der Monatsfrist i.S.d. Abs. 1 Satz 1 **beendet**, so dass der Versicherungsschutz auch zu diesem Zeitpunkt erlischt; kündigt der Erwerber, so endet beides entweder mit sofortiger Wirkung oder am Schluss der zum Zeitpunkt des Zugangs der Kündigung laufenden[21] Versicherungsperiode. VR und Erwerber bleibt es freilich unbenommen, den Vertrag durch Vereinbarung auch zu jedem beliebigen anderen Zeitpunkt aufzuheben. Kündigen sowohl Erwerber als auch VR, gilt das Prioritätsprinzip: Die Kündigung, die den Vertrag früher auflöst, ist maßgeblich, die andere zielt dann ins Leere.[22] Die **Prämienzahlungspflicht** des Veräußerers (**Abs. 3**) besteht nach neuem Recht nur noch für den Zeitraum, in dem der VR auch das Risiko trägt (vgl. Rdn. 1), nicht mehr bis zum Ende der laufenden Versicherungsperiode. Die Regelung des Abs. 3 verdrängt § 95 II für die zum Zeitpunkt des Zugangs der Kündigung laufende Versicherungsperiode (nicht aber auch für jene zum Zeitpunkt der Veräußerung),[23] so dass ab diesem Zeitpunkt im *Außenverhältnis* gegenüber dem VR nur noch der Veräußerer auf Zahlung der Prämie haftet. Ihre Zahlung ist gegebenenfalls auch nur bei ihm anzumahnen.[24] Ob im *Innenverhältnis* eine Ausgleichspflicht des Erwerbers gegenüber dem Veräußerer besteht, richtet sich nach der im Einzelfall ausdrücklich oder stillschweigend getroffenen Vereinbarung. Kündigt der Erwerber mit sofortiger Wirkung, ist das im Zweifel nicht der Fall, kündigt er zum Ende der laufenden Versicherungsperiode, wird man das i.d.R. annehmen können.

E. Prozessuales

9 Kündigt der **VR** den Vertrag, muss er Veräußerung der versicherten Sache und Zugang der Kündigungserklärung darlegen und gegebenenfalls beweisen.[25] Dass das Kündigungsrecht durch den VR nicht binnen Monatsfrist (Abs. 1 Satz 2) ausgeübt worden sei, hat dagegen der Erwerber darzulegen und zu beweisen.[26] Entsprechendes gilt für die Kündigung des **Erwerbers**. Dieser muss v.a. dartun und beweisen, dass er vom Bestand einer Versicherung keine Kenntnis hatte.[27]

§ 97 Anzeige der Veräußerung. (1) ¹Die Veräußerung ist dem Versicherer vom Veräußerer oder Erwerber unverzüglich anzuzeigen. ²Ist die Anzeige unterblieben, ist der Versicherer nicht zur Leistung verpflichtet, wenn der Versicherungsfall später als einen Monat nach dem Zeitpunkt eintritt, zu dem die Anzeige dem Versicherer hätte zugehen müssen, und der Versicherer den mit dem Veräußerer bestehenden Vertrag mit dem Erwerber nicht geschlossen hätte.
(2) Abweichend von Absatz 1 Satz 2 ist der Versicherer zur Leistung verpflichtet, wenn ihm die Veräußerung zu dem Zeitpunkt bekannt war, zu dem ihm die Anzeige hätte zugehen müssen, oder wenn zur Zeit des Eintrittes des Versicherungsfalles die Frist für die Kündigung des Versicherers abgelaufen war und er nicht gekündigt hat.

---

20 Es wird vermutet, dass der Erwerber sich aufklärungskonform verhalten hätte, die Pflichtverletzung des VR also für den Schaden des Erwerbers kausal war, ausführlich und krit. *Paefgen*, Haftung für mangelhafte Aufklärung, 1999, S. 55 ff.
21 Ausführlich begründet von B/M/*Sieg*⁸, Bd. II, § 70 Rn. 53.
22 Vgl. *Lenski*, S. 118; PK/*Hammel*, § 96 Rn. 15. Früher str. (Siehe zur abw. Ans. BK/*Dörner*, § 70 Rn. 41, dessen Argumente jedoch jedenfalls nach Neufassung des Abs. 3 nicht mehr uneingeschränkt überzeugen.).
23 LG Lüneburg VersR 1997, 309; *Ganster*, S. 325 m.w.N. in Fn. 1408. Der Erwerber haftet dagegen also gegenüber dem VR gegebenenfalls auf Zahlung der Prämie, die auf die zur Zeit seines Eintrittes laufende Versicherungsperiode entfällt, weil er in dieser Periode auch Versicherungsschutz erhalten hat. Welche Regelung im Innenverhältnis zwischen Erwerber und Veräußerer getroffen wurde, ist eine andere Frage.
24 *Frey* VersR 1959, 324, 325; *Lenski*, S. 119.
25 *Hansen*, S. 136; *Kisch*, Privatversicherungsrecht III, 1922, S. 329; *Wilhelm*, S. 106.
26 Baumgärtel/*Prölss*, Beweislast, § 70 Rn. 1. A.A. *Wilhelm*, Beweislast bei Versicherungsansprüchen, 1934, S. 106.
27 Ausführlich Baumgärtel/*Prölss*, Beweislast, § 70 Rn. 2; L/W/*Reusch*, § 96 Rn. 135 f.

Übersicht

	Rdn.		Rdn.
A. Textgeschichte und Zweck	1	1. Leistungsfreiheit	8
B. Anzeige	3	2. Sonstiges	10
I. Rechtsnatur	3	C. Leistungspflicht trotz Nichtanzeige	11
II. Voraussetzungen	5	D. Prozessuales	12
III. Rechtsfolgen	7		

Schrifttum:
Lenski, Zur Veräußerung der versicherten Sache, 1965; *Mistál*, Rechtsfolgen der Verletzung von Pflichten und Obliegenheiten des VN, 2006; *Rühl*, Obliegenheiten im Versicherungsvertragsrecht, 2004; *Schmidt*, Die Obliegenheiten, 1953.

A. Textgeschichte und Zweck

Die Vorschrift entspricht in ihrem Abs. 1 teilweise, in ihrem Abs. 2 vollständig der Regelung des § 71 I u. II a.F.[1] **Abs. 1 Satz 1** schützt VR, denen durch eine Veräußerungsanzeige »Gelegenheit [gegeben werden soll], das versicherte Risiko zu überprüfen und zu überlegen, ob [sie] von ihrem Kündigungsrecht Gebrauch machen [wollen]. Die Anzeige dient ferner dazu, dem Versicherer Name und Anschrift des Erwerbers mitzuteilen, der neuer Prämienschuldner wird. Der Versicherer hat in allen Fällen eines Rechtsüberganges ein berechtigtes Interesse an der Anzeige, um selbst die wirtschaftliche Bedeutung des Rechtsüberganges im Hinblick auf das versicherte Risiko abschätzen zu können [...].«[2] Schutz des VR bezweckt auch **Abs. 1 Satz 2**: Wäre ein VR rechtzeitig über eine Veräußerung informiert worden, hätte er möglicherweise gekündigt, bevor ein Versicherungsfall eingetreten ist. Das hätte er unter Wahrung einer Frist von einem Monat gekonnt. Innerhalb dieses Monats müsste er das versicherte Risiko ohnehin decken. Folgerichtig stellt die Norm den VR zunächst so, als ob er rechtzeitig informiert worden wäre und – sogar unverzüglich – gekündigt hätte. Die Annahme einer derartigen Kündigung durch den VR ist jedoch nicht mehr als eine Vermutung mit sehr geringer Eintrittswahrscheinlichkeit. Deshalb ist es zu begrüßen, dass die zuvor den VR recht einseitig begünstigende Regelung des Abs. 1 Satz 2 durch die VVG-Reform ergänzt wurde: Der VR muss nun darlegen und gegebenenfalls beweisen, dass er den bestehenden Versicherungsvertrag mit dem Erwerber nicht geschlossen hätte. Das ist sachgerecht, denn grundsätzlich entspricht es dem Interesse des VR, einen Versicherungsvertrag fortzusetzen,[3] weil sich ein Risiko durch die Veräußerung nur in subjektiv-personaler, nicht aber in objektiv-materieller Hinsicht ändert. Der VR verfügt aber i.d.R. über keine vertieften Kenntnisse dieser subjektiven Dimension.

Der Schutz des VR wird auch von **Abs. 2 Hs. 1** zurückgenommen: Hat er auf andere Weise rechtzeitig von der Veräußerung erfahren, bleibt er entschädigungspflichtig, denn er konnte eine Entscheidung, vom Versicherungsvertrag Abstand zu nehmen, in informierter Weise treffen, hat das aber nicht getan. Dann manifestiert sich in seiner Untätigkeit sein Wille, am Vertrag festzuhalten. Eine solche Willensmanifestation liegt auch der Norm des **Abs. 2 Hs. 2** zugrunde: Sie knüpft erstens an Abs. 1 Satz 2 – »abweichend [...] oder« – an und setzt deshalb voraus, dass eine rechtzeitige Veräußerungsanzeige unterblieben ist. Zweitens folgt aus der Voraussetzung des Fristablaufes zur Zeit des Eintritts des Versicherungsfalls, dass der VR auf andere Weise als durch jene Anzeige Kenntnis von der Veräußerung erlangt haben muss, denn die Frist beginnt mit Erlangung dieser Kenntnis zu laufen (arg. § 96 I 2), und ohne Kenntnis ist eine Kündigung gem. § 96 I nicht denkbar. Wenn er also durch verspätete Anzeige oder in sonstiger Weise Kenntnis von der Veräußerung erlangt, aber dann nicht binnen eines Monats kündigt, kann dem sein Wille zur Fortsetzung des Vertrags entnommen werden.

B. Anzeige

I. Rechtsnatur

Das **Gebot** der unverzüglichen Veräußerungsanzeige weist typische Charakteristika einer **Obliegenheit** – bzw. einer »Pflicht minderer Zwangsintensität« –[4], d.h. einer Belastung, die einem Rechtssubjekt nicht nur im eigenen Interesse, sondern auch im Interesse eines anderen, der aber ein entsprechendes Verhalten vom Belasteten nicht fordern kann, auferlegt ist,[5] auf.[6] Denn der Erwerber muss dem VR die Veräußerung grundsätzlich kundtun, um dessen Einstandspflicht zu erhalten, die sonst unmittelbar – d.h. ohne Gestaltungserklärung – entfiele (sog. Selbstvollstreckungselement der Obliegenheit). Im Interesse des VR liegt die Anzeige wegen der möglichen Ausübung seines Kündigungsrechts, die ihn von seiner Deckungspflicht befreit. Man kann nun

---

1 Vgl. Begr. RegE BT-Drucks. 16/3945 S. 84 f.
2 BGHZ 100, 60, 61 = VersR 1987, 476.
3 Im Ergebnis zutr. z.B. OLG Schleswig NJW-RR 1989, 280, 283.
4 *Schmidt*, S. 315.
5 So z.B. *Enneccerus/Nipperdey*, Allgemeiner Teil des Bürgerlichen Rechts, 15. Aufl. 1959, Band I/1, § 74c) IV.
6 Deshalb entsprechende Qualifikation z.B. von BGHZ 100, 60, 61 = VersR 1987, 476; *Mistál*, S. 26.

§ 97 Anzeige der Veräußerung

trefflich darüber streiten, ob die Obliegenheiten besondere **oder** – nach der sog. Verbindlichkeitstheorie –[7] **gewöhnliche Pflichten** i.S. weiterer Verhaltenspflichten[8] sind.[9] Unumstritten und entscheidend ist jedenfalls eines: die unmittelbaren Rechtsfolgen der Verletzung des § 97 I 1 bestehen – anders als die Verletzung gewöhnlicher schuldrechtlicher Pflichten – nicht in einer Schadensersatzpflicht, sondern in Leistungsfreiheit des VR und unterliegen ausschließlich der Regelung des VVG.

4 Die **Anzeige** selbst ist also nicht als Willenserklärung, sondern als **geschäftsähnliche Handlung** zu qualifizieren, weil ihr nicht der Wille, Rechtsfolgen auszulösen, zu entnehmen ist, sondern das Gesetz an ihr Fehlen Rechtswirkungen knüpft, so dass die §§ 104 ff. BGB lediglich entsprechende Anwendung finden.

II. Voraussetzungen

5 Die Anzeigeobliegenheit entsteht – *erstens* – nur im Fall der **wirksamen Veräußerung** einer versicherten Sache.[10] Ist sie dagegen unwirksam, fehlt es an ihr oder ist sie noch nicht vollendet, so können den VR die §§ 412, 409 BGB schützen. Das gilt jedoch nur dann, wenn der VN als Scheinveräußerer Anzeige erstattet. Zeigt der Scheinerwerber eine Veräußerung an, ist zu differenzieren: Die Anzeige kann als geschäftsähnliche Handlung von diesem als Bote überbracht, als Vertreter ausgesprochen oder vom Veräußerer nachträglich genehmigt werden. Wird der Scheinerwerber dagegen nicht auf solche Weise für den VN tätig, so braucht der VR im Normalfall erst der Vorlage einer entsprechenden Urkunde oder eines Bestätigungsschreibens Glauben zu schenken.[11] Auch bei Zweifeln muss er keine weiteren Ermittlungen anstellen.[12] Bei z.B. aufgrund des Inhalts der Daten besonders vertrauenswürdigen Informationen können jedoch gegebenenfalls schon geringere Voraussetzungen genügen. *Zweitens* setzt die Entstehung der Obliegenheit richtigerweise **Kenntnis** des Vollerwerbs voraus.[13] Wenn etwa Veräußerer und Erwerber noch nicht wissen, ob dieser als Eigentümer ins Grundbuch eingetragen wurde, können und müssen sie den VR noch nicht über eine wirksame, abgeschlossene Veräußerung unterrichten. Eine Anzeige obliegt dem Erwerber auch nur dann, wenn ihm Versicherung und VR bekannt sind. Bevor das nicht der Fall ist, kann auch die Frist, innerhalb derer von einer unverzüglichen Anzeige noch gesprochen werden kann, nicht zu laufen beginnen. Aus diesem Grund ist es ferner möglich, dass die Frist zur Erfüllung der beiden Anzeigeobliegenheiten zu unterschiedlichen Zeitpunkten zu verstreichen beginnt (zu den Konsequenzen s. auch Rdn. 8).[14]

6 Wird ein **Miteigentumsanteil** an einer einheitlich versicherten Sache erworben, so genügt auf Erwerberseite die Anzeige eines einzelnen Miteigentümers (§§ 432, 744 II BGB). Im Fall einer **Vertragsspaltung** – z.B. bei Veräußerung einzelner Sachen aus einem versicherten Sachinbegriff – müssen Veräußerer oder Erwerber hinsichtlich des abgespalteten Vertragsteils Anzeige erstatten. Hier wie im Übrigen gilt, dass die Anzeige des einen auch den anderen von seiner Obliegenheit befreit.

III. Rechtsfolgen

7 Die Veräußerung muss **unverzüglich** – vgl. § 121 BGB: ohne schuldhaftes Zögern – angezeigt werden.[15] Unverschuldet ist ein Anzeigeversäumnis z.B. dann, wenn eine Person durch Krankheit daran gehindert war und ihr auch nicht zum Vorwurf gemacht werden kann, sie habe eine andere nicht mit der Anzeige betraut. Schuldhaft kann ein Anzeigeverpflichteter gerade nicht handeln, wenn er zuwartet, bis er – z.B. durch Mitteilung des Grundbuchamtes, § 55 GBO – über die Vollendung einer Eigentumsübertragung unterrichtet wurde, weil vor diesem Zeitpunkt noch gar keine Obliegenheit besteht. Da die Anzeige den VR in Stand setzen soll, das subjektive Risiko zu beurteilen, über eine Kündigung zu entscheiden und diese gegebenenfalls auszusprechen, muss sie Zeitpunkt der Veräußerung sowie Name und Anschrift des Erwerbers enthalten.[16] Eine solche Anzeige löst den Lauf der Ausschlussfrist des § 96 I 2 aus. Einer besonderen **Form** muss die Anzeige dagegen nicht genügen, Wahrung von Schrift- oder Textform kann aber vereinbart werden, § 98 Satz 2. Diese Verein-

---

7 Dazu v.a. *Wandt*, Rn. 542; *Ehrenzweig*, S. 147. – Diese Autoren heben hervor, dass es für die Beurteilung der Rechtsnatur von Obliegenheiten ohne Belang sei, ob diese selbständig einklagbar seien, weil es auch Verbindlichkeiten gebe, auf die das zutrifft: weitere Verhaltenspflichten. Jede Pflicht sei im Grunde genommen auch im eigenen Interesse des Schuldners zu erfüllen.
8 Begriff nach *Larenz*, Lehrbuch des Schuldrechts, 14. Aufl. 1987, Bd. I, § 2.
9 So für § 97 I 1 insbes. BK/*Dörner*, § 71 Rn. 2.
10 Siehe dazu auch OLG München VersR 2006, 1492 Rn. 12.
11 MünchKommBGB/*Roth*, § 409 Rn. 5 i.V.m. § 407 Rn. 16.
12 OLG Oldenburg VersR 1975, 415, 416 f. m.Anm. *Kloth*.
13 Vgl. auch BK/*Dörner*, § 71 Rn. 16 i.V.m. Rn. 10.
14 Das ist deshalb nach dem Gesagten z.B. dann der Fall, wenn Veräußerer und Erwerber zwar zum selben Zeitpunkt über die Veräußerung unterrichtet werden, der Erwerber von der Versicherung aber erst später Kenntnis erlangt.
15 Das OLG Celle, OLGR Celle 2008, 485 Rn. 12 und 14, scheint eine Dauer von drei Wochen ab Vollendung der Veräußerung als gegebenenfalls noch ›unverzüglich‹ qualifizieren zu wollen. – Vgl. allgemein B/M/A. *Staudinger*, § 97 Rn. 13.
16 BGHZ 100, 60, 62 = VersR 1987, 476; OLG Hamm VersR 1985, 826 (Einbruchsdiebstahlversicherung von Inventar einer gepachteten Gaststätte: »Das Ganze läuft jetzt auf den Namen meiner Frau«); *Lenski*, S. 139 f.; BK/*Dörner*, § 71 Rn. 11.

barung hat jedoch keinen praktischen Wert, denn wird mündlich Anzeige erstattet, so erlangt der VR von der Veräußerung Kenntnis i.S.d. Abs. 2 Hs. 1, so dass er nicht leistungsfrei wird.

1. Leistungsfreiheit

Der VR wird gem. Abs. 1 Satz 2 dem Erwerber gegenüber von seiner Leistungspflicht befreit, wenn weder 8
Veräußerer noch Erwerber ihre Anzeigeobliegenheit erfüllen und der Versicherungsfall später als einen Monat nach dem Zeitpunkt eintritt, zu dem eine Anzeige dem VR hätte zugehen müssen. Da die zeitlichen Bezugspunkte für die Beurteilung, ob eine Anzeige »unverzüglich« erfolgt ist, unterschiedlich sein und deshalb auch unterschiedliche Monatsfristen i.S.d. Abs. 2 Satz 1 laufen können, kommt es darauf an, ob der Versicherungsfall später als einen Monat nach dem jeweils letzten potentiellen Zugangszeitpunkt eingetreten ist.[17]

Nicht jede Verletzung der Anzeigeobliegenheit führt jedoch ohne weiteres zum Ausschluss des Versiche- 9
rungsschutzes nach § 71 I 2 VVG. Diese Bestimmung enthält eine besonders scharfe Sanktion: Folge einer Obliegenheitsverletzung ist der Verlust der von dem VR gegebenenfalls zu erbringenden Gegenleistung, während die Leistungspflicht des Erwerbers – d.h. die Pflicht zur Prämienzahlung – bestehen bleibt. Die Sanktion soll den VN nach dem Wortlaut der Vorschrift z.B. ohne Rücksicht darauf treffen, ob er über Jahre hinweg Prämien gezahlt hat. Nach stRspr. und allgemeiner Ansicht der Autoren darf sie jedoch wegen des »das ganze Zivilrecht beherrschenden Grundsatzes der Verhältnismäßigkeit […] nicht außer Verhältnis zum Zweck der Vorschrift und zur Schwere des Versehens des Erwerbers« stehen.[18] Hat sich also z.B. der VR von dem Vertrag auch nach Jahren nicht gelöst und ist das personale Risiko durch die Veräußerung kaum verändert worden, wird in der Tat häufig kein Anlass für eine solch drastische Rechtsfolge bestehen. Deshalb setzt Leistungsfreiheit des VR nach heute allgemeiner Ansicht – *erstens* – eine **schuldhafte Verletzung** der Anzeigeobliegenheit voraus. Dieses Erfordernis kann dogmatisch durch das Unverzüglichkeitserfordernis, das einen entsprechenden Vorwurf postuliert (»schuldhaftes Zögern«), gerechtfertigt werden. Weil die Sanktion der Verwirkung des Versicherungsschutzes nur den Erwerber trifft, kommt es auch nur auf sein Verschulden an.[19] Daran fehlt es z.B., wenn ihm vom VR oder seinem Agenten erklärt wurde, die Sache sei nicht veräußert worden. Ebenso fehlt es, wenn VR oder Agent eine inhaltlich objektiv unzureichende Erklärung unbeanstandet entgegennehmen und erklären, »es brauche nun nichts mehr veranlasst zu werden«.[20] Rechtsunkenntnis entschuldigt zwar allgemein nicht. Unter besonderen Umständen werden von diesem Grundsatz aber Ausnahmen gemacht, etwa wenn die Entstehung der Anzeigeobliegenheit von der Beantwortung einer schwierigen Rechtsfrage abhängt;[21] dies gilt »umso mehr, […] wenn der [Erwerber (…)] eine einfache, geschäftlich unerfahrene Frau« ist.[22] Es muss – *zweitens* – eine Abwägung ergeben, dass die Verwirkung der Versicherungsleistung **nicht außer Verhältnis zur Schwere des Verstoßes** steht. Es sind z.B. der Grad des Erwerberverschuldens und das Gewicht eines Ausschlusses der Leistung des VR in diese Abwägung einzubeziehen, ebenso der Grad der Beeinträchtigung der Interessen des VR.[23] Der Gesetzgeber hat diese gesetzesübersteigende Rechtsfortbildung[24], die er freilich als bloße Anwendung des »allgemeinen Grundsatz[es] von Treu und Glauben« bezeichnet, im Zuge der Reform nun ausdrücklich gebilligt.[25]

---

17 Beispiel: Sowohl Erwerber als auch Veräußerer werden am 1. Februar darüber benachrichtigt, dass der Erwerber als Eigentümer in ein Grundbuch eingetragen worden sei. Der Erwerber erfährt aber erst am 20. Februar von Versicherung und VR. Tritt ein Schadensfall am 14. März ein, ist der VR also nicht leistungsfrei, denn dass der Veräußerer seiner Anzeigeobliegenheit nicht rechtzeitig nachgekommen und die Monatsfrist abgelaufen ist, ist gleichgültig, weil die Frist für die Unverzüglichkeit der Anzeige des Erwerbers erst ab dem 20. Februar zu laufen begonnen hat, die Anzeige also frühestens zu diesem Zeitpunkt zu erstatten war. Die Monatsfrist des Abs. 1 Satz 2 ist jedoch am 14. März noch nicht verstrichen. – Wie hier i.E. *Böhme* BB 1957, 167, 168. – Dagegen BK/*Dörner*, § 71 Rn. 16.
18 BGH VersR 2007, 833, 834; BGHZ 100, 60, 62 f. = VersR 1987, 477; OLG Celle, OLGR Celle 2008, 485 Rn. 21; OLG Hamm VersR 1985, 826; *Bundschuh* ZVersWiss 1993, 39, 49; *Pauly* ZfS 1996, 281.
19 Str., vgl. *Lenski*, S. 144 m.w.N. in Fn. 67–71. – Wie hier *Ehrenzweig*, S. 237. – Dagegen BGH VersR 1965, 425, 427; BK/*Dörner*, § 71 Rn. 17 (da Erwerber *und* Veräußerer anzeigepflichtig seien, reiche schuldhaftes Verhalten einer dieser Personen).
20 OLG Hamm VersR 1985, 826.
21 BGHZ 36, 24, 27 f.
22 So BGH VersR 1965, 425, 427.
23 Illustrativ der Fall des OLG Celle, OLGR Celle 2008, 485 Rn. 21 ff.
24 Zum Verhältnismäßigkeitsgrundsatz als taugliches rechtsethisches Prinzip einer Rechtsfortbildung *extra legem* – *intra ius* vgl. etwa *Larenz*, Methodenlehre der Rechtswissenschaft, 3. Aufl. 1995, S. 423 f.; *Esser*, Grundsatz und Norm der richterlichen Fortbildung des Privatrechts, 4. Aufl. 1990, S. 53.
25 So ausdrücklich Begr. RegE BT-Drucks. 16/3945 S. 85 [l. Sp. oben]: »Im Übrigen verbleibt es bei dem von der Rechtsprechung zu § 71 entwickelten Grundsatz, dass der Versicherer nur dann leistungsfrei ist, wenn diese Rechtsfolge nicht außer Verhältnis zur Schwere des Verstoßes des VN steht. Hier handelt es sich um die Ausprägung des allgemeinen Grundsatzes von Treu und Glauben«. Tatsächlich gehen die o.a. Voraussetzungen jedoch über eine Rechtsfindung *intra legem* weit hinaus. Zwar lässt sich ein Ausschluss von Rechten – hier: die Berufung des VR auf § 97 I 2 – auf § 242 BGB gegebenenfalls stützen, wenn Interessen einer anderen Vertragspartei schwerer wiegen (vgl. MünchKommBGB/ *Roth*, § 242 Rn. 385 ff.). Der Ausschluss des Leistungsanspruchs des VN enthält jedoch ein *zusätzliches* Verschuldenserfordernis, und diese Voraussetzungen lassen sich dem gesetzlichen Regelungsplan so nicht entnehmen.

2. Sonstiges

10 Der VR kann zwar grundsätzlich Anspruch auf Ersatz ihm durch den Obliegenheitsverstoß entstandener Schäden aus § 280 I BGB bzw. §§ 823 II BGB, 97 VVG haben.[26] Handelt der Erwerber indes nach dem zuvor Dargelegten schuldhaft, so wird der VR in vielen Fällen leistungsfrei sein, so dass es an einem Schaden fehlt. Werden dem VR Name und Anschrift des Erwerbers nicht oder nicht rechtzeitig mitgeteilt, so gilt Entsprechendes, denn es fehlt bereits an einer ordnungsgemäßen Anzeige.

C. Leistungspflicht trotz Nichtanzeige

11 Der VR bleibt in den zwei Fällen des **Abs. 2** (dazu einleitend Rdn. 2) zur Leistung verpflichtet, obwohl die Voraussetzungen des § 97 I erfüllt sind. Während Abs. 2 Hs. 1 Fälle, in denen der VR auf andere Weise – eigene Recherchen, Mitteilung eines Dritten – **rechtzeitig** von der Veräußerung erfährt, erfasst, regelt **Hs. 2** Konstellationen, in denen der VR **nicht rechtzeitig**, sondern verspätet von der Veräußerung erfahren, aber nicht binnen Monatsfrist ab Kenntnis gekündigt hat, vgl. § 96 I 2, und der Versicherungsfall nach Fristablauf eingetreten ist. Tritt der Versicherungsfall vor Erlangung der Kenntnis der Veräußerung durch den VR ein, bleibt dieser auch ohne Kündigung binnen Monatsfrist leistungsfrei.[27]

D. Prozessuales

12 Der VR muss beweisen, dass der VN die Anzeigeobliegenheit verletzt hat, so z.B. dass ihm keine Anzeige zugegangen ist, obwohl das schon mehr als einen Monat vor dem Versicherungsfall hätte geschehen müssen.[28] Denn aus dem Wortlaut der Vorschrift des **Abs. 1** folgt, dass die verspätete Anzeige Voraussetzung der Leistungsfreiheit des VR ist. Kommt es dagegen darauf an, ob der VR in dem Zeitpunkt Kenntnis von der Veräußerung hatte, in dem ihm die Anzeige hätte zugehen müssen, oder ob er die Kenntnis zwar später erlangte, aber nicht binnen Monatsfrist gekündigt hat (**Abs. 2**), so ist der Erwerber für Kenntnis und ihren Zeitpunkt beweispflichtig. Behauptet der VR, er habe rechtzeitig gekündigt, trifft ihn die Beweislast.[29]

§ 98 Schutz des Erwerbers.
[1]Der Versicherer kann sich auf eine Bestimmung des Versicherungsvertrags, durch die von den §§ 95 bis 97 zum Nachteil des Erwerbers abgewichen wird, nicht berufen. [2]Jedoch kann für die Kündigung des Erwerbers nach § 96 Abs. 2 und die Anzeige der Veräußerung die Schriftform oder die Textform bestimmt werden.

1 Satz 1 der § 72 a.F. nachgebildeten und um die sog. Textform (§ 126b BGB) ergänzten Vorschrift des § 98 verhindert, dass der VR im zunächst mit dem Veräußerer geschlossenen Vertrag zum Nachteil des Erwerbers von den §§ 95–97 abweichen kann. Diese Vorschriften haben also **halbzwingenden Charakter**:[1] Vertragliche Abweichungen von ihnen zugunsten des VN bzw. Erwerbers sind möglich. Vereinbarungen, die zu seinen Ungunsten von ihnen abweichen, sind zwar nicht ohne weiteres nichtig, doch kann sich der VR darauf – im Gegensatz zum Erwerber, falls dieser das für sinnvoll hält – nicht berufen. Beispielsweise fallen unter **Satz 1** AVB, in denen der Übergang des Versicherungsverhältnisses von einer Zustimmung des VR abhängig gemacht[2], ein Kündigungsrecht des VN ausgeschlossen oder – z.B. durch Verkürzung der Kündigungsfrist – eingeschränkt wird. Zulässig soll es dagegen sein, einen Versicherungsvertrag von vornherein auflösend bedingt zu schließen, so dass dieser mit Veräußerung beendet wird und der Erwerber nicht sukzediert. Denn VR und Veräußerer könnten den Vertrag ja vor der Veräußerung auch einverständlich aufheben.[3] Nach **Satz 2** der Vorschrift kann für die Kündigungserklärung des Erwerbers sowie die Veräußerungsanzeige im Versicherungsvertrag Wahrung der Schrift- oder Textform vereinbart werden. Abreden, die eine strengere Form als Schrift- oder Textform vorsehen, sind aber unwirksam.

§ 99 Zwangsversteigerung, Erwerb des Nutzungsrechts.
Geht das Eigentum an der versicherten Sache im Wege der Zwangsversteigerung über oder erwirbt ein Dritter auf Grund eines Nießbrauchs, eines Pachtvertrags oder eines ähnlichen Verhältnisses das Nutzungsrecht daran, sind die §§ 95 bis 98 entsprechend anzuwenden.

---

26 Siehe dazu auch BGHZ 53, 160, 166 a.E.; BGHZ 100, 60, 64 = VersR 1987, 477.
27 BGH VersR 1987, 705 f. (m.w.N. inzwischen überholter Ansichten).
28 H.A., vgl. Begr. RegE BT-Drucks. 16/3945 S. 69 [allg.]; *Vorwerk*, Die Rechtsnachfolge in das versicherte Interesse, 1912, S. 38; BK/*Dörner*, § 71 Rn. 29 [S. 1250 f.]. – A.A. Baumgärtel/*Prölss*, Beweislast, § 71 Rn. 2; *Lenski*, S. 151; *Wilhelm*, Beweislast bei Versicherungsansprüchen, 1934, S. 107.
29 *Kisch*, Privatversicherungsrecht III, 1922, S. 329; *Lenski*, S. 151; *Wilhelm*, Beweislast bei Versicherungsansprüchen, 1934, S. 107.
1 Siehe zum Begriff etwa *Meller-Hannich*, Verbraucherschutz im Schuldvertragsrecht, 2005, S. 249.
2 Motive und amtliche Begr. zum Gesetz über den Versicherungsvertrag v. 30.05.1908, Neudruck Berlin 1963, S. 145; B/M/A. *Staudinger*, § 98 Rn. 7.
3 OLG Düsseldorf r+s 1996, 165, 166; BK/*Dörner*, § 72 Rn. 5; PK/*Hammel*, § 98 Rn. 6.

Übersicht

	Rdn.		Rdn.
A. Textgeschichte und Normzweck	1	D. Anzeigepflicht	4
B. Erwerb durch Zwangsversteigerung	2	E. Abdingbarkeit	5
C. Haftungsverband	3		

Schrifttum:
Sieg, Rechtsnachfolge in das Versicherungsverhältnis bei der Zwangsvollstreckung, BB 1959, 1013; *ders.,* Die versicherungsrechtliche Stellung des Sacherwerbers nach Gefahrübergang auf ihn, VersR 1995, 125.

A. Textgeschichte und Normzweck

Die Vorschrift übernimmt **§ 73 VVG a.F.**, der bereits die Vorschriften über die rechtsgeschäftliche Veräußerung einer versicherten Sache auf Eigentümer- bzw. Gläubigerwechsel kraft Aktes eines Justizorgans auf Grund eines Vollstreckungstitels für anwendbar erklärte, »erstreckt die Regelung [aber auch] auf den Übergang des Fruchtziehungsrechts auf einen Dritten«.[1] In den von der Norm genannten Fällen des Nießbrauchs, des Pachtvertrags oder ähnlichen Nutzungsrechts fehlt es nämlich an dem grundsätzlich erforderlichen Eigentumsübergang. In der **Begründung des RegE** heißt es weiter: »Eine entsprechende Bestimmung enthält der bisherige § 115 für die Hagelversicherung. Insoweit besteht weiterhin ein praktisches Bedürfnis für eine gesetzliche Regelung, da Rechte Dritter betroffen sind.« 1

B. Erwerb durch Zwangsversteigerung

Die Vorschriften der §§ 95 ff. finden nicht nur auf rechtsgeschäftliche Eigentumsübertragungen Anwendung, sondern auch auf einen Erwerb durch Zwangsversteigerung, der sich dadurch auszeichnet, dass die Eigentumsübertragung kraft Hoheitsaktes erfolgt. Das gilt sowohl für die Mobiliar- als auch für die Immobiliarvollstreckung. Der Eigentumsübergang vollzieht sich hier bei Grundstücken gemäß § 90 ZVG bereits mit Zuschlag, bei Mobilien gemäß § 817 ZPO mit Zuschlag und Ablieferung. Da schon nach dem klaren Wortlaut ein Eigentumsübergang zur Voraussetzung zu machen ist, führt die Anordnung einer Zwangsverwaltung (§§ 146 ff. ZVG) die Wirkungen der §§ 95 ff. nicht herbei.[2] Ein Zwangsverwalter handelt zwar selbständig und wird in eigenem Namen sowie aus eigenem Recht tätig, aber er erwirbt nicht die Rechte des Schuldners und wird nicht Eigentümer des Grundstücks. Vom Eigentümer eingegangene Versicherungsverträge wirken ohne dessen Eintritt nicht gegen den Zwangsverwalter. Er hat deshalb auch keine Rechte und Pflichten aus diesen Verträgen und kann nicht gem. § 96 II kündigen. 2

C. Haftungsverband

Fällt der Anspruch des Vollstreckungsschuldners auf die Versicherungsleistung in den sog. Haftungsverband der Hypothek (vgl. zum Begriff §§ 93, 94), so geht der Anspruch mit Zuschlag auf den Ersteigerer über, §§ 20 II, 55 I, 90 II ZVG i.V.m. §§ 1127, 1120 BGB.[3] 3

D. Anzeigepflicht

Die Anzeigepflicht trifft hier wie im Falle des § 97 nur VN und Erwerber bzw. Ersteigerer, nicht aber Vollstreckungsgläubiger, Gerichtsvollzieher oder Vollstreckungsgericht.[4] 4

E. Abdingbarkeit

Indem die Norm auch auf § 98 verweist, stellt sie klar, dass die §§ 95 bis 97 ebenso nicht zum Nachteil des Erstehers vertraglich abbedungen werden dürfen. 5

---

1 Begr. RegE BT-Drucks. 16/3945 S. 85 [l. Sp.].
2 OLG Hamm NVersZ 2000, 421.
3 Vgl. näher *Sieg* BB 1959, 1013; *ders.* VersR 1995, 125, 127 f.
4 BK/*Dörner,* § 73 Rn. 11 m.w.N.; B/M/*A. Staudinger,* § 99 Rn. 23.

Teil 2. Einzelne Versicherungszweige
Kapitel 1. Haftpflichtversicherung
Abschnitt 1. Allgemeine Vorschriften
Vorbemerkung zu §§ 100 ff.

Übersicht

	Rdn.		Rdn.
A. Historische Entwicklung	2	D. Prozessuales und materielles Trennungsprinzip	9
B. Systematische Einordnung	7		
C. Rechtsquellen	8		

Die §§ 100 ff. stellen die gesetzlichen Rahmenbedingungen der allgemeinen Haftpflichtversicherung dar. Die **1** Haftpflichtversicherung besitzt in wirtschaftlicher Hinsicht zunehmend größere Relevanz als die Versicherung von Sachrisiken. Dies folgt der zunehmenden Bedeutung der Haftungsrisiken moderner Industriegesellschaften (Produkthaftpflichtrisiken, Umweltrisiken, Beratungsrisiken, Haftungsrisiken von Unternehmensleitungen und weitere allgemeine Vermögensschäden). Entwickelte Volkswirtschaften sind bemüht, schadenbedingte Kosten verursachungsgerecht zuzuordnen. Die Haftpflichtversicherung ist damit in den Industrienationen, insbes. den USA, besonders ausgeprägt. In weniger entwickelten Volkswirtschaften ist durchweg eine geringere Bedeutung festzustellen. **Gegenstand des versicherten Risikos** ist die gegenüber einem Dritten bestehende Verpflichtung zum Schadenersatz. Dies bewirkt eine Komplexität dieses Versicherungsproduktes, denn neben den versicherungsvertraglichen Beziehungen zwischen VR und VN sind vielfach auch die gegenüber Dritten bestehenden Schadenersatzansprüche von Bedeutung für den Versicherungsschutz. Neben den §§ 100 ff. sind die **allgemeinen Haftpflichtversicherungsbedingungen (AHB)** und weitere besondere Bedingungen zu berücksichtigen. Sie stellen oftmals standardisierte Produktbeschreibungen und Rechtsquellen für die Haftpflichtversicherung dar.

A. Historische Entwicklung

Der Grundgedanke der Haftpflichtversicherung entstand schon in der Antike und im Mittelalter. Kennzeichnend war bereits damals, dass eine größere Gruppe als Risikogemeinschaft für den eintretenden Schaden eines Individuums gemeinsam aufkam. Erste Ansätze einer modernen Haftpflichtversicherung im heutigen Verständnis finden sich erstmals 1825 in der Versicherung der Pferde- und Wagenbesitzer in Frankreich und in der Zwangsversicherung der Auswanderungs-Expedienten in Hamburg 1837.[1] Im Zuge der Fortentwicklung des Schadenersatzrechts hafteten Schädiger zunehmend persönlich für die durch ihr Verschulden eingetretenen Schäden. Zudem führte die Industrialisierung zu einem sprunghaften Anstieg der Bevölkerung, die auf dichtem Raum zusammenlebte. Aufgrund technischer Entwicklungen traten Risiken hinzu, die nicht mehr abschließend beherrschbar waren. Früher vorhandene Einzelrisiken wurden zu **Massenrisiken**.[2] **2**

Die zunehmende Diskrepanz zwischen Schadenverursachung und der Fähigkeit, einen Schaden ausgleichen **3** zu können, führte zur **Einführung der Haftpflichtversicherung durch das Reichshaftpflichtgesetz vom 07.06.1871**. Mit diesem Gesetz wurde eine verschärfte Haftung für als gefährlich eingestufte Betriebe herbeigeführt. Im Rahmen der Einführung der gesetzlichen Unfallversicherung von 1885 kam es zu einer grundsätzlichen Kritik gegenüber der Versicherung von Haftpflichtrisiken. Danach war es »unmoralisch, dass sich jemand gegen die Folgen einer Pflichtvernachlässigung versichern könne und dass dadurch auf die Unvorsichtigkeit und Sorglosigkeit eine Prämie gesetzt würde«.[3] Diese negative Bewertung der Haftpflichtversicherung ist bis heute bei neuen Produkten dieser Sparte zu beobachten. Zuletzt stand die D&O-Haftpflichtversicherung in diesem Sinne in der Kritik, die Schadenersatzansprüche gegen Vorstände und Aufsichtsräte von Kapitalgesellschaften versichert. Auch hier wurde argumentiert, dass der Versicherungsschutz zu einer Sorglosigkeit des Managements führen könne.[4]

Diese Argumentation trifft damals wie heute nicht zu.[5] Im Gegenteil hat die Einführung einer Haftpflichtver- **4** sicherung einen **effizienten Schutz der geschädigten Dritten** zur Folge, da diese im Schadenfall einen leistungsfähigen Schuldner erhalten. Des Weiteren versichern Haftpflichtversicherer nicht »blind und sorglos«

---

1 Zum historischen Überblick vgl. *Heimbücher*, Einführung in die Haftpflichtversicherung, 4. Aufl. 1998, S. 2.
2 Ausführlich dazu *Großfeld* VW 1974, 693, 695.
3 *Großfeld* VW 1974, 693, 695 mit Verweis auf *Jannott*, Der soziale Gedanke in der Haftpflichtversicherung, 1941, S. 5.
4 Spindler/Stilz/*Fleischer*, AktG, 3. Aufl. 2015, § 93 Rn. 228; *ders.*, Handbuch des Vorstandsrechts, 2006, § 12 Rn. 9.
5 So auch *R.-J. Koch*, Düsseldorfer Vorträge zum Versicherungsrecht 2009, 97, 99 f.; *Pant* VersR 2004, 690, 695; Hauschka/Moosmayer/Lösler/*Pant*, § 8 Rn. 34.

Haftpflichtrisiken. Vielmehr tragen sie durch die Risikoprüfung zu einer Sensibilisierung bezüglich der Risiken und zu einem professionelleren Umgang bei. Die Verteilung der Risikokosten in der Gruppe der Versicherten führt weiter zu einer Reduzierung der Risiken, um einen möglichst attraktiven Risikopreis zu erzielen.

5 Bedingt durch das **Inkrafttreten des BGB am 01.01.1900** erfuhr die Haftpflichtversicherung einen weiteren bedeutenden Aufschwung. Von nun an galt ein einheitliches Schadensrecht. **Das am 30.05.1908 in Kraft getretene VVG** griff dementsprechend die Entwicklung der Haftpflichtversicherung auf. Aus dieser Zeit stammen auch die ersten allgemeinen Haftpflichtbedingungen, die durch den damaligen Unfall- und Haftpflichtverband empfohlen wurden. Diese Bedingungen haben das Gesetzesrecht des bisherigen VVG entscheidend beeinflusst.[6]

6 Nach dem 2. Weltkrieg führte das Wachstum der Industriegesellschaft zu einer vielschichtigen Entwicklung der Haftpflichtversicherung. Neben den Versicherungen für private Haftpflichtrisiken werden nunmehr **vielfältige Haftpflichtprodukte** angeboten. Hauptgruppen sind die Betriebs-, Produkt-, Umwelt- und Vermögensschadenhaftpflichtversicherungen der deutschen Versicherungswirtschaft. Diese Versicherungskonzepte bauen auf einem Grundregelwerk nach allgemeinen Bedingungen (AHB oder AVB) auf und vereinbaren bestimmte Erweiterungen oder Einengungen des Versicherungsschutzes für den jeweiligen Zweck in besonderen zusätzlichen Versicherungsbedingungen. Die aktuelle Situation ist dadurch gekennzeichnet, dass das Anspruchsdenken immer weiter reichende Dimensionen annimmt. Zugleich schaffen neue technische Entwicklungen immer größer werdende Risiken. Durch diesen Wandel zur Risikogesellschaft erhält die Haftpflichtversicherung fortlaufend neue Impulse. Hinzu treten internationale Einflüsse. Das deutsche Haftungsrecht und auch die deutsche Haftpflichtversicherung stehen in einem zunehmenden Wettbewerb zu den internationalen Rechtsordnungen. So nehmen im Bereich der Personenschäden die Bemühungen zu, Schadenersatzansprüche bei ausländischen Gerichten geltend zu machen, die in vielen Fällen höhere Leistungen zusprechen. Besonders gilt dies für die Vereinigten Staaten von Amerika.

B. Systematische Einordnung

7 Zur allgemeinen Haftpflichtversicherung gehören all diejenigen Haftpflichtversicherungen, die nicht der Kraftfahrtversicherung zuzuordnen sind. Die allgemeine Haftpflichtversicherung ist als **Schadenversicherung** zu klassifizieren.[7] Finanziell wird die Haftpflichtversicherung als eigene Versicherungssparte im Rahmen der Schaden- und Unfallversicherung, undifferenziert nach privaten oder betrieblichen Risiken, erfasst. Weiter ist die allgemeine Haftpflichtversicherung der »**Passivenversicherung**« zuzurechnen. Dies bedeutet, dass die Haftpflichtversicherung nicht ein schon im Vermögen vorhandenes Interesse schützt, sondern den VN davor bewahrt, einen Aufwand zu erbringen, der eine Belastung seines Aktivvermögens darstellt.[8] Versichert ist damit das Interesse, das der VN daran hat, sein eigenes Vermögen nicht mit Schadenersatzansprüchen Dritter belastet zu sehen.[9]

C. Rechtsquellen

8 Die Haftpflichtversicherung ist in den §§ 100–112 gesetzlich normiert. Ferner sind die allgemeinen Vorschriften der §§ 1–73 auf die Haftpflichtversicherung anwendbar. Daneben gelten grundsätzlich aufgrund der Einordnung als Schadenversicherung auch die §§ 74–87, soweit die §§ 100–112 keine speziellen Regelungen vorsehen. Neben den §§ 100 ff. wird die Haftpflichtversicherung insbes. durch **die allgemeinen Haftpflichtversicherungsbedingungen (AHB)** geprägt.[10] Diese haben jedenfalls in der Vergangenheit die wesentlichen Impulse zur Fortentwicklung der Haftpflichtversicherung gesetzt. Die AHB waren bisher Teil eines »Baukastensystems«. Die Regelungen der AHB stellten dabei die unterste, generellste vertragliche Ebene dar. Auf Basis der AHB wurden dann weiterführende und ebenfalls standardisierte Versicherungsbedingungen für einzelne Marktsegmente vereinbart. Auf die AHB wird im Folgenden eingegangen, soweit dies für das Verständnis der Haftpflichtversicherung sowie der §§ 100 ff. von Bedeutung ist. Die AHB werden Empfehlungen des GDV folgend weitergehender in die Bedingungen einzelner Risikobereiche (z.B. private Haftpflichtversicherung) integriert. Mit einem einheitlichen »durchgeschriebenen« Bedingungswerk soll die Transparenz verbessert werden.[11] Materielle Änderungen werden aber nicht angestrebt. Die AHB werden damit noch für einen längeren Zeitraum maßgebend bleiben und damit dieser Kommentierung zugrunde gelegt.

---

6 Zur geschichtlichen Entwicklung siehe auch *Meyer-Kahlen*, Symposion Haftungsrecht und Haftpflichtversicherung, 1992, S. 49, 53.
7 RGZ 70, 257, 260; BGHZ 15, 154, 158; P/M/*Lücke*, § 100 Rn. 71.
8 Zur Einordnung als Passivenversicherung *Heimbücher*, Einführung in die Haftpflichtversicherung, 4. Aufl. 1998, S. 59; *Wandt*, Rn. 1050.
9 Vgl. BGHZ 15, 154, 158; 28, 137, 140; BGH VersR 1967, 771, 772; 1963, 516; R/L/*Langheid*, § 100 Rn. 8.
10 Zu Entwicklung und Anwendbarkeit der AHB s. L/W/*Littbarski*, Vor §§ 100–124 Rn. 33 ff.; PK/*Retter*, Vorbem. §§ 100–112 Rn. 5, 7.
11 Z.B. Musterbedingungen des GDV für die Betriebs- und Berufshaftpflichtversicherung v. 25.08.2014.

D. Prozessuales und materielles Trennungsprinzip

Haftpflichtversicherungsrecht und Haftpflichtversicherungspraxis wurden seit Jahrzehnten vom Trennungsprinzip »beherrscht«.[12] Die konkreten Ursprünge des Trennungsprinzips sind allerdings ungeklärt. Im Grundsatz wird durch dieses Prinzip die Unterscheidung zwischen zwei verschiedenen Rechtsbeziehungen umschrieben. Auf der einen Seite steht das Rechtsverhältnis zwischen VN und VR, das **sog. Deckungsverhältnis**. Auf der anderen Seite ist das Rechtsverhältnis zwischen VN und dem geschädigten Dritten, das **sog. Haftungsverhältnis**, zu sehen. Fragen einer Verpflichtung zum Schadenersatz des Versicherten sind danach im Haftpflichtprozess im Verhältnis des Geschädigten zum versicherten Schädiger zu klären. Versicherungsvertragsrechtliche Fragen sind dagegen im sog. Deckungsprozess zwischen VN und VR zu erörtern. Festzuhalten ist, dass im Haftungsprozess getroffene Feststellungen Bindungswirkung für den Deckungsprozess entfalten, soweit Voraussetzungsidentität besteht.[13] Dies ist dann der Fall, wenn die getroffenen Feststellungen für den Haftpflichtprozess nach dem vom Gericht gewählten rechtlichen Begründungsansatz entscheidungserheblich waren und auch für die Entscheidung des Deckungsprozesses gleichermaßen von Bedeutung sind.[14] Das Trennungsprinzip wird durch die VVG-Reform und die Untersagung des Abtretungsverbotes nach § 108 II nicht grundsätzlich aufgehoben. Die Wirkung des Trennungsprinzips ist jedoch im Hinblick auf die Vorstellungen des Reformgesetzgebers zu prüfen.[15] Nur in Ausnahmefällen wird dem geschädigten Dritten – abgesehen von § 115 – ein Direktanspruch gegen den Versicherer des Schädigers gewährt. Auch eine dem Deckungsprozess vorausgehende Feststellungsklage des Geschädigten gerichtet auf die Frage, ob Versicherungsschutz besteht, ist nur in zwei Fallkonstellationen zulässig.[16]

9

§ 100 Leistung des Versicherers.
Bei der Haftpflichtversicherung ist der Versicherer verpflichtet, den Versicherungsnehmer von Ansprüchen freizustellen, die von einem Dritten aufgrund der Verantwortlichkeit des Versicherungsnehmers für eine während der Versicherungszeit eintretende Tatsache geltend gemacht werden, und unbegründete Ansprüche abzuwehren.

Übersicht

	Rdn.		Rdn.
A. Allgemeines	1	V. Aufrechnung	29
B. Zeitlicher Anwendungsbereich	2	F. Anspruchserhebung	30
I. Pflichtenverstoß	4	I. Gegenüber dem VN	30
II. Schadenereignis	5	II. Freistellungsverpflichtung und Abwehranspruch	31
III. Manifestation (erstmalige Feststellung des Schadens)	6	G. Mit- und Anschlussversicherung	35
IV. Anspruchserhebung	7	H. Ausgestaltung durch AHB	38
V. Bewertung	11	I. Einführung	38
C. Verantwortlichkeit des VN	17	II. Ziffer 1 AHB	39
D. Geltendmachung von Ansprüchen durch den Dritten	18	1. Gegenstand der Versicherung, Versicherungsfall	39
E. Sonderkonstellationen	19	2. Sachlicher Anwendungsbereich	41
I. Versicherung für fremde Rechnung, § 43	19	a) Personenschaden	42
1. Durch Handlungen des VN geschädigter Mitversicherter	19	b) Sachschaden	45
2. Durch Handlungen des Mitversicherten geschädigter VN	20	3. Zeitlicher Anwendungsbereich	51
II. Holdingstrukturen	24	III. Leistungen der Versicherung, Ziffer 5 AHB	52
III. Konfusion	26	1. Hauptpflichten	53
IV. Rückrufkostenversicherung	27	2. Vollmacht des VR und Prozessführungsbefugnis	54

Schrifttum:
Armbrüster, Prozessuale Besonderheiten in der Haftpflichtversicherung, r+s 2010, 441; *Franz*, Das Versicherungsvertragsrecht im neuen Gewand, VersR 2008, 298; *Gottwald*, Insolvenzrechts-Handbuch, 5. Aufl. 2015; *Großfeld*, Haftpflichtversicherung im Wandel, VW 1974, 693; *Häsemeyer*, Die Gleichbehandlung der Konkursgläubiger, KTS 1982, 507; *Hauschka/Moosmayer/Lösler*, Corporate Compliance, 3. Aufl. 2016; *Kirchhof/Eidenmüller/Stürner*, Münchener Kommentar zur Insolvenzordnung Bd. I, 3. Aufl. 2013; *Klimke*, Auswirkungen des Wegfalls des Anerkenntnis- und Befriedigungsverbotes in der Haftpflichtversicherung, r+s 2014, 105; *R. Koch*, Das Claims-made-Prinzip in der D&O-Versicherung auf dem Prüfstand der AGB-Inhaltskontrolle, VersR 2011, 295; *ders.*, Kontrollfähigkeit/-freiheit formularmäßiger Haftpflichtversicherungsfalldefinitionen?, VersR 2014, 1277; *Lange*, Das Anerkenntnisverbot vor und nach der VVG-Reform, VersR 2006, 1313; *ders.*, Das Zusammenspiel von Anerkenntnis und Abtretung

---
12 Vgl. *Littbarski*, AHB, 2001, § 3 Rn. 116 m.w.N.
13 BGH NJW 2015, 947, 948; VersR 2011, 203, 204.
14 BGH NJW-RR 2007, 827, 828; 2004, 676.
15 Siehe auch die Kommentierung zu § 108 Rdn. 17 f.
16 Vgl. dazu OLG Naumburg NJW-RR 2014, 347, 348.

§ 100 Leistung des Versicherers

in der Haftpflichtversicherung nach der VVG-Reform, r+s 2007, 401; *ders.*, Der Direktanspruch gegen den Haftpflichtversicherer, r+s 2011, 185; *Langheid*, Missbrauchskontrolle von Leistungsbeschreibungen nur bei Intransparenz, VersR 2015, 1071; *Looschelders*, Schuldhafte Herbeiführung des Versicherungsfalls nach der VVG-Reform, VersR 2008, 1; *Schimmer*, Die D&O-Versicherung und §§ 105 und 108 Abs. 2 VVG 2008 – kann die VN geschädigte Dritte sein? VersR 2008, 875; *Schirmer*, Die Haftpflichtversicherung nach der VVG-Reform, ZVersWiss 2006 Supplement, 427; *Schramm*, Claims Made mit deutschen AGB vereinbar, VW 2008, 2071; *B. Seitz*, Vorsatzausschluss in der D&O-Versicherung – endlich Licht im Dunkeln!, VersR 2007, 1476; *Späte/Schimikowski*, Haftpflichtversicherung, 2. Aufl. 2015; *Sprung*, Das Verteilungsverfahren bei Deckungssummenüberschreitung in der Kfz-Haftpflichtversicherung, VersR 1992, 657; *Stelzer*, Nochmals: Läßt sich der Schaden an der eigenen Sache durch Haftpflichtversicherung abdecken?, VersR 1965, 321; *Terno*, Wirksamkeit von Kostenanrechnungsklauseln, r+s 2013, 577; *Thole*, Das Absonderungsrecht aus § 110 VVG – sprachliche Verwirrung und offene Fragen, NZI 2013, 665; *Thümmel*, Persönliche Haftung von Managern und Aufsichtsräten, 4. Aufl. 2008; *Uhlenbruck*, Insolvenzordnung, 14. Aufl. 2015; *Veit/Gräfe/Gebert*, Der Versicherungsprozess, 3. Aufl. München 2016; *Wenke*, Verteilungspläne bei nicht ausreichender Deckungssumme in der Kfz-Haftpflichtversicherung, VersR 1983, 900; *Werber*, Kostenanrechnungsklauseln in der D&O-Versicherung, VersR 2014, 1159; *Westphalen*, Wirksamkeit des Claims-made-Prinzips in der D&O-Versicherung, VersR 2011, 145; *Wussow*, Versicherungsrechtliche Fragen im Zusammenhang mit AIDS, VersR 1988, 660.

A. Allgemeines

1 Unter Haftpflichtversicherung versteht man **die Freistellung des Versicherungsnehmers, wenn dieser aufgrund von Beeinträchtigung, Beschädigung oder Zerstörung der Rechte oder Rechtsgüter eines Dritten auf Schadenersatz in Anspruch genommen wird.** Die Haftpflichtversicherung gewährt dem VN Schutz vor Belastungen seines Vermögens.[1] Der Eintritt solcher Belastungen ist möglich, aber ungewiss. Ungewiss ist ebenso der Umfang möglicher Schadenersatzansprüche.

B. Zeitlicher Anwendungsbereich

2 In § 100 findet sich **keine zeitliche Definition des Versicherungsfalls**. Die Vorschrift stellt vielmehr auf eine »während der Versicherungszeit eintretende Tatsache« als relevantes Ereignis für die Anknüpfung des Versicherungsschutzes ab. Durch die Einführung des Begriffs »Tatsache« bleibt es der versicherungsvertraglichen Regelung belassen, dieses Merkmal als Anknüpfungspunkt für den Versicherungsschutz näher zu bestimmen. So sprechen auch die AHB von »während der Wirksamkeit der Versicherung« eingetretenen Tatsachen. Mit dem Eintritt des Versicherungsfalls entsteht die Leistungsverpflichtung des VR.

Der Gesetzgeber begründet diese »Nichtregelung« ausdrücklich so, dass er sich der unterschiedlichen Ausprägungen des »Versicherungsfalles« gerade in der Haftpflichtversicherung bewusst sei und an diesen Gestaltungsmöglichkeiten festhalten möchte.[2] So werden im Kontext einer nicht abschließenden Aufzählung mögliche Anknüpfungspunkte im Rahmen der Gesetzesbegründung angeführt.[3] Im Wesentlichen werden systematisch vier verschiedene »Tatsachen« als Versicherungsfall vereinbart. Der frühestmögliche Zeitpunkt ist der sog. Pflichtenverstoß, dem dann der Zeitpunkt des Schadenereignisses nachfolgt.

3 Den meisten Haftpflichtversicherungen liegt als zeitliche Definition des Versicherungsfalls dieser **sog. Ereignisbegriff** zugrunde. Das bedeutet, dass der Zeitpunkt des Ereignisses entscheidend ist, als dessen Folge die Schädigung des Dritten **unmittelbar** entstanden ist.[4] Der zu diesem Zeitpunkt wirksame Versicherungsvertrag ist für den Versicherungsschutz maßgebend.

Davon zu unterscheiden sind Versicherungsbedingungen, die auf den Zeitpunkt der Schadenfeststellung (Manifestation z.B. in der Umwelthaftpflichtversicherung) oder als spätest möglichen Zeitpunkt auf die Anspruchserhebung (das sog. »claims-made«-Prinzip gilt z.B. in der D&O-Versicherung) abstellen. Diese Differenzierung hat wesentliche Bedeutung für den Versicherungsschutz. In der Haftpflichtversicherung fallen in vielen Fällen Eintritt und Feststellung eines Schadens weit auseinander. Vorrangig sind hier erst nach Jahren feststellbare Gesundheitsschäden infolge von Umweltbeeinträchtigungen zu nennen. Klassische Beispiele sind auch die Folgen ärztlicher Behandlungsfehler, die zum Teil erst nach langer Zeit entdeckt werden.

I. Pflichtenverstoß

4 Typischerweise gilt in den Haftpflichtversicherungen für sog. Kammerberufe (Anwaltshaftpflichtversicherung, Notarhaftpflichtversicherung, Ingenieurhaftpflichtversicherung, Architektenhaftpflichtversicherung) der Pflichtenverstoß als Versicherungsfall. Demnach ist **die Schadenursache**, also der Zeitpunkt des Planungs- oder Beratungsfehlers, maßgeblich.[5]

---

1 Vgl. BGH VersR 1967, 771.
2 So ausdrücklich Begr. RegE BT-Drucks. 16/3945 S. 85; s. auch BGH VersR 2014, 625, 627.
3 Das Schadenereignis, der Rechtsverstoß, Planungsfehler, das Inverkehrbringen eines Produkts, die Schadenmeldung und die Anspruchserhebung, vgl. Begr. RegE BT-Drucks. 16/3945 S. 85.
4 Siehe Ziffer 1.1 AHB.
5 Vgl. für die Architektenhaftpflichtversicherung BGH VersR 1967, 769, 770; *Garbes*, Die Haftpflichtversicherung der Architekten/Ingenieure, 3. Aufl. 2008, Rn. 3; Späte/Schimikowski/*v. Rintelen*, Ziffer 1 AHB Rn. 31.

II. Schadenereignis

Weitestgehende Verbreitung besitzt das Prinzip des Schadenereignisses, das den AHB zugrunde liegt (vgl. Ziffer 1.1 AHB). Diese Definition des Versicherungsfalls stellt das Ursprungsprinzip der Haftpflichtversicherung dar. Ausschlaggebend ist der Zeitpunkt des Verhaltens, das unmittelbar eine Schädigung des geschützten Rechtsguts hervorruft. Damit ist der Zeitpunkt angesprochen, der erstmals zu einer **negativen Beeinträchtigung des unversehrten Zustands des geschützten Rechtsguts** führt.[6] Es kommt bei dieser Definition des Versicherungsfalls gerade nicht darauf an, zu welchem Zeitpunkt sich die Verursachung der Schädigung erstmals der Außenwelt offenbart hat. Relevant ist allein der Zeitpunkt des erstmaligen Schadenereignisses, selbst wenn die Schädigung oder Beeinträchtigung sich vorerst nur in einem inneren und nach außen nicht sichtbaren Bereich ergibt.

III. Manifestation (erstmalige Feststellung des Schadens)

Im Bereich schwer feststellbarer Umweltschäden ist die Bestimmung eines konkreten Schadenereignisses aus tatsächlichen Gründen in vielen Fällen unmöglich. So sind insbes. Konstellationen denkbar, bei denen sich letztlich aufgetretene Schäden nicht auf ein bestimmtes Ereignis zurückführen lassen, sondern über einen längeren Zeitabschnitt allmählich entstanden sind. Um für solche Risiken ein geeignetes Versicherungskonzept anbieten zu können, wird insbes. im Rahmen der Umwelthaftpflichtversicherungen als Definition des Versicherungsfalls der Zeitpunkt herangezogen, in dem der Schaden zum ersten Mal nachprüfbar festgestellt wird. Dieser **erstmalig wahrnehmbare Schadeneintritt** wird als Tatsache i.S.v. § 100 dem Versicherungsschutz zugrunde gelegt. Als Beispiel kann die infolge einer Umwelteinwirkung verursachte und erstmals mittels einer medizinischen Untersuchung festgestellte chronische Erkrankung einer betroffenen Person genannt werden.

IV. Anspruchserhebung

Durch das Abstellen auf die Erhebung des Schadenersatzanspruchs als Tatsache i.S.v. § 100 wird der Versicherungsfall unabhängig vom eingetretenen Schaden definiert. Diese Bestimmung des Versicherungsfalls (claims-made-Prinzip) wird seitens der VR bei schweren Haftpflichtrisiken bevorzugt. Nur bei dieser Definition des Versicherungsfalles ist es für den VR möglich, sich effektiv vom Risiko zu trennen. Alle anderen Definitionen bergen die Gefahr, dass einst versicherte Risiken erst nach Ablauf der Versicherungszeit entdeckt und dem VR gemeldet werden. Liegen Verstoß, Schadenereignis oder Manifestation allerdings noch innerhalb der Versicherungszeit, so muss der VR auch nach Ablauf des Vertrages dafür haften. Um dieser Gefahr bei eingetretenen, aber noch nicht gemeldeten Haftpflichtschäden bei Haftpflichtrisiken zu begegnen, wird vereinbart, dass der Versicherungsfall **auf den Zeitpunkt der Anspruchserhebung des Geschädigten** fällt. Nach Beendigung des Haftpflichtversicherungsvertrages sind dann neu auftretende Schäden, die durch frühere Pflichtverstöße oder Rechtsgutsverletzungen eingetreten sind, ohne die Vereinbarung entsprechender Nachhaftungszeiträume nicht mehr versichert. Hauptanwendungsfall in der deutschen Haftpflichtversicherung stellt die sog. D&O-Versicherung dar. Daneben sind weitere Bereiche schwerer Einzelrisiken betroffen (z.B. Pharma-Haftpflicht).

Die **Vereinbarkeit des claims-made-Prinzip mit AGB-Recht** wird in der Literatur im Grundsatz überwiegend befürwortet.[7] Auch der Reformgesetzgeber ist von einer solchen Vereinbarkeit ausgegangen. Die Rechtsprechung ist dieser Einschätzung in ersten dazu ergangenen Urteilen – unter Einschränkungen für die D&O-Versicherung – gefolgt.[8] So sei das claims-made-Prinzip **nicht überraschend i.S.v. § 305c BGB**, da ein durchschnittlicher D&O-VN feststellen könne, dass die D&O-Versicherung in Deutschland nur unter dem claims-made-Prinzip angeboten werde.[9] Weiter benachteilige das claims-made-Prinzip den VN und die Mitversicherten **nicht unangemessen i.S.v. § 307 BGB**, solange dessen Wirkungen eingegrenzt werden. Das OLG München erkennt schwerwiegende Nachteile des claims-made-Prinzips[10], die aber durch korrespondierende Vorteile ausgeglichen werden können. Bei D&O-Versicherungen können solche Vorteile z.B. in einer zeitlich unbegrenzten Rückwärtsversicherung zu sehen sein. Damit werden alle Ansprüche versichert, die in der Versicherungszeit erhoben werden, auch wenn sich die maßgebliche Pflichtverletzung davor abspielte.

Die Vereinbarung einer angemessenen Nachhaftung mindert ebenfalls die Nachteile des claims-made-Prinzips.[11] Fehlt eine Regelung zur Nachhaftung, sind nach Beendigung des Versicherungsvertrags auftretende und geltend gemachte Schäden nicht versichert, auch wenn die maßgebliche Pflichtverletzung im Zeitraum der letzten Versicherung liegt. Daraus ergibt sich das Bedürfnis einer kontinuierlichen Weiterversicherung, je-

---

6 Näheres zum Begriff und der Entwicklung der Schadenereignis- bzw. Folgeereignistheorie *Littbarski*, AHB, 2001, § 1 Rn. 8 ff.; R/L/*Langheid*, § 100 Rn. 58 ff.
7 Veith/Gräfe/Gebert/*Lange*, § 21 Rn. 75; *Thümmel*, Rn. 464; *v. Westphalen* VersR 2011, 145, 150 ff.; mit Bedenken zur Zulässigkeit *H. Baumann* NZG 2010, 1366, 1371; Hauschka/Moosmayer/Lösler/*Pant*, § 8 Rn. 18.
8 OLG München VersR 2009, 1066; LG München I VersR 2009, 210.
9 OLG München VersR 2009, 1066, 1067.
10 Es besteht kein Versicherungsschutz für Pflichtverletzungen, die in der Versicherungszeit begangen werden, deren Schäden aber erst nach Ablauf der Versicherungszeit entstehen und/oder geltend gemacht werden.
11 OLG München VersR 2009, 1066, 1068; ebenso LG München I VersR 2009, 210, 212.

denfalls bis zum möglichen Eintritt der Verjährung. Das Risiko, welches sich bei anderen Versicherungen aus den Spätfolgen ergibt, bleibt ungeachtet des Versicherungsvertrages beim VN und den versicherten Personen. Die Interessen der VN könnten infolge dieser Wirkung nicht hinreichend berücksichtigt sein. Daher dürfte das claims-made-Prinzip **nur dann keine unangemessene Benachteiligung** (i.S.v. § 307 BGB) darstellen, wenn eine **angemessene Nachhaftung** vereinbart ist.[12] Unter Berücksichtigung anderer europäischer Länder, in denen die Nachhaftungsfristen gesetzlich geregelt sind, werden in der Literatur jedenfalls Nachhaftungsfristen von **rund drei Jahren** als angemessen bewertet.[13] Speziell auf die D&O-Versicherung bezogen, erscheinen Nachhaftungsfristen von fünf Jahren wegen der Verjährungsregelung aus § 93 VI AktG für nichtbörsennotierte Gesellschaften interessengerecht. Eine solche lange Nachhaftung soll nach Ansicht des OLG Frankfurt (Main) AGB-rechtlich aber nicht gefordert sein.[14] Im Ergebnis ist eine differenzierte Beurteilung des claims-made-Prinzips geboten. Das claims-made-Prinzip verbessert die Kalkulierbarkeit für die Risikoträger und fördert und erleichtert damit die Bereitstellung von Kapazitäten bei schweren und besonders exponierten Risiken. Dies dient auch dem Interesse der VN soweit z.B. hohe Versicherungssummen (Pharma, Excedenten-Haftpflicht, Kapitalmarktrisiken) betroffen sind. Hier sind im Interesse der Bereitstellung angemessener Versicherungssummen nur eingeschränkte Anforderungen seitens des VN zu stellen. Findet das claims-made-Prinzip dagegen Anwendung auf begrenzten Risiken, sind die Anforderungen an einen Ausgleich der geschilderten Nachteile höher, um eine unangemessene Benachteiligung der VN zu vermeiden.

10 Das Abstellen auf das Erheben des Schadenersatzanspruchs könnte weiter nach dem Wortlaut des § 100 Bedenken erzeugen. Es erscheint fraglich, ob der Begriff »Tatsache« schlüssig auf einen Umstand angewandt werden kann, der **mit dem Eintritt des eigentlichen Schadens nicht verbunden** ist. Allerdings bleibt zu beachten, dass bei der Neufassung des VVG gerade auf eine genaue Festlegung des Versicherungsfalls verzichtet und darüber hinaus die Definition der Anspruchserhebung explizit unter § 100 subsumiert wurde.[15] Auch ist zu berücksichtigen, dass die Anspruchserhebung an ein zeitlich vorgelagertes Schadenmoment durch Pflichtverletzungen oder Ähnliches anknüpft. Die Anspruchserhebung kann also als in gewissem Umfang **akzessorisch** gegenüber der Pflichtverletzung verstanden werden.[16] Im Ergebnis ist damit auch von einer Kompatibilität der Anspruchserhebung als Versicherungsfalldefinition mit dem Wortlaut des § 100 auszugehen.[17]

V. Bewertung

11 Da in den Motiven zu § 100 die Klarstellung erfolgte, dass auf eine genaue Festlegung des Versicherungsfalls bewusst verzichtet wurde, sind die in den jeweiligen allgemeinen Versicherungsbedingungen festgeschriebenen Rahmenbedingungen zum Versicherungsfall in der Haftpflichtversicherung maßgeblich.

Umstritten erscheint, inwiefern Bestimmungen zur Definition des Versicherungsfalles der Klauselkontrolle nach §§ 305 ff. BGB unterliegen. Verschiedene Instanzgerichte in München waren in dieser Rechtsfrage unterschiedlicher Ansicht. Der IV. Zivilsenat des BGH hat zwar 2014 in einem Schadenfall handwerklicher Dienstleistung zur allgemeinen Haftpflichtversicherung entschieden, dass die Versicherungsfalldefinition zum Kern der Leistungsbeschreibung in der Haftpflichtversicherung gehört und einer Inhaltskontrolle nach §§ 307 ff. BGB entzogen sei.[18] Im Verfahren wurde gestritten, inwieweit eine bisher nicht mitversicherte zusätzliche handwerkliche Tätigkeit des VN, die schon vor Vertragsbeginn vorgenommen wurde, versichert sei. Die Auslegung des »Schadenereignisprinzips« ergab im Streitfall ein Abstellen auf einen Zeitpunkt, der innerhalb des versicherten Zeitraums lag.[19] In diesem Zusammenhang hat der BGH entschieden, es unterlägen nur solche Klauseln der Kontrolle nach §§ 307 ff. BGB, die das Leistungsversprechen des VR **einschränken, verändern, ausgestalten oder anderweitig umgestalten**.[20] Dieses Verständnis des Kerns der Leistungsbeschreibung stimmt grundsätzlich mit EU-Recht überein. Danach stellen Klauseln, die die Verpflichtung des VR festlegen und den Vertrag als solchen charakterisieren, Hauptleistungsversprechen dar.[21]

12 Der Entscheidung des BGH ist im Sinne eines umfassenden Verständnisses nicht zuzustimmen.[22] Charakteristisch für die Haftpflichtversicherung sind die in § 100 genannten Verpflichtungen des VR: die Freistellung von begründeten und die Abwehr unbegründeter Ansprüche.[23] In welchem Umfang (als Folge der Versiche-

---

12 Andere Ansicht insoweit OLG München VersR 2009, 1066, 1068; ebenso LG München I VersR 2009, 210, 212.
13 So *Koch* VersR 2011, 295, 302 m.w.N.; für eine 36-monatige Nachhaftungsfrist auch *Schimikowski* r+s 2009, 327, 331.
14 OLG Frankfurt (Main) r+s 2013, 329.
15 Vgl. Begr. RegE BT-Drucks. 16/3945 S. 85.
16 *H. Baumann* VersR 2012, 1461, 1467.
17 Zur AGB-rechtlichen Zulässigkeit des Anspruchserhebungsprinzips als Versicherungsfall erstmalig LG München NJOZ 2008, 4725 ff.; siehe dazu Entscheidungsanmerkung *Schramm* VW 2008, 2071 ff.
18 BGH r+s 2014, 228, 230; zustimmend P/M/*Lücke*, § 100 Rn. 25.
19 BGH r+s 2014, 228, 231.
20 P/M/*Armbrüster*, 1. Einleitung Rechtsgrundlagen des Versicherungsvertrages Rn. 92.
21 *Armbrüster* NJW 2015, 1788, 1789.
22 Vgl. auch *H. Baumann* VersR 2012, 1461, 1467; *Koch* VersR 2014, 1277, 1280; *Schimikowski* VersR 2012, 1533, 1537; *v. Westphalen* VersR 2011, 145, 150.
23 So auch OLG München VersR 2009, 1066, 1067.

rungsfalldefinition) Versicherungsschutz gewährt wird, besitzt keine Auswirkung auf die Leistungsverpflichtung des VR an sich. Vielmehr ist die Versicherungsfalldefinition als eine (zeitliche) Einschränkung des Versicherungsschutzes zu begreifen. Für eine Kontrollfähigkeit spricht auch die Entscheidung des IV. Zivilsenats des BGH zur Rechtsschutzversicherung, nach der eine inhaltliche Kontrolle der Versicherungsfalldefinition möglich ist.[24] Der Gesetzgeber hat, wie sich aus der Gesetzesbegründung entnehmen lässt, sowohl für die Haftpflichtversicherung in § 100 als auch für die Rechtsschutzversicherung in § 125 bewusst auf eine gesetzliche Definition des Versicherungsfalls verzichtet.[25]

Warum der IV. Zivilsenat bei diesen zwei Entscheidungen trotz der gleichlautenden Gesetzesbegründung unterschiedliche Kontrollmaßstäbe angelegt hat, ist nicht ersichtlich.[26] Grundsätzlich kann davon ausgegangen werden, dass in der allgemeinen Haftpflichtversicherung die Definition des Versicherungsfalls auf Basis des »Schadenereignisses« keine nachteiligen Wirkungen für die VN beinhaltet.

Eine Klauselkontrolle nach § 305c BGB und § 307 I 2 BGB (Transparenz) kann auch bei Hauptleistungsversprechen durchgeführt werden.[27] Etwas anderes soll jedoch dann gelten, wenn für Hauptleistungsversprechen, die zugleich essentialia negotii sind, eine gesetzliche Auffangregelung fehlt und eine intransparente Regelung zur Unwirksamkeit des gesamten Vertrages führen würde.[28] Um dieses Ergebnis von vornherein zu vermeiden, erklärte der BGH die Transparenzkontrolle für nicht anwendbar. Der Entscheidung liegt der Gedanke zugrunde, den VN durch die Aufrechterhaltung des Vertrages zu schützen.[29] Dies könnte jedoch zu dem paradoxen Resultat führen, dass die Definition des Versicherungsfalles praktisch keiner Klauselkontrolle mehr unterliegt. Ob der BGH dieses Ergebnis mit seiner Entscheidung erreichen wollte, ist – gerade vor dem Hintergrund der Entscheidung zur Rechtsschutzversicherung – fraglich. Vorliegend kam es auf eine Inhalts- bzw. Transparenzkontrolle auch nicht an, da infolge der Auslegung der AHB Versicherungsschutz zunächst bestand. Könnte der VR seinen AHB jede beliebige Definition des Versicherungsfalles zugrunde legen, birgt dies die Gefahr, dass der VR seine Verwender-Position unangemessen ausnutzt. Einen Missbrauch der einseitigen Inanspruchnahme der Vertragsfreiheit durch den Verwender sollen die §§ 305 ff. BGB aber gerade verhindern.[30]

13

In sich ist die Schlussfolgerung des BGH, das Nichtvorhandensein einer gesetzlichen Ersatzregelung führe im Falle der Unwirksamkeit von essentialia negotii aufgrund von Intransparenz zur Unwirksamkeit des ganzen Vertrages, zwar konsequent.[31] Geht man jedoch davon aus, dass die Versicherungsfalldefinition nicht zum Kern der Leistungsbeschreibung gehört, so können im Falle einer Unwirksamkeit, sowohl aufgrund von inhaltlicher Unangemessenheit als auch aufgrund von Intransparenz, als **gesetzliche Vorschriften** i.S.d. § 306 II BGB die §§ 133, 157 BGB Anwendung finden. Eine ergänzende Vertragsauslegung kann mithin in beiden Fällen der Lückenfüllung dienen.[32] Der Einwand von *Bruns*, bloße Intransparenz solle grundsätzlich ohne inhaltliche Unangemessenheit keine Unwirksamkeit begründen können,[33] verkennt, dass § 307 I 2 BGB ansonsten weitgehend leer laufen würde.[34] Dies entspricht auch der Rspr. des BGH.[35] Im Bereich des Versicherungsvertragsrechts benachteiligt eine intransparente Klausel den VN insofern unangemessen, als dass die Gefahr besteht, dass er seine Rechte nicht erkennt und daher auch nicht geltend machen wird.[36]

14

Handelt es sich um eine intransparente Versicherungsfalldefinition, so soll der bislang unverständliche Regelungsgehalt als Ergebnis der ergänzenden Vertragsauslegung zumindest transparent zur Geltung kommen. Ob dies auch zwangsläufig zu einer materiellen Besserstellung des VN führen muss, ist umstritten.[37] Dafür spricht die generelle Sanktionswirkung des AGB-Rechts, die den VR dazu anhalten soll, von vornherein hinreichend klare Regelungen zu formulieren.[38] Wirtschaftliche Nachteile, die dem VN aufgrund einer intransparenten Regelung nicht erkennbar waren, müssen zwar nicht notwendigerweise inhaltlich unangemessen

15

---

24 BGH NJW 2014, 2042.
25 Begr. RegE BT-Drucks. 16/3945 S. 91.
26 Für eine Gleichbehandlung auch *Armbrüster* NJW 2015, 1788, 1789, der sich jedoch insgesamt gegen eine Inhaltskontrolle ausspricht.
27 Vgl. allgemein R/L/*Römer*, Vor § 1 Rn. 64; Bamberger/Roth/*Schmidt*, § 307 Rn. 85.
28 Wie für den Versicherungsfall in der Haftpflichtversicherung, vgl. BGH r+s 2014, 228, 230.
29 BGH r+s 2014, 228, 230.
30 VersHb/*Beckmann*, § 10 Rn. 200; Bamberger/Roth/*Schmidt*, § 307 Rn. 1.
31 Zur Problematik unwirksamer essentialia negotii s. Staudinger/*Coester* (2006), § 307 Rn. 318.
32 So P/M/*Armbrüster*, 1. Einleitung Rechtsgrundlagen des Versicherungsvertrages Rn. 203; zur ergänzenden Vertragsauslegung ausführlich MünchKommBGB/*Basedow*, § 306 Rn. 22 ff.
33 L/W/*Bruns*, 1. Aufl. 2010, BGB § 307 Rn. 34 f.; so auch VersHb/*Beckmann*, § 10 Rn. 236.
34 BGH r+s 1998, 4, 6; Terbille/*Höra*, § 1 Rn. 75; Terno r+s 2004, 45, 51; im Grundsatz auch P/M/*Armbrüster*, 1. Einleitung Rechtsgrundlagen des Versicherungsvertrages Rn. 165.
35 Zur Unwirksamkeit einer Klausel wegen Intransparenz vgl. BGH NJW 1999, 635, 637 f.
36 R/L/*Römer*, Vor § 1 Rn. 82.
37 Verneinend u.a. P/M/*Armbrüster*, 1. Einleitung Rechtsgrundlagen des Versicherungsvertrages Rn. 203; Baroch Castellví NVersZ 2001, 529, 533.
38 BGH NJW 2005, 3559, 3564 f.

sein. Es erscheint jedoch unbillig, den VN trotz Unwirksamkeit der Klausel im Wege der ergänzenden Vertragsauslegung an diesen Nachteilen festzuhalten. Eine Ausnahme muss nur dann gelten, wenn eine inhaltsgleiche Ersetzung dem hypothetischen Parteiwillen vollumfänglich entspricht.[39] Dies wird jedoch selten der Fall sein, zumal der ergänzenden Vertragsauslegung ein objektiv-generalisierender Maßstab zugrunde liegt.[40] Insgesamt kann durch die ergänzende Vertragsauslegung grundsätzlich ein angemessener Interessenausgleich gewährleistet werden, durch den der VN u.U. sogar stärker geschützt wird als durch das bloße Aufrechterhalten des Vertrages in seiner ursprünglichen Gestalt.[41] Die ergänzende Vertragsauslegung hat der BGH ausdrücklich nicht nur in seiner Rspr. zur Tagespreisklausel[42] bei inhaltlicher Unangemessenheit für anwendbar erklärt, sondern auch für den Fall der Intransparenz einer Regelung[43].

16 Es gilt zu bedenken, dass die zeitliche Zurechnung des Schadenereignisses in der Haftpflichtversicherung **große Bedeutung für den Leistungsumfang des Haftpflichtversicherers** besitzt. So wird z.B. in einer klassischen Haftpflichtversicherung auf Basis des Schadenereignisprinzips für jedes Versicherungsjahr die vertraglich geschuldete Versicherungsleistung zur Verfügung gestellt. Bei lang laufenden Verträgen kommen so sehr hohe Kapazitäten zustande, die dem VN bei erst spät erkannten Schäden zu Gute kommen können. Die alternativen Versicherungsfalldefinitionen auf Basis der Manifestation oder der Anspruchserhebung begrenzen dagegen die Versicherungsleistung i.d.R. auf die Versicherungssumme der aktuellen Versicherungsperiode und bedeuten so eine deutliche Verringerung der nominalen Versicherungsleistung. In Kombination mit dazu üblichen Serienschadenklauseln ist bei der Gestaltung von allgemeinen Versicherungsbedingungen besondere Aufmerksamkeit geboten.

C. Verantwortlichkeit des VN

17 § 100 stellt auf die Anspruchserhebung eines Dritten »auf Grund der Verantwortlichkeit des VN« ab. Die Einstandspflicht des VN kann sich aus Gesetz oder vertraglicher Regelung ergeben. Ein Verschulden des VN ist dabei durchaus entbehrlich.[44] Im Gegensatz zu Ziffer 1.1 AHB enthält § 100 keine Beschränkung der Haftpflichtversicherung auf Ansprüche aufgrund **gesetzlicher Haftpflichtbestimmungen privatrechtlichen Inhalts**. Zwar wird die Versicherung privatrechtlicher Ansprüche auch zukünftig den überwiegenden Schwerpunkt der Haftpflichtversicherungen darstellen. Die Haftpflichtversicherer bieten in Deutschland aber auch im Rahmen der sog. Umweltschadenversicherungen mittlerweile die Mitversicherung öffentlich-rechtlicher Ansprüche an. Die Mitversicherung konkurrierender öffentlich-rechtlicher Ansprüche war darüber hinaus bereits im Rahmen der Umwelthaftpflichtversicherung nicht ausgeschlossen. § 100 überlässt daher zu Recht die Definition des zu versichernden Haftungsrisikos den Versicherungsbedingungen des jeweiligen Versicherungsproduktes.

D. Geltendmachung von Ansprüchen durch den Dritten

18 Bei der Haftpflichtversicherung muss die Geltendmachung der Ansprüche durch einen sog. »Dritten« erfolgen. Dies entspricht der Grundkonstellation der Haftpflichtversicherung als »Passivversicherung«, die Schutz im Hinblick auf von außen gegen den VN gerichtete Schadenersatzansprüche bietet. Dabei bedarf es nicht in jedem Fall einer fremden Person, die einen in den Bereich des Versicherungsvertrages fallenden Haftpflichtanspruch erhebt, der nicht der Kompensation eines Eigenschadens dient.[45] Die Bezeichnung des Dritten ist zunächst unabhängig vom Begriff des Haftpflichtanspruchs und der Anspruchserhebung zu betrachten. So ist Dritter grundsätzlich **jede Person, die nicht Vertragspartei ist**.[46] Es finden sich jedoch zahlreiche **Sonderkonstellationen** in der Haftpflichtversicherung, auf welche der Begriff des Dritten nach dem Wortlaut des § 100 nicht uneingeschränkt anwendbar ist. Weiterhin kann in den jeweiligen Vertragswerken, so z.B. durch die AHB, eine Beschreibung des Dritten vorgenommen werden. Der dispositive Charakter des § 100 sowie das Fehlen einer Definition der Person des Dritten sowohl in § 100 selbst als auch in der Gesetzesbegründung lassen den Schluss zu, dass eine den Wortlaut modifizierende oder diesem sogar entgegenstehende vertragliche Vereinbarung zulässig ist. Dies ist in der Praxis auch üblich. So finden sich z.B. in Ziffer 7.4 AHB und Ziffer 7.5 AHB zahlreiche Ausschlüsse hinsichtlich der Person des Dritten.

---

39 Vgl. P/M/*Armbrüster*, 1. Einleitung Rechtsgrundlagen des Versicherungsvertrages Rn. 203.
40 Vgl. BGH NJW 2012, 1865, 1868; MünchKommBGB/*Busche*, § 157 Rn. 32.
41 Entscheidend ist, was die Parteien vereinbart hätten, wäre ihnen die Unwirksamkeit der Klausel bekannt gewesen, vgl. BGH NJW 1984, 1177, 1178.
42 BGH NJW 1984, 1177.
43 BGH NJW 2005, 3559, 3565.
44 So kann die Verantwortlichkeit ein Verschulden des VN voraussetzen oder nicht nach *Schneider*, § 149 S. 425.
45 So noch P/M/*Voit/Knappmann*, § 149 Rn. 18; zu den Eigenschäden nun auch P/M/*Lücke*, § 100 Rn. 36.
46 Zur Person des Dritten *Stelzer* VersR 1965, 321, 322.

E. Sonderkonstellationen
I. Versicherung für fremde Rechnung, § 43
1. Durch Handlungen des VN geschädigter Mitversicherter

Häufig sehen allgemeine Haftpflichtversicherungen die **Mitversicherung weiterer Personen** vor. So werden typischerweise im Rahmen der privaten Haftpflichtversicherung Familienangehörige mitversichert. Bei Haftpflichtversicherungen im gewerblichen Bereich ist die Mitversicherung zahlreicher Personen wie Mitarbeiter oder mit Sonderaufgaben Beauftragter üblich. Nach dem Wortlaut des § 100 könnte es zweifelhaft erscheinen, ob die Person des durch die Handlung des VN geschädigten Mitversicherten als Dritter eingestuft werden kann. Fehlen vertragliche Abreden der Vertragsparteien bezogen auf die Person des »Dritten« oder sind sie unwirksam, so ist im Ergebnis davon auszugehen, dass die mitversicherte Person als Dritter i.S.d. Haftpflichtversicherung vom Versicherungsumfang erfasste Ansprüche erheben kann.[47] Die mitversicherten Personen sind zwar mittelbar am Versicherungsvertrag beteiligt, da der Versicherungsvertrag zu ihren Gunsten wirkt. Sie sind jedoch nicht unmittelbare Vertragspartei und wären – ohne Stellung als Dritter i.S.d. § 100 – auf die Inanspruchnahme des VN als Schädiger verwiesen, der die Schadenersatzforderung ggf. ohne Inanspruchnahme seiner Versicherung nicht vollumfänglich tilgen kann.

19

2. Durch Handlungen des Mitversicherten geschädigter VN

Komplex ist die Fragestellung, ob der VN selbst anspruchstellender »Dritter« i.S.d. Haftpflichtversicherung sein kann.[48] Basis dieser Konstellation sind Schadenereignisse, bei denen **der VN selbst durch die Handlungen Mitversicherter geschädigt** wurde. Dies ist typischerweise im Rahmen von D&O-Versicherungen der Fall.[49] Bei der D&O-Versicherung wird unter anderem Schutz auf Ersatz von Vermögensschäden bei Innenansprüchen gegen Organe von Kapitalgesellschaften (Vorstand, Aufsichtsrat) geboten. VN dieser Versicherung ist i.d.R. das Unternehmen, also die Kapitalgesellschaft selbst. Versicherte Personen sind dagegen die Mitglieder der Organe der Kapitalgesellschaft.

20

Primär ist darauf abzustellen, dass der VN von einer **anderen** Person geschädigt wurde, er also selbst der Geschädigte ist, und seine Ansprüche gegen den Verantwortlichen auch geltend machen können muss. Dass letztendlich der Geschädigte selbst zugleich VN ist, steht dem dispositiven § 100 nicht entgegen. Der Anspruchsteller ist zwar begrifflich Vertragspartei und somit grundsätzlich zunächst nicht Dritter. Würde aber in dieser Konstellation der Versicherungsschutz mangels Vorliegens eines Dritten versperrt, müsste der Schädiger ungeachtet seiner Stellung als versicherte Person selbst haften. Das Institut der Versicherung für fremde Rechnung würde leer laufen und dem Rechtsprodukt der Haftpflichtversicherung widersprechen. Der Abschluss der Versicherung dient gerade dem Ziel, einen leistungsfähigen Schuldner im Schadenfall sicherzustellen. Den VN als »Dritten« i.S.d. § 100 abzulehnen, würde damit dem **Schutzzweck** der Haftpflichtversicherung entgegenlaufen.

21

Darüber hinaus muss der **Zweck der Haftpflichtversicherung** gewahrt bleiben, der darin liegt, den VN oder die sich in seiner Sphäre befindlichen Mitversicherten von begründeten Ansprüchen freizustellen. Dies muss auch dann gelten, wenn ausnahmsweise, i.d.R. im Rahmen der AVB angeordnet, der Anspruch seitens des VN selbst geltend gemacht wird. Zusammenfassend lässt sich damit erkennen, dass bei einer Versicherung für fremde Rechnung der VN je nach Ausgestaltung des Versicherungsprodukts ebenfalls als anspruchsberechtigter Dritter angesehen werden muss. Es handelt sich aufgrund der fehlenden Identität zwischen VN und dem mitversicherten Schädiger nicht um einen Eigenschaden des VN.

In einigen Sonderprodukten der Haftpflichtversicherung ist außerdem die **Mitversicherung echter Eigenschäden** vorgesehen. Dieses Instrument findet insbes. im Bereich der Vermögensschadenhaftpflichtversicherung Anwendung. So werden z.B. durch fehlerhafte Transaktionen verursachte Schäden im Vermögen eines Finanzdienstleistungsunternehmens in nicht seltenen Fällen als sog. Eigenschäden im Rahmen der Haftpflichtversicherung versichert. Der Zulässigkeit einer solchen Mitversicherung im Rahmen der Haftpflichtversicherung könnte **der Gedanke an einen späteren Haftpflichtprozess** entgegenstehen.[50] Die Leistungspflicht des VR umfasst die Abwehr unberechtigter Ansprüche gem. § 100. Der VR muss damit in solchen Fällen im Haftpflichtprozess den Anspruch des geschädigten VN, der letztendlich Vertragspartei und Prämienschuldner ist, ggf. zunächst abwehren. Diese Abwehr eines unberechtigten Anspruchs könnte zu einer Beeinflussung des Vertragsverhältnisses zwischen dem VN und dem VR in nachteiliger Weise führen. Zur Vermeidung solcher Interessenkollisionen könnte daran gedacht werden, derartigen Versicherungsschutz vom Grunde her den Regeln der Sachversicherungen zuzuordnen.

22

---

47 So auch BK/*H. Baumann*, § 149 Rn. 118.
48 Siehe dazu BGH VersR 2016, 786, 788; dies noch ausdrücklich verneinend *Kramer* VersR 1964, 1220, 1221; *Schütz* VersR 1968, 29, 30.
49 Zur VN als »geschädigte« Dritte in der D&O-Versicherung *Schimmer* VersR 2008, 875, 877.
50 *Schimikowski* NVersZ 1999, 545, 547 bezeichnet die Versicherung von Eigenschäden im Rahmen der Haftpflichtversicherung als ihr »wesensfremd«.

23 Allerdings ist zu berücksichtigen, dass der VN die Leistungsverpflichtung des VR kennt. Die Leistungsverpflichtung in § 100 **erfasst ausdrücklich die Abwehr** unberechtigter Ansprüche, unerheblich von wem diese erhoben werden. Können Eigenschäden im Rahmen der Haftpflicht nicht mitversichert werden, kann auch daraus eine Verschlechterung des Vertragsverhältnisses zwischen VN und VR resultieren, da ein **wesentlicher Versicherungsbedarf des VN** nicht gedeckt wäre. Im Ergebnis ist daher davon auszugehen, dass eine mögliche negative Beeinflussung des Versicherungsvertragsverhältnisses der in Ausnahmefällen begründeten und aufgrund der Privatautonomie möglichen Einbeziehung von Eigenschäden in die Haftpflichtversicherung nicht entgegensteht.

II. Holdingstrukturen

24 Die Einstufung von Schadenersatzansprüchen Dritter könnte auch im Rahmen sog. Holdingstrukturen von Interesse sein. Unabhängig von der in Ausnahmefällen vorgenommenen Mitversicherung von Eigenschäden könnte Verbundgesellschaften innerhalb einer Konzernstruktur die Eigenschaft als Dritter i.S.d. § 100 abgesprochen werden. Demnach wäre bei einem Schaden innerhalb eines Konzernverbundes immer von einem sog. Eigenschaden auszugehen.

25 Eine derartig enge Auslegung des in § 100 normierten Grundgedankens der Haftpflichtversicherung ist jedoch abzulehnen. Der VN oder die mitversicherte Person ist stets von Ansprüchen Dritter freizustellen. Der Begriff des Dritten ist dabei auf Basis der versicherungsvertraglichen Definition **weit** zu verstehen. Für eine enge Definition aus Schutzgründen besteht kein Anlass. Die Freistellungsverpflichtung des VR besteht unabhängig davon, ob die Ansprüche von einem geschädigten Unternehmen innerhalb einer bestehenden Konzernstruktur oder einem anderen Dritten erhoben werden. Damit ist zur Eigenschaft des Dritten i.S.v. § 100 weder auf die rechtliche noch auf die wirtschaftliche Selbstständigkeit der Gesellschaft innerhalb des Konzerns abzustellen.[51] Entscheidend ist allein die in § 100 modifizierte **Verpflichtung des VR, den VN von Ansprüchen Dritter frei zu stellen**. Somit können innerhalb eines verbundenen Unternehmens die einzelnen Gesellschaften Dritte i.S.d. § 100 sein. Die VR könnten sich auf Basis dieses Ergebnisses der **Gefahr einer »freundlichen Inanspruchnahme«** ausgesetzt sehen, die zwischen Tochter- und Muttergesellschaften ausgetragen wird. Interessenkonflikte werden allerdings zutreffender auf Basis besonderer Versicherungsbedingungen geregelt. I.d.R. werden dabei Schadenersatzansprüche auf Ersatz von Vermögensschäden zwischen verbundenen Unternehmen ausgeschlossen. Ersatzansprüche aufgrund von Personenschäden sind dagegen i.d.R. umfassend versichert. Bei Sachschäden wird der Versicherungsschutz bei Ansprüchen verbundener Unternehmen i.d.R. ebenfalls ausgeschlossen sein. Hier sind aber auch differenziertere Regelungen zu beobachten.

III. Konfusion

26 Basierend auf der vorrangigen Freistellungsverpflichtung des VR sind auch Fälle der sog. Konfusion zu entscheiden. Nach dem schädigenden Ereignis eintretende Zufälligkeiten sind unbeachtlich und sollen dem VR nicht grundlos zugutekommen. So kann ein **nachträgliches zufälliges Zusammenfallen** der Person des VN und der Person des Geschädigten den einmal entstandenen Anspruch auf Versicherungsschutz nicht rückwirkend entfallen lassen.[52]

IV. Rückrufkostenversicherung

27 Ebenfalls problematisch ist die Beurteilung von Konstellationen, in welchen es an einem **geschädigten Dritten grundsätzlich fehlt**. Als Beispiel kann die Rückrufkostenversicherung dienen. Der Unternehmer versichert die Kosten, die zum Rückruf eines fehlerhaft hergestellten Produktes aufgewendet werden. Hier können zwar zukünftige Schadenersatzansprüche z.B. nach § 1 ProdHaftG nicht ausgeschlossen werden. Diese sind allerdings bisher noch nicht eingetreten. Es fehlt letztlich an der Anspruchserhebung eines geschädigten Dritten.

28 Rückrufkostenversicherungen sind allerdings zur Vermeidung der Schädigung höherwertiger Rechtsgüter und auch im Interesse der ebenfalls in den Schutzzweck der Haftpflichtversicherung einbezogenen geschädigten Dritten geboten. Die zur Vermeidung späterer und gegebenenfalls weitergehender Schadenersatzansprüche sinnvolle Versicherung von Rückrufkosten dient damit im Vorfeld der Haftpflichtversicherungen einer begrüßenswerten Rückführung eines ansonsten **zu befürchtenden Schadenpotentials**. Auch eine Rückrufkostenversicherung liegt damit im **Präventionsinteresse** des VN sowie der VR und der möglicherweise betroffenen Dritten. § 100 kann hinsichtlich des Begriffs der Anspruchserhebung eines Dritten folglich auch dahingehend ausgelegt werden, dass die Tatbestandsvoraussetzungen der Haftpflichtversicherung vorliegen, falls ein Dritter mit hoher Wahrscheinlichkeit zukünftig einen Anspruch erheben wird.

---

51 Die rechtliche Selbständigkeit voraussetzend BK/*H. Baumann*, § 149 Rn. 124.
52 Ebenso BK/*H. Baumann*, § 149 Rn. 116; R/L/*Langheid*, § 100 Rn. 24; P/M/*Lücke*, § 100 Rn. 40.

V. Aufrechnung

Zu Besonderheiten kommt es, wenn der VN gegen eine Inanspruchnahme durch den Dritten erfolgreich aufrechnet sowie wenn der VN einen Aktivprozess führt und der Dritte mit einer gedeckten Haftpflichtforderung aufrechnet. In beiden Fällen wäre der VR ungerechtfertigt bereichert, hätte er nicht gegenüber seinem VN für dessen erloschene Forderung (bis zur Höhe der Deckungssumme) aufzukommen.[53] Bei einer Aufrechnung durch den Geschädigten gilt dies jedoch nur, wenn die Forderung des VN nicht schon aus anderen Gründen nicht besteht. Stellt sich im Prozess heraus, dass die Forderung des Dritten unbegründet ist, hat der VR die anteiligen Kosten zu tragen, als hätte der Dritte die Forderung selbständig geltend gemacht, denn durch die Aufrechnung wird der Aktivprozess des VN zur Verteidigung.[54] 29

F. Anspruchserhebung

I. Gegenüber dem VN

§ 100 erfordert die Geltendmachung von Ansprüchen durch den Dritten. Unter Geltendmachung und damit der Anspruchserhebung versteht man jede **ernstliche tatsächliche Erklärung** des Dritten gegenüber dem VN, aus der sich ergibt, dass der Dritte Ansprüche zu haben glaubt und diese gegen den VN geltend machen wird.[55] Die Ansprüche müssen nicht begründet sein, sondern lediglich auf einen unter die Haftpflichtversicherung fallenden Tatbestand gestützt werden.[56] Die Ankündigung oder tatsächliche Einleitung eines gerichtlichen Verfahrens seitens des Dritten ist zur Anspruchserhebung nicht erforderlich. Es genügt die außergerichtliche Aufforderung zur Zahlung von Schadenersatz.[57] 30

II. Freistellungsverpflichtung und Abwehranspruch

§ 100 manifestiert die Verpflichtung des VR, den VN von begründeten Ansprüchen freizustellen, und verpflichtet den VR zugleich, unbegründete Ansprüche abzuwehren. Wegen des weiten Verständnisses des § 100 ist dabei eine enge Definition abzulehnen, wonach der VR bei unbegründeten Ansprüchen immer abwehren muss und in keinem Fall freistellen darf. Hierfür spricht bereits, dass im Gesetzeswortlaut keine Konkretisierung des Freistellungsanspruchs auf begründete Ansprüche erfolgt ist. 31

Durch die offene Regelung lässt § 100 dem VR den notwendigen **Ermessensfreiraum**, zwischen unbegründeten Ansprüchen und begründeten Ansprüchen zu unterscheiden.[58] Dem VR steht mithin ein Beurteilungsrecht zu, bei dessen Ausübung er jedoch die Interessen des VN hinreichend zu berücksichtigen hat.[59] Dafür spricht auch die Regierungsbegründung zu § 100: »Dem Versicherungsnehmer steht anstelle des bisher in § 149 VVG [a.F.] geregelten Schadensersatzanspruchs ein Freistellungsanspruch gegen den Versicherer zu.«[60] Zudem wird in Anlehnung an die bisherige Regelung in § 3 II AHB (jetzt Ziff. 5.1 AHB: Stand Januar 2015) klargestellt, dass die Leistungspflicht des VR auch die Prüfung der Haftpflichtfrage an sich und die Abwehr unberechtigter Ansprüche umfasst.[61] Eine Verletzung der vertraglichen Pflichten stellt es demnach dar, wenn der VR ungeachtet eines erkannten begründeten Schadensersatzanspruchs den Anspruch aus wirtschaftlichen Gründen zunächst ablehnt. Damit würde das Ziel verfolgt, eine vertraglich geschuldete Leistung nicht oder nur teilweise zu erbringen. Erkennt also der Versicherer einen berechtigten Schadenersatzanspruch, steht ihm kein Wahlrecht zu. Er ist zur Wahrnehmung der Interessen des VN, folglich zur Befriedigung des Anspruchs verpflichtet.

Der VR ist damit verpflichtet, den VN **von allen Ansprüchen,** die gegen ihn erhoben werden, **entweder freizustellen oder die Ansprüche abzuwehren.** Die beiden Handlungsalternativen prägen das Wesen der Haftpflichtversicherung als Hauptleistungspflichten in gleichem Umfang.[62] 32

Die weitgehende Pflicht aus § 100 erfordert es, dass der VR alles tut, was gegebenenfalls zur Abwehr eines unberechtigten Anspruchs notwendig ist. Der VR trägt dabei allein die **aus der Prüfung und Abwehr folgende Arbeitslast und Verantwortung.** I.d.R. ist diese Verpflichtung des VR zur Abwehr unberechtigter Ansprüche unproblematisch. Das Interesse von VR und VN ist vom Grunde her gleich auf die Abwehr unberechtigter Ansprüche gerichtet. Der VR muss dabei allerdings wie ein beauftragter Anwalt des VN handeln. Dies gilt auch dann, wenn es zu einer Kollision der Interessen zwischen VR und VN kommen sollte. Der VR muss in diesem Fall all seine eigenen Interessen zurückstellen.[63] Das bedeutet z.B. im Fall einer nach außen gegebenen 33

---

53 OGH VersR 1966, 49; LG Berlin VersR 1987, 578.
54 Zum Ganzen auch R/L/*Langheid*, § 101 Rn. 18 f.; P/M/*Lücke*, § 101 Rn. 7.
55 So bereits RGZ 152, 235, 241 f.; im Übrigen BGH NJW 1956, 826, 827; P/M/*Lücke*, § 100 Rn. 14.
56 BGH VersR 1956, 186, 187.
57 BGH VersR 1979, 1117, 1118.
58 Dagegen eng auslegend P/M/*Lücke*, § 100 Rn. 2: jede falsche Entscheidung des VR stelle objektiv einen Verstoß gegen die ihm obliegenden Pflichten dar.
59 HK-VVG/*Schimikowski*, § 100 Rn. 5; für ein umfängliches Erfüllungswahlrecht plädierend *Lange* VersR 2008, 713, 715.
60 Begr. RegE BT-Drucks. 16/3945 S. 85.
61 Vgl. Begr. RegE BT-Drucks. 16/3945 S. 85.
62 Die Hauptleistungspflichten als »gleichrangig« bezeichnend: HK-VVG/*Schimikowski*, § 100 Rn. 5.
63 Siehe dazu BGHZ 119, 276, 281 sowie die jüngere Rspr. nach BGH VersR 2007, 1116, 1117; NJW 2007, 2262, 2263.

gesamtschuldnerischen Haftung des VN mit weiteren nicht versicherten Schädigern, dass der VR zur Anerkennung eines berechtigten Anspruchs verpflichtet bleibt und diesen nach außen regulieren muss. Das Risiko des Ausgleichs der Gesamtschuldner untereinander verbleibt beim VR. Dementsprechend stellt Ziffer 25.2 AHB in Abänderung vorhergehender Bedingungen klar, dass **Weisungen** des VR zur Abwehr und Minderung des Schadens **zumutbar** sein müssen. Die Zumutbarkeit einer Weisung ergibt sich aus einer Abwägung der Interessen im Einzelfall;[64] die Grenzen bestimmen sich dabei nach Treu und Glauben.[65]

34 Weiter ist die Abwehrverpflichtung des Haftpflichtversicherers als **eine seiner Hauptleistungspflichten** zu betrachten.[66] Diese Hauptleistungspflicht umfasst u.a. die Führung des Haftpflichtprozesses auf Kosten des VR sowie die Auswahl und Beauftragung einer Rechtsvertretung. Folge dieser Hauptleistungspflicht des VR ist es, dem VN **rechtzeitig und unmissverständlich** zu erklären, ob er den auf Basis der Versicherungsbedingungen geschuldeten Abwehrschutz gewähren wird. Ist der VR dagegen von seiner Leistungsfreiheit überzeugt und lehnt er den Versicherungsschutz vorbehaltlos ab, lässt er dem VN konkludent zum weiteren Umgang mit den erhobenen Ansprüchen freie Hand und gibt seine Dispositionsbefugnis über das Haftpflichtverhältnis auf.[67] Der VN hat daher nach Ablehnung des Versicherungsschutzes durch den Haftpflichtversicherer keine Obliegenheiten mehr zu erfüllen. Die **Ablehnung des Versicherungsschutzes** erfolgt auf Risiko des Haftpflichtversicherers. Hat der VR ernsthafte Anhaltspunkte für eine Leistungsfreiheit, über die er wegen einer unklaren Sachlage nicht abschließend befinden kann, muss er sich entscheiden, ob er Deckungsschutz gewährt oder nicht, und muss seine Entscheidung dem VN bekannt geben. Der VR kann seiner Pflicht dabei auch dadurch genügen, dass er den Rechtsschutz unter dem Vorbehalt übernimmt, den Versicherungsschutz je nach Ausgang des Haftpflichtprozesses abzulehnen. Der Vorbehalt muss dazu aber auf ungeklärte Schadenumstände gestützt werden. Der bloße Wunsch des VR, erst kurz vor einer abschließenden Schadenregulierung über den Versicherungsschutz entscheiden zu können, ist nicht ausreichend. Auch erfüllt die bloße Empfehlung zur Beauftragung eines Rechtsanwalts nicht die versicherungsvertraglich geschuldete Hauptpflicht.[68]

G. Mit- und Anschlussversicherung[69]

35 In der allgemeinen Haftpflichtversicherung ist neben der klassischen Alleinversicherung des Haftpflichtrisikos in einem einzelnen Versicherungsvertrag auch die Mit- und Anschlussversicherung üblich. Bei der **Mitversicherung** bilden verschiedene zusammenwirkende VR ein gemeinsames Konsortium. Innerhalb dieses Konsortiums wird die geschuldete Versicherungsleistung prozentual auf die Mitversicherer aufgeteilt. Der VN schließt mit jedem VR einen selbständigen Versicherungsvertrag ab;[70] dabei sind jedoch die einzelnen Mitversicherungsverträge schon aufgrund der häufig einheitlichen Ausgestaltung der AVB und der Vereinbarung einer Führungsklausel rechtlich miteinander verbunden.[71] Die Rechtsnatur der Beziehung der Mitversicherer untereinander ist umstritten. Vertreten wird zum einen die Begründung eines vertraglichen Schuldverhältnisses sui generis,[72] zum anderen der Zusammenschluss der Mitversicherer als Innengesellschaft bürgerlichen Rechts.[73]
Jedenfalls ist – schon wegen der zwingenden Abgrenzung zum Institut der Nebenversicherung – nach beiden Ansichten das Bestehen von Nebenpflichten nach § 241 II BGB[74] zugrunde zu legen.
Der Grund für solche Beteiligungsgeschäfte liegt in der kaufmännischen Erkenntnis der VR, dass das zu versichernde Risiko zu groß ist, um allein von einem Risikoträger übernommen zu werden. Anlass kann weiter sein, dass der VN eine Verteilung des Risikos auf verschiedene Risikoträger wünscht. Für das grundsätzliche Modell der Mitversicherung ist zwischen dem führenden VR und den beteiligten VR zu unterscheiden. Der **führende VR** leitet die Verhandlungen mit dem VN oder dem von ihm beauftragten Vermittler. Er handelt somit für seinen eigenen Anteil im eigenen Namen und für die beteiligten VR als Vertreter[75]. I.d.R. ist der von dem führenden VR übernommene Anteil am Vertrag der größte Einzelanteil. Bei den von den **Mitversicherern** übernommenen Anteilen handelt es sich um rechtlich selbstständige Versicherungsverträge, die aus Gründen der Praktikabilität und der damit verbundenen Transparenz des Versicherungsschutzes für den VN zu einem Sammelversicherungsvertrag zusammengefasst sind. Dementsprechend gewähren die im Rahmen des

---

64 Zum Begriff der Zumutbarkeit im VVG vgl. L/W/*Looschelders*, § 82 Rn. 48 f.
65 So BGH VersR 2006, 821 zur Zumutbarkeit von Rettungsmaßnahmen.
66 So auch die stRspr. des BGH, vgl. z.B. BGH VersR 2007, 1116, 1117.
67 Ausdrücklich BGHZ 119, 276, 282.
68 So BGHZ 119, 276, 281.
69 Näheres zum Instrument der Mitversicherung *Schulze Schwienhorst*, in: FS Kollhosser Bd. I, 2004, S. 329 ff.
70 BGH VersR 2012, 178, 179; so bereits *Schaloske* VersR 2007, 606, 609.
71 *Dreher/Lange* VersR 2005, 717, 721.
72 *Dreher/Lange* VersR 2005, 717, 721 ff.
73 *Schaloske*, Folgerungen aus der Dornbracht-Entscheidung für die Praxis der offenen Mitversicherung, 2013, S. 52.
74 Auch Pflichten aus § 241 II BGB bejahend: *Dreher/Lange* VersR 2005, 717, 722, 726.
75 Es ist von der Anwendbarkeit der §§ 666 ff. BGB (bei Entgeltlichkeit gilt § 675 BGB) auszugehen: *Schimikowski*, Rn. 327 f.

Beteiligungsgeschäftes üblichen Klauseln zur Führung und Beteiligung dem führenden VR das Recht, Anzeigen und Willenserklärungen des VN für alle beteiligten VR entgegen zu nehmen. Auch ist der führende VR i.d.R. berechtigt, bestimmte Erklärungen mit Wirkung für die beteiligten VR abzugeben. Ganz überwiegend haften nach den vertraglichen Bestimmungen die beteiligten VR jeweils als Einzelschuldner für ihren Anteil. Die Zurechnung der Kenntnis des führenden VR gegenüber den beteiligten VR ist allerdings weitgehend.[76] Dies gilt für Konsortien der Sachversicherung und Haftpflichtversicherung gleichermaßen.

Der führende Versicherer strukturiert und ordnet den Versicherungsschutz im Interesse des Versicherungsnehmers. Mitversicherern wird es so ermöglicht, sich an der Versicherung ohne eigenen größeren Organisationsaufwand beteiligen zu können. Die Führung wird damit vorrangig im Interesse des VN wahrgenommen. Der VN besitzt das Interesse, Anteile des Risikos verschiedenen Versicherern anzubieten.

Dieser Einordnung widersprechen zwischen den VR verrechnete Führungsprovisionen, die steuerrechtlich als umsatzsteuerpflichtige Umsätze[77] zwischen führenden und beteiligten VR verrechnet werden. Mit diesen Führungsprovisionen sucht der führende Versicherer einen Ausgleich seiner Kosten zu erreichen. Die Kostenverrechnung zwischen beteiligten Versicherern erscheint aufgrund des Vertragszwecks der Führung einer Mitversicherung im Interesse des VN zweifelhaft. Bei prozentualer Verrechnung der Führungsprovisionen wird eine vermeidbare Preistransparenz der Wettbewerber eröffnet. Sachgerechter ist dagegen die Erhebung eines Führungsbeitrages als Teil des geschuldeten Versicherungsbeitrages, der wie andere Beiträge mit Versicherungssteuer zu belegen ist.

Während die Mitversicherung ein in verschiedenen Versicherungsarten typisches Instrumentarium darstellt, ist die sog. **Anschlussversicherung oder auch Exzedentenversicherung** im Schwerpunkt in der Haftpflichtversicherung zu finden. Im Gegensatz zu einem Versicherungsvertrag, in dem die gesamte Versicherungssumme oder sog. »Haftstrecke« in einem Vertrag über das gesamte Risiko geboten wird, ist in der Haftpflichtversicherung mit höheren Versicherungssummen die Aufteilung der Versicherungssummen in einzelne Verträge üblich. Wie bei der Mitversicherung wird das Risiko auf verschiedene VR aufgeteilt. Der Unterschied zur Mitversicherung liegt konstruktiv darin, dass die VR nicht bei jedem Versicherungsfall ihrer Quote entsprechend zur Deckung verpflichtet sind. Vielmehr tritt die Einstandspflicht für die aneinander anschließenden Layer erst ab einer bestimmten Schadenhöhe ein, ab der sie mit der von ihnen zur Verfügung gestellten Summe für den vom VN verursachten Schaden einstehen müssen. 36

Einem Grundvertrag folgen also i.d.R mehrere Anschlussversicherungen. Für das Haftpflichtrisiko des VN sind damit unterschiedliche VR für Grund- und Anschlussversicherungen, die ihre jeweiligen Versicherungsverträge führen, denkbar. Bei solchen Anschlussversicherungen sind Fragen eines möglicherweise abweichenden Versicherungsschutzes zwischen vorangehenden und nachfolgenden Versicherungsverträgen vertraglich zu regeln. Darüber hinaus sollten vertragliche Regelungen für den Fall einer Erschöpfung von vorangehenden Grundverträgen getroffen werden. Regelmäßig werden dazu **sog. »Erschöpfungsklauseln«** (»Drop down«-Klauseln) vereinbart, die einen fortgesetzten Versicherungsschutz wie im Rahmen eines einheitlichen Vertrags gewährleisten: »Wenn der bestehende Grundvertrag nicht mehr oder nicht mehr voll leisten kann, besteht lückenlos Versicherungsschutz im Anschluss an die Leistung des Grundvertrages.« Die Aufteilung des Versicherungsschutzes in Anschlussversicherungen bietet bei einem auf Stabilität ausgerichteten Versicherungsschutz eine größere Vertragssicherheit. Häufig ist es für den VN wirtschaftlicher, Versicherungsschutz auf Grundlage mehrerer Layer einzukaufen, als von vornherein eine höhere Versicherungssumme zu bestellen. Dies entspricht einem divers ausgeprägten Versicherungsmarkt, bei dem sich Anbieter auf unterschiedliche Segmente konzentrieren. Weiter ist das Kündigungsrecht im Schadenfall (§ 111) auf tatsächlich schadenbelastete Versicherungsverträge beschränkt. Bei einem Schadenereignis, das z.B. ausschließlich einen vorangehenden Grundvertrag betrifft, besteht damit keine Kündigungsmöglichkeit für die Anschlussversicherung.

Mit- und Anschlussversicherungen erfordern **ausdrückliche Regelungen zur Koordination des Versicherungsschutzes**, um so im Falle eines größeren und verschiedene Verträge oder Beteiligungen betreffenden Schadenereignisses eine koordinierte und den Interessen des VN entsprechende Versicherungsleistung zu gewährleisten. 37

H. Ausgestaltung durch AHB
I. Einführung[78]

Die Allgemeinen Haftpflichtversicherungsbedingungen (AHB) stellen **eine der wesentlichen Rechtsquellen der Haftpflichtversicherung** dar. Im Folgenden werden dazu die wesentlichen Kernbestimmungen der AHB die Ziffern 1, Gegenstand der Versicherung, Versicherungsfall, sowie Ziffer 5, Leistungen der Versicherung, erörtert. 38

---

76 *Schimikowski* jurisPR-VersR 2/2011 Anm. 6 in Bezug auf OLG Hamm VersR 2011, 469.
77 So BFH DStRE 2013, 995.
78 Zugrunde gelegt werden die Musterbedingungen des GDV, Stand: Januar 2015 zu finden unter: http://www.gdv.de/wp-content/uploads/2015/03/AVB-fuer-die-Haftpflichtversicherung-AHB-Jan2015.pdf; abgerufen am 15.07.2015.

II. Ziffer 1 AHB

1. Gegenstand der Versicherung, Versicherungsfall

1.1 Versicherungsschutz besteht im Rahmen des versicherten Risikos für den Fall, dass der VN wegen eines während der Wirksamkeit der Versicherung eingetretenen Schadenereignisses (Versicherungsfall), das einen Personen-, Sach- oder sich daraus ergebenden Vermögensschaden zur Folge hatte, aufgrund gesetzlicher Haftpflichtbestimmungen privatrechtlichen Inhalts von einem Dritten auf Schadensersatz in Anspruch genommen wird.
Schadenereignis ist das Ereignis, als dessen Folge die Schädigung des Dritten unmittelbar entstanden ist. Auf den Zeitpunkt der Schadenverursachung, die zum Schadenereignis geführt hat, kommt es nicht an.
1.2 Kein Versicherungsschutz besteht für Ansprüche, auch wenn es sich um gesetzliche Ansprüche handelt,
(1) auf Erfüllung von Verträgen, Nacherfüllung, aus Selbstvornahme, Rücktritt, Minderung, auf Schadensersatz statt der Leistung;
(2) wegen Schäden, die verursacht werden, um die Nacherfüllung durchführen zu können;
(3) wegen des Ausfalls der Nutzung des Vertragsgegenstandes oder wegen des Ausbleibens des mit der Vertragsleistung geschuldeten Erfolges;
(4) auf Ersatz vergeblicher Aufwendungen im Vertrauen auf ordnungsgemäße Vertragserfüllung;
(5) auf Ersatz von Vermögensschäden wegen Verzögerung der Leistung;
(6) wegen anderer an die Stelle der Erfüllung tretender Ersatzleistungen.

Ziffer 1.1 AHB ist die maßgebende Bestimmung für den **Versicherungsumfang und die zeitliche Geltungsdauer** der Haftpflichtversicherung. Es werden sowohl das versicherte Risiko, die versicherten Schadenarten und die Definition des Schadenfalls dokumentiert. In Ziffer 1.1 AHB wird für die allgemeine Haftpflichtversicherung als Versicherungsfall ein »während der Wirksamkeit der Versicherung« eintretendes Schadenereignis definiert. Schadenereignis ist die Vornahme der Handlung, die unmittelbar zur Schädigung des dem Schadenersatzanspruch zugrunde liegenden geschützten Rechtsguts führt.[79]

2. Sachlicher Anwendungsbereich

Versichert sind weiter nach Ziffer 1.1 AHB Personen- und Sachschäden aufgrund gesetzlicher Haftpflichtbestimmungen privatrechtlichen Inhalts. Erfasst sind damit grundsätzlich nicht nur alle **deliktischen und quasideliktischen Ansprüche** (§§ 823 ff. BGB, § 7 StVG), sondern auch **Schadenersatzansprüche aus Vertrag**,[80] soweit sie unabhängig vom Willen des VN oder sonstiger Beteiligter eine Haftung auslösen.[81] Dies gilt auch dann, wenn deliktische Ansprüche neben Ansprüchen aus § 280 I BGB geltend gemacht werden (vor der Schuldrechtsmodernisierung: Schadensersatzansprüche aus positiver Vertragsverletzung und culpa in contrahendo), da es sich gleichermaßen um gesetzliche Haftpflichtansprüche handelt, wenn auch letztere auf einer vertraglichen Pflichtverletzung beruhen.[82] Nicht von Ziffer 1.1 AHB erfasst sind vertragliche Erfüllungsansprüche;[83] dies ergibt sich bereits aus Ziffer 1.2 AHB. Ausgeschlossen sind auch deliktische Ansprüche, soweit sie inhaltlich auf die gleiche Leistung gerichtet sind wie der Erfüllungsanspruch.[84]
Kein Versicherungsschutz besteht weiter für öffentlich-rechtliche Ansprüche. Soweit öffentlich-rechtliche Ansprüche mit privatrechtlichen Ansprüchen konkurrieren, führt der öffentlich-rechtliche Anspruch nicht zum Untergang des Versicherungsschutzes.[85] Von der Rechtsprechung von jeher als privatrechtlich und damit als versichert angesehen werden **Ansprüche des Sozialversicherungsträgers nach § 110 SGB VII**.[86] In Ziffer 7.9 AHB wurde ausdrücklich klargestellt, dass Ansprüche aus § 110 SGB VII vom Versicherungsschutz der Haftpflichtversicherung umfasst sind. Weiter setzt der Versicherungsschutz nach Ziffer 1 AHB einen Personen-, Sach- oder sich daraus ergebenden Vermögensschaden voraus.

a) Personenschaden

Unter Personenschäden fallen **physische und psychische**[87] Gesundheitsschädigungen und -verletzungen oder die Tötung anderer Personen wie auch des **ungeborenen Lebens**[88]. Damit sind sowohl alle körperlichen Schäden von Ziffer 1.1 AHB umfasst als auch seelische Beeinträchtigungen. Schadenfälle, bei denen – ungeach-

---

79 Zum Schadenereignisprinzip in der Haftpflichtversicherung vgl. Rdn. 5.
80 Zu den vertraglichen Schadenersatzansprüchen BGH VersR 1983, 1169 (zu § 635 BGB a.F. = § 634 Nr. 4 BGB); BGHZ 43, 88, 89 f. (zu § 538 I BGB a.F. = § 536a I BGB).
81 So schon BGH VersR 1971, 144; ferner *Littbarski*, AHB, 2001, § 1 Rn. 36.
82 *Späte/Schimikowski/v. Rintelen*, Ziffer 1 AHB Rn. 266 ff.
83 »Erfüllungsansprüche sind keine Schadensersatzansprüche«: BGH NJW 1963, 805, 806.
84 *Späte/Schimikowski/v. Rintelen*, Ziffer 1 AHB Rn. 322.
85 B/M/*Koch*, Ziff. 1 AHB 2012 Rn. 61.
86 Vgl. BGH VersR 1969, 363, 364; P/M/*Lücke*, AHB § 1 Rn. 19.
87 BGHZ 56, 163, 167.
88 Dazu BGHZ 93, 351, 356 f.; zum Begriff des Personenschadens *Littbarski*, AHB, 2001, § 1 Rn. 16 ff.

tet der Heilung körperlicher Schäden – Verletzte gleichwohl seelische Beeinträchtigungen beklagen, sind bei der allgemeinen wie auch der Kfz-Haftpflichtversicherung bekannt. Daher sind grundsätzlich auch psychisch bedingte Gesundheitsbeeinträchtigungen als Personenschaden i.S.v. Ziffer 1.1 AHB zu klassifizieren.

Fraglich ist, ob die **Verletzung allgemeiner Persönlichkeitsrechte** unter den Begriff des Personenschadens 43 fällt. Unter dem allgemeinen Persönlichkeitsrecht wird i.d.R. das Recht des Einzelnen verstanden, in seiner Menschenwürde und seiner Individualität von seinen Rechtsgenossen respektiert zu werden und diese frei entfalten zu können.[89] Geschützt ist der Geltungsanspruch jedes Einzelnen in der sozialen Welt.[90] Eine Verletzung des allgemeinen Persönlichkeitsrechts kann demnach unabhängig davon vorliegen, ob ein physischer oder psychischer Personenschaden eingetreten ist. Bei der reinen Verletzung des allgemeinen Persönlichkeitsrechts steht – im Gegensatz zu kompensatorischen Schadenersatzansprüchen – die Genugtuungsfunktion (z.B. Schmerzensgeld) im Vordergrund.[91] Deshalb lässt sich eine Verletzung des allgemeinen Persönlichkeitsrechts nicht auch als Personenschaden i.S.d. Ziffer 1.1 AHB einordnen.[92] Wird jedoch in die körperliche Integrität des Verletzten infolge einer Beeinträchtigung des allgemeinen Persönlichkeitsrechts soweit eingegriffen, dass ein Krankheitswert festgestellt werden kann, liegt möglicherweise ein Personenschaden vor. Unmittelbar beruht dieser Schaden dann letztlich aber doch auf der Verletzung der körperlichen Integrität und nicht auf einer Verletzung des allgemeinen Persönlichkeitsrechts, selbst wenn diese für den Personenschaden ursächlich war. Die Abgrenzung solcher Schadenfälle kann im Einzelfall Schwierigkeiten bereiten. I.d.R. ist die Verletzung des allgemeinen Persönlichkeitsrechts jedoch als Vermögensschaden einzuordnen, der keinen Personenschaden darstellt.[93] Insofern besitzt der Ausschluss von Haftpflichtansprüchen wegen Schäden aus Persönlichkeitsrechtsverletzungen in Ziffer 7.16 AHB rein deklaratorischen Charakter.[94]

Gegenstand der Diskussion sind weiter solche gesundheitlichen Beeinträchtigungen, die aus einem Implantat 44 entstehen können. Wird ein fehlerhaftes Implantat in den Körper eingebracht oder verliert ein Implantat seine Gebrauchsfähigkeit, könnte daran gezweifelt werden, ob von vornherein ein Personenschaden vorliegt. Der EuGH hat diesbezüglich entschieden, dass sich die Produkthaftung des Herstellers u.a. daraus ergibt, dass bei fehlerhaften Implantaten wie Herzschrittmachern oder Cardioverten Defibrillatoren Personenschäden verursacht werden können. Der Schaden, der aufgrund der zur Fehlerbeseitigung notwendig gewordenen Operation eintritt, stellt dabei den Personenschaden dar, für den der Hersteller haften muss.[95]

b) Sachschaden

Ein Sachschaden setzt eine **Einwirkung auf die Sachsubstanz** in der Weise voraus, dass der bisherige Zustand 45 der Sache beeinträchtigt und dadurch ihre Gebrauchsfähigkeit eingeschränkt wird.[96] Dies setzt nicht notwendigerweise eine Verletzung der Sachsubstanz voraus.[97] Die bloße Gefahr einer Wertminderung reicht nach allgemeinen Maßstäben jedoch ebenfalls nicht aus.[98] Weiter stellt auch die Herstellung einer von vornherein mangelhaften Sache keine Schädigung dar.[99] Zur Lösung der sich daraus ergebenden Abgrenzungsprobleme wird i.d.R. für herstellende Unternehmen seitens der Versicherungswirtschaft Versicherungsschutz auf Basis der sog. erweiterten Produkthaftpflichtversicherung geboten.

Ebenso liegt bei einem **Abhandenkommen von Sachen** kein Sachschaden vor. Insoweit stellt Ziffer 2 AHB 46 klar, dass es für den Versicherungsschutz für das Abhandenkommen von Sachen einer besonderen Vereinbarung bedarf.

Von wachsender Bedeutung sind ferner **Schäden durch Datenverlust**. Die Rspr. spricht auf Datenträgern be- 47 findlichen Daten und Programmen eine Sacheigenschaft i.S.d. § 90 BGB zu.[100] Führt somit die deliktische Handlung des VN zu Datenverlusten, so ist hierfür jedenfalls im Rahmen älterer AHB mangels ausdrücklicher Ausschlüsse Versicherungsschutz geboten. Ziffer 7.15 AHB sieht dementsprechend nun einen sog. »Internet-Ausschluss« für Haftpflichtansprüche aus der Übermittlung von Daten und einem daraus folgenden Datenverlust vor. Da der Ausschluss zunächst eine sehr weitgehende Beschränkung des Versicherungsschutzes

---

89 Zum allgemeinen Persönlichkeitsrecht eingehend Epping/Hillgruber/*Lang*, GG, 29. Edition, Art. 2 Rn. 31 ff.; MünchKommBGB/*Rixecker*, Anhang zu § 12 Rn. 2.
90 Maunz/Dürig/*Di Fabio*, GG, 76. Erglfg. 2015, Art. 2 Rn. 127.
91 Siehe BGH NJW 1996, 984, 985.
92 So auch *Wussow* VersR 1988, 660, 661 f. m.w.N.
93 So auch P/M/*Lücke*, AHB § 1 Rn. 31.
94 VersHb/*Schneider*, § 24 Rn. 94.
95 Siehe dazu die Entscheidung des EuGH vom 05.03.2015 in NJW 2015, 1163.
96 Vgl. BGH VersR 1983, 1169.
97 BGH VersR 1979, 853, 854 f.; OLG Hamm VersR 1993, 823; 1978, 28, 29; Späte/Schimikowski/*v. Rintelen*, Ziffer 1 AHB Rn. 161.
98 OLG Celle VersR 1962, 1050, 1051.
99 Siehe BGH VersR 1979, 853, 854; näheres dazu auch bei Späte/Schimikowski/*v. Rintelen*, Ziffer 1 AHB Rn. 200; kritisch, jedoch zustimmend *Littbarski*, AHB, 2001, § 1 Rn. 24 ff.
100 BGH NJW 2007, 2394 spricht davon, dass »eine auf einem Datenträger verkörperte Standardsoftware als bewegliche Sache anzusehen ist«; kritisch diesbezüglich Bamberger/Roth/*Fritzsche*, § 90 Rn. 26.

für weite Teile des täglichen Lebens sowohl im privaten wie auch im gewerblichen Bereich darstellt, bieten die VR zum Ausgleich die Vereinbarung sog. »Internetbausteine« in den jeweiligen besonderen Bedingungen der Versicherungsverträge an. Erzielt wird damit eine klarstellende Regelung des Versicherungsschutzes in diesem besonderen Risikobereich. Dies gilt auch für den Versicherungsschutz im Bereich von Software herstellenden oder beratenden Unternehmen. Hier werden i.d.R. besondere Versicherungskonzepte zur Einbeziehung der Vermögensschäden vereinbart.

48 In diesen Kontext sind auch sog. Cyber-Versicherungen einzuordnen. Bei Cyber-Versicherungen handelt es sich um Versicherungsprodukte, die Haftpflichtversicherungen mit Eigenschaden-Versicherungsschutz kombinieren. Der Versicherungsschutz für Haftpflichtansprüche konzentriert sich im deutschen Rechtsraum im Wesentlichen auf Schadenersatzansprüche aus der Verletzung des Datenschutzes gegenüber Dritten. Im Bereich des Eigenschadens wird u.a. Versicherungsschutz für die Beeinträchtigung des Geschäftsbetriebes der VN geboten, wenn die Beeinträchtigung auf einen »Cyber-Angriff« zurückzuführen ist.

49 Keine Voraussetzung für den Haftpflichtanspruch ist es, ob der Dritte Eigentümer der Sache ist. Daher kann z.B. auch ein Leasingnehmer Ansprüche wegen eines Sachschadens an der von ihm geleasten Sache geltend machen.[101] Für die Frage, ob ein i.S.v. Ziffer 1.1 AHB versicherter Vermögensschaden vorliegt, kommt es darauf an, ob es sich bei diesen Vermögensschäden um die unmittelbare Folge eines Personen- oder Sachschadens handelt.[102] Versicherungsschutz besteht nur dann, wenn es sich um einen **sog. unechten Vermögensschaden** handelt. Der Vermögensschaden zeigt sich damit als unmittelbare Folge des Personen- oder Sachschadens. Liegt dagegen ein reiner Vermögensschaden ohne vorhergehenden Personen- oder Sachschaden vor, dann besteht kein Versicherungsschutz nach Ziffer 1.1 AHB. Versicherungsschutz kann für diese Fallgestaltung nur durch eine individuelle Einbeziehung nach Ziffer 2 AHB oder im Rahmen der sog. Vermögensschadenhaftpflichtversicherung auf Basis der allgemeinen Versicherungsbedingungen der Vermögensschadenhaftpflicht (AVB) bestehen.

50 Die Abgrenzung von Sach- und Vermögensschäden ist in Einzelfragen komplex und auch von der Rspr. noch nicht abschließend geklärt. Unstreitig kann nach der Rspr. ein Sachschaden angenommen werden, wenn durch die **Einwirkung auf die Sachsubstanz** die Sache zerstört oder beschädigt oder ihre Gebrauchsfähigkeit oder Nutzungsmöglichkeit beeinträchtigt wurde. Problematisch sind damit die Fälle, in denen keine Beschädigung der Sachsubstanz vorliegt. So führt z.B. die Aufschüttung überflüssigen Bodens auf einem Baugrundstück nicht zu einem Substanzschaden am Grundstück. Eine Substanzverletzung ist für die Annahme eines Sachschadens damit nicht zwingend erforderlich.[103] Besondere Schwierigkeiten bestehen im Rahmen der **Herstellung einer von vornherein mangelhaften Sache**, die nach bisheriger Rspr. des BGH selbst grundsätzlich keine Sachbeschädigung darstellt.[104] Liegt jedoch eine unauflösliche, d.h. aus tatsächlichen Gründen nicht trennbare Verbindung von mangelfreien Produkten (z.B. Zutaten, Ausgangsstoffen) mit mangelhaften Erzeugnissen vor, so legen die Entscheidungsgründe des sog. »Transistorenurteils«[105] die **Annahme eines Sachschadens an den mangelfreien Produkten** nahe. Von praktischer Bedeutung ist dies vor allem bei sog. »weiterfressenden Fehlern«. In diesen Fällen ist der Fehler an einem funktional abgrenzbaren Teil der Sache geeignet, das hergestellte Endprodukt zu zerstören oder zu beschädigen. Als Beispiel kann ein fehlerhaftes Steuergerät genannt werden, das infolge eines Versagens zur Beschädigung des sonst fehlerfreien Motors führt. I.d.R geht es in diesen Abgrenzungsfällen um eine sachgerechte Abgrenzung von Gewährleistungsansprüchen von deliktischen Ansprüchen. Ist die von vornherein mangelhafte Sache mit dem späteren Schaden »stoffgleich«, so ist das Gewährleistungsrecht betroffen; von einem Sachschaden ist dann nicht auszugehen.[106] Die Gewährleistungsansprüche selbst sind vom Versicherungsanspruch der Haftpflichtversicherung gerade nicht umfasst. Im Ergebnis ist damit für die Bejahung eines Sachschadens nach Ziffer 1.1 AHB zumindest zu verlangen, dass eine Verbindung mit einer Sachsubstanz stattgefunden hat, selbst wenn daraus keine Beschädigung oder Zerstörung der Sache resultiert. Fehlt es an jedwedem Kontakt zur Sachsubstanz oder jedweder anderer Einwirkung (z.B. Zuparken einer Garage) ist ein Sachschaden abzulehnen.

3. Zeitlicher Anwendungsbereich

51 **Schadenereignis** gem. Ziffer 1.1 AHB ist das Ereignis, als dessen Folge die Schädigung des Dritten unmittelbar entstanden ist. Auf den Zeitpunkt der Schadenverursachung, die zum Schadenereignis geführt hat, kommt es nach den weiter klarstellenden Bedingungen nicht an. Damit wird vertraglich klargestellt, dass eine Zuordnung zum Zeitpunkt des Pflichtenverstoßes als Basis des Versicherungsschutzes nicht in Betracht kommt.

---

101 So schon RGZ 160, 48, 50 f.; BGH VersR 1976, 477, 479; B/M/*Koch*, Ziff. 1 AHB 2012 Rn. 21.
102 Siehe BGHZ 23, 349, 354; 43, 42, 43 f.
103 Vgl. nur BGH VersR 1979, 853, 854; OLG Hamm VersR 1993, 823; 1978, 28, 29.
104 BGH r+s 2004, 499, 500; VersR 1979, 853, 854.
105 BGH NJW 1998, 1942 ff.
106 MünchKommBGB/*Wagner*, § 823 Rn. 191.

III. Leistungen der Versicherung, Ziffer 5 AHB

5.1 Der Versicherungsschutz umfasst die Prüfung der Haftpflichtfrage, die Abwehr unberechtigter Schadensersatzansprüche und die Freistellung des Versicherungsnehmers von berechtigten Schadensersatzverpflichtungen.
Berechtigt sind Schadensersatzverpflichtungen dann, wenn der Versicherungsnehmer aufgrund Gesetzes, rechtskräftigs Urteils, Anerkenntnisses oder Vergleiches zur Entschädigung verpflichtet ist und der Versicherer hierdurch gebunden ist. Anerkenntnisse und Vergleiche, die vom Versicherungsnehmer ohne Zustimmung des Versicherers abgegeben oder geschlossen worden sind, binden den Versicherer nur, soweit der Anspruch auch ohne Anerkenntnis oder Vergleich bestanden hätte.
Ist die Schadensersatzverpflichtung des Versicherungsnehmers mit bindender Wirkung für den Versicherer festgestellt, hat der Versicherer den Versicherungsnehmer binnen zwei Wochen vom Anspruch des Dritten freizustellen.
5.2 Der Versicherer ist bevollmächtigt, alle ihm zur Abwicklung des Schadens oder Abwehr der Schadensersatzansprüche zweckmäßig erscheinenden Erklärungen im Namen des Versicherungsnehmers abzugeben.
Kommt es in einem Versicherungsfall zu einem Rechtsstreit über Schadensersatzansprüche gegen den Versicherungsnehmer, ist der Versicherer zur Prozessführung bevollmächtigt. Er führt den Rechtsstreit im Namen des Versicherungsnehmers auf seine Kosten.
5.3 Wird in einem Strafverfahren wegen eines Schadensereignisses, das einen unter den Versicherungsschutz fallenden Haftpflichtanspruch zur Folge haben kann, die Bestellung eines Verteidigers für den Versicherungsnehmer von dem Versicherer gewünscht oder genehmigt, so trägt der Versicherer die gebührenordnungsmäßigen oder die mit ihm besonders vereinbarten höheren Kosten des Verteidigers.
5.4 Erlangt der Versicherungsnehmer oder ein Mitversicherter das Recht, die Aufhebung oder Minderung einer zu zahlenden Rente zu fordern, so ist der Versicherer zur Ausübung dieses Rechts bevollmächtigt.

1. Hauptpflichten

Ziffer 5.1 AHB beschreibt die Hauptpflichten in der Haftpflichtversicherung § 100 entsprechend als **Freistellung von Schadenersatzverpflichtungen** und **Abwehr unberechtigter Schadenersatzansprüche**. Im Gegensatz zum Wortlaut des § 100 definiert Ziffer 5.1 AHB den Versicherungsschutz auf Basis berechtigter Schadenersatzverpflichtungen. Berechtigt sind Schadenersatzverpflichtungen dann, »wenn der VN aufgrund Gesetzes, rechtskräftigen Urteils, Anerkenntnisses oder Vergleiches zur Entschädigung verpflichtet ist und der Versicherer hierdurch gebunden ist«. Wie der VR seine Leistungsverpflichtung erfüllt, liegt in seinem pflichtgemäßen Ermessen. Bei der Entscheidung, ob er den Anspruch des Dritten befriedigt oder abwehrt, hat der VR stets die Interessen des VN zu berücksichtigen.[107] Eine Verletzung der vertraglichen Pflichten stellt es damit dar, wenn der VR ungeachtet eines begründeten Schadenersatzanspruchs den Anspruch aus wirtschaftlichen oder Verfahrensgründen zunächst ablehnt. Damit würde das Ziel verfolgt, eine vertraglich geschuldete Leistung nicht oder nur teilweise zu erbringen. Der Haftpflichtversicherer ist im Gegenteil verpflichtet, unter Zurückstellung seiner Interessen den VN von berechtigten Ansprüchen durch Befriedigung freizustellen.
Als Reaktion auf die Aufhebung des Anerkenntnis- oder Abtretungsverbotes[108] wird in Ziffer 5.1 klargestellt, dass Anerkenntnisse und Vergleiche, die vom VN ohne Zustimmung des VR abgegeben oder geschlossen worden sind, den VR nur insoweit binden, wie ein solcher Anspruch auch ohne Anerkenntnis oder Vergleich bestanden hätte. Auch wenn Ziffer 5.1 AHB durch die Aufnahme des Tatbestandsmerkmals »**berechtigten Schadenersatzverpflichtungen**« und deren Konkretisierungen engere Tatbestandsvoraussetzungen als § 100 formuliert, stehen hier aufgrund des dispositiven Charakters von § 100 Bedenken nicht entgegen. Auch auf Basis der Ziffer 5.1 AHB ist weiterhin für den Versicherer von unveränderten Hauptleistungsverpflichtungen auszugehen. Die Beschränkung auf berechtigte Ansprüche dient der Transparenz des Versicherungsproduktes und zeigt dem VN auf, dass er nur in Fällen berechtigter Ansprüche mit einer Befriedigungsleistung seitens des Versicherers rechnen kann.

2. Vollmacht des VR und Prozessführungsbefugnis

Ziffer 5.2 AHB normiert dementsprechend die **Prozessführungsbefugnis** des VR im Innenverhältnis gegenüber dem VN. Als Bestandteil der vertraglichen Hauptpflichten ist der Versicherer nicht nur berechtigt, sondern auch verpflichtet, den Prozess zu führen. Er ist darüber hinaus zur pflichtgemäßen Prüfung der Erfolgsaussichten verpflichtet. Dies ergibt sich aus der Pflicht zur Abwehr der unberechtigten Ansprüche, vgl. Ziffer 5.1 AHB. Weiter ist der VR nach Ziffer 5.2 AHB bevollmächtigt, alle ihm zur Abwicklung des Schadens oder Abwehr der Schadenersatzansprüche zweckmäßig erscheinenden Erklärungen im Namen des VN abzugeben. Diese **sehr weitgehende Vollmacht** kann in Einzelfällen auch zum Nachteil des VN wirken. So bezieht sich z.B. ein Anerkenntnis des VR auch auf den Teil des Schadenersatzanspruchs, der die Versicherungssum-

---

107 Späte/Schimikowski/*Harsdorf-Gebhardt*, Ziffer 5 AHB Rn. 5.
108 HK-VVG/*Schimikowski*, AHB § 5 Rn. 4.

me übersteigt. Der Wortlaut der Ziffer 5.2 AHB ist diesbezüglich ohne Einschränkung. Dementsprechend sollte es ein VR gegenüber dem Anspruchsteller deutlich machen, wenn er von der Vollmacht nur eingeschränkt Gebrauch machen möchte. Eine Benachrichtigung des VN oder der nur eingeschränkte Gebrauch der Vollmacht berücksichtigt die Interessen des VN. Der VN kennt seine Versicherungssumme und wird daher bei Schadenersatzforderungen, die die Versicherungssumme übersteigen könnten, seine Interessen insoweit selbst vertreten müssen. Zwar könnte gegen eine uneingeschränkte Vollmacht des VR vorgebracht werden, dass seine Regulierungsvollmacht nicht weitergehen dürfte als die Regulierungspflicht aus dem Versicherungsvertrag.[109] Diese frühere Rspr. hat der BGH aber ausdrücklich als Grundsatz aufgegeben.[110]

§ 101 Kosten des Rechtsschutzes.

(1) ¹Die Versicherung umfasst auch die gerichtlichen und außergerichtlichen Kosten, die durch die Abwehr der von einem Dritten geltend gemachten Ansprüche entstehen, soweit die Aufwendung der Kosten den Umständen nach geboten ist. ²Die Versicherung umfasst ferner die auf Weisung des Versicherers aufgewendeten Kosten der Verteidigung in einem Strafverfahren, das wegen einer Tat eingeleitet wurde, welche die Verantwortlichkeit des Versicherungsnehmers gegenüber einem Dritten zur Folge haben könnte. ³Der Versicherer hat die Kosten auf Verlangen des Versicherungsnehmers vorzuschießen.
(2) ¹Ist eine Versicherungssumme bestimmt, hat der Versicherer die Kosten eines auf seine Veranlassung geführten Rechtsstreits und die Kosten der Verteidigung nach Absatz 1 Satz 2 auch insoweit zu ersetzen, als sie zusammen mit den Aufwendungen des Versicherers zur Freistellung des Versicherungsnehmers die Versicherungssumme übersteigen. ²Dies gilt auch für Zinsen, die der Versicherungsnehmer infolge einer vom Versicherer veranlassten Verzögerung der Befriedigung des Dritten diesem schuldet.
(3) ¹Ist dem Versicherungsnehmer nachgelassen, die Vollstreckung einer gerichtlichen Entscheidung durch Sicherheitsleistung oder Hinterlegung abzuwenden, hat der Versicherer die Sicherheitsleistung oder Hinterlegung zu bewirken. ²Diese Verpflichtung besteht nur bis zum Betrag der Versicherungssumme; ist der Versicherer nach Absatz 2 über diesen Betrag hinaus verpflichtet, tritt der Versicherungssumme der Mehrbetrag hinzu. ³Der Versicherer ist von der Verpflichtung nach Satz 1 frei, wenn er den Anspruch des Dritten dem Versicherungsnehmer gegenüber als begründet anerkennt.

Übersicht

	Rdn.
A. Allgemeines	1
B. Tatbestand	3
I. § 101 I: Allgemeiner Umfang der Abwehrverpflichtung des VR i.S.d. § 100	3
1. Geltendmachung von Ansprüchen durch einen Dritten	3
2. Anlässlich der Anspruchsabwehr entstehende Kosten	4
3. Gebotenheit der Verteidigungskosten	5
4. Verteidigungskosten im Strafverfahren nach § 101 I 2	6
5. Kostenvorschuss nach § 101 I 3	8
II. § 101 II: Erhöhter Versicherungsschutz	9
1. Betrag des Gesamtaufwands höher als die Versicherungssumme	10
2. Auf Veranlassung des VR geführter Rechtsstreit	11
3. Form der Veranlassung	12
4. Ausgestaltung durch die Ziffern 6.5, 6.6, 5.1 und 25.5 AHB	13
5. Anrechnung von Verteidigungskosten im Rahmen sog. Kostenklauseln	18
6. Verteidigungskosten nach § 101 II 1	21
7. Zinsen nach § 101 II 2	22
III. § 101 III: Sicherheitsleistung	23
1. Vorläufige Vollstreckbarkeit noch nicht rechtskräftiger zu Ungunsten des Dritten erlassener Entscheidungen	23
2. Entstehung und Fälligkeit des Anspruchs auf Sicherheitsleistung und Hinterlegung	24
3. Leistungen über die Versicherungssumme hinaus	25
4. Befreiung von der Verpflichtung zur Sicherheitsleistung oder Hinterlegung durch Befriedigung des Anspruchs nach § 101 III 3	26
5. Rechtsfolgen	27
6. Beweislast	28

A. Allgemeines

1 Die Regelung des § 101 I und II **konkretisiert die Hauptleistungsverpflichtung** des Haftpflichtversicherers aus § 100 zur Abwehr von Ansprüchen inhaltlich. Danach umfasst die Abwehrverpflichtung des VR die Übernahme der durch die Anspruchsabwehr entstandenen gerichtlichen und außergerichtlichen Kosten (§ 101 I 1). Die Gewährleistung des Rechtsschutzes ist eines der Grundprinzipien der Haftpflichtversicherung. Der VR prüft die gegen den VN geltend gemachten Schadenersatzansprüche. Kommt er zu dem Ergebnis, dass diese nicht berechtigt sind, betreibt er die Abwehr dieser Ansprüche. Dabei kann der VR seine ihm erteilten Vollmachten wahrnehmen und den Prozess aus seiner Sicht gestalten.[1] Mit diesem Recht zur Abwehr der An-

---

109 Vgl. BGHZ 101, 276, 284.
110 Siehe BGH NJW 2007, 69, 71.
1 Eine entsprechende Vollmacht enthält Ziffer 5.2 AHB.

sprüche geht aber auch das Risiko der Übernahme der mit der Abwehr verbundenen Kosten einher. Ferner veranschaulicht § 101 III die Freistellungsverpflichtung des VR unter Bezugnahme auf eine in Betracht kommende Sicherheitsleistung oder Hinterlegung (§ 101 III 1). **§ 101 korrespondiert mit § 83 in der Schadenversicherung.** Nach § 87 gehören die Regelungen zum Aufwendungsersatz in der Schadenversicherung in den Katalog der halbzwingenden Vorschriften. § 101 ist als Anwendungsfall des § 83 und Folge des § 83 III einzustufen.[2] Aufgrund dessen sind vertragliche Ausgestaltungen der Kostentragungspflicht neben dem dispositiven gesetzlichen Leitbild nach § 101, der nach § 112 auch nicht halbzwingend ist, stets auch vor dem Hintergrund des § 83 zu begutachten.

Das gesetzliche Leitbild der Haftpflichtversicherung und die gesetzlichen Regelungen zur Kostentragungspflicht in den §§ 101 und 83 stellen damit einen strengen Rahmen für die Überprüfung **sog. Kostenklauseln** im Rahmen von AVB dar. Ungeachtet einer AGB-rechtlichen Überprüfung kann von der in § 101 normierten Regelung grundsätzlich nur dann zum Nachteil des VN abgewichen werden, falls diese Änderung für den VN keine nachteilige Abweichung von § 83 bedeutet. Somit findet eine Dispositivität von § 101 ihre Schranken im Rahmen des Regelungsgehalts des § 83. Eine vertragliche Abänderung des § 101 in Form eines pauschalen Ausschlusses der Kostenübernahme in der Haftpflichtversicherung dürfte nur schwerlich mit dem halbzwingenden Regelungsinhalt des § 83 vereinbar sein.[3] Der VN wird i.d.R. die Verteidigung gegen den Haftpflichtanspruch auf Weisung und in Abstimmung mit dem VR durchführen.[4] 2

B. Tatbestand

I. § 101 I: Allgemeiner Umfang der Abwehrverpflichtung des VR i.S.d. § 100

1. Geltendmachung von Ansprüchen durch einen Dritten

Die Regelung des § 101 I beinhaltet eine **Konkretisierung der in § 100 normierten Abwehrverpflichtung des VR**. Deutlich wird diese Funktion des § 101 I durch die systematische Stellung direkt im Anschluss an die Vorschrift des § 100. Dementsprechend knüpft § 101 I 1 unmittelbar an die Voraussetzungen des § 100 an. Für eine Anwendung des § 101 I 1 bleibt nur Raum, falls eine Abwehrverpflichtung des VR nach § 100 überhaupt besteht. Wesentliche Voraussetzung für die Leistungsverpflichtung und somit auch für die Abwehrverpflichtung des VR nach § 100 ist die Geltendmachung von Ansprüchen **durch einen Dritten** gegen den VN. Das Tatbestandsmerkmal der Geltendmachung von Ansprüchen Dritter in § 101 I 1 dient damit letztlich der **Klarstellung** und wiederholt nur die bereits in § 100 beschriebenen Voraussetzungen. Dementsprechend verzichtet der Gesetzestext auf den Hinweis, dass die Regelung des § 101 I 1 auch dann gilt, falls sich die erhobenen Ansprüche des Dritten als unbegründet erweisen (anders noch § 150 I 2 a.F.). 3

2. Anlässlich der Anspruchsabwehr entstehende Kosten

Die Abwehrverpflichtung des VR beinhaltet die Übernahme der Kosten, die aufgrund der Anspruchsabwehr entstehen. Dazu gehören sowohl **gerichtlich als auch außergerichtlich entstandene Kosten**. Als außergerichtliche Kosten der Anspruchsabwehr sind Rechtsanwaltsgebühren oder sonstige Aufwendungen (Porto, Reisekosten usw.) zu nennen. Die gerichtlichen Kosten bestimmen sich nach dem Ausgang des Haftpflichtprozesses. Erweisen sich die gegen den VN erhobenen Ansprüche des Dritten als begründet und obsiegt dieser, hat der VR die gerichtlichen Kosten, die Gerichtskosten und die Kosten des Dritten zu übernehmen.[5] Falls der Dritte unterliegt, kann der VR vom Dritten Kostenersatz verlangen. Das Kostenrisiko für die infolge der Verteidigung des VN entstandenen Eigenkosten des VR verbleibt bei diesem, wenn die Kosten vom Dritten nicht mehr wieder zu erlangen sind.[6] 4

3. Gebotenheit der Verteidigungskosten

Die Aufwendungen der Verteidigungskosten müssen nach den Umständen geboten sein (§ 101 I 1). Das Erfordernis der Gebotenheit bemisst sich allgemein nach der »**Sachdienlichkeit und Zweckmäßigkeit**« des **Kosteneinsatzes**. So entsprechen etwa Kosten, die zur zweckdienlichen Rechtsverfolgung oder Rechtsverteidigung notwendig sind (vgl. § 91 ZPO), insbes. gerichtliche Kosten infolge der Prozessführung, dem Merkmal der Gebotenheit.[7] Daneben ist für die Beurteilung der Gebotenheit des Kostenaufwandes jede einzelne Kostenposition, auch hinsichtlich ihrer Höhe, im Einzelnen zu betrachten. Eine Bewilligung oder Anordnung des VR bezüglich der Abwehrmaßnahme, die die Kosten letztlich verursacht, wird im Hinblick auf die Gebotenheit nach § 101 I 1 nicht vorausgesetzt. Insbes. in Situationen, in denen ein sofortiges Ergreifen der Verteidi- 5

---

2 Zur Einordnung des § 150 VVG a.F. schon *Schneider*, § 150 S. 429.
3 Der oft im Zusammenhang mit § 83 einschlägige § 90 gilt im Rahmen der Haftpflichtversicherung nicht, vgl. OLG Köln VersR 2015, 709 f.
4 Zur Zulässigkeit sog. Kostenklauseln für z.B. USA-Exporte, D&O-Versicherungen usw. s. Rdn. 18 ff.
5 Vgl. P/M/*Lücke*, § 101 Rn. 9.
6 Zur Risikoverteilung bei Uneinbringlichkeit des Kostenersatzanspruchs des VN: OLG Köln r+s 1989, 74; R/L/*Langheid*, § 101 Rn. 3.
7 Ausführlich zu den gebotenen gerichtlichen und außergerichtlichen Kosten PK/*Retter*, § 101 Rn. 2 ff.

§ 101 Kosten des Rechtsschutzes

gungsmaßnahme notwendig ist und jedes Abwarten einer Entscheidung des VR den Erfolg der Abwehrmaßnahme nicht unerheblich erschweren könnte, wäre eine solche Anforderung unzweckmäßig.[8] Im Allgemeinen bestimmt der VR aufgrund seiner **Prozessführungsbefugnis** nach den Ziffern 5.2 und 25.5 AHB die zu ergreifenden Verteidigungsmaßnahmen und somit auch den Kostenaufwand. Das Erfordernis der Gebotenheit des Kostenaufwandes ist deshalb vor allem in den Fällen von Bedeutung, in welchen der VR nicht oder noch nicht zur Schadenabwehr und Prozessführung bevollmächtigt ist, damit der VN ohne Weisung des VR Abwehrmaßnahmen ergreift und so Kosten verursacht.[9] Zu beachten ist dabei, dass die **Verpflichtung des VR** besteht, **rechtzeitig und eindeutig zur Frage des Versicherungsschutzes Stellung zu nehmen**. Unterlässt der VR eine solche rechtzeitige Kundgabe gegenüber dem VN, gilt dieser als bevollmächtigt, Verteidigungsmaßnahmen zu ergreifen. Den VR trifft dann auch ohne Wahrnehmung seiner Prozessführungsbefugnis die Pflicht zur Tragung der Kosten.[10]

4. Verteidigungskosten im Strafverfahren nach § 101 I 2

6   Falls ein Strafverfahren aufgrund einer Tat des VN eingeleitet wird und diese Tat möglicherweise einen Versicherungsfall i.S.v. § 100 darstellt, umfasst die Abwehrverpflichtung des VR auch die Kosten der Verteidigung im Strafverfahren. Voraussetzung ist allerdings, dass diese Kosten **auf Weisung des VR** aufgebracht werden. Dies ist dann der Fall, wenn der VR den VN anweist, den Strafprozess fortzuführen, etwa durch das Einlegen von Rechtsmitteln, oder den Strafverteidiger auswählt.[11] Etwaige Kosten einer Nebenklage des Verletzten sind hingegen keine Verteidigungskosten und somit grundsätzlich nicht vom VR zu tragen. Die Erstreckung der Kostenübernahme seitens des VR auch auf Nebenklagekosten wird jedoch in den Fällen befürwortet, in denen der Dritte seinen Haftpflichtanspruch bereits im Rahmen eines Strafverfahrens verfolgt (sog. Adhäsionsverfahren).[12]
Die Kostentragungspflicht im Strafverfahren gewinnt zunehmend an praktischer Bedeutung. Gerade Haftpflichtansprüche aufgrund von Personenschäden führen regelmäßig zu parallel laufenden Strafverfahren. Im Bereich der D&O-Versicherungen werden beispielsweise nicht selten neben Schadenersatzansprüchen gegen versicherte Vorstandsmitglieder auch Ermittlungs- und Strafverfahren wegen Untreue durchgeführt.

7   I.d.R. sind die Interessen des VN und des VR bei simultan laufenden Zivil- und Strafverfahren gleichgerichtet. Problematisch ist die Fallgestaltung allerdings dann, wenn sich aus den Ergebnissen im Rahmen des Strafverfahrens (z.B. Feststellung des Vorsatzes) auch Anhaltspunkte ergeben könnten, die zu einem Versagen des Haftpflichtversicherungsschutzes führen. Im Gegenzug könnte das Interesse des VN an einem schnellen Abschluss des Strafverfahrens verbunden mit der Feststellung eines geringen strafrechtlichen Vergehens zu einer Verschlechterung der Abwehrmöglichkeiten im Zivilprozess führen. Soweit es zu solchen Interessenkollisionen kommt, ist auch hier auf das Kriterium der **Zumutbarkeit für den VN** abzustellen. Die Weisungen des VR und die damit verbundenen Kosten der Verteidigung in einem Strafverfahren sind nur dann zumutbar, wenn sie nicht zu einer Verschlechterung der Position des VN führen.

5. Kostenvorschuss nach § 101 I 3

8   Der VR hat die Kosten nach § 101 I 3 auf Antrag des VN hin vorzuschießen. Diese Regelung erlangt praktisch nur bei solchen Fallgestaltungen Bedeutung, in welchen der VR die Schadenregulierung, Schadenabwehr oder Prozessführung nicht selbst übernimmt. Daneben ist diese Regelung bei **unberechtigter Deckungsablehnung des VR** beachtlich.[13] Denn auch in diesen Fällen hat der VR die Kosten des Rechtsstreits zu tragen.[14]

II. § 101 II: Erhöhter Versicherungsschutz

9   § 101 II erweitert den Versicherungsschutz und die damit verbundene Leistungsverpflichtung des VR über die Versicherungssumme hinaus, soweit Kosten infolge eines auf Veranlassung des VR geführten Rechtsstreits dazu **Anlass** bieten.

1. Betrag des Gesamtaufwands höher als die Versicherungssumme

10 Nach § 101 II obliegt dem VR eine über den Höchstbetrag der zwischen ihm und dem VN vereinbarten Versicherungssumme **hinausgehende Leistungsverpflichtung**. Übersteigt die Summe der aus der Abwehrpflicht resultierenden Kosten und der sich aus der Freistellungsverpflichtung ergebenden Aufwendungen zum Ausgleich des Schadenersatzanspruchs des geschädigten Dritten die zwischen dem VN und dem VR vereinbarte Versicherungssumme, erstreckt sich die Leistungspflicht des VR über die Versicherungssumme hinaus.

---

8   Siehe *Schneider*, § 150 S. 429 mit Verweis auf die Begründung S. 144.
9   Zum Kostenumfang BK/*H. Baumann*, § 150 Rn. 19; R/L/*Langheid*, § 101 Rn. 7 ff.
10 Vgl. BGHZ 119, 276, 282.
11 Terbille/Höra/*Kummer*, § 12 Rn. 177; R/L/*Langheid*, § 101 Rn. 4.
12 Näheres dazu BK/*H. Baumann*, § 150 Rn. 29; R/L/*Langheid*, § 101 Rn. 5; PK/*Retter*, § 101 Rn. 12.
13 Siehe auch PK/*Retter*, § 101 Rn. 14.
14 BGH r+s 2015, 398.

Diese Leistungserweiterung unterliegt der Bedingung, dass der Rechtsstreit **auf Veranlassung des VR** geführt worden ist. Die Regelung entspricht damit dem Grundgedanken der Haftpflichtversicherung aus § 100. Danach liegt das Abwehrrisiko eines gegen den VN erhobenen Anspruchs auf Seiten des VR. Eine generelle Anrechnung der Verteidigungskosten auf die Versicherungssumme würde dementsprechend in den Fällen, in denen die Versicherungssumme in Kombination mit den Verteidigungskosten die Leistungsverpflichtung übersteigt, eine Risikoverlagerung zu Lasten des VN bedeuten.

2. Auf Veranlassung des VR geführter Rechtsstreit

Die Leistungsverpflichtung nach § 101 II unterliegt der Bedingung einer **Veranlassung** durch den VR. Hat der VR den gegen den VN erhobenen Anspruch des Dritten als unbegründet eingeschätzt, wird infolge dieser Bewertung die Abwehrverpflichtung des VR nach § 100 ausgelöst.[15] Mit Ablehnung der Befriedigung des Schadenersatzanspruchs entsteht zugleich die Abwehrverpflichtung auf Seiten des VR. Dieser kommt er durch Führung des Rechtsstreits nach. Dementsprechend beruht die Führung des Rechtsstreits auf der Veranlassung durch den VR. Diese ist unerlässliche Voraussetzung für die Leistungspflichterweiterung nach § 101 II 1. Die Veranlassung des VR ergibt sich i.d.R. aus einer **ausdrücklichen Erklärung** des VR vor Beginn des Rechtsstreits. Alternativ reicht es aus, dass der VN die Rechtsstreitführung bei seinem VR beantragt und dieser sich damit **einverstanden** erklärt. Auch in diesem Fall ist von einer Veranlassung des Rechtsstreits durch den VR auszugehen. Ob die Möglichkeit, eine fehlende Veranlassung seitens des VR mittels einer nachträglichen Genehmigung zu heilen, besteht, ist in § 101 nicht geregelt.[16] Eine fehlende Abstimmung mit dem Haftpflichtversicherer im Vorfeld eines Rechtsstreits dürfte allerdings einen seltenen Ausnahmefall darstellen. Praktische Bedeutung erlangt diese Frage nur dann, wenn der VN erst deutlich verspätet vom Bestehen eines Haftpflichtvertrages Kenntnis erlangt hat (z.B. verspätete Kenntnis des Insolvenzverwalters über das Bestehen einer umfänglichen Haftpflichtversicherung). Ob aufgrund der fehlenden gesetzlichen Regelung eine vorab unterbliebene Veranlassung seitens des VR bei einer Ablehnung der erweiterten Leistungspflicht nach § 101 II 1 zu einer nachträglichen Erhöhung der Leistungsverpflichtung führt, ist fraglich. Sinnvoll erscheint es, auf solche Fallgestaltungen die **gesetzlichen Leitlinien des Obliegenheitsrechts** anzuwenden. Soweit die nicht eingeholte »Veranlassung« des VR dem VN anzulasten ist und zu einer Verschlechterung der Verteidigungsposition des VR geführt hat, sollte eine nachträgliche Erhöhung seiner Leistungsverpflichtung abgelehnt werden. Trifft den VN dagegen kein maßgebliches Verschulden und verschlechtert sich durch die verspätete Einbindung des Haftpflichtversicherers auch nicht dessen Verteidigungsposition, so ist die fehlende Veranlassung als heilbar i.S.d. § 101 II einzustufen.

3. Form der Veranlassung

Die Veranlassung zur Führung des Rechtsstreits kann durch den VR **ausdrücklich oder konkludent** erfolgen. Eine konkludente Veranlassung ist dann anzunehmen, wenn der VR im Namen des VN einen Rechtsanwalt beauftragt. Dies gilt auch dann, wenn der VN dem VR den Versicherungsfall angezeigt hat, eine außerprozessuale Einigung mit dem Dritten nicht erfolgt ist und der Dritte schließlich Klage gegen den VN erhebt.

4. Ausgestaltung durch die Ziffern 6.5, 6.6, 5.1 und 25.5 AHB

Ziffer 6 AHB, Begrenzung der Leistungen
6.5 Die Aufwendungen des Versicherers für Kosten werden nicht auf die Versicherungssummen angerechnet.
6.6 Übersteigen die begründeten Haftpflichtansprüche aus einem Versicherungsfall die Versicherungssumme, trägt der Versicherer die Prozesskosten im Verhältnis der Versicherungssumme zur Gesamthöhe dieser Ansprüche.
Ziffer 5 AHB, Leistungen der Versicherung
5.1 Der Versicherungsschutz umfasst die Prüfung der Haftpflichtfrage, die Abwehr unberechtigter Schadensersatzansprüche und die Freistellung des Versicherungsnehmers von berechtigten Schadensersatzverpflichtungen. Berechtigt sind Schadensersatzverpflichtungen dann, wenn der Versicherungsnehmer aufgrund Gesetzes, rechtskräftigen Urteils, Anerkenntnisses oder Vergleiches zur Entschädigung verpflichtet ist und der Versicherer hierdurch gebunden ist. Anerkenntnisse und Vergleiche, die vom Versicherungsnehmer ohne Zustimmung des Versicherers abgegeben oder geschlossen worden sind, binden den Versicherer nur, soweit der Anspruch auch ohne Anerkenntnis oder Vergleich bestanden hätte.
Ist die Schadensersatzverpflichtung des Versicherungsnehmers mit bindender Wirkung für den Versicherer festgestellt, hat der Versicherer den Versicherungsnehmer binnen zwei Wochen vom Anspruch des Dritten freizustellen.
Ziffer 25 AHB, Obliegenheiten nach Eintritt des Versicherungsfalles

---

15 Siehe dazu VVG-Kommission Abschlussbericht 2004 (VersR-Schriftenreihe Heft 25), S. 78 f.
16 Bejahend B/M/Koch, § 101 Rn. 44; P/M/*Lücke*, § 101 Rn. 26.

§ 101 Kosten des Rechtsschutzes

25.5 Wird gegen den Versicherungsnehmer ein Haftpflichtanspruch gerichtlich geltend gemacht, hat er die Führung des Verfahrens dem Versicherer zu überlassen. Der Versicherer beauftragt im Namen des Versicherungsnehmers einen Rechtsanwalt. Der Versicherungsnehmer muss dem Rechtsanwalt Vollmacht sowie alle erforderlichen Auskünfte erteilen und die angeforderten Unterlagen zur Verfügung stellen.

14 Eine vertragliche Ausgestaltung findet sich hauptsächlich in den Ziffern 6 und 25.5 der AHB. Die Leistung des VR ist danach grundsätzlich auf die **vereinbarte Versicherungssumme** nach Ziffer 6 AHB begrenzt. Die Aufwendungen des VR für Kosten werden allerdings nicht auf die Versicherungssumme angerechnet, Ziffer 6.5 AHB. Dies entspricht dem Leitbild der Haftpflichtversicherung und der damit verbundenen Zuweisung des Risikos aus der Abwehr von geltend gemachten Ansprüchen auf den VR.

15 Ziffer 6.5 AHB lässt allerdings offen, welche Kosten vom Versicherungsschutz umfasst sind. Eine genaue Kostendefinition fehlt. § 100 bestimmt aber eine umfassende Freistellungsverpflichtung des Haftpflichtversicherers gegenüber dem VN. Damit sind letztlich alle Kosten, die infolge der Prüfung der Haftpflichtfrage oder der Abwehr unberechtigter Ansprüche entstehen, als Kosten nach Ziffer 5.1 AHB zu qualifizieren. Diese **weite Auffassung hinsichtlich der Kosten** ist aufgrund des Fehlens einer genauen Ausgestaltung verschiedener Kostenpositionen durchaus geboten. Dabei ist es nach Ziffer 6.5 AHB auch nicht erforderlich, dass der VR die Kosten selbst aufgebracht hat. Ausschlaggebend ist für den VR der Aufwand, der sich infolge seiner Kostentragungspflicht ergibt.

16 Diese umfassende Kostentragungspflicht erfährt nach Ziffer 6.6 AHB eine **Einschränkung** für den Fall, dass die begründeten Haftpflichtansprüche aus einem Versicherungsfall die Versicherungssumme übersteigen. In dieser Konstellation trägt der VR die Prozesskosten **im Verhältnis** der Versicherungssumme zur Gesamthöhe der Ansprüche. Falls sich im Prozess die Unbegründetheit der Ansprüche im Grunde oder der Höhe nach aufzeigt, gilt die Regelung der Ziffer 6.6 AHB nicht. Dies ergibt sich aus dem klaren Wortlaut der Ziffer 6.6 AHB, der sich ausschließlich auf begründete Haftpflichtansprüche des Dritten bezieht. Die Beschränkung auf begründete Haftpflichtansprüche wird dann relevant, wenn der anspruchstellende Dritte z.B. erkennbar überhöhte Forderungen geltend macht. Klassischer Anwendungsfall des Erhebens von sehr hohen Ansprüchen sind z.B. Schadenersatzansprüche aus US-Exporten.

17 Erweisen sich die durch den Dritten erhobenen **Ansprüche als teilweise unbegründet und teilweise begründet**, ist die Anwendung der Ziffer 6.6 AHB ausschließlich hinsichtlich der begründeten Ansprüche möglich. Übersteigen die begründeten Teilansprüche die Versicherungssumme, ist eine anteilige Reduzierung der Kostentragungspflicht vorzunehmen. Letztere bestimmt sich erneut nach dem Verhältnis der Versicherungssumme zu den teilweise begründeten Haftpflichtansprüchen. Zusammenfassend ist festzuhalten, dass hinsichtlich der Begründetheit des Haftpflichtanspruchs des Dritten nicht die Einschätzung des VR bei der Anspruchserhebung des Dritten entscheidend ist, sondern allein die gerichtliche oder zwischen den Parteien in einem Schlichtungsverfahren erfolgte Feststellung.

5. Anrechnung von Verteidigungskosten im Rahmen sog. Kostenklauseln

18 Typischerweise werden im Rahmen der Mitversicherung von Auslandsschäden in den USA oder allgemein im Rahmen der D&O-Versicherung sog. Kostenklauseln vereinbart. Danach werden die Kosten der Anspruchsabwehr und die damit verbundenen Prozesskosten **auf die Versicherungssumme angerechnet**. Der Ursprung solcher Kostenklauseln liegt in der Mitversicherung von US-amerikanischen Risiken. Ziel dieser Vereinbarungen ist es, die ungewöhnlich hohen Verteidigungskosten zur Begrenzung des Risikos für den VR zu berücksichtigen. Auch im Rahmen der D&O-Versicherung werden allgemein Klauseln vereinbart, die zu einer Anrechnung der Verteidigungskosten auf die Versicherungssumme führen. Bei der Inanspruchnahme von Vorständen, Aufsichtsräten oder Geschäftsführern entstehen i.d.R. überdurchschnittliche Verteidigungskosten.

19 Die Vereinbarung solcher Kostenklauseln ist grundsätzlich aufgrund des dispositiven Charakters von § 101 II zulässig. Es ist jedoch zu berücksichtigen, dass Kostenklauseln dem Prüfungsmaßstab der §§ 305 ff. BGB und insbes. § 307 BGB unterliegen. Die AGB-Kontrolle ist anwendbar, da die Kostenklauseln das Hauptleistungsversprechen des VR aus § 100 (Abwehr und Freistellung) inhaltlich konkretisieren.[17]
Das gesetzliche Leitbild der Haftpflichtversicherung beinhaltet die Kostentragungspflicht des Haftpflichtversicherers nach § 101. Der VR soll die Folgen der Verantwortlichkeit des VN finanziell decken.[18] Zugleich soll der VR das Risiko einer unzutreffenden Beurteilung der Rechtslage tragen. Der VR läuft bei einer unberechtigten Anspruchsabwehr nach § 101 II Gefahr, die Verteidigungskosten über die Versicherungssumme hinaus zu tragen. Mit diesem Leitbild müssen AGB entsprechend § 307 II Nr. 1 BGB stets im Wesentlichen zu vereinbaren sein. Auch einer dispositiven Norm kann Leitbildcharakter zukommen.[19] Der Gesetzgeber hat durch die grundsätzliche Abdingbarkeit des § 101 nur die Möglichkeit eröffnet, einzelnen, speziellen Ausnahmefäl-

---

17 *Terno* r+s 2013, 577, 579.
18 BGH r+s 2003, 500, 501.
19 So z.B. BGH r+s 1994, 78, 79; diesbezüglich kritisch wegen des ausdifferenzierten Systems (halb-)zwingender und dispositiver Vorschriften im VVG, *Werber* VersR 2014, 1159, 1162.

len Rechnung tragen zu können. Eine Aufnahme des § 101 in § 112 hätte zur Folge, dass die Kostentragungspflicht nicht einmal individualvertraglich anders geregelt werden könnte. Dies wäre nicht interessengerecht gewesen.

Grundsätzlich bestehen Bedenken, Kostenklauseln im Rahmen von allgemeinen Bedingungen zu verwenden, die in jedem Fall eine pauschale Anrechnung vom VR veranlasster Kosten auf die Versicherungssumme ermöglichen.[20] Zwar gehört die vollständige Deckung jeglicher Schadenersatzansprüche Dritter nicht zur Leistungsverpflichtung des Haftpflichtversicherers.[21] Dem Interesse des VN an einem möglichst lückenlosen Versicherungsschutz sollte aber hinreichend entsprochen werden. Auch darf der VR nicht das Risiko einer fehlerhaften Beurteilung der Rechtslage auf den VN abwälzen dürfen. Die Leistungsalternativen des VR aus § 100 – Abwehr oder Befriedigung – sind im Interesse des VN wahrzunehmen und führen bei vertragsgemäßer Regulierung des Versicherers zur Erfüllung des Haftpflichtvertrages. Die Abwehrvariante würde jedoch entwertet, könnte der VR dem VN die Kostentragungspflicht auferlegen. Es bestünde die Gefahr, dass der VR abwehrt, ohne die Rechtslage hinreichend zu prüfen. Daher sind z.B. an in der Praxis übliche Kostenklauseln für Auslandsschäden im Bereich privater Haftpflichtversicherungen strenge Anforderungen zu stellen. Im Bereich der **Kostenklauseln für Auslandsrisiken aus der Mitversicherung von USA-Risiken** kann dagegen berücksichtigt werden, dass diese i.d.R. auf Basis expliziter Vereinbarungen verbunden mit einer individuellen Kalkulation dieses Risikos erfolgen. Zwar versichert der ganz überwiegende lokale US-Versicherungsmarkt Haftpflichtrisiken ohne Kostenklauseln. Im Hinblick auf die Mitversicherung von USA-Risiken in deutschen Versicherungsverträgen könnte aber eine Sonderstellung anzuerkennen sein. Insgesamt dürfte daher bei schweren Haftungsrisiken mit hohen und überdurchschnittlichen Verteidigungskosten eher von einer Wirksamkeit der Kostenanrechnung auszugehen sein.

Problematisch erscheint die **Vereinbarung einer Kostenklausel im Rahmen der D&O-Versicherung**. Im Wege einer D&O-Versicherung versichern Unternehmen (für fremde Rechnung, §§ 43 ff.) das Risiko ihrer Organmitglieder (Vorstände, Geschäftsführer und Aufsichtsräte). Diese natürlichen Personen sind im Falle einer Inanspruchnahme auf Schadenersatz berechtigt, die Leistungen der D&O-Versicherung in Anspruch zu nehmen, § 44 I 1. Dabei sind sie wegen des oftmals komplexen Haftungsumfangs in besonderer Weise auf die Verteidigungsmaßnahmen des VR angewiesen. Ein D&O-VR, der zur Abwehr von Ansprüchen aufwendige Verteidigungsmaßnahmen vornimmt, begegnet bei der Anrechnung der Verteidigungskosten einem geringeren wirtschaftlichen Risiko, wenn langwierige Verfahren anzustreben sind. Dabei ist das Übersteigen der Versicherungssumme durch die Kombination der Verteidigungskosten und des geltend gemachten Anspruchs in der Praxis aufgrund der Höhe solcher Organhaftungsansprüche nicht auf seltene Ausnahmefälle beschränkt. Problematisch erscheint insoweit, dass langwierige Verteidigungsmaßnahmen des VR im Ergebnis zu einer substantiellen Reduzierung der Versicherungssummen im Hinblick auf berechtigte Ansprüche führen. Soweit die Versicherungssumme aufgrund der angerechneten Verteidigungskosten dann für berechtigte Schadensersatzansprüche nicht mehr zur Verfügung steht, müssen die grundsätzlich versicherten Personen den Schadenersatzanspruch darüber hinaus selbst befriedigen, den der VN noch in Anspruch nehmen zu können. An die transparente und i.S.v. § 307 BGB inhaltlich zulässige Ausgestaltung einer solchen Kostenklausel sind daher strenge Anforderungen zu stellen. Gerade bei standardisierten D&O-Versicherungen lässt sich damit kein notwendiges Interesse der VR an von § 101 II abweichenden Klauseln erkennen. 20

Klauseln, die nicht erkennen lassen, in welcher Höhe und in welchen Zusammenhängen die anzurechnenden Kosten entstehen können, sind von der Rspr. als intransparent eingestuft worden.[22] Darüber hinaus dürfen Kosten, die aus der Beurteilung der Haftpflichtfrage erwachsen – diese Beurteilung ist wie erörtert Hauptleistungspflicht des VR i.S.v. § 100 – prinzipiell nicht auf die Versicherungssumme angerechnet werden.[23] Für die Zulässigkeit der Kostenanrechnung ist folglich streng zwischen internen und externen Kosten zu differenzieren;[24] lediglich Letztere können bei einer angemessenen Ausgestaltung der Klauseln, die die Interessen beider Seiten hinreichend berücksichtigt, angerechnet werden.

6. Verteidigungskosten nach § 101 II 1

Nach § 101 II 1 sind nicht allein die Kosten zu berücksichtigen, die sich aus der Führung eines durch den VR veranlassten Rechtsstreits ergeben. Vielmehr sind auch die auf Weisung des Versicherers aufgewendeten **Kosten der Verteidigung in einem Strafverfahren** zu beachten (§ 101 I 2). Der Bezug der Veranlassung auf die Verteidigungskosten ist nicht erforderlich, da diese vom allgemeinen Versicherungsschutz ohnehin nur umfasst sind, falls sie auf Weisung des VR hin aufgewendet worden sind (§ 101 I 2). 21

---

20 So etwa HK-VVG/*Schimikowski*, § 101 Rn. 4.
21 So *Werber* VersR 2014, 1159, 1166.
22 Vgl. OLG Frankfurt (Main) VersR 2012, 432, 434; a.A. *Terno* r+s 2013, 577, 578.
23 Vgl. OLG Frankfurt (Main) VersR 2012, 432, 434.
24 Siehe dazu *Lange*, Handbuch D&O-Versicherung und Managerhaftung, 2014, § 15 Rn. 32.

7. Zinsen nach § 101 II 2

22 Zinskosten, die aufgrund einer Abwehr berechtigter Ansprüche und einer dadurch veranlassten Verzögerung der Befriedigung des Dritten entstanden sind, hat der VR zu ersetzen. Dies gilt nach § 101 II 2 selbst dann, wenn die Versicherungssumme überschritten wird. Entscheidend ist ausschließlich die **Verzögerung der Erfüllung der Leistungsverpflichtung** durch den VR. § 101 II 2 dient damit der Klarstellung.[25] Die Risiken der Abwehr der gegen den VN gerichteten Ansprüche liegen auf Seiten des VR. Diese Zuweisung der Zinskosten zum VR gilt damit ohne Exkulpationsmöglichkeit. Ein Verschulden des VR bei der Verzögerung der Befriedigung des Haftpflichtanspruchs stellt keine Voraussetzung dar. Die verzögerte Erfüllung seiner Leistungsverpflichtung ist für den VR i.d.R. nicht mit wirtschaftlichen Risiken verbunden. Der Haftpflichtversicherer wird bei Geltendmachung eines Schadenersatzanspruchs gegen den VN bilanziell die mögliche Forderungshöhe als Aufwand buchen und eine sog. Reserve bilden. Diese Reserve steht dem VR als wirtschaftliches Eigentum uneingeschränkt zur Verfügung. Er muss diese Reserve zwar nach spezifischen bilanzsteuerrechtlichen Vorgaben bewerten. Die Reserve ermöglicht vielleicht einen Gewinn aus den rückgestellten Kapitalbeträgen. Der Realisierung dieser Gewinne stehen aber möglicherweise geltend gemachte Zinsforderungen wegen verzögerter Erfüllung der Leistungsverpflichtung entgegen.

III. § 101 III: Sicherheitsleistung

1. Vorläufige Vollstreckbarkeit noch nicht rechtskräftiger und zu Gunsten des Dritten erlassener Entscheidungen

23 Ist der VN berechtigt, die Vollstreckung eines zu Gunsten des Dritten erlassenen vorläufig vollstreckbaren Urteils des Gerichts mittels Sicherheitsleistung oder Hinterlegung abzuwenden (vgl. § 711 ZPO), obliegt es dem VR, diese Sicherheitsleistung oder Hinterlegung zu erbringen. Der VR muss die Vollstreckung einer noch nicht rechtskräftigen gerichtlichen Entscheidung in das Vermögen des VN verhindern, wenn er eine weitere Abwehr des Anspruchs beabsichtigt. Dies folgt aus dem **umfassenden Freistellungsanspruch des VN** nach § 100. Kann aufgrund der Sicherheitsleistung seitens des Gläubigers gem. § 711 I 1 ZPO eine vorläufige Vollstreckung des Urteils durch eigene Sicherheitsleistung oder Hinterlegung nicht verhindert werden, ist der VR bereits vor Eintreten der Rechtskraft einer gerichtlichen Entscheidung verpflichtet, dem Freistellungsanspruch des VN durch Zahlung an den Dritten nachzukommen.[26] Letztlich soll jede Art der Zwangsvollstreckung in das Vermögen des VN verhindert werden. Die Duldung einer Zwangsvollstreckung ist für den VN unzumutbar.[27] Der Anspruch des VN auf Sicherheitsleistung oder Hinterlegung durch den VR ist damit auch keine besondere Ausprägung des Abwehranspruchs, sondern folgt dem umfassenden Freistellungsanspruch des VN nach § 100. Der Anspruch auf Sicherheitsleistung oder Hinterlegung ist folglich auch kein Anspruch eigener Art.

2. Entstehung und Fälligkeit des Anspruchs auf Sicherheitsleistung und Hinterlegung

24 Der aus dem Freistellungsanspruch resultierende Anspruch des VN auf Sicherheitsleistung oder Hinterlegung entsteht mit der Bekanntgabe der vorläufig vollstreckbaren gerichtlichen Entscheidung. Gleichzeitig wird dieser Anspruch des VN durch den Erlass des vorläufig vollstreckbaren Urteils oder des Beschlusses (vgl. Arrestbeschluss als Arrestbefehl nach §§ 922 Alt. 2, 923 ZPO) automatisch fällig. Die Fälligkeit des Anspruchs des VN auf Sicherheitsleistung oder Hinterlegung bestimmt sich damit nicht nach der allgemeinen Fälligkeitsregelung in Bezug auf den Freistellungsanspruch nach § 106. Insofern stellt die Regelung des § 101 III 1 eine Ausnahme von § 106 dar. Auch bedarf es für die Herbeiführung der Fälligkeit des Anspruchs keines Verlangens des VN bezüglich der Erbringung der Sicherheitsleistung oder Hinterlegung (anders noch § 150 III 1 a.F., wonach sich die Fälligkeit des Anspruchs nach dem Verlangen des VN bestimmt hat). Diese Neuerung beruht insbes. auf der **überwiegenden Prozessführungsbefugnis des VR** nach den Ziffern 5.2 und 25.5 AHB. Ein Verlangen des VN ist hinsichtlich des Sicherstellungs- oder Hinterlegungsanspruchs nunmehr entbehrlich.[28] Dies gilt auch, falls der VR den VN zur Prozessführung ermächtigt hat. Allerdings ergibt sich aus der praktischen Abwicklung heraus die Notwendigkeit, dass der VN dem VR eine Mitteilung über den Erlass der vorläufig vollstreckbaren Entscheidung macht. Kennt der VR die drohende Zwangsvollstreckung nicht, kann ihm eine Verzögerung der Sicherheitsleistung oder der Hinterlegung nicht vorgeworfen werden. Trotz automatischer Fälligkeit des Anspruchs auf Sicherheitsleistung und Hinterlegung bedarf der VR hinsichtlich der Erfüllung des Anspruchs zunächst einer Information über dessen Bestehen. Demnach bedarf es bei **fehlender Prozessführung des VR** für den Verzug des VR stets einer Mahnung.[29]

---

25 L/W/*Littbarski*, § 101 Rn. 89; *Schneider*, § 150 S. 430 mit Hinweis auf die Klarstellungsfunktion des Satz 2.
26 L/W/*Littbarski*, § 101 Rn. 99.
27 BK/H. *Baumann*, § 150 Rn. 36.
28 Ebenso R/L/*Langheid*, § 101 Rn. 22; PK/*Retter*, § 101 Rn. 22; dagegen das Verlangen des VN stets voraussetzend: HK-VVG/*Schimikowski*, § 101 Rn. 6.
29 So auch B/M/*Koch*, § 101 Rn. 53 m.w.N.; PK/*Retter*, § 101 Rn. 22.

3. Leistungen über die Versicherungssumme hinaus

Die Freistellungsverpflichtung durch Sicherheitsleistung oder Hinterlegung besteht nach § 101 III 2 bis zur 25
Höhe der vereinbarten Versicherungssumme. Nach der Regelung des § 101 II kann sich der Anspruch auf Sicherheitsleistung oder Hinterlegung betragsmäßig um die Summe der zu tragenden Kosten und Zinsen erhöhen.

4. Befreiung von der Verpflichtung zur Sicherheitsleistung oder Hinterlegung durch Befriedigung des Anspruchs nach § 101 III 3

Falls der VR den Schadenersatzanspruch des Dritten dem VN gegenüber als begründet anerkennt, wird er 26
von der Verpflichtung zur Sicherheitsleistung oder Hinterlegung frei, § 101 III 3. Fraglich ist, ob die Mitteilung des Anerkenntnisses gegenüber dem anspruchstellenden Dritten (Geschädigten) oder gegenüber dem VN erfolgen kann oder muss. Ein Anerkenntnis des VR gegenüber dem geschädigten Dritten berührt das deliktische Rechtsverhältnis zwischen dem Dritten und dem VN. Zudem ist der VR nach Ziffer 5.2 AHB uneingeschränkt zur Führung des Prozesses und zur Abgabe aller ihm zweckmäßig erscheinenden Erklärungen im Namen des VN berechtigt. Diese Vollmacht des VR ist i.d.R. unproblematisch, soweit die geltend gemachte Schadenersatzforderung die vereinbarte Versicherungssumme nicht übersteigt. Problematisch sind dagegen solche Fallgestaltungen, bei denen ein über die Versicherungssumme hinausgehender Anspruch geltend gemacht wird. Auch könnte der VR einen Haftpflichtanspruch anerkennen und dabei eine mittlerweile gegenüber dem VN eingetretene Verjährung übersehen. Ein Anerkenntnis des VR könnte daher bei Forderungen, die die Versicherungssumme übersteigen, auch zu Lasten des VN wirken. Gegen dieses Ergebnis kann vorgebracht werden, dass die Regulierungsvollmacht des VR nicht weiter gehen darf als die Regulierungspflicht.[30] Diese **Beschränkung der Regulierungsvollmacht** hat der BGH aber ausdrücklich als Grundsatz aufgegeben.[31] Danach ist Ziffer 5.2 AHB als AGB-rechtlich wirksame, **umfassende Vollmacht** einzustufen. Der Wortlaut ist diesbezüglich klar und unmissverständlich (»alle [...] zweckmäßig erscheinenden Erklärungen«). Der VN kennt seine Versicherungssumme und wird daher nicht unangemessen benachteiligt.[32] In Fällen, in denen die geforderte Schadenersatzleistung über die Versicherungssumme hinausgeht, wird der VN damit faktisch gezwungen, selbst an der Abwehr der Ansprüche mitzuwirken. Aus dem **Treueverhältnis zwischen VR und VN** ist aber zu fordern, dass der VR den VN rechtzeitig vor Abgabe eines entsprechenden Anerkenntnisses informiert, damit dieser im Hinblick auf die die Versicherungssumme übersteigenden geforderten Leistungen Vorsorge treffen kann.

5. Rechtsfolgen

Die Regelungen des § 101 beinhalten eine konkrete Ausgestaltung des Inhalts der Leistungsverpflichtung des 27
VR nach § 100. So ergibt sich die Art und Weise der Abwehrverpflichtung des VR aus § 101 I und II. Daneben erfolgt die Beschäftigung mit einem besonderen Typus der Freistellungsverpflichtung (in Form der Pflicht zur Abwendung der Vollstreckung) in § 101 III.[33] Die Rechtsschutzverpflichtung des VR wird durch die umfassende Kostentragungspflicht (§ 101 I) und eine Erweiterung dieser über die vereinbarte Versicherungssumme hinaus (§ 101 II) gewährleistet. Die Vorschriften des § 101 I und II beinhalten **keine eigenen Anspruchsgrundlagen** des VN. Die auf der allgemeinen Freistellungsverpflichtung des VR beruhende Verpflichtung gerichtet auf Sicherheitsleistung und Hinterlegung ist in § 101 III festgelegt. Ungeachtet der speziellen Fälligkeit der Verpflichtung zur Sicherheitsleistung und Hinterlegung, die der allgemeinen Fälligkeit der Freistellungsverpflichtung nach § 106 zeitlich vorgelagert ist, enthält diese Regelung keinen eigenen anspruchsbegründenden Charakter.

6. Beweislast

Die auch die Kostenübernahme erfassende Abwehrverpflichtung des VR setzt voraus, dass der Kosteneinsatz 28
den Umständen nach geboten ist (§ 101 I 1). Hinsichtlich der **Gebotenheit** der Aufwendungen sind die konkreten Umstände des Einzelfalls ausschlaggebend. Es obliegt dem **VN**, die maßgeblichen Tatsachen darzulegen, aus denen sich die Gebotenheit des Kostenaufwands ergeben soll.[34] Die Beweislast kann als grundsätzlich dispositives Recht vertraglich andersartig bestimmt werden. So entfällt jedenfalls infolge der gewöhnlich vereinbarten Prozessführungsbefugnis des VR nach Ziffer 5.2 AHB grundsätzlich die dem VN obliegende Beweislast, da der VR selbst die Verteidigungskosten unmittelbar durch seine Beauftragung verursacht.

---

30 So früher BGHZ 101, 276, 284; s. dazu P/M/*Lücke*, AHB § 5 Rn. 11.
31 BGH VersR 2009, 106, 107; NJW 2007, 69, 71.
32 Vgl. BGH NJW 2007, 69, 71.
33 Anders zu § 150 a.F. R/L/*Langheid*, § 150 Rn. 1, wonach § 150 a.F. nur den Abwehranspruch regelt.
34 Siehe *Schneider*, § 150 S. 430 mit Verweis auf die Begründung S. 144.

§ 102 Betriebshaftpflichtversicherung

§ 102 Betriebshaftpflichtversicherung. (1) ¹Besteht die Versicherung für ein Unternehmen, erstreckt sie sich auf die Haftpflicht der zur Vertretung des Unternehmens befugten Personen sowie der Personen, die in einem Dienstverhältnis zu dem Unternehmen stehen. ²Die Versicherung gilt insoweit als für fremde Rechnung genommen.
(2) ¹Wird das Unternehmen an einen Dritten veräußert oder auf Grund eines Nießbrauchs, eines Pachtvertrags oder eines ähnlichen Verhältnisses von einem Dritten übernommen, tritt der Dritte an Stelle des Versicherungsnehmers in die während der Dauer seiner Berechtigung sich aus dem Versicherungsverhältnis ergebenden Rechte und Pflichten ein. ²§ 95 Abs. 2 und 3 sowie die §§ 96 und 97 sind entsprechend anzuwenden.

Übersicht

	Rdn.		Rdn.
A. Allgemeines	1	2. Ausdehnung des mitversicherten Personenkreises in Abgrenzung zum mitversicherten Personenkreis nach § 151 a.F.	12
B. Tatbestand	5		
I. Versicherung für ein Unternehmen, § 102 I	5		
II. Umfang des Versicherungsschutzes/ Unternehmensbezug	7	III. Versicherung für fremde Rechnung, § 102 I 2 VVG	13
1. Versicherter Personenkreis	9	IV. Übernahme des Unternehmens durch einen Dritten, § 102 II	15
a) Unternehmensträger als VN	9	C. Rechtsfolge	16
b) Befugte Unternehmensvertreter	10		
c) In einem Dienstverhältnis zu dem Unternehmen stehende Personen	11		

A. Allgemeines

1 Die Vorschrift des § 102 regelt die spezielle Haftpflichtversicherung für Unternehmen. Das Kennzeichen der betrieblichen Haftpflichtversicherung liegt im besonderen versicherten Risiko. Die Spezialität der betrieblichen Haftpflichtversicherung findet ihren Ausdruck i.d.R. in einer **sog. Betriebsbeschreibung**, die den Versicherungsverträgen zugrunde gelegt wird. In der Betriebsbeschreibung wird die Tätigkeit des Unternehmens erfasst und damit zugleich ein Rahmen für die versicherten Haftpflichtrisiken gesetzt. Der damit entstandene Versicherungsschutz ist allerdings nicht auf das versicherte Unternehmen selbst beschränkt. Der Versicherungsschutz erstreckt sich auch auf die Haftpflicht der zur Vertretung des Unternehmens befugten Personen sowie der Personen, die in einem Dienstverhältnis zu dem versicherten Unternehmen stehen. Diese Personen, die letztlich verantwortlich für den VN handeln, werden folgerichtig vom Versicherungsschutz und vom Anspruch auf Freistellung gegenüber dem VR erfasst. Die Betriebshaftpflichtversicherung umfasst damit neben dem Unternehmen selbst den gesamten Gefahrenbereich des geschäftlichen Betriebs an sich und bietet Schutz für das Verhalten sämtlicher betriebsangehöriger Personen.

2 Der Abschluss einer Betriebshaftpflichtversicherung wird von der Versicherungswirtschaft für nahezu sämtliche Wirtschaftsbereiche angeboten. Systematisch wird dabei zwischen Haftpflichtversicherungen in Bezug auf Betriebsstättenrisiken, Produkthaftpflichtrisiken, Umwelthaftungs- und Umweltschadenrisiken sowie Vermögensschadenrisiken unterschieden. Für Unternehmen in entwickelten Industriegesellschaften haben die **Haftpflichtrisiken** in der Vergangenheit stetig an Bedeutung gewonnen. Häufig geht deren Stellenwert über den der Versicherung von Sachschäden hinaus.

3 In einigen Bereichen ist der Abschluss einer Betriebshaftpflichtversicherung gesetzlich vorgeschrieben. Die Ausgestaltung der **Betriebshaftpflichtversicherung als Pflichtversicherung** i.S.v. § 113 findet sich insbes. bei Unternehmen, deren Betriebstätigkeit ein erhöhtes Gefahrenpotential aufweist. Auch außerhalb der Pflichtversicherung ist der Anteil der versicherten Unternehmen erfahrungsgemäß sehr hoch. Der Verzicht eines Unternehmers auf eine betriebliche Haftpflichtversicherung dürfte als Verletzung der Sorgfaltspflichten einer ordentlichen und gewissenhaften Geschäftsführung i.S.v. § 93 AktG gewertet werden.

4 § 102 I a.E. erweitert den Versicherungsschutz auf das Handeln aller Personen, die in einem Dienstverhältnis zum versicherten Unternehmen stehen. Die **Mitversicherung dieses Personenkreises** dient nicht nur den Personen selbst, sondern insbes. den geschädigten Dritten, denen damit in jedem Fall ein solventer Schuldner gegenübersteht.[1] Auch ist das praktische Ergebnis zu beachten, dass es bei positiver Feststellung des Haftpflichtanspruchs nicht mehr darauf ankommt, exakt zu ermitteln, ob der VN selbst oder eine in seinem Dienstverhältnis stehende Person haftet.[2] Um unversicherte Zeiträume im Rahmen eines Veräußerungs- oder Übertragungsunternehmens zu vermeiden, geht der Versicherungsschutz automatisch auf den neuen Unternehmensträger über (§ 102 II 1).

---

1 Zur Bedeutung der Betriebshaftpflichtversicherung BK/*H. Baumann*, § 151 Rn. 5.
2 Zur praktisch wichtigen Folge *Schneider*, § 151 S. 431.

B. Tatbestand
I. Versicherung für ein Unternehmen, § 102 I

Die Vorschrift des § 102 I 1 setzt das Bestehen einer betrieblichen Versicherung voraus. Im Zuge der Reform des VVG wurde »der geschäftliche Betrieb des VN« durch den Begriff »Unternehmen« ersetzt. Damit sollte die Terminologie des § 1 HGB als Kernvorschrift des Unternehmens- und Handelsrechts übernommen werden.[3] Mit der neuen Terminologie dürfte **keine Einengung des Anwendungsbereichs** verbunden sein. § 102 I 1 verlangt das Bestehen einer Versicherung für ein Unternehmen. Für den Begriff »Unternehmen« gibt es keine einheitliche rechtliche Definition. Der Begriff des Unternehmens ist damit nach Zweck und Leitgedanken des § 102 I 1 zu beurteilen.[4] § 102 I 1 ermöglicht einen einheitlichen Versicherungsschutz des Unternehmensträgers (z.B. Kapitalgesellschaft) und für das Unternehmen handelnder und damit mitversicherter Personen. Der einheitliche Versicherungsschutz ist wesentlich für die Sicherung der Fortführung des Unternehmens. Auch für die mitversicherten Personen, für die in ihrer Eigenschaft als angestellte Personen i.d.R. eine eigenständige Betriebshaftpflichtversicherung nicht offeriert wird, ist der gemeinsame Versicherungsschutz von nachhaltiger Bedeutung. Unter Beachtung dieses Normzwecks ist der Unternehmensbegriff i.S.v. § 102 I 1 weit zu verstehen und weit auszulegen. In Übereinstimmung mit dem bisherigen Verständnis von § 151 I a.F. ist bei jeder fortgesetzten Tätigkeit, die sich als Beteiligung am Wirtschaftsleben darstellt und sich in einem nach außen selbstständigen, von der privaten Sphäre des Inhabers getrennten Lebensbereich vollzieht, von einer unternehmerischen Tätigkeit i.S.v. § 102 I 1 auszugehen.[5] Diese Begriffsbestimmung ähnelt der zivilrechtlichen Unternehmensdefinition des § 14 BGB. Danach liegt die Unternehmenstätigkeit in einer selbstständigen, auf gewisse Dauer angelegten und auf planmäßigen Anbieter entgeltlicher Leistung am Markt gerichteten Tätigkeit. Eine Gewinnerzielungsabsicht ist nicht erforderlich.[6] Auch die allgemeine Intention der Neufassung des VVG zur Verbesserung der Transparenz und zur Stärkung der Stellung des VN spricht für ein weites Verständnis des Unternehmensbegriffs.[7]

Der **terminologische Hinweis der Regierungsbegründung** zu § 102 I 1, den Begriff »Betrieb« durch »Unternehmen« im Hinblick auf die Terminologie des § 1 HGB zu übernehmen, könnte den Schluss zulassen, dass der Anwendungsbereich des § 102 I auf den Kaufmann nach § 1 HGB beschränkt werden sollte.[8] Über den terminologischen Wechsel hinaus sind aber keine Anhaltspunkte für eine beabsichtigte engere Ausgestaltung des § 102 zu erkennen. Der hinter dem terminologischen Wechsel stehende Sinn bleibt danach fraglich. Die Einengung und damit etwa der Ausschluss von betrieblichen Versicherungen für freiberufliche Tätigkeiten würde ansonsten zu zweifelhaften Ergebnissen führen. So würde etwa im Rahmen einer ärztlichen Haftpflichtversicherung kein Versicherungsschutz mehr für medizinische oder technische Assistenz bestehen. Bei Rechtsanwälten bestünde kein Versicherungsschutz für mitversicherte Büroangestellte.

II. Umfang des Versicherungsschutzes/Unternehmensbezug

§ 102 I 1 nimmt **keine Definition des versicherten Risikos** bei betrieblichen Haftpflichtversicherungen vor.[9] Der Umfang des Versicherungsschutzes wird allein den versicherungsvertraglichen Regelungen überlassen. Dies beruht auf der Vielfalt der existierenden Tätigkeitsbereiche von Unternehmen und Institutionen. Die Vorgabe beschränkt sich vielmehr darauf, dass sich bei der betrieblichen Haftpflichtversicherung der Versicherungsschutz auch auf die Haftpflicht der Vertretungsbefugten sowie der in einem Dienstverhältnis zum Unternehmen stehenden Personen erstreckt. Diese Bestimmung ist infolge des dispositiven Charakters des § 102 gleichwohl durch eine anderweitige Parteivereinbarung abdingbar (vgl. § 112). Einer Abbedingung dieser Mitversicherung dürften allerdings enge Grenzen gesetzt sein, zumal die Regelung nicht nur den mitversicherten Personen, sondern auch den geschädigten Dritten zugutekommt.

Die betriebliche Haftpflichtversicherung versichert die **gesetzliche Haftpflicht** des VN, die sich aus dem Unternehmen mit seinen Eigenschaften, Rechtsverhältnissen oder Tätigkeiten ergibt.[10] Daneben werden branchentypische Nebenrisiken wie die betriebliche Nutzung von Gebäuden und Grundstücken mitversichert.[11] Es werden die gesetzlichen Haftpflichtansprüche Dritter erfasst, die infolge von betrieblich gesetzten Verantwortlichkeiten begründet werden, die in einem **unternehmensbezogenen** Zusammenhang mit dem Unternehmen stehen.[12] Es kann sich dabei auch um ein untypisches Risiko handeln, mit dem bei Vertragsschluss

---

3 PK/*Retter*, § 102 Rn. 5; s. dazu auch Begr. RegE BT-Drucks. 16/3945 S. 85.
4 Zur Bestimmung des jeweiligen Unternehmensbegriffs Baumbach/*Hopt*, 36. Aufl. 2014, Einl. v. § 1 Rn. 31.
5 Vgl. BGH VersR 1962, 33.
6 So Palandt/*Ellenberger*, § 14 Rn. 2; PK/*Retter*, § 102 Rn. 5; ferner der BGH zumindest für den Verbrauchsgüterkauf NJW 2006, 2250, 2251.
7 Zur Intention des Gesetzgebers Begr. RegE BT-Drucks. 16/3945 S. 1.
8 Siehe Begr. RegE BT-Drucks. 16/3945 S. 85.
9 Es besteht Schutz für die im Versicherungsschein deklarierten Risiken, vgl. VersHb/*v. Rintelen*, § 26 Rn. 9.
10 Vgl. Ziffer 7.1.1 BBR BHV.
11 Vgl. Ziffer 7.1.2.1 BBR BHV.
12 BGH VersR 1988, 1283, 1284; BK/*H. Baumann*, § 151 Rn. 14.

nicht gerechnet wurde, solange es hinreichend unternehmensbezogen ist, sich also nicht nur bei Gelegenheit realisiert.[13] Entscheidend ist, dass das Handeln aus Sicht des Mitversicherten die Betriebsinteressen zumindest mittelbar fördern soll.[14] Ob die Tätigkeit unentgeltlich oder aus Gefälligkeit erfolgt, ist für die Frage nach der Betriebsbezogenheit nicht von Bedeutung.[15] Bei vorschriftswidrigem Handeln kann hingegen schon kein Interesse des Unternehmens gefördert werden, sodass es an einer Betriebsbezogenheit von vornherein fehlt.[16]

Ausgeschlossen sind Haftpflichtansprüche, die aus der Privatsphäre des Betriebsinhabers oder der Gesellschafter hervorgehen. Die Mitversicherung privater Haftpflichtrisiken von Unternehmern im Rahmen besondere Zusatzverträge wird zum Teil vorgenommen. Dies ist dort angemessen, wo eine Unterscheidung zwischen privater oder betrieblicher Veranlassung nicht zweifelsfrei möglich ist.

1. Versicherter Personenkreis

a) Unternehmensträger als VN

9   VN der Betriebshaftpflichtversicherung ist zunächst der Unternehmer selbst. Danach ist eine **natürliche Person** als Betriebsinhaber und Betreiber eines Unternehmens selbst Unternehmensträger.[17] Weiter treten als VN **Kapitalgesellschaften** und alle weiteren rechtsfähigen Organisationsformen (z.B. Anstalten des öffentlichen Rechts, Stiftungen usw.), aber auch **rechtsfähige Personengesellschaften** auf.[18]

b) Befugte Unternehmensvertreter

10 Der Versicherungsschutz der Betriebshaftpflichtversicherung umfasst die Haftpflicht der zur Vertretung des Unternehmens befugten Personen nach § 102 I 1 Alt. 1. **Vertretungsbefugnis** ist als Bevollmächtigung, Berechtigung oder Ermächtigung zu verstehen.[19] Somit erstreckt sich der Versicherungsumfang auf alle Personen, die infolge gesetzlicher Vertretungsmacht oder rechtsgeschäftlich erteilter Vollmacht (vgl. §§ 166 II 1, 167 BGB) zur Vertretung des Unternehmens ermächtigt sind.[20] Als gesetzliche Vertreter des Unternehmens sind insbes. die Organe des Unternehmens, etwa Vorstände und Geschäftsführer, zu nennen.[21] Weitere Vertretungsbefugnisse ergeben sich kraft rechtsgeschäftlicher Bevollmächtigung in Form der Prokura oder Handlungsvollmacht nach §§ 48 ff. HGB.

c) In einem Dienstverhältnis zu dem Unternehmen stehende Personen

11 Weiter erstreckt sich die Mitversicherung nach § 102 I 1 Alt. 2 auf die Haftpflicht der Personen, die in einem Dienstverhältnis zum Unternehmen stehen. In einem Dienstverhältnis stehen alle Personen, die unmittelbar für das Unternehmen tätig werden, unabhängig davon, wie diese Tätigkeit im Einzelnen vertraglich geregelt ist. Nach dem Wortlaut ist nur ein »**Verhältnis**« erforderlich. Eine (dienst-)vertragliche Beziehung führt damit zwar stets zur Einbeziehung in den Versicherungsschutz, ist dafür aber nicht zwingend erforderlich. So sind z.B. Arbeitsverträge nicht notwendig und daher auch etwa Leiharbeiter oder mithelfende Familienangehörige erfasst.[22]

2. Ausdehnung des mitversicherten Personenkreises in Abgrenzung zum mitversicherten Personenkreis nach § 151 a.F.

12 Die gesetzliche Erweiterung des Versicherungsumfangs auf alle dem Unternehmen dienenden und weisungsgebundenen Personen soll das Haftungsrisiko dieser Personen angemessen aufgreifen und diesem gerecht werden. So können nicht nur die Vertreter des VN sowie die zur Leitung oder Beaufsichtigung des Betriebs angestellten Personen (so noch § 151 I a.F.) aufgrund einer betrieblichen Tätigkeit haftpflichtig werden, sondern vielmehr alle natürlichen Personen **anlässlich einer betrieblichen Tätigkeit**. Dieser Personenkreis besitzt keine Möglichkeit, einen entsprechenden Versicherungsschutz selbst zu vereinbaren. Dementsprechend war auch bisher die Mitversicherung eines erweiterten Personenkreises in den versicherungsvertraglichen Bedingungen üblich. Die gewählte Begrifflichkeit des »Dienstverhältnisses« ist vielfach kritisiert worden. Andererseits sei der in § 89 verwendete Begriff zu eng, da er nur häusliches Dienstpersonal erfasse, andererseits sei der dem BGB zugrunde liegende Begriff des Dienstverhältnisses zu weit, weil er auch »freie« Dienstverträge erfasse.[23] Legt man die Gesetzesbegründung zugrunde, so ist durch die Neufassung insbes. die Versicherung von Ar-

---

13 P/M/*Lücke*, BetrH AT § 7.1.1 Rn. 4; Terbille/Höra/*Schünemann*, § 14 Rn. 24.
14 BGH VersR 1987, 1181; OLG Hamburg VersR 1982, 458, 459.
15 BGH VersR 1988, 125.
16 L/W/*Littbarski*, § 102 Rn. 53; a.A. BGH VersR 1961, 399, 400.
17 BK/*H. Baumann*, § 151 Rn. 7.
18 Vgl. MünchKommBGB/*Micklitz*/Purnhagen, § 14 Rn. 9.
19 Vgl. zur Vertretungsmacht Jauernig/*Mansel*, § 164 Rn. 6 ff.
20 Anders L/W/*Littbarski*, § 102 Rn. 83, der unter befugte Unternehmensvertreter nur gesetzliche Vertreter fasst, rechtsgeschäftlich Bevollmächtigte aber über das »Dienstverhältnis« in den Versicherungsschutz integriert.
21 BK/*H. Baumann*, § 151 Rn. 9; L/W/*Littbarski*, § 102 Rn. 82.
22 So auch PK/*Retter*, § 102 Rn. 14.
23 Vgl. dazu VersHb/*v. Rintelen*, § 26 Rn. 24, der von einem »gesetzgeberischen Missgriff« spricht.

beitnehmern intendiert worden.[24] Letztlich dient die Neufassung der Angleichung des Versicherungsumfangs an die ohnehin gebräuchlichen AHB.[25] Danach kommt es lediglich auf die Betriebszugehörigkeit an. Es reicht dazu das Tätigwerden im betrieblichen Bereich mit Wissen und Wollen des VN.[26]

III. Versicherung für fremde Rechnung, § 102 I 2 VVG

Die Versicherung für mitversicherte Personen gilt als für fremde Rechnung genommen (§ 102 I 2). Die Vorschriften zur Versicherung für fremde Rechnung nach den §§ 43 ff. finden Anwendung; danach bestimmt sich die **rechtliche Stellung der Mitversicherten**.[27] Demnach erwirbt die mitversicherte Person bei Eintritt des Versicherungsfalls einen unmittelbaren Anspruch gegenüber dem VR nach §§ 44 I, 100, 102 I VVG.[28] Jedoch kann der VN über die dem Mitversicherten aus dem Versicherungsvertrag zustehenden Rechte nach §§ 45 I, 102 I im eigenen Namen verfügen. Dieses Verfügungsrecht des VN erfährt allerdings eine Einschränkung, falls der VN die Ansprüche des Mitversicherten gegenüber dem VR entgegen Treu und Glaube (§ 242 BGB) nicht oder nicht mehr geltend machen will.[29] 13

Die Kenntnis und das Verhalten der mitversicherten Person sind, soweit sie rechtlich bedeutend sind, nach §§ 47 I, 102 I zu berücksichtigen. So lässt das Verhalten der mitversicherten Person, etwa die vorsätzliche Herbeiführung des Versicherungsfalls, den Anspruch des Mitversicherten auf Versicherungsschutz entfallen und führt insoweit zu einer Leistungsbefreiung des VR.[30] Davon zu unterscheiden ist jedoch der **selbständige Anspruch des VN** auf Versicherungsschutz gegenüber dem VR. Hinsichtlich des eigenen Versicherungsanspruchs des VN gegenüber dem VR sind allein die Kenntnis und das Verhalten des VN bedeutsam, soweit ihm das Verhalten der mitversicherten Person nicht zuzurechnen ist. Kann dem VN hinsichtlich eines Versicherungsfalles, den unmittelbar die mitversicherte Person vorsätzlich herbeigeführt hat, lediglich Fahrlässigkeit vorgeworfen werden, besteht der Versicherungsanspruch des VN gegenüber dem VR.[31] Auch der Eintritt und Wechsel oder Austritt des gesetzlich mitversicherten Personenkreises aus dem versicherten Unternehmen berührt die allgemein eingegangene Haftpflichtversicherung als solche nicht.[32] 14

IV. Übernahme des Unternehmens durch einen Dritten, § 102 II

Die Betriebshaftpflichtversicherung geht bei der Übernahme des versicherten Unternehmens durch einen Dritten automatisch, d.h. auch ohne Einverständnis des VR, auf den Dritten über. Anknüpfungspunkt der Betriebshaftpflichtversicherung ist also das »Unternehmen an sich«.[33] Der versicherte Personenkreis bestimmt sich nach der Zugehörigkeit zu dem Unternehmen/Geschäftsbetrieb.[34] Damit soll die Unterbrechung des Versicherungsschutzes bei einem Wechsel der Betriebsführung vermieden und ein **kontinuierlicher Versicherungsschutz** gewährleistet werden.[35] Die Merkmale Unternehmensveräußerung und Unternehmensübernahme sind damit großzügig auszulegen.[36] Ferner kommt es nicht auf eine Veräußerung oder Verpachtung an, sondern auf die tatsächliche Übernahme des Unternehmens. Sobald der Dritte die Führung des Betriebs übernimmt und im Außenverhältnis als Betriebsinhaber angesehen wird, geht das Haftpflichtrisiko grundsätzlich auf ihn über. Der Versicherungsschutz muss diesem übergegangenen Haftpflichtrisiko nachfolgen.[37] Der Begriff der Veräußerung ist i.S. einer Unternehmensübertragung aufzufassen. Eine Veräußerung des Unternehmens an einen Dritten findet statt, wenn das Unternehmen an den Dritten endgültig weggegeben wird, ohne dass eine Übergabe einzelner Bestandteile noch in Betracht käme.[38] Eine »Veräußerung« ist aber dann abzulehnen, wenn die bisherige Betriebsführung beibehalten wird, da es dann nicht zu einer tatsächlichen Übernahme kommt.[39] Bei Zerstückelung des Unternehmens, etwa durch getrennte Veräußerung des Betriebsgrundstücks und der übrigen Betriebsmittel an voneinander unabhängige Personen, liegt ebenfalls keine Unternehmensübernahme vor.[40] Dagegen ist eine Unwirksamkeit des der Unternehmensübertragung zugrunde liegenden Schuldverhältnisses unbeachtlich, falls der Betrieb tatsächlich übernommen wird.[41] Die §§ 95 15

---

24 Begr. RegE BT-Drucks. 16/3945 S. 85.
25 Vgl. Ziffer 7.1.2.4 BBR BHV.
26 L/W/*Littbarski*, § 102 Rn. 94; VersHb/*v. Rintelen*, § 26 Rn. 26.
27 P/M/*Lücke*, § 102 Rn. 16.
28 Sog. unmittelbares Recht des Angestellten gegen den VR vgl. *Schneider*, S. 433.
29 BK/*H. Baumann*, § 151 Rn. 13 mit Verweis auf BGH VersR 1983, 823, 824.
30 R/L/*Langheid*, § 102 Rn. 5.
31 Vgl. dazu L/W/*Littbarski*, § 103 Rn. 74 f.; mit Beispielen HK-VVG/*Schimikowski*, § 103 Rn. 9 f.
32 *Schneider*, § 151 S. 432.
33 BK/*H. Baumann*, § 151 Rn. 27; HK-VVG/*Schimikowski*, § 102 Rn. 5.
34 *Schneider*, § 151 S. 433; PK/*Retter*, § 102 Rn. 18.
35 BGH VersR 1966, 353, 354; NJW 1961, 2304; P/M/*Lücke*, § 102 Rn. 17.
36 BGH NJW 1963, 1548, 1549.
37 BGH VersR 1966, 353, 354; L/W/*Littbarski*, § 102 Rn. 101; P/M/*Lücke*, § 102 Rn. 17.
38 *Schneider*, § 151 S. 433.
39 BGH NJW 1963, 1548, 1549.
40 Späte/Schimikowski/Schimikowski, BBR BHV Rn. 145.
41 L/W/*Littbarski*, § 102 Rn. 104 m.w.N.

II, III, 96, 97 finden entsprechende Anwendung.[42] Insbes. muss dem VR die Veräußerung angezeigt werden (§ 97 I 1), ansonsten ist er nach Abs. 1 Satz 2 ggf. nicht zur Leistung verpflichtet. Dazu muss der VR jedoch nachweisen, dass er den bislang bestehenden Versicherungsvertrag mit dem Erwerber des Unternehmens nicht geschlossen hätte.[43]

C. Rechtsfolge

16 Aus der Regelung des § 102 I erhalten sämtliche Betriebsangehörige Versicherungsschutz aus der Betriebshaftpflichtversicherung. § 102 II gewährleistet einen nahtlosen Versicherungsschutz bei Unternehmensübergang. Die Regelung ist in engen Grenzen (s.o.) abdingbar (§ 112).

§ 103 Herbeiführung des Versicherungsfalls.
Der Versicherer ist nicht zur Leistung verpflichtet, wenn der Versicherungsnehmer vorsätzlich und widerrechtlich den bei dem Dritten eingetretenen Schaden herbeigeführt hat.

Übersicht

	Rdn.		Rdn.
A. Allgemeines	1	II. Abdingbarkeit von § 103	8
B. Tatbestand	3	C. Beweislast	10
I. Die Herbeiführung des Versicherungsfalls	3	D. Vorsatzausschluss nach Ziffer 7.1 AHB	11
1. Vorsatz	4	E. Ziffer 7.2 AHB	13
2. Widerrechtlichkeit	7	F. Vorsatz und wissentliche Pflichtverletzung	15

A. Allgemeines

1 § 103 regelt die Rechtsfolgen einer vorsätzlichen »Herbeiführung des Versicherungsfalles« durch den VN. Der Wortlaut der Überschrift ist dabei irreführend. Wie sich aus dem Gesetzestext ergibt, kommt es nicht auf die vorsätzliche Herbeiführung des Versicherungsfalles an (dieser kann je nach Definition z.B. die Anspruchserhebung sein), sondern auf die vorsätzliche Herbeiführung des Schadens.[1] § 103 stellt ein wichtiges Grundelement der Haftpflichtversicherung dar. Im Gegensatz zu § 81, der in der Sachversicherung bei grob fahrlässiger Herbeiführung des Versicherungsfalls eine verhältnismäßige Kürzung der Entschädigungsleistung ermöglicht, bewirkt § 103, dass die Leistungspflicht des Haftpflichtversicherers auch bei grober Fahrlässigkeit des VN in vollem Umfang besteht. § 81, insbes. dessen Abs. 2, findet neben § 103, der lex specialis ist, keine Anwendung. Der damit in der Haftpflichtversicherung im Vergleich zur Schadenversicherung **weitere Versicherungsumfang** ist vorrangig auf das Rechtsverhältnis zum geschädigten Dritten zurückzuführen. Maßgeblich ist das Ziel des »**Opferschutzes**«. Der geschädigte Dritte hat ein Interesse daran, dass der VR jeden Schaden kompensiert, der infolge einer fahrlässigen Handlungsweise des VN entstanden ist.[2] Bei Haftpflichtansprüchen gegen einen VN wird regelmäßig nicht zwischen den verschiedenen Graden der Fahrlässigkeit differenziert. Folge des § 103 ist damit, dass es auf eine exakte Klärung der Fahrlässigkeitsform für die Feststellung des Haftpflichtanspruchs im Haftpflichtprozess nicht ankommt. Die Vorschrift erzielt somit auch einen prozessökonomischen Vorteil.[3] Die so bewirkte weitgehende Freistellung des VN durch die Haftpflichtversicherung und der weitgehende Schutz des geschädigten Dritten entsprechen der Interessenlage von VN und geschädigtem Dritten.

2 Der weite Versicherungsumfang wird vor dem Hintergrund kritisch betrachtet, dass er Anreiz für unvorsichtiges grob fahrlässiges Fehlverhalten zu schaffen droht. Derartige Kritik, die insbes. bei neuartigen Haftpflichtversicherungen immer wieder zu beobachten ist, ist inhaltlich nicht zutreffend. Die Vorstellung eines unreflektiert gebotenen Versicherungsschutzes, der dauerhaft grob fahrlässige Verfehlungen eines VN toleriert, entspricht nicht der Lebenswirklichkeit der Haftpflichtversicherung. Im Gegenteil sind Einflussnahme und risikoreduzierende Beratung des Haftpflichtversicherers gegenüber seinem VN zu berücksichtigen, die i.d.R. langfristig zu einer **Professionalisierung und damit zu einer Reduzierung der Risiken** führen. Der Haftpflichtversicherer wird typischerweise auf eine Häufung grob fahrlässiger Schadenereignisse im Wege der Beitragserhöhung, Einführung von Selbstbehalten oder aber auch durch Beendigung des Versicherungsvertrages reagieren. Der Versicherungsnehmer wird demgegenüber durch risikoreduzierende Maßnahmen darauf achten, seine Beitragsbelastung gering zu halten. Insgesamt findet ein Dialog zwischen VR und VN statt, der das Haftungsrisiko im Bewusstsein der Beteiligten präsent hält.

---

42 Späte/Schimikowski/Schimikowski, BBR BHV Rn. 140.
43 Terbille/Höra/*Schünemann*, § 14 Rn. 76.
1 *Schimikowski*, Rn. 269.
2 Siehe *Schneider*, § 152 S. 434 mit Verweis auf die Regierungsbegründung S. 148 = Motive und amtliche Begründung zum Gesetz über den Versicherungsvertrag vom 30.05.1908, Neudruck Berlin 1963, S. 206.
3 Ebd.

Zudem ist zu beachten, dass das Alles-oder-Nichts-Prinzip (vgl. § 61 a.F.) als allgemeiner Grundsatz der Schadenversicherung bei grober Fahrlässigkeit aufgegeben wurde. Die nunmehr geltende anteilsmäßige Reduzierung der Versicherungsleistung (Quotelung nach § 81 II) führt zu einer **Annährung der Haftungsgrundsätze** der Schadenversicherung an die der Haftpflichtversicherung. War der VR früher bei grober Fahrlässigkeit überhaupt nicht eintrittspflichtig, so ist er es jetzt i.d.R. zumindest anteilig. Insgesamt ist also eine Erweiterung der Eintrittspflicht der VR zu beobachten. Die Entwicklung des Quotelungssystems ist deshalb in Zukunft im Vergleich zu § 103 zu betrachten.

B. Tatbestand

I. Die Herbeiführung des Versicherungsfalls

§ 103 ermöglicht dem VR die Verweigerung seiner Versicherungsleistung für den Versicherungsfall, bei dem der VN vorsätzlich und widerrechtlich den eingetretenen Schaden herbeigeführt hat. § 103 stellt damit eine subjektive Risikobegrenzung des Versicherungsschutzes dar.

1. Vorsatz

Der versicherungsrechtliche Begriff des Vorsatzes wird durch das VVG nicht definiert. Der Begriff des Vorsatzes beurteilt sich zunächst **nach den allgemeinen zivilrechtlichen Grundsätzen**, insbes. nach § 276 BGB.[4] Danach ist Vorsatz als das Wissen und Wollen des rechtswidrigen Erfolges zu verstehen.[5] Es ist zumindest dolus eventualis, also bedingter Vorsatz des VN nötig. Nach dem Wortlaut des § 103 muss sich der Vorsatz des VN auf die Herbeiführung des Schadens beziehen. Ungeachtet dieses eingeschränkten Wortlauts lässt sich der Begründung zu § 103 entnehmen, dass sowohl die **Handlung als auch die Schadenfolgen** vom Vorsatz umfasst sein müssen.[6] Der Begriff der Herbeiführung umfasst zwingend den Weg der Schadenverursachung und damit die Handlung des VN. Der VN muss sich in Abgrenzung zur bewussten Fahrlässigkeit – auch hier hält der VN den Eintritt des Schadens für möglich – mit der Schadensfolge abfinden und darf nicht darauf vertrauen, dass diese nicht eintreten werde.[7]

§ 103 entspricht dem Vorsatzausschluss in Ziffer 7.1 AHB. Zugleich führt der Verzicht auf eine weitergehende Normierung dazu, dass ein Gestaltungsraum verbleibt, der individuelle Ausprägungen des Vorsatzausschlusses auch weiterhin ermöglicht.[8] § 103 wurde folgerichtig nicht in den Katalog der zwingenden Vorschriften des § 112 aufgenommen.

Beachtung finden sollten auch jene Fälle, in denen der Versicherungsfall durch das Verhalten eines Dritten herbeigeführt wird. Handelt dieser vorsätzlich, so ist sein Verhalten dem VN gegebenenfalls zuzurechnen. Hierbei ist zwischen Repräsentanten und (mit-)versicherten Personen zu unterscheiden.[9]

Repräsentant ist derjenige, der anstelle des VN selbständig in nicht unbedeutendem Umfang im Geschäftsbereich des versicherten Risikos tätig wird.[10] Sein Verhalten ist dem VN stets zuzurechnen.[11]

Im Gegensatz dazu verliert ein vorsätzlich handelnder Mitversicherter zwar selbst seinen Anspruch auf Versicherungsleistung (bei der Versicherung für fremde Rechnung nach § 47 I). Dem VN gegenüber ist der VR aber weiterhin zur Leistung verpflichtet.[12] Eine Ausnahme besteht für den Fall, dass der Mitversicherte zugleich auch Repräsentant ist.[13] Grund dafür ist, dass der VN nicht pauschal dadurch schlechter gestellt werden soll, dass eine weitere Person vom Schutz des Versicherungsvertrages erfasst ist.[14] Bei Unternehmen sind zur Regelung der Repräsentantenstellung vertragliche Vereinbarungen nicht unüblich. Im Rahmen dieser Vereinbarungen werden bestimmte Funktionen zu ausschließlichen Repräsentanten bestimmt.

Eine Ausnahme gilt für die D&O-Versicherung. Hier wird das Verhalten einer versicherten Person einer anderen versicherten Person i.d.R. nicht zugerechnet. Ansonsten droht der große Kreis versicherter Personen den angestrebten Versicherungsschutz leer laufen zu lassen.[15] Dementsprechend sehen auch die Musterbedingungen des GDV in Ziffer 5.1 AVB-AVG einen solchen Ausschluss vor: das Handeln anderer versicherter Personen nach Vertragsbeginn, von dem keine Kenntnis besteht, wird nicht zugerechnet.

---

4 Ausdrücklich P/M/*Lücke*, § 103 Rn. 5; zur Vorsatzbestimmung für die AHB s. BGH VersR 1958, 361, 362; ferner zum Vorsatzerfordernis des VN bei § 81 *Looschelders* VersR 2008, 1, 5.
5 Zum Vorsatzbegriff Bamberger/Roth/*Unberath*, § 276 Rn. 10 m.w.N.
6 Begr. RegE BT-Drucks. 16/3945 S. 85; PK/*Retter*, § 103 Rn. 6; HK-VVG/*Schimikowski*, § 103 Rn. 3.
7 L/W/*Littbarski*, § 103 Rn. 25.
8 Siehe dazu Rdn. 15.
9 Umfassend zur Zurechnung des Verhaltens Dritter vgl. § 28 Rdn. 60 ff.
10 BGH r+s 1993, 201.
11 So BGH r+s 2007, 273 zugleich betonend, dass die Zurechnung sich auf den Bereich beschränkt, der zur selbständigen Ausübung überlassen wurde.
12 BGH VersR 1970, 239 im konkreten Fall bezogen auf die Kfz-Versicherung.
13 L/W/*Littbarski*, § 103 Rn. 74; P/M/*Lücke*, § 103 Rn. 2; HK-VVG/*Schimikowski*, § 103 Rn. 9.
14 P/M/*Klimke*, § 47 Rn. 1.
15 VersHb/*Beckmann*, § 28 Rn. 119.

6 Problematisch ist die Beurteilung einer vorsätzlichen Schadenherbeiführung durch Minderjährige.[16] Dies gilt speziell bezogen auf die Frage, ob auch die Schadenfolge vom Vorsatz erfasst ist. Bei dieser Frage sei regelmäßig große »Zurückhaltung« geboten.[17] Gerade bei Minderjährigen solle nicht von bloßer Unkenntnis auf eine billigende Inkaufnahme geschlossen werden können.[18] In einem Fall des *OLG Karlsruhe*[19], in dem ein 12-jähriges Kind eine Gartenhütte angezündet hatte, lehnte das Gericht den Vorsatz mit der Begründung ab, das bloße »Spiel mit dem Feuer« führe nicht dazu, dass das Kind sich der Realisierung der Gefahr (Brand) bewusst sei. Gegen einen (bedingten) Schädigungswillen spreche außerdem, dass das Kind noch einen erfolglosen Löschversuch unternommen habe.[20] Alle genannten Entscheidungen gelangen zu dem Ergebnis, dass der Schaden jeweils nicht vorsätzlich herbeigeführt worden sei.

2. Widerrechtlichkeit

7 Die Herbeiführung des Schadens muss vorsätzlich und **widerrechtlich** sein. Das Kriterium der Widerrechtlichkeit findet keine Entsprechung im Wortlaut der Ziffer 7.1 AHB, wird aber überwiegend als ungeschriebene Voraussetzung dieses Vorsatzausschlusses angesehen.[21] Es bestehen zahlreiche Haftungsansprüche, die eine widerrechtliche Pflichtverletzung des Schädigers voraussetzen (z.B. § 823 I BGB). Ein Anspruch des Dritten kann dann nur bei Vorliegen der Widerrechtlichkeit entstehen. Demgegenüber existieren auch Ersatzansprüche, die keiner Rechtswidrigkeit bedürfen (§ 833 Satz 1 BGB). Im Haftpflichtprozess wird über die Frage, ob das Handeln des VN gerechtfertigt war, daher nicht befunden. Liegt die Annahme nahe, dass der VR nach § 103 leistungsfrei ist, wird das Vorliegen eines Rechtfertigungsgrundes dann aber jedenfalls im Deckungsprozess überprüft werden. Rechtfertigungsgründe können damit sowohl im Haftungs- als auch im Deckungsprozess von Bedeutung sein. So kann der VN dem Dritten z.B. gem. § 904 Satz 2 BGB zum Schadenersatz verpflichtet sein; obwohl er vorsätzlich gehandelt hat, ist der VR dann zur Deckung verpflichtet, da das Handeln des VN gerechtfertigt und damit nicht widerrechtlich war.

II. Abdingbarkeit von § 103

8 Die Vorschrift des § 103 ist im Hinblick auf § 112 abdingbar. Demnach kann zwischen den Parteien eine Vereinbarung hinsichtlich des Leistungsausschlusses des VR bei milderen Schuldformen des VN getroffen werden.[22] Spiegelbildlich besteht auch die Möglichkeit, das in § 103 normierte gesetzliche Leitbild zum Vorteil des VN abzuändern.

9 Grundsätzlich ist es möglich, den allgemeinen Leistungsausschluss nach § 103 etwa dahingehend zu modifizieren, dass ausschließlich die Vorsatzform des dolus directus zum Entfallen der Leistungsverpflichtung des VR führt und damit nur diese dem bedingten Vorsatz gegenüber schärfere Form des Vorsatzes dem Versicherungsschutz schadet.[23] Bei einer Abbedingung von § 103 zum Nachteil des VN sind außerhalb von Individualvereinbarungen die **AGB-rechtlichen Grenzen** zu beachten. Eine substantielle Einschränkung des Versicherungsschutzes in Form allgemeiner Geschäftsbedingungen wäre am gesetzlichen Leitbild der Haftpflichtversicherung zu messen.[24] § 103 dokumentiert als gesetzliches Leitbild eine Beschränkung der Leistungspflicht für den VR ausschließlich auf Vorsatztatbestände. Die Leitbildfunktion ergibt sich daraus, dass der Gesetzgeber für die Haftpflichtversicherung bewusst eine von § 81 II, der eine teilweise Leistungsfreiheit bei grober Fahrlässigkeit vorsieht, abweichende Regelung getroffen hat. Soweit also im Rahmen allgemeiner Versicherungsbedingungen eine Einschränkung des Versicherungsschutzes schon bei Fällen grober Fahrlässigkeit erfolgen sollte, wären solche Vereinbarungen im Hinblick auf eine unangemessene Benachteiligung des VN nach § 307 BGB zu überprüfen.

C. Beweislast

10 Die Beweislast bezüglich der Umstände, die zu einem Verlust des Versicherungsschutzes des VN führen, obliegt dem **VR**.[25] Er muss die vorsätzliche Herbeiführung des Schadens durch den VN beweisen. Im Gegenzug muss der VN solche Tatsachen beweisen, die der Annahme von Vorsatz entgegenstehen.[26] Grundsätzlich kann der VR die vorsätzliche Herbeiführung des Schadens anhand eines **Indizienbeweises** darlegen. Demgegenüber können allgemeine Erfahrungssätze hinsichtlich des Bewusstseins des VN nicht heran-

---

16 Dazu schon BGH NJW 1983, 1739.
17 OLG Düsseldorf NJOZ 2004, 1983, 1984.
18 OLG Karlsruhe NJW-RR 2008, 45, 46.
19 OLG Karlsruhe r+s 2014, 551.
20 OLG Karlsruhe r+s 2014, 551, 553.
21 Vgl. R/L/*Langheid*, § 103 Rn. 15; P/M/*Lücke*, § 103 Rn. 1, 15; AHB § 7 Rn. 4; PK/*Retter*, § 103 Rn. 10 m.w.N.
22 So ausdrücklich Begr. RegE BT-Drucks. 16/3945 S. 85.
23 BK/H. *Baumann*, § 152 Rn. 33; HK-VVG/*Schimikowski*, § 103 Rn. 11.
24 So auch L/W/*Littbarski*, § 103 Rn. 15 ff.
25 R/L/*Langheid*, § 103 Rn. 5.
26 Z.B. Zurechnungsunfähigkeit, zur entsprechenden Anwendbarkeit von § 827 BGB im Versicherungsrecht vgl. BGH NJW 1990, 2387.

gezogen werden. Nach der menschlichen Lebenserfahrung existieren keine allgemeinen Verhaltensweisen, die typischerweise auf Vorsatz schließen lassen, da es sich um individuelle innere Vorgänge handelt.[27] Demnach reicht ein Anscheinsbeweis für den Nachweis des Vorsatzes nicht aus.[28]

D. Vorsatzausschluss nach Ziffer 7.1 AHB

Ziffer 7 AHB, Ausschlüsse

Falls im Versicherungsschein oder seinen Nachträgen nicht ausdrücklich etwas anderes bestimmt ist, sind von der Versicherung ausgeschlossen:
7.1 Versicherungsansprüche aller Personen, die den Schaden vorsätzlich herbeigeführt haben.

Ziffer 7.1 AHB entspricht weitgehend § 4 II Ziffer 1 Satz 1 AHB a.F. und schließt Schäden aus, die vorsätzlich herbeigeführt wurden. Ziffer 7.1 AHB korrespondiert mit § 103. Auch hier gilt der **zivilrechtliche Vorsatzbegriff**.[29] Vorsatz in diesem Sinne ist also das Wissen und Wollen des rechtswidrigen Erfolges. Der Vorsatz muss sich auf den gesamten Geschehensablauf einschließlich des Kausalzusammenhangs und der Schadenfolge beziehen. Diese Differenzierung gilt auch bei erfolgsqualifizierten Straftatbeständen, etwa § 226 StGB. Hier sind die aus der nur fahrlässig verursachten Folge resultierenden Schäden gedeckt.[30] Diese Konsequenz wird auch innerhalb der Versicherungswirtschaft gelegentlich kritisch diskutiert. Es kommt im Ergebnis zur Freistellung von VN, die eine vorsätzliche Straftat, z.B. eine gefährliche Körperverletzung, begangen haben. Soweit dann für die nicht vom Vorsatz umfasste Todesfolge (§ 227 StGB) und die aus dieser resultierenden weiteren Schäden Versicherungsschutz geboten wird, kann eingewandt werden, dass es an einem substantiellen Regress gegen den Verursacher des Schadens mangelt. Ungeachtet dieses Umstands wird der Versicherungsschutz auch weiterhin geboten. Maßgeblich sind der **Befriedigungszweck** und der **Opferschutz**, welcher insbes. für die private Haftpflichtversicherung maßgeblich ist. Mitversicherte Personen können nach Ziffer 27.1 AHB bei vorsätzlichem Handeln keinen Versicherungsschutz in Anspruch nehmen; auch i.R.d. § 103 ist insofern – entgegen dem Wortlaut, der nur den VN nennt – auf ihr eigenes Handeln abzustellen.

E. Ziffer 7.2 AHB

Ziffer 7 AHB, Ausschlüsse

Falls im Versicherungsschein oder seinen Nachträgen nicht ausdrücklich etwas anderes bestimmt ist, sind von der Versicherung ausgeschlossen:
7.2 Versicherungsansprüche aller Personen, die den Schaden dadurch verursacht haben, dass sie in Kenntnis von deren Mangelhaftigkeit oder Schädlichkeit
– Erzeugnisse in den Verkehr gebracht oder
– Arbeiten oder sonstige Leistungen erbracht haben.

Ziffer 7.2 AHB (vgl. § 4 II Ziffer 1 Satz 2 AHB a.F.) setzt die Kenntnis von der Mangelhaftigkeit oder Schädlichkeit von Erzeugnissen, die in den Verkehr gebracht, oder Arbeiten oder sonstigen Leistungen, die erbracht wurden, voraus. Ziffer 7.2 AHB verschärft damit den Leistungsausschluss des § 103. Ausreichend ist bereits die bloße Kenntnis der Mangelhaftigkeit oder Schädlichkeit einer Ware oder Dienstleistung; Vorsatz bezogen auf einen schädigenden Erfolg muss nicht vorliegen. Der Ausschluss ist, der Rspr. des BGH folgend, eng auszulegen.[31] Dementsprechend muss beim VN eine **positive Kenntnis von der Mangelhaftigkeit oder Schädlichkeit** vorgelegen haben. Bei nur grob fahrlässiger Unkenntnis greift der Ausschluss nicht.[32] Positive Kenntnis liegt immer dann vor, wenn der VN davon ausgeht, dass die Ware bei ordnungsgemäßem Gebrauch unter normalen Umständen schädliche Wirkung entfalten kann.[33] Das Vorliegen positiver Kenntnis ist vom VR zu beweisen, wobei strenge Anforderungen an die Beweiserbringung zu stellen sind. Grund dafür ist die Gleichstellung mit der vorsätzlichen Schadenherbeiführung.[34]
Gegen diese Verschärfung könnten AGB-rechtliche Bedenken bestehen, da mit der wissentlichen Auslieferung von mangelhafter Ware gerade noch kein Vorsatz hinsichtlich eines konkreten Geschehensablaufs oder auch konkreter Schadenfolgen anzunehmen ist und der Versicherungsschutz trotzdem entfällt. Der in § 103 geregelte Vorsatzausschluss würde in der Praxis jedoch ohne eine einschränkende Regelung für Waren und Dienstleistungen weitgehend – zugunsten des VN – leer laufen. Gilt nur § 103, wären auch Schädigungen infolge eines wissentlichen Verkaufs von z.B. giftigen Lebensmitteln oder anderen mangelhaften Produkten stets vom Versicherungsschutz umfasst. Bedingter Vorsatz bezüglich des Eintritts des schädigenden Erfolges wird sich nur schwerlich annehmen lassen.

---

27 OLG Hamm r+s 2004, 145, 147.
28 BGH VersR 1988, 683; s. auch BK/*H. Baumann*, § 152 Rn. 28 ff.; ferner HK-VVG/*Schimikowski*, § 103 Rn. 5 mit Angabe verschiedener von der Rspr. entschiedener Verhaltensweisen.
29 Siehe BGH VersR 1958, 361, 362.
30 BGH VersR 1971, 806, 807; OLG Hamm VersR 1973, 1133, 1134 f.
31 BGH VersR 1961, 265; 1953, 316; OLG Karlsruhe VersR 2003, 987 noch zu § 4 II AHB a.F.
32 *Littbarski*, AHB, 2001, § 4 Rn. 387 m.w.N.
33 Vgl. dazu BGH VersR 1952, 64; ähnlich auch OLG Hamm r+s 1993, 294.
34 P/M/*Lücke*, AHB § 7 Rn. 15.

Dabei hat der VN bei wissentlicher Auslieferung einer mangelhaften oder schädlichen Ware bereits alles seinerseits Mögliche und Nötige getan, um einen Versicherungsfall herbeizuführen. Die mit Ziffer 7.2 AHB verbundene Konkretisierung des Vorsatzes auf die Kenntnis des VN ist damit für Waren und Dienstleistungen als Sonderfall interessengerecht ausgestaltet. Ziffer 7.2 AHB dürften damit mangels einer unangemessenen Benachteiligung des VN keine AGB-rechtlichen Bedenken entgegenstehen.

F. Vorsatz und wissentliche Pflichtverletzung

15 Insbes. im Bereich der Vermögensschadenhaftpflichtversicherung und D&O-Versicherung sehen die versicherungsvertraglichen Regelungen eigenständige Vereinbarungen zum Vorsatzausschluss vor.[35] Nach Ziffer 5.1 der Musterbedingungen des GDV (AVB-AVG) sind Haftpflichtansprüche »wegen vorsätzlicher Schadenverursachung oder durch wissentliches Abweichen von Gesetz, Vorschrift, Beschluss, Vollmacht oder Weisung oder durch sonstige wissentliche Pflichtverletzung«[36] in der D&O-Versicherung vom Versicherungsschutz ausgeschlossen. Die Verwendung der Musterbedingungen ist in der Praxis jedoch selten. Es erfolgt vielmehr eine **Konkretisierung des Ausschlusses** auf Ansprüche wegen wissentlicher Pflichtverletzungen. Der dispositive § 103 gilt daneben nicht mehr, sodass bedingter Vorsatz, abweichend von der gesetzlichen Regelung, vom Versicherungsschutz noch umfasst ist.[37]
Eine wissentliche Pflichtverletzung setzt direkten Vorsatz[38] voraus und stellt mithin eine im Vergleich zum allgemein vorsätzlichen Handeln strengere Verschuldensform dar. Die Vereinbarung des Ausschlusses der Versicherungsleistung für wissentliche Pflichtverletzungen dürfte damit insofern im Interesse des VN liegen, als dass bedingt vorsätzliche Pflichtverletzungen noch vom Versicherungsschutz erfasst werden.[39] Auf der anderen Seite ist kein Vorsatz bezogen auf den Schadenerfolg Voraussetzung für das Eingreifen des Ausschlusses. Es reicht, dass die Pflichtverletzung für diesen kausal ist. Ein Ausschluss der Haftung für **bewusste Pflichtenverstöße** stellt keine AGB-rechtlich relevante Benachteiligung des VN dar und ist nach höchstrichterlicher Rspr. wirksam.[40] Die Wirksamkeit kann u.a. damit begründet werden, dass die Einhaltung **bekannter** Pflichten vom VN erwartet werden kann.[41] Für das Vorliegen der Wissentlichkeit als subjektives Tatbestandsmerkmal des Leistungsausschlusses ist der VR beweispflichtig.[42] Liegen dem Vortrag des VR Tatsachen zugrunde, die die Verletzung wesentlicher beruflicher Pflichten zu begründen vermögen, so kann vom Ausmaß des objektiven Pflichtenverstoßes und dem äußeren Ablauf des Geschehens auf die inneren Vorgänge des VN geschlossen werden.[43]

§ 104 Anzeigepflicht des Versicherungsnehmers.
(1) ¹Der Versicherungsnehmer hat dem Versicherer innerhalb einer Woche die Tatsachen anzuzeigen, die seine Verantwortlichkeit gegenüber einem Dritten zur Folge haben könnten. ²Macht der Dritte seinen Anspruch gegenüber dem Versicherungsnehmer geltend, ist der Versicherungsnehmer zur Anzeige innerhalb einer Woche nach der Geltendmachung verpflichtet.
(2) ¹Wird gegen den Versicherungsnehmer ein Anspruch gerichtlich geltend gemacht, Prozesskostenhilfe beantragt oder wird ihm gerichtlich der Streit verkündet, hat er dies dem Versicherer unverzüglich anzuzeigen. ²Dies gilt auch, wenn gegen den Versicherungsnehmer wegen des den Anspruch begründenden Schadensereignisses ein Ermittlungsverfahren eingeleitet wird.
(3) ¹Zur Wahrung der Fristen nach den Absätzen 1 und 2 genügt die rechtzeitige Absendung der Anzeige. ²§ 30 Abs. 2 ist entsprechend anzuwenden.

Übersicht

	Rdn.		Rdn.
A. Allgemeines	1	1. Gerichtliche Geltendmachung/ Ermittlungsverfahren	6
B. Tatbestand	3	2. Entfall der Anzeigeobliegenheit	8
I. § 104 I	3	III. § 104 III	9
1. Kenntnis haftpflichtbegründender Tatsachen	3	1. Fristenwahrung: Absendung der Anzeige	9
2. Außergerichtliche Geltendmachung des Haftpflichtanspruchs	4	2. Verweis auf § 30 II	10
II. § 104 II	6	C. Rechtsfolge	12

---

35 Eingehend zum Vorsatzausschluss in der D&O-Versicherung *B. Seitz* VersR 2007, 1476 ff.
36 http://www.gdv.de/wp-content/uploads/2011/11/09_DandO_1105.pdf; abgerufen am 23.07.2015.
37 Vgl. dazu BGH VersR 1991, 176.
38 Also positive Kenntnis, vgl. BGH NJW 2015, 947, 948.
39 So auch *Dreher* VersR 2015, 781, 783.
40 BGH VersR 1991, 176, 179; VersR 2001, 1103, 1104.
41 So zur Vermögensschadenhaftpflichtversicherung VersHb/*v. Rintelen*, § 26 Rn. 313.
42 BGH NJW 2015, 947, 948; NJW-RR 2011, 1311, 1312.
43 Vgl. OLG Köln VersR 2012, 560, 562.

	Rdn.		Rdn.
D. Beweislast	13	II. Sonstige vertragliche Vereinbarungen zur Rechtsfolge einer Obliegenheitsverletzung nach Ziffer 26 AHB	16
E. Ausgestaltung und Abänderung durch AHB	14		
I. Ziffer 25.1 AHB und 25.3 AHB	15		

A. Allgemeines

Die Vorschrift des § 104 modifiziert die allgemeine Regelung zur Anzeige des Versicherungsfalls (vgl. § 30 I) für die Haftpflichtversicherung und ist somit lex specialis zu § 30 I. Den VN treffen **drei unterschiedliche Anzeigepflichten**: Erstens hat der VN dem VR mögliche, die Haftpflicht herbeiführende Tatsachen anzuzeigen (§ 104 I 1). Zweitens ist der VN verpflichtet, dem VR die außergerichtliche Geltendmachung des Haftpflichtanspruchs durch den Dritten mitzuteilen (§ 104 I 2). Drittens trifft den VN die Pflicht, den VR über die Geltendmachung des Haftpflichtanspruchs und die Einleitung eines Ermittlungsverfahrens zu informieren (§ 104 II). Für die Verletzung der Anzeigepflichten durch den VN enthält § 104 keine eigene Sanktionsregelung. Auch die lex generalis des § 30 enthält keine eigene Sanktion. Dies wurde für entbehrlich gehalten, da die AVB regelmäßig entsprechende Anzeigepflichten enthalten und somit § 28 zur Anwendung kommt.[1] In den AHB ist gewöhnlich die gesetzliche Anzeigepflicht des VN aus § 104 als **vertragliche Obliegenheit** enthalten (vgl. Ziffer 25 AHB). So ist bei Verletzung der vertraglich vereinbarten Anzeigepflicht ohnehin die Regelung des § 28 II, III auf die vereinbarte Leistungsbefreiung des VN anwendbar. Bedeutung entfaltet der in § 104 III 2 enthaltene Verweis auf § 30 II und die fehlende Sanktionierung jedoch dann, falls die in den AHB enthaltene vertragliche Obliegenheit der Anzeigepflicht unwirksam sein sollte oder, aus welchen Gründen auch immer, nicht Vertragsbestandteil wurde. Dann bleibt die Obliegenheitsverletzung sanktionslos. Bei Verletzung einer ausschließlich gesetzlichen Obliegenheit ist § 28 nicht anwendbar. Als Ausgleich kann als Folge eines Verstoßes des VN gegen die Anzeigepflichten nach § 104 I und § 104 II die Leistungsfreiheit des VR in Ermangelung einer anderen gesetzlichen Anordnung vertraglich vereinbart werden (vgl. für den Fall der vertraglich vereinbarten Anzeigepflicht § 28 II 1).

Insgesamt ist zu den Anzeigepflichten des VN als vertragliche Obliegenheit auf die **eingeschränkten Rechtsfolgen** bei Verletzung dieser Pflichten hinzuweisen. Entsprechend Ziffer 26.2 AHB ist die vollständige Leistungsfreiheit lediglich bei vorsätzlichen Obliegenheitsverletzungen zu erwarten. Bei grob fahrlässiger Verletzung ist der VR berechtigt, seine Leistung in einem der Schwere des Verschuldens des VN entsprechenden Verhältnis zu kürzen. Dies entspricht der Abschaffung des Alles-oder-Nichts-Prinzips im Zuge der VVG-Reform. Möglich ist auch die Ausübung eines Kündigungsrechts durch den VR nach Ziffer 26.1 AHB.

B. Tatbestand

I. § 104 I

1. Kenntnis haftpflichtbegründender Tatsachen

Der VN hat dem VR **innerhalb einer Woche** die Tatsachen anzuzeigen, die seine Verantwortlichkeit gegenüber einem Dritten hervorrufen könnten (§ 104 I). Dies setzt auf Seiten des VN zunächst positive Kenntnis darüber voraus, dass sich ein Lebenssachverhalt ereignet hat, welcher zu einem Schaden bei dem Dritten führen kann oder bereits geführt hat (vgl. § 30 I). Ferner ist es erforderlich, dass der VN zumindest damit rechnet, angesichts des Ereignisses von dem Dritten in Anspruch genommen werden zu können.[2] Auch muss dem VN bewusst sein, dass das konkrete Risiko vom Versicherungsschutz erfasst ist.[3] Es genügt nicht, dass der VN hätte feststellen können, dass der Dritte möglicherweise einen Anspruch geltend machen wird. Es ist vielmehr notwendig, dass der VN die Möglichkeit der Anspruchserhebung durch den Dritten **positiv festgestellt hat oder zumindest damit rechnet**. Im Rahmen der Beurteilung eines möglichen Haftpflichtanspruchs des Dritten wird daher eine juristische Einschätzung des geschehenen Sachverhalts durch den VN erfolgen.[4] Dementsprechend ist für die Abgrenzung zwischen der positiven Kenntnis oder Erwartung des VN hinsichtlich der denkbaren Anspruchserhebung des Dritten einerseits und der fahrlässigen Unkenntnis (vgl. § 122 II BGB) andererseits eine **Feststellung der Vorstellung des VN** im konkreten Einzelfall unerlässlich. Die Anzeigefrist beträgt eine Woche gem. § 104 I 1 und beginnt ab dem Zeitpunkt, zu dem der VN erkennt oder damit rechnet, dass der Dritte womöglich einen Haftpflichtanspruch erheben wird.[5] Der VN genügt seiner Anzeigeobliegenheit, indem er dem VR den geschehenen Lebenssachverhalt beschreibt, sodass der VR so der Prüfung des Versicherungsfalls nachgehen kann.[6]

---

1 Vgl. Begr. RegE BT-Drucks. 16/3945 S. 70.
2 Begr. RegE BT-Drucks. 16/3945 S. 85; P/M/*Lücke*, § 104 Rn. 2.
3 VersHb/*Schneider*, § 24 Rn. 121.
4 R/L/*Langheid*, § 104 Rn. 5.
5 Begr. RegE BT-Drucks. 16/3945 S. 85.
6 Vgl. BGH VersR 1968, 58; dazu P/M/*Lücke*, § 104 Rn. 8.

2. Außergerichtliche Geltendmachung des Haftpflichtanspruchs

4 Erfolgt die außergerichtliche Geltendmachung des Haftpflichtanspruchs durch den Dritten, ist der VN verpflichtet, dies dem VR gem. § 104 I 2 **innerhalb einer Woche** anzuzeigen. Diese Anzeigeobliegenheit besteht unabhängig von der primären Anzeigeverpflichtung des VN aus § 104 I 1. Voraussetzung ist, dass der Dritte den Haftpflichtanspruch gegenüber dem VN geltend macht. Die Geltendmachung bedarf äußerlich keiner bestimmten Form. Allerdings muss der Inhalt der Forderung von Ernsthaftigkeit geprägt sein.[7] Die Beurteilung der Ernsthaftigkeit des erhobenen Anspruchs bestimmt sich nach dem objektivem Empfängerhorizont (§§ 133, 157 BGB). Die bloße Ankündigung oder Drohung des Dritten, künftig Haftpflichtansprüche geltend zu machen, reicht für das Erfordernis der Anspruchserhebung nach § 104 I 2 nicht aus.[8] Vielmehr muss die Geltendmachung des Haftpflichtanspruchs tatsächlich erfolgen. In subjektiver Hinsicht muss der VN die Geltendmachung des Haftpflichtanspruchs des Dritten **positiv festgestellt haben** (vgl. § 30 I). Ein »Kennenmüssen« bzw. fahrlässige Unkenntnis des VN (vgl. § 122 II BGB) bezüglich der Geltendmachung des Haftpflichtanspruchs reicht nicht aus.[9] Die Anzeigefrist beginnt in dem Moment, in dem der VN die ernsthafte Anspruchserhebung des Dritten positiv festgestellt hat.

5 In vielen Versicherungsbedingungen sind darüber hinaus **ergänzende Vereinbarungen** zur Meldung von Haftpflichtschäden zu finden. So wird in der Abwicklung oder Versicherungsvermittler i.d.R. der Versicherungsvermittler oder Versicherungsmakler empfangsberechtigt für Erklärungen nach § 104 sein. Regelmäßig werden auch sog. »Versehensklauseln« vereinbart, die das versehentliche Nichtanzeigen aus dem Bereich der Obliegenheitsverletzungen ausschließen. Damit wird insbes. dem Interesse größerer Institutionen und Unternehmen Rechnung getragen, denen die Einhaltung der durch § 104 gesetzten zeitlichen Fristen schwer fallen dürfte.

II. § 104 II

1. Gerichtliche Geltendmachung/Ermittlungsverfahren

6 Nach § 104 II hat der VN den VR über jegliche gerichtliche Geltendmachung des Haftpflichtanspruchs zu benachrichtigen (vgl. § 104 II 1) und daneben die Einleitung eines Ermittlungsverfahrens anzuzeigen (§ 104 II 2). In zeitlicher Hinsicht hat die Anzeige **unverzüglich** und nicht etwa binnen einer Woche zu erfolgen. Der Begriff der gerichtlichen Geltendmachung erfasst die verschiedenen prozessualen Möglichkeiten des Dritten. So sind sämtliche Klagearten, der Antrag auf Erlass eines Mahnbescheides (§ 690 ZPO), eines Arrestes (§ 920 ZPO), einer einstweiligen Verfügung (§ 936 i.V.m. § 920 ZPO), auf Prozesskostenhilfe (§ 117 ZPO) und die gerichtliche Streitverkündung (§§ 72 ff. ZPO) als gerichtliche Geltendmachung des Haftpflichtanspruchs gem. § 104 II 1 aufzufassen.[10] Ferner hat der VN die Einleitung eines Ermittlungsverfahrens anlässlich des Schadenereignisses, das zu dem Haftpflichtanspruch geführt hat (vgl. § 160 StPO), nach § 104 II 2 anzuzeigen. Der Begriff des Schadenereignisses ist nach dem ausdrücklichen Willen des Gesetzgebers in Anlehnung an § 117 I weit zu interpretieren.[11]

7 Dagegen stellt das Ermittlungsverfahren einen rechtstechnischen Begriff dar, der keine weite Auslegung zulässt.[12] In subjektiver Hinsicht ist die **positive Kenntnis** des VN von der Einleitung des Ermittlungsverfahrens gegen ihn durch die Staatsanwaltschaft nötig (vgl. § 30 I). Überdies muss der VN positiv feststellen, dass das Ermittlungsverfahren wegen desjenigen Schadenereignisses aufgenommen wurde, das den Haftpflichtanspruch begründet.[13] Weiter weist der Gesetzgeber explizit darauf hin, dass die Verfahren, die sich nicht gegen den VN, sondern gegen einen Mitversicherten richten, nicht in den Anwendungsbereich des § 104 II fallen.[14] Die teilweise vertretene Auffassung, dass der VN den VR auch über Verfahren gegen den Mitversicherten informieren muss,[15] ist dementsprechend abzulehnen. Diese klare Ablehnung ist aufgrund des eindeutigen Wortlauts (vgl. § 153 IV 1 a.F. bzw. § 104 II 1) und des Fehlens von Gründen, dem VN eine derartige erweiterte Anzeigepflicht aufzulegen, anzuerkennen.[16]

---

7 BK/*H. Baumann*, § 153 Rn. 21 mit Verweis auf RGZ 152, 235, 241 f.; BGH VersR 1967, 56, 57; s. dazu auch BGH BB 2016, 1359, 1361.
8 Vgl. Terbille/Höra/*Kummer*, § 12 Rn. 128.
9 Siehe P/M/*Lücke*, § 104 Rn. 11.
10 Diese Aufzählung ist nicht abschließend. Für weitere prozessuale Möglichkeiten vgl. R/L/*Langheid*, § 104 Rn. 8.
11 Begr. RegE BT-Drucks. 16/3945 S. 85. Zum Begriff des Schadenereignisses in der Haftpflichtversicherung siehe § 100 Rdn. 5.
12 Vgl. dazu mit Beispielen L/W/*Langheid*, § 104 Rn. 25.
13 Vgl. P/M/*Lücke*, § 104 Rn. 15.
14 Begr. RegE BT-Drucks. 16/3945 S. 85.
15 So noch OLG Nürnberg VersR 1967, 367, 368.
16 Zustimmend HK-VVG/*Schimikowski*, § 104 Rn. 4.

2. Entfall der Anzeigeobliegenheit

Der VN befindet sich in Fällen einer unberechtigten Ablehnung der Versicherungsleistung in einer schwierigen Situation. Die Rechtsprechung des BGH schützt in solchen Konstellationen die Rechtsstellung des VN. Ist der VR von seiner Leistungsfreiheit überzeugt und lehnt er den Deckungsschutz vorbehaltlos ab, lässt er dem VN konkludent **zur Regulierung freie Hand** und gibt seine Dispositionsbefugnis über das Haftpflichtverhältnis auf.[17] Der VN hat daher **nach Ablehnung des Versicherungsschutzes keine Obliegenheiten** mehr zu erfüllen. Der VR begeht mit der unberechtigten Leistungsablehnung die schwerste denkbare Vertragsverletzung. Er kann sich jedoch durch die Erklärung eines Vorbehalts zur Deckung und Aufnahme der Prüfung und Abwehr der Drittansprüche bis zur endgültigen Klärung der Frage, ob Versicherungsschutz gewährt werden muss, schützen. Die Abwehr muss dabei allerdings auch qualifiziert erfolgen. Das bloße Empfehlen der Beauftragung eines Rechtsanwalts reicht nicht aus.[18]   8

III. § 104 III
1. Fristenwahrung: Absendung der Anzeige

Zur Wahrung der Anzeigefristen genügt die rechtzeitige Absendung der Anzeige nach § 104 III 1. Dies gilt für jede Anzeigeobliegenheit des § 104, was sich nun auch aus der **systematischen Stellung** der Fristenregelung in § 104 III ergibt. Die Fristberechnung bemisst sich nicht nach § 10, sondern nach den §§ 187–193 BGB. Aus der für Fristwahrung erforderlichen Absendung der Anzeige ergibt sich nicht die Notwendigkeit der Schriftform der Anzeige nach § 125 BGB. Eine bestimmte Form der Anzeige ist gesetzlich nicht vorgeschrieben. Vertraglich kann die Anzeige in Schriftform angeordnet werden.   9

2. Verweis auf § 30 II

§ 104 III 2 verweist auf § 30 II. Für die Anwendbarkeit von § 30 II ist es zunächst erforderlich, dass der VN und der VR vertraglich die Leistungsfreiheit des VR bei Verletzung der Anzeigeobliegenheiten des VN nach § 104 I, II vereinbart haben. Besteht eine solche Vereinbarung und verletzt der VN eine Anzeigeverpflichtung nach § 104 I, II, kann sich der VR **auf diese Verletzung nicht berufen**, wenn er auf andere Weise von den anzeigepflichtigen Tatsachen (genauer dem Versicherungsfall, der außergerichtlichen oder gerichtlichen Geltendmachung des Anspruchs nach § 104 I, II) rechtzeitig Kenntnis erlangt hat (§ 104 III 2 i.V.m. § 30 II). Weiterhin weist die Gesetzesbegründung im Zusammenhang mit der Regelung des § 30 II darauf hin, dass auf eine Vereinbarung über die Leistungsfreiheit des VR, die sich auf die Anzeigepflicht des VN bezieht, die Regelung des § 28 II, III anzuwenden ist.[19]   10

11

C. Rechtsfolge

Die Vorschrift des § 104 normiert drei verschiedene, unabhängige Anzeigeobliegenheiten des VN. Eine Rechtsfolge bei Verstoß der Anzeigeverpflichtung durch den VN enthält die Vorschrift des § 104 nicht. So überlässt es der Gesetzgeber den Vertragspartnern, die Folge der Verletzung der Anzeigeverpflichtung durch den VN vertraglich zu regeln. Gewöhnlich vereinbaren die Vertragspartner eine vom Verschuldensgrad des VN abhängige Leistungsfreiheit des VR nach Ziffer 26 AHB. Bei der vertraglichen Ausgestaltung ist insbes. die halbzwingende Regelung des § 28 zu beachten.[20]   12

D. Beweislast

Der VR ist hinsichtlich der positiven Kenntnis des VN von den Tatsachen, die den Haftpflichtanspruch herbeiführen, beweispflichtig.[21] Bei Vereinbarung der Leistungsfreiheit des VR wegen eines Verstoßes des VN gegen die Anzeigeverpflichtung nach § 104 I, II ist bei der Beweislast hinsichtlich des Verschuldensgrades des VN zu **differenzieren**. So trägt der VN die Beweislast für das Nichtvorliegen einer grob fahrlässigen Verletzung der Anzeigeobliegenheit nach §§ 104 III 2, 30 II, 28 II 2. Hingegen hat der VR den vorsätzlichen Verstoß des VN gegen die Anzeigeverpflichtung nachzuweisen.   13

E. Ausgestaltung und Abänderung durch AHB

Ziffer 25 AHB, Obliegenheiten nach Eintritt des Versicherungsfalles   14
25.1 Jeder Versicherungsfall ist, auch wenn noch keine Schadensersatzansprüche erhoben worden sind, dem Versicherer innerhalb einer Woche anzuzeigen. Das Gleiche gilt, wenn gegen den Versicherungsnehmer Haftpflichtansprüche geltend gemacht werden.
25.2 Der Versicherungsnehmer muss nach Möglichkeit für die Abwendung und Minderung des Schadens sorgen. Weisungen des Versicherers sind dabei zu befolgen, soweit es für den Versicherungsnehmer zumut-

---
17 Vgl. BGHZ 119, 276, 282.
18 Vgl. BGHZ 171, 56.
19 Begr. RegE BT-Drucks. 16/3945 S. 70.
20 Siehe dazu Rdn. 16.
21 BGH VersR 1967, 56; eingehend P/M/*Lücke*, § 104 Rn. 27 f.

§ 104 Anzeigepflicht des Versicherungsnehmers

bar ist. Er hat dem Versicherer ausführliche und wahrheitsgemäße Schadenberichte zu erstatten und ihn bei der Schadenermittlung und -regulierung zu unterstützen. Alle Umstände, die nach Ansicht des Versicherers für die Bearbeitung des Schadens wichtig sind, müssen mitgeteilt sowie alle dafür angeforderten Schriftstücke übersandt werden.
25.3 Wird gegen den Versicherungsnehmer ein staatsanwaltschaftliches, behördliches oder gerichtliches Verfahren eingeleitet, ein Mahnbescheid erlassen oder ihm gerichtlich der Streit verkündet, hat er dies unverzüglich anzuzeigen.
25.4 Gegen einen Mahnbescheid oder eine Verfügung von Verwaltungsbehörden auf Schadensersatz muss der Versicherungsnehmer fristgemäß Widerspruch oder die sonst erforderlichen Rechtsbehelfe einlegen. Einer Weisung des Versicherers bedarf es nicht.
25.5 Wird gegen den Versicherungsnehmer ein Haftpflichtanspruch gerichtlich geltend gemacht, hat er die Führung des Verfahrens dem Versicherer zu überlassen. Der Versicherer beauftragt im Namen des Versicherungsnehmers einen Rechtsanwalt. Der Versicherungsnehmer muss dem Rechtsanwalt Vollmacht sowie alle erforderlichen Auskünfte erteilen und die angeforderten Unterlagen zur Verfügung stellen.
Ziffer 26 AHB, Rechtsfolgen bei Verletzung von Obliegenheiten
26.1 Verletzt der Versicherungsnehmer eine Obliegenheit aus diesem Vertrag, die er vor Eintritt des Versicherungsfalles zu erfüllen hat, kann der Versicherer den Vertrag innerhalb eines Monats ab Kenntnis von der Obliegenheitsverletzung fristlos kündigen. Der Versicherer hat kein Kündigungsrecht, wenn der Versicherungsnehmer nachweist, dass die Obliegenheitsverletzung weder auf Vorsatz noch auf grober Fahrlässigkeit beruhte.
26.2 Wird eine Obliegenheit aus diesem Vertrag vorsätzlich verletzt, verliert der Versicherungsnehmer seinen Versicherungsschutz. Bei grob fahrlässiger Verletzung einer Obliegenheit ist der Versicherer berechtigt, seine Leistung in einem der Schwere des Verschuldens des Versicherungsnehmers entsprechenden Verhältnis zu kürzen.
Der vollständige oder teilweise Wegfall des Versicherungsschutzes hat bei Verletzung einer nach Eintritt des Versicherungsfalls bestehenden Auskunfts- oder Aufklärungsobliegenheit zur Voraussetzung, dass der Versicherer den Versicherungsnehmer durch gesonderte Mitteilung in Textform auf diese Rechtsfolge hingewiesen hat.
Weist der Versicherungsnehmer nach, dass er die Obliegenheit nicht grob fahrlässig verletzt hat, bleibt der Versicherungsschutz bestehen.
Der Versicherungsschutz bleibt auch bestehen, wenn der Versicherungsnehmer nachweist, dass die Verletzung der Obliegenheit weder für den Eintritt oder die Feststellung des Versicherungsfalls noch für die Feststellung oder den Umfang der dem Versicherer obliegenden Leistung ursächlich war. Das gilt nicht, wenn der Versicherungsnehmer die Obliegenheit arglistig verletzt hat.
Die vorstehenden Bestimmungen gelten unabhängig davon, ob der Versicherer ein ihm nach Ziff. 26.1 zustehendes Kündigungsrecht ausübt.

I. Ziffer 25.1 AHB und 25.3 AHB

15 Die vertragliche Vereinbarung der Anzeigeobliegenheiten des VN findet sich in Ziffer 25 AHB. Diese Regelung entspricht inhaltlich im Wesentlichen den drei gesetzlich geregelten Anzeigeobliegenheiten nach § 104 I, II. So hat der VN dem VR den Versicherungsfall nach Ziffer 25.1 AHB anzuzeigen, auch wenn noch keine Haftpflichtansprüche von dem Dritten erhoben werden. Auch hat der VN dem VR die außergerichtliche und gerichtliche Geltendmachung des Haftpflichtanspruchs sowie die Einleitung eines Ermittlungsverfahrens anzuzeigen (Ziffer 25.3 AHB). Im Gegensatz zu früheren AHB (z.B. Ziffer 25.1. AHB 2008) besteht **keine für den VN nachteilige Abweichung** der vertraglichen Regelungen zur Anzeigeobliegenheit des VN von den gesetzlich normierten Anzeigepflichten des VN (§ 104 I, II) hinsichtlich der jeweils einzuhaltenden **Frist**. So hat der VN dem VR den Versicherungsfall nach Ziffer 25.1 AHB 2015 wie auch nach § 104 I 1 **binnen Wochenfrist** anzuzeigen. Auch die außergerichtliche Geltendmachung des Anspruchs ist nach Ziffer 25.1 AHB innerhalb einer Woche anzuzeigen. Nunmehr gilt lediglich für die gerichtliche Geltendmachung das Erfordernis der **unverzüglichen** (ohne schuldhaftes Zögern erfolgenden) Anzeige. Insoweit stimmen Ziffer 25.3 und § 104 II überein.[22] Die Anzeige ist auch dann unverzüglich zu machen, wenn der VN dem VR bereits den Versicherungsfall angezeigt hat.[23]

II. Sonstige vertragliche Vereinbarungen zur Rechtsfolge einer Obliegenheitsverletzung nach Ziffer 26 AHB

16 Die **vorsätzliche Verletzung** einer vertraglichen Obliegenheit durch den VN hat nach Ziffer 26.2 AHB die Leistungsfreiheit des VR zur Folge. So führt die vorsätzliche Verletzung einer wirksamen vertraglichen Anzeigeobliegenheit des VN zum vollständigen Wegfall des Versicherungsschutzes. Diese Rechtsfolge sieht auch

---
22 Vgl. HK-VVG/*Schimikowski*, AHB § 25 Rn. 6.
23 Späte/Schimikowski/*Harsdorf-Gebhardt*, Ziffer 25 AHB Rn. 60.

die gesetzliche Regelung des § 28 II 1 vor. Bei einer **grob fahrlässigen Verletzung** einer wirksamen vertraglichen Obliegenheit des VN ist der VR berechtigt, seine Leistung in einem dem Verschuldensgrad des VN entsprechenden Verhältnis zu kürzen (Ziffer 26.2 AHB). Dies stimmt inhaltlich mit der gesetzlichen Vorschrift des § 28 II 2 überein, nach der bei grober Fahrlässigkeit des VN entsprechend der Schwere des Verschuldens des VN die Versicherungsleistung gekürzt werden kann. Für den Eintritt der Leistungsfreiheit des VR ist es erforderlich, dass die Obliegenheitsverletzung des VN für den Eintritt oder die Feststellung des Versicherungsfalles, für die Feststellung oder den Umfang der Leistungspflicht ursächlich ist (Ziffer 26.2 AHB). Dieses Kausalitätserfordernis findet sich auch in § 28 III 1. Eine Ausnahme stellt lediglich die arglistige Verletzung der Obliegenheit nach Ziffer 26.2 AHB bzw. § 28 III 2 dar.

§ 105 Anerkenntnis des Versicherungsnehmers.

Eine Vereinbarung, nach welcher der Versicherer nicht zur Leistung verpflichtet ist, wenn ohne seine Einwilligung der Versicherungsnehmer den Dritten befriedigt oder dessen Anspruch anerkennt, ist unwirksam.

Übersicht

	Rdn.		Rdn.
A. Allgemeines	1	I. Bindungswirkung für den VR	5
B. Anerkenntnis des Haftpflichtanspruchs durch den VN	3	II. Freistellung von begründeten Ansprüchen	7
C. Befriedigung des Haftpflichtanspruchs durch den VN	4	III. Verpflichtung des VN hinsichtlich unbegründeter Haftpflichtansprüche	8
		E. Ausgestaltung durch AHB	9
D. Rechtsfolgen von Anerkenntnis und Befriedigung	5	F. Abdingbarkeit	11
		G. Fazit	13

A. Allgemeines

§ 105 hebt die bisherigen Anerkenntnis- und Befriedigungsverbote auf.[1] Jede versicherungsvertragliche Vereinbarung, nach welcher ein VR nicht zur Leistung verpflichtet ist, wenn ohne seine Einwilligung der Haftpflichtanspruch des Dritten anerkannt oder der Geschädigte befriedigt wird, ist unwirksam. § 105 ordnet diese Rechtsfolge ausnahmslos an. Jedes Anerkenntnis des Haftpflichtanspruchs oder die Befriedigung des Dritten durch den VN bleibt somit sanktionslos und ist zulässig. Die Vorschrift des § 154 II a.F. sah dagegen grundsätzlich die Wirksamkeit einer vereinbarten Leistungsfreiheit des VR aufgrund Anerkenntnisses oder Befriedigung des Haftpflichtanspruchs vor. Die Anerkennung des Haftpflichtanspruchs oder die Befriedigung des Dritten durch den VN war nur dann eröffnet, wenn die Nichtanerkennung ein Verhalten dargestellt hätte, welches nach allgemeiner Anschauung **dem Anstand und den guten Sitten nicht entsprochen hätte**.[2] Ein Anerkenntnis entfaltete dann sogar Bindungswirkung, auch wenn es der tatsächlichen Rechtslage nicht entsprach.[3] Vor der VVG-Reform lösten Anerkenntnis oder Befriedigung durch den VN ohne die Einwilligung des VR gewöhnlich die Leistungsfreiheit des VR aus (vgl. dazu Ziffer 25.3, 26.2 AHB, Stand Januar 2006). Dem VN war es vertraglich verwehrt, den Haftpflichtanspruch des Dritten anzuerkennen, wenn er seinen Versicherungsschutz nicht verlieren wollte. Hintergrund dieser früheren Rechtsregulierung war das Bemühen, ein Zusammenwirken des anspruchstellenden Dritten und des VN zu Lasten des VR zu verhindern. Der VR sollte in jedem Fall Herr der Prüfung und gegebenenfalls auch der Abwehr des Haftpflichtanspruchs bleiben.

§ 105 hebt diese gesetzliche Regelung zu Recht auf. Durch die Anerkennung der Forderung des Dritten verliert der VN seinen Versicherungsschutz grundsätzlich nicht. Lediglich bei einem betrügerischen Anerkenntnis wird der VR nach § 242 BGB (nach wie vor) leistungsfrei.[4] Dies beruht auf dem **Vertrauenscharakter des Versicherungsverhältnisses**.

Die Neuregelung entfaltet vor allem deshalb Sinn, weil es dem VN schon nach dem bisherigen Recht nicht verwehrt war, als Alternative zu einem formalen Anerkenntnis **Tatsachenerklärungen** abzugeben, die faktisch ebenfalls zu einem Anerkenntnis des Haftpflichtanspruchs führen. So z.B., wenn der VN einräumte, tatsächlich fahrlässig gehandelt zu haben. Auch muss auf das eigene Risiko des VN im Falle eines Anerkenntnisses oder einer bereits geleisteten Schadenersatzzahlung verwiesen werden. Der VR ist aus dem Anerkenntnis nur insoweit verpflichtet, wie der Anspruch des geschädigten Dritten auch ohne Anerkenntnis bestanden hätte.[5] Die neue Rechtslage bewirkt damit im Allgemeinen keine wesentliche Verschlechterung der Rechtsstellung des Haftpflichtversicherers.

---

1 Zu den Gründen s. ausführlich L/W/*Littbarski*, § 105 Rn. 18 ff.
2 BGH VersR 1985, 83, 84; VersR 1969, 405 f.; VersR 1968, 289, 290.
3 OLG Düsseldorf VersR 2002, 748, 749.
4 Vgl. dazu BGH VersR 1991, 1129, 1130 f., wonach der VN bei Arglist stets seinen Versicherungsschutz verwirkt.
5 Begr. RegE BT-Drucks. 16/3945 S. 86.

B. Anerkenntnis des Haftpflichtanspruchs durch den VN

3 Unter dem Begriff des Anerkenntnisses ist ein konstitutives, deklaratorisches oder prozessuales Anerkenntnis zu verstehen.[6] Ein konstitutives oder abstraktes Anerkenntnis liegt vor, wenn der VN mit seiner Anerkenntniserklärung eine neue selbständige Verpflichtung unabhängig von dem bestehenden Schuldgrund schafft (§ 781 BGB).[7] Das konstitutive Anerkenntnis ist ein einseitig verpflichtender abstrakter Schuldvertrag,[8] für dessen Wirksamkeit die Anerkennungserklärung nach § 781 Satz 1 BGB in schriftlicher Form zu erfolgen hat. Regelmäßig ist das deklaratorische bzw. kausale Schuldanerkenntnis gegeben.[9] Bei dem deklaratorischen Anerkenntnis handelt es sich um einen einseitigen Feststellungsvertrag. So begründet das deklaratorische Anerkenntnis keine neue eigenständige Verpflichtung, sondern bestätigt lediglich eine bereits vorhandene Schuld.[10] Das deklaratorische Anerkenntnis wurde von der Rechtsprechung entwickelt und ist gesetzlich nicht geregelt.[11] Im Gegensatz zum konstitutiven Anerkenntnis bedarf es keiner bestimmten Form; die §§ 780 ff. BGB sind insgesamt nicht anwendbar.[12] Das prozessuale Anerkenntnis stellt eine einseitige Prozesshandlung dar und bezieht sich ausschließlich auf den prozessualen Anspruch (§ 307 ZPO). Der VN erklärt an das Gericht, dass der vom Kläger geltend gemachte prozessuale Anspruch besteht.[13] Reine Tatsachenschilderungen und -mitteilungen des VN sind rechtlich nicht als Anerkenntnis zu qualifizieren. Die Einräumung von Tatsachen dient zwar der Verbesserung der Beweislage des Dritten, jedoch fehlt i.d.R. ein rechtsgeschäftlicher Verpflichtungswille des VN. So stellen Erklärungen bestimmter Tatsachen bloß ein tatsächliches Verhalten des VN dar und sind als solche nicht als Anerkenntniserklärung gemäß § 105 zu verstehen.[14] Diese **rechtliche Einordnung der Tatsachenerklärung** des VN hat den Gesetzgeber zum Wegfall des früheren Anerkenntnisverbotes (vgl. § 154 II a.F. i.V.m. § 5 Nr. 5 AHB, Stand Juni 2002, bzw. Ziffer 25.3, 26.2 AHB, Stand Januar 2006) veranlasst. Schon nach der alten Rechtslage war der VN nicht gehindert, Tatsachen dem Dritten gegenüber oder in der Gerichtsverhandlung einzuräumen; nur das Anerkenntnis des Anspruchs wurde vertraglich durch die Leistungsfreiheit des VR sanktioniert. Das Anerkenntnisverbot konnte dementsprechend in der Praxis leicht durch die Abgabe von Tatsachenerklärungen, aus denen sich dann der Anspruch des Geschädigten ergab, umgangen werden.[15] Die Einordnung der Tatsachenerklärung des VN hat infolge des Wegfalls des Anerkenntnis- und Befriedigungsverbots jedoch keineswegs an Bedeutung verloren. So hat der anerkennende VN für einen unbegründeten oder teilweise unbegründeten Anspruch des Geschädigten aufzukommen, während eine Tatsachenerklärung keine Grundlage für einen unbegründeten (Mehr-)Betrag der Forderung bedeutet.[16]

C. Befriedigung des Haftpflichtanspruchs durch den VN

4 Die Befriedigung des Gläubigers ist jede Leistung, die zur vollständigen oder teilweisen Erfüllung des Haftpflichtanspruchs führt.[17] Im Regelfall wird der Haftpflichtanspruch des Dritten durch **Zahlung** erfüllt. Die Befriedigung des Dritten kann sich aber auch aus einer Aufrechnungserklärung des VN (vgl. §§ 387 ff. BGB), ferner aus der Zustimmung des VN zu der Aufrechnung des Geschädigten ergeben.[18] Eine konkludente Zustimmung zu der Aufrechnung des Dritten liegt dann vor, wenn der VN gegen den VR auf Erstattung dieses Betrages aus dem Haftpflichtverhältnis klagt.[19] Eine Befriedigung ist jedoch zu verneinen, wenn der Geschädigte einseitig die Aufrechnung erklärt oder der VN den Haftpflichtanspruch zur Abwendung der Vollstreckung begleicht.[20]

D. Rechtsfolgen von Anerkenntnis und Befriedigung
I. Bindungswirkung für den VR

5 Dem VN ist die Befriedigung des Dritten oder das Anerkenntnis des Haftpflichtanspruchs mit oder ohne der Einwilligung des VR gestattet. Der VR kann die Anerkennung des Haftpflichtanspruchs oder die Befriedigung des Dritten aber auch nachträglich genehmigen. Die vorherige Zustimmung des VR (vgl. § 183 BGB) ist für den VN von Vorteil und sollte in der Praxis den Regelfall darstellen. Hat der VR in die Anerkennung des Haftpflichtanspruchs eingewilligt, ist er verpflichtet, für die anerkannte Forderung des Dritten vollumfänglich

---

6 Vgl. P/M/*Lücke*, § 105 Rn. 12.
7 Siehe dazu HK-BGB/*Staudinger*, § 781 Rn. 2.
8 Jauernig/*Stadler*, Anm. zu den §§ 780, 781 Rn. 4.
9 Vgl. P/M/*Lücke*, § 105 Rn. 12.
10 Bamberger/Roth/*Gehrlein*, § 781 Rn. 2.
11 MünchKommBGB/*Hüffer*, § 781 Rn. 3.
12 HK-BGB/*Staudinger*, § 781 Rn. 1.
13 *Sänger*, Zivilprozessordnung, 6. Aufl. 2015, § 307 Rn. 1.
14 BK/*H. Baumann*, § 154 Rn. 24.
15 Begr. RegE BT-Drucks. 16/3945 S. 86.
16 Näheres zu den Rechtsfolgen des § 105 VVG s. Rdn. 5 f.
17 Vgl. P/M/*Lücke*, § 105 Rn. 18.
18 Vgl. R/L/*Langheid*, § 105 Rn. 9.
19 OLG Stuttgart VersR 2011, 213.
20 Vgl. P/M/*Lücke*, § 105 Rn. 18.

aufzukommen. Das Anerkenntnis entfaltet dem VR gegenüber nunmehr **Bindungswirkung** und er muss den VN in Höhe des anerkannten Anspruchs freistellen. **Die Einwilligung des VR lässt demnach das Risiko des VN entfallen**, für einen möglicherweise unbegründeten Teil des anerkannten Haftpflichtanspruchs bzw. für einen vollständig unbegründeten Haftpflichtanspruch selbst aufkommen zu müssen.[21] Der Einwilligung steht die nachträgliche Genehmigung (vgl. § 184 I BGB) des Anerkenntnisses oder der Befriedigung seitens des VR gleich. Es kann für die Freistellungsverpflichtung gegenüber dem VN keinen Unterschied machen, ob der VR der Anerkennung vorab bereits zugestimmt hat oder er sich erst damit einverstanden erklärt hat, nachdem der VN die Forderung des Dritten anerkannt hat.

Stellt sich nach Abgabe des Anerkenntnisses heraus, dass der VN zu Unrecht anerkannt hat, lässt dies die Bindungswirkung nicht entfallen. Es obliegt dem VR, die Voraussetzungen des Haftpflichtanspruches vor Abgabe einer Zustimmung selbst zu überprüfen; stimmt er zu, so macht er sich den Inhalt des Anerkenntnisses vorbehaltlos zu eigen.[22] Lehnt der VR den Versicherungsschutz zu Unrecht ab oder überlässt er dem VN die Dispositionsbefugnis über das Rechtsverhältnis, so entfaltet ein vom VN in dieser Situation abgegebenes Anerkenntnis dem VR gegenüber ebenfalls Bindungswirkung.[23] Erkennt der VN bei dieser Sachlage an, ist der VR zur Tilgung der gesamten Summe verpflichtet, selbst wenn der VN mehr anerkennt, als er dem Dritten eigentlich schuldet.[24] Dies entspricht der Rechtsprechung vor der VVG-Reform. Eine Ausnahme ist wiederum für den Fall zu machen, dass der VN vorsätzlich einen nicht bestehenden Anspruch anerkennt.[25] 6

II. Freistellung von begründeten Ansprüchen

Willigt der VR nicht ein, so ist er für den Fall, dass der VN den Anspruch anerkennt oder den Dritten befriedigt, nur hinsichtlich der **versicherungsvertraglich geschuldeten Leistung** verpflichtet. Die Leistung des Haftpflichtversicherers ist in § 100 vom Grunde her festgelegt. Der VR trägt eine Freistellungsverpflichtung, die sich aus Prüfung der Rechtslage und Abwehr oder Befriedigung des geltend gemachten Schadenersatzanspruchs zusammensetzt. Durch ein Anerkenntnis des VN gegenüber dem anspruchstellenden Geschädigten entfällt mangels eines streitigen Anspruchs die Abwehrverpflichtung des VR. Vielmehr beschränkt sich nach einem Anerkenntnis des VN die Leistungspflicht des Haftpflichtversicherers auf eine **Prüfung der Rechtslage und die Übernahme berechtigter Ansprüche**. Soweit der VN unberechtigte Ansprüche wirksam anerkannt hat, wird der Haftpflichtversicherer die Übernahme dieser Schadenersatzansprüche im versicherungsvertraglichen Verhältnis zum VN ablehnen. Dem entspricht die Regierungsbegründung zu § 105.[26] Sowohl Anerkenntnis als auch die Befriedigung bleiben somit ohne Einfluss auf den Befreiungsanspruch des VN gegen den VR. Der VR hat nur von solchen Ansprüchen freizustellen, die dem Geschädigten auch ohne Anerkenntnis zugestanden hätten; die also berechtigt sind.[27] Ein Anerkenntnis (teilweise) unbegründeter Ansprüche bindet der VR nicht. Ob der anerkannte Anspruch auch tatsächlich begründet ist, ist nunmehr im Deckungsprozess zu klären.[28] Das Trennungsprinzip steht dem nicht entgegen.[29] 7

III. Verpflichtung des VN hinsichtlich unbegründeter Haftpflichtansprüche

Durch ein Anerkenntnis geht der VN das Risiko ein, dass er einen ganz oder teilweise unbegründeten Anspruch anerkennt und so eine unbegründete Forderung ohne Versicherungsschutz tragen muss. Zwar verliert er im Gegensatz zur Rechtslage vor der VVG-Reform 2008 (§ 154 II a.F. i.V.m. § 5 Nr. 5 AHB) den Versicherungsschutz bei einem teilweise unbegründeten Anspruch nicht vollständig. Verspricht der VN dem Dritten mehr als ihm zusteht, geht der Mehrbetrag jedoch zu Lasten des VN. 8

Daher ist dem VN zu empfehlen, vorab die Einwilligung des VR einzuholen. Alternativ kommt für den VN ein **bedingtes Anerkenntnis** in Betracht. In diesem Falle erkennt der VN die geltend gemachte Forderung nur insoweit an, als sowohl der Höhe und des Umfangs nach Versicherungsschutz im Rahmen der Haftpflichtversicherung besteht. Ein solches bedingtes Anerkenntnis kann z.B. in den Fällen erwartet werden, in denen ein hoher zeitlicher Druck bei Prüfung und Klärung von geltend gemachten Haftpflichtansprüchen besteht. Vorrangig ist hier die D&O-Versicherung zu nennen. Soweit Schadenersatzansprüche gegen Management (Vorstände, Geschäftsführer) oder Aufsichtsorgane geltend gemacht werden, sind i.d.R. neben haftungs- und versicherungsvertraglichen Fragen auch Fragen aus Anstellungs- oder anderweitigen Berufsverträgen zu klären.

---

21 Näheres dazu s. Rdn. 8.
22 *Klimke* r+s 2014, 105, 106.
23 L/W/*Littbarski*, § 106 Rn. 43 ff.; PK/*Retter*, § 106 Rn. 27 f.
24 So auch *Klimke* r+s 2014, 105, 106 f. m.w.N.; *Lange* r+s 2011, 185, 191.
25 *Klimke* r+s 2014, 105, 107.
26 Begr. RegE BT-Drucks. 16/3945 S. 86.
27 So auch LG Dortmund r+s 2013, 548.
28 *Armbrüster* r+s 2010, 441, 447.
29 Zum Trennungsprinzip s. Vor §§ 100 ff. Rdn. 9.

Gibt der VN nur ein bedingtes Anerkenntnis ab, so steht er im Vergleich zu einem umfassenden Anerkenntnis gegenüber dem Anspruchsteller besser. Insoweit ist zu bedenken, dass der VN die Abwehrbereitschaft bei unbegründeten Haftpflichtansprüchen verlieren könnte, da er im Falle des bedingten Anerkenntnisses ohne eigenes Risiko bleibt. Eine gleichzeitige Abtretung des Anspruchs auf den Versicherungsschutz an den geschädigten Dritten (§ 108 II) könnte die Bereitschaft zur Mitwirkung weiter schwächen. Ein auf den Versicherungsschutz bedingtes Anerkenntnis stellt aber dennoch ein zulässiges Verhalten dar. § 105 stärkt die Position des VN und verlangt keine eigene Risikotragung des Anerkenntnisses durch ihn. Anerkenntnisse sind regelmäßig in der Rechtspraxis inhaltlich und auch der Höhe nach beschränkt. Es ist nicht erkennbar, dass der Reformgesetzgeber dem VN nur »unbedingte« Anerkenntnisse ermöglichen wollte. Weiter führt die Beschränkung des Anerkenntnisses nicht zu einer Mehrbelastung des VR und schneidet keine Möglichkeiten der Schadenabwehr ab. Wirkt der VN nach einem Anerkenntnis nicht mehr in der gebotenen Weise an der Schadenregulierung mit, stehen dem Versicherer die üblichen Rechtsmittel zu, um die eigene Position zu schützen. Die Grenze des damit zulässigen Anerkenntnisses dürfte dort liegen, wo kein ernsthafter Drittanspruch mehr erkennbar ist, sondern VN und Dritter kollusiv zusammenwirken.

E. Ausgestaltung durch AHB

9 Ziffer 5 AHB, Leistungen der Versicherung
5.1 Der Versicherungsschutz umfasst die Prüfung der Haftpflichtfrage, die Abwehr unberechtigter Schadensersatzansprüche und die Freistellung des Versicherungsnehmers von berechtigten Schadensersatzverpflichtungen.
Berechtigt sind Schadensersatzverpflichtungen dann, wenn der Versicherungsnehmer aufgrund Gesetzes, rechtskräftigen Urteils, Anerkenntnisses oder Vergleiches zur Entschädigung verpflichtet ist und der Versicherer hierdurch gebunden ist. Anerkenntnisse und Vergleiche, die vom Versicherungsnehmer ohne Zustimmung des Versicherers abgegeben oder geschlossen worden sind, binden den Versicherer nur, soweit der Anspruch auch ohne Anerkenntnis oder Vergleich bestanden hätte.
Ist die Schadensersatzverpflichtung des Versicherungsnehmers mit bindender Wirkung für den Versicherer festgestellt, hat der Versicherer den Versicherungsnehmer binnen zwei Wochen vom Anspruch des Dritten freizustellen.

10 Nach Ziffer 5.1 AHB binden Anerkenntnisse, die vom VN ohne Zustimmung des VR abgegeben oder geschlossen worden sind, den VR nur, soweit der Anspruch auch **ohne Anerkenntnis bestanden** hätte. Diese versicherungsvertragliche Regelung entspricht inhaltlich § 105. Nach dieser vertraglichen Vereinbarung ist der VR **nur zur Leistung des begründeten Teils anerkannter Haftpflichtansprüche verpflichtet**.
Eine Ausnahme besteht nur für den Fall, dass der VR seinen Pflichten aus Ziffer 5.1 AHB unzureichend nachgekommen ist; die Haftpflichtfrage also nicht ordnungsgemäß geprüft bzw. die Deckung unberechtigt abgelehnt hat und so dem VN die Dispositionsbefugnis über das Rechtsverhältnis überlassen hat. Das ergibt sich daraus, dass der VR die volle Verantwortung für seine Maßnahmen zu tragen hat.[30]

F. Abdingbarkeit

11 Das Anerkenntnis oder die Befriedigung des Dritten durch den VN führt auch ohne die Einwilligung des VR nicht mehr zum Wegfall des Versicherungsschutzes. Ungeachtet der gesetzlichen Neuregelung[31] stellt sich die Frage, ob es dem VR tatsächlich verwehrt ist, vertraglich ein Anerkenntnis- oder Befriedigungsverbot zu vereinbaren und dessen Verletzung mit Sanktionen zu versehen. So könnte der VR die **Vereinbarung einer Kürzung der Leistungsverpflichtung**, jedoch nicht des Wegfalls der Leistungsverpflichtung infolge der Verletzung eines vertraglich geregelten Anerkenntnis- oder Befriedigungsverbots anstreben. Die Aufhebung des Anerkenntnisverbots nach § 105 ist zwar nicht in den Katalog der halbzwingenden Vorschriften zur Haftpflichtversicherung aufgenommen worden (vgl. § 112). Die **Unabdingbarkeit des § 105** ergibt sich jedoch bereits aus der Vorschrift selbst.[32] Grundsätzlich kann damit eine vertragliche Regelung, die für den VN nachteilig von § 105 abweicht, nicht wirksam vereinbart werden. Dies gilt sowohl für individualvertragliche Vereinbarungen als auch solche in AVB.[33] Für erstere ergibt sich die Unwirksamkeit aus § 134 BGB; für letztere aus den §§ 305 ff. BGB.[34] Anders als bei § 108 II ist bei § 105 nicht von »Allgemeinen Versicherungsbedingungen« die Rede, in denen ein Abtretungsverbot nicht vereinbart werden kann, sondern von »Vereinbarungen« allgemein. Während ein Abtretungsverbot also individualvertraglich vereinbart werden kann, gilt dies für ein

---

30 So schon BGH NJW 1956, 826, 828.
31 Eingehend mit dem Wegfall des Anerkenntnisverbots im Rahmen der Neuregelung befassen sich u.A. *Franz* VersR 2008, 298, 308; *Lange* VersR 2006, 1313; *Langheid*, Liber amicorum für Gerrit Winter, 2007, S. 367 ff.; *Schimmer* VersR 2008, 875 f.; *Schirmer* ZVersWiss 2006 Supplement, 427, 431.
32 Die Unabdingbarkeit voraussetzend Begr. RegE BT-Drucks. 16/3945 S. 115 zu § 210; s. auch L/W/*Littbarski*, § 105 Rn. 2; PK/*Retter*, § 105 Rn. 9.
33 So auch *Lange* VersR 2006, 1313, 1315; R/L/*Langheid*, § 105 Rn. 1.
34 L/W/*Littbarski*, § 105 Rn. 29 f.

Anerkenntnis- bzw. Befriedigungsverbot gerade nicht. Dafür spricht auch die Gesetzesbegründung, die ein individualvertraglich vereinbartes Abtretungsverbot ausdrücklich für zulässig erachtet,[35] eine vergleichbare Aussage in Bezug auf § 105 aber nicht trifft.

Allerdings sind z.B. im Rahmen der D&O-Versicherung Sondervereinbarungen zu § 105 zu beobachten. Hier **12** soll verhindert werden, dass das versicherte Mitglied des Organs einer Kapitalgesellschaft (z.B. Vorstand oder Geschäftsführer) gegenüber der Gesellschaft vorschnell Ansprüche aus Pflichtverletzungen anerkennt. Solche Abreden sind nur dann möglich, wenn es sich um Großrisiken i.S.d. § 210 handelt.[36] Über die D&O-Versicherung abgedeckte Risiken stellen in etlichen Fällen Großrisiken i.S.v. § 210 II Nr. 3 dar.[37] Handelt es sich um Abreden in AVB, was fast ausnahmslos der Fall sein wird, so unterliegen die entsprechenden Klauseln der Kontrolle nach §§ 305 ff. BGB.[38] § 105 dürfte dabei der Charakter eines gesetzlichen Leitbilds i.S.v. § 307 II Nr. 1 BGB zukommen. Schließlich erklärt die Gesetzesbegründung selbst das bislang geltende Anerkenntnisverbot – auch unter Berücksichtigung der Interessen des VR – ausdrücklich für »unangemessen«. Die Neuregelung dient dem Zweck, die Stellung des VN zu stärken. Dieser muss in die Lage versetzt werden, einen berechtigten Anspruch anerkennen oder befriedigen zu können, ohne Sanktionen befürchten zu müssen, da alles andere ihm ein u.U. sogar rechtswidriges Verhalten abverlangt.[39]

Die Abschaffung des Anerkenntnis- und Befriedigungsverbotes ist demzufolge als Mittelpunkt der VVG-Reform im Bereich der Haftpflichtversicherung zu qualifizieren.[40] Bei der Vereinbarung eines Anerkenntnis- und Befriedigungsverbots eine unangemessene Benachteiligung des VN als Vertragspartner zu vermeiden, dürfte nur schwerlich möglich sein. Die vertragliche Vereinbarung von Sanktionen für den Fall von Anerkenntnissen oder Befriedigungen durch den VN ist daher nicht geboten. Dem VR bleibt es allerdings unbenommen, nach Eintritt und Prüfung des Haftpflichtschadens individuelle Vereinbarungen mit dem VN zur Regulierung des Schadens zu treffen. I.d.R. dürfte das Interesse beider Vertragsparteien an einer konstruktiven Prüfung und Regulierung des Schadens gegeben sein. Bei komplexeren Schadenfällen bietet sich dazu die Vereinbarung einer gemeinsamen Vorgehensweise gegenüber dem anspruchstellenden Dritten an.

G. Fazit

Nach **früherer Rechtslage** verlor der VN durch sein Anerkenntnis den Versicherungsschutz. **13**
Nur bei offenbarer Unbilligkeit blieb der VR zur Leistung verpflichtet (§ 154 II a.E. a.F.). Mit der Regierungs- **14**
begründung ist festzuhalten, dass diese Regelung die Interessen des VN nicht angemessen berücksichtigt hat.[41] So entfiel die Leistungspflicht des VR auch dann, wenn die anerkannte Forderung eigentlich begründet war. Es ist nicht ersichtlich, warum ein einmal mit Eintritt des Versicherungsfalles entstandener Anspruch gegen den VR nur aufgrund der Erklärung eines Anerkenntnisses wieder entfallen sollte.[42] Von Nachteil für den VN war auch die enge Interpretation des Ausnahmetatbestands nach § 154 II a.F. Unberücksichtigt blieben auch persönliche Motive, die aus Sicht des VN ein Anerkenntnis rechtfertigten, etwa die vom VN zu berücksichtigenden Geschäftsbeziehungen zwischen ihm und dem Geschädigten.[43] Diese Benachteiligung des VN wurde durch § 105 beendet. Da ein Anerkenntnis ohne Zustimmung des VR auf »eigenes Risiko« des VN erfolgt, bleiben für VN und VR hinreichende Handlungsfreiheiten bestehen. Darüber hinaus ist zu berücksichtigen, dass das Anerkenntnisverbot auch aus Sicht der VR nicht besonders effektiv war.[44] Die Möglichkeiten einer »freundschaftlichen Inanspruchnahme« haben damit auch nach alter Rechtslage bereits bestanden und werden durch § 105 nicht erweitert. Auch trägt § 105 zu einer **ausgewogenen vertraglichen Gestaltung der Haftpflichtversicherung** bei. So bleibt auch das Nicht-Anerkennen eines begründeten Schadenersatzanspruchs durch den VR ohne zusätzliche vertragliche Sanktion. Der VR, der einen begründeten Schadenersatzanspruch abwehrt, verhält sich zwar vertragswidrig, hat aber nur geringe vertragliche Sanktionen zu befürchten. Wird ein begründeter Anspruch später festgestellt, muss er ausschließlich die geschuldete versicherungsvertragliche Leistung erbringen. Die durch das verspätet erbrachte Leistung entstandenen Zinsverluste sind zwar auszugleichen, allerdings steht dem entgegen, dass die entsprechende Zahlung des Haftpflichtanspruchs verspätet erfolgt und so diese Finanzmittel dem VR für einen längeren Zeitraum zur Verfügung stehen. Anders stellt sich die Sachlage für den VR nur da, wenn er die Deckung zu Unrecht verneint hat. Insofern hat er dem VN die Dispositionsbefugnis über das Rechtsverhältnis überlassen. Erkennt der VN dann an,

---

35 Vgl. Begr. RegE BT-Drucks. 16/3945 S. 87.
36 Vgl. Begr. RegE BT-Drucks. 16/3945 S. 115.
37 So i.E. auch *Fiedler* BB 2012, 2973, 2974.
38 So schon BGH NJW 1993, 590, 591.
39 *Voit* VersR 1995, 993 f.
40 L/W/*Littbarski*, § 105 Rn. 18; P/M/*Lücke*, § 105 Rn. 1.
41 Begr. RegE BT-Drucks. 16/3945 S. 86.
42 *Lange* VersR 2006, 1313, 1318.
43 OLG Hamm r+s 2005, 376, 377.
44 Siehe oben unter Rdn. 2.

ist der VR zur Tilgung der gesamten Summe verpflichtet, selbst wenn die Versicherungssumme überschritten wird.[45]

§ 106 Fälligkeit der Versicherungsleistung.

¹Der Versicherer hat den Versicherungsnehmer innerhalb von zwei Wochen von dem Zeitpunkt an, zu dem der Anspruch des Dritten mit bindender Wirkung für den Versicherer durch rechtskräftiges Urteil, Anerkenntnis oder Vergleich festgestellt worden ist, vom Anspruch des Dritten freizustellen. ²Ist der Dritte von dem Versicherungsnehmer mit bindender Wirkung für den Versicherer befriedigt worden, hat der Versicherer die Entschädigung innerhalb von zwei Wochen nach der Befriedigung des Dritten an den Versicherungsnehmer zu zahlen. ³Kosten, die nach § 101 zu ersetzen sind, hat der Versicherer innerhalb von zwei Wochen nach der Mitteilung der Berechnung zu zahlen.

Übersicht

	Rdn.		Rdn.
A. Allgemeines	1	C. Rechtsfolge: Fälligkeit der Versicherungsleistung	8
B. Tatbestand: Fristbeginn/Zeitpunkt	2	D. Ausgestaltung durch AHB	9
I. § 106 Satz 1	2	E. Selbstbeteiligung und Selbstversicherung	10
II. § 106 Satz 2	6		
III. § 106 Satz 3	7		

A. Allgemeines

1 § 106 bestimmt den **Zeitpunkt der Fälligkeit des Freistellungsanspruchs** des VN aus § 100 1. Alt. gegenüber dem VR. Der VR hat den Freistellungsanspruch des VN spätestens nach Ablauf von zwei Wochen, nachdem der Haftpflichtanspruch des Dritten mit bindender Wirkung für den VR festgestellt worden ist, zu erfüllen (§ 106 Satz 1). Ebenfalls innerhalb einer Frist von zwei Wochen ist der VN in Fällen einer Befriedigung des Schadenersatzanspruchs durch den VN selbst zu entschädigen (§ 106 Satz 2). Eine zweiwöchige Frist gilt nach Satz 3 auch für nach § 101 zu ersetzende Kosten.

Die Vorschrift des § 106 bezieht sich schon nach ihrem Wortlaut nicht auf die Fälligkeit des Abwehranspruchs des VN nach § 100 2. Alt. Auch dem Sinn des Abwehranspruches entsprechend muss dieser vor dem Freistellungsanspruch fällig werden. Ein Anspruch ist grundsätzlich ab dem Zeitpunkt fällig, ab dem der Gläubiger berechtigt ist, die Leistung vom Schuldner zu fordern.[1] Dem VN steht das Recht zu, die Abwehrleistung des VR ab dem Zeitpunkt zu fordern, ab dem der Dritte seinen Haftpflichtanspruch geltend macht.[2] Das Geltendmachen eines Anspruches liegt in jeder ernstlichen (auch außergerichtlichen) Erklärung, die darauf schließen lässt, dass der Dritte glaubt, Schadensersatzansprüche gegen den VN zu haben und diese auch verfolgen wird.[3]

§ 14, der die Fälligkeit von durch den VR zu erbringenden Geldleistungen regelt, ist auf § 106 nicht anwendbar. In der Haftpflichtversicherung ist der VR gerade nicht zur Leistung von Geld an den VN verpflichtet; er ist vielmehr zur Freistellung verpflichtet.[4] Abschlagszahlungen kann der VN daher nur verlangen, wenn er zur Regulierung der Ansprüche in Vorlage getreten ist.

B. Tatbestand: Fristbeginn/Zeitpunkt

I. § 106 Satz 1

2 Die vom VR zu beachtende Frist von zwei Wochen beginnt, soweit der Anspruch des geschädigten Dritten **bindend** festgestellt wurde. Die bindende Feststellung kann durch rechtskräftiges Urteil, Anerkenntnis oder Vergleich erfolgen (§ 106 Satz 1). Bei dem **zum Beginn des Fristablaufs führenden rechtskräftigen Urteil** handelt es sich im Regelfall um ein gerichtliches Leistungsurteil.[5] Ferner sind Urteile eines Schiedsgerichts (§§ 1054, 1055 ZPO) und Versäumnisurteile (§§ 330 ff. ZPO) erfasst.[6] Für Versäumnisurteile ergibt sich wie für andere Urteile auch, dass sich die Bindungswirkung nur insoweit erstreckt, als Feststellungen im Haftungsprozess erforderlich waren und vom Gericht getroffen wurden. Wurden bestimmte Aspekte offen gelassen, weil sie für den Ausgang des dem Versäumnisurteils zugrunde liegenden Streits nicht erheblich waren, ist das Gericht im Deckungsprozess frei, hierüber Feststellungen zu treffen.[7] Auch ein **Anerkenntnis** des Haftpflichtanspruchs durch den VN kann den Fristbeginn für die Freistellung des VN bewirken. Der Begriff des Aner-

---

45 So auch *Lange* r+s 2011, 185, 191.
1 Bamberger/Roth/*Lorenz*, § 271 Rn. 2.
2 Vgl. P/M/*Lücke*, § 106 Rn. 1.
3 Späte/Schimikowski/*Harsdorf-Gebhardt*, Ziffer 5 AHB Rn. 8.
4 *Schreier* VersR 2013, 1232, 1233.
5 Auch BK/*H. Baumann*, § 154 Rn. 10.
6 So bereits *Schneider*, § 154 S. 442.
7 BGH ZMR 2010, 431 = ZfS 2010, 217.

kenntnisses ist entsprechend § 105 aufzufassen.[8] Das Anerkenntnis des VN führt den Fristbeginn immer dann herbei, wenn bzw. soweit der Anspruch des Geschädigten begründet[9] oder das Anerkenntnis des VN für den VR aus anderen Gründen bindend geworden ist.[10]

Demnach beginnt die **Frist bei Abgabe des Anerkenntnisses** des VN in jedem Fall, wenn der VR vorab in die Anerkenntniserklärung des VN eingewilligt hat. Wurde keine Einwilligung erteilt oder der VR nicht von der Abgabe des Anerkenntnisses unterrichtet, beginnt die Frist nicht bereits mit der Erklärung des Anerkenntnisses, sondern erst, wenn der VR das Anerkenntnis nachträglich genehmigt und so den anerkannten Anspruch nachträglich akzeptiert hat oder der anerkannte Haftpflichtanspruch als (zumindest teilweise) begründet in dem gerichtlichen Deckungsprozess festgestellt worden ist. Erst dann ist der Anspruch des Dritten für den VR **bindend**. Der VR erhält so die Möglichkeit, den Haftpflichtanspruch des Dritten auf seine Berechtigung zu überprüfen. Die Überprüfung des Haftpflichtanspruchs hielt der Gesetzgeber richtigerweise insbes. wegen des Wegfalles des Anerkenntnisverbotes (vgl. § 105) für notwendig.[11]

3

Weiter beginnt die Frist für den VR, wenn der Haftpflichtanspruch mit verbindlicher Wirkung für den VR durch **Vergleich** festgestellt worden ist (§ 106 Satz 1). Unter dem Begriff des Vergleichs sind das materiellrechtliche Vergleichsvertrag (vgl. § 779 BGB) und der Prozessvergleich (vgl. § 794 I Nr. 1 ZPO) zu verstehen. Der materielle Vergleich ist ein schuldrechtlicher Vertrag, der hinsichtlich der streitigen und ungewissen Punkte zwischen den Parteien eine verbindliche Festlegung trifft.[12] Er zeichnet sich durch ein gegenseitiges Nachgeben beider Parteien aus und unterliegt grundsätzlich keiner bestimmten Form.[13] Der Prozessvergleich stellt neben einer Prozesshandlung zugleich einen materiellrechtlichen Vertrag dar und fällt daher ebenfalls unter § 779 BGB.[14] Auch der Abschluss eines Vergleichs durch den VR selbst führt zu einer verbindlichen Feststellung des Haftpflichtanspruchs für den VR.

4

Umstritten ist, ob es Ausnahmen von der zweiwöchigen Frist des § 106 geben sollte, ob der Freistellungsanspruch des VN mitunter im Einzelfall sofort fällig werden kann. § 106 stellt zunächst eine spezielle versicherungsvertragliche Norm für den Bereich der Haftpflichtversicherung dar. § 271 BGB findet als allgemeine Regelung, wonach die Leistung sofort zu erfolgen hat, sofern die Leistungszeit weder bestimmt noch aus den Umständen zu entnehmen ist, dagegen grundsätzlich keine Anwendung. Dafür, dass die **Bestimmung der Leistungszeit** bei verbindlicher Feststellung des Leistungsanspruchs des VN für den VR nur nach § 106 zu erfolgen hat, spricht der klare Wortlaut der Norm.[15] Sinn und Zweck der Regelung liegen darin, dem VR einen angemessenen Zeitraum zur Überprüfung der Bindungswirkung zu gewähren. Die Möglichkeit einer derartigen Überprüfung entfaltet nur in solchen Fallkonstellationen Sinn, in denen der VR einem Anerkenntnis oder Vergleich nicht zugestimmt hat. Hier muss der VR die Begründetheit des Anspruches noch prüfen. Liegt eine Zustimmung des VR hingegen vor oder hat er sogar selbst anerkannt bzw. einen Vergleich geschlossen, so bedarf es keiner erneuten Prüfung der Berechtigung des Anspruches des Dritten. Gleiches gilt für den Fall, dass ein rechtskräftiges Urteil vorliegt. Dieses entfaltet, selbst wenn der VR am Prozess nicht teilnimmt, auch nach der VVG-Reform entsprechend der bis dato geltenden Rechtsprechung bei Voraussetzungsidentität[16] Bindungswirkung für den Deckungsprozess.[17] Es ist nicht ersichtlich, warum der VR in dieser Situation, entgegen § 271 BGB, nicht sofort leisten muss und insofern anderen Schuldnern gegenüber bevorzugt wird.[18] »Sofortige« Fälligkeit i.S.v. § 271 BGB bedeutet, dass der Schuldner so schnell leisten muss, wie es ihm objektiv (unter Zubilligung etwaiger Vorbereitungshandlungen) möglich ist.[19] Bei einer Pflicht zur sofortigen Leistungserbringung dürfte von einer Leistung des VR noch vor Ablauf der sonst geltenden Zwei-Wochen-Frist des § 106 ausgegangen werden. Es erscheint daher geboten, die Fälligkeitsregelung des § 106 teleologisch auf solche Fälle zu reduzieren, in denen der VR an Anerkenntnis bzw. Vergleich nicht mitgewirkt hat oder das Haftpflichturteil für ihn nicht bindend ist. Ob der VR dabei den Rechtsschutz übernommen hat, ist nicht relevant. Hat er an Anerkenntnis bzw. Vergleich nicht mitgewirkt, muss es ihm zugebilligt werden, die Höhe seiner Leistungsverpflichtung zu überprüfen.

5

---

8 Siehe § 105 Rdn. 3.
9 Begr. RegE BT-Drucks. 16/3945 S. 86.
10 Vgl. dazu § 105 Rdn. 5 f.
11 Begr. RegE BT-Drucks. 16/3945 S. 86.
12 Vertiefend MünchKommBGB/*Hüffer*, § 779 Rn. 31; HK-BGB/*Staudinger*, § 779 Rn. 1.
13 Jauernig/*Stadler*, § 779 Rn. 7 ff.
14 Palandt/*Sprau*, § 779 Rn. 29.
15 BK/*H. Baumann*, § 154 Rn. 4; a.A. P/M/*Lücke*, § 106 Rn. 13; *Schneider*, § 154 S. 442.
16 Vgl. dazu Vor §§ 100 ff. Rdn. 9.
17 Im Einzelnen umstritten: eine Bindungswirkung bejahend Späte/Schimikowski/*Harsdorf-Gebhardt*, Ziffer 5 AHB Rn. 67 ff. m.w.N.; *Klimke* r+s 2014, 105, 108; *Schlegelmilch* VersR 2009, 1467; gegen eine Bindungswirkung, soweit der VR am Haftpflichtprozess in nicht vorwerfbarer Weise nicht beteiligt war: *Langheid* VersR 2009, 1043, 1045 f.; PK/*Retter*, § 106 Rn. 16; eine Bindungswirkung bei Nichtbeteiligung des VR am Prozess ablehnend OLG Frankfurt (Main) r+s 2011, 207, 209.
18 P/M/*Lücke*, § 106 Rn. 13.
19 MünchKommBGB/*Krüger*, § 271 Rn. 32.

§ 106 Fälligkeit der Versicherungsleistung

II. § 106 Satz 2

6 Die Zahlfrist des VR zur Entschädigung des VN beginnt ab dem Zeitpunkt, zu dem der Dritte durch den VN mit verbindlicher Wirkung für den VR befriedigt worden ist (§ 106 Satz 2). Die Vorschrift des § 106 Satz 2 regelt den Fristbeginn für den Sonderfall, dass der VN den Haftpflichtanspruch des Dritten selbst erfüllt hat. Die Frist des VR zur Erbringung der Versicherungsleistung beginnt jedoch nur, falls der VN den Dritten mit **Bindungswirkung für den VR** befriedigt hat.[20] Diesbezüglich gelten die gleichen Grundsätze wie in den Fällen von Anerkenntnis und Vergleich.[21] Durch die Voraussetzung des Einverständnisses des Versicherers in die Befriedigung des Dritten durch den VN oder der gerichtlichen Feststellung der Berechtigung des erfüllten Haftpflichtanspruchs erhält der VR durch die Frist die Möglichkeit, die Begründetheit des Anspruchs zu prüfen, sofern keine der beiden Voraussetzungen vorliegt.[22] Dies bedeutet aber auch – wie schon für Satz 1 –, dass keine zweiwöchige Frist erforderlich ist, soweit der VR die Bindungswirkung selbst herbeigeführt hat bzw. ein rechtskräftiges Urteil existiert.

III. § 106 Satz 3

7 Die **Mitteilung der Kostenberechnung** bewirkt den Fristbeginn zum Ersatz der Rechtsschutzkosten (vgl. § 101) nach § 106 Satz 3. Gleichwohl ist der VR zur Abwehr des Haftpflichtanspruchs verpflichtet und hat die infolge der Anspruchsabwehr entstehenden gerichtlichen und außergerichtlichen Kosten zu tragen.[23] So trägt der VR die Kosten des Rechtsschutzes unmittelbar selbst. Dies ergibt sich zwangsläufig daraus, dass der VR auch den Prozess führt. Die Rechtsschutzkosten sollte der VR dem VN deswegen im Normalfall nicht zu erstatten haben. Demnach findet die Fälligkeitsregelung des § 106 Satz 3 nur in dem **Sonderfall** Anwendung, dass der VN und nicht der VR die Anspruchsabwehr durchführt.[24] Unterliegt der Dritte in einem Prozess, den der VN selbst geführt hat, so muss der VN sich für die Kostenerstattung nicht an den Dritten halten, sondern kann sich direkt an den VR wenden.[25]

C. Rechtsfolge: Fälligkeit der Versicherungsleistung

8 Der VR hat die Versicherungsleistung **innerhalb eines Zeitraumes von zwei Wochen** ab der verbindlichen Feststellung des Haftpflichtanspruchs (vgl. § 106 Satz 1) oder der mit Bindungswirkung für den VR erfolgten Befriedigung des Dritten (vgl. § 106 Satz 2) zu erbringen. Ferner hat der VR dem VN die aufgewendeten Rechtsschutzkosten (vgl. § 101) binnen zwei Wochen nach Mitteilung der Kostenabrechnung zu erstatten. Die Berechnung der Frist erfolgt nach den §§ 187 ff. BGB.[26] Von der Regelung zur Fälligkeit der Versicherungsleistung kann **nicht zum Nachteil des VN** abgewichen werden (§ 112); es handelt sich um eine **halbzwingende Norm**. So kann zwischen dem VN und dem VR hinsichtlich der Fälligkeit der Versicherungsleistung nicht etwa eine längere Frist als zwei Wochen vereinbart werden.

D. Ausgestaltung durch AHB

9 Auch in den AHB (Ziffer 5.1) ist, dem § 106 VVG entsprechend, eine zweiwöchige Frist für den VR zur Befriedigung des Freistellungsanspruches des VN aus § 100 1. Alt. vorgesehen. Voraussetzung ist auch hier, dass die Schadenersatzverpflichtung des VN für den VR bindend ist. Die Befriedigung des Freistellungsanspruches erfolgt durch Zahlung an den Dritten; nur im Ausnahmefall hat der VN einen Zahlungsanspruch gegen den VR z.B. dann, wenn er selbst den Dritten schon mit bindender Wirkung für den VR befriedigt hat.[27] Dies entspricht der Regelung des § 106 Satz 2.

E. Selbstbeteiligung und Selbstversicherung

10 Vielfach kommen bei Haftpflichtversicherungen sog. Selbstbeteiligungen oder andere Regelungen zum Einsatz, die dazu führen, dass der VN sich an entstandenen Schäden beteiligen oder diese u.U. sogar gänzlich selbst tragen muss. Derartige Regelungen sollen verhaltenssteuernd wirken und den VN für die mögliche Verursachung von Schäden an Rechtsgütern Dritter sensibilisieren.
Ziffer 6.4 der AHB eröffnet dazu die Möglichkeit, in AVB zu vereinbaren, dass der VN sich bei jedem Versicherungsfall mit einem im Versicherungsschein festgelegten Betrag an der Schadenersatzleistung zu beteiligen hat (**Selbstbehalt**). Zunächst ist diesbezüglich festzuhalten, dass der VR auch in diesen Fällen zur Abwehr unberechtigter Schadenersatzansprüche verpflichtet bleibt (Ziffer 6.4 Satz 2 AHB). Die Fälligkeit des Anspruchs auf Freistellung gegenüber einem geschädigten Dritten wird durch die Vereinbarung einer Selbstbeteiligung i.d.R.

---

20 Vgl. Begr. RegE BT-Drucks. 16/3945 S. 86.
21 P/M/*Lücke*, § 106 Rn. 14; PK/*Retter*, § 106 Rn. 35.
22 Vgl. Begr. RegE BT-Drucks. 16/3945 S. 86.
23 Siehe § 101 Rdn. 4.
24 Vgl. BK/*H. Baumann*, § 154 Rn. 9.
25 L/W/*Littbarski*, § 106 Rn. 73.
26 Vgl. *Schneider*, Einl. S. 58 f., § 154 S. 442.
27 Späte/Schimikowski/*Harsdorf-Gebhardt*, Ziffer 5 AHB Rn. 2 f.

nicht verändert. Der VR bleibt zur Freistellung des VN gegenüber dem Dritten innerhalb der von § 106 gesetzten Fristen verpflichtet. Der VR wird jedoch nach dem Ausgleich des Haftpflichtanspruchs die versicherungsvertraglich vereinbarte Beteiligung des VN einfordern. Der Selbstbehalt ist von der Haftpflichtsumme und nicht von der Versicherungssumme abzuziehen.[28] So kann der VR u.U. trotz einer vereinbarten Selbstbeteiligung dazu verpflichtet sein, (nahezu) die ganze Versicherungssumme zu zahlen, wenn die Haftpflichtforderung der Höhe nach über sie hinausgeht.

Davon sind Fälle sog. **Eigenversicherung** zu unterscheiden. In diesen Fällen tritt der Versicherungsschutz erst nach Überschreiten bestimmter **Schwellenwerte** ein. I.d.R. wird der VR auch keine Abwehr unberechtigter Schadenersatzansprüche unterhalb des vereinbarten Schwellenwertes betreiben. Ist der VR erst ab einer bestimmten Summe zur Leistung verpflichtet, so gilt für diese Leistungsverpflichtung ebenfalls die Regelung des § 106. Die Leistung wird erst dann fällig, wenn der Anspruch des Dritten für den VR mit bindender Wirkung festgestellt wurde und der Höhe nach den Schwellenwert erreicht bzw. übersteigt. 11

§ 107 Rentenanspruch.
(1) Ist der Versicherungsnehmer dem Dritten zur Zahlung einer Rente verpflichtet, ist der Versicherer, wenn die Versicherungssumme den Kapitalwert der Rente nicht erreicht, nur zur Zahlung eines verhältnismäßigen Teils der Rente verpflichtet.
(2) ¹Hat der Versicherungsnehmer für die von ihm geschuldete Rente dem Dritten kraft Gesetzes Sicherheit zu leisten, erstreckt sich die Verpflichtung des Versicherers auf die Leistung der Sicherheit. ²Absatz 1 gilt entsprechend.

Übersicht

	Rdn.		Rdn.
A. Allgemeines	1	II. § 107 II 1 Gesetzliche Verpflichtung zur Sicherheitsleistung	7
B. Tatbestand	4	III. § 107 II 2 Entsprechende Anwendung des § 107 I	8
I. § 107 I	4		
1. Verpflichtung des VN zur Rentenzahlung	4	C. Rechtsfolge	9
2. Versicherungssumme < Kapitalwert der Rente	5	D. Ausgestaltung durch AHB	11

A. Allgemeines

Für den Fall geschuldeter Rentenzahlungen an den geschädigten Dritten regelt § 107 die Abwicklung der Leistung des VR. Die Rentenzahlung bedeutet eine **langfristige Verpflichtung**. Der Empfänger einer Rente besitzt als Geschädigter damit ein besonders schutzwürdiges Interesse an der Sicherung der Verbindlichkeit. 1

Ist der Wert der vereinbarten Versicherungssumme geringer als der Kapitalwert der geforderten Rente, ist der VR nur zur Zahlung eines verhältnismäßigen Teils der Rente verpflichtet, § 107 I. Die jährlich aufzubringende Versicherungsleistung des VR in Form des Rentenbetrages wird so herabgesetzt, dass sie, ebenso kapitalisiert, entsprechend der erwarteten Rentendauer letztlich die Versicherungssumme ergibt.[1] Damit ist der VR nicht zur vorrangigen Rentenzahlung bis zur Erschöpfung der Versicherungssumme verpflichtet.[2] Vielmehr ist die Zahlungsverpflichtung des VR anteilig im Verhältnis von Rentenwert und Versicherungssumme zu erbringen. Ist der VN für die von ihm zu leistende Rente dem Dritten gegenüber zur Sicherheitsleistung verpflichtet (§ 107 II 1), erweitert sich die Leistungsverpflichtung des VR ebenfalls auf die Sicherheitsleistung. Übersteigt jedoch der der Sicherheitsleistung zugrunde liegende Kapitalwert der Rente die Versicherungssumme, hat der VR nur einen verhältnismäßigen Teil der Sicherheitsleistung zu erbringen (§ 107 II 2 i.V.m. § 107 I).[3] 2

Mit dieser **gesetzlichen Regelung der anteilsmäßigen Versicherungsleistung** wird eine vorrangige Ausschöpfung der Versicherungssumme verhindert. Damit soll der geschädigte Dritte geschützt werden. So soll durch die Regelung des § 107 I verhindert werden, dass der rentenberechtigte Dritte nach dem Ende der Leistungen des VR infolge der Zahlungsunfähigkeit des VN die Rentenzahlung nicht mehr erhält. Weiter soll Vorsorge getroffen werden, dass der VN nicht nach dem vollkommenen Verbrauch der Versicherungssumme den vollen Rentenbetrag selbst aufzubringen hat und durch diese Rentenzahlung gegebenenfalls wirtschaftlich zugrunde gerichtet wird.[4] Zur Verwirklichung dieser Schutzziele nimmt es § 107 in Kauf, dass bei einer verhältnismäßigen Tragung der Rentenlast der VN schon hinsichtlich des ersten Rentenbetrages zur anteiligen Zahlung verpflichtet ist, obwohl er sich gegen das verwirklichte Risiko versichert hat und zu diesem Zeitpunkt die Versicherungssumme noch nicht erschöpft ist. Der VN hat die anteilige Rentenzahlung stets aufzubrin- 3

---

28 Späte/Schimikowski/*Harsdorf-Gebhardt*, Ziffer 6 AHB Rn. 36.
1 Vgl. bereits *Schneider*, § 155 S. 445 f.
2 Vgl. erläuternd P/M/*Lücke*, § 107 Rn. 5; PK/*Retter*, § 107 Rn. 1.
3 Begr. RegE BT-Drucks. 16/3945 S. 86.
4 Vgl. OGH VersR 1960, 1030, 1031; P/M/*Lücke*, § 107 Rn. 5 mit Verweis auf BGH NJW 1980, 2524 (»Der Geschädigte hat ein Interesse an fortlaufender verhältnismäßiger Beteiligung des VR an der Rentenleistung«).

gen, obwohl die vereinbarte Versicherungssumme für die tatsächlich zu leistenden Rentenzahlung möglicherweise sogar ausreicht, falls der kalkulierte Barwert der Rente nicht erreicht wird. Ferner hat der VR fortwährend einen verhältnismäßigen Teil der Rente zu zahlen, selbst wenn die Versicherungssumme schon erschöpft ist.[5] Aufgrund der Bedeutung des Schutzwerkes und der – wegen § 108 I zwar eingeschränkten – Möglichkeit, die gesetzliche Regelung des § 107 vertraglich anderweitig auszugestalten,[6] ist diese mögliche Unbilligkeit hinzunehmen.

B. Tatbestand

I. § 107 I

1. Verpflichtung des VN zur Rentenzahlung

4 Unter einer Rente ist ein **wiederkehrend zu leistender Geldbetrag**, der weder Abschlagszahlungen auf einen feststehenden Schadenbetrag noch einen Zinsbetrag darstellt,[7] zu verstehen. Regelmäßig ist der VN zur Zahlung einer Erwerbsschadensrente verpflichtet, z.B. nach § 843 I 1. Alt. BGB, § 13 I 1. Var. StVG, § 8 I 1. Var. HaftPflG. Daneben sind die Schmerzensgeldrenten gemäß § 253 II BGB[8], die Rente wegen vermehrter Bedürfnisse (vgl. § 843 I 2. Alt. BGB, § 13 I 2. Var. StVG, § 8 I 2. Var. HaftPflG), die Geldrente wegen entgangenen Unterhalts (vgl. § 844 II BGB[9], §§ 10 II, 13 I 3. Var. StVG, §§ 5 II, 8 I 3. Var. HaftPflG) und die Geldrente gemäß § 845 BGB[10] erwähnenswert.

2. Versicherungssumme < Kapitalwert der Rente

5 Die Leistung des VR in Form der Rentenzahlung ist zu reduzieren, falls der Kapitalwert der geschuldeten Rente die Versicherungssumme übersteigt (§ 107 I). Beim **Kapitalwert der Rente** handelt es sich um die hypothetische Gesamtsumme der künftigen Rentenraten. Zur Bestimmung des Kapitalwertes sind die Höhe der einzelnen Rentenraten und die voraussichtliche Dauer der Rentenzahlung entscheidend. Die Berechnung des Kapitalwertes erfolgt unter versicherungsmathematischen Aspekten, Wahrscheinlichkeitsgrundsätzen unter Berücksichtigung des konkreten Falles und unter Beachtung der sich aus anerkannten statistischen Daten ergebenden Durchschnittswerte.[11] Regelmäßig ist die Einholung eines Sachverständigengutachtens notwendig.[12]

6 Die **Versicherungssumme** ist der in der Versicherungspolice festgelegte Höchstbetrag des Freistellungsanspruchs des VN (vgl. § 100 1. Alt.) unter Abzug gewisser sonstiger Leistungen nach Ziffer 6.7 AHB. Als typische sonstige Leistungen finden sich die Erstattung von Sachschäden oder Schmerzensgeldeinmalzahlungen. Die Zahlung der sonstigen Leistungen kann der Dritte in voller Höhe unabhängig vom Rentenanspruch verlangen. Die sonstigen Leistungen sind auf die Versicherungssumme anzurechnen und vermindern diese.[13] Falls mehr als ein anspruchsberechtigter Dritter vorhanden ist, ist allerdings die Regelung des § 109 Satz 1 zu beachten.[14] Der vom VR zu zahlende Rentenbeitrag (vgl. § 107 I) ergibt sich aus dem Verhältnis der Versicherungssumme bzw. ihres Restbetrages zum Kapitalwert der Rente.[15]

II. § 107 II 1 Gesetzliche Verpflichtung zur Sicherheitsleistung

7 Ist der VN für die von ihm zu leistende Rente kraft Gesetzes zur Leistung der Sicherheit verpflichtet, **erstreckt sich die Versicherungsleistung des VR auch auf die Sicherheitsleistung**, § 107 II 1. Eine gesetzliche Verpflichtung des VN zur Sicherheitsleistung kann sich etwa aus § 843 II 2 BGB sowie aus § 13 II StVG, § 8 II HaftPflG ergeben.[16] Die für die Sicherheitsleistung, insbes. für die Art und Weise der Sicherheitsleistung, maßgeblichen Umstände hat das Gericht nach freiem Ermessen zu würdigen.[17]

III. § 107 II 2 Entsprechende Anwendung des § 107 I

8 Ist der VN für die von ihm geschuldete Rente gesetzlich zur Sicherheitsleistung verpflichtet und übersteigt der mittels der Sicherheitsleistung abgesicherte Kapitalwert der Rente die Versicherungssumme, ist die Versicherungsleistung in Gestalt der Sicherheitsleistung entsprechend der Vorschrift des § 107 I auf einen ver-

---

5 Siehe BGH VersR 1991, 172 f.; P/M/*Lücke*, § 107 Rn. 5 »spekulatives Element«.
6 Vgl. näher R/L/*Langheid*, § 107 Rn. 19 ff.; P/M/*Lücke*, § 107 Rn. 19.
7 Vgl. OHG VersR 1990, 683; R/L/*Langheid*, § 107 Rn. 4.
8 Vgl. Bamberger/Roth/*Spindler*, § 253 Rn. 66 m.w.N.
9 Vgl. Palandt/*Sprau*, § 844 Rn. 8 ff. m.w.N.
10 HK-BGB/*Staudinger*, § 845 Rn. 4 ff.
11 Auch so, eine Berechnung nach den Normen des StVG verneinend BGH VersR 1986, 392 ff.; VersR 1980, 132, 133; 278, 279; 817, 818.
12 HK-VVG/*Schimikowski*, § 107 Rn. 3.
13 Siehe L/W/*Littbarski*, § 107 Rn. 24 ff.
14 Vgl. P/M/*Lücke*, § 107 Rn. 9.
15 R/L/*Langheid*, § 107 Rn. 5; P/M/*Lücke*, § 107 Rn. 7.
16 Vgl. *Schneider*, § 155 S. 446.
17 Dazu auch BK/*H. Baumann*, § 155 Rn. 34; L/W/*Littbarski*, § 107 Rn. 69; Palandt/*Sprau*, § 843 Rn. 16.

hältnismäßigen Teil zu beschränken. Die **Beschränkung auf den verhältnismäßigen Teil der Sicherheitsleistung** hat der Gesetzgeber durch den Verweis auf die Vorschrift des § 107 I in § 107 II 2 nun eindeutig klargestellt.[18]

C. Rechtsfolge

Ist die vereinbarte Versicherungssumme geringer als der Kapitalwert der Rente, reduziert sich die Versicherungsleistung in Gestalt des zu zahlenden Rentenbetrages bzw. der Sicherheitsleistung (vgl. § 107 II 2) auf das Verhältnis der Versicherungssumme zum Kapitalwert nach § 107 I. Die Vorschrift des § 107 ist grundsätzlich dispositiv.[19] Demnach kann die gesetzlich angeordnete, dauerhaft erfolgende, verhältnismäßige Herabsetzung der Versicherungsleistung (vgl. § 107) durch vertragliche Vereinbarung zwischen dem VN und dem VR abgeändert werden. 9

Die Dispositivität des § 107 erfährt aber durch die gesetzlichen Vorschriften der §§ 108 I, 109 **Einschränkungen**.[20] Sind mehrere geschädigte Dritte vorhanden und übersteigen deren Schadenersatzansprüche die Versicherungssumme, hat der VR die Ansprüche gemäß § 109 Satz 1 verhältnismäßig zu erfüllen. Eine vertragliche Vereinbarung, nach der die sonstigen Leistungen von der Versicherungssumme primär abzuziehen sind und der verbleibende Restbetrag der Versicherungssumme für die Rentenzahlung des VR zur Verfügung steht (vgl. Ziffer 6.7 AHB), kann in solchen Fällen in die Rechte der geschädigten Dritten eingreifen.[21] Die Vereinbarung einer vorab erfolgten Erschöpfung der Versicherungssumme um die sonstigen Leistungen darf z.B. nicht dazu führen, dass die den weiteren Geschädigten anteilig zur Verfügung stehenden Versicherungssummen gekürzt werden. Die Vorschrift des § 109 Satz 1 kann nicht durch eine vertragliche Vereinbarung abgeändert werden.[22] Auch eine vertragliche Rentenzahlungsvereinbarung, die zu einer manipulativen Verteilung der Deckungssumme führen kann, ist für den Fall, dass mehrere geschädigte Dritte vorhanden sind, aufgrund der unabänderlichen Vorschrift des § 109 nicht möglich.[23] Daneben kann auch die zwingende Vorschrift des § 108 I die generelle Abänderlichkeit der gesetzlichen Regelung des § 107 einschränken. Verfügungen des VN über seinen Freistellungsanspruch gegen den VR sind dem Dritten gegenüber nach § 108 I 1 unwirksam. Falls der VN mit dem VR nach Eintritt des Versicherungsfalls etwa vereinbart, dass der VR statt zur Zahlung eines verhältnismäßigen Teils der Rente zur vollen Rentenzahlung bis zur Erschöpfung der Versicherungssumme verpflichtet sei, ist eine derartige Vereinbarung gegenüber dem Dritten unwirksam nach § 108 I 1. Anders könnte die Rechtslage zu beurteilen sein, falls der VN und der VR eine solche **Vereinbarung vor dem Eintritt des Versicherungsfalls** treffen.[24] Zu diesem Zeitpunkt ist der Freistellungsanspruch des VN noch nicht entstanden, und die Vereinbarung des Prioritätsprinzips[25] würde keine Verfügung über den Freistellungsanspruch nach § 108 I 1 darstellen. Allerdings müssten auch in solchen Fällen die besonderen Umstände des Einzelfalls gewürdigt werden, so dass ein Missbrauch zu Lasten geschädigter Dritter oder des VN ausgeschlossen werden kann. Demnach wird zum Teil das Einverständnis des Dritten vorausgesetzt.[26] 10

D. Ausgestaltung durch AHB

Bei der Ermittlung des Verhältnisses von Versicherungssumme zum Kapitalwert der Rente ist von der um die sonstigen Leistungen reduzierten Versicherungssumme auszugehen (Ziffer 6.7 AHB). Unter »sonstige Leistungen« sind all diejenigen Zahlungen zu verstehen, die keine Rentenzahlungen darstellen. Die sonstigen Leistungen hat der VR dem Dritten anders als die Rentenzahlung vollumfänglich zu erstatten, vorausgesetzt, sie sind der Höhe nach von der Versicherungssumme gedeckt. Die **Privilegierung der sonstigen Leistungen** im Vergleich zu den Rentenzahlungen ist für den Anspruchsinhaber unbedenklich. So wird der geschädigte Dritte dadurch nicht beeinträchtigt.[27] Eine andere Bewertung ergibt sich bei mehreren geschädigten Dritten (vgl. § 109).[28] Ferner bestimmt Ziffer 6.7 AHB zur **Berechnung des Rentenwertes** vertraglich die Anwendung der Vorschriften der Verordnung über den Versicherungsschutz in der Kraftfahrzeug-Haftpflichtversicherung (vgl. § 8 KfzPflVV) in der jeweils gültigen Fassung zum Zeitpunkt des Versicherungsfalles. 11

---

18 Begr. RegE BT-Drucks. 16/3945 S. 86.
19 Vgl. dazu ausführlich L/W/*Littbarski*, § 107 Rn. 77 ff.
20 Siehe P/M/*Lücke*, § 107 Rn. 19.
21 Vgl. Feyock/Jacobsen/Lemor/*Jacobsen*, Kraftfahrtversicherung, 3. Aufl. 2009, § 8 KfzPflVV Rn. 10; Stiefel/Maier/*Maier/Stiefel*, Kraftfahrtversicherung, 18. Aufl. 2010, § 8 KfzPflVV Rn. 11.
22 Vgl. dazu § 109 Rdn. 14.
23 Vgl. R/L/*Langheid*, § 107 Rn. 20.
24 B/M/*Koch*, § 107 Rn. 32; P/M/*Lücke*, § 107 Rn. 19.
25 Vgl. R/L/*Langheid*, § 107 Rn. 14.
26 PK/*Retter*, § 107 Rn. 24; dazu tendierend auch L/W/*Littbarski*, § 107 Rn. 82.
27 Vgl. P/M/*Lücke*, § 107 Rn. 9.
28 Vgl. dazu Späte/Schimikowski/*Harsdorf-Gebhardt*, Ziffer 6 AHB Rn. 56.

§ 108 Verfügung über den Freistellungsanspruch.

(1) ¹Verfügungen des Versicherungsnehmers über den Freistellungsanspruch gegen den Versicherer sind dem Dritten gegenüber unwirksam. ²Der rechtsgeschäftlichen Verfügung steht eine Verfügung im Wege der Zwangsvollstreckung oder Arrestvollziehung gleich.
(2) Die Abtretung des Freistellungsanspruchs an den Dritten kann nicht durch Allgemeine Versicherungsbedingungen ausgeschlossen werden.

Übersicht

	Rdn.		Rdn.
A. Allgemeines	1	1. Bindungswirkung im Haftpflichtverhältnis liegt vor	12
B. Tatbestand	2	2. Anerkenntnis ohne Zustimmung der Versicherung im Haftpflichtverhältnis	13
I. § 108 I 1	2		
II. § 108 I 2	4		
III. § 108 II	5	3. Keine Bindungswirkung und kein Anerkenntnis im Haftpflichtverhältnis	14
C. Rechtsfolge	10		
I. Rechtsfolge eines Verstoßes gegen Abs. 1	10	4. In der Regel kein entgegenstehendes Trennungsprinzip	16
II. Abtretung des Freistellungsanspruchs	11	D. Ausgestaltung durch AHB	19

A. Allgemeines

1 Nach § 108 I 1 ist jede Verfügung des VN über den Freistellungsanspruch gegen den VR dem geschädigten Dritten gegenüber unwirksam. § 108 I 1 normiert damit ein **gesetzliches Verfügungsverbot mit relativer Wirkung** (vgl. § 135 BGB).[1] Relative Verfügungsverbote entfalten nur Wirkung zugunsten bestimmter – konkret schutzbedürftiger – Personen.[2] Es wird der geschädigte Dritte geschützt, der die Verfügung des VN über den Freistellungsanspruch nicht gegen sich gelten lassen muss und so gestellt wird, als hätte der VN die Verfügung nicht vorgenommen. Somit kann der Dritte den Freistellungsanspruch jederzeit pfänden und sich überweisen lassen (§§ 829, 835 ZPO).[3] Die Abtretung des Freistellungsanspruchs an den Dritten nach § 108 II kann nicht durch AVB ausgeschlossen werden. Demnach wäre auch ein in AHB geregeltes, generelles Abtretungsverbot des Freistellungsanspruchs unwirksam. Dies ergibt sich aus dem Grundsatz, dass eine geltungserhaltende Reduktion auf den gerade noch zulässigen Klauselinhalt nicht stattfindet.[4] So kann der VN trotz eines in AHB festgesetzten Abtretungsverbotes seinen Haftpflichtanspruch gegen den VR an den geschädigten Dritten abtreten. Der Dritte kann dann den VR aus abgetretenem Recht (vgl. § 398 BGB) direkt in Anspruch nehmen.[5] Mit der **Aufhebung des in den AHB festgelegten Abtretungsverbotes** (vgl. Ziffer 28 Satz 2 AHB, Stand Januar 2015) soll insbes. den Interessen des VN und des geschädigten Dritten entsprochen werden. So kann der VN daran interessiert sein, dass sich der Dritte hinsichtlich der Schaden- und Anspruchsabwicklung direkt an den VR und nicht an ihn wendet. Etwa dann, wenn zwischen Schädiger und Geschädigtem eine Geschäftsbeziehung besteht, die durch einen Haftpflichtprozess nicht belastet werden soll.[6] Auch sollen etwaige Nachteile des Dritten, die sich aufgrund eines ungenügenden Einblicks in das Deckungsverhältnis zwischen dem VN und dem VR ergeben können, vermieden werden.[7] In der Vergangenheit bewertete die Rspr. die Berufung des VR auf das in den AHB vereinbarte Abtretungsverbot teilweise als missbräuchliche Rechtsausübung (§ 242 BGB), wenn dieses nicht durch ein berechtigtes Interesse des VR gedeckt war. Mit der Normierung der Unwirksamkeit eines generellen, in den AHB geregelten Abtretungsverbotes hat der Gesetzgeber diese Bewertung berücksichtigt und ein präventives Verbot statuiert. Die Vereinbarung eines Abtretungsverbotes kann jedoch nicht in jedem Fall verhindert werden. So können VR und VN weiterhin **individualvertraglich** das Verbot der Abtretung des Freistellungsanspruchs an den geschädigten Dritten vereinbaren, gleich ob schon bei Abschluss des Versicherungsvertrages oder erst nach Eintritt des Versicherungsfalles.[8] Dies ergibt sich aus dem ausdrücklichen Wortlaut des § 108 II, der explizit die Vereinbarung des Abtretungsverbotes in **AVB** für unwirksam erklärt. Daneben erwähnt auch die Gesetzesbegründung die **Wirksamkeit** eines durch **Individualvereinbarung** getroffenen **Abtretungsverbotes**.[9] Allerdings dürften auch bei individuellen Vereinbarungen enge Grenzen zu beachten sein (vgl. nachfolgend Rdn. 5 ff.).

---

1 Begr. RegE BT-Drucks. 16/3945 S. 86.
2 Vgl. MünchKommBGB/*Armbrüster*, § 135 Rn. 1.
3 PK/*Retter*, § 108 Rn. 1.
4 Siehe Palandt/*Grüneberg*, § 306 Rn. 6 mit Verweis auf die stRspr. des BGH.
5 Begr. RegE BT-Drucks. 16/3945 S. 86 f.
6 Beispielhaft ist hier die D&O-Versicherung zu nennen, vgl. Grooterhorst/Loomann NZG 2015, 215; zur kritischen Beurteilung siehe unten Rdn. 6 f.
7 Begr. RegE BT-Drucks. 16/3945 S. 87.
8 Begr. RegE BT-Drucks. 16/3945 S. 87.
9 Nach § 156 I VVG a.F. war nur die Verfügung über den Entschädigungsanspruch dem Dritten gegenüber unwirksam, vgl. Begr. RegE BT-Drucks. 16/3945 S. 87.

B. Tatbestand

I. § 108 I 1

§ 108 I 1 statuiert die relative Unwirksamkeit der **Verfügungen** des VN über den Freistellungsanspruch gegen den VR (vgl. § 135 BGB). Das **relative Verfügungsverbot** umfasst den kompletten Freistellungsanspruch des VN nach § 100.[10] Hinsichtlich berechtigter Haftpflichtansprüche erfüllt der VR den Freistellungsanspruch des VN in der Regel durch Zahlung des dem Dritten zustehenden Schadenersatzanspruches. Verfügt der VN über diesen Zahlungsanspruch, ist die Verfügung nach § 108 I 1 dem Dritten gegenüber unwirksam. Der Begriff der Verfügung ist im zivilrechtlichen Sinne zu verstehen.[11] Demnach ist jedes Rechtsgeschäft durch das der VN unmittelbar auf den Freistellungsanspruch einwirkt, etwa durch seine **Änderung, Übertragung, Belastung oder Aufhebung** als Verfügung gem. § 108 I 1 einzustufen.[12] Auch die rückwirkend vereinbarte Reduzierung der Versicherungssumme, ein Vergleich, der Verzicht oder auch die Abtretung des Freistellungsanspruchs durch den VN sind als Verfügungen i.S.v. § 108 I 1 zu begreifen.[13] Hingegen stellen Rechtshandlungen des VN, die nicht unmittelbar zu einer Änderung des Freistellungsanspruchs (vgl. § 100) führen, keine Verfügungen nach § 108 I 1 dar.[14] Daher entfalten Obliegenheitsverletzungen des VN, die ein Leistungsverweigerungsrecht des VR oder die Kürzung der Versicherungsleistung (vgl. etwa § 28 II 1 und 2) herbeiführen können, auch dem Dritten gegenüber Wirkung.[15] Der Obliegenheitsverletzung des VN fehlt, da es sich um ein rein tatsächliches Verhalten handelt, im Regelfall der rechtsgeschäftliche Wille, auf den Freistellungsanspruchs verfügend einzuwirken.[16]

Die relative Unwirksamkeit der Verfügung des VN über den Freistellungsanspruch (vgl. § 108 I 1) soll den **geschädigten Dritten schützen**.[17] So soll verhindert werden, dass der Dritte die Zugriffsmöglichkeit auf den Freistellungsanspruch des VN gegen den VR dadurch verliert, dass der VN seinerseits etwa auf den Freistellungsanspruch verzichtet oder diesen abtritt.[18]

II. § 108 I 2

Neben der rechtsgeschäftlichen Verfügung des VN über den Freistellungsanspruch nach Abs. 1 Satz 1 ist auch die **Verfügung** (über den Freistellungsanspruch) **im Wege der Zwangsvollstreckung** oder Arrestvollziehung **gegenüber dem geschädigten Dritten nach Abs. 1 Satz 2 unwirksam**. Der Dritte kann gegen eine Zwangsvollstreckungsmaßnahme die Drittwiderspruchsklage (§§ 772 Satz 2, 771 ZPO) einlegen. Dagegen sind die Zwangsvollstreckungsmaßnahmen der Pfändung und Überweisung des Freistellungsanspruchs (§§ 829, 835 ZPO) zugunsten des geschädigten Dritten vollständig wirksam.[19]

III. § 108 II

Nach § 108 II kann die **Abtretung des Freistellungsanspruchs** an den Dritten nicht durch **Allgemeine Versicherungsbedingungen** untersagt werden. Das in Ziffer 28 der AHB normierte Abtretungsverbot des Freistellungsanspruchs betrifft ausweislich seines Wortlauts in Satz 2 daher nicht die Abtretung an den geschädigten Dritten. Die fehlende Möglichkeit, die Abtretung des Freistellungsanspruches an den Dritten durch AVB zu verbieten, stellt zunächst eine Beschränkung der Vertragsfreiheit von VR und VN dar. Allerdings ist die individualvertragliche Vereinbarung des Abtretungsverbotes an den Dritten weiterhin zulässig. Eine solche Vereinbarung kann sowohl bei Abschluss des Haftpflichtversicherungsvertrages als auch nach Eintritt des Versicherungsfalles festgelegt werden.[20] So ist den Vertragsparteien die Vereinbarung des Abtretungsverbotes des Freistellungsanspruchs an den Dritten nicht gänzlich unmöglich und untersagt. Im Ergebnis sind solchen Vereinbarungen jedoch enge Grenzen gesetzt. Die Formulierung individueller Vereinbarungen ohne Nutzung formulierter Bedingungen ist im Anwendungsbereich des VVG selten. Selbst wenn keine Aufnahme eines Abtretungsverbotes in das allgemeine Bedingungswerk erfolgt, dürften auch die im Wege von »Sideletters« getroffenen Vereinbarungen als AGB zu qualifizieren sein.

Zu beobachten sind Individualvereinbarungen vereinzelt im Bereich der D&O-Versicherung. Mit den Vereinbarungen soll eine Abtretung des Freistellungsanspruchs an das geschädigte Unternehmen des in Anspruch genommenen Organs einer Kapitalgesellschaft verhindert werden, um die Verteidigungsbereitschaft der versicherten Person aufrecht zu erhalten. Gerade in Bezug auf die D&O-Versicherung wird vielfach diskutiert,

---

10 Begr. RegE BT-Drucks. 16/3945 S. 86.
11 BGH NJW-RR 1993, 1306, 1307.
12 Siehe statt vieler nur BGHZ 1, 294, 304; 75, 221, 226; BK/*H. Baumann*, § 156 Rn. 9.
13 Beispielhafte Aufzählung bei BK/*H. Baumann*, § 156 Rn. 9 unter Verweis auf BGH VersR 1976, 477, 479.
14 R/L/*Langheid*, § 108 Rn. 11.
15 BGH NJW-RR 1993, 1306, 1307; P/M/*Lücke*, § 108 Rn. 19; PK/*Retter*, § 108 Rn. 10.
16 BGH NJW-RR 1993, 1306, 1307.
17 HK-VVG/*Schimikowski*, § 108 Rn. 1.
18 PK/*Retter*, § 108 Rn. 1.
19 BK/*H. Baumann*, § 156 Rn. 11.
20 Begr. RegE BT-Drucks. 16/3945 S. 87.

ob der VN selbst Dritter i.S.V. § 108 II sein kann. Es bestehe die Gefahr kollusiven Zusammenwirkens von VN und Schädiger (dem Versicherten) zulasten des VR.[21] Zudem führe die Möglichkeit der Abtretung zu dem paradoxen Ergebnis, dass der VN, der naturgemäß ein Interesse an der Abwehr des Anspruches haben sollte, selbst Gläubiger des Zahlungsanspruches werde.[22] Letztlich geht es hier um die bereits im Rahmen des § 100 erörterte Fragestellung, ob der VN überhaupt geschädigter Dritter sein kann.[23] Dass ihm infolge der Abtretung nun auch ein Zahlungsanspruch gegen den VR zustehen soll, ist nur die logische Folge seiner Einbeziehung in den Kreis der »Dritten« des § 100. Dafür, dass eine Abtretung möglich sein muss, spricht vor allem der Grund, dass gerade in der Konstellation der Versicherung für fremde Rechnung (§§ 43 ff.) ein Interesse daran besteht, die Beziehung zwischen VN und Versichertem nicht durch einen Rechtsstreit vor Gericht weiter zu belasten.[24]

7 Soweit sich D&O-Policen auf Großrisiken beziehen, findet Abs. 2 auf die entsprechenden Verträge keine Anwendung (vgl. § 210) und ein in AVB vereinbartes Abtretungsverbot ist zunächst entgegen § 108 II wirksam.[25] Andere mögliche Unwirksamkeitsgründe, insbes. die §§ 305 ff. BGB, bleiben hiervon jedoch unberührt. In jedem Fall ist eine Abweichung vom gesetzlichen Leitbild im Rahmen der AGB-Kontrolle zu prüfen. Ein vereinbartes Abtretungsverbot bei Vorliegen von Großrisiken dürfte daher nur in Einzelfällen wirksam sein.[26] Ist trotz § 108 II ein Abtretungsverbot wirksam vereinbart – sei es bei Großrisiken oder als Individualvereinbarung – ist die Rspr. zur rechtsmissbräuchlichen Berufung auf das Abtretungsverbot zu beachten. Der VR kann sich dann nicht auf das vereinbarte Abtretungsverbot berufen, wenn es nicht mehr einem Interesse dient, das im Zweckbereich der Klausel liegt.[27] Bis zur VVG-Reform ergab sich die Relevanz dieser Rspr. aus den in nahezu allen AVB standardmäßig verankerten umfangreichen Abtretungsverboten. Als Anwendungsbereich dieser Rspr. verbleiben nunmehr die Klauseln zum Abtretungsverbot, welche jedoch in Einklang mit § 108 II den geschädigten Dritten ausnehmen sowie etwaige Abtretungsverbote unter Einschluss des geschädigten Dritten bei Vorliegen von Großrisiken. Der BGH hat klargestellt, dass auch vor dem Hintergrund der VVG-Reform und Einführung des § 108 II **seine Rechtsprechung zur rechtsmissbräuchlichen Berufung auf das Abtretungsverbot unverändert Bestand hat**.[28]

8 Das mit § 108 II ausgesprochene Verbot bezieht sich alleine auf die Abtretung des Freistellungsanspruchs **an den geschädigten Dritten**.[29] Ein Verbot der Abtretung des Freistellungsanspruchs an sonstige Personen kann in AVB ansonsten weiterhin vereinbart werden.

9 Durch die Unwirksamkeit des in Allgemeinen Bedingungen geregelten Abtretungsverbotes an den geschädigten Dritten soll den Interessen des VN und den Interessen des geschädigten Dritten entsprochen werden. So kann der VN daran interessiert sein, den geschädigten Dritten an den VR zu verweisen. Besonders geschäftliche Beziehungen des VN zu dem Dritten können zu einer solchen Interessenlage des VN führen.[30] Auch sollen die Interessen des Dritten hinreichend berücksichtigt werden. Oftmals hat der Dritte keine Kenntnis des Innenverhältnisses zwischen VN und VR. So können sich für den Dritten Nachteile ergeben, etwa wenn sich der VN nicht um seine Angelegenheit kümmert und den VR pflichtwidrig nicht über den Eintritt des Versicherungsfalles informiert. Ferner ist im Fall der Insolvenz des VN die Durchsetzung von Ansprüchen gegen den VR erschwert. Infolge der Abtretung des Freistellungsanspruchs an den Dritten kann dieser jedoch den VR direkt in Anspruch nehmen.[31] Die Möglichkeit der unmittelbaren Inanspruchnahme des VR ist also auch dann für den Dritten von Vorteil, wenn dem VN die Abwicklung des Versicherungsfalles gleichgültig ist oder er diese nur unzulänglich und unzuverlässig verfolgt. Der Dritte kann direkt mit dem VR in Verbindung treten, ohne sich mit dem VN auseinandersetzen zu müssen. § 108 II wahrt die Interessen des VN und des geschädigten Dritten hinreichend. Dabei werden auch die Belange des VR nicht unverhältnismäßig benachteiligt; er muss sich zwar mit einem neuen Gläubiger auseinandersetzen, an den Voraussetzungen für seine Leistungspflicht ändert sich jedoch nichts. Auch die Schuldnerschutzvorschriften der §§ 404, 406 f. BGB gelten zu seinen Gunsten.

---

21 So *Armbrüster* r+s 2010, 441, 448.
22 HK-VVG/*Schimikowski*, § 108 Rn. 6; *Schimmer* VersR 2008, 875, 878 f.
23 Vgl. dazu § 100 Rdn. 20 f.
24 Für eine weite Auslegung des Begriffs »Dritter« BGH VersR 2016, 786, 788; die Rolle des VN als »Dritter« i.S.v. § 108 II grundsätzlich bejahend *Langheid* VersR 2009, 1043 m.w.N.
25 Begr. RegE BT-Drucks. 16/3945, S. 115.
26 Zur Möglichkeit der Vereinbarung eines Abtretungsverbotes bei Großrisiken siehe: *Böttcher* NZG 2008, 645, 646; *Koch* r+s 2009, 133, 137; van Bühren/*Lenz*, § 25 Rn. 199; *Schramm* PHi 2008, 24, 25.
27 BGH VersR 2004, 994, 996; 1997, 1088, 1090.
28 BGH BeckRS 2010, 07497.
29 Begr. RegE BT-Drucks. 16/3945 S. 87.
30 Begr. RegE BT-Drucks. 16/3945 S. 87.
31 Begr. RegE BT-Drucks. 16/3945 S. 87; zu den Problematiken in Fällen der Insolvenz des VN siehe ferner § 110 Rdn. 8 ff.

C. Rechtsfolge
I. Rechtsfolge eines Verstoßes gegen Abs. 1

Die rechtsgeschäftliche Verfügung des VN über den Freistellungsanspruch und ebenso die Verfügung im Wege der Zwangsvollstreckung sind nach § 108 I relativ unwirksam. So kann der Dritte bei vorgenommener rechtsgeschäftlicher Verfügung des VN den Freistellungsanspruch jederzeit pfänden und sich überweisen lassen (§§ 829, 835 ZPO) und bei einer Verfügung im Wege der Zwangsvollstreckung die Drittwiderspruchsklage (§§ 772 Satz 2, 771 ZPO) erheben.[32] Die gesetzlich angeordnete relative Unwirksamkeit der rechtsgeschäftlichen Verfügung des VN über den Freistellungsanspruch und der Verfügung im Wege der Zwangsvollstreckung kann nicht durch vertragliche Vereinbarung zwischen dem VN und dem VR abgeändert werden. Ansonsten würde die vertragliche Abänderung in die Rechte des Dritten eingreifen[33] und einen unzulässigen **Vertrag zu Lasten Dritter** darstellen.[34]

Im Gegensatz zu Abs. 1 folgt aus der Vereinbarung eines Abtretungsverbotes an den Dritten durch AVB **die absolute** Unwirksamkeit nach § 108 II. Abs. 2 ist ebenso wie Abs. 1 nicht dispositiv. Die Unabdingbarkeit des § 108 ergibt sich nicht etwa aus einer speziellen gesetzlichen Anordnung (vgl. § 112), sondern vielmehr **direkt aus der Vorschrift des § 108**.[35]

II. Abtretung des Freistellungsanspruchs

Ob durch die Abtretung des Freistellungsanspruchs entgegen dem Wortlaut des Abs. 2 der gesamte Deckungsanspruch auf den Zessionar, in der Regel also den geschädigten Dritten, übergeht, ist umstritten.[36] Keinesfalls berührt die Abtretung des Deckungsanspruchs aber die Aktiv- und Passivlegitimation hinsichtlich des haftungsrechtlichen Schadenersatzanspruches. Schuldner dieses Anspruchs ist nach wie vor der Versicherungsnehmer als Schädiger und nicht etwa (nach der Abtretung) der VR.[37] Folglich kann auch nach einer Abtretung des Deckungsanspruchs und den sich daraus ergebenden Folgen der Schädiger auf Schadenersatz in Anspruch genommen werden, etwa dann, wenn die Klage des Dritten gegen den VR ohne Erfolg bleibt. Zu prüfen ist jedoch, ob im Einzelfall die Abtretung an Erfüllungs statt (§ 364 I BGB) im Hinblick auf den Schadenersatzanspruch erfolgt. Hierfür ist zu differenzieren, ob in der Haftungsfrage bereits eine Bindungswirkung gegenüber dem VR eingetreten ist oder nicht, denn nur bei Vorliegen einer Bindungswirkung erfolgt die Abtretung an Erfüllungs statt.

1. Bindungswirkung im Haftpflichtverhältnis liegt vor

Liegt eine Bindungswirkung im Haftpflichtverhältnis bereits vor, ist der Abwehranspruch untergegangen und der Deckungsanspruch besteht nur noch als Freistellungsanspruch fort.[38] Eine Bindung des VR an den Ausgang des Haftpflichtprozesses kann sich aus rechtskräftigen Urteilen oder aus (mit Zustimmung des VR zur Beendigung des Rechtsstreits vorgenommenen) Handlungen des VN ergeben.[39] Der verbleibende Freistellungsanspruch wird nach der Abtretung in der Hand des Geschädigten wegen des Zusammenfallens von Haftungs- und Deckungsanspruch zu einem Zahlungsanspruch gegen den VR.[40] Nicht zuletzt aufgrund der bereits eingetretenen Bindungswirkung kann der VR gegenüber dem Zessionar (dem geschädigten Dritten) nicht einwenden, dass der Haftpflichtanspruch unbegründet ist. Andere Einwendungen, wie solche aus dem Deckungsverhältnis, die dem VR zum Zeitpunkt der Abtretung gegenüber dem Zedenten zustanden, kann der VR selbstverständlich auch dem Zessionar gegenüber einwenden (§ 404 BGB).[41] Der Zahlungsanspruch gegen den VR besteht in der Höhe, in welcher die Bindungswirkung aus dem Haftpflichtverhältnis besteht, maximal jedoch bis zur vereinbarten Versicherungssumme. Eine Leistung des VR an den Zessionar bewirkt Erfüllung im Verhältnis des Zessionars zum Schädiger. Verbleibt ein Restschaden, bleibt grundsätzlich der Schädiger verpflichtet.

---

32 P/M/*Lücke*, § 108 Rn. 22.
33 R/L/*Langheid*, § 108 Rn. 16.
34 Statt vieler siehe zu diesem Grundsatz MünchKommBGB/*Gottwald*, § 328 Rn. 250 ff.
35 Begr. RegE BT-Drucks. 16/3945 S. 87.
36 Dazu siehe Rdn. 15; unter Geltung des alten VVG bejahend BK/*H. Baumann*, § 156 Rn. 36; a.A. *Lange* r+s 2007, 401, 405: nur der Teil »Freistellungsanspruch« geht über, der Teil »Abwehranspruch« verbleibt beim Versicherungsnehmer; ähnlich PK/*Retter*, § 108 Rn. 24.
37 Missverständlich daher: *Langheid* VersR 2009, 1043, 1045: Der VN werde »originärer Schuldner nicht nur des Freistellungs-, sondern eben auch des Haftpflichtanspruchs«; ähnlich *ders.* VersR 2007, 865, 867.
38 *Lange* r+s 2007, 401, 402.
39 Vgl. § 106 Rdn. 2–4.
40 Allg. Ansicht, vgl. *Koch*, Liber amicorum für Gerrit Winter, 2007, S. 345, 346; *Kramer* r+s 2008, 1, 4; R/L/*Langheid*, § 108 Rn. 22; P/M/*Lücke*, § 108 Rn. 26; PK/*Retter*, § 108 Rn. 26 m.w.N.; für das Vorliegen eines Anerkenntnisses offen lassend Terbille/*Sieg*, § 17 Rn. 185; allgemein bei der Abtretung von Freistellungsansprüchen, Palandt/*Grüneberg*, § 399 Rn. 4; Erman/*H.P. Westermann*, § 399 Rn. 7.
41 *Wandt*, Rn. 1098; *Langheid* VersR 2007, 865, 867.

2. Anerkenntnis ohne Zustimmung der Versicherung im Haftpflichtverhältnis

13 Problematisch sind die Rechtsfolgen, wenn die Zustimmung des VR zu einem Anerkenntnis des VN im Haftpflichtverhältnis fehlt. Ohne Abtretung ist für ein ohne Zustimmung des VR erklärtes Anerkenntnis mit der überwiegenden Ansicht in der Literatur zu folgern, dass das Anerkenntnis nur insoweit Bindung entfaltet, wie es der tatsächlichen Rechtslage entspricht.[42] Um diese Übereinstimmung des Anerkenntnisses mit der tatsächlichen Rechtslage festzustellen, ist im Deckungsprozess inzident die Haftpflicht des VN gegenüber dem Geschädigten zu prüfen. Nur soweit die Haftung tatsächlich besteht, besteht dann ein Zahlungsanspruch des Zessionars gegenüber dem VR. Aus einem etwaigen überschießenden Teil des Anerkenntnisses bleibt der VN verpflichtet.[43]

3. Keine Bindungswirkung und kein Anerkenntnis im Haftpflichtverhältnis

14 Liegt weder eine Bindungswirkung noch ein ohne Zustimmung des VR abgegebenes Anerkenntnis vor, stellt sich die Frage, ob dennoch nach der Zession die Haftung im Deckungsprozess inzident zu prüfen ist oder ob der VR den Zessionar (geschädigten Dritten) auf den Haftungsprozess verweisen kann. Diese Konstellation dürfte überwiegende praktische Bedeutung besitzen. Der VN wird zur Begrenzung des eigenen Risikos eher seinen Deckungsanspruch abtreten, nicht aber zugleich ein Anerkenntnis abgeben. Einerseits wird vertreten, dass die Haftung im Prozess um den abgetretenen Deckungsanspruch nicht inzident zu prüfen sei. Der VR könne sich in dieser Fallgestaltung stets darauf berufen, seiner Verpflichtung durch Abwehr des Schadenersatzanspruches nachzukommen (Wahlrecht). Daher müsse der Zessionar (geschädigte Dritte) zunächst den Schädiger in Anspruch nehmen.[44] Zudem stehe einer Inzidentprüfung die fehlende Fälligkeit i.S.v. § 106 entgegen, denn erst mit einem rechtskräftigen Urteil im Haftpflichtverhältnis sei der VR zur Zahlung verpflichtet.[45] Vorher müsse sich der VR auch nicht auf eine Inzidentprüfung einlassen.
Andererseits sprechen überzeugende Argumente für eine Inzidentprüfung der Haftung im Prozess um den abgetretenen Deckungsanspruch.[46] Die Vertreter dieser Ansicht berufen sich auf den erklärten Willen des Gesetzgebers. Der Gesetzgeber habe mit der Untersagung des Abtretungsverbots erreichen wollen, dass der Geschädigte den VR nach der Abtretung direkt aus dem Deckungsverhältnis in Anspruch nehmen und so einen Weg beschreiten kann, auf dem er sich nicht mit dem Schädiger auseinandersetzen muss.[47] Dies ist nur dann für alle Zessionen möglich, wenn auch ohne das Vorliegen eines Anerkenntnisses oder eines rechtskräftigen Urteils die Haftpflichtfrage im Deckungsprozess inzident geprüft werden kann, ohne dass der VR hiergegen die fehlende Fälligkeit oder ein entgegenstehendes Wahlrecht einwenden kann.

15 Ist das direkte Vorgehen gegen den VR für den Dritten ohne Erfolg geblieben, so kann er im Anschluss daran den VN selbst in Anspruch nehmen. Bei fehlender Bindungswirkung erfolgt die Abtretung des Freistellungsanspruches erfüllungshalber, sodass der Dritte erst dann gegen den VN vorgehen kann, wenn er aus dem Erfüllungssurrogat keine Befriedigung erlangt hat.[48] Im Rahmen der Abtretung ist zudem von einer zumindest konkludenten Vereinbarung eines pactum de non petendo zwischen Drittem und VN auszugehen.[49] Problematisch ist, ob der VN dann noch die Abwehr des Anspruchs vom VR verlangen kann. Dahinter steht die Frage, ob der VN auch die Abwehrkomponente seines Freistellungsanspruches an den Dritten mit abgetreten hat.[50] Dagegen spricht, dass die Komponente der Anspruchsabwehr nur in der Hand des VN Sinn ergibt, denn nur ihn will der VR auch vor einer unberechtigten Inanspruchnahme schützen.[51] Doch selbst wenn der Abwehranspruch beim VN verbleibt, wird dieser in den meisten Fällen erlöschen, wenn der Prozess des Dritten gegen den VR aus deckungsrechtlichen Gründen ohne Erfolg geblieben ist.[52] Nur bei einem Scheitern aus deckungsrechtlichen Gründen ist es dem Dritten überhaupt möglich, noch gegen den VN vorzugehen.[53] Der Dritte würde unangemessen bevorzugt, könnte er nach dem Scheitern des Prozess gegen den VR aus haftungsrechtlichen Gründen nochmals den VN in Anspruch nehmen.[54] Es kann davon ausgegangen werden,

---

42 So im Ergebnis *Franz* VersR 2008, 298, 308; *Koch*, Liber amicorum für Gerrit Winter, 2007, S. 345, 350; *Lange* VersR 2006, 1313, 1315; *Olbrich*, Die D&O-Versicherung, 2. Aufl. 2007, S. 59; PK/*Retter*, § 106 Rn. 20; *Schramm/Wolf* r+s 2009, 358, 360.
43 Vgl. § 105 Rdn. 7 f.
44 *Lange* r+s 2007, 401, 404; *ders.* r+s 2011, 185, 193; ähnlich *Langheid* VersR 2007, 865, 867.
45 So *Lange* VersR 2008, 713, 715; *Schramm* PHi 2008, 24, 25.
46 Bejahend: PK/*Retter*, § 108 Rn. 39; HK-VVG/*Muschner*, § 44 Rn. 18; *Grooterhorst/Looman* NZG 2015, 215, 216; *Grote/Schneider* BB 2007, 2689, 2698; offenbar auch *Koch*, Liber amicorum für Gerrit Winter, 2007, S. 345, 360.
47 Begr. RegE BT-Drucks. 16/3945, S. 87.
48 *Hösker* VersR 2013, 952, 956; *Lange* r+s 2011, 185, 198.
49 *Grote/Schneider* BB 2007, 2689, 2698.
50 Bejahend *H. Baumann* VersR 2010, 984, 986, der von »untrennbar verknüpften« Ansprüchen spricht.
51 So schon *Winter* r+s 2001, 133, 135; für das Verbleiben des Abwehranspruchs beim VN vgl. *Armbrüster* r+s 2010, 441, 448; *Lange* r+s 2011, 185, 188; *Thume* VersR 2010, 849, 850.
52 *Klimke* r+s 2014, 105, 114 f.
53 L/W/*Wandt*, § 108 Rn. 138.
54 PK/*Retter*, § 108 Rn. 54.

dass sich aus dem Abtretungsvertrag ergibt, dass die Feststellungen über den Haftpflichtanspruch aus dem Prozess zwischen dem Dritten und dem VR auch für das Verhältnis von Drittem und VN Bindungswirkung entfalten.

4. In der Regel kein entgegenstehendes Trennungsprinzip

Das Trennungsprinzip dürfte einer inzidenten Prüfung der Haftung im Prozess um den abgetretenen Deckungsanspruch in der Regel nicht entgegen stehen.[55] Das versicherungsrechtliche Trennungsprinzip besagt, dass Deckungsverhältnis und Haftungsverhältnis getrennt voneinander zu betrachten sind sowie, dass die Haftung grundsätzlich nicht durch eine dafür bestehende Versicherung bedingt wird.[56] Daran hält der BGH bisher im Grundsatz fest.[57] Zum Teil wird darüber hinaus aber aus dem Trennungsprinzip auch geschlussfolgert, dass Haftung und Deckung zwingend in **verschiedenen Prozessen** zu prüfen seien.[58] 16

Die Notwendigkeit, Haftung und Deckung regelmäßig in verschiedenen Prozessen zu prüfen, ergab sich aus der Möglichkeit, umfangreiche Abtretungsverbote in AVB zu vereinbaren. Daher liegt es nahe, das Trennungsprinzip insoweit lediglich als Beschreibung eines über lange Zeit bestehenden Zustands anzusehen.[59] Doch auch schon hier waren Ausnahmen möglich, etwa wenn die Berufung auf ein Abtretungsverbot gegen § 242 BGB verstieß.[60] Insoweit der Gesetzgeber nunmehr deutlich gemacht hat, dass Haftungsanspruch und Deckungsanspruch (letzterer nach Abtretung) durchaus in einer Vielzahl von Fällen derselben Person zustehen können, erscheint das Trennungsprinzip überholt.[61] Zu bedenken ist auch, dass das Trennungsprinzip schon praktisch dadurch ergänzt wird, dass ein vorangegangener Haftungsprozess für den Deckungsprozess grundsätzlich Bindungswirkung entfaltet.[62] Insofern besteht ohnehin eine Verknüpfung beider Prozesse. 17

Daher sprechen viele Argumente dafür, dass das Trennungsprinzip nur noch dann vollumfänglich Geltung behält, wenn dies zum Schutz des VN erforderlich ist. So wäre es z.B. für den VN wenig glücklich, würde der Haftpflichtversicherer im Rahmen eines Haftungs-Deckungs-Prozesses einwenden, der VN hätte vorsätzlich gehandelt. 18

D. Ausgestaltung durch AHB

Grundsätzlich darf der Freistellungsanspruch nach Ziffer 28 AHB vor seiner endgültigen Feststellung ohne die Zustimmung des VR nicht abgetreten werden. Dieses in den AHB festgelegte Abtretungsverbot des Freistellungsanspruchs gilt jedoch nicht uneingeschränkt. So wird die Abtretung des Freistellungsanspruchs an den geschädigten Dritten in Satz 2 ausdrücklich für zulässig erklärt. Demnach ist **dem VN die Abtretung des Freistellungsanspruchs an eine sonstige Person untersagt**, hingegen an den geschädigten Dritten erlaubt. Die Regelung der Ziffer 28 AHB entspricht damit der Unwirksamkeitsregelung aus § 108 II. 19

§ 109 Mehrere Geschädigte.
¹Ist der Versicherungsnehmer gegenüber mehreren Dritten verantwortlich und übersteigen deren Ansprüche die Versicherungssumme, hat der Versicherer diese Ansprüche nach dem Verhältnis ihrer Beträge zu erfüllen. ²Ist hierbei die Versicherungssumme erschöpft, kann sich ein bei der Verteilung nicht berücksichtigter Dritter nachträglich auf § 108 Abs. 1 nicht berufen, wenn der Versicherer mit der Geltendmachung dieser Ansprüche nicht gerechnet hat und auch nicht rechnen musste.

Übersicht

	Rdn.
A. Allgemeines	1
B. Tatbestand	2
I. § 109 Satz 1	2
1. Mehrere Geschädigte	2
2. Überschreitung der Versicherungssumme	4
3. Maßgeblicher Zeitpunkt	6
II. § 109 Satz 2	9

---

55 Ähnlich *H. Baumann* VersR 2010, 984, 988 f., der »überwiegende Anhaltspunkte« für eine Überwindung des Trennungsprinzips sieht.
56 RG RGZ 113, 286, 290; BGH NJW 1993, 68; VersR 1959, 256, 257; R/L/*Langheid*, § 100 Rn. 14 ff.; *Langheid/Grote* VersR 2005, 1165, 1170; vgl. jedoch zu den Wechselwirkungen von Versicherung und Haftung auch *Armbrüster* NJW 2009, 187.
57 BGH VersR 2011, 1003, 1004; 2009, 1677.
58 OLG München DB 2005, 1675, 1677; LG Marburg DB 2005, 437, 438; PK/*Retter*, § 100 Rn. 56; HK-VVG/*Schimikowski*, Vor §§ 100–124 Rn. 9.
59 Vgl. schon für die Zeit vor der VVG-Reform Veith/Gräfe/*Betz*, Der Versicherungsprozess, 1. Aufl. 2005, § 9 Rn. 45: das Trennungsprinzip »bezeichne« die Situation in der Haftpflichtversicherung.
60 *Hösker* VersR 2013, 952, 954.
61 Kritisch zur Rolle des Trennungsprinzips in der D&O-Versicherung auch *Peltzer*, in: FS Westermann, S. 1257, 1276.
62 So *Lange* r+s 2011, 185, 191, der zu Recht darauf hinweist, dass die Bindungswirkung bei kollusivem Zusammenwirken von VN und Drittem entfällt; wohl auch HK-VVG/*Schimikowski*, Vor §§ 110–124 Rn. 9.

§ 109 Mehrere Geschädigte

	Rdn.		Rdn.
1. Bei der Verteilung unberücksichtigter Dritter	9	C. Rechtsfolge	12
2. Keine Kenntnis bzw. keine fahrlässige Unkenntnis des VR	10	D. Ausgestaltung durch AHB	15

A. Allgemeines

1 Haftet der VN gegenüber mehreren Dritten und übersteigt die Summe der Haftpflichtansprüche die vereinbarte Versicherungssumme, sind die einzelnen Haftpflichtansprüche nach § 109 Satz 1 anteilig zu erfüllen. Es findet eine verhältnismäßige Kürzung der einzelnen Haftpflichtansprüche statt. Sämtliche Haftpflichtansprüche, sei es anlässlich eines eingetretenen Personen-, Sach- oder Vermögensschadens, sind gleichrangig, soweit dafür nicht unterschiedliche Versicherungssummen vereinbart worden sind.[1] Eine bestimmte Rangordnung der Ansprüche der geschädigten Dritten findet sich im Bereich der freiwilligen Haftpflichtversicherung im Gegensatz zur Pflichtversicherung nicht. So ist im Pflichtversicherungsbereich eine Rangfolge der Ansprüche entsprechend der Schutzbedürftigkeit der Anspruchsteller festgelegt (§ 118).[2] Durch die **gesetzliche Anordnung der anteiligen Anspruchserfüllung** (vgl. § 109 Satz 1) soll die Begünstigung eines bestimmten geschädigten Dritten verhindert werden. Insbes. würde ohne die gesetzliche Regelung des § 109 Satz 1 das in der Einzelzwangsvollstreckung gegebene Prioritätsprinzip zur Anwendung kommen. Danach müsste der VR denjenigen Dritten primär befriedigen, der den Freistellungsanspruch des VN zuerst gesichert hat.[3] Dies würde aber dem sozialen Grundgedanken der Haftpflichtversicherung, dem Opferschutzprinzip, widersprechen.[4] Führt die Befriedigung eines geschädigten Dritten zur Erschöpfung der Versicherungssumme und erhebt danach ein bis dato nicht berücksichtigter Dritter einen Haftpflichtanspruch, bleibt dies unberücksichtigt. Dies gilt insoweit, als der VR mit der Geltendmachung dieser Ansprüche nicht gerechnet hat und auch nicht rechnen musste (§ 109 Satz 2). Ferner kann sich der nachträglich anspruchstellende Dritte nicht auf die Vorschrift des § 108 I berufen. Zwar ist grundsätzlich jede Verfügung des VN über den Freistellungsanspruch gegenüber dem auch nachträgliche Ansprüche stellenden Dritten unwirksam. § 109 Satz 2 statuiert jedoch eine Ausnahme von diesem Grundsatz. Die hier vorliegende **Verfügung des VR** über den Freistellungsanspruch ist auch dem zu spät kommenden Dritten gegenüber wirksam.

B. Tatbestand

I. § 109 Satz 1

1. Mehrere Geschädigte

2 Haftet der VN mehreren Dritten gegenüber und ist die vereinbarte Versicherungssumme zur Befriedigung der Dritten unzureichend, erfolgt eine anteilige Kürzung der Haftpflichtansprüche nach § 109 Satz 1. Erforderlich ist nach dem ausdrücklichen Wortlaut der Norm die **Verantwortlichkeit** des VN gegenüber mehreren Dritten. Offengelassen wird dabei, ob der Verantwortlichkeit des VN **der gleiche Versicherungsfall** zugrunde liegen muss. Während die Vorschrift des § 156 III a.F. von Forderungen aus »der die Verantwortlichkeit des VN begründenden Tatsache« sprach, verweist die Regelung des § 109 Satz 1 nicht ausdrücklich auf Haftpflichtansprüche der Dritten infolge desselben Versicherungsfalles. Vielmehr werden die Verantwortlichkeit des VN gegenüber **mehreren Dritten** sowie die für die Ansprüche der Dritten **unzureichende Versicherungssumme** als entscheidende Kriterien angeführt (§ 109 Satz 1). Mit der Gesetzesbegründung ist jedoch von einer unveränderten Rechtslage auszugehen. Danach stimmt die Vorschrift des § 109 sachlich mit § 156 III a.F. überein.[5] Somit ist von **einem** tatsächlichen Versicherungsfall auszugehen. Auf eine wörtliche Bestimmung des gleichen Versicherungsfalles hat der Gesetzgeber ohne Anführung von Gründen verzichtet. Die Abgrenzung eines tatsächlichen Versicherungsfalles von mehreren Versicherungsfällen kann in Einzelfällen erhebliche Probleme darstellen. Die Versicherungsbedingungen der Haftpflichtversicherung sehen dazu in den Serienschadenklauseln besondere Bestimmungen vor. So können z.B. alle Schäden aus der Lieferung von Produkten, die mit einem bestimmten Fehler behaftet sind, als ein einheitlicher Versicherungsfall definiert sein.

3 Als **Dritter i.S.d.** § 109 ist nicht nur der tatsächlich Geschädigte, der einen Anspruch gegen den VN hat, welcher von der Haftpflichtversicherung abgedeckt ist, sondern auch derjenige, auf den der Haftpflichtanspruch vollständig oder zum Teil übergegangen ist, etwa ein Sozialversicherungsträger oder auch die Erben des Geschädigten nach § 1922 BGB, zu verstehen.[6]

---

[1] Vgl. P/M/*Lücke*, § 109 Rn. 5.
[2] Ebenfalls feststellend *Franz* VersR 2008, 298, 308 f.
[3] BGH VersR 1985, 1054, 1055; VersHb/*Schneider*, § 24 Rn. 153.
[4] *Lange* VersR 2014, 1413, 1424.
[5] So ausdrücklich die Regierungsbegründung vgl. Begr. RegE BT-Drucks. 16/3945 S. 87.
[6] BGH VersR 1975, 558, 569; L/W/*Littbarski*, § 109 Rn. 17; *Sprung* VersR 1992, 657, 662.

2. Überschreitung der Versicherungssumme

Zur Berechnung der geltend gemachten Gesamtsumme eines Versicherungsfalls sind die festgestellten, die geltend gemachten und die ernstlich zu erwartenden Ansprüche der Dritten heranzuziehen.[7] Die bindend festgestellten Haftpflichtansprüche sind in Höhe des Nominalbetrages anzusetzen. Die geltend gemachten, aber noch nicht festgestellten Ansprüche sind mit dem tatsächlich am wahrscheinlichsten zu erwartenden Betrag zu bewerten. Die noch nicht geltend gemachten Haftpflichtansprüche, mit deren Geltendmachung aber zu rechnen ist, sind mit einem Schätzbetrag zu kalkulieren.[8] Besondere Schwierigkeiten bereitet die Berechnung von Renten, u.a. weil eine bestimmte Laufzeit zugrunde zu legen und ein Rentenbarwert zu ermitteln ist.[9]   4

Die bestimmten Haftpflichtansprüche sind gleichrangig und **entsprechend der festgelegten Betragshöhe zu addieren**. Diese Regelung besitzt besondere Bedeutung für erst spät erkennbare Personenschäden. Zugleich kann durch Schadenereignisse eine große Gruppe von Geschädigten betroffen sein (z.B. gesundheitsschädliche Zusatzstoffe in Lebensmitteln). Bei solchen Schadenereignissen handelt es sich um Serienschäden, für die seitens der VR eine bestimmte begrenzte Versicherungsleistung geboten wird.

Einzelne Haftpflichtansprüche sind separat zu behandeln, falls für diese entsprechend der zugrunde liegenden Art des eingetretenen Schadens (Personen-, Sach- oder Vermögensschaden) verschiedene Versicherungssummen vereinbart worden sind.[10] Der VR hat mögliche Ausgleichsansprüche des VN gegen andere Schädiger des Dritten oder gegen weitere VR (vgl. etwa § 840 I BGB i.V.m. § 426 I und § 426 II BGB) in Höhe des Nominal- oder Schätzbetrages von der berechneten Gesamtsumme (der Haftpflichtansprüche) abzuziehen. Im Ergebnis liegt eine faktische Erhöhung der Versicherungssumme vor.[11] Nach endgültiger Berechnung des Gesamtbetrages der Haftpflichtansprüche hat der VR die ermittelte Gesamtsumme mit der vereinbarten Versicherungssumme zu vergleichen. Liegt danach eine **Überschreitung der Versicherungssumme** vor, wird der VR eine verhältnismäßige Verteilung vornehmen.   5

Die Beweislast für das Vorliegen der Überschreitung der Versicherungssumme, mithin für die Notwendigkeit eines Verteilungsverfahrens, liegt beim VR.[12] Die Dritten kann jedoch u.U. die sekundäre Darlegungs- und Beweislast bezüglich der Tatsachen, die die Höhe ihrer Ansprüche begründen treffen, da dem VR ein näherer Vortrag nicht immer zugemutet werden kann.[13]

3. Maßgeblicher Zeitpunkt

Stellt der VR die Überschreitung der Versicherungssumme (ohne das Hinzutreten neuer Ansprüche) erst in dem Zeitpunkt fest, in dem er die Haftpflichtansprüche der Dritten bereits vorbehaltlos erfüllt hat, kann keine Verhältnismäßigkeitsberechnung mehr vorgenommen werden. Der VR kann sich wegen des zu viel geleisteten Betrages nur noch an den VN halten. Dies gilt auch dann, wenn der VR die Überprüfung der Überschreitung der Versicherungssumme schuldhaft versäumt hat. Ob der VN dadurch unbillig belastet wurde, wird im Einzelfall zu prüfen sein. Der VR wird darlegen müssen, dass die durch ihn erfolgte Befriedigung der Ansprüche einem Ersatz durch den VN selbst entspricht.   6

Der VR hat grundsätzlich bei Fälligkeit der Ansprüche nach § 106 zu leisten. Dabei werden die diversen Ansprüche der geschädigten Dritten nicht gleichzeitig fällig werden.[14] Im Laufe der Schadenabwicklung und -regulierung kann sich der geschätzte Wert der einzelnen Haftpflichtansprüche daher verändern. Ein Betrag kann mit bindender Wirkung für den VR in einer anderen Höhe festgestellt werden, als er zuvor bei der Berechnung der Gesamtsumme des Versicherungsfalles berücksichtigt wurde. Der VR muss sein Regulierungsverhalten diesen Veränderungen unmittelbar anpassen können.[15] Daher kann es nicht einen einzigen Zeitpunkt geben, der für die Überschreitung der Versicherungssumme maßgeblich ist. Vielmehr ist eine Überprüfung erstmals bei Fälligkeit des ersten Anspruches vorzunehmen, da es für den VR zu diesem Zeitpunkt erstmals entscheidend wird, in welcher Höhe er tatsächlich zu leisten hat. Die Überprüfung ist mit Fälligkeit der weiteren Ansprüche jeweils zu wiederholen. Der VR hat demnach bei Betragsänderungen eine Neuberechnung der Gesamtsumme der Ansprüche und gegebenenfalls (bei erneuter Übersteigung der Versicherungssumme) eine weitere Verhältnismäßigkeitsberechnung vorzunehmen.[16]   7

Sinn und Zweck des § 109 ist es, eine Gleichstellung aller Geschädigten entsprechend der Höhe ihres Schadens zu bewirken. Keinem Geschädigten soll ein Nachteil daraus erwachsen, dass er seinen Anspruch zu ei-   8

---

7 BGH VersR 1982, 791, 793; BK/*H. Baumann*, § 156 Rn. 51.
8 P/M/*Lücke*, § 109 Rn. 6.
9 *Konradi* VersR 2009, 321, 324.
10 P/M/*Lücke*, § 109 Rn. 5.
11 Deichl/Küppersbusch/*Schneider*, Kürzungs- und Verteilungsverfahren nach den §§ 155, 156 VVG, 1985, S. 11 Rn. 73; L/W/*Littbarski*, § 109 Rn. 25; P/M/*Lücke*, § 109 Rn. 6.
12 *Konradi* VersR 2009, 321, 323.
13 Zur sekundären Beweis- und Darlegungslast siehe im Einzelnen Vorwerk/Wolf/*Bacher*, ZPO 20. Edition, § 284 Rn. 84 ff.
14 Ungenau R/L/*Langheid*, § 109 Rn. 7, der von dem Zeitpunkt »der Zahlungen an die Dritten« spricht.
15 So auch L/W/*Littbarski*, § 109 Rn. 29 ff.
16 P/M/*Lücke*, § 109 Rn. 8; *Sprung* VersR 1992, 657, 662; *Wenke* VersR 1983, 900, 901.

nem späteren Zeitpunkt geltend macht, in dem die Versicherungssumme möglicherweise schon erschöpft ist, etwa weil der Schaden bei ihm erst später aufgetreten ist. Dies ist insbesondere im Zusammenhang mit Serienschäden relevant. Bei Serienschäden muss eine Verhältnismäßigkeitsberechnung durch den VR bis zum letztmöglichen Zeitpunkt (immer wieder neu) vorgenommen werden. Der letztmögliche Zeitpunkt ergibt sich aus dem systematischen Zusammenhang mit Satz 2: die Befriedigung des (»letzten«) Anspruchs, durch welche die Versicherungssumme vollständig erreicht wird.

Die stetige Neuberechnung der Gesamtsumme, der Verhältnismäßigkeit und etwaige Rückforderungen bereits gezahlter zu hoher Beträge können für VR eine außerordentliche Belastung darstellen. Daher empfiehlt es sich für den VR, gerade die ersten Zahlungen nur unter Vorbehalt vorzunehmen.[17]

II. § 109 Satz 2

1. Bei der Verteilung unberücksichtigter Dritter

9 Ist die Versicherungssumme infolge bereits geleisteter Zahlungen erschöpft und macht ein bisher bei der Verteilung nicht berücksichtigter Dritter einen Haftpflichtanspruch geltend, muss der VR den nachträglichen Anspruchsteller nicht mehr befriedigen. Dies gilt dann, wenn der VR mit der Geltendmachung dieser Ansprüche nicht gerechnet hat und auch nicht rechnen musste (§ 109 Satz 2). Der den Anspruch nachträglich erhebende Dritte kann sich auf die relative Unwirksamkeit der Verfügung des VR nicht berufen. So sieht das VVG die relative Unwirksamkeit der Verfügung des VR über den Freistellungsanspruch (im Gegensatz zur Verfügung des VN) nicht vor (arg. ex § 108 I 1). Demnach muss der Dritte bei verbrauchter Versicherungssumme die erbrachten Zahlungen des VR gegen sich gelten lassen.[18] Ferner kann sich der nicht berücksichtigte Dritte nach dem ausdrücklichen Wortlaut des § 109 Satz 2 auf die relative Unwirksamkeit der Verfügung des VN über den Freistellungsanspruch nicht berufen. Durch die Erfüllung der rechtzeitig erhobenen Haftpflichtansprüche der anderen geschädigten Dritten ist die Versicherungssumme aufgebraucht. Der VR ist der gegenüber dem VN bestehenden Freistellungsverpflichtung (vgl. § 100) vollständig nachgekommen. So ist der VR zu keiner weiteren Leistung mehr verpflichtet.[19] Der nachträgliche Dritte muss sich damit an den VN wenden, der als Schuldner ungeachtet des erschöpften Versicherungsschutzes zur Verfügung steht.[20] Für die **Nachträglichkeit des Dritten** ist der Zeitpunkt des **tatsächlichen Verbrauchs** der Versicherungssumme, im Regelfall also die vollständige anteilige Erfüllung der Haftpflichtansprüche durch den VN, entscheidend. So stellt die Vorschrift des § 109 Satz 2 schon dem Wortlaut nach ausdrücklich auf die Erschöpfung der Versicherungssumme ab. Macht der Dritte den Haftpflichtanspruch zeitlich nach der Durchführung der Verhältnismäßigkeitsberechnung, aber vor der tatsächlichen anteilsmäßigen Erfüllung der zeitig erhobenen Ansprüche geltend, ist die Nachträglichkeit i.S.d. § 109 Satz 2 zu verneinen. Diese »nachfolgende« Geltendmachung des Haftpflichtanspruchs (die zeitliche Geltendmachung des Haftpflichtanspruchs nach der erfolgten Verhältnismäßigkeitsberechnung) führt zu einer Neuberechnung (Erhöhung) der Gesamtsumme der Haftpflichtansprüche und so zu einer neuen anteiligen Aufteilung der Versicherungssumme.[21]

2. Keine Kenntnis bzw. keine fahrlässige Unkenntnis des VR

10 Voraussetzung für die Nichtberücksichtigung des zu spät kommenden Dritten bei der Verteilung der Versicherungssumme durch den VR ist nach § 109 Satz 2, dass der VR mit der Geltendmachung dieser Ansprüche **nicht gerechnet hat und auch nicht rechnen musste**. So kann sich der VR im Umkehrschluss auf die Erschöpfung der Versicherungssumme nicht berufen, falls er mit der zukünftigen Geltendmachung des Haftpflichtanspruchs des nachträglichen Dritten sicher gerechnet hat oder rechnen musste. Mit allgemeinen zivilrechtlichen Maßstäben ist davon auszugehen, dass dem VR neben positiver Kenntnis von der zukünftigen Geltendmachung des Haftpflichtanspruchs des Dritten auch jegliches Kennenmüssen, also jede Form der fahrlässigen Unkenntnis (eine Legaldefinition findet sich in § 122 II BGB)[22] der zukünftigen Geltendmachung schadet.

11 Will sich der VR auf die Regelung des § 109 Satz 2 berufen, muss er das Nichtvorliegen der positiven Kenntnis oder der fahrlässigen Unkenntnis von der zukünftigen Geltendmachung des nachträglichen Haftpflichtanspruchs beweisen. Dem VR obliegt die **Darlegungs- und Beweislast**.[23] Die Erbringung des Entlastungsbeweises stellt für den VR eine erhebliche Belastung dar. Es ist jedoch zu berücksichtigen, dass dem VR keine

---

17 So auch P/M/*Lücke*, § 109 Rn. 10.
18 BK/*H. Baumann*, § 156 Rn. 57.
19 R/L/*Langheid*, § 109 Rn. 10.
20 Vgl. BK/*H. Baumann*, § 156 Rn. 58; Späte/Schimikowski/*v. Rintelen*, Ziffer 1 AHB Rn. 390.
21 Vgl. R/L/*Langheid*, § 109 Rn. 10; P/M/*Lücke*, § 109 Rn. 12; a.A.: BK/*H. Baumann*, § 156 Rn. 60 für den Fall, dass schon teilweise ausgezahlt wurde.
22 HK-BGB/*Dörner*, § 122 Rn. 4.
23 Vgl. VersHb/*Schneider*, § 24 Rn. 156.

Erkundigungspflichten obliegen; von Kenntnis oder Kennenmüssen kann also nur dann ausgegangen werden, wenn Anhaltspunkte für das Bestehen eines weiteren Anspruchs vorliegen.[24]

C. Rechtsfolge

Übersteigt die Summe der Haftpflichtansprüche der geschädigten Dritten die vereinbarte Versicherungssumme, sind die einzelnen Haftpflichtansprüche gemäß § 109 Satz 1 verhältnismäßig zu reduzieren. Der Anteil des einzelnen geschädigten Dritten an der Versicherungssumme entspricht der Quote des Haftpflichtanspruchs an der Gesamtsumme der Haftpflichtansprüche. 12

Zur Berechnung des **gekürzten Haftpflichtanspruchs des einzelnen Dritten** ist folgende Formel heranzuziehen:

$$\frac{\text{vollständiger Haftpflichtanspruch des einzelnen Dritten}}{\text{Gesamtsumme der Haftpflichtansprüche}} \times \text{Versicherungssumme} = \text{gekürzter Haftpflichtanspruch}$$

13

Die **Nichtberücksichtigung** eines nachträglich geltend gemachten Haftpflichtanspruchs erfolgt unter Beachtung der Voraussetzungen nach § 109 Satz 2. Der zu spät kommende Dritte kann zwar nicht mehr den VR, wohl aber noch den VN in Anspruch nehmen. Ein Ausgleichsanspruch des Nichtberücksichtigten gegen die anderen entschädigten Dritten ist mit der h.M. abzulehnen, da § 109 Satz 2 insgesamt abschließend ist.[25] Hat der VR die Dritten anteilig entsprechend ihrer Beträge befriedigt, so ist der VN als Schädiger dazu verpflichtet, die noch offenen restlichen Beträge selbst zu leisten.[26] 14

Die gesetzliche Vorschrift des § 109 ist zwingend. Zwar wird die **Unabdingbarkeit des § 109** nicht ausdrücklich in der Vorschrift des § 112 und der dazugehörigen Gesetzesbegründung angeführt. Jedoch kann die vertragliche Abänderung des § 109 die Rechte der Dritten beeinträchtigen. So ist trotz fehlender Angabe des Gesetzgebers von der Unabänderlichkeit des § 109 auszugehen.[27]

D. Ausgestaltung durch AHB

Die »**Entschädigungsleistung**« des VR ist bei jedem Versicherungsfall nach Ziffer 6.1 Satz 1 AHB auf die Versicherungssumme **begrenzt**. Das Gleiche gilt nach Satz 2, falls sich der Versicherungsschutz des VN auf mehrere entschädigungspflichtige Personen erstreckt. Infolge der Begrenzung der Versicherungsleistung des VR auf die Versicherungssumme kommt es bei einer unzureichenden Versicherungssumme zur Anwendung des § 109 Satz 1. Somit sind die Ansprüche der Dritten **verhältnismäßig zu erfüllen**. 15

Nach Ziffer 6.2 AHB erfolgt ferner eine sog. Maximierung der Versicherungssummen für das jeweilige Versicherungsjahr.[28] Zu beachten ist zunächst, dass Ziffer 6.2. AHB die Möglichkeit einer Begrenzung der Jahresmaximierung eröffnet. Unterbleibt eine solche **Maximierung** im Vertrag, muss der VR unbegrenzt maximiert leisten. Das heißt, der VR muss die Versicherungssumme theoretisch für eine unbegrenzte Zahl einzelner Versicherungsfälle pro Versicherungsjahr zur Verfügung stellen. 16

Weiter kommt eine Auffüllung erschöpfter Versicherungssummen durch **Anschlussversicherungen**, sog. Exzedentenversicherungen, in Betracht. Bei höheren Versicherungssummen wird die Ersatzleistung des VR oder der konsortial agierenden VR häufig im Rahmen sog. Exzedentenversicherungen geboten. Regelmäßig wird vereinbart, dass die Versicherungssumme einer Anschlussversicherung zur Auffüllung einer erschöpften Versicherungssumme eines vorangehenden Versicherungsvertrages zur Verfügung steht (»drop down«).[29] 17

§ 110 Insolvenz des Versicherungsnehmers.
Ist über das Vermögen des Versicherungsnehmers das Insolvenzverfahren eröffnet, kann der Dritte wegen des ihm gegen den Versicherungsnehmer zustehenden Anspruchs abgesonderte Befriedigung aus dem Freistellungsanspruch des Versicherungsnehmers verlangen.

Übersicht

	Rdn.		Rdn.
A. Allgemeines	1	I. Eröffnung des Insolvenzverfahrens über das Vermögen des VN	5
B. Tatbestand	5		

---

24 R/L/*Langheid*, § 109 Rn. 11.
25 Späte/Schimikowski/*v. Rintelen*, Ziffer 1 AHB Rn. 390 m.w.N.; dazu auch B/M/*Koch*, § 109 Rn. 28; PK/*Retter*, § 109 Rn. 22.
26 *Konradi* VersR 2009, 321.
27 P/M/*Lücke*, § 109 Rn. 22; so auch schon zum alten Recht R/L/*Langheid*, § 156 Rn. 32 (2. Aufl. 2002).
28 Ziffer 6.2 AHB: »Sofern nicht etwas anderes vereinbart wurde, sind die Entschädigungsleistungen des Versicherers für alle Versicherungsfälle eines Versicherungsjahres auf das …-fache der vereinbarten Versicherungssummen begrenzt«.
29 Vgl. Ausführungen unter § 100 Rdn. 36.

	Rdn.		Rdn.
II. Bestehender Haftpflichtanspruch des Dritten gegen den VN...............	6	C. Rechtsfolge..........................	8

A. Allgemeines

1 Dem geschädigten Dritten wird in der Insolvenz des VN das **Recht auf eine abgesonderte Befriedigung** (vgl. §§ 50, 51 InsO) aus dem **Freistellungsanspruch** eingeräumt.[1] Ein insolvenzrechtliches Aussonderungsrecht (vgl. § 47 InsO) besteht dagegen nicht.[2] Der vollständige Leistungsanspruch aus der Haftpflichtversicherung steht im Eigentum des VN. Regelmäßig übersteigt die vereinbarte Versicherungssumme den Haftpflichtanspruch des Dritten betragsmäßig. Eine vollständige Aussonderung und Überweisung an den geschädigten Dritten erfolgt nicht. Nicht verbrauchte Versicherungssummen stehen damit gegebenenfalls weiteren geschädigten Dritten zur Verfügung. Im Übrigen wäre eine Aussonderung und Überweisung der nicht verbrauchten Versicherungssummen für den geschädigten Dritten mangels Freistellungsanspruchs wertlos.[3] § 110 regelt nun gesetzlich, dass die Versicherungsleistung des Haftpflichtversicherers in der Insolvenz des VN ausschließlich demjenigen zukommt, der durch den VN geschädigt worden ist. Es soll mithin verhindert werden, dass die sonstigen Gläubiger durch den Eintritt des Versicherungsfalles einen Vorteil erhalten, indem sich die Haftungsmasse insgesamt erweitert.[4] Dies ergibt sich schon aus der Sozialbindung der Haftpflichtversicherung zugunsten des Dritten.[5]

2 Gegen diese Regelung wird eingewandt, dass die erbrachten Prämienzahlungen aus dem Vermögen des VN stammen und auch der Freistellungsanspruch einen Bestandteil seines Vermögens darstellt.[6] Der Freistellungsanspruch aus der Haftpflichtversicherung als Passivenversicherung stellt allerdings nur einen **durchlaufenden Vermögensbestandteil** dar, der wirtschaftlich für den geschädigten Dritten bestimmt ist.[7] Durch die Regelung des § 110 wird die auch vor der Reform des VVG geltende Rechtslage beibehalten. Nur derjenige Gläubiger kann die Zwangsvollstreckung betreiben, der Befriedigung aus dem Freistellungsanspruch verlangen kann.

3 Dieses Ergebnis besitzt erhebliche Bedeutung. Die Haftpflichtversicherung ist zunehmend von erst spät erkennbaren Produkt- oder Umweltschäden geprägt. Der für den Versicherungsschutz maßgebliche Zeitpunkt des Schadenereignisses liegt daher häufig im Geltungsbereich von Altverträgen. In diesen Fällen stehen vielfach VN aufgrund einer Insolvenz als Schuldner der Haftpflichtversicherung nicht mehr zur Verfügung. Tatsächlich stellt sich häufig das Problem, dass nach Abwicklung einer Insolvenz kein **Versicherungsschein** mehr zur Verfügung steht und der VR nur noch schwer ermittelt werden kann, wenn nach Abschluss des Insolvenzverfahrens die Unterlagen eines Unternehmens nicht mehr vorhanden sind. Nach § 3 I steht dem VN das Recht auf Erteilung eines neuen Versicherungsscheins zu. In ergänzender Auslegung von § 3 steht dieses Recht auch dem geschädigten Dritten in der Insolvenz des VN zu. Der VR hat für das verwirklichte Risiko die vereinbarten Prämien bezogen. Eine Insolvenz darf daher keine privilegierende Wirkung für den VR entfalten.

4 Ein im Gesetzgebungsverfahren zunächst diskutierter **Direktanspruch gegen den VR** wurde nicht umgesetzt. Direktansprüche wurden auf Pflichtversicherungen nach dem Pflichtversicherungsgesetz für solche Fälle beschränkt, bei denen z.B. der VN insolvent oder sein Aufenthalt nicht bekannt ist, § 115 I.

B. Tatbestand

I. Eröffnung des Insolvenzverfahrens über das Vermögen des VN

5 In der Insolvenz des VN ist der geschädigte Dritte aus der Haftpflichtversicherung bevorzugt zu befriedigen.[8] Die Eröffnung des Insolvenzverfahrens erfolgt durch Erlass des Eröffnungsbeschlusses zu dem im Beschluss angegebenen Eröffnungszeitpunkt (§ 27 InsO).[9] Der Eröffnungszeitpunkt ist der Zeitpunkt der Unterzeichnung des Eröffnungsbeschlusses.[10] Voraussetzung für die Eröffnung des Insolvenzverfahrens ist das Vorliegen eines Eröffnungsgrundes, etwa die Zahlungsunfähigkeit oder Überschuldung des VN (vgl. § 17 InsO) bzw. bei Antrag des VN als Schuldner selbst die drohende Zahlungsunfähigkeit (vgl. § 18 InsO).[11] Bei der Ver-

---

1 Auch BK/*H. Baumann*, § 157 Rn. 1.
2 Bei der Aussonderung fallen Gegenstand oder Recht schon nicht in die Haftungsmasse, während bei der Absonderung trotz haftungsrechtlicher Zuordnung zur Insolvenzmasse ein Vorzugsrecht des Gläubigers besteht, vgl. zur Vertiefung sowie zu Ausnahmen MünchKommInsO/*Ganter*, § 47 Rn. 11 ff.
3 Zutreffend *Schneider*, § 157 S. 448.
4 MünchKommInsO/*Ganter*, § 51 Rn. 234.
5 BGH NZI 2016, 580, 581; VersR 2015, 497.
6 Vgl. *Häsemeyer* KTS 1982, 507, 535.
7 Vgl. *Schneider*, § 157 S. 448.
8 Eingehend zur Absonderung MünchKommInsO/*Ganter*, Vor §§ 49–52 Rn. 1 ff.
9 Vertiefend HmbKommInsO/*Denkhaus*, 5. Aufl. 2015, § 27 Rn. 1, 5 ff.
10 Braun/*Herzig*, InsO 6. Aufl. 2014, § 27 Rn. 8.
11 HmbKommInsO/*Denkhaus*, 5. Aufl. 2015, § 27 Rn. 3.

sicherung für fremde Rechnung (vgl. § 43 I) stehen die Rechte aus dem Versicherungsvertrag den Versicherten nach § 44 I zu. So verbleibt auch der Freistellungsanspruch (vgl. § 100) den Versicherten und wird Bestandteil ihres Vermögens. Demnach ist bei der Versicherung für fremde Rechnung nicht die Insolvenz des VN, sondern die Eröffnung des Insolvenzverfahrens über das Vermögen des Versicherten entscheidend.[12]

II. Bestehender Haftpflichtanspruch des Dritten gegen den VN

Mit der Eröffnung des Insolvenzverfahrens über das Vermögen des VN erhält der Dritte wegen seines (bestehenden) Haftpflichtanspruchs ein Absonderungsrecht nach § 110. Diese Rechtsfolge gilt unabhängig davon, ob der Haftpflichtanspruch des Dritten zum Zeitpunkt der Verfahrenseröffnung bereits bestand oder erst später festgestellt bzw. sogar begründet wurde.[13]

Regelmäßig wird das schädigende und die Haftung begründende Ereignis aus einer Handlung des VN vor Eröffnung des Insolvenzverfahrens stammen. Schäden können sich aber auch erst nach Eintritt der Insolvenz aus bereits ausgelieferten Produkten ergeben. Liegt den Versicherungsbedingungen das Anspruchserhebungsprinzip zugrunde (wie in der D&O-Versicherung), wird der Versicherungsfall zumeist erst nach Eröffnung des Insolvenzverfahrens eintreten. § 110 erfasst diese Frage zwar nicht eindeutig, sondern spricht nur von einem dem Dritten »zustehenden Anspruch«. Der Schutzzweck der Norm zugunsten des geschädigten Dritten erfordert allerdings, dass das Absonderungsrecht des geschädigten Dritten nicht von zeitlichen Zufällen oder von individuellen vertraglichen Definitionen des zeitlichen Eintritts des Versicherungsfalls abhängen darf. Demnach entspricht es der Billigkeit, den Freistellungsanspruch des VN bei Verfahrenseröffnung bereits **mit dem Absonderungsrecht des Dritten als bedingt belastet** aufzufassen.[14] So steht dem Dritten auch bei Eintritt des Versicherungsfalls nach dem Insolvenzeröffnungsbeschluss das Absonderungsrecht zu. Dieses Ergebnis ist durch den mit der Haftpflichtversicherung verbundenen Schutz des geschädigten Dritten begründet. Rein insolvenzrechtlich können Absonderungsrechte nach Eröffnung des Insolvenzverfahrens dagegen grundsätzlich nicht mehr entstehen, § 91 I InsO.[15]

C. Rechtsfolge

Das Absonderungsrecht führt zur abgesonderten Befriedigung des Geschädigten aus der Insolvenzmasse. Unter **Absonderung** versteht man die Zuerkennung eines Vorzugsrechts trotz haftungsrechtlicher Zuordnung zur Insolvenzmasse.[16]

Die Geltendmachung des Absonderungsrechts des geschädigten Dritten ist gesetzlich nicht geregelt.[17] Infolgedessen sind zwei verschiedene Wege zur **Geltendmachung des Absonderungsrechts** entwickelt worden. Dem Dritten steht zum einen direkt oder jedenfalls analog § 1282 BGB ein Einziehungsrecht gegen den VR bezüglich des Freistellungsanspruches des VN zu.[18] § 110 eröffnet dem Geschädigten in der Insolvenz des VN ein gesetzliches Pfandrecht an dessen Freistellungsanspruch.[19] Das Einziehungsrecht nach § 1282 BGB entsteht, sobald der Haftpflichtanspruch des Dritten fällig ist. Der VR kann sodann bei dessen Fälligkeit nur noch an den Dritten mit Erfüllungswirkung leisten.[20] Der Deckungsanspruch selbst ist aber erst fällig, wenn der Haftpflichtanspruch festgestellt ist.[21] Zur unmittelbaren Inanspruchnahme des VR bedarf es daher des erfolgreichen Abschlusses des Verfahrens gegen den Insolvenzverwalter. So muss der Dritte den Haftpflichtanspruch zur Tabelle anmelden und bei Widerspruch des Insolvenzverwalters mittels Erhebung einer Feststellungsklage gegen diesen feststellen lassen.[22] Entscheidend ist, dass der Haftpflichtanspruch mit bindender Wirkung für den VR festgestellt wird, da dies Fälligkeitsvoraussetzung für den Deckungsanspruch ist und der Dritte durch § 110 keine umfangreichere Rechtsstellung erhalten soll, als sie dem VN selbst zustand.[23] Ist dies erfolgt, kann der Dritte ohne weitere Zwangsvollstreckungsmaßnahmen ergreifen zu müssen, unmittelbar den VR in Anspruch nehmen.[24]

---

12 BK/*H. Baumann*, § 157 Rn. 14; R/L/*Langheid*, § 110 Rn. 1; P/M/*Lücke*, § 110 Rn. 3.
13 Zustimmend MünchKommInsO/*Ganter*, § 51 Rn. 237; *Thole* NZI 2013, 665, 667.
14 Uhlenbruck/*Brinkmann*, § 51 Rn. 63; für ein Absonderungsrecht auch wenn der Haftpflichtanspruch erst nach Eröffnung des Insolvenzverfahrens entsteht: PK/*Retter*, § 110 Rn. 3.
15 Im Ergebnis ebenso Gottwald/*Adolphsen*, § 42 Rn. 3.
16 MünchKommInsO/*Ganter*, § 47 Rn. 12.
17 Uhlenbruck/*Brinkmann*, § 51 Rn. 65.
18 RGZ 93, 209, 212; 135, 295, 297; BGH VersR 1987, 655; Uhlenbruck/*Brinkmann*, § 51 Rn. 65; MünchKommInsO/*Ganter*, § 51 Rn. 238; B/M/*Koch*, § 110 Rn. 8.
19 BGH VersR 2015, 497.
20 Jauernig/*Berger*, § 1282 Rn. 1.
21 Vgl. dazu *Thole* NZI 2013, 665, 667.
22 BGH r+s 1993, 370; dazu Gottwald/*Adolphsen*, § 42 Rn. 67.
23 I.R.d. Haftpflichtprozesses ist der Insolvenzverwalter passivlegitimiert, vgl. VersHb/*Schneider*, § 24 Rn. 158.
24 *Hain* jurisPR-InsR 3/2015, Anm. 1.

Zum anderen kann der Dritte Zahlungsklage gegen den Insolvenzverwalter erheben.[25] Diese Klage des Dritten ist auf den Freistellungsanspruch des VN gegen den VR beschränkt.[26] Der Dritte kann die Absonderung des Freistellungsanspruchs des VN erst verlangen, sobald der Haftpflichtanspruch festgestellt worden und der Freistellungsanspruch fällig ist.[27] Die Feststellung erfolgt hier durch das rechtskräftige Urteil im Absonderungsprozess, da diesem die Frage nach der Absonderungsberechtigung, also dem Bestehen der Haftpflichtforderung, zugrunde liegt.[28]

10 Ist die Absonderung des Freistellungsanspruches erfolgt, so erhält der Dritte für den Haftpflichtanspruch nicht bloß die Insolvenzquote. Vielmehr steht dem Dritten der Freistellungsanspruch des VN bis zur vollen Höhe seines Haftpflichtanspruchs zu. Übersteigt der Haftpflichtanspruch die vereinbarte Versicherungssumme, kann der Dritte, falls er zugleich Insolvenzgläubiger ist, für den nicht erfüllten Teil des Haftpflichtanspruchs am Insolvenzverfahren teilnehmen und darauf die Insolvenzquote beanspruchen (vgl. §§ 52 Satz 2, 190 InsO).

Unbenommen ist es dem Insolvenzverwalter, den Deckungsanspruch aus der Insolvenzmasse freizugeben.[29] Diese Möglichkeit wird in § 32 III InsO vorausgesetzt. Dies führt zu der Rückübertragung der Verfügungsbefugnis auf den VN als Insolvenzschuldner.[30] Macht der Dritte seinen Haftpflichtanspruch geltend, ist der Insolvenzverwalter als Partei kraft Amtes passivlegitimiert.[31] Das Recht des Dritten dauert auch nach Freigabe als materielles Vorzugsrecht bis zur Befriedigung fort.[32]

11 Die Vorschrift des § 110 kann nicht durch vertragliche Vereinbarung zwischen dem VN und dem VR abgeändert werden.[33] Durch die gesetzliche Gewährleistung des Absonderungsrechts wird der Dritte geschützt. Eine vertragliche Abänderung des § 110 kann die Rechte des Dritten beeinträchtigen[34] und einen Vertrag zu Lasten Dritter darstellen, der unwirksam ist.[35] So ergibt sich aus dem Schutzzweck und auch aus der insolvenzrechtlichen Natur der Regelung die **Unabdingbarkeit**.[36]

§ 111 Kündigung nach Versicherungsfall.

(1) ¹Hat der Versicherer nach dem Eintritt des Versicherungsfalles den Anspruch des Versicherungsnehmers auf Freistellung anerkannt oder zu Unrecht abgelehnt, kann jede Vertragspartei das Versicherungsverhältnis kündigen. ²Dies gilt auch, wenn der Versicherer dem Versicherungsnehmer die Weisung erteilt, es zum Rechtsstreit über den Anspruch des Dritten kommen zu lassen.

(2) ¹Die Kündigung ist nur innerhalb eines Monats seit der Anerkennung oder Ablehnung des Freistellungsanspruchs oder seit der Rechtskraft des im Rechtsstreit mit dem Dritten ergangenen Urteils zulässig. ²§ 92 Abs. 2 Satz 2 und 3 ist anzuwenden.

Übersicht

	Rdn.
A. Allgemeines	1
B. Tatbestand: Kündigungsvoraussetzungen	4
I. Anerkenntnis des VR als Kündigungsgrund (§ 111 I 1)	4
II. Unberechtigte Anspruchsablehnung des VR als Kündigungsgrund (§ 111 I 1)	5
III. Weisung des VR als Kündigungsgrund (§ 111 I 2)	6
IV. Eintritt des Versicherungsfalles	7
C. Rechtsfolge: Kündigung/außerordentliche Beendigung des Versicherungsverhältnisses	8
I. Kündigungsrecht jeder Vertragspartei (§ 111 I)	8
II. Kündigungsform und Kündigungsinhalt	9
III. Kündigungsfrist (§ 111 II 1)	10
IV. Wirksamkeitszeitpunkt der Kündigung (§ 111 II 2 i.V.m. §§ 92 II 2 und 92 II 3)	11
D. Abänderung und Ausgestaltung durch AHB	17
I. Schadensersatzzahlung und gerichtliche Zustellung der Klage über den Haftpflichtanspruch als Kündigungsgrund nach Ziffer 19.1 AHB	17
II. Schadensersatzzahlung und Klagezustellung als Fristbeginn der Kündigungserklärungsfrist (vgl. Ziffer 19.1 AHB)	19
III. Formerfordernis der Kündigung (vgl. Ziffer 19.1 AHB)	20
IV. Sofortige Wirksamkeit der Kündigung des VN bei fehlender Anordnung nach Ziffer 19.2 AHB	21
V. Serienschäden	22
VI. Anschlussversicherungen	23

---

25 BGH NZI 2016, 603, 604; *Tetzlaff* jurisPR-InsR 4/2011 Anm. 6.
26 BGH VersR 1989, 730 f.; MünchKommInsO/*Ganter*, § 51 Rn. 238; P/M/*Lücke*, § 110 Rn. 6.
27 BGH VersR 1991, 414, 415; OLG Nürnberg VersR 2013, 711 ff.; P/M/*Lücke*, § 110 Rn. 5.
28 Insofern liegt Voraussetzungsidentität vor, vgl. *Thole* NZI 2013, 665, 669.
29 Die Freigabe ist nicht insolvenzrechtswidrig, vgl. BGH NJW-RR 2009, 964.
30 *Hain* jurisPR-InsR 3/2015, Anm. 1.
31 VersHb/*Schneider*, § 24 Rn. 158.
32 BGH NZI 2016, 603, 604; *Thole* NZI 2013, 665, 666.
33 R/L/*Langheid*, § 110 Rn. 5; L/W/*Littbarski*, § 110 Rn. 7; PK/*Retter*, § 110 Rn. 22.
34 BK/*H. Baumann*, § 157 Rn. 24.
35 Vgl. die stRspr. des BGH NJW 1995, 3183, 3184; NJW 1981, 275, 276; NJW 1974, 96.
36 HK-VVG/*Schimikowski*, § 110 Rn. 6.

A. Allgemeines

§ 111 eröffnet den Vertragsparteien nach Eintritt des Versicherungsfalles bei Regulierung eines berechtigten 1
Anspruchs oder unberechtigter Ablehnung eines Anspruchs durch den VR die Möglichkeit, das Versicherungsverhältnis zu kündigen. Das gegenseitig ausgestaltete Kündigungsrecht für den Schadenfall ist ein prägendes Grundprinzip der deutschen Haftpflichtversicherung mit deutlichen Einflüssen auf die Handhabung des Versicherungsproduktes. Darüber hinaus eröffnet auch die Weisung des VR an den VN zur Prozessaufnahme die beiderseitige, außerordentliche Kündigungsmöglichkeit des Versicherungsvertrages nach § 111 I 2. § 111 I räumt dem VR und gleichermaßen dem VN bei Vorliegen der Voraussetzungen ein **außerordentliches Kündigungsrecht** ein. Die Kündigungsgründe entfalten jedoch erst nach dem Eintritt des Versicherungsfalles die durch § 111 angeordnete Wirkung.[1]

Das Kündigungsrecht soll einer möglichen Störung des Vertrauensverhältnisses der Vertragsparteien Rechnung 2
tragen.[2] Der Versicherungsvertrag ist stärker als viele andere Vertragsverhältnisse vom **Vertrauensgrundsatz** geprägt.[3] Das Vertrauensverhältnis zwischen VR und VN kann durch die Abwicklung eines Versicherungsfalls erheblich beeinträchtigt werden. So kann eine verzögerte Abwicklung Verärgerung bei den Vertragsparteien auslösen und das notwendige gegenseitige Vertrauen wesentlich belasten.[4] Ein bedeutsamer Streitpunkt ist in der Praxis darüber hinaus die Beurteilung der Rechtslage zur Frage eines berechtigten oder unberechtigten Schadenersatzes. Durch das gesetzliche Kündigungsrecht erhalten die Vertragsparteien die Möglichkeit, sich zügig von dem gegebenenfalls »zerrütteten« Vertragsverhältnis zu lösen.

Zugleich bewirkt das Kündigungsrecht aber auch die **Gefahr einer Instabilität des Versicherungsvertrages** 3
während der Laufzeit. Insbes. Versicherungsverträge mit Unternehmen und sonstigen gewerblichen VN zeichnen sich durch regelmäßig auftretende Schadenfälle aus. Wird bei solchen Verträgen die erwartete und kalkulierte Schadenquote überschritten, steht dem VR die Möglichkeit einer Kündigung auf Basis eines regulierten Schadens offen. Ebenso steht dem VN eine Möglichkeit zur unterjährigen Trennung vom VR offen, um gegebenenfalls ein günstigeres Angebot des Wettbewerbs anzunehmen. Es empfiehlt sich aber für die Vertragspartner zurückhaltend mit der Ausübung des außerordentlichen Kündigungsrechts umzugehen. Haftpflichtrisiken sind überwiegend von langfristiger Natur. Die Kontinuität des Versicherungsschutzes besitzt gerade für die VN hohe Bedeutung. Für kritische Vertragsverhältnisse bei Serienschäden sollten besondere Vereinbarungen getroffen werden. Durch Anschlussversicherungen (Exzedenten) kann ferner eine Abschottung des Kündigungsrechts auf vorangehende Verträge erreicht werden.

B. Tatbestand: Kündigungsvoraussetzungen

I. Anerkenntnis des VR als Kündigungsgrund (§ 111 I 1)

Das Anerkenntnis des Freistellungsanspruchs durch den VR stellt einen Kündigungsgrund nach § 111 I 1 dar. 4
Der VR erkennt den Freistellungsanspruch des VN regelmäßig durch die **Leistung der Schadenersatzzahlung** an den Dritten an. Als Anerkenntnis ist zunächst die förmliche Anerkenntniserklärung des VR zu sehen. Gleichwohl genügt ein rein tatsächliches Verhalten des VR gegenüber dem VN, das deutlich von dem Bewusstsein des VR zeugt, aufgrund des Vertrages zur Versicherungsleistung verpflichtet zu sein und den Freistellungsanspruch des VN erfüllen zu wollen.[5] Auch die rechtskräftige Verurteilung des VR im Deckungsprozess sowie der Abschluss eines außergerichtlichen oder gerichtlichen Vergleichs stehen dem Anerkenntnis gleich.[6] Erkennt der VR als Ergebnis der rechtlichen Prüfung einen unberechtigten aber gleichwohl vom Versicherungsschutz umfassten Schadenersatzanspruch an, so wird er dies durch die vorbehaltlose Befriedigung der Schadenersatzansprüche gegenüber dem Dritten deutlich machen. Dies entspricht der Pflicht des VR zur eindeutigen Erklärung zum Versicherungsschutz.[7]

II. Unberechtigte Anspruchsablehnung des VR als Kündigungsgrund (§ 111 I 1)

Die Ablehnung des Freistellungsanspruchs und damit des Versicherungsschutzes »zu Unrecht« bietet einen weiteren 5
Kündigungsgrund (§ 111 I 1). Die Vertragsparteien können infolge der **unberechtigten Leistungsverweigerung des VR** das Versicherungsverhältnis kündigen. § 111 entscheidet durch den eindeutigen Hinweis »zu Unrecht« die strittige Frage, ob jede Leistungsverweigerung des VR – berechtigt und unberechtigt – einen Kündigungsgrund darstellt.[8] VR und VN sind zur Kündigung nur befugt, falls der Freistellungsanspruch dem VN

---

1 Schneider, § 158 S. 450.
2 BK/H. Baumann, § 158 Rn. 1; P/M/Lücke, § 111 Rn. 7; PK/Retter, § 111 Rn. 1.
3 Feststellend BGHZ 40, 387, 388; BGH VersR 1991, 1129, 1130 f.
4 BK/H. Baumann, § 158 Rn. 1.
5 OLG Schleswig VersR 1968, 487, 488 mit Verweis auf OLG Hamburg VersR 1950, 132; ausführend BK/H. Baumann, § 158 Rn. 13; P/M/Lücke, § 111 Rn. 4.
6 BK/H. Baumann, § 158 Rn. 13; B/M/Koch, § 111 Rn. 10; R/L/Langheid, § 111 Rn. 4.
7 Vgl. § 100 Rdn. 34.
8 Vgl. zum Streitstand vor der VVG-Reform einerseits P/M/Voit/Knappmann, 27. Aufl. 2004, § 158 Rn. 3; andererseits BK/H. Baumann, § 158 Rn. 17 f.; B/M/Johannsen[8], Bd. IV, Anm. D 18.

rechtlich zusteht.[9] Im Gegensatz zur Vorschrift des § 158 I 1 a.F., die von der Ablehnung der fälligen Entschädigungsleistung sprach, erwähnt die Regelung des § 111 I 1 die Fälligkeit des Freistellungsanspruchs nicht. So ist davon auszugehen, dass für die Entstehung des Kündigungsrechts die Fälligkeit des Freistellungsanspruchs (vgl. § 106) nicht mehr entscheidend ist. Danach kann das Kündigungsrecht bereits in dem Moment entstehen, in dem der VR den entstandenen, aber noch nicht fälligen Freistellungsanspruch des VN unberechtigt ablehnt.[10] Der Haftpflichtversicherer wird aufgrund seiner Verpflichtung zur eindeutigen Erklärung des Versicherungsschutzes in der Regel eine ausdrückliche Ablehnung formulieren.

III. Weisung des VR als Kündigungsgrund (§ 111 I 2)

6   Ein weiterer Kündigungsgrund liegt in der **Prozessanweisung des VR** nach § 111 I 2. Ist der VR der Ansicht, dass der geltend gemachte Haftpflichtanspruch des Dritten unbegründet ist, kommt er der Hauptleistungsverpflichtung in Form der Anspruchsabwehr (vgl. § 100 2. Alt.) nach.[11] Dieser Abwehr des Anspruchs wird dann die Aufnahme des Schadenersatzprozesses durch den Dritten folgen. Der VR beauftragt dann seinen VN den Prozess zu führen.

IV. Eintritt des Versicherungsfalles

7   Für das Kündigungsrecht ist weiter als Grundvoraussetzung der Eintritt des Versicherungsfalles erforderlich (vgl. § 111 I 1). Durch den ausdrücklichen Hinweis auf den Eintritt des Versicherungsfalles soll die **Voraussetzung der Anspruchserhebung des Dritten** für die Entstehung des Kündigungsrechts verdeutlicht werden.[12] Nur geltend gemachte Schadenersatzansprüche sollen die Rechtsfolgen von § 111 ermöglichen. Kein Kündigungsrecht besteht damit in solchen Fällen, in denen bloße Beschwerden oder Ansprüche geltend gemacht werden, die dem Grunde nach nicht vom Versicherungsschutz erfasst sind. In diesen Fällen wird der VR den Freistellungsanspruch auch kaum anerkennen bzw. den VN zur Prozessaufnahme anweisen.[13] Dogmatisch lässt sich darüber hinaus anführen, dass der Freistellungsanspruch nur entstehen kann, wenn der VN zuvor dem Dritten gegenüber nach § 100 haftpflichtig geworden ist. Dies setzt primär den Eintritt des Versicherungsfalles voraus. So ist im Begriff des Freistellungsanspruchs der Eintritt des Versicherungsfalles im Sinne eines den Versicherungsfall auslösenden Ereignisses schon zwingend enthalten. Ohne Eintritt des Versicherungsfalls kann der Freistellungsanspruch nicht entstehen (s. § 100 Rdn. 2) So kann der Begriff des Versicherungsfalles in § 111 nicht so verstanden werden, wie er in § 100 umschrieben ist. Ob der Versicherungsfall eingetreten ist, bemisst sich nach wie vor objektiv nach den jeweiligen vertraglichen Abreden.[14] Zwingende zusätzliche Voraussetzung ist aber die Anspruchserhebung des Dritten. Dadurch soll eine Begrenzung der Kündigungsmöglichkeit auf den materiellen Anspruchsbereich der angesprochenen Haftpflichtversicherung (nach § 100) bewirkt werden, da der VN sich ansonsten jederzeit das Recht zur Kündigung verschaffen könnte.[15]

C. Rechtsfolge: Kündigung/außerordentliche Beendigung des Versicherungsverhältnisses

I. Kündigungsrecht jeder Vertragspartei (§ 111 I)

8   Liegt nach dem Eintritt des Versicherungsfalles ein Kündigungsgrund vor, ist **jede Vertragspartei** zur außerordentlichen Kündigung des Versicherungsverhältnisses berechtigt. § 111 I gewährt beiden Vertragspartnern ein befristetes, außerordentliches Kündigungsrecht.

II. Kündigungsform und Kündigungsinhalt

9   Die außerordentliche Kündigung des Versicherungsverhältnisses bedarf keiner bestimmten Form.[16] Hinsichtlich des Inhalts der Kündigung ist erforderlich, dass sich klar und eindeutig die beabsichtigte Beendigung des Vertragsverhältnisses für die Zukunft erkennen lässt.[17]

III. Kündigungsfrist (§ 111 II 1)

10 Das Kündigungsrecht ist befristet. Die Laufzeit der Kündigungsfrist beträgt **einen Monat** nach § 111 II 1. Die Kündigungsfrist beginnt zu dem Zeitpunkt, zu dem der Kündigungsgrund des Anerkenntnisses oder der unberechtigten Anspruchsablehnung entstanden ist (vgl. § 111 II 1 1. Var. und 2. Var.). Ferner beginnt der Lauf

---

9   Begr. RegE BT-Drucks. 16/3945 S. 87; P/M/*Lücke*, § 111 Rn. 6; PK/*Retter*, § 111 Rn. 8.
10 So auch PK/*Retter*, § 111 Rn. 7.
11 Siehe zu weiteren Einzelheiten R/L/*Langheid*, § 111 Rn. 8 f.
12 B/M/*Koch*, § 111 Rn. 7; *Schneider*, § 158 S. 450.
13 Späte/Schimikowski/*Harsdorf-Gebhardt*, Ziffer 19 AHB Rn. 4.
14 R/L/*Langheid*, § 111 Rn. 3.
15 Vgl. Begr. RegE BT-Drucks. 16/3945 S. 87; Terbille/Höra/*Kummer*, § 12 Rn. 322.
16 R/L/*Rixecker*, § 11 Rn. 8.
17 LG Berlin VersR 1959, 421 f.; L/W/*Littbarski*, § 111 Rn. 49; eingehend auch L/W/*Fausten*, § 11 Rn. 90 ff.

der Kündigungsfrist bei erfolgter Prozessanweisung in dem Moment, in dem der Haftpflichtanspruch des Dritten rechtskräftig festgestellt worden ist (vgl. § 111 II 1 3. Var.).

IV. Wirksamkeitszeitpunkt der Kündigung (§ 111 II 2 i.V.m. §§ 92 II 2 und 92 II 3)

Der VN kann zu jedem Zeitpunkt der laufenden Versicherungsperiode, jedoch nicht zu einem späteren Zeitpunkt als den Schluss der laufenden Versicherungsperiode gem. § 111 II 2 i.V.m. § 92 II 3 kündigen.[18] Indes hat der VR nach § 111 II 2 i.V.m. § 92 II 2 eine Kündigungsfrist von einem Monat einzuhalten. So wird die Kündigung des VR frühestens mit dem Ablauf von einem Monat wirksam.[19] Offen bleibt, ob der VR auch zu einem späteren Zeitpunkt als einen Monat nach Zugang der Kündigung kündigen kann. Dafür spricht, dass zu § 158 II 2 a.F.[20] angeführt wird, der VN solle durch die einmonatige Kündigungsfrist geschützt werden. Dem VN soll genügend Zeit gewährt werden, einen neuen VR zu finden.[21] Dies ist umso eher der Fall, je später die Kündigung wirksam wird.

Kündigt der VR also zu einem späteren Zeitpunkt, bestehen nach dem Zweck der Vorschrift zunächst keine Bedenken. Zugleich dürfte dies auch nicht den Interessen des VN entgegenstehen. Danach **kann der VR auch zu einem späteren Zeitpunkt kündigen.**[22]

Problematisch erscheint dies jedoch mit Blick auf § 92[23], dessen Anwendbarkeit in § 111 II 2 ausdrücklich normiert ist. Schon zu § 96 II 2 a.F.[24] wurde die Auffassung vertreten, dass der VR die Kündigungsfrist von einem Monat nicht verlängern könne.[25] Auch nach der neuen Fassung des VVG wird im Gegensatz zur Kündigungsfrist des VN in § 92 II 3 zur Kündigungsfrist des VR in § 92 II 2 kein spätester Zeitpunkt gesetzlich festgelegt. Es droht die Gefahr, dass der VR den Wirksamkeitszeitpunkt der Kündigung beliebig hinauszögert; dies ist dem VN nicht zumutbar.[26] Die außerordentliche Kündigungsmöglichkeit solle wirklich nur anlässlich des Versicherungsfalles benutzt werden, also nicht zu einem Zeitpunkt, zu dem der Versicherungsfall lange Zeit zurückliegt.[27] Weiter zwängen die verbindlichen Fristen den VR, die Kündigungen bei zweifelsfreien Voraussetzungen auszusprechen. Folgt man dieser anhand des § 92 II entwickelten Argumentation, so sind **von der Monatsfrist abweichende Fristbestimmungen des VR nichtig.**[28]

Ob eine zeitliche Erweiterung des Wirksamkeitszeitpunkts der Kündigung tatsächlich zu einer Beeinträchtigung des VN führt, erscheint allerdings zweifelhaft. Der VR hat grundsätzlich die Frist für die **Ausübung** der Kündigung von einem Monat einzuhalten. So bleibt der Zusammenhang mit dem Versicherungsfall, anlässlich dessen gekündigt wird, hinreichend gewahrt. Von der einmonatigen Frist zur Erklärung der Kündigung nach § 111 II 1 ist der Zeitraum zu unterscheiden, nach dessen Ablauf die Kündigung wirksam wird (§ 111 II 2 i.V.m. § 92 II 2, 3).[29] Die Wirksamkeit der Kündigung zu einem späteren Zeitpunkt als nach Ablauf eines Monats nach ihrem Zugang müsste den VN tatsächlich belasten. Eine solche Beeinträchtigung des VN wäre aber nur dann gegeben, wenn der VN nicht selbst zu einem früheren Zeitpunkt kündigen könnte. Jedoch kann der VN bei Vorliegen der Kündigungsvoraussetzungen selbst **zu jedem Zeitpunkt** im Rahmen der laufenden Versicherungsperiode kündigen (§ 111 II 2 i.V.m. § 92 II 3).[30] Kündigen beide Vertragsparteien ist eine sog. Doppelkündigung gegeben, im Rahmen derer die Kündigung mit dem früheren Wirksamkeitszeitpunkt gilt.[31]

Grundsätzlich ist eine Beeinträchtigung des VN durch die Kündigung des VR zu einem späteren Zeitpunkt nicht feststellbar. Im Gegenteil kann eine zu einem späteren Zeitpunkt ausgesprochene »**rücksichtsvolle« Kündigung** ausdrücklich im Interesse des VN liegen. Für ein solches Interesse spricht, dass der VN selbst nicht gekündigt hat, bzw. nicht die Situation einer Doppelkündigung vorliegt, bei der der frühere Wirksamkeitszeitpunkt vom VN gewählt wurde. Berührt der Versicherungsvertrag auch Interessen Dritter, wie dies z.B. aufgrund vertraglicher Vereinbarungen zwischen Zulieferern und Abnehmern sowie auf Basis behördlicher Genehmigungen oder anderer Auftragsverhältnisse nicht unüblich ist, ist dem VN eine vertragliche Aufhebung oder eine von ihm ausgesprochene Kündigung zu einem späteren Zeitpunkt nur unter Verletzung seiner anderweitig bestehenden vertraglichen Pflichten möglich. Der VR, der in dieser Situation einen zeitlichen

---

18 B/M/*Koch*, § 111 Rn. 44; R/L/*Langheid*, § 158 Rn. 12.
19 Vgl. BK/*H. Baumann*, § 158 Rn. 31; P/M/*Lücke*, § 111 Rn. 10.
20 § 158 II 2 VVG a.F.: Der Versicherer hat eine Kündigungsfrist von einem Monat einzuhalten.
21 BK/*H. Baumann*, § 158 Rn. 31; B/M/*Koch*, § 111 Rn. 42.
22 Ausdrücklich BK/*H. Baumann*, § 158 Rn. 31; B/M/*Koch*, § 111 Rn. 43; R/L/*Langheid*, § 111 Rn. 12; P/M/*Lücke*, § 111 Rn. 10.
23 Kündigungsnorm aus dem Bereich der Sachversicherung.
24 § 96 II 2 VVG a.F.: Der Versicherer hat eine Kündigungsfrist von einem Monat einzuhalten.
25 R/L/*Langheid*, § 96 Rn. 29 (2. Aufl. 2003).
26 P/M/*Armbrüster*, § 92 Rn. 11; offenbar auch R/L/*Langheid*, § 92 Rn. 22; etwas knapp *Martin*, L II Rn. 49.
27 *Schneider*, § 96 S. 325.
28 P/M/*Armbrüster*, § 92 Rn. 11; *Martin*, L II Rn. 54.
29 So auch R/L/*Langheid*, § 111 Rn. 22 zwischen Erklärungs – und Kündigungsfrist differenzierend.
30 B/M/*Koch*, § 111 Rn. 44; R/L/*Langheid*, § 111 Rn. 12.
31 OLG Braunschweig VersR 1954, 313; HK-VVG/*Schimikowski*, § 111 Rn. 10.

Druck auf seinen bisherigen VN vermeiden will und diesem eine längere Frist zum Abschluss eines neuen Versicherungsschutzes eröffnen will, handelt im Interesse seines bisherigen Vertragspartners, wenn er beispielsweise zum Ablauf des nächsten Quartals kündigt. Eine solche Rücksichtnahme auf den VN auf Basis des § 111 als unzulässig einzustufen, widerspricht dem gesetzlichen Leitgedanken und ist abzulehnen. Die von der Literatur zu § 92 entwickelten Grundsätze können demnach nicht unmittelbar auf die Haftpflichtversicherung übertragen werden. Eine andere Beurteilung könnte sich nur bei solchen Sachverhalten ergeben, bei denen die Voraussetzungen einer Kündigung nach § 111 unsicher sind. Der VR, der in einer solchen Situation eine Kündigung zum späteren Zeitpunkt ausspricht, um Zeit für die Prüfung des Kündigungsrechts zu gewinnen, würde jedoch missbräuchlich handeln. Hinreichende Zeit für die Prüfung gewährt schon die Einmonatsfrist nach § 111 II 1, binnen derer die Kündigung erklärt werden muss. Die ausgesprochene »**vorsorgliche« Kündigung** würde dazu dienen, Zweifel über die Fortsetzung des Versicherungsvertrags zu setzen.

15 Der durch ein Kündigungsrecht disponibel gewordene Versicherungsvertrag sollte den Vertragsparteien im Regelfall als Grundlage für eine abgestimmte Beendigung des Versicherungsvertrags dienen. Dabei sollte auch die Frage eines erneuten Schadens innerhalb des einvernehmlich gesetzten verbleibenden Versicherungszeitraums geregelt werden, da ansonsten die Gefahr eines erneuten Kündigungsrechts auftritt.

16 § 111 kann durch **vertragliche Vereinbarung der Parteien** abgeändert werden (vgl. § 112). Eine bestimmte Form der Kündigung des Versicherungsvertrags ist gesetzlich nicht vorgesehen (vgl. § 11).[32] Folglich ist die vertragliche Vereinbarung der Schriftform der Kündigungserklärung auch hinsichtlich der außerordentlichen Kündigung wirksam. Allerdings sind bei Klauseln zur Kündigung des Vertrages die engen gesetzlichen Rahmenbedingungen des § 307 BGB zu beachten. So sind einseitige, zu Gunsten des VR verlängerte Kündigungsfristen wegen Verstoßes gegen das Symmetriegebot aus § 11 III unwirksam.[33] Auch dürfen keine übersteigerten Anforderungen an die Schriftform gestellt werden. Eine formale Bindung der Kündigungserklärung ist aber auch für den VN wichtig. So kann z.B. nicht eine übereilte mündliche Äußerung zum Verlust des Versicherungsschutzes führen.

D. Abänderung und Ausgestaltung durch AHB

I. Schadensersatzzahlung und gerichtliche Zustellung der Klage über den Haftpflichtanspruch als Kündigungsgrund nach Ziffer 19.1 AHB

17 Ziffer 19.1 AHB, Kündigung nach Versicherungsfall
19.1 Das Versicherungsverhältnis kann gekündigt werden, wenn
– **vom Versicherer eine Schadensersatzzahlung geleistet wurde oder**
– **dem Versicherungsnehmer eine Klage über einen unter den Versicherungsschutz fallenden Haftpflichtanspruch gerichtlich zugestellt wird.**
Die Kündigung muss dem Vertragspartner in Textform spätestens einen Monat nach der Schadensersatzzahlung oder der Zustellung der Klage zugegangen sein.

18 Das Versicherungsverhältnis kann gekündigt werden, wenn vom VR eine Schadenersatzzahlung geleistet worden ist oder dem VN eine Klage über einen unter den Versicherungsschutz fallenden Haftpflichtanspruch gerichtlich zugestellt wird, Ziffer 19.1 AHB. Demnach haben die Vertragspartner die Zahlung des VR und die gerichtliche Klagezustellung des Haftpflichtanspruchs an den VN als **außerordentliche Kündigungsgründe** bestimmt. Die gesetzlich in § 111 I normierten Kündigungsgründe des Anerkenntnisses auf Freistellung, das der Leistung der Schadensersatzzahlung immanent ist, und der Prozessanweisung des VR (nach den AVB reicht die Zustellung der Klage aus, ohne dass der Prozess auf Weisung des VR aufgenommen werden musste[34]) werden damit (zumindest partiell) in den AVB vertraglich übernommen.
Es findet sich jedoch keine vertragliche Vereinbarung hinsichtlich der unrechtmäßigen Ablehnung des Versicherungsschutzes als Kündigungsgrund (vgl. § 111 I 1 2. Alt). Der Kündigungsgrund einer unberechtigten Ablehnung der Freistellung durch den VR (vgl. § 111 I 1) wird in den AHB allerdings auch nicht ausgeschlossen. Solange die Vertragsparteien jedoch nicht ausdrücklich vereinbaren, dass die unberechtigte Anspruchsablehnung des VR gerade keinen Kündigungsgrund darstellt, gilt die gesetzliche Regelung des § 111.[35]

II. Schadensersatzzahlung und Klagezustellung als Fristbeginn der Kündigungserklärungsfrist (vgl. Ziffer 19.1 AHB)

19 Die Kündigung muss dem Vertragspartner spätestens einen Monat nach der Schadensersatzzahlung oder der Zustellung der Klage nach Ziffer 19.1 AHB zugegangen sein. Die Frist zur Ausübung der Kündigung beginnt mit dem Zeitpunkt der Klagezustellung (vgl. §§ 166 ff. ZPO).

---

32 Siehe schon Rdn. 9.
33 Vgl. R/L/*Rixecker*, § 11 Rn. 7.
34 Späte/Schimikowski/*Harsdorf-Gebhardt*, Ziffer 19 AHB Rn. 1.
35 Den Ausschluss des Kündigungsrechts für den Fall der unberechtigten Deckungsablehnung in AHB für bedenklich haltend Späte/Schimikowski/*Harsdorf-Gebhardt*, Ziffer 19 AHB Rn. 3 m.w.N.

III. Formerfordernis der Kündigung (vgl. Ziffer 19.1 AHB)

Die Kündigung muss dem Vertragspartner in Textform zugehen nach Ziffer 19.1 AHB. Gleichwohl ist ein bestimmtes Formerfordernis der außerordentlichen Kündigung in der speziellen Vorschrift des § 111 und der allgemeinen gesetzlichen Regelung des § 11 nicht vorgesehen.[36] Die Vorschrift des § 111 ist jedoch abdingbar. Die **Vereinbarung der Textform** stellt dabei keine Veränderung zum Nachteil des VN dar. Die Textform schützt den VN vor einer seine mündliche Erklärung aufgreifenden Bestätigung einer vermeintlichen Kündigungserklärung und schafft Rechtssicherheit über die Frage des Versicherungsschutzes.

20

IV. Sofortige Wirksamkeit der Kündigung des VN bei fehlender Anordnung nach Ziffer 19.2 AHB

Kündigt der VN, wird seine Kündigung sofort nach ihrem Zugang beim VR wirksam. Der VN kann jedoch bestimmen, dass die Kündigung **zu einem späteren Zeitpunkt**, spätestens jedoch zum Ende der laufenden Versicherungsperiode, wirksam wird (vgl. Ziffer 19.2 AHB). Die vertragliche Vereinbarung zum Wirksamkeitszeitpunkt der Kündigung des VN ergänzt die gesetzliche Regelung des § 111 II 2 i.V.m. § 92 II 3.

21

V. Serienschäden

Das Kündigungsrecht der Parteien hat dann besondere Bedeutung, wenn weitere Schäden des VN erwartet werden können. Typischerweise ist dies bei **sog. Serienschäden** der Fall. In diesen Fällen führt ein gleichartiger Produktionsfehler oder ein sich bei unterschiedlichen Abnehmern auswirkender gleichartiger Mangel einer Leistung des VN zu einer Serie von Schäden. Kündigt hier der VR nach Eintritt des ersten Schadens den Versicherungsvertrag, verliert der VN für alle nach Beendigung des Vertrages eintretenden Schäden den Versicherungsschutz. Der Abschluss eines neuen Versicherungsvertrages zur Versicherung der noch zu erwartenden weiteren Schäden einer Serie wird dem VN aufgrund der bekannten und bereits gesetzten Ursachen in der Regel nur schwer möglich sein. Die Ausübung des Kündigungsrechts durch den VR könnte in solchen Fällen zu erkennbar nicht versicherten Schadenfällen führen. Ziffer 6.3 der AHB fasst bei Serienschäden »mehrere während der Wirksamkeit der Versicherung eintretende Versicherungsfälle« zu einem Versicherungsfall zusammen, der »im Zeitpunkt des ersten dieser Versicherungsfälle eingetreten ist«. Daneben sind alternative Serienschaden-Klauseln in anderen Bedingungswerken, z.B. der erweiterten Produkthaftpflichtversicherung, üblich. Dabei besitzt die Zusammenfassung mehrerer Schadenereignisse zu einem Versicherungsfall in AHB zunächst Bedeutung für die Versicherungssumme.[37] Diese Zusammenfassung kommt dem VR als Begrenzung seiner Leistungspflicht zugute.[38] Durch diese Regelung entlastet, entfällt zwangsläufig das Kündigungsrecht zur Interessenwahrung des VR. Der VR muss damit für später eintretende Teil-Schäden Versicherungsschutz bieten. Soweit die **Serienschadenklausel der AHB** demnach Anwendung findet, ist zwar von einem Schadenfall und damit auch von einem einmaligen Kündigungsrecht nach Eintritt des ersten Schadens für beide Vertragsparteien auszugehen. Der Versicherungsschutz für nach Beendigung des Versicherungsvertrages eintretende Schäden aus derselben Serie wird dadurch jedoch nicht eingeschränkt. Da es sich um **einen** Schadenfall handelt, muss der VR ungeachtet der Kündigung und Beendigung des Vertrages auch für die späteren Teilschäden der Serie die geschuldete Versicherungsleistung bieten.[39]

22

VI. Anschlussversicherungen

Haftpflichtversicherungen können als Einzelversicherungen sowie als Mit- und Anschlussversicherungen ausgestaltet werden.[40] Anschlussversicherungen (»Exzedenten«) werden in der Praxis häufig abgeschlossen, bieten sie doch im Anschluss an vorhergehende Versicherungen die Möglichkeit, höhere Versicherungssummen im Rahmen eines separaten Vertrages zu vereinbaren. Dabei werden die ergänzenden Versicherungskapazitäten von einem anderen VR zur Verfügung gestellt. Die gewünschte Versicherungssumme durch aufeinander folgende Anschlussversicherungen zu gewährleisten, bedeutet eine **Aufspaltung des Kündigungsrechtes**. Das Kündigungsrecht nach § 111 erstreckt sich ausschließlich auf tatsächlich schadenbelastete Verträge. Ein Kündigungsrecht besteht nicht, wenn lediglich ein vorangehender Versicherungsvertrag die Voraussetzungen des § 111 erfüllt. Soweit höhere Versicherungssummen im Rahmen eines auf Stabilität ausgerichteten Versicherungsschutzes versichert werden sollen, empfiehlt sich daher die Aufspaltung des Versicherungsschutzes in Anschlussversicherungen (sog. »Layer«).

23

---

36 L/W/*Fausten*, § 11 Rn. 97.
37 Vgl. dazu Späte/Schimikowski/*Harsdorf-Gebhardt*, Ziffer 19 AHB Rn. 8.
38 P/M/*Lücke*, AHB § 19 Rn. 5.
39 Die Kündigung bei Serienschäden als rechtsmissbräuchlich einstufend, i.E. aber auch für das Bestehen des Versicherungsschutzes P/M/*Lücke*, AHB § 19 Rn. 5.
40 Vgl. § 100 Rdn. 35 ff.

§ 112 Abweichende Vereinbarungen. Von den §§ 104 und 106 kann nicht zum Nachteil des Versicherungsnehmers abgewichen werden.

Übersicht

	Rdn.		Rdn.
A. Regelungsinhalt........................	1	B. Normzweck...........................	3

A. Regelungsinhalt

1 Die gesetzlichen Vorschriften zur freiwilligen Haftpflichtversicherung sind zum Teil dispositiv.[1] Nach § 112 kann von den **§§ 104 und 106** nicht zum Nachteil des VN abgewichen werden (§ 112). Die Vertragsparteien können freilich hinsichtlich der Anzeigepflicht des VN (§ 104) und der Fälligkeit der Versicherungsleistung (vgl. § 106) abweichende Vereinbarungen treffen, sofern diese für den VN vorteilhafter sind.[2] Typische Regelungen sind Versehensklauseln oder zusammengefasste Anzeigen für eine Vielzahl von Schäden sowie zusammengefasste Abrechnungen von Versicherungsleistungen.

2 Auch von den Vorschriften der **§§ 105 und 108** kann nicht durch vertragliche Vereinbarung abgewichen werden. Die Unwirksamkeit des Anerkenntnis- oder Befriedigungsverbotes (vgl. § 105) sowie die Unwirksamkeit einer Verfügung des VN über den Freistellungsanspruch dem Dritten gegenüber (vgl. § 108 I) und die Unwirksamkeit eines in den AVB geregelten Abtretungsverbotes des Freistellungsanspruchs (vgl. § 108 II) sind ausdrücklich in den gesetzlichen Vorschriften festgelegt. So ergibt sich die Unabdingbarkeit der §§ 105 und 108 aus den Vorschriften selbst, ohne dass es einer ausdrücklichen Anordnung in § 112 bedarf.[3] Ferner sind die gesetzlichen Regelungen der **§§ 109 und 110** unabdingbar. Die Unabänderlichkeit der Regelung zur verhältnismäßigen Anspruchserfüllung (vgl. § 109) und der Vorschrift hinsichtlich des Absonderungsrechts des Dritten (vgl. § 110) ist zwar nicht ausdrücklich in § 112 aufgeführt und ergibt sich auch nicht unmittelbar aus dem Wortlaut der §§ 109 und 110. Gleichwohl werden den geschädigten Dritten durch die Vorschriften der §§ 109 und 110 vorteilhafte Rechtspositionen gewährt. Die vertragliche Abänderung der §§ 109 und 110 würde die Rechte der Dritten beeinträchtigen und so einen unzulässigen **Vertrag zu Lasten Dritter** darstellen.[4] Demnach sind die gesetzlichen Vorschriften der §§ 109 und 110 unabdingbar.[5] Beachtlich ist, dass auch die grundsätzliche Abänderlichkeit der Vorschrift des § 107, insbes. durch die Unabänderlichkeit der §§ 108 und 109, beschränkt ist.[6]

B. Normzweck

3 Die gesetzlich angeordnete Unabdingbarkeit der §§ 104 und 106 zu Lasten des VN und die schlechthin zwingenden Regelungen der §§ 105, 108, 109, und 110 schränken die Privatautonomie der Parteien ein. Die gesetzlichen Beschränkungen der Vertragsfreiheit der Parteien sollen den VN vor dem in der Regel juristisch routinierten und ökonomisch erfahreneren VR schützen.[7] Für **Großrisiken** bestehen aufgrund der durch § 210 I angeordneten Nichtanwendbarkeit aller die Vertragsfreiheit beschränkenden Normen (darunter fällt auch § 112) Möglichkeiten einer individuellen vertraglichen Gestaltung. Handelt es sich jedoch um Regelungen in AVB, so ist stets die Kontrolle nach den §§ 305 ff. BGB zu beachten.

Abschnitt 2. Pflichtversicherung

§ 113 Pflichtversicherung. (1) Eine Haftpflichtversicherung, zu deren Abschluss eine Verpflichtung durch Rechtsvorschrift besteht (Pflichtversicherung), ist mit einem im Inland zum Geschäftsbetrieb befugten Versicherungsunternehmen abzuschließen.
(2) Der Versicherer hat dem Versicherungsnehmer unter Angabe der Versicherungssumme zu bescheinigen, dass eine der zu bezeichnenden Rechtsvorschrift entsprechende Pflichtversicherung besteht.
(3) Die Vorschriften dieses Abschnittes sind auch insoweit anzuwenden, als der Versicherungsvertrag eine über die vorgeschriebenen Mindestanforderungen hinausgehende Deckung gewährt.

---

1 Vgl. *Schirmer* ZVersWiss 2006 Supplement, 427, 437.
2 Ebenfalls feststellend BK/*H. Baumann*, § 158a Rn. 1.
3 Vgl. nur Begr. RegE BT-Drucks. 16/3945 S. 87; *Schirmer* ZVersWiss 2006 Supplement, 427, 437.
4 Vgl. zu diesem Grundsatz Palandt/*Grüneberg*, Einf. v. § 328 Rn. 10.
5 Vgl. § 109 Rdn. 14 und § 110 Rdn. 11; P/M/*Lücke*, § 109 Rn. 22; § 110 Rn. 11.
6 § 107 Rdn. 10.
7 So auch L/W/*Littbarski*, § 112 Rn. 4 m.w.N.

Pflichtversicherung § 113

Übersicht

	Rdn.		Rdn.
A. Allgemeines	1	II. Bestätigung des Versicherungsverhältnisses (Abs. 2)	13
B. Tatbestand	2		
I. Die Pflichthaftpflichtversicherung (Abs. 1)	2	III. Über die Mindestanforderungen hinausgehende Versicherungen (Abs. 3)	15
1. Haftpflichtversicherung	2	C. Abdingbarkeit	19
2. Verpflichtung durch Rechtsvorschrift	5		
3. Im Inland zum Geschäftsbetrieb befugtes Versicherungsunternehmen (Abs. 1 Hs. 2)	10		

Schrifttum:
Abram, Der Direktanspruch des Geschädigten gegen den Pflicht-Haftpflichtversicherer seines Schädigers außerhalb des PflVG – »Steine statt Brot«?, VP 2008, 77; *Armbrüster,* Prozessuale Besonderheiten in der Haftpflichtversicherung, r+s 2010, 441; *Breitinger,* Aufrechung und Pflichthaftpflichtversicherung, VersR 1959, 326; *Büchner,* Zur Theorie der obligatorischen Haftpflichtversicherungen, 1970; *Dallwig,* Deckungsbegrenzungen in der Pflichtversicherung, 2010; *Deiters,* Die Erfüllung öffentlicher Aufgaben durch privatrechtliche Pflichtversicherungen, FS Reimer Schmidt, 1976, 379; *Dombrowski,* Studie zum Wesen der obligatorischen Versicherungen, 1949; zum österreichischen Recht vgl. zusammenfassend *Fenyves,* Das neue österreichische Kfz-Haftpflichtversicherungsgesetz, VersR 1988, 9; *Franck,* Der Direktanspruch gegen den Haftpflichtversicherer, 2014; *Hagemann,* Die Einführung der Pflichtversicherung für Kfz-Halter, DJ 39, 1757; *Hamburger Gesellschaft zur Förderung des Versicherungswesens (Hrsg.),* Pflichtversicherung – Segnung oder Sündenfall –, Karlsruhe 2005; *Keilbar,* Die Rechtsstellung des Drittgeschädigten gegenüber dem Kfz-Haftpflichtversicherer nach dem PflVGÄndG vom 05.04.1965, Diss. Berlin, 1967; *Knappmann,* Rechtsfragen der neuen Kraftfahrtversicherung, VersR 1996, 401; *ders.,* Übersicht über Pflichtversicherungen, ZAP 2008, 329; *Krause-Allenstein,* Praxisrelevante Änderungen des neuen VVG für das Bauversicherungsrecht, NZBau 2008, 81; *Mansel,* Direktansprüche gegen den Haftpflichtversicherer, 1986; *von Puskás,* Pflichtversicherung in Handwörterbuch der Versicherung, S. 513 ff.; *Reiff,* Sinn und Bedeutung von Pflichthaftpflichtversicherungen, TranspR, 2006, 15; *Schirmer,* Die Haftpflichtversicherung nach der VVG-Reform, ZVersWiss Supplement 2006, 427; *Schwintowski,* Pflicht einer Privathaftpflichtversicherung für Schäden durch Kinder?, ZRP 2003, 391; *Stöhr,* Die Vermögensschadenhaftpflichtversicherung als Pflichtversicherung für Rechtsanwälte und Notare, AnwBl. 1995, 234; *Thalmair,* Die Haftpflichtversicherung nach der VVG-Reform, ZVersWiss Supplement 2006, 459; *Thees,* Das neue Haftpflichtversicherungsrecht, DJ 1939, 1766; *ders.,* Zur Einführung der Pflichtversicherung für Kraftfahrzeughalter, ZVersWiss 1940, 11; *Unberath,* Die Leistungsfreiheit des Versicherers – Auswirkungen der Neuregelung auf die Kraftfahrtversicherung, NZV 2008, 537.

A. Allgemeines

Die besonderen Vorschriften für die Pflichthaftpflichtversicherung werden in den §§ 113–124, insbes. unter Einbeziehung eines **Direktanspruchs** gegen den VR (§ 115), geregelt und vereinheitlicht. Die §§ 113–124 finden grundsätzlich auf **alle Formen der Pflichthaftpflichtversicherung** Anwendung. Sofern jedoch das spezielle Gesetz, welches die Versicherungspflicht anordnet, abweichende Regelungen trifft, werden die §§ 113–124 verdrängt.[1] Die Regelungen zur allgemeinen Haftpflichtversicherung (§§ 100–112) finden nur dann Anwendung auf die Pflichthaftpflichtversicherung, wenn die §§ 113–124 als **leges speciales** keine spezielleren Regelungen enthalten. So gelten z.B. insbes. § 103 (Herbeiführung des Versicherungsfalles) und § 111 (Sonderkündigungsrecht nach Versicherungsfall) auch für die Pflichthaftpflichtversicherung. 1

B. Tatbestand

I. Die Pflichthaftpflichtversicherung (Abs. 1)

1. Haftpflichtversicherung

Abs. 1 enthält eine Legaldefinition der Pflichtversicherung. Da Abs. 1 von der **Haftpflichtversicherung** spricht, sind andere Formen der Pflichtversicherung, wie z.B. die private Pflegeversicherung (§ 23 SGB XI) oder die Versicherungspflicht für Schornsteinfeger (§§ 34 ff. SchornsteinfegerG) nicht von den §§ 113 ff. erfasst. 2

Durch die Haftpflichtversicherung schützt sich der VN selbst vor dem **Risiko, Schadensersatzansprüchen** Dritter ausgesetzt zu sein.[2] Aber auch der potentiell geschädigte Dritte wird durch die Versicherungspflicht geschützt (**Opferschutz**), da ihm mit dem VR ein finanzstarker Schuldner zum Ausgleich der erlittenen Schäden zur Verfügung steht. Grundsätzlich unterliegt es der **Privatautonomie** des Einzelnen, ob er die finanziellen Risiken seiner Handlungen selber tragen will (Kehrseite der Vertragsfreiheit ist die unbeschränkte Vermögenshaftung)[3] oder ob er sich durch den Abschluss eines Versicherungsvertrages absichert. Eine Ausnahme von diesem 3

---

1 Krit. zu dieser Gesetzessystematik R/L/*Langheid,* § 149 Rn. 5.
2 Vgl. dazu *Dallwig,* Deckungsbegrenzungen in der Pflichtversicherung, § 2 A I 2.
3 BGHZ 107, 92, 102.

Grundsatz stellen die – reichlich vorkommenden[4] – Pflichtversicherungen dar. Jede Versicherungspflicht schränkt die **Vertragsfreiheit** – als Konkretisierung des Grundrechts auf Selbstbestimmung (Art. 2 II GG: allgemeine Handlungsfreiheit) – ein. Vertragsfreiheit ist die Freiheit, einen Vertrag (nicht) zu schließen, ihn aufzulösen und inhaltlich zu gestalten: **Abschlussfreiheit und Inhaltsfreiheit**.[5] Auch Letztere wird durch die Versicherungspflicht eingeschränkt, weil das Gesetz teilweise den Mindestinhalt und die Mindestversicherungssumme zwingend vorschreibt.[6] Der Gesetzgeber hat – wie bei jeder staatlichen Maßnahme – auch bei Anordnung einer Versicherungspflicht den Grundsatz der **Verhältnismäßigkeit** zu wahren.[7] Zwar versucht der Gesetzgeber durch die Kodifizierung eines Abschlusszwanges die haftungsrechtlichen Konsequenzen insbes. wirtschaftlicher Betätigung zu kompensieren. Jedoch darf auch ein Sozialstaat seine Bürger grundsätzlich nicht zu ihrem Glück zwingen.[8] Die Kodifizierung der Versicherungspflicht kann daher nicht nur mit den Interessen des Schädigers gerechtfertigt werden, sondern es ist eine **besondere Schutzbedürftigkeit** des potentiell Geschädigten erforderlich, die den Eingriff in die Vertragsfreiheit legitimiert. Hauptzweck der Versicherungspflicht muss daher der Opferschutz sein.[9] Könnte allein der Schädigerschutz die Einführung einer Pflichthaftpflichtversicherung rechtfertigen, wäre für den freiwilligen Abschluss einer Privathaftpflichtversicherung – angesichts des großen Haftungspotentials in allen Lebensbereichen – kein Raum mehr. Der Gesetzgeber wäre vielmehr gezwungen, für alle Bürger eine Versicherungspflicht zum Abschluss einer Haftpflichtversicherung einzuführen. Das Erfordernis der besonderen, also über das normale Maß hinausgehenden Schutzbedürftigkeit der potentiell Geschädigten stellt aber klar, dass eine generelle gesetzliche Pflicht zum Abschluss einer Privathaftpflichtversicherung nicht zu rechtfertigen ist.[10]

4 Es ist zu unterscheiden zwischen der **Versicherungspflicht**, die sich an eine Person richtet, weil sie einer besonders gefahrgeneigten oder risikoträchtigen Tätigkeit nachgeht (z.B. Teilnahme am Straßenverkehr), und einem **Kontrahierungszwang**, der sich an Versicherungsunternehmen richtet, die entsprechende Versicherungsprodukte anbieten. Macht der Staat den Abschluss einer Haftpflichtversicherung zur Voraussetzung der Aufnahme einer bestimmten Tätigkeit (z.B. erlaubnispflichtige Berufsausübung), so muss sichergestellt werden, dass ein entsprechendes Versicherungsprodukt am Markt grundsätzlich für alle erhältlich ist, die der Versicherungspflicht betrifft. Insoweit hat der Gesetzgeber die Möglichkeit, die VR, die eine bestimmte Pflichtversicherung anbieten, zu verpflichten, dass sie mit jedem Interessenten Versicherungsverträge abschließen müssen. Durch einen solchen Kontrahierungszwang wird die Vertragsabschlussfreiheit des VR eingeschränkt, so dass aus Gründen der Verhältnismäßigkeit sichergestellt sein muss, dass sich der VR dem Vertragsabschlusszwang bei Unzumutbarkeit (z.B. arglistige Täuschung) im Einzelfall entziehen kann. Von der Normierung eines Kontrahierungszwangs von Haftpflichtrisiken hat der Gesetzgeber bisher nur in der Kfz-Haftpflichtversicherung (§ 5 II PflVG) Gebrauch gemacht, da der Versicherungsmarkt die Versicherungspflichtigen bisher ausreichend versorgt hat und Versorgungslücken nicht aufgetreten sind. Außerhalb der Haftpflichtversicherung bestehen gesetzliche Kontrahierungszwänge z.B. für die private Pflegeversicherung (§ 110 I Nr. 1 SGB XI) oder die private Krankenversicherung im Basistarif (§ 193 V, vgl. dort).

2. Verpflichtung durch Rechtsvorschrift

5 Die Verpflichtung zum Abschluss einer Versicherung kann sich nicht nur aus einem **Gesetz im formellen Sinn**, sondern auch aus einer **Rechtsverordnung**, der **Satzung** einer öffentlich-rechtlichen Körperschaft oder einer **EU-Verordnung** ergeben.[11] Überlässt die gesetzliche Regelung dem Risikoträger die Wahl zwischen einer Haftpflichtversicherung oder einer anderen Form der Sicherheitsleistung, so liegt keine Versicherungspflicht i.S.d. §§ 113 ff. vor, sondern eine »**alternative Versicherungspflicht**«.[12] Die §§ 113 ff. finden jedoch Anwendung, sofern auf sie verwiesen wird.[13]

---

4 VersHb/*E. Lorenz*, § 1 Rn. 104 spricht von einer »Unzahl« von Pflichtversicherungen.
5 Jauernig/*Jauernig*, BGB, Vor § 145 Rn. 10.
6 VersHb/*E. Lorenz*, § 1 Rn. 104; *Reiff* TranspR 2006, 15, 16.
7 BK/*Hübsch*, § 158b Rn. 16; *von Puskás*, in Handbuch der Versicherung, S. 514.
8 *Büchner*, Zur Theorie der obligatorischen Haftpflichtversicherung, S. 25.
9 Ebenso *Reiff* TranspR 2006, 15, 17; a.A. *Knappmann* VersR 1996, 401, 402, der im Bereich der Kfz-Haftpflichtversicherung die soziale Risikoabsicherung des Versicherten als gleichberechtigt neben dem Opferschutz sieht.
10 *Reiff* TranspR 2006, 15, 17; a.A. *von Hippel* VersR 1998, 26, 27; *Schwintowski* in Pflichtversicherung – Segnung oder Sündenfall. S. 47, 68 f.
11 Vgl. Begr. RegE BT-Drucks. 16/3945 S. 87; umfassend dazu *Dallwig*, Deckungsbegrenzungen in der Pflichtversicherung, § 2 A.
12 BK/*Hübsch*, § 158b Rn. 2; *Boettinger* NeumannZ 1940, 276, 277; PK/*Huber*, § 113 Rn. 5; *Dallwig*, Deckungsbegrenzungen in der Pflichtversicherung, § 2 A II 2 b).
13 Vgl. z.B. § 94 II AMG, wonach die § 113 III und die §§ 114 bis 124 VVG sinngemäße Anwendung finden.

Abs. 1 stellt weiterhin klar, dass eine **vertragliche Verpflichtung**[14] oder eine Verpflichtung durch **behördliche** 6
Maßnahmen ohne gesetzliche Anordnung nicht ausreichen.[15] Zwar kann sich insbes. aus vertraglichen Obhuts- und Fürsorgepflichten eine schuldrechtliche Verpflichtung zum Abschluss eines Versicherungsvertrages ergeben. Diese Versicherungsverhältnisse sind jedoch keine Pflichtversicherung i.S.d. Abs. 1 und die §§ 113 ff. finden grundsätzlich keine Anwendung. Aus dem Umstand, dass ein einheitlicher Versicherungsvertrag sowohl Versicherungsschutz für Risiken vorsieht, für die eine Versicherungspflicht besteht, und für solche Risiken, die nicht zwingend zu versichern sind, folgt nicht, dass sämtliche Versicherungsfälle den Regelungen der §§ 113 ff. unterliegen.[16]

Eine Versicherungspflicht kann grundsätzlich auch durch **Satzung der berufsständischen Kammern** angeordnet werden. Problematisch ist, ob die allgemeine gesetzliche Befugnis zur Regelung der jeweiligen Berufspflichten ausreicht, um auch eine Versicherungspflicht durch Satzung einzuführen. Zunächst ist dabei zu bedenken, dass den öffentlich-rechtlichen Anstalten eine autonome Satzungsgewalt verliehen wird.[17] Anders als bei der Übertragung von Rechtsetzungsbefugnissen auf Teile der Exekutive im Rahmen von Art. 80 GG wird die Satzungsgewalt der Kammern zwar nicht durch einen vom Gesetzgeber vorgezeichneten – und den Anforderungen des Art. 80 GG genügenden – Rahmen beschränkt. Soweit Satzungsregelungen jedoch in Grundrechte eingreifen, muss der Gesetzgeber die grundlegenden Entscheidungen selbst treffen.[18] Die allgemeine Verleihung der **Satzungsautonomie** zur Regelung der berufsständischen Pflichten allein wird diesen Anforderungen jedoch nicht gerecht, da die Anordnung einer Versicherungspflicht einen Grundrechtseingriff darstellt. Sieht die Berufsordnung daher eine Versicherungspflicht vor, ohne dass eine hinreichend spezielle bundes- oder landesgesetzliche Ermächtigungsgrundlage besteht, ist die Anordnung unwirksam.[19] 7

Derzeit existieren ca. 100 bundes- und landesrechtliche Pflichtversicherungsregelungen. Diese können hier 8 nicht einzeln aufgezählt werden. Es gibt aber **umfassende Übersichten**.[20]

Die gesetzliche Anordnung einer Versicherungspflicht kann ein **Schutzgesetz i.S.d. § 823 II BGB darstellen**, 9 da sie auch den Schutz des Geschädigten bezweckt. Der Nichtabschluss einer Pflichtversicherung kann daher im Schadensfall zu einer Haftung aus § 823 II BGB führen.[21]

3. Im Inland zum Geschäftsbetrieb befugtes Versicherungsunternehmen (Abs. 1 Hs. 2)

Der Versicherungsvertrag muss mit einem im Inland zum Geschäftsbetrieb befugten VU geschlossen sein, um 10 die Versicherungspflicht zu erfüllen (Abs. 1 Hs. 2). Der Gesetzgeber rechtfertigt dieses Erfordernis damit, dass es angesichts der Tatsache, dass ein über eine deutsche Versicherungspflicht abgeschlossener Versicherungsvertrag gemäß **Art. 46c II EGBGB** dem deutschen Recht unterliegt, nur folgerichtig sei, wenn ein Vertrag über eine Pflichtversicherung nur bei einem im Inland zum Betrieb einer solchen Versicherung befugten VU abgeschlossen werden kann.[22] Eine dem Abs. 1 Hs. 2 inhaltlich entsprechende Regelung enthält § 5 I PflVG für die Kfz-Haftpflichtversicherung. Welche VU zum Geschäftsbetrieb befugt sind, regelt das **VAG**. Der Haftpflichtversicherungsvertrag kann daher zunächst mit **inländischen VU** geschlossen werden, denen eine Erlaubnis nach den §§ 8 ff. VAG erteilt wurde. Will ein VU Pflichtversicherung anbieten, so hat es gemäß §§ 9 IV Nr. 4, 61 IV VAG neben dem für alle Sparten obligatorischen **Geschäftsplan** auch die **AVB** bei der Aufsichtsbehörde einzureichen. Wegen der besonderen sozialen Bedeutung der Pflichtversicherung muss die Aufsichtsbehörde die für die Erfüllung der gesetzlichen Versicherungspflicht verwendeten AVB anhand der die Versicherungspflicht begründenden Vorschriften überprüfen.[23] Die Stellen, die über die Einhaltung der Versicherungspflicht zu wachen haben, können die Versicherungsbedingungen bei der Aufsichtsbehörde abrufen.

Durch die Schaffung eines EU-weiten Binnenmarkts für Versicherungsleistungen sind weiterhin auch VU mit 11 Sitz in einem **EU- oder EWR-Mitgliedsstaat** geeignete Vertragspartner, sofern sie eine Erlaubnis der Herkunftslandbehörde besitzen und die Anforderungen des § 61 VAG (insbes. Unterrichtung der BaFin) erfüllt sind. Will der VN einen Versicherungsvertrag mit einem VU aus einem Staat **außerhalb der EU oder des EWR** abschließen, muss das VU im Besitz einer durch die deutsche Aufsichtsbehörde erteilten Erlaubnis nach den §§ 67 ff. VAG sein. Durch die damit verbundene Ausweitung an potentiellen VU wird es für die über die Einhaltung der Versicherungspflicht wachenden Stellen zunehmend schwieriger, aktuelle Verzeichnisse über

---

14 Dies gilt insbes. auch, wenn sich die Versicherungspflicht aus den AGB ergibt (z.B. § 29.1 ADSp).
15 P/M/*Knappmann*, § 113 Rn. 2; BK/*Hübsch*, § 158b Rn. 3; PK/*Huber*, § 113 Rn. 5.
16 OLG Düsseldorf TranspR 2014, 246, 245; BeckRS 2014, 06799.
17 BVerfGE 12, 319, 325; 19, 253, 266 f.; 73, 388, 400 f. für Kirchen; BVerfGE 33, 125, 156 f. (Facharzt-Entscheidung); BVerfGE 111, 191, 214 ff. für Notarkassen.
18 BVerfGE 45, 393, 399; 33, 125, 158 ff.; Frage offen gelassen von OLG Nürnberg VersR 2013, 711, 712.
19 BK/*Hübsch*, § 158b Rn. 4.
20 Aufstellung der BaFin, Anlage zu BT-Drucks. 16/5497, S. 6 ff.; auch bei *Knappmann* ZAP 2008, 329.
21 Bzgl. § 1 PflVG: OLG Düsseldorf VersR 1973, 374; Palandt/*Thomas*, § 823 Rn. 147.
22 Vgl. Begr. RegE BT-Drucks. 16/3945 S. 87.
23 Krit. zu dieser gesetzlichen Konzeption F/K/B/*Kaulbach*, § 5 Rn. 52.

befugte VU zur Verfügung zu haben. Damit verbunden ist die Gefahr unzulässiger Erlaubniserteilungen oder fehlerhafter Zulassungsverfahren.[24] Um dieser Gefahr zu begegnen, ist eine enge Zusammenarbeit zwischen Versicherungsaufsichtsbehörde und den für die Kontrolle der Versicherungspflicht zuständigen Stellen erforderlich.

12 Ein **Verstoß gegen § 113 I Hs. 2** berührt zwar **nicht** die **zivilrechtliche Wirksamkeit** des Versicherungsvertrages, hat aber zur Folge, dass durch den Vertrag mit einem im Inland nicht zum Betrieb befugten VU die gesetzliche Versicherungspflicht nicht erfüllt wird. Der VN hat aber dennoch Anspruch auf die vertraglich geschuldete Leistung. Wegen einer Verletzung der Versicherungspflicht können durch Spezialgesetz aber besondere Rechtsfolgen angeordnet sein. Unabhängig davon, ob der VN mit dem Versicherungsvertrag seiner Versicherungspflicht genügt, finden die Vorschriften der §§ 113–124 auch auf dieses Versicherungsverhältnis Anwendung. Insbes. der **Direktanspruch** besteht auch gegen ein »nicht befugtes« VU. Der Gedanke des Opferschutzes besteht schließlich unabhängig davon, ob das VU zum Betrieb der Versicherung zugelassen ist oder nicht.

II. Bestätigung des Versicherungsverhältnisses (Abs. 2)

13 Der VR muss dem VN unter **Angabe der Versicherungssumme** bestätigen, dass Versicherungsschutz nach der entsprechenden Rechtsvorschrift besteht. Da der VR gem. § 3 I gegenüber dem VN verpflichtet ist, diesem einen Versicherungsschein zu übermitteln, kann dieser mit der Bestätigung nach Abs. 2 verbunden werden. Es werden aber nicht etwa die inhaltlichen Anforderungen an den Versicherungsschein durch Abs. 2 modifiziert,[25] denn beide Dokumente dienen unterschiedlichen Zwecken. Der Versicherungsschein dient der Information des VN und soll ihn legitimieren und ihm ein Beweismittel an die Hand geben. Er kann insbes. auch mit der Annahme eines Antrags des VN identisch sein. Die Bestätigung nach § 113 II soll dem VN den Nachweis ermöglichen, dass er die Versicherungspflicht erfüllt hat. I.d.R. wird beides tatsächlich in einem Dokument zusammenfallen. Die Anforderungen des § 3 sind aber unabhängig von § 113 II erfüllt, so dass das **Widerrufsrecht** gem. § 8 I zu laufen beginnt, sobald der VN Versicherungsschein und die weiteren Informationen erhalten hat. Dass der Versicherungsschein den Anforderungen an eine Versicherungsbestätigung nach § 113 II genügt, ist zur Auslösung des Fristbeginns nach § 8 II Nr. 1 nicht nötig. In entsprechender Anwendung von § 3 III kann der VN bei Verlust der Versicherungsbestätigung eine neue Bestätigung oder eine Abschrift verlangen.

14 Die **Fälligkeit** der Prämie (§ 33 I) kann erst eintreten, sofern der Versicherungsschein und die Versicherungsbestätigung nach Abs. 2 inhaltlich vollständig und korrekt übermittelt wurden. Bis zur Übermittlung hat der VN ein Zurückbehaltungsrecht gem. § 273 I BGB. Abs. 2 sieht keine bestimmte Form für die Bestätigung vor. In Anlehnung an § 3 I ist aber Textform (§ 126b BGB) zu fordern.

III. Über die Mindestanforderungen hinausgehende Versicherungen (Abs. 3)

15 Abs. 3 erweitert den Anwendungsbereich der §§ 113–124 auf vertragliche Regelungen, die eine die gesetzlichen Mindestanforderungen übersteigende Deckung gewähren. Abs. 3 setzt damit das Bestehen eines wirksamen Haftpflichtversicherungsvertrages voraus.[26] Der BGH hat dazu festgestellt, dass der Gesetzgeber eine **Aufspaltung des Versicherungsvertrages** vermeiden will, indem grundsätzlich das ganze Versicherungsverhältnis den Vorschriften über die Pflichtversicherung unterliegt und nicht nur mit dem Teil, der den zwingenden Mindestanforderungen entspricht.[27] Abs. 3 soll insbes. die Fälle erfassen, in denen eine die Mindestversicherungssumme übersteigende Versicherungssumme vereinbart, der Kreis der mitversicherten Personen über die zwingenden Vorgaben hinaus erweitert oder eine räumliche Erweiterung des Versicherungsschutzes vorgenommen wird.[28] Beispiel: Aus Abs. 3 ist zu folgern, dass bei Veräußerung der versicherten Sache (§ 122) der Versicherungsvertrag auch insoweit übergeht, als die Versicherungssumme die Mindestversicherungssumme übersteigt. Gem. Abs. 3 finden die §§ 113 ff. auch dann Anwendung, wenn der Pflichtversicherungsvertrag Deckungsschutz für Personen vorsieht, die von der gesetzlichen Versicherungspflicht nicht betroffen sind.[29]

16 Abs. 3 schließt dabei aber nicht aus, dass **getrennte Versicherungsverträge** – über den zwingenden Mindestversicherungsschutz einerseits und über weitergehenden Versicherungsschutz andererseits – geschlossen werden. Die §§ 113 ff. finden dann nur auf Ersteren Anwendung.

---

24 Vgl. für das Kfz-Zulassungsverfahren Feyock/Jacobsen/Lemor/*Feyock*, KraftfahrtVers, 3. Aufl. 2009, § 7 PflVG Rn. 5.
25 So aber HK-VVG/*Schimikowski*, § 113 Rn. 4.
26 Aus § 113 III ergibt sich somit auch keine Erweiterung des Kontrahierungszwangs aus § 5 II PflVG. Dieser bezieht sich nur auf die vom Gesetzgeber vorgesehenen Mindestdeckungspflichten und -summen. Vgl. zur alten Rechtslage: BGH VersR 1973, 409, 410; *Kramer* VersR 1965, 821 ff.; *Deiters* VW 1965, 1100, 1105.
27 BGH VersR 1974, 254, 255; so auch die Gesetzesbegründung BT-Drucks. 16/3945 S. 87, 88.
28 Vgl. Begr. RegE BT-Drucks. 16/3945 S. 87, 88.
29 R/L/*Langheid*, § 113 Rn. 8; P/M/*Knappmann*, § 113 Rn. 7.

Der Grundsatz des einheitlichen Vertragsverhältnisses wird auch durch § 117 III bestätigt. Sofern der VR gegenüber dem VN leistungsfrei ist, begrenzt sich seine Eintrittspflicht gegenüber dem Geschädigten auf die vorgeschriebene Mindestversicherungssumme. Daran ändert sich auch dann nichts, wenn die vereinbarte Versicherungssumme über der gesetzlichen Mindesthöhe liegt.[30] 17

Abs. 3 soll grundsätzlich nicht für Kfz-Haftpflichtversicherungsverträge gelten, die von den in § 2 I Nr. 1–6 PflVG genannten Haltern abgeschlossen wurden.[31] Zwar führe der Abschluss einer Kfz-Haftpflichtversicherung durch diese Halter zu einer Befreiung von ihrer Eigenhaftung nach § 2 II PflVG (daher auch **befreiende Versicherung** genannt). Aber aus § 2 I PflVG folge bereits, dass diese Halter grundsätzlich von der Versicherungspflicht nach § 1 PflVG ausgenommen seien. Die §§ 113–124 seien nur auf Haftpflichtversicherungsverträge anwendbar, zu deren Abschluss eine Verpflichtung durch Rechtsvorschrift besteht. Eine analoge Anwendung des Abs. 3 scheide daher aus, da über die gesetzliche Mindestversicherungssumme hinaus die abgeschlossene Kfz-Haftpflichtversicherung nicht mehr die Funktion habe, die Eigenhaftung gem. § 2 II PflVG zu ersetzen. Nach überwiegender Auffassung sind aber die bisher in § 3 PflVG a.F. enthaltenen Regelungen (insbes. Direktanspruch § 3 Nr. 1 PflVG a.F. nun § 115; Leistungspflicht gegenüber dem Dritten § 3 Nr. 4–6 PflVG a.F. nun § 117 I–III) aus Gründen des Opferschutzes auch auf die befreiende Versicherung analog anzuwenden.[32] 18

C. Abdingbarkeit

Die §§ 113–124 sind zu Gunsten des VN, des Versicherten und des geschädigten Dritten **zwingend** und können weder durch Individualabrede noch durch AVB abbedungen werden. Dies folgt aus der Rechtsnatur der besonderen Vorschriften über die Pflichtversicherung und bedurfte nach Ansicht des Gesetzgebers keiner ausdrücklichen Klarstellung, wie sie z.B. § 112 vorsieht.[33] 19

§ 114 Umfang des Versicherungsschutzes.

(1) Die Mindestversicherungssumme beträgt bei einer Pflichtversicherung, soweit durch Rechtsvorschrift nichts anderes bestimmt ist, 250.000 Euro je Versicherungsfall und eine Million Euro für alle Versicherungsfälle eines Versicherungsjahres.

(2) Der Versicherungsvertrag kann Inhalt und Umfang der Pflichtversicherung näher bestimmen, soweit dadurch die Erreichung des jeweiligen Zwecks der Pflichtversicherung nicht gefährdet wird und durch Rechtsvorschrift nicht ausdrücklich etwas anderes bestimmt ist. Ein Selbstbehalt des Versicherungsnehmers kann dem Dritten nicht entgegengehalten und gegenüber einer mitversicherten Person nicht geltend gemacht werden.

Übersicht

	Rdn.		Rdn.
A. Allgemeines	1	II. Inhalt und Umfang des Versicherungsschutzes (Abs. 2 Satz 1)	5
B. Tatbestand	2		
I. Mindestversicherungssumme (Abs. 1)	2	III. Selbstbehalt (Abs. 2 Satz 2)	10

Schrifttum:
Armbrüster/Dallwig, Die Rechtsfolgen übermäßiger Deckungsbegrenzungen in der Pflichtversicherung, VersR 2009, 150; *Dallwig*, Deckungsbegrenzungen in der Pflichtversicherung, Diss. Berlin, 2010; *ders.*, Deckungsbegrenzungen in der Pflichtversicherung, ZVersWiss 2009, 47; *Franck*, Der Direktanspruch gegen den Haftpflichtversicherer, 2014; *Schirmer/Höhne*, Die Zulässigkeit von Selbstbehalten in der KH-Versicherung, DAR 1999, 433.

A. Allgemeines

Häufig werden in den Rechtsvorschriften, die eine Versicherungspflicht begründen, auch die Mindestversicherungssummen je Versicherungsfall und die Mindestversicherungssumme für alle Versicherungsfälle eines Versicherungsjahres speziell geregelt (z.B. in der Berufshaftpflichtversicherung für Versicherungsvermittler gemäß § 9 II VersVermV: je Versicherungsfall 1,13 Million Euro und für alle Versicherungsfälle eines Jahres 1,7 Million Euro). § 114 enthält Regelversicherungssummen, die es dem Gesetz- oder Verordnungsgeber ermöglichen, auf eine dahingehende Regelung zu verzichten, wenn diese Summen ausreichend erscheinen. 1

---

30 BGH VersR 1984, 226, 227; BGHZ 87, 121, 124 f. = VersR 1983, 688.
31 BK/*Hübsch*, § 158k Rn. 1; P/M/*Knappmann*[27], § 158k Rn. 1; Bronisch/Sasse/*Starke*, Recht der privaten Versicherungen, Losebl.-Ausg. Stand 1966, § 158k Anm. 1; a.A. PK/*Hübsch*, § 113 Rn. 13.
32 BGH VersR 1987, 1034, 1036 unter ausdrücklicher Ablehnung der Rechtsprechung des OLG Karlsruhe (VersR 1980, 937 f.); OLG Düsseldorf zfs 1981, 149; VersR 1993, 1417 f.; wohl auch OLG Schleswig VersR 1996, 1095, 1096; B/M/*Johannsen*[8], Bd. V, Anm. B 96; Feyock/Jacobsen/Lemor/*Feyock*, KraftfahrtVers, 3. Aufl. 2009, § 3 PflVG Rn. 3; P/M/*Knappmann*, § 113 Rn. 2; R/L/*Langheid*, VVG, § 2 PflVG Rn. 6; *Yeh*, Der Verkehrsopferschutz und dessen Entwicklung, 2007, S. 95.
33 Vgl. Begr. RegE BT-Drucks. 16/3945 S. 87.

B. Tatbestand

I. Mindestversicherungssumme (Abs. 1)

2 Abs. 1 legt Mindestversicherungssummen fest, die nur dann zur Anwendung kommen, wenn in der Anordnung der Versicherungspflicht keine entsprechenden Regelungen getroffen worden sind. Abs. 1 ist insoweit **subsidiär**.[1] Da es allerdings in vielen Fällen bei der Anordnung einer Versicherungspflicht versäumt wird, die Mindestversicherungssumme vorzugeben, hält es der Gesetzgeber für unerträglich, die Bestimmung der Versicherungssummen allein den AVB zu überlassen.[2] Abs. 1 soll insoweit einen **einheitlichen Mindeststandard** schaffen, der vom VR grundsätzlich nicht unterschritten werden darf. Allerdings kann das Spezialgesetz Mindestversicherungssummen anordnen, die niedriger sind als es Abs. 1 vorsieht.[3] In diesen Fällen können auch die AVB niedrigere Versicherungssummen regeln als in Abs. 1 vorgesehen.

3 Abs. 1 sieht eine Mindestversicherungssumme von 250.000 Euro je Versicherungsfall vor. Er differenziert dabei nicht zwischen Personen-, Sach- oder Vermögensschäden und gilt damit uneingeschränkt für alle Haftpflichtversicherungen zu deren Abschluss eine Verpflichtung durch Rechtsvorschrift besteht. Auf die Kritik der Versicherungswirtschaft, dass eine solche Höhe insbesondere für Vermögensschäden unverhältnismäßig sei,[4] hat der Gesetzgeber nicht reagiert und auf eine Sonderregelung für Vermögensschäden verzichtet.

4 Abs. 1 belässt es jedoch nicht bei der Festlegung einer Mindestversicherungssumme für den einzelnen Versicherungsfall, sondern legt eine **Jahreshöchstersatzleistung/Jahresmaximierung** von einer Million Euro fest. Eine Festlegung allein des Betrags je Versicherungsfall würde bei bestimmten Risiken einen am Versicherungsmarkt möglicherweise nicht erhältlichen unbegrenzten Versicherungsschutz zur Folge haben.[5] Dem Abs. 1 lässt sich keine gesetzgeberische Vorgabe entnehmen, wonach die Jahresmaximierung immer das 4fache der Mindestversicherungssumme pro Versicherungsfall betragen muss.[6] Schreibt ein Spezialgesetz etwa allein eine Mindestversicherungssumme von 300.000 Euro je Versicherungsfall aber keine Jahreshöchstersatzleistung vor, so beträgt die Jahresmaximierung nicht 1,2 Mio. Euro (= 4fache), sondern es gilt die subsidiär in Abs. 1 festgelegte Jahresmaximierung von 1 Mio. Euro.

II. Inhalt und Umfang des Versicherungsschutzes (Abs. 2 Satz 1)

5 Zunächst regelt Abs. 2 Satz 1, dass sich Inhalt und Umfang der Pflichtversicherung nach dem Versicherungsvertrag bestimmen. Zwar sollten sich Inhalt und Umfang der Pflichtversicherung grundsätzlich aus den Rechtsvorschriften ergeben, die die Versicherungspflicht anordnen. Die Spezialvorschriften sehen teilweise jedoch nur eine Anordnung der Mindestversicherungssummen vor. Spezielle gesetzliche Regelungen zu Deckungseinschränkungen (**Risikoausschlüsse**) stellen eher die Ausnahme als den Regelfall dar. Deckungsbeschränkungen sind aber notwendig, damit Erstversicherer Rückversicherungsschutz erhalten können und die Versicherungsleistungen für die VN bezahlbar bleiben. Anders als noch der Entwurf der Kommission und der Referentenentwurf sieht Abs. 2 Satz 1 daher eine Regelung zur Beschränkung des Versicherungsschutzes vor. Der Wortlaut der Vorschrift lässt insoweit keinen Zweifel daran, dass eine **vertragliche Begrenzung der Deckung** möglich ist, soweit die Erreichung des **Zwecks der Pflichtversicherung nicht gefährdet** wird und durch **Rechtsvorschrift nicht etwas anderes bestimmt** ist.[7] Auch unter Geltung des alten VVG hatte die Versicherungswirtschaft im Einvernehmen mit dem damaligen BAV Risikoausschlüsse in ihren Pflichthaftpflichtversicherungsverträgen vereinbart.[8] Diese Praxis wird damit durch Abs. 2 legitimiert.

6 Eine versicherungsvertragliche Regelung aber, wonach der Versicherungsschutz für die Haftung des Rechtsanwalts für Vermögensschäden ausgeschlossen sein soll, sofern sie von seinem Erfüllungsgehilfen (§ 278 BGB) verursacht worden sind, ist unzulässig, da § 51 I 2 BRAO als spezielle Rechtsvorschrift i.S.d. Abs. 2 Satz 1 ausdrücklich etwas anderes bestimmt.

Inwieweit sich eine zulässige Begrenzung des Versicherungsschutzes auch auf das **Außenverhältnis** des VR zum geschädigten Dritten auswirkt, hängt dabei grundsätzlich davon ab, ob die Deckungsbegrenzung aus einer Obliegenheitsverletzung resultiert oder ob ein Risikoausschluss vorliegt (vgl. dazu bei § 117).

7 Abs. 2 Satz 1 gestaltet darüber hinaus die allgemeine Regelung des § 307 II Nr. 2 BGB über die **Inhaltskontrolle von AGB** näher aus. Grundsätzlich finden im Rahmen der Prüfung der sog. Vertragszweckgefährdung

---

1 Vgl. z.B. § 4 II PflVG i.V.m. der Anlage zu § 4 II PflVG Mindestversicherungssummen für die Kfz-Haftpflichtversicherung.
2 Begr. RegE BT-Drucks. 16/3945 S. 88.
3 Vgl. z.B. die Anlage zu § 4 II PflVG, wonach die Mindestversicherungssumme für Vermögensschäden lediglich 50.000 Euro beträgt.
4 Stellungnahme des GDV zum RefE v. 13.03.2006, S. 49 unter Hinweis auf die Anlage zu § 4 II PflVG, in der für reine Vermögensschäden eine Mindestversicherungssumme von 50.000 Euro angeordnet ist.
5 Begr. RegE BT-Drucks. 16/3945 S. 88.
6 *Dallwig*, Deckungsbegrenzungen in der Pflichtversicherung, § 2 B I 2.
7 Vgl. auch *Dallwig*, Deckungsbegrenzungen in der Pflichtversicherung, § 2 B III.
8 Vgl. die Stellungnahme des GdV zum RefE v. 13.03.2006, S. 50.

gem. § 307 II Nr. 2 BGB nur die Interessen des Verwendungsgegners (also des VN) Berücksichtigung. Abs. 2 Satz 1 stellt aber ausdrücklich (auch) auf den jeweiligen Zweck der Pflichtversicherung ab. Zweck einer Pflichtversicherung ist immer auch, dem Geschädigten einen verhandlungs- und zahlungsbereiten, weitgehend insolvenzsicheren Schuldner zu geben. Demnach sind bei einer Inhaltskontrolle nach § 307 II Nr. 2 BGB immer auch die Interessen des Dritten angemessen mit einzubeziehen.[9]

Fraglich ist, welche **Rechtsfolgen** sich ergeben, wenn eine versicherungsvertragliche Regelung den Zweck der Pflichtversicherung gefährdet oder gegen gesetzliche Bestimmungen verstößt. Naheliegend ist zunächst, dass eine solche Regelung einer Inhaltskontrolle nach § 307 BGB nicht standhält oder wegen § 305c BGB nicht Vertragsbestandteil wird.[10] Die Vereinbarung ist dann **unwirksam**[11] bzw. nicht Vertragsbestandteil geworden und auf Grund des Verbots einer geltungserhaltenden Reduktion ist der Versicherungsvertrag zu den Bedingungen geschlossen, die die gesetzlichen Anforderungen erfüllen. Eine Erfüllungshaftung des VR[12] ist dann nicht erforderlich. 8

Bei systematischer Verwendung von AVB, die den Zweck der Pflichtversicherung gefährden oder gegen gesetzliche Bestimmungen verstoßen, kommt auch ein Einschreiten einer **Aufsichtsbehörde** im Rahmen der allgemeinen Rechtsaufsicht gem. §§ 294 III, 298 I VAG in Betracht. Abs. 2 Satz 1 i.V.m. der speziellen Vorschrift zum Deckungsumfang der Pflichtversicherung stellen insoweit Vorschriften dar, die das Versicherungsverhältnis betreffen (vgl. § 294 III VAG). Zuletzt bleibt die Möglichkeit, dass die **Stelle, die die Einhaltung der Versicherungspflicht** überwacht, den VN darauf hinweist, dass seine Haftpflichtversicherung nicht den gesetzlichen Anforderungen entspricht und ihn anweist, für ausreichenden Versicherungsschutz zu sorgen. 9

III. Selbstbehalt (Abs. 2 Satz 2)

Nach Abs. 2 Satz 2 kann ein Selbstbehalt des VN weder dem geschädigten Dritten noch einem Mitversicherten entgegengehalten werden. Damit geht der Gesetzgeber davon aus, dass grundsätzlich ein Selbstbehalt auch in der Pflichtversicherung vereinbart werden kann.[13] Die bisher insbes. für die Kfz-Haftpflichtversicherung diskutierte Frage der Zulässigkeit eines Selbstbehalts hat sich damit erledigt.[14] Ein solcher Selbstbehalt darf aber weder den Zweck der Pflichtversicherung gefährden noch gegen anderweitige Rechtsvorschriften verstoßen (Abs. 2 Satz 1). Er muss daher insbes. der **Höhe** nach angemessen begrenzt sein. So ist nach § 51 V BRAO und § 19a IV BNotO in der Berufshaftpflichtversicherung für Rechtsanwälte und Notare ein Selbstbehalt nur in Höhe von 1 v.H. der Mindestversicherungssumme zulässig. 10

Sofern der Versicherungsvertrag oder die AVB einen Selbstbehalt in zulässiger Weise vorsehen, kann er gem. Abs. 2 Satz 2 dem Dritten nicht entgegen gehalten werden. Steht dem Dritten demnach ein Direktanspruch nach § 115 I zu, besteht dieser in voller Höhe ohne Abzug eines Selbstbehalts. Entsprechendes gilt, wenn der Dritte zunächst gegen den VN klagt und anschließend dessen Deckungsanspruch pfändet und sich überweisen lässt. Geht der Dritte dann auf Grundlage des Pfändungs- und Überweisungsbeschlusses gegen den VR vor, muss er sich den vereinbarten Selbstbehalt nicht entgegenhalten lassen.[15] In diesen Fällen ist daher der VR auf den Rückgriff in Höhe des wirksam vereinbarten Selbstbehalts bei dem VN angewiesen. Daraus ergibt sich eine **Risikoverlagerung auf den VR**, da er das Risiko der Insolvenz des VN trägt. Auch gegenüber dem **(Mit-)Versicherten** kann ein Selbstbehalt nicht geltend gemacht werden, so dass die vorhergehenden Ausführungen für ihn entsprechend gelten. 11

Ein Arbeitgeber, der als VN mit dem Kfz-Haftpflichtversicherer einen Selbstbehalt vereinbart hat, kann diesen Selbstbehalt im Rahmen des innerbetrieblichen Schadensausgleiches nicht von seinem Arbeitnehmer als mitversicherte Person geltend machen. Eine dementsprechende arbeitsvertragliche Regelung stellt ein unangemessene Benachteiligung i.S.d. § 307 II Nr. 1 BGB dar.[16]

Für die **Verjährung** des Anspruchs auf Zahlung des Selbstbehalts nach erfolgter Regulierung gelten die allgemeinen Regeln der §§ 195, 199 BGB.

---

9 OLG Frankfurt (Main) r+s 2011, 17; PK/*Huber*, § 114 Rn. 5; P/M/*Knappmann*, § 114 Rn. 2; anders *Armbrüster/Dallwig* VersR 2009, 150, 151: § 114 II 1 als alleiniger Prüfungsmaßstab; *Dallwig*, Deckungsbegrenzungen in der Pflichtversicherung, § 2 B VII: strikte dogmatische Trennung zwischen § 307 BGB – alleiniger Schutz der Interessen des Vertragspartners/VN – und § 114 II 1 – alleiniger Schutz des geschädigten Dritten.

10 So auch PK/*Huber*, § 114 Rn. 8 (Inhaltskontrolle); P/M/*Knappmann*, § 114 Rn. 2; zu übermäßigen Deckungsbegrenzungen vgl. *Armbrüster/Dallwig* VersR 2009, 150 ff. und *Dallwig*, Deckungsbegrenzungen in der Pflichtversicherung, § 2 B VI, wonach an Stelle der unwirksamen – im Wege ergänzender Vertragsauslegung – die gerade noch zulässigen Deckungsbegrenzungen treten sollen; a.A. *Franck*, S. 110 f., wonach entsprechende Regelungen gem. § 134 BGB bereits nichtig sein sollen.

11 Vgl. z.B. OLG Frankfurt (Main) r+s 2011, 17, 18 f.

12 *Niederleithinger*, B § 117 (S. 215) Rn. 5; PK/*Huber*, § 114 Rn. 8.

13 Vgl. Begr. RegE BT-Drucks. 16/3945 S. 88.

14 Vgl. zur alten Rechtslage *Schirmer/Höhne* DAR 1999, 433; P/M/*Knappmann*, § 4 KfzPflVV Rn. 10, 11.

15 Begr. RegE BT-Drucks. 16/6627, S. 7; *Dallwig* ZVersWiss 2009, 47, 53.

16 BAG NZA 2013, 622, 623.

Die Vereinbarung eines Selbstbehalts im Rahmen eines Pflichtversicherungsverhältnisses soll bei entsprechender Vertragsgestaltung nicht zu einer **Versicherungssteuerpflicht** der Zahlungen im Rahmen eines Selbstbehalts führen.[17]

§ 115 Direktanspruch.

(1) Der Dritte kann seinen Anspruch auf Schadensersatz auch gegen den Versicherer geltend machen,
1. wenn es sich um eine Haftpflichtversicherung zur Erfüllung einer nach dem Pflichtversicherungsgesetz bestehenden Versicherungspflicht handelt oder
2. wenn über das Vermögen des Versicherungsnehmers das Insolvenzverfahren eröffnet oder der Eröffnungsantrag mangels Masse abgewiesen worden ist oder ein vorläufiger Insolvenzverwalter bestellt worden ist oder
3. wenn der Aufenthalt des Versicherungsnehmers unbekannt ist.

Der Anspruch besteht im Rahmen der Leistungspflicht des Versicherers aus dem Versicherungsverhältnis und, soweit eine Leistungspflicht nicht besteht, im Rahmen des § 117 Abs. 1 bis 4. Der Versicherer hat den Schadensersatz in Geld zu leisten. Der Versicherer und der ersatzpflichtige Versicherungsnehmer haften als Gesamtschuldner.

(2) Der Anspruch nach Absatz 1 unterliegt der gleichen Verjährung wie der Schadensersatzanspruch gegen den ersatzpflichtigen Versicherungsnehmer. Die Verjährung beginnt mit dem Zeitpunkt, zu dem die Verjährung des Schadensersatzanspruchs gegen den ersatzpflichtigen Versicherungsnehmer beginnt; sie endet jedoch spätestens nach zehn Jahren von dem Eintritt des Schadens an. Ist der Anspruch des Dritten bei dem Versicherer angemeldet worden, ist die Verjährung bis zu dem Zeitpunkt gehemmt, zu dem die Entscheidung des Versicherers dem Anspruchsteller in Textform zugeht. Die Hemmung, die Ablaufhemmung und der Neubeginn der Verjährung des Anspruchs gegen den Versicherer wirken auch gegenüber dem ersatzpflichtigen Versicherungsnehmer und umgekehrt.

Übersicht

	Rdn.		Rdn.
A. Allgemeines	1	III. Gesamtschuldnerschaft (§ 115 I 4)	16
B. Tatbestand	2	C. Rechtsfolgen	20
I. Anwendungsfälle des Direktanspruchs	2	I. Leistung des VR	20
1. Allgemeines	2	II. Verjährung (§ 115 II)	21
2. Begriff des Dritten	6	1. Höchstfrist (§ 115 II 2 HS. 2)	24
3. Gerichtsstand	8	2. Hemmung (§ 115 II 3)	26
4. Die Anwendungsfälle des Direktanspruchs im Einzelnen (§ 115 I 1 Nrn. 1–3)	9	a) Hemmungsbeginn mit Anmeldung des Anspruchs beim VR	27
II. Umfang der Leistungspflicht des Haftpflichtversicherers gegenüber dem Dritten (§ 115 I 2)	12	b) Hemmungsende mit Entscheidung des Versicherers	28
		3. Drittwirkung (§ 115 II 4)	33
		D. Beweislast	34

Schrifttum:
Abram, Der Direktanspruch des Geschädigten gegen den Pflicht-Haftpflichtversicherer seines Schädigers außerhalb des PflVG – »Steine statt Brot«?, VP 2008, 77; *Armbrüster*, Prozessuale Besonderheiten in der Haftpflichtversicherung, r+s 2010, 441; *von Bar*, Die Verjährung von Ansprüchen aus Verkehrsunfall, NJW 1977, 143; *H. Baumann*, Zur unmittelbaren Schadensersatzpflicht des Haftpflichtversicherers gegenüber dem Dritten, VersR 2004, 944; *Bihler*, Zur Frage der Verjährung des Regressanspruchs des Kraftfahrthaftpflichtversicherers, zfs 2008, 94; *Franck*, Der Direktanspruch gegen den Haftpflichtversicherer, 2014; *Fuchs-Wissemann*, Verschuldensnachweis und Direktanspruch, VersR 1985, 219; *Gruber*, Der Direktanspruch gegen den Versicherer im neuen deutschen Kollisionsrecht, VersR 2001, 16; *Keppel*, Wird der vom RegE eines VVG geplante Direktanspruch des Geschädigten gegen den Pflichthaftpflichtversicherer ein stumpfes Schwert?, ZVersWiss Supplement 2007, 109; *Landwehr*, VersR 1965, 1113; *Meixner/Schröder*, Verjährungsunterbrechendes Anerkenntnis eines Haftpflichtversicherers, DStR 2007, 1012; *Müller-Stüler*, Der Direktanspruch gegen den Haftpflichtversicherer, 1966; *Prölss*, NJW 1965, 1737; *ders.*, Internationalrechtliche Aspekte der Kraftfahrt-Haftpflichtversicherung, 1957, S. 12; *Reiff*, Verjährungshemmung nur bei erstmaliger Anmeldung eines Kfz-Haftpflichtschadens, LMK 2003, 99; *Schirmer*, Die Haftpflichtversicherung nach der VVG-Reform, ZVersWiss Supplement 2006, 427; *Seetzen*, VersR 1970, 1; *Sieg*, Der Anspruch des Drittgeschädigten gegen den Haftpflichtversicherer, ZVersWiss 1965, 357; *Thalmair*, Die Haftpflichtversicherung nach der VVG-Reform, ZVersWiss Supplement 2006, 459; *Theil*, Der Direktanspruch nach § 3 PflVG und der Gerichtsstand des § 48 VVG, VersR 1980, 810; *Weber*, Direktanspruch ohne Verschuldensnachweis?, VersR 1985, 1004.

---

17 Vgl. dazu *Heitmann/Mühlhausen* VersR 2009, 874 ff.; BFH DStR 2010, 441.

A. Allgemeines

§ 115 begründet einen Direktanspruch des geschädigten Dritten gegen den Versicherer für die dort genannten Fälle. Damit soll seine Rechtsstellung verbessert werden, da ihm neben dem VN ein solventer Schuldner zur Verfügung gestellt wird. § 115 gewährt einen Direktanspruch nur in den in § 115 I 1 Nr. 1–3 genannten Fällen und auf Grund der systematischen Stellung des § 115 nur bei Bestehen einer Pflichthaftpflichtversicherung.[1] Von der ursprünglichen Absicht des Gesetzgebers, einen **allgemeinen Direktanspruch** einzuführen,[2] wurde im Zuge der Beratungen im Rechtsausschuss des Deutschen Bundestages in letzter Minute abgesehen.[3] Der als Kernstück der VVG-Reform angepriesene Direktanspruch beschränkt sich nunmehr auf die **abschließend** in § 115 I 1 **genannten Fälle** der Haftung nach dem PflVG (Nr. 1), der Insolvenz des VN (Nr. 2) und des unbekannten Aufenthalts des VN (Nr. 3).[4] Damit hat der Gesetzgeber den Direktanspruch auf die wesentlichen Problembereiche beschränkt und die Kritik von Versicherungswirtschaft und Berufsverbänden berücksichtigt. Diese hatten eingewandt, dass ein allgemeiner Direktanspruch zu höheren Versicherungsbeiträgen insbes. für freie Berufsträger führen würde und dass der Versicherungsfall–anders als im Straßenverkehr–im Bereich der Berufshaftpflichtversicherung gerade **kein Massenphänomen** darstelle.

B. Tatbestand
I. Anwendungsfälle des Direktanspruchs
1. Allgemeines

§ 115 I gibt dem geschädigten Dritten die Möglichkeit, neben den VN auch dessen Pflichthaftpflichtversicherung direkt in Anspruch zu nehmen. Der VR haftet insoweit als **Gesamtschuldner** (vgl. Abs. 1 S. 4) neben den sonstigen Anspruchsgegnern des Dritten, soweit sie in das Versicherungsverhältnis einbezogen sind, d.h. insbes. VN und Mitversicherte.[5] Der Dritte ist daher nicht darauf angewiesen, zunächst gegen den VN zu klagen und bei Erfolg im Wege der Zwangsvollstreckung den versicherungsrechtlichen Deckungsanspruch des VN gegen seinen Pflichtversicherer zu pfänden und sich überweisen zu lassen (vgl. §§ 829, 835, 836 ZPO). Die Gewährung eines Direktanspruchs stellt damit eine wesentliche **Vereinfachung der Anspruchsdurchsetzung** zu Gunsten des geschädigten Dritten dar. Steht dem Dritten nach Abs. 1 S. 1 ein Direktanspruch zu, so **kann** er diesen gegen den VR geltend machen, muss es aber nicht. Insoweit hat er ein **Wahlrecht**, ob er direkt gegen den VR oder zunächst gegen den VN vorgeht.[6] Er kann auch gegen alle (VR, VN, Versicherter) gemeinsam vorgehen. Neben der Pfändung und Überweisung des Deckungsanspruchs besteht weiter die Möglichkeit, dass der VN seinen Deckungsanspruch an den Dritten freiwillig abtritt (§ 398 BGB). Auch dann kann der Dritte direkt gegen den VR vorgehen. Die Möglichkeit der **Abtretung** ist im Zuge der VVG-Reform verbessert worden, da gem. § 108 II ein Abtretungsverbot in AVB unwirksam ist.

Bei dem Direktanspruch des Dritten handelt es sich nicht um einen Anspruch aus dem Versicherungsvertrag, sondern um einen Schadensersatzanspruch überwiegend **deliktsrechtlicher Natur** mit gewissen Anknüpfungspunkten im Versicherungsverhältnis.[7] Diese Anknüpfungspunkte ergeben sich dabei insbes. daraus, dass der Direktanspruch in seiner ersten Variante (§ 115 I 2 Fall 1) nur im Rahmen der Leistungspflicht des Versicherers aus dem Versicherungsverhältnis besteht und in seiner zweiten Variante (§ 115 I 2 Fall 2 i.V.m. § 117 I bis IV) ebenfalls in verschiedener Hinsicht von der vertraglichen Ausgestaltung abhängt. Der Anspruch des Dritten leitet sich aber als solcher direkt aus dem Gesetz ab, das ihm das Recht gewährt, seinen aus den allgemeinen haftungsrechtlichen Vorschriften folgenden Schadensersatzanspruch auch gegen den VR geltend zu machen. Das Gesetz gibt dem Geschädigten somit auf Grund eines **gesetzlich angeordneten Schuldbeitritts** in der Person des VR einen weiteren Schuldner für seinen deliktischen Schadensersatzanspruch. Daraus ergibt sich, dass ein Direktanspruch nur gegeben sein kann, wenn auch ein haftungsrechtlicher Anspruch gegen den VN besteht.

---

1 OLG Bremen r+s 2012, 484.
2 Im Regierungsentwurf vom 20.12.2006 war insoweit noch ein allgemeiner Direktanspruch enthalten, vgl. Begr. RegE BT-Drucks. 16/3945 S. 50, 88; eine umfassende Diskussion pro und contra eines generellen Direktanspruchs und zum Gesetzgebungsverfahren gibt *Franck*, S. 44 f., S. 77 f.
3 Vgl. dazu BT-Drucks. 16/5862 S. 95.
4 Kritisch dazu *Abram* VP 2008, 77, 78 f.
5 BGH VersR 1992, 485, 486; VersR 1981, 134; OLG Karlsruhe VersR 1986, 155, 156.
6 BGHZ 69, 153, 157 = VersR 1977, 960; OLG Hamburg VersR 1972, 631.
7 BGHZ 152, 298, 302 = VersR 2003, 99; BGHZ 67, 372, 375 = VersR 1977, 282; BGHZ 57, 265, 269 f. = VersR 1972, 255; *Prölss* NJW 1965, 1737, 1738; *ders.*, S. 12; *Sieg* ZVersWiss 1965, 357, 361, 378; *Müller-Stüler*, S. 141 ff.; P/M/*Knappmann*, § 115 Rn. 11, 15; R/L/*Langheid*, § 115 Rn. 10; a.A. *Franck*, S. 31 f.; *Landwehr* VersR 1965, 1113, 1115 ff.; *Seetzen* VersR 1970, 1.

§ 115 Direktanspruch

4 Die **Fälligkeit** des Direktanspruchs richtet sich nach § 271 BGB. Dem VR ist insoweit keine Aufklärungsfrist einzuräumen.[8] Im Fall eines **Anerkenntnisses** des VR beschränkt sich seine Haftung nach Abs. 1 – auch ohne ausdrücklichen Hinweis – auf die Höhe der Versicherungssumme.[9]

5 Während der geschädigte Dritte gegenüber dem VN als Schädiger ein Wahlrecht hat, ob er den Schadensausgleich durch Naturalrestitution (§ 249 I BGB) oder den dafür erforderlichen Geldbetrag verlangt, ist der VR gegenüber dem Dritten gem. **Abs. 1 S. 3** nur zum **Geldersatz** verpflichtet. Dies schließt nicht aus, dass der Dritte vollen Ersatz der für ein Ersatzfahrzeug aufzuwendenden Kosten beanspruchen kann, wenn er dem VR des Schädigers das beschädigte Fahrzeug zur Verwertung zur Verfügung stellt.[10]

In der Praxis kann es u.U. für den geschädigten Dritten schwierig sein, herauszufinden, wer der zuständige Pflichthaftpflichtversicherer des Schädigers ist.[11] In diesen Fällen hat der Dritte einen einklagbaren **Auskunftsanspruch** aus der Sonderrechtsbeziehung zum Schädiger[12] oder kann sich an eine entsprechende Auskunftsstelle wenden (z.B. Zentralruf der Autoversicherer oder Rechtsanwaltskammern, § 51 VI 2 BRAO).[13] Voraussetzung eines solchen Auskunftsanspruches ist aber stets ein bestehender Direktanspruch.[14]

2. Begriff des Dritten

6 Dritter i.S.d. § 115 ist – wie bei § 117 – grds. jeder, der einen von der betreffenden Haftpflichtversicherung abgedeckten Anspruch gegen den VN hat.[15] Dritter ist grundsätzlich auch der **Rechtsnachfolger** des Geschädigten,[16] aber auch der **VN/Versicherte** selbst, wenn er z.B. Ansprüche gegen Mitversicherte hat; zu beachten sind aber Ausschlüsse in den AVB, z.B.A.1.5.6 AKB 2015.[17] Besteht in den letztgenannten Fällen gegenüber dem VN allerdings Leistungsfreiheit, schlägt das Innenverhältnis auf das Außenverhältnis durch, und der VR ist gegenüber dem VN nicht zur Zahlung verpflichtet, da er ihn in Regress nehmen könnte (vgl. bei § 117 Rdn. 7). Da insoweit Regressbeschränkungen und geschäftsplanmäßige Erklärungen zu berücksichtigen sind, bleibt der VR jedoch insoweit leistungspflichtig, wie er mit seinem Regressanspruch ausgeschlossen ist (vgl. § 116 Rdn. 6).

7 Unter den Begriff des Dritten fällt ein Versicherter, der mit dem VN gesamtschuldnerisch gegenüber dem Geschädigten haftet, nicht, wenn er gegenüber seinem eigenen VR den **Ausgleichsanspruch** gegen den VN wegen der Mithaftung gegenüber dem Geschädigten geltend macht.[18] Nach überwiegender Ansicht ist der **(Mit-)Schädiger** nicht Dritter i.S.d. § 115, so dass er seinen Ausgleichsanspruch gegen einen anderen Schädiger nicht gegenüber dessen VR geltend machen kann.[19]

3. Gerichtsstand

8 Verklagt der Dritte allein den VR, so findet **§ 215 I** (Gerichtsstand des Wohnsitzes des VN) grundsätzlich keine Anwendung, da es sich um einen überwiegend deliktsrechtlichen Anspruch handelt und nicht – wie § 215 I voraussetzt – um einen Anspruch aus dem Versicherungsvertrag oder der Versicherungsvermittlung. § 215 I schützt den VN und den Versicherten. Bereits unter Geltung des § 48 a.F. (Gerichtsstand der Agentur) war anerkannt, dass die für Vertragsansprüche vorgesehenen Gerichtsstände auf den Direktanspruch aus § 3 Nr. 1 PflVG a.F. keine Anwendung finden sollten.[20] Das für den Direktanspruch örtlich zuständige Gericht bestimmt sich daher grds. gem. **§§ 17, 12 ZPO** nach dem **Firmensitz des VR**.[21] Auch § 21 ZPO (Zweigniederlassung, z.B. Schadensbüro) findet für den Direktanspruch grundsätzlich keine Anwendung.[22] Sofern jedoch § 32 ZPO (Gerichtsstand der unerlaubten Handlung bzw. § 20 StVG) für die Klage gegen den VN einschlägig

---

8 P/M/*Knappmann*[27], § 3 Nrn. 1, 2 PflVG Rn. 6.
9 OLG Hamburg VersR 1980, 726; P/M/*Knappmann*, § 115 Rn. 14.
10 BGH VersR 1983, 758, 759; a.A. OLG Hamburg VersR 1974, 392, 393.
11 *Thalmair* ZVersWiss Supplement 2006, 459, 466; *Schirmer* ZVersWiss Supplement 2006, 427, 443; *Keppel* ZVersWiss Supplement 2007, 109, 110.
12 *Keppel* ZVersWiss Supplement 2007, 109, 110; *Abram* VP 2008, 77, 78; *Schimikowski/Höra*, S. 163.
13 VG Hamburg, Beschluss vom 10.09.2010, 15 K 1352/10, BeckRS 2010, 54505.
14 OLG Celle, Beschluss vom 05.07.2011, 3 U 83/11, BeckRS 2011, 20746; VG Hamburg DStRE 2011, 596, 598; *Dahns* NJW 2007, 1553.
15 BGH VersR 1971, 1161, 1162; P/M/*Knappmann*, § 115 Rn. 3.
16 BGHZ 44, 166, 167; 7, 244, 248 ff.; offen gelassen in BGHZ 20, 371, 376 ff.
17 BGH VersR 2008, 1202 = NJW-RR 2008, 1350; OLG Hamm VersR 1994, 301; OLG Karlsruhe VersR 1986, 155; LG Hildesheim, zfs 2002, 219, 220; BK/*Beckmann*, § 158c Rn. 25; P/M/*Knappmann*, § 115 Rn. 3.
18 BGHZ 55, 281, 286 f. = VersR 1971, 429; OLG Köln VersR 1975, 725, 726; LG Koblenz VersR 1971, 459 f.; P/M/*Knappmann*, § 115 Rn. 4; R/L/*Langheid*, § 115 Rn. 9; a.A. OLG Hamm VersR 1969, 340, 341.
19 Zu § 3 Nr. 1, 2 PflVG: OLG Zweibrücken VersR 1987, 656, 657; OLG Hamm VersR 1969, 508, 509; KG VersR 1978, 435, 436; P/M/*Knappmann*, § 115 Rn. 4; R/L/*Langheid*, § 115 Rn. 9; BK/*Beckmann*, § 158c Rn. 25; a.A. OLG Köln VersR 1972, 651 f. (bei intaktem Versicherungsverhältnis); AG Frankfurt VersR 1974, 382 f.; B/M/*Johannsen*[8], Bd. V, Anm. B 12, 57.
20 LG München VersR 1974, 738; *Theil* VersR 1980, 810 f.; P/M/*Knappmann*[27], § 3 Nrn. 1, 2 PflVG Rn. 7; R/L/*Langheid*, § 115 Rn. 12.
21 R/L/*Langheid*, § 115 Rn. 12.
22 LG Karlsruhe VersR 1997, 384; Thomas/Putzo/*Hüßtege*, § 21 Rn. 2.

ist, kann auch der VR bei diesem Gericht verklagt werden.[23] Liegt kein gemeinsamer allgemeiner Gerichtsstand für die Klagen gegen VR, VN und/oder Versicherten vor und will der Dritte alle gemeinsam verklagen – was ihm insoweit frei steht – kann ein zuständiges Gericht gemäß **§ 36 I Nr. 3 ZPO** bestimmt werden,[24] da VR, VN und Versicherter nach der Rechtsprechung des BGH **einfache Streitgenossen** sind.[25]

Bei **Verkehrsunfällen im europäischen Ausland** ist das Gemeinschaftsrecht zu beachten, wonach bei einem Versicherungsfall innerhalb der EU der Geschädigte seinen Direktanspruch nach Abs. 1 S. 1 Nr. 1 an seinem **Wohnsitz** gegen einen VR mit Geschäftssitz in einem anderen Mitgliedstaat geltend machen kann.[26]

4. Die Anwendungsfälle des Direktanspruchs im Einzelnen (§ 115 I 1 Nrn. 1–3)

Mit Abs. 1 S. 1 **Nr. 1** wird der bisher in § 3 Nr. 1 PflVG a.F. geregelte Direktanspruch für die Fälle erfasst, dass es sich um eine Haftpflichtversicherung zur Erfüllung einer nach dem **PflVG** bestehenden Versicherungspflicht (§ 1 PflVG) handelt. Dieser Anwendungsfall des Direktanspruchs geht auf zwingende europäische Vorgaben wie das Straßburger Übereinkommen[27] und die Vierte KH-Richtlinie[28] zurück. Der Geschädigte hat aus Gründen des **Opferschutzes** das Recht, seinen Anspruch auf Ersatz eines durch den Gebrauch eines Fahrzeugs auf öffentlichen Wegen oder Plätzen (§ 1 StVG) verursachten Personen-, Sach- oder sonstigen Vermögensschaden gegen den Kfz-Haftpflichtversicherer geltend zu machen. 9

Nach Abs. 1 S. 1 **Nr. 2** ist ein Direktanspruch für alle Pflichthaftpflichtversicherungen gegeben, wenn über das Vermögen des VN das **Insolvenzverfahren** eröffnet (1. Fall), der Eröffnungsantrag mangels Masse abgewiesen (2. Fall) oder ein vorläufiger Insolvenzverwalter bestellt worden ist (3. Fall). Weder der Eintritt der Zahlungsunfähigkeit (§ 17 InsO) noch derjenige der Überschuldung (§ 19 InsO) allein lassen nach dem eindeutigen Wortlaut des Abs. 1 S. 1 Nr. 2 einen Direktanspruch entstehen.[29] Daher kann das Entstehen des Direktanspruchs hinausgezögert werden, wenn es der VN (pflichtwidrig) unterlässt, einen Insolvenzantrag zu stellen. Zu beachten ist, dass gem. § 110 mit Eröffnung des Insolvenzverfahrens gegen den VN der Dritte alternativ auch **abgesonderte Befriedigung** aus dem Freistellungsanspruch des VN verlangen, also gegen den Insolvenzverwalter die VN Zahlungsklage erheben kann.[30] Die ständige Rechtsprechung nimmt darüber hinaus an, dass der Dritte nach Feststellung seines Schadensersatzanspruches in der Insolvenz des VN vom Haftpflichtversicherer unmittelbar Zahlung der Entschädigung verlangen kann (§ 1282 BGB analog).[31] Im Anwendungsbereich des § 115 I Nr. 2 ist ein Rückgriff auf diese letztgenannte Rechtsprechung nun nicht mehr nötig. Der Direktanspruch ergibt sich für die Pflichthaftpflichtversicherung in diesen Fällen nun aus dem Gesetz, und zwar unabhängig von einer vorherigen Feststellung des Schadensersatzanspruches des Dritten gegen den VN. 10

Auf Grund der systematischen Stellung findet die Regelung nur dann Anwendung, wenn es sich um eine obligatorische Haftpflichtversicherung handelt. Bei einer freiwilligen Haftpflichtversicherung gewährt Abs. 1 S. 1 Nr. 2 keinen zusätzlichen Direktanspruch für den Fall der Insolvenz des VN.[32]

Ein Direktanspruch steht dem geschädigten Dritte nach Abs. 1 S. 1 **Nr. 3** auch zu, wenn der **Aufenthalt des VN unbekannt** ist. Zur Auslegung dieses Tatbestandsmerkmals enthalten die Gesetzgebungsmaterialien keine Hinweise. In der Literatur wird daher vorgeschlagen, dieselben Voraussetzungen wie § 185 I ZPO (Zulässigkeit der öffentlichen Zustellung bei unbekanntem Aufenthaltsort einer Person) zu verlangen.[33] Danach ist der Aufenthalt unbekannt, wenn er allgemein und nicht nur dem Zustellungsveranlasser–respektive dem Dritten–nicht bekannt ist.[34] Den Dritten trifft daher eine angemessene **Nachforschungspflicht** (Melderegisteranfrage, Anfrage bei Handels- und Berufskammern, Nachbarn, Bekannten soweit möglich). 11

---

23 BGH VersR 1983, 586; Thomas/Putzo/*Hüßtege*, § 32 Rn. 2; P/M/*Knappmann*, § 115 Rn. 15; *Armbrüster*, r+s 2010, 441, 456.
24 OLG Bremen, Beschluss vom 02.08.2011, 3 AR 6/11, BeckRS 2011, 20429; BayObLG VersR 1988, 642 (nur Leitsätze) = NJW 1988, 2184; P/M/*Knappmann*, § 115 Rn. 15; *Armbrüster*, r+s 2010, 441, 456.
25 BGH VersR 2008, 485; 1981, 1158, 1159; BGHZ 63, 51, 56 f.
26 EuGH VersR 2008, 111 ff. = NJW 2008, 819 ff. »*FBTO/Jack Odenbreit*«; BGH VersR 2008, 955 ff. = NJW 2008, 2343 ff.
27 Europäisches Übereinkommen über die obligatorische Haftpflichtversicherung für Kraftfahrzeuge vom 20.04.1959, VerBAV 1965, 108; auch abgedruckt in Feyock/Jacobsen/Lemor, KraftfahrtVers, 3. Aufl. 2009, S. 1070 ff.
28 Richtlinie 2000/26/EG des Europäischen Parlaments und des Rates vom 16.05.2000 zur Angleichung der Rechtsvorschriften der Mitgliedstaaten über die Kraftfahrzeug-Haftpflichtversicherung, und zur Änderung der Richtlinien 73/239/EWG und 88/357/EWG des Rates (Vierte Kraftfahrzeughaftpflicht-Richtlinie); ABl. Nr. L 181 vom 20.07.2000, S. 0065–0074.
29 Gegen eine analoge Anwendung von § 115 I 1 Nr. 2 in diesen »Grauzonenfällen« ebenfalls *Armbrüster*, r+s 2010, 441, 453; *Franck*, S. 92 f. auch zu weiteren Analogieüberlegungen.
30 Zu § 157 a.F. und § 3 Nr. 1 PflVG a.F.s. P/M/*Voit/Knappmann*[27], § 157 Rn. 9, wonach § 157 a.F. (= § 110) beim Vorgehen aus dem Direktanspruch gegenstandslos werde.
31 BGH VersR 1993, 1222; VersR 1987, 655; VersR 1954, 578; KG VersR 2007, 349, 350.
32 OLG Bremen r+s 2012, 484.
33 PK/*Huber*, § 115 Rn. 9; HK-VVG/*Schimikowski*, § 115 Rn. 4; kritisch *Abram* VP 2008, 77, 78 Fn. 9.
34 KG NJW-RR 2006, 1380, 1381 f.

§ 115 Direktanspruch

Fallen die Voraussetzungen des Abs. 1 Nr. 2 **oder** Nr. 3 nach **Klageerhebung** weg, muss der klagende Dritte reagieren, um keine Klageabweisung wegen fehlender **Passivlegitimation** des VR zu riskieren. Der Dritte muss seine Klage nunmehr allein gegen den VN richten, da ein Direktanspruch gegen den VR nicht (mehr) gegeben ist. Die Auswechslung des Beklagten ist bis zur Rechtskraft des Urteils gegen die Altpartei (VR) grundsätzlich möglich (§ 269 Abs. 3 S. 1 ZPO analog). Falls die Altpartei schon mündlich verhandelt hat, ist ihre Zustimmung zwar nötig (vgl. § 269 Abs. 1 ZPO), der Versicherer darf und wird diese jedoch nicht missbräuchlich verweigern. Die Zustimmung des neuen Beklagten (VN) ist hingegen grundsätzlich entbehrlich, da sein Eintritt in den Prozess sachdienlich ist (§ 263 ZPO analog).[35] Dagegen sieht *Armbrüster* in der Direktklagebefugnis eine verfahrensrechtliche Ermächtigung zur Geltendmachung eines fremden – in der Hand des Dritten in einen Zahlungsanspruch verwandelten – Anspruchs. Danach soll es für die Voraussetzungen des Direktanspruchs allein auf den Zeitpunkt der Klageerhebung ankommen.[36] Dass der Gesetzgeber mit der Ausweitung des Direktanspruchs – der im Bereich des § 3 Nr. 1 PflVG a.F. seit langem als eigener Anspruch des Dritten anerkannt war – Ausnahmetatbestände zu zivilprozessualen Grundsätzen (wonach es grundsätzlich auf die Verhältnisse zum Schluss der mündlichen Verhandlung ankommt) schaffen wollte, darf bezweifelt werden.

II. Umfang der Leistungspflicht des Haftpflichtversicherers gegenüber dem Dritten (§ 115 I 2)

12 Zunächst gilt der **Grundsatz der Akzessorietät** zwischen Direktanspruch und Haftpflichtanspruch. Da § 115 einen Schuldbeitritt des VR zur Schadensersatzverpflichtung des VN anordnet, kann der Direktanspruch nicht über den Haftpflichtanspruch des Dritten gegen den VN hinausgehen. Ein Direktanspruch ist daher nur gegeben, wenn der Haftpflichtanspruch wenigstens einmal entstanden ist.

13 Da der Direktanspruch jedoch nur im Rahmen der Leistungspflicht des VR oder nach Maßgabe des § 117 I bis IV besteht, kann er hinter dem Haftpflichtanspruch zurückbleiben, etwa wenn die zulässig vereinbarte Versicherungssumme nicht ausreicht, um den Gesamtschaden des Dritten auszugleichen. Der VR haftet nur in Höhe der Versicherungssumme, obwohl der materielle Haftpflichtanspruch höher ist.

14 Der Akzessorietätsgrundsatz kann in Ausnahmefällen **durchbrochen** werden:[37] So soll der Direktanspruch auch dann weiterbestehen, wenn der Haftpflichtanspruch wegen einer durch Erbschaft eingetretenen **Konfusion** (= Vereinigung von Forderung und Schuld in einer Person) erloschen ist.[38] Der BGH hat weiter speziell für das Sozialhilferecht eine Verselbständigung des Direktanspruchs angenommen, wenn der Haftpflichtanspruch wegen § 116 VI SGB X nicht übergehen kann, da der Akzessorietätsgrundsatz insoweit hinter dem Subsidiaritätsgrundsatz des Sozialhilferechts (§ 2 BSHG a.F.) zurücktrete.[39] Dem Übergang des Direktanspruchs auf den *Sozialhilfeträger* soll danach § 116 VI SGB X ausnahmsweise nicht entgegenstehen. Im Sozialversicherungsrecht bleibt es aber dabei, dass § 116 VI SGB X einen Übergang des Direktanspruchs des Geschädigten gegen den Haftpflichtversicherer auf den Sozialversicherungsträger ausschließt und somit am Akzessorietätsgrundsatz festgehalten wird.[40] Eine Durchbrechung der Akzessorietät kann sich auch ergeben, wenn der Haftpflichtanspruch des Dritten (Arbeitgebers) gegen den VN (Arbeitnehmer) nach den **arbeitsrechtlichen Grundsätzen** der betrieblich veranlassten Tätigkeit ausgeschlossen ist. Dieser Haftungsausschluss soll sich nicht auf den Direktanspruch gegen den VR auswirken.[41] Weiter soll bei der Frage, ob dem Dritten aus Billigkeitsgründen Schadensersatz nach **§ 829 BGB** zuzubilligen ist, im Rahmen der wirtschaftlichen Verhältnisse der Unfallbeteiligten auch berücksichtigt werden, dass für den schuldlos handelnden Schädiger Versicherungsschutz auf Grund einer Pflichtversicherung besteht.[42] Eine an sich materiell-rechtlich nicht vorliegende Haftung wird daher mit dem Argument des bestehenden Pflichtversicherungsschutzes begründet.[43]

15 Der Direktanspruch kann, soweit ein Haftpflichtanspruch des Dritten besteht, in zwei Erscheinungsformen auftreten, nämlich i.R.d. Leistungspflicht des VR oder i.R.d. gesetzlichen Vorgaben des § 117. Da der VR gem. § 115 I 2 Fall 1 und auch nach § 115 I 2 Fall 2 i.V.m. § 117 nur im Rahmen des übernommenen Risikos haftet, besteht ein Direktanspruch nicht, wenn für den Versicherungsfall ein gesetzlicher (insbes. § 103) oder vertraglicher **Risikoausschluss** vorliegt. In diesem Fall ist das dem konkreten Versicherungsfall zu Grunde liegende Risiko von vorneherein nicht versichert gewesen. Ist der VR jedoch lediglich leistungsfrei, weil z.B. eine **Obliegenheitsverletzung** vorliegt oder das Versicherungsverhältnis beendet wurde, besteht der Direktan-

---

35 Vgl. umfassend zum Problem des Parteiwechsels auf Beklagtenseite *Foerste* in Musielak/Voit, ZPO, 12. Aufl. 2015, § 263 Rn. 14 ff.
36 *Armbrüster*, r+s 2010, 441, 442; so wohl auch *Franck*, S. 95 f.
37 Vgl. dazu *Rischar* VersR 1998, 27 ff.
38 OLG Hamm VersR 1995, 454, 455.
39 BGHZ 133, 192, 195 f. = VersR 1996, 1258; Anm. *Plagemann* EWiR 1996, 899; *ders.* NZV 1998, 94; *Schmitt* JR 1997, 194; *Wank* SGb 1997, 345.
40 BGHZ 146, 108, 111 f. = VersR 2001, 215; Anm. *van Bühren* EWiR 2001, 183; *Halm* PVR 2001, 83; *Lemcke* r+s 2001, 114; *Halfmeier/Schnitzler* VersR 2002, 11.
41 BGHZ 116, 200, 207 f. = VersR 1992, 437; Anm. *Ackmann* EWiR 1992, 503; *Drong-Wilmers* VersR 2001, 721.
42 BGHZ 127, 186, 190 ff. = VersR 1995, 96; Anm. *Lieb* MDR 1995, 992.
43 Diesen Gedanken will *Kilian* ZGS 2003, 168 auf die fakultative Haftpflichtversicherung ausweiten.

spruch nach Maßgabe des § 117 I–III (insbes. nur in Höhe der Mindestversicherungssumme, § 117 III) weiter. Die Abgrenzung zwischen Risikoausschlüssen und Obliegenheiten ist daher für den Direktanspruch von entscheidender Bedeutung.

III. Gesamtschuldnerschaft (§ 115 I 4)

Der VR haftet neben dem VN bzw. Versicherten gem. Abs. 1 S. 4 als Gesamtschuldner. Dies gilt auch, wenn der VR trotz Leistungsfreiheit im Innenverhältnis im Außenverhältnis gegenüber dem Dritten haftet (Abs. 1 S. 2 i.V.m. § 117 I–III). Die Haftung des VR setzt ein versicherungsrechtliches Deckungsverhältnis zum VN oder eine Haftung über § 117 I–III voraus und besteht nur im Umfang des versicherten Risikos bzw. im Umfang der Haftung nach den § 117 I–III.[44] Die gesamtschuldnerische Haftung kann auch entstehen, wenn kein versicherungsrechtliches Deckungsverhältnis vorhanden ist, der VR aber nach § 311 II BGB oder § 280 I BGB haftet.[45]

16

Für das Gesamtschuldverhältnis gelten grundsätzlich die **§§ 421 ff. BGB**, soweit sich nicht aus den §§ 113 ff. Sonderregelungen ergeben (z.B. § 116 I als anderweitige Bestimmung zu § 426 I 1 BGB). Entgegen § 423 BGB wirkt ein **Verzicht** des Dritten auf seinen Haftpflichtanspruch ggü. dem VN grundsätzlich auch gegenüber dem VR, da der Direktanspruch akzessorisch zum Haftpflichtanspruch besteht und diesen voraussetzt.[46] Die Annahme, dass es stets eine Auslegungsfrage sei, ob der Verzicht auch auf den Direktanspruch durchschlägt,[47] ist schwerlich mit dem Akzessorietätsgrundsatz vereinbar. Vielmehr handelt es sich um einen Sonderfall, wenn sich der Verzicht lediglich auf den Haftpflichtanspruch bzw. auf den Teil des Haftpflichtanspruchs, der nicht durch Versicherungsschutz gedeckt ist, beschränken soll. Eine solche Einschränkung des Verzichts ist zwar prinzipiell möglich und führt zu einem Fortbestehen des Direktanspruchs, muss jedoch objektiv erkennbar sein.

17

Hat der VN **mehrere Pflichthaftpflichtversicherer**, haften diese gemeinsam mit dem VN/Versicherten gegenüber dem Dritten als Gesamtschuldner. Dies ergibt sich neben Abs. 1 S. 4 aus den Grundsätzen der **Doppelversicherung** (§ 78 I). Im Innenverhältnis haftet gem. § 78 II 1 allein der VR, der gegenüber seinem VN/Versicherten nach dem Versicherungsvertrag zur Leistung verpflichtet ist. Haften beide VR gegenüber dem Dritten, obwohl sie an sich gegenüber ihrem VN leistungsfrei sind (Abs. 1 S. 2 i.V.m. § 117 I–III) so findet § 78 II 1 analoge Anwendung. In diesem Fall sind sie hinsichtlich ihrer Ausgleichsansprüche nach § 116 I 2 gegenüber dem VN Gesamtgläubiger gem. § 428 BGB.

18

Abs. 1 S. 4 ordnet lediglich die gesamtschuldnerische Haftung des VR und seines VN – sei ersterer letzteren gegenüber auch leistungsfrei – an. Abs. 1 S. 4 regelt nach seinem Wortlaut hingegen keine **gesamtschuldnerische Haftung zwischen den VR**, wenn mehrere Schädiger, die bei unterschiedlichen VR versichert sind, den Schaden herbeigeführt haben. Gleichwohl ging die wohl überwiegende Ansicht zur Vorgängerregelung in § 3 Nr. 2 PflVG von einer Gesamtschuldnerschaft zwischen den VR aus.[48] Der Ausgleich zwischen den VR im Innenverhältnis sollte sich dann nach den Verantwortungsbeiträgen der VN gem. §§ 426, 254 BGB richten.[49] Der Annahme einer gesamtschuldnerischen Haftung zwischen den Versicherern ist auch unter Geltung des neuen § 115 der Vorzug zu geben. Zunächst lässt sich die generelle Ablehnung eines Gesamtschuldverhältnisses nicht mehr allein mit dem Schutzzweck des PflVG rechtfertigen,[50] da der Direktanspruch auf die Fälle der Insolvenz und des unbekannten Aufenthalts des VN erweitert worden ist. Des Weiteren führt eine Versagung der gesamtschuldnerischen Haftung dazu, dass der Ausgleichsanspruch unter Umständen von dem bloßen Zufall abhängen könnte, wen der geschädigte Dritte zuerst in Anspruch nimmt.[51]

19

C. Rechtsfolgen

I. Leistung des VR

Befriedigt der VR den Direktanspruch des Dritten gem. § 115 I, so erfüllt er nicht nur seine Verbindlichkeit gegenüber dem Dritten, sondern auch sowohl die Verpflichtung des VN bzw. Versicherten gegenüber dem Dritten (vgl. § 422 I 1 BGB) als auch seine Verpflichtung aus dem Haftpflichtversicherungsvertrag gegenüber dem VN/Versicherten.[52] Letzteres gilt auch, wenn er den Anspruch als unbegründet oder überhöht abwehrt, hinsichtlich seiner Verpflichtung zur Gewährung von Rechtsschutz. Erbringt der VR die Leistung an den Dritten nicht auf Grund des Abs. 1 S. 2 i.V.m. § 117 I–III (krankes Versicherungsverhältnis), sondern im Rah-

20

---

44 BGHZ 79, 170, 172 = VersR 1981, 323; OLG Bamberg VersR 1985, 750.
45 BGHZ 108, 200, 205 ff. = VersR 1989, 948; P/M/*Knappmann*, § 115 Rn. 18.
46 OLG Köln VersR 1969, 1027; P/M/*Knappmann*, § 115 Rn. 23; R/L/*Langheid*, § 115 Rn. 20.
47 PK/*Huber*, § 115 Rn. 18.
48 BGH VersR 1978, 843, 844 ff.; OLG München VersR 2002, 1289; OLG Celle VersR 1973, 1031, 1032; R/L/*Langheid*, § 115 Rn. 18 (jedenfalls, wenn ein VR gegenüber seinem VN leistungsfrei ist); PK/*Huber*, § 115 Rn. 26 (Gesamtschuldner nach § 426 BGB).
49 P/M/*Knappmann*, § 115 Rn. 19.
50 Zu diesem Argument vgl. P/M/*Knappmann*, § 3 Nrn. 1, 2 PflVG Rn. 11; R/L/*Langheid*, § 115 Rn. 18.
51 OLG Hamm VersR 2009, 652, 653; P/M/*Knappmann*, § 115 Rn. 19; R/L/*Langheid*, § 115 Rn. 18.
52 BGH VersR 1984, 327; P/M/*Knappmann*, § 115 Rn. 25.

men seiner bestehenden Leistungspflicht gegenüber dem VN, führt dies dazu, dass Ersatzansprüche des VN gem. § 86 auf ihn übergehen.[53] Weiterhin steht ihm dann das Kündigungsrecht des § 111 zu. Zum Ausgleichsanspruch des Versicherers gegen den VN/Versicherten bei krankem Versicherungsverhältnis, d.h. bei Eingreifen des § 115 I 2 Fall 2, vgl. § 116 Rdn. 3.

II. Verjährung (§ 115 II)

21 Aus dem Grundsatz der Akzessorietät folgt gem. Abs. 2 S. 1 und S. 2 HS. 1, dass für den Direktanspruch die **gleiche Verjährung** und der **gleiche Verjährungsbeginn** gelten wie für den Haftpflichtanspruch des Dritten gegen den VN. Findet somit auf den Haftpflichtanspruch die regelmäßige Verjährungsfrist von drei Jahren gem. § 195 BGB Anwendung und richtet sich der Beginn der Verjährungsfrist nach § 199 I BGB, so gilt dies auch für den Direktanspruch. Nach § 199 I BGB beginnt die Verjährungsfrist mit dem Schluss des Jahres, in dem der Anspruch entstanden ist und der Dritte von den Anspruch begründenden Umständen und der Person des Schuldners Kenntnis erlangt oder ohne grobe Fahrlässigkeit erlangen müsste. Sonderregelungen für die Verjährung des Haftpflichtanspruchs, die von den §§ 195, 199 BGB abweichen, sind im Wege der Schuldrechtsmodernisierung im Wesentlichen abgeschafft worden. Sollten dennoch einmal solche Sonderregelungen für den Haftpflichtanspruch einschlägig sein, gelten sie ebenso für die Verjährung des Direktanspruchs.

22 Abs. 2 S. 1 und S. 2 HS. 1 gelten nicht für den versicherungsvertraglichen Deckungsanspruch. Mit der Abschaffung des § 12 a.F. ist für den **Deckungsanspruch** aber das allgemeine Verjährungsrecht anwendbar, so dass die §§ 195, 199 BGB direkte Anwendung finden.

23 Für eine bereits in Lauf gesetzte Verjährung ist der **Übergang** der verjährenden Ansprüche auf einen **Sozialversicherungsträger** ohne Folgen. Daran ändert auch seine Unkenntnis nichts.[54]

1. Höchstfrist (§ 115 II 2 HS. 2)

24 Nach Abs. 2 S. 2 HS. 2 endet die Verjährung des Direktanspruchs spätestens nach **zehn Jahren** von dem Schadenseintritt an. Diese Höchstfrist gilt jedoch nur **vorbehaltlich einer Hemmung** nach Abs. 2 S. 3, so dass bis zur Vollendung der Verjährung eine längere Zeit als zehn Jahre vergehen kann.[55] Entsprechend kann die Höchstfrist auch durch Ablaufhemmung oder Neubeginn der Verjährung verlängert werden. Die Höchstfrist von zehn Jahren gilt weder für den versicherungsvertraglichen Deckungsanspruch noch für den Haftpflichtanspruch gegen den VN.[56] **§ 115 II 2 HS. 2 stellt damit eine Sonderregelung zu § 199 II bis IV BGB dar.** Das kann insbes. bei Personenschäden dazu führen, dass der Direktanspruch bereits verjährt ist, der Haftpflichtanspruch aber nicht (für diesen gilt regelmäßig die Höchstfrist des § 199 II: 30 Jahre). Ist in diesem Fall der Deckungsanspruch nicht verjährt, kann der Dritte zwar nicht direkt gegen den VR klagen, aber den VN in Anspruch nehmen und den Deckungsanspruch pfänden und sich überweisen lassen.

25 Wegen der unterschiedlichen Höchstfristen muss sich der geschädigte Dritte genau überlegen, wie er prozessual vorgeht: Verklagt er VR **und** VN nach Ablauf der zehnjährigen Frist, aber noch vor Ablauf der dreißigjährigen Frist, muss die Klage gegen den VR bereits wegen Abs. 2 S. 2 HS. 2 abgewiesen werden. Dann hat aber die **Rechtskrafterstreckung gem. § 124 I** zur Folge, dass das abweisende Urteil gegen den VR auch zu Gunsten des VN wirkt. Auch die Klage des Dritten gegen den VN ist dann zwingend abzuweisen.[57] Geht der Dritte hingegen allein gegen den VN klageweise vor, ist ihm sein Haftpflichtanspruch zuzusprechen, da die dreißigjährige Höchstfrist eingehalten ist.[58] Soweit dann der Deckungsanspruch des VN nicht verjährt ist, kann der Dritte diesen pfänden und sich überweisen lassen.[59] Der Erfolg des Dritten hängt damit maßgeblich von seinem prozessualen Vorgehen ab. Ein anderes Ergebnis ließe sich nur finden, wenn man § 124 I auf die Fälle der Klageabweisung »nur« wegen Verjährung nicht anwenden will, was sich weder dem Wortlaut noch den Materialien zu § 124 I entnehmen lässt und auch nicht dem Sinn und Zweck der Regelung entspricht.[60]

2. Hemmung (§ 115 II 3)

26 Die Hemmungsregelung für den Direktanspruch in Abs. 2 S. 3 trifft eine zu § 15 parallele Regelung. Danach wird der Verjährungslauf gehemmt, wenn der Dritte seinen Anspruch gegen den VN bei dessen Pflichthaftpflichtversicherung anmeldet. Die Hemmung endet erst mit Zugang einer Entscheidung des VR in Textform beim Dritten. Dabei ist zu beachten, dass die Hemmung nach Abs. 2 S. 3 nur für die **erstmalige Geltendmachung** der Ansprüche beim VR gilt und bei Wiederaufnahme von Regulierungsverhandlungen keine erneute

---

53 P/M/*Knappmann* § 115 Rn. 25.
54 BGH VersR 1984, 136, 137; VersR 1982, 546, 547.
55 OLG Düsseldorf r+s 1990, 225.
56 BGH VersR 2007, 371 f.; VersR 1987, 561, 562.
57 BGH VersR 2003, 1121, 1122; Anm. *Littbarski* EWiR 2003, 1203; *Matlach* zfs 2005, 533; OLG Hamm VersR 2003, 56 f.
58 BGH VersR 2007, 371 f.; Anm. *Lemcke* r+s 2007, 126; *Knappmann* VRR 2007, 309; *Müller/Matlach* zfs 2007, 366.
59 BGH VersR 2007, 371, 372.
60 Zu Recht daher BGH VersR 2003, 1121, 1122; kritisch PK/*Huber*, § 115 Rn. 33; *Schirmer/Clauß*, in FS E. Lorenz, 2004, S. 775, 794 f.

Hemmung eintritt.⁶¹ Die Hemmung nach Abs. 2 S. 3 gilt **nicht für den Deckungsanspruch** des VN, da für diesen § 15 einschlägig ist.⁶² Nach § 209 BGB wird der Zeitraum der Hemmung nicht in die Verjährungsfrist eingerechnet.

a) Hemmungsbeginn mit Anmeldung des Anspruchs beim VR

Für den Hemmungsbeginn ist die Einhaltung einer bestimmten **Form** (grundsätzlich auch mündlich) oder die lückenlose Aufzählung der einzelnen erlittenen Schäden nicht erforderlich.⁶³ Die Versäumung der Frist zur **Schadensanzeige gem. § 119 I** steht dem Eintritt der Hemmung nach Abs. 2 S. 3 nicht entgegen.⁶⁴ Die Anspruchsanmeldung hemmt dabei grundsätzlich den Lauf der Verjährungsfrist hinsichtlich **sämtlicher voraussehbarer Einzelansprüche**,⁶⁵ solange die Anmeldung nicht nach ihrem Inhalt eindeutig auf bestimmte einzelne Ansprüche beschränkt worden ist.⁶⁶ Zwar ist eine ernsthafte Anspruchserhebung erforderlich, das Fehlen von Einzelheiten ist aber grundsätzlich unschädlich, da inhaltlich nur geringe Anforderungen zu stellen sind und § 115 II 3 hinsichtlich der Anspruchsanmeldung **großzügig auszulegen** ist.⁶⁷ Im Zweifel kann der VR nachfragen. Danach genügt es, dass der VR durch die hinreichend bestimmte Schilderung des Schadensereignisses eine Vorstellung vom ungefähren Umfang der dadurch bewirkten Schäden und damit seiner Leistungspflicht vermittelt bekommt.⁶⁸ Dementsprechend reicht die Bitte um Anerkennung des Direktanspruchs dem Grunde nach aus,⁶⁹ einzelne Ansprüche müssen weder näher bezeichnet noch betragsmäßig festgelegt werden,⁷⁰ die bloße Aufforderung zur Zusendung von Anzeigeformularen genügt aber nicht.⁷¹
Wer den Anspruch beim VR anmeldet, ist unerheblich. Zu beachten ist aber, dass die Anmeldung des geschädigten Dritten grundsätzlich nur seine **eigenen Ansprüche** betrifft. Eine Ausnahme kann sich z.B. aus gesetzlicher Vertretung ergeben. So gelten die Unterhalts-Schadensersatzansprüche Hinterbliebener als mitangemeldet, wenn deren **gesetzlicher Vertreter** seine Ansprüche als ebenfalls Hinterbliebener aus § 844 II BGB beim VR anmeldet.⁷² Eine **Schadensanzeige durch den VN** reicht grds. nicht aus, da der VN damit seine Obliegenheit gem. § 104 I erfüllt.⁷³ Etwas anderes gilt, wenn der VN gleichzeitig die Anspruchsanmeldung des Dritten–egal aus welchen Gründen–an den VR weiterleitet.⁷⁴ Leitet der VN die Anspruchsanmeldung des Dritten nicht an den VR weiter, geht dies zu Lasten des Dritten.⁷⁵

b) Hemmungsende mit Entscheidung des Versicherers

Die Hemmung endet mit dem Zugang der Entscheidung des VR in Textform beim Dritten. Der VR hat es damit in der Hand, die Hemmung durch seine Entscheidung zu beenden. Eine Pflicht zur Entscheidung trifft den VR nicht. Jedoch kann der VR zum **Schadensersatz** verpflichtet sein, wenn er sich auf Grund der Anspruchsanmeldung irrtümlich für zuständig erklärt, diesen Irrtum später aber nicht aufklärt, wodurch die Ansprüche gegen den richtigen VR verjähren.⁷⁶
Nicht nur eine ablehnende, sondern auch eine **anspruchsbejahende**, für den Geschädigten positive Erklärung des VR beendet die Hemmung.⁷⁷ Aus der Entscheidung des VR muss aus Gründen der Rechtssicherheit und -klarheit eindeutig der Entschluss hervorgehen, sich zu den angemeldeten Ansprüchen **erschöpfend und endgültig** zu erklären.⁷⁸ Dies bedeutet nicht, dass sich der VR in seiner Entscheidung für jeden in Betracht kommenden Schadensposten auch betragsmäßig festlegen muss, vielmehr reicht es aus, dass er sich bereit erklärt, über die etwa schon bezifferten Schäden hinaus auch die weiteren nach Lage der Dinge in Betracht

---

61 BGHZ 152, 298, 301 = VersR 2003, 99; Anm. *van Bühren* BGHreport 2003, 165; *Reiff* LMK 2003, 99.
62 BGHZ 67, 372, 377.
63 BGHZ 83, 162, 165 = VersR 1982, 546; BGHZ 74, 393, 395 f. = VersR 1979, 915.
64 BGH VersR 1987, 937, 938; VersR 1982, 651; VersR 1975, 279.
65 BGH VersR 2002, 474, 475; VersR 1982, 651; VersR 1977, 282, 284; OLG München r+s 1997, 48; OLG München NVersZ 2001, 427; auch solche die auf Sozialversicherungsträger übergegangen sind: BGH VersR 1982, 674, 675.
66 Vgl. BGH VersR 1987, 937; VersR 1985, 1141, 1142; 1982, 674, 675; OLG Düsseldorf r+s 1997, 48 f.
67 BGH VersR 1987, 937, 938; VersR 1985, 1141, 1142.
68 BGHZ 74, 393, 396; VersR 1987, 937, 938; VersR 1982, 546, 547; VersR 1979, 1104 f.; VersR 1978, 423; VersR 1972, 271, 273.
69 P/M/*Knappmann*, § 115 Rn. 32; a.A. LG Koblenz VersR 1978, 474, 475; *von Bar* NJW 1977, 143.
70 BGHZ 83, 162 = VersR 1982, 546; r+s 1990, 225, 226; OLG Frankfurt r+s 1992, 38, 39.
71 AG Berlin-Charlottenburg r+s 1975, 251; P/M/*Knappmann*, § 115 Rn. 32.
72 BGHZ 74, 393, 398 ff. = VersR 1979, 915.
73 OLG München VersR 1975, 510, 511; AG Burgwedel m.Anm. *Rixecker* zfs 2004, 366; P/M/*Knappmann*, § 115 Rn. 34; R/L/*Langheid*, § 115 Rn. 25.
74 Vgl. BGH VersR 1975, 279; OLG München VersR 1975, 510, 511.
75 R/L/*Langheid*, § 115 Rn. 25; P/M/*Knappmann*, § 115 Rn. 34; PK/*Huber*, § 115 Rn. 37.
76 BGH VersR 1996, 1113, 1114; Anm. *Littbarski* EWiR 1996, 829.
77 BGH VersR 1996, 369, 370; BGHZ 114, 299, 301 ff. = VersR 1991, 878; OLG Rostock VersR 2003, 363.
78 BGHZ 114, 299, 303 ff. = VersR 1991, 878; BGH VersR 1991, 179, 180; VersR 1982, 1006; zur unterschiedlichen Verjährungshemmung bei **verschiedenen Streitgegenständen** OLG Celle, NJOZ 2008, 4000 f. = BeckRS 2008, 16857 = jurisPR-VerkR 20/2008 Anm. 1.

kommenden Schadensposten (z.B. Verdienstausfall, Heilbehandlungskosten) bei ausreichendem Nachweis zu regulieren.[79] Damit hängt die Wertung, ob eine Entscheidung den Anforderungen des Abs. 2 S. 3 genügt, wesentlich von der Würdigung der **Umstände des Einzelfalles** ab, wobei der Entwicklung des Anmeldeverfahrens und insbes. dem Konkretisierungsgrad der Schadensanmeldung besondere Bedeutung zukommt.[80] Verbleiben im Einzelfall über die Tragweite einer positiven Erklärung des VR in wesentlichen Punkten Zweifel, dann liegt eine Entscheidung i.S.d. Abs. 2 S. 3 nicht vor. Eine Mitteilung, in der sich der Versicherer nur zum Grund des Anspruchs positiv erklärt und zur Anspruchshöhe Vorbehalte anmeldet, genügt den Anforderungen daher nicht. Ausreichend sind aber ein **Anerkenntnis** oder der Abschluss eines **Abfindungsvergleichs**, durch den die Ansprüche endgültig erledigt werden sollen.[81] Dies gilt auch für vorbehaltene Ansprüche, wenn nach Vergleichsabschluss nicht mehr verhandelt wird, ohne dass eine besondere Mitteilung erforderlich ist.[82] Ein **Teilanerkenntnis** oder eine Teilzahlung stellen nur dann eine endgültige Entscheidung dar, wenn die verbleibenden Ansprüche ausdrücklich abgelehnt werden.[83] Daher beenden ein Abrechnungsschreiben, das lediglich einzelne Schadensposten nach unten korrigiert,[84] ein Teilvergleich, der Zukunftsschäden ausklammert[85] oder zu diesen keine Stellung bezieht[86] die Hemmung nicht. Auch eine vorläufige Abrechnung reicht nicht aus.[87] Der VR kann den Dritten mit hemmungsbeseitigender Wirkung dahin bescheiden, dass er sich auf Grund des ihm bisher unterbreiteten Sachvortrags noch nicht zu einer Schadensregulierung entschließen kann, wenn der Geschädigte trotz Aufforderung notwendige Ergänzungen nicht beibringt.[88]

30 Die Entscheidung des VR muss nicht mehr, wie es § 3 Nr. 3 PflVG a.F. vorsah, schriftlich erfolgen, sondern es genügt **Textform** (§ 126b BGB: Fax, E-Mail). Ob eine einfache **Überweisung** den Anforderungen des § 3 Nr. 3 S. 3 PflVG a.F. genügte, war streitig.[89] Überweist der Versicherer die gesamte angemeldete Summe, kann sich der Dritte nach Treu und Glauben (§ 242 BGB) nicht auf das Fehlen einer Entscheidung in Textform berufen.[90] Erfolgt die Anspruchsablehnung des VR mündlich, soll die Hemmung auch dann nicht beendet werden, wenn der Dritte oder sein Anwalt dies schriftlich bestätigt.[91]

31 Im Einzelfall kann dem Dritten die Berufung auf Verjährung nach Treu und Glauben (**§ 242 BGB**) verwehrt sein, auch wenn die Entscheidung des VR den Anforderungen des Abs. 2 S. 3 nicht genügt. Dafür ist erforderlich, dass aus dem Verhalten des Dritten der Schluss gezogen werden kann, dass er keine Ansprüche mehr geltend machen wird und sich mit der Entscheidung des VR zufrieden gibt.[92] Das bloße Einschlafenlassen von Verhandlungen oder die Untätigkeit über einen längeren Zeitraum allein reicht dafür nicht aus, da es der VR in der Hand hat, die Hemmung durch eine eindeutige Entscheidung zu beenden.[93] Beantwortet der Dritte Fragen des VR nicht, so endet die Hemmung nicht automatisch zu dem Zeitpunkt, zu dem spätestens mit einer Antwort gerechnet werden kann.[94] Vielmehr ist dann eine Entscheidung dergestalt zulässig und für die Hemmungsbeendigung auch erforderlich, dass auf Grund der bisherigen Unterlagen noch keine Schadensregulierung möglich ist.[95] Im Einzelfall soll die Verjährungshemmung jedoch auch ohne schriftliche Entscheidung spätestens nach 1 1/2 Jahren enden, wenn der Dritte auf die Bitte des Versicherers um Einreichung von Unterlagen nicht reagiert hat.[96]

32 Hat die Erteilung eines Bescheids in Textform durch den VR keinen vernünftigen Sinn mehr und wäre dies nur reine **Förmelei**, weil der Geschädigte die von ihm zunächst angemeldeten Ansprüche inzwischen offensichtlich nicht mehr weiter verfolgt, liegt auch ohne Bescheid keine Hemmung mehr vor.[97] Erklärt der Dritte daher, dass nach Zahlung des angeforderten Betrages keine Ansprüche mehr offenstehen, ist ihm eine Beru-

---

79 BGHZ 114, 299, 303 = VersR 1991, 878.
80 BGHZ 114, 299, 303 f. = VersR 1991, 878; VersR 1992, 604, 605.
81 BGH VersR 2003, 452, 453; VersR 1999, 382, 384; VersR 2002, 474 f.
82 BGH VersR 2002, 474, 475; OLG Hamm r+s 1999, 105; a.A. OLG Frankfurt (Main) VersR 2002, 1142 f. mit ablehnender Anm. *Lemcke* r+s 2002, 202.
83 P/M/*Knappmann*, § 115 Rn. 35.
84 BGH VersR 1996, 369, 370 f.; OLG Celle OLGR Celle 2002, 68.
85 OLG Hamm VersR 1996, 78, 79.
86 OLG Hamm VersR 2002, 563, 564.
87 OLG Frankfurt (Main) r+s 1999, 12, 13.
88 OLG Düsseldorf VersR 2000, 756, 757.
89 Vgl. zum Streit P/M/*Knappmann*[27], § 3 Nr. 3 PflVG Rn. 9; auch unter dem neuen VVG ablehnend P/M/*Knappmann*, § 115 Rn. 38; PK/*Huber*, § 115 Rn. 45; a.A. OLG München VersR 1992, 606.
90 OLG Düsseldorf zfs 1990, 120.
91 BGH VersR 1997, 637, 638.
92 P/M/*Knappmann*, § 115 Rn. 39.
93 OLG Düsseldorf r+s 1990, 225, 226.
94 BGH VersR 1987, 93 f.; VersR 1977, 335, 336.
95 BGH VersR 1977, 335, 336; OLG Karlsruhe VersR 1988, 351, 352.
96 OLG Frankfurt (Main) zfs 2004, 461.
97 BGH VersR 1978, 93, 94; VersR 1977, 335, 336; OLG Düsseldorf r+s 1990, 225, 226; OLG Schleswig VersR 2001, 1231, 1232 (nach umfangreicher Regulierung, 17 Jahre Stillhalten des Dritten); OLG Celle 2003, 369, 370.

fung auf die Fortdauer der Verjährungshemmung auch ohne ordnungsgemäße Entscheidung des VR verwehrt.[98]

3. Drittwirkung (§ 115 II 4)

Nach Abs. 2 S. 4 wirken Hemmung (§§ 203 ff. BGB, § 115 II 3), Ablaufhemmung (§§ 210, 211 BGB) und Neubeginn (§ 212 BGB) der Verjährung des Direktanspruchs auch gegenüber dem VN bzw. Versicherten und umgekehrt. Ist also etwa die Verjährung des Direktanspruchs gegen den VR gem. Abs. 2 S. 3 gehemmt, gilt dies auch für den Anspruch des geschädigten Dritten gegenüber dem VN. Ist der Haftpflichtanspruch gegen den VN gem. § 204 BGB gehemmt, greift dieser Hemmungsgrund auch für den Direktanspruch ein.[99] Die Drittwirkung gem. Abs. 2 S. 4 besteht dabei unabhängig davon, ob der Dritte bei der Anspruchsanmeldung die Gesamtschuldnerschaft zwischen VR und VN zum Ausdruck gebracht hat.[100] Gilt die Hemmung des Direktanspruchs gem. Abs. 2 S. 4 auch für den Haftpflichtanspruch, so erstreckt sie sich auf den **ganzen Anspruch** und nicht nur auf den Teil, für den der VR im Rahmen der vereinbarten Versicherungssumme (bzw. bei § 117 III 1: Mindestversicherungssumme) einzustehen hat.[101] Die Drittwirkung greift auch ein, wenn im Innenverhältnis zwischen VR und VN bzgl. des Deckungsanspruchs (teilweise) Leistungsfreiheit vorliegt.[102] Abs. 2 S. 4 betrifft nur den Direktanspruch gegen den VR und den Haftpflichtanspruch gegen den VN/Versicherten. Nicht erfasst ist der **Deckungsanspruch**.[103] 33

D. Beweislast

Der Dritte muss zunächst darlegen und beweisen, dass ihm ein Haftpflichtanspruch gegen den VN zusteht. Dies umfasst nach allgemeinen Grundsätzen alle Tatbestandsmerkmale, die die materiell-rechtliche Haftung des VN begründen. In den Fällen der Insolvenz und des unbekannten Aufenthalts ist der Dritte zudem darlegungs- und beweispflichtig für die in Abs. 1 S. 1 Nr. 2 und 3 genannten Umstände. 34

§ 116 Gesamtschuldner.
(1) Im Verhältnis der Gesamtschuldner nach § 115 Abs. 1 Satz 4 zueinander ist der Versicherer allein verpflichtet, soweit er dem Versicherungsnehmer aus dem Versicherungsverhältnis zur Leistung verpflichtet ist. Soweit eine solche Verpflichtung nicht besteht, ist in ihrem Verhältnis zueinander der Versicherungsnehmer allein verpflichtet. Der Versicherer kann Ersatz der Aufwendungen verlangen, die er den Umständen nach für erforderlich halten durfte.
(2) Die Verjährung der sich aus Absatz 1 ergebenden Ansprüche beginnt mit dem Schluss des Jahres, in dem der Anspruch des Dritten erfüllt wird.

Übersicht

	Rdn.		Rdn.
A. Allgemeines	1	II. Ausgleichsanspruch bei Leistungsfreiheit im Innenverhältnis (Abs. 1 S. 2)	3
B. Tatbestand	2	III. Aufwendungsersatzanspruch (Abs. 1 S. 3)	7
I. Alleinverpflichtung des Haftpflichtversicherers im Innenverhältnis (Abs. 1 S. 1)	2	IV. Verjährungsbeginn (Abs. 2)	9

Schrifttum:
H. Baumann, Grundzüge zum Regreß des Kraftverkehrs-Haftpflichtversicherers, ZVersWiss 1970, 193; *Blumberg*, Regreß der Versicherung gegen ihren VN allein wegen versäumter Klagefrist gem. § 12 III VVG?, NZV 1991, 412; *Glauber*, Wandlungen im Recht der geschäftsplanmäßigen Erklärung, VersR 1993, 12; *Heintzmann*, Zur Verjährung des Rückgriffsanspruchs des Versicherers nach § 3 Nr. 9, 11 PflVG, VersR 1980, 593; *Johannsen*, Regreßanspruch des Haftpflichtversicherers wegen eines durch einen führerscheinlosen Angehörigen des VN verursachten Unfallschadens, NZV 1989, 69; *E. Lorenz*, Zur entsprechenden Anwendung der Regreßsperre des § 67 II VVG auf die gesamtschuldnerischen Ausgleichsansprüche des Kfz-Haftpflichtversicherers gegen den nicht deckungsberechtigten Versicherten (Fahrer), VersR 1991, 505; *Prölss*, Zur analogen Anwendung des VVG § 67 II im Rahmen des Regresses, zur gesamtschuldnerischen Haftung von Halter und Fahrer gegenüber dem Kfz-Versicherer und zur zivilrechtlichen Relevanz geschäftsplanmäßiger Erklärungen, JZ 1989, 148; *Schirmer*, Das »kranke« Versicherungsverhältnis zwischen KH-Versicherer und VN, VersR 1986, 828; *ders.*, Das »kranke« Versicherungsverhältnis zwischen KH-Versicherer und VN, VersR 1987, 19; *ders.*, Regreß des KH-Versicherers gegen den führerscheinlosen Sohn des VN, DAR 1989, 14.

---

98 BGH VersR 1978, 423, 424.
99 BGH VersR 1987, 561, 562 f.
100 OLG Hamm VersR 2002, 564, 565.
101 BGH VersR 1984, 441, 442; BGHZ 83, 162, 166 f. = VersR 1982, 546.
102 BGH VersR 1984, 226, 227.
103 BGH VersR 1987, 561, 562; BGHZ 67, 372, 377 = VersR 1977, 282.

§ 116 Gesamtschuldner

A. Allgemeines

1 VR, VN und Versicherter haften gemäß § 115 I 4 gegenüber dem Dritten als Gesamtschuldner. § 116 regelt die **Ausgleichsansprüche im Innenverhältnis** zwischen VR, VN und Versichertem, für die Fälle, dass Deckungspflicht besteht (Abs. 1 S. 1) oder Leistungsfreiheit vorliegt (Abs. 1 S. 2). Ein Gesamtschuldverhältnis nach § 115 I 4 ist Voraussetzung für Ausgleichsansprüche nach § 116.[1] Gem. **§ 426 I 1 BGB** haften Gesamtschuldner im Innenverhältnis grundsätzlich zu gleichen Anteilen, »*soweit nicht ein anderes bestimmt ist*«. Eine solche anderweitige Haftungsverteilung im Verhältnis der Gesamtschuldner untereinander ordnet § 116 an.

B. Tatbestand

I. Alleinverpflichtung des Haftpflichtversicherers im Innenverhältnis (Abs. 1 S. 1)

2 Im Innenverhältnis der Gesamtschuldner haftet der Haftpflichtversicherer alleine, soweit er dem VN/Versicherten gegenüber aus dem Versicherungsverhältnis zur Leistung verpflichtet ist. Hat der VR daher an den geschädigten Dritten gezahlt, kommen keine Ausgleichsansprüche im Innenverhältnis in Betracht. Hat allerdings der VN (Versicherte) den geschädigten Dritten befriedigt (beachte insoweit: Unwirksamkeit eines Anerkennungs- und Befriedigungsverbots gem. § 105), obwohl der VR zur Leistung verpflichtet war, ergibt sich folgende Situation: Der versicherungsvertragliche **Freistellungsanspruch** des VN wandelt sich in einen **Zahlungsanspruch** gegen den VR um.[2] Weiterhin steht dem VN ein **Ausgleichsanspruch** gem. § 426 I BGB i.V.m. § 116 I 1 zu, da die Gesamtschuldner im Innenverhältnis gerade nicht zu gleichen Teilen haften, sondern der VR alleine. Zuletzt geht gem. § 426 II BGB die **Forderung des Dritten** (Direktanspruch) gegen den VR auf den VN über. Alle drei Ansprüche sind in der Regel inhaltlich identisch. Daher erfüllt der VR mit der Zahlung auf seinen Ausgleichsanspruch zugleich grundsätzlich auch seine Verpflichtung aus dem Versicherungsvertrag, so dass ihm das Sonderkündigungsrecht gem. § 111 zusteht.[3]

II. Ausgleichsanspruch bei Leistungsfreiheit im Innenverhältnis (Abs. 1 S. 2)

3 Ist der VR gegenüber dem geschädigten Dritten im Außenverhältnis zur Leistung verpflichtet, obwohl gegenüber dem VN/Versicherten im Innenverhältnis Leistungsfreiheit besteht (§ 117 I, II), sind VN/Versicherter alleinverpflichtet. Musste der VR daher im Außenverhältnis an den Dritten zahlen, steht ihm ein **Ausgleichsanspruch** gem. § 426 I BGB i.V.m. § 116 I 2 gegen den VN oder Versicherten[4] zu. Daneben geht gem. **§ 426 II BGB** der (Haftpflicht)Anspruch des Dritten gegen den VN oder Versicherten[5] auf den VR über. Da der VR den Haftpflichtanspruch des Dritten unmittelbar gem. § 426 II BGB erwirbt, kann den Ausgleichsansprüchen des VR das **Familienprivileg des § 86 III** nicht entgegengehalten werden.[6] Eine Anwendung des Familienprivilegs gem. § 86 III setzt voraus, dass der VR den Anspruch über den VN erwirbt (vgl. § 86 I), was hier gerade nicht der Fall ist. Eine in der Literatur[7] befürwortete **analoge** Anwendung des § 86 III hat der BGH mit überzeugender Argumentation abgelehnt, da insbes. nicht einzusehen sei, warum ein Rückgriff gegen den VN/Versicherten zulässig sein soll, nicht aber gegen den mit dem VN in häuslicher Gemeinschaft lebenden Familienangehörigen.[8] Ein Ausgleichsanspruch gem. § 426 I BGB i.V.m. § 116 I 2 und ein Anspruchsübergang gem. § 426 II BGB liegen auch vor, sofern der VR **irrtümlich** seine Leistungspflicht gegenüber dem VN angenommen hat.[9] Die Vorschriften des Auftrags- oder Bereicherungsrechts finden insoweit keine Anwendung, da sie von § 116 I 2 als speziellerer Regelung verdrängt werden.[10]

4 Bei der **Verteilung des Schadens im Innenverhältnis** ist bei **Beteiligung** von **VN** und **Mitversicherten** zu unterscheiden: Ist der VR sowohl gegenüber dem VN als auch gegenüber dem Versicherten leistungsfrei, haften diese dem VR nach Ansicht des BGH nicht als Gesamtschuldner[11], sondern jeder nur in Höhe einer Quote, die sich aus § 254 BGB ergibt.[12] Da diese Beschränkung des Regressanspruchs nach Maßgabe der Verursachung und des Verschuldens (§ 254 BGB) dem allgemeinen Verteilungsmaßstab beim Ausgleich zwischen Gesamtschuldner im Innenverhältnis (§§ 426 I 1 i.V.m. 254 BGB) entspricht, ist ihr der Vorzug zu geben.

---

1 BGH VersR 1992, 485, 486; OLG Hamm VersR 1992, 565, 566.
2 R/L/*Langheid*, § 116 Rn. 2.
3 P/M/*Knappmann*, § 116 Rn. 4; R/L/*Langheid*, § 115 Rn. 2.
4 BGH VersR 2008, 343; BGH VersR 2005, 1720; BGHZ 55, 281, 287 = VersR 1971, 429.
5 BGH VersR 1986, 1010 f.; BGHZ 55, 281, 288 = VersR 1971, 429.
6 BGHZ 105, 140, 142 = VersR 1988, 1062; BGH VersR 1984, 327; LG Lüneburg r+s 1997, 445 f.; P/M/*Knappmann*, § 116 Rn. 6.
7 *Schirmer* VersR 1987, 19, 24 ff.; *ders.* DAR 1989, 14, 15 ff.; *E. Lorenz* VersR 1991, 505, 508 ff.; wohl auch PK/*Huber*, § 116 Rn. 18, 18a.
8 BGHZ 105, 140, 142 ff. = VersR 1988, 1062; BGH VersR 1984, 327; LG Bielefeld VersR 1999, 1274; AG Singen r+s 2004, 138, 139.
9 OLG Karlsruhe VersR 1979, 77, 78; P/M/*Knappmann*, § 116 Rn. 6; R/L/*Langheid*, § 115 Rn. 6.
10 So zu § 3 Nrn. 9, 10 PflVG BGH VersR 2008, 343; VersR 1974, 125, 126; OLG Karlsruhe VersR 1979, 77, 78.
11 Für eine gesamtschuldnerische Haftung: *Prölss* JZ 1989, 148, 149 f. (Anm. zu BGH JZ 1989, 145); für Gesamtschuldner, aber Rückgriff nach Maßgabe des § 254 BGB P/M/*Knappmann*, § 116 Rn. 8.
12 BGHZ 105, 140, 146 f. = VersR 1988, 1062; PK/*Huber*, § 116 Rn. 9; offenlassend R/L/*Langheid*, § 116 Rn. 5.

Ist der VR nur gegenüber dem VN **oder** nur gegenüber dem Versicherten zur Gewährung von Versicherungsschutz verpflichtet, so ist zunächst zu ermitteln, wie der Schaden im Verhältnis zwischen VN und Versichertem gem. § 254 BGB zu verteilen ist. Der VR hat dann nur die Quote desjenigen allein zu tragen, dem gegenüber er leistungspflichtig ist. Hinsichtlich der Quote desjenigen, gegenüber dem der VR leistungsfrei ist, kann er diesen in Regress nehmen. Ist der Versicherte zugleich Dritter und stehen ihm Ansprüche gegen den VN und den für den VN leistungspflichtigen VR zu, kann er diese dem Regressanspruch entgegenhalten.

Bei allen Regressansprüchen sind **geschäftsplanmäßige und gesetzliche Regressbeschränkungen** zu berücksichtigen (vgl. insb. § 5 III 1 KfzPflVV).

Auf Grund seiner umfassenden **Regulierungsbefugnis und -vollmacht** ist der VR grundsätzlich nicht verpflichtet, sich vor der Regulierung einen Schadensersatzanspruch gegen den geschädigten Dritten abtreten zu lassen oder dem VN eine sonstige **Möglichkeit der Aufrechnung** zu geben.[13] Allerdings kann die versicherungsvertragliche Verpflichtung des VR zur angemessenen und sachgerechten – unter Beachtung der Belange des VN – Regulierung dazu führen, dass dem VN vor der Regulierung die Möglichkeit zur Aufrechnung gegeben wird. Dies gilt insbesondere dann, wenn die Realisierbarkeit der Gegenansprüche des VN offensichtlich gefährdet ist.[14] Der vom VR in Regress genommene VN kann vor Ausgleich der Regressforderung die Übersendung von Ablichtungen der **Schadensbelege** auf seine Kosten verlangen.[15]

III. Aufwendungsersatzanspruch (Abs. 1 S. 3)

Nach Abs. 1 S. 3 kann der VR neben der an den Dritten geleisteten Entschädigungszahlung vom VN/Versicherten diejenigen Aufwendungen ersetzt verlangen, die er den Umständen nach für erforderlich halten durfte. Dieser Aufwendungsersatzanspruch des VR besteht nur in der **Fallkonstellation des Abs. 1 S. 2** (§ 115 I 2 Fall 2, krankes Versicherungsverhältnis). Der Aufwendungsersatzanspruch des VR, der nun für alle Pflichtversicherer gilt, war bisher in § 3 Nr. 10 S. 2 PflVG a.F. angeordnet. Die bisherige Regelung zur Bindung des Haftpflichturteils nach § 3 Nr. 10 S. 1 PflVG a.F. ist in § 124 II enthalten.

Durch diese systematische Neuordnung des Aufwendungsersatzanspruchs in § 116 I 3 und der Regelung in § 124 II entstehen **Interpretationsschwierigkeiten**: Nach § 3 Nr. 10 S. 1 PflVG a.F. bzw. § 124 II tritt die Bindungswirkung grundsätzlich nicht ein, wenn der VR die Pflicht zur Abwehr unbegründeter Entschädigungsansprüche sowie zur Minderung oder zur sachgemäßen Feststellung des Schadens schuldhaft verletzt hat. Nach bisheriger Rechtslage sollte diese Einschränkung auch für den Entschädigungsanspruch nach § 3 Nr. 10 S. 2 PflVG a.F. gelten.[16] Den Gesetzesmaterialien lässt sich nicht entnehmen, dass der Gesetzgeber mit der systematischen Trennung des Aufwendungsersatzanspruchs von der Regelung in § 124 II diese Rechtslage ändern wollte.[17] Daher besteht ein Aufwendungsersatzanspruch nach Abs. 1 S. 3 **nur bei ordnungsgemäßer Regulierung i.S.d. § 124 II a.E.** Soweit der VR daher seine Pflicht zur Abwehr unbegründeter Entschädigungsansprüche, zur Minderung oder zur sachgemäßen Feststellung des Schadens schuldhaft verletzt hat, liegen i.d.R. Umstände vor, unter denen der VR die getätigten Aufwendungen nicht für erforderlich halten durfte.[18] Für die Beurteilung der Frage, ob der VR sein Regulierungsermessen willkürlich überschritten hat, kommt es allein auf den Kenntnisstand des VR zum Zeitpunkt der Regulierung an.[19] Auf Grund des dem VR zustehenden Regulierungsermessens ist der VN nur bei evident fehlerhaften Regulierungsentscheidungen nicht an diese gebunden.[20] Der VN ist vollumfänglich verpflichtet, im Streitfall eine missbräuchliche Regulierung des VR darzulegen und zu beweisen.[21]

Zu den **erstattungsfähigen** Aufwendungen gehören alle Kosten, die im Zusammenhang mit der Schadensfeststellung und -regulierung stehen:[22] z.B. Rechtsanwaltskosten oder Kosten für eine Prozessbürgschaft[23], Gutachterkosten, Kosten für Aktenauszüge und behördliche Auskünfte. Vor der Erstattung dieser Aufwendungen kann der VN entsprechende **Belege** verlangen.[24] Im Rahmen des Abs. 1 S. 3 sind hingegen weder allgemeine **Verwaltungs- und Personalkosten** des VR erstattungsfähig noch Personalkosten, die allein durch die Bearbeitung des konkreten Versicherungsfalls entstanden sind.[25]

---

13 OLG Hamm VersR 1987, 352 (nur Leitsatz) = r+s 1987, 123, 125; P/M/*Knappmann*[27], § 3 Nr. 9 PflVG Rn. 6.
14 Vgl. P/M/*Knappmann*, § 116 Rn. 9.
15 OLG Hamm VersR 1987, 352 (nur Leitsatz) = r+s 1987, 123, 124.
16 Vgl. P/M/*Knappmann*, § 116 Rn. 13, 14 »ordnungsgemäßer Regulierung«.
17 Vielmehr sollte die bisherige Regelung in § 3 Nr. 10 S. 2 PflVG a.F. mit § 116 I 3 übereinstimmen. Vgl. Begr. RegE BT-Drucks. 16/3945 S. 89.
18 So auch P/M/*Knappmann*, § 116 Rn. 14.
19 LG Hagen BeckRS 2013, 18667.
20 AG Hagen ZfS 2013, 637.
21 AG Lüdenscheid ZfS 2013, 638.
22 R/L/*Langheid*, § 116 Rn. 7; P/M/*Knappmann*, § 116 Rn. 13.
23 BGH VersR 1976, 480, 481.
24 PK/*Huber*, § 116 Rn. 29.
25 P/M/*Knappmann*, § 116 Rn. 13; PK/*Huber*, § 116 Rn. 29.

IV. Verjährungsbeginn (Abs. 2)

9 Abs. 2 regelt lediglich den **Verjährungsbeginn** aller sich aus Abs. 1 ergebenden Ansprüche, so dass die §§ 199 ff. BGB keine Anwendung finden. Für die Verjährungsfrist gilt hingegen **§ 195 BGB (3 Jahre)**. Abs. 2 gilt über seinen Wortlaut hinaus auch für Schadensersatzansprüche, die gem. § 426 II BGB auf den VR übergehen.[26] Entscheidend für den Verjährungsbeginn ist grundsätzlich der Zeitpunkt der Zahlung. Bei einer Aufrechnung ist auf den Zeitpunkt der Aufrechnungserklärung abzustellen.[27] Erbringt der VR **Teilleistungen** an den geschädigten Dritten, so beginnt die Verjährung seines Rückgriffsanspruchs gegen den VN mit jeder Teilleistung und nicht erst mit der Abschlusszahlung.[28] Den VN trifft die **Beweislast** für die Einrede der Verjährung des Regressanspruchs. Der VR muss aber zunächst substantiiert vortragen, wann er geleistet haben will, was der VN dann zu widerlegen hat.[29]
Die Verjährung des Regressanspruchs wird nicht durch einen **schwebenden Deckungsprozess** unterbrochen.[30] Dies gilt selbst dann, wenn im Deckungsprozess auf negative Feststellung in der Form geklagt wird, dass der Versicherer dem VN gegenüber nicht zum Regress berechtigt sei. Die Berufung auf die Verjährung des Regressanspruchs verstößt dabei nicht allein deswegen gegen Treu und Glauben, weil der vorausgegangene Deckungsprozess erst nach vollendeter Verjährung des Regressanspruchs rechtskräftig beendet worden ist.[31] Will der VR die Verjährung verhindern, ist er gehalten Widerklage zu erheben oder eine Vereinbarung über die Verlängerung der Verjährungsfrist mit dem Regressschuldner herbeizuführen.[32]

§ 117 Leistungspflicht gegenüber Dritten.

(1) Ist der Versicherer von der Verpflichtung zur Leistung dem Versicherungsnehmer gegenüber ganz oder teilweise frei, so bleibt gleichwohl seine Verpflichtung in Ansehung des Dritten bestehen.
(2) Ein Umstand, der das Nichtbestehen oder die Beendigung des Versicherungsverhältnisses zur Folge hat, wirkt in Ansehung des Dritten erst mit dem Ablauf eines Monats, nachdem der Versicherer diesen Umstand der hierfür zuständigen Stelle angezeigt hat. Dies gilt auch, wenn das Versicherungsverhältnis durch Zeitablauf endet. Der Lauf der Frist beginnt nicht vor Beendigung des Versicherungsverhältnisses. Ein in den Sätzen 1 und 2 bezeichneter Umstand kann dem Dritten auch dann entgegengehalten werden, wenn vor dem Zeitpunkt des Schadensereignisses der hierfür zuständigen Stelle die Bestätigung einer entsprechend den Rechtsvorschriften abgeschlossenen neuen Versicherung zugegangen ist. Die vorstehenden Vorschriften dieses Absatzes gelten nicht, wenn eine zur Entgegennahme der Anzeige nach Satz 1 zuständige Stelle nicht bestimmt ist.
(3) In den Fällen der Absätze 1 und 2 ist der Versicherer nur im Rahmen der vorgeschriebenen Mindestversicherungssumme und der von ihm übernommenen Gefahr zur Leistung verpflichtet. Er ist leistungsfrei, soweit der Dritte Ersatz seines Schadens von einem anderen Schadensversicherer oder von einem Sozialversicherungsträger erlangen kann.
(4) Trifft die Leistungspflicht des Versicherers nach Absatz 1 oder Absatz 2 mit einer Ersatzpflicht auf Grund fahrlässiger Amtspflichtverletzung zusammen, wird die Ersatzpflicht nach § 839 Abs. 1 des Bürgerlichen Gesetzbuchs im Verhältnis zum Versicherer nicht dadurch ausgeschlossen, dass die Voraussetzungen für die Leistungspflicht des Versicherers vorliegen. Satz 1 gilt nicht, wenn der Beamte nach § 839 des Bürgerlichen Gesetzbuchs persönlich haftet.
(5) Soweit der Versicherer den Dritten nach den Absätzen 1 bis 4 befriedigt und ein Fall des § 116 nicht vorliegt, geht die Forderung des Dritten gegen den Versicherungsnehmer auf ihn über. Der Übergang kann nicht zum Nachteil des Dritten geltend gemacht werden.
(6) Wird über das Vermögen des Versicherers das Insolvenzverfahren eröffnet, endet das Versicherungsverhältnis abweichend von § 16 erst mit dem Ablauf eines Monats, nachdem der Insolvenzverwalter diesen Umstand der hierfür zuständigen Stelle angezeigt hat; bis zu diesem Zeitpunkt bleibt es der Insolvenzmasse gegenüber wirksam. Ist eine zur Entgegennahme der Anzeige nach Satz 1 zuständige Stelle nicht bestimmt, endet das Versicherungsverhältnis einen Monat nach der Benachrichtigung des Versicherungsnehmers von der Eröffnung des Insolvenzverfahrens; die Benachrichtigung bedarf der Textform.

---

26 OLG Hamm r+s 1994, 446 (Leitsatz) = zfs 1995, 458; P/M/*Knappmann*, § 116 Rn. 15.
27 P/M/*Knappmann*, § 116 Rn. 15; PK/*Huber*, § 166 Rn. 30.
28 OLG Hamm VersR 1981, 645 (Leitsatz) = zfs 1981, 281; AG Wernigerode Urteil v. 27.03.2008, 10 C 525/07; P/M/*Knappmann*, § 116 Rn. 16; R/L/*Langheid*, § 116 Rn. 8; *Heintzmann* VersR 1980, 593; HK-VVG/*Schimikowski*, § 116 Rn. 7; a.A. LG Verden VersR 1978, 657.
29 OLG Hamm r+s 1994, 446 (nur Leitsatz) = zfs 1995, 458 f.
30 P/M/*Knappmann*, § 116 Rn. 18; R/L/*Langheid*, § 116 Rn. 8.
31 BGH VersR 1972, 62 f.
32 P/M/*Knappmann*, § 116 Rn. 18; PK/*Huber*, § 116 Rn. 33.

Übersicht

	Rdn.			Rdn.
A. Allgemeines	1		1. Mindestversicherungssumme	15
I. Normzweck	1		2. Leistungspflicht nur im Rahmen der übernommenen Gefahr	17
II. Anwendungsbereich	2			
B. Tatbestand	3	IV.	Verweisungsprivileg des Pflichthaftpflichtversicherers (Abs. 3 S. 2)	18
I. Eintrittspflicht im Außenverhältnis trotz Leistungsfreiheit im Innenverhältnis (Abs. 1)	3		1. Andere Schadensversicherer	19
			2. Subsidiaritätsklauseln	21
1. Unabhängigkeit von Außen- und Innenverhältnis	3		3. Sozialversicherungsträger	22
2. Leistungsfreiheit des VR im Innenverhältnis	5		4. »Soweit der Dritte Ersatz seines Schadens erlangen kann«	23
		V.	Verweisungsprivileg und Amtshaftung (Abs. 4)	25
3. Haftpflichtanspruch gegen VN und Versicherten	6	VI.	Legalzession und Regress des Pflichthaftpflichtversicherers (Abs. 5)	27
4. Begriff des Dritten	7		1. Allgemeines	27
II. Nachhaftung bei Nichtbestehen oder Beendigung des Versicherungsverhältnisses (Abs. 2)	8		2. Umfang der Legalzession und Einwendungen des VN	30
1. Nichtbestehen oder Beendigung des Versicherungsverhältnisses	9		3. Befriedigungsvorrecht des Dritten (Abs. 5 S. 2)	33
2. Anzeige an zuständige Stelle	11	VII.	Insolvenz des Pflichthaftpflichtversicherers (Abs. 6)	34
III. Haftungsbeschränkung auf Mindestversicherungssumme und übernommene Gefahr (Abs. 3 S. 1)	14	VIII.	Verjährung	35
		C.	Beweislast	37

Schrifttum:
Backhaus, Die Konkurrenz zwischen den Verweisungsprivilegien des Staatshaftungsrechts und des Pflichtversicherungsrechts, VersR 1984, 16; *Bott*, Der Schutz des Unfallgeschädigten durch die Kfz-Pflichtversicherung rechtsvergleichend nach deutschem, schweizerischem, französischem und englischem Recht, 1964; *Büchner*, Zur Theorie der obligatorischen Haftpflichtversicherungen, 1970; *Denck*, Der Beitragsrückgriff nach § 119 SGB X und die subsidiäre Haftung des Haftpflichtversicherers nach § 158c IV VVG, VersR 1984, 602; *ders.*, Das Befriedigungsvorrecht nach § 116 IV SGB X bei unzureichender Versicherungssumme, VersR 1987, 629; *ders.*, Lohnfortzahlungsregreß und »kranke« Haftpflichtversicherung des Schädigers, VersR 1980, 9; *von Einem*, § 119 SGB X ist verfassungswidrig, VersR 1987, 138; *Emmerich*, Beitrag zum Verständnis des § 158f VVG (Regress des Versicherers), NJW 1957, 210; *Franck*, Der Direktanspruch gegen den Haftpflichtversicherer, 2014; *Huber*, Der Ersatzanspruch des Regressgläubigers im Vorprozess getätigte Aufwendungen, unter besonderer Berücksichtigung des kranken Deckungsverhältnisses in der Kfz-Haftpflichtversicherung, ZVR 1986, 33; *Hübner/Schneider*, Das »kranke« Versicherungsverhältnis im Haftpflichtprozess, r+s 2002, 89; *Johannsen*, Rechtsfragen zur Pflichtversicherung für Kraftfahrzeughalter, insbesondere zu §§ 158c und f. VVG, VersArch 1956, 326; *ders.*, Rechtsfragen zur Pflichtversicherung für Kraftfahrzeughalter, VersArch 1958, 67; *Langheid*, Der VN als Dritter gem. § 3 Nr. 1 PflVG, VersR 1986, 15; *ders.*, Zur Haftungsfreistellung des Kfz-Haftpflichtversicherers nach VVG § 152, VersR 1997, 348; *Lorenz*, Zur entsprechenden Anwendung der Regresssperre des § 67 II VVG auf die gesamtschuldnerischen Ausgleichsansprüche des Kfz-Haftpflichtversicherers gegen den nicht deckungsberechtigten Versicherten (Fahrer), VersR 1991, 505; *ders.*, Zur Leistungsfreiheit des Kraftfahrzeughaftpflichtversicherers gegenüber dem vorsätzlich und rechtswidrig handelnden VN, VersR 1997, 349; *Malchow*, Die rechtliche Stellung des geschädigten Dritten im Falle des § 158c VVG, Diss. Hamburg, 1955; *Migsch*, §§ 67 und 158f VVG und ihre Funktion bei der Schadensverteilung bei Kfz-Unfällen, ZVR 1976, 261; *Möller*, Die Begünstigung des geschädigten Dritten in der Haftpflichtversicherung im Falle des § 158c VVG, VersR 1950, 3; *Prölss*, Zur Wirksamkeit von Subsidiaritätsklauseln in Schadensversicherungsverträgen, VersR 1977, 367; *Rischar*, Zur Haftung und Deckung vorsätzlich herbeigeführter KH-Schäden, VersR 1984, 1025; *Ritze*, Zum Verteilungsverfahren beim »kranken« Versicherungsverhältnis, NJW 1975, 2284; *Rolfs*, Das Verweisungsprivileg bei notleidendem Versicherungsverhältnis und der Regreß der Sozialversicherung, NVersZ 1999, 204; *Schirmer*, Vertretungsmacht und Geschäftsführungsbefugnis des Haftpflichtversicherers nach Deckungsablehnung, ZVersWiss 1969, 353; *ders.*, Das »kranke« Versicherungsverhältnis zwischen KH-Versicherer und VN, VersR 1986, 825; *ders.*, Das »kranke« Versicherungsverhältnis zwischen KH-Versicherer und VN, VersR 1987, 19; *Schmalzl*, Der Rückgriff des Kfz-Haftpflichtversicherers gemäß § 158f VVG und die Einwendungen der Versicherten, VersR 1965, 932; *Schneider*, Abrechnung bei Inanspruchnahme der Kaskoversicherung aufgrund des Verweisungsprivilegs nach § 117 III 2 VVG (§ 158 IV VVG a.F.), DAR 2008, 743; *Sendtner-Voelderndorff*, Ausgleichsansprüche nach dem PflichtVersÄndG, Diss. Berlin, 1967; *Skauradszun*, Schadensfälle mit nicht pflichtversicherten Kfz – praktische Hinweise zur effektiven Schadensregulierung, VersR 2009, 330; *Steffen*, Probleme der Rechtsprechung mit dem Verweisungsprivileg des Kfz-Haftpflichtversicherers bei »krankem« Deckungsverhältnis aus § 158c IV VVG, VersR 1986, 101; *ders.*, Der SVT-Regreß bei »kranker« KH-Versicherung, VersR 1987, 629; *Stelzer*, Ist § 119 SGB X verfassungswidrig?, VersR 1986, 632; *Stobbe*, Mandant und Haftpflichtversicherer–ein schwieriges Verhältnis – Lücken im Pflichtversicherungsrecht der VVG-Reform, AnwBl. 2007, 853; *Strasser*, Die Regulierungsmacht des Versicherers beim »kranken« Versicherungsverhältnis, JBl 1969, 1; *Unberath*, Die Leistungsfreiheit des Versicherers – Auswirkungen der Neuregelung auf die Kraftfahrtversicherung, NZV 2008, 537; *Würffel*, Rechtsfragen zur Pflichtversicherung für Kraftfahrzeughalter, VersArch 1958, 53; *Venzmer*, Haftpflichtverhältnis und Anspruch des Versicherers nach § 158f VVG, VersR 1955, 472.

§ 117 Leistungspflicht gegenüber Dritten

A. Allgemeines

I. Normzweck

1 Die Vorschrift regelt, dass dem geschädigten Dritten die vollständige oder teilweise **Leistungsfreiheit** des VR gegenüber dem VN nicht entgegengehalten werden kann. Entsprechendes gilt für das **Nichtbestehen** oder die **Beendigung** des Versicherungsvertrages während der sog. Nachhaftungszeit (Abs. 2 S. 1). Dieser Einwendungsausschluss stellt den **Schutz des Dritten** sicher, da seine Schutzbedürftigkeit unabhängig davon besteht, ob der VR gegenüber dem VN leistungspflichtig ist oder nicht. Andererseits stellt die Norm auch sicher, dass der VR nicht über Gebühr in Anspruch genommen werden kann, indem die Verpflichtung in Ansehung des Dritten nur besteht, soweit dieser **schutzbedürftig** ist (vgl. Abs. 3).

II. Anwendungsbereich

2 § 117 gilt grundsätzlich für **alle Pflichthaftpflichtversicherungen**. Die verunglückte Wortfassung, die § 117 I a.F. zunächst nach der VVG-Reform 2008 gefunden hatte,[1] hat der Gesetzgeber bereits durch das 2. PflVGuaÄndG[2] korrigiert und damit klargestellt, dass es – wie nach bisheriger Rechtslage – keinen Unterschied macht, ob dem geschädigten Dritten ein **Direktanspruch** (§ 115) gegen den VR zusteht oder nicht.[3] Einwendungen aus dem Verhältnis VN – VR sind daher ausgeschlossen, wenn der Dritte gegen den VR (1) im Wege der Pfändung und Überweisung des Anspruchs des VN aus dem Versicherungsvertrag oder (2) im Wege des Direktanspruchs (§ 115 I 2 Fall 2) vorgeht.[4] § 117 findet auch insoweit Anwendung, als der VR für einen **Mitversicherten** einzustehen hat. Soweit daher im Folgenden vom VN die Rede ist, gelten die Ausführungen grundsätzlich entsprechend für den Mitversicherten.

B. Tatbestand

I. Eintrittspflicht im Außenverhältnis trotz Leistungsfreiheit im Innenverhältnis (Abs. 1)

1. Unabhängigkeit von Außen- und Innenverhältnis

3 Durch die Regelung in Abs. 1 wird die Leistungspflicht des VR gegenüber dem geschädigten Dritten (**Außenverhältnis**) von der Leistungspflicht des VR gegenüber dem VN (**Innenverhältnis**) aus Gründen des Opferschutzes losgelöst. Auch wenn im Innenverhältnis der VR teilweise oder vollständig von seiner Leistungspflicht befreit ist (**krankes Versicherungsverhältnis** oder gestörtes Deckungsverhältnis), geht das Gesetz in Ansehung des Dritten davon aus, dass der Deckungsanspruch des VN gegenüber dem Versicherer weiter besteht. Geht der Dritte daher zunächst gegen den Schädiger vor (insb. weil kein Direktanspruch gegen den VR besteht), könnte er dessen Versicherungsanspruch gegen den VR pfänden und sich überweisen lassen. Da dieser Versicherungsanspruch jedoch im kranken Versicherungsverhältnis nicht oder nur teilweise besteht, wird von einem **fiktiven Deckungsanspruch** gesprochen, da die Leistungspflicht des VR zu Gunsten des Dritten nach Abs. 1 fingiert wird.[5] Abs. 1 fingiert damit aus Sicht des Dritten den Rechtszustand, der bestehen würde, wenn der VR voll leistungspflichtig wäre. Diese **dogmatische Einordnung**[6] ist zwar in Rechtsprechung und Literatur umstritten, für die Praxis aber nicht relevant.[7]

4 Abs. 1 hat **keinen Einfluss** auf die Leistungsfreiheit des VR **gegenüber dem VN**.[8] Der VN kann daher auch nicht auf Leistung an den Dritten oder die Feststellung der Leistungspflicht dem Dritten gegenüber klagen.[9] Es bleibt dem VN aber selbstredend unbenommen auf Gewährung von Rechtsschutz zu klagen, wenn er die Leistungsfreiheit bestreitet. Bei bestehender Leistungsfreiheit kann nur noch der Dritte erfolgreich klagen, jedoch räumt ihm Abs. 1 **keinen Direktanspruch** gegen den VR ein. Einen Direktanspruch hat der geschädigte Dritte insoweit nur unter den Voraussetzungen des § 115 I. Er ist daher darauf angewiesen, den Versicherungsanspruch des VN pfänden und sich überweisen zu lassen und gegebenenfalls nach Erlass des Pfändungs- und Überweisungsbeschlusses gegen den VR zu klagen oder Klage auf Feststellung des Versicherungsanspruchs zu erheben.

2. Leistungsfreiheit des VR im Innenverhältnis

5 Abs. 1 setzt die vollständige oder teilweise Leistungsfreiheit des VR gegenüber dem VN voraus. In Abgrenzung zu Abs. 2 ist daher erforderlich, dass ein **wirksamer Versicherungsvertrag** überhaupt besteht, der VR

---

1 Vgl. dazu *Baumann* NJW-Editorial 2007, Heft 46; *Stobbe* AnwBl. 2007, 853.
2 Zweites Gesetz zur Änderung des Pflichtversicherungsgesetzes und anderer versicherungsrechtlicher Vorschriften, BGBl. I 2008, S. 2833.
3 BT-Drucks. 16/6627 S. 7.
4 *Wandt*, Rn. 1080.
5 BGHZ 24, 308, 320 ff. = VersR 1957, 442; BGHZ 25, 330, 333 ff.; BGH VersR 1957, 814, 815; demgegenüber geht BGHZ 28, 244, 248 = VersR 1958, 830 von einem »gesetzlichen Schuldverhältnis« aus.
6 Vgl. dazu insbesondere *Büchner*, S. 67 ff.; *Malchow*, S. 16 ff.
7 BK/*Beckmann*, § 158c Rn. 5; P/M/*Knappmann*[27], § 158c Rn. 3.
8 BGHZ 7, 244, 247.
9 OLG München VersR 1951, 174; OLG Hamburg VersR 1950, 132, 134; BK/*Beckmann*, § 158c Rn. 15.

aber dennoch für den Versicherungsfall (teilweise) leistungsfrei geworden ist. Abs. 1 stellt keine **inhaltlichen Voraussetzungen** an die Gründe der Leistungsfreiheit. Aus Abs. 3 ergibt sich jedoch, dass sich die Haftung gegenüber dem Dritten auf die vom VR übernommene Gefahr beschränkt. Die Leistungsfreiheit des VR darf daher nicht deshalb bestehen, weil das konkrete Risiko überhaupt nicht versichert worden ist, so dass **Risikoausschlüsse/-abgrenzungen** (insbes. § 103: vorsätzliche und widerrechtliche Herbeiführung des Versicherungsfalls[10]) nicht unter Abs. 1 fallen. Vielmehr muss der VR nach dem Versicherungsvertrag grundsätzlich für den Versicherungsfall eintrittspflichtig sein, die Leistungspflicht aber entfallen sein. Die **Leistungsfreiheit**, die der VR dem Dritten nach Abs. 1 nicht entgegenhalten kann, kann sich namentlich ergeben aus: Anzeigepflichtverletzung (§§ 19 ff.); Gefahrerhöhung (§§ 23 ff.); Verletzung vertraglicher Obliegenheiten vor und nach Eintritt des Versicherungsfalls (§ 28); Verletzung der Anzeigepflicht nach Eintritt des Versicherungsfalls (§§ 30, 104); Zahlungsverzug bei Erst- oder Folgeprämie (§§ 37, 38). Die Leistungsfreiheit kann sich weiterhin aus allen Vertragsklauseln ergeben, sofern darin nicht ein Risikoausschluss zu sehen ist. Nach h.M. gilt Abs. 1 **analog**, wenn der Deckungsanspruch des VN verjährt ist, so dass der VR sich gegenüber dem Dritten nicht mit Erfolg auf die Einrede der **Verjährung** berufen kann.[11] Da seit der VVG-Reform 2008 die Leistungsfreiheit nicht mehr für den Fall der Befriedigung oder des Anerkenntnisses durch den VN vereinbart werden kann (vgl. § 105), kann sich hieraus auch keine Leistungsfreiheit des VR mehr ergeben.[12]
Nach einer Entscheidung des OLG Naumburg sollen die Abs. 1–3 auch dann Anwendung finden, wenn der Versicherungsvertrag wegen § 134 BGB unwirksam ist.[13]

3. Haftpflichtanspruch gegen VN und Versicherten

Sofern der geschädigte Dritte sowohl gegen den VN als auch gegen eine mitversicherte Person einen Haftpflichtanspruch hat, muss für die Anwendung des Abs. 1 zwischen dem Verhalten des VN und des Mitversicherten unterschieden werden. Bei der Versicherung für fremde Rechnung treffen auch den Versicherten die **Obliegenheiten**,[14] und die sich bei einem Verstoß gegen diese Obliegenheiten ergebende Leistungsfreiheit des VR gegenüber dem Mitversicherten kann zur Anwendung des Abs. 1 führen. Haftet nun neben dem Mitversicherten auch der VN gegenüber dem Dritten und ist der VR im Innenverhältnis nur gegenüber dem Mitversicherten–nicht aber gegenüber dem VN–leistungsfrei, muss er auf Grund des gesunden Versicherungsverhältnisses zum VN an den Dritten leisten und kann sich nicht auf die **Haftungsbeschränkungen** des Abs. 3 (Mindestversicherungssumme und Verweisungsprivileg) berufen.[15] Zu den **Regressansprüchen** in diesen Konstellationen vgl. unten Rdn. 27 ff.

6

4. Begriff des Dritten

Dritter i.S.d. Abs. 1 und 2 ist zunächst der **Geschädigte**, wenn er gegen den VN einen Haftpflichtanspruch hat, der von der Pflichthaftpflichtversicherung gedeckt wäre, wenn keine Leistungsfreiheit vorläge (Abs. 1) oder das Versicherungsverhältnis nicht bestehen würde oder beendet wäre (Abs. 2).[16] Dritte können grundsätzlich auch **Rechtsnachfolger** des Geschädigten sein,[17] es sei denn, sie sind durch das Verweisungsprivileg des § 117 III 2 letztverantwortlich.[18] Weiterhin kann auch der **VN selbst** Dritter sein, wenn ihm z.B. ein Haftpflichtanspruch gegen einen Mitversicherten zusteht (beachte aber eventuelle Ausschlüsse in AVB, z.B.A.1.5.6 AKB 2015).[19] Voraussetzung für die Anwendung der Abs. 1 und 2 ist allerdings, dass die Leistungsfreiheit nicht gegenüber dem VN selbst auch besteht. Denn würde der VN einen Anspruch gegen den VR erheben, könnte ihm dieser den Einwand der unzulässigen Rechtsausübung entgegenhalten, da der VN dem VR im Innenverhältnis regresspflichtig ist.[20] Die h.M. geht davon aus, dass der **Mitschädiger** – insbes. mangels Schutzbedürftigkeit–nicht Dritter sein kann.[21]

7

---

10 Nach *Franck*, S. 172 f. kann der Einwand des § 103 VVG im Bereich der Kfz-Haftpflichtversicherung dem Dritten aus europarechtlichen Gründen nicht entgegen gehalten werden.
11 BGH VersR 2003, 635, 637; VersR 1971, 333, 334; LG HannoverBeckRS 2013, 10161; BK/*Beckmann*, § 158c Rn. 10; P/M/*Knappmann*, § 117 Rn. 6; PK/*Huber*, § 117 Rn. 13; zweifelnd: *Schirmer* VersR 1986, 828 Fn. 26; R/L/*Langheid*, § 117 Rn. 8; a.A.: OLG Celle VersR 1954, 427, 428; *Johannsen* VersArchiv 1956, 279, 283 f.
12 Anders unter Geltung des § 154 II a.F.; vgl. dazu P/M/*Knappmann*[27], § 158c Rn. 5.
13 OLG Naumburg NJOZ 2015, 644 f.
14 BGH VersR 1976, 383 f.; BGHZ 26, 133, 139 = VersR 1957, 814.
15 OLG Hamm r+s 2006, 33, 34; VersR 1993, 1372, 1373; OLG Hamm r+s 1989, 73; OLG Frankfurt (Main) VersR 1997, 224, 225.
16 R/L/*Langheid*, § 117 Rn. 18; BK/*Beckmann*, § 158c Rn. 25.
17 BGHZ 44, 166, 167 = VersR 1965, 1167; BGHZ 20, 371, 373; BGHZ 7, 244, 247; BK/*Beckmann*, § 158c Rn. 25.
18 BK/*Beckmann*, § 158c Rn. 25; PK/*Huber*, § 117 Rn. 18.
19 BK/*Beckmann*, § 158c Rn. 25.
20 BGH VersR 1986, 1010, 1011; OLG Köln VersR 1985, 488, 489; vertiefend dazu: *Langheid* VersR 1986, 15.
21 OLG Zweibrücken VersR 1987, 656, 657; OLG Hamm VersR 1969, 508, 509; KG VersR 1978, 435, 436; P/M/*Knappmann*, § 117 Rn. 16 i.V.m. § 115 Rn. 4; BK/*Beckmann*, § 158c Rn. 25; a.A. OLG Köln VersR 1972, 651 f. (bei intaktem Versicherungsverhältnis); AG Frankfurt VersR 1974, 382 f.; B/M/*Johannsen*[8], Bd. V, Anm. 12, 57; offen gelassen: R/L/*Langheid*, § 117 Rn. 19.

II. Nachhaftung bei Nichtbestehen oder Beendigung des Versicherungsverhältnisses (Abs. 2)

8　Abs. 2 ordnet eine **einmonatige Nachhaftung** des VR, für den Fall an, dass das Versicherungsverhältnis überhaupt nicht besteht oder beendet worden ist. Damit sollen Deckungslücken für den Zeitraum vermieden werden, in dem sich der VN um neuen Versicherungsschutz bemüht oder in dem die zuständige Stelle darauf hinwirkt, dass die potentiell gefährdende Tätigkeit des Versicherungspflichtigen untersagt wird. Denn Zweck der Anzeigepflicht des VR und seiner Nachhaftung ist es, dass der Behörde ermöglicht wird, eine Einstellung der versicherungspflichtigen Tätigkeit zu veranlassen.[22]

Muss der VR im Rahmen der Nachhaftung an den Dritten leisten, kann er den (ehemaligen) VN gem. § 116 I in Regress nehmen. Auch im Rahmen der Nachhaftung steht dem VR ein Regulierungsermessen zu; er kann selbstständig entscheiden, ob und in welchem Umfang er den geltend gemachten Schaden des Dritten reguliert.[23]

1. Nichtbestehen oder Beendigung des Versicherungsverhältnisses

9　Die Nachhaftung setzt voraus, dass das Versicherungsverhältnis nicht besteht oder beendet worden ist. Daraus ergibt sich, dass zuvor zwar kein rechtswirksamer Versicherungsvertrag geschlossen worden sein muss, gleichwohl lässt sich die Nachhaftung des VR nur rechtfertigen, wenn der »**äußere Schein**« eines wirksamen **Versicherungsverhältnisses** im Zeitpunkt des schädigenden Ereignisses vorliegt.[24] Dies ist unproblematisch, wenn ein wirksamer Versicherungsvertrag geschlossen wurde und dies der Behörde angezeigt wurde. Eine Nachhaftung des VR kommt aber nicht in Betracht bei Ablehnung des Antrags des VN, bei einem offenen Dissens, wenn der Vertragsschluss/Deckungsschutz vom Eintritt eines Ereignisses abhängig gemacht wird, welcher nicht erfolgt,[25] bei kollusivem Zusammenwirken von VN und Versicherungsvermittler oder bei Entwendung einer Versicherungsbestätigung durch den dann vermeintlichen VN.

10　Liegt nun ein wirksames Versicherungsverhältnis oder zumindest der äußere Anschein eines solchen vor, ist es für die Anwendung des Abs. 2 unerheblich, ob das Versicherungsverhältnis überhaupt nicht besteht oder beendet wurde. **Beide Tatbestandsalternativen sind gleichwertig.** Will man jedoch differenzieren, so ist im Falle von Störungen beim Abschluss des Versicherungsvertrages vom Nichtbestehen auszugehen, während Beendigung Endigungsgründe eines gültig zustande gekommenen Vertrages meint.[26] Umstände, aus denen sich das Nichtbestehen oder die Beendigung des Versicherungsverhältnisses ergeben können, sind: **Unwirksamkeit der Vertragserklärungen** wegen Geschäftsunfähigkeit und Minderjährigkeit (§§ 104 ff. BGB, beachte aber § 143 IV), **Anfechtung** wegen Irrtums, Täuschung, Drohung (§§ 119 ff. BGB), **versteckter Dissens**, **Widerruf** (§ 8), **Rücktritt** (§ 19 II Anzeigepflichtverletzung; § 37 I Zahlungsverzug bzgl. Erstprämie), **Kündigung** (§ 19 VI Prämienerhöhung nach Anzeigepflichtverletzung, § 24 Gefahrerhöhung, § 25 II Prämienerhöhung nach Kenntnis der Gefahrerhöhung, § 28 I Verletzung vertraglicher Obliegenheiten; § 38 III Zahlungsverzug bzgl. Folgeprämie, § 40 I Prämienerhöhung, §§ 122 i.V.m. 96 I Veräußerung der versicherten Sache), Zeitablauf (§ 117 II 2) oder einverständliche **Vertragsaufhebung**.

2. Anzeige an zuständige Stelle

11　Um seine Nachhaftung zeitlich zu begrenzen, hat der VR das Nichtbestehen bzw. die Beendigung des Versicherungsverhältnisses im **eigenen Interesse** der zuständigen Stelle anzuzeigen. Es besteht jedoch nach Abs. 2 grds. **keine Anzeigepflicht** des VR, so dass ein **Schadensersatzanspruch** gem. § 823 II BGB (Schutzgesetzverletzung) bei unterlassener Anzeige nicht in Betracht kommt.[27] Etwas anderes kann jedoch gelten, wenn ein Spezialgesetz eine Anzeigepflicht des VR ausdrücklich vorsieht (z.B. § 10 I VersVermV). Voraussetzung für einen Schadensersatzanspruch ist allerdings stets, dass die Norm auch den Schutz des Dritten oder des VN bezweckt, was i.d.R. nicht der Fall ist, da öffentliche Interessen im Vordergrund stehen. **Welche Stelle** für die Anzeige **zuständig** ist, ergibt sich i.d.R. aus dem Gesetz, das die Versicherungspflicht anordnet: z.B. §§ 34d I, 34e I GewO i.V.m. § 10 VersVermV: IHK für Versicherungsvermittler und Versicherungsberater; § 51 VII BRAO: Rechtsanwaltskammer; § 54 I 3 WiPrO: Wirtschaftsprüferkammer; § 19a V BNotO: Landesjustizverwaltung für Notare; § 67 S. 2 StBerG: Steuerberaterkammern. Ist eine solche **Stelle** hingegen **nicht bestimmt**, so gilt Abs. 2 nicht (vgl. Abs. 2 S. 5), d.h. den VR trifft keine Nachhaftung und seine Einstandspflicht endet im Zeitpunkt der Beendigung des Versicherungsvertrages. Die Haftung nach Abs. 1 bleibt davon unberührt. Die Monatsfrist beginnt erst mit **ordnungsgemäßer Anzeige** des Nichtbestehens bzw. der Beendigung. Die Anzeige ist nicht an eine bestimmte Form gebunden, jedoch muss sie der Behörde ermöglichen, tätig zu werden, indem sie den Versicherungsvertrag möglichst eindeutig bezeichnet. Entscheidend für den **Fristbeginn** ist der **Zugang** bei

---

[22] BK/*Beckmann*, § 158c Rn. 18; P/M/*Knappmann*, § 117 Rn. 12.
[23] LG Braunschweig, Urteil vom 22.01.2013, 7 O 1217/12, zitiert nach juris, Rn. 20, 22.
[24] KG VersR 1971, 613; OLG Nürnberg VersR 1961, 603, 605; BayObLG VersR 1957, 215, 216; OLG Karlsruhe VersR 1956, 776; P/M/*Knappmann*, § 117 Rn. 10; BK/*Beckmann*, § 158c Rn. 18; *Johannsen* VersArchiv 1956, 279.
[25] KG VersR 1971, 613.
[26] *Gruber* ZVR 1991, 33, 36 Fn. 31; BK/*Beckmann*, § 158c Rn. 17.
[27] BK/*Beckmann*, § 158c Rn. 24; PK/*Huber*, § 117 Rn. 70.

der zuständigen Stelle,[28] für den der Versicherer beweisbelastet ist.[29] Da die Frist gem. Abs. 2 S. 3 nicht vor der Beendigung des Versicherungsverhältnisses beginnt, kann der Versicherer die Nachhaftungszeit nicht dadurch verkürzen, dass er die Anzeige bereits einen Monat vor Beendigung an die zuständige Stelle übermittelt.[30]

Besteht bereits ein **neuer Haftpflichtversicherungsvertrag**, der den gesetzlichen Anforderungen genügt, und ist dies der zuständigen Stelle vor dem Schadensereignis mitgeteilt worden, kann der Alt-VR dem geschädigten Dritten das Nichtbestehen bzw. die Beendigung des Versicherungsvertrages entgegenhalten (Abs. 2 S. 4). Es besteht dann keine Nachhaftung des Alt-VR. Ist der Abschluss des neuen Vertrages der zuständigen Stelle jedoch noch nicht angezeigt worden, bleibt es bei der Nachhaftung des bisherigen VR. Er kann den Dritten insoweit auch nicht gem. Abs. 3 S. 2 (Verweisungsprivileg) auf den neuen Haftpflichtversicherer verweisen. **Abs. 2 S. 4 verdrängt** diesbzgl. **Abs. 3 S. 2**.[31] Im Außenverhältnis sind daher beide VR einstandspflichtig. Im Innenverhältnis kann der nachhaftende VR den neuen VR in **Regress** nehmen.[32]

12

Bleibt die zuständige Stelle nach Anzeige der Beendigung bzw. des Nichtbestehens des Versicherungsverhältnisses schuldhaft untätig, kann sich ein **Schadensersatzanspruch** des Dritten gegen den Rechtsträger wegen **Amtspflichtverletzung** aus § 839 I BGB ergeben.[33] Der Anspruch ist allerdings auf die Mindestversicherungssumme beschränkt.[34]

13

III. Haftungsbeschränkung auf Mindestversicherungssumme und übernommene Gefahr (Abs. 3 S. 1)

Die Haftung des VR nach Abs. 1 und 2 wird durch Abs. 3 S. 1 auf die vorgeschriebene Mindestversicherungssumme und die von ihm vertraglich übernommene Gefahr begrenzt.

14

1. Mindestversicherungssumme

Ist der VR nach den Abs. 1 und 2 gegenüber dem Dritten einstandspflichtig, haftet er nur im Rahmen der vorgeschriebenen Mindestversicherungssumme. Diese ergibt sich aus den Vorschriften, die die Versicherungspflicht anordnen, fehlt eine spezielle Anordnung der Mindestversicherungssumme, aus **§ 114 I (Untergrenze)**. Ist vertraglich eine **höhere Versicherungssumme** als die vorgeschriebene Mindestversicherungssumme vorgesehen, kann sich der Dritte darauf nicht berufen.[35] Dagegen spricht auch nicht die Regelung in § 113 III, da Abs. 3 S. 1 insoweit **lex specialis** ist.[36] Andererseits kann der VR gegenüber dem Dritten nicht einwenden, dass (unzulässigerweise) eine **niedrigere Versicherungssumme** vereinbart wurde als die vorgeschriebene Mindestversicherungssumme. I.E. ist daher für die Haftung des VR nach Abs. 1 und 2 immer die vorgeschriebene Mindestversicherungssumme maßgeblich und zwar unabhängig davon, ob eine niedrigere oder höhere Versicherungssumme vereinbart wurde. Im Fall der Nachhaftung (Abs. 2) gilt dies auch, wenn eine Anzeige an die Behörde nicht erfolgt ist.[37]

15

Im Falle des **§ 118 I** (Rangfolge bei nicht ausreichender Versicherungssumme) ist »Versicherungssumme« i.S.d. § 118 I die vorgeschriebene Mindestversicherungssumme und nicht die konkret vereinbarte Versicherungssumme.[38] Leistet der VR hingegen über die vorgeschriebene Mindestversicherungssumme hinaus an den Dritten, so erwirbt er insoweit kein Rückgriffsrecht gegen den VN gem. § 117 V.

Bei **teilweiser Leistungsfreiheit** des VR ist Abs. 3 nicht anwendbar, wenn der weiterbestehende Deckungsanspruch nicht unter die Mindestversicherungssumme gesunken ist.[39] Eine Anwendung des Abs. 3 würde den Dritten ansonsten schlechter stellen, obwohl durch die Vorschrift gerade sein Schutz bezweckt wird. Nach bisheriger Rechtslage war der Fall problematisch, dass die Mindestversicherungssumme nicht ausreichte, um den Gesamtschaden des Dritten zu befriedigen, und ein Teil des Schadens von einem **Sozialversicherungsträger** ausgeglichen wird und der Geschädigte den anderen Teil des Schadens (der insoweit nicht vom Sozialversicherungsträger übernommen wird) gem. Abs. 1 oder 2 gegenüber dem an sich leistungsfreien Haftpflichtversicherer des Schädigers geltend macht.[40] Nach überwiegender Meinung sollte der Geschädigte dann von

16

---

28 BK/*Beckmann*, § 158c Rn. 21.
29 BK/*Beckmann*, § 158c Rn. 21; PK/*Huber*, § 117 Rn. 72.
30 PK/*Huber*, § 117 Rn. 71; R/L/*Langheid*, § 117 Rn. 22.
31 So auch PK/*Huber*, § 117 Rn. 75.
32 P/M/*Knappmann*, § 117 Rn. 14.
33 BGHZ 111, 272, 275 f. = VersR 1991, 73; BGH NJW 1965, 1524, 1525; PK/*Huber*, § 117 Rn. 66, 78; P/M/*Knappmann*, § 117 Rn. 18.
34 BGHZ 111, 272, 277 = VersR 1991, 73; P/M/*Knappmann*, § 117 Rn. 18; **anders noch:** BGH NJW 1965, 1524, 1525 f.
35 R/L/*Langheid*, § 117 Rn. 25.
36 P/M/*Knappmann*, § 117 Rn. 21; R/L/*Langheid*, § 117 Rn. 25; vgl. auch BGH VersR 1975, 558, 559.
37 P/M/*Knappmann*, § 117 Rn. 19.
38 Vgl. zu § 156 III a.F.: BGH VersR 1975, 558, 560; BK/*Beckmann*, § 158c Rn. 30.
39 BGH VersR 1983, 688, 689 f.; VersR 1984, 226, 227; BK/*Beckmann*, § 158c Rn. 28; R/L/*Langheid*, § 117 Rn. 26; P/M/*Knappmann*, § 117 Rn. 21; *Gruber* ZVR 1991, 33, 37.
40 Vgl. dazu BK/*Beckmann*, § 158c Rn. 31 ff.; R/L/*Langheid*, § 117 Rn. 26; P/M/*Knappmann*, § 117 Rn. 21; *Denck* VersR 1987, 629, 630 ff.

der Mindestversicherungssumme den Teil erhalten, der auf ihn entfiele, wenn der VR leistungspflichtig wäre und daher die Versicherungssumme gem. §§ 155, 156 III a.F. zwischen dem Dritten und dem Sozialversicherungsträger zu verteilen wäre.[41] Der Dritte sollte bei einem kranken Versicherungsverhältnis schließlich nicht besser gestellt werden, als bei einem gesunden. Danach stand dem Dritten im Verhältnis zum VR die Mindestversicherungssumme nicht vollständig zur Verfügung, sondern wegen der grundsätzlichen Gleichrangigkeit der Ansprüche waren sein (bisher nicht ausgeglichener) Anspruch und die vom Sozialversicherungsträger erbrachte Leistung zusammenzurechnen und dann im Verhältnis des Gesamtbetrags zur Mindestversicherungssumme zu kürzen. Ob sich diese Lösung nun, wo **§ 118 I** eine eindeutige Rangfolge zu Gunsten des Dritten vorsieht[42], noch aufrechterhalten lässt, wird bezweifelt.[43] Da dem Dritten nach § 118 I nun auch im gesunden Versicherungsverhältnis die volle Versicherungssumme zustehe und der Sozialversicherungsträger nur nachrangig zu befriedigen sei, werde der Dritte bei einem kranken Versicherungsverhältnis im oben genannten Fall nicht besser gestellt, wenn eine Kürzung der Mindestversicherungssumme um die Quote des Sozialversicherungsträgers nicht erfolge.

2. Leistungspflicht nur im Rahmen der übernommenen Gefahr

17 Der VR haftet auch nach den Abs. 1 und 2 nur im Rahmen der **vertraglich übernommenen Gefahr**. Die örtlichen, zeitlichen und sachlichen Grenzen der Gefahrübernahme, die zwischen dem VN und dem VR in zulässiger Weise vereinbart wurden, gelten demnach auch gegenüber dem Dritten.[44] Der Dritte wird insoweit nur so gestellt, wie er im **Normalfall** (keine Leistungsfreiheit und keine Beendigung des Versicherungsverhältnisses) stünde, so dass der VR ihm alle Leistungsbeschränkungen und -ausschlüsse entgegenhalten kann.[45] Ist der VR wegen einer Beschränkung oder eines Ausschlusses nicht leistungspflichtig, kommt auch eine Haftung nach den Abs. 1 und 2 nicht in Betracht. Besteht hingegen **Leistungsfreiheit** (insbes. wegen Obliegenheitsverletzung), so haftet der VR gegenüber dem Dritten, weil Abs. 1 sicherstellt, dass die Leistungsfreiheit nicht zu Lasten des Dritten geht. Für die Pflichthaftpflichtversicherung ist in diesem Zusammenhang insbes. der subjektive Risikoausschluss des **§ 103** bedeutsam. Führt der VN den Schaden vorsätzlich und widerrechtlich herbei, haftet der VR dem Dritten auch nicht nach Abs. 1 oder 2, da der VR das Risiko insoweit nicht übernommen hat.[46] Die **Abgrenzung** zwischen **Obliegenheiten** und **Leistungsbeschreibungen/-ausschlüssen** ist daher für die Pflichthaftpflichtversicherung von besonderer Bedeutung.

IV. Verweisungsprivileg des Pflichthaftpflichtversicherers (Abs. 3 S. 2)

18 Die Haftung des Pflichthaftpflichtversicherers, der seinem VN gegenüber leistungsfrei ist, gegenüber dem geschädigten Dritten lässt sich aus Gründen des Opferschutzes nur rechtfertigen, wenn der Dritte seinen Schaden nicht anderweitig ersetzt verlangen kann. Kann der Dritte hingegen von einem anderen Schadensversicherer oder einem Sozialversicherungsträger seinen Schaden ersetzt verlangen, ist er nicht schutzbedürftig und der VR des Schädigers auch ihm gegenüber nach Abs. 3 S. 2 leistungsfrei.[47] Daraus folgt aber auch, dass andere Schadensversicherer oder Sozialversicherungsträger, die den Schaden des Dritten tragen, den Pflichthaftpflichtversicherer **nicht in Regress** nehmen können. Andernfalls würde das Verweisungsprivileg des Abs. 3 S. 2 durch den Regress unterlaufen. Das Verweisungsprivileg gilt nur für Ansprüche gegen andere Schadensversicherer oder Sozialversicherungsträger und nicht für Ansprüche gegen anderweitige Schuldner.[48] Für die Kfz-Haftpflichtversicherung ist die **Sonderregelung in § 3 S. 1 PflVG** zu beachten: Beruht die Leistungsfreiheit des VR auf einer der dort genannten Obliegenheitsverletzungen (Verstoß gegen Bau- und Betriebsvorschriften, unberechtigter Fahrer, fehlende Fahrerlaubnis), so findet das Verweisungsprivileg des Abs. 3 S. 2 generell keine Anwendung.

1. Andere Schadensversicherer

19 Der Dritte muss sich auf alle Schadensversicherer verweisen lassen, von denen er Ersatz seines Schadens erlangen kann. Darunter fallen insbes. Haftpflichtversicherer (auch wenn es sich dabei nicht um eine Pflicht-

---

41 BGH VersR 1975, 558, 560; R/L/*Langheid*, § 117 Rn. 26; *Preußner* ZfV 1967, 526; a.A. *Denck* VersR 1987, 629, 630 ff.; BK/*Beckmann*, § 158c Rn. 33.
42 Davon sind *Denck* VersR 1987, 629, 633 und BK/*Beckmann*, § 158c Rn. 33 bereits unter Geltung des alten VVG angesichts des Befriedigungsvorrechts des Geschädigten gem. § 116 IV SGB X ausgegangen, das zum Zeitpunkt der o.g. Entscheidung des BGH (Fn. 38) noch nicht existierte.
43 PK/*Huber*, § 117 Rn. 44.
44 OLG Saarbrücken NJW-RR 2013, 934, 935; OLG Hamm VersR 1988, 1122, 1123; P/M/*Knappmann*, § 117 Rn. 23.
45 BGH VersR 1987, 37, 39; VersR 1986, 1231, 1233; OLG Hamm VersR 1988, 1122, 1123.
46 BGH VersR 1971, 239, 240; OLG Düsseldorf VersR 2003, 1248; OLG Oldenburg VersR 1999, 482; OLG Hamm VersR 1988, 1122, 1123; nicht erkannt OLG Frankfurt (Main) VersR 1997, 224 abl. Anm. *Langheid* VersR 1997, 348 f.; *E. Lorenz* VersR 1997, 349 f.; *Lemcke* r+s 1996, 483 f.
47 *Steffen* VersR 1987, 529.
48 BGHZ 25, 330, 333 ff.; BGHZ 20, 371, 375 f.; BK/*Beckmann*, § 158c Rn. 53.

haftpflichtversicherung handelt) und Sachversicherer.[49] Auch Kranken-[50] und Unfallversicherer sind erfasst, soweit mit ihnen keine **Summenversicherungen** abgeschlossen wurden, sondern die Versicherungsleistung am konkreten Schaden orientiert ist. Für eine Unfallversicherung, die als Summenversicherung ausgestaltet ist, gilt Abs. 3 S. 2 nicht,[51] da Summenversicherungen generell vom Verweisungsprivileg ausgeschlossen sind. Weiterhin fallen Rechtsschutzversicherer unter Abs. 3 S. 2.[52]

Nach § 2 I Nr. 1 bis 5 PflVG sind bestimmte Rechtsträger (z.B. Bund, Länder, Gemeinden mit mehr als 100.000 Einwohnern) von der Versicherungspflicht im Bereich Kfz-Haftpflicht befreit. Sofern diese Rechtsträger keinen Versicherungsschutz in Anspruch nehmen, haften sie gem. § 2 II PflVG gegenüber dem Dritten als **Eigenversicherer** genauso wie ein Haftpflichtversicherer haften würde. § 3 S. 2 PflVG ordnet dann an, dass die Leistungspflicht des VR entfällt, wenn der Dritte von einem solchen Eigenversicherer Ersatz seinen Schadens verlangen kann. Daraus folgt für den Bereich der Kfz-Haftpflichtversicherung, dass auch Eigenversicherer als Schadensversicherer i.S.d. Abs. 3 S. 2 zu qualifizieren sind.[53] 20

2. Subsidiaritätsklauseln

In den Versicherungsbedingungen von Schadensversicherern finden sich teilweise sog. Subsidiaritätsklauseln, die eine Ersatzpflicht des Schadensversicherers ausschließen, soweit ihr VN (der zugleich der geschädigte Dritte ist) bei einem anderen VR oder Dritten Ersatz verlangen kann. Die Subsidiaritätsklausel kollidiert folglich mit dem Verweisungsprivileg des Abs. 3 S. 2. Zielt die Klausel ausdrücklich auf das Verweisungsprivileg ab und soll es dieses ausschalten, so ist die Bestimmung **unwirksam**, da sie vom wesentlichen Grundgedanken einer gesetzlichen Regelung abweicht.[54] Ist die Subsidiaritätsklausel allerdings so allgemein gefasst, dass der Versicherungsschutz ausgeschlossen sein soll, sofern ein Anspruch gegen einen beliebigen Dritten besteht und ist die Klausel damit nicht ausdrücklich auf Abs. 3 S. 2 ausgerichtet, ist sie grundsätzlich wirksam.[55] Die Subsidiaritätsklausel ist dann dahingehend **einschränkend auszulegen**, dass sie für den Fall des Abs. 3 S. 2 nicht gilt. Dagegen spricht auch nicht das Verbot der geltungserhaltenden Reduktion bei AVB, da die Subsidiaritätsklausel insoweit nicht den VN benachteiligen will, sondern das Verhältnis zwischen den Versicherern regeln soll.[56] 21

3. Sozialversicherungsträger

Der Geschädigte kann weiterhin nur dann Schadensersatz vom Pflichthaftpflichtversicherer nach den Abs. 1 und 2 verlangen, wenn er seinen Schaden nicht von einem **deutschen** oder **ausländischen** Sozialversicherungsträger ersetzt verlangen kann. Als Sozialversicherungsträger sind grundsätzlich alle Träger der gesetzlichen Kranken-, Unfall und Rentenversicherung erfasst. Es muss sich dabei um eine **Versicherungsleistung** des Sozialversicherungsträgers handeln und nicht um eine **staatliche Fürsorgeleistung**. Danach sind das ALG I und Reha-Leistungen der Bundesanstalt für Arbeit vom Verweisungsprivileg erfasst,[57] ALG II und das Sozialgeld hingegen nicht.[58] Abs. 3 S. 2 ist grundsätzlich nicht einschlägig, wenn der Dritte Ansprüche gegen seinen **Arbeitgeber** oder seinen öffentlichen Dienstherrn hat.[59] Etwas anderes soll hingegen gelten, wenn der Arbeitgeber Lohnfortzahlungen leistet, die er von einem Sozialversicherungsträger erstattet bekommt.[60] Dann soll der VR den Dritten auf seinen Arbeitgeber verweisen können. Nach h.M. soll der **Beitragsregress** des Sozialversicherungsträgers nach **§ 119 SGB X** nicht vom Verweisungsprivileg des Abs. 3 S. 2 erfasst sein, weil es sich dabei nicht um einen Regress des Sozialversicherungsträgers wegen einer an den Geschädigten erbrachten Leistung handelt.[61] 22

---

49 BGH VersR 1978, 609, 610 f.; a.A. OLG Düsseldorf VersR 1972, 527, 528.
50 OLG Hamm VersR 1969, 508, 509.
51 BGH VersR 1968, 361 f.
52 LG Saarbrücken VersR 1976, 83; LG Frankfurt (Main) VersR 1967, 965 f.
53 So auch PK/*Huber*, § 117 Rn. 29 f.; offenlassend P/M/*Knappmann*, § 117 Rn. 27; a.A. wohl R/L/*Langheid*, § 117 Rn. 30.
54 P/M/*Knappmann*, § 117 Rn. 31; BK/*Beckmann*, § 158c Rn. 48; R/L/*Langheid*, § 117 Rn. 36.
55 BGH VersR 1976, 235, 237; BK/*Beckmann*, § 158c Rn. 49; P/M/*Knappmann*, § 117 Rn. 31; *Prölss* VersR 1977, 367.
56 Vgl. auch BK/*Beckmann*, § 158c Rn. 48.
57 OLG Frankfurt (Main) VersR 1991, 686, 687; OLG München VersR 1988, 29 f.; NJW-RR 1986, 1474 f.; P/M/*Knappmann*, § 117 Rn. 32; BK/*Beckmann*, § 158c Rn. 50.
58 BGHZ 44, 166 ff. = VersR 1965, 1167; OLG Frankfurt (Main) VersR 1991, 686, 687; OLG München VersR 1988, 29 f.; NJW-RR 1986, 1474 f.
59 BGH VersR 1957, 729, 730 f.
60 BGH VersR 1986, 1231, 1233 für § 8 des österr. EFZG; P/M/*Knappmann*, § 117 Rn. 32; *Denck* VersR 1980, 9, 11; a.A. AG Nürnberg VersR 1973, 516, 517; *Schirmer* VersR 1986, 825, 831.
61 P/M/*Knappmann*, § 117 Rn. 32; BK/*Beckmann*, § 158c Rn. 51; *Denck* VersR 1984, 602 ff.; *Küppersbusch* VersR 1983, 193, 211; zu § 119 SGB X *Stelzer* VersR 1986, 632 ff.; *von Einem* VersR 1987, 138 ff.; a.A. PK/*Huber*, § 117 Rn. 34.

4. »Soweit der Dritte Ersatz seines Schadens erlangen kann«

23 Der Dritte muss Ersatz seines Schadens erlangen können. Danach reicht es aus, dass der Dritte die **Möglichkeit** hat bzw. hatte, seinen Schaden ersetzt zu bekommen.[62] Allein die Tatsache, dass Ansprüche möglicherweise im **EU-Ausland** zu verfolgen sind, steht der Anwendung des Verweisungsprivilegs nicht entgegen.[63] Ob der Schaden tatsächlich ersetzt worden ist, ist unerheblich. Verliert oder verwirkt der Dritte seinen Anspruch nachträglich – z.B. wegen Obliegenheitsverletzung oder weil er seinen VR bewusst nicht in Anspruch nehmen will[64] –, so steht das dem Verweisungsprivileg nicht entgegen, und der Pflichthaftpflichtversicherer haftet nicht nach Abs. 1 oder 2. Die Verweisung auf einen anderen VR kommt nicht in Betracht, wenn dieser von vorneherein nicht für den konkreten Versicherungsfall leistungspflichtig war (z.B. wegen eines Risikoausschlusses).[65] Aus dem Wortlaut (»soweit«) folgt, dass eine Verweisung nach Abs. 4 nur soweit möglich ist, wie der Dritte den Ersatz seines Schadens tatsächlich hätte erlangen können. Soweit dem Dritten das nicht möglich war, bleibt ihm der VR gegenüber leistungspflichtig.

24 Kann der Dritte **mehrere Schädiger** bzw. ihre VR in Anspruch nehmen, ist zu unterscheiden: Sind die im Außenverhältnis zum Dritten einstandspflichtigen VR teilweise gegenüber dem VN/Schädiger leistungsfrei, so kann sich der Dritte nur an die auch im Innenverhältnis leistungspflichtigen VR halten. Reicht deren Inanspruchnahme nicht aus, so haften die an sich im Innenverhältnis leistungsfreien VR nach Abs. 1 und 2 weiter, da der Dritte insoweit nicht in der Lage ist, Ersatz seines Schadens zu erlangen (Abs. 3 S. 2 greift insoweit nicht).[66] Sind dem Dritten gegenüber hingegen mehrere VR nach den Abs. 1 oder 2 zur Leistung verpflichtet, sind die Regelungen zur **Mehrfachversicherung** entsprechend heranzuziehen.[67] Die VR haften dem Dritten gegenüber dann als Gesamtschuldner (vgl. § 78 I, aber begrenzt auf die Mindestversicherungssumme) und ihre Ausgleichspflicht untereinander richtet sich nach § 78 II 1. Hat nun ein nach Abs. 1 oder 2 haftender VR den Dritten befriedigt und will er den weiteren nach Abs. 1 oder 2 haftenden VR nach § 78 II 1 in Regress nehmen, so muss er den entsprechenden Teil seines nach Abs. 5 übergegangenen Anspruchs gegen den VN an den regresspflichtigen VR abtreten.[68]

V. Verweisungsprivileg und Amtshaftung (Abs. 4)

25 Die Regelung in Abs. 4 S. 1 regelt den Fall, dass der Dritte sowohl den Pflichtversicherer nach den Abs. 1 und 2 in Anspruch nehmen kann als auch einen Rechtsträger wegen einer fahrlässigen Amtspflichtverletzung nach § 839 I 2 BGB. In diesen Fällen kollidieren das **Verweisungsprivileg des § 839 I 2 BGB** und das des Abs. 3 S. 2 miteinander. Unter der Geltung der entsprechenden Regelung in § 158c V a.F. war in Rechtsprechung und Literatur umstritten, wie diese zu verstehen sei. Insbes. der BGH ging davon aus, dass die Regelung nur das **Innenverhältnis** zwischen dem öffentlichen Rechtsträger und dem eintrittspflichtigen VR betreffe und sich der öffentliche Rechtsträger im Verhältnis zum Dritten auf sein Verweisungsprivileg nach § 839 I 2 BGB berufen könne.[69] Danach sollte im **Außenverhältnis** nur der VR haften und anschließend den öffentlichen Rechtsträger in Regress nehmen können. Mit Hinweis auf den Wortlaut des § 158c V a.F. wollte eine andere Auffassung dem Dritten die Möglichkeit eröffnen, direkt gegen den öffentlichen Rechtsträger vorzugehen, und nahm daher an, dass die Regelung das Außenverhältnis zum Dritten betreffe.[70] Einig man sich jedoch darüber, dass der VR, der die Ansprüche des Dritten befriedigt, im Innenverhältnis bei der öffentlichen Hand Regress nehmen kann.[71] Diese Auslegungsprobleme hat der Gesetzgeber mit der VVG-Reform beseitigt und im Sinne der BGH-Rechtsprechung entschieden. Abs. 4 S. 1 betrifft danach ausdrücklich (»**im Verhältnis zum Versicherer**«) nur das Innenverhältnis zwischen VR und haftender Körperschaft.[72] Der Dritte kann sich nicht direkt an die Körperschaft halten, sondern muss den VR in Anspruch nehmen. Dieser wiederum kann sich an die öffentliche Körperschaft wenden.

---

62 OLG Saarbrücken NJW-RR 2013, 934.
63 BGH VersR 1978, 609, 611; OLG Koblenz VersR 2006, 110; OLG München NJW-RR 1996, 1179; BK/*Beckmann*, § 158c Rn. 44.
64 BGH VersR 1971, 238, 239; LG Freiburg VersR 1981, 1047, 1048.
65 BGH VersR 1976, 235, 236; vgl. auch OLG Schleswig r+s 1991, 160, 161; R/L/*Langheid*, § 117 Rn. 33; BK/*Beckmann*, § 158c Rn. 43.
66 OLG München zfs 1984, 147.
67 OLG München VersR 1959, 607; BK/*Beckmann*, § 158c Rn. 46; P/M/*Knappmann*, § 117 Rn. 30; R/L/*Langheid*, § 117 Rn. 35; a.A. *Reichert-Facilides* VersR 1955, 65, 66 danach soll die Haftung der VR nach dem Grund der Leistungsfreiheit differenziert werden.
68 P/M/*Knappmann*, § 117 Rn. 30; R/L/*Langheid*, § 117 Rn. 35.
69 BGHZ 96, 50, 56 ff. = VersR 1986, 180; BGHZ 85, 225, 229 = VersR 1983, 84; *Sieg* VersR 1966, 101, 103.
70 *Backhaus* VersR 1984, 16, 17; *Steffen* VersR 1986, 101, 104; BK/*Beckmann*, § 158c Rn. 54; *Hübner/Schneider* r+s 2002, 89, 93.
71 Vgl. nur R/L/*Langheid*, § 117 Rn. 39; BK/*Beckmann*, § 158c Rn. 54; a.A. PK/*Huber*, § 117 Rn. 61.
72 Begr. RegE BT-Drucks. 16/3945 S. 89; so auch P/M/*Knappmann*, § 117 Rn. 35; HK-VVG/*Schimikowski*, § 117 Rn. 7; PK/*Huber*, § 117 Rn. 62, der die Klarstellung im Wortlaut vermisst.

Aus **Abs. 4 S. 2** folgt, dass der **Beamte**, der **persönlich haftet**, den geschädigten Dritten auf den VR gem. 26
§ 839 I 2 BGB verweisen kann, ohne dass diesem ein Regressanspruch zusteht.[73]

VI. Legalzession und Regress des Pflichthaftpflichtversicherers (Abs. 5)

1. Allgemeines

Durch die Zahlung des VR an den Dritten nach den Abs. 1 bis 4 wird der VN nicht von seiner Haftpflichtver- 27
bindlichkeit befreit, sondern der Schadensersatzanspruch des Dritten geht nach § 117 V 1 auf den VR über.[74]
Der VR kann dann auf Grund dieses übergegangenen Anspruchs beim VN Regress nehmen. Eine Anwendung
anderer Regressnormen, etwa aus Bereicherungsrecht (§ 812 BGB) oder GoA (§ 683 BGB), scheidet neben
Abs. 5 aus.[75] § 117 V gilt nur, soweit § 116 nicht einschlägig ist.

Voraussetzung für die Legalzession ist, dass der VR **objektiv** nach den Abs. 1–4 zur Leistung gegenüber dem 28
Dritten verpflichtet war und **subjektiv** auf Grund dieser Verpflichtung geleistet hat.[76] Die Legalzession
kommt daher nicht in Betracht, wenn gegenüber dem Dritten keine Leistungspflicht bestand (z.B. bei Verweisungsmöglichkeit nach Abs. 3 S. 2[77] oder Risikoausschluss gem. Abs. 3 S. 1[78]). Leistet der VR irrtümlich an
den Dritten (obwohl keine Leistungspflicht nach § 117 I–IV besteht), kann er die Leistung–soweit die Haftpflichtverbindlichkeit tatsächlich bestand–vom VN nach § 812 BGB zurückverlangen, da er diesen von seiner
Verbindlichkeit ohne Rechtsgrund (§ 117 ist gerade nicht einschlägig) befreit hat.[79] Wusste der VR hingegen
von seiner Leistungsfreiheit gegenüber dem Dritten, kann ein **Verzicht** auf seinen Regressanspruch gegenüber
dem VN anzunehmen sein.[80]

Die Legalzession erfasst nur den Schadensersatzanspruch des Dritten gegen den VN und nicht die **Aufwen-** 29
dungen des VR.[81] Diese Aufwendungen (insbes. Rechtsanwaltskosten) kann er u.U. in entsprechender Anwendung der §§ 675, 670 BGB vom VN ersetzt verlangen.[82] Der Regress gegen den **Mitschädiger** richtet sich
nicht nach Abs. 5, da der Mitschädiger nicht am Versicherungsvertrag beteiligt ist. Vielmehr muss der VR–bei
grundsätzlicher Anwendbarkeit des Abs. 5 gegenüber dem VN–den Ausgleichsanspruch des VN gegen den
Mitschädiger pfänden und sich überweisen lassen.[83] Der Regressanspruch nach Abs. 5 kann auch im **Ge-**
richtsstand der unerlaubten Handlung (§ 32 ZPO) geltend gemacht werden.[84] Macht der VR einen Anspruch
nach Abs. 5 geltend, ist die Klage auf **Feststellung** der Deckungspflicht möglich.[85]

2. Umfang der Legalzession und Einwendungen des VN

Für den Übergang des Anspruchs ist das **Urteil** im Haftpflichtprozess oder ein **Vergleich/Anerkenntnis** zwi- 30
schen VR und Drittem maßgeblich.[86] Wegen der i.d.R. vertraglich vereinbarten **Regulierungsvollmacht** ist
der VN auch in den Fällen der Abs. 1 und 2 an das Regulierungsverhalten des VR gebunden, da der VR insoweit auf Grund des fingierten Versicherungsanspruchs des VN reguliert.[87] Eine vertragliche Regulierungsvollmacht besteht hingegen nicht, wenn dem Dritten ein **Direktanspruch** gegen den VR zusteht, den dieser dann
aus »eigenem Recht« abwehren kann.[88]

Macht der VR seinen Regressanspruch nach Abs. 5 gegenüber dem VN geltend, kann dieser nicht mehr ein- 31
wenden, die Haftpflichtfrage sei unzutreffend entschieden worden. Seine Abwehrmöglichkeiten beschränken
sich vielmehr auf **versicherungsrechtliche Einwände**. Er kann geltend machen, dass ihm gegenüber keine
Leistungsfreiheit bestehe oder dass der VR dem Dritten gegenüber nicht leistungspflichtig war (z.B. weil das
Verweisungsprivileg eingreife oder der Versicherungsfall nicht im Rahmen der übernommenen Gefahr liegt).
Der VR kann den VN auch dann nicht in Regress nehmen, wenn er ohnehin für einen **Mitversicherten** eintrittspflichtig ist.

---

73 BK/*Beckmann*, § 158c Rn. 56; P/M/*Knappmann*, § 117 Rn. 36; R/L/*Langheid*, § 117 Rn. 40.
74 BK/*Hübsch*, § 158f Rn. 9; R/L/*Langheid*, § 117 Rn. 42.
75 BK/*Hübsch*, § 158f Rn. 39; P/M/*Knappmann*[27], § 158f Rn. 19.
76 P/M/*Knappmann*, § 117 Rn. 38; R/L/*Langheid*, § 117 Rn. 43; a.A. BK/*Hübsch*, § 158f Rn. 8.
77 OLG Köln VersR 1997, 225, 227; OLG Frankfurt (Main) VersR 1970, 266, 267.
78 LG Mannheim VersR 1962, 317 (Versicherer leistet trotz § 103 bzw. § 152 a.F.).
79 BGH VersR 1976, 480, 481; VersR 1964, 474; OLG Köln VersR 1997, 225, 227; R/L/*Langheid*, § 117 Rn. 43;
   P/M/*Knappmann*, § 117 Rn. 38; *Hübner/Schneider* r+s 2002, 89, 92.
80 R/L/*Langheid*, § 117 Rn. 43.
81 A.A. OLG Frankfurt (Main) VersR 1970, 266.
82 BGH VersR 1976, 480, 481; 1968, 885; BGHZ 24, 308, 324 = VersR 1957, 442; P/M/*Knappmann*, § 117 Rn. 39;
   R/L/*Langheid*, § 117 Rn. 43; *Schirmer* ZVersWiss 1969, 353, 417.
83 BGHZ 32, 331, 337 = VersR 1960, 650; OLG München VersR 1957, 89, 90; P/M/*Knappmann*, § 117 Rn. 49; a.A. *Wahle*
   VersRdsch 1960, 44, 45; *Migsch* ZVR 1976, 261, 268.
84 OLG München VersR 1967, 144 f.
85 OLG Nürnberg VersR 1961, 603, 604.
86 P/M/*Knappmann*, § 117 Rn. 40; R/L/*Langheid*, § 117 Rn. 43.
87 BGHZ 101, 276, 283 f. = VersR 1987, 924; BGH VersR 1957, 443; 1967, 149; P/M/*Knappmann*, § 117 Rn. 41; R/L/*Lang-*
   heid, § 117 Rn. 44.
88 BGHZ 101, 276, 283 f. = VersR 1987, 924; P/M/*Knappmann*, § 117 Rn. 41.

32 Da der Mitversicherte dem VN auch im Rahmen des Abs. 5 gleichzustellen ist (beachte aber § 123), kann der VR auch den Mitversicherten nach Abs. 5 in Regress nehmen.[89] In diesen Fällen ist zu unterscheiden: Betrifft die **Leistungsfreiheit nur** den **Mitversicherten**, erfolgt die Leistung an den Dritten auf Grund der Abs. 1 bis 4 im Zweifel auch für den Mitversicherten, so dass der Anspruch der Geschädigten gegen den Mitversicherten nach Abs. 5 übergeht.[90] Zahlt der VR hingegen nur für den VN, dem gegenüber er nicht leistungsfrei ist, befriedigt er den Dritten nicht nach den Abs. 1 bis 4, sondern in Erfüllung seiner versicherungsvertraglichen Verpflichtung. Der Anspruch des Dritten gegen den VN geht dann nicht nach Abs. 5 auf ihn über, sondern er erwirbt dann evtl. Ausgleichsansprüche des VN gegen den Mitversicherten nach § 86.[91] Ist der **VR** hingegen sowohl dem **VN** als auch dem **Mitversicherten gegenüber leistungsfrei**, haften beide für den Regressanspruch als Gesamtschuldner.[92]

3. Befriedigungsvorrecht des Dritten (Abs. 5 S. 2)

33 Ist der Dritte vom VR nicht voll befriedigt worden (z.B. wegen unzureichender Versicherungssumme) und hält er sich nun an den VN, folgt aus Abs. 5 S. 2 ein Befriedigungsvorrecht des Dritten (vgl. auch § 86 I 2). Der VR muss dem Dritten insoweit einen Zugriffsvortritt einräumen und kann den VN dann erst in Regress nehmen, wenn der Dritte vollständig befriedigt worden ist.[93]

VII. Insolvenz des Pflichthaftpflichtversicherers (Abs. 6)

34 Abs. 6 ist **lex specialis** zu § 16 und regelt den Fall, dass über das Vermögen eines Pflichthaftpflichtversicherers das Insolvenzverfahren eröffnet wurde. Damit regelt Abs. 6 auch einen Sonderfall der **Nachhaftung**. Das Versicherungsverhältnis endet nicht gem. § 16 I einen Monat nach Eröffnung des Insolvenzverfahrens, sondern erst einen Monat, nachdem der Insolvenzverwalter die Eröffnung der zuständigen Stelle mitgeteilt hat. Ist eine solche Stelle nicht bestimmt, beginnt die Frist erst mit der Benachrichtigung des VN von der Insolvenzverfahrenseröffnung in Textform (Abs. 6 S. 2). Nach § 315 I 1 Nr. 1 i.V.m. § 126 VAG kann der Dritte (neben VN, Begünstigten und Mitversicherten) **vorrangige Befriedigung** aus dem **Sicherungsvermögen** jedoch nur verlangen, wenn ihm ein Direktanspruch zusteht.[94]

VIII. Verjährung

35 Für den im Wege der **Legalzession** nach § 117 V übergegangenen Schadensersatzanspruch gelten die allgemeinen Verjährungsregeln in den §§ 195 ff. BGB. Die Frage, ob spezielle Verjährungsregeln für Versicherungsansprüche (§ 12 I a.F.) anzuwenden sind[95], stellt sich seit der VVG-Reform nicht mehr, da auch für diese Ansprüche grundsätzlich die allgemeinen Regeln der §§ 195 ff. BGB einschlägig sind.

36 Will der Dritte aus dem **gepfändeten und zur Einziehung überwiesenen Anspruch des VN** gegen den VR vorgehen,[96] gilt für den Beginn der Verjährung des – gegenüber dem VR fingierten – Anspruchs § 199 I BGB. Die Verjährung beginnt danach mit dem Schluss des Jahres, in dem der Anspruch entstanden ist und der Dritte Kenntnis von den anspruchsbegründenden Umständen und der Person des Schuldners erlangt hat oder ohne grobe Fahrlässigkeit erlangen musste. Die Anwendung des § 199 I BGB bereitet Probleme, weil der Anspruch des Dritten gegen den VR erst dadurch entsteht, dass der Dritte aus dem titulierten Schadensersatzanspruch gegen den VN vollstreckt, und zwar in einen Anspruch, der dem VN als solchem nicht zusteht. Den Anspruch gegen den VR kann der Dritte also erst geltend machen, wenn er ihn aufgrund eines Titels gegen den VN gepfändet hat und überwiesen erhalten hat. Die Verjährungsfrist beginnt dabei mit dem Schluss des Jahres, in dem der Dritte auf Grund eines vollstreckbaren Titels gegen den VN dessen fingierten Versicherungsanspruch pfänden und sich hat überweisen lassen. Der BGH hat nach altem Recht die Verjährung sogar schon mit dem Schluss des Jahres beginnen lassen, in dem der Dritte einen Vollstreckungstitel gegen den VN hätte erstreiten können.[97] Es könne dem Dritten nicht freistehen, wann er das Erforderliche unternehme, um Berechtigter des Anspruchs zu werden. Dem ist nicht zu folgen. Der Dritte muss die für das Haftpflichtverhältnis geltende Verjährung voll ausschöpfen können.[98]

---

89 BGH VersR 1963, 134, 135; VersR 1959, 329.
90 BGH VersR 1963, 134, 135; OLG München VersR 1957, 89, 90.
91 Vgl. dazu vertiefend P/M/*Knappmann*, § 117 Rn. 46 ff.
92 BGH VersR 1965, 130 f.
93 P/M/*Knappmann*, § 117 Rn. 50; R/L/*Langheid*, § 117 Rn. 47.
94 F/K/B/P/*Kaulbach*, VAG, § 77a Rn. 5.
95 Verneinend BGH VersR 1972, 62, 63; BGHZ 26, 133, 135 ff. = VersR 1957, 814.
96 Zur Verjährung des Direktanspruchs s.o. § 115 Rdn. 21 ff.
97 BGH VersR 1968, 361, 363; BGHZ 44, 166 = VersR 1965, 1167.
98 Offen lassend, aber dahin tendierend BGH VersR 1969, 127, 128.

C. Beweislast

Da der geschädigte Dritte die Position des VN (dem gegenüber der VR leistungsfrei ist) einnimmt, ist er für alle Umstände beweispflichtig, für die auch der VN bei einem eigenen Anspruch beweispflichtig wäre.[99] Da das Verweisungsprivileg nach Abs. 3 S. 2 eine für den VR günstige Tatsache ist, obliegt ihm dafür die Beweislast.[100] Für den VR kann es dabei schwierig sein, zu belegen, inwieweit der Dritte Ersatz seines Schadens von einem anderen Schadensversicherer oder einem Sozialversicherungsträger erlangen kann. Daher greifen zu seinen Gunsten die Grundsätze der sekundären Darlegungslast ein. Danach muss der Geschädigte nach Aufforderung offenlegen, welche Anspruchsbeziehungen gegen Schadensversicherer bzw. Sozialversicherungsträger in Betracht kommen und warum diese keine Ansprüche ergeben.[101]

37

§ 118 Rangfolge mehrerer Ansprüche.

(1) Übersteigen die Ansprüche auf Entschädigung, die auf Grund desselben Schadensereignisses zu leisten ist, die Versicherungssumme, wird die Versicherungssumme nach folgender Rangfolge, bei gleichem Rang nach dem Verhältnis ihrer Beträge, an die Ersatzberechtigten ausgezahlt:
1. für Ansprüche wegen Personenschäden, soweit die Geschädigten nicht vom Schädiger, von einem anderen Versicherer als dessen Haftpflichtversicherer, einem Sozialversicherungsträger oder einem sonstigen Dritten Ersatz ihrer Schäden erlangen können;
2. für Ansprüche wegen sonstiger Schäden natürlicher und juristischer Personen des Privatrechts, soweit die Geschädigten nicht vom Schädiger, einem anderen Versicherer als dessen Haftpflichtversicherer oder einem Dritten Ersatz ihrer Schäden erlangen können;
3. für Ansprüche, die nach Privatrecht auf Versicherer oder sonstige Dritte wegen Personen- und sonstiger Schäden übergegangen sind;
4. für Ansprüche, die auf Sozialversicherungsträger übergegangen sind;
5. für alle sonstigen Ansprüche.

(2) Ist die Versicherungssumme unter Berücksichtigung nachrangiger Ansprüche erschöpft, kann sich ein vorrangig zu befriedigender Anspruchsberechtigter, der bei der Verteilung nicht berücksichtigt worden ist, nachträglich auf Absatz 1 nicht berufen, wenn der Versicherer mit der Geltendmachung dieses Anspruchs nicht gerechnet hat und auch nicht rechnen musste.

Übersicht

	Rdn.		Rdn.
A. Allgemeines	1	C. Rechtsfolgen	10
I. Normzweck	1	I. Ausschluss des nachträglich angemeldeten Anspruchs (Abs. 2)	10
II. Anwendungsbereich	2	1. Verspätete Anmeldung des Anspruchs	10
B. Tatbestand	4	2. Verschulden des VR	11
I. Übersteigen der Versicherungssumme	4	3. Bereicherungsrechtlicher Anspruch bei Nichtberücksichtigung	12
II. Verhältnismäßige Teilung bei gleichrangig Geschädigten	6	II. Verstoß gegen die Rangfolge	13
III. Rangfolge	7		

Schrifttum:
Denck, Das Befriedigungsvorrecht nach § 116 IV SGB X bei unzureichender Versicherungssumme, VersR 1987, 629; *Deichl/Küppersbusch/Schneider*, Kürzungs- und Verteilungsverfahren nach §§ 155 I und 156 III VVG in der Kfz-Haftpflichtversicherung, 1985; *Deinhardt*, Der Schutz des Verkehrsopfers bei Erschöpfung der Versicherungssumme, VersR 1980, 412; *Filthaut*, Zahlungen des Haftpflichtversicherers »ohne Anerkennung einer Rechtspflicht«, VersR 1997, 525; *Hessert*, Sozialversicherung und Schadensregulierung – Befriedigungsvorrechte nach § 116 SGB X und das Verteilungsverfahren nach § 156 III VVG, VersR 1997, 39; *Huber*, Probleme der über die Versicherungssumme hinausgehenden Leistungspflicht des Haftpflichtversicherers gem. § 156 III VVG, VersR 1986, 851; *Schantl*, Probleme bei der Konkurrenz von Kapital- und Rentenzahlungsansprüchen in der Haftpflichtversicherung, MDR 1982, 450; *Schmidt*, Verhältnismäßige Teilung der nicht ausreichenden Versicherungssumme unter mehreren Betroffenen, JuS 1983, 151; *Sieg*, Zur Auslegung des Teilungsabkommens und des § 156 III VVG, SGb 1983, 258; *Sprung*, Das Verteilungsverfahren bei Deckungssummenüberschreitung in der Kfz-Haftpflichtversicherung, VersR 1992, 657; *Wenke*, Verteilungspläne bei nicht ausreichender Deckungssumme in der Kfz-Haftpflichtversicherung, VersR 1983, 900. Für **Rechenbeispiele** sei auf *Deichel/Küppersbusch/Schneider*, Vor § 155; *Wenke*, VersR 1983, 900 ff.; PK/*Huber*, § 118 Rn. 25 verwiesen.

---

99 BGH VersR 1987, 37, 39; VersR 1986, 1231, 1233; P/M/*Knappmann*, § 117 Rn. 54; R/L/*Langheid*, § 117 Rn. 37.
100 BGHZ 85, 225, 227 = VersR 1983, 84; BGH VersR 1978, 609, 611; OLG Koblenz VersR 2006, 110.
101 PK/*Huber*, § 117 Rn. 47.

§ 118 Rangfolge mehrerer Ansprüche

A. Allgemeines
I. Normzweck

1 Die in § 118 enthaltene Regelung ist mit der VVG-Reform 2008 neu eingeführt worden und enthält eine Rangfolge der Ansprüche auf die Versicherungssumme, wenn diese nicht ausreicht, um alle aus einem Versicherungsfall erwachsenen Entschädigungsansprüche zu befriedigen. § 118 regelt dabei, in welcher Reihenfolge der VR die einzelnen Anspruchsberechtigten zu befriedigen hat (**Rangfolgeprinzip**). Um einen effektiven Opferschutz sicherzustellen, gewährt der Gesetzgeber den Ansprüchen des geschädigten Dritten aus Personenschäden Vorrang vor allen anderen Ansprüchen, insbes. vor öffentlichen Ersatzansprüchen. Es gilt demnach insbes. **nicht** das zwangsvollstreckungsrechtliche **Prioritätsprinzip**.

II. Anwendungsbereich

2 § 118 gilt nur für Pflichthaftpflichtversicherung und stellt demnach eine **Spezialregelung zu § 109** dar. Anders als § 118 sieht § 109 keine Rangordnung der Ansprüche vor, sondern ordnet entsprechend § 156 III a.F. (der auch für die Pflichthaftpflichtversicherung galt) eine grundsätzlich verhältnismäßige Teilung der nicht ausreichenden Versicherungssumme unter mehreren Anspruchsinhabern an (**Paritätsprinzip**). Damit gilt für den Bereich der Pflichthaftpflichtversicherung, dass das Risiko der Erschöpfung der Versicherungssumme nicht mehr alle Geschädigte gleichmäßig trifft, sondern einzelne Gruppen von Geschädigten zu Lasten anderer Geschädigter privilegiert werden. Nur bei Geschädigten gleichen Ranges erfolgt eine **verhältnismäßige Teilung**. Für die Anwendbarkeit des § 118 spielt es indes keine Rolle, ob dem Dritten ein **Direktanspruch** nach § 115 zusteht oder er aus dem gepfändeten und überwiesenen Versicherungsanspruch des VN gegen den VR vorgeht.[1] Dafür spricht bereits, dass es dem Geschädigten unbenommen ist, ob er seinen Direktanspruch geltend macht oder sich den Versicherungsanspruch pfänden und überweisen lässt.[2]

3 Der VR kann sich bei nicht ausreichender Versicherungssumme einer Prüfung und Befriedigung der Ansprüche unter Anwendung des § 118 nicht entziehen, indem er die Versicherungssumme nach § 372 BGB oder § 853 ZPO **hinterlegt**.[3] Denn § 118 soll gerade die für die Hinterlegung vorausgesetzte Ungewissheit über die Person des Gläubigers (§ 372 S. 1 BGB) bzw. eine Konkurrenz der Ansprüche (§ 853 ZPO) beseitigen.

§ 118 findet keine Anwendung im **Haftpflichtprozess** des Geschädigten gegen den VN, da die Frage, ob die Deckungssumme ausreichend ist, für die Haftung des VN unerheblich ist.[4] Lässt der Dritte nach gewonnenem Haftpflichtprozess jedoch den Deckungsanspruch gegen den VR pfänden und an sich überweisen und klagt dann auf Grund des Pfändungs- und Überweisungsbeschlusses gegen den VR, so ist § 118 bereits im **Erkenntnisverfahren** und nicht erst im Vollstreckungsverfahren zu berücksichtigen.[5] Bei Zwischenurteilen (vgl. § 304 ZPO) ist § 118 im **Betragsverfahren** und nicht im Verfahren über den Anspruchsgrund zu beachten.[6] Diese prozessualen Grundsätze gelten auch, wenn der Dritte im Wege der Direktklage (§ 115) gegen den Versicherer vorgeht.

B. Tatbestand
I. Übersteigen der Versicherungssumme

4 Für eine Anwendung des § 118 ist nur Raum, sofern die geltend gemachten Entschädigungsansprüche die Versicherungssumme übersteigen. Grundsätzlich sind dafür alle Forderungen zusammenzurechnen und der Versicherungssumme gegenüber zu stellen. Dabei sind Forderungen auch zu berücksichtigen, soweit sie noch nicht durch Urteil, Anerkenntnis oder Vergleich festgestellt wurden und auch sonst noch nicht fällig sind (vgl. insoweit § 106).[7] Sofern eine **pauschale Versicherungssumme** vereinbart worden ist, kann die Berechnung für Personen-, Sach- und Vermögensschäden gemeinsam erfolgen. Sofern jedoch für einzelne Schadensarten unterschiedliche Deckungssummen vereinbart worden sind, erfolgt eine gesonderte Berechnung je nach Schadensart.[8] Da auch dem Grunde nach festgestellte Ansprüche vom VR zu berücksichtigen sind, muss er den erwartungsgemäß zu zahlenden Betrag **schätzen**. Des Weiteren müssen auch solche Ansprüche in die Berechnung einfließen, die noch nicht dem Grunde nach festgestellt worden sind, mit deren Geltendmachung der VR aber rechnen musste (Abs. 2 a.E.). Rentenansprüche sind grundsätzlich mit ihren **Kapitalisierungswerten** anzusetzen.[9] Von der Summe der geltend gemachten oder zu erwartenden Forderungen sind noch

---

1 Vgl. für § 156 a.F.: BGHZ 84, 151, 155 = VersR 1982, 791; VersR 1979, 30, 31.
2 BGH VersR 1979, 30, 31; BGH VersR 1978, 609, 610; BGHZ 69, 153, 159 = VersR 1977, 960.
3 R/L/*Langheid*, § 156 Rn. 23.
4 Vgl. auch P/M/*Knappmann*, § 118 Rn. 12.
5 So bereits für § 156 III a.F.: BGHZ 84, 151, 154 = VersR 1982, 791; OLG München VersR 2005, 89, 90.
6 OLG München VersR 2005, 89, 90.
7 Vgl. auch BGHZ 84, 151, 153 = VersR 1982, 791.
8 PK/*Huber*, § 118 Rn. 40; R/L/*Langheid*, § 156 Rn. 19.
9 BGH VersR 2006, 1679, 1680.

Ausgleichsansprüche des VR gegen andere Schädiger oder VR abzuziehen.[10] Für diese Forderungen gelten die soeben gemachten Ausführungen entsprechend.

Für die Feststellung, ob die Versicherungssumme durch die Forderungen überschritten ist, ist der **Zeitpunkt** 5 entscheidend, in dem der VR die Versicherungssumme an die Dritten auszahlt. Der VR muss die Erschöpfung der Versicherungssumme und den sich hieraus für die Höhe der geltend gemachten Ansprüche ergebenden Einschränkungen im Einzelnen anhand eines **Verteilungsplans darlegen und beweisen**.[11]

II. Verhältnismäßige Teilung bei gleichrangig Geschädigten

Problematisch gestaltet sich die Rechtslage, wenn die Versicherungssumme bereits nicht ausreicht, um gleich- 6 rangig Geschädigte zu befriedigen (Bsp.: Die Personenschäden von A, B und C sind so hoch, dass ihre Summe die Versicherungssumme übersteigt.). In diesem Fall gilt weder eine Rangfolge für die Ansprüche (alle Ansprüche fallen unter Abs. 1 Nr. 1) noch gilt das **Prioritätsprinzip**. In diesem Fall bleibt es bei der schon unter Geltung des § 156 III a.F. bestehenden **gleichmäßigen Befriedigung** (§ 118 I: »... bei gleichem Rang nach dem Verhältnis ihrer Beiträge ...«) der Ansprüche. Ändern sich die Grundlagen der Verteilung der Versicherungssumme, z.B. weil ein erwarteter Anspruch niedriger ausgefallen ist, unberechtigterweise geltend gemacht wurde oder ein zusätzlicher Anspruchsteller hinzugetreten ist, stellt sich die Frage, wie zu verfahren ist. Reicht die Versicherungssumme nun entgegen der anfangs aufgestellten Berechnung doch aus, um alle Forderungen zu begleichen, so sind alle Anspruchsinhaber vollständig zu befriedigen.[12] Reicht die Versicherungssumme immer noch nicht aus, um alle Ansprüche vollständig zu befriedigen, so sind zumindest die jeweiligen Quoten der verbleibenden Anspruchsteller zu erhöhen und der Mehrbetrag auszuzahlen.[13] Hat nun der VR die Versicherungssumme auf die Anspruchsteller verteilt und macht ein weiterer Geschädigter Ansprüche geltend, kommt es für dessen Befriedigung darauf an, ob der VR mit der Geltendmachung dieses Anspruchs gerechnet hat oder rechnen musste (Abs. 3). Musste der Versicherer mit der Geltendmachung nicht rechnen, geht der zu späte Dritte leer aus und für die anderen Anspruchsteller ändert sich nichts. Wusste der Versicherer jedoch von der weiteren Anspruchsgeltendmachung oder musste er zumindest damit rechnen, ist der entsprechende Dritte in das Verteilungsverfahren einzubeziehen und die entsprechende Quote nachzuzahlen. Gegen die Geschädigten, die bereits nach der bisherigen Quote befriedigt worden sind, kann der VR dann einen bereicherungsrechtlichen Anspruch aus § 812 BGB geltend machen, sofern er an diese zuvor unter **Vorbehalt** oder unter Offenlegung der Zahlung im Verteilungsverfahren gezahlt hat.[14] Kann der VR die Verteilungsquoten nachträglich nicht ändern und von den bereits befriedigten Gläubigern den zuviel gezahlten Betrag nicht wieder heraus verlangen, muss er dennoch die Quote des zu spät kommenden Dritten zahlen. Insoweit erhöht sich dann die Deckungssumme. Da der VR jedoch versicherungsvertraglich nicht verpflichtet ist, mehr als die Deckungssumme zu zahlen (= kein Rechtsgrund), und er durch die Zahlung an den zu späten Dritten eine Schuld des VN zumindest teilweise erfüllt (= Leistung), hat er einen Anspruch aus § 812 BGB gegen den VN.[15]

III. Rangfolge

§ 118 I sieht eine gestufte Befriedigung der geltend gemachten Ansprüche nach Schutzbedürftigkeit vor. Zu 7 beachten ist insoweit, dass die Rangfolge nur dann zum Tragen kommt, wenn die Versicherungssumme nicht bereits durch Ansprüche gleichen Ranges verbraucht ist (dann verhältnismäßige Teilung, siehe Rdn. 6). Vorrangig zu befriedigen sind nicht abgesicherte Personenschäden (Nr. 1). Insbes. **Schmerzensgeldansprüche** gehen Ansprüchen aus Sach-/Vermögensschäden (Nr. 2) oder Ansprüchen von Regressgläubigern (Nr. 3–4) vor. Die bevorzugte Befriedigung von Personenschäden gilt auch dann, wenn diese Schäden zwar anderweitig abgesichert sind, diese Absicherung betragsmäßig aber nicht ausreicht. Der Begriff **Personenschaden** ist i.S.d. § 1 Nr. 1 AHB 1999 zu verstehen.[16] Danach sind Personenschäden solche Schäden, die durch den Tod, die Verletzung oder eine Gesundheitsschädigung von Menschen entstanden sind. Zum Personenschaden gehören Folgeschäden materieller Art (z.B. Heilungskosten, Erwerbsausfallschaden, Schaden aus einer Minderung der Erwerbsfähigkeit) und immaterieller Art (Schmerzensgeld).[17] Die Definition des Personenschadens bedingt, dass nur **natürliche Personen** Anspruchsinhaber nach Nr. 1 sein können. Dementsprechend sieht Nr. 2 auch vor, dass bei sonstigen Schäden (Sach- und Vermögensschäden) sowohl natürliche als auch juristische Personen des Privatrechts Anspruchsberechtigte sein können. Diese Ansprüche aus sonstigen Schäden sind erst nach Ansprüchen aus Personenschäden zu befriedigen. Nach wortgetreuer Anwendung der Nr. 2 sind **juristische Per-**

---

10 R/L/*Langheid*[3], § 156 Rn. 19.
11 BGH VersR 2006, 1679, 1680; VersR 1980, 817, 819.
12 R/L/*Langheid*, § 109 Rn. 7; R/L/*Knappmann*, § 118 Rn. 9.
13 PK/*Huber*, § 118 Rn. 61.
14 BK/*Baumann*, § 156 Rn. 61; PK/*Huber*, § 118 Rn. 66; *Sprung* VersR 1992, 657, 659.
15 R/L/*Langheid*[3], § 156 Rn. 27; BK/*Baumann*, § 156 Rn. 61; B/M/*Johannsen*[8], Bd. IV, Anm. B 100; PK/*Huber*, § 118 Rn. 65.
16 Anders PK/*Huber*, § 118 Rn. 11; unklar P/M/*Knappmann*, § 118 Rn. 2.
17 BK/*Baumann*, § 149 Rn. 28.

§ 118 Rangfolge mehrerer Ansprüche

sonen des **öffentlichen Rechts** nicht erfasst und würden somit unter Nr. 5 fallen. Dies hätte zur Folge, dass sie auch erst nach den Regressgläubigern zu befriedigen wären. *Huber* hält dies für ein unbilliges Ergebnis und will Nr. 2 auch auf juristische Personen des öffentlichen Rechts im Wege der Analogie anwenden.[18] Dies ist abzulehnen. Eine analoge Anwendung der Nr. 2 auf sonstige Ansprüche der öffentlichen Hand führt nicht nur dazu, dass diese Anspruchsinhaber vorrangig vor den Regressgläubigern der Nr. 3 und 4 befriedigt werden, sondern dass die Ansprüche juristischer Personen des öffentlichen Rechts dann auch mit Ansprüchen natürlicher Personen konkurrieren und ihre Ansprüche wegen sonstiger Schäden im Verhältnis ihrer Beträge zu verteilen wären. Dies hat der Gesetzgeber aber nicht gewollt. Denn Individualansprüche sollen Vorrang vor öffentlichen Ersatzansprüchen (also auch wegen Ansprüchen aus sonstigen Schäden der öffentlichen Hand) haben,[19] so dass für eine Analogie kein Raum ist.[20] Nr. 2 erfasst demnach keine juristischen Personen des öffentlichen Rechts.

8   Die inhaltliche Ausgestaltung der Nrn. 1 und 2 begegnet erheblichen Zweifeln.[21] So soll der Geschädigte sich nur dann auf einen Rang nach Nr. 1 oder 2 berufen können, soweit er nicht vom Schädiger oder einem sonstigen Dritten Ersatz seiner Schäden verlangen kann. Es fragt sich, warum der unmittelbar Geschädigte nur dann vor den Regressgläubigern befriedigt werden soll, wenn er sich nicht beim **Schädiger**, für den der VR einzustehen hat, schadlos halten kann. Denn in der Konsequenz bedeutete die – i.d.R. gegebene – Möglichkeit, gegen den Schädiger vorzugehen, dass es sich um einen sonstigen Anspruch nach Nr. 5 handelt und der unmittelbar Geschädigte erst nach allen anderen Anspruchsinhabern zu befriedigen wäre. Damit wäre der Geschädigte aber schlechter gestellt als nach der bisherigen Rechtslage, bei der es auf die Möglichkeit, den Schädiger in Anspruch nehmen zu können, nicht ankam und immerhin eine verhältnismäßige Teilung der Versicherungssumme vorzunehmen war. Ähnliches gilt für den vermeintlichen Vorrang der Haftung Dritter. Aus der Wortfassung der Nr. 1 und 2 (»Ersatz ihrer Schäden erlangen können«) lässt sich immerhin entnehmen, dass ein Verweis auf den Schädiger oder sonstigen Dritten nur in Betracht kommen kann, wenn deren Solvenz gesichert ist und das Insolvenzrisiko des unmittelbar Geschädigten damit nur sehr gering ausfällt.[22]

9   Der Anspruchsübergang der **Regressgläubiger** richtet sich bei Nr. 3 insbes. nach § 86 (sofern es sich um einen Privatversicherer handelt) und bei Nr. 4 insbes. nach § 116 SGB X. Mit »alle sonstigen Ansprüche« (Nr. 5) sind insbes. die **Ersatzansprüche der öffentlichen Hand** gemeint.

C. Rechtsfolgen
I. Ausschluss des nachträglich angemeldeten Anspruchs (Abs. 2)
1. Verspätete Anmeldung des Anspruchs

10 Meldet ein Anspruchsberechtigter seine Forderung zu spät an, kann er nach Abs. 2 bei der Verteilung der Deckungssumme ausgeschlossen sein. Die Regelung soll verhindern, dass das Verteilungsverfahren nachträglich geändert werden muss, weil eine zusätzliche Forderung angemeldet wird.[23] Für die Frage, wann ein Anspruch zu spät angemeldet wurde, ist darauf abzustellen, ob die Versicherungssumme tatsächlich ausgeschöpft ist. Auf den Abschluss der Berechnung des VR kommt es nicht an, sondern auf den **Zeitpunkt** der Zahlung. Nach dem Wortlaut des Abs. 2 findet der Ausschluss nur Anwendung, wenn ein **vorrangig** zu befriedigender Anspruchsteller seinen Anspruch nachträglich anmeldet (Bsp.: Geschädigter mit Personenschaden (Abs. 1 Nr. 1) meldet sich erst, als bereits die gesamte Versicherungssumme an Geschädigte mit Sachschaden (Abs. 1 Nr. 2) ausbezahlt wurde). Fraglich ist jedoch, ob der Ausschlusstatbestand auch eingreift, wenn ein **gleichrangig** zu befriedigender Anspruchsteller seinen Anspruch zu spät anmeldet (Bsp.: Geschädigter mit Personenschaden meldet sich erst, als die Versicherungssumme an andere Geschädigte nach Abs. 1 Nr. 1 ausbezahlt wurde). Wenn gleichrangig zu befriedigende Anspruchsteller vorhanden sind, sind diese nach dem Verhältnis ihrer Beiträge zu entschädigen. Diesen Fall regelte bereits § 156 III 1 a.F. Dementsprechend sah § 156 III 2 a.F. einen Anspruchsausschluss auch für gleichrangig zu befriedigende Anspruchsberechtigte vor, da es nach § 156 III 1 a.F. keine Rangfolge der Ansprüche gab. Die Neuregelung in § 118 soll nun Konstellationen erfassen, bei denen sowohl Ansprüche unterschiedlichen Ranges als auch gleichen Ranges geltend gemacht werden (vgl. Einleitungssatz des § 118 I). Es gibt keinen Hinweis, warum der Gesetzgeber für den letzteren Fall von der bisherigen Regelung abweichen wollte. Die Wortfassung des Abs. 2 ist daher missglückt und eine Klarstellung durch den Gesetzgeber wünschenswert. Abs. 2 erfasst demnach auch den gleichrangig zu entschädigenden Anspruchsberechtigten, der nachträglich seinen Anspruch geltend macht. Der Ausschluss nach Abs. 2 tritt erst ein, wenn der VR die Versicherungssumme **vollständig ausgezahlt** hat.[24] Ist dies nicht der Fall, findet auch Abs. 2 keine Anwendung. Auf die Frage, ob der VR mit dem nachträglich

---
18 PK/*Huber*, § 118 Rn. 12, 13.
19 Begr. RegE BT-Drucks. 16/3945 S. 90; kritisch dazu P/M/*Knappmann*, § 118 Rn. 3.
20 Zustimmend P/M/*Knappmann*, § 118 Rn. 3.
21 Vgl. auch PK/*Huber*, § 118 Rn. 14 ff.
22 So für die sonstigen Dritten auch PK/*Huber*, § 118 Rn. 21.
23 Begr. RegE BT-Drucks. 16/3945 S. 90.
24 P/M/*Knappmann*, § 118 Rn. 8.

geltend gemachten Anspruch rechnen musste, kommt es nicht an. Vielmehr ist der sich nachträglich meldende Anspruchsberechtigte so zu behandeln, als ob er seinen Anspruch rechtzeitig angemeldet hat, und an der Versicherungssumme zu beteiligen.[25]

2. Verschulden des VR

Zu einer nachträglichen Berücksichtigung des Dritten kommt es nur, wenn der VR mit der Geltendmachung des Anspruchs **gerechnet hat oder zumindest rechnen musste**. Ansonsten kann sich der Dritte nicht an den VR halten und kann seinen Anspruch nur gegen den VN weiter verfolgen. Es müssen erkennbare Anhaltspunkte dafür vorliegen, dass noch mit weiteren Ansprüchen zu rechnen ist. Eine eigenständige **Erkundungspflicht** trifft den VR nicht.[26] Dies ergibt sich für den Geschädigten aus § 119 I, der ein aktives Handeln verlangt. Aus der gegenüber § 156 III 2 a.F. (»entschuldbarerweise nicht gerechnet hat«) anders lautenden Formulierung in Abs. 2 (»nicht gerechnet hat und auch nicht rechnen musste«) lässt sich keine inhaltliche Änderung des Verschuldensmaßstabs herleiten.[27] Es gilt der allgemeine Maßstab des § 276 II BGB.[28] Der VR muss **darlegen und beweisen**, dass er mit der Geltendmachung des betreffenden Anspruchs nicht gerechnet hat und auch nicht rechnen musste.[29]

11

3. Bereicherungsrechtlicher Anspruch bei Nichtberücksichtigung

Hat der Dritte mit seinem nachträglich angemeldeten Anspruch gegen den VR keinen Erfolg, stellt sich die Frage, ob er sich an die anderen, vom VR befriedigten Geschädigten wenden kann. Gegen den VN als Schädiger kann er freilich ohne weiteres vorgehen, da § 118 keinen Einfluss auf seinen Haftpflichtanspruch hat. Teilweise wird davon ausgegangen, dass der Dritte einen bereicherungsrechtlichen Anspruch gegen die anderen geschädigten Dritten aus **§ 816 II BGB** habe, da kein Rechtsgrund für die Zahlung an die »überentschädigten« Dritten vorliege.[30] *Voit/Knappmann* verneinen einen solchen Anspruch grundsätzlich und sind der Ansicht, dass ein Rechtsgrund vorliege und § 156 III a.F. (nunmehr entsprechend § 118) die Interessenlage klar regele.[31] Teilweise wird ein solcher Ausgleichsanspruch bejaht, wenn es sich um einen Sozialversicherungsträger handelt.[32] Ein Anspruch des vom VR entschuldigt unberücksichtigt gelassenen geschädigten Dritten gegen die befriedigten Dritten aus § 816 II BGB ist abzulehnen.[33] Dafür fehlt es bereits an den tatbestandlichen Voraussetzungen der Eingriffskondiktion nach § 816 II BGB. Die vom VR entschädigten Dritten sind keine Nichtberechtigten, wie sich aus § 118 ergibt. Auch muss sich der leer ausgegangene Dritte die Verfügung an die anderen geschädigten Dritten entgegenhalten lassen, da § 118 II dem VR das Recht zu dieser Verfügung einräumt. Letztlich liegt es in der Hand des Dritten, seine Ansprüche rechtzeitig beim VR anzumelden, und es leuchtet nicht ein, warum die anderen geschädigten Dritten ihn wegen dieses Versäumnisses schadlos halten sollen.

12

II. Verstoß gegen die Rangfolge

Ist gegen die Rangfolge des Abs. 1 verstoßen worden und wurde ein Geschädigter nicht ordnungsgemäß befriedigt, obwohl er mit seinem Anspruch nicht gemäß Abs. 2 ausgeschlossen ist, kann der VR diesem die bereits erfolgte Auszahlung der kompletten Versicherungssumme nicht entgegenhalten. Vielmehr bleibt er dem Geschädigten gegenüber weiterhin verpflichtet. Bei den bereits befriedigten Geschädigten kann der VR die zu viel gezahlte Summe nur insoweit nach **§ 812 BGB** kondizieren, als er die Zahlung unter Vorbehalt oder unter Offenlegung des Verteilungsverfahrens geleistet hat. Denn diese Geschädigten haben zu Unrecht Versicherungsleistungen bekommen, da sie erst nachrangig zu befriedigen gewesen wären. Kann der VR nicht gegen die an sich nachrangig zu befriedigenden Geschädigten vorgehen und musste er dennoch an den bisher nicht berücksichtigten Geschädigten zahlen, befreit er den VN ohne Rechtsgrund von seinen Haftpflichtverbindlichkeiten über die Deckungssumme hinaus. Insoweit steht ihm dann ein Anspruch aus § 812 BGB gegen den VN zu, wobei er zugleich das Risiko der Insolvenz des VN zu tragen hat.

13

Zu beachten ist noch, dass der VR gegenüber dem VN zwar nicht verpflichtet ist, über die Deckungssumme hinaus zu leisten (anderes gilt gegenüber dem nachträglich zu befriedigenden Dritten in den Fällen, in denen Abs. 2 nicht vorliegt), er ist jedoch im Innenverhältnis dazu berechtigt. Denn seine **Regulierungsvollmacht**

14

---

25 R/L/*Langheid*[3], § 109 Rn. 10; P/M/*Knappmann*, § 118 Rn. 8, 9.
26 R/L/*Langheid*, § 118 Rn. 4, § 109 Rn. 11.
27 Vgl. zu diesem Problem *Schirmer* ZVersWiss Supplement 2006, 427, 447; *Thalmair* ZVersWiss Supplement 2006, 459, 469.
28 PK/*Huber*, § 118 Rn. 57; HK-VVG/*Schimikowski*, § 118 Rn. 3; P/M/*Knappmann*, § 118 Rn. 10 »Anforderungen dürfen nicht überspannt werden«.
29 R/L/*Langheid*, § 118 Rn. 4, § 109 Rn. 11; P/M/*Knappmann*, § 118 Rn. 10; PK/*Huber*, § 118 Rn. 74.
30 B/M/*Johannsen*[8], Bd. IV, Anm. B 101; PK/*Huber*, § 118 Rn. 67, 68.
31 P/M/*Voit/Knappmann*[27], § 156 Rn. 26. Zweifelnd bzgl. eines solchen Anspruchs: R/L/*Langheid*, § 109 Rn. 12.
32 *Hessert* VersR 1997, 39, 42.
33 Es liegt gerade kein »prototypischer Anwendungsfall« des § 816 II BGB vor, wie PK/*Huber*, § 118 Rn. 68 meint.

(Ziff. 5.2 AHB 2008) berechtigt ihn grundsätzlich auch, eine Schadensregulierung vorzunehmen, die über die Deckungssumme hinausgeht.[34]

§ 119 Obliegenheiten des Dritten.

(1) Der Dritte hat ein Schadensereignis, aus dem er einen Anspruch gegen den Versicherungsnehmer oder nach § 115 Abs. 1 gegen den Versicherer herleiten will, dem Versicherer innerhalb von zwei Wochen, nachdem er von dem Schadensereignis Kenntnis erlangt hat, in Textform anzuzeigen; zur Fristwahrung genügt die rechtzeitige Absendung.
(2) Macht der Dritte den Anspruch gegen den Versicherungsnehmer gerichtlich geltend, hat er dies dem Versicherer unverzüglich in Textform anzuzeigen.
(3) Der Versicherer kann von dem Dritten Auskunft verlangen, soweit sie zur Feststellung des Schadensereignisses und der Höhe des Schadens erforderlich ist. Belege kann der Versicherer insoweit verlangen, als deren Beschaffung dem Dritten billigerweise zugemutet werden kann.

Übersicht

	Rdn.		Rdn.
A. Allgemeines	1	1. Auskunftsobliegenheit	8
I. Normzweck	1	2. Belegvorlage	9
II. Anwendungsbereich	2	3. Prozesskosten bei Nichtbeachtung des Abs. 3	10
B. Tatbestand	4		
I. Anzeigeobliegenheit hinsichtlich des Schadensereignisses (Abs. 1)	4	IV. Wegfall der Obliegenheiten bei Leistungsablehnung, anderweitiger Kenntnis und Verzicht	11
II. Anzeigeobliegenheit bei gerichtlicher Geltendmachung (Abs. 2)	6	C. Rechtsfolgen	14
III. Verpflichtung zur Auskunft und Vorlage von Belegen (Abs. 3)	7		

Schrifttum:
Boettinger, Die Bedeutung der Änderungen des VVG für die allgemeine Haftpflichtversicherung, NeumannZ 1940, 276; *Breitinger*, Aufrechnung und Pflichthaftpflichtversicherung, VersR 1959, 326; *Bringezu*, Die Entstehung der Anzeigepflicht gem. § 3 Nr. 7 PflVG und die Rechtsfolgen ihrer Verletzung nach Einführung des Direktanspruchs, VersR 1968, 533; *Emmerich*, Beiträge zum Verständnis des § 158d VVG, ZfV 1956, 517; *Franck*, Der Direktanspruch gegen den Haftpflichtversicherer, 2014; *Fromm*, Anzeige- und Auskunftspflicht des geschädigten Dritten in der Haftpflichtversicherung, DÖVers 1940, 85; *Hagemann*, Die rechtliche Stellung des Dritten in der künftigen Kfz-Haftpflichtversicherung, DR 1939, 2033; *Klix*, Anzeigepflicht nach § 158d II VVG, VersR 1956, 470; *Prölss*, Kraftfahr-Haftpflichtschäden im Zeichen der action directe, NJW 1965, 1737; *Taube*, Anzeige-, Auskunfts- und Belehrungspflichten des Dritten, ZfV 1952, 219; *Thees*, Das neue Haftpflichtversicherungsrecht, DJ 1939, 1763; *ders.*, Zur Einführung der Pflichtversicherung für Kfz-Halter, ZVersWiss 1940, 11.

A. Allgemeines

I. Normzweck

1 § 119 normiert Anzeigeobliegenheiten sowie Auskunfts- und Belegvorlagepflichten des geschädigten Dritten, obwohl dieser am Versicherungsvertrag nicht direkt beteiligt ist. Die Obliegenheiten zur Anzeige sowohl des Schadensereignisses (Abs. 1) als auch der gerichtlichen Inanspruchnahme des VN (Abs. 2) dienen dem **Schutz des VR** vor Überraschungen.[1] Der VR soll rechtzeitig die Möglichkeit haben, sich in die vorprozessuale Schadensbearbeitung bzw. in den Haftpflichtprozess einzuschalten, um z.B. noch notwendige Schadensfeststellungen treffen oder frühzeitig unberechtigte Ansprüche des Dritten abwehren zu können.[2] Durch die Verpflichtung zur Auskunft und Belegvorlage soll der Versicherer die dazu erforderlichen Informationen erhalten. Die in § 119 normierten Obliegenheiten sollen weiter die Beschleunigung der Schadensregulierung bezwecken und damit Prämienerhöhungen entgegenwirken (z.B. durch die frühzeitige Möglichkeit von Schadensfeststellungs- und -minderungsmaßnahmen).[3]

II. Anwendungsbereich

2 Bisher war umstritten, ob die in der Vorgängervorschrift des § 158d a.F. geregelten Obliegenheiten des Dritten nur für die Fälle eines **kranken Versicherungsverhältnisses** (trotz Leistungsfreiheit im Innenverhältnis zum VN bleibt der VR gegenüber dem geschädigten Dritten zur Leistung verpflichtet, vgl. § 158c a.F., nun

---

34 BGH NJW 1970, 1119; R/L/*Langheid*, § 109 Rn. 9.
1 BGH VersR 1956, 707; OLG Braunschweig VersR 1966, 969, 970; BK/*Hübsch*, § 158d Rn. 2.
2 BGH VersR 2003, 1565, 1566.
3 Vgl. dazu *Taube* ZfV 1952, 219; BK/*Hübsch*, § 158d Rn. 3.

§ 117) galten[4] oder auch für den Fall, dass der VR dem VN gegenüber in vollem Umfang leistungspflichtig ist (**gesundes Versicherungsverhältnis**).[5]

Eine beschränkte Anwendung des § 119 auf kranke Versicherungsverhältnisse i.S.d. § 117 findet im Gesetz keine Stütze. Vielmehr spricht die Regelung zu den Rechtsfolgen einer Obliegenheitsverletzung des Dritten in § 120 für eine Anwendung des § 119 auf kranke und gesunde Versicherungsverhältnisse. Anders als § 158e a.F. regelt § 120 den Umfang der Haftung des VR bei Obliegenheitsverletzung des Dritten sowohl für kranke Versicherungsverhältnisse (Verweis auf § 117) als auch für alle anderen Fälle (genereller Verweis auf §§ 115 und 117). Der Zweck der Regelung spricht für eine Anwendung auch auf gesunde Versicherungsverhältnisse.[6] Denn das Interesse des VR vor einer überraschenden Inanspruchnahme besteht sowohl bei kranken als auch bei gesunden Versicherungsverhältnissen. Außerdem ist oftmals nur der Dritte in der Lage, den Schaden zu beziffern, und der VR ist auf seine Angaben angewiesen. § 119 gilt daher nicht nur für Fälle des § 117. Die Obliegenheiten nach § 119 finden zudem entsprechende Anwendung, wenn der Dritte bei einer Versicherung für fremde Rechnung seinen Anspruch gegen den **Versicherten** richtet.[7]

B. Tatbestand

I. Anzeigeobliegenheit hinsichtlich des Schadensereignisses (Abs. 1)

Der geschädigte Dritte hat dem VR innerhalb von **zwei Wochen** das Schadensereignis, aus dem er einen Anspruch gegen den VN oder direkt gegen den VR selbst (§ 115) herleiten will, anzuzeigen. Es genügt **Textform** (§ 126b BGB) und zur Fristwahrung reicht die rechtzeitige Absendung. Die Anzeigeobliegenheit ist jedoch erst mit **Zugang** beim VR erfüllt.[8] Die Obliegenheit des Dritten nach Abs. 1 entspricht der Anzeigepflicht des VN gem. **§ 104 I 1**, sieht aber eine Zwei-Wochen-Frist vor, die mit Kenntniserlangung vom Schadensereignis beginnt. Die Anzeige muss gegenüber dem VR erfolgen. Eine Anzeige gegenüber dem **Versicherungsvertreter** genügt nicht.[9] § 69 I Nr. 2 findet keine Anwendung, da es sich nicht um die Anzeige des VN handelt. Ist dem Dritten der **VR unbekannt**, so hat er sich zu bemühen, diesen festzustellen (z.B. Auskunftsgesuch nach § 39 I Nr. 6–9 StVG an die Zulassungsbehörde oder Anfrage beim Zentralruf der Autoversicherer: www.zentralruf.de; Tel.: 0800 2502600; nach § 51 VI 2 BRAO an die Rechtsanwaltskammer).

Anders als § 158d a.F. sieht der Wortlaut des § 119 I oder II keine Anzeigepflicht hinsichtlich der **außergerichtlichen Geltendmachung** gegen den VN vor. Damit verringert sich der Umfang der zu erfüllenden Obliegenheit jedoch nicht. Im Gegenteil: Während nach § 158d I a.F. lediglich die Geltendmachung (also das ernsthafte und eindeutige Leistungsverlangen) des Anspruchs gegen den VN anzeigepflichtig war, die bloße **Absicht**, den Anspruch gegen den VN außergerichtlich geltend zu machen, hingegen nicht[10], reicht es nun aus, dass der Dritte aus dem anzuzeigenden Schadensereignis einen Anspruch gegen den VN/VR geltend machen will, um die Anzeigeobliegenheit auszulösen. Inhaltlich genügt der Dritte seiner Anzeigeobliegenheit nach Abs. 1, wenn er Name und Anschrift des VN, sowie die groben Umstände des Schadensereignisses angibt. Alle darüber hinausgehenden Angaben fallen unter die Auskunftspflicht des Abs. 3 und sind nur auf Verlangen des VR zu erteilen.

II. Anzeigeobliegenheit bei gerichtlicher Geltendmachung (Abs. 2)

Macht der geschädigte Dritte seinen Anspruch gegen den VN gerichtlich geltend, entsteht die Anzeigeobliegenheit des Abs. 2. Anders als nach Abs. 1 hat diese Anzeige jedoch unverzüglich (also ohne schuldhaftes Zögern) zu erfolgen. Die Pflicht zur Anzeige der gerichtlichen Geltendmachung wird nicht schon durch die Einreichung der Haftpflichtklage bei Gericht, sondern erst durch die **Zustellung** an den Beklagten (Klageerhebung, § 253 I ZPO) ausgelöst.[11] Abs. 2 korrespondiert mit der Verpflichtung des VN gemäß § 104 II. Anders als bei § 104 II steht nach Abs. 2 der gerichtlichen Geltendmachung der Antrag auf Prozesskostenhilfe, die Streitverkündung oder die Einleitung eines Ermittlungsverfahrens nicht gleich, so dass sich die Anzeigeobliegenheit nach Abs. 2 darauf nicht bezieht. Diese Fälle können jedoch unter Abs. 1 subsumiert werden. Auch die **Absicht** der Klageerhebung reicht noch nicht aus, um Abs. 2 eingreifen zu lassen. Wird der Anspruch hingegen tatsächlich gerichtlich geltend gemacht, reicht die vorherige Anzeige der Klageabsicht oder Androhung allein

---

4 KG VersR 1959, 342, 343; R/L/*Langheid*, § 119 Rn. 4; B/M/*Johannsen*[8], Bd. V/1 Anm. B 27; *Emmerich* ZfV 1956, 517 f.; *Breitinger* VersR 1959, 326, 328.
5 BK/*Hübsch*, § 158d Rn. 4–7; P/K/*Knappmann*, 119 Rn. 4; *Thees*, DJ 1939, 1763, 1768; *ders.* ZVersWiss 1940, 11, 17; *Hagemann* DR 1939, 2033, 2037; *Boettinger* NeumannZ 1940, 276, 278; *Taube* ZfV 1952, 219, 220.
6 Vgl. dazu ausführlich BK/*Hübsch*, § 158d Rn. 4–7; *Thees* ZVersWiss 1940, 11, 17. Der BGH VersR 1956, 707, 708 spricht lediglich davon, dass § 158d II **besonders** bei kranken Versicherungsverhältnissen eine zusätzliche Sicherung des VR darstelle.
7 Vgl. zur alten Rechtslage OLG Frankfurt (Main) VersR 1968, 541 f.; *Taube* ZfV 1952, 219, 220; BK/*Hübsch*, § 158d Rn. 22; P/M/*Knappmann*[27], § 158d Rn. 8.
8 P/M/*Knappmann*, § 119 Rn. 8; R/L/*Langheid*, § 119 Rn. 5.
9 Anders OLG Frankfurt (Main) VersR 1968, 541, 542.
10 Vgl. BK/*Hübsch*, § 158d Rn. 13; *Taube* ZfV 1952, 219, 220.
11 BGH NJW 1956, 1796.

nicht aus, um die Anforderungen des Abs. 2 zu erfüllen.[12] Denn **inhaltlich** muss die **Anzeige** des Dritten so ausgestaltet sein, dass sie den VR in den Stand versetzt, bei der gerichtlichen Feststellung des Schadens und der Ansprüche mitzuwirken und seine Interessen zu vertreten, auch wenn ihm der VN die Möglichkeit einer Mitwirkung vorenthält, indem er die Anzeige unterlässt.[13] Dazu muss die Anzeige den VR befähigen, sich von deren Angaben ausgehend weitergehend selbständig über den Stand des Verfahrens zu informieren (Datum der Klageeinreichung, Bezeichnung des angerufenen Gerichts; nicht erforderlich, aber empfehlenswert: Anspruchsschreiben/Klageschrift, Nennung des Aktenzeichens, falls bekannt).[14] Nach ordnungsgemäßer Anzeige der Klageerhebung trifft den Dritten **keine Pflicht zur laufenden Information** über den Prozess (z.B. über anberaumte Termine) von sich aus,[15] anders, wenn der VR nachfragt (Abs. 3). Nur ausnahmsweise kann sich eine weitergehende Anzeigepflicht für den Dritten aus **§ 242 BGB** ergeben. Hat der VR z.B. wegen außergerichtlicher Vergleichsverhandlungen von seiner Einschaltung in den ruhenden Haftpflichtprozess abgesehen, so gebieten es Treu und Glauben, dass der geschädigte Kläger den VR unterrichtet, wenn er die außergerichtlichen Vergleichsverhandlungen als gescheitert ansieht und deshalb den ruhenden Haftpflichtprozess wieder aufnimmt.[16]

III. Verpflichtung zur Auskunft und Vorlage von Belegen (Abs. 3)

7 Der Dritte ist grundsätzlich nur zur Auskunft und Belegvorlage verpflichtet, wenn der VR danach **verlangt**. Die Auskunftspflicht besteht nur, soweit die Auskunft zur Feststellung des Schadensereignisses und der Schadenshöhe erforderlich ist; dasselbe gilt für die Belegpflicht, die zusätzlich noch ausdrücklich durch das Zumutbarkeitskriterium begrenzt wird. Lediglich sachdienliche Fragen hat der Dritte zu beantworten.[17] Auskünfte und Belege müssen **vollständig** sein. Die Obliegenheiten nach Abs. 3 werden unabhängig davon ausgelöst, ob der Dritte seine Anzeigeobliegenheiten nach den Abs. 1 und 2 erfüllt oder solche überhaupt bestehen. Abs. 3 entspricht der Verpflichtung des VN nach § 31 I und soll sicherstellen, dass der VR alle sachdienlichen Angaben erhält, die ihm eine sachgerechte Entscheidung über seine Eintrittspflicht dem Grunde und der Höhe nach ermöglicht.[18] Dazu nicht z.B. nicht die Anschrift des Fahrers des gegnerischen Mietwagens bei Inanspruchnahme der Kfz-Haftpflichtversicherung nach einem Verkehrsunfall.[19] Da die Auskunfts- und Belegverpflichtung den Dritten auch treffen, wenn er keinen direkten Anspruch gegen den VR geltend macht, ist Abs. 3 grundsätzlich **einschränkend zu interpretieren.**[20] Die Pflicht zur Auskunft und Belegvorlage gilt auch für einen Sozialversicherungsträger, der den VR aus übergegangenem Recht gem. § 116 SGB X in Anspruch nimmt.[21]

1. Auskunftsobliegenheit

8 Der Dritte ist zwar nach Abs. 2 von sich aus nicht verpflichtet, das Aktenzeichen des Prozesses bekanntzugeben, jedoch muss er es dem VR bei Nachfrage mitteilen.[22] Auch die Frage nach anderweitigem Versicherungsschutz dürfte zulässig sein.[23] Der Auskunftsanspruch geht nicht soweit, dass der Dritte dem VR gegenüber verpflichtet ist, die ihn behandelnden Ärzte zu einer Aussage über die ihrer Schweigepflicht unterliegenden Wahrnehmungen zu ermächtigen oder sich einer Untersuchung zum Zwecke eines Attestes für den VR zu unterziehen.[24] Der Dritte ist auch nicht verpflichtet, seine Krankenversicherung von der Schweigepflicht zu entbinden, um das Informationsbedürfnis der Haftpflichtversicherung zu befriedigen.[25]

2. Belegvorlage

9 Auf Verlangen des VR hat der Dritte alle zur Feststellung des Schadensereignisses und der Höhe des Schadens erforderlichen Belege vorzulegen. Die Vorlagepflicht erstreckt sich nicht nur auf die Belege, die sich im Besitz des Dritten befinden. Soweit es ihm zumutbar ist, muss er nicht vorhandene Belege auch beschaffen. Grund-

---

12 P/M/*Knappmann*, § 119 Rn. 8; BK/*Hübsch*, § 158d Rn. 15, 19; AG Heidelberg VersR 1954, 213, 214.
13 BGH VersR 1956, 707.
14 P/M/*Knappmann*, § 119 Rn. 9. Vgl. dazu aus der Rspr: BGH VersR 1956, 707; OLG Hamm r+s 1989, 72, 73; OLG Frankfurt (Main) VersR 1968, 541, 542; OLG Braunschweig VersR 1966, 969, 970; nach OLG Frankfurt a.M. NJW-RR 2014, 1376, 1377 reicht die pauschale Mitteilung der gerichtlichen Inanspruchnahme des VN aus.
15 BGH VersR 1959, 256, 257; OLG Braunschweig VersR 1966, 969, 970.
16 BGH VersR 1959, 256, 258.
17 LG Stuttgart NZV 2015, 491, 492.
18 R/L/*Langheid*, § 119 Rn. 7.
19 LG Stuttgart NZV 2015, 491, 492.
20 So auch P/M/*Knappmann*, § 119 Rn. 12.
21 OLG Köln, Beschluss vom 20.10.2010, 3 W 55/10, BeckRS 2011, 04528.
22 OLG Hamm r+s 1989, 72, 73; a.A. BK/*Hübsch*, § 158d Rn. 27.
23 Für Kfz-Versicherungsschutz: BK/*Hübsch*, § 158d Rn. 27.
24 OLG Stuttgart NJW 1958, 2122; vgl. auch OLG Frankfurt (Main) VersR 1968, 541, 542; P/M/*Knappmann*, § 119 Rn. 12; BK/*Hübsch*, § 158d Rn. 28; a.A. *Prölss* NeumannZ 1939, 1042, 1044.
25 OLG Düsseldorf NJW-RR 2013, 1440, 1444.

sätzlich reicht die Vorlage von **Abschriften oder Kopien** aus.[26] Die Vorlage von Originalen kann nur bei Bedenken hinsichtlich der Richtigkeit der Kopien verlangt werden. Da ein Sachverständigengutachten den Schadensersatzanspruch nicht bindend festlegt und der VR dagegen Einwände erheben kann, sind trotz Vorlage des Gutachtens auch Rechnungen einer durchgeführten Reparatur vorzulegen.[27] Für den **Ort und die Kosten** der Belegvorlage ist **§ 811 BGB** heranzuziehen.[28] Nach § 811 I 2 BGB kann der VR im Interesse sachgemäßer Bearbeitung, also aus einem wichtigen Grund, Vorlegung in seinen Geschäftsräumen verlangen.[29] Das Angebot, die Belege im Büro des Prozessbevollmächtigten einzusehen, genügt dem Vorlegungserfordernis nicht.[30] Die Vorlagekosten trägt der VR (§ 811 II BGB) und der Dritte kann die Vorlage von der Zahlung eines angemessenen Kostenvorschusses abhängig machen.[31]

3. Prozesskosten bei Nichtbeachtung des Abs. 3

Der VR kann die Leistung (zunächst) verweigern, wenn der Dritte seiner Vorlagepflicht nicht nachkommt. Durch diese **Leistungsverweigerung** hat der VR daher noch keinen hinreichenden Anlass zur Klageerhebung i.S.d. § 93 ZPO gegeben, so dass bei einem anschließenden gerichtlichen Anerkenntnis der klagende Dritte die Prozesskosten zu tragen hat.[32] Eine **Veranlassung zur Klageerhebung** besteht jedoch, wenn der VR die Schadensregulierung von der Übersendung von Originalbelegen abhängig macht, obwohl Bedenken hinsichtlich der Richtigkeit der überlassenen Fotokopien nicht geltend gemacht werden[33] oder der VR die Leistung ohne nähere Begründung ablehnt und nicht mitteilt, welche Angaben oder Belege er noch benötigt[34] oder eine Leistung von der Einreichung von Kopien der Belege abhängig macht ohne eine entsprechende Kostenübernahmeerklärung abzugeben, obwohl er dazu verpflichtet ist.[35] Eine Veranlassung zur Klageerhebung liefert der VR nicht, wenn er Lichtbilder in besserer Auflösung zur Schadensbeurteilung verlangt, wenn die zuvor übersandten Lichtbilder unzureichend waren.[36] Eine Kostenentscheidung nach § 93 ZPO zu Lasten des Dritten setzt keinen entsprechenden Rechtsfolgenhinweis nach § 120 a.E. voraus, da es sich insoweit nicht um eine Sanktion der Obliegenheitsverletzung handelt.[37] Eine unterlassene Anzeige nach § 119 II hat hingegen keine Auswirkung auf die Kostenverteilung im Haftpflichtprozess.[38]

10

IV. Wegfall der Obliegenheiten bei Leistungsablehnung, anderweitiger Kenntnis und Verzicht

Da es sich bei den Verhaltenspflichten des § 119 um Obliegenheiten handelt, kann sich der VR nur dann auf deren Einhaltung berufen, wenn er sich selbst ordnungsgemäß verhält und nicht die Rechte des Anspruchstellers verletzt. Die unberechtigte Leistungsablehnung gegenüber dem Dritten kann daher dazu führen, dass der VR sein Recht, sich auf die Obliegenheitsverletzung berufen zu dürfen, **verwirkt** hat. Dies setzt jedoch voraus, dass dem Dritten ein **eigenes Recht** gegen den VR zusteht. Es ist daher zu unterscheiden: Steht dem Dritten ein direkter Anspruch (§ 115) gegen den VR zu und lehnt dieser die Leistung unberechtigt ab, sind die Obliegenheiten des § 119 für den Dritten nicht mehr bindend. Macht der Dritte jedoch lediglich einen Anspruch gegen den VN geltend, führt eine Leistungsablehnung durch den VR nicht dazu, dass die Verpflichtungen aus § 119 entfallen.

11

Da der Sinn und Zweck der Anzeigeobliegenheiten darin besteht, dem VR rechtzeitig die Möglichkeit zu geben, sich in die Schadensregulierung bzw. den Haftpflichtprozess einzuschalten und sachgemäße Entschlüsse fassen zu können, setzen die Obliegenheiten ein entsprechendes Aufklärungsbedürfnis voraus. Ein solches Bedürfnis fehlt, wenn der VR **anderweitig Kenntnis** von dem Schadenereignis oder der gerichtlichen Geltendmachung erlangt oder auf andere Weise die nötigen Informationen oder Belege erhalten hat. In diesem Fall

12

---

26 OLG Bremen NJW-RR 1990, 1181, 1182; OLG Celle VersR 1961, 1144; OLG Karlsruhe VersR 1965, 722; LG Berlin VersR 1963, 275; LG Köln VersR 1963, 763.
27 LG Bochum r+s 1990, 200, 201.
28 OLG Köln, Beschluss v. 20.10.2010, 3 W 55/10, BeckRS 2011, 04528; LG Saarbrücken NJW-RR 2015, 721, 722; OLG Bremen NJW-RR 1990, 1181, 1182; OLG Celle VersR 1961, 1144; *Taube* ZfV 1953, 16, 17; BK/*Hübsch*, § 158d Rn. 30; P/M/*Knappmann*, § 119 Rn. 12.
29 OLG Bremen NJW-RR 1990, 1181, 1182; LG Köln VersR 1963, 763.
30 LG Berlin VersR 1963, 275 f.
31 OLG Köln, Beschluss v. 20.10.2010, 3 W 55/10, BeckRS 2011, 04528; LG Köln VersR 1963, 763, 764.
32 OLG Karlsruhe VersR 1965, 722; OLG Celle VersR 1961, 1144; LG Berlin VersR 1963, 275, 276; OLG Karlsruhe r+s 2012, 256, 257.
33 OLG Bremen NJW-RR 1990, 1181, 1182.
34 OLG Saarbrücken NJW-RR 2011, 968.
35 OLG Köln, Beschluss vom 30.10.2011, 3 W 55/10, BeckRS 2011, 04528.
36 OLG Karlsruhe r+s 2012, 256, 257.
37 A.A. PK/*Huber*, §§ 119, 120 Rn. 52, der einen entsprechenden Hinweis auf § 93 ZPO für erforderlich hält, aber bei seinem Formulierungsbeispiel (PK/Huber, §§ 119, 120 Rn. 38) für eine Belehrung nicht darauf eingeht.
38 AG Maulbronn VersR 1956, 725.

§ 120   Obliegenheitsverletzung des Dritten

entfallen die Obliegenheiten für den Dritten, und die Nichtanzeige, das Unterlassen der angeforderten Auskunft oder die Nichtvorlage von Belegen bleiben folgenlos.[39]

13   Der VR kann auf die Einhaltung der zu seinem Schutz bestimmten Obliegenheiten verzichten. Ein solcher **Verzicht** ist jedoch nicht bereits in einer Leistungsablehnung – ggf. mit einem Verweis, sich an den VN zu halten – zu sehen.[40] Bestehen aus Sicht des Dritten Zweifel, ob der VR durch sein Verhalten auf die Einhaltung der Obliegenheiten verzichten wollte, kann es am Verschulden einer doch vorliegenden Obliegenheitsverletzung mangeln.

C. Rechtsfolgen

14   Da es sich bei den Verhaltensregeln des § 119 um Obliegenheiten handelt, können diese weder zwangsweise vom VR durchgesetzt werden noch führt eine Obliegenheitsverletzung zu einem **Schadensersatzanspruch** des VR. Eine Obliegenheitsverletzung kann jedoch Einfluss auf die Leistungspflicht des VR haben. Für die Obliegenheiten nach den Abs. 2 und 3 sieht § 120 spezielle Sanktionen vor (vgl. dort).
Ein **Verstoß gegen Abs. 1** hat grundsätzlich keine Folgen. Jedoch ist für Abs. 1 danach zu unterscheiden, ob der Dritte einen direkten Anspruch gegen den VR hat (§ 115) oder lediglich den VN in Anspruch nimmt. Macht der Dritte seinen Direktanspruch gegen den VR geltend und verstößt dabei schuldhaft gegen Abs. 1, so kann dies zu einer Anspruchskürzung gemäß **§ 254 II BGB** (Mitverschulden) führen, da eine unmittelbare Rechtsbeziehung zwischen VR und Drittem besteht.[41] Diese Rechtsfolge war nach alter Rechtslage bereits für den Direktanspruch nach § 3 Nr. 1 PflVG bei Verletzung der Anzeigeobliegenheit in § 3 Nr. 7 S. 1 PflVG anerkannt[42] und gilt nun generell für den Direktanspruch nach § 115. Davon scheint auch der Gesetzgeber ausgegangen zu sein. Denn nach der Gesetzesbegründung kann der VR aus einem Verstoß gegen Abs. 1 keine Rechte herleiten, wenn der Dritte unverschuldet keine Kenntnis davon hat, wer VR ist.[43] Daraus folgt im Umkehrschluss, dass der VR dem Anspruch des Dritten bei schuldhafter Unkenntnis sehr wohl Rechte (Einwand nach § 254 II BGB) entgegenhalten kann. Hat der Dritte jedoch keinen Direktanspruch gegen den VR, dann bleibt die Obliegenheitsverletzung nach Abs. 1 insoweit ohne Rechtsfolgen, als der VR daraus kein Leistungsverweigerungsrecht herleiten kann. Macht der Dritte seine Ansprüche jedoch nicht beim VR geltend, kann dies im Verteilungsverfahren nach § 118 I zu seinen Lasten gehen (vgl. § 118 II, s. dort Rdn. 10 ff.), so dass dem geschädigten Dritten nur angeraten werden kann, sich bei Eintritt des Versicherungsfalls nach Möglichkeit zu melden.

§ 120   Obliegenheitsverletzung des Dritten.
Verletzt der Dritte schuldhaft die Obliegenheit nach § 119 Abs. 2 oder 3, beschränkt sich die Haftung des Versicherers nach den §§ 115 und 117 auf den Betrag, den er auch bei gehöriger Erfüllung der Obliegenheit zu leisten gehabt hätte, sofern der Dritte vorher ausdrücklich und in Textform auf die Folgen der Verletzung hingewiesen worden ist.

Übersicht

	Rdn.		Rdn.
A. Allgemeines	1	E. Keine Haftungsbeschränkung bei anderweitiger Kenntnis des VR	7
B. Erhöhung der Leistungspflicht durch Obliegenheitsverletzung nach § 119 II, III.	3	F. Durchbrechung der Bindungswirkung des Urteils im Haftpflichtprozess	8
C. Schuldhafte Obliegenheitsverletzung	5	G. Verwirkung	9
D. Hinweispflicht des VR	6	H. Beweislast	11

Schrifttum:
siehe bei § 119.

A. Allgemeines

1   § 120 regelt die Rechtsfolgen einer Obliegenheitsverletzung nach § 119 II oder III. Die Haftung des VR beschränkt sich auf den Betrag, den er auch bei gehöriger Erfüllung der Obliegenheit zu leisten gehabt hätte. § 120 gilt nicht für einen Verstoß gegen § 119 I. Auch eine entsprechende Anwendung kommt ausweislich der Gesetzesbegründung nicht in Betracht.[1] Nach dem Wortlaut gilt die Rechtsfolgenanweisung nur für eine

---

39 BGH VersR 2003, 1565, 1566; VersR 2003, 635, 636; VersR 1959, 256, 258; VersR 1956, 707; BK/*Hübsch*, § 158d Rn. 23, § 158e Rn. 19; HK-VVG/*Schimikowski*, § 120 Rn. 4.
40 AG Heidelberg VersR 1954, 213, 214; BK/*Hübsch*, § 158d Rn. 33; P/M/*Knappmann*, § 120 Rn. 14; a.A. LG Hamburg VersR 1953, 396.
41 I.E. zustimmend *Franck*, S. 137.
42 R/L/*Langheid*³, § 3 PflVG Rn. 30; B/M/*Johannsen*⁸, Bd. V/1, Anm. B 26.
43 Begr. RegE BT-Drucks. 16/3945 S. 90.
 1 Begr. RegE BT-Drucks. 16/3945 S. 90, vgl. aber § 119 Rdn. 14.

Haftung des VR nach § 115 (**Direktanspruch**) und § 117 (**krankes Versicherungsverhältnis**). Da § 115 auch bei gesunden Versicherungsverhältnissen einschlägig ist, ergibt sich daraus grundsätzlich keine Beschränkung des § 120 auf kranke Versicherungsverhältnisse. Fraglich ist, ob § 120 über seinen Wortlaut hinaus auch anzuwenden ist, wenn ein gesundes Versicherungsverhältnis vorliegt, aber ein Direktanspruch nach § 115 nicht besteht.[2] Dagegen spricht, dass nach alter Rechtslage eine Obliegenheitsverletzung grundsätzlich nur bei kranken Versicherungsverhältnissen sanktioniert werden sollte.[3] War der VR gegenüber dem VN hingegen leistungspflichtig (**gesundes Versicherungsverhältnis**), war die Nichtbeachtung der Obliegenheiten durch den Geschädigten nicht mit einer Sanktion belegt.[4] Dies sollte nun auch für § 120 mit der Maßgabe gelten, dass eine Obliegenheitsverletzung des Dritten nur bei bestehendem Direktanspruch nach § 115 (unabhängig davon, ob ein gesundes oder krankes Versicherungsverhältnis vorliegt) und bei kranken Versicherungsverhältnissen nach § 117 sanktioniert wird. Eine Rechtfertigung für eine vom ausdrücklichen Wortlaut der Norm abweichende Interpretation besteht nicht. Denn bei einem gesunden Versicherungsverhältnis bedarf es der Sanktionierung der Obliegenheitsverletzung durch den Dritten nicht unbedingt, da der VN ebenfalls verpflichtet ist (vgl. §§ 104, 30, 31). Hat der Dritte jedoch einen eigenen Anspruch gegen den VR, ist eine Sanktionierung seiner Obliegenheitsverletzungen angemessen (es besteht ein eigenes Schuldverhältnis zwischen beiden), unabhängig davon, ob der VN ebenfalls zur Beachtung der entsprechenden Obliegenheiten verpflichtet ist.

Der VN kann sich dem **geschädigten Dritten** gegenüber nicht auf § 120 berufen.[5] Mit der Neuregelung in § 105 (Unzulässigkeit des **Anerkenntnisverbots**) geht einher, dass § 120 anders als § 158e a.F. nicht mehr entsprechend anzuwenden ist, wenn sich der VN mit dem Dritten ohne Einwilligung oder Genehmigung des VR vergleicht oder den Anspruch anerkennt.

B. Erhöhung der Leistungspflicht durch Obliegenheitsverletzung nach § 119 II, III

Da sich die in § 119 II und III geregelten Obliegenheiten auf das Verhalten des Dritten nach Eintritt des Versicherungsfalls beziehen, muss beziffert werden, welche **Kosten** nach dem Versicherungsfall durch den Verstoß gegen die Obliegenheiten verursacht wurden. Um diese Kosten ist der Ersatzanspruch des Dritten zu **kürzen**. Insoweit sind zwei Arten von Mehrkosten zu unterscheiden: Zunächst die **Kosten, die der Dritte selbst aufgewandt** hat, obwohl sie bei ordnungsgemäßer Information des VR hätten vermieden werden können (z.B. nutzlose Prozesskosten im Verfahren Dritter/VN: Kosten für Beweisaufnahme, Versäumnisurteil, Berufung, Zwangsvollstreckung). Für diese überflüssigen Kosten haftet der VR nicht. Die Kosten, die der Dritte aufwenden musste, um das gerichtliche Verfahren gegen den VN (RA-/Gerichtskosten) einzuleiten, führen hingegen nicht zu einer Haftungsbeschränkung des VR, da die Anzeige der gerichtlichen Geltendmachung (§ 119 II) erst nach Rechtshängigkeit zu erfolgen hat. Davon zu unterscheiden sind die **Kosten des VR**, die dieser aufwenden musste, weil der Dritte den § 119 II, III nicht nachgekommen ist (z.B. erhöhte Schadensfeststellungs-/Regulierungskosten). Soweit es sich dabei um eigene Schäden des VR handelt, können diese nicht nach § 120 in Abzug gebracht werden.[6] Denn es ergibt sich aus der Obliegenheitsverletzung des Dritten kein Schadensersatzanspruch des VR.[7] Die dem VR selbst entstandenen Schäden berühren nicht den Haftungsanspruch des Dritten gegen den VR nach §§ 115 und 117, d.h. sie beeinflussen nicht den auf den Versicherungsfall zu zahlenden Betrag.

Nur solche Kosten, die durch die Obliegenheitsverletzung **verursacht** wurden, kann der VR abziehen. Hierbei handelt es sich um eine spezielle Ausprägung des allgemeinen Kausalitätserfordernisses, s.o. zu § 28.

C. Schuldhafte Obliegenheitsverletzung

§ 120 macht die Anordnung von Rechtsfolgen nun ausdrücklich davon abhängig, dass die Obliegenheitsverletzung schuldhaft erfolgt ist. Bisher war eine Verschuldenskomponente nur im Zusammenhang mit der Anordnung der Obliegenheit selbst geregelt worden (z.B. unverzügliche Anzeige, also ohne schuldhaftes Zögern in § 158d II a.F.[8]) oder fehlte völlig. Sowohl für § 120 i.V.m. § 119 II als auch i.V.m. § 119 III ist nunmehr ein Verschulden des Dritten erforderlich. Mangels anders lautender Regelung ist hiermit ein Verschulden i.S.d. § 276 BGB gemeint, so dass bereits **leichte Fahrlässigkeit** schädlich ist. Ein Gleichlauf mit der Rechtsfolgensystematik bei Obliegenheitsverletzungen des VN in der Weise, dass erst grobe Fahrlässigkeit für den Dritten schädlich ist, ist abzulehnen. Weder die Gesetzgebungsgeschichte spricht für ein solches Verständnis des Verschuldensbegriffs in § 120 noch besteht eine vergleichbare Interessenlage zwischen VN und Drittem. Von dem Dritten, der nicht Vertragspartner des VR ist, kann verlangt werden, dass er die ihn betreffenden Oblie-

---

2 So PK/*Huber*, §§ 119, 120 Rn. 40, 41.
3 BK/*Hübsch*, § 158e Rn. 1; *Taube* ZfV 1952, 219, 220; *Fromm* DÖVers 1940, 85, 87.
4 BK/*Hübsch*, § 158e Rn. 1; *Thees* ZVersWiss 1940, 11, 17; *Boettinger* NeumannZ 1940, 276, 278.
5 Vgl. AG Maulbronn VersR 1956, 725; P/M/*Knappmann*, § 120 Rn. 6.
6 P/M/*Knappmann*, § 120 Rn. 4; BK/*Hübsch*, § 158e Rn. 13; a.A. R/L/*Langheid*, § 120 Rn. 4; *Prölss* NeumannZ 1939, 1042, 1044.
7 BK/*Hübsch*, § 158e Rn. 2, 13; P/M/*Knappmann*, § 120 Rn. 4.
8 Vgl. dazu ausführlich BK/*Hübsch*, § 158e Rn. 8.

§ 120 Obliegenheitsverletzung des Dritten

genheiten am **Maßstab des § 276 BGB** erfüllt. Zwar könnten Aspekte des Opferschutzes für ein enges Verständnis des Begriffs »schuldhaft« (z.B. keine Sanktion bei leichter Fahrlässigkeit) sprechen,[9] dies hätte vom Gesetzgeber jedoch entsprechend geregelt werden müssen.

D. Hinweispflicht des VR

6   Die Haftungsbeschränkung des § 120 setzt voraus, dass der Dritte vorher ausdrücklich und in Textform auf die Folgen der Verletzung hingewiesen worden ist. Anders als § 158e a.F. sieht der neue § 120 die Hinweispflicht des VR nicht mehr nur bzgl. der Auskunfts- und Belegvorlageverpflichtung (§ 119 III, § 158d III a.F.) vor, sondern **auch für die Anzeigeobliegenheit bei gerichtlicher Geltendmachung** (§ 119 II, 158d II a.F.). Die Erfüllung dieser Hinweispflicht setzt voraus, dass der VR bereits Kenntnis vom Versicherungsfall und von der Person des geschädigten Dritten hat. Sobald dies der Fall ist, sollte der VR reagieren und einen entsprechenden Hinweis erteilen, wobei das Merkmal »vorher« nicht verlangt, dass der Hinweis bereits in der ersten Aufforderung des VR enthalten sein muss.[10] Inhaltlich genügt der Hinweis nur dann den Anforderungen des § 120, wenn er **ausdrücklich** – d.h. mit eindeutigen Worten[11] – auf die für den Dritten möglicherweise eintretenden nachteiligen Folgen der Obliegenheitsverletzung hinweist. Eine räumliche Trennung des Rechtsfolgenhinweises vom sonstigen Text ist nicht erforderlich, sondern eher schädlich. Der Hinweis sollte sich aber vom übrigen Text abheben.[12] Wie bisher (§ 158e I 2 a.F.) genügt Textform (§ 126b BGB, Unterschrift nicht erforderlich). Es empfiehlt sich folgende **Formulierung:**[13] »Sie sind nach § 119 II VVG verpflichtet, uns die gerichtliche Geltendmachung Ihres Schadens gegen unseren VN unverzüglich in Textform mitzuteilen. Verletzen Sie diese Verpflichtung schuldhaft, beschränkt sich unsere Haftung auf den Betrag, den wir bei rechtzeitiger Anzeige zu zahlen gehabt hätten. Weiterhin sind Sie nach § 119 III VVG auf unser Verlangen hin verpflichtet, uns die zur Feststellung des Schadensereignisses und der Höhe des Schadens erforderlichen Auskünfte zu erteilen, sowie die Belege vorzulegen, deren Beschaffung Ihnen billigerweise zugemutet werden kann. Verletzen Sie diese Verpflichtung schuldhaft, so sind wir nur insoweit zur Leistung verpflichtet, als die Verletzung weder Einfluss auf die Feststellung des Versicherungsfalls noch auf die Feststellung oder den Umfang unserer Leistung gehabt hat.«

E. Keine Haftungsbeschränkung bei anderweitiger Kenntnis des VR

7   Nach ständiger Rechtsprechung schadet das Unterlassen der Anzeige nach § 119 II nicht, wenn der VR von der Schadensersatzklage gegen seinen VN auf andere Weise rechtzeitig erfährt.[14] Denn nach Sinn und Zweck der §§ 119, 120 soll der VR die Möglichkeit haben, sich rechtzeitig in den Haftpflichtprozess einschalten und sachgemäße Entschlüsse fassen zu können. Ein dementsprechendes **Aufklärungsbedürfnis** des Versicherers besteht allerdings nicht, wenn er auf andere Weise (z.B. durch den VN) so früh Kenntnis vom Prozess erhält, dass er noch vor Eintritt nachteiliger Folgen eingreifen kann. Fehlt dieses Aufklärungsbedürfnis, so rechtfertigt ein Verstoß des Dritten gegen § 119 II keine Sanktionen nach § 120. Das Gleiche gilt, wenn der Dritte seinen Auskunfts- oder Belegevorlageobliegenheiten (§ 119 III) nicht nachkommt und der VR auf andere Weise die nötigen Informationen erhält.[15]

F. Durchbrechung der Bindungswirkung des Urteils im Haftpflichtprozess

8   Im Bereich der Haftpflichtversicherung gilt der Grundsatz der Bindungswirkung des Haftpflichturteils für den Deckungsprozess. Der VR muss das Ergebnis des Haftpflichtprozesses gegen sich gelten lassen, unabhängig davon, ob er sich in diesen eingeschaltet hat oder nicht.[16] Das gilt auch, wenn der Haftpflichtprozess durch Versäumnisurteil entschieden wurde.[17] Ist im Haftpflichtprozess die Haftung des VN festgestellt worden, ist dieses Ergebnis für das Deckungsverhältnis zwischen VN und VR bindend. Die Bindungswirkung bezieht sich auf Grund und Betrag der Verurteilung im Haftpflichtprozess und umfasst auch Einzelfeststellungen des Haftpflichturteils.[18] Der VR kann dem Dritten, der den Deckungsanspruch des VN nach Pfändung und Überweisung geltend macht, nur noch **versicherungsvertragliche Einwendungen** nach Maßgabe des § 117 entgegen halten. Dies gilt jedoch nur, soweit der VR rechtzeitig Kenntnis von der gerichtlichen Geltendmachung des Haftpflichtanspruchs durch den VN, den Dritten oder in sonstiger Weise erlangt hat.[19] Haben

---

9   Dafür wohl PK/*Huber*, §§ 119, 120 Rn. 43; wie hier P/M/*Knappmann*, § 120 Rn. 9, § 119 Rn. 6.
10 P/M/*Knappmann*, § 120 Rn. 11; R/L/*Langheid*, § 120 Rn. 7.
11 R/L/*Langheid*, § 158e Rn. 7; BK/*Hübsch*, § 120 Rn. 7.
12 BK/*Hübsch*, § 158e Rn. 17; P/M/*Knappmann*, § 120 Rn. 11.
13 Vgl. auch Formulierungsbeispiele bei P/M/*Knappmann*, § 120 Rn. 12; PK/*Huber*, §§ 119, 120 Rn. 38.
14 BGH VersR 2005, 494, 495; VersR 2003, 1565, 1566; VersR 2003, 635, 636; VersR 1959, 256, 257; VersR 1956, 707.
15 BK/*Hübsch*, § 158e Rn. 19.
16 BGH VersR 2004, 590; VersR 2003, 1565, 1566; BGHZ 119, 276, 278 = VersR 1992, 1504; BGH VersR 1959, 256, 257; VersR 1956, 707; OLG Hamm VersR 2004, 727.
17 BGH VersR 1956, 707.
18 BGH VersR 1963, 421, 422; OLG Hamm OLG-Report 2003, 371, 372.
19 BK/*Hübsch*, § 158e Rn. 20.

nun weder der VN noch der Dritte dem VR die gerichtliche Geltendmachung angezeigt und hat der VR auch sonst keine Kenntnis von dem Haftpflichtprozess erlangt, kann er aufgrund von § 120 im Deckungsprozess alle Einwendungen geltend machen, die den Haftpflichtanspruch betreffen und die er im Haftpflichtprozess bei rechtzeitiger Anzeige hätte vorbringen können.[20] Diese durch § 120 ausgelöste **Durchbrechung der Bindungswirkung** des Haftpflichtprozesses für den Deckungsstreit kann dazu führen, dass der Dritte den Deckungsstreit vollumfänglich verliert, wenn der VR darlegt, dass sein VN aus einem nicht gedeckten Risiko haftet oder die Haftpflicht überhaupt nicht besteht.[21] Schaltet sich der Haftpflichtversicherer aber trotz rechtzeitiger Kenntnis von der Erhebung der Haftpflichtklage nicht in den Haftpflichtprozess ein, so nimmt er die Gefahr eines gegen den VN ergehenden Urteils in Kauf und kann sich nicht darauf berufen, dass der Haftpflichtprozess falsch entschieden worden sei.[22]

Trotz Kenntnis des VR vom Haftpflichtprozess kann es jedoch zu einer Durchbrechung der Bindungswirkung kommen, wenn ein vorgetäuschter Versicherungsfall vorliegt (§ 242 BGB).[23]

G. Verwirkung

Nicht von der Sanktionierung des § 120 erfasst sind die Fälle, in denen der **Dritte den VR** durch falsche oder unvollständige Belege oder Auskünfte über die Höhe des Schadens **täuscht** (z.B. durch Einreichung eines Schadengutachtens unter Verheimlichung von Vorschäden). Der VR bleibt grundsätzlich zum Ersatz des auf Grund des Versicherungsfalls entstandenen, tatsächlichen Schadens verpflichtet. Steht dem Dritten jedoch ein Direktanspruch zu (§ 115) kann dieser gemäß **§ 242 BGB** verwirkt sein, da der Dritte ein eigenes Recht geltend macht.[24] Besteht kein Direktanspruch und macht der Dritte daher keinen eigenen Anspruch geltend, ist für eine Verwirkung nach § 242 BGB grundsätzlich kein Raum. Nur wenn die Täuschungshandlung des Dritten die Voraussetzungen für die Leistungsfreiheit des VR wegen arglistiger Täuschung erfüllt, soll ausnahmsweise eine Verwirkung denkbar sein.[25]

9

Nach der Rechtsprechung soll dem geschädigten Dritten, der die **Sachaufklärung behindert**, indem er z.B. Vorschäden verschwiegen hat, jedenfalls nicht die Beweiserleichterung des § 287 ZPO zugute kommen.[26] Vielmehr hat er im Wege des Vollbeweises den Nachweis zu erbringen, welche konkreten Schäden durch den Versicherungsfall entstanden sind.

10

H. Beweislast

Zunächst muss der VR darlegen und beweisen, dass eine schuldhafte Verletzung der Obliegenheiten aus § 119 II, III vorliegt. Das Verschulden des Dritten wird nicht vermutet. Weiter muss der VR darlegen und beweisen, dass durch die Obliegenheitsverletzung ein höherer Schaden entstanden ist (**Kausalität**) und er seine Hinweispflichten erfüllt hat. Nach der Rechtsprechung des BGH kann der VR durch die konkrete Behauptung eines Mehrschadens den Dritten zwingen, den Beweis des Gegenteils (= Hauptbeweis) zu erbringen.[27] Für eine solche Beweislastumkehr besteht jedoch kein Anhaltspunkt. Vielmehr obliegt dem Dritten nur der Gegenbeweis für fehlendes Verschulden und/oder fehlende Kausalität; der Hauptbeweis bleibt beim VR. Weiterhin kann der Dritte anderweitige Kenntniserlangung des VR einwenden (vgl. Rdn. 7).

11

§ 121 Aufrechnung gegenüber Dritten. § 35 ist gegenüber Dritten nicht anzuwenden.

Schrifttum:
Breitinger, Aufrechnung und Pflichthaftpflichtversicherung, VersR 1959, 326; *Hagemann,* Aufrechnung und Abzugsrecht des Versicherers nach der Versicherungsvertragsrechtsnovelle vom 07.11.39, JRPV 1939, 313.

§ 121 dient dem Opferschutz und soll verhindern, dass dem Entschädigungsanspruch des Dritten Forderungen gegen den VN aus dem Versicherungsvertrag entgegengehalten werden können.[1] Der Schutz des Dritten durch die Gewährung eines Direktanspruchs wird daher durch § 121 erweitert.

1

---

20 OLG Frankfurt a.M. NJW-RR 2014, 1376, 1377; LG München VersR 1988, 233; AG Hamburg VersR 1963, 623; *Späth* VersR 1988, 234; R/L/*Langheid*, § 120 Rn. 5; P/M/*Knappmann*, § 120 Rn. 5; BK/*Hübsch*, § 158e Rn. 23.
21 AG Hamburg VersR 1963, 623.
22 BGH VersR 1959, 256, 257 f.; VersR 1956, 707.
23 OLG Frankfurt a.M. NJW-RR 2014, 1376, 1377f.
24 LG Aachen zfs 1991, 132; *Prölss* NJW 1965, 1737, 1740; BK/*Hübsch*, § 158e Rn. 30.
25 R/L/*Langheid*, § 120 Rn. 8; P/M/*Knappmann*, § 120 Rn. 13.
26 OLG Hamm r+s 1994, 332, 333; NJW-RR 1990, 42; OLG Düsseldorf VersR 1988, 1191; OLG Nürnberg VersR 1978, 334, 335. Vgl. auch *Lepa*, Beweiserleichterungen im Haftpflichtrecht, NZV 1992, 129, 134.
27 BGH VersR 1956, 707; LG Berlin VersR 1954, 491, 492; vgl. auch *Thees* DJ 1939, 1763, 1768; *Prölss* NeumannZ 1939, 1042, 1044.
1 Motive und amtliche Begründung zum Gesetz über den Versicherungsvertrag vom 30.05.1908, Neudruck Berlin 1963, S. 639, 641.

§ 122 Veräußerung der von der Versicherung erfassten Sache

2   Nach § 35 hat der VR das Recht, mit einer fälligen Prämienforderung oder einer sonstigen Forderung aus dem Versicherungsvertrag auch dann gegen den Leistungsanspruch aufzurechnen, wenn dieser einem Dritten zusteht. Während § 35 grundsätzlich auch auf die **Haftpflichtversicherung** Anwendung findet – jedenfalls insoweit, als sich der geschädigte Dritte den Abzug solcher Forderungen gefallen lassen muss, die vor dem Versicherungsfall fällig geworden sind[2] –, ist die Anwendbarkeit für die **Pflichthaftpflichtversicherung** ausgeschlossen. § 121 schließt dabei lediglich eine Aufrechnung mit einer fälligen Prämienforderung oder einer anderen aus dem Versicherungsvertrag resultierenden fälligen Forderung aus. § 121 verhindert hingegen nicht die Aufrechnung des VR gegen die Forderung des Dritten mit **eigenen** Ansprüchen **gegen diesen Dritten**. Hat der VR daher eigene Forderungen gegen den Dritten (z.B. weil der Dritte auch bei ihm versichert ist und noch Prämienforderungen offen sind), kann er mit diesen gegen die Entschädigungsleistung unter den Voraussetzungen der §§ 387 ff. BGB aufrechnen.

§ 122 Veräußerung der von der Versicherung erfassten Sache. Die §§ 95 bis 98 über die Veräußerung der versicherten Sache sind entsprechend anzuwenden.

Übersicht	Rdn.		Rdn.
A. Allgemeines	1	B. Tatbestand	3
I. Normzweck	1	C. Rechtsfolge	4
II. Anwendungsbereich	2	D. Kfz-Haftpflichtversicherung	6

Schrifttum:
Grassl-Palten, Sacherwerb und Versicherungsschutz, Wien, 1996; *Schäfer,* Die Übernahme der Haftpflichtversicherung nach § 158h, Diss. Köln, 1973; *Schauer,* Eigentumsübergang und die Veräußerungsanzeige in der Kfz-Haftpflichtversicherung, RdW 1998, 8; *Stelzer,* Probleme der Veräußerung in der Kfz-Versicherung, ZfV 1959, 601.

A. Allgemeines

I. Normzweck

1   Die entsprechende Anwendung der Vorschriften über die Veräußerung der versicherten Sache muss gesetzlich angeordnet werden, da anders als in der Sachversicherung in der Haftpflichtversicherung nicht die Sache das **versicherte Schutzobjekt** ist, sondern die Haftung des VN, die mit dem Besitz oder dem Betrieb der Sache verknüpft ist. Wird nun diese Sache, mit deren Besitz oder deren Betrieb die Haftung des VN verknüpft ist, veräußert, ohne dass es zum sofortigen Übergang des Versicherungsverhältnis kommt, steht sowohl der Erwerber als auch der potentiell Geschädigte schutzlos dar. § 122 normiert daher für die Pflichthaftpflichtversicherung die entsprechende Anwendung der §§ 95 ff. Eine entsprechende Anwendung kommt jedoch nur in Betracht, wenn die Pflichthaftpflichtversicherung an eine einzelne Sache oder eine bestimmte Sachgesamtheit gebunden ist. Spezielle Regelungen enthält § 102 II für die Betriebshaftpflichtversicherung; eine ergänzende Regelung für die KfzHaftpflichtversicherung enthält § 3b PflVG (Kündigungsfiktion des übergegangenen Versicherungsverhältnisses).

II. Anwendungsbereich

2   § 122 verweist nicht auf § 99, wonach die Vorschriften über die Veräußerung einer versicherten Sache auch beim Eigentumserwerb durch **Zwangsversteigerung** und der Einräumung bestimmter Nutzungsrechte eingreifen. § 122 soll jedoch sachlich mit § 158h S. 1 a.F. überstimmen.[1] Diese Vorschrift verwies auf die Normen über die Veräußerung der versicherten Sache, zu denen nach der Systematik des alten VVG auch § 73 (Zwangsversteigerung) gehörte. Daher ist jedenfalls auch § 99 Fall 1 analog anzuwenden. Insoweit liegt wohl ein Redaktionsversehen vor. Für den Fall des **Todes des VN** gelten nicht die §§ 95 ff., sondern der Übergang des Versicherungsvertrages ergibt sich aus § 1922 BGB.

B. Tatbestand

3   Der Übergang des Versicherungsverhältnisses auf den Erwerber knüpft allein an den **Vollzug des dinglichen Rechtsgeschäfts** an.[2] Auf die **Anzeige** an den VR kommt es insoweit nicht an. Vgl. aber zu den Rechtsfolgen einer unterbliebenen Anzeige § 78 I Satz 2, II. In der Kfz-Haftpflichtversicherung genügt der bloße **Halterwechsel** noch nicht.[3] Die Veräußerung muss **durch den Eigentümer als VN** oder einen **verfügungsberechtigten Dritten** erfolgt sein. Insoweit sind die sachenrechtlichen Vorschriften des BGB maßgeblich. Die Verfügung eines unberechtigten Dritten kann das Versicherungsverhältnis nicht berühren und führt daher nicht

---

2   BGH VersR 1987, 655, 656; *Sieg* VersR 1964, 693, 695.
1   Begr. RegE BT-Drucks. 16/3945 S. 90.
2   BGH VersR 1984, 455, 456; VersR 1974, 1191, 1193.
3   VersR 1974, 1191, 1193; BGH VersR 1967, 572, 573; BGHZ 28, 137, 142 = VersR 1958, 749.

zu einem Übergang des Versicherungsverhältnisses.[4] Da sich der Übergang des Versicherungsverhältnisses automatisch nach dem Vollzug des dinglichen Rechtsgeschäfts richtet, beeinträchtigen Nachteile, die sich aus einem vertragswidrigen Verhalten des Veräußerers ergeben (etwa Prämienverzug), den Versicherungsschutz des Erwerbers auch ohne dessen Kenntnis oder Verschulden.[5] Anders als beim Versicherten (vgl. § 123) wird die Gutgläubigkeit des Erwerbers nicht geschützt.[6]
Allein die Weitergabe eines Kurzzeitkennzeichens führt nicht zu einem Übergang des Versicherungsschutzes.[7]

C. Rechtsfolge

Durch die Veräußerung wird der neue Eigentümer VN. Die Rechtsfolgen des Übergangs des Versicherungsverhältnisses regeln die §§ 95 ff. Insoweit wird auf die Kommentierung dort verwiesen. Für den Umfang des Übergangs ist jedoch auch § 113 III zu beachten. Das Versicherungsverhältnis geht bei Veräußerung der versicherten Sache in **vollem Umfang** – so wie es bei dem vorherigen VN bestand – auf den Erwerber über, also gemäß § 113 III auch insoweit, als der Versicherungsvertrag eine über die vorgeschriebenen Mindestanforderungen hinausgehende Deckung gewährt. Der Veräußerer des Fahrzeugs muss für ein evtl. vorhandenes Neufahrzeug auf Grund des Vertragsübergangs freilich einen neuen Versicherungsvertrag abschließen.[8]   4

Sofern in einem Versicherungszweig für den VR ein **Kontrahierungszwang** besteht, wird das **Kündigungsrecht** des § 96 I 1 durch das Gesetz, das die Versicherungspflicht anordnet, modifiziert (z.B. § 5 II PflVG). Ein Kündigungsrecht nach § 96 I 1 besteht dann nur, wenn der VR den Erwerber – hätte dieser als Interessent einen Antrag auf Versicherungsschutz gestellt – hätte ablehnen dürfen (z.B. wegen § 5 IV PflVG).   5

D. Kfz-Haftpflichtversicherung

Die Kündigungsfiktion des § 158h S. 2 a.F. für den Fall, dass der Erwerber eine neue Kfz-Haftpflichtversicherung abschließt, ohne die auf ihn übergegangene Versicherung zu kündigen, ist nun in § 3b PflVG normiert. Im Übrigen soll es aber dabei bleiben, dass auch auf Kfz-Haftpflichtversicherungsverträge die Vorschriften über die Veräußerung der versicherten Sache entsprechende Anwendung finden.[9] Da die §§ 122 i.V.m. 95 ff. die Verknüpfung der Haftung des VN mit einem bestimmten Schutzobjekt verlangen, finden sie in der Kfz-Haftpflichtversicherung nur Anwendung, wenn ein bestimmtes Fahrzeug oder eine feststehende Gesamtheit bestimmter Fahrzeuge von dem Veräußerer über den laufenden Versicherungsvertrag versichert wurde. Eine entsprechende Anwendung gilt demnach nicht, wenn die Kfz-Haftpflichtversicherung von einem Kfz-Händler nach den Sonderbedingungen für Kfz-Handel und -Handwerk abgeschlossen wurde, da insoweit nicht die Haftpflicht für ein bestimmtes Kfz versichert ist, sondern die Versicherung auf den ständigen kurzfristigen Durchlauf verschiedener Fahrzeuge gerichtet ist.[10]   6

§ 123 Rückgriff bei mehreren Versicherten.

(1) Ist bei einer Versicherung für fremde Rechnung der Versicherer dem Versicherungsnehmer gegenüber nicht zur Leistung verpflichtet, kann er dies einem Versicherten, der zur selbstständigen Geltendmachung seiner Rechte aus dem Versicherungsvertrag befugt ist, nur entgegenhalten, wenn die der Leistungsfreiheit zu Grunde liegenden Umstände in der Person dieses Versicherten vorliegen oder wenn diese Umstände dem Versicherten bekannt oder infolge grober Fahrlässigkeit nicht bekannt waren.
(2) Der Umfang der Leistungspflicht nach Absatz 1 bestimmt sich nach § 117 Abs. 3 Satz 1; § 117 Abs. 3 Satz 2 ist nicht anzuwenden. § 117 Abs. 4 ist entsprechend anzuwenden.
(3) Soweit der Versicherer nach Absatz 1 leistet, kann er beim Versicherungsnehmer Rückgriff nehmen.
(4) Die Absätze 1 bis 3 sind entsprechend anzuwenden, wenn die Frist nach § 117 Abs. 2 Satz 1 und 2 noch nicht abgelaufen ist oder der Versicherer die Beendigung des Versicherungsverhältnisses der hierfür zuständigen Stelle nicht angezeigt hat.

Übersicht

	Rdn.		Rdn.
A. Allgemeines	1	II. Befugnis zur selbständigen Geltendmachung	4
I. Normzweck	1	III. Kenntnis oder grob fahrlässige Unkenntnis des Versicherten	5
II. Anwendungsbereich	2		
B. Tatbestand	3		
I. Leistungsfreiheit des VR nur gegenüber dem VN	3	IV. Wirksamer Versicherungsvertrag zum Zeitpunkt des Versicherungsfalles	6

---

4 BGH VersR 1984, 455, 456; VersR 1974, 1191, 1194.
5 BGH VersR 1984, 455, 456; OLG Düsseldorf VersR 1996, 1268; P/M/*Knappmann*, § 122 Rn. 3.
6 So aber PK/*Huber*, § 122 Rn. 11.
7 OLG Stuttgart, Urteil vom 22.10.2014, 3 U 36/14, BeckRS 2014, 19746 Rn. 23f.
8 LG Saarbrücken NJOZ 2013, 309, 310.
9 Begr. RegE BT-Drucks. 16/3945 S. 90.
10 BGH VersR 1997, 443; BGHZ 35, 153, 155; BK/*Hübsch*, § 158h Rn. 2; P/M/*Knappmann*, § 122 Rn. 2.

§ 123 Rückgriff bei mehreren Versicherten

	Rdn.		Rdn.
V. Nachhaftung des VR (Abs. 4)	7	III. Entsprechende Anwendbarkeit des § 117	
C. Rechtsfolgen	8	IV (Abs. 2 S. 2)	10
I. Umfang der Leistungspflicht des VR (Abs. 2 S. 1 1. Hs.)	8	IV. Rückgriffsanspruch gegen den VN (Abs. 3)	11
II. Keine Anwendung des Verweisungsprivilegs nach § 117 III 2 (Abs. 2 S. 1 2. Hs.)	9	D. Beweislast	12

Schrifttum:
van Bühren, Zur Anwendungsbereich des VVG § 158i, EWiR 2004, 455; *Johannsen*, Bemerkungen zur Änderung des § 158i VVG, VersR 1991, 500; *E. Lorenz*, Anmerkung zum BGH-Urteil IV ZR 127/03 vom 14.01.2004, VersR 2004, 371; *Schirmer*, Verlust des Haftpflichtversicherungsschutzes für Kfz-Führer nach Versicherungskündigung, DAR 2004, 375; *ders.*, Neuere Entwicklungstendenzen in der Versicherung für fremde Rechnung – am Beispiel der Kfz-Haftpflichtversicherung –, ZVersWiss 1981, 120; *ders.*, Aktuelle Entwicklungen zum Recht der Obliegenheiten, r+s 1990, 253; *Sieg*, Der zeitliche Geltungsbereich der Regressnormen des PflVersÄndG vom 05.04.1965, VersR 1966, 101.

A. Allgemeines

I. Normzweck

1 Die Abs. 1–3 stimmen sachlich mit § 158i a.F. überein. Die Regelung erhält dem (Mit-)Versicherten einer Pflichthaftpflichtversicherung seinen Versicherungsschutz, wenn der VR wegen einer vom (Mit)Versicherten nicht zu vertretenden und diesem nicht bekannten Rechts- oder Obliegenheitsverletzung dem VN gegenüber leistungsfrei ist.[1] Die Norm dient damit der **sozialen Risikoabsicherung** des Versicherten.[2] Denn grundsätzlich hängt nach dem **Akzessorietätsgrundsatz** (abgeleitet aus § 334 BGB i.V.m. §§ 43 ff.[3]) der Versicherungsschutz des Versicherten von der Rechtsstellung des VN ab, aus dessen Versicherungsvertrag sich sein Versicherungsschutz ableitet. Ist der VR daher gegenüber dem VN leistungsfrei, hat auch der Versicherte keinen Anspruch auf Versicherungsschutz. Der Versicherte läuft somit Gefahr, seinen Versicherungsschutz durch ein Verhalten des VN zu verlieren, auf das er selbst keinen Einfluss hat.[4] Dieses Abhängigkeitsverhältnis wird zum Schutz des Versicherten unter den Voraussetzungen des § 123 **durchbrochen**. Ist der VR dem VN gegenüber ganz oder teilweise leistungsfrei, kann er dies in der Pflichthaftpflichtversicherung dem Versicherten nur in dem von § 123 gezogenen Umfang entgegen halten (siehe dazu Rdn. 3 ff.).

II. Anwendungsbereich

2 § 123 gilt für die Versicherung für fremde Rechnung i.S.d. §§ 43 ff. Es muss sich um eine Pflichthaftpflichtversicherung handeln. Das Haftpflichtrisiko eines Dritten als Versichertem kann neben dem Haftpflichtrisiko des VN oder isoliert abgedeckt sein. Sowohl die AHB (vgl. Ziff. 27 AHB 2015) als auch das Gesetz (vgl. § 102 I: Mitversicherung von vertretungsbefugten Personen und sonstigen Angestellten in der Betriebshaftpflichtversicherung; § 1 PflVG: Der Halter ist verpflichtet, für sich, den Eigentümer und den Fahrer eine Haftpflichtversicherung abzuschließen.) gehen von der **Möglichkeit bzw. Pflicht der Mitversicherung des Haftpflichtrisikos Dritter** aus.
Wichtig ist, dass sich auch der Versicherte auf § 123 berufen kann, der zwar nicht direkt von der Anordnung der Versicherungspflicht betroffen ist, auf den sich der Deckungsschutz des Versicherungsvertrages aber gleichwohl erstreckt (arg e § 113 III).

B. Tatbestand

I. Leistungsfreiheit des VR nur gegenüber dem VN

3 Die Gründe, aus denen der VR dem VN im Innenverhältnis gegenüber leistungsfrei ist, sind unerheblich. In Betracht kommen insbesondere Leistungsfreiheit wegen Verletzung gesetzlicher oder vertraglicher Obliegenheiten (z.B. §§ 26, 28) oder wegen anderer Vertragsverletzungen (z.B. §§ 37 II, 38 II: Zahlungsverzug). Die der Leistungsfreiheit zu Grunde liegenden Umstände dürfen allein in der Person des VN und nicht in der Person des Versicherten liegen. Sind die Umstände hingegen (auch) in der Person des Versicherten begründet, so ist der VR auch diesem gegenüber leistungsfrei.

---

1 BT-Drucks. 16/3945 S. 90.
2 Vgl. zur Vorgängernorm des § 158i a.F.: BK/*Hübsch*, § 158i Rn. 2; BT-Drucks. 11/6341, 35.
3 Dogmatische Grundlage ist umstritten: Während BK/*Hübsch*, § 158i Rn. 1 auf § 334 BGB abstellt, hält R/L/*Langheid*, § 123 Rn. 6 den § 47 I für maßgeblich.
4 R/L/*Langheid*, § 123 Rn. 6.

II. Befugnis zur selbständigen Geltendmachung

Der Versicherte muss zur **selbständigen Geltendmachung** seiner Rechte aus dem Versicherungsvertrag befugt 4
sein. Grundsätzlich ist bei der Versicherung für fremde Rechnung aber nur der VN zur Geltendmachung der
Rechte aus dem Versicherungsvertrag befugt (vgl. § 44 II). Dieser **gesetzliche Normalfall** (§ 44 II) muss daher vertraglich abbedungen sein,[5] was rechtlich (auch durch AVB) zulässig und für die Kfz-Haftpflichtversicherung sogar in § 2 III KfzPflVV vorgeschrieben ist; vgl. auch Ziff. A.1.2 S. 2 AKB 2015, wonach die in
A.1.2 S. 1 genannten Personen Ansprüche aus dem Versicherungsvertrag selbständig gegen den VR erheben
können.

III. Kenntnis oder grob fahrlässige Unkenntnis des Versicherten

Nur der **gutgläubige Versicherte** kann sich auf den Schutz des § 123 berufen. Der Versicherte darf die der 5
Leistungsfreiheit zu Grunde liegenden Umstände (z.B. Nichtzahlung der Prämie) also weder gekannt noch infolge grober Fahrlässigkeit nicht gekannt haben.[6] Ansonsten ist er nicht schutzwürdig. Nach dem eindeutigen
Wortlaut reicht die **Tatsachenkenntnis** des Versicherten aus. Er muss daraus jedoch nicht im Sinne einer
rechtlichen Bewertung auf die Leistungsfreiheit des VR geschlossen haben.[7]

IV. Wirksamer Versicherungsvertrag zum Zeitpunkt des Versicherungsfalles

Unter der Geltung der Vorgängervorschrift des § 158i a.F. war in Literatur und Rechtsprechung umstritten, 6
ob diese Schutzvorschrift ein bestehendes Versicherungsverhältnis zum Zeitpunkt des Versicherungsfalles voraussetzt.[8] Auch der BGH hatte angesichts des im Gesetzgebungsverfahrens zur Neuregelung des § 158i a.F.
erkennbaren gesetzgeberischen Willens eine Anwendbarkeit des § 158i a.F. für den Fall, dass das Versicherungsverhältnis vor Eintritt des Versicherungsfalles durch Kündigung beendet worden ist, verneint.[9] Im Zuge
der VVG-Reform 2008 hat der Gesetzgeber dieses Problem mit der Neufassung des § 123 wesentlich entschärft. Durch die Neuregelung in Abs. 4 genießt der **Mitversicherte auch dann Versicherungsschutz**, wenn
das **Versicherungsverhältnis nicht bestanden hat oder beendet worden** ist, der Versicherer gegenüber dem
geschädigten Dritten jedoch gem. § 117 II 1, 2 nachhaftete.[10] Auch dabei kommt es nicht darauf an, aus welchen Gründen im Innenverhältnis kein Versicherungsschutz bestanden hat. Der Versicherungsschutz des Mitversicherten entfällt jedoch, wenn ihm die Beendigung des Pflichtversicherungsverhältnisses bekannt oder
grob fahrlässig unbekannt war (Abs. 4 i.V.m. Abs. 1).[11]

V. Nachhaftung des VR (Abs. 4)

Durch die Neuregelung in Abs. 4 wird der Schutz des Versicherten erweitert. So kann der VR dem Versicherten die Leistungsfreiheit gegenüber dem VN auch dann nicht entgegenhalten, wenn zum Zeitpunkt des Versicherungsfalles das Versicherungsverhältnis nicht (mehr) bestanden hat. Dies gilt jedoch nicht, wenn die
Nachhaftungszeit (§ 117 I 1, 2) abgelaufen oder die Beendigung des Versicherungsverhältnisses der hierfür
zuständigen Stelle angezeigt worden ist. Eine Nachhaftung kommt ebenfalls nicht in Betracht, wenn der Versicherte Kenntnis vom Nichtbestehen oder von der Beendigung des Versicherungsverhältnisses hat oder ihm
dies grob fahrlässig unbekannt war. Nach bisheriger Rechtslage verlor der Mitversicherte auch dann seinen
Versicherungsschutz, wenn er von der Beendigung des Versicherungsverhältnisses keine Kenntnis hat und
auch nicht haben musste.[12] Da der Mitversicherte nach Beendigung des Versicherungsverhältnisses nicht
mehr zur unmittelbaren Geltendmachung seiner Rechte aus dem nun nicht mehr bestehenden Versicherungsvertrag befugt sein kann, kommt nur eine **entsprechende Anwendung** des Abs. 1–3 in Betracht.[13]

C. Rechtsfolgen

I. Umfang der Leistungspflicht des VR (Abs. 2 S. 1 1. Hs.)

Der VR kann dem Versicherten nach Abs. 1 seine Leistungsfreiheit gegenüber dem VN nicht entgegenhalten. 8
Der Umfang der Leistungspflicht des VR gegenüber dem Versicherten richtet sich aber nach § 117 III 1 und
ist auf die vorgeschriebene **Mindestversicherungssumme** und die **vertraglich übernommene Gefahr** be-

---

5 Rechtspolitische Kritik bei PK/*Huber*, § 123 Rn. 7 m.w.N.
6 Kritisch zur grob fahrlässigen Unkenntnis: *Schirmer* r+s 1990, 253, 256.
7 BK/*Hübsch*, § 158i Rn. 9; R/L/*Langheid*, § 123 Rn. 10; P/M/*Knappmann*, § 123 Rn. 7.
8 Dafür BGHZ 157, 269, 272 = VersR 2004, 369; OLG Celle VersR 2003, 1390; AG Köln VersR 1993, 824, 825; R/L/*Langheid*, § 123 Rn. 11, 12; BK/*Hübsch*, § 158i Rn. 12; *Biela* VersR 1993, 1390, 1392; Geigel/*Schlegelmilch*, Der Haftpflichtprozess, Kap. 13, Rn. 63; *Bauer*, Die Kraftfahrtversicherung, Rn. 943; dagegen P/M/*Knappmann*, § 123 Rn. 5; offengelassen von OLG Düsseldorf VersR 1996, 1267, 1269; differenzierend *Johannsen* VersR 1991, 500, 502.
9 BGHZ 157, 269, 272 = VersR 2004, 369.
10 Begr. RegE BT-Drucks. 16/3945 S. 90.
11 Begr. RegE BT-Drucks. 16/3945 S. 90.
12 BGHZ 157, 269, 270 = VersR 2004, 369.
13 Begr. RegE BT-Drucks. 16/3945 S. 90; *Schirmer* ZVersWiss Supplement 2006, 427, 448.

grenzt. Darüber hinaus haftet der Versicherte allein. Die Regelung des § 123 greift auch ein, wenn der VR gegenüber dem VN nur teilweise leistungsfrei ist (z.B. § 28 II 2 bei grob fahrlässiger Verletzung einer vertraglichen Obliegenheit). Eine entsprechende Anwendung des § 123 kommt in Betracht, wenn im Verhältnis VR/VN vollständige Leistungsfreiheit (z.B. § 28 II 1 bei vorsätzlicher Verletzung einer vertraglichen Obliegenheit) und zugleich im Verhältnis VR/Versicherter nur teilweise Leistungsfreiheit (z.B. § 28 II 2) vorliegt.[14] In diesen Fällen bleibt der VR gegenüber dem Versicherten unter den Voraussetzungen des Abs. 1 jedenfalls teilweise zur Leistung verpflichtet.

II. Keine Anwendung des Verweisungsprivilegs nach § 117 III 2 (Abs. 2 S. 1 2. Hs.)

9 Damit der Schutz des Versicherten nicht unterlaufen wird, findet das Verweisungsprivileg des § 117 III 2 keine Anwendung. Die Leistungspflicht des VR gegenüber dem Versicherten ist daher nicht subsidiär. Denn könnte sich der VR darauf berufen, dass der geschädigte Dritte von einem anderen VR oder einem Sozialversicherungsträger Ersatz seines Schadens erlangen kann, wäre der Versicherte den Regressansprüchen der insoweit Leistenden ausgesetzt, da § 123 in diesem Verhältnis nicht gilt.[15]

III. Entsprechende Anwendbarkeit des § 117 IV (Abs. 2 S. 2)

10 Abs. 2 S. 2 regelt den Fall, dass neben der Leistungspflicht des VR nach Abs. 1 die Ersatzpflicht der öffentlichen Hand nach § 839 I BGB gegeben ist. In diesem Fall soll sich die öffentliche Hand im Innenverhältnis gegenüber dem VR nicht auf das durch § 839 I 2 BGB eingeräumte Verweisungsprivileg berufen dürfen (vgl. § 117 IV »im Verhältnis zum Versicherer«). Die öffentliche Hand trägt also letztlich den Schaden.

IV. Rückgriffsanspruch gegen den VN (Abs. 3)

11 Abs. 3 hat lediglich dahingehend **klarstellende Funktion**, dass sich der VR trotz seiner Haftung gegenüber dem Versicherten beim VN schadlos halten kann. Denn die Leistungspflicht gegenüber dem Versicherten kann nicht dazu führen, dass der VR auch gegenüber dem VN leistungspflichtig wird. Ist daher auch der VN dem geschädigten Dritten gegenüber ersatzpflichtig, kann das **Regressrecht** des VR gegen den VN nicht ausgeschlossen sein. Die Ersatzpflicht des VN selbst ist dabei Voraussetzung für den Übergang des Anspruchs gegen den VN auf den VR, da sich ansonsten die Verbesserung der Rechtsstellung des Versicherten zu Lasten des VN auswirkt.[16] Allerdings sind gesetzliche Regressbeschränkungen wie die der §§ 5 III, 6 I, III KfzPflVV beim Rückgriff zu beachten und dürfen nicht unterlaufen werden.

D. Beweislast

12 Der VR hat die Tatsachen darzulegen und zu beweisen, aus denen sich eine Obliegenheits- bzw. Vertragsverletzung des Versicherten selbst (vgl. Rdn. 3) ergibt oder dass ihm die Umstände der Leistungsfreiheit gegenüber dem VN bekannt oder grob fahrlässig nicht bekannt (vgl. Rdn. 5) waren.[17] Dagegen ließe sich einwenden, dass sich der Deckungsschutz des Versicherten aus einem (fremden) Versicherungsvertrag ableitet und nach dem Akzessorietätsgrundsatz die Rechtsstellung des Versicherten grundsätzlich von der VN abhängig ist. Dieser Grundsatz wird von § 123 durchbrochen und § 123 I könnte als gesetzliche Ausnahme zur generellen Leistungsfreiheit des VR interpretiert werden.[18] Danach müsste der Versicherte die Beweislast tragen. Gegen ein solches Verständnis spricht jedoch bereits die Intention des Gesetzgebers, die Stellung des Versicherten durch § 123 bzw. § 158i a.F. zu verbessern.

§ 124 Rechtskrafterstreckung.

(1) Soweit durch rechtskräftiges Urteil festgestellt wird, dass dem Dritten ein Anspruch auf Ersatz des Schadens nicht zusteht, wirkt das Urteil, wenn es zwischen dem Dritten und dem Versicherer ergeht, auch zugunsten des Versicherungsnehmers, wenn es zwischen dem Dritten und dem Versicherungsnehmer ergeht, auch zugunsten des Versicherers.
(2) Ist der Anspruch des Dritten gegenüber dem Versicherer durch rechtskräftiges Urteil, Anerkenntnis oder Vergleich festgestellt worden, muss der Versicherungsnehmer, gegen den von dem Versicherer Ansprüche auf Grund des § 116 Abs. 1 Satz 2 geltend gemacht werden, diese Feststellung gegen sich gelten lassen, es sei denn, der Versicherer hat die Pflicht zur Abwehr unbegründeter Entschädigungsansprüche sowie zur Minderung oder zur sachgemäßen Feststellung des Schadens schuldhaft verletzt.

---

14 P/M/*Knappmann*, § 123 Rn. 9; bereits zur alten Rechtslage: BGH VersR 1968, 185, 187.
15 Vgl. zur Rechtslage vor Neufassung des § 158i a.F.: BGHZ 103, 52, 54 = VersR 1988, 362; BGHZ 88, 296, 298 = VersR 1983, 1132; vgl. zur Problematik R/L/*Langheid*, § 123 Rn. 13; *Prölss* JZ 1988, 769; *Schirmer* zfs 1988, 194.
16 OLG Schleswig OLGR Schleswig 1997, 136, 137 = NZV 1997, 442; *Johannsen* VersR 1991, 501, 504; P/M/*Knappmann*, § 123 Rn. 11; BK/*Hübsch*, § 158i Rn. 17.
17 AG Köln VersR 1993, 824, 825 f.; P/M/*Knappmann*, § 123 Rn. 8; B/M/*Johannsen*[8], Bd. V/1 Anm. H 30; BK/*Hübsch*, § 158i Rn. 10; *Hofmann* NZV 1998, 54, 56; a.A. Baumgärtel/*Prölss*, § 158i Rn. 2.
18 Dies verneinend: P/M/*Knappmann*, § 123 Rn. 8.

Rechtskrafterstreckung § 124

(3) Die Absätze 1 und 2 sind nicht anzuwenden, soweit der Dritte seinen Anspruch auf Schadensersatz nicht nach § 115 Abs. 1 gegen den Versicherer geltend machen kann.

Übersicht

	Rdn.		Rdn.
A. Allgemeines	1	II. Rechtskrafterstreckung bei Rückgriff des VR (Abs. 2)	10
I. Normzweck	1	1. Urteil, Anerkenntnis, Vergleich	11
II. Anwendungsbereich	4	2. Pflichtverletzung des VR	14
B. Tatbestand	5	III. Beschränkung der Rechtskrafterstreckung auf Fälle des § 115 I (Abs. 3)	16
I. Rechtskrafterstreckung bei ablehnenden Urteilen (Abs. 1)	5	C. Beweislast	17

Schrifttum:
Armbrüster, Prozessuale Besonderheiten in der Haftpflichtversicherung, r+s 2010, 441; *Bayer*, Kein Schutz des Haftpflichtversicherers vor nachteiliger Prozeßführung durch den VN?, NVersZ 1998, 9; *Birkhoff*, Der manipulierte Verkehrsunfall, zfs 1994, 113; *Denck*, Das Verhältnis von Schadensersatzanspruch und Direktanspruch bei Kraftfahrt-Haftpflichtschäden, dargestellt am Problem der Bindungswirkung, VersR 1980, 704; *Ebel*, Die Bindung des VN an den von dem Haftpflichtversicherer geschlossenen Schadensregulierungsvergleich, VersR 1980, 158, *Freyberger*, Die Vertretung des Beklagten beim gestellten Unfall aus standesrechtlicher und prozessualer Sicht, VersR 1991, 842; *Gottwald/Adolphsen*, Zur Prozeßführung des Versicherers bei gestellten Verkehrsunfällen, NZV 1995, 129; *Haarmann*, Zum Anwendungsbereich des § 3 Nr. 8 PflVG, VersR 1989, 683, *Höfle*, Prozessuale Besonderheiten im Haftpflichtprozess, r+s 2002, 397; *Hoegen*, Bindungswirkung des Haftpflichturteils auch im Direktanspruch des Geschädigten gegen den Kraftfahrzeughaftpflichtversicherer?, VersR 1978, 1082; *Kittner*, Streithilfe und Streitverkündung, JuS 1986, 131; *Lemcke*, r+s 1993, 161; *ders.*, Neue Wege zur Abwehr des Versicherungsbetruges in der Haftpflichtversicherung?, VersR 1995, 989; *ders.*, Anmerkung zum BGH-Urteil VI ZR 139/06 vom 09.01.2007, r+s 2007, 126; *Liebscher*, Die gemeinsame Klage gegen Haftpflichtversicherung und VN, NZV 1994, 215; *Littbarski*, Zur Rechtskrafterstreckung nach § 3 Nr. 8, EWiR 2003, 1203; *Müller/Matlach*, Rechtskrafterstreckung und Verjährung nach § 3 Nr. 8, Nr. 3 S. 2 Hs. 2 PflVG, zfs 2007, 366; *Reiff*, Zivilprozessuale Probleme der Haftpflichtversicherung insbesondere bei gestellten Verkehrsunfällen, VersR 1990, 117; *Schirmer/Clauß*, Grenzen der Rechtskrafterstreckung nach § 3 Nr. 8 PflVG bei Verjährung des Anspruchs gegen den Versicherer, FS Lorenz, 2004, S. 794 ff.; *Späth*, Zur Bindungswirkung eines Versäumnisurteils im Haftpflichtprozeß für den Deckungsprozeß mit dem Haftpflichtversicherer, VersR 1989, 354.

A. Allgemeines

I. Normzweck

Grundsätzlich bestimmt § 325 ZPO den Umfang der **subjektiven Rechtskraft** eines Urteils. Danach ist eine 1
Rechtskrafterstreckung auf Dritte – also Personen, die nicht an dem Rechtsstreit beteiligt sind – nur eingeschränkt möglich.[1] Allerdings bestimmt das Gesetz in einigen Fällen eine über § 325 ZPO hinausgehende Rechtskraftwirkung von Urteilen für Dritte (z.B. §§ 178 III, 183 I InsO, § 248 AktG, § 48 III WEG, § 856 IV ZPO). Eine solche **weitergehende Rechtskraftwirkung** ordnet auch § 124 an. Diese Norm ist zudem eine Ausnahme zu § 425 II BGB, wonach Urteile nur für und gegen den Gesamtschuldner (s. § 115 I 4) wirken, für und gegen den sie ergehen.

Gem. Abs. 1 wirken einen Anspruch des Dritten verneinende Urteile, die zwischen dem Dritten und dem VR 2
ergehen, auch zu Gunsten des VN (Abs. 1 Alt. 1), und ebensolche Urteile zwischen dem Dritten und dem VN auch zu Gunsten des VR (Abs. 1 Alt. 2). Die Rechtskraftwirkung ist demnach auf anspruchsverneinende Urteile beschränkt. Die Regelung soll verhindern, dass dem geschädigten Dritten Ansprüche gegen den VR über das materielle Haftpflichtrecht hinaus zugesprochen werden,[2] und umgekehrt, dass der Dritte den VN weitergehend als den VR in Anspruch nehmen kann.

Ist der Anspruch des Dritten zwischen diesem und dem VR durch Urteil, Anerkenntnis oder Vergleich als be- 3
stehend festgestellt worden, gelten diese Feststellungen nach Abs. 2 grundsätzlich auch für den **Ausgleichsanspruch** des VR gegen den VN nach § 116 I 2. Der VN kann allerdings den Nachweis führen, dass der VR seine Vertragspflicht zur Abwehr unbegründeter Schadensersatzansprüche bzw. zur Minderung oder Feststellung des vom Dritten geltend gemachten Schadens schuldhaft verletzt hat und die Rechtskraftwirkung des Abs. 2 nicht eintritt.

II. Anwendungsbereich

Die Regelungen zur Rechtskrafterstreckung, die bisher nur für den Bereich des PflVG galten (§§ 3 Nr. 8, 10 4
Satz 1 PflVG a.F.), finden nun für **alle Pflichthaftpflichtversicherungen** Anwendung. Eine **wichtige Einschränkung** macht jedoch Abs. 3. Danach gelten die Abs. 1 und 2 nur, soweit der Dritte seinen Anspruch auf

---

1 Vgl. dazu Thomas/Putzo/*Reichold*, § 325 Rn. 5.
2 Vgl. BGH VersR 2013, 1163, 1164; 2008, 485; P/M/*Knappmann*, § 124 Rn. 2.

§ 124 Rechtskrafterstreckung

Schadensersatz nach § 115 I gegen den VR geltend machen kann, d.h. nur in den Fällen, in denen der Dritte einen Direktanspruch gegen den VR hat.[3] Praktische Bedeutung hat § 124 daher weiterhin in erster Linie für die Kfz-Haftpflichtversicherung.

Die Bindungswirkung des § 124 I gilt über ihren Wortlaut hinaus auch im Verhältnis des **mitversicherten Fahrers** zum VR und umgekehrt.[4]

B. Tatbestand

I. Rechtskrafterstreckung bei ablehnenden Urteilen (Abs. 1)

5 Abs. 1 erweitert die Auswirkungen der Rechtskraft eines ganz oder teilweise eine Leistungs- oder Feststellungsklage des Dritten abweisenden Urteils sowie eines gegen den Dritten ergangenen negativen Feststellungsurteils. Die Bindungswirkung tritt nur bei Verneinung des Haftpflichtanspruchs[5] ein und nicht bei Klageabweisung allein aus **formellen Gründen**.[6] VR und VN sind nur **einfache** und keine notwendigen **Streitgenossen** i.S.d. § 62 ZPO.[7] Daher ist der Grundsatz, dass die Prozessvoraussetzungen für jeden einzelnen Antrag (bzw. Beklagten) gesondert zu prüfen sind.[8] Abs. 1 gilt nicht für den Anspruch **zusprechende Urteile**[9] oder ihnen gem. § 406 III StPO gleichstehende Entscheidungen des Strafgerichts in Adhäsionsverfahren.[10] Ergeht gegen den VR ein Urteil zu Gunsten des Dritten, so kann angenommen werden, dass der VR den Dritten befriedigt, so dass es an einem praktischen Bedürfnis für die Rechtskrafterstreckung fehlt.[11] Ein klagezusprechendes Urteil im Haftpflichtprozess zwischen Drittem und VN entfaltet schon nach allgemeinen Regeln Bindungswirkung für den Deckungsprozess.[12] Ist im Falle parallel geführter und entschiedener Prozesse des Dritten gegen VN und VR die Klage in erster Instanz gegen den VN rechtsirrig abgewiesen, gegen den VR aber zugesprochen worden, kann sich der VR in der Berufungsinstanz auf die Rechtskrafterstreckung berufen.[13]

6 Abs. 1 ist wie § 3 Nr. 8 PflVG a.F. eine **Ausnahmevorschrift**, die einer Analogie nur in engen Grenzen zugänglich ist.[14] Eine entsprechende Anwendung des Abs. 1 auf die Fälle, in denen der Geschädigte von einer Geltendmachung des Direktanspruchs wegen Verjährung absieht und sich der VR nur außergerichtlich auf Verjährung beruft, mit der Folge, dass die Klage gegen den Schädiger wegen Rechtskrafterstreckung abzulehnen wäre, kommt nicht in Betracht.[15]

7 Da Abs. 1 **nur für Urteile** gilt – die der Rechtskraft zugänglich sind – hat ein Vergleich, in dem der VR nach Verurteilung des VN einen teilweisen Erlass seiner Verpflichtungen erreicht, nicht die Wirkungen des Abs. 1. Ein Vergleich, der den geltend gemachten Anspruch reduziert, verhindert eine höhere Verurteilung des jeweils anderen Anspruchsgegners nicht.[16]

Die Rechtskrafterstreckung des Abs. 1 erfasst über den Wortlaut der Vorschrift hinaus auch das Verhältnis des Mitversicherten zum VR und umgekehrt.[17] Wie bisher gilt aber die Rechtskrafterstreckung nach Abs. 1 nicht für das Verhältnis des Geschädigten zum Fahrer, falls er gegen den Halter oder einen sonstigen Schädiger klagt.[18]

8 Die in Abs. 1 vorgesehene Rechtskrafterstreckung tritt unabhängig davon ein, ob der geschädigte Dritte den VR und den VN **gemeinsam oder in getrennten Prozessen** verklagt.[19] Gleichgültig ist auch, ob die getrennten Prozesse **gleichzeitig oder nacheinander** geführt werden. Die Rechtskrafterstreckung führt dazu, dass gegen den einen Beklagten nur noch eine Klageabweisung möglich ist, sobald die Klageabweisung gegen den

---

3 Rechtspolitische Kritik bei PK/*Huber*, § 124 Rn. 1.
4 BGHZ 96, 18, 22 = NJW 1986, 1610; OLG Saarbrücken NJW-RR 2010, 326, 329; PK/*Huber*, § 124 Rn. 28.
5 Auch bei Abweisung nur wegen **Verjährung**, BGH VersR 2003, 1121, 1122; (anders in einem Sonderfall: BGH VersR 1979, 841); OLG Hamm VersR 2003, 56 f.; kritisch dazu *Schirmer/Clauß*, FS Lorenz, 2004, S. 794; PK/*Huber*, § 124 Rn. 12 ff.; P/M/*Knappmann*, § 124 Rn. 4.
6 *Armbrüster*, r+s 2010, 441, 455.
7 BGH NJW-RR 2010, 1725; VersR 2008, 485; VersR 2003, 1121, 1122; VersR 1974, 1117, 1118; BGHZ 63, 51, 53; Thomas/Putzo/*Hüßtege*, § 62 Rn. 8; a.A. *Gerhardt*, in: FS Henckel, 1995 S. 273 m.w.N.
8 BGH NJW-RR 2010, 1725, 1726 im Hinblick auf ein nach § 15 EGZPO erforderliches Schlichtungsverfahren.
9 BGH VersR 1971, 611; OLG Düsseldorf VersR 1972, 1015; P/M/*Knappmann*, § 124 Rn. 2, 9; *Keilbar* ZVersWiss 1970, 443, 448; *Hirschberg* VersR 1973, 504; *Hoegen* VersR 1978, 1081.
10 BGH VersR 2013, 1163 f.
11 P/M/*Knappmann*, § 124 Rn. 12.
12 R/L/*Langheid*, § 124 Rn. 11; P/M/*Knappmann*, § 124 Rn. 10; *Reiff* VersR 1990, 113.
13 In der Tendenz anders noch BGH VersR 1979, 841 (im Ergebnis offen lassend); vgl. nunmehr BGH VersR 2003, 1121; wie hier R/L/*Langheid*, § 124 Rn. 8.
14 Vgl. zu § 3 Nr. 8 PflVG a.F.: BGH VersR 2007, 371 mit Anm. *Lemcke* r+s 2007, 126; *Müller/Matlach* zfs 2007, 366, 368; *Knappmann* VRR 2007, 308 f.
15 BGH VersR 2007, 371.
16 BGH VersR 1985, 849, 850; P/M/*Knappmann*, § 124 Rn. 2.
17 P/M/*Knappmann*, § 124 Rn. 2.
18 BGHZ 96, 18, 22 = VersR 1986, 153; OLG Bremen VersR 1984, 1084, 1085.
19 BGH VersR 2008, 485; VersR 2005, 1087; VersR 2003, 1121, 1122; VersR 1981, 1158; BGHZ 71, 339, 344 = VersR 1978, 862.

anderen Beklagten rechtskräftig geworden ist.[20] Für die **Berufung** heißt das, dass beide Ansprüche weiter verfolgt werden müssen und eine erstinstanzliche (Teil-)Klageabweisung nicht rechtskräftig werden darf, da ansonsten die Berufung allein wegen der Rechtskrafterstreckung scheitert.[21] Sind gegen das Urteil gegen den einen Beklagten keine Rechtsmittel gegeben, kann auch sofort eine Klageweisung gegen alle Gesamtschuldner erfolgen.[22]

Bei getrennten Prozessen gegen den VR und den VN sollen divergierende Entscheidungen durch **Prozessverbindung** gemäß § 147 ZPO (nur möglich bei mehreren anhängigen Prozessen in gleicher Instanz beim selben Gericht) oder durch Aussetzung gemäß § 148 ZPO vermieden werden. Zwar liegt kein echter Fall der Vorgreiflichkeit vor, da es insoweit an der von § 148 ZPO geforderten Abhängigkeit der Entscheidung von einem anderen Rechtsverhältnis fehlt, aber durch die prozessuale Aussetzung sollen widersprüchliche Entscheidungen vermieden werden, so dass eine analoge Anwendung gerechtfertigt ist.[23] Die Aussetzung ist daher von Amts wegen nach pflichtgemäßem Ermessen zu prüfen und gegebenenfalls anzuordnen. Das Berufungsgericht kann aber nicht den Prozess gegen den Haftpflichtversicherer, gegen den die 1. Instanz die Klage durch Teilurteil abgewiesen hat, analog § 148 ZPO aussetzen, weil die Entscheidung von derjenigen der 1. Instanz gegen den VN abhängt.[24] Denn insoweit war bereits das **Teilurteil** unzulässig. Ein Teilurteil i.S.d. § 301 ZPO ist immer dann unzulässig, wenn es davon abhängt, wie der Streit über den Rest ausgeht,[25] so dass sich bei richtiger und sachgemäßer Anwendung des § 301 ZPO regelmäßig der Erlass eines zusprechenden Teilurteils verbietet.[26] Das Berufungsgericht muss das Teilurteil vielmehr aufheben und wegen eines Verfahrensfehlers (§ 538 II 1 Nr. 7 ZPO) zurückverweisen.

II. Rechtskrafterstreckung bei Rückgriff des VR (Abs. 2)

Hat der VR an den Dritten gemäß § 115 I geleistet, obwohl er dem VN gegenüber von der Leistung aus dem Versicherungsverhältnis befreit war, hat er einen Rückgriffsanspruch gegen den VN gemäß § 116 I 2. Macht nun der VR gegen den VN diesen Rückgriffsanspruch geltend, muss sich dieser die – vollständige oder teilweise – Feststellung des Anspruchs zwischen dem Dritten und dem VR durch rechtskräftiges Urteil, Anerkenntnis oder Vergleich entgegenhalten lassen.

1. Urteil, Anerkenntnis, Vergleich

Grundsätzlich sind alle Arten von Urteilen erfasst. Auch außergerichtliche Anerkenntnisse und Vergleiche fallen unter Abs. 2.[27] Abs. 2 ist entsprechend anwendbar auf zivilprozessuale Entscheidungen im Eilverfahren (§§ 916 ff. ZPO).[28]

Teilweise wird die Vorgängervorschrift des § 124 II, § 3 Nr. 10 PflVG a.F., für **verfassungswidrig** gehalten[29], da ein Verstoß gegen das sich aus Art. 2 I GG ergebende Verbot des Vertrags zu Lasten Dritter im Hinblick auf die Möglichkeit eines Vergleichs, der nicht der Haftungslage entspricht, vorliegen könnte. Dieser Einwand überzeugt jedoch nicht. Denn der VN ist (notwendigerweise) nicht unmittelbar aus dem Vergleichsvertrag selbst verpflichtet. Vielmehr schließt der VR den Vergleich vor dem Hintergrund seiner eigenen Verpflichtung aus § 115, so dass ein Vertrag zu Lasten Dritter im eigentlichen Sinne überhaupt nicht vorliegt. Die (belastende) Wirkung für den VN ergibt sich nicht unmittelbar aus dem geschlossenen Vergleich, sondern aus der gesetzlichen Regelung der Rechtskrafterstreckung nach Abs. 2 selbst. Die hinter dieser gesetzlichen Anordnung stehende Wertung (vgl. oben Normzweck) hält jedoch einer verfassungsrechtlichen Prüfung nach Maßgabe des Art. 2 I GG stand. Inwieweit jedoch die von § 124 I, II über § 325 ZPO hinausgehende Rechtskraftwirkung mit dem **Grundrecht auf rechtliches Gehör** vereinbar ist, wenn der Dritte nicht am Prozess beteiligt war und von einem Urteil nachteilig betroffen ist, ist eine bisher nicht gelöste Frage.[30]

Da die Entscheidung im Deckungsprozess zwischen VN und VR keinen Einfluss auf den Direktanspruch des Dritten gegen den VR hat, wirkt die Ablehnung des Deckungsanspruchs auch nicht auf den Regressanspruch des Sozialversicherungsträgers als Rechtsnachfolger des Geschädigten (vgl. dazu § 117 III 2).[31]

---

20 BGH VersR 2008, 485; VersR 1981, 1156; *Weber* VersR 1985, 1004, 1008.
21 BGH VersR 2008, 485; OLG Schleswig VersR 2003, 588, 589; OLG Karlsruhe r+s 1988, 125, 126; P/M/*Knappmann*, § 124 Rn. 3; *Haarmann* VersR 1989, 683.
22 OLG Saarbrücken NJW-RR 2010, 326, 328 m.w.N.
23 So auch P/M/*Knappmann*, § 124 Rn. 6; *Armbrüster*, r+s 2010, 441, 455.
24 Thomas/Putzo/*Reichold*, § 148 Rn. 11; a.A. OLG Düsseldorf VersR 1974, 965.
25 BGHZ 120, 376, 380 = VersR 1993, 357.
26 P/M/*Knappmann*, § 124 Rn. 7; *Lemcke* r+s 1993, 161, 164; *ders.* VersR 1995, 989, 990.
27 OLG Karlsruhe VersR 1971, 509, 510; LG Stuttgart VersR 1979, 1021, 1022, Anm.: *Ebel* VersR 1980, 158.
28 P/M/*Knappmann*, § 124 Rn. 15.
29 *Ebel* VersR 1980, 158.
30 Thomas/Putzo/*Reichold*, § 325 Rn. 6; *Marotzke* ZZP 100, 164.
31 Vgl. BGHZ 65, 1, 6 ff. = VersR 1975, 438, Anm.: *Gitter* JR 1975, 419, 420.

2. Pflichtverletzung des VR

14 Eine Rechtskrafterstreckung hinsichtlich des Ausgleichsanspruchs aus § 116 I 2 kommt nicht in Betracht, wenn der VR die Pflicht zur Abwehr unbegründeter Entschädigungsansprüche sowie zur Minderung oder zur sachgemäßen Feststellung des Schadens schuldhaft verletzt hat. Diese Verpflichtung, angemessen und sachgerecht auch unter **Beachtung der Belange des VN** zu entscheiden, ergibt sich aus dem Versicherungsvertrag (vgl. § 100; § 5 AHB 2015; A 1.1 AKB 2015). Ein Verstoß dagegen kann eine Vertragsverletzung darstellen und zu Schadensersatzansprüchen führen, mit denen der VN aufrechnen kann.[32] Eine solche Pflichtverletzung kann z.B. darin liegen, dass der VR dem Geschädigten im Fall des § 843 BGB (Erwerbsbeeinträchtigung/Vermehrung der Bedürfnisse) eine **Kapitalabfindung** zahlt, obwohl es an einem wichtigen Grund i.S.d. § 843 III BGB fehlt. Dies führt dazu, dass dem VN einzuräumen ist, den Regressanspruch – wie die Rentenzahlung – monatlich zu tilgen.[33] Ein Verschulden des VR i.S.d. Abs. 2 kann entfallen, wenn der VN seine Bedenken nicht rechtzeitig äußert, obwohl ihm dies möglich gewesen wäre oder der VR sogar bei ihm nachfragt.[34]

15 Problematisch ist die Berufung auf den Einwand des Abs. 2, wenn dem VN während des Prozesses zwischen Drittem und VR der **Streit verkündet** wird. Unabhängig davon, ob der VN dem Rechtsstreit dann beitritt oder nicht, treten gemäß § 74 III ZPO die Wirkungen des § 68 ZPO (Interventionswirkung) ein. Diese reichen inhaltlich weiter als die Rechtskrafterstreckung. Auch § 68 ZPO sieht aber die Einrede der mangelhaften Prozessführung vor (§ 68 Hs. 2 ZPO), jedoch unter schärferen Voraussetzungen (Absicht oder grobes Verschulden) als § 124 II. In dieser Situation ist jedoch allein § 68 Hs. 2 ZPO maßgeblich und dem VN die Einrede nach Abs. 2 versagt, da er insoweit nicht mehr schutzbedürftig ist. Er hätte dem Rechtsstreit beitreten und ihn durch eigene Angriffs- und Verteidigungsmittel beeinflussen können.[35]

III. Beschränkung der Rechtskrafterstreckung auf Fälle des § 115 I (Abs. 3)

16 Abs. 3 stellt klar, dass die Bindungswirkung nach den Abs. 1 und 2 nur für die Fälle des § 115 I gilt. Dem Dritten muss demnach ein gesetzlicher Direktanspruch gegen den VR zustehen.

C. Beweislast

17 Für die **schuldhafte Pflichtverletzung** nach Abs. 2 Hs. 2 ist der **VN beweispflichtig**. Daran hat auch die Umformulierung »… es sei denn, …« in § 124 II von vorher »… sofern der VN nicht nachweist, …« in § 3 Nr. 10 Satz 1 PflVG a.F. nichts geändert.[36] Wenn der VN sich gegen die Rechtskrafterstreckung wehren will, muss er darlegen und beweisen, dass der VR die Pflicht zur Abwehr unbegründeter Entschädigungsansprüche sowie zur Minderung oder zur sachgerechten Feststellung des Schadens schuldhaft verletzt hat. Der VN kann gemäß § 666 BGB vom VR Auskunft über die Schadensregulierung verlangen.[37]

---

32 P/M/*Knappmann* § 124 Rn. 17; § 117 Rn. 43.
33 OLG Hamm VersR 1978, 379, 380; VersR 1971, 914, 915; vgl. auch BGHZ 24, 308, 323.
34 OLG Hamm VersR 1958, 670.
35 Zustimmend P/M/*Knappmann*, § 124 Rn. 14; *Armbrüster*, r+s 2010, 441, 455.
36 Vgl. auch die anders lautende, dem § 3 Nr. 10 S. 1 PflVG entsprechende Formulierung der Reformkommission, Abschlussbericht v. 19.04.2004, S. 244.
37 BGH VersR 1981, 180, 181.

Kapitel 2. Rechtsschutzversicherung

§ 125 Leistung des Versicherers. Bei der Rechtsschutzversicherung ist der Versicherer verpflichtet, die für die Wahrnehmung der rechtlichen Interessen des Versicherungsnehmers oder des Versicherten erforderlichen Leistungen im vereinbarten Umfang zu erbringen.

Übersicht

	Rdn.
A. Allgemeines	1
I. Einordnung der Rechtsschutzversicherung	1
II. Entwicklung und Bedeutung	2
III. Die Regelungen im VVG	4
IV. Zweck und Inhalt der Vorschrift	6
B. Vereinbarter Umfang – Bedeutung der ARB und ihre Systematik	7
I. Leistungsarten	12
1. Schadensersatz-Rechtsschutz (§ 2 lit. a) ARB 2010/Ziff. 2.2.1 ARB 2012)	12
2. Arbeits-Rechtsschutz (§ 2 lit. b) ARB 2010/Ziff. 2.2.2 ARB 2012)	14
3. Wohnungs- und Grundstücks-Rechtsschutz (§ 2 lit. c) ARB 2010/Ziff. 2.2.3 ARB 2012)	16
4. Vertrags- und Sachenrecht (§ 2 lit. d) ARB 2010/Ziff. 2.2.4 ARB 2012)	17
5. Steuer-Rechtsschutz vor Gerichten (§ 2 lit. e) ARB 2010/Ziff. 2.2.5 ARB 2012)	20
6. Sozialgerichts-Rechtsschutz (§ 2 lit. f) ARB 2010/Ziff. 2.2.6 ARB 2012)	21
7. Verkehrs-Verwaltungs-Rechtsschutz (§ 2 lit. g) ARB 2010/Ziff. 2.2.7 ARB 2012)	22
8. Disziplinar- und Standesrecht (§ 2 lit. h) ARB 2010/Ziff. 2.2.8 ARB 2012)	23
9. Straf-Rechtsschutz (§ 2 lit. i) ARB 2010/Ziff. 2.2.9 ARB 2012)	24
10. Ordnungswidrigkeiten-Rechtsschutz (§ 2 lit. j) ARB 2010/Ziff. 2.2.10 ARB 2012)	26
11. Beratungs-Rechtsschutz (§ 2 lit. k) ARB 2010/Ziff. 2.2.11 ARB 2012)	27
II. Formen des Versicherungsschutzes	28
III. Ausschlusstatbestände/Risikoausschlüsse	34
IV. Versicherungsfall	41
1. Schadensersatz-Rechtsschutz	43
2. Beratungs-Rechtsschutz	44
3. Sonstige Fälle	45
V. Umfang des Versicherungsschutzes	51
1. Allgemeine Regel	51
2. Vergleiche	53
3. Zwangsvollstreckungsmaßnahmen	55
4. Obliegenheitsverletzungen	56
VI. Verjährung und Verjährungsbeginn	60
C. Deckungsklage	61
D. Schadensersatz	62
E. Exkurs: Schadensrecht	63

Schrifttum:
Bauer, Rechtsentwicklung bei den Allgemeinen Bedingungen für die Rechtsschutzversicherung, jährlicher Beitrag in der NJW; *Böhme,* Allgemeine Bedingungen für die Rechtsschutzversicherung (ARB): Kommentar, 12. Aufl. 2007; *van Bühren/Plote,* Allgemeine Bedingungen für die Rechtsschutzversicherung (ARB): ARB-Kommentar, 2. Aufl. 2007; *van Bühren,* Rechtliche Probleme in der Zusammenarbeit mit Rechtsschutzversicherern, NJW 2007, 3606; *Buschbell/Hering,* Handbuch Rechtsschutzversicherung, 4. Aufl. 2008; *Cornelius-Winkler,* Rechtsschutzversicherung: Ein Leitfaden für die Praxis mit Übungsaufgaben, Kontrollfragen und Checklisten, 3. Aufl. 2008; *ders.,* Ist die in § 17 Abs. 5c) ARB 2000 geregelte Obliegenheit intransparent und damit unwirksam?, r+s 2010, 89; *Cornelius-Winkler/Ennemann,* Rechtsschutzversicherung und Gebühren im Arbeitsrecht, 2008; *Eitel,* Rechtsschutzversicherung im Familienrecht, FF 2009, 64; *Enders,* In welcher Höhe übernimmt die Rechtsschutzversicherung ab dem 01.07.2006 die Anwaltsvergütung für eine Beratung?, JurBüro 2006, 337; *Harbauer,* Rechtsschutzversicherung: Kommentar zu den Allgemeinen Bedingungen für die Rechtsschutzversicherung (ARB 2000/2009 und 75), 8. Aufl. 2010; *Heinsen,* Rechtsschutz: Ist der Kundenschwund noch zu stoppen?, VW 2008, 457; *ders.,* Mit Multikanalstrategie aus der Rechtsschutzkrise?, VW 2009, 465; *Hermanns/Ennemann,* Zur Reichweite des Baurisikoausschlusses in der Rechtsschutzversicherung, BauR 2010, 156; *Jagodzinski/Raiser/Riehl,* Rechtsschutzversicherung und Rechtsverfolgung, 1994; *Looschelders,* Zu den Voraussetzungen eines verstoßabhängigen Rechtsschutzfalles i.S. von § 14 (3) Satz 1 ARB 75, JR 2009, 462; *Mathy,* Der problematische Datenrechtsschutz in der Rechtsschutzversicherung, VersR 2010, 318; *ders.,* Drei Beispielsfälle für überflüssige Deckungsprozesse in der Rechtsschutzversicherung, VersR 2009, 1194; *ders.,* Rechtsanwalt in eigener Sache: Kostenerstattung aus der Rechtsschutzversicherung?, r+s 2009, 265; *Obarowski,* Rechtsschutzversicherung: Hinweise für die anwaltliche Praxis – unter besonderer Berücksichtigung des Arbeitsrechts, VersR 2006, 1178; *Pabst/Rau,* Ausgewählte Probleme im Verhältnis von Rechtsschutzversicherer und VN im Arbeitsrechtsschutz, VersR 2006, 1615; *Pauls,* Zur Reichweite von Rechtsschutzversicherungen bei Streitigkeiten über Leistungen wegen Berufsunfähigkeit, VersR 2010, 1364; *ders.,* Versicherungsrechtsschutz bei Auseinandersetzungen Selbstständiger wegen Ansprüchen aus Vorsorgeversicherungen, VersR 2009, 464; *Plote,* Anwalt und Rechtsschutzversicherung, 2. Aufl. 2008; *Rolfs,* Die Versicherbarkeit der arbeitsrechtlichen Risiken des AGG, VersR 2009, 1001, *Samimi,* Anwaltformulare Rechtsschutzversicherung 2007; *Schiller,* Rechtsschutzversicherung und Anwaltschaft – ein Spannungsverhältnis?, VW 1999, 106; *Schulz,* Die Auskunfts- und Abrechnungspflicht des Rechtsanwalts gegenüber der Rechtsschutzversicherung, NJW 2010, 1729; *ders.,* Der Auskunfts- und Abrechnungsanspruch des Rechtsschutzversicherers gegenüber dem Rechtsanwalt, ZfS 2010, 246; *Wendt,* Risikoausschlüsse in der Rechtsschutzversicherung, MDR 2006, 481; *ders.,* Vertiefung der neueren Rechtsprechung des Bundesgerichtshofs zur Rechtsschutzversicherung, r+s 2008, 221; *ders.,* Der durchschnittliche Versicherungsnehmer und die neuere Rechtsprechung des BGH zur Rechtsschutzversicherung, MDR 2010, 786; *ders.,* Risikobegrenzung, Obliegenheitsverletzungen und die neuere Rechtsprechung des BGH zur Rechts-

schutzversicherung, MDR 2010, 1168; *ders.*, Die Rechtsprechung des BGH zum Versicherungsrecht Rechtsschutzversicherung, r+s 2010, 221; *Wichert*, Arbeitsrechtliche Statusfragen – abgedeckt durch Rechtsschutz für Arbeitssachen?, MDR 2009, 897.

A. Allgemeines

I. Einordnung der Rechtsschutzversicherung

1 Die Rechtsschutzversicherung ist Privatversicherung und **Schadenversicherung, sodass die allgemeinen Vorschriften der Schadensversicherung nach §§ 74 ff. Anwendung finden**[1] Hierbei ist insbesondere die Obliegenheit zur Schadensminderung nach § 82 zu beachten, die sich auch in § 17 ARB 2010 und in Nr. 4.1.1.4 ARB 2012 niedergeschlagen hat. Im Übrigen unterliegt die Rechtsschutzversicherung den für alle Versicherungszweige geltenden Vorschriften der §§ 1–73. Der Umfang richtet sich im Wesentlichen nach den jeweils anwendbaren ARB. Es existieren zahlreiche Bedingungswerke. Im Rahmen der VVG-Reform von 2008 sind die weit verbreiteten ARB 2008/2010 hinzugekommen. Diese sind 2012 in ein Baukastenprinzip umgestellt worden, es wurden jedoch kaum inhaltliche Änderungen vorgenommen.

Die Rechtsschutzversicherung hat den Zweck, die finanziellen Risiken eines Rechtsstreits abzusichern und damit in vielen Fällen die – kostspielige – Wahrnehmung von Rechten erst zu ermöglichen. Das Vorurteil, dass die Existenz von Rechtsschutzversicherungen einen nennenswerten Einfluss auf die Klagefreudigkeit hat, ist in einer Studie im Auftrag des Bundesministeriums der Justiz »Rechtsschutzversicherung und Rechtsverfolgung« widerlegt worden.[2] **Alternativen** für die Übernahme des Prozessrisikos sind die staatliche Prozesskostenhilfe, die allerdings nur bei Bedürftigkeit einspringt, sowie Rechtshilfe durch Verbände in bestimmten Angelegenheiten (v.a. Verbraucherschutz) und in neuerer Zeit verstärkt durch private Prozessfinanzierer.

II. Entwicklung und Bedeutung

2 Entwickelt hat sich die Rechtsschutzversicherung aus dem Verkehrsrechtsschutz, in Deutschland im Jahre 1928 durch Gründung der D.A.S. Sie wurde nach dem zweiten Weltkrieg auf weitere Gebiete ausgedehnt. Seither hat sie lange Zeit eine besonders »dynamische Entwicklung«[3] genommen. In Deutschland ist die Rechtsschutzversicherung weiter verbreitet als sonst in Europa.[4]

3 In den letzten Jahren geht die Nachfrage nach Rechtsschutzversicherungen aber zurück. Zwar sind die **Prämien** noch auf insgesamt ca. € 3,15 Mrd. gestiegen (in 2007 ein Plus von 2,7 %; in 2008 nur noch 1,6 %)[5], dies lag aber vornehmlich an einer durch die Einführung des RVG bedingten Prämienerhöhung aufgrund einer Schadenskostensteigerung von durchschnittlich 20 %.[6] Für das Jahr 2009 haben sich die Befürchtungen nach einer Stagnation der Prämien bewahrheitet, was als schlechtestes Ergebnis seit 25 Jahren gewertet wird und i.V.m. einem stark gestiegenen Schadensaufwand zu Problemen führt.[7] Außer durch Prämienerhöhung versuchen die VR, das Verhältnis von Leistung und Gegenleistung zu wahren, indem sie ihre Leistungen begrenzen.[8] Die **Versicherungsdichte** nahm lange Zeit stetig ab. Betrug sie in den 90er Jahren noch 48 % aller Haushalte, liegt sie nun bei etwa 42 %. Seit 2006 zeichnet sich nach den Zahlen des GDV – bezogen auf die Zahl der Versicherungsverträge – eine leicht positive Tendenz ab. Um der negativen Entwicklung entgegenzuwirken, bieten viele VR inzwischen neben der reinen Kostenerstattung zusätzliche Serviceleistungen, wie z.B. telefonische Erstberatung durch einen Anwalt, an.[9] Auch die Möglichkeiten der außergerichtlichen Mediation treten stärker in den Fokus und werden in § 5a der ARB 2010/Ziff. 2.3.1.1 ARB 2012 inzwischen berücksichtigt.[10] Nach Angaben des GDV bieten mehr als 75 % der VR Verträge mit Mediationsverfahren an.[11] Die VR bearbeiten etwa 3,5 Mio. Schadensfälle pro Jahr, wovon allein 20–30 % auf den Arbeitsrechtsschutz entfallen.[12]

III. Die Regelungen im VVG

4 Die besonderen Vorschriften für die Rechtsschutzversicherung in den §§ 125 ff. gehen auf die Art. 198 ff. der Solvency-II-Richtlinie. zurück. Sie wurden zum 01.07.1990 im Rahmen der Umsetzung der Richtlinie zunächst als §§ 158l–158o in das VVG eingefügt.

---

1 BGH VersR 1967, 774; PK/*Hillmer-Möbius/Michaelis*, vor §§ 125 bis 129 Rn. 1, 4; R/L/*Rixecker*, § 125 Rn. 1.
2 Vgl. *van Bühren* NJW 1997, 3606, 3607; *van Bühren/Schneider*, § 13 Rn. 3.
3 *Obarowski* VersR 2006, 1178; VersHb/*Obarowski*, § 37 Rn. 2.
4 PK/*Hillmer-Möbius/Michaelis*, vor §§ 125 bis 129 Rn. 7.
5 *Heinsen* VW 2008, 457; *ders.* VW 2009, 465.
6 GDV Jahrbuch 2007, S. 103; *Heinsen* VW 2008, 457.
7 *Heinsen* VW 2010, 1530.
8 Vgl. *van Bühren* NJW 2007, 3606, 3607; *Obarowski* VersR 2006, 1178, 1179.
9 *Obarowski* VersR 2006, 1178, 1179; zum Potenzial *Heinsen* VW 2009, 465.
10 *Sinß* VW 2010, 567; *Bercher/Engel* ZRP 2010, 126; *Hellberg/Wendt* VW 2009, 1336.
11 Pressemitteilung des GdV v. 14.04.2011 auf dessen Homepage.
12 *van Bühren* NJW 2007, 3606, 3607.

Die **Novelle des VVG im Jahre 2008** hat nur wenige Änderungen im besonderen Teil der Rechtsschutzver- 5
sicherung mit sich gebracht. Die neuen Vorschriften in den §§ 126–129 entsprechen inhaltlich den alten Regelungen der §§ 158l–158o. Neu ist einzig § 125, der das Wesen der Rechtsschutzversicherung in Anlehnung der Formulierungen gängiger AVB beschreibt und insbesondere den Dienstleistungscharakter stärker betont. Er entspricht inhaltlich dem § 1 ARB 2010. § 129 findet auf § 125 keine Anwendung.
Eine allgemeine Änderung des neuen VVG, die auch für die Rechtsschutzversicherung bedeutsam ist, ist die Aufhebung des »Alles-oder-Nichts-Prinzips«. Dem neuen VVG widersprechende ARB aus Altverträgen werden zum 01.01.2009 unwirksam. An deren Stelle tritt das Gesetz (§ 306 II BGB). Die VR hatten daher befristet das Recht, ihre ARB an das neue Recht anzupassen (Art. 1 III EGVVG).

IV. Zweck und Inhalt der Vorschrift

§ 125 umschreibt den **Begriff** der Rechtsschutzversicherung und den Pflichtenkreis des VR nur sehr all- 6
gemein. Die Norm liefert weder eine gesetzliche Definition der Rechtsschutzversicherung noch des Versicherungsfalls. Die weite Formulierung soll die zukünftige Produktentwicklung unterstützen, indem sie einen gewissen Gestaltungsspielraum zulässt.[13] Zwei Einschränkungen, die sich auch in § 1 ARB 2010 (Ziff. 1 ARB 2012) wiederfinden, lassen sich § 125 entnehmen.
Zunächst ist die Leistungspflicht beschränkt auf Leistungen, die für die **Wahrnehmung rechtlicher Interessen** – im Gegensatz zu rein wirtschaftlichen Interessen[14] – erforderlich sind. Diese Wahrnehmung rechtlicher Interessen wird vom BGH als Verfolgung und Abwehr von Ansprüchen definiert.[15] Das schließt jedoch nicht aus, dass der VN mit der rechtlichen Interessenwahrnehmung auch gleichzeitig oder gar schwerpunktmäßig wirtschaftliche Interessen verfolgt.[16]
Eine weitere Einschränkung besteht darin, dass es sich um rechtliche Interessen des VN bzw. des Versicherten handeln muss. Daraus sowie aus dem Wortlaut und Sinnzusammenhang einzelner Klauseln der ARB folgt nach h.M., dass Versicherungsschutz nicht besteht, wenn der VN einen Anspruch an einen Dritten abtritt, weil der VR nur verpflichtet sei, dem VN dessen Risiko abzunehmen.[17]
Ansonsten überlässt das Gesetz die nähere Ausgestaltung der vertraglichen Vereinbarung, »um die künftige Produktentwicklung nicht zu hemmen«.[18] Von den »erforderlichen Leistungen« i.S.v. § 125 ist jedoch gem. § 4 RDG die fremde Rechtsbesorgung ausgeschlossen. Sie ist dem VR nicht erlaubt, sodass er sich auf die Finanzierung und bestimmte Dienstleistungen (z.B. §§ 5 V, 17 II ARB 2010) beschränken muss.

B. Vereinbarter Umfang – Bedeutung der ARB und ihre Systematik

Der Umfang der Leistungspflicht richtet sich gem. § 125 (»im vereinbarten Umfang«) – wie zuvor ohne ent- 7
sprechende gesetzliche Regelung – nach der vertraglichen Absprache zwischen VR und VN. Die vertragliche Abrede wird maßgeblich von den Allgemeinen Rechtsschutzbedingungen (**ARB**) bestimmt. Der GDV gibt als Empfehlung in unregelmäßigen Abständen Musterbestimmungen heraus. Die ersten dieser Muster-ARB stammen aus dem Jahre 1954 und wurden mehrfach (ARB 69; ARB 75; ARB 94; ARB 2000; ARB 2008; ARB 2010) an die obergerichtliche Rechtsprechung, die gesetzlichen Rahmenbedingungen und die tatsächliche Produktentwicklung angepasst. Die ARB 2010 wurden in den Jahren 2009 und zuletzt im September 2010 insbes. hinsichtlich der Risikoausschlüsse in § 3 und der Obliegenheiten des VN nach Eintritt des Versicherungsfalls in § 17 ARB 2010 weiter verändert (im Folgenden ARB 2010).[19]
Das jüngste Regelwerk unverbindlicher Musterbedingungen für die Rechtsschutzversicherung stellen die ARB 2012 dar, die der GDV im Oktober 2012 vorgelegt und im Juni 2013 in einer überarbeiteten Form veröffentlicht hat.
Um die Transparenz der für den VN schwer verständlichen Rechtsschutzbedingungen zu erhöhen, hat der GDV insgesamt eine sprachliche Optimierung und visuelle Vereinfachung angestrebt. Der grundlegende Unterschied zu den ARB 2010 besteht in dem strukturellen Aufbau nach dem Baukastenprinzip. Die einzelnen Klauseln werden den Vertragsformen durch einen Buchstabenschlüssel zugeordnet, sodass der Vertrag nur noch die Versicherungsbedingungen enthält, die für den konkreten VN relevant sind. Entfallen ist damit die systematische Unterscheidung zwischen den allgemeinen, für alle Rechtsschutzverträge geltenden Klauseln nach §§ 1–20 ARB 2010 und den besonderen Regeln der §§ 21–29 ARB 2010, für die jeweiligen Formen des Versicherungsschutzes.[20]

---

13 BT-Drucks. 16/3945, S. 91.
14 OLG Saarbrücken v. 30.06.2010 – 5 U 52/10: Einfache Ratenzahlungsvereinbarung nach Kündigung eines Darlehens, weil keine Zahlung mehr erfolgte; a.A. für diesen Fall wohl OLG Frankfurt (Main) VersR 2010, 1310.
15 BGH NJW 1991, 2644.
16 BGH VersR 1991, 919; OLG Frankfurt (Main) VersR 2010, 1310.
17 OLG Köln VersR 2009, 825 m.w.N.
18 Begr. RegE BT-Drucks. 16/3945 S. 91.
19 Zusätzlich wurde § 18 nunmehr als § 3a teilweise neu gefasst.
20 Vgl. Looschelders/Paffenholz/*Looschelders*, Teil A. Einführung Rn. 44.

8   Viele VR legen ihren Verträgen zwar die ARB zugrunde, nutzen aber aufgrund des immer stärker werdenden Wettbewerbsdrucks **abweichende Klauseln**, um hauseigene Produktlösungen anbieten zu können.[21] Der exakte Versicherungsschutz lässt sich daher nur anhand der konkret vereinbarten vertraglichen Abrede ermitteln. Dies erlaubt die Entwicklung neuer, an die Bedürfnisse der Rechtssuchenden angepasster Produkte.[22] Die vorliegende Kommentierung orientiert sich angesichts der erst begonnenen Umstellungsphase an den in der Praxis weiterhin verbreiteten ARB 2010 mit Verweisen auf die ARB 2012. Dies rechtfertigt sich auch daraus, dass sich in den ARB 2012 nur geringfügige inhaltliche Abweichungen zu den ARB 2010 finden.

9   Die ARB unterteilen das Gesamtpaket »*Rechtsschutz*« in § 2 ARB 2010 (Ziff. 2.2 ARB 2012) in eine Vielzahl von Bausteinen, die den Gegenstand der rechtlichen Streitigkeit beschreiben (**Leistungsarten**). In den §§ 21 ff. ARB 2010 werden diese Bausteine zu Versicherungspaketen geschnürt (**Formen des Versicherungsschutzes**), die an bestimmte Lebensbereiche des VN anknüpfen und ihn in einer bestimmten Eigenschaft absichern sollen, z.B. als Fahrzeughalter. Die Pakete umfassen jeweils eine festgelegte Kombination der Leistungsarten.

10 Der VN kann dadurch eine an seine Bedürfnisse angepasste Kombination wählen. Sie bestimmt die Höhe der Prämie. Der Versicherungsschutz erstreckt sich jeweils nur auf die im Versicherungsschein angegebenen Verfahren im versicherten Zeitraum (sog. »**Spezialität des versicherten Risikos**«). Der Versicherungsschutz setzt also in jedem Fall voraus, dass der VN in einem bestimmten Lebensbereich oder/und in einer bestimmten Eigenschaft betroffen ist und der Gegenstand der rechtlichen Angelegenheit von der versicherten Leistungsart gedeckt ist. Für diese Voraussetzungen ist der VN im Deckungsprozess darlegungs- und beweispflichtig (**primäre Risikobeschreibung**).[23] Liegen sie vor, kann sich der VR auf keinen Ausschlusstatbestand berufen und hat die Interessenwahrnehmung hinreichende Aussicht auf Erfolg (vgl. § 128), hat der VN aus dem Versicherungsvertrag (s. § 17 II ARB 2010) einen **Anspruch auf Deckungszusage**, die den Umfang des gewährten Rechtsschutzes bestätigt. Die Deckungszusage ist ein deklaratorisches Schuldanerkenntnis. Das hat zur Folge, dass der VR mit ihm bekannten Einwendungen und Einreden ausgeschlossen ist (Vertrauensschutz).[24]

11 Hier stellt sich die Frage, inwieweit Feststellungen aus dem Hauptprozess Auswirkungen auf die Leistungspflicht des VR haben, wenn die jeweils entscheidenden Fragen identisch sind (»**Voraussetzungsidentität**«). Das ist z.B. der Fall, wenn der VN Arbeits-Rechtsschutz gem. § 2 I lit. b) ARB für die gerichtliche Feststellung seiner Arbeitnehmereigenschaft begehrt und der beklagte VR das Vorliegen eines Arbeitsverhältnisses bestreitet.[25] Zum Teil heißt es, in diesen Fällen sei stets Rechtsschutz zu gewähren, denn der VN habe den Schutz der Versicherung dann am nötigsten, wenn die versicherte Eigenschaft von der Gegenseite bestritten werde.[26] Das LG Bremen hat in diesem Fall eine **vorläufige Deckungszusage** für zulässig erachtet, die unter dem Vorbehalt der Entscheidung in der Hauptsache steht.[27] Beides dürfte indes nicht richtig sein. Der BGH hat entschieden, dass in der Rechtsschutzversicherung Entscheidungen im Hauptsacheprozess keine Bindungswirkung für den Deckungsprozess entfalten. Die Situation unterscheidet sich von derjenigen in der Haftpflichtversicherung. Dort schuldet der VR Abwehr unbegründeter Ansprüche und Zahlung im Falle begründeter Ansprüche. Hieraus ergeben sich das Trennungsprinzip und seine Ergänzung durch die Bindungswirkung. In der Rechtsschutzversicherung ist die Übernahme der Kosten für die Rechtsverfolgung unabhängig vom tatsächlichen Prozessausgang geschuldet, aber abhängig von einer Prognose über diesen (§ 128 Satz 1). Die ex ante zu beurteilende Leistungspflicht (schlüssiger Vortrag) kann nicht durch Prozessverlust erlöschen.[28] Dafür spricht auch der Zweck der Rechtsschutzversicherung, dem VN Planungssicherheit und Entscheidungshilfe zu geben, ob er rechtliche Hilfe in Anspruch nimmt oder nicht. Sind die Erfolgsaussichten in der Hauptsache unklar, sieht § 128 ein geregeltes Verfahren zur Klärung der Leistungspflicht vor. Diese Wertung darf nicht deswegen umgangen werden, weil die Umstände auch Voraussetzung für den Erfolg des Prozesses sind.[29]

I. Leistungsarten
1. Schadensersatz-Rechtsschutz (§ 2 lit. a) ARB 2010/Ziff. 2.2.1 ARB 2012)

12 Rechtsschutz besteht nach § 2 lit. a) ARB 2010/Ziff. 2.2.1 ARB 2012 für die Geltendmachung von Schadensersatzansprüchen. Der Schadensersatz-Rechtsschutz betrifft allein die **Geltendmachung (bzw. Durchsetzung,**

---

21 *Obarowski* VersR 2006, 1178, 1179 f.; VersHb/*Obarowski*, § 37 Rn. 34; vgl. OLG Köln r+s 2009, 371 für individualvertraglich vereinbarte Versicherungsbedingungen.
22 S. dazu VVG-Kommission Abschlussbericht 2004 (VersR-Schriftenreihe Heft 25), S. 84; zum Beispiel Datenrechtsschutz *Mathy* VersR 2010, 318.
23 *Cornelius-Winkler* VersR 2006, 194, 195; FAKomm-VersR/*Brünger*, § 2 ARB 2010 Rn. 1; HK-VVG/*Münkel*, § 2 ARB 2010 Rn. 1/Ziff. 1 ARB 2012 Rn. 1.
24 OLG Celle NJW-RR 2010, 1400 = r+s 2010, 417: Deckungszusage bei Kenntnis der erstinstanzlichen Entscheidung und Rechtsmittelbegründung.
25 *Wichert* MDR 2009, 897.
26 *Kurzka* VersR 1980, 600, 602; ebenso wohl OLG Oldenburg VersR 1997, 484.
27 LG Bremen VersR 2005, 1529; zustimmend *Obarowski* VersR 2006, 1178, 1180 f.
28 BGH VersR 1992, 568, 570; so auch OLG Köln r+s 2004, 235; *van Bühren/Schneider*, § 13 Rn. 70 f.
29 *Bauer* NJW 2006, 1484, 1486; *Pabst/Rau* VersR 2006, 1615, 1616; *Cornelius-Winkler* VersR 2006, 194, 195.

ARB 2012) von Schadensersatzansprüchen, nicht hingegen deren Abwehr (vgl. auch § 3 II lit. a) ARB 2010/Ziff. 3.2.3 ARB 2012). Der VN muss sich daher in der Position des Anspruchsstellers befinden. Unter Schadensersatz fallen nach der Praxis der VR nur Ansprüche, die auf Herstellung des ursprünglichen Zustandes i.S.d. §§ 249 ff. BGB gerichtet sind (z.B. Anspruch auf Widerruf von Behauptungen). Keine Schadensersatzansprüche i.S.d. ARB stellen Bestimmungen dar, die keine den §§ 249 ff. entsprechende Ausgleichsleistung vorsehen.[30] Vorbeugende Unterlassungsansprüche[31] sind ebenso wenig erfasst wie Ansprüche auf Entschädigung oder Ausgleich ohne Schadensersatzcharakter.[32]

Ausgenommen sind Ansprüche aus Vertragsverletzung und aus der Verletzung dinglicher Rechte an Grundstücken, Gebäuden oder Gebäudeteilen. Besteht Anspruchskonkurrenz zwischen deliktischen und vertraglichen Anspruchsgrundlagen auf Schadensersatz, die nicht auf die Verletzung eines dinglichen Rechts an einem Grundstück gestützt sind, gilt kein Vertragsrechtsschutz nach § 2 lit. a) ARB 2010/Ziff. 2.2.1 ARB 2012, was die Einfügung des Wortes »auch« in § 2 lit. a) ARB 2010/Ziff. 2.2.1 ARB 2012 verdeutlicht.[33] Für den privaten Bereich ist die Bedeutung gering,[34] da in den Paketen ohnehin beide Leistungsarten enthalten sind. Zu Ansprüchen aus § 311 II BGB s. Rdn. 19. 13

2. Arbeits-Rechtsschutz (§ 2 lit. b) ARB 2010/Ziff. 2.2.2 ARB 2012)[35]

§ 2 lit. b) ARB 2010/Ziff. 2.2.2 ARB 2012 gewährt Rechtsschutz für die Wahrnehmung rechtlicher Interessen aus Arbeitsverhältnissen. Erfasst werden lediglich Ansprüche aus Individualrechtsstreitigkeiten, vgl. § 3 Abs. 2 lit. b) ARB 2010/Ziff. 3.2.4 ARB 2012.[36] 14

Der Arbeits-Rechtsschutz bezieht sich nur auf die Abwehr und Geltendmachung von dienst- und versorgungsrechtlichen Ansprüche, die einem bestehenden oder beendeten **Arbeitsverhältnis** oder einem öffentlich-rechtlichen Dienstverhältnis entstammen. Nicht erfasst sind somit Klagen, die auf die Begründung eines Arbeits- oder Dienstverhältnisses gerichtet sind.[37]

Grundsätzlich besteht Rechtsschutz auch für Ansprüche aus Benachteiligung nach dem AGG.[38] Das gilt aber nur für Streitigkeiten, die auf der Grundlage eines bestehenden Arbeitsverhältnisses entstanden sind. Der wichtige Bereich von Ansprüchen **abgelehnter Bewerber** ist nicht erfasst.[39] 15

3. Wohnungs- und Grundstücks-Rechtsschutz (§ 2 lit. c) ARB 2010/Ziff. 2.2.3 ARB 2012)

Über den Wohnungs- und Grundstücks-Rechtsschutz wird die Wahrnehmung rechtlicher Interessen aus Miet- oder Pachtverhältnissen, sonstigen Nutzungsverhältnissen und dinglichen Rechten, die Grundstücke, Gebäude oder Gebäudeteile zum Gegenstand haben, abgedeckt. 16

Unter eine mietrechtliche Interessenwahrnehmung fällt nur eine typische mietrechtliche Angelegenheit, die im weitesten Sinne die in § 535 BGB niedergelegten Verpflichtungen von Mieter und Vermieter betrifft.[40] Für das gesetzliche Vorkaufsrecht (§ 577 BGB) ist danach zu differenzieren, ob die Entstehung des Vorkaufsrechts selbst in Streit steht oder ob nur der Erfüllungsanspruch aus einem Vorkaufsrecht geltend gemacht wird, der sodann als kaufrechtliche Streitigkeit zu qualifizieren ist und nicht dem Wohnungs- und Grundstücks-Rechtsschutz unterliegt.[41]

4. Vertrags- und Sachenrecht (§ 2 lit. d) ARB 2010/Ziff. 2.2.4 ARB 2012)

Der Rechtsschutz für Vertrags- und Sachenrecht ist **nur im privaten Bereich** enthalten, sodass sowohl vertragliche als auch gesetzliche Schuldverhältnisse aus dem Bereich des Privatrechts erfasst sind. Er deckt hier eine Vielfalt von Lebenssachverhalten ab. Dazu gehören nach der Rspr. auch bestimmte einseitige Rechtsgeschäfte wie z.B. § 661a BGB. Der Risikoausschluss des § 3 II lit. f) ARB 2010/Ziff. 3.2.9 ARB 2012 greift nicht ein, da es an einem ursächlichen Zusammenhang mit Spekulationsgeschäften fehlt. Der Gewinn ist be- 17

---

30 FAKomm-VersR/*Brünger*, § 2 ARB 2010 Rn. 2.
31 A.A. AG Regensburg VersR 2004, 327.
32 Vgl. Looschelders/Paffenholz/*Paffenholz*, § 2 ARB 2010, Rn. 8; *Mathy* VersR 2010, 318, 322 mit Beispielen.
33 FAKomm-VersR/*Brünger*, § 2 ARB 2010 Rn. 4; P/M/*Armbrüster*, § 2 ARB 2010 Rn. 9; VersHb/*Obarowski*, § 37 Rn. 44; OLG Saarbrücken ZfS 2010, 280 für das Verhältnis zum Arbeitsrechtsschutz bei Mobbing.
34 Unterschiede bestehen etwa bei der Wartefrist von 3 Monaten nach § 4 I 3 ARB; vgl. dazu OLG Saarbrücken ZfS 2010, 280.
35 Allgemein zu ausgewählten Problemen Pabst/Rau VersR 2006, 1615; Obarowski VersR 2006, 1178, 1180 ff.
36 Looschelders/Paffenholz/*Looschelders*, § 2 ARB 2010 Rn. 26; P/M/*Armbrüster*, § 2 ARB 2010 Rn. 10.
37 LG Berlin, r+s 1978, 46.
38 Vgl. VersHb/*Obarowski*, § 37 Rn. 54; *Rolfs* VersR 2009, 1001.
39 FAKomm-VersR/*Brünger*, § 2 ARB 2010 Rn. 10; VersHb/*Obarowski*, § 37 Rn. 54; *Koch* VersR 2007, 288, 296; *Rolfs*, VersR 2009, 1001, 1007.
40 KG Berlin r+s 2001, 420; das gesetzliche Vorkaufsrecht gem. § 577; VersHB/*Obarowski*, § 37 Rn. 65.
41 OLG Köln NJW-RR 2010, 693 = VersR 2010, 339; a.A. die Vorinstanz LG Köln v. 04.03.2009 – 20 O 412/08.

reits zugesichert.[42] Einige Versicherer haben ihre ARB daher entsprechend durch Aufnahme eines weiteren Risikoausschlusses angepasst.

18 **Nicht** unter die Ziffer fallen das Vereinsrecht, genossenschaftliche Streitigkeiten und die Unterlassung von Ehrverletzungen.[43] Im Verhältnis zu den lit. a) bis c) ist der Vertragsrechtsschutz subsidiär.

19 Umstritten ist die Behandlung von **Ansprüchen aus vertragsähnlichen Schuldverhältnissen i.S.d. § 311 II BGB**. Nimmt man an, dass sie wegen der Subsidiarität von § 2 lit. d) ARB 2010/Ziff. 2.2.4 ARB 2012 allein unter § 2 lit. a) ARB 2010 fallen/Ziff. 2.2.1 ARB 2012, ist ihre Abwehr vom Versicherungsschutz nicht umfasst.[44] Sachgerecht ist es jedoch, die Ansprüche aus c.i.c. denjenigen aus Vertragsverletzung gleichzustellen.[45] Es hängt oftmals von Zufälligkeiten ab, welche Anspruchsgrundlage einschlägig ist. Probleme bereitet die Einordnung von Ansprüchen aus § 311 II BGB auch im Zusammenhang mit dem Risikoausschluss des § 3 II lit. a) ARB 2010/Ziff. 3.2.3 ARB 2012.

5. Steuer-Rechtsschutz vor Gerichten (§ 2 lit. e) ARB 2010/Ziff. 2.2.5 ARB 2012)

20 Der Steuer-Rechtsschutz beginnt erst mit **Einreichung** der Klage bzw. einem sonstigen Antrag bei Gericht. Das behördliche Verfahren sowie vorprozessuale Beratung sind nicht abgedeckt.[46] Zu beachten ist ferner der besondere Ausschlusstatbestand in § 4 IV ARB 2010/, wonach kein Versicherungsschutz besteht, wenn die vom VN geltend gemachten steuerlichen Tatbestände vor dem Versicherungsbeginn liegen.[47]

6. Sozialgerichts-Rechtsschutz (§ 2 lit. f) ARB 2010/Ziff. 2.2.6 ARB 2012)

21 Der Sozialgerichts-Rechtsschutz gewährt Rechtsschutz für alle Streitigkeiten, die in die Zuständigkeit der deutschen Sozialgerichte fallen. Dabei ist unerheblich, dass eine Streitigkeit erst nach Abschluss des Versicherungsvertrages der Sozialgerichtsbarkeit zugewiesen wird, wie bei Einführung des SGB II.[48] Prozesse nach dem SGB II werden vom Ausschlusstatbestand in § 3 III lit. f) der ARB 2000 (Sozialhilferecht) nicht erfasst. Wie beim Steuer-Rechtsschutz beginnt der Schutz auch hier erst mit der Klageeinreichung oder der Einreichung eines sonstigen Antrags. Vorgeschaltete Verfahren sind daher auch hier nicht vom Versicherungsschutz umfasst.[49]

7. Verkehrs-Verwaltungs-Rechtsschutz (§ 2 lit. g) ARB 2010/Ziff. 2.2.7 ARB 2012)

22 Hier ist der Rechtsschutz in verkehrsrechtlichen Angelegenheiten im Verfahren vor der Verwaltungsbehörde und den Verwaltungsgerichten erfasst. Zum Verkehrsrecht gehören alle Normen, die der Sicherheit und Ordnung des Straßenverkehrs dienen.[50] Erfasst sind nur verwaltungsbehördliche und -gerichtliche Verfahren, im Rahmen von strafrechtlichen oder ordnungswidrigkeitsrechtlichen Verfahren richtet sich der Rechtsschutz nach lit. i) und lit. j).

Soweit in einzelnen Verträgen abweichend von den ARB keine Beschränkung auf verkehrsrechtliche Angelegenheiten enthalten ist, dehnen einzelne Versicherer den Rechtsschutz über Verkehrssachen hinaus auf andere verwaltungsrechtliche Angelegenheiten aus.[51] Insbesondere davon umfasst ist der Rechtsschutz für sogenannte Kapazitätsklagen gegen Universitäten für die Vergabe von Studienplätzen.[52]

8. Disziplinar- und Standesrecht (§ 2 lit. h) ARB 2010/Ziff. 2.2.8 ARB 2012)

23 Der Rechtsschutz nach lit. h) umfasst die Verteidigung in Disziplinar- und Standesrechtsverfahren. Die Verfahren müssen nicht bereits vor die Dienst- oder Standesgerichte gelangt sein.[53]

9. Straf-Rechtsschutz (§ 2 lit. i) ARB 2010/Ziff. 2.2.9 ARB 2012)

24 § 2 lit. i) ARB 2010/Ziff. 2.2.9 ARB 2012 unterscheidet zwischen dem Rechtsschutz wegen des Vorwurfs eines strafrechtlichen oder eines verkehrsrechtlichen Vergehens. Während der Straf-Rechtsschutz bei verkehrsrechtlichen Vergehen zunächst generell gewährt wird, ist bei sonstigen strafrechtlichen Vergehen nur die Verteidi-

---

42 BGH VersR 2006, 830, 831; OLG Köln r+s 2005, 285, 286.
43 Looschelders/Paffenholz/*Looschelders*, § 2 ARB 2010 Rn. 62; VersHB/Obarowski, § 37 Rn. 74.
44 PK/*Hillmer-Möbius/Michaelis*, § 125 Rn. 21; Harbauer/*Stahl*, Rechtsschutzversicherung, 8. Aufl. 2010, § 2 ARB 2000 Rn. 174; HK-VVG/*Münkel*, § 2 ARB 2010 Rn. 3.
45 P/M/*Armbrüster*, § 2 ARB 2010 Rn. 7.
46 Looschelders/Paffenholz/*Looschelders*, § 2 ARB Rn. 70; P/M/*Armbrüster*, § 2 ARB 2010 Rn. 40.
47 Vgl. Buschbell/Hering/*Buschbell*, § 16 Rn. 43; Looschelders/Paffenholz/*Looschelders*, § 2 ARB Rn. 80.
48 BGH NJW 2009, 3654 = VersR 2009, 1617 für Leistungen nach dem SGB II.
49 HK-VVG/*Münkel*, § 2 ARB 2010 Rn. 14; P/M/*Armbrüster*, § 2 ARB 2010 Rn. 42.
50 HK-VVG/*Münkel*, § 2 ARB 2010 Rn. 15; P/M/*Armbrüster*, § 2 ARB 2010 Rn. 49.
51 Looschelders/Pohlmann/*Looschelders*, § 2 ARB Rn. 96.
52 Aktuelle Beispiele: OLG Düsseldorf VersR 2010, 663; OLG Frankfurt (Main) VersR 2010, 381.
53 HK-VVG/*Münkel*, § 2 ARB 2010 Rn. 16.

gung wegen des Vorwurfs eines **fahrlässigen Verhaltens versichert**. Ausgeschlossen sind daher Rechtsschutz für Verbrechen (vgl. § 12 I StGB) und vorsätzlich begangene, strafrechtliche Vergehen.[54]
Umstritten ist hierbei die Frage, ob Rückforderungsansprüche des VR bestehen, wenn er auf der Grundlage eines Fahrlässigkeitsvorwurfs Leistungen erbringt und sich im Laufe des Verfahrens der Vorwurf einer vorsätzlichen Begehung ergibt und eine entsprechende Verurteilung erfolgt.
Unabhängig vom Ausgang des Verfahrens besteht zudem kein Rechtsschutz für den Vorwurf eines Vergehens, das nur vorsätzlich begangen werden kann.[55] Stellt sich im Nachhinein heraus, dass der Vorwurf unberechtigt war, erhält der VN keinen rückwirkenden Versicherungsschutz. Unproblematisch ist dies, wenn der VN freigesprochen wird, weil in diesen Fällen die Kosten und notwendigen Auslagen der Staatskasse auferlegt werden. Anders ist dies jedoch bei Gestaltungen, in denen zwar keine Verurteilung erfolgt, der VN aber seine notwendigen Auslagen selbst tragen muss (z.B. Verfahrenseinstellung). Kann hingegen ein Vergehen vorsätzlich und fahrlässig begangen werden, erhält der VN nachträglichen Rechtsschutz, wenn zunächst eine vorsätzliche Begehung vorgeworfen war, dies aber nicht rechtskräftig festgestellt wird, § 2 lit. i) bb) ARB 2010. Besteht der Vorwurf eines **Verbrechens in Tateinheit mit einem Vergehen**, ist auch für das Vergehen kein Rechtsschutz zu gewähren.[56] Bei **verkehrsrechtlichen Vergehen** besteht die Besonderheit, dass der VR einen Erstattungsanspruch erlangt, wenn der VN wegen Vorsatzes rechtskräftig verurteilt wird, § 2 lit. i) aa) ARB 2010.
Eine Verteidigung i.S.v. § 2 lit. i) ARB 2010 beginnt erst dann, wenn der VN **Beschuldigter** wird. Vorher kann keine Verteidigergebühr anfallen.[57] 25

10. Ordnungswidrigkeiten-Rechtsschutz (§ 2 lit. j) ARB 2010/Ziff. 2.2.10 ARB 2012)

Der Rechtsschutz gilt für die Verteidigung wegen des Vorwurfs einer Ordnungswidrigkeit und gewährleistet 26
anders als beim Straf-Rechtsschutz auch für die vorsätzliche Begehung vollen Versicherungsschutz.[58] Unter lit. j) fallen insbes. Verkehrsordnungswidrigkeiten. Ausgeschlossen sind hingegen Verfahren wegen Halte- oder Parkverstößen (§ 3 III lit. e) ARB 2010).

11. Beratungs-Rechtsschutz (§ 2 lit. k) ARB 2010/Ziff. 2.2.11 ARB 2012)

Der Beratungs-Rechtsschutz ist im Unterschied zu den anderen Leistungsarten – wie sein Name bereits ausdrückt – auf Beratung beschränkt. Nur in dieser Leistungsart ist Rechtsschutz im Familien-, Lebenspartnerschafts- und Erbrecht versichert, im Übrigen ist er ausgeschlossen (Art. 3 II lit. g) ARB 2010).[59] 27

II. Formen des Versicherungsschutzes

Die »Formen des Versicherungsschutzes« der § 21 ff. ARB 2010/Ziff. 2.1.1 ARB 2012 beschreiben unterschiedliche Angebote der VR, in denen jeweils einzelne der soeben beschriebenen Leistungsarten als Bausteine in verschiedenen Kombinationen enthalten sind. Sie sichern den VN – und die weiteren jeweils benannten Personen – in bestimmten Eigenschaften und Lebensbereichen ab.[60] In einigen Paketen wird der Versicherungsschutz insbes. auf die Kinder des VN erstreckt.[61] 28
Im **Verkehrs-Rechtsschutz** (§ 21 ARB) ist der VN in seiner Eigenschaft als Fahrzeugeigentümer oder Halter 29
versichert. Der Schutz erstreckt sich nach § 21 Abs. 1 S. 2 ARB 2010/2.1.2 ARB 2012 auf alle berechtigten Insassen und Fahrer des Fahrzeugs. Der VN ist damit im Straßenverkehr weitestgehend abgesichert, insbes. auch als Fußgänger und Radfahrer (vgl. § 21 VII ARB 2010/Ziff. 2.1.2 ARB 2012).
Im **Fahrer-Rechtsschutz** (§ 22 ARB 2010) ist der VN nicht in seiner Eigenschaft als Fahrzeughalter, sondern 30
als Fahrer abgesichert. Unternehmen können diesen Versicherungsschutz nach § 22 II ARB 2010 für alle Kraftfahrer in Ausübung ihrer beruflichen Tätigkeit vereinbaren.
Eigentümer von Grundstücken, Gebäuden und Gebäudeteilen, zur Nutzungsüberlassung Verpflichtete und zur 31
Nutzung Berechtigte (§ 29 ARB 2010) sind nur in Bezug auf das im Versicherungsschein genannte Grundstück versichert.[62]
Große Bedeutung kann die Abgrenzung von **privatem und selbstständig beruflichem Bereich** erlangen. So 32
sind im Privatrechtsschutz für Selbstständige nur der private Bereich und im beruflichen Bereich nur die Aus-

---

54 Looschelders/Paffenholz/*Looschelders*, § 2 ARB 2010, Rn. 107; P/M/*Armbrüster*, § 2 ARB 2010 Rn. 46.
55 HK-VVG/*Münkel*, § 2 ARB 2010 Rn. 19; Looschelders/Paffenholz/Looschelders, § 2 ARB 2010 Rn. 107.
56 OLG Oldenburg NJW-RR 2005, 1548, 1549 = r+s 2006, 18; Looschelders/Paffenholz/*Looschelders*, § 2 ARB 2010 Rn. 122.
57 AG Viechtach VersR 2003, 589.
58 HK-VVG/*Münkel*, § 2 ARB 2010 Rn. 20; Looschelders/Paffenholz/*Looschelders*, § 2 ARB 2010 Rn. 134; VersHb/*Obarowski*, § 37 Rn. 118.
59 Zu den Begriffen VersHb/*Obarowski*, § 37 Rn. 121 ff.; zur Rechtsschutzversicherung im Familienrecht *Eitel* FF 2009, 64.
60 Looschelders/Paffenholz/*Looschelders*, Vorbem. zu §§ 21 ff. Rn. 1.
61 Wegen des eindeutigen Wortlautes sind Enkelkinder davon nicht erfasst: KG Berlin VersR 2009, 541.
62 Zum Rechtsschutz bei Wohnungswechsel vgl. LG Berlin VersR 2004, 192, 193.

übung einer nichtselbständigen Tätigkeit abgedeckt (§ 23 I ARB 2010). In § 28 III ARB 2010 ist das Vertrags- und Sachenrecht z.B. ebenfalls nur für den privaten Bereich enthalten.

33 Eine **selbständige Tätigkeit** muss bereits gegenwärtig ausgeübt werden. Streitigkeiten aus Verträgen, die eine beabsichtigte Tätigkeit vorbereiten, genügen regelmäßig nicht.[63] Es muss zudem ein innerer sachlicher Zusammenhang zu der Tätigkeit bestehen. Soweit das allgemeine Lebensrisiko oder die Daseinsvorsorge eines selbstständig Tätigen abgedeckt werden soll, etwa durch eine Berufsunfähigkeitsversicherung oder eine private Unfallversicherung, ist dies dem privaten Bereich zuzuordnen.[64] Ebenfalls dem privaten Bereich ist die Verwaltung von – auch erheblichem – privatem Vermögen zuzuordnen.[65] Das gilt unabhängig davon, ob zur Finanzierung eines Projektes Fremdmittel verwendet werden.[66] Eine Grenze könnte dort bestehen, wo neben der Verwaltung keine weitere Berufsausübung mehr möglich ist.[67] Eine selbstständige Tätigkeit liegt regelmäßig dann vor, wenn der VN Gesellschafter einer OHG oder beherrschender Gesellschafter einer GmbH ist, weil er in diesen Fällen an der Führung eines gewerblichen Betriebs beteiligt ist.[68]

III. Ausschlusstatbestände/Risikoausschlüsse

34 § 3 ARB 2010 sieht allgemeine Risikoausschlüsse vor. Ihr Vorliegen muss der VR darlegen und beweisen. Die Tatbestände sind anhand ihres wirtschaftlichen Zwecks und der Formulierung eng auszulegen.[69] Zudem ist ein sachlicher Zusammenhang zwischen der rechtlichen Interessenwahrnehmung und dem ausgeschlossenen Risiko erforderlich, der über die einfache naturgesetzliche Kausalität hinausgeht. Die Bestimmung der Reichweite des notwendigen Zusammenhangs bereitet im Einzelfall Probleme. Im Folgenden werden die in der Praxis bedeutsamen und umstrittenen Tatbestände behandelt.

35 In § 3 I lit. d) ARB 2010 ist die sog. **Bauklausel**[70] geregelt. Ihr Anwendungsbereich wurde stetig erweitert. Umfasste sie zunächst nur Streitigkeiten im Zusammenhang mit Baumängeln,[71] beinhaltet die aktuelle Fassung seit den ARB 94 als Reaktion auf diese Rspr. auch einen Ausschlusstatbestand für die Finanzierung, soweit sie durch Fremdkapital erfolgt.[72] Es genügt ein ursächlicher Zusammenhang mit der Finanzierung. Ein Bezug zu einem spezifischen Baurisiko ist nach dem Wortlaut nicht notwendig.[73]
Der notwendige ursächliche Zusammenhang zu dem ausgeschlossenen Risiko fehlt jedoch bei Streitigkeiten über die Leistungspflicht eines Brandversicherers, weil sie dem Versicherungsverhältnis und nicht dem Finanzierungsverhältnis zuzuordnen sind.[74] Das gleiche gilt für die Amtspflichtverletzung des beurkundenden Notars, wenn dieser nicht über die Insolvenzreife des Vertragspartners informiert.[75] Die Abgrenzung kann im Einzelfall schwierig sein. Das zeigen zwei Entscheidungen, in denen Gegenstand des Rechtsstreits jeweils Ansprüche aus kaufrechtlicher Gewährleistung waren: Im Fall des KG Berlin[76] bestand ein hinreichender Zusammenhang, weil Hintergrund der Gewährleistung Baumängel durch die ausführende Firma waren. Hingegen ist im Fall des AG Schleswig[77] der hinreichende Zusammenhang zu dem ausgeschlossenen Risiko verneint worden, weil Gegenstand der Gewährleistung eine fehlerhafte Zusicherung zur Ausbaufähigkeit des Dachgeschosses war.
Problematisch sind die Fälle des Anteilserwerbs an **geschlossenen Immobilienfonds**. Laut BGH ist deren Behandlung von der rechtlichen Struktur der Beteiligung im Einzelfall abhängig. Soll der Grundbesitz auf die Gesellschafter (und damit auch auf den VN) übertragen werden, ist der Ausschlusstatbestand jedenfalls einschlägig.[78]

36 Der Ausschlusstatbestand der Spekulationsgeschäfte in § 3 II lit. f) ARB 2010 ist erheblich ausgeweitet worden. Er umfasst nun ausdrücklich Formen der Vermögensanlage (Aktien, Fondsanteile usw.), die die Rspr.

---

63 OLG München NJW-RR 2007, 241; offen gelassen in OLG Celle VersR 2008, 636, 637.
64 OLG Hamm VersR 2008, 251; LG München VersR 2005, 1073, 1074; OLG Karlsruhe VersR 2004, 233; *van Bühren/ Schneider*, § 13 Rn. 225; *Pauls* VersR 2009, 464.
65 BGH VersR 1992, 1510, 1511; OLG Celle VersR 2005, 1139, 1140; OLG Frankfurt (Main) VersR 2001, 1421.
66 OLG Düsseldorf NVersZ 2001, 523 = r+s 2001, 466: Erwerb von Gesellschaftsanteilen an einer GbR, die nur ein Grundstück erwerben und anschließend gewinnbringend veräußern möchte.
67 BGHZ 119, 252, 253 = VersR 1992, 1510; OLG Celle NJOZ 2004, 3008, 3010 f. = ZfS 2005, 95.
68 BGH VersR 1978, 816, 817; vgl. auch OLG Köln VersR 2008, 209 für die Gründung einer Familienholding-GmbH zur vorweggenommenen Erbfolge. Der BGH hat die Revision nicht zugelassen, *Wendt* r+s 2008, 221, 230 f.
69 BGH VersR 2002, 1503, 1504.
70 *Hermanns/Ennemann* BauR 2010, 156.
71 BGH VersR 2003, 454, 455; r+s 2003, 412, 413.
72 OLG Celle VersR 2007, 789, 790 f.
73 BGH VersR 2004, 1596, 1597.
74 BGH VersR 2005, 1684, 1686; vgl. BGH VersR 2008, 1105: auch kein Ausschluss für Anwaltsregress wg. fehlerhafter Führung eines Bauprozesses.
75 AG Düsseldorf BauR 2010, 1114.
76 KG Berlin v. 26.10.2010, 7 U 31/10.
77 AG Schleswig SchlHA 2010, 148.
78 BGH VersR 2008, 113, 114; OLG Düsseldorf VersR 2007, 832; ausführlich zu diesem Problemkreis *Wendt* r+s 2008, 221, 228 ff.

bei der vorherigen Fassung der ARB (»Termin- oder vergleichbare Spekulationsgeschäfte«) teilweise ausgenommen hatte.[79]

Ausgeschlossen ist das **Recht der Handelsgesellschaften** (§ 3 II lit. c)). Von dem Ausschluss sind nur Streitigkeiten erfasst, die ihren Ausgangspunkt in typischen gesellschaftsrechtlichen Beziehungen haben. Das ist bei Erwerb und Veräußerung von Gesellschaftsanteilen dann nicht der Fall, wenn es um schuldrechtliche Fragen geht[80] und wenn wegen einer Pflichtverletzung im vorvertraglichen Bereich (Beratungspflichten) Ersatz des negativen Interesses nach bürgerlichem Recht oder die Rückabwicklung der Beteiligung wegen einer Haustürsituation verlangt wird.[81] Das gleiche gilt auch für die Prospekthaftung. Die Herausgabe des Prospekts geht der Entscheidung über die Beteiligung voraus.[82] Nicht zu den Handelsgesellschaften gehört die als reine Innengesellschaft ausgestaltete stille Gesellschaft.[83] 37

Nach § 3 V ARB 2010 ist der Rechtsschutz ausgeschlossen, soweit ein ursächlicher Zusammenhang mit einer vom VN **vorsätzlich begangenen Straftat**[84] besteht. Der ursächliche Zusammenhang wird von der Rspr. weit verstanden. Es genügt, wenn die Straftat dem Versicherungsfall vorangeht und die rechtliche Interessenwahrnehmung ausgelöst oder sachlich beeinflusst hat.[85] Der Kausalzusammenhang wird nicht dadurch unterbrochen, dass eine Kündigung, die wegen einer vorsätzlichen Beleidigung gegenüber einem Kollegen ausgesprochen wurde, im Ergebnis unberechtigt war oder durch Vergleich beseitigt wurde, weil der VN durch seine Beleidigung selbst die Gefahrenlage geschaffen hat.[86] 38

Macht der VN im eigenen Namen Ansprüche Dritter geltend, besteht nach § 3 IV lit. d) Fall 1 ARB 2010 kein Rechtsschutz. Obwohl vom Wortlaut dieser Klausel erfasst, fällt nach Sinn und Zweck die Einziehungsklage des Pfändungspfandgläubigers gegen den Drittschuldner nicht unter diesen Ausschluss.[87] Nach § 3 IV lit. d) Fall 2 2010 ARB besteht kein Rechtsschutz im Falle einer **Haftung des VN für Verbindlichkeiten anderer Personen**, z.B. wenn ein vom Gläubiger in Anspruch genommener Bürge aus der nach § 774 BGB übergegangenen Forderung Ausgleichsansprüche gegen den Hauptschuldner geltend macht. Eine Ausnahme gilt, wenn ein vertragliches Rechtsverhältnis (Auftrag o.ä.) besteht.[88] 39

Unter den Ausschlusstatbestand des **Erbrechts** (§ 3 II lit. g) ARB 2010) fällt die Gesamtheit aller privatrechtlichen Vorschriften, die nach Tod eines Menschen die Weitergabe seines Vermögens und das Verhältnis der Rechtsnachfolger regeln. Nicht erfasst sind Streitigkeiten über Geschäfte zu Lebzeiten,[89] auch nicht Erbschaftskauf bzw. Erbteilskauf, weil sie schuldrechtlicher Natur sind.[90] 40

IV. Versicherungsfall

Die Frage nach dem **Eintritt** des Versicherungsfalls ist in zweierlei Hinsicht von Bedeutung. Zum einen hängt davon ab, von welchem Zeitpunkt an der VR leistungspflichtig ist. Zum anderen besteht nur Versicherungsschutz, wenn der Versicherungsfall in den versicherten Zeitraum fällt (§ 4 I 2 ARB 2010). Zu beachten ist, dass der VN oftmals selbst darüber entscheiden kann, ob ein Versicherungsfall eintritt.[91] § 4 III lit. a) ARB 2010 schließt den Rechtsschutz aus, wenn eine vor Beginn des Versicherungsschutzes vorgenommene Willenserklärung oder Rechtshandlung des VN den behaupteten Rechtsverstoß ausgelöst hat.[92] Damit sind aber nur Willenserklärungen oder Rechtshandlungen gemeint, die ihrer Natur nach erfahrungsgemäß den Keim des nachfolgenden Rechtsverstoßes in sich tragen, nicht hingegen jedes neutrale Vertragsangebot.[93] 41

Wegen der unterschiedlichen Vertragsarten, bei denen die Leistungspflicht des VR zu verschiedenen Anlässen ausgelöst wird, existiert **keine einheitliche Definition des Versicherungsfalls**. § 4 ARB 2010 legt für be- 42

---

79 Zur alten Fassung vgl. OLG Schleswig-Holstein v. 14.09.2010, 16 U 12/10 und LG Düsseldorf v. 01.04.2010, 11 O 493/09: Express-Zertifikate nein; OLG München VersR 2009, 498: Zinsdifferenzgeschäft ja; OLG Karlsruhe NJW-RR 2004, 325, 326: Vermögensverwaltungsvertrag nein; OLG Köln VersR 2007, 352, 353: Aktien nein.
80 OLG Hamm VersR 2001, 712.
81 OLG Düsseldorf r+s 2010, 418.
82 BGH VersR 2006, 1119, 1120; vgl. die zuvor uneinheitliche Instanzrechtsprechung: LG München I NJW 2002, 1807, 1808; LG Hannover NVersZ 2002, 578, 579.
83 OLG Celle r+s 2004, 414, 416; vgl. dazu aber die Ausweitung von § 3 II lit. f).
84 Dazu muss das Gericht die Voraussetzungen des strafrechtlichen Tatbestandes prüfen; vgl. dazu OLG Hamm v. 21.07.2010, 20 U 203/09.
85 OLG Düsseldorf v. 15.06.2010, I – 4 U 165/09: Schadensersatzklage des wegen fingierter Unfälle Verurteilten gegen den im Strafverfahren beauftragten Sachverständigen; OLG München r+s 2009, 66: Klage des wegen Steuerhinterziehung Verurteilten gegen Steuerberater, der **nach** der Straftat die Steuerschuld ermitteln sollte.
86 AG Düsseldorf r+s 2010, 198.
87 BGH r+s 2009, 107, 109.
88 OLG Köln NVersZ 2002, 326.
89 OLG Karlsruhe r+s 2008, 71.
90 OLG Düsseldorf VersR 2000, 579.
91 VVG-Kommission Abschlussbericht 2004 (VersR-Schriftenreihe Heft 25), S. 85.
92 Vgl. *Wendt* r+s 2008, 221, 223 f.: Stellung eines Rentenantrags.
93 OLG Hamm VersR 2001, 712, 713.

stimmte Fälle fest, wann der Versicherungsfall eintritt und so den Anspruch des VN gegen den VR auf »Rechtsschutz« (= die vom VR geschuldete Leistung, s. die Legaldefinition in § 1 ARB 2010) entstehen lässt. Die Aufzählung ist jedoch nicht abschließend. In der Praxis haben sich verschiedene Versicherungsfalldefinitionen herausgebildet, die stetig weiterentwickelt werden.

1. Schadensersatz-Rechtsschutz

43   Im Schadensersatz-Rechtsschutz legt § 4 I lit. a) ARB 2010 fest, dass der Versicherungsfall mit dem ersten Ereignis eintritt, durch das der Schaden verursacht wurde oder verursacht worden sein soll (**Kausalereignistheorie**). Die ARB stellen also nicht auf den Eintritt der Schadensfolge ab, sondern auf deren Ursache.[94] Maßgeblich soll aber nicht jede fern liegende Mitursache sein, sondern nur diejenige, die der Haftpflichtige zurechenbar gesetzt und die den Eintritt eines Schadens nach der Lebenserfahrung wahrscheinlich gemacht hat.[95]

2. Beratungs-Rechtsschutz

44   Im Beratungs-Rechtsschutz tritt der Versicherungsfall gem. § 4 I lit. b) ARB 2010 ein, wenn ein Ereignis eine Änderung der Rechtslage für den VN oder eine versicherte Person zur Folge hat.

3. Sonstige Fälle

45   In allen sonstigen Fällen besteht der Anspruch auf Rechtsschutz gem. § 4 I lit. c) ARB 2010 ab dem Zeitpunkt, in dem der VN oder ein anderer einen Verstoß gegen Rechtspflichten oder Rechtsvorschriften begangen hat oder haben soll. Die Bestimmung des genauen Zeitpunktes kann im Einzelfall problematisch sein. Der BGH bejaht den Versicherungsfall unter drei Voraussetzungen:[96] (1) Das Vorbringen des VN enthält einen **objektiven Tatsachenkern**, mit dem er (2) den **Vorwurf eines Rechtsverstoßes** verbindet und auf den er (3) **seine Interessenverfolgung stützt**.
Welcher Rechtsverstoß geltend gemacht – und damit Grundlage der Beurteilung – wird, ist Tatsachenfrage. Sie bestimmt sich rein objektiv anhand des Parteivortrags, der den Verstoß darlegen soll, in dem Rechtsstreit, für den der VN Rechtsschutz begehrt.[97]
Für den Eintritt des Versicherungsfalls sind dagegen Schlüssigkeit, Substantiiertheit und Entscheidungserheblichkeit der Behauptungen nicht erforderlich. Mit diesem »weiten Verständnis« sei den Interessen der Vertragsparteien gedient, da dem VR stets der Einwand der mangelnden Erfolgsaussicht offen stehe.[98] Die nachfolgenden Beispiele sollen dies verdeutlichen.

46   Der BGH hat für den **Vertrags-Rechtsschutz** als allgemeine Linie vorgegeben, der Eintritt des Versicherungsfalls sei »jeder tatsächliche, objektiv feststellbare Vorgang, der den Keim eines solchen Rechtskonflikts in sich trägt«.[99] In dem Fall hatte ein Feuerversicherer durch den Makler ausrichten lassen, er werde keine weiteren Vertragsleistungen mehr erbringen. Der Verstoß liegt also bereits in der Ankündigung einer ernsthaften Leistungsverweigerung.[100] In der Folge hat sich die Instanzrechtsprechung unter Bezugnahme auf den zitierten Satz dem weiten Verständnis des BGH für den Vertragsrechtsschutz angeschlossen.[101]

47   Trotz des weiten Verständnisses muss jedoch beachtet werden, dass entscheidender Bezugspunkt ist, welchen **Verstoß der VN nach seinem Vortrag** dem Vertragspartner anlastet. Wird daher ein Vertrag mit einer angeblich unwirksamen Klausel abgeschlossen oder unterlässt der Vertragspartner die verbraucherschützende Widerrufsbelehrung, tritt der Versicherungsfall nicht notwendig bereits mit Abschluss des Vertrages ein.[102] Ebenso kann bei einem Streit des Wohnungseigentümers mit der Wohnungseigentümergemeinschaft wegen der Jahresabrechnung für ein bestimmtes Wirtschaftsjahr nicht darauf abgestellt werden, dass in den Jahren zuvor aufgrund wirksamer Beschlüsse ein Wechsel des Abrechnungsunternehmens stattgefunden hat oder ein

---

94 Vgl. z.B. LG Gera r+s 2006, 109.
95 BGH VersR 2002, 1503, 1504; OLG Hamm VersR 2005, 71; OLG Celle VersR 2002, 91, 92.
96 BGH NJW 2009, 365, 367 f.; zustimmend: *Looschelders* JR 2009, 462; *Cornelius-Winkler/Ennemann* FA 2009, 2; *Fischer* FA 2009, 3.
97 OLG München r+s 2010, 240; OLG Saarbrücken ZfS 2010, 280: Mobbing durch Vorgesetzten bei Klage gegen Arbeitgeber; *Wendt* MDR 2008, 717.
98 Vgl. dazu § 128 Rdn. 3; Beispiele: OLG München v. 23.10.2009, 25 U 2800/09; KG VersR 2010, 1445.
99 BGH VersR 2005, 1684, 1685; dazu erläuternd *Wendt* r+s 2008, 221, 222 f.
100 Vgl. LG Münster VersR 2010, 106 für die Ankündigung des Insolvenzverwalters, er werde eine zur Insolvenztabelle angemeldete Forderung nicht aufnehmen.
101 OLG München v. 23.10.2009, 25 U 2800/09: Ankündigung einer Bank, die gesamte Kreditbeziehung auf eine andere Bank zu übertragen; KG Berlin VersR 2010, 1445: Weitere Verfolgung eines Anspruchs nach Erhebung der Verjährungseinrede sowie Darlehen, bei dem der VN die Raten nicht bedient; LG Mannheim ZMR 2009, 801: Anfechtung von Beschlüssen einer WEG-Versammlung wegen inhaltlicher Mängel, deren Gegenstand bereits zurückliegt.
102 BGH VersR 2008, 113; anders vorher z.T. die obergerichtliche Rspr., vgl. OLG Saarbrücken VersR 2000, 1536; s. auch *Wendt* r+s 2008, 221, 226 f.

neues Verbrauchserfassungssystem installiert wurde. Beide Maßnahmen begründen keinen Rechtsverstoß,[103] es sei denn, dass nach dem Vortrag des VN aufgrund der generellen Abrechnungsweise auch frühere Abrechnungen fehlerhaft sein sollen.[104]

Droht der **Entzug der Fahrerlaubnis** wegen Erreichens der 18-Punkte-Grenze, sieht der BGH den Eintritt des Versicherungsfalls in der ersten Ordnungswidrigkeit, die einen Punkteintrag zur Folge hatte.[105] **48**

Im Bereich des **Arbeitsrechtsschutzes** hat der BGH mit der o.g. Entscheidung anhand der aufgestellten Kriterien eine lange bestehende Kontroverse für die Praxis zugunsten des VN entschieden. Demnach löst bereits die Androhung einer Kündigung in Verbindung mit dem Angebot auf Abschluss eines Aufhebungsvertrags den Versicherungsfall aus, wenn der VN hierauf den Vorwurf gründet, der Arbeitgeber habe dadurch eine Vertragsverletzung begangen.[106] Damit hat sich der BGH im Ergebnis der bereits zuvor h.M.[107] angeschlossen, die ihre Begründung jedoch eher auf die faktische Wirkung von Kündigungsandrohungen gestützt hat.[108] Die Gegenauffassung, nach der die bloße Androhung einer Kündigung noch keine Änderung der Rechtsposition bewirke und erst die Kündigung selbst den Rechtsschutzfall auslöse (Rechtssicherheit und -klarheit),[109] kann für die Praxis nicht mehr herangezogen werden. Das gleiche gilt für die z.T. vertretenen[110] Differenzierungen hinsichtlich der Kündigungsart. Auch eine Abmahnung durch den Arbeitgeber kann einen Rechtsschutzfall auslösen, wenn der der Abmahnung zugrunde liegende Vorgang den Konflikt in Form von Kündigung und Kündigungsschutzklage jedenfalls mit ausgelöst hat, d.h. der Arbeitgeber die Kündigung zumindest auch auf diesen Vorgang stützt.[111] Das bloße Angebot eines Aufhebungsvertrages genügt hingegen für die Annahme eines Rechtsverstoßes nicht, weil es dem Arbeitnehmer frei steht, das Angebot anzunehmen oder nicht.[112] Das gleiche gilt für Umstrukturierungsmaßnahmen des Arbeitgebers, wenn sie eine unternehmerische Entscheidung betreffen und nicht mit dem Vorwurf eines Rechtsverstoßes verbunden werden können.[113] **49**

Im Bereich des Verwaltungsrechtsschutzes neigt die Rspr. dazu, eine hinreichend konkrete Beziehung des VN zur handelnden Behörde zu verlangen. Für Kapazitätsklagen bei der Vergabe von Studienplätzen etwa berührt die Veröffentlichung der Studienplatzzahlen bei den einzelnen Bewerbern noch nicht, die notwendige Beziehung wird erst durch einen entsprechenden Zulassungsantrag bzw. dessen Ablehnung hergestellt.[114] Auch das – strafbare – Verhalten eines Fahrschulinhabers, löst für dessen Kunden nach bestandener Prüfung keinen Rechtsschutzfall aus, sondern erst eine behördliche Maßnahme, nach der der Kunde seine Befähigung zur Teilnahme am Straßenverkehr nachweisen soll.[115] **50**

V. Umfang des Versicherungsschutzes

1. Allgemeine Regel

Der VR zahlt in der Regel die **Gebühren des Anwalts** des VN nach RVG (§ 5 I lit. a) ARB 2010). Entgegen der herrschenden Auffassung in der Literatur[116], hat der BGH unter Verweis auf §§ 78 IV, 91 II 3 ZPO sowie die Bezugnahme in den ARB für das gesetzliche Gebührenrecht entschieden, dass das in Zivilverfahren[117] auch für die **Selbstvertretung eines Rechtsanwalts** gilt.[118] Freiwillige Zahlungen etwa aus einer Vergütungsvereinbarung werden nicht ersetzt. Weiter trägt er die **Gerichtskosten** inklusive der mit einer Beweisaufnahme verbundenen Kosten (§ 5 I lit. c) ARB 2010) sowie die **Kosten des Gegners**, soweit der VN sie tragen muss (§ 5 I lit. h) ARB 2010). **51**

Der VR muss für eine Klage des VN einstehen, nicht jedoch per se auch für seine Verteidigung gegen eine **Widerklage**, soweit für diese kein Versicherungsschutz besteht. Der VR erstattet die Quote der Prozesskosten, **52**

---

103 FN OLG München v. 10.04.2011, 25 U 4100/10.
104 LG Hagen r+s 2010, 467.
105 BGH VersR 2006, 1355.
106 BGH NJW 2009, 365; vgl. auch BGH VersR 2010, 1211 für die Einleitung des Zustimmungsverfahrens nach §§ 85 ff. SGB IX.
107 OLG Saarbrücken VersR 2007, 57, 58 f.; LG Hamburg r+s 2008, 15; so wohl auch *Obarowski* VersR 2006, 1178, 1181 f.; zur verhaltensbedingten Kündigung vgl. LG Berlin VersR 2003, 101.
108 *Fuchs*, jurisPR-VersR 3/2008 Anm. 5.
109 Nachweise der instanzgerichtlichen Rspr. in BGH NJW 2009, 365; im Ergebnis ebenso: *Pabst/Rau* VersR 2006, 1615, 1616.
110 AG Düsseldorf BeckRS. 2007, 65, 169.
111 LG Karlsruhe VersR 2010, 757; etwas anderes soll nach der Entscheidung nur gelten, wenn frühere Abmahnungen lediglich für die Kündigung unbeachtliches Beiwerk sind.
112 OLG Frankfurt (Main) NJW-RR 2010, 175 mit zustimmender Anmerkung *Wagner* FA 2009, 166.
113 AG Wiesbaden v. 17.09.2009, 93 C 10223/08.
114 OLG Düsseldorf VersR 2010, 663; OLG Frankfurt (Main) VersR 2010, 381.
115 AG Wedding r+s 2010, 152.
116 *Bauer* NJW 2009, 1564; *Mathy* r+s 2009, 265; *Hansens* ZfS 2008, 652; Harbauer/*Bauer*, Rechtsschutzversicherung, 8. Aufl. 2010, § 5 ARB 2000 Rn. 49.
117 Für Strafverfahren besteht Einigkeit, dass Gebühren für Eigenvertretung nicht gezahlt werden, vgl. *Mathy* r+s 2009, 265.
118 BGH v. 10.11.2010, IV ZR 188/08.

die dem Anteil am Gesamtstreitwert entspricht, für den der VR eintrittspflichtig ist.[119] Die Kosten für einen **Verkehrsanwalt** trägt der VR bei den Leistungsarten des § 2 lit. a) bis g) ARB 2010, wenn der VN mehr als 100 km vom zuständigen Gericht entfernt wohnt (§ 5 I lit. a) ARB 2010). Das gilt unabhängig von der Instanz.[120] Ein **Anwaltswechsel** ist zu Lasten des VR nur in Ausnahmefällen möglich.[121] Teilweise ist eine **Selbstbeteiligung** vereinbart, was Auswirkungen auf die Prämien hat.[122] Die **Höchstgrenze der Leistungspflicht** des VR ist nach § 5 IV ARB 2010 die vereinbarte Versicherungssumme für einen Rechtsschutzfall. Mehrere Streitigkeiten werden hierfür zusammengerechnet, wenn sie zeitlich und ursächlich zusammenhängen.[123] Den VR trifft eine Hinweispflicht, wenn eine Überschreitung der Haftungsgrenze droht, im Grundsatz aber nicht den Rechtsanwalt des VN.[124]

2. Vergleiche

53 Nach § 5 III lit. b) ARB 2010 trägt der VR nicht die Kosten[125] einer **einverständlichen Erledigung**, auch außergerichtlich,[126] soweit sie nicht dem Verhältnis des vom VN angestrebten Ergebnisses zum erzielten Ergebnis entsprechen. Das gilt auch, wenn der Vergleich keine ausdrückliche Regelung über die Kosten enthält.[127] In der Regel ist davon auszugehen, dass mit Vergleichsschluss auch Kostenerstattungsansprüche abgegolten sind.[128] Lässt sich das Verhältnis nicht ohne Weiteres bestimmen, muss der VR im Zweifel eine vereinbarte Kostenaufhebung gem. § 98 ZPO akzeptieren.[129] Über den Ausschluss des § 5 III lit. b) ARB 2010 muss der Rechtsanwalt den VN aufklären.[130] Vereinzelt geäußerte Bedenken gegen die Wirksamkeit der Klausel wegen Verstoßes gegen das Transparenzgebot[131] oder das Verbot unbilliger Benachteiligung sind nicht überzeugend. Die Klausel entspricht dem Rechtsgedanken der §§ 91 ff. ZPO und drückt präzise aus, dass der VR nur für Kosten einstehen möchte, für die ein anderweitiger Ersatzanspruch nicht besteht.[132]

54 Vergleichen sich die Parteien und beziehen in ihren Vergleich auch Punkte ein, die nicht Gegenstand des Prozesses waren, trägt der VR die durch den höheren Vergleichswert verursachten Mehrkosten nach der neuen Regelung in § 5 III lit. h) ARB 2010 nicht.[133] Eine volle Einstandspflicht besteht, wenn die Parteien den Rechtsstreit im Rahmen eines Vergleiches für erledigt erklären und das Gericht gem. § 91a ZPO über die Kosten entscheidet.[134] Die Kostenerstattung hängt dann nicht davon ab, dass die Kosten dem rechnerischen Verhältnis des angestrebten Ergebnisses zum erzielten Ergebnis entsprechen. Denn der **Zweck des § 5 III lit. b) ARB 2010**, Vereinbarungen der Parteien zu Lasten des VR zu verhindern, greift hier nicht.

3. Zwangsvollstreckungsmaßnahmen

55 Nach § 5 III lit. d) ARB 2010 trägt der VR im Rahmen der Zwangsvollstreckung keine Kosten ab der vierten Vollstreckungsmaßnahme. Darunter fallen alle Maßnahmen vom Vollstreckungsantrag über vollstreckungsinterne (§§ 766, 793 ZPO) bis zu vollstreckungsexternen (§§ 767, 771[135] ZPO) Rechtsbehelfen, nicht jedoch die Einziehungsklage gegen den Drittschuldner.[136] Ausgeschlossen sind Vollstreckungsmaßnahmen, die fünf Jahre nach Rechtskraft des Titels eingeleitet werden (§ 5 III lit. e) ARB 2010). Das gilt nicht für Titel, die nicht formell rechtskräftig werden.[137]

---

119 BGH VersR 2005, 936, 937; zuvor bereits OLG München VersR 2003, 765, 766; zustimmend: *Obarowski* VersR 2006, 1178, 1183; vgl. auch OLG Köln NVersZ 2002, 30, 32 = r+s 2001, 330; OLG Hamm VersR 1993, 94, 95.
120 BGH VersR 2007, 488, 489.
121 AG Düsseldorf VersR 2001, 1375.
122 Vgl. zu dieser Strategie der Versicherer *Obarowski* VersR 2006, 1178, 1180.
123 Vgl. OLG Köln NVersZ 2002, 30, 32 = r+s 2001, 330.
124 OLG Hamm NJW-RR 2001, 1073, 1074 f.
125 Gemeint ist nicht nur die Einigungsgebühr, sondern nach Sinn und Zweck alle Kosten und Gebühren, vgl. AG Köln r+s 2010, 241; *Heither/Heither* NJW 2008, 2743.
126 BGH VersR 2006, 404, 405 f.
127 BGH VersR 2006, 404, 405 f.
128 AG Wiesbaden v. 16.12.2010, 93 C 4000/10; a.A. wohl LG München I VersR 2009, 254.
129 BGH NJW 2011, 2054; LG Köln VersR 2010, 806.
130 LG Hagen ZfS 2004, 280.
131 LG Hagen NJW-RR 2008, 478.
132 Überzeugende Begründung in AG Wiesbaden v. 16.12.2010, 93 C 4000/10; ebenso LG Kiel VersR 2009, 1399; LG Hamburg VersR 2009, 1529.
133 Vgl. zur alten Regelung in § III lit. b) ARB 94; BGH VersR 2005, 1725.
134 OLG Hamm VersR 2005, 1142; vgl. LG München I r+s 2008, 512 f.
135 *Bauer* NJW 2008, 1496, 1499; vgl. zu den ARB 75, in denen es »Vollstreckungsantrag« hieß OLG Karlsruhe VersR 2007, 1078, 1079.
136 BGH VersR 2009, 216 = r+s 2009, 107, 108 f.
137 BGH VersR 2007, 535.

4. Obliegenheitsverletzungen

Auch Obliegenheitsverletzungen des VN[138] können zu einer Kürzung der Einstandspflicht des VR führen. **56**
§ 17 VI ARB 2010 übernimmt die Regelung des § 28 II bis IV. Die maßgebliche Klausel in § 17 ARB 2010 ist in den aktuellen Musterbedingungen im Vergleich zu den älteren Versionen umgestaltet und deutlich erweitert worden. Hintergrund dürften v.a. ein Hinweis des BGH vom 22.05.2009 in dem Verfahren IV ZR 352/07[139] sowie eine Entscheidung des OLG Frankfurt (Main)[140] gewesen sein. Der BGH hat Bedenken gegen die Wirksamkeit des bedeutsamen § 17 V lit. c) cc) ARB 2008 (Obliegenheit des VN, die **Kosten nicht unnötig zu erhöhen**) vor dem Hintergrund des Transparenzgebotes geäußert.[141] Nunmehr enthält § 17 I lit. c) bb) ARB 2010 eine – ausdrücklich nicht abschließende – Aufzählung von Beispielen, die z.T. die bereits bestehende Rspr. wiedergeben (Bündelung von Ansprüchen und Klageerweiterung statt mehrerer Einzelprozesse[142]), die teilweise aber auch für die VR nachteilige Tendenzen in der Rspr. umkehren oder strittige Fragen ausdrücklich klären sollen.

Umstritten ist etwa die Frage, ob in bestimmten Gebieten – insbes. im Arbeitsrechtsschutz – die durch einen **57**
außergerichtlichen Einigungsversuch verursachten Mehrkosten ersetzt werden müssen. Praktisch bedeutsam ist dies v.a. im Bereich des Kündigungsschutzes wegen der kurzen Klagefrist von lediglich drei Wochen.[143] Einige Gerichte haben dazu entschieden, dass aufgrund der kurzen Frist von vornherein ein unbedingter Klageauftrag erteilt werden muss, weil eine Klage in der Regel unumgänglich ist und auch im Rahmen des Klageauftrags Vergleichsverhandlungen geführt werden können.[144] Andere haben dagegen die Auffassung vertreten, dass ein separater Auftrag zur außergerichtlichen Interessenwahrnehmung keine Obliegenheitsverletzung darstellt, wenn diese nach den Umständen des Einzelfalls nicht aussichtslos erscheint.[145] Die aktuelle Fassung in § 17 I lit. c) bb) ARB 2010 (»Angelegenheiten, in denen nur eine kurze Frist zur Erhebung von Klagen (…) zur Verfügung steht«) soll hier eine Klärung zugunsten der erstgenannten Ansicht herbeiführen. In den übrigen Fällen ist eine Versagung des Versicherungsschutzes für außergerichtliche Einigungsversuche dort, wo die ARB den Schutz nicht ausdrücklich auf Gerichtsverfahren beschränken, nicht zulässig. Sie lässt sich den ARB aus der Sicht des durchschnittlichen VN nicht entnehmen.[146] Das gilt im Umkehrschluss erst Recht nach der Neuregelung in § 17 I lit. c) bb) ARB 2010. Sie wäre auch nicht sinnvoll, weil nicht in jedem Fall eine sofortige Klage im Interesse der Parteien und schließlich auch des VR liegen kann.

Der Beispielkatalog in § 17 I lit. c) bb) ARB 2010 enthält nunmehr ausdrücklich eine Obliegenheit zur **Teil- 58 klage** (»angemessenen Teil der Ansprüche«). Bislang hat die Rspr. unter Geltung der alten Klausel eine solche Obliegenheit abgelehnt.[147] Für die Frage, inwieweit dem VN unter dem Gesichtspunkt eine Teilklage zumutbar ist, muss insbes. auf die Folge abgestellt werden, dass der VN über den nicht eingeklagten Teil keine rechtskräftige Entscheidung erhält.[148] Problematisch ist in diesem Zusammenhang die Geltendmachung des Weiterbeschäftigungsanspruchs verbunden mit einer Kündigungsschutzklage.[149]

Erweitert wurden auch die Abstimmungsobliegenheiten in § 17 I lit. c) aa) ARB 2010.[150] Musste der VN nach **59** der alten Fassung eine Zustimmung des VR nur vor der Erhebung von Klagen und vor der Einlegung von Rechtsmitteln einholen, gilt dies nunmehr auch vor der **Abwehr von Klagen**. Zusätzlich muss er kostenauslösende Maßnahmen mit dem VR abstimmen. Die Obliegenheit, den VR **vollständig und wahrheitsgemäß zu informieren**, ist nach dem Wortlaut der aktuellen Fassung in § 17 I lit. b) ARB 2010 nicht mehr davon abhängig, dass der VN den Rechtsschutzanspruch geltend macht. Möglicherweise soll damit der Zeitpunkt der Unterrichtungspflicht weiter nach vorne verlagert werden.[151]

---

138 Allgemein: *Bauer* NJW 2011, 646.
139 Vgl. LG München I JurBüro 2010, 490.
140 VersR 2010, 1310 = r+s 2010, 328.
141 Vgl. *Cornelius-Winkler* r+s 2010, 89.
142 OLG Celle VersR 2007, 1122, 1124.
143 Vgl. *Hansens* RVGreport 2009, 321; *Cornelius-Winkler* r+s 2010, 89; *Mack* JurBüro 2010, 456.
144 AG Köln JurBüro 2010, 211; LG München I JurBüro 2010, 490; AG Düsseldorf AGS 2005, 578; zustimmend *Obarowski* VersR 2006, 1178.
145 AG Erding v. 06.05.2009, 1 C 1263/08; LG Stuttgart v. 24.02.2010, 5 S 220/09; AG Essen-Borbeck AGS 2009, 358; so wohl auch *van Bühren* NJW 2007, 3606, 3607.
146 LG Stuttgart VersR 2008, 1205; *Pabst/Rau* VersR 2006, 1615, 1616; HK-VVG/*Münkel*, § 17 ARB 2010 Rn. 13.
147 OLG Karlsruhe VersR 2003, 58; OLG Koblenz VersR 2010, 902.
148 Vgl. OLG Koblenz VersR 2010, 902: Anspruch aus Berufsunfähigkeitsversicherung auf Rückstände und für die Zukunft.
149 VersHb/*Obarowski*, § 37 Rn. 513 ff.
150 Vgl. dazu die Entscheidung OLG Frankfurt (Main) VersR 2010, 1310 = r+s 2010, 328, die sich speziell mit den Gegenständen der nun erfolgten Erweiterung befasst (Widerspruch gegen Mahnbescheid).
151 Vgl. OLG Frankfurt (Main) VersR 2010, 1310 = r+s 2010, 328 m.w.N. zum Streitstand nach der alten Fassung.

§ 126 Schadensabwicklungsunternehmen

VI. Verjährung und Verjährungsbeginn

60 Ansprüche aus dem Versicherungsvertrag verjähren nach § 14 I ARB 2010 in drei Jahren. Die Fristberechnung richtet sich nach den allgemeinen Vorschriften des **BGB**. Die Verjährung wird gem. § 14 II ARB 2010 durch die Anmeldung des Anspruchs beim VR gehemmt, bis die Entscheidung des VR dem VN in Textform zugeht. Die **Verjährung beginnt** nach § 199 BGB mit dem Schluss des Jahres, in dem der Anspruch des VN gegen den VR entstanden ist und der VN von den anspruchsbegründenden Umständen und der Person des Schuldners Kenntnis erlangt oder ohne grobe Fahrlässigkeit erlangen müsste. Da es in der Rechtsschutzversicherung keinen generellen, einheitlichen Anspruch auf Versicherungsschutz gibt, ist für die verschiedenen Ausprägungen des Anspruchs jeweils im Einzelnen zu prüfen, wann sie entstehen. Der **Anspruch auf Kostenübernahme** entsteht gem. § 5 II lit. a) ARB 2010 frühestens, wenn Maßnahmen zur Wahrnehmung der rechtlichen Interessen eingeleitet werden, die den VN zur Zahlung von Kosten verpflichten. Eine vorherige Deckungsablehnung durch den VR führt nicht zu einem früheren Verjährungsbeginn, weil es keinen einheitlichen Anspruch auf Rechtsschutz gibt.[152] **Ansprüche auf Fürsorge** (z.B. §§ 5 V, 17 I 2 ARB 2010) entstehen zu anderen Zeitpunkten.

C. Deckungsklage

61 Verweigert der VR seine Deckungszusage, kann der VN eine Deckungsklage beim Gericht seines Wohnsitzes (§ 20 I ARB 2010) erheben. Zu beschreiten ist stets der ordentliche Rechtsweg, unabhängig vom Gegenstand des Rechtsstreits, der dem Versicherungsfall zugrunde liegt.[153] Solange der VN wegen der Kosten noch nicht selbst in Anspruch genommen worden ist, kann er Feststellungsklage mit dem Antrag erheben, festzustellen, dass der VR ihn von den Kosten freistellen muss.[154] Der Streitwert richtet sich gem. § 3 ZPO nach den voraussichtlichen Kosten abzgl. 20 % Feststellungsabschlag und einer eventuellen Selbstbeteiligung.[155]

D. Schadensersatz

62 Versagt der VR zu Unrecht Rechtsschutz, haftet er dem VN auf Schadensersatz aus Vertragsverletzung.[156] Der VN kann das Erfüllungsinteresse ersetzt verlangen, das darin besteht, dass er wegen der fehlenden Deckungszusage einen Rechtsstreit nicht führen konnte. Dementsprechend entfällt der Anspruch mangels Schaden, wenn der Hauptanspruch nicht zu realisieren gewesen wäre, z.B. wegen Zahlungsunfähigkeit des Schuldners.

E. Exkurs: Schadensrecht

63 Aktuell wird die gerichtliche Praxis mit der Frage beschäftigt, ob im Rahmen eines Schadensersatzprozesses der Geschädigte nach § 249 BGB die Kosten für die Einholung der Deckungszusage als Rechtsverfolgungskosten ersetzt verlangen kann.[157] Die gerichtliche Praxis ist uneinheitlich. Während einige Gerichte dies z.T. ohne Begründung und mit unterschiedlicher Gebührenhöhe annehmen,[158] vertreten andere die Auffassung, dass wegen des einfachen Anschreibens entweder keine eigenständige Geschäftsgebühr entsteht[159] oder jedenfalls die Gebühr nicht vom Schutzbereich der Schadensersatznorm umfasst sei.[160] Erste obergerichtliche Entscheidungen deuten darauf hin, dass die Kosten im Regelfall nicht ersetzt werden, weil für die bloße Einholung der Deckungszusage – einfaches Anschreiben an die Rechtsschutzversicherung – anwaltliche Hilfe nicht erforderlich ist.[161]

§ 126 Schadensabwicklungsunternehmen. (1) ¹Werden Gefahren aus dem Bereich der Rechtsschutzversicherung neben anderen Gefahren versichert, müssen im Versicherungsschein der Umfang der Deckung in der Rechtsschutzversicherung und die hierfür zu entrichtende Prämie gesondert ausgewiesen werden. ²Beauftragt der Versicherer mit der Leistungsbearbeitung ein selbständiges Schadensabwicklungsunternehmen, ist dieses im Versicherungsschein zu bezeichnen.
(2) ¹Ansprüche auf die Versicherungsleistung aus einem Vertrag über eine Rechtsschutzversicherung können, wenn ein selbständiges Schadensabwicklungsunternehmen mit der Leistungsbearbeitung beauf-

---

152 BGH VersR 1999, 706, 707; VersR 2006, 404; OLG Köln VersR 2006, 1212.
153 LAG Hamm v. 14.10.2009, 2 Ta 475/09; Hess. LAG v. 04.11.1997, 16 Ta 196/97.
154 Vgl. BGH VersR 1983, 125; ein Muster findet sich bei *van Bühren/Schneider*, § 13 Rn. 525.
155 BGH VersR 2006, 716, 717.
156 BGH NJW-RR 2000, 690 = NVersZ 2000, 244; VersR 2006, 830, 831.
157 Aus der Literatur zu diesem Thema: *Möhlenkamp* VersR 2011, 190; *Tomson* VersR 2010, 1428; *Lensing* AnwBl 2010, 688; *Meinel* ZfS 2010, 312; *Hansens* RVGreport 2010, 241.
158 Vgl. exemplarisch LG Duisburg ZfS 2010, 520; AG Hersbruck ZfS 2010, 522 (0,5-Gebühr); LG Nürnberg-Fürth ZfS 2010, 521 (wenn Verzug vorliegt); LG Amberg NJW 2009, 2610.
159 AG Schwäbisch Hall VersR 2010, 1332; LG Münster v. 04.05.2010, 3 S 12/10; LG Schweinfurt NJW-RR 2009, 1254.
160 LG Nürnberg-Fürth v. 09.09.2010, 8 O 1617/10; LG Erfurt r+s 2010, 261 = ZfS 2010, 345 mit Anm. *Hansens*; AG Gießen Schaden-Praxis 2010, 339; AG Berlin-Mitte Schaden-Praxis 2010, 234.
161 BGH v. 09.03.2011, VIII ZR 132/10; OLG Celle v. 12.01.2011, 14 U 78/10.

tragt ist, nur gegen dieses geltend gemacht werden. ²Der Titel wirkt für und gegen den Rechtsschutzversicherer. ³§ 727 der Zivilprozessordnung ist entsprechend anzuwenden.

Übersicht

	Rdn.		Rdn.
A. Allgemeines	1	I. Vorgaben des VAG	3
B. Allgemeine Anforderungen an den Versicherungsschein (§ 126 I 1)	2	II. Prozessstandschaft	4
		III. Stellvertretung	8
C. Schadensabwicklungsunternehmen (§ 126 I 2, II)	3	IV. Leistungsbeziehungen	9

A. Allgemeines

Die Vorschriften der §§ 126–129 gehen auf die Umsetzung der Richtlinie des Rates vom 22.06.1987 zur Koordinierung der Rechts- und Verwaltungsvorschriften für die Rechtsschutzversicherung (87/344/EWG) zurück. § 126 VVG entspricht dabei inhaltlich § 158l VVG a.F. und steht in engem Zusammenhang mit § 8a VAG. Aufgrund der in diesem Zusammenhang erfolgten Aufhebung des Spartentrennungsgebots, nach dem ein Rechtsschutzversicherer keine anderen Versicherungszweige betreiben durfte, trat am 01.07.1990 § 8a VAG als spezifische Regelung an die Stelle des Spartengebotes. (Buschbell/Hering, § 2 Rn. 14)
Ein VR der mehreren VN durch unterschiedliche Produkte verbunden ist, hat nach § 8a VAG die Leistungsbearbeitung auf ein anderes, selbstständiges Unternehmen, dem sog. Schadensabwicklungsunternehmen zu übertragen.
Zielsetzung dieser Regelung ist die Beherrschung von Interessenkollisionen, die bei dem gleichzeitigen Betrieb einer Rechtsschutzversicherung mit anderen Versicherungssparten auftreten können. Dies kommt insbesondere dann in Betracht, wenn beispielsweise der Rechtsschutzversicherer des Geschädigten zugleich Haftpflichtversicherer des Gegners ist. (Looschelders/Paff/Paff. § 126 Rn. 2)
In Ergänzung zu § 8a VAG stellt Abs. I inhaltliche Anforderungen an den Versicherungsschein, um eine hinreichende Transparenz von Deckungsumfang und Prämienzuordnung für den VN zu gewährleisten. Abs. II trifft Folgeregelungen, die sich aus der gesetzlichen Prozessstandschaft des vom Rechtsschutzversicherer eingeschalteten Schadensabwicklungsunternehmens ergeben.¹
Betreibt ein VR neben der Rechtsschutzversicherung andere Versicherungszweige, kann es zu **Interessenkollisionen** kommen, z.B. dann, wenn der VR einen VN als Rechtsschutzversicherer und gleichzeitig einen anderen VN als Haftpflichtversicherer für den Fall versichert hat, dass der erstgenannte VN den zweitgenannten in Anspruch nimmt. Früher galt ein Spartentrennungsgebot, demzufolge ein Rechtsschutzversicherer keine anderen Versicherungszweige anbieten durfte. Nunmehr verlangt § 8a VAG nur noch eine Ausgliederung der Leistungsbearbeitung. Sie muss einem anderen Unternehmen, dem Schadensabwicklungsunternehmen, übertragen werden. § 126 I sorgt ergänzend für Transparenz von Deckungsumfang und Prämienzuordnung, § 126 II trifft Folgeregelungen, die sich aus der rechtlichen Selbstständigkeit des Schadensabwicklungsunternehmens ergeben.

B. Allgemeine Anforderungen an den Versicherungsschein (§ 126 I 1)

§ 126 I 1 verlangt die gesonderte Ausweisung der Prämie und des Umfang der Rechtsschutzversicherung im Versicherungsschein, wenn der VN beim VR mehrere Versicherungen abschließt. Der VN soll aus dem Versicherungsschein eindeutig erkennen können, welche Rechtsschutzgarantien er aus der Rechtsschutzversicherung genießt. Dadurch bietet sie dem VN ein hohes Maß an **Transparenz**.² Verdeckte Prämienerhöhungen werden aufgrund der gesonderten Ausweisung ebenfalls verhindert. Die Rechtsschutzversicherung ist dogmatisch also stets ein eigenständiger Vertrag.³ Das ist bedeutsam, weil auch andere Versicherungen in gewissem Umfang Rechtsschutz bieten.⁴ Verstößt der VR gegen diese Dokumentationspflicht, hat der VN einen Anspruch auf Ausfertigung eines Versicherungsscheines, der den Anforderungen des Abs. I S. 1 genügt. Daneben kommt auch die Geltendmachung eines Schadensersatzanspruches in Betracht.⁵

---

1 HK-VVG/*Münkel*, § 126 Rn. 1.
2 L/W/*Richter*, § 126 Rn. 4; Looschelders/Paffenholz/*Paffenholz*, § 126 Rn. 4.
3 PK/*Hillmer-Möbius/Michaelis*, § 126 Rn. 5; P/M/*Armbrüster*, § 126 Rn. 1.
4 P/M/*Armbrüster*, § 126 Rn. 1.
5 Harbauer/*Bauer*, § 126 Rn. 5; Looschelders/Paffenholz/*Paffenholz*, § 126 Rn. 5.

C. Schadensabwicklungsunternehmen (§ 126 I 2, II)
I. Vorgaben des VAG

3 Der inländische Kompositversicherer wird durch § 8a I VAG verpflichtet, die Leistungsbearbeitung einem rechtlich selbstständigen[6] Schadensabwicklungsunternehmen zu übertragen.[7] Im Rahmen der Funktionsausgliederung i.S.d. § 8a I 2 VAG darf das Schadensabwicklungsunternehmen gemäß § 8a II keine anderen Versicherungsgeschäfte betreiben und in anderen Versicherungssparten keine Leistungsbearbeitung durchführen. Ein Verstoß hat zur Folge, dass die Aufsichtsbehörde nach § 81 VAG einschreitet. Zudem begeht der Geschäftsleiter eines Schadenabwicklungsunternehmens eine Ordnungswidrigkeit, wenn er zugleich für ein nicht nur die Rechtsschutzversicherung betreibendes VU tätig ist, vgl. § 144b I Nr. 1 VAG.

II. Prozessstandschaft

4 Das Schadensabwicklungsunternehmen übernimmt die Abwicklung des Schadensfalls. Die Übertragung dieser Aufgabe auf das Schadensabwicklungsunternehmen bedarf keiner Einigung mit dem VN, sondern ist Folge der gesetzlich vorgeschriebenen Funktionsausgliederung durch den VR. Aus letzterer ergibt sich nach § 126 II 1 die Prozessstandschaft des Schadensabwicklungsunternehmens (passive, **gesetzliche Prozessstandschaft**).[8] Einer Zustimmung des VN zur Prozessführung durch das Schadensabwicklungsunternehmen bedarf es nicht.[9] Der VR bleibt Schuldner der Versicherungsleistung und gestaltet das Vertragsverhältnis im Übrigen, d.h. mit Ausnahme der Schadensabwicklung.[10] Der VN muss **Deckungsklage** gegen das Schadensabwicklungsunternehmen erheben. Eine direkt gegen den VR erhobene Klage ist unbegründet.[11]

5 Gem. § 126 I 2 ist das selbstständige Schadensabwicklungsunternehmen im Versicherungsschein **anzugeben**. Ein Verstoß hiergegen kann Ansprüche auf Schadensersatz begründen, insbesondere dann, wenn der VN zu Unrecht den VR in Anspruch nimmt.[12]

6 Nicht geklärt ist die Frage, gegen wen der VN eine **Schadensersatzklage** wegen unberechtigter Verweigerung des Rechtsschutzes erheben muss. Der Zweck des § 126 II 1, Interessenkollisionen zu vermeiden, spricht dafür, auch hier eine gesetzliche Prozessstandschaft des Schadensabwicklungsunternehmens anzunehmen.[13]

7 Ein gegen das Schadensabwicklungsunternehmen erwirkter Titel wirkt gem. § 126 II 2 für und gegen den RechtsschutzVR. Die Vorschrift stellt somit einen Fall der gesetzlichen Rechtskrafterstreckung dar.[14] Möchte der VN aus dem Titel in das Vermögen des VR **vollstrecken**, muss dieser auf den VR umgeschrieben werden. Diese Umschreibung erfolgt gem. § 126 II 3 i.V.m. § 727 ZPO durch Erteilung einer vollstreckbaren Ausfertigung gegen den VR. Hierzu bedarf es jedoch keines Nachweises der rechtlichen Verpflichtung des VR durch eine öffentliche oder öffentlich beglaubigte Urkunde, da die Tatsache, dass Verpflichteter der VR ist, offenkundig/gerichtsbekannt ist.[15] Auch eine Vollstreckung in das Vermögen des Schadensabwicklungsunternehmens ist möglich.[16]

III. Stellvertretung

8 Das Schadensabwicklungsunternehmen ist bevollmächtigt, Erklärungen mit Wirkung für und gegen den VR abzugeben und entgegenzunehmen.[17] Eine entsprechende Außenvollmacht i.S.d. § 167 I Alt. 2 BGB ergibt sich aus der Bezeichnung des Schadensabwicklungsunternehmens im Versicherungsschein.[18] (Auch die Abgabe von Willenserklärungen für den VR i.R.d. Schadensabwicklung ist von der Vollmacht umfasst.[19]) Ob der VN seine Obliegenheiten nach Eintritt des Versicherungsfalls nur gegenüber dem Abwicklungsunternehmen[20] oder ob er diese auch gegenüber dem VR erfüllen kann,[21] ist umstritten.

---

6 Zur klarstellenden Neuregelung in § 126 I 2 vgl. Begr. RegE BT-Drucks. 16/3945 S. 91; vgl. auch Looschelders/Paffenholz/*Paffenholz*, § 126 Rn. 6.
7 Harbauer/*Bauer*, § 126 Rn. 2; L/W/*Richter*, § 126 Rn. 6; P/M/*Armbrüster*, § 126 Rn. 5.
8 Begr. RegE BT-Drucks. 11/6341 S. 37; P/M/*Armbrüster*, § 126 Rn. 7; FAKomm-VersR/*Brünger*, § 126 Rn. 5.
9 OLG Düsseldorf VersR 2002, 752; Looschelders/Paffenholz/*Paffenholz*, § 126 Rn. 9.
10 FAKomm-VersR/*Brünger*, § 126 Rn. 9; PK/*Hillmer-Möbius/Michaelis*, § 126 Rn. 9; P/M/*Armbrüster*, § 126 Rn. 7.
11 OLG Düsseldorf VersR 2002, 752; FAKomm-VersR/*Brünger*, § 126 Rn. 4; Looschelders/Paffenholz/*Paffenholz*, § 126 Rn. 9.
12 OLG Düsseldorf VersR 2002, 752; FAKomm-VersR/*Brünger*, § 126 Rn. 4; P/M/*Armbrüster*, § 126 Rn. 4.
13 Offen lassend OLG Köln VersR 2005, 1386, 1387; dafür: FAKomm-VersR/*Brünger*, § 126 Rn. 10.
14 Looschelders/Paffenholz/*Paffenholz*, § 126 Rn. 10.
15 Harbauer/*Bauer*, § 126 Rn. 9; P/M/*Armbrüster*, § 126 Rn. 8.
16 P/M/*Armbrüster*, § 126 Rn. 8; im Ergebnis so auch BK/*Honsell*, § 158l Rn. 18.
17 HK-VVG/*Münkel*, § 126 Rn. 6; L/W/*Richter*, § 126 Rn. 11; P/M/*Armbrüster*, § 126 Rn. 9.
18 Harbauer/*Bauer*, § 126 Rn. 11; HK-VVG/*Münkel*, § 126 Rn. 6; Looschelders/Paffenholz/*Paffenholz*, § 126 Rn. 12; P/M/*Armbrüster*, § 126 Rn. 9.
19 Wohl auch PK/*Hillmer-Möbius/Michaelis*, § 126 Rn. 8.
20 Dafür FAKomm-VersR/*Brünger*, § 126 Rn. 13; PK/*Hillmer-Möbius/Michaelis*, § 126 Rn. 9; P/M/*Armbrüster*, § 126 Rn. 10.
21 HK-VVG/*Münkel*, § 126 Rn. 6; Looschelders/Paffenholz/*Paffenholz*, § 126 Rn. 12.

Der letztgenannten Ansicht ist zu folgen, da § 126 II 1 weder nach Wortlaut noch nach Sinn und Zweck eine Aussage darüber trifft, wem gegenüber der VN seine Obliegenheiten erfüllen kann. Unabhängig davon ist der VR jedoch verpflichtet, Erklärungen des VN unverzüglich an das Schadensabwicklungsunternehmen weiterzuleiten.[22]

IV. Leistungsbeziehungen

Die Erfüllung der Versicherungsleistung obliegt zwar dem Schadensabwicklungsunternehmen. Aufgrund seiner weitreichenden Entscheidungskompetenz ist es nicht mit einer bloßen Zahlstelle vergleichbar. Dennoch ist Vertragspartner des VN allein der VR.[23] Er leistet i.S.v. § 812 I 1 Fall 1 BGB in Erfüllung seiner Verbindlichkeiten an den VN. Das Abwicklungsunternehmen wird tätig, um seine eigene Verpflichtung gegenüber dem VR zu erfüllen. Dem steht nicht entgegen, dass es vom VN anstelle des VR selbst in Anspruch genommen wird. Hierin ist kein eigenständiger Leistungszweck des Abwicklungsunternehmens gegenüber dem VN zu sehen. Das Schadenabwicklungsunternehmen ist allein deshalb eingeschaltet, weil Interessenkollisionen verhindert werden sollen.[24]

9

§ 127 Freie Anwaltswahl.
(1) ¹Der Versicherungsnehmer ist berechtigt, zu seiner Vertretung in Gerichts- und Verwaltungsverfahren den Rechtsanwalt, der seine Interessen wahrnehmen soll, aus dem Kreis der Rechtsanwälte, deren Vergütung der Versicherer nach dem Versicherungsvertrag trägt, frei zu wählen. ²Dies gilt auch, wenn der Versicherungsnehmer Rechtsschutz für die sonstige Wahrnehmung rechtlicher Interessen in Anspruch nehmen kann.
(2) Rechtsanwalt ist auch, wer berechtigt ist, unter einer der in Anlage zu § 1 des Gesetzes über die Tätigkeit europäischer Rechtsanwälte in Deutschland vom 9. März 2000 (BGBl. I S. 182, 1349), zuletzt geändert durch Artikel 1 des Gesetzes vom 26. Oktober 2003 (BGBl. I S. 2074), in der jeweils geltenden Fassung genannten Bezeichnungen beruflich tätig zu werden.

Übersicht

	Rdn.		Rdn.
A. Allgemeines	1	D. Verhältnis von VN, VR und Rechtsanwalt	8
B. Vorgaben in Bezug auf Rechtsanwälte	2	E. Rechtsanwälte aus anderen EU-Mitglied-	
C. Problem der Massenprozesse	5	staaten (§ 127 II)	13

A. Allgemeines

Das Recht des VN auf freie Anwaltswahl setzt die zwingenden Vorgaben von Art. 4 I der Richtlinie 87/344/EWG um.[1] Die Vorschrift entspricht § 158m a.F.

1

B. Vorgaben in Bezug auf Rechtsanwälte

Nach § 127 Abs. 1 S. 1 ist der VN zu seiner Vertretung in Gerichts- und Verwaltungsverfahren berechtigt, einen Rechtsanwalt, der seine Interessen wahrnehmen soll, frei zu wählen. Dieser Grundsatz gilt nach § 127 Abs. 1 S. 2 auch, wenn der VN Rechtsschutz für die sonstige Wahrnehmung rechtlicher Interessen in Anspruch nehmen kann.

2

Dennoch hat der VR in bestimmten Fällen die Möglichkeit, Einfluss auf die Auswahl des VN zu nehmen. Eine davon nennt das Gesetz in § 127 Abs. 1 S. 1: Der VR ist berechtigt, im Versicherungsvertrag **allgemeine Kriterien** in Bezug auf den Leistungsumfang aufzustellen und so den Kreis der Rechtsanwälte, deren Vergütung er trägt, zu begrenzen (vgl. § 5 ARB 2010).[2]

Dem VN steht es frei, einen Rechtsanwalt seiner Wahl einzuschalten; er muss aber in Kauf nehmen, dass die Vergütung dieses Rechtsanwaltes nicht oder nur teilweise unter den Versicherungsschutz fällt.[3]

Wichtig ist besonders die Begrenzung der Kostenerstattung in § 5 I lit. a) Satz 3 ARB 2010 (Ziff. 2.3.1.2 ARB 2012) für Verkehrsanwälte. **Zulässig** sind weiter **unverbindliche Empfehlungen** des VR.[4] Der VN ist hieran nicht gebunden.

Unzulässig ist eine Begrenzung der Kostenübernahme auf bestimmte **Vertragsanwälte**, mit denen der VR vorab besondere Konditionen ausgehandelt hat (Rahmenverträge). Mit einer solchen ARB-Regelung würde

3

---

22 Harbauer/*Bauer*, § 126 Rn. 12; P/M/*Armbrüster*, § 126 Rn. 10.
23 Looschelders/Paffenholz/*Paffenholz*, § 126 Rn. 9; P/M/*Armbrüster*, § 126 Rn. 11.
24 So auch P/M/*Armbrüster*, § 126 Rn. 12; a.A. BK/*Honsell*, § 158l Rn. 16.
1 BT-Drucks. 11/6341, S. 37.
2 Zu den Möglichkeiten EuGH EuZW 2011, 564; allgemein: OLG Bamberg NJW 2012, 2282, 2283; Harbauer/*Bauer*, § 127 Rn. 2; L/W/*Richter*, § 127 Rn. 11.
3 Harbauer/*Bauer*, § 127 Rn. 2.
4 LG Bremen VersR 1998, 974; HK-VVG/*Münkel*, § 127 Rn. 3; Looschelders/Paffenholz/*Paffenholz*, § 127 Rn. 6; PK/Hillmer-Mobius, § 127 Rn. 7.

§ 127 Freie Anwaltswahl

von § 126 unzulässig zum Nachteil des VN abgewichen werden und wäre nach § 129 unwirksam.[5] Insofern sind ebenfalls nur unverbindliche Empfehlungen möglich.[6]

4 Der **VR** darf **selbst** den Rechtsanwalt auswählen, wenn der VN es verlangt (§ 17 III 2 lit. a) ARB 2010/Ziff. 4.1.3 Abs. 1 ARB 2012) oder wenn eine Beauftragung zur Wahrnehmung der Interessen des VN erforderlich erscheint, der VN aber nicht tätig wird (§ 17 III 2 lit. b) ARB 2010/Ziff. 4.1.3 Abs. 2 ARB 2012). Ist der VN mit dem vom VR ausgewählten Rechtsanwalt nicht zufrieden, muss der VR die Kosten für einen Wechsel jedenfalls dann nicht tragen, wenn Gefahr im Verzug vorlag. Beauftragt der VR den Rechtsanwalt selbst, geschieht dies namens und im Auftrag des VN (§ 17 IV 1 ARB 2010/Ziff. 4.1.3 Abs. 2 ARB 2012). Der VR steht selbst in keinerlei vertraglicher Beziehung zum Rechtsanwalt. Er übernimmt nur die Erfüllung der Verbindlichkeit des VN gegenüber dem Anwalt (vgl. § 329 BGB).

C. Problem der Massenprozesse

5 Werden durch ein Ereignis oder eine Schadensquelle mehrere Personen in gleicher Weise betroffen, führt dies zu Massenprozessen. Diskutiert wird in diesem Zusammenhang, ob der Grundsatz der freien Anwaltswahl bei solchen Prozessen eingeschränkt werden kann. Hier erscheint es prozessökonomisch sinnvoll, sie zu bündeln und einen oder eine begrenzte Anzahl von Anwälten mit der Verfahrensführung zu beauftragen.[7] Das Recht auf freie Anwaltswahl kann aber die Bündelung praktisch verhindern, da die VR gezwungen sind, getrennte Mandate zu erteilen, was zu einer Vielzahl von Anwälten mit der Rechtsvertretung getrennten Prozessen führt.

6 In § 127 II in der Fassung des Referentenentwurfs (RefE) war daher vorgesehen, dass der VR die zu ersetzenden Kosten auf den wirtschaftlich notwendigen Betrag beschränken könne, »wenn die Wahrnehmung der rechtlichen Interessen mehrerer VN auf gleichen oder gleichartigen Ursachen beruht, in einem rechtlichen, zeitlichen oder wirtschaftlichen Zusammenhang steht und gegen identische Anspruchsgegner gerichtet ist und keine berechtigten Interessen des VN entgegenstehen« (**Beschränkung** der freien Anwaltswahl für **Sammelverfahren**). Aus mehreren Gründen[8] wurde diese Beschränkung aber nicht in das Gesetz aufgenommen: Zum einen bestanden Bedenken gegen die Vereinbarkeit einer solchen Regel mit Art. 4 I der Richtlinie 87/344/EWG, der das Recht auf freie Anwaltswahl vorschreibt. Zum anderen hätte der Anwendungsbereich des § 127 II RefE eingeschränkt werden müssen, um jegliche Interessenkollision auszuschließen.[9] Dadurch hätte die Vorschrift ihren rechtspolitischen Zweck aber nur noch unzureichend erfüllen können. Insbes. wurde die Gefahr häufiger Streitigkeiten über den Anwendungsbereich der Norm zwischen VR und VN gesehen.[10]

7 Fraglich ist daher, ob unter dem Gesichtspunkt der **Schadensminderungsobliegenheit** gem. § 17 I ARB 2010/Ziff. 4.1 ARB 2012 die freie Wahl des Anwalts eingeschränkt werden kann. Aufbauend auf der Rspr. zur Erstattungsfähigkeit von Prozesskosten gem. §§ 91 I, 100 I ZPO bei Streitgenossen[11] könnte man mehrere VN desselben VR als verpflichtet ansehen, denselben Anwalt zu beauftragen.[12] Dagegen spricht jedoch, dass der EuGH den Versicherern auf der Grundlage von Art. 4 I der Richtlinie 87/344/EWG für Massenverfahren enge Grenzen setzt: Der VN muss die Freiheit haben, sich an solchen Verfahren zu beteiligen oder nicht.[13] Jedenfalls darf sich ein Rechtsschutzversicherer nicht das Recht vorbehalten, selbst einen Rechtsvertreter für alle betroffenen VN auszuwählen. Auch das LG Münster[14] geht davon aus, dass der durchschnittliche VN den Normalfall einer Einzelvertretung vor Augen habe und eine entsprechende Obliegenheit den ARB nicht hinreichend deutlich zu entnehmen sei. Hinzu trete die Sorge des VN, dass im Falle eines Sammelverfahrens seine Interessen nicht in gleichem Maße vertreten werden könnten.

D. Verhältnis von VN, VR und Rechtsanwalt

8 Aus der Dreieckskonstellation zwischen VR, VN und Rechtsanwalt ergibt sich die Frage nach den vertraglichen Leistungsbeziehungen und möglichen Erstattungsansprüchen. **Vertragliche Beziehungen** bestehen nur zwischen VN und VR einerseits sowie zwischen VN und Rechtsanwalt andererseits. Der VN hat gegen den VR einen Freistellungsanspruch von seinen Zahlungsverpflichtungen gegenüber dem Rechtsanwalt. Zwischen VR und Rechtsanwalt bestehen keine vertraglichen Beziehungen. Selbst wenn der Rechtsanwalt beim VR die

---

5 Harbauer/*Bauer*, § 127 Rn. 2; L/W/*Richter*, § 127 Rn. 6; Looschelders/Paffenholz/*Paffenholz*, § 127 Rn. 4.
6 van *Bühren* NJW 2007, 3606, 3607; BK/*Honsell*, § 158m Rn. 4; HK-VVG/*Münkel*, § 127 Rn. 3; L/W/*Richter*, § 127 Rn. 8.
7 L/W/*Richter*, § 127 Rn. 2a; Looschelders/Paffenholz/*Paffenholz*, § 127 Rn. 9.
8 Kritisch zur Begründung: *Langheid* NJW 2006, 3317, 3321.
9 Vgl. EuGH NJW 2010, 355.
10 OLG Bamberg NJW 2012, 2282, 2283; L/W/*Richter*, § 127 Rn. 2; Looschelders/Paffenholz/*Paffenholz*, § 127 Rn. 9.
11 OLG Hamm MDR 1990, 1019; OLG Düsseldorf RPfleger 1993, 369; OLG München JurBüro 1995, 264.
12 Kritisch dazu VVG-Kommission Abschlussbericht 2004 (VersR-Schriftenreihe Heft 25), S. 88.
13 EuGH NJW 2010, 355.
14 VersR 2010, 106.

Deckungszusage einholt, erhält er hieraus keinen unmittelbaren Anspruch gegen ihn.[15] Der Rechtsanwalt schuldet seine Tätigkeit im Rahmen eines Dienstvertrages mit Geschäftsbesorgungscharakter i.S.d. §§ 611, 675 BGB ausschließlich dem VN.[16] Im Verhältnis des Rechtsanwalts zum VR ist § 166 BGB – entweder direkt oder analog – anwendbar. Darüber werden Obliegenheitsverletzungen des Rechtsanwalts dem VN zugerechnet.[17] Die Zurechnung ist nunmehr ausdrücklich in § 17 VII ARB 2010/Ziff. 4.1.3 Abs. 2 ARB 2012 enthalten. Eine Pflicht zu Auskunft und Rechnungslegung folgt aus §§ 675, 666, 667 BGB i.V.m. § 86.[18]

Probleme können sich dadurch ergeben, dass der VR für die Leistungen des Rechtsanwalts zunächst in **Vorleistung** tritt. Leistet der VR an den Rechtsanwalt des VN einen Vorschuss, der den späteren Gebührenanspruch übersteigt, besteht ein Rückforderungsanspruch des VN, der gem. § 86 I auf den VR übergeht (vgl. auch § 17 IX ARB 2010/Ziff. 4.1.8 ARB 2012).[19] Gewinnt der VN den Prozess, setzt dessen Rechtsanwalt die Kostenansprüche des VN gegen den Kostenschuldner (= Gegenseite) durch. In diesem Fall ist der Rechtsanwalt und nicht etwa der VN gem. §§ 677, 681 Satz 2, 667 BGB zur Auszahlung an den VR verpflichtet.[20] Die Entgegennahme der Zahlung des Gegners durch den Rechtsanwalt ist für diesen ein objektiv fremdes Geschäft. Das soll auch dann gelten, wenn der Rechtsanwalt die erstatteten Kosten dem VN auf dessen Wunsch hin ausbezahlt hat und von der Vorleistung des VR Kenntnis hatte.[21]   9

Ob der Rechtsanwalt mit Vergütungsansprüchen gegen den VN, für die kein Rechtsschutz besteht, auch gegenüber dem VR **aufrechnen** kann, ist umstritten. Nach einer Ansicht[22] ist § 406 BGB nicht anwendbar, weil der VR ansonsten faktisch leisten müsste, obwohl kein Versicherungsschutz bestehe. Das LG Hannover[23] lässt jedenfalls zu, dass der Prozessgegner des VN gegenüber dem VR mit einer früheren Forderung aufrechnen kann. Das folge aus § 406 BGB.   10

Hat der VR dem VN aufgrund einer falschen Information durch den Rechtsanwalt eine **Deckungszusage** erteilt und später widerrufen, lässt das OLG Köln[24] eine Schadensersatzklage des VN gegen den Rechtsanwalt Zug um Zug gegen Abtretung seiner versicherungsvertraglichen Ansprüche gegen den VR zu. Dagegen spricht jedoch, dass Ansprüche gegen den VR nur mit dessen Einverständnis abgetreten werden können (§ 17 VII ARB 2010/Ziff. 4.1.6 ARB 2012). Dieses Ergebnis ließe sich durch eine Deckungsklage des VN gegen den VR mit Streitverkündung gegenüber dem Rechtsanwalt vermeiden.[25]   11

Das **Quotenvorrecht** (§ 86 I 2), nach dem der VR einen Forderungsübergang nicht zum Nachteil des VN geltend machen kann, gilt auch in der Rechtsschutzversicherung.[26]   12

E. Rechtsanwälte aus anderen EU-Mitgliedstaaten (§ 127 II)

Europarechtlichen Vorgaben entsprechend stellt § 127 Abs. 2 die in einem anderen EU-Mitgliedstaat niedergelassenen Rechtsanwälte den Rechtsanwälten nach der BRAO gleich.   13

§ 128 Gutachterverfahren.

¹Für den Fall, dass der Versicherer seine Leistungspflicht verneint, weil die Wahrnehmung der rechtlichen Interessen keine hinreichende Aussicht auf Erfolg biete oder mutwillig sei, hat der Versicherungsvertrag ein Gutachterverfahren oder ein anderes Verfahren mit vergleichbaren Garantien für die Unparteilichkeit vorzusehen, in dem Meinungsverschiedenheiten zwischen den Vertragsparteien über die Erfolgsaussichten oder die Mutwilligkeit einer Rechtsverfolgung entschieden werden. ²Der Versicherer hat den Versicherungsnehmer bei Verneinung seiner Leistungspflicht hierauf hinzuweisen. ³Sieht der Versicherungsvertrag kein derartiges Verfahren vor oder unterlässt der Versicherer den Hinweis, gilt das Rechtsschutzbedürfnis des Versicherungsnehmers im Einzelfall als anerkannt.

---

15 FAKomm-VersR/*Brünger*, § 127 Rn. 6; Looschelders/Paffenholz/*Paffenholz*, § 127 Rn. 12; R/L/*Rixecker*, § 127 Rn. 3.
16 Vgl. BGH NJW 1978, 1003; VersHB/*Obarowski*, § 37 Rn. 600.
17 Vgl. dazu *van Bühren* NJW 2007, 3606, 3608; FAKomm-VersR/*Brünger*, § 127 Rn. 7.
18 *Schulz* NJW 2010, 1729; *ders.* ZfS 2010, 246; FAKomm-VersR/*Brünger*, § 127 Rn. 8.
19 OLG Hamm v. 22.02.2011, 28 U 49/10; OLG Düsseldorf VersR 2008, 1347; vgl. auch OLG Düsseldorf VersR 2010, 1031 für den Fall, dass der Rechtsanwalt die Leistung des VR nicht zweckentsprechend für den Kostenvorschuss verwendet.
20 OLG Saarbrücken VersR 2007, 1554, 1555; i.E. auch LG Bonn v. 03.09.2010, 10 O 345/09 für Erstattungen durch die Gerichtskasse; R/L/*Rixecker*, § 127 Rn. 3; VersHB/*Obarowski*, § 37 Rn. 603.
21 AG Hamburg VersR 2007, 390, 391; AG Osnabrück JurBüro 2009, 647 unter Verweis auf § 86 I, § 407 I BGB.
22 LG München VersR 2006, 257, 258; LG Bonn v. 03.09.2010, 10 O 345/09 verweist auf § 399 BGB i.V.m. § 17 VIII ARB 2010; FAKomm-VersR/*Brünger*, § 127 Rn. 9.
23 LG Hannover NJW-RR 2008, 700 = r+s 2007, 507.
24 OLG Köln NJW-RR 2004, 1573.
25 *Bauer* NJW 2005, 1472, 1476.
26 Vgl. *Schneider* AGS 2007, 116; FAKomm-VersR/*Brünger*, § 127 Rn. 11.

§ 128 Gutachterverfahren

Übersicht

	Rdn.		Rdn.
A. Allgemeines	1	II. Stichentscheid (§ 3a Abs. 2–3 ARB 2010/Ziff. 3.4 ARB 2012)	9
B. Die materiellen Kriterien	2	D. Die Hinweispflicht des VR und Folgen ihrer Verletzung (§ 3a Abs. 1 S. 2 ARB 2010/Ziff. 3.4.1.2 ARB 2012)	10
I. Erfolgsaussicht	3		
II. Mutwilligkeit	5		
C. Die Verfahren	7	E. Verhältnis zur Deckungsklage	13
I. Schiedsgutachterverfahren (§ 3a Abs. 2–5 ARB 2010/Ziff. 3.4 ARB 2012)	7		

A. Allgemeines

1 Die Bestimmung geht zurück auf Art. 6 der Richtlinie 87/344/EWG und entspricht inhaltlich dem § 158m VVG a.F. Sie stellt zunächst klar, dass die Leistungspflicht des VR nur besteht, wenn die Wahrnehmung der rechtlichen Interessen durch den VN hinreichende Aussicht auf Erfolg bietet und nicht mutwillig ist. Streiten sich Parteien über eine dieser Voraussetzungen, muss der Versicherungsvertrag ein **geregeltes Verfahren** vorsehen, mit dem der Streit neutral entschieden wird. Auf das Verfahren muss der VR hinweisen. Ansonsten gilt der Rechtsschutzanspruch in Bezug auf die Kriterien des Abs. 1 nach § 128 Abs. 1 S. 3 als anerkannt. Die ARB sehen in § 3a ARB 2010 (früher § 18 ARB 94/2000/2009/jetzt Ziffer 3.4 ARB 2012) mit dem Stichentscheid und dem Schiedsgutachterverfahren zwei gleichwertige Verfahren vor, die den Vorgaben von § 128 entsprechen und zwischen denen die VR auswählen können.[1]

B. Die materiellen Kriterien

2 § 128 garantiert dem VN ein unparteiliches Gutachterverfahrens im Versicherungsvertrag in Fällen, in denen der VR seine Leistungspflicht wegen mangelnder Erfolgsaussichten oder Mutwilligkeit verweigert.[2] Der Gesetzgeber hat die materiellen Kriterien der Erfolgsaussicht und Mutwilligkeit aus **§ 114 ZPO** (Prozesskostenhilfe) übernommen.[3] Der BGH zieht daraus die Konsequenz, dass Versicherungsschutz unter den gleichen Voraussetzungen zu gewähren sei, wie Prozesskostenhilfe – abgesehen von der Bedürftigkeit.[4]

I. Erfolgsaussicht

3 § 128 Abs. 1 S. 1 sieht das Gutachterverfahren für den Fall vor, in dem der VR den Versicherungsschutz aufgrund fehlender Erfolgsaussicht ablehnt. § 3a I lit. a) ARB 2010/Ziff. 3.4.1.1 ARB 2012 begrenzt diese Leistungseinschränkung dabei auf die Leistungsarten der § 2 lit. a) – lit. g) ARB 2010/Ziff. 2.2.1–2.2.7 ARB 2012. Folglich kann der VR im Rahmen der Leistungsarten der § 2 lit. h) – lit. k) ARB 2010/Ziff. 2.2.8–2.2.11 ARB 2012 (Disziplinar- und Standes-Rechtsschutz, Straf-Rechtsschutz, Ordnungswidrigkeiten-Rechtsschutz, Beratungs-Rechtsschutz in Familien-, Lebenspartnerschafts- und Erbrecht) seine Leistungspflicht nur bei Mutwilligkeit ablehnen.

Grundsätzlich setzt der Anspruch auf Gewährung von Rechtsschutz eine hinreichende Erfolgsaussicht in der Hauptsache voraus. Nur ausnahmsweise besteht Versicherungsschutz unabhängig hiervon. Zur Erfolgsaussicht gehört die Möglichkeit, dass die anspruchsbegründenden Tatsachen bewiesen werden können und die Rechtsansicht vertretbar ist.[5] Die Prüfung der Erfolgsaussicht erfordert somit eine summarische Prüfung sowohl der Sach- als auch der Rechtslage. Die Anforderungen an die Darlegungs- und Substantiierungslast orientieren sich am Maßstab des Hauptprozesses. Sind sie dort – z.B. bei einem Arzthaftungsprozess – gemindert, gilt das ebenso bei der Frage der Erfolgsaussicht.[6] Eine Vorwegnahme der Beweisaufnahme durch den VR beim Angebot zulässiger Beweise darf nicht durchgeführt werden.[7]

Die so festgestellte Darlegungs- und Substantiierungslast bestimmt zugleich den Umfang der Informationsobliegenheit nach § 17 ARB 2010/Ziff. 4.1 ARB 2012.[8] Erteilt der VR eine Deckungszusage in Kenntnis der Tatsachen, aus denen sich eine fehlende Erfolgsaussicht ergibt, ist er später mit dieser Einwendung ausgeschlossen.

4 Für die Prozesskostenhilfe hat das BVerfG entschieden, dass sie nicht wegen mangelnder Erfolgsaussicht abgelehnt werden darf, wenn **schwierige Tat- oder Rechtsfragen** nicht hinreichend geklärt sind oder eine **unsichere Prognose** hinsichtlich der Beweisbarkeit besteht.[9] Das verfassungsrechtlich verankerte Gebot der Rechtsschutzgleichheit (Art. 3 I GG i.V.m. Art. 20 III GG), auf das das BVerfG seine Rspr. stützt, kommt im Verhältnis zwischen VR und VN zwar nicht zur Anwendung. Allerdings wird man hier aus dem Sinn und Zweck des Versicherungsvertrages entnehmen können, dass die Prüfung der Erfolgsaussicht nicht dazu führen soll, die gesamte

---

[1] BT-Drucks. 11/6341 S. 37.
[2] FAKomm-VersR/*Brünger*, § 128 Rn. 2; L/W/*Richter*, § 128 Rn. 1; Looschelders/Paffenholz/*Paffenholz*, § 128 Rn. 2.
[3] BT-Drucks. 11/6341, S. 37.
[4] BGH VersR 1987, 1186, 1187.
[5] BGH NJW 1988, 266, 267.
[6] OLG Köln r+s 2002, 289, 290 f.
[7] BVerfG NJW-RR 2004, 933; L/W/Richter, § 12 Rn. 20; VersHB/*Obarowski*, § 37 Rn. 538.
[8] OLG Celle VersR 2007, 204, 205; *Wendt* r+s 2008, 221, 233.
[9] BVerfG NJW-RR 2011, 1043, 1044; BVerfG NJW 2003, 1857, 1858; BVerfG NJW-RR 2005, 140, 141.

Rechtsverfolgung inzident im Nebenverfahren nach § 3a ARB 2010/Ziff. 3.4 ARB 2012 zu entscheiden. Daher muss hier ebenso gelten, dass die Ungeklärtheit von Tatsachen oder Rechtsfragen nicht zur Verneinung der Erfolgsaussicht führen darf. Die beabsichtigte Rechtsverfolgung hat somit in der Regel Aussicht auf Erfolg.[10]

II. Mutwilligkeit

Zudem ist das Gutachterverfahren nach § 128 Abs. 1 S. 1 bei Streit über die Mutwilligkeit einer Interessenwahrnehmung vorgesehen. In Anlehnung an den Maßstab des § 114 Abs. 1 S. 1 ZPO ist die Interessenwahrnehmung mutwillig, wenn sie nicht durch sachlich nachvollziehbare Erwägungen veranlasst ist. Es ist somit zu fragen, ob eine verständige Partei in gleicher Weise Rechtsschutz in Anspruch genommen hätte.[11] Zum besseren Verständnis für den VN konkretisiert § 3a) Abs. 1 lit. b) ARB 2010/Ziff. 3.4.1.2 ARB 2012 dies dahingehend, dass Mutwilligkeit dann vorliegt, wenn die voraussichtlich entstehenden Kosten in einem groben Missverhältnis zum angestrebten Erfolg stehen.

Grundsätzlich hat die Frage der Mutwilligkeit sich an den Geboten der Sachbezogenheit und Wirtschaftlichkeit unter Abwägung der Einzelfallumstände zu orientieren.[12]

Mutwilligkeit ist die Ausnahme, z.B. wenn die Zwangsvollstreckung eines erstrebten Titels von vornherein aussichtslos erscheint, wobei zu berücksichtigen ist, dass Titel 30 Jahre vollstreckbar sind.[13] Auch ein deutliches Missverhältnis zwischen Kosten und Gegenstand des Rechtsschutzes kann diesen mutwillig erscheinen lassen.[14]

C. Die Verfahren

I. Schiedsgutachterverfahren (§ 3a Abs. 2–5 ARB 2010/Ziff. 3.4 ARB 2012)

Gemäß § 3a Abs. 2 S. 1 ARB 2010/Ziff. 3.4.2 ARB 2012 hat der VR nach Rechtsschutzablehnung den VN entsprechend § 128 S. 2 VVG auf die Möglichkeit der Einleitung eines Schiedsgutachterverfahrens innerhalb eines Monats hinzuweisen. Versäumt der VR den Hinweis, gilt der Rechtsschutzanspruch des VN nach § 128 S. 3 im Einzelfall als anerkannt.

Umstritten sind die Rechtsfolgen im Falle der Überschreitung der Monatsfrist durch den VN. Teilweise wird diese Frist als Ausschlussfrist verstanden, deren Versäumung unabhängig von einem Verschulden des VN zum Verlust der Möglichkeit auf Durchführung eines Schiedsgutachterverfahrens führt.[15] Dem kann jedoch entgegengehalten werden, dass § 3a Abs. 2 ARB 2010/Ziff. 3.4.2 ARB 2012 keine Rechtsfolge bei Fristversäumung vorsieht[16] und eine mit dem nach § 129 halbzwingenden § 128 unvereinbare abweichende Regelung darstellen würde.[17] Eine Überschreitung der Monatsfrist ist somit für den VN unschädlich.

Mit dem Hinweis zur Möglichkeit des Schiedsgutachterverfahrens ist der VN nach § 3a Abs. 2 S. 2 ARB 2010/Ziff. 3.4.2 ARB 2012 aufzufordern, alle nach seiner Auffassung für die Durchführung des Schiedsgutachterverfahrens wesentlichen Mitteilungen und Unterlagen innerhalb der Monatsfrist dem Versicherer zuzusenden.

Verlangt der VN die Durchführung eines Schiedsgutachterverfahrens, hat der Versicherer dieses Verfahren innerhalb eines Monats einzuleiten und den VN hierüber zu unterrichten, § 3a Abs. 3 S. 1 ARB 2010/Ziff. 3.4.3 ARB 2012.

Beim Schiedsgutachterverfahren erfolgt eine Entscheidung im schriftlichen Verfahren durch einen seit fünf Jahren zugelassenen Rechtsanwalt, der vom Präsidenten der Anwaltskammer (Wohnsitz des VN) benannt wird (§ 3a IV 1 ARB 2010/Ziff. 3.4.4 ARB 2012). Der VR muss dem Gutachter alle für die Entscheidung notwendigen Unterlagen zur Verfügung stellen (§ 3a IV 2 ARB 2010). Das Gutachten ist **für den VR bindend** (§ 3a IV 3 ARB 2010/Ziff. 3.4.4 ARB 2012). Der VN kann mangels Bindungswirkung hingegen bei einer ablehnenden Entscheidung Klage gegen den VR erheben.

Die **Kosten des Verfahrens** trägt der VN – außer den Kosten, die dem VR entstanden sind – dann, wenn die Ablehnung in vollem Umfang bestätigt wird (§ 3a V 2, 3 ARB 2010/Ziff. 3.4.5 ARB 2012). Diese Regelung beruht noch auf den ARB 94. Zugunsten des VN kann von dieser Regelung abgewichen werden, sodass einige ARB vorsehen, dass die VR generell die Kosten des Schiedsgutachterverfahrens tragen. Ebenso wie beim Stichentscheid muss dann nicht mehr über die Kosten des Schiedsgutachterverfahrens belehrt werden.[18]

---

10 BGH VersR 2007, 966; FAKomm-VersR/*Brünger*, § 128 Rn. 7; Looschelders/Paffenholz/*Herdter*, § 3a ARB 2010 Rn. 12.
11 Looschelders/Paffenholz/*Paffenholz*, § 128 Rn. 6; PK/*Hillmer-Möbius*, § 128 Rn. 6.
12 R/L/*Rixecker*, § 128 Rn. 3.
13 BGH VersR 2003, 454, 455.
14 AG Hannover r+s 2001, 155: Verteidigung gegen Bußgeld von 30 DM erfordern Anwaltskosten von 500 DM; vgl. aber auch OLG Düsseldorf VersR 2010, 663 und OLG Frankfurt VersR 2010, 381: Kapazitätsklagen gegen bis zu 10 Universitäten sind nicht mutwillig, auch wenn nur ein Studienplatz angenommen werden kann.
15 P/M/*Armbrüster*, § 3a ARB 2010 Rn. 22.
16 Looschelders/Paffenholz/*Herdter*, § 3a ARB 2010 Rn. 24.
17 HK-VVG/*Münkel*, § 3a ARB 2010 Rn. 7; Looschelders/Paffenholz/*Herdter*, § 3a ARB 2010 Rn. 24.
18 Vers-HB/*Obarowski*, § 37 Rn. 557.

II. Stichentscheid (§ 3a Abs. 2–3 ARB 2010/Ziff. 3.4 ARB 2012)

9 Beim Stichentscheid beauftragt der VN auf Kosten des VR den für ihn tätigen oder noch zu beauftragenden Rechtsanwalt zur Abgabe einer begründeten Stellungnahme, ob die Wahrnehmung rechtlicher Interessen in einem angemessenen Verhältnis zum angestrebten Erfolg steht und hinreichende Aussicht auf Erfolg verspricht (§ 3a II 1 ARB 2010/Ziff. 3.4.2 ARB 2012).
Die Stellungnahme des Rechtsanwalts stellt eine von der reinen Interessenlage losgelöste Beurteilung der Sach- und Rechtslage dar,[19] die den entscheidungserheblichen Streitstoff darstellt, die Rechtslage unter Berücksichtigung der beiderseits etwaigen Argumente aufarbeitet und die Beweissituation würdigt.[20]
An die Stellungnahme sind VR und VN nach § 3a Abs. 2 S. 2 ARB 2010/Ziff. 3.4.2 ARB 2012 gebunden, es sei denn, sie weicht offenbar von der wirklichen Sach- oder Rechtslage erheblich ab. Die Begrifflichkeiten sind deckungsgleich mit § 84 Abs. 1 S. 1, sodass auf die dort entwickelten Auslegungsgrundsätze zurückgegriffen werden kann.[21] Offenbar ist eine Abweichung, die sich einem Sachkundigen, wenn auch erst nach gründlicher Prüfung, mit aller Deutlichkeit aufdrängt.[22] Erheblich ist sie, wenn die Stellungnahme inhaltlich von der wahren Sach- oder Rechtslage in einem gewissen Umfang abweicht.[23] Die Beweislast für die offenbare und erhebliche Abweichung trifft den VR.[24]
Gemäß § 3a Abs. 3 S. 1 ARB 2010/Ziff. 3.4.3 ARB 2012 kann der VR dem VN eine Frist von mindestens einem Monat setzen, binnen der der VN den Rechtsanwalt vollständig und wahrheitsgemäß über die Sachlage zu unterrichten und die Beweismittel anzugeben hat, damit dieser die Stellungnahme abgeben kann. Kommt der VN dieser Verpflichtung nicht innerhalb der vom Versicherer gesetzten Frist nach, entfällt nach § 3a Abs. 3 S. 2 ARB 2010/Ziff. 3.4.3 ARB 2012 der Versicherungsschutz. Es handelt sich hierbei um eine Ausschlussfrist, auf deren Ablauf sich der VR allerdings nicht berufen kann, wenn die Versäumung der Frist unverschuldet ist oder der VR auf die Rechtsfolge ausdrücklich oder stillschweigend verzichtet hat.[25]
Die Kosten des Verfahrens trägt unabhängig vom Ergebnis nach § 3a Abs. 2 S. 1 ARB 2010/Ziff. 3.4.2 ARB 2012 der VR.

D. Die Hinweispflicht des VR und Folgen ihrer Verletzung (§ 3a Abs. 1 S. 2 ARB 2010/ Ziff. 3.4.1.2 ARB 2012)

10 Lehnt der VR den Versicherungsschutz wegen mangelnder Erfolgsaussichten oder wegen Mutwilligkeit ab, so hat er dies nach § 3a Abs. 1 S. 1 ARB 2010/Ziff. 3.4.1.2 ARB 2012 dem VN unverzüglich unter Angabe der Gründe schriftlich mitzuteilen, sowie auf das Gutachterverfahren als auch auf das soweit in den ARB vorgesehen Stichentscheidverfahren hinzuweisen.[26] Die Ablehnung hat also nach § 121 Abs. 1 S. 1 BGB ohne schuldhaftes Zögern zu erfolgen. Ziff. 3.4.1.2 ARB 2012 interpretiert dies für ein besseres Verständnis als nicht unbedingt »sofort«, sondern »so schnell wie eben möglich«. In der Praxis kann dem VR eine Bearbeitungszeit von 2 bis 3 Wochen eingeräumt werden.[27] Das gilt auch, wenn der VR nur eine eingeschränkte Deckungszusage erteilt, weil auch insofern zumindest teilweise die Erfolgsaussicht in Abrede gestellt wird.[28]

11 Die **Verletzung** der Hinweispflicht hat zur Folge, dass sich der VR nicht mehr auf die Ablehnungsgründe in S. 1 berufen kann,[29] denn nach § 128 S. 3 gilt das Rechtsschutzbedürfnis des VN als anerkannt. Das gilt auch dann, wenn der VR den Anspruch zunächst aus anderen Gründen (z.B. wegen eines Ausschlusstatbestandes) ablehnt.[30] Die frühere Auffassung des BGH, dass der Stichentscheid im Deckungsprozess nachgeholt werden könne,[31] ist durch § 128 überholt.

12 Ob der Hinweis entbehrlich ist, wenn der VN oder dessen Rechtsanwalt Kenntnis von der Möglichkeit des Gutachter- oder Stichentscheidverfahrens haben, ist umstritten,[32] richtigerweise aber zu verneinen. Bei einem anwaltlich vertretenen VN läge diese Kenntnis ohnehin regelmäßig vor. Rügte der Anwalt das Fehlen des Hin-

---

19 OLG Köln. VersR 1987. 1030; P/M/*Armbrüster*, § 3a ARB 2010 Rn. 35.
20 BGH VersR 1990, 414, 415; Looschelders/Paffenholz/*Herdter*, § 3a ARB 2010 Rn. 43.
21 OLG Karlsruhe VersR 1994, 1418; OLG Frankfurt a.M. VersR 1989, 735; P/M/*Armbrüster*, § 3a ARB 2010 Rn. 41.
22 OLG Hamm VersR 2012, 563, 564; OLG Düsseldorf VersR 2006, 649, 650.
23 P/M/*Armbrüster*, § 18 ARB 2008 Rn. 41 ff.
24 OLG Köln NJW-RR 2003, 392 = r+s 2003, 151; dazu auch BGH VersR 1990, 414, 415; HK-VVG/*Münkel*, § 3a ARB 2010 Rn. 12.
25 FAKomm-VersR/*Brünger*, § 3a ARB 2010 Rn. 12; Looschelders/Paffenholz/*Herdter*, § 3a ARB 2010 Rn. 52.
26 Zur sog. Abrategebühr in diesen Fällen vgl. LG Deggendorf VersR 2010, 247 = r+s 2009, 463.
27 OLG Frankfurt NJW-RR 1997, 1366; OLG Köln r+s 1991, 419.
28 LG Köln VersR 2010, 806.
29 BGH VersR 2006, 830, 831; BGH VersR 2003, 638, 639 zu § 17 I 1 ARB 75.
30 OLG Köln NVersZ 2000, 590, 591 = r+s 2000, 288; OLG Düsseldorf VersR 2001, 233, 234; OLG Celle VersR 2002, 91, 92; FAKomm-VersR/*Brünger*, § 3a ARB 2010 Rn. 6.
31 BGH VersR 1986, 132, 133.
32 Dafür OLG Karlsruhe VersR 1999, 613; PK/*Hillmer-Möbius/Michaelis*, § 128 Rn. 14; dagegen HK-VVG/*Münkel*, § 3a ARB 2010 Rn. 11; s. auch *Bauer* NJW 2007, 1504, 1506, der BGH VersR 2006, 830 so interpretiert, dass ein Hinweis auch bei Kenntnis nötig sei.

weises, müsste er sich vorhalten lassen, er habe das Gutachter- bzw. Stichentscheidverfahren gekannt, und schwächte damit durch seinen Vortrag paradoxerweise die Position des VN. Zudem soll der Hinweis auch Klarheit darüber schaffen, auf welche Position sich der VR beruft, und ist deshalb allein wegen der Kenntnis des VN oder des Anwalts von der Existenz des Gutachterverfahrens nicht entbehrlich.

E. Verhältnis zur Deckungsklage

Der VN kann auch ohne Gutachter- oder Stichentscheidverfahren sofort Klage erheben.[33] Hat der VN sofortige Deckungsklage erhoben, darf ihm ein Verfahren nach § 3a ARB 2010/Ziff. 3.4 ARB 2012 nicht mehr ermöglicht werden.[34] 13
Für diesen Prozess besteht wegen § 3 II lit. h) ARB 2010 kein Kostenschutz.

§ 129 Abweichende Vereinbarungen. Von den §§ 126 bis 128 kann nicht zum Nachteil des Versicherungsnehmers abgewichen werden.

§ 129 erklärt zum Schutz des VN die §§ 126 bis 128 für **halbzwingend**. § 125 ist von dem Verweis nicht erfasst, da die Norm nur den Begriff und den wirtschaftlichen Zweck der Rechtsschutzversicherung beschreibt und die Ausgestaltung der Parteiautonomie überlässt. Ist eine Vertragsklausel nach § 129 unwirksam, greift die gesetzliche Regelung ein. 1

---

33 Vers-HB/*Obarowski*, § 37 Rn. 550; PK/*Hillmer-Möbius/Michaelis*, § 128 Rn. 25; P/M/*Armbrüster*, § 3a ARB 2010 Rn. 15; vgl. dazu *Füchtler* VersR 1991, 156.
34 P/M/*Armbrüster*, § 3a ARB 2010 Rn. 15; Vers-HB/*Obarowski*, § 37 Rn. 549.

Kapitel 3. Transportversicherung

Vorbemerkung zu §§ 130 ff.

Schrifttum:
Abele, Versicherungen im Logistikbereich, TransportR 2005, 383; *ders.,* Versicherungen der Spedition, TransportR 2006, 62; *Deutsche Gesellschaft für Transportrecht* (Hrsg.), Gütertransport und Versicherungen, Neuwied 1990; *Ehlers,* DTV-Güterversicherungsbedingungen, 2001; *ders.,* Auswirkungen der Reform des VVG auf das Transportsicherungsrecht, TransportR 2007, 5; *Enge,* Transportversicherung, Recht und Praxis in Deutschland und England, 1996; *Flach,* Auswirkungen des neuen Versicherungsvertragsrechts auf die Transportversicherungssparten, TranspR 2008, 56; *Franck,* Die Strukturen der Seeversicherung, TransportR 1997, 215; *Gerhard,* Die Auswirkungen der VVG-Reform auf die AVB Flusskasko, VersR 2007, 1064; *ders.,* Die Auswirkung der VVG-Reform auf die Wassersportkaskoversicherung, TransportR 2007, 458; *Leer,* die neuen Incoterms 2000, VersR 2000, 548; *Luttmer/Winkler,* Lieferungsbedingungen und Transportversicherung, Köln 2000; *Prüssmann/Rabe,* Seehandelsrecht, München 2000; *Ritter/Abraham,* Das Recht der Seeversicherung, Bd. I und II, Hamburg 1967; *Sieg,* Die Dispache: Rechtsgrundlagen, Verfasser, Funktion im Bereich der Versicherungsleistung, VersR 1996, 684; *ders.,* Herbeiführung des Versicherungsfalles in der Gütertransportversicherung durch den Spediteur, TransportR 1995, 195; *Thume,* Versicherungen des Transports, TransportR 2006, 1; *ders.,* der Regress des Transportversicherers, VersR 2008, 455; *Thume/de la Motte* (Hrsg.), Transportversicherungsrecht, München 2004.

1 Die § 130–§ 141 regeln die Versicherung von Gütern gegen die Gefahren der Beförderung zu Lande und auf Binnengewässern sowie die Versicherung von Schiffen gegen die Gefahren der Binnenschifffahrt unter Einbeziehung der Haftung für Kollisionsschäden. Die Regelungen beschränken sich damit auf die **Binnentransportversicherung.**

2 Das Transportversicherungsrecht im VVG hat mit der Reform eine grundsätzlich neue Gestaltung erfahren. Allerdings hat der Gesetzgeber die Materie nur soweit geregelt, wie die Besonderheiten der Transportversicherung Abweichungen von den allgemeinen Vorschriften des VVG erforderten, auf »inhaltlich produktgestalterische Vorgaben« wurde verzichtet.[1]

3 Die Transportversicherung ist in ihrer Eigenschaft als Versicherung der transportierten Güter eine **Güterversicherung,** in ihrer Eigenschaft als Versicherung des Transportmittels eine **Kaskoversicherung.** Versichert wird der Sachschaden, bei der Transportversicherung handelt es sich um eine Schadensversicherung. Der Versicherungsfall tritt ein, wenn ein Substanzschaden an der Sache oder ihr Verlust eingetreten ist. Daneben werden grundsätzlich Aufwendungen und Kosten ersetzt, jedoch nicht die reinen Vermögensschäden.

4 Die § 130 – § 140 sind dispositiv. Gem. § 210 i.V.m. Art. 10 Abs. 1 Nr. 1 EGVVG i.V.m. Anlage Teil A zum VAG finden die im VVG geltenden Beschränkungen der Vertragsfreiheit auf die Transportversicherung keine Anwendung, da es sich hierbei um die Versicherung von **Großrisiken** handelt. Dies gilt insbesondere für die Beratungspflicht aus § 6 I und die Informationspflicht aus § 7 I, auch steht dem VN kein Widerrufsrecht nach § 8 zu. Hintergrund ist die Annahme, dass sich bei Großrisiken zwei gleichstarke Verhandlungspartner gegenüberstehen, die den Schutz (halb-)zwingender Rechtsnormen nicht benötigen.

5 Die Praxis hat von der Möglichkeit, die gesetzlichen Regelungen durch **Allgemeine Versicherungsbedingungen** auszugestalten oder abzubedingen, in erheblichem Umfang Gebrauch gemacht. An dieser Stelle ist insbesondere auf die Güterversicherungsbedingungen DTV-Güter 2000/2008 und die Allgemeinen Deutschen Binnen-Transportversicherungsbedingungen (ADB) hinzuweisen. Trotz der bestehenden Privatautonomie unterliegen die im Rahmen einer Transportversicherung verwendeten AVB der **AGB-Kontrolle.**[2] Dem abbedungenen dispositiven Versicherungsrecht kommt hierbei eine Leitbildfunktion zu. Die bisher in diesem Bereich entwickelte Rechtsprechung ist auf die Rechtslage nach der Reform allerdings nur bedingt übertragbar. Die Entscheidungen ergingen überwiegend im Zusammenhang mit den aufgrund § 210 nur dispositiven Vorschriften über Obliegenheitsverletzungen. Dieser Bereich hat durch die Reform teilweise erhebliche Änderungen erfahren, so dass abzuwarten ist, wie sich die Rechtsprechung entwickelt.

6 Das Transportrecht wurde durch die Reform neu gestaltet, hat sich im Anwendungsbereich jedoch nicht verändert. Gemäß Art. 10 Abs. 1 S. 1 Nr. 1 EGVVG i.V.m. Anlage A zum VAG sind unter die Transportversicherung insbesondere die Landfahrzeug-, die Schienenfahrzeug-, die Binnensee- und die Flussschiffkaskoversicherung sowie die Transportgüterversicherung zu fassen. Ausschlaggebend für die Qualifikation als Transportversicherung ist, dass die Versicherung der Transportgefahr alleiniger oder doch überwiegender Gegenstand der Versicherung ist.[3] Für die Qualifikation kommt es nicht darauf an, wer den Transport durchführt, wessen Interesse versichert ist und ob die typische Allgefahrdeckung (vgl. hierzu § 130 Rdn. 3) durch anderweitige Regelungen in den AVB ganz oder teilweise abbedungen worden ist.[4] Obwohl der Ursprung der

---

1 Schlussbericht der VVG-Kommission, S. 89 ff.; *Ehlers* TransportR 2007, 5.
2 Ausführlich VersHb/*Heiss*, § 38 Rn. 31; vgl. auch Marlow/Spuhl/*Schneider*, Rn. 900.
3 BGH VersR 1983, 949; BGH VersR 1972, 85; OLG Koblenz VersR 1988, 1061; OLG Düsseldorf VersR 1975, 563.
4 P/K/*Pisani*, Vorbem. Art. 130–141 Rn. 8.

Transportversicherung in der kaufmännischen **Seeversicherung** liegt, findet das VVG entgegen des Vorschlages der Reformkommission[5] aufgrund der Vorschrift des § 209 nach wie vor keine Anwendung auf Seeversicherungen. Wird der Seetransport mit einem Binnentransport kombiniert, sind beide Transporte mangels einer dem § 147 a.F. entsprechenden Bestimmung[6] nun getrennt zu betrachten, so dass auf die jeweilige Transportart die hierfür geltenden Regelungen anzuwenden sind.[7] In diesem Zusammenhang ist bei einem kombinierten Versicherungsvertrag nun die grundsätzliche Geltung des VVG zu beachten mit der Folge, dass gegebenenfalls eine entsprechende Anpassung der Versicherungsbedingungen erforderlich ist, wenn nicht ohnehin eine laufende Versicherung vorliegt oder parteiautonome Regelungen bestehen. Die Allgemeinen Deutschen SeeVersBed (ADS) können für Binnenschifffahrts- und Landtransporte vereinbart werden.

Auch hinsichtlich der **Luftfahrtversicherung** in Form der Luftfahrtgüterversicherung ist die Rechtslage nach der Reform grundsätzlich die gleiche geblieben. Bei der Luftfahrtgüterversicherung handelt es sich um eine Transportversicherung.[8] Die speziellen Vorschriften der §§ 130 ff. finden jedoch aufgrund des in § 130 abschließend formulierten Anwendungsbereiches keine Anwendung. Rechtsgrundlagen der Luftfahrtgüterversicherung sind mangels konkreter Ausprägung neben den Allgemeinen Vorschriften des VVG die Vorschriften über die Schadensversicherung §§ 74–99. Die Vertragsparteien können diese Vorschriften jederzeit abbedingen, da auch die Luftfahrtversicherung ein Großrisiko im Sinne des § 210 in Verbindung mit Art. 10 Abs. 1 S. 2 Nr. 1 EGVVG darstellt. Im Übrigen ist die Luftfahrtversicherung durch ihre internationale Ausrichtung überwiegend durch Abkommen geregelt. 7

§ 130 Umfang der Gefahrtragung.

(1) Bei der Versicherung von Gütern gegen die Gefahren der Beförderung zu Lande oder auf Binnengewässern sowie der damit verbundenen Lagerung trägt der Versicherer alle Gefahren, denen die Güter während der Dauer der Versicherung ausgesetzt sind.

(2) ¹Bei der Versicherung eines Schiffes gegen die Gefahren der Binnenschifffahrt trägt der Versicherer alle Gefahren, denen das Schiff während der Dauer der Versicherung ausgesetzt ist. ²Der Versicherer haftet auch für den Schaden, den der Versicherungsnehmer infolge eines Zusammenstoßes von Schiffen oder eines Schiffes mit festen oder schwimmenden Gegenständen dadurch erleidet, dass er den einem Dritten zugefügten Schaden zu ersetzen hat.

(3) Die Versicherung gegen die Gefahren der Binnenschifffahrt umfasst die Beiträge zur großen Haverei, soweit durch die Haverei-Maßnahmen ein von dem Versicherer zu ersetzender Schaden abgewendet werden sollte.

Übersicht

	Rdn.		Rdn.
A. Normzweck	1	3. Nichtigkeit einzelner Klauseln	12
B. Norminhalt	3	4. Eintritt des Versicherungsfalls	13
I. Umfang der Güterversicherung nach § 130 Abs. 1	3	5. Beweislast	14
1. Begriffsbestimmung	8	II. § 130 Abs. 2 S. 2 VVG	15
2. Nichtigkeit des Transportvertrages	11	III. § 130 Abs. 3 VVG	17
		C. Abänderlichkeit	20

A. Normzweck

§ 130 regelt in Abs. 1 den Umfang des Versicherungsschutzes für die Güterversicherung und in Abs. 2 für die Versicherung von Schiffen in sachlicher und zeitlicher Hinsicht. Bei der Güterversicherung umfasst der Versicherungsschutz alle Gefahren der Beförderung zu Lande oder auf Binnengewässern nebst der damit verbundenen Lagerung. Bei der **Schiffsversicherung** umfasst der Versicherungsschutz die Gefahren der Binnenschifffahrt unter Einbeziehung der Haftpflicht für Kollisionsschäden. Zur Schiffsversicherung gehören nach Abs. 3 auch die Beiträge zur großen Haverei. 1

§ 130 I entspricht der Regelung des § 129 I a.F.; § 130 II entspricht dem bisherigen § 129 II 1. 2

---

5 Abschlussbericht der VVG-Kommission, S. 10, der Gesetzgeber begründete die Abweisung damit, dass die dann für Seeversicherungsverträge notwendig werdende Berücksichtigung der Vorschriften des VVG im Rahmen der AGB-Kontrolle zu einer unträgbaren Rechtsunsicherheit in diesem Bereich führen würde, vgl. BT-Drucks. 16/3945 S. 115; zur Diskussion vergleiche auch *Johannsen* VersR 2005, 319 und *Richartz* TransportR 2007, 300.

6 Hiernach blieb auch dann die Seeversicherung vom Geltungsbereich des VVG ausgenommen und der gesamte Transport wurde dem Seeversicherungsrecht unterstellt.

7 Marlow/Spuhl/*Schneider*, Rn. 898.

8 Thume/de la Motte/*Müller-Rostin*, Transportversicherungsrecht, Kap. 3, Rn. 780; P/M/*Voit/Knappmann*[27], § 129 Rn. 8.

B. Norminhalt
I. Umfang der Güterversicherung nach § 130 Abs. 1

3 Im Gegensatz zu den übrigen Arten der Schadensversicherung, die auf dem Prinzip der Spezialität der Gefahren beruhen, wird die Transportversicherung vom Prinzip der Universalität der Gefahren bestimmt. Sie bietet Versicherungsschutz gegen alle Gefahren, denen die Güter oder das Schiff während der Beförderung sowie der damit verbundenen Lagerung ausgesetzt sind. Allerdings kann das für die Transportversicherung typische Merkmal der **Allgefahrdeckung** durch die AVB eingeschränkt oder völlig aufgehoben werden, ohne dass dies auf die Einordnung als Transportversicherung Einfluss hat (siehe hierzu Vor §§ 130 ff.). Es sind also verschiedene Deckungsvarianten denkbar. Die gilt auch für die DTV-Güter 2000/2011, gem. Ziff. 2.1 besteht volle Deckung nur, »sofern nichts anderes bestimmt ist«.

4 Eine Transportversicherung liegt immer dann vor, wenn die Transportgefahr allein oder doch überwiegend Gegenstand des Versicherungsvertrages ist. Wesentliches Kriterium für die Beurteilung des Vorliegens einer tatsächlichen Transportgefahr ist hierbei, »dass die Güter während ihrer Beförderung fremder und wechselnder Obhut überlassen werden müssen«[1]. Allerdings stellt das Fehlen fremder und wechselnder Obhut kein Ausschlusskriterium da, sondern hat lediglich Indizwirkung. Unerheblich ist, wer den Transport durchführt. Dieser kann von dem VN oder dem Versicherer selber sowie einem ihrer Angestellten oder von einer anderen mit dem Transport beauftragten Person durchgeführt werden.

5 Soweit nun ausdrücklich auch die mit der Beförderung verbundene **Lagerung** in den Anwendungsbereich mit einbezogen wird, handelt es sich um eine Festschreibung der ständigen Rechtsprechung. Hiernach umfasste die Transportversicherung auch die Gefahren, denen die Güter in einem vorübergehenden Ruhezustand, aber bei grundsätzlicher Bewegungsbereitschaft und absehbarere Weiterbewegung ausgesetzt waren.[2]

6 Eine Transportversicherung ist in den folgenden Einzelfällen **bejaht** worden:

Autoinhaltsversicherung	(OLG Koblenz VersR 1988, 1061, hier ging es um das Risiko eines Pferdetransportes)
Hakenlastversicherung	(Hammacher VersR 1997, 288)
Wassersportfahrzeugversicherung	(BGH VersR 1988, 463, es kann jedoch auch eine Einordnung als Sachversicherung vorgenommen werden)
Werkverkehrs-Güterversicherung	(LG Stuttgart VersR 1989, 1191; LG Köln VersR 1979, 618; LG Hamburg VersR 1983, 236; Düsseldorf VersR 1998, 573)
Werkverkehrs-Güterversicherung	(LG Stuttgart VersR 78, 835; 89, 1191; LG Köln VersR 79, 618; LG Hamburg VersR 83, 236)

7 Das Vorliegen einer Transportversicherung wurde insbesondere in den folgenden Einzelfällen **verneint**:

Ausstellungsversicherung	(VerBAV 53, 78; VerBAV 88, 216, dies gilt auch für den Fall, dass der Hin- und Rücktransport in den Vertrag eingeschlossen sind, vgl. OLG Hamm VersR 1990, 519)
CMR-Versicherung	(BGH TransportR 1998, 21; 1999, 155)
Einheitsversicherung	(»während der Zeit, in der der VN nach Gesetz oder Vereinbarung die Gefahr für die versicherte Waren trägt«, VerBAV 73, 86; VerBAV 84, 390, 399; VerBAV 87, 176, 178)
auch in den Varianten	
Juwelierwaren-Einheitsversicherung	(vgl. AVB Reparatur, VerBAV 86, 349)
und Rauchwaren-Einheitsversicherung	(AVB Rauchwaren – Kundeneigentum 84, VerBAV 84, 176)

Keine Transportversicherung, da die Transportgefahr zwar mitversichert sein kann, jedoch nicht überwiegt:

Fahrradversicherung	(VerBAV 86, 485 = QIR 29.1.03)
Fotoapparateversicherung	(VerBAV 80, 321 = QIR 29.1.07)
Garderobenversicherung	(VerBAV 87, 6 = QIR 29.1.07)
Jagd-Sportwaffenversicherung	(VersBAV 87, 6)
Kfz-Kaskoversicherung	(hierbei erstreckt sich der Versicherungsschutz lediglich auf das Fahrzeug und nicht auf den Inhalt)
Kfz-Versicherung	(AKB)
Kühlgüterversicherung	(VerBAV 67, 90; 68, 199; 86, 383 = QIR 29.1.08; das mitversicherte Risiko des An- und Abtransports überwiegt nicht)

---

1 BGH VersR 1972, 85, so im Wesentlichen auch BGHZ 51, 358 und BGH VersR 1983, 946.
2 BGH VersR 1972, 85; VersR 1983, 946; BGHZ 51, 358; Marlow/Spuhl/*Schneider*, Rn. 905; kritisch *Schumacher*, Lagergeschäfte, S. 99.

Maschinenversicherung	(AMB: Teil III. N. Technische Vers, Vorb. 1)
Montageversicherung	(AmoB, Teil III. N. Technische Vers)
Musikinstrumentenversicherung	(VerBAV. 87, 8 = QIR 29.1.06)
Reisegepäckversicherung	(LG Hamburg VersR 1990, 1234; es überwiegt die Diebstahlsgefahr)
Reiselagerversicherung für Juweliere	(AVB 1988; kein Überwiegen des Transportrisikos, das stationäre Risiko ist ebenso hoch, vgl. BGH VersR 72, 85; 85, 379; LG Karlsruhe NJW-RR 86, 1037)
Schaustellerversicherung	(BGH VersR 83, 949)
Valorenversicherung	
weder für Privatpersonen	(ähnlich wie Reisegepäck, vgl. BGH 51, 356)
noch im gewerblichen Bereich	(vgl. zum Beispiel Reiselagerversicherung, bei der es sich um eine Valorenversicherung handelt)

1. Begriffsbestimmung

Güter im Sinne des § 130 sind alle Sachen, die aus gewerblichen oder privaten Gründen zum Gegenstand eines Beförderungsvertrages gemacht worden sind.[3] Regelmäßig werden lediglich die Substanzschäden, daher Verlust oder Beschädigung des Gutes, ersetzt.[4] Verlust wird neben dem Untergang des Gutes auch dann angenommen, wenn es unauffindbar ist oder aus anderen tatsächlichen oder rechtlichen Gründen nicht nur vorübergehend ein Auslieferungshindernis an den berechtigten Empfänger besteht[5], vgl. auch 17.1 DTV-Güter 2000/2011. 8

Beschädigung ist jede Verletzung an der Substanz des Gutes, die eine wirtschaftliche Werteinbuße zur Folge hat.[6] 9

Ein **Schiff** ist ein schwimmfähiger Hohlkörper von nicht ganz unbedeutender Größe, der fähig und dazu bestimmt ist, auf oder unter Wasser fortbewegt zu werden und dabei Personen oder Sachen zu tragen.[7] Aufgrund der geringen Größe fallen Kleinboote, die mit Muskelkraft fortbewegt werden, nicht unter die Vorschrift.[8] **Binnenschifffahrt** meint die Fahrt auf Binnengewässern, unerheblich ist, ob es sich bei dem Schiff um ein Binnen- oder Seeschiff handelt.[9] 10

2. Nichtigkeit des Transportvertrages

Die Nichtigkeit eines Handelsgeschäftes, das die versicherten Güter betrifft, kann die Nichtigkeit des Transportversicherungsvertrages gem. §§ 134, 138 BGB nach sich ziehen. Dies ist der Fall, wenn es aufgrund der Nichtigkeit des Handelsgeschäftes an einem »erlaubten versicherten Interesse« fehlt.[10] Die in Anspruch genommene Versicherung kann sich unter Umständen jedoch nach Treu und Glauben dann nicht auf die Nichtigkeit des Versicherungsvertrages berufen, wenn sie die Umstände, die zur Nichtigkeit des Handelsgeschäftes führten, kannte.[11] Die §§ 134, 138 BGB kommen insbesondere im Zusammenhang mit Aus- und Einfuhr- sowie Embargovorschriften zum Tragen. Findet auf den Versicherungsvertrag ausländisches Recht Anwendung, sind entsprechende zwingende deutsche Verbots- oder Gebotsvorschriften als Eingriffsnormen zu berücksichtigen.[12] 11

3. Nichtigkeit einzelner Klauseln

Einzelne Klauseln im Transportversicherungsvertrag können unabhängig von der Nichtanwendbarkeit der Beschränkungen der Vertragsfreiheit im VVG nach den §§ 305 ff. BGB unwirksam sein. Bei der Beurteilung der Wirksamkeit einer in einem deutschen Transportversicherungsvertrag enthaltenen Klausel durch ein Gericht hat dieses insbesondere auf die Internationalität des Regelungsbereiches Rücksicht zu nehmen. Dies ist durch § 310 I BGB gewährleistet. Das Gericht hat die im Handelsverkehr geltenden Gewohnheiten und Gebräuche angemessen zu berücksichtigen. Soweit also internationale Praxis in einzelne Klauseln des Vertrages Einzug gefunden hat, wird diese auch dann berücksichtigt, wenn sie von deutschem dispositivem Gesetzesrecht abweicht. 12

---

3 OLG Hamburg MDR 1970, 1016; *Thume*/de la Motte/Ehlers, Teil 2 Rn. 414; P/M/*Koller*, § 130 Rn. 2; PK/*Pisani*, § 130 Rn. 11 ff.
4 P/M/*Koller*, § 130 Rn. 4; argumentum e § 136; *Thume* TranspR 2006, 3 f.
5 BGH VersR 1978, 318.
6 *Thume*/de la Motte/Ehlers, Teil 2 Rn. 416.
7 *Prüßmann/Rabe*, Seehandelsrecht, Einf. I A1; P/M/*Voit/Knappmann*[27], § 129 Rn. 13; P/M/*Koller*, § 130 Rn. 6; ähnlich BGH NJW 1952, 1135.
8 Vgl. BGHZ 57, 309.
9 *Prüßmann/Rabe*, Einf. I C; PK/*Pisani*, § 130 Rn. 7.
10 BGH VersR 1972, 849; OLG Hamburg TranspR 1994, 25, 26; vgl. auch BGH VersR 1962, 659.
11 *Thume*/de la Motte/Ehlers Teil 2 Rn. 423; P/M/*Voit/Knappmann*[27], § 129 Rn. 22.
12 Zu den Eingriffsnormen im Einzelnen MünchKommBGB/*Martiny*[4], Art. 34 EGBGB, Rn. 10 ff.

4. Eintritt des Versicherungsfalls

13 Der Versicherungsfall tritt ein, wenn während des Versicherungszeitraumes durch eine Gefahr, der die Güter oder das Schiff ausgesetzt sind, ein Schaden eintritt. Soweit nicht ausdrücklich ausgeschlossen, deckt der Versicherer alle Gefahren ab, jedoch werden nicht automatisch alle Schäden ersetzt. Ist nichts anderes vereinbart, ist grundsätzlich nur der **Substanzschaden** ersatzfähig[13], vgl. auch 2.1 DTV-Güter 2000/2011 Neben den Fällen der Zerstörung und dem Verlust der Sache werden zum Beispiel auch Kühlschäden, insbesondere die durch das Antauen tiefgefrorener Ware entstandenen Schäden, ersetzt.[14] Ist die Ware verpackt und nur zusammen mit der unbeschädigten Verpackung zu dem üblichen Preis verkäuflich, ist ein Substanzschaden auch anzunehmen, wenn die Verpackung zum Beispiel verschmutzt oder verbeult wurde oder Rost angesetzt hat.

5. Beweislast

14 Aufgrund der Allgefahrdeckung trifft den VN im Schadensfall lediglich die **Beweislast** dafür, dass die Güter oder das Schiff bei Beginn des Versicherungszeitraumes unbeschädigt waren. Kommt das Versicherungsgut beschädigt beim Empfänger an oder erreicht es diesen nicht, liegt ein Schadensfall vor. Ist der Versicherer der Ansicht, der Schaden sei durch eine nicht mitversicherte Gefahr verursacht worden, trägt dieser hierfür die Beweislast.[15] Dem entsprechen auch die AVB Flusskasko. Abweichend hierzu sehen zum Beispiel die DTV-Güter in Ziff. 2.6 eine Beweiserleichterung zugunsten des Versicherers vor und lassen die überwiegende Wahrscheinlichkeit ausreichen.[16] Eine Beurteilung der Beweislastregelungen ist folglich immer unter Berücksichtigung der vertraglichen Regelungen vorzunehmen.

II. § 130 Abs. 2 S. 2 VVG

15 § 130 II 2 regelt die **Kollisionshaftpflicht** in der Binnenschifffahrt. Er entspricht inhaltlich dem § 129 II 2 a.F. Der Versicherer haftet auch für den Schaden, den der VN infolge eines Zusammenstoßes von Schiffen einem Dritten zu ersetzen hat. Zusätzlich geregelt ist nun der Fall, dass eine Schadensersatzpflicht gegenüber einem Dritten ausgelöst wird, weil das Schiff mit einem festen oder schwimmenden Gegenstand zusammenstößt. Hierbei handelt es sich nicht um einen Haftpflichtfall[17] im Sinne der §§ 100 ff., vielmehr gelten die Vorschriften über die Transportversicherung.[18] Dies stellt jedoch einen Sonderfall dar, sonstige aus Schiffsunfällen resultierende Versicherungsfälle gegenüber Dritten beurteilen sich nach den Regeln über die Haftpflichtversicherung. Der Abschluss einer solchen ist teilweise durch entsprechende Rechtsvorschriften zwingend vorgeschrieben. Ist dies der Fall, finden die Vorschriften über die Pflichtversicherung Anwendung.

16 **Haftungsrechtlich** beurteilen sich Schiffszusammenstöße nach den §§ 734 ff. HGB. Für Zusammenstöße auf Flüssen und sonstigen Binnengewässern ergibt sich die entsprechende Anwendung aus § 92 BinnSchG. Darüber hinaus sind in diesem Zusammenhang stets die internationalen Abkommen zu beachten.

III. § 130 Abs. 3 VVG

17 Nach § 130 III umfasst die Versicherung gegen die Gefahren der Binnenschifffahrt auch die Beiträge zur **großen Haverei**, vgl. auch 2.3.1.1 DTV-Güter 2000/2011. Die Vorschrift stimmt sachlich mit der Regelung des § 133 I 1 a.F. überein. § 130 III ist zwar insofern einschränkend, als die Beiträge nur umfasst sind, wenn durch die Haverei-Maßnahme ein vom Versicherer zu ersetzender Schaden abgewehrt werden sollte. Dies ist der Maßnahme jedoch im Grunde immanent und führt in aller Regel zu keinem sachlich anderen Ergebnis als bisher. Gemäß § 78 I BinnSchG umfasst die Große Haverei »*alle Schäden, welche einem Schiffe oder der Ladung desselben oder beiden zum Zwecke der Errettung beider aus einer gemeinsamen Gefahr von dem Schiffer oder auf dessen Geheiß vorsätzlich zugefügt werden ...*«.

18 Die **Einschätzung der Gefahrensituation** für Schiff oder Ladung obliegt dem Schiffer, der die erforderlichen Maßnahmen nach pflichtgemäßer Prüfung einleitet. Hierbei muss jedoch eine Gefährdung unmittelbar bevorstehen, damit die Rettungshandlungen tatsächlich dem Zwecke der Errettung dienen können.[19] Darf der Schiffer die eingeleiteten Rettungshandlungen für geeignet halten, kommt es nicht auf die tatsächliche Eignung an.[20]

---

13 Thume/de la Motte/*Thume*, Teil 2 Rn. 416.
14 OLG Hamburg VersR 1989, 1214 zum Antauen tiefgefrorener Ware; BGH VersR 1974, 1013; 1965, 755; OLG Hamburg VersR 1986, 483, 865.
15 P/M/*Voit/Knappmann*[27], § 129 Rn. 15a; P/M/*Koller*, § 130 Rn. 5; R/L/*Langheid*, § 130 Rn. 25; BK/*Dallmayr*, § 129 Rn. 14; OLG Hamburg VersR 1991, 544.
16 VersHb/*Heiss/Trümper* § 38 Rn. 155.
17 RGZ 1959, 158.
18 BT-Drucks. 16/3945 S. 92; OLG Karlsruhe VersR 1997, 737; HK-VVG/*Harms*, Vor § 130 Rn. 1; P/M/*Koller*, § 130 Rn. 6; *Bruns*, Privatversicherungsrecht, § 24 Rn. 4.
19 Vgl. auch P/M/*Voit/Knappmann*[27], § 133 Rn. 1; P/M/*Koller*, § 130 Rn. 8; PK/*Pisani*, § 130 Rn. 27; OLG Köln TranspR 2000, 225.
20 PK/*Pisani*, § 130 Rn. 28.

Die **Rechtsfolgen** der Haverei bestimmten sich nach den §§ 700 ff. HGB. 2013 sind diese Vorschriften gestrichen worden. Die Beiträge tragen Schiff und Ladung gemeinsam. Der auf das jeweilige Interesse entfallene Beitrag wird in einem Verteilungsplan (Dispache) bestimmt. Hierbei wird der zu vergütende Schaden durch die beitragspflichtigen Werte – Schiff, gerettete Ware – dividiert.[21] Die Aufteilung beruht auf dem Gedanken, dass die eingesetzten Werte im Interesse aller Beteiligten geopfert wurden und damit die geretteten Werte anteilmäßig eine Entschädigung zu leisten haben.[22] Die Belastung mit Beiträgen stellt ein Haftungsrisiko dar. Die Vorschriften fanden in der Praxis allerdings selten Anwendung. In der Binnenschifffahrt richtet sich das Vorgehen nach den Stromgebieten, in denen jeweils eigene Regeln gebräuchlich sind (vgl. zum Beispiel die von der Internationalen Vereinigung des Rheinschifffahrtsregisters ins Leben gerufene Rheinregel IVR 1979), im Seehandelsrecht wurden die §§ 700 ff. HGB regelmäßig durch die York-Antwerp-Rules (YAR) ersetzt. Auch 2.3.1.1 DTV-Güter 2000/2011 nimmt Bezug auf die York Antwerpener Regeln sowie die Rhein-Regeln IVR.

C. Abänderlichkeit

Die Vorschrift ist abdingbar. 20

§ 131 Verletzung der Anzeigepflicht. (1) ¹Abweichend von § 19 Abs. 2 ist bei Verletzung der Anzeigepflicht der Rücktritt des Versicherers ausgeschlossen; der Versicherer kann innerhalb eines Monats von dem Zeitpunkt an, zu dem er Kenntnis von dem nicht oder unrichtig angezeigten Umstand erlangt hat, den Vertrag kündigen und die Leistung verweigern. ²Der Versicherer bleibt zur Leistung verpflichtet, soweit der nicht oder unrichtig angezeigte Umstand nicht ursächlich für den Eintritt des Versicherungsfalles oder den Umfang der Leistungspflicht war.
(2) ¹Verweigert der Versicherer die Leistung, kann der Versicherungsnehmer den Vertrag kündigen. ²Das Kündigungsrecht erlischt, wenn es nicht innerhalb eines Monats von dem Zeitpunkt an ausgeübt wird, zu welchem dem Versicherungsnehmer die Entscheidung des Versicherers, die Leistung zu verweigern, zugeht.

Übersicht

	Rdn.		Rdn.
A. Normzweck	1	III. Rechtsfolgen der Anzeigepflichtverletzung	7
B. Norminhalt	3	1. Rechte des Versicherers	7
I. Umfang der Anzeigepflicht des VN	3	2. Rechte des VN	10
II. Zeitpunkt der Anzeige	6		

A. Normzweck

§ 131 I schließt für die Transportversicherung abweichend von § 19 II bei einer Verletzung der Anzeigepflicht 1 durch den VN den Rücktritt des Versicherers aus. Anstelle des Rücktrittsrechts erhält der Versicherer ein **Kündigungs- und Leistungsverweigerungsrecht**. Verweigert der Versicherer die Leistung, ohne die Kündigung auszusprechen, räumt § 131 II wiederum dem VN ein **besonderes Kündigungsrecht** ein. Die Vorschrift hat keine Entsprechung im VVG a.F.
Die Regelung des § 131 soll verhindern, dass durch § 19 II für die Transportversicherung ein falsches gesetzliches Leitbild geschaffen wird.[1] Ein Rücktrittsrecht bei vorvertraglicher Anzeigepflichtverletzung entspricht nicht der gängigen Praxis im Transportversicherungsrecht. Hier ist es vielmehr üblich, den Versicherer bei Verletzung der Anzeigepflicht leistungsfrei zu stellen, vgl. Ziff. 4.2. DTV-Güter 2000/2011 Mit § 131 wird diese abweichende Praxis gesetzlich anerkannt. Eine wortgleiche Vorschrift findet sich in § 56 für die laufende Versicherung. 2

B. Norminhalt

I. Umfang der Anzeigepflicht des VN

§ 131 weicht lediglich hinsichtlich der Rechtsfolgen von der allgemeinen Vorschrift des § 19 II ab. Für die Tat- 3 bestandsseite, also hinsichtlich des **Umfanges der Anzeigepflicht** des VN, kann auf die Ausführungen zu § 19 verwiesen werden. Der VN muss alle in Textform gestellten Fragen des Versicherers beantworten. Die in der vorgeschriebenen Textform gestellten Fragen bestimmen den Umfang der Anzeigepflicht. Damit trägt der Versicherer das Risiko einer Fehleinschätzung der gefahrerheblichen Umstände und einer hieraus resultierenden falschen oder unzureichenden Fragestellung.

---

21 Vgl. im Einzelnen *Rabe*, § 716 HGB Rn. 2.
22 PK/*Pisani*, § 130 Rn. 29; *Enge*, Transportversicherung, S. 60.
1 BT-Drucks. 16/3945 S. 92.

§ 131 Verletzung der Anzeigepflicht

4 Die gesetzliche Neuregelung steht in erheblichem Widerspruch zu den einschlägigen AVB. Dies liegt darin begründet, dass sie von dem § 16 I VVG a.F. abweicht. Hiernach musste der VN bei der Schließung des Vertrages alle ihm bekannten gefahrerheblichen Umstände anzeigen und konnte sich nicht auf die Beantwortung der in Textform gestellten Fragen beschränken. Das Risiko einer Fehleinschätzung der Entscheidungsrelevanz lag damit beim VN. Diese Risikoverteilung findet sich wie vor in den DTV-Güter. Nach Ziff. 4.1 DTV-Güter 2000/2008 sind **alle für die Übernahme des Versicherungsschutzes gefahrerheblichen Umstände** anzuzeigen. Gefahrerheblich sind nach Ziff. 4.1 DTV-Güter 2000/2011 die Umstände, die geeignet sind, auf den Entschluss des Versicherers, den Vertrag überhaupt oder mit dem vereinbarten Inhalt abzuschließen, Einfluss auszuüben. Die Anzeigepflicht beschränkt sich also nicht nur auf die in Textform abgefragten Umstände. Soweit nach Punkt 4.1 DTV-Güter 2000/2011 darüber hinaus die »gestellten Fragen« wahrheitsgemäß und vollständig zu beantworten sind, ist die Formulierung wohl unbeabsichtigt weit geraten.[2] Der VN muss auch hier lediglich Fragen beantworten, die gefahrerhebliche Umstände betreffen.[3] Ein Umstand, nach dem der VR ausdrücklich oder schriftlich gefragt hat, gilt dabei nach Ziff. 4.1 DTV-Güter 2000/2011 im Zweifel als gefahrerheblich. Im Ergebnis gehen die Pflichten jedoch deutlich über § 19 I hinaus. Kommt Ziff. 4.1 DTV-Güter zur Anwendung, ersetzen die sie wegen § 210 dispositiven §§ 19 ff.

5 Eine weitere Abweichung findet sich bei der Frage der Kenntnis oder des Kennenmüssens des anzeigepflichtigen Umstandes. Nach § 19 1 1 muss der VN nur die ihm **bekannten** entscheidungserheblichen Gefahrumstände anzeigen. Die DTV-Güter 2000/2011 gehen in Ziff. 4.2 darüber hinaus und stellen den Versicherer auch leistungsfrei, wenn die Anzeige deshalb unterblieben ist, weil der VN den Umstand infolge grober Fahrlässigkeit nicht kannte.[4]

II. Zeitpunkt der Anzeige

6 Maßgeblicher Zeitpunkt für die Anzeige der gefahrerheblichen Umstände ist die **Abgabe der Vertragserklärung**. Hierunter ist die auf den Abschluss des Versicherungsvertrages gerichtete Willenserklärung des VN zu verstehen. Die Vertragserklärung ist damit in der Regel der Antrag des VN auf Vertragsabschluss.[5] Mit Abgabe des Antrags auf Vertragsschluss und der damit verbundenen Beantwortung der gestellten Fragen kann der VN davon ausgehen, dass er alles Erforderliche getan hat, um seine Anzeigeobliegenheit zu erfüllen.[6] Ziff. 4.1 DTV-Güter 2000/2011 stellt in Abweichung dazu für die vorvertragliche Anzeigepflicht auf den Abschluss des Vertrages ab.

III. Rechtsfolgen der Anzeigepflichtverletzung

1. Rechte des Versicherers

7 Der Versicherer kann bei Verletzung der Anzeigepflicht den Vertrag kündigen und die Leistung verweigern. Die Leistungsverweigerung setzt allerdings eine Kündigung nicht voraus, ansonsten wäre die Kündigungsmöglichkeit des VN in § 131 II überflüssig. Die **Kündigungsfrist** beträgt einen Monat ab Kenntnis von dem nicht oder unrichtig angezeigten Umstand. Die Frist beginnt erst zu laufen, wenn der Versicherer zuverlässige Kenntnis von der Anzeigepflichtverletzung erlangt hat.[7] Ergeben sich für den Versicherer jedoch Anhaltspunkte für eine Verletzung, ist er zur Rückfrage verpflichtet. Die Frist beginnt beim Unterlassen der gebotenen Rückfrage zu dem Zeitpunkt, in dem der Versicherer bei ordnungsgemäßer Rückfrage Kenntnis von den die Anzeigepflichtverletzung begründenden Umständen erlangt hätte.[8] Insoweit ist auf die Grundsätze des § 21 I 1 und 2 zu verweisen.

8 Das Leistungsverweigerungsrecht steht dem Versicherer **unabhängig** von einem **Verschulden** des VN zu. Die Einschränkungen des § 19 III–V finden keine Anwendung, sodass ein vorsätzliches oder grob fahrlässiges Verhalten des VN nicht erforderlich ist. Abweichend hiervon regelt Ziff. 4.2 DTV-Güter 2000/2011, dass dem Versicherer bei schuldlos unvollständigen oder unrichtigen Angaben kein Leistungsverweigerungsrecht zusteht.

Der Versicherer kann jedoch vom VN die Vereinbarung einer **Zuschlagsprämie** verlangen, die der höheren Gefahr entspricht, Ziff. 4.4.

9 Das Leistungsverweigerungsrecht steht dem Versicherer nur zu, wenn und soweit der nicht angezeigte Umstand **kausal** für den Eintritt des Versicherungsfalles oder den Umfang der Leistungspflicht war. Hierbei ist es

---

[2] Vgl. auch VersHb/*Heiss/Trümper*, § 38 Rn. 103.
[3] L/W/*Kollatz*, § 131 Rn. 4; R/L/*Langheid*, § 131 Rn. 3. Dies ergibt sich insbesondere aus Punkt 4.1 S. 3 DTV-Güter, wonach vermutet wird, dass die vom Versicherer schriftlich nachgefragten Umstände gefahrerheblich sind. Müsste der VN darüber hinaus auch nicht gefahrerhebliche Umstände auf Nachfrage offenlegen, würde sich die Vermutungsregelung erübrigen.
[4] VersHb/*Heiss/Trümper*, § 38 Rn. 103.
[5] Begr. RegE BT-Drucks. 16/3945 S. 65.
[6] Begr. RegE BT-Drucks. 16/3945 S. 65.
[7] OLG Hamm VersR 1990, 76; OLG München VersR 1986, 156; OLG Köln VersR 1973, 1035; VersR 1982, 1092.
[8] BGHZ 108, 326, 329; L/W/*Muschner*, § 21 Rn. 12; P/M/*Armbrüster*, § 21 Rn. 22.

allerdings ausreichend, dass der nicht angezeigte Umstand mitursächlich war.⁹ Dem VN steht es frei, den Kausalitätsgegenbeweis zu führen (vgl. § 21 Rn. 11).

Nach Ziff. 4.5 DTV-Güter 2000/2011 bleibt das Recht des Versicherers, den Vertrag wegen arglistiger Täuschung über Gefahrumstände anzufechten, unberührt.

2. Rechte des VN

Macht der Versicherer von seinem Leistungsverweigerungsrecht Gebrauch, steht dem VN nach § 131 II ein **Kündigungsrecht** zu, vgl. auch Ziff. 4.2 DTV-Güter 2000/2011. Dieses Recht hat er in jedem Fall, auch dann, wenn die Leistungsverweigerung rechtmäßig war.¹⁰ Der Versicherer bleibt nach Ziff. 4.3 DTV-Güter 2000/2011 jedenfalls dann zur Leistung verpflichtet, wenn er die gefahrerheblichen Umstände oder deren unrichtige Anzeige kannte. Diese Leistungsverpflichtung besteht nach Ziff. 4.3 DTV-Güter 2000/2011 auch bei fehlendem Verschulden. Die Kündigung muss innerhalb eines Monats nach Zugang der Entscheidung des Versicherers über die Leistungsverweigerung erfolgen. Nach Ablauf der Frist erlischt das Kündigungsrecht. Für den Fristablauf trifft den Versicherer die Beweislast.

10

§ 132 Gefahränderung.
(1) ¹Der Versicherungsnehmer darf abweichend von § 23 die Gefahr erhöhen oder in anderer Weise ändern und die Änderung durch einen Dritten gestatten. ²Die Änderung hat er dem Versicherer unverzüglich anzuzeigen.
(2) ¹Hat der Versicherungsnehmer eine Gefahrerhöhung nicht angezeigt, ist der Versicherer nicht zur Leistung verpflichtet, wenn der Versicherungsfall nach dem Zeitpunkt eintritt, zu dem die Anzeige dem Versicherer hätte zugehen müssen. ²Er ist zur Leistung verpflichtet,
1. wenn ihm die Gefahrerhöhung zu dem Zeitpunkt bekannt war, zu dem ihm die Anzeige hätte zugehen müssen,
2. wenn die Anzeige weder vorsätzlich noch grob fahrlässig verletzt worden ist oder
3. soweit die Gefahrerhöhung nicht ursächlich für den Eintritt des Versicherungsfalles oder den Umfang der Leistungspflicht war.
(3) Der Versicherer ist abweichend von § 24 nicht berechtigt, den Vertrag wegen einer Gefahrerhöhung zu kündigen.

Übersicht	Rdn.		Rdn.
A. Normzweck	1	II. Leistungsfreiheit des Versicherers und	
B. Norminhalt	3	Ausnahmen, § 132 Abs. 2	10
I. Anzeigepflicht des VN bei Gefahrände-		1. Leistungsfreiheit	10
rung und Gefahrerhöhung, § 132 Abs. 1	3	2. Ausnahmen von der Leistungsfreiheit	11
1. Anzeigepflicht	3	III. Kein Kündigungsrecht des Versicherers,	
2. Gefahränderung und Gefahrerhöhung	7	§ 132 Abs. 3	14
		C. Abdingbarkeit	16

A. Normzweck

§ 132 garantiert dem VN den **Fortbestand des Versicherungsschutzes** auch im Falle einer Gefahrerhöhung oder -änderung, wenn der VN seiner Anzeigepflicht ordnungsgemäß nachgekommen ist oder kein ursächlicher Zusammenhang zwischen Gefahrerhöhung und Versicherungsfall oder Umfang der Leistungspflicht besteht. Die Vorschrift wurde neu in das VVG aufgenommen, sie ist inhaltlich an Ziff. 5 DTV-Güter 2000/2011 orientiert. Sie entspricht dem berechtigten Interesse des VN, da sich eine Änderung der Gefahrenlage häufig seinem Einfluss entzieht.¹ Die allgemeinen Vorschriften der §§ 23 ff. werden dieser besonderen Interessenlage nicht gerecht, so dass eine Sonderregelung angezeigt war.²

1

Voraussetzung für den Fortbestand des Versicherungsschutzes ist, dass durch die **Änderung der Gefahrenlage** nicht ein völlig anderes als das versicherte Risiko entsteht. Eine Gefahränderung ist nur dann vom Anwendungsbereich des § 132 umfasst, wenn sie sich noch im Rahmen des versicherten Risikos bewegt. Dies ist insbesondere dann nicht der Fall, wenn ein anderes als das versicherte Transportgut, zum Beispiel Kaffee anstatt Tabak³ befördert wird.

2

---
9 BGH VersR 1990, 297; BGH NJW-RR 1996, 795, 796; PK/*Pisani*, § 131 Rn. 21; R/L/*Langheid*, § 21 Rn. 26.
10 Begr. RegE BT-Drucks. 16/3945 S. 92.
1 Begr. RegE BT-Drucks. 16/3945 S. 92.
2 Begr. RegE BT-Drucks. 16/3945 S. 92.
3 Beispiel nach *Ritter/Abraham*, § 23 Anm. 9.

B. Norminhalt

I. Anzeigepflicht des VN bei Gefahränderung und Gefahrerhöhung, § 132 Abs. 1

1. Anzeigepflicht

3 Die **Anzeigepflicht** im Rahmen des § 132 erstreckt sich auf Umstände, die erst **nach Abschluss** des Versicherungsvertrages eintreten. Zu unterscheiden hiervon ist die vorvertragliche Anzeigepflicht nach § 131, die sich auf Umstände bezieht, die bereits bei Vertragsschluss vorliegen.

4 Anzeigepflichtig sind alle Umstände, die das Versicherungsrisiko des Versicherers verändern. Wann dies der Fall ist, richtet sich nach der Verkehrsanschauung und ist damit objektiv zu beurteilen.[4]

5 Die Anzeige hat **unverzüglich**, daher ohne schuldhaftes Zögern (§ 121 BGB) zu erfolgen. Maßgeblich für die Beurteilung der Unverzüglichkeit ist der Zeitpunkt, zu dem der VN von der Gefahränderung Kenntnis erlangt, vgl. auch Ziff. 5.2 DTV-Güter 2000/2011.

6 Die Anzeigepflicht umfasst auch die Gefahränderungen oder Erhöhungen, die von einem Dritten vorgenommen worden sind, vgl. Ziff. 5.1 DTV-Güter 2000/2011.

2. Gefahränderung und Gefahrerhöhung

7 In § 132 I wird unterschieden zwischen Gefahränderung und Gefahrerhöhung.[5] Eine **Gefahränderung** liegt vor, wenn sich die dem Vertragsschluss zugrunde liegenden gefahrerheblichen Umstände nachträglich ändern.[6] Sie ist entsprechend Ziff. 5.3 DTV-Güter 2000/2011 insbesondere dann anzunehmen, wenn der Antritt oder die Vollendung des versicherten Transports erheblich verzögert wird, von der angegebenen oder üblichen Transportstrecke erheblich abgewichen wird, der Bestimmungshafen bzw. Zielflughafen geändert wird oder die Güter an Deck verladen werden.

8 Die Beispiele zeigen, dass die Gefährdung nicht nur ganz vorübergehender Natur sein darf (dazu § 23 Rdn. 8). Vielmehr muss sich die Gefährdungslage – sowohl im Fall der Gefahränderung als auch im Fall der Gefahrerhöhung – für einen gewissen, **nicht ganz unerheblichen Zeitraum** verändert haben.[7] Die Erheblichkeit der Gefahränderung bestimmt sich nach objektiven Kriterien. Sie ist auf jeden Fall dann anzunehmen, wenn der Versicherer bei Kenntnis der veränderten Umstände den Versicherungsvertrag nicht oder zumindest nicht zu den vereinbarten Bedingungen, insbesondere nicht zu der vereinbarten Prämie abgeschlossen hätte.[8]

9 Bei der **Gefahrerhöhung** handelt es sich um eine qualifizierte Form der Gefahränderung. Sie liegt vor, wenn durch die nach Vertragsschluss eingetretenen Umstände der Eintritt des Versicherungsfalles oder die Vergrößerung des Schadens wahrscheinlicher wird.[9] Es ist also der tatsächliche Gefahrzustand zur Zeit des Vertragsschlusses mit dem Zustand nach Änderung der Umstände zu vergleichen. Die unter Rdn. 7 aufgeführten Fälle einer Gefahränderung zeigen, dass die Übergänge zwischen Gefahränderung und Gefahrerhöhung fließend sind. Eine Gefahrerhöhung ist unter anderem für den Fall eines Warenumschlags auf hoher See und der Verwendung undichter Container angenommen worden.[10] Von einer Gefahrerhöhung ist auch auszugehen, wenn der VN gegenüber dem Spediteur oder Frachtführer in verkehrsunüblichem Maße Regressverzichte oder Haftungseinschränkungen erklärt.[11]

II. Leistungsfreiheit des Versicherers und Ausnahmen, § 132 Abs. 2

1. Leistungsfreiheit

10 Eine Verletzung der Anzeigepflicht hat für den Versicherer nach § 132 II 1 grundsätzlich **Leistungsfreiheit** zur Folge, wenn der Versicherungsfall nach dem Zeitpunkt eintritt, zu dem die Anzeige dem Versicherer hätte zugehen müssen. Die Vorschrift folgt damit dem für das Transportversicherungsrecht typischen **Alles-oder-Nichts-Prinzip** und stellt eine Sondervorschrift zu § 26 I und II dar.[12] Sanktioniert wird das (grob fahrlässige) Unterlassen der Anzeigepflicht, nicht die Gefahrerhöhung als solche. Dies trägt dem Grundgedanken Rechnung, dass im Transportversicherungsrecht die Änderung der Gefahrenlage für das Versicherungsgut bei entsprechender Anzeige durch den VN grundsätzlich vom Versicherer akzeptiert werden muss.

---

[4] Ritter/Abraham, § 23 Anm. 10; Thume/de la Motte/*Ehlers*, Teil 5 Rn. 225.
[5] Vgl. hierzu § 23 Rn. 1.
[6] Thume/de la Motte/*Ehlers*, Teil 5 Rn. 222. L/W/*Kollatz*, § 132 Rn. 5.
[7] BGHZ 7, 311 ff.; Bruck/Möller/*Matusche-Beckmann*, § 23 Rn. 15; R/L/*Langheid*. § 23, Rn. 26.
[8] Thume/de la Motte/*Ehlers*, Teil 5 Rn. 222.
[9] ÖOGH VersR 2012, 127, 128; OLG Düsseldorf VersR 1997, 231; HK-VVG/*Karczewski*, § 23 Rn. 13 vgl. zum Begriff auch P/M/*Armbrüster*, § 23 Rn. 7, 31 ff., insbesondere zu der Frage, ob die Gefahrerhöhung nur vorübergehend gegeben sein kann oder von einer gewissen Dauer sein muss.
[10] OLG Bremen VersR 1987, 43.
[11] Thume/de la Motte/*Ehlers*, Teil 5, Rn. 223.
[12] HK-VVG/*Harms*, § 132 Rn. 3; *Thume*/de la Motte/Ehlers, Teil 2 Rn. 443; VersHb/*Heiss/Trümper*, § 38 Rn. 133 Fn. 478.

2. Ausnahmen von der Leistungsfreiheit

Die Leistungspflicht des Versicherers bleibt nach § 132 II 2 Nr. 1 bestehen, wenn der **Versicherer** die Gefahrerhöhung zu dem Zeitpunkt **kannte**, zu dem die Anzeige hätte zugehen müssen. Hier fehlt es an der Schutzbedürftigkeit des Versicherers, die eine Freistellung rechtfertigen könnte. 11

Die Leistungspflicht des Versicherers wird auch aufrechterhalten, wenn der VN die Anzeigepflicht weder **vorsätzlich** noch **grob fahrlässig** verletzt hat. Dies entspricht Ziff. 5.4 DTV-Güter 2000/2011 Der Beweis für das Fehlen von Vorsatz oder grober Fahrlässigkeit muss vom VN geführt werden.[13] 12

Der Versicherer bleibt auch dann zur Leistung verpflichtet, wenn die Gefahrerhöhung **nicht ursächlich** für den Eintritt des Versicherungsfalles oder den Umfang der Leistungspflicht des Versicherers war. Auch dies entspricht Ziff. 5.4 DTV-Güter 2000/2011 Dem VN steht es danach offen, den Kausalitätsgegenbeweis zu führen (vgl. hierzu auch § 26 Rdn. 18). 13

III. Kein Kündigungsrecht des Versicherers, § 132 Abs. 3

§ 132 III sieht abweichend von § 24 vor, dass dem Versicherer im Falle der Gefahrerhöhung oder Gefahränderung **kein Kündigungsrecht** zusteht. Da eine Gefahrerhöhung im Rahmen des Transportversicherungsrechts grundsätzlich zulässig ist und den berechtigten Interessen des VN entspricht (oben Rdn. 1), soll der Versicherer sich seiner Leistungspflicht nicht durch Kündigung entziehen dürfen. 14

Die Regelung entspricht Ziff. 5.6 DTV-Güter 2000/2011, wonach ein Kündigungsrecht des Versicherers nur wegen einer Gefahränderung nicht besteht. Für Gefahrerhöhungen kann der Versicherer nach Ziff. 5.5 DTV-Güter 2000/2011 die **Vereinbarung einer Zuschlagsprämie** verlangen, es sei denn, die Gefahrerhöhung war durch das Interesse des Versicherers oder durch ein Gebot der Menschlichkeit veranlasst oder durch ein versichertes, die Güter bedrohendes Ereignis geboten. 15

C. Abdingbarkeit

Die Vorschrift ist dispositiv. 16

§ 133 Vertragswidrige Beförderung.

(1) ¹Werden die Güter mit einem Beförderungsmittel anderer Art befördert als vereinbart oder werden sie umgeladen, obwohl direkter Transport vereinbart ist, ist der Versicherer nicht zur Leistung verpflichtet. ²Dies gilt auch, wenn ausschließlich ein bestimmtes Beförderungsmittel oder ein bestimmter Transportweg vereinbart ist.
(2) ¹Der Versicherer bleibt zur Leistung verpflichtet, wenn nach Beginn der Versicherung die Beförderung ohne Zustimmung des Versicherungsnehmers oder infolge eines versicherten Ereignisses geändert oder aufgegeben wird. ²§ 132 ist anzuwenden.
(3) Die Versicherung umfasst in den Fällen des Absatzes 2 die Kosten der Umladung oder der einstweiligen Lagerung sowie die Mehrkosten der Weiterbeförderung.

Übersicht

	Rdn.		Rdn.
A. Normzweck	1	II. Änderung oder Aufgabe der Beförderung nach § 133 Abs. 2	10
B. Norminhalt	3	1. Ohne Zustimmung des VN	11
I. Haftungsausschluss bei vertragswidriger Beförderung, § 133 Abs. 1	3	2. Transportaufgabe infolge eines versicherten Ereignisses	13
1. Beförderungsmittel anderer Art	4	III. Zusatzkosten, § 133 Abs. 3	14
2. Umladung trotz Vereinbarung eines Direkttransportes	7	C. Abdingbarkeit	15
3. Vereinbarung eines bestimmtes Beförderungsmittels oder Transportweges	8		

A. Normzweck

Die Vorschrift regelt die **Rechtsfolgen** einer vertragswidrigen Güterbeförderung und gilt damit nur für die Güterversicherung. Die vertragswidrige Güterbeförderung hat grundsätzlich die Leistungsfreiheit des Versicherers zur Folge. Der Gesetzgeber ist auch hier beim für das Transportversicherungsrecht typischen Alles-oder-Nichts-Prinzip geblieben. Die Leistungspflicht des Versicherers bleibt bestehen, wenn die Beförderung nach Versicherungsbeginn ohne Zustimmung des VN oder infolge eines Versicherungsfalles geändert oder aufgegeben wird. 1

Inhaltlich entspricht § 133 dem § 137 a.F., der Wortlaut entspricht Ziff. 6 DTV-Güter 2000/2011. 2

---

13 L/W/*Kollatz*, § 132 Rn. 11; R/L/*Langheid*, § 133 Rn. 9.

B. Norminhalt

I. Haftungsausschluss bei vertragswidriger Beförderung, § 133 Abs. 1

3 § 133 stellt den Versicherer leistungsfrei, wenn die versicherte Ware vertragswidrig befördert wird. Unter **vertragswidriger Beförderung** ist die Verwendung eines anderen als des vereinbarten Beförderungsmittels oder das Umladen der Ware, wenn Direkttransport vereinbart war, zu verstehen, vgl. Ziff. 6.1 DTV-Güter 2000/2011. Bei der vertragswidrigen Beförderung handelt es sich um eine Umgestaltung des Transportrisikos.[1]

1. Beförderungsmittel anderer Art

4 Wann ein **Beförderungsmittel anderer Art** verwendet wird, hängt maßgeblich von der zugrundeliegenden **vertraglichen Vereinbarung** ab. Die Vorschrift ist nicht anwendbar, wenn keine Vereinbarung über die Art der Beförderung getroffen wurde oder der VN von einem vereinbarten Wahlrecht zwischen mehreren Beförderungsarten absprachegemäß Gebrauch macht.[2]

5 Wird eine Vereinbarung über die Transportart getroffen, können die Parteien das für den Transport zu verwendende Beförderungsmittel **gattungsmäßig** bestimmen. Hierbei hängt es wiederum von der im Versicherungsvertrag getroffenen Vereinbarung ab, wie differenziert die Angaben ausgestaltet sind. Wird lediglich eine grobe gattungsmäßige Differenzierung in zum Beispiel Seeschiff, Binnenschiff, Luftfahrzeug, Lkw oder Eisenbahn[3] vorgenommen, liegt die vertragswidrige Beförderung vor, wenn anstelle eines Binnenschiffes ein Lkw verwendet wird. Sieht der Versicherungsvertrag ausdrücklich vor, dass die Ware per Schwertransport zu befördern ist, stellt die Beförderung durch einfachen Lkw eine Beförderung anderer Art im Sinne des § 133 I dar.

6 Wird **innerhalb der einzelnen Gattungen** weiter differenziert, ist diese Differenzierung maßgeblich. So kann ein Seeschiff anderer Art ein Kühlschiff, Tanker, Schwergutfrachter oder Containerschiff sein.[4]

2. Umladung trotz Vereinbarung eines Direkttransportes

7 Ist der **Direkttransport** der Ware an ihren Bestimmungsort vereinbart, hat eine Umladung unter den Voraussetzungen des § 133 I Leistungsfreiheit des Versicherers zur Folge. Maßgeblich für die Frage, ob Direkttransport vereinbart wurde, ist wie bei der Art des Transportmittels auch, der **Inhalt des Versicherungsvertrages**. Unerheblich ist der Inhalt des Fracht-oder Speditionsvertrages.[5]

3. Vereinbarung eines bestimmtes Beförderungsmittels oder Transportweges

8 Leistungsfreiheit tritt nach § 133 I 2 auch ein, wenn die Parteien die Benutzung eines genau **individualisierten** Beförderungsmittels oder Transportweges vereinbart haben und hiervon abgewichen wird, vgl. Ziff. 6.1 DTV-Güter 2000/2011.

9 Die Grenzen zu § 133 I 1 sind, je nach Vereinbarung, fließend. Wird im Vertrag aus der Gattung eines bestimmten Beförderungsmittels ein genau individualisiertes Fahrzeug benannt, weil es bestimmte Eigenschaften aufweist, kann der Vertrag grundsätzlich nur mit diesem Fahrzeug erfüllt werden. Allerdings besteht kein sachlich gerechtfertigter Grund, Leistungsfreiheit zu gewähren, wenn ein gleich gut ausgerüstetes Fahrzeug mit denselben Eigenschaften verwendet wird. Auch hier bleibt der Versicherer an seine Leistungspflicht gebunden. Gleiches muss gelten, wenn zwar vom vereinbarten Transportweg abgewichen wird, die Abweichung jedoch lediglich geringfügig und sachlich begründet ist und in jeder Hinsicht gleich günstig.[6] In beiden Fällen haben die Abweichungen keinen Einfluss auf das Versicherungsrisiko.

II. Änderung oder Aufgabe der Beförderung nach § 133 Abs. 2

10 Wird nach Beginn der Versicherung die Beförderung ohne Zustimmung des VN oder durch Eintritt des Versicherungsfalls verändert oder aufgegeben, stellt dies eine **Gefahränderung** im Sinne des § 132 dar. Ziff. 6.2 DTV-Güter 2000/2011 erklärt dabei die Bestimmungen über die Gefahränderungen für entsprechend anwendbar.
Der Versicherer bleibt grundsätzlich zur Leistung verpflichtet, allerdings muss der VN seiner Anzeigepflicht rechtzeitig nachkommen, um seinen Versicherungsschutz nicht zu gefährden.

1. Ohne Zustimmung des VN

11 Der Versicherer bleibt leistungspflichtig, wenn der VN einer Änderung oder Aufgabe der Beförderung **nicht zugestimmt** hat, vgl. auch Ziff. 6.2 DTV-Güter 2000/2011. Hierbei relevant sind nur Zustimmungen, die bis zur tatsächlichen Änderung oder Aufgabe der Beförderung oder im Vorfeld erteilt worden sind, eine nach-

---

1 Thume/de la Motte/*Ehlers*, Teil 5, Rn. 244; P/M/*Voit/Knappmann*27, Ziff. 6 DTV-Güter 2000 Rn. 1.
2 Vgl. auch P/M/*Voit/Knappmann* 27 § 137 Rn. 1; PK/*Pisani*, § 133 Rn. 1.
3 Beispiel nach *Enge*, Erläuterungen, S. 54.
4 Thume/de la Motte/*Ehlers*, Teil 5 Rn. 244.
5 R/L/*Langheid*, § 133 Rn. 2; Thume/de la Motte/*Ehlers*, Teil 5, Rn. 246; P/M/*Koller*, § 133 Rn. 2.
6 PK/*Pisani*, § 133 Rn. 6; P/M/*Voit/Knappmann*27, Ziff. 4 ADS. 73/94 Rn. 2.

trägliche Genehmigung stellt keine Zustimmung im Sinne des § 133 II dar.[7] Der Zustimmung des VN steht die Zustimmung durch seinen Repräsentanten gleich. Allerdings muss er sich Erklärungen des Frachtführers nicht zurechnen lassen, da dieser auf der Grundlage eines eigenständigen Vertrages tätig ist.[8]

Es wird angenommen, dass die im Frachtvertrag **gegenüber dem Frachtführer erteilte Erlaubnis**, das Transportmittel oder den Transportweg zu ändern, gegen den VN wirkt.[9] Da die Vereinbarung einer solchen Erlaubnis oft verkehrsüblich ist, führt dies praktisch dazu, dass der VN durch Abschluss eines entsprechenden Frachtvertrages häufig die Erlaubnis gem. § 133 II erteilen wird oder muss. Vor diesem Hintergrund muss von der Vereinbarung eines bestimmten Beförderungsmittels oder Transportweges im Versicherungsvertrag abgeraten werden, wenn der VN seinen Versicherungsschutz nicht gefährden will.[10] Verkehrsübliche Umladungsklauseln in Konnossementen muss der VN allerdings nicht gegen sich gelten lassen, hier bleibt sein Deckungsschutz bestehen.[11]

12

2. Transportaufgabe infolge eines versicherten Ereignisses

Die Leistungspflicht des Versicherers bleibt bestehen, wenn der Transport infolge eines **versicherten Ereignisses** aufgegeben oder geändert wird, vgl. Ziff. 6.2 DTV-Güter 2000/2011. Dies setzt nicht zwangsläufig den Eintritt des Versicherungsfalles oder einen Unfall des Transportmittels voraus. Ausreichend ist vielmehr, dass ein versichertes Ereignis den Transport dergestalt beeinflusst, dass er nicht mehr weitergeführt werden kann oder ein anderes Transportmittel oder eine andere Wegstrecke gewählt werden muss, um ihn zu beenden.[12]

13

III. Zusatzkosten, § 133 Abs. 3

Der Versicherer hat die **Mehrkosten** einer Transportänderung oder -aufgabe im Sinne des § 133 II zu tragen. Umfasst sind die Kosten der Umladung oder der einstweiligen Lagerung sowie die Mehrkosten der Weiterbeförderung. Aus der Formulierung »einstweilig« folgt, dass Kosten für die Lagerung nur solange ersetzt werden, bis eine Weiterbeförderung möglich und zumutbar ist.[13]

14

C. Abdingbarkeit

Die Vorschrift ist abdingbar.

15

§ 134 Ungeeignete Beförderungsmittel.

(1) Ist für die Beförderung der Güter kein bestimmtes Beförderungsmittel vereinbart, ist der Versicherungsnehmer, soweit er auf dessen Auswahl Einfluss hat, verpflichtet, Beförderungsmittel einzusetzen, die für die Aufnahme und Beförderung der Güter geeignet sind.
(2) Verletzt der Versicherungsnehmer diese Obliegenheit vorsätzlich oder grob fahrlässig, ist der Versicherer nicht zur Leistung verpflichtet, es sei denn, die Verletzung war nicht ursächlich für den Eintritt des Versicherungsfalles oder den Umfang der Leistungspflicht.
(3) ¹Erlangt der Versicherungsnehmer Kenntnis von der mangelnden Eignung des Beförderungsmittels, hat er diesen Umstand dem Versicherer unverzüglich anzuzeigen. ²§ 132 ist anzuwenden.

Übersicht

	Rdn.		Rdn.
A. Normzweck	1	II. Obliegenheitsverletzung, § 134 Abs. 2	6
B. Norminhalt	2	III. Anzeigepflicht bei späterer Kenntniserlangung, § 134 Abs. 3	7
I. Einsatz geeigneter Beförderungsmittel bei Möglichkeit der Einflussnahme, § 134 Abs. 1	2	C. Beweislast	8
		D. Abänderlichkeit	9

A. Normzweck

§ 134 begründet für den VN die **Obliegenheit**, für die Beförderung der versicherten Güter ein geeignetes Beförderungsmittel einzusetzen, soweit er auf dessen Auswahl Einfluss hat. § 134 ergänzt die Vorschrift des § 133 für den Fall, dass zwischen VN und Versicherer kein bestimmtes Beförderungsmittel im Versicherungsvertrag vereinbart wurde. Das VVG a.F. kannte keine entsprechende Vorschrift, eine ähnliche Regelung findet sich jedoch in Ziff. 7.1 und 7.2 der DTV-Güter 2000/2008. In den DTV – Güter 2000/2004 noch als Risikoausschluss formuliert, gehen die DTV-Güter 2000/2008 nun auch von einer Obliegenheit des VN aus.

1

---

7 R/L/*Langheid*, § 133 Rn. 4; Thume/de la Motte/*Ehlers*, Teil 5, Rn. 252.
8 L/W/*Kollatz*, § 133 Rn. 10; Thume/de la Motte/*Ehlers*, Teil 5, Rn. 251.
9 *Enge*, Erläuterungen, S. 57; *Ritter/Abraham*, § 95 Anm. 76.
10 HK-VVG/*Harms*, § 133 Rn. 2.
11 HK-VVG/*Harms*, § 133 Rn. 2; Thume/de la Motte/*Ehlers*, Teil 5 Rn. 252; *Ritter/Abraham*, § 87 Anm. 6.
12 L/W/*Kollatz*, § 133 Rn. 12; P/M/*Koller*, § 133 Rn. 6; Thume/de la Motte/*Ehlers*, Teil 5 Rn. 253.
13 P/M/*Voit/Knappmann*[27], § 137 Rn. 3.

B. Norminhalt

I. Einsatz geeigneter Beförderungsmittel bei Möglichkeit der Einflussnahme, § 134 Abs. 1

2 Steht dem VN die **Möglichkeit der Einflussnahme** auf die Wahl des Beförderungsmittels zu, muss er nach § 136 I ein für den Transport geeignetes Beförderungsmittel wählen. Hierin offenbart sich sogleich der begrenzte Anwendungsbereich der Vorschrift, da die Möglichkeit der Einflussnahme regelmäßig gerade nicht gegeben sein wird. Die Verwendung geeigneter Beförderungsmittel stellt eine Vertragspflicht des Beförderers aus dem Frachtvertrag gegenüber dem Absender dar, der die Wahl des Beförderungsmittels in der Regel in eigenes Ermessen stellt. Im praktisch häufigeren Fall wird der VN die zu befördernde Ware daher lediglich übergeben, ohne auf die Einzelheiten der Beförderung Einfluss zu haben.

3 Besteht jedoch die Möglichkeit der Einflussnahme, muss der VN diese dahingehend ausüben, dass ein für die Aufnahme und Beförderung der Güter **objektiv geeignetes Beförderungsmittel** ausgewählt wird. Dies ist mangels besonderer Erfordernisse grundsätzlich immer dann der Fall, wenn das gewählte Beförderungsmittel zugelassen und sowohl uneingeschränkt verkehrstauglich als auch betriebssicher ist.

4 Anderes gilt, wenn die zu transportierenden Güter **besondere Anforderungen** an das Transportmittel stellen.[1] Für den Transport von Schwergut müssen entsprechend ausgelegte Binnenschiffe, Schienenfahrzeuge oder Lkw verwendet werden. Gleiches gilt für den Transport von Gefahrgut oder Spezialgütern wie zum Beispiel Gefriergut. Auch hier muss das gewählte Beförderungsmittel die für den sicheren Transport erforderlichen Voraussetzungen erfüllen. Darüber hinaus ist in Anlehnung an 7.1 und 7.2 DTV-Güter wohl zu verlangen, dass bei entsprechender Möglichkeit der Einflussnahme auch die Geeignetheit des Transportpersonals zu gewährleisten ist. So ist bei Spezialgütern wie Flüssiggas oder Chemikalien auf die nötigen Spezialkenntnisse zu achten.[2] Generell sind bei der Frage der Eignung des Beförderungsmittels im Einzelfall getroffene Vereinbarungen zu berücksichtigen.[3]

5 Im Rahmen von 7.1 DTV-Güter 2000/2008 ist für die **Seeversicherung** zu beachten, dass zusätzlich zur generellen Eignung das verwendete Seeschiff die Voraussetzung der DTV-Klassifikations- und Altersklausel erfüllen muss.[4] Für die Binnenschifffahrt ist eine Klassifikation nicht mehr erforderlich.

II. Obliegenheitsverletzung, § 134 Abs. 2

6 Im Transportrecht hat der Gesetzgeber am **Alles-oder-nichts-Prinzip** festgehalten. Der Versicherer ist bei einer vorsätzlichen oder grob fahrlässigen Verletzung der Pflicht zur Wahl eines geeigneten Beförderungsmittels durch den VN leistungsfrei. Abweichend von §§ 28, 81 kann im Transportversicherungsrecht keine Leistungskürzung entsprechend der Schwere des Verschuldens vorgenommen werden. Der Gesetzgeber begründet die Regelung zutreffend damit, dass dies der internationalen Transportversicherungspraxis entspricht und die für die Aufhebung dieses Prinzips maßgeblichen Gründe auf Versicherungsverträge über Großrisiken nicht zutreffen.[5]

Hat der VN zumindest grob fahrlässig ein ungeeignetes Beförderungsmittel eingesetzt, ist der Versicherer nicht zur Leistung verpflichtet, wenn diese Obliegenheitsverletzung für den Eintritt des Versicherungsfalles oder den Umfang der Leistungspflicht ursächlich geworden ist. Allerdings bleibt der Versicherer bei **fehlendem Kausalzusammenhang** zur Leistung verpflichtet. Ähnliches gilt im Rahmen von Ziff. 7.2 DTV-Güter 2000/2008. Die Transporte bleiben versichert, wenn der VN keinen Einfluss auf die Auswahl des Transportmittels hatte bzw. den Spediteur oder Frachtführer/Verfrachter mit der Sorgfalt eines ordentlichen Kaufmannes ausgewählt hat.[6]

III. Anzeigepflicht bei späterer Kenntniserlangung, § 134 Abs. 3

7 § 134 III 1 enthält die Verpflichtung des VN, bei Kenntniserlangung von der mangelnden Eignung des Beförderungsmittels, diese dem Versicherer unverzüglich **anzuzeigen**. Voraussetzung ist die **positive Kenntnis** des VN von der mangelnden Eignung, bloßes Kennenmüssen reicht nicht aus. Die positive Kenntnis seiner gesetzlichen oder rechtsgeschäftlichen Vertreter muss sich der VN nach den allgemeinen Regeln zurechnen lassen.[7] Das Unterlassen der Anzeige stellt eine Obliegenheitsverletzung dar, welche gem. § 134 III die Rechtsfolgen des § 132 auslöst. Damit wird wie in 133 II 2 klargestellt, dass es sich bei der Wahl eines ungeeigneten Beförderungsmittels um eine Gefahränderung handelt, die die Leistungsfreiheit des Versicherers zur Folge haben kann.[8]

---

1 Vgl. hierzu auch PK/*Pisani*, § 134 Rn. 4.
2 Thume/de la Motte/*Ehlers*, Teil 5 Rn. 271; so auch PK/*Pisani*, § 134 Rn. 4.
3 P/M/*Voit/Knappmann*[27], Ziff. 7 DTV-Güter Rn. 1.
4 Vgl. im Einzelnen Thume/de la Motte/*Ehlers*, Teil 5 Rn. 258 ff.
5 BT-Drucks. 16/3945 S. 92.
6 Vgl. hierzu auch H/E/K/*Schmitt*, Kap. 8 Rn. 61 ff.
7 PK/*Pisani*, § 134 Rn. 8.
8 BT-Drucks. 16/3945 S. 92.

C. Beweislast

Die **Darlegungs- und Beweislast** für die zumindest grob fahrlässige Auswahl des ungeeigneten Beförderungsmittels trifft nach allgemeinen Beweisregeln den Versicherer. Der VN hat darzulegen und zu beweisen, dass kein Kausalzusammenhang zwischen der fehlerhaften Auswahl und dem Versicherungsfall besteht. 8

D. Abänderlichkeit

Die Vorschrift ist abdingbar. 9

§ 135 Aufwendungsersatz.

(1) Aufwendungen, die dem Versicherungsnehmer zur Abwendung oder Minderung des Schadens entstehen, sowie die Kosten für die Ermittlung und Feststellung des Schadens hat der Versicherer auch insoweit zu erstatten, als sie zusammen mit der übrigen Entschädigung die Versicherungssumme übersteigen.

(2) Sind Aufwendungen zur Abwendung oder Minderung oder zur Ermittlung und Feststellung des Schadens oder zur Wiederherstellung oder Ausbesserung der durch einen Versicherungsfall beschädigten Sache gemacht oder Beiträge zur großen Haverei geleistet oder ist eine persönliche Verpflichtung des Versicherungsnehmers zur Entrichtung solcher Beiträge entstanden, hat der Versicherer den Schaden, der durch einen späteren Versicherungsfall verursacht wird, ohne Rücksicht auf die von ihm zu erstattenden früheren Aufwendungen und Beiträge zu ersetzen.

Übersicht

	Rdn.		Rdn.
A. Normzweck	1	3. Kosten für die Schadensermittlung und -feststellung	6
B. Norminhalt	3	4. Einzelfälle Kosten	7
I. Erstattungsanspruch des VN aus § 135 Abs. 1	3	II. Ersatzpflicht des Versicherers nach § 135 Abs. 2	8
1. Aufwendungen zur Schadensabwehr oder -minderung	3	C. Abänderlichkeit	9
2. Einzelfälle Aufwendungen	5		

A. Normzweck

§ 135 I gibt dem VN einen Erstattungsanspruch für bestimmte Aufwendungen und Kosten, die im Zusammenhang mit einem versicherten Schadensereignis stehen. 1

Soweit der Versicherer **Aufwendungen** des VN zur Abwendung oder Minderung des Schadens auch über die Höchstgrenze der Versicherung hinaus erstatten muss, entspricht § 135 I dem bisherigen § 144 I a.F. sowie § 29 ADS. Die Verpflichtung des Versicherers zur Erstattung der Rettungskosten des VN ist der Ausgleich für die Pflicht des VN, beim Eintritt des Versicherungsfalles zu versuchen, den Schaden abzuwenden oder zu mindern. Die Vorschrift weitet den Versicherungsschutz nun dahingehend aus, dass auch die **Kosten** für die Ermittlung und Feststellung des Schadens vom Versicherer ungeachtet der Versicherungshöchstgrenze zu tragen sind. § 135 II ist inhaltsgleich mit § 144 II a.F. und § 37 ADS, eine ähnliche Formulierung findet sich auch in 2.3.1.2 DTV-Güter 2000/2011. 2

B. Norminhalt

I. Erstattungsanspruch des VN aus § 135 Abs. 1

1. Aufwendungen zur Schadensabwehr oder -minderung

Aufwendungen sind alle freiwilligen oder unfreiwilligen Vermögensminderungen, welche die adäquate Folge von Maßnahmen sind, die der VN zur Schadensabwehr oder -minderung durchgeführt hat.[1] Die Aufwendungen werden erstattet, wenn sie zur Abwendung oder Minderung eines Schadens oder zur Ermittlung und Feststellung eines Schadens entstanden sind. Die Entschädigungspflicht kann auch für Sachen bestehen, für die der Versicherer nach Vertragsinhalt gar keine Entschädigungspflicht übernommen hat, zum Beispiel, weil die eingetretene Beschädigung überhaupt nicht Gegenstand des Vertrages ist oder sie nach dem Inhalt des Vertrages nicht zu ersetzen sein würde. 3

Der VN musste die Aufwendungen gemäß Ziff. 2.3.1.2.1 DTV-Güter 2000/2011 nach den Umständen für **geboten** halten dürfen oder sie nach Ziff. 2.3.1.2.2 DTV-Güter 2000/2011 gemäß den Weisungen des VR machen. Für die Erstattungsfähigkeit der Aufwendungen, die zur Abwendung oder Minderung eines Schadens entstanden sind, müssen die Rettungshandlungen **objektiv** auf die Abwendung des Schadens abzielen. Es kommt nicht darauf an, ob der Erfolg auch subjektiv bezweckt war. Nicht ausreichend ist allerdings, dass die Schadensabwendung **bloße Reflexwirkung** einer Handlung des VN ist.[2] Dies ist dann der Fall, wenn die Rettungshandlung auf ein anderes Hauptinteresse zielt und die Abwendung des Versicherungsschadens lediglich 4

---

1 BGH VersR 1977, 709.
2 BGH VersR 1994, 1181; a.A vgl. OLG Köln r+s 2006, 147, 148; OLG Hamm VersR 2004, 1409.

§ 136 Versicherungswert

ein geringfügiges Nebeninteresse darstellt.[3] Unerheblich ist, ob der VN irrig davon ausging, unversicherte Ware zu retten, auch hier steht ihm Aufwendungsersatz zu.[4] Sollten durch die Handlung sowohl versicherte als auch nichtversicherte Sachen gerettet werden, kann der VN eine anteilige Erstattung verlangen.[5] Unter Umständen besteht eine Ersatzpflicht mehrerer Versicherer, wenn verschiedene Interessen bei unterschiedlichen Versicherern versichert sind.

2. Einzelfälle Aufwendungen

5 Erstattungsfähig nach § 135 I sind die Kosten für die Beauftragung einer Drittfirma mit der Um- und Neuverpackung beschädigter Güter[6] oder auch Löschschäden an nicht versicherten Gütern[7] sowie die Beseitigung der durch das Löschen entstandenen giftigen Stoffe. Ersatzfähige Aufwendungen können auch die Kosten für die Beauftragung eines Gutachters oder Sachverständigen für erfolglose Reparaturversuche sein, die einen Totalverlust der Sache vermeiden sollen.[8]

3. Kosten für die Schadensermittlung und -feststellung

6 **Kosten** für die Ermittlung und Feststellung des Schadens sind nur insoweit ersatzfähig, als sich tatsächlich ein versicherter Schaden ermitteln bzw. feststellen lässt. Gemäß Ziff. 2.3.1.2.3 DTV-Güter 2000/2011 musste auch hier der Versicherungsnehmer die Kosten nach den Umständen für geboten halten oder durfte sie gemäß den Weisungen des Versicherers machen.
Eine Haftung des Versicherers besteht nicht, wenn der ermittelte Schaden nicht versichert ist, da es in diesem Fall an einer grundsätzlichen Haftung des Versicherers fehlt.[9] Gleiches gilt, wenn der Versicherer für den ermittelten Schaden aufgrund einer Obliegenheitsverletzung des VN nicht aufkommen muss.[10]

4. Einzelfälle Kosten

7 Unter **Schadensfeststellungskosten** fallen kaufmännische, buchhalterische und organisatorische Maßnahmen des eingeschalteten Dritten wie mit der Feststellung zusammenhängende Reisen, Korrespondenz und Telefonate.[11] Dritter kann zum Beispiel der Sachverständige oder ein Rechtsanwalt sein. Der VN selber kann seine Kosten nur ersetzt verlangen, wenn diese ihm in einem beruflichen oder gewerblichen Zusammenhang entstanden sind, nicht jedoch, wenn er private Aufwendungen getätigt hat. Allerdings kann er die Gemeinkosten inklusive des Unternehmerlohns für den Einsatz eigener im Betrieb tätiger Mitarbeiter ersetzt verlangen.[12]

II. Ersatzpflicht des Versicherers nach § 135 Abs. 2

8 Die Vorschrift soll Deckungslücken vermeiden, wenn ein **zweiter Versicherungsfall** eintritt. Es tritt kein Verbrauch der Versicherungssumme ein, diese steht vielmehr während der gesamten Versicherungsdauer in voller Höhe zur Verfügung. Dies bedeutet, dass der Versicherer während der Dauer der Versicherung auch nach mehrfacher Reparatur der versicherten Sache noch die volle Versicherungssumme bei einem Totalverlust zu tragen hat, selbst wenn hierdurch die Versicherungssumme insgesamt mehrfach überschritten wird. Dies gilt auch, wenn der Versicherer bereits Zahlungen wegen Aufwendungen des VN zur Abwendung oder Minderung oder zur Ermittlung und Feststellung eines Schadens oder Beiträge zur großen Haverei geleistet hat sowie für die vom VN bereits eingegangenen Verpflichtungen. Die Versicherungssumme steht auch hier pro Versicherungsfall in voller Höhe zur Verfügung, der Versicherer hat den Schaden ohne Rücksicht auf die von ihm zu erstattenden früheren Aufwendungen und Beiträge zu ersetzen.

C. Abänderlichkeit

9 Die Vorschrift ist abdingbar.

§ 136 Versicherungswert.
(1) Als Versicherungswert der Güter gilt der gemeine Handelswert und in dessen Ermangelung der gemeine Wert, den die Güter am Ort der Absendung bei Beginn der Versicherung haben, zuzüglich der Versicherungskosten, der Kosten, die bis zur Abnahme der Güter durch den Beförderer entstehen, und der endgültig bezahlten Fracht.

---

3 BGH VersR 1994, 1181, 1182.
4 PK/*Pisani*, § 135 Rn. 6; P/M/*Voit*, § 83 Rn. 8.
5 P/M/*Voit*/*Knappmann*[27], § 63 Rn. 6; P/M/*Voit*, § 83 Rn. 22; R/L/*Langheid*, § 83 Rn. 2, 6; *Ehlers*, DTV-Güterversicherungsbedingungen 2000, Ziff. 2.3.1.2.1 Rn. 90.
6 Thume/de la Motte/*Ehlers*, Kap. 3 Rn. 65.
7 BGH VersR 1977, 709.
8 P/M/*Voit*/*Knappmann*[27], § 63 Rn. 12 und 13; vgl. ersatzfähige Aufwendungen P/M/*Voit*, § 83 Rn. 12 ff.
9 PK/*Pisani*, § 135 Rn. 8.
10 RGZ 88, 313; OLG Karlsruhe VersR 1995, 1088.
11 Thume/de la Motte/*Ehlers*, Kap. 3 Rn. 83.
12 P/M/*Voit*/*Knappmann*[27], § 66 Rn. 8.

(2) Der sich nach Absatz 1 ergebende Wert gilt auch bei Eintritt des Versicherungsfalles als Versicherungswert.

(3) ¹Bei Gütern, die beschädigt am Ablieferungsort ankommen, ist der Wert, den sie dort in beschädigtem Zustand haben, von dem Wert abzuziehen, den sie an diesem Ort in unbeschädigtem Zustand hätten. ²Der dem Verhältnis der Wertminderung zu ihrem Wert in unbeschädigtem Zustand entsprechende Bruchteil des Versicherungswertes gilt als Betrag des Schadens.

Übersicht

	Rdn.		Rdn.
A. Normzweck	1	3. Vereinbarung einer Taxe	6
B. Norminhalt	2	II. Versicherungswert im Versicherungsfall,	
I. Versicherungswert, § 136 Abs. 1	2	§ 136 Abs. 2	7
1. Begriffsbestimmung	2	III. Versicherungswert bei Beschädigung,	
2. Versicherungswert und Versicherungssumme	5	§ 136 Abs. 3	8
		C. Abdingbarkeit	9

A. Normzweck

§ 136 I und II schreiben, wie bereits der § 140 I und II a.F., den Grundsatz der **Unveränderlichkeit des Versicherungswertes** für die Transportversicherung fest. Sie orientieren sich am Wortlaut der Ziff. 10.2 DTV-Güter 2000/2011. Im Versicherungsfall ist der Versicherungswert zugrunde zu legen, der zum Zeitpunkt des Versicherungsbeginns ermittelt worden ist. Eine Steigerung oder Verringerung des tatsächlichen Wertes zum Zeitpunkt des Versicherungsfalles ist unbeachtlich. Die Vorschrift dient der Feststellung einer Über- oder Unterversicherung und der Vereinfachung der Ermittlung des Versicherungswertes.[1] Auf eine besondere gesetzliche Bestimmung über den Versicherungswert von Schiffen, wie sie § 141 a.F. enthielt, wurde verzichtet. Der Gesetzgeber ging davon aus, dass eine solche Regelung entbehrlich sei, da auf die allgemeinen Vorschriften über den Versicherungswert in der Sachversicherung, dort § 88, zurückgegriffen werden könne.[2] Darüber hinaus sind aufgrund der für das Transportversicherungsrecht dispositiven Regelungen abweichende Vereinbarungen im Versicherungsvertrag zulässig. 1

B. Norminhalt

I. Versicherungswert, § 136 Abs. 1

1. Begriffsbestimmung

Als Versicherungswert der Güter gilt nach § 136 I, vgl. auch Ziff. 10.2 DTV-Güter 2000/2011, zunächst der **gemeine Handelswert**. Ein gemeiner Handelswert besteht für Güter, die im kaufmännischen Verkehr regelmäßig gehandelt werden, wobei nicht notwendig ein Börsen- oder Marktwert vorhanden sein muss.[3] Hierbei ist auch der Verkehrskreis des VN zu beachten, daher ist zu berücksichtigen, ob er die Ware zu Hersteller-, Großhändler oder Einzelhändlerpreisen verkaufen kann.[4] So ist beim Verkäufer der Verkäuflichkeitswert zu ermitteln, dieser umfasst auch den zu erwartenden Gewinn.[5] Trägt die Verpackung zu einer messbaren Werterhöhung bei, muss auch diese in der Kalkulation Berücksichtigung finden.[6] 2

Lässt sich ein gemeiner Handelswert nicht ermitteln, kommt es bei der Bestimmung des Versicherungswertes auf den **gemeinen Wert** der Güter an, vgl. Ziff. 10.2 DTV-Güter 2000/2011. Gemeint ist der Wert, zu dem sich die zu versichernden Güter unter Berücksichtigung ihrer Beschaffenheit im Allgemeinen verkaufen lassen.[7] Dies ist der Wert, den das Gut nach seiner objektiven Beschaffenheit für jedermann hat. Auch hier kommt es entscheidend darauf an, auf welcher Handelsstufe das Gut gehandelt wird. 3

Abzustellen ist nach § 136 I bzw. Ziff. 10.2 DTV-Güter 2000/2011 dabei auf den gemeinen (Handels-)Wert der Güter am Absendeort und im Zeitpunkt des Versicherungsbeginns.

Die in § 136 I genannten **Kosten** sind zum Sachwert hinzuzurechnen, wenn es im Versicherungsverlauf zu einem teilweisen oder völligen Verlust der versicherten Güter gekommen ist. Hierunter fallen die Versicherungskosten, die Kosten, die bis zur Annahme der Güter durch den Beförderer entstehen und die der endgültig bezahlten Fracht, vgl. auch Ziff. 10.2 DTV-Güter 2000/2011. Ist die Ware lediglich beschädigt worden, finden die in Abs. 1 aufgeführten Kosten keine Berücksichtigung, es gilt § 136 III. 4

Gemäß Ziff. 10.3 DTV-Güter 2000/2011 sind Interessen i.S.d. Ziff. 1.1.3 DTV-Güter 2000/2011 nur aufgrund besonderer Vereinbarung mitversichert und nur dann vom Versicherungsschutz erfasst, wenn die Versiche-

---

1 R/L/*Römer*, § 136 Rn. 2.
2 BT-Drucks. 16/3945 S. 93.
3 Thume/de la Motte/*Ehlers*, Teil 5 Rn. 302.
4 Thume/de la Motte/*Ehlers*, Teil 5 Rn. 302.
5 P/M/*Voit/Knappmann*²⁷, § 140 Rn. 4; BGH NJW-RR 1993, 1371 zu § 430 HGB a.F.
6 *Ritter/Abraham*, § 1 Anm. 38.
7 RGZ 96, 124, 125 und MünchKommHGB/*Herber*, § 429 Rn. 18.

rung der Interessen vereinbart worden ist und außerdem die Interessen bei der Verssicherungssumme bzw. dem Versicherungswert berücksichtigt worden sind.

2. Versicherungswert und Versicherungssumme

5 § 136 I trifft keine Aussage über das Verhältnis des Versicherungswertes zur Versicherungssumme. Anders verhält es sich nach Ziff. 10.1 DTV-Güter 2000/2011, wonach die Versicherungssumme dem Versicherungswert entsprechen soll. Ist die Versicherungssumme höher als der Versicherungswert, liegt eine **Überversicherung** vor. Der VN hat lediglich Anspruch auf höchstens den Versicherungswert, § 74 I. Im Fall einer betrügerischen Überversicherung, wenn also der VN bei Vertragsschluss mit der Absicht gehandelt hat, sich durch die Überversicherung einen rechtswidrigen Vermögensvorteil zu verschaffen, ist der Vertrag gem. § 74 II nichtig. Ist die Versicherungssumme deutlich niedriger als der tatsächliche Wert des Versicherungsgutes, finden die Bestimmungen über die **Unterversicherung**, § 75, Anwendung. Für den Fall der **Mehrfachversicherung**, früher Doppelversicherung, gilt § 78.

3. Vereinbarung einer Taxe

6 Nach Ziff. 10.5 Abs. 1 S. 1 DTV-Güter 2000/2011 kann der Versicherungswert durch Vereinbarung auf eine bestimmte Taxe festgesetzt werden, in diesem Fall ist die Taxe für den Versicherungswert maßgeblich. Allerdings kann der Versicherer eine Herabsetzung der Taxe verlangen, wenn die Taxe den wirklichen Versicherungswert erheblich übersteigt. Erheblichkeit ist in der Regel anzunehmen, wenn der tatsächliche den taxierten Wert jedenfalls um 10 % übersteigt.[8] Ist im Gegenteil die Versicherungssumme niedriger als die Taxe, besteht eine Haftung nur nach dem Verhältnis der Versicherungssumme zu der durch die Vereinbarung festgesetzten Taxe. Eine Festsetzung des Versicherungswertes durch Vereinbarung einer Taxe kann auch nach § 76 erfolgen.
Gemäß Ziff. 10.5 Abs. 2 DTV-Güter 2000/2011 gilt diese Bestimmung bei der Versicherung sonstiger Interessen entsprechend.

II. Versicherungswert im Versicherungsfall, § 136 Abs. 2

7 § 136 II stellt klar, dass der nach Abs. 1 berechnete Versicherungswert auch im Versicherungsfall maßgeblich ist.

III. Versicherungswert bei Beschädigung, § 136 Abs. 3

8 Kommt das Versicherungsgut in **beschädigtem Zustand** am Ablieferungsort an, wird die Höhe des Schadens durch einen Vergleich seines Wertes in unbeschädigtem (sog. Gesundwert) und beschädigtem Zustand ermittelt. Eine Beschädigung liegt vor, wenn sich die Substanz des Versicherungsgutes so verändert hat, dass durch die Veränderung eine Wertminderung eingetreten ist.[9] Gezahlt wird der durch Vergleich des Gesund- und Krankwerts der Güter am Ablieferungsort ermittelte Bruchteil des Versicherungswertes, vgl. Ziff. 17.3.1 DTV-Güter 2000/2011.[10] Hierbei kommt es nur darauf an, welchen Wert das Gut am **Ablieferungsort** in beschädigtem Zustand hat und welchen Wert es dort unbeschädigt haben würde. Eine entsprechende Regelung findet sich in Ziff. 17.3.1 DTV-Güter 2000/2011.

C. Abdingbarkeit

9 Wie alle Vorschriften des Transportversicherungsrechts ist § 136 dispositiv.

§ 137 Herbeiführung des Versicherungsfalles.

(1) Der Versicherer ist nicht zur Leistung verpflichtet, wenn der Versicherungsnehmer vorsätzlich oder grob fahrlässig den Versicherungsfall herbeiführt.
(2) Der Versicherungsnehmer hat das Verhalten der Schiffsbesatzung bei der Führung des Schiffes nicht zu vertreten.

Übersicht

	Rdn.		Rdn.
A. Normzweck.........................	1	2. Repräsentantenhaftung...............	7
B. Norminhalt..........................	3	II. Einschränkung der Zurechenbarkeit nach § 137 Abs. 2.....................	9
I. Wegfall der Leistungspflicht wegen grob schuldhaftem Herbeiführen des Versicherungsfalls........................	3	III. Beweislast........................	10
		C. Abdingbarkeit......................	11
1. Vorsatz und grobe Fahrlässigkeit.....	4		

---

8 P/M/*Koller*, DTV-Güter (Volle Deckung) § 10 Rn. 1.
9 PK/*Pisani*, § 136 Rn. 11; P/M/*Koller*, § 136 Rn. 3.
10 P/M/*Voit/Knappmann*[27], § 140 Rn. 5; P/M/*Koller*, § 136 Rn. 3.

Herbeiführung des Versicherungsfalles § 137

A. Normzweck

Die Vorschrift übernimmt die in der Transportversicherung übliche Beschränkung der Haftung des Versicherers auf **Vorsatz** und **grobe Fahrlässigkeit**.[1] Sie orientiert sich hierbei an Ziff. 3 DTV-Güter 2000/2011. Eine ähnliche Regelung fand sich bereits in § 130 a.F., hier war die Haftung jedoch noch auf Vorsatz und Fahrlässigkeit beschränkt, sodass auch leichte Fahrlässigkeit zur Leistungsfreiheit des Versicherers führte. 1

§ 137 I enthält einen **subjektiven Risikoausschluss**. Eine allgemeine Schadensverhütungspflicht hat der BGH zumindest in der Binnentransportversicherung verneint.[2] Die allgemeine Schadensverhütungspflicht ist abzugrenzen von der Schadensabwendungs- und Schadensminderungspflicht, die den VN im Rahmen seiner Rettungsobliegenheit bei unmittelbar bevorstehendem Schadensereignis trifft.[3] 2

B. Norminhalt

I. Wegfall der Leistungspflicht wegen grob schuldhaftem Herbeiführen des Versicherungsfalls

Eine Haftung des Versicherers entfällt, wenn der VN den Versicherungsfall **vorsätzlich** oder **grob fahrlässig** herbeigeführt hat, § 137 I/Ziff. 3 DTV-Güter 2000/2011. Der Versicherer wird insgesamt leistungsfrei, auch hier gilt das für das Transportversicherungsrecht typische **Alles-oder-Nichts-Prinzip**. 3

1. Vorsatz und grobe Fahrlässigkeit

Vorsatz ist das Wissen und Wollen des pflichtwidrigen Erfolges.[4] Der VN oder sein Repräsentant muss den Willen zur Tatbestandsverwirklichung in Kenntnis aller Tatumstände haben. 4

Grobe Fahrlässigkeit liegt vor, wenn die im Verkehr erforderliche Sorgfalt in besonders schwerem Maße verletzt wird, schon einfachste, ganz naheliegende Überlegungen nicht angestellt werden und das nicht beachtet wird, was im gegebenen Fall jedem einleuchten musste.[5] Der VN handelt in dem Bewusstsein, dass durch sein Verhalten der Eintritt des Versicherungsfalles oder die Vergrößerung des Schadens deutlich gefördert werden kann.[6] 5

Ob grobe Fahrlässigkeit bejaht wird, hängt von den **Umständen des Einzelfalles** ab. Insbesondere kann auch branchenübliches Verhalten im Einzelfall grob fahrlässig sein.[7] 6

2. Repräsentantenhaftung

Der VN haftet zunächst für **eigenes Verschulden**. Handelt es sich bei dem VN um eine Personengesellschaft oder eine juristische Person, haften diese für das schuldhafte Verhalten ihrer gesetzlichen Vertreter und Organe. 7

Schuldhaftes Verhalten **Dritter** muss sich der VN vorbehaltlich § 137 II jedenfalls dann zurechnen lassen, wenn es sich bei dem Dritten um einen **Repräsentanten** des VN handelt. Repräsentant ist, wer aufgrund eines Vertretungs- oder ähnlichen Verhältnisses in dem Geschäftsbereich, in den das versicherte Risiko fällt, an die Stelle des VN getreten ist.[8] Nicht ausreichend ist hierbei die bloße Obhut über die versicherte Sache.[9] Hieraus folgt, dass bei untergeordneten Hilfspersonen die Repräsentanteneigenschaft regelmäßig zu verneinen ist, da diese nicht an die Stelle des VN treten.[10] Dies gilt zum Beispiel für einen Fahrer, der für den VN Ware befördert.[11] Allerdings wurde die Repräsentanteneigenschaft für einen Dritten, der für den VN Transportgut verladen hatte, bejaht.[12] Die Repräsentanteneigenschaft des Kapitäns richtet sich nach der Rechtsprechung danach, ob es sich um eine Güterversicherung oder um eine Schiffskaskoversicherung handelt. Bei der Schiffskaskoversicherung gilt der Kapitän als Repräsentant des Reeders;[13] im Rahmen der Güterversicherung kommt dem Kapitän hingegen keine Repräsentantenstellung zu.[14] Nach umstrittener Auffassung ist auch der Prokurist 8

---

1 BT-Drucks. 16/3945 S. 93.
2 Vgl. BGH VersR 1984, 25; 1986, 696 unter III; P/M/Voit/Knappmann²⁷, § 130 Rn. 2; P/M/Koller, § 137 Rn. 1; R/L/Römer, § 137 Rn. 3; eine Schadensverhütungspflicht ist wegen ihrer weitgehenden Beschränkung des Versicherungsschutzes wohl auch in der Seeversicherung zu verneinen, allerdings finden sich hier Befürworter, vgl. u.a. Ritter/Abraham, § 33 Anm. 12 und 13.
3 Vgl. hierzu § 135 Rdn. 3; so auch BGH VersR 1977, 709; R/L/Römer², § 130 Rn. 1.
4 Palandt/Grüneberg, § 276 Rn. 10.
5 Palandt/Grüneberg, § 277 Rn. 5.
6 Thume/de la Motte/Ehlers, Teil 2 Rn. 270, 275.
7 OLG Köln VersR 1991, 348; PK/Pisani, § 137 Rn. 6.
8 So zum Beispiel BGH VersR 2005, 1387; NJW-RR 2003, 1250.
9 BGH VersR 1986, 696; VersR 2005, 1387; NJW-RR 2003, 1250; Thume/de la Motte/Thume, Teil 2 Rn. 75.
10 R/L/Römer, § 137 Rn. 5.
11 BGH VersR 1986, 96.
12 OLG Karlsruhe TransportR 1994, 445.
13 BGH VersR 1983, 479.
14 BGHZ 77, 88, 91 f.

des VN Repräsentant.[15] Ein selbständiger Unternehmer kann Repräsentant sein, wenn er im konkreten Fall Repräsentanteneigenschaften hat. Dies wurde bejaht für einen selbständigen Unternehmer, der sich gegenüber dem VN verpflichtet hatte, Versicherungsgut für diesen eigenverantwortlich zu packen und zu stauen.[16]

II. Einschränkung der Zurechenbarkeit nach § 137 Abs. 2

9   Der VN hat das Verhalten der Schiffsbesatzung bei der Führung des Schiffes nicht zu vertreten. Die Vorschrift regelt alleine die **Zurechenbarkeit nautischen Verschuldens.** Andere Fälle grob fahrlässigen oder vorsätzlichen Handelns der Schiffsbesatzung, zum Beispiel die fehlerhafte Beladung des Schiffes, sind nach § 137 I zu beurteilen, wenn die dortigen Voraussetzungen erfüllt sind.

III. Beweislast

10 Der VN ist für den Eintritt des Versicherungsfalles darlegungs- und beweispflichtig. Den Nachweis des grob fahrlässigen oder vorsätzlichen Verhaltens hat hingegen der Versicherer zu führen. Des Weiteren obliegt ihm die Beweislast für den Kausalzusammenhang zwischen grob schuldhaftem Verhalten des VN und Versicherungsfall.

C. Abdingbarkeit

11 Die Vorschrift ist dispositiv.

§ 138 Haftungsausschluss bei Schiffen.
¹Bei der Versicherung eines Schiffes ist der Versicherer nicht zum Ersatz eines Schadens verpflichtet, der daraus entsteht, dass das Schiff in einem nicht fahrtüchtigen Zustand oder nicht ausreichend ausgerüstet oder personell ausgestattet die Reise antritt. ²Dies gilt auch für einen Schaden, der nur eine Folge der Abnutzung des Schiffes in gewöhnlichem Gebrauch ist.

Übersicht

	Rdn.		Rdn.
I. Normzweck	1	3. Unzureichende personelle Ausstattung	4
II. Norminhalt	2	II. Zeitpunkt des Reiseantritts	5
1. Fahruntüchtigkeit	2	III. Rechtscharakter des Haftungsausschlusses	7
2. Unzureichende Ausrüstung	3	IV. Kausalität	8

I. Normzweck

1   § 138 enthält einen **speziellen Haftungsausschluss** bei Schiffen. Nach § 138 besteht kein Versicherungsschutz, wenn der entstandene Schaden darauf zurückzuführen ist, dass das Schiff fahruntüchtig war bzw. nicht ausreichend ausgerüstet oder mit unzureichender personeller Ausstattung die Reise angetreten hat. Dies gilt auch, wenn der Schaden als Folge der Abnutzung im gewöhnlichen Gebrauch aufgetreten ist. Die Vorschrift übernimmt sachlich unverändert den § 132 a.F.; entfallen ist lediglich die Aufzählung der weiteren Tatbestände der Abnutzung in Form von »Alter, Fäulnis oder Wurmfraß«.

II. Norminhalt

1. Fahruntüchtigkeit

2   **Fahruntüchtig** ist ein Schiff, wenn es die gewöhnlichen Gefahren der geplanten Reise nicht zu bestehen vermag.[1] Hierbei kann auch fehlerhafte Beladung die Fahruntüchtigkeit des Schiffes begründen, zum Beispiel wenn aufgrund Überladung die Gefahr einer Grundberührung besteht,[2] oder wenn das Schiff aufgrund falscher Beladung instabil wird[3] oder wenn sich die Gefahr aus der vorschriftswidrigen Unterbringung gefährlicher Güter ergibt.[4] Eine vorschriftswidrige Unterbringung führt auf jeden Fall dann zur Fahruntüchtigkeit, wenn sie die Schiffssicherheit gefährdet.[5] Für die Fälle mangelnder Stabilität des Schiffes aufgrund fehlerhafter Beladung vgl. aus der umfangreichen Rechtsprechung zur Seeschifffahrt insbesondere RGZ 70, 94; BGHZ 27, 79; BGHZ 56, 300. Regelmäßig folgt die mangelnde Stabilität aus einer unzulässigen Beladung des Decks.

---

15 OLG Hamburg VersR 1988, 1147; P/M/*Voit/Knappmann*²⁷, § 130 Rn. 5; a.A. R/L/*Langheid*, § 137 Rn. 5; P/M/*Koller* § 137 Rn. 2.
16 OLG Karlsruhe TranspR 1994, 445; OLG Hamburg VersR 1969, 559; P/M/*Voit/Knappmann*²⁷, § 130 Rn. 5; Thume/de la Motte/*Thume*, Teil 2 Rn. 77.
1   BGH VersR 1989, 76; 1983, 74; 1980, 65; zum Begriff vgl. auch § 58 ADS, Nr. 3 ADS-Güter; § 8 BinnSchG Nr. 3.4.1 AVB Wassersportfahrzeuge; DTV-Güter 2000 Ziff. 7.
2   BGH VersR 1980, 65; OLG Karlsruhe VersR 1983, 74.
3   BGH VersR 1971, 833; 1975, 1117; 1984, 581.
4   BGH VersR 1973, 218.
5   BGH VersR 1973, 218.

2. Unzureichende Ausrüstung

Die Frage der **nicht ausreichenden Ausrüstung** bezieht sich auf die Beschaffung des Schiffszubehörs und der 3
Vorräte.[6] Nicht ausreichend ausgerüstet ist das Schiff unter anderem, wenn die für die Reise erforderlichen Seekarten nicht an Bord mitgeführt werden.[7] Im Fall einer zwar vorhandenen, aber bei Fahrtbeginn nicht eingeschalteten Sprechfunkanlage auf einem Rheinschiff hat der BGH[8] die unzureichende Ausrüstung bejaht, obwohl die eingeschaltete Sprechfunkanlage nicht ausdrücklich durch das Gesetz vorgeschrieben war. Vorhandene Hilfsmittel seien in Betrieb zu halten, wenn damit Gefährdungslagen vermieden werden könnten.[9]

3. Unzureichende personelle Ausstattung

Eine **unzureichende personelle Ausstattung** wird angenommen, wenn bei Reiseantritt die vorgeschriebene 4
Mindest-Personausstattung nicht vorhanden ist, der Schiffsführer die für die Fahrt auf der zu befahrenden Strecke nötigen Patente nicht besitzt und sich ein eventuell erforderlicher Lotse nicht an Bord befindet.[10] Kein Fall der unzureichenden personellen Ausstattung liegt vor, wenn der Schiffsführer das Ruder einem ungeeigneten Matrosen überlässt.[11] Gleiches gilt, wenn bei Reiseantritt die vorgeschriebene personelle Ausstattung vorhanden ist, die Besatzung jedoch im Verlauf der Reise das Schiff ohne Wissen des VN verlässt und dieses nun unzureichend ausgestattet in Bewegung gesetzt wird.[12] Eine ordnungsgemäße Bemannung kann somit selbst dann vorliegen, wenn sich zum Zeitpunkt des Versicherungsfalles niemand an Bord befindet.[13]

II. Zeitpunkt des Reiseantritts

Die Ausschlussgründe des § 138 müssen zum **Zeitpunkt des Antritts der Reise** im Sinne des § 559 HGB vor- 5
liegen. Danach kommt es nach herrschender Ansicht nicht auf den Beginn der Schiffsreise, sondern auf den Beginn der Frachtreise der einzelnen **Ladung** an.[14] Eine abweichende Ansicht will die Reise im Sinne des § 138 mit dem Ablegen in jedem Hafen beginnen lassen.[15] Die Frage nach dem Beginn der Schiffsreise kann nicht isoliert beantwortet werden. Vielmehr hängt die Beantwortung mit der Einordung des Rechtscharakters der Vorschrift zusammen. Geht man mit der herkömmlichen Ansicht (siehe unten unter Rdn. 7) davon aus, dass es sich bei § 138 um einen **objektiven Risikoausschluss** handelt, würde die Eröffnung des Anwendungsbereiches des § 138 mit dem Beginn der Frachtreise der einzelnen Ladung zu einer unangemessenen Ausweitung der Haftung des VN führen. Denn dies führt auch dann zu einer Haftung, wenn die Fahruntüchtigkeit auch bei Anwendung aller zur Verfügung stehender Sorgfalt nicht feststellbar war.[16] Geht man allerdings davon aus, dass es sich bei der Vorschrift um eine **verhüllte Obliegenheit** (hierzu unten unter Rdn. 7) mit der Folge eines Haftungsausschlusses nur bei Verschulden des VN handelt, ist es wiederum folgerichtig, dem VN die Obliegenheit der Überprüfung des Zustandes des Schiffes und der Ausstattung und Bemannung bei dem Beginn jeder Frachtreise der einzelnen Ladung aufzuerlegen.

Tritt erst **nach Reiseantritt** einer der Ausschlussgründe des § 138 ein, ist der Tatbestand nicht erfüllt. Aller- 6
dings kann sich aus dem Eintritt der Fahruntüchtigkeit oder der mangelhaften Bemannung nach Reiseantritt eine Anzeigepflicht nach § 132 ergeben, wenn hierin eine Gefahränderung liegt. Dies kann unter den Voraussetzungen des § 132 II 1 ebenfalls zur Leistungsfreiheit des Versicherers führen.

III. Rechtscharakter des Haftungsausschlusses

Bei der Regelung handelt es sich nach herkömmlicher Ansicht um einen **objektiven Risikoausschluss**, sodass 7
die Haftung des VN verschuldensunabhängig eintritt.[17] Es kommt also nicht darauf an, ob die Fahruntüchtigkeit oder mangelhafte Ausstattung auf ein Verschulden des Schiffseigners oder Schiffsführers zurückzufüh-

---

6 *Rabe*, Seehandelsrecht, 4. Aufl., 513 Rn. 8.
7 LG Hamburg VersR 2001, 457; LG Hamburg VersR 2003, 1438 HK-VVG/*Harms*, § 138 Rn. 2; Terbille/*Remé/Gercke*, § 11 Rn. 70.
8 BGH VersR 1991, 605.
9 BGH VersR 1991, 605; anders noch BGH VersR 1980, 1045, danach brauchte ein Schiff beim Befahren des Rheins nur dann mit einer Sprechfunkanlage für die Verständigung von Fahrzeug zu Fahrzeug ausgerüstet zu sein, wenn dies durch schifffahrtsrechtliche Vorschriften ausdrücklich vorgeschrieben oder von der Schiffsuntersuchungskommission angeordnet worden war.
10 P/M/*Voit/Knappmann*[27], § 132 Rn. 1; P/M/*Koller*, § 138 Rn. 1.
11 BGH VersR 1972, 970.
12 BGH VersR 1966, 749 zu § 4c Flusskaskopolice.
13 RZG 102, 111, 113, hier war der mit der Bewachung des festgemachten Schiffs beauftragte Matrose von Bord gegangen.
14 BGH VersR 1973, 218; BGH NJW-RR 2007, 321, 323; *Schaps/Abraham*, § 559 Anm. 4; R/L/*Langheid*, § 132 Rn. 6; PK/*Pisani*, § 138 Rn. 5; *Thume*/de la Motte/Ehlers, Teil 2 Rn. 468.
15 HK-VVG/*Harms*, § 138 Rn. 5.
16 Vgl. auch RG 115, 67; 118, 13; 120, 39; BGH VersR 1989, 761; 1974, 771.
17 BGH VersR 1985, 629; VersR 1966, 749; OLG Karlsruhe VersR 1983, 74; HK-VVG/*Harms*, § 138 Rn. 4; P/M/*Voit/Knappmann*[27], § 132 Rn. 5; *Thume*/de la Motte/Ehlers, Teil 2 Rn. 465.

ren ist. Anknüpfungspunkt für die Freistellung von der Haftung des Versicherers ist der Zustand des Schiffes und nicht ein Verhalten des VN.[18] Unerheblich ist auch, ob die Fahruntüchtigkeit bei Anwendung aller zur Verfügung stehenden Sorgfalt nicht feststellbar war.[19] Der Versicherer muss für den Haftungsausschluss lediglich Mängel bei der Fahrtüchtigkeit und der Ausstattung nachweisen. Vertragsklauseln, die eine Haftungsfreistellung bei während der Reise eintretender Fahruntüchtigkeit enthalten, sind als eng umschriebene Risikoausschlüsse zulässig.[20] Eine Gefahrerhöhung mit den Folgen des § 132 scheidet dann aus. Allerdings weist der BGH[21] in einer neueren Entscheidung zu Nr. 6.1.5 GüWerkVAVB darauf hin, dass er an dieser »eher formalen Betrachtungsweise«, die nicht auf das Verständnis eines durchschnittlichen VN abstelle, nicht mehr festhalte. Vielmehr sei ein Haftungsausschluss nur bei Verschulden des VN anzunehmen.[22] Qualifiziert man hiernach den § 138 als **verhüllte Obliegenheit**[23], käme eine Haftungsfreistellung nur unter den Voraussetzungen des § 28 in Betracht. Für die Annahme einer verhüllten Obliegenheit spricht ebenfalls Ziff. 3.2.1.2 AVB Flusskasko 2000/2008, nach der die Leistungsfreiheit des Versicherers für Schäden infolge eines nicht fahrtüchtigen Schiffes nicht besteht, wenn der Versicherungsnehmer die Fahrtüchtigkeit nicht zu vertreten hat. Allerdings kann dies durch eine entsprechende Gestaltung der AVB vermieden werden. Der § 138 ist, wie alle anderen Vorschriften dieses Abschnittes auch, abdingbar.

IV. Kausalität

8 Die Fahruntüchtigkeit beziehungsweise die mangelnde Ausrüstung oder Bemannung des Schiffes muss für den Schaden **ursächlich** gewesen sein.[24] Ein ursächlicher Zusammenhang zwischen Fahruntüchtigkeit und Schaden ist insbesondere zu verneinen, wenn die Fahruntüchtigkeit durch einen versicherten Unfall hervorgerufen worden ist.[25] Sowohl für die Fahruntüchtigkeit als auch für die Kausalität zwischen Fahruntüchtigkeit und Schaden liegt die **Beweislast** beim Versicherer. Allerdings kann sich der Versicherer bei der Frage der Fahruntüchtigkeit auf **Anscheinsbeweise** berufen. So ging der BGH von der Fahruntüchtigkeit eines Schiffes bei Reiseantritt aus, dessen Poller nach kurzer Zeit auf See unter einer ungewöhnlichen Belastung beim Schleppen brach, da hier nach der Lebenserfahrung der Anschein für die anfängliche Fahruntüchtigkeit spreche.[26] Den Versicherer trifft auch die Beweislast dafür, dass ein geltend gemachter Schaden nur Folge der Abnutzung des Schiffes im gewöhnlichen Gebrauch und somit von dem Versicherungsschutz ausgenommen ist.

§ 139 Veräußerung der versicherten Sache oder Güter.
(1) ¹Ist eine versicherte Sache, die für eine Einzelpolice oder ein Versicherungszertifikat ausgestellt worden ist, veräußert worden, haftet der Erwerber abweichend von § 95 nicht für die Prämie. ²Der Versicherer kann sich gegenüber dem Erwerber nicht auf Leistungsfreiheit wegen Nichtzahlung der Prämie oder wegen Nichtleistung einer Sicherheit berufen, es sei denn, der Erwerber kannte den Grund für die Leistungsfreiheit oder hätte ihn kennen müssen.
(2) Der Versicherer ist abweichend von § 96 nicht berechtigt, das Versicherungsverhältnis wegen Veräußerung der versicherten Güter zu kündigen.
(3) Der Versicherungsnehmer ist abweichend von § 97 nicht verpflichtet, dem Versicherer die Veräußerung anzuzeigen.

Übersicht

	Rdn.		Rdn.
A. Normzweck	1	2. § 139 Abs. 2	3
B. Norminhalt	2	3. § 139 Abs. 3	4
1. § 139 Abs. 1	2		

A. Normzweck

1 § 139 trägt dem Umstand Rechnung, dass versicherte Güter oft bereits auf dem Transport veräußert werden. Die Vorschrift soll sicherstellen, dass der Versicherungsschutz dieser Güter bei der Veräußerung weiter gewährleistet ist, denn eine neue Versicherung von Ware auf dem Transport ist regelmäßig mit unverhältnismäßigen Schwierigkeiten verbunden.

---

18 BGH VersR 1985, 629.
19 RG 115, 67; 118, 13; 120, 39; BGH VersR 1989, 761; 1974, 771.
20 OLG Hamburg VersR 1975, 1022: gilt nach AVB die ausreichende Ausrüstung und Fahrtüchtigkeit als erwiesen, kann sich der Versicherer nicht auf die Fahruntüchtigkeit und die nicht gehörige Ausrüstung des Schiffes berufen, außer wenn es sich um die ausreichende Bevorratung mit verbrauchbaren Ausrüstungsgegenständen handelt.
21 BGH TransportR 2002, 255, 256.
22 BGH TransportR 2002, 255, 256.
23 So BGH VersR 2011, 1048; P/M/*Koller*, § 138 Rn. 3; R/L/*Langheid*, (3. Auflage) § 138 Rn. 2.
24 BGH VersR 1974, 589; BGH VersR 2001, 457.
25 OLG Hamm VersR 1978, 58.
26 BGH VersR 1975, 589.

B. Norminhalt

1. § 139 Abs. 1

Der neue Erwerber haftet nach § 139 S. 1 nicht für die **Prämie**, wenn für die versicherte Sache eine Einzelpolice oder ein Versicherungszertifikat (§ 55) ausgestellt worden ist. Für diesen Fall kann der Versicherer auch bei Nichtzahlung der Prämie oder Nichtleistung der Sicherheit gegenüber dem neuen Erwerber nicht den Einwand der Leistungsfreiheit erheben, wenn dieser gutgläubig ist. § 139 I ist damit angelehnt an Ziff. 14.2 DTV-Güter 2000/2011 und schränkt die Rechte des Versicherers nach § 95 ein. Anwendung findet die Regelungen auf Fälle des cif-Verkaufes oder bei vergleichbaren Konstellationen, in denen sich der Versicherer gegenüber dem Erwerber der versicherten Sache verpflichtet hat, die Kosten der Versicherung auch dann zu tragen, wenn der Eigentumsübergang bereits vor Beendigung des Transportes vollendet ist.[1]

2. § 139 Abs. 2

Das **Kündigungsrecht** des Versicherers ist ausgeschlossen, soweit Kündigungsgrund die Veräußerung der versicherten Sache ist, vgl. auch Ziff. 14.4 DTV-Güter 2000/2011. Hierdurch soll vermieden werden, dass es dem neuen Erwerber nicht gelingt, eine neue Versicherung von bereits auf dem Transport befindlichen Gütern zu finden und er das volle Transportrisiko tragen muss. Das Kündigungsrecht des Erwerbers wird nicht eingeschränkt,[2] dieser kann unter den Voraussetzungen des § 96 II das Versicherungsverhältnis mit sofortiger Wirkung oder für den Schluss der laufenden Versicherungsperiode kündigen.

3. § 139 Abs. 3

§ 139 III entbindet den VN, der auf dem Transport befindliche Güter veräußert, von der **Anzeigepflicht** gegenüber dem Versicherer, vgl. auch Ziff. 14.5 DTV-Güter 2000/2011. Diese Regelung ergänzt folgerichtig § 139 II, da die Anzeigepflicht des § 97 lediglich vorgesehen ist, um dem Versicherer die Kündigung zu ermöglichen. Ist die Kündigung ausgeschlossen, bedarf es auch keiner Anzeigepflicht.

§ 140 Veräußerung des versicherten Schiffes.
Wird ein versichertes Schiff veräußert, endet abweichend von § 95 die Versicherung mit der Übergabe des Schiffes an den Erwerber, für unterwegs befindliche Schiffe mit der Übergabe an den Erwerber im Bestimmungshafen.

Übersicht

	Rdn.		Rdn.
I. Normzweck	1	II. Norminhalt	2

I. Normzweck

§ 140 regelt das **Kündigungsrecht** des Versicherers bei Veräußerung eines versicherten Schiffes abweichend von § 95 dergestalt, dass die Versicherung mit der Übergabe des Schiffes an den Erwerber bzw. für unterwegs befindliche Schiffe mit der Übergabe an den Erwerber im Bestimmungshafen endet. Die Kündigungsbeschränkung soll den Erwerber vor Problemen bei der Versicherung eines auf Reisen befindlichen Schiffes bewahren. Die Leistungspflicht des Versicherers besteht in jedem Fall bis zum Ende der Reise fort. Die Vorschrift knüpft insoweit an die Regelung des § 143 a.F. an.[1]

II. Norminhalt

Nach § 140 kommt es bei Veräußerung des Schiffes abweichend von § 95 nicht auf den Zeitpunkt des Eigentumsüberganges sondern auf den **Zeitpunkt der Übergabe** des Schiffes an. Im Gegensatz zu § 139 III ist der VN zwar verpflichtet, die Veräußerung des Schiffes anzuzeigen, das Kündigungsrecht des Versicherers ist jedoch zeitlich auf die Beendigung der Reise beschränkt. Leistungsfreiheit tritt für den Versicherer nur ein, wenn der Versicherungsfall nach Abschluss der Reise eintritt und der VN die Veräußerung nicht angezeigt hat. Damit wird die Anzeigepflicht relevant, wenn das Schiff für mehrere Reisen versichert ist oder es sich um eine Zeitversicherung handelt.

Nach dem **Wortlaut der Norm** wird lediglich von § 95 abgewichen, nicht jedoch von den §§ 96 und 97. Danach würde zwar die Versicherung des veräußerten Schiffes erst mit Übergabe des Schiffes bzw. Übergabe des Erwerbers im Bestimmungshafen enden. Mangels Verweises auf § 97 müsste der VN seiner Anzeigepflicht jedoch direkt nach Veräußerung des Schiffes nachkommen, andernfalls würde der Versicherer unter Umständen nach Fristablauf von der Haftung befreit sein. Dies ist vom Gesetzgeber ersichtlich nicht gewollt. Laut Gesetzesbegründung ist der Versicherer auch bei Unterlassen der Anzeige leistungspflichtig, soweit durch § 95 sein Kündigungsrecht eingeschränkt oder versagt ist.[2] Die Leistungspflicht besteht damit auch bei unterlasse-

---

1 HK-VVG/*Harms*, § 139 Rn. 1; Thume/de la Motte/*Ehlers*, Teil 5 Rn. 405.
2 L/W/*Kollatz*; § 139 Rn. 5; Marlow/Spuhl/*Schneider*, Rn. 932; P/M/*Koller*, § 139 Rn. 2.
1 Begr. RegE BT-Drucks. 16/3945 S. 93.
2 Begr. RegE BT-Drucks. 16/3945 S. 93.

ner Anzeige bis zur Beendigung der Reise fort.³ Tritt der Versicherungsfall allerdings **nach Beendigung der Reise** ein, ist der Versicherer von der Leistung befreit, wenn die Veräußerung nicht unverzüglich angezeigt wurde.

4 Die Formulierung des § 140 ist missverständlich. Um Rechtsunsicherheiten zu vermeiden, sollte eine **eindeutige Regelung** in die AVB aufgenommen werden,⁴ wobei sich die Orientierung am Wortlaut des VVG a.F. anbietet.⁵

§ 141 Befreiung durch Zahlung der Versicherungssumme.

(1) ¹Der Versicherer ist nach Eintritt des Versicherungsfalles berechtigt, sich durch Zahlung der Versicherungssumme von allen weiteren Verbindlichkeiten zu befreien. ²Der Versicherer bleibt zum Ersatz der Kosten verpflichtet, die zur Abwendung oder Minderung des Schadens oder zur Wiederherstellung oder Ausbesserung der versicherten Sache aufgewendet worden sind, bevor seine Erklärung, dass er sich durch Zahlung der Versicherungssumme befreien wolle, dem Versicherungsnehmer zugegangen ist.
(2) Das Recht des Versicherers, sich durch Zahlung der Versicherungssumme zu befreien, erlischt, wenn die Erklärung dem Versicherungsnehmer nicht innerhalb einer Woche nach dem Zeitpunkt, zu dem der Versicherer Kenntnis von dem Versicherungsfall und seinen unmittelbaren Folgen erlangt hat, zugeht.

Übersicht

	Rdn.		Rdn.
A. Normzweck	1	II. Frist zur Erklärung des Abandon,	
B. Norminhalt	2	§ 141 Abs. 2	6
I. Rechtsfolgen der Erklärung des Abandon	5		

A. Normzweck

1 § 141 soll den Versicherer durch die Möglichkeit, seine Haftung auf die Versicherungssumme zu begrenzen, vor der Gefahr einer Haftungsausweitung durch § 135 schützen. Die im internationalen See- und Transportversicherungsrecht allgemein übliche Regelung schafft damit einen Interessenausgleich zwischen VN und Versicherer. Indem der Versicherer sich durch Zahlung der vollen Versicherungssumme von seinen Vertragspflichten lösen kann, kann er – außer in den Fällen des § 141 I 2 – die weitergehende Haftung gegenüber dem VN nach § 135 umgehen. Dies bewahrt ihn vor Schadensminderungskosten, die möglicherweise gemeinsam mit den übrigen Entschädigungsleistungen die Versicherungssumme übersteigen.
Die Vorschrift entspricht inhaltlich § 145 a.F. Eine ähnliche Regelung findet sich in Ziff. 19 DTV-Güter 2000/2011. Ein vergleichbares Recht des VN besteht nicht, es ist weder in § 141 noch in Ziff. 19 DTV-Güter 2000/2011 vorgesehen.

B. Norminhalt

2 § 141 I 1 gibt dem Versicherer das Recht, nach Eintritt des Versicherungsfalles durch Zahlung der vollen Versicherungssumme den Versicherungsvertrag zu beenden und sich damit von allen weiteren Verbindlichkeiten zu lösen (**Abandon**). Es handelt sich hierbei um die Ausübung eines einseitigen **Gestaltungsrechts** seitens des Versicherers. Eine Zustimmung des VN zur Ausübung des Abandon ist nicht erforderlich.

3 Voraussetzung für die **wirksame Ausübung** des Abandon ist die Erklärung des Versicherers, sich durch Zahlung der vollen Versicherungssumme vom Vertrag lösen zu wollen, vgl. Ziff. 19.2 DTV-Güter 2000/2011.¹ Erklärungsempfänger ist grundsätzlich der VN.² Erhebt ein anderer als der VN Anspruch auf Schadensregulierung, ist mit *Römer*³ davon auszugehen, dass auch diesem gegenüber der Abandon erklärt werden muss. Die Erklärung wird in dem Moment wirksam, in dem sie dem VN zugeht, vgl. § 141 I 2. Auf die Wirksamkeit der Erklärung ist es ohne Einfluss, ob und wann die Versicherungssumme tatsächlich gezahlt wird.⁴

4 Der Abandon ist nach **Eintritt des Versicherungsfalles** zu erklären. Der Eintritt des Versicherungsfalles ist das die Leistungspflicht des Versicherers begründende Ereignis, aus dem die Schadensersatz- oder Aufwendungsersatzansprüche resultieren.⁵

---

3 P/M/*Koller*, § 140 Rn. 1; R/L/*Langheid*, § 140 Rn. 4; Dies entspricht der alten Rechtslage, vgl. P/M/*Voit/Knappmann*²⁷, § 143 Rn. 1; P/M/*Koller*, § 140 Rn. 1 und dem erklärten Willen des Gesetzgebers, vgl. BT-Drucks. 16/3945 S. 93.
4 Ebenso Marlow/Spuhl/*Schneider*, Rn. 933.
5 HK-VVG/*Harms*, § 140 Rn. 2.
1 PK/*Pisani*, § 141 Rn. 4; *Thume*/de la Motte/Ehlers, Teil 2, Rn. 479; zu Ziff. 19 DTV-Güter 2000/2008: *Thume*/de la Motte/Ehlers, Teil 5, Rn. 547.
2 HK-VVG/*Harms*, § 141 Rn. 3; P/M/*Koller*, § 141 Rn. 1; R/L/*Langheid*, § 141 Rn. 5.
3 R/L/*Langheid*, § 141 Rn. 5, ebenso: L/W/*Kollatz*, § 141, Rn. 5; *Thume*/de la Motte/Ehlers, Teil 2, Rn. 479; Bruns, Privatversicherungsrecht, § 24 Rn. 16.
4 BGH VersR 1971, 1013.
5 Bruck/Möller/*Baumann*, § 1 Rn. 109; Thume/de la Motte/*Ehlers*, Teil 5 Rn. 545.

I. Rechtsfolgen der Erklärung des Abandon

Hat der Versicherer dem VN gegenüber den Abandon erklärt, ist er verpflichtet eine **Totalschadensregulie- 5 rung** vorzunehmen, der VN wird also so gestellt, als sei ein versicherter Totalschaden eingetreten. Neben der Zahlung der vollen Versicherungssumme bleibt der Versicherer nach § 141 I 2 zum Ersatz der bis zum Zugang der Abandonerklärung entstandenen Kosten verpflichtet, die zur Abwendung oder Minderung des Schadens oder zur Wiederherstellung oder Ausbesserung der versicherten Sache aufgewendet worden sind, vgl. auch Ziff. 19.2 DTV-Güter 2000/2011. Nach Ziff. 19.2 DTV-Güter 2000/2011 stehen den verwendeten Kosten solche versicherten Kosten gleich, zu deren Zahlung der Versicherungsnehmer sich bereits verpflichtet hatte. Gleichzeitig ist er von allen weiteren Verbindlichkeiten gegenüber dem VN befreit.

Nach Ziff. 19.4 DTV-Güter 2000/2011 erwirbt der Versicherer durch die Zahlung keine Rechte an den versicherten Gegenständen.

II. Frist zur Erklärung des Abandon, § 141 Abs. 2

Anders als in § 145 a.F. ist der Abandon nun fristgebunden. Das Recht erlischt, wenn der Versicherer den 6 Abandon nicht **innerhalb einer Woche nach Kenntnis vom Versicherungsfall** und seinen unmittelbaren Folgen erklärt. Die Frist ist gewahrt, wenn die Erklärung innerhalb der Frist bei dem VN eingeht. Nach der Formulierung handelt es sich bei § 141 II um eine **Ausschlussfrist**.[6] Bei Fristversäumung ist eine Erklärung des Abandon durch den Versicherer damit ausgeschlossen. Auf die Fristberechnung finden die §§ 187 ff. BGB Anwendung. Eine solche Ausschlussfrist findet sich auch in der entsprechenden Ziff. 19.3 DTV-Güter 2000/2011.

---

6 Vgl. auch PK/*Pisani*, § 141 Rn. 8; R/L/Langheid, § 141 Rn. 7.

Kapitel 4. Gebäudefeuerversicherung
Vorbemerkung zu §§ 142 ff.

Übersicht

	Rdn.		Rdn.
A. Überblick	1	I. Das Gesetzgebungsverfahren	3
B. Regelungszusammenhang der §§ 142 ff. VVG	3	II. Regelungsgehalt	7

Schrifttum:
Armbrüster, Zum Schutz von Haftpflichtinteressen in der Sachversicherung, NVersZ 2001, 193; *Berndt/Luttmer*, Der Ersatzwert in der Feuerversicherung: Theorie und Praxis, 2. Aufl. 1975; *Boldt*, Die Feuerversicherung nach AFB, VHB, VGB und FBUB, 7. Aufl. 1995; *Brisken*, Der Schutz der Hypothekengläubiger bei der Gebäudefeuerversicherung, 1964; *Cors*, Sind Außenanlagen mitversichert?, ZfV 1989, 47; *Fischinger*, Die Folgen des Wegfalls von § 102 VVG a.F. für Hypothekenverband und Beschlagnahme beim gestörten Versicherungsverhältnis, VersR 2009, 1032; *Frehn*, Zur Reform des Versicherungswertes in der Feuer-Sachversicherung, ZfV 1989, 40 und 80; *Fricke*, Rechtliche Probleme des Ausschlusses von Kriegsrisiken in AVB, VersR 2002, 6; *Grassl-Palten*, Feuerversicherung und Realkredit, 1992; *Grommelt*, Ausgleichsanspruch gemäß § 59 II 1 VVG analog und Regressverzichtsabkommen der Feuerversicherer bei übergreifenden Schadensereignissen, r+s 2007, 230; *Günther*, Der zivilrechtliche Nachweis der Eigenbrandstiftung, r+s 2006, 221; *Issler*, Neuwert oder Zeitwert – was gilt?, VW 2000, 1972; *Kollhosser*, Bereicherungsverbot, Neuwertversicherungen, Entwertungsgrenzen und Wiederherstellungsklauseln, VersR 1997, 521; *Krahe*, Der Begriff des Kriegsereignisses in der Sachversicherung, VersR 1991, 634; *Kühl*, Die Geschäftspolitik der Industriellen Feuerversicherung aus der Sicht eines Erstversicherers, 1994; *ders.*, Das Risiko Feuer aus der Sicht der Versicherungswirtschaft, ZVersWiss 1993, 491; *Kulenkampff*, Neuwertersatz bei Brand eines zum Abbruch bestimmten Hauses?, VersR 1983, 413; *Langheid*, Nachweis der Eigenbrandstiftung, VersR 1992, 13; *Langheid/Rupietta*, Versicherung gegen Terrorschäden, NJW 2005, 3233; *Messenmöller*, Die Ermittlung von Gebäudeversicherungswerten, 4. Aufl. 1994; *Meyer-Kahlen*, Behälterexplosionsschäden in der Feuerversicherung, ZVersWiss 1993, 459; *Prölss*, Das Wegnahmerecht des Mieters in der Gebäudefeuerversicherung, VersR 1994, 1404; *Siegel*, Das Regressverzichtsabkommen der Feuerversicherer, VersR 2009, 46; *Stange*, Rettungsobliegenheiten und Rettungskosten im Versicherungsrecht, 1995; *Wälder*, Das fragwürdige Merkmal Feuer im Brandbegriff der Feuerversicherung, ZVersWiss 1971, 657; *ders.*, Zur Versicherung von Strom- und Blitzschäden an elektrischen Einrichtungen, r+s 1991, 1; *ders.*, Anprall und Absturz von Flugkörpern, r+s 2006, 139; *ders.*, Mehrkosten durch technologischen Fortschritt in den Sachversicherungen, in: FS Winter, 2007, S. 441; *R.-J. Wussow*, Gefahrerhöhung in der Feuerversicherung, VersR 2001, 678; *W. Wussow*, Feuerversicherungsrecht, 2. Aufl. 1975.

A. Überblick

1 Die **Feuerversicherung** ist in ihrer Gesamtheit **nicht mehr** im VVG geregelt. Bis 2008 war sie dies in §§ 81–107c a.F. Auf Grundlage eines in seiner Berechtigung zweifelhaften[1] Vorschlags der Reformkommission hat sich der Reformgesetzgeber entschlossen, auf eine Sonderregelung dieses Versicherungszweigs zu verzichten. Grund war, dass es einen auf das Risiko »Brand, Explosion und Blitzschlag« begrenzten Versicherungsschutz praktisch nicht mehr gebe (näher dazu Anhang K Rdn. 4 ff.). Einzelne Vorschriften, die bis 2008 nur für die Feuerversicherung galten, sind allerdings in die allgemeinen Vorschriften zur Sachversicherung übernommen worden (z.B. Inbegriffsversicherung – § 89 –, oder Wiederherstellungsklauseln – § 93).

2 Geregelt sind in den §§ 142–149 unter der Überschrift »**Gebäudefeuerversicherung**« nur noch sondersachenrechtliche Schutzvorschriften zu Gunsten von Grundpfandgläubigern. Obwohl die bisherige Definition der Feuerversicherung in § 82 a.F. entfallen ist, gilt der dort geprägte Begriff der Feuerversicherung für die Gebäudefeuerversicherung i.S.d. § 142 ff. fort.[2] Dafür spricht auch ein Passus in der amtlichen Begründung zu §§ 142 ff. (»wie im geltenden Recht«).

B. Regelungszusammenhang der §§ 142 ff. VVG
I. Das Gesetzgebungsverfahren

3 Die Vorschriften des 4. Kapitels lehnen sich **weitgehend an die Vorgängerreglungen der §§ 101–107c a.F.** zur Feuerversicherung an. Diese waren durch eine Rechtsverordnung aus dem Jahre 1942 in das VVG gelangt.[3] Der Regelungsbereich ist nach der Neukodifikation von 2008 aber, wie sich bereits aus der Kapitelüberschrift ergibt, auf die Gebäudefeuerversicherung beschränkt. Die VVG-Kommission wollte auch die verbliebenen Vorschriften streichen, da sie keinen Grund für die darin enthaltene Privilegierung von Grundpfandgläubigern gegenüber Inhabern von Mobiliarsicherheiten erkennen konnte.[4] Aus Zeitmangel sah sie sich allerdings außer

---
1 Kritisch zu Recht auch B/M/*Johannsen*, Vor § 142 Rn. 1.
2 Näher: B/M/*Johannsen*, Vor § 142 Rn. 6.
3 RGBl. I S. 740; näher zur Entstehungsgeschichte: L/W/*Staudinger*, § 142 Rn. 2.
4 Vgl. VVG-Kommission Abschlussbericht 2004 (VersR-Schriftenreihe Heft 25), S. 77.

Stande, als erforderlich erkannte Übergangsregelungen zu entwickeln.[5] Auch die Auswirkung einer Streichung der §§ 99–107c a.F. auf §§ 1127–1130 BGB vermochte sie nicht aufzuklären.

Die ehemalige **Privilegierung der Immobiliarsicherheiten** vor Inkrafttreten der Neukodifikation des VVG im Jahre 2008 wurde vielfach – zuletzt auch von der Bundesregierung[6] – als **zu weitreichend** empfunden. Anstoß erregte insbes. § 102 I a.F., der – abweichend von den Grundregeln der §§ 1127 ff. BGB – vorsah, dass ein VR gegenüber dem Grundpfandgläubiger auch dann zur Leistung verpflichtet blieb, wenn er vertraglich gegenüber seinem VN – etwa im Falle der Herbeiführung des Versicherungsfalls durch Brandstiftung – nicht leisten musste (gestörtes Versicherungsverhältnis).[7] Eine parallele Regelung besteht zwar für die Pflichthaftpflichtversicherung (§ 117 I). In der Feuerversicherung mochte der Gesetzgeber aufgrund der besonderen Schutzbedürftigkeit der geschädigten Dritten im Pflichtversicherungsrecht eine Vergleichbarkeit der Lebenssachverhalte nicht länger annehmen.[8] Insoweit den Empfehlungen der VVG-Kommission[9] folgend, strich er § 102 I a.F. dementsprechend ersatzlos. Durch die Einführung des Quotelungsprinzips bei grob fahrlässigen Obliegenheitsverletzungen und bei grob fahrlässiger Herbeiführung des Versicherungsfalls wird die Streichung des § 102 I a.F. zumindest teilweise kompensiert. Im Übrigen können Grundpfandgläubiger durch den Abschluss einer Ausfallversicherung Vorsorge treffen.[10]

4

Mangels praktischen Regelungsbedarfs[11] ist auch der vormalige **Kontrahierungszwang** zu Gunsten der Grundpfandgläubiger in § 105 a.F. weggefallen. Nach Maßgabe des **Art. 5 I 1 EGVVG** genießen Grundpfandgläubiger, die gegenüber dem VR nach den Regeln des VVG vor Inkrafttreten der Neukodifikation angemeldet waren, allerdings **Vertrauensschutz**.[12]

5

Die Bundesregierung ging in ihrem Gesetzentwurf davon aus, dass ein vollständiger Verzicht auf die Sonderregeln für die Feuerversicherung berechtigten Schutzinteressen der Grundpfandgläubiger widerspreche.[13] Mittelbar wähnte sie in einem solchen Verzicht auch **drohende Nachteile für die Verbraucher**, da die meisten der betroffenen Grundpfandgläubiger Kreditinstitute seien, die den Verlust der Privilegierung durch eine Verschlechterung der Finanzierungskonditionen weiterreichen könnten. In der Tat ist eine solche Verschlechterung auch auf Grundlage der getroffenen Neuregelung in den §§ 142–149 zu erwarten.[14] Kreditinstitute werden versuchen, sich von den Gebäudeversicherern individualvertraglich eine §§ 102 f. a.F. entsprechende Stellung einräumen lassen. Ein solcher Versuch muss sich freilich wegen des eindeutigen Willens des Gesetzgebers an § 307 II Nr. 1 BGB messen lassen. Ggf. werden die Feuerversicherer auch gedrängt werden, zu ihrer früheren Praxis der Ausgabe von Hypothekensicherungsscheinen zurückzukehren.

6

II. Regelungsgehalt

Die §§ 142–149 wollen auf der einen Seite **Grundpfandgläubigern** in Ergänzung zu dem Schutz durch die Vorschriften der §§ 1127–1129 BGB[15] **eine Mindestsicherheit** gewähren. Zugleich wollen sie verhindern, dass diese Privilegierung der Grundpfandgläubiger den VR im Verhältnis zum VN benachteiligt, insbes. in Fällen, in denen der VR gegenüber dem VN leistungsfrei ist.

7

Soweit üblicherweise **weitere Risiken** in die Gebäudefeuerversicherung einbezogen werden, etwa Leitungswasser und Strom, hat die Bundesregierung keinen Regelungsbedarf gesehen, entsprechende Regelungen wie §§ 142–149 zu schaffen.[16] Rechtstatsächlich findet diese Entscheidung darin eine Stütze, dass Schäden, die aus anderen Sachschadensrisiken als dem Feuer resultieren, regelmäßig weniger schwer sind. Der ausdrückliche Wille des Reformgesetzgebers steht einer analogen Anwendung der §§ 142–149 auf Risiken, die mit der Gebäudefeuerversicherung verbunden sind, im Wege.[17] Das gilt erst recht bei **kombinierten und gebündelten Versicherungen**. Eine abweichende individualvertragliche Abrede oder eine abweichende Regelung in AVB ist aber möglich.[18]

8

§ 142 Anzeige an Hypothekengläubiger.
(1) Bei der Gebäudefeuerversicherung hat der Versicherer einem Hypothekengläubiger, der seine Hypothek angemeldet hat, unverzüglich in Textform anzuzeigen, wenn die einmalige oder die erste Prämie nicht rechtzeitig gezahlt oder

---

5 Vgl. VVG-Kommission Abschlussbericht 2004 (VersR-Schriftenreihe Heft 25), S. 77.
6 Vgl. Begr. RegE BT-Drucks. 16/3945 S. 235.
7 Näher zur Wirkweise des § 102 I a.F. *Fischinger* VersR 2009, 1032.
8 Vgl. Begr. RegE BT-Drucks. 16/3945 S. 236.
9 Vgl. VVG-Kommission Abschlussbericht 2004 (VersR-Schriftenreihe Heft 25), S. 77.
10 Dazu *Fischinger* VersR 2009, 1032, 1033; *Schubach* AnwBl. 2008, 27, 29; ferner *Günther/Spielmann* r+s 2008, 133, 141.
11 Vgl. Begr. RegE BT-Drucks. 16/3945 S. 236.
12 Näher Art. 5 EGVVG Rn. 1.
13 Vgl. Begr. RegE BT-Drucks. 16/3945 S. 235.
14 B/M/*Johannsen*, § 143 Rn. 4; *Johannsen/Johannsen*, in: FS Winter, S. 337, 342 f.
15 Dazu ausführlich B/M/*Johannsen/Johannsen*[8], Bd. III, Anm. J 23.
16 Vgl. Begr. RegE BT-Drucks. 16/3945 S. 93.
17 Ebenso B/M/*Johannsen*, Vor § 142 Rn. 7; P/M/*Klimke*, Vor § 142 Rn. 3.
18 BK/*Dörner/Staudinger*, Vor §§ 81–107c Rn. 8; PK/*Michaelis*, Vorbem. zu §§ 142 bis 149 VVG Rn. 3.

§ 142 Anzeige an Hypothekengläubiger

wenn dem Versicherungsnehmer für die Zahlung einer Folgeprämie eine Frist bestimmt wird. Dies gilt auch, wenn das Versicherungsverhältnis nach Ablauf der Frist wegen unterbliebener Zahlung der Folgeprämie gekündigt wird.
(2) Der Versicherer hat den Eintritt des Versicherungsfalles innerhalb einer Woche, nachdem er von ihm Kenntnis erlangt hat, einem Hypothekengläubiger, der seine Hypothek angemeldet hat, in Textform anzuzeigen, es sei denn, der Schaden ist unbedeutend.

Übersicht

	Rdn.		Rdn.
A. Normzweck	1	E. Mitteilungspflicht bei Eintritt des Versicherungsfalls (Abs. 2)	12
B. Normgeschichte	2		
C. Grundfragen	4	F. Rechtsfolgen bei Verletzung der Pflichten des VR	14
D. Mitteilungspflicht wegen Säumnis des VN (Abs. 1)	7	G. Beweislast	15
		H. Abweichende Vereinbarung	16

A. Normzweck

1 § 142 schützt Grundpfandgläubiger, die ihre Rechte angemeldet haben dadurch, dass dem VR verschiedene Pflichten auferlegt werden. **Abs. 1** soll Grundpfandgläubiger, die ihr Recht gem. § 94 IV eingetragen und angemeldet haben, in die Lage versetzen, bei **Nichtzahlung einer Folgeprämie oder Zahlungsverzug** i.S.d. § 37 VVG für den notwendigen Versicherungsschutz zu sorgen, indem sie den VN zur Zahlung der Prämien anhalten, selbst die Prämie entrichten oder anderweitig Deckung suchen.[1] **Abs. 2** will es dem angemeldeten Grundpfandgläubiger ermöglichen, bei **Eintritt eines Versicherungsfalls** seine Rechte aus dem Pfandrecht geltend zu machen, das ihm an der Versicherungsforderung zusteht.[2] Dazu muss sichergestellt werden, dass er Kenntnis vom Eintritt des Versicherungsfalls erlangt.

B. Normgeschichte

2 Die Regelung des § 142 beruht auf § 101 a.F. Sachlich weicht sie in Abs. 1 vom Normvorgänger in zweierlei Hinsicht ab. S. 1 erstreckt die Anzeigepflicht des VR auf den Verzug des VN mit der Zahlung einer einmaligen oder der ersten Prämie. Der Grundpfandgläubiger soll auch in den Fällen des § 37 für Versicherungsschutz sorgen können. Des Weiteren ist das Formbedürfnis der Anzeige gemildert worden. Nunmehr genügt die Textform i.S.d. § 126b BGB an Stelle der bisher vorgeschriebenen Schriftform. Eine entsprechende Änderung des Formbedürfnisses findet sich auch in Abs. 2. Die Beachtung einer strengeren Form ist unschädlich.[3]

3 Im Schrifttum ist auf **Kritik** gestoßen, dass der Reformgesetzgeber an der **Hypothek als primärem Regelungsobjekt** der §§ 142–149 festgehalten und nicht auf die in der Praxis vorherrschende Grundschuld abgestellt hat.[4] Diese Kritik ist zurückzuweisen. Die §§ 142–149 sind Sonderbestimmungen des Sachenrechts und folgen letztlich den Vorgaben der §§ 1113 ff. BGB. Solange das bürgerliche Recht für die Immobiliarsicherheiten am Grundfall der Hypothek festhält, müssen dies auch die §§ 142–149 tun.

C. Grundfragen

4 Die §§ 142–149 gewähren Grundpfandgläubigern nur Schutz im Rahmen einer **Gebäudefeuerversicherung**. § 142 I erwähnt diesen **Begriff** ausdrücklich. Gegenstand der Versicherung müssen dementsprechend Bauwerke sein, die zumindest zwei Voraussetzungen erfüllen. Es muss sich einmal um Gebäude handeln, d.h. Bauwerke, die den Eintritt von Menschen gestatten, räumlich umfriedet sind und dadurch gegen äußere Einflüsse Schutz bieten.[5] Des Weiteren müssen die Bauwerke als wesentlicher Bestandteil i.S.d. § 94 BGB in den Haftungsverband der Hypothek, §§ 1120 ff. BGB, fallen – ansonsten sind die Interessen der von §§ 142 ff. geschützten Grundpfandgläubiger nicht betroffen. Ob Eigen- oder Fremdversicherung vorliegt, spielt aber keine Rolle.[6] Für die Versicherung von Scheinbestandteilen i.S.d. § 95 BGB gelten die §§ 142–149 nicht. Erweiterungen oder Einschränkungen des Gebäudebegriffs in Positionen-Erläuterungen, die in der Industrieversicherung üblich sind, können aber Einfluss auf die Reichweite der §§ 142–149 haben (siehe Anhang K Rdn. 10).

5 Die Mitteilungspflichten des VR nach § 142 leben mit der Anmeldung der Realsicherheit durch den Grundpfandgläubiger auf. Durch diese **Anmeldung** entsteht zwischen dem VR und dem Grundpfandgläubiger ein **gesetzliches Schuldverhältnis**,[7] das echte Rechtspflichten des VR i.S.d. § 241 II BGB begründet. Diese Pflich-

---

1 Motive und amtliche Begründung zum Gesetz über den Versicherungsvertrag v. 30.05.1908, Neudruck Berlin 1963, S. 173; Begr. RegE BT-Drucks. 16/3945 S. 236; B/M/*Johannsen*, § 142 Rn. 3; L/W/*Staudinger*, § 142 Rn. 1.
2 P/M/*Klimke*, § 142 Rn. 1.
3 Palandt/*Ellenberger*, § 126b Rn. 2; L/W/*Staudinger*, § 142 Rn. 22.
4 PK/*Michaelis/Pagel*, Vorbem zu §§ 142 bis 149 Rn. 1; wie hier L/W/*Staudinger*, § 142 Rn. 6.
5 P/M/*Klimke*, Vor § 142 Rn. 2.
6 BGH NJW-RR 1988, 728.
7 BK/*Dörner/Staudinger*, § 101 Rn. 3; L/W/*Staudinger*, § 142 Rn. 7; *Wussow*, § 101, Anm. 1.

ten sind darauf gerichtet, die Interessen des Grundpfandgläubigers während der Dauer des Versicherungsverhältnisses in gewissem Umfang zu wahren. Die Anmeldung kann **formlos** erfolgen und zeitlich unbefristet – also auch noch nach Eintritt des Versicherungsfalls.[8] Sie ist an den VR oder einen seiner Empfangsvertreter (§ 164 III BGB) zu richten, oder in Fällen des § 69 I Nr. 2 an den Agenten. Die Anmeldung wirkt auch zugunsten des Rechtsnachfolgers eines Anmeldenden.[9] Bei einer Mehrzahl von VR ist eine Anmeldung bei sämtlichen VR erforderlich.[10] Besteht eine Führungsklausel, genügt allerdings bei einer Mehrzahl von VR Anmeldung beim führenden VR. Der Antrag auf einen Hypothekensicherungsschein steht einer Anmeldung gleich.[11]

Zu beachten ist die **Bestimmung des § 147**. Danach genügt der VR seinen Mitteilungspflichten, wenn er sie an die letzte bekannte Anschrift des Grundpfandgläubigers gesandt hat, sofern dieser es versäumt hat, dem VR eine Namens- oder Anschriftsänderung mitzuteilen. 6

D. Mitteilungspflicht wegen Säumnis des VN (Abs. 1)

Den VR treffen nach § 142 **vier verschiedene Mitteilungspflichten** gegenüber dem Grundpfandgläubiger. Zwei davon sind in § 142 I 1 geregelt. Alt. 1 verpflichtet den VR, dem Grundpfandgläubiger in Textform Mitteilung zu machen, wenn eine **Erst- oder einmalige Prämie nicht rechtzeitig beglichen** wurde. Was als rechtzeitige Leistung zu gelten hat, bestimmt sich nach europarechtskonformer Auslegung des § 36.[12] Dass der VR nach § 37 I im Falle des Verzugs mit einer Erst- oder Einmalprämie grundsätzlich sofort leistungsfrei und nach § 37 II 1 sofort zum Rücktritt berechtigt ist, beraubt die Mitteilungspflicht nach § 142 I 1 Alt. 1 nicht ihres Sinns.[13] Aus dem gesetzlichen Schuldverhältnis zwischen VR und Grundpfandgläubiger, das dem Gebot von Treu und Glauben unterliegt, folgt vielmehr, dass der VR von seinen Rechten nach § 37 I, II 1 keinen Gebrauch machen kann, bis der angemeldete Grundpfandgläubiger ausreichend Gelegenheit hatte, die Folgen des Zahlungsverzugs abzuwenden.[14] 7

Nach § 142 I 1 **Alt. 2** hat der VR dem Grundpfandgläubiger unverzüglich in Textform Anzeige zu erstatten, wenn er dem VN für die Zahlung einer Folgeprämie i.S.d. § 38 I eine **Frist bestimmt** hat. Die Informationspflicht des VR beschränkt sich dem Wortlaut nach darauf, mitzuteilen, dass dem VN eine Frist gesetzt worden ist. Dazu gehört in jedem Fall die Mitteilung des Fristendes.[15] Um den Normzweck zu erreichen, es dem Grundpfandgläubiger zu ermöglichen, selbsttätig für ausreichenden Versicherungsschutz zu sorgen, wird man darüber hinaus vom VR verlangen müssen, auch die (Gesamt-)Höhe der geschuldeten Prämie zuzüglich Nebenkosten mitzuteilen.[16] Dass diese Angabe im neukodifizierten VVG zwar in § 38 I 2, nicht aber in § 142 I 1 aufgenommen worden ist,[17] bleibt ohne Belang. Es handelt sich offenbar um ein Redaktionsversehen. Einer Belehrung über die Rechtsfolgen nach §§ 37 II 1, 2, 38 I 2 bedarf es hingegen nicht,[18] da diese Unterrichtungspflicht nur im Verhältnis zum VN angeordnet wird und sie ihren Rechtsgrund im Versicherungsvertrag hat. Dessen Pflichtenprogramm lässt sich nicht ohne weiteres auf das gesetzliche Schuldverhältnis zwischen VR und Grundpfandgläubiger übertragen. 8

Eine dritte Unterrichtungspflicht trifft den VR, wenn die **Fristbestimmung erfolglos geblieben ist** und der Versicherungsvertrag nach Fristablauf in Folge unterbliebener Prämienzahlung gekündigt wird (**Satz 2**). Der Grundpfandgläubiger wird durch letztere Mitteilung in die Lage versetzt, gem. § 38 III 3 Hs. 1 die Wirkungen der Kündigung durch eigene Zahlung der Prämie unwirksam werden zu lassen. Diese Unterrichtungspflicht des VR tritt neben diejenige aus Satz 1 Alt. 2. Der VR muss also über die Fristsetzung als solche informieren und darüber, dass diese erfolglos geblieben ist. 9

Umstritten ist, ob der VR den Grundpfandgläubiger auf die Möglichkeit, nach § 38 III 3 Hs. 1 vorzugehen, hinweisen muss.[19] Man wird dies auf Grund einer Parallelwertung zur Mitteilungspflicht des VR über die Höhe des Prämienrückstands nach Satz 1 Alt. 1 bejahen müssen. Nur so lässt sich der Normzweck des Abs. 1 10

---

8 B/M/*Johannsen*, § 142 Rn. 4.
9 P/M/*Klimke*, Vor § 142 Rn. 6.
10 R/L/*Langheid*[2], § 100 Rn. 2.
11 R/L/*Langheid*[2], § 100 Rn. 2.
12 Dazu L/W/*Staudinger*, § 36 Rn. 14.
13 So aber wohl L/W/*Staudinger*, § 142 Rn. 11.
14 Insoweit kritisch FAKomm-VersR/*Schnepp/Spallino*, § 142 Rn. 6; P/M/*Klimke*, § 142 Rn. 7.
15 P/M/*Klimke*, § 142 Rn. 3; a.A. HK-VVG/*Halbach*, § 142 Rn. 4.
16 Ebenso: BK/*Dörner/Staudinger*, § 101 Rn. 4; B/M/*Johannsen*, § 142 Rn. 7; PK/*Michaelis/Pagel*, § 142 Rn. 2; P/M/*Klimke*, § 142 Rn. 3; FAKomm-VersR/*Schnepp/Spallino*, § 142 Rn. 5; a.A. R/L/*Langheid*, § 142 Rn. 6; HK-VVG/*Halbach*, § 142 Rn. 4 (»tunlich«).
17 Dazu L/W/*Staudinger*, § 142 Rn. 13.
18 Wie hier FAKomm-VersR/*Schnepp/Spallino*, § 142 Rn. 5; P/M/*Klimke*, § 142 Rn. 5; HK-VVG/*Halbach*, § 142 Rn. 8 (zumindest sinnvoll); a.A. L/W/*Staudinger*, § 142 Rn. 14; sowie beschränkt auf § 37 II PK/*Michaelis/Pagel*, § 142 Rn. 2.
19 Dagegen: HK-VVG/*Halbach*, § 142 Rn. 6; P/M/*Klimke*, § 149 Rn. 5; R/L/*Langheid*, § 142 Rn. 7 (»bloß sinnvoll«); dafür: BK/*Dörner/Staudinger*, § 101 Rn. 5; B/M/*Johannsen*, § 142 Rn. 9; FAKomm-VersR/*Schnepp/Spallino*, § 142 Rn. 10; L/W/*Staudinger*, § 142 Rn. 16; PK/*Michaelis/Pagel*, § 142 Rn. 3.

verwirklichen, den Grundpfandgläubiger in die Lage zu versetzen, hinreichenden Versicherungsschutz herbeizuführen. Rechtsgrundlage dieser Pflicht ist § 241 II BGB.

11 In allen drei Fällen der Anzeigepflicht des VR nach Abs. 1 hat der VR **unverzüglich** Mitteilung zu machen, also ohne schuldhaftes Zögern i.S.d. § 121 I 1 BGB, nicht zwingend aber gleichzeitig mit der Mahnung nach Satz 1 bzw. der Kündigung nach Satz 2.[20]

E. Mitteilungspflicht bei Eintritt des Versicherungsfalls (Abs. 2)

12 Abs. 2 bestimmt unabhängig von den Mitteilungspflichten nach Abs. 1, dass der VR den Grundpfandgläubiger, der sein Recht angemeldet hat, auch vom Eintritt eines Versicherungsfalls in Textform unterrichten muss, und zwar binnen einer Woche, § 188 II BGB. Diese **Frist** ist im Regelfall **länger als die Frist nach Abs. 1**. Das liegt daran, dass der Grundpfandgläubiger rascher auf den Prämienverzug i.S.d. Abs. 1 reagieren können muss, um die für ihn bedrohliche Folge der Leistungsfreiheit des VR abwenden zu können, während Abs. 2 es dem Grundpfandgläubiger lediglich erleichtern soll, seine (Pfand-)Rechte an der Versicherungsforderung geltend zu machen.
Hinsichtlich des **Inhalts der Anzeige** gelten grundsätzlich dieselben Anforderungen wie für die Schadenanzeige des VN nach § 30.[21] Den (vermutlichen) Umfang des eingetretenen Schadens muss der VR aber nicht mitteilen. Unklar ist, ob es genügt, wenn der Grundpfandgläubiger tatsächlich vom Versicherungsfall Kenntnis erlangt,[22] oder ob diese Kenntnis vom VR vermittelt sein muss.[23] Für letztere Ansicht spricht bereits der Wortlaut des § 142 II. Anders als etwa in § 143 II Satz 1 oder § 99 I a.F., wird das anderweitige Erlangen von Kenntnis der Mitteilung durch den VR nicht ausdrücklich gleichgestellt. Erlangt der Grundpfandgläubiger freilich aus anderer Quelle Kenntnis vom Eintritt des Versicherungsfalls, wird es für einen etwaigen Schadensersatzanspruch gegen den VR (dazu sogleich Rdn. 14) regelmäßig an der Kausalität zwischen Schaden und Pflichtverletzung fehlen.

13 Nach Abs. 2 a.E. ist die Mitteilungspflicht des VR im Versicherungsfall ausgeschlossen, wenn der Versicherungsfall **unbedeutend** ist. Das ist dann der Fall, wenn er das Recht des Grundpfandgläubigers nicht beeinträchtigt, d.h. wenn es auch unter Berücksichtigung des Schadens werthaltig bleibt und durch den Restwert des Grundstücks gedeckt ist.[24]

F. Rechtsfolgen bei Verletzung der Pflichten des VR

14 Verletzt der VR seine Mitteilungspflichten, steht dem Grundpfandgläubiger grundsätzlich ein Schadensersatzanspruch nach §§ 280 I, II, 286 BGB bzw. §§ 280 I, 241 II BGB zu. Praktisch bedeutsam ist dieser Anspruch insbes. bei Erst- und Einmalprämienverzug. Befindet sich der VN im Verzug mit der Zahlung einer Folgeprämie, wird es häufig an einem kausalen Schaden des Grundpfandgläubigers mangeln, da der VR gem. § 143 I nur befristet zur Leistung verpflichtet bleibt.[25] Bei Eintritt des Versicherungsfalls gelten im Folgenprämienverzug §§ 1128, 1130 BGB sowie §§ 93, 94. Anders ist die Sachlage aber beim Erst- oder Einmalprämienverzug, wenn der VR in Fällen eine Mitteilung an den Grundpfandgläubiger unterlässt, in denen er nach § 37 II 2 leistungsfrei wird. Hier greift § 143 I nicht. Entsprechend besteht die Leistungspflicht dem Grundpfandgläubiger gegenüber nicht fort. Kann der Grundpfandgläubiger nachweisen, dass er im Falle einer rechtzeitigen Anzeige die Prämie noch vor dem Versicherungsfall nachgezahlt oder sich anderweitig gleichwertigen Versicherungsschutz besorgt hätte, besteht sein Schaden in der Entschädigungssumme, die ihm nach dem jeweiligen Vertrag zugestanden hätte.[26]

G. Beweislast

15 Der VR muss nachweisen, dass er dem Grundpfandgläubiger Mitteilung gemacht hat, welchen Inhalt diese hatte und zu welchem Zeitpunkt dies geschehen ist. Ferner muss er beweisen, dass der eingetretene Schaden unbedeutend i.S.d. Abs. 2 ist (»es sei denn«). Der Grundpfandgläubiger trägt die Beweislast für die ordnungsgemäße Anmeldung seiner Forderung und für die Voraussetzungen eines Schadensersatzanspruchs gegen den VR. Hinsichtlich des Schadens kommt ihm dabei eine Vermutung aufklärungsgerechten, vernünftigen Verhaltens zugute.[27]

---

20 So aber *Wussow*, § 101 Anm. 7; wie hier B/M/*Johannsen*, § 142 Rn. 6; P/M/*Klimke*, § 142 Rn. 6.
21 P/M/*Klimke*, § 142 Rn. 7.
22 So B/M/*Johannsen*, § 142 Rn. 12; HK-VVG/*Halbach*, § 142 Rn. 7; R/L/*Langheid*, § 142 Rn. 8; P/M/*Klimke*, § 142 Rn. 7.
23 So BK/*Dörner/Staudinger*, § 101 Rn. 8; tendenziell auch L/W/*Staudinger*, § 142 Rn. 23.
24 FAKomm-VersR/*Schnepp/Spallino*, § 142 Rn. 13; L/W/*Staudinger*, § 142 Rn. 19; P/M/*Kollhosser*27, § 101 Rn. 4; PK/*Michaelis/Pagel*, § 142 Rn. 4a; R/L/*Langheid*, § 142 Rn. 9; a.A. B/M/*Johannsen*, § 142 Rn. 11 (objektive Bedeutung des Schadens maßgeblich).
25 L/W/*Staudinger*, § 142 Rn. 25; P/M/*Klimke*, § 142 Rn. 8.
26 P/M/*Klimke*, § 142 Rn. 9; FAKomm-VersR/*Schnepp/Spallino*, § 142 Rn. 16.
27 PK/*Michaelis/Pagel*, § 142 Rn. 5; FAKomm-VersR/*Schnepp/Spallino*, § 142 Rn. 16; kritisch L/W/*Staudinger*, § 142 Rn. 11.

H. Abweichende Vereinbarung

§ 142 darf nicht ohne Zustimmung der Grundpfandgläubiger zu deren Nachteil abbedungen werden, da dies auf einen unzulässigen Vertrag zu Lasten Dritter hinausliefe. Die Vorschrift ist daher halbzwingend.[28]   16

§ 143 Fortdauer der Leistungspflicht gegenüber Hypothekengläubigern.

(1) Bei nicht rechtzeitiger Zahlung einer Folgeprämie bleibt der Versicherer gegenüber einem Hypothekengläubiger, der seine Hypothek angemeldet hat, bis zum Ablauf eines Monats ab dem Zeitpunkt zur Leistung verpflichtet, zu welchem dem Hypothekengläubiger die Bestimmung der Zahlungsfrist oder, wenn diese Mitteilung unterblieben ist, die Kündigung mitgeteilt worden ist.
(2) Die Beendigung des Versicherungsverhältnisses wird gegenüber einem Hypothekengläubiger, der seine Hypothek angemeldet hat, erst mit dem Ablauf von zwei Monaten wirksam, nachdem ihm die Beendigung und, sofern diese noch nicht eingetreten war, der Zeitpunkt der Beendigung durch den Versicherer mitgeteilt worden ist oder er auf andere Weise hiervon Kenntnis erlangt hat. Satz 1 gilt nicht, wenn das Versicherungsverhältnis wegen unterbliebener Prämienzahlung durch Rücktritt oder Kündigung des Versicherers oder durch Kündigung des Versicherungsnehmers, welcher der Hypothekengläubiger zugestimmt hat, beendet wird.
(3) Absatz 2 Satz 1 gilt entsprechend für die Wirksamkeit einer Vereinbarung zwischen dem Versicherer und dem Versicherungsnehmer, durch die der Umfang des Versicherungsschutzes gemindert wird oder nach welcher der Versicherer nur verpflichtet ist, die Entschädigung zur Wiederherstellung des versicherten Gebäudes zu zahlen.
(4) Die Nichtigkeit des Versicherungsvertrags kann gegenüber einem Hypothekengläubiger, der seine Hypothek angemeldet hat, nicht geltend gemacht werden. Das Versicherungsverhältnis endet jedoch ihm gegenüber nach Ablauf von zwei Monaten, nachdem ihm die Nichtigkeit durch den Versicherer mitgeteilt worden ist oder er auf andere Weise von der Nichtigkeit Kenntnis erlangt hat.

Übersicht

	Rdn.		Rdn.
A. Normzweck	1	E. Minderung des Versicherungsschutzes	
B. Normgeschichte	2	(Abs. 3)	12
C. Nicht rechtzeitige Zahlung einer Folgeprämie (Abs. 1)	3	F. Keine Geltendmachung der Nichtigkeit (Abs. 4)	15
D. Forthaftung des VR (Abs. 2)	7	G. Beweislast	16
		H. Abdingbarkeit	17

Schrifttum:
Hoess/Tetzlaff, Ansprüche des Grundpfandgläubigers gegen den Gebäudeversicherer, JfIR 2001, 354; *K. Johannsen*, Der Schutz des Hypothekengläubigers durch die Feuerversicherung im gestörten Versicherungsverhältnis, NVersZ 2000, 410; *Schütz*, Die Rechte des Realgläubigers in der Schadenversicherung, VersR 1987, 134.

A. Normzweck

§ 143 enthält eine Reihe von Schutzvorschriften zugunsten des angemeldeten Grundpfandgläubigers. **Abs. 1**   1
knüpft an § 142 an und stellt den Grundpfandgläubiger für einen **Übergangszeitraum** von einem Monat nach Mitteilung einer (Nach-)Zahlungsfrist für die nicht rechtzeitige Zahlung einer Folgeprämie bzw. Mitteilung der Kündigung so, wie er im ungestörten Versicherungsverhältnis stehen würde. Das soll dem Grundpfandgläubiger Zeit geben, dafür zu sorgen, dass entweder die Folgeprämie gezahlt oder anderweitiger Versicherungsschutz besorgt wird. Abs. 2–4 stellen den Grundpfandgläubiger in den Fällen einer Störung des Versicherungsverhältnisses, nämlich durch **Beendigung (Abs. 2)**, **Änderung (Abs. 3)** oder **Nichtigkeit (Abs. 4)** des Versicherungsvertrags, so, als bestünde er im Verhältnis zum Grundpfandgläubiger wirksam und unverändert fort. Durch diese Schutzvorschriften soll die Bereitschaft zur Vergabe grundpfandrechtlich gesicherter Kredite gefördert werden.[1]

B. Normgeschichte

§ 144 fasst die Regelungen der § 102 II 2 a.F. und § 103 a.F. zusammen. Systematisch standen diese Bestimmungen schon immer[2] in engem Zusammenhang. Abs. 1 übernimmt Abs. 2 des bisherigen § 102 a.F., der im Übrigen aufgehoben wurde. Die Abs. 2–4 entsprechen im Wesentlichen der bisherigen Regelung in § 103 I–III a.F. Abweichungen ergeben sich nur hinsichtlich der genannten Fristen. Die Fortdauer des Versicherungs-   2

---

28 P/M/*Klimke*, § 142 Rn. 11; *ders.*, Die halbzwingenden Vorschriften des VVG, 2004, S. 109; a.A. in der Begründung: L/W/*Staudinger*, § 142 Rn. 26.
1 Motive und amtliche Begründung zum Gesetz über den Versicherungsvertrag v. 30.05.1908, Neudruck Berlin 1963, S. 168; BGHZ 108, 82, 87; HK-VVG/*Halbach*, § 143 Rn. 1; P/M/*Klimke*, § 143 Rn. 1.
2 Näher zu den Hintergründen B/M/*Johannsen*, § 143 Rn. 1 f.

schutzes in den Fällen des Abs. 4 ist nunmehr auf zwei Monate beschränkt. Das bewirkt einen formellen Gleichlauf mit der Frist des Abs. 2 ohne die materiellen Interessen des Grundpfandgläubigers über Gebühr zu schmälern.

C. Nicht rechtzeitige Zahlung einer Folgeprämie (Abs. 1)

3 Anders als § 142 gilt § 143 I **nur**, wenn eine **Folgeprämie** i.S.d. § 38 nicht rechtzeitig gezahlt wurde. Der Reformgesetzgeber von 2008 hat die Regelung bewusst nicht auf Erst- oder Einmalprämien i.S.d. § 37 erstreckt,[3] so dass es für eine analoge Anwendung an der Planwidrigkeit der Regelungslücke fehlt.[4] Bei Nichtzahlung einer Erst- oder Einmalprämie bleibt der Grundpfandgläubiger allein durch einen Schadensersatzanspruch nach § 280 I BGB geschützt (vgl. § 142 Rdn. 14).

4 Zahlt der VN eine Folgeprämie nicht rechtzeitig, bleibt die Leistungspflicht des VR gegenüber dem angemeldeten Grundpfandgläubiger befristet bestehen. Die **Frist** beläuft sich auf einen Monat ab Zugang (§ 130 BGB) der Mitteilung, dass der VR dem VN eine Zahlungsfrist gesetzt hat, bzw. ab Zugang der Mitteilung der Kündigung. Innerhalb dieses Zeitraums kann der Grundpfandgläubiger durch Zahlung der rückständigen Prämie den Versicherungsschutz aufrechterhalten, bzw. im Falle der Mitteilung der Kündigung für neuen Versicherungsschutz sorgen. Die Fristberechnung erfolgt nach §§ 187 f. BGB. Die Mitteilung unterliegt keinen besonderen Anforderungen. Insbes. muss sie – wie der von § 142 I abweichende Wortlaut zeigt – nicht in Textform erfolgen.[5] Anders als nach Abs. 2 steht eine anderweitige Kenntniserlangung der Mitteilung nicht gleich. **Versäumt der VR eine Mitteilung**, besteht daher seine Leistungspflicht dem Grundpfandgläubiger gegenüber analog Abs. 4 Satz 1 grundsätzlich unbefristet fort.[6] Im Einzelfall ist allerdings die Berufung auf eine versäumte Mitteilung treuwidrig gem. § 242 BGB – etwa wenn der Grundpfandgläubiger vom VN unterrichtet worden ist.[7]

5 Dogmatisch gewährt der etwas unklar formulierte § 143 I dem Grundpfandgläubiger angesichts des Untergangs der Leistungspflicht des VR dem VN gegenüber im Versicherungsfall **einen eigenständigen Anspruch gegen den VR**. Dieser unterliegt nicht der hypothekarischen Haftung und bleibt entsprechend von der Zwangsversteigerung des Grundstücks, auf dem das Grundpfandrecht lastet, unberührt. Der Anspruch des Grundpfandgläubigers ist ein Surrogat für dessen Pfandrecht an der Entschädigungsforderung des VN, die nicht entstanden ist.[8] Auf die **Werthaltigkeit des Grundpfandrechts** vor oder nach Eintritt des Versicherungsfalls – d.h. ob es vom Wert des Grundstücks (vollständig) gedeckt ist – kommt es dabei nach Wortlaut und Sinn des § 143 I nicht an, weil diese auch im ungestörten Versicherungsverhältnis auf die versicherungsrechtliche Rechtsstellung des Grundpfandgläubigers keinen Einfluss hat.[9] Da der Anspruch des Grundpfandgläubigers aus dem Gesetz und nicht aus dem Versicherungsverhältnis herrührt, treffen ihn keine Obliegenheiten – wohl aber eine allgemeine Treuepflicht gegenüber dem VR aus § 242 BGB.[10] Für Fälligkeit und Verjährung des Anspruchs aus § 143 I gelten §§ 14 f. **Geltendmachen** kann den Anspruch grundsätzlich nur der Grundpfandgläubiger selbst; eine gewillkürte Prozessstandschaft des VN ist nicht möglich.[11]

6 Dem **Umfang** nach haftet der VR dem Grundpfandgläubiger maximal auf die bedingungsgemäße Brandentschädigung nebst Zinsen und Kosten.[12] Mehrere Grundpfandgläubiger sind entsprechend dem Rang der für sie eingetragenen Rechte zu entschädigen. Einfache **Wiederaufbauklauseln** bleiben dabei unbeachtlich, da § 143 I den Grundpfandgläubiger so stellen soll, wie er im ungestörten Versicherungsverhältnis stehen würde. Dort hätte er auch den Neuwertanteil im Wege der Zwangsversteigerung verwerten können, soweit dies zur Sicherung seines Rechtes erforderlich gewesen wäre, § 1133 BGB. Bei strengen Widerufbauklauseln gilt dies nur, wenn die Wiederherstellung auch tatsächlich durchgeführt wird.[13]

---

3 Begr. RegE BT-Drucks. 16/3945 S. 94.
4 Ebenso B/M/*Johannsen*, § 143 Rn. 5; P/M/*Klimke*, § 143 Rn. 3; L/W/*Staudinger*, § 143 Rn. 9.
5 L/W/*Staudinger*, § 143 Rn. 22; R/L/*Langheid*, § 143 Rn. 2, a.A. P/M/*Klimke*, § 143 Rn. 5.
6 BK/*Dörner/Staudinger*, § 102 Rn. 25; B/M/*Johannsen*, § 143 Rn. 5; L/W/*Staudinger*, § 143 Rn. 19.
7 P/M/*Klimke*, § 143 Rn. 5; FAKomm-VersR/*Schnepp/Spallino*, § 143 Rn. 4.
8 BGH VersR 2005, 785; VersR 1997, 570, 571; VersR 1981, 521; P/M/*Klimke*, § 143 Rn. 3.
9 BGH VersR 1997, 570; LG Köln r+s 1986, 291; L/W/*Staudinger*, § 143 Rn. 20; P/M/*Klimke*, § 143 Rn. 8; *Johannsen* NVersZ 2000, 410, 412 f.
10 BGH VersR 1981, 521; P/M/*Klimke*, § 143 Rn. 8; *Johannsen* NVersZ 2000, 410, 411 f.; FAKomm-VersR/*Schnepp/Spallino*, § 143 Rn. 23.
11 B/M/*Johannsen*, § 143 Rn. 33; FAKomm-VersR/*Schnepp/Spallino*, § 143 Rn. 29; a.A. OLG Düsseldorf r+s 1988, 21, 22 (Prozessstandschaft zulässig).
12 B/M/*Johannsen*, § 143 Rn. 28; P/M/*Klimke*, § 143 Rn. 7; FAKomm-VersR/*Schnepp/Spallino*, § 143 Rn. 24.
13 OLG Hamburg VersR 1996, 1141, 1142; B/M/*Johannsen*, § 143 Rn. 32; L/W/*Staudinger*, § 143 Rn. 20; FAKomm-VersR/*Schnepp/Spallino*, § 143 Rn. 28; a.A. P/M/*Klimke*, § 143 Rn. 7 (Gleichbehandlung mit einfacher Wiederaufbauklausel).

D. Forthaftung des VR (Abs. 2)

Abs. 2 Satz 1 ordnet an, dass der VR bei Beendigung des Vertrages dem Grundpfandgläubiger gegenüber für einen gewissen Zeitraum forthaftet. Erfasst sind sämtliche Beendigungsgründe, soweit diese nicht ausdrücklich nach Satz 2 ausgenommen sind. Zu denken ist vor allem an die **Kündigung** durch eine Vertragspartei ohne Rücksicht auf den Kündigungsgrund, den **Widerruf des VN** nach § 8,[14] den **Fristablauf** eines Versicherungsvertrags, der auf eine bestimmte Zeit abgeschlossen ist (insbes. nach § 11 I), den **Interessenwegfall** i.S.d. § 80, die einvernehmliche **Aufhebung** des Versicherungsvertrags oder die **Eröffnung eines Insolvenzverfahrens** über das Vermögen des VR. Von § 143 II nicht erfasst ist der Fall der Insolvenz des VN. Hier besteht eine Schutzlücke zu Lasten des Grundpfandgläubigers, wenn der Insolvenzverwalter nicht gem. § 103 InsO die Erfüllung des Versicherungsverhältnisses wählt, da das entstehende Abwicklungsverhältnis wirtschaftlich einer Vertragsbeendigung gleichsteht. § 143 II ist daher analog anzuwenden.[15] 7

Grundsätzlich erfasst § 143 II auch den **Rücktritt** einer Vertragspartei, und zwar den des VR unabhängig davon, ob er vor oder nach Eintritt des Versicherungsfalls erklärt worden ist.[16] Es ist nicht nur die Interessenlage in beiden Fällen gleich. Dafür, dass nach reformiertem VGG auch der Rücktritt des VR nach Eintritt des Versicherungsfalls unter § 143 II 1 fällt, spricht auch, dass die Neuregelung die alte Sondervorschrift des § 102 I 2 a.F., in welcher Rücktritt des VR nach Eintritt des Versicherungsfalls geregelt war,[17] nicht übernommen hat. 8

Eine weitere Einschränkung enthält **§ 143 II 2**. Danach dauert der Versicherungsschutz dem Grundpfandgläubiger gegenüber nicht nach Satz 1 fort, wenn der Versicherungsvertrag durch **Rücktritt oder Kündigung des VR in Folge Verzuges des VN mit der Prämienzahlung** beendet wird. Grundsätzlich gilt diese Bestimmung sowohl für Erst- als auch für Folgeprämien. Für Fälle der Kündigung des VR infolge des Verzugs mit der Zahlung einer Folgeprämie ist § 143 II 2 allerdings rein deklaratorisch, da § 143 I *lex specialis* ist. § 143 II 2 gilt aber auch für den Rücktritt des VR infolge des Verzugs mit der Zahlung einer Erst- oder Einmalprämie.[18] Hat der **Grundpfandgläubiger einer Kündigung des VN** nach § 144 Satz 1 **zugestimmt**, kommt es ebenfalls nicht zu einer Forthaftung des VR. Dann fehlt es an einem Schutzbedürfnis des Grundpfandgläubigers, zu dessen Gunsten im Übrigen § 144 greift. Das gilt auch, wenn es mehrere Grundpfandgläubiger gibt, da die Kündigung des VN in diesem Fall nur wirksam wird, wenn sämtliche Grundpfandgläubiger zugestimmt haben. 9

Die **Rechtsfolge** des Abs. 2 Satz 1 ist, wie die des Abs. 1, **unklar formuliert**. Tatsächlich wird das Versicherungsverhältnis nicht etwa dem Grundpfandgläubiger gegenüber erst nach Ablauf einer Frist von zwei Monaten ab dem Zeitpunkt wirksam beendet, in dem er von der Beendigung, oder falls diese noch nicht eingetreten ist, von dem Zeitpunkt der Beendigung Kenntnis erlangt hat. Vielmehr erwirbt der Grundpfandgläubiger im Versicherungsfall einen **eigenen Anspruch auf Zahlung der Versicherungssumme** gegen den VR.[19] Dieser geht auf das gesetzliche Schuldverhältnis zurück, das mit der Anmeldung des Grundpfandrechts zwischen dessen Gläubiger und dem VR entsteht.[20] **Voraussetzung** für einen Anspruch des Grundpfandgläubigers nach § 143 II 1 ist, dass der VR dem VN gegenüber zur Leistung verpflichtet gewesen wäre, wenn die Beendigung erst nach Ablauf der zweimonatigen Befristung wirksam geworden wäre. Zu denken ist etwa an eine Kündigung wegen Gefahrerhöhung, bei welcher der Versicherungsfall eintritt, ohne dass eine Kausalbeziehung zwischen Gefahrerhöhung und Eintritt des Versicherungsfalls besteht.[21] Wäre hingegen der VR dem VN gegenüber leistungsfrei geblieben, ohne dass das Versicherungsverhältnis beendet worden wäre, kann sich auch der Grundpfandgläubiger nicht auf § 143 II 1 berufen. 10

Was die **zweimonatige Befristung** dieses Anspruchs anbelangt, ist es nach dem Wortlaut des Abs. 2 im Unterschied zu Abs. 1 gleichgültig, ob der VR die Kenntnis durch (formlose) Mitteilung verschafft hat, oder ob der Grundpfandgläubiger anderweitig von der Beendigung erfahren hat. Letzteres dürfte in der Praxis für den VR indes schwer nachzuweisen sein (zur Beweislast unten Rdn. 16). Erforderlich ist in jedem Fall positive Kenntnis des Grundpfandgläubigers, bloßes Kennenmüssen genügt nicht.[22] Erlangt er keine Kenntnis von der Beendigung, haftet der VR ihm gegenüber analog Abs. 4 Satz 1 unbefristet.[23] Die Forthaftung des VR endet 11

---

14 Wie hier B/M/*Johannsen*, § 143 Rn. 9; P/M/*Klimke*, § 143 Rn. 17.
15 Wie hier B/M/*Johannsen*, § 143 Rn. 10; *Schütz*, VersR 1987, 134, 138.
16 HK-VVG/*Halbach*, § 143 Rn. 1; P/M/*Klimke*, § 143 Rn. 16; PK/*Michaelis/Pagel*, § 143 Rn. 4; R/L/*Langheid*, § 143 Rn. 6; FAKomm-VersR/*Schnepp/Spallino*, § 143 Rn. 8; zum alten Recht bereits: *Johannsen* NVersZ 2000, 410, 414; a.A. zum alten Recht BK/*Dörner/Staudinger*, § 103 Rn. 4.
17 Zumal der Schutz des Grundpfandgläubigers nach § 144 II 1 weitergeht als sein Schutz nach § 102 II 2 a.F.; dazu *Johannsen* NVersZ 2000, 410, 414.
18 HK-VVG/*Halbach*, § 143 Rn. 4.
19 BGH WM 1981, 488; P/M/*Klimke*, § 143 Rn. 20.
20 Zu alternativen, aber nicht überzeugenden Begründungsversuchen *Johannsen*, NVersZ 2000, 410, 411 f.
21 Dazu P/M/*Klimke*, § 143 Rn. 22.
22 OLG Hamm VersR 2013, 901, 902; FAKomm-VersR/*Schnepp/Spallino*, § 143 Rn. 6.
23 B/M/*Johannsen*, § 143 Rn. 11.

§ 143 Fortdauer der Leistungspflicht gegenüber Hypothekengläubigern

frühestens mit der Beendigung des Vertrages mit dem VN, nicht aber zuvor, auch wenn der Grundpfandgläubiger früher als zwei Monate vor dem Zeitpunkt der Beendigung Kenntnis davon erlangt hat.

E. Minderung des Versicherungsschutzes (Abs. 3)

12 Nach Abs. 3 ist der Grundpfandgläubiger durch die Bestimmungen des § 143 II 1 auch dann geschützt, wenn VR und VN eine Minderung des Versicherungsschutzes vereinbaren. Der Verweis auf Abs. 2 gilt dabei uneingeschränkt, d.h. auch, was die Form der Kenntniserlangung, die Anforderungen an eine Mitteilung sowie Folgen mangelnder Kenntnis anbelangt. Vom **Begriff der** »**Verringerung des Versicherungsschutzes**« sind die Verringerung der Versicherungssumme, die Minderung der versicherten Gefahr[24] und die nachträgliche Vereinbarung einer Wiederaufbauklausel erfasst, wenngleich letztere den Versicherungsschutz streng genommen nicht mindert.[25] Die zweimonatige Forthaftung gilt aber aufgrund des Sinn und Zwecks der Norm nur, wenn die Minderung des Versicherungsschutzes sich nachteilig auf die Werthaltigkeit des betroffenen Grundpfandrechts auswirkt.

13 Die Wirkung des Abs. 3 tritt bei **jeder vertraglich vereinbarten Verringerung der Versicherungssumme** ein, auch wenn dadurch eine Überversicherung abgebaut werden soll.[26] Das folgt systematisch aus Abs. 4 Satz 1, der eine Forthaftung des VR für sämtliche Fälle der Nichtigkeit, also auch für den Fall der betrügerischen Überversicherung nach § 74 II, anordnet. Dann muss der VR dem Grundpfandgläubiger erst recht bei einer einfachen Überversicherung forthaften. Keine Anwendung findet Abs. 3 auf Verringerungen auf Grundlage einer **Anpassungsklausel i.S.d.** § **40** oder Vereinbarungen, nach denen die Versicherungssumme von vornherein variabel ist (z.B. sog. Stichtagsklauseln).[27]

14 Eine **Minderung der versicherten Gefahr** bezeichnet sämtliche Umstände, welche die Eintrittspflicht des VR reduzieren. Dazu zählen die Erhöhung eines Selbstbehalts, u.U. Beschränkungen bzw. Änderungen des Versicherungsortes, die Herausnahme einer bestimmten Gefahr aus der versicherten Risiko oder die Herausnahme von Gegenständen aus dem Deckungsumfang.[28] Das Gesetz stellt die nachträgliche Vereinbarung einer Wiederaufbauklausel i.S.d. § 93 der Minderung der versicherten Gefahr ausdrücklich gleich. Es muss sich nicht um eine strenge Wiederaufbauklausel handeln; eine einfache genügt, da § 1130 BGB in diesem Fall die für den Grundpfandgläubiger günstigeren Vorschriften der §§ 1128 III, 1181, 1182 BGB blockiert.[29]

F. Keine Geltendmachung der Nichtigkeit (Abs. 4)

15 Gem. Abs. 4 Satz 1 kann sich der VR dem angemeldeten Grundpfandgläubiger gegenüber nicht darauf berufen, dass der **Versicherungsvertrag nichtig** ist. Das gilt grundsätzlich unbefristet. Nach Satz 2 beschränkt sich die Forthaftung des VR, die denselben Grundsätzen unterliegt, wie die Forthaftung nach Abs. 1–3, allerdings auf einen Zeitraum von zwei Monaten, wenn der Grundpfandgläubiger Kenntnis von der Nichtigkeit erlangt hat. Parallel zur Regelung in Abs. 2 Satz 1 ist es nach dem Wortlaut des Abs. 4 gleich, ob diese Kenntnis vom VR vermittelt wird, oder ob die Nichtigkeit dem Grundpfandgläubiger anderweitig bekannt geworden ist. Daher ist es in Grenzfällen unerheblich, ob Abs. 2 Satz 1 oder Abs. 4 Anwendung findet. Grundsätzlich sind von Abs. 4 sämtliche allgemein- (z.B. §§ 134, 138 BGB) und sonderprivatrechtlichen (z.B. §§ 74 II, 78 III) Fälle der anfänglichen Nichtigkeit und Unwirksamkeit erfasst, auch wenn diese erst rückwirkend eintreten wie bei der **Anfechtung** oder dem Rücktritt, wenn man diesen unter Abs. 4 – und nicht unter Abs. 2 – fasst.[30]

In beiden Fällen – Anfechtung und Rücktritt – ist es für die Anwendung des § 143 IV nach neuem Recht gleichgültig, ob sie vor oder nach Eintritt des Versicherungsfalls erklärt worden sind.[31] Insoweit ist maßgeblich, dass die Sondervorschrift des § 102 I 2 a.F. nicht in das reformierte VVG gelangt ist (vgl. oben Rdn. 7). Rechtspolitisch gesehen ist zweifelhaft, ob der Grundpfandgläubiger den Schutz des § 143 IV 1 auch dann verdient, wenn der VR den Vertrag mit dem VN erfolgreich wegen arglistiger Täuschung angefochten hat.[32] Er steht dann nämlich besser als wenn der VR wegen (bloßer) grober Fahrlässigkeit des VN bei der Herbeiführung des Versicherungsfalles zurückgetreten ist. Aufgrund einer eindeutigen Wertentscheidung des Reformgesetzgebers von 2008[33] lässt sich dieser Wertungswiderspruch aber nicht im Wege der Auslegung bereinigen.

---

24 Begr. RegE, BT-Drucks. 16/3945 S. 94.
25 L/W/*Staudinger*, § 143 Rn. 15.
26 Wie hier B/M/*Johannsen*, § 143 Rn. 13; HK-VVG/*Halbach*, § 143 Rn. 6; P/M/*Klimke*, § 143 Rn. 27; R/L/*Langheid*, § 143 Rn. 12; FAKomm-VersR/*Schnepp/Spallino*, § 143 Rn. 17; a.A. *Wussow*, § 103 Anm. 3.
27 B/M/*Johannsen*, § 143 Rn. 12.
28 R/L/*Langheid*, § 143 Rn. 13; PK/*Michaelis/Pagel*, § 143 Rn. 8; *Johannsen* NVersZ 2000, 410, 415.
29 BK/*Dörner/Staudinger*, § 103 Rn. 7; L/W/*Staudinger*, § 143 Rn. 15; P/M/*Klimke*, § 143 Rn. 29; FAKomm-VersR/*Schnepp/Spallino*, § 143 Rn. 19.
30 So PK/*Michaelis/Pagel*, § 143 Rn. 9; FAKomm-VersR/*Schnepp/Spallino*, § 143 Rn. 21.
31 L/W/*Staudinger*, § 143 Rn. 16.
32 Marlow/Spuhl/*Spuhl*, Rn. 943; P/M/*Klimke*, § 143 Rn. 33; *Weidner* r+s 2007, 138, 139.
33 Begr. RegE BT-Drucks. 16/3945 S. 94.

G. Beweislast

Der VR hat den Zugang seiner Mitteilung nach Abs. 2 Satz 1 oder Abs. 4 zu beweisen, bzw. dass der Grund- 16
pfandgläubiger auf andere Weise als durch Mitteilung Kenntnis erlangt hat, wenn es darauf ankommt.[34] In der Praxis kann insoweit der Versand der Mitteilung an den Grundpfandgläubiger per Einschreiben mit Rückschein helfen.[35] Des Weiteren trägt er die Beweislast dafür, dass ein etwaiger Versicherungsfall außerhalb der befristeten Weiterhaftung eingetreten ist. Der Grundpfandgläubiger muss die allgemeinen Anwendungsvoraussetzungen des § 143 beweisen, insbes. also dass sein Recht wirksam bestellt und angemeldet worden ist.

H. Abdingbarkeit

VR und VN können die Fortdauer der Leistungspflicht nach § 143 nicht zum Nachteil des Grundpfandgläu- 17
bigers vertraglich abbedingen. Eine solche Vereinbarung wäre ein Vertrag zu Lasten Dritter.

§ 144 Kündigung des Versicherungsnehmers.

Hat ein Hypothekengläubiger seine Hypothek angemeldet, ist eine Kündigung des Versicherungsverhältnisses durch den Versicherungsnehmer unbeschadet des § 92 I und des § 96 II nur wirksam, wenn der Versicherungsnehmer mindestens einen Monat vor Ablauf des Versicherungsvertrags nachgewiesen hat, dass zu dem Zeitpunkt, zu dem die Kündigung spätestens zulässig war, das Grundstück nicht mit der Hypothek belastet war oder dass der Hypothekengläubiger der Kündigung zugestimmt hat. Die Zustimmung darf nicht ohne ausreichenden Grund verweigert werden.

Übersicht

	Rdn.		Rdn.
A. Normzweck und -geschichte	1	III. Allgemeine Bedingungen der Kündigung	7
B. Anwendungsbereich	2	D. Verweigerung der Zustimmung (Satz 2)	9
C. Wirksame Kündigung des VN (Satz 1)	4	E. Beweislast	10
I. Keine Belastung des Grundstücks (Alt. 1)	5	F. Abdingbarkeit	11
II. Zustimmung des Grundpfandgläubigers (Alt. 2)	6		

Schrifttum:
Jabornegg, Verbraucherkündigung nach § 8 Abs. 3 VersVG und Kündigungsbeschränkung gemäß § 106 VersVG, RdW 7/2000 Nr. 370.

A. Normzweck und -geschichte

§ 144 soll im Interesse der angemeldeten Grundpfandgläubiger sicherstellen, dass der VN den Haftungs- 1
umfang des Sicherungsrechts nicht eigenmächtig verringert. Deswegen wird ihm eine Kündigung des Versicherungsvertrags erschwert (Satz 1). Satz 2 stellt ausgleichend sicher, dass der Grundpfandgläubiger seine Zustimmung nicht willkürlich verweigert. Die Vorschrift entspricht inhaltlich der Vorgängerbestimmung des § 106 a.F.

B. Anwendungsbereich

Nach der allgemeinen Regel (vgl. Vor §§ 142 ff. Rdn. 8) ist die Vorschrift nicht auf andere Arten der Ge- 2
bäudeversicherung als die Gebäudefeuerversicherung anzuwenden – auch nicht im Wege der Analogie.[1] Deckt eine **kombinierte Versicherung** neben dem Feuer noch weitere Risiken ab, so gilt § 144 nur für eine Kündigung im Hinblick auf das Feuerrisiko (vgl. auch Teil B § 3 Nr. 5 VGB 2008). Versagt der Grundpfandgläubiger danach seine Zustimmung, gilt für die Kündigung hinsichtlich des übrigen Vertrags § 139 BGB. Häufig dürfte danach die Kündigung insgesamt unwirksam sein.[2] Etwas anderes gilt nur, wenn der VN zu erkennen gibt (z.B. durch Abschluss eines neuen Versicherungsvertrags), dass ihm nicht an einem einheitlichen Versicherungsschutz gelegen ist und auch das Interesse des VR nicht zwingend auf einen solchen gerichtet ist.[3]

Durch Verweis auf die §§ 92 I, 96 II sind die **versicherungsfallbedingte Kündigung** und die **Erwerberkündi-** 3
gung infolge der Veräußerung der versicherten Sache vom Anwendungsbereich des § 144 ausgenommen. Hier ist eine Kündigung ohne Zustimmung des Grundpfandgläubigers bzw. Lastenfreiheit möglich. Der

---

[34] BK/*Dörner/Staudinger*, § 103 Rn. 16; L/W/*Staudinger*, § 143 Rn. 33; FAKomm-VersR/*Schnepp/Spallino*, § 143 Rn. 33.
[35] PK/*Michaelis/Pagel*, § 143 Rn. 6; FAKomm-VersR/*Schnepp/Spallino*, § 143 Rn. 33.
[1] BGHZ 108, 82, 85; L/W/*Staudinger*, § 144 Rn. 4.
[2] BK/*Dörner/Staudinger*, § 106 Rn. 2; L/W/*Staudinger*, § 144 Rn. 4; PK/*Michaelis/Pagel*, § 144 Rn. 1; a.A. P/M/*Klimke*, § 144 Rn. 1; R/L/*Langheid*, § 144 Rn. 8.
[3] LG Dortmund NVersZ 2000, 145; B/M/*Johannsen*, § 144 Rn. 11; L/W/*Staudinger*, § 144 Rn. 4; PK/*Michaelis/Pagel*, § 144 Rn. 1; FAKomm-VersR/*Schnepp/Spallino*, § 144 Rn. 2.

Grundpfandgläubiger bleibt aber nach § 143 II–IV geschützt. Die **Kündigung des VR** wird von § 143, nicht von § 144 geregelt. Es verbleiben als **Anwendungsfälle für § 144** im Wesentlichen die Kündigung des VN zum Ende einer Versicherungsperiode (§ 11 II) und dessen Kündigung, die dazu dient, zu verhindern, dass eine automatische Verlängerungsklausel greift (§ 11 I). Auch für Fälle des § 11 IV gilt § 144.[4] Erfasst sind ferner Kündigungen des Masseverwalters als gesetzlicher Vertreter des VN.[5] Auf **außerordentliche (fristlose) Kündigungen** des VN ist § 144 hingegen nicht anzuwenden, da sie auf die Einhaltung bestimmter Fristen abstellt.[6]

C. Wirksame Kündigung des VN (Satz 1)

4 Der VN kann nach § 144 nur in zwei Fällen wirksam kündigen.

I. Keine Belastung des Grundstücks (Alt. 1)

5 Im ersten Fall muss er nachweisen, dass das Grundstück zum spätest möglichen Kündigungstermin nicht mit dem Grundpfandrecht eines angemeldeten Grundpfandgläubigers belastet war. Lastenfreiheit zum Zeitpunkt, in dem der VN die Kündigung ausgesprochen hat, ist nach dem klaren Wortlaut des Satz 1 nicht erforderlich. Auch ein nach dem spätest möglichen Kündigungstermin neu eingetragenes Grundpfandrecht steht einer wirksamen Kündigung nicht entgegen.[7] Den erforderlichen **Nachweis** kann der VN durch einfachen Grundbuchauszug gem. § 12 II GBO führen,[8] da eine besondere Form (z.B. Beglaubigung) nicht vorgeschrieben ist. Aus dem Grundbuchauszug ergibt sich ohne Weiteres die Belastung des Grundstücks zum maßgeblichen Zeitpunkt. Der VN kann alternativ aber auch eine Erklärung des Grundbuchamtes oder der eingetragenen Grundpfandgläubiger vorlegen.[9] Das ist wichtig für die Fälle der §§ 1163 f. BGB. Der Nachweis ist gegenüber dem VR oder seinem Agenten (§ 69 I Nr. 2) zu erbringen, bei mehreren VR gegenüber allen, bei Vereinbarung einer Führungsklausel gegenüber dem führenden VR.

II. Zustimmung des Grundpfandgläubigers (Alt. 2)

6 Die Kündigung des VN ist auch wirksam, wenn er nachweist, dass **sämtliche angemeldeten Grundpfandgläubiger** seiner Kündigung zugestimmt haben. Die Zustimmung kann dabei sowohl dem VR als auch dem VN gegenüber erklärt werden, § 182 I BGB, und ist grundsätzlich an keine Form gebunden, § 182 II BGB. Zu beachten ist, dass die Zustimmung inhaltlich hinreichend bestimmt sein muss. Das ist insbes. von Bedeutung, wenn einem Grundpfandgläubiger mehrere Grundpfandrechte zustehen.[10] Stimmt der Grundpfandgläubiger zu, entfällt zugleich eine Forthaftung des VR ihm gegenüber nach § 143 II 2. Legt der VN die grundsätzlich formfreie Zustimmung des Grundpfandgläubigers nicht in schriftlicher Form vor, ist seine Kündigung (zunächst schwebend, sogleich Rn. 7) unwirksam,[11] wenn der VR diese unverzüglich wegen des Formverstoßes zurückweist. Das folgt aus §§ 182 III, 111 Satz 2 BGB.

III. Allgemeine Bedingungen der Kündigung

7 **Zeitlich** muss der VN den Nachweis in beiden Fällen **spätestens einen Monat vor Vertragsablauf** erbringen. Ohne Nachweis ist die Kündigung zunächst schwebend unwirksam.[12] Sie wird aber im Fall des Nachweises der Lastenfreiheit wirksam, wenn der VN den Grundbuchauszug fristgerecht nachreicht. Im Fall der Zustimmung des Grundpfandgläubigers ist unklar, ob die erforderliche Zustimmung nachgereicht werden kann. Die Kündigung ist eine einseitige empfangsbedürftige Willenserklärung, bei der nach allgemein-zivilrechtlichen Grundsätzen prinzipiell eine (vorherige) Einwilligung i.S.d. § 183 BGB vorliegen muss, insoweit eine Zustimmung erforderlich ist. Die anerkannten Ausnahmefälle, in denen entsprechend § 180 Satz 2, 3 BGB auch eine nachträgliche Genehmigung möglich ist,[13] lassen sich nicht auf § 144 anwenden, da dieser dem Schutz des zustimmungspflichtigen Grundpfandgläubigers dient und nicht dem Schutz des VR als Erklärungsempfänger. Schon die Verwendung des Wortes »Zustimmung« in § 144 Satz 1 verdeutlicht aber, dass es sich um eine son-

---

4 L/W/*Staudinger*, § 144 Rn. 5; P/M/*Klimke*, § 144 Rn. 1; a.A. *Jabornegg* RdW 7/2000 Nr. 370.
5 OGH VersR 2000, 614; L/W/*Staudinger*, § 144 Rn. 6; P/M/*Kollhosser*[27], § 106 Rn. 1.
6 B/M/*Johannsen*, § 144 Rn. 4; FAKomm-VersR/*Schnepp/Spallino*, § 144 Rn. 4; wohl auch R/L/*Langheid*, § 144 Rn. 1; a.A. noch Vorauflage Rn. 9 (Zustimmungspflicht des Grundpfandgläubigers bei Kündigung aus wichtigem Grund); so auch noch P/M/*Kollhosser*[27], § 106 Rn. 6.
7 B/M/*Johannsen*, § 144 Rn. 5; R/L/*Langheid*, § 144 Rn. 5; L/W/*Staudinger*, § 144 Rn. 12.
8 OLG Hamm VersR 1964, 1286; PK/*Michaelis/Pagel*, § 144 Rn. 3; P/M/*Klimke*, § 144 Rn. 2; FAKomm-VersR/*Schnepp/Spallino*, § 144 Rn. 6.
9 B/M/*Johannsen*, § 144 Rn. 6.
10 LG Halle VersR 2005, 1236; P/M/*Klimke*, § 144 Rn. 3.
11 Ebenso B/M/*Johannsen*, § 144 Rn. 9; FAKomm-VersR/*Schnepp/Spallino*, § 144 Rn. 11 und wohl L/W/*Staudinger*, § 144 Rn. 12; a.A. R/L/*Langheid*, § 144 Rn. 9 (endgültig unwirksam).
12 Zu Unrecht differenzierend R/L/*Langheid*, § 144 Rn. 6 f.
13 Dazu MünchKommBGB/*Schramm*, § 182 Rn. 28; Palandt/*Ellenberger*, § 182 Rn. 5.

derprivatrechtliche Ausnahmevorschrift zu den allgemein-zivilrechtlichen Grundsätzen handelt.[14] Die Fassung des § 144 Satz 1 legt überdies nahe, beide Tatbestandsalternativen gleich zu behandeln. Für Alt. 1, den Nachweis der Lastenfreiheit, ist anerkannt, dass ein entsprechender Nachweis nachgereicht werden kann. Eine **nachträgliche Genehmigung** der Kündigung durch den betroffenen Grundpfandgläubiger ist daher **ebenfalls möglich**.[15] Dem Interesse des VR an Gewissheit über die Wirksamkeit der Kündigung ist dadurch Rechnung getragen, dass die Möglichkeit der Genehmigung zeitlich befristet ist. **Ohne Nachweis der Lastenfreiheit** oder Zustimmung des Grundpfandgläubigers wird die Kündigung mit Ablauf der Nachweispflicht sowohl gegenüber dem VR als auch gegenüber dem Grundpfandgläubiger endgültig und vollständig, also für alle versicherten Sachen und Positionen, endgültig unwirksam.[16] Spätere Zustimmungen der Grundpfandgläubiger sind auf die Möglichkeit einer Umdeutung nach § 140 BGB hin zu untersuchen.[17]

Der VR ist aus **Treu und Glauben** verpflichtet, den VN rechtzeitig[18] auf die Möglichkeit hinzuweisen, den 8 Nachweis der Lastenfreiheit bzw. der Zustimmung sämtlicher Grundpfandgläubiger fristgerecht nachzureichen und so die zunächst schwebend unwirksame Kündigung wirksam werden zu lassen.[19] Weiterhin verpflichten Treu und Glauben den VR, dem VN auch ohne Nachfrage sämtliche angemeldeten Grundpfandgläubiger, die ihm bekannt sind, zu benennen.[20] Kommt der VR einer dieser beiden Pflichten schuldhaft nicht nach, kann er dem VN auf Schadensersatz nach §§ 280 I, 241 II BGB haften, wenn dieser mit weiteren Prämien belastet wird, weil seine Kündigung unwirksam ist.

D. Verweigerung der Zustimmung (Satz 2)

Der Grundpfandgläubiger darf seine Zustimmung nicht grundlos verweigern. Begründet ist eine Verweige- 9 rung, wenn der VN zukünftig überhaupt nicht mehr für Versicherungsschutz sorgen will oder nur einen verminderten Schutz beabsichtigt.[21] Maßgeblich ist, ob der angemeldete **Grundpfandgläubiger** durch die Kündigung des VN fürchten muss, dass seine **Rechte beeinträchtigt** werden. Das muss er nicht, wenn der VN nachweist, dass er anderweitig für gleichwertigen Versicherungsschutz gesorgt hat.[22] Eine besondere Verbundenheit des Grundpfandgläubigers mit dem bisherigen VR steht einem solchen Nachweis nicht entgegen.[23] § 144 schützt nämlich die geschäftlichen Interessen des Grundpfandgläubigers nicht umfassend, sondern nur sein Interesse an dinglicher Sicherung seiner Forderung. Verweigert der Grundpfandgläubiger die Zustimmung ohne hinreichenden Grund oder erteilt er die Zustimmung mit schuldhaftem Zögern, ist er dem VN wegen Pflichtverletzung im Rahmen des gesetzlichen Schuldverhältnisses, das zwischen Eigentümer und Grundpfandgläubiger besteht, zum **Schadensersatz** nach §§ 280 I, 241 II BGB bzw. §§ 280 I, II, 286 verpflichtet.[24] Inhaltlich kann dieser Schadensersatzanspruch auf die Prämiendifferenz zu einem Neuabschluss gerichtet sein.[25] U.U. kann die Zustimmung auch nach dem Rechtsgedanken des § 162 I BGB fingiert werden, wenn ihre Verweigerung als treuwidrig zu werten ist.[26]

E. Beweislast

Der VN trägt die Beweislast hinsichtlich der **Voraussetzungen einer wirksamen Kündigung**:[27] Er hat darzu- 10 legen und zu beweisen, dass er den VR fristgerecht über die Lastenfreiheit des Grundstücks informiert bzw. die Zustimmung des Grundpfandgläubigers eingeholt hat. Des Weiteren hat der VN auch die Voraussetzungen eines **Schadensersatzanspruchs** gegen den Grundpfandgläubiger aus § 280 I BGB wegen Verweigerung der Zustimmung ohne hinreichenden Grund bzw. gegen den VR wegen Verletzung seiner Mitteilungspflichten darzulegen und zu beweisen. Im letzteren Falle obliegt es dem VN insbes. darzulegen und zu beweisen, dass

---

14 B/M/*Johannsen*, § 144 Rn. 9; BK/*Dörner/Staudinger*, § 106 Rn. 10; PK/*Michaelis/Pagel*, § 144 Rn. 5; FAKomm-VersR/ *Schnepp/Spallino*, § 144 Rn. 9.
15 FAKomm-VersR/*Schnepp/Spallino*, § 144 Rn. 11; P/M/*Klimke*, § 144 Rn. 4; L/W/*Staudinger*, § 144 Rn. 12.
16 OLG Hamm NJW-RR 1988, 217; LG Halle VersR 2005, 1236; BK/*Dörner/Staudinger*, § 106 Rn. 11; HK-VVG/*Halbach*, § 144 Rn. 5; L/W/*Staudinger*, § 144 Rn. 12; P/M/*Klimke*, § 144 Rn. 4; a.A. R/L/*Langheid*, § 144 Rn. 9.
17 B/M/*Johannsen*, § 144 Rn. 12.
18 Dazu LG Berlin VersR 2005, 1235.
19 BK/*Dörner/Staudinger*, § 106 Rn. 12; P/M/*Klimke*, § 144 Rn. 4.
20 LG Dortmund NVersZ 2000, 145; BAV VerBAV 1975, 112; P/M/*Klimke*, § 144 Rn. 4; a.A. R/L/*Langheid*, § 106 Rn. 4; FAKomm-VersR/*Schnepp/Spallino*, § 144 Rn. 5.
21 BK/*Dörner/Staudinger*, § 106 Rn. 13; L/W/*Staudinger*, § 144 Rn. 15; PK/*Michaelis/Pagel*, § 144 Rn. 7; P/M/*Klimke*, § 144 Rn. 6.
22 B/M/*Johannsen*, § 144 Rn. 14; R/L/*Langheid*, § 144 Rn. 11.
23 A.A. L/W/*Staudinger*, § 144 Rn. 16; P/M/*Klimke*, § 144 Rn. 6; R/L/*Langheid*, § 144 Rn. 12; wie hier B/M/*Johannsen*, § 144 Rn. 14; HK-VVG/*Halbach*, § 144 Rn. 7; PK/*Michaelis/Pagel*, § 144 Rn. 7; FAKomm-VersR/*Schnepp/Spallino*, § 144 Rn. 14; *Wussow*, § 106 Anm. 5.
24 BK/*Dörner/Staudinger*, § 106 Rn. 14; P/M/*Klimke*, § 144 Rn. 6.
25 L/W/*Staudinger*, § 144 Rn. 17; FAKomm-VersR/*Schnepp/Spallino*, § 144 Rn. 13.
26 BGH NJW 1996, 3338, 3340; B/M/*Johannsen*, § 144 Rn. 15.
27 B/M/*Johannsen*, § 144 Rn. 17; L/W/*Staudinger*, § 144 Rn. 22.

er in der Lage gewesen wäre, auf den Hinweis des VR hin die Kündigung wirksam werden zu lassen.[28] Der VR muss darlegen und beweisen, dass er seiner Hinweispflicht nachgekommen ist. Die Grundpfandgläubiger haben nachzuweisen, dass sie ihr Grundpfandrecht angemeldet haben.

F. Abdingbarkeit

11 Als Schutzvorschrift zugunsten der Grundpfandgläubiger kann § 144 im Versicherungsvertrag nur zu deren Gunsten abbedungen werden. Die Nachweisfrist vor Ablauf des Vertrags kann beispielsweise nicht verlängert werden, da dies die Zeitspanne verkürzen würde, die dem Grundpfandgläubiger zur nachträglichen Zustimmung verbleibt.[29] **Abweichungen zu Lasten des VN** sind hingegen grundsätzlich möglich, da dieser nicht Adressat des § 144 ist. Es sind allerdings die Grundsätze des AGB-Rechts zu beachten. So steht etwa erweiterten Formanforderungen an den Nachweis der Lastenfreiheit bzw. der Zustimmung nach Satz 1 § 309 Nr. 13 BGB entgegen.[30]

§ 145 Übergang der Hypothek.

Soweit der Versicherer den Hypothekengläubiger nach § 143 befriedigt, geht die Hypothek auf ihn über. Der Übergang kann nicht zum Nachteil eines gleich- oder nachstehenden Hypothekengläubigers geltend gemacht werden, dem gegenüber die Leistungspflicht des Versicherers bestehen geblieben ist.

Übersicht

	Rdn.		Rdn.
A. Normzweck; Normkonkurrenz	1	D. Rangverhältnis nach dem Übergang (Satz 2)	6
B. Normgeschichte	2	E. Beweislast	9
C. Übergang des Grundpfandrechts (Satz 1)	3	F. Abdingbarkeit	10

Schrifttum:
Langheid, Der Umfang des gesetzlichen Rangrücktritts gem. § 104 S. 2 VVG, NVersZ 2002, 529.

A. Normzweck; Normkonkurrenz

1 § 145 **Satz 1** dient dem **Schutz des VR**. Soweit er gem. § 143 beim gestörten Versicherungsverhältnis die bedingungsgemäße Entschädigung an den Grundpfandgläubiger zahlen muss, ohne dem VN gegenüber zur Leistung verpflichtet zu sein, soll ihm durch Satz 1 als Ausgleich zusätzlich zu seinem Regressanspruch gegen den VN die dingliche Sicherheit des befriedigten Gläubigers am belasteten Grundstück zustehen.[1] **Satz 2** dient dem **Schutz gleich- oder nachrangiger Grundpfandgläubiger**, soweit der VR ihnen gegenüber zur Leistung verpflichtet bleibt. Damit sie durch den Übergang nach Satz 1 im Vergleich zu ihrer Stellung im ungestörten Versicherungsverhältnis nicht benachteiligt werden, erhält der VR nur den Nachrang hinter ihren Rechten.[2] Die Vorschrift des § 145 ist *lex specialis* zu § 86 und verdrängt diesen in ihrem Anwendungsbereich.[3]

B. Normgeschichte

2 § 145 knüpft sachlich an die Vorgängerregelung des § 104 a.F. an. Der **Anwendungsbereich** ist allerdings **enger**. Das ist Folge der Streichung des § 102 I a.F.[4] Die bisher in § 104 a.F. geregelte Leistungspflicht des VR gegenüber dem Grundpfandgläubiger in Fällen des § 102 I a.F. entfällt ersatzlos.

C. Übergang des Grundpfandrechts (Satz 1)

3 Befriedigt der VR den Grundpfandgläubiger nach § 143, geht das Grundpfandrecht auf ihn **kraft Gesetzes** über. Ein gutgläubiger Erwerb ist daher nicht möglich. § 143 gilt nicht nur für Hypotheken, sondern für sämtliche von § 149 erfassten Rechte, gleich ob sie akzessorischer oder nicht-akzessorischer Natur sind. Befriedigt der VR den Grundpfandgläubiger nur teilweise, so geht das Grundpfandrecht auch nur zu dem entsprechenden Teil auf ihn über (»soweit«). Das hat zur Folge, dass zwei gleichrangige Grundpfandrechte entstehen. Ein Gesamtgrundpfandrecht geht bei vollständiger Entschädigung des Grundpfandgläubigers an sämtlichen Grundstücken über, nicht nur an demjenigen, das vom Versicherungsfall betroffen ist.[5] Eine Son-

---

28 P/M/*Klimke*, § 144 Rn. 4.
29 OLG Hamm VersR 1964, 1286, 1287; BK/*Dörner/Staudinger*, § 106 Rn. 15; L/W/*Staudinger*, § 144 Rn. 20; P/M/*Klimke*, § 144 Rn. 5.
30 B/M/*Johannsen/Johannsen*[8], Anm. J 89; P/M/*Klimke*, § 144 Rn. 5.
1 Motive und amtliche Begründung zum Gesetz über den Versicherungsvertrag v. 30.05.1908, Neudruck Berlin 1963, S. 171 zum Normvorgänger § 104 a.F.
2 B/M/*Johannsen*, § 145 Rn. 2.
3 P/M/*Klimke*, § 145 Rn. 8; R/L/*Langheid*, § 145 Rn. 1; FAKomm-VersR/*Schnepp/Spalino*, § 145 Rn. 2.
4 Dazu Anh. K Rdn. 4.
5 B/M/*Johannsen*, § 145 Rn. 8; L/W/*Staudinger*, § 145 Rn. 9; FAKomm-VersR/*Schnepp/Spalino*, § 145 Rn. 3.

derbestimmung diesbezüglich findet sich in § 33 Nr. 2 VGB 2000 (2004). Der Übergang findet **zum Zeitpunkt der Zahlung** statt. Da es sich um einen Übergang kraft Gesetzes handelt, kommt ein gutgläubiger Erwerb nicht in Betracht.[6] **Kein Rechtsübergang** findet statt, wenn der VR den Anspruch des Grundpfandgläubigers zu einem Zeitpunkt erfüllt, in dem das Grundpfandrecht bereits in der Zwangsvollstreckung erloschen ist.[7] Ebenso verhält es sich, wenn das Grundpfandrecht vor Zahlung abgetreten worden ist.[8]

Dem klaren Wortlaut des § 145 lässt sich entnehmen, dass die Vorschrift ein **forderungsentkleidetes Grundpfandrecht übergehen** lässt, auch und gerade wenn es sich um eine Hypothek handelt. Die bisher von einer Hypothek gesicherte Forderung geht unter.[9] Im Schrifttum ist ein **fruchtloser Streit** darüber entstanden, ob eine Hypothek, nachdem sie gem. § 145 auf den VR übergegangen ist, nunmehr einen Schadensersatz- und Bereicherungsanspruch des VR gegen den VN sichert, sie also eine Hypothek bleibt und lediglich eine Forderungsauswechslung analog § 1164 BGB stattfindet (sog. »Forderungsauswechslungstheorie«),[10] oder ob sich die Hypothek in eine Fremdgrundschuld wandelt, also nicht mehr eine bestimmte Forderung sichert (Theorie des forderungslosen Hypothekenerwerbs).[11] Praktisch hat dieser Streit keine Auswirkungen. Dogmatisch ist letzterer Ansicht zuzustimmen. Sie entspricht eher dem Wortlaut des § 145, der von einem Übergang der Hypothek und nicht von einer Forderungsauswechslung spricht. Zudem ist zu bedenken, dass § 145 nicht nur für akzessorische, sondern über § 149 auch für nicht-akzessorische Grundpfandrechte gilt. Es ist nicht ersichtlich, warum bei einer Hypothek eine Forderungsauswechslung stattfinden soll, die beim Übergang nichtakzessorischer Sicherungsrechte gar nicht stattfinden kann.

Der frühere Grundpfandgläubiger hat dem VR gegebenenfalls analog § 1144 BGB **Verbriefungen des Grundpfandrechts** (etwa einen Hypothekenbrief) zu übergeben und die Bewilligung zur Berichtigung des Grundbuchs zu erteilen,[12] die der VR auf eigene Kosten zu betreiben hat, § 897 BGB. Bis zur Aushändigung der Verbriefungen hat der VR ein Zurückbehaltungsrecht gem. § 273 f. BGB an der Entschädigungsleistung.[13]

D. Rangverhältnis nach dem Übergang (Satz 2)

Das Grundpfandrecht, das der VR nach Satz 1 erworben hat, kann nach Satz 2 **gleich- oder nachrangigen Grundpfandgläubigern** gegenüber, denen der VR nach § 143 weiter zur Leistung verpflichtet bleibt, nicht geltend gemacht werden. Wie sich aus einem Vergleich mit den ähnlich gestalteten §§ 1164 I 2, 1176, 1182 Satz 2 BGB ergibt, steht das übergegangene Grundpfandrecht des VR den Rechten der genannten Grundpfandgläubiger im Range nach. Das gilt auch für den Fall, dass das Grundpfandrecht nur zum Teil auf den VR übergegangen ist.

Im Schrifttum ist umstritten gewesen, was genau unter der Einschränkung »**denen der Versicherer weiter zur Leistung verpflichtet bleibt**« zu verstehen ist. Sie ließe sich dahingehend verstehen, dass, wenn der VR die Versicherungssumme vollständig an den vorrangigen Grundpfandgläubiger ausgeschüttet hat, die damit erloschene Verpflichtung des VR auch gegenüber gleich- und nachrangigen Grundpfandgläubigern nicht mehr besteht.[14] Satz 2 würde demnach nur den Fall erfassen, dass der VR lediglich einen Teil der geschuldeten Entschädigung an den vorrangigen Gläubiger ausgezahlt hat. Das entspricht aber nicht dem Sinn und Zweck der Regelung. Die §§ 143 f. sollen Grundpfandgläubigern neben dem Zugriff auf das Grundstück auch denjenigen auf die Versicherungsforderung ermöglichen. Zahlt der VR vollständig an einen vorrangigen Grundpfandgläubiger, soll dies auch gleich- und nachrangigen Grundpfandgläubigern zugute kommen. Auch sie sollen im gestörten Versicherungsverhältnis so stehen, wie sie im ungestörten stehen würden. Der Rangrücktritt erfolgt also auch bei vollständig an den erstrangigen Gläubiger erbrachter Versicherungsleistung.[15] Begünstigt durch Satz 2 sind folglich alle Grundpfandgläubiger, die nach § 143 einen eigenen Anspruch erworben haben, im konkreten Schadensfalle aber nicht befriedigt worden sind: Soweit sie entschädigt worden sind, geht ihr Grundpfandrecht nach Satz 1 auf den VR über. Soweit sie unbefriedigt bleiben, erhalten sie den Vorrang vor dem Recht, das auf den VR übergegangen ist.

Die Rangänderung tritt wie der Übergang nach Satz 1 **kraft Gesetzes** ein. Die gleich- und nachrangigen Grundpfandgläubiger haben einen Anspruch gegen den VR auf Bewilligung der Grundbuchberichtigung. Die

---

6 OLG Hamm JZ 1933, 257; P/M/*Klimke*, § 145 Rn. 3; HK-VVG/*Halbach*, § 145 Rn. 2; L/W/*Staudinger*, § 145 Rn. 8.
7 RGZ 120, 350, 354; 124, 91, 94 f.; PK/*Michaelis/Pagel*, § 145 Rn. 3; P/M/*Klimke*, § 145 Rn. 3; FAKomm-VersR/*Schnepp/Spalino*, § 145 Rn. 3.
8 L/W/*Staudinger*, § 145 Rn. 8; R/L/*Langheid*, § 145 Rn. 9.
9 Anders noch die sog. »Forderungsübergangstheorie« von *Schorling* ZHR 112 (1949), 12, 37 ff.
10 RGZ 124, 91, 94; LG Köln r+s 1986, 291 f.; Erman/*Räfle*, § 1128 Rn. 3; *Wussow*, § 104 Anm. 4.
11 So BK/*Dörner/Staudinger*, § 104 Rn. 6 ff.; B/M/*Johannsen*, § 145 Rn. 6; L/W/*Staudinger*, § 145 Rn. 12; P/M/*Klimke*, § 145 Rn. 5; R/L/*Langheid*, § 145 Rn. 3 f.
12 OLG Hamm JZ 1933, 257; BK/*Dörner/Staudinger*, § 104 Rn. 9.
13 L/W/*Staudinger*, § 145 Rn. 14; P/M/*Klimke*, § 145 Rn. 4; FAKomm-VersR/*Schnepp/Spalino*, § 145 Rn. 5.
14 So R/L/*Langheid*, § 145 Rn. 12; ders. NVersZ 2002, 529.
15 BGH VersR 2005, 785 m. zust. Anm. *Armbrüster* ZflR 2005, 506; OLG Hamm NVersZ 2002, 467 = VersR 2003, 639; BK/*Dörner/Staudinger*, § 104 Rn. 13; B/M/*Johannsen*, § 145 Rn. 13; L/W/*Staudinger*, § 145 Rn. 18; P/M/*Klimke*, § 145 Rn. 6; PK/*Michaelis/Pagel*, § 145 Rn. 5; FAKomm-VersR/*Schnepp/Spalino*, § 145 Rn. 7.

Kosten der Berichtigung haben die begünstigten Grundpfandgläubiger zu tragen, § 897 BGB. Sie können durch die Grundbuchberichtigung vermeiden, dass für das nach Satz 1 übergegangene Recht der ursprüngliche Rang im Wege des gutgläubigen Erwerbs nach § 892 BGB wiedererlangt wird. Auch die Eintragung eines Widerspruchs gem. § 899 BGB ist möglich, nicht aber die Eintragung einer Vormerkung nach § 883 I BGB, da der Vorrang kraft Gesetzes und nicht auf Grundlage eines schuldrechtlichen Anspruchs erworben wird.[16]

E. Beweislast

9 Der VR hat hinsichtlich des Übergangs des Grundpfandrechts darzulegen und zu beweisen, dass er den Grundpfandgläubiger gem. § 143 befriedigt hat.[17] Einen etwaigen Schadensersatz- oder Bereicherungsanspruch muss er nicht beweisen.

F. Abdingbarkeit

10 VR und VN können die Vorschrift nicht zu Lasten der Grundpfandgläubiger abbedingen. Da S. 1 allerdings ausschließlich dem Schutz des VR dient, ist insoweit eine abweichende privatautonome Regelung möglich.[18]

§ 146 Bestätigungs- und Auskunftspflicht des Versicherers.
Der Versicherer ist verpflichtet, einem Hypothekengläubiger, der seine Hypothek angemeldet hat, die Anmeldung zu bestätigen und auf Verlangen Auskunft über das Bestehen von Versicherungsschutz sowie über die Höhe der Versicherungssumme zu erteilen.

Übersicht

	Rdn.		Rdn.
A. Normzweck und -geschichte	1	D. Beweislast	5
B. Bestätigung der Anmeldung	2	E. Abdingbarkeit	6
C. Auskunftspflicht des VR	3		

A. Normzweck und -geschichte

1 § 146 formt das durch Anmeldung entstandene gesetzliche Schuldverhältnis zwischen VR und Grundpfandgläubiger näher aus und begründet Bestätigungs- und Informationspflichten des VR gegenüber dem Grundpfandgläubiger. Dadurch sollen diese für Situationen, in denen es darauf ankommt, Bestätigung ihres privilegierten Status als angemeldete Gläubiger und – durch Auskunft über die Höhe des Versicherungsschutzes – Anhaltspunkte für den Wert des Gegenstandes ihres Grundpfandrechts erhalten.[1] Die Vorschrift stimmt mit § 107 a.F. überein.

B. Bestätigung der Anmeldung

2 Der VR ist verpflichtet, von sich aus ohne besonderes Verlangen dem nach § 94 IV angemeldeten Grundpfandgläubiger dessen Anmeldung zu bestätigen, damit dieser Gewissheit hat, dass er den Schutz nach § 142 ff. genießt. Die Bestätigung bedarf keiner besonderen Form; entsprechend ist auch eine Unterschrift entbehrlich. Die Bestätigung zeitigt keinerlei weitere Rechtsfolgen. Sie wird daher nicht zu Unrecht **mit einer »Quittung« verglichen**.[2] Beantragt ein Hypothekar einen Hypothekensicherungsschein, steht dies einer Anmeldung nach § 94 IV gleich; der Schein selbst gilt als Bestätigung der Anmeldung.[3]

C. Auskunftspflicht des VR

3 Wenn der Grundpfandgläubiger dies verlangt, ist der VR zur Auskunft verpflichtet. Neben der **Höhe der Versicherungssumme**, die für ihn von besonderem Interesse ist, kann der Grundpfandgläubiger nähere **Angaben zum Versicherungsschutz** verlangen. Dazu zählen die versicherten Risiken, der Versicherungsort, besondere Bedingungen, wie etwa vereinbarte Wiederaufbauklauseln oder Selbstbehalte, vereinbarte Risikoausschlüsse oder auch die (rechtzeitige) Zahlung der Erst- und Folgeprämien, weil diese für das Bestehen des Versicherungsschutzes von Bedeutung sind.[4] Die Auskunft des VR kann jeweils formlos erfolgen, also auch fernmündlich. Es empfiehlt sich für den VR, den Versicherungsschein in Kopie nebst AVB und den vereinbarten Nachträgen zu übersenden. Hinsichtlich der erteilten Auskünfte hat er einen Kostenerstattungsanspruch gegen den Grundpfandgläubiger.[5] Dieser Anspruch bedarf keines Anhaltspunktes im Wortlaut der Norm. Er

---

[16] L/W/*Staudinger*, § 145 Rn. 19; P/M/*Klimke*, § 145 Rn. 7.
[17] LG Köln r+s 1986, 290, 292; L/W/*Staudinger*, § 145 Rn. 22; FAKomm-VersR/*Schnepp/Spalino*, § 145 Rn. 9.
[18] B/M/*Johannsen*, § 145 Rn. 15.
[1] BK/*Dörner/Staudinger*, § 107 Rn. 1; L/W/*Staudinger*, § 146 Rn. 1.
[2] R/L/*Langheid*, § 146 Rn. 2; dies aufgreifend: L/W/*Staudinger*, § 146 Rn. 6.
[3] P/M/*Kollhosser*[27], § 107 Rn. 2; PK/*Michaelis/Pagel*, § 146 Rn. 2; R/L/*Langheid*, § 146 Rn. 3.
[4] P/M/*Klimke*, § 107 Rn. 3; HK-VVG/*Halbach*, § 146 Rn. 3; B/M/*Johannsen*, § 146 Rn. 4; a.A. hinsichtlich der Zahlung der Erstprämie: *Grassl-Palten*, S. 128.
[5] PK/*Michaelis/Pagel*, § 146 Rn. 5; a.A. L/W/*Staudinger*, § 146 Rn. 9; FAKomm-VersR/*Schnepp/Spalino*, § 146 Rn. 3.

folgt unmittelbar aus dem gesetzlichen Schuldverhältnis zwischen Versicherer und Grundpfandgläubiger. Er dient – insoweit der Rechtslage zu § 666 BGB ähnlich – dazu, die Auskunftspflicht des VR zumutbar zu halten. Im Unterschied zu den Mitteilungspflichten nach §§ 142, 143, die der VR fortlaufend zu erfüllen hat, muss Auskunft nach § 146 **nur einmalig** – und nicht laufend – **erteilt** werden.[6] Das liegt daran, dass § 146 anders als die §§ 142, 143 nur eine Auskunftspflicht auf Aufforderung hin statuiert. Dem Grundpfandgläubiger bleibt es aber unbenommen, wiederholt Auskunft zu verlangen.[7] Ein innerer systematischer Zusammenhang mit der Bestätigung der Anmeldung besteht für das Auskunftsverlangen nicht. Aus Treu und Glauben folgt freilich, dass ein begründeter Anlass bestehen muss, um dies zu tun. Bei **Falschauskunft** kann ein Schadensersatzanspruch nach §§ 280 I, 241 II BGB entstehen. Das gilt auch, insoweit der VR über das Begehren des Grundpfandgläubigers hinaus freiwillig Auskünfte erteilt hat.[8] Ein Schaden kann darin liegen, dass der Grundpfandgläubiger es im Vertrauen auf die Richtigkeit der Mitteilung des VR unterlässt, anderweitig für ausreichenden Versicherungsschutz zu sorgen.

4

D. Beweislast

Der VR muss darlegen und beweisen, dass er dem Grundpfandgläubiger seine Anmeldung bestätigt, bzw. Auskunft erteilt hat; entsprechend muss er jeweils auch den Zugang darlegen und beweisen.[9] Der Grundpfandgläubiger trägt hingegen die Beweislast dafür, dass die ihm erteilten Auskünfte unrichtig sind und gegebenenfalls, dass ihm durch die unrichtigen Auskünfte ein Schaden entstanden ist. Das Verschulden hinsichtlich eines Schadensersatzanspruchs wegen Falschauskunft wird allerdings nach § 280 I 2 BGB vermutet.

5

E. Abdingbarkeit

Als Schutzvorschrift zugunsten der Grundpfandgläubiger kann § 146 im Versicherungsvertrag nur zu deren Gunsten abbedungen werden. Das folgt aus dem allgemeinen Verbot von Verträgen zu Lasten Dritter.

6

§ 147 Änderung von Anschrift und Name des Hypothekengläubigers.
Hat der Hypothekengläubiger dem Versicherer eine Änderung seiner Anschrift oder seines Namens nicht mitgeteilt, ist § 13 I auf die Anzeigen und Mitteilungen des Versicherers nach den §§ 142 und 143 entsprechend anzuwenden.

Übersicht

	Rdn.		Rdn.
A. Normzweck	1	D. Fiktion des Zugangs bei Einschreiben	5
B. Normgeschichte	2	E. Beweislast	8
C. Hintergrund: Mitteilungspflicht des Grundpfandrechtsgläubigers	3	F. Abdingbarkeit	9

A. Normzweck

Als Sonderregel zu §§ 130, 132 BGB soll § 147 es dem VR erleichtern, seinen Mitteilungspflichten gem. §§ 142, 143 nachzukommen, wenn bestimmte Umstände aus der Sphäre des Gläubigers eines angemeldeten Grundpfandrechts die Erfüllung der Mitteilungspflichten erschweren. Inhaltlich verweist die Vorschrift auf die in § 13 I geregelte, gleichgelagerte Problematik bei Willenserklärungen des VN, die dem VR gegenüber abzugeben sind.

1

B. Normgeschichte

Die Vorschrift übernimmt von dem vormaligen § 107a a.F., ergänzt diesen jedoch – entsprechend der Erstreckung des § 10 I a.F. durch § 13 I 3 – auf den Fall der nicht angezeigten Namensänderung. Das ist insbes. bei Eheschließungen (§ 1355 BGB) von Bedeutung. § 107a Satz 2 a.F. musste nicht übernommen werden, da sich eine inhaltsgleiche Regelung in § 13 I 2 findet.

2

C. Hintergrund: Mitteilungspflicht des Grundpfandrechtsgläubigers

§ 147 setzt voraus, dass das gesetzliche Schuldverhältnis, das zwischen dem VR und dem Grundpfandgläubiger besteht, letzteren verpflichtet, dem VR oder dessen Agenten Mitteilung von einer Adress- oder Namensänderung zu machen. Es handelt sich dabei um eine Rechtspflicht, nicht bloß um eine Obliegenheit,[1] was u.a. Auswirkungen auf die Beweislastverteilung hat. Die Begriffe der Adress- und der Namensänderung sind wie

3

---

6 Wie hier P/M/*Klimke*, § 145 Rn. 3; R/L/*Langheid*, § 146 Rn. 4; a.A. BK/*Dörner/Staudinger*, § 107 Rn. 6 (fortlaufende Pflicht des VR); PK/*Michaelis/Pagel*, § 146 Rn. 4 (nur einmalige Aufforderung möglich).
7 Wie hier L/W/*Staudinger*, § 146 Rn. 11; B/M/*Johannsen*, § 146 Rn. 5; FAKomm-VersR/*Schnepp/Spalino*, § 146 Rn. 4.
8 BGH VersR 1979, 177 (Bestätigung in der Kaskoversicherung vor Zahlung der Erstprämie); L/W/*Staudinger*, § 146 Rn. 12; P/M/*Klimke*, § 107 Rn. 3; R/L/*Langheid*, § 146 Rn. 5; B/M/*Johannsen*, § 146 Rn. 6.
9 L/W/*Staudinger*, § 146 Rn. 13; PK/*Michaelis/Pagel*, § 146 Rn. 7; FAKomm-VersR/*Schnepp/Spalino*, § 146 Rn. 6.
1 So B/M/*Johannsen*, § 147 Rn. 5.

bei § 13 I auszulegen.² **Adressänderung** ist die Verlegung des Lebensmittelpunkts in eine andere Wohnung (nicht: Wohnsitz oder Wohnort), **Namensänderung** eine bei natürlichen Personen die legale Änderung des Vor- oder Familiennamens (z.B. aufgrund einer Eheschließung), bei juristischen Personen etwa die Änderung einer Firma. Wegen fehlenden Verweises auf § 13 II ist § 147 bei der **Verlegung einer Niederlassung durch einen Gewerbetreibenden analog anzuwenden**, da die Lebenssachverhalte vergleichbar sind.³ Eine bloß vorübergehende Abwesenheit von der gewöhnlichen Wohnung, etwa wegen Krankheit oder Urlaub, löst diese Pflicht nicht aus.⁴ Erforderlich ist das Verlegen des Lebensmittelpunkts in eine andere Wohnung.

4 Die **Mitteilung** muss **grundsätzlich ausdrücklich** erfolgen. Hat der VR indes anderweitig von der Adress- oder Namensänderung erfahren oder lässt sie sich – etwa in Form eines neuen Briefkopfs – leicht der Korrespondenz des Grundpfandrechtsgläubigers mit dem VR entnehmen, kann dieser sich nach Treu und Glauben nicht auf mangelnde Kenntnis berufen.⁵

D. Fiktion des Zugangs bei Einschreiben

5 Vor diesem Hintergrund legt § 147 fest, dass der VR dem Gläubiger eines angemeldeten Grundpfandrechts gegenüber, der seiner Mitteilungspflicht bei Adress- oder Namensänderung nicht nachgekommen ist, seinerseits den Mitteilungspflichten nach §§ 142, 143 genügt, wenn er einen **eingeschriebenen Brief** an die letzte ihm bekannte Adresse⁶ unter dem letzten ihm bekannten Namen des Gläubigers sendet. Dabei kann er sich sowohl eines Einwurfs- als auch eines Übergabe-Einschreibens bedienen. Für einfache Briefe gilt die Fiktion des § 147 nicht – mangels Planwidrigkeit der Regelungslücke auch nicht im Wege der Analogie.⁷ Auch auf andere Anzeige- oder Mitteilungspflichten als diejenigen nach §§ 142, 143 ist die Vorschrift ebenfalls nicht analog anzuwenden.⁸ Das ergibt sich bereits aus dem klaren Wortlaut der Norm. Insb. bei § 146 ist der VR auch nicht vergleichbar schutzbedürftig – hier wird der Grundpfandgläubiger regelmäßig eine aktuelle Adresse mitgeteilt haben.

6 Nach § 13 I 2, auf den § 147 verweist, wird der **Zugang** der Mitteilungen nach §§ 142, 143 auf den dritten Tag fingiert, nach dem ein eingeschriebener Brief an die letzte bekannte Adresse des Grundpfandgläubigers abgesandt worden ist. Das gilt aufgrund des Wortlautes auch für Auslandspost,⁹ obwohl hier tatsächlich regelmäßig mit längeren Postlaufzeiten zu rechnen ist. Auf den tatsächlichen Zugang kommt es aber nicht an. Hat der Grundpfandgläubiger Namen oder Adresse bereits anfänglich bei der Anmeldung unrichtig mitgeteilt, gilt § 147 analog.¹⁰

7 **Verfassungsrechtlich** ist die Zugangsfiktion – etwa im Hinblick auf eine Verletzung der Art. 12, 14 GG – trotz gewisser Härten gegenüber dem Grundpfandgläubiger ebenso wenig bedenklich wie die Fiktion des § 13.¹¹ Für einen Schutz der Kerninteressen des Grundpfandgläubigers sorgen nämlich eine enge Auslegung der Vorschrift und die Grenzen, die das AGB-Recht der Gestaltungsfreiheit des Versicherers setzt (dazu unten Rdn. 9).

E. Beweislast

8 Die Beweislast verteilt sich nach Sphärengesichtspunkten. Entsprechend trägt der Grundpfandgläubiger die Beweislast dafür, dass er dem VR die Änderung von Adresse oder Namen mitgeteilt hat.¹² Der VR muss hingegen – etwa mittels abgestempelten Einlieferungsscheins – nachweisen, dass er den eingeschriebenen Brief an die letzte ihm bekannte Adresse bzw. unter dem letzten ihm bekannten Namen abgesandt hat. Die tatsächliche Zustellung oder den Versuch derselben muss er hingegen nicht nachweisen.¹³

F. Abdingbarkeit

9 § 147 kann zu Lasten des Grundpfandgläubigers abbedungen werden – und zwar auch durch AVB.¹⁴ Das liegt daran, dass die Norm dem Schutz des VR dient. Ein **Vertrag zu Lasten Dritter liegt nicht vor**. Das ist nur

---

2 B/M/*Johannsen*, § 147 Rn. 4; R/L/*Langheid*, § 147 Rn. 2.
3 FAKomm-VersR/*Schnepp/Spalino*, § 147 Rn. 3; a.A. L/W/*Staudinger*, § 147 Rn. 8 f.
4 BGH VersR 1971, 262; BK/*Staudinger/Dörner*, § 107a Rn. 3; B/M/*Johannsen*, § 147 Rn. 3.
5 BGH VersR 1990, 882; PK/*Michaelis/Pagel*, § 147 Rn. 4; L/W/*Staudinger*, § 147 Rn. 6; a.A. wohl R/L/*Langheid*, § 147 Rn. 3.
6 BGH VersR 1975, 365 (nicht: irgendeine frühere Adresse).
7 OLG Hamburg VersR 1980, 38; P/M/*Klimke*, § 147 Rn. 4.
8 B/M/*Johannsen*, § 147 Rn. 3.
9 B/M/*Johannsen*, § 147 Rn. 8.
10 Wie hier P/M/*Klimke*, § 147 Rn. 3; PK/*Michaelis/Pagel*, § 147 Rn. 4; R/L/*Langheid* § 147 Rn. 3; FAKomm-VersR/*Schnepp/Spalino*, § 147 Rn. 2; BK/*Dörner/Staudinger*, § 107a Rn. 6, kommen über § 130 BGB zu praktisch vergleichbaren Ergebnissen; a.A. B/M/*Johannsen*, § 147 Rn. 3; BK/*Dörner/Staudinger*, § 106a Rn. 6.
11 Bedenken hegen zu Unrecht PK/*Michaelis/Pagel*, § 147 Rn. 2; wie hier L/W/*Staudinger*, § 147 Rn. 14.
12 Wie hier: BK/*Dörner/Staudinger*, § 107a Rn. 8; L/W/*Staudinger*, § 147 Rn. 16; FAKomm-VersR/*Schnepp/Spalino*, § 147 Rn. 3; a.A. PK/*Michaelis/Pagel*, § 147 Rn. 6 und 8; B/M/*Johannsen*, § 147 Rn. 10.
13 BK/*Dörner/Staudinger*, § 107a Rn. 8.
14 Wie hier BK/*Dörner/Staudinger*, § 107a Rn. 9; L/W/*Staudinger*, § 147 Rn. 15; PK/*Michaelis/Pagel*, § 147 Rn. 9; a.A. P/M/*Klimke*, § 147 Rn. 5; B/M/*Johannsen*, § 147 Rn. 9; FAKomm-VersR/*Schnepp/Spalino*, § 147 Rn. 6.

dann der Fall, wenn unmittelbar Rechtspflichten eines am Vertrag nicht beteiligten Dritten – ohne seine Autorisierung – entstehen sollen.[15] Verschärfen VR und VN die Vorschrift des § 147 vertraglich zu Lasten des Grundpfandgläubigers, so wird dieser zwar beschwert. Diese Beschwer besteht aber nicht in Rechtspflichten des Grundpfandgläubigers; es handelt sich vielmehr um einen bloßen Reflex der Ausgestaltung des Versicherungsverhältnisses. Vorsicht ist allerdings bei der Verschärfung der Bestimmungen des § 147 durch AVB walten zu lassen. Zum einen gilt bei Verbrauchergeschäften § 308 Nr. 6 BGB, da es sich bei den Mitteilungen, die § 147 betrifft, um solche von besonderer Bedeutung handelt. Ferner ist § 307 I 1 BGB zu beachten, der einer Erstreckung der Zugangsfiktion auf jeden Fall der Abwesenheit des Grundpfandgläubigers im Wege steht.

§ 148 Andere Grundpfandrechte. Ist das Grundstück mit einer Grundschuld, Rentenschuld oder Reallast belastet, sind die §§ 142 bis 147 entsprechend anzuwenden.

Übersicht

	Rdn.		Rdn.
A. Normzweck und -geschichte	1	C. Abdingbarkeit	4
B. Anwendungsbereich	2		

A. Normzweck und -geschichte

Die Vorschrift entspricht § 107b a.F. Sie erstreckt den Anwendungsbereich der §§ 142–147 auf andere Grundpfandrechte als die Hypothek, sofern diese zum Zeitpunkt des Versicherungsfalls das versicherte Gebäude erfassen oder zumindest vorgemerkt waren. Aus der Erstreckung des Anwendungsbereichs der §§ 142–147 ergibt sich, dass § 148 nur für solche Grundpfandrechte gilt, die beim VR angemeldet worden sind.[1]   1

B. Anwendungsbereich

§ 148 erfasst Grund- und Rentenschulden sowie Reallasten, die zum Zeitpunkt des Versicherungsfalles bestehen oder zumindest vorgemerkt sind. **Vormerkungen** dieser Rechte genießen rückwirkend Schutz, wenn das gesicherte Recht nachträglich eingetragen wird.[2] Gem. § 11 I ErbbauVO ist § 148 auf die am Erbbaurecht bestellten Grundschulden entsprechend anwendbar.[3] Praktisch ist von den in § 148 genannten Rechten die (Fremd-)Grundschuld das bedeutsamste. Eine Ausdehnung der Bestimmung auf **öffentliche Lasten**, die nicht in die Form eines Grundpfandrechts gekleidet sind, ist nicht möglich. Die Parteien können im Versicherungsvertrag aber etwas anderes bestimmen. Auch für einen **Nießbrauch** gilt § 148 nicht, da das Verhältnis zum Nießbraucher abschließend in §§ 1045 f. BGB geregelt ist.[4] Nach § 149 ist § 148 für **Eigentümergrundpfandrechte** ebenfalls nicht anwendbar.   2

Für jede der Vorschriften, die auf andere Grundpfandrechte als die Hypothek für anwendbar erklärt werden, ist zu prüfen, inwieweit sie sich auf das jeweilige Recht anwenden lässt. Für **Sicherungsgrundschulden** (§ 1192 Ia BGB) gelten die §§ 142–147 uneingeschränkt. Das gleiche gilt auch für andere **Fremdgrundschulden**, obwohl die Fremdgrundschuld keine zu sichernde Forderung voraussetzt. Das gilt selbst dann, wenn einem Dritten ein Rückübertragungsanspruch zusteht.[5] Die §§ 143 und 145[6] lassen sich auf Fremdgrundschulden ausnahmsweise nicht anwenden, wenn nicht einem Dritten sondern dem VN zum Zeitpunkt des Versicherungsfalls ein fälliger Rückübertragungsanspruch zusteht.[7] Wären §§ 143, 145 anwendbar, würde der Rückübertragungsanspruch des VN dazu führen, dass eine Zahlung, die gem. § 143 an den Grundpfandgläubiger erfolgt, an den VN weitergeleitet wird, obwohl der VR dem VN gegenüber leistungsfrei bleiben soll.   3

C. Abdingbarkeit

§ 148 ist nicht halbzwingend, aber nicht zu Lasten des Grundpfandgläubigers abdingbar, da dies einem Vertrag zu Lasten Dritter gleich käme.[8]   4

---

15 BGH NJW-RR 2003, 577, 578.
1 L/W/*Staudinger*, § 149 Rn. 3.
2 RGZ 151, 389; BGH VersR 2005, 785, 786; B/M/*Johannsen*, § 148 Rn. 4.
3 P/M/*Klimke*, § 148 Rn. 2; FAKomm-VersR/*Schnepp/Spalino*, § 148 Rn. 2; für den identischen Normvorgänger des § 107b a.F.: BGH VersR 2005, 785; OLG Hamburg VersR 1996, 1141.
4 B/M/*Johannsen*, § 148 Rn. 4; HK-VVG/*Halbach*, § 148 Rn. 1; *Schütz* VersR 1987, 134, 135.
5 B/M/*Johannsen*, § 148 Rn. 6; PK/*Michaelis/Pagel*, § 148 Rn. 3; kritisch R/L/*Langheid*, § 148 Rn. 2.
6 §§ 144, 146 f. gelten aber auch bei einem Rückübertragungsanspruch des Schuldners; PK/*Michaelis/Pagel*, § 148 Rn. 3; zu § 107b a.F.: OLG Hamm NJW-RR 1988, 217; BK/*Staudinger/Dörner*, § 107b. Rn. 4.
7 BGH VersR 2009, 1655; OLG Saarbrücken NJW-RR 1998, 1486; LG Köln r+s 1986, 290; P/M/*Klimke*, § 148 Rn. 3; FAKomm-VersR/*Schnepp/Spalino*, § 148 Rn. 4.
8 L/W/*Staudinger*, § 148 Rn. 9.

§ 149 Eigentümergrundpfandrechte．Die durch die §§ 142 bis 148 begründeten Rechte können nicht zugunsten von Hypotheken, Grundschulden oder Rentenschulden, die dem Versicherungsnehmer zustehen, geltend gemacht werden.

Übersicht	Rdn.		Rdn.
A. Normzweck und -geschichte	1	C. Rechtsfolge	4
B. Grundpfandrechte des VN	2	D. Beweislast	5

A. Normzweck und -geschichte

1 § 149 nimmt Grundpfandrechte, die dem VN zustehen, vom Anwendungsbereich der §§ 142–148 aus. Entgegen einer verbreiteten Ansicht verfolgt diese Regelung nicht nur den Zweck, zu verhindern, dass der VN über den Umweg der Gläubigerschaft eines Grundpfandrechts die von ihm verwirkte Leistung erhält.[1] Da die §§ 142–148 auch Sachverhalte erfassen, die nichts mit Verwirkungshandlungen des VN zu tun haben, geht es vielmehr darum, den **Schutz des VN als Grundpfandgläubiger gegenüber demjenigen dritter Grundpfandgläubiger zurückzunehmen**, da diese nicht in gleicher Weise Einfluss auf und Einblick in das Versicherungsverhältnis haben wie der VN selbst. § 149 übernimmt § 107c a.F. unverändert.

B. Grundpfandrechte des VN

2 § 149 betrifft alle VN, denen Grundpfandrechte zustehen. Über den Wortlaut der Norm hinaus gilt dies **auch für Reallasten**. Die Auslassung ist ein Redaktionsversehen.[2] Ob die VN zugleich Eigentümer der belasteten Grundstücke sind, ist gleichgültig. Sie müssen auch nicht im Grundbuch eingetragen sein. Der Normzweck spricht dafür, den **Begriff »zustehen«** weit auszulegen. § 149 ist daher entsprechend anzuwenden, wenn der VN bloß einen obligatorischen Anspruch auf Rückübertragung des Grundpfandrechts und Herausgabe der Entschädigung hat (z.B. bei ganz oder teilweise getilgter Grundschuld,[3] oder wenn er beherrschender Gesellschafter einer Kapitalgesellschaft ist, die ihrerseits an dem Grundpfandrecht berechtigt ist.[4] Für **Grundpfandrechte, die dem Versicherten zustehen**, gilt § 149 nur dann im Wege der Analogie, wenn der Versicherte durch ein eigenes Verhalten die Leistungsfreiheit (z.B. Verstoß gegen §§ 19 ff.) des VR herbeigeführt hat.[5]

3 **Maßgeblicher Zeitpunkt** ist für Ansprüche, die vom Eintritt des Versicherungsfalls abhängen, der Versicherungsfall. Im Übrigen ist an unterschiedliche Zeitpunkte anzuknüpfen, bei § 144 etwa an den Zeitpunkt der Kündigung, bei § 146 an den Zeitpunkt der Anmeldung des Grundpfandrechts.[6] Erwirbt der VN nach Eintritt des Versicherungsfalls das Grundpfandrecht oder den Rückgewähranspruch darauf, gilt § 149 nicht. Der VR muss an den VN leisten,[7] es sei denn er kann die Arglisteinrede nach § 242 BGB erheben, etwa weil der VN den Eintritt des Versicherungsfalls bewusst verzögert hat. § 149 greift aber, wenn der VN vor Eintritt des Versicherungsfalls eine Vormerkung zur Sicherung der Einräumung eines Grundpfandrechtes erwirkt hat, welches er nach Eintritt des Versicherungsfalls erwirbt.[8]

C. Rechtsfolge

4 § 149 führt dazu, dass der VR abweichend von § 143 leistungsfrei wird, und zwar **auch** dann, wenn an dem gesicherten Grundstück **mehrere Grundpfandrechte** bestehen. Der Anteil, der auf den VN entfällt, geht also nicht auf Grundpfandgläubiger über, die ihm im Range nachstehen. Diese wären sonst ohne sachlichen Grund gegenüber ihrer Rechtsstellung im ungestörten Versicherungsverhältnis besser gestellt.

D. Beweislast

5 Beruft sich der VR darauf, dass er trotz § 143 leistungsfrei ist, weil dem Grundpfandgläubiger ein Rückgewähranspruch auf sein Recht zusteht, trägt er dafür die Darlegungs- und Beweislast.[9]

---

1 So etwa BK/*Dörner/Staudinger*, § 107c Rn. 1; PK/*Michaelis/Pagel*, § 149 Rn. 1; weitergehend wie hier B/M/*Johannsen*, § 149 Rn. 2; L/W/*Staudinger*, § 149 Rn. 1; *Brisken*, S. 85.
2 L/W/*Staudinger*, § 149 Rn. 6; FAKomm-VersR/*Schnepp/Spalino*, § 149 Rn. 2.
3 B/M/*Johannsen*, § 149 Rn. 3; BK/*Dörner/Staudinger*, § 107c Rn. 5; HK-VVG/*Halbach*, § 149 Rn. 3; einschränkend PK/*Michaelis/Pagel*, § 149 Rn. 2; P/M/*Klimke*, § 149 Rn. 2 (nur §§ 142, 145) ähnlich bereits P/M/*Kollhosser*27, § 107c Rn. 2 (nur §§ 102–105 a.F.).
4 LG Hamburg Hans RGZ 1937, 59; B/M/*Johannsen*, § 149 Rn. 3; P/M/*Klimke*, § 149 Rn. 2; FAKomm-VersR/*Schnepp/Spalino*, § 149 Rn. 2; *Brisken*, S. 85.
5 B/M/*Johannsen*, § 149 Rn. 4; L/W/*Staudinger*, § 149 Rn. 9; P/M/*Klimke*, § 149 Rn. 2.
6 B/M/*Johannsen*, § 149 Rn. 6; FAKomm-VersR/*Schnepp/Spalino*, § 149 Rn. 3; generell auf den Versicherungsfall stellen zu Unrecht ab: BK/*Dörner/Staudinger* § 107c Rn. 6; P/M/*Klimke*, § 149 Rn. 3; *Brisken*, S. 86.
7 BK/*Dörner/Staudinger* § 107c Rn. 6; HK-VVG/*Halbach*, § 149 Rn. 3; R/L/*Langheid*, § 149 Rn. 4; a.A. *Raiser*, S. 447.
8 BK/*Dörner/Staudinger* § 107c Rn. 6; P/M/*Klimke*, § 149 Rn. 3.
9 L/W/*Staudinger*, § 149 Rn. 11; FAKomm-VersR/*Schnepp/Spalino*, § 149 Rn. 5.

Kapitel 5. Lebensversicherung

Vorbemerkung zu §§ 150 ff.[1]

Übersicht

	Rdn.		Rdn.
A. Einleitung	1	IV. Ausländische Lebensversicherungen	23
B. Erscheinungsformen der Lebensversicherung	2	1. Rechtsgrundlagen	23
I. Allgemeines	2	2. Ausgewählte Probleme	27
1. Beteiligte der Lebensversicherung (VN; versicherte/bezugsberechtigte Personen)	2	a) Vorvertragliche Aufklärungspflichten	27
2. Versicherung mit bedingter und unbedingter Leistungspflicht	3	b) Vertriebsstruktur und Zurechnung	31
II. Hauptformen	4	c) Transparenzanforderungen	34
1. Todesfallversicherung	4	C. Versicherungsbedingungen	35
2. Erlebensfallversicherung	6	I. Bedeutung der AVB/Beziehung zum Versicherungsvertrag	35
3. Kapitalbildende Lebensversicherung	7	II. Regelungsinhalt von Musterbedingungen am Beispiel der »Allgemeinen Bedingungen für die kapitalbildende Lebensversicherung«	36
a) Kapitallebensversicherung auf den Todesfall mit Teilauszahlung	8		
b) Kapitallebensversicherung auf verbundene Leben bzw. auf den Todes- und Erlebensfall von zwei Personen	9	D. Gestaltungsrechte	41
		I. Gestaltungsrechte des VN	42
		II. Gestaltungsrechte des VR	43
c) Kapitalversicherung mit festem Auszahlungszeitpunkt, Termfixversicherung	10	III. Policenmodell u. § 5a VVG a.F.	44
d) Fondsgebundene Lebensversicherung	11	E. Rentnergesellschaften – Lebens-VR ohne ausreichenden Schutz?	45
e) Dynamische Lebensversicherung	12	I. Rentnergesellschaften – Eine Abgrenzung	45
f) Hybridprodukte	13	1. Originäre Rentnergesellschaft mit Ausstattungsverpflichtung	45
4. Rentenversicherung	14	2. Gesellschaften mit Zusagen für andere Arbeitgeber	46
a) »Riester«-Rente	15	3. Abwicklungsgesellschaften	47
b) »Rürup«-Rente	16	II. Abgeleitete Rentnergesellschaften ohne ausreichende Ausstattung?	48
III. Sonderformen und Zusatzversicherungen	17	III. Lösungsansätze	49
1. Dread-Disease-Versicherung	17	1. Ausstattungsverpflichtung	50
2. Restschuldversicherung	18	2. Ausschüttungs- und Entnahmebeschränkungen	51
3. Betriebliche Altersversorgung	19		
a) Überblick	19	3. Erhaltung der Ertragskraft in der Lebensversicherung – Besonderheiten im Konzern	52
b) Zusagen des Arbeitgebers – ein versicherungsförmiges Risikogeschäft	20		
c) Lebensversicherung und bAV	21		
4. Zusatzversicherungen zu Lebensversicherung	22		

Schrifttum:
Armbrüster, Kehrtwende des BGH bei der AGB-Kontrolle in der Lebensversicherung, NJW 2012, 3001; *ders.*, Nichtrauchertarife in der Lebensversicherung, r+s 2013, 209; *ders.*, Bewegung im Recht der Lebensversicherung, NJW 2014, 497; *ders./Pilz*, Schicksal des Lebensversicherungsvertrages in der Insolvenz des Versicherungsnehmers, KTS 2004, 481–501; *Baroch Castellví*, Altersvorsorgeverträge-Zertifizierungsgesetz, 2012; *Bengel/Hirschberg*, Lebens- und Berufsunfähigkeitsversicherung, 2. Aufl. 2011; *Brambach*, Die Rechtsprechung des BGH zum Mindestrückkaufswert und zum Stornoabzug, r+s 2014, 1; *Dreher/Lange*, Variable Annuitie, VersR 2010, 1109; *Dreher/Schmidt*, Die fondsgebundene Lebensversicherung mit begrenztem Risikotransfer als aufsichtspflichtiges Versicherungsgeschäft, WM 2008, 377; *Eulberg/Ott-Eulberg/Halaczinsky*, Die Lebensversicherung im Erb- und Erbschaftssteuerrecht, 2005; *Franz*, Die Reform des VVG – Ein großer Wurf?, DStR 2008, 303; *Führer/Grimmer*, Einführung in die Lebensversicherungsmathematik, 2. Aufl. 2010; *Grote/Schaaf*, Neue Haftungsmaßstäbe bei der Vermittlung fondsgebundener Versicherungsprodukte? – Anm. zu BGH, IV ZR 164/11 – »Clerical Medical«, GWR 2012, 477; *dies.*, Die Lebensversicherung als Anlagegeschäft? – Erste Bestandsaufnahme zur Anwendung der »Clerical Medical«-Urteile des BGH in der instanzgerichtlichen Rechtsprechung, GWR 2013, 482; *Harrer/Mitterauer*, Der Selbstmord in der Lebensversicherung im Lichte neuerer neuropsychatrischer Forschungen, VersR 2007, 579; *Hasse*, Zwangsvollstreckung in Kapitallebensversicherungen, VersR 2005, 15; *ders.*, Zum Entwurf eines Gesetzes zum Pfändungsschutz der Altersversorgung und zur Anpassung des Rechts der Insolvenzordnung, VersR 2006, 145; *ders.*, Der neue Pfändungsschutz der Altersvorsorge und Hinterbliebenenabsicherung, VersR 2007, 870; *ders.*, Zur Lebensversicherung für fremde Rechnung, VersR 2010, 837; *ders.*, Lebensversicherung und § 80 VVG 2008: Fehlendes »versicher-

---

[1] Bei einer Reihe von Fragestellungen zur Lebensversicherung haben uns die Aktuare der B&W Deloitte GmbH, Köln mit Erläuterungen und Hinweisen dankend unterstützt. Ebenso danken wir Miriam Borggrefe für ihre vielfältige Hilfe.

Vor §§ 150 ff.

tes Interesse«, VersR 2010, 1118; *ders.*, Zweitmarkt für Lebensversicherungen und »versichertes Interesse«, VersR 2011, 156; *Hülsmann*, Fremdlebensversicherung: Interesse des Versicherungsnehmers am Nichteintritt des Versicherungsfalls als Wirksamkeitserfordernis?, VersR 1995, 501; *Jaeger*, Berechnung des Ausgleichswertes für Lebensversicherungen, FamRZ 2011, 1348; *Jenal*, Lebensversicherungen in der Insolvenz des Arbeitgebers, KSI 2012, 167; *Knappmann*, BVerfG stärkt Stellung der Versicherten in der Lebensversicherung, NJW 2005, 2892; *Kurzendörfer*, Einführung in die Lebensversicherung, 3. Aufl. 2000; *Lange*, Lebensversicherung und Insolvenz, ZVI 2012, 403; *Langheid*, Auf dem Weg zu einem neuen Versicherungsvertragsrecht, NJW 2006, 3317; *Looschelders*, Aktuelle Auswirkungen des EU-Rechts auf das deutsche Versicherungsvertragsrecht unter besonderer Berücksichtigung der geschlechtsspezifischen Tarifierung, VersR 2011, 421; *Niederleithinger*, Auf dem Weg zu einer VVG-Reform, VersR 2006, 437; *Nguyen*, Rechnungslegung von Versicherungsunternehmen, 2008; *Oelkers/Wendt*, Höchstrichterliche Rechtsprechung zur Vermittlung von Bank- und Versicherungsprodukten – zur Zurechnung bei selbständigen Vermittlern, BKR 2014, 89; *Prahl*, Zur Pfändung des Kündigungsrechts des VN bei der gemischten Kapitallebensversicherung, NVersZ 2001, 151; *Reiff*, Die Vermittlung von Nettopolicen in der Lebensversicherung, r+s 2013, 525; *ders.*, Die Auswirkungen des BGH-Urteils vom 25.07.2012 (IV ZR 201/10 – VersR 2012, 1149) zu den Allgemeinen Versicherungsbedingungen der Lebensversicherung, VersR 2013, 785; *Reinhard*, Anmerkung zu OLG München vom 15.02.2000 (25 U 4815/99), VersR 2000, 1095; *Reinecke*, Informations- und Beratungspflichten beim Vertrieb von Lebensversicherungen, VersR 2015, 533; *Römer*, Zu ausgewählten Problemen der VVG-Reform nach dem Referentenentwurf vom 13. März 2006, VersR 2006, 740, 865; *ders.*, Die kapitalbildende Lebensversicherung nach dem neuen Versicherungsvertragsgesetz, DB 2007, 2523; *ders.*, Was bringt das neue VVG Neues zur Lebensversicherung?, r+s 2008, 405; *Römer/Heinen*, Versicherungsrecht – gestern, heute und morgen/Welche Änderungen kommen auf die Lebensversicherer zu, Vorträge, gehalten auf dem 25. Münsterischen Versicherungstag am 17. November 2007, 2008; *Schrehardt*, Pfändungsschutz in der privaten und betrieblichen Altersversorgung, DStR 2013, 472; *Schwintowski/Ortmann*, Die Kostendarstellung nach dem Lebensversicherungsreformgesetz, VersR 2014, 1401; *Specker*, Der Anspruch des § 167 VVG auf Umwandlung einer Lebensversicherung in eine »pfändungsgeschützte« Versicherung, VersR 2011, 958; *Stöber*, Das Gesetz zum Pfändungsschutz der Altersvorsorge, NJW 2007, 1242; *Schwartze*, Wann verjähren Nachforderungsansprüche aus Lebensversicherungsverträgen?, VersR 2006, 1331; *Wendt/Jularic*, Die Einbeziehung des Arztes in das Versicherungsgeschäft, VersR 2008, 41; *Zehner*, Zur Anwendbarkeit des § 170 I VVG bei Selbstmord des VN nach Tötung des Versicherten, VersR 1984, 1119. **Bezugsrecht:** *Elfring*, Versicherungsverträge im Insolvenzrecht, BB 2004, 617; *Gerhardt*, Insolvenzanfechtung einer Bezugsberechtigung aus einer Kapitallebensversicherung – Aussonderungsrecht in der Insolvenz des Anfechtungsgegners, LMK 2004, 34; *Ponath*, Vermögensschutz durch Lebensversicherungen, ZEV 2006, 242. **Prämien- und Leistungsänderung, Bedingungsanpassung:** *Armbrüster*, Wirksamkeitsvoraussetzungen für Prämienanpassungsklauseln, r+s 2012, 365; *Brinkmann/Krause/Wolfsdorf*, Solvabilitäts-Anforderungen für Zinsgarantien reduzieren, VW 2012, 518; *Buchholz-Schuster*, Gesetzliches Korsett oder wegweisendes Prinzip: Zur Bedeutung und Reichweite des § 172 I 1 VVG in der Lebensversicherung, NVersZ 1999, 297; *Engeländer*, Untersuchung des § 172 Abs. 1 S. 1 VVG aus aktuarieller Sicht, VersR 2000, 274; *Fricke*, Quomodo pacta sunt servanda? VersR 2000, 257; *ders.*, Die Botschaft hör' ich wohl, allein mir fehlt Verständnis – Was meint § 172 II VVG wirklich?, NVersZ 2000, 310; *Gerwins*, Der unabhängige Treuhänder in der Krankenversicherung, in der Lebensversicherung und in der Unfallversicherung, Der Aktuar 1996, 84; *Jaeger*, Anmerkungen zur gesetzlichen Anpassungsmöglichkeit für Lebensversicherungsverträge, VersR 1999, 26; *ders.*, Abschnittsgarantien bei Rentenversicherungen – Zukünftige Probleme absehbar, VersR 2015, 26; *Kirscht*, Das Treuhänderverfahren zur Bedingungsänderung in der Lebensversicherung, VersR 2003, 1072; *Kollhosser*, Auslegung des § 172 VVG, VersR 2003, 807; *Lorenz*, Anmerkungen zu OLG Stuttgart vom 06.04.2001 (2 U 175/00), VersR 2001, 1146; *ders.*, Nochmals: »Notwendigkeit« des Klauselersetzungsverfahrens nach § 172 Abs. 2 VVG, VersR 2002, 410; *Präve*, Versicherungsaufsicht, Treuhänder und Verantwortlicher Aktuar, VersR 1995, 733; *ders.*, Versicherungsbedingungen und Transparenzgebot, VersR 2000, 138; *ders.*, Individualrechte zulasten des Versichertenkollektivs?, VersR 2012, 657; *Wandt*, Ersetzung unwirksamer ALB im Treuhänderverfahren gem. § 172 VVG, VersR 2001, 1449; *ders.*, Prämienanpassung in der Lebensversicherung zum Ausgleich niedriger Kapitalerträge der Versicherung?, VersR 2015, 918. **Überschussbeteiligung:** *Armbrüster*, Teilkollektivierung der freien Rückstellung für Beitragsrückerstattung in der Lebensversicherung (§ 56b Abs. 2 VAG n.F.), VersR 2013, 385; *ders.*, Bewegung im Recht der Lebensversicherung, NJW 2014, 497; *Benkel*, Die Verwendung des Überschusses in der Lebensversicherung, VersR 1999, 509; *Bonin*, BilMoG macht die Einführung einer latenten RfB erforderlich, VW 2008, 1530; *Brömmelmeyer*, Der Streit um die Rückstellung für Beitragsrückerstattung, VuR 2015, 203; *Ebers*, Die Überschussbeteiligung in der Lebensversicherung, Vers Wiss Stud. Bd. 18, 2001; *Engeländer*, Die Überschussbeteiligung in der Lebensversicherung, NVersZ 2000, 401; *ders.*, Probleme und Lösungen bei der Überschussbeteiligung in der Lebensversicherung NVersZ 2000, 545; *ders.*, Überschussbeteiligung nach dem Regierungsentwurf zum VVG, VersR 2007, 155; *Eppe*, § 153 VVG 2008, Neues zur Rechtsnatur des Versicherungsvertrages?, VersR 2008, 1316; *Farny*, Die Verteilung der Rohüberschüsse in der Lebensversicherung, ZfV 2012, 14; *Franz*, Lebensversicherung: Gesetzesentwurf schafft die Möglichkeit zur Rückstellung eines Sicherungsbedarfs bei der Beteiligung an Bewertungsreserven, ZfV 2012, 284 (Teil 1) und 327 (Teil 2); *Geib/Ellenbürger*, BilMoG und seine Implikationen, VW 2008, 1173; *Geib/Engeländer*, Mehr oder weniger nach Ermessen?, VW 2006, 541; *dies.*, Die Überschussbeteiligung und das Handelsrecht, VW 2006, 620; *dies.*, Was soll nun Gesetz werden?, VW 2006, 714; *Hofmeier/Krause/Menning*, Risikotragfähigkeit der Lebensversicherung unter Berücksichtigung aktueller Entwicklungen, DB 2015, 1477; *Mudrak*, Zum Anspruch der Lebensversicherten auf Auszahlung von Bewertungsreserven, die vor dem 1. Januar 2008 entstanden sind, ZfV 2008, 542; *Präve*, Die VVG-Informationspflichtenverordnung, VersR 2008, 151; *ders.*, Eine doppelte Luftnummer – Die Beteiligung an den Bewertungsreserven auf dem Prüfstand, ZfV 2013, 369; *Reiff*, Das Lebensversicherungsreformgesetz – ein konspiratives Gesetzgebungsverfahren?, ZRP 2014, 198; *Renger*, Die Lebens- und Krankenversicherung im Spannungsfeld zwischen Versicherungsvertragsrecht und Versicherungsaufsichtsrecht, VersR 1995, 866; *Schenke*, Versicherungsrecht im Fokus des Verfassungsrechts – die Urteile des BVerfG vom 26. Juli 2005, VersR 2006, 871; *ders.*, Die Anforderungen des BVerfG an die Berücksichtigung von Bewertungsreserven bei der Ermittlung der Überschussbeteiligung bei kapitalbildenden Lebensversicherungen, VersR 2006, 725; *Schuster*, Die Mindestbeitragsrückerstattung bei Lebens- und Rentenversicherungen, ZfV 2013, 486; *Vogel/Lehmann*, Der Gesamtgeschäftsplan für die Überschussbeteiligung, VerBAV 1983, 99, 124, 213; *Winter*, Das Gebot der Nachhaltigkeit bei der Überschussbeteiligung in der Lebensversicherung, FS Fenyves, 2013, S. 823; *Zimmermann/Schweinberger*, Künftige Überschussbeteiligung und Verbraucherinformation: Eine »latente RfB« hätte viele Vorteile, VW 2006, 542. **Rückkaufswert, prämienfreie Versicherung:** *Armbrüster*, Kehrtwende des BGH bei der AGB-Kontrolle in der Lebensversicherung, NJW 2012, 3001; *ders.*, Konsequenzen des Urteils zu unwirksamen Klauseln, VW 2012, 1434; *Brambach*, Die Rechtsprechung des BGH zum Mindestrückkaufswert und zum Stornoabzug, r+s 2014, 1; *Brömmelmeyer*, Neuregelung des Stornoabzugs in der Lebensversicherung?, VersR 2014, 133; *Claus*, Der Geschäftsplan für die Großlebensversicherung, VerBAV 1986, 239, 283; *Engeländer*, Das Zillmerverfahren in der Lebensversicherung, VersR 1999, 1325; *ders.*, Die rechtliche Relevanz von Rechnungsgrundlagen der Beiträge in der Lebensversicherung, NVersZ 2001, 289; *ders.*, Der Zeitwert einer Lebensversicherung, NVersZ 2002, 436; *ders.*, Nochmals: »Zillmerung« ohne Kostenverrechnungsklausel? – Eine Erwiderung auf den Aufsatz von Schünemann VersR 2005, 323, VersR 2005, 1031; *ders.*, Die Neuregelung des Rückkaufs durch das VVG 2008, VersR 2007, 1297; *Fiala/Schramm*, Was ist der Rückkaufswert einer Kapitallebensversicherung, VW 2006, 116; *Gatschke*, Die Neuregelungen zu den Rückkaufswerten in der Lebensversicherungen Teil 1, VuR 2007, 447; *Grote/ Thiel*, Der Stornoabzug – von der Versicherungsmathematik benötigt, von der Judikative verworfen, nun vor der Legislative zu retten?, VersR 2013, 666; *Hanus*, Der Stornoabschlag – Wiederauferstehung eines Totgeglaubten, ZfV 2010, 532; *Herrmann*, Zillmerungsregeln in der Lebensversicherung und kein Ende, VersR 2009, 7; *Jacob*, Der Rückkaufswert im Spannungsfeld von AGB-, Verfassungs- und Gesetzgebungsrecht, VersR 2011, 325; *Jaeger*, Der Zeitwert eines Lebensversicherungsvertrags – ein ungelöstes Rätsel?, VersR 2002, 133; *ders.*, Zillmerung und Entgeltumwandlung, VersR 2006, 1033; *Kleinlein*, Die Neuregelungen zu den Rückkaufswerten in der Lebensversicherung Teil 2, VuR 2008, 13; *Leithoff*, Honorarberatung oder Honorarvermittlung – ein Verwirrspiel?, ZfV 2011, 235; *ders.*, Ein Dilemma für die Versicherer – das Urteil des BGH zur Verteilung der Abschlusskosten, ZfV 2012, 603; *ders.*, Einige Hinweise zur Kostenverrechnung in der Lebensversicherung; Anmerkungen zum Urteil des BGH vom 25.07.2012, ZfV 2012, 767 (Teil I) und 798 (Teil II); *Löbbert*, Aktuelle Fragen zur Zillmerung in der betrieblichen Altersversorgung, VersR 2011, 583; *Reiff*, Feintuning im Recht der Lebensversicherung zu § 169 Abs. 5 VVG – Neues zum Stornoabzug bei Einmalbeiträgen sowie zu separaten Abschlusskostenvereinbarungen, ZVersWiss 2012, 477; *ders.*, Die Auswirkungen des BGH-Urteils vom 25.07.2012 zu den AVB der Lebensversicherung, VersR 2013, 785; *ders.*, Die Vermittlung von Nettopolicen in der Lebensversicherung, r+s 2013, 525; *Schick/Franz*, Rückkaufswerte in der Reform des VVG, VW 2007, 764; *Schünemann*, »Zillmerung« ohne Kostenverrechnungsklausel?, VersR 2005, 323; *ders.*, Der »Rückkaufswert« zwischen Gesetz und Vertrag, VersR 2009, 442; *Schumacher*, Der Rückkaufswert von Lebensversicherungen, 2012; *ders.*, Rückkaufswert von Lebensversicherungen und Europarecht, ZVersWiss 2011, 281; *Schwintowski*, Der Rückkaufswert als Zeitwert – eine (scheinbar) überwundene Debatte, VersR 2008, 1425; *ders.*, Grenzen zulässiger Trennung von Prämien und Kosten in der Lebensversicherung nach § 165 Abs. 5 VVG, ZfV 2011, 96, 134; *ders.*, Anmerkung zu BGH vom 12.03.2014 zu Kostenausgleichsvereinbarungen, NJW 2014, 1662; *Seiffert*, Neuere Entscheidungen des IV. Zivilsenats des Bundesgerichtshofs zur Lebensversicherung und Anmerkungen zu »Nichtentscheidungen«, in Homburger Tage 2009, Arbeitstagung der Arbeitsgemeinschaft Verkehrsrecht im DAV (Bonn 2010), S. 27; *Tremmel*, Was ist Zillmerung?, VW 2007, 778; *Veit*, Zulässigkeit der Zillmerung bei Entgeltumwandlung, VersR 2008, 442; *dies.*, Abschluss eines Versicherungsvertrags mit gezillmerten Tarifen im Rahmen einer Entgeltumwandlung – Zugleich Anmerkung zum Urteil des LAG Köln vom 13.08.2008 (7 Sa 454/08) VersR 2009, 851, VersR 2009, 1046. **Versicherte Person, Eintrittsrecht:** *Drews*, Die Zustimmung des Versicherten in der Lebensversicherung, VersR 1987, 634; *Hülsmann*, Zum Einwilligungserfordernis nach § 159 VVG im Lichte der Rechtsprechung, NVersZ 1999, 550; *Müller*, Die Einwilligung des Versicherten zum Lebensversicherungsvertrag, NVersZ 2000, 454; *König*, Das Eintrittsrecht in den Lebensversicherungsvertrag (§ 177 öVVG/dVVG) im Konkurs des VN, NVersZ 2002, 481; *Prahl*, Eintrittsrecht und Anfechtung bei der Kapitallebensversicherung, VersR 2005, 1036. Zur Lit. zum **Policenmodell u. § 5a VVG a.F.** (z.B. *Armbrüster, Brand, Brömmelmeyer, Frohneke, Grote, Heyers, Looschelders, Reiff, Roth, Rudy* u.a.) vgl. § 7 Schrifttum.

A. Einleitung

Die Lebensversicherung bezweckt oft zweierlei: die **Absicherung eines Risikos**[2] auf der einen Seite und auf der anderen Seite die häufig steuerbegünstigte **Geldanlage**. Soweit es um die Risikoabsicherung geht, gilt es häufig insbes. das Todesfallrisiko (»Eintritt des frühzeitigen Todes«) und das Langlebigkeitsrisiko (»Risiko des erhöhten finanziellen Bedarfs aufgrund eines langen Lebens«) abzusichern. Auch wenn die Lebensversicherung aus Sicht des VN primär der Kapitalanlage dienen soll, lässt sich dies zur Erhaltung des Versicherungscharakters nicht gänzlich von einer Risikoabsicherung trennen. Insgesamt hat die Lebensversicherung für den VN besondere Bedeutung hinsichtlich der finanziellen **Absicherung der Familie** (gegebenenfalls als sog. Kreditausfall- oder Restschuldversicherung), als **Altersvorsorge** (u.a. als Rentenversicherung, »Riester«- oder »Rürup«-Verträge) sowie als kapitalmehrende **Anlagemöglichkeit** (z.B. fondsgebundene kapitalbildende Lebensversicherung). 1

---

2 Heute in § 1 als vertragstypische Pflicht beschrieben.

B. Erscheinungsformen der Lebensversicherung

I. Allgemeines

1. Beteiligte der Lebensversicherung (VN; versicherte/bezugsberechtigte Personen)

2 Der VN ist Vertragspartei und damit grundsätzlich der Träger der Rechte und Pflichten aus dem Versicherungsvertrag. Die Lebensversicherung kann gem. § 150 I sowohl auf die Person des VN selbst oder auf einen Dritten als Gefahrperson, dann gegebenenfalls mit den weiteren Voraussetzungen des § 150 II, III, genommen werden. Es kann eine Bezugsberechtigung (Recht auf die Leistung des VR) sowohl zugunsten des VN als auch zugunsten Dritter vereinbart werden (vgl. § 159 I).

2. Versicherung mit bedingter und unbedingter Leistungspflicht

3 Es existieren Versicherungen sowohl mit unbedingter als auch mit bedingter Leistungspflicht des VR. Während der VR bei Versicherungsverträgen mit **unbedingter Leistungspflicht** in jedem Fall leisten muss, beispielsweise bei einer normalen **Todesfallversicherung** sowie einer gemischten kapitalbildenden Lebensversicherung, hängt bei der Versicherung mit **bedingter Leistungspflicht** diese von einem gesonderten Eintritt einer Bedingung ab. Dies ist bei **Risikoversicherungen**, u.a. abgekürzten Todesfallversicherungen, der Fall, bei denen beispielsweise die Leistungspflicht an die Bedingung des vor dem Ablauftermin eintretenden Todes des VN gekoppelt ist.[3]

II. Hauptformen

1. Todesfallversicherung

4 Die Leistungspflicht des VR tritt entsprechend der Leistungsbeschreibung der »Kapitalversicherung auf den Todesfall« ein, wenn der Versicherte stirbt. Die gewöhnliche Todesfallversicherung ist unbedingt, so dass die Leistungspflicht des VR im Sterbefall eintritt, ungeachtet des Alters der versicherten Person bei Todeseintritt. Derartige Lebensversicherungen treten zumeist als sog. **Sterbegeldversicherungen** in Erscheinung und dienen dann der Abdeckung der Beerdigungskosten.

5 Weitaus häufiger bestehen Todesfallversicherungen in der Form einer **Risikolebensversicherung**. Insoweit leistet der VR bedingt auf den Fall, dass die versicherte Person im Verlaufe und vor Ablauf des Versicherungszeitraums stirbt. Solche Versicherungen dienen regelmäßig auch als ein Instrument zur Absicherung der Familienmitglieder vor finanziellen Risiken, die durch den Tod des Hauptverdieners entstehen können; z.B. bei Bestehen von Darlehensverpflichtungen. Besonderer Fall dieser Risikolebensversicherung ist die **Restschuldversicherung**.

2. Erlebensfallversicherung

6 Die Leistungspflicht des VR im Rahmen einer Erlebensfallversicherung besteht, sofern der VN einen bestimmten Zeitpunkt erlebt, nicht jedoch bei dessen vorzeitigem Tod. Eine derartige Versicherung dient zumeist als **Rentenversicherung** und wird häufig in solchen Fällen gewählt, in denen der VN keine abzusichernden Familienangehörigen hat. Eine Sonderform dieser Erlebensfallversicherung ist die »Tontine«, bei der der längst Lebende einer im Versicherungsvertrag spezifizierten Gruppe die Versicherungsleistung erhält.

3. Kapitalbildende Lebensversicherung

7 Grundsätzlich handelt es sich bei einer kapitalbildenden Lebensversicherung um eine **gemischte Versicherung auf den Todes- und Erlebensfall**. Im Rahmen der »Allgemeinen Bedingungen für die kapitalbildende Lebensversicherung« lautet die Leistungsbeschreibung in der Grundform, dass seitens des VR die vereinbarte Versicherungssumme gezahlt wird, »wenn die versicherte Person den im Versicherungsschein genannten Ablauftermin erlebt oder wenn sie vor diesem Termin stirbt.« Es besteht insoweit eine **unbedingte Leistungspflicht** des VR, die entweder eintritt sobald der VN einen **vereinbarten Ablauftermin überlebt** oder dieser **vor diesem Ablauftermin verstirbt**. Kapitalbildende Lebensversicherungen sind für den VN von besonderer wirtschaftlicher Bedeutung, da eine Vielzahl der VN sich für solch ein Versicherungsmodell zugunsten der privaten Altersvorsorge entscheidet, gegebenenfalls auch mit Rentenwahlrecht oder mit verschiedenen Zusatzversicherungen.

a) Kapitallebensversicherung auf den Todesfall mit Teilauszahlung

8 Die Leistungspflicht des VR besteht bei dieser Art der Kapitallebensversicherung im Rahmen **terminierter Teilleistungen**, sofern »**die versicherte Person die** im Versicherungsschein genannten **Auszahlungstermine erlebt**«. Im Sterbefall der versicherten Person vor dem letzten Auszahlungstermin wird sodann die vereinbarte Versicherungssumme ausgezahlt.

---

[3] Im Zusammenhang mit der Risikoversicherung vgl. im Einzelnen die GDV-Musterbedingungen »Allgemeine Bedingungen für die Risikoversicherung«.

b) Kapitallebensversicherung auf verbundene Leben bzw. auf den Todes- und Erlebensfall von zwei Personen

Bei diesem Versicherungsmodell werden zwei Personen, zumeist Ehe- oder Lebenspartner oder Teilhaber kleinerer Betriebe, im Rahmen eines einheitlichen Vertrages als VN und zugleich Versicherte geführt. Dabei erfolgt im Falle ehe- bzw. lebenspartnerschaftlicher Absicherung im Erlebensfall eine Auszahlung an beide gemeinsam bzw. im Fall des Todes eines Partners an den/die Überlebenden. Kleineren Unternehmen dient dieses Modell der Absicherung des Fortbestands sowie der Liquidität des Unternehmens, insbes. für den Fall der gesellschaftsrechtlichen Auseinandersetzung mit Erben des verstorbenen Teilhabers.

c) Kapitalversicherung mit festem Auszahlungszeitpunkt, Termfixversicherung

Bei dieser gemischten Versicherung auf den Erlebens- und Todesfall besteht zunächst für den Erlebensfall kein Unterschied zu einer Erlebensfallversicherung. Die Besonderheit dieses Versicherungsmodells besteht darin, dass im Todesfall des VN nicht bereits mit Eintritt des Todes, sondern erst zu einem individuell im Vertrag definierten späteren Zeitpunkt die Versicherungsleistung fällig wird. Gebräuchlich sind **Termfixversicherungen z.B. als Ausbildungs- und Aussteuerversicherung**, bei der eine unterhaltsverpflichtete Person als VN seine unterhaltsberechtigten Kinder als bezugsberechtigte Personen begünstigt.

d) Fondsgebundene Lebensversicherung[4]

Bei einer fondsgebundenen Lebensversicherung[5] orientiert sich die **Leistung des VR** zumeist an der **Entwicklung eines Investmentfonds** bzw. eines aus Wertpapieren bestehenden Anlagestocks. Dabei trägt der VN das bei Wertpapiergeschäften stets immanente **Risiko des Wertverlusts** bzw. der negativen Wertentwicklung, erhält jedoch demgegenüber die **Chance der positiven Wertentwicklung** seines Anlagestocks. Abweichend von üblichen Fondsinvestments muss bei fondsgebundenen Lebensversicherungen gem. § 1 dem VN auch eine Mindestleistung für den Todesfall garantiert werden, da sonst der Charakter des Versicherungsgeschäfts nicht gewahrt wäre. § 20 I Nr. 6 EStG enthält heute besondere Gestaltungsvorgaben aus steuerlicher Sicht. Erforderlich ist danach ein sog. Mindesttodesfallschutz. Die Vorschrift will auch der Tendenz entgegenwirken, die Vorteile einer individuellen Vermögensverwaltung, teils sogar durch Einbringung individuell festgelegter Depots, mit den Steuerprivilegien von Versicherungen zu kombinieren, um die sonst fällige Abgeltungsteuer auf private Kapitalerträge zu vermeiden.

e) Dynamische Lebensversicherung[6]

Im Rahmen einer dynamischen Lebensversicherung (auch Zuwachsversicherung) erfolgt eine **sukzessive Erhöhung der Beiträge** sowie auch der **Versicherungssummen** während der Vertragslaufzeit, ohne dass es einer erneuten Gesundheitsprüfung des VN bedarf. Die Erhöhungsquote folgt entweder einem festen Beitragsprozentsatz oder ist an den Anstieg der Sozialversicherungshöchstbeiträge gekoppelt.

f) Hybridprodukte

Hybridprodukte stellen eine Mischung aus konventioneller kapitalbildender und fondgebunder Lebensversicherung dar. Das Ziel ist das Angebot von Sicherheit kombiniert mit einer möglichst chancenreichen Anlage in Fondsprodukten. Die Sicherheit wird teilweise durch den konventionellen Teil der Versicherung – z.B. in Form eines Beitragserhalts – oder durch Garantiefonds erreicht.[7] Durch das Niedrigzinsumfeld werden mit sinkendem Rechnungszins[8] die gemischte Kapitallebensversicherung und die gebräuchliche Rentenversicherung aus Sicht der VR – wegen zu hoher Risiken – wie auch der VN immer unattraktiver.[9] Man bietet deshalb mit sog. neuen Garantiemodellen neue Produkte an, die häufig Hybridprodukte sind.

4. Rentenversicherung

Die Rentenversicherung dient **vorrangig der Altersvorsorge** des VN. Die klassische Rentenversicherung sieht dabei beginnend ab einem bestimmten Renteneintrittsalter (früher zwischen 60 und 65 bzw. künftig 67 Jahren) die **lebenslange Rentenzahlung** vor, sofern der VN dieses Alter erlebt. Insoweit wird zumeist eine aufgeschobene Rentenzahlung vereinbart, wobei zunächst eine sog. Aufschub- bzw. Anzahlungsphase (Beitrags-

---

[4] Vgl. im Einzelnen die GDV-Musterbedingungen »Allgemeine Bedingungen für die Fondsgebundene Lebensversicherung«.
[5] Vgl. § 54b VAG a.F. = § 124 II VAG.
[6] Vgl. im Einzelnen die GDV-Musterbedingungen »Besondere Bedingungen für die Lebensversicherung mit planmäßiger Erhöhung der Beiträge und Leistungen ohne erneute Gesundheitsprüfung«.
[7] Eine informative Übersicht zu den möglichen Formen von Hybridprodukten liefert die Darstellung von Will aus Mai 2009, Die Lebensversicherung der Moderne, S. 11 ff., www.charta.info/cms/cms_files/dr_reiner_will__die_lebensversicherungen_der_moderne_d67d8ab4.pdf; zuletzt abgerufen am 13.07.2016.
[8] § 153 Rdn. 17.
[9] § 153 Rdn. 23.

Vor §§ 150 ff.

zahlungsphase) besteht und zum Renteneintrittsalter eine monatliche Rentenzahlungsverpflichtung des VR eintritt (Rentenphase). Daneben kennt die Praxis auch Rentenversicherungen mit sofortiger Rentenzahlung, bei denen der VN seine Beitragspflicht gegenüber dem VR durch Zahlung eines Einmalbetrages erfüllt.[10] Als Abwandlungen der Rentenversicherungen existieren weiterhin solche **mit Kapitalwahlrecht** (im Renteneintrittsalter kann zwischen monatlicher Zahlung und einmaliger Kapitalauszahlung gewählt werden), solche mit sog. **Rentengarantiezeit** (die Rentenzahlung erfolgt über den Todeszeitpunkt hinausgehend an definierte Bezugsberechtigte). Sofern eine Leistungspflicht des VR im Todesfall vereinbart ist, liegt eine Rentenversicherung auf den Todes- und Erlebensfall vor. Ferner bestehen auch **fondsgebundene Rentenversicherungen**, die entsprechend der klassischen fondsgebundenen Lebensversicherung ausgestaltet sind, so dass der VN letztlich auch das Risiko der ungewissen Höhe der bei Renteneintritt auszuzahlenden Rente trägt.[11] Zudem bestehen verschiedene an Zusatzversicherungen gekoppelte Rentenversicherungsmodelle, z.B. Hinterbliebenenrentenzusatz. Besondere Formen der Altersvorsorge stellen die staatlich (steuerlich) geförderte »Riester«-Rente sowie die »Rürup-Rente« dar.

a) »Riester«-Rente

15 Die Riester-Rente wurde mit dem Zweck des Ausgleichs von Kürzungen in der gesetzlichen Rentenversicherung eingeführt.[12] Förderberechtigt sind dabei nur solche in § 10a I Satz 1 EStG aufgeführte Personengruppen; es handelt sich insbes. um Pflichtversicherte in der gesetzlichen Rentenversicherung sowie Soldaten und Beamte. Riester-Verträge müssen allerdings nicht zwangsläufig in Form einer Versicherung ausgestaltet sein. In Betracht kommen auch andere Produkte, die insoweit jedoch die Merkmale des § 1 I AltZertG erfüllen müssen.

b) »Rürup«-Rente[13]

16 Die Beiträge, die im Rahmen eines Rürup-Rentenversicherungsvertrages (auch Basisrente genannt) eingezahlt werden, sind wie Beiträge zu den gesetzlichen Rentenversicherungen sowie berufsständischen Versorgungswerken steuerlich absetzbar, sofern der entsprechende Versicherungsvertrag den gesetzlichen Einschränkungen des § 10 I Nr. 2 lit. b) EStG entspricht. Die Rürup-Rente dient sowohl Arbeitnehmern als auch Soldaten und Beamten als ergänzende Altersvorsorge. Besondere Bedeutung hat diese Rente für Selbständige, denen keine gesetzlichen Rentenansprüche zustehen.

III. Sonderformen und Zusatzversicherungen

1. Dread-Disease-Versicherung

17 Bei der Dread-Disease-Versicherung handelt es sich um eine kapitalbildende Lebensversicherung, die eine Leistungspflicht des VR auch für den Fall der Diagnose bestimmter schwerer und regelmäßig unheilbarer Krankheiten sowie gegebenenfalls einer hieraus entstehenden Erwerbsunfähigkeit vorsieht. Die Versicherung dieses Risikos wird als Zusatzversicherung angeboten und dient neben der Altersversorgung/Hinterbliebenenversorgung auch dem Ersatz des durch die Krankheit verlorenen Einkommens.

2. Restschuldversicherung[14]

18 Die Restschuldversicherung dient der Absicherung von Ausfallrisiken im Todesfall (aber zum Teil auch bei Arbeitslosigkeit oder Erwerbsunfähigkeit) bezogen auf Abzahlungs- oder Kreditrückzahlungspflichten. Die Restschuldversicherung ist eine besondere Form der Todesfallversicherung. Im Fall des Todes des kreditnehmenden VN ist dabei die Kreditgeberin (vornehmlich ein Kreditinstitut) bezugsberechtigt. Die Auszahlung der Versicherungssumme wird insoweit an die Kredittilgung gekoppelt.

---

10 Vgl. im Einzelnen die GDV-Musterbedingungen »Allgemeine Bedingungen für die Rentenversicherung mit aufgeschobener Rentenzahlung« sowie »Allgemeine Bedingungen für die Rentenversicherung mit sofort beginnender Rentenzahlung«.
11 Vgl. im Einzelnen die GDV-Musterbedingungen »Allgemeine Bedingungen für die Fondsgebundene Rentenversicherung«, »Allgemeine Bedingungen für eine Rentenversicherung mit Auszahlung des Deckungskapitals bei Tod als Altersvorsorgevertrag im Sinne des Altersvorsorgeverträge-Zertifizierungsgesetzes (AltZertG) sowie »Allgemeine Bedingungen für eine Fondsgebundene Rentenversicherung mit Auszahlung des Deckungskapitals bei Tod als Altersvorsorgevertrag im Sinne des Altersvorsorgeverträge-Zertifizierungsgesetzes (AltZertG)«.
12 Rentenversicherungsnachhaltigkeits-Gesetz v. 21.07.2004, BGBl. I 2004, 1791.
13 Vgl. im Einzelnen die GDV-Musterbedingungen »Allgemeine Bedingungen für die Rentenversicherung gem. § 10 I Nr. 2 lit. b) EStG/Basisversorgung«.
14 Vgl. im Einzelnen die GDV-Musterbedingungen »Allgemeine Bedingungen für die Restschuldlebensversicherung«.

3. Betriebliche Altersversorgung
a) Überblick

Die betriebliche Altersversorgung (bAV) hat mit dem Betriebsrentengesetz (BetrAVG) einen arbeitsrechtlichen Schwerpunkt,[15] ist insgesamt aber eine komplexe Materie,[16] die aus Sicht von Arbeitgebern und Arbeitnehmern sehr stark durch bilanzielle, steuerliche und sozialversicherungsrechtliche Vorgaben beeinflusst wird und nicht ohne spezielle Berater (z.B. versicherungsmathematische Sachverständige[17] oder Asset-Manager) auskommt.[18] Die bAV kennt derzeit insgesamt fünf Durchführungswege, nämlich die Direktzusage des Arbeitgebers, drei sog. versicherungsförmige Durchführungswege (Direktversicherung durch eine Lebensversicherung, Pensionskasse, Pensionsfonds), die dem Berechtigten einen separaten Rechtsanspruch auf die Versorgungsleistungen einräumen, sowie ein weiterer mittelbarer Durchführungsweg, in dem der Arbeitgeber die Leistungen über Unterstützungskassen erbringt (vgl. § 1b des BetrAVG). Auf die **Direktversicherung**, bei der seitens des Arbeitgebers als VN eine Lebensversicherung auf das Leben des Arbeitnehmers abgeschlossen wird, sind die §§ 150 ff. VVG ohne Abstriche anwendbar. Bezugsberechtigt sind im Erlebensfall der Arbeitnehmer, im Todesfall dessen Hinterbliebene (z.B. Ehepartner, Kinder). Die Beiträge werden entweder durch den Arbeitgeber oder im Wege der Gehaltsumwandlung durch den Arbeitnehmer geleistet. Die **Pensionskassen** sind aufsichtsrechtlich nach § 232 I VAG besondere Lebensversicherer, auf die nach Maßgabe von § 211 VVG auch das VVG Anwendung findet. Häufig werden die Verpflichtungen des Arbeitgebers aus Direktzusagen (Pensionszusagen), aber auch die Verpflichtungen von Pensionsfonds oder Unterstützungskassen durch Lebensversicherungen (**Rückdeckungsversicherung**) im Sinne der §§ 150 ff. VVG auf das Leben des Arbeitnehmers abgesichert; dabei wird bei Pensionszusagen häufig zur Sicherung im Insolvenzfall des Unternehmens neben der Einräumung des Bezugsrechts vielfach der Auszahlungsanspruch an Arbeitnehmer und Hinterbliebene verpfändet. Aus Sicht des Arbeitgebers stellt die Rückdeckungsversicherung eine Form der Finanzierung der Versorgungsleistungen dar; dies gilt auch bei rückgedeckten Pensionsfonds und Unterstützungskassen. 19

b) Zusagen des Arbeitgebers – ein versicherungsförmiges Risikogeschäft

Die vorstehende Übersicht ist zwar üblich, lässt aber unberücksichtigt, das jede Zusage von Leistungen der bAV nach § 1 I BetrAVG eine Lebensversicherung nach § 1 VVG darstellt, auch wenn sie insbes. mit dem BetrAVG separate, vom VAG und VVG abweichende Regelungen erhalten hat. Diese Erkenntnis ist die Grundlage verschiedener Regelungen im BetrAVG und hat auch die Rspr. des BAG beeinflusst. § 1 I 1 BetrAVG setzt voraus, dass »einem Arbeitnehmer Leistungen der Alters-, Invaliditäts- oder Hinterbliebenenversorgung aus Anlass seines Dienstverhältnisses vom Arbeitgeber zugesagt« wird. Diese gesetzliche Definition der bAV erfüllt gleichzeitig die Merkmale eines (Lebens-)Versicherungsvertrages nach § 1 VVG. In der Lebensversicherung gewährt die **Rentenversicherung** oder die **Kapitallebensversicherung mit Rentenwahlrecht** die Leistungen der Altersversorgung. Während die bAV dabei von sog. biologischen Ereignissen, hier dem Alter, spricht, decken die genannten Lebensversicherungen das Erlebensfall- und Langlebigkeitsrisiko als sog. biometrische oder versicherungstechnische Risiken in der Versicherungsmathematik ab. Der Invaliditätsversorgung in der bAV entspricht die **Berufsunfähigkeits- bzw. Erwerbsunfähigkeitsversicherung** zur Absicherung entsprechender biometrischer Risiken in der Lebensversicherung. Die Hinterbliebenenversorgung in der bAV kann man durch eine private **Risikolebensversicherung mit einer monatlichen Hinterbliebenenrente für Partner und Kinder** darstellen; abgesichert wird jeweils das Sterbefallrisiko. Die Absicherung erfolgt in der bAV wie in der Lebensversicherung durch Zahlung von zugesagten Leistungen. Umgekehrt erbringt auch der Arbeitnehmer für die Versorgungsleistung durch seine Arbeitsleistung eine Gegenleistung bzw. ein Entgelt. Die Betriebstreue und Arbeitsleistung des Arbeitnehmers einerseits und die Versorgungsleistungen andererseits haben jeweils Entgeltcharakter. »Insoweit besteht ein gegenseitiges Austauschverhältnis von Leistung und Gegenleistung.«[19] Die Arbeitsleistung und Betriebstreue des Arbeitnehmers beinhaltet unter dem Aspekt des Tausches[20] die Prämie des § 1 Satz 2. Der Arbeitgeber »zahlt« wirtschaftlich eine zusätzliche Barvergütung, die jedoch gleichzeitig als Prämie einbehalten wird. Hierbei handelt es sich zivilrechtlich weder um zurückbehaltenen Arbeitslohn noch um eine fernliegende Fiktion, sondern dieses Konzept klingt bereits in § 2 I BetrAVG an; die Versorgungszusage wird nur ratierlich erdient. Im Übrigen ist sie Grundlage der Kalku- 20

---

15 Anhang P mit einer Übersicht primär zu den arbeitsrechtlichen Regelungen.
16 *Thurnes/Birkel*, bAV – ein Überblick, in: Bazzazi/Birkner (Hrsg.), bAV 2016, Risiken und Lösungen für Mittelstand und Familienunternehmen, 2016.
17 Institut der Versicherungsmathematischen Sachverständigen für Altersversorgung e.V. (IVS); deren Mitglieder sind gleichzeitig Mitglieder der Deutschen Aktuarvereinigung e.V., der berufsständischen Vertretung der Versicherungs- und Finanzmathematiker.
18 Vgl. *Friedrich/Hofmeier*, Arbeitnehmer in kleinen u. mittleren Unternehmen ausreichend versorgen, in: Bazzazi/Birkner (Hrsg.), bAV 2016, Risiken und Lösungen für Mittelstand und Familienunternehmen, 2016.
19 BAG AP BGB § 242 Ruhegehalt Nr. 156; Anhang P Rdn. 4.
20 Vgl. *Ekkenga*, in: Kölner Kommentar zum Rechnungslegungsrecht, § 253 Rn. 73.

lation der Pensionsrückstellungen im Steuerrecht nach § 6a III Nr. 1 EStG (»abzüglich des [...] Barwertes betragsmäßig gleichbleibender Jahresbeträge«, die die noch ausstehenden zukünftigen Jahresprämien des Arbeitnehmers darstellen) wie auch der entsprechenden Rückstellungen in der HGB-Bilanz nach § 253 HGB. Die aufgeschobene Rentenversicherung zeigt, dass Entgeltzahlung und Versicherungsleistung zeitlich auseinander fallen können.[21] Auf dieser Grundlage stellt das **BAG** dann fest: »Dabei sind der Zweck und die Wesensmerkmale einer bAV angemessen zu berücksichtigen. Bei der bAV handelt es sich der Sache nach um ein **versicherungsähnliches Risikogeschäft**.«[22] Aufgrund der betroffenen Risiken kann es sich nur um ein Rechtsgeschäft handeln, das der Lebensversicherung ähnelt. Das BetrAVG macht sich diesen Charakter der bAV in den §§ 4 IV u. 8 I BetrAVG auch zunutze. Die betriebliche Versorgungszusage kann durch eine Lebensversicherung oder eine Pensionskasse als besondere Lebensversicherung als neuer Schuldner ohne wesentliche inhaltliche Änderungen gegenüber dem Arbeitnehmer mit befreiender Wirkung für den Arbeitgeber bzw. den PSVa.G. übernommen werden, um dem Arbeitgeber die Liquidation seines Unternehmens zu ermöglichen bzw. dem PSVa.G. die Abwicklung der Versorgungsleistungen insolventer Arbeitgeber zu erleichtern. Auch wenn der Arbeitgeber statt der Pensionszusage einen anderen Durchführungsweg wählt, behält seine nach § 1 I 3 BetrAVG verbleibende Einstandspflicht trotzdem den beschriebenen versicherungsähnlichen Charakter. »Nach § 1 Abs. 1 BetrAVG ist betriebsrentenrechtlich zu unterscheiden zwischen der Versorgungszusage (Satz 1), der Vereinbarung des internen oder externen Durchführungsweges (Satz 2) und dem aus der Einstandspflicht (Satz 3) folgenden Verschaffungsanspruch als Erfüllungsanspruch.«[23] Diesen Charakter hat auch die **Zusatzversorgung durch die VBL**: »Die Versorgungsanstalt des Bundes und der Länder (VBL) ist eine rechtsfähige Anstalt des öffentlichen Rechts.«[24] »Zweck der VBL ist es, den Beschäftigten der Beteiligten (§§ 19 ff.) im Wege privatrechtlicher Versicherung eine zusätzliche Alters-, Erwerbsminderungs- und Hinterbliebenenversorgung zu gewähren.«[25] Die Satzung der VBL beinhaltet die zugrunde liegenden Versicherungsbedingungen, während der Beteiligungsvertrag zwischen der VBL und dem jeweiligen öffentlichen Arbeitgeber von der Rechtsprechung als zivilrechtlicher Gruppenversicherungsvertrag interpretiert wird. »Jedenfalls seit der 1967 gültigen Satzung schließt die Bekl. mit den Versicherungsnehmern Gruppenversicherungsverträge ab.[...] Nach § 25 Abs. 2 Satz 1 VBLS ist »Versicherungsnehmer« der Pflichtversicherung der Beteiligte, der nach § 19 Abs. 1 VBLS der Arbeitgeber ist. Bezugsberechtigte sind nach § 25 Abs. 2 Satz 3 VBLS die Versicherten, also die Arbeitnehmer. Versicherer ist, das ergibt sich aus dem Gesamtzusammenhang der Regelungen, die Bekl.«[26] Auf die bAV als lebensversicherungsähnliches Rechtsverhältnis finden die **Vorschriften des VAG und die §§ 150 ff. VVG** aufgrund der vorhandenen spezielleren Regelungen im Betriebsrentenrecht grundsätzlich keine Anwendung. Man kann davon ausgehen, dass die Versorgungszusage eine unselbständige Nebenabrede im Rahmen des Anstellungsverhältnisses insgesamt darstellt und deshalb mangels einer selbständigen Risikoübernahme keine aufsichtspflichtigen Versicherungsgeschäfte vorliegen.[27] Die Regelungen über den Rückkaufswert (§ 169 VVG) wird z.B. durch die §§ 3, 4 V BetrAVG verdrängt. Der grundsätzliche Ausschluss der Abfindung nach dem BetrAVG entspricht dem allgemeinen Ausschluss einer Kündigung mit einem Rückkaufwert bei den sog. Basis-Rentenverträgen[28] und die Anpassungspflicht nach § 16 BetrAVG tritt an die Stelle der Überschussbeteiligung nach **§ 153 VVG**, wie die Regelung des § 4 IV 1 BetrAVG i.V.m. § 16 III Nr. 2 BetrAVG zeigt. Die Anpassungsprüfung nach § 16 I BetrAVG entfällt bei der Direktversicherung, wenn – grob – die Überschussbeteiligung die laufenden Renten erhöht und der Rechnungszins nicht über dem Höchstrechnungszins der DeckRV liegt. Gleichwohl wendet auch der BGH die zur Lebensversicherung herausgearbeiteten Grundsätze im Bereich der bAV an, wie etwa die Urteile v. 24.03.2010 zur Überschussbeteiligung im Rahmen der VBL zeigen:[29] »Nach allem läßt sich aus der Satzung der Beklagten kein Anspruch der Versicherten auf Überschussbeteiligung durch Zuteilung und Gutschrift von Bonuspunkten in konkreter Höhe begründen«, was der Rechtslage bei der Überschussbeteiligung nach § 153 in der Lebensversicherung entspricht. Vergleichbar sind auch die Grundsätze, nach denen VBL und Lebens-VR Auskunft zur Überschussbeteiligung geben müssen.[30]

c) Lebensversicherung und bAV

21 Obwohl die Versorgungszusage der bAV für den begünstigten Arbeitnehmer eine ähnlich elementare Bedeutung hat, wie etwa der Rentenversicherungsvertrag für den VN, das **Schutzbedürfnis** vor Ausfall des Schuldners ist in beiden Fällen identisch, wird dieser Schutz in der Lebensversicherung und in der bAV durch

---

21 Vgl. hierzu auch § 1 Rdn. 22.
22 BAG BAGE 126, 120 = BB 2009, 329.
23 Orientierungssatz 1 aus BAG AP BetrAVG § 1 Pensionskasse Nr. 9.
24 § 1 Satz 1der Satzung der VBL.
25 § 2 I der Satzung der VBL.
26 BGH AP BetrAVG § 1 Teilzeit Nr. 13.
27 Vgl. Prölss/Präve, § 1 Rn. 44 m.w.N. Zur fehlenden Anwendbarkeit des VVG ähnlich *Pohlmann*, § 1 Rdn. 30.
28 Vgl. insoweit § 168 III sowie Rdn. 16 oben.
29 Der BGH hat am 24.03.2010 28 Fälle verhandelt und entschieden, vgl. z.B. BGHZ 185, 83 = VersR 2010, 1489.
30 § 153 Rdn. 58.

Vor §§ 150 ff.

unterschiedliche Mechanismen gewährleistet, die hier nur angedeutet werden können. Ein erster wichtiger Baustein ist in beiden Fällen die Bildung von **Rückstellungen in den Bilanzen** (HGB, Steuerrecht) des jeweiligen Schuldners. Aus Vereinfachungsgründen wird für die bAV nur die direkte Pensionszusage durch den Arbeitgeber betrachtet, soweit nicht ausdrücklich Besonderheiten aufgrund von anderen Durchführungswegen angesprochen werden. Art. 28 EGHGB und § 6a EStG sprechen von der Pensionsrückstellung des Arbeitgebers, während die Lebensversicherung nach § 341f HGB Deckungsrückstellungen bildet. Einerseits ähneln sich die für ihre Bewertung verwendeten Formeln. § 341f I HGB gibt diese mit der Formel für die prospektive Deckungsrückstellung für die HGB-Bilanz des Lebens-VR vor. »Die Pensionsrückstellung entspricht im Prinzip der Deckungsrückstellung eines Lebensversicherers, die dessen Verpflichtungsumfang gegenüber seinen Versicherten widerspiegelt. Deckungs- und Pensionsrückstellungen werden gleichermaßen unter Beachtung versicherungsmathematischer Grundsätze ermittelt. Im Gegensatz zum Versicherer nimmt das Unternehmen aber keine realen Versicherungsbeiträge ein, sondern kalkuliert die Rückstellung unter der Fiktion einer laufenden Beitragszahlung an sich selbst. [...] Mit der nach versicherungsmathematischen Grundsätzen berechneten Pensionsrückstellung wird der Verpflichtungsumfang aus der Versorgungszusage sachgerecht erfasst, denn die biometrischen Einflussgrößen Sterblichkeit und Invalidität, aber u.a. auch die Wahrscheinlichkeit verheiratet zu sein, sowie der Zinseffekt aus den bis zum Eintritt des Versorgungsfalles aufgeschobenen Versorgungszahlungen finden angemessene Beachtung.«[31] Faktisch führen **unterschiedliche Rechnungsgrundlagen**[32] jedoch zu unterschiedlichen Ergebnissen, d.h. die Deckungsrückstellung in der Lebensversicherung ist regelmäßig höher, weil die Rechungsgrundlagen vorsichtiger gewählt sind. In der bAV bestand bis zum sog. BiRiLiG des Jahres 1985 – also der Kodifizierung des Bilanzrechts im HGB – sogar ein Passivierungswahlrecht in der Handelsbilanz, d.h. der Arbeitgeber konnte bei Versorgungszusagen sogar ganz auf die Bildung von Pensionsrückstellungen verzichten,[33] was gleichzeitig ein Passivierungsverbot in der Steuerbilanz bedeutete. Dahinter stehen Überlegungen, die das BAG noch in 2014 wie folgt beschreibt: »Pensionsrückstellungen erlauben es dem Unternehmen [nur], Gewinne nicht zu versteuern, sondern sie bis zur Fälligkeit der einzelnen Rentenbeträge als Betriebskapital – und zwar in Gestalt von Fremdkapital – zu verwenden. [...] Pensionsrückstellungen sind im Wesentlichen ein **Instrument der Innenfinanzierung**. Es wird ein Aufwand verbucht, ohne dass tatsächlich Mittel abfließen. [...] Rückstellungen haben daher im Wesentlichen einen Zeit-, insbesondere einen Steuerstundungseffekt.« Die Rückstellungsbildung in der Handelsbilanz war danach ursprünglich kein Mittel, die durch die Versorgungszusagen Begünstigten zu schützen. Gleichwohl hat sich der Charakter von Versorgungszusagen als Verbindlichkeiten durchgesetzt, die insbes. im Rahmen von Unternehmensübernahmen aber auch im Ratingprozess als solche berücksichtigt werden.[34] Die Begründung für diese Behandlung liegt darin, dass der Arbeitgeber die Versorgungsleistungen unabhängig von der Höhe der Rückstellungen und den Erträgen aus den Kapitalanlagen, die die Rückstellungen bedecken, im Fälligkeitszeitpunkt regelmäßig – wie anderen Lohn auch – aus dem operativen Ergebnis des Geschäftsbetriebs bedienen kann. So ausdrücklich der BGH in einer Entscheidung vom 27.02.1961[35]: »Der RFH hat [...] ausgeführt, weite Kreise der Kaufmannschaft gingen davon aus, dass Pensionen ebenso wie Gehälter und Löhne in die Gesamtkosten eingerechnet und aus den laufenden Einnahmen bestritten werden könnten. Er hat ausgeführt, das beruhe auf dem Gedanken, dass eine an sich bestehende, aber noch Ungewisse Last wirtschaftlich auch aus den Erträgnissen späterer Jahre getragen werden könne, und deshalb ohne Verstoß gegen das Erfordernis der Vollständigkeit des Vermögensausweises vor Fälligkeit der einzelnen Leistungen nicht ausgewiesen zu werden brauche.« Die Rückstellungen in der Handelsbilanz sind also für Finanzierungszwecke des Arbeitgebers »eigentlich« gar nicht nötig. Diese Überlegungen gehen zwar auf die Rechtsprechung des BGH und BFH lange vor dem BetrAVG 1974 zurück, sie liegen aber auch heute noch den Regelungen im Steuer- und Handelsrecht zugrunde, wie die § 253 II HGB und § 6a EStG zeigen. Die Arbeitsgemeinschaft betriebliche Altersversorgung e.V. beschreibt diese Sichtweise im Schreiben vom 11.02.2016 im Rahmen der öffentlichen Anhörung des Ausschusses für Recht und Verbraucherschutz des BT vom 15.02.2016 zur Änderung[36] des § 253 II HGB über die Abzinsung der Altersvorsorgerückstellungen: »Eine kapitalmarktnahe Bewertung der Pensionsverpflichtungen ist auch deshalb nicht sinnvoll, weil die Pensionen grundsätzlich aus dem Geschäftsmodell des jeweiligen Unternehmens heraus finanziert werden. Insoweit handelt es sich bei der betrieblichen Altersversorgung in Form einer Direktzusage nicht um ein Finanzprodukt, sondern um eine aus den betrieblichen

---

31 *Höfer*, BetrAG, Bd. II Kap. 1 Rn. 3 f.
32 Die Sterbetafeln der Lebensversicherung für Zwecke der Handelsbilanz werden z.B. noch mit Sicherheitszuschlägen versehen. Auch der Rechnungszins zur Abzinsung der Rückstellungen fällt trotz identischem Kapitalmarktumfeld in bAV und Lebensversicherung unterschiedlich aus: Den Zinssätzen der § 253 II HGB und § 6a III EStG (bAV) steht der niedrigere Höchstrechnungszins der DeckRV (Lebensversicherung) gegenüber, was regelmäßig zu höheren Rückstellungen führt.
33 BAGE 248, 244 = DB 2014, 484.
34 Vgl. z.B. *Reichert* BFuP 3/2003, 358; vgl. *Gerke/Mager* BFuP 3/2005 zum Rating einer Thyssen/Krupp Anleihe.
35 BGH NJW 1961, 1063.
36 Die Änderung der Regelung über den Abzinsungssatz in der Handelsbilanz erfolgte im Rahmen des Gesetzes zur Umsetzung der Wohnimmobilienkredit-RiLi; vgl. BT-Drucks. 18/7584.

Vor §§ 150 ff.

Erlösen zu finanzierende Sozialleistung, die sachgerecht und angemessen, aber auch nicht übertrieben vorsichtig in der Handelsbilanz auszuweisen ist. Im Ergebnis sollen die Aufwendungen für diese Verpflichtungen die betrieblichen Erlöse kontinuierlich und möglichst gleichmäßig über die Dienstzeit des Mitarbeiters belasten.« Das IDW bestätigt im Schreiben vom 03.02.2016 an den Ausschuss dementsprechend, dass die diskutierten Änderungen des Abzinsungssatzes die Ansprüche aus den Versorgungszusagen nicht gefährden, da die Unternehmen i.d.R. in der Lage seien, »eine jährliche Aufzinsung der Pensionsrückstellungen von 4,5 % zu verdienen.« § 6a EStG gibt mit 6 % heute einen Rechnungszins für die Abzinsung der Rückstellungen in der Steuerbilanz vor, der keinerlei Bezug mehr zum Zinsniveau am Kapitalmarkt hat; es scheint ausgeschlossen, dass der Arbeitgeber die Pensionen aufgrund des Niedrigzinsumfeldes später aus den steuerlichen Pensionsrückstellungen und den Erträgen der sie bedeckenden Aktiva finanzieren kann, wenn es sich hierbei um normale Kapitalanlagen des Kapitalmarktes handelt. In der Lebensversicherung haben die versicherungstechnischen Rückstellungen zusammen mit den darüber hinaus erforderlichen Eigenmitteln sowie den bedeckenden Aktiva demgegenüber eine ganz herausragende Bedeutung für die Risikotragfähigkeit; es handelt sich insoweit um die zentralen Aspekte der Finanzaufsicht über die Lebensversicherung durch die BaFin nach dem VAG.[37] Darüber hinaus gibt es mit dem **PSVaG** nach den §§ 7 ff. BetrAVG eine Sicherungseinrichtung zum Schutz der Begünstigten von betrieblichen Versorgungszusagen im Falle der Insolvenz des Arbeitgebers, während die VN der Lebensversicherung durch einen **Sicherungsfonds** nach den §§ 221 ff. VAG geschützt werden. In beiden Fällen gewährleistet die Sicherungseinrichtung die Erfüllung der Verträge durch Mittel, die ihnen von den Arbeitgebern mit bAV bzw. den Lebens-VR zur Verfügung gestellt werden.

4. Zusatzversicherungen zu Lebensversicherung

22 Dem VN bieten sich eine Vielzahl von Zusatzversicherungen zur Lebensversicherung. Typische Zusatzversicherungen sind die **Berufsunfähigkeits-** oder **Erwerbsunfähigkeitszusatzversicherung** und die **Unfalltod-Zusatzversicherung**. Weitere Möglichkeiten sind die **Pflegerenten-Zusatzversicherung**, die Hinterbliebenen-Zusatzversorgung zur Rentenversicherung sowie die Dread-Disease-Zusatzversicherung. Hierzu gibt oder gab es folgende GDV-Musterbedingungen:
»Allgemeine Bedingungen für die Berufsunfähigkeits-Zusatzversicherung«,
»Allgemeine Bedingungen für die Unfall-Zusatzversicherung«,
»Allgemeine Bedingungen für die Pflegerenten-Zusatzversicherung«,
»Allgemeine Bedingungen für die Hinterbliebenenrenten-Zusatzversicherung zur Rentenversicherung mit aufgeschobener Rentenzahlung«,
»Allgemeine Bedingungen für die Hinterbliebenenrenten-Zusatzversicherung zur Rentenversicherung mit sofort beginnender Rentenzahlung«,
»Allgemeine Bedingungen für die Hinterbliebenenrenten-Zusatzversicherung zur Rentenversicherung/Basisversorgung« sowie
»Allgemeine Bedingungen für die Arbeitsunfähigkeits-Zusatzversicherung«.

IV. Ausländische Lebensversicherungen

1. Rechtsgrundlagen

23 Will ein ausländischer VR mit Sitz in einem Drittstaat (= nicht EU-/EWR-Mitgliedstaat) seine Produkte in Deutschland anbieten, bedarf er gem. § 67 VAG der Erlaubnis der BaFin. Darüber hinaus hat er eine Niederlassung zu errichten und einen sog. Hauptbevollmächtigten zu bestellen, § 68 VAG.

24 Hat der VR seinen Sitz in einem Mitgliedstaat der Europäischen Union oder in einem anderen Vertragsstaat des Abkommens über den Europäischen Wirtschaftsraum, bedarf er keiner weiteren Zulassung. Vielmehr darf der VR gem. §§ 61 ff. VAG aufgrund der in seinem Herkunftsland bestehenden Zulassung auch in Deutschland tätig werden. Dieses im gesamten Europäischen Wirtschaftsraum geltende **Prinzip der einheitlichen Zulassung** (auch Europäischer Pass oder Single License genannt) gilt gem. §§ 57 ff. VAG auch für deutsche VR, die im Ausland tätig werden wollen. Es ist Ausfluss der Niederlassungs- und Dienstleistungsfreiheit und gilt seit der Deregulierung des europäischen Versicherungsbinnenmarktes im Jahr 1994.[38]

25 Die grenzüberschreitende Tätigkeit führt zu einer komplexen Gemengelage zwischen den anwendbaren Vorschriften des deutschen Rechts einerseits und den Regelungen des Herkunftsstaates andererseits. In aufsichtsrechtlicher Hinsicht gilt für den Bereich der Finanzaufsicht primär das Recht des Herkunftsstaats, während die Vorschriften des VAG nur sehr eingeschränkt anwendbar sind, vgl. § 62 I VAG. Insbes. sind ausländische VR nicht an die Anlagegrundsätze und die Vorschriften zum Sicherungsvermögen gebunden, was sich nicht zuletzt in einer größeren Produktvielfalt äußert. Die Zuständigkeit der Aufsichtsbehörden folgt dieser Tren-

---

37 Zu den diesbezüglichen Änderungen durch das LVRG vgl. *Hofmeier/Krause/Menning* DB 2015, 1477.
38 Vgl. Dritte RiLi Leben (92/96/EWG) und Drittes Durchführungsgesetz/EWG zum VAG v. 21.07.1994, BGBl. I S. 1630.

nung, indem die Finanzaufsicht über die Geschäftstätigkeit[39] der Aufsichtsbehörde des Herkunftsstaats obliegt, die Aufsicht im Übrigen gem. § 62 I VAG auch der Bundesanstalt.

Was die versicherungsvertragsrechtliche Beziehung zwischen VN und VR anbelangt, findet mangels anderweitiger Rechtswahl gem. Art. 7 III Rom I VO[40] das Recht des Staates Anwendung, in dem der VN seinen gewöhnlichen Aufenthalt hat. In der Praxis findet sich in den AVB aber ohnehin weit überwiegend die ausdrückliche Vereinbarung deutschen Rechts. Für streitige Auseinandersetzungen sind schließlich Art. 10 ff. Brüssel Ia-VO[41] zu beachten. Insbesondere ist der VN gem. Art. 11 I lit. b) berechtigt, an seinem Wohnsitz zu klagen, während der VR bei Klagen gegen den VN gem. Art. 14 grundsätzlich auf die vor den Gerichten des Mitgliedsstaats verwiesen ist, in denen der VN seinen Wohnsitz hat. 26

2. Ausgewählte Probleme
a) Vorvertragliche Aufklärungspflichten

Welche Informationen der VR dem VN vor Vertragsschluss mitzuteilen hat, ergibt sich aus § 7 VVG sowie der VVG-InfoV. Aus Sicht ausländischer VR, die in mehreren Mitgliedstaaten tätig werden wollen, ist vorteilhaft, dass diese Informationspflichten auf gemeinschaftsrechtlichen Vorgaben beruhen[42] und für die Lebensversicherung mittlerweile in Art. 185 der RiLi 2009/138/EG (Solvency II)[43] geregelt sind. 27

Art. 185 III stellt indes klar, dass es sich hierbei nur um Mindestanforderungen handelt und die einzelnen Mitgliedstaaten weitergehende Informationspflichten vorschreiben können. Der EuGH hat dies mit Blick auf die Vorgängerregelung in Art. 31 III der Dritten RiLi Leben[44] kürzlich noch einmal ausdrücklich bekräftigt und für die überschießenden nationalen Anforderungen lediglich verlangt, dass diese »klar, genau und für das tatsächliche Verständnis der wesentlichen Bestandteile der Versicherungspolice durch den Versicherungsnehmer notwendig sind und eine ausreichende Rechtssicherheit bieten«.[45] Ob diese Voraussetzungen erfüllt sind, liegt nach Ansicht des EuGH außerhalb seiner eigenen Prüfungskompetenz, sondern ist von den nationalen Gerichten zu prüfen. 28

Die hierdurch von den VR zu beachtenden unterschiedlichen nationalen Rechtsrahmen erschweren eine grenzüberschreitende Tätigkeit, wie eine von der Europäischen Kommission im Jahr 2013 eingesetzte Expertengruppe festgestellt hat.[46] Die Kommission hatte diese Expertengruppe ins Leben gerufen, um die nationalen versicherungsvertragsrechtlichen Regelungen daraufhin zu untersuchen, ob diese die grenzüberschreitende Tätigkeit von VR behindern.[47] Von Bedeutung ist dieser Befund, weil inländische Vorschriften, die zu einer Beschränkung der Dienst- oder Niederlassungsfreiheit führen, nach der Rspr. des EuGH nur angewandt werden dürfen, wenn dies aus Gründen des Allgemeininteresses geboten ist. Darüber hinaus verlangt der EuGH, dass die nationalen Vorschriften in nichtdiskriminierender Weise angewandt werden müssen, dass sie geeignet sind, die Verwirklichung des mit ihnen verfolgten Zieles zu gewährleisten, und dass sie nicht über das hinausgehen, was zur Erreichung des Zieles erforderlich ist 29

In diesem Spannungsfeld sind auch die Entscheidungen des IV. Zivilsenats zu Clerical Medical aus 2012 zu sehen,[48] wenn der BGH darin als Ausfluss (ungeschriebener) kapitalanlagerechtlicher Grundsätze Aufklärungspflichten statuiert, die über den damals geltenden § 10a VAG a.F. hinausgehen.[49] Im Ausgangspunkt nicht zu beanstanden ist demnach, dass der BGH die weitergehenden Anforderungen aus ungeschriebenen Regeln herleitet, da der EuGH dies explizit für zulässig befunden hat.[50] Kritisch zu sehen ist indes die Vereinbarkeit dieser Rspr. mit der vom EuGH ebenfalls verlangten Rechtssicherheit, da der BGH mit diesen weitergehenden Anforderungen Neuland betreten hat. 30

---

39 Dies umfasst nach Art. 30 II Solvency II insbes. die Überprüfung der Solvabilität, der Bildung versicherungstechnischer Rückstellungen, der Vermögenswerte und der anrechnungsfähigen Eigenmittel.
40 VO (EG) Nr. 593/2008 des Europäischen Parlaments und des Rates v. 17.06.2008 über das auf vertragliche Schuldverhältnisse anzuwendende Recht (Rom I), ABl. EG Nr. L 177 S. 6.
41 VO (EU) Nr. 1215/2012 des Europäischen Parlaments und des Rates v. 12.12.2012 über die gerichtliche Zuständigkeit und die Anerkennung und Vollstreckung von Entscheidungen in Zivil- und Handelssachen, ABl. Nr. L 351 S. 1.
42 Vgl. auch § 7 II 2 VVG.
43 Vgl. zuvor bereits Art. 31 der Dritten RiLi Leben (92/96/EWG).
44 RiLi 92/96/EWG.
45 EuGH EuZW 2015, 467, 469 (Nationale-Nederlanden Lebensverzekering Mij/Van Leeuwen) m.Anm. *Purnhagen*.
46 Vgl. Final Report of the Commission Expert Group on European Insurance Contract Law, Rn. 203, abrufbar unter http://ec.europa.eu/justice/contract/files/expert_groups/insurance/final_report_en.pdf, zuletzt abgerufen am 12.07.2016.
47 Beschluss der Kommission vom 17.01.2013 zur Einsetzung einer Expertengruppe der Kommission für europäisches Versicherungsvertragsrecht, ABl. EG Nr. C 16, S. 6.
48 Vgl. exemplarisch BGHZ 194, 39 Rn. 53 = VersR 2012, 1237.
49 Kritisch hierzu etwa *Grote/Schaaf* GWR 2012, 477; *dies.* GWR 2013, 482; *Oelkers/Wendt* BKR 2014, 89, 91.
50 EuGH EuZW 2015, 467, 468 (Nationale-Nederlanden Lebensverzekering Mij/Van Leeuwen) m.Anm. *Purnhagen*.

b) Vertriebsstruktur und Zurechnung

31 Von hoher Bedeutung für ausländische VR sind weiter die Aussagen der Clerical Medical Entscheidungen zur Vertriebsstruktur. Aus Kostengründen haben viele ausländische VR darauf verzichtet, eine eigene Vertriebsstruktur aufzubauen, und ihre Produkte in Deutschland stattdessen über unabhängige Makler vertrieben. Nach herkömmlichem Verständnis und langjähriger Rspr. des BGH steht der Versicherungsmakler als Sachwalter des VN in dessen Lager,[51] so dass sich der VR ein etwaiges Fehlverhalten des Maklers nur in Ausnahmefällen nach § 278 BGB zurechnen lassen muss.[52]

32 Vor dem Hintergrund dieser gefestigten Rspr. hat der BGH viel Kritik geerntet, als er in seinen Clerical Medical Entscheidungen eine Zurechnung gem. § 278 BGB bejaht hat.[53] Zur Begründung verweist der BGH zunächst auf seine frühere Rspr., in der er eine Zurechnung ausnahmsweise bejaht hat,[54] und verdichtet diese dahingehend, dass ein Vermittler, der mit Wissen und Wollen der Vertragspartei Aufgaben übernimmt, die typischerweise ihr obliegen, unabhängig von seiner etwaigen Selbständigkeit und einer Tätigkeit auf für den VN im Lager des VR steht, in seinem Pflichtenkreis tätig wird und als seine Hilfsperson zu betrachten ist.[55] Nach Ansicht des BGH sei eine solche umfassende Aufgabenübertragung erfolgt, da Clerical Medical die dort streitgegenständliche Lebensversicherung unter Verzicht auf ein eigenes Vertriebssystem im Rahmen eines so genannte Strukturvertriebs über rechtlich selbständige Vermittler veräußert habe, ohne selbst mit den Kunden in Kontakt zu treten. Clerical Medical habe es diesen Vermittlern überlassen, den Interessenten die Angebote nahezubringen, ihnen dabei die notwendigen Auskünfte zum Vertragsinhalt und zum angebotenen Versicherungsprodukt zu geben, auftauchende Fragen zu beantworten und die Verhandlungen bis zum Abschluss zu führen.[56]

33 Unabhängig davon, ob die Erwägungen des BGH dogmatisch überzeugen[57] und i.E. richtig sind, ist den kritischen Stimmen im Schrifttum darin zuzustimmen, dass die zur Begründung angeführten und denkbar knappen Erwägungen letztlich auf jeden Maklervertrieb zutreffen.[58] Da es aber fernliegend ist, dass der BGH jegliches Maklerhandeln zurechnen möchte, bleibt die Reichweite der Entscheidungen und ihre Relevanz für andere VR letztlich im Dunkeln.[59]

c) Transparenzanforderungen

34 Ein hohes Risiko ergibt sich für ausländische VR schließlich aus den Anforderungen gemäß § 307 I 2 BGB an die Transparenz ihrer AVB. Dies insbes., wenn es sich – wie beispielsweise in den Clerical Medical Fällen – um Produkte handelt, die dem deutschen VN nicht sehr vertraut sind. Nach der Rspr. des BGH sind AVB anhand eines objektiv-generalisierenden Maßstabs auszulegen, der am Willen und Interesse der beteiligten Verkehrskreise ausgerichtet sein muss.[60] Vertreibt ein ausländischer VR seine Produkte in Deutschland, kommt es daher auf den Empfängerhorizont eines in Deutschland ansässigen durchschnittlichen VN an. Da dieses Verständnis vom Verständnis der VN im Herkunftsstaat des VR abweichen kann, kann es für ausländische VR zu kurz greifen, für den deutschen Markt lediglich die bestehenden AVB zu übersetzen, selbst wenn diese im Herkunftsland einer Transparenzkontrolle standhalten. So begründete letztlich auch der BGH in seinen Clerical Medical Entscheidungen die Intransparenz der dortigen AVB damit, dass ein VN die Angaben in den AVB nach der »üblichen Praxis bei den traditionell auf dem deutschen Versicherungsmarkt angebotenen Rentenversicherungen gegen Einmalzahlung« als garantierte Versicherungsleistung verstehen durfte.[61] Man hätte dies durchaus auch anders beurteilen können, denn ein überzeugender Grund, warum ein deutscher VN, der eine ausländische Versicherung abschließt, darauf vertrauen dürfen soll, dass diese mit einer traditionellen deutschen Versicherung vergleichbar ist, ist nicht ersichtlich.[62] Aber diesen Weg ist der BGH nicht gegangen.

---

51 Vgl. etwa BGH NJW 1985, 2595.
52 Vgl. etwa BGH NJW-RR 2001, 593 für den Fall, dass der Versicherungsmakler mit der gesamten Geschäftsführung aus dem Versicherungsvertrag beauftragt ist.
53 Vgl. etwa Grote/Schaaf GWR 2012, 477; dies. GWR 2013, 482; Oelkers/Wendt BKR 2014, 89, 91.
54 BGH VersR 2001, 188; VersR 1998, 1093; VersR 1997, 877.
55 Vgl. exemplarisch BGHZ 194, 39 Rn. 51 = VersR 2012, 1237.
56 Ebd.
57 Krit. Oelkers/Wendt BKR 2014, 89, 91 f.
58 Grote/Schaaf GWR 2012, 477, 480: »Genügten diese Tätigkeiten, die letztlich den Kern jedweder Maklertätigkeit und damit alles andere als einen Ausnahmefall beschreiben, für eine Zurechnung von Maklerfehlverhalten zulasten des Versicherers, bedeutete dies künftig das Ende des Geschäftsmodells ›Maklerversicherer‹«.
59 Vgl. den Deutungsversuch bei Grote/Schaaf GWR 2012, 477, 480, der allerdings i.E. daran scheitert, dass die Masterdistributorin keine Abschlussvollmacht besaß.
60 Vgl. etwa BGH VersR 2006, 1246.
61 BGHZ 194, 39 Rn. 31 = VersR 2012, 1237.
62 So auch Grote/Schaaf GWR 2012, 477, 479.

C. Versicherungsbedingungen

I. Bedeutung der AVB/Beziehung zum Versicherungsvertrag

Maßgebende Bedeutung für jeden Lebensversicherungsvertrag bzw. den Vertragsinhalt kommt den bei Vertragsschluss vereinbarten Versicherungsbedingungen zu. Versicherungsbedingungen werden von den VR im Rahmen sämtlicher Versicherungen verwendet. Zum einen in der Form allgemeiner Versicherungsbedingungen (z.B. »Allgemeine Bedingungen für die kapitalbildende Lebensversicherung«) und zum anderen in der Form besonderer Versicherungsbedingungen (z.B. »Besondere Bedingungen für die Lebensversicherung mit planmäßiger Erhöhung der Beiträge und Leistungen ohne erneute Gesundheitsprüfung«). Dabei orientieren die VR sich bei den von ihnen verwendeten Versicherungsbedingungen weitgehend an den durch den GDV für dessen Mitgliedsunternehmen erstellten und empfohlenen Musterbedingungen. Aus kartellrechtlichen Gründen handelt es sich lediglich um eine unverbindliche Empfehlung zur Verwendung der Musterbedingungen. Den VR steht es daher frei, diese Musterbedingungen im Rahmen der eigenen Vorstellungen anzupassen und abzuändern. Rechtliche Grenzen findet die Gestaltungsfreiheit durch die zivilrechtlichen AGB-Regelungen der §§ 305 ff. BGB. Durch das am 29.07.1994 in Kraft getretene 3. Durchführungsgesetz/EWG zum VAG v. 21.07.1994 wurde im Rahmen der sog. Deregulierung für die VR eine Genehmigungspflicht durch das ehemalige Bundesaufsichtsamt für Versicherungswesen hinsichtlich der in den Vertrag einzubeziehenden Versicherungsbedingungen abgeschafft.

II. Regelungsinhalt von Musterbedingungen am Beispiel der »Allgemeinen Bedingungen für die kapitalbildende Lebensversicherung«

Mit den Musterbedingungen gibt der GDV seinen Mitgliedern eine unverbindliche Empfehlung zur Verwendung dieser Versicherungsbedingungen bei einzelnen Versicherungsprodukten. Diese werden in unregelmäßigen Zeitabständen, zumeist abhängig von Gesetzesänderungen oder höchstrichterlichen Entscheidungen, aktualisiert. Vom äußeren Aufbau her sind die Musterbedingungen zumeist in verbraucherfreundlicher Weise als Fragenkatalog (»FAQs« = »Frequently Asked Questions« = »Häufig gestellte Fragen«) gestaltet, der informationshalber die nachgefragten Kundenanliegen beantwortet. Der »Fragenkatalog« zu den »Allgemeinen Bedingungen für die kapitalbildende Lebensversicherung« (Stand 02.02.2016) sieht beispielsweise den folgenden Aufbau und Inhalt vor:

Leistung
§ 1 Welche Leistungen erbringen wir?
§ 2 Wie erfolgt die Überschussbeteiligung?
§ 3 Wann beginnt Ihr Versicherungsschutz?
§ 4 Was gilt bei Polizei- oder Wehrdienst, Unruhen, Krieg oder Einsatz bzw. Freisetzen von ABC-Waffen/-Stoffen?
§ 5 Was gilt bei Selbsttötung der versicherten Person?
§ 6 Was bedeutet die vorvertragliche Anzeigepflicht und welche Folgen hat ihre Verletzung?
§ 7 Was ist zu beachten, wenn eine Versicherungsleistung verlangt wird?
§ 8 Welche Bedeutung hat der Versicherungsschein?
§ 9 Wer erhält die Leistung?

Beitrag
§ 10 Was müssen Sie bei der Beitragszahlung beachten?
§ 11 Was geschieht, wenn Sie einen Beitrag nicht rechtzeitig zahlen?

Kündigung und Beitragsfreistellung
§ 12 Wann können Sie Ihren Vertrag kündigen und welche Leistungen erbringen wir?
§ 13 Wann können Sie Ihren Vertrag beitragsfrei stellen und welche Folgen hat dies auf unsere Leistungen?
§ 14 Wie werden die Kosten Ihres Vertrages verrechnet?

Sonstige Bestimmngen
§ 15 Was gilt bei Änderung Ihrer Postanschrift und Ihres Namens?
§ 16 Welche weiteren Mitteilungspflichten haben Sie?
§ 17 Welche Kosten stellen wir Ihnen gesondert in Rechnung?
§ 18 Welches Recht findet auf Ihren Vertrag Anwendung?
§ 19 Wo ist der Gerichtsstand?

Inhaltlich dienen diese Fragen neben der Leistungsbeschreibung zum jeweiligen Produkt (hier in § 1, § 2 sowie auch in § 4 der Musterbedingungen enthalten) zu einem großen Teil der Umsetzung gesetzlicher Regelungen und Bestimmungen aus den einschlägigen versicherungsvertraglichen Rechtsquellen (VVG, VVG-InfoV, EGVVG). Überwiegend sind dabei Regelungen des Allgemeinen Teils des VVG betroffen. Die übrigen Regelungen betreffen den Besonderen Teil des VVG bezogen auf die Lebensversicherung.

Im Einzelnen stehen die Regelungen der Musterbedingungen in Bezug zu folgenden gesetzlichen Regelungen bzw. beinhalten einen Verweis auf diese:

Vor §§ 150 ff.

Musterbedingungen	Inhalt/Gesetzliche Regelungen
§ 1	Leistungsbeschreibung
§ 2	§ 153 VVG (Überschussbeteiligung)
§ 3	§ 10 VVG (Beginn und Ende der Versicherung) sowie gegebenenfalls §§ 49 ff. VVG (Nichtzustandekommen des Vertrages, Prämienzahlung, Beendigung des Vertrages)
§ 4	Leistungen in besonderen Fällen: § 169 VVG (Rückkaufwert)
§ 5	§ 161 VVG (Selbsttötung)
§ 6	§ 19 VVG (vorvertragliche Anzeigepflichten des VN,[63] Rechte des VR bei Verstößen des VN gegen dessen Anzeigepflichten) sowie § 22 VVG
§ 7	§§ 14, 30, 55 VVG (Pflichten des VN im Versicherungsfall, z.B. Anzeigepflicht)
§ 8	§§ 3 ff., 55 VVG (Aussagekraft des Versicherungsscheins)
§ 9	§ 159 VVG (Bezugsberechtigung)
§ 10	§§ 14, 33 ff. VVG (Prämienzahlungen durch den VN sowie deren Fälligkeit)
§ 11	§§ 37, 38 VVG (Zahlungsverzug)
§ 12	§§ 168, 169 VVG (Kündigung, Rückkaufwert)
§ 13	§§ 165, 169 VVG (Prämienfreistellung, Rückkaufswert)
§ 14	§§ 25 II, 43 II RechVersV; § 4 DeckRV (Abschluß- u. Vertriebskosten bei Rückkauf u. prämienfreier Versicherung)
§ 15	§ 13 VVG (Änderung von Anschrift und Name)
§ 16	Betrifft insbes. Mitteilungen zur Steuerpflicht beteiligter Personen
§ 17	§ 2 I Nr. 2 VVG-InfoV (Informationen des VR über Kosten der Lebensversicherung)
§ 18	Art. 7 ff. EGVVG a.F. für Verträge bis 16.12.2009; Rom I VO für spätere Verträge (Rechtswahl)
§ 19	§ 215 VVG (Gerichtsstand)

39 Neben den »Allgemeinen Bedingungen für die kapitalbildende Lebensversicherung« sowie den weiteren, oben im Rahmen des jeweiligen Versicherungsmodells einzeln genannten Musterbedingungen existiert noch eine Vielzahl zusätzlicher Versicherungsbedingungen im Rahmen der unterschiedlichen Ausgestaltungsformen der Lebensversicherung. Als solche bestehen bzw. bestanden im Wesentlichen:
– Allgemeine Bedingungen für die Vermögensbildungsversicherung
– Allgemeine Bedingungen für die Berufsunfähigkeits-Versicherung
– Allgemeine Bedingungen für den vorläufigen Versicherungsschutz in der Lebensversicherung/Antragsverfahren
– Allgemeine Bedingungen für den vorläufigen Versicherungsschutz in der Lebensversicherung/Invitatioverfahren
– Anhang der AVB zur Kündigung und Beitragsfreistellung
– Anhang der AVB zur Kündigung und Beitragsfreistellung/Basisversorgung

40 Es stehen ausgesuchte Texte der GDV-Musterbedingungen in ihrer jeweils aktuellen Version (derzeit aktueller Stand: Februar 2016) auf der Internetseite des GDV (www.gdv.de) zum Download zur Verfügung. Dort finden sich auch Musterstandmitteilungen mit Bezug auf § 155.

D. Gestaltungsrechte

41 Im Rahmen der Lebensversicherung stehen dem VN wie auch dem VR verschiedene Gestaltungsrechte zur Verfügung, an die sich unterschiedliche Rechtsfolgen für die Vertragsparteien knüpfen. Einige der Gestaltungsrechte der Vertragsparteien sind an korrespondierende Gestaltungsgegenrechte der jeweils anderen Vertragspartei geknüpft, so z.B. § 163 I, II. Nachfolgende Übersicht stellt insoweit einen ersten Überblick über

---

[63] Bzgl. der vorvertraglichen Anzeigepflichten sei auf § 18 GenDG hingewiesen, auf dessen Grundlage der Abschluss eines Lebensversicherungsvertrages, bei dem eine Leistung von mehr als 300.000 Euro oder mehr als 30.000 Euro Jahresrente vereinbart wird, von der Durchführung einer gendiagnostischen Voruntersuchung abhängig gemacht werden kann.

die einzelnen Gestaltungsrechte nebst Rechtsfolgen dar, wobei im Einzelnen auf die detaillierten Erläuterungen der einzelnen §§ verwiesen wird.

I. Gestaltungsrechte des VN

Gestaltungsrecht	Gesetzliche Regelung	Rechtsfolge	42
Anfechtung[64]	§§ 119, 123 BGB	§§ 812 ff. BGB (Rückabwicklung des Versicherungsvertrages, gegebenenfalls inklusive aller Prämien, nach allgemeinen bereicherungsrechtlichen Regeln)	
Rücktritt	§ 7 III AltZertG (Verletzung von Informationspflichten des VR im Rahmen von Altersvorsorgeverträgen)	§§ 346 ff. BGB (Rückabwicklung des Versicherungsvertrages, gegebenenfalls inklusive aller Prämien)	
	gegebenenfalls vertragliches Rücktrittsrecht		
Widerspruch	§ 5 (abweichender Versicherungsschein)	§§ 812 ff. BGB, (bei endgültiger Unwirksamkeit des Versicherungsvertrages erfolgt Rückabwicklung, gegebenenfalls inklusive aller Prämien, nach allgemeinen bereicherungsrechtlichen Regeln)	
Widerruf	§§ 152 I, 8, 9	§ 152 II (Rückgewähr von Prämien)	
		§ 169 (Zahlung des Rückkaufswertes)	
Herabsetzungsverlangen bzgl. der Versicherungsleistung	§ 163 II	Leistungsverminderung	
Bestimmung (und Austausch) eines Bezugsberechtigten	§ 159 I	Vertrag zugunsten Dritter	
Umwandlungsverlangen	§ 165	§ 165 II, III i.V.m. § 169 III–VII (Umwandlung in eine prämienfreie Versicherung; gegebenenfalls Zahlung des Rückkaufswertes § 165 I 2 i.V.m. § 169)	
Umwandlung wg. Pfändungsschutz	§ 167	Umwandlung in eine dem Pfändungsschutz des § 851c ZPO unterliegende Versicherung	
Kündigung (vgl. § 169 I)	§ 168 I, II (bei laufenden Prämien; bei Kapitalleben- u. Rentenversicherungen auch bei Einmalbeitrag)	§ 169 (Zahlung des Rückkaufswertes)	
	§ 19 VI (Anzeigepflichtverletzung)		
	§ 25 II (Prämienerhöhung bei Gefahrerhöhung)		
	§ 40 II (Prämienerhöhung aufgrund vertraglicher Anpassungsklausel)	(Vgl. jedoch § 163)	
	§ 2 II 5, 6 BetrAV (Kündigung Direktversicherung)	§ 165 II, III i.V.m. § 169 III–VII (Umwandlung in eine prämienfreie Versicherung)	

---

[64] Vgl. Begr. RegE BT-Drucks. 16/3945 S. 101.

II. Gestaltungsrechte des VR

43

Gestaltungsrecht	Gesetzliche Regelung	Rechtsfolge
Anfechtung	§ 123 BGB	§ 169 (Zahlung des Rückkaufswertes)
Rücktritt	§ 19 II (Verstoß gegen vorvertragliche Anzeigepflicht)	§ 169 (Zahlung des Rückkaufswertes)
	§ 37 I (Zahlungsverzug bzgl. einmaliger bzw. Erstprämie)	
Prämienerhöhung	§ 163 I	Erhöhung der Prämie
Bedingungsanpassung	§ 164	Anpassung einer AVB-Regelung, sofern eine bisherige durch höchstrichterliche Rspr. oder bestandskräftigen Verwaltungsakt für unwirksam erklärt worden ist
Kündigung (aufgrund besonderer Kündigungsgründe; keine ordentlich Kündigung)	§ 28 I (Obliegenheitsverletzungen)	§ 166 i.V.m §§ 165, 169 III–VII (Umwandlung in prämienfreie Versicherung; gegebenenfalls Zahlung des Rückkaufswertes § 165 I 2 i.V.m. § 169)
	§ 19 III 2 (Anzeigepflichtverletzung)	
	§ 24 II i.V.m. § 158 (Gefahrerhöhung	
	§ 38 III 1 (Zahlungsverzug bzgl. Folgeprämie)	

III. Policenmodell u. § 5a VVG a.F.

44 Die Probleme im Zusammenhang mit dem früheren **Policenmodell** und dem **§ 5a VVG a.F.** einschließlich der Fragen um eine ausreichende Belehrung und die bereicherungsrechtliche Rückabwicklung werden zusammen von *Pohlmann* in § 7 Rdn. 88 ff. behandelt.

E. Rentnergesellschaften – Lebens-VR ohne ausreichenden Schutz?
I. Rentnergesellschaften – Eine Abgrenzung
1. Originäre Rentnergesellschaft mit Ausstattungsverpflichtung

45 Vor diesem Hintergrund wird auch die Rspr. des BAG[65] zu sog. **Rentnergesellschaften**, die durch eine umwandlungsrechtliche Ausgliederung entstehen (sog. **originäre Rentnergesellschaft**), verständlich. Durch eine Ausgliederung nach dem UmwG kann der bisherige Arbeitgeber die Betriebsrentner und die mit unverfallbaren Versorgungsanwartschaften Ausgeschiedenen mit den die Rückstellungen bedeckenden Aktiva auf eine neue von ihm gegründete Gesellschaft ohne eigene andere Geschäftstätigkeit vergleichsweise einfach übertragen und sich im Rahmen der Vorgaben des UmwG einschließlich entsprechender zeitlich beschränkter Nachhaftung von der Belastung durch diese Versorgungszusagen grundsätzlich »freischaffen«.[66] Das BAG setzt sich in dieser Entscheidung aus 2008 mit den Gläubigerschutzvorschriften des UmwG auseinander und kreiert auf der Grundlage einer »**gesteigerten Rücksichtnahmepflicht**« im Bereich der bAV eine **besondere Ausstattungsverpflichtung** für den ausgliedernden Arbeitgeber und orientiert sich bei der erforderlichen Ausstattung an den aufsichtsrechtlichen Vorgaben für die Lebensversicherung,[67] ohne diese in vollem Umfang vorzuschreiben. Hinweise gibt es zu den Sterbetafeln und dem Rechnungszins für die Rückstellungsberechnung, möglichen Einschränkungen bei der Kapitalanlage durch besondere Anlagegrundsätze, zur weiteren Absicherung der Versorgungszusagen durch Unternehmensverträge u.a. sowie zur weiteren Anwendbarkeit des § 16 BetrAVG mit der Anpassungsprüfungspflicht. Diese Ausstattungsverpflichtung geht also erkennbar über die bis dahin als ausreichend erachteten gesellschaftsrechtlichen Vorschriften zur Kapitalaufbringung hinaus. Ist die Ausstattung nicht ausreichend, haftet der Arbeitgeber unabhängig von den Regelungen des UmwG gegebenenfalls auf Schadensersatz. »Die nach der Umwandlung versorgungspflichtige Gesellschaft ist nur dann

---

65 BAGE 126, 120 = BAG NZA 2009, 790.
66 *Rolfs* NZA-Beilage 2008, 164, 171 m.w.N.
67 Vgl. insoweit etwa *Louven/Weng* BB 2006, 619, 623.

ausreichend ausgestattet, wenn sie bei einer realistischen betriebswirtschaftlichen Betrachtung genügend leistungsfähig ist. Dabei sind der Zweck und die Wesensmerkmale einer betrieblichen Altersversorgung angemessen zu berücksichtigen. Bei der betrieblichen Altersversorgung handelt es sich der Sache nach um ein versicherungsähnliches Risikogeschäft. Ähnlich wie bei einer Versicherung ist bei der Bewertung der Aktiva und Passiva entsprechende Vorsicht geboten. Besondere Sorgfalt ist angezeigt, wenn die Gesellschaft ausschließlich oder überwiegend der Erfüllung und Abwicklung einer betrieblichen Altersversorgung dient (sog. Rentnergesellschaft).«[68] Das BAG untersucht also die oben beschriebenen unterschiedlichen Schutzmechanismen in der bAV und in der Lebensversicherung und kommt zu dem Ergebnis, dass die Rentnergesellschaft und die Versorgungsberechtigten, da nicht mehr durch ausreichende andere betriebliche Erträge – wie normal in der bAV – geschützt, wirtschaftlich mit einer Lebensversicherung und deren Schutzbedürfnis vergleichbar wird, ohne aber zu einem Aufsichtsbedürfnis[69] nach dem VAG zu gelangen. Die **Bedeutung dieser besonderen Ausstattungsverpflichtung** kann man erahnen, wenn man die Vorgaben für den Rechnungszins betrachtet. Dieser liegt steuerlich gem. § 6a EStG bei 6 % und lag handelsrechtlich Ende 2009 bei ca. 5,26 %, während der Höchstrechnungszins nach DeckRV für Lebens-VR für das Neugeschäft seit Anfang 2007 nur noch bei 2,25 % lag. Das BAG erteilte also mit einem Zinssatz von 3 % dem handelsrechtlich 2008 noch zulässigen steuerlichen Rechnungszins von 6 %[70] eine klare Absage, wobei zu berücksichtigen ist, dass selbst der Referenzzins für die Zinszusatzreserve[71] in der Lebensversicherung Ende 2011 noch bei 3,92 % lag, das vom BAG vorgegebene Sicherheitsniveau durch den Umfang der Rückstellungen also noch deutlich über dem der Lebensversicherung lag, andererseits aber keine weiteren Eigenmittel verlangt wurden. **Beispiel**: Der Barwert eines in 25 Jahren fälligen Betrages von 100.000 Einheiten beträgt bei einem Abzinsungssatz von 6 % nur 23.299,86, bei einem Zinssatz von 3 % dagegen 47.760,56. Allein diese Anpassung des Abzinsungssatzes führt also in Abhängigkeit von den relevanten Zinssätzen u.U. zu einer Verdopplung der aus Sicht des BAG erforderlichen Rückstellung. Da dieser Erhöhungsbetrag wegen § 6a EStG steuerlich nicht anerkannt wird, ist er heute noch nach Maßgabe der §§ 4f, 5 VII EStG zusätzlich noch zu versteuern. Insbes. *Höfer/Küpper*[72] haben deshalb die Ausstattungsvorgaben des BAG als »übervorsichtig« kritisiert: »Allerdings schlägt das Pendel bei den vom BAG entwickelten Maßstäben zu stark in die Vorsichtsrichtung aus. Bei deren Befolgung wird eine dauerhafte Überdotierung der Rentnergesellschaft eintreten. […] Das Ausmaß der Überdotierung kann bis zum Doppelten des bereits um eine Sicherheitsmarge erhöhten Finanzbedarfs gehen.« Leider scheinen die von *Höfer/Küpper* skizzierten Rechnungsgrundlagen aus heutiger Sicht – extremes Niedrigzinsumfeld – nicht ausreichend, eine Rentnergesellschaft dauerhaft zu finanzieren. Richtet man heute eine Rentnergesellschaft bei einem Zinsniveau von vielleicht 1 % für sichere Anlagen mit einer Laufzeit von 10 Jahren ein, klafft bei einer Rückstellung, die für eine Leistung von 100.000 Einheiten nach 25 Jahren mit 3 % abgezinst wird (3,89 % zu Ende 2015 gem. § 253 II HGB vor Änderung 2016 abzüglich Sicherheitsabschlag von X), eine erhebliche Lücke (Nachreservierungsbedarf), die durch die Sicherheitsmargen in den anderen Rechnungsgrundlagen und ohne Bewertungsreserven auf der Aktivseite bei längerem unveränderten Zinsumfeld wahrscheinlich nicht geschlossen werden kann.

2. Gesellschaften mit Zusagen für andere Arbeitgeber

Diese originäre Rentnergesellschaft ist **abzugrenzen** von den Fällen, in denen bewusst eine andere Konzerngesellschaft wie in BAG vom 20.05.2014[73] eine Versorgungszusage erteilt, ohne selbst Arbeitgeber zu sein, so dass die Regelungen und der Schutz durch das BetrAVG einschließlich des PSVa.G. unter Umständen nicht anwendbar sind.[74] In diesen Fällen dürfte es sich insgesamt um Lebensversicherung im Sinne des VVG und des VAG handeln, die auch von der Versicherungsaufsicht zum Schutz der durch die »Versorgungszusagen« Begünstigten aufgegriffen werden dürfte. In den Ausgliederungsfällen ist die Stellung des neuen Rechtsträgers als Arbeitgeber aufgrund der Gesamtrechtsnachfolge wohl nicht problematisch.

46

3. Abwicklungsgesellschaften

Diese besondere Ausstattungsverpflichtung gilt natürlich nicht für die Fälle einer **Rentner- bzw. Abwicklungsgesellschaft**, die aufgrund wirtschaftlicher Schwierigkeiten ihren Geschäftsbetrieb einstellen musste und sich unter Umständen sogar in Liquidation bzw. Insolvenz befinden. Für diese Fälle bleibt nur der Insolvenzschutz nach dem BetrAVG durch den PSVa.G.

47

---

68 BAG BB 2009, 329, 332 unter Rn. 42 f.
69 Prölss/*Präve*, § 1 Rn. 33.
70 *Louven/Weng* BB 2006, 619, 623.
71 Vgl. § 153 Rdn. 18 ff.; *Hofmeier/Krause/Menning* DB 2015, 1477.
72 *Höfer/Küpper* DB 2009, 118.
73 BAG DB 2014, 1935.
74 Vgl. insoweit *Diller/Beck* NZA 2015, 274.

Vor §§ 150 ff.

II. Abgeleitete Rentnergesellschaften ohne ausreichende Ausstattung?

48 Offen war jedoch der Fall der Rentnergesellschaft, die statt durch Ausgliederung von Versorgungszusagen durch die Veräußerung des Geschäftsbetriebes (sog. **abgeleitete Rentnergesellschaft**) entsteht,[75] wirtschaftlich am Ende also nur noch die Versorgungszusagen, die nicht von § 613a BGB erfasst werden und nicht mit übergehen, einschließlich der Rückstellungen und der bedeckenden Aktiva zurückbehält. Das **BAG** hat sich in bislang zwei Entscheidungen im Rahmen von versagten Anpassungen nach § 16 BetrAV mittelbar auch mit der Frage der Ausstattung abgeleiteter Rentnergesellschaften beschäftigt.[76] Zugrunde lagen komplexe Gestaltungen, die nacheinander in zwei Versicherungskonzernen erfolgten. Die Anpassung nach § 16 BetrAVG wurde hauptsächlich unter den Aspekten des Bewertungsdurchgriffs und von möglichen Schadensersatzansprüchen geprüft; eine unzureichende Ausstattung war nur eine untergeordnete Vorfrage, da aufgrund des Schuldbeitritts von ausreichend dotierten Konzerngesellschaften aus Sicht der Rspr. zur originären Rentnergesellschaft (2008) die Ausstattung gar nicht zweifelhaft sein konnte, d.h. aus Sicht der Versorgungsberechtigten war die Haftungsmasse jeweils ausreichend. Das BAG[77] sagt ausdrücklich: »Der übertragende Rechtsträger kann die gebotene Absicherung der Versorgungsverbindlichkeiten nicht nur durch zusätzliches Kapital, sondern auch durch einen Schuldbeitritt oder ein Garantieversprechen herbeiführen.« Da die Pensionsrückstellungen gleichzeitig mit den bedeckenden Aktiva in der Konzerngesellschaft gebildet worden waren, fehlte für Zwecke der Anpassungsprüfung nach § 16 BetrVAG nicht nur der operative Geschäftsbetrieb mit seinen Erträgen, sondern sogar das zur Bedienung der Zusagen normal vorhandene Vermögen zur Bedeckung der Rückstellungen mit seinen Erträgen. Diese Situation geht also über die normale Gestaltung einer Rentnergesellschaft mit HGB-Rückstellungen – aus Sicht des § 16 BetrAVG noch weit hinaus. Das BAG sagt dann: »Veräußert der frühere Arbeitgeber und – spätere – Versorgungsschuldner – wie hier – sein operatives Geschäft und wird so zu einer Rentnergesellschaft, besteht hingegen nicht typischerweise die Gefahr, dass die schutzwürdigen Interessen der Versorgungsberechtigten beeinträchtigt werden. Denn die Anpassungsprüfungspflicht nach § 16 Abs. 1 und Abs. 2 BetrAVG verbleibt beim bisherigen Versorgungsschuldner, der für den Verkauf seines operativen Geschäfts den vereinbarten Kaufpreis erhält. Insoweit findet »bilanziell« lediglich ein Aktivtausch statt. Die Höhe des Kaufpreises richtet sich dabei regelmäßig im Wesentlichen nach der wirtschaftlichen Situation. Je geringer die Erträge sind, desto niedriger ist der Kaufpreis. Insoweit realisiert sich damit für die Betriebsrentner ihre Teilhabe am Wirtschaftsrisiko des Versorgungsschuldners [...]. Dies deckt sich mit den Vorgaben von § 16 Abs. 1 u. Abs. 2 BetrAVG.«[78] Diese Aussagen sind isoliert betrachtet sicherlich richtig, bleiben aber unvollständig wenn man an die Fälle denkt, in denen

(1) das durch den Aktivtausch nunmehr vorhandene liquide Vermögen der Rentnergesellschaft systematisch, jedoch gesellschaftsrechtlich konform entzogen wird und
(2) berücksichtigt, dass die in der Handelsbilanz nach § 253 II HGB gebildeten Rückstellungen alleine die Versorgungszusagen dauerhaft weder erfüllen können noch erfüllen sollen.

Das **Schutzbedürfnis** der Rentnergesellschaft und der Begünstigten der Versorgungszusagen ähnelt der Ausgliederungsvariante ebenso wie der Lebensversicherung, wenn nach der Veräußerung des bisherigen wirtschaftlichen Geschäftsbetriebs laufende betriebliche Erträge fehlen und die bei der Veräußerung realisierten Gewinne durch einen Ergebnisabführungsvertrag das Unternehmen direkt verlassen[79] bzw. (Gewinn- und Kapital)Rücklagen samt laufender Gewinne und Gewinnvorträge soweit wie gesellschaftsrechtlich möglich aufgelöst und ausgeschüttet werden. Dies ist ohne Einschränkungen nach § 29 GmbHG bei der GmbH möglich und gilt nach §§ 58 IV, 150 AktG bei der AG auch für die Gewinnrücklagen und die Kapitalrücklagen nach § 272 II Nr. 4 HGB (andere Zuzahlungen der Gesellschafter in das Eigenkaital). Dies wäre dann unproblematisch, wenn das durch die Rückstellungen in der Handelsbilanz gebundene Vermögen einschließlich der von diesen erwirtschafteten Erträgen ausreichend wäre, die Zusagen dauerhaft zu erfüllen. So bzgl. Sterbetafeln und Rechnungszins wohl *Höfer*[80], was aber zumindest heute stark zu bezweifeln ist. Dies ist aber aufgrund des Niedrigzinsumfeldes tatsächlich – wie in der Lebensversicherung auch – nicht der Fall, da es auf absehbare Zeit ausgeschlossen ist, dass die Rentnergesellschaft Kapitalanlagen erwerben kann, die Erträge in Höhe des durch § 253 II HGB für Altersversorgungsverpflichtungen vorgegebenen Abzinsungssatzes erwirtschaften. Die Schwierigkeiten werden durch die vorgesehene Erhöhung des Abzinsungssatzes durch den Entwurf eines Gesetzes zur Umsetzung der Wohnimmobilienkredit-RiLi für Rentnergesellschaften sogar noch verstärkt. Dadurch ergibt sich ein einmaliger oder sukzessiver Nachreservierungsbedarf bzgl. der Pensionsrückstellungen, der durch die Sicherheitsmargen in den Rechnungsgrundlagen für die Rückstellungen im Bereich der Pensionszusagen nicht bedient werden kann. Dies wird alleine daraus deutlich, dass die Pensions-

---

75 *Rolfs/List* RdA 2015, 422, 423; *Fischer* BB 2015, 190, 192.
76 BAGE 248, 244 = BAG DB 2014, 2658; BAG DB 2016, 354 = BeckRS 2016, 65152 m.Anm. *Diller* in ArbRAktuell 2016, 63.
77 BAG BB 2009, 329, 333.
78 BAG DB 2016, 354, 355.
79 Vgl. § 291 I AktG.
80 *Höfer*, BetrAVG, Bd. I, Rn. 274.

rückstellungen in der HGB-Bilanz systematisch geringer sind, als entsprechende Rückstellungen in der Lebensversicherung, obwohl die Zinsrisiken identisch oder sogar noch größer sind. Wenn man nun den Geschäftsbetrieb mit seinen für die erforderliche Nachreservierung ausreichenden Erträgen in der Rentnergesellschaft veräußert hat und anschließend noch das weitere Vermögen, dass vorher in Form des Geschäftsbetriebs vorhanden war, »entnimmt«, entzieht man der Rentnergesellschaft – gesellschaftsrechtlich und handelsrechtlich unproblematisch – die von § 253 II HGB unterstellte »Substanz« für die Auffüllung von stillen Lasten in den Rückstellungen der Handelsbilanz. Theoretisch kann man sogar die in den Kapitalanlagen durch das Niedrigzinsumfeld gebildeten Bewertungsreserven realisieren und an den Gesellschafter ausschütten, obwohl auf der Passivseite ein riesiges Verlustpotential vorhanden ist. Auch dies ähnelt der Situation in der Lebensversicherung vor dem LVRG.[81] Damit weisen auch abgeleitete Rentnergesellschaften die vom BAG bestrittene **Gefährdungslage** auf, obwohl sich die Rentnergesellschaft und deren Gesellschafter handels-, gesellschafts- und arbeitsrechtlich gesetzeskonform verhalten. Die Gefährdung geht in den Fällen der Rentnergesellschaften nicht primär von den Maßnahmen der Gesellschaft und deren Gesellschafter aus, und hat auch nichts mit der Anpassung nach § 16 BetrAVG zu tun, sondern ist die Folge einer Regelung in § 253 II HGB, die die Bedürfnisse einer Rentnergesellschaft nur unzureichend berücksichtigt, weil sie immer ausreichende andere betriebliche Erträge unterstellt. Das BAG[82] hat diese Gefährdungslage auch bereits bei Konzerngesellschaften mit Versorgungszusagen bei Beendigung von Unternehmensverträgen nach § 291 I AktG festgestellt und darauf statt mit dem wohl als unzureichend empfundenen Instrumentarium des § 303 AktG mit einer Ausstattungsverpflichtung nach den Grundsätzen aus 2008 zur originären Rentnergesellschaft reagiert; es entstehe eine der Ausgliederung vergleichbare Situation. Die vom BAG in 2008 geforderte zusätzliche Ausstattung würde demgegenüber dem Grunde nach die Sicherheitsmargen in die Rückstellungen von Rentnergesellschaften bringen, die erforderlich sind, um auch spätere Risiken – wie jetzt etwa das Niedrigzinsumfeld – unbeschadet für die Versorgungsempfänger und ohne Rückgriff auf den PSVa.G. überstehen zu können. Umgekehrt: Worin kann noch die nach BAG zu prüfende **sittenwidrigen Schädigung** gem. § 826 BGB gesehen werden, wenn die Beteiligten nur die vom Gesetz eröffneten Möglichkeiten einschließlich der unzureichenden gesetzlichen Vorgaben für die Dotierung der Pensionsrückstellungen in der Handelsbilanz gem. § 253 II HGB nutzen. Gesetzgeber und Rechtsprechung akzeptieren damit sehenden Auges, dass Versorgungszusagen über Rentnergesellschaften – auch ohne wirtschaftliche Notlage des Arbeitgebers – am Ende legal über den PSVa.G. »entsorgt« werden. Ob dies durch die bisher fehlende bzw. nicht ausreichende Risikoorientierung der Beitragsbemessung für den PSVa.G. auch aus Sicht der anderen Arbeitgeber akzeptabel ist, kann hier offenbleiben. In dem diesbezüglichen Gutachten von *Heubeck* aus Oktober 2011 wie auch in der Rspr. des BVerwG zur Beitragspflicht zum PSVa.G. sind die angesprochenen Gestaltungen – soweit erkennbar – bisher nicht erfasst.

III. Lösungsansätze

Eine Lösung für alle Formen der Rentnergesellschaften bedarf wohl noch weiterer Überlegungen, wenn diese, obwohl bzgl. der Finanzierung der zugesagten Leistungen den Lebensversicherungen vergleichbar, weiterhin aufsichtsfrei bleiben sollen und § 253 II HGB in dem Bemühen, die Arbeitgeber bzgl. der bAV im derzeitigen Zinsumfeld zu entlasten, das Schutzbedürfnis der Rentnergesellschaften ausblendet. 49

1. Ausstattungsverpflichtung

Bei den **originären Rentnergesellschaften** bleibt es bei der Ausstattungsverpflichtung, wie durch das BAG in 2008 beschrieben, d.h. bei der Ausgliederung sind für die Rückstellungen insbes. der derzeitige Höchstrechnungszins von 1,25 % gem. DeckRV und die Sterbetafeln der Lebensversicherung zu berücksichtigen.[83] Der Barwert einer in 25 Jahren fälligen Leistung von 100.000 Einheiten beträgt bei einem Abzinsungsatz von 1,25 % 73.303 Einheiten, während steuerlich bei 6 % nur 23.300 Einheiten akzeptiert werden, d.h. die in der originären Rentnergesellschaft erforderliche Aufstockung hat heute aufgrund der neu eingeführten §§ 4f, 5 VII EStG u.U. auch erhebliche steuerliche Auswirkungen: Möglicherweise ca. 30 % KSt, Soli und GewSt auf die Differenz von bis zu 50.000 Einheiten, die bei der Rentnergesellschaft binnen 15 Jahren nach der Ausgliederung durch die Auflösung einer steuerfreien Rücklage zur Vermeidung eines steuerlichen Erwerbsgewinns anfallen, während der Aufwand aus der Aufstockung der Rückstellungen beim übertragenden Unternehmen u.U. nur in 15 Jahren steuerlich abziehbar ist? 50

2. Ausschüttungs- und Entnahmebeschränkungen

Akzeptiert man, dass dieses Modell der besonderen Ausstattung der Rückstellungen im Zeitpunkt der Betriebsveräußerung mit seinen negativen steuerlichen Konsequenzen in Fällen der **abgeleiteten Rentnergesellschaft** nicht anwendbar ist, und zwar auch um die Abgrenzung von anderen Fällen einer negativen wirtschaftlichen Entwicklung des Arbeitgebers vor oder nach der Betriebsveräußerung zu vermeiden, die systembedingt hin- 51

---

81 Vgl. *Krause/Menning* NJOZ, 2013, 289.
82 BAG NZA 2010, 461.
83 A.A. *Höfer*, BetrAVG, Bd. I, Rn. 274.

zunehmen ist und durch den PSVa.G. aufgefangen wird, so sollte ab dem Zeitpunkt der Betriebsveräußerung zumindest an Ausschüttungs- und Entnahmebeschränkungen denken. Insoweit reichen gegebenenfalls sogar Selbstbeschränkungen der Unternehmer/Gesellschafter, wenn sie um die Probleme wissen. Der Umfang dieser Sperre könnte wie der **Sicherungsbedarf in der Lebensversicherung** nach § 139 IV 1, 2 VAG i.V.m. den ergänzenden Regelungen in der MindZV ermittelt werden, d.h. es wäre nur ein Betrag in Höhe der Differenz zwischen der Rückstellung gem. Sicherungsbedarf[84] abzüglich der gebildeten diesbezüglichen handelsrechtlichen Rückstellungen, also das potentielle Verlustvolumen insbes. aus den Zinsrisiken, von der Ausschüttung/ Entnahme ausgeschlossen. Die Ausschüttungsbeschränkung umfasst damit auch die BWR auf der Aktivseite, bei denen es sich um potentielle laufende Kapitalerträge handelt. In Fällen eines **Ergebnisabführungsvertrag**[85] **(EAV)** ergäbe sich eine zusätzlich zu der Rückstellungen und den Bewertungsreserven bestehende Einlageverpflichtung mit Eigenmitteln analog den §§ 89 ff. VAG, die am Verlust teilnehmen, und zwar der Höhe nach doppelt begrenzt durch den Sicherungsbedarf und durch die Höhe der Gewinnabführungen seit der Veräußerung des Geschäftsbetriebs. Die Rentnergesellschaft wird dadurch so gestellt, wie sie bei vorsichtiger Bilanzierung unter Berücksichtigung stillen Reserven und stiller Lasten im Zeitpunkt der Betriebsveräußerung stehen würde. I.E. wird nur die Ausschüttungsbemessungsfunktion der Handelsbilanz wieder hergestellt, die dem HGB-Bilanzrecht normal zugrunde liegt. Gedanklich liegt diesem Ansatz das Urt. des BAG aus 1999[86] zur Stilllegung des Unternehmens eines Einzelkaufmanns zugrunde. Dort heißt es in LS 4 ausdrücklich: »Zum maßgeblichen Eigenkapital zählt nicht das zur Begleichung der Versorgungsverbindlichkeiten erforderliche Kapital.« Dieses Kapital sind die modifizierten handelsrechtlichen Pensionsrückstellungen: »Die Leistungsfähigkeit der Bekl. hängt davon ab, welches Kapital für die Begleichung der Versorgungsverbindlichkeiten benötigt wird. Zu dessen Ermittlung sind die aktuellen Sterbetabellen zugrunde zu legen, wie sie die Versicherungswirtschaft verwendet. In sie ist ein Risikozuschlag eingearbeitet, [...].« Diese Überlegungen können an die Rspr. des BAG zur Ausstattungsverpflichtung des herrschenden Unternehmens in den Fällen der Beendigung von Unternehmensverträgen nach § 291 AktG[87] anknüpfen, die die Verlustübernahmeverpflichtung nach § 302 AktG ergänzt: »Bei Beendigung eines Beherrschungsvertrags hat das herrschende Unternehmen das abhängige Unternehmen grundsätzlich so auszustatten, dass dieses zur Anpassung der Betriebsrenten wirtschaftlich in der Lage ist. Die Verletzung dieser Verpflichtung kann zu Schadensersatzansprüchen der Betriebsrentner gegen das ursprünglich herrschende Unternehmen führen.«

3. Erhaltung der Ertragskraft in der Lebensversicherung – Besonderheiten im Konzern

52 Ausgangspunkt für die beschriebenen besonderen Ausstattungsverpflichtungen bzgl. der Pensionsrückstellungen sind die bestehenden **Gestaltungsmittel im Konzern**, hier insbes. der Abschluss und die Beendigung von Unternehmensverträgen sowie die Gestaltungsmöglichkeiten durch das Umwandlungsgesetz. Insoweit ähnelt die Situation den Herausforderungen durch das Niedrigzinsumfeld bezüglich der Rückbau- und Entsorgungskosten im Kernenergiebereich, da es dort ebenfalls um die Bewertung langlaufender Rückstellungen mit vorsichtigen Abzinsungssätzen und der Erhaltung der zukünftigen Ertragskraft der verpflichteten Unternehmen geht und dort sogar der Gesetzgeber schützend eingreift.[88] »Die derzeitige Rechtslage bietet jedoch nur begrenzten Schutz vor einer Verkleinerung des Haftungsvermögens. So ist gemäß § 303 Aktiengesetz eine konzernrechtliche Nachhaftung der Muttergesellschaften der Betreibergesellschaften im Fall der Beendigung eines Beherrschungs- und Ergebnisabführungsvertrages für ihre Verbindlichkeiten nur sehr eingeschränkt gewährleistet. [...] Andererseits ist die Dauer der Nachhaftung nach Rechtsprechung und Literatur begrenzt. Zudem besteht ein solcher Anspruch der Gläubiger einer Betreibergesellschaft nur gegen die der Betreibergesellschaft unmittelbar übergeordnete Konzerngesellschaft mit der der Beherrschungs- und Gewinnabführungsvertrag bestand. [...] Für den Fall einer umwandlungsrechtlichen Abspaltung gelten gemäß § 133 Umwandlungsgesetz vergleichbare Regelungen. Ein Zeitraum der Nachhaftung von fünf Jahren greift ferner für die vorstehend genannten Verpflichtungen erheblich zu kurz.«[89] Interessant ist deshalb für die Lebensversicherung, dass der Sicherungsbedarf dort zwar durch eine Ausschüttungssperre an die Anteilseigner in § 139 II VAG »flankiert« wird, eine Gewinnabführung durch einen EAV nach § 291 I AktG jedoch weiterhin möglich ist und auch praktiziert wird. Ist in diesen Fällen die Kündigung des Unternehmensvertrages mit seiner Verlustausgleichsverpflichtung des herrschenden Unternehmens unproblematisch? Dies ist sicherlich nicht der Fall, denn die verschiedenen Ansätze zum Umgang mit den Regelungen des § 303 AktG, hier insbesondere keine Sicherheitsleistung nach § 303 II AktG wegen des vorhandenen Sicherungsvermögens und des Sicherungsfonds nach § 221 VAG und der Tendenz zur Nachhaftungsbegrenzung analog § 160 HGB bieten auch hier keinen Schutz für die Lebensversicherung, d.h. die im Konzern abgeführten Beträge sind für die

---

84 Zu Details des Sicherungsbedarfs in der Lebensversicherung vgl. *Hofmeier/Krause/Menning* DB 2015, 1477, 1479.
85 § 291 I AktG.
86 BAG AP BetrAVG § 16 Nr. 40.
87 BAG NZA 2010, 641.
88 Vgl. BR-Ducks. 18/6615; *Volk*, DStR 2015, 2193.
89 BR-Drucks. 18/6615 S. 7.

Finanzierung der stillen Lasten in den Deckungsrückstellungen ebenso »verloren« wie die weiterhin deklarierten Überschüsse für die VN. Der Sicherungsbedarf verhindert ja nur die zwingende Ausschüttung von Bewertungsreserven nach § 153 III. Die **Lösung** liegt hier wohl in der Genehmigungspflicht von Änderungen des Geschäftsplans und von Unternehmensverträgen nach § 12 Satz 1 VAG a.F. Die Beendigung des EAV mit seiner Verlustausgleichspflicht dürfte wohl nicht genehmigungsfähig sein, wenn die Lebensversicherung in Zukunft den Aufbau der ZZR nicht mehr aus eigenen Mitteln mehr finanzieren kann, in der Vergangenheit aber handelsrechtliche Gewinne an die Konzernmutter abgeführt worden sind.

§ 150 Versicherte Person.

(1) Die Lebensversicherung kann auf die Person des Versicherungsnehmers oder eines anderen genommen werden.

(2) Wird die Versicherung für den Fall des Todes eines anderen genommen und übersteigt die vereinbarte Leistung den Betrag der gewöhnlichen Beerdigungskosten, ist zur Wirksamkeit des Vertrags die schriftliche Einwilligung des anderen erforderlich; dies gilt nicht bei Kollektivlebensversicherungen im Bereich der betrieblichen Altersversorgung. Ist der andere geschäftsunfähig oder in der Geschäftsfähigkeit beschränkt oder ist für ihn ein Betreuer bestellt und steht die Vertretung in den seine Person betreffenden Angelegenheiten dem Versicherungsnehmer zu, kann dieser den anderen bei der Erteilung der Einwilligung nicht vertreten.

(3) Nimmt ein Elternteil die Versicherung auf die Person eines minderjährigen Kindes, bedarf es der Einwilligung des Kindes nur, wenn nach dem Vertrag der Versicherer auch bei Eintritt des Todes vor der Vollendung des siebenten Lebensjahres zur Leistung verpflichtet sein soll und die für diesen Fall vereinbarte Leistung den Betrag der gewöhnlichen Beerdigungskosten übersteigt.

(4) Soweit die Aufsichtsbehörde einen bestimmten Höchstbetrag für die gewöhnlichen Beerdigungskosten festgesetzt hat, ist dieser maßgebend.

Übersicht

	Rdn.		Rdn.
A. Allgemeines	1	III. Ausnahmen vom Einwilligungs-	
I. Normzweck	1	erfordernis	10
II. Anwendungsbereich	2	1. Beschränkung auf Beerdigungskosten	11
B. Tatbestand	4	2. Kollektivlebensversicherungen	12
I. Todesfallversicherung auf fremdes Leben	4	3. Elternprivileg (Abs. 3)	13
1. Versicherung für den Fall des Todes	4	C. Rechtsfolgen	14
2. Versicherung auf Person eines anderen	5	D. Abdingbarkeit	15
II. Einwilligung der Gefahrperson	6		

A. Allgemeines

I. Normzweck

§ 150 entspricht weitestgehend § 159 a.F.[1] und stellt in Abs. 1 als Ausfluss des Grundsatzes der Vertragsfreiheit klar, dass ein VN die Lebensversicherung sowohl auf sein eigenes Leben als auch auf das Leben eines Dritten abschließen kann. Diese Person, in der sich das versicherte Risiko möglicherweise verwirklicht, wird vom Gesetz als versicherte Person, in der Praxis treffender als Gefahrperson bezeichnet. Davon zu unterscheiden ist die Bezugsberechtigung, d.h. wer im Versicherungsfall die Versicherungsleistung beanspruchen kann (§§ 159, 160).

Eingeschränkt wird die Vertragsfreiheit bei Abschluss der Versicherung auf die Person eines Dritten insoweit, als Abs. 2 bis 4 grundsätzlich die Einwilligung des Dritten voraussetzen. Mit diesem Erfordernis wollte der historische Gesetzgeber der Gefahr entgegenwirken, die sich daraus ergeben kann, dass der VN oder ein sonstiger Beteiligter in der Lage ist, den Versicherungsfall herbeizuführen.[2] Nach der heutigen Rspr. soll sich der Sinn und Zweck der Vorschrift allerdings nicht darin erschöpfen, sondern sie soll umfassend jeder Möglichkeit eines Spiels mit dem Leben oder der Gesundheit eines anderen vorbeugen und Spekulation mit dem Leben anderer unterbinden.[3] Letztlich soll niemand ohne Einwilligung der potentiellen Gefährdung von Leben und Gesundheit ausgesetzt werden, die daraus entsteht, dass ein anderer aus dem eigenen Ableben einen finanziellen Vorteil zieht. Vielmehr soll sich die zu versichernde Person der potentiellen Gefährdung bewusst werden und das Risiko abwägen können, das sie mit ihrer Einwilligung auf sich nimmt.[4]

In diesem Einwilligungserfordernis erschöpft sich zugleich die vom Gesetzgeber für erforderlich gehaltene Einschränkung der Vertragsfreiheit. Nach heute ganz h.M. ist die Vorschrift daher eine abschließende Ent-

---

[1] Eingefügt wurde lediglich die Ausnahme vom Erfordernis der schriftlichen Zustimmung bei Kollektivlebensversicherungen im Bereich der betrieblichen Altersversorgung in Abs. 2, vgl. Begr. RegE BT-Drucks. 16/3945 S. 95.
[2] Motive, Neudruck 1963, S. 217.
[3] StRspr., vgl. BGH VersR 1999, 347 (= BGHZ 140, 167); VersR 1997, 1213, 1214; VersR 1995, 405, 406; VersR 1989, 465, 466.
[4] BGH VersR 1999, 347, 349 (= BGHZ 140, 167).

scheidung des Gesetzgebers, wie den genannten Gefahren zu begegnen ist.[5] Daraus folgt einerseits, dass der VN kein vermögensrechtliches Interesse nachweisen muss, wenn er den Versicherungsvertrag auf das Leben eines Dritten abschließt. Diese vor allem in der älteren Literatur[6] diskutierte Einschränkung wird zu Recht von der heute h.M. abgelehnt[7]. Umgekehrt setzt das Einwilligungserfordernis aber auch nicht voraus, dass tatsächlich eine erhöhte Gefahr für das Leben der Gefahrperson besteht; diese Einschätzung bleibt allein der Gefahrperson überlassen.[8]

II. Anwendungsbereich

2 Die Regelungen in Abs. 2 bis 4 finden grundsätzlich auf alle Arten von Lebensversicherungen Anwendung, die bei Tod der Gefahrperson eine Kapitalzahlung vorsehen, sei es in Form der Einzel- oder der Gruppenversicherung (s. hierzu Rdn. 4); ausgenommen sind nach Abs. 2 lediglich Kollektivlebensversicherungen im Bereich der betrieblichen Altersvorsorge.[9] Während die Vorschrift ihrem Wortlaut nach nur den **Abschluss** des Versicherungsvertrags betrifft und zudem voraussetzt, dass Gefahrperson und VN **personenverschieden** sind, wendet die h.M. sie über ihren Wortlaut hinaus auch dann an, wenn ihr Schutzzweck, jeder Möglichkeit eines Spiels mit dem Leben eines Anderen vorzubeugen, danach verlangt.[10] Aus diesem Grund hat der BGH etwa in einem Fall, in dem Gefahrperson und VN **identisch** waren und sich der VN bei Vertragsschluss vertreten lies, unter Berufung auf § 150 II verlangt, dass die dem Vertreter erteilte Vollmacht der Schriftform genügt.[11] Auch die Anwendung auf **spätere Änderungen** des Versicherungsvertrags ist im Grundsatz anerkannt, doch bleiben die Einzelheiten streitig. Richtigerweise kann das Zustimmungserfordernis nur solche Umstände betreffen, die auch ursprünglich zustimmungspflichtig waren, d.h. insbesondere die Höhe der Versicherungssumme, die Person von VN und Bezugsberechtigtem sowie die Dauer der Versicherung.[12] Ob die Gefahrperson der Änderung zustimmen muss, hängt dann davon ab, ob die Änderung von der ursprünglichen Einwilligung gedeckt ist oder eine – zumindest abstrakte – Risikoerhöhung beinhaltet.[13] Dies ist insbesondere bei allen Änderungen der Fall, die sich darauf auswirken, wer im Versicherungsfall profitiert und in welcher Höhe. Dementsprechend ist § 150 nicht nur auf eine Erhöhung der Versicherungssumme und eine Verlängerung der Vertragslaufzeit anzuwenden, sondern entgegen der wohl h.M.[14] auch auf Abtretungen, Verpfändungen und die Einsetzung eines neuen Bezugsberechtigten.[15] Der alleinige Wechsel in der Person des VN ist nach diesem Maßstab hingegen nicht zustimmungspflichtig, da hiermit keine Risikoerhöhung verbunden ist. Aus demselben Grund muss die Gefahrperson auch einer Kündigung des Versicherungsvertrags nicht zustimmen, da eine Gefährdung ausgeschlossen ist.[16]

3 Auf (regulierte) Pensionskassen i.S.v. § 233 I, II VAG sind Abs. 2 bis 4 nicht anzuwenden, vgl. § 211 II Nr. 1.

B. Tatbestand

I. Todesfallversicherung auf fremdes Leben

1. Versicherung für den Fall des Todes

4 Seinem Wortlaut nach betrifft das Einwilligungserfordernis in Abs. 2 alle Versicherungen, die »für den Fall des Todes […] genommen werden«. Reine Erlebensfallversicherungen erfordern daher keine Einwilligung, sind in der Praxis jedoch eher selten, da bei vorzeitigem Tod i.d.R. zumindest eine Auszahlung des Rückkaufswertes bzw. eine teilweise Beitragsrückerstattung erfolgt. Auch die bloße Ersparnis von künftigen Prämienzahlungen, die sich etwa bei Termfixversicherungen (Kapitallebensversicherung mit festem Auszahlungszeitpunkt) im Falle des Versterbens der versicherten Person ergeben kann, soll nach der überwiegenden Meinung kein Einwilligungserfordernis auslösen.[17] Ohne weiteres anwendbar ist die Norm neben der reinen

---

5 Vgl. nur BGH VersR 1999, 347 (= BGHZ 140, 167); VersR 1997, 1213, 1214; P/M/*Schneider*, § 150 Rn. 4; HK-VVG/*Brambach*, § 150 Rn. 3.
6 B/M/*Winter*[8], Anm. H 5–7 m.w.N.; siehe aus jüngerer Zeit aber auch *Hasse*, VersR 2010, 837, 840, der für jede Lebensversicherung ein »vermögensrechtliches Interesse« verlangt.
7 BGH NJW-RR 1995, 476; L/W/*Heiss*, § 150 Rn. 7; R/L/*Langheid*, § 150 VVG Rn. 2; ausführlich *Hülsmann*, VersR 1995, 501.
8 OLG Frankfurt (Main) VersR 1997, 478 (Ls.); P/M/*Schneider*, § 150 Rn. 4; HK-VVG/*Brambach*, § 150 Rn. 3.
9 L/W/*Heiss*, § 150 Rn. 11.
10 P/M/*Schneider*, § 150 Rn. 15.
11 BGH VersR 1999, 347 (= BGHZ 140, 167); dies gilt erst recht, wenn der Stellvertreter zugleich Bezugsberechtigter ist, vgl. BGH VersR 1989, 465.
12 BGH VersR 1999, 347 m.w.N. (= BGHZ 140, 167); vgl. ebenso unten Rdn. 7.
13 OLG Köln VersR 1992, 1337 f.; P/M/*Schneider*, § 150 Rn. 15; HK-VVG/*Brambach*, § 150 Rn. 11.
14 HK-VVG/*Brambach*, § 150 Rn. 11; P/M/*Schneider*, § 150 Rn. 15; *Hülsmann*, NVersZ 1999, 550, 552.
15 I.d.S. auch L/W/*Heiss* § 150 Rn. 16; für den Bezugsberechtigten ebenso *Müller* NVersZ 2000, 454, 458.
16 OLG Köln VersR 1992, 1337 f.; ebenso P/M/*Schneider*, § 150 Rn. 15.
17 Vgl. dazu PK/*Ortmann*, § 150 Rn. 7 m.w.N.

Risikolebensversicherung auf die gemischte Todes- und Erlebensfallversicherung in Form der kapitalbildenden Lebensversicherung oder der Rentenversicherung mit ergänzender Todesfalldeckung.[18]

2. Versicherung auf Person eines anderen

Der Wortlaut der Vorschrift setzt in Abs. 2 ein Auseinanderfallen von VN und Gefahrperson voraus. Aufgrund seines Schutzzwecks soll § 150 darüber hinaus aber auch immer dann Anwendung finden, wenn trotz Personenidentität eine **entsprechende Gefährdungslage** besteht. Ist der VN, der zugleich Gefahrperson ist, beispielsweise am Vertragsabschluss nicht unmittelbar beteiligt, muss die seinem Vertreter erteilte Vollmacht dennoch den Anforderungen des Abs. 2 genügen, so dass eine Generalvollmacht oder die Blankounterschrift unter das vom Vertreter auszufüllende Antragsformular nicht ausreicht.[19]

II. Einwilligung der Gefahrperson

Zur Wirksamkeit der vorgenannten Vertragstypen ist die schriftliche Einwilligung der versicherten Person erforderlich. Einwilligung meint nach h.M. die **vorherige Zustimmung** i.S.v. § 183 Satz 1 BGB, so dass eine spätere Genehmigung – auch durch die Gefahrperson selbst – die Unwirksamkeit eines ohne Einwilligung geschlossenen Vertrages nicht heilen kann.[20] Der Gegenansicht ist zwar zuzugeben, dass unter Schutzzweckgesichtspunkten auch eine schwebende Unwirksamkeit des Versicherungsvertrags ausreichend sein dürfte und die h.M. zu fraglichen Hilfskonstruktionen führt,[21] doch ist die auf § 183 BGB verweisende Gesetzesbegründung eindeutig.[22] Zudem lässt sich durch das Erfordernis einer vorherigen Zustimmung ausschließen, dass die (bezugsberechtigten) Erben den Versicherungsvertrag nachträglich genehmigen.[23] Folgt man dem, ist auch ein Vertragsschluss unter der aufschiebenden Bedingung einer Zustimmung der versicherten Person unwirksam.[24]

Absatz 2 Satz 1 verlangt die »schriftliche Einwilligung« der Gefahrperson, was gemeinhin als Schriftform i.S.v. § 126 BGB verstanden wird. Nach § 126 III BGB ist daher auch eine Einwilligung in elektronischer Form (§ 126a BGB) möglich. Soweit dies mit Blick auf die Warn- und Kontrollfunktion des **Schriftformerfordernisses** bestritten wird,[25] ist dies mit der gesetzlichen Regelung unvereinbar. Denn anders als in vielen anderen Vorschriften (vgl. etwa § 766 S. 2 BGB) hat der Gesetzgeber bei Neufassung des VVG zum 1. Januar 2008 gerade nicht angeordnet, dass die elektronische Form i.S.v. § 126a BGB ausgeschlossen sein soll.[26] In der Praxis wird dem Schriftformerfordernis regelmäßig durch Mitunterzeichnung des ausgefüllten Versicherungsantrags durch die zu versichernde Person genügt; eine Blankounterschrift hingegen genügt nicht.[27] Da sich die Gefahrperson durch die schriftliche Einwilligung ihrer Gefährdung bewusst werden und das einzugehende Risiko abwägen können soll, muss die Einwilligung zudem alle Umstände umfassen, von denen das Risiko der versicherten Person maßgeblich abhängt. Hierzu zählen insbesondere die Höhe der Versicherungssumme, die Person von VN und Bezugsberechtigtem und die Dauer der Versicherung, nicht aber, ob die Bezugsberechtigung widerruflich oder unwiderruflich ist.[28] Die Einwilligung muss ferner erkennen lassen, dass der Gefahrperson alle relevanten Umstände bekannt waren (sog. **Gefahrakzeptanz**).[29] Ändern sich diese Vertragsinhalte nachträglich durch Rechtsgeschäft und sind nicht mehr von der ursprünglichen Einwilligung gedeckt, bedarf es einer erneuten Zustimmung (s. hierzu Rdn. 2). Dass sich aus den Vertragsbedingungen die Möglichkeit derartiger Veränderungen (teilweise) ergibt, kann den strengen Anforderungen, die an die Einwilligung in die potentielle Gefährdung des eigenen Lebens zu stellen sind, nicht genügen.

Die Gefahrperson kann die Einwilligung sowohl gegenüber dem VN als auch gegenüber dem VR erklären (§ 182 I BGB) und sie bis zum Abschluss des Vertrages formlos widerrufen (§ 183 BGB) und anfechten. Eine Vertretung bei der Erteilung der Zustimmung ist möglich, sie setzt jedoch entgegen § 167 II BGB eine Voll-

---

18 Zur aufgeschobenen Rentenversicherung mit Rückgewähr der Beiträge bei Todeseintritt vor Rentenbeginn BGH VersR 1996, 357 f.; siehe auch PK/*Ortmann*, § 150 Rn. 7.
19 Vgl. BGH VersR 1999, 347, 348 f. (= BGHZ 140, 167); PK/*Ortmann*, § 150 Rn. 8; P/M/*Schneider*, § 150 Rn. 15. Dies gilt erst recht, wenn der Vertreter bezugsberechtigt ist, vgl. BGH VersR 1989, 465, 466; OLG Frankfurt (Main) NJW-RR 2003, 1034, 1035; *Müller* NVersZ 2000, 454, 458.
20 BGH VersR 1999, 347, 349 (= BGHZ 140, 167); PK/*Ortmann*, § 150 Rn. 10; P/M/*Schneider*, § 150 Rn. 11; H/E/K/*Reiff*, 21. Kapitel Rn. 47, *Drews* VersR 1987, 634, 641.
21 R/L/*Langheid*, § 150 Rn. 10; L/W/*Heiss*, § 150 Rn. 21.
22 Vgl. dazu auch BGH VersR 1999, 347, 349.
23 Vgl. dazu BGH VersR 1989, 465, 466; ebenso *Müller* NVersZ 2000, 454, 457.
24 Vgl. PK/*Ortmann*, § 150 Rn. 11; P/M/*Schneider*, § 150 Rn. 10; a.A. BK/*Schwintowski*, § 159 Rn. 7.
25 P/M/*Schneider*, § 150 Rn. 9; R/L/*Langheid*, § 150 Rn. 10.
26 PK/*Ortmann*, § 150 Rn. 10; L/W/*Heiss*, § 150 Rn. 26.
27 BGH VersR 1999, 34, 347, 349 (= BGHZ 140, 167).
28 BGH VersR 1999, 347, 349 (= BGHZ 140, 167).
29 BGH VersR 1999, 347, 350 (= BGHZ 140, 167); OLG Hamm r+s 2003, 292, 294; L/W/*Heiss*, § 150 Rn. 23.

macht voraus, die denselben Kriterien entsprechen muss, wie die Einwilligung selbst, so dass eine General- oder Blankovollmacht nicht genügt.[30]

9 Auch die durch den gesetzlichen Vertreter erklärte Einwilligung muss angesichts des Schutzzwecks der Vorschrift in Abweichung von § 182 Abs. 2 BGB dem Schriftformerfordernis genügen.[31] Ist der gesetzliche Vertreter indes zugleich VN des betreffenden Vertrages, ist er nach § 150 II 2 von der Vertretung – vorbehaltlich Abs. 3 – ausgeschlossen und es bedarf der Bestellung eines Ergänzungspflegers (§ 1909 BGB) oder Ersatzbetreuers (§ 1899 IV BGB).

III. Ausnahmen vom Einwilligungserfordernis

10 Nach h.M. setzt das Einwilligungserfordernis nicht voraus, dass tatsächlich eine erhöhte Gefahr für das Leben der Gefahrperson besteht, da diese Einschätzung allein der Gefahrperson überlassen bleiben soll.[32] Dies führt dazu, dass grundsätzlich auch in Fallkonstellationen, in denen eine Gefährdung der versicherten Person nicht erkennbar ist, eine Einwilligung der Gefahrperson erforderlich ist. In einer Reihe von typisierten (und abschließenden) Fallgruppen mit verringertem Gefährdungspotential sieht allerdings das Gesetz selbst einzelne Ausnahmen vor.

1. Beschränkung auf Beerdigungskosten

11 Übersteigt die zu erbringende Leistung nicht den Betrag der gewöhnlichen Beerdigungskosten (»Sterbegeldversicherung«), ist im Hinblick auf die als geringfügig einzuschätzende Gefahr für das versicherte Leben nach Abs. 2 Satz 1 keine Einwilligung erforderlich.[33] Die BaFin kann für diese Ausnahmeregelung einen gemäß § 150 IV maßgeblichen Höchstbetrag festlegen, der derzeit € 8.000,– beträgt.[34] Die Möglichkeit, ohne Kenntnis der versicherten Person eine Mehrzahl entsprechender Verträge mit einem insgesamt über dieser Höchstsumme liegenden Versicherungsvolumen abzuschließen, soll diese Ausnahmeregelung jedoch nicht einräumen. Aus diesem Grund ist jedenfalls dann, wenn mehrere Verträge vom selben VN abgeschlossen werden, ohne Einwilligung von ihrer Nichtigkeit auszugehen.[35]

2. Kollektivlebensversicherungen

12 Unter die Regelungen des Versicherungsvertragsrechts fällt auch die betriebliche Altersversorgung, soweit in deren Zusammenhang Lebensversicherungsverträge geschlossen werden.[36] Während § 159 a.F. uneingeschränkt auch auf Gruppenversicherungen angewendet wurde,[37] hat der Gesetzgeber in Abs. 2 Satz 1 nunmehr eine ausdrückliche Einschränkung für Kollektivlebensversicherungen im Bereich der betrieblichen Altersversorgung vorgesehen. Damit trägt das Gesetz der typischerweise deutlich reduzierten Gefahr Rechnung, der sich die versicherten Personen bei Abschluss eines Versicherungsvertrages durch ihren Arbeitgeber ausgesetzt sehen, und ermöglicht ferner eine vereinfachte Abwicklung der nach BetrAVG förderungswürdigen Altersvorsorge auf Betriebsebene. Aus dem Begriff der Kollektivlebensversicherung folgt allerdings, dass es sich bei den Versicherten um eine größere Gruppe handeln muss, so dass jedenfalls weniger als 5 Arbeitnehmer nicht ausreichend.[38]

3. Elternprivileg (Abs. 3)

13 Als Rückausnahme von Abs. 2 Satz 2 (s. Rdn. 9) erlaubt Abs. 3, dass ein Elternteil auch ohne Einwilligung seines minderjährigen Kindes eine Todesfallversicherung auf dessen Leben abschließen kann, es sei denn, der Vertrag sieht eine Leistung auch für den Tod des Kindes vor Vollendung des 7. Lebensjahres vor **und** der auszuzahlende Betrag geht über die gewöhnlichen Beerdigungskosten hinaus. Todesfallleistungen in höherem Alter dürfen die Maximalsumme von € 8.000,– also übersteigen. Nach Auffassung des Gesetzgebers tritt das Schutzbedürfnis des Minderjährigen hier hinter dem praktischen Interesse an einem einfachen Vertragsabschluss zurück.[39] Wird für den Todesfall nur eine Beitragsrückgewähr vereinbart und übersteigt diese die gewöhnlichen Beerdigungskosten nicht, soll eine Einwilligung ebenfalls entbehrlich sein.[40]

---

30 Vgl. bereits Rdn. 5 sowie die weiteren Nachweise in Fn. 19.
31 P/M/*Schneider*, § 150 Rn. 12; a.A. OLG Hamm VersR 1986, 82, 83; R/L/*Langheid*, § 150 Rn. 15.
32 OLG Frankfurt (Main) VersR 1997, 478 (Ls.); P/M/*Schneider*, § 150 Rn. 4; HK-VVG/*Brambach*, § 150 Rn. 3; vgl. bereits Rdn. 1.
33 Zum Begriff der Sterbegeldversicherung P/M/*Schneider*, § 150 Rn. 7; R/L/*Langheid*, § 150 Rn. 4.
34 VerBAV 2001, 133.
35 L/W/*Heiss*, § 150 Rn. 14; PK/*Ortmann*, § 150 Rn. 28; B/M/*Winter*, § 150 Rn. 57; a.A. P/M/*Schneider*, § 150 Rn. 7.
36 Eine Legaldefinition des Begriffs der betrieblichen Altersvorsorge findet sich in § 1 I BetrAVG, vgl. näher Vor §§ 150 ff. Rdn. 19 ff.).
37 Siehe u.a. OLG Frankfurt (Main) VersR 1997, 478 (Ls.); BGH VersR 1997, 1213, 1214.
38 So zutreffend R/L/*Langheid*, § 150 Rn. 13.
39 Dazu L/W/*Heiss*, § 150 Rn. 18.
40 OLG Zweibrücken NJW-RR 2011, 803; P/M/*Schneider*, § 150 Rn. 8.

C. Rechtsfolgen

Folgt man der h.M., wonach § 150 eine vorherige Einwilligung erfordert (s. Rdn. 5), ist ein ohne diese Einwilligung geschlossener Vertrag **von Anfang an unwirksam** und nach bereicherungsrechtlichen Regeln rückabzuwickeln.[41] Nach der Gegenansicht ist der Vertrag lediglich schwebend unwirksam und kann durch nachträgliche Genehmigung Wirksamkeit erlangen.[42]   14

D. Abdingbarkeit

Das Erfordernis der Einwilligung ist nach herrschender und zutreffender Auffassung zwingend, obwohl die Vorschrift in § 171 nicht genannt wird.[43] Ein Verzicht auf die Einwilligung durch die Gefahrperson ist daher nichtig.[44]   15

§ 151 Ärztliche Untersuchung.
Durch die Vereinbarung einer ärztlichen Untersuchung der versicherten Person wird ein Recht des Versicherers, die Vornahme der Untersuchung zu verlangen, nicht begründet.

Übersicht

	Rdn.		Rdn.
A. Allgemeines	1	I. Vereinbarung einer ärztlichen Untersuchung	4
I. Normzweck	2		
II. Anwendungsbereich	3	II. Durchführung der Untersuchung	6
B. Tatbestand und Rechtsfolgen	4	C. Abdingbarkeit	9

A. Allgemeines

Nach der Gesetzesbegründung[1] entspricht die im Wortlaut vereinfachte Vorschrift inhaltlich § 160 a.F.   1

I. Normzweck

Die Regelung dient als Ausfluss des allgemeinen Persönlichkeitsrechts dem Schutz der informationellen Selbstbestimmung der versicherten Person. Diese soll frei und ohne Rücksicht auf drohende Sanktionen darüber entscheiden können, ob und in welchem Umfang sie sich im Vorfeld des Abschlusses sowie im Rahmen der Durchführung eines Lebensversicherungsvertrages einer ärztlichen Untersuchung unterzieht.[2] Will der VR im Rahmen der Untersuchung personenbezogene Gesundheitsdaten erheben, ist darüber hinaus § 213 zu beachten.[3]   2

II. Anwendungsbereich

Neben allen Formen der Lebensversicherung gilt die Norm gem. § 176 entsprechend für die Berufsunfähigkeitsversicherung.   3

B. Tatbestand und Rechtsfolgen

I. Vereinbarung einer ärztlichen Untersuchung

Während im regulierten Altbestand bei einer Überschreitung bestimmter Versicherungssummen eine ärztliche Untersuchung aufsichtsrechtlich vorgeschrieben war,[4] steht es den Parteien nunmehr frei, ob sie vor Abschluss einer Lebensversicherung eine ärztliche Untersuchung durchführen. Regelmäßig wird sich der VR bei seiner Beurteilung des zu versichernden Risikos auf die Angaben des Antragstellers bzw. der zu versichernden Person in den vorgelegten Gesundheitsfragen beschränken. Lässt sich anhand dieser Antworten und vertiefender Nachfragen bei behandelnden Ärzten keine abschließende Risikoanalyse durchführen oder ergeben sich Auffälligkeiten, wird der VR indes darauf drängen, eine ärztliche Untersuchung der zu versichernden Person durchführen zu lassen. Gleiches gilt, soweit die Versicherungssumme oder das Alter der zu versichernden Person die vom VR hierfür festgelegten Grenzen überschreiten. Weigert sich die zu versichernde Person vor Vertragsschluss eine ärztliche Untersuchung durchführen zu lassen, steht es dem VR nach allgemeinen Grundsätzen frei, den Antrag des VN abzulehnen oder abweichende Bedingungen zu vereinbaren,[5] ohne dass   4

---

41 Vgl. BGH VersR 1999, 347, 349 (= BGHZ 140, 167); VersR 1989, 465, 466; PK/*Ortmann*, § 150 Rn. 20; P/M/*Schneider*, § 150 Rn. 14.
42 R/L/*Römer*, § 159 Rn. 18; HK-VVG/*Brambach*, § 150 Rn. 24; L/W/*Heiss*, § 150 Rn. 33.
43 R/L/*Römer*, § 159 Rn. 25; L/W/*Heiss*, § 150 Rn. 46; HK-VVG/*Brambach*, § 150 Rn. 42; P/M/*Schneider*, § 150 Rn. 19.
44 Vgl. *Drews* VersR 1987, 634, 641.
1 Begr. RegE BT-Drucks. 16/3945 S. 95.
2 P/M/*Schneider*, § 151 Rn. 1; L/W/*Mönnich*, § 151 Rn. 2; R/L/*Langheid*, § 151 Rn. 7; HK-VVG/*Brambach*, § 151 Rn. 2.
3 P/M/*Schneider*, § 151 Rn. 6; R/L/*Langheid*, § 151 Rn. 1.
4 Dazu L/W/*Mönnich*, § 151 Rn. 3.
5 P/M/*Schneider*, § 151 Rn. 5; wohl auch L/W/*Mönnich*, § 151 Rn. 3.

es § 151 bedürfte. Ist ein Vertragsschluss aber bereits erfolgt, stellt § 151 klar, dass der VR mit dem VN oder der zu versichernden Person zwar eine Vereinbarung über eine solche Untersuchung treffen kann, diese jedoch **keinen durchsetzbaren Anspruch** des VR begründet. Für den Fall, dass eine Untersuchung unterbleibt, dürfte es aber zulässig sein, ein Lösungsrecht des VR zu vereinbaren oder angemessene Risikoausschlüsse vorzusehen.[6]

5 Über ihren Wortlaut hinaus, der lediglich die fehlende Erzwingbarkeit einer in AVB oder auch individualvertraglich vereinbarten ärztlichen Untersuchung regelt, verbietet die Vorschrift auch jede andere Abrede, die mittelbar geeignet ist, die durch § 151 geschützte Willensfreiheit zu beeinträchtigen[7]. Nach ganz h.L., die sich auf den gesetzgeberischen Willen berufen kann,[8] ist daher die Vereinbarung einer **Vertragsstrafe** für den Fall der Verweigerung einer Untersuchung unwirksam.[9] Ebenso wenig steht dem VR mangels Pflichtwidrigkeit ein Schadenersatzanspruch zu, wenn die zu versichernde Person die Untersuchung verweigert oder eine bereits begonnene Untersuchung abbricht.[10]

II. Durchführung der Untersuchung

6 Beauftragt der VR den untersuchenden Arzt nicht nur mit einer reinen Gesundheitsprüfung, sondern zugleich mit der Durchführung einer Befragung und der Aufnahme von Auskünften, handelt er als **passiver Stellvertreter** des VR und steht insoweit einem Versicherungsagenten gleich.[11] Was dem Arzt gegenüber gesagt wird, gilt als dem VR gesagt. Dieser vom BGH ursprünglich aus seiner »Auge-und-Ohr« Rechtsprechung abgeleitete Grundsatz folgt nunmehr aus einer entsprechenden Anwendung des § 69[12] und gilt unabhängig davon, ob der untersuchende Arzt in einem festen Dienstverhältnis zum VR steht, ob er von ihm ständig in Anspruch genommen wird und ob er überhaupt vom VR ausgewählt oder vorgeschrieben worden ist[13]. Der VR muss sich allerdings nur die Kenntnisse zurechnen lassen, die durch die »Erklärung vor dem Arzt« gewonnen werden, nicht hingegen Erkenntnisse aus früheren Behandlungen.[14] Aus der Stellung des Arztes als passivem Stellvertreter folgt zugleich, dass ihm gegenüber gemachte und nicht in das Formular aufgenommene Antworten als dem VR gesagt gelten[15] und der VR bei hinreichend substantiiertem Vortrag des VN nachweisen muss, die behaupteten mündlichen Aussagen seien nicht erfolgt.[16] Umgekehrt ist der VN verpflichtet, vom Arzt an den VR übermittelte unzutreffende Angaben richtig zu stellen, sofern er von diesen Kenntnis erhält.[17] Ihre natürliche Grenze findet die Wissenszurechnung bei Arglist der zu versichernden Person,[18] kollusivem Zusammenwirken zwischen Arzt und zu versichernder Person sowie evidentem Vollmachtsmissbrauch (§ 242 BGB).[19]

7 Darüber hinaus kommt auch eine **Haftung** des untersuchenden Arztes als Erfüllungsgehilfe des VR in Betracht. Da eine Zurechnung nach § 278 BGB jedoch voraussetzt, dass der Arzt im Pflichtenkreis des VR tätig wird, wird man diese nicht ohne Rücksicht auf die zwischen VR und VN bestehenden Absprachen annehmen können.[20] Ob der VR daher für Schäden aufkommen muss, die der Arzt der zu versichernden Person im Rahmen der Untersuchung zufügt,[21] hängt vom Einzelfall ab. Kommt es bei der Durchführung der Untersuchung oder der Weiterleitung des ärztlichen Befundes an den VR zu Verzögerungen, kann sich eine Haftung des VR nach den Grundsätzen des Verschuldens bei Vertragsanbahnung ergeben, falls der VN darauf vertrauen darf, dass der VR den Antrag innerhalb einer angemessenen Frist bearbeitet.[22] Ob dies auch dann gilt, wenn der VN auf einer Untersuchung durch seinen Hausarzt bestanden hat und dieser eine Verzögerung herbeiführt, ist indes zu

---

6 Vgl. P/M/*Schneider*, § 151 Rn. 5; HK-VVG/*Brambach*, § 151 Rn. 2. Solche Vereinbarungen müssen allerdings regelmäßig einer AGB-Kontrolle standhalten, vgl. LG Wiesbaden VersR 1991, 210.
7 P/M/*Schneider*, § 151 Rn. 3.
8 Vgl. Motive zum VVG 1908, Nachdruck 1963, S. 218 sowie die Erläuterung in L/W/*Mönnich*, § 151 Rn. 1 f.
9 Vgl. PK/*Ortmann*, § 151 Rn. 2; P/M/*Schneider*, § 151 Rn. 3; L/W/*Mönnich*, § 151 Rn. 4; R/L/*Langheid*, § 151 Rn. 2; einschränkend allein HK-VVG/*Brambach*, § 151 Rn. 2, der den Schutzzweck der Vorschrift erst dann betroffen sieht, wenn die Vertragsstrafe unangemessen hoch und wegen ihrer Höhe dazu geeignet ist, die versicherte Person daran zu hindern, sich auf § 151 zu berufen.
10 Vgl. P/M/*Schneider*, § 151 Rn. 4; L/W/*Mönnich*, § 151 Rn. 4; einschränkend HK-VVG/*Brambach*, § 151 Rn. 2.
11 Ständige Rspr., vgl. BGH VersR 1980, 762, 763; BGH VersR 2001, 620, 621 f. m.w.N.; BGH VersR 2009, 529, 530; aus der Literatur Wendt/*Jularic* VersR 2008, 41; L/W/*Mönnich*, § 151 Rn. 7.
12 PK/*Ortmann*, § 151 Rn. 4.
13 BGH VersR 1980, 762, 763; VersR 1968, 41; ebenso P/M/*Schneider*, § 151 Rn. 4.
14 BGH VersR 2009, 529, 530; a. A. OLG Frankfurt (Main) VersR 1993, 425, 426 f.; R/L/*Langheid*, § 151 Rn. 4; differenzierend L/W/*Mönnich*, § 151 Rn. 8 ff.
15 BGH VersR 2001, 620, 621; P/M/*Schneider*, § 151 Rn. 4; L/W/*Mönnich*, § 151 Rn. 7.
16 BGH VersR 1990, 77, 78; P/M/*Schneider*, § 151 Rn. 4; R/L/*Langheid*, § 151 Rn. 4.
17 OLG Hamm r+s 1988, 32; P/M/*Schneider*, § 151 Rn. 4.
18 BGH VersR 2001, 620, 622; L/W/*Mönnich*, § 151 Rn. 11; R/L/*Langheid*, § 151 Rn. 4.
19 PK/*Ortmann*, § 151 Rn. 8; L/W/*Mönnich*, § 151 Rn. 11.
20 Ebenso HK-VVG/*Brambach*, § 151 Rn. 2.
21 So L/W/*Mönnich*, § 151 Rn. 5; P/M/*Schneider*, § 151 Rn. 4.
22 Siehe hierzu P/M/*Prölss*, § 1 Rn. 58 ff.

bezweifeln. Unabhängig davon ist eine Haftung des VR stets ausgeschlossen, wenn der VN noch nicht alles Erforderliche getan hat, um den VR in die Lage zu versetzen, den Antrag anzunehmen.[23]

Da der Schutzzweck des § 151 jede Abrede verbietet, die (auch nur mittelbar) geeignet ist, die durch § 151 geschützte Willensfreiheit zu beeinträchtigen, ist der h.M. darin zuzustimmen, dass der VN nach Vertragsschluss nicht mit den **Kosten** für eine abgebrochene oder unterbliebene ärztliche Untersuchung belastet werden darf.[24] Soll die Untersuchung demgegenüber im Vorfeld des Vertragsschlusses erfolgen, dürfte es innerhalb der Grenzen der §§ 307 ff. BGB zulässig sein, die Kosten der ärztlichen Untersuchung dem VN aufzuerlegen.[25] Auch wenn der Vertrag aus anderen Gründen scheitert, steht einer Kostentragung durch den VN nichts entgegen. Dementsprechend ist es nicht zu beanstanden, wenn § 11 I 2 ALB KLV 2016[26] dem VR im Falle eines Rücktritts gem. § 37 wegen unterbliebener Zahlung der Erstprämie das Recht zur Rückforderung der Kosten der ärztlichen Untersuchung einräumt.

8

C. Abdingbarkeit

Eine zum Nachteil der versicherten Person abweichende Vereinbarung ist unwirksam. § 151 wird zwar in § 171 nicht erwähnt (ebenso wie § 160 a.F. in der Aufzählung des § 178 a.F. fehlte), aus dem Schutzzweck der Vorschrift ergibt sich indes zwanglos ihre Unabdingbarkeit.[27]

9

§ 152 Widerruf des Versicherungsnehmers. (1) Abweichend von § 8 Abs. 1 Satz 1 beträgt die Widerrufsfrist 30 Tage.
(2) Der Versicherer hat abweichend von § 9 Satz 1 auch den Rückkaufswert einschließlich der Überschussanteile nach § 169 zu zahlen. Im Fall des § 9 Satz 2 hat der Versicherer den Rückkaufswert einschließlich der Überschussanteile oder, wenn dies für den Versicherungsnehmer günstiger ist, die für das erste Jahr gezahlten Prämien zu erstatten.
(3) Abweichend von § 33 Abs. 1 ist die einmalige oder die erste Prämie unverzüglich nach Ablauf von 30 Tagen nach Zugang des Versicherungsscheins zu zahlen.

Übersicht

	Rdn.		Rdn.
A. Allgemeines	1	II. Leistungspflicht bei Widerruf (Abs. 2)	5
I. Normzweck	1	III. Fälligkeit der Prämie (Abs. 3)	8
II. Anwendungsbereich	2	C. Beweislast	9
B. Tatbestand und Rechtsfolgen	3	D. Ausgestaltung/Abänderung durch AVB	10
I. Widerrufsfrist (Abs. 1)	3		

A. Allgemeines

I. Normzweck

Der Lebensversicherung kommt gegenüber anderen Versicherungsverträgen im Hinblick auf ihren Zweck, der Alters- und Hinterbliebenenversorgung, die für sie aufzubringende Prämienhöhe und ihre lange Laufzeit **besondere Bedeutung für den VN** zu.[1] § 152 trägt diesem Umstand Rechnung, indem er zugunsten des VN von den allgemeinen Bestimmungen zur Widerrufsfrist und der Leistungspflicht bei Widerruf abweichende Regelungen vorsieht und – damit zusammenhängend – auch die Prämienfälligkeit anpasst.
§ 152 folgt damit den Vorgaben in Art. 17 der Fernabsatzrichtlinie II (2002/65/EG) und ersetzt in Verbindung mit §§ 8, 9 die früheren Regelungsregime in §§ 5a, 8 V und 48c a.F. (s. dazu schon § 8 Rdn. 2 ff.). Weiterhin (und neben dem Widerrufsrecht) anwendbar bleibt im Bereich der Altersvorsorge das zweijährige Rücktrittsrecht nach § 7 III AltZertG.[2]

1

II. Anwendungsbereich

§ 152 begründet kein eigenständiges Widerrufsrecht, sondern ergänzt und modifiziert lediglich die allgemeinen Regelungen in § 8 und § 9. Da § 152 somit nur Anwendung findet, wenn dem Grunde nach ein Widerrufsrecht gem. § 8 besteht, sind die in § 8 III geregelten Ausnahmen auch im Rahmen von § 152 zu beachten.[3]

2

---

23 OLG Saarbrücken, VersR 2006, 1345, 1346; vgl. L/W/*Mönnich*, § 151 Rn. 5.
24 Vgl. PK/*Ortmann*, § 151 Rn. 11; P/M/*Schneider*, § 151 Rn. 3; a.A. HK-VVG/*Brambach*, § 151 Rn. 9.
25 So auch HK-VVG/*Brambach*, § 151 Rn. 9.
26 Vgl. GDV Allgemeine Bedingungen für die kapitalbildende Lebensversicherung (Stand 02.02.2016).
27 R/L/*Langheid*, § 151 Rn. 7; von einem Redaktionsversehen spricht PK/*Ortmann*, § 151 Rn. 13; im Ergebnis ebenso L/W/*Mönnich*, § 151 Rn. 17; P/M/*Schneider*, § 151 Rn. 3.
1 Begr. RegE BT-Drucks. 16/3945 S. 50.
2 Vgl. dazu L/W/*Heiss*, § 152 Rn. 7; P/M/*Schneider*, § 176 Rn. 9.
3 Vgl. L/W/*Heiss*, § 152 Rn. 4; R/L/*Langheid*, § 152 Rn. 2.

Bei Versicherungsverträgen mit (regulierten) Pensionskassen i.S.v. § 118b III, IV VAG besteht folglich schon nach § 8 III 1 Nr. 3 kein Widerrufsrecht, sofern es sich nicht um Fernabsatzverträge i.S.v. § 312c BGB handelt. § 211 II Nr. 1 bekräftigt dies nochmals für die Anwendbarkeit von § 152 I, II.

Gem. § 176 findet § 152 entsprechende Anwendung auf Berufsunfähigkeitsversicherungen, was richtigerweise nur Abs. 1 und Abs. 3 betrifft.[4]

B. Tatbestand und Rechtsfolgen

I. Widerrufsfrist (Abs. 1)

3 Gem. § 8 steht dem VN das Recht zu, seine Vertragserklärung zu widerrufen und damit den Vertragsschluss ohne Angabe von Gründen rückgängig zu machen. Die grundsätzlich zweiwöchige Frist für den Widerruf, die mit Zugang von Versicherungsschein, Vertragswerk, Widerrufsbelehrung und den weiteren in § 8 II aufgeführten Informationen beginnt, wird durch Abs. 1 für den Lebensversicherungsvertrag auf **30 Tage** verlängert. Diese Sonderregelung für Lebensversicherungsverträge geht auf gemeinschaftsrechtliche Vorgaben zurück[5] und entspricht der Frist, die seit Ende 2004 bereits in § 5a I 2 a.F. für den Widerspruch (im Falle des Policenmodells), in § 8 V 1 a.F. für den Rücktritt (Antragsmodell) und in § 48c I 3 a.F. (Fernabsatzverträge) vorgesehen ist. Der erweiterte Zeitraum soll dem VN aufgrund der regelmäßig großen wirtschaftlichen Bedeutung des Vertrages und der umfangreichen Vertragsbedingungen eine ausreichende Prüfungsfrist und Bedenkzeit einräumen.[6] Im Übrigen, insbes. zur Fristberechnung, gelten die allgemeinen Bestimmungen zum Widerrufsrecht (s. hierzu § 8 Rdn. 32 ff.).

4 Ausweislich der Gesetzesbegründung gilt die längere Widerrufsfrist auch dann, wenn der übersandte Versicherungsschein vom Antrag des VN abweicht.[7] Allerdings bleibt die praktische Bedeutung der Fristverlängerung in diesen Fällen gering, da § 5 I eine besondere Widerspruchsmöglichkeit vorsieht, deren Frist einen Monat nach Zugang des Versicherungsscheins beträgt (s. hierzu § 5 Rdn. 37 ff.). Welches Recht der VN ausüben will, wird man im Zweifel nicht anhand des von ihm verwendeten Begriffs bestimmen dürfen, sondern anhand der im Einzelfall bestehenden Interessenlage.[8] Aus diesem Grund ist eine Umdeutung im Sinne einer Meistbegünstigung zwar möglich, aber keinesfalls zwingend.[9]

II. Leistungspflicht bei Widerruf (Abs. 2)

5 Übt der VN das Widerrufsrecht nach § 8 I aus, differenziert § 9 hinsichtlich des Umfangs der Erstattungspflicht danach, ob der VR den VN ordnungsgemäß nach § 8 II 1 Nr. 2 über sein Widerrufsrecht aufgeklärt hat oder nicht. Ist die Belehrung zutreffend, hat der VR nach den allgemeinen Vorschriften nur den auf die Zeit nach Zugang des Widerrufs entfallenden Teil der Prämien zu erstatten (s. hierzu § 8 Rdn. 10, § 9 Rdn. 18). Ist der Hinweis unterblieben oder unzureichend, hat der VR zusätzlich die für das erste Jahr des Versicherungsschutzes gezahlten Prämien zu erstatten, sofern nicht der VN Leistungen aus dem Versicherungsvertrag in Anspruch genommen hat.

6 Bei der Lebensversicherung würde die Anwendung dieser allgemeinen Regeln dazu führen, dass der VN zwar die (anteilige) Rückzahlung der geleisteten Prämien verlangen könnte, nicht aber einen bis zum Widerruf etwa entstandenen (und die Höhe der Prämien übersteigenden) Rückkaufswert, den er bei Kündigung erhielte. Um dieses als unbillig empfundene Ergebnis auszuschließen,[10] modifiziert § 152 die allgemeinen Regelungen:[11] Hat der VR seine Hinweispflicht nach § 8 II 1 Nr. 2 erfüllt, soll der VN bei Widerruf eines Lebensversicherungsvertrages, dessen Versicherungsschutz vereinbarungsgemäß vor Ablauf der Widerrufsfrist beginnt, gem. Abs. 2 Satz 1 zusätzlich zu dem auf die Zeit nach Zugang des Widerrufs entfallenden Teil der Prämien auch den **Rückkaufswert**, einschließlich etwaiger Überschussanteile, erhalten. Der Rückkaufswert ist nach § 169 III–VII ohne Berücksichtigung von Abschluss- und Vertriebskosten und ohne Stornoabzug i.S.v. § 169 V zu ermitteln und entspricht daher dem ungezillmerten Deckungskapital.[12] Hat der VR demgegenüber seine Hinweispflicht verletzt, hat er entweder den so ermittelten Rückkaufswert oder die für das erste Jahr gezahlten Prämien auszuzahlen, sofern diese den Rückkaufswert übersteigen, Abs. 1 Satz 2.[13] Soweit in diesem Zusammenhang vielfach von einem Wahlrecht des VN gesprochen wird,[14] gibt der Wortlaut dies

---

4 P/M/*Schneider*, § 176 Rn. 5; a.A. wohl L/W/*Heiss*, § 176 Rn. 7 a.E.
5 Art. 15 Abs. 1 Unterabs. 1 der RL 90/619/EWG, geändert durch Art. 17 der RL 2002/65/EG (ABl. EG Nr. L 271, S. 16).
6 R/L/*Langheid*, § 152 Rn. 7.
7 Begr. RegE BT-Drucks. 16/3945 S. 95.
8 R/L/*Langheid*, § 152 Rn. 10.
9 Anders P/M/*Schneider*, § 152 Rn. 9; vgl. auch HK-VVG/*Brambach*, § 152 Rn. 10.
10 Begr. RegE BT-Drucks. 16/3945 S. 95.
11 Soweit § 152 aus § 9 Satz 1 und § 9 Satz 2 verweist, handelt es sich um ein Redaktionsversehen; gemeint sind jeweils § 9 I 1 und § 9 I 2.
12 Begr. RegE BT-Drucks. 16/3945 S. 95, einhellige Meinung.
13 HK-VVG/*Brambach*, § 152 Rn. 20; P/M/*Schneider*, § 152 Rn. 9.
14 So bereits Begr. RegE BT-Drucks. 16/3945 S. 95; ebenso P/M/*Schneider*, § 152 Rn. 13; R/L/*Langheid*, § 152 Rn. 16.

nicht her. Vielmehr ist der VR nach Sinn und Zweck der Vorschrift dazu verpflichtet, beide Werte zu berechnen und den höheren Wert an den VN auszuzahlen.[15] Handelt es sich um eine Versicherung mit Einmalprämie, wird man — um der gesetzlichen Konzeption gerecht zu werden — die Prämie wohl gedanklich in zwei Teile aufspalten müssen, die einmal den Zeitraum vor Zugang des Widerrufs betrifft und einmal den Zeitraum danach.[16] Handelt es sich darüber hinaus noch um eine fondsgebundene Lebensversicherung, stellt sich die weitere Frage, wer das Anlagerisiko im Fall etwaiger Kursverluste trägt. Da der VR das Risiko auf Wunsch des Kunden eingeht (und er im Fall eines Kursgewinns auch den höheren Rückkaufswert auszahlen muss), spricht vieles dafür, das Anlagerisiko auf Seiten des VN zu verorten.[17] Zum Widerspruchsrecht nach § 5a a.F. hat der BGH dies jüngst ausdrücklich bejaht und dem VR gestattet, sich auf den Wegfall der Bereicherung zu berufen.[18] Da die Vorschriften der §§ 346 ff. BGB subsidiär auf die Rückabwicklung nach §§ 9, 152 Anwendung finden,[19] ließe sich dieser Gedanke über § 346 II 1 Nr. 3 BGB ohne Weiteres auf den Widerruf nach neuem Recht übertragen.

In der Widerrufsbelehrung nach § 8 II 1 Nr. 2 ist auf die Besonderheiten der Lebensversicherung hinzuweisen.[20] Dies umfasst insbesondere die abweichende Widerrufsfrist sowie die Rechtsfolgen nach Abs. 2 Satz 1. Eine Belehrung über die besonderen Rechtsfolgen, die sich bei einer unzutreffenden Belehrung ergeben, ist demgegenüber nicht erforderlich.[21] 7

III. Fälligkeit der Prämie (Abs. 3)

Nach § 33 I hat der VN eine einmalige bzw. – im Falle laufender Prämienzahlungen – erste Prämie unverzüglich nach Ablauf von zwei Wochen nach Zugang des Versicherungsscheins zu zahlen, d.h. nach Ablauf der regelmäßigen Widerrufsfrist. Um der längeren Widerrufsfrist für Lebensversicherungsverträge Rechnung zu tragen,[22] verlängert Abs. 3 diesen Zeitraum auf 30 Tage. 8

C. Beweislast

Die Darlegungs- und Beweislast hinsichtlich des Zugangs der gemäß § 8 II relevanten Unterlagen sowie des in § 9 I 1 vorgesehenen Hinweises bleibt gegenüber den allgemeinen Regelungen unverändert.[23] Was die Höhe der auf die Zeit nach Zugang des Widerrufs entfallenden Prämien angeht, kommt – insbes. bei Versicherungen gegen Einmalbeitrag – eine sekundäre Darlegungslast des VR in Betracht.[24] 9

D. Ausgestaltung/Abänderung durch AVB

Aus § 171 folgt, dass Abs. 1 und 2 halbzwingenden Charakter haben und daher zu Lasten des VN nicht abgeändert werden können. Die Regelung des Abs. 3 hingegen ist – wie auch § 33 I selbst – abdingbar.[25] 10

§ 153 Überschussbeteiligung.

(1) Dem Versicherungsnehmer steht eine Beteiligung an dem Überschuss und an den Bewertungsreserven (Überschussbeteiligung) zu, es sei denn, die Überschussbeteiligung ist durch ausdrückliche Vereinbarung ausgeschlossen; die Überschussbeteiligung kann nur insgesamt ausgeschlossen werden.

(2) ¹Der Versicherer hat die Beteiligung an dem Überschuss nach einem verursachungsorientierten Verfahren durchzuführen; andere vergleichbare angemessene Verteilungsgrundsätze können vereinbart werden. ²Die Beträge im Sinn des § 268 Abs. 8 des Handelsgesetzbuches bleiben unberücksichtigt.

(3) ¹Der Versicherer hat die Bewertungsreserven jährlich neu zu ermitteln und nach einem verursachungsorientierten Verfahren rechnerisch zuzuordnen. ²Bei der Beendigung des Vertrags wird der für diesen Zeitpunkt zu ermittelnde Betrag zur Hälfte zugeteilt und an den Versicherungsnehmer ausgezahlt; eine frühere Zuteilung kann vereinbart werden. ³Aufsichtsrechtliche Regelungen zur Sicherstellung der dauernden Erfüllbarkeit der Verpflichtungen aus den Versicherungen, insbesondere die §§ 89, 124 Abs. 1, § 139 Abs. 3 und 4 und die §§ 140 sowie 214 des Versicherungsaufsichtsgesetzes bleiben unberührt.

(4) Bei Rentenversicherungen ist die Beendigung der Ansparphase der nach Absatz 3 Satz 2 maßgebliche Zeitpunkt.

---

15 So auch L/W/*Heiss*, § 152 Rn. 17; HK-VVG/*Brambach*, § 152 Rn. 17; PK/*Ortmann*, § 152 Rn. 8.
16 In diesem Sinne L/W/*Heiss*, § 152 Rn. 14.
17 So L/W/*Heiss*, § 152 Rn. 15.
18 BGH VersR 2016, 33.
19 Vgl. etwa P/M/*Armbrüster*, § 9 Rn. 2.
20 Begr. RegE BT-Drucks. 16/3945 S. 95.
21 P/M/*Schneider*, § 152 Rn. 5.
22 Begr. RegE BT-Drucks. 16/3945 S. 95.
23 Siehe dazu § 8 Rdn. 74 ff.
24 LG Offenburg VersR 2012, 1417; P/M/*Schneider*, § 152 Rn. 17.
25 Begr. RegE BT-Drucks. 16/3945 S. 95; P/M/*Schneider*, § 152 Rn. 18; R/L/*Langheid*, § 152 Rn. 22; PK/*Ortmann*, § 152 Rn. 8.

§ 153 Überschussbeteiligung

Übersicht

	Rdn.
A. Allgemeines	1
I. Normzweck	1
1. Überschussbeteiligung als gesetzliche Korrektur der Prämienkalkulation	2
2. Überschussbeteiligung als spezieller Mechanismus zur Risikotragung in der Lebensversicherung	3
3. Anpassung der Mechanismen zur Risikotragung im Niedrigzinsumfeld	4
4. ZZR und LVRG als stumpfe Schwerter?	5
II. Entstehungsgeschichte	6
III. Anwendungsbereich	7
B. Überschussbeteiligung der VN (Abs. 1)	11
I. Überschuss und Überschussverteilung	12
1. Jahresabschluss, Rohüberschuss und Gewinnzerlegung, Gewinngruppen	13
2. Aufteilung des Rohüberschusses zwischen VR und VN	16
a) Rechnungszins	17
aa) Bedeutung von Rechnungs- = Garantiezins	18
bb) Garantierente und die Folgerungen aus dem BGH-Urteil vom 08.07.2009 für Fälle der Nachreservierung	20
cc) Der besondere Garantiebegriff in der Lebensversicherung	21
dd) Der Garantiezins im Niedrigzinsumfeld u. die ZZR als gesetzlich angeordnete Nachreservierung	22
ee) Folgerungen aus der Garantierenten-Entscheidung?	24
ff) Garantiebegriff und § 154 – Wertungswidersprüche in BGH-Urteilen zur Überschussbeteiligung	28
gg) Die Entscheidungen zu Equitable Life, Beratungspflichtverletzungen und ihre Bedeutung für ZZR und LVRG	29
hh) Werden die gesetzlichen Maßnahmen zur Steigerung der Risikotragfähigkeit unterlaufen?	31
b) Mindestgewinnanteil des VR (§ 139 II VAG)	32
c) Mindestzuführungsverordnung	33
d) Direktgutschrift und RfB	34
3. Querverrechnung, Reduzierung der Mindestzuführung	35
4. Systeme der Überschussbeteiligung der VN	37
5. Laufender Überschussanteil und Schlussgewinnanteil; Überschussdeklaration	38
6. Bezugsformen	39
7. Schichten der RfB, insbes. der kollektive Teil der RfB	40
II. Bewertungsreserven	41
1. Bilanzrechtliche Grundlagen der Bewertungsreserven	44
2. Ermittlung der Bewertungsreserven	46
3. Transparente Darstellung der Zeitwerte im Anhang des Jahresabschlusses	47
4. Eingeschränkte Teilhabe an den Bewertungsreserven durch den Sicherungsbedarf im Rahmen des LVRG	48
III. Beteiligung am Überschuss und an den Bewertungsreserven, Ausschluss der Überschussbeteiligung	49
1. Kontrolle der Überschussbeteiligung der VN	50
a) Konkrete Vorgaben und Kontrollmechanismen	51
b) Keine Ermessensüberprüfung nach § 315 III 2 BGB	52
c) Kontrolle von AVB-Klauseln zur Überschussbeteiligung	55
d) Weitere Aspekte zur Kontrolle der Überschussbeteiligung	56
2. Ausschluss der Überschussbeteiligung	57
3. Auskunftsansprüche	58
C. Ausgestaltung der Beteiligung am Überschuss (Abs. 2–4)	59
I. Beteiligung am (handelsrechtlichen) Überschuss (Abs. 2)	60
1. Verursachungsorientiertes Verfahren	60
a) Spannungsverhältnis zum kollektiven Risikoausgleich	61
b) Risikoadjustierte Verzinsung	62
c) Zinsarbitrage	64
d) Freiheiten des VR bei der Wahl und Ausgestaltung des verursachungsorientierten Verfahrens	65
e) Zeitnahe Beteiligung der VN an den Überschüssen	66
2. Vereinbarung anderer vergleichbarer angemessener Verteilungsgrundsätze	67
3. Informationspflichten	68
4. Ausschüttungssperre nach Abs. 2 Satz 2	69
II. Beteiligung an den Bewertungsreserven (Abs. 3)	71
1. Rechnerische Zuordnung nach einem verursachungsorientierten Verfahren	71
2. Zuteilung bei Vertragsbeendigung und Auszahlung der Hälfte der Bewertungsreserven	72
3. Aufsichtsrechtliche Regelungen zur Kapitalausstattung (Abs. 3 Satz 3)	73
III. Zuteilung der Bewertungsreserven bei Rentenversicherungen (Abs. 4)	76
D. Abdingbarkeit	80

A. Allgemeines

I. Normzweck

1 Die Regelung des § 153 zur Überschussbeteiligung war im Rahmen der VVG-Reform zur Lebensversicherung von zentraler Bedeutung.[1] Die kapitalbildende Lebensversicherung und die Rentenversicherung haben im All-

---

[1] Vgl. bereits 1.3.2.1.3 des Berichts der VVG-Reformkommission, VVG-Kommission Abschlussbericht 2004 (VersR-Schriftenreihe Heft 25), S. 97 ff.

gemeinen lange Laufzeiten, so dass die **Prämien** für die jeweils versicherten Leistungen hinsichtlich Schadeneintrittswahrscheinlichkeit, Zinsertrag und Deckungsbeiträgen für Abschluss- und Verwaltungskosten sehr vorsichtig kalkuliert werden,[2] damit die langfristige Erfüllbarkeit der Verträge durch den Lebensversicherer gesichert ist. Hierfür besteht sogar eine aufsichtsrechtliche Verpflichtung (§ 138 I VAG). Die Prämienkalkulation (netto) für eine einjährige Risiko(Lebens)Versicherung erfolgt – vereinfacht dargestellt –, indem man (1.) die Versicherungssumme mit dem biometrischen Faktor aus der Wahrscheinlichkeitstafel multipliziert (= wahrscheinliche Höhe der zukünftigen Leistung des VR aus dem Versicherungsvertrag, ermittelt aufgrund des Prinzips des Ausgleichs im Kollektiv als durchschnittliche Leistung je VN) und diesen Betrag (2.) mit dem Rechnungszins abzinst. Dieser Leistungsbarwert ist gleich dem Prämienbarwert.[3] Je vorsichtiger diese Faktoren gewählt werden – größerer biometrischer Faktor durch einen Sicherheitszuschlag auf den realistischen Faktor und kleinerer Rechnungszins durch einen Sicherheitsabschlag auf den aufgrund von Vergangenheitserfahrungen geschätzten Anlagezins – umso höher sollten Beitrag und Überschüsse ausfallen.

Als **Korrektiv** für diese sehr vorsichtige Prämienkalkulation, bezogen auf die tatsächlich eintretenden Leistungen für die biometrischen Risiken, die im Vergleich zu den kalkulatorisch angenommenen Leistungen im Normalfall geringer sein sollten, und den Umfang der dem Vertrag tatsächlich zuzuordnenden Kapitalerträge aus den Kapitalanlagen, der erheblich größer sein sollte, als der bei der Kalkulation verwendete Rechnungszins, wurde **in der Lebensversicherung die Überschussbeteiligung** als zusätzliche Leistung eingeführt, »um unakzeptable Nachteile für die VN zu vermeiden«.[4] Die Bedeutung der Überschussbeteiligung als Zusatzleistung, die dem Grunde nach bereits durch den Wettbewerb erzwungen wird, der Höhe nach in jedem Fall jedoch ungewiss ist, wird deutlich, wenn man sieht, dass die an die VN ausgeschütteten Überschüsse die fest vereinbarte Versicherungssumme in der kapitalbildenden Lebensversicherung bei lang laufenden Verträgen in der Vergangenheit häufig sogar überstiegen.[5] Die Überschussbeteiligung und ihre konkrete Höhe war und ist unverändert als Bestandteil eines partiarischen Rechtsverhältnisses[6] vom wirtschaftlichen Erfolg der Lebensversicherung als Unternehmen abhängig und nicht von dessen zivilrechtlicher Konstruktion. Den hohen Überschussbeteiligungen der Vergangenheit stehen derzeit aufgrund des **Niedrigzinsumfeldes** sehr viel geringere Kapitalerträge aus den Kapitalanlagen des VR gegenüber, wobei die verbleibenden Überschüsse überdies noch durch den Aufwand aus der erforderlichen bilanziellen Risikovorsorge reduziert werden.

1. Überschussbeteiligung als gesetzliche Korrektur der Prämienkalkulation

Da es ursprünglich keine Regelung zur Überschussbeteiligung im VVG gab, wurde diese dem VN **vor der VVG-Reform** regelmäßig vertraglich – in den AVB – eingeräumt, wobei das Aufsichtsrecht die Überschussbeteiligung dann primär durch Verordnungen und die bis zur Deregulierung des Lebensversicherungsmarktes im Jahre 1994 erforderliche Genehmigung von Geschäftsplan und AVB geregelt hat.[7] § 153 gewährt **nunmehr einen gesetzlichen Anspruch** auf Überschussbeteiligung, wenn er vertraglich nicht ausdrücklich ausgeschlossen ist. Der Ausschluss ist bei allen Tarifen möglich, nicht nur bei solchen, die nicht unter Berücksichtigung von § 138 VAG kalkuliert wurden,[8] da das Gesetz keine derartige Einschränkung kennt und der Gesetzgeber die Möglichkeit von Verträgen mit und ohne Überschussbeteiligung gerade vor dem Hintergrund der aus § 138 VAG resultierenden Überschüsse bestätigt.[9] § 153 I enthält darüber hinaus eine gesetzliche Definition der Überschussbeteiligung, die sich nunmehr auf die Beteiligung an den (laufenden u. Schluss) Überschüssen des VR wie auch an den Bewertungsreserven (BWR) bezieht. § 153 erfüllt insoweit die Anforderungen des BVerfG[10] an den Gesetzgeber, bis zum 31.12.2007 im Hinblick auf Art. 2 und Art. 14 I GG hinreichende rechtliche Vorkehrungen dafür zu treffen, dass bei der Ermittlung eines zuzuteilenden Schlussüberschusses die Vermögenswerte angemessen berücksichtigt werden, die durch die Prämienzahlungen im Bereich der kapitalbildenden Lebensversicherung mit Überschussbeteiligung geschaffen werden. Gemeint ist insoweit insbes., dass auch die Bewertungsreserven bei der Überschussbeteiligung mit zu berücksichtigen sind.

2

---

2 Begr. RegE BT-Drucks. 16/3945 S. 51; s. zum Ganzen *Wolfsdorf*, Verbraucherschutz in der Versicherung auf Abwegen? Eine Herausforderung für Aktuare, in: FS Versicherungswissenschaftlicher Verein in Hamburg, in Vorbereitung.
3 *Führer/Grimmer*, S. 58, 60; verständliches Beispiel bei *Kurzendörfer*, S. 51 ff.
4 Begr. RegE BT-Drucks. 16/3945 S. 52.
5 Begr. RegE BT-Drucks. 16/3945 S. 52.
6 Zur Bedeutung dieses Begriffs für die Lebensversicherung vgl. § 163 Rdn. 6.
7 Vgl. z.B. § 2 der GDV-Musterbedingungen zur kapitalbildenden Lebensversicherung 2006 mit Verweis auf § 81c VAG a.F. bzw. die dazu erlassene VO über die Mindestbeitragsrückerstattung in der Lebensversicherung; ähnlich § 17 ALB 94 in P/M/*Kollhosser*[27]
8 Vgl. *Präve* VersR 2008, 151, 153; Marlow/Spuhl/*Grote*, Rn. 998; HK-VVG/*Brambach*, Rn. 15 sowie i.E. auch P/M/*Reiff*, § 153 Rn. 13; a.A. VersHb/*Brömmelmeyer*, § 42 Rn. 278; ähnlich wohl L/W/*Heiss*, § 153 Rn. 20. Deren Hinweis auf die §§ 140 II, 141 V Nr. 4 VAG besagt genau das Gegenteil, denn diese Vorschriften sind ausdrücklich nur anwendbar auf Verträge mit Überschussbeteiligung.
9 Begr. RegE BT-Drucks. 16/3945 S. 52.
10 BVerfG VersR 2005, 1127.

2. Überschussbeteiligung als spezieller Mechanismus zur Risikotragung in der Lebensversicherung

3 Aus der Diskussion über die zutreffende Behandlung der Überschussbeteiligung in den vergangenen Jahren sind bereits in der 1. Aufl. verschiedene zusätzliche wirtschaftliche Aspekte angesprochen worden. Die Höhe der gewährten Überschussbeteiligung war und ist ein nicht unerhebliches Argument im Wettbewerb der Anbieter. Dabei ist jedoch zu berücksichtigen, dass die **Lebensversicherung** als Produkt und Unternehmen den VN gerade unter dem Aspekt der **Altersvorsorge** gleichzeitig langfristig Sicherheit dafür bieten muss, dass die vereinbarten Versicherungsleistungen bei Erreichen des Leistungszeitpunktes auch erbracht werden können, was nur durch die Bildung von bilanziellen Rückstellungen, die den Wert der Ansprüche der VN angemessen abbilden und eine ausreichende zusätzliche Kapitalausstattung möglich ist.[11] Neben laufenden und künftigen Überschüssen[12] haben auch die in der Rückstellung für Beitragsrückerstattung[13] (noch) nicht zur Ausschüttung an die VN festgelegten Überschüsse sowie die vorhandenen stillen Reserven[14] als Teil der zukünftigen Überschüsse in Deutschland Eigenmittelcharakter. Die Bewertungsreserven behalten auch im VAG ab 01.01.2016 ihren Eigenmittelcharakter, und zwar als Teil des Überschusses der Vermögenswerte über die Verbindlichkeiten gem. § 89 III Nr. 1 VAG in der Solvabilitätsübersicht (§ 74 I VAG), in der die handelsrechtlichen Bewertungsreserven nach § 74 II VAG aufgrund des Zeitwertansatzes aufzulösen sind. Berücksichtigt man dies, wird deutlich, dass insoweit ein **Spannungsverhältnis** zwischen dem Ziel besteht, möglichst hohe Kapitalerträge durch risikoreiche Kapitalanlagestrategien zu erwirtschaften und an die VN auszuschütten und auf der anderen Seite durch eine hohe Eigenmittelausstattung ein hohes Sicherheitsniveau zu gewährleisten. Ausdruck dieses Spannungsverhältnisses sind im VVG 2008 insbes. § 153 III 3 i.V.m. dem Sicherungsbedarf nach § 139 III, IV VAG u. den §§ 10–12 MindZV und grundlegend der Regelungsmechanismus von HGB und MindZV, der dafür Sorge trägt, dass der aktuelle Aufwand einschließlich der absehbaren zukünftigen Risiken vorab den Überschuss mindert.

Dieser Hinweis war bereits 2009 wichtig. Seine Bedeutung kam jedoch leider in den letzten Jahren im Rahmen des aktuellen Niedrigzinsumfeldes immer stärker zum Tragen. Der **Eigenmittelcharakter** der laufenden, zukünftigen und gespeicherten noch nicht zugewiesenen Überschüsse bedeutet, dass diese Beträge vorrangig zum Verlustausgleich und zur Risikotragung zur Verfügung stehen.[15] Dieser Mechanismus der klassischen kapitalbildenden Lebens- und Rentenversicherung, bestehend aus der Überschussbeteiligung bei gleichzeitiger Verlusttragung durch diese Überschüsse, der in § 138 I VAG (= § 11 I VAG a.F.; Art. 209 I Solvency II) EU-weit[16] vorgegeben ist, muss alle Versuche, die Überschussbeteiligung gegen die Verlusttragung aus zivilrechtlicher Sicht zu »immunisieren«, i.E. scheitern lassen. In der Entscheidung des BVerfG[17] zur Beteiligung an den BWR ging es primär um eine gerechtere Beteiligung aller VN an den Bewertungsreserven über alle Tarifgenerationen hinweg und nicht um die Aufteilung der Überschüsse und Bewertungsreserven zwischen den VN einerseits und dem VR und den Aktionären andererseits, so dass auch nach der VVG-Reform langfristig den VN insgesamt nicht mehr zugewiesen werden kann und braucht als früher[18], sondern aufgrund der Zinsentwicklung der letzten Jahre tatsächlich weniger.

3. Anpassung der Mechanismen zur Risikotragung im Niedrigzinsumfeld

4 Da sich das Niedrigzinsumfeld und die dadurch ausgelösten Belastungen dem Grunde nach spätestens ab 2010 – wenn auch nicht in dem eingetretenen derzeitigen Umfang – abzeichneten, hat die Branche – unterstützt durch Aufsicht und Gesetzgeber – in mehreren Schritten **Maßnahmen** ergriffen, um die nachfolgend angesprochenen Elemente der Überschussbeteiligung neu zu justieren und die VR dadurch möglichst krisenfest auszustatten. Die Maßnahmen sind insgesamt komplex und können hier im Rahmen der Überschussbeteiligung nur punktuell skizziert werden.[19]

Einführung der sog. Zinszusatzreserve (ZZR) ab 2011 durch Änderung von § 5 III, IV der Deckungsrückstellungsverordnung (DeckRV) (Rdn. 22); Einführung des sog. kollektiven Teils der RfB in 2013 (Rdn. 40); im **Lebensversicherungsreformgesetz**[20] **(LVRG)** folgten dann 2014 ein Bündel von zusätzlichen Maßnahmen, insbes. die weitere Reduzierung des Höchstrechnungszinses (Rdn. 19), Modifikationen in der Mindestzuführungsverordnung (MindZV) bzgl. der Aufteilung des Risikoergebnisses (Rdn. 33) und der Verlustverrech-

---

11 Vgl. § 53c I VAG a.F. = Eigenmittelausstattung gem. §§ 89 ff. VAG.
12 Vgl. etwa § 53c III Nr. 6b VAG 1983.
13 § 53c III Nr. 6 VAG a.F. = § 93 I VAG bzw. Art. 91 Solvency II.
14 § 53c III Nr. 7c VAG a.F.
15 Ähnlich B/M/*Winter*, § 153 Rn. 56 a.E.
16 Unklar B/M/*Winter*, § 153 Rn. 58, der trotz Art. 209 Solvency II nur einen eingeschränkten Anwendungsbereich für die Grundsätze der Prämienkalkulation für VR in Deutschland sieht.
17 BVerfG VersR 2005, 1127.
18 Dies hat der BGH mittlerweile in der Entscheidung v. 11.02.2015 (VersR 2015, 433) bestätigt; vgl. insoweit auch Rdn. 42 zur konstruktiven Begr.
19 Näher *Hofmeier/Krause/Menning* DB 2015, 1477.
20 Gesetz zur Absicherung stabiler und fairer Leistungen für Lebensversicherte (Lebensversicherungsreformgesetz – LVRG) vom 01.08.2014, BGBl. I 1330.

nungsmöglichkeiten (Rdn. 35) sowie Einführung eines Sicherungsbedarfs zur Einschränkung der Beteiligung ausscheidender VN an bestimmten BWR (Rdn. 48 und 73 ff.) und einer entsprechenden Ausschüttungssperre an die Aktionäre (Rdn. 32); der Sicherungsbedarf war in den Jahren 2012/3 im Rahmen des Sepa-Begleitgesetzes noch gescheitert, obwohl wirtschaftlich erforderlich.[21] Das Niedrigzinsumfeld führt letztlich zu einer – aus Sicht früherer Jahrzehnte – unvorhergesehenen Ertragsschwäche der VR. Die angesprochenen Maßnahmen können diese nicht beseitigen, sondern nur die vorhandenen Mittel für die Risikovorsorge zugunsten aller VN nutzbar machen. Daneben muss jeder VR selbst bzgl. der Auswirkungen des Niedrigzinsumfeldes »gegensteuern«, z.B. indem er die (Kapital)Erträge aus anderen Kapitalanlagen erhöht und gleichzeitig die Kosten – hier insbes. die Abschlusskosten – und die (Zins)Risiken durch geänderte Versicherungsprodukte reduziert.

4. ZZR und LVRG als stumpfe Schwerter?

Parallel zu diesen Maßnahmen von Gesetzgeber, Aufsicht und Branche, die Risiken aus dem Niedrigzinsumfeld beherrschbar zu machen, sind leider Tendenzen in der Rspr. des BGH und der ihm folgenden Literatur einschließlich Verbraucherschützern erkennbar, die – bewusst oder unbewusst – das Ziel haben oder haben können, diese Maßnahmen leer laufen zu lassen, und dabei möglicherweise den Zusammenbruch der gesamten Lebensversicherungsbranche in Kauf nehmen. Deshalb wird nachfolgend kurz das Schicksal der Equitable Life Assurance Society(ELAS)[22] in 2000/1 in Großbritannien skizziert, die durch eine starke Vertriebsorientierung und widrige Entwicklungen ökonomisch bereits geschwächt war, als ihre von der Aufsicht mitgetragenen Sanierungsmaßnahmen von den Zivilgerichten nicht akzeptiert wurden, was dann zum Zusammenbruch und nicht unerheblichen Leistungskürzungen führte. Lange Zeit unentdeckt gebliebener Ausgangspunkt waren – rückblickend betrachtet – allzu optimistische Annahmen/Rechnungsgrundlagen in bestimmten lang laufenden Rentenversicherungen mit garantierten Rentenfaktoren zum Rentenbeginn (guaranted annual rate – GAR), die in den folgenden Jahren/Jahrzehnten durch die Zinsentwicklung und die Sterblichkeit überholt wurden. Dies ging einher mit einer expansiven Vertriebspolitik, d.h. es wurden im Rahmen eines liberalen Aufsichtsumfeldes hohe Überschussanteile zu Lasten einer auf Sicherheit bedachtem Rückstellungs- u. Eigenmittelbildung deklariert. Für nicht garantierte Schlussüberschussanteile waren in UK aufgrund eines Wahlrechts in der entsprechenden EU-RiLi keine zwingenden Rückstellungen zu bilden. Die ELAS praktizierte mit Zustimmung der Aufsicht seit Jahren eine bilanzielle Sanierung, nämlich die Kürzung der nicht garantierten Schlussüberschussanteile für Rentenversicherungen mit GAR. Umstr. war die sog. Differential Terminal Bonus Policy; dabei erhielt der VN einen geringeren/gekürzten Terminal Bonus/Schlussüberschuss, wenn er den mittlerweile günstigeren garantierten Rentenfaktor statt den aktuellen Rentenfaktor wählte. Das Vorgehen der ELAS fiel im Jahre 2000 einer Rspr.[23] zum Opfer, die – ähnlich wie die Tendenzen in Deutschland[24] – Erwartungen der VN, die sog. Policyholders Reasonable Expectations, die die Ausübung des Ermessens des VR bei der Überschussbeteiligung bei With-Profit Verträgen in UK begrenzen, in zusätzliche vertragliche Ansprüche verwandelten, ohne deren Finanzierbarkeit zu berücksichtigen. Umgekehrt haben aber auch ELAS und die mit der Aufsicht befassten Behörden diesen Risiken aus der Umqualifizierung von nicht garantierten (Schluss)Überschüssen in quasi garantierte vertragliche Leistungen und ihrer Finanzierung durch Rückstellungen bis zur Hyman-Entscheidung keine ausreichende Beachtung geschenkt und darüber nicht ausreichend – etwa in den jährlichen Geschäftsberichten – berichtet.

Mit Einsetzen des Aktiencrashs ab ca. Ende 2000 ergaben sich zusätzlich zu den nunmehr bestehenden gerichtlich erweiterten Garantien Belastungen durch Wertminderungen auf der Aktivseite, so dass im Zeitpunkt des Zusammenbruchs das Neugeschäft eingestellt werden musste und Leistungskürzungen für einen Großteil der VN notwendig waren, die anschließend durch eine Art gerichtliches Vergleichsverfahren[25] bestätigt wurden. Aufgrund der Dimension dieses Unternehmenszusammenbruchs und der Auswirkungen auf die VN gab es in der Folgezeit zahlreiche Untersuchungen und Berichte in Großbritannien, insbes. hat aber auch ein Ausschuss des Europäischen Parlaments einen Bericht über die Krise der Equitable Life Assurance Society (2006/2199(INI)) erstellt. Der am 16.07.2008 veröffentlichte Bericht des Parliamentary and Health Service Ombudsman mit dem Titel »Equitable Life: a decade of regulatory failure« (Ombudsman-Bericht 2008) listete im Anschluss an den Bericht des Ausschusses des EU-Parlaments die Versäumnisse der Behörden auf, die in der Vergangenheit für ELAS zuständig waren und war im Ergebnis die Grundlage für ein staatliches Hilfsprogramm aus Steuermitteln, das auf der Homepage von Equitable Life wie folgt eingeführt wird: »What is the Equitable Life Payment Scheme? The Equitable Life Payment Scheme was set up and is run by HM

---

21 *Krause/Menning*, NJOZ 2013, 289.
22 Auch in Deutschland und anderen EU-Ländern waren VN betroffen; der BGH hat sich damit in den Entscheidungen vom 15.02.2012 (NJW 2012, 2113) und vom 18.04.2012 (NJW 2012, 2352) befasst.
23 Equitable Life Assurance Society v. Hyman [2000] UKHL 39.
24 Vgl. Rdn. 56.
25 Scheme of Arrangement, bestätigt durch den britischen High Court am 08.02.2002, vgl. z.B. LG Potsdam vom 22.10.2008, BeckRS 2011, 15245.

§ 153 Überschussbeteiligung

Government to make payments to Equitable Life policyholders who suffered financial losses as a result of Government maladministration[26] which occurred in the regulation of Equitable Life.« Da das Verhalten des Managements und auch der Abschlussprüfer zwar gerichtlich untersucht, sie am Ende aber nicht verurteilt wurden, spricht dies dafür, dass sie tatsächlich nicht gegen geltendes Recht verstoßen haben. Es wurde eine zu lasche Aufsichtspraxis innerhalb eines liberalen Aufsichtsrechts festgestellt. Wenn schon das Unternehmen und der Abschlussprüfer die Risiken nicht ausreichend erkannt/berücksichtigt haben, hätten dies wenigstens die Aufsichtsbehörden tun müssen. Im Folgenden werden deshalb in Rdn. 18 ff. zuerst die Auswirkungen des Niedrigzinsumfeldes sowie die Wirkung der ZZR beschrieben. Parallel dazu werden aber auch die BGH-Urteile[27] und Literaturstimmen skizziert, die den vom Gesetzgeber vorgegebenen Lösungsweg i.E. noch dadurch zum Scheitern bringen könnten, dass zur Finanzierung der ZZR ökonomisch keine »Überschüsse« verwendet werden dürfen oder ein erheblicher Teil davon wegen vorangegangener Beratungspflichtverletzungen der VR gegenüber den VN als Ersatz von Zinsschäden zusätzlich auszukehren sind.

II. Entstehungsgeschichte

6 Da die Überschussbeteiligung bis zur Einführung des § 153 nur auf vertraglicher Grundlage mit einer Ausgestaltung durch aufsichtsrechtliche Regelungen gewährt wurde, verwiesen die AVB insoweit auf das Aufsichtsrecht,[28] was der BGH auch unter Transparenzaspekten für AGB-rechtlich wirksam ansah,[29] und zwar bis 1994 auf die Regelungen im genehmigten Geschäftsplan und in der Zeit danach auf die Verordnung über die Mindestbeitragsrückerstattung in der Lebensversicherung (MindZ). Im Übrigen hatte der VN »keinen Anspruch auf Auskünfte über die Ermittlung des Gewinns« sowie »auf einen weiteren, vom Gericht nach § 315 III 2 BGB zu bestimmenden Betrag«.[30] Der **Bericht der VVG-Reformkommission**[31] empfiehlt in 2004 mit dem § 145 des Entwurfs die Einführung eines gesetzlichen Anspruchs auf Überschussbeteiligung der VN, kann sich aber zu einem gesetzlichen Anspruch der VN auf Beteiligung an den BWR noch nicht durchringen. Das **BVerfG** gelangt in 2005[32] auf der Basis der Grundrechte aus Art. 2 I und Art. 14 GG zu dem Ergebnis, dass der Gesetzgeber bei der dargestellten Rechtslage seinem grundgesetzlichen Schutzauftrag zugunsten der VN nicht ausreichend nachgekommen sei. Er müsse vielmehr dafür sorgen, dass die durch die Prämienzahlung im Rahmen der unternehmerischen Entscheidung des VR geschaffenen Vermögenswerte auch bei der Schlussüberschussbeteiligung berücksichtigt werden. Damit sind insbes. die fehlende Berücksichtigung der BWR, die ja wirtschaftlich auch aus den Prämien resultieren, und auch die Querverrechnungen[33] zwischen den verschiedenen Ergebnisquellen im Rahmen der Gewinnzerlegung nicht vereinbar. Insoweit müssten den VN oder der Aufsichtsbehörde klare gesetzliche Regelungen an die Hand gegeben werden, die auch eine Überprüfung ermöglichen,[34] was das Versicherungsaufsichtsrecht bis dahin nicht ausreichend gewährleistete, da rechtlich schutzwürdige Belange des einzelnen VN u.U. unberücksichtigt blieben. Der **Referentenentwurf des BMJ zur VVG-Reform** mit Stand v. 13.03.2006 sah dann bereits eine Beteiligung der VN an den BWR als Teil des Überschusses vor, die spätestens nach zwei Jahren zuzuteilen war. Die BWR waren nach § 341d II HGB-E bilanziell aufzudecken und je zur Hälfte dem Eigenkapital der VR und den VN in einer Bilanzposition zuzuweisen; dies war unter dem Eindruck der Fair-Value-Bewertung der Ausgangspunkt für die Argumentation des BVerfG. Die Zuteilung binnen zwei Jahren wie auch die bilanzielle Aufdeckung der BWR war dann im **RegE v. 20.12.2006**[35] nicht mehr enthalten. Während das BVerfG in 2005 insbes. Regelungen zur Berücksichtigung der BWR im Rahmen der Überschussbeteiligung anmahnte, bestätigte es gleichzeitig den auf Risikoausgleich bedachten Charakter der Lebensversicherung und der Überschussbeteiligung: »Allerdings ist der Gesetzgeber gehindert, die Feststellung des Schlussüberschusses ausschließlich am Interesse der oder eines einzelnen Versicherten oder gar an dem Interesse eines aus dem Versicherungsverhältnis Ausscheidenden an der Optimierung der an ihn auszukehrenden Leistungen auszurichten. Dies widerspräche dem für das Versicherungsrecht typischen Grundgedanken einer Risikogemeinschaft und damit des Ausgleichs der verschiedenen, weder im Zeitablauf noch hinsichtlich des Gegenstands stets identischen Interessen der Beteiligten.«[36]

---

26 Zu den Feststellungen zur »Maladministration« aus dem Ombudsman-Bericht 2008 vgl. Ziffer 7 des Second Report of Session 2008–09 vom House of Commons Public Administration Select Committee: Justice delayed: The Ombudsman's report on Equitable Life.
27 Zum Urt. zur Lückenfüllung bei einer Garantierente aus 2009 vgl. Rdn. 20, 21 und 24–27; die Urteile zu Equitable Life sind insoweit in Rdn. 29, 30 angesprochen.
28 Vgl. oben Fn. 7.
29 BGH VersR 2001, 839; vgl. nunmehr aber Rdn. 28 (Wealthmaster-Noble Urteile) u. Rdn. 55 (Kostenüberschüsse).
30 BGH NJW-RR 2008, 193 unter Verweis auf BGH NJW 1995, 589. »Gewinn« meint hier den Rohüberschuss des VR; »weiterer Betrag« meint hier zusätzliche Überschussanteile.
31 VVG-Kommission Abschlussbericht 2004 (VersR-Schriftenreihe Heft 25).
32 BVerfG VersR 2005, 1137.
33 Vgl. Rdn. 35.
34 Zur Kontrolle der Überschussbeteiligung vgl. Rdn. 50 ff.
35 Begr. RegE BT-Drucks. 16/3945 S. 30.
36 BVerfG VersR 2005, 1137 unter Ziffer 95.

Im Jahre 2009 wurde im Rahmen des BilMoG in Abs. 2 Satz 2 die handelsrechtliche Ausschüttungssperre des § 268 VIII HGB auch für die Überschussbeteiligung übernommen. Im Sommer 2014 ist Abs. 3 Satz 3 durch das LVRG neu gefasst worden, um die Ausschüttung von BWR im Umfang des Sicherungsbedarfs zu verhindern; eine Folgeänderung wurde durch die VAG-Novelle 2016[37] notwendig, da die Regelungen im VAG neue Nummern erhielten.

III. Anwendungsbereich

§ 153 ist gem. Art. 4 I 1 EGVVG auf **Altverträge** nicht anwendbar, wenn keine Überschussbeteiligung vereinbart war. War eine solche vereinbart, findet § 153 bereits ab dem 01.01.2008[38] Anwendung (Art. 4 I 2 EGVVG). Dies war sowohl in der regulierten Zeit – also bis zum 29.07.1994 bzw. bis zum 31.12.1994 mit genehmigten AVB – durch Verweis in den AVB – z.B. § 16 ALB 86 – auf den Geschäftsplan wie auch in der Zeit danach der Fall, vgl. z.B. § 2 der GDV-Musterbedingungen zur kapitalbildenden Lebensversicherung (31.07.2008). Vereinbarte Verteilungsgrundsätze galten gem. Art. 4 I 2 Hs. 2. EGVVG als angemessen. 7

§ 153 gilt für Lebensversicherungen[39] sowie gem. § 176 für die **Berufsunfähigkeitsversicherung**, gem. § 211 II Nr. 2 **nicht** für sog. **regulierte Pensionskassen** nach § 233 VAG (§ 118b III, IV VAG a.F.). § 153 III 1 gilt **nicht für Sterbekassen** (§ 211 II Nr. 2). § 153 findet ebenfalls auf **Kapitalisierungsgeschäfte** Anwendung.[40] 8

Die Anwendbarkeit auf die **Unfallversicherung mit Beitragsrückgewähr (UBR)** war bisher umstr.[41] Aus dem neuen § 161 VAG, der – wie bisher die §§ 11–11c VAG a.F. – neben § 138 VAG über die Prämienkalkulation auch die §§ 139, 140 I, 141, 142 u. 145 IV VAG für entsprechend anwendbar erklärt, wird man auf eine **entsprechende Anwendbarkeit** schließen müssen, »soweit die Besonderheiten dieser Versicherung nicht entgegenstehen«, wie § 176 dies für die Berufsunfähigkeitsversicherung vorsieht. Die UBR ist aufsichts- und vertragsrechtlich weiterhin eine Unfallversicherung (§ 178), die aber trotz Spartentrennung nach § 8 IV VAG auch eine Kapitalversicherung[42] ist, also zugleich auch eine kapitalbildende Lebensversicherung. Mit der Beitragsrückgewähr wird deshalb gem. § 153 I regelmäßig auch eine Überschussbeteiligung vereinbart, wenn letztere nicht ausdrücklich ausgeschlossen wird. Die Begründung liegt wie bei der Lebensversicherung in der vorsichtigen Beitragskalkulation nach § 138 VAG für den Teil der Lebensversicherung. Die Überschussbeteiligung umfasst auch die BWR gem. § 153 I u. III, wie der Verweis auf den Sicherungsbedarf nach § 139 III, IV zeigt, der ja die Auszahlung der BWR gem. § 153 III 2 begrenzt. Aus dem Verweis auf die §§ 139 I, II, 140 I und 145 IV VAG folgt, dass das Verfahren der Überschussbeteiligung grundsätzlich dem der Lebensversicherung mit der Direktgutschrift und/oder der vorübergehenden Speicherung der Überschüsse in der RfB und dem Höchstbetrag der ungebundenen RfB gem. § 13 MindZV sowie der Deklaration (§ 141 V Nr. 4 VAG) gleicht. Da der Verweis auf § 140 IV fehlt, wird aber aufsichtsrechtlich auf die Bildung eines kollektiven Teils der RfB verzichtet. Obwohl nach § 153 II bei der Überschussbeteiligung auch ein verursachungsorientiertes Verfahren erforderlich ist, findet die MindZV im Übrigen mit ihren detaillierten Regelungen mangels Verweis auf § 140 II keine zwingende Anwendung. Dies wird plausibel, wenn man berücksichtigt, dass für die Kapitalanlagen der UBR ein separates Sicherungsvermögen gebildet wird. 9

Die Vorschrift ist auch auf **VU mit Sitz im Ausland**, insbes. in einem anderen EU- oder EWR Staat anzuwenden, die entsprechende Verträge in Deutschland anbieten.[43] Dies könnte die Dienstleistungs- und Niederlassungsfreiheit (Art. 56 u. 49 AEUV) ausländischer VU beeinträchtigen.[44] Ob dies wirklich zutrifft, bleibt angesichts einer Vielzahl ausländischer Produkte in Deutschland wohl noch zu untersuchen; zumindest ist nicht bekannt geworden, dass der Vertrieb entsprechender Produkte nach Einführung des § 153 eingestellt werden musste. Zu berücksichtigen ist dabei auch, dass der in 2006 insoweit kritisierte Referentenentwurf[45] gerade an den entscheidenden Stellen, z.B. bzgl. der Aufteilung und Zuteilung der stillen Reserven,[46] im Gesetzgebungsverfahren anschließend entschärft wurde, die aufsichtsrechtlichen Regelungen (z.B. die MindZV) bei ausländischen VU keine Anwendung finden und die Überschussbeteiligung insgesamt ausgeschlossen werden kann, was bei ausländischen Produkten gegebenenfalls sogar sinnvoll ist. Die Erfahrungen der letzten Jahre zeigen, dass die Regelungen des § 153 ausländische Produkte nicht behindern. Die Entwicklung zeigt vielmehr, dass z.B. die **With-Profit Policen** aufgrund des wirtschaftlichen Umfeldes und der Schwierigkeiten beim Ver- 10

---

37 Gesetz zur Modernisierung der Finanzaufsicht über Versicherungen vom 01.04.2015, BGBl. I, 434.
38 Anwendbarkeit des neuen VVG auf Altverträge im Übrigen erst ab 01.01.2009; Art. 1 I EGVVG. Hintergrund für die frühere Anwendbarkeit des § 153 sind die Vorgaben des BVerfG in VersR 2005, 1127, 1134.
39 Zur Fondsgebundenen Lebensversicherung vgl. Rdn. 57 a.E.
40 BaFin, Auslegungsfragen zum VVG, 28.05.2008.
41 Dafür PK/*Ortmann*, § 153 Rn. 9, HK-VVG/*Brambach*, § 153 Rn. 16, B/M/*Winter*, § 153 Rn. 24; dagegen *Engeländer* VersR 2007, 155, 156; P/M/*Reiff*, § 153 Rn. 7.
42 Vgl. hierzu die Musterbedingungen des GDV, die AB UBR 2010. *Kaulbach* spricht davon, dass die UBR versicherungstechnisch auch eine kapitalbildende Lebensversicherung auf den Todes- und Erlebensfall sei.
43 Begr. RegE BT-Drucks. 16/3945 S. 96.
44 PK/*Ortmann*, § 153 Rn. 3; P/M/*Reiff*, § 153 Rn. 10.
45 *Bürkle* VersR 2006, 1042, 1048.
46 Vgl. Rdn. 6.

§ 153 Überschussbeteiligung

ständnis insgesamt – auch in UK – an Bedeutung verlieren.[47] Betrachtet man etwa die With-Profit Policen angelsächsischer VU, dann gibt es mit dem sog. asset-share ähnliche an der jeweiligen Bilanz und GuV angelehnte Verfahren zur Ermittlung der Überschüsse, auch wenn diese Schemata nicht vollkommen dem HGB und dem Aufsichtsrecht in Deutschland entsprechen, was unproblematisch ist, da man im Ausland die Überschüsse nach ähnlichen betriebswirtschaftlichen Methoden ermittelt. Bei diesen With-Profit Policen bereitet auch § 153 III zum Thema BWR regelmäßig keine Schwierigkeiten, wenn man davon ausgeht, dass in den dortigen Bilanzen aufgrund der fair-value-Bewertung[48] auf der Aktivseite regelmäßig überhaupt keine BWR vorkommen können und die nicht realisierten Wertveränderungen in den Kapitalanlagen im Rahmen des asset-share üblicherweise hinzugerechnet und damit bei der Überschussbeteiligung berücksichtigt werden. **Problematisch** erscheint vielmehr, dass man meint, den VN in Deutschland über die Intransparenz der AVB und die Erwartungen in die Überschussbeteiligung sowie mit vermeintlichen Beratungspflichtverletzungen helfen zu müssen, obwohl dies im Widerspruch zur bisherigen Rspr. und zu § 154 steht.[49] Warum sind die VN bei Policen ausländischer Anbieter schutzwürdiger, obwohl die theoretische Wirkungsweise von Smoothing, Querverrechnung oder Marktpreisanpassung mit ähnlichen Instrumenten der Lebensversicherung in Deutschland vergleichbar ist und der BGH dort keine Transparenz für machbar und erforderlich hält[50].

B. Überschussbeteiligung der VN (Abs. 1)

11 § 153 I legt dem Grunde nach fest, dass dem VN ein Anspruch auf Überschussbeteiligung zusteht.[51] Die Überschussbeteiligung erfolgt – wie vor der VVG-Reform – hauptsächlich aus der Rückstellung für Beitragsrückerstattung. Sie besteht aufgrund der gesetzlichen Definition Jahr für Jahr aus einem **Anteil am laufenden Überschuss**, der auf der Grundlage des handelsrechtlichen Jahresabschlusses zugeteilt wird, sowie bei kapitalbildenden Lebens- u. Rentenversicherungen am Ende der Vertragslaufzeit bzw. Aufschubzeit möglichst zusätzlich aus einem **Schlussüberschuss**, der auch die Beteiligung an den Bewertungsreserven[52] enthält, die sich aus den Vorgaben des BVerfG ergibt. In Einzelfällen (z.B. bei reinen Risikoversicherungen) kann die Überschussbeteiligung auch direkt aus dem Überschuss des Geschäftsjahres als sog. Direktgutschrift erfolgen.

I. Überschuss und Überschussverteilung

12 Mangels ausdrücklicher **Regelungen zur Ermittlung des Überschusses** im VVG und VAG sind die handelsrechtlichen Vorschriften maßgebend,[53] also insbes. das Dritte Buch des HGB sowie die RechVersV[54] zum Jahresabschluss des VR. VR haben über die normale Rechnungslegung durch den Jahresabschluss hinaus besondere Berichtspflichten gegenüber der Versicherungsaufsicht; die diesbezüglichen Vorgaben fanden sich bis zur Umsetzung von Solvency II zum 01.01.2016 in der Versicherungsberichterstattungs-Verordnung (BerVersV). Ihr sind zahlreiche Muster (Formblätter und Nachweise [Nw]) als Anlagen beigefügt, die vom VR regelmäßig ausgefüllt der Aufsicht zu übersenden waren. Auch wenn die BerVersV zwischenzeitlich mit Wirkung vom 01.04.2016 insgesamt aufgehoben[55] und im Rahmen der sog. Säule 3 von Solvency II durch eine EU-Durchführungs-VO[56] ersetzt wurde, sind Teile dieser BerVersV mit bestimmten Formblättern und Nw zumindest für Zwecke der Überschussbeteiligung aufgrund ausdrücklicher Anordnung in der MindZV (§§ 3–8) weiterhin anwendbar. An den wesentlichen Bestandteilen der Überschussbeteiligung hat sich seit Jahrzehnten trotz § 336 VAG in Übereinstimmung mit Art. 4 I 2 EGVVG weder durch die Deregulierung 1994 noch durch die Neuregelung des § 153 selbst etwas geändert, was anhand der Änderungen des Musters des Gesamtgeschäftsplans für die Überschussbeteiligung des Altbestandes in der Lebensversicherung der Aufsicht vom 25.09.2008 erkennbar wird: Überschusszerlegung, Ergebnisquellen u. Zuweisung der Ergebnisse auf Abrechnungsverbände, Mindestzuführung u. § 81c VAG, RfB u. Direktgutschrift, Überschussverteilungssysteme, Bezugsformen.[57] Neu aufgenommen wurden die Regelungen zur Beteiligung der VN an den Bewertungsreserven; ange-

---

47 Vgl. etwa *Bhayani/Mohsler/Mattar/Wagner/Luo/Schmidt* VW Heft 2/2012, 136.
48 Vgl. insoweit *Krause/Menning* NJOZ 2013, 289, 290.
49 Vgl. insbes. Rdn. 31.
50 Vgl. Rdn. 28.
51 Begr. RegE BT-Drucks. 16/3945 S. 95.
52 Beim Anteil an den Bewertungsreserven handelt es sich um eine Art Mindestschlussüberschussanteil, der nicht zusätzlich zum Schlussüberschuss zu gewähren ist. Vgl. Rdn. 42 am Ende mit Hinweis auf BGHZ 204, 172 = VersR 2015, 433.
53 Begr. RegE BT-Drucks. 16/3945 S. 96.
54 VO über die Rechnungslegung von Versicherungsunternehmen (RechVersV); es handelt sich um ergänzende Vorschriften zum Bilanzrecht eines VR nach HGB (§§ 238 ff., 264 ff. i.V.m., 341 ff.), also für Zwecke der Handelsbilanz.
55 Art. 2 Nr. 2 VO zur Aufhebung von VOen nach dem VAG vom 16.12.2015, BGBl. I 2015, 2345.
56 Durchführungs-VO (EU) 2015/2450 v. 02.12.2015 zur Festlegung technischer Durchführungsstandards hinsichtlich der Meldebögen für die Übermittlung von Informationen an die Aufsichtsbehörden.
57 Für die Zeit vor Juli 1994 vgl. *B/M/Winter*[8], Bd. V/2, Anm. G 309 ff. u. *Vogel/Lehmann* VerBAV 1983, 99, 124, 213 zum sog. Gesamtgeschäftsplan für die Überschussbeteiligung der Versicherungsaufsicht; für die Zeit nach Juli 1994 vgl. *Kurzendörfer*, S. 137 ff. oder *Führer/Grimmer* 1. Aufl, S. 137 ff.

passt wurden z.B. die Hinweise zu § 56a VAG a.F. (= §§ 139, 140 VAG) aufgrund dessen Änderung oder zur MindZV. Weitere Änderungen seit 2008 hat das LVRG im August 2014 sowie die Einführung der sog. Zinszusatzreserve durch eine Änderung der DeckRV ab 2011 gebracht, wobei letztere jedoch direkt auf den Altbestand nicht anwendbar ist.

1. Jahresabschluss, Rohüberschuss und Gewinnzerlegung, Gewinngruppen

Zentrale Ausgangsgröße ist dabei der sog. **Rohüberschuss**, der als solcher weder in den Gliederungsschemata für die Versicherungsbilanz noch für die entsprechende Gewinn- und Verlustrechnung aufgeführt ist,[58] der jedoch aus dem Zahlenwerk des Jahresabschlusses abgeleitet werden kann. Grob kann man den Rohüberschuss als handelsrechtlichen Jahresüberschuss des VR[59] vor der Beteiligung der VN am Überschuss definieren. Der Rohüberschuss ergibt sich also – aus der Gewinn- und Verlustrechnung – als Summe aus Jahresüberschuss/Jahresfehlbetrag, Aufwendungen zur Erhöhung der Rückstellung für Beitragsrückerstattungen (RfB) zuzüglich Direktgutschriften an die VN.[60]

13

Bei dieser Darstellung handelt es sich um eine Betrachtung, bei der der Überschuss bereits auf den VR und auf die VN aufgeteilt ist. Für Zwecke dieser Aufteilung des Überschusses zwischen VR und VN, aber auch für die Zuweisung auf die einzelnen Verträge bzw. genauer auf die zugehörigen Versichertengruppen wird der Rohüberschuss im Rahmen der sog. **Gewinnzerlegung in seine Ergebnisquellen** aufgeteilt.[61] Die drei wesentlichen Ergebnisquellen – korrespondierend mit den Grundlagen der Prämienkalkulation – sind das Risikoergebnis, das Kapitalanlageergebnis und das Kostenergebnis; dazu kommen noch die allgemein weniger bedeutenden Ergebnisquellen Rückversicherungsergebnis, Stornoergebnis und das sonstige Ergebnis.[62] Einzelne Ergebnisquellen können auch negativ sein. Das Risikoergebnis[63] für die biometrischen Risiken wird z.B. wie folgt ermittelt: Risikobeiträge zuzüglich Zinsen auf Risikobeiträge und anteilige Ratenzuschläge bei Ratenzahlung der Beiträge abzüglich Aufwendungen für Versicherungsfälle und der Erhöhung der Deckungsrückstellung zuzüglich z.B. durch Tod freigewordene Deckungsrückstellung. Für das Kapitalanlageergebnis[64] gilt grob: Erträge aus Kapitalanlagen abzüglich rechnungsmäßige Zinsen auf die versicherungstechnischen Rückstellungen abzüglich Verwaltungsaufwendungen und Abschreibungen für Kapitalanlagen.[65] Beim Kapitalanlageergebnis ist als Besonderheit zu berücksichtigen, dass es keine gesonderten Kapitalanlagen des VR einerseits und der VN andererseits gibt. Da sich die Mindestzuführung von 90 % der Kapitalerträge nach § 6 I MindZV nur auf den Anteil der Kapitalerträge bezieht, die den VN zuzurechnen sind, sog. anzurechnende Kapitalerträge, sind gem. § 3 MindZV vorab die gesamten Kapitalerträge, jedoch ohne die Erträge u. Aufwendungen aus den Kapitalanlagen für das fondsgebundene Geschäft, entsprechend einer Aufteilung der Bilanzpositionen auf der Passivseite auf VR und VN zuzuweisen. Von diesen anzurechnenden Kapitalerträgen stehen den VN als Mindestzuführungsbetrag aus dem Kapitalanlageergebnis 90 % zu, wobei die rechnungsmäßigen Zinsen dann noch den so ermittelten Mindestzuführungsbetrag mindern, wie sie ihnen ja bereits gutgeschrieben wurden. Vereinfacht dargestellt werden zur Ermittlung der genannten Ergebnisse die Beiträge zerlegt (Risiko-, Spar- und Kostenanteil), die Veränderungen der versicherungstechnischen Rückstellungen durch die jeweilige Ergebnisquelle berücksichtigt und die Aufwendungen entweder direkt oder durch geeignete Schlüssel zugeordnet.

14

Darüber hinaus wird der Gesamtvertragsbestand des VR in **Teilbestände** zerlegt, die als Abrechnungsverbände bzw. Bestandsgruppen (auch **Gewinngruppen** genannt) – je nachdem, ob regulierter Altbestand oder deregulierter Neubestand – bezeichnet werden.[66] Dabei werden Versicherungsverträge ähnlicher Risiko-, Vermögens- und Kostenstruktur zusammengefasst, um eine möglichst verursachungsgerechte Überschussbeteiligung (= Aufteilung der zerlegten Überschüsse) zu ermöglichen,[67] d.h. es werden insoweit jeweils separate Gewinn- und Verlustrechnungen geführt.[68] I.E. wird auf diesem Wege den einzelnen Abrechnungsverbänden bzw. Bestands-

15

---

58 Vgl. insoweit z.B. die Formblätter 1 (Bilanz) und 3 (Gewinn- und Verlustrechnung des Lebensversicherers) als Anlage zur RechVersV.
59 Vgl. Formblatt 3 unter II Nr. 11 zur RechVersV.
60 *Kurzendörfer*, S. 149. Erkennbar ist diese Definition des Rohüberschusses jedoch auch aus Nw 213 Zeilen 17 bis 22 BerVersV.
61 Der VR hatte hierüber der Aufsicht früher im Rahmen der BersVersV detailliert zu berichten; teilweise gelten die Formblätter und Nw gem. MindZV weiterhin. Auf diesem Wege werden gleichzeitig große Teile des verursachungsorientierten Verfahrens zur Überschussbeteiligung nach § 153 II vorgegeben.
62 *Führer/Grimmer*, S. 141, 145; *Kurzendörfer*, S. 142; vgl. z.B. die Zusammenstellung dieser Ergebnisquellen in Nw 213 Zeile 4–15.
63 Nw 213 verweist insoweit auf Nw 218 BerVersV.
64 Nw 213 verweist insoweit auf Nw 219 S. 1 BerVersV.
65 *Führer/Grimmer*, S. 141 ff.
66 Vgl. Anlage 1 Abschnitt D BerVersV. Diese Unterteilung in Alt- und Neubestand gilt weiterhin; vgl. etwa Nw 213 Spalte 2, 3, aber auch § 336 VAG.
67 *Führer/Grimmer*, S. 138, 139.
68 *Führer/Grimmer*, S. 141.

§ 153 Überschussbeteiligung

gruppen – gegebenenfalls mit weiteren Untergliederungen in Gewinnverbänden[69] – ein Anteil am Rohüberschuss zugewiesen, und zwar unter Berücksichtigung der verschiedenen Ergebnisquellen und der jeweiligen Risiko-, Vermögens- und Kostenstruktur der einzelnen Versicherungsverträge bzw. der jeweiligen Abrechnungsverbände/Bestandsgruppen.[70] Diese Aufteilung des Rohüberschusses auf die Ergebnisquellen und die Verteilung der einzelnen Beträge auf die Abrechnungsverbände war bereits früher von elementarer Bedeutung[71]; in § 153 II ist sie heute durch die erforderlichen verursachungsorientierten Verfahren auch gesetzlich vorgegeben und z.B. in § 2 I der GDV-Musterbedingungen für die Kapitalbildende Lebensversicherung Stand: 31.07.2008 beschrieben, etwas detaillierter in § 2 II des Musters Stand Feb. 2016.

2. Aufteilung des Rohüberschusses zwischen VR und VN

16 Bevor der Rohüberschuss festgestellt werden kann, sind bestimmte Verbindlichkeiten aus den Versicherungsverträgen der VN zu bedienen wie z.B. der jeweils garantierte Rechnungszins (a). Der Rohüberschuss ist durch Entscheidung von Vorstand und Aufsichtsrat § 139 II VAG (= § 56a I VAG a.F.) zwischen VR und allen VN aufzuteilen (b, c). Der Anteil der VN fließt in die RfB, soweit er nicht den VN durch Direktgutschrift zugeteilt wird (d).

a) Rechnungszins

17 Vorab sind die vertraglich garantieren Zinsen – Rechnungszins – für den VN zu bedienen (vgl. § 139 II 2 VAG). Dieser Zinsbetrag wird – neben den Sparanteilen – jedem Vertrag zur Erhöhung der Deckungsrückstellung zugewiesen. Er hat – wie dargestellt – das Kapitalanlageergebnis[72] und damit den Rohüberschuss gemindert.

aa) Bedeutung von Rechnungs- = Garantiezins

18 Die **Wirkungsweise des Rechnungszinses (RZ)** und ihre immense Bedeutung im Rahmen der Kalkulation der kapitalbildenden Lebensversicherung erschließt sich nur, wenn man sich gleichzeitig mit dem Thema »Zins und Zinseszins« vertraut macht. Zinseszinsrechnung meint, dass die aufgelaufenen Zinsen einer Periode die Schuld erhöhen und damit in der nächsten Periode ihrerseits auch verzinst werden. Während die Beträge anfangs langsam zunehmen, wird die Entwicklung später immer rasanter, da bereits zuvor erzielte Steigerungen immer wieder mitverzinst werden. Mathematisch spricht man auch von exponentiellem Wachstum. Damit ist aber auch gleichzeitig das Problem der Zinseszinsrechnung beschrieben, denn dieses Wachstum wird häufig unterschätzt. Aus diesem Grunde verbietet **§ 248 I BGB** grundsätzlich auch die Vereinbarung einer entsprechenden Zinseszinsrechnung im Voraus. Sie wird erlaubt in den in § 248 II BGB genannten Fällen und im handelsrechtlichen Kontokorrent nach § 355 HGB. Die – interne – Kalkulation von Lebensversicherungsprodukten wird dadurch nicht eingeschränkt, da die Zinseszinsrechnung insoweit ausreichend bekannt ist. In der Übersicht 1 wird die Bedeutung des RZ i.V.m. der Zinseszinsrechnung anhand eines einfachen Beispiels[73] einer Erlebensfallversicherung ab 1999 beschrieben. Hier wird der Rechnungszins auch als »garantierter Zinsüberschuss« bezeichnet, wissend, dass diese Bezeichnung als »garantierter Überschuss« – in Anlehnung an den Begriff des »Garantiezinses« – eigentlich ein Widerspruch in sich ist, denn ein Überschuss ist per Definition nur dem Grunde nach, nicht aber der Höhe nach vertraglich/gesetzlich vorgegeben. Diese Bezeichnung verdeutlicht aber das eigentliche Problem der Niedrigzinsphase besser als die Ausdrücke Rechnungszins bzw. Garantiezins: Man geht beim Garantiezins davon aus, dass das Zinsergebnis bzw. der Zinsüberschuss vor Abzug des Rechnungszinses[74] immer ausreichend groß ist, so dass man daraus einen Teil als vertraglich garantierte Versicherungsleistung (Garantiezins oder garantierter Überschuss) zusagen kann. Zugrunde gelegt wird ein RZ von 4 %, wie er noch bis Mitte 2000 möglich war mit einem Sparanteil[75] der Prämie von 2.308,84 Geldeinheiten[76] (GE) im Jahr und einer Versicherungssumme von 100.000 GE. Gezeigt wird dann ein Auszahlungsbetrag bei einer unterstellten Überschussbeteiligung von insgesamt 6,5 %[77]. Man kann den Realitätsgehalt dieses Beispiels besser einschätzen, wenn man darauf die Regelung über die Modellrechnung des § 154 anwendet, auch wenn sie erst mit der VVG-Reform 2008 eingeführt wurde.

---

69 *Kurzendörfer*, S. 150.
70 B/M/*Winter*, § 153, 93 ff.
71 *Vogel/Lehmann*, VerBAV 1983, 213.
72 Nw 219 S. 1.
73 Ein anderes Beispiel findet sich bei B/M/*Winter*, § 153 Rn. 37, das die Auswirkungen unterschiedlicher hoher Rechnungszinsen auf die Prämienhöhe in Abhängigkeit von der Vertragsdauer zeigt.
74 Vgl. Nw 219: Zinsergebnis (Zeile 19) = Laufender Reinertrag aus Kapitalanlagen (Zeile 8) – Rechnungsmäßiger Zins insgesamt (Zeile 18).
75 Kosten, insbes. Abschlusskosten, biometrische Risiken/Tafeln, Sicherheitsmargen u.a. bleiben bewusst unberücksichtigt, um nicht vom Zins- und Zinseszinseffekt abzulenken. Tatsächlich bleiben die Sparanteile im Zeitablauf auch nicht konstant, wie hier vereinfachend unterstellt wird.
76 Zur Vermeidung von Umrechnungen aus Deutsche Mark in Euro wird hier nur von Geldeinheiten/GE gesprochen.
77 Die Gesamtverzinsung soll hier nur aus dem Kapitalanlageergebnis gebildet sein, Risiko- und übriges Ergebnis seien also je 0.

Übersicht 1 Versicherungssumme/Auszahlungsbetrag/Modellrechnung/Rückkaufswert nach 20 Jahren

	Jahre	Jahresrate (Sparanteil) GE	Summe Raten GE	Zinssatz	Betrag GE	Weitere Erläuterungen
Kalkulation **Versicherungssumme** (davon garantierter Zinsüberschuss)	25	2.308,84	57.721	4 % (RZ)	100.000,00 (42.279,00)	HRZ = RZ = Rechnungszins = Garantiezins lt. Kalkulation
Auszahlungsbetrag (incl. lf. Überschüsse u. Schlussüberschuss: davon garantierter Zinsüberschuss weitere Überschüsse)				6,5 %	144.799,93 (42.279,00) (44.799,93)	tatsächliche Verzinsung, davon Kapitalerträge 6,5 %, Risiko- u. übrige Erträge 0,0 %
Modellrechnung (davon garantierter Zinsüberschuss weitere Überschüsse)				5,68 %	127.988,51 (42.279,00) (27.988,51)	HZR * 1,67 − 1 (§ 2 III VVG-InfoV)
Modellrechnung (davon garantierter Zinsüberschuss weitere Überschüsse)				6,68 %	148.812,31 (42.279,00) (48.812,31)	HZR * 1,67 (§ 2 III VVG-InfoV)
Modellrechnung (davon garantierter Zinsüberschuss weitere Überschüsse)				7,68 %	173.475,00 (42.279,00) (73.475,00)	HZR * 1,67 + 1 (§ 2 III VVG-InfoV)
Rückkaufswert (davon garantierter Zinsüberschuss) **Überschüsse** (verzinsliche Ansammlung) Auszahlungsbetrag[78]	20	2.308,84	46.177	4 % 2,5 %	71.503,01 (25.326,21) 23.965,11	

Dieses einfache Beispiel verdeutlicht eine frühere Faustformel: Sparanteile von 60.000 GE führten – in Abhängigkeit von der Laufzeit und dem gewählten Rechnungszins – in einem anderen Zinsumfeld bei vertraglich zugesagten Zinsen/Überschüssen von 40.000 GE zu einer Versicherungssumme von 100.000 GE und summieren sich mit weiteren nicht garantierten Überschüssen auf vielleicht 180.000 GE. Dies – also der beschriebene Zinseszinseffekt – gilt tendenziell auch für die späteren Rückkaufswerte, so dass die Kosten früher keine so bedeutende Rolle spielten. Das Beispiel zeigt aber auch, wie problematisch die (nachträgliche) Beurteilung von Renditechancen bei Abschluss eines Lebensversicherungsvertrages ist. Geht man davon aus, dass die wirtschaftlichen Überlegungen, die den Modellrechnungen nach § 154 zugrunde liegen, zum Zeitpunkt der VVG-Reform vor 2008 zutreffend waren, dann erscheint eine Gesamtverzinsung[79] eines Vertrages aus 1999 von ca. 6,5 % im Mittel Anfang 2016 realitätsfern. Ebenso problematisch erscheint im aktuellen Zinsumfeld von unter 1 % für zehnjährige Staatsanleihen eine Rendite von 3 % im oberen Bereich für neu abgeschlossene Verträge. Man könnte deshalb eine Korrektur des § 154 I und dessen konkrete Ausformung durch die VVG-InfoV fordern. Wichtiger scheint es aber zu sein, dass der VN über den Charakter der Überschussbeteiligung und der Modellrechnung ausreichend aufgeklärt wird, was das BAV bereits vor der VVG-Reform u. § 154 anmahnte[80]. Die Rendite einer Lebensversicherung und die zukünftigen Überschüsse bleiben trotz aller Bemühungen letztlich ungewiss. Betrachtet man vor diesem Hintergrund die Urteile des BGH vom 11.07.2012 unter dem Stichwort »**Wealthmaster Noble**«[81], dann erscheint eine Rendite in Großbritannien von 8,5 % sicherlich als hoch; ob sie vor dem Hintergrund der Zahlen aus der Übersicht 1 und der riskanteren Kapitalanlage – verglichen mit der AnlageV –, die normal auch zu höheren Renditechancen führen sollte,

---

78 Ein Schlussüberschussanteil und die Beteiligung an den BWR – ab der VVG-Reform – bleiben hier unberücksichtigt, vgl. § 169 VII.
79 Bei den Überschüssen und der Gesamtverzinsung bleiben hier das Risiko- und das übrige Ergebnis bewusst unberücksichtigt, da der Zinsaspekt verdeutlicht werden soll.
80 VerBAV 12/2000 S. 252.
81 Die Verträge stammten aus 2001/2.

§ 153 Überschussbeteiligung

wirklich unvertretbar waren, scheint aber fraglich.[82] Schwerer wiegt wohl eine etwaige Zusage (?) einer derartigen Rendite, um daraus eine Fremdfinanzierung zu bedienen. Letztlich handelt es sich dabei um eine klassische Spekulation des VN, der ein Geschäft (Darlehensaufnahme) tätigt in der vagen Hoffnung, durch ein Gegengeschäft (LV gegen Einmalbeitrag) einen Gewinn zu erzielen.

19 Die **Begriffe in der Lebensversicherung** sind teilweise gesetzlich definiert und können teilweise durch die aktuarielle Praxis bestimmt werden. Andere Begriffe wie der »**Garantiezins**« sollen der Umgangssprache zuzuordnen sein.[83] In der Finanzmathematik üblich ist insoweit der Begriff des »Abzinsungssatzes«. Abzinsung ist das Gegenstück zur hier beschriebenen Aufzinsung: Bei der Aufzinsung wird aus dem Ausgangswert durch den Zins und Zinseszins der Endwert ermittelt, während bei der Abzinsung aus einem gedachten Endwert der aktuelle Barwert ermittelt wird.[84] Da im Bereich der Lebensversicherung derartige Abzinsungssätze – ähnlich wie der Begriff des Deckungskapitals – an vielen verschiedenen Stellen verwendet werden, werden diese Zinssätze regelmäßig mit einem besonderen Begriff versehen und erhalten eine genaue gesetzliche Definition. Bei der Ermittlung von Rückstellungen, die den Verpflichtungsumfang des VR gegenüber dem VN in dessen verschiedenen Bilanzen abbilden, gibt es z.B.: Höchstrechnungszins (§ 2 III Nr. 1 VVG-InfoV, meint den »Höchstzinssatz für die Berechnung der Deckungsrückstellung« nach § 2 I DeckRV. Dieser Zinssatz ist durch das LVRG aufgrund des wesentlich gesunkenen Zinsniveaus auf 1,25 % gesenkt worden; eine weitere Absenkung auf nur noch 0,9 % ist aktuell im Gespräch, wie man den Stellungnahmen von DAV, GDV und BdV aus Mai 2016 entnehmen kann.); Referenzzins für die Zinszusatzreserve (§ 5 III, IV DeckRV); Bezugszins für den Sicherungsbedarf bzgl. der Bewertungsreserven (§ 11 MindZV); »maßgebliche risikofreie Zinskurve« nach § 77 VAG für die Solvenzübersicht (§ 74 I VAG). Der von den Aktuaren für die Produktkalkulation verwendete Zinssatz ist der sog. »**Rechnungszins**«, wie sich mittelbar z.B. aus § 139 IV VAG ergibt: »Summe der Sicherungsbedarfe der Versicherungsverträge, deren maßgeblicher Rechnungszins […] über dem […] (Bezugszins) liegt.« Dieser Rechnungszins für die Produktkalkulation entsprach in der Vergangenheit meistens dem Höchstrechnungszins[85] nach § 2 I DeckRV, weil der VR faktisch keinen höheren Zinssatz für den Rechnungszins aus den Prämien finanzieren konnte. Der in der Übersicht 1 jeweils angegebene »**garantierte Zinsüberschuss**« wird in § 6 I MindZV »rechnungsmäßige Zinsen« genannt. Er wird dem Kapitalanlageergebnis[86] vorab entnommen und den VN zur Finanzierung der bilanziellen Deckungsrückstellung gutgeschrieben. Er hat deshalb den Rohüberschuss als Basis für die Verteilung der Überschüsse zwischen VU und VN auf der Grundlage der MindZV bereits gemindert und kann nicht noch ein weiteres Mal als »ausgewiesener« Überschuss verteilt werden.[87] Dieser rechnungsmäßige Zins (= garantierter Überschuss) wird im Rahmen der erforderlichen verursachungsorientierten Überschussbeteiligung gleichwohl dadurch angemessen berücksichtigt, dass er auf die Gewinnanteile aus dem Kapitalanlageergebnis je Rechnungszinsgeneration wirtschaftlich »angerechnet« wird.[88] Da dieser rechnungsmäßige Zins nach den Versicherungsverträgen in Übereinstimmung mit der MindZV den VN selbst dann gutzuschreiben ist, wenn das Kapitalanlageergebnis und sogar der Rohüberschuss negativ ist bzw. wird, weil per Saldo in der Periode gar keine Überschüsse erwirtschaftet wurden, ist es gerechtfertigt, den Rechnungszins umgangssprachlich auch als Garantiezins zu bezeichnen. Das VU berücksichtigt damit im Rahmen der Prämienkalkulation einen bestimmten gutzuschreibenden Überschussanteil zur Finanzierung der Versicherungsleistung, der aufgrund dieser Verpflichtung handelsrechtlich kein Überschuss mehr ist. Dem VN wird dies im Vertrag gleichwohl meistens nicht ausdrücklich in Form des Garantiezinses offengelegt, sondern im Rahmen der Höhe der Versicherungssumme als sog. implizite Garantie mittelbar mitgeteilt.

bb) Garantierente und die Folgerungen aus dem BGH-Urteil vom 08.07.2009 für Fälle der Nachreservierung

20 In der Lebensversicherung gibt es viele Begriffe mit dem Bestandteil »Garantie« oder »garantiert«. Dies wäre nicht erwähnenswert, wenn nicht der BGH im Urt. v. 08.07.2009[89] insbes. den **Begriff der sog Garantierente** – vor dem aufsichtsrechtlichen Hintergrund der Überschussbeteiligung – als irreführend eingestuft und neu interpretiert hätte mit der Folge, dass die Grundsätze von Beitragskalkulation, Risikoausgleich und Überschuss-

---

82 Die Zinsspanne der Modellrechnung zeigt, dass es auf die konkret mitgeteilte Einschätzung des VR bzw. des Vertriebs nicht ankommt, wenn dem VN bewusst ist, dass die Überschussbeteiligung tendenziell auch auf 1 % oder weniger fallen kann, da sie ja gerade nicht garantiert ist.
83 https://de.wikipedia.org/wiki/Höchstrechnungszins, zuletzt abgerufen 26.02.2016.
84 *Wolfsdorf u.a.*, in: Gabler Versicherungslexikon.
85 Vgl. auch § 88 III Nr. 1 VAG (=§ 65 VAG a.F.), der beim Abzinsungssatz für die Deckungsrückstellung von »Höchstwerten für den Rechnungszins« spricht.
86 Rdn. 17.
87 Wegen weiterer Details vgl. Rdn. 14.
88 Dies beschreiben FAKomm-VersR/*Höra/Leithoff*, § 153 Rn. 15.
89 BGH VersR 2009, 1208.

beteiligung in der Lebensversicherung zu modifizieren seien und ein Teil der Literatur[90] ihm darin unkritisch gefolgt ist, während dieses System durch den Gesetz- und VO-geber insbes. mit dem LVRG noch eigens für die Risiken aus dem Niedrigzinsumfeld weiterentwickelt wurde. Der LS lautet:»Ist in einem Versicherungsvertrag über eine Leibrente gegen Zahlung eines Einmalbeitrags neben einer Garantierente vereinbart, dass aus den Überschussanteilen während der Aufschubzeit eine zusätzliche Rente gebildet wird, darf der Versicherer die während der Aufschubzeit erzielten Überschüsse nicht dazu verwenden, eine Lücke in der Deckungsrückstellung für die Garantierente aufzufüllen.« Im Streit war die Höhe einer Rentenversicherung, deren Leistungen sich wie üblich aus drei Komponenten zusammensetzt: »einer garantierten, auf der Grundlage der Sterbetafel 1987 R und einem Rechnungszins von (zunächst) 3,5 % kalkulierten Rente von 2.761,10 DM (1.411,73 €), einer ebenfalls garantierten, aus den Überschussanteilen während der Aufschubzeit von acht Jahren gebildeten Zusatzrente und einer nicht garantierten, aus den ab Rentenbeginn fälligen Überschussanteilen gebildeten konstanten Rente.« Angegriffen wurde die Höhe der zweiten Komponente, da – verkürzt – die Verwendung von Überschüssen aus der Aufschubzeit für eine Nachreservierung der ersten Komponente wegen neuer Sterbetafeln hätte unterbleiben müssen, so dass diese Überschüsse dann die zweite Komponente erhöht hätten.

- Ein **großer Teil der Literatur** sieht die Begründung dafür in der Tatsache, dass der Vertrag in einem Zeitpunkt abgeschlossen worden ist, als bereits bekannt war, dass die Veröffentlichung der neuen Sterbetafeln unmittelbar bevorstand und der BGH deshalb von einer unzureichenden bzw. fehlerhaften Kalkulation im Abschlusszeitpunkt ausgegangen ist.[91] Danach hätte das VU die Lücke in der Deckungsrückstellung, die durch die erforderliche Nachreservierung entstanden und mit Überschüssen geschlossen wurde, selbst verursacht und die entsprechenden Überschüsse für die Rente der zweiten Komponente zumindest ökonomisch »verwenden«[92] müssen, wie man auch aus § 163 II i.V.m. I 2 erkennen kann. Eine fehlerhafte Kalkulation ist zu bezweifeln, da den VR durch die Aufsicht eine Übergangsfrist zur Produktanpassung eingeräumt war, die im Urteilsfall vor Bekanntgabe der neuen Tafeln noch nicht abgelaufen sein konnte. Im Ergebnis stand deshalb eine Aufklärungspflichtverletzung im Raum: Hätten die VR auf die bevorstehende Änderung der Sterbetafeln und damit auf den Nachreservierungsbedarf aus den Überschüssen bei Vertragsabschluss hinweisen müssen, oder konnte dies im Hinblick darauf unterbleiben, dass die Beträge für die Nachreservierung verglichen mit den gesamten Überschüssen der Vergangenheit nicht wesentlich schienen?[93]

- Tatsächlich weist aber der vorangestellte LS und ein großer Teil der Urteilsbegründung weg von einem Kalkulationsfehler in eine andere Richtung. Es heißt im LS und in Ziffer 15 ausdrücklich, »dass die Lücke in der Deckungsrückstellung für die Garantierente« nicht aufgefüllt werden darf. Und in Ziffer 17 heißt es dann: »Diese Vereinbarungen sind … so auszulegen, dass die garantierte Rente von 1.411,73 € auf jeden Fall zu zahlen ist, unabhängig davon, ob nach Vertragsschluss Überschüsse erzielt werden. Das Garantieversprechen ist […] vorbehaltlos abgegeben worden. Nach den ausdrücklichen Bestimmungen […] werden die Überschussanteile für die beiden Arten der Zusatzrente verwendet. Aus dieser Verwendungsregelung […] folgt, dass die Überschussanteile nicht dazu herangezogen werden dürfen, die Zahlung der als erster Komponente garantierten Rente von 1.411,73 € sicherzustellen. Anderenfalls wäre das Versprechen, die Überschussanteile zur Steigerung der Altersrente zu verwenden, stark entwertet. Auf der anderen Seite würde damit auch das auf die Zahlung der Rente von 1.411,73 € bezogene vorbehaltlose Garantieversprechen unterlaufen werden.« **LS und Urteilsgründe** verweisen also maßgeblich auf ein »vorbehaltloses Garantieversprechen« bzgl. der ersten Komponente als »Garantierente«, die hier deren Nachreservierung mit Überschussanteilen »ausschließen« soll. Ein derartiges ausdrückliches Garantieversprechen bzw. deren genauer Inhalt wird aber weder im BGH-Urteil noch im Berufungsurteil mitgeteilt, obwohl es ja wohl entscheidungserheblich war; einige Anhaltspunkte sind Begriffe wie »Garantierente«, garantierte Rente, garantierte Zusatzrente, nicht garantierte Rente usw. Ist es aber denkbar, alleine aufgrund der Verwendung solcher Begriffe wie der der Garantierente, denen in der Lebensversicherung eine ganz eigene Bedeutung zukommt, das gesetzlich in den §§ 11 I, 53c und 81c VAG a.F.[94] vorgegebene System von Risikoausgleich und Überschussbeteiligung, das sich in die HGB-Rechnungslegungsvorschriften einfügt, in der Lebensversicherung außer Kraft zu setzen?

- Der BGH leitet aus dem Begriff »Garantie« – und wohl auch, ohne das es im LS anklingt, aus der fehlerhaften Kalkulation – ab, dass der VR im Rahmen der vertraglichen Zusage einer konkreten Rentenhöhe für die erste Komponente eine besondere Finanzierungspflicht dergestalt übernommen habe bzw. ihn treffe, dass es entgegen der Systematik von handelsrechtlichem Rechnungslegungsrecht und MindZV die Nachreservierung der Rückstellung für die erste Komponente wegen der neuen Sterbetafeln aus Aktionärs-

---

[90] Vgl. Rdn. 24.
[91] Vgl. § 163 Rdn. 7 m.w.N.
[92] Näher Rdn. 26.
[93] BAV-Rundschreiben R 1/95 BAV 1995, 287.
[94] §§ 138 I; 89 ff.; 140 II VAG i.V.m. MindZV.

mitteln statt aus den Ergebnisquellen vornehmen müsse. Wäre dies zutreffend, wäre als Folge dann natürlich auch die Notwendigkeit entfallen, die für die Nachreservierung verwendeten Beträge im Rahmen der Überschussdeklaration auf die allgemeinen Überschusssätze als Gegenfinanzierung für die verminderte RfB-Zuführung »anzurechnen«; sie wären dann ohne Reduzierung zugewiesen worden.[95]
– Das Urteil bezeichnet in Ziff. 24 die Hinweise zur Senkung der Überschussdeklaration von 2002 auf 2003 und deren Auswirkungen auf die zweite Komponente, also der garantierten Zusatzrente aus den Überschüssen der Aufschubzeit als nicht verständlich. Nahezu alle Lebensversicherer hatten in der Folge des Aktiencrashs ab Ende 2001 mit wirtschaftlichen Schwierigkeiten zu kämpfen bis hin zur Insolvenz der Mannheimer Leben und gezielten Maßnahmen des Gesetzgebers im HGB u. KStG, die aber erst im Laufe des Jahres 2003 wirksam wurden. Der VR könnte in der Situation gezwungen gewesen sein, die Schlussüberschussanteilssätze zusätzliche zu der Deklaration der laufenden Überschussanteile zu senken?

cc) Der besondere Garantiebegriff in der Lebensversicherung

21 Das VAG spricht im Bereich der Lebensversicherung in § 88 III Nr. 1[96], das VVG in §§ 154 I 1, 169 III 2 selbst von »Garantien«, ohne deutlich zu machen, was das Besondere dieser Garantien in der Lebensversicherung sei. In Einl. A Rdn. 22 und § 1 Rdn. 33 wird der Versicherungsvertrag gerade von dem **Garantievertrag** abgegrenzt, auf den ggf. auch das VVG anwendbar sei. Wie selbstverständlich verwenden Aktuare wie Juristen den Begriff der Garantie, ohne deutlich zu machen, dass es außerhalb der Lebensversicherung verschiedene Arten von Garantien gibt, die man wahrscheinlich vom unterschiedlichen Garantiebegriff in der Lebensversicherung abgrenzen muss. Das BGB enthält heute in § 443 I BGB in Übereinstimmung mit Art. 2 Nr. 14 der EU-Verbraucherrechte-RiLi eine Legaldefinition der Garantie, die dadurch gekennzeichnet ist, dass der Garantiegeber gegenüber dem Verbraucher zusätzlich zu den bestehenden gesetzlichen (Gewährleistungs)Rechten weitere Verpflichtungen eingeht, wenn der gelieferte Gegenstand oder die Leistung nicht die in der Garantieerklärung oder einschlägigen Werbung bezeichneten Voraussetzungen erfüllen. Eine Garantie ist damit allgemein die Zusage eines bestimmten Verhaltens für bestimmte vordefinierte Fallgestaltungen und umfasst damit Qualitätsgarantien zusätzlich zu den Gewährleistungsrechten wie im Kaufrecht, aber auch die Absicherung eines Dritten (Begünstigter) im Hinblick auf die Bonität des Schuldners aus einem Grundgeschäft etwa durch eine Bankgarantie. § 477 BGB enthält im Kaufrecht weitere Vorgaben für entsprechende selbständige und unselbständige Garantien; so sollen sie insbes. einfach und verständlich abgefasst sein und dürfen die gesetzlichen Rechte des Verbrauchers nicht einschränken. Auch wenn die genannte Verbraucherrechte-RiLi nach Art. 3 (3) d) auf Finanzdienstleistungen und damit auf Versicherungen nicht anwendbar ist, spricht doch einiges dafür, dass damit der **Begriff der Garantie im Zivilrecht**[97] zutreffend erfasst ist. Etwas ganz anderes meint dagegen der **Garantiebegriff in der Lebensversicherung**, wie er in § 154 I erkennbar wird und in der Branche verwendet wird. Das Gesetz spricht hier von »bezifferten Angaben zur Höhe von möglichen Leistungen über die vertraglich garantierten Leistungen hinaus«. Garantiert sind die (Versicherungs)Leistungen, deren Höhe das VU in der Police als vertraglich geschuldet zugesagt hat, also die Versicherungssumme im Todes- oder Erlebensfall oder eine vereinbarte monatliche oder jährliche Rentenhöhe. Dass die gegenseitigen Leistungen – also Kaufgegenstand und die Höhe des Kaufpreises oder das Mietobjekt und die Höhe des Mietzinses – im Vertrag konkret fixiert werden, ist zwingend und bedarf juristisch eigentlich keiner Erwähnung. Anders ist dies in der Lebensversicherung aufgrund der Überschussbeteiligung als einem Charakteristikum. Die bezifferten möglichen (Ablauf)Leistungen in § 154 I meinen die Summe aller Ansprüche des VN aus den fest zugesagten Leistungen und den Ansprüchen aus der Überschussbeteiligung. Da die Überschussbeteiligung nur dem Grunde nach, nicht aber der Höhe nach bei Vertragsschluss feststeht, wird diese üblicherweise als »nicht garantiert« bezeichnet. In diesem Sinne ist der Begriff der »garantierten« Leistungen auch in Art. 18 I A i der 3. RL Leben zu verstehen; danach müssen die vt. Rückstellungen im Bereich der LV die »garantierten Leistungen einschließlich garantierter Rückkaufswerte; Überschussanteile, auf die die VN … bereits Anspruch haben« berücksichtigen. In der Lebensversicherung hat das Begriffspaar garantierte und nicht garantierte Leistung/Rente also zum einen die Funktion, den unterschiedlichen Charakter der verschiedenen Ansprüche des VN aus dem Vertrag plakativ zu kennzeichnen. Diese **eindeutige Unterscheidung** wird durch die VVG-Reform auch ausdrücklich in § 154 II gefordert und bestimmt heute den Sprachgebrauch der Branche, wie etwa das jüngste Muster des GDV für die »Jährliche Information zum Stand Ihrer (Renten)Versicherung« vom 01.03.2016 nach § 155 zeigt. Dieser Sprachgebrauch, der in der Lebensversicherung wesentlich älter ist als die Vorschrift des § 443 BGB, findet sich bereits in § 54b III 2 VAG a.F. aus dem Jahre 1994, wenn dort von einer garantierten Mindestleistung gesprochen wird. Der Begriff der vertraglichen Mindestleistung wäre eigentlich ausreichend und verständlich. Nachvollziehbar wird die Be-

---

95 S. auch Rdn. 24–27.
96 Die »Zinsgarantie« meint den in Rdn. 19 beschriebenen Rechnungs- oder Garantiezins.
97 I.E. ebenso *Berwanger*, in: http://wirtschaftslexikon.gabler.de/Archiv/4372/garantie-v11.html; zuletzt abgerufen am 26.02.2016.

griffsbildung in § 54b III 2 VAG a.F. erst, wenn man den Wortlaut von Art. 23 IV der 3. RiLi Leben[98] hinzunimmt, der im VAG umzusetzen war. Dort heißt es: »Schließen die [...] Leistungen eine **Garantie für ein Anlageergebnis** oder eine sonstige garantierte Leistung ein«. Garantierte Mindestleistung meint also in der Lebensversicherung regelmäßig die zugesagte Versicherungssumme, die unter Berücksichtigung eines bestimmten Teils des Kapitalanlageergebnisses und des Erhalts der Kapitalanlagen kalkuliert worden ist.[99], wie im Beispiel in Rdn. 18 beschrieben. Dies wird durch § 138 I 2 VAG auf der Grundlage der Solvency II-RiLi[100] ausdrücklich durch Hinweis auf die Finanzlage ermöglicht, die bei der Kalkulation neben den Prämien berücksichtigt werden darf.[101] Der Garantiebegriff dient also einmal der Unterscheidung der der Höhe nach festgelegten Ansprüche aus der Lebensversicherung von den Ansprüchen aus der Überschussbeteiligung und weist zudem regelmäßig nur darauf hin, dass bei den vertraglich zugesagten Mindestleistungen die Sparanteile der Prämie um »garantierte« Teile des Anlageergebnisses – in der Vergangenheit meistens um den aus dem Garantiezins ermittelten rechnungsmäßigen Zins – verbindlich aufgestockt worden sind[102]. Da ein Garantiezins im Niedrigzinsumfeld immer schwerer zu finanzieren ist, gibt es zu den wirtschaftlich noch möglichen Garantien in der LV in den letzten Jahren eine umfangreiche Diskussion. Bei all diesen Garantien geht es nicht um die Übernahme zusätzlicher Finanzierungsverpflichtungen analog § 443 BGB zusätzlich zu den Versicherungsleistungen, sondern um die Frage, ob und wie man dem VN noch bestimmte bezifferte Beträge zusätzlich zu den Sparanteilen und zu den durch den Vertrag verursachten Kosten als einheitliche Versicherungsleistung neben einer Überschussbeteiligung vertraglich zusichern kann. Beispiele sind insoweit die Abschnittsgarantie oder die endfällige Garantie; unter dem Begriff der Garantiemodelle aber auch die sog. Variable Annuities oder Hybridprodukte. Aus den im Urteil aufgeführten Garantiebegriffen ergibt sich die vom BGH erkannte besondere Finanzierungpflicht des VU also nicht, da die Garantien in der Lebensversicherung diese wie beschrieben nicht umfassen. Für eine weitergehende ausdrückliche Übernahme dieser Finanzierungszusage oder für die durch den Hinweis auf das BAV-Schreiben R 2/2000 in VerBAV 2000, 252, 253 angedeutete Irreführung durch eine »unsachgemäße Darstellung der Überschussbeteiligung«, für die der VR einzustehen habe, gibt es im mitgeteilten Sachverhalt keine Anhaltspunkte und ist aus der Branche auch nicht bekannt, so dass der dem BGH-Urteil vorangestellte LS als solcher nicht überzeugt. Aus der vorstehenden Ableitung des besonderen Garantiebegriffs in der Lebensversicherung ergibt sich im Übrigen, dass die »Garantierte« als normale verbindlich in der Police ausgewiesene vertragliche (Versicherungs)Leistung weiterhin einer Prämien- und Leistungsänderung nach § 163 zugänglich ist, wenn § 163 nicht ausdrücklich ausgeschlossen worden ist, was aufsichtsrechtlich normal einen Missstand bedeutet und diese »garantierte« Leistung trotzdem als eine »Verpflichtung eines Lebens-VR aus seinen Versicherungen« nach § 314 II VAG herabgesetzt werden kann.

dd) Der Garantiezins im Niedrigzinsumfeld u. die ZZR als gesetzlich angeordnete Nachreservierung

Durch das Niedrigzinsumfeld, das bereits seit einigen Jahren und voraussichtlich noch viele weitere Jahre andauert, wird sich das jährliche Kapitalanlageergebnis der meisten VR in Zukunft deutlich und dauerhaft reduzieren. Dies hat nicht nur Auswirkungen auf die nicht garantierten Überschüsse, sondern führt auch dazu, dass die VR den Rechnungszins und damit den »garantierten Zinsüberschuss« nicht mehr in vollem Umfang verdienen und damit finanzieren können. Das vorstehende Beispiel wird deshalb in Übersicht 2 in zwei Schritten fortentwickelt. Auf der Grundlage von Zinsannahmen, wie sie etwa im Finanzstabilitätsbericht 2015 der Deutschen Bundesbank im Schaubild 1.3.6 skizziert werden,[103] ist von einem sukzessiven Sinken der Nettoverzinsung der Kapitalanlagen der VU auszugehen. Danach würde der Vertrag insgesamt 11 Jahre an der Überschussbeteiligung teilnehmen. Anschließend soll der Teil des Rechnungszinses, der vom VU aus dem Kapitalanlageergebnis ohne die Erhöhung der Deckungsrückstellungen (= Nachreservierung) durch die ZZR noch finanziert werden kann, sukzessive von 4 % auf nur noch 1,2 % bei Fälligkeit der Versicherungsleistung sinken.

22

---

98 Vom 10.11.1992 (92/96/EWG).
99 Dieses Verständnis liegt auch der Fomulierung in § 169 III 2 bzgl. des garantierten Rückkaufswertes zugrunde; vgl. § 169 Rdn. 60, 66, in denen der Bezug des garantierten Rückkaufswertes zur Kapitalanlage deutlich wird.
100 Art. 209 II Solvency II.
101 Vgl. insoweit von § 138 VAG und zur Prämienkalkulation § 163 Rdn. 11, 20.
102 Dieses Ergebnis wird auch durch den Begriff der »versicherungsförmigen Garantie« in § 236 I Nr. 2 VAG sowie dessen Definition in § 22 II 1 der Pensionsfonds-Aufsichts-VO (PFAV) bestätigt. Die beiden Elemente des Garantiebegriffs werden auch in § 25 IV 1 PFAV angesprochen, während § 15 I Nr. 3 PFAV gerade die Verwendung von Überschüssen zur Reservestärkung bei versicherungsförmigen Garantien beschreibt.
103 Verwendet werden Zinssätze, die auf S. 50 des Finanzstabilitätsberichts 2015 zwischen dem milden Stressszenario (Szenario 2) und dem verschärften Stresssszenario (Szenario 3) liegen.

§ 153 Überschussbeteiligung

Übersicht 2 Prognose Versicherungssumme/Auszahlungsbetrag im Niedrigzinsumfeld

	Jahre	Jahresrate (Sparanteil) GE	Summe Raten GE	Zinssatz	Betrag GE	Weitere Erläuterungen
Kalkulation Versicherungssumme	25	2.308,84	57.721	4 % (RZ)	100.000,00	HRZ = RZ = Rechnungszins = Garantiezins lt. Kalkulation
(davon garantierter Zinsüberschuss)					(42.279,00)	
Stand nach	11	2.308,84	25.397,24	4 %	32.383,34	Entspricht vorgesehener Entwicklung
(davon garantierter Zinsüberschuss)					(6.986,10)	
Überschüsse (verzinsliche Ansammlung)				2,5 %	5.996,56	
Prognose:						Niedrigzinsphase ab 2011
nach restlichen	14	2.308,84	32.323,76	4 %–1,2 %	84.399,75	
(davon garantierter Zinsüberschuss)					(26.678,56)	
Lücke garantierter Zinsüberschuss/Auffüllung wg. Garantie erforderlich!					15.600,25	
Versicherungssumme/ garantierter Betrag					100.000,00	
Verzinsliche Ansamlung		Keine Überschussanteile	Nur Verzinsung	4 %–1,2 %	8.612,21	
Schlussüberschuss					(?)	
Möglicher Auszahlungsbetrag					108.612,21	

Am Ende hätte das VU dann nach 25 Jahren von dem »garantierten Zinsüberschuss« von etwas mehr als 42 TEURO durch die »normalen« Kapitalerträge ca. 15,5 TEURO nicht finanzieren können, von zusätzlichen echten nicht garantierten Überschüssen ganz zu schweigen. Die garantierte Leistung ist natürlich trotzdem zu zahlen. Im Beispiel wird unterstellt, dass die verzinsliche Ansammlung der echten bisherigen Überschüsse laut Vertrag nur mit dem aktuellen Anlagezinssatz und nicht mit dem Garantiezins verzinst wird. Andernfalls wäre insoweit auch eine ZZR erforderlich. Da diese Entwicklung aufgrund der negativen Prognosen bereits seit einigen Jahren absehbar war, hat das VU bereits ab 2011 im Rahmen der ZZR zusätzliche Überschüsse durch Zuweisung zur Deckungsrückstellung »einbehalten« und den VN weder als Direktgutschrift noch als Zuführung zur RfB zukommen lassen. Dahinter steht wirtschaftliche folgende Überlegung. Aufgrund der Beitragskalkulation ist eigentlich vorgesehen, dass der Deckungsrückstellung jedes Jahr neben dem Sparbeitrag ein »garantierter Zinsüberschuss« von 4 % der angesammelten Deckungsrückstellung aus dem Zinsergebnis zugeführt wird. Diese Beträge wachsen erkennbar jährlich mit der Rückstellung (Zinseszinseffekt!). Erhöht man die Rückstellung nun jedoch über die bisher vorgesehenen Beträge hinaus, reicht in der Zukunft eine geringere jährliche Verzinsung zur Finanzierung der garantierten Versicherungsleistung. Der ZZR liegt deshalb die Überlegung zugrunde, dass der Deckungsrückstellung ab dem Jahre 2011 jährlich neben dem Sparbeitrag und dem ursprünglichen Rechnungszins jeweils aus dem Zinsergebnis – hier insbes. aus der Auflösung von Bewertungsreserven – eine Art zusätzlicher »Einmalbeitrag« zugeführt wird, der erforderlich ist, damit in Zukunft nur noch eine Verzinsung mit dem sog. Referenzzins laut § 5 III, IV DeckRV erforderlich ist. Zinsprognosen von Anfang 2016 gehen davon aus, dass der Referenzzins sich von 3,91 % in 2011 auf ca. 0,85 % in 2024 reduzieren könnte, wenn das derzeitige Niedrigzinsumfeld unverändert fortdauert. Der Referenzzins selbst enthält auch eine Sicherheitsmarge, liegt also jeweils unterhalb der oben beschriebenen Zinsannahmen der Prognose. In Übersicht 3 ist dieser Mechanismus der ZZR grob mit Zahlen unterlegt worden, um ein Gefühl für die Größenordnungen zu erhalten; es ist keine mathematische Genauigkeit eines konkreten Vertrages angestrebt.[104] Deutlich wird jedoch, dass im Rahmen der ZZR – bezogen auf die gesamte Vertragslaufzeit –

---

104 Biometrischen Faktoren, Kosten u.a. bleiben bewusst unberücksichtigt.

dem Vertrag kein zusätzlicher Rechnungszins gutgeschrieben werden soll, sondern durch die ZZR der Aufwand aus dem Rechnungszins durch eine bewusste Absenkung des Rechnungszinses (= Referenzzins) zeitlich in Zeiträume vorverlagert werden soll, in denen das VU voraussichtlich/hoffentlich noch über einen ausreichenden Rohüberschuss verfügt, wobei dieser durch die Auflösung von Bewertungsreserven und andere Maßnahmen gesteuert werden kann/soll. Ziel der ZZR ist es damit, aktuell noch vorhandene Überschüsse zur Finanzierung der Rückstellungen zu verwenden, statt dass diese an VN und VR/Aktionäre »ausgeschüttet« werden. Da dieser Vorfinanzierungsprozess auf Jahre angelegt ist, sorgt der Sicherungsbedarf dafür, dass die BWR als zukünftige Überschüsse dem VR erhalten bleiben. Im Beispiel ist der dargestellte Betrag der Mehrzuführung[105] zeitlich vorweggenommen und braucht damit in der Folgezeit nicht mehr finanziert werden, d.h. insoweit ist dann die Verzinsung mit dem geringeren Referenzzins (= Rechnungszins neu) ausreichend. Bei Fälligkeit der Versicherungsleistung existiert dann keine Mehrzuführung zur Deckungsrückstellung mehr, weil der ursprünglich kalkulierte Rechnungszins dann doch insgesamt finanziert werden konnte.

Übersicht 3: Zinszusatzreserve/schematisch für ein Jahr

	Jahre	Jahresrate (Sparanteil) GE	Summe Raten GE	Zinssatz	Betrag GE	Weitere Erläuterungen
Deckungsrückstellung incl. ZZR ab 2011	2015	2.308,84	34.632,60	Referenzzins 3,15 %	58.730,39	
Deckungsrückstellung lt. Kalkulation				4 % (RZ)	52.404,92	
Mehrzuführung insges.					6.325,46	
Deckungsrückstellung incl. ZZR ab 2011	2015				58.730,39	
Zuführungen	2016					
Sparbeitrag		2.308,84	36.941,44		2.308,84	
Zuführung aus Zinsergebnis insges.				Referenzzins 2,59 %	3.542,44	
Deckungsrückstellung neu					64.581,67	
Deckungsrückstellung lt. Kalkulation				4 % (RZ)	56.902,31	
Mehrzuführung insges.					7.679,35	
Verzinsliche Ansammlung		Keine Überschussanteile	Nur Verzinsung	4 %–1,2 %	7.482,17	

Unterstellt man, dass die beschriebene Auffüllung der Garantiezinsen im Rahmen der ZZR wirtschaftlich nicht aus den Überschüssen aufgebracht werden kann, stellt sich auch die Frage einer Prämien- und Leistungsänderung nach § 163 mit der dann erforderlichen Nach- und Neukalkulation, was in den dortigen Rdn. 11, 20 ff. auch vertiefte Überlegungen zum Rechnungszins erfordert. Das Bsp. wird insoweit in § 163 Rdn. 24 fortentwickelt.

Dem (**Höchst**)**Rechnungszins** (**HRZ**) kam und kommt also als »garantierter« Zinsüberschuss insbesondere 23 in den kapitalbildenden Lebens- und Rentenversicherungen eine immer wichtigere Bedeutung zu, je mehr und je schneller sich das Zinsniveau am Kapitalmarkt in den letzten 10–25 Jahren reduzierte. Diese Bedeutung kann man vielleicht anhand der folgenden Stichpunkte erahnen:
– Gesetzgeber und Versicherungsaufsicht werden bis auf weiteres am HRZ für alle Lebens-VR festhalten, obwohl das neue Eigenmittelregime Solvency II aufgrund seiner Risikoorientierung diesen eigentlich überflüssig machen sollte[106] und er darin auch nicht mehr vorgesehen ist. Er bleibt in § 2 DeckRV erhalten, um den Wettbewerb in der Branche über den Garantiezins zu begrenzen. So richtig dieses Ziel ist, verbleiben natürlich weiterhin die Risiken im Garantiezins wie in allen anderen Rechnungsgrundlagen für die Kalkulation der Lebensversicherungsprodukte. Obwohl diese vorsichtig zu bestimmen und mit Sicher-

---

105 Die ZZR ist – als Bestandteil der Deckungsrückstellung – die Deckungsrückstellung ermittelt mit dem Referenzzins abzüglich der Deckungsrückstellung, ermittelt mit dem bisherigen Rechnungszins.
106 Der Entwurf der neuen DeckRV aus Sept. 2015 sah ihn deshalb auch nur noch für die VU vor, die nicht unter das neue Solvency II-Eigenmittelregime fallen.

heitsmargen zu versehen sind, besteht auch weiterhin die Gefahr, dass die Kalkulation sich aus Sicht des VU im Nachhinein als unzureichend herausstellt und deshalb einer ergänzenden Finanzierung bedarf. Neben den Möglichkeiten im Rahmen des § 163 ist dabei vor allem an den Risikoausgleich über aktuelle und gespeicherte Überschüsse zu denken, der durch das LVRG und die Umsetzung von Solvency II im VAG weiter verfeinert wurde.

- Der HRZ wurde im Rahmen des LVRG auf 1,25 % gesenkt und soll in/ab 2017 weiter auf 0,9 % sinken. Dies scheint aus Sicht des einzelnen VN nicht mehr viel, muss vom VU aber auch erst einmal dauerhaft verdient werden. Dies ist in Zeiten negativer Einlagezinsen sicher nicht selbstverständlich.
- Der VN erlebt das Niedrigzinsumfeld derzeit primär in einer ständig sinkenden Überschussbeteiligung bei bestehenden Verträgen und entsprechend reduzierten Garantiezinsen bei neuen Lebensversicherungsprodukten. Nicht unterschätzen sollte man aber auch die langfristigen Auswirkungen, die für die Verbraucher derzeit nur undeutlich erkennbar werden. Für den VN war der (Brutto)Beitragserhalt[107], der quasi beiläufig durch den Garantiezins gewährleistet wurde, bisher eine Selbstverständlichkeit. Es ist umgekehrt mit Hilfe der Zinseszinsrechnung nachvollziehbar, dass die Kosten für Vertrieb, Bestandsführung, Risikotragung etc. in Zukunft bei einem derartig reduzierten Garantiezins nur noch bei vergleichsweise langen Laufzeiten gedeckt werden können. Die Folge sind z.B. geänderte Provisionsmodelle für den Vertrieb,[108] aber auch geänderte Produkte in der Lebensversicherung. Statt der bisherigen kapitalbildenden Lebens- und Rentenversicherung bleibt es – neben den unterschiedlichen Risikolebensversicherungen – bei den fondsgebundenen Lebensversicherungen, bei denen der VN das gesamte Kapitalanlagerisiko. Wichtiger werden in Zukunft deshalb die sog. hybriden Lebensversicherungsprodukte mit neuen Garantiemodellen, die jedoch auch für Insider immer schwerer im Detail zu verstehen sind. Andererseits ist die Lebensversicherung in Form der Rentenversicherung für Zwecke der privaten Altersvorsorge breiter Bevölkerungskreise faktisch unersetzlich, wenn man an die kontinuierliche Senkung des Rentenniveaus in der sozialen Rentenversicherung und die parallelen Schwierigkeiten in der Finanzierung der betrieblichen Altersversorgung denkt.

ee) Folgerungen aus der Garantierenten-Entscheidung?

24 Fraglich ist, ob aus dem oben behandelten BGH-Urteil aus 2009 zu den Garantierenten[109] Folgerungen insbes. im Hinblick auf die ZZR zu ziehen sind und wenn ja, welche. Dazu werden zuerst die hierzu seit 2010 veröffentlichten Stellungnahmen in der Literatur skizziert und anschließend ihre dramatischen ökonomischen Auswirkungen auf die VR angedeutet, ehe abschließend gezeigt wird, dass es sich bei der dem BGH-Fall zugrunde liegenden Rentenversicherung mit den verschiedenen (Garantie)Renten nur um den in Deutschland üblichen Standardfall einer aufgeschobenen Rentenversicherung handelt.

- Bereits vergleichsweise kurze Zeit nach dem Urteil hat sich *Seiffert*[110] in einer Anm. zu den Urteilen des BGH vom 24.03.2010 zur Überschussbeteiligung in der Zusatzversorgung der Arbeitnehmer im öffentlichen Dienst[111] hierzu geäußert: »Die Frage, ob die VBL die fiktiven Überschüsse in eine »Bonusrente« hätte umwandeln müssen oder rechnerisch dazu verwenden durfte, um die Deckungslücke bei der Garantierente zu schließen, war nicht Streitgegenstand […] Für die normale private Rentenversicherung mit Aufschubzeit hat der Senat entschieden, dass die in der Aufschubzeit erzielten Überschüsse nicht dazu verwendet werden dürfen, eine Lücke in der Deckungsrückstellung für die Garantierente aufzufüllen.« *Seiffert*, in 2009 immerhin Richter am BGH im zuständigen Versicherungssenat, macht also sehr deutlich, dass aus seiner Sicht das Urteil zu den Garantierenten aus 2009 keine Einzelfallentscheidung aufgrund der Schwierigkeiten bei der Umstellung der Sterbetafeln oder der missglückten Verwendung bestimmter Begriffe war, sonder auf die »normale private Rentenversicherung« und darüber hinaus Anwendung findet. Scheinbar konsequent greift der *Bund der Versicherten* in einem Schreiben vom 14.01.2011 an das BMF im Rahmen der Anhörung zur Änderung der DeckRV ausdrücklich das BGH-Urteil aus 2009 auf, um die Unzulässigkeit der Finanzierung der ZZR durch Mittel der Überschussbeteiligung zu begründen: »Der Verordnungsgeber sollte unbedingt gewährleisten, dass für die Ausfinanzierung der Zinszusatzreserve auch andere Verfahren zur Anwendung gelangen als die den Versicherungsnehmern gehörende Überschussbeteiligung zu reduzieren. Die Erfahrungen der Vergangenheit mit der Nachreservierung bei Rentenversicherungsverträgen wegen der Umstellung auf neue Sterbetafeln zeigen: Die Lebensversicherer haben Mittel aus der Überschussbeteiligung zur Finanzierung einer Nachreservierung herangezogen. Der Bundesgerichtshof (BGH) hat mit Urteil vom 08. Juli 2009 […] dieser Praxis einen Riegel vorgeschoben.« Am Ende lösen sich *Schnepp/Gebert*[112] sogar ganz vom BGH-Urteil aus 2009: »Hieraus wird das allgemei-

---

107 Vgl. etwa § 1 I Nr. 3 AltZertG, der von den »eingezahlten Altersvorsorgebeiträge« spricht, ohne diese genauer zu definieren.
108 Diese wurden ebenfalls durch das LVRG durch einen reduzierten Höchstzillmersatz »angestoßen«.
109 Rdn. 20, 21.
110 *Seiffert* VersR 2010, 1484, 1485.
111 Vgl. Vor §§ 150 ff. Rdn. 20 m.w.N.
112 Veith/Gräfe/Gebert/*Schnepp/Gebert*, 3. Aufl. 2016, § 10 Rn. 159.

ne Prinzip abzuleiten sein, dass Überschüsse nicht zur Auffüllung einer Lücke in der Deckungsrückstellung verwandt werden können.« Was ist von »allgemeinen Prinzipien« zu halten, die ausdrücklich den diesbezüglichen Regelungen in den Gesetzen (HGB, VAG[113]) und den hierzu erlassenen VOen (inbes. MindZV[114]) widersprechen? Ähnlich verallgemeinernd auch *Heiss* und *Winter*: »Einem solchen, nach § 56a VAG zulässigen Vorgehen können allerdings die vertraglichen Vereinbarungen entgegenstehen, wenn der Versicherer die Verwendung der Überschüsse für die Erbringung der nicht garantierten Leistungen zusagt.«[115] »Eine Nachreservierung darf nicht mit Mitteln finanziert werden, hinsichtlich derer der VR eine anderweitige Verpflichtung übernommen hat.«[116] Da ja nach § 153 die gesetzliche und mit den Versicherungsverträgen übereinstimmende Verpflichtung zur nicht garantierten Überschussbeteiligung in nahezu allen Lebensversicherungen besteht, kann es faktisch also keine Nachreservierung aus Überschüssen geben? Das gesetzliche System von Überschussbeteiligung und Risikoausgleich in der Lebensversicherung hat also gar keinen oder nur einen sehr eingeschränkten Anwendungsbereich?

– Wenn das alles richtig wäre, bliebe eigentlich nur die Frage, wie der Gesetzgeber mit der ZZR und dem LVRG die **Risikotragfähigkeit der Lebensversicherer** stärken wollte bzw. konnte? Folgt man der Literatur, sind die bisherigen Mittel zur Finanzierung der ZZR den VN als weitere Ansprüche mit der Folge gutzuschreiben, dass nicht nur die vollständige Finanzierbarkeit der bisherigen Ansprüche aufgrund des Niedrigzinsumfeldes immer unwahrscheinlicher wird, weil ja die Vorfinanzierung durch die ZZR entfällt, sondern die VR zusätzliche Ansprüche aus der Überschussbeteiligung im Umfang der ZZR passivieren müssten. Damit wird die Parallele zur Hyman- Entscheidung deutlich, die Equitable Life das Genick gebrochen und Leistungskürzungen für die allermeisten VN gebracht hat.[117] Während die dortigen Richter das Ermessen des VR bei der Überschussbeteiligung begrenzten, würde man hier die gesetzlich zwingend vorgegebenen Mechanismen von Prämienkalkulation mit Sicherheitsmargen, Überschussbeteiligung und Risikoausgleich »überspielen«. Damit ist ein weiteres Problem angesprochen, nämlich das isolierte Denken in zivilrechtlichen Ansprüchen vor den Zivilgerichten, das den Umstand – bewusst – ausblendet, dass aufgrund der verursachungsorientierten Überschussbeteiligung – zwingend – der Vorteil des einen VN bei der Überschussbeteiligung dem Nachteil eines anderen VN entspricht, wenn man von den geringen Anteilen des VR absieht: »Wenn Engeländer Bedenken dagegen hat, das ein Gericht den klagenden VN mit einer erhöhten Überschussbeteiligung bedenkt, ohne zugleich den übrigen Versicherten einen entsprechenden Betrag ihrer Überschussbeteiligung abziehen zu können, so kann dem VN deswegen nicht seine Anspruchsberechtigung verwehrt werden. ... Die Möglichkeit eines Eingreifens der Aufsichtsbehörde dürfte eine Situation wie bei der Equitable Life mit ihren schwerwiegenden wirtschaftlichen Folgen für das VU gar nicht entstehen lassen.«[118] Im derzeitigen Niedrigzinsumfeld würde wahrscheinlich ein großer Teil aller Lebensversicherer ohne Leistungskürzungen oder Prämienanpassungen zusammenbrechen, wenn der Gesetzgeber nicht vorher eingreift.[119] Die ZZR bewirkt ebenfalls Leistungskürzungen, nämlich Kürzungen der aktuellen nicht garantierten Überschussbeteiligung. Wirtschaftlich ist dies ein erprobtes Mittel, dass auch im Anschluss an den Aktiencrashs ab ca. 2001 zur Anwendung gelangte. Die eingetretenen Wertminderungen in den Aktien und Aktienfonds wurden über mehrere Perioden durch Abschreibungen bilanziell realisiert und der daraus folgende Aufwand mit den Erträgen aus den Kapitalanlagen und vereinzelt der Auflösung eines Teils der RfB verrechnet. Daraus folgte teilweise natürlich auch eine zeitweilige Reduzierung der Überschussbeteiligung der VN.

– Man kann das Zusammenwirken der Regeln der Überschussbeteiligung nach § 153 im Allgemeinen mit den besonderen Vorschriften der MindZV und den Besonderheiten bei der Nachreservierung im BGH-Fall überhaupt nur verstehen, wenn man das System der Überschussbeteiligung, insbes. die **Überschussverwendung** – also die **Bezugsform**[120] – in der konkreten einzelnen Versicherung berücksichtigt. Da die Bezugsform der Überschussbeteiligung in der aufgeschobenen Rentenversicherung scheinbar etwas von der normalen geschobenen kapitalbildenden Lebensversicherung abweicht, wird diese durch Auszüge aus den konkreten AVB einer Lebensversicherung mit Stand Anfang 2009 nachfolgend beschrieben, die die üblichen Regelungen enthalten: »§ 1 – Was ist versichert?...(1) Erlebt die versicherte Person den vereinbarten Rentenzahlungsbeginn (Ende der Aufschubzeit) zahlen wir die vereinbarte Rente lebenslang [...]. § 2 – Wie erfolgt die Überschussbeteiligung? [...]. (7) Verwendung der Überschüsse in der Aufschubdauer. Zum vereinbarten Rentenbeginn wird ein vorhandenes Überschussguthaben zusammen mit einem möglichen Schlussüberschuss [...] und Ihrer Beteiligung an den Bewertungsreserven [...] als Einmalbeitrag für eine sofort beginnende Zusatzrente (Bonusrente) mit gleicher Garantiezeit verwendet [...]. Bei der Verwen-

---

113 Vgl. etwa § 140 I Nr. 3 VAG zur Lebensversicherung und § 108 VAG für alle VR.
114 Vgl. etwa § 9 I Nr. 3 MindZV.
115 L/W/*Heiss*, § 153 Rn. 30.
116 B/M/*Winter*, § 153 Rn. 232.
117 Vgl. Rdn. 5.
118 B/M/*Winter*, 9. Aufl. § 153, 208.
119 Vgl. auch Rdn. 31 u. 56.
120 Vgl. sehr kursorisch unten Rdn. 39.

dung der Überschussanteile zur Erhöhung der versicherten Rente werden die bei Rentenbeginn (für das Neugeschäft) gültigen Rechnungsgrundlagen – insbesondere Sterbetafeln und Rechnungszins – zu Grunde gelegt. (9) Verwendung der Überschüsse im Rentenbezug. Die laufenden Überschussanteile werden je nach vereinbarter Gewinnverwendung zur Erhöhung der versicherten Rente verwendet [...].« Auch in diesem Beispiel gibt es in der aufgeschobenen Rentenversicherung drei unterschiedliche Rententeile[121], die also keine Besonderheit des Versicherungsvertrages des BGH-Urteils waren, auch wenn die entsprechenden Musterbedingungen des GDV zur aufgeschobenen Rentenversicherung insoweit keine Ausführungen enthalten. In der Sprache des § 154 handelte es sich bei der ursprünglich vereinbarten Rentenhöhe um eine vertraglich garantierte Leistung, aber auch die zweite Rente war/wurde mit Rentenbeginn eine entsprechende Garantierente, denn es wurden ja die in diesem Zeitpunkt garantierten Rechnungsgrundlagen für ihre Ermittlung verwendet.

25 Die vorstehend wiedergegebenen Äußerungen in der Literatur und im BGH-Urteil aus 2009 geben Anlass, die der Lückenfüllung/Nachreservierung zu Grunde liegenden Regelungen im HGB und im Versicherungsaufsichtsrecht, also der bilanziellen Grundlagen, die fundamental für das Verständnis der Lebensversicherung und deren Problemen im Niedrigzinsumfeld[122] sind, zumindest ansatzweise zu skizzieren. Überspitzt ausgedrückt: Der BGH kann allenfalls wirtschaftlich, nicht aber technisch/bilanzrechtlich anordnen, dass die während der Aufschubzeit erzielten Überschüsse nicht dazu verwendet werden dürfen, eine Lücke in der Deckungsrückstellung für die Garantierente aufzufüllen.

– Die Bilanz und die Gewinn- und Verlustrechnung (GuV) des HGB bilden als Grundlagen für die Überschussbeteiligung der VN in verdichteter Kürze alle Rechtsverhältnisse des Unternehmens und deren wirtschaftliche Auswirkungen auf das Ergebnis der Periode ab. In der Bilanz werden auf der Aktivseite alle Vermögensgegenstände und auf der Passivseite alle Verbindlichkeiten gezeigt, während das Eigenkapital die Differenz zwischen beidem ist. Es handelt sich dabei um eine allgemeine Festlegung, für die Handelsbilanz etwa in § 242 I HGB u. § 247 I HGB, die aber auch für andere Bereiche wie etwa im Rahmen der Solvenzübersicht nach §§ 74 I, 89 III Nr. 1 VAG für die Definition der Basiseigenmittel gilt. In der GuV werden alle betrieblichen Erträge und der gesamte Aufwand der Periode erfasst und am Ende dann der Gewinn/Jahresüberschuss gezeigt.[123]
– Jeder VN wird in der Bilanz durch verschiedene Rückstellungen erfasst. Im Niedrigzinsumfeld ist primär die Deckungsrückstellung nach § 341f HGB von Interesse. Die Rückstellungen haben nach § 249 HGB i.V.m. § 253 I HGB als Verbindlichkeiten dessen tatsächliche Höhe abzubilden; das Gesetz spricht insoweit vom wohl »notwendigen Erfüllungsbetrag«.
– Zuführungen zu bzw. Erhöhungen der Rückstellungen erfolgen, soweit der Anspruch des VN dies nach wirtschaftlichen Gesichtspunkten und damit nach vernünftiger kaufmännischer Beurteilung erfordert. Im Regelfall wachsen die ausgewiesenen Verbindlichkeiten und Rückstellungen mit dem Ansteigen des Werts der bilanzierten Verbindlichkeiten (= Ansprüche Dritter, hier der VN). Die Erhöhung der ausgewiesenen Verbindlichkeit/Rückstellung in der Bilanz führt gleichzeitig zu Aufwand, der in der GuV das Ergebnis der Periode mindert.
– Für die Bewertung der Verbindlichkeiten und der Rückstellungen und damit i.E. auch für den durch die Zuführungen zur Rückstellung ausgelösten Aufwand gibt es gesetzliche Bewertungsregeln (HGB), die hier für Zwecke der Bilanzierung/Passivierung von Verbindlichkeiten in der Lebensversicherung durch die DeckRV ergänzt werden. Soweit etwa steuerlich, international (IFRS, US-GAAP) oder unter Solvency II andere Bewertungsregeln für identische Verbindlichkeiten gelten, sind diese hier nicht relevant. Sie stehen, wenn es keine ausdrücklichen Bewertungswahlrechte gibt, weder zur Disposition des VR noch der Vertragsparteien, hier also der Lebensversicherungen und der VN.
– Die Vertragsparteien können zwar die Höhe der gegenseitigen vertraglichen Ansprüche vereinbaren und später verändern. Die Höhe, mit dem diese dann als Verbindlichkeiten oder Rückstellungen zu bilanzieren sind, steht aber nicht zur Disposition von VR und VN. Wirtschaftsprüfer und Aufsicht haben vielmehr auf die Einhaltung der gesetzlich zwingenden Bewertungsregeln zu achten.
– Grundlage für die Bewertung ist das HGB-Vorsichtsprinzip nach § 252 I Nr. 4 HGB. Danach sind grundsätzlich alle Faktoren für die Bewertung der Rückstellungen zu jedem Bilanzstichtag im Rahmen der gesetzlichen und aufsichtsrechtlichen Vorgaben neu zu ermitteln. Stellt sich später heraus, dass diese Faktoren objektiv falsch und damit die Rückstellungen zu niedrig angesetzt wurden, kann die Bilanz nichtig sein.
– Ergibt sich die Notwendigkeit, »Löcher« in einer bis dahin zu niedrig bemessenen Rückstellung durch Nachreservierung zu füllen, hier wegen einer Änderung der Rechnungsgrundlagen für die Rückstellungs-

---

121 Zu Beginn vereinbarte Rentenhöhe (1) sowie zusätzlich eine Rente aus den Überschüssen der Aufschubzeit (2) und die Rentenerhöhungen aus den Überschüssen des Rentenbezugs (3).
122 *Krause/Menning* NJOZ 2013, 289; *Hofmeier/Krause/Menning* DB 2015, 1477.
123 § 242 II HGB; detaillierte Vorgaben ergeben sich für Kapitalgesellschaften aus § 275 HGB; für Versicherungen gibt es besondere Vorgaben in den §§ 341 ff. HGB und in der RechVersV.

berechnung, wird diese vom Wirtschaftsprüfer und der Aufsicht auch gegen den Widerstand von VR und VN durchgesetzt. Der daraus resultierende Aufwand mindert – zwingend wie beschrieben – das Ergebnis der handelsrechtlichen GuV, d.h. es entsteht erst gar kein Gewinn, an dem Aktionäre oder Dritte wie hier die VN teilnehmen können. Der Hinweis im LS des BGH-Urteils, dass der VR die Lücke in der Rückstellung für den ersten vereinbarten Teil der Rente nicht durch »Überschüsse« der Aufschubzeit auffüllen darf, ist also bilanzrechtlich nicht nachvollziehbar, da der zwingende Aufwand aus der Nachreservierung das Entstehen von Überschüssen aus den positiven Erträgen verhindert.

– An diesem Ergebnis ändert sich normal auch dadurch nichts, dass für Zwecke der Überschussbeteiligung der VN im Rahmen der Überschussermittlung die handelsrechtlich einheitliche GuV für Aufsichtszwecke und für Zwecke der MindZV in drei Ergebnisquellen und damit drei getrennte GuVen zerlegt wird, denn jeder Ergebnisquelle – etwa das Kapitalanlageergebnis – wird neben den positiven Erträgen auch der diesbezügliche Aufwand zugeordnet. Als verteilungsfähiger (Roh)Überschuss steht also grundsätzlich auch aufsichtsrechtlich nur der Gewinn der jeweiligen Ergebnisquelle nach Abzug des diesbezüglichen Aufwandes zur Verteilung zu Verfügung. Hier droht konkret sogar eine negative Bemessungsgrundlage für die Mindestzuführung zur RfB in Abhängigkeit vom Kapitalanlageergebnis nach § 6 I MindZV:[124] Anzurechnende Kapitalerträge (Erträge und Aufwendungen aus den gesamten Kapitalanlagen) gem. § 3 MindZV abzüglich des garantierten Rechnungszinses, weil/wenn der Aufwand aus der ZZR die auf die VN zuzurechnenden Netto-Kapitalerträge in Form von Dividenden, Zinsen Veräußerungsgewinnen, Kosten etc. übersteigt. Damit steht überhaupt keine Zuführung zur RfB aus dem Kapitalanlageergebnis (= Überschuss oder Gewinnanteil der VN aus dieser Ergebnisquelle) oder verkürzt gesagt stehen keine Kapitalerträge als Teil des Rohüberschusses zur Überschussbeteiligung der VN zur Verfügung. Ähnlich mindert der Aufwand aus der Nachreservierung wg. der geänderten Sterbetafeln das entsprechende Risikoergebnis als Bemessungsgrundlage für eine entsprechende Zuführung zur RfB.

– Der Gesetzgeber hat im Rahmen des LVRG ausdrücklich auch die Verrechnung des Aufwandes aus der ZZR – bei einem negativen Betrag nach § 6 I MindZV wie angedeutet – mit positiven Beträgen aus dem Risiko – und dem übrigen Ergebnis (§§ 7, 8 MindZV) ermöglicht und damit die Einschränkungen bei der sog. Querverrechnung[125] teilweise ausdrücklich wieder aufgehoben.

Damit bleibt **festzuhalten**, dass zumindest im Bereich der Lückenfüllung wg. des Niedrigzinsumfeldes durch die ZZR der daraus resultierende Aufwand die Entstehung eines verteilungsfähigen (Roh)Überschuss nach HGB und MindZV verhindert. Mangels Überschuss können daran weder Aktionäre noch VN beteiligt werden.

Vor diesem Hintergrund ergibt sich zum einen eine **neue Interpretation des BGH-Urteils aus 2009**. Auch wenn die Verwendung von positiven Erträgen einzelner Ergebnisquellen für die Überschussbeteiligung der VN in der Lebensversicherung aufgrund der Verrechnung mit dem Aufwand aus der erforderlichen Aufstockung von Rückstellungen handels- und aufsichtsrechtlich nicht erzwungen werden kann, sind natürlich Fälle denkbar, in denen der VR die Lücken in der Deckungsrückstellung selbst verursacht oder dieser sich für die Lückenfüllung selbst vorher stark gemacht hat, so dass es nicht mehr angemessen erscheint, dass der VN durch diese Lückenfüllung seine Überschussbeteiligung ganz oder teilweise einbüßt.[126]

– Ein solcher Fall könnte etwa in § 163 I 2 beschrieben sein, nämlich wenn bei der Prämienkalkulation erkennbare Fehler zu Lasten der VN gemacht wurden. Wenn nach § 163 I 2 aus diesem Grunde keine Prämienänderung mehr möglich sein soll, dann ist es wertungsmäßig schwer nachzuvollziehen, dass der VN gleichwohl insoweit seine Ansprüche aus der Überschussbeteiligung einbüßen soll. Dies würde konstruktiv aber nicht durch ein Verbot der Nachreservierung aus bestimmten Ergebnisquellen erfolgen, da diese durch die beschriebenen handels- und aufsichtsrechtlichen Mechanismen erzwungen werden. Ansatzpunkt wäre vielmehr einerseits eine Korrektur in der Gewinnzerlegung bzw. den Nachweisen für Zwecke der MindZV. Bereits im Rahmen der Einführung des § 81c VAG i.V.m. der ZRQuotenV (= Vorläuferin der MindZV) ist diese Situation[127] angesprochen worden. »Ferner ist der Risikoverlauf zu berücksichtigen. ... kann es zu nicht vorhersehbaren Risikoverlusten kommen, die ggfs. aus Zinsüberschüssen zu decken sind. Insoweit kann aus diesem Teil der Kapitalerträge keine Zuführung zur RfB verlangt werden. Die Berücksichtigung des Risikoverlaufs kann allerdings dann nicht in Betracht kommen, wenn Risikoverluste durch eine unvorsichtige Beitragskalkulation entstanden sind.« Dem Gesetzgeber war somit klar, dass auch in diesem Fall handelsrechtlich der Aufwand aus der fehlerhaften Kalkulation mit den Erträgen des VR zu verrechnen ist, diese also mindert. Ihm schwebte deshalb eine Korrektur innerhalb der Gewinnzerlegung für Zwecke der Mindestzuführung vor. Umsetzung heute im Rahmen der MindZV: Die Bemessungsgrundlage für den Anteil der VN am Risikoergebnis wäre danach nicht um den Aufwand aus der fehlerhaften Kalkulation zu reduzieren. Dies ist in der MindZV so nicht vorgesehen, man könnte jedoch daran denken,

---

124 Vgl. auch Rdn. 14 zur Beteiligung der VN an den Ergebnisquellen.
125 Rdn. 35.
126 Vgl. insoweit bereits ansatzweise oben Rdn. 20.
127 BT-Drs. 12/6959 S. 85.

diesen Aufwand im Rahmen der Gewinnzerlegung der Bestandsgruppe 140[128] und damit dem Eigenkapital des VR zuzuordnen. Aus zivilrechtlicher Sicht würde man diese Fragen wohl offen lassen und sagen, dass dem VN insoweit eine Überschussbeteiligung zu gewähren ist, wie sie wahrscheinlich deklariert worden wäre, wenn der Tarif nicht fehlerhaft kalkuliert worden wäre. Wurde die Deklaration im VR tatsächlich ohne Berücksichtigung dieser Aspekte vorgenommen, erfolgte jedoch in einem weiteren Schritt eine Anrechnung der Nachreservierungsbeträge auf die deklarierten Überschussanteile, dann hätte der VN bei einem Kalkulationsfehler einen Anspruch darauf, dass die Anrechnung entfällt.

– Ein ähnlicher Anspruch der VN könnte sich ergeben, wenn das VU ausdrücklich bestätigt, dass etwaige Verluste/Nachreservierungen nicht zu Lasten der Überschussbeteiligung der VN, richtiger wohl zu Lasten der ansonsten positiven Ergebnisquellen aus dem Kapitalanlage-, dem Risiko- u. dem übrigen Ergebnis erfolgen, sondern ausschließlich aus dem echten Eigenkapital oder konkret vorhandenen anderen aufsichtsrechtlichen Eigenmitteln finanziert werden. Derartige Finanzierungszusagen sind bisher nicht bekannt; sie hätten u.U. auch schwerwiegende Nachteile für den VR selbst, da bestimmte Regelungen von Solvency II (Säule I), die an den Eigenmittelcharakter der Überschüsse anknüpfen, nicht anwendbar wären. Man sollte berücksichtigen, ob/in welchem Umfang Eigenmittelpositionen, die sich aus der Verlustausgleichsfähigkeit zukünftiger Überschüsse ergeben, noch wie verwendet werden können; vgl. etwa Art. 69 Buchst. (a) vi, Art 70 Ziffer 2. u. Art. 71 Ziffer 1 (c) der Delegierten Verordnung (EU) 2015/35 bzw. §§ 90 III 2, 91 II Nr. 1 VAG. Durch die Verwendung der Begriffe Garantie, garantierte Leistung, Garantiezins oder Garantierente kann darauf sicher nicht geschlossen werden, denn dies ist die normale Terminologie in der Lebensversicherung, wie § 154 I zeigt. Hinter einer derartigen »Finanzierungszusage« verbirgt sich gleichzeitig die Frage, ob der VR auf bestimmte Regelungen, z.B. auf § 9 I MindZV, § 140 I VAG oder zuletzt auf § 139 III, IV i.V.m. § 153 III 3 »verzichten« kann. I.E. ist dies zu verneinen, da diese Regelungen einerseits Interessenabwägungen zwischen den verschiedenen Gruppen von VN im Rahmen der Überschussbeteiligung vorgeben, die nicht zur Disposition des VR stehen und die Gesamtheit der VN davor schützen, dass der VR derart unbestimmte Zusagen am Ende nicht einhalten kann. Der Versuch, mit derartigen allgemeinen Überlegungen bzw. Erwartungen die aufsichtsrechtlich zwingende Verlusttragung der Überschüsse zu beseitigen, muss an § 138 VAG/Art. 209 Solvency II i.V.m. den besonderen weiteren aufsichtsrechtlichen Regelungen scheitern. Dadurch wird ja nicht verhindert, dass der VR früher oder später tatsächlich Aktionärsmittel etc. – sei es aus dem vorhandenen Eigenkapital oder von außen – einschießt und damit die Verluste/Risiken übernimmt. Dieser »Einschuss« muss aber so konkret sein, dass er Eigenmittelcharakter nach den §§ 89 ff. VAG hat und erfolgt deshalb nicht ausschließlich im Versicherungsvertrag. Bei nachrangigen Verbindlichkeiten als Basiseigenmittel ergibt sich deren Verlusttragung z.B. aus den Darlehensbedingungen. Anschließend kann der VR seinen VN dann auch zusagen, derartige Eigenmittel – soweit verfügbar – vorrangig vor den Überschüssen in der Lebensversicherung zur Verlust- u. Risikotragung heranzuziehen. Bilanziell u. aufsichtsrechtlich würden dadurch aus der Auflösung von Passivpositionen gegenüber den Eigenmittelgebern zusätzliche Erträge entstehen, die eine Reduzierung des (Roh)Überschusses zugunsten der VN verhindern. Im Fall der Weigerung ergäbe sich der Anspruch auf Korrektur der Überschussdeklaration.

27 Auch wenn man das BGH-Urteil aus 2009 zur Garantierente damit auf einen richtigen Kern reduzieren kann, bleiben die daran anknüpfenden Literaturäußerungen vor dem Hintergrund zwingenden Handelsbilanz- und Aufsichtsrechts **nicht nachvollziehbar und sind deshalb abzulehnen**. Das Bilanz- und Aufsichtsrecht erzwingt nicht nur Nachreservierungen, sondern auch die Lückenfüllung primär durch die positiven Ergebnisquellen der aufsichtsrechtlichen Gewinnzerlegung mit der Folge, dass insoweit überhaupt kein (Roh)Überschuss entstehen kann. Weil nicht entstanden, kann er natürlich auch nicht für Zwecke der Überschussbeteiligung der VN verwendet werden. Dies gilt für alle Fälle der Nachreservierung, insbes. aber natürlich auch für die vorzeitige Auffüllung der Deckungsrückstellung durch die ZZR im Niedrigzinsumfeld. Man kann und sollte dem Gesetz- und Verordnungsgeber nicht unterstellen, dass er im LVRG Maßnahmen zur Steigerung der Risikotragfähigkeit an verschiedenen Stellen – Bewertungsreserven und Sicherungsbedarf, kollektive RfB, Lockerung des Verbots der Querverrechnung – mit dem Ziel verfeinert, den Rohüberschuss als Finanzierungsquelle für die ZZR zu stärken, wenn dieser Rohüberschuss bei der normalen kapitalbildenden Lebens- und Rentenversicherung gar nicht zur Risikotragung verwendbar wäre. All diejenigen, die von einem allgemeinen Prinzip ausgehen, dass Überschüsse nicht zur Auffüllung einer Lücke in der Deckungsrückstellung verwendet werden können, sollten sich mit dem § 11 I VAG a.F (§ 138 I VAG = Art. 209 Solvency II) beschäftigen, der ja im Rahmen der Prämienkalkulation planmäßige Überschüsse durch Sicherheitsmargen in den Rechnungsgrundlagen erzwingt.[129] Diese Überschüsse durch Sicherheitsmargen sollen gerade dem VR im Verlustfall zur vorrangigen Verlusttragung zur Verfügung stehen. Ein Zwang zur Ausschüttung derartiger Beträge an die VN würde damit den grundlegenden Prinzipien nicht nur des Bilanzrechts, sondern auch des durch die Solvency II-RiLi geprägten deutschen Versicherungsaufsichtsrechts widersprechen. Dementsprechend hatte der Wert der »künf-

---

128 Anlage 1 Abschnitt D der Versicherungsberichterstattungs-Verordnung.
129 Vgl. oben Rdn. 1.

tigen Überschüsse« früher ausdrücklich auch Eigenmittelcharakter,[130] da er von Lebensversicherungen auch zur Verlusttragung z.B. in Form der Nachreservierung verwendet werden kann/soll. Dieser Eigenmittelcharakter der zukünftigen Überschüsse besteht unter Solvency II fort und ist dort z.B. in § 108 I und II VAG durch die sog. Verlustausgleichsfähigkeit der versicherungstechnischen Rückstellungen angesprochen. Interessant ist in diesem Zusammenhang auch die **Diskussion im Rahmen des § 163**, der ja ähnlich wie der Risikoausgleich in der Lebensversicherung durch die aufsichtsrechtlichen Regeln zur Prämienkalkulation und Überschussbeteiligung mit der Prämienanpassung ein anderes Mittel zur dauerhaften Verlusttragung bereitstellt. Auch im Rahmen des § 163 wehrt man sich gegen die Anwendung, weil man ansonsten die »Garantien« in der LV »entwerten« würde, ohne den besonderen Garantiebegriff in der Lebensversicherung überhaupt näher zu beleuchten.[131] Man übernimmt also die Argumentation des BGH im Garantierentenfall inhaltlich, um den Anwendungsbereich des § 163 möglichst weit einzuschränken und damit den Erwartungen der VN zu genügen, denen die Existenz und Wirkungsweise dieser gesetzlichen Anpassungsklausel kaum offenbart wird. Tatsächlich kann man aber aus dem Begriff des Garantiezinses oder der Garantierente in beiden Fällen insoweit keine Folgerungen ableiten. Wichtig ist dagegen, den Anwendungsbereich beider Instrumente in Zukunft deutlicher gegeneinander abzustimmen.[132]

ff) Garantiebegriff und § 154 – Wertungswidersprüche in BGH-Urteilen zur Überschussbeteiligung

Die vorstehenden Erläuterungen (Garantiezins; Risikoausgleich in der Lebensversicherung und Überschussbeteiligung; ZZR im Niedrigzinsumfeld u.a.) sind selbst für die mit dem Versicherungsrecht beruflich Befassten sicherlich nicht einfach und bleiben für den »normalen« VN trotz mehr oder weniger detaillierter Erläuterungen in den AVB wahrscheinlich weitgehend unverständlich. Dies schien auf der Grundlage der BGH-Entscheidung v. 09.05.2001[133] im Anschluss an die BGH-Rspr. zur Verweisung in den AVB auf den Geschäftsplan zur Regelung der Überschussbeteiligung[134] lange Zeit unproblematisch (1). Der VVG-Reformgesetzgeber hat insbes. mit der Regelung in § 154 und dem Begriffspaar der garantierten bzw. nicht garantierten Leistungen im Anschluss daran dafür gesorgt, das der VN, wenn schon nicht die Details von Überschussermittlung und Überschussverteilung, so aber zumindest den Charakter der Überschussbeteiligung als einer der Höhe nach gerade nicht feststehen vertraglichen Leistung erkennt (2). Diese eigentlich klare Grenzziehung könnte der BGH in den Wealthmaster Noble Urteilen[135] verwischt haben (3). Es bleibt zu hoffen, dass die Wertungswidersprüche nicht auf eine Änderung der Rspr. des BGH zur Transparenz der Überschussbeteiligung hindeuten. Zu (1): Dem BGH-Urt. aus 2001 ist folgender LS 3 vorangestellt: »Eine Klausel in den AVB über die kapitalbildende Lebensversicherung, die die Überschussermittlung und -beteiligung regelt, ist nicht deshalb wegen Intransparenz unwirksam, weil die Klausel die Berechnungsmethoden nicht aufzeigt, wenn die Regelung insgesamt erkennen lässt, dass die Überschüsse variieren können« Im Urteilstext heißt es dann: »Der Vorbehalt anderweitiger Verwendung von Überschüssen ist auch dem durchschnittlichen VN in den wirtschaftlichen Folgen verständlich. [...] Das Transparenzgebot verlangt eine dem VN verständliche Darstellung nur insoweit, wie dies nach den Umständen gefordert werden kann. [...] Die Regelungen des § 81c VAG und der dazu ergangenen Rechtsverordnung sind indessen so komplex und kompliziert, dass sie einem durchschnittlichen VN nicht weiter erklärt werden können.«[136] Auf der Grundlage dieser Argumentation sollte nicht zweifelhaft sein, dass der BGH erforderliche Nachreservierungen wie die ZZR nicht wegen Intransparenz der AVB verwirft, auch wenn die ZZR vor 2011 dort gar nicht erläutert werden konnte, denn er hatte bereits im selben Urteil auch die bis heute allgemein geltenden Anforderungen beschrieben. Selbst wenn man jedoch zur Intransparenz und Unwirksamkeit gelangen würde, müsste der VN sie über § 153 i.V.m. der MindZV u. der DeckRV gleichwohl hinnehmen. Zu (2): Jedem VN sollte durch das Begriffspaar garantierte Leistungen – nicht garantierte Leistungen in den Vertragsunterlagen, den Modellrechnungen nach § 154 sowie den jährlichen Mitteilungen ausreichend deutlich sein, dass die Überschüsse in Abhängigkeit vom wirtschaftlichen Umfeld variieren können. Man kann deshalb bewusst darauf verzichten, einzelne oder alle(?) Bestandteile des Systems, die sich wie etwa die Querverrechnung oder Nachreservierung aus Sicht des VN nachteilig auswirken können, detailliert in den AVB zu beschreiben, weil die Zusammenhänge auch dann für den durchschnittlichen VN unverständlich blieben. Zu (3): Im Urt. v. 11.07.2012[137] (Wealthmaster Noble) befasst sich der BGH mit einer UK-With-Profit Police, auf die heute zwar die §§ 153, 169, nicht aber das deutsche Versicherungsaufsichtsrecht anwendbar wären, erklärt die vertraglichen Regelungen zur Marktpreisanpassung für intransparent und damit unwirksam, fordert wegen des Glättungsverfahrens (smoothing) und der Möglichkeit von Quersubventionierungen besondere Informationen/Beratungen für den VN, betrachtet

---

130 Vgl. etwa § 53c I Nr. 6b VAG 1993.
131 Wegen Details vgl. § 163 Rdn. 10.
132 Vgl. dazu § 163 Rdn. 28–30.
133 BGH VersR 2001, 839.
134 Zuletzt BGHZ 128, 54 = VersR 1995, 33.
135 BGH NJW 2012, 3648.
136 BGH ZIP 2001, 1052, 1058.
137 BGH NJW 2012, 3648.

die Lebensversicherung bei wirtschaftlicher Betrachtungsweise als Anlagegeschäft u. gelangt zur Verletzung entsprechender Aufklärungspflichten. Auch wenn unterstellt wird, dass das Urteil i.E. zutreffend ist, fallen doch **Wertungswidersprüche** zur Rspr. unter (1) auf. Warum ist der VN in diesem Fall, obwohl es sich ja eher um eine Kapitalanlage handeln soll und jeder VN erkennt, dass ausländische Lebensversicherungen u.U. anders kalkuliert sind, stärker schutzwürdig, als der durchschnittliche VN einer Police eines VU in Deutschland? Warum sind die in den AVB beschriebenen Mechanismen nicht ausreichend erläutert, während sich die jeweiligen komplexen aufsichtsrechtlichen Regelungen zur Überschussbeteiligung über § 153 in jedem Fall durchsetzten? Weiß der VN der With-Profit-Police nicht auch, dass die Überschüsse nicht garantiert sind (§ 154 I)? Für eine Änderung der Rechtsprechung zu den Lebensversicherungen aus Deutschland (1) gibt es zurzeit keine Anhaltspunkte.

gg) Die Entscheidungen zu Equitable Life, Beratungspflichtverletzungen und ihre Bedeutung für ZZR und LVRG

29 Unabhängig vom Transparenzerfordernis scheint es in der Literatur im Anschluss an die bereits angesprochenen BGH-Entscheidungen »Wealthmaster Noble« und zu den »Equitable Life« Entscheidungen des BGH[138] eine Tendenz zu geben, die vertraglichen und gesetzlichen Risikoausgleichsmechanismen in der Lebensversicherung dadurch leerlaufen zu lassen, dass man insoweit bzgl. der Regelungsmechanismen und der diesbezüglichen Risiken die Verletzung entsprechender vorvertraglicher Informations- und Aufklärungspflichten behauptet. Sehr deutlich wird dies in den Equitable Life (nachfolgend auch ELS oder ELAS) Urteilen, die in Deutschland primär unter dem Stichwort der fehlenden Anerkennung von sog. »Schemes of arrangement«[139] in 2012 diskutiert worden sind. Während das Schicksal von ELAS bereits oben in Rdn. 5 grob skizziert wurde, wird nachfolgend eine Berichtspassage aus dem Bericht des EU Parlamentsausschusses zitiert, die zusammen mit den Anmerkungen die Schwierigkeiten bei der Einschätzung von (Beratungs)Pflichtverletzungen verdeutlicht:[140]

– »In den 1950er Jahren begann Equitable damit, neben ihren anderen Rentenprodukten auch so genannte GAR1-Policen (»guaranteed annuity rate« – Verträge mit garantierter Ablaufleistung bzw. garantierten Rentensätzen) zu verkaufen. GAR-Verträge garantieren den Anlegern eine Mindestrente, wenn sie in den Ruhestand treten. [...] Equitable hat dabei weder die höhere allgemeine Lebenserwartung noch den historischen Einbruch der Zinsen vorhergesehen. Daher begann bereits mit Einführung der GAR-Verträge eine Zeitbombe zu ticken, denn es wurden ständig zu wenig Rückstellungen für die garantierten Renten gebildet, so dass die Vermögensunterdeckung immer größer wurde. [...]
– Soweit erkennbar, waren die Rückstellungen im Nachhinein ökonomisch zu niedrig, aufsichtsrechtlich jedoch bis zur Hyman-Entscheidung in 2000 jeweils nicht zu beanstanden. So war für den aus Sicht von ELS und Aufsicht nicht garantierten Schlussbonus aufgrund einer Wahlrechtsausübung bei der Umsetzung der 3. EU-RL Leben in UK keine Rückstellung zu bilden, während man auf die Entwicklung von Lebenserwartung und Rendite der Kapitalanlagen mit der Kürzung der Schlussboni (Leistungen aus der Überschussbeteiligung) reagierte. Ökonomisch scheint die Lösung über die Reduzierung der nicht garantierten Überschussbeteiligung durchaus mit der Wirkung der ZZR in Deutschland vergleichbar.
– Mit dem Ende der Expansion erkannte das Unternehmen jedoch das Ausmaß der Vermögensunterdeckung und beschloss, Neuruheständlern weniger als den garantierten Betrag auszuzahlen.
– Dies ist eine rückwärtsgerichtete Betrachtung mit dem Wissen um den Ausgang des Hyman-Verfahrens in 2000. ELAS, die Aufsicht und die Branche sind bis dahin stets auf der Grundlage der Satzung von ELAS davon ausgegangen, dass die Schlussüberschüsse nicht garantiert und damit ihre Höhe als Teil der Überschussverteilung im mehr oder weniger freien Ermessen von ELAS standen. Deshalb war für sie die Reduzierung der Schlussüberschussanteile auch die Lösung für die im Laufe der Jahre gewachsenen finanziellen Belastungen aus den garantierten Rentenfaktoren, wirtschaftlich vergleichbar mit der Herabsetzung der Leistungen in § 163 II u. § 314 II VAG.
– So gab die ELS 1994 ihre Pläne bekannt, die Höhe des Schlussbonus für ihre 90 000 GAR-Versicherungsnehmer zu kürzen, wogegen einige der betroffenen Versicherungsnehmer sofort gerichtlich vorgingen. [...]
– Tatsächlich handelte es sich um die »Differential Terminal Bonus Policy«, bei der je nach Option unterschiedliche Schlussboni bei den GAR-Policen zur Anwendung kommen sollten, um die Wertgleichheit der einzelnen Optionen zu gewährleisten.

---

138 BGH NJW 2012, 2113; NJW 2012, 2352.
139 Vgl. insoweit Rdn. 56.
140 Nachfolgend wird ein Auszug/Zusammenfassung aus dem »BERICHT über die Krise der »Equitable Life Assurance Society« (2006/2199(INI)) Untersuchungsausschuss zur Krise der »Equitable Life Assurance Society« (S. 18, 19) zitiert.

- Nach einer langen gerichtlichen Auseinandersetzung, die von beiden Seiten durch alle Instanzen getragen wurde, entschied das britische Oberhaus im Jahr 2000, dass die Herangehensweise der Gesellschaft unangemessen war und sie ihren Verpflichtungen gegenüber ihren GAR-VN nachkommen müsste.
- Letztlich wurden hier nicht garantierte Leistungen aufgrund von Erwartungen der VN umqualifiziert: »Der Schutz der PRE nach britischem Recht war von großer Bedeutung, da in den 1980er und 1990er Jahren seitens der ELAS eine Verlagerung der Leistungen aus ihren Policen von garantierten Leistungen stärker hin zu nicht garantierten Schlussüberschussbeteiligungen. [...] Während garantierte Leistungen nach innerstaatlichem und gemeinschaftlichem Recht als Verbindlichkeiten eingestuft und deshalb Rückstellungen für sie gebildet werden mussten, bestand der einzige Schutz für nicht zugeteilte Schlussüberschussbeteiligungen nach den britischen aufsichtsrechtlichen Bestimmungen in der Verpflichtung, zu prüfen, ob zum Schutz der berechtigten Erwartungen, die in Bezug auf einen derartigen Bonus geweckt wurden, ein Eingreifen erforderlich ist.[141]
- Daraufhin vergrößerte sich die bereits vorhandene Vermögensunterdeckung (1,5 Mrd. GBP) noch mehr, und das Unternehmen beschloss, sich selbst zum Verkauf zu stellen. [...] Im Jahre 2001 strich der neue Vorstand die vorläufigen Überschüsse und kürzte alle Rentenvertragswerte (4 Mrd. GBP) um 16 % (14 % bei Lebensversicherungspolicen). Noch vor Jahresende 2001 schlug der neue Vorstand den Versicherungsnehmern im Rahmen einer Kompromissregelung eine Änderung des Status von GAR- und Nicht-GAR-Anlagen vor; diese Regelung wurde vom britischen High Court am 8. Februar 2002 genehmigt. Im April 2002 versuchte die Gesellschaft, ihr früheres Wirtschaftsprüfungsunternehmen [...] sowie 15 ehemalige Vorstandsmitglieder zu verklagen, was jedoch letztendlich scheiterte.«

Der BGH sah beim Streit um die geringer als erwartete Überschussbeteiligung für zwei VN in Deutschland, die im März 1999 einen Vertrag abgeschlossen hatten – vorbehaltlich von Verjährungsfragen – Beratungspflichtverletzungen, da
- ELS auf die wirtschaftlichen Schwierigkeiten rund um die Rentenversicherungen mit garantierten Rentenfaktoren – incl. veralteter biometrischer Tafeln –
- deren zweifelhaften Finanzierung, zu geringe Rückstellungen und die Auseinandersetzungen um die Differential Terminal Bonus Policy
- angesichts der Hinweise auf die Vergangenheitsrenditen

hätte hinweisen müssen, obwohl der BGH ausdrücklich bestätigt, dass den VN bekannt war, dass die genannte Rendite nicht garantiert war. Hierzu folgen drei Anmerkungen:
(1) Bei näherer Betrachtung scheint bereits die Anwendung der Grundsätze zur Haftung für Beratungspflichtverletzungen im Kapitalanlagebereich hier eher zweifelhaft, denn die ursprüngliche Kalkulation der in Deutschland vertriebenen Policen wie auch der Rentenversicherungen mit dem GAD war nach den Kriterien des § 163 I 2 wohl zutreffend, auch wenn die Rechnungsgrundlagen der garantierten Rentenfaktoren zwischenzeitlich – ähnlich wie in Deutschland – durch die tatsächliche Entwicklung überholt waren. Die Probleme um die Finanzierung der Verträge mit den garantierten Rentenfaktoren einschließlich deren fehlende ökonomische Rückstellungen waren solange für neu abzuschließende Policen nicht relevant, wie sie sich – durch die Reduzierung der nicht garantierten Schlussüberschussanteile bis zum Urt. in 2000 – unter Mitwirkung der Versicherungsaufsicht nur zu Lasten der VN mit den garantierten Rentenfaktoren auswirkten. Die in den beiden Urteilen jeweils angenommenen einzelnen Aufklärungspflichten über »riskantes Überschussmodell, unzureichend gebildetes Deckungskapital, überhöhte Zuteilung von Überschüssen in der Vergangenheit, unzureichende Sterblichkeitsrückstellungen, Garantieversprechen in Verträgen britischer Bestandskunden und Quersubventionierung von Altverbindlichkeiten durch neue Versicherungsnehmer« bestehen als solche nicht, da alle diese Aspekte alleine oder zusammen ohne die Hyman-Entscheidung die auf die Kläger zu verteilenden Überschüsse – auch ohne den Vergleich – nicht reduziert hätten. Die Verträge in den BGH-Urteilen wurden jeweils vor den Hyman-Entscheidung abgeschlossen. Die zukünftigen Überschüsse der Kläger in den ELAS-Verfahren konnten – wenn überhaupt – erst dadurch zwangsweise verringert werden, dass durch die Hyman-Entscheidung die ökonomischen Verluste nicht mehr nur durch die verursachenden Policen mit den garantierten Rentenfaktoren – also durch die differentiellen Schlussüberschüsse – sondern durch alle VN getragen werden mussten. An dieser Stelle werden die Schwierigkeiten einer verursachungsorientierten Überschussbeteiligung deutlich, die natürlich nicht nur positive Erträge sondern im Rahmen des Risikoausgleichs u.U. auch Aufwand/Verluste zuweisen muss, was im Rahmen des § 153 II bisher zumeist unberücksichtigt blieb. Die späteren Berichte besagen nun, dass die Aufsichtsbehörden hätten darauf hinweisen müssen, dass auf die Gefahr einer derartigen Entwicklung, die daraus resultiert, das die Sanierungsmaßnahmen nicht akzeptiert werden, in den jährlichen returns/Geschäftsberichten u.a. hingewiesen wird. Man wird sich dann die Frage stellen müssen, wie auf diese Gefahr hinzuweisen war und wie der informierte VN darauf reagiert hätte. Dazu muss man wissen, dass die Hyman-Entscheidung bis heute umstr. ist: »It must be said that this judgment is still somewhat controversial in legal circles as Sir John Chadwick (a retired Court of Appeal Judge) said in 2010 »The view is widely held among lawyers experienced in this field that the House of Lords' de-

---

141 Zitat aus dem Bericht des Ausschusses des EU-Parlaments 2008 zur ELAS-Krise, S. 48.

cision in Hyman was unexpected and did not accord with the principles that should have been applicable in relation to a mutual Society«.[3] The difficulty was that there were both pension policies containing »guaranteed annuity rates« (GARs) and pension policies not containing »guaranteed annuity rates« (non-GARs). It seems reasonable to assume that the judgement could have applied equally well to the non-GARs i.e. their reasonable expectations should not be infringed (as actually happened) in order to pay for the (now very expensive) »guaranteed annuity rates« of the GARs. Equitable Life did not have enough money to meet both the reasonable expectations of the GARs and the reasonable expectations of the non-GARs. Thus the judgment remains controversial as, in practice, it resulted in a favouring of the GARs at the expense of the non-GARs. It is even possible that the judges hearing the case in the House of Lords had not been properly informed and that if they had been properly informed they would have concluded that the lower terminal bonus, combined with the GAR rate, was within the directors' discretion, provided that the lower terminal bonus rate was never negative (i.e. the minimum lower terminal bonus rate was zero).«[142] Das Risiko wäre also tatsächlich – da ELAS ja mit Unterstützung der Aufsichtsbehörden handelte –, als nicht sehr groß und eher theoretischer Natur beschrieben worden, was auch einen informierten VN kaum abgehalten hätte, denn wer kann die Lage des Unternehmens – neben ELAS selbst – besser beurteilen als die Aufsichtsbehörden. Weil die kritiklose Begleitung von ELAS durch die Aufsicht neben einem Hinweis auf diese speziellen Risiken aus einem bis heute in Deutschland kaum nachvollziehbaren Rechtsstreit in einem komplexen Kontext faktisch wie ein Gütesiegel gewirkt hat, hat der Staat dann ja auch zu dieser Verantwortung gestanden, während in Deutschland im VAG klargestellt ist, dass die BaFin trotz ihrer Aufsichtsfunktion nicht gegenüber dem Einzelnen haftet, weil sie nur im »öffentlichen Interesse« handelt. Im Übrigen: Ab wann und wie muss bei Abschluss neuer Policen und/oder im Solvabilitäts- und Finanzbericht nach § 40 II VAG in Deutschland auf die vorstehend beschriebenen Risiken aus der BGH-Entscheidung zu den Garantierenten und der ihnen folgenden Literatur im Zusammenhang mit der ZZR hingewiesen werden? Müssen die VU gar für diese Beträge bereits jetzt zusätzliche Rückstellungen bilden, weil die Realisierung der Risiken nicht ausgeschlossen werden kann?

(2) Die Argumentation des BGH ist nach den vorliegenden Informationen nicht plausibel, soweit in beiden Urteilen auf bis dahin unzureichende Sterblichkeitsannahmen wegen Verwendung veralteter Sterbetafeln abgestellt wird, der zu einem Sonderrückstellungsbedarf von 400 Mio GBP im Jahre 2001 geführt habe: »[20] Unzutreffend ist die Erwägung des Berufungsgerichts, der Kläger habe nicht vorgetragen, dass wegen unzureichender Sterblichkeitsrückstellungen die in der Vergangenheit ausgewiesenen Überschüsse der Beklagten in Zukunft nicht mehr hätten erwirtschaftet werden können. Zwar ist theoretisch denkbar, dass ein Versicherer Verluste aus veränderter Sterblichkeit durch anderweitige Gewinne kompensieren kann. Aus dem Sachvortrag des Klägers (zu der von ihm behaupteten Geschäftspolitik der Beklagten (riskantes Überschussmodell, unzureichend gebildetes Deckungskapital, überhöhte Zuteilung von Überschüssen in der Vergangenheit, Quersubventionierung von Altverbindlichkeiten durch neue Versicherungsnehmer) ergibt sich indes eindeutig, dass die Beklagte derartige finanzielle Mittel zur Kompensation nicht gehabt haben soll.« Der BGH weist in diesem Zusammenhang im Urt. v. 18.04.2012 auf ein im Penrose-Report auf S. 227 zitiertes Schreiben vom 11.12.1998 hin, ohne den Zusammenhang zu berücksichtigen, in dem dieses Schreiben zitiert wird. Da die drohenden Verluste aus der veränderten Sterblichkeit bekannt waren, hat es insoweit bereits in 2001eine Nachreservierung/Erhöhung der Deckungsrückstellung gegeben (S. 226), die wie der Penrose-Report auf S. 224 beschreibt, durch die Reduzierung der terminal bonus in 2001 finanziert wurde. Es ist unwahrscheinlich, dass dies anschließend im Rahmen des Scheme of Arrangement geändert wurde, so dass dieses Verlustpotential, da bereits finanziert, die Überschussbeteiligung der Kläger in der Zukunft nicht mehr belasten konnte.

(3) Damit ist die ökonomische Plausibilität dieser beiden Verfahren gegen ELAS angesprochen. Der Kläger im Urt. v. 15.02.2012 »erhielt auf seinen Vertrag bis 2002 Überschüsse, während der Vertragswert seit 2003 stagniert. Seit dem 1. Januar 2006 ist die Versicherung beitragsfrei gestellt«. Wenn es also grob um die Überschüsse ab Vertragsbeginn oder hier wohl ab 2003 ging, muss man einmal berücksichtigen, dass die finanziellen Belastungen aus Sicht des Klägers durch die Leistungskürzungen und im Rahmen des gerichtlich bestätigten Scheme of Arrangement durch die Reduzierung von bereits angesammelten (Schluss)Überschussanteilender anderen VN bereits in 2001 – einschließlich der Risiken aus den veralteten Sterbetafeln – zugewiesen worden waren und den Kläger ab 2002 gar nicht mehr treffen konnten. Anders wäre es nur, wenn er nachweisen könnte, dass auch der gerichtlich bestätigte Vergleich ökonomisch unzureichend gewesen wäre und ein unbeziffertes Verlustpotential hinterlassen hätte, wofür aber nichts vorgetragen worden ist. Die eigentliche Frage des Verfahrens war also, warum trotz des Vergleichs dem Kläger in den folgenden Jahren keine Überschüsse mehr zugewiesen worden sind und bei anderen Policen in 2002 noch weitere Kürzungen vorgenommen werden mussten. Wenn dafür – zumindest grob – nicht mehr das in 2001 erkennbare Verlustpotential primär aus den garantierten Rentenfaktoren, der früheren Überschusspolitik, den veralteten Sterbetafeln etc. verantwortlich sein kann, die die erhofften jährlichen Kapitalerträge »aufzehren«, da es insoweit be-

---

142 https://en.wikipedia.org/wiki/Equitable_Life_Assurance_Society_v_Hyman, zuletzt abgerufen Dezember 2015.

reits anderweitige Kürzungen gab, zeigt ein kurzer Blick auf die Entwicklung des DAX, dass die Aktienkurse in den Industrieländern aus ihren Höchstständen 1999/2000 in den Folgejahren ganz erheblich eingebrochen waren und erst 2006/07 ungefähr das alte Niveau wieder erreicht haben. In Deutschland sind ab 2002 mehrere Lebensversicherer durch andere Versicherungsgruppen nur wegen des Aktiencrashs und trotz geringerer Aktienquoten aufgefangen und der Bestand der Mannheimer Leben ist in 2003 durch Protektor übernommen worden. Da der Kläger eine »überschussbeteiligte flexible Investment-Lebensversicherung« abgeschlossen hatte und ihm Rendite aus Aktienkurssteigerungen vorschwebten, scheint es nur plausibel zu sein, dass die Überschüsse zumindest »pausierten«, wenn der Aktienmarkt zusammenbricht. Hier zeigt sich, das schon in der Garantierenten-Entscheidung erkennbare menschliche Phänomen, dass jeder gerne hohe Erträge am Kapitalmarkt sucht und vereinnahmt, für entsprechende Verluste aber lieber andere verantwortlich macht. Man darf hier die aus der Sicht des Jahres 2001 zukünftigen Überschüsse nicht mit den Überschüssen der langjährigen VN verwechseln, die keine garantierten Rentenfaktoren hatten und mit ihren (Schluss)Überschussanteilen aus der Zeit vor 2001 die beschriebenen Risiken im Nachhinein mitfinanzieren mussten.

Selbst wenn man aber unterstellt, dass in den Wealthmaster Noble- und ELS-Fällen tatsächlich von Beratungspflichtverletzungen auszugehen war, die zum Ersatz tatsächlicher Schäden verpflichteten, stellt sich die weitergehende Frage, inwieweit diese Grundsätze nach Ansicht der Literatur auf die Risiken und Ausgleichsmechanismen im derzeitigen Niedrigzinsumfeld übertragbar sind. Beispielhaft wird dies anhand der Ausführungen von *Rixecker*[143] untersucht:

– »Spezifischen Beratungsbedarf wirft die Lebensversicherung dann auf, wenn mit dem Vertragsschluss über die Risikoabsicherung hinaus eine Vermögensanlage oder eine Vermögensbildung angestrebt wird.« Faktisch dient jede kapitalbildende Lebens- oder Rentenversicherung einschließlich der fondsgebundenen Versicherungen der Vermögensbildung. Von der Einschränkung des BGH in den Wealthmaster Noble-Fällen, hier nur die Lebensversicherungen einzuordnen, denen steuerlich aufgrund zu geringer biometrischer Risiken die Anerkennung als nach § 20 I Nr. 6 EStG begünstigte Lebensversicherung nach der früheren BFH-Rspr.[144] in Übereinstimmung mit der Finanzverwaltung bzw. der diesbezüglichen Neufassung des § 20 I Nr. 6 EStG in 2009 zu versagen war, ist keine Rede mehr.

– »Dann muss der VR über alle für den Anlageentschluss des VN bedeutsamen Umstände aufklären und darf die Risiken der Anlage nicht verharmlosen oder gar verschweigen. [...] Vor allem müssen die Daten, mit denen er wirbt, bspw. Vergangenheitsrenditen, zutreffen.« Was heißt das konkret? Man bedenke: Bei einem Höchstrechnungszins in 2011 von 2,25 % sind die gesetzlichen Modellrechnungen des § 154 mit Gesamtverzinsungen von 4.76 % bis 2,76 % heute in Zeiten von negativen Renditen wahrscheinlich überzogen. Soll das VU trotz § 154 II für eine daraus abgeleitete Renditeerwartung des VN einstehen? Was helfen noch so zutreffende Vergangenheitsrenditen, wenn der Gesetzgeber in die Überschussbeteiligung »eingreift«?

– »Und die Umstände, die die Wertentwicklung einer Anlage beeinflussen können wie eine etwaige Quersubventionierung transparent dargestellt werden (BGHZ 194, 39 = NJW 2012, 3647).« Es ist davon auszugehen, dass im Rahmen von MindZV und kollektiver RfB sowie im Rahmen der ZZR derartige Quersubventionierungen faktisch in nicht unerheblichem Umfang stattfinden. Man stelle sich weiter die Anwendung des § 163 oder der Notstandsparagraphen – früher § 56a oder § 89 VAG a.F. – vor. Obwohl gesetzliche Gestaltungsmittel von VR und Aufsicht im Rahmen einer allen Beteiligten bekannten volatilen Überschussbeteiligung, vgl. § 154, soll ihre fehlende Darstellung in den AVB Beratungspflichtverletzungen begründen? Was ist mit den Fällen, in denen der Gesetzgeber diese Instrumente erst nach Vertragsschluss eingeführt oder wie im LVRG den Sicherungsbedarf als Konkretisierung des § 153 III 2 »verschärft« hat. Falschberatung, weil die Beteiligung an den BWR nach § 153 III 1 mit dem BGH[145] trotz anderer Vorstellungen etwa des VN/der Verbraucherschützer als quasi gesetzlicher Mindestschlussüberschussanteil diesen nicht stets erhöht?

Wäre die beschriebene Interpretation der BGH-Rspr. tatsächlich zutreffend, bestände die große Gefahr, dass alle Bemühungen von Gesetzgeber, Aufsicht und Branche zur Steigerung der Risikotragfähigkeit unter dem »Deckmantel« der vorvertraglichen Beratungspflichtverletzungen vereitelt würden, da die VN die ZZR oder Teile davon u.U. auch als zusätzliche Überschüsse bzw. in der Sprache des BGH als zusätzlichen Zinsschaden geltend machen könnten, was bei einem möglichen Umfang der ZZR von vielleicht 100 Mrd.-175 Mrd. EUR oder mehr die Lebensversicherungsbranche oder Teile davon in die Insolvenz führen würde/könnte. Die **eigentliche Lektion** aus dem Scheitern von Equitable Life kann demgegenüber eigentlich nur sein, dass die Bewahrung und Wiederherstellung der Risikotragfähig der Lebensversicherungsbranche in Deutschland durch einen fairen Interessenausgleich insgesamt eine Sache des nationalen Gesetzgebers ist und nicht zusätzlich von den Risiken und Unwägbarkeiten u.U. jahrelanger gerichtlicher Auseinandersetzungen vor den Zivil-

---

143 R/L/*Rixecker*, § 28 Rn. 11.
144 BFH Urt. v. 11.01.1963, BStBl. III 1963, 138; BFH DStR 1991, 274; vgl. insoweit auch *Grote/Schaaf* GWR 2013, 482.
145 BGHZ 204, 172 = NJW 2015, 2809; weiterführend Rdn. 42.

§ 153 Überschussbeteiligung

bzw. Verwaltungsgerichten durch enttäusche VN wie in den Fällen Garantierente und Equitable Life abhängen sollte.

hh) Werden die gesetzlichen Maßnahmen zur Steigerung der Risikotragfähigkeit unterlaufen?

31 Es drängen sich damit folgende Überlegungen im Zusammenhang mit dem Niedrigzinsumfeld auf:
– Nach welchen Kriterien werden die Risiken/Verluste aus dem Niedrigzinsumfeld angemessen auf die verschiedenen Gruppen von VN verteilt?[146] (1) Bestehende Bestände (verursachende Policen; ausscheidende VN, übrige VN) – (2) Neugeschäft mit dem ihnen eigentlich zuzurechnenden Überschüssen – (3) VU mit dem echten Eigenkapital der Aktionäre – (4) Die gesamte Branche und deren VN über Protektor?
– Welche Lösungsmechanismen sollen (branchenweit einheitlich?) zur Anwendung gelangen: (1) Risikoausgleich im Rahmen der Überschussbeteiligung (2) § 163 u.a. vertragsrechtliche Anpassungsmechanismen für Prämie und Leistungen (3) Rein aufsichtsrechtliche Regelungen wie § 89 VAG a.F. (4) Protektor?
– Ist es denkbar/akzeptabel, dass die so vorgegebenen Mechanismen und Lösungswege durch die Gerichte faktisch verworfen werden? Es werden sich angesichts der Komplexität der Materie immer VN finden, die sich beispielsweise durch die ZZR, möglicherweise aber auch durch Leistungskürzungen u.a. unangemessen benachteiligt und in ihren Erwartungen getäuscht fühlen. Es ist selbstverständlich, dass die Durchführung der Maßnahmen der juristischen Kontrolle durch die jeweils zuständigen Stellen bedarf, nur sollten die Maßnahmen selbst nicht dadurch zur Disposition gestellt werden, dass die Überschussbeteiligung durch »neue« gesetzlich dafür nicht geschaffene Instrumente korrigiert wird.
– Hier – wie bei ELAS vor der Hyman-Entscheidung – steht fest, dass die VU für die dargestellten Risiken aus den abzulehnenden Überlegungen zur Korrektur der Überschussbeteiligung im Rahmen der Nachreservierung/ZZR und aufgrund von vermeintlichen Beratungspflichtverletzungen keine weiteren Rückstellungen gebildet haben und in den allermeisten Fällen auch nicht bilden können.
– **Angemessene Lösungsansätze** ergeben sich insoweit aus der Übernahme bzw. dem Festhalten an der BGH-Rechtsprechung zu den Transparenzanforderungen bzgl. der Überschussbeteiligung in der Lebensversicherung aus 2001 unter Berücksichtigung der Vorgaben und Wertungen des § 154. Darüber hinaus ist von allen Beteiligten zu akzeptieren, dass der Gesetzgeber die Überschussbeteiligung und den erforderlichen Risikoausgleich/die Verlusttragung durch die Verlagerung ins Aufsichtsrecht und den § 163 der Mitwirkung und Kontrolle[147] der VN – wohlweislich wie die Hyman-Entscheidung zeigt – weitgehend entzogen hat.

Die Beteiligten sollten sich im konkreten Einzelfall immer wieder die Zusammenhänge aus § 138 VAG, den §§ 153, 154 II, der MindZV u. DeckRV u. dem Bilanzrecht des HGB vergegenwärtigen: Der Gesetzgeber, national u. EU-weit, erzwingt wegen der Risiken aus der Kalkulation der Produkte der Lebensversicherung über die verschiedenen Sicherheitszuschläge Mehrerträge gegenüber einer Kalkulation mit historischen Daten, um sie – hoffentlich – im Rahmen der Überschussbeteiligung weiterzugeben. Realisieren sich diese Risiken etwa aus den biometrischen Faktoren/Sterbetafeln oder dem Rechnungszins, sind sie aus den Mehrerträgen, die ja wegen des Aufwandes nicht mehr zu Überschüssen werden, zu finanzieren. Für die Finanzierung gibt es ökonomisch verschiedene Wege, etwa im Rahmen einer einmaligen Nachreservierung, wie bei den überholten Sterbetafeln bei ELAS, einer Streckung der Nachreservierung wie bei den überholten Sterbetafeln in Deutschland, oder wie bei der ZZR in einem Vorziehen der Finanzierung der Zinsrisiken durch eine Reduzierung des Rechnungszinses für die Rückstellungsbildung. Regelmäßig verbleiben aber trotz dieser Maßnahmen weitere Risiken aus der neuen Kalkulation. Weil das so ist, stellt sich im Rahmen des § 163 auch die Frage nach den Sicherheitsmargen in den neuen Prämien. Da das Produkt Lebensversicherung also stets mit Risiken behaftet ist und seit mehr als 100 Jahren war – bei jeder Neukalkulation wie auch nach jeder Sanierung –, kann man sich der Überschussbeteiligung bezüglich dieser Risiken nicht mit Begriffen wie »Erwartungen der VN« oder »Beratungspflichtverletzungen« nähern, weil man dadurch den systematischen Hintergrund der Überschussbeteiligung schlicht ausblenden würde. Der Gesetzgeber der VVG-Reform hat dies deshalb auch in § 154 i.V.m. dem verursachungsorientieren Verfahren zur Überschussbeteiligung nach § 153 II bewusst ausgeschlossen, wenn der VN weiß, dass die Überschussbeteiligung nicht garantiert ist. Das heißt, man kann sich die Funktionsweise der Überschussbeteiligung mit Vergangenheitsdaten erschließen, wenn man immer im Hinterkopf behält, dass niemand die zukünftige Entwicklung voraussagen kann (§ 154 II), auch keine noch so exakten statistischen Erhebungen.

b) Mindestgewinnanteil des VR (§ 139 II VAG)

32 Bei der Aufteilung des Rohüberschusses zwischen VR und den VN ist einerseits § 139 II 2 VAG zu berücksichtigen, d.h. bei dem VR in Form der Aktiengesellschaft muss ein so hoher Anteil an Überschuss verbleiben, dass als verbleibender Bilanzgewinn mindestens ein Betrag in Höhe von 4 % des Grundkapitals verteilt werden kann. Das LVRG hat insoweit jedoch eine Ausschüttungssperre in § 139 II 3 VAG dergestalt eingeführt,

---

146 Vgl. *Krause/Menning* NJOZ 2013, 289, 294.
147 Vgl. hierzu Rdn. 50 ff.

dass das VU einen Bilanzgewinn nur ausschütten darf, soweit er den Sicherungsbedarf übersteigt. Besonderheiten gelten jedoch, soweit ein Ergebnisabführungsvertrag besteht.

c) Mindestzuführungsverordnung

Andererseits hat nach § 140 II VAG (= § 81c I VAG a.F.) bei überschussberechtigten Versicherungen eine angemessene Zuführung zur RfB zu erfolgen; ansonsten liegt ein Missstand in der Lebensversicherung vor, der die Aufsicht zu Maßnahmen veranlasst. Letzteres ist nach § 140 II Nr. 1 VAG dann der Fall, wenn die Zuführung zur RfB unter Berücksichtigung (= Hinzurechnung) der Direktgutschrift einschließlich der Schlusszahlungen für die Bewertungsreserven nicht die in § 4 i.V.m. den §§ 6–8 MindZV[148] vorgegebene Mindestzuführung erreicht, wobei insoweit an die Überschusszerlegung mit den verschiedenen Ergebnisquellen (Risiko-, Kapitalanlagen-, Kostenergebnis usw.) angeknüpft wird, d.h. die so zerlegten Überschussanteile werden auf die unterschiedlichen Abrechnungsverbände und Bestandsgruppen aufgeteilt. § 4 I MindZV verlangt die erforderliche **Mindestzuführung getrennt nach den drei Ergebnisquellen** Kapitalanlageergebnis (Nr. 1), Risikoergebnis (Nr. 2) und übriges Ergebnis (Nr. 3) und definiert dabei das jeweils gemeinte Ergebnis konkret durch Bezugnahme auf einzelne Positionen in Nw 213 der BersVersV. Die Mindestzuführung zur RfB beträgt heute beim Kapitalanlageergebnis (§ 6 I MindZV) 90 % der anzurechnenden Kapitalerträge gem. § 3 MindZV abzgl. der rechnungsmäßigen Zinsen,[149] beim Risikoergebnis (§ 7 MindZV) 90 % des auf die VN entfallenden Risikoergebnisses[150] und beim übrigen Ergebnis (§ 8 MindZV) 50 % des auf die VN entfallenden übrigen Ergebnisses, wobei die Direktgutschriften einschließlich der Schlusszahlungen für die Bewertungsreserven abgezogen werden.[151] Der Begriff der »entfallenden« Ergebnisanteile zeigt, dass es im Rahmen der Gewinnzerlegung auch Aufwendungen u. Erträge gibt, die im Rahmen der Bestandsgruppe 140 direkt dem VR zugerechnet werden. I.E. wird auf diesem Wege den Abrechnungsverbänden und Bestandsgruppen jeweils ein Anteil am Rohüberschuss zugewiesen, der entsprechend aufgeteilt in der RfB verbleibt, soweit er nicht als Direktgutschrift ausgeschüttet wird.

33

d) Direktgutschrift und RfB

§ 139 I VAG (=§ 56a II VAG a.F.) bestimmt, dass die für die Überschussbeteiligung der VN bestimmten Beträge in die RfB einzustellen sind, soweit sie den VN nicht unmittelbar – eben als sog. Direktgutschrift – zugeteilt werden. Die **unmittelbare Überschusszuweisung durch Direktgutschrift** bezieht sich auf das Jahr der Überschussentstehung und bedeutet, dass der VR Teile des Rohüberschusses direkt den VN zuteilen kann, sodass sie auf diese Beträge bereits unmittelbar einen Anspruch erhalten. **Der Rest des Rohüberschusses** – also nach Abzug der Anteile für den VR und der Direktgutschrift – fließt, wie im Rahmen der Gewinnzerlegung beschrieben, in die RfB, und zwar dort jeweils den Abrechnungsverbänden und Bestandsgruppen zugeordnet; ab 2013 jedoch modifiziert durch die Einführung sog. kollektiver Teile der RfB durch § 140 IV VAG (= § 56b II VAG a.F.)[152]. In der RfB befinden sich die gespeicherten Überschüsse soweit sie noch nicht den einzelnen VN zugeteilt sind. Deshalb bestimmt § 140 I VAG (= § 56a III 1 VAG a.F.[153]), dass die in der RfB befindlichen Beträge grundsätzlich nur für die Überschussbeteiligung der VN einschließlich deren Beteiligung an den Bewertungsreserven verwendet werden dürfen. Ausnahmen sind nach § 140 I 2 VAG (= § 56a III 2 und 3 VAG a.F.) nur erlaubt zur Abwendung eines drohenden Notstandes, sowie – grob – bei einem unvorhersehbaren Verlust sowie zur Nachreservierung der bilanziellen Deckungsrückstellung, und zwar jeweils nur mit Zustimmung der Aufsicht. Die RfB stellt wirtschaftlich damit eine Art »Speicher« für die realisierten Überschüsse der VN dar, aus dem regelmäßig jährlich Beträge für die Überschussbeteiligung der VN entnommen werden und in den jährlich wieder Beträge »nachfließen«.[154]

34

3. Querverrechnung, Reduzierung der Mindestzuführung

Mit § 4 I 2, III 5 MindZV 2008 ist ursprünglich auch das vom BVerfG gerügte Problem der sogenannten **Querverrechnung** in dem gewünschten Sinne gelöst worden. Querverrechnung meint die bisherige Praxis der VR, vorab positive und negative Ergebnisquellen miteinander zu saldieren, ehe die Mindestzuführungsquoten zur Anwendung gelangten, so dass z.B. ein negatives übriges Ergebnis, in das insbs. Teile der Abschlusskosten eingingen, mit einer anderen Ergebnisquelle verrechnet wurde und damit die diesbezügliche Mindestzuführung minderte. Die Querverrechnung wurde in 2008 dadurch ausgeschlossen, dass eine Beteiligung der VN nur an positiven Ergebnisquellen möglich war; sie blieb also innerhalb des übrigen Ergebnisses möglich. Diese Rege-

35

---

148 VO über die Mindestbeitragsrückerstattung in der Lebensversicherung (Mindestzuführungsverordnung oder MindZV) vom 18.04.2016 (BGBl. I S. 831).
149 Details vgl. Rdn. 14.
150 Die Quote ist durch das LVRG von 75 % auf 90 % erhöht worden.
151 § 4 II MindZV.
152 Vgl. Rdn. 40.
153 Zeitweilig auch § 56b I VAG a.F.
154 Zur dargestellten Zerlegung und Aufteilung des Rohüberschusses vgl. die Übersicht bei *Führer/Grimmer*, S. 162.

§ 153 Überschussbeteiligung

lung ist durch das **LVRG** bzgl. der absehbaren Verluste im Kapitalanlageergebnis, wenn nämlich die Kapitalerträge nicht mehr die rechnungsmäßigen Zinsen decken,[155] nochmals korrigiert worden. Es bleibt zwar dabei, dass Verluste im Risikoergebnis und im übrigen Ergebnis nicht mit Gewinnen aus den jeweils anderen Ergebnisquellen verrechnet werden können (§§ 7 Satz 3 u. 8 Satz 3 MindZV 2016), ein Verlust im Kapitalanlageergebnis, der durch einen überschießenden rechnungsmäßigen Zins verursacht wird, wird jedoch vor Anwendung der Mindestquoten mit den Gewinnen aus dem Risiko- und übrigen Ergebnis verrechnet (§ 4 II i.V.m. § 6 I 5, 6 MindZV 2016).[156]

36 Wenn damit die Querverrechnung von Verlusten teilweise immer noch unterbunden wird, kann auch im Rahmen der MindZV und dem dadurch angestrebten Schutz der VN nicht unberücksichtigt bleiben, dass ein VU Risiken des VN oder Dritter übernimmt – vgl. heute § 1 – und insbes. bei kapitalbildenden Lebensversicherungen langfristige Garantien z.B. für eine Mindestverzinsung von Sparbeiträgen ausspricht. Der Schutz der VN erfordert eine vorsichtige Prämienkalkulation[157] mit der Überschussbeteiligung als Korrektiv. Die Überschussbeteiligung mit den beschriebenen Mindestzuführungsquoten steht den VN nach Sinn und Zweck aber nur zu, soweit sich keine Risiken realisieren, denen von den VN zu tragen sind, in den §§ 3–8 MindZV 2016 jedoch nicht ausreichend berücksichtigt sind. Sollte es z.B. zu **unerwarteten Verlusten im Risikoergebnis** kommen, stellt dies zwar handelsrechtlich Aufwand des VR in dessen Gewinn- und Verlustrechnung dar, mindert also dessen handelsrechtliches Ergebnis sowie das Risikoergebnis nach § 7 MindZV, nicht jedoch das Kapitalanlageergebnis (§ 6 MindZV) und das übrige Ergebnis (§ 8 MindZV), da eine Querverrechnung insoweit – wie in Rdn. 35 beschrieben – nicht stattfindet. Die Mindestzuführung kann jedoch in solchen Fällen mit Zustimmung der Aufsichtsbehörde unter bestimmten Voraussetzungen gem. § 9 MindZV bezüglich aller Ergebnisquellen reduziert werden, d.h. die Mindestzuführungsquoten beziehen sich in diesem Fall auf reduzierte Bemessungsgrundlagen. Diese Möglichkeiten wären etwa für den Nachreservierungsbedarf bei Einführung neuer Sterbetafeln[158] zu prüfen.[159]

4. Systeme der Überschussbeteiligung der VN

37 Der Verantwortliche Aktuar hat nach § 141 V Nr. 4 VAG (= § 11a III Nr. 4 VAG a.F.) dem Vorstand des VR für die Verträge mit Anspruch auf Überschussbeteiligung einen Vorschlag für eine angemessene Beteiligung der VN am Überschuss vorzulegen. Hierbei wird wiederum an die unterschiedlichen Ergebnisquellen angeknüpft. Die dabei verwendeten Überschusssysteme kann man grob wie folgt beschreiben: »Für die Zuweisung der Überschüsse an die Versicherten ist eine die eigentliche Überschussentstehung weitgehend »gerecht« berücksichtigende Basis heranzuziehen. […] Es dominieren heute bei inländischen VR sog. »**natürliche**« **Überschusssysteme**.[160] Ein Überschusssystem ist natürlich, wenn die den Versicherten zugedachten Überschüsse verursachungsgerecht und zeitnah zugeteilt werden. […] Es erfolgt eine Aufteilung nach
– **Risikogewinn**, ausgedrückt in Promille der Versicherungssumme […] des riskierten Kapitals […] oder in Prozent des individuellen Risikobeitrags […]
– **Zinsgewinn** im Verhältnis zum Deckungskapital […]
– **Kosten- und sonstiger Gewinn** im Verhältnis zur Versicherungssumme oder Prämie […]«
Einige VR fassen Risikogewinn einerseits und Kosten- und sonstiger Gewinn andererseits zu einem »**Grundüberschuss**« (oder »Grundgewinnanteil«) zusammen.[161] Angeknüpft wird also ebenfalls an die auf die Abrechnungsverbände und Bestandsgruppen zugewiesenen Ergebnisanteile; Grundlage dafür ist – wie beschrieben – die Gewinnzerlegung und die Zuordnung der einzelnen Versicherungsverträge entsprechend ihrer Risiko-, Vermögens- und Kostenstruktur. Damit gelangen für die Zuordnung des Anteils der VN am Rohüberschuss auf die Abrechnungsverbänden und Bestandsgruppen im Rahmen der RfB sowie im Rahmen der zeitlich späteren Zuweisung der Überschussanteile auf die einzelnen VN, die aus der RfB entnommen werden, dieselben Kriterien zur Anwendung, die die »Verursachung« der einzelnen unterschiedlichen Ergebnisanteile möglichst zutreffend abbilden.

---

155 Durch die erforderliche Finanzierung der Zinszusatzreserve erhöht sich der Aufwand aus den »rechnungsmäßigen Zinsen« zwischenzeitlich noch weiter, da dieser bisher zeitlich später vorgesehene Aufwand vorgezogen wird; vgl. Rdn. 22.
156 Dies vermeidet, dass es in diesen absehbaren Fällen regelmäßig zur Reduzierung der Mindestzuführung nach § 9 MindZV kommt, die der Zustimmung der Aufsicht bedarf. Vgl. insoweit Rdn. 36.
157 Vgl. Rdn. 1.
158 Vgl. hierzu und zum BGH-Urt. v. 08.07.2009 bzgl. der Garantierenten ausführlich Rdn. 20.
159 Für die Finanzierung der ZZR wurde die Verrechnung von Verlusten aus dem Kapitalanlageergebnis mit Gewinnen aus den beiden anderen Ergebnisquellen ermöglicht; vgl. Rdn. 35.
160 Zu den früheren sog. mechanischen Systemen der Überschussbeteiligung vgl. *Wolfsdorf u.a.*, in: Gabler Versicherungslexikon.
161 *Kurzendörfer*, S. 152. Das Überschusssystem bildet zusammen mit der Gewinnzerlegung auf die Ergebnisquellen und ihre Zuordnung auf die Abrechnungsverbände den Kern eines verursachungsorientierten Verfahrens, wobei man sich bereits in der Vergangenheit bewusst war, das es immer nur um eine möglichst weitgehende Verursachungsgerechtigkeit handeln konnte.

5. Laufender Überschussanteil und Schlussgewinnanteil; Überschussdeklaration

Bei kapitalbildenden Lebensversicherungen besteht die Überschussbeteiligung regelmäßig aus zwei Teilen, nämlich der laufenden Überschussbeteiligung und dem Schlussüberschuss[162] einschließlich der Beteiligung an den Bewertungsreserven, die in § 153 III eine gesonderte Regelung erhalten hat. Der laufende Überschussanteil wird dem VN meistens jährlich auf seinem Vertragskonto gutgeschrieben oder bei der Verwendung zur Leistungserhöhung dem Deckungskapital. Die Schlussüberschussanteile einschließlich der Beteiligung an den Bewertungsreserven werden demgegenüber erst zum Vertragsende gutgeschrieben. Sie bilden für die Lebens-VR vor allem ein wichtiges Steuerungsinstrument zur Regulierung der Überschusshöhe.[163] Der Vorstand entscheidet auf Vorschlag des Verantwortlichen Aktuars,[164] in welcher Höhe die Überschüsse (Risiko-, Kosten- und Zinsüberschussanteil) als laufender Überschussanteil bzw. als Schlussüberschussanteil (bis zum Vertragsende Teil der RfB, jedoch bis zur konkreten Festlegung noch ohne Anspruch des VN; der Schlussüberschussanteil enthält auch die Beteiligung an den BWR, die als eine Art Mindestschlussüberschussanteil in § 153 III 2 und unabhängig von der Deklaration geregelt ist[165]) im Deklarationszeitraum zur Zuteilung gelangen. Erst durch diese sogenannte **Deklaration** konkretisiert sich Jahr für Jahr der bis dahin nur dem Grunde nach bestehende Anspruch des VN auf Überschussbeteiligung der Höhe nach. Einmal gutgeschriebene Überschussanteile können den VN später nicht wieder entzogen werden.

38

6. Bezugsformen

Es sind je nach Vertragsart und nach Vereinbarung in den AVB verschiedene Bezugsformen[166] denkbar. Beim Summenzuwachs oder Bonus[167] erfolgt die Zuteilung durch Erhöhung des Deckungskapitals; bei der verzinslichen Ansammlung wird dem VN eine Verbindlichkeit gewährt, während beim Barbezug oder bei der Beitragsverrechnung dem VN eine Gutschrift erteilt wird. Die Bezugsform in der aufgeschobenen Rentenversicherung ist in Rdn. 24 skizziert.

39

7. Schichten der RfB, insbes. der kollektive Teil der RfB

Ausgehend von der Deklaration enthält die RfB[168] eine **Festlegungsschicht**[169], in der die verbindlich festgelegten Beträge an laufenden Überschüssen und Schlussüberschussanteilen der nächsten 12 Monate enthalten sind. Außerdem wird die Beteiligung an den Bewertungsreserven, die auch ein Schlussüberschussanteil ist, für den Zeitraum festgelegt, allerdings unter dem Vorbehalt, dass sich die Höhe dieser Beteiligung je nach Kapitalmarktentwicklung noch ändern kann. Daneben[170] gibt es noch die ungebundene RfB[171] und den Schlussüberschussanteilsfonds[172] für die Anfinanzierung der zum Vertragsende vorgesehenen Schlussüberschussanteile. An diese unterschiedlichen Schichten der RfB, konkret an den sog. ungebundenen Teil der RfB knüpft der in 2013 in § 140 IV VAG (= § 56b II VAG a.F.) eingeführte kollektive Teil der RfB an, der seine nähere Ausgestaltung in der RfB-VO (RfBV) vom 10.03.2015 i.V.m. § 13 MindZV erhielt.[173] Da die Zuweisungen zur RfB jeweils zugeordnet zu den einzelnen Abrechnungsverbänden und Bestandsgruppen erfolgt, bestand die Gefahr, dass die Teile der ungebundenen RfB, die auf den Altbestand vor 1994 entfallen und immer noch einen erheblichen Teil der ungebundenen RfB ausmachen, für die später hinzukommenden VN nicht mehr hätten verwendet werden dürfen.[174] Man hat deshalb nunmehr in § 13 MindZV einen Höchstbetrag des ungebundenen Teils der RfB für die Teilbestände definiert. »Übersteigt die ungebundene RfB eines Teilbestands die Obergrenze […], so ist der übersteigende Betrag dem kollektiven Teil der RfB zuzuführen« (§ 3 II 3 RfBV) und unterliegt damit zwar weiterhin der Verwendungsbeschränkung für die Überschussbeteiligung der VN (§ 140 I VAG), aber nicht mehr der Zuordnung auf die einzelnen Teilbestände. In Abhängigkeit von der Höhe der »Solvabilitätsspanne gemäß der Kapitalausstattungs-Verordnung vom 13. Dezember 1983«[175] ist gleichzeitig eine Obergrenze für die kollektive RfB festzulegen. Übersteigt die kollektive RfB diese Obergrenze, sind die überschießenden Beträge in die ungebundene RfB der Teilbestände zurückzuführen, mit Zustimmung der Aufsicht

40

---

162 *Kurzendörfer*, S. 153.
163 *Führer/Grimmer*, S. 153.
164 Vgl. oben Rdn. 37.
165 Vgl. insoweit Rdn. 42.
166 Für Details vgl. *Kurzendörfer*, S. 165 ff. und *Führer/Grimmer*, S. 160 ff.
167 Vgl. hierzu *Wolfsdorf*, in: Gabler Versicherungslexikon, unter »Bonussystem«.
168 Für Details vgl. § 28 VIII Nr. 2 RechVersV sowie *Führer/Grimmer*, S. 153 ff. und B/M/*Winter*, § 153 Rn. 109 ff.
169 § 28 VIII Nr. 2 a)-d) RechVersV.
170 Zur sog. freien RfB vgl. insoweit § 140 I 2 VAG.
171 § 28 VIII Nr. 2 h) RechVersV.
172 § 28 VIII Nr. 2 e)-g) RechVersV.
173 Vgl. zum kollektiven Teil der RfB auch *Hofmeier/Krause/Menning* DB 2015, 1477 sowie die Antwort der Bundesregierung auf die Kleine Anfrage zur »Transparenz bei Auszahlungen an Versicherte und Provisionen«, BT-Drucks. 18/4559.
174 Ausführlich *Armbrüster* VersR 2013, 385.
175 § 3 III 1 RfBV.

§ 153 Überschussbeteiligung

auch früher. Auf diesem Wege sichert die kollektive RfB in Zukunft unabhängig von der Entwicklung der einzelnen Teilbestände die Aufbringung eines erheblichen Teils der Eigenmittel.[176] Eine spätere Rückführung erfolgt nicht im Verhältnis der Zuführungen durch die Teilbestände, sondern insbes. »nach dem Anteil des jeweiligen Teilbestands am Rohüberschuss« zum Zeitpunkt der Rückführung (§ 3 III 4 RfBV). Übersteigt der ungebundene Teil der RfB der einzelnen Teilbestände irgendwann die Höchstgrenze nach § 13 MindZV, ohne dass weitere Zuführungen zum kollektiven Teil der RfB möglich sind, sind diese an die VN auszuschütten.[177] Andernfalls ist von einem Missstand nach § 140 II Nr. 2 VAG auszugehen.

II. Bewertungsreserven

41 § 153 I sieht vor, dass die VN auch an den Bewertungsreserven im Rahmen der Überschussbeteiligung zu beteiligen sind. Die **Gesetzesbegründung** verweist für die Ermittlung und die transparente Darstellung der BWR ausdrücklich auf die §§ 54–56 RechVersV.[178] § 54 I bezieht sich ausdrücklich nur auf die »ausgewiesenen Kapitalanlagen«, d.h. auf die Bilanzpositionen unter C. des Bilanzgliederungsschemas des Formblatt 1 zur RechVersV. Damit sind stille Reserven im Rahmen anderer Bilanzpositionen sowohl auf der Aktivseite – etwa im Rahmen der immateriellen Vermögensgegenstände wie ein Firmenwert oder selbst geschaffene gewerbliche Schutzrechte[179] – wie auch auf der Passivseite – etwa im Rahmen der Rückstellungen – nicht erfasst. § 139 III VAG zeigt, dass bei den Kapitalanlagen auch entsprechende Absicherungsgeschäfte – § 254 HGB spricht auch von Finanzinstrumenten – zu berücksichtigen sind, die für die Bildung von Bewertungseinheiten zur Reduzierung von Risiken verwendet werden.

42 Wohl ausgehend vom Wortlaut des § 153 I, der von einer Beteiligung am Überschuss und an den Bewertungsreserven spricht, stellte sich die Frage, in welchem Verhältnis der Überschuss in Form der laufenden jährlichen Überschussanteile und des Schlussüberschusses zum Anteil an den BWR steht. Konkret: Ergeben sich aus diesem Nebeneinander Folgerungen für die Finanzierung des Anteils an den BWR und für die jeweilige Höhe von Schlussüberschuss und Anteil an den BWR? Der BGH verweist im Urt. v. 11.02.2015[180] insoweit auf § 140 I VAG; danach werden die Überschussanteile und der Anteil an den BWR gemeinsam aus der RfB finanziert. Die Aufgliederung der RfB in § 28 VIII Nr. 2c), d) und g) RechVersV zeigt, dass **auch der Anteil an den BWR ein Schlussüberschussanteil** ist. Der Unterschied zwischen beiden Schlussüberschussanteilen besteht darin, dass der Anteil (= konkrete Höhe) an den BWR dem VR durch das verursachungsorientierte Verfahren des § 153 III 1 vorgegeben wird, während der bis zur VVG-Reform übliche Schlussüberschussanteil durch die Deklaration des VR der Höhe nach konkretisiert wird. Das hat zur Folge, dass der letztgenannte Schlussüberschussanteil durchaus sinken kann und beide zusammen die Höhe des Schlussüberschussanteils vor der VVG-Reform nicht übertreffen müssen[181].

43 Fraglich ist jedoch, was bei einer **unzureichenden RfB** zu erfolgen hat; ein durchaus realistisches Szenario, wenn VR die freie RfB zur Finanzierung der ZZR auflösen müssen. Es handelt sich dabei um keinen Liquiditätsengpass, denn allein aus den jeweils neuen Sparanteilen fließt regelmäßig ausreichende Liquidität zu.[182] Der **BGH** weist darauf hin, dass der VR in diesem Fall gehalten sei, »stille Reserven aufzulösen, um hieraus liquide Mittel[183] zu erzielen«. Was passiert aber, wenn der Aufwand aus der ZZR in einzelnen Jahren so groß wird, dass es keine Zuführung zur RfB gibt und die Beteiligung an den BWR damit auch nicht aus der RfB finanziert werden kann? Die Beteiligung an den BWR ist laut § 153 I ein Teil der Überschussbeteiligung. Mangels laufender und gespeicherter Überschüsse gem. § 140 I VAG u. § 28 II Nr. 2 RechVersV also doch keine Beteiligung an den BWR? Dies ist konsequent, wenn man den Anspruch aus § 153 III 2 zwar als Mindestschlussüberschussanteil einzuordnen hat, es sich dabei gleichwohl aber auch um eine gewinnabhängige (= aufschiebend bedingte) Verpflichtung handelt. Durch den Verweis in § 153 III 2 auf § 140 VAG ist heute klargestellt, dass nicht nur der Aufwand aus der ZZR vorrangig zu bedienen und die BWR aus den festverzinslichen Anlagen dafür vorzuhalten sind, sondern dass auch die Beteiligung an den anderen BWR einem Finanzierungsvorbehalt aus laufenden bzw. gespeicherten Überschüssen i.S.d. MindZV unterliegt und damit keinen zusätzlichen Aufwand verursacht, der ergebnisunabhängig zu bedienen wäre.

1. Bilanzrechtliche Grundlagen der Bewertungsreserven

44 Stille oder Bewertungsreserven sind charakteristisch für die Handelsbilanz (= HGB-Bilanz) in Deutschland, da dieser eine Ausschüttungsbemessungsfunktion[184] zukommt und deswegen dem **Vorsichtsprinzip** (§ 252 I

---

176 Kritisch *Brömmelmeyer*, VuR 2015, 203.
177 Vgl Frage und Antwort 17 der Kleinen Anfrage zur »Transparenz bei Auszahlungen an Versicherte und Provisionen«, BT-Drucks. 18/4559 S. 6.
178 Begr. RegE BT-Drucks. 16/3945 S. 121.
179 Vgl. § 248 II HGB i.d.F. durch das BilMoG, vgl. Rdn. 69.
180 BGH VersR 2015, 433.
181 I.E. ebenso BGH VersR 2015, 433, vgl. auch Rdn. 3 a.E.
182 Unklar insoweit der BGH VersR 2015, 433 unter Ziffer 16 a.E.
183 Gemeint sind Kapitalerträge, die die Beteiligung an den BWR durch Zuführungen zur RfB finanzieren.
184 *Geib/Engeländer* VW 2006, 620, 621.

Nr. 4 HGB) eine sehr große Bedeutung zukommt. Die HGB-Bilanz sollte in der Vergangenheit primär verhindern, dass nicht realisierte Gewinne an den Aktionär oder Gesellschafter ausgeschüttet werden, auch wenn dies teilweise zu Lasten der Informationsfunktion der HGB-Bilanz ging. Eine wesentliche Ausprägung dieses Vorsichtsprinzips ist das **Anschaffungskostenprinzip**; dieses besagt, dass die Vermögensgegenstände maximal mit den Anschaffungs- oder Herstellungskosten (§ 253 I HGB), gegebenenfalls gemindert um Abschreibungen, zu bilanzieren sind. Dies bedeutet etwa für eine bebaute Immobilie, die kurz nach der Währungsreform vor über fünfzig Jahren angeschafft wurde, dass der aktuelle Buchwert wahrscheinlich nur noch einen Bruchteil des Zeitwerts (= Verkehrswert) beträgt, da zwischenzeitliche Wert- und Preissteigerungen beim Buchwert nicht berücksichtigt werden, soweit es sich nicht um nachträgliche Anschaffungs- oder Herstellungskosten handelt. Ein aus Sicht des VU wirtschaftlich bedeutenderes Beispiel ist die Wertentwicklung festverzinslicher Wertpapiere[185]. Vermindert sich etwa das Zinsniveau gegenüber dem in der Anleihe vereinbarten Zinssatz, steigt der Wert/Kurs der Anleihe, da ein Verkäufer sich den gegenüber dem Marktzins höheren Zinssatz vergüten lassen wird. Ausdruck des Vorsichtsprinzips ist auch der Grundsatz, dass nur realisierte Gewinne gem. § 252 I Nr. 4 HGB in Bilanz und GuV berücksichtigt werden dürfen; im Fall der Immobilie wäre dies die Gewinnrealisierung durch Veräußerung. An dieser Stelle setzte die Kritik an der früheren Behandlung der Bewertungsreserven an, nämlich an der Tatsache, dass die Gewinnrealisierungstatbestände ohne System und damit aus Sicht der VN eher zufällig zur Aufdeckung der Bewertungsreserven führen und damit bisher nicht gewährleistet war, dass jeder VN »an seinen Bewertungsreserven« partizipiert. Die Tatsache, dass die VR diese Fragen bisher bereits im Rahmen der Zuteilung von laufenden und Schlussüberschussanteilen – wenn auch wenig transparent – berücksichtigten, war aus Sicht des BVerfG nicht ausreichend.

Neben den stillen Reserven/Bewertungsreserven sind aber auch sogenannte **stille Lasten** zu berücksichtigen. 45
Ausgehend vom Vorsichtsprinzip führen Wertminderungen in den bilanziellen Vermögensgegenständen (hier den Kapitalanlagen) bilanziell grundsätzlich zu Abschreibungsbedarf, und zwar im Rahmen des Anlagevermögens nur zwingend bei einer voraussichtlich dauernden Wertminderung (§ 253 II 3 HGB a.F. = § 253 III 5 HGB), sog. gemildertes Niederstwertprinzip, während bei Wertminderungen im Umlaufvermögen (§ 253 III 1 HGB a.F. = § 253 IV 1 HGB) bei jeder Wertminderung ein Abschreibungszwang besteht, sog. **strenges Niederstwertprinzip**. In der Zeit ab Sommer 2001 hat der drastische Rückgang der Aktienkurse gegenüber den Höchstständen in 2000 zu einem erheblichen Abschreibungsbedarf auf Kapitalanlagen in Form von Aktien und entsprechenden Fonds geführt, da diese bis dahin nach § 341b II HGB wie Umlaufvermögen zu behandeln waren und damit das strenge Niederstwertprinzip galt. Der Gesetzgeber hat dies in 2003 zum Schutz insbes. der VR geändert, so dass diese bei einer dauerhaften Widmung dieser Kapitalanlagen für den Geschäftsbetrieb das gemilderte Niederstwertprinzip anwenden können. Damit ist es möglich, dass sich in der Bilanz der VR nicht unerhebliche stille Lasten (= Buchwert liegt über dem Zeitwert) befinden.

2. Ermittlung der Bewertungsreserven

Die Bewertungsreserven ergeben sich aus den Zeitwerten der Kapitalanlagen abzüglich der bilanziellen Buchwerte. Gesondert zu ermitteln sind damit die Zeitwerte der Kapitalanlagen; hierfür gelten die §§ 55 und 56 46
RechVersV. Für **Immobilien** ist als Zeitwert gem. § 55 RechVersV der Marktwert zu ermitteln, und zwar durch Schätzungen, die gem. § 55 III RechVersV alle fünf Jahre mit einer allgemein anerkannten Methode vorzunehmen sind, wenn er nicht – vorrangig – aus einem Grundstückskaufvertrag im Rahmen eines ordnungsgemäßen Veräußerungsverfahrens abgeleitet werden kann (§ 55 II RechVersV). Nur wenn ein Marktwert nicht geschätzt werden kann, ist gem. § 55 VI RechVersV von den Anschaffungs- oder Herstellungskosten auszugehen. Anerkannte Bewertungsmethoden i.S.d. § 55 III 1 RechVersV sind der Immobilienwertermittlungs-VO 2010 zu entnehmen, nämlich das Ertragswertverfahren, das Sachwertverfahren u. das Vergleichswertverfahren.[186] Bei den **übrigen Kapitalanlagen** ist der Zeitwert der sog. Freiverkehrswert (§ 56 I RechVersV). Ist für die Kapitalanlagen ein Börsenkurs vorhanden, so gilt dieser (§ 56 II RechVersV); gibt es einen anderen Markt, so sind die dortigen Marktwerte relevant (§ 56 III RechVersV). In anderen Fällen finden ebenfalls allgemein anerkannte Schätzungsmethoden Anwendung, für die Bewertung von nicht notierten Aktien und Gesellschaftsanteilen z.B. die Ertragswert-Methode, die Equity-Methode i.S.v. § 312 I 1 Nr. 2 HGB oder die Vergleichswertmethode, die mit einem Kennziffernvergleich arbeitet.

3. Transparente Darstellung der Zeitwerte im Anhang des Jahresabschlusses

Nach § 54 Satz 1 RechVersV sind die VR verpflichtet, im Anhang den Zeitwert der Kapitalanlagen anzugeben. 47
Dies erfolgt jedoch nicht in einer Gesamtsumme, sondern entsprechend der Darstellung der Kapitalanlagen in der Bilanz aufgeschlüsselt. Damit werden die vorhandenen stillen Reserven und stillen Lasten transparent.[187] Nach § 54 Satz 3 RechVersV ist zudem die Gesamtsumme der Anschaffungskosten der einbezogenen

---

185 Vgl. Rdn. 48.
186 Zur früheren Wertermittlungs-VO 1988 vgl. die Übersicht des GDV »Die Ermittlung der Bewertungsreserven von Kapitalanlagen im Kontext des neuen § 153«, abgedruckt bei *Wehling/Präve*, Abschnitt IX.
187 Begr. RegE BT-Drucks. 16/3945 S. 121.

Kapitalanlagen, die Gesamtsumme der beizulegenden Zeitwerte sowie der sich daraus ergebende Saldo (= BWR zum Bilanzstichtag) anzugeben.

4. Eingeschränkte Teilhabe an den Bewertungsreserven durch den Sicherungsbedarf im Rahmen des LVRG

48 Aufgrund der enormen Risiken aus dem Niedrigzinsumfeld[188] hat der Gesetzgeber nach zwei vergeblichen Anläufen im Rahmen des LVRG als zusätzliche Vorsorge neben der ZZR einen **außerbilanziellen Sicherungsbedarf** in § 139 III, IV VAG i.V.m. den §§ 10–12 MindZV definiert. Im Umfang dieses Sicherungsbedarfs wird die Beteiligung ausscheidender VN gem. § 153 III an bestimmten BWR durch § 139 III VAG ausgeschlossen. Der Ausschluss betrifft nur die bereits angesprochenen festverzinslichen Anlagen, die bereits im Rahmen der VVG-Reform heftig umstritten waren, und die Zinsabsicherungsgeschäfte gem. § 10 MindZV, die jedoch ökonomisch den weit überwiegenden Teil der durch die Niedrigzinsphase verursachten BWR betrifft. Für den Sicherungsbedarf wird im ersten Schritt – grob – ein Deckungskapital, ähnlich wie die Deckungsrückstellung in der Handelsbilanz, mit der prospektiven Deckungskapitalformel des § 341f I HGB ermittelt, nur wird dafür nicht der Referenzzins gem. § 5 IV DeckRV, sondern für 15 Jahre der sehr viel niedrigere Bezugszins gem. § 12 MindZV verwendet. Der Bezugszins orientiert sich gem. § 11 MindZV am augenblicklich sehr niedrigen Kapitalmarktzins und unterstellt damit wirtschaftlich, dass das Kapitalanlageergebnis des VR in einigen Jahren auf diesen Zinssatz sinkt. Im zweiten Schritt wird der Sicherungsbedarf dann nach § 139 IV 2 VAG dadurch ermittelt, in dem man von dem in Schritt 1 ermittelten Deckungskapital die tatsächliche bilanzielle Deckungsrückstellung einschließlich ZZR – jeweils bezogen auf den einzelnen Vertrag – abzieht. Im Umfang des Sicherungsbedarfs soll damit die zukünftige Finanzierung der ZZR insbes. durch die BWR – soweit vorhanden – gewährleistet werden.[189]

III. Beteiligung am Überschuss und an den Bewertungsreserven, Ausschluss der Überschussbeteiligung

49 § 153 gewährt nunmehr, wie vom BVerfG[190] in 2005 gefordert, einen Anspruch des VN auf Beteiligung am Überschuss u. an den Bewertungsreserven.[191] Dieser **Anspruch des VN** besteht, vergleichbar mit dem Dividendenanspruch des Aktionärs der AG, bis zu seiner Konkretisierung durch die Deklaration (= Beschluss des Vorstands auf Vorschlag des Verantwortlichen Aktuars) nur dem Grunde nach. Er erstarkt jährlich im Rahmen der der Deklaration folgenden Zuweisung laufender Überschussanteile sowie bei Beendigung des Vertrages durch Zuweisung von Schlussüberschussanteilen einschließlich des Anteils an den Bewertungsreserven zu Zahlungsansprüchen,[192] auch wenn sie noch nicht fällig sind.

1. Kontrolle der Überschussbeteiligung der VN

50 Eine zentrale Frage im Rahmen der Überschussbeteiligung war nach der Umsetzung des BVerfG-Urt. aus 2005 durch § 153 der Umfang, in dem der VN entweder selbst oder mit Hilfe der Zivilgerichte das vorstehend beschriebene Verfahren der Überschussbeteiligung überprüfen kann. Dazu sind die Abfolge der einzelnen Schritte bis hin zur Deklaration und anschließenden Zuteilung mit den jeweiligen inhaltlichen Vorgaben durch Gesetze u. VOen zu berücksichtigen:

(1) Die **Ermittlung des Rohüberschusses** erfolgt im Rahmen des handelsrechtlichen Jahresabschlusses durch den Vorstand, wobei der durch den Abschlussprüfer geprüfte Jahresabschluss (§ 341k HGB) regelmäßig durch den Aufsichtsrat (§§ 170, 171 AktG direkt oder über § 341a IV HGB) festgestellt wird. Die Vorgaben des Bilanzrechts in HGB, RechVersV und DeckRV sind grundsätzlich zwingend.

(2) Die **Aufteilung des Überschusses zwischen VR und allen VN** erfolgt durch den Vorstand mit Zustimmung des Aufsichtsrates auf der Grundlage der Regelungen in § 139 II 1 VAG (= § 56a I 1 VAG a.F.) sowie der zwingenden aufsichtsrechtlichen Vorgaben durch § 140 II VAG sowie die MindZV gem. § 145 II VAG (= § 81c VAG a.F), was von der Aufsicht überprüft wird.

(3) Die so den VN insgesamt **zugewiesenen Beträge** werden gleichzeitig auf die VN im Rahmen verschiedener Überschusssysteme **verteilt** und den Gewinngruppen in der RfB zugewiesen. Grundlage ist dabei die auch für Zwecke der Mindestzuführung (2) verwandte Gewinnzerlegung mit der Zuordnung der Ergebnisanteile auf die einzelnen Abrechnungsverbände bzw. Bestandsgruppen unter Berücksichtigung der Beiträge, die die einzelnen Gruppen zum jeweiligen Ergebnis beigetragen haben.

(4) Im Rahmen der **Deklaration** entscheidet der Vorstand auf Vorschlag des Verantwortlichen Aktuars (§ 141 V Nr. 4 VAG; § 5 Aktuarverordnung zum Angemessenheitsbericht) über die Höhe der zuzuteilen-

---

188 Vgl. insoweit *Krause/Menning* NJOZ 2013, 289.
189 Näher *Hofmeier/Krause/Menning* DB 2015, 1477, 1479.
190 BVerfG VersR 2005, 1127.
191 Begr. RegE BT-Drucks. 16/3945 S. 95.
192 Vgl. § 28 IV RechVersV; unklar *Wandt*, Rn. 1210 sowie P/M/*Reiff*, § 153 Rn. 12, der darauf hinweist, dass der Anspruch aus § 153 »erst bei Beendigung des Vertrages« zu einem gerichtlich überprüfbaren Zahlungsanspruch erstarkt; ähnlich der Hinweis in Rn. 32 auf die »ausgezahlte Überschussbeteiligung«.

den Überschussanteile – in Form der laufenden Überschussanteile und der Schlussgewinnanteile einschließlich der Beteiligung an den BWR – durch Direktgutschrift und Entnahmen aus der RfB. Die Höhe des Anteils an den BWR gem. § 153 III 2 ergibt sich nur in Höhe der Mindestbeteiligung durch die Deklaration (§ 28 VIII Nr. 2c RechVersV), im Übrigen durch Anwendung des verursachungsorientierten Verfahrens.

Gewinnzerlegung sowie Zuordnung auf die Abrechnungsverbände und Bestandsgruppen in der RfB durch Schritt (3) und die anschließende Zuweisung des Überschusses auf die VN im Rahmen von Schritt (4) sollten bereits in der regulierten Zeit vor 1994 möglichst **verursachungsgerecht** erfolgen. Dafür macht man im Wesentlichen die Erkenntnisse aus der Gewinnzerlegung (Kapitalanlage-, Risiko- und übriges Ergebnis nach § 4 MindZV auch für Zwecke der Deklaration nutzbar, indem dort ein Zinsgewinnanteil, ein Risikogewinnanteil und ein Kosten- und sonstiger Gewinnanteil[193] unterschieden wird. Der Gesetzgeber schreibt insoweit in § 153 II für die Schritte (3) und (4) die Grundsätze für ein zusammenhängendes verursachungsorientiertes Verfahren vor, das der VR nur noch durchführen muss, soweit keine anderen angemessenen Grundsätze vereinbart sind. Auch insoweit bestehen also detaillierte Vorgaben des Gesetzgebers.

a) Konkrete Vorgaben und Kontrollmechanismen

Die Hinweise in der Literatur, dass ein zivilrechtlicher vertraglicher Anspruch durch die Zivilgerichte kontrolliert[194] und ein entsprechender Anspruch des VN aus der Verfassung abgeleitet werden kann,[195] beantworten noch nicht die Frage, welche Schritte und Entscheidungen des VR zur Ermittlung und Verteilung des Überschusses davon genau erfasst werden. 51

In diesem Zusammenhang ist zu berücksichtigen, dass der VN nach § 37 III VAG (§ 55 II VAG a.F.) jährlich einen **Anspruch auf den aktuellen Jahresabschluss** (Bilanz, GuV u. Anhang) und den **Lagebericht** hat; diese Unterlagen werden regelmäßig im Rahmen des Geschäftsbericht veröffentlicht. Wichtig ist dabei, dass der Anhang bereits gesetzlich vorgegebene Erläuterungen enthält, die dem VN bei Interesse einen Eindruck zur Situation des Unternehmens und im Rahmen der Anhangangaben nach § 54 RechVersV Informationen zu den Bewertungsreserven und nach § 28 VIII RechVersV speziell zur Überschussbeteiligung einschließlich der Überschussanteilssätze und der Zusammensetzung und Entwicklung der RfB bieten. Diese Informationen werden noch durch die Veröffentlichungen nach § 15 MindZV und die jährlichen Mitteilungen nach § 155 ergänzt. Der VN hat damit – ähnlich wie der Aktionär nach § 175 II AktG – die Möglichkeit, sich selbst von den ökonomischen Grundlagen der Überschussbeteiligung ein Bild zu machen, auch wenn er damit die Höhe seiner Überschussanteile noch nicht ermitteln kann und er die vorliegenden Informationen ohne sachverständige Hilfe häufig nicht versteht, weil sie nur sehr verdichtet dargestellt sind. Besteht Anlass für die Annahme, dass es insoweit zu Fehlern gekommen ist oder dass Informationen fehlerhaft sind oder fehlen, kann sich der VN sowohl an den VR wie auch an die Aufsicht wenden, die sich mit diesen Fragen mit noch ausführlicheren Informationen bereits sachverständig beschäftigt haben sollte. Bestätigen sich die Ungereimtheiten, kann die Aufsicht weitergehende Informationen anfordern oder selbst oder durch Sachverständige – ähnlich wie § 258 AktG – Sonderprüfungen beim VR veranlassen. Es ist nur schwer nachvollziehbar, warum man die originäre Kontrollfunktion der Aufsicht mit ihren entsprechend geschulten Spezialisten auf die Zivilgerichte und in einen Zivilprozess verlagern will, die ihrerseits wiederum auf Experten zurückgreifen müssen. Der Hinweis »auf eine bloße Missbrauchsaufsicht, die im Rahmen des bestehen gebliebenen § 81c VAG nur eine die »ausreichende Wahrung der Interessen der Versicherten« gewährleistende Aufsicht verkörpert, und keine Rechtmäßigkeitsaufsicht, die »unter Berücksichtigung der individuellen Belange der Versicherten« erfolgt«[196], kann nicht überzeugen, da gerade das Aufsichtsrecht – wie vom BVerfG gefordert – die individuellen Interessen von VR und VN gegeneinander, wichtiger aber gerade auch die unterschiedlichen Interessen der VN untereinander, durch eigene Maßstäbe austariert.

– Für eine eigenständige **Überprüfung des Jahresabschlusses** (1) durch den VN gibt es weder eine gesetzliche Grundlage noch ein Bedürfnis, da das Bilanzrecht ausreichend konkrete Vorgaben bereitstellt und aufgrund der zwingend vorgesehenen Abschlussprüfung neben der Kontrolle durch die Aufsicht auch kein Kontrolldefizit besteht. Auch ein Gericht wird bei einer Auseinandersetzung über die Überschussbeteiligung keine neue Prüfung des Jahresabschlusses, etwa zu Ansatz und Bewertung der Kapitalanlagen oder der Rückstellungen durch Sachverständige, veranlassen, wenn und soweit die vorliegenden Daten und Unterlagen dazu keinen konkreten Anlass bieten.[197] Allgemein werden nicht alle Daten und Informationen überprüft, die irgendwie in den Abschluss und die Überschussbeteiligung eingeflossen sind. Etwas anderes gilt nur, soweit es um Angaben geht, die im Rahmen des verursachungsorientierten Verfahrens im Jahresabschluss zu berücksichtigen sind.

---

193 Rdn. 37 zu den Überschusssystemen.
194 B/M/*Winter*, § 153 Rn. 208.
195 R/L/*Langheid*, § 153 Rn. 53.
196 L/W/*Heiss*, § 153 Rn. 35.
197 Ähnlich R/L/*Langheid*, § 153 Rn. 55.

- Besonderheiten gelten auch für die **Aufteilung des Überschusses zwischen VR und der Gesamtheit der VN in Schritt** (2), da die aufsichtsrechtlichen Regelungen – insbes. die MindZV – ausreichende und gleichzeitig abschließende Maßstäbe für die Überprüfung der Rechtmäßigkeit der Beteiligung der VN an den Überschüssen im Verhältnis zum VR bereithält. Eine Rechtmäßigkeitskontrolle der Überschussbeteiligung durch die Gerichte kann nicht dazu führen, dass höhere als in der MindZV vorgesehene Mindestzuführungsquoten zuerkannt werden, weil es sich insoweit um eine abschließende Grenzziehung durch den Gesetzgeber handelt. Dementsprechend bestätigt die Gesetzesbegründung[198] ausdrücklich, dass »ein vertraglicher Anspruch des einzelnen VN auf eine bestimmte Zuführung zur RfB nicht vorgesehen ist«.[199]
- Ebenso ist auch die **Deklaration der Überschussanteile** durch den Vorstand auf Vorschlag des Verantwortlichen Aktuars in Schritt (4) als unternehmerische Entscheidung als solche, also bezüglich der konkreten Höhe der Überschussanteilssätze nicht überprüfbar.[200] Die Sätze werden so gewählt, dass sich über den ganzen Bestand der vom Vorstand zur Ausschüttung bestimmte Betrag ergibt. Dabei sind verschiedenste Aspekte wie etwa die Überschusssituation des eigenen Unternehmens einschließlich der vorhandenen Mittel in der RfB, die Deklaration der Mitbewerber bis hin zu den Auswirkungen auf das Solvenzkapital zu berücksichtigen. Bei diesem zwingend unternehmerischen Ermessen kann kein VN oder Gericht sich durch anderweitige Überlegungen an die Stelle der Organe des VU setzen und eigene/abweichende Überschussanteilssätze bestimmen. Dies ist auch aus Sicht der individuellen Interessen des einzelnen VN nicht erforderlich, da durch die Höchstgrenzen für die kollektiven Teile der RfB und die ungebunde RfB (§ 3 III RfBV, § 13 MindZV) die Überschüsse den VN nicht dauerhaft vorenthalten werden können.[201]
- Nach § 153 II hat die Beteiligung der VN am Überschuss nach einem **verursachungsorientierten Verfahren** zu erfolgen; nur insoweit sieht der Gesetzgeber[202] einen vertraglichen Anspruch der VN als gegeben an. Dies bedeutet, das zugeteilte Überschussanteile daraufhin überprüft werden können, ob in den Schritten (3) und (4) insgesamt der zur Ausschüttung bestimmte Betrag durch ein vertragsgemäßes und verursachungsorientiertes Verfahren auf die VN aufgeteilt worden ist.[203] Fehlen dem VN die für die Überprüfung und Geltendmachung erforderlichen Informationen, bestehen Auskunftsansprüche, die gegebenenfalls auch im Rahmen einer Stufenklage geltend gemacht werden können; vgl. Rdn. 58.
- Die skizzierte Kontrolle der Überschussbeteiligung geht grundsätzlich einher mit einer **Überprüfungsmöglichkeit der Versicherungsbedingungen** anhand der §§ 305 ff. BGB. Die Anmerkungen zum BGH-Urt. zu den Kostenüberschüssen in Rdn. 55 zeigen jedoch, dass es sich bei den Hinweisen zur Überschussbeteiligung in den AVB – von VR in Deutschland – regelmäßig nur um eine Beschreibung des aktuellen verursachungsorientierten Verfahrens mit seinen Ausprägungen durch das geltende Aufsichtsrecht handelt, die als solche nicht unwirksam sein kann.

b) Keine Ermessensüberprüfung nach § 315 III 2 BGB

52 Bei diesem rechtlichen Anspruch des VN und der daraus folgenden Überprüfungsmöglichkeit besteht jedoch – wie bisher – trotz der Spielräume bei den Mindestzuführungsquoten und der Deklaration der Überschussanteile in Schritt (2) und (4) durch den Vorstand kein einseitiges Leistungsbestimmungsrecht aufgrund eines unbestimmten Leistungsinhalts nach § 315 I BGB, sodass folglich **die Angemessenheit der Überschussbeteiligung** auch nicht gem. § 315 III 2 BGB gerichtlich überprüft und neu festgelegt werden kann.[204] Dies hatte der BGH bereits vor der VVG-Reform für vergleichbare Sachverhalte festgestellt,[205] da der Mechanismus der Deklaration der jährlichen Überschussanteile auch in der regulierten Zeit vor Juli 1994 identisch war, damals wie heute der den VN zustehende Teil der Überschüsse der RfB zuzuführen bzw. aus ihr zu entnehmen war, soweit er nicht als Direktgutschrift ausgeschüttet wird und dieses Verfahren in den AVB beschrieben war. § 315 III BGB ist nicht anwendbar, da die Leistungen aus der Überschussbeteiligung und das Verfahren zu ihrer Festlegung im Versicherungsvertrag inklusive AVB detailliert beschrieben sind bzw. heute im Rahmen des § 153 II i.V.m. mit dem Aufsichtsrecht vorgegeben werden, so dass gerade keine Leistungserbringung nach billigem Ermessen vereinbart ist.

53 Das **BVerfG** hatte das vom Gesetzgeber im Rahmen der VVG-Reform in § 153 umgesetzte Kontrollsystem im Hinblick auf die Überschussbeteiligung der VN, in denen bestimmte Bereiche dem VN selbst einschließlich

---

198 Begr. RegE BT-Drucks. 16/3945 S. 96.
199 Wie hier *Engeländer* VersR 2007, 155, 158; *Römer* DB 2007, 2523; HK-VVG/*Brambach*, § 153 Rn. 14, 32; a.A. PK/*Ortmann*, § 153 Rn. 30, L/W/Heiss; § 153 Rn. 38. Eine Überprüfung der Quoten ist auch nicht nach § 315 III BGB möglich; BGHZ 204, 172 = BGH VersR 2015, 433; Rdn. 54.
200 HK-VVG/*Brambach*, § 153 Rn. 44.
201 Eine Überprüfung und Korrektur der Deklaration ist auch nicht im Hinblick auf § 315 III BGB möglich; vgl BGHZ 204, 172 = BGH VersR 2015, 433; Rdn. 54.
202 Begr. RegE BT-Drucks. 16/3945 S. 96.
203 Ebenso P/M/*Reiff*, § 153 Rn. 32, Marlow/Spuhl/*Grote*, Rn. 1007 ff. und HK-VVG/*Brambach*, § 153 Rn. 89 jeweils unter dem Stichwort Beweislast.
204 So PK/*Ortmann*, § 153 Rn. 31, 32; L/W/*Heiss*, § 153 Rn. 38; B/M/*Winter*, § 153 Rn. 208.
205 BGHZ 128, 54 = BGH VersR 1995, 77; VersR 2008, 338.

der Zivilgerichte zugewiesen sind, während in anderen Bereichen dem Abschlussprüfer, dem Verantwortlichen Aktuar oder der Versicherungsaufsicht die primäre Kontrollfunktion übertragen bleibt, ausdrücklich bestätigt: »Wenn die Rechtsordnung daran festhält, dass der Versicherte auf die in die Überschussbildung eingehenden Faktoren und die darauf aufbauende Errechnung der Überschussbeteiligung keinen Einfluss nehmen und deren Rechtmäßigkeit nicht gerichtlich überprüfen lassen kann, verlangt es die grundrechtliche Schutzpflicht, dass der Gesetzgeber Schutz auf andere Weise gewährt. Will er insofern weiterhin auf die Versicherungsaufsicht vertrauen, muss er diesen Maßstäben zur Verfügung stellen, an denen die Rechtmäßigkeit der Überschussberechnung auch unter Berücksichtigung der individuellen Belange der Versicherten aufsichtsbehördlich überprüft werden kann. Dabei fordert das Gebot der Normenbestimmtheit und Normenklarheit vollzugsfähige normative Vorgaben. [...] Eine allgemein auf die Belange der Versicherten bezogene Generalklausel reicht für eine Prüfung ebenso wenig [...]«.[206] Entscheidend sind aus Sicht des BVerfG also »**vollzugsfähige normative Vorgaben**« des Gesetzgebers, die eine zivilgerichtliche Überprüfbarkeit der Überschussbeteiligung entbehrlich machen können. Da diese gesetzlichen Vorgaben vor der VVG-Reform bzgl. der Überschussbeteiligung einschließlich der Bewertungsreserven und bei der Bestandsübertragung teilweise gefehlt hatten, sind sie vom Gesetzgeber im Rahmen des § 153 III sowie des § 14 III, IV VAG a.F. nachgebessert und die Regelungen zur Mindestzuführung in der MindZV 2008 konkretisiert worden. Vollzugsfähige Vorgaben meint hier, dass die Regelungen (Gesetze und VOen) den Prozess der Überschussbeteiligung den VR insgesamt so lückenlos u. zwingend vorgeben, dass am Ende – wenn sich das VU erwartungsgemäß an diese Vorgaben hält, was von bestimmten Spezialisten (Abschlussprüfer; Verantwortlicher Aktuar; Aufsicht) zu überprüfen ist – im Regelfall ökonomisch eine unangemessene Überschussbeteiligung der VN ausgeschlossen erscheint. Da das System aus § 153 i.V.m. VAG, MindZV, DeckRV sowie HGB, RechVersV und VersicherungsberichterstattungsV tatsächlich entsprechend lückenlos ist, besteht aufgrund dieser normativen Vorgaben auch kein Ermessen des VR, das – abgesehen von dem erforderlichen verursachungsorientierten Verfahren – nach § 315 III BGB überprüft werden muss bzw. kann. Dieses System macht den VR aber nicht nur Vorgaben für die betragsmäßige Ermittlung und Zuweisung der Überschussanteile. Dieses gesetzlich vorgegebene lückenlose System muss heute – also nach der Einführung des § 153 – auch bei der Beurteilung der Beschreibung der Überschussbeteiligung in den AVB berücksichtigt werden (vgl. Rdn. 55). Die Plausibilität und Akzeptanz dieses vom Gesetzgeber mit Zustimmung des BVerfG praktizierten Systems, dass mittlerweile auch vom BGH teilweise bestätigt wurde, steigt hoffentlich, wenn man es mit einem System vergleicht, in dem der VR – wie bei den With-Profit-Policen aus dem angelsächsischen Bereich – tatsächlich bei der Überschussbeteiligung ein sehr weites Ermessen hat, das in der Situation von Equitable Life nicht mehr zu handhaben war (vgl. Rdn. 56 (1)).

Der **BGH** hat zwischenzeitlich im Urt. v. 11.02.2015[207] bestätigt, dass »§ 315 BGB [...] im Rahmen der Regelung der Überschussbeteiligung gem. § 153 VVG keine Anwendung« findet. »Die Vorschrift setzt eine [...] Vereinbarung voraus, dass eine Partei durch einseitige Willenserklärung den Inhalt einer Vertragsleistung nach billigem Ermessen bestimmen kann. [...] Ein rein faktisches Bestimmungsrecht reicht nicht aus. Eine vertragliche Bestimmung der Leistung geht vor und schließt die Anwendung des § 315 BGB aus, wenn die Vertragspartner objektive Maßstäbe vereinbaren, die es ermöglichen, die vertraglichen Leistungspflichten zu bestimmen. So liegt es hier. In § 16 der AVB wird bezüglich der Beteiligung des Versicherungsnehmers am Überschuss auf den von der Aufsichtsbehörde genehmigten Geschäftsplan der Beklagten verwiesen.«[208] Da der Vertrag noch aus der regulierten Zeit vor 1994 stammte, enthielten die AVB einen Verweis auf den behördlich genehmigten Geschäftsplan. In der **deregulierten Zeit ab 1994** gibt es diesen zwar nicht mehr, wohl aber die Mitteilungen nach § 13d Nr. 6 VAG a.F. (= § 143 VAG) sowie das bereits angesprochene gesetzliche System zur Überschussbeteiligung (§ 153 i.V.m. VAG, MindZV, DeckRV sowie HGB, RechVersV und VersicherungsberichterstattungsV) mit seinen verursachungsorientierten Verfahren, dass zwingend Anwendung findet, wenn die Überschussbeteiligung im Vertrag nicht ausgeschlossen ist oder dort andere angemessene Verfahren vereinbart sind. Der Hinweis des BGH auf die Vereinbarung objektiver Maßstäbe, die es ermöglichen, die vertraglichen Leistungen zu bestimmen, ist aus Sicht des § 315 BGB sicher richtig. Man muss dabei in diesem Zusammenhang aber berücksichtigen, dass diese Maßstäbe bereits als Teil des Anspruchs auf Überschussbeteiligung nach § 153 zwingend vereinbart sind, wenn sich in der Vertragsdokumentation nichts Gegenteiliges findet. Dabei ist – unter Transparenzgesichtspunkten durchaus gewöhnungsbedürftig – noch zusätzlich zu berücksichtigen, dass es sich bei diesem quasi impliziten Verweis auch um einen dynamischen Verweis handelt, nämlich auf die aufsichtsrechtlichen Regelungen in der jeweils anwendbaren Fassung zum Zeitpunkt der Überschussbeteiligung, und nicht des Vertragsabschlusses.

54

---

206 BVerfG 2005, 2376, 2381 (= Tz. 94 des Urt.); zweifelnd insoweit B/M/*Winter*, § 153 Rn. 208, ohne sich jedoch detailliert mit der Argumentation des BVerfG auseinanderzusetzen.
207 BGHZ 204, 172 = VersR 2015, 433.
208 BGH VersR 2015, 433, 435.

c) Kontrolle von AVB-Klauseln zur Überschussbeteiligung

55 Leider hat der BGH die vorbeschriebene Systematik in der Entscheidung vom 13.01.2016[209] zu Kostenüberschüssen bei Riesterrenten-Versicherungsverträgen wieder aus den Augen verloren, was wohl auch daran lag, dass hier in einem für Fragen der Überschussbeteiligung wenig geeigneten Verfahren nach § 1 UKlaG vorgegangen wurde und i.E. der Verteilungsmodus des beklagten VR auch gar nicht beanstandet worden ist. Tatsächlich ging es um die **Kontrollfähigkeit und Intransparenz** von verschiedenen AVB-Klauseln, die zusammen mit den Hinweisen im Geschäftsbericht dazu führen, dass ein VN mit einem Garantiekapital von weniger als 40.000 € an den Kostenüberschüssen seiner Versicherungsgruppe nicht beteiligt wird. Der BGH hat – wenig plausibel – die Kontrollfähigkeit und Intransparenz nach § 307 BGB bejaht.[210] Dies veranlasst folgende Anmerkungen:

– »Nach § 307 Abs. 3 Satz 1 BGB sind Regelungen in AGB nur dann einer Inhaltskontrolle nach § 307 Abs. 1 und 2, §§ 308 und 309 BGB zu unterziehen, wenn sie von Rechtsvorschriften abweichen oder diese ergänzen. Danach sind so genannte deklaratorische Klauseln, die Rechtsvorschriften nur wiedergeben und in jeder Hinsicht mit ihnen übereinstimmen, der Inhaltskontrolle entzogen. Bei solchen Klauseln verbietet sich eine Inhaltskontrolle schon wegen der Bindung des Richters an das Gesetz; sie liefe auch leer, weil an die Stelle der unwirksamen Klausel gemäß § 306 Abs. 2 BGB doch wieder die inhaltsgleiche gesetzliche Bestimmung träte. […] Ergänzt eine Klausel Rechtsvorschriften oder füllt sie diese aus, indem sie entweder vom Gesetz eröffnete Spielräume ausfüllt oder sich die zitierte Vorschrift als von vornherein ausfüllungsbedürftig erweist, kann kontrolliert werden, ob und wie der Verwender das Gesetz ergänzt hat.« Der BGH unterstellt dann zweimal hintereinander die Ausfüllungsbedürftigkeit des gesetzlichen Systems zur Überschussbeteiligung, ohne konkret nachzuweisen, worin die Lücken bestehen und wie diese durch die Klauseln jeweils konkret geschlossen oder das System ergänzt worden ist. Ist es mit dem Gesetzgeber[211] richtig, dass das verursachungsorientierte Verfahren nicht vereinbart,[212] sondern vom VR nur entwickelt und widerspruchsfrei praktiziert werden muss, dann gibt es im System keine Lücken, die im Vertrag zu füllen sind. An dieser Stelle besteht wohl die eigentliche Verständnisschwierigkeit. Natürlich gibt es auch im System der Überschussbeteiligung unternehmerische Spielräume, die vom VR genutzt werden können und sollen, wenn man etwa an die Spielräume im Bereich der Bilanzierung oder die Quoten in der MindZV denkt, die ja nur eine Mindestbeteiligung für die VN vorgeben, insbes. aber natürlich auch im Bereich der anschließenden Überschussdeklaration oder neuerdings im Bereich der kollektiven RfB. Alle die Spielräume, die das Bilanz- und Aufsichtsrecht in diesem Bereich dem VR eröffnet, führen aber nicht zu einer notwendigen Lückenfüllung im Vertrag, sondern sind vom VR Jahr für Jahr neu entsprechend der wirtschaftlichen Situation, den vertrieblichen Konzepten etc. auszuüben. Unabhängig davon, wie der VR diese Spielräume in der Praxis nutz, gewährleisten die aktuellen aufsichtsrechtlichen Vorgaben stets eine angemessene Überschussbeteiligung der VN. Ist dies nicht gesichert, weil der VR etwa von den Rechten in § 9 MindZV (Reduzierung der Mindestzuführung) oder § 140 I VAG Gebrauch machen will, ist dies nur mit Zustimmung der Aufsicht möglich. Konkret: Der Hinweis, dass nur Verträge mit einem bestimmten Kapital an den Kostenüberschüssen teilnehmen, ist keine vertragliche Vereinbarung über die »Verteilung im Einzelnen«, sondern nur eine Beschreibung bzw. der Hinweis auf die faktischen Auswirkungen des verursachungsorientierten Verfahrens, die als solche keiner gerichtlichen Kontrolle zugänglich ist. Wer im Verfahren unter dem Aspekt der Transparenz kritisiert, dass sich erst aus dem Geschäftsbericht ergibt, ob bzw. welche Verträge an den Kostenüberschüssen teilnehmen, verlangt aus der Sicht des verursachungsorientierten Verfahrens etwas Unmögliches: Es entscheidet sich jedes Jahr aus neue, ob der Kostenanteil der Prämie ausreichend ist. Erst daraus folgt dann die Teilnahme an dieser Ergebnisquelle.

– Im Urt. wird ausdrücklich auf die BGH-Entscheidung[213] zur Überprüfung der Rückkaufswerte Bezug genommen. Warum sind die Grundsätze zur Transparenz der Überschussbeteiligung in der Parallelentscheidung[214], in der ganz andere Grundsätze zur Anwendung gelangten, hier vollkommen unberücksichtigt geblieben?[215] Haben diese weiterhin Gültigkeit und wenn ja, wie sind sie vom vorliegenden Fall abzugrenzen? In den Entscheidungen zu den Wealthmaster Noble Policen – Rdn. 28 – hatte der BGH die dortigen AVB zur Überschussbeteiligung ebenfalls für intransparent u. unwirksam erklärt. Die Fälle waren insofern etwas anders gelagert, da dort zwar auch § 153 (Art. 4 I EGVVG) Anwendung fand, nicht jedoch das zusätzliche aufsichtsrechtliche System zur Überschussbeteiligung in Deutschland. Deswegen waren die Klauseln zur Überschussbeteiligung tatsächlich kontrollfähig.

---

209 BGH VersR 2016, 312.
210 Dagegen bereits in der Voraufl. Rdn. 57.
211 Begr. RegE BT- Drucks. 16/3945 S. 96.
212 P/M/*Reiff*, § 153 Rn. 16.
213 BGHZ 147, 373.
214 BGHZ 147, 354 = ZIP 2001, 1052 m.Anm. *Reiff*.
215 Vgl. insoweit auch Rdn. 28.

- Unverständlich wird die Entscheidung, wenn man schließlich an die **ökonomischen Konsequenzen** denkt, worauf bereits *Brambach*[216] zu Recht hingewiesen hatte, dass nämlich der »Verteilungsmodus der Beklagten im Ergebnis nicht beanstandet« wurde. Sind die AVB intransparent und damit unwirksam, gilt § 153 II i.V.m. dem verursachungsorientierten Verfahren; damit werden die VN mit einem Garantiekapital von weniger als 40.000€ zutreffend nicht an den Kostenüberschüssen beteiligt, da sie ökonomisch mit ihren Prämien dazu nichts beigetragen haben. Nach den im ersten Stichpunkt zitierten Grundsätzen hätte dieses Ergebnis spätestens dazu führen müssen, dass man die Entscheidung nochmals auf Schlüssigkeit überdenkt. Am Ende ging es den Klägern also nicht um die Unwirksamkeit von bestimmten Klauseln und damit eine Korrektur der Überschussbeteiligung, sondern um vermeintliche **Hinweispflichten,** die aber gesetzlich nicht vorgesehen und faktisch unerfüllbar sind, da sich die Frage, ob ein Vertrag mit den einkalkulierten Kostenanteilen der Prämie zu den Kostenüberschüssen beiträgt, in Abhängigkeit vom wirtschaftlichen Umfeld ändern kann, worauf im Verfahren zutreffend hingewiesen worden ist. § 1 UKlaG i.V.m. § 307 I 2 BGB setzt unwirksame Klauseln voraus, die aber nicht vorliegen können, da ja die Überschussbeteiligung i.E. nicht beanstandet wird.
- Verschiedene Verfahrensbeteiligte waren es anscheinend bisher gewohnt, dass die Kostenüberschüsse zwar verschiedenen Gruppen von Verträgen zugeschlüsselt wurden, innerhalb dieser Gruppen dann aber gleich behandelt wurden. Statt dieser bisherigen Gleichbehandlung hat sich der VR nun entschieden, durch eine weitere Differenzierung den Aspekt der Verursachung in einem bestimmten neuen Tarif noch ein wenig stärker zu betonen. Es stellt sich also auch die Frage, ob u. wie das Spannungsverhältnis zwischen Gleichbehandlung und Verursachungsorientierung im Einzelfall neu oder anders justiert werden kann.[217]
- Wen die vorstehenden Überlegungen nicht überzeugen, sollte die enormen Auswirkungen des Sicherungsbedarfs – vgl. insoweit Rdn. 61 a.E. – auf die Beteiligung der VN an der BWR nach § 153 III mit dem herkömmlichen Instrumentarium der Klauselkontrolle nach den §§ 305 ff. BGB erklären.

d) Weitere Aspekte zur Kontrolle der Überschussbeteiligung

Mit den in den Rdn. 18 ff. angesprochenen BGH-Entscheidungen[218] sowie den in den Rdn. 54, 55 skizzierten Urteilen zur Beteiligung der VN an den Bewertungsreserven und den Kostenüberschüssen liegen damit erste Entscheidungen zur Kontrolle der Überschussbeteiligung vor, die ganz unterschiedliche Aspekte behandeln. Folgende Aspekte seien nochmals bzw. ergänzend angesprochen:

(1) **Ermessensspielräume und deren Kontrolle:** Die Situation von Equitable Life entwickelte sich durch die Wyman-Entscheidung so dramatisch negativ, weil das angerufene Gericht die bis dahin von ELAS vorgesehenen Sanierungsmaßnahmen, also die Reduzierung von Schlussüberschussanteilen auf der Grundlage der sog. Policyholders' Reasonable Expectations (PRE) verworfen und nicht garantierte Schlussüberschussanteile in garantierte Versicherungsleistungen umqualifiziert. Dies war nur möglich in einem System, in dem die Überschussbeteiligung ohne feste gesetzliche Grundlagen/Vorgaben weitgehend im Ermessen der VR liegt. Die Grundsätze zur PRE[219] zeigen zwar gewisse Begrenzungen des Ermessens auf, bringen aber im Einzelfall weder für die VR noch den VN ausreichende Klarheit. Konkret sind in Deutschland alle Überschüsse, soweit sie noch nicht zugeteilt sind, in der RfB finanziert; Veränderungen der Höhe der Schlussüberschüsse sind zwar auch hier möglich, eine Auflösung der RfB zur Nachreservierung oder Verlusttragung ist jedoch nur mit Zustimmung der Aufsicht und ohne Mitwirkung bzw. Einflussnahme der VN möglich und rechtssicher in § 140 I VAG geregelt. Im Übrigen enthält § 153 II, III mit dem Erfordernis verursachungsorientierter Verfahren klare gesetzliche Vorgaben, die den Rückgriff auf Ermessengrenzen wie etwa die PRE entbehrlich machen und gerade in wirtschaftlich schwierigen Situationen ausreichende Vorgaben für VR und Aufsicht für die Überschussbeteiligung geben. Es gibt deshalb keine Veranlassung, den VR vor dem Hintergrund der negativen Erfahrungen in Großbritannien im Rahmen der Überschussbeteiligung noch Ermessensspielräume nach § 315 BGB und den VN dementsprechende zivilgerichtliche Kontrollmöglichkeiten einzuräumen. Soll damit das aufsichtsrechtliche Verteilungssystem, nur weil es aus Sicht des zivilrechtlichen Anspruchsdenkens und trotz der §§ 305 ff. BGB nicht ganz einfach zu verstehen ist, entgegen Gesetzgeber und BVerfG zur Disposition gestellt werden?

(2) **Erwartungen der VN:** Die Erwartungen der VN sind, wenn der Rahmen des § 154 eingehalten wurde, für die Überschussbeteiligung nach § 153 bei der Anwendung des durch das Aufsichtsrecht geprägten verursachungsorientierten Verfahrens zur Begründung von Ansprüchen nicht relevant und auch Beratungspflichtverletzungen sind im Rahmen der Überschussbeteiligung kaum denkbar, da das aufsichtsrechtlich zwingend vorgegebene System VR und VN weitgehend entzogen wurde.[220] Die Tatsache, dass sich der

---

216 HK-VVG/*Brambach*, § 153 Rn. 97.
217 Vgl. auch Rdn. 65.
218 Garantierente, Wealthmaster Noble u. Equitable Life.
219 Vgl. etwa Shelley, Arnold, Needleman A REVIEW OF POLICYHOLDERS' REASONABLE EXPECTATIONS Presented to the Institute of Actuaries, 25 February 2002.
220 Vgl. Rdn. 31.

Gesetzes- und VO-geber jederzeitige Änderungen am Verteilungssystem vorbehält, zeigt, dass die Erwartungen der VN bzgl. der Überschussbeteiligung nur insoweit, wie sie in den Gesetzgebungsprozess und die darin vorgenommenen Abwägungen eingeflossen sind, interessieren. Der enorme Vorteil dieses aufsichtsrechtlich geprägten Verteilungssystem liegt darin, dass jeweils die Erwartungen aller Beteiligten[221] gegeneinander abzuwägen sind, und nicht nur die Interessen des Klägers gegen einen anonymen VR. Dies verhindert gleichzeitig, dass fälschlich unbegrenzte finanzielle Ressourcen unterstellt oder die Probleme gedanklich auf die Aufsicht abgewälzt werden. Die Folgen der Hyman-Entscheidung beim Zusammenbruch von ELAS zeigen, wohin eine Überschussbeteiligung führt, die nur die Interessen und Erwartungen einzelner Gruppen berücksichtigt, nämlich zur Benachteiligung der Interessen und Erwartungen der anderen Gruppen. Das BVerfG hatte in der angesprochenen Entscheidung aus 2005 insoweit ausdrücklich angemahnt, dass dies zu verhindern ist. Diese Interessenabwägung des Gesetzgebers haben die seit dem LVRG ausscheidenden VN zu spüren bekommen, da die Beteiligung an den BWR, die durch § 153 III eingeführt wurde, durch den sog. Sicherungsbedarf[222] faktisch erheblich eingeschränkt worden ist, und zwar unabhängig davon, ob dieser Anspruch überhaupt in den AVB – ab der VVG-Reform – angesprochen worden ist oder nicht. Damit soll nicht gesagt werden, dass die Erwartungen der VN im Rahmen der Überschussbeteiligung in Deutschland überhaupt nicht zu berücksichtigen sind: »[…] so hat doch gem. Nr. 4 der Verantwortliche Aktuar dem Vorstand Vorschläge für eine angemessene Beteiligung der VN am Überschuss vorzulegen. Die Angemessenheit muss sich auch an den Erwartungen der VN, die Aufgrund der Werbung u. beim Abschlussgespräch geweckt worden sind, orientieren.«[223] Dieser Hinweis zeigt, dass die Erwartungen damit aber nur im Rahmen der Überschussdeklaration berücksichtigt werden sollen, die einer gerichtlichen Überprüfung nicht zugänglich ist.

(3) **Schutz des Kollektivs:** Der VN kann durch die Zivilgerichte nur überprüfen lassen, ob seine Überschussbeteiligung den vorgesehenen Verfahren entspricht und dabei mittelbar, ob die Verfahren nach § 153 II, III verursachungsorientiert sind. Sind insoweit trotz der aufsichtsrechtlichen Vorgaben widersprechende Urteile zur Überschussbeteiligung in einem VR denkbar? Gibt es unter Umständen eine Rechtskrafterstreckung, wenn die Zivilgerichte letztinstanzlich ein Verteilungssystem korrigiert haben?[224] Wie können sich die VN gegen Klagen schützen, die »ihre« Überschussbeteiligung beeinträchtigen? Beiladung? Der zu verteilende Topf wird auch durch eine Veränderung eines (verursachungsorientierten) Verfahrens nicht größer. Welche Mechanismen haben dazu geführt, dass die Wyman-Entscheidung letztlich Bestand hatte, obwohl sie die ganz überwiegende Mehrheit aller VN und den VR erheblich belastete und zum Zusammenbruch des VR führte. Welche besondere verfahrensrechtliche Rolle hatte die Person Wyman und wäre sie auch nach der ZPO denkbar?

(4) **Scheme of Arrangement:** In den in Rdn. 29 angesprochenen Verfahren wäre vom BGH wahrscheinlich auch das Scheme of Arrangement anzuerkennen gewesen, mit dem die ELAS die vertraglichen Ansprüche aller VN auf eine neue Grundlage stellte. Begründungsansatz: Nach Art. 4 III der EU-RiLi 2001/17/EG über die Sanierung u. Liquidation von VU sind Sanierungsmaßnahmen nach den Rechtsvorschriften des Herkunftsmitgliedstaats in der gesamten Gemeinschaft ohne weitere Formalität uneingeschränkt wirksam, und zwar nach Art. 32 ab dem 21.04.2001. Sanierungsmaßnahmen sind nach Art. 2 lit. c) auch Maßnahmen, die die Aussetzung von Zahlungen, die Aussetzung der Vollstreckungsmaßnahmen oder eine Kürzung der Forderungen erlauben. In Deutschland sind u. waren derartige Sanierungsmaßnahmen der Aufsicht nach § 89 VAG a.F. übertragen, während in Großbritannien hierfür neben der Zustimmung der VN mit einer bestimmten Quote wohl auch noch eine gerichtliche Bestätigung erforderlich ist, eben im Rahmen des Scheme of Arrangement. Es ist deshalb nicht plausibel, weshalb man versucht, daraus ein Insolvenzverfahren nach deutschem Recht oder ein Liquidationsverfahren nach dieser RiLi zu machen. Das Scheme of Arrangement wurde gerichtlich erst im Februar 2002 wirksam, also lange nach Inkrafttreten der Richtlinie. Soweit auf den ersten Blick erkennbar, hat der deutsche Gesetzgeber bei der Umsetzung des Titels II der RiLi zu den Sanierungsmaßnahmen keine weiteren gesetzlichen Regelungen für erforderlich gehalten, so dass auch das Scheme of Arrangement – alte = neue Rechtslage in UK – nach Art. 31 II 2 der RiLi sofort in Deutschland anzuerkennen war. Im Übrigen überzeugen auch die Hinweise auf die Art. 8, 12 I, 35 EuGVVO nicht. Die Sanierungsmaßnahmen des Versicherungsaufsichtsrechts sind auf der Basis der EU-Richtlinien gerade keine Zivilprozesse, sondern unterliegen ausschließlich dem Single-Licence Prinzip mit der normal alleinigen Zuständigkeit der Aufsichtsbehörden des Sitzlandes. Wenn insoweit in die Rechtspositionen des VN eingegriffen werden muss, wird dessen Mitwirkung durch die Aufsichtsbehörde ersetzt, wie ausdrücklich in § 13 V VAG für die Bestandsübertragung in Übereinstimmung mit den EU-Richtlinien angeordnet. In Großbritannien sieht das dortige Recht bei der Bestands-

---

221 Vgl. etwa beim Sicherungsbedarf *Krause/Menning* NJOZ 2013, 289.
222 Vgl. Rdn. 48 zur Ermittlung des Sicherungsbedarfs u. Rdn. 61 für das Verhältnis zur Verursachungsorientierung.
223 Begr. RegE BT-Drucks. 12/6959 S. 57.
224 Vgl. jedoch B/M/*Winter*, § 153 Rn. 208.

2. Ausschluss der Überschussbeteiligung

§ 153 I geht grundsätzlich davon aus, dass dem VN ein Anspruch auf Überschussbeteiligung zusteht.[225] Will das VU davon abweichen, muss es den VN auf den Ausschluss der Überschussbeteiligung ausdrücklich hinweisen, insbes. bei Vertragstypen, die sonst regelmäßig eine Überschussbeteiligung gewähren.[226] Die Gesetzesbegründung sieht es als möglich an, dass der Ausschluss auch in einer Klausel in den AVB vereinbart wird, weist dabei jedoch besonders auf das Transparenzerfordernis hin. Der Anspruch auf Überschussbeteiligung kann nur insgesamt ausgeschlossen werden (§ 153 I a.E.). Es handelt sich dabei primär um eine Klarstellung, dass nämlich ein Ausschluss nur der Beteiligung an den Bewertungsreserven nicht möglich sein soll, da ansonsten die Vorgaben des BVerfG nicht berücksichtigt würden.[227] Daneben wird die Frage diskutiert, ob **zwischen verschiedenen Ergebnisquellen differenziert werden kann** und damit etwa **ein Ausschluss nur der Beteiligung am Risiko- oder Kostenergebnis möglich ist**.[228] Dagegen spricht einmal die zwingende Regelung in § 4 MindZV, die dem VU nur in den Grenzen der §§ 6–8 MindZV, also oberhalb der dort genannten Mindestzuführungsquoten einen eigenen Ermessensspielraum einräumt. Dies ist i.E. auch zutreffend, wie die Entwicklung des Zinsniveaus in den letzten Jahren zeigt. Es gibt durchaus VU, die im Kapitalanlagebereich kaum mehr als den Rechnungszins erwirtschaften, so dass es faktisch zumindest zeitweilig überhaupt keine Überschussbeteiligung mehr gäbe. Auch sollte man sich bei dieser Frage nicht primär am Wortlaut des § 153 I a.E. orientieren, sondern an der Tatsache, dass die Überschussbeteiligung, wenn sie gewährt wird, nach einem verursachungsorientierten Verfahren zu erfolgen hat (§ 153 II) und es sich insoweit um eine halbzwingende Regelung nach § 171 handelt, von der nicht zum Nachteil des VN abgewichen werden kann. Der willkürliche Ausschluss einzelner Ergebnisquellen, zu denen dieser Vertrag einen Beitrag leistet, ist damit nicht zulässig. Der VR kann natürlich beschreiben, dass ein Vertrag im Rahmen des verursachungsorientierten Verfahrens faktisch nicht an einer Ergebnisquelle beteiligt ist, wenn wirtschaftlich keine Beiträge zu dieser Ergebnisquelle geleistet werden.[229] Man kann z.B. in die AVB einer fondsgebundenen Lebensversicherung den Hinweis aufnehmen, dass dieser Vertrag an der Wertentwicklung der Fonds und bei einer fondsgebundenen Rentenversicherung in der Ansparphase nicht am Kapitalanlageergebnis und den Bewertungsreserven des Sicherungsvermögens des VR teilnimmt.[230] Dies ist aber kein Ausschluss der Überschussbeteiligung nach Abs. 1,[231] so dass auch dieser Vertrag am Risiko- und am übrigen Ergebnis teilnimmt.

3. Auskunftsansprüche

Der BGH hat die **Grundsätze zu den Auskunftsansprüchen** der VN im Rahmen des § 153 zur Überschussbeteiligung und zu den Rückkaufswerten nach § 169 in folgenden Entscheidungen konkretisiert

Entscheidungen des BGH zu den Auskunftsansprüchen nach den §§ 153, 169

	Datum u. Aktenzeichen	Fall zu	Fundstellen
(1)	24.03.2010 IV ZR 296/07	Überschussbeteiligung; VBL	BGHZ 185, 83 = VersR 2010, 656
(2)	26.06.2013 IV ZR 39/10	Rückkaufswert fondsgeb. LV	NVersR 2013, 1381
(3)	07.01.2014 IV ZR 216/13	Rückkaufswert fondsgeb. LV	VersR 2014, 822
(4)	11.02.2015 IV ZR 213/14	Bewertungsreserven; Zahlungsanspruch	BGHZ 204, 172 = VersR 2015, 433
(5)	02.12.2015 IV ZR 28/15	Bewertungsreserven; Mustergeschäftsplan	VersR 2016, 173

und im Urt. v. 02.12.215[232] ab Ziffer 15 skizziert:
– Der VN ist dafür darlegungs- u. beweispflichtig, dass der ausgezahlte Betrag zu gering ist.
– Ein Auskunftsanspruch kann sich aus dem Gesichtspunkt von Treu und Glauben nach § 242 BGB ergeben, wenn über den Umfang des Rechts Ungewissheit besteht und die Auskunft unschwer gegeben werden kann.

---

225 Begr. RegE BT-Drucks. 16/3945 S. 95.
226 Begr. RegE BT-Drucks. 16/3945 S. 96.
227 Begr. RegE BT-Drucks. 16/5862 S. 132.
228 Dafür PK/*Ortmann*, § 153 Rn. 36, 49; dagegen HK-VVG/*Brambach*, § 153 Rn. 53, P/M/*Reiff*, § 153 Rn. 13.
229 Ähnlich HK-VVG/*Brambach*, § 153 Rn. 53. Vgl. jedoch Rdn. 55 und BGH VersR 2016, 312 zur Klauselkontrolle bei Kostenüberschüssen in Riesterverträgen.
230 Vgl. § 3 II der GDV-Musterbedingungen für die fondsgebundene Rentenversicherung, Stand Juli 2016.
231 A.A. PK/*Ortmann*, § 153 Rn. 9; wie hier Auslegungsentscheidung der BaFin v. 22.12.2009 zur Mindestzuführung in der fondsgebundenen Lebensversicherung.
232 VersR 2016, 173 = Ziffer 5 der Übersicht.

§ 153 Überschussbeteiligung

- Umfang und Inhalt der zu erteilenden Auskunft richten sich grundsätzlich danach, welche Informationen der Berechtigte benötigt, um seinen Anspruch geltend machen oder anzuwendende Verfahren überprüfen zu können.[233] Es besteht **keine Pflicht** zur Vorlage von Geschäftsunterlagen u. auch kein Einsichtsrecht.
- Art und Schwere der Rechtsverletzung als auch die beiderseitigen Interessen sind zu berücksichtigen.
- Beim Umfang des Auskunftsbegehrens ist zu berücksichtigen, dass keine Rechnungslegung nach § 259 I BGB geschuldet ist.
- Ebenso ist das berechtigte Geheimhaltungsinteresse des VU zu berücksichtigen.
- Eine Überlassung von Formeln und Werten an zur Verschwiegenheit verpflichtete Experten erfolgt nicht.
- Eine Auskunftspflicht besteht nicht, wenn erkennbar kein Zahlungsanspruch besteht.

C. Ausgestaltung der Beteiligung am Überschuss (Abs. 2–4)

59 § 153 enthält in den Abs. 2–4 unterschiedliche Regelungen über die Verfahren zur Überschussbeteiligung, und zwar schreibt § 153 II für die Beteiligung am (handelsrechtlichen) Überschuss grundsätzlich ein verursachungsorientiertes Verfahren vor (nachfolgend I.), während § 153 III für die Beteiligung an den Bewertungsreserven zwar ebenfalls eine verursachungsorientierte jährliche Zuordnung vorsieht, die Zuteilung (= Auszahlung) der Hälfte der Bewertungsreserven erfolgt regelmäßig jedoch erst zum Vertragsende (nachfolgend II.). Eine davon abweichende Zuteilung der Bewertungsreserven sieht § 153 IV für die Rentenversicherung vor (nachfolgend III.).

I. Beteiligung am (handelsrechtlichen) Überschuss (Abs. 2)

1. Verursachungsorientiertes Verfahren

60 Der VN ist am Überschuss nach einem verursachungsorientierten Verfahren zu beteiligen. Insoweit handelt es sich um einen Bestandteil des Anspruchs des VN. Das Gesetz macht im Übrigen keine weiteren Vorgaben zur Beteiligung der VN, insbes. gibt es keine Definition des Begriffs verursachungsorientiert. Vergegenwärtigt man sich jedoch, dass Grundlage der Beteiligung der VN am Überschuss der handelsrechtliche Jahresabschluss ist und die Beteiligung weiterhin im Rahmen der aufsichtsrechtlichen Regelungen – §§ 140 ff. VAG i.V.m. der MindZV – stattfindet, wird die Vorstellung des Gesetzgebers deutlich, wenn man folgende Hinweise in der Gesetzesbegründung hinzunimmt: »Daher ist in Absatz 2 nicht eine verursachungsgerechte Verteilung, sondern nur ein verursachungsorientiertes Verfahren vorgeschrieben. Der Versicherer erfüllt diese Verpflichtung schon dann, wenn er ein Verteilungssystem entwickelt und widerspruchsfrei praktiziert, das die Verträge unter dem Gesichtspunkt der Überschussbeteiligung sachgerecht zu Gruppen zusammenfasst, den zur Verteilung bestimmten Betrag nach den Kriterien der Überschussverursachung einer Gruppe zuordnet und dem einzelnen Vertrag dessen rechnerischen Anteil an dem Betrag der Gruppe zuschreibt.« Der Gesetzgeber geht also davon aus, dass es regelmäßig für die Überschussbeteiligung bei den in Rdn. 50 in den Ziffer (1)-(4) zusammengefassten Kernbestandteilen bleibt, und die Gewinnzerlegung, die Zuordnung eines Teils des Rohüberschusses auf die Abrechnungsverbände und Bestandsgruppen in der RfB sowie die schließende Zuweisung von Überschussanteilen auf die VN im Rahmen der Deklaration das nach § 153 II erforderliche verursachungsorientierte Verfahren beschreiben. I.E. hat der Gesetzgeber damit grundsätzlich die bereits aus der regulierten Welt stammende Praxis (= das angewandte Verfahren) der Beteiligung der VN an den Überschüssen als **Regelfall** auch für die Zukunft gesetzlich festgeschrieben.[234] Dies bedeutete bereits früher in der regulierten Welt nicht, dass es nur ein Überschussbeteiligungssystem gab oder heute gibt, sondern es sind weiterhin im Rahmen der handels- und aufsichtsrechtlichen Vorgaben eine Vielfalt von Überschussbeteiligungssystemen möglich.[235]

a) Spannungsverhältnis zum kollektiven Risikoausgleich

61 Der Begriff der **Verursachungsorientierung** statt der Verursachungsgerechtigkeit berücksichtigt,
- dass der Versicherung ein »kollektiver Prozess des Risikoausgleichs von Versicherungsrisiken« immanent ist und diese kollektive Ausgleichsfunktion[236] in Deutschland auch in anderen Bereichen wie etwa bei der einheitlichen Kapitalanlage vorherrschend ist und
- dass die Aufteilung der Versicherungsverträge in Abrechnungsverbände und Bestandsgruppen mit gegebenenfalls weiteren Differenzierungen regelmäßig nur wesentliche ökonomische Unterschiede bzw. Verursachungsbeiträge erfasst. Die Verursachungsorientierung ermöglicht also auch, denkbare Differenzierungen

---

233 Der BGH bestätigt im Urt. v. 24.03.2010 VersR 2010, 656 zur Überschussbeteiligung in der Zusatzversorgung im öffentlichen Dienst (= Ziffer 1 der Übersicht), dass nicht nur Auskunftsansprüche bzgl. reiner Zahlungsansprüche bestehen, sondern darüber hinaus auch, um zu überprüfen, ob bestimmte anzuwendende Verfahren eingehalten wurden.
234 Marlow/Spuhl/*Grote*, Rn. 1006 m.w.N.; *Engeländer* VersR 2007, 155, 158.
235 *Vogel/Lehmann*, VerBAV 1983, 99, 100.
236 *Engeländer* VersR 2007, 155, 157.

hin zu einer weiteren Verursachungsgerechtigkeit aufgrund von unternehmerischen Zweckmäßigkeitsüberlegungen nicht aufzugreifen.[237]
– Da sich der Begriff des verursachungsorientierten Verfahrens primär auf die Aufteilung der Überschüsse in Form der verschiedenen Ergebnisquellen auf die VN bezieht, kann durch höhere Quoten im Rahmen der MindZV keine höhere Verursachungsgerechtigkeit erzielt werden.

Das im ersten Stichpunkt angesprochene Spannungsverhältnis zwischen Verursachungsorientierung und kollektivem Risikoausgleich war auch vor der VVG-Reform bekannt, wie die BaFin in ihrem Schreiben aus 2004[238] oder den Grundsätzen zur Finanzierung der erhöhten Deckungsrückstellungen aus Anlass der Einführung neuer Sterbetafeln 2004[239] zeigt: »Die für die Auffüllung der Deckungsrückstellung benötigten Mittel sind vorrangig von den betroffenen Rentenversicherungsbeständen zu tragen. [...] Der Ausgleich [...] ist [...] möglich [...] aus zu verzinsenden und zurückzuzahlenden Darlehen von anderen Teilbeständen [oder][240] aus Aktionärsmitteln.« Aus Sicht der Aufsicht handelte es sich bei dem Risikoausgleich auf der Passivseite durch Gewährung von »verzinslichen Darlehen«[241] nur um eine vorrübergehende Quersubventionierung mit einer möglichen Auswirkung auf die zeitnahe Überschussbeteiligung. Der gewährende Teilbestand sollte die verauslagten Beträge also später doch als eigene Überschussanteile erhalten. Man war sich aber bereits im Jahre 2004 bewusst, dass man dies u.U. bei extremen Risiken nicht durchhalten kann: »Die zeitnahe und verursachungsgerechte Überschussbeteiligung ist zwar ein wichtiges Ziel aufsichtsrechtlicher Tätigkeit, ist jedoch von vornherein nicht unbeschränkt gewährleistet.«[242] Angesicht der enormen Zinsrisiken aus dem Niedrigzinsumfeld konnte man daran – also an nur vorrübergehend wirkenden Unterstützungsmaßnahmen im Rahmen der Überschussbeteiligung – aber nicht mehr festhalten, wie etwa die Regelungen zu den kollektiven Teilen der RfB nach § 140 IV VAG oder zum Sicherungsbedarf als Begrenzung der Zuweisung von BWR nach § 153 III 2 i.V.m § 139 III, IV VAG zeigen. Der Sicherungsbedarf[243] führt i.E. dazu, dass ausscheidende VN über viele Jahre an den derzeit noch vorhandenen BWR in den festverzinslichen Anlagen nicht teilhaben, auch wenn in Zukunft möglicherweise ein Teil der für die Finanzierung der ZZR verwandten Beträge nach Auflösung der ZZR wieder in den Rohüberschuss zurückfließt und dort aufgrund von Nebenrechnungen aus Sicht der Teilbestände verursachungsorientiert zugewiesen werden kann. Der Sicherungsbedarf ist ein Beispiel dafür, dass auch im Rahmen eines verursachungsorientierten Verfahrens unterschiedliche Interessen und Erwartungen abzuwägen sind: Erwartung der ausscheidenden VN bzgl. »ihrer« BWR gegenüber den Ansprüchen der Bestandskunden auf die Finanzierung der garantierten Ansprüche. Der Vorrang des Risikoausgleichs bzw. hier der Risikovorsorge war insoweit bereits durch § 153 III 2 ausdrücklich gesetzlich vorgegeben. Deshalb wundert einerseits die in 2012 insoweit entbrannte öffentliche Diskussion, die sogar zum Abbruch des Gesetzgebungsverfahrens zur Einführung des Sicherungsbedarfs im Bundesrat führte.[244] Diese Entwicklung bestätigt aber gleichzeitig, dass die Fragen von Überschussbeteiligung und Risikoausgleich – wie bereits vom BVerfG angemahnt – den Erwartungen einzelner Gruppen von VN und deren Durchsetzung auf dem Zivilrechtsweg entzogen und dafür nach umfassender Interessenabwägung gesetzlich bzw. aufsichtsrechtlich geregelt werden. Dieses Beispiel verdeutlicht gleichzeitig eindrucksvoll, dass die Produktdokumentation einschließlich AVB die Überschussbeteiligung allenfalls im Zeitpunkt der Erstellung i.S.v. deklaratorischen nicht kontrollfähigen Klauseln mehr oder weniger umfassend beschreiben kann, und zwar auch soweit es sich um die von § 153 II, III geforderten verursachungsorientierten Verfahren handelt.

b) Risikoadjustierte Verzinsung

Verschiedene Hinweise der BaFin aus den letzten Jahren zeigen, dass nicht das beschriebene verursachungsorientierte Verfahren – weil seit langer Zeit praktiziert – sondern jeweils einzelne Details darin Anlass zu Diskussionen geben. Kontroversen gab es z.B. unter dem Stichwort der sog. »**risikoadjustierten Gesamtverzinsung**«.[245] Es geht dabei um die Frage, ob die Gesamtverzinsung für alle Verträge, und zwar auch mit unterschiedlichem Rechnungszins, gleich sein muss – so die Aufsicht in 2004 unter Hinweis auf den Gleichbehandlungsgrundsatz nach § 11 II VAG – oder ob bei Verträgen mit einem höheren Rechnungszins deren Gesamtverzinsung unter Hinweis auf die höheren Kosten entsprechend höherer Garantien geringer sein darf. Letzteres schien bereits damals unter dem Stichwort der »Verursachungsgerechtigkeit« plausibel. Dahinter verbergen sich jedoch weitere ökonomische Aspekte, wie z.B. das sog. »Duration Gap«/»Duration Mismatch« und die Frage, wer die Risiken daraus bzw. von erforderlich werdenden Absicherungsmaßnahmen zu tragen

---

237 Vgl. insoweit insbes. Rdn. 65.
238 VerBaFin 7/2004, 3 ff.
239 VerBaFin 1/2005, 3, 6, 7.
240 Ergänzung durch den Verfasser.
241 Zivilrechtlich handelt es sich bei diesen »Darlehen« um eine Fiktion ausschließlich für Zwecke der Überschussbeteiligung, da die einzelnen Teilbestände für bestimmte Gruppen von Verträgen keine eigenen Rechtssubjekte sind.
242 VerBaFin 7/2004, 3 ff.
243 Für Details vgl. Rdn. 48.
244 Vgl. zu dieser Diskussion *Krause/Menning* NJOZ 2013, 289; *Präve* ZfV 2013, 369.
245 Dafür Prölss/*Präve*, § 11 Rn. 18a m.w.N; dagegen die BaFin Verlautbarung, VerBaFin 7/2004, 3 ff.

hat. Bei der Absicherung von Aktien des einheitlichen Sicherungsvermögens in Zeiten volatiler Märkte werden daraus entstehende Kosten auch nicht nur den VN zum Zeitpunkt des Aktienerwerbs angelastet, so dass die Haltung der Aufsicht zumindest nachvollziehbar war.

63 Faktisch hat die Aufsicht ihre Haltung zur sog. risikoadjustierten Gesamtverzinsung zwischenzeitlich zumindest modifiziert, wie man aus neueren Produkten erkennt, wenn es auch insoweit keine ausdrückliche neue Stellungnahme gibt. Diesen Themenkomplex erschließt man am einfachsten, indem man ihn in drei Fragestellungen unterteilt:

(1) Im ersten Schritt kann man mit relativ einfachen ökonomischen Überlegungen begründen, dass die in § 153 II geforderten verursachungsorientierten Verfahren deren Spreizung zulässt, d.h. spätestens der Gesetzgeber der VVG-Reform selbst hat den Gleichbehandlungsgrundsatz des § 138 II VAG (= § 11 II VAG a.F.) beschränkt oder wohl richtiger, durch den Hinweis auf die Verursachungsorientierung klargestellt, dass ungleiche Sachverhalte gerade keine Gleichbehandlung erfordern.

(2) Aus diesen eher theoretischen Überlegungen sind dann im nächsten Schritt ein oder mehrere aktuarielle Modelle zu entwickeln, mit denen man die Spreizung der Überschussanteile konkret ermitteln kann.

(3) Parallel dazu wird man in den konkreten Produkten entscheiden müssen, wie die höhere Verzinsung beim geringerem Rechnungszins/Garantiezins gewährt wird, d.h. in welcher Form man diese von der konkreten jeweiligen Ergebnissituation abhängig macht.

Nachfolgend werden die Begründung zu (1) sowie die Überlegungen zur Ergebnisabhängigkeit nach (3) jeweils stichpunktartig skizziert.

Zu (1):

– **Ziel ist es nicht**, das bestehende Aufteilungsverhältnis zwischen VN und VR zu ändern. Die Gesamtheit der Versicherten wird weiter ungeschmälert an den Überschüssen beteiligt. Lediglich innerhalb einzelner, gegebenenfalls neu zu formender Gewinnverbände, kommt es zu geänderten, risikoadjustierten Zuteilungen.

– Spätestens aus den Solvency II immanenten Methoden zur Bestimmung von Risikokapital ist ein **Maßstab für die Berechnung und Zuordnung von Risikokosten** herleitbar. Eine verursachungsorientierte Überschussbeteiligung hat genau dieses zu berücksichtigen. Wenn die Effekte in der Vergangenheit nicht wesentlich waren, hat sich dies im heutigen Zinsumfeld geändert. Aus dem Gleichbehandlungsgrundsatz gem. § 138 II VAG (= § 11 VAG a.F) und dessen Konkretisierung in § 153 II mit der Verpflichtung zur Gewährung einer verursachungsorientierten Überschussbeteiligung lässt sich ableiten, dass man die ökonomischen Auswirkungen von in unterschiedlicher Höhe anfallenden Risikokapitalkosten bei der Beteiligung der betroffenen Bestände an den Kapitalerträgen berücksichtigen kann.[246] Faktisch verursacht das für die Zinsrisiken vorzuhaltende Risikokapital – als gesetzlich erzwungene reale Absicherungsmaßnahme auf der Passivseite der Bilanz – zu berücksichtigende unterschiedliche Kosten je Rechnungszinsgeneration. Man denke etwa an den Fall, dass ein VR insoweit zusätzliche Eigenmittel im Hinblick auf die Solvabilitätskapitalanforderung nach den §§ 96 ff. VAG benötigt und diese in Form von Basiseigenmitteln (§ 89 III VAG), nämlich durch nachrangige Verbindlichkeiten abdeckt. Unterstellt man etwa, dass die nachrangigen Verbindlichkeiten mit 6 % p.a. zu verzinsen sind, ist es wirtschaftlich ohne weiteres plausibel, dass der Zinsaufwand des VR mit den aus den Verträgen stammenden Zinsrisiken, die wiederum mit der Höhe der Zinsgarantien korrespondieren, steigt. Da ein verursachungsorientiertes Verfahren anzuwenden ist, ist es naheliegend, im Rahmen der Zuordnung des Zinsergebnisses auch zu berücksichtigen, dass unterschiedliche Rechnungszinsgenerationen jeweils einen unterschiedlichen Eigenmittelbedarf und damit einen unterschiedlichen Zinsaufwand verursachen.

– **Die Mechanismen für die Zuordnung dieses Aufwandes** sind in ihrem jeweiligen direkten Anwendungsbereich bekannt und auch für die vorliegenden Zwecke unproblematisch. Dies gilt für die Bildung von weiteren Gewinnverbänden je Rechnungszinsgeneration ebenso wie für die Grundsätze zur Ermittlung des Risikokapitals/SCR, das Solvency II je Rechnungszinsgeneration für die Risiken aus dem Rechnungszins und anderen Optionen und Garantien erfordert. Im vorliegenden Zusammenhang ist das Risikokapital als Teil des aufsichtsrechtlich betriebsnotwendigen Vermögens aufzufassen. Die Kosten des gesamten Risikokapitals können ermittelt werden. Der Zinsaufwand kann z.B. nach der in der betriebswirtschaftlichen Kostenrechnung bekannten Methode der »kalkulatorischen Kosten« ermittelt werden. Derartige Modifikationen der Überschussbeteiligung durch kalkulatorische Kosten sind auch im Rahmen der Finanzaufsicht bekannt und gebräuchlich, wie z.B. der kalkulatorische Mietzins von selbstgenutzten Immobilien zeigt. In diesem Beispiel wird die Überschussbeteiligung im Interesse der VN – ökonomisch zutreffend – dadurch angepasst, dass das Kapitalanlageergebnis um diesen kalkulatorischen Mietzins erhöht wird, an dem die VN bekanntlich im Rahmen der MindZV gerade mit mindestens 90 % beteiligt werden sollen. Man kann die Spreizung des Zinsergebnisses nicht nur bei der Gewinnzerlegung und Zuweisung der Überschussanteile in die RfB, sondern auch bei der Deklaration verwenden. Die Deklaration der Überschussbeteiligung erfolgt

---

[246] Bislang mangelte es jedoch an einer eingängigen ökonomischen Beschreibung der aus Sicht des § 153 II VVG erforderlichen Verursachung. Vgl. insoweit etwa Rdn. 62 oder Prölss/*Präve*, § 11 Rn. 18a.

danach unverändert bis auf die Ebene von zu identifizierenden Teilbeständen. Innerhalb dieser Teilbestände erfolgt die Zuteilung der Überschüsse dann jedoch differenziert unter Berücksichtigung der unterschiedlichen Risikokapitalkosten.

Zu (3):
- In der Vergangenheit wäre man bei einer Verzinsung, die bei 5 % und damit über dem höchsten Rechnungszins von 4 % lag, für die gespreizten Überschussanteile schematisch vielleicht auf folgende neuen Anteile gekommen: Bei RZ 4 % Überschussanteil 4,8 %; bei RZ 3,5 % 4,95 %; bei RZ 2,75 % 5,25 %. Berücksichtigt man jedoch heute, dass die Verzinsung vielleicht noch knapp über 3 %, vielleicht aber auch nur bei 2,5 % oder noch tiefer liegt, dann wird schnell deutlich, das vor irgendwelchen Überlegungen zur Spreizung primär stets der vertragliche Rechnungszins in der Form des Referenzzinses (für 2016 um 2,5 %–2,6 %) zu bedienen ist und damit die Spreizung in absehbarer Zukunft nur noch wenige Rechnungszinsgenerationen betreffen kann.
- Überdies darf eine Spreizung natürlich nicht zu einer Erhöhung des Garantiezinses führen, da der höhere Überschussanteil bei geringerem Rechnungszins natürlich nur gewährt werden kann, wenn überhaupt ein positives Zinsergebnis – nach ZZR – als Überschuss zu verteilen ist. Wenn man insoweit bei diesem höheren Überschussanteil dann von einer »bedingten Garantie« spricht, mag dies bei ausreichender Erläuterung juristisch nachvollziehbar sein, wenn man als Bedingung das Vorliegen eines ausreichenden Überschusses definiert. Besser scheint es, den Begriff der Garantie in diesem Zusammenhang nicht zu verwenden und dafür als Folge des verursachungsorientierten Verfahrens nur zu erläutern – nicht zu vereinbaren –, dass der Vertrag, weil er nur mit einen Rechnungszins von 0 % kalkuliert wurde, im Überschussfall gegenüber den Verträgen mit einem höheren Rechnungszins einen Vorzugsüberschussanteil von voraussichtlich 0,X % erhält.[247] Ziel wäre es, insoweit überhaupt eine nach §§ 305 ff. BGB kontrollfähige Versicherungsbedingung zu vermeiden. Darüber hinaus ist der Begriff der Garantie in diesem Zusammenhang unzutreffend, da Überschüsse eben nicht garantiert sind und man dieses durch § 154 unterstrichene Begriffspaar nicht verwässern sollte. Auf andere Verträge mit höherem Rechnungszins oder ältere Policen aus einer Zeit ohne risikoadjustierte Überschussbeteiligung sollten sich auch im Rahmen einer Klauselkontrolle oder unter dem Aspekt von Beratungspflichten keine Auswirkungen ergeben, da es sich dabei insgesamt nur um eine Ausprägung der von § 153 II vorgegebenen verursachungsorientierten Verfahren handelt.[248]

c) Zinsarbitrage

Weitere Besonderheiten sind zur Vermeidung einer Zinsarbitrage aufgrund der Zinsentwicklung in der jüngeren Vergangenheit bei Lebensversicherungen gegen Einmalbeitrag und bei Kapitalisierungsgeschäften zu beachten. Für **Kapitalisierungsgeschäfte**[249] ist insbes. eine selbständige Abteilung des Sicherungsvermögens gem. § 66 VII VAG a.F. = § 125 VI VAG zu bilden, damit bei kurzfristigen Verträgen und relativ über am Marktniveau liegender Verzinsung nicht die Rendite des Versicherungsgesamtportfolios beeinträchtigt werden kann, die durch die Erträge »ihrer« neuen Kapitalanlagen nicht aufrecht erhalten werden kann. Hinter den Hinweisen zu den **Lebensversicherungen gegen Einmalbetrag**[250] steht die Befürchtung, dass VN diesen Typ Lebensversicherung ebenfalls für Zwecke der Zinsarbitrage als kurzfristige Kapitalanlage »missbrauchen« (sog. Abbruchversicherungen), d.h. sie bleiben solange in der Lebensversicherung »investiert«, wie diese höhere Zinsen als der Kapitalmarkt bietet und kündigen (Rückkaufswert) in dem Moment, in dem sich dessen Zinsniveau wieder ändert. Hintergrund der Anforderungen an die Produktgestaltung (z.B. angemessene Stornoabschläge, zeitweise geringere laufende Überschussbeteiligung, Höchstbeträge u.a.) ist die oben bereits angesprochene kollektive Ausgleichsfunktion der Lebensversicherung auch bzgl. der Kapitalerträge, die natürlich von einzelnen nicht bewusst zu Lasten der Masse der VN ausgenutzt werden darf, die auf diese Ausgleichsfunktion vertrauen, weil sie nicht an einer risikoreichen Renditeoptimierung, sondern an einer langfristig angemessenen Verzinsung des gesparten Kapitals interessiert sind, um die sie sich selbst nicht kümmern müssen.

d) Freiheiten des VR bei der Wahl und Ausgestaltung des verursachungsorientierten Verfahrens

DieDiskussion um die sog. risikoadjustierte Verzinsung wie auch das BGH-Urteil zu den Kostenüberschüssen provoziert weitere Überlegungen zu den verursachungsorientierten Verfahren:
- *Heinen*[251] beschreibt drei unterschiedliche verursachungsorientierte Verfahren zur Zuordnung von BWR nach § 153 III, die jeweils aus Sicht des einzelnen VN unterschiedlich hohe Beträge zuordnen. Da alle drei

---

247 Vgl. insoweit die Hinweise zum Fall der Kostenüberschüsse in Rdn. 55.
248 Ähnlich bereits *Prölss/Präve*, § 11 Rn. 18a zur Situation vor Einführung des § 153.
249 Sammelverfügung vom 07.02.2008 zu Kapitalisierungsgeschäften, www.bafin.de/SharedDocs/Veroeffentlichungen/DE/Aufsichtsrecht/Verfuegung/vf_100907_kapitalisierung_va.html; zuletzt abgerufen am 24.08.2016.
250 Rundschreiben 08/2010 (VA) vom 07.09.2010 – Hinweise zu Lebensversicherungen gegen Einmalbetrag und zu den Kapitalisierungsgeschäften, www.bafin.de/SharedDocs/Veroeffentlichungen/DE/Rundschreiben/rs_1008_va_einmalbeitrag_kapitalisierung.html; zuletzt abgerufen am 24.08.2016.
251 *Römer/Heinen*, Vorträge zum 25. Münsterischen Versicherungstag, S. 29.

§ 153 Überschussbeteiligung

unbestritten verursachungsorientiert sind, ist die **Auswahlentscheidung des VR durch VN und Zivilgerichte nicht überprüfbar**, d.h. kein VN kann die Einführung eines Systems verlangen, dass seinen Erwartungen und Interessen am nächsten kommt.
- Entscheidet sich das VU, sein verursachungsorientiertes Verfahren in der Folgezeit wie im Fall der Kostenüberschüsse bei Riester-Renten ein Stück weit mehr in Richtung Verursachungsbeiträge zu verfeinern, ist dies ebenfalls eine **nicht überprüfbare Entscheidung** des VR. Eine veränderte Überschussbeteiligung kann vom VN weder als nachteilig noch unter dem Erwartungsaspekt angegriffen werden. Entschließt sich das VU umgekehrt zu einer größeren Gleichbehandlung, legt also z.B. bisherige Teilbestände zusammen, ist auch dies solange hinzunehmen, wie das Verfahren insgesamt noch verursachungsorientiert bleibt und keine willkürlichen Veränderungen vorgenommen werden.
- Bei Einführung der risikoorientierten Spreizung der Überschussbeteiligung nur in neuen Tarifen ergibt sich für den bisherigen Bestand zumindest kein Anspruch, dieses Konzept insgesamt im Unternehmen einzuführen, denn es bleibt weiterhin insgesamt ein verursachungsorientiertes Verfahren, wenn auch mit unterschiedlicher Ausprägung für einzelne Gruppen. Die Änderungen bzgl. der Überschussbeteiligung durch das LVRG zeigen, dass dessen übliche Darstellung in den AVB – vorbehaltlich ausdrücklicher einzelvertraglicher Sonderregelungen etwa in größeren Gruppen- bzw. Rückdeckungsverträgen, vgl. insoweit z.B. auch § 4 I der RfBV – unausgesprochen einem jederzeitigen Änderungsvorbehalt unterliegt.

e) Zeitnahe Beteiligung der VN an den Überschüssen

66 Bis zur Einführung des § 153 mussten die VN verursachungsgerecht und zeitnah an den Überschüssen beteiligt werden.[252] Eine zeitnahe Beteiligung der VN an den Überschüssen ist in § 153 II **ausdrücklich nicht mehr vorgesehen**. Ein Vorschlag im Referentenentwurf zum VVG (16.03.2006), der grundsätzlich eine Zuteilung der Überschüsse binnen zwei Jahren vorsah und damit den zeitlichen Aspekt ausdrücklich regelte, ist dann nicht Gesetz geworden. Aus der entsprechenden Begr. zum Referentenentwurf wird deutlich, dass die Zeitnähe dort ebenfalls als ein Aspekt des verursachungsorientierten Verfahrens betrachtet wurde, so dass es einer Vereinbarung bedarf, wenn die Überschüsse nicht zeitnah i.S.d. bisherigen Praxis zugeteilt werden sollen,[253] insbes. größere Beträge im Schlussüberschussanteilsfond über längere Zeit verbleiben sollen. Da durch das Niedrigzinsumfeld und die Finanzierung der ZZR in absehbarer Zeit dafür kaum noch Überschüsse zur Verfügung stehen, haben die Schlussüberschussanteile derzeit eher eine geringere Bedeutung. In der MindZV (§ 13) und der RfBV (§ 3 III) wurden in 2014 jedoch umgekehrt Höchstgrenzen für die kollektiven Teile der RfB und die ungebundene RfB eingeführt, um ein zu starkes ansteigen der RfB zu verhindern, wenn sich das Zinsumfeld wieder ändert. Die zeitnahe Überschussbeteiligung bleibt also aufsichtsrechtlich relevant.

2. Vereinbarung anderer vergleichbarer angemessener Verteilungsgrundsätze

67 Nach den Hinweisen in der Gesetzesbegründung ist ein verursachungsorientiertes Verfahren – weil bereits gesetzlich vorgegeben – nicht besonders in den AVB zu vereinbaren; der VR muss es vielmehr entwickeln und dann widerspruchsfrei praktizieren. § 2 der GDV-Musterbedingungen für die kapitalbildende Lebensversicherung (31.07.2008) beschreibt die Überschussermittlung und Überschussverteilung unter Berücksichtigung des handels- und aufsichtsrechtlichen Hintergrundes und eines verursachungsorientierten Verfahrens, der Text der Musterbedingungen Februar 2016 ist etwas übersichtlicher und berücksichtigt das neue VAG 2016. Es handelt sich also nicht um eine nach § 153 II 1, 2. Hs. mögliche Vereinbarung anderer vergleichbarer angemessener Verteilungsgrundsätze. Die Gesetzesbegründung weist darauf hin, dass dies eine nicht ganz einfache transparente Darstellung in den AVB erfordert.[254]

3. Informationspflichten

68 Nach § 2 I Nr. 3 VVG-InfoV sind dem VN vor Vertragsschluss Angaben über die für die Überschussermittlung und Überschussbeteiligung geltenden Berechnungsgrundsätze und Maßstäbe zur Verfügung zu stellen. Seit dem LVRG sind gem. § 2 I Nr. 9 VVG-InfoV bei bestimmten Versicherungen auch Angaben zur »Minderung der Wertentwicklung durch Kosten in Prozentpunkten (Effektivkosten)« erforderlich. Darüber hinaus ist der VN jährlich nach § 155 i.V.m. § 6 I Nr. 3 VVG-InfoV über die Überschussbeteiligung zu informieren. § 15 MindZV verpflichtet die VR nunmehr jährlich, die Höhe (absolute EURO-Beträge) der einzelnen Ergebnisquellen nach den §§ 6–8 MindZV (anzurechnende Kapitalerträge, Risikoergebnis, übriges Ergebnis) und die Aufgliederung der Anteile der VN an diesen Ergebnisquellen (Rechnungszins, Direktgutschrift, Zuführung zur RfB) elektronisch zu veröffentlichen und hierauf in der jährlichen Mitteilung zur Entwicklung der Überschussbeteiligung (§ 155) hinzuweisen.

---

252 Vgl. etwa B/M/*Winter*[8], Bd. V/2, Anm. G 325, 326 m.w.N.
253 PK/*Ortmann*, § 153 Rn. 57 ff.; P/M/*Reiff*, § 153 Rn. 19.
254 Begr. RegE BT-Drucks. 16/3945 S. 96.

4. Ausschüttungssperre nach Abs. 2 Satz 2

Die Regelung ist durch das BilMoG[255] vom 25.05.2009 neu als Satz 2 in § 153 II eingefügt worden. Sie ist zwar mit dem BilMoG am 29.05.2009 in Kraft getreten; die zugrunde liegenden geänderten Regelungen der §§ 246 II, 248 II, 268 VIII, 274 HGB finden gem. Art. 66 III EGHGB jedoch erstmals Anwendung auf Jahresabschlüsse für das nach dem 31.12.2009 beginnende Geschäftsjahr. Mit dieser Ergänzung wird sichergestellt, dass **die handelsrechtliche Ausschüttungssperre des § 268 VIII HGB** für bestimmte nach dem BilMoG in der Handelsbilanz nunmehr mögliche Gewinne **auch bei der Ermittlung der Überschussbeteiligung nicht unberücksichtigt bleibt**.[256] § 153 II 2 findet in folgenden Fällen Anwendung, nämlich bei der Aktivierung selbstgeschaffener immaterieller Vermögensgegenstände (§ 248 II HGB), bei der Aktivierung latenter Steuern (§ 274 HGB) und bei der Aktivierung von Mehrvermögen aus Altersversorgungsverpflichtungen (§ 246 II HGB). Wirtschaftlich erhält der Lebens-VR damit die Möglichkeit, stille Reserven außerhalb der Kapitalanlagen und damit des Anwendungsbereichs von § 153 III i.V.m. §§ 54 ff. RechVersV zu aktivieren. Gleichzeitig dürfen diese Erträge jedoch nach § 268 VIII HGB an die Aktionäre nicht ausgeschüttet werden. Nach § 153 II gilt eine entsprechende Ausschüttungssperre auch für die Überschussbeteiligung der VN. 69

Die Frage, wie die Ausschüttungssperre im Rahmen der Überschussbeteiligung bilanziell wirkt, ist nicht eindeutig beschrieben worden. So wird vorgeschlagen,[257] die ausschüttungsgesperrten Beträge auf der Passivseite in einer sog. latenten RfB[258] zu erfassen, und zwar möglichst als Teil der RfB,[259] wobei als offen betrachtet wurde, ob für die Bildung der latenten RfB noch weitere Regelungen erforderlich sind. I.E. wirkt die Ausschüttungssperre des § 153 II 2 wohl direkt im Rahmen des Teils des Rohüberschusses, der auf die VN entfällt. Sie verhindert also einmal, dass aus diesen Erträgen eine Direktgutschrift erfolgt. Ausschüttungsgesperrt sind diese Erträge aber auch anschließend im Rahmen der RfB, müssen also wohl in der ungebundenen RfB verbleiben. Eine weitere Regelung ist damit nicht erforderlich. Die Ausschüttungssperre entfällt in dem Moment, in dem die aktivierten Beträge nicht mehr in der Bilanz enthalten sind. 70

II. Beteiligung an den Bewertungsreserven (Abs. 3)

1. Rechnerische Zuordnung nach einem verursachungsorientierten Verfahren

Die BWR sind nach § 153 III 1 jährlich neu zu ermitteln und nach einem verursachungsorientierten Verfahren den anspruchsberechtigten VN rechnerisch zuzuordnen. Obwohl sowohl die Beteiligung der VN am handelsrechtlichen Überschuss wie auch an den BWR verursachungsorientiert zu erfolgen hat, unterscheiden sich die Verfahren in der Praxis[260] doch erheblich, und zwar alleine schon aufgrund der Komplexität der Verteilung des handelsrechtlichen Überschusses und der diesbezüglichen aufsichtsrechtlichen Vorgaben. GDV und BaFin haben deshalb in einer gemeinsamen Stellungnahme einen »**Vorschlag für ein verursachungsorientiertes Verfahren zur Beteiligung der VN an Bewertungsreserven**« vorgelegt,[261] dessen Ergebnisse in großem Umfang auch in die Ziffer 3.11 des Musters eines Gesamtgeschäftsplans für die Überschussbeteiligung des Altbestandes in der Lebensversicherung der Aufsicht übernommen worden sind. Der VR wird in jedem Fall in einem ersten Schritt die Versicherungsverträge bestimmen müssen, denen BWR zugeordnet werden sollen[262] (= **anspruchsberechtigte Verträge**). Ein Spezialproblem stellen insoweit die Rentenversicherungen in der Rentenbezugszeit (Abs. 4) dar. Der Anteil des einzelnen anspruchsberechtigten Vertrages wird in mehreren Schritten ermittelt. In einem ersten Schritt werden die BWR zwischen VR und der Gesamtheit der anspruchsberechtigten Verträge aufgeteilt, und zwar – grob – nach Maßgabe der dem VR einerseits und den anspruchsberechtigten Verträgen andererseits zuzuordnenden Positionen der Passivseite (Eigenkapital u.a. beim VR; Deckungsrückstellungen u.a. bei den anspruchsberechtigten Verträgen). Dieses Vorgehen ist umstr.,[263] i.E. aber wohl zutreffend, denn auch der VR leistet dadurch, dass er z.B. Eigenkapital und andere Eigenmittel für den Versicherungsbetrieb zur Verfügung stellt, »Beiträge« i.S.d. eines verursachungsorientierten Verfahrens. Anschließend werden die auf die VN entfallenden BWR auf die einzelnen Verträge aufgeteilt, wobei insoweit verschieden Verfahren denkbar sind.[264] Das Papier von GDV und BaFin bevorzugt wohl eine Zuordnung nach vertragsindividuellen historischen Kapitalien des einzelnen anspruchsberechtigten Vertrages im Verhältnis zu den historischen Kapitalien aller Verträge. Aufgrund der lediglich rechnerischen Zuordnung erwerben die anspruchsberechtigten VN im Rahmen der jährlichen Aufteilung noch **keinen zivilrechtlichen Anspruch**. 71

---

255 Gesetz zur Modernisierung des Bilanzrechts (Bilanzrechtsmodernisierungsgesetz – BilMoG), BGBl. I 1102, 1136.
256 Begr. RegE BT-Drucks. 16/10 067 S. 114.
257 *Geib/Ellenbürger* VW 2008, 1173, 1174; *Bonin* VW 2008, 1530.
258 *Nguyen*, 1. Aufl., S. 562 ff. zur latenten RfB im Rahmen der Bilanzierung nach IFRS.
259 *Geib/Ellenbürger* VW 2008, 1173, 1175.
260 Vgl. den instruktiven Überblick über die möglichen Fragestellungen und Lösungsansätze bei *Römer/Heinen*, S. 29.
261 Abgedruck bei *Wehling/Präve*, Abschnitt X.
262 HK-VVG/*Brambach*, § 153 Rn. 58, 59.
263 A.A. PK/*Ortmann*, § 153 Rn. 82; wie hier i.E. B/M/*Winter*, § 153 Rn. 217.
264 Vgl. insoweit die krit. Analyse bei *Römer/Heinen*, S. 31.

2. Zuteilung bei Vertragsbeendigung und Auszahlung der Hälfte der Bewertungsreserven

72 Maßgeblicher Zeitpunkt für die Zuteilung und anschließende Auszahlung der Hälfte der auf den einzelnen Vertrag entfallenden BWR ist nach § 153 III 2 die Beendigung des Vertrages. Die Entscheidung, dass (nur) die Hälfte der Bewertungsreserven zugeteilt werden, wird teilweise kritisch hinterfragt, letztlich aber aufgrund der Einschätzungsprärogative des Gesetzgebers bestätigt.[265] Die Kritik scheint durch die Einführung des Sicherungsbedarfs mit seiner weitergehenden Einschränkung der Beteiligung an den BWR bis auf Weiteres ökonomisch nicht mehr so bedeutend. Bei der Zuteilung handelt es sich tatsächlich um eine Vielzahl von unterschiedlichen Geschäftsvorfällen,[266] wobei abweichend auch eine frühere Zuteilung vereinbart werden kann (Abs. 3 Satz 2, 2. Hs.). Als Reaktion auf die Zinsrisiken durch das Niedrigzinsumfeld ist die Beteiligung an den BWR nach mehreren Anläufen des Gesetzgebers durch Einführung des sog Sicherungsbedarfs im **LVRG** (§ 139 III, IV VAG i.V.m. der MindZV) in 2014 insbes. für die BWR in den festverzinslichen Kapitalanlagen ganz erheblich eingeschränkt worden; für Details vgl. Rdn. 48. Durch den **BGH**[267] ist mittlerweile geklärt, dass die Beteiligung an den BWR als Mindestschlussüberschussanteil keinen Einfluss auf die Höhe der übrigen vom VR gewährten Schlussüberschussanteile hat, mit der Folge, dass die Schlussüberschussanteile insges. nach Einführung des § 153 III nicht höher sein müssen, als vor der VVG-Reform; vgl. Rdn. 42. Der Hinweis des BGH, dass bei unzureichenden laufenden Überschüssen und fehlender RfB vom VR zur Finanzierung der Beteiligung BRW durch Verkauf von Kapitalanlagen aufzulösen seien, bedarf noch weiterer Überlegungen; vgl. Rdn. 43.

3. Aufsichtsrechtliche Regelungen zur Kapitalausstattung (Abs. 3 Satz 3)

73 Nach § 153 III 3 i.d.F. durch das LVRG bleiben »aufsichtsrechtliche Regelungen zur Sicherstellung der dauernden Erfüllbarkeit der Verpflichtungen aus den Versicherungen, insbes. die §§ 89, 124 Absatz 1, § 139 Absatz 3 und 4 und die §§ 140 sowie 214 des VAG« unberührt. Die gegenseitige Bezugnahme in § 153 III 3 und § 139 III u. IV VAG besagt, dass bestimmte BWR im Umfang des Sicherungsbedarfs[268] zur zukünftigen Finanzierung der ZZR und damit zur Erfüllung der Verpflichtungen des VR aus den Verträgen nicht nach § 153 III 2 an ausscheidende VN zugeteilt werden dürfen. Daraus kann man unschwer erkennen, dass der VR die BWR nach § 153 III S. 3 auch in den anderen aufgeführten Fällen nur insoweit auszahlen darf, wie dies die Ziele der aufsichtsrechtlichen Regelungen, die dauernde Erfüllbarkeit der Verträge sicherstellen wollen, nicht beeinträchtigt. Der Gesetzgeber hat somit den Vorrang der genannten aufsichtsrechtlichen Regelungen vor einer Zuteilung von BWR nach § 153 III 2 heute auch sprachlich eindeutig angeordnet, die damit ihrerseits die Ausschüttung der BWR in dem jeweils erforderlichen Umfang ausschließen.

74 **Verfassungsrechtliche Bedenken**, die in der Vergangenheit unter dem Aspekt der ausreichenden Bestimmtheit geltend gemacht worden sind,[269] sollten damit beseitigt sein, da die Norm zwar die Kürzungsmöglichkeiten nicht selbst beschreibt, diese aber durch den Verweis auf konkrete aufsichtsrechtlichen Regelungen wie insbes. § 139 III, IV VAG ausreichend bestimmbar[270] sind. Auch der pauschale Vorwurf, dass die Einführung des Sicherungsbedarfs die Beteiligung der VN an den BWR und damit die Folgen des Urteils des BVerfG aus 2005[271] unberechtigt »zurücknehme« und damit verfassungswidrig sei,[272] ist i.E. unzutreffend.[273] Das BVerfG hat ausdrücklich betont, dass die erforderlichen Regelungen sich nicht ausschließlich am Interesse eines aus dem Versicherungsverhältnis Ausscheidenden »an der Optimierung der an ihn auszukehrenden Leistungen« auszurichten hat. Die Regelung des § 153 III 3 enthält genau die erforderliche Interessenabwägung zwischen dem Ausscheidenden und den verbleibenden VN und steht im Übrigen in keinerlei Zusammenhang mit der Höhe der normal auszuzahlenden Bewertungsreserven. Aufgrund des Vorrangs der Interessen der verbleibenden VN an einem ausreichend solventen VR wird dieser zum Schutz der übrigen verbleibenden VN insoweit keine Bewertungsreserven vergüten, soweit dadurch das Solvenzkapital und damit die dauernde Erfüllbarkeit ihrer Verträge beeinträchtigt wird.[274] Diese Einschätzung aus dem Jahre 2009[275] gilt natürlich nicht nur bei fehlenden Eigenmitteln i.S.d. §§ 74 VAG (= § 53c VAG a.F. i.V.m. KapAusstattungsVO), sondern auch in anderen Fällen, in denen der Entzug von BWR aufsichtsrechtlichen Regelungen widerspricht, die die Vertragserfüllung

---

265 PK/*Ortmann*, § 153 Rn. 88, 89; P/M/*Reiff*, § 153 Rn. 26 jeweils m.w.N.; B/M/*Winter*, § 153 Rn. 18.
266 Vgl. etwa die Aufstellung im gemeinsamen Papier von GDV und BaFin unter 3.
267 BGH VersR 2015, 433.
268 Vgl. Rdn. 48.
269 PK/*Ortmann*, § 153 Rn. 90: Verstoß gegen die Gebote der Normenbestimmtheit und Normenklarheit; *Römer* DB 2007, 2523.
270 Ähnlich P/M/*Reiff*, § 153 Rn. 28 mit Nachweisen auch zur bisherigen Diskussion vor Änderung durch das LVRG.
271 Vgl. Rdn. 2 m.w.N.
272 So etwa Stellungnahmen von *Sternberger-Frey* und *Bund der Versicherten* im Rahmen des öffentlichen Fachgesprächs des Finanzausschusses v. 17.10.2012 zum Sepa-Begleitgesetz.
273 Vgl. insoweit *Krause/Menning* NJOZ 2013, 289, 291.
274 Auch und gerade diese Regelung ist praktizierter Verbraucherschutz. Wo bleibt ansonsten der verfassungsrechtlich genauso gebotene Schutz der zurückbleibenden VN?
275 Vgl. auch *Präve* ZfV 2013, 369.

durch den VR gewährleisten sollen. Dabei ist zu berücksichtigen, dass die Beteiligung an den BWR wirtschaftlich ein pauschaler Mindestschlussgewinnanteil außerhalb des Systems zur laufenden Überschussbeteiligung nach HGB darstellt, der nach dem Wortlaut des § 153 III 2 unabhängig von der wirtschaftlichen Situation auch zu zahlen ist, obwohl
- der VR diese BWR u.U. bereits anderweitig im Rahmen seiner Finanzierung einsetzt oder benötigt, gegebenenfalls auch weil
- der VR in größerem Umfang bereits laufende Verluste realisiert oder diese, wie derzeit im Niedrigzinsumfeld in erheblichem Umfang drohen.[276]

BWR entwickeln sich unabhängig von den Ergebnisquellen der Gewinnzerlegung/MindZV. Unter ökonomischen Aspekten ist die Regelung des § 153 III 3 also das notwendige Korrektiv, um Gewinnausschüttungen an die VN zu verhindern, wenn es wirtschaftlich gar keine Gewinne mehr zu verteilen gibt – weil § 153 III 2 insoweit nur auf einer ökonomischen Fiktion beruht – bzw. die auszuzahlenden BWR die Unternehmenssubstanz mindern würden, die für die Erfüllung der Verpflichtungen gegenüber den VN einschließlich der besonderen aufsichtsrechtlichen Vorgaben benötigt wird.

Vor diesem Hintergrund ist bei den in § 153 III 3 angesprochenen aufsichtsrechtlichen Regelungen jeweils konkret zu belegen, welche ökonomischen Verluste, Risiken oder aufsichtsrechtlichen Vorgaben an die finanzielle Ausstattung den Einbehalt der BWR erfordern: 75
- Die erforderliche Eigenmittelausstattung nach den **§§ 89 ff. VAG** knüpft im Rahmen der Basiseigenmittel (§ 89 III Nr. 1 VAG) erkennbar an die Solvabilitätsübersicht nach § 74 I VAG an. Durch die Bewertung der Kapitalanlagen mit den Zeitwerten (§ 74 II VAG) werden die BWR für Eigenmittelzwecke nach Solvency II in der Solvabilitätsübersicht aufgedeckt, haben also den Charakter von Eigenmitteln. Ihre Auszahlung führt damit zumindest, wenn sie durch Veräußerung realisiert werden, cet. par. zu einer Reduzierung der anrechnungsfähigen Eigenmittel u. kann dazu führen, dass die Eigenmittelanforderungen dadurch vom VR nicht mehr erfüllt werden.
- **§ 214 VAG** gilt für kleine VR, für die Solvency II und damit die §§ 89 ff. VAG nicht gelten. Für diese können BWR nach § 214 I Nr. 7c (= § 53c III Nr. 7c) auf Antrag Eigenmittel darstellen, ihre Auszahlung also auch die Erfüllung der Eigenmittelanforderungen beeinflussen.
- Der Sicherheitsbedarf nach **§ 139 III, IV VAG** wird zur Finanzierung der ZZR im Rahmen des Niedrigzinsumfeldes und damit sogar zur Finanzierung der Deckungsrückstellungen für die Versicherungsleistungen benötigt. Diese Einschränkung der Beteiligung der VN an den BWR ist ökonomisch noch wichtiger als die erstgenannten Regelungen, da primär die Deckungsrückstellungen die Leistungen an die VN finanzieren sollen.
- Der **Hinweis auf § 140 VAG** ersetzt ab 01.01.2016 wohl den Hinweis auf § 81c I, II VAG zum Missstand bei der Überschussbeteiligung in der Lebensversicherung. Die Überschussbeteiligung der VN trägt als solche nichts zur finanziellen Ausstattung des VR bei. Betrachtet man jedoch die Regelungen in § 140 I VAG (Auflösung der RfB zur Verlusttragung oder zur Risikovorsorge), die ja teilweise der Regelung zur Reduzierung der Mindestzuführung nach § 9 MindZV entspricht, dann wird erkennbar, dass an eine Einschränkung der Beteiligung an den BWR auch zu denken ist, wenn es darum geht, außerhalb des § 139 III, IV VAG konkrete Verluste oder Risiken im Rahmen einer Erhöhung der Deckungsrückstellung direkt zu finanzieren oder nach einer Auflösung der RfB diese für Zwecke des Solvabilitätsbedarfs wieder aufzufüllen (§ 9 I Nr. 1 MindZV i.V.m. §§ 93 I, 140 IV VAG) oder auf ein angemessenes Niveau zu erhöhen (§ 3 III RfBV). Man wird den Verweis auf § 140 VAG aber auch dahin verstehen müssen, dass eine Beteiligung an den BWR ausscheidet, wenn diese weder aus laufenden noch aus den gespeicherten Überschüssen der RfB finanziert werden kann.[277]
- Der Inhalt des **Verweises auf § 124 I VAG** erschließt sich nicht sofort, denn die dort vorgegebenen Anlagegrundsätze für die Kapitalanlagen der VR unter Solvency II[278] haben auf den ersten Blick keinen Bezug zur Finanzierung des VR als Ganzes oder von besonderen Verlusten oder Risiken, die eine Einschränkung der Auszahlung von BWR erfordern könnte. Man wird diesen Verweis deshalb wohl im Zusammenhang mit dem erforderlichen Umfang des Sicherungsvermögens (§ 125 II VAG) sehen müssen, das u.U. bei volatilen Kapitalmärkten mit der Notwendigkeit von Abschreibungen auf die Kapitalanlagen nicht mehr ausreichend bedeckt ist. In einer solchen Situation könnte es erforderlich werden, BWR in Höhe des Abschreibungsbedarfs, soweit vorhanden, einzubehalten.

III. Zuteilung der Bewertungsreserven bei Rentenversicherungen (Abs. 4)

Bei Rentenversicherungen ist nach § 153 IV die Beendigung der Ansparphase der nach Abs. 3 Satz 2 maßgebliche Zeitpunkt für die Zuteilung der Hälfte der Bewertungsreserven an den VN. Üblicherweise endet die Ansparphase mit der Aufnahme der Rentenzahlung. Eine **Sonderregelung** für die Zuteilung der BWR in der Ren- 76

---
276 *Krause/Menning* NJOZ 2013, 289, 294.
277 A.A. u.U. BGH VersR 2015, 433 Ziffer 16 a.E.; für Details vgl. Rdn. 43.
278 Für die kleinen VR gilt § 215 VAG i.V.m. der Anlage V.

tenversicherung ist sinnvoll, da die Rentenzahlungen – von Ausnahmen abgesehen – mit dem Tod des VN enden, so dass er nicht mehr in den Genuss der Bewertungsreserven käme und man nicht davon ausgehen kann, dass eine Auszahlung wie bei anderen Lebensversicherungen am Ende des Vertrages an die Erben sinnvoll oder auch nur möglich ist. Der in § 153 IV gewählte Zeitpunkt ist systematisch durchaus nachvollziehbar, denn auch die verzinsliche Ansammlung (= laufende Überschüsse) erhöhen bei der aufgeschobenen Rentenversicherung die Rentenhöhe in der Auszahlungsphase.[279] Gleichwohl wird mit der Regelung des Abs. 4 trotz des Gleichbehandlungsgebots des § 138 VAG (= § 11 VAG a.F.) keine wirtschaftliche Vergleichbarkeit mit der Regelung des § 153 III erreicht, da im Rahmen des Abs. 4 eine endgültige Zuweisung der bis dahin entstandenen Bewertungsreserven erfolgt, während der VN im Rahmen des § 153 III bis zum Vertragsende mit dem Risiko lebt, dass sich die zwischenzeitlichen BWR wieder verflüchtigen, so dass er am Ende weniger Bewertungsreserven erhält.

77 Eine ausschließliche Zuteilung der Bewertungsreserven in Form von **jährlichen Tranchen**[280] würde aufgrund der unterschiedlichen Entwicklung der Bewertungsreserven im Laufe der Zeit zu unterschiedlichen jährlichen Rentenhöhen führen und wäre dem VN deshalb nur schwer zu erklären.

78 Man kann deshalb durchaus überlegen, ob § 153 IV insoweit eine **abschließende Regelung** für die Rentenversicherung in der Auszahlungsphase darstellt, da sie sowohl die Risiken wie auch die Chancen der weiteren Entwicklung der Bewertungsreserven pauschal berücksichtigt. In dem gemeinsamen Papier des GDV und der Versicherungsaufsicht aus September 2007[281] heißt es auf dieser Linie: »[…] gem. § 153 IV VVG sind Rentenversicherungen nach Eintritt des Rentenbezugs nicht mehr anspruchsberechtigt.«

79 In der Folgezeit hat sich demgegenüber wohl die Meinung durchgesetzt, dass auch Rentenversicherungen in der Auszahlungsphase aufgrund des BVerfG-Urt.[282] grundsätzlich eine Beteiligung an den Bewertungsreserven zusteht,[283] wobei die Bedenken, dass nämlich möglicherweise bereits zu Beginn der Rentenzahlungen zu hohe Bewertungsreserven zugewiesen werden, nicht ausgeräumt werden können. So schlägt das Muster eines Gesamtgeschäftsplans für die Überschussbeteiligung des Altbestandes in der Lebensversicherung der BaFin zwei gleichwertige alternative Lösungsmöglichkeiten für die Zeit nach Rentenbeginn vor. In der zweiten Alternative werden die Rentenversicherungen in der Auszahlungsphase über eine angemessen erhöhte laufende oder eine angemessene Schlussüberschussbeteiligung an den Bewertungsreserven beteiligt.[284] Da die Situation der Bewertungsreserven jeweils zu berücksichtigen ist, kann dies dazu führen, dass die Überschussbeteiligung faktisch nicht erhöht wird. Ernsthafte Bedenken sind bei dieser zuletzt genannten Lösung der BaFin keine erkennbar, da ja gerade kein verursachungsgerechtes Verfahren erforderlich ist.

D. Abdingbarkeit

80 § 153 ist halbzwingend (§ 171 Satz 1). Abs. 3 Satz 2 a.E. stellt klar, dass eine anspruchsbegründende Zuteilung der Hälfte der Bewertungsreserven bereits zu einem Zeitpunkt vor Vertragsende vereinbart werden kann. Diese Klarstellung scheint notwendig, da zweifelhaft sein kann, ob es sich in jedem Fall um eine Vereinbarung zum Vorteil des VN handelt.[285]

§ 154 Modellrechnung.
(1) ¹Macht der Versicherer im Zusammenhang mit dem Angebot oder dem Abschluss einer Lebensversicherung bezifferte Angaben zur Höhe von möglichen Leistungen über die vertraglich garantierten Leistungen hinaus, hat er dem Versicherungsnehmer eine Modellrechnung zu übermitteln, bei der die mögliche Ablaufleistung unter Zugrundelegung der Rechnungsgrundlagen für die Prämienkalkulation mit drei verschiedenen Zinssätzen dargestellt wird. ²Dies gilt nicht für Risikoversicherungen und Verträge, die Leistungen der in § 124 Abs. 2 Satz 2 des Versicherungsaufsichtsgesetzes bezeichneten Art vorsehen.
(2) Der Versicherer hat den Versicherungsnehmer klar und verständlich darauf hinzuweisen, dass es sich bei der Modellrechnung nur um ein Rechenmodell handelt, dem fiktive Annahmen zu Grunde liegen, und dass der Versicherungsnehmer aus der Modellrechnung keine vertraglichen Ansprüche den Versicherer ableiten kann.

Übersicht	Rdn.		Rdn.
A. Allgemein.............................	1	B. Tatbestand...........................	8
I. Normzweck......................	1	I. Bezifferte Angaben...........	8
II. Anwendungsbereich.............	4		

---

279 *Führer/Grimmer*, S. 160.
280 Ähnlich wohl HK-VVG/*Brambach*, § 153 Rn. 79 ff. mit weiteren Details.
281 Vorschlag für ein verursachungsorientiertes Verfahren zur Beteiligung der VN an Bewertungsreserven.
282 BVerfG VersR 2005, 1137.
283 PK/*Ortmann*, § 153 Rn. 94 ff.; P/M/*Reiff*, § 153 Rn. 30; differenzierter HK-VVG/*Brambach*, § 153 Rn. 79 ff.
284 Ähnlich *Römer* r+s 2008, 405, 408.
285 Begr. RegE BT-Drucks. 16/3945 S. 97.

	Rdn.		Rdn.
II. Zusammenhang mit dem Angebot oder dem Abschluss einer Lebensversicherung.	9	I. Modellrechnung	11
III. Bezifferte Angaben durch den VR	10	II. Hinweispflicht (Abs. 2)	15
C. Rechtsfolge	11	III. Weitergehende Informationspflichten?	17
		D. Abdingbarkeit	19

A. Allgemein

I. Normzweck

§ 154 knüpft an die Tatsache an, dass Lebensversicherungen üblicherweise mit einer **Überschussbeteiligung** 1 (§ 153) ausgestattet sind, die sich daraus ergibt, dass der VR aus aufsichtsrechtlichen Gründen (§ 138 I VAG = § 11 VAG a.F.) die verbindlich zugesagten Leistungen zwar sehr vorsichtig kalkulieren muss, die VN dafür aber an den daraus resultierenden Überschüssen, die natürlich vertraglich nicht garantiert werden, angemessen zu beteiligen sind (§ 140 II VAG, Mindestzuführungsverordnung[1]). Da der VN den denkbaren Umfang dieser Überschussbeteiligung und damit auch den Umfang der erwarteten Gesamtleistungen auch nicht annähernd selbst schätzen kann, hat er regelmäßig ein erhebliches Interesse daran, hierüber vor Vertragsschluss vom VR aufgeklärt zu werden. Umgekehrt hat natürlich auch der VR ein Interesse daran, mit derartigen Informationen die Leistungsfähigkeit seines Produktes herauszustellen.[2] § 154 ist neu, d.h. entsprechende Beispielrechnungen waren bisher gesetzlich nicht geregelt. Die Beispielrechnungen der VR sind jedoch aus Sicht des Gesetzgebers in besonderem Maße missbrauchsanfällig,[3] da der VR u.U. eine zu optimistische Prognose vorlegt, während der VN, der eine realistische Einschätzung erwartet, auf diese Zahlen vertraut, ohne zu berücksichtigen, dass es sich naturgemäß nur um ganz grobe Schätzungen handeln kann.[4]

§ 154 schreibt deshalb zum Schutz der VN eine gesetzlich normierte Modellrechnung vor, die einerseits mög- 2 lichst realistisch und vertretbar informiert, gleichzeitig eine Basis für den Vergleich von ähnlichen Produkten unterschiedlicher VR schafft und dem VN durch die Art der Darstellung[5] zusammen mit weiteren verbalen Hinweisen verdeutlicht, dass es sich bei den Zahlen um unverbindliche Prognosen und nicht um verbindliche Ansprüche handelt.[6]

Aufgrund des extremen Niedrigzinsumfeldes[7], dem die VR ebenso wie die VN wirtschaftlich nicht entgehen 3 können, sind die Überschüsse bereits in den letzten Jahren gesunken und werden wohl auch noch weiter sinken. Es steht sogar zu erwarten, dass VR aufgrund erheblicher Zinsrisiken aus der Vergangenheit längere Zeit gar keine Überschussbeteiligung gewähren können. In dieser Situation entfalten die Modellrechnung und die Hinweise nach Abs. 2 gleichzeitig auch einen Schutz der VR, denn man wird ihnen nunmehr nicht mehr vorwerfen können, sie hätten mit überhöhten Renditen geworben und damit ihre Beratungspflichten verletzt, nur weil sich der Kapitalmarkt anders als insgeheim erhofft entwickelt hat. Es muss ausreichen, dass der VN den Unterschied zwischen garantierten (= vertraglich zugesagten) Versicherungsleistungen und der nicht garantierten Überschussbeteiligung versteht, die Überschussbeteiligung also u.U. auch auf Null sinken kann.

II. Anwendungsbereich

Anknüpfungspunkt für § 154 ist die übliche Überschussbeteiligung in der Lebensversicherung; der Anwen- 4 dungsbereich beschränkt sich damit auf Vertragsarten der Lebensversicherung, bei denen die Überschussbeteiligung nach § 153 ein »erhebliches wirtschaftliches Gewicht« hat.[8] Deshalb schließt bereits § 154 I 2 die Risikolebensversicherungen als wichtigen Fall der Risikoversicherungen wie auch die fondsgebundenen Lebensversicherungen i.S.d. § 124 II 2 VAG aus dem Anwendungsbereich aus, da zwar auch bei diesen Verträgen eine Überschussbeteiligung i.S.d. § 153 üblich ist, diese dort jedoch keine große wirtschaftliche Bedeutung hat. § 154 gilt deshalb auf jeden Fall für die klassischen kapitalbildenden Lebensversicherungen wie auch für die Rentenversicherungen. Zur Behandlung von sog. Hybridprodukten gibt es wohl noch keine eindeutige Auffassung. Hybridprodukte beinhalten üblicherweise eine Mischung aus konventionellen (Kapitalleben- oder Renten-)Versicherungen und fondsgebundenen Versicherungen, wobei bei dem fondsgebundenen Teil auch in Garantiefonds investiert wird. § 154 könnte für den Anteil der konventionellen Lebensversicherung anwendbar sein, wenn man insoweit Berechnungen zu möglichen Überschüssen dem VN vorgelegt hat. Vom Produktansatz her ist dies nicht wahrscheinlich, da der konventionelle Anteil eher für die Garantieleistungen steht, wäh-

---

1 Für Details vgl. § 153 Rdn. 11, 33.
2 Begr. RegE BT-Drucks. 16/3945 S. 52.
3 Begr. RegE. BT-Drucks. 16/3945 S. 52.
4 VVG-Kommission Abschlussbericht 2004 (VersR-Schriftenreihe Heft 25), S. 122; die Komission hatte bereits einen Vorschlag vorgelegt.
5 VVG-Kommission Abschlussbericht 2004 (VersR-Schriftenreihe Heft 25), S. 123.
6 Begr. RegE BT-Drucks. 16/3945 S. 97.
7 Zu den Auswirkungen des Niedrigzinsumfeldes auf die Überschussbeteiligung vgl. § 153 Rdn. 18 ff.
8 Begr. RegE BT-Drucks. 16/3945 S. 97.

rend sich die Renditechancen auf den Fondsanteil beziehen.[9] Am Ende wird man fragen müssen, ob die Überschussbeteiligung nach § 153 im Verhältnis zur Gesamtleistung wie auch zu den erhofften Wertsteigerungen im Fondsbereich voraussichtlich von erheblicher Bedeutung sein wird bzw. sein soll.[10]

5 Besonderheiten gelten bei Lebensversicherungsverträgen nach dem AltZertG, also für die sog. Rürup- und Riesterverträge. Für diese schreibt § 7 II 2, 3 AltZertG vor, dass keine Modellrechnungen durchzuführen sind und dem individuellen Produktinformationsblatt auch nicht zusätzlich beigefügt werden dürfen. Zur Rechtslage bis zum 01.07.2013 nach § 7 II 2, 3 u. § 7 I 2 Nr. 2 AltZertG vgl. die 2. Aufl.

6 Da § 154 bei Risikoversicherungen nicht anwendbar ist, muss auch bei der Berufsunfähigkeitsversicherung und bei der Unfallversicherung keine Modellrechnung vorgelegt werden; etwas anderes gilt wohl für die Unfallversicherung mit Beitragsrückgewähr, soweit der Überschussbeteiligung[11] dort ein entsprechendes Gewicht zukommt.[12] Für die Berufsunfähigkeitsversicherung könnte dies aufgrund des Verweises von § 176 auch auf § 154 fraglich sein. Tatsächlich handelt es sich hierbei um eine Erweiterung der klassischen Risikotarife auf Rentenleistungen,[13] so dass die Sparkomponente und die Überschussbeteiligung keine wesentliche Bedeutung haben. Diese Einschätzung für die Unfallversicherung wird i.E. auch durch § 2 V VVG-InfoV bestätigt, da die Regelung des § 2 III VVG-InfoV über die bei der Modellrechnung nach § 154 anzuwendenden Zinssätze nicht für entsprechend anwendbar erklärt wird. § 2 IV VVG-InfoV lässt diese Frage für die Berufsunfähigkeitsversicherung ähnlich wie § 176 offen.

7 Die Einschränkung des Anwendungsbereichs auf die Versicherungsverträge, in denen der VN Verbraucher ist, findet im Gesetz keinen Anhaltspunkt und ist nach Sinn und Zweck auch im Bereich der betrieblichen Altersversorgung nicht geboten.[14] Selbst wenn der Arbeitgeber z.B. die Direktversicherung zugunsten des Arbeitnehmers abschließt, zeigt § 1a BetrAVG – Anspruch auf betriebliche Altersversorgung durch Entgeltumwandlung –, dass der Arbeitnehmer an entsprechenden Lebensversicherungsverträgen in den meisten Fällen nicht unbeteiligt ist und alleine schon deshalb die durch § 154 eröffneten Vergleichsmöglichkeiten erhalten sollte, auch wenn er sie häufig vielleicht nicht verwendet. Umgekehrt erkennt man aus § 211 II für die regulierten Pensionskassen, dass der Gesetzgeber § 154 auch insoweit insgesamt für anwendbar erachtet, obwohl es sich um bAV handelt.

B. Tatbestand
I. Bezifferte Angaben

8 Voraussetzung sind einmal bezifferte Angaben zur Höhe von möglichen Leistungen über die vertraglich garantierten Leistungen hinaus, also betragsmäßige Angaben zu den Auswirkungen der Überschussbeteiligung auf die jeweiligen vertraglichen Leistungen und deren Entwicklung im Laufe der Zeit. Nicht ausreichend sind damit Hinweise auf die bestehende Überschussbeteiligung als solche oder deren Erläuterung etwa in den Informationen nach § 2 I Nr. 3, 6 VVG-InfoV sowie etwa Angaben zu den garantierten Leistungen.

II. Zusammenhang mit dem Angebot oder dem Abschluss einer Lebensversicherung

9 Erforderlich ist weiterhin ein Zusammenhang der bezifferten Angaben mit Angebot oder Abschluss eines Versicherungsvertrages, wobei wohl auch eine Erhöhung von Versicherungssummen gemeint ist. Es ist dabei unerheblich, aus welchem Grund die Angaben gemacht worden sind. Die Art des Zusammenhangs wird deutlich, wenn man berücksichtigt, dass die bezifferten Angaben zur Überschussbeteiligung über die vertraglich garantierten Leistungen hinaus gemacht werden müssen. Erforderlich sind also Zahlen, die sich auf ein konkretes Versicherungsprodukt und einen konkreten Versicherungsvertrag beziehen, wobei der Inhalt des Versicherungsvertrages bereits durch die (garantierte) Versicherungssumme und damit durch die Höhe der Beiträge, der Laufzeit und damit der anwendbaren Rechnungsgrundlagen konkretisiert sein muss.[15] Damit scheiden also alle Angaben aus, die ohne Bezug zu einem solchen Produkt und Vertrag nur allgemein über mögliche zukünftige oder frühere Ablaufleistungen, Renditen, Rentenentwicklungen u.a. beim konkreten VR oder in der Branche informieren. Bei Werbematerial ist entsprechend zu unterscheiden, ob es sich nur um allgemeine produktbezogene Angaben handelt, etwa mit Beispielsrechnungen, die noch keine Modellrechnung nach § 154 auslösen oder ob es sich um Unterlagen für einen speziellen VN unter Berücksichtigung konkreter Vertragsdaten handelt. Im Übrigen ist kein enger zeitlicher Zusammenhang mit dem Vertragsschluss erforderlich.

---

9 Von einem anderen Ansatz gehen wohl Marlow/Spuhl/*Grote*, Rn. 1051 und PK/*Ortmann*, § 154 Rn. 3a aus: Umfang der Garantie sei entscheidend.
10 Ähnlich HK-VVG/*Brambach*, § 154 Rn. 3.
11 Vgl. § 153 Rdn. 9.
12 Ebenso PK/*Ortmann*, § 154 Rn. 4, 5 sowie P/M/*Reiff*, § 154 Rn. 2 u. HK-VVG/*Brambach*, § 154 Rn. 4 zur Berufsunfähigkeitsversicherung.
13 *Führer/Grimmer*, S. 191.
14 Ebenso P/M/*Reiff*, § 154 Rn. 3 u. PK/*Ortmann*, § 154 Rn. 5a; a.A. HK-VVG/*Brambach*, § 154 Rn. 6.
15 PK/*Ortmann*, § 154 Rn. 6a.

Theoretisch könnten auch Angaben aus Werbeprospekten genügen, wenn sie ausreichend konkret sind und im Rahmen eines Vertragsabschlusses verwendet werden.

III. Bezifferte Angaben durch den VR

Ausreichend ist jede Art von Angaben (mündlich, schriftlich, Broschüren u.a.) und zwar grundsätzlich auch unabhängig davon, von wem sie übermittelt werden: vom VR direkt, von einem Versicherungsvertreter oder einem Makler oder auch über ein Online-Portal. Nach dem Gesetzeswortlaut sind vom VR autorisierte produkt- und vertragsbezogene Angaben erforderlich, die zur Kenntnis des VN gelangen. Es ist nicht erkennbar, warum an dieser Stelle zwischen dem Versicherungsvertreter und dem Makler zu unterscheiden ist, soweit der VR sie mit den Informationen bzw. ihnen entsprechenden Computerprogrammen zur Ermittlung der relevanten Daten ausgestattet hat,[16] was selbst bei großen Maklern die Regel sein dürfte. Es ergeben sich auch keine Besonderheiten bei Abschluss eines Lebensversicherungsvertrages über ein Online-Portal, da der VR seinen eigenen Modellrechnungen problemlos auch die gesetzlich vorgegebene normierte Modellrechnung beifügen kann. Da die bezifferten Angaben, die eine Modelrechnung nach § 154 auslösen, einen konkreten Produkt- und Vertragsbezug erfordern, sollte auch gewährleistet sein, dass nur autorisierte Stellen, die ein konkretes Angebot erstellen können, entsprechende werbliche Angaben machen und den VR anschließend darüber informieren, soweit die Modellrechnung nicht sofort, wie etwa beim Online-Portal, mitgeliefert wird.

C. Rechtsfolge

I. Modellrechnung

Bei entsprechenden unternehmensindividuellen Modellrechnungen – bezifferte Angaben – hat der VR dem VN eine Modellrechnung zu übermitteln, die die mögliche Ablaufleistung auf der Grundlage der Rechnungsgrundlagen für die Prämienkalkulation mit drei verschiedenen Zinssätzen darstellt. Anzuwenden ist gem. § 2 III Nr. 1 VVG-InfoV einmal der Höchstrechnungszinssatz gem. § 2 I DeckRV, multipliziert mit 1,67. Momentan ergibt sich hieraus bei einem Höchstrechnungszinssatz von 1,25 % ein Zinssatz für die Modellrechnung in Höhe von 2,09 %.[17] Während das langfristige Zinsniveau früher bei 4 % und höher lag, liegt es seit einigen Jahren sogar unterhalb des genannten mittleren Zinssatzes der Modellrechnung. Um die mögliche Bandbreite der Überschussbeteiligung anzudeuten, ist der so ermittelte Zinssatz einmal zum Zwecke der Modellrechnung um einen Prozentpunkt zu erhöhen, aktuell also auf 3,09 % sowie um einen Prozentpunkt zu vermindern, also auf 1,09 %. Nach § 4 III VVG-InfoV ist im Übrigen im Produktinformationsblatt auf die vom VR zu übermittelnde Modellrechnung hinzuweisen.

Die Bedeutung der Rechnungsgrundlagen für die Prämienkalkulation sowie der beschriebenen Zinssätze für die Modellrechnung erschließt sich aus dem Gesetzeswortlaut nicht ohne weiteres sofort. Der Rechnungszinssatz ist als Teil der Rechnungsgrundlagen Bestandteil der Prämienkalkulation. Dieser Rechnungszinssatz der Prämienkalkulation kann vom Höchstrechnungszinssatz gem. § 4 DeckRV abweichen, tut es in der Praxis meistens nicht. Es handelt sich hierbei um einen Diskontierungsfaktor, mit dem die zum Zeitpunkt des Vertragsabschlusses im Zeitablauf erwarteten unterschiedlichen Zahlungsströme (Prämien des VN und Leistungen des VR) vergleichbar gemacht werden. Es gilt insoweit das versicherungsmathematische Äquivalentprinzip, d.h. der Prämienbarwert hat gleich dem Leistungsbarwert zu sein.[18] Dieser Diskontierungsfaktor beschreibt gleichzeitig die langfristigen Garantien einer Mindestverzinsung des eingesetzten Kapitals durch den VR. Eine Veränderung dieses Diskontierungsfaktors im Rahmen der Prämienkalkulation würde i.E. nicht zur Ermittlung einer möglichen Überschussbeteiligung führen, sondern nur zu einer Veränderung der Prämien selbst, die gerade durch den Vertrag zusammen mit der Versicherungssumme festgelegt werden. Ausgangspunkt für die Anwendung der Zinssätze in der Modellrechnung ist also nicht die Prämienkalkulation als solche, sondern ein bestimmter feststehender Teil daraus, nämlich die Netto-Prämie oder der Sparanteil. Die Summe dieser Sparanteile wird im Rahmen der Modellrechnung (grob) z.B. im Fall der gemischten kapitalbildenden Lebensversicherung auf das Vertragsende aufgezinst. Die in § 2 III VVG-InfoV vorgegebenen Zinssätze sollen also die möglichen Ablaufleistungen, bestehend aus der garantierten Versicherungssumme und den Gesamtüberschüssen andeuten. Die drei Zinssätze beschreiben die Spanne der möglichen Gesamtverzinsung der Netto-Prämien bzw. des Sparanteils. Die Modellrechnung beschreibt i.E. nicht, aus welchen Quellen die Ablaufleistung und damit auch die Überschüsse gespeist werden. Ebenso wenig sind ausdrückliche Aussagen zu den Kosten oder den Rechnungsgrundlagen erforderlich.

Auch ohne diese Angaben ermöglicht die Modellrechnung dem VN auf einfachem Weg einen Vergleich der Versicherungsprodukte unterschiedlicher Anbieter, indem er auf der Basis der Höhe der von ihm zu zahlenden Brutto-Prämien die jeweilige Spanne der Ablaufleistungen der einzelnen VR – bei sonst gleichen Ver-

---

16 Wie hier PK/Ortmann, § 154 Rn. 6a, a.A. HK-VVG/*Brambach*, § 154 Rn. 14; P/M/*Reiff*, § 154 Rn. 7; L/W/*Heiss*, § 154 Rn. 10.
17 Der Höchstrechnungszins sinkt voraussichtlich im Jahre 2017 auf 0,90 %.
18 *Führer/Grimmer*, S. 58.

tragsbedingungen – vergleicht. Die Unterschiede ergeben sich bei den einzelnen Anbietern durch unterschiedlich hohe kalkulierte Kosten.[19]

14 Die Modellrechnung ist dem VN zu übermitteln. Dies hat gem. § 7 I in Textform zu erfolgen, da die Modellrechnung eine der Informationen der VVG-InfoV (vgl. § 7 II Nr. 2) ist, auch wenn die Grundlage für die Modellrechnung § 154 darstellt. Unternehmensindividuelle Berechnungen bleiben möglich.[20]

II. Hinweispflicht (Abs. 2)

15 Selbst bei dieser gesetzlich normierten Modellrechnung, die aufgrund ihrer Realitätsnähe keinem Missbrauchsverdacht ausgesetzt ist, besteht noch die Gefahr, dass ein VN daraus fälschlicherweise konkrete vertragliche Ansprüche ableitet.[21] Um dies zu vermeiden, ist die Bedeutung der Modellrechnung noch explizit weiter dahin zu erläutern, dass es sich bei der Modellrechnung nur um eine Prognose auf der Basis von fiktiven zukünftigen Annahmen handelt und dass der VN aus der Modellrechnung keine gegenüber den garantierten Beträgen weitergehenden Ansprüche ableiten kann. Dieser Hinweis muss klar und verständlich sein, muss also die Erfordernisse des § 307 I 2 BGB hinsichtlich der Transparenz erfüllen.

16 Übermittelt der VR die erforderliche Modellrechnung nach § 154 nicht, sind Schadensersatzansprüche des VN möglich, wenn er auf die bezifferten Angaben zur Höhe der möglichen Leistungen vertraut hat und deshalb günstigere Angebote anderer VR gerade nicht angenommen hat oder man auf der Grundlage der bisherigen Rspr. von einem Verstoß gegen Informationspflichten[22] ausgehen muss. Unterlässt der VR demgegenüber bei der Modellrechnung nur die nach Abs. 2 erforderlichen Hinweise auf die Unverbindlichkeit, könnte man daran denken, dass eine Auslegung der Modellrechnung dahin erfolgt, dass die Ablaufleistung durch vertragliche Ansprüche garantiert wird.[23] Eine dahingehende Interpretation dürfte in der Praxis regelmäßig jedoch daran scheitern, dass in der Berechnung eine Spanne von Ablaufleistungen dargestellt wird, die Unsicherheit und Unverbindlichkeit also gerade auch durch die Modellrechnung selbst zum Ausdruck gebracht wird,[24] sodass eigentlich kein Vertrauenstatbestand entstehen kann.

III. Weitergehende Informationspflichten?

17 Die Bedeutung des § 154 dürfte jedoch noch weiter gehen. Zu denken ist hier einmal an die Fälle, in denen ein VR Beispielsrechnungen zur Überschussbeteiligung oder zur Höhe der Ablaufleistung, gegebenenfalls noch mit Hinweisen zu Vergangenheitsrenditen vorgelegt hat, man im Nachhinein jedoch in der Verwendung derartiger Modellrechnungen dann eine Verletzung der Informationspflichten annahm, weil der VR wegen Veränderungen am Kapitalmarkt schon im Zeitpunkt der Verwendung der Modellrechnungen wusste oder hätte wissen müssen, dass die in den Berechnungen genannten Zahlen nicht mehr erreichbar sind.[25] Man muss sich fragen, wie solche Fälle in Zukunft bei Vorliegen einer normierten Modellrechnung mit den Hinweisen auf die Unverbindlichkeit nach Abs. 2 zu entscheiden sind, da natürlich auch in der Vergangenheit der Hinweis auf die Unverbindlichkeit vorhanden war. § 154 konkretisiert die Informationspflicht des VR, sodass es in Zukunft nur sehr schwer möglich sein dürfte, ihm wegen Veränderungen auf den Kapitalmärkten eine Verletzung dieser gesetzlich normierten Informationspflicht, auf die er also gerade keinen Einfluss hat, vorzuwerfen. Dies entspricht wohl auch der Auffassung der BaFin, die das Rundschreiben R 2/2000[26] aufgehoben hat.[27] Die ausdrückliche Unverbindlichkeit der Modellrechnung wie auch die dargestellte Spanne zerstören wohl regelmäßig auch das Vertrauen in weitere unternehmensindividuelle Berechnungen.[28]

18 Anders sind nach hier vertretener Ansicht auch nicht die Fälle zu behandeln, in denen der VR für seine Modellrechnungen aus Sicht des VN überholte Sterbetafeln und damit zu optimistische Rechnungsgrundlagen verwendet hat.[29] Entscheidend ist nunmehr, bis zu welchem Zeitpunkt der VR für seine Prämienkalkulation die alten Sterbetafeln ohne Gefahr des Verlustes des Prämienanpassungsrechts nach § 163 I 2 verwenden darf. Bis zu diesem Zeitpunkt kann der VR von Gesetzes wegen die Rechnungsgrundlagen und damit auch die bisherigen Sterbetafeln für die Modellrechnung verwenden. Eine Verletzung der Informationspflicht scheidet damit in Zukunft bereits auf der Grundlage des Gesetzeswortlautes des § 154 I regelmäßig aus. Etwas anderes gilt wohl nur, wenn durch die zu ändernde Sterbetafel die in der Modellrechnung skizzierte Bandbreite der

---

19 PK/*Ortmann*, § 154 Rn. 9.
20 Begr. RegE BT-Drucks. 16/8869 S. 97.
21 VVG-Kommission Abschlussbericht 2004 (VersR-Schriftenreihe Heft 25), S. 123; vgl. auch die Entscheidungen des Ombudsmann v. 22.08.2003 (AZ.:1720/2003) und v. 25.08.2009 (AZ.: 1752/2003).
22 R/L/*Römer*^{2}, § 159 Rn. 6.
23 HK-VVG/*Brambach*, § 154 Rn. 25.
24 VVG-Kommission Abschlussbericht 2004 (VersR-Schriftenreihe Heft 25), S. 123, 386.
25 R/L/*Römer*^{3}, § 154 Rn. 13; vgl. auch die in § 153 Rdn. 18 ff. angesprochenen Fälle der Garantierente, Clerical Medical und Equitable Life.
26 VerBAV 2000, 252.
27 Vgl. R/L/*Langheid*, § 154 Rn. 14.
28 Zur bisherigen Rspr. vgl. PK/*Ortmann*, § 154 Rn. 17.
29 OLG Düsseldorf VersR 2001, 705.

Überschussbeteiligung erheblich unterschritten wird, was bei den Änderungen der Sterbetafeln in der Vergangenheit wohl nicht der Fall war.

D. Abdingbarkeit

Die Vorschrift ist gem. § 171 Satz 1 halbzwingend, von ihr kann nicht zum Nachteil des VN der versicherten Person oder des Eintrittsberechtigten abgewichen werden. **19**

§ 155 Jährliche Unterrichtung.
Bei Versicherungen mit Überschussbeteiligung hat der Versicherer den Versicherungsnehmer jährlich in Textform über die Entwicklung seiner Ansprüche unter Einbeziehung der Überschussbeteiligung zu unterrichten. Ferner hat der Versicherer, wenn er bezifferte Angaben zur möglichen zukünftigen Entwicklung der Überschussbeteiligung gemacht hat, den Versicherungsnehmer auf Abweichungen der tatsächlichen Entwicklung von den anfänglichen Angaben hinzuweisen.

Übersicht

	Rdn.		Rdn.
A. Allgemein	1	III. Hinweise bei Abweichungen gegenüber unternehmensindividuellen Modellrechnungen (Satz 2)	8
I. Normzweck und Entstehungsgeschichte	1		
II. Anwendungsbereich	3		
B. Tatbestand	4	C. Rechtsfolgen	9
I. Jährliche Unterrichtung	4		
II. Informationen über die Entwicklung der Ansprüche und der Überschussbeteiligung (Satz 1)	5		

A. Allgemein

I. Normzweck und Entstehungsgeschichte

§ 155 führte für die VR keine vollkommen neue Verpflichtung zur jährlichen Unterrichtung der VN ein, sondern knüpft an die früheren Regelungen in § 10a I VAG a.F. i.V.m. Anl. D I, II über die Erteilung von Verbraucherinformationen während der Laufzeit des Versicherungsvertrages an, die sich heute mit weitgehend identischem Inhalt in den §§ 1, 2 und 6 der VVG-InfoV befinden. Sowohl § 10a I VAG a.F. wie die VVG-InfoV dienen ihrerseits der Umsetzung insbes. der RiLi 2002/83/EG des Europäischen Parlaments und des Rates vom 05. November 2002 über Lebensversicherungen[1] bzw. nunmehr der Solvabilität-II-RiLi.[2] Nach § 6 I Nr. 2 VVG-InfoV sind nur Änderungen bestimmter vor Abschluss des Versicherungsvertrages zu erteilender Informationen mitzuteilen, »sofern sie sich aus Änderungen von Rechtsvorschriften ergeben«; nach Nr. 3 sind zusätzlich jährliche Mitteilungen über den Stand der Überschussbeteiligung erforderlich. **1**

Vor diesem Hintergrund sollte der von der VVG-Kommission im Abschlussbericht vorgeschlagene Entwurf des § 147 den Interessen der VN Rechnung tragen, indem während der regelmäßig langen Vertragslaufzeiten Klarheit über den Stand und die Entwicklung der vertraglichen Ansprüche hergestellt wird, was die **VVG-Kommission** bis dahin nur unzureichend erfüllt sah.[3] In der Begründung der Kommission heißt es dann ausdrücklich: »Deshalb soll in § 147 E [...] eine jährliche Unterrichtung vorgeschrieben und deren Mindestinhalt festgelegt werde. Dabei soll der VR unter Einbeziehung der Überschussbeteiligung **Angaben über die Todesfallleistung, den Rückkaufswert, den erreichten Stand der Erlebensfallleistung und die prämienfreie Versicherungssumme machen.**«[4] § 155 des Gesetzentwurfes übernimmt anschließend den Wortlaut des § 147 des Kommissionsentwurfs in weitem Umfang, bestätigt also das schützenswerte Interesse der VN, lässt jedoch die Konkretisierung der mitzuteilenden Informationen im Entwurf des Gesetzestextes weg, während die Begründung des Gesetzentwurfs wegen der erforderlichen Erweiterung und Präzisierung der Angaben der Anlage D II zu § 10a VAG ausdrücklich auf die neue VVG-InfoV verweist[5]. Dementsprechend ordnet § 7 III ausdrücklich an, dass die VVG-InfoV zu bestimmen hat, was der VR hinsichtlich der Entwicklung der Ansprüche des VN mitteilen muss. In § 6 I Nr. 2 und 3 VVG-InfoV finden sich jedoch heute im Wesentlichen nur die bereits aus der Anlage D zu § 10a VAG a.F. bekannten bereits angesprochenen Informationspflichten, so dass § 155 Satz 1, also die Unterrichtung der VN über die Entwicklung ihrer Ansprüche, in der VVG-InfoV nicht weiter konkretisiert worden ist. **2**

---

1 Abl. EG Nr. L 345 S. 1.
2 RiLi 2009/138/EG des Europäischen Parlaments und des Rates v. 25.11.2009 betreffend die Aufnahme und Ausübung der Versicherungs- und Rückversicherungstätigkeit (Solvabilität II), ABl. EU 2009 L 335/1.
3 VVG-Kommission Abschlussbericht 2004 (VersR-Schriftenreihe Heft 25), S. 124.
4 Hervorhebung durch den Verfasser.
5 Begr. RegE BT-Drucks. 16/3945 S. 97.

II. Anwendungsbereich

3 Die jährliche Unterrichtung hat nach Satz 1 bei Versicherungsverträgen mit Überschussbeteiligung zu erfolgen, und zwar auch bei Altverträgen; eine weitere Einschränkung enthält der Gesetzeswortlaut, der damit an § 153 I anknüpft, nicht. Die Norm ist deshalb grundsätzlich auch bei Risikolebensversicherungen anwendbar,[6] soweit es aus Sicht der VN relevante Informationen zur Entwicklung der vertraglichen Ansprüche oder zur Überschussbeteiligung gibt. Wie z.B. die GDV-Musterbedingungen zur Risikolebensversicherung 2016 in § 2 III lit. c), Fn. 8 zur Überschussbeteiligung zeigen, entscheidet jeder VR selbst über die Form und Verwendung der Überschussanteile. Wenn deshalb im Einzelfall auf Grund der Tarifkalkulation mangels für den VN relevanter Informationen (Veränderungen) kein Anlass[7] für ein Informationsschreiben besteht, kann dieses unterbleiben, ändert an der grundsätzlichen Anwendbarkeit des § 155 auf Risikoversicherungen jedoch nichts. Die Anwendbarkeit des § 155 auf die Berufsunfähigkeitsversicherung und die Unfallversicherung mit Prämienrückgewähr ist umstritten.[8] Da § 161 VAG den Lebensversicherungsteil und die Überschussbeteiligung der Unfallversicherung mit Prämienrückgewähr (s. Rdn. 9) deutlich hervorhebt, ist die Anwendbarkeit des § 155 und des § 6 I Nr. 3 VVG-InfoV heute zu bejahen.

B. Tatbestand

I. Jährliche Unterrichtung

4 Der VN ist jährlich über die tatsächliche Entwicklung des Lebensversicherungsvertrages zu unterrichten. Die Information hat in Textform zu erfolgen, nach § 126b BGB also in einer Urkunde oder auf eine andere zur dauerhaften Wiedergabe in Schriftzeichen geeigneten Weise, die den VR als Erklärenden benennt und den Abschluss erkennbar macht. Anders als im Entwurf der VVG-Kommission normiert das Gesetz weder den Stichtag für die jährlichen Angaben – z.B. Ende des letzten abgelaufenen Versicherungsjahres –, noch den Zeitrahmen, in dem die Unterrichtung zu erfolgen hat. Jeder VR hat insoweit also einen großen eigenen Gestaltungsspielraum. Aufgrund der erforderlichen Transparenz und Verständlichkeit der Mitteilung wird man jedoch fordern müssen, dass der einmal gewählte Stichtag in Zukunft beibehalten wird, um einen Vergleich der Daten im Zeitablauf zu ermöglichen und damit auch die Entwicklung wenigstens annähernd nachvollziehbar zu machen.

II. Informationen über die Entwicklung der Ansprüche und der Überschussbeteiligung (Satz 1)

5 § 6 I Nr. 2 VVG-InfoV erfordert Informationen des VR an den VN nur im Falle von Änderungen von bestimmten in den §§ 1 I, 2 I VVG-InfoV genannten Angaben, sofern sie sich aus Änderungen von Rechtsvorschriften ergeben. Darüber hinaus ist nach § 6 I Nr. 3 VVG-InfoV bei Verträgen mit Überschussbeteiligung alljährlich eine Information über den **Stand der Überschussbeteiligung**[9] sowie Informationen darüber, inwieweit diese Überschussbeteiligung garantiert ist, erforderlich. Anders als in § 155 i.V.m. § 7 III vorgesehen, enthält die VVG-InfoV damit keine Vorgaben, welche Informationen hinsichtlich der **Entwicklung der Ansprüche** des VN jährlich zu erteilen sind. In der Literatur finden sich entsprechend verwirrende Aussagen, über welche konkreten Ansprüche jährlich zu informieren ist, z.B. über Ablaufleistung im Todes- und Erlebensfall[10] oder im Rahmen einer detaillierten Darstellung über die Entwicklung des Deckungskapitals, der Rückkaufswerte und der Effektivverzinsung.[11]

6 Man kann die Frage, worüber konkret zu berichten ist, einmal aufgrund wirtschaftlicher Überlegungen beantworten, wenn man nämlich berücksichtigt, dass sich die **Ansprüche eines Lebensversicherungsvertrages im Laufe der Zeit hauptsächlich durch die Überschussbeteiligung verändern.** In den AVB der kapitalbildenden Lebensversicherungen finden sich im Rahmen der Erläuterungen zur Durchführung der Überschussbeteiligung einmal die verzinsliche Ansammlung sowie zum zweiten der Summenzuwachs oder Bonus; beide führen jeweils zu einer Erhöhung der Versicherungsleistungen. Im ersten Fall werden die Gewinnanteile – ähnlich wie bei einem Sparkonto – als separate Verbindlichkeit (§ 28 IV RechVersV) angesammelt und bei Ablauf, Tod oder Rückkauf zusätzlich zur Versicherungssumme bzw. zum Rückkaufswert ausgezahlt. Bei Ren-

---

[6] A.A. HK-VVG/*Brambach*, § 155 Rn. 2; P/M/*Reiff*, § 155 Rn. 2; R/L/*Langheid*, § 155 Rn. 3; B/M/*Winter*, § 155 Rn. 5; wie hier PK/*Ortmann*, § 155 Rn. 2 sowie L/W/*Heiss*, § 155 Rn. 7; ähnlich FAKomm-VersR/*Höra/Leithoff*, § 155 Rn. 2.

[7] In der Risikolebensversicherung ist die tatsächliche Prämie häufig geringer als der kalkulierte Tarifbeitrag, da dieser um eine vorweggenommene Überschussbeteiligung reduziert wird. In einem derartigen Fall besteht also tatsächlich häufig keine Notwendigkeit für eine Mitteilung nach Satz 1, da der VN zwar eine Überschussbeteiligung erhält, während sich gleichwohl die Prämie wie auch die Ansprüche aus der Versicherung nicht ändern.

[8] P/M/*Lücke*, § 176 Rn. 5; L/W/*Dörner*, § 176 Rn. 12 sehen § 155 auf die Berufsunfähigkeitsversicherung anwendbar; HK-VVG/*Brambach*, § 155 Rn. 2 u. P/M/*Reiff* § 155 Rn. 2 auf keine der genannten Versicherungen, § 6 I Nr. 3 VVG-InfoV ist nach Auffassung von *Reiff* auf beide Versicherungen anwendbar.

[9] Die Überschussbeteiligung besteht nach § 153 I aus der Beteiligung am Überschuss (§ 153 II) und den Bewertungsreserven (§ 153 III). Folglich ist auch über die Beteiligung an den Bewertungsreserven zu berichten; anderes gilt gem. § 211 II Nr. 2 nur für Sterbekassen, vgl. die Auslegungshinweise der BaFin vom 28.05.2008 (VA 21 – A – 2008/0033).

[10] HK-VVG/*Brambach*, § 155 Rn. 4; P/M/*Reiff*, § 155 Rn. 3.

[11] PK/*Ortmann*, § 155 Rn. 3.

tenversicherungsverträgen werden die während der Aufschubzeit angesammelten Guthaben zur Erhöhung der garantierten Rente verwendet oder zu Rentenbeginn ausgezahlt. Im zweiten Fall wird aus dem jährlich zugeteilten Gewinn eine zusätzliche Versicherungssumme (sowohl Todes- als auch Erlebensfall) oder Rente gegen Einmalbetrag gebildet, wobei die Versicherungsleistungen dann jeweils zusammen fällig werden.[12] Im Ergebnis erhöhen sich bei der kapitalbildenden Lebensversicherung bzw. Rentenversicherung **durch die Überschussbeteiligung nicht nur die Todes- und Erlebensfallleistungen, sondern auch der Rückkaufswert und die beitragsfreie Versicherungssumme**, wie von der VVG-Kommission hervorgehoben. Da der VN vor Vertragsabschluss hierüber zu informieren ist (§ 1 Nr. 6 lit. b); § 2 Nr. 4, 5 und 6 VVG-InfoV), erwartet man, dass entsprechende Informationen auch während der Vertragslaufzeit erfolgen, soweit sich Veränderungen bzw. hier Erhöhungen ergeben.[13] Der Wortlaut des § 155, der insoweit nur von (vertraglichen) Ansprüchen spricht, lässt diese am Sinn und Zweck orientierte Interpretation ohne weiteres zu.

Eine andere Auslegung verbietet sich im Übrigen aber auch im Hinblick auf Art. 36 II i.V.m. Anlage III B b 2 der RiLi 2002/83/EG des Europäischen Parlaments und des Rates vom 05. November 2002 über Lebensversicherungen,[14] die sich nunmehr nahezu inhaltsgleich in Art. 185 der Solvabilität II-RiLi befinden, da nur diese Interpretation richtlinienkonform[15] die Vorgaben über die Informationspflichten umsetzt. Danach muss der VN »alle Angaben gemäß a.4 bis a.12 des Teil A im Fall eines Zusatzvertrages« erhalten.[16] Diese Variante ist in § 6 I Nr. 2 VVG-InfoV erkennbar nicht umgesetzt worden. In der Begründung zu § 6 VVG-InfoV heißt es insoweit ausdrücklich: »Allerdings besteht die Verpflichtung zur Erteilung der geänderten Angaben auch weiterhin nur, sofern diese sich aus Änderungen von Rechtsvorschriften ergeben«, ohne dass aber eine Begründung für das Fortlassen der ersten Alternative »Zusatzvertrag« des Richtlinientextes gegeben wird. Das Wort Zusatzvertrag ist hier möglicherweise missverständlich. Bei der Auslegung von Gemeinschaftsrecht, dass ja in vielen Sprachen abgefasst ist, und in der alle Fassungen gleichermaßen verbindlich sind, besteht deshalb die Notwendigkeit, die verschiedenen sprachlichen Fassungen miteinander zu vergleichen.[17] Die Bedeutung des Begriffs Zusatzvertrag wird deshalb klarer, wenn man z.B. den englischen oder französischen Richtlinientext beizieht. In der englischen Version heißt es übersetzt: »Im Falle einer Änderung von Vertragskonditionen«, in der französischen Version wird von Vertragsänderungen i.S.v. Vertragszusätzen gesprochen. Der deutsche Begriff des Zusatzvertrages meint hier also nicht die übliche und bekannte Unterscheidung von Haupt- und Zusatzvertrag (z.B. zusätzlich zur Lebensversicherung die Unfalltod- bzw. die Berufs- oder Erwerbsunfähigkeitszusatzversicherung), sondern die Vertragsänderung oder Vertragsergänzung. Wie beschrieben erfolgt die Gewinnbeteiligung im Rahmen der Lebensversicherung meistens genau über eine derartige Vertragsergänzung, in dem etwa bei der verzinslichen Ansammlung eine zusätzliche Forderung oder beim Summenzuwachs/ Bonus eine zusätzliche Versicherungssumme verbindlich zugeteilt wird. Über alle Vertragsänderungen bzw. Vertragsergänzungen mit Bezug auf **Versicherungsleistungen (a.4), Rückkaufswerte (a.9), beitragsfreie Leistungen (a.9) und Prämien (a.10)** hat der VR somit **gem. Art. 36 II i.V.m. Anhang III b 2 zu informieren**. Da sich die vertraglichen Ansprüche aus der Lebensversicherung aufgrund der Überschussbeteiligung fortentwickeln (= erhöhen), beziehen entsprechende Informationen, wie von § 155 Satz 1 gefordert, zwangsläufig auch die Überschussbeteiligung ein. Da Art. 185 V der Solvabilität II-RiLi nunmehr auch den Wortlaut des § 155 übernommen hat, werden diese Überlegungen, also die Konkretisierung der gemeinten Ansprüche, durch die Angaben in Art. 185 III der RiLi noch deutlicher.

III. Hinweise bei Abweichungen gegenüber unternehmensindividuellen Modellrechnungen (Satz 2)

Hat der VR bei Vertragsschluss bezifferte Angaben zur möglichen zukünftigen Entwicklung der Überschussbeteiligung gemacht, ist der VN auf Abweichungen der tatsächlichen Entwicklung von den anfänglichen Angaben hinzuweisen. Anknüpfungspunkt sind die unternehmensindividuellen Modellrechnungen nach § 154,[18] da es insoweit um einen Ausblick auf die mögliche Entwicklung der Ablaufleistung geht, also die Erhöhung der garantierten Leistung durch die angenommene Überschussbeteiligung. Bei der kapitalbildenden Lebensversicherung geht es dabei z.B. um den möglichen tatsächlichen Auszahlungsbetrag im Erlebensfall oder bei der Rentenversicherung um die mögliche tatsächliche Höhe der Rente nach Ablauf der Ansparphase. Es geht in Satz 2 also

---

12 *Kurzendörfer*, S. 165; detailliert § 153 Rdn. 24.
13 L/W/*Heiss*, § 155 Rn. 12 u. insoweit ähnlich PK/*Ortmann*, § 155 Rn. 3. Die Muster-Standmitteilung des GDV etwa für die kapitalbildende Lebensversicherung – Stand 01.03.2016 – beschreibt dies zumindest für die Ansprüche bei vorzeitiger Vertragsbeendigung.
14 Abl. EG Nr. L 345 S. 1.
15 Zur Notwendigkeit der richtlinienkonformen Auslegung vgl. BGH NJW 2009, 427.
16 Die RiLi geht erkennbar davon aus, dass es Zusatzverträge/Vertragsänderungen gibt, die nicht die kompletten vorvertraglichen Informationspflichten (§ 7 I) auslösen; davon geht wohl auch § 7 III aus. Auf eine aus der Überschussbeteiligung resultierende Erhöhung der Versicherungsleistung (= Vertragsänderung) findet regelmäßig § 151 BGB Anwendung.
17 EuGH vom 12.11.1969 (Stauder/Ohn) Slg. 1969, 419.
18 Begr. RegE BT-Drucks. 16/3945 S. 98; weitergehend PK/*Ortmann*, § 155 Rn. 6a: erforderlich Angabe einzelner neuer Werte.

nicht um Abweichungen bei den vertraglich garantierten Ansprüchen, da diese Informationen bereits durch Satz 1 erfasst sind. Hier geht es darum, wie realistisch die zu Vertragsbeginn abgegebene Prognose für die Gesamtablaufleistung auf der Grundlage der tatsächlichen Entwicklung der Überschussbeteiligung seit Vertragsbeginn einerseits und der Schätzungen für die Zukunft andererseits heute noch ist, ausgeräumt werden sollen. Entwickelt sich z.B. die Überschussbeteiligung insgesamt seit Vertragsabschluss unter dem angenommenen Niveau, so muss der VR darüber nach Satz 2 berichten. Liegen die begründbaren Erwartungen für die Zukunft jedoch über den ursprünglichen Werten, kann auch dies angedeutet werden, so dass die Werte der ursprünglichen Modellrechnung unter Umständen weiterhin realistisch bleiben. Insoweit reichen verbale Hinweise aus, eine neue aktualisierte Modellrechnung ist jedoch nicht erforderlich.[19]

C. Rechtsfolgen

9   Der Wortlaut des § 155 kennt keine Rechtsfolgen, da die Informationen nach Satz 1 nur über die Höhe der vertraglichen Ansprüche unterrichten sollen, während Satz 2 sicherstellen möchte, dass auch Fehlvorstellungen bezüglich solcher Informationen, deren Unverbindlichkeit bekannt ist, ausgeräumt werden sollen. In der Praxis sind derartige Informationsschreiben gleichwohl nicht ganz unproblematisch. Zu denken ist hier einmal an Fehler bei der Erstellung der Informationsschreiben mit der Folge, dass zu hohe Werte mitgeteilt werden. Die Auskünfte enthalten weder ein Schuldversprechen (§ 780 BGB) noch ein konstitutives Schuldanerkenntnis (§ 781 BGB) und auch kein deklaratorisches Schuldanerkenntnis,[20] so dass die mitgeteilten höheren Werte nicht geschuldet werden. Auf die Unverbindlichkeit dieses allgemeinen Informationsschreibens als Solches sollte gleichwohl deutlich hingewiesen werden, da ansonsten u.U. eine Haftung des VR wegen falscher Information des VN droht, wenn dieser im Vertrauen auf die Richtigkeit der Auskunft Vermögensdispositionen trifft.[21]

10 Aber auch die Gestaltung der Informationsschreiben kann zu Missverständnissen führen. Zu nennen ist hier einmal die erforderliche deutliche Differenzierung zwischen den Angaben über die Höhe der bereits vertraglich garantierten Ansprüche einerseits sowie die Hinweise zu den noch unverbindlichen Ablaufleistungen. Erschwert wird die Unterscheidung der verbindlichen von den unverbindlichen Informationen dadurch, dass in beiden Fällen die Überschussbeteiligung die Höhe der aktuellen Ansprüche wie auch die zukünftige Ablaufleistung bestimmt, während der VN nur einen zivilrechtlichen Anspruch auf die bisher zugewiesenen Überschussanteile erworben hat, nicht aber auf die Zukünftigen.[22] Ebenso kann die Bedeutung des Schlussüberschussanteils in diesem Zusammenhang für den VN unter Umständen nur schwer verdeutlicht werden.[23] Deshalb gilt im Bereich dieser jährlichen Unterrichtung ebenfalls die Aufforderung aus § 154 II, auf die Unverbindlichkeit bestimmter Informationen klar und verständlich hinzuweisen.

§ 156 Kenntnis und Verhalten der versicherten Person.
Soweit nach diesem Gesetz die Kenntnis und das Verhalten des Versicherungsnehmers von rechtlicher Bedeutung sind, ist bei der Versicherung auf die Person eines anderen auch deren Kenntnis und Verhalten zu berücksichtigen.

Übersicht	Rdn.		Rdn.
A. Allgemeines	1	C. Beweislast	4
B. Tatbestand und Rechtsfolgen	2	D. Abdingbarkeit	5

A. Allgemeines

1   Die Vorschrift entspricht inhaltlich § 161 a.F. Sie trägt dem Umstand Rechnung, dass bei Abschluss einer Versicherung auf das Leben eines anderen (s. hierzu § 150 Rdn. 5 ff.) das Wissen und Verhalten dieser Gefahrperson ebenso bedeutend für das Versicherungsverhältnis sein können wie das Wissen und Verhalten des VN selbst. Dies zeigt sich namentlich an den vorvertraglichen Anzeigepflichten, bei denen der VR ein legitimes Interesse daran hat, die Angaben über den Gesundheitszustand der Gefahrperson nicht auf das Wissen des VN zu beschränken, sondern auch das Wissen der Gefahrperson selbst zu berücksichtigen.[1] Dieser Gedanke der rechtlichen Gleichstellung von Wissen und Verhalten von VN und Versichertem findet sich auch in § 47 I bei den Vorschriften über die Versicherung auf fremde Rechnung. Da die meisten Versicherungen auf fremdes

---

[19] Begr. RegE BT-Drucks. 16/39 45 S. 98.
[20] OLG Celle VersR 2007, 930, 931.
[21] OLG Karlsruhe r+s 1992, 354.
[22] OLG Stuttgart VersR 2005, 634.
[23] VVG-Kommission Abschlussbericht 2004 (VersR-Schriftenreihe Heft 25), S. 124.
[1] Vgl. L/W/*Heiss*, § 156 Rn. 1.

Leben aber nicht auf fremde Rechnung i.S.d. §§ 43 ff. abgeschlossen werden, hält der Gesetzgeber ausweislich der Gesetzesbegründung die flankierende Vorschrift des § 156 weiterhin für erforderlich.[2]

B. Tatbestand und Rechtsfolgen

§ 156 setzt voraus, dass VN und Versicherter verschiedene Personen sind; wer Begünstigter der Versicherung ist, ist dagegen unerheblich.[3] Ferner ist erforderlich, dass »nach diesem Gesetz die Kenntnis und das Verhalten« des VN von rechtlicher Bedeutung sind. Dies ist unproblematisch für den bereits erwähnten, in der Praxis mit Abstand bedeutendsten Bereich der vorvertraglichen Anzeigepflichten gem. § 19 I und den hiermit in Zusammenhang stehenden Gesundheitsfragen, aber auch für eine nachträgliche Gefahrerhöhung i.S.v. § 23.[4] Da VN und Gefahrperson als Einheit behandelt werden,[5] stehen dem VR die Rechte nach § 19 II–IV (Rücktritt, Kündigung, Vertragsanpassung) bzw. §§ 23 ff. (Kündigung, Prämienerhöhung, Gefahrausschluss, Leistungsfreiheit) auch dann zu, wenn die versicherte Person die Anzeigepflicht verletzt oder einen der Gefahrerhöhungstatbestände verwirklicht. 2

Demgegenüber ist eine Anfechtung des VR wegen arglistiger Täuschung (§ 123 BGB) im Ausgangspunkt kein erheblicher Umstand »nach diesem Gesetz«.[6] Dass nach allgemeiner Meinung ebenso wie bei § 47 dennoch eine Wissenszurechnung erfolgt, erklärt sich (auch) über § 22, der klarstellt, dass bei einer Verletzung der Anzeigepflichten das Recht des VR, den Vertrag wegen arglistiger Täuschung anzufechten, unberührt bleibt. Demzufolge kann ein Anfechtungsgrund auch allein durch eine Täuschung der versicherten Person gegeben sein, ohne dass der VN – abweichend von § 123 II BGB – hiervon Kenntnis haben müsste. Auch im Übrigen ist der Anwendungsbereich von § 156 und § 47 identisch. Zwar enthält nur § 156 die Einschränkung, dass die Kenntnis oder das Verhalten »nach diesem Gesetz« von Bedeutung sein müssen, doch dürfte damit keine inhaltliche Abweichung bezweckt sein. Denn der Gesetzgeber hat diese in § 79 VVG a.F. ebenfalls noch enthaltene Voraussetzung im Zuge der VVG Reform nicht in § 47 übernommen, ohne dass er ausweislich der Gesetzesbegründung damit eine inhaltliche Veränderung herbeiführen wollte.[7] Es spricht daher vieles dafür, dass der Gesetzgeber die entsprechende Änderung bei § 156 schlicht übersehen hat. 3

C. Beweislast

Zur Darlegungs- und Beweislast s. § 19 Rdn. 81 bzw. § 23 Rdn. 35, 42. 4

D. Abdingbarkeit

Die Norm ist weder in der Aufzählung der halbzwingenden Vorschriften des § 171 enthalten noch lässt sich ein zwingender Charakter aus ihrem Schutzzweck ableiten. Die Vorschrift ist demzufolge nach herrschender Meinung dispositiv.[8] Eine zusätzliche Ausweitung des relevanten Personenkreises durch AVB dürfte regelmäßig dennoch an §§ 307 BGB ff. scheitern.[9] 5

§ 157 Unrichtige Altersangabe.
Ist das Alter der versicherten Person unrichtig angegeben worden, verändert sich die Leistung des Versicherers nach dem Verhältnis, in welchem die dem wirklichen Alter entsprechende Prämie zu der vereinbarten Prämie steht. Das Recht, wegen der Verletzung der Anzeigepflicht von dem Vertrag zurückzutreten, steht dem Versicherer abweichend von § 19 Abs. 2 nur zu, wenn er den Vertrag bei richtiger Altersangabe nicht geschlossen hätte.

Übersicht

	Rdn.		Rdn.
A. Allgemeines	1	II. Rücktritt und Kündigung (Satz 2)	5
B. Tatbestand und Rechtsfolgen	3	C. Beweislast	7
I. Leistungsanpassung (Satz 1)	3	D. Abdingbarkeit	8

A. Allgemeines

§ 157 regelt die Folgen einer unzutreffenden Altersangabe der versicherten Person. Im Gegensatz zu § 162 a.F., der lediglich den Fall regelte, dass das Alter der Gefahrperson **zu niedrig** angegeben wird, erfasst § 157 1

---

2 Begr. RegE BT-Drucks. 16/3945 S. 98.
3 L/W/*Heiss*, § 156 Rn. 2. Das Verhalten des Begünstigten kann jedoch nach § 278 BGB zuzurechnen sein, sofern er beim Vertragsschluss als Verhandlungsgehilfe des VN aufgetreten ist: BGH VersR 1989, 465; P/M/*Schneider*, § 156 Rn. 3.
4 L/W/*Heiss*, § 156 Rn. 3.
5 L/W/*Heiss*, § 156 Rn. 4; P/M/*Schneider*, § 156 Rn. 1; BK/*Schwintowski*, § 161 Rn. 1; VersHb/*Brömmelmeyer*, § 42 Rn. 218.
6 BGH VersR 1991, 1404, 1405 (zu § 79 a.F.); L/W/*Heiss*, § 156 Rn. 5; P/M/*Schneider*, § 156 Rn. 1.
7 Begr. RegE BT-Drucks. 16/3945 S. 73.
8 L/W/*Heiss*, § 156 Rn. 5; PK/*Ortmann*, § 156 Rn. 3; HK-VVG/*Brambach*, § 156 Rn. 3; R/L/*Langheid*, § 156 Rn. 2; a.A. P/M/*Schneider*, § 156 Rn. 4; BK/*Schwintowski*, § 161 Rn. 3.
9 Vgl. HK-VVG/*Brambach*, § 156 Rn. 3.

darüber hinaus auch den (praktisch seltenen) Fall einer **zu hohen** Altersangabe. Abgesehen davon stimmt § 157 inhaltlich mit seiner Vorgängernorm überein.[1] Die zweite – nach altem Recht bestehende – Sonderregelung zur vorvertraglichen Anzeigepflicht in § 163 a.F. brauchte demgegenüber nicht in das neue VVG übernommen zu werden, da der Gesetzgeber in § 21 nunmehr eine allgemeine Ausschlussfrist vorgesehen hat.[2]

2 Das Alter der zu versichernden Person stellt für die Abschlussentscheidung und Kalkulation des VR einen wesentlichen (»Gefahr-«) Umstand i.S.d. § 19 I dar, der Einfluss auf die Prämienbemessung hat. Während der VR auf Grundlage der allgemeinen Vorschriften bei der unrichtigen Angabe eines gefahrerheblichen Umstands – je nach Grad des Verschuldens – zum Rücktritt, zur Kündigung oder zu einer Bedingungsanpassung berechtigt ist (vgl. § 19 II–V), schränkt § 157 die Rechte des VR bei einer unrichtigen Angabe des Alters ein und soll sicherstellen, dass der Vertrag regelmäßig bestehen bleibt.[3] Sofern der VR den Vertrag auch in Kenntnis des richtigen Alters der Gefahrperson geschlossen hätte, dürfte den Interessen der Parteien durch die vom Gesetz vorgesehene Anpassung der Leistungspflicht in der Tat genüge getan sein.[4] Aus diesem Grund ist § 157 lex specialis gegenüber den allgemeinen Regelungen der §§ 19 ff. und schließt diese innerhalb seines Anwendungsbereichs grundsätzlich aus.[5] Das Recht des VR, den Vertrag nach § 123 BGB wegen arglistiger Täuschung anzufechten, bleibt hiervon indes unberührt,[6] da der arglistig täuschende VN nicht schutzwürdig ist.

B. Tatbestand und Rechtsfolgen

I. Leistungsanpassung (Satz 1)

3 Ist das Lebensalter der versicherten Person bei Vertragsschluss zu hoch oder zu niedrig beziffert, ändert sich nach Satz 1 nicht die Höhe der zu entrichtenden Prämie, sondern die Versicherungsleistung, und zwar in dem Verhältnis, in dem die bei zutreffender Altersangabe zu entrichtende Prämie zum vereinbarten Betrag steht. Maßgeblich für den Prämienvergleich sind die Tarife und Rechnungsgrundlagen des VR zum Zeitpunkt des Vertragsschlusses.[7] Ein Verschulden auf Seiten des VN ist nicht erforderlich.[8]

4 Die Korrektur der Leistungshöhe tritt kraft Gesetzes ein und bedarf damit keiner weiteren Erklärung durch den VR oder den VN.[9] Eine Berufung auf die angepasste Leistungspflicht bleibt auch nach Auszahlung der Versicherungssumme möglich, so dass Überzahlungen auf bereicherungsrechtlicher Grundlage (§§ 812 ff. BGB) zurückgefordert werden können; umgekehrt hat der VR verbleibende Leistungsansprüche zu erfüllen.[10] Die Anpassung nach Satz 1 besteht ferner unabhängig von einem etwaigen Rücktritt nach Satz 2, so dass eine Vertragsanpassung insbesondere auch dann noch möglich ist, wenn ein Rücktritt bereits verfristet wäre.[11]

II. Rücktritt und Kündigung (Satz 2)

5 Nach Satz 2 steht dem VR ein Rücktrittsrecht abweichend von § 19 Abs. 2 nur unter der weiteren Voraussetzung zu, dass er den Vertrag bei richtiger Altersangabe nicht geschlossen hätte, insbes. weil die Altershöchstgrenze des gewählten Tarifs überschritten gewesen wäre. Zusätzlich müssen die sonstigen Voraussetzungen der § 19 III–V und § 21 für das Bestehen eines Rücktrittsrechts vorliegen,[12] also insbes. Vorsatz oder – regelmäßig zu vermutende – grobe Fahrlässigkeit, ein gesonderter Hinweis auf die Folgen einer Anzeigepflichtverletzung sowie rechtzeitige und formgerechte Geltendmachung.

6 Auch wenn die unzutreffende Angabe des Alters regelmäßig vorsätzlich oder grob fahrlässig sein wird und damit ein Rücktrittsrecht eröffnet, stellt sich die Frage, ob § 157 eine Sperrwirkung entfaltet und das nach § 19 III 2 bestehende Recht des VR, sich bei einfacher Fahrlässigkeit oder schuldlosem Verhalten des VN durch Kündigung vom Vertrag lösen zu können, aushebelt. Das stärkste Argument für ein Kündigungsrecht des VR ist die Entstehungsgeschichte der Vorschrift. Denn nach §§ 162, 16 a.F. stand dem VR auch bei einfachem Verschulden des VN ein Rücktrittsrecht zu, ein Ergebnis, an dem der Gesetzgeber durch die Neufassung des § 162 a.F. in § 157 im Grundsatz nichts ändern wollte.[13] Da nach der neuen Konzeption des § 19 III das Recht zur Kündigung an die Stelle des Rücktrittsrechts tritt, sofern der VN nicht mindestens grob fahrlässig handelt, spricht vie-

---

1 Begr. RegE BT-Drucks. 16/3945 S. 98.
2 L/W/*Heiss*, § 156 Rn. 3; P/M/*Schneider*, § 157 Rn. 2; R/L/*Langheid*, § 157 Rn. 2.
3 P/M/*Schneider*, § 157 Rn. 1; L/W/*Heiss*, § 156 Rn. 1; PK/*Ortmann*, § 157 Rn. 1; R/L/*Langheid*, § 157 Rn. 3.
4 So auch L/W/*Heiss*, § 156 Rn. 1.
5 P/M/*Schneider*, § 157 Rn. 1; R/L/*Langheid*, § 157 Rn. 4.
6 Ebenso *Benkel/Hirschberg*, Lebens- und Berufsunfähigkeitsversicherung, 2. Aufl. 2011, § 3 ALB 2008 Rn. 42; P/M/*Schneider*, § 157 Rn. 1; HK-VVG/*Brambach*, § 157 Rn. 4; L/W/*Heiss*, § 157 Rn. 13; a.A PK/*Ortmann*, § 157 Rn. 3.
7 P/M/*Schneider*, § 157 Rn. 3; R/L/*Langheid*, § 157 Rn. 5; L/W/*Heiss*, § 157 Rn. 7.
8 P/M/*Schneider*, § 157 Rn. 3; R/L/*Langheid*, § 157 Rn. 4.
9 P/M/*Schneider*, § 157 Rn. 3; L/W/*Heiss*, § 157 Rn. 9; HK-VVG/*Brambach*, § 157 Rn. 3.
10 P/M/*Schneider*, § 157 Rn. 3; PK/*Ortmann*, § 157 Rn. 3; L/W/*Heiss*, § 157 Rn. 14 f.; HK-VVG/*Brambach*, § 157 Rn. 7; R/L/*Langheid*, § 157 Rn. 5; van Bühren/*Teslau/Prang*, § 14 Rn. 375.
11 P/M/*Schneider*, § 157 Rn. 5; L/W/*Heiss*, § 157 Rn. 22; HK-VVG/*Brambach*, § 157 Rn. 2.
12 P/M/*Schneider*, § 157 Rn. 4; van Bühren/*Teslau/Prang*, § 14 Rn. 403; PK/*Ortmann*, § 157 Rn. 3; R/L/*Langheid*, § 157 Rn. 6; zweifelnd HK-VVG/*Brambach*, § 157 Rn. 2.
13 Begr. RegE BT-Drucks. 16/3945 S. 98.

les dafür, dem VR auch im Rahmen des § 157 jedenfalls bei einfacher Fahrlässigkeit ein Kündigungsrecht einzuräumen.[14] Mit dem Sinn und Zweck der Norm lässt sich dies ohne Weiteres vereinbaren, da dies der früheren Rechtslage entspricht und § 162 a.F. denselben Normzweck verfolgte. Auch der Wortlaut von § 157 steht dem nicht entgegen, da er – streng genommen – nur weitergehende Anforderungen an ein Rücktrittsrecht formuliert und die Möglichkeit einer Kündigung nicht anspricht.[15] Kündigt der VR den Vertrag, wandelt er sich nach §§ 19 III 2, 166 I in eine prämienfreie Versicherung um.[16]

C. Beweislast

Nach allgemeinen Grundsätzen ist die Unrichtigkeit der Altersangabe von der Partei darzulegen und zu beweisen, die eine Anpassung der Versicherungsleistung zu ihren Gunsten durchsetzen will, wobei den VN bei Angabe eines zu niedrigen Alters jedenfalls eine sekundäre Darlegungslast treffen dürfte. Umgekehrt muss der VR bei Nachweis eines niedrigeren Alter durch den VN im Rahmen seiner sekundären Darlegungslast die Höhe der diesbezüglichen Prämien mitteilen; eine Vorlage der internen Berechnungsgrundlagen wird man dagegen allenfalls fordern können, wenn ernsthafte Zweifel an der Richtigkeit dieser Angaben bestehen.[17] Will der VR vom Vertrag zurücktreten oder diesen kündigen, muss er darlegen und beweisen, dass er den Vertrag in Kenntnis des richtigen Alters nicht geschlossen hätte.[18] 7

D. Abdingbarkeit

Nach § 171 ist die Vorschrift halbzwingend, so dass eine Abweichung zu Lasten von VN, versicherter Person oder Bezugsberechtigtem unwirksam ist. 8

§ 158 Gefahränderung.
(1) Als Erhöhung der Gefahr gilt nur eine solche Änderung der Gefahrumstände, die nach ausdrücklicher Vereinbarung als Gefahrerhöhung angesehen werden soll; die Vereinbarung bedarf der Textform.
(2) Eine Erhöhung der Gefahr kann der Versicherer nicht mehr geltend machen, wenn seit der Erhöhung fünf Jahre verstrichen sind. Hat der Versicherungsnehmer seine Verpflichtung nach § 23 vorsätzlich oder arglistig verletzt, beläuft sich die Frist auf zehn Jahre.
(3) § 41 ist mit der Maßgabe anzuwenden, dass eine Herabsetzung der Prämie nur wegen einer solchen Minderung der Gefahrumstände verlangt werden kann, die nach ausdrücklicher Vereinbarung als Gefahrminderung angesehen werden soll.

Übersicht

	Rdn.		Rdn.
A. Normzweck	1	D. Ausschlussfrist bei Gefahrerhöhung (Abs. 2)	5
B. Anwendungsbereich	2	E. Gefahrminderung (Abs. 3)	6
C. Gefahrerhöhung (Abs. 1)	4	F. Abdingbarkeit	7

A. Normzweck

§ 158 schränkt die Anwendbarkeit der Vorschriften über die Gefahrerhöhung (§§ 23 ff.) und die Gefahrminderung (§ 41) für die Lebensversicherung erheblich ein. Hier werden nur solche Änderungen der Gefahrumstände berücksichtigt, die vorher ausdrücklich vereinbart wurden. Abs. 1 übernimmt damit im Wesentlichen die Regelung des § 164 a.F.[1], während Abs. 3 dies heute abweichend von § 164 a.F. auch für gefahrmindernde Umstände anordnet. § 164a a.F. schloss dagegen einen gesetzlichen Anspruch nach § 41a a.F. auf Prämienreduzierung bei einer Gefahrminderung aus. Die Gründe für eine Ungleichbehandlung beider Fallgruppen (Prämienerhöhung bei Gefahrerhöhung und Herabsetzung der Prämie bei Gefahrminderung) waren aus Sicht des Gesetzgebers nicht überzeugend.[2] 1

B. Anwendungsbereich

Die Relevanz der Vorschrift hängt in der Praxis von der zugrunde liegenden Tarifkalkulation ab. Die Risikolebensversicherung wurde in der Vergangenheit zwar nach den üblichen Kriterien Geschlecht[3] und Alter, jedoch ansonsten mit Rechnungsgrundlagen ohne weitere Risikodifferenzierungen kalkuliert, d.h. der Tarif muss und wird alle später eintretenden Risiken abdecken. Damit übernimmt der VR mit der Lebensversicherung typischerweise für die Laufzeit des Vertrages gerade das Risiko des nachträglichen Eintritts von Umstän- 2

---

14 So im Ergebnis auch L/W/*Heiss*, § 157 Rn. 20.
15 Anders P/M/*Schneider*, § 157 Rn. 4; von einem möglichen Redaktionsversehen spricht L/W/*Heiss*, § 157 Rn. 20.
16 L/W/*Heiss*, § 157 Rn. 21.
17 Zutreffend HK-VVG/*Brambach*, § 157 Rn. 9.
18 P/M/*Schneider*, § 157 Rn. 4; L/W/*Heiss*, § 157 Rn. 16; HK-VVG/*Brambach*, § 157 Rn. 9.
 1 Zu § 164 a.F. BGHZ 121, 6 = VersR 1993, 213 = NJW 1993, 596.
 2 Begr. RegE BT-Drucks. 16/3945 S. 98; kritisch jedoch L/W/*Heiss*, § 158 Rn. 4.
 3 Zum Verbot der geschlechtsspezifischen Tarifierung vgl. EuGH VersR 2011, 377 sowie *Looschelders* VersR 2011, 421 ff.

den, die einen vorzeitigen Tod zur Folge haben können.⁴ Die Regelung des Abs. 1 gilt damit nicht für Risiken, die insbes. durch eine Risikoprüfung vor Vertragsschluss erkennbar werden und zu Zuschlägen führen; insbes. diese Fälle meint jedoch Abs. 3. Aufgrund fehlender Risikodifferenzierung der Tarife finden sich deshalb auch häufig keine Regelungen in den ALB Musterbedingungen.

3 Andererseits sind im Markt durchaus Tarife mit ausdrücklichen Vereinbarungen über spätere Gefahrerhöhungen oder Gefahrminderungen bekannt, z.B. bei Raucher-/Nichtrauchertarifen. Daneben gibt es aber auch – ähnlich wie im Kfz-Bereich – Tarife, die das jeweilige aktuelle Risikoprofil des VN (Raucher/Nichtraucher/BMI/ Berufs- und Freizeitrisiken u.a.) berücksichtigen, und den Vertrag in der Folge bei Risikoänderungen durch einen Risikoklassenwechsel in andere Beitragsstufen eingruppieren.⁵ Für derartige Tarife ist jedoch das Rechtsfolgensystem der §§ 23 ff. insbes. mit dem Kündigungsrecht des VR nach § 24, der Leistungsfreiheit nach § 26 und dem Verbot der Vornahme einer Gefahrerhöhung ohne Einwilligung (§ 23 I) regelmäßig wenig geeignet. Folglich müssen in den Versicherungsbedingungen die Rechtsfolgen bei Änderung von Tarifierungsmerkmalen u.U. bis hin zur Vertragsstrafe bei einem vorsätzlichen Verstoß gegen Anzeigepflichten in den Versicherungsbedingungen im Rahmen der anwendbaren §§ 23 ff. modifiziert werden.⁶ Ist der VN nicht mehr der preferred Klasse zuzuordnen, ist dies dem VR anzuzeigen (§ 23 II) und führt zu höheren Beiträgen (§ 25 I); eine Verletzung der Anzeigepflicht führt zu einer Verminderung der Versicherungsleistung (statt vollständiger Leistungsfreiheit gem. § 26); eine Kündigungsmöglichkeit (§ 24) erhält der VR meistens nicht. Diese Regelung in den AVB ähnelt der Regelung des § 181 über die Gefahrerhöhung in der Unfallversicherung mit den besonderen Regelungen in den AUB.

C. Gefahrerhöhung (Abs. 1)

4 Vereinbarungen über Gefahrerhöhungen, die den VR zur Anwendung der §§ 23 ff. oder zu modifizierten vertraglichen Rechtsfolgen berechtigen, bedürfen der ausdrücklichen Vereinbarung und zwar in Textform (§ 126b BGB). Dies kann sowohl im Versicherungsschein (§ 3) wie auch in den AVB (§ 7 I 1) erfolgen, da beide der Textform bedürfen.⁷

D. Ausschlussfrist bei Gefahrerhöhung (Abs. 2)

5 Der VR kann die Gefahrerhöhung nach Ablauf von fünf Jahren nicht mehr geltend machen. Verletzt der VN seine Unterlassungs- bzw. Anzeigepflichten vorsätzlich oder arglistig, verlängert sich die Ausschlussfrist auf zehn Jahre. Die Fristen sind im Vergleich zu § 164 verkürzt und orientieren sich im Hinblick auf das Sicherheitsinteresse des VN an § 21 III.⁸

E. Gefahrminderung (Abs. 3)

6 § 41 – Herabsetzung der Prämie bei Wegfall gefahrerhöhender Umstände – wird in den Fällen für anwendbar erklärt, in denen die gefahrmindernden Umstände ausdrücklich als solche vereinbart worden sind. Anknüpfungspunkt des § 41 sind als gefahrerhöhende Umstände solche, die bereits bei Vertragsabschluss vorlagen wie auch nachträgliche i.S.v. Abs. 1. Diese Regelung berücksichtigt die Tatsache, dass der Wegfall gefahrerhöhender Umstände, in der Begr. RegE⁹ z.B. ein Beruf mit erhöhtem Risiko von Berufskrankheiten oder Übergewicht (BMI), häufig zwar auf eine mögliche Risikominderung hindeuten. Ob eine entsprechende Risikominderung aber tatsächlich vorliegt, hat der VR im Rahmen der Tarifkalkulation und der entsprechenden Tarifierungsmerkmale vorab festzulegen und in der Lebensversicherung nach Abs. 3 ausdrücklich zu vereinbaren.¹⁰

F. Abdingbarkeit

7 Von § 158 kann gem. § 171 nicht zum Nachteil des VN, der versicherten Person oder des Eintrittsberechtigten abgewichen werden.

§ 159 Bezugsberechtigung.
(1) Der Versicherungsnehmer ist im Zweifel berechtigt, ohne Zustimmung des Versicherers einen Dritten als Bezugsberechtigten zu bezeichnen sowie an die Stelle des so bezeichneten Dritten einen anderen zu setzen.
(2) Ein widerruflich als bezugsberechtigt bezeichneter Dritter erwirbt das Recht auf die Leistung des Versicherers erst mit dem Eintritt des Versicherungsfalles.

---

4 P/M/*Schneider*, § 158 Rn. 6.
5 Eine Beschreibung derartiger »Preferred Lives« Produkte findet sich bei *Pecheim/Zietsch/Zwiesler*, Versicherungsmathematische Grundlagen und rückversicherungstechnische Aspekte von »Preferred Lives« – Tarifen, Blätter der DGVFM Nr. 3/2000, S. 515 ff.
6 Ausführlich *Armbrüster* r+s 2013, 209.
7 BGH VersR 1984, 884; kritisch R/L/*Langheid*, § 158 Rn. 4.
8 Begr. RegE BT-Drucks. 16/3945 S. 98.
9 Begr. RegE BT-Drucks. 16/3945 S. 98.
10 A.A. PK/*Ortmann*, § 158 Rn. 10; wie hier HK-VVG/*Brambach*, § 158 Rn. 4; differenzierend L/W/*Heiss*, § 158 Rn. 15.

(3) Ein unwiderruflich als bezugsberechtigt bezeichneter Dritter erwirbt das Recht auf die Leistung des Versicherers bereits mit der Bezeichnung als Bezugsberechtigter.

Übersicht

	Rdn.		Rdn.
A. Allgemeines	1	I. Bezugsrecht	14
I. Normzweck	2	1. Widerrufliche Bezugsberechtigung	15
II. Anwendungsbereich	5	a) Rechtsposition des Bezugsberechtigten	16
B. Tatbestand	6	b) Widerruf	17
I. Bestimmung eines Dritten	6	2. Unwiderrufliche Bezugsberechtigung	21
II. Ausgestaltung	11	II. Wegfall des Bezugsrechts	25
III. Grenzen	12	D. Abdingbarkeit	29
C. Rechtsfolgen	14		

A. Allgemeines

Die Vorschrift übernimmt in Abs. 1 inhaltlich unverändert den Regelungsgehalt des § 166 I a.F. und erweitert zugleich den Anwendungsbereich ausdrücklich auf jede Form der Lebensversicherung.[1] Abweichend von § 166 II a.F. unterscheidet § 159 hinsichtlich des Zeitpunktes, zu dem der Bezugsberechtigte das Recht auf die Leistung des Versicherers erwirbt, nunmehr in Abs. 2 und 3 zwischen der Erteilung eines widerruflichen und der Erteilung eines unwiderruflichen Bezugsrechts. **1**

I. Normzweck

Nach dem Grundsatz der Vertragsfreiheit können die Parteien im Versicherungsvertrag vereinbaren, dass im Versicherungsfall ein Dritter, der sog. Bezugsberechtigte, die Versicherungsleistung erhalten soll. Der Versicherungsvertrag wird damit zu einem Vertrag zugunsten Dritter.[2] Über die (subsidiär anwendbaren) Vorschriften der §§ 328 ff. BGB hinaus enthält § 159 (gemeinsam mit § 160) weitere Auslegungsregeln, die immer dann Anwendung finden, wenn im Vertrag keine abweichende Vereinbarung getroffen wurde.[3] Die Vorschrift trägt damit den Bedürfnissen der Praxis Rechnung und gewährleistet die notwendige Flexibilität,[4] insbesondere, wenn der Versicherungsvertrag selbst keine klaren Regelungen enthält. **2**

Während Abs. 1 klarstellt, dass der VN grundsätzlich auch ohne Zustimmung des VR einen Bezugsberechtigten bestimmen kann, regeln Abs. 2 und 3, wann der Bezugsberechtigte im Verhältnis zum VR (dem sog. **Vollzugsverhältnis**) seinen Rechtsanspruch erwirbt. Im Gegensatz zu § 166 a.F. unterscheidet § 159 nunmehr bei fehlenden vertraglichen Regelungen[5] danach, ob das Bezugsrecht widerruflich oder unwiderruflich ist. Während der unwiderruflich Bezugsberechtigte das Recht gemäß Abs. 3 unmittelbar mit seiner Bezeichnung als Bezugsberechtigter erwirbt, erfolgt der Rechtserwerb durch den widerruflich Bezugsberechtigten gemäß Abs. 2 erst mit Eintritt des Versicherungsfalls. **3**

Macht der VN von seinem Bestimmungsrecht keinen Gebrauch, steht ihm die Versicherungsleistung im Erlebensfall selbst zu; im Todesfall fällt sie in den Nachlass.[6] **4**

II. Anwendungsbereich

Im Zuge der VVG Reform ist die in § 166 a.F. noch enthaltene Beschränkung auf Kapitallebensversicherungen entfallen. Die neue Regelung ist somit auf alle Arten der Lebensversicherung anzuwenden, insbesondere auch auf die Risikolebensversicherung und die Rentenversicherung.[7] Für die Berufsunfähigkeitsversicherung und die Unfallversicherung sehen § 176 beziehungsweise § 185 jeweils die entsprechende Anwendbarkeit von § 159 vor. **5**

B. Tatbestand

I. Bestimmung eines Dritten

Das Recht, einen Bezugsberechtigten zu bestimmen, ist **kein höchstpersönliches Recht**,[8] so dass es auf Dritte übertragen werden kann.[9] Es umfasst nicht nur die Einsetzung eines Dritten als Bezugsberechtigten, sondern – sofern der VN kein unwiderrufliches Bezugsrecht eingeräumt hat – auch die Ersetzung des Begünstigten **6**

---

[1] Begr. RegE BT-Drucks. 16/3945 S. 98.
[2] L/W/*Heiss*, § 159 Rn. 8; R/L/*Langheid*, § 159 Rn. 2; HK-VVG/*Brambach*, § 159 Rn. 1.
[3] Vgl. bereits Motive, Neudruck 1963, S. 225.
[4] L/W/*Heiss*, § 159 Rn. 1.
[5] Vgl. Begr. RegE BT-Drucks. 16/3945 S. 98.
[6] BGHZ 32, 44 = VersR 1960, 339; P/M/*Schneider*, § 160 Rn. 1; PK/*Ortmann*, § 159 Rn. 27; L/W/*Heiss*, § 159 Rn. 13. vgl. auch § 160 III.
[7] So auch P/M/*Schneider*, § 159 Rn. 2; L/W/*Heiss*, § 159 Rn. 7.
[8] BGHZ 91, 288 = VersR 1984, 845; L/W/*Heiss*, § 159 Rn. 14; PK/*Ortmann*, § 159 Rn. 8.
[9] Näher dazu P/M/*Schneider*, § 159 Rn. 4.

§ 159 Bezugsberechtigung

durch eine andere Person sowie, über den Wortlaut des Abs. 1 hinaus, jede sonstige Änderung und Einschränkung des Bezugsrechts einschließlich seiner vollständigen Aufhebung.[10] Nachträgliche Änderungen des Bezugsrechts müssen aber hinreichend deutlich sein und die beabsichtigten Änderungen klar erkennen lassen.[11] Aus diesem Grund hat etwa der BGH das bloße Schweigen auf eine Bezugsrechtsanfrage durch den VR nicht als Widerruf der Bezugsberechtigung angesehen.[12]

7   Die Bezeichnung eines Bezugsberechtigten muss nicht zwingend bei Antragstellung erfolgen, sondern ist auch zu einem späteren Zeitpunkt möglich; in beiden Fällen handelt es sich um ein Verfügungsgeschäft.[13] Der VN kann das widerrufliche Bezugsrecht aber nur ändern, solange der Bezugsberechtigte den Anspruch auf die Leistung des VR noch nicht erworben hat, d.h. grundsätzlich bis zum Eintritt des Versicherungsfalls (s. Rdn. 17). Eine spezielle **Form** sieht das Gesetz nicht vor; in jüngeren ALB ist jedoch häufig die Notwendigkeit einer schriftlichen Mitteilung vereinbart,[14] was der BGH unter AGB-Gesichtspunkten nicht beanstandet hat.[15]

8   Bei der Bestimmung der Bezugsberechtigung sowie späteren Änderungen handelt es sich jeweils um eine **einseitige**, **empfangsbedürftige** und **rechtsgestaltende Willenserklärung**,[16] die dem VR oder seinem Vertreter (§ 69 I) zugehen muss.[17] Mangels abweichender Vereinbarung muss der VR aber weder zustimmen noch die Einräumung bestätigen (vgl. § 332 BGB), auch wenn dies in der Praxis häufig erfolgt.[18] Nicht ausreichend ist dagegen die bloße Mitteilung an den zu Begünstigenden, diesem ein Bezugsrecht einzuräumen; diese entfaltet grundsätzlich allein schuldrechtliche Wirkungen im Verhältnis zwischen VN und Begünstigtem (dem sog. **Valutaverhältnis**).[19] Nach der Auslegungsregel des § 332 BGB könnte allein eine Verfügung von Todes wegen den Zugang der Willenserklärung beim VR entbehrlich machen; diese Möglichkeit ist allerdings durch das regelmäßig in den ALB vereinbarte Erfordernis einer schriftlichen Mitteilung ausgeschlossen.[20] Dem Begünstigten selbst braucht die Bezugsberechtigung demgegenüber nicht einmal zur Kenntnis zu gelangen, um wirksam zu sein[21]; ebenso wenig ist seine anderweitige Beteiligung erforderlich.[22] Es steht ihm jedoch nach Kenntnisnahme die Zurückweisung des Rechts offen (vgl. § 333 BGB).

9   Besondere Anforderungen an die Person des Bezugsberechtigten bestehen nicht, so dass der VN auch Minderjährigen oder Geschäftsunfähigen ein Bezugsrecht einräumen kann.[23] Der VN ist auch nicht darauf beschränkt, dass Bezugsrecht lediglich einer einzelnen Person zu gewähren; vielmehr kann er eine **Mehrzahl von Personen** bestimmen, die entweder kumulativ (§ 160 I) oder entsprechend einer festzulegenden Reihenfolge, z.B. bei Vorversterben des Erstberechtigten oder Ausschlagung, alternativ berechtigt sein können.[24]

10 Um Zweifel über die Person des Bezugsberechtigten zu vermeiden, die im Extremfall sogar zur Unwirksamkeit der Einsetzung führen können, empfiehlt sich eine konkrete **Identifizierung** des oder der Bezugsberechtigten mittels Vor- und Zunamens sowie erforderlichenfalls des Geburtsdatums.[25] Bei Zweifeln ist die Erklärung des VN nach den allgemeinen Regeln auszulegen;[26] maßgeblich ist insoweit der Wille bei Abgabe der Erklärung.[27] So gilt nach ständiger Rechtsprechung etwa bei der Bezeichnung »Ehegatte« mangels anderweitiger Anhaltspunkte diejenige Person als bezugsberechtigt, die zum Zeitpunkt der Einräumung des Bezugsrechts mit dem VN verheiratet war, auch wenn der VN zu einem späteren Zeitpunkt geschieden wurde und

---

10 P/M/*Schneider*, § 159 Rn. 11.
11 OLG Frankfurt (Main) VersR 1996, 359; P/M/*Schneider*, § 159 Rn. 11; R/L/*Langheid*, § 159 Rn. 18.
12 BGH VersR 2002, 955; dem folgend P/M/*Schneider*, § 159 Rn. 11; R/L/*Langheid*, § 159 Rn. 18.
13 Für Einsetzung bei Vertragsschluss BGH VersR 2002, 218; für nachträgliche Einsetzung BGHZ 91, 288 = VerR 1984, 845; vgl. auch P/M/*Schneider*, § 159 Rn. 5.
14 Vgl. § 9 (4) GDV Musterbedingungen für die kapitalbildende Lebensversicherung (Stand 2. Februar 2016).
15 BGH VersR 1999, 565; vgl. dazu L/W/*Heiss*, § 159 Rn. 25; P/M/*Schneider*, § 159 Rn. 7.
16 BGH VersR 2015, 1148 Tz. 13; VersR 2003, 1021; VersR 2001, 883; VersR 1988, 1236; P/M/*Schneider*, § 159 Rn. 5; L/W/*Heiss*, § 159 Rn. 21; R/L/*Langheid*, § 159 Rn. 8.
17 P/M/*Schneider*, § 159 Rn. 6; R/L/*Langheid*, § 159 Rn. 8, 18; PK/*Ortmann*, § 159 Rn. 9.
18 P/M/*Schneider*, § 159 Rn. 6; L/W/*Heiss*, § 159 Rn. 2, 15 ff.
19 Vgl. BGH VersR 2015, 1148 Tz. 24; VersR 1996, 1089; näher P/M/*Schneider*, § 159 Rn. 19; L/W/*Heiss*, § 159 Rn. 21 f.
20 BGH NJW 1993, 3134 f.; vgl. auch L/W/*Heiss*, § 159 Rn. 23.
21 Siehe hierzu noch unten Rdn. 26 mit der häufigen Fallkonstellation, dass der VR dem Begünstigten das zu Lebzeiten abgegebene Angebot des VN auf Abschluss eines Schenkungsvertrags nach dessen Tod übermittelt und ihn zugleich über sein Bezugsrecht informiert.
22 L/W/*Heiss*, § 159 Rn. 16, 21. Liegt der Einräumung des Bezugsrechts auf schuldrechtlicher Ebene eine Schenkung zugrunde, muss der Begünstigte das Angebot des VN zumindest konkludent annehmen, vgl. dazu P/M/*Schneider*, § 159 Rn. 29 f.
23 PK/*Ortmann*, § 159 Rn. 12; HK-VVG/*Brambach*, § 159 Rn. 10.
24 Vgl. dazu L/W/*Heiss*, § 159 Rn. 46.
25 Ebenso HK-VVG/*Brambach*, § 160 Rn. 6. Auch das Eintrittsrecht nach § 170 setzt voraus, dass der Bezugsberechtigte namentlich benannt ist, vgl. § 170 Rn. 6.
26 Siehe die Beispiele bei PK/*Ortmann*, § 159 Rn. 18 ff. und P/M/*Schneider*, § 160 Rn. 7.
27 BGH VersR 2015, 1149 Tz. 14; VersR 2007, 784 Tz. 10.

erneut geheiratet hat.[28] Im Valutaverhältnis kann in einer solchen Konstellation aber möglicherweise ein Wegfall der Geschäftsgrundlage vorliegen (vgl. näher unten Rdn. 26 f.).

II. Ausgestaltung

Im Rahmen seiner Gestaltungsfreiheit kann der VN die Bezugsberechtigung nicht nur widerruflich oder unwiderruflich ausgestalten, sondern auch in gegenständlicher wie zeitlicher Hinsicht **einschränken** oder an **weitere Voraussetzungen** knüpfen.[29] So kann die Bezugsberechtigung sowohl für den Todes- als auch den Erlebensfall gewährt werden; es ist aber auch möglich, dem Begünstigten das Bezugsrecht nur für den Todesfall zuzusprechen, während im Erlebensfall der VN selbst oder ein anderer Bezugsberechtigter die Versicherungsleistung erhält (sog. **gespaltene Bezugsberechtigung**).[30] Ebenso zulässig ist es, das Bezugsrecht von Anfang an nachrangig gegenüber den Rechten aus einer Sicherungsabtretung der Versicherungsansprüche auszugestalten[31] oder – wie im Rahmen der betrieblichen Altersversorgung verbreitet – einen Widerruf des Bezugsrechts nur unter bestimmten Voraussetzungen zuzulassen (sog. **eingeschränkt unwiderrufliches Bezugsrecht**).[32] Auch weitere Einschränkungen sind denkbar und zulässig, wie etwa die Bezugsrechtseinräumung unter einer auflösenden Bedingung i.S.v. § 158 II BGB.[33] Welche konkrete Ausgestaltung das Bezugsrecht hat, ist im Zweifel durch Auslegung zu ermitteln.[34]

11

III. Grenzen

Der Gestaltungsspielraum des VN bei der Bestimmung des Begünstigten sowie der konkreten Ausgestaltung der Bezugsberechtigung ist denkbar weit. So kann sich zwar insbesondere aus einem gesetzlichen Verbot und einem Verstoß gegen die guten Sitten (§§ 134, 138 BGB) eine Unwirksamkeit der Bezugsberechtigung ergeben, doch sind solche Fallgestaltungen eher selten.[35] Wurde früher noch regelmäßig ein Sittenverstoß darin gesehen, dass der verheiratete VN seine Geliebte als Bezugsberechtigte einsetzte,[36] gilt diese Rechtsprechung aufgrund des fortschreitenden Wertewandels als überholt. Eine Sittenwidrigkeit kommt daher allenfalls noch in Betracht, wenn die Einräumung der Bezugsberechtigung »ohne hinreichende Entschließungsfreiheit« erfolgt.[37]

12

Denkbar sind unwirksame Bezugsrechtserklärungen ferner dort, wo die Person des Bezugsberechtigten auch unter Hinzuziehung der allgemeinen Auslegungsregeln (§§ 133, 157 BGB) nicht bestimmbar ist.[38] Umstritten ist insoweit, ob der VN auch den »Inhaber des Versicherungsscheins« wirksam als Bezugsberechtigten einsetzen kann. Da der Versicherungsschein seiner Natur nach kein Inhaberpapier ist, will die überwiegende Meinung in diesem Fall denjenigen als bezugsberechtigt ansehen, der den Versicherungsschein mit Wissen und Wollen des VN erlangt hat.[39] Die Gegenansicht verweist auf die sich hieraus ergebenden Beweisprobleme und will die Einsetzung insgesamt als unwirksam behandeln.[40]

13

C. Rechtsfolgen

I. Bezugsrecht

Vorbehaltlich einer expliziten anderweitigen Abrede umfasst das Bezugsrecht alle Leistungen aus dem Versicherungsvertrag,[41] so dass der Begünstigte nicht nur einen Anspruch auf die Versicherungssumme hat, sondern auch auf die Überschussbeteiligung[42] und den Rückkaufwert.[43] Darüber hinaus bleibt die vertragliche Stellung des VN bzw. seiner Erben jedoch unberührt.[44] Nur ausnahmsweise ist der VR daher gegenüber dem

14

---

28 BGH VersR 2007, 784, 785; bestätigt in BGH VersR 2015, 1148; vgl. L/W/*Heiss*, § 159 Rn. 38 ff. mit umfassenden weiteren Nachweisen.
29 BGH VersR 2010, 517, 518; HK-VVG/*Brambach*, § 159 Rn. 11.
30 P/M/*Schneider*, § 159 Rn. 24; L/W/*Heiss*, § 159 Rn. 81 f.; PK/*Ortmann*, § 159 Rn. 43.
31 BGH VersR 2001, 883.
32 BGH VersR 2005, 1134; VersR 2006, 1059; vgl. insgesamt zum eingeschränkt unwiderruflichen Bezugsrecht PK/*Ortmann*, § 159 Rn. 74 ff. sowie L/W/*Heiss*, § 159 Rn. 79 f.
33 Siehe etwa zur Einräumung des Bezugsrechts zwischen Eheleuten unter der auflösenden Bedingung einer Scheidung BGH VersR 2007, 784, 785, m.w.N.
34 BGH VersR 2010, 517, 518; VersR 2003, 1021; VersR 2001, 883; VersR 1988, 1236. Für Beispiele vgl. PK/*Ortmann*, § 159 Rn. 18 ff. sowie L/W/*Heiss*, § 159 Rn. 34 ff.
35 Vgl. umfassend zu den gesetzlichen Grenzen des Bestimmungsrechts L/W/*Heiss*, § 159 Rn. 18 ff.
36 Vgl. RGZ 154, 99, 102 ff.; einschränkend bereits BGH NJW 1957, 381 (= BGHZ 23, 76).
37 BGH VersR 1991, 597; P/M/*Schneider*, § 159 Rn. 9.
38 Etwa bei Einsetzung des »Rechtsnachfolgers«, vgl. RG VA 1911 Nr. 618.
39 OLG Hamm VersR 1993, 173; P/M/*Schneider*, § 159 Rn. 7; R/L/*Langheid*, § 159 Rn. 10.
40 Ausführlich PK/*Ortmann*, § 159 Rn. 15.
41 BGH VersR 2003, 1021.
42 OLG Frankfurt (Main) VersR 2002, 219; P/M/*Schneider*, § 159 Rn. 17.
43 Vgl. BGH VersR 2003, 1021, 1022; VersR 2000, 709.
44 Vgl. PK/*Ortmann*, § 159 Rn. 51; P/M/*Schneider*, § 159 Rn. 16, 20.

Bezugsberechtigten zur Erfüllung vertraglicher Nebenpflichten, insbes. zur Erteilung von Auskünften zum Versicherungsvertrag verpflichtet.[45]

1. Widerrufliche Bezugsberechtigung

15 Indem § 159 I den VN im Zweifel dazu berechtigt, den Bezugsberechtigten zu ersetzen, stellt der Gesetzgeber klar, dass das widerrufliche Bezugsrecht den **Regelfall** darstellt. Sofern die – vorrangige – Auslegung der Bezugsrechtserklärung zu keinem abweichenden Ergebnis führt, ist daher im Zweifel von einer widerruflichen Bezugsberechtigung auszugehen.[46]

a) Rechtsposition des Bezugsberechtigten

16 Gemäß Abs. 2 erwirbt ein widerruflich Begünstigter den Anspruch auf die Versicherungsleistung erst mit Eintritt des Versicherungsfalls, also mit dem Erreichen des vereinbarten Ablaufdatums oder dem Tod der versicherten Person. Bis dahin hat er weder einen Rechtsanspruch noch eine sonstige gesicherte Rechtsposition, sondern nach ständiger höchstrichterlicher Rechtsprechung nicht mehr als eine **ungesicherte Hoffnung** auf den Erwerb eines künftigen Anspruchs, und damit rechtlich ein Nullum.[47] Der Begünstigte kann die Bezugsberechtigung auch nicht auf einen Dritten übertragen mit der Folge, dass dieser im Versicherungsfall den Anspruch direkt erwerben würde, sondern er kann allenfalls aufschiebend bedingt über den künftigen Versicherungsanspruch verfügen.[48] Dem VN verbleibt daher grundsätzlich[49] die volle Verfügungsgewalt über das Bezugsrecht und den Versicherungsvertrag.[50] Mit **Eintritt des Versicherungsfalls** entfällt das Bezugsrecht vollständig und erstarkt nicht etwa zum unwiderruflichen Vollrecht; vielmehr erwirbt der Begünstigte nunmehr den neu entstandenen Anspruch auf die Versicherungsleistung unmittelbar, ohne dass dieser zunächst dem Nachlass zufiele.[51]

b) Widerruf

17 Sofern der VN sein Widerrufsrecht nicht eingeschränkt hat, ist dieses ebenso weit wie das ursprüngliche Bestimmungsrecht. Innerhalb seiner Gestaltungsfreiheit kann der VN das Bezugsrecht daher beliebig ändern, d.h. der VN kann das Bezugsrecht inhaltlich sowie zeitlich einschränken oder ausdehnen, es ganz aufheben oder einen neuen Bezugsberechtigten benennen.[52] Ob der VN im Valutaverhältnis zu diesen Änderungen befugt ist, ist für das Deckungsverhältnis zum VR ohne Belang.[53] Das Recht zur Änderung endet aber mit dem Eintritt des Versicherungsfalls, da das Bezugsrecht hierdurch erlischt und der Begünstigte den Anspruch auf die Versicherungsleistung erwirbt. Daraus folgt zugleich, dass der Widerruf als empfangsbedürftige Willenserklärung dem VR vor dem Eintritt des Versicherungsfalls zugehen muss, um wirksam zu sein.[54]

18 Der Widerruf bedarf von Gesetzes wegen weder einer speziellen Form noch muss er ausdrücklich erfolgen; vielmehr ist auch ein **konkludenter Widerruf** möglich,[55] der Erklärungswille des VN muss aber hinreichend klar sein. So sieht der IX. Zivilsenat des Bundesgerichtshofs in der **Kündigung** des Insolvenzverwalters zugleich einen Widerruf des Bezugsrechts, da klar sei, dass dieser den Anspruch zur Masse ziehen wolle.[56] Ob sich diese Wertung auf alle Kündigungen ausweiten lässt, ist zweifelhaft. Nach Auffassung des OLG Köln bezweckt der VN mit der Kündigung regelmäßig allein, dass ihm nach Ablauf der Kündigungsfrist der Rückkaufswert ausgezahlt wird, während er sich keine Gedanken darüber macht, was geschehen soll, wenn er vor Wirksamkeit der Kündigung verstirbt. Mangels weiterer Anhaltspunkte lasse sich der Kündigung daher auch kein entsprechendes Erklärungsbewusstsein entnehmen, zugleich die Bezugsberechtigung widerrufen zu wol-

---

45 Das VVG 2008 sieht in § 166 IV nunmehr eine solche Pflicht im Rahmen der betrieblichen Altersversorgung vor; s. auch OLG Köln VersR 1990, 1261, 1263 f. zu einer Auskunftspflicht nach Treu und Glauben; dazu PK/*Ortmann*, § 159 Rn. 35.
46 BGH VersR 2015, 1542 Tz. 16; vgl. auch P/M/*Schneider*, § 159 Rn. 2; PK/*Ortmann*, § 159 Rn. 2. Höchstrichterlich noch nicht entschieden ist die Frage, ob diese Auslegungsregel nur für die Einräumung des Bezugsrechts im Deckungsverhältnis zwischen VN und VR gilt oder auch im Valutaverhältnis zwischen VN und dem Bezugsberechtigten, vgl. dazu BGH, a.a.O.
47 BGH VersR 2013, 438; NJW-RR 2012, 809; VersR 2010, 1021; BGH VersR 1993, 689, 690.
48 Vgl. P/M/*Schneider*, § 159 Rn. 15.
49 Ausnahmen können sich für Bezugsberechtigungen innerhalb von Ehegemeinschaften ergeben: BGH NJW 1984, 2156, 2157; OLG Stuttgart VersR 1954, 186.
50 PK/*Ortmann*, § 159 Rn. 51; P/M/*Schneider*, § 159 Rn. 11, 16.
51 Vgl. nur BGH VersR 2010, 1021 mit umfassenden weiteren Nachweisen. Bei einer Insolvenzanfechtung kann sich eine Gläubigerbenachteiligung aber dennoch unter dem Gesichtspunkt der mittelbaren Zuwendung ergeben, vgl. BGH VersR 2015, 1544 Tz. 22.
52 P/M/*Schneider*, § 159 Rn. 11, 16.
53 OLG Brandenburg VersR 2016, 237, 238.
54 OLG Frankfurt (Main)VersR 1993, 171; L/W/*Heiss*, § 159 Rn. 49; PK/*Ortmann*, § 159 Rn. 53.
55 Vgl. OLG Köln VersR 2002, 1544. Siehe aber § 10 (4) der Musterbedingungen für die kapitalbildende Lebensversicherung (Stand 6. August 2014).
56 BGH VersR 2005, 923; ebenso noch zur alten »Erlöschenstheorie« BGH VersR 1993, 689, 690.

len.⁵⁷ Auch eine **Sicherungsabtretung** enthält regelmäßig keinen konkludenten Widerruf; selbst ein Widerruf »für die Dauer dieser Abtretung« soll nur dazu führen, dass etwaige Bezugsrechte im Rang hinter das vereinbarte Sicherungsrecht zurücktreten und im Übrigen bestehen bleiben.⁵⁸ Entsprechendes gilt für die **Verpfändung**.⁵⁹ Bei der **Vollabtretung** hingegen soll dem Zessionar regelmäßig das alleinige Recht an der Versicherungsleistung zustehen, womit ein Fortbestehen zuvor gewährter Bezugsrechte nur schwer vereinbar ist. Folglich dürfte in der Abtretungsanzeige regelmäßig zugleich ein Widerruf der Bezugsberechtigung zu sehen sein,⁶⁰ auch wenn der Zessionar in der Praxis die bestehenden Bezugsberechtigungen zumeist ohnehin noch einmal widerrufen wird und dies aus Vorsichtsgründen auch sollte.

Wird in den Versicherungsanspruch des VN vollstreckt, ist hiervon regelmäßig auch das Widerrufsrecht als Nebenrecht⁶¹ erfasst, da es – spiegelbildlich zum Bestimmungsrecht des VN – kein höchstpersönliches Recht ist; gleiches gilt, wenn über das Vermögen des VN das Insolvenzverfahren eröffnet wird. In diesem Fall sind der Vollstreckungsgläubiger bzw. der Insolvenzverwalter dazu berechtigt, das Widerrufsrecht – vorbehaltlich des Eintrittsrechts nach § 170⁶² – auszuüben, was beim Insolvenzverwalter regelmäßig konkludent mit der Kündigung des Vertrags erfolgt.⁶³ Kündigt der Vollstreckungsgläubiger, dürfte nichts anderes gelten. **19**

Mit Zugang des Widerrufs beim VR wird dieser wirksam und das betroffene Bezugsrecht erlischt oder wird – im Fall der Änderung – im Sinne des VN umgestaltet. Werden alle Bezugsrechte widerrufen, fällt die Versicherungsleistung bei Ablauf der Police wieder vollumfänglich dem VN, im Todesfall seinem Nachlass zu.⁶⁴ **20**

2. Unwiderrufliche Bezugsberechtigung

Da Abs. 1 bei der Bestimmung eines Bezugsberechtigten im Zweifel von einem widerruflichem Bezugsrecht ausgeht, muss die Erteilung eines unwiderruflichen Bezugsrechts klar erkennen lassen, dass dieses unwiderruflich sein soll.⁶⁵ Ob es sich um ein unwiderrufliches oder widerrufliches Bezugsrecht handelt, ist aufgrund der Umstände des Einzelfalls anhand des Willens des VN zu ermitteln.⁶⁶ Die Bestimmung selbst erfolgt – ebenso wie die Einräumung eines widerruflichen Bezugsrechts – durch empfangsbedürftige Willenserklärung gegenüber dem VR, sei es bei Vertragsschluss oder nachträglich.⁶⁷ Eine bloße Vereinbarung im Verhältnis zwischen VN und der zu begünstigenden Person genügt dagegen nicht und hat allenfalls schuldrechtliche Auswirkungen.⁶⁸ **21**

Nach Abs. 2 erwirbt der Begünstigte das Recht auf die Versicherungsleistung unmittelbar mit seiner Benennung durch den VN und nicht erst mit Eintritt des Versicherungsfalls. Erfasst werden im Zweifel sämtliche aus dem Versicherungsvertrag fällig werdenden Ansprüche.⁶⁹ Anders als bei einer widerruflichen Bezugsberechtigung kann der unwiderruflich Begünstigte schon ab seiner Bezeichnung den Anspruch auf die Versicherungsleistung vererben sowie anderweitig über diesen verfügen (Abtretung, Verpfändung); auch die Gläubiger des Begünstigten können bereits in den Anspruch vollstrecken.⁷⁰ Nach § 952 BGB hat der unwiderruflich Bezugsberechtigte ferner einen Anspruch auf den Versicherungsschein.⁷¹ Der VN kann demgegenüber ohne Zustimmung des Begünstigten nicht mehr über den Anspruch auf die Versicherungsleistung verfügen. **22**

Soweit der Anspruch auf die Versicherungsleistung nicht berührt wird, verbleiben die Rechte als Vertragspartei beim VN. Dieser ist daher insbesondere weiterhin berechtigt, die Versicherung zu kündigen oder in eine prämienfreie Versicherung umzuwandeln, ohne dass der Begünstigte zustimmen muss.⁷² Vorbehaltlich einer ausdrücklichen anderweitigen Bestimmung steht der Rückkaufswert im Fall der Kündigung aber dem Bezugsberechtigten zu. Der Bundesgerichtshof begründet dies in ständiger Rechtsprechung damit, dass der VN bei Einräumung eines unwiderruflichen Bezugsrechts regelmäßig einen sofortigen Rechtserwerb wünsche, um die Ansprüche auf die Versicherungsleistung aus seinem Vermögen auszusondern und sie dem Zugriff **23**

---

57 OLG Köln VersR 2002, 299; zustimmend L/W/*Heiss*, § 159 Rn. 52.
58 St. Rspr., vgl. BGH VersR 2012, 344 m.w.N.; zustimmend P/M/*Schneider*, § 159 Rn. 11; L/W/*Heiss*, § 159 Rn. 55, 115 f.
59 Vgl. PK/*Ortmann*, § 159 Rn. 67.
60 B/M/*Winter*, § 159 Rn. 233; L/W/*Heiss*, § 159 Rn. 55; wohl auch PK/*Ortmann*, § 159 Rn. 63.
61 OLG Köln VersR 2002, 1544 (unter Berufung auf BGHZ 45, 165); zustimmend L/W/*Heiss*, § 159 Rn. 120.
62 Siehe dort Rdn. 12.
63 BGH VersR 2005, 923; vgl. näher bereits Rn. 18.
64 PK/*Ortmann*, § 159 Rn. 59; P/M/*Schneider*, § 159 Rn. 11.
65 P/M/*Schneider*, § 159 Rn. 19; R/L/*Langheid*, § 159 Rn. 14; PK/*Ortmann*, § 159 Rn. 70; HK-VVG/*Brambach*, § 159 Rn. 22.
66 BGH VersR 2013, 438 m.w.N.
67 L/W/*Heiss*, § 159 Rn. 72; PK/*Ortmann*, § 159 Rn. 70.
68 BGH VersR 1996, 1089; R/L/*Langheid*, § 159 Rn. 14; vgl. bereits oben Rdn. 8.
69 BGH VersR 2003, 1021; P/M/*Schneider*, § 159 Rn. 21.
70 P/M/*Schneider*, § 159 Rn. 21; PK/*Ortmann*, § 159 Rn. 72.
71 Vgl. L/W/*Heiss*, § 159 Rn. 74; P/M/*Schneider*, § 159 Rn. 21; B/M/*Winter*, § 159 Rn. 175.
72 BGH VersR 2010, 517, 519; VersR 1992, 1382; VersR 1966, 359.

seiner Gläubiger zu entziehen. Der Anspruch auf den Rückkaufswert sei nur eine andere Erscheinungsform des Rechts auf die Versicherungssumme und werde daher auch erfasst.[73]

24 Da der unwiderruflich Begünstigte das Recht auf die Versicherungsleistung bereits mit seiner Benennung erwirbt, berührt eine spätere **Insolvenz des VN** das Bezugsrecht nicht. Es ist dem Zugriff des Insolvenzverwalters entzogen[74] und der Begünstigte hat ein Aussonderungsrecht nach § 47 InsO.[75] Streitig ist allerdings, ob und unter welchen Voraussetzungen der Insolvenzverwalter die Einräumung des Bezugsrechts anfechten kann. Die lange Zeit herrschende Meinung unterschied danach, ob der VN dem Begünstigten das Bezugsrecht bereits bei Abschluss des Versicherungsvertrags oder erst nachträglich eingeräumt hatte. War die Benennung bei Vertragsschluss erfolgt, war sie nicht anfechtbar und der Insolvenzverwalter konnte lediglich die innerhalb des Anfechtungszeitraums erbrachten Leistungen anfechten. Die nachträgliche Einräumung eines Bezugsrechts hingegen war – sofern sie innerhalb der Anfechtungsfrist erfolgte war – angreifbar; lag sie außerhalb dieses Zeitraums, konnte der Insolvenzverwalter wiederum nur die innerhalb der Frist erbrachten Leistungen anfechten.[76] Die jüngere Rechtsprechung hat diese Unterscheidung für das widerrufliche Bezugsrecht ausdrücklich aufgegeben und stellt nunmehr unter Hinweis auf § 140 InsO auf den Eintritt des Versicherungsfalls ab, d.h. dem Zeitpunkt, an dem die rechtlichen Wirkungen der anzufechtenden Rechtshandlung eingetreten sind.[77] Überträgt man diese Erwägungen auf das unwiderrufliche Bezugsrecht, muss konsequenterweise auch hier die ursprüngliche Benennung angreifbar sein, sofern die Anfechtungsfrist noch nicht verstrichen ist.[78]

II. Wegfall des Bezugsrechts

25 Außer durch Widerruf kann die Bezugsberechtigung auch auf andere Weise nachträglich entfallen. Beim widerruflichen Bezugsrecht[79] gilt dies zunächst für den **Tod des Begünstigten** vor Eintritt des Versicherungsfalls, da der Begünstigte – anders als bei der unwiderruflichen Bezugsberechtigung – noch keine vererbbare Rechtsposition erlangt hat. Vielmehr erlischt die Erwerbsaussicht und das Bezugsrecht fällt an den VN zurück, § 160 III.[80] Die Bezugsberechtigung kann aber auch aus anderen Gründen, etwa durch eine Anfechtung nach §§ 119 ff. BGB sowie durch Eintritt einer mit ihr verbundenen auflösenden Bedingung (Zeitablauf, Ehescheidung), entfallen.

26 Unabhängig von der Bezugsberechtigung und der Frage, wem im Verhältnis zum VR das Recht auf die Versicherungsleistung zusteht, zu beurteilen ist, ob der Bezugsberechtigte im Verhältnis zum VN oder seinen Erben die Versicherungsleistung behalten darf. Dies richtet sich nach dem **Valutaverhältnis** zwischen VN und Begünstigtem.[81] Typischerweise liegt diesem ein – zumeist konkludent geschlossener – Schenkungsvertrag i.S.v. § 516 BGB zugrunde, dessen Formmangel beim unwiderruflichen Bezugsrecht mit seiner Einräumung durch sofortigen Vollzug geheilt wird,[82] beim widerruflichen Bezugsrecht mit Eintritt des Versicherungsfalls.[83] Der Schenkungsvertrag kann dabei nicht nur vor Eintritt des Versicherungsfalls, sondern auch nachträglich zustande kommen, insbesondere wenn der VN selbst noch zu Lebzeiten ein Angebot abgegeben hat, das dem Begünstigten nach dessen Tod zugeht (vgl. § 130 II BGB) und er dieses etwa durch die Anforderung der Versicherungsleistung konkludent annimmt.[84] Da die Erben des VN das Schenkungsangebot bis zu seinem Zugang beim Begünstigten widerrufen können (§ 130 I 2 BGB), kann es in dieser Konstellation zu einem Wettlauf zwischen dem als Boten agierenden VR und den Erben des VN kommen.[85]

27 Ist kein wirksames Valutaverhältnis zustande gekommen oder ist dieses später durch Anfechtung nach §§ 119 ff. BGB oder wegen Wegfalls der Geschäftsgrundlage entfallen, hat der Begünstigte das Erlangte an den VN oder dessen Erben herauszugeben.[86] Vor Auszahlung der Versicherungsleistung ist der Anspruch auf Abtretung des Anspruchs gegen den Versicherer auf Auszahlung der Versicherungssumme gerichtet; hat der Versicherer bereits an den Begünstigten gezahlt, wandelt sich dieser Anspruch in einen Zahlungsanspruch gegen den Begünstigten um.[87] Hat demgegenüber der Erbe die Versicherungsleistung bereits erhalten, kann er dem Be-

---

73 BGH VersR 2003, 1021 f.; VersR 2002, 334; VersR 1992, 1382; VersR 1966, 359.
74 BGH VersR 2013, 438; VersR 2003, 1021; VersR 1966, 1071.
75 BGH VersR 2014, 321; VersR 2005, 1134.
76 Vgl. P/M/*Schneider*, § 159 Rn. 41; PK/*Ortmann*, § 159 Rn. 39.
77 BGHZ 156, 350 = VersR 2004, 1993.
78 So überzeugend P/M/*Schneider*, § 159 Rn. 43; wohl auch L/W/*Heiss*, § 159 Rn. 125 Fn. 5.
79 Der unwiderruflich Bezugsberechtigte erwirbt das Recht hingegen sofort, so dass der Anspruch auf seine Erben übergeht, vgl. L/W/*Heiss*, § 160 Rn. 20.
80 PK/*Ortmann*, § 159 Rn. 27; P/M/*Schneider*, § 159 Rn. 15.
81 St. Rspr., vgl. nur BGH VersR 2013, 1121; VersR 2008, 2054; w.N. bei P/M/*Schneider*, § 160 Rn. 26.
82 BGH VersR 1975, 706; P/M/*Schneider*, § 159 Rn. 28.
83 BGHZ 91, 288 = VersR 1984, 845.
84 Vgl. dazu BGH VersR 2013, 1029, 1030; VersR 2008, 1054.
85 Vgl. dazu P/M/*Schneider*, § 159 Rn. 30; L/W/*Heiss*, § 159 Rn. 89. Diese Konstruktion ist im Laufe der Zeit immer wieder kritisiert worden, vgl. aus jüngerer Zeit Prahl, VersR 2015, 1229 m.w.N.
86 Vgl. OLG Hamm VersR 2005, 819.
87 Vgl. OLG Hamm VersR 2015, 1236.

günstigten den Einwand der unzulässigen Rechtsausübung entgegenhalten.[88] Entsprechendes gilt bei der wechselseitigen Einräumung von Bezugsrechten innerhalb von ehelichen oder nichtehelichen Lebensgemeinschaften; entfällt die Geschäftsgrundlage der Zuwendung, besteht ebenfalls ein Rückforderungsanspruch.[89]

Das Recht aus der Bezugsberechtigung entfällt schließlich auch, wenn der Begünstigte durch eine widerrechtliche Handlung mit Vorsatz den Tod der versicherten Person verursacht (§ 162 II). 28

D. Abdingbarkeit

Da § 159 lediglich Auslegungsregeln enthält, können die Parteien durch Vereinbarung von ihnen abweichen.[90] 29

§ 160 Auslegung der Bezugsberechtigung.

(1) ¹Sind mehrere Personen ohne Bestimmung ihrer Anteile als Bezugsberechtigte bezeichnet, sind sie zu gleichen Teilen bezugsberechtigt. ²Der von einem Bezugsberechtigten nicht erworbene Anteil wächst den übrigen Bezugsberechtigten zu.
(2) ¹Soll die Leistung des Versicherers nach dem Tod des Versicherungsnehmers an dessen Erben erfolgen, sind im Zweifel diejenigen, welche zur Zeit des Todes als Erben berufen sind, nach dem Verhältnis ihrer Erbteile bezugsberechtigt. ²Eine Ausschlagung der Erbschaft hat auf die Berechtigung keinen Einfluss.
(3) Wird das Recht auf die Leistung des Versicherers von dem bezugsberechtigten Dritten nicht erworben, steht es dem Versicherungsnehmer zu.
(4) Ist der Fiskus als Erbe berufen, steht ihm ein Bezugsrecht im Sinn des Absatzes 2 Satz 1 nicht zu.

Übersicht	Rdn.		Rdn.
A. Allgemeines	1	II. Erben als Bezugsberechtigte (Abs. 2)	7
I. Normzweck	2	III. Nichterwerb des Bezugsrechts (Abs. 3)	9
II. Anwendungsbereich	3	IV. Fiskus als Erbe (Abs. 4)	10
B. Tatbestand und Rechtsfolgen	4	C. Abdingbarkeit	11
I. Mehrheit von Bezugsberechtigten (Abs. 1)	4		

A. Allgemeines

Die Vorschrift übernimmt die Regelungen des § 167 a.F. mit geringfügigen redaktionellen Änderungen und weitet ihren Anwendungsbereich auf alle Lebensversicherungen aus. Zudem integriert sie § 168 a.F. als neuen Abs. 3.[1] 1

I. Normzweck

In Ergänzung zu § 159 enthält § 160 mehrere Auslegungsregeln zur Reichweite des Bezugsrechts in bestimmten Fallkonstellationen.[2] Diese Regeln kommen – ebenso wie § 159 – immer erst dann zur Anwendung, wenn sich durch Auslegung der Erklärung des VN keine Anhaltspunkte für einen anderslautenden Willen ergeben.[3] 2

II. Anwendungsbereich

Ebenso wie § 159 ist die Vorschrift seit der Reform des VVG auf alle Formen der Lebensversicherung anwendbar (siehe dazu § 159 Rdn. 5). Auf die Berufsunfähigkeitsversicherung und die Unfallversicherung ist die Vorschrift gemäß § 176 beziehungsweise gemäß § 185 jeweils entsprechend anwendbar. 3

B. Tatbestand und Rechtsfolgen
I. Mehrheit von Bezugsberechtigten (Abs. 1)

Die Regelung in Abs. 1 bestätigt zunächst, dass der VN nicht nur einen, sondern auch mehrere Bezugsberechtigte benennen kann.[4] Dabei steht es dem VN frei, ob er diese gemeinsam (kumulativ) als Begünstigte einsetzt oder alternativ, etwa in Form einer Aufspaltung des Bezugsrechts nach Erlebens- und Todesfall oder durch Festlegung eines Ersatzbezugsberechtigten, sollte der Erstgenannte versterben oder das Bezugsrecht 4

---

88 OLG Hamm VersR 2002, 1409; BGH VersR 2013, 302.
89 BGH VersR 2013, 302; VersR 1995, 282, 284; VersR 1992, 1382, 1384.
90 P/M/*Schneider*, § 159 Rn. 49; L/W/*Heiss*, § 159 Rn. 134; HK-VVG/*Brambach*, § 159 Rn. 29.
1 Begr. RegE BT-Drucks. 16/3945 S. 98 f.
2 PK/*Ortmann*, § 160 Rn. 2. Allgemein zur Auslegung von Erklärungen im Zusammenhang mit der Einräumung und dem Widerruf von Bezugsberechtigungen s. § 159 Rdn. 10 und 18.
3 P/M/*Schneider*, § 160 Rn. 1; HK-VVG/*Brambach*, § 160 Rn. 1.
4 Siehe dazu § 159 Rdn. 9.

nach § 333 BGB zurückweisen. Die Auslegungsregel in Abs. 1 bezieht sich dabei allein auf den Fall, dass der VN mehrere Personen **gleichrangig** als Bezugsberechtigte eingesetzt hat.[5]

5 Weiterhin setzt die Anwendung der Auslegungsregel in Abs. 1 Satz 1 voraus, dass sich durch Auslegung der Erklärung des VN nicht ermitteln lässt, welcher Anteil den einzelnen Bezugsberechtigten zukommen soll.[6] Bleibt dies unklar, steht die Versicherungssumme den Begünstigten als Einzelgläubigern nach Kopfteilen zu.[7]

6 Fällt einer von mehreren Bezugsberechtigten aus, etwa weil in seiner Person eine auflösende Bedingung eintritt, er das Bezugsrecht zurückweist oder ein widerruflich Begünstigter vorzeitig verstirbt,[8] fällt sein Anteil nach Abs. 1 Satz 2 den übrigen Begünstigten zu. Dies gilt unabhängig davon, ob die Zweifelsregelung des Satzes 1 zur Anwendung gelangt ist oder der VN die Höhe des Anteils ausdrücklich bestimmt hatte.[9] Hatte der VN indes unterschiedliche Anteile bestimmt, wächst der nicht erworbene Anteil den übrigen Begünstigten nicht nach Kopfteilen, sondern im Verhältnis ihrer jeweiligen Anteile zu.[10]

II. Erben als Bezugsberechtigte (Abs. 2)

7 Abs. 2 Satz 1 enthält eine Auslegungsregel für den Fall, dass der VN ausdrücklich seine »Erben« als Bezugsberechtigte benannt hat. Der Anwendungsbereich ist eng zu verstehen und nur eröffnet, wenn sich der Erklärung des VN keine nähere Konkretisierung der Bezugsberechtigung entnehmen lässt.[11] Hat der VN beispielsweise »die Hinterbliebenen im Sinne von AVG §§ 40 bis 44«[12] oder seine »Kinder«, die zugleich Erben sind,[13] als Bezugsberechtigte benannt, ist hierin eine abweichende Bestimmung zu sehen, die den Rückgriff auf § 160 II ausschließt. Gleiches gilt, wenn der VN Vor- und Nacherben eingesetzt hat; in diesem Fall sind nur die Vorerben bezugsberechtigt.[14] Soweit Abs. 2 anwendbar ist, sind alle Personen bezugsberechtigt, die **zum Zeitpunkt des Todes** als Erben berechtigt sind.[15] Anders als nach der Auslegungsregel des Abs. 1 Satz 1 sind sie indes nicht zu gleichen Anteilen bezugsberechtigt, sondern entsprechend ihren Erbteilen. Wie bei der sonstigen Mehrheit von Bezugsberechtigten kann jeder Erbe seinen Anteil an der Versicherungsleistung gesondert vom VR verlangen.[16]

8 Schlägt ein Bezugsberechtigter sein Erbe nach § 1942 ff. BGB aus, hat dies gemäß Abs. 2 Satz 2 keine Auswirkung auf das Bestehen der Bezugsberechtigung. Dogmatisch folgt dies daraus, dass der Bezugsberechtigte die Forderung gegen den Versicherer nicht aus dem Nachlass erwirbt, sondern unmittelbar,[17] so dass zwischen seiner Stellung als Erbe und seiner Stellung als Bezugsberechtigter zu unterscheiden ist.[18] Erwirbt der Erbe das Bezugsrecht kraft Erbganges, etwa weil der VN keinen Bezugsberechtigten bestimmt hatte oder das Bezugsrecht nach Abs. 3 in den Nachlass zurückgefallen ist, ist Abs. 2 Satz 2 somit nicht anwendbar.[19]

III. Nichterwerb des Bezugsrechts (Abs. 3)

9 Hat der VN einen Bezugsberechtigten benannt, erwirbt dieser das Bezugsrecht aber nicht, steht nach Abs. 3 das Recht auf die Leistung des VR wieder dem VN zu, ganz so, als hätte er von seinem Bestimmungsrecht keinen Gebrauch gemacht.[20] Im Erlebensfall steht die Versicherungsforderung daher dem VN selbst zu, im Todesfall fällt sie in seinen Nachlass.[21] Ohne Belang ist, aus welchen Gründen der Begünstigte das Bezugsrecht nicht erwirbt. In Betracht kommen etwa eine Zurückweisung des Bezugsrechts nach § 333 BGB, ein vorzeitiges Versterben des widerruflich Bezugsberechtigten vor Eintritt des Versicherungsfalls oder eine unwirksame

---

5 P/M/*Schneider*, § 160 Rn. 3. Nach LG Saarbrücken liegt ein solcher Fall bei der Bestimmung »Ehefrau oder Kinder« nicht vor, da der Erklärung zu entnehmen sei, dass die Ehefrau vorrangig berechtigt sei NJW 1983, 180. Auch bei Benennung unter Verwendung von Ordnungszahlen soll eine Reihenfolge bestimmt sein, KG Berlin r+s 2005, 341. Weitere Beispiele finden sich bei P/M/*Schneider*, § 160 Rn. 7.
6 PK/*Ortmann*, § 160 Rn. 3; HK-VVG/*Brambach*, § 160 Rn. 7.
7 BGHZ 13, 226 = VersR 1954, 281, 283; VersR 1981, 371; PK/*Ortmann*, § 160 Rn. 10.
8 Bei gleichzeitigem Tod mit VN, OLG Saarbrücken ZEV 2008, 46. Umstritten ist, ob auch die anfängliche Unwirksamkeit der Bezugsberechtigung von Abs. 1 Satz 2 umfasst ist (in diesem Sinne BGH VersR 1981, 371) oder ob Abs. 3 entsprechend anwendbar sein soll (so wohl PK/*Ortmann*, § 160 Rn. 20).
9 So OLG Saarbrücken VersR 2007, 1638. Zustimmend P/M/*Schneider*, § 160 Rn. 16; PK/*Ortmann*, § 160 Rn. 11.
10 Vgl. PK/*Ortmann*, § 160 Rn. 22.
11 R/L/*Langheid*, § 160 Rn. 3; P/M/*Schneider*, § 160 Rn. 6a; L/W/*Heiss*, § 160 Rn. 13; PK/*Ortmann*, § 160 Rn. 23; HK-VVG/*Brambach*, § 160 Rn. 8.
12 Vgl. OLG Frankfurt VersR 1996, 358, 360. Die Aufteilung bestimmt sich vielmehr nach Abs. 1, vgl. BGH VersR 1981, 371 (zu § 167 I a.F.); vgl. auch R/L/*Langheid*, § 160 Rn. 13.
13 Vgl. HK-VVG/*Brambach*, § 160 Rn. 2; PK/*Ortmann*, § 160 Rn. 23.
14 OLG Schleswig ZEV 1995, 415; L/W/*Heiss*, § 160 Rn. 12; P/M/*Schneider*, § 160 Rn. 6.
15 Hierzu zählt auch ein Nasciturus (§ 1923 II BGB).
16 L/W/*Heiss*, § 160 Rn. 14; PK/*Ortmann*, § 160 Rn. 25; HK-VVG/*Brambach*, § 160 Rn. 9.
17 Vgl. dazu § 159 Rdn. 16.
18 Ähnlich L/W/*Heiss*, § 160 Rn. 15.
19 BGHZ 32, 44 = VersR 1960, 339.
20 Vgl. dazu § 159 Rdn. 4.
21 L/W/*Heiss*, § 160 Rn. 19.

oder nachträglich angefochtene Einräumung des Bezugsrechts.[22] Die Regelung gilt auch, wenn mehrere Bezugsberechtigte benannt sind und keiner von ihnen das Bezugsrecht erwirbt.[23] Sofern aber mindestens einer das Bezugsrecht erwirbt, wachsen ihm gemäß Abs. 1 S. 2 die Anteile der übrigen Bezugsberechtigten zu.[24]

IV. Fiskus als Erbe (Abs. 4)

Hat der VN die Bezugsberechtigung seinem oder seinen »Erben« zugesprochen und kommt das gesetzliche Erbrecht des Staates (§ 1936 BGB) zum Tragen, steht dem Fiskus gemäß Abs. 4 – und damit abweichend von Abs. 2 Satz 1 – kein Bezugsrecht gegenüber dem VR zu. Die Regelung verhindert somit, dass der Fiskus die Versicherungsleistung an den Nachlassgläubigern vorbei erwirbt, da der VN in aller Regel keine Fürsorge für den Fiskus treffen will[25]; sie ändert allerdings nichts daran, dass die Versicherungsleistung in den Nachlass fällt und – nach Befriedigung der Nachlassgläubiger – dem Fiskus über seine Stellung als Erbe zugutekommt.[26]

10

C. Abdingbarkeit

Die Regelungen des § 160 sind dispositiv.[27]

11

§ 161 Selbsttötung.
(1) ¹Bei einer Versicherung für den Todesfall ist der Versicherer nicht zur Leistung verpflichtet, wenn die versicherte Person sich vor Ablauf von drei Jahren nach Abschluss des Versicherungsvertrags vorsätzlich selbst getötet hat. ²Dies gilt nicht, wenn die Tat in einem die freie Willensbestimmung ausschließenden Zustand krankhafter Störung der Geistestätigkeit begangen worden ist.
(2) Die Frist nach Absatz 1 Satz 1 kann durch Einzelvereinbarung erhöht werden.
(3) Ist der Versicherer nicht zur Leistung verpflichtet, hat er den Rückkaufswert einschließlich der Überschussanteile nach § 169 zu zahlen.

Übersicht

	Rdn.		Rdn.
A. Allgemeines	1	III. Ausschluss der freien Willensbestimmung	9
I. Normzweck	3	C. Rechtsfolgen	13
II. Anwendungsbereich	4	D. Darlegungs- und Beweislast	15
B. Tatbestand	5	I. Grundlagen	15
I. Vorsätzliche Selbsttötung der versicherten Person	5	II. Versicherer	16
		III. Anspruchsteller	21
II. Dreijährige Ausschlussfrist	7	E. Abdingbarkeit	22

A. Allgemeines

Der Regelungsgehalt der Vorschrift entspricht weitgehend § 169 a.F.; der Ausschluss der Leistungspflicht wurde allerdings mit Blick auf die bestehende Praxis der VR auf drei Jahre ab Vertragsschluss beschränkt[1] und das von der Rechtsprechung entwickelte Erfordernis einer vorsätzlich begangenen Selbsttötung[2] in den Wortlaut aufgenommen. Beibehalten wurde die Regelung in Abs. 1 Satz 2, wonach der VR zur Leistung verpflichtet bleibt, sofern die Tat in einem die freie Willensbestimmung ausschließenden Zustand krankhafter Störung der Geistestätigkeit begangen wurde. Abs. 3 schließlich übernimmt inhaltlich § 176 II 1 a.F. und bestimmt, dass der VR auch bei Freiwerden von der Leistungspflicht zur Zahlung des Rückkaufswerts verpflichtet bleibt.[3]

1

Diese auf den ersten Blick einfachen Regelungen führen in der Praxis immer wieder zu erheblichen Schwierigkeiten und haben zu einer kaum mehr überschaubaren Kasuistik geführt. Ursache hierfür sind nicht etwa Probleme bei der Ausformung der Tatbestandsmerkmale und ihrer Reichweite, sondern die Anforderungen an die Beweisführung. Sowohl die vorsätzliche Selbsttötung als auch der eine freie Willensbestimmung ausschließende Zustand krankhafter Störung der Geistestätigkeit lassen sich als innere Tatsachen der verstorbe-

2

---

22 Vgl. zu den Fällen des Nichterwerbs § 159 Rn. 25 sowie L/W/*Heiss*, § 160 Rn. 20. Nach PK/*Ortmann*, § 160 Rn. 20 f., 27 soll Abs. 3 allerdings nur anwendbar sein, wenn das Bezugsrecht zunächst besteht, aber der Anspruch auf die Versicherungsleistung nicht erworben wird. Dies führt dazu, dass Abs. 3 keine Anwendung findet, sofern bereits die Bestimmung des Bezugsrechts nichtig ist oder nachträglich mit ex tunc Wirkung angefochten wird. Diese Fälle sollen vielmehr über Abs. 1 Satz 2 gelöst werden.
23 PK/*Ortmann*, § 160 Rn. 27; L/W/*Heiss*, § 160 Rn. 19.
24 OLG Saarbrücken VersR 2007, 1638; R/L/*Langheid*, § 160 Rn. 3; vgl. auch oben Rdn. 6.
25 Motive, Nachdruck 1963, S. 228 (zu § 167 a.F.)
26 L/W/*Heiss*, § 160 Rn. 17 f.; PK/*Ortmann*, § 160 Rn. 29.
27 L/W/*Heiss*, § 160 Rn. 24; PK/*Ortmann*, § 160 Rn. 30.
 1 Begr. RegE BT-Drucks. 16/3945 S. 99.
 2 Vgl. etwa BGH VersR 1991, 289.
 3 Begr. RegE BT-Drucks. 16/3945 S. 99.

nen versicherten Person regelmäßig nur über äußere Indiztatsachen nachweisen, was die Gerichte immer wieder beschäftigt (dazu unten Rdn. 15 ff.).

I. Normzweck

3 Indem § 161 die VR von ihrer Leistungspflicht befreit, wenn sich die versicherte Person vorsätzlich selbst tötet, sollen die VR davor geschützt werden, dass ein Versicherter auf ihre Kosten mit seinem Leben spekuliert, namentlich die Versicherung in der Absicht abschließt, demnächst Selbstmord zu begehen und durch die Versicherungssumme die begünstigten Hinterbliebenen abzusichern.[4] Da diese Gefahr umso geringer wird, je mehr Zeit seit Vertragsschluss verstrichen ist, hatten viele VR in der Vergangenheit freiwillig ihre Befreiung von der Leistungspflicht auf eine dreijährige Ausschlussfrist beschränkt, die der Gesetzgeber nunmehr kodifiziert hat.[5] Eines Leistungsausschlusses bedarf es ferner dann nicht, wenn aufgrund sonstiger Umstände naheliegt, dass die versicherte Person ohne zurechenbaren Vorsatz gehandelt hat.[6] Aus diesem Grund bestimmt Abs. 1 Satz 2, dass der VR zur Leistung verpflichtet bleibt, wenn die Tat in einem die freie Willensbildung ausschließenden Zustand krankhafter Störung der Geistestätigkeit begangen wurde.

II. Anwendungsbereich

4 Aus dem Regelungszusammenhang mit § 162 folgt, dass der VR nur von der Leistung frei wird, wenn der VN zugleich versicherte Person ist oder es sich um eine Fremdversicherung handelt und sich der Versicherte selbst tötet.[7] Wird die versicherte Person hingegen durch den VN oder einen Bezugsberechtigten getötet, findet § 162 Anwendung.

Die Vorschrift setzt nicht voraus, dass der Vertrag ausschließlich für den Todesfall Versicherungsleistungen gewährt.[8] Sie gilt daher neben der reinen Risikolebensversicherung beispielsweise auch für Kapitallebensversicherungen und Rentenversicherungen mit ergänzender Todesfalldeckung. Demgegenüber scheidet eine entsprechende Anwendung auf die Berufsunfähigkeitsversicherung aus[9]; auf eine betriebliche Versorgungsordnung soll sie aber analog anwendbar sein.[10]

B. Tatbestand

I. Vorsätzliche Selbsttötung der versicherten Person

5 Zentrale Voraussetzung für den Ausschluss der Leistungspflicht ist, dass die versicherte Person sich vorsätzlich selbst getötet hat. Der Reformgesetzgeber bestätigt damit, was schon auf Grundlage des § 169 a.F. allgemein anerkannt war: dass eine – auch grob – fahrlässige Verursachung des Todes oder sogar objektiv unverständlicher Leichtsinn nicht zu einer Leistungsfreiheit des VR führt.[11] Glaubt der Versicherte daher irrtümlich, das Geschehen jederzeit unterbrechen zu können oder rechnet damit, gerettet zu werden (»Selbsttötungsdemonstration«), bleibt der VR zur Leistung verpflichtet.[12] Umstritten ist demgegenüber, ob eine Leistungsfreiheit des VR nur bei **direktem Vorsatz** (*dolus directus*) eintreten soll[13] oder ob auch **Eventualvorsatz** (*dolus eventualis*) ausreicht.[14] Auch wenn der geänderte Wortlaut des § 161 lediglich ein »vorsätzliches« Handeln verlangt und daher dafür spricht, dass Eventualvorsatz ausreicht,[15] ist unklar, ob der Gesetzgeber die auch schon nach früherem Recht umstrittene Frage im Zuge der VVG-Reform entscheiden wollte. Die Gesetzesbegründung enthält keinerlei Ausführungen zu dieser Problematik;[16] vielmehr legt sie nahe, dass der Gesetzgeber mit Ausnahme der Einführung der dreijährigen Ausschlussfrist keinerlei Änderungen gegenüber der bisherigen Rechtslage zu § 169 a.F. beabsichtigte.[17] Auch ein Blick auf Sinn und Zweck der Regelung ergibt keine Klarheit. Wenn § 161 Spekulationen zu Lasten des VR verhindern will, so ist der Anwendungsbereich der Vorschrift doch keineswegs auf das oben genannte Beispiel beschränkt, dass ein Versicherter die Versicherung in der Absicht abschließt, demnächst Selbstmord zu begehen und durch die Versicherungssumme die begünstigen Hinterblie-

---

4 BGHZ 13, 226 = VersR 1954, 281; VersR 1991, 289.
5 Vgl. bereits BGHZ 13, 226 = VersR 1954, 281. Die gängigen Muster ALB sahen seit den ALB 57 eine Ausschlussfrist von drei Jahren vor, vgl.L/W/*Mönnich*, § 161 Rn. 12 m.w.N.
6 BGH VersR 1991, 289.
7 BGH VersR 1991, 289; P/M/*Schneider*, § 161 Rn. 1; R/L/*Langheid*, § 161 Rn. 2.
8 Begr. RegE BT-Drucks. 16/3945 S. 99.
9 Ausführlich hierzu BGH VersR 1991, 289, 290.
10 LAG Baden-Württemberg VersR 1989, 1177.
11 BGH VersR 1991, 289; BGH VersR 1981, 452.
12 Vgl. OLG Hamm VersR 1989, 690, 691.
13 In diesem Sinne P/M/*Schneider*, § 161 Rn. 3; L/W/*Mönnich*, § 161 Rn. 7; B/M/*Winter*, § 161 Rn. 16.
14 HK-VVG/*Brambach*, § 161 Rn. 6; PK/*Ortmann*, § 161 Rn. 5; wohl auch R/L/*Langheid*, § 161 Rn. 5.
15 Vgl. etwa BGH NJW 1971, 459, 460 (zu § 152 VVG a.F.): »*Der Begriff des Vorsatzes umfasst auch im Versicherungsrecht den bedingten Vorsatz*« unter Hinweis auf BGHZ 7, 311, 313 und BGH VersR 1954, 591.
16 Auch in den Beratungen der Reformkommission spielte diese Frage keine Rolle, vgl. R/L/*Langheid*, § 161 Rn. 5.
17 Zu Recht darauf hinweisend L/W/*Mönnich*, § 161 Rn. 8.

benen abzusichern[18]. So setzt § 161 weder voraus, dass die versicherte Person bereits bei Vertragsschluss den Vorsatz hatte, sich selbst zu töten, noch verlangt § 161 eine Absicht des Versicherten, durch seine Selbsttötung den begünstigten Personen die Versicherungssumme zukommen zu lassen. Wenn aber auch der nachträglich gefasste Willensentschluss, sich selbst zu töten, erfasst ist, besteht zwischen dem sicher geglaubten Todeserfolg einerseits und dem nicht bezweckten, aber in Kauf genommenen Erfolg andererseits nur ein gradueller Unterschied, so dass sich auch die bedingt vorsätzliche Selbsttötung durchaus als unzulässige Spekulation auf Kosten des VR qualifizieren lässt. Dies ist im Ergebnis nicht zwingend, führt aber jedenfalls dazu, dass sich die Frage anhand des Normzwecks nicht sicher beantworten lässt. Letztlich ist somit der klare Wortlaut des § 161 zu respektieren,[19] zumal auch im Rahmen von § 162 allgemein anerkannt ist, dass der VR von der Leistung frei wird, wenn VN oder Begünstigter bedingt vorsätzlich handeln.

Nach herrschender Meinung ist § 161 nicht nur auf die eigenhändige Selbsttötung anwendbar, sondern greift auch ein, wenn der Versicherte einen Dritten zur Tötung bestimmt oder mit der Tötung durch diesen einverstanden ist.[20] Gleiches gilt für den sog. kollektiven Selbstmord, bei dem sich mehrere Personen gemeinsam dazu entschließen, in den Tod zu gehen, die Tötungshandlung aber abredegemäß nur von einer der Personen ausgeführt wird.[21]   6

II. Dreijährige Ausschlussfrist

Während die Vorgängerregelung in § 169 a.F. keine Ausschlussfrist vorsah, entsprach es der weit verbreiteten Praxis der VR, in den AVB eine Ausschlussfrist von drei Jahren zu vereinbaren.[22] Mit Blick auf diese Praxis hat der Gesetzgeber die Ausschlussfrist nunmehr in § 161 kodifiziert. Die Frist beginnt nach dem eindeutigen Wortlaut mit Abschluss des Vertrages (formeller Versicherungsbeginn). Dies gilt aufgrund des halbzwingenden Charakters der Vorschrift auch, wenn in AVB – wie früher üblich – ein späterer Fristbeginn (z.B. Zahlung der Erstprämie, materieller Versicherungsbeginn laut Police) vorgesehen ist.[23] Vereinbaren VR und VN eine **nachträgliche Änderung** des Vertrages, die zu einer Erhöhung der Leistungspflicht des VR führt, oder eine Wiederherstellung der Versicherung, beginnt die Dreijahresfrist hinsichtlich des erweiterten oder wiederhergestellten Teils der Versicherung mit dem Zustandekommen der Einigung.[24]   7

Eine **Verlängerung** der Ausschlussfrist ist gemäß Abs. 2 nur durch Individualabrede möglich. Nach der Gesetzesbegründung soll dem VR hiermit ein Handlungsspielraum in Sonderfällen mit sehr hohen Versicherungssummen erhalten bleiben,[25] doch sind auch andere Fälle denkbar, in denen der VR ein legitimes Interesse an einer Verlängerung der Ausschlussfrist haben kann (z.B. gefahrerhöhende Vorerkrankung der versicherten Person). Eine **Verkürzung** der Ausschlussfrist, sei es durch einen vorgezogenen Fristbeginn oder eine kürzere Dauer, sowie ein gänzlicher Verzicht sind demgegenüber uneingeschränkt zulässig, da sie sich zugunsten des VN auswirken.[26]   8

III. Ausschluss der freien Willensbestimmung

Nach Abs. 1 Satz 2 bleibt der VR auch im Fall einer vorsätzlichen Selbsttötung zur Leistung verpflichtet, sofern der Versicherte in einem die freie Willensbestimmung ausschließenden Zustand krankhafter Störung der Geistestätigkeit gehandelt hat. Ziel der Regelung ist der Schutz der Hinterbliebenen, nicht der Schutz des Versicherten.[27] Die Formulierung entspricht der Definition der natürlichen Geschäftsunfähigkeit in § 104 Ziffer 2 BGB, verzichtet aber auf die Notwendigkeit eines dauerhaften Zustandes. Dennoch kann das Fehlen der freien Willensbestimmung bei Herbeiführung des Todes unter Umständen auch der Wirksamkeit des Vertrags entgegenstehen.[28]   9

Ein die freie Willensbildung ausschließender Zustand liegt (nur) dann vor, wenn der Betroffene sein Handeln nicht mehr von vernünftigen Erwägungen abhängig machen kann.[29] Dies setzt keine Geisteskrankheit voraus,[30] andererseits ist aber auch nicht jegliche Beeinträchtigung der voluntativen Funktionen ausreichend.   10

---

18 Siehe Rn. 2 unter Bezug auf BGHZ 13, 226 = VersR 1954, 281; VersR 1991, 289.
19 In diesem Sinne auch HK-VVG/*Brambach*, § 161 Rn. 6.
20 P/M/*Schneider*, § 161 Rn. 3; HK-VVG/*Brambach*, § 161 Rn. 8; PK/*Ortmann*, § 161 Rn. 4; L/W/*Mönnich*, § 161 Rn. 11. Ablehnend BK/*Schwintowski*, § 169 Rn. 5; B/M/*Winter*, § 161 Rn. 16.
21 P/M/*Schneider*, § 161 Rn. 3; HK-VVG/*Brambach*, § 161 Rn. 8; PK/*Ortmann*, § 161 Rn. 4; L/W/*Mönnich*, § 161 Rn. 11.
22 Vgl. dazu die Nachweise in Fn. 5.
23 Ebenso L/W/*Mönnich*, § 161 Rn. 13; P/M/*Schneider*, § 161 Rn. 6.
24 PK/*Ortmann*, § 161 Rn. 8; P/M/*Schneider*, § 161 Rn. 6. L/W/*Mönnich*, § 161 Rn. 14 hält eine gesonderte Vereinbarung für erforderlich, die auch in AVB erfolgen könne. Vgl. auch BGHZ 13, 226 = VersR 1954, 281 für eine in AVB vereinbarte Ausschlussfrist bei einer wiederhergestellten Versicherung.
25 Begr. RegE BT-Drucks. 16/3945 S. 99.
26 Vgl. Begr. RegE BT-Drucks. 16/3945 S. 99; P/M/*Schneider*, § 161 Rn. 8; L/W/*Mönnich*, § 161 Rn. 18.
27 BGH VersR 1991, 1357; P/M/*Schneider*, § 161 Rn. 10.
28 So auch P/M/*Schneider*, § 161 Rn. 11 a.E.
29 Vgl. BGH NJW 1996, 918, 919; OLG Hamm VersR 1977, 928, 929; OLG Nürnberg r+s 1994, 316.
30 BGH VersR 1994, 162; OLG Hamm VersR 1977, 928; OLG Stuttgart VersR 1989, 794.

§ 161 Selbsttötung

Entscheidend ist, ob der VN aufgrund einer Abwägung des Für und Wider bei sachlicher Prüfung der in Betracht kommenden Gesichtspunkte eine freie Entscheidung treffen kann oder ob umgekehrt von einer freien Willensbildung nicht mehr gesprochen werden kann, etwa weil die Willensbildung von Einflüssen dritter Personen oder von unkontrollierten Trieben und Vorstellungen gesteuert wird.[31] Bloße Willensschwäche, Erschöpfungszustände oder depressive Verstimmungen schließen dagegen die Möglichkeit der freien Willensbestimmung nicht aus.[32] Zur Konkretisierung dieser Anforderungen stellt die Rechtsprechung häufig darauf ab, ob es nachfühlbare Motive für die Selbsttötung gibt. Liegen diese vor, soll dies in aller Regel ein Zeichen für eine freie Willensbildung des Verstorbenen sein.[33] Entscheidend bleibt aber stets eine Gesamtwürdigung aller Umstände des Einzelfalls.[34]

11 Verneint wurde das Vorliegen eines die freie Willensbildung ausschließenden Zustandes nach diesem Maßstab etwa beim sog. Bilanz-Suizid, da der Versicherte das Für und Wider seiner Entscheidung sorgfältig abgewogen hat,[35] bei Spielsucht,[36] Kurzschlusshandlungen[37] und kurzfristigen, intensiven Schmerzerlebnissen.[38] Demgegenüber soll eine freie Willensbildung ausgeschlossen sein, wenn der Versicherte unter einer endogenen oder psychogenen Depression leidet und er den Selbstmord in einer akuten depressiven Phase begeht.[39]

12 Auch Alkoholgenuss kann die Fähigkeit zur freien Willensbildung beeinträchtigen. Dies wurde etwa bejaht bei einem Vollrausch mit 2,94 ‰,[40] während eine BAK von 2,38 ‰ und von 1,18 ‰ für nicht ausreichend befunden wurden.[41] Aber auch wenn der Versicherte im Tatzeitpunkt nicht mehr frei bestimmen konnte, wird der VR über die Grundsätze der *actio libera in causa* von seiner Leistungspflicht frei, sofern sich der Versicherte bewusst in einen Rausch versetzt hat, um die Tat zu begehen.[42]

C. Rechtsfolgen

13 Hat sich die versicherte Person innerhalb der Ausschlussfrist vorsätzlich selbst getötet, entfällt die Leistungspflicht des VR, es sei denn, der Ausnahmetatbestand nach Abs. 1 Satz 2 findet Anwendung. In diesem Fall bleibt der VR zur Leistung verpflichtet.

14 Auch bei Freiwerden von seiner Leistungspflicht muss der VR gemäß Abs. 3 einen vorhandenen und nach § 169 berechneten Rückkaufswert einschließlich der Überschussanteile an die vertragsgemäß berechtigte Person auszuzahlen.

D. Darlegungs- und Beweislast
I. Grundlagen

15 Da im Streitfall der Versicherte nicht mehr zur Aufklärung des Sachverhalts zur Verfügung steht, ist in der Praxis die Darlegung und der Nachweis eines vorsätzlichen Handelns beziehungsweise eines die freie Willensbildung ausschließenden Zustandes einer krankhaften Störung der Geistestätigkeit zumeist nur anhand von Indiztatsachen möglich. Die **Darlegungs- und Beweislast** richtet sich nach den allgemeinen Regeln des Zivilprozessrechts, wonach jede Partei die für sie vorteilhaften Tatsachen darzulegen und im Bestreitensfall auch zu beweisen hat. Demnach obliegt dem VR die Darlegung und der Nachweis, dass sich der Versicherte innerhalb der vereinbarten Frist vorsätzlich selbst getötet hat,[43] während der VN oder sonstige Anspruchsteller darlegen und beweisen muss, dass der Versicherte in einem die freie Willensbildung ausschließenden Zustand einer krankhaften Störung der Geistestätigkeit gehandelt hat. Auch das **Beweismaß** beurteilt sich nach den allgemeinen Regeln, so dass für die nach § 286 ZPO erforderliche Überzeugungsbildung keine unumstößliche Gewissheit erforderlich ist,[44] sondern das Gericht allein einen für das praktische Leben brauchbaren Grad von Gewissheit erlangen muss, der vernünftigen Zweifeln Schweigen gebietet, ohne diese völlig ausschließen zu

---

31 Grundlegend BGHZ 10, 266 = NJW 1953, 1342, stRspr.; vgl. etwa BGH NJW 1996, 918, 919; WM 1994, 1063, 1064; NJW-RR 1994, 219; 220; NJW 1970, 1680, 1681.
32 Vgl. OLG Frankfurt (Main) VersR 1962, 821; P/M/*Schneider*, § 161 Rn. 14.
33 Vgl. OLG Karlsruhe VersR 2003, 208; OLG Düsseldorf NJW-RR 2003, 1468; OLG Köln VersR 2002, 341; OLG Stuttgart VersR 2000, 170; OLG Nürnberg VersR 1969, 149; OLG Frankfurt (Main) VersR 1962, 821.
34 P/M/*Schneider*, § 161 Rn. 11; L/W/*Mönnich*, § 161 Rn. 37.
35 Siehe hierzu OLG Düsseldorf NJW-RR 2003, 1468, 1469; OLG Nürnberg VersR 1994, 295.
36 OLG Stuttgart VersR 1989, 794.
37 LG Köln VersR 1956, 569.
38 LG Saarbrücken VersR 1983, 723.
39 OLG Köln VersR 2002, 341; OLG Nürnberg VersR 1994, 295; LG Mönchengladbach VersR 1974, 795.
40 OLG Düsseldorf VersR 2000, 833. Nach BK/*Schwintowski*, § 169 Rn. 17 ebenso bei entsprechendem Drogenrausch.
41 Zu 2,38 ‰: OLG Hamburg VersR 1986, 378, 379; zu 1,18 ‰: LG Saarbrücken VersR 1979, 1050.
42 Vgl. PK/*Ortmann*, § 161 Rn. 16; P/M/*Schneider*, § 161 Rn. 13; L/W/*Mönnich*, § 161 Rn. 32.
43 BGH VersR 1992, 861; VersR 1991, 870; BGHZ 100, 214 = VersR 1987, 503.
44 BGH VersR 1991, 870, 871; VersR 1989, 758, 759.

müssen.[45] Diese Überzeugung kann auch auf mehreren Indizien beruhen, die für sich allein nicht ausreichen würden, in ihrer Gesamtheit aber die erforderliche Gewissheit gewähren.[46]

II. Versicherer

Lange Zeit umstritten war, ob der VR seiner Beweislast für die **vorsätzliche Selbsttötung** auch nach den Regeln des **Anscheinsbeweises** genügen konnte.[47] In seiner Grundsatzentscheidung BGHZ 100, 214 hat der BGH klargestellt, dass ein Anscheinsbeweis für eine vorsätzliche Selbsttötung nicht in Betracht kommt, da diese auf einer individuellen Willensentscheidung unter Einfluss außergewöhnlicher Umstände beruhe und es hierfür keine typischen Geschehensabläufe gebe.[48] **16**

Als ausreichende Indizien für eine Selbsttötung haben die Gerichte in der Vergangenheit beispielsweise anerkannt: selbstausgelöster Schuss in Kopf oder Brust, insbes. bei Erfahrung im Umgang mit Waffen;[49] mehrere geöffnete Gashähne;[50] Erhängen ohne Fremdeinwirkung;[51] Einnahme großer Mengen von Tabletten in Verbindung mit Alkohol;[52] unerklärbare Verkehrsunfälle bei Hinterlassen eines Abschiedsbriefs.[53] **17**

Ohne weitere hinzutretende Indizien wurden dagegen folgende Umstände als nicht ausreichend erachtet: Kopfschuss durch Geschoss eines selbstgebauten Schussapparats;[54] Frontalzusammenprall mit PKW;[55] ungebremster Aufprall mit Motorrad ohne Helm bei trockener Fahrbahn ohne Anzeichen eines Fremdverschuldens;[56] Erfasst werden von einem Zug bei Dunkelheit und einer BAK von 1,18 ‰;[57] Tod durch Gas oder Abgase;[58] Einnahme einer unbestimmten Menge Tabletten und Alkohol bei zerrütteten Familienverhältnissen.[59] **18**

Soweit sich der VR von einer **Obduktion** Hinweise auf eine Selbsttötung verspricht, bedarf es hierzu – ebenso wie für eine zuvor erforderliche **Exhumierung** – der zu Lebzeiten erteilten Zustimmung des Versicherten oder seiner zur Totenfürsorge berechtigten Personen, i.d.R. der Angehörigen.[60] War der Versicherte zugleich VN, fragt sich, ob und unter welchen Voraussetzungen eine in den AVB erklärte Zustimmung wirksam ist. Gesichert ist, dass jedenfalls eine sich aus den AVB ergebende allgemeine Berechtigung des VR, zur Klärung der Leistungspflicht notwendige Nachweise verlangen und erforderliche Erhebungen anstellen zu dürfen, nicht ausreicht.[61] Ob die erforderliche Zustimmung durch eine explizite Regelung in AVB erteilt werden kann, hat der BGH bislang offengelassen,[62] sollte aber zu bejahen sein, sofern die Bedingungen klar und restriktiv formuliert sind und das Recht des VR daran knüpfen, dass weitere Umstände Zweifel an der Leistungspflicht begründen. Dies deckt sich mit den Anforderungen, unter denen die Angehörigen des Verstorbenen zur Erteilung einer Einwilligung in eine Exhumierung und Obduktion verpflichtet sind. Auch hier besteht nach dem Versicherungsvertrag nur dann eine Obliegenheit zur Einwilligung, wenn die Maßnahme zu einem entscheidungserheblichen Beweisergebnis führen kann und hiermit das letzte noch fehlende Glied einer Beweiskette erbracht werden soll.[63] **19**

Ebenfalls vom VR zu beweisen ist die individuelle **Verlängerung der Ausschlussfrist** nach Abs. 2.[64] Aus diesem Grund ist es ratsam, eine solche Vereinbarung in den Versicherungsschein aufzunehmen. **20**

III. Anspruchsteller

Hat der VR zur Überzeugung des Gerichts den Beweis einer vorsätzlichen Selbsttötung erbracht, obliegt dem Bezugsberechtigten oder sonstigen Anspruchsteller der Nachweis, dass der Versicherte zum Zeitpunkt der Tat in einem die freie Willensbestimmung ausschließenden Zustand krankhafter Störung der Geistestätigkeit handelte.[65] Um seiner Darlegungslast gerecht zu werden, darf sich der Anspruchsteller nicht damit begnügen, **21**

---

45 BGHZ 100, 214 = VersR 1987, 503 f.; OLG Hamm VersR 1995, 33.
46 BGH VersR 1994, 1054, 1055.
47 Offengelassen in BGH VersR 1981, 452; VersR 1955, 99.
48 Bekräftigt in BGH VersR 1992, 861; VersR 1989, 729.
49 BGH VersR 1955, 99, 100; OLG Hamm VersR 1996, 1134; OLG Oldenburg VersR 1991, 985 f.; OLG München VersR 1988, 1020; OLG Celle VersR 1985, 1134; OLG Frankfurt (Main) VersR 1984, 756.
50 OLG Düsseldorf VersR 1953, 58 f.
51 OLG Hamm NVersZ 2000, 325.
52 BGH VersR 1991, 870; OLG Düsseldorf VersR 1999, 1007.
53 OLG Köln VersR 1992, 562 f.; OLG Hamm VersR 1989, 695.
54 BGH VersR 1992, 861; s. auch BGH VersR 1981, 452 f.
55 OLG Köln VersR 1990, 1346.
56 V-Omb-Mann r+s 2004, 515 f.
57 OLG Köln r+s 1990, 68 f.
58 BGH VersR 1989, 729; OLG Oldenburg VerBAV 1952, 142.
59 BGH VersR 1986, 231 f.
60 BGH VersR 1991, 870; L/W/*Mönnich*, § 161 Rn. 21.
61 BGH VerBAV 1991, 449; VersR 1991, 870.
62 BGH VersR 1992, 861.
63 BGH VersR 1992, 861.
64 Ebenso P/M/*Schneider*, § 161 Rn. 16.
65 Vgl. BGH VersR 1994, 162.

den Geisteszustand des Versicherten ohne weitere Ausführungen unter Sachverständigenbeweis zu stellen, insbesondere belegt die Selbsttötung als solche nicht bereits einen entsprechenden Zustand,[66] sondern er muss ausreichende Anknüpfungstatsachen vortragen, die einen Sachverständigen in die Lage versetzen, das Vorliegen des besonderen Zustands anhand dieser zu beurteilen.[67] Dazu kann sich der Anspruchsteller auch eines Privatgutachtens bedienen, mit dessen Ergebnissen sich das Gericht auch bei Einholung eines gerichtlichen Sachverständigengutachtens qualifiziert auseinandersetzen muss.[68]

E. Abdingbarkeit

22 Die Vorschrift ist gemäß § 171 halbzwingend. Über die in Abs. 2 zugelassene Verlängerung der Ausschlussfrist durch Individualvereinbarung darf von § 161 daher nicht zum Nachteil des VN, der versicherten Person oder des Eintrittsberechtigten abgewichen werden.[69]

§ 162 Tötung durch Leistungsberechtigten.

(1) Ist die Versicherung für den Fall des Todes eines anderen als des Versicherungsnehmers genommen, ist der Versicherer nicht zur Leistung verpflichtet, wenn der Versicherungsnehmer vorsätzlich durch eine widerrechtliche Handlung den Tod des anderen herbeiführt.
(2) Ist ein Dritter als Bezugsberechtigter bezeichnet, gilt die Bezeichnung als nicht erfolgt, wenn der Dritte vorsätzlich durch eine widerrechtliche Handlung den Tod der versicherten Person herbeiführt.

Übersicht

	Rdn.		Rdn.
A. Allgemeines	1	V. Bereicherungsabsicht	10
B. Tatbestand	2	VI. Beweislast	10
I. Todesfallversicherung auf fremdes Leben/ Einsetzung eines Bezugsberechtigten	2	C. Rechtsfolgen	12
		I. Erlöschen der Leistungspflicht (Abs. 1)	12
II. Tötung der versicherten Person	5	II. Fortfall der Bezugsberechtigung (Abs. 2)	13
III. Widerrechtliche Handlung	8	D. Abdingbarkeit	14
IV. Tötungsvorsatz	9		

A. Allgemeines

1 Die Norm entspricht mit wenigen redaktionellen Anpassungen § 170 a.F. Sie ist Ausdruck der im Versicherungsrecht allgemein geltenden Verpflichtung, den Versicherungsfall nicht vorsätzlich herbeizuführen[1] und damit letztlich eine spezialgesetzliche Ausprägung von § 162 II BGB. Die Vorschrift soll – ergänzend zum Zustimmungserfordernis nach § 150 II[2] – das Leben der versicherten Person schützen, indem sie das potentielle Interesse der Begünstigten beseitigt, sich durch die Tötung der Gefahrperson einen finanziellen Vorteil zu verschaffen.

B. Tatbestand

I. Todesfallversicherung auf fremdes Leben/Einsetzung eines Bezugsberechtigten

2 Ebenso wie § 150 II gilt auch § 162 nur für Versicherungen, die für den Fall des Todes eines anderen genommen worden sind. Der Anwendungsbereich ist daher grundsätzlich identisch und umfasst neben reinen Risikolebensversicherungen auch gemischte Todes- und Erlebensfallversicherungen in Form der kapitalbildenden Lebensversicherung sowie Rentenversicherungen mit ergänzender Todesfalldeckung.[3] Während praktische Erwägungen indes bei § 150 dafür sprechen, Termfixversicherungen aus dem Anwendungsbereich auszunehmen, lässt sich diese Erwägung nicht auf § 162 übertragen, da die Norm – anders als § 150 – keine Erschwernisse beim Abschluss der Versicherung bedeutet.

3 Abs. 1 betrifft den Fall, dass der VN selbst den Tod der Gefahrperson herbeiführt, und ordnet die Leistungsfreiheit des VR an. Nach h.M. gilt Abs. 1 auch für eine Versicherung auf verbundene Leben, wenn ein VN den anderen VN, der zugleich versicherte Person ist, tötet.[4] Dies soll grds. auch dann gelten, wenn er sich anschließend selbst tötet.[5] Das OLG Köln hat eine Anwendbarkeit von § 162 ausnahmsweise dennoch verneint, weil der Begünstigte im Zuge eines einheitlichen Tatgeschehens von Anfang an in der Absicht handelte, nach

---

66 Vgl. OLG Karlsruhe VersR 1978, 657.
67 Vgl. OLG Koblenz NVersZ 2000, 422, 423 (Ausforschungsbeweis); OLG Hamm r+s 1993, 75, 76; OLG Stuttgart VersR 1989, 794, 795.
68 Vgl. BGH VersR 1994, 162, 163; VersR 1993, 899, 900; VersR 1992, 722; VersR 1990, 1268.
69 L/W/*Mönnich*, § 161 Rn. 42.
1 OLG Hamm VersR 1988, 32; P/M/*Schneider*, § 162 Rn. 1.
2 Vgl. § 150 Rdn. 6.
3 Vgl. § 150 Rdn. 4.
4 Vgl. OLG Hamm VersR 1988, 32; OLG Köln VersR 1999, 1529, 1530; P/M/*Schneider*, § 162 Rn. 6.
5 PK/*Ortmann*, § 162 Rn. 2; P/M/*Schneider*, § 162 Rn. 6; LG Berlin VersR 1986, 282.

der Tötung sich selbst das Leben zu nehmen, und § 161 wegen Ablauf der Karenzfrist unanwendbar war.⁶ Dem ist zuzustimmen, sofern die Absicht, einen Dritten zu begünstigen, namentlich den eigenen Erben, ausgeschlossen werden kann.⁷

Abs. 2 betrifft demgegenüber die Herbeiführung des Todes der Gefahrperson durch einen widerruflich oder unwiderruflich bezugsberechtigten Dritten. Darüber hinaus ist eine entsprechende Anwendung von Abs. 2 immer dann geboten, wenn anderenfalls der den Tod herbeiführende Dritte in den Genuss der Versicherungsleistung käme, beispielsweise bei Tötung durch einen Abtretungs-, Pfand- oder Pfändungsgläubiger.⁸ **4**

II. Tötung der versicherten Person

VN (Abs. 1) oder Bezugsberechtigter (Abs. 2) müssen den Tod der Gefahrperson herbeigeführt haben. In Ansehung des Schutzzwecks der Vorschrift ist der Begriff des Herbeiführens weit auszulegen und umfasst jedes ursächliche, auf den Erfolg gerichtete Verhalten. Der VN oder die bezugsberechtigte Person müssen daher nicht alleiniger Haupttäter sein, sondern es reicht, wenn sie Mittäter, Anstifter oder Gehilfe eines Tötungsdelikts sind.⁹ **5**

Als Tötungsdelikte kommen insbesondere Mord und Totschlag (§§ 211 und 212 f. StGB) in Betracht. Darüber hinaus erfüllt aber auch eine Tötung auf Verlangen (§ 216 StGB) den Tatbestand.¹⁰ Zwar dient § 162 primär dem Schutz des Lebens des Versicherten vor dem Begünstigten, doch ist die Gefahrperson nach der Wertung des § 216 StGB nicht dazu befugt, über ihr Leben zu disponieren. **6**

Die »Herbeiführung« kann sowohl in einem Tun wie auch in einem Unterlassen bestehen, sofern den Begünstigten eine Garantenstellung trifft, vgl. § 13 I StGB.¹¹ **7**

III. Widerrechtliche Handlung

Als weitere Voraussetzung verlangt § 162 die Widerrechtlichkeit der Handlung, so dass Rechtfertigungsgründe wie Notwehr, rechtfertigender Notstand und Selbsthilfe (§ 229 BGB) die Anwendbarkeit ausschließen. **8**

IV. Tötungsvorsatz

Die Herbeiführung des Todeserfolgs der versicherten Person muss vorsätzlich erfolgen, d.h. vom Wissen und Wollen des Täters getragen sein. Bedingter Vorsatz (dolus eventualis) genügt, nicht dagegen eine fahrlässige Tötung (§ 222 StGB) oder eine vorsätzliche Körperverletzung mit Todesfolge (§ 227 StGB).¹² Nach ganz h.M.¹³ gilt der zivilrechtliche Vorsatzbegriff¹⁴, so dass auch die Rechtswidrigkeit des Erfolgs vom Vorsatz umfasst sein muss. Sofern vor diesem Hintergrund vielfach darauf hingewiesen wird, dass eine Anwendung von § 162 ausscheidet, sofern ein Schuldausschließungsgrund vorliegt, dürfte zu differenzieren sein: Da für § 35 StGB anerkannt ist, dass dieser ein zivilrechtliches Verschulden nicht ohne Weiteres ausschließt,¹⁵ und § 162 auch keine schuldhafte, sondern lediglich eine vorsätzliche Herbeiführung des Todes verlangt, ist zwischen Umständen, die den Vorsatz ausschließen, und Umständen, die das Verschulden aus sonstigen Gründen beseitigen, zu unterscheiden. Für den wohl wichtigsten Fall eines Schuldausschließungsgrunds, der Unzurechnungsfähigkeit, kommt es hierauf indes nicht an, da diese zugleich auch den Vorsatz ausschließt.¹⁶ **9**

V. Bereicherungsabsicht

Obwohl § 162 die versicherte Person vor der Habgier des Begünstigten schützen soll, setzt der Tatbestand keine Bereicherungsabsicht voraus. Die Vorschrift findet daher auch Anwendung, wenn der Begünstigte den Tod der Gefahrperson aus ganz anderen Motiven herbeiführt. **10**

---

6 OLG Köln VersR 1999, 1529 f.; zust. L/W/*Mönnich*, § 162 Rn. 6; B/M/*Winter*, § 162 Rn. 14; ausführlich van Bühren/*Teslau/Prang*, § 14 Rn. 200.
7 Vgl. LG Berlin VersR 1986, 282, 283; zust. PK/*Ortmann*, § 162 Rn. 2; s. hierzu auch BK/*Schwintowski*, § 170 Rn. 5.
8 PK/*Ortmann*, § 162 Rn. 12; P/M/*Schneider*, § 162 Rn. 7; B/M/*Winter*, § 162 Rn. 4; i.E. auch L/W/*Mönnich*, § 162 Rn. 10.
9 P/M/*Schneider*, § 162 Rn. 4; B/M/*Winter*, § 162 Rn. 8; HK-VVG/*Brambach*, § 162 Rn. 2.
10 Ebenso P/M/*Schneider*, § 162 Rn. 4; PK/*Ortmann*, § 162 Rn. 3.
11 L/W/*Mönnich*, § 162 Rn. 4.
12 L/W/*Mönnich*, § 162 Rn. 5; P/M/*Schneider*, § 162 Rn. 4; PK/*Ortmann*, § 162 Rn. 3.
13 BK/*Schwintowski*, § 170 Rn. 8; van Bühren/*Teslau/Prang*, § 14 Rn. 202; L/W/*Mönnich*, § 162 Rn. 5; P/M/*Schneider*, § 182 Rn. 4; PK/*Ortmann*, § 162 Rn. 7; a. A. *Flore* VersR 1989, 131.
14 Dazu BGH NJW 1965, 962.
15 Vgl. etwa Palandt/*Grüneberg*, § 276 Rn. 7.
16 BGH NJW 1968, 1132.

VI. Beweislast

11 Die Darlegungs- und Beweislast für die vorsätzliche Herbeiführung des Todes der Gefahrperson obliegt demjenigen, der sich darauf beruft.[17] Dabei kommt für die Frage, ob der Täter vorsätzlich gehandelt hat, eine Beweiserleichterung in Form eines Anscheinsbeweises nicht in Betracht.[18] Der Nachweis für das Vorliegen eines Rechtfertigungsgrundes sowie der fehlenden Zurechnungsfähigkeit obliegt hingegen dem Täter.[19]

C. Rechtsfolgen

I. Erlöschen der Leistungspflicht (Abs. 1)

12 Der VR wird von seiner Pflicht zur Leistung vollständig befreit. Mangels einer § 161 III entsprechenden Vorschrift umfasst dies nach Sinn und Zweck der Norm auch einen etwaigen Rückkaufswert,[20] und zwar auch, wenn der Anspruch auf den Rückkaufswert abgetreten oder verpfändet ist oder dem VN nur zum Teil zusteht.[21]

II. Fortfall der Bezugsberechtigung (Abs. 2)

13 Bei einer Tötung durch den Bezugsberechtigten bleibt der VR zur Leistung verpflichtet, das Bezugsrecht gilt jedoch als nicht erteilt. Die Versicherungsleistung fließt folglich grundsätzlich dem VN oder – bei dessen Ableben – seinen Erben zu. Ist der Bezugsberechtigte/Täter zugleich Erbe, wollen manche § 162 erweiternd dahingehend auslegen, dass der VR von der Leistungspflicht befreit wird, damit der Täter nicht über seine Stellung als Erbe in den Genuss der Versicherungsleistung gelangt.[22] Die h.M. verweist hingegen darauf, dass § 162 die allgemeinen Regeln des Erbrechts nicht aushebeln dürfe, so dass die Miterben oder die an die Stelle des Täters tretenden Berechtigten nur die Möglichkeit der Anfechtung wegen Erbunwürdigkeit (§§ 2339 ff. BGB) haben.[23] Dem ist grundsätzlich zuzustimmen, da allein der Umstand, dass der Bezugsberechtigte zugleich Erbe ist, nicht dazu führen kann, dass der VR insgesamt von seiner Leistungspflicht befreit wird. Allerdings ist es ebenso wenig mit der Konzeption des § 162 zu vereinbaren, wenn der VR letztlich an den Täter leisten müsste, so dass der VR nach hier vertretener Auffassung im Verhältnis zum Täter berechtigt ist, die Leistung nach § 242 BGB zu verweigern. Sind mehrere Bezugsberechtigte bezeichnet, ist allein der Handelnde betroffen, so dass sein Anteil den übrigen Begünstigten zuwächst (§ 160 I 2).

D. Abdingbarkeit

14 § 162 findet in § 171 zwar keine Erwähnung, dennoch geht die ganz h.M. davon aus, dass die Vorschrift zwingend ist, da sie dem Schutz der Gefahrperson dient und eine Abweichung von § 162 sittenwidrig wäre.[24] Dem ist zuzustimmen, so dass eine abweichende Vereinbarung, durch die sich der VR dazu verpflichtet, die Versicherungsleistung auch unter den Voraussetzungen des § 162 zu erbringen, unwirksam ist. Dies gilt sowohl für eine Vereinbarung im Rahmen von AVB als auch für individualvertragliche Regelungen, und zwar auch dann, wenn die Gefahrperson damit einverstanden sein sollte.[25]

§ 163 Prämien- und Leistungsänderung.

(1) ¹Der Versicherer ist zu einer Neufestsetzung der vereinbarten Prämie berechtigt, wenn,
1. sich der Leistungsbedarf nicht nur vorübergehend und nicht voraussehbar gegenüber den Rechnungsgrundlagen der vereinbarten Prämie geändert hat,
2. die nach den berichtigten Rechnungsgrundlagen neu festgesetzte Prämie angemessen und erforderlich ist, um die dauernde Erfüllbarkeit der Versicherungsleistung zu gewährleisten, und
3. ein unabhängiger Treuhänder die Rechnungsgrundlagen und die Voraussetzungen der Nummern 1 und 2 überprüft und bestätigt hat.

²Eine Neufestsetzung der Prämie ist insoweit ausgeschlossen, als die Versicherungsleistungen zum Zeitpunkt der Erst- oder Neukalkulation unzureichend kalkuliert waren und ein ordentlicher und gewissen-

---

17 RGZ 157, 83; P/M/*Schneider*, § 162 Rn. 8.
18 BGHZ 104, 256 = VersR 1988, 683; P/M/*Schneider*, § 162 Rn. 8.
19 P/M/*Schneider*, § 162 Rn. 8.
20 So explizit noch in § 176 II a.F.
21 P/M/*Schneider*, § 162 Rn. 5 van Bühren/*Teslau/Prang*, § 14 Rn. 203; PK/*Ortmann*, § 162 Rn. 10; B/M/*Winter*, § 162 Rn. 10; einschränkend im Rahmen von Kollektivversicherungen L/W/*Mönnich*, § 162 Rn. 8, a.A. BK/*Schwintowski*, § 170 Rn. 10.
22 P/M/*Schneider*, § 162 Rn. 7; HK-VVG/*Brambach*, § 162 Rn. 7.
23 OLG Hamm VersR 1988, 458, 460 = NJW-RR 1987, 1170; PK/*Ortmann*, § 162 Rn. 11; L/W/*Mönnich*, § 162 Rn. 9; R/L/*Langheid*, § 162 Rn. 4; B/M/*Winter*, § 162 Rn. 17; BK/*Schwintowski*, § 170 Rn. 12.
24 B/M/*Winter*, § 162 Rn. 22; PK/*Ortmann*, § 162 Rn. 15; L/W/*Mönnich*, § 162 Rn. 12; a.A. HK-VVG/*Brambach*, § 162 Rn. 8.
25 Entgegen HK-VVG/*Brambach*, § 162 Rn. 8.

Prämien- und Leistungsänderung § 163

hafter Aktuar dies insbesondere anhand der zu diesem Zeitpunkt verfügbaren statistischen Kalkulationsgrundlagen hätte erkennen müssen.
(2) ¹Der Versicherungsnehmer kann verlangen, dass an Stelle einer Erhöhung der Prämie nach Absatz 1 die Versicherungsleistung entsprechend herabgesetzt wird. ²Bei einer prämienfreien Versicherung ist der Versicherer unter den Voraussetzungen des Absatzes 1 zur Herabsetzung der Versicherungsleistung berechtigt.
(3) Die Neufestsetzung der Prämie und die Herabsetzung der Versicherungsleistung werden zu Beginn des zweiten Monats wirksam, der auf die Mitteilung der Neufestsetzung oder der Herabsetzung und der hierfür maßgeblichen Gründe an den Versicherungsnehmer folgt.
(4) Die Mitwirkung des Treuhänders nach Absatz 1 Satz 1 Nr. 3 entfällt, wenn die Neufestsetzung oder die Herabsetzung der Versicherungsleistung der Genehmigung der Aufsichtsbehörde bedarf.

Übersicht	Rdn.		Rdn.
A. Allgemeines	1	c) Leistungsbedarf – ein Begriff der Prämienkalkulation des § 138 I VAG	19
I. Normzweck und Anwendungsbereich	1	d) Leistungsbedarf = Leistungsbarwert der Prämienkalkulation	20
II. Entstehungsgeschichte	3	e) Beispiel: Leistungsbarwert einer einjährigen Risikolebensversicherung	21
1. § 172 I a.F.	3		
2. Änderung der Bestimmungen zur Überschussbeteiligung	4	f) Bedeutung des Diskontierungs- oder Abzinsungsfaktors »v« in der Prämienkalkulation der LV	22
a) Gesetzesbegründung	4		
b) Überschussbeteiligung und Verlusttragung	5	g) Bedeutung von Garantie- = Rechnungszins für § 163	23
c) Niedrigzinsumfeld – eine ökonomische Herausforderung	6	h) Beispiel: Fehlende Kapitalerträge im Rahmen einer gemischten Kapitallebensversicherung	24
d) Die Garantierentenentscheidung des BGH aus 2009	7	i) Nicht voraussehbare Änderung des Leistungsbedarfs	25
e) Unwirksamkeit von AVB-Klauseln zur Überschussbeteiligung	8	j) Keine unzureichende Kalkulation	26
III. Rechtliche Rahmenbedingungen	9	2. Prämie angemessen und erforderlich (Abs. 1 Satz 1 Nr. 2)	27
1. Vertragsanpassungsmöglichkeiten im VAG	9	a) Erforderlichkeit im Niedrigzinsumfeld nach Zinszusatzreserve und Lebensversicherungsreformgesetz	28
2. Verlusttragung durch Eigenmittel – Bedeutung des Garantiebegriffs	10	b) Erforderlichkeit als quantitative Begrenzung	29
3. Bedeutung von Art. 209 II Solvency II und § 138 I VAG	11	c) Erforderlichkeit als Folge von Finanzierungsentscheidungen des VR	30
4. Vorrang aufsichtsrechtlicher Maßnahmen?	12	3. Überprüfung und Bestätigung durch Treuhänder (Abs. 1 Satz 1 Nr. 3, Abs. 4)	31
5. Verfassungsrechtliche Aspekte	13	II. Leistungsherabsetzung (Abs. 2)	33
6. Bedeutung von § 163 für die Ermittlung der Eigenmittel unter Solvency II	14	C. Rechtsfolgen	34
7. Leistungskürzungen bei Pensionskassen aufgrund des Niedrigzinsumfeldes	15	I. Neufestsetzung der Prämie/Herabsetzung der Versicherungsleistung	34
B. Tatbestand	16	II. Wirksamwerden der neuen Prämie (Abs. 3)	35
I. Neufestsetzung der Prämie	16		
1. Geänderter Leistungsbedarf (Abs. 1 Satz 1 Nr. 1, Satz 2)	17	D. Abdingbarkeit	36
a) Rechnungsgrundlagen der Prämienkalkulation	17	I. Anpassungsklauseln	36
b) Rechnungsgrundlagen im Rahmen des § 172 I a.F. und § 203	18	II. Abschnittsgarantien, dynamische Verweise	37

A. Allgemeines

I. Normzweck und Anwendungsbereich

§ 163 bietet dem VR in engen Grenzen die **Möglichkeit**, nach Vertragsschluss für laufende Versicherungsverhältnisse die Prämien oder gegebenenfalls die Leistungen zu ändern. Insoweit kann der VR unvorhersehbare Entwicklungen im Risikoverlauf und in den sonstigen relevanten Umständen nachträglich in der späteren Kalkulation und Neufestsetzung von Prämien und gegebenenfalls Leistungen berücksichtigen, was aufgrund der häufig langfristigen Lebensversicherungsverhältnisse und der fehlenden ordentlichen Kündigungsmöglichkeit von den VR wirtschaftlich bedeutsam ist. 1

Die Norm findet auf **alle Arten von Lebensversicherungen** Anwendung. Sie gilt ab dem 01.01.2008 für Neuverträge und ab 01.01.2009 auch für Altverträge. Überdies bezieht sich der Anwendungsbereich gem. § 176 in entsprechender Anwendung auch auf Berufsunfähigkeitsversicherungen. Für Krankenversicherungen existiert im Rahmen des § 203 II eine entsprechende Regelung. § 163 enthält ein einseitiges **gesetzliches Gestaltungs-** 2 recht,[1] und zwar unabhängig von einer Anpassungsklausel in den AVB. Die §§ 305 ff. BGB sind auf entsprechende Prämienanpassungen nicht anwendbar.[2]

II. Entstehungsgeschichte

1. § 172 I a.F.

3 Die Norm ersetzt § 172 I und III a.F. und wurde im Zuge der VVG-Reform mit neu gefasstem Wortlaut, jedoch inhaltlich weitgehend unverändert[3] als § 163 in das VVG eingefügt. § 172 a.F. wurde 1994 im Rahmen der Einführung des Europäischen Binnenmarktes für Versicherungen und der Deregulierung der Versicherung in Deutschland in das VVG aufgenommen. Der Gesetzgeber sah 1994 eine Notwendigkeit für eine Prämienanpassungsmöglichkeit, da das damals noch »geltende Bedingungsrecht eine Prämienanpassung mit Genehmigung der Aufsichtsbehörde vor[sah], die es künftig nicht mehr geben kann.«[4] Nach § 172 I a.F. war die Möglichkeit einer Änderung der Prämien und der Überschussbeteiligung jedoch beschränkt auf Versicherungsverträge mit ungewissem Risikoeintritt.

2. Änderung der Bestimmungen zur Überschussbeteiligung

a) Gesetzesbegründung

4 Der Gesetzgeber der VVG-Reform hat auf die Regelung des § 172 I 2 a.F., die auch eine Möglichkeit zur Änderung der Regelungen der Überschussbeteiligung vorsah, verzichtet, da er kein großes Bedürfnis mehr erkennen konnte.[5] Dies wird verständlich, wenn man berücksichtigt, dass die AVB zur Überschussbeteiligung nach Einführung des § 153 II das vom Gesetzgeber vorgegebene verursachungsorientierte Verfahren zur Überschussbeteiligung regelmäßig nur beschreiben, insoweit also keinen eigenen Regelungsgehalt haben.[6]

b) Überschussbeteiligung und Verlusttragung

5 Damit verbleiben dem VR gleichwohl noch Möglichkeiten, neben den Regelungen in den §§ 163, 164 auf **veränderte wirtschaftliche Anforderungen** durch Maßnahmen **im Rahmen der Überschussbeteiligung zu reagieren**. Anknüpfungspunkt dafür ist nach deutschem Aufsichtsrecht (§ 138 I VAG = § 11 I VAG a.F.) die Verpflichtung der VR zu einer vorsichtigen Prämienkalkulation mit ausreichenden Sicherheitsmargen, damit diese bei Eintritt von unvorhergesehenen Risiken bzw. Verlusten – auch aus dem Kapitalanlagen- und dem übrigen Ergebnis – mit den verschiedenen »Puffern« (stille oder Bewertungsreserven [BWR], laufender Überschuss, Teile der Rückstellung für Beitragsrückerstattung [RfB] dafür sorgen können, dass die Verträge weiterhin erfüllbar bleiben. So gibt es natürlich einmal die Möglichkeiten im Rahmen der gesetzlichen Regelungen zur Ermittlung und Verteilung des (Roh-)Überschusses, an dem die VN beteiligt sind (VAG, HGB i.V.m. RechVersV, Mindestzuführungs-VO [MindZV]). Darüber hinaus gibt es noch weitere besondere aufsichtsrechtliche Regelungen. Ergibt sich z.B. aus einer Veränderung von biometrischen Risiken, etwa der Sterbewahrscheinlichkeit in der Rentenversicherung, ein Nachreservierungsbedarf, so belastet dieser handelsrechtlich zwingende Aufwand das laufende Ergebnis des VR, und zwar grundsätzlich unabhängig von einer Prämienanpassungsmöglichkeit nach § 163. Dieser Aufwand belastet das Risikoergebnis nach § 4 I Nr. 3 i.V.m § 7 MindZV. Sollte dieses nicht ausreichen und eine Verteilung des Aufwandes auf mehrere Jahre nicht möglich sein, könnte der VR versuchen, diesen Aufwand durch eine Reduzierung der Mindestzuführung gem. § 9 MindZV aus dem Kapitalanlage- oder sonstigen Ergebnis gem. § 4 I Nr. 1, 3 i.V.m. § 6, 8 MindZV mit Zustimmung der Aufsichtsbehörde zu decken. Der Aufwand mindert also die Überschussbeteiligung der betroffenen Versicherungsverträge. Die AVB[7] beschreiben diese Reaktionsmöglichkeiten transparent. In Ausnahmefällen ist darüber hinaus zur Verlustabdeckung gem. § 140 I VAG sogar die Auflösung der – nicht festgelegten – RfB mit Zustimmung der Aufsichtsbehörde möglich.

---

1 BGH VersR 2004, 991; P/M/*Schneider*, § 163 Rn. 5.
2 *Präve* VersR 1995, 733 zu § 172 a.F.; PK/*Ortmann*, § 163 Rn. 3; P/M/*Schneider*, § 163 Rn. 2.
3 Begr. RegE BT-Drucks. 16/3945 S. 99.
4 Begr. RegE BT-Drucks. 12/6959 S. 102.
5 Begr. RegE BT-Drucks. 16/3945 S. 99: »Könnte allenfalls im Hinblick auf Bestandsübertragungen oder für »auslaufende Bestände« in Betracht kommen.« Werden etwa Quoten über die Beteiligung der VN an den Ergebnisquellen im Rahmen der Gewinnzerlegung (vgl. § 153 Rdn. 14, 33) in den AVB festgeschrieben (so PK/*Ortmann*, § 163 Rn. 36), besteht bei Bestandsübertragung und Run-Off trotz veränderter Umstände keine Anpassungsmöglichkeit, da die Voraussetzungen des § 164 nicht vorliegen.
6 Vgl. § 153 Rdn. 55.
7 Z.B. Allgemeine Bedingungen für die Rentenversicherung mit aufgeschobener Rentenzahlung, Juli 2008, § 2 I zu den Grundsätzen und Maßstäben der Überschussbeteiligung.

c) Niedrigzinsumfeld – eine ökonomische Herausforderung

Aufgrund der Risiken aus dem seit Jahren andauernden Niedrigzinsumfeld wird dieses besondere **aufsichtsrechtliche System zur Verlusttragung in der Lebensversicherung** im Rahmen der Überschussbeteiligung seine Bewährungsprobe erst noch bestehen müssen. Es wurde 6
- durch die Einführung der sog. **Zinszusatzreserve (ZZR)** in 2011[8],
- der Schaffung **kollektiver Teile der RfB** in 2013 in § 140 IV VAG i.V.m der RfB-Verordnung sowie insbes.
- der Einführung eines **Sicherungsbedarfs**[9] (§ 139 III, IV VAG), der die Ausschüttung von BWR nach § 153 III an die VN und nach § 139 II 3 VAG an die Aktionäre einschränkt, und
- durch eine **Ausweitung der Verrechnungsmöglichkeiten zwischen den Ergebnisquellen** im Rahmen des Lebensversicherungsreformgesetzes (**LVRG**) 2014 konkretisiert und flankiert[10].

Es ist eine Überprüfung der Maßnahmen vorgesehen; dabei wird insbes. darauf zu achten sein, ob die Bildung der ZZR die Ertragskraft der VR incl. der BWR überfordert. Das Niedrigzinsumfeld wird zur ökonomischen Herausforderung für die VR, wenn sie den VN in der Vergangenheit in den Verträgen Zinszusagen auf die Sparanteile gegeben haben, die in Zukunft insbes. die Erträge aus den Kapitalanlagen übersteigen. *Dreher*[11] konstatiert eine durch Solvency II verursachte Ökonomisierung der Versicherungsaufsicht und verweist insoweit auf die »risikofreie Zinskurve« des § 77 I VAG mit seinen Anpassungs- und Übergangsmechanismen (§§ 80 ff. und 351 ff. VAG). Diese ökonomische/aktuarielle Seite der Lebensversicherung als Produkt und Unternehmen gab es bereits in Form des Höchstrechnungszinses für die Berechnung der (HGB-)Bilanzdeckungsrückstellung vor über einhundert Jahren im Rahmen des VAG 1903. Wenn dies bisher nur den in den VR und der Versicherungsaufsicht tätigen Aktuaren und Ökonomen bewusst war, liegt dies daran, dass diesen Zinssätzen durch die jüngeren Veränderungen des wirtschaftlichen Umfeldes heute für VN und VR die herausragende wirtschaftliche Bedeutung zukommt. Dass diese Sachverhalte auch unmittelbar bis in jeden kapitalbildenden Lebensversicherungsvertrag »durchschlagen« kann nicht verwundern. Die Lebensversicherung ist aufgrund der heute vom Gesetzgeber vorgegebenen Überschussbeteiligung **ein partiarisches Rechtsverhältnis**[12] und die Überschussermittlung erfolgt für die Teilhabe der VN nach den HGB-Rechnungslegungsgrundsätzen, die durch das Aufsichtsrecht – wie angesprochen – ergänzt werden.

d) Die Garantierentenentscheidung des BGH aus 2009

Dieses System und seine Grundlagen sind bereits seit vielen Jahren bekannt.[13] Deshalb überrascht die nicht 7 weiter eingegrenzte Aussage im BGH-Urteil v. 08.07.2009[14], dass bei einem Rentenversicherungsvertrag, bei dem aus den Überschussanteilen während der Aufschubzeit eine zusätzliche Rente gebildet wird, »der Versicherer die während der Aufschubzeit erzielten Überschüsse nicht dazu verwenden [darf[15]], eine Lücke in der Deckungsrückstellung [...] aufzufüllen«, ohne sich zu dem beschriebenen System zu äußern. Ein Teil der Literatur verweist zur Begründung des Urteils auf die angeblich fehlerhafte Kalkulation wegen Verwendung einer veralteten Sterbetafel, die in § 163 I 2 angesprochen ist.[16] Man könnte auch daran denken, dass der Nachreservierungsbedarf im entschiedenen Fall aus diesem Grunde nicht unvorhersehbar[17] war mit Folgen für die Überschussbeteiligung. Da dieses Urteil von einem anderen Teil der Literatur mit Bezug auf die Möglichkeit von Nachreservierungen – mit schwerwiegenden Auswirkungen im Rahmen des Niedrigzinsumfeldes – grundlegend anders interpretiert wird, erfolgt eine ausführliche Analyse in § 153 Rdn. 20 ff.

e) Unwirksamkeit von AVB-Klauseln zur Überschussbeteiligung

Sollten demgegenüber die Regelungen in den AVB zur Überschussbeteiligung[18] unwirksam sein, ist eine 8 Klauselersetzung gem. § 164 möglich.[19]

---

8 Ausführlicher zur ZZR § 153 Rdn. 22; *Dalmis/Kaiser* VW 2011, 560.
9 Zum Erfordernis des Sicherungsbedarf *Krause/Menning* NJOZ 2013, 289.
10 *Hofmeier/Krause/Menning* DB 2015, 1477.
11 *Dreher* ZVersWiss 2012, 381, 413.
12 HK-VVG/*Brambach*, § 153 Rn. 5; B/M/*Winter*, Einf. vor §§ 153 ff. Rn. 152 ff. Die Qualifikation als partiarisches Rechtsverhältnis hat hier nur beschreibenden Charakter; aus ihr ergeben sich keine weiteren Pflichten der Vertragsparteien. A.A.zuletzt L/W/*Heiss*, § 153 Rn. 5 m.w.N.
13 *Renger* VersR 1995, 866, 870: »Es bleibt jedoch zu bedenken, dass die Überschussbeteiligung nach der vertraglichen Regelung in dem Masse vermindert werden kann, das zur Abdeckung von unvorhergesehenen Risikoverlusten oder eines eventuell erforderlich gewordenen Solvabilitätsbedarfs benötigt wird«.
14 BGH VersR 2009, 1208.
15 Eingefügt durch den Verfasser.
16 Vgl. etwa *Langheid/Müller-Frank* NJW 2010, 349 und Marlow/Spuhl/*Grote*, Rn. 1011; ähnlich auch PK/*Ortmann* § 153 Rn. 17: »fehlerhafte Kalkulation« und P/M/*Reiff*, § 153 Rn. 17: Kalkulation mit einer veralteten Sterbetafel.
17 Zum Begriff Unvorhersehbarkeit (z.B. in § 9 I Nr. 2, 3 MindZV) vgl. Rdn. 25.
18 Es handelt sich in weiten Teilen nur um eine Beschreibung der zwingenden gesetzlichen Regelungen.
19 PK/*Ortmann*, § 164 Rn. 5; Prölss/*Präve*, § 11b Rn. 13.

III. Rechtliche Rahmenbedingungen
1. Vertragsanpassungsmöglichkeiten im VAG

9 Neben § 172 I a.F. gab es bereits in der regulierten Zeit vor 1994 **Anpassungsmöglichkeiten im VAG**, die auch heute noch fortbestehen und in 2004 sogar noch für die Sicherungsfonds in § 222 V VAG[20] konkretisiert worden sind.
- Nach **§ 314 II VAG**[21] kann die Aufsicht zur Vermeidung eines Insolvenzverfahrens die Leistungen aus Lebensversicherungsverträgen herabsetzen.
- Nach **§ 300 VAG**[22] kann die Aufsichtsbehörde die gem. § 336 Satz 1 VAG[23] weitergeltenden Geschäftspläne für den Altbestand aus der Zeit bis 1994 und mit ihnen die darin befindlichen AVB, Tarife etc. incl. der Prämien und Leistungen ändern.[24]
- Den VR steht dieses Änderungsrecht mit Zustimmung der Aufsicht nach **§ 336 Satz 2 VAG**[25] zu, wobei dessen unbestimmte Rechtsbegriffe durch § 163 konkretisiert werden sollen.[26] Aus den genannten Regelungen des VAG kann man umgekehrt auch auf die Einordnung des § 163 schließen. § 163 ähnelt stark den Änderungsbefugnissen der VR und der Aufsicht nach den §§ 300, 336 Satz 2 VAG für den Altbestand und kann mit diesen zu einem Zeitpunkt zur Anwendung kommen, zu dem noch keine Insolvenzreife vorliegt,[27] ist dem § 314 II VAG zeitlich insoweit im Rahmen einer Krise also vorgelagert.
- Darüber hinaus erzwingt **§ 222 V VAG** sogar ausdrücklich die Herabsetzung von Leistungen um bis zu 5 Prozent, wenn nach Insolvenzreife und Bestandsübertragung auf den Sicherungsfonds dessen Mittel nicht ausreichen, um die Fortführung der Verträge zu gewährleisten.

Das Aufsichtsrecht enthält also neben § 163 noch vier[28] weitere aufsichtsrechtliche Regelungen, die gestuft nach der Schwere der Schieflage die Anpassung von Prämien und/oder Leistungen ermöglichen.

2. Verlusttragung durch Eigenmittel – Bedeutung des Garantiebegriffs

10 Der Lebens-VR soll ähnlich wie der private Kranken-VR nach § 203 II bei den zumeist langlaufenden Lebensversicherungsverträgen nicht das Risiko unkalkulierbarer Veränderungen tragen. Das deshalb in § 163 gesetzlich eingeräumte Recht, die Prämien bzw. Leistungen anpassen zu können, steht heute wie die beschriebenen aufsichtsrechtlichen Regelungen zur Änderung von Versicherungsverträgen neben dem skizzierten Verlustausgleichsmechanismus im Rahmen der Überschussbeteiligung. Hinweise zum **Konkurrenzverhältnis** sucht man im Gesetz und in der Literatur – auch im Rahmen des unbestrittenen Anwendungsbereichs von § 163 – bisher vergebens.[29] Das lässt nur den Schluss zu, dass der Verlustausgleich durch einkalkulierte Überschüsse (§ 11 I VAG a.F.), BWR, Teile der RfB und andere Eigenmittel (§ 53c VAG a.F.) erfolgt, obwohl seit Jahrzehnten vorhanden, vgl. etwa § 53c VAG 1983, in der juristischen Praxis keine Bedeutung erlangt hat. Führt die Einführung neuer Sterbetafeln wie 1994 und 2004 demnächst zu einer Prämienanpassung? Wenn nicht, löst dies wie in der Vergangenheit jeweils einen Nachreservierungsbedarf aus, der wie beschrieben aus der Überschussbeteiligung finanziert wird. Ist der VR dann trotz der gesetzlichen Ermächtigung in § 163 hier auch nicht berechtigt, die übernommene Garantie durch eine Prämienanpassung zur Abwendung der Nachreservierung zu entwerten,[30] weil die Garantie vertragsrechtlich ja unbedingt und gerade ein Alleinstellungsmerkmal der Lebensversicherung in Deutschland sei? Ist die vertragliche Garantie wirklich von der entsprechenden Garantie in der privaten Krankenversicherung zu unterscheiden? *Wandt*[31] argumentiert an verschiedenen Stellen mit der **besonderen Bedeutung des Garantiebegriffs** bzw. des Garantiezinses, ohne diese selbst herauszuarbeiten. Vgl. insoweit jedoch die Erläuterungen in § 153 Rdn. 21, die primär durch das BGH-Urteil aus 2009[32] zu den Garantierenten veranlasst sind. Der Garantiebegriff soll im Rahmen des § 153 scheinbar

---

20 § 125 V VAG a.F.
21 § 89 II VAG a.F.
22 § 81a VAG a.F.
23 § 11c Satz 1 VAG.
24 Ausdrücklich Prölss/*Kollhosser*, § 81a Rn. 13; i.E. ebenso F/K/B/*Bähr*, § 81a Rn. 8 und *Winter* VersR 2000, 1453, 1462 der unter Bezug auf Kollhosser davon spricht, dass die Regelungen »kaum noch zur Anwendung« gelangen. A.A. ohne Berücksichtigung der Fortgeltung der Geschäftspläne des Altbestandes *Wandt* VersR 2015, 918, 919.
25 § 11c Satz 2 VAG a.F.
26 F/K/B/*Kaulbach*, § 11c Rn. 1.
27 Prölss/*Kollhosser*, § 81a Rn. 2.
28 Siehe daneben die besonderen Nachschuss- und Umlagemöglichkeiten einschließlich eines Leistungskürzungsrechts in §§ 179 II, III u. 182 VAG für die VVaG; zu den Grenzen Prölss/*Weigel*, § 24 Rn. 11a ff.; zu den regulierten Pensionskassen s. Rdn. 15.
29 HK-VVG/*Brambach*, § 163 Rn. 8 verweist auf § 11 I VAG als Grundlage für die Prämienkalkulation, ohne daraus Folgerungen für den Anwendungsbereich zu ziehen; L/W/*Wandt*, § 163 Rn. 19 geht von einer Befugnis, nicht aber zur Verpflichtung zur Vertragsänderung aus.
30 *Wandt* VersR 2015, 918, 926.
31 *Wandt* VersR 2015, 918 ff.
32 BGH VersR 2009, 1208.

unbemerkt und unwidersprochen das gesamte System des Risikoausgleichs in der LV, das im wesentlichen auf § 138 VAG i.V.m. § 153 VVG u. der MindZV sowie der DeckRV beruht und durch das LVRG in 2014 nochmals »nachjustiert« wurde, aus den Angeln heben, was u.U. die Insolvenz großer Teile der Lebensversicherungsbranche zur Folge haben könnte. Zur Bedeutung des Garantiebegriffs hier:

- Da § 163 insoweit lex specialis ist, bleiben die Regeln über die Störung der Geschäftsgrundlage (§ 313 BGB) hier unberücksichtigt. Davon unabhängig knüpft § 313 BGB nicht an den Garantiebegriff an,[33] sondern an die durch die verwendeten Rechnungsgrundlagen vorgegebene vertragliche Risikoverteilung.
- *Wandt*[34] verwendet den Garantiebegriff darüber hinaus argumentativ. So soll die hier vorgenommene Auslegung des § 163 »den grundsätzlichen Bedeutungsgehalt einer Garantie« verkennen. Auch soll die Interessenlage des § 163 »wegen der Garantie des Rechnungszinses« fehlen. Im Klartext soll dies wohl suggerieren, dass § 163 bei den in Deutschland typischen »garantierten« Rechnungsgrundlagen schlicht nicht anwendbar sei, also eigentlich gar keinen Anwendungsbereich habe. Dies wird der Bedeutung des Garantiebegriffs und dem Sinn und Zweck des § 163 nicht gerecht. § 163 findet gerade als gesetzlicher Anpassungsmechanismus Anwendung, weil bzw. soweit im Vertrag Garantien (= Zusage vertraglicher Leistungen in der Lebensversicherung) gemacht werden. § 154 I spricht allgemein von **vertraglich garantierten Leistungen**, die sicherlich nicht dazu führen, dass § 163 in dessen Anwendungsbereich unanwendbar bleibt. Im Rahmen der vertraglich garantierten Leistungen sind alle Rechnungsgrundlagen »garantiert« und nicht nur der Garantiezins, wie das angesprochene BGH-Urteil aus 2009 zeigt. Letztlich verbindet auch *Wandt* ähnlich wie der BGH mit dem Begriff des Garantiezinses bzw. der Garantierente besondere Finanzierungszusagen – unausgesprochen wohl analog § 443 BGB –, um auf diesem Wege unliebsame Regelungen des VVG und des VAG auszuschalten. Auch wenn diese Überlegungen scheinbar den VN schützen, bewirken sie jedoch genau das gegenteilige Ergebnis. Wer den Verlustausgleich durch Überschüsse und die Anwendbarkeit des § 163 verwirft und dabei an das echte Eigenkapital der VR denkt, hilft den VN nicht, denn es kann nicht ansatzweise die Zinsrisiken finanzieren. Im Übrigen: Das Eigenkapital des VVaG sind auch nur gespeicherte Überschüsse.
- Inhaltlich wird der Garantiebegriff damit einem vertraglichen Verzicht auf das Änderungsrecht nach § 163 gleich gesetzt. Auch wenn ein derartiger Verzicht natürlich möglich ist, würde es dazu einer ausdrücklichen vertraglichen Formulierung bedürfen. Die Verwendung des Garantiebegriffs mit der eigenen Bedeutung im Kontext der Lebensversicherung ist dafür sicherlich nicht geeignet.

In all diesen Fällen geht es also nicht um (unterschiedliche?) Garantien, denn § 163 findet überhaupt nur bei vertraglich garantierten/zugesagten Leistungen Anwendung. Es geht vielmehr um die Frage nach dem jeweiligen konkreten Anwendungsbereich der entsprechenden Änderungsvorschrift im Gesetz, der bei biometrischen Risiken seit Einführung des § 172 I a.F. und § 163 unbestritten ist. Eine Änderung von Prämien oder Leistungen führt trotz überzeugender wirtschaftlicher Argumente wahrscheinlich zu einem Vertrauensverlust, den es möglichst unter sorgfältiger Abwägung im Einzelfall zu vermeiden gilt.[35] Die Unsicherheit im Anwendungsbereich des § 163 ist aber ebenfalls unzuträglich. So scheint z.B. die **Pflegerentenversicherung** als Produkt der Lebensversicherung erheblich teurer zu sein als die **Pflegekostenversicherung** der Krankenversicherung, obwohl beide ähnliche Rechnungsgrundlagen für die Kalkulation zugrunde legen, da man in der Krankenversicherung im Rahmen des § 203 II unproblematisch auch den Rechnungszins (RZ) anpassen kann, was in der Lebensversicherung durch erhebliche Zuschläge bei den Prämien vermieden wird.

3. Bedeutung von Art. 209 II Solvency II und § 138 I VAG

Art. 209 II Solvency II[36] verbietet grundsätzlich die systematische Finanzierung von Versicherungsleistungen in der Lebensversicherung durch Quersubventionierung aus anderen Quellen im Rahmen der Prämienkalkulation. Dies bedeutet konkret, dass eine Finanzierung von Versicherungsleistungen durch Überschüsse im Rahmen der Prämienkalkulation grundsätzlich verboten ist.[37] Dies ist ohne weiteres einleuchtend, denn die aus den Sicherheitsmargen resultierenden Überschüsse sollen den Verträgen als solche gutgeschrieben und nicht planmäßig für Versicherungsleistungen einzelner Verträge verwendet werden. Wirtschaftlich würde dies ansonsten auf einen Verzicht der gesetzlich geforderten Sicherheitsmargen bzw. sogar auf eine Zweckentfremdung von Überschüssen hinauslaufen. Eine **Ausnahme** gilt nur für den im Rahmen der Prämienkalkulation verwendeten **Rechnungszins** (RZ), der gem. § 6 I 1 MindZV ausdrücklich aus dem Kapitalanlageergebnis finanziert wird und auch den früheren EU-RiLi zur Lebensversicherung in Form des Höchstrechnungszinses (HZR) bekannt war. Hierbei handelt es sich wirtschaftlich nur scheinbar um eine Ausnahme, denn die Kapitalerträge in Höhe des HZR resultieren gerade nicht aus den aufsichtsrechtlich geforderten Sicherheitsmar-

---

33 So aber *Wandt* VersR 2015, 918, 926.
34 *Wandt* VersR 2015, 918, 924, 925 Fn. 84.
35 Dies beschreibt *Winter* in VersR 2000, 1453 unter Hinweis auf eine anschauliche Passage in der Begründung zum ursprünglichen VAG.
36 Umgesetzt in § 11 I 2 VAG a.F. bzw. § 138 I 2 VAG.
37 Prölss/*Präve*, § 11 Rn. 8 m.w.N.

gen, sondern sind das unterstellte dauerhaft zu realisierende Ergebnis aus den Kapitalanlagen, die der jeweiligen vertraglichen Deckungsrückstellung zuzurechnen sind. Die diesbezügliche Sicherheitsmarge – also auf den RZ – wird für alle VR im Rahmen der Festlegung des HZR in der Deckungsrückstellungs-VO (DeckRV) gelegt und ist vom Verantwortlichen Aktuar nach § 4 IV Nr. 3 Aktuar-VO für die Deckungsrückstellung zu überprüfen. Dieser Grundsatz gilt nicht nur zu Vertragsbeginn, sondern auch bei einer Neukalkulation, die durch das deutsche Recht in § 163 ermöglicht wird. Wenn es richtig ist, dass § 163 bzw. vorher § 172 I a.F. – aktuariell ausgedrückt – grundsätzlich das »vertraglich verabredete Sicherheitsniveau« und damit den »Status quo ante« aus der Prämienkalkulation wiederherstellen[38] will, dann ist damit eine dauerhafte Finanzierung in Form einer **Nachreservierung aus Überschüssen auf den ersten Blick nicht vereinbar**. Aus den Nachreservierungen wegen der geänderten Sterbetafeln bei den Rentenversicherungen ab 1994 und 2004 kann man insoweit keine Schlüsse ziehen, denn § 172 I a.F. fand nur auf Versicherungen Anwendung, die Versicherungsschutz für ein Risiko bieten, bei dem der Eintritt der Verpflichtung ungewiss war.[39]

Auf der anderen Seite ist die potentielle Verlusttragung durch spätere Überschüsse gerade der Grund für die »vorsichtige Prämienkalkulation« nach § 138 I VAG. Schwierigkeiten ergeben sich in diesen Fällen u.U. auch aus der Forderung des § 153 II nach einer verursachungsorientierten Überschussbeteiligung, wenn nämlich die Nachreservierung teilweise aus den Überschüssen anderer Abrechnungsverbände/Bestandsgruppen erfolgt. Lange Zeit konnte man wohl davon ausgehen, dass ein Teil der Mittel zum Aufbau der ZZR der Bestände mit höherem Rechnungszins – wie ein »internes verzinsliches Darlehen« – wieder an die Bestände mit niedrigerem Rechnungszins zurückgewährt werden können, um damit dem Prinzip der Verursachungsorientierung nach § 153 II und dem Gleichbehandlungsgrundsatz des § 138 II VAG zu genügen.[40]

Der Gesetzgeber kann die Grundsätze zugunsten der Sicherung der bestehenden Versicherungsverhältnisse durch die Einführung der ZZR und durch weitere flankierende Maßnahmen insbes. im LVRG zurückdrängen, er hat das Verhältnis zu § 163 aber bisher noch nicht angesprochen. Eine **Pflicht** des VR zur **Prämienanpassung** wird man aus Art. 209 Solvency II nicht ableiten können, da eine dem § 163 entsprechende Prämienanpassungsmöglichkeit auf RiLi-Ebene gerade nicht vorgegeben ist.

4. Vorrang aufsichtsrechtlicher Maßnahmen?

12 »Der Gefahr der Insolvenz einzelner Versicherer infolge einer längerfristigen Niedrigzinsphase am Kapitalmarkt ist jedoch nicht vertragsrechtlich durch Aufgabe der Zinsgarantie als Kern der klassischen kapitalbildenden Lebensversicherung, sondern mit den bestehenden Instrumenten des Versicherungsaufsichtsrechts zu begegnen.«[41] Dies provoziert die Frage, welche Instrumente gemeint sind und wie effektiv diese jeweils sein können.

– Die oben in den Rdn. 5, 6 angesprochenen **Maßnahmen zur Verlusttragung im Rahmen der Überschussbeteiligung** können zwar alle laufenden – im HGB-Abschluss bereits realisierten – und gespeicherten Überschüsse (BWR; Teile der RfB; stille Reserven in den Rückstellungen) zusätzlich zu den übrigen Eigenmitteln[42] zur Verlusttragung mobilisieren, aber auch nicht mehr. Die Verlustrealisierung aus dem vorgezogenen Aufwand der VR aus dem Niedrigzinsumfeld wird durch den sukzessiven Aufbau der ZZR zeitlich auf viele Jahre – beginnend ab 2011 – gestreckt. Gelingt es den VR gleichzeitig, den Rohüberschuss durch Reduzierung von (Abschluss)Kosten, die Erhöhung der Kapitalerträge und neue Produkte mit geringeren (Zins)Garantien zu steigern, können wahrscheinlich viele VR die sich abzeichnenden wirtschaftlichen Schwierigkeiten durch eigene Anstrengungen alleine lösen. Das Aufsichtsrecht bietet insoweit nur den Rahmen. Es gibt neben den betriebswirtschaftlichen Ansätzen und etwaigen Finanzierungsmöglichkeiten im Konzernverbund auch noch branchenspezifische Lösungsmodelle. Denkbar wäre etwa eine Rückversicherungslösung, die ähnlich wie bei den Abschlusskosten eine Vorfinanzierung hier der ZZR ermöglicht, die später aus Überschüssen zurückgeführt wird. Möglich wäre auch eine Reduzierung der Zinsrisiken, die etwa ein Rück-VR gezielt im Rahmen einer Lebensrückversicherung mit übernimmt oder durch eine Bestandsübertragung auf eine Run-Off Plattform, die u.U. selbst unter Berücksichtigung höherer Renditeerwartungen der Aktionäre aufgrund schlankerer Strukturen, einer effizienteren Kapitalanlage mit Absicherungsstrategien und ohne Vertrieb von Neugeschäft die Zinsrisiken besser tragen können.

– Sind all diese Möglichkeiten und Anstrengungen nicht ausreichend und ist ein **Insolvenztatbestand erfüllt**[43], wird der Bestand nach § 222 auf den **Sicherungsfonds** übertragen. Angesichts des Umfangs der branchenweiten Zinsrisiken ist es nicht unwahrscheinlich, dass diese in Insolvenzfällen die Tragfähigkeit

---

38 *Engeländer* VersR 2000, 274, 282.
39 *Engeländer* VersR 2000, 274, 277.
40 Vgl. zu dieser Problematik die Verlautbarung der BaFin, VerBaFin 7/2004. Angesicht des Umfangs der Zinsrisiken ist dies heute unrealistisch.
41 *Wandt* VersR 2015, 918, 926.
42 Nachrangiges Fremdkapital wird ein VR in einer unterstellten Krise kurz vor der Insolvenz wohl nicht mehr erhalten; anders ist dies häufig bei Finanzierungen im Konzernverbund.
43 *Hofmeier/Krause/Menning* DB 2015, 1477, 1481 u. Fn. 75 des Aufsatzes.

der Sicherheitseinrichtung auf der Grundlage von § 226 V VAG i.V.m. der Sicherungsfonds-Finanzierungs-VO (Leben) – (SichLVFinV) übersteigen. »Das angestrebte Vermögen [des Sicherungsfonds[44]] beträgt 1 ‰ der Summe der versicherungstechnischen Netto-Rückstellungen der Mitglieder (zurzeit ca. 855 Mio. €) und wird jährlich neu berechnet. Darüber hinaus können bei Bedarf zusätzlich Sonderbeiträge in gleicher Höhe erhoben werden.«[45] U.U. könnte bei jeweiligen Verlusten von mehreren hundert millionen € bereits die Insolvenz von vier bis fünf VR die Finanzierungsmöglichkeiten von derzeit (2015) ca. 1.710 Mio. € p.a. übersteigen.

- Man kann davon ausgehen, dass auf der Grundlage und bei Fortdauer des seit Anfang 2015 bestehenden Zinsniveaus bei unverändertem Mechanismus zur Ermittlung des Referenzzinses der ZZR alleine in den nächsten 6 Jahren (2016–2021) **Zuführungen zur ZZR** in einer Größenordnung von durchschnittlich 4 % der jeweiligen Deckungsrückstellung des VR erforderlich werden. Die daraus folgende quantitative Belastung eines mittleren Lebens-VR kann man aus Zahlen, die *Schradin*[46] für einen durchschnittlichen Lebens-VR präsentiert hat, zumindest bzgl. der Größenordnung erahnen. Der VR verfügt bei einem Eigenkapital von 208 Mio. € über eine Deckungsrückstellung von 9.825 Mio. € und BWR von 998 Mio. € und generierte in der letzten Periode einen Rohüberschuss von 175 Mio. €. Wären jährlich für sechs Jahre ca. 4 % der Deckungsrückstellung als ZZR zusätzlich zu finanzieren, so ergäbe sich daraus ein Betrag von insgesamt 2.358 Mio. €. Rechnet man die BWR und für die sechs Jahre einen gleichbleibenden Rohüberschuss von 175 Mio. € dagegen, verliebe ein Verlust von 310 Mio. € und selbst unter Berücksichtigung des Eigenkapitals ein nicht gedeckter Verlust von 102 Mio. €. Im konkreten Einzelfall sind diese Zahlen sicherlich an diversen Stellen noch zu korrigieren: Das Unternehmen verfügt noch über eine RfB, die zumindest teilweise zur Verlusttragung aufgelöst werden kann; der Rohüberschuss ist bereits in der letzten Periode um Zuführungen zur ZZR 2013 gemindert worden, die noch hinzuzurechnen sind, wenn dafür nicht BWR aufgelöst wurden; betriebswirtschaftliche Ergebnissteigerungen sollten die absehbare Reduzierung des Zinsergebnisses mehr oder weniger kompensieren; die Zuführungen zur ZZR können durch Berücksichtigung von Storno- und Kapitalwahrscheinlichkeiten[47] reduziert werden u.a. Auf der anderen Seite soll hier nicht das Durchschnittsunternehmen betrachtet werden, das die Zuführungen zur ZZR hoffentlich doch finanzieren kann, sondern die gefährdeten Unternehmen, deren Risiken und damit deren Zuführungen zur ZZR höher sein werden, während die BWR und der laufende Überschuss u.U. geringer ist, so dass am Ende bei einem insolventen Unternehmen mehrere Hundertmillionen € ungedeckt sein können.
- Es existiert zwar eine **weitergehende Selbstverpflichtungserklärung** der Branche mit einem Gesamtvolumen von gegenwärtig maximal rund 8,6 Mrd. €.[48] einschließlich der bereits angesprochenen Beitragszahlungen an den gesetzlichen Sicherungsfonds von 1,71 Mrd. €. Dabei sind jedoch **§ 1 Ziffer 4 und 6 der Selbstverpflichtungserklärung** zu berücksichtigen, d.h. die Finanzierungsanteile können von den VR nur abgerufen werden, soweit diese dadurch nicht selbst in die Gefahr der Insolvenz geraten und die Aufsicht die Verpflichtungen aus den Lebensversicherungsverträgen bereits nach § 222 V VAG herabgesetzt hat. Die gewährten Mittel können als Genussrechte zwar aktiviert werden; in der vorliegenden Situation ist jedoch ein Abschreibungsbedarf nicht unwahrscheinlich. Vgl. ebenso § 5 VI der SichLVFinV für die Finanzierungsanteile laut § 226 IV und V 4 VAG. Die Finanzierung des Sicherungsfonds erzwingt also, wenn wie hier im Rahmen einer systemischen Krise eine nennenswerte Inanspruchnahme droht, Leistungskürzungen, d.h. die vertraglichen Garantien sind zu reduzieren. Dies scheint ökonomisch auch angemessen, denn es steht zu erwarten, dass die Finanzierung des Sicherungsfonds die Überschüsse der gesunden VR reduziert und damit in großem Umfang von deren VN getragen wird, obwohl ihr Vertragspartner zumindest keine ernsthaften Probleme hat. Solidarität ist sicher nicht selbstverständlich und erfordert richtigerweise auch Zugeständnisse derjenigen VN, die Unterstützung erhalten.

Die von *Wandt* angesprochenen aufsichtsrechtlichen Instrumente versuchen also, die vorliegende systemische Krise aus dem Niedrigzinsumfeld primär unter Verwendung der zu diesem Zweck einkalkulierten Überschüsse des jeweiligen VR zu lösen; sind diese nicht ausreichend, wird über den Sicherungsfonds auch auf die Überschüsse aller anderen Lebens-VR zugegriffen. Kommt es zu mehreren derartigen Insolvenzfällen, wird es voraussichtlich zwingend auch zu Leistungskürzungen kommen, die die vertraglichen Garantien entwerten. Ein Blick in die Schweiz und nach Japan zeigt, dass diese Instrumente auch in anderen Ländern üblich sind. In der Schweiz wurde im Dezember 2014 im Rahmen der Insolvenz der Zenith Lebensversicherung eine Auffanggesellschaft von anderen VR gegründet, der Bestand darauf mit den bedeckenden Aktiva übertragen und diese Maßnahmen durch Vertragsanpassungen flankiert. Mit ähnlichen Instrumenten ist man in Japan den

---

44 Einfügung durch den Verfasser.
45 Vorwort des Geschäftsberichts 2014 des Sicherungsfonds, http://www.protektor-ag.de/de/wp-content/uploads/sites/2/2015/03/sicherungsfonds_geschaeftsbericht_2014.pdf; zuletzt abgerufen am 25.11.2015.
46 *Schradin*, http://www.ivk.uni-koeln.de/sites/versicherung_institut/documents/pdf/Institutstag_2015_Schradin.pdf, zuletzt abgerufen am 25.11.2015.
47 BaFin v. 16.10.2015: Rekalibrierung der ZZR bzw. der Zinsverstärkung.
48 Vorwort des Geschäftsberichts 2014 des Sicherungsfonds.

Insolvenzen von sieben VR in den Jahren 1997–2001 begegnet, die ebenfalls durch Verluste aus Zinsgarantien aufgrund einer unerwarteten Niedrigzinsphase ausgelöst wurden.[49] Die Instrumente in Japan:[50] die Reduzierung der Deckungsrückstellung, was zivilrechtlich wohl eine Anpassung der Versicherungsleistungen meint; die Reduzierung des Garantiezinses, die ebenfalls eine Anpassung der Versicherungsleistungen nach unten bedeutet; Finanzhilfen der japanischen Auffanggesellschaft, die es aber aufgrund fehlender Mittel wohl nur für vier von sieben VR gab; die Erhebung von zusätzlichen Stornoabschlägen für viele Jahre nach der Insolvenz, um die VR längerfristig zu stabilisieren[51].

5. Verfassungsrechtliche Aspekte

13 Das **BVerfG** sieht die **Rechtspositionen der VN** in der Lebensversicherung untereinander und im Verhältnis zu den VR grundrechtlich geschützt[52] mit der Folge, dass der Gesetzgeber die unterschiedlichen Interessen gegeneinander abwägen und schützen muss. Ergebnis einer derartigen **Interessenabwägung** ist die Beteiligung der VN an den BWR im Rahmen des § 153 III, die aber durch den Sicherungsbedarf des LVRG eingeschränkt wird, um den Bestand nicht zu gefährden. In der vorliegenden Situation sind in dem komplexen Nebeneinander der verschiedenen vertragsrechtlichen und aufsichtsrechtlichen Instrumente auch die unterschiedlichen Rechtsfolgen der jeweiligen Anpassungsmöglichkeiten zu berücksichtigen. Der Wortlaut der §§ 314 II und 222 V VAG spricht nur von einer Reduzierung der Leistungen, während der § 163 dem VN ein Wahlrecht zwischen Beitragsanpassung und Leistungskürzung einräumt, was aus Sicht des VN günstiger sein kann. § 314 II 2 VAG eröffnet die Möglichkeit einer »ungleichmäßigen« Herabsetzung von Versicherungsleistungen, »wenn bei mehreren Gruppen von Versicherungen die Notlage […] mehr in einer Gruppe als in einer anderen Gruppe begründet ist.« Diese Differenzierungsmöglichkeit hin zu einem verursachungsorientierten Vorgehen entspricht der Regelung in § 163 i.V.m. § 138 VAG, ist in der bei Insolvenz von Lebens-VR vorrangig anwendbaren Vorschrift des § 222 V VAG jedoch gerade nicht enthalten. Man könnte zwar argumentieren, dass im Insolvenzfall trotz unterschiedlicher Verursachungsbeiträge nur eine Gleichbehandlung zutreffend sein kann, denn vom Irrtumsrisiko des VR sind letztlich alle betroffen. Dabei bleibt jedoch unberücksichtigt, dass die Verträge mit geringeren Garantien bereits über ihre Überschussanteile – systemgerecht als Teil des Risikoausgleichs – zur Finanzierung der ZZR beitragen.

6. Bedeutung von § 163 für die Ermittlung der Eigenmittel unter Solvency II

14 Die Solvabilitätsübersicht nach § 74 I VAG wie auch die Solvabilitätskapitalanforderung nach § 96 I VAG werden auf der Grundlage künftiger Zahlungsströme des VR ermittelt; vgl. etwa §§ 77 I, 84 VAG für die Berechnung der versicherungstechnischen Rückstellungen bzw. der Deckungsrückstellung in der Lebensversicherung. Prämien- und Leistungsänderungen nach § 163 wirken sich damit auf die finanzielle Ausstattung und die Solvabilitätssituation des VR aus.[53] Diskutiert wird, ab wann derartige Änderungen für Zwecke der §§ 74 ff. VAG berücksichtigt werden können: »Kann das Anpassungsrecht bei der marktkonsistenten Bewertung der Verträge unterstellt werden? Unter SII nicht! (Katastrophenklauseln dürfen die Eigenmittelanforderung nicht mindern).«[54] Gemeint ist damit, dass allein aus der Existenz des § 163 keine zusätzlichen Eigenmittel folgen. Die nicht festgelegte RfB hat dagegen nach § 93 I VAG als solche Eigenmittelcharakter, obwohl es sich nach § 140 I VAG um Beträge handelt, die grundsätzlich nur für die Überschussbeteiligung der VN verwendet werden dürfen und für die Verwendung zur Verlusttragung bzw. Risikovorsorge die Zustimmung der Aufsicht erforderlich ist. Die geänderten Prämien bzw. Leistungen sind dagegen erst zu berücksichtigen, wenn das Verfahren nach § 163 ausreichend sicher durchgeführt wird, wobei hier offenbleiben kann, ob man dabei auf einen diesbezüglichen Beschluss der Organe des VR, die Zustimmung des Treuhänders oder erst die Wirksamkeit der Änderung nach § 163 III abzustellen hat.

7. Leistungskürzungen bei Pensionskassen aufgrund des Niedrigzinsumfeldes

15 Es ist davon auszugehen, dass sich mittlerweile verschiedene Pensionskassen in Abstimmung mit der Versicherungsaufsicht als Antwort auf das Niedrigzinsumfeld zu Leistungskürzungen gezwungen sehen. Dies ähnelt der Regelung des § 163 II, die als Alternative zur Prämienänderung auch eine Herabsetzung von Leistungen ermöglicht. Die **Änderung von Beiträgen** ist bei Pensionskassen angesichts der unterschiedlichen Pensionskassentypen, der Möglichkeit der Entgeltumwandlung nach § 1 II BetrAVG und der grundsätzlichen Haftung der Arbeitgeber nach § 1 I Satz 3 BetrAVG – wenn überhaupt etwa aufgrund der Sanierungsklausel beim regulierten

---

49 *Bhayani/Luo/Mattar/Mohsler/Schmidt/Wagner* VW 2012, 67.
50 *Mitsuhiro Fukao*, Fixing Japanese Life-Insurance Companies, unter http://www.ier.hit-u.ac.jp/~iwaisako/solutions/Fukao_final.pdf, zuletzt abgerufen am 25.11.15.
51 Vgl. ebenso § 222 V 2 VAG.
52 BVerfG NJW 2005, 2376, 2381.
53 *Brinkmann/Krause/Wolfsdorf* VW 2012, 518.
54 Schaumlöffel, Präsentation Tagung Fachkreis Versicherungsmathematik 2013 des Deutschen Vereins für Versicherungswissenschaft vom 20.11.2013.

VVaG – eher noch schwieriger. »Noch mehr als sie [die Lebensversicherer[55]] leiden Pensionskassen unter den niedrigen Zinsen. … Der durchschnittliche Rechnungszins liegt aber immer noch bei 3,28 %[56] … Möglicherweise können daher bald einzelne Pensionskassen nicht mehr aus eigener Kraft ihre Leistungen in voller Höhe erbringen … Pensionskassen in Form eines Versicherungsvereins haben in ihrer Satzung meist eine Sanierungsklausel. Danach werden Leistungen gekürzt, wenn Fehlbeträge nicht mehr durch vorhandene Eigenmittel ausgeglichen werden können. Meist ist dann aber über die Subsidiärhaftung nach dem Betriebsrentengesetz der Arbeitgeber in der Pflicht … Ist die Pensionskasse eine Aktiengesellschaft, haftet ebenfalls in aller Regel der Arbeitgeber. Die meisten AG's gehören zudem dem Sicherungsfonds »Protektor« an … Was die Pensionskassen angeht, werden sich diese Mechanismen möglicherweise bald in der Praxis bewähren müssen.«[57]

- Pensionskassen sind nach §§ 232 ff. VAG (=§§ 118a ff. VAG a.F.) spezielle Lebens-VR, die je nach konkreter Ausgestaltung wie Lebens-VR der Versicherungsaufsicht unterliegen. Man kann insoweit heute grob die **regulierten Pensionskassen** in der Rechtsform des VVaG (§ 233 VAG) von den anderen **deregulierten Pensionskassen** (Wettbewerbspensionskassen) in der Rechtsform der AG und vereinzelt des VVaG unterscheiden.[58]
- Die **versicherte Person** (= der Arbeitnehmer) erhält eigene Ansprüche aus speziellen Lebensversicherungsprodukten (Leistungen der Alters-, Invaliditäts- oder Hinterbliebenenversorgung im Rahmen der betrieblichen Altersversorgung; § 1 I Satz 1 BetrAVG[59]), die grundsätzlich auch vom VVG erfasst werden; Besonderheiten ergeben sich nach § 211 für regulierte Pensionskassen; insbes., wenn deren AVB mit Genehmigung der Aufsicht in bestimmten Bereichen abweichende Regelungen vorsehen.
- Die nach § 233 I Nr. 1 VAG i.V.m. § 179 II VAG zwingende **Sanierungsklausel** der Satzung der regulierten Pensionskasse/VVaG ermöglicht Leistungskürzungen auf vertragsrechtlicher Grundlage neben § 163, ohne dass dessen Voraussetzungen erfüllt sein müssen. Die Satzung macht eine Sanierung durch Erhöhung der Beiträge und/oder eine Leistungskürzung vielmehr davon abhängig, dass vorrangig die Verlustrücklage (= Eigenkapital des VVaG) und die RfB einschließlich Schlussüberschussanteilsfonds zur Verlusttragung verwendet wurden, aber nicht ausreichend waren. Diese Leistungskürzungen bedeuten also faktisch eine Einschränkung der Zinsgarantien in der Lebensversicherung durch Maßnahmen der Pensionskasse ohne Insolvenz oder direkte Eingriffe der Versicherungsaufsicht.
- Die angesprochene Leistungskürzung bei einer Pensionskassen in der Rechtsform der AG erfolgt juristisch wohl auf noch einer anderen Grundlage, die bereits in Rdn. 9 angedeutet wurde, nämlich nach § 300 VAG durch **Änderung der weitergeltenden Geschäftspläne** einschließlich AVB, Tarife, Prämien und Leistungen **für den Altbestand bis 1994** durch oder mit Zustimmung der Aufsicht. Dies wird plausibel, wenn man berücksichtigt, dass die Pensionskasse zwar im Jahre 2005 im VAG neue gesetzliche Regelungen erhalten hat, aber bereits im VAG 1901 alle betrieblichen Einrichtungen, die auf ihre Leistungen einen Rechtsanspruch gewährten, als Pensionskasse der Versicherungsaufsicht unterstellt waren. Die Geschäftsplanänderung erfolgt, wenn es zur Wahrung der Belange der Versicherten notwendig erscheint. Dies dürfte ebenfalls lange vor einer konkreten Insolvenzsituation der Fall sein, um diese gerade zu vermeiden.
- Der Umfang der Leistungskürzungen – nur für künftige Beiträge? – wie auch die Frage der Haftung der Arbeitgeber für die gekürzten Beträge kann in diesem Zusammenhang offenbleiben. Wichtig erscheint jedoch einmal, dass die Branche zusammen mit der Aufsicht alle Möglichkeiten zur Absicherung der VR und der Ansprüche der VN ergreift, auch wenn durch Leistungskürzungen die »Garantien« entwertet werden müssen. Zum anderen wird deutlich, dass das Niedrigzinsumfeld auch vor der betrieblichen Altersversorgung nicht halt macht. Wenn die Pensionskassen mit einem durchschnittlichen Rechnungszins von 3,28 % stark gefährdet sind, ist diese Gefahr bei den in der Vorbem. §§ 150 ff. beschriebenen Rentnergesellschaften noch ungleich größer, da hier der HGB-Rechnungszins des § 253 II HGB in 2016 sogar faktisch auf ca. 3,9 % per Ende 2015 erhöht worden ist, während er bei den Lebens-VR durch die ZZR per Ende 2015 bei nur noch 2,88 % lag.

B. Tatbestand
I. Neufestsetzung der Prämie

Der VR ist nach Maßgabe der Voraussetzungen des § 163 I 1 Nr. 1–3 zu einer Neufestsetzung der mit dem VN bei Vertragsschluss vereinbarten Prämie berechtigt.

---

55 Ergänzung durch den Verfasser.
56 Im Vergleich: Durch die ZZR wurde der Rechnungszins bei normalen Lebensversicherung per Ende 2015 bereits auf 2,88 % abgesenkt.
57 Auszüge aus der Rede von *Grund* zur Jahrespressekonferenz der BaFin am 10.05.2016.
58 Vgl. *Laars*, in: Handbuch des Versicherungsaufsichtsrechts, 2011, § 31 Rn. 54 ff. u. 85 ff.
59 Wegen Details vgl. auch Vor §§ 150 ff. Rdn. 19, 20.

§ 163 Prämien- und Leistungsänderung

1. Geänderter Leistungsbedarf (Abs. 1 Satz 1 Nr. 1, Satz 2)
a) Rechnungsgrundlagen der Prämienkalkulation

17 Der Leistungsbedarf des VR muss sich nicht nur vorübergehend und nicht voraussehbar gegenüber den Rechnungsgrundlagen der ursprünglich vereinbarten Prämie geändert haben. Der Begriff der »**Rechnungsgrundlagen der Prämienkalkulation**« wird heute im VVG in verschiedenen Regelungen für die Lebensversicherung verwendet.[60] Diese sind nur ein – wenn auch wichtiger – Teil der in § 172 I a.F. genannten »technischen Rechnungsgrundlagen«, wie sie auch in § 143 VAG (= § 13d Nr. 6 VAG a.F.) und in Art. 21 I Solvency II (= Art. 6 V der RiLi Lebensversicherungen) angesprochen werden. Zu den Rechnungsgrundlagen der Prämienkalkulation gehören insbes. die verwendeten Sterbe- bzw. Wahrscheinlichkeitstafeln, die die versicherungstechnischen Risiken in Form von biometrischen Faktoren abbilden, sowie der verwendete Rechnungszins, die Kostenzuschläge usw.[61]

b) Rechnungsgrundlagen im Rahmen des § 172 I a.F. und § 203

18 Seit einigen Jahren wurde mit dem Niedrigzinsumfeld die **Bedeutung des Begriffs Leistungsbedarf** im Rahmen des § 163 deutlich und dementsprechend diskutiert[62]. Einvernehmen besteht darüber, dass er zumindest die biometrischen Risiken bzw. genauer die biometrischen Faktoren meint. **Umstr.** ist jedoch, ob der Begriff des Leistungsbedarfs auch den Rechnungszins umfasst.[63] Obwohl der Begriff des Leistungsbedarfs bereits in der Vorgängervorschrift des § 172 I a.F. enthalten war, muss man bei der Übertragung der Auslegung dieses Begriffs im Rahmen des § 172 I 1a.F. berücksichtigen, dass diese Vorschrift nur auf Risikoversicherungen (z.B. Risikolebens- oder Berufsunfähigkeitsversicherung) anwendbar war, sodass der **Rechnungsgrundlage Rechnungszins** nach 1994 eine im Verhältnis zur Kapitallebensversicherung oder Rentenversicherung heute weitaus geringere Bedeutung zukam. Folglich konnte man diese Rechnungsgrundlage ähnlich wie andere Rechnungsgrundlagen (z.B. Kostenzuschläge) bei der Auslegung des § 172 I a.F. ohne größere Probleme unberücksichtigt lassen.[64] Auf den ersten Blick scheint die Regierungsbegründung zu § 172 a.F.[65] eine derartige Interpretation nahe zu legen. Sie beschreibt erkennbar die Veränderungen und Verluste aus biometrischen Risiken, um die Berechtigung der neuen Vorschrift zu legitimieren und ihre Wirkungsweise darzustellen. Es wäre aber ein Fehler, in den genannten Beispielsfällen eine quasi abschließende Definition des Begriffs Leistungsbedarf, Aufwendungen für Versicherungsfälle und prospektierten Leistungsaufwand zu sehen. Dem Gesetzgeber waren aus den Änderungen im Wortlaut des § 178g a.F. und § 203 die unterschiedlichen Rechnungsgrundlagen für die Prämienkalkulation sicher bewusst. Wenn er in dieser Situation von einer Mehrzahl von Rechnungsgrundlagen spricht und – anders als in § 203 – nicht nur die einzelnen jeweils gemeinten bezeichnet, dann spricht dies dafür, dass im Rahmen des § 163 die **Änderungen bei allen Rechnungsgrundlagen** zu berücksichtigen sind.

c) Leistungsbedarf – ein Begriff der Prämienkalkulation des § 138 I VAG

19 In der Literatur findet sich der Hinweis, dass »Der Leistungsbedarf [...] eigentlich der real zu tragende Aufwand für Versicherungsleistungen eines Unternehmens«[66] ist; die Regierungsbegründung verwendet ebenfalls die Begriffe »Aufwendungen für Versicherungsfälle« und »Leistungsaufwand«[67]. Man sollte deshalb meinen, dass mit der Definition der »Aufwendungen für Versicherungsfälle für eigene Rechnung« in **§ 41 RechVersV**[68] gleichzeitig auch ausreichende Hinweise zur Auslegung des Begriffs Leistungsbedarf bestehen. **Jedoch**: Sind nur die geleisteten Bruttozahlungen und die Veränderung der Brutto-Rückstellung für noch nicht abgewickelte Versicherungsfälle aber ohne Veränderung des Deckungskapitals[69] gemeint? Sind auch interne und externe Regulierungsaufwendungen u.a. umfasst, die § 41 II RechVersV ausdrücklich mit dazuzählt?[70] Es soll »eine Änderung des Leistungsbedarfs [...] demnach bei wortgetreuer Auslegung vor(liegen[71]), wenn sich der Kapitalbetrag ändert, den der Versicherer aufgrund der vertraglichen Vereinbarungen als Versicherungs-

---

60 Vgl. auch §§ 154 I, 165 II, 169 III.
61 *Führer/Grimmer*, S. 45 ff.; *Kurzendörfer*, S. 43 ff. sowie die Hinweise zu § 169, Rdn. 29 ff.
62 *Brinkmann/Krause/Wolfsdorf* VW 2012, 518 sowie in der Voraufl.; zuletzt ausführlich *Wandt* VersR 2015, 918, 920 m.w.N.
63 Dagegen zuletzt *Wandt* 2015, 918, 920.
64 So *Engeländer* VersR 2000, 274, 278 und *Jaeger* VersR 1999, 26, 28, die diese Meinung zumindest für den heutigen § 163 aufgegeben haben; vgl. insoweit Jaeger VersR 2015, 26, 29.
65 Begr RegE BT-Drucks. 12/6959 S. 101.
66 Z.B. *Engeländer* VersR 2000, 274, 278.
67 Begr RegE BT Drucks. 12/6959 S. 101.
68 Versicherungsunternehmens-Rechnungslegungs-VO.
69 Vgl. etwa *Engeländer* VersR 2000, 274, 278. Richtig dürfte sein, zwischenzeitliche Veränderungen der vertragsbezogenen Bilanz-Deckungsrückstellung im Rahmen der Erforderlichkeit doch mit zu berücksichtigen; vgl. Rdn. 29.
70 Anders möglicherweise *Wandt* VersR 2015, 918 (»nur der Kapitalbetrag, den der Versicherer den Versicherten gemäß der vertraglichen Vereinbarung als Versicherungsleistung schuldet«); *Engeländer* VersR 2000, 274, 278.
71 Ergänzung durch den Verfasser.

leistungen den Versicherten schuldet«[72]. Danach wäre also der Betrag der Versicherungsleistungen der Leistungsbedarf. Nur, warum spricht der Gesetzgeber von Leistungsbedarf und nicht nur von Leistungen? Haben beide Begriffe einen identischen Inhalt oder ist nicht doch jeweils etwas anderes gemeint? Zum Verständnis der Norm muss man berücksichtigen, dass § 163 zu einer Neukalkulation von Prämien und Leistungen führt. Deshalb ist es plausibel, dass hier die aktuariellen Grundsätze und Begriffe einfließen und nicht die Begriffswelt der Rechnungslegung (HGB, RechVersV). Dementsprechend hilft § 41 RechVersV auch erst im zweiten Schritt, wenn es um die Verprobung der gefundenen Auslegung geht. Die **grundlegende Vorschrift der Prämienkalkulation ist § 138 I VAG**[73]. Die Prämienkalkulation hat demnach zu gewährleisten, dass die gesamten Versicherungsleistungen mit allen diesbezüglichen internen und externen Kosten grundsätzlich aus den Prämien bezahlt werden können. Schaut man sich die Risikolebensversicherung an, dann sieht man, dass eine Versicherungssumme von 100.000 € über 10 Jahre von einem männlichen Nichtraucher im Alter von unter 50 Jahren, wahrscheinlich schon für unter 50 € Prämie im Jahr abgesichert werden kann. Die **Höhe der vertraglichen Versicherungsleistung** ist hier nur eine von vielen Kalkulations- oder Rechnungsgrundlagen, die am Ende die Höhe der Prämie bestimmen. In diesem Beispiel benötigt – i.S.v. bedarf – der VR also weniger als 50 €, um den Versicherungsschutz in Höhe von 100.000 € incl. aller Risikozuschläge und Kosten kostendeckend anbieten zu können. Im Rahmen einer am Wortlaut orientierten Interpretation des Begriffs Leistungsbedarf ist also der Betrag gemeint, den der VR nach den Grundsätzen der Prämienkalkulation und den Erfahrungen der Vergangenheit dem einzelnen VN auf der Grundlage von § 138 I VAG für den konkreten Versicherungsschutz in Rechnung zu stellen hat, weil er kalkulatorisch von allen VN einen solchen Betrag »bedarf«, damit die Summe aller Prämien für die Leistungserbringung im konkreten Tarif unter Berücksichtigung des Risikoausgleichs im Kollektiv für die wahrscheinlichen Versicherungsfälle ausreicht.

d) Leistungsbedarf = Leistungsbarwert der Prämienkalkulation

Verkürzt kann man auch sagen, dass die Gesamtheit der Versicherungsleistungen einschließlich bestimmter Kosten betriebswirtschaftlich im Rahmen der Aufwendungen für Versicherungsfälle in der Rechnungslegung für zurückliegende Jahre abgebildet wird,[74] während der Leistungsbedarf der Betrag ist, den der VR auf der Grundlage der **für die Zukunft erwarteten gesamten Versicherungsleistungen auf den einzelnen VN** mit Hilfe von eigens für diesen Zweck erstellten Rechnungsgrundlagen 1. Ordnung, die auch ausreichende Risikozuschläge enthalten, schlüsselt – d.h. ihm zuordnet – und **als Prämie dann in Rechnung stellt**. Aus der aktuariellen Praxis sind hier folgende Aspekte relevant:

– An dieser Stelle kommt das Prinzip der Versicherung mit seinem **Risikoausgleich im Kollektiv** ins Spiel. Aufgrund von langjährigen Erfahrungen aus ausreichend großen Kollektiven des einzelnen VR, der Branche oder aus öffentlichen Statistiken kann man statistisch die Sterbewahrscheinlichkeiten eines Menschen ermitteln und in Form eines biometrischen Faktors in die Prämienkalkulation einfließen lassen. Da dieser Faktor q im genannten Beispiel eine Größenordnung von etwa 0,0001 bis 0,001 hat, wird deutlich, dass trotz einer Versicherungssumme von 100.000 € nur ein geringer Bruchteil von 0,1 % oder weniger davon als Prämie vor Kosten- und Zinseffekten benötigt wird, da nur entsprechend wenige Versicherungsfälle – hier Versterben des VN – zu erwarten sind. In die **Prämienberechnung** gehen mit den statistisch ermittelten biometrischen Faktoren/Rechnungsgrundlagen Schätzungen für zukünftige Versicherungsfälle ein, so das davon abweichende Aufwendungen für Versicherungsfälle eines VR in der Vergangenheit solange in der Prämienkalkulation unberücksichtigt bleiben, bis sie aufgrund neuer Berechnungen Eingang in die biometrischen Faktoren bzw. Rechnungsgrundlagen gefunden haben.

– Aktuariell werden diese Zusammenhänge im **versicherungsmathematischen Äquivalenzprinzip** umgesetzt: »Die zu erwartenden Prämien müssen den zu erwartenden Leistungen entsprechen«[75]. In mathematischer Kürze lautet dieses Fundamentalprinzip der Prämienkalkulation: Prämienbarwert = Leistungsbarwert. Dies bedeutet für Zwecke des § 163: Die für den Leistungsbedarf zu ermittelnden zukünftigen anteilig zuzuweisenden Aufwendungen für Versicherungsfälle oder Leistungsaufwendungen ergeben sich – weil für Zwecke der Prämienkalkulation in Form und nach den bestehenden versicherungsmathematischen Regeln – aus dem Leistungsbarwert i.S.d. genannten Äquivalenzprinzips.

– Dies deckt sich dann auch mit dem weiteren Wortlaut des § 163, denn man muss ja den durch die Rechnungsgrundlagen der Prämienkalkulation ursprünglich zugrunde gelegten Leistungsbarwert (= Leistungsbedarf) als Summe aller anteilig zuzurechnenden zu erwartenden Versicherungsleistungen und Kosten einschließlich Risikozuschlägen mit dem neuen Leistungsbarwert vergleichen, um daraus auf einen **Anpassungsbedarf bei den Prämien** (Prämienbarwert) zu schließen. Die mathematischen Grundsätze, die den Rechnungsgrundlagen und damit dem Leistungsbarwert zugrunde liegen, bleiben unverändert. Der Leis-

---

72 *Wandt* VersR 2015, 918, 920.
73 Art. 209 Solvency II.
74 Daraus kann man für Zwecke der betriebswirtschaftlichen Nachkalkulation im VR die Rechnungsgrundlagen 3. Ordnung ableiten.
75 *Führer/Grimmer*, S. 58.

tungsbarwert bzw. der Leistungsbedarf wird jedoch im Rahmen der Neukalkulation mit neuen weil aktuelleren Rechnungsgrundlagen ermittelt.
- Beim Leistungsbarwert gibt es eine **Brutto- und eine Nettovariante**. Im Rahmen der Rechnungslegung meint Brutto die Rückstellungen, Erträge und Aufwendungen jeweils einschließlich der Anteile der Rück-VR, während in der Prämienkalkulation diese Unterscheidung grundsätzlich keine Rolle spielt, sondern Brutto hier auch die in die Prämien durch Kostenzuschläge einfließenden Kosten des Versicherungsbetriebs etc. umfasst. Mangels Einschränkung im Gesetzeswortlaut können damit theoretisch auch die Kostenzuschläge als Rechnungsgrundlagen für den Brutto-Leistungsbarwert mit der Folge von Prämienanpassungen geändert werden.

e) Beispiel: Leistungsbarwert einer einjährigen Risikolebensversicherung

21 Für konkrete einzelne Versicherungstypen kann man dies auch anhand von relativ einfachen mathematischen Formeln nachvollziehen, die für die Ermittlung des Netto[76]-Leistungsbarwerts verwendet werden. Für die einjährige Risikolebensversicherung gilt z.B. als Leistungsbarwert $A = q_x^* \cdot v^* \cdot$ Versicherungssumme, wobei der Faktor q_x die Sterbewahrscheinlichkeit zu einem bestimmten Alter berücksichtigt, während v der Abzinsungsfaktor ist. Für die n-jährige Erlebensfallversicherung[77] gilt als Leistungsbarwert $E = p_x^* \cdot v^* \cdot$ Versicherungssumme, wobei der Faktor p_x die Überlebenswahrscheinlichkeit und v wiederum den Abzinsungsfaktor für die n-jährige Laufzeit der Versicherung beinhaltet. Steigt nun in der Risikolebensversicherung dauerhaft die beobachtete statistische Sterbewahrscheinlichkeit in großen Kollektiven – sie erhöht sich etwa in dem obigen Beispiel von $q_{x\,alt} = 0{,}00025$ auf $q_{x\,neu} = 0{,}0005$ – so steigt mit dieser Rechnungsgrundlage erkennbar der Leistungsbarwert der einzelnen Versicherung mit der gleichbleibenden Versicherungssumme 100.000 €, ohne dass dies in der Person des jeweiligen VN oder dem letzten Jahresabschluss des VR begründet ist. Nach dem Äquivalenzprinzip ist Leistungsbarwert = Prämienbarwert, d.h. der VR müsste über eine Prämienanpassung in diesem Tarif – zumindest für neu abzuschließende Verträge – nachdenken. Hinter diesen Überlegungen steht letztlich die Erwartung, dass mit der Erhöhung der statistischen Sterbewahrscheinlichkeit zumindest in der Zukunft die Anzahl der Versicherungsfälle und mit ihr die Aufwendungen für Versicherungsfälle auch des konkreten VR steigen, obwohl die Anzahl der Verträge, die VN und die Versicherungssummen unverändert bleiben. Diese Überlegungen sind weder neu noch bestritten, sondern die aktuariellen Grundlagen der Prämienkalkulation seit mehr als einhundert Jahren.

f) Bedeutung des Diskontierungs- oder Abzinsungsfaktors »v« in der Prämienkalkulation der LV

22 Betrachtet man die Formeln für den Leistungsbarwert, kann auf der Grundlage der bisherigen am Wortlaut orientierten Auslegung des Begriffs Leistungsbedarf nicht zweifelhaft sein, dass der Diskontierungsfaktor[78] »v« und damit der **Rechnungszins Teil des Leistungsbarwerts** ist und damit der Zins als Rechnungsgrundlage auch ein elementarer Faktor des Leistungsbedarfs darstellen. Im Niedrigzinsumfeld stellt sich damit jedoch zunehmend die Frage, welche Aufgabe diesem Abzinsungsfaktor, also der Rechnungsgrundlage Zins wirtschaftlich zukommt und ob es auf der Grundlage des § 138 I VAG über die Prämienkalkulation ökonomisch[79] plausibel ist, dass der VN das Irrtumsrisiko im Rahmen des § 163 auch bzgl. des Rechnungszinses trägt, obwohl die Aufwendungen für Versicherungsfälle in Zukunft wegen des sinkenden Zinsniveaus im Abschluss des VR nicht steigen werden und der VN weiterhin am Ende nur die anteilig ihm über die Rechnungsgrundlagen zugeschlüsselten Aufwendungen für Versicherungsfälle über die Prämie tragen soll. Beides beantwortet sich i.E. durch § 138 I 2 VAG i.V.m. § 6 I 1 MindZV.[80] Während grundsätzlich kostendeckende Prämien einschließlich ausreichender Sicherheitsmargen verlangt werden müssen, was eine bewusste Quersubventionierung im Rahmen der Prämienkalkulation ausschließt, ermöglicht das Gesetz ausnahmsweise, »die Finanzlage des VR« zu berücksichtigen. Das bedeutet im ersten Schritt, dass der VR im Kalkulationszeitpunkt sicher erscheinende Erträge aus den Kapitalanlagen, die die vertragliche Deckungsrückstellung bedecken sollten[81], systematisch zur Finanzierung der Versicherungsleistungen im Rahmen der Prämienkalkulation heranziehen kann, aber vorbehaltlich vertrieblicher Zwänge nicht muss. Gleichzeitig schließen die Regelungen folgerichtig im zweiten Schritt die Kapitalerträge, die wirtschaftlich ausgedrückt durch den Rechnungszins zur teilweisen Finanzierung der Aufwendungen und damit zur Reduzierung der Prämie des VN im Rahmen der Prämienkalkulation

---

76 Im Folgenden sind immer Netto-Werte gemeint, wenn nicht ausdrücklich etwas anderes gesagt wird.
77 Die kapitalbildende vereint in sich die Risikolebensversicherung, die zur Auszahlung der Versicherungssumme führt, wenn die versicherte Person während der Vertragsdauer verstirbt, und die Erlebensfallversicherung, bei der die Versicherungssumme bei Erleben des vorher festgelegten Zeitpunktes nach n Jahren ausgezahlt wird. Vgl. z.B. *Führer/Grimmer*, S. 61.
78 Zu diesem Begriff im Rahmen der Lebensversicherung vgl. *Schütze*, Die mathematischen Grundlagen der Lebensversicherung, 1922, S. 4, 5.
79 Ansatzweise bereits hierzu die Vorauflage sowie *Brinkmann/Krause/Wolsdorf* VW 2012, 518.
80 Zur Bedeutung des Rechnungszinses auch § 153 Rdn. 17–19.
81 Für die Schätzung dieser sicher erscheinenden Erträge galt der Höchstrechnungszins der DeckRV nicht, um ab 1994 nicht andere Kalkulationsmethoden EU-weit zu verhindern.

bestimmt wurden, von der Überschussbeteiligung der VN in § 6 I 1 MindZV ausdrücklich aus, da diese Erträge dem VN – wirtschaftlich betrachtet – jährlich bereits automatisch in Form des Rechnungs- bzw. Garantiezinses wie ein Überschuss gutgeschrieben werden und er sie beim kapitalbildenden Lebensversicherungsvertrag am Ende mit der Versicherungsleistung (= Versicherungssumme) ausbezahlt bekommt.

g) Bedeutung von Garantie- = Rechnungszins für § 163

Aus diesem Mechanismus – § 138 I VAG i.V.m. § 6 I MindZV – folgt für Zwecke des § 163 Folgendes: 23
(1) Erkennt der VR, dass die bei der Prämienkalkulation als **sicher angenommenen Erträge** auf die Kapitalanlagen im Zeitablauf dann irgendwann doch nicht mehr erwirtschaftet werden können, entfällt nunmehr wirtschaftlich die Grundlage dafür, die Prämie des VN durch die »Finanzlage des VR«, also durch Überschüsse zu reduzieren, d.h. ab diesem Zeitpunkt gilt aus dem Blickwinkel der Prämienkalkulation wieder das grundlegende Äquivalenzprinzip des § 138 I 2 VAG, das durch eine Prämienanpassung im Rahmen des § 163 für die Zukunft wieder zur Geltung gebracht werden kann.
(2) Die bislang bereits **als Rechnungszins bezeichneten Kapitalerträge**, die der vertraglichen Deckungsrückstellung gutgeschrieben wurden, sind vom VN vereinnahmt und können im Rahmen einer Neukalkulation mit einer Neubestimmung des Rechnungszinses auch im Rahmen des § 163 rückwirkend nicht mehr entzogen werden. Die ZZR als weitere kollektive Ergänzung zur einzelvertraglichen Deckungsrückstellung und ihre Finanzierung aus dem Rohüberschuss hat derzeit zivilrechtlich noch einen anderen Charakter als bloßer Risikopuffer des VR, der insoweit grundsätzlich noch keine Ansprüche der VN begründet.[82]
(3) Eine Prämienanpassung muss nach § 163 I Nr. 2 **erforderlich** sein, d.h. der VR kann grundsätzlich wohl durch vorrangige Verwendung von Eigenmitteln, hier insbes. von zukünftigen Überschüssen, bei der Finanzierung von Versicherungsleistungen im Rahmen des neben § 163 bestehenden Systems des Risikoausgleichs auf die Anwendung des § 163 mit einer Neukalkulation bewusst verzichten.
(4) Ein mit § 163 vergleichbarer Anpassungsmechanismus wird in Deutschland – wenn auch auf vertraglicher Basis und ohne Beteiligung eines Treuhänders – bereits unter dem Begriff der **Beitragsverrechnung** unbeanstandet praktiziert. So gibt es Tarife mir einer vorläufigen Prämienreduzierung aus Überschüssen,[83] ähnlich wie es § 138 I 2 VAG i.V.m. § 163 beschreibt. Da die Überschüsse derzeit nicht mehr generiert werden können, wird diese vertraglich vorgegebene Prämienreduzierung zurückgenommen. Folge ist eine **faktische Prämienerhöhung**, die vertraglich als »Rückkehr« zur nicht reduzierten Ausgangsprämie bezeichnet wird. Über die Zulässigkeit dieses Vorgehens werden diejenigen im Hinblick auf § 171 nachzudenken haben, die den § 163 hier nicht für anwendbar erachten.[84]

h) Beispiel: Fehlende Kapitalerträge im Rahmen einer gemischten Kapitallebensversicherung

Beträgt der Rechnungs- = Garantiezins 4 %, so veranschaulicht das folgende Beispiel einer 25 jährigen Erle- 24
bensfallversicherung ab 1999 mit einer Versicherungssumme von 100.000 € und einem jährlichen Sparbeitrag von 2.308,84 € ohne Berücksichtigung von biometrischen Risiken/Faktoren, Kostenzuschlägen und bisheriger Überschussbeteiligung den aus dem Rechnungszins im Rahmen des § 138 I VAG folgenden Zins- und Zinseszinseffekt.[85] Aus der Vorgabe des § 138 I VAG und dem Äquivalenzprinzip, das nämlich die Prämien den Versicherungsleistungen zu entsprechen haben, würde man auf Anhieb mit einer jährlichen Prämie von 100.000€/25 Jahre = 4.000 € rechnen. Dadurch, dass tatsächlich aber eine »zusätzliche Prämie« von 4 % auf die bereits eingezahlten Sparanteile der Prämie zuzüglich jeweils aufgelaufener Zinsen aus den Überschüssen/Kapitalerträgen vom VR »zur Verfügung gestellt wird«, reduziert sich die tatsächlich vom VN jährlich aufzubringende Prämie auf besagte 2.308,84 €. Anders ausgedrückt: Von den 100.000 € Versicherungssumme resultieren aus den Sparraten 25 *2.308,84 € = 57.721,08 €, während der VR jährlich durchschnittlich 1.691,16 €, insgesamt also 25*1.691,16 € = 42.278,82 € wirtschaftlich als »garantierte Zinsüberschüsse«[86] (Garantiezins) aus den Kapitalerträgen mit der Folge der Reduzierung der Prämie »beisteuert« und darüber hinaus nicht garantierte Überschüsse in noch unbekannter Höhe in Aussicht stellt. Müsste man nun davon ausgehen, dass der VR in den letzten 5 Jahren der Vertragslaufzeit, also ab 2019, jährlich nur noch Kapitalerträge einschließlich des Rechnungszinses von 3,5 % – bezogen auf die zugesagte Versicherungssumme von 100.000 € – erwirtschaften kann, dann erkennt man bereits ohne genaue mathematische Berechnungen, dass die in Aussicht genommenen Kapitalerträge tatsächlich wohl nicht ausreichen werden, um die im Rahmen der Prämienkalkulation ausgesprochene Zusage erfüllen zu können. Bei diesem unterstellten Zinssatz sind in der Praxis heute verschiedene teilweise gegenläufige Aspekte zu berücksichtigen. Auszugehen ist derzeit von einem bereinigten

---

82 Vgl. § 169 Rdn. 13 ff. zu den Rückkaufswerten; für Insolvenzfälle vgl. jedoch § 169 Rdn. 32.
83 Sowohl bei den Risiko- wie auch bei den kapitalbildenden Lebensversicherungen.
84 Vgl. insoweit auch Rdn. 37.
85 Ausführlicher § 153 Rdn. 17 ff. Es handelt sich um die Fortsetzung des Beispiels in den Übersichten 1–3 der Rdn. 18 u. 22.
86 Zu dieser Begriffsbildung vgl. § 153 Rdn. 18.

§ 163 Prämien- und Leistungsänderung

Kapitalanlageergebnis nach Korrektur um die für die Finanzierung der ZZR aufgelösten BWR vor Abzug des Rechnungszinses. Dieses Ergebnis wird in Zukunft kontinuierlich sinken, da fällige Kapitalanlagen nur noch zu sehr viel ungünstigeren Konditionen neu angelegt werden können. Durch den Aufbau der ZZR werden jedoch tendenziell zusätzliche Kapitalerträge generiert, die zusammen mit den insoweit angesammelten Beträgen in Zukunft zur Finanzierung des Garantiezinses verwendet werden können. Am Ende verbleibt dann bei möglichst wenigen VR die hier gedanklich für Beispielszwecke unterstellte Zinsdifferenz von 0,5 %. Ob entsprechend dem Grundgedanken von § 138 I VAG in diesem Fall noch eine Risikomarge in Form eines Sicherheitsabzugs beim Zinssatz erforderlich ist, kann hier offen bleiben.

Betrachtet man den Leistungsbarwerte im Beispielsfall Anfang 2019 bei einem Zinssatz von 4 % mit einem Betrag von 82.192,71 € und bei einem Zinssatz von 3,5 % mit 84.197,32 €, dann erkennt man, dass der Prämienbarwert und damit auch die Prämie steigen muss, um nach 25 Jahren die Leistung von 100.000 € vollständig finanziert zu haben. Anschaulich wird die drohende Finanzierungslücke, wenn man den Leistungsendwert von 100.000 € mit dem Prämienendwert vergleicht, der sich bei einer Verzinsung des vorhandenen Kapitals und der noch ausstehenden fünf Raten zu je 2.308,84 € mit einem Zinssatz von 3,5 % statt 4 % ergibt. Dieser beträgt nur 97.736,79 €, d.h. es verbleibt am Ende eine Differenz bzw. ein aufsummierter Verlust von 2.263,21 €. Aktuariell wird die zukünftige Prämienerhöhung bei einer Änderung der in die Netto-Prämie eingehenden Rechnungsgrundlagen wie folgt ermittelt: »Der Barwert der ausstehenden Leistungen (einschließlich der Schadensregulierungskosten) abzüglich des Barwerts der ausstehenden (Netto-)Prämien sowie der bisherigen Prämienreserve ergibt den durch zukünftige Prämienerhöhungen, Nachschüsse oder Leistungskürzungen auszugleichenden Fehlbetrag.«[87]

Die oben genannte verbleibende Differenz von 2.263,21 € kann gem. § 163 durch eine zusätzliche Prämie von 407,77 € in den letzten fünf Jahren zzgl. darauf entfallender Zinsen geschlossen werden. Der Betrag scheint angesichts einer verbleibenden Vertragslaufzeit von nur noch 5 Jahren und einer Differenz im Zinssatz von nur 0,5 % vergleichsweise hoch. Dabei ist jedoch zu berücksichtigen, dass Zins und Zinseszins erst allmählich eine immer größere Bedeutung zuwächst, d.h. die jährliche Prämienentlastung im ersten Jahr nur 2.308,84 ·4 % = 92,35 € beträgt.

Ansonsten müsste dieser Verlust aus der Zinsgarantie durch den VR getragen werden, wenn ausreichendes Eigenkapital vorhanden ist.[88]

i) Nicht voraussehbare Änderung des Leistungsbedarfs

25 Der Begriff »**nicht voraussehbar**« entspricht dem Begriff »unvorhersehbar« in § 172 I 1a.F. sowie in § 140 I Nr. 2, 3 VAG (= § 56a III 3 Nr. 2 VAG) und § 9 I Nr. 2 und 3 MindZV. Beide Begriffe werden nicht weiter definiert. In der Begründung zur Neufassung[89] des § 56a III VAG a.F. findet sich jedoch der Hinweis, dass eine Auflösung der RfB in den Fällen einer erforderlichen Anpassung der Rechnungsgrundlagen möglich ist »die die Versicherer nicht zu vertreten haben«. Zu vertreten[90] ist auch fahrlässiges Handeln. Fahrlässig handelt, wer die im Verkehr erforderliche Sorgfalt außer Acht lässt (§ 276 BGB). Vorhersehbar bzw. voraussehbar sind damit die Umstände, die man auf der Grundlage der vorhandenen geistigen Kräfte und Erfahrungen im Rahmen einer sorgfältigen Analyse »theoretisch« erkennen kann. Unvorhersehbar bzw. nicht vorhersehbar sind dann wohl die zukünftigen Ereignisse, die man trotz ausreichend sorgfältiger Analyse nicht erkennen kann.

j) Keine unzureichende Kalkulation

26 Eine **Neufestsetzung ist nach § 163 I 2 dann ausgeschlossen**, wenn die Versicherungsleistungen im Zeitpunkt der Erst- oder Neukalkulation unzureichend kalkuliert waren und ein ordentlicher und gewissenhafter Aktuar dies insbes. anhand der zu diesem Zeitpunkt verfügbaren statistischen Kalkulationsgrundlagen hätte erkennen müssen.[91] Satz 2 konkretisiert damit die Anforderung, dass nämlich der Änderungsbedarf in den für die Prämienkalkulation verwendeten Rechnungsgrundlagen aktuariell nicht voraussehbar gewesen sein darf. Relevant kann diese Frage z.B. werden, wenn der VR unternehmenseigene Wahrscheinlichkeitstafeln verwendet, statt der Tafeln, die die Deutsche Aktuarvereinigung e.V. (DAV) veröffentlicht oder bei deren Verwendung unternehmensspezifische Besonderheiten nicht berücksichtigt.[92] Das Gesetz spricht heute ausdrücklich von verfügbaren statistischen Kalkulationsgrundlagen. Das bedeutet, dass man zumindest solange die bisherigen Tafeln weiter benutzen kann, bis z.B. vom DAV neue für die Verwendung freigegeben bzw.

---

87 *Jaeger* VersR 1999, 26, 28.
88 Im Beispiel wird unterstellt, dass keine anderen Eigenmittel mehr zur Verlusttragung vorhanden sind.
89 Begr. RegE BT-Drucks. 16/7152 S. 9 zu Nr. 11a.
90 Zum Vertreten müssen vgl. auch P/M/*Schneider*, § 163 Rn. 8, 12 m.w.N.
91 Es wurde damit die ähnliche Formulierung des § 155 III VAG (= § 12b II 4 VAG a.F.) für die Prämienanpassung in der Krankenversicherung übernommen.
92 *Gerwins* Der Aktuar 1996, 84, 86.

empfohlen werden.[93] Die stets gegebene Möglichkeit, dass es in Zukunft zu Veränderungen kommen kann, schließt die Verwendung der Wahrscheinlichkeitstafeln nicht aus, solange man auch dieses Risiko durch Zuschläge berücksichtigt hat und es keine Anhaltspunkte dafür gibt, dass sie unzureichend sind. Bei den Sterbetafeln versucht man diese stets verbleibende Unsicherheit dadurch zu reduzieren, indem man mit Sicherheitszuschlägen/Trends die aus der jeweiligen Sicht naheliegende Entwicklung vorweg nimmt; bei den Sterbetafeln für Zwecke der Rentenversicherung also durch eine tendenziell weitere Steigerung der Lebenserwartung, die in der Vergangenheit dann tatsächlich doch mehrfach übertroffen wurde, was zu neuen Sterbetafeln führte.

2. Prämie angemessen und erforderlich (Abs. 1 Satz 1 Nr. 2)

Die auf Basis der berichtigten Rechnungsgrundlagen neu festgesetzte Prämie muss angemessen und erforderlich sein, um die dauerhafte Erfüllbarkeit der Versicherungsleistungen zu gewährleisten. Der VR darf aus Anlass der Neuberechnung und -festsetzung keine zusätzliche Verbesserung der Ertragslage anstreben. Die neue Prämienkalkulation erfolgt mit den berichtigten Rechnungsgrundlagen und grundsätzlich unter Beibehaltung der ursprünglichen Sicherheitsmargen in den geänderten Rechnungsgrundlagen;[94] die anderen Rechnungsgrundlagen bleiben ebenfalls unverändert,[95] da ja das ursprüngliche durch § 138 I VAG (= § 11 I VAG a.F.) postulierte Sicherheitsniveau wieder hergestellt werden soll. 27

a) Erforderlichkeit im Niedrigzinsumfeld nach Zinszusatzreserve und Lebensversicherungsreformgesetz

Auch wenn diese Grundsätze unbestritten sind, ist insbes. das Merkmal der **Erforderlichkeit im Einzelfall weiter zu konkretisieren.** Dies zeigt sich deutlich bzgl. der Rechnungsgrundlage Zins (auch Rechnungszins oder RZ) im derzeitigen Niedrigzinsumfeld. Von der Systematik des § 163 als Regelung für die Neukalkulation der Prämien müsste der VR sich fragen, welches Kapitalanlageergebnis er in den nächsten Jahren erwarten kann und müsste daraus unter Berücksichtigung angemessener Sicherheitsabschläge einen neuen RZ ableiten.[96] Ähnliche aktuariell lösbare Fragestellungen ergeben sich im Rahmen des § 341 f. II HGB und § 2 I DeckRV für die Ermittlung des Zinssatzes für die Berechnung der Deckungsrückstellung; die Ableitung von Zinssätzen für die Rückkaufswerte als Zeitwerte nach § 176 a.F 1994 ist in der Praxis – weil im Ergebnis zu unbestimmt – gescheitert. Tatsächlich führt aber bereits die Nachreservierung im Rahmen der Finanzierung der ZZR ökonomisch zu einer kontinuierlichen Absenkung des Rechnungszinses, und zwar für die RZ-Generationen 4 %, 3,5 %[97], 3,25 und 3 per Ende 2015 auf 2,88 % und könnte bei unverändertem Zinsniveau auf 2,59 % per Ende 2016 fallen, was dann auch bei der RZ-Generation 2,75 % im Rahmen der ZZR eine Nachreservierung auslöst. Betriebswirtschaftlich ist insoweit keine Prämienanpassung mehr erforderlich. Diese Aussage ist durchaus plausibel. Sie betrachtet die mögliche Finanzierungslücke aus Sicht des Sicherungsbedarfs, der bei einem langfristigen Zinsniveau von um die 1 % die maximale ZZR beschreibt, zu deren Finanzierung nach § 153 III 2 – grob – auch die BWR in den festverzinslichen Anlagen zurückgehalten werden, und besagt, dass bei einem dauerhaften Zinsniveau von 2,88 % bzw. 2,59 % für die Verträge mit einem darüber liegenden Rechnungszins keine Finanzierungslücke bis zu diesem Zinssatz mehr besteht. Es droht natürlich weiterhin eine Finanzierungslücke aus dem weiteren Absinken des Zinsniveaus bis auf ca. 1 % oder weniger, für die noch keine Risikovorsorge besteht, so dass in dem Beispiel in Rdn. 24 noch eine Finanzierungslücke von 0,5 % unterstellt wird. 28

Weiter ist an dieser Stelle die Einführung des Sicherungsbedarfs mit dem Einbehalt der BWR, die erweiterte Verlustverrechnung im Rahmen der MindZV und die Konkretisierung der kollektiven RfB durch das LVRG zu berücksichtigen, denn wirtschaftlich flankiert der Gesetzgeber durch diese Maßnahmen sowie die Forderung von Ertragssteigerungen und gleichzeitige Reduzierung von Risiken und Aufwand an die Adresse der VR gerade die mittel- bis langfristige Finanzierung der ZZR auf das Niveau des Sicherungsbedarfs.[98] Für die VR, die die ZZR und die Maßnahmen des LVRG und eigenen Anstrengungen durch zukünftige Überschüsse und bestimmte vorhandene Eigenmittel voraussichtlich finanzieren können, scheidet deshalb mangels Erforderlichkeit eine Prämienanpassung nach § 163 regelmäßig aus. Umgekehrt ist damit eine Prämienanpassung nach § 163 wegen der Zinsrisiken im aktuellen Umfeld möglich, wenn der VR die ZZR und etwaige weitergehende Eigenmittelanforderungen aus dem neuen VAG nach Umsetzung von Solvency II aus eigener Kraft **nicht mehr erfüllen kann.** An dieser Stelle weicht § 163 von dem aufsichtsrechtlichen Anpassungsrecht nach § 314 II VAG als Notstandsmaßnahme ab. Während § 314 II VAG das aufsichtsrechtliche Anpassungsrecht

---

93 Zur Garantierentenentscheidung des BGH VersR 2009, 1208, in dem eine angeblich fehlerhafte Kalkulation durch Verwendung von bisherigen Sterbetafeln vor Freigabe der neuen Sterbetafeln eine Rolle spielte, vgl. Rdn. 7 und ausführlich § 153 Rdn. 20 u. 24 ff.
94 A.A. wohl *Jaeger* VersR 1999, 26, 29 zum § 172 I a.F.: »Neue Sicherheitszuschläge für die so gefundene Prämie sollten nicht zulässig sein […]«.
95 *Engeländer* VersR 2000 274, 281.
96 *Brinkmann/Krause/Wolfsdorf* VW 2012, 518.
97 Betrifft den Altbestand vor 1994, für den im Rahmen der genehmigten Geschäftspläne nach § 336 VAG in Abstimmung von VR und Aufsichtsbehörde ähnliche Mechanismen zur Anwendung gelangen.
98 Krause/Menning NJOZ 2013, 289.

nur bei konkreter Gefahr einer Insolvenz zur Verfügung stellt, will § 163 darüber hinaus auch verhindern, dass der VR mangels ausreichender Eigenmittel das Neugeschäft nach § 304 I Nr. 2 i.V.m. § 304 V VAG nach dem Widerruf der Erlaubnis einstellen muss. Auch wenn der VN nicht für die notwendige Eigenmittelausstattung verantwortlich ist, zeigen die Regelungen zur kollektiven RfB in § 140 IV VAG und des § 153 III 3, dass bei der notwendigen Gesamtabwägung auch die VN mit ihren Prämien und Überschussanteilen mit zur Eigenmittelausstattung beitragen sollen.

b) Erforderlichkeit als quantitative Begrenzung

29 Diese Interpretation des Begriffs Erforderlichkeit drängt sich heute aufgrund des Niedrigzinsumfeldes und der zwischenzeitlichen gesetzlichen Veränderungen der aufsichtsrechtlichen Rahmenbedingungen, die ja im Einvernehmen mit der Branche und der Aufsichtsbehörde beschlossen wurden, auf, entspricht aber wohl nicht den aktuariellen Überlegungen zum § 172 I a.F. So wurde der Erforderlichkeit gerade **nicht** als quantitative Begrenzung verstanden.[99] Aktuariell war es früher durchaus sinnvoll, mit dem Instrument der Prämienanpassung auch die Verluste von den VN erstattet zu erhalten, für die der VR im Rahmen von Nachreservierungen bereits ausreichend Risikovorsorge getroffen hatte, wenn man davon ausgeht, das der VR diese Verluste aus dem echten Eigenkapital getragen hat, das den Aktionären zusteht. Diese Überlegungen werden nachvollziehbar, wenn man in der Formel zur Ermittlung des Änderungsbedarfs als Prämienreserve das Deckungskapital mit den Rechnungsgrundlagen der ursprünglichen Prämienkalkulation[100] und nicht – wie hier angenommen – heute die aktuelle Deckungsrückstellung einschließlich ZZR sowie den weitergehenden Sicherungsbedarf, soweit für den einzelne VR voraussichtlich finanzierbar, berücksichtigt.
Da dies – also die Verlusttragung durch Eigenkapital – beim Zinsrisiko nach dem LVRG wie beschrieben gerade nicht erfolgt, ist auch kein Grund ersichtlich, warum die VR die bereits zum großen Teil aus Mitteln der VN[101] aufgebauten bzw. noch aufzubauende Risikopuffer (ZZR) im Nachhinein nochmals über Prämienerhöhungen aufbringen sollen.[102] Im Übrigen wäre es kaum plausibel begründbar, wenn man heute z.B. noch die Verluste aus den Nachreservierungen wegen der neuen Tafeln für die Rentenversicherung ab 1994 und 2004 nacherheben könnte. Der VR hat sich jährlich[103] mit den Sicherheitsmargen in den Rechnungsgrundlagen und damit auch mit der Finanzierung etwaiger Verluste zu beschäftigen, wenn die Sicherheitsmargen nicht mehr ausreichen. Es entspricht wohl nicht dem Sinn und Zweck des § 163, willkürliche Korrekturen derartiger Finanzierungsentscheidungen zu ermöglichen.

c) Erforderlichkeit als Folge von Finanzierungsentscheidungen des VR

30 Für **andere Fälle der Prämienerhöhung** unabhängig vom Niedrigzinsumfeld ist die Erforderlichkeit jeweils separat zu prüfen. Zu respektieren sind dabei im Regelfall jeweils die bereits erfolgten konkreten Finanzierungsentscheidungen des VR für die Vergangenheit, wenn bereits durch fehlende Risikomargen Verluste realisiert werden[104]. Bis dahin steht es im **Ermessen des VR,** das alte Sicherheitsniveau durch Prämienanpassungen wieder herzustellen. Die bloße Existenz des beschriebenen Verlustausgleichsmechanismus in MindZV und VAG steht einer Beitragsanpassung nicht entgegen. Ermessen bedeutet an dieser Stelle sicherlich keine willkürliche Wahlfreiheit, denn eine Prämienanpassung führt immer auch vor dem Hintergrund der gegebenen vertraglichen Garantien zu einem Vertrauensverlust, den die Branche wie auch jeder einzelne VR möglichst vermeiden will.[105] Auf der anderen Seite sind auch die Grundsätze aus § 138 VAG mit dem Äquivalenzprinzp und dem Gleichbehandlungsgrundsatz – die Leistungen und Prämien aller VN sollten im jeweiligen Einzelfall wie auch im Verhältnis der VN zueinander zu Beginn wertgleich sein und dann auch bleiben – wobei insbes. auch die verursachungsorientierte Überschussbeteiligung nach § 153 II mit zu berücksichtigen ist. Es bleibt insoweit vorläufig wohl bei den Grundsätzen, die die Regierungsbegründung bereits zum § 172 I a.F.[106] angedeutet und die Aufsicht dann in 2004 im Zusammenhang mit der risikoadjustierten Überschussbeteiligung[107] fortentwickelt hatte. Die Anpassungsregelung setzt bei »Veränderungen und Verlusten innerhalb des für die Versicherung maßgebenden Abrechnungsverbandes an, die geeignet sein können, die dauernde Erfüllbarkeit der Versicherungsleistungen zu gefährden«. Danach sind nur dauernde Verluste in einem Abrechnungsverband/einer Bestandsgruppe erforderlich und keine Notlage, die wie derzeit das Niedrigzinsumfeld, die Existenz des ganzen Unternehmens in Frage stellt. »Reichen die Mittel nicht aus, um allen VN ei-

---

99 So ausdrücklich Engeländer, VersR 2000, 274, 282 zum § 172 I a.F.; im Ergebnis ebenso Jaeger, VersR 1999, 26, 28, 29.
100 *Engeländer* VersR 2000, 274, 282; *Jaeger* VersR 1999, 26, 28.
101 Gemeint sind primär die laufenden und gespeicherten Überschüsse.
102 Faktisch handelt es sich bei der aufzubauenden ZZR letztlich um viele Mrd. €.
103 Vgl. § 4 IV Nr. 3 u. S. 2 AktuarV.
104 Typisches Bsp.: Die Verluste eines Abrechnungsverbandes/Bestandsgruppe gehen etwa im Risikoergebnis unter oder es erfolgt sogar eine Auflösung der RfB nach § 140 I Nr. 3 VAG, die ja nur unter ähnlichen Voraussetzungen wie eine Prämienanpassung nach § 163 erfolgt.
105 Vgl. bereits oben Rdn. 10.
106 Begr RegE BT Drucks. 12/6959 S. 102.
107 BaFin, VerBaFin 7/2004, 3, 5.

ne gleiche Gesamtverzinsung zu gewähren, kommt es zwangsläufig zu einer Quersubventionierung der Bestände mit höherem Rechnungszins durch die Bestände mit niedrigerem Rechnungszins.« Hierbei handelt es sich aber nur um zurückzugewährende sog. »interne Darlehen«. »Dieses Verfahren entspricht dem üblichen Vorgehen bei Auftreten vorübergehender Verluste in Teilbeständen.« D.h. einer dauerhafter Quersubventionierung über »Darlehen« – gemeint sind die verursachungsorientiert zuzurechnenden Überschussanteile –, die am Ende dann nicht mehr zurückgezahlt werden, ist mit dem Mittel der Prämienanpassung nach § 163 zu begegnen, wenn sie vom Umfang her als erheblich einzustufen ist. »Dieser Zielkonflikt ist durch Betrachtung der widerstreitenden Interessen zu lösen«, d.h. in Zukunft – soweit andere als Zinsrisiken betroffen sind – trotz LVRG und Solvency II nicht stets durch eine Finanzierung durch Eigenmittel.

3. Überprüfung und Bestätigung durch Treuhänder (Abs. 1 Satz 1 Nr. 3, Abs. 4)

Die Rechnungsgrundlagen sowie die Voraussetzungen der Nrn. 1 und 2 müssen durch einen **unabhängigen Treuhänder** überprüft und bestätigt werden. Dem Treuhänder obliegt außergerichtlich, ohne dadurch jedoch eine gerichtliche Kontrolle zu ersetzen,[108] die Prüfung der gesetzlichen Voraussetzungen, wobei ihm **keine eigene Ermessensausübung** eingeräumt ist.[109] Der Treuhänder hat bei der Prämienneufestsetzung die Voraussetzungen für die Änderung nach § 163 I Nr. 1 und 2 und damit insbes. die Rechnungsgrundlagen der neuen Prämienkalkulation zu überprüfen und zu bestätigen.[110] Die rechtlichen Grundlagen sowie die Anforderungen an die Person des Treuhänders sind aufsichtsrechtlicher Natur. Demnach muss der Treuhänder zuverlässig, fachlich geeignet sowie vom VR unabhängig sein. Die vom VR als Treuhänder in Aussicht genommene Treuhänderperson muss vor der Bestellung zunächst der Aufsichtsbehörde benannt werden, die die vorgenannten Anforderungen an den Treuhänder kontrolliert. Die weiteren Einzelheiten sind insoweit in den §§ 142, 157 I, II VAG (= §§ 11b Satz 2; 12b III und IV VAG a.F.) geregelt. 31

Nach § 163 IV entfällt die Mitwirkung des Treuhänders, sofern die Neufestsetzung der Prämie oder die Herabsetzung der Versicherungsleistung der Genehmigung der Aufsichtsbehörde bedarf. Dies ist insbes. dann der Fall, wenn Sterbe- oder regulierte Pensionskassen betroffen sind, da diese nicht von Solvency II erfasst waren und der deutsche Gesetzgeber insoweit befugt war, die bestehenden Genehmigungsbefugnisse aufrechtzuerhalten.[111] Ferner bedürfen **Prämienänderungen im früheren Altbestand**, also für Verträge, die auf der Grundlage eines von der Aufsichtsbehörde genehmigten Geschäftsplanes bis zum 28.07.1994 bzw. bis zum 31.12.1994 geschlossen wurden, weiterhin der aufsichtsbehördlichen Genehmigung (vgl. § 336 VAG = § 11c VAG a.F.).[112] 32

II. Leistungsherabsetzung (Abs. 2)

Durch die im Rahmen der VVG-Reform neu eingebrachte Regelung zur Leistungsherabsetzung wurde eine bisher existierende Regelungslücke geschlossen. Sofern für den VN gegebenenfalls die Prämienerhöhung nicht finanzierbar sein sollte, bietet ihm Abs. 2 Satz 1 nunmehr die Gestaltungsmöglichkeit, die Versicherungsleistung im entsprechenden Verhältnis herabzusetzen, anstatt die Versicherung zu kündigen oder sie prämienfrei zu stellen[113]. Im Fall prämienfreier Versicherungen bietet Abs. 2 Satz 2 dem VR die Möglichkeit, bei Vorliegen der Voraussetzungen des Abs. 1 die Versicherungsleistung zu reduzieren. Dennoch steht es den Versicherungsparteien offen, eine ungekürzte Versicherungsleistung gegen neuerliche Prämienzahlung zu vereinbaren.[114] 33

C. Rechtsfolgen
I. Neufestsetzung der Prämie/Herabsetzung der Versicherungsleistung

Bei Vorliegen der Voraussetzungen nach Abs. 1 besteht für den VR die Berechtigung zur Prämienneufestsetzung; dem VR steht somit ein einseitiges Gestaltungsrecht zu.[115] Im Fall des Abs. 2 Satz 2 ist der VR anstelle der nicht möglichen Prämienneufestsetzung zur entsprechenden Herabsetzung der Versicherungsleistung berechtigt. Dem VN steht demgegenüber nach Abs. 2 Satz 1 die Möglichkeit offen, anstelle der seitens des VR avisierten Prämienerhöhung die entsprechende Herabsetzung der Versicherungsleistung zu verlangen. 34

II. Wirksamwerden der neuen Prämie (Abs. 3)

Zu Beginn des zweiten Monats, der auf die Mitteilung des VR an den VN über die neu festgesetzte Prämie bzw. die herabgesetzte Versicherungsleistung sowie der hierfür maßgeblichen Gründe folgt, wird die neue 35

---

108 BVerfG VersR 2000, 214.
109 Begr. RegE BT-Drucks. 16/3945 S. 99.
110 L/W/*Heiss*, § 163 Rn. 64.
111 Prölss/*Präve*, § 11b Rn. 43.
112 P/M/*Schneider*, § 163 Rn. 11; PK/*Ortmann*, § 163 Rn. 18.
113 Die fehlende Finanzierungsmöglichkeit durch den VN ist jedoch keine Voraussetzung; das Verlangen des VN kann bei einer Prämienerhöhung stets ausgeübt werden; P/M/*Schneider*, § 163 Rn. 14.
114 Begr. RegE BT-Drucks. 16/3945 S. 99.
115 HK-VVG/*Brambach*, § 163 Rn. 11.

Prämie bzw. die herabgesetzte Leistung wirksam (»ex nunc«). Unter Mitteilung der maßgeblichen Gründe ist zu verstehen, dass dem VN die Ursachen für die geänderte Rechnungsgrundlage mit den Auswirkungen auf den Leistungsbedarf und die Prämie bekanntzugeben sind. Die gesamte Kalkulation der Prämienneuberechnung ist demgegenüber vorgerichtlich nicht offenzulegen, zumal sich hier dem VN regelmäßig ohnehin die komplizierten versicherungsmathematischen Zusammenhänge jedenfalls nicht vollständig erschließen dürften.[116]

D. Abdingbarkeit
I. Anpassungsklauseln

36   Gem. § 171 darf von der Regelung des § 163 nicht zum Nachteil des VN u.a. abgewichen werden. Die **Möglichkeit von vertraglichen Anpassungsklauseln** in den AVB neben § 163 **bedarf weiterer Klärung**, obwohl die Zulässigkeit bisher allgemein bejaht wurde.[117] In den Musterbedingungen des GDV sind keine Anpassungsklauseln bezüglich Prämien und AVB-Bedingungen vorgesehen.[118] Der Abschlussbericht der Kommission zur VVG-Reform bestätigt unter Hinweis auf § 31 a.F. (= § 40 I) die grundsätzliche Zulässigkeit von Prämienanpassungsklauseln, die der Kontrolle nach §§ 305 ff. BGB unterliegen, »wenn der Gesetzgeber keine Sonderregelung trifft.«[119] In der Gesetzesbegründung heißt es dann ausdrücklich, dass »damit [...] solche [Anpassungs-]Klauseln in anderen Fällen nicht ausgeschlossen« werden.[120] Danach könnte § 163 als Regelung zu verstehen sein, die in ihrem Anwendungsbereich – Prämien- und Leistungsänderungen im Bereich der Lebensversicherung – abweichende vertragliche Regelungen ausschließt. Dadurch, dass § 163 heute im Gegensatz zu § 172 a.F. nach § 171 halbzwingend ist, sind zumindest in den aus Sicht des VR relevanten Fällen, die nicht von § 163 erfasst sind[121], **wohl auch keine Prämienanpassungsklauseln in den AVB möglich**, wie z.B. in den Fällen, in denen das Kapitalanlageergebnis zwar zeitweilig durch erheblichen Abschreibungsbedarf belastet ist, dies aber nicht zu einer dauerhaften Änderung des Leistungsbedarfs führt. Eine weitere Optimierung der Regelung des § 163 durch eine Anpassungsklausel zugunsten der VN dürfte kaum möglich bzw. sinnvoll sein. Ein Verzicht auf das Änderungsrecht nach § 163 soll möglich sein, ist aber in seinen Wirkungen zumindest aufsichtsrechtlich fraglich.[122]

II. Abschnittsgarantien, dynamische Verweise

37   Auch wenn danach Prämienanpassungen aus anderen Gründen oder ohne Einhaltung des vorgegebenen Verfahrens verhindert werden, betrifft dies nicht die Fälle, in denen eine spätere Änderung oder Konkretisierung von Rechnungsgrundlagen bereits bei Vertragsschluss vorgesehen ist.[123] Bedeutsam werden solche Klauseln in verstärktem Umfang im Rahmen neuer Garantiemodelle insbes. unter den Stichworten **Abschnittsgarantien** und **bloßer endfälliger Garantien**, obwohl diesbezügliche Gestaltungen bereits seit längerer Zeit bekannt sind. In der Rentenversicherung war es z.B. durchaus möglich, das im Versicherungsvertrag für die Aufschubphase der Höchstrechnungszins nach DeckRV zu Vertragsbeginn vereinbart wurde, während die spätere Verrentung des angesparten Kapitals für die Rentenphase mit dem dann gültigen Höchstrechnungszins erfolgte.[124]
Eine Klausel befindet sich nur dann im Anwendungsbereich des § 163, wenn sich die Prämie oder die Leistungen gegenüber den Vorgaben im Vertrag ändern, also gerade nicht, wenn im Vertrag selbst bereits für spätere Zeitpunkte andere Rechnungsgrundlagen[125] und damit auch andere Prämien bzw. Leistungen vereinbart werden oder sich diese aufgrund eines **dynamischen Verweises** erst zu einem späteren Zeitpunkt konkretisieren. Im Falle der Verrentung des Kapitals mit dem dann gültigen Höchstrechnungszins ist die Rentenhöhe (= Versicherungsleistung) zu Vertragsbeginn noch gar nicht festgelegt, so dass eine Prämien- oder Leistungsänderung i.S. einer Veränderung der synallagmatischen Verpflichtungen, wie sie die Rechtsfolge von § 163 darstellt, gar nicht möglich ist.

---

116   BVerfG VersR 2000, 214; OLG Stuttgart VersR 2007, 639; HK-VVG/*Brambach*, § 163 Rn. 14; ausführlich zu Prämienanpassungsklauseln *Armbrüster* r+s 2012, 365.
117   HK-VVG/*Brambach*, § 163 Rn. 1; PK/*Ortmann*, § 163 Rn. 3; Marlow/Spuhl/*Grote*, Rn. 1063; P/M/*Schneider*, § 163 Rn. 2.
118   Vgl. auch Terbille/Höra/*Höra/Leithoff*, § 25 Rn. 204.
119   VVG-Kommission Abschlussbericht 2004 (VersR-Schriftenreihe Heft 25), S. 44, 45; gemeint sind die Regelungen in den heutigen §§ 163, 203.
120   Begr. RegE BT-Drucks. 16/3945 S. 99.
121   Vgl. auch BGH VersR 2008, 482; VersR 2008, 246; sowie OLG Celle als Vorinstanz VersR 2006, 1105 zu § 178g VVG a.F.
122   PK/*Ortmann*, § 163 Rn. 22, *Buchholz-Schuster* NVersZ 1999, 297, 304 m.w.N; VerBAV 2000, 63.
123   Zweifelnd wohl *Jaeger* VersR 2015, 26, 29.
124   Vgl. etwa das Bsp. 2 in Rn. 3b des BMF-Schreibens vom 01.10.2009.
125   Bsp.: Ab einem bestimmten Zeitpunkt wird ein anderer Rechnungs- = Garantiezins angewendet. In diesem Fall steigt oder fällt also die Zinsgarantie aus dem Vertrag nach Ablauf von x Jahren, ohne dass die Voraussetzungen des § 163 erfüllt sein müssen. Die Regelung zum Höchstrechnungszins in der DeckRV hat für diese Frage der Prämienkalkulation keine Bedeutung.

Bei der erforderlichen Abgrenzung ist manchmal gerade die Einordnung von dynamischen Verweisen nicht ganz einfach. Nach allgemeinem Zivilrecht ist ein dynamischer Verweis im Versicherungsvertrag z.B. auf eine gesetzliche Regelung in der jeweils gültigen Fassung zwar nicht grundsätzlich problematisch; er sollte nur bestimmbar sein. Bedenken gegen einen dynamischen Verweis können jedoch aus AGB-Sicht und gegebenenfalls im Hinblick auf § 163 bestehen.[126] Wurden etwa die Prämien und Leistungen einer Pflegerentenversicherung unter Berücksichtigung der zum Zeitpunkt des Vertragsabschlusses gültigen drei Pflegestufen laut SGB und der diesbezüglichen biometrischen Wahrscheinlichkeiten kalkuliert, dann könnte eine vertragliche Anpassungsklausel neben § 163 problematisch sein, die im Falle einer Änderung der gesetzlichen Pflegestufen eine Prämien- bzw. Leistungsänderung vorsieht. In diesem Falle wird eine bisherige vertragliche Leistung ähnlich wie in § 163 durch eine andere ersetzt, obwohl die Gesetzesänderung die Interessen von VR und VN in keiner Weise berücksichtigt und vorab niemand einschätzen kann, wie sich die Änderungen des Gesetzgebers im Versicherungsvertrag auswirken werden. Unabhängig davon ist beim dynamischen Verweis **stets** zu fragen, ob die Risiken aus einer Änderung vorab im Rahmen der Prämienkalkulation ausreichend sicher i.S.d § 163 I 2 kalkuliert werden können. Man denke im Bsp. mit den 3 Pflegestufen etwa an eine Systemveränderung oder an die Einführung einer größeren Anzahl von Pflegestufen.

§ 164 Bedingungsanpassung.

(1) Ist eine Bestimmung in Allgemeinen Versicherungsbedingungen des Versicherers durch höchstrichterliche Entscheidung oder durch bestandskräftigen Verwaltungsakt für unwirksam erklärt worden, kann sie der Versicherer durch eine neue Regelung ersetzen, wenn dies zur Fortführung des Vertrags notwendig ist oder wenn das Festhalten an dem Vertrag ohne neue Regelung für eine Vertragspartei auch unter Berücksichtigung der Interessen der anderen Vertragspartei eine unzumutbare Härte darstellen würde. Die neue Regelung ist nur wirksam, wenn sie unter Wahrung des Vertragsziels die Belange der Versicherungsnehmer angemessen berücksichtigt.
(2) Die neue Regelung nach Absatz 1 wird zwei Wochen, nachdem die neue Regelung und die hierfür maßgeblichen Gründe dem Versicherungsnehmer mitgeteilt worden sind, Vertragsbestandteil.

Übersicht

	Rdn.		Rdn.
A. Allgemeines	1	II. Ersetzung zur Fortführung des Vertrages notwendig oder unzumutbare Härte	7
I. Normzweck und Anwendungsbereich	1		
II. Entstehungsgeschichte	3	C. Rechtsfolgen	12
B. Tatbestand	4	I. Ersetzung durch eine neue (wirksame) Regelung durch den VR	12
I. Für unwirksam erklärte Bestimmung in AVB	4	II. Wirksamwerden der neuen Regelung	14
		D. Abdingbarkeit	16

A. Allgemeines

I. Normzweck und Anwendungsbereich

§ 164 bietet für den VR die Möglichkeit, eine im laufenden und regelmäßig mangels ordentlicher Kündigungsmöglichkeit fortzusetzenden Versicherungsverhältnis für ungültig erklärten AVB-Bestimmung durch eine neue, gültige Bestimmung zu ersetzen.[1] Dem VR wird insoweit eine Handhabe gegeben, durch die gegebenenfalls notwendige Implementierung einer angemessenen Ersatzbestimmung im Interesse der Vertragsparteien möglichst schnell für Rechtsklarheit, -sicherheit und -frieden zu sorgen.[2] 1

Die Norm findet auf alle Arten von Lebensversicherungen Anwendung. Überdies bezieht sich der Anwendungsbereich gem. § 176 in entsprechender Anwendung auch auf Berufsunfähigkeitsversicherungen sowie gem. § 203 IV auf Krankenversicherungen. 2

II. Entstehungsgeschichte

Die Norm ersetzt § 172 II u. III a.F. und wurde im Zuge der VVG-Reform mit vollständig neu gefasstem Wortlaut als § 164 in das VVG eingefügt. § 172 a.F. wurde 1994 im Rahmen der Einführung des Europäischen Binnenmarktes für Versicherungen und der Deregulierung der Versicherung in Deutschland in das VVG aufgenommen. Anlass für den Gesetzgeber war die Erwartung, dass durch die grundsätzliche Abschaffung der aufsichtsbehördlichen Vorabkontrolle und Genehmigung der AVB[3] die Zahl unwirksamer AVB-Bestimmungen steigen würde und insoweit die einheitliche Vertragsfortführung gefährdet erschien.[4] Die im Anschluss 3

---

126 Zum AGB-Recht vgl. etwa BGH NJW 2002, 507 oder BAG NZA 2011, 42 u. RdA 2013, 243.
1 Begr. RegE BT-Drucks. 16/3945 S. 100.
2 *Kollhosser* VersR 2003, 807, 809 zu § 172 a.F.; Begr. RegE BT-Drucks. 16/3945 S. 100.
3 Begr. RegE BT-Drucks. 12/6959, S. 45.
4 *Kollhosser* VersR 2003, 807, 808, 809.

an die Urteile zur Behandlung der Abschlusskosten im Rahmen des Frühstornos[5] auch auf Veranlassung der Versicherungsaufsicht[6] durchgeführten Treuhänderverfahren zeigten jedoch, dass der Wortlaut einige Fragen offen lässt und zu Auslegungsschwierigkeiten führte.[7] So war z.B. unklar, ob § 172 II a.F. auch auf kapitalbildende Lebensversicherungen anwendbar war.[8] Der BGH hat sich mit diesen Treuhänderverfahren sowie den Voraussetzungen des § 172 II u. III a.F. in grundlegenden Urteilen[9] vom 12.10.2005 detailliert auseinandergesetzt[10] und zugleich eine eigene Lösung für die Behandlung der Zillmerung in Fällen des Frühstorno entwickelt.[11] Der Gesetzgeber hat im Rahmen des § 164 und insoweit abweichend von § 163 nicht mehr am Treuhänder festgehalten, da durch ihn kein zusätzlicher Schutz der VN erreicht worden sei.[12]

B. Tatbestand
I. Für unwirksam erklärte Bestimmung in AVB

4   Zunächst muss eine für unwirksam erklärte AVB-Bestimmung vorliegen. Der Grund der Unwirksamkeit einer AVB-Bestimmung ist regelmäßig unerheblich. Allerdings dürfte sich die Unwirksamkeit einer AVB-Bestimmung vornehmlich aus einem Verstoß gegen die §§ 307 BGB ff. ergeben. Weitere Gründe dürften in der Praxis selten sein.[13]

5   Die Unwirksamkeit einer AVB-Bestimmung kann ausschließlich durch eine höchstrichterliche Entscheidung des BGH oder eines OLG,[14] dessen Entscheidung nicht anfechtbar ist, oder einen bestandskräftigen Verwaltungsakt der Aufsichtsbehörde oder der Kartellbehörde festgestellt werden.[15] Nur solche Entscheidungen schaffen abschließend Rechtsklarheit. Entscheidungen von Instanzgerichten fehlt es aufgrund deren Anfechtbarkeit regelmäßig an dieser Rechtsklarheit. Dem VR ist es insoweit zumutbar, zur Erlangung der Rechtsklarheit über eine Bedingungsanpassung nach § 164 durch Einlegung der gegebenen Rechtsmittel den weiteren Rechtsweg zu beschreiten.[16] Dies erfordert wohl auch die Anfechtung von Verwaltungsakten, die für den VR ungünstig sind.[17] Der VR kann nicht in eigener Verantwortung über die Unwirksamkeit einzelner AVB-Bestimmungen entscheiden, da dies eine bedenkliche Beschränkung der Vertragsfreiheit des VN zur Folge hätte.[18]

6   Sofern einzelne AVB-Bestimmungen höchstrichterlich oder durch bestandskräftigen Verwaltungsakt für unwirksam erklärt worden sind, können alle Versicherer, die diese oder eine gleichartige AVB-Bestimmung verwenden, sie nach § 164 ersetzen. Noch nicht abschließend geklärt scheint jedoch das Verhältnis dieser Ersetzungsbefugnis zur individuellen Klauselersetzung nach § 306 II BGB zu sein.[19] Letztere sollte bis zur Wirksamkeit der Klauselersetzung nach § 164 möglich bleiben.[20] Die ergänzende Vertragsauslegung durch den BGH in der Individualklage schließt umgekehrt eine Klauselersetzung für die anderen betroffenen Verträge nicht aus.[21]

II. Ersetzung zur Fortführung des Vertrages notwendig oder unzumutbare Härte

7   Die Ersetzung der für unwirksam erklärten AVB-Bestimmung muss nach Abs. 1 Satz 1 entweder zur Vertragsfortführung notwendig sein (Alt. 1) oder das Festhalten an dem Vertrag ohne eine neue Regelung muss für ei-

---

5   Das OLG Nürnberg NVersZ 2000, 320 bestätigte die verwendeten Klauseln zum Frühstorno, während das OLG Stuttgart NVersZ 1999, 366 inhaltsgleiche Klauseln für unwirksam erachtete; der BGH behandelte sie in den Urteilen vom 09.05.2001 als intransparent und unwirksam, BGHZ 147, 354 = VersR 2001, 841 = NJW 2001, 2014 und BGHZ 147, 373 = VersR 2001, 839 = NJW 2001, 2012.
6   Rundschreiben des BAV v. 10.10.2001, VerBAV 2001, 251 = NVersZ 2002, 9 Missstand, wenn kein Treuhänderverfahren.
7   Begr. RegE BT-Drucks. 16/3945 S. 99.
8   OLG Stuttgart NVersZ 2002, 164.
9   BGH VersR 2005, 1565 = BGHZ 164, 297 = NJW 2005, 3557: Klauselersetzung war zwar zulässig, die neuen Klauseln jedoch ebenfalls unwirksam; die Lücke füllte der BGH durch ergänzende Vertragsauslegung; im Ergebnis bestätigt durch BVerfG NJW 2006, 1783 = VersR 2006, 489.
10 Dessen Grundsätze sind auch im Rahmen des § 164 heranzuziehen.
11 Vgl. für die Fälle des Frühstorno bei gezillmerten Altverträgen § 169 Rdn. 46–58.
12 Begr. RegE BT-Drucks. 16/3945 S. 100.
13 Begr. RegE BT-Drucks. 16/3945 S. 100; P/M/*Schneider*, § 164 Rn. 6.
14 HK-VVG/*Brambach*, § 164 Rn. 4 mit Details; a.A. jedoch VersHb/*Brömmelmeyer* § 42 Rn. 113 und P/M/*Schneider* § 164 Rn. 7: Unterschiedliche Entscheidungen möglich.
15 Begr. RegE BT-Drucks. 16/3945 S. 100.
16 BGH VersR 2005, 1565, 1568 = BGHZ 164, 297 = NJW 2005, 3557.
17 A.A. HK-VVG/*Brambach*, § 164 Rn. 6; offen Marlow/Spuhl/*Grote*, Rn. 1076; wie hier wohl P/M/*Schneider*, § 164 Rn. 7.
18 Begr. RegE BT-Drucks. 16/3945 S. 100; BGH VersR 2005, 1565.
19 Zu § 172 a.F. *Kollhosser* VersR 2003, 807, 811, 812; L/W/*Wandt*, § 164 Rn. 24 m.w.N.
20 PK/*Ortmann*, § 164 Rn. 37; P/M/*Schneider*, § 164 Rn. 5; L/W/*Wandt*, § 164 Rn. 24; weitergehend *Kollhosser* VersR 2003, 807, 812, Unzulässigkeit einer Individualklage nach § 306 II BGB bereits ab Möglichkeit einer Ersetzung nach § 172 a.F.
21 Vgl. Rdn. 12; *Brambach* r+s 2014, 1, 3; *Armbrüster* NJW 2013, 3243; L/W/*Wandt*, § 164 Rn. 24.

Bedingungsanpassung § 164

ne der Vertragsparteien auch unter Berücksichtigung der Interessen der anderen Vertragspartei eine unzumutbare Härte darstellen (Alt. 2).

Im Rahmen der **Alt. 1** ist die **Notwendigkeit der Ersetzung** stets zu bejahen, wenn wesentliche Vertragselemente betroffen sind[22] oder sofern ein unabweisbarer Bedarf für die Ersetzung besteht.[23] Solch ein Bedarf bzw. solche wesentlichen Vertragselemente liegen zum Beispiel vor, wenn Leistungspflichten sowie vertragliche Ansprüche der Parteien betroffen sind.[24] Ein Ersetzungsbedürfnis entfällt nicht dadurch, dass im Einzelfall ein Versicherungsvertrag bereits gekündigt oder beitragsfrei[25] gestellt worden ist, da gegebenenfalls eine für die endgültige Abwicklung des Versicherungsvertrages notwendige Regelung zu ergänzen ist.[26] Unter Umständen erscheint eine Ersetzung sogar für bereits abgewickelte Verträge[27] erforderlich.[28] Die Notwendigkeit der Ersetzung einer AVB-Bestimmung scheidet regelmäßig aus, soweit der ansonsten gültige Restvertrag auch ohne die unwirksame Regelung fortgeführt werden kann. Gleichwohl ist unter Berücksichtigung des Gebots der Transparenz der vertraglichen Inhalte unter Umständen auch eine nur rein deklaratorische Aufnahme eines Gesetzestextes geboten.[29] 8

Die Lückenfüllung erfolgt materiell im Rahmen des § 164 I in Anlehnung an die nach **§ 306 II BGB relevanten Grundsätze**, also durch **dispositives Gesetzesrecht**, nach den **Grundsätzen der ergänzenden Vertragsauslegung** oder durch **ersatzlosen Wegfall der unwirksamen Klausel**.[30] Die Frage, ob und wenn ja durch welche dieser Grundsätze man zu einer sachgerechten Ersatzlösung gelangt, gehört nicht zu den Voraussetzungen für eine Klauselergänzung, bleibt also bei der Frage der Notwendigkeit unberücksichtigt.[31] 9

Das Verhältnis von vertraglichen Anpassungsklauseln zu § 164 ist anders als im Verhältnis zum § 172 II a.F.[32] § 164 ist nach § 171 halbzwingend, d.h. für den VN nachteilige Abweichungen durch AVB sind zur Lückenfüllung nicht möglich,[33] wobei nur schwer zu beurteilen ist, welche Abweichungen von § 164 im Rahmen von Änderungsklauseln dann noch denkbar erscheinen, wenn sie überhaupt der Klauselersetzung dienen.[34] Ein Verzicht auf eine höchstrichterliche Entscheidung oder andere Voraussetzungen ist sicher nicht möglich; die zusätzliche Einführung eines Treuhandverfahrens scheint nicht sinnvoll sein. Trotz der Regelungen der §§ 164, 171 sollten Änderungen der AVB von Lebensversicherungsverträgen aufgrund von Änderungsvorbehalten bei Äquivalenzstörungen und Lücken weiterhin möglich sein, soweit sie nicht in den Anwendungsbereich des § 164 – Ersetzung unwirksamer Klauseln – fallen.[35] § 164 ist im Übrigen wohl auch vorrangig vor Änderungsvorbehalten in den Satzungen von VVaGs nach § 43 III VAG. 10

Die **Alt. 2** des § 164 ermöglicht eine Klauselersetzung, wenn ein **Festhalten an dem Vertrag ohne eine neue Regelung eine unzumutbare Härte** für eine der Vertragsparteien darstellt. Diese Alternative stellt laut Gesetzesbegründung eine notwendige Ergänzung der Anpassungsmöglichkeit der Alt. 1 dar und soll dabei die Voraussetzungen des § 306 III BGB aufgreifen, der ja gerade zur Anwendung gelangt, wenn die Ergänzungen nach § 306 II BGB nicht ausreichen.[36] Auf diese Alternative ist deshalb nur dann zurückzugreifen, sofern die unter der Alt. 1 gebotenen Möglichkeiten zur Ersetzung einer Bestimmung nicht ausreichen und für die eine oder die andere Vertragspartei ein Festhalten an den Vertrag in dieser Form trotzdem unzumutbar ist. In aller Regel führt der Wegfall einer AVB-Bestimmung zu einer Verschlechterung der Position des VR. Von einer unbilligen Härte kann dabei nur ausnahmsweise dann ausgegangen werden, wenn, unter Rückgriff auf die Grundsätze des § 306 III BGB, durch den Wegfall der AVB-Bestimmung das Vertragsgleichgewicht zwischen den Vertragsparteien auf der Grundlage einer umfassenden Interessenabwägung und der Umstände des Ein- 11

---

22 OLG Stuttgart VersR 2001, 1141.
23 BGH NJW 1999, 1865; *Fricke* NVersZ 2000, 313.
24 BGH NJW 2005, 3559, 3563.
25 Beitragsfreie Versicherungen (§ 165) sind, wenn die Mindestversicherungsleistungen erreicht sind, keine Abwicklungsverhältnisse wie vom VN nach § 168 gekündigte Versicherungen; es verbleibt vielmehr die ursprüngliche Laufzeit. Insoweit gibt es in diesem Zusammenhang keine Besonderheiten.
26 HK-VVG/*Brambach*, § 164 Rn. 10.
27 P/M/*Kollhosser*[27], § 172 VVG Rn. 28; P/M/*Schneider*, § 164 Rn. 10; a.A. HK-VVG/*Brambach*, § 164 Rn. 22.
28 Zur erforderlichen »Rückwirkung« trotz § 164 II vgl. u. Rdn. 14.
29 PK/*Ortmann*, § 164 Rn. 13 m.w.N.
30 BGH NJW 2005, 3559 = VersR 2005, 1565, 1568; PK/*Ortmann*, Rn. 12; P/M/*Schneider*, § 164 Rn. 18.
31 BGH NJW 2005, 3559 = VersR 2005, 1565, 1568; PK/*Ortmann*, Rn. 12.
32 Nach P/M/*Kollhosser*[27], § 172 Rn. 24 m.w.N. war § 172 II a.F. im Verhältnis zu entsprechenden Anpassungsklauseln subsidiär. Nach BGH VersR 1999, 697 konnte eine Lücke – etwa wenn die Rspr. eine Klausel für unwirksam erklärt – Schwierigkeiten entstehen lassen, die nur durch Anpassung oder Ergänzung aufgrund einer Anpassungsklausel zu beseitigen sind.
33 Vgl. auch BGH VersR 2008, 246; BGH VersR 2008, 482 sowie OLG Celle als Vorinstanz VersR 2006, 1105 zu § 178g a.F.
34 Die Beispiele von L/W/*Wandt*, § 164 Rn. 86 f. sind wohl eher weniger relevant; vgl. etwa § 168 oder den Umfang der nach Abs. 2 erforderlichen Begründung. In den GDV-Musterbedingungen werden auch keine Anpassungsklauseln empfohlen.
35 L/W/*Wandt*, § 164 Rn. 88.
36 Begr. RegE BT-Drucks. 16/3945 S. 100.

zelfalles grundlegend gestört wird.³⁷ Aus Sicht des VN dürfte der Wegfall einer nicht zu ersetzenden AVB-Bestimmung demgegenüber häufig zu einer Verbesserung seiner Rechtsposition führen. Eine unbillige Härte für den Kunden wird im Rahmen des § 306 III BGB angenommen, falls nach dem Wegfall einer für den Vertragsinhalt maßgeblichen Bestimmung Streit über eben diesen Vertragsinhalt besteht, der ggfs. gesetzlich nicht geregelt ist, und somit im Interesse der Rechtsklarheit und -eindeutigkeit eine Bestimmung zugunsten des VN zu ergänzen ist.³⁸ Hier könnte man daran denken, das z.B. bei komplettem Wegfall der Klausel zur Überschussbeteiligung nach altem Recht³⁹ deren Ersetzung zwar für die Vertragsfortführung nicht zwingend notwendig gewesen wäre, ihr ersatzloser Fortfall – Entfall der Überschussbeteiligung – für die VN jedoch gleichwohl eine unzumutbare Härte dargestellt hätte.

C. Rechtsfolgen

I. Ersetzung durch eine neue (wirksame) Regelung durch den VR

12 Jeder VR, der eine vergleichbare Bestimmung verwendet und die insoweit ebenfalls als unwirksam zu betrachten ist, kann die unwirksame Bestimmung durch eine neue Regelung ersetzen. Auch wenn es sich vorliegend um eine »**Kann**«-**Vorschrift** handelt, so ist der VR nach einer Auffassung doch dazu angehalten, eine Ersetzung der unwirksamen Bestimmung vorzunehmen.⁴⁰ Da es sich insoweit um eine Ermessensentscheidung⁴¹ des VR handelt, soll die Ersetzungsbefugnis bei Vorliegen der Voraussetzungen rasch zu einer »einheitlichen, klaren und angemessenen Ersatzklausel« führen⁴², so dass nach richtiger Ansicht je nach Situation auch eine Ermessensreduzierung auf Null in Betracht zu ziehen ist.⁴³ Die Versicherungsaufsicht wird bei einer Benachteiligung der VN-Interessen durch eine fehlende Klauselersetzung zu einem Missstand i.S.d. § 81 VAG gelangen.⁴⁴ Die jüngste Rspr. des BGH⁴⁵ bestätigt diesen zweiten Ansatz im Ergebnis. Es gibt zwar regelmäßig keinen gesetzlichen Zwang zur Bedingungsanpassung, wohl aber eine Obliegenheit, eine Lösung für die Lücke im Vertrag zu erarbeiten und diese zu kommunizieren.⁴⁶ In den Frühstornofällen besteht im Anschluss an die Urteile aus 2012/3 aufgrund der ergänzenden Vertragsauslegung des BGH keine zwingende Notwendigkeit zur Bedingungsanpassung mehr, wohl aber noch eine Möglichkeit.⁴⁷ Insoweit war auch zu berücksichtigen, dass der Frühstornoproblematik im Rahmen der Entscheidung über die Kündigung durch den VN auch für Verträge bis 2007 durch Zeitablauf keine Bedeutung mehr zukommt und die VR die Rspr. des BGH umsetzen.⁴⁸ Im Rahmen der Anpassungsoption des Art. 1 III EGVVG verneinte der BGH⁴⁹ dagegen die Möglichkeit einer ergänzenden Vertragsauslegung, wenn der VR die AVB nicht fristgerecht geändert hatte.

13 Infolge des § 164 I 2 ist die neue Regelung jedoch nur dann wirksam, sofern sie unter **Wahrung des Vertragsziels die Belange des VN angemessen berücksichtigt**. Die Belange des VN sollen dann angemessen berücksichtigt sein, wenn das bei Vertragsschluss vorhandene und durch den Wegfall der Bestimmung gestörte Äquivalenzverhältnis wiederhergestellt wird. Demgegenüber sind die Belange der VN stets nicht gewahrt, sofern die neue Bestimmung zu einer Schlechterstellung der VN gegenüber deren Position bei Vertragsschluss führte. Die neue Regelung muss weiterhin den Anforderungen der §§ 307 ff. BGB entsprechen. Die Interessenabwägung⁵⁰ berücksichtigt primär die Belange der betroffenen VN und die des VR; einzubeziehen sind aber auch die Interessen anderer VN, wenn sie zwar nicht durch die unwirksame Klausel, wohl aber durch die neue Regelung betroffen sind, wie dies etwa im Fall der Neuregelung der Abschlusskosten bei Frühstorno im Rahmen ihrer Überschussbeteiligung der Fall war.⁵¹ Intransparente Klauseln können nicht im Nachhinein durch inhaltsgleiche transparente Klauseln ersetzt werden.⁵²

---

37 PK/*Ortmann*, § 164 Rn. 20; P/M/*Schneider*, § 164 Rn. 15, 16; L/W/*Wandt*, § 164 Rn. 60.
38 MünchKommBGB/*Basedow*, § 306 Rn. 33; kritisch L/W/*Wandt*, § 164 Rn. 58.
39 Art. 4 I 1 EGVVG.
40 P/M/*Kollhosser*²⁷, § 172 VVG Rn. 35 m.w.N. zu § 172 a.F.; L/W/*Wandt*, § 164 Rn. 82; *Reiff* VersR 2013, 785, 788; ähnlich wohl auch *Armbrüster* NJW 2012, 3001, 3003.
41 Kritisch *Brambach* r+s 2014, 1, 2; der Begriff des Ermessens ist jedoch nicht auf das öff. Recht beschränkt, vgl. § 315 BGB u. MünchKommBGB/*Würdinger*, § 315 Rn. 87.
42 *Kollhosser* VersR 2003, 807, 809.
43 P/M/*Schneider* § 164 Rn. 21. In § 315 BGB wird die Ermessensgrenze »Billigkeit« genannt. Im Ergebnis unter Hinweis auf § 242 BGB ähnlich *Brambach* r+s 2014, 1, 2.
44 BAV NVersZ 2002, 9.
45 BGH NJW 2013, 3580 = VersR 2013, 1381 in Ergänzung zu BGHZ 194, 208 = VersR 2012, 1149.
46 Vgl. neben Abs. 2 auch § 6 IV; *Armbrüster* NJW 2013, 3243.
47 *Brambach* r+s 2014, 1, 4 u. *Armbrüster* NJW 2013, 3243; zur Begrenzung des Ersetzungsrechts vgl. *Thüsing* VersR 2015, 927.
48 *Brambach* r+s 2014, 1, 3.
49 BGHZ 191, 159 = r + s 2012, 9.
50 P/M/*Schneider*, § 164 Rn. 19 m.w.N. auf die Rspr. des BVerfG u. des BVerwG.
51 BGH VersR 2005, 1565, 1571 = BGHZ 164, 297 = NJW 2005, 3557.
52 BGH VersR 2005, 1565.

II. Wirksamwerden der neuen Regelung

Die neue Regelung wird zwei Wochen nachdem der VR dem VN die neue Regelung sowie die hierfür maß- **14** geblichen Gründe[53] dem VN mitgeteilt hat, Bestandteil des Versicherungsvertrages und damit für die Vertragsparteien verbindlich. Die Anpassung des Vertrages erfolgt mit Wirkung für die Zukunft (ex nunc). Es kann jedoch auch ein anderer Zeitpunkt für das Wirksamwerden der neuen Bestimmung, der sowohl in der Zukunft wie auch in der Vergangenheit (z.B. rückwirkend zum Vertragsschluss) liegen kann, vorgesehen werden, soweit der VN hierdurch nicht benachteiligt wird.[54] Diese Hinweise sind nur scheinbar widersprüchlich,[55] da die neue Regelung erst durch die Mitteilung an den VN existent wird, nachdem der VR sein Gestaltungsrecht[56] ausgeübt hat. Dies ist jedoch für die Rechte und Pflichten der Parteien aus dem Versicherungsvertrag nicht der entscheidende Aspekt, wie etwa die Regelung des § 5 Nr. 5 UmwG zeigt. Obwohl bei der Verschmelzung die beteiligten Gesellschaften ihre Geschäfte objektiv bis zur Wirksamkeit der Verschmelzung als zwei getrennte Gesellschaften führen, kann für bestimmte Zwecke (Handelsbilanz, steuerlich für Körperschaftssteuer u. Gewerbesteuer; anders für die Umsatzsteuer) zwischen den Beteiligten wirtschaftlich eine Rückwirkung vereinbart werden. In vielen Fällen geht also die Klauselersetzung mit der von den Parteien gewollten Fiktion einher, dass sie sich in Zukunft so behandeln, als sei die Klausel bereits bei Vertragsschluss vereinbart worden.[57] Die Wirkung entspricht damit der ergänzenden Vertragsauslegung durch das Gericht, die eine anfängliche Regelungslücke rückwirkend schließt. Dies ist jedoch keineswegs zwingend; die geänderte Prämie wird z.B. nach § 163 III nur für die Zukunft vereinbart. Man bedenke auch die BGH-Entscheidung zu den Kostenüberschüssen;[58] hier wurde trotz unwirksamer Klauseln weder für die Vergangenheit noch für die Zukunft eine Veränderung der Überschussbeteiligung erstrebt.

Auf der Grundlage einer derartigen im Rahmen der Klauselersetzung angeordneten Fiktion kann die Geltung **15** auch auf den Zeitpunkt des Vertragsschlusses gekündigter, beitragsfrei[59] gestellter oder sogar bereits vollständig abgewickelter Verträge vorgesehen werden, wenn dies notwendig erscheint und mit den Belangen aller VN (§ 164 I 2) harmoniert. Die vom BGH statt der Vertragsergänzung nach § 172 II a.F. vorgenommene richterliche ergänzende Vertragsauslegung bezüglich der Abschlusskosten beim Frühstorno hatte ebenfalls Wirkung für in der Vergangenheit bereits abgewickelter Verträge, natürlich begrenzt durch die Verjährung entsprechender Nacherfüllungsansprüche.[60]

D. Abdingbarkeit

Gem. § 171 darf von der Regelung des § 164 nicht zum Nachteil des VN, der versicherten Person oder des **16** Eintrittsberechtigten abgewichen werden.

§ 165 Prämienfreie Versicherung.

(1) Der Versicherungsnehmer kann jederzeit für den Schluss der laufenden Versicherungsperiode die Umwandlung der Versicherung in eine prämienfreie Versicherung verlangen, sofern die dafür vereinbarte Mindestversicherungsleistung erreicht wird. Wird diese nicht erreicht, hat der Versicherer den auf die Versicherung entfallenden Rückkaufswert einschließlich der Überschussanteile nach § 169 zu zahlen.
(2) Die prämienfreie Leistung ist nach anerkannten Regeln der Versicherungsmathematik mit den Rechnungsgrundlagen der Prämienkalkulation unter Zugrundelegung des Rückkaufswertes nach § 169 Abs. 3 bis 5 zu berechnen und im Vertrag für jedes Versicherungsjahr anzugeben.
(3) Die prämienfreie Leistung ist für den Schluss der laufenden Versicherungsperiode unter Berücksichtigung von Prämienrückständen zu berechnen. Die Ansprüche des Versicherungsnehmers aus der Überschussbeteiligung bleiben unberührt.

Übersicht

	Rdn.		Rdn.
A. Allgemeines	1	I. Umwandlungsverlangen	4
I. Normzweck	1	II. Erklärender	6
II. Anwendungsbereich	2	III. Frist und Form	8
B. Tatbestand	4	C. Rechtsfolgen	10

---

[53] Details bei L/W/*Wandt* § 164 Rn. 79, 80 u. HK-VVG/*Brambach*, § 164 Rn. 19, 20.
[54] Begr. RegE BT-Drucks. 16/3945 S. 100. In der Literatur ist umstritten, ob die Änderungen ex nunc mit Fristablauf (so PK/*Ortmann*, § 164 Rn. 33 m.w.N) oder rückwirkend auf den Zeitpunkt des Vertragsabschlusses – ex tunc – (so P/M/*Schneider*, § 164 Rn. 22 m.w.N) wirksam werden.
[55] HK-VVG/*Brambach*, § 164 Rn. 21; P/M/*Schneider*, § 164 Rn. 22.
[56] P/M/*Kollhosser*[27], § 172 Rn. 20; PK/*Ortmann*, § 164 Rn. 28.
[57] Dies beschreibt nur den vertraglichen Mechanismus für diejenigen genauer, die wie L/W/*Wandt*, § 164 Rn. 81 für eine Wirkung ex tunc eintreten.
[58] BGH VersR 2016, 312 mit Anmerkungen in § 153 Rdn. 55.
[59] Zu beitragsfreien Versicherungen vgl. Rdn. 8.
[60] OLG München VersR 2009, 666 sowie BGH VersR 2010, 1067.

§ 165 Prämienfreie Versicherung

	Rdn.		Rdn.
I. Umwandlung	10	IV. Wiederherstellung des ursprünglichen Versicherungsvertrages	16
II. Berechnung der prämienfreien Versicherungsleistung (Abs. 2 und 3)	12	D. Informations- sowie Frage- und Beratungspflichten des VR	17
III. Mindestversicherungsleistung und Rückkaufswert (Abs. 1 Satz 2)	15	E. Abdingbarkeit	20

A. Allgemeines

I. Normzweck

1 Lebensversicherungen haben häufig lange Laufzeiten und erfordern nicht unerhebliche Prämienzahlungen vom VN. Neben der Möglichkeit der Kündigung (§ 168) mit der Beendigung des Versicherungsverhältnisses und Auszahlung des Rückkaufswertes (§ 169) kann der VN nach § 165 das fortbestehende Versicherungsverhältnis prämienfrei stellen, was automatisch zu einer Reduzierung der Versicherungsleistungen führt.

II. Anwendungsbereich

2 § 165 gilt entsprechend seinem Wortlaut für alle Lebensversicherungsverträge einschließlich der reinen Risikoversicherungen (z.B. Risiko Leben, Pflegerisiko, Berufsunfähigkeit)[1] u.a. Die Anwendung auf die Unfallversicherung mit Prämienrückgewähr ist umstritten; die Regelungen in §§ 211 I Nr. 4; 161 VAG und § 2 V VVG-InfoV sprechen deutlich für die Anwendbarkeit,[2] da die Unfallversicherung mit Prämienrückgewähr gleichzeitig auch eine kapitalbildende Lebensversicherung ist,[3] soweit der Zusammenhang mit der Unfallversicherung dies ermöglicht. Da die Prämienzahlung jedoch beendet wird, die Versicherung aber gleichwohl mit reduzierten Leistungen fortgesetzt wird, muss zum Umwandlungszeitpunkt ein positives (Deckungs-)Kapital bzw. ein Rückkaufswert (Abs. 2 i.V.m. § 169 III–V) vorhanden sein, das – wirtschaftlich – als Einmalbeitrag für die zukünftigen reduzierten Leistungen zur Verfügung steht.[4] Fehlt dieses positive Deckungskapital, ist das Umwandlungsverlangen zwar möglich, geht wirtschaftlich jedoch ins Leere, weil keine prämienfreie Versicherungsleistung dargestellt werden kann.[5] Hierzu gehören z.B. Risikoversicherungen mit gleichbleibenden Beiträgen, jedoch fallenden Versicherungssummen.[6] § 165 findet darüber hinaus in bestimmten in § 211 I genannten Fällen (z.B. bei bestimmten Pensionskassen gem. § 118b III, IV VAG a.F.= § 233 I, II VAG oder bei kleineren Versicherungsvereinen auf Gegenseitigkeit i.S.d. § 53 VAG a.F. = § 210 VAG) keine Anwendung, soweit dies mit Genehmigung der Aufsichtsbehörde in den AVB vorgesehen ist.

3 § 165 übernimmt inhaltlich weitgehend § 174 a.F.,[7] wobei § 174 IV a.F. aufgrund des Verweises in Abs. 2 auf § 169 V entfallen konnte. Die Vorschrift gilt auch für Altverträge i.S.d. Art. 1 I EGVVG. Dies ergab sich ausdrücklich aus Art. 4 EGVVG des Gesetzentwurfs der Bundesregierung sowie der entsprechenden Begründung,[8] gilt aber auch heute trotz des modifizierten Wortlauts des Art. 4 II, da von den bisherigen Vorschriften (insbes. §§ 174–176 a.F.) nur noch § 176 a.F. auf Altverträge Anwendung findet. Für Altverträge i.S.d. Art. 1 I EGVVG gilt also § 165 mit Verweisen auf § 176 a.F. (Art. 2 II EGVVG). Bei § 176 a.F. wird man unterscheiden müssen in die grob bis 1994 und die von 1994 bis Ende 2007 gültige Version, da in § 176 a.F. für den früheren Altbestand (bis 1994) als Rückkaufswert die Prämienreserve (= Deckungskapital) zu erstatten war, in der Zeit danach jedoch der Rückkaufswert gem. § 176 III a.F. als Zeitwert zu berechnen war.[9] Diese Unterscheidung wäre zwar für die Erstattung des Rückkaufswerts nach § 165 I 2 – Nichterreichen der Mindestversicherungsleistung – problemlos, da die Rechtslage unverändert bleibt, passt aber begrifflich nicht für die Ermittlung des Rückkaufswertes im Falle der Umwandlung nach § 165 II i.V.m. § 176 a.F. (1994 bis 2007), da auch nach § 174 II a.F. (1994 bis 2007) – und damit quasi durchgängig (vor 1994, 1994 bis 2007 und ab 2008) – die Umwandlung in eine prämienfreie Versicherung auf der Grundlage der Deckungsrückstellung bzw. genauer des Deckungskapitals, ermittelt mit den Rechnungsgrundlagen der Prämienkalkulation zu erfolgen hatte, wenn man die Besonderheiten der Frühstornofälle einmal unberücksichtigt lässt. Soweit erkennbar, hat diese Unterscheidung in der Praxis in der Vergangenheit keine Probleme bereitet, da die VR das Deckungskapital ermit-

---

1 PK/*Ortmann*, § 165 Rn. 3; L/W/*Mönnich*, § 165 Rn. 3.
2 Wie hier PK/*Ortmann*, § 165 Rn. 3; a.A. P/M/*Reiff*, § 165 Rn. 2 u. wohl auch L/W/*Mönnich*, § 165 Rn. 4.
3 Vgl. Ziff. 13 der GDV-Musterbedingungen AB UBR 2010 über die Umwandlung in eine beitragsfreie Kapitalversicherung.
4 In diesem Sinne wohl HK-VVG/*Brambach*, § 165 Rn. 1.
5 Zum Deckungskapital und Rückkaufswert bei Risikoversicherungen *Kurzendörfer*, S. 80.
6 *Führer/Grimmer*, 2. Aufl. 2010, S. 117 ff. zur »fallenden Risikolebensversicherung«.
7 Begr. RegE BT-Drucks. 16/3945 S. 101.
8 Begr. RegE BT-Drucks. 16/3945 S. 119.
9 P/M/*Reiff*, § 165 Rn. 4; im Ergebnis ebenso für den Altbestand bis 1994 nach § 336 VAG L/W/*Mönnich*, § 165 Rn. 2 i.V.m. 37, da die Regelungen in § 174 III, IV (bis 1994) denen in § 176 III, IV (bis 1994) entsprechen. Ausgangspunkt war jeweils die Prämienreserve = Deckungskapital mit den Rechnungsgrundlagen der Prämienkalkulation; vgl. Ziff. 7.2 des Mustergeschäftsplans in VerBAV 5/86, S. 201, 207.

telt mit den Rechnungsgrundlagen der Prämienkalkulation bzw. die Deckungsrückstellung als Grundlage für die Ermittlung der beitragsfreien Versicherungsleistungen in vielen Fällen auch als Zeitwert behandelten: Wie die Einführung der sog. Zinszusatzreserve im März 2011[10] zeigt, könnte es in Zukunft zu einer abweichenden Ermittlung des Zeitwerts aufgrund von Art. 4 EGVVG für die Verträge aus der Zeit von 1994 bis 2007 auch in Fällen der Umwandlung kommen, was mittlerweile jedoch unwahrscheinlich geworden ist.[11] Da dies vom Gesetzgeber sicher nicht gewollt war (Redaktionsversehen), sollte parallel zum § 176 a.F. (1994 bis 2007) weiterhin § 174 II a.F. (1994 bis 2007) angewendet werden; die danach ermittelten Werte sind den VN nach § 10a Nr. 2 lit. c) VAG a.F. bereits vor Abschluss des Versicherungsvertrages mitgeteilt worden.[12]

B. Tatbestand

I. Umwandlungsverlangen

Das Umwandlungsverlangen des VN ist eine einseitige empfangsbedürftige Willenserklärung.[13] Es handelt sich hierbei um ein Gestaltungsrecht, d.h. die zur Reduzierung des Versicherungsschutzes führende Umwandlung tritt ohne Annahme oder sonstige Mitwirkung des VR automatisch[14] ein. Da im Interesse aller Beteiligten stets Klarheit über Bestand und Umfang des Versicherungsschutzes bestehen muss, hat sich die angestrebte Rechtsänderung klar und unzweideutig aus der Umwandlungserklärung zu ergeben.[15] Aus dem Umwandlungsverlangen muss sich also eindeutig der Wille ergeben, dass die Versicherung dauerhaft in eine prämienfreie umgewandelt werden soll.[16] Nicht ausreichend war der Wunsch des VN »die Versicherung auf zwei Jahre beitragsfrei zu setzen«,[17] die Verwendung unklarer Formulare, die vom VR zur Verfügung gestellt worden waren[18] oder das Angebot des VR, die Versicherung in eine prämienfreie umzuwandeln, worauf der VN dann jedoch keine diesbezügliche Erklärung abgegeben hatte.[19]

Eine Teilumwandlung ist zwar nicht nach § 165, wohl aber häufig nach den AVB (z.B. § 13 I der GDV-Musterbedingungen für die kapitalbildende Lebensversicherung Februar 2016) möglich. Fehlt eine solche Klausel, hat der VN häufig ein vom VR anzuerkennendes berechtigtes Interesse[20] an einer Teilumwandlung.

II. Erklärender

Die Umwandlung kann der VN, sein (Einzel- oder Gesamt-)Rechtsnachfolger, der Zessionar[21] sowie gegebenenfalls der Vollstreckungsgläubiger und der Insolvenzverwalter verlangen. Umgekehrt können der Versicherte, der Pfandgläubiger sowie der Bezugsberechtigte die Umwandlung nicht verlangen.[22]

Eine besondere gesetzliche Regelung findet sich in § 2 II 5 u. 6 BetrAVG für die Fälle der Direktversicherungen, wenn der Arbeitnehmer mit einer unverfallbaren Anwartschaft aus dem Unternehmen ausgeschieden ist und er die Versicherung kündigt. In diesem Fall wandelt sie sich – entgegen § 169 – in eine prämienfreie um. Ebenso führt die Kündigung des Versicherungsvertrages durch den VR nach § 166 I zur Umwandlung der Versicherung in eine prämienfreie Versicherung.

III. Frist und Form

Das Umwandlungsverlangen ist jederzeit möglich; es bestehen also keine Beschränkungen. Die Umwandlung wird dann nach Abs. 1 erst zum Ende der Versicherungsperiode wirksam. Als Versicherungsperiode gilt der Zeitraum, der der Prämienberechnung zugrunde gelegt ist. Dieser Zeitraum beträgt in der Regel gem. § 12 ein Jahr, auch wenn z.B. eine ratenweise monatliche Prämienzahlung mit einem Aufschlag zwischen VR und VN vereinbart worden ist.[23] Dies gilt zumindest, wenn gleichzeitig auch eine Jahresprämie vereinbart ist.[24] Nach § 10 I i.V.m. II 3 der GDV-Musterbedingungen zur kapitalbildenden Lebensversicherung Februar 2016 entspricht die Versicherungsperiode bei unterjähriger Beitragszahlung dem Zahlungszeitraum (monatlich, vier-

---

10 Dalmis/Kaiser VW 2011, 560 mit weiteren Erläuterungen zur Zinszusatzreserve.
11 Vgl. ausführlich § 169 Rdn. 15.
12 Ebenso L/W/Mönnich, § 165 Rn. 35.
13 P/M/Reiff, § 165 Rn. 6.
14 BGH VersR 1975, 1089 = NJW 1975, 148; OLG Saarbrücken BeckRS 2016, 05400; L/W/Mönnich, § 165 Rn. 11; zur »Automatik« u. zu den Klagemöglichkeiten P/M/Reiff, § 165 Rn. 11.
15 BGH VersR 1975, 1089 = NJW 1975, 148; R/L/Langheid, § 165 Rn. 5.
16 BGH NJW 1975, 148 = VersR 1975, 1089; BGH VersR 1994, 39 = r+s 1993, 475; OLG Stuttgart VersR 2002, 301 = r+s 2003, 28; P/M/Reiff, § 165 Rn. 6.
17 OLG Stuttgart VersR 2002, 301 = r+s 2003, 28; ähnlich OLG Köln r+s 2013, 397.
18 BGH NJW 1975, 148 = VersR 1975, 1089.
19 BGH VersR 1994, 39 = r+s 1993, 475.
20 P/M/Reiff, § 165 Rn. 12; L/W/Mönnich, § 165 Rn. 14 f.
21 Kritisch L/W/Mönnich, § 165 Rn. 5.
22 P/M/Reiff, § 165 Rn. 5.
23 PK/Ebers, § 12 Rn. 2; OLG Köln r+s 1992, 260.
24 OLG Bamberg VersR 2007, 529.

teljährlich usw.).²⁵ Unabhängig von der Frage, ob diese Regelung nur § 12 konkretisiert oder von ihr abweicht, ist sie auch im Hinblick auf § 171 wirksam, da sie eine Begünstigung für den VN darstellt.

9 § 165 I fordert für das Umwandlungsverlangen keine bestimmte Form. Die AVB (z.B. § 9 VII der GDV-Musterbedingungen für die kapitalbildende Lebensversicherung 2008 oder § 13 I der Muster-AVB Februar 2016) enthalten jedoch häufig eine Schriftformklausel oder neuerdings eine Textformklausel, die heute durch § 171 Satz 2 ausdrücklich ermöglicht werden.

C. Rechtsfolgen

I. Umwandlung

10 Die Rechtsfolge des Umwandlungsverlangens ist bei Erreichen der Mindestversicherungssumme der weitere Bestand des Versicherungsverhältnisses mit veränderten Konditionen.²⁶ Der VN braucht keine Prämien mehr zu zahlen, da die Versicherung in Zukunft prämienfrei fortgeführt wird; entsprechende vertragliche Regelungen entfallen.²⁷ Parallel dazu reduziert sich die Leistungspflicht auf die beitragsfreie Versicherungssumme,²⁸ d.h. gleichzeitig erlischt der frühere darüber hinausgehende Versicherungsschutz. Rücktritt und Anfechtung bleiben möglich und die beiderseitigen Treuepflichten bestehen.²⁹

11 Als Folge der Umwandlung erlischt häufig auch eine mit der Lebensversicherung verbundene Berufsunfähigkeitszusatzversicherung (BUZ).³⁰ Dabei sind jedoch jeweils die konkret vereinbarten Versicherungsleistungen³¹ sowie das in den jeweiligen AVB geregelte Verhältnis zur Hauptversicherung³² zu berücksichtigen. Die BUZ erlischt regelmäßig nur in den Fällen, in denen als Versicherungsleistung – ausschließlich – die Befreiung von der Beitragspflicht in der Lebensversicherung vereinbart ist. Bei Prämienfreiheit der Lebensversicherung nach Umwandlung verliert die BUZ folglich ihren Zweck. Anders ist die BUZ in Fällen zu behandeln, in denen zusätzlich noch eine Berufsunfähigkeitsrente mitversichert ist. Dieser weitergehende Versicherungsschutz bleibt natürlich auch bei der angestrebten Prämienfreiheit sinnvoll und möglich. In der Praxis werden deshalb in diesen Fällen Lebensversicherung und BUZ beitragsfrei gestellt,³³ wobei die reduzierte Berufsunfähigkeitsrente – grob – entweder aus dem vorhandenen Deckungskapital der BUZ isoliert ermittelt wird oder dem vorhandenen Gesamtbetrag für BUZ und Lebensversicherung entnommen wird.

II. Berechnung der prämienfreien Versicherungsleistung (Abs. 2 und 3)

12 Nach Abs. 2 ist die prämienfreie Leistung auf der Grundlage des Rückkaufswertes gem. § 169 III–V mit den Rechnungsgrundlagen der Prämienkalkulation nach den anerkannten Regeln der Versicherungsmathematik³⁴ unter Berücksichtigung von Prämienrückständen (Abs. 3 Satz 1) zu berechnen. Beim Rückkaufswert handelt es sich nach § 169 III 1 um das Deckungskapital der Versicherung, das in Fällen des sogenannten Frühstorno bzw. hier der Beitragsfreistellung in den ersten Jahren zu modifizieren ist und gegebenenfalls um einen Stornoabschlag nach § 169 V reduziert wird, wenn er vereinbart, beziffert und angemessen ist. Das so modifizierte Deckungskapital stellt wirtschaftlich den in der Vergangenheit angesparten Betrag dar, der dem VN im Falle der Kündigung ausgezahlt werden würde und hier – gedanklich als Einmalbetrag – für die Ermittlung der prämienfreien Versicherung zur Verfügung steht. Beitragsfreistellung und Kündigung durch den VN werden danach heute in den §§ 165, 169 – bezogen jeweils auf den Zeitpunkt der Umwandlung bzw. Kündigung, also auf den Schluss der laufenden Versicherungsperiode – gleichbehandelt, d.h. der VN hat insoweit mit der Kündigung bzw. Prämienfreistellung die Wahl zwischen zwei wirtschaftlich gleichwertigen Alternativen.³⁵

13 Da der Vertrag – wenn auch in Zukunft ohne Beitragsleistung und mit reduzierter Versicherungssumme – wirtschaftlich im Übrigen unverändert weitergeführt wird, sind für die **Ermittlung der Versicherungsleistung** die aktuariellen Rechnungsgrundlagen, die bei der Prämienkalkulation verwendet wurden, anzuwenden. Dies bedeutet, dass insbes. der Rechnungszins sowie die Sterbetafeln aus der Prämienkalkulation auch für die Ermittlung der prämienfreien Versicherungssumme Anwendung finden. Für den Fall der **gemischten kapitalbil-**

---

25 Zu den Fällen sog. unechter unterjähriger Ratenzahlungen nach § 9 I i.V.m. VII der GDV-Musterbedingungen zur Kapitalbildenden Lebensversicherung in der Alternativversion vgl. L/W/*Mönnich*, § 165 Rn. 13 u. P/M/*Reiff*, § 165 Rn. 8.
26 BGH NJW 1954, 1115 = VersR 1954, 281.
27 P/M/*Kollhosser*²⁷, § 174 Rn. 5.
28 Vgl. auch § 13 I der GDV-Musterbedingungen zur kapitalbildenden Lebensversicherung Februar 2016.
29 P/M/*Kollhosser*²⁷, § 174 Rn. 5; L/W/*Mönnich*, § 165 Rn. 22.
30 P/M/*Reiff*, § 165 Rn. 11; R/L/*Langheid*, § 165 Rn. 10; PK/*Ortmann*, § 165 Rn. 11. In den entschiedenen Fällen: OLG Oldenburg r+s 2005, 118; OLG Karlsruhe VersR 1992, 1250.
31 Vgl. § 1 I der GDV-Musterbedingungen zur Berufsunfähigkeitszusatzversicherung Februar 2016.
32 Vgl. § 9 IV der GDV-Musterbedingungen zur Berufsunfähigkeitszusatzversicherung Februar 2016.
33 Unklar L/W/*Mönnich*, § 165 Rn. 23.
34 Zum Begriff der anerkannten Regeln der Versicherungsmathematik vgl. P/M/*Kollhosser*²⁷, § 174 Rn. 6 m.w.N. sowie HK-VVG/*Brambach*, § 165 Rn. 13.
35 Begr. RegE BT-Drucks. 16/3945 S. 101.

denden Lebensversicherung gelangt man damit zur verminderten prämienfreien Versicherungssumme, in dem man – grob – ausgehend vom vorhandenen Deckungskapital der Versicherung in einem ersten Schritt die Korrekturen nach § 169 III und V für die Fälle des Frühstornos und den Stornoabzug[36] vornimmt sowie etwaige Prämienrückstände nach Abs. 3 Satz 1 abzieht, um dann in einem zweiten Schritt bestimmte Beträge für den Risikoschutz und die verbleibenden Verwaltungskosten zu verwenden. In einem weiteren Schritt wird das verbleibende Deckungskapital mit dem früheren Rechungszins auf den vertraglich festgelegten Fälligkeitszeitpunkt aufgezinst. Der so ermittelte Betrag ist dann die neue reduzierte garantierte Erlebensfallsumme; die neue reduzierte Summe für die Risikolebensversicherung wird gleichzeitig unter Verwendung eines Teils des Deckungskapitals – wie angedeutet – ermittelt. Beide Leistungen (Erlebensfall- und Todesfallsumme) sind erkennbar erheblich geringer als die ursprünglich vereinbarten Versicherungsleistungen, da der VN keine weiteren Beiträge mehr leistet und auch das vorhandene Kapital sich u.U. noch im Rahmen der Umwandlung vermindert. Diese garantierten beitragsfreien Versicherungssummen stehen bereits bei Vertragsbeginn fest und der VN ist zu diesem Zeitpunkt darüber zu informieren. Denkbar sind aufgrund des Verweises in Abs. 2 auf § 169 III natürlich auch nicht garantierte Leistungen aus einer beitragsfreien Versicherung, etwa bei nur endfälligen Garantien.[37] Da auch eine beitragsfreie Versicherung weiterhin an den Überschüssen beteiligt ist, erhöhen sich die später tatsächlich ausgezahlten Versicherungssummen in der Folgezeit wieder. Auf der Grundlage dieses am Gesetz orientierten Schemas scheint auch die Behandlung der **Fälle mit Frühstorno** eindeutig. Aufgrund des Verweises in Abs. 2 auf § 169 III sind die Abschlusskosten in einer begrenzten Höhe für Zwecke der Ermittlung des Rückkaufswertes und damit auch der beitragsfreien Versicherungssumme auf fünf Jahre zu verteilen; ob und wann derartige Kosten gegenüber dem Vertrieb fällig werden, ist irrelevant. Man könnte zwar daran denken, die auf diesem Wege noch nicht verrechneten Abschlusskosten – ähnlich wie die übrigen Verwaltungskosten – wie bei der Versicherung gegen Einmalbetrag nachzubelasten[38]. Dies berücksichtigt jedoch den gesetzlichen Verweis auf § 169 III nicht ausreichend. Der VN steht also – wie vom Gesetzgeber gefordert – bezüglich der Abschlusskosten wie im Falle der Kündigung[39]. Diese Behandlung wird auch durch die Beschreibung in § 13 III i.V.m. § 12 III 2 der GDV-Musterbedingungen zur kapitalbildenden Lebensversicherung Februar 2016 bestätigt; für die vorgeschlagene vertragliche Kürzung der zu verrechnenden Abschlusskosten entsprechend der Reduzierung der Versicherungssumme[40] finden sich keine Anhaltspunkte. Der Gesetzgeber hat dieses Ergebnis mittelbar auch in § 80 VAG a.F. (= § 49 I VAG) bestätigt.

Nach Abs. 3 Satz 2 bleiben die zum Zeitpunkt der Umwandlung bereits bestehenden Ansprüche des VN aus der Überschussbeteiligung unberührt. Die Vorschrift entspricht inhaltlich § 169 VII,[41] d.h. die bereits bestehenden Ansprüche aus der Überschussbeteiligung werden – unabhängig von der konkreten Ausgestaltung der Überschussbeteiligung – bei der Berechnung der prämienfreien Leistungen nicht berücksichtigt, sondern zusammen mit den zukünftig noch entstehenden Ansprüchen aus der Überschussbeteiligung bei Vertragsablauf zusammen mit den dann fälligen Versicherungsleistungen ausgezahlt.

14

III. Mindestversicherungsleistung und Rückkaufswert (Abs. 1 Satz 2)

Nach § 165 I 1 kann im Versicherungsvertrag eine Mindestversicherungsleistung vereinbart werden (§ 13 IV GDV-Musterbedingungen zur kapitalbildenden Lebensversicherung Februar 2016), d.h. nur wenn die beitragsfreie Versicherungssumme oder Rente diesen Mindestbetrag erreicht, erfolgt die Umwandlung in eine beitragsfreie Versicherung. Es handelt sich insoweit um einen Schutz des VR und aller VN vor überproportional hohen Verwaltungskosten, die aus der Verwaltung kleinerer Versicherungssummen resultieren.[42] Wird die Mindestversicherungsleistung nicht erreicht, endet das Versicherungsverhältnis nach Abs. 1 Satz 2 wie bei der Kündigung und der VR hat den Rückkaufswert nach § 169 sowie die bisherigen Überschussanteile zu zahlen. In diesen Fällen gelangt also auch bei den Versicherungen ein Rückkaufswert zur Auszahlung, auf die § 169 nach dessen Abs. 1 eigentlich keine Anwendung findet.[43] Bei Verträgen, die der Altersvorsorge dienen (§ 168 III), kann das Kündigungsrecht mit der Folge ausgeschlossen werden, dass bei Nichterreichen des Mindest-

15

---

36 Zu den Auswirkungen des Frühstorno und des Stornoabzuges vgl. die Hinweise in § 169 Rdn. 33 ff., 63 ff.
37 Vgl. § 2 I Nr. 6 VVG-InfoV u. § 169 Rdn. 60. Im Ergebnis ebenso L/W/*Mönnich*, § 165 Rn. 32.
38 *Engeländer* VersR 2007, 1297, 1309; FAKomm-VersR/*Höra/Leithoff*, § 165 Rn. 5; zur Versicherung gegen Einmalbeitrag vgl. § 169 Rdn. 44.
39 Ähnlich PK/*Ortmann*, § 165 Rn. 16 u. L/W/*Mönnich*, § 165 Rn. 30.
40 *Engeländer* VersR 2007, 1297, 1310; P/M/*Reiff*, § 165 Rn. 15.
41 Begr. RegE BT-Drucks. 16/3945, S. 101 die ausdrücklich auf die Regeln des § 169 VII verweist. Unklarheiten können sich jedoch aus der konkreten Darstellung ergeben, vgl. OLG Hamm VersR 2010, 239.
42 Begr. RegE BT-Drucks. 12/6959 S. 102.
43 A.A. HK-VVG/*Brambach*, § 165 Rn. 19; L/W/*Mönnich*, § 165 Rn. 21; wie hier PK/*Ortmann*, § 165 Rn. 14; vgl. auch § 13 IV der GDV-Musterbedingungen zur Risikolebensversicherung Februar 2016.

§ 165 Prämienfreie Versicherung

betrages auch kein Rückkaufswert zu zahlen ist.[44] Zu hohe Mindestversicherungsleistungen sollen wegen eines Verstoßes gegen § 171 unwirksam sein, weil sie das Umwandlungsrecht zu sehr einschränken.[45]

IV. Wiederherstellung des ursprünglichen Versicherungsvertrages

16 Der VN hat keinen Anspruch darauf, dass sein Vertrag zu einem späteren Zeitpunkt wieder in einen prämienpflichtigen Vertrag mit einer höheren Versicherungsleistung umgewandelt wird;[46] stimmt der VR diesem Wunsch des VN gleichwohl zu, ist diese Wiederherstellung im Umfang der nunmehr erhöhten Gefahrtragung – also der erhöhten Versicherungsleistung – wie ein Neuabschluss zu behandeln.[47] Dies bedeutet insbes., dass insoweit wieder Anzeigepflichten bezüglich des Gesundheitszustandes entstehen[48] und auch die Wartefrist bei Selbstmord neu beginnt.[49]

D. Informations- sowie Frage- und Beratungspflichten des VR

17 Informationspflichten gegenüber dem VN ergeben sich für den VR aus § 2 I Nr. 5 u. 6 VVG-InfoV. Danach sind den VN rechtzeitig vor Vertragsschluss folgende Informationen zur Verfügung zu stellen: Angaben über die Mindestversicherungsleistung für den Fall der Umwandlung in eine prämienfreie Versicherung, Angaben über die Leistungen einer derartigen prämienfreien Versicherung sowie Hinweise, inwieweit die Beträge garantiert sind.[50] Diese Regelung konkretisiert die Informationspflicht nach Abs. 2: Die prämienfreie Versicherung ist danach im Vertrag für jedes Versicherungsjahr anzugeben.

18 Den VR trifft im Zusammenhang mit Umwandlungsfällen nach § 165 u.U. Frage- und Beratungspflichten, die durch die Rspr. konkretisiert worden sind und sich heute aus § 6 IV ergeben. Danach gilt der Grundsatz, dass den VR keine umfassende Aufklärungs- und Beratungspflicht trifft, sodass er nur dann tätig werden muss, wenn er erkennt oder damit rechnen muss, dass der Antragssteller bzw. hier der VN aus mangelnder Kenntnis nicht die für ihn zweckmäßigste Vertragsgestaltung wählt.[51] Nach § 6 IV 1 ist aus Sicht des VN ein konkreter Anlass erforderlich, der für den VR auch erkennbar sein muss. Werden diese Pflichten verletzt, ergeben sich u.U. Schadensersatzansprüche aus § 6 V (früher aus pVV, § 280 I BGB).[52] Nach diesen Kriterien besteht eine Frage- und Beratungspflicht auf jeden Fall bei Nachfrage des VN, aber auch bei unklaren und nicht eindeutigen Erklärungen des VN.[53] Neben der Sachverhaltsaufklärung beim VN kann man einmal Hinweise zu den möglichen Alternativen erwarten (Kündigung, Herabsetzung der Versicherungsleistung, zeitweise Stundung der Beiträge, Ruhensvereinbarung, Policendarlehen, u.a.) wie auch Hinweise zu den Rechtsfolgen[54] (kein Anspruch auf Wiederherstellung, neue Wartezeiten und Gesundheitsprüfung, gegebenenfalls Entfall BUZ).

19 Ist dagegen für den VR weder aus den Akten noch sonst wie ein Anlass erkennbar und ist die Umwandlungserklärung eindeutig, bestehen keine Frage- und Aufklärungspflichten.[55] Hierbei sind die eindeutigen Hinweise[56] in den meisten AVB zu berücksichtigen, die ausdrücklich auf mögliche Anzeigepflichten und Wartefristen beim Wiederaufleben hinweisen,[57] und deren Kenntnisnahme in der Umwandlungssituation durchaus zumutbar ist.[58] Etwas anderes mag bei unerwarteten Regelungen im Zusammenhang mit dem Wiederaufleben gelten (z.B. Berücksichtigung von gesundheitlichen Risiken vor der Umwandlungserklärung). Zu prüfen ist dann jedoch weiterhin, ob eine derartige Verletzung der Beratungspflicht für den Schaden des VN kausal war.[59]

E. Abdingbarkeit

20 § 165 ist nach § 171 Satz 1 halbzwingend.

---

44 BT-Drucks. 16/3007 S. 23 zu §§ 165 III; 174 I 2 VV a.F.; HK-VVG/*Brambach*, § 165 Rn. 18; L/W/*Mönnich*, § 165 Rn. 20; a.A. OLG Köln VersR 2011, 101.
45 P/M/*Reiff*, § 165 Rn. 9; PK/*Ortmann*, § 165 Rn. 10; L/W/*Mönnich*, § 165 Rn. 18. Unklarheiten können sich auch beim Mindestrückkaufswert einer Fondsgebundenen Rentenversicherung ergeben; vgl. Entscheidung des Ombudsmanns vom 22.09.2006; Az.: 9906/2005.
46 BGH VersR 1994, 39 = r+s 1993 475; OLG Oldenburg r+s 2005, 118; P/M/*Reiff*, § 165 Rn. 19.
47 BGH VersR 1994, 39 = r+s 1993, 475; OLG Oldenburg r+s 2005, 118; R/L/*Langheid*, § 165 Rn. 11.
48 BGH NJW 1954, 1115.
49 BGH NJW VersR 1994, 39 = r+s 1993, 475; OLG Karlsruhe VersR 1992, 1250.
50 Vgl. für Details § 2 VVG-InfoV Rdn. 26 ff.
51 BGH VersR 1981, 621.
52 P/M/*Kollhosser*[27], § 174 Rn. 4; P/M/*Reiff*, § 165 Rn. 6.
53 OLG Köln r+s 1992, 138.
54 OLG Saarbrücken r+s 2004, 33.
55 OLG Köln VersR 1992, 1252 = r+s, 1992, 10; OLG Karlsruhe r+s 1996, 286; P/M/*Kollhosser*[27], § 174 Rn. 4; PK/*Ortmann*, § 165 Rn. 13; L/W/*Mönnich*, § 165 Rn. 25; a.A. P/M/*Reiff*, § 165 Rn. 6 u. R/L/*Langheid*, die noch weitergehende Beratungspflichten sehen.
56 Die Unternehmenspraxis sollte zeigen, ob die Hinweise in der Dokumentation tatsächlich verstanden werden; vgl. auch HK-VVG/*Brambach*, § 165 Rn. 5.
57 Vgl. § 5 Abs. 3 u. § 6 Abs. 18 der GDV-Musterbedingungen zur kapitalbildenden Lebensversicherung Februar 2016.
58 P/M/*Kollhosser*[27], § 6 ALB 86, Rn. 17.
59 OLG Oldenburg VersR 2004, 1164 = r+s 2005, 118.

§ 166 Kündigung des Versicherers.

(1) Kündigt der Versicherer das Versicherungsverhältnis, wandelt sich mit der Kündigung die Versicherung in eine prämienfreie Versicherung um. Auf die Umwandlung ist § 165 anzuwenden.
(2) Im Fall des § 38 Abs. 2 ist der Versicherer zu der Leistung verpflichtet, die er erbringen müsste, wenn sich mit dem Eintritt des Versicherungsfalles die Versicherung in eine prämienfreie Versicherung umgewandelt hätte.
(3) Bei der Bestimmung einer Zahlungsfrist nach § 38 Abs. 1 hat der Versicherer auf die eintretende Umwandlung der Versicherung hinzuweisen.
(4) Bei einer Lebensversicherung, die vom Arbeitgeber zugunsten seiner Arbeitnehmerinnen und Arbeitnehmer abgeschlossen worden ist, hat der Versicherer die versicherte Person über die Bestimmung der Zahlungsfrist nach § 38 Abs. 1 und die eintretende Umwandlung der Versicherung in Textform zu informieren und ihnen eine Zahlungsfrist von mindestens zwei Monaten einzuräumen.

Übersicht

	Rdn.		Rdn.
A. Allgemeines	1	D. Hinweispflicht bei Zahlungsfrist nach	
I. Normzweck	1	§ 38 I (Abs. 3)	7
II. Anwendungsbereich	2	E. Informationspflicht in der betrieblichen	
B. Tatbestand und Rechtsfolgen (Abs. 1)	3	Altersversorgung (Abs. 4)	8
C. Verminderung der Leistungspflicht im Versicherungsfall (Abs. 2)	6	F. Abdingbarkeit	10

A. Allgemeines

I. Normzweck

Abs. 1–3 übernehmen nahezu unverändert die bisherigen Regelungen des § 175 a.F.,[1] die die Rechtsfolgen einer Kündigung durch den VR modifizieren. Statt der Beendigung der Lebensversicherung und der Auszahlung des Rückkaufswertes wird diese nach § 165 in eine prämienfreie Versicherung umgewandelt. Dabei ist Abs. 1 nicht mehr auf die Kündigung wegen Zahlungsverzuges bei einer Folgeprämie (§ 38) beschränkt. Die Vorschrift des Abs. 4 ist neu. Sie begründet zusätzliche Informationspflichten des VR, wenn der Arbeitgeber als VN einer Lebensversicherung in Fällen der betrieblichen Altersversorgung die Prämie nicht rechtzeitig gezahlt hat. **1**

II. Anwendungsbereich

Abs. 1–3 gelten für alle Lebensversicherungsverträge[2] und über § 176 auch für die Berufsunfähigkeitsversicherung.[3] Die Unfallversicherung mit Beitragsrückgewähr (UBR) ist mit der garantierten Beitragsrückzahlung auch eine kapitalbildende Lebensversicherung[4]; damit ist § 38 zwar auf die Unfallversicherung, § 166 jedoch auf die Kapitalversicherung anwendbar.[5] Wird die Mindestversicherungsleistung nach § 165 I nicht erreicht, ist statt der Umwandlung in die prämienfreie Versicherung der Rückkaufswert auszuzahlen. Ist gar kein Rückkaufswert vorhanden, bleibt es – wie z.B. in § 38 III vorgesehen – beim Erlöschen des Versicherungsverhältnisses. § 166 findet in bestimmten in § 211 I genannten Fällen (z.B. bei bestimmten Pensionskassen gem. § 118b III, IV VAG a.F. = § 233 I, II VAG oder bei kleineren VVaGs i.S.d. § 53 VAG a.F. = § 210 VAG) keine Anwendung, soweit dies mit Genehmigung der Aufsichtsbehörde in den AVB vorgesehen ist. Abs. 4 ist nur auf Lebensversicherungsverhältnisse anwendbar, die der Arbeitgeber als VN zugunsten seiner Arbeitnehmer im Rahmen der betrieblichen Altersvorsorge abgeschlossen hat.[6] § 166 ist zeitlich ab dem 01.01.2008 auf alle neu abgeschlossenen Lebensversicherungsverhältnisse anwendbar, auf Altverträge (bis zum 31.12.2007 abgeschlossen) ab 01.01.2009.[7] **2**

B. Tatbestand und Rechtsfolgen (Abs. 1)

Abs. 1 setzt die Kündigung des Versicherungsverhältnisses durch den VR voraus; im Falle der Kündigung durch den VN gelten die §§ 168, 169. Ein ordentliches Kündigungsrecht des VR besteht in der Lebensver- **3**

---

[1] Begr. RegE BT-Drucks. 16/3945 S. 101.
[2] PK/*Ortmann*, § 166 Rn. 3; P/M/*Reiff*, § 166 Rn. 2.
[3] P/M/*Lücke*, § 176 Rn. 7; L/W/*Dörner*, § 176 Rn. 42; vgl. auch §§ 6 X, 15 Abs. 1–6 der Allgemeinen Bedingungen für die Berufsunfähigkeitsbescheinigung, Stand Februar 2016.
[4] Vgl. § 165 Rn. 2.
[5] A.A. P/M/*Reiff*, § 166 Rn. 2; wie hier PK/*Ortmann*, § 166 Rn. 3. Vgl. Ziffer 25.4 für die Unfallversicherung u. Ziffer 25.4 i.V.m 13.1 für die Kapitalversicherung in den Allgemeinen Bedingungen für die UBR 2010.
[6] Zu den insoweit relevanten Versicherungsverhältnissen vgl. unten Rdn. 9.
[7] Für Details vgl. auch § 169, Rdn. 6; dies gilt auch für Altverträge von Berufsunfähigkeitsversicherungen, P/M/*Reiff*, § 166 Rn. 3, a.A. PK/*Ortmann*, § 166 Rn. 3.

sicherung nicht.[8] Gemeint ist in Abs. 1 deshalb – wie in § 175 I a.F. – die außerordentliche Kündigung nach § 38 III 2 wegen des Verzugs mit der Zahlung einer Folgeprämie sowie die Kündigungen nach § 19 III 2 (der VN hat weder vorsätzlich noch grob fahrlässig Anzeigepflichten verletzt), nach § 28 (der VN hat vertragliche Obliegenheiten verletzt) oder im Falle der Gefahrerhöhung nach §§ 24, 158 I.

4 Im Falle einer Kündigung durch den VR wandelt sich die Lebensversicherung – anstatt dass sie wie normal erlischt – nach Abs. 1 in eine prämienfreie Versicherung um, wobei auf diesen Zeitpunkt auch die neue Versicherungssumme zu berechnen ist.[9] Die Umwandlung erfolgt mit der Wirksamkeit der Kündigung und nicht auf den Schluss der laufenden Versicherungsperiode wie in § 165 I 1. Wird die Mindestversicherungsleistung (§ 165 I 1) nicht erreicht, erlischt das Versicherungsverhältnis und der Versicherer zahlt dem VN gem. § 165 I 2 i.V.m. § 169 den Rückkaufswert.

5 Nach Wirksamwerden von Kündigung und Umwandlung in eine prämienfreie Versicherung hat der VN keinen Anspruch darauf, dass sein Vertrag zu einem späteren Zeitpunkt wieder in einen prämienpflichtigen Vertrag mit einer höheren Versicherungsleistung rückumgewandelt wird. Stimmt der VR gleichwohl zu, handelt es sich im Umfang der nunmehr wieder erhöhten Gefahrtragung um einen Neuabschluss.[10] Daneben enthält § 38 III 3 eine besondere Regelung für das Wiederaufleben des ursprünglichen Versicherungsvertrages. Die Kündigung wird nämlich unwirksam, wenn der VN innerhalb bestimmter Fristen nach Kündigung bzw. Fristablauf doch noch die Folgeprämie zahlt. Eine Sonderregelung enthält auch § 212 bzgl. der Fortsetzung der Versicherung nach der Elternzeit. Da der Arbeitgeber in diesen Fällen die Prämien nicht weiter zahlen muss, kommt es häufig zur Umwandlung in eine prämienfreie Versicherung nach Abs. 1. Hier gewährt das Gesetz binnen einer Frist von drei Wochen einen Anspruch auf Fortsetzung der Versicherung nach Beendigung der Elternzeit.

C. Verminderung der Leistungspflicht im Versicherungsfall (Abs. 2)

6 Tritt der Versicherungsfall nach dem Fristablauf trotz Prämienverzug (§ 38 I), jedoch vor der Kündigung ein, ergäbe sich nach § 38 II als Rechtsfolge die Leistungsfreiheit des VR. Durch Abs. 2 erhält der VN stattdessen die Versicherungsleistung, die der VR im Falle der Umwandlung der Versicherung im Zeitpunkt des Versicherungsfalles in eine prämienfreie Versicherung hätte zahlen müssen. Bei Erreichen der Mindestversicherungsleistung erhält der VN folglich den reduzierten Versicherungsschutz in Höhe der prämienfreien Versicherungsleistung (§ 165 II i.V.m. § 169 III–V), ansonsten nur dem Rückkaufswert (§ 165 I 2).

D. Hinweispflicht bei Zahlungsfrist nach § 38 I (Abs. 3)

7 Setzt der VR bei der Lebensversicherung nach § 38 I mit den dort genannten Wirksamkeitsvoraussetzungen eine Zahlungsfrist, hat er zusätzlich auf die eintretende Umwandlung der Lebensversicherung hinzuweisen. Diese Hinweispflicht gilt nicht nur für die Umwandlung im Anschluss an die Kündigung nach Abs. 1, sondern auch für die entsprechende Reduzierung des Versicherungsschutzes nach Abs. 2, da faktisch insoweit im Versicherungsfall die Reduzierung des Versicherungsschutzes bereits ohne Kündigung und Umwandlung eintritt.[11] Die Belehrung nach Abs. 3 muss ähnlich wie die Erklärung nach § 165 I klar und deutlich[12] die Rechtsfolgen der Fristsetzung und der Kündigung beschreiben, d.h. dem VN muss konkret mitgeteilt werden, ob eine Reduzierung des Versicherungsschutzes auf eine prämienfreie Versicherungsleistung droht oder ob die Lebensversicherung sogar wegen Nichterreichen der Mindestversicherungsleistung möglicherweise erlischt und nur der Rückkaufswert gezahlt wird.[13]

E. Informationspflicht in der betrieblichen Altersversorgung (Abs. 4)

8 Nach Abs. 4 trifft den VR bei Lebensversicherungsverträgen, die der Arbeitgeber als VN zugunsten eines Arbeitnehmers als versicherte Person abgeschlossen hat, im Falle nicht rechtzeitiger Prämienzahlung durch den Arbeitgeber eine neue Informationspflicht gegenüber dem Arbeitnehmer/der Arbeitnehmerin. Zu informieren ist in Textform (§ 126b BGB) über die Fristsetzung nach § 38 I inklusive Zahlungsverzug mit Angabe der ausstehenden Beträge (Prämien, Zinsen, Kosten) und über die eintretende Umwandlung im Falle der Kündigung sowie im Versicherungsfall. Darüber hinaus ist dem Arbeitnehmer als versicherte Person eine Zahlungsfrist von mindestens zwei Monaten einzuräumen. Erfolgt die Belehrung und Fristsetzung nach Abs. 4 nicht, fehlt eine Voraussetzung für eine wirksame Kündigung nach § 38 Abs. 3 bzw. Reduzierung des Versicherungsschutzes nach § 38 Abs. 2.[14] Der VR kennt bei Kollektivlebensversicherungsverträgen im Bereich der betriebli-

---

8 Begr. RegE. BT-Drucks. 16/3945 S. 100 zu § 164; P/M/*Reiff*, § 166 Rn. 1, 4.
9 L/W/*Mönnich*, § 166 Rn. 16 unter Hinweis auf § 39; a.A. P/M/*Reiff*, § 166 Rn. 6, Ende der Versicherungsperiode.
10 Wegen weiterer Details vgl. § 165 Rdn. 16.
11 A.A. *Reinhard* VersR 2000, 1095 Fn. 12; wie hier L/W/*Mönnich*, § 166 Rn. 11.
12 BGH VersR 1975, 1087; NJW 1975, 148.
13 OLG München VersR 2000, 1094; P/M/*Reiff*, § 166 Rn. 11; kritisch *Reinhard* VersR 2000, 1095.
14 HK-VVG/*Brambach*, § 166 Rn. 3.

chen Altersversorgung nicht zwingend die Anschrift der versicherten Arbeitnehmer, da seine Einwilligung nach § 150 I 2 Hs. 2 nicht mehr erforderlich ist. Sinnvoll sind deshalb besondere Abreden mit dem Arbeitgeber.[15]

Der Anwendungsbereich dieser Informationspflicht nach Abs. 4 ist nicht eindeutig. Sie besteht zumindest bei der Direktversicherung und den Verträgen mit Pensionskassen,[16] soll aber auch in Fällen von Rückdeckungsversicherungen anwendbar sein.[17] Der Gesetzeswortlaut ist insoweit nicht eindeutig, da der Arbeitnehmer auch im Falle einer Rückdeckungsversicherung die Position einer versicherten Person hat. Der ursprüngliche Gesetzentwurf[18] sprach insoweit vom Arbeitnehmer als Bezugsberechtigtem. Ein derartiges Bezugsrecht steht dem Arbeitnehmer bei Rückdeckungsversicherungen üblicherweise nicht zu, so dass Rückdeckungsversicherungen wohl nicht erfasst sind. Zu diesem Ergebnis gelangt man auch, wenn man den Sinn und Zweck der Fristsetzung an den Arbeitnehmer berücksichtigt. Er soll nämlich die Möglichkeit erhalten, mit eigenen Mitteln den Versicherungsschutz aufrecht zu erhalten.[19] Bei Rückdeckungsverträgen ergibt sich der Umfang der betrieblichen Altersversorgung ausschließlich aus dem Rechtsverhältnis zum Arbeitgeber (z.B. Versorgungszusage), während die Rückdeckungsversicherung eine Form der Finanzierung dieser Versorgungszusage für den Arbeitgeber ist, die im Falle der Kündigung der Rückdeckungsversicherung unverändert bleibt und Insolvenzschutz durch den PSV genießt. Der Arbeitnehmer kann bzw. braucht bei der rückgedeckten Versorgungszusage seinen Schutz nicht durch Übernahme von Beitragszahlungen, die wirtschaftlich in erster Linie dem Arbeitgeber zugute kommen, aufrechterhalten.[20] Etwas Anderes könnte für verpfändete Rückdeckungsversicherungen gelten.[21] Pensionsfonds sind keine Lebensversicherungen, die §§ 150 ff. sollen aber unter Berücksichtigung der Besonderheiten des Pensionsfonds anwendbar sein.

F. Abdingbarkeit

§ 166 ist halbzwingend (§ 171 Satz 1).

§ 167 Umwandlung zur Erlangung eines Pfändungsschutzes.

Der Versicherungsnehmer einer Lebensversicherung kann jederzeit für den Schluss der laufenden Versicherungsperiode die Umwandlung der Versicherung in eine Versicherung verlangen, die den Anforderungen des § 851c Abs. 1 der Zivilprozessordnung entspricht. Die Kosten der Umwandlung hat der Versicherungsnehmer zu tragen.

Übersicht

	Rdn.		Rdn.
A. Allgemeines	1	IV. Umwandlung in eine Versicherung, die die Anforderungen des § 851c I ZPO erfüllt	8
I. Normzweck	1		
II. Entstehungsgeschichte	3	C. Rechtsfolgen	11
B. Tatbestand	4	I. Umwandlung der Versicherung	11
I. Bestehen eines Lebensversicherungsvertrages	4	II. Entstehung von Pfändungsschutz	12
II. Umwandlungsverlangen des VN	6	III. Umfang des Pfändungsschutzes	14
III. Verfügungsbefugnis des VN	7	IV. Pflicht zur Kostentragung	16
		D. Abdingbarkeit	17

A. Allgemeines

I. Normzweck

Die Norm ermöglicht die Sicherung des Existenzminimums des VN und damit die Entlastung der Gemeinschaft von Sozialkosten, indem bestehende Lebensversicherungsverträge durch Umwandlung in den besonderen Pfändungsschutz für Altersvorsorgeverträge einbezogen werden können; sie ergänzt damit § 851c ZPO. Insoweit wird dem Allgemeinwohl im Hinblick auf die Funktionsfähigkeit der sozialen Absicherung gegenüber dem Interesse der Befriedigung des einzelnen Gläubigeranspruchs partiell Vorrang eingeräumt.[1]

Der Schutzbereich dieser Norm bezieht sich im Kern auf solche im Rahmen einer Lebensversicherung angesammelten Vermögenswerte, die per se zur Absicherung der Altersvorsorge bestimmt sind. Infolge des durch § 167 einem jeden VN eingeräumten Umwandlungsrechts besteht für diesen die Möglichkeit, einen bestehenden Lebensversicherungsvertrag in einen dem Pfändungsschutz unterliegenden Versicherungsvertrag

---

15 P/M/*Reiff*, § 166 Rn. 14 m.w.N.
16 HK-VVG/*Brambach*, § 166 Rn. 4; *Meixner/Steinbeck*[1] § 7 Rn. 46; P/M/*Reiff*, § 166 Rn. 13.
17 PK/*Ortmann*, § 166 Rn. 11.
18 RegE BT-Drucks. 16/3945 S. 32.
19 Begr. RegE BT-Drucks. 16/3945 S. 101.
20 Blomeyer/Rolfs/Otto/*Rolfs*, BetrAVG, Anhang § 1 Rn. 904 m.w.N.; im Ergebnis ähnlich FAKomm-VersR/*Höra/Leithoff*, § 166 Rn. 7 mit Hinweis auf § 4 III BetrAVG bei versicherungsförmiger Durchführung.
21 L/W/*Mönnich*, § 166 Rn. 11; HK-VVG/*Brambach*, § 166 Rn. 4.
1 Begr. RegE BT-Drucks. 16/886, S. 7.

§ 167 Umwandlung zur Erlangung eines Pfändungsschutzes

umzuwandeln und somit einen solchen Vermögenswert dem Zugriff der Gläubiger im Rahmen der Pfändungsgrenzen zu entziehen. Insbes. Selbständigen wird durch den Umwandlungsanspruch ein Schutz ihrer Vermögenswerte zuteil, der im Ergebnis jedoch nur zu einer Gleichbehandlung mit Arbeitnehmern und berufsständisch organisierten Freiberuflern führen soll. Dies ist vor dem Hintergrund zu betrachten, dass Selbständige in den meisten Fällen nicht von gesetzlichen Altersrenten erfasst sind, so dass für sie private Lebensversicherungen häufig die einzige Altersvorsorge darstellen. Eine derartige private Altersvorsorge unterlag bis zur Einführung der Norm – ausgenommen der unter § 765a ZPO fallenden Extremfälle – keinerlei Pfändungsschutz. Demgegenüber sind gesetzliche Renten wie auch Renten aus berufsständischen Versorgungseinrichtungen wie Arbeitseinkommen entsprechend § 54 IV SGB I pfändbar und unterliegen damit über § 850 I ZPO den Pfändungseinschränkungen der §§ 850a bis 850i ZPO. Ähnliches gilt gem. § 850 II, III ZPO für Renten von (früheren) Arbeitnehmern aus betrieblicher Altersversorgung und Altersvorsorgeverträgen[2]

II. Entstehungsgeschichte

3 Die Regelung wurde erst im Zuge des Gesetzes zum Pfändungsschutz der Altersvorsorge vom 26.03.2007 (BGBl. 2007 I Nr. 11, S. 368 ff.) als neuer § 173 in das VVG aufgenommen und blieb im Rahmen der VVG-Reform unverändert.

B. Tatbestand

I. Bestehen eines Lebensversicherungsvertrages

4 Es muss zunächst ein Lebensversicherungsvertrag bestehen. Hierbei kann es sich um jeden Typ von Lebensversicherungsvertrag i.S.d. §§ 150 ff. handeln, insbes. eine kapitalbildende Lebensversicherung, eine Kapitallebensversicherung mit Rentenwahlrecht sowie eine Rentenversicherung, die nicht bereits unter den Pfändungsschutz für Altersvorsorgeverträge im Sinne des § 851d ZPO fällt, einschließlich der fondsgebundenen Versicherungen. Merkmale des § 851c I Nr. 1–4 ZPO brauchen noch nicht vorhanden sein.

5 Nach dem Wortlaut des § 167 kann auch eine Risikolebensversicherung in eine Rentenversicherung mit Pfändungsschutz umgewandelt werden, auch wenn dies wirtschaftlich mit einer grundlegenden Vertragsänderung einhergeht und deshalb in der Praxis eher die Ausnahme bleiben dürfte.[3] Der Gesetzgeber will diese Regelung über § 176 auch auf die Berufsunfähigkeitsversicherung angewendet sehen[4], wenn es entsprechende Versicherungsprodukte gibt, die dem § 851c I ZPO entsprechen, was 2007 nicht der Fall gewesen sein soll.[5] Für die Berufsunfähigkeitsversicherung gilt unabhängig von einer Umwandlung der Pfändungsschutz nach § 850b ZPO.[6] Gemeint ist damit wohl die selbständige Berufsunfähigkeitsversicherung (BU), da diese Zeitrenten u. keine lebenslangen Leistungen nach § 850b I Nr. 1 ZPO erbringt.[7] Etwas anderes kann jedoch für eine Lebensversicherung i.V.m. einer Berufsunfähigkeitszusatzversicherung gelten, wenn sich die lebenslangen Rentenzahlungen aus den beiden aufeinander abgestimmten Komponenten ergeben.[8]

II. Umwandlungsverlangen des VN

6 Es bedarf zunächst einer ausdrücklichen Erklärung (einseitige empfangsbedürftige Willenserklärung) des VN, die endgültig und unwiderruflich sein muss.[9] Die Abgabe dieser Erklärung bedarf keiner besonderen Form, so dass grundsätzlich auch eine mündliche Erklärung möglich ist. Das Umwandlungsverlangen ist nicht fristgebunden und kann vom VN jederzeit abgegeben werden. Die Umwandlung erfolgt dann jedoch vertragstechnisch regelmäßig erst zum Schluss der Versicherungsperiode. Als Versicherungsperiode gilt der Zeitraum, der der Prämienberechnung zugrundegelegt ist. Dieser Zeitraum beträgt in der Regel gem. § 12 ein Jahr, auch wenn z.T. eine ratenweise monatliche Prämienzahlung mit einem Aufschlag zwischen VR und VN vereinbart worden ist.[10]

III. Verfügungsbefugnis des VN

7 Alleinige und einzige verfügungs- und damit zur Erklärung befugte Person ist der VN. Ausschließlich der VN darf im Zeitpunkt des Umwandlungsverlangens die Verfügungsbefugnis besitzen, es dürfen also keine Rechte Dritter entgegenstehen. Sollten mehrere VN an einem Versicherungsvertrag beteiligt sein, so müssen die übrigen VN zunächst aus dem Versicherungsverhältnis ausscheiden.

---

2 *Stöber* NJW 2007, 1242, 1243; zu Details bei Basis-, Rürup- oder Riesterverträgen u.a. PK/*Ortmann*, § 167 Rn. 1, 9 ff.
3 A.A. P/M/*Reiff*, § 167 Rn. 2; L/W/*Mönnich*, § 167 Rn. 5; offen PK/*Ortmann*, § 167 Rn. 4.
4 Begr. RegE BT-Drucks. 16/886 S. 8; ähnlich HK-VVG/*Brambach*, § 167 Rn. 2, wenig vorteilhaft.
5 P/M/*Reiff*, § 167 Rn. 3.
6 BGH NZI 2010, 777, 779; P/M/*Reiff*, § 167 Rn. 3; L/W/*Mönnich*, § 167 Rn. 5.
7 BGH NZI 2010, 777, 779.
8 BGH NZI 2010, 777, 779; L/W/*Mönnich*, § 167 Rn. 28 f.
9 Begr. RegE BT-Drucks. 16/886 S. 8.
10 PK/*Ortmann*, § 167 Rn. 5; PK/*Ebers*, § 12 Rn. 2 m.w.N.; vgl. auch § 165 Rdn. 8 m.w. Details

Die Verfügungsbefugnis liegt nicht mehr vor, sofern der VN die Ansprüche aus der Versicherung zur Sicherung eines Gläubigeranspruchs abgetreten hat, diese bereits zugunsten eines Gläubigeranspruchs gepfändet sind oder der VN bereits unwiderruflich einen Dritten als Bezugsberechtigten eingesetzt hat; die widerrufliche Bestellung eines Bezugsberechtigten ist dagegen unschädlich. Ferner fehlt es an der Verfügungsbefugnis des VN, sobald die Versicherung gekündigt ist. Sofern im bestehenden Versicherungsvertrag eine Bezugsberechtigung für einen Hinterbliebenen vorgesehen ist, so ist dies im Hinblick auf die ohnehin geltende Ausnahme des § 851c I Nr. 3 ZPO unschädlich.[11]

IV. Umwandlung in eine Versicherung, die die Anforderungen des § 851c I ZPO erfüllt

Die Umwandlung der bestehenden Versicherung muss zugunsten einer Versicherung erfolgen, die insgesamt die Anforderungen des § 851c I ZPO erfüllt. Dies ist der Fall, wenn 8
- die Leistung in regelmäßigen Zeitabständen lebenslang und nicht vor Vollendung des 60. Lebensjahres oder nur bei Eintritt der Berufsunfähigkeit gewährt wird,
- über die Ansprüche aus dem Vertrag nicht verfügt werden darf,
- die Bestimmung von Dritten mit Ausnahme von Hinterbliebenen als Berechtigte ausgeschlossen ist und
- die Zahlung einer Kapitalleistung, ausgenommen eine Zahlung für den Todesfall, nicht vereinbart wurde.

Die Verfügungsbefugnis des VN muss nach der Umwandlung umfassend ausgeschlossen sein. Der VN darf 9
die Ansprüche aus der Versicherung weder abtreten noch verpfänden dürfen; ebenso muss eine vorzeitige Kündigung vertraglich ausgeschlossen sein. Dies ist nach § 168 III 2 trotz des eigentlich nicht abdingbaren Kündigungsrechts nach § 168 I i.V.m. § 171 Satz 1 im Hinblick auf § 851c I Nr. 2 ZPO möglich.

Mit Ausnahme eines Hinterbliebenen darf kein Dritter als Bezugsberechtigter der Versicherung existieren. 10
Wer Hinterbliebener im Sinne der Vorschrift ist, ist nicht eindeutig definiert. Ein lediglich testamentarisch bedachter Dritter, der in keinem verwandtschaftlichen Verhältnis zum VN steht, scheidet aus.[12] Zutreffend erscheint, den Hinterbliebenenbegriff an den in der Gesetzesbegründung vorgesehenen versorgungsrechtlichen Begriffsrahmen anzupassen und ihn inhaltlich auf Ehegatten, Kinder, Pflegekinder sowie ergänzend auch auf eingetragene Lebenspartner nach dem Lebenspartnerschaftsgesetz zu beschränken,[13] der nichteheliche Lebensgefährte fällt nicht in den Kreis der Hinterbliebenen.[14]

C. Rechtsfolgen

I. Umwandlung der Versicherung

Nach Erklärung des Umwandlungsverlangens durch den VN hat der VR die bestehende Versicherung in eine 11
Versicherung umzuwandeln, die insgesamt die Anforderungen des § 851c I ZPO erfüllt. Dies bedeutet zugleich, dass der VR angehalten ist, über einen entsprechenden Versicherungstarif zu verfügen. Der VR ist jedoch nicht gezwungen, dem VN bei der Umwandlung einen Tarif anzubieten, der mit seinen bestehenden Konditionen vergleichbar ist, sondern kann bei der Umwandlung einen aktuellen bzw. neu eingeführten Versicherungstarif zugrundelegen.[15] Dies bedeutet, dass die Umwandlung zur Erlangung des Pfändungsschutzes wirtschaftlich – mit Einschränkungen – und insofern vergleichbar mit § 204 beim Tarifwechsel in der Krankenversicherung einem Neuabschluss nahekommt, da durchaus ein anderer Rechnungszins zur Anwendung gelangen kann,[16] während dieser bei der Umwandlung nach § 165 II zur Prämienfreistellung – mit den Rechnungsgrundlagen der Prämienkalkulation – unverändert bleibt. Beispiel: Bisher befristete Kapitallebensversicherung auf das Endalter 52; nunmehr Rentenversicherung mit Hinterbliebenenversorgung.[17] Nach erfolgter Umwandlung können nur noch solche Änderungen der Versicherung vorgenommen werden, die den Anforderungen des § 851c I ZPO nicht widersprechen.

II. Entstehung von Pfändungsschutz

Pfändungsschutz besteht spätestens ab dem Zeitpunkt, ab dem die Versicherung die Voraussetzungen des 12
§ 851c I Nr. 1–4 ZPO insgesamt erfüllt, also vom VR umgestellt worden ist. Zwischen dem Verlangen des VN und der vertraglichen Umstellung durch den VR liegt jedoch ein nicht vom VN beeinflussbarer Zeitraum.
Der Vollstreckungsschutz nach § 851c ZPO tritt deshalb bereits mit Zugang des Umwandlungsverlangens 13
beim VR ein.[18] Ausschlaggebend ist hier die Ausgestaltung des Umwandlungsverlangens als ein Recht, das aus

---

11 HK-VVG/*Brambach*, § 167 Rn. 6 weist daraufhin, dass beim unwiderruflichen Bezugsrecht der Hinterbliebene der Umwandlung zustimmen muss; P/M/*Reiff*, § 167 Rn. 8.
12 Baumbach/Lauterbach/Albers/*Hartmann*, § 851c Rn. 7.
13 Begr. RegE BT-Drucks. 16/3844 S. 11 f.; siehe auch PK/*Ortmann*, § 167 Rn. 8; *Stöber* NJW 2007, 1242; L/W/*Mönnich*, § 167 Rn. 33, 34.
14 BGH VersR 2011, 1287, 1288.
15 Ebenso HK-VVG/*Brambach*, § 167 Rn. 11; a.A. PK/*Ortmann* § 167 Rn. 13.
16 OLG Hamm r+s 2011, 261.
17 Die Lösungsansätze von L/W/*Mönnich*, § 167 Rn. 17 ff. sind wohl noch weiter zu konkretisieren.
18 So auch *Hasse* VersR 2007, 870, 889; *Stöber* NJW 2007, 1242; HK-VVG/*Brambach*, § 167 Rn. 14 ff.; P/M/*Reiff*, § 167 Rn. 14; R/L/*Langheid*, § 167 Rn. 7; a.A. *Specker* VersR 2011, 958, 960; ähnlich L/W/*Mönnich*, § 167 Rn. 13 ff.

Sicht des VN zumindest einem Gestaltungsrecht ähnlich und mit dem Umwandlungsverlangen in § 165 vergleichbar ist. Dies wird deutlich, wenn man den Wortlaut des § 204 bezüglich des Tarifwechselrechts in der Krankenversicherung berücksichtigt. In diesem Fall geht das Verlangen nur auf Annahme des Änderungsvertrages, so dass auch erst ab diesem Zeitpunkt aus dem Verlangen Rechtsfolgen für die Vertragsparteien eintreten können. Im Falle des § 167 treten demgegenüber die aus Vollstreckungssicht relevanten Rechtsfolgen bereits mit Abgabe des unwiderruflichen Umwandlungsverlangens ein. Das Vorsorgekapital wird unwiderruflich der Altersvorsorge des VN nach den Kriterien des § 851 ZPO gewidmet bzw. die Vorsorgenfunktion steht damit unveränderlich fest. Aus Sicht der Gesetzesbegründung ist damit bereits die erforderliche Endgültigkeit der Vorsorgefunktion hergestellt,[19] da der VN aufgrund der Unwiderruflichkeit seiner Erklärung sich bereits an die Ausgestaltung des geänderten Vertrages durch die Vorgaben des § 851c I ZPO gebunden hat, aus seiner Sicht also bereits der Kündigungsausschluss nach § 168 III greift.[20] Die Umgestaltung der Rechtslage ist aus vollstreckungsrechtlicher Sicht auch im Übrigen ausreichend konkret, auch wenn der VR noch nicht alle Details des Rentenversicherungsvertrages mitgeteilt hat, da Grundlage für die Vertragsumstellung neben den zukünftig zu zahlenden Beiträgen und den Voraussetzungen nach § 851c I ZPO mit dem aktuellen Rückkaufswert der Lebensversicherung gerade die Größe feststeht, der auch vollstreckungsrechtlich nach § 851c II ZPO für den Umfang des Pfändungsschutzes entscheidende Bedeutung zukommt.

III. Umfang des Pfändungsschutzes

14 Die Rentenansprüche nach der Umwandlung sind wie Arbeitseinkommen pfändbar (§ 851c I ZPO), d.h. es gelten die §§ 850a bis 850i ZPO, insbes. die Pfändungsfreigrenzen nach § 850c ZPO sowie die Ausdehnung des Pfändungsschutzes auf entsprechende Kontoguthaben (§ 850k ZPO).

15 Neben den laufenden Rentenzahlungen ist bereits auch das in der Ansparphase im Rahmen des Versicherungsvertrages vom VR gebildete Vorsorgekapital in den Grenzen des § 851c II ZPO vor der Pfändung geschützt. Der geschützte Betrag steigt mit zunehmendem Alter jährlich, zurzeit bis zum vollendeten 67. Lebensjahr auf eine Gesamtsumme von 256.000 Euro. Darüber hinausgehende Beträge sind bis zu einem Gesamtbetrag von 409.600 Euro nur teilweise (3/10) unpfändbar. § 851c II ZPO nimmt hier auf den Rückkaufswert nach § 169 III Bezug, ist also grundsätzlich mit dem Deckungskapital des Versicherungsvertrages identisch. Ein möglicher Stornoabschlag für den Fall der Kündigung durch den pfändenden Gläubiger nach § 169 V ist bei der Ermittlung des pfändungsfreien Betrages nicht zu berücksichtigen, da der Vertrag insoweit ja fortgesetzt wird, § 169 V also gar nicht zur Anwendung gelangen kann.[21] Nicht geschützt sind weiterhin die Einkommensbestandteile des VN, aus denen er die Beiträge für die geschützte Rentenversicherung aufbringt.[22] Der Pfändungsschutz des Selbständigen bleibt insoweit hinter dem des Arbeitnehmers zurück; die für ihn abzuführenden Sozialversicherungsbeiträge bleiben bei der Berechnung des pfändbaren Einkommens nach § 850e Nr. 1 ZPO unberücksichtigt.

IV. Pflicht zur Kostentragung

16 Gem. § 167 Satz 2 VVG hat der VN die Kosten der Umwandlung zu tragen. Diese Kosten können durch den VR im Rahmen einer angemessenen Pauschale festgesetzt und berechnet werden.

D. Abdingbarkeit

17 Von der Vorschrift des § 167 darf gem. § 171 Satz 1 nicht zum Nachteil des VN abgewichen werden. Dies gilt angesichts des eindeutigen Wortlauts des § 171 auch für die Einführung eines Schrift- oder Textformerfordernisses durch die AVB. Man könnte zwar daran denken, dass es sich angesichts der Regelung des § 171 Satz 2 für die Beitragsfreistellung (§ 165) und die Kündigung (§ 168) um ein Versehen des Gesetzgebers handelt.[23] Dies berücksichtigt jedoch zu wenig das Interesse des VN in einer für ihn u.U. schwierigen Situation ohne weitere formale Hürden den Vollstreckungsschutz erlangen zu können, wie ja die Überlegungen zum Zeitpunkt des Eintritts des Pfändungsschutzes zeigen. In den Musterbedingungen zur kapitalbildenden Lebensversicherung gibt es keinen Hinweis auf das Umwandlungsrecht des VN nach § 167.

§ 168 Kündigung des Versicherungsnehmers. (1) Sind laufende Prämien zu zahlen, kann der Versicherungsnehmer das Versicherungsverhältnis jederzeit für den Schluss der laufenden Versicherungsperiode kündigen.

---

19 Begr. RegE BT-Drucks. 16/886 S. 8; die Frage ob es sich bei § 167 um ein Gestaltungsrecht handelt (dafür *Hasse* VersR 2007, 870, 889; dagegen P/M/*Reiff*, § 167 Rn. 5) kann hier offen bleiben.
20 Vgl. auch OLG Stuttgart VersR 2012, 1021 mit Hinweis auf BGH VersR 2011, 1287, 1289. Der Pfändungsschutz gewährt auch Schutz in der Insolvenz; detailliert KG ZIP 2012, 379.
21 Unklar insoweit *Hasse* VersR 2007, 870, 883.
22 BGH VersR 2011, 1160.
23 HK-VVG/*Brambach*, § 167 Rn. 10; ihm im Ergebnis folgend P/M/*Reiff* § 167 Rn. 16; wie hier PK/*Ortmann* § 167 Rn. 17 u. L/W/*Mönnich*, § 167 Rn. 11.

(2) Bei einer Versicherung, die Versicherungsschutz für ein Risiko bietet, bei dem der Eintritt der Verpflichtung des Versicherers gewiss ist, steht das Kündigungsrecht dem Versicherungsnehmer auch dann zu, wenn die Prämie in einer einmaligen Zahlung besteht.
(3) Die Absätze 1 und 2 sind nicht auf einen für die Altersvorsorge bestimmten Versicherungsvertrag anzuwenden, bei dem der Versicherungsnehmer mit dem Versicherer eine Verwertung vor dem Eintritt in den Ruhestand ausgeschlossen hat; der Wert der vom Ausschluss der Verwertbarkeit betroffenen Ansprüche darf die in § 12 Abs. 2 Nr. 3 des Zweiten Buches Sozialgesetzbuch bestimmten Beträge nicht übersteigen. Entsprechendes gilt, soweit die Ansprüche nach § 851c oder § 851d der Zivilprozessordnung nicht gepfändet werden dürfen.

Übersicht

	Rdn.		Rdn.
A. Allgemeines	1	b) Dritte	7
B. Tatbestand	3	2. Form, Frist und Wirkung der Kündigung	11
C. Rechtsfolgen	6	II. Ausschluss des Kündigungsrechts (Abs. 3)	14
I. Kündigungsrecht	6		
1. Kündigungsberechtigter	6		
a) VN	6	D. Abdingbarkeit	15

A. Allgemeines

Schon bei Inkrafttreten des ursprünglichen VVG 1908 hatte der Gesetzgeber vor Augen, dass sich während 1
der durchschnittlich langen Laufzeit von Lebensversicherungsverträgen die persönlichen Verhältnisse des VN
ändern können.[1] Daran hat sich bis heute nichts geändert; nach Branchenangaben beträgt die durchschnittliche Laufzeit eines Versicherungsvertrags 30 Jahre. Um dieser Besonderheit Rechnung zu tragen, sieht das
Gesetz neben der Möglichkeit, die Versicherung nach § 165 in eine prämienfreie Versicherung umzuwandeln,
auch zwingend ein besonderes – die allgemeinen Regelungen in § 11 II–IV verdrängendes – ordentliches
Kündigungsrecht des VN vor.[2] Lediglich bei Altersvorsorgeverträgen besteht nach Abs. 3 kein Kündigungsrecht, sofern VN und VR die Verwertung des Versicherungsvertrags vor Eintritt in den Ruhestand ausgeschlossen haben.

Die Voraussetzungen für das Kündigungsrecht entsprechen – abgesehen von einer Ausweitung des Anwendungsbereichs für Versicherungen gegen Einmalbeitrag in Abs. 2 – der Rechtslage nach § 165 a.F. Auch der 2
Ausschluss des Kündigungsrechts bei Verträgen zur Altersvorsorge in Abs. 3 entspricht weitestgehend der bereits vor der Gesetzesreform 2008 gültigen Fassung.[3]

B. Tatbestand

Das Kündigungsrecht nach Abs. 1 gilt grundsätzlich für alle Arten der Lebensversicherung mit laufender Prä- 3
mienzahlung, also für die Kapitallebensversicherung ebenso wie für die Risikolebensversicherung oder die
Rentenversicherung.[4] Da die Kündigung zum Ende der Versicherungsperiode (§ 12) erfolgt, muss die Pflicht
zur Entrichtung laufender Prämien im Zeitpunkt der Kündigung noch bestehen. Abs. 1 ist daher nicht anwendbar, sofern es sich um eine prämienfreie Versicherung (§ 165) handelt.[5] Nach Sinn und Zweck findet Abs. 1
auch dann keine Anwendung, wenn der Versicherungsfall bereits eingetreten ist, so dass etwa eine Rentenversicherung, die sich durch Erreichen des festgelegten Alters in der Auszahlungsphase befindet, nicht mehr nach
§ 168 gekündigt werden kann.[6]

Abs. 2 erstreckt das Kündigungsrecht auf Versicherungen gegen Einmalbeitrag, sofern der Versicherungsvertrag Schutz für ein Risiko bietet, bei dem die Leistungspflicht des VR gewiss ist. Dies ist nicht der Fall bei reinen Risikolebensversicherungen[7] oder reinen Erlebensfallversicherungen. Erfasst sind aber – anders als unter 4
§ 165 a.F. – nunmehr im Grundsatz auch Rentenversicherungen gegen Einmalbeitrag.[8] Die h.M. wendet
Abs. 2 darüber hinaus (zumindest entsprechend) auch auf sonstige Lebensversicherungen an, bei denen der

---

1 Motive zum VVG 1908, Nachdruck 1963, S. 224; vgl. dazu P/M/*Reiff*, § 168 Rn. 1; L/W/*Mönnich*, § 168 Rn. 1.
2 Daneben besteht auch ein außerordentliches Kündigungsrecht nach § 314 BGB sowie – in Ausnahmefällen – ein Kündigungsrecht nach § 313 III BGB, vgl. § 11 Rn. 19; L/W/*Mönnich*, § 168 Rn. 12; PK/*Ortmann*, § 168 Rn. 2.
3 § 165 III a.F. angefügt zum 01.01.2005 und neu gefasst zum 12.12.2006 durch Gesetz vom 02.12.2006 (BGBl. I S. 2742); Abs. 3 S. 2 angefügt zum 31.03.2007 durch Gesetz vom 26.03.2007 (BGBl. I S. 368).
4 P/M/*Reiff*, § 168 Rn. 3; L/W/*Mönnich*, § 168 Rn. 4; R/L/*Langheid*, § 168 Rn. 6.
5 P/M/*Reiff*, § 168 Rn. 3; L/W/*Mönnich*, § 168 Rn. 4; HK-VVG/*Brambach*, § 168 Rn. 10.
6 P/M/*Reiff*, § 168 Rn. 4; R/L/*Langheid*, § 168 Rn. 7. Ein in AVB vereinbarter Kündigungsausschluss verstößt daher nicht gegen § 168, vgl. OLG Hamm VersR 2008, 383; OLG Koblenz 2007, 1640.
7 P/M/*Reiff*, § 168 Rn. 3; L/W/*Mönnich*, § 168 Rn. 5; R/L/*Langheid*, § 168 Rn. 6.
8 Dies gilt, wie unter Rdn. 3 dargelegt, nur, sofern sie sich noch nicht in der Auszahlungsphase befinden. Als weitere Voraussetzung kommt hinzu, dass bei Versterben der Gefahrperson vor Beginn der Auszahlungsphase eine Leistungspflicht des VR besteht, da ansonsten die Leistungspflicht des VR nicht »gewiss« wäre (zutreffend P/M/*Reiff*, § 168 Rn. 3).

§ 168 Kündigung des Versicherungsnehmers

Eintritt der Leistungspflicht des VR gewiss ist, d.h. auf Versicherungen mit Beitragsdepot und auf nach §§ 165, 166 prämienfrei gestellte Versicherungen.[9]

5 Auf die Berufsunfähigkeitsversicherung ist die Norm entsprechend anzuwenden (§ 176). § 211 sieht für Pensionskassen i.S.v. § 233 I und II VAG, kleinere Versicherungsvereine und Versicherungen mit kleineren Beträgen die Möglichkeit vor, mit Zustimmung der jeweiligen Aufsichtsbehörde von § 168 abweichende Regelungen zu treffen.

C. Rechtsfolgen

I. Kündigungsrecht

1. Kündigungsberechtigter

a) VN

6 Das Kündigungsrecht steht grundsätzlich dem VN als Vertragspartner zu; die versicherte Person[10] und der Bezugsberechtigte sind nicht kündigungsberechtigt, auch nicht bei Einräumung eines unwiderruflichen Bezugsrechts.[11] Mehrere VN (Versicherung auf verbundene Leben) können nach h.M. nur gemeinsam kündigen.[12] Das Kündigungsrecht ist **kein höchstpersönliches Recht**[13] und kann daher übertragen oder gepfändet werden; da es keinen eigenen wirtschaftlichen Wert besitzt, kann es indes nicht isoliert übertragen werden, sondern nur gemeinsam mit dem Anspruch auf den Rückkaufswert.[14]

b) Dritte

7 Hat der VN die Ansprüche aus dem Versicherungsvertrag abgetreten, steht das Kündigungsrecht im Zweifel – auch ohne ausdrückliche Regelung – dem **Zessionar** zu, da andernfalls der mit der Abtretung beabsichtigte Zweck (i.d.R. Besicherung einer Schuld) nur unvollständig erreicht würde.[15] Aus der Sicherungsabrede wird der Zessionar allerdings regelmäßig nach § 242 BGB verpflichtet sein, dem VN vorher mitzuteilen, wenn er die Versicherung kündigen möchte.[16]

8 Ist der Versicherungsschein mit einer Inhaberklausel versehen,[17] greift die Legitimationswirkung des § 808 BGB, die sich auch auf das Kündigungsrecht erstreckt. Der VR kann daher den Inhaber des Versicherungsscheins als kündigungsberechtigt ansehen, wenn dieser die Auszahlung des Rückkaufswerts begehrt.[18]

9 In ihren Einzelheiten bis heute unklar ist die Kündigungsbefugnis im Falle einer **Verpfändung** (§§ 1273 ff. BGB).[19] Noch weitgehend gesichert ist, dass bis zur Pfandreife allein der VN als Vertragspartner kündigungsberechtigt ist, seine Kündigung jedoch der Zustimmung des Pfandgläubigers bedarf (§ 1276 BGB).[20] Überaus umstritten und höchstrichterlich ungeklärt[21] ist hingegen, ob der Pfandgläubiger nach Eintritt der Pfandreife ein eigenes Kündigungsrecht hat. Die wohl überwiegende Meinung bejaht dies unter Hinweis auf § 1283 III BGB.[22] Nach Pfändung und Überweisung des Anspruchs auf die Versicherungsleistung kann der Pfandgläubiger die Versicherung kündigen.[23]

10 Im Fall der **Insolvenz** des VN geht – vorbehaltlich eines Eintritts nach § 170 – die Verfügungsgewalt über den Vertrag auf den Insolvenzverwalter über.[24] Dies umfasst auch das Recht zur Kündigung. Bei Verträgen mit

---

9 P/M/*Reiff*, § 168 Rn. 5; L/W/*Mönnich*, § 168 Rn. 5; R/L/*Langheid*, § 168 Rn. 8; a.A. HK-VVG/*Brambach*, § 168 Rn. 10; Der BGH hat in VersR 2010, 517 Tz. 15 eine prämienfrei gestellte Versicherung ohne weiteres als kündbar angesehen, allerdings ohne die hiesige Streitfrage zu erörtern.
10 BGH VersR 1987, 659.
11 BGHZ 45, 162, 168 = NJW 1966, 1071, 1073; 118, 242, 247 = NJW 1992, 2154; BGH VersR 2010, 517 Tz. 14; § 159 Rdn. 16 und 23.
12 OLG Köln VersR 1992, 1337; PK/*Ortmann*, § 168 Rn. 7; L/W/*Mönnich*, § 168 Rn. 13; HK-VVG/*Brambach*, § 168 Rn. 9; § 11 Rdn. 57.
13 P/M/*Reiff*, § 168 Rn. 7; L/W/*Mönnich*, § 168 Rn. 15; R/L/*Langheid*, § 168 Rn. 3.
14 Grundlegend BGHZ 45, 162, 168 = NJW 1966, 1071, 1073 (stRspr.); vgl. auch L/W/*Mönnich*, § 168 Rn. 15.
15 Vgl. OLG Saarbrücken VersR 1995, 1227 f.; PK/*Ortmann*, § 168 Rn. 10; R/L/*Langheid*, § 168 Rn. 10; P/M/*Reiff*, § 168 Rn. 9; Zur Frage, ob eine Lebensversicherung auch dann abgetreten werden kann, wenn sie gemeinsam mit einer Berufsunfähigkeitsversicherung abgeschlossen wurde, vgl. BGH VersR 2010, 237.
16 R/L/*Langheid*, § 168 Rn. 10; P/M/*Reiff*, § 168 Rn. 10.
17 Vgl. etwa § 8 II GDV Musterbedingungen für die kapitalbildende Lebensversicherung (Stand 2. Februar 2014).
18 BGH VersR 2010, 375 Tz. 17; P/M/*Reiff*, § 168 Rn. 8.
19 Näher hierzu PK/*Ortmann*, § 168 Rn. 8 f. sowie L/W/*Mönnich*, § 168 Rn. 18 ff., jeweils m.w.N.
20 R/L/*Langheid*, § 168 Rn. 10; P/M/*Reiff*, § 168 Rn. 11; L/W/*Mönnich*, § 168 Rn. 19; der BGH hat allerdings die Kündigung durch den Insolvenzverwalter ohne Zustimmung des Pfandgläubigers für wirksam angesehen, BGH NJW 2005, 2231; vgl. dazu ausführlich L/W/*Mönnich*, § 168 Rn. 39.
21 Offengelassen in BGH VersR 1991, 576 = NJW 1991, 1946.
22 Vgl. die Nachweise bei L/W/*Mönnich*, § 168 Rn. 22.
23 OLG Celle VersR 2009, 1102; LG Darmstadt NVersZ 2000, 221; B/M/*Winter*, § 168 Rn. 34; P/M/*Reiff*, § 168 Rn. 12; *Prahl* NVersZ 2001, 151.
24 Vgl. nur P/M/*Reiff*, § 168 Rn. 13.

laufenden Prämienzahlungen war nach Aufgabe der sog. Erlöschenstheorie durch den BGH[25] zunächst umstritten, ob der Insolvenzverwalter bei Ablehnung der Erfüllung nach § 103 II InsO zusätzlich noch kündigen müsse, um den Anspruch auf den Rückkaufswert zur Masse zu ziehen.[26] Der BGH hat dies nunmehr bejaht[27], zugleich aber klargestellt, dass in einer Erfüllungsablehnung zugleich eine konkludente Kündigungserklärung liegen könne, sofern aus der Erklärung hervorgehe, dass der Vertrag nicht fortgesetzt werden soll und die Zahlung des Rückkaufswerts verlangt werde.[28] Wird über das Vermögen des Arbeitgebers das Insolvenzverfahren eröffnet, richten sich die Rechte des Verwalters im Grundsatz ausschließlich nach den Bestimmungen des Versicherungsvertrages, während das arbeitsrechtliche Verhältnis unberücksichtigt bleibt.[29]

2. Form, Frist und Wirkung der Kündigung

Das Gesetz sieht weder eine besondere **Form** noch ein **Frist** für die Kündigung des VN vor, so dass diese auch mündlich und – bei Versicherungen mit laufender Prämienzahlung – bis zum letzten Tag der laufenden Versicherungsperiode erfolgen kann.[30] In der Praxis wird allerdings von der in § 171 Satz 2 ausdrücklich zugelassenen Vereinbarung der Schrift- oder Textform (§§ 126, 126b BGB) regelmäßig Gebrauch gemacht.[31] An den notwendigen Inhalt der Kündigungserklärung sind keine hohen Anforderungen zu stellen, insbesondere ist die Verwendung des Begriffs »Kündigung« nicht zwingend erforderlich. Vielmehr reicht jede Erklärung aus, mit der zum Ausdruck gebracht wird, dass der Versicherungsvertrag nicht fortgesetzt werden soll und die Zahlung des Rückkaufswerts verlangt wird.[32] Eine Teilkündigung ist zulässig,[33] setzt jedoch i.d.R. voraus, dass eine Mindestversicherungssumme nicht unterschritten wird.[34] Für den (rechtzeitigen) Zugang der Kündigung beim VR oder Versicherungsvertreter (§ 69 I Nr. 2) ist nach allgemeinen Grundsätzen der VN beweispflichtig. 11

Die **Kündigung nach Abs. 1** wird zum Schluss der laufenden **Versicherungsperiode** wirksam. Diese beträgt regelmäßig ein Jahr (§ 12), sie kann aber in Abhängigkeit von der Bemessung der Prämie auch kürzer sein. Die reine Möglichkeit, eine Jahresprämie in (monatlichen bzw. viertel- oder halbjährlichen) Ratenzahlungen zu begleichen, ist regelmäßig nicht als Verkürzung der Versicherungsperiode anzusehen.[35] Es empfiehlt sich die Aufnahme des Zeitraums im Versicherungsschein. Die **Kündigung nach Abs. 2** wird demgegenüber mit **Zugang der Erklärung** beim VR wirksam.[36] 12

Mit Wirksamkeit der Kündigung entfallen Versicherungsschutz und (künftige) Beitragspflicht. Ein etwaiger Rückkaufswert ist vom VR an den Berechtigten auszuzahlen.[37] Dies ist regelmäßig der VN, im Fall der Insolvenz die Masse. Hat der VN einem Dritten ein Bezugsrecht eingeräumt, ist zu unterscheiden: Bei einem widerruflichen Bezugsrecht liegt in der Kündigung nach wohl herrschender Meinung regelmäßig zugleich der Widerruf des Bezugsrechts,[38] so dass der Rückkaufswert an den VN auszuzahlen ist.[39] Bei einem unwiderruflichen Bezugsrecht hingegen steht der Rückkaufswert dem Bezugsberechtigten zu;[40] dies gilt auch für das eingeschränkt unwiderrufliche Bezugsrecht (s. § 159 Rdn. 11), sofern die Voraussetzungen des Widerrufsvorbehalts nicht vorliegen.[41] 13

II. Ausschluss des Kündigungsrechts (Abs. 3)

Nach Abs. 3 können VN und VR in Lebensversicherungsverträgen, die der Altersvorsorge dienen, das gemäß Abs. 1 und 2 grundsätzlich bestehende Kündigungsrecht bis zum Eintritt des VN in den Ruhestand ausschließen. Dies ermöglicht es dem VN u.a., die staatlichen Vergünstigungen für bestimmte Altersvorsorgeverträge in Anspruch zu nehmen, die – neben anderen Anforderungen – entsprechende Verwertungseinschränkungen 14

---

25 BGHZ 150, 353, 359 f.
26 Vgl. dazu L/W/*Mönnich*, § 168 Rn. 26 ff.; P/M/*Reiff*, § 168 Rn. 13 jeweils m.w.N.
27 BGH VersR 2012, 299, Tz. 19 ff.; VersR 2014, 1444 Tz. 26.
28 BGH VersR 2012, 299 Tz. 40.
29 BAG VersR 2000, 80, 81; BGH NJW 2015, 341 Tz. 12.
30 P/M/*Reiff*, § 168 Rn. 17; R/L/*Langheid*, § 168 Rn. 18.
31 Vgl. § 12 I GDV Musterbedingungen für die kapitalbildende Lebensversicherung (Stand 2. Februar 2016), der eine schriftliche Kündigung verlangt.
32 So jetzt ausdrücklich BGH VersR 2012, 299 Tz. 40 unter Berufung auf *Elfring* BB 2004, 617, 619; zuvor bereits OLG Karlsruhe VersR 2006, 1625, 1627; OLG Hamm VersR 1981, 275; ebenso P/M/*Reiff*, § 168 Rn. 17; R/L/*Langheid*, § 168 Rn. 16.
33 P/M/*Reiff*, § 168 Rn. 20; HK-VVG/*Brambach*, § 168 Rn. 11.
34 Vgl. § 12 I GDV Musterbedingungen für die kapitalbildende Lebensversicherung (Stand 2. Februar 2016).
35 Vgl. LG Lüneburg VersR 1978, 658; R/L/*Langheid*, § 168 Rn. 18.
36 P/M/*Reiff*, § 168 Rn. 18.
37 P/M/*Reiff*, § 168 Rn. 18 f.; R/L/*Langheid*, § 168 Rn. 19.
38 BGH VersR 2005, 923; ebenso noch zur alten »Erlöschenstheorie« BGH VersR 1993, 689, 690. Vgl. näher hierzu § 159 Rdn. 18.
39 R/L/*Langheid*, § 168 Rn. 20.
40 P/M/*Reiff*, § 168 Rn. 19 f.; R/L/*Langheid*, § 168 Rn. 19, 21.
41 Vgl. zusammenfassend BGH VersR 2014, 1444 Tz. 12 ff.

§ 169 Rückkaufswert

voraussetzen.[42] Der Ausschluss des Kündigungsrechts ist allerdings der Höhe nach nur begrenzt möglich und an die Beträge gekoppelt, die nach § 12 II 1 Nr. 3 SGB II bei der Ermittlung des für die Gewährung von Sozialleistungen relevanten Vermögens zu berücksichtigen sind. Diese belaufen sich z.Zt.[43] auf 750,– Euro je vollendetem Lebensjahr der erwerbsfähigen leistungsberechtigten Person (VN) und ihres Partners, jedoch je nach Lebensalter begrenzt auf einen Maximalbetrag zwischen 48.750,– und 50.250,– Euro. Nach Abs. 3 ist ein Kündigungsausschluss innerhalb dieser Grenzen auch dann möglich, soweit Ansprüche gemäß § 851c ZPO (Pfändungsschutz bei Altersrenten) bzw. § 851d ZPO (Pfändungsschutz bei steuerlich gefördertem Altersvorsorgevermögen) nicht gepfändet werden dürfen.[44]

D. Abdingbarkeit

15 Gem. § 171 S. 1 ist § 168 halbzwingend, so dass das gesetzliche Kündigungsrecht des VN vertraglich nicht beschränkt oder erschwert werden darf.[45] Zulässig ist nach § 171 S. 2 allerdings die Vereinbarung der Schrift- oder Textform.

§ 169 Rückkaufswert.

(1) Wird eine Versicherung, die Versicherungsschutz für ein Risiko bietet, bei dem der Eintritt der Verpflichtung des Versicherers gewiss ist, durch Kündigung des Versicherungsnehmers oder durch Rücktritt oder Anfechtung des Versicherers aufgehoben, hat der Versicherer den Rückkaufswert zu zahlen.
(2) ¹Der Rückkaufswert ist nur insoweit zu zahlen, als dieser die Leistung bei einem Versicherungsfall zum Zeitpunkt der Kündigung nicht übersteigt. ²Der danach nicht gezahlte Teil des Rückkaufswertes ist für eine prämienfreie Versicherung zu verwenden. ³Im Fall des Rücktrittes oder der Anfechtung ist der volle Rückkaufswert zu zahlen.
(3) ¹Der Rückkaufswert ist das nach anerkannten Regeln der Versicherungsmathematik mit den Rechnungsgrundlagen der Prämienkalkulation zum Schluss der laufenden Versicherungsperiode berechnete Deckungskapital der Versicherung, bei einer Kündigung des Versicherungsverhältnisses jedoch mindestens der Betrag des Deckungskapitals, das sich bei gleichmäßiger Verteilung der angesetzten Abschluss- und Vertriebskosten auf die ersten fünf Vertragsjahre ergibt; die aufsichtsrechtlichen Regelungen über Höchstzillmersätze bleiben unberührt. ²Der Rückkaufswert und das Ausmaß, in dem er garantiert ist, sind dem Versicherungsnehmer vor Abgabe von dessen Vertragserklärung mitzuteilen; das Nähere regelt die Rechtsverordnung nach § 7 Abs. 2. ³Hat der Versicherer seinen Sitz in einem anderen Mitgliedstaat der Europäischen Union oder einem anderen Vertragsstaat des Abkommens über den Europäischen Wirtschaftsraum, kann er für die Berechnung des Rückkaufswertes an Stelle des Deckungskapitals den in diesem Staat vergleichbaren anderen Bezugswert zu Grunde legen.
(4) ¹Bei fondsgebundenen Versicherungen und anderen Versicherungen, die Leistungen der in § 124 Absatz 2 Satz 2 des Versicherungsaufsichtsgesetzes bezeichneten Art vorsehen, ist der Rückkaufswert nach anerkannten Regeln der Versicherungsmathematik als Zeitwert der Versicherung zu berechnen, soweit nicht der Versicherer eine bestimmte Leistung garantiert; im Übrigen gilt Absatz 3. ²Die Grundsätze der Berechnung sind im Vertrag anzugeben.
(5) ¹Der Versicherer ist zu einem Abzug von dem nach Absatz 3 oder 4 berechneten Betrag nur berechtigt, wenn er vereinbart, beziffert und angemessen ist. ²Die Vereinbarung eines Abzugs für noch nicht getilgte Abschluss- und Vertriebskosten ist unwirksam.
(6) ¹Der Versicherer kann den nach Absatz 3 berechneten Betrag angemessen herabsetzen, soweit dies erforderlich ist, um eine Gefährdung der Belange der Versicherungsnehmer, insbesondere durch eine Gefährdung der dauernden Erfüllbarkeit der sich aus den Versicherungsverträgen ergebenden Verpflichtungen, auszuschließen. ²Die Herabsetzung ist jeweils auf ein Jahr befristet.
(7) Der Versicherer hat dem Versicherungsnehmer zusätzlich zu dem nach den Absätzen 3 bis 6 berechneten Betrag die diesem bereits zugeteilten Überschussanteile, soweit sie nicht bereits in dem Betrag nach den Absätzen 3 bis 6 enthalten sind, sowie den nach den jeweiligen Allgemeinen Versicherungsbedingungen für den Fall der Kündigung vorgesehenen Schlussüberschussanteil zu zahlen; § 153 Abs. 3 Satz 2 bleibt unberührt.

§ 176 a.F. 1908 Herausgabe der Prämienreserve[1]. (1) Wird eine Kapitalversicherung für den Todesfall, die in der Art genommen ist, dass der Eintritt der Verpflichtung des Versicherers zur Zahlung des vereinbarten Kapitals gewiss ist, durch Rücktritt, Kündigung oder Anfechtung aufgehoben, so hat der Versicherer den Betrag der auf die Versicherung entfallenden Prämienreserve zu erstatten.

---

42 Siehe z.B. § 1 I 1 Nr. 2 AltZertG (Riester-Rente) und § 10 I 1 Nr. 2 lit. b) EStG (Rürup-Rente).
43 Mit Wirkung zum 17. April 2010 wurden der Betrag pro Lebensjahr sowie die Maximalbeträge gegenüber den vorher geltenden Sätzen verdreifacht.
44 Vgl. hierzu *Stöber* NJW 2007, 1242, 1246.
45 P/M/*Reiff*, § 168 Rn. 21; HK-VVG/*Brambach*, § 168 Rn. 22.
1 Zum Anwendungsbereich vgl. Rdn. 6, 7.

(2) ¹Das gleiche gilt bei einer Versicherung der im Absatz 1 bezeichneten Art auch dann, wenn nach dem Eintritte des Versicherungsfalls der Versicherer von der Verpflichtung zur Zahlung des vereinbarten Kapitals frei ist. ²Im Falle des § 170 Abs. 1 ist jedoch der Versicherer zur Erstattung der Prämienreserve nicht verpflichtet.
(3) Bei der Ermittlung des zu erstattenden Betrags ist die Prämienreserve für den Schluss der Versicherungsperiode zu berechnen, in deren Laufe das Versicherungsverhältnis endigt.
(4) ¹Der Versicherer ist zu einem angemessenen Abzuge berechtigt. ²Ist für den Abzug mit Genehmigung der Aufsichtsbehörde in den Versicherungsbedingungen ein bestimmter Betrag festgesetzt, so gilt dieser als angemessen.

§ 176 a.F. 1994 Rückkaufswert[2]. (1) Wird eine Kapitalversicherung für den Todesfall, die in der Art genommen ist, dass der Eintritt der Verpflichtung des Versicherers zur Zahlung des vereinbarten Kapitals gewiss ist, durch Rücktritt, Kündigung oder Anfechtung aufgehoben, so hat der Versicherer den auf die Versicherung entfallenden Rückkaufswert zu erstatten.
(2) ¹Das gleiche gilt bei einer Versicherung der in Absatz 1 bezeichneten Art auch dann, wenn nach dem Eintritt des Versicherungsfalls der Versicherer von der Verpflichtung zur Zahlung des vereinbarten Kapitals frei ist. ²Im Fall des § 170 Abs. 1 ist jedoch der Versicherer zur Erstattung des Rückkaufswerts nicht verpflichtet.
(3) ¹Der Rückkaufswert ist nach den anerkannten Regeln der Versicherungsmathematik für den Schluss der laufenden Versicherungsperiode als Zeitwert der Versicherung zu berechnen. ²Prämienrückstände werden vom Rückkaufswert abgesetzt.
(4) Der Versicherer ist zu einem Abzug nur berechtigt, wenn er vereinbart und angemessen ist.

Übersicht

	Rdn.		Rdn.
A. Allgemeines	1	b) Verteilung der Abschlusskosten bei Frühstorno auf fünf Jahre, Höchstzillmersätze	42
I. Normzweck	1		
II. Entstehungsgeschichte	2		
III. Zeitlicher Anwendungsbereich	6	c) Behandlung der Frühstornofälle bei Altverträgen (§ 176 a.F.)	46
IV. Zeitwert als Rückkaufswert gem. § 176 a.F. 1994 – ohne Frühstornofälle	9	aa) Altbestand bis 1994 und Verträge von 1994 bis 2001	46
1. Zeitwert als Mindestrückkaufswert	9	bb) Verjährung	48
2. Zeitwert der Garantieleistungen bei Beitragsfreistellung (§ 174 II a.F. 1994)	10	cc) Klauselersetzung 2002 und Neuverträge	49
3. Art 4 II EGVVG	11	dd) Beschluss des BVerfG vom 26.06.2005	50
4. Rechtsprechung aus 2012/2013	12	ee) Altverträge ab 2002 nach Klauselersetzung	51
V. Auswirkungen des Niedrigzinsumfeldes auf die Rückkaufswerte?	13	ff) Erhöhungsbeträge in der Überschussbeteiligung	57
1. Kollektiver Charakter der Zinszusatzreserve	13	d) Besonderheiten in der betrieblichen Altersversorgung	58
2. Rückkaufswerte in der regulierten Zeit und nach § 169	14	e) Auskunftsansprüche	59
3. Rückkaufswerte nach § 176 III a.F. 1994	15	4. Informationen vor Vertragsschluss – Ausmaß der Garantie (Abs. 3 Satz 2)	60
4. Weitere Anpassung der Rückkaufswerte	16	5. EU-/EWR-VR (Abs. 3 Satz 3)	61
B. Tatbestand	17	II. Rückkaufswert bei fondsgebundenen Versicherungen (Abs. 4)	62
I. Versicherung mit gewissem Eintritt der Verpflichtung des VR	17		
II. Kündigung des VN, Rücktritt oder Anfechtung des VR	20	III. Stornoabzug (Abs. 5)	63
III. Begrenzung des Rückkaufswertes (Abs. 2)	22	IV. Herabsetzung des Rückkaufwertes bei Gefährdung der Belange des VN (Abs. 6)	66
C. Rechtsfolgen	24	1. Garantierte Rückkaufswerte	66
I. Ermittlung des Rückkaufswertes	24	2. Gefährdung der Belange der VN	68
1. Deckungskapital der Versicherung	25	3. Gestaltungsmöglichkeiten der VR	71
2. Rechnungsgrundlagen der Prämienkalkulation	29	V. Ansprüche auf Überschussbeteiligung (Abs. 7)	72
3. Mindestrückkaufswert bei Frühstorno	33	VI. Abdingbarkeit	73
a) Zillmerung	34		

A. Allgemeines

I. Normzweck

Die Regelungen des § 169 über den Rückkaufswert **ergänzen** insbes. die Vorschriften des § 168 (Kündigung 1 durch den VN) und der §§ 165, 166 (Umwandlung der Lebensversicherung in eine prämienfreie Versicherung)[3] und definieren den Betrag, den der VR dem VN in diesen Fällen auszahlt (bei Kündigung) bzw. für eine prämienfreie Versicherung zur Verfügung stellt. Die §§ 165, 168 wiederum berücksichtigen hauptsächlich

---

2 Zum Anwendungsbereich vgl. Rdn. 6, 7.
3 Begr. RegE BT-Drucks. 16/3945 S. 52.

§ 169 Rückkaufswert

das Interesse des VN, sich von den i.d.R. lang laufenden Versicherungsverträgen ganz lösen zu können oder zumindest sich von der zukünftigen Beitragszahlungspflicht befreien zu können.[4] Mit den gesetzlichen Vorgaben für den Rückkaufswert soll verhindert werden, dass der VN durch – aus seiner Sicht – nachteilige vertragliche Regelungen von der Ausübung der genannten Gestaltungsrechte abgehalten wird.[5] Letztlich geht es um einen **Interessenausgleich** des einzelnen VN, der den Vertrag in dem bisherigen Umfang nicht mehr fortführen möchte, im Verhältnis zu den VN, die ihre Verträge bis zum Ende fortsetzen und zum VR, der auch andere Interessen berücksichtigen muss, wie etwa die des Vertriebs und der ausgelösten Abschlusskosten.[6] Da in der Vergangenheit für die VN häufig bei Vertragsschluss nicht erkennbar war, dass sie in Fällen des Frühstorno aufgrund der Definition des Rückkaufswerts sowie gleichzeitig der Behandlung der Abschlusskosten im Rahmen der Prämienkalkulation und der Bilanz des VR in den ersten Jahren keinen Rückkaufswert erhielten, hat der Gesetzgeber nunmehr für diese Fälle des Frühstorno einen Mindestrückkaufswert vorgegeben und gleichzeitig dem VR ein Verfahren zur Ermittlung des Rückkaufswerts aufgegeben, dass nicht mehr so große Ermessensspielräume gewährt. Der Gesetzgeber spricht insoweit von einer »nachvollziehbaren Berechnung«, die zu mehr Transparenz führen soll.[7]

II. Entstehungsgeschichte

2 »Eine Rückvergütung wird dem VN [...] seit 1831 ausgezahlt, [...]. Der VN erhielt von jener Zeit an – zumindest teilweise – eine Entschädigung in Höhe von 50 % der auf seine Versicherung zur Deckung der zukünftigen Ansprüche zurückgestellten Prämienreserve.«[8]

3 Im Rahmen des § 176 a.F. des Jahres **1908** sah man es dann als gerecht an, dem VN »bei der Auflösung des Vertrags den Teil der gezahlten Prämien herauszugeben, der durch die Tragung des Risikos eines frühzeitigen Todes und die aus der Vertragsanbahnung und -abwicklung entstandenen Kosten noch nicht aufgebraucht waren,«[9] so dass diese Prämienreserve (§ 176 III a.F.) im Falle der Kündigung herauszugeben war bzw. nach § 176 a.F. 1908 als einmalige Prämie für eine prämienfreie Versicherung behandelt wurde. Bereits in der regulierten Welt vor 1994 gab es Kritik (Verbraucherschützer, Politik, Aufsichtsbehörde) an dem so in § 176 a.F. 1908 definierten unzureichenden Rückkaufswert (bezeichnet auch als Rückvergütung), wie ein Bericht im Zusammenhang mit der Erläuterung des Mustergeschäftsplans für die Lebensversicherung der Aufsichtsbehörde und deren Änderungen und Wahlmöglichkeiten aus 1986 zeigt.[10] Man hatte sich bereits damals auf zwei Modelle für eine Mindestrückvergütung bei Frühstorno verständigt, die alternativ angewendet werden konnten: 65 % des Nettodeckungskapitals oder 80 % des nach dem ersten Versicherungsjahr gebildeten Nettodeckungskapitals.[11]

4 Im Rahmen der Deregulierung wurde **1994** deshalb auch **§ 176 geändert** und als Rückkaufswert statt der Prämienreserve nunmehr der Zeitwert eingeführt. Hierbei handelte es sich um einen Rückkaufswert und nicht um die Rückvergütung der verzinslich angesammelten Sparanteile der Beiträge und der noch nicht verbrauchten Risikobeiträge. Dieser Rückkaufswert ergibt sich – ebenso wie die vormalige Prämienreserve (= Rückvergütung) – aus der Summe bestimmter diskontierter Zahlungsströme,[12] nämlich der zukünftigen Leistungen abzüglich der zukünftigen Beiträge[13] aus dem Versicherungsvertrag. Dies entspricht der inhaltsgleichen Regelung in § 341f I HGB für die Ermittlung der Deckungsrückstellung nach der prospektiven Methode. Damit gelangte auch im Rahmen des Zeitwerts des § 176 a.F. 1994 – wie bereits bei der Prämienreserve des § 176 a.F. 1908 –[14] die Formel für das (prospektive) Deckungskapital[15] zur Anwendung. Der Rückkaufswert 1994 ist also eine Art Ertragswert, wie er z.B. bei der Bewertung von Unternehmen[16] oder auch bei der Ermittlung des Embedded Value im Rahmen der Bewertung von Versicherungsbeständen heute üblich ist. Entscheidend ist damit, und dies räumt dem VR nicht unerhebliche Ermessensspielräume ein, die Festlegung der Zahlungsströme und des Diskontierungszinses. »Das Hauptproblem besteht vielmehr darin, die richtigen, entsprechend dem enthaltenen Abweichungsrisiko gewichteten Werte für die zukünftigen Zahlungsströme und den richtigen Diskontie-

---

4 Begr. RegE BT-Drucks. 16/3945 S. 52.
5 Begr. RegE BT-Drucks. 16/3945 S. 52.
6 BGHZ 164, 297 = VersR 2005, 1565, 1570.
7 Begr. RegE BT-Drucks. 16/3945 S. 52.
8 B/M/*Winter*[8], Bd. V/2, Anm. G 388.
9 B/M/*Winter*[8], Bd. V/2, Anm. G 388.
10 *Claus* VerBAV 1986, 239, 283.
11 Ziffer 6 Geschäftsplan für die Großlebensversicherung, VerBAV 1986, 201, 206; *Claus* VerBAV 1986, 239, 283, 284; P/M/*Reiff*, § 169 Rn. 47; B/M/*Winter*, § 169 Rn. 176.
12 *Engeländer* NVersZ 2002, 436, 440; *Jaeger* VersR 2002, 133.
13 Begr. RegE BT-Drucks. 12/6959 S. 102; vgl. auch B/M/*Winter*[8], Bd. V/2, Anm. G 406 in der regulierten Zeit.
14 So ausdrücklich § 4 IV der Allgemeinen Bedingungen für die kapitalbildende Lebensversicherung als Anlage zum Geschäftsplan für die Großlebensversicherung, VerBAV 1986, 201, 211; B/M/*Winter*[8], Bd. V/2, Anm. G 387; *Engeländer* NVersZ 2002, 436, 438.
15 Vgl. unten Rdn. 25.
16 IDW S. 1 Grundsätze der Unternehmensbewertung.

rungszins zu finden. Dies sind die [...] Rechnungsgrundlagen des Zeitwertes.«[17] Der Diskontierungszins orientiert sich aus der Sicht eines Anlegers/Erwerbers an der Kapitalmarktsituation,[18] d.h. die Bewertung erfolgt grundsätzlich durch Vergleich mit alternativen Investments. Im Ergebnis kann der Rückkaufswert als Zeitwert nach § 176 a.F. 1994 danach zwar zutreffend mit der Formel für das prospektive Deckungskapital ermittelt werden. Die Gesetzesbegründung zu § 169[19] sowie der BGH[20] berufen sich für die Feststellung, dass es für die Ermittlung des Zeitwertes noch immer keine anerkannte Methode gebe, auf *Jaeger*[21], der den Zeitwert im Ergebnis zwar auch genau nach dieser Formel ermittelt. Dies stellt *Jaeger* durch seinen Hinweis auf unterschiedliche Markt-, Ertrags- und Substanzwertverfahren nicht in Abrede, da in allen seinen Beispielen die Formel für das (vorrangig prospektive bzw. retrospektive) Deckungskapital Anwendung findet. *Jaeger* verbindet mit den einzelnen Verfahren jedoch unterschiedliche Anknüpfungspunkte für die Auswahl der Zahlungsströme und des Zinssatzes.[22] Es fehlten also trotz geeigneter mathematischer Modelle die Prinzipien für die Wahl der geeigneten Parameter, um diese Modelle so befüllen und damit letztlich die von § 176 III 1994 vorausgesetzten »anerkannten Regeln der Versicherungsmathematik«.[23] Die Ermittlung des Zeitwerts durch je im Detail abweichend definierte Zahlungsströme und Diskontierungszinssätze ist für den VN selbst nicht transparent und nachvollziehbar und führt aus Sicht des Gesetzgebers zu unakzeptabel hohen Differenzen bei den sich ergebenden Zeitwerten.[24] Dies unterscheidet den Rückkaufswert 1994 (= Zeitwert) des § 176 a.F. 1994 von der Prämienreserve des § 176 a.F. 1908, denn bei der Prämienreserve wurde das Deckungskapital auch bereits mit den Rechnungsgrundlagen der Prämienkalkulation ermittelt. »Die Bilanzdeckungsrückstellung ist die Gesamtheit der Deckungskapitale aller [...] bestehenden Versicherungen.«[25] Der Gesetzgeber hat mit der Abschaffung der Prämienreserve in 1994 gleichzeitig das Deckungskapital mit den Rechnungsgrundlagen der Beitragskalkulation in § 174 II a.F. 1994 als Grundlage für die Ermittlung der beitragsfreien Versicherung eingeführt, der ja einen Mindestrückkaufswert im Verhältnis zum Zeitwert dargestellt hat.[26] Parallel zur Diskussion über den Zeitwert sind die Regelungen der VR zur Behandlung der Abschlusskosten in Fällen des Frühstorno in den AVB von der Rspr. für intransparent und damit unwirksam erklärt worden.[27] Die mit Treuhänderverfahren[28] gem. § 172 II a.F. ersetzten inhaltsgleichen – nunmehr transparenten – AVB-Klauseln sind anschließend ebenfalls für unwirksam erklärt worden, während die dadurch entstandene Lücke bezüglich des Rückkaufswertes in Fällen des Frühstorno im Wege der ergänzenden Vertragsauslegung verbindlich für alle vergleichbaren Fälle geschlossen wurde.[29]

Der **VVG-Reformgesetzgeber** hat diese Probleme für Versicherungsverträge ab 2008 dadurch gelöst, dass er im Rahmen des § 169 als eindeutigen und damit wohl auch transparenten Rückkaufswert nunmehr das (prospektive) Deckungskapital, ermittelt mit den Rechnungsgrundlagen der Prämienkalkulation, definiert und für die Fälle des Frühstorno zusätzlich einen Mindestrückkaufswert vorsieht, während es bei fondsgebundenen Produkten beim Zeitwert bleibt. Der Gesetzgeber der VVG-Reform orientierte sich also in den umstrittenen Punkten an den Regelungen, die bis 1994 galten. Darüber hinaus ist die Regelung zum Stornoabzug überarbeitet und insbes. eine Möglichkeit zur Reduzierung der Rückkaufswerte für bestimmte Fälle in Abs. 6 eingefügt worden.

III. Zeitlicher Anwendungsbereich

Mit dem Inkrafttreten des VVG-Änderungsgesetzes[30] zum 01.01.2008 findet das neue VVG 2008 und damit auch § 169 auf alle ab diesem Zeitpunkt abgeschlossenen Lebensversicherungsverträge Anwendung. Abweichend davon findet das VVG a.F. auf alle bis zum 31.12.2007 abgeschlossenen Verträge bis zum 31.12.2008 Anwendung.[31] Besonderheiten gelten gem. Art. 4 II EGVVG für die den Rückkaufswert betreffenden Regelungen. Auf Altverträge[32] ist anstatt des § 169 des VVG 2008, auch soweit auf ihn verwiesen wird, § 176 a.F. in der bis zum 31.12.2007 geltenden Fassung weiter anzuwenden.

---

17 *Engeländer* NVersZ 2002, 436, 442.
18 Begr. RegE BT-Drucks. 12/6959 S. 102.
19 Begr. RegE BT-Drucks. 16/3945 S. 102.
20 BGH VersR 2005, 1565, 1572.
21 *Jaeger* VersR 2002, 133.
22 Ebenso bereits *Engeländer* VersR 1999, 1325; *ders.* ausführlich NVersZ 2002, 436 ff.; ihm folgend *Kurzendörfer*, S. 77.
23 Vgl. *Zwiesler* ZVersWiss, 1994, 155; Rdn. 11.
24 Begr. RegE BT-Drucks. 16/3945 S. 102.
25 Ziffer 8 Geschäftsplan für die Großlebensversicherung, VerBAV 1986, 201, 208.
26 Ausführlich *Engeländer* NVersZ 2002, 436, 438; *ders.* VersR 2007, 1297, 1302.
27 BGHZ 147, 354 = VersR 2001, 841; BGHZ 147, 373 = VersR 2001, 839. Das OLG Nürnberg NVersZ 2000, 320 hatte die verwendeten Klauseln bestätigt, das OLG Stuttgart NVersZ 1999, 366 erachtete inhaltsgleiche Klauseln für unwirksam.
28 Vgl. § 164 Rdn. 3.
29 BGHZ 164, 297 = BGH VersR 2005, 1565, 1570.
30 Art. 12 I Satz 3 des Gesetzes zur Reform des Versicherungsvertragsrechts v. 23.11.2007 (BGBl I S. 2631, 2678).
31 Art. 1 I EGVVG.
32 Entstanden bis zum 01.01.08; Art I EGVVG.

7 Insbes. die §§ 174, 175 u. 176 a.F. fanden jedoch nebeneinander in zwei unterschiedlichen Versionen Anwendung; zum einen in der Version ab 1908 auf die – grob – bis zum Inkrafttreten des 3. DurchführungsG/EWG am 29.07.1994 abgeschlossenen Verträge sowie in der Version 1994 auf die bis zum 31.12.2007 abgeschlossenen Verträge. Künftig gelten sowohl **§ 176 a.F. 1908 sowie § 176 a.F. 1994** in ihrem bisherigen Anwendungsbereich weiter.[33] Auch wenn der Wortlaut des Art. 4 II EGVVG dies nicht zweifelsfrei vorgibt, ist die Gesetzesbegründung insoweit jedoch eindeutig, denn sie spricht ausdrücklich von der Weitergeltung »des bisher geltenden Rechts.«[34] Gemeint sind damit beide Fassungen des § 176 a.F., und zwar in der jeweiligen Ausprägung durch die Rspr.

8 Aus dem Satzteil »auch soweit auf ihn verwiesen wird« folgt, dass die §§ 173–178 a.F. 1908 sowie die §§ 174–178 a.F. 1994 im Übrigen in Zukunft keine Anwendung mehr finden. § 165 I u. II enthält jeweils Verweise auf § 169, d.h. insoweit ist diese Vorschrift in Zukunft in Abhängigkeit vom Datum des zugrundeliegenden Vertragsabschlusses mit einem Verweis auf die dann jeweils geltende Fassung des § 176 a.F. zu lesen. Für die – grob – zwischen Juli 1994 und Ende Dezember 2007 abgeschlossenen Verträge ist dies nicht ganz unproblematisch, da § 174 II a.F. 1994 ursprünglich als Grundlage für die Umwandlung in eine prämienfreie Versicherung auf die Deckungsrückstellung[35] bzw. auf das Deckungskapital, ermittelt mit den Rechnungsgrundlagen der Prämienkalkulation, verwies, während nunmehr auf den Zeitwert des § 176 a.F. 1994 Bezug genommen wird.[36]

IV. Zeitwert als Rückkaufswert gem. § 176 a.F. 1994 – ohne Frühstornofälle

1. Zeitwert als Mindestrückkaufswert

9 Mit der weiteren Anwendbarkeit des § 176 a.F. 1994 verblieben weiterhin die bisherigen Fragen rund um den Zeitwert als Rückkaufswert. Nach § 178 II a.F. kann zwar durch vertragliche Abreden von § 176 III a.F. nicht zum Nachteil des VN abgewichen werden, wohl aber zu seinen Gunsten, etwa durch vertraglich garantierte Rückkaufswerte, die tatsächlich über dessen Zeitwert liegen. Die Musterbedingungen für die Rentenversicherung[37] (Stand Mai 2006) sahen z.B. in § 9 III als eine Alternative durchaus derartige Garantiewerte für den Rückkaufswert vor: »Der Rückkaufswert entspricht jedoch mindestens einem bei Vertragsabschluss vereinbarten Garantiebetrag, dessen Höhe [...].« Insoweit kann man den Zeitwert des § 176 III a.F. 1994 durchaus als »**gesetzlichen Mindestrückkaufswert**« bezeichnen.[38] Ob es sich dabei tatsächlich um einen »gesetzlichen« Mindestwert handelte, kann man zwar unter europarechtlichen Aspekten wegen eines Verstoßes gegen die Dienstleistungsfreiheit bezweifeln;[39] dies kann aber für die Zeit nach der VVG-Reform für § 176 III a.F. 1994 offen bleiben, da diese Regelung stets auch Bestandteil der Versicherungsbedingungen war und der Zeitwert damit zumindest als »vertraglicher« Mindestrückkaufswert vereinbart war. Es bleibt unverständlich, warum die Rechtsprechung und ein Teil der Literatur diesen ursprünglichen Charakter des Zeitwertbegriffs, der nichts mit der Lösung der Frühstornoproblematik zu tun hatte, leugnen bzw. beseitigt sehen. Konkret: Warum soll ein VN nach 20 Jahren Vertragslaufzeit – aber vor dessen vertraglichem Ende – keinen Anspruch auf einen erhöhten Rückkaufswert haben, wenn dessen Zeitwert nach § 176 III a.F. 1994 über dem vertraglich vereinbarten garantierten Rückkaufswert liegt?

2. Zeitwert der Garantieleistungen bei Beitragsfreistellung (§ 174 II a.F. 1994)

10 Zum Verständnis der **tatsächlichen Behandlung** der Rückkaufswerte, zur Einordnung der Mindestrückkaufswerte in Fällen des Frühstorno und zur Lösung weiterer Fragen wie etwa der Behandlung der sog. Zinszusatzreserve[40] reicht diese Unterscheidung noch nicht aus. Grundsätzlich wird der Zeitwert mit der (prospektiven) Deckungskapitalformel, aber mit eigenständigen Rechnungsgrundlagen des Zeitwerts ermittelt. Wichtig ist insoweit insbes., die richtigen Werte für die relevanten Zahlungsströme und den passenden Diskontierungszinssatz zu finden,[41] wobei es aber keine anerkannten Regeln gab, diese zu ermitteln. Der Zeitwert als Rückkaufswert wird jedoch davon unabhängig zumindest bis in die jüngste Vergangenheit durch eine Eigenschaft bestimmt, die schon in der Regierungsbegründung zum neuen § 176 a.F. 1994 beschrieben wurde: »Nach unten ist der Zeitwert durch den Zeitwert der Garantieleistungen bei Beitragsfreistellung begrenzt.«[42] Dies be-

---

33 Ebenso PK/*Ortmann*, § 169 Rn. 8; P/M/*Reiff*, § 169 Rn. 24, 46; L/W/*Mönnich*, § 169 Rn. 133, 140.
34 Begr. RegE BT-Drucks. 16/5862 S. 100, 101.
35 P/M/*Kollhosser*[27], § 174 a.F. Rn. 6.
36 Für Details vgl. § 165 Rdn. 3.
37 Allgemeine Bedingungen für die Rentenversicherung mit aufgeschobener Rentenzahlung, 4. Mai 2006.
38 *Engeländer* NVersZ 2002, 436, 439: »einen [...] gesetzlich allein im VVG ausgestalteten Mindest-Rückkaufswert, der als »Zeitwert« bezeichnet wird«; *ders.* VersR 2007, 1297, 1300; ebenso *Schünemann* VersR 2009, 442, 445 f.; ablehnend *Schwintowski* VersR 2008, 1425; P/M/*Reiff*, § 169 Rn. 49.
39 *Schwintowski* VersR 2008, 1425, 1427; *Schünemann* VersR 2009, 442, 447.
40 Vgl. zur ZZR § 153 Rdn. 22; *Dalmis/Kaiser* VW 2011, 560, 561.
41 *Engeländer* NVersZ 2002, 436, 442, der die Eigenschaften des Zeitwerts auf S. 440 auflistet und anschließend erläutert.
42 Begr. RegE BT-Drucks. 12/6959 S. 102.

deutet, dass es für den Zeitwert als Rückkaufswert selbst auch einen **Mindestwert** gibt, nämlich das mit den Rechnungsgrundlagen der Beitragskalkulation ermittelte Deckungskapital für die beitragsfreien Versicherungsleistungen gem. § 174 II a.F. 1994.[43] Aus Sicht des Jahres 1994 war dieser Mindestwert (also die Garantieleistungen bei Beitragsfreistellung) sogar die Regel, während die separate Ermittlung des Zeitwertes nur ausnahmsweise erforderlich ist: »Im Regelfall entspricht dieser Zeitwert dem in 2. behandelten Deckungskapital [...]. Zu den Ausnahmen bei besonderen Kapitalertragsverhältnissen siehe [...].«[44] In den Versicherungsbedingungen wird zwar die Reglung des § 176 III a.F. 1994 über den Zeitwert als Rückkaufswert wiedergegeben, die betragsmäßigen Angaben[45] orientieren sich jedoch am Deckungskapital, ermittelt mit den Rechnungsgrundlagen der Beitragskalkulation. Aufgrund dieses Regel-Ausnahmeverhältnisses wird dann auch die Aussage in DAV-Mitteilung Nr. 2/94 verständlich, dass »für die normalen, gewinnbeteiligten Versicherungen der Zeitwert in der Regel nichts anderes sein (soll) als das voll gezillmerte, mit den Rechnungsgrundlagen der Prämienkalkulation kalkulierte Deckungskapital [...].« Damit werden auch die Hinweise nachvollziehbar, »dass der Zeitwert in praktisch allen Fällen deutlich unter den heute üblichen, mit den Rechnungsgrundlagen der Beiträge kalkulierten vertraglichen Kündigungsbedingungen liegt.«[46] Eine wesentliche Begründung dafür dürfte in der Tatsache begründet sein, dass der Diskontierungs-(= Anlage)zinssatz aus Sicht des VN bei normalen Kapitalmarktverhältnissen üblicherweise über dem (Höchst)Rechnungszins liegt, der für die Beitragskalkulation Anwendung fand. Danach hatte sich in der Praxis trotz der Definition des Rückkaufswertes in § 176 III a.F. als Zeitwert gegenüber der regulierten Welt faktisch solange nichts geändert, wie die Kapitalmarktverhältnisse annähernd stabil blieben. Dementsprechend wird auch der Anknüpfungspunkt des BGH für die Lösung der Frühstornofälle durch einen Mindestrückkaufswert plausibel: »Danach[47] soll der Rückkaufswert abweichend von § 176 Abs. 3 S. 1 VVG nicht mehr der Zeitwert der Versicherung, sondern das nach anerkannten Regeln der Versicherungsmathematik mit den Rechnungsgrundlagen der Prämienkalkulation [...] berechnete Deckungskapital sein, bei einer Kündigung mindestens jedoch die Hälfte des ungezillmerten Deckungskapitals.«[48] Der BGH ergänzt damit den Betrag des § 174 a.F., der vertraglich garantierten Beträgen entspricht und einen Mindestbetrag im Verhältnis zum Zeitwert darstellt, um einen weiteren **Mindestrückkaufswert für die Frühstornofälle**.[49] Unklar blieb, ob er das System im Übrigen verändern, also den »unklaren Zeitwert« durch das Deckungskapital, ermittelt mit den Rechnungsgrundlagen der Prämienkalkulation, ersetzen wollte.[50] Fraglich könnte auch sein, wie sich der Wegfall des § 174 a.F. 1994 auswirkt.[51] Da die Werte des § 174 II a.F. 1994 regelmäßig auch im Vertrag angegeben sind, sollte es sich insoweit zumindest weiterhin um vertragliche Mindestwerte handeln.

3. Art 4 II EGVVG

Trotz der Regelung des Art. 4 II EGVVG und den BGH-Urteilen aus 2012/13[52] zu den Rückkaufswerten, die sich mit dem Neubestand ab 2001 bis zur VVG-Reform beschäftigen, scheint es jenseits der Frühstornoproblematik in den letzten Jahren keine Diskussion mehr um den Begriff des Zeitwerts in § 176 III 1994 gegeben zu haben. Die Kommentierungen zu Art 4 II EGVVG schweigen zu der Frage, ob der Gesetzgeber mit der Fortgeltung des § 176 III 1994 am Zeitwertbegriff mit den bereits in den BGH-Urteilen aus 2001[53] und 2005[54] festgestellten Unzulänglichkeiten festhalten wollte. Bereits in der grundlegenden Entscheidung aus 2001 ist die Schwierigkeit beim Verständnis des Zeitwertbegriffs festzustellen. Dem BGH schwebt eine **Tabelle mit Zeitwerten** zur Information der VN vor Vertragsabschluss vor, die nach der Definition des Zeitwerts aber gar nicht möglich ist, da die Zeitwerte erst mit den aktuellen Rechnungsgrundlagen des Zeitwerts zum Stichtag des Rückkaufs festzulegen sind. Die dem BGH jeweils vorliegenden Tabellen beinhalteten keine Zeitwerte nach § 176 III a.F. 1994, sondern die Garantieleistungen bei Beitragsfreistellung nach § 174 II a.F. 1994. Im Urteil aus 2005 setzt sich das unklare Verständnis über den Zeitwertbegriff in Ziffer 62, also am Ende der Entscheidung, fort. Der Hinweis, dass der Zeitwert »nach Ansicht von Versicherungsmathematikern [...] unter den vereinbarten [...] Rückkaufswerten liegt«, gilt aufgrund der Abhängigkeit auch des Zeitwerts vom verwendeten Rechnungszins nur für »normale« Kapitalmarktverhältnisse. Bereits dem Gesetzgeber des § 176 III a.F. 1994 war aber durchaus bewusst, dass der Zeitwert über den vereinbarten Rückkaufswerten liegen konn-

---

43 *Engeländer* NVersZ 2002, 436, 441; ausführlich DAV-Mitteilung 2/94.
44 DAV-Mitteilung Nr. 2/94.
45 Anlage Teil D I Nr. 2 lit. b)-d) zu § 10a VAG a.F. bzw. § 2 I Nr. 4–6 VVG-InfoV.
46 *Engeländer* NVersZ 2002, 436, 446; *Jaeger* VersR 2002, 133, 144.
47 Gemeint ist der Vorschlag der VVG-Reformkommission zur Ausgestaltung der §§ 158, 161 des vorgelegten Entwurfs.
48 BGH VersR 2005, 1565, 1571.
49 Für Details vgl. Rdn. 46–58.
50 So wohl i.E. P/M/*Reiff*, § 169 Rn. 49.
51 Rdn. 8 sowie § 165 Rdn. 3.
52 BGH VersR 2013, 1429 m.w.N. in Ziffer 10 auf die verschiedenen vorangegangenen Urteile aus 2012.
53 BGHZ 147, 354 = VersR 2001, 841; BGHZ 147, 373 = VersR 2001, 839.
54 BGHZ 164, 297 = VersR 2005, 1565 unter Ziffer 62.

te, wie der ausdrückliche Hinweis auf die Kapitalmarktsituation im RegE[55] zeigt. Der VN sollte »beim Rückkauf seiner Versicherung deren echten Wert« erhalten. Bewertungsstichtag war damit zwingend der »Schluss der laufenden Versicherungsperiode« zum Zeitpunkt des Rückkaufs. War also die Fortgeltung des § 176 III 1994 – trotz all der Schwierigkeiten – als neuerlicher Auftrag zu verstehen, endlich den Zeitwertbegriff mit dem bereits in der Begr.[56] zum § 176 III 1994 skizzierten Leben[57] für die Fälle jenseits der Frühstornoproblematik zu füllen, wie dies noch in der Vorauflage für Entwicklungen am Kapitalmarkt überlegt wurde, in denen die vertraglich garantierten Rückkaufswerte auf der Grundlage der Rechnungsgrundlagen der Beitragskalkulation u.U. nicht mehr über den Zeitwerten liegen, ist die diesbezügliche aktuarielle Diskussion tatsächlich nicht fortgeführt worden, d.h. die Konkretisierung der »anerkannten Regeln der Versicherungsmathematik« für den Zeitwert als unbestimmten Rechtsbegriff[58] ist auch mehr als zwanzig Jahre nach seiner Einführung 1994 unvollständig geblieben. Mit mathematischen Begriffen[59] könnte man insoweit sagen, dass es bereits vor 1994 (mathematische) Modelle zur Ermittlung des Zeitwerts mit den jeweils zugehörigen Parametern für die Rechnungsgrundlagen gab – Zwiesler selbst skizzierte das frühere Modell des Bundesaufsichtsamtes – und noch weitere aber auch noch detailliertere entwickelt wurden, dass aber die Fachleute der Branche sich wegen großer Interessengegensätze **auf kein Modell einigen konnten**. Folglich gibt es bis heute noch keine anerkannten Regeln der Versicherungsmathematik für den Zeitwertbegriff.

4. Rechtsprechung aus 2012/2013

12 Was bedeutet vor diesem Hintergrund die neuerliche Rspr. des BGH aus 2012/13, in der die Klausel zu den Rückkaufswerten als Zeitwert – weil mit den intransparenten Regelungen zur Zillmerung/Behandlung der Abschlusskosten untrennbar zusammenhängend – ebenfalls für unwirksam erklärt wird. Dies ist für den im Urt. behandelten Frühstornofall nachvollziehbar, aber gilt es auch für den Storno in späteren Jahren, wenn sich der Zeitwertbegriff gerade als Mindestwert zugunsten des VN auswirkt? Gilt nicht der Zeitwertbegriff des § 176 III a.F. 1994 trotzdem weiter? Der BGH sagt 2013[60] ausdrücklich: »Jedoch muss bei einer ergänzenden Vertragsauslegung die Entscheidung des Gesetzgebers beachtet werden, den Vertrag grundsätzlich mit dem sich aus den Normen des dispositiven Gesetzesrechts, welche der ergänzenden Vertragsauslegung vorgehen, ergebenden Inhalt aufrecht zu erhalten.« Tatsächlich gibt es für die späteren Stornofälle keine ergänzende Vertragsauslegung, was auch nicht erforderlich ist, da der Zeitwert selbst zu Ergebnissen führt, die u.U. für den VN günstig sind. Die Lösung des BGH für die Frühstornofälle in Form der Hälfte des ungezillmerten Deckungskapitals ist hier unbrauchbar. Während in den ersten Jahren der Vertragslaufzeit die Fragen rund um die Abschlusskosten und die Zillmerung die Höhe des Rückkaufswerts entscheidend beeinflussen, ist dies in späteren Jahren der Zeitwertbegriff, der dem VN 100 % des mit speziellen Rechnungsgrundlagen ermittelten Deckungskapitals zugesteht. Dieses kann bei einem gegenüber der Prämienkalkulation im Zeitpunkt des Rückkaufs verringertem Rechnungszins – aufgrund eines gesunkenen Kapitalmarktniveaus – durchaus oberhalb der vertraglich garantierten Werte liegen. »Für die Bestimmung des Rückkaufswerts gibt § 176 III a.F. 1994 nur einen gesetzlichen Rahmen vor, innerhalb dessen sich die Berechnung halten muss. Er lässt Spielräume für geschäftspolitische, die Höhe der Rückkaufswerte beeinflussende Entscheidungen des jeweiligen Versicherers. Die gesetzliche Regelung bedarf daher einer Ergänzung im Versicherungsvertrag.«[61] Die vom BGH geforderte Konkretisierung im Vertrag war nach dem Konzept des Gesetzgebers gar nicht möglich und nicht gewollt, da die aktuellen Werte – Rechnungsgrundlagen des Zeitwerts – ausdrücklich durch die anerkannten Regeln der Versicherungsmathematik für den Zeitwert bestimmbar gemacht werden sollten. Man könnte sich also mit guten Gründen auf den Standpunkt stellen, dass die vom VVG-Reformgesetzgeber angeordnete Fortgeltung des § 176 III a.F. 1994 auch den Zeitwertbegriff umfasst und die Rspr. des BGH zu den Frühstornofällen dessen **Anwendung in späteren Stornofällen** nicht berührt.[62] Wie nachfolgend (Rdn. 14) erläutert wird, hat jedoch spätestens der Gesetz- und Verordnungsgeber mit der Zinszusatzreserve (ZZR), der DeckRV und dem Sicherungsbedarf des LVRG faktisch auch den Inhalt des Art. 4 II EGVVG dahin konkretisiert, dass der Zeitwertbegriff des § 176 III a.F. 1994 in Zukunft keine Rolle mehr spielt, soweit es um die traditionelle kapitalbildende Lebens- u. Rentenversicherung geht. Insoweit ist als Rückkaufswert in all den Fällen der vertraglich garantierte gezillmerte Rückkaufswert zu zahlen, in denen nach einer Anzahl von Vertragsjahren dieser höher ist als die Hälfte des ungezillmerten Deckungskapitals der Rspr. für die Frühstornofälle.[63] Dies entspricht dann

---

55 Begr. RegE BT-Drucks. 12/6959 S. 103.
56 Begr. RegE BT-Drucks. 12/6959 S. 102, 103.
57 *Zwiesler* ZVersWiss, 1994, 155 zur Entwicklung der »anerkannten Regeln der Versicherungsmathematik« für den Zeitwert.
58 *Vieweg* ZVersWiss, 1994, 163.
59 *Zwiesler* ZVersWiss, 1994, 155.
60 BGH NJW 2013, 3240 Rn. 14.
61 BGH NJW 2012, 3032 Rn. 53.
62 Ähnlich in jüngerer Zeit wohl *Präve* in einer Anm. zu BGH VersR 2012, 1149, 1161.
63 Ebenso P/M/*Reiff*, § 169 Rn. 49.

auch den Vorgaben des VVG-Reformgesetzgebers, der mit Art. 4 II EGVVG gerade soweit wie möglich – also außerhalb der Frühstornofälle – einen Eingriff in die Kalkulation der VU vermeiden wollte.[64]

V. Auswirkungen des Niedrigzinsumfeldes auf die Rückkaufswerte?

1. Kollektiver Charakter der Zinszusatzreserve

Aufgrund der Veränderungen an den Kapitalmärkten und der Senkung des Zinsniveaus ist der Höchstrechnungszins weiter reduziert, 2011 eine sog. Zinszusatzreserve und 2014 im Rahmen des LVRG auch ein Sicherungsbedarf eingeführt worden.[65] Ein bilanzieller Nachreservierungsbedarf[66] ergibt sich aufgrund der ZZR in den VU mittlerweile für die Verträge mit einem Rechnungszins von unter 3 %, da die am Kapitalmarkt erzielbare Rendite mittlerweile deutlich darunter liegt. Wirtschaftlich wird die ZZR als zusätzliche Rückstellung – genauer die dadurch gebundenen Kapitalanlagen auf der Aktivseite der Bilanz – benötigt, um dem VN am Ende der Vertragslaufzeit sicher die zugesagten Leistungen auszahlen zu können. Was passiert aber, wenn der Vertrag vorher endet und ein Rückkaufswert zu zahlen ist?[67] »Die Zinszusatzreserve hat zunächst einen **rein kollektiven Charakter**, ein vertragsindividueller Anspruch entsteht durch die handelsrechtliche Erhöhung der Deckungsrückstellung per se nicht. Aus der ZZR werden deshalb keine weiteren primären Versicherungsleistungen (d.h. insbes. keine Ablaufleistungen und Altersrenten) gebildet. Weil die Zinszusatzreserve auf den Rechnungsgrundlagen der Reserve beruht, entsteht grundsätzlich zunächst auch kein vertragsrechtlicher Anspruch auf sekundäre Versicherungsleistungen (wie Rückkaufswert, Austrittsvergütung oder beitragsfreie Leistung), weil letztere grundsätzlich nach Maßgabe der (unveränderten) Prämiengrundlagen festgesetzt sind.«[68] Der Hinweis auf den kollektiven Charakter der ZZR verdeutlicht, dass die ZZR zivilrechtlich **ein Teil der handelsrechtlichen Deckungsrückstellung nach § 341f HGB ist**, die einen gegenüber der Prämienkalkulation höheren Wert erhält, weil nunmehr jährlich ein immer geringerer Rechnungszins für die Berechnung der Deckungsrückstellung nach § 5 III, IV DeckRV zu verwenden ist. Bei der Rückstellungsbildung handelt es sich um einen rein unternehmensinternen (= kollektiven) Vorgang, der als solcher natürlich keinen Einfluss auf die Höhe der Ansprüche der VN gegenüber dem VU haben kann. Es gilt umgekehrt, dass die Rückstellung den Wert des Anspruchs des Gläubigers bilanziell (§§ 249, 252 II Nr. 4 HGB) abbilden soll. Sieht das Unternehmen etwa mit einem Schadensersatz- oder Steueranspruch konfrontiert, wird es darauf achten, dass der Gläubiger über die Höhe der Rückstellung keine Informationen erhält, um ihn bei dessen Arbeit (= Anspruchsbegründung) nicht noch zu unterstützen.

2. Rückkaufswerte in der regulierten Zeit und nach § 169

Dieser rein kollektive Charakter der ZZR korrespondiert für die **Rückkaufswerte nach der VVG-Reform ab 2008** mit den Vorgaben des § 169 III, der den vertragsindividuellen Rückkaufswert des VN gegenüber dem VR grundsätzlich als das Deckungskapital, ermittelt mit den Rechnungsgrundlagen der Prämienkalkulation, definiert. Da diese Rechnungsgrundlagen und mit ihnen der Rückkaufswert bereits bei Vertragsbeginn feststehen, bleiben die Rückkaufswerte im Verhältnis zu dem VN selbst dann unverändert, wenn der VR im Niedrigzinsumfeld aufgrund des veränderten Zinsniveaus zum Zwecke der Risikovorsorge für die Bildung der erhöhten Deckungsrückstellung einen anderen – geringeren – Rechnungszins verwenden muss. Diese Überlegungen treffen auch auf die **Rückkaufswerte für den Altbestand nach § 176 a.F. 1908** zu, denn bis zur Deregulierung waren die Rückkaufswerte in den genehmigten Geschäftsplänen ebenfalls als das Deckungskapital mit den Rechnungsgrundlagen der Prämienkalkulation festgeschrieben. Die damaligen Modifikationen für die Frühstornofälle sind wegen Zeitablaufs heute nicht mehr relevant. Damit stellt sich natürlich die Frage nach der weiteren Verwendung der durch die ZZR bereitgestellten Beträge, wenn bzw. soweit diese nicht mit dem Rückkaufswert an den VN ausgekehrt werden. Da die ZZR – unterstützt durch die Maßnahmen des LVRG – primär aus dem Rohüberschuss finanziert wird, erhöhen entsprechende Auflösungsbeträge wiederum den Rohüberschuss – Zinsergebnis – des betreffenden Jahres. Da die einzelnen Rechnungszinsgenerationen ursprünglich die Sicherheitsmargen in ihrer Deckungsrückstellung nach Möglichkeit selbst finanzieren sollten, sollten entsprechende Auflösungsbeträge den einzelnen Verträgen auch verursachungsorientiert über die Überschussbeteiligung zugute kommen. Daran ist derzeitig aber wohl kaum noch zu denken, da viele Unternehmen die ZZR insgesamt in den nächsten Jahren nur mit Mühe finanzieren können, d.h. **faktisch** werden nicht mehr benötigte

---

64 BR-Drucks. 707/06 unter Ziffer 17; dieses Anliegen wurde dann durch die Beschlussempfehlung des Rechtsausschusses (BR-Drucks. 583/07) berücksichtigt. Vgl. insoweit auch die Zusammenfassung von *Präve* VersR 2012, 1149, 1159, 1160.
65 Vgl. zur ZZR § 153 Rdn. 22; zum Sicherungsbedarf und zum LVRG vgl. *Krause/Menning* NJOZ 2013, 289 und *Hofmeier/Krause/Menning* DB 2015, 1477.
66 Details vgl. § 153 Rdn. 22.
67 Diese Frage nach der Rückkaufsfähigkeit der ZZR stellen *Dalmis/Kaiser* VW 2011, 560, 561.
68 Ergebnispapier der Deutschen Aktuarvereinigung zur Finanzierung und Gegenfinanzierung einer ZZR auf S. 6 aus Sept. 2012, das aber im Anschluss an das LVRG 2014 aufgehoben wurde.

Beträge überwiegend zur Finanzierung der ZZR für die Verträge der betreffenden Rechnungszinsgeneration oder sogar für das gesamte Vertragskollektiv des VR benötigt.

3. Rückkaufswerte nach § 176 III a.F. 1994

15 Etwas schwieriger sind die Überlegungen für die **Rückkaufswerte nach § 176 III a.F. 1994**, also für Verträge von 1994 bis 2007. Wie in Rdn. 9 ff. erläutert, gab es insoweit neben dem vertraglich garantierten Rückkaufswert (Grundlage: § 174 II a.F. 1994 i.V.m. den Rechnungsgrundlagen der Prämienkalkulation) und dem Mindestrückkaufswert für die Frühstornofälle nach den Rspr.-Regeln einen weiteren (Mindest)Rückkaufswert, gesetzlich definiert als Zeitwert nach den anerkannten Regeln der Versicherungsmathematik. Dessen Höhe war zu Vertragsbeginn bewusst nicht konkretisiert, sondern sollte nach den Vorgaben des Gesetzgebers mit den aktuellen Rechnungsgrundlagen des Zeitwerts jeweils neu festgestellt werden, wobei die Gesetzesbegründung für diese Rechnungsgrundlagen beispielhaft ausdrücklich auf das **aktuelle Zinsniveau** aus Sicht des VN zum Zeitpunkt des Rückkaufs verweist: »[…] und in Anlehnung an § 9 des Bewertungsgesetzes alle Umstände zu berücksichtigen, die den Zeitwert beeinflussen wie etwa Kapitalmarktsituation und Sterblichkeitsrisiko.«[69] Obwohl also der Gesetzgeber gerade für geänderte Kapitalmarktsituationen den Zeitwert als Korrektiv in § 176 III a.F. 1994 vorgesehen hatte, gibt es mittlerweile mindestens drei Argumente dafür, dass auch der Zeitwert zu keinen höheren Rückkaufswerten führen kann.

(1) Auszugehen ist von den Beschränkungen, mit denen der Gesetzgeber den Zeitwert des § 176 III a.F. 1994 selbst »ausgestattet« hat: »Abweichungen von dieser Regel [gemeint ist das Deckungskapital mit den Rechnungsgrundlagen des Zeitwerts] können erforderlich werden, wenn […] sich ein Zeitwert ergäbe, dessen Herausgabe in voller Höhe den Interessen der im Bestand verbleibenden Versicherten zuwiderläuft […].« Danach ist der Zeitwert nicht nur das Ergebnis aus der Anwendung der Deckungskapitalformel mit aktuellen Rechnungsgrundlagen, hier dem modifizierten Rechnungszins, sondern erfordert u.U. ähnlich § 153 III 3 bei der Beteiligung an den Bewertungsreserven oder § 169 VI weitere Anpassungen.

(2) Wichtig wird einmal die Tatsache, dass gerade für die vorliegende besondere Kapitalmarktsituation eines extremen Niedrigzinsumfeldes keine geeigneten Modelle entwickelt wurden oder man sich auf die vorhandenen Ansätze gerade nicht als anerkannt einigen konnte.[70] Es muss darüber hinaus auch bezweifelt werden, dass die in der Zeit nach Einführung des Zeitwerts 1994 vorgelegten Modelle heute überhaupt noch passen, denn der (Höchst)Rechnungszins wurde damals sogar auf 4 % (= max. 60 % des Marktzinses von Staatsanleihen) erhöht, d.h. Zinsen auf sichere Staatsanleihen von unter 1 % wie heute oder sogar negative Zinsen waren damals undenkbar. Undenkbar war damit auch der durch das Niedrigzinsumfeld in Form der ZZR ausgelöste Nachreservierungsbedarf für die Risikovorsorge bzgl. der bestehenden Ansprüche, der von den VR teilweise trotz LVRG nur sehr schwer finanziert werden kann. Wie können dann noch höhere Rückkaufswerte finanziert werden?

(3) Genau an dieser Stelle werden nun die **Wertungen des LVRG** entscheidend. Der Gesetzgeber schränkt mit dem Sicherungsbedarf die in § 153 III an sich vorgesehene Beteiligung der VN an den Bewertungsreserven ein und er reduziert durch die Einführung einer kollektiven RfB sowie der erweiterten Verrechnung des Aufwandes aus der Finanzierung der ZZR im Rahmen der MindZV das Ausschüttungspotential zum Schutz der Finanzierbarkeit der bestehenden Ansprüche des Versichertenkollektivs. Wenn der Gesetzgeber bereits bestehende Ansprüche einschränken muss, bedeutet dies gleichzeitig unwiderleglich, dass über den Zeitwertbegriff keine höheren Rückkaufswerte gegenüber den vertraglich garantierten begründet werden können, da dies »den Interessen der im Bestand verbleibenden zuwiderläuft.«

Faktisch wird damit der **Zeitwert als Mindestrückkaufswert** neben den vertraglich garantierten Beträgen und den Mindestbeträgen für die Frühstornofälle trotz der Vorgaben des Art. 4 II EGVVG **abgeschafft**.

4. Weitere Anpassung der Rückkaufswerte

16 Im Jahresbericht der BaFin für das Jahr 2010 wird auf S. 113 von Gesprächen über Maßnahmen zur Verbesserung der mittel- und langfristigen Risikotragfähigkeit der Lebensversicherungsbranche berichtet; dazu gehörten ursprünglich auch Überlegungen zur »Anpassung der Regelungen zu den Rückkaufswerten«. Konkrete Ergebnisse sind dazu nicht bekannt geworden. Dies scheint auch plausibel, denn eine Änderung des § 169 III würde die seit 2008 vertraglich garantierten Rückkaufswerte nicht reduzieren und über die zukünftigen (Zins)Garantien können diese selbst entscheiden. Die Regelung des § 169 VI mit seiner Herabsetzungsmöglichkeit für die Rückkaufswerte nach § 169 III scheint hier aufgrund der Risiken aus dem Zinsumfeld nicht einschlägig, da zwar spätestens das LVRG deutlich gemacht hat, dass die Belange der VN aufgrund der Zinsrisiken erheblich gefährdet sind. Diese Gefährdung geht jedoch nicht von den Fällen einer vorzeitigen Beendigung der Versicherungsverträge und der Zahlung der Rückkaufswerte aus letztere setzen sondern setzt tendenziell – wie beschrieben – bereits finanzierte Teile der ZZR frei.

---

69 Begr. RegE BT-Drucks. 12/6959 S. 103.
70 *Lörper/Schön* Der Aktuar 1997, 170; vgl. auch das in Der Aktuar 1999, 18 beschriebene Verfahren.

B. Tatbestand

I. Versicherung mit gewissem Eintritt der Verpflichtung des VR

§ 169 ist anwendbar auf »eine Versicherung, die Versicherungsschutz für ein Risiko bietet, bei dem der Eintritt der Verpflichtung des Versicherers gewiss ist.« Die frühere Einschränkung auf Kapitalversicherungen in § 176 a.F. ist entfallen. Entscheidendes Abgrenzungsmerkmal ist nunmehr die Gewissheit, dass der VR eine Versicherungsleistung im Rahmen der Versicherung erbringen wird. Dabei ist der **Vertrag als Einheit** anzusehen, d.h. auch Haupt- und Zusatzversicherungen sind zusammen zu beurteilen.[71] § 169 ist insbes. auf die gemischte Kapitallebensversicherung und auf die fondsgebundene Lebensversicherung anwendbar, wenn sie im Erlebens- und Todesfall leisten, aber auch bei der Sterbegeldversicherung oder der Termfix-Versicherung sowie etwa bei der Unfallversicherung mit Prämienrückgewähr. Rentenversicherungen sind erfasst, wenn sie Leistungen im Todesfall vorsehen.[72] So etwa § 9 III der GDV-Musterbedingungen für die Rentenversicherung mit aufgeschobener Rentenzahlung, 31.07.2008: »Ist für den Todesfall eine Leistung vereinbart, haben wir nach § 169 VVG den Rückkaufswert zu erstatten, [...].« Damit ist also eine Rückkaufsmöglichkeit gegeben. Andererseits führt nach § 7 der GDV-Musterbedingungen für die Rentenversicherung/Basisversorgung, 31.07.2008, die Kündigung zu einer beitragsfreien Versicherung mit herabgesetzter Rente.

17

Nicht in den Anwendungsbereich fallen dagegen **reine Risikoversicherungen**,[73] da bei ihnen der Versicherungsfall und damit die Verpflichtung des VR ungewiss ist. Der VR kann die Anwendung des § 169 in diesem wie auch in anderen Fällen jedoch vereinbaren.[74] Kommt es in diesen Fällen zum Antrag auf Umwandlung in eine prämienfreie Versicherung und wird die vereinbarte Mindestversicherungsleistung nicht erreicht, hat der VR nach § 165 I 2 den Rückkaufswert an den VN zu zahlen. § 169 findet auch in den in § 211 I genannten Fällen (Pensionskassen, kleinerer VVaG usw.) keine Anwendung, soweit in den AVB mit Genehmigung der Aufsicht so geregelt.

18

Der Gesetzestext verlangt ausdrücklich, dass die Versicherung Versicherungsschutz für ein Risiko bieten muss, bei dem der Eintritt der Verpflichtung des VR gewiss ist. Sind in einem Versicherungsvertrag **unterschiedliche Risiken** versichert, z.B. bei einer Kapitallebensversicherung mit Berufsunfähigkeitsschutz,[75] gelangt man aufgrund des Gesetzeswortlauts wohl nur bezüglich der gemischten Kapitallebensversicherung zu einem Rückkauf, da der Eintritt der Verpflichtung des Berufsunfähigkeitsschutzes nicht gewiss ist.[76] Der VR kann natürlich weitergehend das gesamte Deckungskapital des Vertrages und damit auch das Deckungskapital bezüglich des Risikos auskehren, bei dem der Eintritt der Verpflichtung des VR ungewiss ist, so dass der gesamte Vertrag endet. Aus dem Gesetzeswortlaut kann aber nicht gefolgert werden, dass auch die Verpflichtungen des VR etwa im Erlebens- und Todesfall nur soweit rückkaufsfähig sind, wie sie sich in der Höhe entsprechen,[77] da der Gesetzgeber diese Fälle ausdrücklich in § 169 II geregelt hat, während der VR den Aspekt der Antiselektion gegebenenfalls bei seiner Produktgestaltung berücksichtigen kann, aber nicht muss. So kann auch die von *Engeländer* angesprochene Risikolebensversicherung durchaus ohne Verstoß gegen § 169 I rückkaufsfähig gestellt werden.[78]

19

II. Kündigung des VN, Rücktritt oder Anfechtung des VR

Der Rückkaufswert ist nur zu zahlen, wenn der VN kündigt[79] oder im Falle des Rücktritts oder der Anfechtung[80] durch den VR. Da die Regelung des § 166 heute alle Fälle der Kündigung durch den VR mit der Folge der Fortführung des Vertrages als prämienfreie Versicherung nach § 165 erfasst, ist der Anwendungsbereich des § 169 gegenüber § 176 a.F. insoweit reduziert. Bei Anfechtung oder Rücktritt durch den VN erfolgt die Abwicklung nach den allgemeinen Vorschriften, d.h. nach Bereicherungsrecht. Der Gesetzgeber betrachtet die daraus u.U. folgende schärfere Haftung als gerechtfertigt, da der VR den Anlass zur Vertragsaufhebung gegeben hat.[81] In Fällen der Kündigung einer Direktversicherung durch den Arbeitnehmer, der mit einer unverfallbaren Anwartschaft ausgeschieden ist, wandelt sich die Versicherung nach § 2 II 5, 6 BetrAVG in eine prämienfreie Versicherung nach § 165 um.[82]

20

---

71 *Engeländer* VersR 2007, 1297, 1299; PK/*Ortmann*, § 169 Rn. 9.
72 *Schick/Franz* VW 2007, 764; L/W/*Mönnich*, § 169 Rn. 38.
73 Beispiele bei PK/*Ortmann*, § 169 Rn. 10.
74 Vgl. § 9 III Der GDV-Musterbedingungen für die Risikoversicherung, 31.07.2008. Dies ist aber in jüngeren Musterbedingungen (Stand 02.02.2016) in § 13 nicht mehr vorgesehen.
75 *Engeländer* VersR 2000, 277.
76 *Engeländer* VersR 2007, 1297, 1299.
77 So *Engeländer* VersR 2007, 1297, 1299, a.A. wie hier PK/*Ortmann*, § 169 Rn. 13, VersHB/*Brömmelmeyer*, § 42 Rn. 155; P/M/*Reiff*, § 169 Rn. 26.
78 I.E. ebenso B/M/*Winter*, § 169 Rn. 39; vgl. auch Fn. 73.
79 Zu den Kündigungsmöglichkeiten vgl. die Übersicht Rdn. 42 Vor §§ 150 ff.
80 Vgl auch die Übersicht Rdn. 43 Vor §§ 150 ff.; P/M/*Reiff*, § 169 Rn. 16–18.
81 Begr. RegE BT-Drucks. 16/3945 S. 101.
82 Vgl. § 165 Rdn. 7.

21 Es mag Fälle geben, in denen der Vertrag aus anderen Gründen aufgelöst wird, z.B. durch einvernehmliche Vertragsauflösung, ohne dass die Art und Weise der Abwicklung ausdrücklich mitgeregelt wird.[83] Eine derartige Lücke wird man durch **ergänzende Vertragsauslegung** unter Rückgriff auf die Regelungen zum Rückkaufswert in den AVB[84] oder direkt durch Rückgriff auf § 169 schließen können.[85] Darüber hinaus findet § 169 bzw. dessen Abs. 3–7 über die Ermittlung des Rückkaufswertes in den im VVG ausdrücklich genannten Fällen Anwendung:[86] § 152 II (Widerruf des VN); § 161 III (Selbsttötung); § 165 I (Nichterreichen der Mindestversicherungssumme bei Beitragsfreistellung); § 165 II (Ermittlung der prämienfreien Leistung gem. § 169 III–VII); § 166 I i.V.m. § 165 I bzw. § 165 II (Kündigung durch den VR).

III. Begrenzung des Rückkaufswertes (Abs. 2)

22 § 169 II begrenzt die Auszahlung des Rückkaufswertes im Falle der Kündigung der Höhe nach auf die Leistung im Versicherungsfall. Die Gesetzesbegründung verweist **beispielhaft** auf eine **Rentenversicherung**, bei der das Deckungskapital für die vereinbarte lebenslange Rente höher ist als die vereinbarte Prämienrückzahlung im Todesfall vor Rentenbeginn.[87] Der übersteigende nicht ausgezahlte Rückkaufswert ist für eine prämienfreie Versicherung nach § 165 zu verwenden. Bei Rücktritt oder Anfechtung ist stets der volle Rückkaufswert auszuzahlen.

23 Der eigentliche Hintergrund für die Regelung ist nicht ohne weiteres erkennbar; in der Literatur wird insoweit auf das Problem der **Antiselektion**[88] verwiesen. Dabei geht es darum, dass der VN, wenn möglich, tendenziell einen einseitigen Informationsvorsprung zu seinen Gunsten ausnutzen wird, was deshalb vermieden werden sollte.[89] Der VR kann auf die Regelung des § 169 II zugunsten des VN verzichten, und zwar ausdrücklich vorab im Rahmen der AVB,[90] aber auch faktisch im Kündigungsfall, da § 171 nur abweichende Regelungen verbietet, die den VN benachteiligen. In den GDV-Musterbedingungen wird in den Fällen auf § 169 II verwiesen, in denen diese Norm zur Anwendung gelangen kann bzw. soll, z.B. in § 9 III der Bedingungen für die Rentenversicherung mit aufgeschobener Rentenzahlung, 02.02.2016.

C. Rechtsfolgen
I. Ermittlung des Rückkaufswertes

24 § 169 III definiert den vom VR zu zahlenden Rückkaufswert als das Deckungskapital (1.) der Versicherung, ermittelt mit den Rechnungsgrundlagen der Prämienkalkulation, (2.) zum Schluss der laufenden Versicherungsperiode. Für Fälle des Frühstorno wird ein Mindestrückkaufswert (3.) dadurch definiert, dass bei der Ermittlung des Deckungskapitals eine bestimmte Verteilung der Abschlusskosten und Höchstzillmersätze zu berücksichtigen ist. Von diesen Vorgaben kann zum Nachteil der VN nach § 171 nicht abgewichen werden.

1. Deckungskapital der Versicherung

25 Das Deckungskapital ist (nur) eine **mathematische Formel** zur Ermittlung von Werten in der aktuariellen Praxis.[91] Man sollte berücksichtigen, dass die Begriffe Deckungskapital und Deckungsrückstellung wegen ihrer inhaltlichen Nähe teilweise auch – wenig präzise – synonym verwandt werden,[92] vgl. Rdn. 26. Die Formel ist für die konkreten Zwecke (z.B. Bilanzierung, Rückkaufswert, Ermittlung des Zinsüberschussanteils) mit konkreten Zahlen auszufüllen, die für den jeweiligen Zweck durchaus unterschiedlich auf der Grundlage konkreter Annahmen ermittelt werden.[93] Die Formel für das Deckungskapital gibt es in den folgenden zwei Varianten.[94] Für die zukünftige Versicherungsdauer gilt das **prospektive Deckungskapital**, d.h. der gesuchte Wert ermittelt sich als Barwert der erwarteten künftigen Versicherungsleistungen abzüglich des Barwerts der erwarteten künftigen Prämieneinnahmen.[95] Rückblickend für die bereits abgelaufene Versicherungsdauer gilt die Formel für das **retrospektive Deckungskapital**. In diesem Fall wird der gesuchte Wert ermittelt als End-

---

83 Vgl. P/M/*Kollhosser*[27], § 176 Rn. 7, OLG Karlsruhe NVersZ 2000, 220, 221; diese Möglichkeit wird von HK-VVG/*Brambach*, § 169 Rn. 14 nicht gesehen.
84 Z.B. § 9 der GDV-Musterbedingungen zur kapitalbildenden Lebensversicherung, 31.07.2008.
85 PK/*Ortmann*, § 169 Rn. 17; ähnlich B/M/*Winter*[8], Bd. V/2, Anm. G 445; B/M/*Winter*, § 169 Rn. 66: § 169 enthalte insoweit einen allgemeinen Rechtsgedanken; krit. zur analogen Anwendung in anderen Fällen P/M/*Reiff*, § 169 Rn. 29; a.A. HK-VVG/*Brambach*, § 169 Rn. 14.
86 Vgl auch die Übersicht Vor §§ 150 ff. Rdn. 42, 43.
87 Begr. RegE BT-Drucks. 16/3945 S. 101.
88 *Engeländer* VersR 2007 1297, 1300; HK-VVG/*Brambach*, § 169 Rn. 16.
89 Vgl. zur Antiselektion auch § 18 GenDG und Vor §§ 150 ff. zur Tabelle in Rdn. 38.
90 HK-VVG/*Brambach*[2], § 169 Rn. 24; L/W/*Mönnich*, § 169 Rn. 62.
91 *Engeländer* VersR 1999, 1325, 1326; *ders.* VersR 2007, 1297, 1300.
92 Z.B. *Führer/Grimmer*, 1. Aufl. 2006, S. 98; *Wandt*, Rn. 1161.
93 *Engeländer* VersR 1999, 1325, 1326.
94 *Führer/Grimmer*, 1. Aufl. 2006, S. 99.
95 Wie hier L/W/*Mönnich*, § 169 Rn. 81 mit einer Zusammenstellung der Literaturmeinungen ab Rn. 65. Die von B/M/*Winter*, § 169 Rn. 22 beschriebene »juristische« Definition hat einen identischen Inhalt.

Rückkaufswert § 169

wert der zurückliegenden rechnungsmäßigen Prämieneinnahmen abzüglich des Endwertes der zurückliegenden rechnungsmäßigen Versicherungsleistungen. In beiden Fällen handelt es sich um eine finanzmathematische Barwertbetrachtung diskontierter Zahlungsströme. Der Barwert (= Gegenwartswert) künftiger Zahlungen wird durch Abzinsung der in Zukunft fälligen Beträge mit dem Diskontierungsfaktor ermittelt. Bei dem hier relevanten versicherungsmathematischen Barwert werden darüber hinaus noch stochastische bzw. biometrische Faktoren (z.B. Sterbewahrscheinlichkeiten) berücksichtigt.

Für **bilanzielle Zwecke** findet sich diese Formel für das Deckungskapital in § 341f I HGB, wobei dort die vorrangige Anwendung der prospektiven Formel[96] zur Ermittlung der **Deckungsrückstellung** (= Deckungskapital für die HGB-Bilanz unter Berücksichtigung aller handels- und aufsichtsrechtlichen Vorgaben, insbes. der DeckRV) angeordnet wird. Der Rückkaufswert wurde bereits im Rahmen des § 176 a.F. 1908 als Prämienreserve mit dieser Deckungskapitalformel ermittelt,[97] wobei für den Begriff der Prämienreserve wohl die retrospektive Betrachtung begriffsbildend war; ebenso entspricht der Zeitwert als Definition des Rückkaufswerts in § 176 III a.F. 1994 der prospektiven Deckungskapitalformel.[98] Trotz identischer Formel unterscheiden sich die Ergebnisse bei unterschiedlichen Rechnungsgrundlagen. 26

Verweisen damit auch die früheren Begriffe der Prämienreserve, des Zeitwertes und der Deckungsrückstellung auf dieselbe Deckungskapitalformel, so ist zum Verständnis der Begriffe weiterhin wichtig, dass bei übereinstimmenden Rechnungsgrundlagen für die Prämien- und Deckungskapitalberechnung die prospektive und retrospektive Formel zu gleichen Ergebnissen gelangen,[99] was für die Praxis bisher schon der bedeutendere Fall war und nunmehr in den §§ 154 I, 163 I Nr. 2, 165 II und 169 III gesetzlich ausdrücklich angeordnet wird. Für die Ermittlung des Rückkaufwertes wäre es damit grundsätzlich gleichgültig, ob das prospektive oder retrospektive Deckungskapital verwendet wird.[100] Für die Fälle des Mindestrückkaufswertes bei Frühstorno mag etwas anderes gelten, da hier Prämien- und Deckungskapitalberechnung auseinander fallen können. 27

Auf dieser Grundlage kann man dann auch die verschiedenen in der Literatur gebräuchlichen Definitionen einordnen: 28
– »Summe der **verzinslich angesammelten Sparanteile** eines konkreten Vertrages«[101]. Beschreibt mit anderen Worten die retrospektive Deckungskapitalformel: Endwert (= aufgezinste) rechnungsmäßige Prämieneinnahmen (= Sparanteile). Bereits gezahlte Versicherungsleistungen sind regelmäßig noch nicht zu berücksichtigen, wenn man die Behandlung der Abschlusskosten im Rahmen der Zillmerung unberücksichtigt lässt. Kommt zu identischen Ergebnissen, wenn – wie hier – in beiden Formeln dieselben Rechnungsgrundlagen der Prämienkalkulation verwendet werden.
– »**Deckungsrückstellung**«[102] oder »**Anteil am Sicherungsvermögen**«[103]: Das Deckungskapital und die Deckungsrückstellung waren in der Vergangenheit meistens identisch, da/wenn identische Formeln und Rechnungsgrundlagen verwendet wurden. Der Umfang der Deckungsrückstellung ist nach § 125 II Nr. 3 VAG bei der Ermittlung der Höhe des Sicherungsvermögens zu berücksichtigen. Diese ursprünglich wirtschaftlich identischen Beschreibungen des Deckungskapital passen heute nicht mehr, da die Deckungsrückstellung und damit auch das Sicherungsvermögen durch die ZZR erhöht werden,[104] während die ZZR gerade kein Teil des Rückkaufswertes nach § 169 III darstellt.[105] Begründung: Die Deckungsrückstellung incl. ZZR wird mit einem gegenüber der Prämienkalkulation abweichenden Rechnungszins gem. § 5 III, IV DeckRV ermittelt. Im Übrigen unterscheidet sich die **gezillmerte Deckungsrückstellung** vom Mindestdeckungskapital nach § 169 III, bei dem die Abschlusskosten auf die ersten fünf Vertragsjahre verteilt sind.

2. Rechnungsgrundlagen der Prämienkalkulation

Die Rechnungsgrundlagen bezeichnen bzw. definieren die Werte, mit denen die Prämien bzw. hier der Rückkaufswert mit der prospektiven Deckungskapitalformel ermittelt wird, z.B. die Ausscheideordnungen (Wahrscheinlichkeits- bzw. Sterbetafeln), der Rechnungszins, die Kostenzuschläge (Abschlusskosten, laufende Verwaltungskosten), Ratenzuschläge, tariflicher Beitragsrabatt u.a. Gemeint sind damit die tatsächlich vom VR bei der Beitragskalkulation eines Tarifs verwendeten Rechnungsgrundlagen, die trotz Deregulierung ab 1994 gem. § 143 VAG (= § 13d Nr. 6 VAG a.F.) der Aufsichtsbehörde mitzuteilen sind. Vor der Deregulierung wurden diese Daten im Geschäftsplan zusammengestellt. Derartige Geschäftspläne sind nach der Deregulierung nicht 29

---

96 Vgl. auch Art. 20 der RiLi zur Lebensversicherung (2002/83/EG). Im neuen Eigenmittelregime nach Solvency II findet sich in § 77 III VAG eine Regelung mit einem wirtschaftlich ähnlichen Inhalt.
97 B/M/*Winter*[8], Bd. V/2, Anm. G 406.
98 *Engeländer* VersR 2007, 1297, 1300; Rdn. 4.
99 *Führer/Grimmer*, 1. Aufl. 2006, S. 101.
100 A.A. wohl VersHB/*Brömmelmeyer*, § 42 Rn. 158 ff., 162.
101 P/M/*Reiff*, § 169 Rn. 31.
102 Marlow/Spuhl/*Grote*, S. 243; HK-VVG/*Brambach*, § 169 Rn. 27.
103 FAKomm-VersR/*Höra/Leithoff*, § 169 Rn. 17.
104 Vgl. § 153 Rdn. 22.
105 Rdn. 14.

§ 169 Rückkaufswert

mehr zur Genehmigung vorzulegen; ein Mustergeschäftsplan[106] vermittelt aber auch heute noch eine erste Übersicht zur Komplexität eines Lebensversicherungsproduktes: Tarifbeschreibung, Allgemeine Tarifbestimmungen wie etwa Gesundheitsprüfung, Mindestversicherungssumme, Gebühren u.a.; Rechnungsgrundlagen, Tarifbeiträge, Erhöhungssummen, Zuzahlungen, Deckungskapital, Garantiewerte Bilanzdeckungsrückstellung, Überschussbeteiligung sowie aus den Anlagen die AVB, die besonderen Bedingungen, Muster des Versicherungsantrags und des Versicherungsscheins. Es handelt sich dabei um unternehmensindividuelle Daten, die nicht für alle VR identisch sind. Heute – also im Rahmen des § 169 – findet im Übrigen durch die erforderlichen Angaben nach § 2 I Nr. 4–6 VVG-InfoV eine Konkretisierung der relevanten Beträge (Rückkaufswerte, prämienfreie Versicherungsleistungen) statt, so dass über die Rechnungsgrundlagen eigentlich kein Streit entstehen sollte.[107]

30 Aus aufsichtsrechtlicher Sicht (§ 138 I VAG = § 11 I VAG a.F.) müssen die **Prämien**[108] so hoch bemessen sein, dass der VR allen Verpflichtungen nachkommen kann, d.h. es sind im Rahmen der Rechnungsgrundlagen angemessene versicherungsmathematische Annahmen – etwa für die Sterbewahrscheinlichkeit, die Zins- oder Kostenentwicklung – zu treffen und die Erfüllbarkeit der Verträge durch ausreichende Zuschläge sicherzustellen. Als **Korrektiv** erhalten die VN die nicht benötigten Beiträge über die Überschussbeteiligung (§ 153) erstattet.

31 Eine besondere Bedeutung hat der **Rechnungszins** insbes. für die kapitalbildenden Lebensversicherungen. Der Höchstrechnungszinssatz gem. § 2 I DeckRV gilt für die Ermittlung der bilanziellen Deckungsrückstellung, wird in Praxis aber auch häufig für die Beitragskalkulation verwendet. Er gilt grundsätzlich für die gesamte Laufzeit des Versicherungsvertrages. Dies bedeutet umgekehrt, dass die Zinssätze für die Beitragsberechnung nicht zwingend mit dem Höchstrechnungszinssatz bzw. den niedrigeren, für die Ermittlung der Deckungsrückstellung verwendeten, identisch sein müssen,[109] wobei weitere Überlegungen aus § 138 I VAG hier unberücksichtigt bleiben. Während die VR also bei der Beitragskalkulation ähnlich frei sind, wie die VR in anderen EU-Mitgliedsstaaten, gibt es dort teilweise liberalere Regelungen zum Höchstrechnungszinssatz mit der Folge, dass ein VU in Deutschland bei Verwendung eines höheren Rechnungszinses bei der Beitrags- wie bei der Deckungsrückstellungsberechnung eine höhere Deckungsrückstellung mit einem entsprechenden Vorfinanzierungsbedarf zu stellen hat,[110] als die VR in den angesprochenen anderen EU-Ländern. Für Zwecke des Rückkaufswertes findet jedoch der höhere Rechnungszins für die Beitragskalkulation Anwendung, so dass das entsprechende Deckungskapital in dieser Situation ausnahmsweise[111] geringer ist, als der auf den Vertrag entfallende Teil der Deckungsrückstellung. Eine ähnliche Situation entsteht – wie bereits in Rdn. 28 beschrieben – durch die ab 2011 aufgrund der veränderten Zinssituation zu bildenden sog. **Zinszusatzreserve:** Das Deckungskapital, ermittelt mit den Rechnungsgrundlagen der Beitragskalkulation ist geringer als die dem Vertrag zuzuordnende Deckungsrückstellung inklusive Zinszusatzreserve. Da diese aktuell – per Ende 2015 – jedoch nur für Versicherungsverträge mit einem Rechnungszins (= Höchstrechnungszins) von über 2,59 % zu bilden ist, sind zurzeit nur Verträge bis Ende 2006 betroffen. Es wird jedoch wahrscheinlich nicht mehr allzu lange dauern, bis auch für die Verträge mit einem Rechnungszins von 2,25 (ab 2007 – Ende 2011) eine ZZR zu bilden ist. Für all diese Fälle ist der höhere Teil der Deckungsrückstellung (= ZZR) kein Teil des Rückkaufswertes.[112]

32 Unabhängig davon sind die Regelungen des § 169 III i.V.m. § 316 VAG = § 77b Satz 2 VAG (Erlöschen bestimmter Versicherungsverträge in der Insolvenz des VU) abzustimmen. In der dargestellten Situation – höherer Rechnungszins für die Beitragskalkulation als Höchstrechnungszins nach DeckRV – hat der VN in der **Insolvenz des VR** einen Anspruch auf die für seinen Vertrag insgesamt gebildete Deckungsrückstellung (§ 316 VAG = § 77b Satz 2 VAG a.F. i.V.m. § 125 II VAG = § 66 Ia Satz 1 Nr. 2 VAG a.F.), obwohl der vertragliche Anspruch des VN bei einer Kündigung gem. § 169 III aufgrund des in der Beitragskalkulation verwendeten höheren Zinssatzes geringer ist. Dieser vertraglich nicht begründete Vorteil belastet den VR bzw. denjenigen, der die Risiken aus den erhöhten Rückstellungen gegebenenfalls wirtschaftlich übernommen hat. Dieser Regelungsmechanismus könnte jedoch im Hinblick auf die ZZR plausibel sein: Wie ausgeführt ist die ZZR als ergänzender Teil der Deckungsrückstellung kein Teil des Rückkaufswertes. Berücksichtigt man jedoch, dass die ZZR in sehr großem Umfang aus Überschüssen finanziert wird, an dem die VN wiederum beteiligt sind, dann wäre es tendenziell angemessen, dass sie im Insolvenzfall die Überschüsse, mit denen sie die ZZR finanziert haben und die insoweit über das Sicherungsvermögen abgesichert sind, auch erhalten. In Rückkaufsfällen fällt der Ertrag aus der Auflösung der ZZR dagegen in den Rohüberschuss zurück und wird dort wahrscheinlich vorläufig vorrangig zur weiteren Finanzierung der ZZR verwendet.[113]

---

106 Vgl. etwa Geschäftsplan für die Großlebensversicherung, VerBAV 1986, 201 ff. Erläuterungen zu diesem Mustergeschäftsplan finden sich bei *Claus* VerBAV 1986, 239.
107 Ähnlich *Engeländer* VersR 2007, 1297, 1303; *P/M/Reiff*, § 169 Rn. 32.
108 Zur Prämienkalkulation vgl. auch § 153 Rdn. 1; § 154 Rdn. 12.
109 *Prölss/Kölschbach*, § 65 Rn. 25.
110 Wird ausführlich im Rahmen der ZZR in § 153 Rdn. 18 ff. beschrieben.
111 Vgl. Rdn. 28.
112 Ausführlich Rdn. 14, 15.
113 Vgl. Rdn. 14.

3. Mindestrückkaufswert bei Frühstorno

Besondere Probleme bereitet die Behandlung der Abschlusskosten im Rahmen der Ermittlung des Rückkaufswertes in Fällen des Frühstornos. Die von den Aktuaren verwendete Zillmerung (a) hat in der Vergangenheit aus Sicht der ausscheidenden VN nur zu unzureichenden Rückkaufswerten geführt, so dass § 169 III 1 eine Verteilung der Abschlusskosten auf fünf Jahre vorgeschrieben hat (b), wobei die Höchstzillmersätze zu berücksichtigen sind. Für Altverträge gilt daneben weiterhin die Rspr. des BGH (c). Für Versicherungsverträge im Rahmen der betrieblichen Altersversorgung sollte im Übrigen nichts anderes gelten (d). 33

a) Zillmerung

Stark vereinfacht kann man die Auswirkungen der Zillmerung auf den Rückkaufswert bei retrospektiver Betrachtung wie folgt beschreiben. In der kapitalbildenden Lebensversicherung wird die Prämie nach Abzug von Kosten- und Risikoanteilen – es verbleibt der Sparanteil – zur verzinslichen Kapitalansammlung verwendet. Bei der Zillmerung werden die Abschlusskosten jedoch vorrangig von den ersten Sparanteilen der Prämien abgezogen, so dass in den ersten Jahren keine ausreichenden Prämien-/Sparanteile zur Bildung des Deckungskapitals zur Verfügung stehen. »Das Deckungskapital am Ende des ersten Jahres ergibt sich aus dem Netto-Zillmerbeitrag minus der einmaligen Abschlusskosten plus der rechnungsmäßigen Zinsen. Was den Effekt verursacht, das beim einem aus dem Deckungskapital abgeleiteten Rückkaufswert, dieser in den ersten Jahren null sein kann.«[114] Diese Beschreibung ist in der Vergangenheit als heute unzutreffend in Frage gestellt worden.[115] Es folgen deshalb etwas ausführlichere Hinweise zur Zillmerung. Auch sie beanspruchen jedoch nicht, die aktuariellen und bilanziellen Aspekte vollständig zu beschreiben, sondern möchten nur die für die Ermittlung des Rückkaufswertes relevanten Aspekte des Zillmerverfahrens allgemein verständlich skizzieren. 34

Ausgangspunkt für das Verständnis der Zillmerung[116] im Rahmen der heute primär anzuwendenden prospektiven Betrachtung ist die **Beitragskalkulation** und insoweit insbes. das **Äquivalenzprinzip**. Dieses besagt, dass zu Vertragsbeginn der Barwert der Beiträge gleich dem Barwert der Leistungen sein muss.[117] Aus dieser Formel lassen sich die oben bereits dargestellten Formeln für das prospektive bzw. retrospektive Deckungskapital[118] ableiten. Es handelt sich also in allen Fällen um finanzmathematische Barwertbetrachtungen von Zahlungsströmen. 35

Da der VN bei der gemischten kapitalbildenden Lebensversicherung nicht nur die Versicherungsleistungen im Todes- und Erlebensfall erhalten soll, sondern der VR quasi auf Rechnung des VN auch die Abschlusskosten verauslagt, muss dies auch im Rahmen der Prämienkalkulation berücksichtigt werden, was das folgende **Beispiel** verdeutlicht. Das Beispiel verzichtet für Zwecke der Vereinfachung und Nachvollziehbarkeit auf Verwaltungskosten, Stückkosten, die Gewichtung mit Erlebenswahrscheinlichkeiten u.a. Es arbeitet auch weiter mit dem früheren Zillmersatz von 40 Promille gem. § 4 I DeckRV, obwohl dieser durch das LVRG 2014 auf 25 Promille reduziert worden ist. 36

Bei einem Nettojahresbeitrag von 2.262,77 € für die Versicherung ergäbe sich beim Rechnungszins von 3,25 % und einer Laufzeit von 25 Jahren eine Kapitalabfindung von 88.031,84 €.[119] Der Barwert der Nettobeiträge beträgt ebenso 39.572,10 € wie der Barwert der zukünftigen Versicherungsleistung, d.h. der Forderung aus dem Äquivalenzprinzip ist eingehalten. Da der VR Abschlusskosten zu Beginn des Versicherungsvertrages für den VN zahlt und ihm diese Kosten sofort weiter belastet werden sollen, behandelt man diese Zahlung als eine sofortige Leistung des VR an den VN. Weil die Kapitalabfindung von 88.031,84 € hierdurch nicht geschmälert werden soll, wird der Nettobeitrag um den Zillmerzuschlag von 137,23 € auf 2.400,00 € (Netto-Zillmerbeitrag) erhöht; die Abschlusskosten betragen (25 × 2.400,00 € =) 60.000,00 € × 4 % = 2.400,00 €. Auch insoweit gilt wieder: Barwert der Leistungen (39.572,10 € + 2.400,00 € =) 42.972,10 € = Barwert der Prämien. Betrachtet man nunmehr das Deckungskapital dieses Vertrages am Ende des ersten Jahres, z.B. nach einer Kündigung und verwendet die prospektive Formel, so ergibt sich: Deckungskapital = Barwert der zukünftigen Leistungen (40.858,12 €) abzüglich Barwert der zukünftigen Beiträge (40.858,12 €), d.h. das Deckungskapital beträgt 0,00 €. Hier erkennt man genau das bereits aus der retrospektiven Betrachtung bekannte Phänomen, dass nämlich meistens bei gezillmerten Verträgen in der Anfangszeit kein positives Deckungskapital vorhanden ist. Zum Ende des nächsten Jahres beträgt das Deckungskapital dann 2.478,00 € (Barwert Leistungen 42.186,00 € abzgl. Barwert Prämien 39.708,00 €) bei Beiträgen von insgesamt 4.800,00 €. Damit kann man auch die Bedeutung der Zillmerung für die Behandlung der Abschlusskosten beschreiben.[120] Die Regelungen über das Zillmerverfahren in § 88 III Nr. 3 VAG = § 65 I Nr. 2 VAG a.F., §§ 15, 25 I 37

---

114 *Jaeger* VersR 2006, 1033, 1034.
115 Vgl. zu dieser Diskussion VersHB/*Brömmelmeyer*, § 42 Rn. 159 m.w.N.
116 Details vgl. bei *Engeländer* VersR 1999, 1325; *ders.* VersR 2002, 436, 445; *ders.* VersR 2005, 1031; *Jaeger* VersR 2006, 1033; *Tremmel* VW 2007, 778; *Kurzendörfer*, S. 68 f.
117 *Führer/Grimmer*, 1. Aufl. 2006, S. 58; vgl. auch § 154 Rdn. 12 sowie ausführlich § 163 Rdn. 20.
118 Oben Rdn. 25.
119 Vgl. auch *Jaeger* VersR 2006, 1033, 1034.
120 Das Verhältnis scheint weiterhin unklar, vgl. VersHB/*Brömmelmeyer*, § 42 Rn. 159 m.w.N.

RechVersV und § 4 DeckRV finden auf die beschriebene Prämienkalkulation sowie die daraus abgeleitete Ermittlung des Deckungskapitals der Versicherung (unmittelbar) keine Anwendung, da sie ausdrücklich jeweils nur Vorgaben für die Ermittlung der bilanziellen Deckungsrückstellung machen,[121] wenn der VR die Abschlusskosten wie beschrieben im Rahmen der Prämienkalkulation berücksichtigt; insoweit kann auch der VR nach § 25 I 2 RechVersV die Abschlusskosten bei der Ermittlung der Deckungsrückstellung auch anders berücksichtigen. Andererseits beschreibt § 4 I u. II DeckRV die Zillmerung und hat damit natürlich Bedeutung auch für die Ermittlung des Deckungskapitals für Zwecke des Rückkaufwertes. Damit wird auch deutlich, dass die Ermittlung des Rückkaufwertes in Fällen des Frühstorno selbst bei Verwendung von Netto-Zillmerbeiträgen (erhöhte Nettobeiträge zur Berücksichtigung von Abschlusskosten) nichts mit weitergehenden bilanziellen Aspekten des Zillmerverfahrens[122] (= Ausnullen von negativen Werten, Aktivierung einer entsprechenden Forderung in der Bilanz usw.) zu tun hat.

38 Gleichwohl wirkt sich die Zillmerung wie beschrieben auf die Höhe des Rückkaufswertes aus, denn Zillmerung bedeutet insoweit die vorrangige Berücksichtigung der Tilgung der Abschlusskosten im Rahmen der Prämienkalkulation durch die Prämienteile, die nicht als Verwaltungskosten und als Risikobeiträge erforderlich sind. Da die »rechnungsmäßigen« Abschlusskosten, die auf heute 2,5 % aller Prämien des Vertrages durch den Höchstzillmersatz beschränkt sind, bereits in die Beiträge eingerechnet sind, wirken sie sich bereits auf diesem Wege mindernd bei der Ermittlung des prospektiven Zeitwerts bzw Deckungskapitals aus.[123] Gegebenenfalls darüber hinausgehende höhere tatsächliche Abschlusskosten bleiben insoweit unberücksichtigt.[124]

39 Damit bleibt das für die Höhe des Rückkaufswertes sowie für die Höhe der prämienfreien Versicherung maßgebliche Deckungskapital im Falle der Zillmerung in den ersten Jahren zum Teil deutlich hinter der Summe der eingezahlten Beiträge zurück. Dies galt für die große Mehrzahl der in Deutschland angebotenen Lebensversicherungen.[125] Die ausgeschiedenen VN betrachteten dies als einen erheblichen wirtschaftlichen Nachteil, über den bei Vertragsabschluss deutlicher hätte informiert werden müssen. Der **BGH** hatte deshalb in verschiedenen Verfahren die AVB der VR, die sich an den Musterbedingungen anlehnten, wegen **Intransparenz** für unwirksam erklärt.[126] Nach dem BGH-Urt. v. 25.07.2012[127] stellen Klauseln, »die vorsehen, dass die Abschlusskosten im Wege des so genannten Zillmerverfahrens mit den ersten Beiträgen des Versicherungsnehmers verrechnet werden« eine **unangemessene Benachteiligung** des Versicherungsnehmers gemäß § 307 Abs. 2 Nr. 2 BGB dar und sind deshalb nach Abs. 1 Satz 1 unwirksam.[128]

40 Trotzdem bleiben die Zillmerung als eine – interne – Möglichkeit zur Behandlung von Abschlusskosten im Rahmen der Beitragskalkulation durch VR und ebenso natürlich die Regelungen für das Zillmerverfahren zur Ermittlung der Bilanzdeckungsrückstellung (§ 88 III Nr. 3 VAG = § 65 I Nr. 2 VAG; §§ 15 I, 25 I 2 RechVersV; § 4 DeckRV) unangetastet, soweit sich der VR zur Zillmerung entschließt.
– Die Zillmerung bedarf als internes Kalkulationsverfahren keiner Vereinbarung mit dem VN, insbes. wenn es sich im Rahmen der handels- und aufsichtsrechtlichen Vorgaben hält, die eigentlich keine Vereinbarung voraussetzen, wenn man die Frage unberücksichtigt lässt, ob und inwieweit Ansprüche gegen den VN in der Bilanz aktiviert werden können.
– Der BGH hat auf der anderen Seite deutlich gemacht, dass bei Verwendung des Zillmerverfahrens die daraus für den VN resultierenden **wirtschaftlichen Nachteile deutlich beschrieben** werden müssen. Dies erscheint auch plausibel, denn die Zillmerung wirkt sich nicht nur im nunmehr durch § 169 III geregelten Frühstorno, sondern auch in späteren Jahren noch auf die Rückkaufswerte aus.
– Nach der Gesetzesbegründung[129] setzt auch die Regelung in § 169 III 1 »im Übrigen voraus, dass die Verrechnung der Abschlusskosten mit der Prämie vereinbart worden ist.« Auch dies ist nachvollziehbar, denn auch die Rückkaufswerte im Frühstornofall sind ja noch durch Abschlusskosten reduziert.

Erläuterungen zur internen Anwendung der Zillmerung, die neben die Hinweise bzw. Vereinbarung zu den neuen Rückkaufswerten treten, sind aber sicher nicht ganz einfach zu verstehen, selbst wenn sie bezüglich der belastenden Folgen transparent formuliert sind[130].

---

121 *Engeländer* NVersZ 2002, 436, 445; *ders.* VersR 2005, 1031, 1032.
122 *Tremmel* VW 2007, 778.
123 *Engeländer* VersR 2005, 1031, 1035.
124 *Engeländer* VersR 2005, 1031, 1035.
125 Begr. RegE BT-Drucks. 16/3945 S. 53 spricht von einer »üblichen Praxis«.
126 BGHZ 147, 354 = BGH VersR 2001, 841; BGHZ 147, 373 = BGH VersR 2001, 839; BGHZ 164, 297 = VersR 2005, 1565, 1570. Das BVerfG hat die Rspr. für § 176 a.F. 1908, also den bis 1994 regulierten Altbestand dem Grunde nach ebenfalls bestätigt.
127 BGH VersR 2012, 1149.
128 Einschränkend bereits die Pressemitteilung des BGH 27/2010 und *Seiffert* r+s 2010, 177, 180.
129 Begr. RegE BT-Drucks. 16/3945 S. 102.
130 Vgl. etwa §§ 12 III, VII u. 14 der GDV-Musterbedingungen Allgemeine Bedingungen für die kapitalbildende Lebensversicherung (Stand: 02.02.2016).

Die **ungezillmerten Tarife** sind von der Frühstorno-Problematik nicht betroffen. Nach der Regierungsbegründung[131] ist es unproblematisch, dass die separat bezahlten Abschlusskosten trotz vorzeitiger Kündigung nicht zurück gefordert werden können[132] Da ausreichende Transparenz gewährleistet ist, ist aus § 169 III 1 kein Schutz vor »Umgehungen« zu entnehmen. Der BGH[133] hatte die Verwendung von entsprechenden Netto-Tarifen, verbunden mit einer Courtage Vereinbarung des Maklers bestätigt, auch wenn der VN anschließend vorzeitig gekündigt hat. Zwischenzeitlich wird die Wirksamkeit ähnlicher Vertragsgestaltungen jedoch unter dem Aspekt einer Umgehung von § 169 V 2 diskutiert.[134] 41

b) Verteilung der Abschlusskosten bei Frühstorno auf fünf Jahre, Höchstzillmersätze

§ 169 III 1 2. Teil gewährt den **kündigenden VN** einen Mindestrückkaufswert,[135] der sich als Deckungskapital der Versicherung ergibt, wenn die Abschluss- und Vertriebskosten[136] rechnerisch auf die ersten fünf Vertragsjahre verteilt werden. Die Regelung gilt über § 165 II auch in anderen Fällen, in denen das Gesetz auf § 169 III verweist.[137] Nach § 169 III 1 letzter Satzteil bleiben die aufsichtsrechtlichen Regelungen über die Höchstzillmersätze unberührt. Die Formulierung ist unpräzise, da § 4 DeckRV sich nicht auf die Ermittlung des Deckungskapitals gem. § 169 III, sondern auf die Berechnung der bilanziellen Deckungsrückstellung bezieht. Der Sinn und Zweck der Regelungen ist gleichwohl unter Berücksichtigung der Entstehungsgeschichte eindeutig, da zumindest VR mit Sitz in Deutschland die aufsichtsrechtlichen Höchstzillmersätze – Begrenzung der Zillmerung auf 2,5 % der Summe aller Prämien gem. § 4 I DeckRV – auch bei der Ermittlung des Mindestrückkaufswerts anwenden sollen;[138] befreit sind danach ausländische EU-VR.[139] 42

Die Auswirkungen des § 169 III 1 2. Teil auf das Deckungskapital werden annährungsweise bei Anwendung auf das obige Beispiel[140] erkennbar. 43
Auf der Grundlage einer Jahresprämie von 2.400,00 € und einer Laufzeit von 25 Jahren ergeben sich Abschlusskosten von 2.400,00 € zzgl. Zinsen für deren Verteilung auf fünf Jahre; bei einem Rechnungszins von 3,25 % p.a. sind dies jährlich 511,18 €. Das Deckungskapital – jeweils zum Ende des Jahres – entwickelt sich wie folgt. Die Darstellung geht hier von einer retrospektiven Betrachtung aus; Rechnungszins und Zillmersatz bleiben wie im Beispiel in Rdn. 36 unverändert:
Jahr 1 Endwert Prämien 2.478,00 € abzgl. Endwert Abschlussk. 527,80 € = 1.950,20 €
Jahr 2 Endwert Prämien 5.036,53 € abzgl. Endwert Abschlussk. 1.072,74 € = 3.963,79 €
Jahr 3 Endwert Prämien 7.678,22 € abzgl. Endwert Abschlussk. 1.635,40 € = 6.042,82 €.
Bei Verteilung der Abschlusskosten auf fünf Jahre ergibt sich also bereits in den ersten Jahren ein Deckungskapital von knapp 80 % der gezahlten Netto-Zillmerbeiträge von € 2.400,00 zuzüglich rechnungsmäßiger Zinsen; also deutlich höhere Beträge als bei der üblichen Zillmerung. Diese Regelung des Abs. 3 – Verteilung der Abschlusskosten auf fünf Jahre – ist aus Sicht ausscheidender VN günstiger ist als der vom BGH vorgegebene Mindestrückkaufswert in Höhe von 50 % des ungezillmerten Deckungskapitals.

Diese Regelung, die den entsprechenden Vorgaben für Riesterverträge entspricht,[141] stellt für die im Rahmen eines Frühstorno ausscheidenden VN also eine erhebliche Verbesserung dar, während der VR für die verbleibenden VN weiterhin das übliche Zillmerverfahren mit seinen Vorteilen hinsichtlich der Finanzierungskosten anwenden kann. Bei **Vertragslaufzeiten unter 5 Jahren** werden die Abschlusskosten ebenso wie die Verwaltungskosten auf die Laufzeit des Vertrages verteilt. Nicht eindeutig ist der Gesetzeswortlaut für die Frage, ob auch eine Verteilung der Kosten bei **Versicherungen gegen Einmalbetrag** zu erfolgen hat. Die vorliegenden Literaturstimmen verneinen dies i.E. übereinstimmend,[142] obwohl die Begründungen für die erforderliche einschränkende Interpretation im Detail voneinander abweichen; gemeinsam ist allen das insoweit fehlende Schutzbedürfnis des VN.[143] 44

---

131 Begr. RegE BT-Drucks. 16/3945 S. 102.
132 A.A. PK/*Ortmann*, § 169 Rn. 62.
133 BGH VersR 2005, 404.
134 Vgl. Rdn. 64.
135 Begr. RegE BT-Drucks. 16/3945 S. 102.
136 Die Abgrenzung der relevanten Abschluss- und Vertriebskosten beschreibt *Engeländer* VersR 2007, 1297, 1306 f.
137 Vgl. Rdn. 21.
138 VersHb/*Brömmelmeyer*, § 42 Rn. 165; *Engeländer* VersR 2007, 1297, 1306.
139 Beschlussempfehlung und Bericht des Rechtsausschusses, BT-Drucks. 16/5862 S. 98; P/M/*Reiff*, § 169 Rn. 37; VersRHb/*Brömmelmeyer*, § 42 Rn. 165 weisen in Fällen fehlender ausländischer Höchstzillmersätze auf eine Inländerdiskriminierung hin.
140 Rdn. 36.
141 § 1 I Nr. 8 AltZertG.
142 *Engeländer* VersR 2007, 1297, 1307; PK/*Ortmann*, § 169 Rn. 51; HK-VVG/*Brambach*, § 169 Rn. 40; Marlow/Spuhl/*Grote*, Rn. 1151; Hinweise der BaFin zu einigen Auslegungsfragen des VVG v. 28.05.2008; P/M/*Reiff*, § 169 Rn. 38.
143 Die GDV-Musterbedingungen zur kapitalbildenden Lebensversicherung (02.02.2016) setzen dies in § 12 III transparent um.

§ 169 Rückkaufswert

45 Die Forderung des Gesetzgebers, das nämlich die Verrechnung der Abschlusskosten mit den Prämien zu vereinbaren ist,[144] erfüllen z.B. die §§ 12 III, 14 II der GDV-Musterbedingungen für die kapitalbildende Lebensversicherung (02.02.2016), da sowohl der Vorgang selbst wie auch die wirtschaftlichen Folgen (§ 12 VII) ausdrücklich angesprochen werden, so dass unter Berücksichtigung der Rückkaufswerttabelle[145] keine ernsthaften Zweifel mehr an der ausreichenden Transparenz der Vereinbarung über den Mindestrückkaufswerte bestehen sollten.

c) Behandlung der Frühstornofälle bei Altverträgen (§ 176 a.F.)
aa) Altbestand bis 1994 und Verträge von 1994 bis 2001

46 Neben § 169 bleibt § 176 a.F. in der Version 1908, also in der Fassung während der regulierten Zeit und der Version 1994 gem. Art. 4 II EGVVG auf den jeweiligen Altbestand weiter anwendbar.[146]
– Für § 176 a.F. 1908 bleibt es deshalb im Hinblick auf den Rückkaufswert (= Rückvergütung) für die Verträge die – grob – vor dem 29.07.1994 abgeschlossen wurden, bei der **Erstattung der Prämienreserve**, die in § 4 ALB 1986 als das Deckungskapital laut Geschäftsplan abzüglich eines Abschlages definiert wurde.[147] Die Regelungen des Geschäftsplans können durch die Zivilgerichte nicht überprüft werden,[148] so dass für die VN mit Bezug auf § 176 a.F. 1908 auch bei Frühstornofällen keine Veränderungen erkennbar sind.[149]
– Für die Versicherungsverträge, die unter Geltung des **§ 176 a.F. 1994** abgeschlossen wurden, bleibt es grundsätzlich ebenfalls bei der bisherigen gesetzlichen Regelung, d.h. dass der VR als **Rückkaufswert** den **Zeitwert** zu zahlen haben. Es bleibt also bei dessen immer wieder beklagter theoretischer Unbestimmtheit,[150] wobei in der Praxis die Probleme wohl bisher nicht relevant waren und in Zukunft auch nicht mehr relevant werden, da eine Vielzahl von VR das Deckungskapital, ermittelt mit den Rechnungsgrundlagen der Prämienkalkulation, oder dem nahekommende Werte unbeanstandet als garantierte Rückkaufswerte verwenden,[151]. Es ist zwar theoretisch denkbar, dass der ursprüngliche Zeitwert nach § 176 a.F. 1994 im Niedrigzinsumfeld heute zu höheren Rückkaufswerten führen könnte; tatsächlich scheidet dies aber aufgrund der mittlerweile insgesamt veränderten Rahmenbedingungen aus.[152] Entscheidungen des BGH aus 2001 und 2005 zum Frühstorno[153] haben an dieser Situation ebenfalls nichts geändert, in dem der BGH für die Ermittlung der Rückkaufswerte bei Frühstorno an »die Hälfte des ungezillmerten Deckungskapitals« anknüpfte. Der BGH konnte und wollte bei dieser Gelegenheit den gesetzlich vorgegebenen Zeitwert als Rückkaufswert nach § 176 a.F. 1994 im Wege der ergänzenden Vertragsauslegung weder durch das Deckungskapital, ermittelt mit den Rechnungsgrundlagen der Prämienkalkulation noch durch das ungezillmerte Deckungskapital ersetzen, wie es die VVG-Kommission für die anstehende Gesetzesreform vorgeschlagen hatte.[154] Er hatte vielmehr im ersten Schritt 2001 nur die damaligen AVB-Klauseln zur Rückkaufswertberechnung für intransparent und damit unwirksam erklärt.[155] Die Klauseln würden die wirtschaftlichen Nachteile nicht ausreichend deutlich machen und die beigefügten Rückkaufswerttabellen würden daran i.E. auch nichts ändern. Daraufhin hatten die meisten VU Anfang 2002 in einem Verfahren nach § 172 II a.F. 1994 die für unwirksam erklärten Klauseln mit Bestätigung eines Treuhänders mit Wirkung für bestehende Verträge ersetzt, was der BGH in 2005 ebenfalls verwarf. Entscheidend war diesmal jedoch nicht die fehlende Transparenz der ersetzten Klauseln, sondern der Umstand, dass die »Folgen des Transparenzmangels [...] sich nicht rückwirkend damit beseitigen (lassen), dass die unwirksame intransparente Klausel durch eine materiell inhaltsgleiche transparente Klausel ersetzt wird.«[156] Der BGH hatte damit die weiter bestehende Lücke in den Versicherungsbedingungen der Verträge, die bis zur Klauselersetzung Anfang 2002 geschlossen wurden, durch ergänzende Vertragsauslegung (Mindestrückkaufswert = die Hälfte des ungezillmerten Deckungskapitals) geschlossen.

47 Diese Rspr. des BGH zum Frühstorno im Rahmen des § 176 a.F. 1994, die zu kapitalbildenden Lebensversicherungen erging, sind in der Folge auch auf die **Rentenversicherungen**[157] und die **fondsgebundene Le-**

---

144 Begr. RegE BT-Drucks. 16/3945 S. 102.
145 Zur »Heilung« eines Transparenzmangels durch einen beigefügten Versicherungsverlauf OLG Stuttgart r+s 2009, 474.
146 Vgl. Rdn. 6 ff.
147 P/M/*Kollhosser*[27], § 4 ALB 86 Rn. 7.
148 BGHZ 128, 54.
149 VersHB/*Brömmelmeyer*, § 42 Rn. 169; P/M/*Reiff*, § 169 Rn. 46.
150 BVerfG NJW 2006, 1783 unter A V 2; *Schwintowski* VersR 2008, 1425; *Schünemann* VersR 2009, 442 jeweils m.w.N.
151 Vgl. § 165 Rdn. 3.
152 Weitergehende Erläuterungen zum Zeitwert in Rdn. 9 ff.
153 BGHZ 147, 354 = VersR 2001, 841; BGHZ 147, 373 = VersR 2001, 839; BGH 164, 297 = VersR 2005 1565.
154 Ebenso PK/*Ortmann*, § 169 Rn. 41.
155 Vgl. Rdn. 4 Fn. 27 mit Nachweisen zur Rspr.
156 BGH VersR 2005, 1565, 1570.
157 BGH NJW-RR 2008, 188; die Rspr. gilt nicht bei vereinbarungsgemäßer Durchführung des Vertrages bis zum Laufzeitende, BGH NJW-RR 2008, 192.

bensversicherung[158] übertragen worden und gilt auch für den Versicherungsverein auf Gegenseitigkeit.[159] Die Anwendung der BGH-Grundsätze zum Mindestrückkaufswert beim Frühstorno[160] auf die fondsgebundene Lebensversicherung in Höhe der Hälfte des ungezillmerten Fondsguthabens ist auf Kritik gestoßen, insbes. weil die anzuwendende Berechnungsmethode vom BGH nicht konkret vorgegeben wurde und sich die Höhe u.U. nur schwer ermitteln lässt.[161] Auf den ersten Blick könnte es insoweit naheliegen, von der Zillmerung auszugehen, die ja dazu führt, dass dem VU bei dieser Variante die Abschlusskosten vorrangig aus den Prämien erstattet werden, statt dass für den VN Fondsanteile erworben werden. Der VR kann den Nettozillmerbeitrag in einen Nettobeitrag ohne Berücksichtigung der Abschlusskosten umrechnen. Die Hälfte des ungezillmerten Fondsguthabens bedeutet, dass man für die Nettobeiträge jeweils gedanklich/fiktiv Fondsanteile zum Zahlungszeitpunkt erwirbt. Die Hälfte des daraus resultierenden fiktiven Fondsguthabens zum Kündigungszeitpunkt ist dann als Mindestrückkaufswert auszuzahlen.[162]

bb) Verjährung

Die Frage, wann die Nachzahlungsansprüche der nach der BGH-Rspr. zum Frühstorno zu gering berechneten Rückkaufswerte verjähren, war umstr.[163] Das OLG München[164] war bereits zu der Ansicht gelangt, dass die Verjährungsfrist nicht erst Ende 2005 nach Ergehen der BGH-Entscheidung begann, da der VN bereits vorher alle die Verjährung begründenden relevanten Tatsachen über den Anspruch kannte. Der BGH hat dies bestätigt:[165] »Verjährung gem. § 12 I VVG a.F. fünf Jahre nach Ende des Jahres, in dem der Versicherer den Vertrag abgerechnet hat.« Nichts anderes gilt, wenn weitergehende Mindestrückkaufswerte aufgrund der BGH-Entscheidungen aus 2005 geltend gemacht werden und die Abrechnung bereits vor Veröffentlichung der BGH-Urteile erfolgt war. Für die zwischen 2002 und dem 31.12.2007 geschlossene Verträge, die durch die BGH-Rspr. 2012/2013 betroffen sind, gilt gem. Art. 3 I, II EGVVG die dreijährige Verjährungsfrist der §§ 195, 199 I BGB.[166]

48

cc) Klauselersetzung 2002 und Neuverträge

Im Anschluss an die BGH-Urteile aus 2001 und 2005 blieb die Behandlung der ab Anfang 2002 neu abgeschlossenen Verträge längere Zeit unklar. Der BGH[167] hatte in 2001 die Regelungen in den Versicherungsbedingungen zum Rückkaufswert wegen fehlender Transparenz verworfen. Dieser Mangel sollte durch die Klauselersetzung für den Bestand behoben und für die neuen Verträge von vornherein ausgeschlossen werden. Nach überwiegender Ansicht in der Literatur und der Entscheidungen der Instanzgerichte waren die neuen Regelungen zu den Rückkaufswerten in den nach der Klauselersetzung ab 2002 abgeschlossenen Versicherungsverträgen deshalb auch nicht intransparent und damit wirksam, so dass für diese Versicherungsverträge die Rspr. des BGH aus 2005 eigentlich keine Anwendung finden sollte.[168]

49

dd) Beschluss des BVerfG vom 26.06.2005

Das BVerfG[169] war in 2006 mit einem Fall von Frühstorno aus dem Altbestand bis 1994 befasst. Es bestätigt in seinem Beschluss im Anschluss an seine Urteile v. 26.06.2005 zur Überschussbeteiligung/Beteiligung an den Bewertungsreserven/Bestandsübertragungen[170] Defizite auch bei der Verrechnung von Abschlusskosten für den Fall vorzeitiger Vertragsauflösung nach dem anwendbaren Recht vor Juli 1994, da – grob – die Verweisung in den AVB auf den Geschäftsplan nicht transparent sei, die Rückvergütung bei Frühstorno nicht angemessen sei und keine ausreichenden zivilrechtlichen Rechtsschutzmöglichkeiten bestehen würden. Es hat die Verfassungsbeschwerde gleichwohl unter Hinweis auf die in Rdn. 46 beschriebene Rspr. des BGH zu § 176 a.F. 1994 aus 2001 und 2005 sowie die anstehende VVG-Reform nicht angenommen. Damit besteht keine Möglichkeit, diese Rspr. zum Frühstorno auf den Altbestand bis 1994 zu übertragen,[171] was auch nicht sinnvoll ist, da die entsprechenden Fälle ganz überwiegend zwischenzeitlich verjährt sind.[172] Dem Nichtannahmebeschluss des BVerfG kommt weder für den Altbestand bis 1994 noch für die Versicherungsverträge ab 2002

50

---

158 BGH VersR 2007, 1547.
159 BGH NJW-RR 2007, 1628.
160 BGHZ 164, 297, 318; BGH VersR 2005, 1565, 1571.
161 Marlow/Spuhl/*Grote*, Rn. 1114 m.w.N.
162 PK/*Ortmann*, § 169 Rn. 42.
163 PK/*Ortmann*, § 169 Rn. 45.
164 OLG München VersR 2009, 666.
165 BGH VersR 2010, 1067.
166 P/M/*Reiff*, § 169 Rn. 53d m.w.N.
167 BGH VersR 2001, 839; VersR 2001, 841.
168 Wie hier Marlow/Spuhl/*Grote*, Rn. 1118 m.w.N. auf die jüngere Rspr. in Fn. 215.
169 BVerfG NJW 2006, 1783.
170 BVerfG NJW 2005, 2363; NJW 2005, 2376.
171 Wie hier Marlow/Spuhl/*Grote*, Rn. 1117; Hinweise der BaFin zu einigen Auslegungsfragen des VVG v. 28.05.2008.
172 Zur Verjährung vgl. Rdn. 48.

eine Bindungswirkung zu.[173] Es ist im Übrigen zweifelhaft, ob die Hinweise zur angenommenen fehlenden Angemessenheit der Rückvergütungen im Altbestand bis 1994 in der Sache überhaupt zutreffend sein können, da es ja bereits insoweit **Mindestrückkaufswerte laut Geschäftsplan** gab[174] und bisher keine Aussagen darüber vorliegen, dass diese unangemessen gewesen seien. Gleichwohl ist dieser Beschluss immer wieder im Zusammenhang mit der Behandlung der Verträge ab 2002 genannt worden.

ee) Altverträge ab 2002 nach Klauselersetzung

51 Die Frage, ob die Rspr. des BGH zur ergänzenden Vertragsauslegung und zu den Mindestrückkaufswerten auch auf die Verträge zwischen 2002 und Ende 2007 anzuwenden ist, die die neuen – überwiegend als transparent eingeschätzten – Klauseln beinhalten, war lange streitig. In vier Entscheidungen vom 20.11.2009 und 22.01.2010 hat das LG Hamburg[175] entsprechende **Klauseln für intransparent und unwirksam bezeichnet**; das OLG Hamburg[176] hat diese Urteile bestätigt. Neben der fehlenden Transparenz wurde die Unwirksamkeit dieser Klauseln darüber hinaus zwischenzeitlich auch mit dessen **Unbilligkeit im Rahmen einer Inhaltskontrolle nach § 307 I 1** begründet, wobei man sich für dieses Ergebnis zumeist auch auf die Entscheidung des BVerfG aus 2006 berief.[177] *Seiffert* bezeichnete das Ergebnis der materiellen Unwirksamkeit wegen unangemessener Nachteile für die ausscheidenden VN unter Hinweis auf das Urt. des BVerfG als nicht mehr zweifelhaft, obwohl der BGH diese Art der Abschlusskostenverrechnung bisher nicht beanstandet hatte.[178] **Dies vermag gleichwohl nicht zu überzeugen**; insbes. fehlt bisher eine überzeugende Begründung dafür, dass das Zillmerverfahren die ausscheidenden VN – bei transparenter Darstellung – unbillig benachteiligt. Wer zu Unangemessenheit gelangt, sollte begründen, warum das selbe wirtschaftliche Ergebnis unproblematisch ist, wenn der VN die Versicherung bei einem Netto-Tarif zwar kündigt, vom Makler die gezahlte Courtage jedoch nicht erstattet erhält.[179] Er sollte sich vor allem auch mit den Überlegungen des VVG-Reformgesetzgebers auseinander setzen, der sich gerade aufgrund einer umfassenden Interessenabwägung gegen die Rückwirkung des § 169 und damit gerade gegen dessen Anwendbarkeit in den vorliegenden Fällen entschieden hat. Die neuen Mindestrückkaufswerte des Abs. 3 waren für alle Beteiligten insoweit unproblematisch, da die VU über entsprechende Vertragsanpassungen zur Stornohaftung des Vertriebs dafür sorgen konnten, dass die verbleibenden VN/Bestandskunden durch diese neue Regelung keine unangemessenen Nachteile erleiden.[180] Ein derartiger Schutz ist aber bei bereits abgeschlossenen Sachverhalten nicht mehr möglich. Das BVerfG hat aus Art. 2 I und Art. 14 I GG ausdrücklich gefolgert, dass die VN an den Überschüssen teilhaben müssen, die sie durch ihre Prämienzahlungen geschaffen haben. Da die VU für die möglichen höheren Rückkaufswerte aus der BGH-Rspr. weder im Rahmen der Beitragskalkulation noch sonstwie Vorkehrungen treffen konnten, mindern diese Beträge die Überschussbeteiligung der verbleibenden VN, ohne dass dies durch ihren Vertrag oder durch versicherungstechnische Risiken verursacht wäre.

52 In den Urteilen v. 25.07.2012[181] und v. 11.03.2013[182] hat der BGH dann auch die neuen Abschlusskosten-Klauseln, die im Rahmen des Klauselersetzungsverfahrens neu gefasst worden waren für unwirksam erklärt, und zwar diesmal nicht wegen Intransparenz sondern wegen Unbilligkeit und Vertragszweckgefährdung nach § 307 II Nr. 2 BGB. Die Urteile haben eine breite Diskussion ausgelöst, die nachfolgend skizziert wird.

53 *»Bestimmungen in Allgemeinen Versicherungsbedingungen für die Kapitallebensversicherung und die aufgeschobene Rentenversicherung, die vorsehen, dass die Abschlusskosten im Wege des so genannten Zillmerverfahrens mit den ersten Beiträgen des Versicherungsnehmers verrechnet werden, stellen eine **unangemessene Benachteiligung** des Versicherungsnehmers dar und sind daher gemäß § 307 Abs. 2 Nr. 2 Abs. 1 Satz 1 BGB unwirksam. Entsprechendes gilt für eine inhaltlich vergleichbare Regelung in der fondsgebundenen Rentenversicherung.«* Die Rechtsfolge wurde vom BGH dann im Urt. v. 11.03.2013 nachgeliefert: *»Dem Versicherungsnehmer, der bis Ende 2007 einen Vertrag über eine Lebensversicherung geschlossen hat, steht im Falle der Kündigung bei Unwirksamkeit der in den allgemeinen Bedingungen enthaltenen Klauseln über die Berechnung des Rückkaufswerts und die Verrechnung der Abschlusskosten [...] im Wege der ergänzenden Vertragsauslegung ein Mindestbetrag zu, der die Hälfte des mit den Rechnungsgrundlagen der Prämienkalkulation berech-*

---

173 P/M/*Reiff*, § 169 Rn. 52.
174 Vgl. Rdn. 3 m.w.N; P/M/*Reiff*, § 169 Rn. 47; der Versicherungsvertrag datiert aus Mai 1990.
175 LG Hamburg BeckRS 2009, 87113; 87114; 87115; BeckRS 2010, 02194.
176 OLG Hamburg VersR 2010, 1631; Urt. v. 27.07.2010, 9 U 235/09; Urt. v. 25.07.2010; 9 U 236/09; Urt. v. 27.07.2010, 9 U 20/10; ebenso LG Stuttgart, Urt. v. 05.10.2010, 20 O 87/10; bestätigt vom OLG Stuttgart VersR 2012, 706.
177 PK/*Ortmann*, § 169 Rn. 43; P/M/*Reiff*, § 169 Rn. 53, jeweils m.w.N.
178 *Seiffert* r+s 2010, 177, 180; a.A. wie hier *Jacob* VersR 2011, 325.
179 Vgl. Rdn. 41 u. ausführlich Rdn. 64; P/M/*Reiff*, § 169 Rn. 44 a.E.
180 Diese Zusammenhänge sind bereits von der VVG-Reformkommission angesprochen worden; VVG-Kommission Abschlussbericht 2004 (VersR-Schriftenreihe Heft 25), S. 112, 113.
181 BGH VersR 2012, 1149.
182 BGH VersR 2013, 213.

neten ungezillmerten Deckungskapitals nicht unterschreiten darf. [...] § 169 III 1 VVG findet auf solche Verträge weder über § 306 II BGB noch über die Grundsätze der ergänzenden Vertragsauslegung Anwendung.«

Im Urt. v. 25.07.2012 verwirft der BGH ebenfalls die Klausel zum **Stornoabzug** und eine **Zehn-EURO-Klausel**: »Klauseln, die nicht hinreichend deutlich zwischen dem Rückkaufswert gemäß § 176 Abs. 3 VVG a.F. und dem so genannten Stornoabzug in § 176 Abs. 4 VVG a.F. differenzieren, sind wegen Intransparenz gemäß § 307 Abs. 1 Satz 2 BGB unwirksam. [...] Eine Regelung in Allgemeinen Versicherungsbedingungen für die Kapitallebensversicherung, die aufgeschobene Rentenversicherung und die fondsgebundene Rentenversicherung, die vorsieht, dass nach allen Abzügen verbleibende Beträge unter 10 € nicht erstattet werden, ist wegen unangemessener Benachteiligung des Versicherungsnehmers unwirksam.« 54

Im Anschluss an die Entscheidung vom 25.07.2012 ist insbes. auch die Frage diskutiert worden, ob insoweit ein **Klauselersetzungsverfahren nach § 164** erforderlich oder zumindest sinnvoll ist.[183] Darüber hinaus besteht auch kein Einvernehmen, ob bei einer Klauselersetzung nunmehr die gesetzliche Regelung des § 169 III 1[184] oder die Lösung des BGH mit der Hälfte des ungezillmerten Deckungskapitals übernommen werden soll. Da der BGH die Rechtsfolge mit dem ungezillmerten Deckungskapital selbst im Wege der Vertragsauslegung vorgegeben hat, besteht wohl keine Notwendigkeit zur Klauselersetzung. Es ist darüber hinaus fraglich, ob eine mögliche Klauselersetzung in den Frühstornofällen wegen Zeitablauf noch sinnvoll ist. 55

Im Urt. v. 26.06.2013[185] hat der BGH den Begriff des **ungezillmerten Deckungskapitals** konkretisiert: »Diese Mindestleistung ist ohne Berücksichtigung von Abschlusskosten zu berechnen. Der Versicherer ist insoweit auch nicht zu einer ratierlichen Verrechnung von Abschlusskosten berechtigt.« Diese Definition mag dem BGH im Jahre 2005 und später vorgeschwebt haben, sie deckt sich aber nicht mit der aktuariellen Definition, wie sie bis zur VVG-Reform üblich war. 56

ff) Erhöhungsbeträge in der Überschussbeteiligung

Vor den Gerichten wird jeweils um den Anspruch des VN gestritten, ohne zu berücksichtigen, wer letztlich etwaige Mehrbeträge zu finanzieren hat, worauf bereits in Rdn. 51 hingewiesen wurde. Konkret: Ist der Mehrbetrag aus dem Schlussüberschussanteil des VN zu finanzieren, der den höheren Rückkaufswert erhält? Selbst wenn, wäre dieser in Frühstornofällen wohl nicht ausreichend. Sind die Überschussanteile der jeweils betroffenen Tarifgeneration zur Finanzierung dieser Erhöhungsbeträge – verursachungsorientiert – zu belasten? Oder sind die Mehrbeträge allen VN und dem VR mit ihren Quoten gem. MindZV in der Gewinnzerlegung zuzuweisen? Hinter den Urteilen steht wirtschaftlich nichts anderes als eine bewusste Änderung der Überschussbeteiligung, denn das was der ausscheidende VN mehr bekommt, erhalten die zurückbleibenden VN anteilig weniger an Überschuss. Das dieser in Zukunft wg. des Niedrigzinsumfeldes vielleicht gar nicht ausreicht, bleibt vorerst unberücksichtigt. Da die Überschussbeteiligung verursachungsorientiert zu sein hat und das BVerfG auch die Überschussbeteiligung der anderen VN grundrechtlich geschützt sieht, stellt sich auch die Frage, wie diese VN bei solchen Verfahren zu schützen sind. 57

d) Besonderheiten in der betrieblichen Altersversorgung

Eine besondere Kritik hat die Zillmerung bei Lebensversicherungen in der betrieblichen Altersversorgung unter dem Stichwort einer nach § 1 II Nr. 3 BetrAVG **»erforderlichen wertgleichen Anwartschaft«** bei Entgeltumwandlung erfahren. Nach Ansicht des LAG München,[186] dass verschiedene Aspekte untersucht, ist in der betrieblichen Altersversorgung eine Entgeltumwandlungsvereinbarung unwirksam, wenn die Abschlusskosten bei gezillmerten Versicherungsverträgen »auf einen kürzeren, etwa zehn Jahre unterschreitenden Zeitraum« verteilt würden. Wäre diese Ansicht zutreffend, dann würden nicht nur die übliche Zillmerung, sondern auch die Mindestrückkaufswerte nach der BGH-Rspr. für die Verträge ab 1994 und sogar die zwingende Regelung des § 169 III 1 zur Unwirksamkeit der Entgeltumwandlungsverträge und damit der Haftung des Arbeitgebers aus den ursprünglichen Vergütungsansprüchen führen. Die Wertungswidersprüche dieser Rspr. und der Neuregelung des § 169 III 1, die ja auch auf Versicherungen im Rahmen der betrieblichen Altersversorgung Anwendung findet, sind erkennbar.[187] Das LAG Köln[188] hat der Ansicht des LAG München widersprochen und betrachtet selbst Entgeltumwandlungsvereinbarungen bezüglich Lebensversicherungen mit gezillmerten Tarifen nicht für unwirksam, da der maßgebliche Bezugspunkt für die Wertgleichheit die Leistungen seien, die der Arbeitnehmer im Versorgungsfall zu erwarten hat, und diese seien unproblematisch. Das BAG hat im Ergebnis die Auffassung des LAG Köln bestätigt; die erforderliche Wertgleichheit ergibt sich schon aus dem **versicherungsmathematischen Äquivalenzprinzip**, da das umgewandelte Entgelt und die daraus folgende 58

---

[183] Dafür *Armbrüster* VW 2012, 1434, *ders.* NJW 2013, 3240; *Reiff* VersR 2013, 785; dagegen *Brambach* r+s 2014, 1.
[184] *Jacob* VersR 2013, 447.
[185] BGH VersR 2013, 1381.
[186] LAG München VersR 2007, 966.
[187] Vgl. auch PK/*Ortmann*, § 169 Rn. 60, 61.
[188] LAG Köln VersR 2009, 851.

§ 169 Rückkaufswert

Versicherungsleistung einander gerade im Zeitpunkt der Beitragskalkulation entsprechen müssen.[189] Es hält eine unangemessene Benachteiligung durch die Behandlung der Abschlusskosten im Wege der Zillmerung[190] im Versicherungsvertrag gem. § 307 BGB für möglich, während die Verteilung auf fünf Jahre angemessen sein soll. Selbst bei Unangemessenheit soll dies jedoch nicht zur Unwirksamkeit der Entgeltsumwandlungsvereinbarung führen, sondern allenfalls zu Ansprüchen auf eine höhere betriebliche Altersversorgung. Danach ist davon auszugehen, dass zumindest die neue Regelung des § 169 III für Lebensversicherungen auch im Rahmen der betrieblichen Altersversorgung eine sinnvolle und zulässige Verteilung der Abschlusskosten darstellt.[191]

e) Auskunftsansprüche

59 Der BGH billigt dem VN einen eingeschränkten Anspruch nach § 242 BGB in geordneter Form zu. In den Urteilen v. 26.06.2013[192] und vom 07.01.2014[193] sind dann einzelne Beträge genannt, über die Auskunft zu erteilen ist.[194] Weitere Hinweise finden sich in der Übersicht § 153 Rdn. 58.

4. Informationen vor Vertragsschluss – Ausmaß der Garantie (Abs. 3 Satz 2)

60 Der Rückkaufswert und das Ausmaß, in dem er garantiert ist, sind dem VN vor Vertragsabschluss nach näherer Maßgabe der VVG-InfoV (§ 2 I Nr. 4, 6, II) mitzuteilen. Der Rückkaufswert ist dabei für jedes Vertragsjahr anzugeben.[195] Die Ergänzung »und das Ausmaß, in dem er garantiert ist« fehlte noch im ersten Gesetzentwurf[196]. Die **Gesetzesbegründung** wies hierzu ausdrücklich darauf hin, dass die Rückkaufswerte vorbehaltlich § 169 V, VI garantiert seien.[197] Hiervon ist der **Gesetzgeber** dann aber später insbes. zu Gunsten ausländischer EU-/EWR-VR abgewichen, so dass auch nicht garantierte Rückkaufswerte[198] möglich sind. Bei dieser Frage sollte man sich die wirtschaftliche Bedeutung vergegenwärtigen. Ausgangspunkt ist die Deckungskapitalformel des § 169 III. Verwendet man darin einen »Garantiezins« von 0 %, erhält man als Ergebnis stets einen Rückkaufswert, der nicht abgezinst ist und damit – unter dem Zinsaspekt – grob den angesammelten Sparbeiträgen entspricht. Rein auf der Grundlage der Formel erhält der VN also **stets** zumindest eine Netto-Beitragsgarantie. Anders ausgedrückt: Derjenige, der nur endfällige Garantien für zulässig erachtet, kommt dahin nur, wenn er – ähnlich wie § 169 VI – Nebenrechnungen neben der Formel vornimmt, wofür der Wortlaut des § 169 III selbst wiederum keine Anhaltspunkte liefert. Beispiel: Endfällige Garantie mit Rechnungszins 0 %. Auf der Aktivseite besteht in den Kapitalanlagen ein erheblicher Abschreibungsbedarf, so dass selbst die auf der Passivseite angesammelten Sparbeiträge nicht mit ausreichendem Vermögen unterlegt sind. Folge wäre ein nicht garantierter Rückkaufswert, durch den die Sparbeiträge nicht mehr in vollem Umfang ausgekehrt werden, obwohl laut Formel darauf ein Anspruch besteht.

5. EU-/EWR-VR (Abs. 3 Satz 3)

61 Ein VU mit Sitz in einem anderen EU- oder EWR-Staat kann für die Ermittlung des Rückkaufswertes statt des Deckungskapitals den in diesem Land **vergleichbaren anderen Bezugswert** verwenden. Auch unter Berücksichtigung der Gesetzesbegründung und der Literaturstimmen ist es nicht einfach zu beschreiben, wie diese ausländischen VR den Rückkaufswert ermitteln sollen. Der Hinweis auf Art. 20 der RiLi 2002/83/EG Lebensversicherungen zeigt, dass es auch in den anderen Staaten »prospektive versicherungsmathematische Verfahren« geben muss, um den Wert der »garantierten« Leistungen einschließlich garantierter Rückkaufswerte – zumindest für die versicherungstechnischen Rückstellungen – zu ermitteln. Solche Bezugswerte, die dem Deckungskapital bzw. dieser Formel entsprechen, sind also im EU-Ausland jeweils vorhanden; ob und inwieweit sie dort aufgrund andersartiger Produkte verwendet werden, ist unerheblich. Zu verwenden sind weiterhin die Rechnungsgrundlagen der Prämienkalkulation,[199] während die Höchstzillmersätze nicht zu beachten

---

189 BAG VersR 2010, 1473; *Löbbert* VersR 2011, 583, 585 m.w.N. auf die Literatur.
190 Ausführlich insoweit *Löbbert* VersR 2011, 583, 585.
191 Ebenso PK/*Ortmann*, § 169 Rn. 60, 61; P/M/*Reiff*, § 169 Rn. 34.
192 BGH VersR 2013, 1381.
193 BGH VersR 2014, 822.
194 HK-VVG/*Brambach*, § 169 Rn. 87a.
195 Begr. RegE BT-Drucks. 16/3945 S. 103.
196 Begr. RegE BT-Drucks. 16/3945 S. 33.
197 Begr. RegE BT-Drucks. 16/3945 S. 103.
198 So ausdrücklich Beschlussempfehlung und Bericht des Rechtsausschusses, BT-Drucks. 16/5862 S. 120; zu den Änderungen des § 169 vgl. S. 65; a.A. HK-VVG/*Brambach*, § 169 Rn. 16; nicht entschieden HK-VVG/*Baroch Castellvi*, § 2 VVG-InfoV Rn. 35, 36; wie hier PK/*Ortmann*, § 169 Rn. 31 ff.; P/M/*Reiff*, § 169 Rn. 41 ff.; L/W/*Mönnich*, § 169 Rn. 100 jeweils mit umfangreicher Begr. und mw.N.; vgl. auch unten Rdn. 66, 71.
199 *Engeländer* VersR 2007, 1297, 1305; Marlow/Spuhl/*Grote*, Rn. 1158.

sind.[200] Die Regelung über den Mindestrückkaufswert bei Frühstorno ist wiederum anzuwenden ist. Darüber hinaus müssen die Rückkaufswerte, wie teilweise im Ausland üblich, nicht garantiert sein.[201]

II. Rückkaufswert bei fondsgebundenen Versicherungen (Abs. 4)

Für die fondsgebundenen Lebensversicherungen sowie für andere Versicherungen mit Leistungen, die in § 124 II VAG = § 54b VAG a.F. genannt sind, ist der Rückkaufswert – wie bisher im Rahmen des § 176 a.F. – nach den anerkannten Regeln der Versicherungsmathematik als Zeitwert der Versicherung zu ermitteln. Diese von Abs. 3 abweichende Regelung ist vor dem Hintergrund zu sehen, dass der VN bei der fondsgebundenen Versicherung selbst die Chancen und Risiken der Kapitalanlage trägt, in dem er an dem Wert eines Sondervermögens beteiligt ist,[202] so dass der Zeitwert aus dem Wert der Anteile des VN am Sondervermögen abgeleitet werden kann.[203] Die Grundsätze der Berechnung sind im Vertrag darzustellen. Werden Versicherungsleistungen im Vertrag garantiert, ist der Rückkaufswert insoweit nach Abs. 3 zu ermitteln,[204] d.h. als prospektives Deckungskapital mit den Rechnungsgrundlagen der Prämienkalkulation,[205] der zum Zeitwert hinzutritt.[206] Durch den Verweis in Abs. 4 Satz 1 am Ende auf Abs. 3 wird im Übrigen klargestellt, dass auch die Regelungen über den Mindestrückkaufswert einschließlich der Höchstzillmersätze bei Frühstorno Anwendung finden. 62

III. Stornoabzug (Abs. 5)

§ 169 V ermöglicht einen Abzug von dem nach Abs. 3 bzw. 4 berechneten Betrag, wenn er **bei Vertragsabschluss wirksam vereinbart und beziffert wurde und er angemessen ist**. In diesem Zusammenhang muss man berücksichtigen, dass die Stornoklauseln vom BGH immer wieder als intransparent und damit unwirksam eingestuft hat.[207] Darüber hinaus hat er in den jüngeren Urteilen auch keine ergänzende Vertragsauslegung[208] wie bei den Abschlusskostenklauseln vorgenommen, so dass in diesen Fällen kein Abzug vorgenommen werden kann. Die Voraussetzung, dass der Abzugsbetrag beziffert sein muss, ist gegenüber § 176 a.F. ebenso neu wie das Abzugsverbot nach Abs. 3 Satz 2 für noch nicht getilgte Abschluss- und Vertriebskosten. Beziffert meint primär die Angabe eines konkreten Betrages. Die Möglichkeit, statt einer absoluten Ziffer ein – leicht verständliches – Berechnungsverfahren oder eine prozentuale Angabe zu machen, ist umstr., wird aber wohl überwiegend bejaht.[209] Der Abzug muss dem Grunde und der Höhe nach angemessen sein. Als Gründe wurden bisher primär die Bearbeitungskosten der Kündigung, die Risikoverschlechterung durch Anti-Selektion sowie die nicht getilgten Abschlusskosten genannt,[210] die früher wohl den größten Teil des Stornoabzugs ausmachten, jetzt jedoch nicht mehr abgezogen werden dürfen. In neuerer Zeit wird der Abzug darüber hinaus als Ausgleich für kollektiv gestelltes Kapital[211] begründet.[212] Eine angemessene Höhe dürfte dann überschritten sein, wenn sie einer Art Vertragsstrafe gleichkommt, die einerseits den VN von der Kündigung abhält und nicht mehr durch betriebliche Überlegungen der Versicherung gerechtfertigt werden kann. Der Stornoabschlag ist in der jüngeren Vergangenheit häufiger diskutiert worden, etwa unter dem Begriff des kapitalmarktinduzierten Stornoabzugs bei Einmalzahlungen in der Lebensversicherung,[213] der von der Aufsicht zur Verhinderung von Zinsarbitrage durch größere Einmalbeitragsversicherungen angeraten wurde. Leider ist dieses eigentlich sinnvolle Gestaltungsmittel in der Lebensversicherung mit vielen Unwägbarkeiten verbunden, so dass bereits eine Neuregelung durch den Gesetzgeber gefordert wurde.[214] 63

Es war einige Zeit umstr., ob es Fälle gibt, in denen separate **sog. Kostenausgleichsvereinbarungen** des Vertriebs über die Abschlusskosten mit dem VN in Fällen von Netto-Tarifen eine Umgehung des gesetzlichen Abzugsverbot nach Abs. 3 Satz 2 für Abschluss- und Vertriebskosten darstellen können, mit der Folge dass derartige Vereinbarungen nach § 134 BGB nichtig sind. Das OLG Rostock hielt dies in Abgrenzung zu üblichen 64

---

200 A.A. HK-VVG/*Brambach*, § 169 Rn. 18.
201 Trotz des eindeutigen Gesetzeswortlauts zweifelnd *Engeländer* VersR 2007, 1297, 1304; vgl. Rdn. 60.
202 Vgl. § 1 GDV-Musterbedingungen zur fondsgebundenen Lebensversicherung.
203 *Schick/Franz* VW 2007, 764, 765, die darauf hinweisen, dass hier der Wert grundsätzlich auch mit einem prospektiven Verfahren zu ermitteln ist.
204 Kritisch *Schick/Franz* VW 2007, 764, 765; *Engeländer* VersR 2007, 1297, 1311.
205 Begr. RegE BT-Drucks. 16/3945 S. 103 für eine fondsgebundene Rentenversicherung mit einer Mindestleistung.
206 Marlow/Spuhl/*Grote*, Rn. 1140 ff.
207 BGH VersR 2005, 1565; VersR 2001, 839.
208 BGH VersR 2013, 300; NJW-RR 2013, 228; VersR 2012, 1149.
209 Wie hier Marlow/Spuhl/*Grote*, Rn. 1175; dafür *Schick/Franz* VW 2007, 764, 766; PK/*Ortmann*, § 169 Rn. 89 m.w.N.; P/M/*Reiff*, § 169 Rn. 58; einschränkend wohl auch Begr. RegE BT-Drucks. 16/3945 S. 103.
210 Begr. RegE BT-Drucks. 16/3945 S. 103.
211 § 12 IV Satz 5 GDV-Musterbedingungen der kapitalbildenden Lebensversicherung, Stand Februar 2016.
212 Vgl. auch *Römer* DB 2007, 2523; krit. PK/*Ortmann*, § 169 Rn. 92 m.w.N.
213 Schwintowski VersR 2010, 1126; *Reiff* ZVersWiss 2012, 477.
214 *Grote/Thiel* VersR 2013, 666; dagegen *Brömmelmeyer* VersR 2014, 133.

Vereinbarungen mit Maklern[215] für möglich,[216] während *Schwintowski*[217] dies ablehnt. Mittlerweile haben sich hierzu folgende Grundsätze herausgebildet:

- Die Vermittlung von Netto-Policen durch Versicherungsmakler sowie Versicherungsvertreter[218] auf der Grundlage separater Vergütungsvereinbarungen dieser Vermittler mit dem VN sind unbedenklich Es werden jedoch bei Makler und Vertreter Unterschiede im Wert der Beratung gemacht.[219] Diese Vereinbarungen können auch unkündbar gestellt werden, so dass der VN weiterhin zur Zahlung der ratierlichen Provision verpflichtet bleibt, obwohl die Lebensversicherung gekündigt wurde. Voraussetzung ist eine für den VN insoweit transparente Gestaltung. Es bestehen wahrscheinlich Widerrufsrechte nach §§ 355, 459 BGB i.V.m. § 506 BGB (Teilzahlungsgeschäft).
- Anders ist die Situation, wenn der VR mit dem VN zusätzlich zur Netto-Police eine Kostenausgleichsvereinbarung abschließt. Gegen die Wirksamkeit spricht zwar auch § 169 V i.V.m. § 169 III unter dem Aspekt des Umgehungsgeschäftes.[220] Der BGH gelangt jedoch zu einem ausreichenden Schutz des VN, wenn beide Verträge wirtschaftlich eine Einheit bilden und der Versicherungsvertrag zwar kündbar, die Kostenvereinbarung aber unkündbar ist: »Schließt der VR mit dem VN neben dem Vertrag über eine [...]-versicherung eine gesonderte Kostenausgleichsvereinbarung, nach der der VN die Abschlusskosten in monatlichen Raten unabhängig vom Fortbestand des Versicherungsvertrags zu zahlen hat, so ist eine Regelung in AGB über den **Ausschluss des Kündigungsrechts** für die Kostenausgleichsvereinbarung gem. § 307 II Nr. 2 BGB unwirksam.« I.E. bleibt damit auch die Kostenvereinbarung kündbar bzw. muss ein Kündigungsrecht enthalten.[221]

65 Der VR trägt die **Beweislast** dafür, dass der geltend gemachte Abzug den Voraussetzungen des Abs. 5 entspricht.[222] Die Anforderungen an entsprechende Klauseln sind sehr hoch, mit der Folge, dass entsprechende Klauseln bereits mehrfach verworfen wurden.[223]

IV. Herabsetzung des Rückkaufwertes bei Gefährdung der Belange der VN (Abs. 6)

1. Garantierte Rückkaufswerte

66 Der VR kann den nach Abs. 3 ermittelten Betrag angemessen herabsetzen, soweit dies erforderlich ist, um eine Gefährdung der Belange der VN auszuschließen. Die Notwendigkeit dieser Regelung wird erst deutlich, wenn man die wirtschaftliche Bedeutung des Zeitwerts nach § 176 a.F. sowie des Rückkaufswertes nach § 169 III – Deckungskapital mit den Rechnungsgrundlagen der Prämienkalkulation – miteinander vergleicht und dabei gleichzeitig die Frage, ob und inwieweit die Rückkaufswerte garantiert sind, berücksichtigt. Das Fazit des Vergleichs des früheren Zeitwerts mit dem heutigen Rückkaufswert nach § 169 III ist der folgenden Zusammenfassung von *Engeländer* aus 2002 zu entnehmen. »Aufgrund des vollen Ansatzes aller Beiträge [...], den umgekehrten Sicherheitsmargen bei den Annahmen, [...] dem relativ hohen Diskontierungszins und der Maßgabe des Schutzes des verbleibenden Portefeuilles wird der Zeitwert in praktisch allen Fällen deutlich unter den heute üblichen, mit den Rechnungsgrundlagen der Beiträge kalkulierten vertraglichen Kündigungsvergütungen liegen. [...] Der Zeitwert ist nur eine Notbremse, ein gesetzlicher Mindestwert, der absolut unbillige Kündigungsvergütungen verhindern soll [...].«[224] Der gesetzliche Zeitwert nach § 176 a.F. konnte im Übrigen keine garantierte Höhe in absoluten Zahlen haben, da die Rechnungsgrundlagen, insbes. der Rechnungszins, erst im Kündigungszeitpunkt festzulegen waren. I.E. wird damit heute im Rahmen eines – häufig zumindest vertraglich – garantierten Rückkaufswertes[225] nach § 169 III das höhere Niveau[226] der früher von vielen VR tatsächlich gewährten Rückkaufswerte bei Vertragsabschluss für häufig mehrere Jahrzehnte festgeschrieben. Ohne eine Anpassungsmöglichkeit würden damit u.U. Teile der Rückkaufswerte an die ausgeschiedenen zu Lasten der verbleibenden VN zu zahlen sein.

67 Diese Situation ist natürlich auch in anderen Ländern bekannt. Betrachtet man z.B. britische Lebensversicherungen, so bieten diese auch Garantien, die jedoch bei sehr vielen Anbietern nur dann greifen, wenn der Vertrag von Anfang bis zum Ende der vereinbarten Laufzeit beibehalten wird. Die dort vorgesehene Kündigungsvergütung/Rückkaufswert ist also während der Vertragslaufzeit nicht garantiert, der rechnerische Wert

---

215 BGH VersR 2005, 404.
216 LG Rostock vom 06.08.2010, 10 O 137/10.
217 *Schwintowski* ZfV 2011, 96, 134.
218 HK-VVG/*Brambach*, § 169 Rn. 42.
219 BGH VersR 2014, 64; NJW 2014, 1655; *Reiff* r+s 2013, 525 m.w.N.; *ders.* ZfVersWiss 2012, 477.
220 BGH NJW 2014, 1655.
221 *Schwintowski* NJW 2014, 1662, HK-VVG/*Brambach*, § 169 Rn. 41.
222 Begr. RegE BT-Drucks. 16/3945 S. 103.
223 Rdn. 63 sowie *Seiffert* r+s 2010, 177, 179; P/M/*Reiff*, § 169 Rn. 60 f.
224 *Engeländer* VersR 2002, 436, 446.
225 Die Frage, ob es auch nicht garantierte Rückkaufswerte gibt, scheint unterschiedlich beantwortet zu werden, vgl. oben Rdn. 60.
226 Ausdrücklich *Engeländer* VersR 2007, 1297, 1312; ähnlich PK/*Ortmann*, § 169 Rn. 102; Begr. RegE BT-Drucks. 16/3945 S. 104.

unterliegt unter Umständen einer Marktpreisanpassung oder einer ähnlichen vertraglichen Regelung, mit der Rückkaufswerte auch nach unten angepasst werden kann. Vertragliche Gründe für eine derartige Anpassung sind z.B. der Umstand, dass die zugrundeliegenden Vermögenswerte geringer sind, als der Wert des Vermögens, dass für alle zur Verfügung steht; wenn eine große Anzahl von VN gleichzeitig ihre Verträge kündigen oder einzelne VN Verträge mit hohen Summen zurückgeben. Begrifflich gibt es dort keine garantierten Rückkaufswerte, weil man vertraglich Anpassungsmöglichkeiten vorsieht, die aber wohl erkennbar keine willkürliche Reduzierung der Rückkaufswerte ermöglichen sollen, sondern Anpassungen aufgrund von wirtschaftlichen Notwendigkeiten zugunsten der verbleibenden VN.

2. Gefährdung der Belange der VN

Das Gesetz sieht die Belange der VN insbes. durch eine Gefährdung der dauernden Erfüllbarkeiten der Verpflichtungen des VR aus den Versicherungsverträgen gefährdet. Die Voraussetzungen für die Herabsetzung werden damit durch unbestimmte Rechtsbegriffe aus dem Bereich des Versicherungsaufsichtsrechts (§ 81 I VAG) definiert, über deren Reichweite wohl noch kein Einvernehmen besteht. Einerseits seien die Umstände für eine solche Minderung »außerordentlich weitgehend formuliert«[227], andererseits dürfte die Möglichkeit »nur in besonderen Ausnahmefällen zum Tragen kommen«[228], da an den Eintritt einer Gefährdung hohe Anforderungen zu stehen seien. Der Gesetzgeber betrachtet die Herabsetzungsmöglichkeit bei wirtschaftlichen Schwierigkeiten des VR für anwendbar, die gerade durch die neuen höheren Rückkaufswerte verursacht oder vertieft werden. Die Gesetzesbegründung führt als Beispiel einmal den Fall an, dass eine Vielzahl von VN zeitgleich in einer wirtschaftlichen ungünstigen Situation kündigen, was zu Liquiditätsproblemen führen und in der Folge unvorteilhafte Verkäufe von Kapitalanlagen erfordern könnte sowie den Fall, dass »die Vermögenswerte bei marktgerechter Bewertung die Verbindlichkeiten nicht mehr decken«[229]; gemeint sind wohl Fälle, in denen sich in den Kapitalanlagen – wie etwa in der Zeit um 2002/2003 – aufgrund der Marktlage und der bilanziellen Bewertungsvorschriften nicht unerhebliche stille Lasten befanden. In diesen Fällen würden die ausscheidenden VN teilweise Rückkaufswerte zu Lasten der verbleibenden VN realisieren, deren Ansprüche faktisch noch weiter im Wert gemindert würden.

Soweit erkennbar besteht Einvernehmen darüber, dass in diesen Fällen sowohl die ausscheidenden VN wie auch der verbleibende Bestand angemessen im Sinne von wirtschaftlich gleichmäßig an den vorhandenen Risiken bzw. eingetretenen Verlusten beteiligt werden.[230] Vom Gesetzeswortlaut wäre auch noch eine weitergehende Berücksichtigung derartiger Risiken und Verluste durch die Reduzierung des Rückkaufswertes der ausscheidenden VN gedeckt, wenn man davon ausgeht, dass eine Gefährdung der dauernden (= zukünftigen) Erfüllbarkeit der Verträge der (verbleibenden) VN auszuschließen ist. Dies dürfte aber über das Ziel des Gesetzgebers hinausgehen, denn im Rahmen der Beispiele geht es jeweils darum, die zusätzlichen Belastungen durch die nunmehr erhöhten Rückkaufswerte der Ausscheidenden vom VR und von den verbleibenden VN abzuwenden.

Nach Abs. 6 Satz 2 ist die Herabsetzung, die wohl ähnlich wie die Überschussbeteiligung einer Deklaration des VR für die ausscheidenden VN bedarf, auf jeweils ein Jahr befristet.

3. Gestaltungsmöglichkeiten der VR

Geht man davon aus, dass auch VR in Deutschland mittlerweile an einer Produktgestaltung mit nur endfälligen Garantien interessiert sind,[231] dann bleibt hier kurz festzuhalten, dass dies bereits heute möglich ist, da der Gesetzgeber auch nicht garantierte Rückkaufswert ermöglicht, während umgekehrt auch die garantierten Rückkaufswerte unter einem vergleichbaren Herabsetzungsvorbehalt stehen, wie die in den Verträgen mit nur endfälligen Garantien. Eine Herabsetzung selbst dürfte in beiden Fällen wenig Begeisterung auslösen, wie die jüngere Vergangenheit gezeigt hat.[232] Aus vertraglicher Sicht ist dann interessant, ob und in welchen Fällen die Herabsetzungsmöglichkeit in den AVB beschrieben werden muss und inwieweit dabei Transparenzgesichtspunkte zu berücksichtigen sind.

V. Ansprüche auf Überschussbeteiligung (Abs. 7)

§ 169 VII hat bezüglich der Überschussbeteiligung klarstellende Funktion, da der ausscheidende VN bereits erworbene Ansprüche aus der Überschussbeteiligung nicht verlustig geht.[233] Insoweit sind verschiedene Möglichkeiten zu berücksichtigen. Die laufenden Überschussanteile können einmal zur Erhöhung der Versicherungssumme und damit des Deckungskapitals nach Abs. 3 verwendet worden sein, oder aber als sogenannte

---

227 *Engeländer* VersR 2007, 1297, 1312.
228 HK-VVG/*Brambach*, § 169 Rn. 74.
229 Begr. RegE BT-Drucks. 16/3945 S. 104.
230 PK/*Ortmann*, § 169 Rn. 109, 110, 117; ähnlich HK-VVG/*Brambach*, § 169 Rn. 22.
231 *Engeländer* VersR 2007, 1297, 1312.
232 *Engeländer* VersR 2007, 1297, 1312.
233 Begr. RegE BT-Drucks. 16/3945 S. 104.

§ 170 Eintrittsrecht

verzinsliche Ansammlung gewährt und damit als zusätzlicher Anspruch auszuzahlen sein. Darüber hinaus erhält auch der ausscheidende VN – im Rahmen der Deklaration des VR und den vertraglichen Vereinbarungen – einen Schlussüberschussanteil einschließlich der Anteile an den Bewertungsreserven nach § 153 III.

VI. Abdingbarkeit

73 § 169 ist gem. § 171 Satz 1 halbzwingend, darf also nicht zum Nachteil des VN abgewandelt werden. Es dürfen Rückkaufwerte auch für Verträge gewährt werden, die vom Wortlaut § 169 I nicht gedeckt sind und es dürfen auch grundsätzlich andere Berechnungsmethoden für die Ermittlung des Rückkaufswertes verwendet werden, wenn sie für den VN vorteilhaft sind.[234]

§ 170 Eintrittsrecht.

(1) Wird in die Versicherungsforderung ein Arrest vollzogen oder eine Zwangsvollstreckung vorgenommen oder wird das Insolvenzverfahren über das Vermögen des Versicherungsnehmers eröffnet, kann der namentlich bezeichnete Bezugsberechtigte mit Zustimmung des Versicherungsnehmers an seiner Stelle in den Versicherungsvertrag eintreten. Tritt der Bezugsberechtigte ein, hat er die Forderungen der betreibenden Gläubiger oder der Insolvenzmasse bis zur Höhe des Betrags zu befriedigen, dessen Zahlung der Versicherungsnehmer im Fall der Kündigung des Versicherungsverhältnisses vom Versicherer verlangen könnte.
(2) Ist ein Bezugsberechtigter nicht oder nicht namentlich bezeichnet, steht das gleiche Recht dem Ehegatten oder Lebenspartner und den Kindern des Versicherungsnehmers zu.
(3) Der Eintritt erfolgt durch Anzeige an den Versicherer. Die Anzeige kann nur innerhalb eines Monats erfolgen, nachdem der Eintrittsberechtigte von der Pfändung Kenntnis erlangt hat oder das Insolvenzverfahren eröffnet worden ist.

Übersicht

	Rdn.		Rdn.
A. Allgemeines	1	I. Eintrittsrecht	6
B. Tatbestand	2	1. Berechtigte	6
I. Bestehender Lebensversicherungsvertrag	2	2. Form und Frist	9
II. Arrest, Zwangsvollstreckung, Insolvenz	3	II. Eintrittsfolgen	11
III. Zustimmung des VN	4	D. Abdingbarkeit	13
C. Rechtsfolgen	6		

A. Allgemeines

1 Die Vorschrift entspricht mit geringfügigen redaktionellen Änderungen § 177 a.F. Ziel von § 170 ist es, den Bezugsberechtigten und engen Familienangehörigen des VN, die mit dem Abschluss eines Lebensversicherungsvertrages regelmäßig finanziell abgesichert werden sollen, die Möglichkeit zu geben, sich durch Selbsteintritt vor den Nachteilen zu schützen, die mit einer Einzel- oder Gesamtvollstreckung in den Versicherungsvertrag verbunden sind. Ein solches Interesse am Fortbestand des Vertrages kann insbesondere gegeben sein, wenn der Eintretende anderenfalls einen neuen Versicherungsvertrag abschließen müsste, was mit erneuten Abschlusskosten verbunden wäre. Darüber hinaus kann sich auch aus dem derzeitigen Niedrigzinsumfeld ein Interesse am Erhalt von bestehenden Verträgen mit einer höheren Garantieverzinsung ergeben. Indem Abs. 1 Satz 2 das Eintrittsrecht an eine Ausgleichspflicht des Eintretenden knüpft, gewährleistet die Vorschrift zugleich einen angemessenen Ausgleich mit den berechtigten Interessen der Gläubiger des VN.

B. Tatbestand

I. Bestehender Lebensversicherungsvertrag

2 Das Eintrittsrecht setzt zunächst einen bestehenden Lebensversicherungsvertrag voraus, d.h. der Vertrag darf nicht durch den Versicherungsnehmer gekündigt und ein etwaiger Rückkaufwert darf noch nicht fällig sein.[1] Umstritten ist, ob es sich um eine rückkaufwertfähige Versicherung handeln muss[2] oder ob – wofür vieles spricht – auch das Interesse des Gläubigers an der Versicherungssumme einer Risikolebensversicherung ausreicht.[3]

II. Arrest, Zwangsvollstreckung, Insolvenz

3 Ferner muss ein Gläubiger des VN eine Zwangsvollstreckungsmaßnahme in die Versicherungsforderung durchführen, einen Arrest vollziehen oder es muss ein Insolvenzverfahren über das Vermögen des VN eröff-

---

[234] *Schick/Franz* VW 2007, 764, 766.
[1] R/L/*Langheid*, § 170 Rn. 2; P/M/*Reiff*, § 170 Rn. 3; L/W/*Mönnich*, § 170 Rn. 5; zu der Frage, ob § 170 auch auf Verträge anwendbar ist, die nicht der VN, sondern der Vollstreckungsgläubiger oder der Insolvenzverwalter innerhalb der Monatsfrist des § 170 III 2 gekündigt hat, s. Rdn. 10.
[2] So etwa P/M/*Reiff*, § 170 Rn. 3; *Hasse* VersR 2005, 15, 33, fordert sogar das Vorliegen eines positiven Rückkaufwerts.
[3] In diesem Sinne R/L/*Langheid*, § 170 Rn. 2; B/M/*Winter*, § 170 Rn. 14.

net werden. Daraus folgt zugleich, dass § 170 auf unpfändbare Forderungen keine Anwendung findet.[4] Letztlich muss die Gefahr bestehen, dass sich der Gläubiger aus der Versicherung befriedigen kann (beispielsweise durch Kündigung).

III. Zustimmung des VN

Nach dem Gesetzeswortlaut setzt das Eintrittsrecht die »Zustimmung des VN« voraus, was gemeinhin als **einseitige, empfangsbedürftige und formfreie Willenserklärung** verstanden wird. In der Praxis wird die Erklärung schon zu Nachweiszwecken regelmäßig gegenüber dem VR erfolgen, doch ist nach § 182 I BGB, der zumindest entsprechend anwendbar sein dürfte, auch eine Erklärung gegenüber dem Eintrittsberechtigten möglich.[5] Es besteht allerdings das Risiko, dass der VR eine nicht schriftlich erklärte Zustimmung unverzüglich zurückweist (vgl. § 182 III i.V.m. § 111 Satz 2 BGB). Die Zustimmung muss nach h.M. binnen der Monatsfrist des § 170 III 2 erklärt werden,[6] auch wenn diese Frist ausdrücklich nur die Anzeige an den VR betrifft. Dem ist mit Blick auf die von der Frist bezweckte Rechtssicherheit beizupflichten. 4

Grundsätzlich ist der VN nicht verpflichtet, dem Eintritt des Berechtigten zuzustimmen;[7] allerdings kann sich aus dem Innenverhältnis zwischen Bezugsberechtigtem und VN etwas anderes ergeben und im Einzelfall kann die Verweigerung der Zustimmung auch rechtsmissbräuchlich sein. Der VN kann die Einwilligungserklärung bis zur Ausübung des Eintrittsrechts widerrufen (vgl. § 183 BGB).[8] Ein Widerruf oder eine Anfechtung der Zustimmung durch den vollstreckenden Gläubiger bzw. den Insolvenzverwalter ist hingegen nach Sinn und Zweck der Norm ausgeschlossen.[9] Die Gläubigerinteressen werden hinreichend durch die Befriedigungspflicht gem. Abs. 1 Satz 2 gewahrt.[10] 5

C. Rechtsfolgen

I. Eintrittsrecht

1. Berechtigte

Liegen die vorgenannten Voraussetzungen vor, sind zunächst die **namentlich benannten Bezugsberechtigten** zum Eintritt in das Versicherungsverhältnis berechtigt. Die bloße Bestimmbarkeit des Bezugsberechtigten (z.B. »mein Vater«) genügt angesichts des eindeutigen Wortlauts nach allgemeiner Auffassung nicht.[11] Das Eintrittsrecht kommt dem Begünstigten sowohl bei widerruflichem als auch bei unwiderruflichem Bezugsrecht zu;[12] auch wenn der unwiderruflich Bezugsberechtigte aufgrund seiner überwiegend gesicherten Rechtsposition und angesichts der Zahlungspflicht nach Abs. 1 Satz 2 häufig kein wirtschaftliches Interesse hieran haben dürfte und bei einem unwiderruflichen Bezugsrecht eine Einzelzwangsvollstreckung nicht ohne weiteres möglich ist.[13] Das Eintrittsrecht darf nicht dadurch unterlaufen werden, dass die Bezugsberechtigung vor Ablauf der Monatsfrist vom Gläubiger oder Insolvenzverwalter widerrufen wird.[14] Unter Schutzzweckgesichtspunkten nicht geboten ist es indes, einen innerhalb der Frist erklärten Widerruf von vornherein als unwirksam zu behandeln; vielmehr reicht es aus, diesen erst mit Ablauf der Frist wirksam werden zu lassen.[15] Nach herrschender Meinung soll bis zum Ablauf der Sperrfrist auch die Gläubiger- oder Insolvenzanfechtung der Einräumung des Bezugsrechts ausscheiden.[16] Zu weit gehen dürfte dies allerdings für die Einräumung eines unwiderruflichen Bezugsrechts, da hier grundsätzlich keine Ausgleichspflicht nach Abs. 1 Satz 2 besteht und der VN anderenfalls seinen Gläubigern die Versicherungsforderung entziehen könnte. Aus diesem Grund sollte man entweder eine Anfechtung zulassen oder ausnahmsweise eine Ausgleichspflicht nach Abs. 1 Satz 2 bejahen.[17] 6

Hat der VN eine Bezugsberechtigung nicht (wirksam) eingeräumt oder den Begünstigten nicht namentlich benannt, steht das Eintrittsrecht gem. Abs. 2 dem Ehe- bzw. Lebenspartner und den Kindern des VN zu. 7

---

4 P/M/*Reiff*, § 170 Rn. 3; R/L/*Langheid*, § 170 Rn. 3.
5 A.A. PK/*Ortmann*, § 170 Rn. 7; HK-VVG/*Brambach*, § 170 Rn. 3; P/M/*Reiff*, § 170 Rn. 8.
6 P/M/*Reiff*, § 170 Rn. 8.
7 P/M/*Reiff*, § 170 Rn. 8; L/W/*Mönnich*, § 170 Rn. 17; HK-VVG/*Brambach*, § 170 Rn. 5.
8 A.A. HK-VVG/*Brambach*, § 170 Rn. 3.
9 PK/*Ortmann*, § 170 Rn. 7; P/M/*Reiff*, § 170 Rn. 19.
10 Vgl. ausführlich zum Verhältnis von § 170 zur Insolvenz- und Gläubigeranfechtung sowie zum Wahlrecht des Insolvenzverwalters P/M/*Reiff*, § 170 Rn. 19 f. sowie L/W/*Mönnich*, § 170 Rn. 16.
11 PK/*Ortmann*, § 170 Rn. 8 m.w.N.; P/M/*Reiff*, § 170 Rn. 5; L/W/*Mönnich*, § 170 Rn. 7.
12 H.M.; vgl. OLG Düsseldorf VersR 1998, 1559 f.; P/M/*Reiff*, § 170 Rn. 5; R/L/*Langheid* § 170 Rn. 7; a.A. L/W/*Mönnich*, § 170 Rn. 12 m.w.N.
13 Zu Recht darauf hinweisend L/W/*Mönnich*, § 170 Rn. 12; vgl. auch B/M/*Winter*, § 170 Rn. 15.
14 So jetzt auch BGH VersR 2012, 425 Tz. 16 m.w.N.
15 Ausführlich dazu P/M/*Reiff*, § 170 Rn. 19.
16 P/M/*Reiff*, § 170 Rn. 19; Armbrüster/Pilz KTS 2004, 481, 503; *Hasse* VersR 2005, 15, 35 f.; *Prahl* VersR 2005, 1036, 1038 f.; a.A. *König* NVersZ 2002, 481, 484.
17 In diesem Sinne *Elfring* BB 2004, 617, 620; ihm folgend P/M/*Reiff*, § 170 Rn. 12; vgl. auch L/W/*Mönnich*, § 170 Rn. 16.

§ 170 Eintrittsrecht

Abs. 2 greift demgegenüber nicht ein, wenn sich der Bezugsberechtigte mangels Interesse oder fehlender finanzieller Mittel dazu entscheidet, sein Eintrittsrecht nicht auszuüben, oder der VN nicht zustimmt.[18] § 1933 BGB gilt entsprechend, ein geschiedener Ehegatte hat kein Eintrittsrecht.[19]

8 Bei **mehreren Eintrittsberechtigten** können alle gemeinsam oder auch nur ein Einzelner oder Einzelne eintreten. Treten nur Einzelne ein, ist umstritten, ob ihre anteiligen Bezugsberechtigungen erhalten bleiben oder ob der Bezugsrechtsanteil des Eintretenden den nicht Eintretenden entsprechend § 160 I 2 anwächst.[20]

2. Form und Frist

9 Der Eintritt hat durch Anzeige gegenüber dem VR zu erfolgen (Abs. 3 Satz 1). Die Anzeige ist **formlos** möglich, auch wenn sich in praktischer Hinsicht die Schriftform anbietet. Die Anzeige muss dem VR innerhalb eines Monats nach Kenntnis des Eintrittsberechtigten von der Vollstreckung in die Versicherungsforderung bzw. – unabhängig von dessen Kenntnis – nach Eröffnung des Insolvenzverfahrens zugehen (Abs. 3 Satz 2). Ist dies der Fall, tritt der Bezugsberechtigte an die Stelle des VN in den Vertrag ein.

10 Umstritten ist, ob der Eintrittsberechtigte auch dann noch von seinem Recht Gebrauch machen kann, wenn die Vollstreckung schon so weit fortgeschritten ist, dass der Versicherungsvertrag durch den Gläubiger oder Insolvenzverwalter gekündigt und der Rückkaufswert fällig oder bereits ausgezahlt ist.[21] Bejaht man dies, kommt es insbesondere für die Fälle der Einzelvollstreckung zu einer erheblichen Rechtsunsicherheit, da die Eintrittsfrist von der Kenntnis des Berechtigten abhängt. Auf der anderen Seite hat der Gesetzgeber hier – anders als für die Eröffnung des Insolvenzverfahrens – den Fristbeginn ausdrücklich von der Kenntnis abhängig gemacht und damit in Kauf genommen, dass der Berechtigte von einer solchen Einzelvollstreckung typischerweise erst spät Kenntnis erlangt und auch dann noch in der Lage sein soll, sein Eintrittsrecht auszuüben.[22] Für den Gläubiger und den VR lässt sich die bestehende Unsicherheit ohne weiteres dadurch vermeiden, dass sie den Berechtigten von der Vollstreckungsmaßnahme in Kenntnis setzen; eine Unterrichtungs**pflicht** lässt sich dem Gesetz indes nicht entnehmen.[23] Bei Insolvenzfällen wird diese Problematik dadurch entschärft, dass der Fristbeginn kenntnisunabhängig an die Eröffnung des Verfahrens anknüpft. Dann aber wäre es erst recht nicht sachgerecht, die Möglichkeit der Rechtsausübung davon abhängig zu machen, wie schnell ein Insolvenzverwalter die Verwertung der Lebensversicherung betreibt. Auch hier kann der Berechtigte daher in jedem Falle bis Ablauf der Monatsfrist in den Vertrag eintreten mit der Folge, dass etwaige vorherige Maßnahmen des Insolvenzverwalters wirkungslos sind.[24]

II. Eintrittsfolgen

11 Übt der widerruflich Bezugsberechtigte oder der nach Abs. 2 Berechtigte sein Eintrittsrecht aus, ist er zur Befriedigung der die Zwangsvollstreckung betreibenden Gläubiger bzw. der Insolvenzmasse bis zur Höhe des Rückkaufswertes der Versicherung verpflichtet (Abs. 1 Satz 2), während den unwiderruflich Bezugsberechtigten grundsätzlich keine Zahlungspflicht trifft.[25] Zur Erfüllung der Ausgleichspflicht hat der VR den Auszahlungsbetrag mitzuteilen, den er bei Kündigung der Versicherung zum Zeitpunkt der Insolvenzeröffnung bzw. der Pfändung auszuzahlen hätte.

Ob die Zahlungspflicht bloße Folge des Eintritts oder aber Voraussetzung für das Bestehen des Eintrittsrechts ist und innerhalb der Monatsfrist des Abs. 3 Satz 2 erfüllt werden muss, ist umstritten. Beide Seiten können gewichtige Argumente für sich geltend machen: Auf der einen Seite würde eine Zahlungspflicht vor Ausübung des Eintrittsrechts dessen Geltendmachung innerhalb der Frist deutlich erschweren, wenn nicht sogar in vielen Fällen unmöglich machen,[26] und überdies auch dem Wortlaut der Norm (»Tritt der Bezugsberechtigte ein, hat er ...«) widersprechen.[27] Die Gegenansicht hält den Wortlaut unter Berufung auf die Gesetzesbegründung für ein Redaktionsversehen und verweist ferner auf die Interessen der Gläubiger, die nur dann

---

18 PK/*Ortmann*, § 170 Rn. 9; P/M/*Reiff*, § 170 Rn. 6; L/W/*Mönnich*, § 170 Rn. 8; a.A. HK-VVG/*Brambach*, § 170 Rn. 5.
19 P/M/*Reiff*, § 170 Rn. 6.
20 Für ein Bestehenbleiben mit gleichzeitiger Möglichkeit, Bezugsrechte anschließend zu widerrufen etwa L/W/*Mönnich*, § 170 Rn. 9; HK-VVG/*Brambach*, § 170 Rn. 9; für ein Anwachsen PK/*Ortmann*, § 170 Rn. 11; P/M/*Reiff*, § 170 Rn. 7.
21 Siehe z.B. BK/*Schwintowski*, § 177 Rn. 14; *Hasse* VersR 2005, 15, 33.
22 Ebenso L/W/*Mönnich*, § 170 Rn. 20 m.w.N. (auch zu vermittelnden Ansichten).
23 Eine Informationspflicht von VN und VR gegenüber einem unwiderruflich Bezugsberechtigten sieht PK/*Ortmann*, § 170 Rn. 14.
24 Im Ergebnis ebenso MünchKommInsO/*Peters*, 3. Aufl. 2013, § 35 Rn. 417; L/W/*Mönnich*, § 170 Rn. 6; P/M/*Reiff*, § 170 Rn. 19; zustimmend PK/*Ortmann*, § 170 Rn. 2 und 15; B/M/*Winter*, Anm. H 179.
25 P/M/*Reiff*, § 170 Rn. 12.
26 Im Insolvenzfall müsste der Berechtigte nach Kenntnisnahme von der Verfahrenseröffnung, bei welcher i.d.R. ein Teil der Frist bereits verstrichen sein wird, neben der Einholung der Zustimmung des VN zusätzlich den Rückkaufswert ermitteln und die Zahlungsdetails abstimmen, zudem gegebenenfalls Rechts- oder anderen Rat einholen und eine Finanzierung für die Ausgleichszahlung abstimmen; zustimmend L/W/*Mönnich*, § 170 Rn. 22.
27 PK/*Ortmann*, § 170 Rn. 18; L/W/*Mönnich*, § 170 Rn. 22; *Elfring* BB 2004, 617, 620.

hinreichend geschützt seien, wenn der Eintritt erst nach Zahlung wirksam werde.[28] Beiden Seiten würde man gerecht, wenn man den (innerhalb der Monatsfrist zu erklärenden) Eintritt in Ansehung der Regelungssystematik und des Sinn und Zwecks der Vorschrift nur unter der (ungeschriebenen) aufschiebenden Bedingung als wirksam ansehen würde, dass die Ausgleichszahlung erfolgt ist.

Mit Zugang der Eintrittsanzeige beim VR findet der Wechsel in der Person des VN statt.[29] Der Eintritt ist endgültig und kann insbesondere durch die Aufhebung der Vollstreckungsmaßnahme nicht rückgängig gemacht werden.[30] Der Eintretende übernimmt den Versicherungsvertrag ohne inhaltliche Änderung und ist im gleichen Umfang wie der bisherige VN zur Ausübung von Gestaltungsrechten befugt, z.B. Ernennung neuer Bezugsberechtigter, nicht aber zum Widerruf eines (wenn auch namentlich unbestimmten) unwiderruflichen Bezugsrechts.[31] Auch die Gefahrperson bleibt dieselbe. Unklar ist daher, ob diese der Änderung des Vertrags in entsprechender Anwendung von § 150 II zustimmen muss oder ob § 170 abschließend ist. Sofern man bei einem Wechsel in der Person des VN grundsätzlich von einem Zustimmungserfordernis nach § 150 ausgeht, ist es nur konsequent, auch im Rahmen des § 170 eine Zustimmung der Gefahrperson zu verlangen.[32] Ist der bisherige VN auch versicherte Person, ist aufgrund der ohnehin zu erteilenden Zustimmung keine weitere Erklärung nach § 150 II erforderlich. Geht man hingegen mit der hier vertretenen Ansicht davon aus, dass allein der Wechsel in der Person des VN keine Gefahrerhöhung für die versicherte Person bedeutet und der Schutzzweck des § 150 hierdurch nicht berührt wird, ist grundsätzlich auch eine Zustimmung nach § 150 II entbehrlich. Diese wird erst erforderlich, wenn sich die Personen der Bezugsberechtigten oder die Höhe ihrer Berechtigungen ändern, da hiermit eine Änderung der Gefährdungslage verbunden ist, mit der die Gefahrperson einverstanden sein muss.[33]

12

D. Abdingbarkeit

Die Norm ist nach § 171 halbzwingend, so dass weder zu Lasten des Eintrittsberechtigten noch des VN oder der Gefahrperson von ihr abgewichen werden kann. So wäre etwa die Festlegung einer Form für die Eintrittsanzeige oder Zustimmungserklärung oder die Verkürzung der Eintrittsfrist unwirksam.[34]

13

§ 171 Abweichende Vereinbarungen. Von § 152 Abs. 1 und 2 und den §§ 153 bis 155, 157, 158, 161 und 163 bis 170 kann nicht zum Nachteil des Versicherungsnehmers, der versicherten Person oder des Eintrittsberechtigten abgewichen werden. Für das Verlangen des Versicherungsnehmers auf Umwandlung nach § 165 und für seine Kündigung nach § 168 kann die Schrift- oder die Textform vereinbart werden.

Wie schon die Vorgängerregelung in § 178 a.F. stellt auch § 171 klar, dass von den genannten Bestimmungen nicht zum Nachteil des VN, des Eintrittsberechtigten oder der Gefahrperson abgewichen werden kann. Dies gilt auch für Individualvereinbarungen und unabhängig davon, ob es sich um einen Unternehmer oder Verbraucher handelt.[1] Vom Wortlaut nicht erfasst sind §§ 150, 151 und 162. Die herrschende Meinung geht angesichts ihres Schutzzwecks dennoch von der entsprechenden Anwendbarkeit des § 171 aus.[2] Handelt es sich um eine nachteilige Vereinbarung in AVB, ist diese zusätzlich auch an den §§ 307 ff. BGB zu messen.[3]

1

Ob sich die Regelung zum Nachteil des VN auswirkt, ist nach denselben Maßstäben zu bemessen wie bei den übrigen halbzwingenden Vorschriften des VVG.[4] Sofern eine Vereinbarung daher nicht ausschließlich nachteilig ist, sondern sich teilweise auch vorteilhaft auswirkt, sind die Auswirkungen zu saldieren.[5] Umstritten ist allerdings, ob dies bei Vereinbarungen in AVB durch eine abstrakt-generelle oder durch eine konkret-individuelle Betrachtung erfolgen soll.[6] Ist eine benachteiligende Diskrepanz gegeben, ist die abweichende Bestimmung unwirksam[7] und es gilt die Gesetzesvorschrift.

2

Satz 2 sieht eine ausdrückliche Ausnahme für §§ 165 und 168 vor, wonach für das Umwandlungsverlangen und die Kündigung des VN die Schriftform oder Textform vereinbart werden kann. Im Umkehrschluss folgt

3

---

28 So *Hasse* VersR 2005, 15, 33; P/M/*Reiff*, § 170 Rn. 10 f.; R/L/*Langheid*, § 170 Rn. 13.
29 Gegebenenfalls aufschiebend bedingt durch die Zahlung des Rückkaufswerts an den Gläubiger, vgl. Rdn. 11.
30 P/M/*Reiff*, § 170 Rn. 16.
31 P/M/*Reiff*, § 170 Rn. 15; L/W/*Mönnich*, § 170 Rn. 21; B/M/*Winter*, § 170 Rn. 52 ff.
32 Vgl. *Peters*, in: Vorauflage, § 150 Rn. 2; zustimmend PK/*Ortmann*, § 170 Rn. 17.
33 Vgl. § 150 Rdn. 2.
34 L/W/*Mönnich*, § 170 Rn. 23.
1 P/M/*Schneider*, § 171 Rn. 3.
2 Vgl. dazu § 150 Rdn. 15, § 151 Rdn. 9, § 162 Rdn. 14.
3 BGH VersR 2009, 769; P/M/*Schneider*, § 171 Rn. 3; R/L/*Langheid*, § 171 Rn. 3; *Werber* VersR 2010, 1253 m.w.N.
4 §§ 18, 32, 42, 67, 87, 112, 129, 175, 191, 208.
5 Vgl. dazu ausführlich L/W/*Fausten*, § 18 Rn. 19 ff.
6 Vgl. dazu ausführlich L/W/*Fausten*, § 18 Rn. 31 f.
7 PK/*Ortmann*, § 171 Rn. 3; R/L/*Langheid*, § 171 Rn. 3.

§ 171 Abweichende Vereinbarungen

hieraus, dass die Festlegung einer vom Gesetz nicht vorgesehenen Form für andere Willenserklärungen oder Vertragshandlungen eine nachteilige Abweichung darstellt.[8]

4 Ausnahmen vom halbzwingenden Charakter der §§ 150, 152, 153, 165, 166, 168 und 169 bestehen gem. § 211 für Pensionskassen, kleinere Versicherungsvereine und Lebensversicherungen mit kleineren Beträgen.[9]

---

[8] Zustimmend PK/*Ortmann*, § 171 Rn. 4.
[9] Vgl. näher die Kommentierung zu § 211.

Kapitel 6. Berufsunfähigkeitsversicherung

Vorbemerkung zu §§ 172 ff.

Schrifttum:
Bellinghausen, Die Verweisung in der Berufsunfähigkeitsversicherung, VersR 1995, 5; *Büchner,* Neue Entwicklungen und alte Probleme in der Berufsunfähigkeitsversicherung nach der VVG-Reform, 2015; *Gerlach,* Die Verwendung von Klauseln in der Berufsunfähigkeitsversicherung, VerBAV 1984, 125; *Glauber,* »Subjektive Kulanz« in der Berufsunfähigkeitszusatzversicherung, VersR 1994, 1405; *Hausotter/Eich,* Die Begutachtung für die private Berufsunfähigkeitsversicherung, 2008; *Hollenborg,* Berufsunfähigkeit Selbständiger im Rahmen der Berufsunfähigkeitsversicherung, 2009; *Höra,* Materielle und prozessuale Klippen in der Berufsunfähigkeits- und Krankenversicherung, r+s 2008, 89; *Hörstel,* Verweisung von Versicherten auf anderer Tätigkeiten in der BUV, VersR 1994, 1023; *Lensing,* Das »Arbeitsplatzrisiko« des Beamten, Der Personalrat 2006, 450; *Müller-Frank,* Aktuelle Rechtsprechung zur Berufsunfähigkeits-(Zusatz-)Versicherung, 7. Aufl. 2007; *Neuhaus,* Die Berufsunfähigkeitsversicherung – Neues VVG, Perspektiven, Prognosen, r+s 2008, 449; *ders.,* Neuhaus – Berufsunfähigkeitsversicherung, 3. Aufl. 2014; *Präve,* Die Berufsunfähigkeitsversicherung im Lichte des neuen VVG, VersR 2003, 1207; *Richter,* Berufsunfähigkeitsversicherung, 2. Aufl. 1994; *ders.,* Einige Bemerkungen und Hinweise zum Versicherungsfall Berufsunfähigkeit, VersR 1988, 1207; *ders.,* Berufsunfähigkeit – grundlegender Umbruch im Recht der gesetzlichen Erwerbsminderungsrenten durch das RRG 1999 und Bedeutungen für den Versicherungsfall Berufsunfähigkeit in der privaten Berufsunfähigkeitsversicherung, VersR 1998, 921; *ders.,* Äußere Bezüge der privaten Berufsunfähigkeitsversicherung, Liber amicorum für Gerrit Winter, 2007, S. 547; *Rixecker,* VVG 2008 – Eine Einführung – XII Berufsunfähigkeitsversicherung, ZfS 2007, 669; *Rixecker,* Nichtendende Versicherungsfälle, Rechtsprobleme der Anerkennung und Nachprüfung von Berufsunfähigkeit, Düsseldorfer Vorträge zum Versicherungsrecht 2013, Karlsruhe 2014; *Rosensträter-Krumbach,* Die Berufsunfähigkeitsversicherung: Späte Ehre für ein Stiefkind, VersR 2004, 170; *Rüther,* Berücksichtigung der Arbeitsmarktverhältnisse bei Verweisungen in der Berufsunfähigkeits-Zusatzversicherung?, NVersZ 1999, 497; *Voit,* Aktuelle Fragen der Berufsunfähigkeitsversicherung, 1990; *ders.,* Berufsunfähigkeitsversicherung im Lichte der Rechtsprechung, VersR 1990, 22; *Wachholz,* Berücksichtigung des Arbeitsplatzrisikos in der Berufsunfähigkeitszusatzversicherung, NVersZ 1999, 507.

In der Berufsunfähigkeitsversicherung verspricht der VR seinem Vertragspartner Leistungen für den Fall der Berufsunfähigkeit, also dem Zustand, in dem der Versicherte aus gesundheitlichen Gründen ganz oder teilweise nicht mehr in der Lage ist, seinen Beruf und gegebenenfalls einen angemessenen Vergleichsberuf auszuüben. 1

Zweck der Versicherung ist es, im Falle der Berufsunfähigkeit einen sozialen Abstieg des Versicherten im Arbeitsleben und seinem sozialen Umfeld zu verhindern, indem sie Einkommenseinbußen in dem vertraglich vereinbarten Umfang kompensiert.[1] 2

Die Versicherung wird zum Teil als reine Berufsunfähigkeitsversicherung mit dem Leistungsversprechen einer Rente und der Beitragsbefreiung abgeschlossen. Häufiger ist sie als Berufsunfähigkeitszusatzversicherung zu einer Lebensversicherung ausgestaltet. Dabei wird zusätzlich die Beitragsbefreiung in der Hauptversicherung versprochen. 3

Die Berufsunfähigkeitsversicherung ist eine Personenversicherung und aufsichtsrechtlich als Lebensversicherung anzusehen.[2] Da im Versicherungsfall die vertraglich vereinbarten Leistungen unabhängig von tatsächlich erlittenen Nachteilen erbracht werden, handelt es sich bei der Berufsunfähigkeitsversicherung um eine Summenversicherung. 4

Die Berufsunfähigkeitsversicherung ist erstmals durch die §§ 172–177 gesetzlich geregelt worden. Damit wurde der praktischen Bedeutung Rechnung getragen.[3] Neben den §§ 172 ff. sind nach § 176 – entsprechend der früheren Rspr.[4] – die Vorschriften für die Lebensversicherung anwendbar, soweit die Besonderheiten der Berufsunfähigkeitsversicherung nicht entgegenstehen. Allerdings ist das Recht der Berufsunfähigkeitsversicherung gesetzlich nur in einigen Kernpunkten geregelt und lässt bewusst viel Spielraum für die Gestaltung durch AVB und individuelle Vereinbarungen. Damit will der Gesetzgeber auch Möglichkeiten zur Fortentwicklung der Produkte und Beibehaltung der bestehenden Produktvielfalt bieten.[5] 5

Neben den nunmehr gesetzten **gesetzlichen Rahmenbedingungen** wird das Recht der Berufsunfähigkeitsversicherung daher nach wie vor wesentlich durch die vertraglichen Vereinbarungen geprägt. Nach der Deregulierung im Jahre 1994 sind die Bedingungen nicht mehr einheitlich. Zwar basieren sie regelmäßig auf den Musterbedingungen des GDV (MB-BU und MB-BUZ; abrufbar unter www.gdv.de) variieren jedoch in den Details von Unternehmen zu Unternehmen. Im jeweiligen Einzelfall ist daher eine Überprüfung des konkreten Bedingungswerkes erforderlich. 6

---

1 Vgl. B/M/*Winter*[8], Bd. V/2, Anm. G 16; *Neuhaus,* A. Rn. 11; VersHb/*Rixecker,* § 46 Rn. 2.
2 BGH VersR 1988, 1233, 1234.
3 Begr. RegE BT-Drucks. 16/3945 S. 54.
4 BGH VersR 1991, 289, 291: keine »schematische Übertragung«.
5 Vgl. Begr. RegE BT-Drucks. 16/3945 S. 105 f.

§ 172 Leistung des Versicherers

Da der Gesetzgeber sich an den in der Praxis üblichen Bedingungswerken orientiert hat, kann die bisherige Rspr. – vorbehaltlich des genauen Wortlautes der vereinbarten Bedingung – grundsätzlich herangezogen werden.
In der gerichtlichen Praxis spielt die Berufsunfähigkeitsversicherung mit einer Vielzahl von Rechtsstreiten eine nicht unerhebliche Rolle. Zwar hat es in der vergangenen Zeit nur wenige veröffentlichte Entscheidungen des BGH gegeben. Das soll daran liegen, dass die rechtlichen Voraussetzungen der Leistungspflicht seit langem geklärt und von der obergerichtlichen Rechtsprechung richtig angewandt werden. Bei vielen der vom BGH zu entscheidenden Verfahren handelt es sich daher um – regelmäßig erfolglose – Angriffe gegen die Beweiswürdigung im Rahmen von Nichtzulassungsbeschwerden.[6]

7 Im **Übergangsrecht**[7] existieren besondere Regelungen für die Berufsunfähigkeitsversicherung. Gem. § 4 III EGVVG sind die §§ 172, 174–177 nicht auf Altverträge, also auf Verträge die bis zum Inkrafttreten des neuen VVG am 01.01.2008 entstanden sind, anzuwenden. Die Vorschrift schließt aber nicht die Möglichkeit aus, die Anwendung der neuen Vorschriften mit dem VN zu vereinbaren.[8]
Für die Anwendung des § 173 und der anderen relevanten Vorschriften des VVG (z.B. für die Anzeigepflicht- oder Obliegenheitsverletzung) gilt jedoch die Grundregel des § 1 I EGVVG.[9] Angesichts der oft fehlenden Klarheit über den genauen Zeitpunkt des Eintritts der Berufsunfähigkeit stellt sich die Frage, wer die Beweislast für den Zeitpunkt des Eintritts des Versicherungsfalls trägt. Hier wird teilweise angenommen, dass dieser Zeitpunkt grundsätzlich vom VR zu beweisen sei, da er sich insoweit auf eine ihm günstige Ausnahmeregelung des Art. 1 II EGVVG berufe.[10] Teilweise wird angenommen, der Versicherte müsse den Zeitpunkt als Anspruchsvoraussetzung beweisen.[11] Richtig erscheint es, mit der zuletzt zitierten Auffassung entsprechend der allgemeinen Beweislastregel darauf abzustellen, wer aus den von ihm vorgetragenen Tatsachen für sich günstige Rechtsfolgen herleitet. Ist es z.B. der Versicherte, der aus der Geltung des alten Rechts eine für ihn günstige Rechtsfolge herleiten will, so muss er den Eintritt des Versicherungsfalles entsprechend vor dem 01.01.2009 beweisen. Ist es hingegen der VR, der dem Anspruch Rechtsfolgen von Regelungen des neuen VVG entgegenhält, dann muss er beweisen, dass der Versicherungsfall nach dem 31.12.2008 eingetreten ist.[12]
Ist der Zeitpunkt zweifelhaft, könnte der VR erwägen, sicherheitshalber »zweigleisig« zu fahren und in Zweifelsfällen seine Rechte sowohl nach dem alten als auch dem neuen Recht geltend zu machen. Denkbar wäre auch, nach § 242 BGB eine Wiedereinsetzung in nach neuem Recht bereits abgelaufene Fristen zu ermöglichen, wenn sich der Zeitpunkt des Versicherungsfalles unvorhersehbar nach hinten verschiebt.

§ 172 Leistung des Versicherers.

(1) Bei der Berufsunfähigkeitsversicherung ist der Versicherer verpflichtet, für eine nach Beginn der Versicherung eingetretene Berufsunfähigkeit die vereinbarten Leistungen zu erbringen.
(2) Berufsunfähig ist, wer seinen zuletzt ausgeübten Beruf, so wie er ohne gesundheitliche Beeinträchtigung ausgestaltet war, infolge Krankheit, Körperverletzung oder mehr als altersentsprechendem Kräfteverfall ganz oder teilweise voraussichtlich auf Dauer nicht mehr ausüben kann.
(3) Als weitere Voraussetzung einer Leistungspflicht des Versicherers kann vereinbart werden, dass die versicherte Person auch keine andere Tätigkeit ausübt oder ausüben kann, die zu übernehmen sie auf Grund ihrer Ausbildung und Fähigkeiten in der Lage ist und die ihrer bisherigen Lebensstellung entspricht.

Übersicht

	Rdn.
A. Allgemeines	1
B. Anspruchsvoraussetzungen	2
I. Versicherungsvertrag	2
II. (Versicherter) zuletzt ausgeübter Beruf des VN	6
III. Berufsunfähigkeit	11
1. Medizinischer Tatbestand	12
2. Infolgedessen außerstande seinen Beruf auszuüben	16
a) Unzumutbarkeit der Ausführung der Einzelverrichtungen	16
b) Grad der Berufsunfähigkeit	19
c) Kausalität (»Infolge«)/Kompensationsmöglichkeiten des Versicherten	22
3. Voraussichtlich auf Dauer	25
a) Zeitliche Prognose	25
b) Fingierte Berufsunfähigkeit	28
4. Einzelne Berufsgruppen	29

---

6 *Lehmann* r+s 2014, 429, 430.
7 Hierzu allgemein: *Schneider* VersR 2008, 859.
8 Begr. RegE BT-Drucks. 16/3945 S. 119.
9 Vgl. LG Dortmund r+s 2010, 524: keine Anwendung von § 173 II auf Altverträge; OLG Hamm VersR 2009, 1345 zur streitigen – vom OLG bejahten – Frage, ob neben dem materiellen Versicherungsrecht auch § 215 VVG von der Übergangsregelung erfasst wird.
10 OLG Oldenburg VersR 2012, 1501; *Marlow*/Spuhl Rn. 1513; P/M/*Armbrüster*, Art. 1 EGVVG Rn. 17a.
11 *Neuhaus* r+s 2009, 309, 312; HK-VVG/*Muschner*, Art. 1 EGVVG Rn. 28.
12 So auch ausdrücklich: *Münkel*, jurisPR-VersR 6/2012 Anm. 2.

	Rdn.		Rdn.
a) Selbständige und Personen in vergleichbaren Stellungen	29	c) Vergleichbare Wertschätzung	57
		VI. Ausschlüsse und Obliegenheiten	61
b) Beamte	30	1. Ausschlüsse	61
c) Auszubildende	32	2. Obliegenheiten	67
d) Erwerbslose	34	a) Mitwirkungsobliegenheiten im Versicherungsfall	68
5. Leistungserweiternde und -einschränkende Klauseln	35	b) Ärztliche Anordnungen	73
6. Pflegebedürftigkeit	41	c) Obliegenheiten nach Eintritt des Versicherungsfalles	76
IV. Nach Beginn der Versicherung eingetreten (Abs. 1)	42	C. Rechtsfolge	77
V. Verweisung	44	I. Anspruchsinhalt	77
1. Keine Überforderung	46	II. Fälligkeit/Verjährung	78
2. Wahrung der Lebensstellung	50	III. Zeitliche Grenzen der Leistungspflicht	80
a) Keine Unterforderung	51	D. Darlegungs- und Beweislast	83
b) Wahrung der Einkommenssituation	52	E. Abdingbarkeit	90

A. Allgemeines

Abs. 1 beschreibt die Leistungspflicht des VR in der Berufsunfähigkeitsversicherung. In Abs. 2 wird der Begriff der Berufsunfähigkeit definiert. Die Berufsunfähigkeitsversicherung erhält durch diese Regelungen ein gesetzliches Leitbild. Unter Berücksichtigung dieses Leitbildes ist die Wirksamkeit möglicher (§ 175) abweichender Regelungen der Leistungszusage in den AVB zu beurteilen.[1] Abs. 3 stellt klar, dass die Leistung wie bisher üblich von einer fehlenden konkreten oder abstrakten Verweisungsmöglichkeit abhängig gemacht werden kann. 1

B. Anspruchsvoraussetzungen

I. Versicherungsvertrag

Der **Abschluss des Vertrages** über die Berufsunfähigkeitsversicherung richtet sich nach allgemeinen Regeln (vgl. § 1 Rdn. 45, § 7 Rdn. 72). Ein Kontrahierungszwang besteht nicht.[2] Zu beachten sind jedoch die entsprechenden Vorschriften der §§ 19 ff. AGG.[3] 2

Wann die nach § 7 I 1 zu erteilende Information **rechtzeitig** ist, kann auch hier nur im Einzelfall festgestellt werden.[4] Im Zweifel wird diese Frist aufgrund der Komplexität der Vertragsmaterie und der wichtigen Vorsorgefunktion der Berufsunfähigkeitsversicherung großzügig zu bemessen sein.[5] Eine **Annahmefrist** (§ 147 II BGB) ist für die Berufsunfähigkeitsversicherung nicht ausdrücklich normiert. Sie wird regelmäßig bis zu sechs Wochen betragen.[6]

Der **Versicherungsschutz beginnt** grundsätzlich mit Abschluss des Vertrages, sofern nicht im Vertrag ein späterer Zeitpunkt angegeben wurde (vgl. §§ 10 VVG, 4 MB-BU, 9 IX MB-BUZ i.V.m. § 3 ALB). Der VR ist jedoch leistungsfrei, wenn der VN schuldhaft die erste Prämie, den »Einlösungsbeitrag«, nicht zahlt.[7] 3

Der Versicherungsschutz **endet** mit dem Ende des Versicherungsvertrages. Das ist grundsätzlich der Fall bei Ablauf der vereinbarten Vertrags- bzw. Leistungsdauer. Vor Ablauf der regulären Laufzeit kann der Vertrag durch den VN durch Kündigung vorzeitig beendet werden.[8] Dem VR steht kein Recht zur ordentlichen Kündigung zu.[9] Er kann den Vertrag jedoch außerordentlich kündigen, wenn ihm die Fortsetzung nicht zuzumuten ist und er durch §§ 19 ff., 28 und 123 BGB nicht hinreichend geschützt ist.[10] 4

---

1 *Rixecker* ZfS 2007, 669.
2 OLG Karlsruhe VersR 2008, 522 (rechtskräftig durch Beschluss des BGH vom 13.05.2009, IV ZR 278/08; dort wurde ergänzend darauf hingewiesen, dass bei einem Kontrahierungszwang auch die konkreten Bedingungen festgelegt werden müssten, dies würde die Grenzen der richterlichen Rechtsfortbildung sprengen).
3 Hierzu: z.B. Einl. A Rdn. 40 ff.; MünchKommBGB/*Thüsing*, § 20 AGG Rn. 55 ff.; *Armbrüster* VersR 2006, 1297 ff.; *Eich* VW 2007, 1735.
4 Vgl. die Kommentierung zu § 7 dort Rdn. 23.
5 Vgl. *Schimikowski* r+s 2007, 133, 135 f. (mehrere Tage); *Leverenz* VW 2008, 392; *ders.*, Vertragsschluss nach der VVG-Reform S. 67.
6 OLG Brandenburg Urt. v. 05.12.2007, 7 U 106/07 – juris Rn. 32 auch zu Abweichungen, die eine Verlängerung rechtfertigen; enger: AG Pfaffenhofen VersR 2007, 1113 (Bearbeitungsfrist: 4 Wochen, Eingang der Annahmeerklärung nach 6 Wochen).
7 Vgl. zu den Voraussetzungen der Leistungsfreiheit und dem »Einlösungsprinzip« im Einzelnen: §§ 14 II MB-BU 2014, 9 X MB-BUZ i.V.m. 11 ALB 12 sowie § 37 Rdn. 1.
8 §§ 11 VVG, 9 IV MB-BU, 9 XI MB-BUZ i.V.m. 9 ALB 08.
9 *Voit*, Berufsunfähigkeitsversicherung, 1994, Rn. 140.
10 OLG Saarbrücken VersR 2009, 344 (z.B. bei manipulativen Verhaltensweisen des VN); a.A. Voit, Berufsunfähigkeitsversicherung, 1994, Rn. 14 (kein Recht zur außerordentlichen Kündigung).

5 Sofortiger Versicherungsschutz kann durch die **Vereinbarung vorläufiger Deckung** gewährt werden (vgl. §§ 49 ff.). Hierfür haben die VR oft spezielle »Sonderbedingung für den vorläufigen Versicherungsschutz«. Ein hierin enthaltener Ausschluss für den VN vor Antragstellung »erkennbar gewordene« Ursachen für die Berufsunfähigkeit ist unwirksam.[11] Vereinbart werden kann jedoch, dass eine Leistungspflicht nur dann besteht, wenn die Berufsunfähigkeit innerhalb von drei Monaten nach ihrem Eintritt angezeigt wird.[12]
Eine **Rückwärtsversicherung** ist grundsätzlich möglich. Die Kenntnisregelung des § 2 II 2 ist dabei für alle nach Abgabe der Vertragserklärung des VN eintretenden Versicherungsfälle abbedungen.[13] Davon – durch Auslegung – abzugrenzen ist die reine **Rückdatierung** des Vertrages auf einen Zeitpunkt vor Antragstellung. Durch sie wird lediglich der technische Versicherungsbeginn vorverlegt.

II. (Versicherter) zuletzt ausgeübter Beruf des VN

6 Auszugehen ist bei der Beurteilung der Berufsunfähigkeit vom durch den Versicherten ausgeübten **Beruf**. Als Beruf gilt jede – vollschichtig oder in Teilzeit[14] – im Rahmen der Sozialordnung ausgeübte Tätigkeit, die auf Erwerbserzielung angelegt ist und typischerweise zum Lebensunterhalt dient.[15] Dazu zählen jedoch keine Übergangstätigkeiten wie die Liquidation des eigenen Betriebes oder gesundheitsbedingte Umschulungsmaßnahmen.[16]
Gegenstand des Berufes ist dabei die konkret ausgeübte Tätigkeit mit den individuell für den Versicherten anfallenden Leistungen nach Art und Umfang; auf die Angaben im Versicherungsantrag oder -schein kommt es ebenso wenig an, wie auf den erlernten Beruf oder auf das allgemeine Berufsbild.[17]

7 Maßgeblich ist grundsätzlich der **zuletzt**, also zum Zeitpunkt des behaupteten Eintritts der Berufsunfähigkeit, **ausgeübte** Beruf, selbst dann wenn er nur kurz ausgeübt wurde. § 172 II berücksichtigt dadurch – wie regelmäßig die AVB – die berufliche Entwicklung des Versicherten und stellt nicht auf den einmal erlernten oder den bei Vertragsschluss ausgeübten Beruf ab; geschützt sind auf diese Weise auch Versicherte, deren Tätigkeit keinem bestimmten Lehrberuf entspricht.[18] Hoffnungen und Erwartungen auf eine anders gestaltete Tätigkeit sind – auch wenn ein entsprechender Vertrag bereits vorliegt – nicht zu berücksichtigen.[19]
In der **vorübergehenden Unterbrechung** der beruflichen Tätigkeit für die Erziehung der Kinder und der Haushaltsführung im Rahmen einer **Elternzeit** ist grundsätzlich keine Aufgabe eines ausgeübten Berufes zu sehen. Dazu kommt es nur dann, wenn die berufliche Tätigkeit bewusst zugunsten der Tätigkeit als Hausfrau aufgegeben wird oder die ursprüngliche Tätigkeit aufgrund der langen Unterbrechung aus fachlichen Gründen nicht mehr ausgeführt werden kann.[20]
Übt ein Versicherter eine Tätigkeit nicht dauerhaft aus, sondern ist jeweils befristet in unterschiedlichen Bereichen tätig (zum Beispiel als Leiharbeiter eines Zeitarbeitsunternehmens), so kann es unbillig sein, nur auf die zuletzt bei behauptetem Eintritt der Berufsunfähigkeit ausgeübte Tätigkeit abzustellen. Hier kann es erforderlich werden, im Rahmen einer wertenden Betrachtung auch auf zuvor ausgeübte Tätigkeiten oder diejenigen Tätigkeiten zurückzugreifen, die das Einsatzspektrum des Versicherten bei seiner Arbeit umfasst.[21]

8 Hat der Versicherte vor Eintritt der Berufsunfähigkeit einen **leidensbedingten** Berufswechsel vorgenommen, kommt es nicht auf den zuletzt, sondern auf den davor ausgeübten Beruf an. Indem das Gesetz auf den **ohne gesundheitliche Anstrengungen ausgestalteten** Beruf abstellt, wird sichergestellt, dass bei fortschreitender Krankheit oder Kräfteverfall nicht das bereits hiervon beeinträchtigte Tätigkeitsbild als Maßstab herangezogen wird, sondern die – in gesunden Tagen – von Krankheit noch nicht beeinflusste Berufsausübung.[22] Das gilt auch, wenn der Versicherte aufgrund der später zur Berufsunfähigkeit führenden Beeinträchtigungen eine weniger belastende, schlechter bezahlte Tätigkeit gewählt hat.[23] Reduziert der VN nach der (vorübergehenden) Elternzeit leidensbedingt die Arbeitszeit, so ist auf das Berufsbild vor Beginn der Elternzeit abzustellen.[24]

---

11 Vgl. BGH VersR 2001, 489 für die Lebensversicherung; vgl. auch § 32 Rdn. 9.
12 BGH VersR 1999, 1266.
13 BGH VersR 1990, 729, 730; VersR 1992, 484.
14 Zu Teilzeit vgl. OLG Köln VersR 2008, 950; OLG Saarbrücken OLGR 2004, 263.
15 B/M/*Winter*[8], Bd. V/2, Anm. G 19.
16 Vgl. OLG Hamm VersR 2007, 384, 385 bzw. BGH r+s 1987, 267, 268.
17 BGH VersR 1992, 1386, 1387; VersR 1994, 587 f.; VersR 2000, 349, 350.
18 Vgl. Begr. RegE BT-Drucks. 16/3945 S. 105.
19 OLG Hamm r+s 1990, 355, 356: »keine Karriere-Versicherung«; Zur Berücksichtigung von Aufstiegschancen im Rahmen der Verweisung vgl. jedoch Rdn. 57.
20 BGH VersR 2012, 213, 215; OLG Saarbrücken, VersR 2015, 226, 228 zu einem Fall mit leidensbedingter Arbeitszeitreduzierung nach der Elternzeit.
21 Vgl. OLG Oldenburg VersR 2010, 655 f. (»Berufssparte«) und VersHb/*Rixecker*, § 46 Rn. 14 (»Tätigkeitskonglomerate«).
22 Diese Regelung entspricht der früheren Rspr.: BGH VersR 1993, 1470, 1471; VersR 2003, 631, 632.
23 *Voit*, Berufsunfähigkeitsversicherung, 1994, Rn. 14 f.; *Neuhaus*, F. Rn. 78 f.; *Richter* VersR 1988, 1207 f.; vgl. auch BGH NJW-RR 1995, 277, 279.
24 Vgl. OLG Saarbrücken VersR 2015, 226, 228; vgl. oben Rdn. 7.

Dieser Rückgriff auf einen früher ausgeübten Beruf bedarf keiner **zeitlichen Begrenzung**. Die Auffassung, 9
der »Berufsschutz« der Ursprungstätigkeit erlösche fünf Jahre (§ 12 I II a.F.) nach dem Schluss des Jahres, in
dem der Anspruch ohne Verschulden des VN fällig gewesen wäre,[25] überzeugt nicht. Die zur Begründung dieser Ansicht herangezogene Umgehung der Verjährungsfrist (sei es der alten 5-jährigen oder der neuen 3-jährigen) droht nicht. Denn wenn die Anspruchsanmeldung aufgrund des Berufswechsels zunächst unterbleibt,
läuft die Verjährungsfrist ohnehin nicht (vgl. Rdn. 79). Zutreffend ist es daher, bei einem unangemessen langen Zeitraum nach dem leidensbedingten Berufswechsel, unter Berücksichtigung der Umstände des Einzelfalles, von einer Verfestigung der durch den neuen Beruf geprägten Lebensstellung auszugehen; wenn diese neue
Situation für das Erwerbsleben der versicherten Person, ihre fachlichen Fähigkeiten und den wirtschaftlichen
und sozialen Status kennzeichnend geworden ist, dann ist ein Rückgriff auf den alten Beruf ausgeschlossen.[26]
Bei einem Berufswechsel aufgrund eines **Motivbündels** kann nur dann an den ursprünglichen Beruf ange- 10
knüpft werden, wenn der Versicherte den Wechsel auch nur allein aufgrund der gesundheitlichen Beeinträchtigung vorgenommen hätte bzw. hätte vornehmen müssen. Der ursprüngliche Beruf wird nur dann geschützt,
wenn der Wechsel vom Schutzzweck der Versicherung – der gesundheitsbedingten Beeinträchtigung der Tätigkeit – erfasst wird.

III. Berufsunfähigkeit

Der **Begriff** der privatversicherungsrechtlichen Berufsunfähigkeit ist ein eigenständiger Rechtsbegriff. Er ent- 11
spricht nicht dem in § 15 lit. b) MB-KT verwandten,[27] und kann weder mit Dienstunfähigkeit noch mit Berufs- oder Erwerbsunfähigkeit im Sinne des gesetzlichen Rentenversicherungsrechts gleichgesetzt werden.[28]
Berufsunfähigkeit setzt nach Abs. 2 voraus, dass der zuletzt ausgeübte Beruf (s. Rdn. 6) aufgrund von Krankheit, Körperverletzung oder mehr als altersentsprechendem Kräfteverfall voraussichtlich auf Dauer nicht
mehr ausgeübt werden kann. Das gilt auch für Beamte, wenn keine Beamtenklausel (vgl. unten Rdn. 31) vereinbart wurde.[29]
Zeitlicher Anknüpfungspunkt der gesamten Prüfung ist dabei der behauptete Eintritt der Berufsunfähigkeit.[30] Zu den Übergangsregeln vgl. Art 1 EGVVG, vor § 172 Rn. 7.

1. Medizinischer Tatbestand

Krankheit im Sinne der Berufsunfähigkeitsversicherung ist dabei jeder regelwidrige Körper- und Geistes- 12
zustand, der geeignet ist, die berufliche Leistungsfähigkeit zu mindern.[31] Erfasst sind alle Störungen des Organismus des Versicherten die sich objektiv feststellbar – oder nur subjektiv empfunden – physisch oder psychisch auswirken.[32] Fehlen objektive Befunde, kann das Vorliegen der Einschränkungen auch anhand der –
eingehend zu überprüfenden – Schilderung der Beschwerden durch den Betroffenen erfolgen.[33] Eine Disposition zu einer Krankheit ist ohne Bedeutung, soweit sie sich nicht auf die Leistungsfähigkeit im bedingungsgemäß festgelegten Umfang auswirkt.[34]
Eine **Körperverletzung** liegt vor, wenn durch ein äußeres Ereignis ein Organ im weitesten Sinne beschädigt 13
wird oder ein Gliederverlust eintritt, entscheidend ist aber auch hier der aus der Verletzung folgende gesundheitliche Zustand und die daraus folgende Leistungsfähigkeit des Versicherten.[35]
Eine Minderung der beruflichen Leistungsfähigkeit kann schließlich durch einen **Verfall der körperlichen** 14
und geistigen Kräfte oder der psychischen und physischen Belastbarkeit über den altersentsprechenden Zustand hinaus bedingt sein.[36]
Es ist unbeachtlich, welcher der genannten Tatbestände vorliegt. Auch der Grund der Erkrankung ist ohne 15
Bedeutung, sofern kein Ausschluss (oder eine sonstige Beschränkung des Versicherungsumfanges vorliegt, vgl.
Rdn. 61 ff.).[37]

---

25 *Richter*, S. 119; *ders.*, VersR 1988, 1207, 1208; B/M/*Winter*[8], Bd. V/2, Anm. G 21; LG München VersR 2004, 990 f.:
(nach der Redaktionsanmerkung ebenso das OLG München in der zweiten Instanz); ähnlich: *Neuhaus*, F Rn. 79
(5 Jahre, praxisnäher: 3 Jahre).
26 So bereits: *Voit*, Berufsunfähigkeitsversicherung, 1994, Rn. 19 f., 555; VersHb/*Rixecker*, § 46 Rn. 18 f.; L/W/*Dörner*,
§ 172 Rn. 69; OLG Saarbrücken VersR 2014, 1194, 1195.
27 HK-VVG/*Mertens*, § 172 Rn. 17.
28 BGH VersR 2007, 821, 823; VersR 2005, 676, 677; VersR 1996, 959; vgl. auch § 2 IV VVG-InfoVO.
29 KG, Beschluss v. 04.01.2013, 6 U 103/12 – juris Rn. 13.
30 BGH NJW-RR 2007, 1397; NJW-RR 2007, 751, 752 m.w.N.
31 B/M/*Winter*[8], Bd. V/2, Anm. G 26; OLG Frankfurt (Main) VersR 2003, 979, 980.
32 OLG Saarbrücken ZfS 2009, 38, 39; vgl. zu den Schwierigkeiten der Feststellung psychischer Erkrankungen OLG Bremen VersR 2010, 1481 und OLG Hamm VersR 1997, 817.
33 BGH VersR 1999, 838; OLG Saarbrücken VersR 2011, 249, 251; vgl. auch OLG Bremen VersR 2010, 1481, 1482; unten
Rdn. 84.
34 BGH NJW-RR 1996, 88, 89; NJW 1984, 2814, 2815.
35 *Richter*, Berufsunfähigkeitsversicherung, S. 138; B/M/*Winter*[8], Bd. V/2, Anm. G 27.
36 *Richter*, Berufsunfähigkeitsversicherung, S. 138; B/M/*Winter*[8], Bd. V/2, Anm. G 28.
37 OLG Saarbrücken r+s 2005, 75; OLG Hamm r+s 2009, 202.

§ 172 Leistung des Versicherers

2. Infolgedessen außerstande seinen Beruf auszuüben
a) Unzumutbarkeit der Ausführung der Einzelverrichtungen

16 Ob der Versicherte wegen der Gesundheitsbeeinträchtigung **außerstande** ist, **seinen Beruf auszuüben,** muss vom Ausgangspunkt der individuellen Person des Versicherten und seinem konkreten Tätigkeitsbild ermittelt werden.[38] Auf das sonst übliche Leistungsniveau von im Beruf Tätigen kommt es nicht an. Zur besonderen Darlegungslast des Versicherten s. Rdn. 84. Entscheidend ist, ob **prägende wesentliche Einzelverrichtungen** der Tätigkeit nicht mehr ausgeführt werden können.[39] Vermeidbare oder delegierbare Nebentätigkeiten bleiben außer Betracht.[40]

17 Der Versicherte ist dabei zur Ausführung einer Tätigkeit **außerstande**, wenn sie ihm unmöglich ist oder vernünftigerweise nicht mehr zugemutet werden kann. Er ist grundsätzlich nicht zu überobligatorischen Anstrengungen verpflichtet. Erforderlich ist eine Abwägung aller Umstände des Einzelfalles.[41] Dabei können auch andere Umstände eine Rolle spielen, die mit der Gesundheitsbeeinträchtigung im Zusammenhang stehen.[42] Entscheidend kann eine drohende Verschlechterung des Gesundheitszustandes als spezifisches Risiko der Berufsausübung sein, wenn sie eingetreten oder ernsthaft mit einer gewissen Wahrscheinlichkeit zu befürchten ist.[43] Berufsunfähigkeit ist auch anzunehmen, wenn zur Fortsetzung der Tätigkeit eine Unternehmenserweiterung unter Kapitaleinsatz zur Schaffung einer Umorganisationsmöglichkeit notwendig wäre,[44] und auch dann, wenn der Versicherte andere Opfer bringen muss oder auf die Hilfe und das Wohlwollen anderer angewiesen ist[45]. Zur Inanspruchnahme von Hilfsmitteln vgl. Rdn. 23.

18 Zu prüfen ist nur die Zumutbarkeit der weiteren Tätigkeit, unabhängig von ihrer tatsächlichen Fortführung durch den Versicherten. Wenn er zur Fortsetzung der Tätigkeit überobligatorische Anstrengungen auf sich nimmt (»Raubbau an der Gesundheit«), ändert dies nichts am Vorliegen der Berufsunfähigkeit i.S.d. § 172. Für deren Annahme spielt es keine Rolle, ob der Beruf – gegebenenfalls unter unzumutbaren Bedingungen – tatsächlich weiter ausgeübt wird.[46] Ebenso wenig spielt es eine Rolle, ob der Beruf neben den zur Berufsunfähigkeit führenden Gründen auch aus anderen Gründen nicht ausgeübt werden kann (z.B. bei Inhaftierung des VN[47]).

b) Grad der Berufsunfähigkeit

19 Ab welchem **Grad der Berufsunfähigkeit** der Versicherungsfall eintritt, ist der vertraglichen Regelung vorbehalten. Die meisten AVB verlangen hier, dass die versicherte Person zu mindestens 50 % nicht mehr in der Lage ist, ihren Beruf fortzusetzen. Staffelregelungen, die die Höhe der vom Versicherer zu erbringenden Leistungen vom Grad der Berufsunfähigkeit abhängig machen, sind zulässig aber – jedenfalls in der Rechtsprechung – selten.[48]

20 Die **Ermittlung des konkreten Grades** kann schwierig sein. Vorzunehmen ist zunächst eine zeitliche, rein quantitative Betrachtung. Dabei ist nach einer Aufsplittung der Tätigkeit des Versicherten in Einzelverrichtungen zu ermitteln, welche davon leidensbedingt nicht mehr ausgeübt werden können. Dabei sind auch Arbeiten zu berücksichtigen, die dem Versicherten zwar noch möglich, aber als untrennbare Bestandteile eines beruflichen Gesamtvorganges nur im Zusammenhang mit anderen, nicht mehr möglichen Arbeiten für die Berufsausübung sinnvoll sind.[49] Aus dem Verhältnis des Zeitaufwandes für die dem Versicherten unmöglichen Tätigkeiten zu dem gesamten individuellen Zeitaufwand ergibt sich der Grad der Berufsunfähigkeit.

21 Da allein die Betrachtung der Arbeitszeit regelmäßig dem Einzelfall nicht gerecht wird, ist zusätzlich dem Gewicht der wegfallenden Einzelvorrichtungen Rechnung zu tragen.[50] Die berufliche Tätigkeit prägende Einzelverrichtungen, die den Kernbereich der Tätigkeit betreffen und ohne die ein sinnvolles Arbeitsergebnis nicht

---

38 BGH VersR 2008, 770.
39 B/M/*Winter*[8], Bd. V/2, Anm. G 30; vgl. auch P/M/*Lücke*, § 172 Rn. 63.
40 *Voit*, Berufsunfähigkeitsversicherung, 1994, Rn. 303.
41 BGH VersR 2012, 1547 f.
42 *Lehmann* r+s 2014, 429, 432.
43 BGH NVersZ 2001, 404, 405; VersR 1994, 587, 588; NJW-RR 1991, 736, 737 (Revierförster, der seine Tätigkeit nur unter Einnahme schmerzstillender aber gesundheitsschädigender Medikamente fortsetzen kann); BGH VersR 2012, 1547 (nicht beim marcumarisierten Schweißer wegen der theoretischen Unfallgefahr); OLG Saarbrücken OLGR 2003, 353.
44 BGH NVersZ 2001, 404, 405; VersR 1999, 950; OLG Saarbrücken VersR 2015, 226, 229.
45 BGH NVersZ 2001, 404, 405; kritisch: *Müller-Frank*, S. 39 f.; ausführlich dazu auch: VersHb/*Rixecker*, § 46 Rn. 74–77.
46 Vgl. L/W/*Dörner*, § 172 Rn. 75; PK/*Schwintowski*, § 172 Rn. 23; P/M/*Lücke*, § 172 Rn. 67.
47 OLG Karlsruhe Urt. v. 03.03.2016, 12 U 5/15 – juris Rn. 78 ff.
48 VersHb/*Rixecker*, § 46 Rn. 87; vgl. auch *Neuhaus*, E. Rn. 11.
49 Vgl. BGH VersR 2003, 631, 633; OLG Hamm VersR 2006, 1481; NJOZ 2008, 4281, 4286.
50 OLG Saarbrücken r+s 2005, 75, 76; OLG Koblenz VersR 2009, 1249, 1250; OLG Oldenburg r+s 1996, 328 f.; B/M/*Winter*, V 2 G 39.

erreicht werden kann, sind dabei im Rahmen einer wertenden Gesamtschau auch über das zeitliche Maß der Tätigkeit hinaus zu berücksichtigen.[51]

c) Kausalität (»Infolge«)/Kompensationsmöglichkeiten des Versicherten

Die Unfähigkeit zur Fortsetzung der zuletzt ausgeübten Tätigkeit muss infolge der Auswirkungen der gesundheitlichen Beeinträchtigung eingetreten sein. Andere Faktoren dürfen keine Berücksichtigung finden. Etwas anderes gilt nur, wenn diese ebenfalls durch die Gesundheitsbeeinträchtigung verursacht wurden.[52] Nach zutreffender Ansicht erfordert der Schutzzweck des Vertrages, dass nur die schicksalhafte Verursachung der Berufsunfähigkeit den Anforderungen an die kausale Verknüpfung genügt.[53] Wenn Ursache hingegen ein Zustand ist, der durch mögliche und zumutbare Willensanstrengung überwunden werden könnte, liegt keine versicherte Berufsunfähigkeit vor, wenn der Versicherte diese Anstrengung nicht unternimmt.[54] 22

Grundsätzlich hat der Versicherte ohne ausdrückliche Regelung in den AVB (dazu Rdn. 73–75) keine Verpflichtung, sich zur Behebung der Erwerbseinschränkung behandeln zu lassen. Therapiemöglichkeiten, zu deren Durchführung sich der Versicherte entschlossen hat, können dabei jedoch berücksichtigt werden, auch wenn eine Verpflichtung zur Durchführung nicht besteht.[55] 23

Zumutbar sind – auch **ohne besondere Regelung in den AVB** – aber Maßnahmen, die auch unter Beachtung von Treu und Glauben jeder vernünftige nicht versicherte Berufstätige ergreifen würde und die eine leichte und risikolose Therapie ermöglichen.[56] Ebenso muss sich der Versicherte in den im Einzelfall zu ermittelnden Grenzen der Zumutbarkeit vor den Auswirkungen seiner Beeinträchtigung schützen.[57] Zu beachten ist bei der erforderlichen Abwägung insbes., ob die Hilfsmittel dem VN zur Verfügung stehen, welchen (finanziellen) Aufwand er hat und in welchem Ausmaß berufliche oder persönliche Einschränkungen verbleiben oder neu entstehen.[58] 24

3. Voraussichtlich auf Dauer

a) Zeitliche Prognose

Die Berufsunfähigkeit muss voraussichtlich dauerhaft sein. Das erfordert eine **Prognose**, ob ein Gesundheitszustand vorliegt, der nach dem Stand der medizinischen Wissenschaft keine Erwartung mehr auf eine Besserung durch Wiederherstellung der verlorenen Fähigkeiten bis zu dem nach den Bedingungen maßgeblichen Maß der Arbeitskraft erwarten lässt.[59] 25

Wann ein solcher, nach dem Stand der medizinischen Wissenschaft keine Besserung mehr rechtfertigender Zustand vorliegt, ist »rückschauend« – regelmäßig mit Hilfe eines medizinischen Sachverständigen – festzustellen.[60] Der Sachverständige hat unter nachträglicher Auswertung der Krankengeschichte festzustellen, zu welchem Zeitpunkt diese Prognose erstmalig gestellt werden konnte; erst ab diesem Zeitpunkt kann der Ver- 26

---

51 OLG Hamm NJW-RR 1998, 241, 242 (vor allem für die Stuhlassistenz eingestellte Zahnarzthelferin); r+s 2000, 37, 38 (Maler, der wegen Erblindung auf einem Auge nicht mehr in der Lage ist, Tapeten »auf Stoß« zu kleben oder gerade Pinselstriche zu ziehen); OLG Oldenburg NVersZ 2001, 409, 410; LG Landshut r+s 2008, 79, 80 (Erfordernis einer 100 %igen Belastbarkeit einer Flugbegleiterin in Notsituationen).
52 VersHb/*Rixecker*, § 46 Rn. 77.
53 VersHb/*Rixecker*, § 46 Rn. 79.
54 Exemplarisch: OLG Köln VersR 2002, 1365, 1366 f.: abzustellen ist nicht auf das »Wollen« sondern auf das »Können«; OLG Saarbrücken VersR 2011, 249, 252.
55 OLG Hamm VersR 1995, 1039, 1040.
56 Als zumutbar wurde angesehen: Blutzuckermessung (OLG Düsseldorf NVersZ 2001, 359), Einnahme nicht gesundheitsbeeinträchtigender Medikamente (OLG Saarbrücken NVersZ 2002, 354, 355), 2–3 Monate Krankengymnastik und kurze Pausen nach jeder Fahrstunde eines Fahrlehrers (OLG Saarbrücken NJW-RR 2004, 1403, 1404; täglich mehrfache Salbenbehandlung eines Handekzems und gegebenenfalls Tragen von Baumwollhandschuhen durch einen Rechnungswesensleiter (LG Ingolstadt VersR 1997, 480 f.); Gewichtsreduktion (so wohl LG Saarbrücken r+s 1992, 66, 67); vgl. auch OLG Köln VersR 2002, 1365, 1366 f. (durch den Willen beherrschbare psychiatrische Erkrankung); allgemein dazu: VersHb/*Rixecker*, § 46 Rn. 83 ff.; *Müller-Frank*, S. 28 ff.
57 Als **zumutbar** wurde angesehen: Das Tragen von Schutzkleidung (OLG Köln VersR 1999, 1532); 10-minütige Pausen alle 2–3 Stunden sowie Sitz-Steh-Stuhl als Stehhilfe (OLG Köln Urt. v. 26.11.1997, 5 U 31/96 nach *Müller-Frank*, S. 31); Anschaffung eines rückenschonenden Traktorsessels (OLG Koblenz VersR 2009, 1254, 1256); Tragen einer Trifokalbrille und einer Kontaktlinse (OLG Koblenz r+s 1994, 35); Abdecken eines Auges oder Nutzung einer Okklusivfolie zur Vermeidung von Blendung oder Doppelbildern (OLG Hamm r+s 1994, 114); Tragen von Handschuhen zur Vermeidung einer allergischen Reaktion (OLG Hamm r+s 1991, 178, 179); **unzumutbar:** mindestens vierstündiges Tragen einer Atemschutzmaske, die mit allen Bestandteilen 1,5–2 kg wiegt (OLG Oldenburg r+s 1997, 127); Staubmaske bei Mehlstauballergie eines Bäckers (OLG Frankfurt (Main) r+s 1998, 480) bzw. der Inhaberin einer Pizzeria (OLG Frankfurt (Main) VersR 2003, 230).
58 Vgl. auch Rdn. 17, VersHb/*Rixecker*, § 46 Rn. 83.
59 Vgl. BGH VersR 2007, 383; VersR 1990, 729, 730; VersR 1984, 630, 632.
60 BGH VersR 2007, 383; NJW 1984, 2814, 2815 f.; VersR 1990, 729, 730; NJW-RR 1996, 88, 89.

sicherte die Anspruchsvoraussetzung nachweisen.[61] Keine Rolle spielen Einschätzungen der behandelnden Ärzte, fiktive Prognosen eines »gut ausgebildeten, wohl informierten und sorgfältig handelnden Arztes« oder der Befund zum Zeitpunkt der gerichtlichen Entscheidung.[62]

27 Der **Prognosezeitraum**, innerhalb derer die verlorenen Fähigkeiten nicht wiederhergestellt werden können, ist gesetzlich nicht geregelt. Sofern er in den AVB nicht festgelegt ist (was häufig auf 6 Monate geschieht) wird er von der obergerichtlichen Rechtsprechung mit 3 Jahren bemessen.[63] Der BGH fordert einen »überschaubaren Zeitraum«, hat jedoch bislang keine Notwendigkeit für die Festlegung eines genauen Zeitraumes gesehen.[64] In einer Entscheidung zum grundsätzlich vergleichbaren Merkmal »auf absehbare Zeit« aus § 15 MB/KT hat der BGH ganz in diesem Sinne eine individuelle, auf die Umstände des Einzelfalles bezogene Prognose gefordert.[65] Diese überzeugende Sichtweise ist in der Praxis – da nicht schematisch – zwar schwieriger zu handhaben, sie ermöglicht aber eine sachgerechte Beurteilung jedes Einzelfalles mit seinen individuellen tatsächlichen Besonderheiten.

b) Fingierte Berufsunfähigkeit

28 Für Fälle, in denen eine Prognose (etwa aufgrund fehlender medizinischer Erkenntnismöglichkeiten) nicht möglich ist, sehen viele Bedingungen (vgl. § 2 Nr. 3 MB-BUZ/MB-BU) die Möglichkeit einer Ausnahme von der Pflicht des VN vor, das Andauern der Berufsunfähigkeit zu beweisen. Bei bereits 6 Monate ununterbrochen andauernder, auf Krankheit, Körperverletzung oder nicht altersgemäßem Kräfteverfall beruhender Berufsunfähigkeit, die nach wie vor fortbesteht, wird dauerhafte Berufsunfähigkeit mit Ablauf der 6-Monats-Frist – teilweise rückwirkend – unwiderleglich vermutet.[66] Eine günstige Prognose steht der Leistungspflicht des VR dann nicht entgegen.[67]
Die Vermutung umfasst nur die Prognose fehlender Besserung. Die anderen Anspruchsvoraussetzungen – z.B. Grad der Beeinträchtigung, Auswirkungen auf die berufliche Tätigkeit, fehlende Verweisungsmöglichkeit – müssen nach den allgemeinen Regeln bewiesen werden.[68]

4. Einzelne Berufsgruppen

a) Selbständige und Personen in vergleichbaren Stellungen

29 Die besondere Möglichkeit für Selbständige und Personen in vergleichbarer Stellung[69], im Rahmen ihres Direktionsrechts die berufliche Tätigkeit selbst zu gestalten, erfordert besondere Bedingungen für die Feststellung, ob die zuletzt ausgeübte Tätigkeit noch ausgeübt werden kann. Wenn der Selbständige bei möglicher und zumutbarer Umorganisation seine Tätigkeit fortsetzen kann, ist er nicht berufsunfähig.[70] Auf diese Besonderheit muss auch nicht in den AVB hingewiesen werden.[71] Sie ist für den Selbständigen bei verständiger Würdigung der AVB erkennbar. Die eigenverantwortliche Gestaltung der Arbeit ist kennzeichnend für die selbständige Tätigkeit. Sie muss daher auch zur Bewältigung einer gesundheitlichen Beeinträchtigung eingesetzt werden.
Ob eine Umorganisation zumutbar ist, muss im Rahmen einer Gesamtbetrachtung ermittelt werden.[72] Mögliche Maßnahmen sind: Personalveränderungen durch Einstellungen/Entlassungen[73] oder durch den Austausch von Funktionsträgern[74], innerbetriebliche Tätigkeitsverlagerungen[75] oder eine Umstrukturierung des

---

61 BGH VersR 2007, 383.
62 Vgl. auch *Terno* r+s 2008, 361, 362.
63 OLG Hamm r+s 1988, 90; VersR 1995, 1039, 1040; 1995, 84, 85 in Anlehnung an die Kriterien aus der Krankentagegeldversicherung (§ 15b) MBKT 78), der Invalidität in der privaten Unfallversicherung (§§ 8 II AUB 61, 7 I AUB 88) und die Zeitrentenregelung in der RVO; zustimmend: B/M/*Winter*[8], Bd. V/2, Anm. G 60; eine Auffassung, die in Anlehnung an die 6-Monats-Grenze der sog. fiktiven BU auf 6 Monate abstellen wollte ist vom BGH (VersR 2007, 383 f.) abgelehnt worden.
64 BGH VersR 2007, 383 f.
65 BGH NJW 2010, 3657, 3660.
66 BGH VersR 2007, 777, 780; VersR 1989, 903, 904.
67 Z.B. BGH VersR 2007, 777, 780.
68 Vgl. z.B. BGH VersR 1989, 903, 904.
69 Faktischer Betriebsinhaber (OLG Koblenz NVersZ 1999, 521, 522; OLG Koblenz NVersZ 212 f.; OLG Hamm r+s 2003, 377; OLG Bamberg r+s 2007, 513 zum angestellten Geschäftsführer einer von diesem beherrschten GmbH (Krankentagegeld).
70 BGH VersR 1996, 1090, 1092; OLG Dresden VersR 2000, 1222, 1223 = r+s 2002, 521, 522.
71 Dies in Erwägung ziehend: PK/*Schwintowski*, § 172 Rn. 32; ähnlich: van Bühren/*Dunkel*, § 15 Rn. 198; wie hier: HK-VVG/*Mertens*, § 172 Rn. 34; Benkel/Hirschberg, § 2 BUZ 2008 Rn. 10.
72 BGH VersR 1996, 1090, 1092.
73 BGH VersR 1991, 1358, 1359.
74 OLG Hamm r+s 1990, 31, 33; OLG Karlsruhe VersR 1995, 86, 87; OLG Frankfurt (Main) NVersZ 2000, 426; KG r+s 2004, 514, 515.
75 BGH NJW-RR 1996, 1304, 1305; OLG Dresden VersR 2000, 1222, 1223.

Arbeitsablaufes[76]. Nicht mehr hingenommen werden müssen auf Dauer ins Gewicht fallende Einkommenseinbußen,[77] der erforderliche Einsatz erheblicher Kapitalmittel, um die Umorganisation zu ermöglichen,[78] eine nach der Umorganisation für den früheren Direktionsberechtigten verbleibende Verlegenheitsbeschäftigung, die seiner früheren Lebensstellung nicht mehr entspricht[79].
Die Insolvenz des Unternehmens schließt die Möglichkeit der Umorganisation dabei nicht aus, da die Versicherung nicht das Insolvenzrisiko trägt.[80]

b) Beamte

Grundsätzlich gelten bei der Beurteilung der Berufsunfähigkeit von Beamten keine Besonderheiten. Auch hier ist entscheidend, ob der Beamte die konkrete in gesunden Tagen zuletzt ausgeübte Tätigkeit weiter ausüben kann.[81] Die Auffassung, nach der Beamten nur bei allgemeiner Dienstunfähigkeit im Sinne einer Nichtverwendbarkeit in einem statusrechtlich gleichwertigen Amt bei demselben Dienstherrn auch berufsunfähig sind,[82] überzeugt nicht. Sie berücksichtigt nicht, dass es sich bei der Berufsunfähigkeit, wie sie in den AVB und jetzt auch in § 172 II festgelegt ist, um einen eigenständigen Begriff handelt, der nicht mit Dienstfähigkeit gleichgesetzt werden kann.[83] Es ist auch nicht Aufgabe der privatrechtlichen Versicherung, gesehene Vorteile des beamtenrechtlichen Status auszugleichen. Die Differenzierung zwischen zwei Berufsunfähigkeitsbegriffen, die weder im Gesetz noch den AVB einen Anknüpfungspunkt findet, und sich auch dem durchschnittlichen VN bei Lektüre der AVB nicht erschließt, ist daher eine nicht gerechtfertigte Benachteiligung der Beamten.[84] Sie stellt eine Abweichung von § 172 Abs. 2 dar, mit der der durchschnittliche VN nicht rechnet.[85] Auswirkungen kann die Möglichkeit einer statuswahrenden Verwendung jedoch bei der Prüfung der Verweisung haben (vgl. Rdn. 47). 30

Durch sog. **Beamtenklauseln** wird die Leistung für Beamte erweitert. Die Klausel muss ausdrücklich vereinbart werden. Möglich ist es auch, aufgrund der sogenannten Vertrauenshaftung von einer Vereinbarung auszugehen bzw. einen Anspruch aus der Verletzung einer Beratungspflicht (§ 6 V VVG bzw. § 278 BGB) herzuleiten;[86] allein die Bezeichnung als Beamter im Antragsformular reicht dafür nicht.[87] Berufsunfähigkeit liegt danach – vorbehaltlich des genauen Wortlautes – vor, wenn der versicherte Beamte vor Erreichen der gesetzlichen Pensionsgrenze infolge seines Gesundheitszustandes wegen Dienstunfähigkeit entlassen oder in den Ruhestand versetzt wird. Entscheidend ist dabei der Zeitpunkt, zu dem die Versetzung wirksam wird; nicht maßgeblich sind der Zeitpunkt der Aushändigung der entsprechenden Urkunde oder die erstmalige ärztliche Feststellung der zugrundeliegenden Tatsachen.[88] Berufsunfähigkeit wird dann unwiderleglich vermutet; gleichzeitig verzichtet der VR auf die Möglichkeit einer Verweisung.[89] Er macht sich dabei ohne eigene Überprüfung die Beurteilung des Dienstherrn zu eigen.[90] Verwendet werden auch Klauseln, bei denen neben der Versetzung in den Ruhestand auch die Dienstunfähigkeit Voraussetzung der Leistungspflicht ist. In diesen Fällen ist die Vermutung der Dienstunfähigkeit widerlegbar.[91] 31

---

76 OLG Hamm VersR 2011, 384, 385 f.: Umorganisation mittels Umpacken von Waren in kleinere Gebinde und angepasster Regalbestückung eines Ladenlokals.
77 BGH VersR 1989, 579; VersR 1996, 1090; VersR 2003, 631 – wobei es eine starre Grenze aufgrund der unterschiedlichen Auswirkungen in verschiedenen Einkommenshöhen und persönlicher Umstände nicht gibt; bei der Ermittlung des Einkommens sind mehrere Jahre heranzuziehen; vgl. etwa OLG Karlsruhe r+s 2008, 251 (14 % Verlust bei Jahresbrutto von ca. 40.000 eines verheirateten VN mit zwei minderjährigen Kindern: unzumutbar); OLG Hamm VersR 2008, 949, 950 (28 % Verlust bei Monatsbrutto von ca. 2.500 €: unzumutbar); KG r+s 2004, 514, 515 (Minderung 10–20 % ist hinnehmbar).
78 BGH VersR 1999, 598.
79 OLG Frankfurt (Main) r+s 2002, 82; OLG Koblenz VersR 2002, 469; OLG Dresden r+s 2002, 521; OLG Saarbrücken NJOZ 2009, 2001, 2008 f. (zu Kleinbetrieben); KG VersR 2003, 491; vgl. auch OLG Karlsruhe r+s 2009, 121.
80 OLG Oldenburg Urt. v. 22.11.2006, Az.: 3 U 45/06 – zitiert nach *Müller-Frank*, S. 54 f.
81 OLG Frankfurt (Main) r+s 2006, 385; OLG Hamburg VersR 2002, 556, 557; OLG Düsseldorf NVersZ 2001, 219.
82 OLG Koblenz VersR 1999, 1399, 1400; NVersZ 1998, 115, 116.
83 Vgl. BGH NJW-RR 2007, 979, 981.
84 So auch: VersHb/*Rixecker*, § 46 Rn. 24 f.; PK/*Schwintowski*, § 172 Rn. 28; OLG Frankfurt (Main) r+s 2006, 385; OLG Hamburg VersR 2002, 556, 557; OLG Düsseldorf NVersZ 2001, 219.
85 L/W/*Dörner*, § 172 Rn. 90.
86 Vgl. OLG Bamberg r+s 1995, 276; OLG Köln VersR 1998, 1272.
87 BGH VersR 2007, 821, 823; VersR 2001, 1502, 1503.
88 OLG Köln VersR 2016, 453, 454; OLG Frankfurt OLGR Frankfurt 1993, 37 f.
89 BGH NJW 1989, 1050, 1052.
90 BGH VersR 1998, 903, 905; VersR 1996, 1174, 1176; OLG Düsseldorf NVersZ 2001, 360, 361; anders: OLG Köln VersR 1998, 1272, 1273, das eine eigene Prüfung vornimmt, ob die Versetzung tatsächlich wegen Dienstunfähigkeit erfolgte; dagegen: VersHb/*Rixecker*, § 46 Rn. 45.
91 OLG Nürnberg VersR 2003, 1028, 1029 f.; P/M/*Lücke*, BuVAB § 2 Rn. 113; a.A.: KG r+s 2004, 162; weitergehend: *Versicherungsombudsmann* r+s 2004, 163 f. (Beweislast für tatsächlich vorliegende Dienstunfähigkeit beim VN ohne Erleichterung durch Vermutung); zustimmend: HK-VVG/*Mertens*, § 172 Rn. 40.

Anwendbar ist die Klausel nur auf Beamten im statusrechtlichen Sinne, damit nicht auf Richter, Soldaten oder Minister.[92]

Dienstunfähigkeit liegt – vorbehaltlich anderer Vereinbarung[93] – nur bei allgemeiner Dienstunfähigkeit im Sinne der Beamtengesetze vor; nicht jedoch bei der Unfähigkeit, lediglich in einer besonderen Laufbahn tätig zu bleiben (z.B. Polizeidienstunfähigkeit).[94] Der Nachweis der allgemeinen Dienstunfähigkeit bleibt jedoch bei der Laufbahnunfähigkeit ebenso möglich, wie der Nachweis der Berufsunfähigkeit i.S.d. § 172 II.[95]

Die Dienstunfähigkeit muss zum Ende des Dienstverhältnisses geführt haben. Wirken andere Ursachen bei der Entlassung mit – wie mangelnde Befähigung, das Fehlen von Planstellen (entspricht der Arbeitsmarktlage) oder die unterlassene Antragstellung auf Weiterbeschäftigung – liegen die Voraussetzungen der Beamtenklausel nicht vor.[96]

Bei vorgeschobener Versetzung in den Ruhestand aufgrund einer geänderten Geschäftspolitik/Privatisierung kann nach Treu und Glauben die Unwiderleglichkeit der Vermutung der Berufsunfähigkeit entfallen.[97]

Der wegen Dienstunfähigkeit entlassene Beamte ist bei Besserung seines Gesundheitszustandes – ohne besondere Obliegenheit – nicht verpflichtet, seine Wiedereinstellung zu betreiben.[98]

c) Auszubildende

32 Wird der Versicherungsvertrag mit einem in der Berufsausbildung befindlichen Versicherten abgeschlossen, so ist – sofern besondere Klauseln fehlen[99] – bei der **Bestimmung des Berufsbildes** im Rahmen der Leistungsprüfung regelmäßig das Anforderungsprofil des angestrebten Ausbildungsberufes heranzuziehen.[100] Dass diese Tätigkeit noch nicht ausgeübt wird schadet nicht. Der Berufsbegriff ist auf solche Tätigkeiten auszuweiten, die erst die Voraussetzungen für die Aufnahme einer bestimmten, auf Erwerb gerichteten Tätigkeit schaffen sollen.[101] Die Behandlung der Berufsunfähigkeitsversicherung bei einem Auszubildenden als Erwerbsunfähigkeitsversicherung wäre eine unzulässige Aushöhlung des gegebenen Leistungsversprechens.[102] Auch in dem (eher theoretischen) Fall, dass der Versicherte zwar den Anforderungen des angestrebten Berufes, nicht jedoch denen der Ausbildung gesundheitlich gewachsen wäre, läge ein Leistungsfall vor. Denn auch in diesem Fall greift das Leistungsversprechen, der Schutz des Versicherten vor dem gesundheitsbedingten Wegfall seines Berufszieles.

Anders dürfte es zu beurteilen sein, wenn der Versicherungsvertrag bereits abgeschlossen ist, bevor der Versicherte eine (weitere) Ausbildung beginnt oder sich etwa mit einer Umschuldung beruflich neu orientiert. In diesem Fall ist – anders als bei Abschluss eines Vertrages mit einer in Ausbildung befindlichen Person – das Leistungsversprechen nicht darauf gerichtet, den angestrebten Beruf in Ausbildungs- und Ausübungsphase zu versichern. Hier muss im Einzelfall entschieden werden, wie weit das Leistungsversprechen des VR reicht und ob man aufgrund der konkreten Umstände schon davon ausgehen kann, dass der Versicherte den neuen Beruf bereits ausgeübt hat, als er berufsunfähig wurde. Letzteres dürfte regelmäßig nicht der Fall sein, wenn der Versicherte mit der weiteren Ausbildung/Umschulung auf den neuen Beruf erst vorbereitet wird. Seine Erwartungen sind dann nicht versichert.[103]

Schwierigkeiten, die sich bei der Prüfung der Berufsunfähigkeit oder der Verweisbarkeit (vgl. auch Rdn. 60) daraus ergeben können, dass sich noch kein konkretes Tätigkeitsbild herausgebildet hat (»Arzt«, »Jurist«, »Ingenieur«, Versicherung von Schülern oder Studenten in der Orientierungsphase ohne genaue Festlegung auf

---

92 BGH VersR 2001, 1502, 1503; kritisch: VersHb/*Rixecker*, § 46 Rn. 52; die Anwendbarkeit in Erwägung ziehend: P/M/*Lücke*, BuVAB § 2 Rn. 116.
93 Z.B. BGH NJW-RR 1994, 859 (»Dienstunfähigkeit (z.B. Polizeidienstunfähigkeit)«); OLG Bamberg r+s 1995, 276, 277 (Vertrauenshaftung aufgrund Formulierung eines Werbetextes).
94 Vgl. BGH NJW-RR 1993, 1370; OLG Karlsruhe r+s 1998, 257 f.; OLG Nürnberg r+s 1992, 177 f.; OLG Köln r+s 1988, 344; OLG Hamm VersR 1982, 889, 890 (Bestimmung der allgemeinen Dienstunfähigkeit als Dienstunfähigkeit in den AVB); anders: LG Kaiserslautern VersR 1992, 221; OLG Saarbrücken VersR 1992, 1388, 1389.
95 OLG Hamm VersR 1992, 889, 890.
96 Vgl. BGH VersR 1997, 1520; OLG Koblenz VersR 2009, 1062; zweifelnd: P/M/*Lücke*, BuVAB § 2 Rn. 112 (entscheidender Grund); dagegen: *Lensing* Der Personalrat 2006, 450, 452; vgl. auch: BGH NJW-RR 1993, 1370.
97 Vgl. jeweils zu Versetzungen in den Ruhestand im Zusammenhang mit der Telekom-Privatisierung: KG VersR 2003, 718; OLG Nürnberg VersR 2003, 1028, 1029 ((verneinter) Wegfall der Geschäftsgrundlage); das Problem offen lassend: OLG Düsseldorf NVersZ 2001, 360, 361.
98 BGH NJW-RR 1989, 1050, 1052. Die geänderten Verhältnisse können jedoch gegebenenfalls bei der Frage der Verweisbarkeit eine Rolle spielen.
99 Beispiele für solche Klauseln bei *Neuhaus*, F. Rn. 231.
100 BGH VersR 2010, 619, 620 zum Nachprüfungsverfahren und mit Nachweisen zu den anderen Auffassungen, die nur auf die aktuelle Tätigkeit abstellen (so auch hier in der Vorauflage vertreten) oder im Einzelfall nach dem Fortschritt der Ausbildung entscheiden wollten, was maßgeblich ist (vgl. auch § 174 Rdn. 13).
101 BGH VersR 2010, 619, 620; OLG Dresden VersR 2008, 1251; OLG München VersR 2005, 966; OLG Zweibrücken VersR 1988, 1364.
102 BGH VersR 2010, 619, 620; VersR 1995, 1431.
103 Vgl. OLG Köln r+s 2009, 250, 251; P/M/*Lücke*, § 172 Rn. 58.

eine konkrete Fachrichtung »studium generale«) muss dadurch begegnet werden, dass umso mehr auf das am Ende der Ausbildung stehende allgemeine Berufsbild oder die prognostisch zu erwartende berufliche Stellung abgestellt werden muss, desto weniger sich die spätere Tätigkeit schon konkretisiert hat. Dabei können auch Schwerpunkte bei der Ausbildung berücksichtigt werden. Eine entsprechende Vorgehensweise ist auch nicht unüblich und entspricht zum Beispiel dem Vorgehen bei der Vereinbarung einer »Ärzteklausel«, die auch nur auf ein Berufsbild abstellt. Sollte auch die Festlegung auf ein Berufsziel fehlen, so ist es denkbar, auf die unter Berücksichtigung der Umstände des Einzelfalles im späteren Leben zu erwartende berufliche Umstände abzustellen. Eine Übernahme der Wertungen des Personenschadensrechtes z.B. bei der Schätzung des Verdienstausfalles nach einer Verletzung von Personen, die noch nicht im Berufsleben stehen, kann dabei sachgerecht sein.[104] Auch wenn die Situationen dogmatisch nicht vergleichbar sind (Prüfung der vertraglichen Voraussetzungen auf der einen und Schadensschätzung gem. § 287 ZPO auf der anderen Seite), handelt es sich um eine vergleichbare Situation, bei der der spätere Lebensstandard ermittelt werden muss. Zur Verweisung von Auszubildenden vgl. Rdn. 60, zum Nachprüfungsverfahren § 174 Rdn. 13.

33

d) Erwerbslose

Ist der Versicherte vor Eintritt der Gesundheitsbeeinträchtigung freiwillig und aufgrund eigener Entscheidung aus dem Berufsleben ausgeschieden (z.B. zur Kindererziehung), so ist – ohne besondere Regelung in den AVB – ebenfalls an die letzte ausgeübte Tätigkeit anzuknüpfen.[105] Teilweise sehen die AVB eine Beurteilung anhand der Ausbildung, der aktuellen Fähigkeiten und Lebensstellung des aus dem Berufsleben ausgeschiedenen Versicherten vor (z.B. § 2 III MB-BU/Z). Aus dem Beruf ausgeschieden ist der Versicherte dann nicht bereits bei Eintritt der Arbeitslosigkeit oder unmittelbar nach Aufgabe des Berufes.[106] Erforderlich ist, dass er – in gesundem Zustand – zur Ausübung seiner früheren Tätigkeit nicht mehr in der Lage wäre. Das ist der Fall, wenn er durch Zeitablauf Fähigkeiten verloren oder Fortschritte in seinem Tätigkeitsbereich nicht mitbekommen hat, so dass zum Wiedereinstieg nicht nur eine Einarbeitung, sondern eine Fortbildung erforderlich wäre.[107] Teilweise sehen die Bedingungen hier zeitliche Grenzen von z.B. fünf Jahren vor. Fehlen solche Grenzen, muss im Einzelfall ermittelt werden, ob der Versicherte noch an seine berufliche Tätigkeit anknüpfen könnte.[108]

34

Wenn der Versicherte arbeitslos wird, dem Arbeitsmarkt aber weiterhin zur Verfügung steht, so ist er mangels Freiwilligkeit nicht im Sinne von § 2 Abs. 3 MB-BUZ aus dem Erwerbsleben ausgeschieden.[109] Abzustellen ist dann auf die zuletzt ausgeübte berufliche Tätigkeit. Dies wird für Langzeitarbeitslose teilweise eingeschränkt, wenn diese die Qualifikation für ihren früheren Beruf verloren haben.[110]

5. Leistungserweiternde und -einschränkende Klauseln

Modifiziert werden können die Voraussetzungen des Leistungsanspruchs durch individuelle Klauseln.

35

Erwerbsunfähigkeitsklauseln verschärfen die Leistungsvoraussetzungen. Nur bei einer gesundheitsbedingten Unfähigkeit zur Ausübung jeglicher – nicht nur geringfügige Erlöse erzielender – Erwerbstätigkeit besteht ein Anspruch.[111] Weniger streng kann im Rahmen der sog. »eingeschränkten Erwerbstätigkeitsklauseln« die Leistungspflicht davon abhängig gemacht werden, dass der Versicherte nicht nur zur Fortsetzung seines Berufes unfähig ist, sondern darüber hinaus weder in einem vergleichbaren Beruf noch in einer allgemeinen Bürotätigkeit eingesetzt werden kann.[112] Der Reformgesetzgeber ging davon aus, dass derartige Klauseln in Zukunft aufgrund der niedrigeren Prämien vermehrt vereinbart werden.[113]

36

In **Tätigkeitsklauseln** wird hingegen ein konkreter Beruf als Grundlage der Prüfung festgeschrieben. Auf den zuletzt ausgeübten Beruf kommt es dann nicht mehr an.

37

Ärzteklauseln stellen nicht auf den zuletzt konkret ausgeübten ärztlichen Beruf, sondern allgemein auf das ärztliche Berufsbild ab. Eine Verweisung kann daher auf jede andere, dem Versicherten zulässige ärztliche Tätigkeit erfolgen.[114] Die bisherige Tätigkeit in einer bestimmten Fachrichtung ist nicht geschützt.

38

---

104 R/L/*Rixecker*, § 172 Rn. 15.
105 Vgl. OLG Karlsruhe VersR 1993, 873; OLG Hamm VersR 2009, 818, 820 zum gekündigten Arbeitsverhältnis.
106 Zur Arbeitslosigkeit vgl. BGH r+s 1987, 267, 268.
107 Vgl. LG Saarbrücken ZfS 2007, 101 mit Anm. von *Rixecker*.
108 Vgl. dazu: VersHb/*Rixecker*, § 46 Rn. 45 ff.; *ders.* ZfS 2007, 102 in einer Anmerkung zum Urteil des LG Saarbrücken vom 25.05.2005; § 2 IV MB-BU/BUZ.
109 VersHb/*Rixecker*, § 46 Rn. 47; L/W/*Dörner*; § 172 Rn. 103.
110 VersHb/Rixecker, § 46 Rn. 45; ablehnend: L/W/*Dörner*, § 172 Rn. 103.
111 *Neuhaus*, U. Rn. 24 ff.; Kein Verstoß gegen AGB-Recht: OLG Koblenz r+s 2006, 386 f.; OLG Saarbrücken VersR 2007, 235, 236; OLG Celle VersR 2009, 914, 915 f.
112 *Neuhaus*, U. Rn. 32; vgl. OLG Saarbrücken VersR 2002, 964 ff. mit einer ähnlichen Klausel.
113 Vgl. § 177 I Rdn. 1; BT-Drucks. 16/3945 S. 107.
114 Vgl. *Neuhaus*, F. Rn. 249 ff.; *Gerlach* VerBAV 1984, 125, 130 f.; OLG Köln VersR 1995, 1081 f.; LG München VersR 2006, 1246.

39 Grundsätzlich ist Fluguntauglichkeit als Ursache der BU für Flugpersonal ausgeschlossen; dieser Ausschluss – teilweise nur für das Cockpitpersonal – kann in engen Grenzen durch Vereinbarung der **Fluguntauglichkeitsklausel** abbedungen werden.[115]

40 In mit der Beamtenklausel vergleichbarer Weise unterwirft sich der VR mit **Seedienstuntauglichkeitsklauseln** der Entscheidung der See-Genossenschaft über die Seedienstuntauglichkeit von Kapitänen und Offizieren. Können diese aufgrund festgestellter Seedienstuntauglichkeit nicht in ihrem Beruf tätig sein, wird die Berufsunfähigkeit unwiderleglich vermutet.[116]

6. Pflegebedürftigkeit

41 Ein Anspruch auf Erbringung der vereinbarten Leistungen kann sich auch aufgrund eingetretener Pflegebedürftigkeit des Versicherten ergeben. Auch wenn die Berufsunfähigkeit noch nicht den vereinbarten Grad erreicht, sehen es viele Bedingungen als vollständige oder teilweise Berufsunfähigkeit an, wenn der Versicherte einen bestimmten Zeitraum ununterbrochen pflegebedürftig gewesen ist und dieser Zustand andauert, vgl. § 2 V–VII MB-BU/Z. Ob Pflegebedürftigkeit vorliegt und in welcher Höhe hieraus ein – regelmäßig gestaffelter – Leistungsanspruch entsteht, bemisst sich nach einem Punktesystem, vgl. § 2 VII–VIII MB-BU/Z.

IV. Nach Beginn der Versicherung eingetreten (Abs. 1)

42 Die versicherte Person muss während der Dauer des Versicherungsschutzes (vgl. oben Rdn. 3 ff.) berufsunfähig werden. Eine bereits bei Beginn der Haftungszeit des VR bestehende sogenannte »vorvertragliche« oder »mitgebrachte« Berufsunfähigkeit fällt nicht unter den Versicherungsschutz.
Bei einer vereinbarten Verweisungsmöglichkeit ist der VR nach einer Entscheidung des BGH nur dann leistungspflichtig, wenn sich beide Elemente der Leistungspflicht innerhalb der Vertragslaufzeit verwirklicht haben: Der Versicherte muss außerstande geworden sein, sowohl seinen ausgeübten als auch einen vergleichbaren Beruf auszuüben.[117] Ist ein Element bereits vor Beginn des Versicherungsschutzes gegeben, liegt danach kein Versicherungsfall vor. Wichtig sei vor allem der ausgeübte Beruf. Ist der Versicherte schon vor Versicherungsbeginn außerstande, diese Tätigkeit auszuüben – ohne dabei Raubbau an seiner Gesundheit zu betreiben[118] – sei der VR nicht zur Leistung verpflichtet. Denn dann lasse sich nicht feststellen, dass der Versicherte seine Fähigkeit zur Berufsausübung erst innerhalb der Vertragslaufzeit verloren habe. Ob er vorvertraglich einen Verweisungsberuf hätte ausüben können, ist danach ohne Bedeutung.
Hiergegen wird eingewandt, dass der Wortlaut der Bedingungen (und jetzt § 172) eine solche Auslegung nicht hergebe. Wenn Berufsunfähigkeit erst dann anzunehmen sei, wenn keine Verweisungsmöglichkeit bestehe, so liege auch keine anspruchsausschließende vorvertragliche Berufsunfähigkeit vor, wenn der Versicherte eine vergleichbare Tätigkeit hätte ausüben können.[119]
Diese Kritik ist m.E. berechtigt. Die Unfähigkeit, den konkreten Beruf auszuüben und die fehlende Verweisbarkeit sind gleichwertige Elemente der Feststellung der Berufsunfähigkeit. Erst wenn sie kumulativ vorliegen, ist der Versicherte berufsunfähig. Existiert zum Zeitpunkt des materiellen Versicherungsbeginns ein Verweisungsberuf, so ist das zu diesem Zeitpunkt noch nicht der Fall. Die Annahme einer Vorrangstellung des Merkmales, zur Ausübung des ausgeübten Berufes außerstande zu sein, ist weder durch den Wortlaut gerechtfertigt, noch entspricht sie dem Verständnis des durchschnittlichen Versicherungsnehmers. Denn nach den üblichen Bedingungen leistet der VR, wenn der Versicherte während der Versicherungsdauer berufsunfähig wird und nicht erst dann, wenn beide Merkmale der Berufsunfähigkeit nach dem materiellen Versicherungsbeginn eintreten. Das »Herunterbrechen« der Grenze des materiellen Versicherungsbeginnes auf die einzelnen Merkmale der Berufsunfähigkeit ist weder nach dem Wortlaut noch im Wege der Auslegung möglich. Die Möglichkeit des VR, in solchen Fällen – in denen der Versicherte zwar seinen Beruf nicht mehr ausüben kann jedoch ein Verweisungsberuf existiert – vom Vertrag wegen Verletzung vorvertraglicher Anzeigepflichten zurückzutreten, ihn zu kündigen oder anzufechten bleibt unberührt.[120]

---

115 Hierzu: *Neuhaus*, F. Rn. 256 ff.; vgl. OLG Bremen r+s 1995, 315 (Mehrdeutigkeit der Klausel im Fall einer schwangerschaftsbedingten Fluguntauglichkeit); OLG Frankfurt (Main) VersR 2003, 979 (Fluguntauglich bei Wehrfliegerverwendungsfähigkeit wegen mangelnder psycho-physischer Fitness); vgl. auch LG Landshut r+s 2008, 79, 80 (Berufsunfähigkeit einer Flugbegleiterin bei nicht 100 %iger Belastbarkeit in Notsituationen); vgl. auch OLG Köln, Urt. v. 02.12.2011, 20 U 53/09 – juris (zu einer Luftfahrt-Lizenzverlustversicherung und der – verneinten – Frage, ob die Leistung erst bei formaler Bestandskraft fällig wird, wenn die Bedingungen dies ausdrücklich so vorsehen).
116 *Neuhaus*, F. Rn. 264 ff.; Die Beurteilung der Seediensttauglichkeit richtet sich nach der Seediensttauglichkeitsverordnung vom 18.09.1970 (BGBl I S. 1241).
117 BGH VersR 1993, 469, 470; VersR 1999, 1266; ebenso: OLG Koblenz r+s 2001, 41; zustimmend: *Neuhaus*, G Rn. 203; ablehnend VersHb/*Rixecker*, § 46 Rn. 97; P/M/*Lücke*, § 172 Rn. 29; L/W/*Dörner*, § 172 Rn. 129.
118 Vgl. dazu z.B. OLG Saarbrücken ZfS 2009, 38, 40 f.
119 VersHb/*Rixecker*, § 46 Rn. 97; P/M/*Lücke*, § 172 Rn. 29; L/W/*Dörner*, § 172 Rn. 129.
120 P/M/*Lücke*, § 172 Rn. 30.

Sollte der Versicherte bereits vor Vertragsbeginn berufsunfähig sein, ohne dies jedoch zu wissen – etwa weil er **43** durch die ihm mögliche Fortsetzung seiner Tätigkeit seiner Gesundheit unbemerkt schadet oder aus psychischen Gründen nicht einsichtsfähig ist – wird vorgeschlagen, auf den Zeitpunkt der Kenntnis des Versicherten von seiner Beeinträchtigung abzustellen.[121] Für eine solch subjektive Beurteilung der **unbekannten Berufsunfähigkeit** bieten jedoch § 172 und auch die Musterbedingungen keinen Anknüpfungspunkt. Es ist auch aus Gründen der Billigkeit nicht gerechtfertigt, dieses ausschließlich in der Person des Versicherten liegende Risiko dem VR aufzubürden. Sollte bei der erforderlichen rückschauenden Bewertung die Berufsunfähigkeit festgestellt werden können, scheidet ein Anspruch aus.[122] Erwägenswert wäre allenfalls, entsprechend § 21 III 1 nach Ablauf einer Frist von 5 Jahren dem VR eine Berufung auf den Einwand der Vorvertraglichkeit zu versagen. Anderenfalls stünde ein von unbekannter Berufsunfähigkeit Betroffener auch ohne sachliche Rechtfertigung schlechter als jemand, der bekannte Umstände, die zur Berufsunfähigkeit führen können, verschwiegen hat.

Ein Anspruch ist nicht wegen vorvertraglicher Berufsunfähigkeit ausgeschlossen, wenn wegen einer kurz vor Antragstellung aufgetretenen Krankheit keine Diagnose einer Berufsunfähigkeit gestellt werden kann, der Erkrankungszustand dann aber über den Vertragsbeginn hinaus dauernd fortbesteht und nach den Bedingungen eine fingierte Berufsunfähigkeit begründet, weil die Erkrankung einen bestimmten Zeitraum andauerte.[123]

V. Verweisung

§ 173 III sieht die Möglichkeit vor, die Leistungspflicht des VR davon abhängig zu machen, dass der Versicherte tatsächlich keine Tätigkeit ausübt (**konkrete** Verweisung) oder ausüben kann (**abstrakte** Verweisung), die er aufgrund seiner Ausbildung und Fähigkeiten übernehmen kann und die seinem bisherigen Lebensstandard entspricht. **44**

Diese beiden Verweisungsmöglichkeiten entsprechen der bisherigen Vertragspraxis. In letzter Zeit wurde vermehrt auf die Verweisungsmöglichkeit verzichtet; in Gebrauch sind auch Klauseln, die ab einem bestimmten Lebensjahr nur noch konkrete Verweisungen zulassen.[124]

Eine Verweisung setzt regelmäßig voraus, dass die Verweisungstätigkeit der bisherigen Lebensstellung des Versicherten entspricht; diese wird wiederum durch die bisherige Tätigkeit geprägt. Entscheidend dafür ist die Qualifikation der Erwerbstätigkeit. Diese hängt v.a. davon ab, welche Kenntnisse und Erfahrungen ihre ordnungsgemäße und sachgerechte Ausübung voraussetzt. Eine neue Erwerbstätigkeit ist vergleichbar, wenn sie keine deutlich geringeren Kenntnisse und Fähigkeiten erfordert und in ihrer Vergütung sowie in ihrer sozialen Wertschätzung nicht spürbar unter das Niveau des bislang ausgeübten Berufs absinkt.[125]

Maßgeblicher Zeitpunkt für die Beurteilung der Verweisungsmöglichkeit ist dabei der (behauptete) Eintritt **45** der Berufsunfähigkeit im bisher ausgeübten Beruf (»**Stichtagsprinzip**«).[126] Danach erworbene Fähigkeiten und Kenntnisse dürfen ebenso wenig eine Rolle spielen[127] wie der Wegfall von Fähigkeiten und Wissen nach dem Stichtag[128]. Entsprechendes gilt für Veränderungen des Lebensstandards.

1. Keine Überforderung

Der Versicherte darf im Vergleichsberuf nicht überfordert werden. Er muss nicht nur die »**formellen**« Zugangsvoraussetzungen für den Vergleichsberuf haben (Eingangsvoraussetzungen wie Meisterprüfung,[129] Studienabschluss, Berufsausbildung,[130] Fahrerlaubnis usw.), sondern auch »**materiell**« in der Lage sein, mit seinen motorischen und intellektuellen Fähigkeiten die Tätigkeit auszuüben.[131] Dabei sind sämtliche Kenntnisse, Fähigkeiten und Erfahrungen zu berücksichtigen, unabhängig davon, auf welchem Weg sie erlangt wurden, aus welcher Motivation – beruflich oder privat – heraus sie gewonnen wurden und ob sie bei der letzten Tätigkeit **46**

---

121 *Richter*, S. 274; *Voit/Neuhaus*², H. Rn. 16; vgl. auch OLG Celle VersR 1984, 673, 674 (keine Vorvertraglichkeit bei nach Vertragsabschluss eintretender Invalidität aufgrund bereits vor Vertragsschluss vorliegender Verletzungen/Gebrechen).
122 Ebenso: VersHb/*Rixecker*, § 46 Rn. 98; *Terbille/Höra*, § 26 Rn. 19a; OLG Frankfurt Urt. vom 30. Juni 1982, 7 U 29/82 und LG München I, Urt. vom 8. März 1984, 30 O 21344/83 (beide zitiert nach: *Benkel/Hirschberg*, § 1 BUZ 2008 Rn. 13); jetzt auch *Neuhaus*, G Rn. 187.
123 OLG Celle VersR 2006, 1201.
124 Vgl. BGH VersR 2007, 821, 822.
125 BGH NJW-RR 2010, 906, 907.
126 BGH NJW-RR 2007, 751, 752; VersR 2000, 349, 350; VersR 1995, 159, 160; VersR 1987, 753, 754.
127 Vgl. z.B. BGH VersR 1995, 159, 160; OLG Saarbrücken NJW-RR 2007, 755, 756.
128 BGH VersR 2007, 631, 632.
129 BGH NVersZ 1999, 515, 516.
130 P/M/*Lücke*, § 172 Rn. 77 mit weiteren Nachweisen; vgl. zur Auslegung einer Klausel, nach der eine Verweisung eine »ähnliche Ausbildung« voraussetzt: OLG Karlsruhe ZfS 2011, 399.
131 Vgl. z.B. OLG Karlsruhe VersR 2009, 969 = NJOZ 2009, 1397, 1399 f. (Keine Verweisung eines Elektromeisters auf die Tätigkeit eines Projektleiters Elektrotechnik).

eingesetzt werden mussten.[132] Die Beachtung und, sofern erforderlich, das Erlernen allgemeiner Umgangsformen kann dabei in der Regel jedem zugemutet werden.[133] Zur Verweisung von Auszubildenden vgl. Rdn. 60.

47 Der Versicherte hat jedoch grundsätzlich keine Pflicht, sich umschulen oder fortbilden zu lassen.[134] Von ihm kann aber erwartet werden, sich in den Verweisungsberuf mit angemessenem Aufwand einzuarbeiten, wie es bei dem Antritt jeder neuen Arbeitsstelle erforderlich ist.[135]
Wo die Grenze zwischen Einarbeitung und Fortbildung/Umschulung liegt, muss im Einzelfall – ausgehend von den Fähigkeiten und Kenntnissen der jeweiligen versicherten Person – ermittelt werden.[136] In der Literatur wird insoweit die aus dem Sozialversicherungsrecht bekannte Grenze von drei Monaten vorgeschlagen.[137] Es erscheint allerdings zweifelhaft, ob eine einfache zeitliche Grenze hier die gebotene Berücksichtigung des Einarbeitungsaufwandes vollständig ermöglicht.[138]
Angehörigen des öffentlichen Dienstes soll hier erheblich mehr zumutbar sein, wenn die statusrechtliche Stellung während der Einweisung in die neue Tätigkeit gewahrt bleibt; dies sogar dann, wenn der Versicherte mangels vorhandener Planstelle keine Gelegenheit zur Wahrnehmung des Verweisungsberufes hat.[139] Diese Sichtweise wird zu Recht kritisiert.[140] Sie stellt ohne Grundlage in den Bedingungen auf die Besonderheiten des Beamtenstatus ab anstatt auf die eigentliche Tätigkeit. Dies führt zu einer nicht gerechtfertigten Ungleichbehandlung der Beamten.

48 Bei der Beurteilung der Verweisbarkeit kommt es grundsätzlich nicht darauf an, ob der Versicherte in der Lage ist, auf dem Arbeitsmarkt eine freie Stelle zu finden.[141] Voraussetzung ist aber ein existierender Arbeitsmarkt. Es muss für die Tätigkeit, auf die der Versicherte verwiesen werden soll, Stellen nicht nur in verschwindend geringer Zahl geben.[142] Daher scheidet die Verweisung auf sogenannte »Nischenarbeitsplätze«, die in Einzelfällen nach besonderen Anforderungen des Betriebes oder bestimmter Mitarbeiter geschaffen wurden, aus.[143] Nicht für eine Verweisung in Frage kommen ebenso Tätigkeiten, die nicht im freien Wettbewerb erlangt werden können, so dass der Versicherte bei der Bewerbung von vornherein chancenlos wäre. Dies sind vor allem Schonarbeitsplätze, die von Arbeitgebern aufgrund sozialer Verantwortung an in ihrer Leistungsfähigkeit

---

132 Vgl. OLG Köln VersR 1999, 1532, 1533; BGH r+s 1993, 478, 479; BGH r+s 1992, 354; BGH VersR 1986, 1113, 1115; *Voit*, Aktuelle Fragen, S. 29.
133 KG r+s 1996, 241, 242 (Allgemeingut); anders: OLG Karlsruhe r+s 1995, 279 (fehlende Kontaktfreudigkeit als Verweisungshindernis).
134 Vgl. BGH VersR 1990, 885, 886; tatsächlich durch Fortbildung oder Umschulung erworbene Fähigkeiten können – bei entsprechender Regelung in den AVB – jedoch im Rahmen des Nachprüfungsverfahrens berücksichtigt werden – vgl. § 174 Rdn. 11.
135 Vgl. BGH VersR 1995, 159, 160; OLG Frankfurt (Main) r+s 1997, 82 f.
136 Als **zumutbare** Einarbeitung wurden angesehen: ein 14-tägiger Röntgenkurs sowie das Erlernen der Eingabe von Daten in einen PC (LG Düsseldorf r+s 2000, 171), 3–6-monatige PC-Einarbeitung einer im Umgang mit der Schreibmaschine erfahrenen Angestellten (OLG Saarbrücken VersR 2009, 971); als **nicht mehr zumutbare** Fortbildung wurde hingegen angesehen: Einarbeitungszeit von 9 Monaten (OLG Hamm r+s 1996, 505 f.); Erwerb von PC-Grundkenntnissen durch eine 46-jährige Frau, die zuvor als Putzfrau, Backwarenverkäuferin und selbständige Handelsvertreterin für Staubsauger tätig war und nie mit EDV gearbeitet hatte (OLG Saarbrücken NJW-RR 2003, 528, 529) s. aber auch: OLG Saarbrücken VersR 2009, 971; 40-wöchige Fortbildung einer gelernten Krankenschwester in berufsfremden Fachgebieten für eine Verweisung in den Beruf der Arzthelferin; einjährige Fortbildung in Vollzeit für eine Verweisung in den Beruf der Hygienefachschwester (OLG Saarbrücken OLGR Saarbrücken 2003, 353); 6–9-monatige Fortbildung mit Abschlussprüfung; mindestens 24-monatige Zusatzausbildung (LG Saarbrücken VersR 1999, 1534, 1535).
137 *Rüther* NVersZ 2000 497, 501; *Richter* VersR 1988, 1207, 1212.
138 Kritisch auch: VersHb/*Rixecker*, § 46 Rn. 114.
139 Einjährige Einweisungszeit eines Beamten aus einer Sonderlaufbahn (Polizeivollzugsdienst) für eine Tätigkeit im mittleren nichttechnischen Verwaltungsdienst, wenn an die bisherige Qualifikation angeknüpft wird, der Beamte seine statusrechtliche Stellung wahrt und durch die Einweisung keine berufliche Mehrbelastung auftritt – selbst dann, wenn die tatsächliche Tätigkeit an einer fehlenden Planstelle scheitert (OLG Frankfurt (Main) r+s 1997, 82; ähnlich: OLG Karlsruhe r+s 1994, 436, OLG Nürnberg r+s 1992, 177, 178).
140 VersHb/*Rixecker*, § 46 Rn. 115.
141 BGH VersR 1986, 278, 280; VersR 1989, 579, 580; VersR 1999 1134, 1135; NVersZ 2000, 127, 129; vgl. OLG Saarbrücken NJOZ 2009, 1427, 1431 (Befristung des neuen Arbeitsvertrages ist unerheblich).
142 BGH VersR 1999, 1134, 1135 (Hof- und Platzmeister); OLG Hamm VersR 2008, 949, 950 (Ausschluss gut vertretbar: Pförtner ohne Nachtschicht); OLG Hamm VersR 2007, 384, 385 (Fleischer mit vorwiegend aufsichtsführender und kaufmännischer Tätigkeit in leitender Position); OLG Koblenz r+s 2001, 262, 263 (zweifelnd hinsichtlich eines Bilderrahmenmachers); OLG Düsseldorf VersR 2000, 1400, 1401 (Koch in einem vegetarischen Restaurant); LG Saarbrücken VersR 1999, 1534 (Heilpraktiker im Angestelltenverhältnis); OLG Düsseldorf VersR 1996, 879 (angestellte Friseurin mit leitenden und überwachenden Tätigkeiten).
143 BGH VersR 1999, 1134, 1135; OLG Nürnberg VersR 2015, 833, 835 (für in Elternzeit befindliche Mitarbeiterinnen oder Rückkehrerinnen aus der Elternzeit); OLG Hamm VersR 2007, 384, 385; OLG Düsseldorf VersR 1996, 879.

eingeschränkte Mitarbeiter vergeben werden,[144] aber auch Beförderungsstellen, die betriebsintern vergeben werden[145] oder erst nach längerer beruflicher oder betrieblicher Praxis erreicht werden können[146]. Diese Einschränkungen gelten jedoch bei einer konkreten Verweisung auf eine bereits ausgeübte Tätigkeit nicht. Wenn der Versicherte einen Schon- oder Nischenarbeitsplatz hat, ist es nicht treuwidrig, ihn darauf zu verweisen.[147] Das vom Versicherten zu tragende Arbeitsmarktrisiko verwirklicht sich nicht, wenn ihn die gesundheitlichen Beschränkungen auch in dem Verweisungsberuf nur eingeschränkt einsetzbar machen und eine Einstellung daher ausscheidet.[148] Unbeachtlich ist es jedoch, wenn der Versicherte nur aufgrund seines Alters keine Stelle mehr erlangen kann.[149] Geschützt ist nur die gesundheitlich bedingte Unfähigkeit zur weiteren Berufsausübung.

Dem Versicherten ist auch nicht jeder Wohnungs- oder Ortswechsel zumutbar, um eine örtlich nicht uneingeschränkt verfügbare Tätigkeit auszuüben.[150] Insoweit kann der Versicherte nur auf Tätigkeiten innerhalb des ihm auch räumlich mit vertretbarem Aufwand zugänglichen Arbeitsmarktes verwiesen werden. Was dem Versicherten dabei zumutbar ist, richtet sich nach den Umständen des Einzelfalles. Zu betrachten sind die üblicherweise in dem Beruf geforderte Mobilität und die individuellen schützenswerten Bindungen des Versicherten.[151] Teilweise orientiert sich die Rspr. hier an den Vorschriften für die Arbeitslosenversicherung oder stellt auf den Bezirk des zuständigen Landesarbeitsamtes ab.[152]

49

2. Wahrung der Lebensstellung

Der bisherigen Lebensstellung des Versicherten entspricht der Verweisungsberuf, wenn er keine deutlich geringeren Kenntnisse und Fähigkeiten erfordert und weder hinsichtlich der Vergütung noch in seiner Wertschätzung spürbar unter dem Niveau des bislang ausgeübten Berufes liegt.[153]

50

Entscheidend ist dabei, ob eine **Gesamtbetrachtung** dieser drei Kriterien einen »sozialen Abstieg« des Versicherten offenbart.[154]

a) Keine Unterforderung

Die Verweisung ist ausgeschlossen, wenn ein konkreter Vergleich der Anforderungsprofile der zuletzt ausgeübten Tätigkeit und der aufgezeigten Verweisungstätigkeit eine kenntnis- und erfahrungsmäßige Unterforderung des Versicherten im Verweisungsberuf ergibt.[155] Dies ist im Einzelfall zu ermitteln. Dabei ist eine Verweisung eines Versicherten, der in einem Ausbildungsberuf tätig war auf eine Tätigkeit, die keine Ausbildung voraussetzt, weder immer zulässig noch kategorisch ausgeschlossen.[156] Erforderlich ist eine Beurteilung der konkreten Umstände im Einzelfall. Eine abgeschlossene Berufsausbildung führt dabei regelmäßig zu einer Steigerung des sozialen Ansehens und ist wichtiger Aspekt bei der Betrachtung zu berücksichtigen.[157] Möglich ist aber auch, dass ein »nur« angelernter oder auf geringem Niveau ausgebildeter Beschäftigter sich durch langjährige Tätigkeit Erfahrungen und Kenntnisse angeeignet hat, die eine Verweisung auf einen der ursprünglichen Ausbildung entsprechenden Beruf oder einen Anlernberuf ausschließen.[158]

51

---

144 Vgl. OLG Frankfurt (Main) r+s 2008, 252, 253; s. auch *Rüther* NVersZ 1999, 497, 500 f.
145 OLG Düsseldorf VersR 1996, 879 (Filial- oder Abteilungsleiter in der Parfümerie- oder Drogeriebranche).
146 BGH VersR 1997, 436, 438 f.
147 Vgl. z.B. OLG Frankfurt (Main) r+s 2008, 252, 253.
148 OLG Hamm NJW-RR 1998, 241, 242; *Rüther* NVersZ 1999, 497, 499; s. auch OLG Hamm VersR 1997, 817, 818 (zweifelhaft ob Arbeitsmarktrisiko sich verwirklicht, wenn Versicherter bei Offenlegung der – sonst nicht beschränkenden – psychischen Erkrankung nicht eingestellt würde).
149 Vgl. BGH VersR 1986, 278, 279 f.; **anders:** *Neuhaus*, H Rn. 31: ein zu Unrecht vermuteter Kräfteverfall bei älteren Arbeitnehmern soll nach Treu und Glauben als versicherter/bedingungsgemäßer Kräfteverfall angesehen werden.
150 OLG Düsseldorf VersR 1996, 879; OLG Saarbrücken VersR 2003, 50, 51.
151 Vgl. auch *Rüther* NVersZ 1999, 497, 499 f.; Terbille/*Höra*, § 25 Rn. 123.
152 So hält das OLG Saarbrücken (VersR 2003, 50, 51) unter Hinweis auf § 121 IV, V SGB III Pendelzeiten von mehr als 2,5 Stunden bei Arbeitszeiten von 6 oder mehr Stunden oder eine nicht nur vorübergehende getrennte Haushaltsführung für unzumutbar bzw. schließt eine Verweisung aus, wenn es den Beruf innerhalb der Grenzen des Bezirkes des Landesarbeitsamtes nicht gibt (VersR 1999, 1534, 1535).
153 Vgl. BGH VersR 1986, 1113.
154 Vgl. OLG Hamm VersR 2001, 1411, 1412 zur Verweisung eines nur formell Selbständigen auf einen abhängigen Beruf; OLG Schleswig, Urt. v. 17.12.2015, 16 U 50/15 – juris Rn. 29.
155 BGH VersR 1997, 436; Beispiel eines derartigen konkreten Vergleiches: OLG Köln VersR 1999, 1532 ff.; vgl. auch OLG Frankfurt (Main) r+s 1998, 480 f. (keine Verweisung eines Bäckermeisters auf reine Verkaufstätigkeiten oder Lagerarbeiten).
156 So obiter dictum: BGH NJW-RR 2010, 906, 908; anders noch OLG Braunschweig VersR 2000, 620, 621; vgl. auch: BGH r+s 1993, 478, 479.
157 So obiter dictum BGH NJW-RR 2010, 906, 908; anders noch: KG r+s 1996, 241, 242.
158 BGH r+s 1992, 353, 354; OLG Karlsruhe r+s 2008, 251 f.

b) Wahrung der Einkommenssituation

52 Bei der Ermittlung der »Spürbarkeit« einer Einkommenseinbuße ist das in den gesunden Tagen der zuletzt ausgeübten Tätigkeit erzielte Einkommen mit dem bei einer Verweisungstätigkeit – ebenfalls ohne gesundheitliche Einschränkungen – erzielbaren Einkommen zu vergleichen.[159] Die Spürbarkeit lässt sich nicht in festen prozentualen Grenzen festlegen, sondern muss im jeweiligen Einzelfall anhand der individuellen Auswirkungen der Einbuße auf die Lebensstellung ermittelt werden. Je nach Höhe des Gehaltes kann sich eine prozentuale Minderung unterschiedlich auswirken.[160]

53 Unterhaltspflichten des Versicherten sind zu berücksichtigen.[161] Die Lebensstellung des Versicherten, auf die es ankommt, wird auch dadurch beeinflusst, ob er mit seinem Einkommen auch noch andere Personen unterhalten muss.

54 Abgestellt werden kann sowohl auf das Brutto- als auch auf das Nettoeinkommen.[162] Zwar spricht für einen reinen Bruttovergleich die bessere Vergleichbarkeit der steuerrechtlich unverfälschten Bezüge. Auf der anderen Seite hängt die hier maßgebliche Lebensstellung davon ab, welcher Teil des Einkommens dem Versicherten tatsächlich zur Lebensgestaltung zur Verfügung steht. Im Ergebnis sind beide Berechnungsweisen möglich, solange die Vergleichbarkeit der Einkünfte gewährleistet ist und eine Verfälschung durch eine missbräuchliche – also durch außerhalb der Versicherung liegende Gründe nicht zu rechtfertigende – steuerliche Gestaltung ausgeschlossen ist.

55 Variable Lohnbestandteile (Spesen, Nacht-/Feiertagszuschläge, Überstundenvergütungen usw.) sind nur zu berücksichtigen, wenn mit ihnen keine zusätzlichen Kosten oder Aufwendungen abgedeckt werden und sichergestellt ist, dass sie auch in Zukunft gezahlt worden wären.[163]

56 Das Gehalt muss anhand eines repräsentativen Zeitraumes ermittelt werden. Die Länge des Zeitraumes ist abhängig von der Variabilität des Einkommens. Bei langjährigen Angestellten des öffentlichen Dienstes oder Tarifbeschäftigten reicht ein sehr kurzer Zeitraum, wohingegen bei Selbständigen (insbes. in der Gründungsphase) und Versicherten mit wechselnder Erwerbsbiografie durch die Betrachtung von einem oder mehreren Jahre auf das langfristig zu erzielende Durchschnittseinkommen zu schließen ist.[164]

c) Vergleichbare Wertschätzung

57 Mit der geforderten vergleichbaren Wertschätzung der Tätigkeit, auf die verwiesen werden soll, wird sichergestellt, dass der Versicherte durch seine neue Tätigkeit auch im öffentlichen Ansehen, soweit es generell durch seinen Beruf vermittelt wird, nicht absinkt. Maßgeblich ist dabei die Sichtweise des konkreten räumlichen und sozialen Umfeldes des Versicherten.[165] Dieses kann vor allem abhängen von Wohn-, Bildungs- und Einkommenssituation. Dabei geht es um das Ansehen, das der Beruf als solcher normalerweise jedem verleiht, der ihn ausübt, indem er ihm einen bestimmten gesellschaftlichen Status verleiht; nicht entscheidend ist hingegen das individuelle Ansehen, welches sich der Versicherte erworben hat.[166] Bei Aussichten auf eine

---

159 P/M/*Lücke*, § 172 Rn. 85: Vergleich der sich bei den Berufen bietenden Einkommensmöglichkeiten.
160 BGH VersR 1998, 42, 43 (Jahresbrutto 44.747 DM, Einbuße 23 %, Spürbarkeit offengelassen); 1537, 1538 (Jahresbrutto 69.160 DM, Einbuße fast ein Drittel, Spürbarkeit bejaht; ZfS 2008, 163 (Jahresbrutto ca 60.000 DM, Einbuße 21 %, Spürbarkeit bejaht); OLG Hamm VersR 2008, 949 (Monatsbrutto 2496, Minderung 28 %, Spürbarkeit bejaht); OLG München, Urt. v. 22. Oktober 2010, 25 U 5827/07 = BeckRS 2010, 26125 (Monatsnetto ca. 2.500–3.000€, Einbuße ca. 21–27 %, Spürbarkeit bejaht); OLG München, Urt. v. 12. November 2010, 25 U 5408/09 (Spürbarkeit bei Einbuße von über 20 %); OLG Nürnberg VersR 1992, 1387 (Polizeibeamter, Minderung unter 30 %, Spürbarkeit verneint); OLG Saarbrücken VersR 2009, 971, 973 (Jahresbrutto ca. 45.000 DM, Einbuße 7,25 %, Spürbarkeit verneint); OLG Düsseldorf, Urt. v. 9. November 2010, 4 U 51/10: Jahreseinkommen 29.000€, Einbuße unter 9 %, Spürbarkeit verneint); vgl. *Neuhaus*, H Rn. 88 mit weiteren Beispielen aus der Rspr.
161 KG ZfS 2008, 163 (mit Billigung der BGH in der Entscheidung über die Nichtzulassungsbeschwerde); OLG Karlsruhe r+s 2008, 251, 252; OLG Hamm VersR 1992, 1338, 1339; r+s 1999, 432; OLG Köln r+s 1993, 155, 156; OLG Nürnberg NVersZ 1998, 119; anders: *Müller-Frank*, S. 94 f.; *Leggewie* NVersZ 1998, 110 f.
162 Vgl. BGH NJW-RR 2012, 811, 812; wohl schon VersR 1998, 42, 43; OLG Nürnberg NVersZ 1998, 119, welches jedoch im Anschluss an *Voit*, Berufsunfähigkeitsversicherung, 1994, Rn. 368 den Nettovergleich bei Arbeitnehmern für besser geeignet hält; nur Bruttovergleich: OLG München VersR 1992, 1339, 1342; *Müller-Frank*, S. 90; **nur Nettovergleich**: OLG Saarbrücken OLGR Saarbrücken 2006, S. 902; VersHb/*Rixecker*, § 46 Rn. 122 f.; *Neuhaus*, H Rn. 71; vgl. auch OLG München, Urt. v. 12. November 2010 25 U 5408/09 – juris: bei offener Formulierung gilt die dem VN günstigste Rechenweise (§ 305c II BGB).
163 Vgl. OLG Hamm VersR 1992, 1338; OLG Köln VersR 1999, 1532, 1533; VersR 2001, 1225.
164 Vgl. BGH VersR 1998, 42, 43; VersR 2000, 171, 174; OLG Saarbrücken OLGR Saarbrücken 2006, 902; NJW-RR 2003, 468, 469; OLG Oldenburg VersR 2010, 655, 656.
165 P/M/*Lücke*, § 172 Rn. 101 f.; *Voit*, Aktuelle Fragen, S. 35 f.
166 Vgl. OLG Nürnberg NVersZ 1998, 119; OGH VersR 2000, 1526, 1527; von einer Beurteilung der konkret vom Versicherten erarbeiteten Wertschätzung anstelle einer generell-objektiven Betrachtung des Berufes scheint das OLG Karlsruhe (r+s 2008, 251 f.) auszugehen. Die dort im Rahmen der Wertschätzung angegebenen Umstände (z.B. Befähigung zur Ausübung der Funktion des stellvertretenden Schichtleiters) lassen sich jedoch auch den »Kenntnissen und Fähigkeiten« zuordnen.

berufliche Veränderung ist entscheidend, wie sicher diese bereits absehbar sind und sich auf den maßgeblichen Status bei Eintritt der Berufsunfähigkeit auswirken.[167]

Neben den für die Ausübung erforderlichen Kenntnissen und Erfahrungen sowie der dafür gezahlten Vergütung – insoweit besteht eine Wechselwirkung mit den ersten beiden Merkmalen der Lebensstellung – können folgende Faktoren bei der Beurteilung eine Rolle spielen: geforderte Kreativität und Leitungsbefugnisse im Rahmen der bisherigen Tätigkeit im Gegensatz zu vorgegebener Schreibtischarbeit,[168] gesteigerte Vertrauenswürdigkeit sowie Entscheidungsbefugnis über Personen, Geld- oder Sachwerte,[169] Weiterbildungs- und Aufstiegsmöglichkeiten,[170] geforderte besondere Gewissenhaftigkeit, Zuverlässigkeit und Verantwortung und die damit oft verbundene besondere Einsatzbereitschaft[171].

58 Die Verweisung eines Selbständigen auf eine abhängige Tätigkeit ist grundsätzlich »nicht generell unzumutbar«.[172] Auch hier ist im Einzelfall zu prüfen, ob der Versicherte zur Übernahme der abhängigen Arbeit in der Lage ist und sie seiner bisherigen Lebensstellung entspricht. Besondere Relevanz haben hier die Vergleiche der Verdienstmöglichkeiten und der sozialen Wertschätzung. Es kommt darauf an, ob das soziale Ansehen des Selbständigen tatsächlich auf seiner Tätigkeit als freier Unternehmer bzw. Unternehmenslenker beruht, oder ob es, etwa bei selbständigen Handwerkern oder freischaffenden Künstlern, auf dem meisterlichen Handwerk oder der Kunst beruht.[173] Bei Letzteren sind die unternehmerischen Freiheiten, die eine Verweisung erschweren, regelmäßig nicht vorhanden oder geringer ausgeprägt, es handelt sich um eine formal selbständige Stellung. Die eine selbständige unternehmerische Tätigkeit ausmachenden vielschichtigen Anforderungen sind dabei bei der Bewertung der Wertschätzung zu berücksichtigen. Die dadurch erlangte hohe Wertschätzung wird nicht in jedem Fall durch ein höheres Einkommen bei kürzeren Arbeitszeiten bei sozialversicherungsrechtlicher Absicherung aufgewogen.[174]

59 Grundsätzlich ist auch die Verweisung eines bislang abhängig Beschäftigten auf eine selbständige Tätigkeit möglich.[175] Aufgrund der Unzumutbarkeit, größere finanzielle Risiken einzugehen, werden sich derartige Verweisungen auf tatsächlich ausgeübte Tätigkeiten und auf Fälle beschränken, in denen der erforderliche finanzielle Einsatz und die Risiken aufgrund besonderer Umstände gering sind.

60 Im Rahmen der Prüfung einer möglichen **Verweisung eines Auszubildenden** (vgl. Rdn. 32) ist der vom VR angestrebte Verweisungsberuf sowohl hinsichtlich seiner konkreten Ausbildungsbedingungen als auch hinsichtlich der Entwicklungschancen mit der vor der Gesundheitsbeeinträchtigung vorhandenen Ausbildungssituation einschließlich vorhandener Chancen zu vergleichen.[176] Eine Verweisung ist nur dann zumutbar, wenn der Versicherte auch in der durch die Verweisung eröffneten Berufslaufbahn mit seinen individuellen Fähigkeiten eine Lebensstellung erreichen kann, die derjenigen entspricht, die bei Weiterverfolgung der nunmehr unmöglich gewordenen Ausbildung zu erwarten gewesen wäre. Eine Verweisung muss dann auch möglich sein, wenn der Versicherte eine neue Ausbildung erst noch beginnen muss; die Berufsunfähigkeit ist dann auf den Zeitraum beschränkt der benötigt wird, um eine vergleichbare berufliche Position wiederzuerlangen.[177] Ist nur die Möglichkeit einer konkreten Verweisung vereinbart, so kann ein dauerhafter Leistungsanspruch entstehen, wenn der Versicherte keine neue Ausbildung beginnt.[178]

---

167 OLG Düsseldorf, Urt. v. 09.11.2010, 4 U 51/10, zu der im Rahmen der Verweisbarkeit nicht zu berücksichtigenden Aussicht des Sohnes eines Betriebsinhabers, den Betrieb einmal übernehmen zu können, die sich mangels eines nach außen erkennbaren Auftretens als »Juniorchef« als reine Erwartung darstellt.
168 BGH r+s 1997, 260.
169 P/M/*Lücke*, § 172 Rn. 100; *Voit*, Aktuelle Fragen, S. 31 ff. ausführlich zum Erfordernis der »Wertschätzung der Tätigkeit«; vgl. auch OLG Hamm VersR 1997, 817, 818: freie Arbeitszeitgestaltung, überdurchschnittliche Urlaubsmöglichkeiten.
170 BGH VersR 1990, 885, 886.
171 *Richter* VersR 1988, 1207, 1214 Fn. 72.
172 BGH VersR 1986, 278, 280; VersR 1988, 234, 235; r+s 2003, 164, 165; OLG Karlsruhe VersR 2013, 747, 748 (keine Verweisung eines Gas-Wasser-Installateurs auf eine besser bezahlte, abhängige Tätigkeit mit geringerer Arbeitszeit wegen – m.E. sehr großzügig bewerteter – höherer Wertschätzung der selbständigen Tätigkeit); OLG Hamm VersR 2001, 1411, 1412; VersR 1997, 817, 818 (keine Verweisung eines Schreiners auf eine Fachverkäufertätigkeit); OLG Köln VersR 1991, 1362 (Verweisung eines selbständigen Bäckermeisters/Konditor auf eine Tätigkeit als Vollziehungsbeamter); KG VersR 1993, 597, 600 (Verweisung eines selbständigen Bäckermeisters auf eine Tätigkeit als Filialleiter in der Lebensmittelbranche und (konkret) auf die ausgeübte Tätigkeit als Versicherungsvertreter).
173 Vgl. OLG Köln VersR 1991, 1362; OLG Hamm VersR 2001, 1411, 1412 (nur formell selbständiger Subunternehmer) vgl. auch *Voit*, Aktuelle Fragen, S. 37 der sich dafür ausspricht, anstelle von »Selbständigen« von »selbständigen Unternehmern« zu sprechen.
174 Vgl. OLG Karlsruhe VersR 2013, 747, 748.
175 Vgl. BGH VersR 1988, 234, 236; OLG Saarbrücken NJW-RR 1997, 791 f. (Verweisung eines Oberarztes einer Frauenklinik auf den tatsächlich ausgeübten Beruf als niedergelassener Gynäkologe); VersHb/*Rixecker*, § 46 Rn. 129.
176 In diesem Sinne: BGH NJW-RR 1996, 88, 90.
177 OLG Köln r+s 1988, 310, 311; vgl. VersHb/*Rixecker*, § 46 Rn. 40.
178 Vgl. OLG Dresden NJW-RR 2008, 543, 544.

VI. Ausschlüsse und Obliegenheiten

1. Ausschlüsse

61 Nach den Bedingungen ist die Ursache für den Eintritt der Berufsunfähigkeit grundsätzlich unbeachtlich. In §§ 3 MB-BUZ, 5 MB-BU sind jedoch Ausschlüsse enthalten. Deren Anwendungsbereich darf nicht weiter ausgedehnt werden, als es ihr Sinn unter Beachtung ihres wirtschaftlichen Zwecks und der gewählten Ausdrucksweise erfordert.[179] Diese sekundären Risikobegrenzungen sind – teils in anderer Form – in den meisten AVB enthalten:

62 Der VR ist nach § 3 Satz 2 lit. a) MB-BUZ bzw. § 5 Satz 2 lit. a) MB-BU leistungsfrei, wenn die Berufsunfähigkeit durch **vorsätzliche Ausführung oder den Versuch einer Straftat** durch die versicherte Person verursacht ist. Die Straftatbestände werden hierdurch Tatbestandsmerkmale der Ausschlussregelung; die zivilrechtliche Bewertung hat sich nach strafrechtlichen Gesichtspunkten zu bemessen.[180] Ausgeschlossen werden soll eine Leistungspflicht des Versicherers für das besondere Risiko der Berufsunfähigkeit, das mit der Begehung von Straftaten verbunden ist.[181]

Straftaten sind alle Vorschriften, die nach dem StGB oder strafrechtlichen Nebengesetzen mit Strafe (Geld- oder Freiheitsstrafe) oder Maßregeln der Besserung oder Sicherung bewehrt sind. Die Beurteilung der Tatbegehung richtet sich nach deutschem Strafrecht, auch wenn die Tat im Ausland begangen wurde.[182] Der dem Delikt eigentümliche Gefahrenbereich muss für den Schaden ursächlich geworden sein.[183] Daran soll es fehlen, wenn gegen den Versicherten wegen eines Computerbetruges eine Hausdurchsuchung über sich ergehen lassen, Untersuchungshaft (und später Strafhaft) verbüßen muss und dadurch seelische Schäden erleidet.[184] Dies ließe sich auch anders sehen. Der mit der Strafverfolgung einhergehende mitunter massive psychische und soziale Druck ist eine regelmäßige Folge der Begehung von Straftaten. Wenn dieser Druck zu einer Berufsunfähigkeit führt, so verwirklicht sich damit ein typisches Risiko der Straffälligkeit.

Der Vorsatz muss sich nicht auf die Herbeiführung der Berufsunfähigkeit beziehen. Der Täter muss auch rechtswidrig und schuldhaft handeln.[185] Ist der VN von der Straftat strafbefreiend zurückgetreten (§ 24 StGB), so ändert dies nichts an der Verwirklichung des Ausschlusses.[186] Das Entfallen des gesellschaftlichen Strafbedürfnisses ändert nichts an der Risikoerhöhung für die Berufsunfähigkeitsversicherung, welche Grund für den Ausschluss ist. Feststellungen des Strafurteils binden das Zivilgericht bei der Prüfung des Ausschlusses nicht.[187]

63 Ein Anspruch ist nach § 3 Satz 2 c) MB-BUZ bzw. § 5 Satz 2 c) MB-BU ausgeschlossen, wenn die der Berufsunfähigkeit zugrunde liegende **Gesundheitsbeeinträchtigung absichtlich (direkter Vorsatz) herbeigeführt** oder der **Versuch einer Selbsttötung** begangen wurde. Die Voraussetzungen muss der VR darlegen und beweisen.[188] Eine schuldhafte Herbeiführung der Berufsunfähigkeit ist nicht erforderlich. Der Ausschluss gilt nicht, wenn der Anspruchserhebende beweist, dass der Versicherte sich bei der Handlung in einem die freie Willensbildung ausschließenden krankhaften Geisteszustand befand.[189]

64 Zum Ausschluss führt auch die vorsätzliche Herbeiführung der Berufsunfähigkeit des Versicherten durch eine **widerrechtliche Handlung** durch den VN (§ 3 Satz 2 lit. d) MB-BUZ bzw. § 5 Satz 2 lit. d) MB-BU). Die Handlung (aktives Tun oder Unterlassen bei bestehender Handlungspflicht) muss widerrechtlich sein, was nach bürgerlichem Recht zu beurteilen ist.[190] Der Vorsatz muss sich hier auf die Herbeiführung der Berufsunfähigkeit beziehen.

---

179 BGH NJW-RR 1986, 104, 105; r+s 2009, 243, 244.
180 BGH VersR 1991, 289, 290; 2005, 1226, 1227.
181 Vgl. BGH VersR 1990, 1268 zur Unfallversicherung.
182 OLG München VersR 1999, 881.
183 OLG Celle r+s 2006, 28, 29; OLG Hamm VersR 2009, 388; vgl. auch BGH r+s 1999, 41, 42.
184 OLG Karlsruhe, Urt. v. 03.03.2016, 12 U 5/15 – juris; vgl. auch OLG Celle VersR 2006, 394.
185 BGH VersR 2005, 1226, 1227.
186 OLG Hamm NJW-RR 2005, 1618; P/M/*Lücke*, § 5 MB-BU Rn. 10; VersHb/*Rixecker*, § 46 Rn. 221; a.A.: *Neuhaus*, N Rn. 21.
187 LG Karlsruhe VersR 1995, 691.
188 Zur Beweiswürdigung: OLG Brandenburg VRR 2007, 468, 469; OLG Koblenz NJOZ 2003, 3421; OLG Saarbrücken r+s 2005, 120; OLG Hamm r+s 1993, 75; LG Osnabrück r+s 2005, 121.
189 Hierzu etwa: OLG Karlsruhe VersR 2003, 977, 978.
190 *Neuhaus*, N. Rn. 104.

Weitere Ausschlüsse gelten für die Verursachung der Berufsunfähigkeit, durch Kriegsereignisse/innere Unruhen,[191] organisierte Kraftfahrzeugrennen,[192] Unfälle mit Luftfahrzeugen,[193] durch Strahlen[194] und durch den Einsatz von atomaren, biologischen oder chemischen Waffen[195]. 65

Ist durch einen **individuell vereinbarten Ausschluss** eine bestimmte Ursache ausgeschlossen, so reicht es – jedenfalls sofern sich aus der Klausel nicht das Erfordernis einer unmittelbaren Verursachung ergibt – aus, wenn diese für die Berufsunfähigkeit mitursächlich wird.[196] Ist die versicherten Person allerdings bereits durch nicht vom Ausschluss erfasste Gründe bereits berufsunfähig, so muss der VR leisten, auch wenn daneben zusätzlich vom Ausschluss erfassten Gründen für eine Berufsunfähigkeit vorliegen; Reserveursachen werden nicht berücksichtigt.[197] Möglich sind Vereinbarungen, nach denen bestimmte Leiden – auch darauf beruhende psychische Fehlverarbeitungen[198] – bei der Prüfung der Berufsunfähigkeit nicht berücksichtigt werden dürfen oder ihre Mitberücksichtigung einen höheren Berufsunfähigkeitsgrad für den Eintritt der Leistungspflicht erforderlich macht. Aus der Rspr. bekannt sind etwa »Augenklauseln«[199] oder »Bandscheibenklauseln«[200]. 66

2. Obliegenheiten

Spezielle gesetzliche Obliegenheiten für die Berufsunfähigkeitsversicherung formulieren die §§ 172 ff. nicht. Üblich sind umfangreiche Mitwirkungsobliegenheiten im Versicherungsfall. Teilweise finden sich auch Klauseln mit einer Obliegenheit zur Beseitigung oder Minderung der Berufsunfähigkeit durch die Befolgung ärztlicher Anordnungen. 67

Als Rechtsfolge einer schuldhaften Verletzung einer Obliegenheit wird der VR ganz oder teilweise leistungsfrei (vgl. § 28 Rdn. 117 ff., §§ 7 I MB-BUZ, 10 I MB-BU). Die Leistungsfreiheit kann jedoch ex nunc wieder entfallen, wenn die Erfüllung der Obliegenheit nachholt wird. Die Bedingungen sehen eine Leistungsfreiheit vor, »solange« die Mitwirkungsobliegenheiten nicht erfüllt werden.

a) Mitwirkungsobliegenheiten im Versicherungsfall

§§ 4 I MB-BUZ, 7 I MB-BU enthalten einen Katalog von Mitwirkungspflichten des Versicherten. Diese beziehen sich nicht nur auf die Feststellung der zur Annahme des Versicherungsfalls erforderlichen Tatsachen, sondern gelten auch für die Prüfung der Verletzung vorvertraglicher Anzeigepflichten.[201] Die Mitwirkungspflichten bestehen nur bis zur endgültigen Leistungsablehnung.[202] 68

Neben der zu vernachlässigenden Einreichung der Geburtsurkunde (Abs. 1a)) und der selbstverständlichen Darstellung der Ursache der Berufsunfähigkeit (Abs. 1b)) ist der Versicherte verpflichtet, ärztliche Berichte und Unterlagen einzureichen. Der VR muss dadurch in die Lage versetzt werden, sich ein konkretes Bild vom Beruf und der Lebensstellung des Versicherten zu machen und die gesundheitliche Beeinträchtigung und ihre Auswirkungen auf die berufliche Tätigkeit selbständig prüfen zu können. 69

Die Arztberichte müssen Angaben über Ursache, Beginn, Art, Verlauf und voraussichtliche Dauer des Leidens sowie über den Grad der Berufsunfähigkeit/die Pflegestufe enthalten. Der Versicherte muss dabei nicht nur die ihm ohnehin vorliegenden Berichte einreichen, sondern solche mit den geforderten Informationen von seinen Behandlern anfordern.[203] Das ergibt sich schon aus dem Wortlaut der Klausel. Die detaillierte Beschreibung des – über normale Arztbriefe hinausgehenden – Inhalts der geforderten Berichte, macht deutlich, dass es sich dabei um Berichte handelt, die speziell im Hinblick auf die Anforderungen der Leistungsprüfung zu erstellen sind.[204] Anderenfalls wäre auch die Kostenregelung insoweit überflüssig, da für vorhandene Berichte keine Kosten mehr entstehen. Die Klausel setzt damit voraus, dass der VR durch die einzuholenden Berichte den Kenntnisstand des Versicherten erhält. Nur wenn ihm dies nicht ausreicht, kann er selbst auf eige- 70

---

191 Hierzu: *Neuhaus*, N Rn. 27 ff.; P/M/*Lücke*, BuVAB § 5 Rn. 13 ff.; *Fricke* VersR 1991, 1098 ff.; *Armbrüster* KritV 2005, 318, 334; *Dahlke* VersR 2003, 25 ff. (Terrorismus); *Ehlers* r+s 2002, 133 ff.
192 Hierzu: *Neuhaus*, N 62 ff.; BGH NJW 2003, 2018 f.; OLG Karlsruhe VersR 2008, 344 f.; OLG Nürnberg VersR 2008, 207 f.; OLG Köln VersR 2007, 683, 684; OLG Bamberg NJOZ 2011, 26 (keine Leistungsfreiheit bei innerörtlicher Wettfahrt als privatem »Kräftemessen«).
193 Hierzu: *Neuhaus*, N 55 ff.; BGH NJW-RR 1988, 1050; VersR 1999, 1224.
194 *Neuhaus*, N Rn. 74 ff.
195 *Neuhaus*, N Rn. 108 ff.
196 OLG Frankfurt (Main) r+s 2004, 471, 472; LG Dortmund NJOZ 2006, 2015, 2016.
197 L/W/*Dörner*, § 172 Rn. 185.
198 OLG Frankfurt (Main) r+s 2004, 471.
199 OLG Nürnberg VersR 1987, 249; LG Düsseldorf r+s 2009, 158, 159.
200 OLG Karlsruhe VersR 2006, 1348; OLG Stuttgart r+s 2004, 250; LG Bonn r+s 1997, 263.
201 OLG Hamburg VersR 2010, 749, 750; vgl. zur erforderlichen Schweigepflichtentbindung auch § 213 Rdn. 8; *Rixecker* ZfS 2007, 556; *Höra* r+s 2008, 89, 93.
202 OLG Koblenz NVersZ 1999, 26 f.
203 Vgl. P/M/*Lücke*, BuVAB § 11 Rn. 6.
204 Ähnlich: VersHb/*Rixecker*, § 46 Rn. 204.

ne Kosten weiter ermitteln (vgl. unten zu Abs. 2). Die Einreichung eines Rentenbescheides reicht als Ersatz der Arztberichte nicht aus.[205]

71 Belegt werden müssen auch die berufliche Stellung und Tätigkeit im Zeitpunkt des Eintritts der Berufsunfähigkeit sowie die eingetretenen Veränderungen. Der VR muss eine mögliche Verweisung und gegebenenfalls eine Umorganisationsmöglichkeit prüfen können. Das erfordert auch Unterlagen über die ökonomische Situation. Bei Selbständigen umfasst dies auch Unterlagen über die Größe und wirtschaftliche Situation des Unternehmens (z.B. Steuerbescheide, Bilanzen, GuV-Rechnungen, Betriebswirtschaftliche Auswertungen).[206]

72 Weitergehende Untersuchungen (Abs. 2) müssen zumutbar sein. Das ist bei risikobehafteten oder im Hinblick auf ihre Bedeutung unverhältnismäßig schmerzhaften Untersuchungen oder sogar Eingriffen nicht der Fall. Bedenken gegen den vom VR bestimmten Arzt berechtigen jedoch ebenso wenig zur Verweigerung, wie Unannehmlichkeiten durch eine (sachlich erforderliche) weite Anreise, etwa zu einem spezialisierten Arzt.[207] Auch ein stationärer Aufenthalt kann zumutbar sein.[208] Ein entsprechender Maßstab gilt für die gegebenenfalls erforderliche Duldung und Mitwirkung bei weiteren Ermittlungen zu den beruflichen und finanziellen Lebensumständen des VN.

b) Ärztliche Anordnungen

73 § 4 IV der MB-BUZ 90 sah eine in den aktuellen Musterbindungen nicht enthaltene Schadensminderungsobliegenheit des Versicherten vor. In dem Zeitraum der behaupteten Berufsunfähigkeit – und nur dann[209] – hatte dieser ärztliche Anordnungen zu befolgen, die der untersuchende oder behandelnde Arzt nach gewissenhaftem Ermessen trifft, um die Heilung zu fördern oder die Berufsunfähigkeit zu mildern.

74 Erfasst sind hiervon, im Gegensatz zu allgemein bekannten medizinischen Ratschlägen, nur bestimmt geäußerte und konkrete Empfehlungen für individuelle Verhaltensänderungen oder Behandlungen des Versicherten.[210] Der Kreis der Anordnungsberechtigten wird mit Blick auf Art. 2 I GG zum Teil auf die Ärzte beschränkt, in deren Behandlung sich der Versicherte selbst begeben hat.[211] Diese Einschränkung ist insofern gerechtfertigt, als dem Versicherten keine Therapie aufgezwängt werden darf. Sie darf jedoch nicht gelten, wenn der Versicherte unter Hinweis auf eine fehlende Anordnung seines Arztes eine naheliegende und zumutbare Therapiemöglichkeit ohne nachvollziehbare Gründe nicht nutzt. Hier auf eine fehlende Anordnungslegitimierung abzustellen, wäre zu formalistisch und würde das grundsätzliche Bedürfnis nach Heilung der Linderung gesundheitlicher Beschwerden ungerechtfertigt ignorieren.

75 Dem Versicherten darf nichts Unangemessenes zugemutet werden.[212] Zur Bestimmung der Angemessenheit werden die zur Schadensminderungspflicht entwickelten Maßstäbe herangezogen,[213] wonach eine Heilbehandlung nur dann zumutbar ist, wenn sie einfach, gefahrlos und nicht mit besonderen Schmerzen verbunden ist sowie sichere Aussicht auf Heilung oder wesentliche Besserung bietet.[214] Die Angemessenheit operativer Eingriffe ist dabei eine seltene Ausnahme.[215]

c) Obliegenheiten nach Eintritt des Versicherungsfalles

76 Auch nach einem Anerkenntnis oder der anderweitigen Feststellung der Leistungspflicht ist der Versicherte zur Mitwirkung verpflichtet. § 6 III MB-BUZ bzw. § 9 III MB-BU verpflichtet ihn, Minderungen der Berufsunfähigkeit oder Pflegebedürftigkeit sowie die Wiederaufnahme oder Änderung der beruflichen Tätigkeit anzuzeigen. Auf Verlangen und auf Kosten des VR hat er sich einmal jährlich einer umfassenden Untersuchung zu unterziehen und sachdienliche Auskünfte zu erteilen (zum Nachprüfungsverfahren vgl. § 174 Rdn. 4). Auch hier stehen wie bei der Erstprüfung alle Forderungen des VR unter dem Vorbehalt der Angemessenheit (vgl. Rdn. 68 ff.).

---

205 OLG Hamm r+s 1996, 329.
206 OLG Köln VersR 2008, 107, 108; VersHb/*Rixecker*, § 46 Rn. 207; vgl. LG Dortmund NJOZ 2009, 1725 ff. zur Differenzierung zwischen eigenen Auskünften und Informationen.
207 OLG Karlsruhe VersR 1997, 439; vgl. auch LG Köln VersR 2000, 351 f.
208 Vgl. z.B. OLG Bremen VersR 2003, 1429.
209 OLG Saarbrücken NVersZ 2002, 257.
210 OLG Hamm r+s 1988, 345, 346; OLG Karlsruhe r+s 2006, 79.
211 OLG Saarbrücken NVersZ 2002, 257, 258; OLG Hamm NJW-RR 1998, 241, 242 (fehlende Legitimation des gerichtlichen Gutachters); OLG Karlsruhe r+s 2006, 79; anders möglicherweise: OLG Hamm r+s 1988, 345, 346; r+s 1991, 389, 390.
212 BGH VersR 1987, 753, 755.
213 Mit Hinweis auf die fehlende Vergleichbarkeit Schadensersatz/vertraglicher Anspruch ablehnend: P/M/*Lücke*, BuVAB § 11 Rn. 20.
214 Vgl. z.B. OLG Hamm r+s 1991, 389, 390; OLG Karlsruhe r+s 2006, 79; *Benkel/Hirschberg*, § 4 BUZ 2008, Rn. 41 ff.; vgl. auch OLG Nürnberg VersR 1998, 43 zu einem Fall fehlender Einigkeit zwischen dem Gutachter des VR und dem Arzt des Versicherten; zur Schadensminderungspflicht eines geschädigten Patienten z.B. BGH VersR 1987, 408.
215 Beispiele: OLG Hamm r+s 1991, 389 und OLG Saarbrücken r+s 2005, 75 (unzumutbare OPs an der Lendenwirbelsäule/Bandscheibe); OLG Koblenz r+s 1994, 35 (zumutbare operative Absaugung eines Nachstares; zweifelhafte und nach der Redaktionsanmerkung vom Berichterstatter des 4. Zivilsenates des BGH wohl nicht geteilte Auffassung).

C. Rechtsfolge

I. Anspruchsinhalt

Die vom VR zu erbringende Leistung bestimmt sich nach den vertraglichen Vereinbarungen. Immer erfolgt eine Befreiung des Versicherten von seiner Beitragszahlungspflicht (bei der Zusatzversicherung auch von Zahlungspflicht der Hauptversicherung sowie möglicher weiterer Zusatzversicherungen). In der BU-Versicherung (teilweise auch in der BUZ-Versicherung) hat der Versicherte darüber hinaus Anspruch auf eine Rentenzahlung.

Die Rentenhöhe ist – wie die Prämie – entweder fest vereinbart oder unterliegt einer dynamischen Anpassung. Beeinflusst werden kann die Rentenhöhe – wie bei der Lebensversicherung, vgl. §§ 176, 153 – auch durch eine Überschussbeteiligung. Diese Überschussbeteiligung wird teilweise auch mit dem Beitrag verrechnet.

II. Fälligkeit/Verjährung

Die Fälligkeit der Ansprüche des Versicherten aus dem Versicherungsvertrag richtet sich nach § 14. Grundsätzlich ist dafür die Beendigung der Feststellung des Versicherungsfalles und der Erhebung der für die Regulierung notwendigen Tatsachen erforderlich. Die Erhebung dieser notwendigen Tatsachen erfasst auch die Prüfung der vorvertraglichen Anzeigepflicht;[216] gibt der Versicherte keine Schweigepflichtentbindungserklärung ab, so dass der VR keine Informationen aus vorvertraglicher Zeit einholen kann, so wird der Anspruch auf Versicherungsleistung nicht fällig.[217] Ein bestehender Anspruch gegen den VR wird überdies fällig, wenn dieser seine Leistungspflicht endgültig abgelehnt hat.[218]

Die Fälligkeit der Leistung ist auf der einen Seite für den Eintritt des Verzuges von Bedeutung. Zu den Voraussetzungen und Folgen ungerechtfertigter Verzögerungen durch den VR oder den Versicherten vgl. § 14 Rdn. 25, 20 ff.

Auf der anderen Seite hängt von der Fälligkeit auch der Beginn der Verjährung ab. § 199 I Nr. 1 BGB macht den Beginn der Verjährungsfrist vom »Entstehen des Anspruchs« abhängig, was hier mit der Fälligkeit gleichzusetzen ist.[219] Das führt dazu, dass eine Verjährung des Anspruchs des Versicherten kaum möglich ist, wenn er ihn erst verspätet geltend macht.[220] Denn ohne Anspruchsanmeldung nimmt der Versicherer keine Erhebung vor, deren Abschluss Voraussetzung der Fälligkeit ist. Sanktioniert wird die verspätete Anmeldung jedoch durch die regelmäßig vereinbarte Ausschlussfrist für verspätete Anmeldungen (vgl. § 1 III Satz 3 MB-BU/BUZ; Rdn. 80).

Die Verjährungsfrist beträgt gem. § 195 BGB drei Jahre.

Innerhalb dieser Frist verjähren die gesamten Ansprüche (das Stammrecht) aus einem Versicherungsfall. Wenn also ein VN nach Ablehnung geltend gemachter Ansprüche aus einem Versicherungsfall die Verjährungsfrist verstreichen lässt, ohne verjährungshemmende Maßnahmen zu ergreifen, sind sämtliche Ansprüche aus dem Versicherungsfall verjährt.[221]

III. Zeitliche Grenzen der Leistungspflicht

Das VVG trifft keine Aussage zum **Beginn und zum Ende der Leistungspflicht**.

Nach §§ 1 III Satz 1 MB-BU/BUZ entsteht der Anspruch mit Ablauf des Monats, in dem die Berufsunfähigkeit eingetreten ist. Geschieht dies im Prozess, kann der VR nach ärztlicher Feststellung sofort anerkennen (§ 93 ZPO).[222] Wird die Berufsunfähigkeit dem VR erst später als drei Monate nach ihrem Eintritt mitgeteilt, entsteht der Anspruch nach Satz 2 der genannten Absätze erst mit Beginn des Monats der Mitteilung. Hierbei handelt es sich um eine Ausschlussfrist, die bei – vom Anspruchsteller zu beweisender – unverschuldeter Versäumung zu keinem Anspruchsverlust führt.[223] Der Entschuldigungsbeweis ist dabei regelmäßig erbracht, wenn der Anspruchsteller darlegen und beweisen kann, vom Eintritt eines Zustands, der die Annahme bedingungsgemäßer Berufsunfähigkeit rechtfertige, schuldlos nicht gewusst zu haben,[224] oder das Mittei-

---

216 OLG Köln VersR 2015, 305 m.w.N.; KG VersR 2014, 1191, 1192.
217 KG VersR 2014, 1191 m.w.N.; LG Dortmund ZfS 2016, 42 (beschränkte Entbindung von der Schweigepflicht); anders: *Egger* VersR 2014, 553.
218 BGH VersR 1990, 153; NVersZ 2000, 332, 333; R/L/*Römer*, § 11 Rn. 12.
219 Vgl. zum Begriff der Entstehung des Anspruchs: MünchKommBGB/*Grothe* § 199 Rn. 4; s. auch: Palandt/*Heinrichs*, § 199 Rn. 3; zur § 12 a.F.: BGH NJW 1983, 2882; VersR 1990, 189, 190; anders Terbille/*Höra*, § 26 Rn. 159, der den Verjährungsbeginn offenbar nur von der weiteren Voraussetzung des § 199 I, der Kenntniserlangung (Nr. 2), abhängig macht. Diesem Merkmal dürfte jedoch nach erfolgter Anmeldung des Versicherungsfalles bei dem VR keine eigenständige Bedeutung zukommen.
220 Streitig, vgl. § 15 Rdn. 3, § 14 Rdn. 23.
221 Vgl. OLG Stuttgart VersR 2014, 1115.
222 OLG Koblenz NVersZ 2000, 269.
223 BGH r+s 2010, 336, 337; VersR 1995, 82 f.; VersR 1999, 1266, 1268; OLG Hamm NVersZ 2000, 567, 568; etwas anders Terbille/*Höra*, § 26 Rn. 153: verschuldensunabhängig, der VR kann sich gegebenenfalls nach § 242 BGB nicht auf Säumnis berufen; vgl. OLG Karlsruhe VersR 2010, 751, 752: kein Verstoß gegen § 305c I, II BGB.
224 BGH VersR 1995, 82, 84.

lungsschreiben bei der Post aufgegeben zu haben[225]. Unerheblich ist es, wenn er einen Rentenbescheid abwarten wollte.[226]

81 Die Leistungspflicht endet mit einem erfolgreichen Nachprüfungsverfahren (vgl. § 174 Rdn. 4) sowie mit dem Tod der versicherten Person oder dem Ablauf der vertraglichen Leistungsdauer, vgl. §§ 1 IV MB-BUZ, 1 IV MB-BU. Die Leistungspflicht endet jedoch – jedenfalls ohne eine entsprechende Regelung in den AVB – nicht bereits mit dem Ende der versicherten Zeit.[227] Gegen die Regelung in § 1 Nr. 4 BB-BUZ 1975 bestehen dabei wegen eines Widerspruchs zu § 9 Abs. 8 BB-BUZ 1975 Bedenken.[228] Unterbleibt im Urteil versehentlich die Festlegung eines Endtermins, kann dies mit einer negativen Feststellungsklage korrigiert werden.[229]

82 Nach Feststellung der Leistungspflicht in der BUZ-Versicherung wird diese durch Rückkauf oder Beitragsfreistellung der Hauptversicherung nicht berührt, vgl. § 9 VIII MB-BUZ. Dies gilt auch, wenn der vor dem Kündigungszeitpunkt eingetretene gedehnte Versicherungsfall der Berufsunfähigkeit erst nach der Kündigung oder Freistellung festgestellt wird.[230] Eine Regelung, nach der nur festgestellte oder anerkannte Ansprüche bei Rückkauf oder Umwandlung der Hauptversicherung erhalten bleiben, verstößt gegen § 307 I 1 BGB.[231]

D. Darlegungs- und Beweislast

83 Der Anspruchsteller hat sämtliche Voraussetzungen des Eintritts des Versicherungsfalles darzulegen und zu beweisen. Dazu gehört, dass der Versicherte innerhalb der Vertragslaufzeit[232] zu dem für den Eintritt des Versicherungsfalles maßgeblichen Grad infolge Krankheit, Körperverletzung oder Kräfteverfall berufsunfähig geworden ist.[233]

84 Der Versicherte trägt hier eine besondere Darlegungslast: Er muss eine **konkrete Arbeitsbeschreibung** geben. Die Angabe des Berufstyps und der Arbeitszeit reicht nicht. Er muss wie in einem Stundenplan »die für ihn anfallenden Leistungen ihrer Art, ihres Umfanges wie ihrer Häufigkeit nach« für einen Außenstehenden nachvollziehbar darlegen.[234] Das gilt auch, wenn der Versicherte mehrere Berufe ausübt und sowohl durch handwerkliche als auch kaufmännische Tätigkeit seinen Lebensunterhalt bestreitet.[235] Bei zeitlich weit zurückliegenden Sachverhalten dürfen die Anforderungen jedoch nicht überspannt werden.[236] Dem Sachverständigen muss ein unverrückbarer außermedizinischer Sachverhalt zur Beurteilung vorgegeben werden. Wird der Vortrag bestritten, muss entweder zunächst Beweis erhoben oder dem Sachverständigen ein alternativer Sachverhalt mit zur Beurteilung vorgegeben werden.[237] Der Versicherte muss weiter darlegen, inwieweit er diese Leistungen im Einzelnen infolge seiner gesundheitlichen Beeinträchtigungen nicht mehr erbringen kann.[238] Dabei reichen zur Darlegung der medizinischen Erkrankung grundsätzlich die laienhafte Darlegung der Beschwerden und die Mitteilung der ärztlichen Diagnose aus. Ein ärztlicher Nachweis der Berufsunfähigkeit ist nicht erforderlich.[239] Wo objektive Befunde fehlen, kann der Sachverständige seine Bewertung auf Grundlage der – kritisch zu überprüfenden – Angaben des Versicherten zum Beschwerdebild treffen.[240] Bei derartigen Gesundheitsstörungen, die in ihrer Symptomatik und ihren Auswirkungen nicht objektivierbar sind (wie psychischen Störungen), sind jedoch strenge Anforderungen an die Konkretisierung zu stellen und genügen

---

225 OLG Hamm VersR 1993, 300, 301.
226 OLG Karlsruhe VersR 2010, 751, 752.
227 BGH NJW 2012, 2354: aus dem Ende des Vertrages folgt nicht das Ende der aus ihm herzuleitenden Ansprüche; NJW 2011, 216, 218: Kündigung der Hauptversicherung beeinträchtigt Ansprüche aus bereits eingetretenem Versicherungsfall in der Zusatzversicherung nicht; vgl. OLG Hamm r+s 2006, 80: Leistungspflicht des VR bis zum Ende der Hauptversicherung trotz vorherigen Ablaufes der BUZ-Versicherung, wenn AVB nur Wegfall der BU, Tod oder Ende der Beitragszahlungspflicht in Hauptversicherung vorsehen; OLG Karlsruhe VersR 2009, 1104, zur Auslegung bei unklarer Regelung der Leistungsdauer.
228 BGH NJW 2012, 2354; *Lehmann* r+s 2014, 429, 431.
229 OLG Celle NJW-RR 2011, 1114.
230 OLG Karlsruhe r+s 1995, 279; r+s 2007, 255; OLG Saarbrücken VersR 2007, 780, 782.
231 BGH r+s 2010, 336, 337 f.; vgl. auch *Terno* r+s 2008, 361, 367.
232 Bei einem Verzicht auf die Gesundheitsprüfung wird die konkludente Vereinbarung einer unwiderlegbaren Vermutung vorvertraglicher Berufsfähigkeit angenommen (OLG Nürnberg NJW-RR 1992, 673 f.; LG Hamburg VersR 2002, 427 f.).
233 BGH VersR 2005, 676, 677; VersR 1988, 234, 236; VersR 1989, 903, 904.
234 BGH NJW-RR 1996, 345; VersR 1992, 1386, 1387; VersR 2005, 676, 677; OLG Koblenz VersR 2004, 989, 990.
235 OLG Dresden r+s 2013, 564.
236 Vgl. BGH VersR 2010, 1206, 1207: Forderung genauer Angaben zum Arbeitsablauf in der Gastronomie acht Jahre nach Beendigung der Tätigkeit.
237 BGH VersR 1992, 1386, 1387; VersR 2005, 676, 677.
238 OLG München Urteil vom 22. Mai 2007, 25 U 1723/07 – zitiert nach *Müller-Frank*, S. 245; OLG Saarbrücken VersR 2007, 96, 97.
239 OLG Hamm NJW-RR 1997, 793.
240 BGH VersR 1999, 838; OLG Saarbrücken VersR 2011, 249, 251.

pauschale Angaben oder nicht begründete ärztliche Atteste nicht.²⁴¹ Das Gericht muss dann unter Berücksichtigung der medizinischen Plausibilität und gegebenenfalls weiterer (allgemeiner) Glaubhaftigkeits- und Glaubwürdigkeitskriterien entscheiden (§ 286 ZPO), ob es davon überzeugt ist, dass diese Angaben zutreffend sind.
Die Durchführung eines **selbstständigen Beweisverfahrens** zur Feststellung der Berufsunfähigkeit ist grundsätzlich möglich; ein Bestreiten des vorgetragenen Berufsbildes führt nicht zum Wegfall des rechtlichen Interesses an der Durchführung.²⁴² Ob das selbstständige Beweisverfahren in derartigen Fällen zur Prozessvermeidung oder Erleichterung bzw. dem Ersatz der prozessualen Beweisführung geeignet ist, muss jedoch bezweifelt werden. 85

Mitarbeitende Betriebsinhaber müssen darlegen und beweisen, »dass keine **zumutbare Möglichkeit der Umorganisation** besteht, die gesundheitlich zu bewältigende Betätigungsmöglichkeiten eröffnen, die bedingungsmäßige Berufsunfähigkeit ausschließen würden«.²⁴³ Der Vortrag über die personelle und wirtschaftliche Betriebsorganisation und -situation und die daraus zu folgernde nicht mögliche Umorganisation macht die Klage erst schlüssig. Die Anforderungen an die Darlegungslast entsprechen den zur Berufsunfähigkeit dargelegten (Rdn. 84). 86

Will der Versicherte Ansprüche aufgrund fingierter Berufsunfähigkeit (§ 2 III MB-BU/MB-BUZ) geltend machen, trägt er die Beweislast dafür, dass er sechs Monate aus den angegebenen Gründen ununterbrochen nicht in der Lage war, den Beruf auszuüben und dieser Zustand weiter andauert.²⁴⁴ 87

Ist eine Verweisungsmöglichkeit vereinbart, muss der Anspruchsteller zumindest summarisch vortragen, auch keine vergleichbare Tätigkeit mehr ausführen zu können; der VR muss dann – will er **abstrakt verweisen** – die nach seiner Ansicht bestehenden Vergleichsberufe aufzeigen (»**Aufzeigelast**«); erst dann muss der beweisbelastete Versicherte widerlegen (den Negativbeweis erbringen), dass es sich um keinen Beruf handelt, auf den er verwiesen werden kann.²⁴⁵ Der VR muss dabei den aufgezeigten Vergleichsberuf durch Darlegung der prägenden Merkmale konkretisieren.²⁴⁶ Hierbei gelten grundsätzlich die gleichen Maßstäbe wie bei der Darlegung der Berufsunfähigkeit durch den Versicherten. Insbes. wenn ein einheitliches Berufsbild fehlt, reicht die Nennung einer Berufsbezeichnung nicht aus. Der VR muss die berufsbildprägenden Umstände darlegen (z.B. körperlicher Einsatzumfang, erforderlicher Gesundheitszustand, Vorbildung, Zuverlässigkeit, Entlohnung, Arbeitszeiten, Arbeitsplatzverhältnisse, technische Hilfsmittel).²⁴⁷ Diese müssen dem Sachverständigen »unverrückbar« zur Beurteilung vorgegeben werden.²⁴⁸ Andere als die vorgetragenen Vergleichsberufe darf das Gericht nicht berücksichtigen.²⁴⁹ 88

Wenn der Anspruchsteller – bei einer beabsichtigten **konkreten Verweisung** – einen tatsächlich ausgeübten Beruf nicht als Vergleichsberuf gelten lassen will, muss er hingegen vortragen und beweisen, dass er der Tätigkeit nicht aufgrund seiner bei Tätigkeitsaufnahme vorhandenen Kenntnisse und Erfahrungen gewachsen war, sie demnach nicht sachgerecht und anforderungsgemäß ausüben konnte;²⁵⁰ das Gleiche gilt, wenn er den ausgeübten Beruf nicht als vergleichbare Tätigkeit sieht,²⁵¹ oder aber sich trotz vorhandener formeller Qualifikation durch eine Berufsausbildung zur Ausübung nicht befähigt sieht. Auf diese geänderte Darlegungslast ist der Anspruchsteller hinzuweisen.²⁵² 89

E. Abdingbarkeit

§ 172 ist abdingbar, § 175. Eine Definition der Berufsunfähigkeit wird nicht festgeschrieben. Ihre Voraussetzungen und Bedingungen sollen nach wie vor durch AVB festgelegt werden können. Eine Gestaltung der Versicherungsprodukte durch den Gesetzgeber sollte nicht stattfinden; insbes. der erforderliche Grad der Berufsunfähigkeit soll vertraglich zu vereinbaren sein.²⁵³ 90

---

241 So hat das OLG Saarbrücken VersR 2007, 97 f. mit Recht den Vortrag »alle Tätigkeiten« seien »nicht mehr drin« bei einer ärztlichen Diagnose: »Psychische/körperliche/vegetative Symptomatik« als unzureichend angesehen; vgl. zur Feststellung psychischer Erkrankungen OLG Bremen VersR 2010, 1481 und OLG Hamm VersR 1997, 817.
242 OLG Celle NJW-RR 2011, 536 f. mit zutreffendem Hinweis auf die großzügige Auslegung durch den BGH (z.B. VersR 2010, 133, 134 f.); anders wohl OLG Köln VersR 2008, 1340; LG Marburg VersR 2009, 201.
243 BGH VersR 1994, 205; VersR 1988, 234, 235 f.; VersR 1989, 579.
244 BGH VersR 1989, 1182, 1183; r+s 1992, 138; OLG Köln r+s 1986, 190.
245 BGH VersR 1988, 234, 235; NJW-RR 1995, 21, 22.
246 BGH VersR 2000, 349, 350; NJW-RR 2008, 767, 768.
247 BGH NJW-RR 1995, 21, 21, 22; NJW-RR 2008, 767; r+s 1995, 78; OLG Saarbrücken r+s 2005, 75, 77; NJOZ 2009, 2001, 2008 f.
248 BGH NJW-RR 2008, 767, 768.
249 BGH VersR 1988, 234, 236; VersR 1990, 885, 886.
250 BGH VersR 2000, 349.
251 BGH NJW-RR 2010, 906, 907 f.; 1995, 277, 278; NVersZ 1999, 515, 517 (auch nach vorheriger Eigenkündigung).
252 BGH NJW-RR 2010, 906, 908; NJW-RR 2003, 383, 384.
253 Begr. RegE BT-Drucks. 16/3945 S. 106.

§ 173 Anerkenntnis

§ 173 Anerkenntnis. (1) Der Versicherer hat nach einem Leistungsantrag bei Fälligkeit in Textform zu erklären, ob er seine Leistungspflicht anerkennt.
(2) ¹Das Anerkenntnis darf nur einmal zeitlich begrenzt werden. ²Es ist bis zum Ablauf der Frist bindend.

Übersicht

	Rdn.		Rdn.
A. Allgemeines	1	III. Befristung	14
I. Normzweck und -inhalt	1	IV. Rechtsfolgen	20
II. Anwendungsbereich/Abgrenzungen	4	V. Ungerechtfertigte Nichtabgabe einer Erklärung	23
B. Anerkenntnis	7		
I. Zeitpunkt und Form der Erklärung	7	C. Ausgestaltung/Abänderung durch AVB	26
II. Inhalt	9		

A. Allgemeines

I. Normzweck und -inhalt

1 Die Lohnersatzfunktion der Berufsunfähigkeits(zusatz)versicherung führt zu dem Bedürfnis einer schnellen Entscheidung nach Eintritt des Versicherungsfalles, um die Gefährdung des Lebensunterhaltes zu vermeiden oder der Bezahlung einer Ersatzkraft zu ermöglichen. Der Versicherte hat daher ein berechtigtes Interesse an frühestmöglicher Klarheit über Ansprüche aus seiner Versicherung. § 173 I verpflichtet den VR daher, bei Fälligkeit (§ 14) zu erklären, ob er seine Leistungspflicht anerkennt oder ein Anerkenntnis verweigert.[1] Das Anerkenntnis ist während seiner Laufzeit bindend. Eine Befristung ist nur einmal möglich, damit sich der VR durch Kettenanerkenntnisse nicht einer endgültigen Entscheidung entziehen kann.

2 Die Erklärung der Leistungsbereitschaft ist weder ein abstraktes oder deklaratorisches Schuldanerkenntnis noch eine bloße Mitteilung der Zahlungsbereitschaft des VR. Sie ist vielmehr eine in § 173 und den AVB vorgesehene Erklärung eigener Art innerhalb des speziellen Regelungsgefüges der Berufsunfähigkeitsversicherung.[2] Voraussetzungen und Rechtsfolgen ergeben sich aus § 173 und den AVB.

3 Auch vor der VVG-Reform sahen die AVB entsprechende Regelungen über die Erklärung des VR zur Leistungspflicht vor. Teilweise gaben diese Klauseln dem VR die Möglichkeit, das Anerkenntnis zu befristen oder mit einem Vorbehalt (z.B. der Verweisbarkeit) zu versehen.

In den aktuellen AVB ist die Erklärung über die Leistungspflicht in §§ 5 MB-BUZ, 8 MB-BU geregelt.

II. Anwendungsbereich/Abgrenzungen

4 Das **Übergangsrecht** trifft für § 173 keine besondere Regelung. Nach § 1 II EGVVG ist die (halbzwingende – § 175) Vorschrift daher für Altverträge anzuwenden, wenn der Versicherungsfall nach dem 31.12.2008 eintritt.

5 Nicht berührt von § 173 werden (Abfindungs-)Vergleiche, mit denen die Regulierung vollständig abgeschlossen wird, vgl. Rdn. 18.

6 Unterschiedlich wird beurteilt, ob der VR berechtigt ist, eine **Befristungsmöglichkeit** durch eine Änderung der AVB von Altverträgen zum 01.01.2009 (Art. 1 III EGVVG) **nachträglich einzufügen**.[3] Dies ist zu bezweifeln. Der Gesetzeswortlaut spricht zwar nicht gegen eine Anpassungsmöglichkeit. Die vom Gesetzgeber für erforderlich erachtete »Gebotenheit der Änderung« dürfte jedoch fehlen. Geboten ist nach der Gesetzesbegründung nicht nur die Beseitigung eines Widerspruches zu einer (halb-)zwingenden Vorschrift; auch eine Anpassung an Änderungen des dispositiven Rechts komme in Betracht.[4] Beide Anpassungsgründe liegen jedoch nicht vor. Ein Widerspruch zu einer halbzwingenden Vorschrift besteht nicht. § 173 II schreibt eine Befristung nicht vor. Es handelt sich auch nicht um eine Anpassung an eine Änderung des dispositiven Rechts. Zwar entspringt die Regelung der Befristung einem Bedürfnis beider Vertragsparteien, die abschließende Entscheidung in Zweifelsfällen bis zur Klärung verschieben zu können.[5] Sie wurde auch vom Gesetzgeber als so bedeutsam angesehen, dass er sich zu ihrer Aufnahme in die ansonsten zurückhaltend vorgenommene gesetzliche Gestaltung der Berufsunfähigkeitsversicherung entschlossen hat. Allerdings fehlt es an einer Änderung der Rechtslage, die eine Anpassung rechtfertigen könnte. Die individualvertragliche Vereinbarung einer Befristungsmöglichkeit war auch nach bisheriger Rechtsprechung – mit gewissen AGB-rechtlichen Einschrän-

---

[1] Vgl. Begr. RegE BT-Drucks. 16/3945 S. 105 f.
[2] Vgl. zur Rechtsnatur des Anerkenntnisses: P/M/*Lücke*, § 173 Rn. 2; VersHb/*Rixecker*, § 46 Rn. 158 f.; B/M/*Winter*⁸, Bd. V/2, Anm. G 479.
[3] Dafür: VersHb/*Rixecker*, § 46 Rn. 170; dagegen: *Müller-Frank*, S. 189; P/M/*Lücke*, vor §§ 172–177 Rn. 8; zweifelnd: *Höra* r+s 2008, 89, 94; *Terno* r+s 2008, 361, 365; im Ergebnis auch: *Marlow*/Spuhl, Rn. 1223, 1213 (kein gesetzliches Recht zur Befristung, nur Regelung vertraglich ohnehin vereinbarter Befristungen).
[4] Begr. RegE BT-Drucks. 16/3945 S. 118.
[5] Begr. RegE BT-Drucks. 16/3945 S. 106.

kungen[6] – möglich. Danach besteht kein rechtfertigender Grund für die nachträgliche Einschränkung der Rechtsposition des Versicherten.

B. Anerkenntnis

I. Zeitpunkt und Form der Erklärung

§ 173 gibt nicht vor, zu welchem **Zeitpunkt** sich der VR erklären muss. Hier ist auf die allgemeine Regelung der Fälligkeit in § 14 zurückzugreifen.[7] Die Formulierung in §§ 5 I MB-BUZ, 12 I MB-BU, nach der eine Erklärung nach Prüfung der eingereichten und beigezogenen Unterlagen abgegeben wird, ist insoweit unbedenklich.[8] Auch wenn nicht ausdrücklich auf die Fälligkeit nach § 14 verwiesen wird, kann die Klausel vom VN nur dahingehend verstanden werden, dass der VR vor der Erklärung die notwendigen Prüfungen durchführt. Damit wird letztlich die Fälligkeit als Erklärungszeitpunkt inhaltlich erläutert. 7

Die Erklärung hat in **Textform** (§ 126b BGB) zu erfolgen. Ausnahmen sind zugunsten des VN bei konkludenten Anerkenntnissen möglich. 8

II. Inhalt

Der VR kann seine Leistungspflicht im Ganzen ablehnen oder anerkennen. 9

Als **Ablehnung** ist dabei jede Erklärung anzusehen, die erkennen lässt, dass er zur Leistung nicht bereit ist. Eine Begründung wird teilweise nicht für erforderlich gehalten.[9] Dies erscheint fraglich. Der Versicherte hat umfangreiche Auskunfts- und Mitwirkungsobliegenheiten bei der Prüfung des Versicherungsfalls. Nach Treu und Glauben ist der VR vor diesem Hintergrund gehalten, dem VN die tragenden Gründe seiner Entscheidung mitzuteilen.[10] Dies gebietet schon das unterstellte Bestreben nach Akzeptanz. Anderenfalls könnte der VN unnötig in einen Prozess getrieben werden. Eine gegebene Begründung bindet den VR allerdings nicht, er kann im Prozess seine Ablehnung auch auf weitere Gründe stützen.[11] Die Entscheidung kann sich immer nur auf den Anspruch insgesamt, nicht lediglich auf einzelne Tatbestandsmerkmale beziehen. Auch wenn der VR daher bei seiner ablehnenden Entscheidung bestimmte Tatsachen nicht bestreitet oder als gegeben ansieht, führt dies nicht zur Annahme eines Geständnisses (§ 288 ZPO) oder zu einer Beweislastumkehr.[12] 10

Als **Anerkenntnis** ist die bedingungslose Erklärung der uneingeschränkten Leistungsbereitschaft anzusehen. Das Anerkenntnis kann sich dabei auf eine tatsächlich festgestellte oder eine fingierte Berufsunfähigkeit beziehen. Mit dem Anerkenntnis bejaht der VR – ausdrücklich ausgesprochen oder nicht – das Vorliegen sämtlicher Voraussetzungen des Versicherungsfalles gegebenenfalls einschließlich des Fehlens einer Verweisungsmöglichkeit.[13] Das Anerkenntnis oder die Erklärung seiner Fortdauer sind bedingungsfeindlich. So kann ein Anerkenntnis fingierter Berufsunfähigkeit nicht davon abhängig gemacht werden, dass der Versicherte die Fortdauer der Unfähigkeit zur Berufsausübung fortlaufend nachweist.[14] Unzulässig ist es auch, ein Anerkenntnis unter den Vorbehalt der Verweisung zu stellen.[15] Der VR hat nur die Wahl anzuerkennen oder abzulehnen. 11

Will der VR die Zahlungen nur aus **Kulanz** befristet erbringen, so muss er dies in seiner Mitteilung und seinem Verhalten unmissverständlich zum Ausdruck bringen.[16] In einer solchen Erklärung liegt zugleich die Ablehnung einer Leistungspflicht. Zweifel bei der nach dem Empfängerhorizont vorzunehmenden Auslegung der Erklärung, aufgrund deren der freiwillige Charakter der Leistung nicht deutlich wird, gehen zu Lasten des VR; denn dieser ist verpflichtet, sich eindeutig zu erklären. Die Erklärung ist als Anerkenntnis auszulegen.[17] In diesem Sinne liegt auch ein Anerkenntnis vor, wenn der VR erklärt, die »Leistungen aus der BUV ohne Anerkennung einer Rechtspflicht zu vergüten«;[18] diese Erklärung kann vom VN als zwar kulanterweise, 12

---

6 Vgl. etwa OLG Köln VersR 2006, 351 f.
7 Begr. RegE BT-Drucks. 16/3945 S. 106.
8 Anders: *Marlow/Spuhl*, Rn. 1212; wie hier: Terbille/*Höra*, § 26 Rn. 173 Fn. 408, der von einer Konkretisierung der Klausel durch § 14 ausgeht.
9 *Müller-Frank*, S. 174; *Neuhaus* r+s 2008, 449, 453; vgl. auch OLG Hamm VersR 2011, 384, 386; anders: B/M/*Winter*[8], Bd. V/2, Anm. G 480.
10 Vgl. die ähnliche Interessenlage im Nachprüfungsverfahren § 174 Rdn. 14.
11 OLG Hamm VersR 2011, 384, 386: anders nur bei Verzicht des VR auf einen bestimmten Verweigerungsgrund; OLG Köln r+s 1999, 170 f. (zur Unfallversicherung); *Müller-Frank*, S. 175; H/E/K/*Ahlburg*, 20. Kapitel Rn. 154.
12 KG r+s 1996, 241; OLG Köln r+s 1999, 170 f. (zur Unfallversicherung); *Müller-Frank*, S. 175; H/E/K/*Ahlburg*, 20. Kap. Rn. 154.
13 Vgl. BGH NJW 1993, 1532, 1534.
14 BGH VersR 1993, 562, 564; dagegen: *Müller-Frank*, S. 183.
15 Begr. RegE BT-Drucks. 16/3945 S. 106; davon zu unterscheiden ist die zulässige Befristung zur Klärung der noch nicht »entscheidungsreifen« Frage der Verweisung (vgl. dazu Rdn. 14 ff.).
16 Vgl. BGH NJW-RR 1995, 20, 21; OLG Hamm NJW-RR 1994, 1508, 1509; OLG Saarbrücken NVersZ 2002, 354; OLG Köln VersR 2002, 1365, 1366; dazu auch: *Glauber* VersR 1994, 1405.
17 Vgl. OLG Hamm NJW-RR 1994, 1508, 1509; NVersZ 2001, 213, 215; OLG Köln VersR 2002, 1365, 1366; OLG Saarbrücken NVersZ 2002, 354; einschränkend *Richter*, S. 459 (Wegfall der Leistungspflicht, wenn sich im Nachprüfungsverfahren herausstellt, dass kein Leistungsfall vorlag); dagegen: *Glauber* VersR 1994, 1405, 1406 f.
18 OLG Karlsruhe r+s 2013, 34.

aber gleichwohl erfolgtes Anerkenntnis auslegen.[19] Auch die Fortsetzung der Zahlung nach dem Ablauf einer zulässigen Befristung (s.u. Rdn. 14 ff.) kann als **konkludentes** Anerkenntnis der uneingeschränkten Leistungsverpflichtung anzusehen sein.[20] Kein Anerkenntnis ist jedoch die (zunächst erfolgte) Fortsetzung der Zahlungen trotz einer positiven Gesundheitsveränderung, um deren Verfestigung abzuwarten.[21]

13 Wenn die Leistungsvoraussetzungen zunächst gegeben, aber zum Zeitpunkt der Abgabe der Erklärung des VR wieder entfallen sind, so kann der VR ein Anerkenntnis für den in der **Vergangenheit** liegenden Zeitraum abgegeben. Sehen die Bedingungen die Möglichkeit einer Befristung vor (und sind deren Voraussetzungen gegeben), kann er sein Anerkenntnis bis zum Wegfall der Voraussetzungen befristen. Erlauben die AVB hingegen keine Befristung, so kann er das Anerkenntnis direkt mit einer Nachprüfungsentscheidung verbinden.[22] Er hat dann jedoch in einer den Anforderungen des Nachprüfungsverfahrens genügenden Weise (vgl. § 174 Rdn. 14 ff.) Anerkenntnis und Ablehnung nachvollziehbar zu begründen.
Diese Begründungspflicht besteht auch dann, wenn der VR kein Anerkenntnis abgegeben hat und damit auch eine bestehende Befristungsmöglichkeit nicht genutzt hat.[23] Anderenfalls würde die im Nachprüfungsverfahren bestehende Beweislastregelung unterlaufen; der VR wird dadurch auch nicht benachteiligt, da er die Möglichkeit hat, die Nachprüfungsentscheidung mit dem Anerkenntnis zu verbinden.[24] Er muss aber darlegen und beweisen, dass die Voraussetzungen einer Einstellung der Leistung gegeben sind.[25]

III. Befristung

14 Nach § 173 II 1 darf das Anerkenntnis (nur) einmal zeitlich befristet werden. Damit wird dem Bedürfnis beider Vertragsparteien Rechnung getragen, in zweifelhaften Fällen, insbes. bei erforderlicher Prüfung der Verweisbarkeit, bis zur abschließenden Erklärung eine vorläufige Entscheidung zu ermöglichen.[26]
Der VR kann ein Anerkenntnis nur dann zeitlich befristen, wenn die jeweiligen AVB dies vorsehen. § 173 II ist keine Grundlage für eine Befristung unabhängig von einer vertraglichen Regelung; die Norm beschränkt nur eine vertragliche vereinbarte Befristungsmöglichkeit dahingehend, dass die Befristung nur einmal erfolgen darf.[27] Sie soll verhindern, dass sich der VR durch aufeinander folgende befristete Leistungszusagen einem Anerkenntnis entzieht.[28]
Die Befristung kann hinsichtlich der aller Voraussetzungen der Leistungspflicht erfolgen. Die frühere Rechtsprechung, die eine Befristung nur hinsichtlich der Frage der Verweisbarkeit für zulässig hielt,[29] ist mit der einschränkungslosen Regelung des § 173 II 1 überholt. Nachdem die Musterbedingungen die Befristungsmöglichkeit dennoch zunächst auf die Frage der Verweisbarkeit beschränkten, sind die §§ 5 II MB-BUZ, 8 II MB-BU offen formuliert. In früheren Fassungen aus den Jahren 1975 und 1984 sahen die Klauseln keine Befristungsmöglichkeiten vor. Dennoch vom VR ausgesprochene bedingungswidrige Befristungen sind unbeachtlich.[30] Zur Frage der nachträglichen Schaffung einer Befristungsmöglichkeit s. Rdn. 6.

15 Auch wenn es weder der Wortlaut des Gesetzes noch der Bedingungen ausdrücklich vorsehen, ist eine Befristung nur zulässig, wenn ein **sachlicher Grund** hierfür besteht. Dies entspricht dem Willen des Gesetzgebers, der die Befristung als sachgerechte vorläufige Lösung bei »zweifelhaften Fällen« sieht.[31] Regelungen, die eine generelle, nicht von sachlichen Gründen abhängige (auch nur einmalige) Befristung der Leistung zulassen, stellen überdies eine unangemessene Benachteiligung des Versicherten dar und sind nach §§ 307 I 1, II BGB unwirksam.[32] Bei Fälligkeit des Anspruchs des VN und keinen weiteren Prüfungserfordernissen, ist die Möglichkeit einer Befristung, die den VN nach ihrem Ablauf wieder in die Erstprüfungssituation versetzt und ihn erneut zu Darlegung und Beweis der Leistungsvoraussetzungen zwingt, nicht zu rechtfertigen. Daran ändert auch ein Bedürfnis des VN nach einem kurzen Verfahren und schneller Leistung nichts. Vor Fälligkeit bleibt

---

19 OLG Karlsruhe r+s 2013, 34; zustimmend: *Rixecker*, Düsseldorfer Vorträge zum Versicherungsrecht 2013, 73, 77 f.
20 OLG Düsseldorf VersR 2001, 1370; OLG Karlsruhe VersR 2006, 59, 60; zur Rechtsnatur einer Fortzahlungsentscheidung s. VersHb/*Rixecker*[1], § 46 Rn. 192 (rechtsgeschäftlicher ... rechtsgestaltender Charakter); vgl. auch LG Dortmund ZfS 2008, 405, 406: Anfechtung der (konkludenten) Fortzahlungsentscheidung beseitigt früheres Anerkenntnis nicht.
21 BGH NJW-RR 2008, 626, 627; dazu auch *Terno* r+s 2008, 361, 368.
22 BGH r+s 2010, 251, 252; VersR 1998, 173, 174; OLG Hamm r+s 1999, 294; OLG Karlsruhe VersR 2007, 344, 345.
23 Anders: OLG Karlsruhe VersR 2007, 344, 345; L/W/*Dörner*, § 173 Rn. 26.
24 P/M/*Lücke*, § 173 Rn. 11.
25 Vgl. BGH r+s 2010, 251.
26 Begr. RegE BT-Drucks. 16/3945 S. 106.
27 Anders wohl L/W/*Dörner*, § 173 Rn. 16; wie hier: *Marlow*/Spuhl, Rn. 1213; LG Berlin VersR 2014, 1196.
28 Begr. RegE BT-Drucks. 16/3945 S. 106.
29 Vgl. OLG Hamm NVersZ 2001, 213, 214; NVersZ 2002, 398, 399 (zu einer die Regelung umgehenden Vereinbarung).
30 BGH NJW-RR 1986, 701; NJW 1993, 723; VersR 2004, 96, 97; OLG Karlsruhe NJOZ 2009, 1002.
31 Begr. RegE BT-Drucks. 16/3945 S. 106; so auch *Rixecker* ZfS 2007, 669; *Höra* r+s 2008, 89, 94; *Neuhaus* r+s 2008, 449, 453; P/M/*Lücke*, § 173 Rn. 22; *Neuhaus*, L. Rn. 27; a.A. *Römer* VersR 2006, 865, 870; HK-VVG/*Mertens*, § 173 Rn. 9.
32 Vgl. OLG Köln VersR 2006, 351 f.; OLG Frankfurt (Main) VersR 2003, 358; L/W/*Dörner*, § 173 Rn. 18; VersHb/*Rixecker*, § 46 Rn. 166: VR darf sich gem. § 242 BGB nicht darauf berufen; PK/*Schwintowski*, § 173 Rn. 3 und 6; a.A. LG München v. 10.04.1992 – 23 O 11 932/90 (zitiert nach OLG Köln VersR 2006, 351, 352); HK-VVG/*Mertens*, § 173 Rn. 8.

hier die Möglichkeit einer kulanzweisen Zahlung. Fehlt das schützenswerte Interesse des VR an der Befristung, so ist ihm verwehrt, sich auf sie zu berufen. Das Anerkenntnis wird wie ein unbefristetes behandelt. Allerdings ist ihm hier ein weiter Spielraum zuzugestehen. Sofern objektiv nachvollziehbar zeitlicher Prüfungsbedarf besteht, kann er von der Möglichkeit der Befristung Gebrauch machen.
Im Rahmen der **Musterbedingungen** (§ 5 II 1 MB-BUZ) muss sich der erforderliche Grund auf die noch nicht abschließend mögliche Verweisungsentscheidung beziehen.

Eine maximale **Laufzeit** der zulässig befristeten Leistungszusage sehen weder das Gesetz noch die Musterbedingungen vor. Wegen der Bindung der VR sah der Gesetzgeber hierfür kein Bedürfnis.[33] Dass die Länge der Frist nicht im freien Belieben steht, wird jedoch schon aus dem Erfordernis eines sachlichen Grundes für die Befristung deutlich (Rdn. 15). Der aus sachkundiger Sicht ex ante bei ordnungsgemäßem Regulierungs- und Geschäftsbetrieb zur Klärung noch offener Punkte zu erwartende Zeitaufwand sollte – auch nach der Reform – hier nach Treu und Glauben die Obergrenze bilden, vgl. auch § 315 BGB.[34] Auch hier muss dem VR jedoch ein weiter Einschätzungsspielraum gewährt werden. Die Vielgestaltigkeit der möglichen Sachverhalte schließt dabei eine einheitliche Frist aus. Eine unzulässig lange Frist führt zur Annahme eines unbefristeten Anerkenntnisses.[35] **16**

Das Verbot weiterer Befristungen schließt **einzelvertragliche Vereinbarungen** nicht aus. Sie sind **im Anschluss** an ein befristetes Anerkenntnis auch mit dem Inhalt einer erneut befristeten Leistungspflicht möglich.[36] Soweit sie bedingungsmäßige Rechte des VN beschränken, müssen die Vereinbarungen jedoch auf dessen freier Entscheidung und nicht auf der überlegenen Verhandlungsposition des VR beruhen. Aufgrund der für den durchschnittlichen VN nicht ohne weiteres zu durchschauenden Ausgestaltung der Berufsunfähigkeitsversicherung darf der VR seine überlegene Sach- und Rechtskenntnis nicht ausnutzen.[37] Eine solche treuwidrige Ausnutzung liegt nahe, wenn sich die bedingungsmäßige Rechtsposition des VN durch die Vereinbarung verschlechtert. Sie ist nur dann zulässig, wenn mit einer unklaren Sach- und Rechtslage ein Anlass für die Abweichung von der vertraglich vorgesehenen Verfahrensweise besteht und der VR vor Abschluss der Vereinbarung unmissverständlich und konkret die vertragliche Rechtsposition des VN darlegt und auf ihre Veränderung durch die anvisierte Vereinbarung hinweist. Anderenfalls ist dem VR eine Berufung auf diese – gegebenenfalls auch nach § 175 unwirksame[38] – Vereinbarung nach Treu und Glauben verwehrt.[39] Unwirksam sind danach Vereinbarungen, mit denen der VN ein gebotenes Anerkenntnis hinausschiebt, indem er sich mit dem VN auf eine – vertraglich nicht vorgesehene – befristete Kulanzleistung einigt.[40] Unzulässig ist auch die Vereinbarung einer Befristung auf der Grundlage eines fehlerhaften rechtlichen Hinweises auf eine angeblich ohnehin entfallende Leistungspflicht.[41] **17**

Möglich sind auch Vereinbarungen **anstelle** der Entscheidung über die Leistungspflicht. Auch diesen sind durch Treu und Glauben und § 175 enge Grenzen gesetzt, sofern sie die Modalitäten der Abwicklung des Versicherungsfalles bis zur endgültigen Entscheidung betreffen. Der Schutzzweck des § 173 wird allerdings durch Vereinbarungen, durch die eine abschließende Regelung des Versicherungsfalles erreicht werden soll (Vergleich) nicht berührt.[42] Auch hier ist der VR jedoch an Treu und Glauben gebunden. **18**

Enthalten wirksame Vereinbarungen **Auflagen und Weisungen** an den VN (z.B. zu Umschulungen, Therapien), so richten sich die Folgen einer Verletzung dieser Pflichten nach allgemeinem Schuldrecht; davon zu unterscheiden sind jedoch ärztliche Anordnungen auf Grundlage der AVB, die als Obliegenheit zu behandeln sind.[43] **19**

---

33 Begr. RegE BT-Drucks. 16/3945 S. 106.
34 Vgl. auch VersHb/*Rixecker*, § 46 Rn. 167: Anlassabhängigkeit, z.B. Dauer einer Umschulung mit Arbeitsplatzsuche, Dauer einer Reha-Maßnahme.
35 Vgl. OLG Karlsruhe VersR 2006, 59, 60 zum alten Recht; zweifelnd: P/M/*Lücke*, § 173 Rn. 15; *Neuhaus* r+s 2008, 449, 453 hält diese Rspr. nach der Reform für hinfällig. Diese Sichtweise würde es jedoch dem VR ermöglichen, den Zeitpunkt der endgültigen Entscheidung, die für den Versicherten oft existentielle Bedeutung hat, unangemessen hinaus zu schieben. Bei Änderungen der Leistungsvoraussetzungen können so im Einzelfall die Regelungen des Nachprüfungsverfahrens umgangen werden.
36 Vgl. Begr. RegE BT-Drucks. 16/3945 S. 106.
37 BGH NJW 2011, 1736, 1737 Rn. 14; VersR 2004, 96, 97; VersR 2007, 777, 778; VersR 2007, 633, 634.
38 S. § 175 Rdn. 2.
39 Vgl. die entsprechende Rspr. zu Vereinbarungen, in denen sich der VR – bei Fehlen einer Befristungsmöglichkeit in den (alten) AVB – trotz eines gebotenen Anerkenntnisses zu einer zeitlich begrenzten Leistung verpflichtet hat: BGH NJW 2011, 1736, 1737 Rn. 15; VersR 2004, 96, 97; VersR 2007, 633, 634; VersR 2007, 777, 779; dazu auch: *Terno* r+s 2008, 361, 365 ff.; kritisch: *Müller-Frank*, S. 197 ff.
40 BGH VersR 2007, 777, 778 f.; VersR 2007, 633, 634.
41 BGH NJW 2011, 1736, 1737 Rn. 14 f.
42 Begr. RegE BT-Drucks. 16/3945 S. 106 f.
43 Vgl. VersHb/*Rixecker*, § 46 Rn. 176.

IV. Rechtsfolgen

20 Der VR ist an ein Anerkenntnis grundsätzlich bis zum Erlöschen der vertraglichen Leistungspflicht **gebunden**. Er kann jedoch durch ein erfolgreiches Nachprüfungsverfahren (§ 174, §§ 6 MB-BUZ, 13-MB-BU) leistungsfrei werden.[44] In Einzelfällen kann die Berufung auf die Bindungswirkung durch den Versicherten jedoch treuwidrig sein. Das gilt etwa dann, wenn eine Zurückstellung der Verweisungsfrage nach den AVB nicht möglich ist, der VR jedoch aus überobligatorischer Rücksichtnahme von der (gebotenen) Verweisung absieht.[45]

21 Bei einem wirksam **befristeten Anerkenntnis** ist nach dem Ablauf der Frist die zurückgestellte Prüfung – gegebenenfalls begrenzt auf den Umfang des Vorbehaltes – nachzuholen. Dabei kommt es auf die zu diesem Zeitpunkt bestehenden Verhältnisse an. So sind etwa bei einer nachzuholenden Verweisungsprüfung bis zum Zeitpunkt der Prüfung neu erworbene Kenntnisse ebenso zu berücksichtigen wie der Wegfall von Kenntnissen und Fähigkeiten.[46] Der VR ist jedoch auf das Nachprüfungsverfahren angewiesen, wenn er den Wegfall von Leistungsvoraussetzungen geltend machen will, deren Prüfung bei dem Anerkenntnis nicht vorbehalten wurde.

22 Lösen kann sich der VR vom Anerkenntnis auch durch Anfechtung. In Betracht kommt eine Anfechtung wegen arglistiger Täuschung oder widerrechtlicher Drohung (§ 123 BGB). Eine Anfechtung wegen Inhalts- oder Erklärungsirrtum ist z.B. bei Verschreiben oder Irrtum über die Person möglich. Ein unbeachtlicher Motivirrtum liegt jedoch vor, wenn die Voraussetzungen der Leistungspflicht falsch eingeschätzt wurden.[47] Bei einer Verletzung der Anzeigepflicht gelten die dafür vorhandenen Sonderregeln (vgl. §§ 19 ff.).

V. Ungerechtfertigte Nichtabgabe einer Erklärung

23 Der Versicherte hat einen Anspruch auf Abgabe der Erklärung. Gibt sie der VR trotz Fälligkeit nicht ab, so ist er zu behandeln, als hätte er sich rechtmäßig verhalten: Wenn die Voraussetzungen der Leistungspflicht gegeben sind, wird er so gestellt, als hätte er bei Fälligkeit ein Anerkenntnis abgegeben und kann sich nur durch ein Nachprüfungsverfahren von der Leistungspflicht lösen.[48] Wenn der Versicherte die Berufsunfähigkeit erst anzeigt, wenn sie wieder erloschen ist und die AVB die Möglichkeit eines befristeten Anerkenntnisses vorsehen, soll der VR nur so gestellt werden, als hätte er ein bis zum Ende der Berufsunfähigkeit befristetes Anerkenntnis abgegeben.[49] Dies erscheint jedoch zweifelhaft. Auf diese Weise würde die zum Schutz des Versicherten eingreifende Fiktion zugunsten des pflichtwidrig handelnden VR ausgeweitet. Darüber hinaus würde dem VR durch die nun mögliche ex-post-Betrachtung sein mit der Befristung verbundenes Prognoserisiko vollständig abgenommen. Der VR hat daher zwar die Möglichkeit, im Prozess über die Entstehung der Leistungspflicht auch darzulegen und zu beweisen, dass diese wieder entfallen ist.[50] Die Anforderungen an die Einstellungsentscheidung sind jedoch unverändert (vgl. oben Rdn. 13, § 174 Rdn. 14 ff.).

24 Darüber hinausgehend wird für schwere Fälle einer nachweisbar nicht gerechtfertigten Leistungsverzögerung ein Schmerzensgeldanspruch wegen Verletzung des Allgemeinen Persönlichkeitsrechtes bejaht.[51] Hierbei dürfte es sich jedoch um Ausnahmefälle handeln.

25 Streitig ist, ob ein VN ein Rechtsschutzbedürfnis für eine Klage auf Abgabe eines Anerkenntnisses hat.[52] M.E. fehlt einer solchen Klage das Rechtsschutzbedürfnis. Ein schutzwürdiges Interesse auf Abgabe eines ausdrücklichen Anerkenntnisses besteht nicht, da der VN mit der Klage auf Leistung die materiellen Wirkungen eines Anerkenntnisses erlangen kann.

C. Ausgestaltung/Abänderung durch AVB

26 Von der Regelung des § 173 kann nicht zum Nachteil des VN abgewichen werden, § 175. Die Erklärungspflicht soll die Interessen des VN schützen. Das Verbot betrifft individuelle Vereinbarungen zum Abschluss eines Versicherungsfalles nicht.[53] Hierzu und zur Wirksamkeit anderer Vereinbarungen vgl. Rdn. 17 f.

§ 174 Leistungsfreiheit. (1) Stellt der Versicherer fest, dass die Voraussetzungen der Leistungspflicht entfallen sind, wird er nur leistungsfrei, wenn er dem Versicherungsnehmer diese Veränderung in Textform dargelegt hat.
(2) Der Versicherer wird frühestens mit dem Ablauf des dritten Monats nach Zugang der Erklärung nach Absatz 1 beim Versicherungsnehmer leistungsfrei.

---

44 BGH VersR 1993, 562, 564; NVersZ 2000, 127, 128.
45 Vgl. BGH VersR 1986, 1113, 1114 f.
46 Vgl. BGH VersR 2007, 633, 634 f.; OLG Karlsruhe VersR 2006, 59, 60; Terbille/*Höra*, § 26 Rn. 182; *Wachholz* VersR 2003, 161, 167.
47 P/M/*Lücke*, § 174 Rn. 8; einschränkend: *Neuhaus*, L. Rn. 66, der eine Anfechtung bei irrtümlicher Annahme der Berufsunfähigkeit trotz pflichtgemäßer Prüfung zulassen will.
48 BGH VersR 1989, 1182, 1183; NJW-RR 1997, 529, 531; OLG Düsseldorf NVersZ 2002, 355, 356 f.
49 OLG Karlsruhe VersR 2007, 344, 345.
50 Vgl. BGH r+s 2010, 251, 252.
51 Vgl. PK/*Schwintowski*, § 173 Rn. 9; *Schwintowski* VuR 2005, 201; *Schellenberg* VersR 2006, 878.
52 Dafür: L/W/*Dörner*, § 173 Rn. 7; dagegen: *Neuhaus*, L Rn. 74.
53 Begr. RegE BT-Drucks. 16/3945 S. 106 f.

Übersicht

	Rdn.		Rdn.
A. Allgemeines	1	II. Formelle Voraussetzungen	14
I. Normzweck	1	C. Rechtsfolgen	20
II. Anwendungsbereich/Abgrenzungen	2	D. Beweislast/Prozessuales	21
B. Nachprüfung/Leistungsfreiheit	4	E. Ausgestaltung/Abänderung durch AVB	25
I. Materielle Voraussetzungen des Entfallens der Leistungspflicht	5		

A. Allgemeines

I. Normzweck

Das Nachprüfungsverfahren, für welches § 174 besondere Regeln enthält, gibt dem VR die Möglichkeit, nach 1
einer anerkannten oder festgestellten Leistungspflicht das Vorliegen der Anspruchsvoraussetzungen erneut zu überprüfen und anspruchsrelevante Änderungen zu berücksichtigen. Diese Änderungsmöglichkeit ist erforderlich, da der Versicherungsfall in der Berufsunfähigkeitsversicherung nicht zwingend von Dauer ist. Änderungen der gesundheitlichen Verhältnisse oder der Arbeitsbedingungen des Versicherten können die Voraussetzungen der Leistungsgewährung entfallen lassen. Der VR hat dann die Möglichkeit, sich seiner Leistungspflicht zu entledigen.

Auf der anderen Seite hat das Nachprüfungsverfahren den Zweck, dem Versicherten einen Bestandsschutz zu gewähren und ihn vor einer plötzlichen Einstellung der Leistungen zu schützen. Der VR ist – unabhängig davon, ob die Berufsunfähigkeit tatsächlich andauert oder nicht – an die anerkannte oder festgestellte Leistungspflicht so lange gebunden, bis er mit Erfolg ein Nachprüfungsverfahren durchgeführt hat.[1]

§ 174 setzt dabei die Möglichkeit einer Nachprüfung voraus, regelt diese aber nur teilweise inhaltlich. Rechtsgrundlage der Nachprüfung ist – wie bislang – eine entsprechende Regelung in den Vertragsbedingungen, vgl. §§ 6 MB-BUZ, 13 MB-BU.

II. Anwendungsbereich/Abgrenzungen

Das Nachprüfungsverfahren ist zulässig, wenn die Leistungspflicht vom VR selbst – außergerichtlich oder pro- 2
zessual – anerkannt oder in einem gerichtlichen Verfahren durch Urteil oder Vergleich festgestellt wurde.[2] Ebenso ist der VR an das Verfahren gebunden, wenn er trotz Vorliegens der Voraussetzungen ein Anerkenntnis nicht abgegeben hat (vgl. § 173 Rdn. 23). Voraussetzung ist eine feststehende Leistungspflicht, wie sich schon aus dem Wortlaut des Gesetzes und der Musterbedingungen ergibt. Abgestellt wird auf eine Leistungspflicht und nicht auf ein gegebenes Anerkenntnis.

Das Nachprüfungsverfahren kann mit einem Anerkenntnis verbunden werden, wenn die Berufsunfähigkeit für einen vergangenen Zeitraum bestand und anschließend wieder weggefallen ist (§ 173 Rdn. 13).

Die Regelungen über die Verletzung von Anzeigepflichten (§§ 19 ff.) sind durch die Möglichkeit eines Nach- 3
prüfungsverfahrens ebenso wenig ausgeschlossen wie die Möglichkeit der Anfechtung (§§ 119, 123 BGB) sowohl des Versicherungsvertrages als auch des Anerkenntnisses.[3]

B. Nachprüfung/Leistungsfreiheit

Das Nachprüfungsverfahren gibt dem VR keine Möglichkeit, eine vollständig neue Entscheidung über seine 4
Leistungspflicht zu treffen. Es eröffnet ihm die Möglichkeit, neue, sich auf die Leistungspflicht auswirkende Tatsachen zu berücksichtigen. Zum Schutz der Rechtsstellung des Versicherten und quasi als »Ausgleich« für die erheblichen Mitwirkungsobliegenheiten des Versicherten[4] auch nach Feststellung der Leistungspflicht (vgl. §§ 6 I–III MB-BUZ, 13 I–III MB-BU), werden an eine Leistungsfreiheit hohe materielle und formelle Anforderungen gestellt.

Die **Verpflichtung zur Mitwirkung** im Nachprüfungsverfahren unterscheidet sich vom Umfang nicht von der bei der Erstprüfung. Nach § 13 II 1 MB-BU kann der VR im Rahmen der Nachprüfung auf seine Kosten jederzeit **sachdienliche Auskünfte und einmal jährlich umfassende Untersuchungen** der versicherten Person durch von ihm zu beauftragende Ärzte verlangen. Eine Minderung der Berufsunfähigkeit oder der Pflegebedürftigkeit und die Wiederaufnahme bzw. Änderung der beruflichen Tätigkeit sind nach § 13 III MB-BU unverzüglich mitzuteilen. Das Recht des VR zur Nachprüfung entfällt auch nicht, wenn die der Berufsunfähigkeit zugrunde liegende Erkrankung nach den Feststellungen bei der Leistungsprüfung nach derzeitigem medizinischen Stand unheilbar und eine Besserung nicht in Sicht ist; da die Feststellung der Berufsunfähig-

---

[1] Vgl. die Begr. RegE BT-Drucks. 16/3945 S. 106; BGH VersR 1988, 281, 282: »Bestandsschutz des Leistungsanerkenntnisses, der durchaus über die tatsächliche Dauer seiner Berufsunfähigkeit hinausgehen kann«; VersR 1987, 808, 809.
[2] OLG Koblenz NVersZ 2001, 71, 72.
[3] Begr. RegE BT-Drucks. 16/3945 S. 106; PK/*Schwintowski*, § 174 Rn. 4.
[4] Vgl. hierzu § 172 Rdn. 68, 76. Der Umfang der Mitwirkungsobliegenheiten im Nachprüfungsverfahren entspricht regelmäßig dem bei der Erstprüfung; zum ungewöhnlichen Umfang der Mitwirkungspflicht: BGH VersR 1993, 470, 471; VersR 1993, 559, 561; VersR 1993, 562, 564 f.

§ 174 Leistungsfreiheit

keit lediglich auf einer Prognose beruht, stellt das Nachprüfungsrecht keine unangemessene Benachteiligung des VN dar.[5] Im Einzelfall kann die Mitwirkungsverpflichtung jedoch entfallen, wenn sie nicht »erforderlich« im Sinne des § 31 I 1 ist.[6]

Auskünfte sind dabei **sachdienlich**, soweit sie sich auf die festgestellte Leistungspflicht auswirken können. Sie können sich sowohl auf gesundheitliche Umstände als auch auf berufsbezogene Tatsachen beziehen. Sie müssen geeignet sein dem VR bei der Prüfung der gesundheitlichen Eignung des Versicherten für seinen ursprünglichen Beruf oder einen möglichen Verweisungsberuf zu helfen.

Bei der Bestimmung des Umfanges der **jährlichen Untersuchung** ist zu beachten, dass der Versicherte nicht unzumutbar belastet wird (vgl. § 172 Rdn. 72). Dies muss im Einzelfall beurteilt werden.

Die **Mitteilung von Änderungen** nach Abs. 3 hat unabhängig davon zu erfolgen, ob der Versicherte sie als erheblich für den Leistungsanspruch bewertet. Diese Bewertung ist Sache des VR.[7]

Solange der Versicherte seinen **Mitwirkungspflichten nicht nachkommt**, kann der VR unter den Voraussetzungen der § 28, §§ 13, 11 MB-BU bzw. 6, 4 MB-BUZ leistungsfrei sein.

I. Materielle Voraussetzungen des Entfallens der Leistungspflicht

5 § 174 regelt selbst keine materiellen Voraussetzungen für die Leistungsfreiheit nach einem Nachprüfungsverfahren. Dies wurde weiterhin der Vertragspraxis überlassen. Nach den aktuellen Musterbedingungen ist Voraussetzung für die Leistungsfreiheit des Versicherten der Wegfall der Berufsunfähigkeit oder deren Verminderung auf weniger als die vertraglich vereinbarte maßgebliche Gradzahl, §§ 6 IV 1 MB-BUZ, 13 IV MB-BU. Der Wegfall der Leistungspflicht muss kausal auf eine tatsächliche Änderung derjenigen Umstände zurückzuführen sein, die im konkreten Fall zur Anerkennung oder Feststellung der Berufsunfähigkeit führten. Dabei ist der bei der Erstprüfung der Leistungspflicht geltende Begriff der Berufsunfähigkeit maßgeblich.[8]

6 Eine Änderung ist möglich hinsichtlich der gesundheitlichen und beruflichen Einsatzfähigkeit sowie hinsichtlich der Lebensstellung des Versicherten. Maßgeblicher **Vergleichszeitpunkt** ist dabei nach dem »Stichtagsprinzip« der anerkannte bzw. bei rechtswidrig unterlassener Erklärung anzunehmende (vgl. § 173 Rdn. 23) oder festgestellte Beginn der Leistungsverpflichtung, also der Eintritt der Berufsunfähigkeit.[9]

7 Zu berücksichtigen sind nur Änderungen der tatsächlichen Verhältnisse, nicht jedoch Änderungen des Kenntnisstandes oder der Einschätzung des VR.[10] Soweit in neueren Entscheidungen des BGH wieder auch auf die Kenntnis des VR von anspruchsbegründenden Tatsachen abgestellt wird,[11] muss dies wohl so verstanden werden, dass es um trotz sorgfältiger Leistungsprüfung (schuldlos) unbekannt gebliebene Tatsachen geht. Der VR muss schon bei dem Anerkenntnis die Möglichkeit einer anderen Entscheidung (Verweisung) gehabt haben. Daran fehlt es, wenn ihm dafür relevante Tatsachen ohne vorwerfbares Verhalten unbekannt geblieben sind. Zweck der Vorschrift ist nicht die Korrektur fehlerhafter Entscheidungen sondern die Anpassung an Veränderungen.

Eine von der – dem Anerkenntnis zugrunde liegenden und eventuell irrigen – Erstbewertung abweichende Bewertung der unverändert gebliebenen gesundheitlichen Beeinträchtigung rechtfertigt daher keine Änderung.[12]

8 Der **gesundheitliche Zustand** muss sich so gebessert haben, dass sich diese Besserung in bedingungsgemäß relevantem Maße auf die berufliche Betätigung der Versicherten auswirkt.[13] Das bedeutet, dass er aufgrund der Änderung entweder wieder voll berufsfähig ist oder aber der Grad seiner Unfähigkeit zur Ausübung seines Berufes unterhalb das vereinbarte Maß (von regelmäßig 50 %) gesunken ist. Das gilt auch, wenn die Nachprüfungsregelung in den AVB keine prozentuale Grenze vorsieht, sondern lediglich eine »Minderung« des Grades voraussetzt.[14]

---

5 LG Bremen VersR 2011, 868 – bestätigt durch OLG Hamburg NJW 2012, 322.
6 LG Bremen VersR 2011, 868 – bestätigt durch OLG Hamburg NJW 2012, 322.
7 Terbille/*Höra*, § 26 Rn. 195.
8 Vgl. BGH VersR 2000, 171, 172 = NVersZ 2000, 127, 128.
9 BGH NJW-RR 2008, 626, 627; NJW-RR 1993, 723, 724; VersR 1996, 958; VersR 1999, 958, 959; *Müller-Frank*, S. 205.
10 *Voit*, Berufsunfähigkeitsversicherung, 1994, Rn. 619; P/M/*Lücke*, § 174 Rn. 3; sowie die neue Kenntnisse nicht mehr erwähnenden neuen Entscheidungen: BGH VersR 1993, 470, 471; 559, 561; 1999, 958, 959; anders noch – nicht tragend – BGH VersR 1986, 1113, 1114; VersR 1984, 51; r+s 1986, 217 f.; NJW-RR 1986, 701, 702; OLG Celle OLGR Celle 2007, 320; vgl. aber wieder BGH VersR 2010, 619, 620; NJW 2011, 1736, 1737 Rn. 10; ebenso: *Glauber* VersR 1994, 1405, 1406.
11 BGH VersR 2010, 619, 620; NJW 2011, 1736, 1737 Rn. 10.
12 BGH VersR 1993, 470, 471; OLG Düsseldorf NVersZ 1999, 561 f.; OLG Saarbrücken VersR 2000, 621, 622; OLG Celle OLGR Celle 2007, 320.
13 BGH NJW-RR 1993, 723, 724; VersR 1993, 470 f.; VersR 1984, 51; OLG Düsseldorf NVersZ 1999, 561.
14 Vgl. § 7 II MB-BUZ 1975 und § 7 III MB-BUZ 1984 sowie das OLG Saarbrücken VersR 2000, 621, 624: trotz des bei einem BU-Grad von unter 50 % irrtümlich abgegebenen Anerkenntnisses ist eine Leistungseinstellung bei Vorliegen einer Änderung und einem nunmehr unter 50 % liegenden BU-Grades möglich; zustimmend: *Müller-Frank*, S. 205 f.; dazu auch VersHb/*Rixecker*, § 46 Rn. 190.

Auch die **Verweisung** des Versicherten im Nachprüfungsverfahren ist bei entsprechender Vertragsgestaltung 9
möglich. Die Besserung des gesundheitlichen Zustandes muss dafür die Ausübung der Verweisungstätigkeit
erstmals möglich machen; nutzt der VR eine zum Zeitpunkt der Leistungsfeststellung bereits bestehende Verweisungsmöglichkeit nicht, steht sie auch im Nachprüfungsverfahren nicht mehr zur Verfügung.[15] Daran
ändert auch die Formulierung der Musterbedingungen ab 1990 nichts, nach denen der VR die Verweisungsmöglichkeit im Nachprüfungsverfahren »erneut« prüfen kann.[16] Die strenge Ausgestaltung der Erklärung über die Leistungspflicht und des nachfolgenden Nachprüfungsverfahrens wären weitgehend entwertet,
wenn der VR seine Verweisungsentscheidung beliebig neu treffen könnte. Dies entspräche weder dem Verständnis des durchschnittlichen VN nach Lektüre der AVB noch würde es den weitgehenden Mitwirkungspflichten des VN bei der Feststellung der Leistungspflicht gerecht. Nur die Möglichkeit der sich ändernden
für den Versicherungsfall maßgeblichen Tatsachen rechtfertigt das Nachprüfungsverfahren überhaupt. Es
dient nicht dazu, dem VR eine Neuentscheidung auf alter Tatsachengrundlage zu ermöglichen. Die Entscheidung des VR hat daher auf Grundlage der vorliegenden Tatsachen Bindungswirkung.

Die Verweisungsmöglichkeit kann dabei auch – unabhängig von Änderungen von Gesundheit und Fähigkei- 10
ten – allein durch die **Änderung der Lebensstellung** neu entstehen. So kann ein Versicherter, der zum Zeitpunkt des Anerkenntnisses wegen eines zu geringen Einkommens nicht auf eine ausgeübte Tätigkeit verwiesen werden konnte, nach einer Steigerung des Einkommens im Rahmen der Nachprüfung verwiesen
werden.[17]

Auch ohne Änderungen des Gesundheitszustandes können die Änderungen der **beruflichen Einsatzfähigkeit** 11
zu einer Leistungseinstellung führen.

Entgegen früheren Regelungen sehen die AVB ab 1984[18] vor, dass **neu erworbene Kenntnisse und Fähigkeiten** im Nachprüfungsverfahren berücksichtigt werden können, vgl. §§ 6 I 2 a.E. MB-BUZ, 13 I 2 a.E. MB-BU.
Auch wenn dies nicht ausdrücklich in den Bedingungen vorgesehen ist, können sie bereits dann berücksichtigt
werden, wenn eine Verweisung möglich ist, sofern die Tätigkeit der bisherigen Lebensstellung entspricht.[19] Voraussetzung einer erfolgreichen Verweisung im Nachprüfungsverfahren ist, dass die neuen Fähigkeiten und
Kenntnisse bereits erworben sind; zukünftig mögliche Änderungen bleiben außer Betracht.[20] Aufgrund der
Identität des Berufsunfähigkeitsbegriffes bei der erstmaligen Beurteilung und der Nachprüfung verbleibt auch
bei der Nachprüfung das Arbeitsmarktrisiko beim Versicherten.[21] Hat sich der Versicherte ohne Umschulungsverpflichtung freiwillig weitergebildet, muss er jedoch bereits einen – den Anforderungen an die Verweisbarkeit
genügenden – neuen Arbeitsplatz gefunden oder aber sich um einen solchen nicht in zumutbarer Weise bemüht haben. Da der Erwerb der neuen Fertigkeiten in diesen Fällen überobligatorisch ist, verstieße die Berufung des Versicherers auf seine Leistungsfreiheit ansonsten gegen Treu und Glauben.[22] Der spätere Verlust
des innegehabten Arbeitsplatzes aus anderen als gesundheitsbedingten Gründen hindert eine Verweisung jedoch nicht.[23]

Auch eine nach dem Anerkenntnis entstandene **Umorganisationsmöglichkeit** eines mitarbeitenden Betriebs- 12
inhabers kann im Nachprüfungsverfahren eine Leistungseinstellung rechtfertigen.[24] Diese steht jedoch unter
einem »zweifachen Vorbehalt der Zumutbarkeit«. Neben der allgemeinen Zumutbarkeit der Ausübung der
neu geschaffenen Betätigungsmöglichkeit (Art, Umfang, soziale Gleichwertigkeit, vgl. § 172 Rdn. 44 ff.) ist zu
prüfen, ob sich der Versicherte die nachträglich entstandene Umorganisationsmöglichkeit überhaupt anrechnen lassen muss.[25] Das ist nicht der Fall, wenn er sie durch überobligatorische Anstrengungen geschaffen hat,
zu denen er weder durch vereinbarte Obliegenheiten noch durch seine Schadensminderungspflicht verpflichtet war.[26] Denn es wäre unbillig, den VR an den Früchten der unternehmerischen Tätigkeit teilhaben zu lassen, deren Risiko er nicht mitträgt.

Trat die **Berufsunfähigkeit während der Ausbildung** ein, so ist bei der Nachprüfung zu prüfen, ob der Ver- 13
sicherte in dem angestrebten Ausbildungsberuf berufsunfähig ist. Dies hat der BGH jedenfalls im Falle einer

---

15 BGH NJW 2011, 1736, 1737; VersR 1987, 753, 754; VersR 1993, 562, 564; VersR 1996, 958; NVersZ 2000, 127, 129; NJW-RR 1993, 723, 724 f.; nur in Ausnahmefällen verliert der Versicherer die Verweisungsmöglichkeit nicht – vgl. BGH VersR 1986, 1113, 1114 f.
16 Dies scheint *Müller-Frank*, S. 216 in Erwägung zu ziehen.
17 OLG Hamm r+s 2008, 250 f.
18 Zur alten Regelung z.B.: BGH VersR 1987, 753, 754 f.
19 OLG München, Urt. v. 07.05.2015, 14 U 4138/14 – juris.
20 BGH NJW-RR 1997, 529, 531.
21 BGH NVersZ 2000, 127, 128; OLG Saarbrücken VersR 2009, 917, 918 = r+s 2010, 521, 522 (Befristung des neuen Arbeitsvertrages steht Verweisung nicht entgegen).
22 BGH NVersZ 2000, 127, 129; OLG Stuttgart NVersZ 1999, 123, 124; OLG Karlsruhe VersR 2013, 747, 748 f.
23 OLG Düsseldorf VersR 2003, 1383.
24 Vgl. BGH r+s 1993, 315; NVersZ 2000, 127.
25 BGH VersR 1999, 958, 960.
26 BGH VersR 1999, 958, 960 (überobligatorischer Kapitaleinsatz durch Unternehmenserweiterung); vgl. VersR 1987, 753, 754 f.; VersR 1997, 436, 438 f. = NJW-RR 1997, 529, 531.

Kreissekretärin entscheiden, die ihre Ausbildung nach Eintritt der Berufsunfähigkeit abgeschlossen hat, jedoch nicht mehr uneingeschränkt in diesem Beruf tätig sein kann.[27] Es sei nicht zwischen Ausbildung und späterer Tätigkeit zu unterscheiden, denn dabei handele sich um verschiedene Stadien eines einheitlichen Berufes.[28] Auf den bei Eintritt der Berufsunfähigkeit bestehende Status des Versicherten komme es nicht an;[29] ebenso wenig entscheidend sei es, wie weit der Versicherte in seiner Ausbildung bereits fortgeschritten sei[30]. Zur Begründung führt der BGH an, es sei bereits bei Abschluss des Vertrages erkennbar, dass die versicherte Person nicht dauerhaft in der Stellung des Auszubildenden verharren und den angestrebten Beruf später ausüben werde. Zudem benachteilige es den Versicherten einseitig, wenn dieser sich zunächst die geringeren Anforderungen in der Ausbildungsphase entgegenhalten müsse, sich später jedoch nicht auf die erhöhten Anforderungen der Berufsausübung berufen könne.

Es ist fraglich, ob diese Sichtweise auf den vom BGH entschiedenen Ausnahmefall begrenzt werden muss, in dem trotz der Berufsunfähigkeit die Ausbildung abgeschlossen wurde und die versicherte Person in dem angestrebten Beruf (eingeschränkt) tätig ist.[31] Dies überzeugt nicht. Die Erwägungen des BGH gelten auch dann, wenn der Auszubildende nach beendeter Ausbildung einen anderen Beruf ergreift oder die Ausbildung nicht beendet und dann einen anderen Beruf ergreift. Die für den VR bestehenden Unwägbarkeiten ergeben sich auch hier aus dem – bei Abschluss eines Versicherungsvertrages mit einem in der Ausbildung befindlichen VN von vornherein ersichtlichen – Wechsel der Tätigkeit bei dem »Hereinwachsen« in einen Beruf.

II. Formelle Voraussetzungen

14 Bei der Einstellungsmitteilung handelt es sich um eine Willenserklärung mit rechtsgestaltendem Charakter.[32] Sie muss dem Versicherten in Textform (§ 126b BGB) zugehen und ihn in die Lage versetzen, das Risiko eines Prozesses gegen den die Leistung einstellenden VR abschätzen zu können. Dafür muss dieser seine Entscheidung **nachvollziehbar** darlegen. Das setzt in der Regel voraus, dass eine **Vergleichsbetrachtung** vorgenommen wird. Der VR hat die bei der Leistungsfeststellung zugrunde gelegten gesundheitlichen und beruflichen Tatsachen und ihre Folgerungen für die Leistungspflicht darzulegen. Diesen Angaben muss er dann die für den Einstellungszeitpunkt angenommenen Tatsachen gegenüberstellen und erläutern, welche Schlussfolgerungen er aufgrund welcher Änderungen im Rahmen der Vergleichsbetrachtung zieht.[33] Wie auch bei der Erstbeurteilung der Leistungspflicht muss die Vergleichsbetrachtung für alle Teilbereiche der jeweiligen Tätigkeit vorgenommen werden.[34] Dabei muss auch deutlich werden, von welchem Grad der Berufsunfähigkeit der VR bei seinem Anerkenntnis ausgegangen ist und wie sich die eingetretenen Veränderungen graduell auswirken.[35] Nur so ist für den Versicherten nachvollziehbar, welche tatsächliche Änderung die Leistungspflicht auf welche Weise beeinflusst hat. Er kann dann auch überprüfen, ob der Einstellung eine tatsächliche Änderung oder nur eine – die Einstellung nicht rechtfertigende – Neubewertung alter Tatsachen zugrunde liegt. Ob die Beurteilung der Auswirkungen der neuen Umstände inhaltlich zutreffend ist, spielt für die Erfüllung der formalen Anforderungen an die Änderungsmitteilung keine Rolle. An der nachvollziehbaren Darlegung fehlt es aber bereits dann, wenn die der Einstellungsmitteilung zugrunde liegenden Gutachten die gezogenen Schlüsse inhaltlich nicht tragen.[36]

Die formellen Anforderungen an die Einstellungsmitteilung gelten auch, wenn der VR kein Anerkenntnis abgegeben hat, ein solches aber wegen der ungerechtfertigten Nichtabgabe fingiert wird (vgl. § 173 Rdn. 23).[37]

15 Diese Anforderungen gelten grundsätzlich für die Nachprüfung aufgrund gesundheitlicher wie auch beruflicher Veränderungen. Im Rahmen der Einstellungsmitteilung wegen einer **gesundheitlichen Änderung** muss der VR zusätzlich bzw. zur Ergänzung seiner Vergleichsbetrachtung die der Entscheidung zugrunde liegenden ärztlichen Gutachten in voller Länge zur Verfügung stellen, sofern der Versicherte sie nicht bereits erhalten hat.[38] Die Vergleichsbetrachtung kann sich dabei auch aus dem Gutachten selbst ergeben.[39]

---

27 BGH VersR 2010, 619, 620 f. = r+s 2010, 247, 248 f. mit Anm. *Neuhaus*, S. 249.
28 BGH VersR 2010, 619, 621; ebenso: NJW 2011, 1736, 1737 f. Rn. 18.
29 So etwa: OLG Zweibrücken VersR 1998, 1364; OLG München r+s 2006, 295.
30 So etwa: OLG Koblenz r+s 1993, 356; r+s 1994, 195; OLG Dresden VersR 2008, 1251; *Neuhaus*, M. Rn. 54.
31 Dazu tendiert *Neuhaus*, r+s 2010, 249, 250.
32 VersHb/*Rixecker*, § 46 Rn. 183; OLG Karlsruhe VersR 2010, 653, 655.
33 Vgl. hierzu: BGH VersR 1993, 470, 471; VersR 1993, 562, 565; NJW-RR 1993, 723, 724; r+s 1993, 315 sowie BGH VersR 2006, 102, 104; kritisch: *Müller-Frank*, S. 228.
34 OLG Karlsruhe VersR 2008, 1252, 1253 f.; weniger streng: OLG Koblenz VersR 2008, 1254, 1255 f., das es ausreichen lässt, wenn dargelegt wird, welche Tätigkeiten der Versicherte jetzt ausführen kann, ohne dass ein Vergleich mit dem Zeitpunkt des Anerkenntnisses hinsichtlich der konkreten Tätigkeit gefordert wird.
35 OLG München NJW-RR 2010, 1619.
36 Vgl. OLG Karlsruhe r+s 2013, 450 (orthopädisch-chirurgischer Sachverständiger stellt ausdrücklich fest, sich zu einer Entzündung der Regenbogenhaut nicht äußern zu können).
37 OLG Saarbrücken VersR 2013, 1030, 1032; OLG Karlsruhe r+s 2015, 81, 82; **a.A.:** P/M/*Lücke*, § 173 Rn. 14.
38 BGH VersR 1993, 470, 471.
39 Vgl. BGH VersR 1996, 958 f.

Will der VR den Versicherten auf eine ihm – z.B. wegen erstmals möglicher Umorganisation oder neu erwor- 16
bener Kenntnisse und Fähigkeiten – zumutbare andere Tätigkeit **verweisen**, so hat er zusätzlich zu den allgemeinen Verweisungsvoraussetzungen (vgl. § 172 Rdn. 44 ff.) auch hier die neuen Tatsachen detailliert darzulegen. Ebenso muss sich aus der Mitteilung ergeben, dass und warum der Versicherte erst aufgrund dieser neuen Umstände zur Ausübung der umorganisierten oder neuen Tätigkeit in der Lage ist.[40]

Diese Voraussetzungen gelten auch bei einem Anerkenntnis für einen in der Vergangenheit liegenden Zeit- 17
raum.[41]

Entbehrlich ist die Vergleichsbetrachtung nur in Ausnahmefällen, in denen der Versicherte selbst ausreichen- 18
de Kenntnisse über die Besserung seiner Gesundheit und die Auswirkungen auf seine Tätigkeit hat.[42] Das kann auch bei einer konkreten Verweisung der Fall sein, wenn die Vergleichsbetrachtung wegen der Kenntnis des Versicherten von der eigenen Tätigkeit eine bloße »Formelei« wäre.[43] Da es jedoch nicht nur um die Änderung der Tatsachen, sondern auch um die konkreten Folgerungen daraus geht, sollte eine Vergleichsbetrachtung regelmäßig erfolgen.

Genügt die Einstellungsmitteilung den geschilderten Anforderungen nicht, ist sie **unwirksam**. Die Leistungs- 19
pflicht besteht dann fort.[44] Ein »Nachschieben« von Gründen ist unzulässig.[45] Der VR kann jedoch dem Versicherten jederzeit – außergerichtlich oder durch einen Schriftsatz (gegebenenfalls hilfsweise) in einem laufenden Prozess – eine **neue nachgebesserte Mitteilung** machen.[46] Diese kann ihre Wirkung jedoch nur für die Zukunft entfalten.[47] Bei der neuen Mitteilung können sowohl die in der unzureichenden Mitteilung enthaltenen als auch danach entstandene neue Tatsachen verwertet werden.[48] Bei einer neuen Mitteilung während eines laufenden Rechtsstreits umfasst die **Prozessvollmacht** des Anwalts des Versicherten auch eine Empfangsvollmacht für diese Mitteilung.[49] Die Prozessvollmacht erfasst auch materiell-rechtliche Willenserklärungen, wenn sie sich auf den Gegenstand des Rechtsstreits beziehen, weil sie zur Rechtsverfolgung innerhalb des Prozessziels oder zur Rechtsverteidigung dienen; sie gilt im gleichen Umfang für die Abgabe von Erklärungen wie auch für die Entgegennahme durch die Gegenseite.[50] Das ist hier der Fall. Die neue Einstellungsmitteilung ist ein neues Verteidigungsvorbringen, mit dem der VR das ursprüngliche Prozessziel, die Klageabweisung wegen einer wirksamen Einstellung der Leistungen, lediglich ab einem späteren Zeitpunkt und damit in einem reduzierten Umfang verfolgt.

C. Rechtsfolgen

Liegen die Voraussetzungen einer Leistungseinstellung vor und hat der VR eine rechtmäßige Mitteilung hie- 20
rüber gemacht, so wird er nach § 174 II und den entsprechenden Regelungen der AVB (vgl. §§ 6 IV 3 MB-BUZ, 13 IV 3 MB-BU) frühestens mit dem Ablauf des dritten Monats nach Zugang der Erklärung von der Leistungspflicht frei. Diese **Schonfrist** gibt dem Versicherten Gelegenheit, sich auf den Wegfall der Leistungen, die in der Regel als (lohnersetzende) Rente erbracht wird, einzustellen.[51] Dies gilt nicht, wenn der Versicherte vorher stirbt.[52]

D. Beweislast/Prozessuales

Der VR ist darlegungs- und beweisbelastet für Umstände, die zu einem Wegfall der Voraussetzung seiner Leis- 21
tungspflicht führen.[53] Das gilt auch, wenn er sich nur so behandeln lassen muss, als hätte er ein Anerkenntnis abgegeben (vgl. § 173 Rdn. 23).[54]

Im Rahmen der konkreten Verweisung kann den Versicherten jedoch eine sekundäre Darlegungslast treffen. 22
Wenn er bereits einen anderen Beruf ausübt und geltend machen will, dieser sei mit seiner zuletzt ausgeübten

---

40 BGH NVersZ 2001, 127, 129 f.; r+s 1993, 315.
41 Vgl. § 173 Rdn. 13; BGH VersR 1998, 173 f.
42 BGH NJW-RR 1993, 1238, 1239 (Gutachten aus vorangegangener Begutachtung durch öffentlichen Rententräger); OLG München VersR 1997, 95, 97.
43 BGH NVersZ 2000, 127, 130; OLG Saarbrücken VersR 2009, 917, 918; OLG Köln ZfS 2006, 339.
44 BGH VersR 1999, 958, 960; VersR 1993, 470, 471; VersR 1993, 562, 564; r+s 1993, 315; NJW-RR 1993, 723, 724.
45 VersHb/*Rixecker*, § 46 Rn. 165.
46 BGH VersR 1996, 958, 959; VersR 2000, 171, 173 f.; OLG Koblenz VersR 2008, 1254, 1255.
47 Vgl. nur: BGH NJW-RR 1993, 1238, 1239.
48 Vgl. BGH VersR 2000, 171, 174; *Müller-Frank*, S. 225 f.
49 So jetzt auch: OLG Karlsruhe r+s 2015, 81, 82 unter Aufgabe der zuvor in VersR 2010, 653, 655 gesehenen Zweifel; a.A.: VersHb/*Rixecker*, § 46 Rn. 186.
50 BGH NJW 2003, 963, 964 m.w.N. zu einem weiteren Mieterhöhungsverlangen in einem laufenden Mieterhöhungsstreit.
51 Begr. RegE BT-Drucks. 16/3945 S. 106.
52 Begr. RegE BT-Drucks. 16/3945 S. 106.
53 BGH VersR 1993, 562, 564; VersR 1987, 808, 809; VersR 2000, 171, 173 = NVersZ 2000, 127, 129; VersR 2010, 619, 620.
54 BGH VersR 1989, 1182, 1183; NJW-RR 1997, 529, 531.

Tätigkeit nicht vergleichbar, muss er konkret die Umstände darlegen, aus denen sich die Unverweisbarkeit ergeben soll; der VR muss diesen Vortrag dann widerlegen.[55]

23 Gegen einen trotz rechtswirksamer Änderungsmitteilung vollstreckenden VN kann der VR gem. § 767 ZPO vorgehen.[56] § 767 II ZPO steht nicht entgegen, wenn Gründe für Einstellung erst nach der letzten mündlichen Verhandlung entstanden sind.

24 Stellt der VR die Zahlungen nach einer Einstellungsmitteilung ein, kann der Versicherte eine Leistungsklage auf Fortzahlung der Berufsunfähigkeitsrente und Befreiung von der Beitragspflicht erheben. In Ausnahmefällen der Existenzbedrohung kann er sich durch den Antrag auf Erlass einer einstweiligen Verfügung gegen die unberechtigte Einstellung der Leistung wehren.[57]

E. Ausgestaltung/Abänderung durch AVB

25 § 174 ist halbzwingend, § 175. Die Vereinbarung einer Ausschlussfrist nach dem Vorbild der §§ 12 III a.F., 6 II MB-BUZ 90 ist nach der VVG-Reform ausgeschlossen.[58] Nach der Streichung des § 12 III a.F. ist die Nichtregelung einer Klagefrist als beredtes Schweigen des Gesetzgebers dahin anzusehen, dass grundsätzlich im Versicherungsvertragsrecht die allgemeinen Verjährungsregelungen Anwendung finden. Gegen dieses »Leitbild« verstieße die Einführung einer Klagefrist und wäre daher nach § 307 II Nr. 1 BGB unwirksam.

§ 175 Abweichende Vereinbarungen. Von den §§ 173 und 174 kann nicht zum Nachteil des Versicherungsnehmers abgewichen werden.

Übersicht

	Rdn.		Rdn.
A. Allgemeines	1	C. Rechtsfolgen	4
B. Tatbestand: Für den VN nachteilige Abweichung	3		

A. Allgemeines

1 Der halbzwingende Charakter wurde auf die §§ 173 und 174 beschränkt, da diesen eine **Schutzfunktion** für den VN zukommt; Vereinbarungen nach einem Versicherungsfall über eine befristete Leistungspflicht zur vorläufigen Beilegung eines Streites sollen jedoch ungeachtet § 173 II 1 möglich sein.[1] Die in § 172 getroffenen Regelungen stehen – in den Grenzen der §§ 305 ff. BGB und von Treu und Glauben – zur freien Disposition. Nur so ist dem VR eine freie Produktgestaltung nach wie vor möglich.[2]

2 § 175 gilt für alle individuell oder durch AVB **vor dem Versicherungsfall** getroffenen Vereinbarungen. Sie verbietet auch eine dem VN nachteilige Abweichung durch Vereinbarungen, die **nach dem Versicherungsfall** geschlossen werden.[3] Diese Sichtweise ist insbes. im Bereich der Berufsunfähigkeitsversicherung und seinen komplizierten rechtlichen Regeln überzeugend.[4] Dementsprechend hat auch der BGH vor Inkrafttreten des neuen VVG bei vertraglichen Vereinbarungen besondere Anforderungen an die Aufklärung des VN und die Lauterkeit der Abrede gestellt.[5] Diese Anforderungen gelten weiter, werden jedoch durch § 175 verschärft. Dem steht auch die Äußerung des Gesetzgebers nicht entgegen, eine Abweichung von § 173 II 1 sei möglich, um den VN nicht in den Prozess zu treiben.[6] Denn wenn die Vereinbarung (nur) diesem Zweck dient, wird die Gesamtabwägung (s. sogleich Rdn. 3) keine dem VN nachteilige Regelung ergeben. § 175 steht der Wirksamkeit nicht entgegen.

B. Tatbestand: Für den VN nachteilige Abweichung

3 Ob eine Abweichung **durch AVB** dem VN nachteilig ist, muss bei einer abstrakten Gesamtabwägung zwischen den sich aus der konkreten Abweichung ergebenden Vor- und Nachteilen ermittelt werden. Entscheidend ist dabei, ob die Nachteile generell-abstrakt in der Mehrzahl der Fälle innerhalb des konkreten Regelungszusammenhangs von den Vorteilen aufgewogen werden.[7] Lässt sich dabei nicht sicher feststellen, ob die

---

55 BGH NVersZ 2000, 127, 130; NJW-RR 2003, 383, 384; VersR 2010, 1023, 1024.
56 BGH VersR 1987, 808, 809.
57 Vgl. z.B. OLG Saarbrücken NJW-RR 2007, 1406; OLG Hamm r+s 1990, 36; OLG Karlsruhe r+s 2009, 251.
58 So allgemein: *Neuhaus* r+s 2007, 180 f.; PK/*Ebers*, § 15 Rn. 48; *Grote/Schneider* BB 2007, 2689, 2701; Marlow/*Spuhl*, Rn. 19; *Rixecker*, ZfS 2007, 430, 431; **anders**: PK/*Schwintowski*, § 174 Rn. 10.
1 Begr. RegE BT-Drucks. 16/3945 S. 106; vgl. § 173 Rdn. 17 f.
2 Begr. RegE BT-Drucks. 16/3945 S. 106.
3 Vgl. zum Streit § 18 Rdn. 5 mit Nachweisen zur Gegenansicht.
4 Anders: L/W/*Dörner*, § 175 Rn. 5 f.; P/M/*Lücke*, § 175 Rn. 1.
5 Vgl. § 173 Rdn. 17.
6 Begr. RegE zu § 173 – BT-Drucks. 16/3945 S. 106.
7 Vgl. die Nachweise zur h.M. und den vertretenen anderen Auffassungen bei § 18 Rdn. 8.

Vorteile die Nachteile überwiegen, ist von einer Benachteiligung des VN auszugehen.[8] Nur wenn ausnahmsweise eine **individuelle Abrede** zwischen den Vertragsparteien getroffen wurde, ist bei der Beurteilung der Benachteiligung konkret auf den betroffenen VN abzustellen.[9] Abzustellen ist jeweils auf die Beurteilung eines aufgeklärten und verständigen VN ex ante.[10] Eine Benachteiligungsabsicht des VR ist nicht erforderlich.

C. Rechtsfolgen

Vereinbarungen, die gegen § 175 verstoßen sind nichtig. Auch der VN kann sich, sollten sie auch im konkreten Fall für ihn günstig sein, nicht auf sie berufen.[11]   4

§ 176 Anzuwendende Vorschriften.
Die §§ 150 bis 170 sind auf die Berufsunfähigkeitsversicherung entsprechend anzuwenden, soweit die Besonderheiten dieser Versicherung nicht entgegenstehen.

Übersicht

	Rdn.		Rdn.
A. Allgemeines	1	B. Einzelne Vorschriften	3

A. Allgemeines

Die vor der gesetzlichen Regelung der Berufsunfähigkeitsversicherung praktizierte entsprechende Anwendung   1
der für die Lebensversicherung geltenden Vorschriften wird durch § 176 beibehalten. Dies ist vor allem aufgrund der nur in Einzelfragen erfolgten gesetzlichen Regelung erforderlich.[1] Wie bisher[2] erfolgt jedoch keine schematische Übertragung: Sofern die Besonderheiten der Berufsunfähigkeitsversicherung entgegenstehen, unterbleibt die Anwendung.

Durch die Ausklammerung des § 171 wird klargestellt, dass der für die in Bezug genommenen Vorschriften   2
teilweise geltende halbzwingende Charakter im Falle der Anwendung in der Berufsunfähigkeitsversicherung nicht gilt. Der Gesetzgeber wollte hier den Gestaltungsspielraum der Unternehmen nicht einengen und hatte rechtssystematische Bedenken, Vorschriften als halbzwingend anzuordnen, deren Anwendbarkeit unter einem Vorbehalt steht; die Interessen der Versicherten sah er ausreichend durch die AGB-rechtliche Kontrolle gewahrt.[3]

B. Einzelne Vorschriften

Anwendbar sind nach der Gesetzesbegründung §§ 163 und 164.[4] Weiterhin stehen der Anwendbarkeit keine   3
spezifischen Besonderheiten der Berufsunfähigkeitsversicherung entgegen etwa bei: § 150 I, II 1 (Fremdversicherung, Einwilligungserfordernis)[5]. Zwar trifft der Einwand zu, dass die Spekulation mit dem Eintritt des Versicherungsfalles in der Berufsunfähigkeitsversicherung eher unwahrscheinlich sein dürfte.[6] Allein die Möglichkeit rechtfertigt dennoch die entsprechende Anwendbarkeit, da die Intention der Regelung auch hier greift. Die Gesundheit des Versicherten soll nicht ohne dessen Wissen Gegenstand von Vermögensinteressen Dritter sein.

Anwendbar sind auch § 151 (Ärztliche Untersuchung), § 152 (modifizierte Widerrufsvorschriften, II jedoch nur bei einer Versicherung mit Beitragsrückgewähr), §§ 153–155 (Überschussbeteiligung)[7], § 156 (Kenntniszurechnung), § 157 (unrichtige Altersangabe), § 158 (Gefahränderung), §§ 159, 160 (Bezugsberechtigung) und § 168 I (Kündigung). Ebenfalls anwendbar ist § 165; die Möglichkeit der Freistellung von der Beitragspflicht ist auch in den Musterbedingungen geregelt (§ 15 MB.-BU, § 9 IV; B-BUZ).[8]

Anwendbar ist nach hier vertretener Auffassung auch **§ 161** bei – im Zustand der Zurechenbarkeit – vorsätz-   4
lich selbst herbeigeführter Berufsunfähigkeit des Versicherten. Der Zweck der Vorschrift, die Spekulation mit

---

8 P/M/*Armbrüster*, § 18 Rn. 6; OLG Saarbrücken NJW-RR 2008, 280, 282; B/M/*Johannsen*, § 18 Rn. 4.
9 P/M/*Knappmann*, § 42 Rn. 2; B/M/*Johannsen*, § 18 Rn. 4.
10 B/M/*Brömmelmeyer*, § 32 Rn. 10.
11 Str., vgl. § 18 Rdn. 3 mit Nachweisen auch zur Gegenansicht.
1 Vgl. Begr. RegE BT-Drucks. 16/3945 S. 107.
2 Vgl. BGH VersR 1991, 289, 291.
3 Begr. RegE BT-Drucks. 16/3945 S. 107.
4 Begr. RegE BT-Drucks. 16/3945 S. 107.
5 PK/*Ortmann*, § 150 Rn. 6; P/M/*Lücke*, § 176 Rn. 5.
6 Gegen eine Anwendung des Einwilligungserfordernisses daher: VersHb/*Rixecker*, § 46 Rn. 11; L/W/*Dörner*, § 176 Rn. 4.
7 PK/*Ortmann*, § 153 Rn. 9; *Höra* r+s 2008, 89, 94 f. mit Hinweis auf die Umsetzungsschwierigkeiten; hinsichtlich der §§ 154 und 155 wird man eine Einschränkung der entsprechende Anwendbarkeit auf solche Verträge erwägen müssen, bei denen die Überschussbeteiligung ein erhebliches wirtschaftliches Gewicht hat (vgl. Begr. RegE BT-Drucks. 16/3945 S. 97), was in der Berufsunfähigkeitsversicherung regelmäßig nicht der Fall ist.
8 L/W/*Dörner*, § 176 Rn. 37; a.A. noch hier in der Vorauflage.

§ 177 Ähnliche Versicherungsverträge

dem Leben bzw. der Berufsunfähigkeit auf Kosten des VR zu verhindern,[9] greift auch hier. Besonderheiten der Berufsunfähigkeitsversicherung stehen nicht entgegen.[10] Dass die Leistungen aus der Berufsunfähigkeitsversicherung anders als die der Todesfalllebensversicherung regelmäßig dem Versicherten zufließen, stellt keine Besonderheit dar, die eine Nichtanwendung gebieten würde. Etwas anderes ergibt sich auch nicht aus der zitierten Entscheidung des BGH vom 05.12.1990.[11] Diese befasst sich mit der Frage, ob die Einschränkung des Ausschlusses bei Selbsttötung für Fälle der Fahrlässigkeit oder Unzurechenbarkeit (§ 161 I 2) einer AVB-Klausel entgegensteht, die Leistungen bei fahrlässiger Herbeiführung der Berufsunfähigkeit durch eine vorsätzlich begangene Straftat ausschließt. Diese Frage wird verneint, da die Einschränkung dem Schutz der Hinterbliebenen diene. Dieses Schutzbedürfnis bestehe in der Berufsunfähigkeitsversicherung nicht. Eine generelle Aussage zur Anwendbarkeit wird damit nicht getroffen. Bei Vereinbarung eines entsprechenden Ausschlusses in den AVB (vgl. § 3 Satz 2a) MB-BUZ – § 172 Rdn. 62) spielt die Frage jedoch keine Rolle.

5 Aufgrund des Schutzzweckes und entgegenstehender Besonderheiten ist auch **§ 162 II** (Tötung durch Leistungsberechtigte) in der Berufsunfähigkeitsversicherung anwendbar.

6 **Nicht anwendbar** sind hingegen: § 169, sofern keine Versicherung mit Beitragsrückgewähr vorliegt,[12] §§ 166, 168 II, III, 170 II in der selbständigen Berufsunfähigkeitsversicherung, anwendbar bleiben sie in der Zusatzversicherung.[13] Mangels entsprechender Verweisung ist auch § 212 nicht anwendbar. Da der Gesetzgeber diese Folge ausdrücklich nennt,[14] ist auch – trotz vergleichbarer Interessenlage – nicht von einer unbewussten, planwidrigen Regelungslücke auszugehen, die eine Analogie rechtfertigen könnte.[15]

§ 177 Ähnliche Versicherungsverträge.

(1) Die §§ 173 bis 176 sind auf alle Versicherungsverträge, bei denen der Versicherer für eine dauerhafte Beeinträchtigung der Arbeitsfähigkeit eine Leistung verspricht, entsprechend anzuwenden.
(2) Auf die Unfallversicherung sowie auf Krankenversicherungsverträge, die das Risiko der Beeinträchtigung der Arbeitsfähigkeit zum Gegenstand haben, ist Absatz 1 nicht anzuwenden.

1 **Abs. 1** ordnet eine entsprechende Anwendung der §§ 173–176 auf Versicherungsverträge an, durch die die Arbeits-/Erwerbsfähigkeit abgesichert wird. Aus der Gesetzesbegründung ergibt sich eine Beschränkung auf solche Verträge die gesundheitlich bedingte Einschränkungen versichern.[1] Diese »kleine Berufsunfähigkeitsversicherung« ist – jedenfalls in der gerichtlichen Praxis – derzeit noch selten.[2] Zu möglichen Klauseln vgl. § 172 Rdn. 35 ff. Ihr wird aber aufgrund der geringeren Prämien zukünftig eine größere Bedeutung beigemessen.[3] Wegen derselben Interessenlage gelten die gesetzlichen Vorgaben auch hier.[4]

2 Nach **Abs. 2** sind die §§ 173–176 nicht auf Unfall- und Krankenversicherungsverträge anwendbar, die auch das Risiko der Arbeitsunfähigkeit zum Gegenstand haben. Die §§ 178 ff. bzw. §§ 192 ff. gehen hier als speziellere Regeln vor.[5] Allein durch die Übernahme von Elementen der Berufsunfähigkeitsversicherung werden entsprechende Unfall- bzw. Krankenversicherungsverträge nicht zu Verträgen über eine Berufsunfähigkeitsversicherung.

---

9 BGH VersR 1991, 289, 290 f.
10 So auch: Terbille/*Höra*, § 26 Rn. 138; L/W/*Dörner*, § 176 Rn. 28 f.
11 VersR 1991, 289, 290 f.; so aber: R/L/*Römer*²(§ 169 Rn. 2; PK/*Ortmann*, § 161 Rn. 3; *Neuhaus*, T. Rn. 3; im Ergebnis auch: *Marlow*/Spuhl, Rn. 1222.
12 Begr. RegE BT-Drucks. 16/3945 S. 107; zweifelnd: B/M/*Winter*, § 169 Fn. 43.
13 Vgl. VersHb/*Rixecker*, § 46 Rn. 11 f.
14 Begr. RegE BT-Drucks. 16/3945 S. 116.
15 Anders: *Neuhaus* r+s 2008, 449, 455; *Neuhaus*, T. Rn. 7; L/W/*Dörner*, § 176 Rn. 59; R/L/*Rixecker*, § 176 Rn. 2.
1 Begr. RegE BT-Drucks. 16/3945 S. 107.
2 Einzelfälle aus der Rspr., in denen eine Erwerbsunfähigkeit als Leistungsvoraussetzung vereinbart wurde: OLG Saarbrücken VersR 2002, 964; VersR 2007, 235; OLG Koblenz NJW-RR 2004, 30; OLG Celle VersR 2009, 914, 915; OLG Hamm zfs 2014, 463.
3 Begr. RegE BT-Drucks. 16/3945 S. 107.
4 Begr. RegE BT-Drucks. 16/3945 S. 107.
5 Begr. RegE BT-Drucks. 16/3945 S. 107.

Kapitel 7. Unfallversicherung

§ 178 Leistung des Versicherers. (1) Bei der Unfallversicherung ist der Versicherer verpflichtet, bei einem Unfall der versicherten Person oder einem vertraglich dem Unfall gleich gestellten Ereignis die vereinbarten Leistungen zu erbringen.
(2) Ein Unfall liegt vor, wenn die versicherte Person durch ein plötzlich von außen auf ihren Körper wirkendes Ereignis unfreiwillig eine Gesundheitsschädigung erleidet. Die Unfreiwilligkeit wird bis zum Beweis des Gegenteils vermutet.

Übersicht

	Rdn.		Rdn.
A. Allgemeines	1	5. Psychische Reaktionen	48
I. Normzweck	1	6. Sonstige Ausschlusstatbestände	50
II. Entstehungsgeschichte	2	C. Pflicht des Versicherers zur Erbringung der vereinbarten Leistung	51
III. Rechtliche Einordnung der Unfallversicherung	3	I. Leistungsarten	51
IV. Verhältnis zur gesetzlichen Unfallversicherung	5	1. Überblick	51
V. Rechtsgrundlagen der privaten Unfallversicherung	7	2. Invaliditätsleistung (Ziff. 2.1 AUB 2010)	53
B. Tatbestand	11	3. Übergangsleistung (Ziff. 2.2 AUB 2010)	54
I. Begriff des »Unfalls«	11	4. Tagegeld (Ziff. 2.3 AUB 2010)	59
1. Vorliegen eines Ereignisses	12	5. Krankenhaus-Tagegeld (Ziff. 2.4 AUB 2010)	61
2. Von außen auf den Körper wirkend	13	6. Genesungsgeld (Ziff. 2.5 AUB 2010)	64
3. Plötzlich	18	7. Todesfallleistungen (Ziff. 2.6 AUB 2010)	68
4. Gesundheitsschädigung	23	II. Höhe und Fälligkeit der Leistungen	71
5. Unfreiwillig	25	III. Ausschluss oder Kürzung der Leistung bei Verletzung von Obliegenheiten	73
6. Kausalzusammenhang	28	1. Die einzelnen Obliegenheiten	74
II. »Gleich gestelltes Ereignis«	29	2. Leistungsfreiheit und Kürzungsrecht des Versicherers	76
III. Risikoausschlüsse	33	D. Beweislast	77
1. Geistes- und Bewusstseinsstörungen	34	I. Unfreiwilligkeit der Gesundheitsschädigung	77
2. Straftaten	41	II. Sonstige Merkmale des Unfallbegriffs und weitere Unfallfolgen	79
3. Bandscheibenvorfälle, Bauch- oder Unterleibsbrüche	44		
4. Infektionen	47		

Schrifttum:
Abel/Winkens, Die Invaliditätsleistung bei krankhaften Störungen infolge psychischer Reaktionen, VersR 2009, 30; *Brockmöller,* Die Rechtsprechung des BGH zur Unfallversicherung, r+s 2012, 313; *Burmann/Heß,* Psychische Erkrankungen in der Unfallversicherung, r+s 2010, 403; *Eichelmann,* Der Tod beim Baden im Rahmen der Unfallversicherung, VersR 1972, 411; *Ernestus/Gärtner,* Isolierte traumatische Bandscheibenvorfälle in der privaten Unfallversicherung, VersR 1996, 419; *Fuchs,* Die Behandlung alkoholbedingter Straßenverkehrsunfälle im Unfallversicherungsrecht, NZV 1993, 422; *Grimm,* Unfallversicherung, AUB-Kommentar, 5. Aufl. 2013; *Heermann,* Sportverletzungen und Unfallversicherungsschutz, NJW 2012, 3400; *Heß,* Noch einmal: Psychische Erkrankungen nach Unfallereignissen: HWS und die posttraumatische Belastungsstörung, NZV 2001, 287; *Hoenicke,* Die Regulierung des Rotatorenmanschetten-Schadens in der privaten Unfallversicherung, r+s 2009, 489; *Jacob,* Treu und Glauben in der privaten Unfallversicherung, VersR 2007, 456; *ders.,* Rückforderung von Versicherungsleistungen in der privaten Unfallversicherung, VersR 2010, 39; *ders.,* Unfallversicherung AUB 2010, Handkommentar, 1. Auflage 2013; *ders.,* BGH-Rechtsprechung zur Unfallversicherung – ein Praxistest - Anm. zur Urt. D. BGH v. 01.04.2015 – IV ZR 104/03 –, r+s 2015, 330; *ders.,* Irrungen und Wirrungen zur »richtigen« Zeitpunkt der Invaliditätsbemessung in der Unfallversicherung, VersR 2014, 291; *Kessal-Wulf,* Aus der neueren Rechtsprechung des Bundesgerichtshofes zur privaten Unfallversicherung, r+s 2008, 313; *dies.,* Die neuere Rechtsprechung des BGH zum Versicherungsrecht – Unfallversicherung und Krankenversicherung, r+s 2010, 353; *Klimke,* Die Hinweispflicht des Versicherers bei Einführung neuer AUB, NVersZ 1999, 449; *Kloth,* Private Unfallversicherung, 2014; *ders.,* Stürze aus großer Höhe in der privaten Unfallversicherung, r+s 2015, 1; *Kloth/Tschersich,* Die private Unfallversicherung – Aktuelles aus Rechtsprechung und Praxis Teil 1, r+s 2015, 276; *dies.;* Die private Unfallversicherung – Aktuelles aus Rechtsprechung und Praxis Teil 2, r+s 2015, 321; *Knappmann,* Alkoholbeeinträchtigung und Versicherungsschutz, VersR 2000, 11; *ders.,* Unfallversicherung: Kausalitäts- und Beweisfragen, NVersZ 2002, 1; *ders.,* Der Eintritt des Versicherungsfalls und die Rechte und Pflichten der Vertragsbeteiligten, r+s 2002, 485; *ders.,* Privatversicherungsrecht und Sozialrecht (Kranken- und Unfallversicherung): Unterschiede und Übereinstimmungen, r+s 2007, 45; *ders.,* Die private Unfallversicherung bei einem verkehrsrechtlichen Mandat, VRR 2012, 444; *Langheid/Müller-Frank,* Rechtsprechungsübersicht zum Versicherungsvertragsrecht 2007, NJW 2008, 337; *dies.,* Rechtsprechungsübersicht zum Versicherungsvertragsrecht 2008, NJW 2009, 337; *dies.,* Rechtsprechungsübersicht zum Versicherungsvertragsrecht 2009, NJW 2010, 344; *dies.,* Rechtsprechungsübersicht zum Versicherungsvertragsrecht im zweiten Halbjahr 2013, NJW 2014, 354; *Lehmann,* Anmerkung zum BGH Urteil vom 04.05.1994, VersR 1995, 902; *ders.,* Die Rechtsprechung des IV. Zivilsenats des Bundesgerichtshofs zur Arbeitsunfähigkeits-, Berufsunfähigkeits-

und Unfallversicherung, r+s 2014, 429; *Manthey*, Versicherungsschutz in der privaten Unfallversicherung bei fehlgeschlagenen oder missglückten Selbstverletzungen, NVersZ 2000, 161; *Marlow*, Aktuelle Entwicklung der Rechtsprechung zur privaten Unfallversicherung, r+s 2005, 357; *ders.*, Aktuelles aus Rechtsprechung und Praxis zur privaten Unfallversicherung (Teil II), r+s 2006, 397; *ders.*, Die private Unfallversicherung – Aktuelles aus Rechtsprechung, Praxis und VVG-Reform, r+s 2007, 353; *ders.*, Die private Unfallversicherung – Aktuelles aus Rechtsprechung, Praxis und VVG-Reform, r+s 2009, 441; *Marlow/Tschersich*, Die private Unfallversicherung – Aktuelles aus Rechtsprechung, Praxis und VVG-Reform, r+s 2009, 441; *dies.*, Die private Unfallversicherung – Aktuelles aus Rechtsprechung, Praxis und VVG-Reform, r+s 2011, 367 und 453; *dies.*, Die private Unfallversicherung – Aktuelles aus Rechtsprechung und Praxis, r+s 2013, 157 und 365; Kloth/Tschersich, Die private Unfallversicherung – Aktuelles aus Rechtsprechung und Praxis, r+s, 276 und 321; *Naumann/Brinkmann*, Die private Unfallversicherung in der anwaltlichen Praxis, 2009; *dies.*, Die Dreijahresfrist und das Neubemessungsrecht des Versicherungsnehmers nach § 188 Abs. 1 VVG, Nr. 9.4 AUB 10/08, VersR 2013, 674; *Rolfs*, Privatrechtliche Haftung und Unfallversicherungsschutz bei Schulunfällen, VersR 1996, 1194; *dies.*, Die Dreijahresfrist und das Neubemessungsrecht des Versicherungsnehmers nach § 188 Abs. 1 VVG, Nr. 9.4 AUB 10/08, VersR 2013, 674; *Rüther*, Die Gefährdung des Versicherungsschutzes durch Alkohol im Straßenverkehr, NZV 1994, 457; *Schubach*, Politische Risiken und Krieg in der Personenversicherung, r+s 2002, 177; *Schwintowski*, Ausschluss krankhafter Störungen infolge psychischer Reaktionen in den AUB, NVersZ 2002, 395; *Schwintowski/Lang*, Marcumar (Antikoagulation): Leistungsmindernde Krankheit in der Unfallversicherung?, VuR 2013, 415; *Sommer*, Versicherungsrecht und Sozialrecht, r+s 2007, 1; *Thiel*, Die Unfallversicherung als unabhängiges Rechtsinstitut, VersR 1955, 726; *Trompetter*, Der Unfall im Rahmen einer (auto)erotischen Handlung, VersR 1998, 685; *Wagner*, Die jüngste Rechtsprechung zum Unfall-, Berufsunfähigkeits- und Kfz-Kasko-Versicherungsrecht, NJ 2013, 177; *Wehking*, Psychische Störungen nach Schädel-Hirn-Trauma – die Frage des Kausalzusammenhanges, VersR 1992, 1448; *Weiße*, Wieder ein Schritt in Richtung Transparenz: Die neuen Muster-AUB 2014, VersR 2015, 297; *Wessels/Castro*, Ein Dauerbrenner: das »HWS-Schleudertrauma« – Haftungsfragen im Zusammenhang mit psychisch vermittelten Gesundheitsbeeinträchtigungen, VersR 2000, 284; *Wussow*, Der Leistungsausschluss bei psychischen Beeinträchtigungen in der privaten Unfallversicherung, VersR 2000, 1183; *ders*, Obliegenheiten in der privaten Unfallversicherung, VersR 2003, 1481.

A. Allgemeines
I. Normzweck

1 § 178 I regelt die **Verpflichtung des Versicherers**, bei einem Unfall der versicherten Person oder bei einem vertraglich dem Unfall gleich gestellten Ereignis die vereinbarte Leistung zu erbringen. Die Vorschrift hat keine konstitutive Bedeutung, da die Leistungspflicht des Versicherers bereits aus dem Unfallversicherungsvertrag entnommen werden kann.[1] Die Erwähnung der »**gleich gestellten Ereignisse**« macht deutlich, dass über den eigentlichen Unfall hinaus auch andere Ereignisse durch vertragliche Vereinbarung in den Versicherungsschutz einbezogen werden können.[2] § 178 II enthält erstmals eine gesetzliche **Definition des Unfalls**. Der Gesetzgeber knüpft dabei an die bisherigen Begriffsbestimmungen in den AVB an. Die Gesetzesbegründung stellt im Übrigen ausdrücklich klar, dass vertragliche Einschränkungen des versicherten Risikos auch in den AVB weiter möglich sind.[3]

II. Entstehungsgeschichte

2 Die Unfallversicherung war vor der Reform in den **§§ 179 bis 185 a.F.** geregelt. Reformbedarf ergab sich vor allem daraus, dass die für die Rechtspraxis zentralen Fragen des Versicherungsfalles – insbesondere der Begriff des Unfalls – sowie wesentliche Voraussetzungen eines etwaigen Anspruchs des VN im Gesetz nicht normiert waren.[4] Aus Sicht der Reformkommission wurde die gesetzliche Regelung daher der großen Bedeutung der privaten Unfallversicherung nicht gerecht.[5]

III. Rechtliche Einordnung der Unfallversicherung

3 Die private Unfallversicherung stellt eine der wichtigsten **Personenversicherungen** dar.[6] Sie hat den Zweck, den Versicherten bei einem Unfall durch finanzielle Leistungen in Form von Renten und/oder Kapitalzahlungen abzusichern. Im Allgemeinen handelt es sich um eine **Summenversicherung**,[7] so dass das Prinzip der **abstrakten Bedarfsdeckung** gilt.[8] Dies hat zur Folge, dass die Vorschriften über die Schadensversicherung (§§ 74–99) einschließlich der Legalzession des § 86 (dazu § 86 Rdn. 3) auf die Unfallversicherung grundsätz-

---
1 *Marlow/Spuhl*, S. 261; HK-VVG/*Rüffer*, § 178 Rn. 2.
2 Begr. RegE BT-Drucks. 16/3945 S. 107.
3 Begr. RegE BT-Drucks. 16/3945 S. 107.
4 Abschlussbericht der Kommission, S. 135.
5 Abschlussbericht der Kommission, S. 135.
6 *Meixner/Steinbeck*, § 9 Rn. 1; P/M/*Knappmann*, § 179 Rn. 2; VersHb/*Mangen*, § 47 Rn. 1; BK/*Schwintowski*, § 179 Rn. 4; PK/*Brömmelmeyer*, §§ 178 bis 191 VVG Rn. 2.
7 BGHZ 32, 44, 48.
8 *Meixner/Steinbeck*, § 9 Rn. 2; *Deutsch*, Rn. 424; *Grimm*, Vor Ziff. 1 AUB 2010 Rn. 12; VersHb/*Mangen*, § 47 Rn. 3; PK/*Brömmelmeyer*, §§ 178 bis 191 VVG Rn. 2; B/M/*Leverenz*, Vor § 178 Rn. 37.

lich nicht anwendbar sind (vgl. §§ 183, 184, 189).[9] Soweit ein Bereicherungsverbot nach dem neuen VVG noch anzuerkennen ist, gilt es jedenfalls nicht bei der Unfallversicherung.[10] Die Leistung wird hier allein durch die vereinbarte Versicherungssumme begrenzt.

Die Unfallversicherung kann allerdings auch als **Schadensversicherung** ausgestaltet werden, z.B. wenn ergänzend eine Vereinbarung über die Versicherung der **Heilungskosten** bei einem Unfall abgeschlossen wird.[11] In diesem Fall sind die Vorschriften über die Schadensversicherung grundsätzlich anwendbar. Dies gilt namentlich für § 86.[12] § 81 wird aber auch hier durch die Sonderregelung des § 183 verdrängt;[13] die Anwendung der §§ 82, 83 wird durch § 184 ausgeschlossen.[14]   4

IV. Verhältnis zur gesetzlichen Unfallversicherung

Die private Unfallversicherung ist von der im SGB VII geregelten **gesetzlichen Unfallversicherung** abzugrenzen. Die gesetzliche Unfallversicherung hat nach § 1 SGB VII die Aufgabe, Arbeitsunfälle und Berufskrankheiten sowie arbeitsbedingte Gesundheitsgefahren zu **verhüten** (Nr. 1) und nach Eintritt von Arbeitsunfällen oder Berufskrankheiten die **Leistungsfähigkeit der Versicherten** mit allen geeigneten Mitteln **wiederherzustellen** und sie oder ihre Hinterbliebenen durch Geldleistungen zu **entschädigen** (Nr. 2). Die private Unfallversicherung bezweckt demgegenüber allein die **wirtschaftliche Kompensation** der aus einem Unfall folgenden Nachteile.[15] Die Leistungen bestehen ausschließlich in Geldzahlungen und sind nicht gesetzlich festgelegt, sondern werden vertraglich vereinbart. Aufgrund der unterschiedlichen Zielsetzungen stehen die Ansprüche der versicherten Person aus der gesetzlichen und der privaten Unfallversicherung selbstständig nebeneinander. Es erfolgt daher keine gegenseitige Anrechnung von Leistungen.[16]   5

Die gesetzliche Versicherung greift meist kraft Gesetzes (§ 2 SGB VII) oder kraft Satzung (§ 3 SGB VII) ein; eine freiwillige Versicherung ist nur in bestimmten Fällen möglich (vgl. § 6 SGB VII). Die **private Unfallversicherung** kommt dagegen durch einen privatrechtlichen Vertrag zustande. Dies gilt auch dann, wenn eine öffentlich-rechtliche Verpflichtung zum Abschluss des Vertrages besteht.[17]   6

V. Rechtsgrundlagen der privaten Unfallversicherung

Die private Unfallversicherung ist in den §§ 178–191 geregelt. Darüber hinaus kann auf die für sämtliche Versicherungszweige maßgeblichen Vorschriften der §§ 1–73 zurückgegriffen werden. Die Vorschriften über die Schadensversicherung (§§ 74–99) sind dagegen grundsätzlich nicht anwendbar (vgl. oben Rdn. 3). Soweit das VVG keine Sonderregelung enthält, kann schließlich auch bei der Unfallversicherung das BGB angewendet werden (vgl. Einl. A Rdn. 36).[18] Besondere Bedeutung kommt dabei den Bestimmungen über das Zustandekommen eines Vertrages (§§ 145 ff. BGB) und die AGB-Kontrolle (§§ 307 ff. BGB)[19] zu.   7

Der Gesetzgeber hat sich bei der Reform der gesetzlichen Vorschriften über die Unfallversicherung (§§ 179 a.F.) an den von der Versicherungswirtschaft entwickelten unverbindlichen **Musterbedingungen** orientiert. So wurden einige Regelungen der AUB 94 und 99 teilweise unverändert in das Gesetz aufgenommen.[20]   8

Vor der VVG-Reform wurden die gesetzlichen Bestimmungen (§§ 179–185 a.F.) meist als bloße **Ergänzung** zu den AUB angesehen.[21] Seit der Reform enthalten die §§ 178 ff. ein **gesetzliches Leitbild** für die private Unfallversicherung.[22] Da die Vorschriften weitgehend **dispositiv** sind (vgl. § 191), haben die dem jeweiligen Vertrag zugrunde liegenden **AUB** aber nach wie vor eine zentrale Bedeutung.   9

Die nachfolgende Kommentierung geht von der Fassung der **AUB 2010** aus. Im April 2014 hat der GDV die neuen AUB 2014 unverbindlich bekannt gegeben. Durch eine veränderte sprachliche Gestaltung sowie die Verwendung von Überschriften und Beispielen soll die Transparenz und Verständlichkeit der AUB gesteigert werden. Wesentliche inhaltliche Änderungen zu den AUB 2010 wurden hingegen nicht vorgenommen.[23] Auf die **AUB 2014** wird aber eingegangen, sofern diese Fassung relevante Änderungen gegenüber den AUB 2010   10

---

9 PK/*Brömmelmeyer*, Vorbem. §§ 178 ff. Rn. 2.
10 Zum alten Recht BGH MDR 1985, 512; *Grimm*, Vor Ziff. 1 AUB 2010 Rn. 12.
11 BGHZ 32, 44, 47 f.; *Deutsch*, Rn. 424; vgl. etwa § 8 VI AUB 61; dazu B/M/*Leverenz*, Vor § 178 Rn. 38; *Kloth*, A Rn. 10.
12 Vgl. BGH VersR 1973, 224; B/M/*Leverenz*, Vor § 178 Rn. 38 (zu § 67 a.F.).
13 Begr. RegE BT-Drucks. 16/3945 S. 108.
14 Begr. RegE BT-Drucks. 16/3945 S. 80, 108.
15 VersHb/*Mangen*, § 47 Rn. 1; *Meixner/Steinbeck*, § 9 Rn. 1; *Grimm*, Vor Ziff. 1 AUB 2010 Rn. 3.
16 H/E/K/*Vissering*, 22. Kap. Rn. 36.
17 RGZ 88, 29; 33; BGHZ 4, 208, 211; Palandt/*Grüneberg*, § 314 Rn. 2; P/M/*Armbrüster*, § 1 Rn. 27; *Grimm*, Vor Ziff. 1 AUB 2010 Rn. 13.
18 *Grimm*, Vor Ziff. 1 AUB 2010 Rn. 19, 25 f.
19 Ausführlich zur Einbeziehung sowie Auslegung und Inhaltskontrolle von AUB in den Unfallversicherungsvertrag *Kloth*, B Rn. 32 ff.
20 Vgl. Terbille/*Hormuth*, § 24 Rn. 6; *Meixner/Steinbeck*, § 9 Rn. 5.
21 *Grimm*, Vor Ziff. 1 AUB 2010 Rn. 20; *Meixner/Steinbeck*, § 9 Rn. 4.
22 Vgl. Abschlussbericht der Kommission, S. 136.
23 Siehe *Weiße*, VersR 2015, 297, 298; *Kloth/Tschersich*, VersR 2015, 276; Hk-VVG/*Rüffer*, Vorb. AUB 2010 Rn. 1.

enthält. Daneben haben aber nach wie vor die älteren **AUB 61, 88, 94** und**99** weiterhin große Bedeutung.[24] Bei der praktischen Rechtsanwendung muss daher sehr genau geprüft werden, welche AUB dem konkreten Vertrag zugrunde liegen.[25]

B. Tatbestand
I. Begriff des »Unfalls«

11 Bei der privaten Unfallversicherung stellt der **Unfall** die zu **versichernde Gefahr** dar.[26] Der »Unfall« ist damit der zentrale Begriff der Unfallversicherung. § 178 II 1 enthält nunmehr eine **Legaldefinition**, die der Unfalldefinition in den AUB (Ziff. 1.3. AUB 99/2008/2010, § 1 III AUB 88/94, § 2 I AUB 61) wörtlich entspricht. Der in den AUB (mit Ausnahme der AUB 61) enthaltene Klammereinschub »Unfallereignis« hat keine eigenständige Bedeutung, sondern soll lediglich klarstellen, dass das Merkmal »plötzlich« auf das »Ereignis« und das Merkmal »unfreiwillig« auf die »Gesundheitsschädigung« bezogen ist.[27] Der Gesetzgeber hat auf den Klammerzusatz zu Recht verzichtet, weil diese Zuordnung bereits dem Gesetzeswortlaut zu entnehmen ist. Hätte er den Klammereinschub in die Vorschrift des § 178 II 1 aufgenommen, so wäre dies als eine Legaldefinition des Unfallereignisses zu verstehen gewesen, was jedoch keinen Sinn macht.

1. Vorliegen eines Ereignisses

12 Bei einem Unfall muss zunächst ein auf den Körper wirkendes **Ereignis** gegeben sein. Den AUB ist keine weitere Konkretisierung dieses Begriffes zu entnehmen. Der Begriff des Ereignisses ist weit zu fassen und wird erst durch das Zusammenspiel mit den übrigen Voraussetzungen des Unfallbegriffs näher konkretisiert.[28] Isoliert betrachtet handelt es sich um ein **tatsächliches Geschehen** bzw. einen **tatsächlichen Vorgang**, unabhängig davon, ob das Geschehen oder der Vorgang durch eine mechanische, chemische, thermische oder elektrische Ursache ausgelöst wird.[29] Der Begriff des Ereignisses enthält insofern ein **dynamisches Moment** und unterscheidet sich hierdurch von dem Begriff des (statischen) Zustands.[30] Menschliche Unterlassungen sind damit nicht erfasst. Das Gleiche wird auch für psychische und geistige Vorgänge angenommen.[31] Hier dürfte es aber eher an einem nach außen wahrnehmbaren »Wirken« des Ereignisses fehlen.[32] Eigene Handlungsweisen des VN können ebenfalls durchaus ein »Ereignis« darstellen; hier ist aber wieder das Merkmal »von außen wirkend« fraglich (vgl. unten Rdn. 14).[33]

2. Von außen auf den Körper wirkend

13 Das Unfallereignis muss **von außen** auf den Körper wirken. Dies bedeutet, dass das Unfallereignis außerhalb der betreffenden Person stattfinden muss und es sich nicht nur um einen **rein körperinneren Vorgang** handeln darf.[34]

14 Klare Beispiele für von außen wirkende Ereignisse sind Zusammenstöße, das Herabstürzen von Sachen oder Verletzungen durch Tiere.[35] Auch **eigene Bewegungen** der versicherten Person können unter das Merkmal »von außen« subsumiert werden, sofern es sich nicht um ein vollständig willensgesteuertes und beherrschtes Eigenverhalten handelt.[36] Ein Unfall ist daher gegeben, wenn der Versicherte infolge von Unachtsamkeit ausrutscht und stürzt. Die äußere Einwirkung liegt hier darin, dass der Versicherte auf den Boden aufprallt.[37] Aber selbst wenn kein (zusätzliches) Aufschlagen auf den Boden gegeben ist, kann nach dem BGH ein Unfall bejaht werden, wenn die anfangs willensgesteuerte Eigenbewegung und die äußere, nicht mehr beherrschbare Einwirkung zusammentreffen, wobei die äußere Einwirkung ihrerseits Einfluss auf die veränderte und nicht mehr beherrschbare Eigenbewegung genommen hat.[38]

---

24 Abdruck der Texte bei *Grimm*, S. 17 ff.
25 Vgl. Terbille/*Hormuth*, § 24 Rn. 7.
26 Zum Unfallversicherungsprozess ausführlich *Kloth*, Kap. U.
27 So *Grimm*, Ziff. 1 AUB 2010 Rn. 18.
28 B/M/*Leverenz*, § 178 Rn. 24 f.; *Grimm*, Ziff. 1 AUB 2010 Rn. 20; vgl. auch VersHb/*Mangen*, § 47 Rn. 8.
29 Vgl. BGH VersR 1981, 173, 174; OLG Köln r+s 1990, 33, 34; OLG Karlsruhe r+s 1998, 302, 303; VersHb/*Mangen*, § 47 Rn. 8; *Grimm*, Ziff. 1 AUB 2010 Rn. 20.
30 OLG Karlsruhe r+s 1998, 302, 303; *Grimm*, Ziff. 1 AUB 2010 Rn. 20.
31 *Grimm*, Ziff. 1 AUB 2010 Rn. 20; VersHb/*Mangen*, § 47 Rn. 8.
32 Vgl. B/M/*Leverenz*, § 178 Rn. 36.
33 VersHb/*Mangen*, § 47 Rn. 8; a.A. offenbar OLG Karlsruhe r+s 1998, 302, 303.
34 BGH VersR 1962, 341, 342; *Kloth*, E Rn. 14; *Meixner/Steinbeck*, § 9 Rn. 9; P/M/*Knappmann*, § 178 Rn. 3; van Bühren/*Naumann*, § 16 Rn. 23; R/L/*Rixecker*, § 178 Rn. 4; VersHb/*Mangen*, § 47 Rn. 14; BK/*Schwintowski*, § 179 Rn. 7.
35 Vgl. VersHb/*Mangen*, § 47 Rn. 14; B/M/*Leverenz* § 178 Rn. 45 f.
36 *Grimm*, Ziff. 1 AUB 2010 Rn. 32; BK/*Schwintowski*, § 179 Rn. 8; HK-VVG/*Rüffer*, § 178 Rn. 6; BGH VersR 2009, 492, 493.
37 Vgl. *Grimm*, Ziff. 1 AUB 2010 Rn. 32: »Kollision des Körpers mit der Außenwelt«; BGH VersR 2011, 1135, wonach bei einem Sturz auf der Skipiste nur das Geschehen in den Blick zu nehmen ist, das die Gesundheitsbeschädigung unmittelbar herbeigeführt hat – hier: Aufprall auf den Boden.
38 BGH VersR 2009, 492 ff.; VersR 2011, 1135.

Nicht erfasst werden Gesundheitsschädigungen, die allein auf **willensgesteuerte** – wenn auch vielleicht unge- 15
schickte – **Körperbewegungen des Betroffenen** oder **Überbelastungen** zurückzuführen sind und nicht
(auch) auf äußeren Einwirkungen beruhen.[39] Entscheidende Verletzungsursache darf nicht das ausschließlich
eigene Ungeschick des VN, sondern ein irregulärer Zustand der Außenwelt sein.[40] Führt das Heben eines
schweren Gegenstands oder eine sonstige kontrollierte Kraftanstrengung[41] zu einem **Bandscheibenvorfall**, so
beruht die Gesundheitsschädigung auf einem willensgesteuerten Vorgang, der einen rein körperinneren Vorgang auslöst; ein Unfall ist daher nicht gegeben.[42] Ein Unfall kommt dagegen in Betracht, wenn der Bandscheibenvorfall darauf beruht, dass der gehobene Gegenstand plötzlich und unerwartet eine Eigendynamik entfaltet
(z.B. abrutscht) und der versicherten Person außer Kontrolle gerät.[43] Nach den AUB (Ziff. 5.2.1 AUB
99/2008/2010, § 2 III 2 AUB 88/94) muss der VN in diesem Fall aber nachweisen, dass der Unfall die überwiegende Ursache ist (s. unten Rdn. 42).

Knickt der Versicherte mit dem Fuß auf **normalem Bodenbelag** um, so fehlt es an einem von außen wirken- 16
den Ereignis.[44] Beim Umknicken an einer **Bordsteinkante** oder aufgrund einer **Bodenunebenheit** ist ein solches Ereignis dagegen zu bejahen, weil die Gesundheitsschädigung durch die äußere Einwirkung der Uneben-
heit auf den Bewegungsablauf des Versicherten verursacht wird.[45]

Von außen einwirkende Ereignisse sind auch das **Einatmen giftiger Gase** oder **sauerstoffarmer Luft** und das 17
Verschlucken von Säuren.[46] Das Gleiche gilt beim Tod durch **Ertrinken**; die äußere Einwirkung liegt hier im
Eindringen von Wasser in den Kehlkopf.[47] Aus welchen Gründen die versicherte Person unter Wasser gesunken ist, ist für das Vorliegen eines Unfalls grundsätzlich irrelevant[48]. Bei bestimmten Ursachen (Geistes- und
Bewusstseinsstörungen, auch aufgrund von Trunkenheit, Schlaganfällen, epileptische Anfällen, Krampfanfäl-
len, soweit sie den ganzen Körper ergreifen, also kein bloßer Wadenkrampf) ist der Versicherungsschutz aber
nach Ziff. 5.1.1 AUB 2010 (unten Rdn. 33 ff.) ausgeschlossen. War die versicherte Person schon vor dem Un-
tersinken aufgrund eines **Herzversagens** gestorben, so beruht der Tod allein auf einem körperinneren Vorgang; ein Unfall liegt daher nicht vor.[49] Beim Verschlucken von Nahrungsmitteln und anschließendem Ersti-
cken liegt nach der Rspr. ein von außen auf den Körper einwirkendes Ereignis nur vor, wenn der Versicherte
Speisen zu sich nimmt, die er nicht oder zumindest so nicht nehmen möchte. Sofern das Nahrungsmittel indessen zunächst bestimmungsgemäß in den Magen gelangt und erst dort eine Körperreaktion mit daraus resultierender Gesundheitsschädigung auslöst, ist dagegen ein innerer körperlicher Vorgang gegeben.[50]

3. Plötzlich

Nach § 178 II ist weiterhin erforderlich, dass das Ereignis **plötzlich** auf den Körper der versicherten Person 18
einwirkt. Dieses Merkmal weist nach h.M. ein objektives (zeitliches) und ein subjektives Element auf. In **objektiver** Hinsicht muss das Unfallereignis in einem **kurzen, zeitlich begrenzten Zeitraum** auf den Körper
eingewirkt haben[51]. Davon abzugrenzen sind Ereignisse, die allmählich, d.h. durch eine kontinuierliche, längere Dauer oder wiederholt über einen langen Zeitraum auf den Körper wirken.[52] Dabei kommt es nach einer neueren Entscheidung des BGH, der damit die bisherige h.M. bestätigt, nicht auf die Erwartungen der be-

---

39 H/E/K/*Vissering*, 22. Kap. Rn. 7; *Grimm*, Ziff. 1 AUB 2010 Rn. 32; *Kloth*, E Rn. 17; OLG Düsseldorf NVersZ 1999, 524, 525.
40 OLG Celle VersR 2009, 1252: Sturz eines Ski-Abfahrtsläufers wegen eines ohne Berührung vorbeifahrenden anderen Skifahrers m. krit. Anm. *Knappmann* VersR 2009, 1652.
41 OLG Hamm r+s 1998, 128: Bandscheibenvorfall beim Herausreißen eines Strauches.
42 BGH VersR 1989, 73; OLG München VersR 1991, 802; OLG Nürnberg r+s 2001, 217, 218; R/L/*Rixecker*, § 178 Rn. 6; van Bühren/*Naumann*, § 16 Rn. 122 ff.
43 Vgl. OLG Nürnberg r+s 2001, 217, 218; zur Eigendynamik LG Bayreuth VersR 2009, 58; vgl. auch LG Bayreuth VersR 2009, 58: Anheben von Granitleistensteinen.
44 LG Freiburg r+s 2003, 254, 255; weitere Fälle aus der Rechtsprechung OLG Düsseldorf r+s 1999, 296, 297; OLG Hamm r+s 1987, 56, 57; LG Düsseldorf r+s 1999, 169; LG Berlin r+s 1990, 431, 432; AG Darmstadt VersR 2009, 1112.
45 OLG München NVersZ 1998, 82; OLG Hamm VersR 1976, 336; VersR 2008, 249, 250; LG Göttingen VersR 1990, 1347; *Grimm*, Ziff. 1 AUB 2010 Rn. 29.
46 OLG Hamm VersR 1982, 946; VersHb/*Mangen*, § 47 Rn. 17; H/E/K/*Vissering*, 22. Kap. Rn. 7, 26.
47 BGH VersR 1977, 736, 737; OLG Hamm VersR 1989, 242, 243; OLG Stuttgart VersR 2007, 1363, 1364; P/M/*Knappmann*, § 178 Rn. 7; *Grimm*, Ziff. 1 AUB 2010 Rn. 37; *Kloth*, E Rn. 42.
48 BGH VersR 2012, 849 f.: Es kommt nach dieser Entscheidung nicht darauf an, ob es sich um einen typischen oder atypischen Ertrinkungstod handelt.
49 Vgl. OLG Hamm VersR 1989, 242; P/M/*Knappmann*, § 178 Rn. 7; *Grimm*, Ziff. 1 AUB 2010 Rn. 37 f.
50 BGH, VersR 2013, 1570 zum Verzehr nusshaltiger Schokolade bei einer bestehenden Nussallergie; OLG Oldenburg Urt. v. 31.05.1995 – 2 U 74/95; LG Lüneburg, r+s 1991, 216; LG Flensburg r+s 2006, 32; *Kloth*, E Rn. 35 ff.; HK-VVG/*Rüffer*, § 178 Rn. 5.
51 BGH VersR 2014, 59, 62; VersR 2013, 1570, 1571.
52 BGH VersR 1985, 177; VersR 1988, 951; OLG Karlsruhe r+s 1998, 302, 303; P/M/*Knappmann*, § 178 Rn. 13; *Grimm*, Ziff. 1 AUB 2010 Rn. 22; *Kloth*, E Rn. 5; *Marlow/Spuhl*, S. 261 f.; VersHb/*Mangen*, § 47 Rn. 10; HK-VVG/*Rüffer*, § 178 Rn. 8; R/L/*Rixecker*, § 178 Rn. 8.

§ 178 Leistung des Versicherers

troffenen Person an. Auch bei einer willensgesteuerten Verhaltensweise – wie der willentlichen Injektion von Kokain oder beim Abschlag eines Fußballes[53] – liegt Plötzlichkeit vor.[54] Wann aus dem Unfallereignis ein Schaden entsteht, ist irrelevant.[55] Unter den Versicherungsschutz fallen damit auch Ereignisse, bei denen der Gesundheitsschaden erst eine gewisse Zeit nach der plötzlichen Einwirkung eintritt.[56]

19 Über das objektive (zeitliche) Verständnis hinaus wird das Merkmal »plötzlich« durch ein **subjektives Element** erweitert. Ein Ereignis ist danach auch dann als »plötzlich« anzusehen, wenn es für die versicherte Person **unerwartet, überraschend** und daher **unentrinnbar** war, selbst wenn es nicht innerhalb eines objektiv kurzen Zeitraums eingetreten ist.[57] Exemplarisch können das Einatmen von Gas auch bei längerer Dauer sowie eine länger dauernde Bestrahlung aufgeführt werden.[58] Ausgegrenzt bleiben aber solche Ereignisse, die sehr langsam einwirken und für den Betroffenen daher nicht mehr als unerwartet eingestuft werden können.[59]

20 Auch im Rahmen des subjektiven Elements kommt es **nicht** darauf an, ob der Betroffene das Ereignis **vorhergesehen hat** oder **hätte vorhersehen können und müssen**.[60] Denn die versicherte Person muss sich bei der Unfallversicherung gerade nicht entgegenhalten lassen, sie habe den Schaden vorsätzlich oder grob fahrlässig herbeigeführt (vgl. § 183 Rdn. 2) oder sonst wie verschuldet. Dass die versicherte Person das Unfallereignis vorhergesehen hat, steht auch nicht notwendig der Unfreiwilligkeit der Gesundheitsschädigung entgegen (dazu unten Rdn. 25).

21 Die beiden Elemente des Merkmals »plötzlich« werden nicht kumulativ vorausgesetzt, sondern müssen lediglich **alternativ** vorliegen. Ist das Ereignis schon objektiv als »plötzlich« einzustufen, so kann das subjektive Element daher nicht herangezogen werden, um das Vorliegen eines Unfalls zu verneinen.[61]

22 Welches Gewicht der jeweiligen Komponente zukommt, ist im Übrigen umstritten. Die Rechtsprechung stellt das zeitliche Element in den Vordergrund. In der Regierungsbegründung wird demgegenüber darauf hingewiesen, dass dem zeitlichen Element keine vorrangige Bedeutung beigemessen wird.[62] In der Literatur finden sich ebenfalls Stimmen, die das zeitliche Element vernachlässigen wollen.[63] Für die **vorrangige Anknüpfung an das objektive (zeitliche) Element** spricht, dass die eindeutigen Fälle damit sachgemäß beurteilt werden können. Ereignisse, die in einem sehr kurzen Zeitraum auftreten, sind für die versicherte Person im Allgemeinen unerwartet, überraschend und somit unentrinnbar, so dass in der Regel zugleich auch die subjektive Komponente gegeben sein wird.[64] Bei objektiven Grenzfällen ermöglicht das subjektive Moment des Unerwarteten und Unvorhergesehenen die Feststellung, ob das Ereignis dennoch »plötzlich« auf den Körper eingewirkt hat. Da sich in zeitlicher Hinsicht keine generellen Grenzen festlegen lassen, hängt die Entscheidung allerdings häufig vom Einzelfall ab.

4. Gesundheitsschädigung

23 Durch das plötzlich von außen auf den Körper wirkende Ereignis muss bei der versicherten Person eine Gesundheitsschädigung eingetreten sein. Erforderlich ist danach eine **Beeinträchtigung der körperlichen Unversehrtheit**.[65] Der Begriff der Gesundheitsschädigung erfasst allerdings auch **psychische und nervöse Störungen**, die auf den Unfall zurückzuführen sind.[66] Insofern wird aber meist der Risikoausschluss nach Ziff. 5.2.6 AUB 2010 eingreifen (vgl. unten Rdn. 46).

---

53 OLG München VersRv 2012, 715.
54 So BGH VersR 2014, 59, 63.
55 BGH VersR 1988, 951 = NJW-RR 1988, 1429, 1430; OLG München VersR 2005, 261; OLG Köln VersR 1975, 237; OLG Nürnberg VersR 1975, 897; *Grimm*, Ziff. 1 AUB 2010 Rn. 22; P/M/*Knappmann*, § 178 Rn. 16.
56 BGH NJW 1962, 914 (Bewegungsunfähigkeit eines Bergsteigers); BGH VersR 1988, 951 (Herzinfarkt nach Einatmen von Jauchegas); OLG München NVersZ 2000, 172, 173 (Durchbohren des Dünndarms nach Verschlucken eines Zahnstochers); OLG Köln r+s 1990, 33, 34 (Tod durch Kreislaufzusammenbruch nach Tauchtraining); zusammenfassend P/M/*Knappmann*, § 178 Rn. 16.
57 Vgl. BGH VersR 1954, 113, 114; P/M/*Knappmann*, § 178 Rn. 14; R/L/*Rixecker*, § 178 Rn. 8; BK/*Schwintowski*, § 179 Rn. 9; *Kloth*, E Rn. 7; *Meixner/Steinbeck*, § 9 Rn. 8; HK-VVG/*Rüffer*, § 178 Rn. 9.
58 BGH VersR 1988, 951; OLG München VersR 1983, 127, 128; OLG Düsseldorf r+s 1996, 329 f.
59 LG Mainz VersR 1996, 1003; OLG Karlsruhe r+s 1998, 302 (Höhenkrankheit infolge tagelanger Wanderung im Hochgebirge); OLG Stuttgart VersR 1999, 436.
60 Vgl. BGH VersR 1988, 951; R/L/*Rixecker*, § 178 Rn. 8; *Grimm*, Ziff. 1 AUB 2010 Rn. 27; *Marlow* r+s 2007, 353, 354.
61 BGH VersR 1988, 952, 953; VersR 1985, 177, 178; VersR 1981, 450, 451; P/M/*Knappmann*, § 178 Rn. 15; van Bühren/*Naumann*, § 16 Rn. 44.
62 Begr. RegE BT-Drucks. 16/3945 S. 107.
63 So R/L/*Rixecker*, § 178 Rn. 8; *Kloth*, E Rn. 7; generell krit. gegenüber dem Merkmal des Plötzlichen BK/*Schwintowski*, § 179 Rn. 10 f.
64 BK/*Schwintowski*, § 179 Rn. 10; R/L/*Rixecker*, § 178 Rn. 8.
65 BGH VersR 1972, 582, 583; PK/*Brömmelmeyer*, § 178 Rn. 19; *Grimm*, Ziff. 1 AUB 2010 Rn. 48.
66 OLG Celle VersR 1979, 51; *Grimm*, Ziff. 1 AUB 2010 Rn. 48; HK-VVG/*Rüffer*, § 178 Rn. 11.

Die Gesundheitsschädigung muss **objektiv** nach den Regeln der ärztlichen Kunst feststellbar sein. Eine bloß **subjektiv empfundene** Beeinträchtigung reicht nicht.[67] 24

5. Unfreiwillig

Die Gesundheitsschädigung muss bei der versicherten Person unfreiwillig eingetreten sein. Das Merkmal der Unfreiwilligkeit ist im Kontext der Gesundheitsschädigung zu sehen und bezieht sich nach seiner Stellung im Satzbau nicht auf das Unfallereignis.[68] Auch eine vorsätzliche Herbeiführung des Unfallereignisses begründet nicht zwangsläufig die Freiwilligkeit der Gesundheitsschädigung. Denn die versicherte Person mag darauf vertraut haben, dass durch das Unfallereignis keine Gesundheitsschädigung hervorgerufen wird.[69] Die Unfreiwilligkeit der Gesundheitsschädigung scheitert erst recht nicht daran, dass sich die versicherte Person bewusst in eine gefährliche Situation begibt, z.B. eine gefährliche Sportart ausübt oder von einer Bank springt, selbst wenn die Möglichkeit einer Gesundheitsschädigung dabei in Betracht gezogen wird.[70] Die Freiwilligkeit ist erst zu bejahen, wenn sich die versicherte Person die Gesundheitsschädigung vorsätzlich aktiv zufügt bzw. passiv erduldet oder diese zumindest billigend in Kauf nimmt, das Ereignis also voraussieht und in den Willen aufnimmt.[71] 25

Die Freiwilligkeit der Gesundheitsschädigung – hier in Gestalt des Todes – fehlt im Fall des **Selbstmords**. Entsprechendes gilt bei Gesundheitsschädigungen, die durch einen **fehlgeschlagenen Selbstmordversuch** verursacht werden. Denn die versicherte Person nimmt den Eintritt einer schweren Gesundheitsschädigung als notwendiges Durchgangsstadium zumindest billigend in Kauf.[72] Die strafrechtliche Rechtsprechung, wonach der Tötungsvorsatz den Körperverletzungsvorsatz umfasst,[73] lässt sich insofern auf die Unfallversicherung übertragen. Nach der Rechtsprechung wird die Freiwilligkeit der Gesundheitsschädigung auch nicht dadurch in Frage gestellt, dass die versicherte Person zu einem Zeitpunkt von ihren Selbstmordabsichten Abstand nimmt, als sie das zur Gesundheitsschädigung führende Geschehen nicht mehr verhindern kann.[74] Eine andere Beurteilung ist dagegen geboten, wenn der Betroffene die Selbstmordabsicht zu einem Zeitpunkt aufgibt, zu dem er noch die konkrete Möglichkeit hat, die Gesundheitsschädigung zu vermeiden; scheitert der »Rücktritt« vom Selbstmord in diesem Fall an sonstigen äußeren Umständen, so tritt die Gesundheitsschädigung unfreiwillig ein.[75] 26

Tritt der Tod aufgrund einer **autoerotischen Handlung** (z.B. Selbststrangulation, Überstülpen einer Plastiktüte) ein, so ist das Merkmal der Unfreiwilligkeit gegeben. Da die versicherte Person mit der autoerotischen Handlung eine Beeinträchtigung ihrer körperlichen Funktion bezweckt hat, ist der Versicherungsschutz aber nach Ziff. 5.2.3 AUB 2010 – Eingriffe am Körper der versicherten Person – ausgeschlossen.[76] 27

6. Kausalzusammenhang

Zwischen dem Unfallereignis und der Gesundheitsschädigung muss ein Kausalzusammenhang bestehen. Erforderlich ist dabei Kausalität i.S.d. **Adäquanztheorie**.[77] Dass das Unfallereignis unmittelbar zu der Gesundheitsschädigung führt, wird nicht vorausgesetzt. Es reicht, dass das Unfallereignis für die Gesundheitsschädigung **mitursächlich** geworden ist.[78] 28

---

67 P/M/*Knappmann*, § 178 Rn. 17; van Bühren/*Naumann*, § 16 Rn. 51; H/E/K/*Vissering*, 22. Kap. Rn. 10; *Kloth*, E Rn. 47.
68 BGH VersR 1985, 177, 178; BGH VersR 1998, 1231, 1232; OLG Karlsruhe VersR 1996, 364; P/M/*Knappmann*, § 178 Rn. 20; *Deutsch*, Rn. 413; BK/*Schwintowski*, § 179 Rn. 12; *Meixner/Steinbeck*, § 9 Rn. 10; R/L/*Rixecker*, § 178 Rn. 11; VersHb/*Mangen*, § 47 Rn. 22; HK-VVG/*Rüffer*, § 178 Rn. 13.
69 P/M/*Knappmann*, § 178 Rn. 20; BK/*Schwintowski*, § 179 Rn. 12; R/L/*Rixecker*, § 178 Rn. 11; VersHb/*Mangen*, § 47 Rn. 22; H/E/K/*Vissering*, 22 Kap. Rn. 9; *Kloth*, E Rn. 49.
70 OLG Köln r+s 1990, 33, 34; OLG Saarbrücken VersR 1997, 949, 950; OLG Oldenburg VersR 1997, 1128, 1129; P/M/*Knappmann*, § 178 Rn. 20.
71 Ausführlich *Grimm*, Ziff. 1 AUB 99 Rn. 41.
72 Vgl. OLG Frankfurt a.M. NVersZ 1999, 325; OLG Hamm NVersZ 1999, 380; P/M/*Knappmann*, § 178 Rn. 21; *Kloth*, E Rn. 52; *Manthey* NVersZ 2000, 161.
73 BGH NJW 1989, 596, 597.
74 OLG Frankfurt a.M. NVersZ 1999, 325, 326.
75 Vgl. KG VersR 2001, 1416 (im konkreten Fall verneint).
76 BGH VersR 2001, 227; OLG Zweibrücken VersR 1988, 287; P/M/*Knappmann*, § 178 Rn. 22; gegen Annahme eines Eingriffs OLG Oldenburg VersR 1997, 1128; OLG Saarbrücken VersR 1997, 35; *Trompetter* VersR 1998, 685, 687.
77 P/M/*Knappmann*, § 178 Rn. 18; van Bühren/*Naumann*, § 16 Rn. 54; *Kloth*, E Rn. 77; B/M/*Leverenz*, § 178 Rn. 153 ff.; *Marlow* r+s 2007, 353, 354.
78 BGH VersR 1962, 341, 342; OLG Karlsruhe NVersZ 2000, 380, 381; OLG Stuttgart VersR 1997, 176, 177; OLG Karlsruhe VersR 1995, 36, 37; P/M/*Knappmann*, § 178 Rn. 18; VersHb/*Mangen*, § 47 Rn. 28; HK-VVG/*Rüffer*, § 178 Rn. 18.

II. »Gleich gestelltes Ereignis«

29 Durch Vereinbarung der Vertragsparteien können einem Unfall andere Ereignisse gleichgestellt werden (vgl. § 178 I). Als Beispiel für eine solche »Gleichstellung« kann Ziff. 1.4 AUB 2010 angeführt werden. Danach wird i.S. einer Fiktion festgelegt, dass als Unfall auch gilt, wenn durch eine »erhöhte Kraftanstrengung« an Gliedmaßen oder Wirbelsäule entweder ein Gelenk verrenkt wird oder Muskeln, Sehnen, Bänder oder Kapseln gezerrt oder gerissen werden. Die Erweiterung des Versicherungsschutzes besteht darin, dass die Gesundheitsschädigung **nicht** auf einem von außen auf den Körper wirkenden Ereignis beruhen muss.[79] Erforderlich ist aber eine »**erhöhte Kraftanstrengung**«, die über das Maß dessen hinausgeht, was für den gewöhnlichen normalen Bewegungsablauf erforderlich ist.[80] Damit sollen alltägliche Handlungen ausgeschlossen werden, die zwar von einer gewissen Muskelkraft abhängen, aber keinen besonderen Krafteinsatz erfordern.[81] Ob eine besondere Kraftanstrengung vorliegt, beurteilt sich nach der individuellen körperlichen Konstitution der versicherten Person.[82]

30 Besondere Bedeutung hat der Fall der erhöhten Kraftanstrengung bei der **Ausübung einer Sportart**. Vergleichsmaßstab für das Vorliegen einer erhöhten Kraftanstrengung sind hier die normalen Handlungen des täglichen Lebens. Die Kraftanstrengung muss also nicht über das mit der Ausübung der betreffenden Sportart verbundene normale Maß hinausgehen.[83] Exemplarisch für eine erhöhte Kraftanstrengung sind der Endspurt beim Kurzstreckenlauf,[84] der kämpferische Einsatz beim Fußball[85] oder ein ruckartiger Richtungswechsel beim Handball.[86]

31 Die erhöhte Kraftanstrengung muss sich in einer **bestimmten Verletzung** – Verrenkung eines Gelenks, Zerrung oder Zerreißung von Muskeln, Sehnen, Bändern oder Kapseln – niederschlagen. Bandscheibenvorfälle werden also nicht erfasst.[87]

32 In den AUB 2014 ist die »erhöhte Kraftanstrengung« nunmehr definiert: nach Ziff. 1.4 AUB 2014 ist sie eine Bewegung, deren Muskeleinsatz über die normalen Handlungen des täglichen Lebens hinausgeht. Maßgeblich für die Beurteilung des Muskeleinsatzes sind die individuellen körperlichen Verhältnisse der versicherten Person. Ebenso wird in den AUB 2014 ausdrücklich klargestellt, dass Meniskus und Bandscheiben nicht von der Unfallfiktion erfasst werden. Zudem sollen die in den AUB 2014 aufgeführten Beispiele und Erläuterungen zur Erhöhung der Transparenz beitragen.[88]

III. Risikoausschlüsse

33 Die AUB enthalten verschiedene Ausschlusstatbestände, die als **sekundäre Risikobeschreibungen** einzuordnen sind.[89] Nach allgemeinen Grundsätzen kommt es bei solchen Risikoausschlüssen nicht darauf an, ob der Versicherte die maßgeblichen Umstände kennt oder ihr Vorliegen zu vertreten hat.[90] Zu beachten ist außerdem, dass Ausschlussklauseln grundsätzlich eng auszulegen sind.[91] Maßgeblich ist dabei, wie ein durchschnittlicher VN die betreffende Klausel verstehen kann.[92] Die Darlegungs- und Beweislast für das Eingreifen eines Ausschlusstatbestandes liegt beim Versicherer.[93] Im Folgenden werden exemplarisch einige praktisch besonders wichtige Risikoausschlüsse behandelt.

---

[79] OLG Saarbrücken NVersZ 2002, 216, 217; P/M/*Knappmann*, Ziff. 1 AUB 2010 Rn. 7.
[80] Vgl. OLG Celle VersR 2009, 1252, 1253; LG Berlin r+s 2010, 253; *Kloth*, F Rn. 4.
[81] Vgl. OLG Hamm VersR 1998, 708, 709: Schnelles Erheben aus der Hocke; vgl. *Kloth*, F Rn. 4.
[82] OLG Frankfurt a.M. VersR 1996, 363; P/M/*Knappmann*, Ziff. 1 AUB 2010 Rn. 8; VersHb/*Mangen*, § 47 Rn. 32; B/M/*Leverenz*, Ziff. 1 AUB 2008 Rn. 26; vonOLG Nürnberg NVersZ 2000, 376, 377 offen gelassen; für objektive Betrachtung B/M/*Wagner*[8], §§ 179–185 Anm. G 110.
[83] OLG Saarbrücken NVersZ 2002, 216, 217; OLG Karlsruhe r+s 2012, 615 (Annahme eines über 25 m gespielten Passes beim Fußballspiel einer Altherrenmannschaft); VersHB/*Mangen*, § 47 Rn. 33; a.A. OLG Frankfurt aM VersR 1996, 363 (»normale« Bewegung beim Tennisspiel).
[84] OLG Schleswig VersR 1973, 50; das Gericht hat den Versicherungsschutz verneint, weil nach den maßgeblichen AUB eine »plötzliche« Kraftanstrengung erforderlich war.
[85] OLG Celle NJW-RR 1996, 24; krit. VersHb/*Mangen*, § 47 Rn. 34.
[86] OLG Frankfurt OLGR 1998, 239.
[87] OLG Celle r+s 1991, 357; OLG Hamm VersR 1995, 774; VersR 1999, 44; OLG Köln VersR 1997, 443 (LS); P/M/*Knappmann*, Ziff. 1 AUB 2010 Rn. 9; *Kloth*, F Rn. 14.
[88] Ausführlich *Kloth/Tschersich* r+s 2015, 276, 279.
[89] So *Marlow* r+s 2007, 353, 355; *Kloth*, K Rn. 5.
[90] *Grimm*, Ziff. 5 AUB 2010 Rn. 4; H/E/K/*Vissering*, 22. Kap. Rn. 13.
[91] Vgl. BGH VersR 1999, 748; VersR 1995, 162; VersR 1994, 1058; VersR 1991, 175; VersR 1984, 252; VersR 1975, 1093; siehe auch H/E/K/*Vissering*, 22. Kap. Rn. 13; VersHb/*Mangen*, § 47 Rn. 38.
[92] BGH VersR 2000, 1091; van Bühren/*Naumann*, § 16 Rn. 71.
[93] *Grimm*, Ziff. 5 AUB 2010 Rn. 6; *Marlow* r+s 2007, 353, 355; van Bühren/*Naumann*, § 16 Rn. 72; H/E/K/*Vissering*, Rn. 22/14; P/M/*Knappmann*, Ziff. 5 AUB 2010 Rn. 3; *Kloth*, K Rn. 6; vgl. aber zur sekundären Darlegungslast des VN OLG Hamm VersR 2009, 349 f.

1. Geistes- und Bewusstseinsstörungen

Vom Versicherungsschutz ausgenommen sind nach Ziff. 5.1.1 AUB 2010 Geistes- und Bewusstseinsstörungen, auch wenn diese auf Trunkenheit beruhen, Schlaganfälle, epileptische Anfälle oder andere Krampfanfälle, die den ganzen Körper des Versicherten ergreifen (vgl. oben Rdn. 17). Der Versicherungsschutz greift aber doch wieder ein, wenn die Störung bzw. der Anfall durch ein versichertes Unfallereignis verursacht worden ist. Der Versicherer muss für die Geistes- oder Bewusstseinsstörung den Vollbeweis erbringen. Allerdings obliegt dem VN eine sekundäre Darlegungslast bezüglich Informationen, die dem Versicherer nicht ohne Weiteres zugänglich sind.[94] Hinsichtlich der Kausalität der Störung für den Unfall kann auf die Regeln des Anscheinsbeweises zurückgegriffen werden.[95] Hierbei reicht Mitursächlichkeit grundsätzlich aus.[96]   34

Die **Geistesstörung** ist eine krankhafte Störung der Geistestätigkeit, welche die Wahrnehmungs- und Reaktionsfähigkeit der versicherten Person ernstlich gefährdet oder sogar erheblich beeinträchtigt.[97] Aus dem Wort »Störung« und dem Zweck der Klausel folgt, dass eine vollständige Aufhebung der freien Willensbestimmung – anders als bei § 104 Nr. 2 BGB und § 827 BGB – nicht erforderlich ist.[98] Das OLG Hamm hat eine Geistesstörung in einem Fall bejaht, in dem die versicherte Person infolge von Wahnvorstellungen vom Balkon gestürzt war.[99] Da eine Geistesstörung im Regelfall mit einer Bewusstseinsstörung einhergeht, ist eine genaue Abgrenzung zwischen beiden Merkmalen schwer möglich und in der Praxis entbehrlich.   35

In der Praxis steht das Merkmal der **Bewusstseinsstörung** im Vordergrund. Hierbei handelt es sich um eine durch Krankheit, Alkoholgenuss oder künstliche Mittel ausgelöste Beeinträchtigung der Aufnahme- und Reaktionsfähigkeit der versicherten Person, die die gebotene und erforderliche Reaktion auf die vorhandene Gefahrenlage nicht mehr zulässt und dadurch den Versicherten außerstande setzt, den Sicherheitsanforderungen seiner Umwelt zu genügen.[100] Vollständige Bewusstlosigkeit wird nicht vorausgesetzt.[101] Typische Beispiele für eine Bewusstseinsstörung sind **akute Depressionsschübe**[102] sowie **Ohnmacht**, auch wenn diese nur kurz auftritt.[103] Kurzfristige **Schwindelanfälle** und Schlafwandeln können ebenfalls ausreichen;[104] die Ablenkung durch einen plötzlich auftretenden heftigen Schmerz[105] genügt dagegen ebenso wenig wie die Einschränkung der Funktion von Sinnesorganen[106] oder das Einschlafen aufgrund von natürlicher Müdigkeit.[107] Der Ausschlusstatbestand ist auch dann erfüllt, wenn die versicherte Person aufgrund einer krankhaften Bewusstseinsstörung in der Badewanne ertrinkt.[108]   36

Von erheblicher praktischer Bedeutung sind **Bewusstseinsstörungen infolge von Alkoholeinfluss**.[109] Hierbei liegt eine Bewusstseinsstörung vor, wenn der Versicherte alkoholbedingt in seiner Aufnahme- und Reaktionsfähigkeit in einem solchen Maß beeinträchtigt ist, dass die Gefahrenlage, in die er sich begeben hat, von ihm nicht mehr beherrscht werden kann.[110] Für Fälle der Trunkenheit im Straßenverkehr wird danach differenziert, ob die versicherte Person am Straßenverkehr – insbesondere als Kraftfahrer – teilnimmt oder nicht. Bei **Kraftfahrern** wird eine Bewusstseinsstörung entsprechend dem Grenzwert der **absoluten Fahruntüchtigkeit** bejaht, wenn die Blutalkoholkonzentration wenigstens 1,1 ‰ beträgt; ein Gegenbeweis ist dabei nicht möglich.[111] Bei   37

---

94 OLG Hamm VersR 2009, 349, 350.
95 BGH VersR 1990, 1343, 1344; VersR 1986, 141; OLG Hamm r+s 2003, 167, 168.
96 BGH VersR 1957, 509, 510.
97 OLG Hamm r+s 2003, 341, 342 in Anknüpfung an die Rspr. zur Bewusstseinsstörung.
98 VersHb/*Mangen*, § 47 Rn. 41; bei Nervenleiden und Geisteskrankheit auf das Maß des § 104 Nr. 2 BGB abstellend P/M/*Knappmann* Ziff. 5 AUB 2010 Rn. 6; kritisch bezüglich der Differenzierung zwischen Geistes- und Bewusstseinsstörung B/M/*Leverenz*, Ziff. 5.1.1 AUB 2008 Rn. 10.
99 OLG Hamm r+s 2003, 341.
100 BGH VersR 2000, 1090, 1092; NJW-RR 1991, 147; VersR 1985, 583, 584; OLG Hamm VersR 2009, 349.
101 BGHZ 18, 311, 313; BGH VersR 2000, 1090, 1092; VersR 2008, 1683; OLG Hamm VersR 2009, 349; van Bühren/*Naumann*, § 16 Rn. 77; *Kloth*, K Rn. 14.
102 LG München VersR 1994, 589, 590.
103 OLG Hamm VersR 1986, 1187 = NJW-RR 1986, 330, 331; P/M/*Knappmann*, Ziff. 5 AUB 2010 Rn. 5; zur Entwicklung der Rspr. VersHb/*Mangen*, § 47 Rn. 42.
104 Vgl. BGH VersR 2000, 1090, 1092; OLG Stuttgart r+s 1994, 439, 439 f.; OLG Bamberg VersR 2011, 1172 (Schlafwandeln); VersHb/*Mangen*, § 47 Rn. 42; allgemein zu Schwindelanfällen *Kloth*, K Rn. 20 ff.
105 BGH r+s 1989, 302, 303.
106 BGH VersR 1986, 141, 142 (erhöhte Blendempfindlichkeit).
107 BGHZ 23, 76, 83.
108 OLG Stuttgart VersR 2007, 1363, 1364.
109 Ausführlich dazu *Fuchs* NZV 1993, 422 ff.; *Rüther* NZV 1994, 457 ff.
110 BGH VersR 1985, 583; VersR 1990, 1343; zfs 2006, 336; OLG Saarbrücken VersR 2009, 1109, 1110; OLG Celle VersR 2009, 1215, 1216.
111 Vgl. BGH VersR 1990, 1177; OLG Frankfurt a.M. VersR 1992, 993; OLG Hamm VersR 1997, 1344, 1345; OLG Koblenz VersR 2002, 43; OLG Celle VersR 2009, 1215, 1216; *Grimm*, Ziff. 5 AUB 2010 Rn. 13; P/M/*Knappmann*, Ziff 5 AUB 2010 Rn. 13; zur »erweiterten Alkoholklausel« bis zu einem BAK von 1,3 ‰ OLG Saarbrücken VersR 2009, 1109 ff.

§ 178 Leistung des Versicherers

Radfahrern wird der Grenzwert überwiegend bei 1,7 ‰ angesetzt.[112] Bei einer Blutalkoholkonzentration ab **0,8 ‰** muss in jedem Einzelfall geprüft werden, ob das Verhalten der versicherten Person konkrete Ausfallerscheinungen erkennen ließ, die einen Rückschluss auf eine alkoholbedingte (relative) Fahruntüchtigkeit – und damit auf eine alkoholbedingte Bewusstseinsstörung – rechtfertigen.[113] Unterhalb dieses Bereiches lehnt die h.M. eine alkoholbedingte Bewusstseinsstörung i.S.d. AUB generell ab.[114] Eine alkoholbedingte Bewusstseinsstörung setzt in Fällen außerhalb des Straßenverkehrs nicht zwingend die Feststellung einer besonders hohen Blutalkoholkonzentration voraus, sondern kann auch aus einem konkreten Verhalten des verletzten VN geschlossen werden.[115]

38 Bei **Fußgängern** kann nach der Rechtsprechung allein aus einer Blutalkoholkonzentration von unter 2,0 ‰ noch nicht auf das Vorliegen einer Bewusstseinsstörung geschlossen werden; es müssen vielmehr konkrete Beweisanzeichen hinzutreten, die auf eine relative Verkehrsuntüchtigkeit schließen lassen.[116] Sofern Ausfallerscheinungen hinzutreten, kann auch eine geringere Blutalkoholkonzentration eine relative Verkehrsuntüchtigkeit begründen.[117] Das LG Würzburg hat eine alkoholbedingte Bewusstseinsstörung bei einem **Reiter** angenommen, der eine Blutalkoholkonzentration von 2,31 ‰ aufwies.[118]

39 Bei **Drogenkonsum** lässt sich nach dem derzeitigen Stand der Wissenschaft noch kein allgemeiner Grenzwert für die Annahme absoluter Fahruntüchtigkeit – und somit für das Vorliegen einer Bewusstseinsstörung i.S.d. AUB – aufstellen.[119] Es kommt daher jeweils auf die Umstände des Einzelfalls an.

40 In den AUB 2014 entfällt der Ausschlusstatbestand der Geistesstörung. Neu eingefügt wurden zur besseren Verständlichkeit zudem eine Definition des Begriffs der Bewusstseinsstörung, die auf den von der Rspr. entwickelten Grundsätzen basiert, und Beispiele für eine solche. Eine Bewusstseinsstörung liegt nach Ziff. 5.1.1 AUB 2014 vor, wenn die versicherte Person in ihrer Aufnahme- und Reaktionsfähigkeit so beeinträchtigt ist, dass sie den Anforderungen der konkreten Gefahrenlage nicht mehr gewachsen ist. Insgesamt hat sich der Ausschlusstatbestand damit stark verändert.[120]

2. Straftaten

41 Gemäß Ziff. 5.1.2 AUB 2010 sind Unfälle vom Versicherungsschutz ausgenommen, die darauf beruhen, dass die versicherte Person **vorsätzlich** eine **Straftat** ausführt oder diese **versucht**. Der Zweck der Klausel besteht darin, das selbstverschuldete besondere Unfallrisiko, das mit der Ausführung einer Straftat gewöhnlich verbunden ist, nicht zu Lasten des Versicherers bzw. der Versichertengemeinschaft gehen zu lassen.[121] Dies stößt unter dem Aspekt des § 307 BGB auf keine Bedenken.[122]

42 Der Risikoausschluss setzt voraus, dass zwischen der Straftat und dem Unfall ein **adäquater Kausalzusammenhang** besteht. Der Unfall muss auf den besonderen Risiken der Straftat beruhen; dass er nur »bei Gelegenheit« der Straftat eintritt, reicht nicht.[123] Der erforderliche Zusammenhang kann auch dann vorliegen, wenn der Unfall erst nach Beendigung der Straftat (z.B. auf der Flucht) eintritt.[124] Denn auch in diesem Fall verwirklicht sich das spezifische Risiko der Straftat. Zu den besonderen Risiken der Straftat gehören insbesondere Unachtsamkeiten, die der versicherten Person durch die Erregung und die Furcht vor Entdeckung unterlaufen. Der Risikoausschluss erfasst aber auch den Fall, dass die versicherte Person durch eine Abwehrhandlung des Opfers oder beim Einsatz der Polizei verletzt wird.[125] Ob die versicherte Person strafrechtlich verurteilt wird, ist unerheblich.[126] Die allgemeinen Voraussetzungen einer Straftat – insbesondere Rechtswidrigkeit, Zurechnungsfähigkeit und das Fehlen von Schuldausschließungsgründen – müssen aber erfüllt sein.[127] Dass die versicherte Person in einem vermeidbaren Verbotsirrtum (§ 17 Satz 2 StGB) gehandelt hat, steht dem Risiko-

---

112 BGH VersR 1987, 1006 = NJW 1987, 1826, 1827; andere nehmen bei einer Blutalkoholkonzentration von 1,6 ‰ absolute Fahruntüchtigkeit an OLG Hamm r+s 1998, 216; OLG Karlsruhe VersR 1999, 634; OLG Schleswig VersR 1993, 347; nach *Kloth* K Rn. 45 könne der niedrigere Grenzwert nunmehr als etabliert angesehen werden.
113 Vgl. BGH VersR 1988, 733; OLG Koblenz VersR 2002, 43.
114 BGH r+s 1988, 311; P/M/*Knappmann*, Ziff. 5 AUB 2010 Rn. 17.
115 OLG Celle VersR 2009, 1215 ff.: nächtlicher Sturz aus einem Hotelzimmer.
116 OLG Köln r+s 1991, 106, 107; r+s 2014, 142; OLG Karlsruhe r+s 1987, 145; OLG Hamm r+s 2003, 167, 168; *Grimm*, Ziff. 5 AUB 2010 Rn. 18; *Kloth*, K Rn. 40.
117 OLG Hamm r+s 2003, 167; *Kloth*, Kap. K Rn. 42.
118 LG Würzburg r+s 1992, 106; s. auch OLG Celle r+s 2003, 168: erfahrene Reiterin mit einer Blutalkoholkonzentration von 1,7 ‰.
119 PK/*Brömmelmeyer*, § 178 Rn. 16; *Marlow* r+s 2007, 353, 355; s. auch OLG Naumburg VersR 2005, 1573 = r+s 2006, 252, 253.
120 So van Bühren/*Naumann* § 16 Rn. 74.
121 Vgl. BGHZ 23, 76, 82 = VersR 1957, 90; BGH VersR 1998, 1410.
122 OLG Hamm VersR 2008, 65, 66; s. auch *Kloth*, K Rn. 72.
123 BGH VersR VersR 1998, 1410; OLG Celle VersR 2006, 394; OLG Hamm VersR 2008, 65, 66; VersR 2009, 388.
124 OLG Hamm VersR 2008, 65, 66; VersR 2009, 388; *Grimm*, Ziff. 5 AUB 2010 Rn. 29.
125 OLG Hamm VersR 2008, 65, 66 (Bauchschuss durch Polizisten); *Grimm*, Ziff. 5 AUB 2010 Rn. 30.
126 So auch *Kloth*, K Rn. 77.
127 P/M/*Knappmann*, Ziff. 5 AUB 2005 Rn. 30.

ausschluss nicht entgegen.[128] Das Eingreifen des Risikoausschlusses wird auch nicht dadurch in Frage gestellt, dass die versicherte Person strafbefreiend vom Versuch zurückgetreten ist.[129]

Von besonderer Relevanz sind bei Ziff. 5.1.2 AUB 2010 die **Verkehrsstraftaten**.[130] Der Versicherungsschutz 43 entfällt z.B. bei Unfällen in Zusammenhang mit dem Fahren ohne die erforderliche Fahrerlaubnis (§ 21 StVG)[131] oder dem unerlaubten Entfernen vom Unfallort (§ 142 StGB). Bei vorsätzlicher Gefährdung des Straßenverkehrs (§ 315c StGB) muss sich der Vorsatz nur auf den Verkehrsverstoß beziehen; im Hinblick auf die Gefährdung anderer Menschen oder fremder Sachen von bedeutendem Wert ist dagegen gemäß § 315c III Nr. 1 StGB grobe Fahrlässigkeit ausreichend.[132]

3. Bandscheibenvorfälle, Bauch- oder Unterleibsbrüche

Nach Ziff. 5.2.1 AUB 2010 ist der Versicherungsschutz bei **Bandscheibenschäden** sowie bei **Blutungen an in-** 44 **neren Organen** (z.B. Aneurysma)[133] **und Gehirnblutungen** grundsätzlich ausgeschlossen. Der Ausschluss beruht auf der Erwägung, dass solche Verletzungen dem Bereich der Krankenversicherung zuzuordnen sind.[134] Der Versicherungsschutz wird doch gewährt, wenn ein Unfallereignis die **überwiegende Ursache** für die betreffende Gesundheitsschädigung ist. Da es sich bei dem Wiedereinschluss um eine Gegenausnahme handelt, liegt die Darlegungs- und Beweislast für die überwiegende Ursächlichkeit des Unfallereignisses beim VN.[135]

In der Praxis steht die Problematik der **Bandscheibenvorfälle** im Vordergrund.[136] Der grundsätzliche Aus- 45 schluss der dadurch hervorgerufenen Schäden verstößt nach ganz überwiegender Ansicht nicht gegen § 307 BGB.[137] Der Beweis für den Wiedereinschluss des Bandscheibenschadens – überwiegende Ursächlichkeit des Unfalls – kann vom VN nur selten geführt werden. Nach medizinischer Erfahrung bleiben degenerative Veränderungen der Bandscheiben nämlich oft über lange Zeit »stumm«; wird der Bandscheibenvorfall dann durch einen Unfall (z.B. Treppensturz) ausgelöst, stellt der Unfall sich meist als bloße »Gelegenheitsursache« dar.[138] Die versicherte Person kann sich deshalb nicht darauf berufen, dass sie vor dem Unfall noch keine Beschwerden an den Bandscheiben hatte. Der Beweis für die überwiegende Ursächlichkeit des Unfalls kann auch nicht dadurch geführt werden, dass der VN ein auf eine Röntgenuntersuchung gestütztes ärztliches Attest vorlegt, wonach vor dem Unfall keine degenerativen Veränderungen der Bandscheiben feststellbar waren. Denn eine Röntgenuntersuchung erlaubt für sich genommen keine sicheren Aussagen über den Zustand der Bandscheiben.[139]

Nach Ziff. 5.2.7 AUB 2010 sind auch **Bauch- oder Unterleibsbrüche** vom Versicherungsschutz ausgenommen, 46 sofern sie nicht durch eine gewaltsame von außen kommende Einwirkung entstanden sind. Bei einem durch schweres Heben hervorgerufenen »Pressbruch« wird eine von außen kommende Einwirkung überwiegend verneint.[140] Die Beweislast für das Vorliegen einer von außen kommenden Einwirkung liegt beim VN. Das Fehlen von äußeren Verletzungen im Bauchbereich spricht gegen die Annahme einer solchen Einwirkung.[141]

4. Infektionen

Zu den nach Ziff. 5.2.4 AUB 2010 vom Versicherungsschutz ausgeschlossenen Infektionen gehören insbeson- 47 dere solche, die durch **Zeckenbisse** verursacht werden (Borreliose).[142] Bei Tollwut und Wundstarrkrampf besteht demgegenüber nach Ziff. 5.2.4.2 AUB 2010 Versicherungsschutz.

---

128 OLG Hamm – 20 W 31/05 – VersR 2006, 399; *Kloth*, K Rn. 74.
129 OLG Hamm – 20 U 104/05 – VersR 2006, 399; *Kloth*, K Rn. 74.
130 van Bühren/*Naumann*, § 16 Rn. 95.
131 BGH VersR 1982, 465; OLG Koblenz VersR 1998, 709; zur Beweislast des Versicherers für den Vorsatz der versicherten Person OLG Düsseldorf VersR 2000, 309.
132 OLG Hamm VersR 1981, 954; s. auch *Kloth*, Kap. E Rn. 82; zweifelnd P/M/*Knappmann*, Ziff. 5 AUB 2010 Rn. 34.
133 OLG Frankfurt a.M. VersR 1991, 213; BGH VersR 1991, 916: Aorta als inneres Organ.
134 *Grimm*, Ziff. 5 AUB 2010 Rn. 65.
135 OLG Karlsruhe r+s 2006, 296; OLG Koblenz VersR 2005, 1425; OLG Köln VersR 2003, 1120, 1121; OLG Hamm NVersZ 2002, 213; r+s 2006, 340; *Grimm*, Ziff. 5 AUB 2010 Rn. 71; *Kloth*, E Rn. 148; *Knappmann* NVersZ 2002, 1, 3; *Marlow* r+s 2007, 353, 356.
136 Ausführlich zu Bandscheibenschädigungen B/M/*Leverenz*, § 178 Anh Rn. 2 ff.; *Grimm*, Ziff. 5 AUB 2010 Rn. 65 f.; vgl. allg. zu Bandscheibenvorfällen *Ernestus/Gärtner* VersR 1996, 419 ff.
137 Aus der neueren Rspr. OLG Hamm r+s 2006, 467; OLG Frankfurt a.M. VersR 2006, 1118 = r+s 2006, 165; OLG Karlsruhe r+s 2006, 296.
138 OLG Köln VersR 2003, 1120, 1121; Terbille/*Hormuth*, § 24 Rn. 177.
139 Siehe *Marlow* r+s 2007, 353, 356; OLG Frankfurt a.M. VersR 2006, 1118; vgl. zum Nachweis eines Bandscheibenschadens durch Aufprall OLG Koblenz VersR 2008, 1683 ff.
140 OLG Hamburg r+s 1990, 102, 103; AG Stuttgart VersR 1984, 841; *Grimm*, Ziff. 5 AUB 2010 Rn. 111; P/M/*Knappmann*, Ziff. 5 AUB 2010 Rn. 72.
141 OLG Hamburg r+s 1990, 102, 103.
142 Vgl. OLG Hamm VersR 2008, 342; VersR 2007, 387; OLG Koblenz VersR 2005, 493; LG Dortmund r+s 2006, 253; OLG München VersR 2013, 1433; bzgl. des Nachweises einer Borreliose infolge eines Zeckenbisses LG Berlin, r+s 2010, 125; ausführlich *Grimm*, Ziff. 5 AUB 2010 Rn. 89 ff.

5. Psychische Reaktionen

48 Von großer praktischer Relevanz ist der in Ziff. 5.2.6 AUB 2010 geregelte Risikoausschluss für krankhafte Störungen infolge **psychischer Reaktionen**, auch wenn sie durch einen Unfall verursacht werden[143]. Hierdurch werden solche Störungen vom Versicherungsschutz ausgenommen, bei denen es an einem körperlichen Trauma fehlt oder die krankhafte Störung des Körpers nur mit ihrer psychogenen Natur – insbesondere einer psychischen Fehlverarbeitung des Unfalls – erklärt werden kann. Demgegenüber sind **organische Schädigungen** oder **körperliche Reaktionen**, die zu einer psychischen Erkrankung führen, vom Versicherungsschutz umfasst.[144] Ob eine psychische Erkrankung auf einer körperlichen oder psychischen Reaktion beruht, ist in der Praxis oft schwer zu unterscheiden. So stellt die Ausschüttung von Stresshormonen nach einem Unfall eine normale körperliche Reaktion dar; tritt infolge des damit verbundenen Blutdruckanstiegs eine Aortendissektion ein, beruht diese somit nicht auf einer psychischen Reaktion.[145]

49 Der Ausschluss von Gesundheitsschäden aufgrund psychischer Reaktionen führt zu einer erheblichen Einschränkung der allgemeinen Zurechnungsgrundsätze.[146] Er wird jedoch dadurch gerechtfertigt, dass die Folgen psychischer Fehlverarbeitungen für den Versicherer schwer kalkulierbar sind. Außerdem würde die Einbeziehung psychischer Reaktionen die Schadensabwicklung erheblich erschweren. Die Rechtsprechung hat einen Verstoß gegen **§ 307 BGB** daher zu Recht verneint.[147]

6. Sonstige Ausschlusstatbestände

50 Darüber hinaus ist der Versicherungsschutz für Unfälle ausgeschlossen, die durch **Kriegs- oder Bürgerkriegsereignisse** verursacht worden sind (Ziff. 5.1.3 AUB 2010) oder die die versicherte Person als **Luftfahrzeugführer**, bei der Benutzung von **Raumfahrzeugen** (Ziff. 5.1.4 AUB 2010) oder bei der Teilnahme an **Wettfahrten mit Motorfahrzeugen** (Ziff. 5.1.5 AUB 2010) erleidet. Ausschlüsse gelten ferner für Unfälle durch **Kernenergie** (Ziff. 5.1.6 AUB 2010) und für Gesundheitsschäden durch **Strahlen** (Ziff. 5.2.2 AUB 2010) einschließlich Laserstrahlen in einer Diskothek.[148] Kein Versicherungsschutz besteht schließlich für Gesundheitsschäden durch **Heilmaßnahmen** oder **Eingriffe am Körper** der versicherten Person (Ziff. 5.2.3 AUB 2010) sowie **Vergiftungen** aufgrund der Einnahme fester oder flüssiger Stoffe durch den Schlund (Ziff. 5.2.5 AUB 2010). So fällt nach einer Entscheidung des OLG Celle beispielsweise ein Sturz des Versicherungsnehmers bei der Nakoseeinleitung anlässlich des Umbettens unter die Ausschlussklausel für Gesundheitsschäden durch Heilmaßnahmen und Eingriffe, da sich dadurch eine mit einer gewollten Behandlung eigentümliche Gefahr konkretisiert hat.[149]

C. Pflicht des Versicherers zur Erbringung der vereinbarten Leistung

I. Leistungsarten

1. Überblick

51 Bei Vorliegen eines Unfalls oder eines gleich gestellten Ereignisses hat der Versicherer die vereinbarten Leistungen zu erbringen. Die Unfallversicherung kennt verschiedene **Leistungsarten**, die in Ziff. 2 AUB 2010 näher umschrieben sind. Im Einzelnen handelt es sich um die Invaliditätsleistung (Ziff. 2.1), die Übergangsleistung (Ziff. 2.2), das Tagegeld (Ziff. 2.3), das Krankenhaus-Tagegeld (Ziff. 2.4), das Genesungsgeld (Ziff. 2.5) und die Todesfallleistung (Ziff. 2.6).

52 Der Leistungsumfang kann durch Vertrag über den Katalog der AUB 2010 hinaus auf **weitere Leistungen** ausgedehnt werden.[150] Beispiele sind der Ersatz von Heilungs- oder Bergungskosten oder der Kosten für kosmetische Operationen.

---

143 Ausführlich zu diesem Ausschlussgrund *Abel/Winkens* VersR 2009, 30 ff.
144 Vgl. BGH VersR 2003, 634 = r+s 2003, 295; VersR 2004, 1039 =r+s 2004, 385; LG Nürnberg-Fürth VersR 2009, 922 (fehlende organische Entsprechung eines festgestellten Tinnitus); OLG Köln VersR 2013, 349; OLG Hamm r+s 2013, 88; OLG Koblenz r+s 2013, 89; OLG Zweibrücken zfs 2014, 704; P/M/*Knappmann*, Ziff. 5 AUB 2010 Rn. 69; *Marlow* r+s 2007, 353, 357; *Kloth*, K Rn. 203.
145 BGH VersR 2003, 634; zu weiteren Beispielen OLG Hamm VersR 2006, 1394, 1395 f. = r+s 2006, 428; OLG Brandenburg VersR 2006, 1251; OLG Düsseldorf VersR 2006, 1487, 1488; OLG Köln VersR 2007, 976 f.; OLG Rostock VersR 2006, 105 f.; OLG Koblenz VersR 2005, 1137, 1138 f.; vgl. auch *Grimm*, AUB Ziff. 5 2010 Rn. 104 ff.; *Kloth*, K Rn. 206; *Heß* NZV 2001, 287 ff.; *Knappmann* NVersZ 2002, 1, 4; *Schwintowski* NVersZ 2002, 395.
146 *Knappmann* NVersZ 2002, 1, 4; zur grundsätzlichen Zurechenbarkeit von psychischen Reaktionen des Verletzten im Haftungsrecht BGHZ 132, 341, 345 ff. = VersR 1996, 990.
147 BGH VersR 2004, 1039; VersR 2004, 1449 = r+s 2004, 516.
148 BGH VersR 1998, 617.
149 So OLG Celle VersR 2010, 803 f.
150 VersHb/*Mangen*, § 47 Rn. 153; *Grimm*, Ziff. 2 AUB 2010 Rn. 80 ff.; H/E/K/*Vissering*, 22. Kap. Rn. 43.

2. Invaliditätsleistung (Ziff. 2.1 AUB 2010)

Wichtigste Leistung in der Unfallversicherung ist die Invaliditätsleistung. Da der Begriff der Invalidität seit der Reform in § 180 geregelt ist, wird auch die Invaliditätsleistung in diesem Zusammenhang behandelt (s. § 180 Rdn. 23). 53

3. Übergangsleistung (Ziff. 2.2 AUB 2010)

Die Übergangsleistung setzt nach Ziff. 2.2 AUB 2010 voraus, dass die normale körperliche und geistige Leistungsfähigkeit der versicherten Person nach Ablauf von sechs Monaten vom Unfalltag an noch **um mindestens 50 % beeinträchtigt** ist; da es sich um eine unfallbedingte Beeinträchtigung handeln muss, bleiben Krankheiten oder Gebrechen außer Betracht. Der Zweck der Übergangsleistung besteht darin, bei schweren Verletzungen die Zeit bis zur Fälligkeit der Invaliditätsleistung – dies kann nach § 180 I 2 drei Jahre oder länger dauern – zu überbrücken.[151] 54

Nach dem Wortlaut der AUB muss die Beeinträchtigung innerhalb der sechs Monate **ununterbrochen** bestanden haben. Dass die 50 %ige Beeinträchtigung schon direkt im Anschluss an den Unfall vorliegt, ist nicht erforderlich. Es reicht vielmehr aus, wenn sie kurz danach eintritt.[152] Für den Beginn der sechsmonatigen Frist ist der Eintritt der Gesundheitsbeeinträchtigung maßgeblich.[153] 55

Die Beeinträchtigung muss nicht auf **ein** Unfallereignis zurückzuführen sein. Es können auch **zwei** Unfallereignisse zur Übergangsleistung führen. Zwischen den Unfällen muss aber eine Kausalkette in dem Sinne bestehen, dass der zweite Unfall auf der durch den ersten Unfall verursachten Gesundheitsbeeinträchtigung beruht.[154] Die Frist beginnt dann mit der **ersten** Gesundheitsbeeinträchtigung.[155] 56

Eine wesentliche Anspruchsvoraussetzung ist die **rechtzeitige Geltendmachung** der Übergangsleistung beim Versicherer. Hierbei ist eine Frist von sieben Monaten nach Eintritt des Unfalls einzuhalten (Ziff. 2.2.1 AUB 2010). Es handelt sich um eine Ausschlussfrist, so dass ein etwaiges Fristversäumnis entschuldigt werden kann.[156] Die versicherte Person muss ein ärztliches Attest vorlegen, um die Beeinträchtigung zu belegen. Zur **Hinweispflicht des Versicherers** vgl. § 186 (dort Rdn. 10). 57

Die Übergangsleistung besteht in einer **Einmalzahlung** in Höhe der vereinbarten Versicherungssumme (Ziff. 2.2.2 AUB 2010). Anders als bei der Invaliditätsleistung (§ 180 Rdn. 23) findet keine Abstufung nach dem Grad der Beeinträchtigung statt, sofern nur eine Beeinträchtigung der normalen körperlichen und geistigen Leistungsfähigkeit von mehr als 50 % gegeben ist. Die Übergangsleistung folgt somit dem Alles-oder-nichts-Prinzip.[157] 58

4. Tagegeld (Ziff. 2.3 AUB 2010)

Nach Ziff. 2.3 AUB 2010 kann die Zahlung eines Tagegeldes im Versicherungsvertrag vereinbart werden. Der Anspruch setzt nach Ziff. 2.3.1 AUB 2010 voraus, dass die versicherte Person unfallbedingt in der Arbeitsfähigkeit beeinträchtigt und in ärztlicher Behandlung ist. Zweck des Tagegeldes ist, die aus dem Unfall resultierenden Einkommensverluste auszugleichen.[158] Da die versicherte Person in **ärztlicher Behandlung** stehen muss, reicht die bloße Krankschreibung nicht aus.[159] Das Gleiche gilt für die Behandlung durch einen Heilpraktiker.[160] 59

Das Tagegeld wird nach dem **Grad der Beeinträchtigung** der Berufstätigkeit oder Beschäftigung abgestuft. Bei der Feststellung dieses Grades kommt es auf die von der versicherten Person ausgeübte Tätigkeit an.[161] In **zeitlicher** Hinsicht ist das Tagegeld auf die Dauer der ärztlichen Behandlung, längstens auf ein Jahr begrenzt. 60

5. Krankenhaus-Tagegeld (Ziff. 2.4 AUB 2010)

Die Parteien können nach Ziff. 2.4 AUB 2010 auch die Zahlung eines Krankenhaus-Tagegeldes vereinbaren. Die Leistung setzt hier voraus, dass die versicherte Person sich unfallbedingt in **vollstationärer Heilbehandlung** befindet. Eine teilstationäre oder ambulante Behandlung reicht somit nicht aus.[162] 61

---

151 Vgl. H/E/K/*Vissering*, Rn. 38; *Grimm*, Ziff. 2 AUB 2010 Rn. 56; VersHb/*Mangen*, § 47 Rn. 201.
152 OLG München VersR 2000, 93 (»mehraktiges« Unfallereignis); OLG Hamm r+s 1993, 359, 360; P/M/*Knappmann*, Ziff. 2 AUB 2010 Rn. 45 f.
153 *Grimm*, Ziff. 2 AUB 2010 Rn. 56.
154 OLG München VersR 2000, 93; OLG Frankfurt VersR 2002, 48.
155 P/M/*Knappmann*, Ziff. 2 AUB 2010 Rn. 46.
156 VersHb/*Mangen*, § 47 Rn. 203; ebenso P/M/*Knappmann*, Ziff. 2 AUB 2010 Rn. 47; *Kloth*, Kap. H Rn. 6 spricht von Anspruchsvoraussetzung; bei den AUB 94 und AUB 61 war die rechtzeitige Geltendmachung dagegen eine Obliegenheit (vgl. P/M/*Knappmann*, 27. Auflage 2004, § 7 AUB 94 Rn. 34).
157 H/E/K/*Vissering*, 22. Kap. Rn. 38.
158 Terbille/*Hormuth*, § 24 Rn. 129; H/E/K/*Vissering*, 22. Kap. Rn. 39.
159 Dazu H/E/K/*Vissering*, 22. Kap. Rn. 39.
160 OLG Düsseldorf VersR 1997, 1387, 1388; P/M/*Knappmann*, Ziff. 2 AUB 2010 Rn. 48.
161 OLG Koblenz NVersZ 2002, 405, 406.
162 Vgl. P/M/*Knappmann*, Ziff. 2 AUB 2010 Rn. 50; *Kloth*, H Rn. 18.

62 Die vollstationäre Behandlung muss **medizinisch notwendig** sein. Diese Voraussetzung beurteilt sich nach den gleichen Grundsätzen wie bei der privaten Krankenversicherung.[163] Ausgenommen sind Kuren und Aufenthalte in Sanatorien und Erholungsheimen. Solche Aufenthalte gelten nach den AUB 2010 nicht als medizinisch notwendige Behandlung, selbst wenn dort Heilmaßnahmen wie in einem Krankenhaus durchgeführt werden.[164] Handelt es sich um eine gemischte Anstalt, so kommt es nach h.M. auf den Zweck des Aufenthaltes an.[165]

63 Das Krankenhaus-Tagegeld wird für **jeden Kalendertag** der vollstationären Behandlung gezahlt. Aufnahme- und Entlassungstag werden als ein Kalendertag angesehen.[166] Der Anspruch ist zeitlich auf **zwei Jahre** vom Unfalltag an begrenzt.

6. Genesungsgeld (Ziff. 2.5 AUB 2010)

64 Nach Ziff. 2.5 AUB 2010 kann als Versicherungsleistung ferner ein Genesungsgeld vereinbart werden. Dieses steht in einem engen Zusammenhang mit dem Krankenhaus-Tagegeld, weil es nur gezahlt wird, wenn die versicherte Person aus einer vollstationären Behandlung entlassen wurde und Anspruch auf Krankenhaus-Tagegeld hatte. Der Zweck des Genesungsgeldes liegt darin, der versicherten Person nach der vollstationären Behandlung für einen gewissen Zeitraum zusätzliche finanzielle Mittel für etwaige Mehraufwendungen zu gewähren.[167] Das Genesungsgeld wird dabei genauso lang gezahlt, wie Krankenhaus-Tagegeld geleistet wurde (Ziff. 2.5.2 AUB 2010), allerdings begrenzt auf maximal 100 Tage.

65 Nach § 7 V 1 AUB 94 war die Höhe des Genesungsgeldes entsprechend der Zeitdauer **abgestuft**. 100 % des Krankenhaus-Tagegeldes wurden nur für die ersten 10 Tage geleistet; danach beschränkte sich der Anspruch auf 50 % bzw. 20 % des Krankenhaus-Tagegeldes. Eine solche Abstufung war schon in den AUB 99 nicht mehr enthalten und ist auch in den AUB 2010 nicht vorgesehen.

66 Im Falle des **Todes der versicherten Person** erhalten die Erben nur Krankenhaus-Tagegeld, weil der Anspruch auf Genesungsgeld die Entlassung der versicherten Person aus der vollstationären Behandlung voraussetzt.[168]

67 In den neuen Musterbedingungen wurde das Genesungsgeld gestrichen. Aufgenommen worden sind dagegen die Leistungsarten »Unfallrente« (Ziffer 2.2 AUB 2014), »Kosten für kosmetische Operationen« (Ziffer 2.7 AUB 2014) und »Kostenerstattung für Such-, Bergungs- und Rettungseinsätze« (Ziffer 2.8 AUB 2014).

7. Todesfallleistungen (Ziff. 2.6 AUB 2010)

68 In Betracht kommt schließlich die Vereinbarung einer Todesfallleistung (Ziff. 2.6 AUB 2010). Die Leistung setzt gemäß Ziff. 2.6 AUB 2010 voraus, dass die versicherte Person innerhalb eines Jahres infolge eines Unfalls gestorben ist. Erforderlich ist also, dass der Tod **adäquat kausal** durch den Unfall verursacht wurde.[169]

69 Der Tod der versicherten Person muss dem Versicherer gemäß Ziff. 7.5. AUB 2010 innerhalb von 48 Stunden gemeldet werden (vgl. auch unten Rdn. 71). Der Versicherer behält sich ferner das Recht vor, eine Obduktion durch einen von ihm beauftragten Arzt vornehmen zu lassen (Ziff. 7.5 AUB 2010).

70 Keine Todesfallleistungen werden gezahlt, wenn der Tod der versicherten Person auf einem **Selbstmord** beruht. In diesem Fall fehlt es bei der versicherten Person an der erforderlichen Unfreiwilligkeit der Gesundheitsschädigung (oben Rdn. 26). Die Beweislast für die »Freiwilligkeit« liegt aber nach § 178 II 2 beim Versicherer.

II. Höhe und Fälligkeit der Leistungen

71 Die Höhe der Leistungen richtet sich bei sämtlichen Leistungsarten nach der jeweils **vereinbarten Versicherungssumme**. Bei der Invaliditätsleistung bestehen allerdings einige Besonderheiten (dazu § 180 Rn. 31).

72 Die **Fälligkeit** der Leistungen und der Anspruch des VN auf Zahlung eines **Vorschusses** sind in § 187 II geregelt. Zu den Einzelheiten vgl. § 187 Rdn. 2 ff.

III. Ausschluss oder Kürzung der Leistung bei Verletzung von Obliegenheiten

73 Gemäß Ziff. 7 AUB 2010 treffen den VN und die versicherte Person **nach Eintritt des Versicherungsfalles** verschiedene Obliegenheiten. Für den Fall, dass diese Obliegenheiten vorsätzlich oder grob fahrlässig verletzt werden, sieht Ziff. 8 AUB 2010 den Ausschluss der Leistung bzw. ein Kürzungsrecht des Versicherers vor.

---

163 Vgl. *Grimm*, Ziff. 2 AUB 2010 Rn. 67.
164 OLG Düsseldorf VersR 1993, 41.
165 *Grimm*, Ziff. 2 AUB 2010 Rn. 70; VersHb/*Mangen*, § 47 Rn. 207.
166 *Grimm*, Ziff. 2 AUB 2010 Rn. 71; H/E/K/*Vissering*, 22. Kap. Rn. 40; in Ziff. 8 IV AUB 61 wurde dies noch ausdrücklich aufgeführt.
167 Vgl. H/E/K/*Vissering*, 22. Kap. Rn. 41; *Grimm*, Ziff. 2 AUB 2010 Rn. 74; *Kloth*, H Rn. 26.
168 *Grimm*, Ziff. 2 AUB 99 Rn. 75.
169 P/M/*Knappmann*, Ziff. 2 AUB 2010 Rn. 55.

1. Die einzelnen Obliegenheiten

Gemäß Ziff. 7.1 AUB 2010 ist der VN bzw. die versicherte Person bei einem Unfall, der voraussichtlich eine Leistungspflicht herbeiführt, gehalten, unverzüglich einen **Arzt hinzuzuziehen** und **dessen Anordnungen** zu **befolgen** sowie den Versicherer zu unterrichten. Die Obliegenheit zur Hinzuziehung eines Arztes und zur Befolgung seiner Anordnungen ist eine besondere Ausprägung der Obliegenheit zur Minderung der Unfallfolgen (vgl. § 184 Rdn. 4). Die **Unterrichtung des Versicherers** entspricht der Anzeigepflicht nach § 30; ebenso wie dort bedarf es also zunächst noch keiner detaillierten Angaben (vgl. § 30 Rdn. 15).[170] Weitere Auskünfte müssen erst auf Nachfrage des Versicherers erteilt werden. Ziff. 7.2 AUB 2010 sieht hierzu vor, dass der VN bzw. die versicherte Person die vom Versicherer übersandte **Unfallanzeige** wahrheitsgemäß auszufüllen und unverzüglich zurückzusenden hat; außerdem muss er dem Versicherer auf dessen Verlangen weitere sachdienliche Auskünfte erteilen (vgl. dazu § 31). Dazu gehört z.B. die Frage nach Vorerkrankungen oder Vorunfällen, sofern diese für die vorliegende Gesundheitsschädigung relevant sind.[171] Ebenso muss der VN auf Nachfrage angeben, ob andere Unfallversicherungen bestehen.[172] Führt ein Unfall zum **Tod der versicherten Person**, so muss dies dem Versicherer **innerhalb von 48 Stunden gemeldet werden**. Die Obliegenheit entfällt nicht allein dadurch, dass der Unfall schon angezeigt war (vgl. Ziff. 7.5 AUB 2010). Hat der Versicherer anderweitig vom Tod der versicherten Person Kenntnis erlangt, ist § 30 II aber analog anwendbar.[173] Die Kürze der Frist erklärt sich daraus, dass die Aufklärung des Sachverhalts nach der Bestattung erheblich erschwert ist.[174] Der Aufklärung des Sachverhalts dient auch die Obliegenheit der versicherten Person, sich von den vom Versicherer beauftragten Ärzten **untersuchen zu lassen** (Ziff. 7.3 AUB 2010) und Ärzte, andere Versicherer, Versicherungsträger und Behörden von der **Schweigepflicht** zu entbinden (Ziff. 7.4 AUB 2010).[175] Der Versicherer hat bei der Erhebung der personenbezogenen Gesundheitsdaten die Vorgaben des § 213 zu beachten. Für die Einzelheiten vgl. die Kommentierung des § 213.

2. Leistungsfreiheit und Kürzungsrecht des Versicherers

Bei vorsätzlicher Verletzung einer Obliegenheit geht der Versicherungsschutz verloren. Die Leistungspflicht des Versicherers ist also vollständig ausgeschlossen. Wird die Obliegenheit **grob fahrlässig** verletzt, so kann der Versicherer die Leistung in einem der Schwere des Verschuldens entsprechenden Verhältnis kürzen.[176] Voraussetzung ist aber immer, dass der Versicherer durch eine **gesonderte Mitteilung in Textform** auf diese Rechtsfolgen hingewiesen hat (Ziff. 8 AUB 2010). Für die Einzelheiten kann auf die allgemeinen Grundsätze über die Verletzung von Obliegenheiten nach Eintritt des Versicherungsfalls (§ 28 Rdn. 140) verwiesen werden.

D. Beweislast

I. Unfreiwilligkeit der Gesundheitsschädigung

Gemäß § 178 II 2 wird die **Unfreiwilligkeit** der Gesundheitsschädigung gesetzlich vermutet. Der Versicherer muss also ggf. beweisen, dass die Gesundheitsschädigung freiwillig eingetreten ist. Der Gesetzgeber hat damit die Vermutung des § 180a I a.F. inhaltlich unverändert ins neue VVG übernommen.[177] Gemäß § 191 kann hiervon nicht zum Nachteil des VN oder der versicherten Person abgewichen werden.

Der Versicherer muss für die Freiwilligkeit der Gesundheitsschädigung **vollen Beweis** erbringen (§ 286 ZPO). Die Rechtsprechung lässt dabei aber einen solchen Grad an Gewissheit ausreichen, der den »Zweifeln Schweigen gebietet, ohne sie auszuschließen«.[178] Da es bei der Freiwilligkeit um eine innere Tatsache geht, muss der Versicherer die Beweisführung meist auf Indizien stützen. Die Regeln über den **Anscheinsbeweis** sind nicht anwendbar. Denn bei individuellen menschlichen Verhaltensweisen und Willensentschlüssen lassen sich keine allgemeinen, typischen Geschehensabläufe herauskristallisieren, die nach der allgemeinen Lebenserfahrung einen Rückschluss auf bestimmte Ursachen oder Beweggründe ermöglichen.[179] Dies gilt namentlich im Hinblick auf das Vorliegen eines **Freitods**.[180]

---

170 Vgl. P/M/*Knappmann*, Ziff. 7 AUB 2010 Rn. 2.
171 Siehe OLG Hamm VersR 2001, 709, 710.
172 OLG Frankfurt r+s 2002, 37; OLG Hamm r+s 2001, 140 f.; OLG Koblenz VersR 2005, 1524; P/M/*Knappmann*, Ziff. 7 AUB 2010 Rn. 7.
173 *Grimm*, Ziff. 7 AUB 2010 Rn. 19.
174 Vgl. *Grimm*, Ziff. 7 AUB 2010 Rn. 19.
175 Vgl. BGH NJW 2006, 911, 912 = JR 2007, 106, 107 m.Anm. *Looschelders/Bruns*; vgl. auch *Kloth*, M Rn. 45 ff.
176 S. ausführlich *Kloth*, N Rn. 3 ff.
177 Begr. RegE BT-Drucks. 16/3945 S. 107.
178 BGHZ 53, 245, 256; BGHZ 100, 214, 217; BGH r+s 1987, 173; OLG Frankfurt r+s 1996, 201; OLG Köln VersR 2004, 1042; OLG Hamm VersR 1990, 966, 967; OLG Saarbrücken VersR 1990, 969; OLG Celle VersR 2010, 205.
179 BGHZ 100, 214, 216; BGHZ 104, 256, 259; OLG Oldenburg r+s 2000, 304, 305; VersHb/*Mangen*, § 47 Rn. 26; PK/*Brömmelmeyer*, § 178 Rn. 31.
180 BGH VersR 1987, 503.

II. Sonstige Merkmale des Unfallbegriffs und weitere Unfallfolgen

79 In Bezug auf die übrigen Merkmale des Unfallbegriffs ist der VN nach allgemeinen Regeln beweispflichtig.[181] Für das Vorliegen eines **Unfalls** oder eines gleich gestellten Ereignisses, die **Gesundheitsschädigung** sowie die **Kausalität** zwischen Unfall und Gesundheitsschädigung muss der VN den vollen Beweis erbringen (§ 286 ZPO).[182] Der VN muss allerdings nicht notwendig ein bestimmtes Unfallgeschehen nachweisen; es genügt, wenn der Richter zur Überzeugung gelangt, dass alle ernsthaft in Betracht zu ziehenden Geschehensabläufe die Merkmale eines versicherten Unfallereignisses erfüllen.[183] Der Beweis der Kausalität ist erbracht, wenn andere denkbare Ursachen für die Gesundheitsschädigung ausscheiden.[184]

80 Ob die Gesundheitsschädigung den **Tod** oder die **Invalidität** der versicherten Person herbeigeführt hat, gehört nicht mehr zum Unfallbegriff. Da diese weiteren Unfallfolgen dem Bereich der haftungsausfüllenden Kausalität zuzuordnen sind, kommt dem VN dafür die Beweiserleichterung nach § 287 ZPO zugute.[185]

81 Die Beweislast für das Eingreifen eines **Ausschlussgrundes** nach Ziff. 5 AUB 2010 (dazu oben Rdn. 32) liegt beim Versicherer.[186] Soweit die betreffenden Klauseln einen Wiedereinschluss vorsehen, ist aber der VN beweispflichtig.

§ 179 Versicherte Person.

(1) Die Unfallversicherung kann für den Eintritt eines Unfalles des Versicherungsnehmers oder eines anderen genommen werden. Eine Versicherung gegen Unfälle eines anderen gilt im Zweifel als für Rechnung des anderen genommen.
(2) Wird die Versicherung gegen Unfälle eines anderen von dem Versicherungsnehmer für eigene Rechnung genommen, ist zur Wirksamkeit des Vertrages die schriftliche Einwilligung des anderen erforderlich. Ist der andere geschäftsunfähig oder in der Geschäftsfähigkeit beschränkt oder ist für ihn ein Betreuer bestellt und steht die Vertretung in den seine Person betreffenden Angelegenheiten dem Versicherungsnehmer zu, kann dieser den anderen bei der Erteilung der Einwilligung nicht vertreten.
(3) Soweit im Fall des Absatzes 2 nach diesem Gesetz die Kenntnis und das Verhalten des Versicherungsnehmers von rechtlicher Bedeutung sind, sind auch die Kenntnis und das Verhalten des anderen zu berücksichtigen.

Übersicht

	Rdn.		Rdn.
A. Allgemeines	1	III. Geschäftsunfähige oder beschränkt geschäftsfähige Personen	11
B. Versicherung für fremde Rechnung	3	IV. Zurechnung von Kenntnis und Verhalten	12
C. Versicherung für eigene Rechnung	5	D. Abdingbarkeit	13
I. Erfordernis einer Einwilligung	5		
II. Rechtslage bei Fehlen einer wirksamen Einwilligung	8		

Schrifttum:
Vgl. die Nachweise zu § 178.

A. Allgemeines

1 § 179 I 1 stellt klar, dass eine Unfallversicherung für den Eintritt eines Unfalls nicht nur des VN selbst, sondern auch eines anderen vereinbart werden kann. Demgemäß können der VN und die versicherte Person **personenverschieden** sein.

2 § 179 I übernimmt inhaltlich unverändert den § 179 I, II 1 a.F. § 179 II stimmt inhaltlich mit § 179 III a.F. überein und stellt für den Bereich der Unfallversicherung eine ergänzende Regelung zu den allgemeinen Vorschriften über die **Versicherung für fremde Rechnung** (§§ 43–48) dar.[1] Der in § 179 II 2 a.F. enthaltene Verweis auf die Vorschriften über die Versicherung für fremde Rechnung (§§ 75–79 a.F.) wurde gestrichen, weil die §§ 43 ff. aufgrund ihrer systematischen Stellung für alle Versicherungszweige gelten.[2] § 179 III entspricht § 179 IV a.F.

---

181 PK/*Brömmelmeyer*, § 178 Rn. 41; P/M/*Knappmann*, § 178 Rn. 24; ausführlich *Knappmann* NVersZ 2002, 1 ff.
182 BGH VersR 1992, 1503, 1504 = NJW 1993, 201; VersR 2001, 1547; OLG Hamm VersR 2008, 249; OLG Düsseldorf r+s 2005, 300; OLG Celle VersR 2010, 205.
183 BGH VersR 1977, 736; P/M/*Knappmann*, § 178 Rn. 24.
184 OLG Hamm r+s 1995, 117, 118; *Grimm*, Ziff. 1 AUB 2010 Rn. 47.
185 BGH VersR 2001, 1547; VersR 1992, 1503, 1504; OLG Düsseldorf r+s 2005, 300.
186 BGHZ 131, 15, 18 ff. = VersR 1995, 1433; VersR 2004, 1039, 1040; PK/*Brömmelmeyer*, § 178 Rn. 18, 24; *Grimm*, Ziff. 5 AUB 2010 Rn. 6; a.A R/L/*Rixecker*, § 178 Rn. 12.
1 Begr. RegE BT-Drucks. 16/3945 S. 107.
2 Begr. RegE BT-Drucks. 16/3945 S. 107.

B. Versicherung für fremde Rechnung

§ 179 I 2 enthält eine **gesetzliche Auslegungsregel**. Eine Unfallversicherung, die gegen Unfälle eines anderen abgeschlossen wird, gilt danach **im Zweifel** als Versicherung für fremde Rechnung. Dies hat zur Folge, dass die §§ 43 ff. unmittelbar anwendbar sind (s. oben Rdn. 2). Der Anspruch auf die Versicherungsleistung steht somit nicht dem VN selbst, sondern dem Versicherten zu (vgl. § 44 I). 3

Ob eine Fremd- oder Eigenversicherung vorliegt, ist aber **vorrangig** dem jeweiligen Versicherungsvertrag zu entnehmen. Bei Fehlen einer ausdrücklichen Vereinbarung muss die Frage durch **Vertragsauslegung** geklärt werden.[3] Dabei kommt den **wirtschaftlichen Interessen des VN** maßgebliche Bedeutung zu. Eine Versicherung für eigene Rechnung ist z.B. anzunehmen, wenn die Unfallversicherung die Fürsorge- und Versorgungspflichten von Eltern bzw. Arbeitgebern oder sonstige wirtschaftliche Eigeninteressen des VN (z.B. bei der Filmausfallversicherung) abdecken soll.[4] 4

C. Versicherung für eigene Rechnung

I. Erfordernis einer Einwilligung

Sofern die Versicherung gegen Unfälle eines anderen für eigene Rechnung des VN genommen wird, bedarf es gemäß § 179 II 1 der **schriftlichen Einwilligung des Dritten**. Dahinter steht die Erwägung, dass einer Spekulation mit der Gesundheit oder dem Leben Dritter hinter deren Rücken entgegengewirkt werden muss.[5] Nach h.M. steht es einer Versicherung für eigene Rechnung gleich, wenn für den VN ein Bezugsrecht besteht.[6] Denn auch in diesem Fall könnte der VN ein besonderes Interesse haben, den Versicherungsfall vorsätzlich herbeizuführen (vgl. § 183 II). 5

Eine wirksame **Einwilligung** setzt nach **§ 183 Satz 1 BGB** voraus, dass der Dritte vor Abschluss des Vertrages zugestimmt hat;[7] eine nachträgliche Genehmigung reicht nach dem Zweck des Einwilligungserfordernisses nicht aus.[8] Der Dritte kann seine Einwilligung gemäß § 183 Satz 1 BGB bis zum Abschluss des Vertrages **widerrufen**.[9] 6

Zur Wahrung des Schriftformerfordernisses bedarf es nach § 126 I BGB einer **eigenhändigen Unterschrift** der versicherten Person. Eine Blankounterschrift reicht nach dem Zweck der Formvorschrift nicht aus.[10] Nach § 126 III i.V.m. § 126a BGB kann die Schriftform aber durch die **elektronische Form** ersetzt werden.[11] Die Einwilligung kann auch durch einen Bevollmächtigten erteilt werden; entgegen der allgemeinen Regel des § 167 II BGB bedarf die Vollmacht in diesem Fall aber nach dem Schutzzweck des § 179 II 1 der Schriftform.[12] 7

II. Rechtslage bei Fehlen einer wirksamen Einwilligung

Fehlt eine wirksame Einwilligung, so ist der Unfallversicherungsvertrag nach h.M. gleichwohl **nicht als nichtig** anzusehen. Vielmehr greift § 179 I 2 ein, so dass es sich um eine Versicherung für fremde Rechnung handelt.[13] Die Auslegungsregel ist allerdings nur »im Zweifel« maßgeblich. Sie hilft daher nicht weiter, wenn der VN nach der vertraglichen Vereinbarung offensichtlich keine Fremdversicherung abschließen wollte.[14] In einem solchen Fall führt das Fehlen einer wirksamen Einwilligung daher ausnahmsweise auch bei der Unfallversicherung zur Nichtigkeit des Vertrages. 8

Bei einer **Gruppenunfallversicherung** für eigene Rechnung ist die Einwilligung aller versicherten Personen notwendig.[15] Ansonsten entsteht für diejenigen, deren Einwilligung fehlt, nach § 179 I 2 eine Versicherung für fremde Rechnung.[16] 9

Bei der **Insassen-Unfallversicherung** besteht die Besonderheit, dass die Person des Versicherten meist erst bei Eintritt des Versicherungsfalles feststeht. Soweit Dritte betroffen sind, fehlt es daher typischerweise an der 10

---

3 HK-VVG/*Rüffer*, § 179 Rn. 3.
4 P/M/*Knappmann*, § 179 Rn. 11; PK/*Brömmelmeyer*, § 179 Rn. 5.
5 BGHZ 32, 44, 49; BGH VersR 1999, 347; P/M/*Knappmann*, § 179 Rn. 13.
6 BGHZ 32, 44, 49; P/M/*Knappmann*, § 179 Rn. 13; BK/*Schwintowski*, § 179 Rn. 27; PK/*Brömmelmeyer*, § 179 Rn. 6.
7 BGH VersR 1999, 347; OLG Hamm VersR 1977, 1124; P/M/*Knappmann*, § 179 Rn. 14; PK/*Brömmelmeyer*, § 179 Rn. 8; BK/*Schwintowski*, § 179 Rn. 29; *Grimm*, Ziff. 1 AUB 2010 Rn. 8.
8 BGH VersR 1999, 347; P/M/*Schneider*, § 150 Rn. 10; B/M/*Leverenz*, § 179 Rn. 213.
9 BK/*Schwintowski*, § 179 Rn. 29.
10 BGH VersR 1999, 347.
11 PK/*Brömmelmeyer*, § 179 Rn. 9; P/M/*Knappmann*, § 179 Rn. 14a; a.A. R/L/*Rixecker*, § 179 Rn. 3; HK-VVG/*Rüffer*, § 179 Rn. 5.
12 Vgl. OLG Frankfurt a.M. VersR 1997, 478 (LS) (zur Lebensversicherung); a.A. BK/*Schwintowski*, § 179 Rn. 30.
13 BGHZ 32, 44, 49; BGH VersR 1965, 1166; OLG Hamm VersR 1977, 1124; PK/*Brömmelmeyer*, § 179 Rn. 10; P/M/*Knappmann*, § 179 Rn. 15; Römer/Langheid/*Römer*, § 179 Rn. 31; a.A. B/M/*Leverenz*, § 179 Rn. 226; *Grimm*, Ziff. 1 AUB 2010 Rn. 12.
14 OLG Hamburg VersR 1966, 680; BK/*Schwintowski*, § 179 Rn. 31; P/M/*Knappmann*, § 179 Rn. 15.
15 Vgl. BK/*Schwintowski*, § 179 Rn. 32; zu den Konsequenzen für den Arbeitgeber P/M/*Knappmann*, § 179 Rn. 15.
16 BK/*Schwintowski*, § 179 Rn. 32; a.A. *Grimm*, Ziff. 1 AUB 2010 Rn. 12.

§ 180 Invalidität

für eine Eigenversicherung erforderlichen Einwilligung. Nach der Auslegungsregel des § 179 I 2 ist daher davon auszugehen, dass es sich um eine Versicherung für fremde Rechnung handelt.[17]

III. Geschäftsunfähige oder beschränkt geschäftsfähige Personen

11 Besondere Probleme ergeben sich, wenn der Dritte **geschäftsunfähig** oder **beschränkt geschäftsfähig** ist oder wenn für ihn ein Betreuer bestellt wurde. Ist der VN in diesem Fall selbst der gesetzliche Vertreter oder Betreuer der versicherten Person, so kann er sie bei der Einwilligung gemäß § 179 II 2 nicht wirksam vertreten. Es bedarf daher gemäß § 1909 I BGB der Mitwirkung eines **Ergänzungspflegers**.[18]

IV. Zurechnung von Kenntnis und Verhalten

12 Liegt eine Versicherung **für fremde Rechnung** vor, so muss der VN sich die Kenntnis und das Verhalten des Versicherten nach § 47 I zurechnen lassen (zu den Einzelheiten dort). Hat der VN die Versicherung **für eigene Rechnung** genommen, so ist diese Vorschrift nicht anwendbar. Nach § 179 III sind aber auch in diesem Fall nicht nur die Kenntnis und das Verhalten des VN, sondern auch die Kenntnis und das Verhalten der versicherten Person zu berücksichtigen. Der VN und die versicherte Person werden insofern also als eine rechtliche Einheit angesehen.[19] Praktische Bedeutung hat dies vor allem bei Obliegenheitsverletzungen.

D. Abdingbarkeit

13 § 179 gehört nicht zu den halbzwingenden Vorschriften i.S.d. § 191. Bei § 179 II handelt es sich aber nach Sinn und Zweck um eine **zwingende** Vorschrift.[20] Denn die Parteien dürfen es nicht in der Hand haben, die Schutzvorschriften zugunsten der versicherten Person durch abweichende Vereinbarungen auszuschalten.[21]

§ 180 Invalidität. Der Versicherer schuldet die für den Fall der Invalidität versprochenen Leistungen im vereinbarten Umfang, wenn die körperliche oder geistige Leistungsfähigkeit der versicherten Person unfallbedingt dauerhaft beeinträchtigt ist. Eine Beeinträchtigung ist dauerhaft, wenn sie voraussichtlich länger als drei Jahre bestehen wird und eine Änderung dieses Zustandes nicht erwartet werden kann.

Übersicht

	Rdn.		Rdn.
A. Allgemeines	1	1. Form und Frist	10
B. Begriff der Invalidität	3	2. Ärztliche Feststellung	16
I. Beeinträchtigung der körperlichen und geistigen Leistungsfähigkeit	4	III. Fristgerechte Geltendmachung beim Versicherer	21
II. Dauerhaftigkeit der Beeinträchtigung	5	D. Invaliditätsleistung	24
III. Unfallbedingtheit der Beeinträchtigung	6	I. Höhe der Leistung	24
C. Zusätzliche formelle Anforderungen nach den AUB	7	II. Grad der Invalidität	26
I. Eintritt der Invalidität innerhalb eines Jahres	8	III. Art der Leistung	35
II. Invaliditätsfeststellung	10	IV. Tod der versicherten Person	37
		E. Beweislast	38

Schrifttum:
Dümichen, Die einjährige Ausschlussfrist bei Invaliditätsleistungen gem. § 7 I 3 AUB 88/94 und die Einbindung des Arztes, ZVersWiss 2003, 783; *Jacob,* Die Feststellung der Invalidität in der Unfallversicherung – eine Betrachtung zum maßgeblichen Zeitpunkt der Invaliditätsbemessung, VersR 2005, 1341; *ders.,* Rückforderung von Versicherungsleistungen in der privaten Unfallversicherung, VersR 2010, 39; *Klimke,* Vertragliche Ausschlussfristen für die Geltendmachung des Versicherungsanspruchs nach der VVG-Reform – Entschuldigungsmöglichkeit, Hinweispflicht und Transparenz, VersR 2010, 290; *Knappmann,* Zur Invaliditätsbemessung in der Unfallversicherung: Funktionsunfähigkeit gleich Verlust?, VersR 2003, 430; *Lehmann,* Der Invaliditätsbegriff in der Allgemeinen Unfallversicherung, VW 1987, 1370; *Lehmann/Ludolph,* Die Invalidität in der privaten Unfallversicherung, 2004; *Manthey,* Wann ist dem Unfallversicherer die Berufung auf die formellen Voraussetzungen des § 7 I AUB 88 (§ 8 II AUB 61) verwehrt?, NVersZ 2001, 55; *Reichenbach/Lehmann,* Zur Gliedertaxe gem. AUB § 7 Abschn. 1 Abs. 2 Buchst. a, VersR 2002, 301; *Wagner,* Zur Ermittlung der Invalidität in der privaten Unfallversicherung, VersR 1984, 576.

---

17 BGHZ 19, 94, 100; 32, 44, 50; PK/*Brömmelmeyer,* § 179 Rn. 11.
18 Grimm, Ziff. 1 AUB 2010 Rn. 11; P/M/*Knappmann,* § 179 Rn. 7.
19 So PK/*Brömmelmeyer,* § 179 Rn. 13.
20 Vgl. P/M/*Knappmann,* § 179 Rn. 20.
21 PK/*Brömmelmeyer,* § 179 Rn. 16.

Invalidität § 180

A. Allgemeines

Die Unfallversicherung soll den VN bzw. die versicherte Person insbesondere vor den Folgen einer unfallbedingten Invalidität schützen. Die **finanzielle Absicherung** bei dauerhaften Gesundheitsschäden, die sog. Invaliditätsleistung, steht damit im Vordergrund der vereinbarten Unfallversicherungsleistungen. 1

Eine **Legaldefinition** des Begriffs der Invalidität enthält die Vorschrift des § 180, die durch die Reform neu ins VVG eingefügt wurde. Nach den Vorstellungen des Gesetzgebers handelt es sich um eine **abdingbare** (vgl. § 191) **Auslegungsregel**, die eingreifen soll, wenn für den Fall der Invalidität Leistungen versprochen werden, ohne dass der Versicherungsvertrag hierzu nähere, wirksame Regelungen enthält.[1] In der Praxis dürfte dieser Fall aber kaum einmal vorkommen. Insbesondere in den AUB wird der Begriff der Invaliditätsleistung näher umschrieben. Die neueren AUB (Ziff. 2.1.1.1 AUB 99/2008/2010, § 7 I 1 AUB 88/94) entsprechen allerdings weitgehend § 180. In den **AUB 61** (§ 8 II 1) wird dagegen noch von einer abweichenden Definition der Invalidität im Sinne einer **dauernden Beeinträchtigung der Arbeitsfähigkeit** ausgegangen.[2] Die Gesetzesbegründung stellt ausdrücklich klar, dass die Geltung solcher abweichenden Definitionen durch § 180 nicht in Frage gestellt werden soll.[3] Die praktische Bedeutung der Vorschrift ist daher gering.[4] 2

B. Begriff der Invalidität

Nach der Definition des § 180 Satz 1 liegt Invalidität vor, wenn die körperliche oder geistige Leistungsfähigkeit der versicherten Person unfallbedingt dauerhaft beeinträchtigt ist. Die Vorschrift knüpft damit an Ziff. 2.1.1.1 AUB 99 an. Ziff. 2.1.1.1 AUB 2008/2010 übernimmt wiederum den Wortlaut des § 180 (einschließlich Satz 2), so dass insoweit von einer **einheitlichen Definition** der Invalidität ausgegangen werden kann. Vorschriften des Versorgungsrechts, des Sozialversicherungsrechts oder des Schwerbehindertenrechts haben in der privaten Unfallversicherung dagegen weder für den Begriff noch für den Grad der Invalidität Bedeutung.[5] 3

I. Beeinträchtigung der körperlichen und geistigen Leistungsfähigkeit

Der Begriff der Invalidität setzt zunächst eine **Beeinträchtigung der körperlichen oder geistigen Leistungsfähigkeit** voraus. Ob eine solche Beeinträchtigung vorliegt, ergibt sich aus dem Vergleich mit der normalen Leistungsfähigkeit eines durchschnittlichen VN.[6] Dabei sind ausschließlich medizinische Gesichtspunkte zu berücksichtigen (vgl. Ziff. 2.1.2.2.2 AUB 2010).[7] Erfasst werden auch solche Beeinträchtigungen, die keine Auswirkungen auf die Arbeitsfähigkeit haben.[8] 4

II. Dauerhaftigkeit der Beeinträchtigung

Die Beeinträchtigung der körperlichen und geistigen Leistungsfähigkeit muss **dauerhaft** sein. Wann die erforderliche Dauerhaftigkeit vorliegt, ist in **§ 180 Satz 2** (Ziff. 2.1.1.1 Satz 2 AUB 2010) geregelt. Danach muss die gesundheitliche Einbuße voraussichtlich **länger als drei Jahre** bestehen; außerdem darf **keine Änderung des Zustandes zu erwarten** sein. Der Gesetzgeber hat sich mit dieser Legaldefinition gegen das Verständnis des Begriffes »dauerhaft« im Sinne von »lebenslang« entschieden, das für die AUB 99 und deren Vorgänger, die alle noch keine Definition der Dauerhaftigkeit enthalten hatten, in der Literatur befürwortet wird.[9] § 180 Satz 2 übernimmt nach der Gesetzesbegründung die in der Rechtsprechung einheitlich vertretene Auslegung des Begriffs der Dauerhaftigkeit.[10] Ob die Rechtsprechung insoweit wirklich einheitlich ist, wird zwar bezweifelt.[11] Durch die Definition besteht aber jetzt wenigstens für die den ab AUB 2008 unterliegenden Verträge Klarheit. 5

---

1 Begr. RegE BT-Drucks. 16/3945 S. 108; vgl. dazu auch B/M/*Leverenz*, § 180 Rn. 2; PK/*Brömmelmeyer*, § 180 Rn. 1; P/M/*Knappmann*, § 180 Rn. 2; *Kloth*, G Rn. 4; *Marlow*/Spuhl, Rn. 1234.
2 Vgl. B/M/*Leverenz*, § 180 Rn. 7; VersHb/*Mangen*, § 47 Rn. 154 f.; *Naumann/Brinkmann*, § 5 Rn. 6; *Marlow*/Spuhl, Rn. 1234; *Marlow* r+s 2007, 353, 361.
3 Begr. RegE BT-Drucks. 16/3945 S. 108.
4 B/M/*Leverenz*, § 180 Rn. 2; PK/*Brömmelmeyer*, § 180 Rn. 2.
5 OLG Celle VersR 2007, 1688, 1689; VersR 1959, 784; B/M/*Leverenz*, § 180 Rn. 6; PK/*Brömmelmeyer*, § 180 Rn. 11; *Grimm*, Ziff. 2 AUB 2010 Rn. 5.
6 OLG Hamm VersR 2003, 586; B/M/*Leverenz*, § 180 Rn. 13 ff.; VersHb/*Mangen*, § 47 Rn. 156; PK/*Brömmelmeyer*, § 180 Rn. 9; *Naumann/Brinkmann*, § 5 Rn. 5.
7 B/M/*Leverenz*, § 180 Rn. 10; *Grimm*, Ziff. 2 AUB 2010 Rn. 3; vgl. aber P/M/*Knappmann*, § 180 Rn. 3; HK-VVG/*Rüffer*, Ziff. 2 AUB 2010 Rn. 1, die trotz einer generellen Betrachtungsweise eine Berücksichtigung besonderer Fähigkeiten befürworten, so dass auch bei der Minderung überdurchschnittlicher Fähigkeiten Ansprüche bestehen.
8 OLG Hamm VersR 2008, 389; VersR 2003, 586; B/M/*Leverenz*, § 180 Rn. 7, 12.
9 Vgl. VersHb/*Mangen*, § 47 Rn. 157; vgl. aber auch (erläuternd wie auch andere) P/M/*Knappmann*, § 180 Rn. 5, der eine dauernde Beeinträchtigung an sich nur bei lebenslanger Dauer annimmt, aber bei einer unsicheren Feststellbarkeit einer lebenslangen Beeinträchtigung eine Prognose von wenigstens drei Jahren genügen lässt.
10 Begr. RegE BT-Drucks. 16/3945 S. 108; so auch *Naumann/Brinkmann*, § 5 Rn. 9.
11 PK/*Brömmelmeyer*, § 180 Rn. 4; *Kloth*, G Rn. 6; *Marlow*/Spuhl, Rn. 1235; *Marlow* r+s 2007, 353, 361.

§ 180 Invalidität

III. Unfallbedingtheit der Beeinträchtigung

6 Die Beeinträchtigung muss schließlich unfallbedingt sein. Zwischen der unfallbedingten Gesundheitsschädigung und der Invalidität muss also ein **adäquater Kausalzusammenhang** bestehen.[12] Beim Nachweis dieses Zusammenhangs kommt dem VN die Vorschrift des § 287 ZPO zugute (vgl. dazu § 178 Rdn. 77).

C. Zusätzliche formelle Anforderungen nach den AUB

7 Die Leistungspflicht des Versicherers ist nach den AUB durch strenge Fristen begrenzt. Die Invalidität muss danach **innerhalb eines Jahres** nach dem Unfall eingetreten und **innerhalb von fünfzehn Monaten** nach dem Unfall von einem Arzt schriftlich festgestellt und vom VN beim Versicherer geltend gemacht worden sein (Ziff. 2.1.1.1 AUB 99/2008/2010). Diese Fristen haben den Zweck, die schwer aufklärbaren und oft unübersehbaren Spätschäden vom Versicherungsschutz auszunehmen.[13] Da Spätschäden selten sind, wird der Vertragszweck nicht generell gefährdet. Die Regelung stellt deshalb keine unangemessene Benachteiligung i.S.d. § 307 I BGB dar und hält folglich der **Inhaltskontrolle** stand.[14]
Diskussionen sind aber hinsichtlich des **Transparenzgebots** (§§ 305c II, 307 I 1, II 2 BGB) aufgekommen, da die zusätzlichen Anforderungen in Ziff. 2 AUB 2000/2008/2010 mit der Überschrift »Welche Leistungen können vereinbart werden?« aufgeführt sind und nicht in Ziff. 7 unter dem Stichwort »Was ist nach einem Unfall zu beachten (Obliegenheiten)?«. Innerhalb von Ziff. 2 könnte ein VN die Voraussetzungen für eine Invaliditätsleistung übersehen bzw. sie bei Durchsicht des Inhaltsverzeichnisses gar nicht finden.[15] Der BGH hat nunmehr die Transparenz der Fristenregelung bejaht und ausgeführt, es bestehe für einen VN bei Eintritt der Invalidität durchaus Anlass, sich über die einzelnen Leistungsvoraussetzungen zu informieren und die maßgebliche AUB zu lesen.[16] Letztlich kann dieser Streit aber dahinstehen, da dem VN wegen der Hinweispflicht des Versicherers gem. § 186 keine Nachteile entstehen.[17]

I. Eintritt der Invalidität innerhalb eines Jahres

8 Die Invalidität muss nach Ziff. 2.1.1.1 zunächst **innerhalb eines Jahres nach dem Unfall** eingetreten sein. Dies bedeutet, dass die durch den Unfall erlittene gesundheitliche Einbuße am Ende des ersten Unfalljahres den **Charakter einer Dauerschädigung** erreicht haben muss.[18] Die Frist ist eine die Leistungspflicht des Versicherers begrenzende **Anspruchsvoraussetzung**.[19]

9 Die **Frist für den Eintritt der Invalidität** wurde in den AUB 2014 geändert. Sie beträgt nunmehr – wie auch die Frist zur schriftlichen ärztlichen Feststellung – **15 Monate** (Ziff. 2.1.1.2 AUB 2014). Zudem sind drei Berechnungsbeispiele in Ziff. 2.1. AUB 2014 eingefügt worden. In Ziff. 2.1.1.3 AUB 2014 wird darüber hinaus darauf hingewiesen, dass ein Anspruch ausgeschlossen ist, wenn der VN die Frist zur Geltendmachung versäumt, wobei aber die Möglichkeit zur Entschuldigung der Fristversäumnis besteht.[20]

---

12 OLG Celle VersR 2010, 205; B/M/*Leverenz*, § 180 Rn. 27; van Bühren/*Naumann*, § 16 Rn. 54; VersHb/*Mangen*, § 47 Rn. 158; *Naumann/Brinkmann*, § 5 Rn. 16.
13 BGHZ 137, 174, 176 = NJW 1998, 1069; BGH VersR 2007, 1114, 1115; OLG Düsseldorf VersR 2010, 805; OLG Celle VersR 2008, 670, 671; OLG Karlsruhe VersR 2006, 1396, 1397; B/M/*Leverenz*, Ziff. 2.1 AUB 2008 Rn. 71; HK-VVG/*Rüffer*, Ziff. 2 AUB 2010 Rn. 4; PK/*Brömmelmeyer*, § 180 Rn. 13, 15; P/M/*Knappmann*, Ziff. 2 AUB 2010 Rn. 8; VersHb/*Mangen*, § 47 Rn. 165; *Looschelders/Bruns* JR 2007, 107.
14 BGHZ 137, 174, 176 = VersR 1998, 175; BGH VersR 2007, 1114, 1115; VersR 2005, 639; VersR 2012, 1113; OLG Celle r+s 2011, 346; OLG Köln VersR 2009, 1484; OLG Düsseldorf r+s 2009, 424; B/M/*Leverenz*, Ziff. 2.1 AUB 2008 Rn. 165 ff.; P/M/*Knappmann*, Ziff. 2 AUB 2010 Rn. 8; PK/*Brömmelmeyer*, § 180 Rn. 13; van Bühren/*Naumann*, § 16 Rn. 174; VersHb/*Mangen*, § 47 Rn. 164; *Knappmann* VersR 2009, 775; *Manthey* NVersZ 2001, 55, 56.
15 So vor allem OLG Hamm VersR 2008, 811; P/M/*Knappmann*, 28. Auflage 2010, Ziff. 2 AUB 2008 Rn. 8; *Knappmann* VersR 2009, 775, 775 f.; a.A. OLG Celle r+s 2011, 346, 347; OLG Düsseldorf VersR 2010, 805; VersR 2006, 1487; OLG Köln VersR 2009, 1484, 1484 f.; OLG Karlsruhe VersR 2009, 538, 539; B/M/*Leverenz*, Ziff. 2.1 AUB 2008 Rn. 169 ff.; *Klimke* VersR 2010, 290, 294.
16 BGH VersR 2012, 1113, 1116.
17 Vgl. auch HK-VVG/*Rüffer*, Ziff. 2 AUB 2008 Rn. 4; Jacob, Ziff. 2.1 Rn. 171; *Kloth*, G Rn. 11; *Klimke* VersR 2010, 290, 294; *Knappmann* VersR 2009, 775, 776; a.A. diesbezüglich *Naumann/Brinkmann*, § 5 Rn. 20; Veith/Gräfe/*Marlow*, § 8 Rn. 88; *Marlow/Spuhl*, Rn. 1258.
18 B/M/*Leverenz*, Ziff.2.1 AUB 2008 Rn. 77; VersHb/*Mangen*, § 47 Rn. 166; *Grimm*, Ziff. 2 AUB 2010 Rn. 10; *Kloth*, G Rn. 19; *Kessal-Wulf* r+s 2008, 313, 317.
19 BGHZ 137, 174, 176 = NJW 1998, 1069; OLG Karlsruhe VersR 2006, 1396, 1397; B/M/*Leverenz*, Ziff. 2.1 AUB 2008 Rn. 76; van Bühren/*Naumann*, § 16 Rn. 175; HK-VVG/*Rüffer*, Ziff. 2 AUB 2010 Rn. 5; P/M/*Knappmann*, Ziff. 2 AUB 2010 Rn. 9; Terbille/*Hormuth*, § 24 Rn. 44; *Kloth*, G Rn. 18; *Naumann/Brinkmann*, § 5 Rn. 22.
20 Genannt wird in den AUB 2014 folgendes Beispiel: »Sie haben durch den Unfall schwere Kopfverletzungen erlitten und waren deshalb nicht in der Lage, mit uns Kontakt aufzunehmen«.

II. Invaliditätsfeststellung
1. Form und Frist

Die Invalidität muss außerdem **schriftlich** und **innerhalb von fünfzehn Monaten** seit dem Unfall durch einen Arzt festgestellt werden (Ziff. 2.1.1.1 AUB 2010). Die Klausel gewährleistet eine zeitnahe Unterrichtung des Versicherers über seine Leistungspflicht und trägt damit seinem berechtigten Interesse an einer kosten- und arbeitssparenden Abwicklung von Schäden Rechnung.[21] Das Erfordernis einer **schriftlichen** Feststellung wird erstmals ausdrücklich in Ziff. 2.1.1.1 AUB 99 statuiert; doch auch bei älteren AUB wird im Interesse der Rechtssicherheit und Beweissicherung überwiegend die Schriftlichkeit der Feststellung gefordert.[22]

10

Die form- und fristgerechte Feststellung der Invalidität ist ebenfalls eine **Anspruchsvoraussetzung**, deren Fehlen nicht entschuldigt werden kann.[23] Liegt diese Voraussetzung nicht vor, ist der Versicherer selbst dann nicht zur Leistung verpflichtet, wenn die Invalidität nicht rechtzeitig erkennbar oder ärztlich feststellbar war[24] oder den VN sonst kein Verschulden an der Nichteinhaltung der Frist trifft.[25]

11

Der Versicherer muss den VN nach **§ 186 Satz 1** auf die Frist zur ärztlichen Invaliditätsfeststellung **in Textform hinweisen**, wenn dieser den Versicherungsfall anzeigt. Ansonsten kann er sich gemäß § 186 Satz 2 nicht auf die Fristversäumung berufen (näher dazu bei § 186). Darüber hinaus bleibt die Leistungspflicht des Versicherers nach **Treu und Glauben** (§ 242 BGB) auch bei ordnungsgemäßer Belehrung erhalten, wenn die Geltendmachung der Fristversäumnis im Einzelfall aus sonstigen Gründen widersprüchlich oder rechtsmissbräuchlich erscheint.

12

Die Frage, unter welchen Voraussetzungen der Versicherer nach Treu und Glauben gehindert ist, sich auf die Fristversäumnis zu berufen, hat Rechtsprechung und Literatur vor der Reform sehr intensiv beschäftigt.[26] Der Rückgriff auf § 242 BGB diente dabei allerdings in den meisten Fällen dazu, die – gesetzlich noch nicht verankerte – Belehrungs- und Hinweispflicht des Versicherers zu begründen.[27] Durch die Einfügung des § 186 ist die Notwendigkeit für die Anwendung des § 242 BGB insofern entfallen. Es gibt jedoch auch Fälle, in denen der Versicherer sich trotz ordnungsgemäßer Belehrung widersprüchlich und treuwidrig verhält, wenn er sich auf die Fristversäumnis beruft, ohne noch einmal zusätzlich den VN zu belehren oder nachdrücklich auf eine fristgerechte ärztliche Feststellung durch den VN hinzuweisen.[28] Hieran ist etwa zu denken, wenn der Versicherer **vor Ablauf der Frist** dem VN mitteilt, er werde selbst die Feststellung alsbald treffen und der VN es deswegen unterlässt, die erforderliche Feststellung rechtzeitig durchführen zu lassen.[29] Ebenso besteht eine Belehrungspflicht, wenn der VR einen Belehrungsbedarf des VN erkennt oder hätte erkennen können. Dies kann z.B. dann angenommen werden, wenn das eingereichte ärztliche Attest nicht den für eine ordnungsgemäße ärztliche Feststellung der Invalidität notwendigen Anforderungen entspricht.[30] Dass der Versicherer seine Leistungspflicht vor dem Ablauf der Frist endgültig abgelehnt hat, berechtigt den VN allerdings nicht zu der Annahme, die Einhaltung der Frist sei für den Versicherer unerheblich.[31]

13

Nach Ablauf der Frist kann der Verstoß gegen Treu und Glauben nicht mehr darauf gestützt werden, der VN habe die rechtzeitige Feststellung der Invalidität mit Rücksicht auf einen vom Versicherer geschaffenen Vertrauenstatbestand versäumt. Hat sich der VN nach Fristablauf auf Verlangen des Versicherers umfangreichen

14

---

21 BGHZ 137, 174, 177 = NJW 1998, 1069, 1070; *Kloth*, G Rn. 24; *Kessal-Wulf* r+s 2008, 313, 318.
22 Vgl. OLG Celle r+s 2010, 476, 477; VersR 2009, 1215, 1217; VersR 2008, 670, 671 f.; OLG Saarbrücken VersR 2008, 199, 200; OLG Stuttgart r+s 2003, 211; OLG München VersR 1995, 565; *Kloth*, G Rn. 25 ff.; a.A. OLG Karlsruhe VersR 2005, 1230; B/M/*Leverenz*, Ziff. 2.1 AUB 2008 Rn. 112; PK/*Brömmelmeyer*, § 180 Rn. 20; VersHb/*Mangen*, § 47 Rn. 168; *Veith/Gräfe/Marlow*, § 8 Rn. 104; *Marlow* r+s 2009, 441, 450.
23 BGHZ 137, 174, 177 = NJW 1998, 1069, 1070; BGH NJW 2006, 911 = VersR 2006, 352 = JR 2007, 106, 107 m.Anm. *Looschelders/Bruns*; OLG Düsseldorf VersR 2010, 805; OLG Saarbrücken VersR 2008, 199; B/M/*Leverenz*, Ziff. 2.1 AUB 2008 Rn. 82; HK-VVG/*Rüffer*, Ziff. 2 AUB 2010 Rn. 6; PK/*Brömmelmeyer*, § 180 Rn. 18; P/M/*Knappmann*, Ziff. 2 AUB 2010 Rn. 10; *Kloth*, G Rn. 23; *Knappmann* r+s 2004, 339; *Marlow* r+s 2009, 441, 449.
24 BGH VersR 2007, 1114, 1115; VersR 1978, 1036, 1038; OLG Celle VersR 2008, 670, 671; BK/*Schwintowski*, § 6 Rn. 31; B/M/*Leverenz*, Ziff. 2.1 AUB 2008 Rn. 82; P/M/*Knappmann*, Ziff. 2 AUB 2010 Rn. 10; *Grimm*, Ziff. 2 AUB 2010 Rn. 5.
25 BGH VersR 1988, 286, 287; OLG Saarbrücken VersR 2008, 199; *Kessal-Wulf* r+s 2008, 313, 318.
26 Vgl. BGH NJW 2006, 911 = VersR 2006, 352; *Grimm*, Ziff. 2 AUB 2010 Rn. 12; Staudinger/*Looschelders/Olzen (2009)*, § 242 Rn. 1053; *Marlow* r+s 2006, 397, 400 ff.; krit. *Jacob* VersR 2007, 456 ff.
27 Vgl. BGH NJW 2006, 911, 912; OLG Düsseldorf VersR 2001, 449; HK-VVG/*Rüffer*, Ziff. 2 AUB 2010 Rn. 15; *Looschelders/Bruns* JR 2007, 107 f.
28 Vgl. P/M/*Knappmann*, Ziff. 2 AUB 2010 Rn. 28; HK-VVG/*Rüffer*, Ziff. 2 AUB 2010 Rn. 16; VersHb/*Mangen*, § 47 Rn. 171; *Marlow*/Spuhl, Rn. 1268.
29 Vgl. BGH VersR 2006, 352, 353; OLG Saarbrücken VersR 2008, 199, 201; r+s 2015, 35; OLG Oldenburg VersR 2000, 843; P/M/*Knappmann*, Ziff. 2 AUB 2010 Rn. 28; *Looschelders/Bruns* JR 2007, 107, 108 *Manthey* NVersZ 2001, 55, 60; krit. B/M/*Leverenz*, Ziff. 2.1 AUB 2008 Rn. 140.
30 OLG Naumburg VersR 2013, 229.
31 BGH NJW 2006, 911, 912; VersR 2002, 1181; VersR 2002, 472; B/M/*Leverenz*, Ziff. 2.1 AUB 2008 Rn. 139; HK-VVG/*Rüffer*, Ziff. 2 AUB 2010 Rn. 17; Staudinger/*Looschelders/Olzen (2009)*, § 242 Rn. 1054; VersHb/*Mangen*, § 47 Rn. 172a.A. OLG Hamm VersR 1995, 1181; OLG Köln VersR 1995, 907; so auch P/M/*Knappmann*, Ziff. 2 AUB 2010 Rn. 28, der einen erneuten Hinweis auf die notwendige ärztliche Feststellung innerhalb der Frist fordert.

§ 180 Invalidität

und mit erheblichen Belastungen einhergehenden Untersuchungen unterzogen, so kann die Geltendmachung der Fristversäumnis aber auch hier treuwidrig erscheinen.[32]

15 Insgesamt ist ein Verstoß gegen Treu und Glauben **nur zurückhaltend** anzunehmen. Ansonsten besteht die Gefahr, dass die Versicherer sich nach Fristablauf von vornherein nicht mehr darauf einlassen, im Hinblick auf eine mögliche kulanzweise Regelung noch in eine sachliche Prüfung einzutreten. Ein frühzeitiges Unterbinden solcher Vorgänge wäre aber nicht im Interesse der Versicherten.[33]

2. Ärztliche Feststellung

16 Die ärztliche Feststellung bezieht sich darauf, ob und in welchem Umfang dauerhafte Gesundheitsbeeinträchtigungen auf einem Unfallereignis beruhen.[34] Dabei geht es allein um diejenigen Fragen, für deren Beantwortung medizinischer Sachverstand notwendig ist. Der Ablauf des Unfalls wird hierdurch also nicht erfasst.[35]

17 Die strenge Frist für die ärztliche Feststellung der Invalidität genügt nur dann den Anforderungen des § 307 BGB, wenn an den **Inhalt und Umfang der Feststellung** keine allzu hohen Anforderungen gestellt werden.[36] Der Arzt muss zwar eine konkrete unfallbedingte Beeinträchtigung der körperlichen oder geistigen Leistungsfähigkeit des Versicherten sowie deren Dauerhaftigkeit bescheinigen.[37] Zum Grad der Invalidität ist aber keine abschließende Stellungnahme erforderlich.[38] Die ärztliche Feststellung braucht auch **nicht sachlich richtig** zu sein.[39] Dass sie dem Versicherer innerhalb der Frist **zugeht**, ist ebenfalls nicht erforderlich. Es kommt allein darauf an, ob die Feststellung rechtzeitig getroffen worden ist.[40]

18 Die erforderliche **Feststellung der Invalidität** fehlt, wenn das Gutachten lediglich **Befunde** wiedergibt, aus denen hierauf geschlossen werden kann.[41] Eine Ausnahme gilt bei Befunden, die einen **zwingenden** Schluss auf die Invalidität zulassen (z.B. Querschnittslähmung).[42] Die **allgemeine und unverbindliche** Bemerkung, ein Dauerschaden sei möglich, genügt jedenfalls nicht.[43] Dagegen ist eine bloße Prognose in dem Fall ausreichend, dass sie als abschließende ärztliche Beurteilung zu verstehen ist, die auf **konkreten Feststellungen** beruht.[44] Demgegenüber muss die ärztliche Bescheinigung nicht bereits alle möglichen Folgen der festgestellten Invalidität enthalten.[45]

19 In Anlehnung an ein Urteil des OLG Koblenz[46] wird zumeist vertreten, dass die Feststellung durch einen unbeteiligten und neutralen Arzt getroffen werden muss. Eine **Eigendiagnose des als Arzt tätigen VN** soll gera-

---

32 Vgl. BGH VersR 1995, 1179; VersR 1978, 1036; OLG Düsseldorf VersR 2008, 672, 673; OLG Saarbrücken VersR 2008, 199, 201; r+s 2003, 340; B/M/*Leverenz*, Ziff. 2.1 AUB 2008 Rn. 146; P/M/*Knappmann*, Ziff. 2 AUB 2010 Rn. 25; VersHb/*Mangen*, § 47 Rn. 176; *Naumann/Brinkmann*, § 10 Rn. 18; *Marlow*/Spuhl, Rn. 1270; *Marlow* r+s 2006, 397, 402.
33 OLG Düsseldorf VersR 2008, 672, 673; OLG Frankfurt (Main) r+s 2004, 78; OLG Koblenz NVersZ 2001, 552; B/M/*Leverenz*, Ziff. 2.1 AUB 2008 Rn. 143; HK-VVG/*Rüffer*, Ziff. 2 AUB 2010 Rn. 18; P/M/*Knappmann*, Ziff. 2 AUB 2010 Rn. 25; VersHb/*Mangen*, § 47 Rn. 176; *Manthey* NVersZ 2001, 55, 58.
34 BGH VersR 2007, 1114, 1115; OLG Celle VersR 2008, 670, 671; OLG Naumburg r+s 2006, 124, 125; PK/*Brömmelmeyer*, § 180 Rn. 15; VersHb/*Mangen*, § 47 Rn. 167; *Grimm*, Ziff. 2 AUB 2010 Rn. 11; *Kloth*, G Rn. 24; *Marlow* r+s 2009, 441, 449 f.
35 B/M/*Leverenz*, Ziff. 2.1 AUB 2008 Rn. 88; *Grimm*, Ziff. 2 AUB 2010 Rn. 11.
36 BGHZ 137, 174, 177 = NJW 1998, 1069, 1070; BGH VersR 2005, 639 f.; OLG Celle VersR 2008, 670, 671; OLG Saarbrücken VersR 2008, 199; PK/*Brömmelmeyer*, § 180 Rn. 19; P/M/*Knappmann*, Ziff. 2 AUB 2010 Rn. 10; *Grimm*, Ziff. 2 AUB 2010 Rn. 9.
37 BGH r+s 2009, 205; VersR 2007, 1114, 1115; OLG Celle VersR 2008, 670, 671; OLG Bremen NVersZ 2001, 75; van Bühren/*Naumann*, § 16 Rn. 176; VersHb/*Mangen*, § 47 Rn. 167; *Grimm*, Ziff. 2 AUB 2010 Rn. 11; *Burmann/Heß* r+s 2010, 403, 405; *Langheid/Müller-Frank* NJW 2006, 337, 342.
38 BGHZ 137, 174, 177 = NJW 1998, 1069, 1070; OLG Celle VersR 2008, 670, 671; OLG Saarbrücken VersR 2008, 199; OLG Koblenz NVersZ 2002, 215; PK/*Brömmelmeyer*, § 180 Rn. 17; P/M/*Knappmann*, Ziff. 2 AUB 2010 Rn. 10; VersHb/*Mangen*, § 47 Rn. 167.
39 BGH VersR 1998, 175, 176; VersR 1988, 286, 287; NJW-RR 1988, 601, 602; OLG Saarbrücken VersR 2008, 199; B/M/*Leverenz*, Ziff. 2.1 AUB 2008 Rn. 108; van Bühren/*Naumann*, § 16 Rn. 176; P/M/*Knappmann*, Ziff. 2 AUB 2010 Rn. 10; VersHb/*Mangen*, § 47 Rn. 167; *Naumann/Brinkmann*, § 5 Rn. 27; *Kessal-Wulf* r+s 2008, 313, 318; *Marlow* r+s 2006, 397, 400; krit. BK/*Schwintowski*, § 6 Rn. 32.
40 BGH NJW 1998, 1069; VersR 1988, 286, 287; OLG Saarbrücken VersR 2008, 199; van Bühren/*Naumann*, § 16 Rn. 177; PK/*Brömmelmeyer*, § 180 Rn. 19; VersHb/*Mangen*, § 47 Rn. 169; *Kloth*, G Rn. 47.
41 Vgl. OLG München VersR 1991, 60; OLG Hamm VersR 1990, 1344; B/M/*Leverenz*, Ziff. 2.1 AUB 2008 Rn. 97; HK-VVG/*Rüffer*, Ziff. 2 AUB 2010 Rn. 8; P/M/*Knappmann*, Ziff. 2 AUB 2010 Rn. 13; *Marlow* r+s 2006, 397, 400.
42 BGH r+s 1995, 397, 398; OLG Stuttgart r+s 2003, 211; r+s 2012 406; OLG Köln r+s 1994, 236; B/M/*Leverenz*, Ziff. 2.1 AUB 2008 Rn. 98; HK-VVG/*Rüffer*, Ziff. 2 AUB 2010 Rn. 10; *Manthey* NVersZ 2001, 55, 56 f.
43 OLG Celle r+s 2010, 476, 477; VersR 2008, 670, 671; OLG Zweibrücken r+s 2008, 125; B/M/*Leverenz*, Ziff. 2.1 AUB 2008 Rn. 102; van Bühren/*Naumann*, § 16 Rn. 176; *Grimm*, Ziff. 2 AUB 2010 Rn. 11; *Naumann/Brinkmann*, § 5 Rn. 27; Veith/Gräfe/*Marlow*, § 8 Rn. 108; *Dümichen* ZVersWiss 2003, 783, 785.
44 Vgl. auch OLG Oldenburg VersR 2000, 754 (LS) = NVersZ 2000, 333; HK-VVG/*Rüffer*, Ziff. 2 AUB 2010 Rn. 9; P/M/*Knappmann*, Ziff. 2 AUB 2010 Rn. 13, die stets vom Ausreichen einer prognostischen Formulierung ausgehen.
45 OLG Celle r+s 2014, 518, 519.
46 OLG Koblenz VersR 1999, 1227, 1228.

de nicht ausreichen.[47]. Dies kann dem Wortlaut von Ziff. 2.1.1.1 AUB 2010 allerdings nicht entnommen werden[48]. Die Invalidität muss lediglich von »einem Arzt« festgestellt werden. Aus Sicht eines durchschnittlichen VN lässt die Formulierung selbst bei verständiger Würdigung und aufmerksamer Durchsicht unter Beachtung des Sinnzusammenhangs nicht hinreichend deutlich erkennen, dass der Arzt ein unbeteiligter Dritter sein muss. Nach § 305c II BGB gehen Zweifel bei der Auslegung zu Lasten des Versicherers. Dies gilt umso mehr vor dem Hintergrund, dass die frist- und formgerechte ärztliche Feststellung der Invalidität eine Anspruchsvoraussetzung ist, so dass eine restriktive Auslegung notwendig erscheint, um unbillige Härten zu vermeiden.[49] Darüber hinaus werden Sinn und Zweck der ärztlichen Invaliditätsfeststellung durch eine Eigendiagnose nicht gefährdet. Die Feststellung soll dem Versicherer ermöglichen, den vom VN geltend gemachten Gesundheitsbeschwerden zeitnah nachzugehen.[50] Ob eine dauerhafte Beeinträchtigung tatsächlich vorliegt, ist während der anschließenden Leistungsfallprüfung zu ergründen. Dabei ist zu beachten, dass der VN die Beweislast für das Vorliegen der Invalidität trägt (dazu unten Rdn. 37). Deshalb wird von Ziff. 2.1.1.1 AUB 2010 auch nicht gefordert, dass die Invaliditätsfeststellung sachlich richtig ist. Ebenso muss der Feststellung keine qualifizierte Diagnostik zugrunde liegen; sie kann vielmehr auch auf subjektiven Angaben des VN beruhen.[51] Diesem begrenzten Ziel der Feststellung genügt aber auch eine Eigendiagnose. Keine ärztliche Feststellung ist dagegen das Attest eines Neuropsychologen.[52]

Die ärztliche Feststellung wahrt die Frist nur im Hinblick auf die dort dargelegten Gesundheitsbeeinträchtigungen. Hat der Unfall in **verschiedenen Bereichen** zu Beeinträchtigungen geführt (z.B. Hüftgelenksschaden und Depression), so müssen die nicht rechtzeitig dokumentierten Beeinträchtigungen außer Betracht bleiben.[53] 20

III. Fristgerechte Geltendmachung beim Versicherer

Die ärztlich festgestellte Invalidität muss auch innerhalb der fünfzehn Monate beim Versicherer geltend gemacht werden. Nach h.M. handelt es sich um eine **Ausschlussfrist**.[54] Bei einer **nicht entschuldigten Fristversäumnis** entfällt der Anspruch auf die Invaliditätsleistung.[55] Wegen der Nähe der Ausschlussfrist zur Obliegenheit und entsprechend der Grundentscheidung des Reformgesetzgebers wird der Versicherer aber seit der Reform des VVG nur noch dann leistungsfrei, wenn dem VN wegen der Versäumnis der Frist **Vorsatz** oder **grobe Fahrlässigkeit** zur Last fällt.[56] Handelte der VN nur einfach fahrlässig oder traf ihn kein Verschulden, steht ihm der Entschuldigungsbeweis offen. Die Entschuldigung kann z.B. in dem Nachweis bestehen, dass das Schreiben rechtzeitig an den Versicherer abgesendet worden ist.[57] Auch eine längere Geschäftsunfähigkeit wird als Entschuldigung anerkannt.[58] 21

Auf eine Versäumnis der Frist kann sich der Versicherer nach § 186 nur berufen, wenn er den VN bei der Anzeige des Versicherungsfalles **in Textform** auf diese Frist **hingewiesen** hat (näher dazu § 186 Rdn. 9).[59] Darüber hinaus kann der Versicherer im Einzelfall auch hier – ebenso wie hinsichtlich der rechtzeitigen Feststellung der Invalidität (dazu oben Rdn. 11 ff.) – nach **Treu und Glauben** (§ 242 BGB) gehindert sein, die Leistung mit Rücksicht auf das Fristversäumnis zu verweigern.[60] 22

---

47 B/M/*Leverenz*, Ziff. 2.1 AUB 2008 Rn. 86; Terbille/*Hormuth*, § 24 Rn. 54; VersHb/*Mangen*, § 47 Rn. 167; Veith/Gräfe/*Marlow*, § 8 Rn. 103; Naumann/Brinkmann, § 5 Rn. 27; ebenso noch Vorauflage.
48 HK-VVG/*Rüffer*, Ziff. 2 AUB 2008 Rn. 7; P/M/*Knappmann*, Ziff. 2 AUB 2010 Rn. 10.
49 Vgl. dazu BGH NJW-RR 1988, 601, 602.
50 BGH NJW-RR 1988, 601, 602; OLG Saarbrücken VersR 2004, 856; dazu auch HK-VVG/*Rüffer*, Ziff. 2 AUB 2010 Rn. 7; PK/*Brömmelmeyer*, § 180 Rn. 15; Burmann/Heß r+s 2010, 403, 405; *Kessal-Wulf* r+s 2008, 313, 318.
51 OLG Saarbrücken VersR 2004, 856; P/M/*Knappmann*, Ziff. 2 AUB 2010 Rn. 10.
52 OLG Koblenz VersR 2012, 1381.
53 BGH VersR 2007, 1114; r+s 2015, 250; OLG Koblenz VersR 2010, 104; OLG Karlsruhe VersR 2009, 538; OLG Celle VersR 2008, 670, 671; OLG Hamm VersR 2007, 1216; r+s 2000, 394; B/M/*Leverenz*, Ziff. 2.1 AUB 2008 Rn. 110; P/M/*Knappmann*, Ziff. 2 AUB 2010 Rn. 14; PK/*Brömmelmeyer*, § 180 Rn. 20; Naumann/Brinkmann, § 5 Rn. 26; Langheid/Müller-Frank NJW 2006, 337, 342.
54 OLG Saarbrücken NJOZ 2007, 1264, 1267; van Bühren/*Naumann*, § 16 Rn. 177; B/M/*Leverenz*, Ziff. 2.1 AUB 2008 Rn. 118; PK/*Brömmelmeyer*, § 180 Rn. 22a; R/L/*Römer*, § 180 Rn. 3; *Kloth*, G Rn. 51; *Marlow*/Spuhl, Rn. 1259; Naumann/Brinkmann, § 5 Rn. 30.
55 Zur Möglichkeit der Entschuldigung BGHZ 130, 171, 173 f. = VersR 1995, 1179; BGH VersR 2002, 698; NJW 1998, 1069, 1070; VersHb/*Mangen*, § 47 Rn. 178; Naumann/Brinkmann, § 5 Rn. 34; krit. zur dogmatischen Herleitung *Klimke* VersR 2010, 290.
56 P/M/*Knappmann*, Ziff. 2 AUB 2010 Rn. 20; *Klimke* VersR 2010, 290, 293.
57 OLG Saarbrücken NJOZ 2007, 1264, 1267; OLG Hamm VersR 1993, 300, 301; VersHb/*Mangen*, § 47 Rn. 178; m.w.N. Grimm, Ziff. 2 AUB 2010 Rn. 14; a.A. *Kloth*, G Rn. 59.
58 BGH NVersZ 2002, 309, 310; B/M/*Leverenz*, Ziff. 2.1 AUB 2008 Rn. 128; VersHb/*Mangen*, § 47 Rn. 178; Naumann/Brinkmann, § 5 Rn. 34.
59 *Marlow*/Spuhl, Rn. 1259.
60 B/M/*Leverenz*, Ziff. 2.1 AUB 2008 Rn. 155 ff.; VersHb/*Mangen*, § 47 Rn. 180; krit. *Jacob* VersR 2007, 456, 458.

§ 180 Invalidität

23 Für die fristgerechte Geltendmachung der Invalidität genügt die **Behauptung** gegenüber dem Versicherer, dass aufgrund eines Unfalls Invalidität eingetreten sei.[61] Ausreichend ist insofern die Übersendung einer Klageschrift aus einem Haftpflichtprozess.[62] Die bloße **Unfallanzeige** reicht dagegen i.d.R. nicht aus[63]. Eine Ausnahme gilt nur, wenn schon aus der in der Unfallanzeige mitgeteilten Gesundheitsbeeinträchtigung (z.B. Verlust eines Körperteils) zwingend auf die Invalidität geschlossen werden kann.[64]

D. Invaliditätsleistung

I. Höhe der Leistung

24 Nach Ziff. 2.1.2.2 AUB 2010 ist für die Invaliditätsleistung neben der **Versicherungssumme** der **Grad der Invalidität** entscheidend. Ergibt sich ein Grad von 100 %, so ist die volle vereinbarte Invaliditätsleistung zu zahlen. Bei **Teilinvalidität** vermindert sich die Summe entsprechend dem Invaliditätsgrad.
Die Parteien können auch zur Absicherung besonders schwerer Verletzungen eine **Mehrleistung** oder **Progression** vereinbaren, so dass die Invaliditätsleistung z.B. abhängig vom Invaliditätsgrad ein Vielfaches der eigentlichen Versicherungssumme betragen soll.[65]
Ebenso kann die Versicherungsleistung im Vertrag beschränkt werden, so dass sie von einem bestimmten **Mindestgrad** der Invalidität abhängt[66] oder sogar nur bei Vollinvalidität oder Totalverlust bzw. voller Funktionsunfähigkeit eines Gliedes gezahlt wird.[67]

25 Für die Höhe der Invaliditätsleistung ist es **grundsätzlich ohne Belang**, zu welchem Zweck die beeinträchtigten Körperteile oder Sinnesorgane eingesetzt werden. Tätigkeiten oder Berufe des VN spielen ebenso wenig eine Rolle wie sonstige Lebensumstände oder subjektive Besonderheiten.[68] Um unbillige Härten zu vermeiden, werden aber für bestimmte Berufs- oder Personengruppen (wie Ärzte oder Musiker) **besondere Gliedertaxen** angeboten.[69]

II. Grad der Invalidität

26 Der Grad der Invalidität richtet sich allein nach dem Gesundheitszustand, der bis zum Ablauf der Drei-Jahres-Frist nach dem Unfall prognostizierbar ist.[70] Noch nicht abgeschlossene Behandlungen[71] sowie spätere Erkenntnisse[72] oder Veränderungen[73] bleiben außer Betracht. Maßgeblich für die Bemessung des Invaliditätsgrades ist die **Gliedertaxe** (vgl. Ziff. 2.1.2.2.1 AUB 2010), welche den Grad der Invalidität nach Verlust oder völliger Funktionsunfähigkeit bestimmter Körperteile oder Sinnesorgane **generell-abstrakt** in Prozent angibt. Ist das Körperteil oder Sinnesorgan in der Gliedertaxe aufgeführt, bestimmt sich der Invaliditätsgrad bei Verlust oder Funktionsunfähigkeit ausschließlich hiernach. Die genauen Auswirkungen der gesundheitlichen Be-

---

61 BGH NJW 1998, 1069, 1070; OLG Oldenburg NVersZ 2000, 333, 334; B/M/*Leverenz*, Ziff. 2.1 AUB 2008 Rn. 122; PK/*Brömmelmeyer*, § 180 Rn. 22; P/M/*Knappmann*, Ziff. 2 AUB 2010 Rn. 18; *Grimm*, Ziff. 2 AUB 2010 Rn. 15; *Kloth*, G Rn. 52; *Naumann/Brinkmann*, § 5 Rn. 32.
62 BGH NJW-RR 1990, 1048, 1049; VersR 1990, 732, 733; B/M/*Leverenz*, Ziff. 2.1 AUB 2008 Rn. 124; HK-VVG/*Rüffer*, Ziff. 2 AUB 2010 Rn. 12; PK/*Brömmelmeyer*, § 180 Rn. 22; VersHb/*Mangen*, § 47 Rn. 177.
63 OLG Frankfurt a.M. r+s 2015, 253.
64 BGH VersR 1987, 1235; OLG Stuttgart VersR 2009, 1065, 1066; OLG Saarbrücken NJOZ 2007, 1264, 1265; HK-VVG/*Rüffer*, Ziff. 2 AUB 2010 Rn. 12; P/M/*Knappmann*, Ziff. 2 AUB 2010 Rn. 19; Terbille/*Hormuth*, § 24 Rn. 65; VersHb/*Mangen*, § 47 Rn. 177.
65 B/M/*Leverenz*, Ziff. 2.1 AUB 2008 Rn. 254 ff.; van Bühren/*Naumann*, § 16 Rn. 189; Terbille/*Hormuth*, § 24 Rn. 95 f.; VersHb/*Mangen*, § 47 Rn. 183; *Kloth*, G Rn. 249 ff.; *Naumann/Brinkmann*, § 5 Rn. 67 ff.
66 LG Hamburg r+s 2009, 384; P/M/*Knappmann*, Ziff. 2 AUB 2010 Rn. 1; B/M/*Leverenz*, Ziff. 2.1 AUB 2008 Rn. 261; *Naumann/Brinkmann*, § 5 Rn. 52.
67 OLG Frankfurt (Main) VersR 2001, 451; B/M/*Leverenz*, Ziff. 2.1 AUB 2008 Rn. 260; P/M/*Knappmann*, Ziff. 2 AUB 2010 Rn. 1.
68 BGH VersR 1966, 1133; P/M/*Knappmann*, § 180 Rn. 3; VersHb/*Mangen*, § 47 Rn. 187; *Grimm*, Ziff. 2 AUB 2010 Rn. 18; *Naumann/Brinkmann*, § 5 Rn. 39; Lehmann VW 1987, 1370, 1373.
69 P/M/*Knappmann*, Ziff. 2 AUB 2010 Rn. 30; B/M/*Leverenz*, Ziff. 2.1 AUB 2008 Rn. 251; Terbille/*Hormuth*, § 24 Rn. 77; *Naumann/Brinkmann*, § 5 Rn. 45; *Kessal-Wulf* r+s 2008, 313, 320.
70 BGHZ 130, 171, 181; BGH r+s 2005, 299; VersR 1981, 1151, 1152; OLG Hamm VersR 2008, 1102, 1103; OLG Frankfurt (Main) VersR 2006, 1488; B/M/*Leverenz*, Ziff. 2.1 AUB 2008 Rn. 179; PK/*Brömmelmeyer*, § 180 Rn. 6; VersHb/*Mangen*, § 47 Rn. 184; *Kloth*, G Rn. 76; *Marlow* r+s 2006, 397, 402; ders. r+s 2007, 353, 359.
71 BGH VersR 2005, 927, 928 f.; VersR 1991, 57, 58; OLG Frankfurt (Main) VersR 2005, 779, 780; PK/*Brömmelmeyer*, § 180 Rn. 8.
72 BGHZ 137, 247, 252; OLG Köln VersR 2005, 679; B/M/*Leverenz*, Ziff. 2.1 AUB 2008 Rn. 179; VersHb/*Mangen*, § 47 Rn. 184.
73 BGH VersR 1990, 478, 479; OLG Hamm VersR 2008, 1102, 1103; OLG Karlsruhe VersR 2006, 1396, 1397; OLG Frankfurt (Main) VersR 2006, 1488; P/M/*Knappmann*, § 180 Rn. 5; PK/*Brömmelmeyer*, § 180 Rn. 7; *Grimm*, Ziff. 2 AUB 2010 Rn. 6; *Kloth*, G Rn. 76.

schädigung sind dann ohne Belang. Eine andere Bemessung der Invalidität (anhand allgemeiner Maßstäbe) ist unzulässig.[74]
Die Gliedertaxe ist eingeteilt in den Verlust bzw. die Funktionsunfähigkeit von 1) Arm, Hand, Finger, 2) Bein, Fuß, Zehen und 3) Sinnesorganen wie Augen, Gehör, Geruchssinn und Geschmackssinn.[75] Verlust und völlige Funktionsunfähigkeit werden nach der Gliedertaxe gleichbehandelt. Der in der Gliedertaxe festgelegte Invaliditätsgrad steigt in **Abhängigkeit zur Rumpfnähe**. Der Verlust oder die Beeinträchtigung eines rumpfnäheren Gliedes schließt den Verlust oder die Beeinträchtigung eines rumpfferneren Gliedes mit ein.[76] Eine Addition der einzeln festgestellten Invaliditätsgrade findet nicht statt.[77]

Zu Problemen bei der Bestimmung einer Funktionsunfähigkeit haben die in früheren AUB verwendeten Formulierungen »Hand im Handgelenk«, »Arm im Schultergelenk« und »Fuß im Fußgelenk« geführt. Nach der Rechtsprechung des BGH kann diesen Formulierungen nicht eindeutig entnommen werden, ob allein eine Funktionsunfähigkeit des Gelenks genügt oder das gesamte Glied bis zum Gelenk betroffen sein muss. Nach § 305c Abs. 2 BGB ist deshalb von der für den VN günstigsten Auslegung auszugehen.[78] Die Neuformulierung »Hand«, »Arm« und »Fuß« in den AUB 2008/2010 ist dagegen nunmehr eindeutig.[79] 27

Unklar ist aber weiterhin, ob für die Bestimmung des Invaliditätsgrades der Sitz der Verletzung[80] oder der Ort, an dem sich die Verletzung (als Beeinträchtigung) auswirkt, maßgeblich ist.[81] Auch hier ist im Wege der Unklarheitenregel auf die für den VN günstigste Auslegung abzustellen.[82]

In die Prozentsätze der Gliedertaxe eingerechnet ist bereits der Umstand, dass der Verlust oder die Funktionsbeeinträchtigung eines Gliedes auf die Funktionsfähigkeit der verbleibenden (auch rumpfnäheren) Gliedteile **ausstrahlt**.[83] Führen die Auswirkungen aber zu einer eigenständigen und separaten Beeinträchtigung, die ebenfalls die körperliche oder geistige Leistungsfähigkeit dauerhaft mindert, ist keine Anrechnung vorzunehmen.[84] 28

Werden verlorene Körperteile durch **Prothesen** ersetzt, so hat dies keine Auswirkungen auf die ohne Prothese ermittelte Invalidität.[85] Dagegen wird der Einsatz von **Gebrauchshilfen** (z.B. Brillen, Hörgeräte) invaliditätsmindernd berücksichtigt, wobei aber zu beachten ist, dass der Einsatz der Hilfsmittel zu besonderen Belastungen und Unbequemlichkeiten führen kann.[86] Die Differenzierung rechtfertigt sich daraus, dass die betroffenen Glieder oder Organe aufgrund der Hilfe selbst wieder zweckentsprechend gebraucht werden können.[87] 29

Künstliche Gelenke (z.B. Hüftgelenke) werden Gebrauchshilfen (und nicht Prothesen) gleichgestellt, weil die Gebrauchsfähigkeit des betroffenen Glieds auch hier wiederhergestellt wird; neben den etwa verbleibenden Beeinträchtigungen sind aber auch die mit der Implantation verbundenen Belastungen zu berücksichtigen.[88] 30

---

74 BGH VersR 2009, 492, 494; VersR 2001, 360; OLG Köln VersR 1996, 1530; OLG Celle r+s 1991, 179; B/M/*Leverenz*, Ziff. 2.1 AUB 2008 Rn. 180; PK/*Brömmelmeyer*, § 180 Rn. 9.
75 Ausführlich dazu *Grimm*, Ziff. 2 AUB 2010 Rn. 21.
76 BGH VersR 2001, 360; OLG Brandenburg r+s 2006, 207, 208; B/M/*Leverenz*, Ziff. 2.1 AUB 2008 Rn. 187; HK-VVG/*Rüffer*, Ziff. 2 AUB 2010 Rn. 23; P/M/*Knappmann*, Ziff. 2 AUB 2010 Rn. 31; Terbille/*Hormuth*, § 24 Rn. 79; VersHb/*Mangen*, § 47 Rn. 188; *Kloth*, G Rn. 170; *Naumann/Brinkmann*, § 5 Rn. 40.
77 BGH VersR 2012, 351; OLG Hamm VersR 2011, 1433.
78 BGH VersR 2008, 483; VersR 2006, 1117, 1117 f.; VersR 2003, 1163, 1164; vgl. HK-VVG/*Rüffer*, Ziff. 2 AUB 2010 Rn. 25; *Kloth*, G Rn. 167; *Naumann/Brinkmann*, § 5 Rn. 41; *Langheid/Müller-Frank* NJW 2007, 338, 342; krit. B/M/*Leverenz*, Ziff. 2.1 AUB 2008 Rn. 210; VersHb/*Mangen*, § 47 Rn. 190; *Grimm*, Ziff. 2 AUB 2010 Rn. 21.
79 HK-VVG/*Rüffer*, Ziff. 2 AUB 2010 Rn. 25; P/M/*Knappmann*, Ziff. 2 AUB 2010 Rn. 32 f.; *Marlow* r+s 2009, 441, 451.
80 Auf den Sitz der unfallbedingten Schädigung v.a. abstellend BGH VersR 2006, 1117, wobei in dieser Entscheidung der Sitz der Verletzung und der Ort der Beeinträchtigung übereinstimmten; vgl. auch BGH VersR 1991, 413; VersR 1991, 57, 58; VersR 2012, 351; OLG Köln VersR 2011, 789; van Bühren/*Naumann*, § 16 Rn. 185; HK-VVG/*Rüffer*, Ziff. 2 AUB 2010 Rn. 24; PK/*Brömmelmeyer*, § 180 Rn. 10; VersHb/*Mangen*, § 47 Rn. 189; *Kloth*, G Rn. 174.
81 So OLG Frankfurt (Main) VersR 2006, 964; OLG Köln r+s 2003, 472; VersR 1989, 353, 354; *Grimm*, Ziff. 2 AUB 2010 Rn. 24.
82 P/M/*Knappmann*, Ziff. 2 AUB 2010 Rn. 31; *Naumann/Brinkmann*, § 5 Rn. 42; ebenso vermittelnd B/M/*Leverenz*, Ziff. 2.1 AUB 2008 Rn. 188.
83 BGH VersR 2003, 1163, 1164; VersR 1991, 413; VersR 1990, 964; OLG Köln VersR 2011, 789; OLG Nürnberg NVersZ 1999, 381; HK-VVG/*Rüffer*, Ziff. 2 AUB 2010 Rn. 23; P/M/*Knappmann*, Ziff. 2 AUB 2010 Rn. 31; *Kloth*, G Rn. 173; *Naumann/Brinkmann*, § 5 Rn. 40.
84 Vgl. OLG Karlsruhe VersR 2005, 1070 in dem Fall, dass eine Beinverkürzung zu einem Beckenschiefstand und einer Wirbelsäulenverkrümmung führt; B/M/*Leverenz*, Ziff. 2.1 AUB 2008 Rn. 190; Veith/*Gräfe/Marlow*, § 8 Rn. 156.
85 B/M/*Leverenz*, Ziff. 2.1 AUB 2008 Rn. 216; P/M/*Knappmann*, Ziff. 2 AUB 2010 Rn. 36; HK-VVG/*Rüffer*, Ziff. 2 AUB 2010 Rn. 27; VersHb/*Mangen*, § 47 Rn. 191.
86 BGHZ 87, 206, 211 = VersR 1983, 581, 582; OLG Düsseldorf VersR 2009, 774, 775; VersR 2005, 109, 110; P/M/*Knappmann*, Ziff. 2 AUB 2010 Rn. 36; HK-VVG/*Rüffer*, Ziff. 2 AUB 2010 Rn. 27; VersHb/*Mangen*, § 47 Rn. 191.
87 Vgl. BGHZ 87, 206, 211 = VersR 1983, 581, 582; BGH VersR 1990, 478, 479.
88 BGH VersR 1990, 478, 479; OLG Frankfurt (Main) VersR 2006, 1488; B/M/*Leverenz*, Ziff. 2.1 AUB 2008 Rn. 208; P/M/*Knappmann*, Ziff. 2 AUB 2010 Rn. 37; HK-VVG/*Rüffer*, Ziff. 2 AUB 2010 Rn. 27; VersHb/*Mangen*, § 47 Rn. 191; *Marlow* r+s 2007, 353, 360.

31 Bei **Teilverlust** oder einer bloßen **Beeinträchtigung** der Funktion gilt der entsprechende Teil des jeweiligen Prozentsatzes. Da die AUB insofern keine konkreten Vorgaben enthalten, ist eine Entscheidung im Einzelfall erforderlich. Um eine Gleichbehandlung der Versicherten zu gewährleisten, werden in der Praxis häufig Richtlinien herangezogen, die von den Versicherern selbst erarbeitet worden sind.[89] Anders als die Gliedertaxe gehören diese Richtlinien aber nicht zu den AUB und werden damit auch nicht Bestandteil des jeweiligen Vertrages.[90]
Paarige Körperteile oder Sinnesorgane werden entsprechend dem Wortlaut der Gliedertaxe einzeln bewertet. Sind beide Organe betroffen, werden die Invaliditätsgrade zusammengerechnet (vgl. Rdn. 33). Eine wertende Gesamtbetrachtung findet nicht statt.[91]

32 Nach Ziff. 2.1.2.2.2 AUB 2010 bemisst sich der Invaliditätsgrad für Körperteile und Sinnesorgane, die **nicht in der Gliedertaxe aufgeführt** sind (z.B. Verletzungen der Wirbelsäule, des Kopfes und Gehirns, innerer Organe oder der Harn- und Geschlechtsorgane), danach, inwieweit die normale körperliche oder geistige Leistungsfähigkeit insgesamt nach medizinischen Gesichtspunkten beeinträchtigt ist.[92] Vergleichsmaßstab ist die Leistungsfähigkeit eines normalen, durchschnittlichen, gesunden VN gleichen Alters und Geschlechts.[93] Der Grad der Invalidität beurteilt sich genauso wie bei der Gliedertaxe generell-abstrakt nach dem Maß der Funktionsbeeinträchtigung, unabhängig von individuellen Bedürfnissen und Besonderheiten. Soweit möglich, hat man sich dabei an den Wertungen der Gliedertaxe zu orientieren und Widersprüche hierzu zu vermeiden.[94]

33 Der Invaliditätsgrad wird gemäß Ziff. 2.1.2.2.3 AUB 2010 um bereits vor dem Unfall bestehende sog. **Vorinvaliditäten** gemindert. Vor dem Unfall muss demnach bereits eine konkrete Beeinträchtigung an den Körperteilen zu Tage getreten sein, die durch die unfallbedingte Invalidität erneut betroffen sind.[95] Die Vorinvalidität bemisst sich nach denselben Maßstäben, nach denen sich auch die anspruchsbegründende Invalidität richtet.[96]

Darüber hinaus sieht Ziff. 3 AUB 2010 vor, dass die Invaliditätsleistung entsprechend dem Anteil einer Krankheit oder eines Gebrechens gemindert wird, wenn diese Krankheit oder dieses Gebrechen bei der durch ein Unfallereignis verursachten Gesundheitsschädigung oder deren Folgen zu einem Anteil von mindestens 25 % **mitgewirkt** hat (näher dazu § 182 Rdn. 3 ff.).[97] Dabei sind auch solche Vorschäden anspruchsmindernd zu berücksichtigen, die aus einem früheren Unfall resultieren. Dies gilt auch dann, wenn der Unfall während der Laufzeit desselben Versicherungsvertrages eingetreten ist und die Fristen zur Geltendmachung von Ansprüchen aus diesem früheren Unfall bereits verstrichen sind.[98]

34 **Mehrere Beeinträchtigungen** werden zu einem Invaliditätsgrad zusammengerechnet, wobei das Maximum 100 % beträgt (Ziff. 2.1.2.2.4 AUB 2010).

III. Art der Leistung

35 Nach Ziff. 2.1.2.1 AUB 2010 wird die Invaliditätsleistung stets als **Kapitalbetrag** gezahlt. Nach den AUB 99 und 94 wird die Leistung dagegen als **Rente** erbracht, wenn der Versicherte bei Eintritt des Unfalls das 65. Lebensjahr vollendet hat (vgl. Ziff. 2.1.2.1 AUB 99 und § 7 I 2 AUB 94). Dies führt für den Versicherten zu einer Schlechterstellung gegenüber einer Kapitalzahlung, beruht aber darauf, dass der Schadenbedarf mit dem Alter überproportional ansteigt, weil Unfälle häufiger auftreten und die Genesung schlechter verläuft und länger andauert.[99] Teilweise wird auch zusätzlich zu oder anstelle der Kapitalleistung die Leistung einer Unfallrente ab einem bestimmten Invaliditätsgrad vereinbart.

---

89 VersHb/*Mangen*, § 47 Rn. 186.
90 BGH VersR 1983, 581, 582.
91 OLG Köln VersR 2005, 679, 680; HK-VVG/*Rüffer*, Ziff. 2 AUB 2010 Rn. 26; P/M/*Knappmann*, Ziff. 2 AUB 2010 Rn. 41; van Bühren/*Naumann*, § 16 Rn. 183; Veith/Gräfe/*Marlow*, § 8 Rn. 161; anders noch § 8 II 2c AUB 61.
92 Vgl. auch OLG München r+s 2011, 130; OLG Celle VersR 2007, 1688; OLG Karlsruhe VersR 2005, 1070; HK-VVG/*Rüffer*, Ziff. 2 AUB 2010 Rn. 29; van Bühren/*Naumann*, § 16 Rn. 186; VersHb/*Mangen*, § 47 Rn. 192; *Naumann/Brinkmann*, § 5 Rn. 48.
93 OLG Hamm VersR 2008, 389; VersR 2003, 586, 586 f.; OLG Celle VersR 2007, 1688; B/M/*Leverenz*, Ziff. 2.1 AUB 2008 Rn. 227; van Bühren/*Naumann*, § 16 Rn. 186; VersHb/*Mangen*, § 47 Rn. 193; Veith/Gräfe/*Marlow*, § 8 Rn. 163; *Kloth*, G Rn. 190; *Naumann/Brinkmann*, § 5 Rn. 48; *Marlow* r+s 2009, 441, 451; krit. P/M/*Knappmann*, Ziff. 2 AUB 2010 Rn. 40.
94 OLG Hamm VersR 2008, 389; OLG Saarbrücken r+s 1996, 507, 508; B/M/*Leverenz*, Ziff. 2.1 AUB 2008 Rn. 228; HK-VVG/*Rüffer*, Ziff. 2 AUB 2010 Rn. 29; van Bühren/*Naumann*, § 16 Rn. 186; P/M/*Knappmann*, § 180 Rn. 4; VersHb/*Mangen*, § 47 Rn. 193; *Grimm*, Ziff. 2 AUB 2010 Rn. 36; *Kloth*, G Rn. 191.
95 OLG Düsseldorf VersR 2000, 310; van Bühren/*Naumann*, § 16 Rn. 188; VersHb/*Mangen*, § 47 Rn. 196; *Kloth*, G Rn. 199 ff.; dies gilt auch für Vorschäden aufgrund eines früheren Unfallereignisses, BGH r+s 2011, 79, 80.
96 BGH VersR 2009, 1651, 1652; OLG Düsseldorf VersR 2009, 774, 775; B/M/*Leverenz*, Ziff. 2.1 AUB 2008 Rn. 239; *Langheid/Müller-Frank* NJW 2010, 344, 348.
97 P/M/*Knappmann*, Ziff. 2 AUB 2010 Rn. 42; VersHb/*Mangen*, § 47 Rn. 212 ff.; *Marlow* r+s 2007, 353, 360.
98 BGH VersR 2009, 1525, 1526; zust. *Kessal-Wulf* r+s 2010, 353, 355.
99 Terbille/*Hormuth*, § 24 Rn. 100; *Grimm*, Ziff. 2 AUB 2010 Rn. 49; vgl. zum Problem einer Altersdiskriminierung nach dem AGG *Naumann/Brinkmann*, § 5 Rn. 76.

Nach Ziff. 2.1.2.3 AUB 99 wird die Rente rückwirkend ab Beginn des Monats gezahlt, in dem sich der Unfall 36
ereignet hat. Ein bestimmter Endzeitpunkt wird nicht aufgeführt, ist also vom Versicherer festzulegen. Die
Rente kann durch Parteivereinbarung kapitalisiert werden. Ein Anspruch des VN besteht aber nicht.[100]

IV. Tod der versicherten Person

Verstirbt die versicherte Person **unfallbedingt innerhalb eines Jahres** nach dem Unfall, besteht nach 37
Ziff. 2.1.1.2 AUB 2010 kein Anspruch auf Invaliditätsleistung. Dies beruht auf dem Vorrang der Todesfallleistung nach Ziff. 2.6.1 AUB 2010 (vgl. § 178 Rdn. 65 ff.). Bereits gezahlte Invaliditätsleistungen sind gem. § 812 BGB zu erstatten bzw. mit der vereinbarten Todesfallleistung zu verrechnen.[101] Dagegen bleibt ein bereits entstandener Anspruch auf Invaliditätsleistung bestehen, wenn der **Tod aus unfallfremder Ursache** innerhalb eines Jahres nach dem Unfall oder, gleichgültig aus welcher Ursache, **später als ein Jahr** nach dem Unfall eintritt (Ziff. 2.1.2.3 AUB 2010). Die Höhe der Leistung orientiert sich in diesem Fall an dem aufgrund ärztlicher Befunde prognostizierbaren Invaliditätsgrad.[102]

E. Beweislast

Der **VN** trägt die Beweislast für alle **Anspruchsvoraussetzungen** (mit Ausnahme der Unfreiwilligkeit) ein- 38
schließlich der Invalidität (vgl. § 178 Rdn. 74 ff.). Bei der Frage nach der Kausalität der Gesundheitsschädigung für die Invalidität kann von der **Beweiserleichterung des § 287 ZPO** Gebrauch gemacht werden.[103]
Macht der **Versicherer** geltend, dass die dauerhafte **Beeinträchtigung** der körperlichen oder geistigen Leis- 39
tungsfähigkeit durch medizinische Maßnahmen auf Dauer wieder **behoben** oder verbessert werden kann, so
trägt er die Beweislast.[104] Desgleichen muss er eine mögliche Vorinvalidität nachweisen.[105]

§ 181 Gefahrerhöhung.
(1) Als Erhöhung der Gefahr gilt nur eine solche Änderung der Umstände, die nach ausdrücklicher Vereinbarung als Gefahrerhöhung angesehen werden soll; die Vereinbarung bedarf der Textform.
(2) Ergeben sich im Fall einer erhöhten Gefahr nach dem geltenden Tarif des Versicherers bei unveränderter Prämie niedrigere Versicherungsleistungen, gelten diese mit Ablauf eines Monats nach Eintritt der Gefahrerhöhung als vereinbart. Weitergehende Rechte kann der Versicherer nur geltend machen, wenn der Versicherungsnehmer die Gefahrerhöhung arglistig nicht angezeigt hat.

Übersicht

	Rdn.		Rdn.
A. Normzweck	1	II. Wahlrecht des VN bei Gefahrminderung	10
B. Voraussetzungen der Gefahrerhöhung	4	III. Geltendmachung weitergehender Rechte bei Arglist des VN	11
C. Rechtsfolgen	7		
I. Herabsetzung der Versicherungsleistung (§ 181 II 1)	7	D. Abdingbarkeit	12

Schrifttum:
Vgl. die Nachweise zu § 178.

A. Normzweck

Durch die neu eingefügte Vorschrift werden die allgemeinen Vorschriften über die Gefahrerhöhung (§§ 23 ff.) 1
eingeschränkt und partiell modifiziert. Für den Bereich der **Lebensversicherung** gibt es mit § 158 eine inhaltlich gleiche Regelung, auf die § 176 für die **Berufsunfähigkeitsversicherung** verweist. Die Neuregelung ist vor dem Hintergrund der bisherigen **Praxis bei der Unfallversicherung** zu sehen.

Vor der VVG-Reform gab es im VVG keine besonderen Vorschriften über die rechtlichen Folgen einer Gefahr- 2
erhöhung in der privaten Unfallversicherung. Die Vorschriften der §§ 23 ff. a.F. waren damit dem Grundsatz
nach uneingeschränkt anwendbar. Der Sache nach hatte aber nur die Gefahrerhöhung durch **Änderung der
Berufstätigkeit oder Beschäftigung** praktische Relevanz. Die AUB sahen für diesen Fall Sonderregelungen

---

[100] P/M/*Knappmann*, Ziff. 2 AUB 2010 Rn. 44, *Grimm*, Ziff. 2 AUB 2010 Rn. 50.
[101] P/M/*Knappmann*, Ziff. 2 AUB 2010 Rn. 4; VersHb/*Mangen*, § 47 Rn. 198; *Kloth*, G Rn. 269.
[102] P/M/*Knappmann*, Ziff. 2 AUB 2010 Rn. 6; HK-VVG/*Rüffer*, Ziff. 2 AUB 2010 Rn. 36; VersHb/*Mangen*, § 47 Rn. 199; *Kloth*, G Rn. 271.
[103] BGH VersR 2009, 1213, 1215; VersR 2001, 1547, 1548; VersR 1992, 1503, 1504; OLG Düsseldorf r+s 2005, 300; OLG Köln VersR 2005, 679, 679 f.; B/M/*Leverenz*, § 180 Rn. 49 ff.; PK/*Brömmelmeyer*, § 180 Rn. 26; P/M/*Knappmann*, § 180 Rn. 6; *Deutsch*, Rn. 415; *Kloth*, G Rn. 127; *Naumann/Brinkmann*, § 5 Rn. 18.
[104] BGH NJW 1990, 2318, 2319; *Grimm*, Ziff. 2 AUB 2010 Rn. 6.
[105] OLG Frankfurt (Main) VersR 2006, 828; OLG Düsseldorf VersR 2005, 109, 110; B/M/*Leverenz*, Ziff. 2.1 AUB 2008 Rn. 272; *Naumann/Brinkmann*, § 5 Rn. 18.

vor, die den §§ 23 ff. a.F. vorgingen.[1] Den VN traf danach eine Anzeigepflicht (Ziff. 6.2.1 AUB 99; § 6 AUB 88/94 und § 15 I i.V.m. § 4 Nr. 1 und 2 AUB 61). Bei unterlassener Anzeige minderten sich die Versicherungssummen im Fall einer Gefahrerhöhung gemäß Ziff. 6.2.2 AUB 99 entsprechend, bei einer Gefahrminderung trat eine entsprechende Erhöhung der Versicherungssummen ein.[2] Diese Ausgestaltung erschien der Reformkommission interessengerecht, so dass sie im Gesetz aufgegriffen werden sollte.[3]

3 **Sonstige Gefahrerhöhungen** spielten in der Praxis keine Rolle. Dahinter stand die Erwägung, dass allgemeine Änderungen der Unfallgefahr (z.B. durch Veränderung der Verkehrsverhältnisse, Verschlechterung der Gesundheitsverhältnisse oder Älterwerden des VN) nach Sinn und Zweck der Unfallversicherung keine relevanten Gefahrerhöhungen darstellen.[4]

B. Voraussetzungen der Gefahrerhöhung

4 § 181 I schränkt den allgemeinen Begriff der Gefahrerhöhung (§ 23 Rdn. 8) ein. Danach gilt eine Änderung der Umstände nur dann als Erhöhung der Gefahr, wenn sie **ausdrücklich** und in **Textform** als Gefahrerhöhung vereinbart worden ist.

5 In den AUB 2010 ist nur die **Änderung der Berufstätigkeit oder Beschäftigung** gesondert geregelt (vgl. Ziff. 6.2 AUB 2010). In der Praxis wird es also dabei bleiben, dass allein dieser Fall als Gefahrerhöhung anzusehen ist. Nach der Gesetzesbegründung werden die gesetzlichen Anforderungen dadurch erfüllt, dass der Versicherer dem VN sein geltendes **Berufsgruppenverzeichnis** übermittelt; dieses bildet dann die Grundlage für die ausdrückliche Vereinbarung in Textform.[5]

6 Auch nach den neuen AUB ist der VN gehalten, dem Versicherer die Änderung der Berufstätigkeit oder Beschäftigung **unverzüglich mitzuteilen** (Ziff. 6.2.1 AUB 2010). Die Klausel stellt dabei klar, dass Pflichtwehrdienst, Zivildienst oder militärische Reserveübungen nicht von der Anzeigepflicht erfasst werden.

C. Rechtsfolgen
I. Herabsetzung der Versicherungsleistung (§ 181 II 1)

7 Bei Vorliegen einer wirksamen Vereinbarung richten sich die Rechtsfolgen der Gefahrerhöhung nach § 181 II. Sofern sich nach dem geltenden Tarif des Versicherers bei unveränderter Prämie niedrigere Versicherungsleistungen ergeben, gelten diese mit Ablauf eines Monats nach Eintritt der Gefahrerhöhung als vereinbart. Die Gefahrerhöhung führt somit zu einer **tariflichen Reduktion der Versicherungsleistungen** bei einer unveränderten Prämie.[6] Dies entspricht der Regelung in den AUB zur Änderung der Berufstätigkeit oder Beschäftigung (vgl. Ziff. 6.2.2 AUB 2010) und gewährleistet den **Grundsatz der Beitragskontinuität**.[7] Dass der VN die Gefahrerhöhung schuldhaft nicht angezeigt hat, wird für die Reduktion der Versicherungsleistungen nicht vorausgesetzt.[8] Außer bei Arglist (§ 181 II 2) löst die schuldhafte Nichtanzeige aber auch die Rechtsfolgen der §§ 24 ff. aus.

8 Ziff. 6.2.3 AUB 2010 sieht vor, dass der Vertrag **auf Wunsch des VN** auch mit den bisherigen Versicherungssummen bei erhöhtem Beitrag weitergeführt werden kann. Dieses Wahlrecht ist für den VN nicht nachteilig und erscheint daher auch unter dem Aspekt des § 191 unbedenklich.[9]

9 Besteht die Gefahrerhöhung darin, dass der VN in einen bei seinem Versicherer **nicht versicherbaren Beruf** wechselt, so fehlt für eine tarifliche Reduktion der Versicherungsleistungen nach § 181 II 1 die Grundlage. Die Regierungsbegründung zieht hieraus den Schluss, dass der Versicherungsschutz insoweit entfällt.[10] Dies erscheint aber unangemessen, weil der VN damit plötzlich ohne Versicherungsschutz dastehen würde. Davon abgesehen ist nicht ersichtlich, woraus sich der automatische Wegfall des Versicherungsschutzes ergeben soll. Da die §§ 24 und 26 außer bei Arglist (§ 181 II 2) unanwendbar sind[11] und es auch sonst keine entsprechende gesetzliche Regelung gibt, müsste der Wegfall des Versicherungsschutzes in den AVB vorgesehen sein. Dies ist jedoch in den AUB 2010 nicht der Fall. Allenfalls ist daher daran zu denken, dem Versicherer das Recht einzuräumen, den Vertrag nach Maßgabe des § 313 II 2 BGB für die Zukunft zu kündigen.[12] Die Problematik

---

1 Zum Vorrang der AUB P/M/*Knappmann*, 27. Auflage 2004, § 6 AUB 94 Rn. 6.
2 Anders noch § 6 II 1 AUB 88/94 und § 4 Nr. 1a AUB 61, die für den Fall der Gefahrminderung eine entsprechende Herabsetzung des Beitrags vorsahen.
3 Abschlussbericht der Kommission, S. 137.
4 Vgl. B/M/*Wagner*[8], §§ 179–185 Anm. F 33.
5 Begr. RegE BT-Drucks. 16/3945 S. 108; a.A. HK-VVG/*Rüffer*, § 181 Rn. 1.
6 Begr. RegE BT-Drucks. 16/3945 S. 108.
7 PK/*Brömmelmeyer*, § 181 Rn. 5; P/M/*Knappmann*, § 181 Rn. 4.
8 Begr. RegE BT-Drucks. 16/3945 S. 108.
9 Vgl. Begr. RegE BT-Drucks. 16/3945 S. 108; *Meixner/Steinbeck*, § 9 Rn. 16.
10 Begr. RegE BT-Drucks. 16/3945 S. 108.
11 Zur Unanwendbarkeit der §§ 23 ff. Terbille/*Hormuth*, § 24 Rn. 206; zur abweichenden Rechtslage vor der Reform P/M/*Knappmann*, 27. Auflage 2004, § 6 AUB 94 Rn. 7.
12 So *Marlow/Spuhl*, S. 264 f.; PK/*Brömmelmeyer*, § 181 Rn. 6.

hat freilich keine große praktische Bedeutung, weil die meisten Berufstätigkeiten und Beschäftigungen heute versicherbar sind.[13]

II. Wahlrecht des VN bei Gefahrminderung

Bei einer Gefahrminderung ist die allgemeine Vorschrift des § 41 anwendbar[14]. Der VN kann danach eine angemessene **Herabsetzung der Prämie** verlangen. Der Gesetzgeber hat daneben für die Unfallversicherung keinen zusätzlichen Regelungsbedarf gesehen.[15] Nach Ziff. 6.2.2 AUB 2010 gelten bei einem gefahrmindernden Berufswechsel bei **gleichbleibendem Beitrag** die tariflich vorgesehenen **höheren Versicherungssummen** von dem Zeitpunkt an, zu dem der Versicherer von der Änderung Kenntnis erlangt, spätestens jedoch nach Ablauf eines Monats ab der Änderung. Der VN kann aber nach 6.2.3 AUB 2010 verlangen, dass der Vertrag mit der bisherigen Versicherungssumme bei einem niedrigeren Beitrag fortgeführt wird. Ebenso wie im Fall der Gefahrerhöhung ist dieses Wahlrecht auch bei der Gefahrminderung unter dem Aspekt des § 191 unbedenklich.[16]

10

III. Geltendmachung weitergehender Rechte bei Arglist des VN

Nach § 181 II 2 kann der Versicherer weitergehende Rechte nur bei **arglistiger Nichtanzeige** der Gefahrerhöhung geltend machen. Die **Kündigung** nach § 24 und die **Leistungsfreiheit** nach § 26 sind damit grundsätzlich ausgeschlossen.[17] Der Begriff der Arglist beurteilt sich nach allgemeinen Regeln (vgl. etwa § 22 Rdn. 11). Das Vorliegen der Arglist ist vom Versicherer zu beweisen.[18]

11

D. Abdingbarkeit

Gemäß § 191 kann von der Vorschrift des § 181 nicht zum Nachteil des VN abgewichen werden. Die Regelung der Gefahrerhöhung ist somit **halbzwingend**.[19]

12

§ 182 Mitwirkende Ursachen. Ist vereinbart, dass der Anspruch auf die vereinbarten Leistungen entfällt oder sich mindert, wenn Krankheiten oder Gebrechen bei der durch den Versicherungsfall verursachten Gesundheitsschädigung oder deren Folgen mitgewirkt haben, hat der Versicherer die Voraussetzungen des Wegfalles oder der Minderung des Anspruchs nachzuweisen.

Übersicht

	Rdn.		Rdn.
A. Normzweck	1	II. Krankheiten oder Gebrechen	3
B. Kürzung der Leistung bei Mitwirkung von Krankheit oder Gebrechen	2	III. Mitwirkung	5
I. Vereinbarung über Leistungsausschluss oder -kürzung	2	C. Beweislast des Versicherers	6

Schrifttum:
Vgl. die Nachweise zu § 178.

A. Normzweck

§ 182 wurde im Zuge der Reform neu eingefügt. Die Vorschrift ergänzt die verbreiteten Klauseln über die Kürzung der Leistung wegen mitwirkender Ursachen (Ziff. 3 AUB 99/2008/2010, § 8 AUB 88/99, § 10 Nr. 1 AUB 61) um eine **gesetzliche Beweislastregelung,** mit der die schon bislang anerkannte Beweislastverteilung bei Mitursächlichkeit von Krankheiten oder Gebrechen festgeschrieben wird.[1]

1

B. Kürzung der Leistung bei Mitwirkung von Krankheit oder Gebrechen

I. Vereinbarung über Leistungsausschluss oder -kürzung

Die Anwendung des § 182 setzt eine **Vereinbarung** voraus, wonach der Anspruch des VN auf die vereinbarten Leistungen entfällt oder sich mindert, wenn Krankheiten oder Gebrechen bei der Gesundheitsschädigung oder deren Folgen mitgewirkt haben. Solche Vereinbarungen finden sich in Ziff. 3 AUB 99/2008/2010 und § 8 AUB 88/94. Die Klauseln sehen vor, dass der Prozentsatz des Invaliditätsgrades bzw. die Leistung sich entspre-

2

---

13 Vgl. B/M/*Leverenz*, § 181 Rn. 13; *Grimm*, Ziff. 6 AUB 2010 Rn. 9.
14 So auch B/M/*Leverenz*, § 181 Rn. 3.
15 Begr. RegE BT-Drucks. 16/3945 S. 108.
16 Begr. RegE BT-Drucks. 16/3945 S. 108; vgl. P/M/*Knappmann*, § 181 Rn. 7 unter Heranziehung von § 41.
17 Vgl. Begr. RegE BT-Drucks. 16/3945 S. 108; PK/*Brömmelmeyer*, § 181 Rn. 8; B/M/*Leverenz*, § 181 Rn. 16.
18 *Marlow/Spuhl*, S. 265.
19 P/M/*Knappmann*, § 181 Rn. 8.
1 Begr. RegE BT-Drucks. 16/3945 S. 108; zur bisherigen Rechtslage OLG Köln r+s 1989, 415, 416; OLG Koblenz r+s 2001, 348, 349; OLG Düsseldorf r+s 2005, 300; P/M/*Knappmann*, § 182 Rn. 1; *Marlow* r+s 2007, 353, 361.

chend dem Anteil der Krankheit oder des Gebrechens mindert. Die Minderung unterbleibt, wenn der Mitwirkungsanteil weniger als 25 % beträgt.

II. Krankheiten oder Gebrechen

3 Unter einer **Krankheit** wird ein **regelwidriger**, objektiv vorhandener **körperlicher Zustand** verstanden, der einer ärztlichen Behandlung bedarf.[2] Auf die Kenntnis des VN von dem krankhaften Zustand kommt es nicht an.[3] Als **Gebrechen** bezeichnet man einen **dauernd anhaltenden abnormen Gesundheitszustand**, der es nicht mehr ermöglicht, die normalen körperlichen Funktionen einwandfrei auszuüben.[4] Als Maßstab wird dabei der altersabhängige Normalzustand angesehen.[5] Die beiden Begriffe können allerdings nicht scharf voneinander getrennt werden und schließen sich auch nicht gegenseitig aus.[6] Nicht erfasst werden altersbedingte Abnutzungs- und Verschleißerscheinungen[7] sowie eine erhöhte Empfindlichkeit für Krankheiten.[8] Diese Faktoren werden daher bei der Kürzung nicht in Ansatz gebracht.

4 Nach einer aktuellen Entscheidung des OLG Koblenz steht die **Blutverdünnung durch das Medikament »Marcumar«** einer Krankheit oder einem Gebrechen gleich.[9] Zur Begründung wird angeführt, dass das Medikament zur Behandlung und Vorbeugung schwerwiegender Erkrankungen die Beschaffenheit des Blutes in einer Weise verändere, die zu Risiken für die Gesundheit führe und geeignet sei, eventuelle Unfallfolgen erheblich zu verschlimmern. Dieser Entscheidung kann indes nicht zugestimmt werden. So kann bei einer Blutverdünnung, die gerade der Vorbeugung schwerwiegender Erkrankungen dient, nicht von einer Krankheit oder einem Gebrechen i.S.d. § 182 gesprochen werden. Zutreffend ist zwar, dass durch das Medikament »Marcumar« das Blut verändert wird und daraus eine gewisse Anfälligkeit für andere Krankheiten resultiert. Allerdings handelt es sich dabei um eine vorbeugende Behandlungsmethode, die von einer Krankheit als einem regelwidrigen behandlungsbedürftigen Körperzustand zu unterscheiden und daher nicht als mitwirkende Ursache i.S.d. § 182 sowie Ziff. 3 AUB 2010 zu qualifizieren ist.[10] Das LG Köln hat zudem entschieden, dass »Marcumarisierung« nicht mit einem eigenständigen Invaliditätsgrad bewertet werden kann.[11]

III. Mitwirkung

5 Eine **Mitwirkung** von Krankheiten oder Gebrechen liegt vor, wenn diese Faktoren im Zusammenspiel mit dem Unfallereignis die Gesundheitsschädigung oder deren Folgen ausgelöst oder zumindest beeinflusst haben, wobei keine der beiden Ursachen – Unfall und Krankheit oder Gebrechen – allein zu der Gesundheitsschädigung geführt haben darf.[12] Bezugspunkte der Mitwirkung sind die durch das Unfallereignis verursachte **Gesundheitsschädigung** (dazu § 178 Rdn. 23)[13] sowie **deren Folgen**, **nicht** aber auch das **Unfallereignis** selbst.[14]

C. Beweislast des Versicherers

6 Macht der Versicherer geltend, dass seine Leistungspflicht wegen der Mitwirkung von **Krankheiten** oder **Gebrechen** des VN ausgeschlossen oder gemindert ist, so trifft ihn dafür die Beweislast. Dies gilt insbesondere auch für die Frage, ob die Mitwirkung die **Grenze von 25 %** erreicht.[15] Bei dem Grad der Mitwirkung ist auf das Beweismaß des § 287 ZPO zurückzugreifen.[16] Ebenso ist die Berücksichtigung einer mitwirkenden Verursachung durch Vorerkrankungen nur möglich, wenn die mitwirkende Ursache im Sinne einer conditio sine qua non im Vollbeweis gemäß § 286 I ZPO nachgewiesen ist.[17] Die Regelung trägt den hierbei bestehenden Darlegungs- und Beweisschwierigkeiten des VN und der damit verbundenen Gefahr einer Entwertung des

---

2 BGH NJW-RR 2010, 39, 40 = VersR 2009, 1525; OLG Düsseldorf r+s 2005, 300, 301; OLG Braunschweig VersR 1995, 823, 824; OLG Schleswig VersR 1995, 825 = r+s 1995, 119; PK/*Brömmelmeyer*, § 182 Rn. 4.
3 OLG Schleswig VersR 1995, 825; *Grimm*, Ziff. 3 AUB 2010 Rn. 2; B/M/*Leverenz*, § 182 Rn. 5.
4 BGH NJW-RR 2010, 39, 40 = VersR 2009, 1525; OLG Braunschweig VersR 1995, 823, 824; OLG Schleswig VersR 1995, 825; OLG Düsseldorf r+s 2005, 300, 301.
5 OLG Schleswig VersR 1925, 825; OLG Hamm VersR 2002, 180; *Grimm*, Ziff. 3 AUB 2010 Rn. 3.
6 *Grimm*, Ziff. 3 AUB 2010 Rn. 2; Terbille/*Hormuth*, § 24 Rn. 216.
7 OLG Köln r+s 1996, 202, 203; OLG Hamm VersR 2002, 180; van Bühren/*Naumann*, § 16 Rn. 245.
8 OLG Hamm r+s 2002, 84; OLG Saarbrücken VersR 1998, 837; OLG Köln r+s 1996, 202; OLG Schleswig VersR 1995, 825; *Grimm*, Ziff. 3 AUB 2010 Rn. 3.
9 So OLG Koblenz VersR 2008, 67, 69.
10 Vgl. PK/*Brömmelmeyer*, § 182 Rn. 5; krit. auch Terbille/*Hormuth*, § 24 Rn. 216, *Schwintowski/Lang*, VuR 2013, 415, 417.
11 LG Köln, VersR 2009, 1111 f.
12 OLG Schleswig r+s 1995, 119; *Grimm*, Ziff. 3 AUB 2010 Rn. 4; B/M/*Leverenz*, § 182 Rn. 11.
13 Ob die Mitwirkung an der Gesundheitsschädigung erfasst wird, war auf der Grundlage des § 10 Nr. 1 AUB 61 streitig. Der BGH (VersR 2000, 444) hat die Frage bejaht.
14 BGH VersR 1989, 902; NJW-RR 1991, 539; VersR 2000, 444; *Grimm*, Ziff. 3 AUB 2010 Rn. 5 f.
15 Terbille/*Hormuth*, § 24 Rn. 218; BGH r+s 2012, 89.
16 BGH r+s 2012, 89.
17 Siehe OLG Karlsruhe NJW-RR 2014, 924; vgl. auch OLG Stuttgart 2015, 148 mit Anm. Hoenicke.

Versicherungsschutzes Rechnung.[18] Auf andere Tatbestände, die eine Verminderung von Versicherungsleistungen zur Folge haben, ist § 182 nach der Regierungsbegründung nicht entsprechend anwendbar.[19]

§ 183 Herbeiführung des Versicherungsfalles.
(1) Der Versicherer ist nicht zur Leistung verpflichtet, wenn im Fall des § 179 Abs. 2 der Versicherungsnehmer vorsätzlich durch eine widerrechtliche Handlung den Versicherungsfall herbeiführt.
(2) Ist ein Dritter als Bezugsberechtigter bezeichnet, gilt die Bezeichnung als nicht erfolgt, wenn der Dritte vorsätzlich durch eine widerrechtliche Handlung den Versicherungsfall herbeiführt.

Übersicht

	Rdn.		Rdn.
A. Normzweck	1	D. Beweislast	9
B. Fremdversicherung für eigene Rechnung	3	E. Abdingbarkeit	11
C. Herbeiführung des Versicherungsfalles durch Bezugsberechtigten	7		

Schrifttum:
Looschelders, Schuldhafte Herbeiführung des Versicherungsfalls nach der VVG-Reform, VersR 2008, 1; *Manthey,* Kann ein VN dem »Dritten« im Sinne des § 181 II VVG im Wege der analogen Anwendung dieser Vorschrift gleichgestellt werden?, VersR 1973, 803. Vgl. außerdem die Nachweise zu § 178.

A. Normzweck

§ 183 übernimmt ohne inhaltliche Änderungen den bisherigen § 181 a.F. Es handelt sich um eine **Sonderregelung zu § 81**, der auf die Unfallversicherung auch bei Ausgestaltung als Schadensversicherung nicht anzuwenden ist.[1]   **1**

Ist der VN mit der versicherten Person identisch, schließt die vorsätzliche Herbeiführung des Versicherungsfalles bereits die Annahme eines »Unfalls« aus. Es fehlt in diesem Fall nämlich am Merkmal der **Unfreiwilligkeit** (vgl. § 178 Rdn. 25).[2] Insofern besteht also kein gesonderter Regelungsbedarf. Eine andere Beurteilung ist aber in den Fällen des § 179 II geboten. Hat der VN die Versicherung gegen Unfälle eines anderen **für eigene Rechnung** genommen, so könnte er versucht sein, den Versicherungsfall vorsätzlich herbeizuführen, um die Versicherungsleistungen zu erlangen.[3] Ein entsprechender Anreiz besteht für Dritte, die als **Bezugsberechtigte** eingesetzt sind. Diese beiden Fälle sind in § 183 I und II geregelt. Für die Lebensversicherung finden sich in § 162 entsprechende Regelungen.   **2**

B. Fremdversicherung für eigene Rechnung

Die Vorschrift des § 183 I knüpft an den Fall des § 179 II an. Sie gilt also **nicht** bei der **Versicherung für fremde Rechnung** (§ 179 I 2).[4] Da die Versicherungsleistung hier nicht dem VN, sondern dem Versicherten selbst zusteht (vgl. § 179 Rdn. 3), fehlt es an einem gesteigerten Anreiz zur Herbeiführung des Versicherungsfalles.[5]   **3**

Eine entsprechende Anwendung des § 183 I auf den Erben des VN kommt nicht in Betracht.[6] Es fehlt insoweit zumindest an der für die Analogie notwendigen Regelungslücke. Hat der Erbe den Unfalltod des VN vorsätzlich herbeigeführt, so ist er nämlich nach § 2339 I BGB erbunwürdig.[7]   **4**

Die Anwendung des Abs. 1 setzt voraus, dass der VN den Versicherungsfall **vorsätzlich** durch eine **widerrechtliche Handlung** herbeigeführt hat. Die Herbeiführung kann nach allgemeinen Grundsätzen in einem **Tun** oder **Unterlassen** bestehen; in letzterem Fall ist aber eine Pflicht zum Handeln erforderlich.[8] Das Verhalten des VN muss für den Unfall **adäquat kausal** sein. Der Vorsatz beurteilt sich nach den **allgemeinen zivilrechtlichen Kriterien** (§ 276 BGB).[9] Der VN muss den Versicherungsfall also in **Kenntnis** der maßgeblichen Umstände herbeiführen **wollen**, wobei dolus eventualis genügt (vgl. § 81 Rdn. 2 und 103 Rdn. 4).[10] Bezugspunkt des Vorsatzes sind das Unfallereignis und die daraus folgende Gesundheitsschädigung. Nach allgemeinen Grund-   **5**

---

18 Begr. RegE BT-Drucks. 16/3945 S. 108.
19 Begr. RegE BT-Drucks. 16/3945 S. 108.
1 Begr. RegE BT-Drucks. 16/3945 S. 108.
2 Vgl. P/M/*Knappmann,* § 183 Rn. 1.
3 Vgl. PK/*Brömmelmeyer,* § 183 Rn. 1.
4 PK/*Brömmelmeyer,* § 183 Rn. 4.
5 Vgl. P/M/*Knappmann,* § 183 Rn. 2.
6 BK/*Schwintowski,* § 183 Rn. 4; P/M/*Knappmann,* § 183 Rn. 3.
7 Vgl. OLG Hamm r+s 1987, 237 (zu § 170 a.F.); HK-VVG/*Rüffer,* § 183 Rn. 2.
8 Vgl. zu § 81 *Looschelders* VersR 2008, 1, 3.
9 Vgl. BGH VersR 1966, 1150.
10 Vgl. zu § 61 a.F. BK/Beckmann, § 61 Rn. 59; B/M/*Möller,* § 61 Rn. 43.

sätzen ist auch **Unrechtsbewusstsein** erforderlich.[11] Zur **Widerrechtlichkeit** gelten die gleichen Erwägungen wie bei § 103 (dort Rdn. 7). Das Vorliegen von Rechtfertigungsgründen (z.B. §§ 227, 228, 904 BGB) schließt die Widerrechtlichkeit aus.[12]

6   Liegen die Voraussetzungen des § 183 I vor, so ist die Leistungspflicht des Versicherers vollständig ausgeschlossen. Ebenso wie bei § 81 I[13] und § 162 I handelt es sich auch hier um einen **subjektiven Risikoausschluss**.[14]

C. Herbeiführung des Versicherungsfalles durch Bezugsberechtigten

7   § 183 II regelt den Fall, dass ein **als Bezugsberechtigter** bezeichneter Dritter den Versicherungsfall vorsätzlich und widerrechtlich herbeiführt. Die vorsätzliche und widerrechtliche Herbeiführung des Versicherungsfalles beurteilt sich nach den gleichen Grundsätzen wie bei Abs. 1. Rechtsfolge ist aber nicht der Ausschluss der Leistungspflicht, vielmehr gilt nur die **Bezugsberechtigung** als **nicht angeordnet**. Die Versicherungsleistung fällt damit in den Nachlass des Versicherten.[15]

8   § 183 II setzt nach dem Wortlaut voraus, dass ein **Dritter** als Bezugsberechtigter eingesetzt worden ist. Aufgrund der vergleichbaren Interessenlage ist die Vorschrift aber entsprechend anzuwenden, wenn der VN selbst bezugsberechtigt ist.[16] Praktische Bedeutung hat dies für den Fall, dass der VN eine Fremdversicherung **für fremde Rechnung** abgeschlossen hat, weil § 183 I dann nicht anwendbar ist.

D. Beweislast

9   Für das Eingreifen des subjektiven Risikoausschlusses nach § 183 I trägt der **Versicherer** nach allgemeinen Grundsätzen die **Beweislast**.[17] Da es um keinen typisierbaren Vorgang geht, sind die Regeln des Anscheinsbeweises unanwendbar.[18]

10 In den Fällen des § 183 II trifft die Beweislast für die tatsächlichen Voraussetzungen des Wegfalls der Bezugsberechtigung denjenigen, der sich darauf beruft.

E. Abdingbarkeit

11 Von § 183 kann nicht durch Parteivereinbarung abgewichen werden. Die Vorschrift ist nach ihrem Sinn und Zweck – Schutz der versicherten Person – **zwingend**.[19]

§ 184 Abwendung und Minderung des Schadens. Die §§ 82 und 83 sind auf die Unfallversicherung nicht anzuwenden.

Übersicht

	Rdn.		Rdn.
A. Allgemeines	1	B. Vereinbarung vertraglicher Rettungsobliegenheiten	3

Schrifttum:
Vgl. die Nachweise zu § 178.

A. Allgemeines

1   § 184 schließt die Anwendung der allgemeinen Vorschriften über die **Schadensabwendungs- und Schadensminderungspflicht** des VN (§ 82) und die **Erstattungspflicht des Versicherers** (§ 83) für den Bereich der Unfallversicherung vollständig aus, unabhängig davon, ob es sich um eine Summen- oder Schadensversicherung handelt. Die Vorschrift ist bei der Reform neu in das VVG eingefügt worden. Demgegenüber hatte § 183 a.F. den Anwendungsbereich der entsprechenden Vorschriften des alten VVG (§§ 62, 63 a.F.) noch gerade umgekehrt auf den Fall erweitert, dass die Unfallversicherung als Summenversicherung ausgestaltet war. Bei Ausgestaltung der Unfallversicherung als Schadensversicherung fanden die §§ 62, 63 a.F. unmittelbare Anwendung.[1]

---

11 Vgl. *Looschelders* VersR 2008, 1, 5 (zu § 81).
12 PK/*Brömmelmeyer*, § 183 Rn. 5.
13 Zur Einordnung des § 81 vgl. *Looschelders* VersR 2008, 1, 4.
14 PK/*Brömmelmeyer*, § 183 Rn. 1.
15 Vgl. P/M/*Knappmann*, § 183 Rn. 4; B/M/*Leverenz*, § 183 Rn. 15; PK/*Brömmelmeyer*, § 183 Rn. 6; *Meixner/Steinbeck*, § 9 Rn. 19.
16 So B/M/*Leverenz*, § 183 Rn. 10; P/M/*Knappmann*, § 183 Rn. 4; PK/*Brömmelmeyer*, § 183 Rn. 7; ausführlich *Manthey* VersR 1973, 803 f.
17 Vgl. PK/*Brömmelmeyer*, § 183 Rn. 8.
18 BK/*Schwintowski*, § 181 Rn. 2.
19 So auch PK/*Brömmelmeyer*, § 183 Rn. 9.
1 Siehe *Marlow/Spuhl*, S. 266.

Nach der Regierungsbegründung ist die Anwendung der **allgemeinen Vorschriften** über die Rettungsobliegenheiten in der Unfallversicherung **nicht angemessen**.² Da die §§ 82–83 auf die Summenversicherung ohnehin nicht anwendbar sind, beschränkt sich die konstitutive Bedeutung des § 184 aber auf den – praktisch eher seltenen Fall –, dass die Unfallversicherung als Schadensversicherung ausgestaltet ist. 2

B. Vereinbarung vertraglicher Rettungsobliegenheiten

Nach den Vorstellungen des Gesetzgebers wird der Versicherer durch den Ausschluss der §§ 82 und 83 im Rahmen des Zumutbaren nicht daran gehindert, dem VN bzw. der versicherten Person **in den AVB** Obliegenheiten zur Verminderung von Unfallfolgen aufzuerlegen.³ Der Versicherer hat sich dabei daran zu orientieren, welche Maßnahmen ein verständiger Mensch auch ohne eine entsprechende Obliegenheit zur Abwendung bzw. Minderung von Unfallfolgen ergreifen würde.⁴ 3

Eine besondere Ausprägung der sog. »Schadensminderungspflicht« ist die in Ziff. 7.1 AUB 2010 statuierte Obliegenheit des VN bzw. der versicherten Person, nach einem Unfall unverzüglich einen Arzt hinzuzuziehen und dessen Anordnungen zu befolgen (vgl. § 178 Rdn. 71). Die Obliegenheit zur Befolgung von ärztlichen Anordnungen kann auch die **Duldung einer Operation** umfassen.⁵ Problematisch ist dabei aber die Frage der **Zumutbarkeit**. Nach h.M. muss sich die versicherte Person einer Operation unterziehen, wenn sich ein vernünftiger Mensch unter Abwägung aller Umstände auch ohne rechtliche Bindung zur Duldung des betreffenden Eingriffs entschließen würde.⁶ Bei der Konkretisierung dieses Maßstabs kann man sich an den Grundsätzen orientieren, die für die Zumutbarkeit einer Operation bei § 254 II 1 BGB gelten.⁷ Erforderlich ist danach, dass der Eingriff nach dem Stand der Medizin einfach, gefahrlos und ohne besondere Schmerzen durchgeführt werden kann und sichere Aussicht auf Heilung oder wesentliche Besserung bietet.⁸ Auch wenn diese Voraussetzungen vorliegen – was selbst bei Routineeingriffen nicht notwendig der Fall ist⁹ –, kann sich die versicherte Person immer noch darauf berufen, dass ihr die Duldung der Operation aus **persönlichen Gründen** nicht zumutbar sei.¹⁰ 4

§ 185 Bezugsberechtigung. Ist als Leistung des Versicherers die Zahlung eines Kapitals vereinbart, sind die §§ 159 und 160 entsprechend anzuwenden.

Übersicht

	Rdn.		Rdn.
A. Allgemeines	1	C. Rechtsfolge	3
B. Voraussetzungen	2		

Schrifttum:
Vgl. die Nachweise zu § 178.

A. Allgemeines

Ebenso wie bei der Lebensversicherung kann der VN auch bei der Unfallversicherung ein Interesse an der Bestimmung eines **Bezugsberechtigten** haben. § 185 regelt diese Problematik durch Verweisung auf die entsprechenden Vorschriften bei der Lebensversicherung (§§ 159, 160); die Anwendung dieser Vorschriften erscheint nämlich auch bei der Unfallversicherung interessengerecht.¹ § 185 entspricht damit inhaltlich dem § 180 a.F. 1

B. Voraussetzungen

Die Anwendung des § 185 setzt voraus, dass die Parteien als Leistung in der Unfallversicherung eine **Kapitalzahlung** vereinbart haben. Praktische Bedeutung hat dies vor allem bei der **Todesfallentschädigung** (§ 178 Rdn. 65 ff.).² 2

---

2 Begr. RegE BT-Drucks. 16/3945 S. 108.
3 Begr. RegE BT-Drucks. 16/3945 S. 108.
4 Vgl. bezüglich medizinisch notwendiger Operationen BGH VersR 1965, 1163; NJW 1951, 797, 798; PK/*Brömmelmeyer*, § 184 Rn. 4.
5 Vgl. P/M/*Knappmann*, Nr. 7 AUB 2010 Rn. 5; *Grimm*, Ziff. 7 AUB 2010 Rn. 5.
6 RGZ 60, 147; 83, 15; OLG Frankfurt r+s 2006, 164, 165; van Bühren/*Naumann*, § 16 Rn. 255.
7 Vgl. LG Stuttgart VersR 1980, 161 (zu § 62 a.F.); OLG Hamm r+s 1991, 389 (zu § 4 Nr. 4 BUZ).
8 Vgl. BGH VersR 1987, 408, 409 m.Anm. *Deutsch*; OLG Frankfurt r+s 2006, 164, 165.
9 VersHb/*Rixecker* § 46 Rn. 202; a.A. OLG Koblenz r+s 1994, 35.
10 Vgl. BGH VersR 1987, 408, 409; NJW 1994, 1592, 1593; MünchKommBGB/*Oetker*, § 254 Rn. 81.
1 PK/*Brömmelmeyer*, § 185 Rn. 1.
2 Vgl. B/M/*Leverenz*, § 185 Rn. 5; *Grimm*, Ziff. 12 AUB 2010 Rn. 9 ff.f.

C. Rechtsfolge

3 Rechtsfolge des § 185 ist die entsprechende Anwendung von §§ 159 und 160. Der VN hat also entsprechend § 159 I 1 im Zweifel das Recht, auch ohne Zustimmung des Versicherers einen Dritten als **Bezugsberechtigten** zu bezeichnen sowie an die Stelle des so bezeichneten Dritten einen anderen zu setzen. Hat der VN die Versicherung gegen **Unfälle eines anderen** genommen, bedarf die Einräumung des Bezugsrechts entsprechend § 179 II der Einwilligung durch die versicherte Person.[3]

4 Die Einsetzung eines Bezugsberechtigten ist als **Vertrag zugunsten Dritter** i.S.d. §§ 328 ff. BGB zu qualifizieren.[4] Bei **widerruflicher** Bezugsberechtigung erwirbt der Dritte den Anspruch auf die vereinbarte Kapitalleistung nicht schon zum Unfallzeitpunkt, sondern erst bei **Eintritt des Todes**.[5] Die Anknüpfung an den Eintritt des Versicherungsfalles in § 159 II ist auf die Lebensversicherung zugeschnitten; sie passt daher nicht auf die Unfallversicherung, bei der der Eintritt des Todes nicht mehr zum Versicherungsfall gehört. Bei **unwiderruflicher** Bezugsberechtigung tritt der Rechtserwerb nach § 159 III bereits mit der Bezeichnung als Bezugsberechtigter ein. Für die weiteren Einzelheiten siehe die Kommentierung der §§ 159, 160.

§ 186 Hinweispflicht des Versicherers.

Zeigt der Versicherungsnehmer einen Versicherungsfall an, hat der Versicherer ihn auf vertragliche Anspruchs- und Fälligkeitsvoraussetzungen sowie einzuhaltende Fristen in Textform hinzuweisen. Unterbleibt dieser Hinweis, kann sich der Versicherer auf Fristversäumnis nicht berufen.

Übersicht

	Rdn.		Rdn.
A. Normzweck	1	V. Zeitpunkt des Hinweises	12
B. Ausgestaltung der Hinweispflicht	4	VI. Inhalt und Umfang der Hinweise	14
I. Anzeige des Versicherungsfalles	4	C. Rechtsfolgen bei unterlassenem oder fehlerhaftem Hinweis	16
II. Adressat des Hinweises	5		
III. Textform	7	D. Beweislast	17
IV. Umfang der Hinweispflicht	8	E. Abdingbarkeit	18

Schrifttum:
Kloth, Wie weist der Unfallversicherer zukünftig den Weg? – Ein kritischer Beitrag zur neuen Hinweispflicht des Unfallversicherers nach § 186 VVGE, r+s 2007, 397; *Klimke,* Vertragliche Ausschlussfristen für die Geltendmachung des Versicherungsanspruchs nach der VVG-Reform – Entschuldigungsmöglichkeiten, Hinweispflicht und Transparenz, VersR 2010, 290; Vgl. auch die Nachweise zu § 178 und § 180.

A. Normzweck

1 Der neu eingefügte § 186 statuiert eine **umfassende Hinweispflicht des Versicherers** hinsichtlich der vertraglichen Anspruchs- und Fälligkeitsvoraussetzungen sowie der vom VN einzuhaltenden Fristen; diese Pflicht muss bei Anzeige des Versicherungsfalls durch den VN erfüllt werden. Aus dogmatischer Sicht handelt es sich um eine **Obliegenheit** des Versicherers.[1] Dieser ist bei Verletzung der Hinweispflicht gehindert, sich auf Fristversäumnis zu berufen.

2 Die Hinweispflicht des Versicherers bezweckt den **Schutz des VN**. Nach den AUB setzt der Anspruch auf Unfallleistungen die Einhaltung verschiedener Fristen voraus, die dem durchschnittlichen VN nicht immer geläufig sind.[2] Vor der Neuregelung konnte dem Versicherer bei Geltendmachung der Leistungsfreiheit wegen einer Fristversäumnis nur der Einwand des Rechtsmissbrauchs entgegengehalten werden, sofern er im Einzelfall nach Treu und Glauben (§ 242 BGB) gehalten war, den VN auf die Frist hinzuweisen (vgl. § 180 Rdn. 21).[3]

3 Der Gesetzgeber wollte mit der Regelung der Hinweispflicht zur **Rechtsklarheit** und **Rechtssicherheit** beitragen und der Entstehung von Rechtsstreitigkeiten wegen einer Fristversäumnis entgegenwirken. Da § 186 nicht alle wesentlichen Fragen der Fristversäumnis regelt und überdies einige zusätzliche Auslegungsprobleme aufwirft, wird dieses Anliegen durch die Vorschrift aber nur unvollständig verwirklicht.[4]

---

[3] BGHZ 32, 44, 49; P/M/*Knappmann*, § 185 Rn. 3.
[4] *Grimm*, Ziff. 12 AUB 99 Rn. 9; PK/*Brömmelmeyer*, § 185 Rn. 3.
[5] Vgl. P/M/*Knappmann*, § 185 Rn. 1; BK/*Schwintowski*, § 180 Rn. 3; PK/*Brömmelmeyer*, § 185 Rn. 4; HK-VVG/*Rüffer*, § 185 Rn. 1; B/M/*Leverenz*, § 185 Rn. 23.
[1] Begr. RegE BT-Drucks. 16/3945 S. 109; *Langheid* NJW 2007, 3745, 3748; *Marlow* r+s 2007, 353, 361.
[2] Begr. RegE BT-Drucks. 16/3945 S. 109.
[3] Vgl. BGH VersR 2006, 352, 353 = NJW 2006, 911 = JR 2007, 106, 107 m.Anm. *Looschelders/Bruns*; OLG Hamm VersR 1995, 1181, 1182; OLG Köln VersR 1995, 907; OLG Düsseldorf VersR 2001, 449, 451; OLG Saarbrücken VersR 2007, 1161, 1162; Staudinger/*Looschelders/Olzen*, § 242 Rn. 1023; *Kloth*, Kap. G Rn. 68 ff.
[4] Krit. auch PK/*Brömmelmeyer*, § 186 Rn. 4; *Kloth* r+s 2007, 397 ff.

B. Ausgestaltung der Hinweispflicht

I. Anzeige des Versicherungsfalles

Die Hinweispflicht nach § 186 trifft den Versicherer **bei der Anzeige des Versicherungsfalles** durch den VN. 4
Ob den Versicherer auch bei anderer Gelegenheit eine entsprechende Hinweispflicht treffen kann, ist nicht geregelt. Insoweit muss also weiter im Einzelfall auf den Grundsatz von Treu und Glauben (§ 242 BGB) abgestellt werden (vgl. auch § 180 Rdn. 21). Ein Hinweis auf die Notwendigkeit der Einhaltung von Fristen könnte ua geboten sein, wenn das Verhalten des Versicherers beim VN ansonsten den Eindruck erwecken könnte, es komme ihm auf die Einhaltung der Fristen nicht an.[5]

II. Adressat des Hinweises

Adressat des Hinweises ist nach dem Gesetzeswortlaut lediglich der **VN** (»ihn«), nicht ausdrücklich genannt 5
ist dagegen die versicherte Person. Die Pflicht zur Anzeige des Unfalls trifft nach Ziff. 7.1 AUB 2010 nicht nur den VN, sondern auch die **versicherte Person**.[6] Bei der Versicherung für fremde Rechnung (§ 179 I 2) steht der versicherten Person nach § 44 I überdies auch der Anspruch auf die Versicherungsleistung zu (vgl. § 179 Rdn. 3); sie erscheint daher im Hinblick auf die Folgen einer Fristversäumnis mindestens so schutzwürdig wie der VN selbst. Dies hat der Gesetzgeber bei der Formulierung des § 186 offensichtlich nicht bedacht. § 191 stellt demgegenüber zutreffend klar, dass von der Vorschrift des § 186 auch nicht zum Nachteil der versicherten Person abgewichen werden kann.[7] § 186 ist daher bei der Fremdversicherung auf die versicherte Person entsprechend anzuwenden.[8]

Nicht bedacht wurde des Weiteren, dass der VN bei der Unfallversicherung einen Dritten als **Bezugsberechtigten** 6
einsetzen kann (§ 185 i.V.m. § 159). Auch in einem solchen Fall erwirbt die dritte Person den Leistungsanspruch, so dass die Hinweispflicht des Versicherers auch gegenüber dem Bezugsberechtigten gilt.[9]

III. Textform

Nach § 186 Satz 1 haben die Hinweise des Versicherers **in Textform** zu erfolgen. Die Einzelheiten ergeben sich 7
insofern aus **§ 126b BGB**. Eine **besondere Hervorhebung** der Hinweise oder sogar eine **gesonderte** Belehrung (z.B. in einem separaten Formular) wird nicht verlangt. Sinn und Zweck des § 186 sprechen aber dafür, dass die Hinweise drucktechnisch so angeordnet und gestaltet sein müssen, dass ein **durchschnittlicher VN** oder bzw. eine durchschnittliche versicherte Person sie **in zumutbarer Weise wahrnehmen** kann.[10] Unter dieser Maßgabe ist es auch zulässig, die Hinweise in das Unfallanzeigeformular aufzunehmen.[11]

IV. Umfang der Hinweispflicht

Nach dem **sehr weit gefassten Wortlaut** des § 186 müsste der Versicherer auf alle »vertraglichen Anspruchs- 8
und Fälligkeitsvoraussetzungen sowie einzuhaltenden Fristen« hinweisen. Der Regierungsbegründung ist aber zu entnehmen, dass nur »**bestimmte zeitliche**« sowie »**spezielle**« Anspruchs- und Fälligkeitsvoraussetzungen – insbesondere im Hinblick auf die Feststellung der Invalidität – erfasst werden sollen.[12] Man kann daher auch von »**vertragsspezifischen**« Hinweispflichten sprechen.[13] Eine präzise Eingrenzung kann der Begründung allerdings nicht entnommen werden. Nach Sinn und Zweck der Hinweispflicht ist entscheidend, dass die betreffenden Voraussetzungen und Fristen **vom Ablauf einer Zeit abhängig** sind und an ein **Verhalten des VN** oder der versicherten Person anknüpfen.[14] Der Hinweis kann nämlich nur dann den Zweck erfüllen, den VN bzw. die versicherte Person vor einem Anspruchsverlust zu bewahren, wenn der Adressat einen Einfluss auf die Voraussetzung hat und diese zu einer bestimmten Zeit eintreten muss.[15]

Vor diesem Hintergrund muss der Versicherer den VN auf die Notwendigkeit der **ärztlichen Feststellung der** 9
Invalidität innerhalb von 15 Monaten nach Eintritt des Unfalls (Ziff. 2.1.1.1 AUB 2010) hinweisen (vgl. dazu § 180 Rdn. 11).[16] **Keine Hinweispflicht** besteht dagegen im Hinblick auf den nach Ziff. 2.1.1.1 AUB 2010 erforderlichen **Eintritt der Invalidität** innerhalb eines Jahres nach dem Unfall (dazu § 180 Rdn. 8).[17] Denn bezüglich dieses Zeitpunkts hat der VN keinen Einfluss, so dass ein Hinweis ins Leere ginge. Dem Versicherer

---

5 Zu den möglichen Konstellationen s. auch *Marlow/Spuhl*, S. 270; *Kloth* r+s 2007, 397, 399.
6 Hierauf abstellend *Kloth* r+s 2007, 397, 398.
7 Vgl. hierzu *Marlow/Spuhl*, S. 267.
8 PK/*Brömmelmeyer*, § 186 Rn. 5; *Marlow/Spuhl*, S. 267; *Kloth* r+s 2007, 397, 399; HK-VVG/*Rüffer*, § 186 Rn. 3.
9 *Schimikowski/Höra*, S. 203.
10 Vgl. *Marlow/Spuhl*, S. 269; *Kloth* r+s 2007, 397, 400.
11 PK/*Brömmelmeyer*, § 186 Rn. 6.
12 Begr. RegE BT-Drucks. 16/3945 S. 109.
13 *Schimikowski/Höra*, S. 203.
14 So auch *Marlow/Spuhl*, S. 267; *Kloth* r+s 2007, 397, 398; *ders.*, S. 119; vgl. auch *Meixner/Steinbeck*, § 9 Rn. 22; PK/*Brömmelmeyer*, § 186 Rn. 8 ff.; B/M/*Leverenz*, § 186 Rn. 13.
15 Siehe *Schimikowski/Höra*, S. 203.
16 *Marlow/Spuhl*, S. 268; *Knappmann* VersR 2009, 775, 776.
17 So im Ergebnis auch *Marlow/Spuhl*, S. 267; *Kloth* r+s 2007, 397, 398; PK/*Brömmelmeyer*, § 186 Rn. 10.

steht aber frei, auch insofern einen Hinweis zu erteilen, um einen späteren Rechtsstreit möglichst zu vermeiden.[18]

10 Nach Ziff. 9.1 AUB 2010 (dazu § 187 Rdn. 3) hängt der Zeitpunkt der Fälligkeit etwaiger Leistungen des Versicherers davon ab, dass der VN ihm sowohl den Nachweis des Unfallhergangs als auch der Unfallfolgen und beim Anspruch auf Invalidität zusätzlich den Nachweis über den Abschluss des Heilverfahrens einreicht. Da der VN die **Beibringung** der **Unterlagen** selbst in der Hand hat, handelt es sich um eine verhaltensabhängige Voraussetzung, auf die nach § 186 hinzuweisen ist.[19] Das Gleiche gilt bei Vereinbarung einer **Übergangsleistung** nach Ziff. 2.2.1 AUB 2010 für die siebenmonatige Frist nach Eintritt des Unfalls zur Geltendmachung des Anspruchs unter Vorlage eines ärztlichen Attestes (dazu § 178 Rdn. 55).

11 Die Hinweispflicht nach § 186 beschränkt sich auf **vertragliche** Anspruchs- und Fälligkeitsvoraussetzungen. Die gesetzliche Regelung des § 14 über die Fälligkeit von Geldleistungen des Versicherers wird also nicht erfasst, obwohl es auch hier auf ein Verhalten des Anspruchstellers ankommen kann.[20] Da es sich um keine »spezielle« Fälligkeitsvoraussetzung handelt, besteht die Hinweispflicht nach § 186 aber auch dann nicht, wenn die AVB eine entsprechende Regelung enthalten.[21]

V. Zeitpunkt des Hinweises

12 Hinsichtlich des genauen Zeitpunkts der Hinweise lassen sich dem Wortlaut des § 186 keine Anhaltspunkte entnehmen. Um den Normzweck, den Schutz des VN vor einem Anspruchsverlust, nicht zu gefährden, sollten die Hinweise zumindest in einem **engen zeitlichen Zusammenhang** nach der Anzeige des Versicherungsfalles erteilt werden.[22] Überwiegend wird vorgeschlagen, die Hinweise unmittelbar in das vom VN auszufüllende **Schadensanzeigeformular** aufzunehmen.[23]

13 Die rechtzeitige Erteilung des Hinweises bei Anzeige des Versicherungsfalles kann Probleme bereiten, soweit es um die 48-stündige Frist zur **Anzeige des Todes** nach Ziff. 7.5 AUB 2010 (dazu § 178 Rdn. 66 und 71) geht. Tritt der Tod sehr kurz nach dem Versicherungsfall ein, muss man sich ggf. mit dem Hinweis in den AUB begnügen.[24] Insofern ist also eine teleologische Reduktion des § 186 erforderlich.

VI. Inhalt und Umfang der Hinweise

14 Der Versicherer hat den VN **ordnungsgemäß** zu belehren. Dies bezieht sich sowohl auf die **Klarheit** und **Verständlichkeit** für einen durchschnittlichen VN als auch auf die **Richtigkeit der Angaben**. Schwierigkeiten bereitet indessen die Frage nach dem genauen Umfang der Hinweispflicht. Nach dem Schutzzweck des § 186 kann der generelle Hinweis auf die in den AUB geregelten Voraussetzungen und Fristen nicht ausreichen. Der Versicherer muss vielmehr die relevanten Anspruchs- und Fälligkeitsvoraussetzungen bzw. Fristen konkret aufführen.

15 Nach dem Wortlaut des § 186 ist nur ein **Hinweis** auf die Voraussetzungen und Fristen erforderlich. Der Versicherer ist daher nach § 186 auch nicht gehalten, den VN über die inhaltlichen Anforderungen aufzuklären, die von der Rechtsprechung etwa an die ärztliche Invaliditätsfeststellung gestellt werden. In der Literatur wird dagegen teilweise dafür plädiert, die Hinweispflicht auf die **inhaltlichen Mindestanforderungen** auszuweiten.[25] Die Hinweispflicht soll indes lediglich verhindern, dass der VN aus Unkenntnis eine Voraussetzung nicht einhält bzw. eine Frist versäumt. Ist die Voraussetzung oder Frist dem VN bekannt, so kann er sich über die inhaltlichen Anforderungen selbst informieren.

C. Rechtsfolgen bei unterlassenem oder fehlerhaftem Hinweis

16 Hat der Versicherer die erforderlichen Hinweise nicht erteilt, kann er sich nach § 186 Satz 2 auf die Fristversäumnis nicht berufen. In der Literatur wird zu Recht darauf hingewiesen, dass diese Formulierung **missverständlich** ist. Da das Vorliegen der Anspruchs- und Fälligkeitsvoraussetzungen und die Einhaltung der Fristen von Amts wegen zu prüfen sind, kommt es nicht darauf an, ob sich der Versicherer darauf beruft.[26] Deutlich wird aber, dass es nur um die Ausschaltung der nachteiligen Wirkungen der **Fristversäumnis** geht. Die Voraussetzungen als solche entfallen also nicht. Eine fehlende ärztliche Invaliditätsfeststellung ist daher nachzuholen.[27]

---

18 Vgl. PK/*Brömmelmeyer*, § 186 Rn. 11.
19 PK/*Brömmelmeyer*, § 186 Rn. 12; *Meixner/Steinbeck*, § 9 Rn. 22; *Kloth* r+s 2007, 397, 398.
20 Krit. *Marlow/Spuhl*, S. 268; *Kloth* r+s 2007, 397, 398.
21 Anders wohl *Kloth* r+s 2007, 397, 398.
22 So auch P/M/*Knappmann*, § 186 Rn. 3; ähnlich *Schimikowski/Höra*, S. 203; *Marlow/Spuhl*, S. 268.
23 *Kloth* r+s 2007, 397, 400; *ders.*, Kap. G Rn. 55; *Marlow/Spuhl*, S. 268.
24 So i.E. auch *Kloth* r+s 2007, 397, 400.
25 So PK/*Brömmelmeyer*, § 186 Rn. 13; vgl. auch *Kloth* r+s 2007, 397, 398 f.; *Marlow/Spuhl*, S. 269.
26 PK/*Brömmelmeyer*, § 186 Rn. 16; *Marlow/Spuhl*, S. 269.
27 *Marlow/Spuhl*, S. 269; *Kloth* r+s 2007, 397, 400.

D. Beweislast

Für die rechtzeitige und formgerechte Erfüllung der Hinweispflicht trägt der **Versicherer** die **Darlegungs- und Beweislast**. Vor der gesetzlichen Normierung der Hinweispflicht begnügte die Rechtsprechung sich mit dem Nachweis, dass das Hinweisschreiben an den VN **abgeschickt** wurde.[28] Der **Zugangsnachweis** war also nicht erforderlich. Diese Rechtsprechung beruht aber auf der Erwägung, dass dem Versicherer kein Verstoß gegen Treu und Glauben zur Last fällt, wenn er alle seinerseits erforderlichen Handlungen vornimmt. Diese Erwägung trifft auf § 186 nicht zu. Zu beachten ist außerdem, dass der Hinweis nach § 186 in **Textform** zu erfolgen hat. Dieses Erfordernis lässt sich ohne einen Zugang beim VN bzw. der versicherten Person nicht einhalten.[29] Der Versicherer muss daher bei § 186 auch den Zugang beweisen.[30] In der Praxis können etwaige **Beweisschwierigkeiten** in Bezug auf den Zugang allerdings vermieden werden, wenn die notwendigen Hinweise bereits in dem vom VN zurückzusendenden **Schadensanzeigeformular** enthalten sind.[31]

17

E. Abdingbarkeit

Die Vorschrift des § 186 ist nach § 191 halbzwingend. Abweichungen zu Lasten des VN oder der versicherten Person sind damit unzulässig.

18

§ 187 Anerkenntnis.

(1) Der Versicherer hat nach seinem Leistungsantrag innerhalb eines Monats nach Vorlage der zu dessen Beurteilung erforderlichen Unterlagen in Textform zu erklären, ob und in welchem Umfang er seine Leistungspflicht anerkennt. Wird eine Invaliditätsleistung beantragt, beträgt die Frist drei Monate.
(2) Erkennt der Versicherer den Anspruch an oder haben sich Versicherungsnehmer und Versicherer über Grund und Höhe des Anspruchs geeinigt, wird die Leistung innerhalb von zwei Wochen fällig. Steht die Leistungspflicht nur dem Grunde nach fest, hat der Versicherer auf Verlangen des Versicherungsnehmers einen angemessenen Vorschuss zu leisten.

Übersicht

	Rdn.		Rdn.
A. Normzweck	1	II. Ablehnung der Leistungspflicht	7
B. Erklärungspflicht des Versicherers	2	III. Vorschusspflicht des Versicherers	9
C. Rechtsfolgen	6	D. Abdingbarkeit	11
I. »Anerkenntnis« des Versicherers	6		

A. Normzweck

Die Vorschrift über das Anerkenntnis wurde bei der Reform neu ins VVG eingefügt. Entsprechende Bestimmungen haben sich aber bislang schon in den AUB gefunden (Ziff. 9 AUB 99; § 11 AUB 88/94; § 11 AUB 61; ebenso nunmehr Ziff. 9 AUB 2010).[1] Die Regelungen tragen dem **Interesse des VN** Rechnung, in einem überschaubaren Zeitrahmen vom Versicherer zu erfahren, ob und in welcher Höhe er Leistungen gewährt.[2] Zentrales Element der Vorschrift sind die darin festgelegten **Fristen**. Diese verschaffen einerseits dem VN die Gewissheit, dass der Versicherer die Bearbeitung eines Versicherungsfalles nicht übermäßig verzögert, andererseits geben sie dem Versicherer aber eine angemessene Zeitspanne zur Prüfung der Leistungspflicht.[3]

1

B. Erklärungspflicht des Versicherers

§ 187 I statuiert im Einklang mit den entsprechenden Klauseln in den AUB eine Pflicht des Versicherers, sich nach einem Leistungsantrag innerhalb der festgelegten Fristen darüber zu erklären, ob und in welchem Umfang er seine Leistungspflicht anerkennt. Die Frist beträgt grundsätzlich **einen Monat** nach Vorlage der zur Beurteilung des Leistungsantrags erforderlichen Unterlagen. Bei **Invaliditätsleistungen** beträgt die Frist **drei Monate**.

2

Die Erklärungsfrist beginnt erst, wenn dem Versicherer alle zur Beurteilung des Leistungsantrags erforderlichen Unterlagen zugegangen sind. Der Umfang der Beibringungspflicht ergibt sich aus Ziff. 9.1 AUB 2010. Beizubringen ist danach der **Nachweis des Unfallhergangs** und der **Unfallfolgen**, beim Invaliditätsanspruch zusätzlich der **Nachweis über den Abschluss eines Heilverfahrens**, soweit es für die Bemessung der Invalidi-

3

---

28 Vgl. OLG Düsseldorf VersR 2001, 449, 451; OLG Hamm r+s 1998, 260 = VersR 1998, 1102 (LS).
29 *Marlow/Spuhl*, S. 270.
30 *Kloth* r+s 2007, 397, 400; *Marlow/Spuhl*, S. 270, P/M/*Knappmann*, § 186 Rn. 10; B/M/*Leverenz*, § 186 Rn. 29.
31 *Langheid* NJW 2006, 3317, 3322; *ders.* NJW 2007, 3745, 3748; *Marlow/Spuhl*, S. 270.
1 Begr. RegE BT-Drucks. 16/3945 S. 109; *Meixner/Steinbeck*, § 9 Rn. 28.
2 PK/*Brömmelmeyer*, § 187 Rn. 1; B/M/*Leverenz*, § 187 Rn. 3.
3 Grundlegend BGHZ 66, 250, 256 = VersR 1977, 471 (zu § 11 AUB); vgl. auch *Grimm*, Ziff. 9 AUB 2010 Rn. 1; PK/*Brömmelmeyer*, § 187 Rn. 1.

§ 188 Neubemessung der Invalidität

tät notwendig ist. Im Todesfall gehört auch die Beibringung der Sterbeurkunde zum Nachweis der Unfallfolgen.[4]

4 Nach der Gesetzesbegründung setzt die Erklärungspflicht des Versicherers im Übrigen voraus, dass die in § 14 geregelten allgemeinen Fälligkeitsvoraussetzungen erfüllt sind. Sofern umfangreichere Erhebungen erforderlich sind, kommt es aufgrund der Regelung des § 187 also nicht zu einer Verkürzung der allgemeinen Frist.[5]

5 Die Erklärung des Versicherers muss in **Textform** (§ 126b BGB) erfolgen und inhaltlich so **substantiiert begründet** sein, dass der VN erkennen kann, aus welchen Gründen die Leistungspflicht anerkannt oder abgelehnt wird.[6]

C. Rechtsfolgen
I. »Anerkenntnis« des Versicherers

6 Erkennt der Versicherer seine Leistungspflicht an oder haben der VN und der Versicherer sich über Grund und Höhe des Anspruchs geeinigt, so wird die Versicherungsleistung gemäß § 187 II 1 innerhalb von **zwei Wochen fällig**[7]. Bei der die Leistungspflicht »anerkennenden« Erklärung des Versicherers handelt es sich im Regelfall weder um ein **abstraktes Schuldanerkenntnis** i.S.d. § 781 BGB noch um ein **deklaratorisches Schuldanerkenntnis**, sondern um eine bloße **einseitige Meinungsäußerung** und **Information des Anspruchsberechtigten**.[8] Stellt sich im Nachhinein heraus, dass keine Leistungspflicht besteht, so kann der Versicherer etwaig erbrachte Leistungen nach Bereicherungsrecht zurückverlangen. Der Versicherer kann sich dabei auch auf Einwendungen stützen, die er bei Abgabe des »Anerkenntnisses« gekannt hat oder bei sorgfältiger Prüfung erkennen musste.[9] Die Beweislast für das Fehlen des rechtlichen Grundes liegt aber beim Versicherer.[10]

II. Ablehnung der Leistungspflicht

7 Welche Auswirkungen die **unberechtigte Ablehnung** der Leistungspflicht durch den Versicherer auf die Fälligkeit hat, ist weder in § 187 noch in den AUB geregelt. Insoweit ist daher auf die allgemeine Vorschrift des § 14 zurückzugreifen. Bei endgültiger Ablehnung der Leistungspflicht ist davon auszugehen, dass der Versicherer die zur Feststellung des Versicherungsfalles notwendigen Erhebungen beendet hat. Der Anspruch wird daher nach § 14 I **sofort fällig**.[11]

8 Gibt der Versicherer die Erklärung **nicht fristgerecht** ab, so steht dies einer Ablehnung der Leistungspflicht gleich. Der Anspruch wird damit zu dem Zeitpunkt fällig, zu dem der Versicherer die Erklärung hätte abgeben müssen.[12]

III. Vorschusspflicht des Versicherers

9 Steht die Leistungspflicht des Versicherers nur dem Grunde nach fest, kann die versicherte Person nach § 187 II 2 einen **angemessenen Vorschuss** verlangen. Eine entsprechende Vorschusspflicht findet sich in Ziff. 9.3 AUB 99/2008. Sofern noch kein Anerkenntnis i.S.d. § 187 I vorliegt, wird die vorbehaltlose Zahlung eines Vorschusses als Anerkenntnis der Leistungspflicht dem Grunde nach angesehen.[13]

10 Bei der **Angemessenheit** orientiert sich die Praxis an § 14 II 1. Geschuldet ist also der Betrag, den der Versicherer voraussichtlich **mindestens** zu zahlen hat.[14]

D. Abdingbarkeit

11 Nach § 191 handelt es sich bei § 187 um eine **halbzwingende Vorschrift**.

§ 188 Neubemessung der Invalidität. (1) Sind Leistungen für den Fall der Invalidität vereinbart, ist jede Vertragspartei berechtigt, den Grad der Invalidität jährlich, längstens bis zu drei Jahre nach Eintritt des Unfalles, neu bemessen zu lassen. In der Kinderunfallversicherung kann die Frist, innerhalb derer eine Neubemessung verlangt werden kann, verlängert werden.

---

4 Grimm, Ziff. 9 AUB 2010 Rn. 8.
5 Begr. RegE BT-Drucks. 16/3945 S. 109.
6 Zur Begründungspflicht des Versicherers Grimm, Ziff. 9 AUB 2010 Rn. 5.
7 Zu den Voraussetzungen eines sofortigen Anerkenntnisses OLG Karlsruhe VersR 2012, 1295.
8 BGHZ 66, 250, 257 = VersR 1977, 471, 473; OLG Schleswig VersR 1995, 825; OLG Karlsruhe VersR 2002, 1549; OLG Hamm VersR 2005, 346, 347; Grimm, Ziff. 9 AUB 2010 Rn. 2 ff.; P/M/Knappmann, § 187 Rn. 6; ausführlich zur Rechtsnatur B/M/Leverenz, § 187 Rn. 7 ff.
9 BGHZ 66, 250, 260; P/M/Knappmann, § 187 Rn. 6.
10 OLG Hamm NJW-RR 2006, 974, 975; OLG Koblenz VersR 1999, 179; Grimm, Ziff. 9 AUB 2010 Rn. 2.
11 BGH VersR 2000, 753; VersR 2002, 472; P/M/Knappmann, § 187 Rn. 2; B/M/Leverenz, § 187 Rn. 42.
12 OLG Hamm VersR 1999, 436; OLG Karlsruhe VersR 2002, 1549; Grimm, Ziff. 9 AUB 2010 Rn. 13; PK/Brömmelmeyer, § 187 Rn. 6; Meixner/Steinbeck, § 9 Rn. 29.
13 P/M/Knappmann, § 187 Rn. 10; Grimm, Ziff. 9 AUB 2010 Rn. 17; einschränkend Terbille/Hormuth, § 24 Rn. 119.
14 P/M/Knappmann, § 187 Rn. 11; Terbille/Hormuth, § 24 Rn. 121.

(2) Mit der Erklärung des Versicherers über die Leistungspflicht ist der Versicherungsnehmer über sein Recht zu unterrichten, den Grad der Invalidität neu bemessen zu lassen. Unterbleibt diese Unterrichtung, kann sich der Versicherer auf eine Verspätung des Verlangens des Versicherungsnehmers, den Grad der Invalidität neu zu bemessen, nicht berufen.

Übersicht

	Rdn.		Rdn.
A. Allgemeines	1	I. Die 3-Jahres-Frist des § 188 I 1	5
I. Normzweck	1	II. Möglichkeit der Fristverlängerung in der Kinderunfallversicherung nach § 188 I 2	10
II. Abgrenzung	3		
B. Neubemessung der Invalidität	5	C. Hinweispflicht des Versicherers	11

Schrifttum:
Vgl. die Nachweise zu § 178 und § 180.

A. Allgemeines

I. Normzweck

§ 188 ist durch die Reform neu in das VVG eingefügt worden. Abs. 1 übernimmt im Wesentlichen die entsprechenden Regelungen über die Neubemessung der Invalidität in den **AUB** (Ziff. 9.4 AUB 99; § 11 IV AUB 88/94; § 13 Nr. 3a AUB 61). Ziff. 9.4 AUB 2008/2010 ist an § 188 angepasst worden. Die Vorschrift bezweckt einen **Ausgleich** zwischen dem Interesse des VN an einer möglichst raschen Versicherungsleistung bei Invalidität und dem Umstand, dass der Grad der Invalidität sich über einen bestimmten Zeitraum noch verändern kann.[1] Abs. 2 gibt dem Versicherer auf, den VN mit der Erklärung über die Leistungspflicht darüber zu **unterrichten**, dass er den Grad der Invalidität neu bemessen lassen kann. Der VN erscheint insoweit schutzwürdig, weil ihm dieses Recht häufig nicht bekannt ist.[2] 1

Nach **§ 191** kann von § 188 nicht zum Nachteil des VN abgewichen werden. Da eine Neubemessung im Ergebnis sowohl vorteilhaft als auch nachteilig für den VN sein kann, ist weder eine Verlängerung noch eine Verkürzung der 3-Jahres-Frist möglich.[3] 2

II. Abgrenzung

Die **Neubemessung** setzt voraus, dass die Erstfeststellung der Invalidität durch Anerkenntniserklärung des Versicherers oder gerichtliche Entscheidung erfolgt ist.[4] Sie zielt darauf ab, **spätere Veränderungen** zu berücksichtigen.[5] Die Rechtskraft eines Urteils betreffend die Erstbemessung steht daher der Zulässigkeit einer Klage auf Neubemessung nicht entgegen. Wurde die gerichtliche Erstfestsetzung allein auf das Ergebnis einer ärztlichen Untersuchung gestützt, die schon lange vor der mündlichen Verhandlung durchgeführt wurde, können auch solche Gesundheitsveränderungen bei einer Neubemessung berücksichtigt werden, die zwar nach der ärztlichen Untersuchung, aber vor dem Urteil über die Erstfestsetzung eingetreten sind. Die bloße Möglichkeit, diese Veränderungen bei der Erstbemessung einzubeziehen, hat keine Sperrwirkung im Neubemessungsverfahren zur Folge. Es besteht auch keine rechtliche Verpflichtung, alle bis zum Abschluss der mündlichen Verhandlung eintretenden Verschlechterungen des Gesundheitszustandes bereits im Erstprozess vorzutragen. Für Fälle nachträglicher Veränderungen wurde gerade die Neubemessung gesetzlich und in den AUB vorgesehen.[6] 3

Von einer Neubemessung der Invalidität ist der Fall zu unterscheiden, dass der VN sich gegen die **Erstbemessung** durch den Versicherer wendet; diese Möglichkeit wird durch Abs. 1 nicht berührt. Bei der Entscheidung über die Erstbemessung kann das Gericht auch spätere Veränderungen berücksichtigen, sofern diese innerhalb des Dreijahreszeitraums nach Abs. 1 (Ziff. 9.4 AUB 2010) eingetreten sind.[7] 4

---

1 Begr. RegE BT-Drucks. 16/3945 S. 109; B/M/*Leverenz*, § 188 Rn. 2; P/M/*Knappmann*, § 188 Rn. 1; PK/*Brömmelmeyer*, § 188 Rn. 1; *Marlow*/Spuhl, Rn. 1276; *Kloth*, G Rn. 217.
2 Begr. RegE BT-Drucks. 16/3945 S. 109.
3 P/M/*Knappmann*, § 188 Rn. 7.
4 BGH VersR 2008, 527; OLG Frankfurt (Main) NVersZ 2001, 165, 166; B/M/*Leverenz*, § 188 Rn. 9; HK-VVG/*Rüffer*, Ziff. 9 AUB 2010 Rn. 13; PK/*Brömmelmeyer*, § 188 Rn. 2; P/M/*Knappmann*, § 188 Rn. 4, Ziff. 9 AUB 2008 Rn. 11; *Grimm*, Ziff. 9 AUB 2010 Rn. 22; *Naumann/Brinkmann*, § 5 Rn. 57; *Kessal-Wulf* r+s 2008, 313, 319; *Lehmann* VersR 1995, 902 f.
5 BGH VersR 2008, 527, 528; *Kessal-Wulf* r+s 2010, 353, 356; *dies.* r+s 2008, 313, 319; *Markus* VersR 2005, 1341, 1343.
6 BGH VersR 2009, 920, 922; OLG Hamm VersR 2011, 657, 658; P/M/*Knappmann*, § 188 Rn. 4; PK/*Brömmelmeyer*, § 188 Rn. 11; *Kessal-Wulf* r+s 2010, 353, 356.
7 BGH VersR 1994, 971, 972; OLG München VersR 2005, 1275; B/M/*Leverenz*, § 188 Rn. 47; Terbille/*Hormuth*, § 24 Rn. 116; *Grimm*, Ziff. 9 AUB 2010 Rn. 20.

B. Neubemessung der Invalidität
I. Die 3-Jahres-Frist des § 188 I 1

5   Nach § 188 I 1 kann jede Vertragspartei in den ersten **drei Jahren** nach Eintritt des Unfalls den **Grad der Invalidität** jedes Jahr neu bemessen lassen. Sinn und Zweck der Begrenzung auf drei Jahre ist es, die Bemessung der Invalidität in absehbarer Zeit abzuschließen und nicht auf Dauer zu verzögern.[8] Der VN kann nach Ablauf der Frist nicht mehr zu einer erneuten ärztlichen Untersuchung veranlasst werden.[9]

6   Die älteren AUB sehen teilweise vor, dass der **VN** sein Neubemessungsrecht schon **vor Ablauf der drei Jahre** geltend machen muss. So ist es nach § 11 IV AUB 94 erforderlich, dass der VN das Recht innerhalb eines Monats ab Zugang der Erklärung des Versicherers über die Leistungspflicht ausüben muss. Gemäß Ziff. 9.4 AUB 99 muss dies immerhin noch bis drei Monate vor Ablauf der Frist erfolgen. Eine solche Einschränkung wäre nunmehr gemäß § 191 unzulässig.[10] Ziff. 9.4 AUB 2010 lässt daher für den VN die Ausschöpfung der Drei-Jahres-Frist zu.[11]

7   Fraglich ist aber weiterhin, ob die Neubemessung vom VN so früh verlangt werden muss, dass sie noch **vor Fristablauf abgeschlossen** werden kann. Dies entspräche dem Wortlaut des Abs. 1 und Ziff. 9.4 S. 1 AUB 2010, wonach der VN das Recht hat, den Grad der Invalidität innerhalb der Drei-Jahres-Frist neu **bemessen** zu lassen. Auf der anderen Seite verlangt Ziff. 9.4. S. 3 AUB 2010 aber lediglich, dass der VN sein Recht vor Ablauf der Frist **ausübt**. Gemäß der Unklarheitenregel des § 305c Abs. 2 BGB ist somit eine **volle Ausschöpfung** der Drei-Jahres-Frist möglich. Findet die Untersuchung in diesen Fällen erst nach Ablauf der drei Jahre statt, sind der Neubemessung der Invalidität aber nur die Tatsachen zugrunde zu legen, die bereits bis zum Fristablauf bestanden.[12]

8   Der **Versicherer** muss sein Recht auf Neubemessung nach Ziff. 9.4 AUB 2010 (Ziff. 9.4 AUB 99/2008 und § 11 IV AUB 88/94) bereits zusammen mit seiner Erklärung über die Leistungspflicht nach § 187 I ausüben. Diese Regelung wirkt nicht zum Nachteil des VN und ist daher nach § 191 zulässig.[13] Hat sich der Versicherer sein Recht auf Neubemessung nicht rechtzeitig vorbehalten und steht deshalb nur dem VN ein solches Recht zu, verletzt der VN nicht seine **Aufklärungs- oder Mitwirkungsobliegenheit**, wenn er eine vom Versicherer geforderte ärztliche Untersuchung zum Zweck der Neubemessung verweigert. Aus dem Recht des VN auf Neubemessung kann keine Pflicht zu einer solchen abgeleitet werden. Die Verweigerung der Neubemessung stellt lediglich einen zulässigen Verzicht auf das eigene Recht der Neubemessung dar und bleibt folglich **sanktionslos**.[14]

9   Ergibt sich aufgrund einer Neubemessung, dass eine **höhere Invaliditätsleistung** geschuldet ist, als sie der Versicherer bisher erbracht hat, so ist der zu leistende Mehrbetrag gemäß Ziff. 9.4 AUB 2010 zu verzinsen. Im umgekehrten Fall muss der VN zu viel erhaltene Invaliditätsleistungen nach § 812 I 1 Alt. 1 BGB zurückzahlen.[15]

II. Möglichkeit der Fristverlängerung in der Kinderunfallversicherung nach § 188 I 2

10   § 188 I 2 lässt in der **Kinderunfallversicherung** eine vertragliche Verlängerung der Frist zu. Dahinter steht die Erwägung, dass die körperliche Entwicklung eines im Wachstum befindlichen Kindes andauert, so dass ein abschließender Befund und eine sichere Beurteilung über gesundheitliche Einbußen und ihre Auswirkungen eventuell auch nach drei Jahren noch nicht erfolgen können.[16] Eine entsprechende Fristverlängerung ist in Ziff. 9.4 AUB 2010 vorgesehen, aber nicht durch genaue Vorgaben hinsichtlich des Lebensalters und der Dauer der Frist ausgestaltet. Die Konkretisierung muss insoweit also durch den jeweiligen Versicherer erfolgen. In Ziff. 9.4 AUB 99 wird die Frist bei Kindern bis zur Vollendung des 14. Lebensjahres von drei auf fünf

---

8   OLG München r+s 2004, 472; HK-VVG/*Rüffer*, Ziff. 9 AUB 2010 Rn. 15; *Grimm*, Ziff. 9 AUB 2010 Rn. 20.
9   BGH VersR 2003, 1165, 1166; VersR 1994, 971, 972; B/M/*Leverenz*, § 188 Rn. 13; PK/*Brömmelmeyer*, § 188 Rn. 6; VersHb/*Mangen*, § 47 Rn. 227; *Kloth*, G Rn. 220; *Lehmann* VersR 1995, 902, 903; a.A. nunmehrP/M/*Knappmann*, Ziff. 9 AUB 2010 Rn. 13.
10   B/M/*Leverenz*, Ziff. 9.4 AUB 2008 Rn. 10; HK-VVG/*Rüffer*, § 188 Rn. 2; PK/*Brömmelmeyer*, § 188 Rn. 3; P/M/*Knappmann*, § 188 Rn. 7; *Kloth*, G Rn. 228; *Marlow*/Spuhl, Rn. 1277.
11   HK-VVG/*Rüffer*, Ziff. 9 AUB 2010 Rn. 15; Terbille/*Hormuth*, § 24 Rn. 113; *Kloth*, G Rn. 228.
12   Vgl. BGH VersR 1994, 971; VersR 1988, 798; VersR 1981, 1151, 1152; HK-VVG/*Rüffer*, Ziff. 9 AUB 2010 Rn. 16; P/M/*Knappmann*, § 188 Rn. 4, Ziff. 9 AUB 2010 Rn. 13; VersHb/*Mangen*, § 47 Rn. 227; ausführlich *Jacob*, Ziff. 9 AUB 2010 Rn. 85 ff.
13   P/M/*Knappmann*, § 188 Rn. 2, Ziff. 9 AUB 2010 Rn. 12; HK-VVG/*Rüffer*, Ziff. 9 AUB 2010 Rn. 15.
14   BGH VersR 2010, 243, 245; so auch PK/*Brömmelmeyer*, § 188 Rn. 3; *Kessal-Wulf* r+s 2010, 353, 357 f.
15   Vgl. HK-VVG/*Rüffer*, Ziff. 9 AUB 2010 Rn. 19; P/M/*Knappmann*, Ziff. 9 AUB 2010 Rn. 15; *Kloth*, G Rn. 236; Naumann/Brinkmann, § 5 Rn. 65 f.; *Marlow* r+s 2009, 441, 451; *Markus* VersR 2005, 1341, 1343; vgl. *Jacob* VersR 2010, 39, 40 f. zu dem Streit, ob der Versicherer auch dann zu viel Gezahltes zurückfordern kann, wenn bei einer Neubemessung aufgrund des Verlangens des VN eine geringere Invalidität festgestellt wird, der Versicherer selbst die Neubemessung aber nicht (rechtzeitig) verlangt hat.
16   Begr. RegE BT-Drucks. 16/3945 S. 109; P/M/*Knappmann*, § 188 Rn. 3; PK/*Brömmelmeyer*, § 188 Rn. 7; *Kloth*, G Rn. 218.

Jahre verlängert; § 11 AUB 94 enthält noch keine entsprechende Regelung. Die Notwendigkeit für die Sonderregelung des Abs. 1 Satz 2 ergibt sich daraus, dass eine Verlängerung der Frist andernfalls für den Versicherer durch § 191 gesperrt wäre.[17]

C. Hinweispflicht des Versicherers

§ 188 II 1 verpflichtet den Versicherer zum Schutze des VN, diesen mit der Erklärung über die Leistungspflicht (§ 187 I) auf sein Recht **hinzuweisen**, den Grad der Invalidität neu bemessen zu lassen. Eine entsprechende gesetzliche Hinweispflicht bestand vor der VVG-Reform nicht. Der überwiegende Teil der Rechtsprechung ging davon aus, dass eine solche Pflicht im Regelfall auch nicht aus Treu und Glauben (§ 242 BGB) abgeleitet werden kann, sondern allenfalls im Einzelfall bestehen könne.[18] 11

Für die Belehrung ist in Abs. 2 Satz 1 keine besondere **Form** vorgesehen. In der Literatur wird daher die Auffassung vertreten, dass eine **mündliche** Belehrung ausreicht.[19] Die Gegenauffassung stellt darauf ab, dass die Belehrung mit der Erklärung des Versicherers über die Leistungspflicht erfolgen muss, für welche nach § 187 I 1 **Textform** vorgesehen ist.[20] Dies erscheint überzeugend und ist auch insofern ratsam, als den Versicherer die Beweislast hinsichtlich der Durchführung der Belehrung trifft.[21] 12

Bei **unterbliebener Belehrung** ist der Versicherer nach **Abs. 2 Satz 2** gehindert, sich auf eine Verspätung des Verlangens des VN nach Neubemessung zu berufen. Dies ändert freilich nichts daran, dass es bei der Neubemessung allein auf den Invaliditätsgrad zum Zeitpunkt des Ablaufs der Drei-Jahres-Frist ankommt.[22] 13

§ 189 Sachverständigenverfahren, Schadensermittlungskosten. Die §§ 84 und 85 Abs. 1 und 3 sind entsprechend anzuwenden.

Übersicht

	Rdn.		Rdn.
A. Allgemeines	1	C. Schadensermittlungskosten	5
B. Sachverständigenverfahren	4		

A. Allgemeines

Haben die Parteien in der Unfallversicherung vereinbart, dass einzelne Voraussetzungen des Anspruchs aus der Versicherung oder die Höhe des Schadens durch **Sachverständige** festgestellt werden, so ist § 84 gemäß § 189 entsprechend anwendbar. In Bezug auf die Erstattung von **Aufwendungen des VN** zur Ermittlung des Schadens verweist § 189 auf die allgemeinen Regelungen des § 85 I und III. 1

Soweit die Unfallversicherung als **Schadensversicherung** ausgestaltet ist, finden die von § 189 in Bezug genommenen Vorschriften ohnehin **unmittelbare** Anwendung. Die praktische Bedeutung des § 189 beschränkt sich in diesem Fall auf den Ausschluss des § 85 II,[1] der die Einschränkung der Kostenerstattung bei der Zuziehung eines Sachverständigen oder Beistandes regelt. Die **entsprechende** Anwendbarkeit der §§ 84 und 85 I und III ist dagegen notwendig, wenn die Unfallversicherung als **Summenversicherung** ausgestaltet ist. 2

Da § 189 in § 191 nicht genannt ist, sind **abweichende Vereinbarungen** grundsätzlich zulässig.[2] Zu beachten ist allerdings, dass nach § 87 von der Vorschrift des § 84 I 1 nicht zum Nachteil des VN abgewichen werden kann. 3

B. Sachverständigenverfahren

Ein Sachverständigenverfahren ist in den neueren AUB nicht mehr vorgesehen. Dagegen enthält § 12 AUB 61 noch die Regelung, dass Meinungsverschiedenheiten über Art und Umfang der Unfallfolgen und die Kausalität des Unfalls für den eingetretenen Schaden durch einen **Ärzteausschuss** zu entscheiden sind.[3] Nach § 189 i.V.m. § 84 I 1 sind die im Rahmen des Ärzteausschussverfahrens getroffenen Feststellungen nur dann unverbindlich, wenn sie offenbar von der wirklichen Sachlage erheblich abweichen. Die Beweislast trifft den, der sich auf die Unwirksamkeit beruft.[4] Für die weiteren Einzelheiten s. die Kommentierung des § 84. 4

---

17 PK/*Brömmelmeyer*, § 188 Rn. 7.
18 OLG Braunschweig r+s 2011, 348, 349; OLG München r+s 2004, 472; OLG Hamm VersR 1990, 965, 966; B/M/*Leverenz*, § 188 Rn. 6; *Naumann/Brinkmann*, § 5 Rn. 59; *Kloth* r+s 2007, 397, 398; von OLG Hamm VersR 2001, 1549 offen gelassen.
19 B/M/*Leverenz*, § 188 Rn. 39; *Kloth*, G Rn. 222; *Marlow*/Spuhl, Rn. 1278.
20 PK/*Brömmelmeyer*, § 188 Rn. 8.
21 P/M/*Knappmann*, § 188 Rn. 6.
22 B/M/*Leverenz*, § 188 Rn. 41; PK/*Brömmelmeyer*, § 188 Rn. 9; VersHb/*Mangen*, § 47 Rn. 228; *Kloth*, G Rn. 224; *Naumann/Brinkmann*, § 5 Rn. 58; *Marlow*/Spuhl, Rn. 1278; *Marlow* r+s 2007, 353, 363.
1 Vgl. dazu PK/*Brömmelmeyer*, § 189 Rn. 1; B/M/*Leverenz*, § 189 Rn. 1.
2 So ausdrücklich Begr. RegE BT-Drucks. 16/3945 S. 110.
3 Ausführlich dazu B/M/*Leverenz*, § 189 Rn. 4.
4 Vgl. OLG Köln r+s 1993, 318; P/M/*Knappmann*, 27. Auflage 2004, § 184 a.F. s. Rn. 1.

C. Schadensermittlungskosten

5 Der Ersatz von Schadensermittlungskosten richtet sich in der Unfallversicherung grundsätzlich nach den allgemeinen Regeln des § 85 I und III. Zu den »Kosten« i.S.d. § 85 I gehören auch alle **körperlichen Schäden**, die der VN bei einer vom Versicherer angeordneten ärztlichen Behandlung oder Untersuchung erleidet.[5]

6 Ziff. 9.1 AUB 2010 sieht vor, dass der Versicherer die ärztlichen Gebühren, die dem VN zur Begründung des Leistungsanspruchs entstehen, nur zu einem **bestimmten Prozentsatz** der versicherten Summe übernimmt. Da § 85 i.V.m. § 189 dispositiv ist, erscheint diese Begrenzung grundsätzlich unbedenklich. Bei Vereinbarung eines sehr niedrigen Prozentsatzes kommt aber ein Verstoß gegen § 307 BGB in Betracht.[6] Die Kosten für die vom Versicherer mit der Untersuchung des VN beauftragten Ärzte fallen nach Ziff. 7.3 AUB 2010 dem Versicherer zur Last.

§ 190 Pflichtversicherung.

Besteht für den Abschluss einer Unfallversicherung eine Verpflichtung durch Rechtsvorschrift, hat der Versicherer dem Versicherungsnehmer unter Angabe der Versicherungssumme zu bescheinigen, dass eine der zu bezeichnenden Rechtsvorschrift entsprechende Unfallversicherung besteht.

Übersicht

	Rdn.		Rdn.
A. Normzweck	1	C. Abdingbarkeit	5
B. Pflichtversicherung	2		

A. Normzweck

1 § 190 übernimmt ohne inhaltliche Änderung die Regelung des § 185 II a.F.i.V.m. § 158b II a.F. Bei Vorliegen einer Pflichtversicherung hat der Versicherer dem VN unter Angabe der Versicherungssumme das Bestehen einer entsprechenden Unfallversicherung zu **bescheinigen**. Dem VN soll dadurch der Nachweis ermöglicht werden, dass er die erforderliche Unfallversicherung abgeschlossen hat.

B. Pflichtversicherung

2 Eine **Pflichtversicherung** i.S.d. § 190 liegt vor, wenn eine Verpflichtung durch Rechtsvorschrift für den Abschluss einer Unfallversicherung besteht. Bei der Haftpflichtversicherung findet sich eine entsprechende Legaldefinition (§ 113 I).

3 Die Versicherungspflicht kann **nicht nur** aus einem **Gesetz im formellen Sinne**, sondern auch aus einer **sonstigen Rechtsvorschrift** folgen[1]. Dies wird durch den Wortlaut des § 190 klargestellt.[2] Denn anders als noch in § 158b a.F. wird dort nicht mehr von Gesetz, sondern von Rechtsvorschrift gesprochen. Auch insoweit besteht eine Parallele zur Regelung über die Pflicht-Haftpflichtversicherung (§ 113 II).

4 Eine Versicherungspflicht ist bei der Unfallversicherung eher selten. Ein wichtiges Beispiel ist § 27 I 2 WaffG, wonach die Erlaubnis zum **Betrieb einer Schießstätte** nur erteilt wird, wenn der Antragsteller neben einer Haftpflichtversicherung auch eine Unfallversicherung in Höhe von mindestens 10.000 € für den Todesfall und 100.000 € für den Invaliditätsfall bei einem im Geltungsbereich des WaffG zum Geschäftsbetrieb befugten Versicherungsunternehmen nachweist.[3] Für die klinische Prüfung von Arzneimitteln bei Menschen besteht nach §§ 40 I Nr. 8 AMG, 20 I Nr. 9 MPG eine Rechtspflicht zum Abschluss einer sog. **Probandenversicherung**, die eine besondere Ausprägung der Unfallversicherung zugunsten eines Dritten – nämlich der von der klinischen Prüfung betroffenen Person – darstellt.[4] Der Umfang der Versicherung muss in einem angemessenen Verhältnis zu den mit der klinischen Prüfung verbundenen Risiken stehen und auf der Grundlage der Risikoschätzung so festgelegt werden, dass für jeden Fall des Todes oder der dauernden Erwerbsunfähigkeit einer von der klinischen Prüfung betroffenen Person mindestens 500.000 € zur Verfügung stehen (§§ 40 III 2 AMG, 20 III 2 MPG).

C. Abdingbarkeit

5 § 190 hat **zwingenden** Charakter. Da dies schon aus dem Schutzzweck der Vorschrift folgt, hat der Gesetzgeber auf eine ausdrückliche Klarstellung verzichtet.[5]

---

5 RGZ 68, 108; P/M/*Knappmann*, § 189 Rn. 2; PK/*Brömmelmeyer*, § 189 Rn. 6.
6 Vgl. PK/*Brömmelmeyer*, § 189 Rn. 7; *Grimm*, Ziff. 9 AUB 2010 Rn. 10; sehr krit. P/M/*Knappmann*, 27. Auflage 2004, § 11 AUB 94 Rn. 5.
1 So auch P/M/*Knappmann*, § 190 Rn. 1; B/M/*Leverenz*, § 190 Rn. 2.
2 Begr. RegE BT-Drucks. 16/3945 S. 110.
3 Vgl. PK/*Brömmelmeyer*, § 190 Rn. 2.
4 Näher dazu *Deutsch*, Rn. 426 f.
5 Begr. RegE BT-Drucks. 16/3945 S. 110.

§ 191 Abweichende Vereinbarungen.
Von § 178 Abs. 2 Satz 2 und den §§ 181, 186 bis 188 kann nicht zum Nachteil des Versicherungsnehmers oder der versicherten Person abgewichen werden.

§ 191 greift die Regelung des § 180a II a.F. inhaltlich auf und erweitert den **Schutz des VN** auf die §§ 181, 186 bis 188.[1] Im Unterschied zur alten Rechtslage wird in der Vorschrift zudem klargestellt, dass auch keine abweichenden Vereinbarungen zum Nachteil einer nicht mit dem VN identischen **versicherten Person** zulässig sind. 1

§ 191 schreibt vor, dass von den genannten Vorschriften nicht zum Nachteil des VN oder der versicherten Person abgewichen werden kann. Entsprechende Vereinbarungen sind nichtig.[2] Günstigere Regelungen können dagegen wirksam vereinbart werden. Es handelt sich also um **halbzwingende Vorschriften**. 2

---

[1] Begr. RegE BT-Drucks. 16/3945 S. 110.
[2] PK/*Brömmelmeyer*, § 191 Rn. 1; B/M/*Leverenz*, § 191 Rn. 2.

Kapitel 8. Krankenversicherung
Vorbemerkung zu §§ 192 ff.

Übersicht

	Rdn.		Rdn.
A. Gesetzeshistorie	1	C. Musterbedingungen für die private Kranken- und Pflegepflichtversicherung	13
B. Wesentliche Neuerungen seit der VVG-Reform 2008	8		

A. Gesetzeshistorie

1 Die private Krankenversicherung wurde erstmals infolge der Umsetzung der Dritten Richtlinie Schadensversicherung[1] durch das 3. DurchfG/EWG zum VAG vom 21.07.1994[2] im VVG geregelt. Zuvor waren die besonderen vertragsrechtlichen Regelungen für die Krankenversicherung ausschließlich in den von der Versicherungsaufsichtsbehörde zu genehmigenden Allgemeinen Versicherungsbedingungen enthalten. Bedingt durch den Wegfall der Genehmigungspflicht für Allgemeine Versicherungs- und Tarifbedingungen sah sich der Gesetzgeber veranlasst, wegen der erheblichen sozialen Bedeutung der Krankenversicherung deren Grundzüge in den §§ 178a–178o VVG a.F. festzulegen. Der Gesetzgeber beschränkte sich dabei jedoch auf aus seiner Sicht unerlässliche gesetzliche Mindestregelungen, durch die sichergestellt werden sollte, dass die private Krankenversicherung ihrer komplementären und substitutiven Funktion zu der im gesetzlichen Sozialversicherungssystem vorgesehenen Krankenversicherung gerecht werden kann. Er kodifizierte insoweit das aufgrund genehmigter Bedingungen und Tarifbestimmungen geltende Krankenversicherungsvertragsrecht.[3]

2 Die Kommission zur **Reform des Versicherungsvertragsgesetzes** (VVG-Kommission) sah auf dem Gebiet des Krankenversicherungsrechts nur zu einzelnen Vorschriften und Fragestellungen materiell-rechtlichen Reformbedarf.[4] Im Kern sahen die Vorschläge der VVG-Kommission keine in das System der PKV eingreifenden Änderungen vor und wurden im VVG 2008 ohne wesentliche inhaltliche Änderungen übernommen.

3 Erhebliche Änderungen, die zu einer **nachhaltigen Systemveränderung** in der PKV führten, erfolgten durch das **Gesundheitsreformgesetz (GKV-WSG)**[5]. Bereits mit Wirkung ab 01.07.2007 wurde nicht krankenversicherten Personen, die der PKV zuzuordnen sind, durch die Übergangsvorschrift des § 315 SGB V die Aufnahme in den Standardtarif (§ 257 IIa SGB V) unabhängig von Alter und Gesundheitszustand ermöglicht. Die durch das GKV-WSG bedingten versicherungsvertragsrechtlichen Änderungen finden sich in dessen Art. 43. Die in Art. 43 GKV-WSG enthaltenen Änderungen des VVG a.F. wurden unverändert in Art. 11 I des VVG-Reformgesetzes[6] übernommen und Art. 43 GKV-WSG aufgehoben. Art. 11 I VVG-Reformgesetz enthält eine konsolidierte Fassung des 8. Kapitels des VVG. Sie ist gem. Art. 11 II VVG-Reformgesetz am 01.01.2009 in Kraft getreten. Weitere Änderungen folgten durch Art. 1 Nr. 2 des Gesetzes zur Änderung versicherungsrechtlicher Vorschriften vom 24.04.2013[7] und das Gesetz zur Beseitigung sozialer Überforderung bei Beitragsschulden in der Krankenversicherung vom 15.07.2013[8], insbesondere durch die Einführung des »Notlagentarifs« (§§ 193 VII VVG, 153 VAG).

4 Neben den vertragsrechtlichen Vorschriften des VVG wird die Krankenversicherung gesetzlich wesentlich bestimmt durch die Vorschriften des **Versicherungsaufsichtsgesetzes (§§ 146 ff. VAG)**, sowie der auf der Grundlage des § 160 VAG erlassenen **Krankenversicherungsaufsichtsverordnung (KVAV)**[9]. Die **VVG-Informationspflichtenverordnung** bestimmt spezielle Informationspflichten des Versicherers in der Krankenversicherung (§§ 3, 4 III, 6 II VVG-InfoV).

5 Durch das **Allgemeine Gleichbehandlungsgesetz (AGG)** sind Tarife, die unterschiedliche Leistungen oder Prämien in Anknüpfung an das Alter der versicherten Person vorsehen, gem. § 20 II AGG nur noch unter den strengen Voraussetzungen statistischer Nachweise der Erheblichkeit dieses Differenzierungsmerkmals für das versicherte Risiko zulässig. Fehlt es aus nachvollziehbaren Gründen an ausreichenden statistischen Grundlagen, genügt aber zur Rechtfertigung nach § 20 II 2 AGG, wenn die Entscheidung des Versicherers auf anderen, ver-

---

[1] ABlEG v. 11.08.1992, Nr. L 228/1.
[2] BGBl. 1994 I S. 1630.
[3] Vgl. Allgemeine Begründung zu den §§ 178a–178o VVG, BT-Drucks. 12/6959 S. 103 f.
[4] Abschlussbericht der Kommission zur Reform des Versicherungsvertragsrechts vom 19. April 2004, hrsg. von *E. Lorenz*, VersR-Schriftenreihe, Bd. 25, S. 139.
[5] Vom 26.03.2007, BGBl. I S. 378.
[6] BGBl. 2007 I S. 2631.
[7] BGBl. 2013 I S. 932.
[8] BGBl. 2013 I S. 2423.
[9] Verordnung betreffend die Aufsicht über die Geschäftstätigkeit in der privaten Krankenversicherung (Krankenversicherungsaufsichtsverordnung – KVAV) vom 18.04.2016, BGBl. I S. 780.

nünftigen und nachvollziehbaren Gründen beruht, die mit dem zu versichernden Risiko korrelieren.[10] Die geschlechtsabhängige Differenzierung bei Versicherungsprämien ist nach dem Urteil des EuGH[11] seit dem 21.12.2012 im Neugeschäft nicht mehr zulässig. Ein weiteres, mit dem Inkrafttreten des AGG verbundenes Problem für die Krankenversicherung folgt aus der schwierigen Abgrenzung zwischen »Krankheit« und dem im AGG nicht näher bestimmten **Begriff der Behinderung** für eine diskriminierungsfreie Annahmepolitik des Versicherers. Für die Frage, ob eine »Behinderung« im Sinne des AGG vorliegt, ist der sozialrechtliche Begriff des § 2 I 1 SGB IX heranzuziehen.[12]

Einen **besonderen Gleichbehandlungsgrundsatz** enthält § 146 II 1 i.V.m. 138 II VAG. Er bestimmt – ähnlich wie der vereinsrechtliche Gleichbehandlungsgrundsatz in § 177 VAG –, dass bei gleichen Voraussetzungen die Prämien und die Leistungen nach gleichen Grundsätzen zu bemessen sind. 6

Ein gemeinsames Problem der GKV und der PKV sind die durch höhere Leistungsausgaben infolge des demographischen Wandels und des medizinischen Fortschritts bedingten **Prämiensteigerungen**, insbesondere bei älteren Versicherten. Aufgrund einer Beschlussempfehlung des Bundestages[13] hat eine unabhängige Expertenkommission ein Gutachten zur Frage der Prämienverstetigung im Alter und des Einstiegs junger VN sowie zu den Möglichkeiten des Wechsels des Versicherers erstellt.[14] Dieses Gutachten wurde sowohl von der VVG-Kommission[15] als auch im VVG-RegE[16] aufgegriffen. Der Vorschlag der unabhängigen Expertenkommission, zur besseren Kostensteuerung die Aufnahme direkter Vertragsbeziehungen zwischen Krankenversicherern und Leistungserbringern zu ermöglichen, betrifft nicht den versicherungsvertraglichen Regelungsbereich und konnte daher nicht Gegenstand der Reform des VVG sein. 7

B. Wesentliche Neuerungen seit der VVG-Reform 2008

Der Gedanke, den Gegenstand des Krankenversicherungsvertrages nicht nur auf die Kostenerstattung zu beschränken, wurde durch eine nicht abschließende Aufzählung von Zusatzdienstleistungen in § 192 III gesetzlich verankert. Sie fallen unter den Themenkomplex **Managed Care**, der im engen Sinne Angebote zur Unterstützung und Beratung vor oder unmittelbar bei der Erbringung medizinischer Leistungen umfasst.[17] Im weiten Sinne gehören hierzu alle Bestandteile des Leistungsmanagements, z.B. die Prüfung der medizinischen Notwendigkeit und der korrekten Anwendung der Gebührenordnungen.[18] 8

Ein weiterer wesentlicher Diskussionspunkt bei der VVG-Reform 2008 war die Frage, ob den Versicherten bei Wechsel des Versicherers ein Teil der kollektiv gebildeten Alterungsrückstellung mitgegeben werden kann (»**Portabilität der Alterungsrückstellung**«). Nach früherer Rechtslage bestand weder ein gesetzlicher noch ein vertraglicher Anspruch des Versicherten auf Mitgabe eines rechnerischen Anteils der im Eigentum des Versicherungsunternehmens stehenden Alterungsrückstellung.[19] Mit dem Problem, ob und ggf. unter welchen Voraussetzungen das wettbewerbsstärkende Element der Portabilität der Alterungsrückstellung eingeführt werden könnte, haben sich mehrere Kommissionen befasst.[20] Wegen der Komplexität einer solchen Regelung, die nicht nur in das Versicherungsvertragsrecht, sondern auch in das Sozial- und Versicherungsaufsichtsrecht eingreifen würde, sah die VVG-Kommission ihren Auftrag als überschritten an und regte eine Entwicklung derartiger Modelle durch die zuständigen Ressorts der Bundesregierung an.[21] Der VVG-RegE bezeichnete die oft faktisch fehlende Wechselmöglichkeit des Versicherten infolge der Nichtmitgabe eines Teils der Alterungsrückstellung und auch wegen der Hürde einer erneuten Gesundheitsprüfung als »unbefriedigend«.[22] Die diskutierten Übertragungsmodelle konnten jedoch nach Auffassung des Gesetzgebers die damit verbundenen Fragen und Probleme nicht abschließend lösen. Im Regierungsentwurf wurde daher ebenfalls von einer Portabilitätsregelung abgesehen und auf die anstehende Gesundheitsreform verwiesen, durch die »das Verhältnis von gesetzlicher und privater Krankenversicherung insgesamt neu geordnet werden«[23] sollte. Eine beschränkte Portabilität mit un- 9

---

10 OLG Karlsruhe NJW 2010, 2668, 2672. Zum Leistungsausschluss wegen bei Vertragsabschluss bestehender Schwangerschaft s. AG Hannover VersR 2009, 348.
11 EuGH VersR 2011, 377.
12 OLG Karlsruhe NJW 2010, 2668, 2670.
13 BT-Drucks. 12/7595 S. 5.
14 Gutachten der Unabhängigen Expertenkommission zur Untersuchung der Problematik steigender Beiträge der privat Krankenversicherten im Alter, BT-Drucks. 13/4945; herausgegeben vom Verband der privaten Krankenversicherung e. V als PKV-Dokumentation 19/1996.
15 Abschlussbericht (o. Fn. 4) S. 144 und 164.
16 BT-Drucks. 16/3945 S. 55.
17 Vgl. BT-Drucks. 16/3945 S. 139.
18 Vgl. BT-Drucks. 16/3945 S. 139.
19 Vgl. BGHZ 141, 214 = VersR 1999, 877.
20 S. den Überblick im Abschlussbericht (o. Fn. 4) S. 144 ff.
21 Abschlussbericht (o. Fn. 4) S. 155 f.
22 Vgl. BT-Drucks. 16/3945 S. 141.
23 BT-Drucks. 16/3945 S. 140.

terschiedlichen Regelungen für Altbestands- und Neukunden wurde schließlich durch das GKV-WSG[24] mit Wirkung ab 01.01.2009 in § 204 I eingefügt. In dem Umfang, in dem die Alterungsrückstellung eines jeden Versicherten rechnerisch auf das Leistungsniveau des Basistarifs entfällt, sind diese für Neuverträge ab dem 01.01.2009 im Falle des Versichererwechsels übertragbar. Notwendig hierfür ist, dass von vornherein diese Übertragungsleistung kalkuliert wird, vergleichbar dem gesetzlichen Prämienzuschlag gem. § 149 VAG. Damit findet ein Systemwechsel von der kollektiven Alterungsrückstellung zur individuellen Übertragungsleistung statt. Die Konsequenz ist allerdings, dass die Prämien steigen, weil dem Kollektiv bei Wechsel des VN von einem Krankenversicherer zum anderen die anteilige Alterungsrückstellung des ausscheidenden VN nicht mehr im selben Umfang wie bisher zufällt. Für Altverträge, die vor dem 01.01.2009 abgeschlossen wurden, stellt sich das Problem, dass der Verbleib des auf wechselnde VN entfallenden Anteils der Alterungsrückstellung prämienmindernd einkalkuliert wurde. Die §§ 193 V 2 i.V.m. 204 I sehen dennoch für den Altbestand ein zeitlich befristetes Wechselrecht unter Mitnahme eines Teil der Alterungsrückstellung in den Basistarif des eigenen oder eines anderen Versicherers vor.

10 Gleichzeitig wurden die privaten Krankenversicherer verpflichtet, den sogenannten **Basistarif** einzuführen. Nach § 152 VAG sind alle Versicherungsunternehmen mit Sitz im Inland, welche die substitutive Krankenversicherung betreiben, verpflichtet, einen branchenweit einheitlichen Basistarif anzubieten, dessen Leistungen in Art, Umfang und Höhe den Leistungen der GKV entsprechen. Des Weiteren sind sie verpflichtet, verschiedene Selbstbehaltsstufen vorzusehen und den Basistarif auch Beihilfeberechtigten als Prozenttarife anzubieten. Damit handelt es sich im Ergebnis nicht um *einen* Basistarif, sondern um viele Tarife mit diversen Variationsmöglichkeiten. Die Versicherungsunternehmen sind weiter verpflichtet, in den Basistarif u.a. alle bisher privat Krankenvollversicherte, freiwillig GKV-Versicherte, Beihilfeberechtigte und bestimmte bisher nicht krankenversicherte Personen aufzunehmen. Es besteht für den Basistarif **Kontrahierungszwang**, d.h. der Versicherer darf den Versicherungsberechtigten nicht wegen eines erhöhten Risikos ablehnen. Es findet jedoch trotzdem eine Risikoprüfung statt, weil, wie in der privaten Pflegepflichtversicherung, ein Poolausgleich unter den Versicherern stattfindet und deshalb das Risiko des einzelnen VN im Zeitpunkt des Vertragsschlusses bekannt sein muss. Im Übrigen dient die Risikoprüfung dazu, im Falle des späteren Wechsels eines Versicherten aus dem Basistarif in einen anderen Tarif des Versicherers entsprechend des bei Vertragsbeginn bestehenden Risikos mögliche Risikozuschläge festsetzen zu können.

11 Mit dem Kontrahierungszwang im Basistarif korrespondiert die erstmals eingeführte allgemeine **Krankenversicherungspflicht**, soweit Personen nicht von der GKV oder ähnlichen Sicherungssystemen erfasst sind (§ 193 III). Infolge der Versicherungspflicht und des Kontrahierungszwangs der Krankenversicherer gegenüber einem bestimmten, bisher nicht versicherten Personenkreis, sowie die Unkündbarkeit der Pflichtkrankenversicherungsverträge (§ 206 I 1) stelle sich die Problematik der »Nichtzahler«. Die Versicherer waren bei einem qualifizierten Prämienrückstand und dem dadurch bedingten »Ruhen der Leistung« (§ 193 VI i.d.F. bis 31.07.2013[25]) nur zu einer eingeschränkten Leistung verpflichtet (Akutversorgung), mussten aber dennoch auch für diese Verträge die Alterungsrückstellung aufbauen. Durch das »Gesetz zur Beseitigung sozialer Überforderung bei Beitragsschulden in der Krankenversicherung«[26] wurde der »**Notlagentarif**« eingeführt (§ 193 VII i.V.m. § 153 VAG). Entgegen der Tarifbezeichnung werden VN mit einem qualifizierten Prämienrückstand, unabhängig davon, ob dieser durch eine »Notlage« bedingt ist, in diesen Tarif umgestellt. Dieser sieht, wie zuvor § 193 VI i.d.F. bis 31.07.2013[27], nur eine eingeschränkte Leistungspflicht des Versicherers vor. Für die Dauer der Versicherung im Notlagentarif ist jedoch keine Alterungsrückstellung aufzubauen (§ 153 II 4 VAG) und es darf eine bereits vorhandene Alterungsrückstellung aus der Versicherung im früheren Tarif teilweise zur Deckung der im Notlagentarif zu zahlenden Prämie verwendet werden (§ 153 II 6 VAG). Für bereits aufgelaufene Prämienrückstände bei Einführung des Notlagentarifs wurde ein **gesetzlicher Schuldenerlass** geschaffen (s. dazu § 193 Rn. 42).

12 Gegen die massiven Eingriffe des GKV-WSG[28] in das System der privaten Krankenversicherung wurden erhebliche **verfassungs- und europarechtliche Bedenken** geäußert.[29] Das BVerfG[30] hat mit Urteil vom 10.06.2009 die von einer Vielzahl von Versicherern und VN erhobenen Verfassungsbeschwerden zurückgewiesen. Es hat die Folgen der Reform für das Geschäftsmodell der PKV in Abwägung mit der sozialen Bedeutung der Krankenversicherung für die gesamte Bevölkerung als verfassungskonform erachtet, dem Gesetzgeber jedoch eine »Beobachtungspflicht« im Hinblick auf die Folgen der Reform für die Versicherer und die bei ihnen Versicherten auferlegt. Lediglich für kleinere VVaG i.S.v. § 210 VAG hat das BVerfG[31] den Kontrahierungs-

---

24 Vom 26.03.2007, BGBl. I S. 378.
25 Geändert durch Gesetz vom 15.07.2013, BGBl. I S. 2423.
26 Vom 15.07.2013, BGBl. I S. 2423.
27 Geändert durch Gesetz vom 15.07.2013, BGBl. I S. 2423.
28 Vom 26.03.2007, BGBl. I S. 378.
29 *Boetius*, »Gegen die Wand« – Der Basistarif der Gesundheitsreform bricht Europa- und Verfassungsrecht, VersR 2007, 431; *Sodan*, Private Krankenversicherung und die Gesundheitsreform 2007, 2. Aufl., Berlin 2007.
30 VersR 2009, 957.
31 VersR 2009, 1057.

zwang im Basistarif gem. § 193 V als Verstoß gegen Art. 9 I GG angesehen und deshalb auf den durch die Satzung bestimmten Mitgliederkreis beschränkt.

C. Musterbedingungen für die private Kranken- und Pflegepflichtversicherung

Die Allgemeinen Versicherungsbedingungen werden vom Verband der Privaten Krankenversicherung als unverbindliche **Musterbedingungen**[32] zur Verfügung gestellt und in den wesentlichen Teilen brancheneinheitlich verwendet. Die Versicherungsbedingungen für den Basistarif (AVB/BT 2009), den Notlagentarif (AVB/NLT 2013), den Standardtarif (MB/ST 2009), die studentische Krankenversicherung (MB/PSKV 2009) und die private Pflegepflichtversicherung (AVB/PPV 2015) sind für alle Krankenversicherungsunternehmen einheitliche Bedingungswerke. 13

§ 192 Vertragstypische Leistungen des Versicherers.

(1) Bei der Krankheitskostenversicherung ist der Versicherer verpflichtet, im vereinbarten Umfang die Aufwendungen für medizinisch notwendige Heilbehandlung wegen Krankheit oder Unfallfolgen und für sonstige vereinbarte Leistungen einschließlich solcher bei Schwangerschaft und Entbindung sowie für ambulante Vorsorgeuntersuchungen zur Früherkennung von Krankheiten nach gesetzlich eingeführten Programmen zu erstatten.
(2) Der Versicherer ist zur Leistung nach Absatz 1 insoweit nicht verpflichtet, als die Aufwendungen für die Heilbehandlung oder sonstigen Leistungen in einem auffälligen Missverhältnis zu den erbrachten Leistungen stehen.
(3) Als Inhalt der Krankheitskostenversicherung können zusätzliche Dienstleistungen, die in unmittelbarem Zusammenhang mit Leistungen nach Absatz 1 stehen, vereinbart werden, insbesondere
1. die Beratung über Leistungen nach Absatz 1 sowie über die Anbieter solcher Leistungen;
2. die Beratung über die Berechtigung von Entgeltansprüchen der Erbringer von Leistungen nach Absatz 1;
3. die Abwehr unberechtigter Entgeltansprüche der Erbringer von Leistungen nach Absatz 1;
4. die Unterstützung der versicherten Personen bei der Durchsetzung von Ansprüchen wegen fehlerhafter Erbringung der Leistungen nach Absatz 1 und der sich hieraus ergebenden Folgen;
5. die unmittelbare Abrechnung der Leistungen nach Absatz 1 mit deren Erbringern.
(4) Bei der Krankenhaustagegeldversicherung ist der Versicherer verpflichtet, bei medizinisch notwendiger stationärer Heilbehandlung das vereinbarte Krankenhaustagegeld zu leisten.
(5) Bei der Krankentagegeldversicherung ist der Versicherer verpflichtet, den als Folge von Krankheit oder Unfall durch Arbeitsunfähigkeit verursachten Verdienstausfall durch das vereinbarte Krankentagegeld zu ersetzen.
(6) [1]Bei der Pflegekrankenversicherung ist der Versicherer verpflichtet, im Fall der Pflegebedürftigkeit im vereinbarten Umfang die Aufwendungen für die Pflege der versicherten Person zu erstatten (Pflegekostenversicherung) oder das vereinbarte Tagegeld zu leisten (Pflegetagegeldversicherung). [2]Absatz 2 gilt für die Pflegekostenversicherung entsprechend. [3]Die Regelungen des Elften Buches Sozialgesetzbuch über die private Pflegeversicherung bleiben unberührt.
(7) [1]Bei der Krankheitskostenversicherung im Basistarif nach § 152 des Versicherungsaufsichtsgesetzes kann der Leistungserbringer seinen Anspruch auf Leistungserstattung auch gegen den Versicherer geltend machen, soweit der Versicherer aus dem Versicherungsverhältnis zur Leistung verpflichtet ist. [2]Im Rahmen der Leistungspflicht des Versicherers aus dem Versicherungsverhältnis haften Versicherer und Versicherungsnehmer gesamtschuldnerisch.
(8) [1]Der Versicherungsnehmer kann vor Beginn einer Heilbehandlung, deren Kosten voraussichtlich 2 000 Euro überschreiten werden, in Textform vom Versicherer Auskunft über den Umfang des Versicherungsschutzes für die beabsichtigte Heilbehandlung verlangen. [2]Ist die Durchführung der Heilbehandlung dringlich, hat der Versicherer eine mit Gründen versehene Auskunft unverzüglich, spätestens nach zwei Wochen, zu erteilen, ansonsten nach vier Wochen; auf einen vom Versicherungsnehmer vorgelegten Kostenvoranschlag und andere Unterlagen ist dabei einzugehen. [3]Die Frist beginnt mit Eingang des Auskunftsverlangens beim Versicherer. [4]Ist die Auskunft innerhalb der Frist nicht erteilt, wird bis zum Beweis des Gegenteils durch den Versicherer vermutet, dass die beabsichtigte medizinische Heilbehandlung notwendig ist.

---

32 MB/KK (Musterbedingungen für die Krankheitskosten- und Krankenhaustagegeldversicherung), MB/KT (Musterbedingungen für die Krankentagegeldversicherung). Die Versicherer verwenden bei abgeänderten Musterbedingungen z.T. die Bezeichnung RB/KK bzw. RB/KT (Rahmenbedingungen). Diese Musterbedingungen, sowie weitere Spezialbedingungen, sind im Internet unter www.pkv.de zu finden.

§ 192 Vertragstypische Leistungen des Versicherers

Übersicht

	Rdn.		Rdn.
A. Allgemeines	1	3. Zusatzdienstleistungen (Abs. 3)	26
I. Normzweck	1	4. Direktanspruch des Leistungs-	
II. Entstehungsgeschichte	6	erbringers bei Basistarifversicherten	
B. Einzelheiten	7	(Abs. 7)	32
I. Krankheitskostenversicherung (Abs. 1–3)	7	5. Auskunftsanspruch über den	
1. Leistungsbeschreibung	7	Deckungsumfang für beabsichtigte	
2. Ausschluss der Übermaßvergütung		Heilbehandlungen (Abs. 8)	35
(Abs. 2)	14	II. Krankenhaustagegeldversicherung	
a) Vergütungsanspruch des Leistungs-		(Abs. 4)	43
erbringers	14	III. Krankentagegeldversicherung (Abs. 5)	47
b) Standpunkte des BGH in der		IV. Pflegeversicherung (Abs. 6)	50
»Alpha-Klinik-Entscheidung«	17	V. Abdingbarkeit	55
c) Reaktion des Gesetzgebers	19		
d) Rechtsfolgen	22		

Schrifttum:
Adam, Der Klinik-Card-Vertrag – Rechtsnatur und Rechtsfolgen, NJW 2011, 7; *Aschhoff,* Ansprüche gegen gesetzliche und private Krankenversicherungen bei künstlicher Fortpflanzung, Baden-Baden 2011; *Bastian,* Die Rechtsstellung mitversicherter Familienangehöriger in der Privaten Pflegepflichtversicherung, VersR 2003, 945; *Boetius,* Notwendige Heilbehandlung und Bedingungsanpassung in der privaten Krankenversicherung, VersR 2008, 1431; *Correll,* Im falschen Körper, NJW 1999, 3372; *Eberbach,* Die Verbesserung des Menschen – Tatsächliche und rechtliche Aspekte der wunscherfüllenden Medizin –, MedR 2008, 325; *Egger,* Medizinisch notwendige stationäre Heilbehandlung – Erstattungsprobleme in der privaten Krankenversicherung, VersR 2009, 1320; *ders.,* Medizinische Notwendigkeit in der privaten Krankheitskostenversicherung – ein Repetitorium, VersR 2011, 705; *Fortmann,* Krankheitskostenversicherung und Krankenhaustagegeldversicherung, 2010; *Fricke,* Anspruchstypen und Klagemöglichkeiten des VN in der privaten Krankenversicherung, VersR 2013, 538; *Gedigk/Zach,* Die Kostenerstattung der LASIK-Behandlung in der privaten Krankenversicherung, VersR 2008, 1043; *Hütt,* Ist der Einzug abgetretener Forderungen durch den privaten Krankenversicherer mit dem RBerG unvereinbar?, VersR 2005, 1367; *Kalis,* Anmerkung zu BGH, Urt. v. 12.03.2003, IV ZR 278/01, VersR 2004, 456; *Rehmann/Vergho,* Das auffällige Missverhältnis i.S.d. § 192 Abs. 2 VVG – Wiederbelebung eines vernachlässigten Mittels zur Kostendämpfung in der privaten Krankenversicherung, VersR 2015, 159; *Reinhard,* Der Auskunftsanspruch des Versicherungsnehmers gem. § 192 Abs. 8 VVG über den Deckungsumfang für beabsichtigte Heilbehandlungen in der Krankenversicherung, in: FS Egon Lorenz 2014, S. 369; *Rogler,* Die Wiederentdeckung des Übermaßverbots in der privaten Krankenversicherung – § 192 Abs. 2 VVG, VersR 2009, 573; *Schünemann,* Gesundheitsrestitution oder Schadenersatz? Deckungszusage und Vorfinanzierung in der privaten Krankenversicherung, r+s 2010, 397; *Schoenfeld/Kalis,* Rechtliche Rahmenbedingungen des Gesundheitsmanagements in der Privaten Krankenversicherung, VersR 2001, 1325; *Witter,* Zur rechtlichen Beurteilung sogenannter Neurosen, VersR 1981, 301.

A. Allgemeines

I. Normzweck

1 Die Vorschrift definiert in den **Abs. 1, 4 bis 6** den typischen Inhalt und Umfang der bedeutendsten **Grundtypen** von Krankenversicherungen, einschließlich der Pflegeversicherung (»vertragstypische Leistungen«). Verbindliche Vorgaben für die Produktgestaltung der Versicherer sind dadurch nicht bedingt. Bezüglich der eigentlichen Inhalte des Leistungsversprechens des jeweiligen Krankenversicherungstyps wird auf die »vereinbarten« Leistungen verwiesen, die durch die AVB und die Tarifbedingungen bestimmt werden. § 192 ist in § 208 nicht aufgeführt[1], so dass der Versicherer abweichende Produkte anbieten kann, ohne dass sich die Frage stellt, ob diese günstiger oder ungünstiger als die rudimentäre Umschreibung der Grundtypen sind. Die Kodifizierung der Grundtypen hat aber zur Folge, dass AVB, die den Gesetzeswortlaut übernehmen, nicht nach den Verständnismöglichkeiten eines vernünftigen VN, sondern objektiv wie das Gesetz selbst auszulegen sind.[2]

2 **Abs. 2** bestimmt eine gesetzliche Leistungsobergrenze für die Erstattungspflicht des Versicherers in der Krankheitskostenversicherung, nachdem der BGH in der sog. »**Alpha-Klinik**«-**Entscheidung**[3] eine Kostenbegrenzung über die Auslegung des Begriffs der »medizinischen Notwendigkeit« abgelehnt hat. Durch die Regelung sieht der Gesetzgeber die Rechtslage vor der Entscheidung des BGH als wiederhergestellt an.[4] Ein »allgemei-

---

[1] Zur Unabdingbarkeit von Abs. 7 s. unten Rdn. 55.
[2] Anders der BGH (BGHZ 133, 208, 211 = VersR 1996, 1224, 1225), der den Begriff der »medizinisch notwendigen Heilbehandlung« nach dem Verständnis des durchschnittlichen VN auslegt. Näher zur AGB-Kontrolle von AVB in der Krankenversicherung P/M/*Voit,* § 192 Rn. 8 ff.
[3] BGHZ 154, 154 = VersR 2003, 581 mit Anm. *Prölss* und *Hütt,* VersR 2003, 981.
[4] Hinweis des Rechtsausschusses zu § 192 II, BT-Drucks. 16/5862 S. 100.

nes Wirtschaftlichkeitsgebot«, wie dies von der VVG-Kommission vorgeschlagen wurde[5], wird nicht bestimmt.[6] Abs. 2 gilt gem. Abs. 6 Satz 2 auch für die Pflegekostenversicherung.

Abs. 3 enthält eine nicht abschließende Aufzählung von Dienstleistungen, die Gegenstand eines Krankheitskostenversicherungsvertrags sein können. Damit soll das Leitbild der PKV über die reine Kostenerstattung hinaus neue Formen und Methoden zur wirksamen Kostensteuerung bei gleichzeitigem Erhalt bzw. gleichzeitiger Steigerung der medizinischen Behandlungsqualität umfassen.[7] Das Angebot von **Zusatzdienstleistungen**, insbesondere im Bereich »Managed Care«[8], ist nicht neu. Die beispielhafte Nennung bedeutsamer Arten von Zusatzleistungen stellt klar, dass es sich bei diesen nicht um versicherungsfremde Geschäfte im Sinne von § 15 I VAG[9] oder spartenfremde Versicherungsleistungen handelt, der Versicherer mit seinem Leistungsangebot nicht gegen das RDG verstößt[10] und die Aufwendungen für die Zusatzdienstleistungen als Schadenskosten gem. § 6 KVAV in die Versicherungsprämie einkalkuliert werden dürfen. Bisher wurden Zusatzleistungen oftmals nur als Serviceleistungen ohne Rechtsanspruch der Versicherten angeboten, was zu Lasten der allgemeinen Verwaltungskosten oder der Schadensregulierungskosten ging. Als versicherungsvertragliche Leistung können die Kosten den Tarifen als Schadenskosten zugeordnet werden, die diese Leistungen umfassen. Als Teil der Versicherungsleistung sind sie nach § 4 Nr. 10a UStG umsatzsteuerfrei. 3

Abs. 7 begründet einen **Direktanspruch** des Leistungserbringers gegen den Krankenversicherer bei Basistarifversicherten. Der Anspruch ist komplementär zu dem in § 75 IIIa SGB V enthaltenen Sicherstellungsauftrag an die Kassenärztlichen Vereinigungen bzw. Kassenärztliche Bundesvereinigung, der zu einer Behandlungspflicht der Vertragsärzte auf dem Erstattungsniveau des Basistarifs führt.[11] 4

Abs. 8 gewährt dem VN unter bestimmten Voraussetzungen den Anspruch auf eine verbindliche Auskunft des Versicherers über den Umfang der Kostenerstattung in der Krankheitskostenversicherung für beabsichtigte Heilbehandlungen. Dadurch soll der VN vor Eingehung von Verbindlichkeiten für eine Behandlung Sicherheit erhalten, dass die entstehenden Aufwendungen dem Grunde und der voraussichtlichen Höhe nach vom Versicherungsschutz umfasst sind, insbesondere die medizinische Notwendigkeit vom Versicherer anerkannt wird.[12] 5

II. Entstehungsgeschichte

Mit der erstmals erfolgten Aufnahme der Vorschriften über die Krankenversicherung in das VVG durch das 3. DurchfG/EWG zum VAG wurden die Hauptleistungsbeschreibungen der zuvor aufsichtsbehördlich genehmigten Versicherungsbedingungen in § 178b VVG a.F. kodifiziert.[13] § 178b VVG a.F. wurde inhaltlich unverändert in § 192 übernommen. Lediglich sprachlich wurde geändert, dass der Versicherer für die Aufwendungen nicht mehr »haftet«, sondern diese zu »erstatten« hat, und in Abs. 6 Satz 3 auf die im Wesentlichen im SGB XI geregelte Pflegepflichtversicherung hingewiesen. Das VVG-Reformgesetz fügte die Abs. 2 und Abs. 3 neu ein. Abs. 7 wurde durch das GKV-WSG mit Wirkung zum 01.01.2009 angefügt. Abs. 8 wurde angefügt durch Gesetz vom 24.04.2013, BGBl. I S. 932.[14] 6

B. Einzelheiten

I. Krankheitskostenversicherung (Abs. 1–3)

1. Leistungsbeschreibung

Die Krankheitskostenversicherung ist **Passivenversicherung**[15] und **Schadensversicherung**[16]. **Aufwendungen**, die vom Versicherer im vereinbarten Umfang zu erstatten sind, liegen vor, wenn der VN infolge des Eintritts des Versicherungsfalles Verbindlichkeiten gegenüber den Leistungserbringern eingegangen ist. In welchem Umfang der Erstattungsanspruch besteht, richtet sich nach dem gesetzlich nicht näher geregelten Inhalt des Versicherungsvertrags. Der Versicherer kann z.B. bestimmte Leistungen ausschließen, begrenzen oder an be- 7

---

5 S. § 186 III VVG-E, Abschlussbericht der Kommission zur Reform des Versicherungsvertragsrechts vom 19. April 2004, hrsg. von *E. Lorenz*, VersR-Schriftenreihe, Bd. 25, S. 266 und 407 f.
6 Begr. zu § 192 II, BT-Drucks. 16/3945 S. 110, unter Hinweis darauf, dass der Versicherer ein Wirtschaftlichkeitsgebot in den AVB bestimmen könne.
7 Begr. zum VVG-E, Allgemeiner Teil, Nr. 10, BT-Drucks. 16/3945 S. 55; *Schoenfeldt/Kalis*, VersR 2001, 1325, 1329.
8 Zum Begriff s. Begr. zum VVG-E, Allgemeiner Teil, Nr. 10, BT-Drucks. 16/3945 S. 55.
9 S. dazu *Schoenfeldt/Kalis*, VersR 2001, 1325, 1327 ff.
10 S. dazu *Hütt*, VersR 2005, 1368 m.w.N., der die gegenteilige Auffassung des AG Essen-Steele, MedR 2004, 629, zum RBerG ablehnend bespricht.
11 Vgl. Begr. zu § 178b Ia VVG-E i.d.F. des GKV-WSG, BT-Drucks. 16/3100 S. 206.
12 Einzelheiten bei *Reinhard*, FS Lorenz 2014, S. 369 f.
13 Vgl. Begr. zu § 178b VVG a.F., BT-Drucks. 12/6959 S. 104.
14 Zur Entstehungsgeschichte s. *Reinhard*, FS Lorenz 2014, S. 369 f. Zum vorherigen Rechtszustand *Fricke*, VersR 2013, 538.
15 Bach/Moser/*Kalis*, § 1 MB/KK Rn. 4; L/W/*Kalis*, § 192 Rn. 14.
16 S. dazu § 194 Rdn. 6.

stimmte Voraussetzungen knüpfen.[17] Handelt es sich um eine Pflichtkrankenversicherung ist aber § 193 II 1 zu beachten (s. § 193 Rdn. 7 ff.). Ein Anspruch des VN auf vorherige »Deckungszusage«, der durch eine Feststellungsklage geltend gemacht werden könnte, besteht grundsätzlich nicht, jedoch kann der Versicherer in Ausnahmefällen, z.B. wenn der Leistungserbringer wegen der hohen Kosten den Beginn der Behandlung von einer Deckungszusage abhängig macht, aus Treu und Glauben vorab zur Prüfung der Kostenübernahme verpflichtet sein.[18] Der VN kann aber mittels des Auskunftsanspruchs gem. Abs. 8 (dazu näher unter Rdn. 35 ff.) unter bestimmten Voraussetzungen eine verbindliche Auskunft des Versicherer über den Deckungsumfang konkret beabsichtigter Heilbehandlungen verlangen. Anders als in der GKV, die ihre Leistungen in der Regel als Sachleistungen zur Verfügung stellt, wird in der PKV ein privatrechtlicher Behandlungsvertrag (z.B. Arzt- oder Krankenhausvertrag) geschlossen, aus dem der VN oder die versicherte Person selbst verpflichtet ist. Abrechnungsgrundlage ist die jeweilige ärztliche Gebührenordnung (GOÄ, GOZ) bzw. bei stationärer Behandlung das KHEntgG. Ein Erstattungsanspruch setzt einen rechtswirksamen Vergütungsanspruch des Leistungserbringers gegen den Versicherten voraus.[19] Die Erstattung erfolgt als **Geldleistung**. Ob der VN die Ansprüche seinerseits bereits erfüllt hat, ist für den Anspruch auf die Versicherungsleistung unerheblich. Hypothetische Aufwendungen (abstrakter Schaden) können nicht verlangt werden.[20] Nimmt z.B. der VN nicht versicherte Heilpraktikerleistungen anstelle von versicherten ärztlichen Leistungen in Anspruch, kann er nicht die ersparten Aufwendungen für die ärztlichen Leistungen verlangen.

8 Keine Erstattung von Aufwendungen, sondern deren Vermeidung, liegt vor, wenn der Versicherer **Sachleistungen** erbringt, z.B. dem VN Hilfsmittel durch ein Sanitätshaus liefert. Sachleistungsvereinbarungen sind zulässig, da der Versicherer nur im »vereinbarten Umfang« Erstattungsleistungen zu erbringen hat. Daneben vereinbarte Sachleistungen unterliegen als vertragliche Hauptleistung gem. § 307 III BGB keiner Inhaltskontrolle. Eine Sachleistungsbestimmung kann allerdings gem. § 305c I BGB als überraschende Klausel nicht Vertragsbestandteil geworden sein, wenn sie den Versicherungsschutz faktisch entwertet oder erschwert, z.B. die rechtzeitige Erbringung der Sachleistung für den VN nicht sichergestellt ist. Während die gesetzliche Formulierung in Abs. 1 in allen Leistungsfällen von »Erstattung« spricht, sah der dem Gesetz als Vorbild dienende § 1 MB/KK 1976 vor, dass der Versicherer »Ersatz von Aufwendungen« und »sonst vereinbarte Leistungen« erbringt. Eine Änderung der Parallelität von Aufwendungserstattung und Erbringung sonstiger Leistungen, die auch Sachleistungen sein können, war mit der Kodifizierung der Krankenversicherung im VVG nicht beabsichtigt.[21]

9 **Krankheit** ist ein – unabhängig von den subjektiven Vorstellungen des VN – objektiv nach ärztlichem Urteil bestehender anormaler Körper- oder Geisteszustand.[22] Für den **Krankheitsbegriff** der Versicherungsbedingungen kommt es auf das objektive Vorhandensein einer Krankheit im Sinne des Sprachgebrauchs des täglichen Lebens an, wie er sich auf der Grundlage allgemein bekannter Erkenntnisse der Medizin gebildet hat.[23] Die Folgen dürfen nicht nur ganz unerhebliche Störungen körperlicher oder geistiger Funktionen sein.[24] Krankheit ist auch eine organisch bedingte **Fortpflanzungseinschränkung**.[25] Keine Krankheit liegt bei vom VN lediglich gewünschten Veränderungen, z.B. **Schönheitsoperationen**, vor. Körperliche Einschränkungen oder Entstellungen, die an sich keinen Krankheitswert haben, können aber psychische Beeinträchtigungen von Krankheitswert auslösen.[26] Dies bedeutet jedoch nicht, dass der Ursache der psychischen Erkrankung ih-

---

17 Zur Begrenzung bei Kinderwunschbehandlungen s. LG Köln VersR 2015, 568.
18 Vgl. OLG Oldenburg VersR 2010, 471; OLG Köln VersR 2004, 631; OLG Karlsruhe NJW 2003, 3279; LG Konstanz VersR 2008, 1682; Bach/Moser/*Kalis* § 1 MB/KK Rn. 43. Zu den Zulässigkeitsvoraussetzungen für eine Feststellungsklage BGH VersR 2006, 535. Zum einstweiligen Rechtsschutz OLG Koblenz VersR 2008, 1638; OLG Hamm VersR 2006, 826 und VersR 2012, 611, LG Saarbrücken VersR 1985, 878.
19 BGHZ 154, 154, 158 = VersR 2003, 581, 582.
20 Bach/Moser/*Kalis*, § 1 MB/KK Rn. 7.
21 S. oben Rdn. 5 und die allgemeine Begründung zum Abschnitt »Krankenversicherung« des 3. DurchfG/EWG zum VAG, BT-Drucks. 12/6959 S. 104.
22 BGHZ 99, 228 = VersR 1987, 278.
23 LG Köln VersR 1983, 388 (Sackartige Hautfalten im Augenbereich sind keine Krankheit).
24 OLG Karlsruhe VersR 1991, 912 (Hypoplasie und Ptosis der Brüste); OLG Köln VersR 1994, 208 (Rückgängigmachung einer Sterilisation); OLG Hamm VersR 1997, 1342 (chronisches Erschöpfungssyndrom); OLG Saarbrücken VersR 1999, 479 (Myome).
25 BGH VersR 2010, 1485 (inbesondere zur Darlegungs- und Beweislast des VN); BGHZ 99, 228 = VersR 1987, 278; BGH VersR 2006, 1351; BGH VersR 2006, 1673; OLG Bamberg VersR 2005, 926; OLG Hamm, Urt. vom 27.04.2007, 20 U 189/05 (jeweils zur homologen Invitro-Fertilisation). S. auch BVerfG NJW 2007, 1343 zur Verfassungsmäßigkeit der Beschränkung von Leistungen für die künstliche Befruchtung in der GKV gem. § 27a SGB V auf Eheleute. Eingehend *Aschhoff*, Ansprüche gegen gesetzliche und private Krankenversicherungen bei künstlicher Fortpflanzung, Baden-Baden 2011.
26 Vgl. P/M/*Voit*, § 192 Rn. 24.

rerseits dadurch Krankheitswert zukommt.[27] Ob in der PKV wegen psychischer Erkrankung die Behandlung einer an sich nicht krankhaften Ursache erstattungspflichtig ist, ist eine Einzelfallfrage unter dem Gesichtspunkt der medizinischen Notwendigkeit.[28] Eine **Schwangerschaft** ist keine Erkrankung, deshalb sind die Kosten eines Schwangerschaftsabbruchs nur bei medizinischer Indikation erstattungspflichtig.[29] Ebenso ist die Fruchtbarkeit keine Erkrankung, so dass eine **Sterilisation** nur zur Beseitigung eines krankhaften psychischen Zustands medizinisch notwendige Heilbehandlung sein kann.[30] Gleiches gilt auch für die **Refertilisation**, selbst wenn die Sterilisation zur Abwendung einer Gesundheitsgefahr vorgenommen wurde.[31] Eine **erektile Dysfunktion** (»Viagra«-Indikation) kann – je nach Alter und Ursache – eine Krankheit darstellen.[32] **Transsexualität**[33] ist eine Erkrankung, wenn ein unwiderstehlicher innerer Zwang[34] der Zugehörigkeit zum anderen Geschlecht vorliegt. Zur Heilung bzw. Linderung kann eine Geschlechtsumwandlung erforderlich sein.[35] Bei einer **HIV-Infektion** liegt bereits im Zeitpunkt der Infektion eine Krankheit im Sinne einer Gesundheitsstörung vor.[36]

Neben einer Krankheit kann ein **Unfall** Ursache des Versicherungsfalles sein. Der Unterschied liegt darin, dass bei Unfällen die Ursache stets von außen gesetzt wird. Ob Unfall oder Krankheit vorliegt, ist in erster Linie bei der Frage nach der Erfüllung von Wartezeiten (§ 197) von Bedeutung. **Berufsunfälle** sind mitversichert, jedoch greift ggf. die Subsidiaritätsklausel in § 5 III MB/KK 2009, soweit gesetzliche Leistungen gewährt werden. Ist vereinbart, dass bestimmte Leistungsbeschränkungen nicht gelten sollen, wenn ein Unfall für die Leistungsinanspruchnahme ursächlich ist, liegt ein Wiedereinschluss in den Versicherungsschutz vor, dessen Voraussetzungen der VN zu beweisen hat.[37]

Die Erstreckung der Leistungspflicht auf **sonstige vereinbarte Leistungen**, wozu solche bei **Schwangerschaft und Entbindung** gehören, sowie für bestimmte Prophylaxemaßnahmen[38], lässt als charakteristisches Merkmal der Krankenversicherung nicht nur Leistungen zur Heilung oder Linderung von Erkrankungen zu, sondern auch nicht krankheits- oder unfallbedingte Leistungen. Die Leistungspflicht »bei« Schwangerschaft bedeutet, dass nicht der Eintritt der Schwangerschaft, sondern alle dadurch bedingten der im Zusammenhang stehenden Untersuchungen und Behandlungen einen einheitlichen (gedehnten) Versicherungsfall bilden.[39]

Heilbehandlung ist jede ärztliche Tätigkeit, die durch die betreffende Krankheit verursacht worden ist, sofern die Leistung des Arztes von ihrer Art her in den Rahmen der medizinisch notwendigen Krankenpflege fällt und auf Heilung oder Linderung der Krankheit abzielt. Dem ist eine ärztliche Tätigkeit, die auf Verminderung der Verschlimmerung einer Krankheit gerichtet ist, gleichgestellt.[40] Gegenstand der Behandlung muss die Änderung des körperlichen oder seelischen Zustands des Versicherten sein; dazu gehört nicht die Beseitigung krankheitsverursachender Umweltfaktoren.[41] Vom Begriff der Heilbehandlung umfasst ist auch die **Diagnostik**[42], nicht aber die **prädikative Gendiagnostik** eines gesunden Versicherten.[43] Der Versicherungsfall (§ 1 II 2 MB/KK) beginnt daher bereits mit der Diagnostik, nicht erst mit Beginn der nachfolgenden Therapie.[44] Dadurch wird verhindert, dass ein VN, sobald er wegen einer Krankheit einen Arzt in Anspruch genommen hat, den Versicherungsfall »abbricht«, um zu einem späteren Zeitpunkt einen neuen Versicherungsfall zu eröffnen, obwohl es sich tatsächlich um die Weiterbehandlung derselben Krankheit handelt.[45]

---

27 Vgl. zur GKV BSGE 93, 252 (keine Leistungen für eine Brustvergrößerung wegen dadurch bedingter psychischer Erkrankung); LSG NRW SGb 2002, 52 (keine Refertilisation zur Beseitigung einer Luststörung). Zum Krankheitswert von Neurosen s. *Witter*, VersR 1981, 301.
28 Bejaht für eine operative Brustverkleinerung zur Abwendung psychischer Beschwerden vom LG München VersR 1976, 654. Für möglich erachtet vom OLG Köln r+s 1994, 431 bei Refertilisation.
29 LG Berlin VersR 1983, 1180; LG Detmold VersR 1986, 336.
30 LG Köln VersR 1983, 1180; LG Hechingen r+s 1991, 388; AG Bielefeld r+s 2003, 207.
31 OLG Köln VersR 1994, 208; OLG Köln r+s 1994, 431.
32 Bejaht von OLG Karlsruhe VersR 2003, 1432; OLG München VersR 2001, 577; AG Mannheim VersR 2003, 1434.
33 Allgemein zu rechtlichen und medizinischen Fragen der Transsexualität s. *Correll*, NJW 1999, 3372.
34 Nicht bei freiwilligem Entschluss und vorangegangener hormoneller Selbstbehandlung (dann Vorsatz), s. KG Berlin VersR 1996, 832, nachgehend EGMR NJW 2004, 2505.
35 OLG Köln VersR 1995, 447. Zum Anspruch in der GKV s. BSGE 62, 83 = VersR 1988, 1194, s. dazu auch BSG MedR 2005, 33 (zu § 27 I 2 SGB V).
36 Vgl. P/M/*Voit*, § 192 Rn. 25.
37 OLG Köln VersR 2014, 616.
38 Die »gesetzlich eingeführten« Programme« richten sich nach § 25 SGB V.
39 Vgl. P/M/*Voit* § 192 Rn. 45.
40 BGHZ 133, 208, 211 = VersR 1996, 1224, 1225; BGHZ 99, 228 = VersR 1987, 278.
41 OLG Frankfurt (Main) VersR 1995, 651 (Keine Erstattung von Bekämpfungsmitteln gegen Hausstaubmilben).
42 OLG Saarbrücken VersR 1999, 479; OLG Hamm VersR 1989, 614.
43 LG Stuttgart NJW 2013, 1543.
44 OLG Dresden VersR 2009, 1651; LG Dortmund, Urt. vom 01.04.2010, 2 S 56/09.
45 Vgl. OLG Oldenburg VersR 2012, 1548.

13 Eine Heilbehandlung ist **medizinisch notwendig**, wenn es nach den objektiven medizinischen Erkenntnissen im Zeitpunkt der Vornahme der ärztlichen Behandlung vertretbar war, sie als notwendig anzusehen.[46] Das setzt voraus, dass das zugrunde liegende Leiden diagnostisch hinreichend erfasst und eine ihm adäquate, geeignete Therapie angewandt wird.[47] Für die Frage der medizinischen Notwendigkeit spielen Kostengesichtspunkte grundsätzlich keine Rolle. Die medizinische Notwendigkeit der sog. **LASIK-Behandlung** zur Beseitigung von Kurzsichtigkeit kann nicht deshalb verneint werden, weil eine Brille eine ebenfalls geeignete, aber kostengünstigere Methode der Fehlsichtigkeitskorrektur wäre.[48] Die Zahn- und Kieferkorrektur durch die sog. **Invisalign-Methode** (transparente Zahnschienen) kann medizinisch notwendig sein.[49] Unter medizinisch notwendige Heilbehandlungen fallen auch solche zur Linderung unheilbarer Erkrankungen, wobei diesen Behandlungen zwangläufig ein gewisser Versuchscharakter zukommt. Davon abzugrenzen sind Maßnahmen der Pflege oder der Aufenthalt in einem Hospiz, die keine Heilbehandlung darstellen.[50] Medizinische Notwendigkeit ist nicht nur bei Methoden der sog. Schulmedizin gegeben, sondern auch sog. **alternative Heilmethoden**, insbesondere Naturheilverfahren, können medizinisch notwendig sein.[51] Eine Beschränkung der Erstattungspflicht für alternative Heilmethoden auf Fälle von lebensbedrohlicher, sonst inkurabler Krankheiten besteht nicht.[52] In solchen Fällen ist die objektive Vertretbarkeit der Behandlung aber bereits dann zu bejahen, wenn sie nach medizinischen Erkenntnissen im Zeitpunkt ihrer Vornahme als wahrscheinlich geeignet angesehen werden konnten, auf eine Verhinderung der Verschlimmerung der Erkrankung oder zumindest auf ihre Verlangsamung hinzuwirken.[53] Alternative Heilmethoden sind aber nur dann erstattungsfähig, wenn es sich um Verfahren handelt, die den Nachweis klinischer Wirksamkeit erbringen können. Außenseitermethoden, die auf spekulativen Denkmodellen beruhen und den wissenschaftlichen Nachweis ihrer Wirksamkeit nicht erbringen können, sind hiervon abzugrenzen. Sie stellen grundsätzlich keine adäquate, geeignete Therapie dar und sind nicht erstattungsfähig.[54] Die Beurteilung der medizinischen Notwendigkeit einer alternativen Heilmethode hat durch einen gegenüber dieser Fachrichtung unvoreingenommenen Sachverständigen zu erfolgen.[55]

2. Ausschluss der Übermaßvergütung (Abs. 2)

a) Vergütungsanspruch des Leistungserbringers

14 Von dem **Begriff der Übermaß*vergütung*** ist der Begriff der Übermaß*behandlung* zu unterscheiden. Aufwendungen für Behandlungen, die aus medizinischer Sicht nicht »notwendig« sind oder die nach Menge oder Intensität über das medizinisch notwendige Maß hinausgehen, sind entweder schon gar nicht versichert oder es ist ggf. deren Erstattung gem. § 5 II 1 MB/KK 2009 auf ein angemessenes Maß zu reduzieren.[56] Der Versicherer darf die Erstattung bei einem Hilfsmittel, das zusätzliche, nicht benötigte Funktionen oder Ausstattungsmerkmale aufweist, entsprechend reduzieren, wenn preiswertere Alternativen zur Verfügung stehen, die den notwendigen medizinischen Anforderungen entsprechen.[57] Wenn und soweit ein medizinischer Eingriff keinen dem Grundleiden adäquaten Nutzen hat, ist er nicht medizinisch notwendig.[58] Leistungen, die über das Maß einer medizinisch notwendigen ärztlichen Versorgung hinausgehen, darf ein Arzt nur berechnen, wenn sie auf Verlangen des Zahlungspflichtigen erbracht worden sind.[59] Die Problematik einer Übermaß*vergütung* stellt sich dann, wenn die Voraussetzungen des Versicherungsfalles gegeben sind, die Erstattungsfähigkeit aber der Höhe nach streitig ist.

15 Ein Erstattungsanspruch des VN setzt voraus, dass ein **Anspruch des Leistungserbringers** gegen den VN bzw. den Versicherten rechtswirksam begründet wurde. Welche Vergütung der Leistungserbringer verlangen

---

46 BGHZ 133, 208, 213 = VersR 1996, 1224, 1225. Eingehend zur medizinischen Notwendigkeit, insbesondere bei stationärer Behandlung, *Egger*, VersR 2009, 1320.
47 OLG Köln VersR 2011, 252 m. Anm. *Hütt*; kritisch dazu *Egger*, VersR 2011, 705 ff.
48 Vgl. LG Dortmund VersR 2007, 1401 mit Anm. *Hütt*; LG Münster VersR 2009, 536. **A.A.** LG Mannheim VersR 2008, 1200; LG Köln VersR 2005, 535; LG Frankfurt (Oder) r+s 2013, 29 (unter Hinweis auf die Richtlinien der Kommission für Refraktive Chirurgie). Differenzierend LG Köln VersR 2013, 54 (keine Katarakt-Operation nur zur Beseitigung von Fehlsichtigkeit). Eingehend dazu *Gedigk/Zach*, VersR 2008, 1043 ff.; *Fortmann*, S. 26 ff. Wie hier auch PK/*Brömmelmeyer*, § 192 Rn. 37.
49 LG Frankfurt (Main), Urt. vom 23.03.2012, 2-23 O 365/10; LG Dortmund, Urt. vom 27.10.2011, 2 O 29/10.
50 Zur Abgrenzung s. Bach/Moser/*Kalis*, § 5 MB/KK Rn. 34.
51 Vgl. § 4 VI MB/KK 2008, vom BGH für wirksam erachtet in BGHZ 152, 262 = VersR 2002, 1546, ebenso OLG Köln VersR 2010, 621; zur früher gebräuchlichen »Wissenschaftlichkeitsklausel«: BGHZ 123, 83 = BGH VersR 1993, 957.
52 OLG Stuttgart VersR 2010, 523.
53 BGH VersR 2013, 1558, 1560 (Immunbehandlung bei Prostatakarzinom mit dentritischen Zellen).
54 Vgl. OLG Köln VersR 2004, 631; OLG Köln VersR 2010, 621 (abgelehnt für »Galvanotherapie«).
55 OLG Karlsruhe VersR 2001, 180; P/M/*Voit*, § 192 Rn. 71 m.w.N.
56 Vgl. LG Düsseldorf VersR 2013, 1255 (Hörgeräteversorgung); LG Göttingen VersR 2015, 969 (Hörgeräteversorgung unter Berücksichtigung der beruflichen Situation des VN); OLG Köln VersR 2011, 252 (Interimsimplantate).
57 Vgl. BGH VersR 2015, 706 (Hörgeräteversorgung).
58 OLG Köln VersR 2011, 252 (Anzahl notwendiger Interims-Zahnimplantate) mit Anm. *Hütt*.
59 Vgl. § 1 II 2 GOÄ, entsprechend auch § 1 II 2 GOZ.

darf, ist in vielen Leistungsbereichen weitgehend durch Gesetz oder Rechtsverordnung bestimmt.[60] An die Wirksamkeit hiervon abweichender Honorarvereinbarungen im Einzelfall werden hohe Anforderungen gestellt.[61] Soweit es keine Vergütungstaxe gibt, z.B. bei physiotherapeutischen Leistungen[62], besteht Anspruch auf die »übliche Vergütung« gem. §§ 630a, 630b, 612 II, 632 II BGB, die sich dann auch für Privatpatienten an den bei GKV-Patienten abrechnungsfähigen Honorarsätzen zu orientieren hat.[63]

Soweit **kein gesetzlicher Vergütungsmaßstab** gegeben ist, wie bei nach selbst kalkulierten Fallpauschalen abrechnenden **Privatkliniken**, richtet sich die Beurteilung der Wirksamkeit entsprechender Honorarvereinbarungen zwischen Klinik und Patient nach § 138 BGB. Zur Ermittlung eines **auffälligen Missverhältnisses im Sinne von § 138 BGB** sind die von einer reinen Privatklinik berechneten Pauschalvergütungen mit den Entgelten zu vergleichen, die andere, nicht der BPflV unterworfene, Privatkliniken für vergleichbare Krankenhausleistungen nach einem entsprechenden Abrechnungsmodus verlangen. Ein auffälliges Missverhältnis ist jedenfalls bei einer Differenz zwischen Leistung und Gegenleistung von über 100 % anzunehmen.[64] Ist ein Anspruch gegen den Versicherten begründet, stellt sich die Frage nach dem Umfang der Erstattungspflicht des Versicherers. Besteht dagegen bereits kein Anspruch gegen den Versicherten, weil die Vergütungsvereinbarung gegen § 138 BGB verstößt, stellt sich die Frage der Erstattung einer Übermaßvergütung nicht. Die Krankheitskostenversicherung erstattet nur wirksam begründete Verbindlichkeiten des Versicherten.[65]

b) Standpunkte des BGH in der »Alpha-Klinik-Entscheidung«[66]

Die herrschende Meinung[67] in Literatur und Rechtsprechung ging davon aus, dass bei zwei medizinisch gleichwertigen, kostenmäßig aber um ein Vielfaches auseinander liegenden Behandlungsmöglichkeiten die Leistungspflicht des Versicherers nur für die kostengünstigere bestehe. Eine zum gleichen Behandlungserfolg führende, erheblich teurere Heilbehandlung sei Luxus, keine notwendige Heilbehandlungsmaßnahme. Ferner nahm die h.M. unter Bezugnahme auf die frühere BGH-Rechtsprechung[68] an, die Kürzungsbefugnis des Versicherers bei Übermaß*behandlung* (§ 5 II 1 MB/KK 2009) erstrecke sich auch auf überhöhte Vergütungsansätze des Leistungserbringers (Übermaß*vergütung*).[69] Der BGH hatte in seiner früheren Entscheidung mittelbar aus § 5 III MB/KK 1976 (jetzt: § 5 II 1 MB/KK 2009) entnommen, dass der Versicherer nicht nur im Falle der Übermaßbehandlung seine Leistungen auf einen »angemessenen Betrag« herabsetzen darf, sondern ihm die gleiche Befugnis zugebilligt werden muss, »wenn für eine medizinisch notwendige Behandlungsmaßnahme ein **unangemessen hohes Entgelt** berechnet worden ist«.[70]

Der BGH[71] hat beide Wege zur Erstattungskürzung bei Übermaßvergütung in der **»Alpha-Klinik«-Entscheidung** abgelehnt. Die MB/KK enthielten keine Leistungsbeschränkung im Sinne einer Erstattungsobergrenze. Sagt der Versicherer in seinen Bedingungen die Übernahme der Kosten einer medizinisch notwendigen Heilbehandlung zu »ohne für den durchschnittlichen VN erkennbare Einschränkungen, so kann er ihn grundsätzlich nicht auf eine billigeren oder den billigsten Anbieter einer Heilbehandlung verweisen, die er für medizinisch gleichwertig hält«. Seine frühere »gesetzesähnliche Auslegung« von § 5 III MB/KK 1976 hat der BGH ausdrücklich aufgegeben. Ein »auffälliges Missverhältnis« zwischen Leistung und Gegenleistung konnte der BGH nicht feststellen, da der darlegungs- und beweisbelastete Versicherer nicht aufgezeigt hat, welche Vergütungen für der »Alpha-Klinik« vergleichbare Krankenhausleistungen von anderen, nicht geförderten Krankenhäusern gefordert werden.[72] Zum subjektiven Tatbestand des § 138 II BGB hat sich der BGH folgerichtig nicht geäußert, so dass offen bleibt, ob der BGH im Falle der Erfüllung des objektiven Tatbestandes des § 138 II BGB eine Kürzung, wie sie jetzt § 192 II vorsieht, ggf. nach § 242 BGB vorgenommen hätte.[73]

c) Reaktion des Gesetzgebers

Die VVG-Kommission hatte in ihrem Entwurf ein **allgemeines Wirtschaftlichkeitsgebot** vorgesehen. Die wirtschaftliche Notwendigkeit soll fehlen, wenn »unter mehreren in gleicher Weise geeigneten Maßnahmen der Heilbehandlung oder sonstigen Leistungen nicht diejenige gewählt wird, welche die geringeren Kosten

---

60 GOÄ, GOZ, KHG, KHEntgG, BPflV; Eingehend zum Vergütungsanspruch des Leistungserbringers gegen den Patienten *Kalis*, VersR 2004, 456, 458 f.
61 S. § 2 GOÄ/GOZ.
62 S. dazu LG Köln VersR 2010, 333.
63 Vgl. LG Berlin VersR 2002, 1269.
64 BGH NJW 2006, 3054; BGHZ 154, 154 = VersR 2003, 581 (Leitsatz 1).
65 BGH VersR 2003, 581, 582; BGH VersR 1998, 350.
66 BGHZ 154, 154 = VersR 2003, 581. S. dazu *Rogler*, VersR 2009, 573, 574.
67 S. die umfangreichen Nachweise in der Entscheidung BGHZ 154, 154, 167 = VersR 2003, 581, 584.
68 BGHZ 70, 158 = VersR 1978, 267.
69 S. die umfangreichen Nachweise in der Entscheidung BGHZ 154, 154, 169 = VersR 2003, 581, 584.
70 BGHZ 70, 158, 171 = VersR 1978, 267, 270.
71 BGHZ 154, 154 = VersR 2003, 581.
72 BGH VersR 2003, 581, 583.
73 So das LG Köln VersR 2009, 1212, bei einer zwar lebensnotwendigen Behandlung, die jedoch auch in gleicher Weise mit einem erheblich günstigeren Medikament durchführbar war.

§ 192 Vertragstypische Leistungen des Versicherers

verursacht, oder wenn die Aufwendungen für die Heilbehandlung oder sonstigen Leistungen in einem unangemessenen Verhältnis zu den erbrachten Leistungen stehen«.[74] Die VVG-Kommission sah damit die Rechtslage vor der »Alpha-Klinik-Entscheidung« des BGH als wiederhergestellt an.[75]

20 Der RefE-VVG[76] sah in einem allgemeinen Wirtschaftlichkeitsgebot eine unangemessene Benachteiligung für die VN bereits bestehender Verträge. Für künftige Verträge wird auf die Möglichkeit einer Vereinbarung eines Wirtschaftlichkeitsgebots in den AVB verwiesen.[77] In § 192 II RefE-VVG wird jedoch die Übermaßvergütung ausgeschlossen, »soweit die Aufwendungen für die Heilbehandlung oder sonstigen Leistungen in einem unangemessenen Verhältnis zu den erbrachten Leistungen stehen«. Die Begründung zum RefE weist auf die früher in der Rechtsprechung und Literatur allgemein anerkannte Auffassung hin, dass Aufwendungen, »die in einem **unangemessenen Verhältnis** zu den erbrachten medizinischen Leistungen stehen«, nicht von der Leistungspflicht des Versicherers umfasst sind.[78] Der Ausschluss einer »solchen Übermaßvergütung« soll in dem neuen Abs. 2 klargestellt werden.[79]

21 § 192 II VVG-RegE (= § 192 II VVG) tauscht die Formulierung »unangemessenen Verhältnis« des RefE gegen »auffälligem Missverhältnis« aus – sowohl im Gesetzestext als auch in der Begründung. In der Begründung wird behauptet, es sei in der früheren Rechtsprechung und Literatur allgemein anerkannte Auffassung gewesen, dass Aufwendungen, »die in einem **auffälligen Missverhältnis** zu den erbrachten medizinischen Leistungen stehen«, nicht von der Leistungspflicht des Versicherers umfasst sind. Wiederum soll die Bestimmung klarstellen, dass eine »solche Übermaßvergütung« von der Erstattungspflicht nicht umfasst wird. Widersprüchlich hierzu geht die Begründung davon aus, dass »die Vorschrift die geltende Rechtslage wiedergibt«, so dass die Vorschrift auch auf Altverträge angewandt werden könne.[80] Der Rechtsausschuss[81] hat sich in seinen Beratungen nochmals mit der Problematik befasst, jedoch keine Änderung des RegE beschlossen. Er weist lediglich darauf hin, dass die Vorschrift die Rechtslage vor der BGH-Entscheidung wiederherstelle. Tatsächlich hat aber der Gesetzgeber mit § 192 II die »Alpha-Klinik«-Entscheidung als geltende Rechtslage kodifiziert, anstatt – wie die Begründung suggeriert – die früher geltende Rechtslage wiederherzustellen.[82]

d) Rechtsfolgen

22 § 192 II RegE-VVG hat gegenüber der allgemeinen Sittenwidrigkeitsregelung des § 138 II BGB nur insoweit eigenständige Bedeutung, als die Erstattungspflicht des Versicherers bereits bei Vorliegen eines objektiven »auffälligen Missverhältnisses« zwischen Leistung und Gegenleistung begrenzt wird. Der subjektive Tatbestand des § 138 II BGB muss daher nicht nachgewiesen sein.[83] Anderenfalls käme § 192 II keine Bedeutung zu, da bei Erfüllung des objektiven und des subjektiven Tatbestandes von § 138 II BGB bereits der Behandlungsvertrag nichtig wäre. Die Bedeutung des § 192 II liegt aber gerade darin, den VN in den Fällen eines »nur« objektiv auffälligen Missverhältnisses nicht vollends anspruchslos zu stellen, sondern ihm den Leistungsanspruch auf die »angemessene« Vergütung zu bewahren.[84] Es genügt daher zur Begründung des **Kürzungsrechts** (»insoweit« nach) § 192 II ein objektiv »auffälliges Missverhältnis«. Insbesondere in den Fällen, in denen der Arzt den Patienten darüber aufgeklärt hat, dass das Behandlungshonorar die übliche Vergütung auffällig übersteigt, der Patient die Behandlung aber dennoch wünscht, wird der subjektive Tatbestand des § 138 II BGB regelmäßig nicht erfüllt sein. Vor der Belastung der Versichertengemeinschaft mit wirksamen, aber in einem objektiv auffälligen Missverhältnis zur üblichen Vergütung stehenden Kosten schützt Abs. 2. Ab welcher Höhe des Überschreitens der üblichen Vergütung ein »auffälligen Missverhältnis« vorliegt, ist weder im Rahmen des § 138 II BGB noch in dem des Abs. 2 fix zu bestimmen, sondern orientiert sich an der Art des zu beurteilenden Rechtsverhältnisses und dem jeweiligen Marktumfeld.[85] Ein Übersteigen von 100 % der üblichen Vergütung ist deshalb nicht erforderlich, um eine Kürzung gem. Abs. 2 zu begründen.[86]

23 Bei einer besonders kostenträchtigen, aber **nicht vital lebensnotwendigen** Behandlung muss der VN in angemessener Weise Rücksicht auf den Versicherer und die Versichertengemeinschaft nehmen. Der Versicherer braucht deshalb jedenfalls ganz unverhältnismäßige Kosten dafür gem. § 242 BGB nicht zu erstatten.[87]

---

74 S. § 186 III VVG-E, Abschlussbericht (o. Fn. 5) S. 266.
75 Vgl. Abschlussbericht (o. Fn. 5) S. 407 f.
76 Referentenentwurf des Bundesministeriums der Justiz vom 13.03.2006 (RefE-VVG).
77 S. § 1 I 4 AVB-BT, der die Leistungspflicht des Versicherers im Basistarif ausdrücklich auf ausreichende, zweckmäßige und wirtschaftliche Leistungen beschränkt.
78 Begründung zu § 192 II RefE-VVG.
79 Begründung zu § 192 II RefE-VVG.
80 Begr. zu § 192 II VVG, BT-Drucks. 16/3945 S. 110.
81 BT-Drucks. 16/5862 S. 100.
82 Eingehend zur Gesetzeshistorie *Rogler*, VersR 2009, 573, 575; *Rehmann/Vergho*, VersR 2015, 159 ff.
83 Vgl. *Rogler*, VersR 2009, 573, 577. Ebenso PK/*Brömmelmeyer*, § 192 Rn. 53.
84 *Rogler*, VersR 2009, 573, 577.
85 So zutreffend *Rehmann/Vergho*, VersR 2015, 159, 162.
86 Für eine Grenze von 50 % im Rahmen des Abs. 2 *Rehmann/Vergho*, VersR 2015, 159, 162.
87 BGHZ 154, 154, 170 = VersR 2003, 581, 585 unter Bezugnahme auf BGHZ 99, 228, 235 = VersR 1987, 278, 280.

Die Rechtsprechungsänderung des BGH durch die »Alpha-Klinik-Entscheidung«[88] wurde von einigen Ver- 24
sicherern zum Anlass genommen, durch eine Bedingungsänderung mit Wirkung für den Bestand gem. § 203 III
Klauseln über »angemessene Entgelte« in die AVB aufzunehmen. Durch eine für den Verwender ungünstige
Auslegung von AVB sah der BGH jedoch die Voraussetzungen des § 203 III als nicht erfüllt an und hat die entsprechenden Bedingungsänderungen für unwirksam erklärt.[89] Eine bedingungsgemäße Beschränkung der Erstattung von Kosten privater Krankenhäuser auf höchstens 150 % der durch die BPflV bzw. das KHEntgG vorgegebenen Entgelte hat der BGH[90] als wirksam erachtet, da nicht festgestellt werden konnte, dass die Regelung
den VN unangemessen benachteiligt oder seine Wahlfreiheit zwischen öffentlichen und privaten Krankenhäusern beeinträchtigt.

Auf **Neuverträge** (ab. 01.01.2008) ist § 192 II unmittelbar anwendbar, auch wenn die AVB keine besondere 25
Regelung zur Übermaßvergütung enthalten.[91] § 192 II soll nach der Gesetzesbegründung auch auf bestehende
Versicherungsverträge (**Altverträge**) ab dem 01.01.2009 anzuwenden sein.[92] Enthalten die Bedingungen der
Altverträge keine wirksame bzw. vor dem Hintergrund des neuen gesetzlichen Leitbildes des § 192 II wirksam
gewordene Regelung eines Wirtschaftlichkeitsgebots, greift § 192 II als gesetzliche Regelung ein.[93] § 192 II ist
in § 208 nicht genannt und deshalb dispositiv. Der Gesetzgeber wollte nach der Gesetzesbegründung[94] die
vor der »Alpha-Klinik-Entscheidung« angenommene Rechtslage jedenfalls insoweit auch für Altverträge aufrechterhalten, als die Erstattung von in einem »auffälligen Missverhältnis« stehenden Vergütungen den Versicherer zur Kürzung berechtigen. Es ist daher davon auszugehen, dass es sich bei § 192 II um eine **zwingende
Regelung** handelt, die den Schutz der Versichertengemeinschaft vor der Erstattung – objektiv sittenwidriger –
Vergütungen bezweckt. Dagegen lässt sich auch nicht anführen, mit der Erfassung auch der Altverträge durch
§ 192 II läge ein Eingriff in die Eigentumsgarantie vor.[95] Bis zur »Alpha-Klinik-Entscheidung« war die Erstattung derartiger Übermaßvergütungen ohnehin durch die Rechtsprechung ausgeschlossen, so dass die VN gerade nicht von einem diesbezüglichen Erstattungsanspruch ausgegangen sind und entsprechend disponiert
haben. Ferner kürzt § 192 II nur in dem Umfang, als eine Honorarforderung objektiv sittenwidrig erscheint,
wobei hierfür kein neuer Maßstab eingeführt wird, sondern Identität mit dem Maßstab des § 138 II BGB besteht.

3. Zusatzdienstleistungen (Abs. 3)

Abs. 3 zählt – nicht abschließend – Annexleistungen zur **Krankheitskostenversicherung** auf, die Gegenstand 26
des Versicherungsvertrags sein können.[96] In der Vorschrift geht es nur um Rechtsbeziehungen zwischen Versicherer und VN, nicht um die Konsequenzen, die sich aus der vereinbarten Zusatzleistung im Verhältnis Versicherer bzw. VN zu den Leistungserbringern ergeben.[97]

Die Beratung über die Leistungen nach Abs. 1 sowie über die **Anbieter** solcher Leistungen (Nr. 1) bezieht 27
sich auf **medizinische Behandlungs- und Rehabilitationsmöglichkeiten** bei Erkrankung, Unfall und in den
weiteren Fällen, in denen der Versicherer nach seinem Hauptleistungsversprechen die hierfür entstehenden
Aufwendungen zu erstatten hat. Es entspricht sowohl dem Interesse des Versicherers als auch dem des Versicherten, dass effiziente Maßnahmen im Versicherungsfall ergriffen werden, die der VN selbst in der Regel
nicht kennt bzw. nicht beurteilen kann. Verpflichtet sich der Versicherer zur Beratung, muss diese **objektiv**
sein; er darf z.B. nicht dem VN Behandlungsmöglichkeiten unter Kostengesichtspunkten verschweigen.
Objektiv und sachlich begründet muss auch die Anbieterempfehlung sein. Gibt es – was oft der Fall sein dürfte – mehrere Anbieter, wird der Versicherer eine Auswahl und ggf. die Gründe für seinen Rat (besondere Spezialisierung u.ä.) nennen müssen. Rät der Versicherer von einem bestimmten Behandler ab, muss hierfür ein
wichtiger Grund vorliegen, vergleichbar dem Erstattungsausschluss gem. § 5 I c) MB/KK 2009.[98] Die Tiefe
der Beratung im Einzelnen (allgemeine Gesundheitsinformation, individuelle Prüfung der Krankengeschichte) hängt von der vertraglichen Leistungsbeschreibung ab.

Die **Beratung über die Berechtigung von Entgeltansprüchen der Erbringer von Leistungen** (Nr. 2) soll den 28
VN davor schützen, einerseits einer Forderung des Behandlers ausgesetzt zu sein, andererseits nicht in gleicher Höhe eine Erstattung vom Versicherer zu erhalten, weil die Richtigkeit der Abrechnung streitig ist. Die
zusätzliche Beratungsleistung kann für den VN insbesondere dann nützlich sein, wenn der Versicherer, z.B.

---

88 BGHZ 154, 154 = VersR 2003, 581.
89 BGH VersR 2008, 246; VersR 2008, 386; kritisch dazu *Boetius*, VersR 2008, 1431.
90 BGH VersR 2009, 1210.
91 *Rogler*, VersR 2009, 573, 577.
92 Art. 1 I EGVVG; vgl. auch die Begr. zu § 192 II BT-Drucks. 16/3945 S. 110. Gegen eine Rückwirkung: *Rogler*, VersR 2009, 573, 580; PK/*Brömmelmeyer*, § 192 Rn. 54.
93 Ähnlich P/M/*Voit*, § 192 Rn. 158, der von »dispositivem Gesetzesrecht« ausgeht.
94 BT-Drucks. 16/3945 S. 110.
95 So aber PK/*Brömmelmeyer*, § 192 Rn. 55.
96 S. zum Normzweck oben Rdn. 3.
97 Vgl. Begr. zu § 192 III, BT-Drucks. 16/3945 S. 110.
98 Zum Ausschluss gem. § 5 I c) MB/KK 2009 s. Bach/Moser/*Kalis*, § 5 MB/KK Rn. 12 ff.

wegen eines vereinbarten Selbstbehalts, für bestimmte Aufwendungen keine Erstattung zu leisten hat. Die Beratung kann sich sowohl auf Kostenvoranschläge (Zahnbehandlung) als auch auf Abrechnungen für bereits erbrachte Leistungen beziehen. Den Versicherer trifft auch ohne besondere Vereinbarung eine Aufklärungs- und Beratungspflicht als Nebenpflicht aus dem Krankenversicherungsvertrag über die Erstattungsfähigkeit von Leistungen. Der Versicherer ist daher auch berechtigt, im Einzelfall auf Zweifel an dem Abrechnungsverhalten eines Leistungserbringers hinzuweisen.[99]

29 Erweiternd zur Beratung über Entgeltansprüche kann der Versicherer die **Abwehr unberechtigter Entgeltansprüche** (Nr. 3) anbieten. Die Hauptleistung der Krankheitskostenversicherung kann somit ein **Freistellungsanspruch**, vergleichbar dem in der Haftpflichtversicherung, sein. Der Versicherer schuldet Erstattung oder Abwehr, soweit nicht der VN berechtigte Ansprüche des Leistungserbringers selbst zu tragen hat (Selbstbehalt, Luxusbehandlung). Je nach Inhalt der vereinbarten Zusatzleistung kann diese auch die gerichtliche Abwehr von Entgeltforderungen umfassen.

30 Nr. 4 nennt die »**Unterstützung**« der versicherten Person bei der **Durchsetzung von Schadensersatzansprüchen** wegen Behandlungs- oder sonstigen Fehlern bei der Leistungserbringung. Wie weitreichend diese Unterstützungsleistung vereinbart werden kann, lässt sich den Gesetzesmaterialien nicht entnehmen. Die Gewährung von Leistungen im Umfang einer Rechtsschutzversicherung zur Verfolgung und Durchsetzung von Schadensersatzansprüchen geht über eine »Unterstützung« hinaus. Der Begriff der Unterstützung bei der Verfolgung von Schadensersatzansprüchen gem. § 66 SGB V in der GKV umfasst weder die Verfolgung derartiger Ansprüche anstelle des Versicherten noch die Übernahme der Kosten der Rechtsverfolgung und ist nicht als Rechtsanspruch des Versicherten ausgestaltet (»kann«-Bestimmung).[100] Im Vordergrund steht auch hier der Beratungs- und Servicegedanke, der es dem Versicherten ermöglichen soll, von den Fachkenntnissen des Versicherers zu profitieren. In vielen Fällen wird der Versicherer aus übergegangenem Recht (§ 86) Schadensersatzansprüche gegen den Leistungserbringer wegen aufgewandter bzw. zur Schadensbeseitigung noch aufzuwendender Behandlungskosten verfolgen, so dass der Versicherer ohnehin mit der Sachverhaltsaufklärung und der rechtlichen Beurteilung des Schadensfalles befasst ist. Welchen Inhalt der Unterstützungsanspruch des Versicherten im Einzelnen hat, ist von der Vereinbarung abhängig.

31 Die **unmittelbare Abrechnung mit den Leistungserbringern** (Nr. 5) soll den VN von der Einreichung von Rechnungen zur Erstattung und von der Durchführung der Zahlung befreien. Eine solche Vereinbarung ändert nichts an der Eigenschaft des VN bzw. des Versicherten als Vertragspartner – und damit als Vergütungsschuldner – des Leistungserbringers. Die Vereinbarung hat keine Auswirkungen auf die Höhe der geschuldeten Vergütung und modifiziert auch nicht das Leistungsversprechen des Versicherers hin zur Sachleistung. Zum einen kann in einer Vereinbarung zwischen Versicherer und VN kein Einfluss auf den Vergütungsanspruch des Leistungserbringers genommen werden, zum anderen soll nach dem Wortlaut »die Abrechnung«, also die in Rechnungstellung, erbrachter Leistungen auf dem direkten Weg erfolgen. Inwieweit unmittelbare Vertragsbeziehungen zwischen dem Versicherer und Leistungserbringern möglich sind, z.B. um Vergütungen zu vereinbaren oder Rabatte bei der Inanspruchnahme von Leistungen des Versicherers zu erreichen, bestimmt sich nicht in der versicherungsvertraglichen Rechtsbeziehung zwischen Versicherer und VN. Solchen Vergütungsvereinbarungen zwischen Versicherer und Leistungserbringer stehen in vielen Leistungsbereichen unabdingbare Gebührenordnungen entgegen.[101] Beispiel der unmittelbaren Abrechnung ist das »**Klinik-Card**«-**Verfahren**[102], bei dem Krankenhäuser nach Vorlage einer Versichertenkarte direkt mit dem privaten Krankenversicherer abrechnen.

4. Direktanspruch des Leistungserbringers bei Basistarifversicherten (Abs. 7)

32 Abs. 7 Satz 1 begründet einen **Direktanspruch** des Leistungserbringers gegen den Krankenversicherer bei **Basistarifversicherten**. Er besteht nur für Behandlungen während der Dauer der Versicherung im Basistarif und setzt ein wirksames Versicherungsverhältnis voraus.[103] Dieser Direktanspruch tritt neben den versicherungsvertraglichen Anspruch des VN. Abs. 7 Satz 2 ordnet die **Gesamtschuldnerschaft** (§ 421 BGB) von Versicherer und VN bezüglich des Anspruchs des Leistungserbringers an. Da der VN gegenüber dem Leistungserbringer nur haftet, wenn er selbst den Behandlungsvertrag geschlossen hat, was z.B. bei einem mitversicherten Ehegatten nicht der Fall ist, wird die Gesamtschuldnerschaft ggf. auch zwischen Versicherer und Versichertem anzunehmen sein. Die Gesamtschuldnerschaft besteht jedoch nur **im Umfang der versicherungsvertraglichen Leistungsverpflichtung** des Versicherers aus der Krankheitskostenversicherung im Basistarif. Der Ver-

---

99 LG München I NJW-RR 2003, 21 (Berufung vom OLG München r+s 2003, 164 zurückgewiesen).
100 Krauskopf/*Krauskopf*, Soziale Krankenversicherung, Pflegeversicherung, Kommentar, § 66 SGB V Rn. 3.
101 Vgl. Abschlussbericht (o. Fn. 5) S. 164. Eingehend zu direkten Vertragsbeziehungen zwischen Versicherern und Leistungserbringer: Zu den Altersbeiträgen der Privatversicherten – Gutachten der Unabhängigen Expertenkommission zur Untersuchung der Problematik steigender Beiträge der privat Krankenversicherten im Alter, PKV-Dokumentation Bd. 19, Köln 1997 S. 144 ff.
102 S. dazu OLG München NJW-RR 2005, 1697; OLG Celle VersR 2003, 1293; LG Dortmund NJW 2007, 3134. Eingehend *Adam*, NJW 2011, 7.
103 OLG Köln r+s 2014, 133 (zeitanteilige Aufteilung einer Fallpauschale); OLG Köln VersR 2014, 945, 946.

sicherer kann deshalb dem Direktanspruch des Leistungserbringers alle Einwendungen und Einreden entgegenhalten, die er gegenüber dem VN geltend machen kann. Dazu gehört auch, einen vereinbarten Selbstbehalt abzuziehen oder **Prämienrückstände** aufzurechnen (§ 35).[104]

Leistungserbringer und VN sind **Gesamtgläubiger** der Versicherungsleistung; denn Leistungserbringer und VN können die ganze Leistung fordern, der Versicherer ist aber nur einmal zur Zahlung verpflichtet (§ 428 BGB). Mit der Zahlung an einen der beiden Gesamtgläubiger tritt Erfüllung ein. Hat der Versicherer an den VN die Erstattung geleistet, zahlt dieser aber nicht die Rechnung des Leistungserbringers, kann der Leistungserbringer den Versicherer trotz § 421 Satz 2 BGB nicht mehr in Anspruch nehmen, da der Versicherer nur im Rahmen seiner Leistungspflicht aus dem Versicherungsvertrag haftet. Diese ist aber durch Erfüllung erloschen, was der Versicherer gem. § 425 I BGB dem Leistungserbringer entgegenhalten kann.[105] Die Leistungspflicht des VN gegenüber dem Leistungserbringer bleibt davon unberührt. Abs. 7 ordnet keine Priorität des Direktanspruchs des Leistungserbringers gegenüber dem Anspruch des VN aus dem Versicherungsvertrag an. Abs. 7 bietet für den Leistungserbringer keine Sicherheit für die Erfüllung seiner Ansprüche. 33

§ 6 III und IV AVB-BT 2009 bestimmen im Verhältnis zwischen dem Versicherer und dem VN, dass der Versicherer berechtigt ist, unmittelbar an den Rechnungsaussteller zu zahlen, wenn dieser die Rechnung übersendet oder der VN bei Einreichung einer Rechnung keinen Zahlungsnachweis beibringt. Der vertragliche Anspruch des VN sei insoweit erfüllt. Diese Bestimmungen haben nur deklaratorischen Charakter; die Berechtigung des Versicherers ergibt sich bereits aus § 428 BGB. 34

5. Auskunftsanspruch über den Deckungsumfang für beabsichtigte Heilbehandlungen (Abs. 8)

Sachlicher Anwendungsbereich: Der Auskunftsanspruch gilt für alle Krankheits*kosten*versicherungen, sowohl substitutive Vollversicherungen als auch Zusatzversicherungen. 35

Anspruchsberechtigter: Nach dem Gesetzeswortlaut steht der Anspruch nur dem VN zu. Ist einer versicherten Person gem. § 194 III das Recht auf die Versicherungsleistung eingeräumt, ist es sachgerecht, den Auskunftsanspruch als vorbereitenden Hilfsanspruch der versicherten Person zuzubilligen.[106] 36

Anspruchsvoraussetzungen: Der VN kann nur *vor Beginn einer Heilbehandlung* seinen Auskunftsanspruch für eine *beabsichtigte* – also zukünftige – Heilbehandlung geltend machen. Nach dem Sinn und Zweck der Vorschrift ist nicht der Beginn des Versicherungsfalls (erste ärztliche Diagnostik) gemeint, sondern der Beginn *bestimmter, miteinander in Zusammenhang stehender Behandlungsschritte*. Bei einem länger andauernden bzw. umfangreichen Versicherungsfall, insbesondere bei chronischen, dauerhaft behandlungsbedürftigen Erkrankungen, können deshalb mehrfache Auskunftsbegehren des VN zu jeweils abgrenzbaren Behandlungsschritten zulässig sein. Die Auskunftspflicht des Versicherers besteht nur, wenn die beabsichtigte Heilbehandlung die Kostengrenze von voraussichtlich 2.000 EUR übersteigt. Maßgeblich sind die dem VN voraussichtlich entstehenden Kosten, unabhängig davon, ob diese vom Versicherer ganz oder nur teilweise (z.B. bei Beihilfetarifen[107]) zu erstatten sind. Vertragliche Selbstbehalte sind für das Übersteigen der Kostengrenze unbeachtlich. Die Kosten bestimmter, miteinander in Zusammenhang stehender Behandlungsschritte sind für die Prüfung, ob die Kostengrenze überschritten wird, zusammenzurechnen. Die Beweislast für das voraussichtliche Übersteigen der Kostengrenze trägt der VN.[108] 37

Inhalt der Auskunft: Der Gegenstand der Prüfung und der Auskunftserteilung wird durch das Auskunftsbegehren des VN festgelegt. Der Versicherer schuldet keine allgemeine oder umfassende, abstrakte Auskunft zum Umfang des Versicherungsschutzes, sondern die Beantwortung der vom VN gestellten Fragen. Dieser hat zumindest darzulegen, auf *welche Heilbehandlung* (Diagnose, angeratene Behandlungsmaßnahmen nach Art und Umfang) sich sein Auskunftsbegehren bezieht, dass die Durchführung der Heilbehandlung *beabsichtigt* ist und ggf. die *Dringlichkeit* der Durchführung gegeben ist. Der VN kann, muss aber nicht[109], entsprechende Unterlagen (z.B. Heil- und Kostenplan, ärztliche Zeugnisse u.ä.) vorlegen. Der Versicherer hat auf der Grundlage der vorgelegten Unterlagen die Auskunft zu erteilen[110]. Er ist nicht verpflichtet, vor der Auskunftserteilung weitere Unterlagen beim VN oder bei Dritten (z.B. den behandelnden Ärzten) anzufordern. Was der Versicherer jedoch selbst an Daten und Unterlagen gespeichert hat, wird er berücksichtigen müssen, sofern der Zusammenhang mit solchen Daten oder Unterlagen aus der Anfrage des VN erkennbar ist. Der Versicherer hat Auskunft zu dem *Umfang des Versicherungsschutzes* für die beabsichtigte Heilbehandlung zu erteilen. Aus der Sanktion des Satzes 4 (Vermutung der medizinischen Notwendigkeit der Heilbehandlung) könnte zu schließen sein, dass die Auskunft des Versicherers sich auf die Frage der medizinischen Notwendig- 38

---

104 **A.A.** LG Köln VersR 2014, 993 (das § 35 übersieht); *Göbel/Köther*, VersR 2014, 537, 544.
105 So auch P/M/*Voit*, § 192 Rn. 225; PK/*Brömmelmeyer*, § 192 Rn. 77. **A.A.** HK-VVG/*Rogler*, § 192 Rn. 48; *Marko*, Teil B Rn. 91.
106 So wohl im Ergebnis auch *Mandler*, VersR 2013, 1104, 1106.
107 Vgl. RegE BT-Drucks. 17/11469, S. 13.
108 *Mandler*, VersR 2013, 1104, 1106.
109 Vgl. RegE BT-Drucks. 17/11469, S. 13.
110 Vgl. RegE BT-Drucks. 17/11469, S. 13.

keit beschränke. Diese ist aber nur *eine* der Voraussetzungen für die Leistungspflicht, denn nur die Kostenerstattung für medizinisch notwendige Heilbehandlungen ist Gegenstand des Versicherungsschutzes. Der Versicherer muss naheliegende weitere Umstände prüfen und bei der Beantwortung der Anfrage berücksichtigen (z.B. Höhe der angesetzten Kosten in einem Heil- und Kostenplan, Eingreifen eventuell vereinbarter individueller Leistungsausschlüsse, Kosten- oder Mengenobergrenzen, Vorrangigkeit anderer Kostenträger bei Berufsunfällen, Leistungsbegrenzungen durch eine »Zahnstaffel«[111], noch nicht abgelaufene Wartezeiten, Leistungseinschränkungen im Notlagen-, Basis- und Standardtarif). Nur diejenigen Umstände, die dem Versicherer entweder schon bekannt sind oder durch die Anfrage des VN bekannt werden und erkennbar Einfluss auf die Erstattungsleistung haben, sind von dem Versicherer in die Auskunft einzubeziehen. Bei der Beurteilung der medizinischen Notwendigkeit der beabsichtigten Heilbehandlung nach Art und Umfang muss der Versicherer auf vorgelegte Unterlagen »im Sinne einer gesteigerten Darlegungslast«[112] eingehen. Soweit die Angaben des VN bzw. die vorgelegten Unterlagen eine Beurteilung der medizinischen Notwendigkeit zulassen, muss der Versicherer in seiner Auskunft darauf eingehen. Ist aufgrund der vorgelegten Unterlagen dem Versicherer eine definitive Beurteilung der Leistungspflicht für die beabsichtigte Heilbehandlung vollständig, teilweise oder bedingt möglich, muss der Versicherer dem VN eine insoweit verbindliche Zusage geben.[113]

39 **Begründungspflicht**: Der Versicherer hat eine *mit Gründen versehene Auskunft* zu erteilen. Die Begründung soll den VN in die Lage versetzen, auf die Einwände des Versicherers einzugehen, ggf. diese durch weitere Begründungen für die medizinische Notwendigkeit zu widerlegen oder seinen Behandlungsplan anzupassen. Der Versicherer muss konkret begründen, was seiner Ansicht nach gegen die medizinische Notwendigkeit oder die Schlüssigkeit oder Nachvollziehbarkeit der vorgelegten Unterlagen sprechen soll.

40 **Form und Fristen**: Für die Anfrage des VN ist Textform (§ 126b BGB) vorgeschrieben. Die Auskunft des Versicherers ist formfrei. Der Versicherer kann gerade dann, wenn eine besondere Dringlichkeit vorliegt, auf jedem Kommunikationsweg, z.B. auch telefonisch, die Auskunft erteilen. Dem VN wird man jedoch nach Treu und Glauben den Anspruch auf eine schriftliche Bestätigung der Auskunft durch den Versicherer zubilligen müssen. Die Regelfrist für die Auskunftserteilung beträgt vier Wochen. Ist die Anfrage »dringlich«, muss die Auskunft unverzüglich (§ 121 Abs. 1 BGB), spätestens nach zwei Wochen erteilt werden. Ob »Dringlichkeit« vorliegt, ist objektiv zu bestimmen.[114] Maßgeblich sind die medizinischen Gesichtspunkte. Die Fristen beginnen mit dem *Eingang* des Auskunftsverlangens beim Versicherer (§ 192 Abs. 8 Satz 3 VVG). Darunter ist der *Zugang* des Auskunftsverlangens beim Versicherer zu verstehen.[115]

41 **Rechtsfolgen bei Fristüberschreitung**: Satz 4 stellt für den Fall der nicht fristgerechten Auskunftserteilung die widerlegbare Vermutung auf, dass die beabsichtigte medizinische Heilbehandlung notwendig ist. Ausdrücklich abgelehnt hat es der Gesetzgeber, die »behaupteten Kosten bei Fristversäumnis« (gemeint ist wohl: eine Leistungszusage) als zugestanden zu fingieren, da dies dem Gedanken der Kostendämpfung widerspräche.[116] Die Sanktion der Beweislastumkehr hinsichtlich des Nachweises der medizinischen Notwendigkeit verbessert die Situation des VN in einem späteren Rechtsstreit jedoch kaum. Die Anforderungen an eine schlüssige Darlegung der medizinischen Notwendigkeit sind für den VN ohnehin nicht hoch anzusetzen. Der Versicherer wird sich zum Beweis seines Vortrags, die Heilbehandlung sei nicht medizinisch notwendig gewesen, auf die Einholung eines Sachverständigengutachtens berufen. Ein *non liquet* erscheint ausgeschlossen. Im Ergebnis erweist sich die Sanktion der Beweislastumkehr als »zahnloser Tiger«.[117]

42 **Rechtswirkungen der erteilten Auskunft**: Die Auskunft des Versicherers ist verbindlich. Dies bedeutet nicht, dass der Versicherer entweder eine Leistungszusage zu erteilen oder den Versicherungsschutz für die beabsichtigte Heilbehandlung zu verweigern hätte.[118] Die Auskunft kann sich, sofern eine abschließende Beurteilung nicht möglich ist, auf die Mitteilung beschränken, unter welchen Voraussetzungen eine Leistung in Betracht kommt oder welche (weiteren) Unterlagen zur Prüfung benötigt werden. Es kann für eine beabsichtigte Heilbehandlung auch dem Grunde nach eine Leistungszusage erteilt werden, wenn nur die Höhe der veranschlagten Kosten vom Versicherer beanstandet wird. Der VN darf aber auf das, was ihm der Versicherer mitteilt, vertrauen; anderenfalls könnte er auf der Grundlage der Auskunft nicht entscheiden, ob er die beabsichtigte Heilbehandlung durchführen lässt. Hat der Versicherer den Versicherungsschutz unter Hinweis auf einen bestimmten Grund zu Unrecht ablehnt, kann er in einem späteren Prozess über die Kostenerstattung seine Ablehnung auch noch auf andere Gründe stützen. Eine Einschränkung wie in § 21 I sieht Abs. 8 nicht vor. In

---

111 Zum Begriff s. BVerwG VersR 2007, 1253.
112 RegE BT-Drucks. 17/11469, S. 13.
113 Vgl. RegE BT-Drucks. 17/11469, S. 13 (Hinwirkung auf eine verbindliche Zusage).
114 Vgl. RegE BT-Drucks. 17/11469, S. 14.
115 Näher dazu *Reinhard*, FS Lorenz 2014, S. 369, 383. **A.A.** *Mandler*, VersR 2013, 1104, 1106.
116 Vgl. RegE BT-Drucks. 17/11469, S. 14.
117 So zu Recht *Mandler*, VersR 2013, 1104, 1106.
118 Vgl. RegE BT-Drucks. 17/11469, S. 13, mit dem eigentlich selbstverständlichen Hinweis, »Leistungen, die nicht vereinbart sind, müssen auch nicht erbracht werden«.

Betracht kommen könnte aber in einem solchen Fall ein Schadensersatzanspruch wegen Verletzung der Auskunftspflicht nach § 280 Abs. 1 BGB.

II. Krankenhaustagegeldversicherung (Abs. 4)

Der Versicherungsfall in der Kranken**haus**tagegeldversicherung ist weitgehend mit dem in der Krankheitskostenversicherung identisch. Ist im Versicherungsfall eine **stationäre** Heilbehandlung erforderlich, wird das vereinbarte Tagegeld gezahlt, dessen Höhe sich aus dem Versicherungsvertrag ergibt.[119] Für den Begriff »medizinisch notwendige Heilbehandlung« gelten die Ausführungen zur Krankheitskostenversicherung entsprechend.[120] Der Anspruch auf Tagegeld setzt voraus, dass sich der Versicherte mindestens zeitweilig an einem Tag stationär im Krankenhaus aufgehalten hat.[121] **Tages- oder Nachtklinikaufenthalte** (sog. halb- oder teilstationäre Aufenthalte) erfüllen als Unterfälle der stationären Behandlung insoweit die Voraussetzung für den Versicherungsfall.[122] Ein stationärer Aufenthalt im Rahmen eines Maßregelvollzugs gem. § 63 StGB fällt unter den Leistungsausschluss § 5 I h) MB/KK 2009.[123]

Die KHT-Versicherung ist **Summenversicherung**.[124] Gedeckt wird ein **abstrakter Bedarf**, der sich in Form vermehrter Aufwendungen während eines Krankenhausaufenthalts ergeben kann (z.B. Abdeckung von Zuzahlungen zur GKV-Leistung, Telefonanschluss im Krankenzimmer, Reisekosten für Angehörigenbesuche usw.), aber nicht Voraussetzung für die Versicherungsleistung und nicht nachzuweisen ist.

Die KHT-Versicherung ist keine substitutive Krankenversicherung, da es in der GKV keine vergleichbare Leistung gibt. Sie ist jedoch hinsichtlich des Ausschlusses des **Kündigungsrechts des Versicherers** einer substitutiven Krankenversicherung gleichgestellt, wenn sie neben einer Krankheitskostenvollversicherung besteht. Ansonsten kann sie vom Versicherer gem. § 206 II nur innerhalb der ersten 3 Jahre ordentlich gekündigt werden.

Ein Krankenhaustagegeld kann ferner Bestandteil einer Teilkostenversicherung (stationäre Wahlleistungen) sein, wobei das Krankenhaustagegeld nur subsidiär gezahlt wird, wenn versicherte Wahlleistungen nicht in Anspruch genommen werden bzw. genommen werden können (sog. **Ersatz-Krankenhaustagegeld**).[125]

III. Krankentagegeldversicherung (Abs. 5)

Die Krankentagegeldversicherung gehört zur substitutiven Krankenversicherung im Sinne von § 146 I 1 VAG. Sie ersetzt die gem. § 44 SGB V in der gesetzlichen Krankenversicherung gewährte Leistung von Krankengeld. Die Hauptleistungsbeschreibung in Abs. 5 bringt nicht deutlich zum Ausdruck, ob die KT-Versicherung eine **Schadens- oder Summenversicherung** ist. Die Formulierung »als Folge von Krankheit oder Unfall durch Arbeitsunfähigkeit verursachten Verdienstausfall« deutet darauf hin, dass dem Versicherten ein Schaden in Form einer Einkommenseinbuße entstanden sein muss, der vom Versicherer zu »ersetzen« ist. Andererseits spricht die Vereinbarung eines Krankentagegeldes für eine pauschalierte abstrakte Bedarfsdeckung, also eine von einem konkreten Schaden unabhängige Summenversicherung. Für die Ausgestaltung als Summenversicherung spricht, dass der Versicherte keinen konkreten Verdienstausfall nachweisen muss und dem Versicherer eine aufwendige Prüfung erspart bleibt. Andererseits muss zur Eindämmung eines erhöhten subjektiven Risikos sichergestellt sein, dass der Versicherte an seiner Arbeitsunfähigkeit nicht »verdient«. Die gesetzliche Leistungsbeschreibung ist – wegen ihrer vertraglichen Abdingbarkeit – als eine **Funktions- oder Zweckbeschreibung** der KT-Versicherung anzusehen. Dies bestätigt die Formulierung in § 1 I 1 MB/KT 2009: »Der Versicherer *bietet* Versicherungsschutz gegen Verdienstausfall ...«. Der Versicherungsanspruch des VN wird damit noch nicht konkret umschrieben. Deshalb verweist der nachfolgende Satz auf das »Krankentagegeld in vertraglichem Umfang«.

Die MB/KT 2009 enthalten ein ausdifferenziertes System von Leistungsausschlüssen und Leistungsbegrenzungen. Dadurch soll der Anspruch auf das als **pauschalierter Verdienstausfallersatz** gewährte Krankentagegeld nur entstehen, wenn regelmäßig bei dem Versicherten mit einem mindestens dem Tagegeld entsprechenden Verdienstausfall zu rechnen ist. Dies soll erreicht werden durch:
- Erfragung des regelmäßigen **Nettoeinkommens** bei Antragstellung zur Prüfung von dessen Relation zum beantragten Tagegeldsatz,
- Vereinbarung eines **Karenzzeitraumes** vor Leistungsbeginn, der bei Arbeitnehmern dem individuellen arbeitsrechtlichen Entgeltfortzahlungszeitraum entspricht. Bei Selbständigen erfolgt eine freie Vereinbarung, soweit nicht auch diesen ein (vertraglicher) Entgeltfortzahlungsanspruch zusteht,

---

119 Vgl. § 1 I b) MB/KK 2009.
120 Vgl. Rdn. 13 ff.
121 BGHZ 91, 98 = VersR 1984, 677 (kein KHT an vollen Beurlaubungstagen).
122 Eingehend zum Begriff der »stationären Behandlung« OLG Hamm VersR 1986, 883.
123 OLG Köln VersR 2014, 827.
124 P/M/*Voit*, § 192 Rn. 166; BK/*Hohlfeld*, § 178b Rn. 10; Bach/Moser/*Wilmes* § 1 MB/KT Rn. 4.
125 S. dazu OLG Frankfurt (Main) VersR 2004, 368 (kein Ersatz-KHT bei fehlender Wahlmöglichkeit).

§ 192 Vertragstypische Leistungen des Versicherers

- Leistung nur bei **100 %-iger Arbeitsunfähigkeit** und keiner Ausübung der beruflichen Tätigkeit oder einer anderen Erwerbstätigkeit (§ 1 III MB/KT 2009),[126]
- Recht des Versicherers zur einseitigen **Anpassung** des Krankentagegelds und des Beitrags für die Zukunft bei dauerhaft reduziertem Nettoeinkommen (§ 4 IV MB/KT 2009),[127]
- unverzügliche Anzeigeobliegenheit bei Eintritt der Arbeitsunfähigkeit (§ 9 I MB/KT 2009),
- Behandlungsobliegenheit während der Arbeitsunfähigkeit,
- Ausschluss der Leistungspflicht während der Dauer gesetzlicher Beschäftigungsverbote für werdende Mütter und Wöchnerinnen (§ 5 I e MB/KT 2009),[128]
- die in § 15 MB/KT 2009 aufgeführten **Beendigungsgründe** (Wegfall der tariflich bestimmten Versicherungsfähigkeit,[129] Eintritt der Berufsunfähigkeit zu einem Grad von über 50 %,[130] Bezug von Altersrente, Tod des Versicherten, Wohnsitzverlegung in ein Land außerhalb der EU bzw. des EWR).
- Neuabschluss oder Erhöhung anderer KT-Versicherungen bedürfen der Einwilligung des Versicherers (§ 9 VI MB/KT 2009).

49 Die KT-Versicherung kann sowohl als Schadens- als auch als Summenversicherung ausgestaltet sein kann. Die KT-Versicherung nach den MB/KT ist **Summenversicherung**.[131] Folge ist, dass gem. § 194 I 1 die Vorschriften über die Schadensversicherung nicht anwendbar sind, insbesondere ein Verdienstausfallschadensersatzanspruch des VN nicht gem. § 86 auf den Versicherer übergeht.[132] Eine ähnliche Kumulation von Ansprüchen kann entstehen, wenn sich die Ansprüche auf Krankentagegeld und Entgeltfortzahlung überschneiden,[133] da ein konkreter Verdienstausfallschaden nicht Voraussetzung der Versicherungsleistung ist.

IV. Pflegeversicherung (Abs. 6)

50 Abs. 6 beschränkt sich auf die Nennung der beiden Varianten der Pflegeversicherung (Pflegekosten- und Pflegetagegeldversicherung) und verweist wegen der inhaltlichen Bestimmung des Versicherungsfalls auf die Versicherungsbedingungen.[134] Der Versicherungsfall ist der Eintritt von **Pflegebedürftigkeit**, die in § 1 II MB/EPV 2009 (= § 1 II 2 MB/PPV 2015) wie folgt definiert ist: Pflegebedürftig sind Personen, die wegen einer körperlichen, geistigen oder seelischen Krankheit oder Behinderung für die gewöhnlichen oder regelmäßig wiederkehrenden Verrichtungen im Ablauf des täglichen Lebens auf Dauer, voraussichtlich für mindestens sechs Monate in erheblichem oder höherem Maße der Hilfe bedürfen. In der Pflegepflichtversicherung ist darüber hinaus auch die »erheblich eingeschränkte Alltagskompetenz« ein Versicherungsfall (§§ 1 II 2, 4 XVI MB/PPV 2015). Der Umfang der Pflegebedürftigkeit wird nach Pflegestufen (I–III) bemessen, die in § 1 VI MB/EPV 2009 (= § 1 VI MB/PPV 2015) näher beschrieben sind.

51 Die Pflege**kosten**versicherung ist **Schadensversicherung**. Zu erstatten sind die tatsächlichen Aufwendungen für die Pflege der versicherten Person im vertraglichen Umfang. Die Pauschalierung des Aufwendungsersatzes, wie in der Pflegepflichtversicherung nach Pflegestufen, nimmt der Pflegekostenversicherung nicht den Charakter als Schadensversicherung.[135] Die Pflege**tagegeld**versicherung ist **Summenversicherung**.

52 Abs. 6 Satz 3 verweist für die besonders bedeutsame Pflege**pflicht**versicherung[136] (PPV) auf den Vorrang der Bestimmungen des SGB XI. **Versicherungspflicht** besteht für alle Personen, die eine private Krankheitskostenvollversicherung unterhalten sowie für deren Angehörige, die in der SPV familienversichert wären.[137] Unabhängig von dem Bestehen einer privaten Krankenversicherung sind Beamte ergänzend zum Beihilfeanspruch sowie Personen mit Anspruch auf freie Heilfürsorge versicherungspflichtig.[138] Die Versicherungsleistungen müssen nach Art und Umfang denjenigen des SGB XI entsprechen (sog. Gleichwertigkeitsgebot). Anstelle von in der SPV vorgesehenen Sachleistungen tritt eine der Höhe nach gleiche Kostenerstattung (§ 23 I SGB XI). Zur Sicherstellung der Versicherungspflicht unterliegen die Krankenversicherungsunternehmen einem **Kontrahierungszwang** gem. § 110 SGB XI.

---

126 Eine 100 %-ige Arbeitsunfähigkeit liegt auch vor, wenn der Versicherte lediglich zu einzelnen Tätigkeiten in der Lage ist, die im Rahmen seiner Berufstätigkeit zwar auch anfallen, isoliert aber keinen Sinn ergeben, BGH VersR 2013, 615. Kein KT bei Teilnahme an Wiedereingliederungsmaßnahme, BGH VersR 2015, 570; OLG Köln VersR 2014, 576.
127 § 4 IV MB/KT wurde vom BGH, Urt. vom 06.07.2016, IV ZR 44/15, wegen Intransparenz für unwirksam erklärt.
128 Bei selbstständig tätigen Frauen greift die Einschränkung nicht, wenn Arbeitsunfähigkeit im Zusammenhang mit einer atypisch verlaufenden Schwangerschaft eintritt (Auslegungshinweis des PKV-Verbandes vom 13.08.2013).
129 Z.B. Eintritt in die passive Phase der Altersteilzeit, s. LG Oldenburg r+s 2014, 512.
130 Zur Darlegungs- und Beweislast BGH VersR 2010, 1171.
131 BGH VersR 2001, 1100.
132 BGH VersR 2001, 1100.
133 Vgl. OLG Frankfurt (Main) VersR 1989, 1290; OLG Karlsruhe VersR 1990, 1340.
134 MB/EPV 2009 (ergänzende Pflegekrankenversicherung); MB/PPV 2010 (private Pflegepflichtversicherung).
135 BSGE 88, 268 = VersR 2004, 1154.
136 Zur Entstehungsgeschichte der PPV eingehend BVerfGE 103, 271 = VersR 2001, 627.
137 Zu den mitversicherten Familienangehörigen s. *Bastian*, VersR 2003, 945.
138 Einzelheiten zur Versicherungspflicht s. §§ 23 ff. SGB XI.

Trotz der Nähe zur SPV hat die PPV wesentliche privatrechtliche Elemente: Der Versicherungsschutz wird 53
auf der Grundlage eines **privatrechtlichen Versicherungsvertrages** gewährt, die Prämie ist **risikogerecht kalkuliert**, und es wird eine **Alterungsrückstellung** gebildet. Um bei der Einführung der Pflegepflichtversicherung (ab 01.01.1995) alle Personen, also auch bereits pflegebedürftige Personen, in die Pflichtversicherung einzubeziehen und Leistungen auch bei bereits eingetretenen Versicherungsfällen zu gewähren, wurden differenzierende Regelungen für bereits zuvor privat krankenversicherte Personen und für Neukunden der PKV in § 110 SGB XI geschaffen.[139] Wegen des Kontrahierungszwangs und der privatversicherungsfremden Elemente der PPV (z.B. Höchstbeitrag, Aufnahme bereits pflegebedürftiger Personen usw.) nehmen die Unternehmen der PPV an einem **Risikoausgleichssystem** (§ 111 SGB XI) teil.

Für alle Streitigkeiten aus der privaten Pflegepflichtversicherung ist der **Rechtsweg zu den Sozialgerichten** 54
gem. § 51 I Nr. 2 SGG eröffnet. Dies gilt auch für Prämienklagen des Versicherers. Das **gerichtliche Mahnverfahren** richtet sich bis zur Abgabe in das streitige Verfahren vor dem Sozialgericht nach den Bestimmungen der ZPO (§ 182a SGG).[140]

V. Abdingbarkeit

§ 192 ist in dem Kreis der für halbzwingend erklärten Normen (§ 208) nicht enthalten. Davon abgesehen, 55
dass die Norm ohnehin in weiten Teilen durch vertragliche Bestimmungen ausfüllungsbedürftig ist, wollte der Gesetzgeber ausdrücklich nicht die Freiheit der Produktgestaltung beeinträchtigen.[141] Zu § 192 II s. oben Rdn. 25. Der **Direktanspruch des Leistungserbringers** nach Abs. 7 kann durch die Vertragsparteien nicht zu dessen Nachteil abbedungen werden, da Ansprüche Dritter naturgemäß nicht der Dispositionsfreiheit der Vertragsparteien unterliegen.[142]

§ 193 Versicherte Person; Versicherungspflicht.

(1) ¹Die Krankenversicherung kann auf die Person des Versicherungsnehmers oder eines anderen genommen werden. ²Versicherte Person ist die Person, auf welche die Versicherung genommen wird.
(2) Soweit nach diesem Gesetz die Kenntnis und das Verhalten des Versicherungsnehmers von rechtlicher Bedeutung sind, ist bei der Versicherung auf die Person eines anderen auch deren Kenntnis und Verhalten zu berücksichtigen.
(3) ¹Jede Person mit Wohnsitz im Inland ist verpflichtet, bei einem in Deutschland zum Geschäftsbetrieb zugelassenen Versicherungsunternehmen für sich selbst und für die von ihr gesetzlich vertretenen Personen, soweit diese nicht selbst Verträge abschließen können, eine Krankheitskostenversicherung, die mindestens eine Kostenerstattung für ambulante und stationäre Heilbehandlung umfasst und bei der die für tariflich vorgesehene Leistungen vereinbarten absoluten und prozentualen Selbstbehalte für ambulante und stationäre Heilbehandlung für jede zu versichernde Person auf eine betragsmäßige Auswirkung von kalenderjährlich 5.000 Euro begrenzt ist, abzuschließen und aufrechtzuerhalten; für Beihilfeberechtigte ergeben sich die möglichen Selbstbehalte durch eine sinngemäße Anwendung des durch den Beihilfesatz nicht gedeckten Vom-Hundert-Anteils auf den Höchstbetrag von 5.000 Euro. ²Die Pflicht nach Satz 1 besteht nicht für Personen, die
1. in der gesetzlichen Krankenversicherung versichert oder versicherungspflichtig sind oder
2. Anspruch auf freie Heilfürsorge haben, beihilfeberechtigt sind oder vergleichbare Ansprüche haben im Umfang der jeweiligen Berechtigung oder
3. Anspruch auf Leistungen nach dem Asylbewerberleistungsgesetz haben oder
4. Empfänger laufender Leistungen nach dem Dritten, Vierten, Sechsten und Siebten Kapitel des Zwölften Buches Sozialgesetzbuch sind für die Dauer dieses Leistungsbezugs und während Zeiten einer Unterbrechung des Leistungsbezugs von weniger als einem Monat, wenn der Leistungsbezug vor dem 1. Januar 2009 begonnen hat.

³Ein vor dem 1. April 2007 vereinbarter Krankheitskostenversicherungsvertrag genügt den Anforderungen des Satzes 1.
(4) ¹Wird der Vertragsabschluss später als einen Monat nach Entstehen der Pflicht nach Absatz 3 Satz 1 beantragt, ist ein Prämienzuschlag zu entrichten. ²Dieser beträgt einen Monatsbeitrag für jeden weiteren angefangenen Monat der Nichtversicherung, ab dem sechsten Monat der Nichtversicherung für jeden weiteren angefangenen Monat der Nichtversicherung ein Sechstel eines Monatsbeitrags. ³Kann die Dauer der Nichtversicherung nicht ermittelt werden, ist davon auszugehen, dass der Versicherte mindestens fünf Jahre nicht versichert war. ⁴Der Prämienzuschlag ist einmalig zusätzlich zur laufenden Prämie zu entrichten. ⁵Der Versicherungsnehmer kann vom Versicherer die Stundung des Prämienzuschlages ver-

---
139 Zur Verfassungskonformität der PPV s. BVerfGE 103, 271 = VersR 2001, 627.
140 Zur Rechtmäßigkeit der Belastung der privaten Versicherer mit der sozialgerichtlichen Pauschgebühr bei Prämienklagen s. BVerfG NZS 2008, 588.
141 Vgl. Begr. zu § 192, BT-Drucks. 16/3945 S. 110.
142 A.A. PK/*Brömmelmeyer*, § 193 Rn. 81.

langen, wenn den Interessen des Versicherers durch die Vereinbarung einer angemessenen Ratenzahlung Rechnung getragen werden kann. [6]Der gestundete Betrag ist zu verzinsen. [7]Wird der Vertragsabschluss bis zum 31. Dezember 2013 beantragt, ist kein Prämienzuschlag zu entrichten. [8]Dies gilt für bis zum 31. Juli 2013 abgeschlossene Verträge für noch ausstehende Prämienzuschläge nach Satz 1 entsprechend.
(5) [1]Der Versicherer ist verpflichtet,
1. allen freiwillig in der gesetzlichen Krankenversicherung Versicherten
    a) innerhalb von sechs Monaten nach Einführung des Basistarifes,
    b) innerhalb von sechs Monaten nach Beginn der im Fünften Buch Sozialgesetzbuch vorgesehenen Wechselmöglichkeit im Rahmen ihres freiwilligen Versicherungsverhältnisses,
2. allen Personen mit Wohnsitz in Deutschland, die nicht in der gesetzlichen Krankenversicherung versicherungspflichtig sind, nicht zum Personenkreis nach Nummer 1 oder Absatz 3 Satz 2 Nr. 3 und 4 gehören und die nicht bereits eine private Krankheitskostenversicherung mit einem in Deutschland zum Geschäftsbetrieb zugelassenen Versicherungsunternehmen vereinbart haben, die der Pflicht nach Absatz 3 genügt,
3. Personen, die beihilfeberechtigt sind oder vergleichbare Ansprüche haben, soweit sie zur Erfüllung der Pflicht nach Absatz 3 Satz 1 ergänzenden Versicherungsschutz benötigen,
4. allen Personen mit Wohnsitz in Deutschland, die eine private Krankheitskostenversicherung im Sinn des Absatzes 3 mit einem in Deutschland zum Geschäftsbetrieb zugelassenen Versicherungsunternehmen vereinbart haben und deren Vertrag nach dem 31. Dezember 2008 abgeschlossen wird,

Versicherung im Basistarif nach § 152 des Versicherungsaufsichtsgesetzes zu gewähren. [2]Ist der private Krankheitskostenversicherungsvertrag vor dem 1. Januar 2009 abgeschlossen, kann bei Wechsel oder Kündigung des Vertrags der Abschluss eines Vertrags im Basistarif beim eigenen oder einem anderen Versicherungsunternehmen unter Mitnahme der Alterungsrückstellungen gemäß § 204 Absatz 1 nur bis zum 30. Juni 2009 verlangt werden. [3]Der Antrag muss dann angenommen werden, wenn bei einer Kündigung eines Vertrags bei einem anderen Versicherer die Kündigung nach § 205 Absatz 1 Satz 1 noch nicht wirksam geworden ist. [4]Der Antrag darf nur abgelehnt werden, wenn der Antragsteller bereits bei dem Versicherer versichert war und der Versicherer
1. den Versicherungsvertrag wegen Drohung oder arglistiger Täuschung angefochten hat oder
2. vom Versicherungsvertrag wegen einer vorsätzlichen Verletzung der vorvertraglichen Anzeigepflicht zurückgetreten ist.

(6) [1]Ist der Versicherungsnehmer in einer der Pflicht nach Absatz 3 genügenden Versicherung mit einem Betrag in Höhe von Prämienanteilen für zwei Monate im Rückstand, hat ihn der Versicherer zu mahnen. [2]Der Versicherungsnehmer hat für jeden angefangenen Monat eines Prämienrückstandes an Stelle von Verzugszinsen einen Säumniszuschlag in Höhe von 1 Prozent des Prämienrückstandes zu entrichten. [3]Ist der Prämienrückstand einschließlich der Säumniszuschläge zwei Monate nach Zugang der Mahnung höher als der Prämienanteil für einen Monat, mahnt der Versicherer ein zweites Mal und weist auf die Folgen nach Satz 4 hin. [4]Ist der Prämienrückstand einschließlich der Säumniszuschläge einen Monat nach Zugang der zweiten Mahnung höher als der Prämienanteil für einen Monat, ruht der Vertrag ab dem ersten Tag des nachfolgenden Monats. [5]Das Ruhen des Vertrages tritt nicht ein oder endet, wenn der Versicherungsnehmer oder die versicherte Person hilfebedürftig im Sinne des Zweiten oder Zwölften Buches Sozialgesetzbuch ist oder wird; die Hilfebedürftigkeit ist auf Antrag des Versicherungsnehmers vom zuständigen Träger nach dem Zweiten oder dem Zwölften Buch Sozialgesetzbuch zu bescheinigen.
(7) [1]Solange der Vertrag ruht, gilt der Versicherungsnehmer als im Notlagentarif nach § 153 des Versicherungsaufsichtsgesetzes versichert. [2]Risikozuschläge, Leistungsausschlüsse und Selbstbehalte entfallen während dieser Zeit. [3]Der Versicherer kann verlangen, dass Zusatzversicherungen ruhen, solange die Versicherung nach § 153 des Versicherungsaufsichtsgesetzes besteht. [4]Ein Wechsel in den oder aus dem Notlagentarif nach § 153 des Versicherungsaufsichtsgesetzes ist ausgeschlossen. [5]Ein Versicherungsnehmer, dessen Vertrag nur die Erstattung eines Prozentsatzes der entstandenen Aufwendungen vorsieht, gilt als in einer Variante des Notlagentarifs nach § 153 des Versicherungsaufsichtsgesetzes versichert, die Leistungen in Höhe von 20, 30 oder 50 Prozent der versicherten Behandlungskosten vorsieht, abhängig davon, welcher Prozentsatz dem Grad der vereinbarten Erstattung am nächsten ist.
(8) [1]Der Versicherer übersendet dem Versicherungsnehmer in Textform eine Mitteilung über die Fortsetzung des Vertrages im Notlagentarif nach § 153 des Versicherungsaufsichtsgesetzes und über die zu zahlende Prämie. [2]Dabei ist der Versicherungsnehmer in herausgehobener Form auf die Folgen der Anrechnung der Alterungsrückstellung nach § 153 Absatz 2 Satz 6 des Versicherungsaufsichtsgesetzes für die Höhe der künftig zu zahlenden Prämie hinzuweisen. [3]Angaben zur Versicherung im Notlagentarif nach § 153 des Versicherungsaufsichtsgesetzes kann der Versicherer auf einer elektronischen Gesundheitskarte nach § 291a Absatz 1a des Fünften Buches Sozialgesetzbuch vermerken.
(9) [1]Sind alle rückständigen Prämienanteile einschließlich der Säumniszuschläge und der Beitreibungskosten gezahlt, wird der Vertrag ab dem ersten Tag des übernächsten Monats in dem Tarif fortgesetzt, in dem der Versicherungsnehmer vor Eintritt des Ruhens versichert war. [2]Dabei ist der Versicherungsneh-

Versicherte Person; Versicherungspflicht § 193

mer so zu stellen, wie er vor der Versicherung im Notlagentarif nach § 153 des Versicherungsaufsichtsgesetzes stand, abgesehen von den während der Ruhenszeit verbrauchten Anteilen der Alterungsrückstellung. ³Während der Ruhenszeit vorgenommene Prämienanpassungen und Änderungen der Allgemeinen Versicherungsbedingungen gelten ab dem Tag der Fortsetzung.
(10) Hat der Versicherungsnehmer die Krankenversicherung auf die Person eines anderen genommen, gelten die Absätze 6 bis 9 für die versicherte Person entsprechend.
(11) Bei einer Versicherung im Basistarif nach § 152 des Versicherungsaufsichtsgesetzes kann das Versicherungsunternehmen verlangen, dass Zusatzversicherungen ruhen, wenn und solange ein Versicherter auf die Halbierung des Beitrags nach § 152 Absatz 4 des Versicherungsaufsichtsgesetzes angewiesen ist.

Übersicht

	Rdn.		Rdn.
A. Allgemeines	1	4. Ausnahme vom Kontrahierungszwang (Abs. 5 Satz 4)	26
I. Normzweck	1	VI. Ruhen von Zusatzversicherungen bei Beitragshalbierung (Abs. 11)	27
II. Entstehungsgeschichte	4	VII. Zahlungsverzug; Notlagentarif (Abs. 6–10)	28
B. Einzelheiten	5	1. Zahlungsverzug bei Pflichtkrankenversicherungen	28
I. Versicherte Person (Abs. 1)	5	2. Begriff und Funktion des Notlagentarifs	31
II. Kenntnis- und Verhaltenszurechnung (Abs. 2)	6	3. Prämienkalkulation im Notlagentarif	32
III. Versicherungspflicht (Abs. 3)	7	4. Beginn und Beendigung der Versicherung im Notlagentarif	33
1. Anforderungen an Art und Umfang der Pflichtkrankenversicherung (Abs. 3 Satz 1)	7	5. Versicherungsumfang im Notlagentarif	36
2. Versicherungspflichtiger Personenkreis; Ausnahmen (Abs. 3 Satz 2)	11	6. Aufrechnung im Notlagentarif	39
3. Bestandsschutz (Abs. 3 Satz 3)	14	7. Ruhen von Zusatzversicherungen (Abs. 7 Satz 3)	40
IV. Prämienzuschlag bei verspäteter Versicherungspflichterfüllung (Abs. 4)	15	8. Entsprechende Geltung der Abs. 6–9 für versicherte Personen (Abs. 10)	41
V. Kontrahierungszwang des Versicherers im Basistarif (Abs. 5)	19	9. Übergangsregelung zum Notlagentarif	42
1. Merkmale des Basistarifs nach § 152 VAG	19	VIII. Abdingbarkeit	44
2. Anspruchsberechtigter Personenkreis (Abs. 5 Satz 1)	24		
3. Befristetes Wechselrecht des Altbestandes (Abs. 5 Satz 2 und 3)	25		

Schrifttum:
Baier, Der Umfang des Ruhens der Leistungspflicht des Versicherers in der privaten Krankenversicherung, ZVersWiss 2011, 795; *Boetius,* »Gegen die Wand« – Der Basistarif der Gesundheitsreform bricht Europa- und Verfassungsrecht, VersR 2007, 431; *Both,* Die Versicherungspflicht in der privaten Krankenversicherung, VersR 2011, 302; *Fiala/Schramm,* Ausländische Lebens-, Renten- und Krankenversicherungen: Chancen und Risiken für Versicherungsunternehmen und Versicherungsmakler, ZfV 2015, 115; *Göbel/Köther,* Neue Rechtsprechung zum Basistarif und Folgen der Einführung des Notlagentarifs, VersR 2014, 537; *Grote/Bronkars,* Gesundheitsreform und private Krankenversicherung – wirtschaftliche Konsequenzen für Versicherer und Versicherte, NJW 2008, 580; *Hanefeld,* EWR-Dienstleister – Regeln für Versicherer aus anderen Staaten der EU und des Europäischen Wirtschaftsraums, BaFinJournal 7/2015, 21; *Mandler,* Der Notlagentarif, VersR 2014, 301; *ders.* Rückwirkende Umstellung in den Notlagentarif bei abgeschlossenen Ruhenszeiten, VersR 2015, 818; *Marlow/Spuhl,* Die Neuregelungen der privaten Krankenversicherung durch das VVG, VersR 2009, 593; *Rauscher/Maischein,* Der Säumniszuschlag in der privaten Krankenversicherung, r+s 2012, 478; *Schäfer,* Der privilegierte Prämienzahlungsverzug in der privaten Krankenversicherung, r+s 2011, 96; *Sodan,* Das GKV-Wettbewerbsstärkungsgesetz, NJW 2007, 1313.

A. Allgemeines

I. Normzweck

Die Abs. 1 und 2 nennen rudimentär die **Rechtsstellung der versicherten Person**. Abs. 1 stellt klar, dass es sich um eine Versicherung entweder auf eigene oder auf fremde Rechnung handeln kann.[1] Wegen der sozialen Bedeutung der Krankenversicherung für die versicherten Personen, die aber nicht selbst Vertragspartner sind, ist deren Rechtsstellung an verschiedenen Stellen des 8. Kapitels besonders geregelt, insbesondere auch mit eigenen Rechten gegenüber dem Versicherer.[2] Die Empfangsberechtigung der versicherten Person für die Versicherungsleistung ist in § 194 III gesondert geregelt.   1

---
1 Begr. zu § 193 I, BT-Drucks. 16/3945 S. 111.
2 Z.B. eigener Auskunftsanspruch gem. § 202; Vertragsfortsetzungsrecht gem. § 207.

2 Die Abs. 3–7 enthalten ein Kernstück des GKV-WSG, soweit dieses die PKV betrifft. Der Gesetzgeber hat sich zum Ziel gesetzt, einen Krankenversicherungsschutz für alle in Deutschland lebenden Menschen zu bezahlbaren Konditionen herzustellen. Niemand solle ohne Versicherungsschutz und damit im Bedarfsfalle nicht ausreichend versorgt oder auf steuerfinanzierte staatliche Leistungen angewiesen sein.[3] Zu diesem Zweck wurde für alle nicht der GKV zuzuordnenden Personen eine Versicherungspflicht in der PKV eingeführt. Welche Mindestanforderungen an einen Pflichtkrankenversicherungsvertrag zu stellen sind, wird in Abs. 3 näher bestimmt. Um die Erfüllung der Verpflichtung auch den Personen zu ermöglichen, die aufgrund von Vorerkrankungen nicht oder nur mit erheblichen Risikozuschlägen versicherbar wären, unterliegen die PKV-Unternehmen einem **Kontrahierungszwang** in dem von ihnen zwingend anzubietenden Basistarif, der in § 152 VAG näher bestimmt ist. Für den **Altbestand** (Vertragsschluss vor dem 01.01.2009) wird die Erfüllung der Versicherungspflicht (Abs. 3 Satz 3) und der Kontrahierungszwang des bisherigen oder eines anderen Versicherers im Basistarif (Abs. 5 Satz 2 und 3) gesondert geregelt. Die **Portabilität der Alterungsrückstellung im Altbestand** ist – korrespondierend mit Abs. 5 Satz 2 – in § 204 I 1 Nr. 2b) geregelt.

3 Die Nichterfüllung der Versicherungspflicht wird in Abs. 4 lediglich durch einen einmaligen **Prämienzuschlag** sanktioniert. Dadurch soll vermieden werden, dass die Versicherungspflicht bis zum Eintritt bzw. dem unmittelbaren Bevorstehen eines Versicherungsfalles verzögert wird. Um Personen, die ihrer ab 01.01.2009 geltenden Versicherungspflicht noch nicht nachgekommen sind, durch den Prämienzuschlag nicht von der Erfüllung der Versicherungspflicht abzuhalten, ist durch Gesetz vom 15.07.2013[4] eine bis 31.12.2013 befristete »Amnestieregelung« in Abs. 4 Satz 7 eingeführt worden. Abs. 4 Satz 8 bestimmt einen Erlass noch ausstehender Prämienzuschläge für bis zum 31.07.2013 geschlossene Verträge.[5] Da bei Pflichtversicherungen gem. § 206 I 1 jede Kündigung, also auch wegen Zahlungsverzuges, ausgeschlossen ist, sind die Folgen des **Zahlungsverzuges** in Abs. 6 gesondert geregelt. Abs. 7–9 regeln die Versicherung im »Notlagentarif« (§ 153 VAG) bei Ruhen des Vertrages wegen fortbestehenden Zahlungsverzugs. Abs. 10 stellt klar, dass die Abs. 6–9 für versicherte Personen entsprechend gelten. Nimmt der Versicherte wegen Hilfebedürftigkeit die Prämienhalbierung im Basistarif in Anspruch, kann der Versicherer nach Abs. 11 evtl. vorhandene **Zusatzversicherungen** ruhend stellen.

II. Entstehungsgeschichte

4 Abs. 1 übernimmt unverändert § 178a I und II 1 VVG a.F. Abs. 2 übernimmt inhaltlich unverändert § 178a III 2 VVG a.F. Die Abs. 3–7 wurden mit Wirkung ab 01.01.2009 neu angefügt durch Art. 11 I GKV-WSG. Übergangsweise für die Zeit vom 01.07.2007 bis 31.12.2008 bestand für Nichtversicherte, die der PKV zuzuordnen sind, die Möglichkeit, freiwillig eine private Krankenversicherung im sog. »**modifizierten Standardtarif**« gem. § 315 SGB V abzuschließen.[6] Diese Versicherungsverträge sind gem. § 315 IV SGB V zum 01.01.2009 auf den Basistarif umgestellt worden. Durch das »Gesetz zur Beseitigung sozialer Überforderung bei Beitragsschulden in der Krankenversicherung«[7] wurden Abs. 4 Satz 5 geändert, die Sätze 7 und 8 angefügt, Abs. 6 bis 10 anstelle des bisherigen Abs. 6 neu eingefügt und der bisherige Abs. 7 zu Abs. 11. Durch diese Änderung wurde der gleichzeitig in § 153 VAG eingeführte **Notlagentarif** in das Vertragsrecht eingeführt.

B. Einzelheiten

I. Versicherte Person (Abs. 1)

5 Vertragspartner des Versicherers ist stets und ausschließlich der VN. Ihn treffen alle Rechte und Pflichten aus dem Versicherungsvertrag. Davon zu unterscheiden ist die Rechtsstellung der versicherten Person (Versicherter), sofern diese nicht zugleich auch VN ist.[8] Nimmt der VN die Versicherung »auf einen anderen«, kann der andere **Gefahrperson** oder **Mitversicherter** (Versicherung für fremde Rechnung) sein. Ob **Versicherung für eigene oder für fremde Rechnung** vorliegt, richtet sich u.a. danach, ob der VN ein eigenes wirtschaftliches Interesse (Unterhaltspflicht des VN für den Versicherten) versichert oder ob ein eigenes wirtschaftliches Interesse des Versicherten Gegenstand des Versicherungsvertrages ist. Die Abgrenzung ist durch Auslegung des Versicherungsvertrages zu ermitteln.[9] Liegt eine Versicherung für fremde Rechnung vor, ist der Mitversicherte aktivlegitimiert für eine Feststellungsklage bezüglich der Wirksamkeit ihn betreffender AVB.[10] Die praktisch bedeutsame Frage, ob im Falle einer Versicherung fremden Interesses der Versicherte selbst die Leistung aus dem Versicherungsvertrag verlangen kann, ist für die Krankenversicherung durch die **Bezugsrechtsregelung in § 194 III** speziell geregelt.

---

3 Begr. zu § 178a V VVG a.F. in der Fassung des GKV-WSG, BT-Drucks. 16/4247 S. 66.
4 BGBl. I. S. 2423.
5 Zur Begründung s. BT-Dr. 17/13947 S. 30 f.
6 S. dazu *Sodan*, NJW 2008, 1313, 1314.
7 Vom 15.07.2013, BGBl. I. S. 2423.
8 Zu den eigenen gesetzlichen Ansprüchen der versicherten Person gegen den Versicherer s. oben bei und in Fn. 2.
9 Eingehend dazu BGH VersR 2006, 686; VersR 2008, 64.
10 BGH VersR 2008, 64.

II. Kenntnis- und Verhaltenszurechnung (Abs. 2)

Die Kenntnis oder das Verhalten des VN ist, insbesondere bei der Erfüllung der vorvertraglichen Anzeigepflicht oder der Erfüllung vertraglicher Obliegenheiten, von Bedeutung. Abs. 2 rechnet dem VN die Kenntnis und das Verhalten der VP wie eigene Kenntnis oder eigenes Verhalten zu. Die Regelung ist identisch mit §§ 156, 179 III in der Unfall- und der Lebensversicherung.

III. Versicherungspflicht (Abs. 3)

1. Anforderungen an Art und Umfang der Pflichtkrankenversicherung (Abs. 3 Satz 1)

Die Versicherungspflicht kann nur durch einen Krankenversicherungsvertrag mit einem **in Deutschland zugelassenen Versicherungsunternehmen** erfüllt werden. Ob ausländische Versicherungsunternehmen aus dem EU/EWR-Raum, die im Dienstleistungsverkehr oder durch eine Niederlassung im Inland arbeiten, diese begriffliche Voraussetzung erfüllen, ist streitig.[11] Sie unterliegen nicht den deutschen aufsichtsrechtlichen Bestimmungen, die für die Eigenschaft einer Krankenversicherung als *substitutive* Krankenversicherung kennzeichnend sind (u.a. Bildung der Alterungsrückstellung nach § 341f HGB, Ausschluss des ordentlichen Kündigungsrechts, Kindernachversicherung). Als Pflichtversicherung unterliegt die substitutive Krankenversicherung gem. Art. 46c EGBGB dem deutschen Recht. Alle dem deutschen Recht widersprechenden Regelungen sind nach § 208 VVG unwirksam, was gem. § 139 BGB zur Nichtigkeit des gesamten Versicherungsvertrags führt.[12] Auch Versicherer aus dem EU/EWR-Ausland, die das Versicherungsgeschäft im Inland durch eine Niederlassung oder im Dienstleistungsverkehr betreiben, müssen die »Vorschriften des Allgemeininteresses in Deutschland« beachten, wozu auch die Bestimmungen des VVG und des VAG zählen.[13] Die Versicherungspflicht wird insbesondere dann nicht erfüllt, wenn jährliche Deckungshöchstbeträge vereinbart sind oder bestimmte Behandlungen nicht oder nur eingeschränkt erstattet werden. Entspricht der Versicherungsvertrag nicht den Anforderungen des Abs. 3 besteht weder Anspruch auf den Arbeitgeberzuschuss (§ 257 II a SGB V) noch wird der Kontrahierungszwang für einen inländischen Versicherer zum Abschluss einer Pflegepflichtversicherung ausgelöst (§§ 23, 110 I SGB V). Schließt der VN nachträglich einen Krankenversicherungsvertrag, der der Versicherungspflicht nach Abs. 3 genügt, muss er den Prämienzuschlag nach Abs. 4 entrichten.[14]

Eine der Versicherungspflicht genügende Krankenversicherung muss nicht das gleiche Leistungsspektrum umfassen, wie es in der GKV geboten wird. Ausreichend ist eine Krankheitskostenversicherung, die **ambulante und stationäre Heilbehandlung** umfasst. Die Begriffe ambulante und stationäre Heilbehandlungen bezeichnen klassische Leistungsbereiche der PKV, die in Abgrenzung von anderen Leistungsbereichen in § 12 I 1 Nr. 1 und 2 KVAV aufgeführt sind. Darauf bezieht sich auch ausdrücklich die Gesetzesbegründung, die auf die nähere Bestimmung in den Tarifen verweist.[15] Inwieweit tarifliche oder individuell vereinbarte Leistungsausschlüsse oder Leistungsgrenzen zulässig sind, lässt das Gesetz offen. Maßstab dürfte für Neuabschlüsse der Leistungsumfang des Basistarifs im ambulanten und stationären Bereich sein, da dieser Tarif gerade zur Sicherstellung der Versicherungspflicht eingeführt wurde und ohne Risikoausschlüsse und Prämienzuschläge für jede versicherungspflichtige Person zugänglich ist. Die Absicherung anderer Leistungsbereiche, die auch die GKV bietet, wie z.B. Zahnleistungen oder Kranken(tage)geld, müssen nicht Gegenstand der Pflichtkrankenversicherung sein.[16]

Um eine Umgehung der Versicherungspflicht zu verhindern, dürfen absolute und prozentuale **Selbstbehalte** bei tariflich vorgesehenen Leistungen höchstens eine »betragsmäßige Auswirkung« von 5.000 € pro Kalenderjahr haben.[17] Nicht unter den Begriff des Selbstbehalts fallen Aufwendungen, die der Versicherte deshalb tragen muss, weil der Tarif bestimmte Leistungen nicht oder nur in begrenztem Umfang vorsieht (z. B. Beschränkung der Anzahl psychotherapeutischer Sitzungen, Fixhöchstbeträge bei Hilfsmitteln).[18] Absolute Selbstbehalte sind Beträge, die der Versicherte pro Kalenderjahr für bestimmte oder alle Leistungsbereiche selbst zu tragen hat, bevor der Erstattungsanspruch besteht. Prozentuale Selbstbehalte liegen z.B. vor, wenn der Versicherer bei bestimmten Leistungen, die dem Grund nach Gegenstand des Versicherungsschutzes sind, stets nur anteilig erstattet. Der Tarif muss eine **absolute Deckelung aller Selbstbehalte** auf den Betrag von 5.000 € pro Kalen-

---

11 *Boetius*, VersR 2007, 431, 436; P/M/*Voit*, § 193 Rn. 10. Eingehend zu europarechtlichen Aspekten *Both*, VersR 2011, 302.
12 Vgl. *Fiala/Schramm*, ZfV 2015, 115, 116 unter Bezugnahme auf das Rundschreiben des PKV-Verbands vom 31.07.2014.
13 S. dazu Merkblatt der BaFin »Vorschriften des Allgemeininteresses in Deutschland (General Good Requirements)«, Stand: 08.03.2011.
14 Eingehend *Hanefeld*, BaFinJournal 7/2015, 21 ff.; dazu Rundschreiben des PKV-Verbands vom 05.08.2015.
15 Begr. zu § 178a V VVG a.F. in der Fassung des GKV-WSG, BT-Drucks. 16/4247 S. 67.
16 Ebenso *Grote/Bronkars*, VersR 2008, 580, 581; *Marko*, Teil B Rn. 23; L/W/*Kalis*, § 193 Rn. 18; R/L/*Langheid*, § 193 Rn. 29; kritisch, aber im Ergebnis zustimmend *Marlow/Spuhl*, VersR 2009, 593, 596. **A.A.** PK/*Brömmelmeyer*, § 193 Rn. 18; P/M/*Voit*, § 193 Rn. 11.
17 Vgl. Begr. zu § 178a V VVG a.F. in der Fassung des GKV-WSG, BT-Drucks. 16/4247 S. 66.
18 Ebenso PK/*Brömmelmeyer*, § 193 Rn. 24; *Marko*, Teil B Rn. 25. **A.A.** *Marlow/Spuhl*, VersR 2009, 593, 596; *Grote/Bronkars*, VersR 2008, 580, 581.

derjahr vorsehen. Ob die Reduzierung der Erstattung auf 75 % für Facharztleistungen bei Unterlassen der Erstkonsultation des Hausarztes einen »Selbstbehalt« im Sinne dieser Vorschrift darstellt, erscheint zweifelhaft; die Reduzierung hat den Sanktionscharakter wegen Obliegenheitsverletzung, da der Versicherte die Möglichkeit der vollen Erstattung hat. Die Einschränkung des Versicherungsschutzes wegen einer Obliegenheitsverletzung mit der Folge, dass die Selbstbehaltsgrenze deshalb überschritten werden kann, verstößt nicht gegen Abs. 3 Satz 1.

10 Bei **Beihilfeberechtigten** umfasst die Versicherungspflicht den Abschluss von sog. Prozenttarifen, die zur Aufstockung auf eine volle Kostenerstattung dem Grunde nach erforderlich sind (Abs. 3 Satz 2 Nr. 2). Die maximal zulässige Selbstbehaltsgrenze von 5.000 € reduziert sich entsprechend dem neben der Beihilfe zu tragenden Eigenanteil (Beispiel: Beihilfeanspruch 70 %, Eigenanteil 30 % = maximaler Selbstbehalt 30 % von 5.000 € = 1.500 €). Die Erfüllung der Versicherungspflicht als Voraussetzung für den Beihilfeanspruch kann in den Beihilfeverordnungen nur aufgrund einer (landes)gesetzlichen Verordnungsermächtigung bestimmt werden, die einen solchen Vorbehalt deckt.[19]

2. Versicherungspflichtiger Personenkreis; Ausnahmen (Abs. 3 Satz 2)

11 Versicherungspflichtig sind alle Personen mit **Wohnsitz im Inland**. Dies kann auch einer von mehreren sein.[20] Dem Wohnsitz dürfte – entsprechend dem Territorialitätsprinzip des Sozialversicherungsrechts – der gewöhnliche Aufenthalt gleichzustellen sein. Es kommt nicht auf die Staatsangehörigkeit oder die Erfüllung der Meldepflicht an. Der Begriff des Wohnsitzes ist wie in § 30 I SGB I zu bestimmen.[21]

12 Die **gesetzlichen Vertreter** sind zum Abschluss von Pflichtkrankenversicherungen für die von ihnen vertretenen Personen mit Wohnsitz im Inland verpflichtet. Die Formulierung des Gesetzes ist umständlich, da selbstverständlich die gesetzlichen Vertreter für die Erfüllung gesetzlicher Verpflichtungen der von ihnen vertretenen Personen verantwortlich sind und die Versicherungspflicht nicht von der Geschäftsfähigkeit einer Person abhängt. Ob die versicherungspflichtige Person VN oder mitversicherte Person ist, spielt für die Erfüllung der Versicherungspflicht keine Rolle. Vor einer **Kündigung** des Versicherungsvertrages durch den VN sind die mitversicherten Personen einer Pflichtkrankenversicherung durch § 205 VI geschützt.

13 Von der Versicherungspflicht sind **ausgenommen**:
a) **GKV-Versicherte**, egal ob diese pflichtversichert oder freiwillig versichert sind, und in der GKV **versicherungspflichtige Personen** (§ 5 SGB V). In der GKV **versicherungspflichtig** sind seit dem 01.04.2007 gem. § 5 Nr. 13 SGB V auch nicht versicherte Personen ohne anderweitige Absicherung im Krankheitsfall, die der GKV zuzuordnen sind. Das sind zuletzt in der GKV versicherte Personen und – sofern bisher weder eine gesetzliche noch private Krankenversicherung bestand – Personen, die nicht typischerweise PKV-Kunden sind. Typische PKV-Kunden sind Selbständige und versicherungsfreie Personen nach § 6 I und II SGB V. Sozialversicherungspflichtige Beschäftigte werden wegen **Überschreitens der Jahresarbeitsentgeltgrenze** mit Ablauf des Kalenderjahres, in dem sie überschritten wurde, versicherungsfrei (§ 6 IV I SGB V[22]). Wird eine neue abhängige Beschäftigung aufgenommen, in der ein regelmäßiges Jahresarbeitsentgelt oberhalb der Jahresarbeitsentgeltgrenze erzielt wird, besteht bereits anfänglich Versicherungsfreiheit (§ 6 I Nr. 1 SGB V[23]).
b) Personen mit Anspruch auf **freie Heilfürsorge**.[24] Die Ausnahme **beihilfeberechtigter Personen** von der Versicherungspflicht besteht nur, soweit der Beihilfeanspruch der Höhe nach reicht (vgl. Abs. 3 Satz 1 a.E., o. Rdn. 10). **Vergleichbare Ansprüche** ergeben sich z.B. aus der Mitgliedschaft in der Postbeamtenkrankenkasse oder der Krankenversorgung der Bundesbahnbeamten[25]. Nicht ausreichend ist die Mitgliedschaft in einer Unterstützungskasse, die ihren Mitgliedern keinen Rechtsanspruch auf Leistungen gewährt[26] z.B. Solidargemeinschaft ARTABANA, Spar und Unterstützungsverein von Polizeibeamten[27]. Ob **ausländische Krankenversicherungen**, die Versicherungsschutz im Inland bieten, einen »vergleichbaren Anspruch« darstellen, ist Einzelfallfrage. An die Vergleichbarkeit, insbesondere die Unkündbarkeit der Versicherung, sind hohe Ansprüche zu stellen, damit Art und Umfang der Versicherungspflicht nicht ausgehöhlt bzw. umgangen werden können. Hat z.B. ein Rückkehrer nach längerem Auslandsaufenthalt bereits vergleichbaren Versicherungsschutz durch seinen ausländischen Krankenversicherer auch im Inland, kann ein »vergleichbarer Anspruch«

---

19 BVerwGE 143, 363.
20 P/M/*Voit*, § 193 Rn. 9.
21 S. dazu Krauskopf/*Krauskopf*, Soziale Krankenversicherung, Pflegeversicherung, Kommentar § 30 SGB I Rn. 9 ff.
22 I.d.F. des GKV-FinG (BGBl. 2010 I S. 2309), Änderung in Kraft getreten am 31.12.2010.
23 I.d.F. des GKV-FinG (BGBl. 2010 I S. 2309), Änderung in Kraft getreten am 31.12.2010.
24 Anspruch auf freie Heilfürsorge haben entsprechende Personen: Soldaten (Berufssoldaten, Soldaten auf Zeit, Wehrpflichtige, Zivildienstleistende (jedoch ohne Anspruch auf Beihilfe für ihre Familienangehörigen)), Strafgefangene, Bundespolizeibeamte, Polizeibeamte während ihrer Ausbildung, Polizeibeamte während ihrer gesamten aktiven Dienstzeit in nur einigen Bundesländern.
25 BGH VersR 2012, 752.
26 *Both*, VersR 2011, 302, 306.
27 OLG Oldenburg VersR 2012, 87.

i.S.d. Abs. 3 Satz 2 Nr. 2 bestehen, so dass die Versicherungspflicht bei der Wohnsitzverlegung ins Inland nicht entsteht.[28]

c) **Asylbewerber**. Die Regelung war bislang auf Asylbewerber mit Anspruch auf Leistungen nach § 2 AsylbLG beschränkt. Sie ist durch Gesetz vom 17.07.2009 (BGBl. I 1990) mit Wirkung vom 23.07.2009 auf alle nach dem AsylbLG Anspruchsberechtigten ausgeweitet worden.

d) Empfänger der in Nr. 4 genannten **laufenden Sozialleistungen**, jedoch nur, soweit der Leistungsbezug **vor dem 01.01.2009** begonnen und bis maximal einen Monat unterbrochen wurde. Bei Beginn des Leistungsbezugs **ab dem 01.01.2009** besteht für zuvor in der PKV Versicherte oder der PKV zuzurechnende Nichtversicherte kein Versicherungsschutz in der GKV (§ 5 Va SGB V), so dass für diese Personen Versicherungspflicht in der PKV nach Nr. 1 besteht. Auch wenn der Bezug von Sozialhilfe erstmals nach dem 31.12.2008 beginnt, sind Personen, die ohne den Bezug von Sozialhilfe der Versicherungspflicht in der GKV unterlägen, nicht nach Nr. 1 und 4 in der PKV versicherungspflichtig.[29]

3. Bestandsschutz (Abs. 3 Satz 3)

Krankheitskostenversicherungsverträge, die vor dem 01.04.2007 abgeschlossen wurden, genügen der Versicherungspflicht nach Satz 1. Dies kann aber nur auf Krankheitskostenversicherungen bezogen werden, die dem Grunde nach ambulante und stationäre Heilbehandlung umfassen und bei Beihilfeberechtigten die Differenz zum Beihilfesatz abdecken.[30] Andernfalls würde jede noch so geringe Deckung von Krankheitskosten im ambulanten oder stationären Bereich ausreichen, so dass die Versicherungspflicht ausgehöhlt würde. Der BGH[31] bestätigt unter Bezugnahme auf die Gesetzesbegründung, dass auch Altverträge, die nicht dem Mindestumfang von Abs. 3 Satz 1 genügen, zur Erfüllung der Versicherungspflicht ausreichen. Um der Versicherungspflicht zu genügen, ist keine Absicherung zu 100 % geboten. Unter Hinweis auf das Ziel des Gesetzgebers, den Bürger vor einer Gefährdung seiner wirtschaftlichen Existenz bei Krankheit zu schützen, prüft der BGH, ob durch den Altvertrag eine »Umgehung« der Versicherungspflicht vorliegt bzw. die Bestandsschutzregelung »in unzulässiger Weise überspannt« wird. Da beides im konkreten Fall[32] nicht ersichtlich war, erfolgte keine nähere Konkretisierung durch den BGH, wann ein Altvertrag (noch) ausreichend ist. Nicht erfüllt sein muss z.B. die Selbstbehaltsdeckung, was in vielen Alttarifen nicht der Fall ist. Die Bestandsschutzregelung hindert die Bestandsversicherten aber nicht, gem. § 204 unabhängig von ihrem Gesundheitszustand in neue Tarife bei demselben Unternehmen zu wechseln.[33] Der Tarifwechsel ist kein neuer Vertragsabschluss, sondern eine Inhaltsänderung eines bestehenden Vertrages.[34]

IV. Prämienzuschlag bei verspäteter Versicherungspflichterfüllung (Abs. 4)

Die Erfüllung der Versicherungspflicht setzt – anders als das Entstehen des Versicherungsverhältnisses kraft Gesetzes in der GKV – den Abschluss eines **privatrechtlichen Versicherungsvertrags** voraus. Wird die Versicherungspflicht erst später erfüllt, wirkt die Versicherung nicht zurück,[35] und es sind auch keine Prämien für die Zeit zwischen Entstehen der Versicherungspflicht und Abschluss des Vertrages zu zahlen. Für den Versicherungspflichtigen könnte daher ein Anreiz bestehen, sich erst kurz vor oder nach Eintritt des Versicherungsfalles zu versichern, da er jedenfalls im Basistarif jederzeit aufgenommen werden muss. Durch die Regelung des Abs. 4 soll ein solches Verhalten, das der Versichertengemeinschaft schaden würde, durch einen **Prämienzuschlag** sanktioniert werden, um einen Ausgleich für diesen Schaden zu schaffen.[36] Es handelt sich nicht, wie der Wortlaut vermuten ließe, um einen laufenden Zuschlag, sondern um einen **einmalig zu erhebenden Betrag** (Abs. 4 Satz 4), dessen Höhe sich nach der Dauer der Nichtversicherung bestimmt. Rückwirkend werden keine Prämien erhoben. Der Anspruch auf den Prämienzuschlag entsteht gleichzeitig mit dem Anspruch auf die erste Prämie (»Prämienzuschlag«). Im Falle des Rücktritts oder der Anfechtung des Versicherungsvertrags gebührt dem Versicherer der Prämienzuschlag in vollem Umfang, sofern er nach § 39 I 2 den Anspruch auf die Erstprämie behält. **Der Versicherer ist verpflichtet, den Prämienzuschlag zu erheben**, da der aus der Norm bezweckten Schutz der Versichertengemeinschaft dient. Ein genereller Verzicht des Versicherers verstößt gegen § 4 Nr. 11 UWG.

---

28 S. dazu *Fiala/Schramm*, ZfV 2015, 115, 116.
29 Vgl. BGH VersR 2014, 989; OLG Köln VersR 2014, 454. Eingehend *Göbel/Köther*, VersR 2014, 537 ff.
30 Vgl. *Marlow/Spuhl*, VersR 2009, 593, 595. **A.A.** P/M/*Voit*, § 193 Rn. 15; PK/*Brömmelmeyer*, § 193 Rn. 29; *Marko*, Teil B Rn. 18. Nach dem Schreiben des BMI vom 24.04.2009, Az. D 6 – 213 100–69/2, ist für Beihilfeberechtigte ein ambulanter *oder* stationärer Altvertrag ausreichend. Davon geht auch der Gesetzgeber in der Begründung des Entwurfs für ein Pflege-Weiterentwicklungsgesetz (BT-Drucks. 16/7439, S. 52) aus.
31 BGH VersR 2012, 752.
32 Mitgliedschaft in der Krankenversorgung der Bundesbahnbeamten; BGH VersR 2012, 752.
33 Vgl. P/M/*Voit*, § 193 Rn. 15. **A.A.** offenbar *Grote/Bronkars*, VersR 2008, 580, 581, die ohne nähere Begründung »schlechte Risiken« in den Alttarifen als »gefangen« ansehen.
34 S. § 204 Rdn. 1.
35 OLG Köln VersR 2014, 945.
36 Begr. zu § 178a VI VVG a.F. in der Fassung des GKV-WSG, BT-Drucks. 16/4247 S. 67.

16 Der Prämienzuschlag berechnet sich wie folgt: Der erste Monat der Nichtversicherung ist zuschlagsfrei. Ab dem zweiten Monate der Nichtversicherung bis einschließlich dem fünften Monat der Nichtversicherung ist je Monat ein Monatsbeitrag als Prämienzuschlag zu entrichten. Ab dem sechsten Monat ist für diesen und jeden weiteren Monat ein Prämienzuschlag von 1/6 des Monatsbeitrags zu entrichten. Ist die Dauer der Nichtversicherung nicht feststellbar, wird für die Zuschlagsberechnung von einer Nichtversicherungsdauer von fünf Jahren ausgegangen. Ist jedoch festgestellt, dass der Versicherungspflichtige seine Versicherungspflicht länger als 5 Jahre nicht erfüllt hat, so sind auch für die darüber hinaus festgestellten Monate der Nichtversicherung der Zuschlag um je 1/6 der Monatsprämie zu erhöhen. Beträgt die Dauer der Nichtversicherung 1 Jahr, so beträgt der Zuschlag 4 Monatsbeiträge (2.–5. Monat) + 7/6 Monatsbeiträge (6.–12. Monat). Das Gesetz spricht nicht von Kalendermonat, so dass die Monatszeiträume nach § 188 BGB zu bestimmen sind. Maßgeblich ist die Höhe der Monatsprämie für die Pflichtkrankenversicherung bei Abschluss des Vertrages einschließlich eventueller Risikozuschläge, jedoch ohne den gesetzlichen Prämienzuschlag gem. § 149 VAG, freiwillige Zusatztarife oder die PPV-Prämie.[37] Kann der VN die Prämienhalbierung im Basistarif bereits ab Vertragsbeginn beanspruchen (§ 152 IV VAG), ist für die Berechnung des Prämienzuschlags dennoch die volle Monatsprämie des Basistarifs maßgeblich, denn zu dieser wird der Vertrag abgeschlossen.

17 Der VN kann eine verzinsliche (§ 246 BGB) **Stundung des Prämienzuschlags** verlangen, wenn den Interessen des Versicherers durch die Vereinbarung einer angemessenen Ratenzahlung Rechnung getragen werden kann. Dafür ist mindestens zu fordern, dass der VN plausibel darlegt, die Ratenzahlungsvereinbarung neben den laufenden Prämien tatsächlich erfüllen zu können und der Versicherer sich vorbehalten darf, die Ratenzahlungsvereinbarung im Falle des Verzugs des VN mit der Ratenzahlung zu kündigen. Der Prämienzuschlag ist nicht von dem SGB-II-Leistungsträger zu übernehmen.[38]

18 Der durch Gesetz vom 15.07.2013[39] angeordnete Wegfall noch ausstehender Prämienzuschläge für bis zum 31.07.2013 geschlossene Verträge (Abs. 4 Satz 8) bewirkt, dass der Vollstreckung aus insoweit titulierten Ansprüchen mit einer Vollstreckungsabwehrklage nach § 767 ZPO begegnet werden kann und nach dem 31.07.2013 geleistete, eingezogene oder im Wege der Zwangsvollstreckung beigetriebene Zahlungen auf den weggefallenen Prämienzuschlag gem. § 812 Abs. 1 Satz 2 BGB (Wegfall des rechtlichen Grundes) vom Versicherer zurückzuzahlen sind.[40] Der Anspruch auf Ersatz von Kosten, die dem Versicherer durch die Forderungsbeitreibung durch Maßnahmen vor dem Inkrafttreten der Gesetzesänderung[41] entstanden sind, bleibt unberührt. Verfassungsrechtlich (Art. 14 GG) erscheint diese Enteignung rechtswirksam begründeter Forderungen problematisch[42] und lässt sich nicht mit der Begründung rechtfertigen, sie läge auch im Interesse der Versicherer, »da die Beitreibung dieser Forderungen mit einem unverhältnismäßigen Aufwand verbunden wäre bzw. diese Beitreibungsforderungen in vielen Fällen in der Praxis nicht realisierbar werden« könne.[43]

V. Kontrahierungszwang des Versicherers im Basistarif (Abs. 5)

1. Merkmale des Basistarifs nach § 152 VAG

19 Die Versicherungspflicht kann sowohl in Normaltarifen als auch im Basistarif erfüllt werden. Der **Kontrahierungszwang besteht nur im Basistarif**, so dass versicherungspflichtige Personen mit risikoerheblichen Vorerkrankungen jedenfalls dort versicherbar sind. Anders als bei den der GKV zuzuordnenden ehemaligen Nichtversicherten, die automatisch ab 01.04.2007 versichert sind (§§ 5 I Nr. 13 i.V.m. 186 XI Satz 3 SGB V), ist bei den der PKV zuzuordnenden Versicherungspflichtigen der Abschluss eines **privatrechtlichen Versicherungsvertrags** erforderlich. Der Versicherer ist verpflichtet, den Vertrag mit dem VN **unverzüglich abzuschließen**, sobald der VN gegenüber dem Versicherer die notwendigen Angaben gemacht hat, insbesondere zur Prüfung des Kontrahierungszwangs des Versicherers und im Rahmen der nach § 203 I Satz 3 zulässigen Risikoprüfung zum Zwecke des Risikoausgleichs gem. § 154 VAG und zur Festsetzung eines fiktiven Risikozuschlags für den Fall des Tarifwechsels. Solange der Antragsteller die hierfür benötigten Informationen nicht erteilt, liegt kein annahmefähiges Angebot vor, sodass der Kontrahierungszwang nicht ausgelöst wird.[44] Der Versicherer kann im Rahmen dieser zulässigen Gesundheitsprüfung (§ 203 I 3) auch die Vorlage ärztlicher und zahnärztlicher Untersuchungsberichte verlangen.[45] Zuvor ist er nicht zur Ausstellung eines Versicherungsscheins oder zur Leistung verpflichtet.[46] Eine angemessene Bearbeitungsfrist ist dem Versicherer zuzubilligen.[47]

---

37 So auch PK/*Brömmelmeyer*, § 193 Rn. 34.
38 LSG Celle NZS 2012, 630.
39 BGBl. I. S. 2423.
40 P/M/*Voit*, § 193 Rn. 23.
41 01.08.2013.
42 Dazu *Mandler*, VersR 2014, 167, 171.
43 Begr. BT-Drucks. 17/13947, S. 31.
44 OLG Köln VersR 2013, 490, 491. Zustimmend *Göbel/Köther*, VersR 2014, 537, 543. **A.A.** LG Dortmund NJW 2012, 8.
45 OLG Köln VersR 2013, 490, 491.
46 OLG Koblenz VersR 2013, 449.
47 Vgl. OLG München VersR 2012, 559, 560.

Der **Versicherungsschutz** beginnt gem. § 2 I Satz 1 AVB-BT ab dem im Versicherungsschein bezeichneten 20
Zeitpunkt, jedoch nicht vor Abschluss des Versicherungsvertrages. Der Versicherungsschutz umfasst auch
Versicherungsfälle, die vor Vertragsschluss eingetreten sind, jedoch nicht insoweit, als dem Grunde nach erstattungspflichtige Leistungen vor Vertragsbeginn erbracht wurden.[48] Befindet sich der VN im beispielsweise im Zeitpunkt des Vertragsschlusses in stationärer Heilbehandlung, sind die Krankenhausleistungen erst ab dem Zeitpunkt des Vertragsschlusses zu erstatten. Die **Eckpunkte des Basistarifs** und die Verpflichtung der inländischen Krankenversicherungsunternehmen, diesen anzubieten, sind in § 152 VAG bestimmt. Mit der Festlegung von Art, Umfang und Höhe der Leistungen im Basistarif ist der **Verband der privaten Krankenversicherung nach § 158 II VAG beliehen**.[49] In § 152 I VAG ist lediglich bestimmt, dass die Vertragsleistungen des Basistarifs in **Art, Umfang und Höhe den Leistungen nach dem 3. Kapitel des SGB V** vergleichbar sein müssen. Es werden jedoch **keine Sachleistungen** – wie in der GKV – gewährt, sondern die Erstattung von Aufwendungen.

Der Basistarif muss mit mehreren **Selbstbehaltsstufen** angeboten werden (§ 152 I 3 VAG). Für **Beihilfeberechtigte** 21 ist das Basistarif mit den entsprechenden Prozentstufen anzubieten (§ 152 II 1 Nr. 3 VAG). Auf die **Höhe des Beihilfeanspruchs** hat die ergänzende Versicherung im Basistarif keinen begrenzenden Einfluss (Erstattung der vollen GOÄ-Höhe).[50] Es dürfen **keine Risikozuschläge oder Leistungsausschlüsse** vereinbart werden (§ 203 I 2, s. auch dort Rdn. 7), und die **Prämien** sind auf den Höchstbeitrag der gesetzlichen Krankenkassen begrenzt.

Für **Hilfebedürftige** reduziert sich die Prämie auf die Hälfte (§ 152 IV VAG). Die Hilfebedürftigkeit ist vom 22 Sozialleistungsträger **auf Antrag des Versicherten** zu prüfen und zu bescheinigen. Die Prämienreduzierung bezieht sich auf die jeweils hilfebedürftige versicherte Personen entfallende (Teil-)Prämie. Die Hilfebedürftigkeit des VN als alleinigem Prämienschuldner für alle versicherte Personen bewirkt nicht, dass die Prämienanteile aller versicherten Personen reduziert würden.[51] Entgegen des Wortlauts tritt die Prämienhalbierung nicht automatisch mit Eintritt der Hilfebedürftigkeit ein, sondern erst ab Eingang der Bescheinigung des Sozialleistungsträgers beim Versicherer.[52] Kann durch die Prämienhalbierung die Hilfebedürftigkeit nicht abgewendet werden, hat der Sozialleistungsträger die Prämie in dem erforderlichen Umfang zu übernehmen, nicht nur in der Höhe des für Bezieher von Arbeitslosengeld II in der GKV geltenden Beitrags.[53]

Die Kalkulation der Prämien im Basistarif hat auf der Basis **gemeinsamer Kalkulationsgrundlagen** einheitlich 23 für alle beteiligten Unternehmen zu erfolgen, mit Ausnahme der unternehmensindividuell einzukalkulierenden Verwaltungskosten (§ 152 V VAG). Die Prämien des Basistarifs unterscheiden sich zwischen den PKV-Unternehmen also nur geringfügig nach den unterschiedlichen Kosten. Zwischen den Unternehmen findet ein **Risikoausgleich** gem. § 154 VAG statt. Der Basistarif widerspricht fundamentalen Grundlagen des privatrechtlichen Versicherungswesens, insbesondere dem versicherungsrechtlichen Äquivalenzprinzip. Das BVerfG[54] hat den Kontrahierungszwang der Versicherer im Basistarif dennoch als verfassungskonform beurteilt. Lediglich für kleinere VVaG i.S.v. § 210 VAG hat das BVerfG[55] den Kontrahierungszwang im Basistarif gem. § 193 V als Verstoß gegen Art. 9 I GG angesehen und deshalb auf den durch die Satzung bestimmten Mitgliederkreis beschränkt.

2. Anspruchsberechtigter Personenkreis (Abs. 5 Satz 1)

Abs. 5 Satz 1 setzt die aufsichtsrechtliche Verpflichtung des Versicherer gem. § 152 II VAG fast wortgleich in 24 das Versicherungsvertragsrecht um. Der **Kontrahierungszwang** des Versicherers korrespondiert mit der in Abs. 3 bestimmten Versicherungspflicht und stellt sicher, dass die in der PKV versicherungspflichtigen Personen ihre Versicherungspflicht erfüllen können. **Nr. 2** erfasst bisher **Nichtversicherte**, die dem Personenkreis der PKV zuzurechnen sind (s. § 5 Va SGB V) und infolge der Einführung der Krankenversicherungspflicht oder z.B. bei Wohnsitzverlegung ins Inland erstmals versicherungspflichtig in der PKV werden. Nicht unter § 5 Va SGB V fallen Nichtversicherte, die vor dem Bezug von ALG-II-Leistungen zwar der PKV zuzurechnen sind, aber nicht »unmittelbar« zuvor in der PKV versichert waren.[56] **Nr. 3** erfasst Personen, die **beihilfeberechtigt** sind oder werden bzw. vergleichbare Ansprüche (s. oben Rdn. 13 unter b) haben und ergänzenden Versicherungsschutz benötigen. **Nr. 4** ermöglicht dem **Neubestand** (Vertragsschluss nach dem 31.12.2008) einen jederzeitigen Zugang zum Basistarif (s. dazu auch § 204 Rdn. 26). **Nr. 1** erweitert den Kontrahierungszwang des Versicherers über die Erfüllung der Versicherungspflicht hinaus auf **freiwillige GKV-Mitglieder**

---

48 Zur Vorvertraglichkeit s. *Marlow/Spuhl*, VersR 2009, 593, 601.
49 S. AVB-BT 2009, wobei es sich nicht um »Musterbedingungen«, sondern um für die Versicherer verbindliche Bedingungen handelt.
50 BVerwG, Urt. vom 17.04.2014, 5 C 16.13; 5 C 40.13.
51 A.A. P/M/*Voit*, § 193 Rn. 35.
52 A.A. P/M/*Voit*, § 193 Rn. 36.
53 BSGE 107, 217.
54 VersR 2009, 957.
55 VersR 2009, 1057.
56 BSG NJW 2014, 10.

(§ 9 SGB V, insbesondere Eintritt der Versicherungsfreiheit nach § 6 Abs. 1 Nr. 1 SGB V), innerhalb von 6 Monaten nach Eintritt der Wechselmöglichkeit zur PKV bzw. innerhalb der befristeten Öffnung des Basistarifs bis 30.06.2009. Für die Fristwahrung ist der Eingang des Antrags beim Versicherer maßgeblich.[57]

3. Befristetes Wechselrecht des Altbestandes (Abs. 5 Satz 2 und 3)

25 **Altbestandskunden** (Vertragsschluss vor dem 01.01.2009) konnten einen Tarifwechsel (§ 204 I 1 lit. c) in den Basistarif des eigenen Versicherers oder den Abschluss eines Vertrages im Basistarif eines anderen Versicherers **bis zum 30.06.2009** verlangen. Im Falle des Versichererwechsels bestand **kein Sonderkündigungsrecht** beim bisherigen Versicherer, weshalb in Abs. 5 Nr. 4 Satz 3 bestimmt ist, dass der Antrag beim neuen Versicherer bereits vor Wirksamwerden der Vertragskündigung beim bisherigen Versicherer anzunehmen ist. Der technische Versicherungsbeginn beim neuen Versicherer schloss dann an den Zeitpunkt des Wirksamwerdens der Kündigung beim bisherigen Versicherer an. Damit sollte eine Behinderung des Wechselrechts durch das enge Zeitfenster und der einzuhaltenden Kündigungsfrist beim bisherigen Versicherer verhindert werden.[58] Nach Ablauf der Öffnungsfrist ist dem Altbestand der Zugang zum Basistarif nur noch im eigenen Unternehmen möglich und auch nur, wenn die Voraussetzung des § 204 I 1 lit. b erfüllt ist. Bei einer Kündigung mit Wirkung zum Ablauf des Jahres 2008 bestand zwar ab 2009 der Kontrahierungszwang im Basistarif, eine Übertragung der Alterungsrückstellung nach § 204 war aber nicht möglich, da bei Inkrafttreten der Portabilitätsbestimmungen am 01.01.2009 der Altvertrag bereits beendet war.

4. Ausnahme vom Kontrahierungszwang (Abs. 5 Satz 4)

26 Abs. 5 Satz 5 nennt als Ausnahme vom Kontrahierungszwang den Fall der **Anfechtung** eines zuvor bei demselben Versicherer geschlossenen Vertrages wegen Drohung oder arglistiger Täuschung oder den **Rücktritt** wegen einer vorsätzlichen Verletzung der vorvertraglichen Anzeigepflicht. Das Rücktrittsrecht des Versicherers ist auch nicht nach § 19 IV ausgeschlossen, weil er den Antrag zwar nicht in dem beantragten Normaltarif, aber im Basistarif hätte annehmen müssen.[59] Der Versicherer muss mit dem VN, gegenüber dem er wirksam wegen arglistiger Täuschung oder Drohung angefochten hat bzw. den Rücktritt wegen einer vorsätzlichen Verletzung der vorvertraglichen Anzeigepflicht erklärte, kein Vertragsverhältnis im Basistarif eingehen. Dies gilt auch in dem Fall, dass der VN bei diesem Versicherer im Basistarif versichert war.[60] Da die Gesundheitsprüfung im Basistarif jedoch nur für die Festsetzung des fiktiven Risikozuschlags bzw. für den Risikoausgleich gem. § 154 VAG erfolgt (§ 203 I 3), haben die Arglistanfechtung und der Rücktritt des Versicherers für Basistarifversicherte keine erheblichen Auswirkungen. In diesen Fällen kann – und muss sich – der VN bei einem anderen Krankenversicherer im Basistarif versichern. Im Falle einer **Kündigung aus wichtigem Grund** durch den Versicherer, die entgegen dem Wortlaut des § 206 I zulässig ist[61], gilt Abs. 5 Satz 4 entsprechend.[62]

VI. Ruhen von Zusatzversicherungen bei Beitragshalbierung (Abs. 11)

27 Solange ein Versicherter wegen Hilfebedürftigkeit gem. § 152 IV 1 VAG im Basistarif nur den halben Beitrag zahlt, kann der Versicherer das **Ruhen von Zusatzversicherungen** verlangen (§ 8a Abs. 7 AVB-BT). »Ruhen« bedeutet, anders als das Ruhen nach Abs. 6 Satz 4, dass die wechselseitigen Leistungspflichten suspendiert sind. Bei der Versicherung im Basistarif sind gem. § 152 I 6 VAG der Abschluss »**ergänzender Krankheitskostenversicherungen**« zulässig. Das Verlangen bezieht sich nur auf für die hilfebedürftige Person bestehenden Zusatzversicherungen, wobei es unerheblich ist, ob diese im selben Vertrag enthalten oder isoliert abgeschlossen sind. Es soll verhindert werden, dass ein Versicherter wegen Hilfebedürftigkeit von der Versichertengemeinschaft durch die Prämienhalbierung subventioniert wird, gleichzeitig aber offenbar noch über genug Mittel verfügt, um nicht existenziell notwendige Zusatzversicherungen aufrecht zu erhalten. In diesem Fall kann der VN die Zusatzversicherung als **Anwartschaftsversicherung** fortführen.[63] Aus dem Verweis in der Gesetzesbegründung auf eine Anwartschaftsversicherung ist klargestellt, dass der Versicherer **während des Ruhens die Prämie für eine Anwartschaftsversicherung verlangen kann**. Ist der VN nicht zum Abschluss einer Anwartschaftsversicherung während des Ruhens bereit, wird man dem Versicherer ein außerordentliches Kündigungsrecht für die Zusatzversicherungen einräumen müssen.[64]

---

57 P/M/*Voit*, § 193 Rn. 25.
58 Vgl. Begr. zu § 178a VI VVG a.F. in der Fassung des GKV-WSG, BT-Drucks. 16/4247 S. 68.
59 OLG Frankfurt (Main) VersR 2015, 1279.
60 Vgl. P/M/*Voit*, § 203 Rn. 13.
61 BGH VersR 2012, 219; VersR 2012, 304.
62 BGH VersR 2012, 304, 308.
63 Begr. zu § 178a IX VVG i.d.F. des GKV-WSG, BT-Drucks. 16/4247 S. 68.
64 Ablehnend PK/*Brömmelmeyer*, § 193 Rn. 74.

VII. Zahlungsverzug; Notlagentarif (Abs. 6–10)
1. Zahlungsverzug bei Pflichtkrankenversicherungen

Abs. 6 ist gegenüber § 38 eine **Spezialregelung für den Folgeprämienverzug** bei **Pflicht**krankenversicherungen. Für alle anderen Krankenversicherungen gelten die allgemeinen Bestimmungen über den Zahlungsverzug. Gem. § 206 I ist jede Kündigung einer Pflichtkrankenversicherung ausgeschlossen, auch die außerordentliche Kündigung wegen Zahlungsverzuges. Die bei qualifiziertem Zahlungsverzug gem. § 38 II eintretende Leistungsfreiheit des Versicherers wäre unvereinbar mit dem gesetzgeberischen Ziel, die Absicherung des Krankheitsrisikos im Bedarfsfalle stets durch eine Pflichtkrankenversicherung sicherzustellen. Unberührt bleibt die allgemeine Regelung über den **Erstprämienverzug** nach § 37.[65] Die Gesetzesbegründung bezieht sich ausdrücklich auf das bei Pflichtkrankenversicherungen nicht bestehende Kündigungsrecht wegen Folgeprämienverzuges, an dessen Stelle die Ruhensregelung tritt.[66] Das Risiko, dass eine Pflichtkrankenversicherung wegen Nichtzahlung der Erstprämie materiell nicht beginnt (§ 37 II) bzw. der Versicherer den Rücktritt erklärt, bleibt damit bestehen.[67] Das ist jedoch vor dem Hintergrund, dass auch keine Kontrolle stattfindet, ob eine Pflichtkrankenversicherung abgeschlossen wurde, vertretbar. Die Ausübung des Rücktrittsrechts nach § 37 I befreit den Versicherer jedoch nicht von seinem Kontrahierungszwang im Basistarif, so dass der VN ggf. beim selben Versicherer eine erneute Versicherung beantragen kann. Der Versicherer hat aber so wenigstens die Möglichkeit, bereits anfänglich nicht zahlende VN sofort in den Basistarif zu verweisen. § 8 VII MB/KK 2009 weist den VN bei »anderen als den in Abs. 6 genannten Versicherungen« – also für Nicht-Pflichtversicherungen – auf die Gefahr des Verlusts des Versicherungsschutzes unter den Voraussetzungen der §§ 37, 38 hin. *Marko*[68] zieht daraus den Umkehrschluss, dass die MB/KK bei Pflichtkrankenversicherungen zugunsten des VN den Rücktritt nach § 37 ausschlössen. Zwingend erscheint dies jedoch nicht, da die Satzeinleitung in § 8 VII MB/KK 2009 lediglich den Anwendungsbereich (Nicht-Pflichtversicherungen) dieses Absatzes bezeichnen will. Eine für den VN günstige Abweichung für die im vorherigen Absatz geregelten Pflichtversicherungen in einem nachfolgenden Absatz zu regeln, erscheint fernliegend. 28

Der VN muss sich mit einem Betrag in Höhe von Prämienanteilen **für zwei Monate im Rückstand** befinden. Damit ist gemeint, dass in dem Gesamtrückstand, der sich aus Prämien, Säumniszuschlägen, Beitreibungskosten (s. Abs. 9 Satz 1) und ggf. dem Prämienzuschlag nach Abs. 4 zusammensetzen kann, mindestens *Prämien*rückstände enthalten sein müssen, die zwei Monatsprämien entsprechen. Dabei ist es unerheblich, ob die Prämienanteile für zwei bestimmte Monate oder verteilt auf mehr als zwei Monate (bei Teilzahlungen auf die Monatsprämien) geschuldet werden. Die Norm spricht von »Rückstand« statt von Verzug, jedoch dürfte ein Verschulden des VN an dem »Rückstand« entsprechend § 286 IV BGB erforderlich sein.[69] Wäre allein die Nichttilgung fälliger Prämienforderungen ausreichend, müsste sich der VN z.B. Fehler der Bank bei der Prämienüberweisung zurechnen lassen. Für die Annahme, dass der »Rückstand« auf einem schuldhaften Zahlungsverzug beruhen muss, spricht die gesetzliche Formulierung, dass der VN »anstelle von Verzugszinsen« für jeden angefangenen[70] Monat des Rückstandes einen **Säumniszuschlag** von 1 % des Prämienrückstandes zu entrichten hat. Anderenfalls hätte der Gesetzgeber nicht bestimmen müssen, dass der Säumniszuschlag an die Stelle von Verzugszinsen tritt, wenn die Vorschriften über den Verzug auf den »Rückstand« nicht anwendbar wären. 29

Der Versicherer hat den VN nach Eintritt des qualifizierten Prämienrückstands (Rdn. 29) erstmals zu mahnen. Eine weitere Mahnung hat im Falle des Fortbestehens eines Rückstandes an Prämien nebst Säumniszuschlägen in Höhe von mindestens dem Prämienanteil für einen Monat nach weiteren zwei Monaten ab Zugang der ersten Mahnung zu erfolgten. Mit der zweiten Mahnung ist der VN auf die gesetzliche Rechtsfolge des Ruhens des Vertrags unter den Voraussetzungen des Satz 4 hinzuweisen. Trotz des Gesetzeswortlauts (»hat … der Versicherer zu mahnen«) besteht **keine Mahnpflicht des Versicherers**.[71] Wäre der Versicherer verpflichtet unter den gesetzlich bestimmten Voraussetzungen zu mahnen, hätte es jeder VN durch schlichte Nichtzahlung in der Hand, die Rechtsfolge des Ruhens des Vertrags herbeizuführen und dadurch seine Versicherung im Notlagentarif gem. Abs. 7 zu erreichen. Ein solche Option hat der Gesetzgeber jedoch ausdrücklich ausgeschlossen (Abs. 7 Satz 4; § 204 Abs. 1 Satz 1 Nr. 1 a.E.). Da im Notlagentarif zu einer stark reduzierten Prämie eine Grundversorgung für akute Erkrankungen und bei Schmerzzuständen gewährt wird, könnte ein solches Verhalten eines VN, der vor der Wahl steht, welche seiner finanziellen Verpflichtungen er erfüllt, naheliegend sein. Dies insbesondere auch deshalb, weil während der Versicherung im Notlagentarif Risiko- 30

---

65 A.A. P/M/*Voit*, § 193 Rn. 40; PK/*Brömmelmeyer*, § 193 Rn. 51; *Marlow/Spuhl*, VersR 2009, 593, 602.
66 Vgl. Begr. zu § 178a VI VVG a.F. in der Fassung des GKV-WSG, BT-Drucks. 16/4247 S. 68.
67 Vgl. SG Mainz, Beschl. vom 20.07.2010, S 10 AS 920/10 ER; LSG Berlin-Brandenburg, Beschl. vom 02.06.2010, L 10 AS 817/10 B ER. A.A. *Marlow/Spuhl*, VersR 2009, 593, 602; PK/*Brömmelmeyer*, § 193 Rn. 51.
68 *Marko*, Teil B Rn. 132.
69 A.A. P/M/*Voit*, § 193 Rn. 40; *Rauscher/Maischein*, r+s 2012, 478, 479.
70 Dazu näher *Rauscher/Maischein*, r+s 2012, 478, 481 (Vorliegen eines Rückstandes am Ersten eines Monats, auch wenn dieser ein Samstag, Sonntag oder Feiertag ist).
71 P/M/*Voit*, § 193 Rn. 41: Wortlaut ohne Bedeutung. A.A. OLG Köln, r+s 2015, 454; LG Nürnberg-Fürth, r+s 2015, 55.

zuschläge, Leistungsausschlüsse und Selbstbehalte entfallen (Abs. 7 Satz 2). Für eine Mahnpflicht des Versicherers lässt sich auch nicht anführen, dass der Gesetzgeber eine Überforderung der VN mit Krankenversicherungsprämien durch die Einführung des Notlagentarifs vermeiden will. Das Gesetz differenziert bei den Zugangsvoraussetzungen gerade nicht danach, ob ein VN zahlungsunfähig oder zahlungsunwillig ist. Der Gesetzeswortlaut (»hat ... der Versicherer zu mahnen«) bedeutet lediglich, dass der Versicherer nur unter Einhaltung der Mahnvoraussetzungen das Ruhen des Vertrags und damit die Versicherung des VN im Notlagentarif erreichen kann. Der **tatsächlich hilfebedürftige VN ist geschützt**, da nach Satz 5 das Ruhen des Vertrages (und damit die Versicherung im Notlagentarif) nicht eintritt bzw. endet, wenn der VN hilfebedürftig ist oder wird. Für die Zeit der Hilfebedürftigkeit ist die Prämienzahlung über entsprechende Leistungen des Trägers der Grundsicherung für Arbeitsuchende oder der Sozialhilfe durch Direktüberweisung an das Versicherungsunternehmen sichergestellt.[72] Mahnt der Versicherer nicht, ist der hilfebedürftige VN insofern vor einer Überforderung mit Prämienzahlungen geschützt. Ein **Wechsel in den Basistarif** mit halbiertem Beitrag ist nach § 204 I 1 Nr. 1 b) möglich, findet aber nicht automatisch statt. In der Regel verpflichtet der Sozialleistungsträger einen hilfebedürftigen VN den Wechsel in den Basistarif zu beantragen, sofern die halbierte Prämie des Basistarifs günstiger ist als die Prämie im bisherigen Normaltarif.

2. Begriff und Funktion des Notlagentarifs

31 Der durch Gesetz vom 15.07.2013[73] eingeführte »Notlagentarif« (§ 153 VAG) ist seiner Bezeichnung nach **irreführend**. Er ist nicht auf die Aufnahme von VN beschränkt, die sich in einer »Notlage« befinden, sondern erfasst alle **Nichtzahler**. Gem. § 153 I 1 VAG bilden »Nichtzahler nach § 193 Absatz 7 [...] einen Tarif im Sinne des § 155 III 1 VAG«. Auch die Gesetzesbegründung[74] spricht von »Nichtzahlern«, die zur Vermeidung einer Kostenbelastung des Tarifkollektivs, dem sie zuvor angehörten, nunmehr dem Notlagentarif zugeordnet werden sollen. Für Versicherungsnehmer, die **hilfebedürftig** im Sinne des Zweiten oder Zwölften Buches Sozialgesetzbuch sind oder werden, verbleibt es bei der zuvor geltenden Rechtslage.[75] Für die Versicherer und die Versichertengemeinschaft ergibt sich der Vorteil, dass das Leistungsniveau im Notlagentarif minimiert ist und keine Alterungsrückstellung im Notlagentarif aufgebaut wird, die von vertragstreuen VN für die »Nichtzahler« (vor-)finanziert werden müsste.

3. Prämienkalkulation im Notlagentarif

32 Die **Prämienkalkulation des Notlagentarifs** ist in § 153 II VAG festgelegt. Für alle im Notlagentarif Versicherten ist eine **einheitliche Prämie** zu kalkulieren. Die kalkulierten Prämien des Notlagentarifs dürfen nicht höher sein, als es zur Deckung der Aufwendungen für Versicherungsfälle aus dem Tarif erforderlich ist. Die Prämie ist geschlechts- und altersunabhängig und enthält keine Risikozuschläge, keinen gesetzlichen Beitragszuschlag (§ 149 VAG), sowie keine Verwaltungs- und Abschlusskosten. Die unterschiedlichen Beihilfebemessungssätze für Beihilfeberechtigte werden mit drei entsprechenden Tarifversionen (20, 30 und 50 %) berücksichtigt. Alterungsrückstellungen werden nicht neu aufgebaut.[76] Die im Ursprungstarif für einen Versicherten bereits aufgebaute Alterungsrückstellung wird zur Minderung seiner Prämie um bis zu 25 % verwendet. Die Prämie des Notlagentarifs ist – wie beim Basistarif – auf den Höchstbeitrag in der GKV begrenzt (§ 153 II 3 i.V.m. § 152 III VAG). Mehraufwendungen, die zur Gewährleistung der Prämienbegrenzung entstehen, sind gleichmäßig auf alle VN einer Pflichtkrankenversicherung bei dem jeweiligen Versicherer zu verteilen (§ 153 II 5 VAG).

4. Beginn und Beendigung der Versicherung im Notlagentarif

33 **Beginn der Versicherung im Notlagentarif**: Die **Fortsetzung der bisherigen Versicherung** im Notlagentarif ist die gesetzliche Folge nach erfolgloser Durchführung des Mahnverfahrens (Abs. 6). Zahlt der VN zwischen dem Zeitpunkt, zu dem die Voraussetzungen für das Ruhen des Vertrags eingetreten sind (Abs. 6 Satz 4: qualifizierter Rückstand einen Monat nach der zweiten Mahnung) und dem Zeitpunkt des Beginns des Ruhens (erster Tag des nachfolgenden Monats) kann der VN den Eintritt des Ruhens für die Mindestdauer von einem Monat nicht mehr verhindern. Das Ruhen tritt als **gesetzliche Rechtsfolge** ein. Im Streitfall muss der Versicherer den **Zugang der Mahnungen** beweisen. Fraglich ist, ob der Versicherer von einer Umstellung des Vertrags in den Notlagentarif absehen kann, z.B. dann, wenn ihm die künftige Prämienzahlung wieder sichergestellt erscheint. Dies ist zu bejahen[77], da es in diesem Fall der Sanktion einer – voraussichtlich ohnehin nur

---

72 Begr. zu § 193 VI, BT-Drucks. 17/13079, S. 9.
73 BGBl. I. S. 2423.
74 BT-Drucks. 17/13079, S. 9.
75 Begr. zu § 193 Abs. 6, BT-Drucks. 17/13079, S. 9.
76 Begr. zu § 12h II VAG, BT-Drucks. 17/13079 S. 10. Die Verweisung in § 12h II 1 VAG (»im Übrigen gilt § 12 Absatz 1 Nummer 1 und 2«) ist irritierend, da jedenfalls für § 12 I Nr. 2 (Bildung der Alterungsrückstellung gem. § 341f HGB) kein »übriger« Anwendungsbereich mehr verbleibt.
77 **A.A.** P/M/*Voit*, § 193 Rn. 44.

kurzzeitigen – Versicherung im Notlagentarif nicht bedarf und die Versichertengemeinschaft des derzeitigen Tarifs Interesse an einer möglichst ununterbrochenen Prämienzahlung hat. Ein Anspruch hierauf hat der säumige VN jedoch nicht.

Der Versicherer hat gem. Abs. 8 dem VN eine Mitteilung in Textform über die Fortsetzung der Versicherung im Notlagentarif und die hierfür zu zahlende Prämie zu übersenden. Hierfür reichen der geänderte Versicherungsschein und die AVB/NLT aus. Er ist zur **Belehrung des VN** über die »Folgen der Anrechnung der Alterungsrückstellung« verpflichtet, die der Versicherer jedoch nur abstrakt beschreiben muss, da die »künftig zu zahlende Prämie« nach einer Rückumstellung in den bisherigen Tarif von der Dauer der Versicherung im Notlagentarif und möglichen zwischenzeitlichen Prämienanpassungen abhängt. Die Verletzung der Belehrungspflicht ist sanktionslos. Der VN kann insbesondere im Fall einer fehlenden oder unvollständigen Belehrung nicht geltend machen, er hätte bei ordnungsgemäßer Belehrung die Rückstände beglichen, da die Versicherung im Notlagentarif keine Option des VN ist und er auch ohne ordnungsgemäße Belehrung zur Prämienzahlung verpflichtet ist. 34

Ende der Versicherung im Notlagentarif; Rückumstellung in den früheren Tarif: Die Versicherung im Notlagentarif endet kraft Gesetzes ab dem ersten Tag des übernächsten Monats, nachdem der VN alle Prämienrückstände (einschließlich fällig gewordener Prämien für die Versicherung im Notlagentarif) nebst Säumniszuschlag und Beitreibungskosten beglichen hat. Die Entstehung eines neuen Rückstands (Monatsprämie für den nächsten Monat nach Ausgleich aller Rückstände wird nicht gezahlt) hindert die Rückumstellung in den ursprünglichen Tarif nicht. Voraussetzung der Rückumstellung ist nicht, dass der VN auch im Zeitpunkt der Rückumstellung noch rückstandsfrei sein muss.[78] Der Versicherer hat in diesem Fall nur die Möglichkeit, erneut das Mahnverfahren nach Eintritt der Voraussetzungen des Abs. 6 zu betreiben. Die Versicherung im Notlagentarif **endet auch, wenn der VN oder eine versicherte Personen hilfebedürftig** wird (Abs. 6 Satz 5), wobei dann eine getrennte Betrachtung der Versicherungsverhältnisse für den VN und die versicherten Personen stattfindet. Nur für die versicherte Person, die hilfebedürftig ist, tritt das Ruhen des Vertrags(-teils) nicht ein bzw. endet die Versicherung im Notlagentarif. Ist der VN nicht zugleich auch versicherte Person, ist der Eintritt von Hilfebedürftigkeit in seiner Person ohne Bedeutung. Die Eröffnung eines **Insolvenzverfahrens** über das Vermögen des VN steht dem Eintritt der Hilfebedürftigkeit nicht gleich.[79] Die **Vertragsfortsetzung im bisherigen Tarif** (vor Umstellung in den Notlagentarif) erfolgt zu den Konditionen, die für den VN gelten würden, wenn keine Ruhenszeit stattgefunden hätte. Sind **Selbstbehalte** im Ursprungstarif vereinbart, bleiben diese nach der Rückumstellung in den Ursprungstarif von erbrachten Leistungen aus dem Notlagentarif unberührt, d.h. sie sind noch voll »abzuleisten«. Ist während der Versicherung im Notlagentarif ein »gedehnter Versicherungsfall« eingetreten, erhält der VN nach der Rückumstellung in den bisherigen Tarif die dort vereinbarten Leistungen für die weitere Dauer des Versicherungsfalls.[80] Zwischenzeitlich eingetretene Änderungen des Tarifs, z.B. Bedingungsänderungen oder Prämienanpassungen, gelten **ohne weitere Voraussetzungen** auch für den »Rückkehrer«.[81] Abs. 9 Satz 3 fingiert die für das Wirksamwerden von Prämien- und Bedingungsänderungen (§ 203 II, III) notwendige Mitteilung. Die mitzuteilende Prämie des VN ist aber höher als wenn keine Ruhenszeit eingetreten wäre: Prämienerhöhend ist einzurechnen, dass der während der Ruhenszeit unterbliebene Aufbau der Alterungsrückstellung nachgeholt und der aus der vorhandenen Alterungsrückstellung entnommene Betrag zur Subvention der Notlagentarifprämie (§ 153 II 6 VAG) wieder aufgebaut werden muss. 35

5. Versicherungsumfang im Notlagentarif

Versicherungsleistungen im Notlagentarif: Der Notlagentarif sieht ausschließlich die Aufwendungserstattung für Leistungen vor, die zur Behandlung von akuten Erkrankungen und Schmerzzuständen sowie bei Schwangerschaft und Mutterschaft erforderlich sind. Abweichend davon sind für versicherte Kinder und Jugendliche zudem insbesondere Aufwendungen für Vorsorgeuntersuchungen zur Früherkennung von Krankheiten nach gesetzlich eingeführten Programmen und für Schutzimpfungen, die die Ständige Impfkommission beim Robert Koch-Institut gemäß § 20 Absatz 2 des Infektionsschutzgesetzes empfiehlt, zu erstatten (§ 153 I VAG). Die näheren Bestimmungen zu Art, Umfang und Höhe der Leistung sind in den **branchenein-heitlichen Versicherungsbedingungen**[82] festgelegt, mit deren Ausgestaltung der Verband der privaten Krankenversicherung beliehen ist (§ 158 II VAG). 36

Der **Leistungsumfang im Einzelnen** entspricht den früheren[83] »Ruhensleistungen«.[84] Eine entsprechende Vorschrift enthalten § 16 V SGB V und § 4 AsylbLG. Unter **akute Erkrankung oder Schmerzzustände** fallen 37

---

78 **A.A.** wohl P/M/*Voit*, § 193 Rn. 53.
79 OLG Celle NJW 2013, 8; LG Dortmund, Urt. vom 31.07.2014, 2 O 290/12.
80 Vgl. P/M/*Voit*, § 193 Rn. 54.
81 Begr. zu § 193 Abs. 9, BT-Drucks. 17/13079, S. 10.
82 Allgemeine Versicherungsbedingungen für den Notlagentarif (AVB/NLT 2013).
83 § 193 VI 5 i.d.F. bis 31.07.2013.
84 BT-Drucks. 17/13079, S. 10.

fast alle Erkrankungen[85], wenn sie nicht sog. Planungs- oder Änderungscharakter haben.[86] Bei nicht akuten Erkrankungen stellt sich ohnehin die Frage, ob für deren Behandlung eine medizinische Notwendigkeit vorliegt. Die Behandlung darf jedoch nicht über den Umfang hinaus gehen, der derzeit (»akut«) notwendig ist. So kann z.B. eine Operation verschiebbar sein, wenn zuvor eine andere Behandlungsmethode ausreicht.[87] Ob ein Verschieben sinnvoll ist, erscheint fragwürdig, da im Ergebnis keine Kostenentlastung (ggf. sogar noch eine Kostenerhöhung durch Provisorien) für den Versicherer eintritt. Von einer akuten Erkrankung kann nur bei einem plötzlichen Auftreten bzw. bei einem heftigen und kurzfristigen Verlauf ausgegangen werden.[88] Eine Ausnahme von diesem Grundsatz ist dann zu machen, wenn **chronische Erkrankungen** zu akuten, konkret behandlungsbedürftigen Krankheitszuständen führen.[89] Als »akut« einzustufen sind deshalb auch chronische Erkrankungen, wenn ohne fortlaufende Therapie oder **Medikamentengabe** ein schwerwiegender gesundheitlicher Schaden konkret droht, z.B. die Versorgung von Diabetikern mit Insulin.[90] Keine akute Behandlung ist z.B. eine Invitro-Fertilisation.[91] Ob eine Akutbehandlung notwendig ist, ist eine Frage des Einzelfalles.[92] Das in der Vorschrift enthaltene Merkmal »akut« bezieht sich ausschließlich auf das Merkmal der Erkrankung, nicht aber auf dasjenige der Schmerzzustände. Es macht keinen Unterschied, ob der zu behandelnde Schmerzzustand chronischer, d.h. langsam wachsender oder akuter, d.h. schnell wachsender Natur ist.[93]

38 **Wirtschaftlichkeitsgrenze; Versorgungssicherstellung:** § 1 II AVB-NLT begrenzt die Leistungspflicht des Versicherers »nach Grund und Höhe auf ausreichende, zweckmäßige und wirtschaftliche Leistungen«. Die Versorgung der Notlagentarifversicherten ist durch die in § 75 IIIa SGB V festgelegte **Behandlungspflicht für Vertragsärzte der GKV** sichergestellt.

6. Aufrechnung im Notlagentarif

39 Ein Verbot, Prämienrückstände (nebst Prämienzuschlag, Säumniszuschlägen und Beitreibungskosten) gegen Leistungsansprüche aufzurechnen, gibt es weder im Basis- noch im Notlagentarif.[94] Der Versicherer ist weder gehindert, seinen Anspruch auf die **Rückstände gerichtlich geltend zu machen**, noch die **Aufrechnung der Rückstände gegen Erstattungsansprüche des VN** (oder des Leistungserbringers bei Basistarifversicherten, § 192 VII[95]) zu erklären (s. §§ 35 VVG, 394 Satz 2 BGB)[96]. In welchem Umfang die Versichertengemeinschaft Nichtzahler zu subventionieren hat, ist in § 153 II 5 VAG abschließend geregelt. Für ein Aufrechnungsverbot lassen sich auch keine sozialen Schutzerwägungen anführen: Zum einen ist eine soziale Notlage nicht Zugangsvoraussetzung für den Notlagentarif, zum anderen sind tatsächlich hilfebedürftige Personen durch Abs. 6 Satz 5 geschützt. Bei **nachgewiesener fortdauernder Hilfebedürftigkeit** (§ 152 IV VAG) verzichten die Versicherungsunternehmen regelmäßig auf eine Aufrechnung.

7. Ruhen von Zusatzversicherungen (Abs. 7 Satz 3)

40 Gem. Abs. 7 Satz 3 kann der Versicherer verlangen, dass Zusatzversicherungen ruhen, solange die Versicherung im Notlagentarif besteht. Diese Regelung entspricht Abs. 11 für Zusatzversicherungen während der Dauer der Prämienhalbierung im Basistarif.

8. Entsprechende Geltung der Abs. 6–9 für versicherte Personen (Abs. 10)

41 Abs. 10 stellt klar, dass die Abs. 6–9 auch für mitversicherte Personen entsprechend gelten.[97] Die entsprechende Geltung kann sich nur auf die **Rechtsfolgen der Abs. 6–9** beziehen, d.h. auf Beginn und Ende der Versicherung im Notlagentarif. **Prämienschuldner** ist immer nur der VN. Die Mahnungen (Abs. 6) sind deshalb auch nur an den VN zu richten, nicht auch an die versicherten Personen. Ein »zusammengesetzter Vertrag« im Sinne von § 38 I 2 liegt nicht vor.[98] Der VN hat auch kein Tilgungsbestimmungsrecht für auf bestimmte versicherte Personen entfallende Prämienanteile, da eine einheitliche Prämie geschuldet wird. Die Prämiensubvention aus der Alterungsrückstellung (§ 153 II 6 VAG) erfolgt getrennt für den auf jede versicherte Person entfallenden Prä-

---

85 Vgl. *Grote/Bronkars*, VersR 2008, 580, 584; *Boetius*, VersR 2007, 431, 436; R/L/*Langheid*, § 193 Rn. 87.
86 R/L/*Langheid*, § 193 Rn. 87.
87 Vgl. OVG Mecklenburg-Vorpommern NVwZ-RR 2004, 902 (Dialyse statt Nierentransplantation).
88 OVG Münster, Beschl. vom 20.08.2003, 16 B 2140/02 (abgelehnt für Psychotherapie bei depressiver Verstimmung).
89 OVG Münster, Beschl. vom 20.08.2003, 16 B 2140/02.
90 Vgl. *Baier*, ZVersWiss 2011, 795, 802. **A.A.** P/M/*Voit*, § 193 Rn. 47 (nur mit Schmerzzuständen).
91 VG Stade SAR 2002, 106 (zu § 4 AsylbLG).
92 Beispiele bei *Marko*, Teil B Rn. 140; P/M/*Voit*, § 193 Rn. 47 (zu § 16 V SGB V).
93 Vgl. VGH Mannheim FEVS 49, 33 (zu § 4 AsylbLG).
94 OLG Jena, Urt. vom 07.07.2016, 4 U 756/15, ebenso die Vorinstanz LG Gera VersR 2015, 1413 mit Anm. *Erdmann*, VersR 2016, 181 (kein Aufrechnungsverbot im Notlagentarif); LG Köln VersR 2014, 993 (kein allgemeines Aufrechnungsverbot im Basistarif); LG Dortmund, Beschl. vom 01.10.2012, 2 O 205/11 (Aufrechnung gegen Leistungsansprüche aus dem Basistarif). **A.A.** P/M/*Voit*, § 193 Rn. 40.
95 **A.A.** LG Köln VersR 2014, 993.
96 **A.A.** *Marko*, Teil B Rn. 158.
97 Begr. zu § 193 X, BT-Drucks. 17/13079, S. 10.
98 Dazu im Einzelnen *Reinhard*, VersR 2010, 1440 (Anm. zu OLG Düsseldorf VersR 2010, 1439).

mienanteil. Lediglich für den Fall, dass einzelne versicherte Personen **hilfebedürftig** werden, ordnet Abs. 6 Satz 5 eine getrennte Betrachtung der einzelnen Versicherungsverhältnisse je versicherter Person an.

9. Übergangsregelung zum Notlagentarif

Art. 7 EGVVG sieht eine Übergangsregelung für VN vor, für deren Verträge das »Ruhen der Leistungen« gem. § 193 VI i.d.F. bis 31.07.2013 festgestellt war. Sie gelten ab 01.08.2013 als im Notlagentarif gemäß § 153 VAG versichert. Wenn die Prämie für den Notlagentarif günstiger ist als die bisher geschuldete, tritt die Versicherung im Notlagentarif mit Rückwirkung auf den Zeitpunkt der Feststellung des »Ruhens der Leistungen« ein.[99] War der Krankenversicherungsvertrag **bei Inkrafttreten des Gesetzes nicht mehr ruhend gestellt** (wegen Vertragsbeendigung, eingetretener Hilfebedürftigkeit), greift der gesetzliche Schuldenerlass durch eine rückwirkende Umstellung in den Notlagentarif nach Sinn und Zweck der Regelung nicht mehr ein.[100] Die rückwirkende Umstellung soll dem VN ermöglichen, möglichst schnell wieder vollen Krankenversicherungsschutz zu haben. War der VN jedoch nicht mehr in einem ruhenden Vertrag versichert, gibt es keinen Grund mehr für den Erlass des Differenzbetrags zwischen der früheren Normaltarifprämie und der Notlagentarifprämie. Die Gegenauffassung hätte zur Folge, dass selbst aus Verträgen, die zu irgend einem Zeitpunkt ruhend gestellt waren und die Beitragsschulden möglicherweise längst beglichen sind, an den VN Rückzahlungen vom Versicherer zu leisten wären. Eine solche echte Rückwirkung ist verfassungsrechtlich jedoch nur in engen Ausnahmen zulässig, so dass eine verfassungskonforme enge Auslegung geboten ist, die eine Ausdehnung jedenfalls auf zum 1. August 2013 nicht mehr bestehende Versicherungsverhältnisse nicht zulässt.[101] 42

Eine Anrechnung gebildeter Alterungsrückstellungen nach § 153 II 6 VAG auf die zu zahlende Prämie des Notlagentarifs findet rückwirkend nicht statt. Den VN stand ein – wenig bedeutsames – **befristetes Widerspruchsrecht** gegen die rückwirkende Versicherung im Notlagentarif zu. Durch den Widerspruch hätte der VN lediglich erreichen können, dass seine Alterungsrückstellung auch für die Zeit des bisherigen »Ruhens der Leistungen« aufgebaut wird. Im Gegenzug wäre er jedoch unverändert mit dem bisherigen Prämienrückstand belastet gewesen. 43

VIII. Abdingbarkeit

§ 193 ist nicht als halbzwingende Norm in § 208 aufgeführt. Die Norm transferiert jedoch im Wesentlichen die **aufsichtsrechtlichen zwingenden Vorgaben der §§ 146, 152, 153 VAG** in das vertragsrechtliche Verhältnis zwischen Versicherer und VN, so dass insoweit kein Spielraum für abweichende vertragliche Vereinbarungen mit dem VN bleibt. Auf den Prämienzuschlag nach Abs. 4 können die Versicherungsunternehmen nicht zugunsten des VN verzichten (»ist … zu entrichten«), da anderenfalls dessen Funktion konterkariert würde. 44

§ 194 Anzuwendende Vorschriften.

(1) ¹Soweit der Versicherungsschutz nach den Grundsätzen der Schadensversicherung gewährt wird, sind die §§ 74 bis 80 und 82 bis 87 anzuwenden. ²Die §§ 23 bis 27 und 29 sind auf die Krankenversicherung nicht anzuwenden. ³§ 19 Abs. 4 ist auf die Krankenversicherung nicht anzuwenden, wenn der Versicherungsnehmer die Verletzung der Anzeigepflicht nicht zu vertreten hat. ⁴Abweichend von § 21 Abs. 3 Satz 1 beläuft sich die Frist für die Geltendmachung der Rechte des Versicherers auf drei Jahre.
(2) Steht dem Versicherungsnehmer oder einer versicherten Person ein Anspruch auf Rückzahlung ohne rechtlichen Grund gezahlter Entgelte gegen den Erbringer von Leistungen zu, für die der Versicherer auf Grund des Versicherungsvertrags Erstattungsleistungen erbracht hat, ist § 86 Abs. 1 und 2 entsprechend anzuwenden.
(3) ¹Die §§ 43 bis 48 sind auf die Krankenversicherung mit der Maßgabe anzuwenden, dass ausschließlich die versicherte Person die Versicherungsleistung verlangen kann, wenn der Versicherungsnehmer sie gegenüber dem Versicherer in Textform als Empfangsberechtigten der Versicherungsleistung benannt hat; die Benennung kann widerruflich oder unwiderruflich erfolgen. ²Liegt diese Voraussetzung nicht vor, kann nur der Versicherungsnehmer die Versicherungsleistung verlangen. ³Einer Vorlage des Versicherungsscheins bedarf es nicht.

Übersicht	Rdn.		Rdn.
A. Allgemeines	1	B. Einzelheiten	5
I. Normzweck	1	I. Krankenversicherung »nach den Grund-	
II. Entstehungsgeschichte	2	sätzen der Schadensversicherung«	5

---

[99] Zu den Rückwirkungsfolgen s. *Mandler*, VersR 2014, 167, 169 ff.
[100] BGH, Urt. vom 06.07.2016, IV ZR 526/15; OLG Hamm r+s 2016, 136 (beendete Verträge); LG Berlin VersR 2015, 1015 (differenzierend zwischen beendeten Verträgen und Beendigung des Ruhens wegen Hilfebedürftigkeit); LG Dortmund r+s 2014, 85. Eingehend *Mandler*, VersR 2015, 818. **A.A.** KG VersR 2015, 440; LG Essen, Urt. vom 29.01.2015, 10 S 325/14.
[101] LG Berlin VersR 2015, 1015.

§ 194 Anzuwendende Vorschriften

	Rdn.		Rdn.
II. Verweisung (Abs. 1)	8	III. Übergang von Bereicherungsansprüchen (Abs. 2)	15
1. Allgemeiner Teil, Kapitel 2: Allgemeine Vorschriften über die Schadensversicherung	8	IV. Bezugsrecht für die Versicherungsleistungen	20
2. Modifikation des Allgemeinen Teils, Kapitel 1	11	V. Abdingbarkeit	26

Schrifttum:
Göbel/Köther, Der »Regress des Krankenversicherers« – Prozessuale Besonderheiten: Aktiv- und Passivlegitimation bei der bereicherungsrechtlichen Rückforderung, VersR 2013, 1084.

A. Allgemeines
I. Normzweck

1   Der Allgemeine Teil des VVG ist grundsätzlich auch auf die Krankenversicherung anzuwenden. Die Vorschrift erklärt bestimmte Vorschriften des Allgemeinen Teils für nicht anwendbar oder modifiziert diese im Hinblick auf krankenversicherungsspezifische Besonderheiten, insbesondere um der sozialen Bedeutung der Krankenversicherung gerecht zu werden.

II. Entstehungsgeschichte

2   **Abs. 1** Satz 1 und 2 übernimmt inhaltlich § 178a II VVG a.F. Die neu eingeführte Sanktionierung auch **unverschuldeter vorvertraglicher Anzeigepflichtverletzungen** durch Kündigung (§ 19 III 2) oder Vertragsanpassungsverlangen des Versicherers (§ 19 IV) ist für die Krankenversicherung durch Satz 3 **ausgeschlossen**, um den bisherigen Rechtszustand aufrechtzuerhalten.[1] Satz 4 verkürzt die Ausschlussfrist des § 21 III 1 für die Geltendmachung von Rechten wegen nicht vorsätzlicher oder arglistiger vorvertraglicher Anzeigepflichtverletzungen von 5 Jahre auf **3 Jahre**.[2]

3   **Abs. 2** ist auf Vorschlag der VVG-Kommission[3] durch das VVG-Reformgesetz neu geschaffen worden. Die Rückforderung überhöhter Entgelte von Leistungserbringern ist eine Spezialthematik der Krankenversicherung, die in Ergänzung des § 86 in die Vorschriften über die Krankenversicherung aufgenommen wurde.[4]

4   **Abs. 3** ist auf Vorschlag der VVG-Kommission[5] durch das VVG-Reformgesetz neu geschaffen worden. Die Vorschriften über die Versicherung für fremde Rechnung (§§ 43 ff.) waren bisher in der Krankenversicherung nicht anwendbar.[6] Abs. 3 erklärt sie für anwendbar, jedoch mit einer besonderen Bezugsrechtsregelung, die der in der Lebensversicherung verwandten entspricht.

B. Einzelheiten
I. Krankenversicherung »nach den Grundsätzen der Schadensversicherung«

5   Die **Krankheitskostenversicherung** gewährt Versicherungsschutz nach den Grundsätzen der **Schadensversicherung**, weil sie nach dem Prinzip der **konkreten Bedarfsdeckung** den durch den Versicherungsfall eingetretenen Vermögensschaden ersetzt.[7] Dem steht die Summenversicherung gegenüber, die als Versicherungsleistung eine vom konkreten Schaden unabhängige abstrakte Bedarfsdeckung erbringt, deren Höhe frei vereinbart ist. Ob eine konkrete oder abstrakte Bedarfsdeckung und damit Schadens- oder Summenversicherung vorliegt, richtet sich nach den Vereinbarungen in den AVB. Die in § 192 enthaltenen rudimentären Umschreibungen des jeweiligen Gegenstandes der wichtigsten Krankenversicherungsarten entsprechen den Musterbedingungen[8], sind aber dispositiv.

6   In der **Krankentagegeldversicherung** sind beide Formen möglich, wobei die Krankentagegeldversicherung nach den MB/KT 2009 Summenversicherung ist.[9]

---

[1] Vgl. Begr. zu § 194 I, BT-Drucks. 16/3945 S. 111.
[2] Vgl. § 178k VVG a.F., der jedoch auch bei vorsätzlicher vorvertraglicher Anzeigepflichtverletzung die Ausschlussfrist auf 3 Jahre festlegte.
[3] S. § 185 II des Entwurfs der VVG-Kommission, Abschlussbericht der Kommission zur Reform des Versicherungsvertragsrechts vom 19. April 2004, hrsg. von *E. Lorenz*, VersR-Schriftenreihe, Bd. 25, S. 266, 407.
[4] Vgl. Begr. zu § 194 III VVG-E (jetzt: § 194 II), BT-Drucks. 16/3945 S. 111.
[5] S. § 185 I des Entwurfs der VVG-Kommission, Abschlussbericht (o. Fn. 3) S. 266, 407.
[6] Str., dagegen BGH VersR 2006, 686 mit ausführlicher Darstellung der Gegenmeinung.
[7] Vgl. BGH VersR 2006, 686.
[8] S. Begr. zu § 178b I und II VVG a.F., BT-Drucks. 12/6959 S. 104.
[9] BGH VersR 2001, 1100 (keine Anwendung des § 67 VVG a.F. [jetzt: § 86] auf die Krankentagegeldversicherung nach den MB/KT 1994).

Die **Pflegepflichtversicherung** ist trotz der fixen Pflegegeldsätze Schadensversicherung.[10] Die Leistungsstaffelung entsprechend den Pflegestufen ist eine Taxierung im Sinne von § 76 und steht daher dem Charakter als Schadensversicherung nicht entgegen.

II. Verweisung (Abs. 1)
1. Allgemeiner Teil, Kapitel 2: Allgemeine Vorschriften über die Schadensversicherung

Wird die Krankenversicherung nach den Grundsätzen der Schadensversicherung gewährt, sind mit Ausnahme von § 81 (Herbeiführung des Versicherungsfalles) alle Vorschriften der §§ 71 bis 87 anwendbar. Anstelle von § 81 gilt die spezielle Regelung in § 201. Teilweise haben die von der Verweisung umfassten Vorschriften jedoch wegen der Besonderheiten der Krankenversicherung keine praktische Bedeutung, wie z.B. die Bestimmungen zur **Über- und Unterversicherung** (§§ 74, 75), da es an der Festlegung einer Versicherungssumme fehlt. Die Vereinbarung einer **Taxe** gem. § 76, z.B. Festbeträge bei bestimmten Hilfsmitteln, ist gebräuchlich. **Mehrfachversicherung** (§§ 77 ff.) liegt vor, wenn der VN gleiche Risikobereiche bei sich überschneidenden Krankenversicherungsverträgen abgedeckt hat, z.B. Krankheitskostenvollversicherung und Reisekrankenversicherung. Der Eintritt von Mehrfachversicherung kann wirksam durch eine **Subsidiaritätsklausel** eines Versicherers verhindert werden.[11]

Die gesetzliche **Schadensminderungsobliegenheit** (§ 82; s. auch § 9 IV MB/KK 2009 und MB/KT 2009) bezieht sich sowohl auf die Mitwirkung an der Genesung als auch auf die Kostenverursachung. Der Behandler muss seinen Patienten über medizinisch sinnvolle und praktikable Behandlungsalternativen auch unter Kostengesichtspunkten aufklären.[12] Wählt der richtig beratene VN dennoch die kostenintensivere Maßnahme, kann der Versicherer gem. § 82 leistungsfrei sein.[13] Verletzt der Behandler seine Beratungspflicht, kann dem Patienten unter dem Gesichtspunkt der Verletzung dieser vertraglichen Nebenpflicht ein Schadensersatzanspruch (Wegfall der Honorarforderung) gegen den Behandler zustehen, soweit der Versicherer berechtigterweise die Leistung verweigert.[14] Die Schadensminderungsobliegenheit verdrängt aber nicht das Selbstbestimmungsrecht des Patienten, dem je nach Intensität eines Eingriffs und den damit verbundenen Risiken erhebliches Gewicht zukommt. Auch wenn eine Maßnahme medizinisch indiziert und ärztlich angeraten ist, begründet dies allein noch nicht eine entsprechende Behandlungsobliegenheit des VN.[15] Zumutbar sind nur Heilbehandlungsmaßnahmen, die einfach und gefahrlos sind.[16] Dies erfordert eine Einzelfallabwägung. Die Schadensminderungspflicht zwingt den VN nicht, stets nur die kostengünstigere Behandlungsmaßnahme in Anspruch zu nehmen. Vielmehr liegt ein Verstoß gegen die Schadensminderungspflicht jedenfalls dann nicht vor, wenn der VN sich für eine Behandlungsmethode entscheidet, die auch unter Berücksichtigung von Kostengesichtspunkten als medizinisch notwendig zu betrachten ist.[17] Speziell zur Kostenbegrenzung für medizinisch notwendige Heilbehandlungen s. § 192 II.

Ist die Krankheit oder der Unfall durch einen Dritten herbeigeführt worden (z.B. Verkehrsunfälle, Straftaten, ärztlicher Behandlungsfehler), greift der gesetzliche **Übergang von Ersatzansprüchen** auf den Versicherer gem. § 86. Übergangsfähig sind z.B. Schadensersatzansprüche wegen der notwendigen Heilbehandlung, wobei der Schädiger bei privat versicherten Geschädigten die Kosten der Privatbehandlung zu erstatten hat, da der Geschädigte diese auch ohne Regressmöglichkeit aufgewandt hätte.[18] Übergangsfähig sind auch öffentlich-rechtliche Ansprüche nach dem Opferentschädigungsgesetz (OEG). Der Übergang von Bereicherungsansprüche des VN auf Rückforderung überhöhter Entgelte von Leistungserbringern ist durch das VVG-Reformgesetz in Abs. 2 speziell geregelt worden. Auf die Krankentagegeldversicherung nach den MB/KT 2009 ist wegen deren Charakter als Summenversicherung § 86 nicht anwendbar.[19]

2. Modifikation des Allgemeinen Teils, Kapitel 1

Der Ausschluss der Bestimmungen über die **Gefahrerhöhung** (§§ 23 bis 27) ist Folge des grundsätzlich[20] lebenslänglichen Leistungsversprechens des Versicherers und des einkalkulierten altersbedingt steigenden Risikos. Keine Gefahrerhöhung, sondern mitversichertes Risiko, ist die infolge von Transsexualität vollzogene Geschlechtsanpassung. Der Versicherer hat deshalb keinen Anspruch auf Umstufung eines Mann-zu-Frau-

---

10 BSGE 88, 268 = VersR 2004, 1154.
11 Vgl. BGH VersR 2004, 994.
12 Vgl. Bach/Moser/*Kalis*, § 1 MB/KK Rn. 41.
13 Ähnlich L/W/*Kalis*, § 194 Rn. 21. **A.A.** PK/*Brömmelmeyer*, § 194 Rn. 2.
14 OLG Karlsruhe r+s 2003, 250; KG Berlin VersR 2000, 89.
15 Vgl. BGH NJW 1994, 1592 (Zumutbarkeit einer Operation im Rahmen von § 254 BGB).
16 Vgl. OLG Saarbrücken VersR 2002, 877 (Medikamenteneinnahme); LG Stuttgart VersR 1980, 161 (Operationseinwilligung in der Krankentagegeldversicherung).
17 OLG Karlsruhe VersR 1997, 562 (Implantatversorgung).
18 Vgl. BGH VersR 1970, 130.
19 BGH VersR 2001, 1100; Bach/Moser/*Wilmes*, § 1 MB/KK Rn. 7.
20 Soweit vom Versicherer unkündbar, s. § 206.

Transsexuellen in einen Frauentarif.[21] Vom VN beeinflussbare Risikofaktoren (Lebensgewohnheiten, berufliche Gefahren) bleiben nach Vertragsschluss bis zur Grenze des § 201 außer Betracht, um den VN in seiner Lebensführung nicht einzuschränken. Trotz des halbzwingenden Charakters der Norm bestehen gegen vertragliche Obliegenheiten, die eine **subjektive Gefahrerhöhung** (z.B. Einwilligungsvorbehalt des Versicherers bei Abschluss weiterer Versicherungen, § 9 VI MB/KK 2009 und MB/KT 2009) vermeiden sollen, keine Bedenken. Hier bleibt § 28 anwendbar.[22] Diese kollidieren nicht mit dem Zweck des Ausschlusses der gesetzlichen Gefahrerhöhungsregelungen.

12 Die Anwendung des § 29 (**Teilrücktritt, Teilkündigung**) ist – wie bereits § 30 VVG a.F. in § 178a II 2 VVG a.F. – für die private Krankenversicherung nach Abs. 1 Satz 2 ausgeschlossen. Hat der Versicherer die Kündigung, den Rücktritt oder die Anfechtung auf einzelne Personen oder Tarife beschränkt, kann der VN gem. § 205 V die Aufhebung des übrigen Teils der Versicherung verlangen.

13 Eine **unverschuldete vorvertragliche Anzeigepflichtverletzung** des VN war wegen § 178a II VVG a.F., der die Anwendung von § 41 VVG a.F. ausschloss, sanktionslos. Der Versicherer hat grundsätzlich selbst bei unverschuldeten Anzeigepflichtverletzungen das Recht, den Vertrag zu kündigen (§ 19 III 2) oder – sofern das Risiko versicherungsfähig ist – eine Vertragsänderung (Leistungsausschluss, Prämienzuschlag) ab der laufenden Versicherungsperiode zu verlangen (§ 19 IV). In der vom 1.1. – 31.12.2008 geltenden Fassung des VVG waren beide Rechtsfolgen ausgeschlossen, so dass unverschuldete vorvertragliche Anzeigepflichtverletzungen weiterhin sanktionslos blieben. Durch die Neuregelung der Kündigungsrechte in der Krankenversicherung ab 01.01.2009, insbesondere der Ausschluss jeglichen Kündigungsrechts bei Pflichtversicherungen (§ 206 I 1), ist der spezielle Ausschluss von § 19 III 2 in § 194 I obsolet geworden und wieder entfallen und deshalb nur noch das Vertragsanpassungsverlangen des Versicherers nach § 19 IV bei unverschuldeten vorvertraglichen Anzeigepflichtverletzungen ausgeschlossen.[23]

14 Abs. 1 Satz 4 hält die kurze Ausschlussfrist von 3 Jahren, die § 178k VVG a.F. für die Geltendmachung der Rechte des Versicherers bei vorvertraglichen Anzeigepflichtverletzungen vorsah, aufrecht. Diese Abweichung von § 21 III 1 trägt der besonderen sozialen Bedeutung der Krankenversicherung für den VN Rechnung.[24] Bei Vorsatz oder Arglist des VN bleibt es jedoch bei der Frist von 10 Jahren gem. § 21 III 2.

III. Übergang von Bereicherungsansprüchen (Abs. 2)

15 Abs. 2 gilt nur für die Krankheitskostenversicherung, weil § 86 durch Abs. 2 nur auf Bereicherungsansprüche in der Schadensversicherung ausgedehnt wird.[25]

Für den VN ist die Richtigkeit einer ärztlichen oder zahnärztlichen Abrechnung, insbesondere die korrekte Anwendung der GOÄ/GOZ kaum überprüfbar. Die Prüfung – oftmals vom VN bereits bezahlter Rechnungen – erfolgt erst durch den Krankenversicherer bei der Regulierung des Versicherungsfalles. Grundlage der tariflichen Erstattungspflicht des Versicherers ist höchstens der Anspruch, der dem Leistungserbringer gegen den Versicherten zusteht. Ist die Abrechnung überhöht, könnte der Versicherer seine Leistung entsprechend beschränken. Dies hätte für den Versicherten, der in der Regel weder den Standpunkt des Leistungserbringers noch des Versicherers prüfen kann, zur Folge, dass er sich mit dem Leistungserbringer über die Berechtigung von dessen Forderung auseinandersetzen müsste.[26] Zur Vermeidung dieser, für den Versicherten misslichen Lage kann der Rechtsstreit zwischen dem Versicherer und dem Leistungserbringer[27] – und damit auf sachkundiger Ebene – über einen möglichen Rückforderungsanspruch gem. § 812 I 1, 1. Alt. BGB ausgetragen werden, wenn der Bereicherungsanspruch gem. § 86 übergangsfähig ist. Außer im Falle einer überhöhten Abrechnung können Bereicherungsansprüche dadurch entstehen, dass der Behandlungsvertrag, z.B. wegen Sittenwidrigkeit, Wucher oder Geschäftsunfähigkeit des Patienten, nichtig ist. Ggf. ist der auf den Versicherer übergegangene Bereicherungsanspruch um einen Anspruch des Behandlers aus GoA oder Bereicherungsrecht zu mindern.[28]

16 Voraussetzung des Forderungsübergangs ist die Erstattung durch den Versicherer an den VN. Eine Erstattungsleistung »**aufgrund des Versicherungsvertrags**« liegt vor, wenn der Versicherer ohne korrespondierende Rechtspflicht die Leistung erbringt, solange der Versicherer mit der Liquidation unberechtigter Entgelte den Heilungserfolg des VN herbeiführen will.[29] Die Vorschrift besäße keinen Anwendungsbereich, wenn sich die

---

21 BGH NJW 2012, 2733.
22 Vgl. P/M/*Voit*, § 194 Rn. 8.
23 S. aber LG Köln VersR 2010, 199, 200, das – unzutreffenderweise – die Kündigung nach § 19 III 2 bei Anzeigepflichtverletzungen erwägt.
24 Begr. zu § 194 I, BT-Drucks. 16/3945 S. 111.
25 Begr. zu § 194 III (jetzt: § 194 II), BT-Drucks. 16/3945 S. 111.
26 S. auch § 192 III Nr. 2 und 3, der die Beratung über Entgeltansprüche der Leistungserbringer und die Abwehr von unberechtigten Entgeltansprüchen als versicherbare Leistungen zulässt.
27 Zur Feststellung der Passivlegitimation, z.B. bei zwischengeschalteter Abrechnungsstelle, s. *Göbel/Köther*, VersR 2013, 1084, 1087 ff.
28 Vgl. P/M/*Voit*, § 194 Rn. 16.
29 Vgl. OLG Saarbrücken VersR 2013, 223.

Legalzession nur auf solche Entgeltansprüche bezöge, deren Ausgleich der Versicherer im Verhältnis zu seinen VN schuldet. Denn solche Entgelte werden regelmäßig auch im Rechtsverhältnis zwischen VN und Leistungserbringer wirksam angefallen sein. Erfüllt der VN diese Ansprüche, wird die Leistung nicht im Sinne des Abs. 2 »ohne rechtlichen Grund« erbracht. Demnach zeigt Sinn und Zweck der Vorschrift, dass die Abtretung nur solche Entgeltansprüche erfassen kann, auf deren Übernahme der VN keinen klagbaren Anspruch hat.[30] Hat der Versicherer dagegen **in Kenntnis der überhöhten Forderung** des Leistungserbringers erstattet, ist seine Rückforderung gegen den VN nach § 814 BGB ausgeschlossen. Unberührt bleibt davon der übergangsfähige Bereicherungsanspruch des VN bzw. des Versicherten gegen den Leistungserbringer. Hat der VN noch nicht an den Leistungserbringer gezahlt, sollte er in Höhe des streitigen Teils einer Forderung Zahlung unter Vorbehalt der Rückforderung leisten.

Bereicherungsansprüche fallen nach Auffassung des Gesetzgebers nicht schon per se unter »Ersatzansprüche« im Sinne von § 86.[31] In der Rechtsprechung und Literatur wurden dagegen Bereicherungsansprüche – auch gegen Leistungserbringer in der Krankenversicherung – als übergangsfähige Ansprüche nach § 67 VVG a.F. angesehen.[32] Mit der speziellen gesetzlichen Regelung zum Übergang von Bereicherungsansprüchen gegen einen Behandler in Abs. 2 dürfte auch die in der Rechtsprechung noch nicht entschiedene Frage der **Wirksamkeit von Abtretungsverboten** in privatärztlichen Behandlungsverträgen[33] beantwortet sein. Rechtsgeschäftlich vereinbarte Abtretungsverbote sind zwar grundsätzlich nach §§ 399, 412 BGB auch bei Legalzessionen beachtlich. Ein formularmäßiger Ausschluss des Forderungsübergangs ist wegen Abweichung von dem – im Verhältnis von Versicherer und VN halbzwingenden – gesetzlichen Leitbild in Abs. 2 gem. § 307 II Nr. 1 BGB unwirksam.[34] Ferner ist durch die gesetzliche Regelung klargestellt, dass die Einziehung des bereicherungsrechtlichen Rückgewähranspruchs des VN durch den Krankenversicherer nicht gegen das RDG verstößt.[35] 17

Durch die Einbeziehung von Bereicherungsansprüchen gegen den Leistungserbringer in den Anwendungsbereich von § 86 ist der VN verpflichtet, die Anspruchsdurchsetzung durch den Versicherer zu ermöglichen und aktiv zu fördern. Dazu gehört insbesondere, dass der VN den Behandler von dessen Schweigepflicht entbindet und seinen Anspruch auf Einsichtnahme in die Krankenunterlagen geltend macht bzw. den Versicherer zur Geltendmachung gegenüber dem Leistungserbringer ermächtigt.[36] 18

Über den Wortlaut des § 86 hinaus gehen nicht nur Ansprüche des VN, sondern auch Bereicherungsansprüche der **versicherten Person** auf den Versicherer über.[37] § 86 III (sog. »Familienprivileg«) ist auf den Übergang von Bereicherungsansprüchen nicht anwendbar, weil dessen Schutzgedanke nicht auf den Fall zu übertragen ist, dass die in häuslicher Gemeinschaft mit dem VN lebende Person mit diesem einen Behandlungsvertrag geschlossen hat.[38] 19

IV. Bezugsrecht für die Versicherungsleistungen

Die Anwendung der Vorschriften über die Versicherung für fremde Rechnung in der Krankenversicherung war in Literatur und Rechtsprechung umstritten.[39] Abs. 3 erklärt die allgemeinen Bestimmungen über die Versicherung für fremde Rechnung nunmehr ausdrücklich für anwendbar und bestimmt die für die Krankenversicherung notwendigen Modifikationen. **Grundregel ist die ausschließliche Anspruchsberechtigung des VN** für Leistungen des Versicherers aus dem Versicherungsvertrag.[40] Damit unterscheidet sich die PKV von der GKV, bei der jeder Versicherte Anspruchsinhaber ist.[41] Der VN kann **an seiner Stelle** (»ausschließlich«) die versicherte Person in Ausübung seines Bestimmungsrechts als empfangsberechtigt benennen. Die Empfangsberechtigung bezieht sich auf »die Versicherungsleistung«, wobei nur die auf die jeweils als empfangsberechtigt benannte versicherte Person entfallende Versicherungsleistung beansprucht werden kann; denn 20

---

30 Vgl. OLG Saarbrücken VersR 2013, 223.
31 Begr. zu § 194 III (jetzt: Abs. 2), BT-Drucks. 16/3945 S. 111.
32 Vgl. P/M/*Prölss*, 27. Aufl., § 67 Rn. 4; BGHZ 56, 131 = VersR 1971, 658 (Diebstahlsversicherung); OLG Köln, Urt. vom 21.12.2005, 5 U 81/05 (Zahnarzthonorar); OLG Hamm MedR 2002, 90 (überhöhte Laborabrechnungen); AG Pankow-Weißensee IVH 2004, 115 (Zahnarztrechnung über GOZ). A.A. AG Esslingen ZMGR 2006, 36.
33 Solche empfiehlt *Brodski*, »Ärzte sind der Macht der Versicherer nicht hilflos ausgeliefert«, Ärzte-Zeitung Nr. 98 v. 30.05.2007 S. 3.
34 So BGHZ 65, 364 = VersR 1976, 263 zum Abtretungsausschluss in Transportbedingungen.
35 Zu den früheren kontroversen Rechtsstandpunkten s. OLG Köln, Urt. vom 21.12.2005, 5 U 81/05; LG Duisburg, Urt. vom 06.07.2006, 8 O 523/05. Eingehend *Göbel/Köther*, VersR 2013, 1084, 1086 f.
36 Zum Anspruch des Patienten auf Einsichtnahme in die Behandlungsunterlagen s. BVerfG NJW 1999, 1777; zur Übertragbarkeit des Anspruchs auf den Krankenversicherer und zur Auskunftspflicht des Leistungserbringers s. OLG Düsseldorf VersR 1984, 274.
37 S. auch § 11 IV i.V.m. I MB/KK 2009 (Abtretungspflicht der versicherten Person). Allgemein zum Übergang von Ersatzansprüchen der versicherten Person s. Bach/Moser/*Sauer*, § 11 MB/KK Rn. 5.
38 Begr. zu § 194 III (jetzt: Abs. 2), BT-Drucks. 16/3945 S. 111.
39 Gegen die Anwendung BGH VersR 2006, 686 mit ausführlicher Darstellung der Gegenmeinungen und der Gesetzeshistorie.
40 Ebenso in der privaten Pflegepflichtversicherung, s. BSG NZS 2001, 147 (unter B I. 1. der Gründe).
41 S. §§ 2, 10 SGB V.

nur insoweit liegt ggf. Versicherung für fremde Rechnung vor. Die Benennung mehrerer Personen oder anderer Personen als die versicherte Person des jeweiligen Vertragsteils ist ausgeschlossen.

21 Das Bezugsrecht zugunsten der versicherten Person kann bereits anfänglich im Versicherungsvertrag getroffen werden, wie es sich z.B. bei **Gruppenversicherungsverträgen** anbietet, bei denen der VN nur eine formale Rechtsposition einnimmt, der Versicherte aber wie ein VN berechtigt und verpflichtet sein soll.

22 Das Bezugsrecht kann **widerruflich** oder **unwiderruflich** erklärt werden. Wegen der Rechtsfolgen und der Auslegung des Bezugsrechts kann wegen der Ähnlichkeit zur Lebensversicherung auf die §§ 159, 160 verwiesen werden. Allerdings ist zu berücksichtigen, dass – anders als in der Lebensversicherung – in der Krankenversicherung oftmals ein **gedehnter Versicherungsfall**[42] vorliegt. Durch die Einsetzung des Versicherten als Bezugsberechtigten wird diesem der Anspruch auf die Versicherungsleistung zugewandt. Er ist also nicht nur Zahlungsempfänger, sondern **Anspruchsinhaber** und zur gerichtlichen Geltendmachung **aktivlegitimiert**. Erfolgt ein **Widerruf während der laufenden Behandlung** einer Erkrankung, erscheint es aber nicht sachgerecht, als zugewandten Anspruch alle Erstattungen aus diesem Versicherungsfall anzusehen, sondern eine zeitliche Zäsur vorzunehmen. Dies bedeutet, dass der Widerruf für alle nach seinem Zugang beim Versicherer geltend gemachten Einzelansprüche (Rechnungsvorlage) aus einem Versicherungsfall gilt.[43] Anderenfalls müsste der Versicherer möglicherweise über einen langen Zeitraum Erstattungen aus einem vor dem Widerruf eingetretenen Versicherungsfall an den Versicherten, aus nach dem Widerruf eingetretenen Versicherungsfällen bei demselben Versicherten aber an den VN erbringen.

23 Die Bezugsrechtsregelung des Abs. 3 ist in § 6 III MB/KK 2009 und MB/KT 2009 übernommen worden. Sie tritt an die Stelle der sog. »**Überbringerklausel**«[44], die den Versicherer ermächtigte, mit befreiender Wirkung an den Überbringer oder den Übersender ordnungsgemäßer Nachweise (Rechnungen u.ä.) mit befreiender Wirkung zu leisten. Die Vorlage von Nachweisen über den Eintritt und den Umfang eines Versicherungsfalles kann weiterhin durch Dritte erfolgen, jedoch kann der Versicherer seine Leistung ohne wirksame Bezugsrechtseinsetzung der versicherten Person nur an den VN erbringen.

24 Die Benennung hat durch den VN gegenüber dem Versicherer in **Textform** zu erfolgen. Der ausdrückliche Verzicht auf die Vorlage des Versicherungsscheins (Abs. 3 Satz 2) hat nur klarstellende Bedeutung, da die Vorlage des **Versicherungsscheins** in den §§ 44, 45 als Legitimationsmittel für die Geltendmachung von Ansprüchen aus einer Versicherung für fremde Rechnung bestimmt ist, dessen es hier jedoch wegen der gegenüber dem Versicherer zu erklärenden Bezugsrechtsbestimmung nicht bedarf.

25 Hat der VN die versicherte Person als Bezugsberechtigten eingesetzt, hindert dies die Aufrechnung des Versicherers mit Prämienforderungen gegen den Erstattungsanspruch nicht (§ 35).

V. Abdingbarkeit

26 § 194 ist gem. § 208 **halbzwingend**.

§ 195 Versicherungsdauer.

(1) ¹Die Krankenversicherung, die ganz oder teilweise den im gesetzlichen Sozialversicherungssystem vorgesehenen Kranken- oder Pflegeversicherungsschutz ersetzen kann (substitutive Krankenversicherung), ist vorbehaltlich der Absätze 2 und 3 und der §§ 196 und 199 unbefristet. ²Wird die nicht substitutive Krankenversicherung nach Art der Lebensversicherung betrieben, gilt Satz 1 entsprechend.
(2) Bei Ausbildungs-, Auslands-, Reise- und Restschuldkrankenversicherungen können Vertragslaufzeiten vereinbart werden.
(3) ¹Bei der Krankenversicherung einer Person mit befristetem Aufenthaltstitel für das Inland kann vereinbart werden, dass sie spätestens nach fünf Jahren endet. ²Ist eine kürzere Laufzeit vereinbart, kann ein gleichartiger neuer Vertrag nur mit einer Höchstlaufzeit geschlossen werden, die unter Einschluss der Laufzeit des abgelaufenen Vertrags fünf Jahre nicht überschreitet; dies gilt auch, wenn der neue Vertrag mit einem anderen Versicherer geschlossen wird.

Übersicht

	Rdn.		Rdn.
A. Allgemeines	1	II. Ausnahmen (Abs. 1 und 2)	6
I. Normzweck	1	III. Befristung bei Ausländern mit befristetem Aufenthaltstitel (Abs. 3)	8
II. Entstehungsgeschichte	2		
B. Einzelheiten	3	IV. Abdingbarkeit	11
I. Befristungsverbot (Abs. 1)	3		

---

42 S. dazu § 197 Rn. 6.
43 So auch P/M/*Voit*, § 194 Rn. 11.
44 Einzelheiten dazu bei Bach/Moser/*Sauer*, § 6 MB/KK Rn. 13.

Schrifttum:
Kaubach/Schneider, Krankenversicherungen nach §§ 195, 196 und 199 VVG, VersR 2013, 1469; *Werber*, Krankenversicherungen »nach Art der Schadensversicherung«, VersR 2011, 1346.

A. Allgemeines
I. Normzweck

Die erhebliche soziale Bedeutung der privaten Krankenversicherung, insbesondere dann, wenn sie an die Stelle der gesetzlichen Sozialversicherung tritt, erfordert eine **dauerhafte Sicherstellung des Versicherungsschutzes** trotz steigendem versicherungstechnischem Risiko mit zunehmendem Alter der versicherten Person. Befristete Verträge sind damit, bis auf einige sachlich begründete Ausnahmen (Abs. 2 und 3, §§ 196, 199 I), unvereinbar. Die Kündigung durch den Versicherer ist entweder ausgeschlossen oder nur unter bestimmten Voraussetzungen zulässig (vgl. § 206). Die Zulässigkeit einer Befristung ist von wesentlicher Bedeutung für die Prämienkalkulation. Sind befristete Verträge in der substitutiven Krankenversicherung zulässig, können diese Versicherungen ohne Alterungsrückstellung kalkuliert werden (§ 146 III VAG). Die vertragsrechtliche Gleichstellung nicht substitutiver, aber nach Art der Lebensversicherung betriebener Krankenversicherungen, mit der substitutiven Krankenversicherung folgt der aufsichtsrechtlichen Gleichstellung in § 147 V VAG.   1

II. Entstehungsgeschichte

Abs. 1 Satz 1 übernimmt § 178a IV 1 VVG a.F. und ergänzt ihn in sachlicher Übereinstimmung mit Art. 54 II 1 der Richtlinie 92/49/EWG (Dritte Richtlinie Schadensversicherung) um die Legaldefinition der substitutiven Krankenversicherung, auf die in § 206 sowie in § 146 I VAG Bezug genommen wird.[1] Die in § 178a IV 2 VVG a.F. zugelassene Vereinbarung einer Mindestlaufzeit von 3 Jahren wurde nicht übernommen. Sie ergibt sich aber aus § 11 II 2, der den Verzicht des VN auf das Kündigungsrecht für zwei Jahre zulässt, so dass der Vertrag zum Ablauf des dritten Versicherungsjahres gekündigt werden kann. § 13 I MB/KK 2009 sieht eine Mindestdauer von zwei Jahren vor. Abs. 2 übernimmt den bisherigen § 178a IV 3 VVG a.F. und erweitert die Befristungsmöglichkeit auf die Restschuldkrankenversicherung, die wegen ihrer Bindung an die Laufzeit des zugrunde liegenden Darlehens ihrer Natur nach nicht unbefristet vereinbart werden kann.[2] Abs. 3 ist auf Vorschlag der VVG-Kommission durch das VVG-Reformgesetz neu angefügt worden und beendete damit einen zuvor bestehenden Streit über die Anwendung von § 178a IV 3 VVG a.F. auf die Versicherung von Ausländern mit befristeten Aufenthaltstiteln.[3]   2

B. Einzelheiten
I. Befristungsverbot (Abs. 1)

Der Begriff der **substitutiven Krankenversicherung** wird in Abs. 1 in gleicher Weise definiert wie in § 146 I VAG. Die Krankenversicherung muss **geeignet sein**, den im gesetzlichen Sozialversicherungssystem vorgesehenen Kranken- oder Pflegeversicherungsschutz zu ersetzen. Darunter fällt Versicherungsschutz für ambulante, stationäre und zahnärztliche Heilbehandlung, Krankentagegeld sowie die Pflegepflichtversicherung. Es reicht aus, dass die Versicherung im Kern Leistungsarten beinhaltet, die auch die GKV bietet. Wird höherer oder umfassenderer Versicherungsschutz geboten, was regelmäßig der Fall ist, ist die Versicherung dennoch geeignet, den GKV-Schutz zu ersetzen. Der Versicherungsvertrag ist insgesamt zu betrachten, nicht isoliert nach Einzeltarifen. Sind z.B. neben versicherten Regelleistungen auch Wahlleistungen bei stationärer Behandlung mitversichert, handelt es sich insgesamt um eine substitutive Krankenversicherung, die lediglich qualitativ höher ausfällt als der GKV-Schutz, unabhängig davon, ob die Wahlleistungen als Tarifbaustein oder als Leistungen in einem Kompakttarif versichert sind.[4] Die Abgrenzung ist dafür bedeutsam, ob ein Tarif gem. § 146 I VAG nach Art der Lebensversicherung zu kalkulieren ist und der nach § 149 VAG zu erhebende 10 %-Prämienzuschlag ausnahmsweise auch für Ergänzungsversicherungen zu zahlen ist.[5] **Nicht substitutiv** sind Versicherungen gegen Risiken, die der Art nach nicht Bestandteil des gesetzlichen Versicherungsschutzes sind (z.B. Pflegetagegeldversicherung, Krankenhaustagegeldversicherung) oder nur vorübergehenden Charakter haben, wie z.B. die Reisekrankenversicherung.   3

Abs. 1 Satz 2 erstreckt das Befristungsverbot auf die nicht-substitutive Krankenversicherung, die »nach Art der Lebensversicherung« betrieben wird. Die substitutive Krankenversicherung darf grundsätzlich nur nach **Art der Lebensversicherung** betrieben werden (§ 146 I VAG). Eine Legaldefinition dieses Begriffs gibt es   4

---
1 Begr. zu § 195 I, BT-Drucks. 16/3945 S. 111.
2 Begr. zu § 195 II, BT-Drucks. 16/3945 S. 112.
3 Zum früheren Streitstand s. Bach/Moser/*Schoenfeldt/Kalis*, 3. Aufl. § 178a Rn. 23.
4 Str.; wie hier Bach/Moser/*Hütt*, § 195 Rn. 4; P/M/*Voit*, § 195 Rn. 3; L/W/*Boetius*, Vor § 192 Rn. 575, 581; L/W/*Hütt*, § 195 Rn. 4; **A.A.** F/K/B/*Kaulbach*, § 12 VAG (a.F.) Rn. 2. Vgl. auch die Begr. zu § 12 VAG (a.F.), BT-Drucks. 12/6959 S. 60, nach der Wahlleistungsversicherungen nicht zu den substitutiven Krankenversicherungen zählen sollen.
5 Vgl. Bach/Moser/*Hütt*, § 195 Rn. 4.

nicht.[6] »Nach Art der Lebensversicherung« bedeutet, dass die Kalkulation **auf Grund biometrischer Rechnungsgrundlagen** erfolgt.[7] Diese bilden das in der Körperlichkeit der versicherten Person liegende versicherte Risiko ab, in Form der durchschnittlichen altersabhängigen Krankheitskosten (Kopfschäden) und der Sterblichkeit. Für Krankenversicherungen, die nach Art der Lebensversicherung kalkuliert werden, müssen Alterungsrückstellungen gebildet werden (§§ 146 I Nr. 2 und 147 VAG, Ausnahme in § 146 III VAG). Die Bildung der Alterungsrückstellung ist gesetzliche Folge der Kalkulation nach Art der Lebensversicherung, nicht Merkmal dieser Kalkulationsart.[8]

5 **Keine Befristung** stellt die Vereinbarung von Merkmalen der **Versicherungsfähigkeit** dar (z.B. Arztberuf bei Ärztetarifen), deren Wegfall zur Beendigung des Versicherungsvertrags führen, sofern der VN (und ggf. die versicherten Personen entsprechend §§ 206 III, 207 I) zur Vertragsfortsetzung in einem vergleichbaren Tarif berechtigt ist.[9]

II. Ausnahmen (Abs. 1 und 2)

6 **Ausgenommen** vom Befristungsverbot des Abs. 1 sind die **Krankentagegeldversicherung**, deren Befristung in § 196 geregelt ist, und die ergänzende **Krankheitskostenversicherung zur Beihilfe** in Höhe des Anteils, der ab Eintritt in den Ruhestand infolge der Beihilfesatzerhöhung nicht mehr benötigt wird (§ 199 I). In beiden Fällen wird der Versicherungsschutz nicht bzw. nicht mehr in vollem Umfang benötigt, wenn der VN seiner Erwerbstätigkeit bzw. seinem aktiven Dienst nicht mehr nachgeht. Der Versicherer darf aufgrund der Befristung die Prämien insoweit ohne den Aufbau einer Alterungsrückstellung kalkulieren (§ 146 III VAG).

7 Bei den in Abs. 2 genannten Versicherungen handelt es sich um Versicherungen, die typischerweise einem **vorübergehenden oder einem ergänzenden Zweck** dienen.[10] Die **Ausbildungsversicherung** ist substitutive Krankenversicherung, da sie den gesetzlichen Versicherungsschutz in § 5 I Nr. 9 SGB V ersetzt. Bei den **Auslands-, Reise- und Restschuldkrankenversicherungen** gilt die Ausnahme vom Befristungsverbot unabhängig davon, ob die Versicherungen substitutiven Charakter haben oder nach Art der Lebensversicherung betrieben werden. Die Möglichkeit zur Vereinbarung von Vertragslaufzeiten bedeutet, dass **auflösende Bedingungen** (z.B. Rückzahlung des Darlehens in der Restschuldkrankenversicherung) oder der Ablauf einer **Höchstvertragsdauer** (z.B. Auslandsaufenthaltsdauer) als spätester Beendigungstermin bestimmt werden können. Die Vereinbarung einer Mindestvertragslaufzeit richtet sich ausschließlich nach § 11 II (s. oben Rdn. 2).

III. Befristung bei Ausländern mit befristetem Aufenthaltstitel (Abs. 3)

8 Abs. 3 ermöglicht Personen, die sich mit einem **befristeten Aufenthaltstitel** (§§ 4, 7 II AufenthG) in Deutschland aufhalten, eine substitutive Krankenversicherung abzuschließen, die gem. § 146 III VAG **ohne Alterungsrückstellung** kalkuliert werden darf, da es an dem langfristigen Alterungsrisiko fehlt.[11] Dadurch wird vermieden, dass für den Versicherungsvertrag eine Alterungsrückstellung gebildet wird, die wegen des sehr wahrscheinlichen Stornos vor deren Verwendung zugunsten des Versicherten an das Kollektiv »vererbt« würde.

9 Die Dauer der Versicherung passt sich der Aufenthaltsbefristung an und ist bei mehreren zeitlich aufeinander folgenden Versicherungen, auch bei mehreren Versicherern, auf insgesamt 5 Jahre befristet (Abs. 3 Satz 2). Die **Höchstgrenze von 5 Jahren** für die gesamte Versicherungsdauer umschreibt den Zeitraum, während dessen der Gesetzgeber von einem noch vorübergehenden Zweck der Versicherung ausgeht. Bei einem darüber hinausgehenden, auch weiterhin befristeten Aufenthalt, steigen die Wahrscheinlichkeit des dauerhaften Aufenthalts und das Bedürfnis nach Vorsorge für das Alterungsrisiko durch den Aufbau der Alterungsrückstellung. Die zeitliche Beschränkung soll einer missbräuchlichen Umgehung durch Mehrfachbefristungen entgegenwirken.[12] Die Einhaltung der Höchstbefristungsdauer soll durch entsprechende Antragfragen nach der Vorversicherung und durch Prüfungen der Versicherungsaufsichtsbehörde sichergestellt werden.[13]

10 Keine Aussage trifft Abs. 3 für den Fall, dass mehrere befristete Aufenthalte, jeweils mit Unterbrechungen, in der Summe die Dauer von 5 Jahren übersteigen. Nach dem Normzweck wäre danach zu differenzieren, ob der erneute befristete Aufenthalt nach einer Gesamtdauer von 5 Jahren einen späteren dauerhaften Aufenthalt

---

6 F/K/B/*Fahr*, § 12 Rn. 4, der als charakteristische Merkmale die Mindestkalkulation anhand einschlägiger Statisiken, den Aufbau des Deckungskapitals, das Recht zur Prämienanpassung und den Ausschluss des Kündigungsrechts des Versicherers nennt. Prölss/*Präve*, § 12 VAG (a.F.) Rn. 7 sieht als für den »Betrieb« konstituierende Merkmale die Prämienkalkulation auf versicherungsmathematischer Grundlage und die Bildung einer Alterungsrückstellung an.
7 Vgl. Begr. zu § 203 I VVG, BT-Drucks. 16/3945 S. 113.
8 Insoweit missverständlich die Begr. zum RegE 3. DurchfG/EWG zum VAG, BT-Drucks. 12/6959 S. 45: »nach Art der Lebensversicherung, d.h. unter Berücksichtigung des mit dem Alter steigenden Risikos durch Bildung von Alterungsrückstellungen«.
9 Zum Wegfall der Versicherungsfähigkeit s. Bach/Moser/*Hütt*, § 2 MB/KK Rn. 26.
10 Vgl. Begr. zu § 12 VAG (a.F.), BT-Drucks. 12/6959 S. 60.
11 Vgl. Begr. zu § 195 III, BT-Drucks. 16/3945 S. 112.
12 Vgl. Begr. zu § 195 III, BT-Drucks. 16/3945 S. 112.
13 Vgl. Begr. zu § 195 III, BT-Drucks. 16/3945 S. 112.

in Deutschland indiziert oder der Aufenthalt erneut einem vorübergehenden Zweck dient. Diese Prüfung ist jedoch nicht praktikabel und entspricht nicht der generalisierenden Betrachtungsweise des Gesetzgebers. Mehrere unterbrochene befristete Aufenthalte sind für Erfüllung bzw. Überschreitung der Höchstbefristungsdauer zusammenzurechnen.

IV. Abdingbarkeit

§ 195 ist gem. § 208 **halbzwingend**. 11

§ 196 Befristung der Krankentagegeldversicherung.

(1) ¹Bei der Krankentagegeldversicherung kann vereinbart werden, dass die Versicherung mit Vollendung des 65. Lebensjahres der versicherten Person endet. ²Der Versicherungsnehmer kann in diesem Fall vom Versicherer verlangen, dass dieser den Antrag auf Abschluss einer mit Vollendung des 65. Lebensjahres beginnenden neuen Krankentagegeldversicherung annimmt, die spätestens mit Vollendung des 70. Lebensjahres endet. ³Auf dieses Recht hat der Versicherer ihn frühestens sechs Monate vor dem Ende der Versicherung unter Beifügung des Wortlauts dieser Vorschrift in Textform hinzuweisen. ⁴Wird der Antrag bis zum Ablauf von zwei Monaten nach Vollendung des 65. Lebensjahres gestellt, hat der Versicherer den Versicherungsschutz ohne Risikoprüfung oder Wartezeiten zu gewähren, soweit der Versicherungsschutz nicht höher oder umfassender ist als im bisherigen Tarif.

(2) ¹Hat der Versicherer den Versicherungsnehmer nicht nach Absatz 1 Satz 3 auf das Ende der Versicherung hingewiesen und wird der Antrag vor Vollendung des 66. Lebensjahres gestellt, gilt Absatz 1 Satz 4 entsprechend, wobei die Versicherung mit Zugang des Antrags beim Versicherer beginnt. ²Ist der Versicherungsfall schon vor Zugang des Antrags eingetreten, ist der Versicherer nicht zur Leistung verpflichtet.

(3) Absatz 1 Satz 2 und 4 gilt entsprechend, wenn in unmittelbarem Anschluss an eine Versicherung nach Absatz 1 Satz 4 oder Absatz 2 Satz 1 eine neue Krankentagegeldversicherung beantragt wird, die spätestens mit Vollendung des 75. Lebensjahres endet.

(4) Die Vertragsparteien können ein späteres Lebensjahr als in den vorstehenden Absätzen festgelegt vereinbaren.

Übersicht	Rdn.		Rdn.
A. Allgemeines	1	I. Optionsrecht des VN (Abs. 1 Satz 2 und Abs. 3)	4
I. Normzweck	1		
II. Entstehungsgeschichte	2	II. Informationspflicht des Versicherers (Abs. 1 Satz 3 und Abs. 2)	10
III. Anwendungsbereich	3		
B. Einzelheiten	4	III. Abdingbarkeit (Abs. 4)	12

A. Allgemeines

I. Normzweck

Die Norm bestimmt die Zulässigkeit der Befristung einer Krankentagegeldversicherung auf das 65. Lebensjahr 1
der versicherten Person, räumt jedoch dem VN in diesem Fall das **Optionsrecht** auf zweimalige **erneute Versicherung** von jeweils 5 Jahren ein. Damit wird dem Versicherungsbedarf, insbesondere von selbstständig und freiberuflich Tätigen, die den Beginn ihres Ruhestandes oftmals nicht sicher planen können, über das 65. Lebensjahr hinaus Rechnung getragen. Die Befristung ermöglicht die Kalkulation ohne Alterungsrückstellung (§ 146 III VAG).[1]

II. Entstehungsgeschichte

Die Vorschrift ist auf Vorschlag der VVG-Kommission[2] durch das VVG-Reformgesetz neu geschaffen worden. 2
§ 15 lit. c) MB/KT 1994 sah eine Beendigung der Versicherung mit Vollendung des 65. Lebensjahres der versicherten Person vor. Die Vereinbarkeit dieser starren Altersgrenze mit dem Befristungsverbot des § 178a IV VVG a.F. war umstritten[3], so dass die Neuregelung diesen Streit beendete.

III. Anwendungsbereich

Die Vorschrift gilt für alle Krankentagegeldversicherungen, die auf das Erreichen eines bestimmten Lebensalters vor Vollendung des 75. Lebensjahres befristet sind. In den Musterbedingungen sind keine – gem. Abs. 4 3
zulässigen – abweichenden Altersgrenzen bestimmt, sondern sie verweisen in § 15 I lit. c MB/KT 2009 auf

---

[1] Zur Auswirkung der Befristung auf die Prämienkalkulation s. § 195 Rn. 1.
[2] S. § 187 IV des Entwurfs der VVG-Kommission, Abschlussbericht der Kommission zur Reform des Versicherungsvertragsrechts vom 19. April 2004, hrsg. von *E. Lorenz*, VersR-Schriftenreihe, Bd. 25, S. 268, 410.
[3] S. dazu P/M/*Prölss*, 27. Aufl. § 15 MB/KT 94 Rn. 28a.

diese Vorschrift. Im **Basistarif** endet die Krankentagegeldversicherung gem. Teil II Abschn. F VII g) AVB/BT 2009 spätestens mit Erreichen des gesetzlichen Regelrentenalters, ohne dass eine Verlängerungsoption vorgesehen ist. Nach dem Wortlaut der Bedingungen gilt dies unabhängig davon, ob tatsächlich ein gesetzlicher Altersrentenanspruch besteht. In der GKV setzt der Wegfall des Krankengeldanspruchs dagegen voraus, dass ein Anspruch auf Altersrente besteht (§§ 50 I Nr. 1 i.V.m. 51 II, III SGB V). Die Wirksamkeit der Bestimmung Teil II Abschn. F VII g) AVB/BT 2009 ist daher wegen § 208 zweifelhaft[4], dürfte aber aufgrund der strengen Regulierung des Basistarifs (§§ 152, 158 II VAG) geltungserhalten für den Fall des tatsächlichen Bezugs von Altersrente wirksam sein.

B. Einzelheiten
I. Optionsrecht des VN (Abs. 1 Satz 2 und Abs. 3)

4 Das Recht auf Abschluss einer **neuen** Krankentagegeldversicherung steht dem VN zum Zeitpunkt der Vertragsbeendigung bei Vollendung des 65. Lebensjahres wie auch des 70. Lebensjahres zu. Es handelt sich nicht um Vertragsverlängerungen, sondern um neue Versicherungsverträge.[5] Der Versicherer unterliegt einem **Kontrahierungszwang**, der auf den **bisherigen Umfang und die bisherigen Bedingungen des Versicherungsschutzes** zu beschränken ist, obwohl sich dies aus der Norm nicht eindeutig ergibt. Die Prämienhöhe richtet sich nach dem im Zeitpunkt der Optionsausübung erreichten Alter.[6] Das Optionsrecht greift deshalb nicht, wenn die **Versicherungsfähigkeit** nicht mehr gegeben ist oder andere Bestimmungen der Versicherungsbedingungen der Versicherung entgegenstehen.[7] Wirksam ist insbesondere die Bestimmung in § 15 I c) MB/KT 2009, wonach mit Bezug von Altersrente die Krankentagegeldversicherung endet.[8] Auf die Höhe der Altersrente – egal ob aus der gesetzlichen Rentenversicherung oder aus einem berufsständischen Versorgungswerk stammend[9] – kommt es nicht an.[10] Ein tariflich bestimmtes **Höchsteintrittsalter** ist unbeachtlich. Obwohl es sich um einen neuen Versicherungsvertrag handelt, ist für die **Kündigung durch den Versicherer** gem. § 14 Abs. 1 MB/KT 2009 die Vorversicherungszeit bei nahtlosem Anschluss der Folgeversicherung anzurechnen, um eine Aushöhlung des Optionsrechts des VN zu verhindern.

5 Die erste Option auf Versicherung zwischen dem 65. und dem 70. Lebensjahr muss – anders als im Falle des Abs. 3 (s. Rn. 8) – nicht im unmittelbaren Anschluss an die Vorversicherung erfolgen. Der VN kann die **Option jederzeit bis zur Vollendung des 70. Lebensjahres** ausüben. Dies folgt aus Abs. 1 Satz 3 und Abs. 2 Satz 1, die den Fall der Antragstellung zu bestimmten Zeitpunkten regeln, jedoch eine spätere Antragstellung nicht ausschließen. Die spätere Antragstellung kann aber wegen dann möglicher Risikozuschläge infolge einer erneuten Gesundheitsprüfung (Abs. 1 Satz 4, dazu unten Rdn. 7) faktisch ausgeschlossen sein. **Technischer Versicherungsbeginn** ist – unabhängig vom Zeitpunkt der Antragstellung – der Zeitpunkt der Vollendung des 65. Lebensjahres (»... mit Vollendung des 65. Lebensjahres beginnenden **neuen** Krankentagegeldversicherung ...«, Abs. 1 Satz 2).

6 Wird der Antrag innerhalb der **Zweimonatsfrist** des Abs. 1 Satz 4 gestellt, liegt eine **Rückwärtsversicherung** unter Ausschluss des § 2 II 2 vor. Dies entspricht systematisch den vergleichbaren Optionen der §§ 207, 198, 199 II. Die **materielle Rückwirkung** folgt als Umkehrschluss aus Abs. 2, der bei unterbliebener Information durch den Versicherer das Optionsrecht des VN zeitlich bis vor Vollendung des 66. Lebensjahres ausdehnt und die entsprechende Geltung von Abs. 1 Satz 4, jedoch ohne Rückwirkung, bestimmt. Anderenfalls wäre Abs. 2 Satz 2 überflüssig.[11]

7 Bei fristgerechter Antragstellung hat der Versicherer den Versicherungsschutz »**ohne Risikoprüfung oder Wartezeiten**« zu gewähren. Die Norm besagt nicht, was bei **nicht fristgerechter** Antragstellung **Folge einer zulässigen Risikoprüfung** sein kann. Da der Anspruch auf Neuversicherung auch nach Ablauf der Zweimonatsfrist besteht, kann der Versicherer die Versicherung wegen des Gesundheitszustands der zu versichernden Person nicht ablehnen. Leistungsausschlüsse würden die Option erheblich entwerten, so dass nur **Risikozuschläge** zulässig sind. Die Option des VN bleibt dadurch unberührt, auch wenn die Versicherung wegen der Höhe der Risikozuschläge für den VN uninteressant sein kann.

8 Die Option auf Weiterversicherung **bis zur Vollendung des 75. Lebensjahres** kann nur in »**unmittelbarem Anschluss**« an die zuvor bestehende Versicherung beantragt werden. Mit der Beantragung in unmittelbarem Anschluss ist gemeint, dass nur innerhalb der Zweimonatsfrist des Abs. 1 Satz 4 – auf den Abs. 3 verweist –

---

4 Vgl. P/M/*Voit*, § 196 Rn. 3.
5 Die Begr. zu § 196, BT-Drucks. 16/3945 S. 112 spricht dagegen unscharf von »Verlängerung«.
6 Vgl. L/W/*Hütt*, § 196 Rn. 14.
7 Vgl. R/L/*Langheid*, § 196 Rn. 5.
8 OLG Frankfurt (Main), Urt. vom 14.05.2014, 7 U 129/13.
9 OLG Frankfurt (Main) NJW-RR 2013, 807 (Tz. 43).
10 OLG Nürnberg VersR 2013, 1390.
11 So im Ergebnis auch P/M/*Voit*, § 196 Rn. 4; HK-VVG/*Rogler*, § 196 Rn. 8.

das zweite Optionsrecht ausgeübt werden kann. Nur dann besteht materieller Versicherungsschutz in »unmittelbarem Anschluss« aufgrund eines fristgerechten Antrags des VN.
Das Optionsrecht steht ausschließlich dem VN zu, nicht der betroffenen versicherten Person.[12]

9

II. Informationspflicht des Versicherers (Abs. 1 Satz 3 und Abs. 2)

Der Versicherer hat **frühestens 6 Monate** vor Beendigung der Krankentagegeldversicherung mit Vollendung des 65. Lebensjahres den VN gem. Abs. 1 Satz 3 auf sein Optionsrecht hinzuweisen. Einer Information der versicherten Person bedarf es nicht. Die Grenze der frühesten Information trägt dem Umstand Rechnung, dass dem VN die Tatsache der Befristung nach Ablauf von möglicherweise 30 und mehr Jahren seit Vertragsschluss nicht mehr bewusst ist.[13] Ein **spätester Zeitpunkt** der Information ist nicht bestimmt. Nach Sinn und Zweck der Information muss es dem VN jedoch möglich sein, aufgrund der Information für einen lückenlosen Versicherungsschutz durch Ausübung der Option zu sorgen. Eine Sanktion für eine nicht rechtzeitige Information bestimmt das Gesetz nicht, sondern nur für eine vollständig unterbliebene. Im Falle der **verspäteten Information** kann jedoch keine härtere Sanktion greifen als bei vollständig unterbliebener Information. Ist die Information unterblieben, so hat der VN bei Antragstellung bis zum 66. Lebensjahr das Recht auf Neuversicherung ohne Risikoprüfung und Wartezeit. Eine Rückwirkung des Versicherungsschutzes kann der VN dagegen nicht verlangen, selbst wenn er bei rechtzeitiger Information und beratungsgerechtem Verhalten eine nahtlose Versicherung beantragt hätte. Eine Rückwirkung des Versicherungsschutzes auf die Vollendung des 65. Lebensjahres wollte der Gesetzgeber in diesem Falle wegen der »nahe liegenden Gefahr des Missbrauchs« ausschließen.[14] Abs. 2 regelt die Rechtsfolge der **Informationspflichtverletzung** abschließend. Nach Vollendung des 66. Lebensjahres ist die Informationspflichtverletzung sanktionslos.

10

Die Information hat **unter Beifügung des Wortlauts** der Vorschrift in **Textform** zu erfolgen. »Unter Beifügung« bedeutet, dass ausschließlich die Mitteilung des Gesetzestextes nicht ausreicht, sondern dem VN dessen Rechte bezogen auf seine konkrete Situation erläutert werden müssen. Die Information umfasst alle Bestandteile der Vorschrift. Es ist also vor der Vollendung des 65. Lebensjahres auf die zweifache Option hinzuweisen. Eine erneute Informationspflicht vor Vollendung des 70. Lebensjahres besteht nicht.[15]

11

III. Abdingbarkeit (Abs. 4)

§ 196 ist gem. § 208 **halbzwingend**. Abs. 4 lässt ausdrücklich die Vereinbarung höherer Befristungsalter zu, da die starren Grenzen von 65, 70 bzw. 75 Lebensjahren nicht mehr der Wirklichkeit des Rentenrechts entsprechen.[16] Um der sich abzeichnenden Entwicklung zu einem höheren Renteneintrittsalter Rechnung zu tragen, wird den Vertragsparteien in Abs. 4 ermöglicht, vertraglich bei der Befristung der Krankentagegeldversicherung in den Abs. 1 bis 3 jeweils an ein **späteres Lebensalter** anzuknüpfen.[17] Die Regelung ist lediglich klarstellend, da die Vereinbarung höherer Befristungsalter für den VN bzw. die versicherte Person als günstigere Abweichung gem. § 208 auch ohne Abs. 4 zulässig wäre.

12

§ 197 Wartezeiten.

(1) ¹Soweit Wartezeiten vereinbart werden, dürfen diese in der Krankheitskosten-, Krankenhaustagegeld- und Krankentagegeldversicherung als allgemeine Wartezeit drei Monate und als besondere Wartezeit für Entbindung, Psychotherapie, Zahnbehandlung, Zahnersatz und Kieferorthopädie acht Monate nicht überschreiten. ²Bei der Pflegekrankenversicherung darf die Wartezeit drei Jahre nicht überschreiten.

(2) ¹Personen, die aus der gesetzlichen Krankenversicherung ausscheiden oder die aus einem anderen Vertrag über eine Krankheitskostenversicherung ausgeschieden sind, ist die dort ununterbrochen zurückgelegte Versicherungszeit auf die Wartezeit anzurechnen, sofern die Versicherung spätestens zwei Monate nach Beendigung der Vorversicherung zum unmittelbaren Anschluss daran beantragt wird. ²Dies gilt auch für Personen, die aus einem öffentlichen Dienstverhältnis mit Anspruch auf Heilfürsorge ausscheiden.

Übersicht

	Rdn.		Rdn.
A. Allgemeines	1	I. Vereinbarung von Wartezeiten (Abs. 1)	4
I. Normzweck	1	1. Wartezeitenvereinbarung in den Musterbedingungen	4
II. Entstehungsgeschichte	2		
III. Anwendungsbereich	3	2. Funktion der Wartezeiten	6
B. Einzelheiten	4		

---

[12] So auch P/M/*Voit*, § 196 Rn. 3.
[13] Vgl. Begr. zu § 196 I, BT-Drucks. 16/3945 S. 112.
[14] Vgl. Begr. zu § 196 II BT-Drucks. 16/3945 S. 112.
[15] Vgl. Begr. zu § 196 I BT-Drucks. 16/3945 S. 112.
[16] Vgl. Begr. zu § 196 IV BT-Drucks. 16/3945 S. 112.
[17] Begr. zu § 196 IV BT-Drucks. 16/3945 S. 112.

	Rdn.		Rdn.
3. Verzicht und Anrechnung bei Vertragsänderungen	8	II. Anrechnung von Vorversicherungszeiten (Abs. 2)	10
		III. Abdingbarkeit	13

Schrifttum:
Präve, Der Verzicht auf Wartezeiten in der Krankenversicherung, VersR 1999, 15; *Surminski*, Keine Wartezeiten, ZfV 1996, 666.

A. Allgemeines

I. Normzweck

1 Abs. 1 bestätigt die grundsätzliche Zulässigkeit der Vereinbarung von »Wartezeiten«, d.h. **Karenzzeiträume**[1] zu Beginn des Versicherungsverhältnisses, und bestimmt deren Grenzen. Der materielle Versicherungsbeginn, ab dem der VN Leistungen beanspruchen kann, verschiebt sich für die von der Wartezeit betroffenen Leistungsarten bis zu deren Ablauf. Zweck ist die **Begrenzung des subjektiven Risikos**, also der Ausschluss solcher Versicherungsfälle, deren Eintritt der VN erwartet oder konkret für möglich hält.[2] Durch die vorvertragliche Anzeigepflicht können nicht alle Fälle einer erhöhten Gefahr erfasst werden, bzw. es sind Anzeigepflichtverletzungen nicht immer nachweisbar. Ferner dienen Wartezeiten dazu, solche Krankheiten aus dem Versicherungsschutz auszuklammern, die medizinisch schon vor Vertragsschluss entstanden sind, möglicherweise unentdeckt, aber erfahrungsgemäß vor Ablauf der Wartezeit behandlungsbedürftig werden. Als Ausgleich dafür, dass die Wartezeitklauseln diesen Zweckgedanken mit ihrer notwendig starren, generalisierenden zeitlichen Beschränkung nur grob und unvollkommen verwirklichen, erlangen Versicherer und VN eine klarere, praktikablere Risikoabgrenzung und damit größere Rechtssicherheit.[3] Abs. 2 ist notwendig, um einen **lückenlosen Versicherungsschutz** beim Wechsel von der GKV zur PKV oder innerhalb der PKV zu gewährleisten.[4] Die Legitimation des Wartezeitenerlasses bei unmittelbar zuvor bestehender anderweitiger Versicherung gegenüber vorversicherungslosen Personen liegt darin, dass bei bestehender Vorversicherung üblicherweise bei erkannten Erkrankungen die erforderlichen Behandlungen durchgeführt und vom VN nicht aus wirtschaftlichen Erwägungen aufgeschoben wurden.

II. Entstehungsgeschichte

2 Die Vorschrift übernahm mit ihrer Einführung durch das 3. DurchfG/EWG zum VAG die Wartezeitenregelung in § 3 II und III MB/KK 1976 und MB/KT 1978 als maximal zulässige Wartezeitenvereinbarung.[5] Das VVG-Reformgesetz übernahm § 178c VVG a.F. unverändert. Durch das GKV-WSG wurde in Abs. 2 die Anrechnung der Wartezeit beim Wechsel innerhalb der PKV (»… oder die aus einem anderen Vertrag über eine Krankheitskostenversicherung ausgeschieden sind …«) ergänzt, was der bisherigen Praxis der meisten Versicherer entsprach.[6]

III. Anwendungsbereich

3 § 197 gilt für alle Krankenversicherungen. Abs. 1 Satz 2 gilt nur für die freiwillige Pflegeversicherung.[7] Für die private **Pflegepflichtversicherung** bestimmt § 110 I Nr. 2c SGB XI, dass keine längere Wartezeit vereinbart werden kann, als in der sozialen Pflegeversicherung bestimmt ist. Mit Wartezeiten sind die Vorversicherungszeiten gem. § 33 II SGB XI gemeint.[8] Die Wartezeit beträgt **5 Jahre**, wobei es ausreicht, dass innerhalb der letzten 10 Jahre mindestens 5 Jahre die Versicherung – wenn auch bei verschiedenen Versicherungsunternehmen oder in der sozialen Pflegeversicherung – bestand.[9] Im **Basistarif** gibt es keine Wartezeiten (§ 3 AVB/BT 2009).

---

1 Vgl. *Präve*, VersR 1999, 15, 17 und dort die Nachweise in Fn. 37.
2 Vgl. BGH VersR 1978, 271, 272; *Präve*, VersR 1999, 15.
3 BGH VersR 1978, 271, 272.
4 Vgl. Begr. zu § 178c VVG a.F., BT-Drucks. 12/6959 S. 105 und Begr. zu § 178c VVG i.d.F. des GKV-WSG, BT-Drucks. 16/3100 S. 206.
5 Vgl. Begr. zu § 178c VVG a.F., BT-Drucks. 12/6959 S. 104.
6 Begr. zu § 178c VVG i.d.F. des GKV-WSG, BT-Drucks. 16/3100 S. 206; vgl. auch BK/*Hohlfeld*, § 178c Rn. 9; kritisch dazu *Surminski*, ZfV 1996, 666. Eingehend zur historischen Entwicklung *Präve*, VersR 1999, 15, 16.
7 Begr. zu § 197, BT-Drucks. 16/3945 S. 112.
8 Krauskopf/*Waschull*, Soziale Krankenversicherung, Pflegeversicherung, Kommentar, § 110 SGB XI Rn. 44.
9 Vgl. § 3 IV MB/PPV 2009 und § 23 VI Nr. 2 SGB XI.

B. Einzelheiten
I. Vereinbarung von Wartezeiten (Abs. 1)
1. Wartezeitenvereinbarung in den Musterbedingungen

Die Norm ist durch die Vereinbarung von Wartezeiten ausfüllungsbedürftig. Die Vereinbarung der **Höchst-** 4
wartezeiten des Abs. 1 ist in § 3 MB/KK 2009 und MB/KT 2009 enthalten, unter Verzicht auf die allgemeine Wartezeit bei **Unfällen** und der **Ehegatten/Lebenspartner-Mitversicherung**. Die besondere Wartezeit bleibt dagegen auch in diesen Fällen bestehen, was z.B. bei Zahnbehandlungen infolge eines Unfalles wenig verständlich, aber mit dem klaren Gesetzeswortlaut vereinbar ist. Bei bereits vorhandenen Krankheitsanlagen beim Versicherten, die aber erst durch einen Unfall ausgelöst worden sind, greift die allgemeine Wartezeit nicht.[10] Die gestaffelten Wartezeiten in der privaten **Pflegepflichtversicherung** sind in § 3 MB/PPV 2015 bestimmt.[11] Grund für die längere besondere Wartezeit ist, dass sie länger vorhersehbare Heilbehandlungen betrifft.[12]
Keine Wartezeiten sind laufzeitabhängige **Leistungsstufen** (»Zahnstaffel«).[13] Es handelt sich um eine zeitlich 5
befristete Einschränkung des Leistungsversprechens, auf das § 197 nicht anwendbar ist.

2. Funktion der Wartezeiten

Der Leistungsausschluss bis zum Ablauf der Wartezeit greift nur dann, wenn nicht bereits über die **Definition** 6
des Versicherungsfalls und dessen zeitliche Abgrenzung die Leistungspflicht des Versicherers ausgeschlossen ist. Der Versicherungsfall ist die medizinisch notwendige Heilbehandlung der versicherten Person, der mit der Heilbehandlung beginnt und endet, wenn objektiv keine Behandlungsbedürftigkeit mehr besteht (§ 1 II 1 und 2 MB/KK 2009). Entscheidend ist also nicht der Zeitpunkt, in dem die Ursache (Krankheit, Unfall) eintritt, sondern der **Beginn der Heilbehandlung**. Versichert sind deshalb auch Heilbehandlungen von »alten Leiden« oder vor Vertragsschluss bereits vorhandener unbekannter Erkrankungen, sofern die Heilbehandlung nach Beginn der Versicherung stattfindet. Hat die Heilbehandlung bereits vor Beginn des Versicherungsschutzes begonnen, ist dieser Versicherungsfall bis zur objektiven Beendigung der Behandlungsbedürftigkeit vom Versicherungsschutz ausgeschlossen (§ 2 I 2 MB/KK 2009); jedoch kann ggf. aufgrund derselben Ursache ein neuer Versicherungsfall eintreten, für den dann Leistungspflicht besteht. Ist der Versicherungsfall nach formellem Vertragsschluss, aber vor Beginn des Versicherungsschutzes oder dem Ablauf von Wartezeiten entstanden, ist der **gedehnte Versicherungsfall**[14] teilweise versichert. Er ist nur insoweit ausgeschlossen, als die Heilbehandlungen in der Zeit vor materiellem Versicherungsbeginn und Ablauf der Wartezeit stattgefunden haben (§ 2 I 3 MB/KK 2009). Das Risiko für die versicherte Person, dass nach Vertragsabschluss eintretende Versicherungsfälle dauerhaft vom Versicherungsschutz ausgeschlossen sind, besteht daher nicht. Die Wartezeit bewirkt bei diesen Versicherungsfällen – anders als Wartezeiten in anderen Versicherungssparten[15] – lediglich einen Aufschub und einen zeitlichen **Teilausschluss der Leistungspflicht** des Versicherers. Da in den meisten Fällen Vorversicherungszeiten die Wartezeiten entfallen lassen (Abs. 2), trägt der VN kein Risiko, anlässlich des Übertritts zur PKV oder eines Wechsels innerhalb der PKV unerkannt »Lücken« im Versicherungsschutz zu erleiden, sofern nicht eine Verletzung der vorvertraglichen Anzeigepflicht (§§ 19 ff.) vorliegt.

Bei **kurzzeitigen Verträgen**, z.B. Reisekrankenversicherungen, ist die Vereinbarung von Wartezeiten nicht 7
ausgeschlossen und – mangels Abweichung von einer gesetzlichen Regelung – nicht einer Inhaltskontrolle zugänglich (§ 307 III 1 BGB). Es kann aber ggf. je nach Zweck der Versicherung oder dem erkennbaren Bedürfnis des VN eine besondere Aufklärung (§ 6 I) über die Wartezeiten notwendig sein. Verträge, die von vornherein eine kürzere Laufzeit als die allgemeine Wartezeit haben, sind hypothetischer Natur, wären aber wohl als sittenwidrig anzusehen. Ist die vereinbarte Vertragsdauer kürzer als die besonderen Wartezeiten, wirken diese als partielle Leistungsausschlüsse.

3. Verzicht und Anrechnung bei Vertragsänderungen

Der Versicherer kann kürzere Wartezeiten vereinbaren oder vollständig auf Wartezeiten verzichten.[16] Ein 8
Wartezeitenverzicht im Einzelfall ist nur bei Wahrung des Gleichbehandlungsgrundsatzes (§§ 146 II 1 i.V.m. 138 II VAG) zulässig, z.B. wenn eine ärztliche Untersuchung bei Vertragsschluss erfolgt.[17]
Bei einem **Tarifwechsel** (§ 204) kann der Versicherer nur bei Mehrleistungen eine Wartezeit verlangen. Im 9
bisherigen Tarif zurückgelegte Wartezeiten sind als »erworbenes Recht« beim Tarifwechsel anzurechnen.[18]

---

10 Vgl. BGH VersR 1976, 851, jedoch aufgrund der Auslegung einer in den neueren MB/KK nicht enthaltenen Klausel.
11 S. dazu oben Rdn. 3.
12 Vgl. BK/*Hohlfeld*, § 178c Rn. 9 unter Bezugnahme auf OLG Hamburg VersR 1973, 1014.
13 BVerwG VersR 2007, 1253; s. dazu eingehend *Buchholz*, VersR 2008, 27, sowie die ablehnende Anmerkung von *Grote/Finkel* zur Vorinstanz VG Frankfurt (Main) VersR 2007, 339.
14 Einzelheiten zu Beginn und Ende des Versicherungsfalles s. Bach/Moser/*Kalis*, § 1 MB/KK Rn. 44 ff.
15 Z.B. Ziff. 3.1.1 ARB 2012.
16 Kritisch zum Wartezeitenverzicht *Surminski*, ZfV 1996, 666.
17 Vgl. *Präve*, VersR 1999, 15, 16; Bach/Moser/*Hütt*, § 3 MB/KK Rn. 9.
18 S. § 204 Rn. 10.

Wechselt z.B. der VN aus einem Bausteintarif ohne psychotherapeutische Leistungen in einen Kompakttarif unter Einschluss von Psychotherapie, kann der Versicherer die Einhaltung der besonderen Wartezeit von 8 Monaten verlangen, sofern der Zieltarif diese Wartezeit vorsieht. Bei einer **Aufstockung des Versicherungsschutzes** (z.B. Erhöhung des versicherten Krankentagegeldes) gilt die Wartezeit nur hinsichtlich des Erhöhungsteils.[19]

II. Anrechnung von Vorversicherungszeiten (Abs. 2)

10 Bei einer unmittelbaren Anschlussversicherung für einen zuvor GKV-Versicherten oder einer Person mit zuvor bestehendem Anspruch auf freie Heilfürsorge[20] sind die dort ununterbrochen zurückgelegten Vorversicherungszeiten auf vereinbarte Wartezeiten anzurechnen (sog. **Übertrittsversicherung**). Gleiches gilt beim Wechsel innerhalb der PKV für Vorversicherungszeiten bei einem anderen Versicherer.[21]

11 Beim Wechsel innerhalb der PKV stellt sich – anders als beim Wechsel aus der GKV oder bei vorangegangener freier Heilfürsorge – die Frage, welcher **Art und welchen Umfangs die private Vorversicherung** sein muss, damit Anspruch auf die Wartezeitanrechnung besteht. Abs. 2 spricht lediglich von »Krankheitskostenversicherung«, so dass darunter z.B. auch Zusatz- oder Reiseversicherungen fallen. Aus der Gleichstellung der in Abs. 2 genannten Kostenversicherungen mit der GKV und dem Anspruch auf freie Heilfürsorge ist zu folgern, dass nur **substitutive Krankheitskostenvollversicherungen** gemeint sind.[22] Ist diese Voraussetzung erfüllt, kommt es nicht darauf an, ob der bisherige PKV-Vertrag nur geringere Leistungen als die beantragte Versicherung gewährte. Eine solche Gleichwertigkeitsvoraussetzung gibt es auch bei den GKV-Wechslern nicht, die regelmäßig geringwertigeren Versicherungsschutz in der GKV hatten, der nicht »gleichartig« mit dem Versicherungsschutz der PKV ist (§ 12 III KVAV). Dagegen spricht auch nicht, dass beim unternehmensinternen Wechsel (§ 204) der Versicherer hinsichtlich der Mehrleistungen des Zieltarifs die Einhaltung einer Wartezeit verlangen kann; denn anders als beim unternehmensinternen Tarifwechsel gem. § 204 kann der Versicherer beim Neuabschluss eine Risikoprüfung vornehmen, die Versicherung nur in geringwertigeren Tarifen anbieten oder auch den Vertragsschluss ganz ablehnen. Für die Anrechnung der Wartezeit bei PKV-Wechslern gem. Abs. 2 genügt die **Gleichartigkeit der bisher versicherten Tarife** im Sinne von § 12 I KVAV.

12 Die Wartezeitanrechnung setzt die **Antragstellung innerhalb von zwei Monaten** nach Beendigung der Vorversicherung bzw. der freien Heilfürsorge voraus. Ein Kontrahierungszwang des Versicherers ist damit – außer im Basistarif gem. § 193 V – nicht verbunden. Der Fristlauf ist unabhängig von der Kenntnis des VN von der Beendigung der Vorversicherung und dem Anspruch. Nach Ablauf der Frist darf der Versicherer nur noch bei Vorliegen eines besonderen Rechtfertigungsgrunds auf die Wartezeit verzichten.[23] Die Vorversicherungszeiten müssen **ununterbrochen** zurückgelegt worden sein; anders dagegen in der Pflegepflichtversicherung.[24] Der **technische Versicherungsbeginn** des Anschlussvertrages muss unmittelbar an das Beendigungsdatum der Vorversicherung anschließen. Ab diesem Zeitpunkt schuldet der VN die volle Prämie, obwohl er noch keinen oder nur eingeschränkten Versicherungsschutz hat. Heilbehandlungen, die während der Vorversicherungszeit oder vor dem formellen Vertragsschluss begonnen haben, bleiben vom Versicherungsschutz ausgeschlossen.[25] Eine **Rückwärtsversicherung** kommt wegen § 2 II 2 nicht in Betracht, da der VN weiß, ob noch nicht abgeschlossene Heilbehandlungen begonnen haben.[26]

III. Abdingbarkeit

13 § 197 ist gem. § 208 **halbzwingend**.

§ 198 Kindernachversicherung. (1) ¹Besteht am Tag der Geburt für mindestens einen Elternteil eine Krankenversicherung, ist der Versicherer verpflichtet, dessen neugeborenes Kind ab Vollendung der Geburt ohne Risikozuschläge und Wartezeiten zu versichern, wenn die Anmel-

---

19 So auch ausdrücklich § 3 VI MB/KK 2009.
20 Anspruch auf freie Heilfürsorge haben folgende Personen: Soldaten (Berufssoldaten, Soldaten auf Zeit, Wehrpflichtige, jedoch ohne Anspruch auf Beihilfe für ihre Familienangehörigen), Bundespolizeibeamte, Polizeibeamte während ihrer Ausbildung, Polizeibeamte während ihrer gesamten aktiven Dienstzeit in nur einigen Bundesländern.
21 S. dazu oben Rdn. 2.
22 HK-VVG/*Rogler*, § 197 Rn. 20; L/W/*Hütt*, § 197 Rn. 18. **A.A.** P/M/*Voit*, § 197 Rn. 18; PK/*Brömmelmeyer*, § 197 Rn. 13a. Vgl. auch die Begr. zu § 178c VVG i.d.F. des GKV-WSG, BT-Drucks. 16/3100 S. 206, die als Grund für die Gleichstellung der PKV-Wechsler mit den GKV-Wechslern die Möglichkeit nennt, von der Portabilität Gebrauch zu machen. Klarstellend wird in § 3 V MB/KK 2009 von »Krankheitskostenvollversicherung« gesprochen.
23 S. oben Rdn. 8.
24 S. oben Rdn. 3.
25 Vgl. L/W/*Hütt*, § 197 Rn. 17.
26 **A.A.** BK/*Hohlfeld*, § 178c Rn. 7; P/M/*Voit*, § 3 MB/KK Rn. 6 unter Verweis auf Bach/Moser/*Hütt*, § 3 MB/KK Rn. 11, der jedoch eine Deckungslücke der Rückwärtsversicherung für Versicherungsfälle, die vor dem Ausscheiden aus der Vorversicherung eintreten und nun Folgekosten verursachen, annimmt. So auch HK-VVG/*Rogler*, § 197 Rn. 24. Differenzierend nach dem Parteiwillen PK/*Brömmelmeyer*, § 197 Rn. 7.

dung zur Versicherung spätestens zwei Monate nach dem Tag der Geburt rückwirkend erfolgt. ²Diese Verpflichtung besteht nur insoweit, als der beantragte Versicherungsschutz des Neugeborenen nicht höher und nicht umfassender als der des versicherten Elternteils ist.
(2) ¹Der Geburt eines Kindes steht die Adoption gleich, sofern das Kind im Zeitpunkt der Adoption noch minderjährig ist. ²Besteht eine höhere Gefahr, ist die Vereinbarung eines Risikozuschlags höchstens bis zur einfachen Prämienhöhe zulässig.
(3) ¹Als Voraussetzung für die Versicherung des Neugeborenen oder des Adoptivkindes kann eine Mindestversicherungsdauer des Elternteils vereinbart werden. ²Diese darf drei Monate nicht übersteigen.
(4) Die Absätze 1 bis 3 gelten für die Auslands- und die Reisekrankenversicherung nicht, soweit für das Neugeborene oder für das Adoptivkind anderweitiger privater oder gesetzlicher Krankenversicherungsschutz im Inland oder Ausland besteht.

Übersicht

	Rdn.		Rdn.
A. Allgemeines	1	II. Adoption (Abs. 2)	9
I. Normzweck	1	III. Mindestvertragsdauer des Elternteils	
II. Entstehungsgeschichte	2	(Abs. 3)	12
III. Anwendungsbereich	3	IV. Nachversicherungsbeschränkung in der	
B. Einzelheiten	4	Auslands- und der Reiseversicherung	
I. Anmeldung zur Versicherung (Abs. 1)	4	(Abs. 4)	13
		V. Abdingbarkeit	17

A. Allgemeines

I. Normzweck

Die Vorschrift gewährleistet Krankenversicherungsschutz für **Neugeborene und diesen gleichgestellten Kinder** einer privat krankenversicherten Person. Die Vorschrift ist durch die Einführung des Kontrahierungszwangs für den Versicherer gem. § 193 V Nr. 2 nicht obsolet geworden, da der Kontrahierungszwang auf den Basistarif und auf Personen mit Wohnsitz im Inland beschränkt ist. Der Anspruch nach § 198 geht darüber hinaus. Er erstreckt den Versicherungsanspruch auf den gleichen Versicherungsschutz, der bei einem Elternteil besteht, also z.B. auch auf Zusatzversicherungen, jedoch unter der Einschränkung des Abs. 4 für Auslands- und Reisekrankenversicherungen. 1

II. Entstehungsgeschichte

Die Abs. 1–3 übernehmen unverändert § 178d I–III VVG a.F. Dieser entsprach dem bei Einfügung durch das 3. DurchfG/EWG zum VAG geltenden Bedingungsrecht (§ 2 II MB/KK 1976, jetzt: § 2 II und III MB/KK 2009). Abs. 4 wurde auf Vorschlag der VVG-Kommission durch das VVG-Reformgesetz neu angefügt. Ziel der Neuregelung ist die Beschränkung des Anwendungsbereichs der Norm bei Auslands- oder Reisekrankenversicherungen, da hier regelmäßig kein Bedürfnis für einen besonderen Schutz des Neugeborenen besteht.[1] 2

III. Anwendungsbereich

Die Vorschrift gilt für **alle Arten der Kranken- und Pflegeversicherung**, obwohl die sozialpolitischen Gründe für diese Regelung nur bei der substitutiven Krankenversicherung greifen. Gleichwohl findet die Norm ihrem eindeutigen Wortlaut nach auf alle Formen der Krankenversicherung, also auch auf Zusatzversicherungen zur GKV sowie Auslands- und Reisekrankenversicherungen Anwendung.[2] Besteht nur eine **Anwartschaftsversicherung** bei dem Elternteil, kann für das Kind zwar auch die Einbeziehung in diese Versicherung verlangt werden, jedoch tritt Versicherungsschutz erst mit Aufleben der Anwartschaftsversicherung des Elternteils ein. 3

B. Einzelheiten

I. Anmeldung zur Versicherung (Abs. 1)

Abs. 1 eröffnet dem krankenversicherten Elternteil die Option, Versicherungsschutz für das Neugeborene in höchstens gleichem Umfang (»nicht höher und nicht umfassender«) zu **beantragen**. Ob der Elternteil VN, Versicherter oder Gefahrperson ist, ist unerheblich, da Abs. 1 Satz 1 nur das Bestehen einer Krankenversicherung verlangt.[3] Dies kommt deutlich in § 2 Abs. 2 MB/KK 2009 zum Ausdruck, der nur verlangt, dass der Elternteil »versichert« ist. Satz 1 spricht – anders als Satz 2 – nur von einer »Anmeldung«, da der Versicherer insoweit einem **Kontrahierungszwang** unterliegt.[4] Der Anspruch ist auf eine Vertragsänderung (»Anmeldung«) zur Ein- 4

---

[1] Vgl. Abschlussbericht der Kommission zur Reform des Versicherungsvertragsrechts vom 19. April 2004, hrsg. von *E. Lorenz*, VersR-Schriftenreihe, Bd. 25, S. 173 f.
[2] Vgl. BGH VersR 2000, 1533 (Pflegetagegeldversicherung).
[3] Ebenso P/M/*Voit*, § 198 Rn. 11; BK/*Hohlfeld*, § 178d Rn. 5; HK-VVG/*Rogler*, § 198 Rn. 2.
[4] *Buchholz*, VersR 2008, 27; HK-VVG/*Rogler*, § 198 Rn. 4.

§ 198 Kindernachversicherung

beziehung des Kindes als versicherte Personen gerichtet.[5] Zum Abschluss eines eigenständigen Vertrages mit einem anderen VN, z.B. mit dem Elternteil, der bisher nur versicherte Personen oder Gefahrperson ist, besteht nicht.[6]

5 Der **Umfang des Versicherungsschutzes**, auf dessen Gewährung Anspruch besteht, richtet sich nach der Versicherung des Elternteils. Ob das Kind einen entsprechenden Versicherungsbedarf hat, ist unerheblich.[7] Darüber hinaus kann Versicherungsschutz frei vereinbart werden. Wird ein höherer oder umfassenderer Versicherungsschutz beantragt, als er bei einem Elternteil besteht, kommt Versicherungsschutz jedenfalls in dem Umfang zustande, auf den Anspruch besteht.[8] Der Versicherer ist verpflichtet, auf die Abweichung vom beantragten Versicherungsschutz hinzuweisen (§ 5), wenn er den Versicherungsschutz nicht in dem beantragten Umfang gewähren möchte.[9] Es kann auch nur ein geringerer Versicherungsschutz bzw. können nur einzelne Arten des bestehenden Versicherungsschutzes des Elternteils für das Neugeborene beantragt werden. Das Kind muss die tarifliche **Versicherungsfähigkeit** in den beantragten Tarifen haben. Sind beide Elternteile zu unterschiedlichen Tarifen krankenversichert, kann der Versicherungsschutz des einen oder des anderen Elternteils als Maßstab gewählt werden,[10] nicht jedoch die Kombination aus den insgesamt versicherten Tarifen.[11] Dies folgt aus dem Wortlaut des Abs. 1 Satz 2, der nur von einem Elternteil spricht, obwohl der Gesetzgeber in Satz 1 (»mindestens einen Elternteil«) die Möglichkeit der privaten Versicherung beider Elternteile gesehen hat. Ob der Tarif, in dem der Elternteil versichert ist, »verkaufsoffen« ist, ist unerheblich. Die Kindernachversicherung kann auch noch in sog. »Bisex-Tarifen« oder in Tarifen, die vor dem 01.01.2009 ohne Übertragungswert (§ 204 I 1 Nr. 2a) kalkuliert sind, erfolgen, sofern der Elternteil dort versichert ist.

6 Der Versicherer kann weder die Vereinbarung von **Wartezeiten** noch von **Leistungsausschlüssen** verlangen. **Risikozuschläge** können nur im Falle und im Umfang des Abs. 2 verlangt werden.

7 Der Versicherungsschutz kommt bei fristgerechter Anmeldung rückwirkend zustande. Es handelt sich um eine Sonderregelung einer **Rückwärtsversicherung**, auf die § 2 II 2 nicht anzuwenden ist.[12] Es besteht für alle ab Geburt notwendigen medizinischen Heilbehandlungen Versicherungsschutz, auch für angeborene und vererbte Krankheiten, Anomalien und Gesundheitsschädigungen, die während des Geburtsvorgangs entstehen.[13] Schadensersatzansprüche wegen Geburtsschäden gehen nach § 86 auf den Versicherer über.[14] Ansprüche aus einer Pflege(tage)geldversicherung bestehen selbst dann, wenn Pflegebedürftigkeit schon vor dem Versicherungsbeginn durch Adoption bestand.[15]

8 Die **Anmeldefrist** von **zwei Monaten** beginnt mit Vollendung der Geburt. Sie endet gem. §§ 187 I, 188 II BGB an dem Tag des übernächsten Monats, dessen Zahl dem Tage der Geburt entspricht (Beispiel: Geburt am 10.2., Fristende mit Ablauf des 10.4.). Im Fall der **Adoption** beginnt die Frist mit Wirksamwerden der Adoption durch Zustellung des Annahmebeschlusses[16] durch das Vormundschaftsgericht. Der Fristbeginn hängt nicht von der Kenntnis des versicherten Elternteils von dem Versicherungsanspruch ab. Hat der Versicherer z.B. durch eine Nachfrage des versicherten Elternteils Kenntnis von einer bevorstehenden Geburt oder einer Adoption erlangt, besteht Beratungspflicht über den Versicherungsanspruch nach § 6 IV. Innerhalb der Frist muss dem Versicherer die **Anmeldeerklärung** zugegangen sein. An diese formlose Erklärung sind inhaltlich keine hohen Anforderungen zu stellen; es reicht aus, wenn die Geburt oder Adoption angezeigt wird und zum Ausdruck kommt, dass Versicherungsschutz begehrt wird. Die Anmeldeerklärung muss stets **vom VN als Vertragspartner des Versicherers abgegeben** werden, auch wenn dieser nicht Elternteil ist.[17] Hat der vom VN verschiedene Elternteil die Anmeldung fristgerecht angezeigt, wird sich der Versicherer nach Treu und Glauben gegenüber dem VN nicht auf die Fristversäumnis berufen können, wenn der VN die Anmeldung bestätigt. Wird die Anmeldung versäumt, kann nur noch Versicherung im Basistarif nach § 193 V Nr. 2 mit zukünftiger Wirkung verlangt werden.

---

5 Vgl. L/W/*Hütt*, § 198 Rn. 9.
6 **A.A.** wohl P/M/*Voit*, § 198 Rn. 12.
7 Vgl. GB BAV 1977, 56 zu § 2 II MB/KK 1976.
8 P/M/*Voit*, § 198 Rn. 7; PK/*Brömmelmeyer*, § 198 Rn. 9; BK/*Hohlfeld*, § 178d Rn. 3; Bach/Moser/*Hütt*, § 2 MB/KK Rn. 47.
9 Vgl. P/M/*Voit*, § 198 Rn. 7.
10 So auch Bach/Moser/*Hütt*, § 2 MB/KK Rn. 47; P/M/*Voit*, § 198 Rn. 6.
11 L/W/*Hütt*, § 198 Rn. 16; Bach/Moser/*Hütt*, § 2 MB/KK Rn. 47. **A.A.** P/M/*Voit*, § 198 Rn. 7; BK/*Hohlfeld*, § 178d Rn. 4.
12 Begr. zu § 198 I–III, BT-Drucks. 16/3945 S. 112.
13 Vgl. P/M/*Voit*, § 198 Rn. 5; BK/*Hohlfeld*, § 178d Rn. 2.
14 OLG Hamm VersR 2007, 1129.
15 BGH VersR 2000, 1533.
16 Palandt/*Diederichsen*, § 1752 BGB Rn. 2.
17 Vgl. HK-VVG/*Rogler*, § 198 Rn. 2.

II. Adoption (Abs. 2)

Der Anspruch besteht nur bei einer **Minderjährigenadoption** (§§ 1741 ff. BGB), nicht bei der Annahme eines Volljährigen (§§ 1767 ff.). Maßgeblich für die Abgrenzung ist das Alter des Kindes im Zeitpunkt des Erlasses des Annahmebeschlusses.[18]

Der Umfang des Versicherungsanspruchs richtet sich nach Abs. 1. Im Unterschied zur Neugeborenenversicherung, bei der Beginn der Versicherung und Entstehung des zu versichernden Risikos zusammenfallen, kann bei der Adoption der **Versicherungsfall vor Versicherungsbeginn** bereits eingetreten sein. Es handelt sich bei § 198 um eine spezielle gesetzliche Regelung, die dem in § 2 I Satz 2 MB/KK 2009 verankerten Grundsatz, dass für vor Beginn des Versicherungsschutzes bereits eingetretene Versicherungsfälle nicht geleistet wird, vorgeht.[19] Ob und welche Art von Krankenversicherungsschutz für das Kind im Zeitpunkt der Adoption bereits besteht, ist unerheblich. Der Versicherer kann die Anmeldung nicht ablehnen, weil das Kind bereits ausreichend versichert ist.

Der Versicherer kann – anders als bei der Neugeborenenversicherung – einen **Risikozuschlag** bis zur einfachen Prämienhöhe verlangen, wenn hierfür ein medizinischer Grund besteht. Grundlage dieser Beurteilung sind die Risikoprüfungsgrundsätze des Versicherers. Die Höhe des Risikozuschlags innerhalb dieses Rahmens bestimmt der Versicherer gem. §§ 315, 316 BGB i.V.m. §§ 146 III 1, 138 IV VAG. Der ohne Einschränkungen bestehende Kontrahierungszwang des Versicherers wird dadurch modifiziert: Er ist nur verpflichtet, dem VN die Versicherung des Adoptivkindes mit Risikozuschlag anzubieten. Anderenfalls kann nicht von »vereinbaren« eines Risikozuschlags gesprochen werden.[20] Der VN kann dann entweder das Angebot annehmen oder auf die Versicherung für das Adoptivkind insgesamt verzichten. Hält der VN den verlangten Risikozuschlag dem Grunde oder der Höhe nach für nicht gerechtfertigt, kann er das Angebot des Versicherers unter Vorbehalt annehmen und im Wege der Feststellungsklage den fehlenden Anspruch des Versicherers auf den Risikozuschlag in der verlangten Höhe feststellen lassen.[21]

III. Mindestvertragsdauer des Elternteils (Abs. 3)

Abs. 3 lässt die Vereinbarung einer Mindestvertragsdauer von bis zu drei Monaten zu, bevor aufgrund dieses Vertrages der Anspruch aus Abs. 1 und 2 besteht. Die **Vereinbarung ist in § 2 II 1 MB/KK 2009** getroffen. Um Missbrauch zu vermeiden, ist nicht auf die Dauer des Bestehens des Vertrages, sondern auf die **Dauer des Versicherungsschutzes** (Tarifbeginn), der in gleichem Umfang für das Kind beantragt wird, abzustellen. Anderenfalls könnte der maßgebliche Elternteil noch vor der Geburt oder Adoption kurzfristig aufstocken, wenn Gesundheitsstörungen des Kindes zu befürchten sind. Die Mindestvertragsdauer ist ab dem tatsächlichen Geburtstermin[22] bzw. dem Wirksamwerden der Adoption (oben Rdn. 8) zurückzurechnen.[23]

IV. Nachversicherungsbeschränkung in der Auslands- und der Reiseversicherung (Abs. 4)

Abs. 4 stellt zunächst klar, dass die Bestimmungen über die Kindernachversicherung grundsätzlich auch auf die Auslands- und die Reisekrankenversicherung anzuwenden sind. Dies gilt jedoch dann nicht, wenn ein anderweitiger Krankenversicherungsschutz besteht, weil insoweit kein Schutzbedürfnis vorhanden ist.[24]

Reisekrankenversicherungen bieten Versicherungsschutz in der Regel nur bei Auslandsreisen für meist eine beschränkte Auslandsaufenthaltsdauer. Bei den in Abs. 4 genannten Auslandskrankenversicherungen sind in Abgrenzung zu den Reiseversicherungen solche Krankenversicherungen gemeint, die bei längerem Auslandsaufenthalt (z.B. Auslandsstudium) abgeschlossen werden. Nicht darunter fallen Krankenversicherungen, die im Ausland abgeschlossen werden oder inländische (Voll-)Versicherungen, die auch bei Auslandsaufenthalt Versicherungsschutz bieten.

Ein Bedürfnis für die Kindernachversicherung auch bei Auslands- oder Reiseversicherungen besteht z.B. dann, wenn bei der **Geburt im Ausland** die Familienversicherung gem. § 10 SGB V aus geographischen Gründen für Heilbehandlungen des Neugeborenen nicht leistungspflichtig ist. Kein Bedürfnis besteht dagegen, wenn für das Neugeborene aufgrund der automatischen Familienversicherung und eines Sozialversicherungsabkommens am Aufenthaltsort Versicherungsschutz besteht oder das Neugeborene in der gesetzlichen Krankenversicherung im Ausland versichert ist.

---

18 OLG Stuttgart FamRZ 2007, 839 = NJW-RR 2007, 732 (unter II. 4.).
19 Eingehend dazu BGH VersR 2000, 1533.
20 So auch P/M/*Voit*, § 198 Rn. 14. **A.A.** PK/*Brömmelmeyer*, § 198 Rn. 12; L/W/*Hütt*, § 198 Rn. 20; HK-VVG/*Rogler*, § 198 Rn. 9 (einseitiges Leistungsbestimmungsrecht des Versicherers).
21 Vgl. den Vorschlag von *Wriede*, VersR 1994, 252, 251. Anders BK/*Hohlfeld*, § 178d Rn. 10, der bei Nichteinigung vom Zustandekommen der Versicherung ausgeht und den Versicherer wegen der von ihm geforderten Prämie auf den Klageweg verweist; ebenso Bach/Moser/*Hütt* § 2 MB/KK Rn. 49. Wie hier P/M/*Voit* § 198 Rn. 14.
22 Vgl. OLG Köln VersR 1998, 352: tatsächlicher, nicht errechneter Geburtstermin.
23 Berechnung wie oben Rdn. 8.
24 Vgl. Abschlussbericht (o. Fn. 1) S. 411.

16 Der »anderweitige Versicherungsschutz« muss **bestehen**, d.h. es muss materieller Versicherungsschutz spätestens im Zeitpunkt der Anmeldung nach Abs. 1 gegeben sein, um den Versicherungsanspruch auszuschließen. »Soweit« ist zu verstehen als »in dem Umfang, in dem« anderweitiger Versicherungsschutz **der Art nach** besteht (Gleichartigkeit des Versicherungsschutzes). Ist der Versicherungsschutz der Auslands- oder der Reiseversicherung des Elternteils nur qualitativ höherwertiger als der anderweitig bestehende Versicherungsschutz eines Elternteils, besteht kein Anspruch auf Nachversicherung. Es würde sonst eine Doppelversicherung begründet werden. Eine Aufspaltung der Auslands- oder Reiseversicherung in Teile, die dann nur subsidiär zum anderweitigen Versicherungsschutz hinzutreten, soweit dieser höhere Leistungen bietet, würde der Absicht des Gesetzgebers nicht gerecht. Dafür hätte es der Einschränkung in Abs. 4 nicht bedurft, denn dieses Ergebnis ergäbe sich auch über die Doppelversicherungsvorschriften bzw. über die Regelung des § 200.

V. Abdingbarkeit

17 § 198 ist gem. § 208 **halbzwingend**.

§ 199 Beihilfeempfänger.

(1) Bei der Krankheitskostenversicherung einer versicherten Person mit Anspruch auf Beihilfe nach den Grundsätzen des öffentlichen Dienstes kann vereinbart werden, dass sie mit der Versetzung der versicherten Person in den Ruhestand im Umfang der Erhöhung des Beihilfebemessungssatzes endet.

(2) ¹Ändert sich bei einer versicherten Person mit Anspruch auf Beihilfe nach den Grundsätzen des öffentlichen Dienstes der Beihilfebemessungssatz oder entfällt der Beihilfeanspruch, hat der Versicherungsnehmer Anspruch darauf, dass der Versicherer den Versicherungsschutz im Rahmen der bestehenden Krankheitskostentarife so anpasst, dass dadurch der veränderte Beihilfebemessungssatz oder der weggefallene Beihilfeanspruch ausgeglichen wird. ²Wird der Antrag innerhalb von sechs Monaten nach der Änderung gestellt, hat der Versicherer den angepassten Versicherungsschutz ohne Risikoprüfung oder Wartezeiten zu gewähren.

(3) Absatz 2 gilt nicht bei Gewährung von Versicherung im Basistarif.

Übersicht

	Rdn.		Rdn.
A. Allgemeines	1	II. Anpassungsrecht (Abs. 2)	5
I. Normzweck	1	III. Anpassungsausschluss für den Basistarif	
II. Entstehungsgeschichte	3	(Abs. 3)	15
B. Einzelheiten	4	IV. Abdingbarkeit	16
I. Teilbefristung (Abs. 1)	4		

Schrifttum:
Präve, Der Anpassungsanspruch des VN gem. § 178e VVG an einen geänderten Beihilfeanspruch, VersR 1998, 397.

A. Allgemeines

I. Normzweck

1 Krankheitskostentarife, die als Prozenttarife ergänzend zum Beihilfeanspruch eines Versicherten abgeschlossen werden, wären ohne die Regelung in **Abs. 1**, auf die § 195 I verweist, unbefristet. Die Möglichkeit der **Teilbefristung des Versicherungsschutzes**, soweit dieser mit Erhöhung des Beihilfesatzes ab Eintritt in den Ruhestand nicht mehr benötigt wird, reduziert die Prämie. Da die Kopfschäden (§ 6 KVAV) mit dem Lebensalter der Versicherten erheblich steigen, müssen bei unbefristeten und für den Versicherer unkündbaren Krankenversicherungen wesentlich höhere Alterungsrückstellungen aufgebaut werden als bei entsprechenden Versicherungen mit einem niedrigeren kalkulierten Endalter.[1] Ein Befristungsverbot wäre daher für die Regelfälle des Eintritts in den Ruhestand zum üblichen Pensionsalter gegen die Interessen der Versicherten gerichtet.

2 **Abs. 2** eröffnet dem VN die Option auf **Anpassung des Versicherungsschutzes** bei veränderten Beihilfesätzen oder dem Wegfall des Beihilfeanspruchs. Die Vorschrift ist notwendig, um das Interesse beihilfeberechtigter Versicherter an einer vollen Deckung der dem Grunde nach beihilfefähigen Aufwendungen im Krankheitsfall zu sichern.[2] Ferner ermöglicht die Vorschrift dem Beihilfeberechtigten, seiner Pflicht zur ergänzenden Versicherung im Umfang des § 193 III stets nachzukommen.

---

1 Vgl. Abschlussbericht der Kommission zur Reform des Versicherungsvertragsrechts vom 19. April 2004, hrsg. von *E. Lorenz*, VersR-Schriftenreihe, Bd. 25, S. 169.
2 Vgl. Begr. zu § 178e VVG a.F., BT-Drucks. 12/6959 S. 105.

II. Entstehungsgeschichte

Durch das VVG-Reformgesetz wurde Abs. 1 neu geschaffen. Abs. 2 übernimmt im Wesentlichen § 178e VVG 3
a.F., jedoch unter Verlängerung der Frist in Abs. 2 Satz 2 auf 6 Monate und der Klarstellung, dass eine Erweiterung des Versicherungsschutzes im Rahmen des Anspruchs nach Abs. 2 nicht von einer Risikoprüfung oder der Einhaltung von Wartezeiten abhängen darf. Abs. 3 wurde durch das GKV-WSG mit Wirkung ab 01.01.2009 angefügt.

B. Einzelheiten

I. Teilbefristung (Abs. 1)

Die Befristung kann nicht auf ein bestimmtes Alter vereinbart werden, sondern muss auf den **Ruhestandsein-** 4
tritt des einzelnen versicherten Beamten abstellen, da sowohl eine vorzeitige Pensionierung, eine Erhöhung der Lebensarbeitszeit oder in Ausnahmefällen eine individuelle Dienstzeitverlängerung über das vorgesehene Eintrittsalter in den Ruhestand hinaus beim Versicherungsschutz berücksichtigt werden müssen.[3] Für die Kalkulation muss der Versicherer einen realistischen Mittelwert finden.[4] Der Befristung unterliegt nicht der höhere Prozenttarif während der aktiven Dienstzeit insgesamt, sondern nur dessen – kalkulatorischer – Anteil, der infolge der Beihilfesatzerhöhung ab dem Eintritt in den Ruhestand voraussichtlich entfallen wird. Anderenfalls würde dem VN ein Teil der Alterungsrückstellung fehlen, die für den im Ruhestand noch benötigten Umfang des Versicherungsschutzes zu bilden ist. Sollte sich der Beihilfeumfang im Ruhestand ändern, schließt eine vereinbarte Teilbefristung nach Abs. 1 den Anspruch auf Anpassung nach Abs. 2 nicht aus. Eine Befristungsvereinbarung nach Abs. 1 hat in erster Linie Bedeutung für die Kalkulation des Versicherers (s. oben Rdn. 1). Der formale Wechsel in einen Tarif der geringeren Prozentstufe ab Eintritt in den Ruhestand steht der Befristung nicht entgegen, sondern ist lediglich die technische Umsetzung der Befristungsvereinbarung.

II. Anpassungsrecht (Abs. 2)

Die Anpassung des Versicherungsschutzes trägt dem Bedürfnis des VN Rechnung, ohne nachteilige Berück- 5
sichtigung von Faktoren, die er selbst nicht beeinflussen kann, einen umfassenden Versicherungsschutz zu wahren. Deshalb erlegt § 199 dem Versicherer einen **Kontrahierungszwang** auf, ohne dass dieser zuvor die Möglichkeit einer neuerlichen Risikoprüfung hätte. Dadurch kann der VN seine Krankheitskosten im bisherigen Umfang abdecken.[5]

Der Anspruch setzt voraus, dass der VN **bereits Kostentarife in Ergänzung zur Beihilfe versichert hat** und 6
diese den **Leistungsbereich** (z.B. ambulante, stationäre oder zahnärztliche Leistungen) abdecken, der von der Änderung von Beihilfevorschriften betroffen ist.[6] Anderenfalls kann nicht mehr von einer »Anpassung« des Versicherungsschutzes gesprochen werden, sondern es käme eine völlig andere Art des Versicherungsschutzes hinzu. Hat der VN beispielsweise darauf verzichtet, Versicherungsschutz auch für zahnärztliche Behandlungen abzuschließen, kann er im Falle einer Minderung oder des Wegfalls des Beihilfeanspruchs aus § 199 nicht die Einbeziehung der zahnärztlichen Behandlung in den Versicherungsschutz verlangen.[7] Er kann in diesem Fall auch nicht verlangen, dass Zahnleistungen im Umfang der Änderung versichert werden.

Der Anpassungsanspruch besteht bei **Änderung des Beihilfebemessungssatzes** oder bei **Wegfall des Bei-** 7
hilfeanspruchs. Ein **teilweiser Wegfall** des Beihilfeanspruchs, z.B. bei Einführung einer Eigenbeteiligung, reicht aus.[8] Ein teilweiser Wegfall des Anspruchs liegt auch vor, wenn bestimmte Leistungen von der Beihilfe nicht mehr im bisherigen Umfang übernommen oder aus dem Leistungskatalog gestrichen werden.[9] Für die hier vertretene Auffassung spricht auch Abs. 3. Würde nur eine Beihilfesatzänderung oder der Wegfall des Beihilfeanspruchs den Anpassungsanspruch auslösen, bedürfte es nicht des Ausschlusses von Abs. 2 durch Abs. 3, denn in diesen Fällen findet auch im Basistarif eine Anpassung aufgrund des Kontrahierungszwangs des Versicherers statt. Eine Anpassung kann nur im Rahmen bestehender Krankheitskostentarife des Versicherers verlangt werden.[10] Der Versicherer ist nicht verpflichtet, anlässlich einer Änderung des Beihilferechts neue Tarife aufzulegen, um für seine VN fehlenden Versicherungsschutz zu ergänzen.[11] Besteht beim Versicherer nur ein Tarif, der über die teilweise weggefallenen Beihilfeleistungen hinaus auch nicht beihilfefähige Aufwendungen

---

3 Wie hier PK/*Brömmelmeyer*, § 199 Rn. 3; **A.A.** P/M/*Voit*, § 199 Rn. 4 (auch zeitliche Befristung zulässig).
4 Abschlussbericht (o. Fn. 1) S. 170.
5 Vgl. BGH VersR 2007, 196, 197.
6 OLG Stuttgart VersR 2015, 309, 311. **A.A.** *Präve*, VersR 1998, 397, 398, der bereits das Bestehen einer Krankenhaustagegeldversicherung ausreichen lassen will, um dem VN Anspruch auf Aufstockung des Versicherungsschutzes im Umfang einer Beihilfeänderung zu geben.
7 BK/*Hohlfeld*, § 178e Rn. 2.
8 Vgl. LG Stuttgart VersR 2003, 53; BK/*Hohlfeld*, § 178e Rn. 1; *Präve*, VersR 1998, 397, 399.
9 So OLG Stuttgart VersR 2015, 309, 310; LG Stuttgart VersR 2003, 53; LG Saarbrücken, Urt. vom 28.05.1997, 12 O 214/96. Ebenso PK/*Brömmelmeyer*, § 199 Rn. 7; P/M/*Voit*, § 199 Rn. 6; HK-VVG/*Rogler*, § 199 Rn. 4. **A.A.** Bach/Moser/*Hütt*, § 199 Rn. 5; L/W/*Hütt*, § 199 Rn. 10.
10 *Präve*, VersR 1998, 397, 398.
11 P/M/*Voit*, § 199 Rn. 13 unter Hinweis auf LG Stuttgart VersR 2003, 53.

einschließt, hat der VN Anspruch auf Versicherung in diesem Tarif.[12] Allerdings wird man diesem Fall dem Versicherer das Recht einräumen müssen, hinsichtlich der überschießenden Leistungen in analoger Anwendung von § 204 I 2 einen Risikozuschlag oder einen Leistungsausschluss zu verlangen, sofern der VN in Bezug auf die überschießenden Leistungen ein erhöhtes Risiko darstellt.[13]

8 Bei Antragstellung innerhalb der **Frist von 6 Monaten** nach der Änderung oder dem Wegfall[14] des Beihilfeanspruchs hat der Versicherer den angepassten Versicherungsschutz **ohne Risikoprüfung** oder Wartezeiten zu gewähren. Die Frist läuft unabhängig von der Kenntnis des VN von der Änderung oder dem Wegfall des Beihilfeanspruchs.[15] Ist dem Versicherer eine eingetretene Änderung bekannt geworden, besteht gem. § 6 IV eine Pflicht zur Beratung des VN über seinen Vertragsanpassungsanspruch. Der Versicherer ist aber nicht verpflichtet, mögliche Änderungen in den persönlichen Verhältnissen des VN bzw. der mitversicherten Personen (z.B. das Erreichen von Altersgrenzen beihilfeberechtigter Kinder) oder des Beihilferechts des Bundes oder aller Bundesländer fortlaufend zu überwachen und auf mögliche Anpassungsbedarf hinzuweisen.[16]

9 Aus der Formulierung des § 178e VVG a.F. »ohne *erneute* Risikoprüfung« wurde durch das VVG-Reformgesetz das Wort »erneut« gestrichen, wodurch klargestellt werden soll, »dass es auch dann keiner Risikoprüfung bedarf, wenn eine solche zu einem früheren Zeitpunkt nicht stattgefunden hat«.[17] Die Streichung des Wortes »erneut« kann also nicht so verstanden werden, dass auch eine bei Vertragsabschluss erfolgte Risikoprüfung und Risikoeinstufung für die Vertragsanpassung an die Beihilfeänderung bedeutungslos wäre. Der **bei Vertragsbeginn festgestellte Gesundheitszustand** und die vom Versicherer mit Blick darauf vorgenommene Risikoeinstufung bleiben auch für den weiteren Verlauf des Versicherungsverhältnisses maßgeblich; der Versicherer ist gehindert, die begehrte Aufstockung des Versicherungsschutzes von Risikozuschlägen abhängig zu machen, weil sich der Gesundheitszustand des Versicherten mittlerweile nachteilig verändert und das vom Versicherer zu tragende Risiko damit verschlechtert hat oder aufgrund später gewonnener Erkenntnisse die anfängliche Bewertung des Risikos zu günstig erscheinen.[18] Eine noch laufende Risikoprüfung vor Antragsannahme darf aber weitergeführt werden.[19] Hat der Versicherer entgegen Abs. 2 Satz 2 mit dem VN Risikozuschläge vereinbart, kann der VN den rückwirkenden Wegfall der Risikozuschläge unter dem Gesichtspunkt der Arglisteinrede verlangen.[20]

10 Bei fristgerechtem Anpassungsantrag ist der VN von **Wartezeiten** (§ 197) befreit. Wegen der strukturellen Ähnlichkeit des Anpassungsanspruchs nach Abs. 2 mit dem Tarifwechselanspruch gem. § 204 sind vor der Anpassung zurückgelegte Versicherungszeiten in Tarifen mit gleicher Leistungsart bei **laufzeitabhängigen Leistungsstufen** (»Zahnstaffel«) beim hinzukommenden Versicherungsschutz anzurechnen.[21]

11 Der Prämienberechnung für den Erhöhungsteil des Versicherungsschutzes nach Änderung oder Wegfall der Beihilfeberechtigung ist das **aktuelle Lebensalter** ab der Aufstockung des Versicherungsschutzes zugrunde zu legen.[22] Dem VN sind – wie bei einem Tarifwechsel gem. § 204 I Nr. 1 Hs. 1 (s. § 204 Rdn. 15) – nur die **Alterungsrückstellungen** gutzubringen, zu denen er in der Vergangenheit für den bislang versicherten Leistungsanspruch durch die von ihm gezahlten Prämien beigetragen hat.[23]

12 Der **Zeitpunkt des Wirksamwerdens** der Änderung ist gesetzlich nicht bestimmt. Die Funktion des § 199, einen umfassenden Schutz für den Beihilfeberechtigten in Form einer im bisherigen Versicherungsschutz einzukalkulierenden Anwartschaft auf Anpassung des Versicherungsschutzes zu gewähren, legt die **Rückwirkung auf den Änderungszeitpunkt der Beihilfe** nahe, sofern der VN die Anpassung fristgerecht beantragt. Dafür spricht die durch das VVG-Reformgesetz bewirkte Verlängerung der Frist für das Anpassungsverlangen von zwei auf sechs Monate, wodurch der Schutz der VN weiter verstärkt wurde. Der Anspruch ist somit auf **Rückwärtsversicherung** gerichtet, für die § 2 II 2 nicht gilt.[24]

13 Abs. 2 **berechtigt nur den VN**, eine Anpassung zu verlangen. Der Versicherer kann eine Änderung der Beihilfe nicht zum Anlass nehmen, seinerseits eine Vertragsänderung (Aufstockung oder Herabsetzung) zu verlan-

---

12 OLG Stuttgart VersR 2015, 309, 311.
13 Ähnlich wie hier P/M/*Voit*, § 199 Rn. 13. **A.A.** OLG Stuttgart VersR 2015, 309, 311, das allerdings die analoge Anwendung von § 204 I 2 nicht thematisiert.
14 P/M/*Voit*, § 199 Rn. 5.
15 P/M/*Voit*, § 199 Rn. 16 unter Hinweis auf OLG Saarbrücken r+s 1997, 208; PK/*Brömmelmeyer*, § 199 Rn. 12.
16 Eingehend zur Beratungspflicht des Versicherers bei Beihilfeänderungen OLG Saarbrücken VersR 2011, 1556.
17 Begr. zu § 199 II, BT-Drucks. 16/3945 S. 113.
18 BGH VersR 2007, 196, 197.
19 Vgl. BK/*Hohlfeld*, § 178e Rn. 3.
20 P/M/*Voit*, § 199 Rn. 23.
21 Zur Anrechnung der bisherigen Versicherungsdauer auf Leistungsstaffeln bei Tarifwechsel s. BVerwG VersR 2007, 1253. S. dazu eingehend *Buchholz*, VersR 2008, 27, sowie die ablehnende Anmerkung von *Grote/Finkel* zur Vorinstanz VG Frankfurt (Main) VersR 2007, 339.
22 BGH VersR 2007, 196; LG Würzburg VersR 2014, 1494, 1495.
23 BGH VersR 2007, 196, 197.
24 P/M/*Voit*, § 199 Rn. 9; HK-VVG/*Rogler*, § 199 Rn. 7; PK/*Brömmelmeyer*, § 199 Rn. 9. **A.A.** BK/*Hohlfeld*, § 178e Rn. 4.

gen.²⁵ Eine vertragliche Vereinbarung, die für den Fall der Beihilfesatzänderung eine **automatische Anpassung** des Versicherungsschutzes mit Wirkung auf den Änderungszeitpunkt beinhaltet, dient der Erfüllung der Versicherungspflicht (§ 193 III) bzw. bewahrt den VN vor einer Überversicherung (§ 200) und ist deshalb zulässig.

Wird ein vollversicherter VN **erstmals beihilfeberechtigt**, ist Abs. 2 nicht anwendbar. Der VN kann dann nach Maßgabe des § 204 in Beihilfeprozenttarife des Versicherers wechseln. 14

III. Anpassungsausschluss für den Basistarif (Abs. 3)

Abs. 3 schließt den Anspruch nach Abs. 2 für Beihilfeversicherte im **Basistarif** aus. Auf den Basistarif ist der Anspruch nach Abs. 2 nicht übertragbar, da die spiegelbildlich zu den Beihilfevorschriften gestalteten Beihilfetarife sich vom Leistungsumfang der GKV unterscheiden. Für Beihilfeberechtigte gibt es eigene Varianten des Basistarifs; diese entsprechen im Leistungsumfang dem Basistarif, nur der Prozentsatz der Erstattung kann unterschiedlich sein. Eine spiegelbildliche Nachbildung von Beihilfeänderungen im Basistarif ist daher nicht vorgesehen, weshalb **Abs. 3** für **Basistarifversicherte** den Anspruch nach Abs. 2 ausschließt.²⁶ 15

IV. Abdingbarkeit

§ 199 ist gem. § 208 **halbzwingend**. 16

§ 200 Bereicherungsverbot.
Hat die versicherte Person wegen desselben Versicherungsfalles einen Anspruch gegen mehrere Erstattungsverpflichtete, darf die Gesamterstattung die Gesamtaufwendungen nicht übersteigen.

Übersicht

	Rdn.		Rdn.
A. Allgemeines	1	B. Einzelheiten	4
I. Normzweck	1	I. Voraussetzungen	4
II. Entstehungsgeschichte	2	II. Rechtsfolgen	5
III. Anwendungsbereich	3	III. Abdingbarkeit	9

A. Allgemeines

I. Normzweck

Die Vorschrift soll eine Überkompensation der dem VN entstandenen Behandlungskosten durch Inanspruchnahme »mehrerer Erstattungsverpflichteter«, insbesondere bei Zusammentreffen von PKV und Beihilfe, verhindern. Ein allgemeines Bereicherungsverbot kennt das Versicherungsrecht nicht.¹ Ferner sind versicherungsvertragsrechtliche Vorschriften, insbesondere über die Mehrfachversicherung (§§ 77 ff.), nicht auf das Zusammentreffen privatversicherungs- und öffentlichrechtlicher Ansprüche anwendbar.² Der Versicherer konnte vor Einführung von § 200 seine Leistungspflicht nicht deshalb kürzen, weil der VN einen höheren Erstattungssatz versichert hatte, als zur Ergänzung des Beihilfeanspruchs notwendig war. Der Versicherer hat auch keinen Anspruch auf Anpassung des Versicherungsvertrags an den Beihilfeanspruch des Versicherten.³ 1

II. Entstehungsgeschichte

Die Vorschrift wurde durch das VVG-Reformgesetz neu geschaffen. Der Vorschlag der VVG-Kommission sah eine um Leistungen der Beihilfeträger und der Kranken- oder Pflegekassen verminderte Leistungspflicht des privaten Krankenversicherers vor.⁴ Darin erblickte der Gesetzgeber die Festlegung einer nur subsidiären Verpflichtung des Krankenversicherers bei in der Summe überkompensatorischen Ansprüchen des VN gegen mehrere Erstattungsverpflichtete und hat diesen Vorschlag nicht übernommen. Eine bestimmte Rangfolge 2

---

25 S. LG Coburg VersR 2004, 1591 (Änderungsmitteilung des Versicherers mit »Widerspruchsrecht« für den VN); OLG Frankfurt (Main) OLGR Frankfurt 2006, 949 (Kein Anspruch des Versicherers auf Reduzierung des Versicherungsschutzes wegen eines bestehenden Beihilfeanspruchs).
26 Vgl. Begr. zu § 178e VVG i.d.F. des GKV-WSG, BT-Drucks. 16/3100 S. 206.
1 BGHZ 147, 212 = VersR 2001, 749.
2 Vgl. OLG Frankfurt (Main) OLGR Frankfurt 2006, 949 m.w.N. zur Unanwendbarkeit von §§ 51 ff. VVG a.F.
3 OLG Frankfurt (Main) OLGR Frankfurt 2006, 949.
4 Der Vorschlag der VVG-Kommission (§ 191, Abschlussbericht der Kommission zur Reform des Versicherungsvertragsrechts vom 19. April 2004, hrsg. von *E. Lorenz*, VersR-Schriftenreihe, Bd. 25, S. 279) lautet: »Hat die versicherte Person wegen desselben Versicherungsfalles Anspruch auf Beihilfe nach den Grundsätzen des öffentlichen Dienstes oder Anspruch auf Kostenerstattung gegen eine Kranken- oder Pflegekasse nach den Vorschriften des Fünften oder des Elften Buches Sozialgesetzbuch, so ist der Versicherer nur abzüglich der Leistungen der Beihilfeträger und der Kranken- oder Pflegekassen zur Leistung verpflichtet«.

§ 200 Bereicherungsverbot

der Leistungsverpflichtungen wurde nicht begründet.[5] Die Bestimmung ist ähnlich der Einschränkung der Beihilfe nach § 48 Satz 1 BBhV[6] und den entsprechenden landesrechtlichen Bestimmungen.

III. Anwendungsbereich

3 Das Bereicherungsverbot bezieht sich nur auf Krankenversicherungen, die **Schadensversicherung** sind, und nicht auf Summenversicherungen.[7] Zur Abgrenzung s. § 194 I. Besteht **Doppelversicherung** durch zwei Krankheitskostenversicherungsverträge ist nicht § 200, sondern § 78 anzuwenden (§ 194 I 1).[8]

B. Einzelheiten

I. Voraussetzungen

4 Die **versicherte Person** muss Ansprüche gegen mehrere **Erstattungsverpflichtete** haben. Als Erstattungsverpflichtete kommen sowohl private als auch öffentlichrechtliche Leistungsträger, insbesondere Beihilfeträger, in Betracht, gegen die ein **Rechtsanspruch auf Erstattung** besteht. Freiwillige Leistungen Dritter scheiden aus. Ansprüche der versicherten Person, die nach § 86 I auf den Versicherer übergehen oder deren Übergang nach § 86 III ausgeschlossen ist, bleiben außer Betracht. Gegenstand der Ansprüche der versicherten Person muss die Erstattung oder Freistellung von denselben Kosten sein, die der Versicherer nach dem Versicherungsvertrag für diesen Versicherungsfall dem VN zu ersetzen hätte (kongruente Ansprüche).

II. Rechtsfolgen

5 Soweit durch die Leistung des Versicherers unter Berücksichtigung der bereits von anderen Erstattungsverpflichteten erbrachten Leistungen die Gesamtaufwendungen überschritten würden, ist der Versicherer **leistungsfrei**. Der Begriff »Gesamterstattung« setzt eine **tatsächliche Leistung** seitens anderer Erstattungsverpflichteter an den VN oder die versicherte Person voraus.[9] Nichts anderes besagte auch der Vorschlag der VVG-Kommission,[10] der die Leistungspflicht des Versicherers unter Abzug der »Leistungen« eines anderen Erstattungsverpflichteten vorsah. Auch nach dieser Formulierung sollten also nur **tatsächlich bereits erbrachte Leistungen** angerechnet werden. Lediglich das Bestehen anderweitiger deckungsgleicher Ansprüche reicht nicht aus. Sonst bestünde die Gefahr, dass der VN von jedem Erstattungsverpflichteten jeweils auf die Inanspruchnahme eines anderen verwiesen werden könnte, ggf. verbunden mit dem Risiko eines Rechtsstreits über das Bestehen von Ansprüchen gegen einen der Erstattungsverpflichteten. Der VN kann bis zum Erreichen der vollen Erstattung nach seiner Wahl die Verpflichteten in Anspruch nehmen.[11]

6 Der Formulierung »**darf nicht übersteigen**« kommt – anders als bei der gleichlautenden Verwendung in § 4 II MB/KT 2009[12] – verbindlicher Charakter zu, sofern vertraglich nichts Abweichendes vereinbart wurde (s. unten Rdn. 9). Die Regelung gewährt dem Versicherer eine **Einrede gegenüber dem Leistungsanspruch** des VN.[13]

7 Ist durch die Leistung des Versicherers eine Überkompensation der Gesamtaufwendungen eingetreten, weil bereits erbrachte Leistungen anderer Erstattungsverpflichteter nicht berücksichtigt wurden, kann der Versicherer die Leistung insoweit zurückfordern. Der den Gesamtaufwand übersteigende Betrag wurde **rechtsgrundlos geleistet** (§ 812 I 1 Alt. 1 BGB). Ob der Versicherer oder der Beihilfeträger zurückfordern kann, hängt davon ab, wessen Zahlung als zeitlich spätere zur Überkompensation geführt hat; denn erst durch die spätere Zahlung ist ein Übersteigen der Gesamt**erstattung** gegenüber den Gesamtaufwendungen eingetreten.[14] Eine Ausgleichsregelung zwischen den Leistungsträgern enthält die Vorschrift nicht. §§ 426 BGB ist nicht anwendbar.[15] Das mehr oder weniger zufällige Entstehen des Rückforderungsanspruchs bei dem Versicherer oder dem Beihilfeträger ist Folge der Anknüpfung des Bereicherungsverbots an die tatsächliche Leistung (»Erstattung«), nicht

---

5 Begr. zu § 200, BT-Drucks. 16/3945 S. 113.
6 Verordnung über Beihilfe in Krankheits-, Pflege- und Geburtsfällen (Bundesbeihilfeverordnung – BBhV) v. 13.02.2009, BGBl. I S. 326, zuletzt geändert durch VO v. 17.12.2009, BGBl. I S. 3922.
7 Begr. zu § 200, BT-Drucks. 16/3945 S. 113.
8 Vgl. zur Anwendbarkeit von § 59 I VVG a.F. (jetzt § 78) auf die Krankheitskostenversicherung BGH VersR 2004, 994.
9 So auch ausdrücklich § 48 BBhV, der von »gewährten Leistungen« spricht.
10 S. oben Fn. 4.
11 P/M/*Voit*, § 200 Rn. 15.
12 In der Krankentagegeldversicherung als Summenversicherung hat § 4 II MB/KT »bloßen Programmcharakter«, der nicht zu einer Leistungskürzung berechtigt (str.). Zum Meinungsstand s. Nachweise bei P/M/*Voit*, § 4 MB/KT 09 Rn. 5.
13 P/M/*Voit*, § 200 Rn. 6. A.A. HK-VVG/*Rogler*, § 200 Rn. 11 ff., der von der Teilnichtigkeit einer überkompensatorischer Erstattungsvereinbarung gem. § 134 BGB ausgeht.
14 So auch *Marlow/Spuhl*, Rn. 1306.
15 L/W/*Hütt*, § 200 Rn. 31. A.A. P/M/*Voit*, § 200 Rn. 16 ff., der von einer Ausgleichsregelung zwischen den Leistungsträgern nach den Regeln der unechten Gesamtschuld ausgeht.

an die Kumulation von Ansprüchen. Das Ergebnis steht im Einklang mit der Absicht des Gesetzgebers, keine Rangfolge der Leistungsverpflichtung festlegen zu wollen.[16]

Der Versicherer kann vom VN **Auskunft und ggf. Nachweise** über Erstattungen von anderen Erstattungsverpflichteten nach § 31 I verlangen (s. auch § 9 II MB/KK 2009). Bis zur Erfüllung der Auskunfts- und Nachweispflicht ist die Versicherungsleistung gem. § 14 I nicht fällig. Im Beihilferecht (z.B. § 10 II BBhV) wird der Nachweis des ergänzenden Krankenversicherungsschutzes zur Voraussetzung für den Anspruch auf Beihilfe erhoben[17], um die Erfüllung der Versicherungspflicht (§ 193 III) sicherzustellen und eine Überkompensation zu vermeiden. 8

III. Abdingbarkeit

§ 200 ist abdingbar. Der Versicherer kann seine Leistungspflicht durch eine **Subsidiaritätsklausel** begrenzen.[18] § 5 III MB/KK 2009 begrenzt die Leistungen des Versicherers bei deckungsgleichen Ansprüchen der versicherten Person aus der gesetzlichen Unfallversicherung, der gesetzlichen Rentenversicherung, auf eine gesetzliche Heilfürsorge oder Unfallfürsorge auf die Leistungen, die trotz der gesetzlichen Leistungen notwendig bleiben. Auf Beihilfeansprüche ist § 5 III MB/KK 2009 nicht anwendbar, da es sich bei der Beihilfe nicht um freie Heilfürsorge handelt.[19] Eine Ausdehnung der Klausel bei kongruentem Anspruch auf Beihilfe ist möglich[20] und dient zur Durchsetzung des Normzwecks. Das allgemeine Nachrangprinzip der Beihilfe[21] steht dem nicht entgegen, da eine Subsidiaritätsklausel nichts anderes bewirkt, als den Leistungsanspruch gegen den Versicherer so anzupassen, dass eine Überkompensation ausgeschlossen ist. 9

§ 201 Herbeiführung des Versicherungsfalles. Der Versicherer ist nicht zur Leistung verpflichtet, wenn der Versicherungsnehmer oder die versicherte Person vorsätzlich die Krankheit oder den Unfall bei sich selbst herbeiführt.

Übersicht

	Rdn.		Rdn.
A. Allgemeines	1	I. Herbeiführung »bei sich selbst«	4
I. Normzweck	1	II. Vorsatz	7
II. Entstehungsgeschichte	2	III. Fallgruppen	9
III. Anwendungsbereich	3	IV. Beweislast	14
B. Einzelheiten	4	V. Abdingbarkeit	15

Schrifttum:
Renger, Diskussionsentwurf zur gesetzlichen Regelung der privaten Krankenversicherung in Deutschland, VersR 1993, 678; *Voit*, Die Mitversicherung von Ehegatten in der privaten Krankenversicherung, NJW 2006, 2225; *Wriede*, Anmerkungen zu den Diskussions- und Referentenentwürfen des Bundesjustizministeriums zur gesetzlichen Regelung der privaten Krankenversicherung, VersR 1994, 251.

A. Allgemeines

I. Normzweck

Der Ausschluss der Leistungsverpflichtung des Versicherers jedenfalls bei vorsätzlicher Herbeiführung des Versicherungsfalls ist einer der allgemeinen Grundsätze des Versicherungsrechts, der in den §§ 81, 161, 183 für die Schadens-, Lebens- und die Unfallversicherung jeweils spezifischen Ausdruck gefunden hat.[1] § 201 ergänzt diese Regelungen, da § 81 gem. § 194 I 1 in der Krankenversicherung nicht anwendbar ist. Die Beschränkung der Leistungsfreiheit auf Vorsatz trägt dem sozialen Schutzzweck der Krankenversicherung und der Schwierigkeit Rechnung, die bei der Bestimmung von Fahrlässigkeitsgraden schuldhaft verursachter Erkrankungen oder Unfällen, insbesondere aufgrund der persönlichen Lebensführung, entstehen würden. 1

II. Entstehungsgeschichte

Die Vorschrift entspricht inhaltlich § 178l VVG a.F., der mit der Kodifizierung des Krankenversicherungsrechts durch das 3. DurchfG/EWG zum VAG neu im VVG verankert wurde. In den zuvor gültigen MB/KK 2

---

16 Begr. zu § 200, BT-Drucks. 16/3945 S. 113.
17 S. aber VGH Baden-Württemberg, Urt. vom 10. November 2010, 10 S 2821/09 (fehlende Gesetzgebungskompetenz des Landesgesetzgebers für den Ausschluss der Beihilfe aufgrund der § 10 II BBhV entsprechenden Regelung in § 1 V Satz 1 BVO BW).
18 Zum Umfang und zur Wirksamkeit einer Subsidiaritätsklausel in der Reisekrankenversicherung s. BGH VersR 2004, 994.
19 P/M/*Voit*, § 5 MB/KK 09 Rn. 33.
20 So BGH NJW 1971, 1138, 1139 (obiter dictum unter 2. a.E.).
21 Dazu OLG Frankfurt (Main) OLGR Frankfurt 2006, 949.
1 Vgl. Begr. zu § 178l VVG a.F. BT-Drucks. 12/6959 S. 106.

1976 (ebenso MB/KT 1978) wurde die Leistungspflicht in § 5 Ib ausgeschlossen »für auf Vorsatz beruhende Krankheiten und Unfälle einschließlich deren Folgen sowie für Entziehungsmaßnahmen einschließlich Entziehungskuren«. Diese Formulierung findet sich bis heute unverändert in den Musterbedingungen (vgl. § 5 Ib MB/KK bzw. MB/KT 2009). Gegenüber dem Bedingungsrecht ist die kodifizierte Fassung enger[2], da das Bedingungsrecht offen lässt, auf wessen Vorsatz es ankommt (VN, versicherte Person oder Dritter). Ein erster Entwurf[3] des § 178l VVG a.F. erfasste nur vorsätzliches Verhalten der versicherten Person, der dann auf vorsätzliches Verhalten des VN mit dem Zusatz »bei sich selbst« erweitert und letztlich Gesetz wurde. Durch die VVG-Reform erfolgte lediglich eine sprachliche Anpassung.[4]

III. Anwendungsbereich

3 Die Vorschrift gilt für **alle Arten der Krankenversicherung** einschließlich der Pflegepflichtversicherung, gleichgültig, ob der Versicherungsschutz als Schadensversicherung oder als Summenversicherung gewährt wird.[5]

B. Einzelheiten

I. Herbeiführung »bei sich selbst«

4 Nach dem eindeutigen Wortlaut der Vorschrift ist die Leistungspflicht des Versicherers nur ausgeschlossen, wenn der VN oder die versicherte Person vorsätzlich die Krankheit oder den Unfall »**bei sich selbst**« herbeiführt. Hat der VN bei einer mitversicherten Person die Krankheit oder den Unfall herbeigeführt (Beispiel: VN misshandelt sein mitversichertes Kind) soll nach h.M. der Versicherer dennoch leistungsfrei sein, jedenfalls dann, wenn die mitversicherte Person nur Gefahrperson ist.[6] Dieser Auffassung ist nicht zu folgen. Soweit die h.M. auf die Entstehungsgeschichte der Norm abstellt, ist dem entgegenzuhalten, dass die Regelung in den MB/KK 76 zu weit und schon deshalb korrekturbedürftig war (vgl. zu Entstehungsgeschichte oben Rdn. 2). Der Gesetzgeber wollte zwar in vielen Punkten lediglich zuvor geltendes Bedingungsrecht kodifizieren[7], was aber nicht bedeutet, dass im Einzelnen keine Änderungen erfolgten. Im Übrigen hat der Gesetzgeber im Zuge der VVG-Reform an dem von der Interpretation der h.M. abweichenden Wortlaut der Norm festgehalten. Die von der h.M. vorgenommene Verknüpfung der Leistungsfreiheit mit der Unterscheidung zwischen der Versicherung fremden oder eigenen Interesses hängt von der Auslegung des Versicherungsvertrags ab und ist dementsprechend mit Rechtsunsicherheit belastet.[8] So wurde die von der h.M. vorgenommene Abgrenzung zwischen Gefahrperson und Versichertem im Sinne der Fremdversicherung nach dem Vorhandensein eigener Erwerbseinkünfte vom BGH abgelehnt.[9] Diese Unterscheidung rücke zu sehr die Unterhaltsverpflichtung eines allein erwerbstätigen Ehepartners in den Vordergrund und übersehe, dass der andere Ehepartner vorrangig ein eigenes Interesse daran behalte, selbstbestimmt seine gesundheitlichen Belange zu regeln. Damit hebt der BGH die über das rein monetäre Interesse hinausgehende Bedeutung der privaten Krankenversicherung hervor. Minderjährige Kinder können zwar nicht selbst Ansprüche aus dem Vertrag geltend machen; wegen der **existenziellen Bedeutung und des langfristigen Charakters der Krankenversicherung** besteht jedoch aus Sicht des mitversicherten Kindes kein anderes Interesse als das des mitversicherten Ehegatten. Weshalb die – naturgemäß vorübergehende – Unterhaltspflicht des VN gegenüber den mitversicherten Kindern bedeutsam sein sollte[10], diejenige gegenüber einem mitversicherten Ehegatten dagegen nicht, überzeugt nicht. Dies zeigt sich besonders deutlich an dem oben genannten Beispiel der Misshandlung einer versicherten Person durch den VN: Misshandelt der VN seine mitversicherte Ehefrau, besteht Versicherungsschutz für die vielleicht lebenslänglich anfallenden Behandlungs- und Pflegekosten als Folgen dieses Ereignisses. Dem misshandelten mitversicherten Kind will die h.M. dagegen den Versicherungsschutz in der gleichen Lage versagen.

5 Nimmt man bei der Mitversicherung von Kindern die Versicherung eines eigenen Interesses des VN an, kann man zu dem von der h.M. angenommenen Ergebnis der Leistungsfreiheit des Versicherers auch nicht wegen

---

2 Vgl. *Riede*, VersR 1994, 251, 254 (»zu eng«).
3 Abgedruckt bei *Renger*, VersR 1993, 678, 684; s. auch dessen Erläuterung auf S. 682.
4 Vgl. Begr. zu § 201, BT-Drucks. 16/3945 S. 113.
5 Vgl. Begr. zu § 178l VVG a.F., BT-Drucks. 16/3945 S. 106; P/M/*Voit*, § 201 Rn. 2; R/L/*Langheid*, § 201 Rn. 2; BK/*Hohlfeld*, § 178l Rn. 2.
6 R/L/*Langheid*, § 201 Rn. 3; P/M/*Prölss*, 27. Aufl. § 178l Rn. 2; L/W/*Hütt*, § 201 Rn. 11 ff.; BK/*Hohlfeld*, § 178l Rn. 4 (Leistungsfreiheit, wenn mitversicherte Person nur Gefahrperson, nicht Versicherte im Sinne von § 43 ff. ist); *Wriede*, VersR 1994, 254; ebenso, zumindest wenn mitversicherte Person nur Gefahrperson ist, Bach/Moser/*Schoenfeldt/Kalis*[3], § 5 MB/KK Rn. 18 unter Hinweis auf die Entstehungsgeschichte der Norm. **A.A.** P/M/*Voit*, § 201 Rn. 18.
7 Vgl. Begr. zum 3. DurchfG/EWG zum VAG, BT-Drucks. 12/6959 S. 104.
8 Daran ändert auch nichts die neue Regelung in § 194 IV, die durch das VVG-Reformgesetz eingefügt wurde. Sie besagt nicht, wann Fremdversicherung vorliegt, sondern regelt lediglich in Abweichung von § 44 das Bezugsrecht der versicherten Person.
9 BGH VersR 2006, 686. S. dazu *Voit*, NJW 2006, 2225.
10 So aber *Voit*, NJW 2006, 2225, 2227, der wegen der Verpflichtung des VN aus dem über die Behandlung des Kindes geschlossenen Behandlungsvertrags auch diesem den Anspruch aus dem Versicherungsvertrag zugestehen will.

der Kumulation von Leistungs- und gleichzeitig gegebenem Regressanspruch kommen.[11] Ein Übergang der Ansprüche des Versicherten gegen den VN soll nur im Falle der Fremdversicherung stattfinden[12], so dass bei der Annahme einer Eigenversicherung schon die Voraussetzungen des Anspruchsübergangs fraglich, aber nach dem Sinn und Zweck des § 86 zur Vermeidung einer Doppelentschädigung zu bejahen sind. *Hohlfeld* will dem VN nach Treu und Glauben (§ 242 BGB) die Geltendmachung des Anspruchs aus dem Versicherungsvertrag versagen.[13] Dem ist nicht zu folgen. Gem. § 850b I ZPO ist der Anspruch aus dem Krankenversicherungsvertrag grundsätzlich unpfändbar, so dass die Aufrechnung des Versicherers nach § 394 Satz 1 BGB ausgeschlossen ist, mit Ausnahme der Aufrechnung von Prämienforderungen. Damit bleibt neben dieser ausdrücklichen gesetzlichen Regelung kein Raum für die Anwendung von Treu und Glauben. Solange der Anspruchsübergang nicht stattgefunden hat, kann das mitversicherte Kind den Anspruch des VN gegen den Versicherer gem. § 850b II ZPO pfänden lassen, da diese Pfändung zweifellos der Billigkeit entspricht.

Im Ergebnis ist festzuhalten, dass die Abgrenzung zwischen Fremd- und Eigenversicherung in der Krankenversicherung kein geeignetes Kriterium für die Auslegung der Norm ist und den eindeutigen Wortlaut nicht zu entkräften vermag.[14]

II. Vorsatz

Es gilt der allgemeine zivilrechtliche Vorsatzbegriff, der **Wissen und Wollen** der objektiven Tatbestandsmerkmale erfordert.[15] Es reicht aus, dass der Täter die Verwirklichung des Tatbestandes für möglich hält und die Verwirklichung des Tatbestandes in Kauf nimmt. **Bedingter Vorsatz** reicht somit aus.[16] Er würde also selbst dann nicht anders handeln, wenn der Eintritt der Tatbestandsverwirklichung gewiss wäre. Davon abzugrenzen ist die **bewusste Fahrlässigkeit**[17], bei der die Gefahrenlage zwar erkannt wird, die Handlung aber im Vertrauen auf den Nichteintritt des Schadens erfolgt. Handlungen, die von der versicherten Person in Kenntnis einer möglichen Gesundheits- oder Unfallgefahr vorgenommen werden (z.B. gefährliche Sportarten, Rauchen, Alkoholkonsum), sich aber im Rahmen des **sozialadäquaten Handelns** bewegen, sind nicht über eine einschränkende Auslegung des bedingten Vorsatzes[18], sondern als bewusst fahrlässiges Handeln aus dem Anwendungsbereich des Leistungsausschlusses zu eliminieren. Vorsatz ist aber dann gegeben, wenn der Versicherte sich bereits in ärztlicher Behandlung befand und ein krankheitsursächliches Konsumverhalten entgegen ärztlichem Rat nicht ändert.[19]

Anders als in § 81 muss sich der Vorsatz nicht auf den **Versicherungsfall** beziehen, sondern auf die **Herbeiführung einer Krankheit oder eines Unfalls**. Anderenfalls wäre in vielen Fällen auch der Versicherungsschutz bei Schwangerschaft ausgeschlossen.[20] Der Vorsatz muss sich **nicht auf die Behandlungs- oder Pflegebedürftigkeit** und die dadurch bedingten Folgen (z.B. Folgeerkrankungen[21]) und Kosten beziehen.[22] Treten völlig atypische Folgen auf, kann aber eine einschränkende Auslegung geboten sein, um dem VN nicht jede zwar kausale, aber nicht vorhersehbare Entwicklung zuzurechnen.[23]

III. Fallgruppen

Bei einem ernsthaften **Suizidversuch** soll es nach h.M. am Vorsatz in Bezug auf die Herbeiführung einer Krankheit oder eines Unfalls fehlen, da die versicherte Person ihren Tod herbeiführen wollte.[24] Bei einem nur vorgetäuschten Suizid kann dagegen Vorsatz vorliegen, sofern insoweit ein freier Wille bestand. Dem ist die Rechtsprechung nicht gefolgt, da derjenige, der aus dem Leben scheiden will, eine schwere Gesundheitsbeschädigung als für den Eintritt seines Todes notwendiges Durchgangsstadium zumindest billigend in Kauf nimmt, weil er den angestrebten Erfolg ohne schwerwiegende Verletzung seines Körpers nicht erreichen kann.[25]

---

11 So aber BK/*Hohlfeld*, § 178l Rn. 4.
12 Vgl. P/M/*Armbrüster*, § 86 Rn. 27.
13 BK/*Hohlfeld*, § 178l Rn. 4.
14 Wie hier auch PK/*Brömmelmeyer*, § 201 Rn. 2; P/M/*Voit*, § 201 Rn. 17; HK-VVG/*Rogler*, § 201 Rn. 8.
15 Zum Vorsatzbegriff eingehend MünchKommBGB/*Grundmann*, § 276 Rn. 154 ff.
16 OLG Oldenburg VersR 1989, 242; LG Hamburg VersR 1997, 953; PK/*Brömmelmeyer*, § 201 Rn. 3; P/M/*Voit*, § 201 Rn. 4; HK-VVG/*Rogler*, § 201 Rn. 3; Bach/Moser/*Kalis*, § 5 MB/KK Rn. 6; BK/*Hohlfeld*, § 178l Rn. 3; R/L/*Langheid*, § 201 Rn. 5.
17 Zum Begriff eingehend BGH VersR 1998, 82 (Transportversicherung).
18 P/M/*Voit*, § 201 Rn. 7.
19 Vgl. OLG Oldenburg VersR 1989, 242; OLG Hamburg VersR 1981, 1049.
20 Vgl. *Renger*, VersR 1993, 678, 682.
21 Vgl. HK-VVG/*Rogler*, § 201 Rn. 5. **A.A.** P/M/*Voit*, § 201 Rn. 23 unter Hinweis auf OLG Köln VersR 1994, 1170 (Depression nach Sterilisation), sofern eine »ganz andere Erkrankung« hervorgerufen wird, die nicht vom Vorsatz umfasst war.
22 OLG Hamm r+s 2015, 203; Vgl. P/M/*Voit*, § 201 Rn. 21; BK/*Hohlfeld*, § 178l Rn. 3.
23 Vgl. P/M/*Voit*, § 201 Rn. 23; ähnlich *Boetius*, § 201 Rn. 33.
24 BK/*Hohlfeld*, § 178l Rn. 3; P/M/*Voit*, § 201 Rn. 11; Bach/Moser/*Kalis*, § 5 MB/KK Rn. 7; L/W/*Hütt*, § 201 Rn. 25.
25 OLG Hamm r+s 2015, 203 (Leitsätze). So auch HK-VVG/*Rogler*, § 201 Rn. 6.

10 Bei **Suchtkrankheiten** kann der Versicherte je nach dem Grad der Erkrankung noch bewusst fahrlässig handeln, möglicherweise kann es aber auch an einem steuerbaren Verhalten gänzlich fehlen. Der **Alkoholiker**, der sich seiner Sucht bewusst ist, wird dennoch auf das Ausbleiben von Krankheitsfolgen hoffen.[26] Ob ein solches Hoffen noch die Annahme von nur bewusster Fahrlässigkeit rechtfertigt, wird maßgeblich davon abhängen, inwieweit der Versicherte durch ärztlichen Rat über den Umfang und die konkret drohenden Folgen seiner Sucht informiert ist. Bei einem rückfällig gewordenen Alkoholiker kann bedingter Vorsatz vorliegen.[27] Hat sich infolge des **Rauchens** beim Versicherten eine Krankheitsentwicklung eingestellt, kann bedingter Vorsatz in Bezug auf eine Krankheitsvertiefung vorliegen.[28] In gleicher Weise ist auch die Frage des Vorsatzes bei einer **krankhaften Essstörung**[29] (Adipositas, Magersucht) zu beantworten. Bei »**harten Drogen**« (Heroin, Kokain) ist die erhebliche Gesundheitsgefährdung bekannt, so dass von Vorsatz auszugehen ist. Der Konsum »**weicher Drogen**« ist dagegen wie der von legalen Drogen (Alkohol und Nikotin) zu behandeln. Bei **Arzneimittelmissbrauch** ist es je nach Art des Medikaments und der Situation eine Einzelfallfrage, wie das Verhalten des Versicherten einzustufen ist. Tritt die Behandlungsbedürftigkeit dadurch ein, dass der Versicherte sich von der Sucht abwendet (behandlungsbedürftige Entzugserscheinungen) besteht trotz Vorsatz Leistungspflicht des Versicherers, da diese Behandlungen auch in seinem Interesse liegen.[30]

11 **Entziehungsmaßnahmen** und Entziehungskuren sind unabhängig davon, ob der Versicherte hinsichtlich der Herbeiführung der Suchterkrankung vorsätzlich gehandelt hat, gem. § 5 I b MB/KK 2009 vom Versicherungsschutz ausgeschlossen.[31] Entziehungsmaßnahme ist jede (stationäre oder ambulante) Behandlung, die darauf abzielt, den Patienten aus der Bindung an Suchtmittel zu lösen.[32] Für den Begriff der Entziehungsmaßnahme ist eine bestimmte Zielrichtung, nämlich auf Entwöhnung des Patienten von dem Suchtmittel, wesentlich. An diesem Merkmal fehlt es, wenn die Behandlung die Bekämpfung von krankhaften Erscheinungen bezweckt, die als Folge einer Alkoholabstinenz aufgetreten sind.[33]

12 Die **Refertilisation** nach einer bewusst und gewollt in der Absicht künftiger Lebensgestaltung herbeigeführten **Sterilisation** ist wegen Vorsatz ausgeschlossen.[34] Das OLG Köln[35] verneint in diesem Fall schon das Vorliegen einer Krankheit im Sinne von § 1 MB/KK. Gleiches gilt auch für die Folgen oder die Rückgängigmachung anderer **körperlicher Eingriffe** (z.B. Tattoos, Piercings).

13 Bei **Schönheitsoperationen und deren Folgen** ist zu differenzieren: Verursacht eine nicht medizinisch indizierte Brustvergrößerung Folgeerkrankungen, deren Eintritt der VN billigend in Kauf genommen hat, ist die Leistungspflicht des Versicherers auch für die Kosten der Folgeerkrankung ausgeschlossen.[36] Jedenfalls dann, wenn es sich bei der Folgeerkrankung um eine nicht ganz fernliegende Folge des ursprünglichen Eingriffs handelt, sondern dies Folge eines natürlichen Abstoßungsprozesses ist, der in einer durchaus bedeutsamen Zahl von Fällen auftritt, wenn die Folge aufgeklärte VN diese billigend in Kauf (Kapselfibrose mehrere Jahre nach dem Einsetzen von Brustimplantaten).[37] Allein die Häufigkeit von Schönheitsoperationen führt nicht dazu, das damit eingegangene Risiko als sozialadäquat einzustufen.[38] Bei Schönheitsoperationen, die nicht infolge eines vom VN herbeigeführten anormalen körperlichen Zustands durchgeführt werden, z.B. medizinisch zwar nicht notwendige, vom VN aber gewünschte Korrektur einer Unfallnarbe, sind als Folgeerkrankungen dem nicht vorsätzlich herbeigeführten Unfallereignis zuzurechnen, nicht dem freiwilligen Entschluss des VN für den Korrektureingriff.

IV. Beweislast

14 Den Versicherer trifft nach den allgemeinen Regeln die Beweislast für die Erfüllung eines Leistungsausschlusstatbestandes. Ist streitig, ob ein Unfall oder eine Vorsatztat des Versicherten vorliegt, genügt es, wenn der VN das äußere Erscheinungsbild eines Unfalls darlegt. Dem Versicherer obliegen dann die Darlegung und die Beweislast dafür, dass es sich um einen »auf Vorsatz beruhenden Unfall« handelt.[39]

---

26 LG Hamburg VersR 1997, 953, 954.
27 OLG Oldenburg VersR 1989, 242. Wirken neben der Alkoholabhängigkeit andere Ursachen mit, kann eine quotale Leistungspflicht des Versicherers bestehen, vgl. AG Freiburg VersR 2008, 1343 mit Anm. *Kural*.
28 OLG Köln NJW 1997, 3099 (1/4 Mitverschulden wegen Verringerung der Heilungschance durch Rauchen bei Zusammentreffen mit einem ärztlichen Behandlungsfehler).
29 Zum Krankheitswert von Adipositas s. Bach/Moser/*Kalis*, § 1 MB/KK Rn. 16; bejaht in BGH VersR 1979, 221.
30 LG Hamburg VersR 1997, 953, 954.
31 Eingehend hierzu, insbesondere auch zur Entwicklungsgeschichte der Klausel, Bach/Moser/*Kalis*, § 5 MB/KK Rn. 8 ff.
32 Vgl. Bach/Moser/*Kalis*, § 5 MB/KK Rn. 9 m.w.N.
33 BGHZ 103, 58 = NJW 1988, 1517.
34 OLG Celle VersR 1988, 31; AG Köln VersR 1991, 647.
35 VersR 1994, 208.
36 BGH Urt. vom 17.02.2016, IV ZR 353/14; AG Mannheim, Urt. vom 03.07.2009, 6 C 211/08.
37 BGH Urt. vom 17.02.2016, IV ZR 353/14; OLG Karlsruhe, Urt. vom 06.08.2014, 12 U 18/13.
38 OLG Karlsruhe, Urt. vom 06.08.2014, 12 U 18/13.
39 Vgl. OLG Hamm VersR 1981, 925.

V. Abdingbarkeit

§ 201 ist gem. § 208 **halbzwingend**. § 5 I b MB/KK ist deshalb unwirksam, da dort die Leistungspflicht bei Vorsatz generell ausgeschlossen wird ohne Rücksicht auf die gesetzliche Einschränkung der Herbeiführung »bei sich selbst«.[40]

15

§ 202 Auskunftspflicht des Versicherers; Schadensermittlungskosten.

[1]Der Versicherer ist verpflichtet, auf Verlangen des Versicherungsnehmers oder der versicherten Person Auskunft über und Einsicht in Gutachten oder Stellungnahmen zu geben, die er bei der Prüfung seiner Leistungspflicht über die Notwendigkeit einer medizinischen Behandlung eingeholt hat. [2]Wenn der Auskunft an oder der Einsicht durch den Versicherungsnehmer oder die versicherte Person erhebliche therapeutische Gründe oder sonstige erhebliche Gründe entgegenstehen, kann nur verlangt werden, einem benannten Arzt oder Rechtsanwalt Auskunft oder Einsicht zu geben. [3]Der Anspruch kann nur von der jeweils betroffenen Person oder ihrem gesetzlichen Vertreter geltend gemacht werden. [4]Hat der Versicherungsnehmer das Gutachten oder die Stellungnahme auf Veranlassung des Versicherers eingeholt, hat der Versicherer die entstandenen Kosten zu erstatten.

Übersicht

	Rdn.		Rdn.
A. Allgemeines	1	3. Mittelbare Auskunft und Einsichtnahme (Satz 2)	8
I. Normzweck	1	4. Kostenerstattung für eingeholte Gutachten (Satz 4)	11
II. Entstehungsgeschichte	2		
B. Einzelheiten	3		
1. Gegenstand des Anspruchs	3	C. Abdingbarkeit	12
2. Anspruchsinhaber (Satz 1 und 3)	7		

Schrifttum:
Armbrüster, Ansprüche des VN auf Einsicht in Sachverständigengutachten, VersR 2013, 944.

A. Allgemeines

I. Normzweck

Der Auskunftsanspruch ist **Ausdruck des informationellen Selbstbestimmungsrechts**[1] der versicherten Person und zugleich ihr höchstpersönliches Recht (Satz 3). Der umfassenden Offenbarungspflicht der versicherten Person über ihren Gesundheitszustand, bis hin zur Untersuchungsobliegenheit zur Feststellung der Leistungspflicht des Versicherers (§ 9 III MB/KK 2009), steht der Anspruch auf Auskunft über die festgestellten Tatsachen und ihre Bewertung gegenüber. Die Kenntnis des VN bzw. der versicherten Person von den Gutachten und Stellungnahmen, auf die sich der Versicherer im Falle eines Rechtsstreits über die Leistungspflicht ggf. beziehen wird, sorgt für »Waffengleichheit«.

1

II. Entstehungsgeschichte

Die Vorschrift wurde durch das VVG-Reformgesetz gegenüber § 178m VVG a.F. in drei Punkten erweitert: Neben Gutachten werden ausdrücklich auch »Stellungnahmen« genannt, um Streit über den Gutachtenbegriff zu vermeiden.[2] Die Kostentragungspflicht des Versicherers wurde klarstellend in die Vorschrift aufgenommen (Satz 3). Durch Gesetzt vom 24.04.2013, BGBl. I S. 932, wurde die Vorschrift neu gefasst und dem VN bzw. Versicherten ein unmittelbares eigenes Auskunfts- und Einsichtsrecht eingeräumt, sofern dem keine wichtigen Gründe entgegenstehen.[3] In der vorangegangenen Fassung konnte der Anspruch stets nur über einen Arzt oder Rechtsanwalt geltend gemacht werden.

2

B. Einzelheiten

1. Gegenstand des Anspruchs

Gutachten und Stellungnahmen sind alle sachverständigen Äußerungen, die der Versicherer im **Rahmen der Prüfung seiner Leistungspflicht** eingeholt hat. Wie das Dokument bezeichnet ist (z.B. Heil- und Kostenpläne des Zahnarztes), spielt keine Rolle. Die Begriffe sind **weit auszulegen**.[4] Es kommt nicht darauf an, ob der Sachverständige selbst die Anknüpfungstatsachen ermittelt hat, z.B. durch körperliche Untersuchung der ver-

3

---

40 Vgl. PK/*Brömmelmeyer*, § 201 Rn. 7; P/M/*Voit*, § 5 MB/KK Rn. 3.
1 Vgl. Begr. zu § 178m VVG a.F., BT-Drucks. 12/6959 S. 107.
2 Zu dieser Änderung, die erst im RegE-VVG vorgenommen wurde, schweigt die Gesetzesbegründung. Gegen eine Einbeziehung von »Stellungnahmen« in den Auskunftsanspruch nach § 178m VVG a.F. AG Nürnberg r+s 1997, 475; dafür: AG Mannheim NVersZ 1999, 169.
3 Kritisch zur Gesetzesnovelle 2013 R/L/*Langheid*, § 202 Rn. 5 ff.
4 Vgl. Bach/Moser/*Hütt*, § 202 Rn. 4.

sicherten Person, oder ob er ihm vorgelegte medizinische Unterlagen fachlich bewertet.[5] Hat der Versicherer zu anderen Zwecken als der Leistungsprüfung ein Gutachten oder eine Stellungnahme eingeholt, z.B. im Rahmen der Prüfung der Antragsannahme oder eines Vertragsänderungsantrags des VN, besteht der Auskunftsanspruch nicht.[6]

4 Das Gutachten muss die Beurteilung der **Notwendigkeit einer medizinischen Behandlung** zum Gegenstand haben. Dem gleichzustellen sind Gutachten über die **Pflegebedürftigkeit** in der Pflegeversicherung[7] und über die medizinische Beurteilung der **Arbeits- oder Berufsunfähigkeit** in der Krankentagegeldversicherung.[8]

5 Der Anspruch besteht nur hinsichtlich solcher Gutachten und Stellungnahmen, die der Versicherer »**eingeholt**« hat. Hierunter fallen nur **externe Sachverständigengutachten** (z.B. von beauftragten externen Gesellschaftsärzten), nicht aber interne Unterlagen, die von festangestellten Mitarbeitern der Leistungs- oder Fachabteilungen des Versicherers im Rahmen der Leistungsprüfung erstellt wurden.[9] Für diese einschränkende Auslegung des Begriffs »einholen« spricht auch dessen Verwendung in Satz 3, da es sich bei vom VN »eingeholten« Gutachten immer um externe Gutachten handelt. Der VN hat **kein umfassendes Akteneinsichtsrecht**, sondern es sollen ihm solche Gutachten und Stellungnahmen zugänglich sein, die der Versicherer in einem möglichen Rechtsstreit als Privatgutachten einführen wird bzw. auf die er sich vorgerichtlich beruft. Dadurch werden dem VN die Kosten einer zusätzlichen Beauftragung eines Arztes erspart.[10] Für den Anspruch ist aber nicht Voraussetzung, dass die Leistungspflicht des Versicherers streitig ist. Leistet der Versicherer vollumfänglich nach Einholung des Gutachtens, kann der VN dennoch seinen Auskunftsanspruch geltend machen.

6 Der Auskunftsanspruch erstreckt sich auch auf die Offenlegung der **Person des Gutachters**. Die Überlassung einer anonymisierten Fassung des Gutachtens genügt nicht. Eine solche Einschränkung würde das Recht des Versicherten entwerten, weil ihm die Prüfung der Kompetenz und Unbefangenheit des Gutachters verschlossen bliebe.[11] Die Pflicht zur Benennung des Gutachters ergibt sich schon aus dem Wortlaut des Gesetzes, wonach auch **Auskunft über die Gutachten** und Stellungnahmen zu erteilen ist, d.h. ob solche vom Versicherer eingeholt worden sind und bei wem.

2. Anspruchsinhaber (Satz 1 und 3)

7 Der Auskunfts- und Einsichtnahmeanspruch ist ein eigener gesetzlicher Anspruch einer jeden versicherten Person. Wegen Satz 3 kann der in Satz 1 auch dem VN eingeräumte Anspruch nur mit **Zustimmung der betroffenen versicherten Person** geltend gemacht werden. Ist die versicherte Person verstorben, kann der Anspruch in analoger Anwendung von § 630g III BGB von Angehörigen oder Rechtsnachfolgern geltend gemacht werden.[12]

3. Mittelbare Auskunft und Einsichtnahme (Satz 2)

8 Satz 2 schränkt das Auskunft- und Einsichtnahmerecht u.a. in dem Fall, dass etwa erhebliche therapeutische Gründe entgegenstehen, ein. Das Auskunfts- bzw. Einsichtnahmerecht kann dann nur über einen **Arzt oder Rechtsanwalt** geltend gemacht werden. Dies kann insbesondere für die Bereiche der Psychiatrie und der Psychotherapie relevant sein; eine persönliche Einsichtnahme könnte mit der Gefahr einer gesundheitlichen Schädigung der versicherten Person verbunden sein. Dies gilt auch, soweit es um eine Auskunft geht.[13] Nach der Gesetzesbegründung soll der Versicherer in diesem Fall verpflichtet sein, die Einsichtnahme durch den VN oder die versicherte Person abzulehnen.[14] Mit dem Wortlaut des Satzes 2 (»kann nur verlangt werden«) ist die Statuierung einer Prüfungspflicht des Versicherers, ob Gründe gegen die unmittelbare Auskunft bzw. Gewährung der Einsicht an den VN bzw. die versicherte Person sprechen, nicht vereinbar. Eine solche wäre auch mit dem von der Gesetzesbegründung gezeichneten Bildes des »mündigen VN«[15], der eigenverantwortlich entscheiden soll, ob er Gutachten oder Stellungnahmen einsehen möchte, die seine gesundheitliche Situation behandeln, unvereinbar. Der Wortlaut besagt gerade nicht, dass der Versicherer die Auskunft bzw. die Einsichtnahme nur gewähren *darf*, wenn keine Gründe entgegen stehen. Dass keine Gründe gegen die Auskunft bzw. Einsichtnahme sprechen, ist also Anspruchsvoraussetzung, die im Zweifel vom Anspruchsteller darzulegen und nachzuweisen ist. Der Versicherer ist nicht in der Lage zu prüfen, ob der Erteilung der Aus-

---

5 Vgl. BGH VersR 2003, 1030, 1031.
6 So auch *Armbrüster*, VersR 2013, 944, 947.
7 Vgl. BK/*Hohlfeld*, § 178m Rn. 4; P/M/*Voit*, § 202 Rn. 4.
8 So auch PK/*Brömmelmeyer*, § 202 Rn. 5; *Armbrüster*, VersR 2013, 944, 947. **A.A.** L/W/*Hütt*, § 202 Rn. 10.
9 Vgl. Bach/Moser/*Hütt*, § 202 Rn. 6; P/M/*Voit*, § 202 Rn. 5; PK/*Brömmelmeyer*, § 202 Rn. 7. **A.A.** HK-VVG/*Rogler*, § 202 Rn. 4; offengelassen in BGH VersR 2003, 1030, 1031.
10 Vgl. Begr. zu § 202, BT-Drucks. 16/3945 S. 113.
11 Vgl. BGH VersR 2003, 1030, 1031.
12 P/M/*Voit*, § 202 Rn. 6.
13 BT-Drucks. 17/11469, S. 14.
14 BT-Drucks. 17/11469, S. 14.
15 BT-Drucks. 17/11469, S. 14.

kunft bzw. der Gewährung der Einsichtnahme »erhebliche therapeutische Gründe« entgegenstehen.[16] Ferner wäre die Mitteilung des Versicherers, er verweigere die unmittelbare Auskunft oder Einsichtnahme aus erheblichen therapeutischen Gründen für den Anspruchsteller typischerweise nicht weniger belastend als eine Weitergabe der konkreten Information.[17] Das Ganze ist nicht durchdacht.[18]

Übersendet der Versicherer eingeholte Gutachten ohne Prüfung auf deren Therapieschädlichkeit oder schätzt er diese unzutreffend ein, haftet er für mögliche Schäden nicht, da **Satz 2 keine Verbotsnorm** ist, gegen die der Versicherer verstoßen hätte. Nur dann, wenn das Gutachten den ausdrücklichen Hinweis enthält, dass dessen Inhalt dem VN bzw. der versicherten Person nicht bekannt gegeben werden darf, kann eine vertragliche Schutzpflichtverletzung vorliegen. Nach der Gesetzesbegründung soll der Versicherer »zweckmäßigerweise« den Arzt, der sich gutachterlich äußert bzw. Stellung nimmt, auch um Stellungnahme zu der Frage der unmittelbaren Einsichtnahme bitten.[19]   9

Die Grenze des Einsichtsrechts ist ferner erreicht, wenn sonstige erhebliche Gründe entgegenstehen, z.B. schutzwürdige **Rechte Dritter** verletzt werden. Das kann dann der Fall sein, wenn das Gutachten bzw. die Stellungnahme auch die gesundheitliche Situation anderer Personen behandelt, jedoch im Regelfall nicht, wenn Behandlungsfehler erörtert werden.[20]   10

4. Kostenerstattung für eingeholte Gutachten (Satz 4)

Der Versicherer hat die **Kosten** für Gutachten und Stellungnahmen zu tragen, die der VN auf Veranlassung des Versicherers eingeholt hat (Satz 3). Das ist z.B. der Fall, wenn der Versicherer über den VN eine Begründung des behandelnden Arztes für die Notwendigkeit einer bestimmten Behandlungsmaßnahme verlangt. § 6 I MB/KK 2009 macht die Leistungspflicht des Versicherers von der Erbringung der »geforderten Nachweise« abhängig, besagt aber nichts über die Kostentragung. Die Prüfung des Versicherungsfalles ist Sache des Versicherers, so dass auch er die hierfür anfallenden Kosten zu tragen hat. Belege kann der Versicherer vom VN nur insoweit auf Kosten des VN verlangen, als deren Beschaffung dem VN billigerweise zugemutet werden kann (§ 31 I 2). Für Gutachten und Stellungnahmen stellt Satz 3 klar, dass die Kosten hierfür nicht dem VN auferlegt werden dürfen. Der VN hat entsprechend § 669 BGB Anspruch auf Vorschuss.[21]   11

C. Abdingbarkeit

§ 202 ist gem. § 208 **halbzwingend**.   12

§ 203 Prämien- und Bedingungsanpassung.

(1) ¹Bei einer Krankenversicherung, bei der die Prämie nach Art der Lebensversicherung berechnet wird, kann der Versicherer nur die entsprechend den technischen Berechnungsgrundlagen nach den §§ 146, 149, 150 in Verbindung mit § 160 des Versicherungsaufsichtsgesetzes zu berechnende Prämie verlangen. ²Außer bei Verträgen im Basistarif nach § 152 des Versicherungsaufsichtsgesetzes kann der Versicherer mit Rücksicht auf ein erhöhtes Risiko einen angemessenen Risikozuschlag oder einen Leistungsausschluss vereinbaren. ³Im Basistarif ist eine Risikoprüfung nur zulässig, soweit sie für Zwecke des Risikoausgleichs nach § 154 des Versicherungsaufsichtsgesetzes oder für spätere Tarifwechsel erforderlich ist.

(2) ¹Ist bei einer Krankenversicherung das ordentliche Kündigungsrecht des Versicherers gesetzlich oder vertraglich ausgeschlossen, ist der Versicherer bei einer nicht nur als vorübergehend anzusehenden Veränderung einer für die Prämienkalkulation maßgeblichen Rechnungsgrundlage berechtigt, die Prämie entsprechend den berichtigten Rechnungsgrundlagen auch für bestehende Versicherungsverhältnisse neu festzusetzen, sofern ein unabhängiger Treuhänder die technischen Berechnungsgrundlagen überprüft und der Prämienanpassung zugestimmt hat. ²Dabei dürfen auch ein betragsmäßig festgelegter Selbstbehalt angepasst und ein vereinbarter Risikozuschlag entsprechend geändert werden, soweit dies vereinbart ist. ³Maßgebliche Rechnungsgrundlagen im Sinn der Sätze 1 und 2 sind die Versicherungsleistungen und die Sterbewahrscheinlichkeiten. ⁴Für die Änderung der Prämien, Prämienzuschläge und Selbstbehalte sowie ihre Überprüfung und Zustimmung durch den Treuhänder gilt § 155 in Verbindung mit einer auf Grund des § 160 des Versicherungsaufsichtsgesetzes erlassenen Rechtsverordnung.

(3) Ist bei einer Krankenversicherung im Sinn des Absatzes 1 Satz 1 das ordentliche Kündigungsrecht des Versicherers gesetzlich oder vertraglich ausgeschlossen, ist der Versicherer bei einer nicht nur als vorübergehend anzusehenden Veränderung der Verhältnisse des Gesundheitswesens berechtigt, die Allgemeinen Versicherungsbedingungen und die Tarifbestimmungen den veränderten Verhältnissen anzupassen, wenn die Änderungen zur hinreichenden Wahrung der Belange der Versicherungsnehmer er-

---

16 Kritisch auch R/L/*Langheid*, § 202 Rn. 6.
17 Vgl. *Armbrüster*, VersR 2013, 944, 946 f.; R/L/*Langheid*, § 202 Rn. 7.
18 R/L/*Langheid*, § 202 Rn. 7.
19 BT-Drucks. 17/11469, S. 14.
20 BT-Drucks. 17/11469, S. 14.
21 So auch PK/*Brömmelmeyer*, § 202 Rn. 9; P/M/*Voit*, § 202 Rn. 1. **A.A.** HK-VVG/*Rogler*, § 202 Rn. 13.

forderlich erscheinen und ein unabhängiger Treuhänder die Voraussetzungen für die Änderungen überprüft und ihre Angemessenheit bestätigt hat.
(4) Ist eine Bestimmung in Allgemeinen Versicherungsbedingungen des Versicherers durch höchstrichterliche Entscheidung oder durch einen bestandskräftigen Verwaltungsakt für unwirksam erklärt worden, ist § 164 anzuwenden.
(5) Die Neufestsetzung der Prämie und die Änderungen nach den Absätzen 2 und 3 werden zu Beginn des zweiten Monats wirksam, der auf die Mitteilung der Neufestsetzung oder der Änderungen und der hierfür maßgeblichen Gründe an den Versicherungsnehmer folgt.

Übersicht

	Rdn.		Rdn.
A. Allgemeines	1	1. Voraussetzungen der Prämienanpassung	11
I. Normzweck	1	2. Durchführung der Prämienanpassung	16
II. Entstehungsgeschichte	2	3. Rechtsschutz gegen Prämienanpassungen	20
III. Anwendungsbereich	3		
B. Einzelheiten	4	III. Änderung der Versicherungs- und Tarifbedingungen (Abs. 3 und 4)	22
I. Prämienberechnung nach Art der Lebensversicherung (Abs. 1)	4	1. Voraussetzungen	22
1. Gesetzliche Grundlagen der Prämienkalkulation (Abs. 1 Satz 1)	4	2. Durchführung der Bedingungsänderung	25
2. Individuelle Risikozuschläge und Leistungsausschlüsse (Abs. 1 S. 2)	8	IV. Sonderkündigungsrecht des VN	28
II. Prämienanpassung (Abs. 2)	11	V. Abdingbarkeit	29

Schrifttum:
Boetius, Szenen einer Reformehe – Probleme der Prämienanpassung (§ 203 VVG) sowie des Tarif- und Versichererwechselrechts (§ 204 VVG) nach der Gesundheits- und VVG-Reform, VersR 2008, 1016; *Bohn*, Die Mathematik der deutschen Privaten Krankenversicherung, Karlsruhe 1980; *Buchholz*, Die Unabhängigkeit des juristischen Treuhänders in der Lebens- und Krankenversicherung, VersR 2005, 866; *Faßbender*, Bestandswirksame Änderungen der Allgemeinen Versicherungsbedingungen, BaFinJournal 2/2016, 21; *Grote*, Die Rechtsstellung der Prämien-, Bedingungs- und Deckungsstocktreuhänder nach dem VVG und dem VAG, Karlsruhe 2002; *Klimke*, Anforderungen an die Begründung von Prämienanpassungen in der privaten Krankenversicherung, VersR 2016, 22; *Marlow/Spuhl*, Die Neuregelungen der privaten Krankenversicherung durch das VVG, VersR 2009, 593; *Präve*, Änderung von allgemeinen Versicherungsbedingungen in bestehenden Verträgen, ZfV 1992, 221; *Reinhard*, Anmerkung zu BVerfG, 28.12.1999, 1 BvR 2203/98, VersR 2000, 216; *Reinhard*, Die Prüfungskompetenz des Treuhänders bei der Entnahme und Verwendung von RfB-Mitteln gem. § 12b Abs. 1a VAG, VersR 2003, 952; *Reinhard*, Anmerkung zu BGH, 16.06.2004, IV ZR 117/02, VersR 2005, 489; *Rudolph*, Überprüfung einer Prämienanpassung durch einen Sachverständigen, VersR 2015, 300; *Sahmer*, Richterliche Überprüfung der Beitragsanpassung in der privaten Krankenversicherung, Karlsruhe 2000. *Seybold*, Der Austausch einzelner Versicherungsbedingungen im Rahmen des laufenden Vertrages, VersR 1989, 1231; *Wandt*, Änderungsklauseln in Versicherungsverträgen, Karlsruhe 2000; *Werber*, Veränderungen der Verhältnisse des Gesundheitswesens und Leistungsverbesserungen in der privaten Krankenversicherung, VersR 2015, 393.

A. Allgemeines

I. Normzweck

1 **Abs. 1** implementiert die versicherungsaufsichtsrechtlichen Vorgaben zur Prämienkalkulation (§§ 146, 147, 150 VAG i.V.m. der auf der Grundlage des § 160 VAG erlassenen KVAV) als gesetzlich zwingende **Prämienkalkulationsbestimmungen** in das Versicherungsverhältnis einer nach Art der Lebensversicherung kalkulierten Krankenversicherung. Sie sind Ausdruck des besonderen in der Krankenversicherung geltenden Gleichbehandlungsgrundsatzes (§§ 146 II 1 i.V.m. 138 II VAG).
Abs. 2 bestimmt die Voraussetzungen und die Maßstäbe des gesetzlichen **Prämienanpassungsrechts** des Versicherers für alle Krankenversicherungsverträge als Korrektiv zu einem vertraglichen oder gesetzlichen (§ 206) Ausschluss des Kündigungsrechts des Versicherers. Der Versicherer soll nicht das Risiko unkalkulierbarer Veränderungen, insbesondere durch den medizinischen Fortschritt, tragen.
Abs. 3 bestimmt die Voraussetzungen und die Maßstäbe des gesetzlichen **Bedingungsanpassungsrechts** des Versicherers als Korrektiv zu einem vertraglichen oder gesetzlichen (§ 206) Ausschluss des Kündigungsrechts des Versicherers. Beide vertraglichen Eingriffsrechte des Versicherers korrespondieren miteinander, da die Interessen der Versichertengemeinschaft es gebieten können, nicht kalkulierbare Veränderungen im Gesundheitswesen nicht oder nicht nur durch Prämienerhöhungen aufzufangen, sondern auch das Leistungsversprechen des Versicherers innerhalb der vorgegebenen Grenzen zu modifizieren.
Abs. 4 verweist für den Fall der Unwirksamkeit einer Bestimmung in den Versicherungsbedingungen auf § 164, der den Versicherer unter den dort näher bezeichneten Voraussetzungen und Grenzen zu einer einseitigen **Ersetzung unwirksamer Versicherungsbedingungen** berechtigt.

Abs. 5 bestimmt den **Zeitpunkt des Wirksamwerdens** der Prämien- und Bedingungsänderung nach den Abs. 2 und 3. Der Zeitpunkt der – auf den Vertragsschluss rückwirkenden – Ersetzung einer Klausel nach Abs. 4 ist in § 164 II bestimmt.

II. Entstehungsgeschichte

§ 203 übernimmt die Regelungen des § 178g VVG a.F. mit nur geringen inhaltlichen Änderungen und ergänzenden Verweisungen auf das VAG. Die in Abs. 2 bestimmten Voraussetzungen, unter denen der Versicherer die Prämie neu festsetzen darf, wurden erweitert. Nach § 178g II VVG a.F. war ausschließlich die Abweichung des tatsächlichen vom kalkulierten Schadensbedarf maßgeblicher Auslöser für eine Prämienanpassung. Die VVG-Kommission hatte vorgeschlagen, als weitere maßgebliche Rechnungsgrundlagen neben dem Schadensbedarf auch die Schadensregulierungskosten, die Sterbewahrscheinlichkeit und den Rechnungszins zu betrachten. Der Gesetzgeber hat nur die Sterbewahrscheinlichkeit als weitere maßgebliche Rechnungsgrundlage neben dem Schadensbedarf (Versicherungsleistungen) in Abs. 2 übernommen, da die Veränderung der weiteren Rechnungsgrundlagen im Wesentlichen auf einer Unternehmensentscheidung beruhe.[1] Das Recht zur Klauselersetzung in Abs. 4 wurde gegenüber seiner bisherigen Fassung in § 178g III 2 VVG a.F. konkretisiert und die Treuhänderbeteiligung gestrichen. Die Frist für das Wirksamwerden von Prämien- und Bedingungsänderungen (Abs. 5) wurde halbzwingend ausgestaltet und die Pflicht zu deren Begründung neu eingeführt. Durch das Gesetz zur Modernisierung der Finanzaufsicht über Versicherungen (VAG 2016) erfolgte lediglich eine Anpassung der Verweisungen in Abs. 1 und 2.[2]

III. Anwendungsbereich

Abs. 1 gilt für alle Krankenversicherungen, deren Prämie **nach Art der Lebensversicherung** berechnet wird, d.h. auf Grund **biometrischer Rechnungsgrundlagen**.[3] Diese bilden das in der Körperlichkeit der versicherten Person liegende versicherte Risiko in Form der durchschnittlichen altersabhängigen Krankheitskosten (Kopfschäden) und der Sterblichkeit ab. Bis zur Einführung der sog. »Unisex-Tarife« infolge der Entscheidung des EuGH vom 01.03.2011[4] waren die Kopfschäden zudem geschlechtsabhängig zu kalkulieren. Für Krankenversicherungen, die vor dem 21.12.2012 abgeschlossen wurden, ist weiterhin geschlechtsabhängig zu kalkulieren (§ 27 III 1 KVAV). Für Krankenversicherungen, die nach Art der Lebensversicherung kalkuliert werden, müssen Alterungsrückstellungen gebildet werden (§§ 146 I Nr. 2, 147 VAG; Ausnahme in § 146 III VAG). Die Bildung der Alterungsrückstellung ist gesetzliche Folge der Kalkulation nach Art der Lebensversicherung, nicht Merkmal dieser Kalkulationsart.[5] Die Vorschriften zur Prämienanpassung (Abs. 2) gelten für alle Arten der Krankenversicherung, bei denen das Kündigungsrecht des Versicherers gesetzlich (s. § 206) oder aufgrund vertraglicher Vereinbarung ausgeschlossen ist. Das Recht zur Bedingungsanpassung (Abs. 3) gilt dem Wortlaut nach nur für Krankenversicherungen i.S.d. Abs. 1 (näher dazu unten Rdn. 22). Die Befugnis des Versicherers zur Ersetzung unwirksamer Klauseln (Abs. 4) besteht bei jedem Krankenversicherungsvertrag.

B. Einzelheiten
I. Prämienberechnung nach Art der Lebensversicherung (Abs. 1)
1. Gesetzliche Grundlagen der Prämienkalkulation (Abs. 1 Satz 1)

Der Versicherer ist im Interesse der Sicherstellung der dauerhaften Erfüllbarkeit der Versicherungsverträge in der nach Art der Lebensversicherung (s. oben Rdn. 3) betriebenen Krankenversicherung aufsichtsrechtlich an strenge Kalkulationsvorgaben gebunden (§§ 146 ff. VAG) und verpflichtet, eine **Alterungsrückstellung** zu bilden. Die **substitutive Krankenversicherung**, die ganz oder teilweise den im gesetzlichen Sozialversicherungssystem vorgesehenen Kranken- und Pflegeversicherungsschutz ersetzen kann, darf nur nach Art der Lebensversicherung betrieben werden (§ 146 I VAG). Die Einzelheiten der Kalkulation nach Art der Lebensversicherung sind in der auf der Grundlage des § 160 VAG erlassenen Krankenversicherungsaufsichtsverordnung (KVAV)[6] festgelegt. Für die Berechnung der Prämie und der Alterungsrückstellung sind die gleichen Rechnungsgrundlagen zu verwenden (§ 3 KVAV).

Die **Prämienberechnung** erfolgt getrennt für jeden Tarif. Der **Begriff des »Tarifs«** wird gesetzlich nicht näher definiert. Er beschreibt die Zusammenfassung von Versicherten in Kollektiven mit einem dem Grund und

---

1 Vgl. Begr. zu § 203 II VVG, BT-Drucks. 16/3945 S. 113. Zur Nichtberücksichtigung der Kappungsumlage (§ 8 Abs. 1 Nr. 6 KalV; jetzt § 8 I Nr. 8 KVAV) als maßgebliche Rechnungsgrundlage *Boetius*, VersR 2008, 1016, 1019.
2 BGBl. 2015 I 434, 568 (Art. 2 Abs. 49).
3 Vgl. Begr. zu § 203 I VVG, BT-Drucks. 16/3945 S. 113.
4 VersR 2011, 377.
5 Insoweit missverständlich die Begr. zum RegE 3. DurchfG/EWG zum VAG, BT-Drucks. 12/6959 S. 45: »nach Art der Lebensversicherung, d.h. unter Berücksichtigung des mit dem Alter steigenden Risikos durch Bildung von Alterungsrückstellungen«.
6 Verordnung betreffend die Aufsicht über die Geschäftstätigkeit in der privaten Krankenversicherung (Krankenversicherungsaufsichtsverordnung – KVAV) vom 18.04.2016, BGBl. I S. 780.

§ 203 Prämien- und Bedingungsanpassung

der Höhe nach einheitlichen Leistungsversprechen (§ 10 I KVAV). Ein Tarif untergliedert sich in einzelne **Beobachtungseinheiten** (Erwachsene, Kinder und Jugendliche) und **Altersstufen** bzw. Altersgruppen. Dadurch wird die Berechnung **risikogerechter Prämien** (§ 10 I 3 KVAV) sichergestellt und dem Gleichbehandlungsgrundsatz gem. §§ 146 II 1 i.V.m. 138 II VAG entsprochen. Für die Kalkulation der Prämien sind die in § 2 KVAV – nicht abschließend[7] – genannten **Rechnungsgrundlagen** zu verwenden. Mit dem **Rechnungszins** von max. 3,5 % (§ 4 KVAV) wird die Abzinsung infolge vorschüssiger Prämienzahlung und des Aufbaus der Alterungsrückstellung berücksichtigt. Die **Ausscheideordnung** (§ 5 KVAV) berücksichtigt den Abgang von Versicherten aus dem Kollektiv (z.B. durch Tod, Eintritt von Pflichtversicherung oder Kündigung) und die damit verbundene »Vererbung« von deren kalkulatorischem Anteil an der Alterungsrückstellung, soweit dieser nicht beim Ausscheiden auf einen anderen Versicherer zu übertragen ist. Die **Kopfschäden** (§ 6 KVAV) sind die über einen Zeitraum von 12 Monaten auf einen Versicherten je Altersstufe entfallenden durchschnittlichen Versicherungsleistungen. Durch »**sonstige Zuschläge**« (§ 8 KVAV) werden die Kosten des Versicherers, eventuelle garantierte Beitragsrückerstattungen (z.B. bei Leistungsfreiheit) und der Basistarifzuschlag gem. § 154 I VAG gedeckt. Gem. § 7 KVAV muss ein allgemeiner **Sicherheitszuschlag** von mindestens 5 % in der Bruttoprämie enthalten sein.

6 Der kalkulatorische Gleichlauf von Prämie und Alterungsrückstellung berücksichtigt das altersbedingt zunehmende **Morbiditätsrisiko** der versicherten Person, d.h. die Zunahme der Zahl und Schwere von Erkrankungs- und Behandlungsfällen. Die Prämie soll nicht aufgrund der im Kalkulationszeitpunkt bekannten **Korrelation zwischen Alter und Leistungsinanspruchnahme** steigen. In jüngeren Altersstufen wird eine über dem eigentlichen versicherungstechnischen Risiko dieser Altersstufe liegende Prämie berechnet und der übersteigende Teil der Alterungsrückstellung zugeführt. Im höheren Alter wird die Prämie der versicherten Person durch Entnahmen aus der Alterungsrückstellung subventioniert. Nicht kalkulatorisch berücksichtigt werden z.B. Veränderungen der Leistungsinanspruchnahme durch neue Erkrankungen, neue Behandlungsmethoden und Medikamente, die Verteuerung medizinischer Leistungen sowie eine Verschlechterung der Bestandsstruktur durch den Abgang überdurchschnittlich guter Risiken. Aus diesem Grund sowie wegen des Anstiegs der durchschnittlichen Lebenserwartung kommt es trotz Bildung der Alterungsrückstellung zu einem Prämienanstieg in allen Altersstufen, wobei dieser in den höheren Altersstufen wegen der mit dem Alter zunehmenden Leistungsinanspruchnahme überproportional ausfällt.

7 Der **Basistarif** (§ 152 VAG) weicht von Grundprinzipien der Kalkulation der PKV ab und geht über die Reglementierung des früheren Standardtarifs hinaus. Die Möglichkeit des Wechsels in den über die Prämien der Normaltarife subventionierten[8] Standardtarif war eine erkaufte Versicherungsleistung nach einer zehnjährigen Vorversicherungszeit oder bei Erfüllung besonderer Voraussetzungen[9]. Im Basistarif besteht dagegen ein weitreichender **Kontrahierungszwang** des Versicherers (§ 152 II VAG) bei nicht risikoadäquaten Prämien, die über die Normaltarife subventioniert werden (§ 154 I 3 2. Hs. VAG i.V.m. § 8 I Nr. 7 KVAV). Eine am individuellen Risiko orientierte Prämie ist wegen des Verbots der Risikoprüfung und der Vereinbarung von Risikozuschlägen oder Leistungsausschlüssen im Basistarif (Abs. 1 Satz 3; dazu unten Rdn. 10), der **Prämienbegrenzung** auf den Höchstbeitrag der gesetzlichen Krankenversicherung und ggf. deren Halbierung bei Hilfebedürftigkeit (§ 154 IV VAG) nicht möglich. Die Versicherer sind zur Teilnahme an einem **Risikoausgleichssystem** gem. § 154 I 1 VAG verpflichtet. Diese dem Sozialversicherungsrecht entnommenen Elemente sind mit dem **Äquivalenzprinzip** der Privatversicherung unvereinbar. Mit der näheren Bestimmung von Art, Umfang und Höhe der Leistungen im Basistarif ist der **Verband der privaten Krankenversicherung beliehen** (§ 158 II VAG).

2. Individuelle Risikozuschläge und Leistungsausschlüsse (Abs. 1 S. 2)

8 Eine individuelle Prämienvereinbarung ist in der substitutiven Krankenversicherung nur bei erhöhtem Risiko zulässig.[10] Die Regelung in Abs. 1 S. 2 ist eine privatrechtliche Ergänzung des Gleichbehandlungsgrundsatzes der Versicherten in der substitutiven Krankenversicherung gem. §§ 146 II i.V.m. 138 II VAG.[11] Daran hat sich die **Angemessenheit des Risikozuschlags** zu orientieren. Das Vorliegen eines gegenüber dem Kollektiv erhöhten Risikos ist zu begründen.[12] Sind die Umstände, derentwegen ein Risikozuschlag vereinbart wurde, entfallen oder bedeutungslos geworden, hat der VN Anspruch auf angemessene Herabsetzung der Prämie mit Wirkung für die Zukunft ab Zugang des Verlangens beim Versicherer (§ 41).[13] Ist beispielsweise bei Abschluss

---

7 S. Begr. zu § 2 KalV (jetzt: KVAV), BR-Drucks. 414/96 S. 19 f.
8 Standardtarifzuschlag gem. § 8 I Nr. 6 KalV (jetzt: § 8 I Nr. 8 KVAV) i.d.F. bis 31.12.2008.
9 S. § 257 IIa SGB V i.d.F. bis 31.12.2008. Ausführlich zum Standardtarif und dessen geschichtliche Entwicklung L/W/*Boetius*, Vor § 192 Rn. 1016 ff.
10 Vgl. Begr. zu § 178g VVG a.F., BT-Drucks. 12/6959 S. 105.
11 Vgl. P/M/*Voit*, § 203 Rn. 7.
12 Vgl. R/L/*Römer*, 2. Aufl. § 178g Rn. 2.
13 BGH VersR 2015, 1012, 1015; LG Coburg, Urt. vom 26.09.2001, Az. 32 S 131/00 – Wegfall eines für eine degenerative Veränderung der Wirbelsäule vereinbarten Risikozuschlags wegen Besserung auf altersentsprechenden Zustand. Zur Darlegungs- und Beweislast s. OLG Karlsruhe r+s 2011, 303.

des Vertrages eine Unfallverletzung noch nicht vollständig abgeheilt und deswegen ein Risikozuschlag vereinbart worden, entfällt dieser auf Verlangen des VN, wenn er nachweist, dass infolge des Abheilens der Verletzung insoweit kein erhöhtes Risiko mehr vorliegt. Ist ein anfänglich vereinbarter Risikozuschlag unangemessen hoch, ist dieser – da vereinbart – nicht unwirksam, kann aber aufsichtsrechtlich beanstandet werden.[14] Der VN hat in diesem Fall einen rückwirkenden Anpassungsanspruch aus § 242 BGB.[15] Da der Versicherer in seiner Annahmepolitik grundsätzlich frei ist, hat er einen **weiten Ermessens- und Beurteilungsspielraum**.[16] Risikozuschläge können als fixer oder als prozentualer Zuschlag vereinbart werden. Zur Erhöhung von Risikozuschlägen bei Prämienanpassungen s. Abs. 2 S. 2 und unten Rdn. 16.

Ist ein **Leistungsausschluss** für ein bestimmtes erhöhtes Risiko vereinbart, gibt es keine Anspruchsgrundlage 9 für dessen Wegfall bei positiver Veränderung des Gesundheitszustands. Ist die Ursache, die Gegenstand des Leistungsausschlusses ist, entfallen, kann sich der Versicherer im Versicherungsfall auf den Leistungsausschluss nicht mehr erfolgreich berufen, da keine Kausalität zwischen dem (entfallenen) Umstand und dem Versicherungsfall bestehen kann. Entscheidend ist stets die konkrete Formulierung des Risikos, bei dessen Eintritt der Leistungsausschluss greifen soll.

Abs. 1 S. 3 bestimmt, dass im **Basistarif** das individuelle Risiko für die Prämienhöhe keine Rolle spielen darf. 10 Da eine Erfassung individueller Risikodaten für das Funktionieren des Risikoausgleichs nach § 154 VAG erforderlich ist, wird dieser Fall ausdrücklich geregelt.[17] Ferner muss der Versicherer das individuelle, bei Vertragsschluss vorliegende Risiko prüfen und in Form eines fiktiven Risikozuschlags klassifizieren können, der jedoch erst und nur dann zum Tragen kommt, wenn der VN vom Basistarif in einen Normaltarif gem. § 204 I 1 Nr. 1 Hs. 4 wechselt.[18] Zu diesem Zweck darf der Versicherer eine Gesundheitsprüfung durchführen. Der Versicherer kann im Rahmen dieser zulässigen Gesundheitsprüfung auch die Vorlage ärztlicher und zahnärztlicher Untersuchungsberichte verlangen.[19] Das Ergebnis dieser Prüfung hat jedoch keinen Einfluss auf die Entscheidung des Versicherers, ob er den Vertrag abschließt. Deshalb sind im Falle einer vorvertraglichen Anzeigepflichtverletzung die Rechtsfolgen der §§ 19 ff. nicht anwendbar und die Anfechtung wegen arglistiger Täuschung ausgeschlossen.[20] Der Versicherer ist dann jedoch – unabhängig vom Verschuldensgrad des VN – zu einer nachträglichen Risikoprüfung für den Tarifwechsel berechtigt. Darüber hinaus erachten *Marlow/Spuhl*[21] bei einer vorsätzlichen Anzeigepflichtverletzung in entsprechender Anwendung des § 19 und nach dem Rechtsgedanken aus § 193 V Satz 4 Nr. 2 den Tarifwechselanspruch für ausgeschlossen. Dem ist zu folgen, um einer Umgehung der Risikoprüfung bei dem Zugang zu Normaltarifen über den Umweg des Basistarifs wirksam zu begegnen.

II. Prämienanpassung (Abs. 2)

1. Voraussetzungen der Prämienanpassung

Das Recht zur einseitigen Prämienanpassung gilt für **alle Arten der Krankenversicherung**, bei denen das (ordentliche) Kündigungsrecht des Versicherers gesetzlich (s. § 206) oder aufgrund freiwilliger vertraglicher Vereinbarung ausgeschlossen ist. »Anpassung« bedeutet Erhöhung oder Senkung der Prämie.[22] Abs. 2 spricht zwar nur von einer »Berechtigung« des Versicherers zur Prämienanpassung, aus der ergänzenden Verweisung in Abs. 2 Satz 4 auf § 155 VAG ergibt sich jedoch auch der vertragsrechtliche Anspruch des VN auf Durchführung einer Prämiensenkung, sofern die Voraussetzungen hierfür gegeben sind.[23] Erforderlich ist eine **nicht nur als vorübergehend anzusehende Veränderung einer für die Prämienkalkulation maßgeblichen Rechnungsgrundlage**, wobei Satz 3 als hier maßgebliche Rechnungsgrundlagen nur die **Versicherungsleistungen** (Schadensbedarf) und die **Sterbewahrscheinlichkeit** bestimmt (s. dazu auch oben Rdn. 2). Die **Zustimmung des Treuhänders** ist formelle Wirksamkeitsvoraussetzung. **Ausgeschlossen** wird das Anpassungsrecht durch § 155 III 4 VAG soweit eine schuldhaft unzureichende Erst- oder Neukalkulation vorlag. Vertraglich (§ 8a MB/KK 2009) ist eine Erhöhung der Prämie wegen des Älterwerdens der versicherten Person ausgeschlossen, »soweit«, d.h. in dem Umfang, in dem eine Alterungsrückstellung gebildet wurde[24]. Diese AVB-Bestimmung wurde ursprünglich zur Erfüllung aufsichtsrechtlicher Anforderungen und zum Zweck der steuerrechtlichen Verpflichtung zur Bildung der Alterungsrückstellung geschaffen[25], die inzwischen in § 341f III HGB festgelegt ist.

11

---

14 P/M/*Voit*, § 203 Rn. 6.
15 P/M/*Voit*, § 203 Rn. 6.
16 L/W/*Boetius*, § 203 Rn. 598.
17 Vgl. Begr. zu § 178g VVG, BT-Drucks. 16/3100 S. 207.
18 S. dazu § 204 Rdn. 24.
19 OLG Köln VersR 2013, 490, 491.
20 *Marlow/Spuhl*, VersR 2009, 593, 600.
21 VersR 2009, 593, 601.
22 Vgl. § 155 III 5 VAG.
23 Ähnlich HK-VVG/*Marko*, § 203 Rn. 7; P/M/*Voit*, § 203 Rn. 19.
24 Zur Auslegung des Begriffs »soweit« in § 8a MB/KK s. OLG Karlsruhe VersR 1977, 420; OLG Köln VersR 1999, 87.
25 Einzelheiten bei Bach/Moser/*Rudolph*, § 8a MB/KK Rn. 1 ff.

12 Mit dem Anpassungsrecht des Versicherers korrespondiert dessen **Verpflichtung zur Überprüfung und Anpassung** der Prämien nach Maßgabe von § 155 III VAG. Der Versicherer ist verpflichtet, für jeden nach Art der Lebensversicherung kalkulierten Tarif zumindest jährlich die erforderlichen mit den kalkulierten Versicherungsleistungen zu vergleichen. Ergibt die Gegenüberstellung für einen Tarif eine Abweichung von mehr als 10 %, sofern nicht in den AVB ein geringerer Prozentsatz vorgesehen ist (sog. »**auslösender Faktor**«), sind alle Prämien dieses Tarifs zu überprüfen und bei nicht nur vorübergehender Abweichung anzupassen. Der Schwellenwert von 10 %, der die Verpflichtung zur Überprüfung der Prämien und ggf. deren Anpassung auslöst, ist der für alle Versicherungsunternehmen verbindliche **Höchstschwellenwert**. Die Versicherungsunternehmen können allerdings – zur Vermeidung größerer Prämiensprünge – in den Versicherungsbedingungen einen geringeren Schwellenwert mit der Maßgabe festlegen, dass sie berechtigt sind, bereits beim Überschreiten dieses geringeren Wertes die Prämien zu überprüfen und ggf. anzupassen.[26]

13 Ein **Wahlrecht** des Versicherers unterhalb des Höchstschwellenwertes von 10 % ist zulässig[27] und stellt keine unangemessene Benachteiligung i.S.v. § 307 BGB dar. Gesetzeszweck von § 155 III VAG ist die Sicherstellung der dauernden Erfüllbarkeit der Versicherungsverträge und die Prämienverstetigung, nicht der Schutz der VN vor unvermeidlichen Prämiensteigerungen. Beiden Zielen trägt die möglichst frühzeitige Prämienerhöhung Rechnung. Zwar unterliegt dem Wahlrecht des Versicherers dann auch die Entscheidung, ob er Prämiensenkungen frühzeitig durchführt. Diese fallen jedoch in der Regel nominal äußerst gering aus, so dass der Kostenaufwand für deren Durchführung die Versichertengemeinschaft unverhältnismäßig belasten kann. Eine dauerhafte, nicht nur geringe Prämiensenkung wird der Versicherer aus Wettbewerbsgründen möglichst frühzeitig durchführen, so dass keine unangemessene Benachteiligung der VN von einer Anpassungsoptionsklausel unterhalb der 10 %-Grenze ausgeht. Im Übrigen hat der Versicherer bei Anschlagen des auslösenden Faktors **alle Prämien dieses Tarifs** zu überprüfen und, wenn die Abweichung als nicht nur vorübergehend anzusehen ist, anzupassen. In gleicher Weise hat das Unternehmen nach § 155 IV VAG jährlich die erforderlichen mit den kalkulierten **Sterbewahrscheinlichkeiten** zu vergleichen und bei einer Abweichung von mehr als 5 % alle Prämien dieses Tarifs zu überprüfen und anzupassen.

14 Gem. § 15 I KVAV ist die Gegenüberstellung für jede Beobachtungseinheit eines Tarifs getrennt durchzuführen. Daraus folgt, dass der **Begriff des Tarifs** nicht mit dem **Begriff der Beobachtungseinheit** identisch ist, sondern ein Tarif aus mehreren Beobachtungseinheiten besteht. Aus dieser isolierten Ermittlung des auslösenden Faktors für jede Beobachtungseinheit eines Tarifs nach § 15 I KVAV zieht der BGH[28] den Schluss, dass mit Überprüfung und eventueller Anpassung aller Prämien »dieses Tarifs« nur die Prämien der Beobachtungseinheit gemeint seien, in denen der auslösende Faktor angeschlagen hat. Nichts deute darauf hin, dass der Begriff des »Tarifs« im selben Satz (§ 155 IV VAG) eine unterschiedliche Bedeutung habe und die Anpassungsmöglichkeit über den »Tarif« hinausgehen soll, für den der Anpassungsbedarf festgestellt worden sei.[29] Dieser Auffassung steht bereits die Ermächtigungsgrundlage für die KVAV (§ 160 VAG) entgegen, die den Verordnungsgeber nicht ermächtigt, den Begriff des Tarifs zu definieren, sondern das Verfahren der Gegenüberstellung zu regeln. Für die Ermittlung des auslösenden Faktors in einem Tarif schreibt die KVAV die Zerlegung des Tarifs in Beobachtungseinheiten vor, besagt aber nichts darüber, dass nur die Überprüfung aller Prämien in der entsprechenden Beobachtungseinheit (d.h. für deren einzelne Altersstufen) zu erfolgen hätte. Gem. § 155 III 2 VAG hat die Überprüfung und eventuelle Anpassung aller Prämien in diesem Tarif zu erfolgen, zu dem die Beobachtungseinheit gehört, in der der auslösende Faktor anschlägt.[30] Dieses Ergebnis wird auch durch die Entwicklungsgeschichte der vor dem 3. DurchfG/EWG zum VAG verwandten Prämienanpassungsklausel belegt. Die von *Bohn*[31] zitierte und erläuterte Neufassung der Prämienanpassungsklausel ermöglichte, dass auch Tarifprämien von Beobachtungseinheiten überprüft und gegebenenfalls angepasst werden können, für die die Anpassungsklausel noch nicht angesprochen hat, wenn innerhalb desselben Tarifs für eine andere Beobachtungseinheit der auslösende Faktor den Grenzwert überschritten hat.[32] In der Begründung zu § 12b VAG a.F. (jetzt: § 155 VAG) wird das bisher praktizierte Verfahren der Überprüfung und Anpassung der Prämien als »bewährtes Verfahren« bezeichnet, das »im Kern für die nach Art der Lebensversicherung betriebene Krankenversicherung beibehalten« werden soll.[33] Infolge der Auslegung des § 12b II VAG a.F. (jetzt: § 155 VAG) durch den BGH[34] wurde in § 8b MB/KK 2009 die Anpassungsverpflichtung des Versicherers auf die Beobachtungseinheiten beschränkt, in denen der auslösende Faktor angeschlagen hat.

---

26 Begr. zu § 12b VAG, BT-Drucks. 12/6959 S. 62. Beispiel einer tariflichen Anpassungsklausel bei L/W/*Boetius*, § 203 Rn. 720. Eine solche Klausel ist z.B. in § 8a IV MB/ST 2009 enthalten.
27 LG Dortmund, Urt. vom 14.08.2013, 2 O 276/10 (Tz. 14); L/W/*Boetius*, § 203 Rn. 721.
28 BGHZ 159, 323 = VersR 2004, 991 mit Anmerkung *Reinhard*, VersR 2005, 489.
29 BGHZ 159, 323, 330 f. = VersR 2004, 991, 992.
30 Dazu näher *Reinhard*, VersR 2005, 489.
31 *Bohn*, S. 96 f.
32 *Bohn*, S. 97.
33 Begr. zu § 12b VAG, BT-Drucks. 12/6959 S. 62.
34 BGHZ 159, 323 = VersR 2004, 991 mit Anmerkung *Reinhard*, VersR 2005, 489.

Das Anschlagen des auslösenden Faktors besagt lediglich, dass alle Prämien des betroffenen Tarifs auf der 15
Grundlage aller aktuellen Rechnungsgrundlagen zu überprüfen und ggf. anzupassen sind (§§ 155 III 2 VAG,
11 I 1 KVAV). In welche Richtung der auslösende Faktor anschlägt (nach »oben« oder nach »unten«) besagt
nichts darüber, ob die Anpassung zu einer Prämiensteigerung oder einer Prämiensenkung führt. Er löst lediglich
die Handlungsverpflichtung für den Versicherer aus, die Prämien zu überprüfen. Ein günstiger Schadensverlauf,
der den auslösenden Faktor nach »unten« anschlagen lässt, kann dennoch dazu führen, dass aufgrund
der daraufhin durchzuführenden Neukalkulation die Veränderung anderer Rechnungsgrundlagen den günstigen
Schadensverlauf überkompensiert und somit zu einer Prämienerhöhung führt.[35] Dies steht jedoch nicht
im Widerspruch zu dem Regelungsziel des § 155 VAG, eine stets risikogerechte Prämie zu erreichen, um die
dauernde Erfüllbarkeit der Versicherungsverträge sicherzustellen. Die Annahme des OLG Köln[36], ein Anschlagen
des auslösenden Faktors nach »unten« könne nur die Prüfung einer möglichen Prämiensenkung eröffnen,
ist sowohl mit dem Wortlaut des § 155 III VAG als auch mit dessen Sinn und Zweck unvereinbar.

2. Durchführung der Prämienanpassung

Die **Anpassung der Prämie** erfolgt durch **Neukalkulation des Tarifs** entsprechend den berichtigten Rech- 16
nungsgrundlagen. Es sind alle Rechnungsgrundlagen (§ 2 KVAV) zu aktualisieren, nicht nur die für den auslösenden
Faktor maßgeblichen Kopfschäden und Sterbewahrscheinlichkeiten. Die Neukalkulation erfasst sowohl
die Prämien für Neuabschlüsse als auch für bestehende Versicherungsverträge. Die Prämien für das
Neugeschäft dürfen nicht niedriger sein als die Prämien, die sich im Altbestand für gleichaltrige Versicherte
ohne Berücksichtigung ihrer Alterungsrückstellung ergeben würden (§ 146 II 2 VAG). Eine Anpassung kann
sowohl eine Senkung als auch eine Steigerung der Prämie zur Folge haben. Das Anpassungsrecht umfasst
nach Abs. 2 S. 2 auch betragsmäßig festgelegte **Selbstbehalte** und vereinbarte **Risikozuschläge**, soweit deren
Anpassung vereinbart ist. Die Vereinbarung dieses Anpassungsrechts ist in § 8b I 3 MB/KK 2009 enthalten.

Die Prämienänderung bedarf einer weitreichenden Beteiligung und der Zustimmung eines unabhängigen 17
Treuhänders[37] (Prämientreuhänder), dessen Berufung und Kompetenzen in § 157 VAG geregelt sind. Der
Treuhänder hat zu prüfen, ob die Berechnung der Prämien mit den dafür bestehenden Rechtsvorschriften in
Einklang steht. Wenn dies der Fall ist, muss der Treuhänder zustimmen. Eine Angemessenheitsprüfung hat er
nicht vorzunehmen.[38] Die Rechtsvorschriften über das Prämienanpassungsrecht des Versicherers und die Erteilung
der Zustimmung durch den Treuhänder sind abschließend. Sie lassen keinen Raum für eine darüber
hinausgehende Angemessenheits- oder Billigkeitskontrolle.[39] Neben der mathematischen Prüfung der Prämienberechnung
ist es Aufgabe des Treuhänders nach § 155 II VAG, die Verwendung von Mitteln aus der
Rückstellung für Beitragsrückerstattung unter dem Gesichtspunkt der Rechtmäßigkeit und der Angemessenheit
der Verteilung unter den Versicherten zu prüfen. Diese Mittel können insbesondere zur **Limitierung von
Prämienanpassungen** eingesetzt werden. Der Treuhänder hat eine Kontrollfunktion, kein Mitentscheidungsrecht.
Die Entscheidung über die Verwendung der Mittel treffen die hierzu durch Gesetz oder Satzung berufenen
Organe des Versicherungsunternehmens.[40]

Die Zustimmungserklärung des Treuhänders ist **formfrei**. Zur Beweissicherung sollte sie jedoch schriftlich er- 18
folgen. Die Prämienänderung darf jedoch erst »in Kraft gesetzt werden«, wenn der Treuhänder gegenüber
dem Versicherer seine Zustimmung erklärt hat (§ 155 I 1 VAG). »In Kraft gesetzt« wird die Prämienanpassung
zu dem in Abs. 5 genannten Zeitpunkt. Die Zustimmung des Treuhänders muss dem Versicherer also
spätestens bis zum Wirksamwerden der Prämienanpassung vorliegen; eine nachträgliche Genehmigung
scheidet aus.

Die Neufestsetzung der Prämie bzw. die Änderung eines Selbstbehalts oder Risikozuschlags wird nach Abs. 5 19
zu Beginn des zweiten Monats wirksam, der auf die **Mitteilung der Neufestsetzung** oder der Änderung und
der hierfür **maßgeblichen Gründe** an den VN folgt. Den Zugang der Änderungsmitteilung und den Zugangszeitpunkt
hat der Versicherer zu beweisen.[41] Abweichende Vereinbarungen sind – anders als in § 178g
IV VVG a.F. – ausgeschlossen, soweit sie für den VN nachteilig sind (§ 208).[42] Die Bestimmung eines späte-

---

35 So im Fall des OLG Köln VersR 2013, 1561.
36 OLG Köln VersR 2013, 1561 mit ablehnenden Anmerkungen von *Wandt* (S. 1564) und *Boetius* (S. 1568). Ablehnend auch P/M/*Voit*, § 203 Rn. 22.
37 Dazu eingehend *Grote* S. 241 ff.; zu den Anforderungen an die Unabhängigkeit des Treuhänders *Buchholz*, VersR 2005, 866.
38 *Rudolph*, VersR 2015, 300, 301.
39 BGHZ 159, 323, 328 = VersR 2004, 991, 992; *Sahmer*, S. 12 ff. Für die Prämienanpassung auf vertraglicher Grundlage in der Zeit vor dem 3. DurchfG/EWG zum VAG hat der BGH VersR 2004, 1446, einen Ermessensspielraum des Versicherers gem. § 315 BGB bejaht.
40 Zur Prüfungskompetenz des Treuhänders bei der Entnahme und Verwendung von RfB-Mitteln gem. § 12b Ia VAG s. *Reinhard*, VersR 2003, 952.
41 LG Potsdam r+s 2006, 333.
42 Vgl. Begr. zu § 203, BT-Drucks. 16/3945 S. 114.

ren Zeitpunktes des Inkrafttretens ist also möglich.[43] Von der Mitteilung einschließlich der Begründung hängt nicht nur die Entstehung des Anspruchs des Versicherers auf die erhöhte Prämie ab dem Wirksamwerden ab, sondern auch der Fristbeginn für eine **Kündigung des VN** gem. § 205 IV anlässlich der Prämienanpassung. An die **Begründung** der Anpassung oder Änderung können keine hohen Anforderungen gestellt werden, da dem Versicherer aufgrund der abschließenden gesetzlichen Vorgaben zur Prämienkalkulation kein Spielraum verbleibt[44], der einer Begründung zugänglich wäre. Darlegungen zur Prämienhöhe und zur Berechnungsmethode sind angesichts der Komplexität für den VN ohne Informationswert. Ausreichend ist, wenn dem VN eine allgemeine Information über die Ursachen der Anpassung mitgeteilt wird. Die Begründung ist **formale Wirksamkeitsvoraussetzung** der Vertragsänderung, so dass eine lediglich inhaltlich unrichtige oder unvollständige Begründung das Wirksamwerden nicht hindert. Eine Vorlage der Begründung beim Treuhänder ist nicht erforderlich, da sie keine versicherungsmathematische Prüfung erfordert.[45] Fehlt die Begründung oder ist sie für eine Information des VN gänzlich ungeeignet, wird die Vertragsänderung nicht wirksam. Mehr als eine Erläuterung, welche Faktoren für eine Prämienanpassung relevant sein können und wie das Verfahren der Prämienanpassung dem Grunde nach funktioniert, ist weder erforderlich noch für den VN von Informationswert. Darüber hinausgehend fordert *Klimke*[46] die Angaben, welche Rechnungsgrundlagen sich in welcher Höhe gegenüber der ursprünglichen (gemeint ist wohl: gegenüber der letzten) Kalkulation verändert haben und wie der konkrete Wert des auslösenden Faktors je Beobachtungseinheit laute. Dadurch solle dem VN eine Plausibilitätsprüfung ermöglicht werden. Diese Angaben seien dem Versicherer ohne Weiteres zuzumuten. Eine solche Plausibilitätskontrolle ist dem VN jedoch in keinem Fall möglich und die von *Klimke* formulierten Anforderungen für den Versicherer nicht umsetzbar. Der Versicherer müsste für jeden versicherten Tarif jeder versicherten Person eine Vielzahl von Angaben je Beobachtungseinheit technisch in eine auf diese Daten abgestimmte verbale Begründung einfügen und für den VN transparent darstellen, ohne dass dem VN anhand von diesen Angaben – auch unter Zuhilfenahme eines Sachverständigen – ein ansatzweises »Nachrechnen« möglich wäre. Gerade deshalb hat der Gesetzgeber die Prüfung durch einen sachverständigen Treuhänder vorgeschrieben, der auf der Grundlage aller Informationen die Neukalkulation des Versicherers vorab detailliert überprüft. Ebenso abzulehnen ist die Auffassung von *Klimke*, der Versicherer müsse den Namen und die Anschrift des Treuhänders nennen, damit der VN dessen Unabhängigkeit und fachliche Eignung überprüfen können.[47] Wie der VN eine solche Überprüfung des Treuhänders vornehmen will, ist nicht ersichtlich. Diese Prüfung wird durch die BaFin bei der Bestellung des Treuhänders vorgenommen (§ 157 VAG). Weitere Informationspflicht bei Prämienanpassung: § 6 II VVG-InfoV.

Maßgeblicher Zeitpunkt, ab dem eine Prämienanpassung möglich ist, ist der formelle Vertragsbeginn (Zeitpunkt des Vertragsschlusses).[48] Denn bereits mit dem formellen Vertragsbeginn ist der Versicherer an den Vertrag gebunden und kann ihn nicht mehr ordentlich kündigen. Liegt der technische Versicherungsbeginn in der Zukunft, kann der Versicherer die ursprünglich vertraglich vereinbarten Prämien ggf. noch mit Wirkung zum technischen Versicherungsbeginn anpassen.

3. Rechtsschutz gegen Prämienanpassungen

20 Gegen eine Prämienerhöhung kann sich der VN durch Erhebung einer **negativen Feststellungsklage**[49] wehren, mit der er geltend macht, den Erhöhungsbetrag nicht zu schulden, da die Voraussetzungen nach Abs. 2 nicht vorlägen oder jedenfalls eine Prämienerhöhung in dem vom Versicherer verlangten Ausmaß nicht rechtfertigten. Der Versicherer muss seinen Anspruch auf die erhöhte Prämie in vollem Umfang darlegen und beweisen.[50] Die Erhöhung unterliegt einer **umfassenden tatsächlichen und rechtlichen Überprüfung** durch die Zivilgerichte.[51] Gegenstand der gerichtlichen Überprüfung, die regelmäßig nur mithilfe eines Sachverständigen erfolgen kann, sind nur die Unterlagen, die der Versicherer dem Treuhänder zur Prüfung gem. §§ 155 I 3 VAG, 17 KVAV vorgelegt hat.[52] Dazu gehören auch Unterlagen, die dem Treuhänder im Rahmen früherer Anpassungen vom Versicherer vorgelegt wurden.[53] Aus diesen Unterlagen müssen sich die Voraussetzungen und der Umfang der vorgenommenen Anpassung für den Sachverständigen nachvollziehbar und in tatsächlicher Hinsicht

---

43 § 13 V MB/KK 2008 übernimmt die gesetzliche Frist.
44 S. oben Rdn. 17.
45 *Rudolph*, VersR 2015, 300, 302.
46 *Klimke*, VersR 2016, 22, 23.
47 *Klimke*, VersR 2016, 22, 23.
48 LG Dortmund, Urt. vom 14.08.2013, 2 O 276/10 (Tz. 13).
49 Zu den prozessualen Problemen einer solchen Klage s. *Reinhard*, VersR 2000, 214, 216 ff. Rechtsprechungsübersicht vor der Grundsatzentscheidung BGHZ 159, 323 = VersR 2004, 991, bei *Sahmer*, S. 3 ff.
50 Vgl. BGHZ 159, 323, 329 = VersR 2004, 991, 992.
51 BVerfG VersR 2000, 214 mit Anm. *Reinhard*. S. dazu auch *Sahmer*, S. 7.
52 BGHZ 159, 323, 330 = VersR 2004, 991, 992; OLG Köln VersR 2013, 1561, 1562. Eingehend zu den vorzulegenden Unterlagen *Rudolph*, VersR 2015, 300.
53 Vgl. OLG Celle VersR 2008, 1198.

belegbar ergeben.⁵⁴ Ein Nachschieben von Unterlagen im Prozess soll nach Auffassung des BGH nur zur Berichtigung offensichtlicher Unvollständigkeiten oder zur Korrektur erkennbarer Rechenfehler zulässig sein.⁵⁵ Ein (vorgerichtlicher) Auskunftsanspruch des VN gegen den Versicherer wegen der Einzelheiten einer Beitragsanpassung besteht nicht.⁵⁶

Die **Unwirksamkeit einer Prämienanpassung** führt bei Anpassungen in den Folgejahren nicht dazu, dass die dafür errechneten auslösenden Faktoren nicht korrekt sind, denn die in diese eingehenden rechnungsmäßigen Leistungen sind auch bei einer vorangegangenen unwirksamen Prämienanpassung keine anderen als die bei angenommener Wirksamkeit der Prämienanpassung berechneten Leistungen.⁵⁷   21

III. Änderung der Versicherungs- und Tarifbedingungen (Abs. 3 und 4)

1. Voraussetzungen

Das Recht zur einseitigen Änderung der Versicherungs- und Tarifbedingungen gilt nach der Verweisung in Abs. 3 Satz 1 nur für Krankenversicherungen nach Art der Lebensversicherung. Weshalb der Gesetzgeber bei einer Krankenversicherung nach Art der Schadensversicherung, wenn bei ihr das ordentliche Kündigungsrecht ausgeschlossen ist, eine Bedingungsanpassungsbefugnis nach Abs. 3 nicht eröffnet, erschließt sich nicht ohne Weiteres.⁵⁸ Dies insbesondere deshalb, weil die Gesetzesbegründung zu § 178g VVG a.F.⁵⁹ sowohl für das Prämien- als auch das Bedingungsanpassungsrecht die gleichen Gründe (Gewährleistung der dauernden Erfüllbarkeit der Versicherungsleistung, Änderung der Verhältnisse des Gesundheitswesens) anführt. Eine Differenzierung nach Versicherungen, die nach Art der Lebensversicherung kalkuliert sind und solchen nach Art der Schadensversicherung erfolgt in der Begründung nicht. Die Anpassung allgemeiner Versicherungsbedingungen kann sich insbesondere auch zugunsten der VN auswirken, um sie vor anderenfalls notwendigen Prämienanpassungen zu bewahren bzw. diese abzumildern. Zutreffend weist *Wandt* darauf hin, dass die Beschränkung des Anwendungsbereichs von Abs. 3 auf Krankenversicherungen nach Art der Lebensversicherung der Vereinbarung einer **vertraglichen Bedingungsanpassungsklausel** bei solchen nach Art der Schadensversicherung – trotz § 208 – nicht entgegen steht, da der Gesetzgeber insoweit gerade keine (halbzwingende) Regelung getroffen hat.⁶⁰ Die Bestimmung in Abs. 2 und 3 ist eine spezielle Regelung für den Fall der Änderung oder den Wegfall der Geschäftsgrundlage.⁶¹ Voraussetzung ist eine nicht nur als vorübergehend anzusehende **Veränderung der Verhältnisse des Gesundheitswesens**. Der Begriff ist weit zu verstehen und umfasst sowohl Rechtsänderungen als auch tatsächliche Änderungen, wie den medizinischen Fortschritt, Kostensteigerung und Umfang der Inanspruchnahme von medizinischen Leistungen.⁶² Eine Änderung der Verhältnisse des Gesundheitswesens liegt aber nicht vor, wenn eine Klausel in den AVB der Krankenversicherung von der Rechtsprechung in einer dem Verwender ungünstigen Weise ausgelegt wird.⁶³ Eine diesbezügliche Änderungsklausel in Versicherungsbedingungen wurde vom BGH für unwirksam erklärt.⁶⁴   22

Für den Fall der **Unwirksamkeit einer Klausel** in den Versicherungsbedingungen verweist Abs. 4 auf § 164, der den Versicherer unter den dort näher bezeichneten Voraussetzungen und Grenzen zu einer einseitigen Ersetzung der unwirksamen Versicherungsbedingungen berechtigt. Die Unwirksamkeit einer Klausel kann allerdings nur durch eine höchstrichterliche Entscheidung des BGH oder eines Oberlandesgerichts, dessen Entscheidung nicht anfechtbar ist, oder einen bestandskräftigen Verwaltungsakt der Aufsichtsbehörde⁶⁵ oder der Kartellbehörde festgestellt werden. Nur solche Entscheidungen schaffen abschließend Rechtsklarheit. Könnten die Versicherer in eigener Verantwortung über die Unwirksamkeit entscheiden, würde die Vertragsfreiheit des VN in bedenklicher Weise eingeschränkt.⁶⁶   23

Die Bedingungsanpassung muss zur **hinreichenden Wahrung der Belange der VN** erforderlich erscheinen. »Hinreichende Wahrung« ist gleichbedeutend mit »ausreichender Wahrung« im Sinne von §§ 155 II 2, 294 II 2 VAG. Es muss eine tatsächliche oder rechtliche Veränderung im Gesundheitswesen eingetreten sein, die die Belange der VN in ihrer Gesamtheit (Versichertengemeinschaft) in einem Maße beeinträchtigt, dass sie durch den unveränderten Vertrag nicht mehr hinreichend gewahrt sind. Der Eingriff in den Vertrag muss also eine   24

---

54 BGHZ 159, 323, 330 = VersR 2004, 991, 992.
55 Zur Zulässigkeit des Nachschiebens von Unterlagen im Prozess s. *Reinhard*, VersR 2005, 489, 490.
56 OLG Stuttgart VersR 2007, 639, das als Nebenpflicht aus dem Versicherungsvertrag jedoch einen Anspruch des VN auf Überlassung des »persönlichen Berechnungsbogens« und namentliche Benennung des Treuhänders annimmt.
57 Vgl. LG Dortmund, Urteil vom 14.08.2013, 2 O 276/10 (Tz. 17).
58 VersHb/*Wandt*, § 11 Rn. 38.
59 Begr. zum RegE 3. DurchfG/EWG zum VAG, BT-Drucks. 12/6959 S. 105.
60 VersHb/*Wandt*, § 11 Rn. 38.
61 Vgl. BGH VersR 2008, 386, 387.
62 Näher dazu aus Sicht der Aufsichtsbehörde, *Faßbender*, BaFinJournal 2/2016, 21 ff.
63 Vgl. BGH VersR 2008, 386.
64 BGH VersR 2008, 482.
65 Zur Untersagung der Verwendung von Klauseln durch die BaFin im Wege anlassbezogener nachträglicher Missstandsaufsicht s. BVerwGE 107, 101 = VersR 1998, 1137 mit Anm. von *Präve* und Anm. von *E. Lorenz*.
66 Vgl. Begr. zu § 164 I VVG, BT-Drucks. 16/3945 S. 100 unter Hinweis auf BGHZ 164, 297 = VersR 2005, 1565.

Verbesserung aus Sicht der Versichertengemeinschaft bringen, kann aber mit Nachteilen für einzelne VN bzw. bei einzelnen Leistungen verbunden sein. Das Gemeinschaftsinteresse der VN ist in erster Linie auf die **dauernde Erfüllbarkeit der Versicherungsverträge**, also auf Erhalt der versicherungsvertraglichen **Hauptleistung des Versicherers** ausgerichtet. Einschränkungen des Leistungsversprechens des Versicherers wahren daher grundsätzlich nicht die Belange der VN, sofern es nicht nur um die Änderung von Modalitäten des Leistungsversprechens geht, die ohne wesentliche Auswirkungen für die VN sind. Dient die Änderung zur Einsparung von Kosten und damit zur Verhinderung oder Verminderung einer anderenfalls notwendigen Prämienerhöhung, kann sie zur hinreichenden Wahrung der Belange der VN erforderlich sein, wenn die Prämienmehrbelastung außer Verhältnis zu den durch die Bedingungsänderung verursachten Einschränkungen stehen würde. Kann die Veränderung sowohl mit einer Prämienanpassung als auch durch eine Bedingungsänderung bewältigt werden, so hat die Prämienanpassung als das in der Regel mildere Mittel Vorrang.[67] Der VN kann einer Prämienerhöhung dann ggf. durch Tarifwechsel oder Kündigung einzelner Tarife begegnen, während er bei einer Bedingungsänderung keine Möglichkeiten zur Erhaltung des ungeschmälerten Versicherungsschutzes hat. Die Änderung der Bedingungen darf nicht weitreichender sein als die Veränderung im Gesundheitswesen dies erfordert.

2. Durchführung der Bedingungsänderung

25 Die Voraussetzungen und die **Angemessenheit** der Bedingungsänderung sind von einem **unabhängigen Treuhänder**[68] (§ 157 III VAG; sog. Bedingungstreuhänder oder juristischer Treuhänder) zu prüfen. Der Treuhänder hat in eigener Verantwortung zu prüfen, ob die vom Versicherer zum Anlass genommene Änderung der Verhältnisse des Gesundheitswesens vorliegt, diese nicht nur als vorübergehend anzusehen ist und die Erforderlichkeit der Änderung gegeben ist. Angemessenheit bedeutet, dass bei Vorliegen der in Rn. 24 genannten Kriterien eine die VN weniger belastende Reaktionsmöglichkeit des Versicherers nicht besteht. Die Angemessenheitsprüfung durch den Treuhänder ist eine Nachprüfung der Unternehmensentscheidung auf ihre Angemessenheit. Ein Mitentscheidungsrecht hat der Treuhänder nicht.[69] Bei einer Abwägung zwischen der Möglichkeit der Prämienanpassung und der Bedingungsänderung muss der Bedingungstreuhänder ggf. den Prämientreuhänder beteiligen, da er aus eigener Kompetenz den Umfang einer alternativen Prämienanpassung nicht beurteilen kann.

26 Zum **Wirksamwerden der Bedingungsänderung** gegenüber dem VN gelten die Ausführungen oben Rdn. 19 entsprechend. Die Änderungen gelten nur für die Zukunft nach Inkrafttreten. Im Falle der **Ersetzung einer unwirksamen Klausel** (oben Rdn. 23) wird die neue Klausel gem. § 164 II zwei Wochen nach Mitteilung **rückwirkend** zum Vertragsschluss Vertragsbestandteil. Verzögert der Versicherer eine Bedingungsänderung unangemessen lang, obwohl die Veränderung der Verhältnisse des Gesundheitswesens und deren Auswirkungen bekannt und einschätzbar waren, kann der Anspruch des Versicherers auf Änderung der Bedingungen nach allgemeinen Grundsätzen **verwirkt** sein.

27 Auf eine ausschließlich **zugunsten der VN wirkende Bedingungsänderung**, z.B. Leistungsverbesserung ohne spürbare Auswirkungen auf die Prämie, ist Abs. 3 nicht anwendbar.[70] Eine solche Bedingungsänderung bedarf nur der Mitteilung an die VN, ohne dass es deren Einverständniserklärung bedürfte.[71] In der Mitteilung an die VN liegt das Angebot zur Vertragsänderung. Der Zugang einer ausdrücklichen Annahmeerklärung ist gem. § 151 BGB entbehrlich, da eine solche nicht zu erwarten ist. Für die Annahme reicht es in den Fällen eines für den Adressaten lediglich rechtlich vorteilhaften Angebots aus, wenn dieser es nicht durch eine nach außen erkennbare Willensäußerung abgelehnt hat.[72] Die Treuhänderbeteiligung in Abs. 3 dient als Äquivalent zur fehlenden ausdrücklichen Zustimmung der VN. Ist aber bei einer nur zugunsten der Versicherten wirkenden Bedingungsänderung die Erklärung der Zustimmung der VN nicht erforderlich, so bedarf es auch nicht der Treuhänderzustimmung, die ansonsten an die Stelle der Zustimmung der VN tritt. Im Übrigen kann eine freiwillige Mehrleistung des Versicherers weder »erforderlich« sein, noch kann sie vom Treuhänder auf ihre »Angemessenheit« überprüft werden. Praktisch relevant ist der Fall der Bedingungsänderung zugunsten der VN, wenn der Versicherer aus Vereinfachungs- und Kostengründen auf bestimmte Einschränkungen in den Neugeschäftsbedingungen verzichten will und deshalb durch die Bedingungsänderung im Bestand die Gleichbehandlung der VN sicherstellen muss. Ein weiterer Anwendungsfall für eine Bedingungsverbesserung im Be-

---

67 Vgl. *Wandt*, Rn. 72 ff.
68 Dazu eingehend *Grote*, S. 635 ff.; zu den Anforderungen an die Unabhängigkeit des Treuhänders *Buchholz*, VersR 2005, 866.
69 Vgl. *Reinhard*, VersR 2003, 952, 957 zur Angemessenheitsprüfung durch den Prämientreuhänder nach § 12 Ia 3 VAG (a.F.).
70 A.A. *Werber*, VersR 2015, 393 ff. mit Darstellung der Rechtsauffassung der BaFin (S. 394).
71 Vgl. LG Düsseldorf r+s 1999, 377, 378; P/M/*Armbrüster*, Einl. I Rn. 39; *Seybold*, VersR 1989, 1231, 1233; *Hübner*, Allgemeine Versicherungsbedingungen und AGB-Gesetz, 5. Aufl. S. 16; *Präve*, ZfV 1992, 221, 224; *ders.* Versicherungsbedingungen und AGB-Gesetz, München 1998, Rn. 472.
72 BGH NJW 2000, 276, 277.

stand kann vorliegen, wenn der Versicherer bisher bestimmte Leistungen aus Kulanz erbracht hat[73] und diese in den Neugeschäftsbedingungen nunmehr festschreiben will.

IV. Sonderkündigungsrecht des VN

Dem VN steht bei Prämienerhöhungen oder leistungsmindernden Bedingungsänderungen ein **außerordentliches Kündigungsrecht** nach § 205 IV i.V.m. § 13 V MB/KK 2009 zu.

28

V. Abdingbarkeit

§ 203 ist gem. § 208 **halbzwingend**.

29

§ 204 Tarifwechsel.

(1) ¹Bei bestehendem Versicherungsverhältnis kann der Versicherungsnehmer vom Versicherer verlangen, dass dieser

1. Anträge auf Wechsel in andere Tarife mit gleichartigem Versicherungsschutz unter Anrechnung der aus dem Vertrag erworbenen Rechte und der Alterungsrückstellung annimmt; soweit die Leistungen in dem Tarif, in den der Versicherungsnehmer wechseln will, höher oder umfassender sind als in dem bisherigen Tarif, kann der Versicherer für die Mehrleistung einen Leistungsausschluss oder einen angemessenen Risikozuschlag und insoweit auch eine Wartezeit verlangen; der Versicherungsnehmer kann die Vereinbarung eines Risikozuschlages und einer Wartezeit dadurch abwenden, dass er hinsichtlich der Mehrleistung einen Leistungsausschluss vereinbart; bei einem Wechsel aus dem Basistarif in einen anderen Tarif kann der Versicherer auch den bei Vertragsschluss ermittelten Risikozuschlag verlangen; der Wechsel in den Basistarif des Versicherers unter Anrechnung der aus dem Vertrag erworbenen Rechte und der Alterungsrückstellung ist nur möglich, wenn
   a) die bestehende Krankheitskostenversicherung nach dem 1. Januar 2009 abgeschlossen wurde oder
   b) der Versicherungsnehmer das 55. Lebensjahr vollendet hat oder das 55. Lebensjahr noch nicht vollendet hat, aber die Voraussetzungen für den Anspruch auf eine Rente der gesetzlichen Rentenversicherung erfüllt und diese Rente beantragt hat oder ein Ruhegehalt nach beamtenrechtlichen oder vergleichbaren Vorschriften bezieht oder hilfebedürftig nach dem Zweiten oder Zwölften Buch Sozialgesetzbuch ist oder
   c) die bestehende Krankheitskostenversicherung vor dem 1. Januar 2009 abgeschlossen wurde und der Wechsel in den Basistarif vor dem 1. Juli 2009 beantragt wurde;
   ein Wechsel aus einem Tarif, bei dem die Prämien geschlechtsunabhängig kalkuliert werden, in einen Tarif, bei dem dies nicht der Fall ist, ist ausgeschlossen;
2. bei einer Kündigung des Vertrags und dem gleichzeitigen Abschluss eines neuen Vertrags, der ganz oder teilweise den im gesetzlichen Sozialversicherungssystem vorgesehenen Krankenversicherungsschutz ersetzen kann, bei einem anderen Krankenversicherer
   a) die kalkulierte Alterungsrückstellung des Teils der Versicherung, dessen Leistungen dem Basistarif entsprechen, an den neuen Versicherer überträgt, sofern die gekündigte Krankheitskostenversicherung nach dem 1. Januar 2009 abgeschlossen wurde;
   b) bei einem Abschluss eines Vertrags im Basistarif die kalkulierte Alterungsrückstellung des Teils der Versicherung, dessen Leistungen dem Basistarif entsprechen, an den neuen Versicherer überträgt, sofern die gekündigte Krankheitskostenversicherung vor dem 1. Januar 2009 abgeschlossen wurde und die Kündigung vor dem 1. Juli 2009 erfolgte.

²Soweit die Leistungen in dem Tarif, aus dem der Versicherungsnehmer wechseln will, höher oder umfassender sind als im Basistarif, kann der Versicherungsnehmer vom bisherigen Versicherer die Vereinbarung eines Zusatztarifes verlangen, in dem die über den Basistarif hinausgehende Alterungsrückstellung anzurechnen ist. ³Auf die Ansprüche nach den Sätzen 1 und 2 kann nicht verzichtet werden.
(2) Im Falle der Kündigung des Vertrags zur privaten Pflege-Pflichtversicherung und dem gleichzeitigen Abschluss eines neuen Vertrags bei einem anderen Versicherer kann der Versicherungsnehmer vom bisherigen Versicherer verlangen, dass dieser die für ihn kalkulierte Alterungsrückstellung an den neuen Versicherer überträgt. Auf diesen Anspruch kann nicht verzichtet werden.
(3) ¹Absatz 1 gilt nicht für befristete Versicherungsverhältnisse. ²Handelt es sich um eine Befristung nach § 196, besteht das Tarifwechselrecht nach Absatz 1 Nummer 1.
(4) Soweit die Krankenversicherung nach Art der Lebensversicherung betrieben wird, haben die Versicherungsnehmer und die versicherte Person das Recht, einen gekündigten Versicherungsvertrag in Form einer Anwartschaftsversicherung fortzuführen.

---

[73] Vgl. *Werber*, VersR 2015, 393, 398. Dagegen *Faßbender*, BaFinJournal 2/2016, 21, 22, wobei sich die Ausführungen der BaFin nur auf einseitige Änderungen der AVB beziehen.

§ 204 Tarifwechsel

Übersicht

	Rdn.		Rdn.
A. Allgemeines	1	1. Wechsel aus dem Basistarif (Abs. 1 S. 1 Nr. 1 Hs. 4)	25
I. Normzweck	1	2. Wechsel in den Basistarif (Abs. 1 S. 1 Nr. 1 Hs. 5)	27
II. Entstehungsgeschichte	2	III. Unternehmenswechsel	28
III. Anwendungsbereich	3	1. Übertragung der anteiligen Alterungsrückstellung (Abs. 1 S. 1 Nr. 2)	28
B. Einzelheiten	6	2. Verwendung des nicht übertragbaren Teils der Alterungsrückstellung für Zusatzversicherungen (Abs. 1 S. 2)	31
I. Wechsel zwischen Normaltarifen innerhalb eines Versicherungsunternehmens (Abs. 1 S. 1 Nr. 1, Hs. 1–3)	6	IV. Portabilität der Alterungsrückstellung in der Pflegepflichtversicherung (Abs. 2)	32
1. Voraussetzungen	6	V. Anwartschaftsversicherung (Abs. 4)	33
2. Rechtsfolgen	11	VI. Abdingbarkeit	34
3. Ausschluss des Tarifwechsels von Unisex- in Bisex-Tarife (Abs. 1 Satz 1 Nr. 1 letzter Satzteil)	24	VII. Informationspflichten des Versicherers über Tarifwechselmöglichkeiten	35
II. Wechsel aus dem und in den Basistarif bei demselben Versicherungsunternehmen	25		

Schrifttum:
Boetius, Szenen einer Reformehe – Probleme der Prämienanpassung (§ 203 VVG) sowie des Tarif- und Versichererwechselrechts (§ 204 VVG) nach der Gesundheits- und VVG-Reform, VersR 2008, 1016; *Brömmelmeyer,* Der Tarifstrukturzuschlag vor dem Bundesverwaltungsgericht, VersR 2010, 706; *Buchholz,* Zahnstaffeln beim Tarifwechsel in der privaten Krankenversicherung und die Befugnis der Aufsichtsbehörde zur Durchsetzung zivilrechtlicher Normen, VersR 2007, 27; *Kalakani,* Tarifwechsel – Rechte für privat Krankenversicherte, BaFinJournal 7/2015, 16; *Kirsten,* Der Tarif- und Versichererwechsel des Versicherungsnehmers in der privaten Krankenversicherung, Karlsruhe 2005; *Lehmann,* Zum Tarifwechsel in der privaten Krankenversicherung, VersR 2010, 992; *Lorenz/Wandt,* Der Tarifwechsel in der privaten Krankenversicherung bei unterschiedlichen Tarifstrukturen, VersR 2008, 7; *dies.,* Die Durchführung des Tarifwechsels in der privaten Krankenversicherung bei unterschiedlichen Tarifstrukturen, VersR 2008, 1165; *dies.,* Der Ausgleich unterschiedlicher Tarifstrukturen beim Tarifwechsel gem. § 204 VVG, VersR 2010, 717; *Reinhard,* »Pauschale Risikozuschläge« als Mittel der Prämiengerechtigkeit beim Tarifwechsel in der privaten Krankenversicherung? VersR 2008, 892; *Sommer,* Anmerkungen zur Kalkulations- und Überschussverordnung in der PKV, ZfV 1998, 68.

A. Allgemeines

I. Normzweck

1 Bis zur Einführung des Basistarifs und dem damit verbundenen Kontrahierungszwang des Versicherers war der durch das Dritte Durchführungsgesetz EWG/VAG geschaffene **Tarifwechselanspruch** (»**Umstufungsrecht**«) des VN (§ 178f VVG a.F.) auf den Wechsel in Tarife desselben Versicherers beschränkt. Das Tarifwechselrecht wurde eingeführt, um älteren VN bei Schließung ihres Tarifs für den Zugang neuer VN eine Möglichkeit zu eröffnen, dadurch bedingten Kostensteigerungen ihres alten Tarifs durch einen Wechsel in einen anderen Tarif des Versicherers zu entgehen.[1] Die Prämie des VN hängt maßgeblich von der Leistungsinanspruchnahme der Versicherten seines Tarifs ab, die bei fehlendem Neuzugang (sog. »Vergreisung« eines Tarifs) steigt und über derjenigen für vergleichbare Tarife des Neugeschäfts liegen kann. Vor dieser Ursache des Prämienanstiegs sollen die Versicherten geschützt werden. Der Tarifwechselanspruch bei demselben Versicherer ist ein **Optionsrecht des VN** auf Inhaltsänderung seines bestehenden Krankenversicherungsvertrages.[2] Anstelle seines bisherigen Tarifs (Ausgangstarif) tritt der Tarif, in den der VN wechselt (Zieltarif). Bei einem unternehmensübergreifenden Wechsel (Abs. 1 Nr. 2) liegt dagegen der **Neuabschluss** eines Krankenversicherungsvertrags, kein Tarifwechsel, vor. Für diesen Fall bestimmt die Norm die Voraussetzungen und den Umfang der **Portabilität der kalkulierten Alterungsrückstellung** vom bisherigen Versicherer zum neuen Versicherer. Um einen anteiligen Verlust der Alterungsrückstellung auszuschließen, hat der VN Anspruch auf Verwendung des nicht portablen Teils der Alterungsrückstellung für **Zusatzversicherungen** bei dem bisherigen Versicherer (Abs. 1 S. 2) oder auf Abschluss einer **Anwartschaftsversicherung** (Abs. 4).

II. Entstehungsgeschichte

2 Das Tarifwechselrecht gem. § 178f I VVG a.F. bei demselben Versicherer wurde inhaltlich unverändert in Abs. 1 S. 1 Nr. 1 Hs. 1 und 2 übernommen. Entfallen ist die in der Fassung bis 31.12.2008 in Satz 1 enthaltene klarstellende Verweisung auf die aufsichtsrechtlichen Vorschriften (§ 12 I Nr. 4 VAG a.F. i.V.m. der auf der Grundlage des § 12c I 1 Nr. 2 VAG a.F. erlassenen KalV – jetzt: KVAV), die das Nähere zur Gleichartigkeit der

---

1 Vgl. Begr. zu § 178f VVG a.F., BT-Drucks. 12/6959 S. 105.
2 Vgl. § 146 I Nr. 4 VAG, der von einem »Recht auf Vertragsänderung durch Wechsel in andere Tarife« spricht.

Tarife und der Anrechnung der Alterungsrückstellung regeln und auch vertragsrechtliche Wirkung entfalten.[3] Durch das GKV-WSG wurden die Regelungen über das Wechselrecht in den und aus dem Basistarif bei demselben Versicherer sowie über den unternehmensübergreifenden Wechsel in Abs. 1 neu eingefügt und mit Abs. 4 der Anspruch auf Vertragsfortsetzung als Anwartschaftsversicherung neu geschaffen. Abs. 2 wurde eingefügt durch Art. 9 des Pflege-Weiterentwicklungsgesetzes.[4] Abs. 1 Satz 1 Nr. 1 letzter Satzteil (kein Wechsel von Unisex- in Bisex-Tarife) und Abs. 3 Satz 2 wurden angefügt durch Gesetz vom 24.04.2013, BGBl. I S. 932.

III. Anwendungsbereich

Der Tarifwechselanspruch gilt für **alle unbefristeten Versicherungsverhältnisse** bei demselben Versicherer (Abs. 3). Die Befristung von substitutiven oder nach Art der Lebensversicherung betriebenen Krankenversicherungen (§ 146 I VAG), d.h. die Vereinbarung einer bestimmten Laufzeit oder einer auflösenden Bedingung, ist nur in den in §§ 195 II und III, 196 und 199 genannten Fällen zulässig. Der Tarifwechselanspruch gilt für die Krankenversicherung sowohl als Schadens- als auch als Summenversicherung. Der Anspruch steht auch VN zu, die bereits vor Einführung des Tarifwechselrechts durch § 178f VVG a.F. versichert waren, oder deren Versicherungsvertrag zu einem Versicherer durch Bestandsübertragung oder Verschmelzung begründet wurde bezüglich der Tarife des aufnehmenden Unternehmens.[5]

Der Tarifwechselanspruch gilt auch beim Wechsel zwischen Tarifen, die nach Art der Schadensversicherung und nach Art der Lebensversicherung kalkuliert sind.[6] Bei einem Wechsel aus einem Tarif nach Art der Schadensversicherung können zwar keine Alterungsrückstellungen angerechnet werden; die Anrechnung der Alterungsrückstellung ist jedoch nur ein Bestandteil (Folge) des Tarifwechselrechts, nicht jedoch Voraussetzung für den Anspruch auf Tarifwechsel. Auch Versicherte, die in einem Tarif nach Art der Schadensversicherung versichert sind, können bei einer Verschlechterung der Risikostruktur im Kollektiv (insbesondere, wenn der Tarif keinen Neuzugang erhält) in gleicher Weise wie Versicherte in einem Tarif nach Art der Lebensversicherung auf das Tarifwechselrecht angewiesen sein, wenn ihr individueller Gesundheitszustand ansonsten einen Tarif- oder Versichererwechsel nicht mehr zulässt. § 146 I Nr. 4 VAG, der die Pflicht zur Einräumung eines *vertraglichen* Tarifwechselrechts vorschreibt, gilt zwar nur für die substitutive Krankenversicherung, die nach Art der Lebensversicherung zu betreiben ist; dies besagt jedoch nicht, dass das *gesetzliche* Tarifwechselrecht gem. § 204 auf Herkunftstarife nach Art der Lebensversicherung beschränkt wäre.[7] § 1 VI MB/KK 2009, der das vertragliche Tarifwechselrecht beinhaltet, differenziert nicht zwischen Tarifen nach Art der Schadens- und nach Art der Lebensversicherung. Da die Art der Prämienkalkulation kein Merkmal für die »Gleichartigkeit« im Sinne von § 12 III KVAV ist (s. dazu Rn. 9), lässt sich auch dadurch keine Einschränkung des gesetzlichen Tarifwechselrechts auf Tarife nach Art der Lebensversicherung begründen.[8]

Für den Wechsel aus oder in den **Basistarif** sind die Restriktionen in Abs. 1 S. 1 Nr. 1a–c zu beachten. Die Vorschriften über die **Portabilität der Alterungsrückstellung** (Abs. 1 S. 1 Nr. 2) bei unternehmensübergreifendem Wechsel gelten nur bei der **substitutiven** Krankenversicherung.

B. Einzelheiten

I. Wechsel zwischen Normaltarifen innerhalb eines Versicherungsunternehmens (Abs. 1 S. 1 Nr. 1, Hs. 1–3)

1. Voraussetzungen

Der Anspruch steht jedem VN eines unbefristeten Krankenversicherungsvertrages – ggf. für jede der versicherten Personen isoliert – zu. Er setzt nicht voraus, dass der Ausgangstarif geschlossen ist oder ein bestimmtes Bedürfnis des VN für den gewünschten Wechsel vorliegt. Der Wechsel ist auch in »geschlossene Tarife«, d.h. solche, die im Neugeschäft nicht mehr angeboten werden, zulässig.[9] Dafür spricht insbesondere der ausdrückliche Ausschluss des Tarifwechselrechts von Unisex-Tarifen in Bisex-Tarife (Abs. 1 Satz 1 Nr. 1 letzter Satzteil), der überflüssig wäre, wenn ein Wechsel in die seit dem 22.12.2012 geschlossene Bisex-Tarife ohnehin unzulässig wäre. Das ist jedoch noch Auffassung des Gesetzgebers nicht der Fall.[10] Entscheidend ist allein die

---

3 Vgl. Begr. zu § 204, BT-Drucks. 16/3945 S. 114. Zu den Folgen des Entfallens der Verweisung s. *Boetius*, VersR 2008, 1016, 1018 f.
4 Vom 28.05.2008, BGBl. I S. 874, 901.
5 Einen befristeten Ausschluss des Tarifwechselrechts bei Bestandsübertragung oder Verschmelzung sah der Entwurf der VVG-Kommission (§ 196 III VVG-E) vor, der jedoch nicht in das VVG übernommen wurde. Der Vorschlag der Kommission für eine Änderung des § 8 VAG durch Einfügung von Abs. 1 Nr. 4 (Erlaubnisversagung bei nicht ausreichender Wahrung der Belange der Versicherten bei Einführung von gleichartigen Tarifen bei konzernverbundenen Unternehmen) wurde mit Wirkung ab 01.01.2008 umgesetzt. S. dazu *Boetius*, VersR 2008, 1016, 1020 f.
6 **A.A.** L/W/Boetius, § 204 Rn. 111; Ebenso – ohne Begründung – *Kalakani*, BaFinJournal 7/2015, 17 f.
7 **A.A.** L/W/*Boetius*, § 204 Rn. 111.
8 **A.A.** L/W/*Boetius*, § 204 Rn. 244.
9 PK/*Brömmelmeyer*, § 204 Rn. 11; BK/*Hohlfeld*, § 178f Rn. 3; P/M/*Prölss*, 27. Aufl. § 178f Rn. 1; *Wriede*, VersR 1996, 271 f. **A.A.** L/W/*Boetius*, § 204 Rn. 148, ähnlich R/L/*Langheid*, § 204 Rn. 26.
10 Begr. zur Änderung von § 204, BT-Drucks. 17/11469 S. 15.

§ 204 Tarifwechsel

parallele Existenz mehrerer (gleichartiger) Tarife.[11] Eine (abschließende) gesetzliche Definition des Begriffs »Tarifs« gibt es nicht. Gem. § 10 Abs. 1 KVAV ist unter »Tarif« das nach Grund und Höhe einheitliche Leistungsversprechen zu verstehen. Dieser Begriff ist identisch mit demjenigen im Sinne des Tarifwechselrechts nach § 204.[12] Ein Tarif kann jedoch nur insgesamt gewechselt werden, d.h. der VN kann nicht die Aufrechterhaltung bestimmter Leistungsversprechen des Ausgangstarifs im Zieltarif verlangen.[13] Setzt sich die Versicherung des VN aus mehreren Tarifen zusammen (Bausteinsystem), besteht der Anspruch für jeden einzelnen Tarif, ebenso umgekehrt, wenn der VN aus einem Kompakttarif in Einzeltarife wechseln will.

7 «**Nettopolicen**« (auch als »Nettotarife« bezeichnet), sind Tarif- bzw. Produktvarianten, die mit verminderten Abschlusskosten kalkuliert sind. Der VN erhält keine Abschussberatung (z.B. bei Direktvertrieb) und nur eine eingeschränkte laufende Beratung (z.B. keine persönliche Betreuung). Ein **Tarifwechsel aus einem »Brutto-« in einen »Nettotarif« ist nicht möglich.** Ein »Nettotarif« ist lediglich eine Variante des »Bruttotarifs«, wobei der Unterschied in den einkalkulierten (Abschluss-)Kostenansätzen besteht. Das Leistungsversprechen ist dem Grund und der Höhe nach identisch. Die Versicherten beider Tarifvarianten bilden ein einheitliches Versichertenkollektiv. Bei dem für die Prämienanpassung wesentlichen Kriterium des Schadensverlaufs findet keine differenzierte Betrachtung statt. Dieser Umstand spricht dagegen, von unterschiedlichen Tarifen auszugehen, zwischen denen ein Wechsel gem. § 204 VVG zulässig wäre. Das Tarifwechselrecht gem. § 204 VVG hat den Zweck, dem VN den Wechsel in einen gleichartigen Tarif zu ermöglichen, der eine günstigere Risikostruktur aufweist. Er soll aber nicht in den Genuss einer günstigeren Kostenkalkulation kommen, die auf Versicherte abstellt, die bestimmte (Abschluss-)Kosten nicht verursacht haben. Anderes gilt aber dann, wenn der Versicherer den gewünschten Zieltarif nur als Nettotarif anbietet, um so die Bestandsversicherten von einem Tarifwechsel auszuschließen.

8 Der Zieltarif muss **gleichartigen Versicherungsschutz**, d.h. Versicherungsschutz gegen **gleichartige Risiken**, wie der Ausgangstarif bieten. Diese werden über die **Leistungsbereiche** beschrieben. Als zu vergleichende Leistungsbereiche nennt § 12 I KVAV in nicht abschließender[14] Aufzählung:
1. Kostenerstattung für ambulante Heilbehandlung,
2. Kostenerstattung für stationäre Heilbehandlung sowie Krankenhaustagegeldversicherungen mit Kostenerstattungsfunktion,
3. Kostenerstattung für Zahnbehandlung und Zahnersatz,
4. Krankenhaustagegeld, soweit es nicht unter Nr. 2 gehört,
5. Krankentagegeld,
6. Kurtagegeld und Kostenerstattung für Kuren,
7. Pflegekosten und -tagegeld.

Von der Art des Versicherungsschutzes ist der Umfang des Versicherungsschutzes zu unterscheiden. Dieser ist für die Bestimmung zulässiger Zieltarife unbedeutend. Der Ausgleich für einen höheren Leistungsumfang des Zieltarifs ist in Nr. 1 Hs. 2 geregelt (Rn. 16). Sind einzelne Leistungsbereiche vom Zieltarif nicht umfasst, hindert dies den Tarifwechsel nicht; der VN hat aber keinen Anspruch darauf, diese Leistungsbereiche aus dem Ausgangstarif beizubehalten.[15]

9 **Keine Gleichartigkeit** besteht nach § 12 III KVAV zwischen einem gesetzlichen Versicherungsschutz mit Ergänzungsschutz der privaten Krankenversicherung und einer substitutiven Krankenversicherung. Mit dem »gesetzlichen Versicherungsschutz« ist der in der GKV gemeint[16], nicht der in § 193 III gesetzlich bestimmte Pflichtversicherungsschutz oder die Versicherung im weitgehend an die GKV angelehnten Basistarif. Der Wechsel in oder aus dem **Basistarif** ist in Abs. 1 S. 1 Nr. 1 Hs. 4 und 5 ausdrücklich geregelt (Rn. 24 ff.). Keine Gleichartigkeitskriterien sind die Annahmepolitik des Versicherers, seine Risikoprüfungsgrundsätze, die Grundsätze der Prämienkalkulation und die Höhe der Prämie. Die gesetzgeberische Entscheidung, die Prämienkalkulation nicht zu den Kriterien zu rechnen, anhand derer über die Gleichartigkeit des Versicherungsschutzes zu befinden ist, eröffnet die Wechselmöglichkeit auch dann, wenn die Prämien im bisherigen und im neuen Tarif nach unterschiedlichen und deshalb kaum vergleichbaren Grundsätzen kalkuliert worden sind.[17]

10 Der VN muss die **Versicherungsfähigkeit** im Zieltarif aufweisen. Der Begriff der Versicherungsfähigkeit ist in § 12 II KVAV definiert als »personengebundene Eigenschaft des Versicherten, deren Wegfall zur Folge hat, dass der Versicherte bedingungsgemäß nicht mehr in diesem Tarif versichert bleiben kann«. Das kann beispielsweise die Zugehörigkeit zu einer bestimmten Berufsgruppe sein. Die Beachtlichkeit der Versicherungsfähigkeit soll bewirken, dass nicht über den Umweg des Tarifwechselrechts Personen in einem Tarif zu ver-

---

11 PK/*Brömmelmeyer*, § 204 Rn. 11.
12 L/W/*Boetius*, § 203 Rn. 111.
13 Vgl. OLG Frankfurt (Main) VersR 1999, 86.
14 Vgl. Begr. zu § 12 I KalV, BR-Drucks. 414/96 S. 27; damit soll künftigen Entwicklungen Rechnung getragen werden.
15 Vgl. OLG Frankfurt (Main) VersR 1999, 86.
16 Vgl. Begr. zu § 12 III KalV, BR-Drucks. 414/96 S. 27.
17 BVerwGE 108, 325, 332 f. = VersR 1999, 743, 745.

sichern sind, die dort nicht angenommen worden wären. Andererseits muss über die Definition der Versicherungsfähigkeit sichergestellt werden, dass das Tarifwechselrecht nicht durch beliebige Festlegungen des Versicherungsunternehmens erschwert wird. Maßgeblich sind nur dauerhaft gegebene Eigenschaften, die aber entfallen können; nicht dazu zählt z.B. ein Höchsteintrittsalter im Zieltarif.[18] Hatte der VN bereits bei Vertragsschluss die Höchstaltersgrenze des Zieltarifs überschritten, kann er in diesen Tarif nicht wechseln; denn eine Eigenschaft, die der VN schon bei Vertragsschluss nicht hatte, kann nicht später entfallen.

2. Rechtsfolgen

Der Versicherer ist verpflichtet, einen **Änderungsantrag des VN** unter den oben 1.) genannten Voraussetzungen anzunehmen. Der Tarifwechsel kann jederzeit und auch wiederholt beantragt werden, jedoch nur mit zukünftiger Wirkung. Es gibt keine vom VN einzuhaltenden **Fristen**, und es ist kein **Zeitpunkt** bestimmt, zu dem der Tarifwechsel verlangt werden kann. § 1 VI 2 MB/KK 2009, der einen Tarifwechsel erst zum nächsten ordentlichen Kündigungstermin zulässt, ist wegen für den VN nachteiliger Abweichung (§ 208) von Abs. 1 S. 1 Nr. 1, Hs. 1–3 insoweit unwirksam.[19] Dem Versicherer wird man jedoch eine angemessene Bearbeitungsfrist zubilligen müssen[20] und, sofern der Versicherer Neuverträge nur mit technischem Versicherungsbeginn zum Monatsersten schließt, die Wirkungen des Tarifwechsels ab dem auf den Tarifwechselantrag folgenden Monatsersten eintreten lassen. 11

Die **Anrechnung der aus dem Vertrag erworbenen Rechte** bedeutet, dass die vom VN erfüllten Voraussetzungen und Modalitäten während der bisherigen Vertragsdauer auch nach dem Wechsel in den Zieltarif fortgelten; denn nicht der Vertrag wird gewechselt, sondern Teile seines Inhalts (Tarif). Abzugrenzen sind Rechte, die dem Krankenversicherungsvertragsverhältnis an sich immanent sind, von solchen, die (lediglich) tarifspezifisch sind.[21] Zu den durch den Abschluss und im Verlauf des Vertrages erworbenen »Rechten« gehören: Berücksichtigung der zurückgelegten Vertragsdauer bei **Wartezeiten**[22] oder der Verzicht auf Wartezeiten[23], laufzeitabhängige **Leistungsstufen** (»Zahnstaffel«)[24] und **Fristen**[25] (z.B. § 21 III). 12

Zu den aus dem Vertrag erworbenen Rechten gehört auch die **Bewertung des Gesundheitszustands** durch den Versicherer, sofern der Versicherer bei Vertragsabschluss eine Gesundheitsprüfung durchgeführt und das gesundheitliche Risiko eingeschätzt sowie auf dieser Grundlage die Entscheidung getroffen hat, den VN nach Maßgabe der derart festgestellten und bewerteten Gesundheitszustands zu versichern.[26] War mit dem VN im Herkunftstarif ein Risikozuschlag vereinbart, ist dieser in Abhängigkeit von der Kalkulation des Zieltarifs neu festzusetzen.[27] Eine Neueinstufung des Risikos anlässlich eines Tarifwechsels darf nicht erfolgen, soweit nicht höhere oder umfassendere Leistungen gewährt werden. 13

War im Ausgangstarif die Versicherung bestimmter, bei Vertragsabschluss festgestellter, erhöhter Risiken ohne Risikozuschlag in die Prämie einkalkuliert (sog. **Pauschalprämie**), ist im Zieltarif dagegen eine Grundprämie für ein Basisrisiko und Risikozuschläge für erhöhte Risiken vorgesehen, darf insoweit ein **individueller Risikozuschlag** im Zieltarif verlangt werden.[28] Dieser darf höchstens nach Maßgabe der bei Vertragsbeginn festgelegten Risikoeinstufung festgesetzt werden, seine Höhe bestimmt sich aber nach der Bewertung im Zieltarif. Die Rechtsgrundlage für die erstmalige Erhebung eines Risikozuschlags anlässlich des Tarifwechsels ist § 203 I 2, der »mit Rücksicht auf ein erhöhtes Risiko« einen Risikozuschlag neben der nach den gesetzlichen Berechnungsgrundlagen sich ergebenden Prämie zulässt. Daraus folgt, dass § 203 I 1 nicht abschließend ist. Das insoweit bestehende Ermessen des Versicherers bei der Leistungsbestimmung gem. § 316 BGB wird begrenzt durch §§ 146 II i.V.m. 138 II VAG.[29] Danach dürfen bei gleichen Voraussetzungen Prämien und Leistungen nur nach den gleichen Grundsätzen bemessen werden. Bei der Gleichbehandlung ist die Anrechnung der »erworbenen Rechte« gem. Abs. 1 Satz 1 zu beachten. Der Versicherer ist durch den Gleichbehandlungsgrundsatz an die Zieltarifprämien gebunden, soweit nicht aufgrund **völlig abweichender und damit nicht vergleichbarer Prämienkalkulationsgrundsätze** im Ausgangs- und Zieltarif der vom BVerwG zugelassene individuelle Risikozuschlag gerechtfertigt ist.[30] Würde der Versicherte zu dem preiswerten Grundbeitrag des neuen Tarifs ohne jeden Risikozuschlag versichert, läge darin eine Begünstigung, die weder gegenüber dem Versicherer noch gegenüber 14

---

18 Vgl. *Sommer*, ZfV 98, 71. **A.A.** L/W/*Boetius*, § 204 Rn. 228 f.
19 PK/*Brömmelmeyer*, § 204 Rn. 13.
20 BK/*Hohlfeld*, § 178f Rn. 5; PK/*Brömmelmeyer*, § 204 Rn. 13.
21 *Buchholz*, VersR 2008, 27, 30.
22 Vgl. Begr. zu § 12c VAG (a.F.), BT-Drucks. 12/6959 S. 63.
23 P/M/*Voit*, § 204 Rn. 22.
24 BVerwG VersR 2007, 1253; s. dazu eingehend *Buchholz*, VersR 2008, 27, sowie die ablehnende Anmerkung von *Grote/Finkel* zur Vorinstanz VG Frankfurt (Main) VersR 2007, 339.
25 R/L/*Römer*, § 178f Rn. 5.
26 Vgl. BVerwGE 108, 325, 331 = VersR 1999, 743, 745.
27 Vgl. *Lehmann*, VersR 2010, 994.
28 BVerwGE 108, 325 = VersR 1999, 743; BGH VersR 2015, 1012, 1013; LG Landshut VersR 2014, 1447.
29 Vgl. BGH VersR 2015, 1012, 1014.
30 Zu den Einzelheiten s. *Reinhard*, VersR 2008, 892.

neuen VN sachlich gerechtfertigt wäre.[31] Der Versicherer darf aber nicht dadurch das Tarifwechselrecht umgehen oder erschweren, dass er durch Variieren der Annahme- und Risikoprüfungsmaßstäbe in neuen Tarifen nachträglich die alten Tarife zu »Pauschaltarifen« erklärt, um entgegen dem Zweck des Tarifwechselrechts schlechte Risiken mit einem Risikozuschlag belegen zu können. Risikozuschläge aufgrund »strengerer« Risikoprüfung im neuen Tarif sind ausgeschlossen.[32] Der Versicherer muss damit rechnen, dass eine Vielzahl von Wechslern die Grundlage für die Kalkulation eines neuen Tarifs verändern wird. Eine nicht hinnehmbare Störung des Verhältnisses zwischen vertraglicher Leistung und Gegenleistung ist damit jedoch nicht verbunden, »weil der Versicherer den Tarif, soweit erforderlich, (auch) unter Berücksichtigung der möglichen Rechtsfolgen des § 178f I 1 VVG [jetzt: § 204 VVG] kalkulieren muss«.[33]

15 Für einen **pauschalen Risikozuschlag** und gegen einen ggf. zu erhebenden individuellen Risikozuschlag bei strukturell unterschiedlich kalkulierten Tarifen sprechen sich *Lorenz* und *Wandt* aus.[34] Es gehöre zu den aus dem Vertrag erworbenen Rechten des VN, Pauschalrisiko zu sein. Deshalb beschränke sich bei Vertragsbeginn die individuelle Risikoprüfung auf die Feststellung, dass der VN innerhalb des versicherbaren Risikoprofils liege. Es sei mit dem VN vereinbart, dass alle Versicherten innerhalb des durch den Pauschaltarif abgedeckten Risikobereichs, ungeachtet ihres tatsächlichen individuellen Risikoprofils, gleichstehen. Unabhängig vom tatsächlichen Risiko im Zeitpunkt des Vertragsbeginns oder des Tarifwechsels könne der Versicherer im Zieltarif einen pauschalen Risikozuschlag verlangen. Dabei handele es sich um den Betrag, um den sich die Grundprämie des neuen Tarifs erhöht, wenn für die Risiken, die im Ausgangstarif innerhalb des Bereichs der Pauschalprämie liegen und für die im Grundprämientarif ein individueller Zuschlag erhoben werden kann, ein pauschaler (auf das Gesamtkollektiv bezogener) Risikozuschlag kalkuliert wird.[35] Nach dieser Auffassung wäre das »aus dem Vertrag erworbene Recht«, Pauschalrisiko zu sein, für alle »guten Risiken« nachteilig; denn auch derjenige VN, der sowohl bei Eintritt in den Pauschalprämientarif als auch im Zeitpunkt des Tarifwechsels ein Top-Risiko ist, hätte den pauschalen Risikozuschlag zu zahlen. Darin läge aber eine rechtswidrige (§§ 146 II i.V.m. 138 II VAG) Ungleichbehandlung des wechselnden und des im Zieltarif bereits versicherten Top-Risikos. Dagegen lässt sich auch nicht anführen, dass ein wechselwilliges Top-Risiko kündigen und den Neuabschluss im gewünschten Zieltarif beantragen könne.[36] Davon abgesehen, dass der Versicherer insoweit keinem Kontrahierungszwang unterliegt, würde der VN die Alterungsrückstellung und die bisher aus dem Vertrag erworbenen Rechte verlieren. Die Zulässigkeit eines pauschalen Risikozuschlags beim Tarifwechsel würde nicht nur zur Abschottung neuer Tarife vor »schlechten Risiken« führen, sondern den Tarifwechsel auch für Top-Risiken unattraktiv machen. Der Versicherer könnte somit nicht nur die schlechten Risiken von neuen Tarifen fernhalten, sondern auch gute Risiken in den alten Tarifen festhalten, um eine »Vergreisung« der Tarife hinauszuzögern. Das VG Frankfurt[37] hat pauschale Tarifstrukturzuschläge im Anschluss an die Argumentation von *Lorenz/Wandt*[38] für zulässig erachtet. Das BVerwG hat die Erhebung eines Tarifstrukturzuschlages als Verstoß gegen zwingendes Versicherungsvertragsrecht abgelehnt.[39]

16 **Anrechnung der Alterungsrückstellung.** Im Zieltarif wird der wechselnde VN wie ein Neukunde zum erreichten Alter im Zeitpunkt des Wechsels eingestuft, ihm wird jedoch die während der bisherigen Versicherungsdauer gebildete kalkulatorische Alterungsrückstellung prämienmindernd angerechnet. Die Prämie sinkt daher unter das Niveau für einen altersgleichen Neukunden, da dieser eine Alterungsrückstellung vergleichbaren Umfangs noch aufbauen muss. Je nach Umfang der anzurechnenden Alterungsrückstellung, dem Alter des Versicherten und dem Prämienniveau im Zieltarif kann die Alterungsrückstellung zu einer Prämiensenkung unter die Neugeschäftsprämie für die Altersstufe des ursprünglichen Eintrittsalters des Wechslers führen. Der Versicherer kann die Anrechnung auf dieses Niveau begrenzen und die restliche Alterungsrückstellung der Rückstellung für die Prämienermäßigung im Alter des Versicherten zuführen (zu den Einzelheiten s. § 13 KVAV). Zur anzurechnenden Alterungsrückstellung gehören auch Limitierungsmittel aus der erfolgsabhängigen RfB, die zur Prämienbegrenzung im Ausgangstarif eingesetzt wurden.[40]

17 **Leistungsausschluss und Risikozuschlag für Mehrleistung im Zieltarif.** Sind die Leistungen im Zieltarif »höher oder umfassender«, wird der VN hinsichtlich dieser Mehrleistung nicht privilegiert. Mehr- und Minderleistungen werden nicht saldiert, sondern sind getrennt zu behandeln.[41] **Höhere Leistungen** im Zieltarif sind z.B. die Erstattung höherer Steigerungssätze der GOÄ/GOZ, höhere Festbeträge bei Heil- und Hilfsmit-

---

31 BGH VersR 2015, 1012, 1013.
32 Vgl. *Kirsten* S. 133.
33 BVerwG VersR 2007, 1253, 1255 f.
34 *Lorenz/Wandt*, VersR 2007, 7 ff.; *dies.*, VersR 2008, 1165; *dies.*, VersR 2010, 717.
35 *Lorenz/Wandt*, VersR 2008, 7, 12. S. dagegen *Reinhard*, VersR 2008, 892; L/W/*Boetius*, § 204 Rn. 274 ff.; *Brömmelmeyer*, VersR 2010, 706; *Lehmann*, VersR 2010, 992, 995 f.
36 So aber der Vorschlag von *Lorenz/Wandt*, VersR 2008, 7, 14.
37 VG Frankfurt (Main) VersR 2009, 1389, aufgehoben durch BVerwG VersR 2010, 1345.
38 *Lorenz/Wandt*, VersR 2007, 7.
39 BVerwG VersR 2010, 1345.
40 Str. s. dazu eingehend *Kirsten* S. 118 ff.
41 *Lehmann*, VersR 2010, 992, 994. OLG Frankfurt (Main) VersR 2014, 1317 mit Anm. *Tammer*.

teln oder geringere absolute oder prozentuale Selbstbehalte.[42] Fällt eine absolute jährliche Selbstbeteiligung des Herkunftstarifs im Zieltarif weg (Mehrleistung), sind im Zieltarif aber behandlungsbezogene Selbstbeteiligungen vorgesehen, darf kein kumulativer Ansatz beider Selbstbeteiligungen verlangt werden. Behandlungsbezogene Selbstbeteiligungen dürfen dann erst angesetzt werden, wenn der absolute jährliche Selbstbehalt ausgeschöpft ist.[43]

Umfassendere Leistungen werden geboten, wenn der Zieltarif bestimmte Risiken deckt, die ihrer Art nach im Ausgangstarif nicht versichert waren, z.B. Heilpraktikerkosten. Der Versicherer muss bei der Prüfung, ob er einen Leistungsausschluss oder einen Risikozuschlag verlangen darf, den Gleichbehandlungsgrundsatz (§§ 146 II i.V.m. 138 II VAG) beachten; denn der Umfang der Prämie bestimmt sich nach dem Zieltarif, so dass dem VN nicht solche, in der Prämie des Zieltarifs einkalkulierte (Mehr-)Leistungen grundlos verweigert oder mit einem Risikozuschlag versehen werden dürfen. Andererseits eröffnet das Tarifwechselrecht dem VN keine Höherversicherungsoption, von der er erst dann Gebrauch machen kann, wenn sich sein Gesundheitszustand verschlechtert hat oder die Inanspruchnahme bestimmter Leistungen für ihn vorhersehbar wird. 18

Der Versicherer darf zur Feststellung des **Risikos in Bezug auf die Mehrleistung** (aber nur insoweit!) eine Gesundheitsprüfung wie bei einem Neukunden durchführen.[44] Die Bewertung des Gesundheitszustands nach der bei Vertragsabschluss durchgeführten Gesundheitsprüfung gehört zwar zu den »aus dem Vertrag erworbenen Rechten«, was den VN jedoch nur davor schützt, dass der Versicherer bezüglich des gleichen Leistungsniveaus im Zieltarif eine neue Einstufung des VN (z.B. bei der Prüfung von Risikozuschlägen) vornimmt.[45] Ob und zu welchen Konditionen der VN »neue« (höhere oder umfassendere) Leistungen im Zieltarif erhält, richtet sich nach seinem aktuellen Gesundheitszustand, da das Tarifwechselrecht nicht eine Option auf Höherversicherung beinhaltet. Es gelten die §§ 19 ff. Erst dadurch kann festgestellt werden, ob ein Leistungsausschluss für Mehrleistungen trotz voller Prämienleistung im Zieltarif gerechtfertigt ist oder ggf. ein Risikozuschlag verlangt werden kann. Besteht in Bezug auf die Mehrleistung kein erhöhtes Gesundheitsrisiko, darf dem VN die Höherversicherung nicht durch Risikozuschläge oder Leistungsausschlüsse erschwert werden. Anderenfalls würde der VN unter Verstoß gegen den Gleichbehandlungsgrundsatz die Zieltarifprämie zahlen, ohne die damit korrespondierende Leistung zu erhalten. Ob der Versicherer einen **Leistungsausschluss oder einen angemessenen Risikozuschlag** verlangen kann, richtet sich nach seiner Annahmepolitik im Zieltarif zum Zeitpunkt des Tarifwechsels. Gleiches gilt auch für den im Rahmen des § 315 BGB vom Versicherer ggf. festzusetzenden »angemessenen« Risikozuschlag. Nach Auffassung des BGH[46] soll der Versicherer nach dem insoweit eindeutigen Wortlaut des Gesetzes bereits dann einen Leistungsausschluss verlangen dürfen, wenn der Zieltarif gegenüber dem Herkunftstarif objektiv eine Mehrleistung des Versicherers vorsieht. Ob dies zugleich mit einem erhöhten Risiko auf Seiten des VN verbunden ist, spiele für den Leistungsausschluss keine Rolle. Die Auffassung des BGH ist mit der Prämiengerechtigkeit im Zieltarif nicht vereinbar, da dem VN bei voller Prämie im Zieltarif Leistungen verweigert würden, die ein Neuversicherter mit identischem Gesundheitszustand erhält. Hinsichtlich der Mehrleistungen ist der Tarifwechsler gegenüber einem Neuversicherten des Zieltarifs nicht privilegiert, darf aber auch nicht benachteiligt werden (§§ 146 II 1 i.V.m. 138 II VAG). Nach Ziff. 4 der »Leitlinien der Privaten Krankenversicherung für einen transparenten und kundenorientierten Tarifwechsel« (s. dazu Rdn. 36) kann ein Leistungsausschluss nur auf der Grundlage einer Risikoprüfung erfolgen. 19

Der VN hat das Recht, zur Abwendung eines vom Versicherer verlangten Risikozuschlags, auf die Mehrleistung zu verzichten. Die Mehrleistung ist dann aber für jeden Fall ausgeschlossen, nicht nur in dem Fall, dass das im Zeitpunkt des Tarifwechsels festgestellte erhöhte Risiko ursächlich für den Eintritt oder den Umfang des Versicherungsfalls ist. Der Gesetzeswortlaut spricht von »Leistungsausschluss«, nicht von »Risikoausschluss«. Dies bedeutet, dass eine bestimmte Leistung nicht Gegenstand des Versicherungsschutzes ist. Anderenfalls müsste der Versicherer bei jedem Versicherungsfall prüfen, ob und in welchem Umfang das beim Tarifwechsel festgestellte erhöhte Risiko für die Inanspruchnahme einer der »Mehrleistungen« (mit)ursächlich wurde und dies nachweisen. Das wäre – je nach Art der Diagnose – oft kaum möglich. Einen/lediglich »**diagnosebezogenen Leistungsausschluss**« sieht § 204 Abs. 1 Satz 1 Nr. 1, Hs. 1–3 nicht vor und kann daher vom VN nicht verlangt werden. 20

Verweigert der VN eine Gesundheitsprüfung, obwohl der Zieltarif Mehrleistungen umfasst, kann der Versicherer einen umfassenden Mehrleistungsausschluss verlangen, nicht aber den Tarifwechsel verweigern. Das Recht des VN, einen Leistungsausschluss zur Abwendung eines anderenfalls nötigen Risikozuschlags ist zwar ein »Gestaltungsrecht zu einem Gegengestaltungsrecht«[47], jedoch ist nicht ersichtlich, weshalb der VN zunächst die Entscheidung des Versicherers abwarten müsste, ob und in welchem Umfang überhaupt ein Risikozuschlag oder ein Leistungsausschluss erforderlich ist. Dagegen spricht auch nicht, dass der Ausschluss auch Krankheiten 21

---

42 BGH VersR 2012, 1422; OLG Karlsruhe VersR 2016, 654.
43 BGH VersR 2012, 1422.
44 P/M/*Voit*, § 204 Rn. 29; BK/*Hohlfeld*, § 178f Rn. 10; PK/*Brömmelmeyer*, § 204 Rn. 22; *Kirsten* S. 132.
45 **A.A.** OLG Karlsruhe VersR 2016, 654.
46 BGH, Urt. vom 13. April 2016, IV ZR 393/15, Tz. 10.
47 HK-VVG/*Marko*, § 204 Rn. 23.

und Unfallfolgen erfasst, die erst nach dem Tarifwechsel eintreten[48]; das ist dem Begriff des Leistungsausschlusses – im Gegensatz zum Risikoausschluss – immanent (s. oben Rdn. 19). Ebenso wenig lassen sich Verbraucherschutzerwägungen oder die Unzulässigkeit einer für den VN nachteiligen Abbedingung des halbzwingenden § 204 anführen.[49] Bei Individualvereinbarungen, die für den VN sowohl günstig (keine Risikoprüfung) als auch – möglicherweise – nachteilig sind (zu umfangreicher Leistungsausschluss) sind die Vor- und Nachteile zu saldieren[50], wobei hier insbesondere zu berücksichtigen ist, dass die Initiative für den umfassenden Mehrleistungsausschluss vom VN ausgeht. Die Alternative, dem VN bei Verweigerung einer Gesundheitsprüfung den Tarifwechsel gänzlich zu versagen, würde ihn dagegen um die von § 204 bezweckte Prämieneinsparungsmöglichkeit durch den Wechsel in ein Versichertenkollektiv mit günstigerer Risikostruktur bringen. Verweigert der VN die Gesundheitsprüfung, liegt ein Beratungsanlass gem. § 6 IV vor, so dass der VN über die möglichen Nachteile seiner Weigerung informiert werden muss, bevor ein umfassender Mehrleistungsausschluss vereinbart wird.

22 Das Verlangen eines Leistungsausschlusses in Form des bisherigen **Selbstbehalts** auch im Zieltarif, setzt ein entsprechendes Versicherungsrisiko in der Person des Versicherten voraus. Das Versicherungsrisiko muss sich aus einer anlässlich des Tarifwechsels vorgenommenen Gesundheitsprüfung, bezogen auf das aktuelle Krankheitsbild, ergeben und dazu führen, dass der VN als Neukunde nicht in den Zieltarif aufgenommen worden wäre.[51] Besteht ein erhöhtes Risiko und ist deshalb ein absoluter jährlicher Selbstbehalt des Herkunftstarifs auch für den Zieltarif als Mehrleistungsausschluss zu vereinbaren, kann der Versicherer nicht darauf verwiesen werden, diesen nur bei Aufwendungen infolge bestimmter Erkrankungen anzuwenden.[52]

23 **Wartezeiten** kann der Versicherer »insoweit« verlangen, als der Zieltarif wartezeitpflichtige Leistungen bietet und der VN im Herkunftstarif noch keine (ausreichende) Zeit bezüglich solcher Leistungen zurückgelegt hat, die anzurechnen ist.[53] Bietet der Zieltarif z.B. umfassendere Leistungen bei Schwangerschaft, für die eine Wartezeit gilt, ist hinsichtlich des »Mehr« an Leistungen auch vom Tarifwechsler die tarifliche Wartezeit des Zieltarifs einzuhalten. Waren die umfassenderen Leistungen ihrer Art nach im Herkunftstarif nicht versichert, ist die Wartezeit ebenfalls einzuhalten. Bezüglich bisher nicht versicherter Leistungen gibt es keine anrechnungsfähige Wartezeit im Herkunftstarif. Die Höchstgrenzen für bestimmte Wartezeiten (§ 197 I) gelten auch im Rahmen des Tarifwechsels.[54]

3. Ausschluss des Tarifwechsels von Unisex- in Bisex-Tarife (Abs. 1 Satz 1 Nr. 1 letzter Satzteil)

24 Bis zur Einführung der sog. Unisex-Tarife infolge der Entscheidung des EuGH vom 01.03.2011[55] waren die Kopfschäden geschlechtsabhängig zu kalkulieren. Für Krankenversicherungen, die vor dem 21.12.2012 abgeschlossen wurden (Bisex-Tarife), ist weiterhin geschlechtsabhängig zu kalkulieren (§ 27 III 1 KVAV). Unisex- und Bisex-Tarife können jedoch »gleichartigen Versicherungsschutz« (o. Rdn. 8) bieten, so dass grundsätzlich ein Tarifwechsel von Unisex- in Bisex-Tarife möglich wäre. Dies hätte zur Folge, dass VN in den Tarif wechseln, der für ihr Geschlecht die jeweils günstigeren Konditionen bietet. Dies würde nicht nur die Kalkulation der Tarife deutlich erschweren, sondern widerspricht auch der Intention des EuGH-Urteils, nach dem sich das Geschlecht gerade nicht mehr auf die Höhe der Prämie und den Leistungsumfang auswirken soll. Das heißt auch, dass der Tarifwechsel aus der »alten« in die »neue« Tarifwelt, in der sich das Geschlecht auf die Prämie und den Leistungsumfang nicht mehr auswirkt, möglich sein muss; der Rückwechsel ist dagegen durch Abs. 1 Satz 1 Nr. 1 letzter Satzteil ausgeschlossen.[56] Das Tarifwechselrecht innerhalb der »alten Welt« (Bisex-Tarife) bleibt unberührt.

II. Wechsel aus dem und in den Basistarif bei demselben Versicherungsunternehmen

1. Wechsel aus dem Basistarif (Abs. 1 S. 1 Nr. 1 Hs. 4)

25 Der VN ist nach Abs. 1 Nr. 1 Hs. 4 berechtigt, auch aus dem strukturell völlig anders kalkulierten Basistarif (§ 152 VAG) in einen Normaltarif zu wechseln. Damit steht fest, dass die Besonderheiten des Basistarifs, insbesondere die Prämienkalkulation und -deckelung, der Kontrahierungszwang und das Verbot von Risikozuschlägen und Leistungsausschlüssen, dem Basistarif nicht die tarifliche Gleichartigkeit (o. Rdn. 8 f.) mit Normaltarifen nehmen. Der Versicherer kann beim Wechsel aus dem Basistarif einen **Risikozuschlag** verlangen, den er wegen Vorliegens eines erhöhten Risikos bei Vertragsschluss gem. § 203 I 3 festgesetzt hat.[57] Den

---

48 So aber HK-VVG/*Marko*, § 204 Rn. 24.
49 So aber HK-VVG/*Marko*, § 204 Rn. 25.
50 P/M/*Armbrüster*, § 18 Rn. 4.
51 LG München I VersR 2012, 714, 715.
52 Vgl. BGH VersR 2012, 1422, 1423.
53 S. oben Rdn. 11.
54 L/W/*Boetius*, § 204 Rn. 355.
55 VersR 2011, 377.
56 Vgl. Begr. zur Änderung von § 204, BT-Drucks. 17/11469 S. 15.
57 Das Gesetz lässt nur die Festsetzung eines Risikozuschlags, nicht jedoch eines Leistungsausschlusses zu. Kritisch dazu *Boetius*, VersR 2008, 1016, 1021.

Begriff »festsetzen« erläutert die Gesetzesbegründung nicht. Es handelt sich begrifflich um ein einseitiges Leistungsbestimmungsrecht des Versicherers gem. § 315 BGB, dessen Grenze sich aus dem Gleichbehandlungsgrundsatz (§§ 146 II 1 i.V.m. 138 II VAG) ergibt. Die Festsetzung erfordert eine Gesundheitsprüfung bei Vertragsschluss und die Dokumentation des Ergebnisses, insbesondere die Angabe, für welches erhöhte Risiko der Zuschlag festgesetzt wird. Eine Mitteilung des festgesetzten Zuschlags bei Vertragsschluss ist zwar nicht in § 204 vorgeschrieben, aber nach §§ 1 I Nr. 7 (Grundlage der Preisberechnung) und 3 I Nr. 4 VVG-InfoV (Tarifwechselinformation) erforderlich. Eine Verletzung der Informationspflicht führt aber nicht dazu, dass der ermittelte und dokumentierte Risikozuschlag beim Tarifwechsel nicht verlangt werden dürfte. Wechselt der VN aus dem Basistarif eines Unternehmens in den Basistarif eines anderen Unternehmens, hat das Zielunternehmen den Risikozuschlag aufgrund des im Zeitpunkt des Wechsels gegebenen Gesundheitszustandes neu festzusetzen, da es sich beim unternehmensübergreifenden Wechsel um den Neuabschluss eines Versicherungsvertrages handelt (s. oben Rdn. 1). Wechselt der VN aus einem Normaltarif in den Basistarif desselben Versicherers, wird kein Risikozuschlag auch für den Fall des Rückwechsels in Normaltarife festgesetzt. Es bleibt bei der beim Abschluss des Versicherungsvertrages vorgenommenen Risikoeinstufung als »erworbenes Recht« aus dem Versicherungsvertrag.[58] Der Anspruch auf den Risikozuschlag nach Abs. 1 S. 1 Nr. 1 Hs. 4 ist unabhängig von einem eventuell zusätzlich zu erhebenden **Mehrleistungszuschlag** nach Abs. 1 S. 1 Nr. 1 Hs. 2, denn er deckt nicht »Mehrleistungen«, sondern nur die (identischen) Leistungen des Zieltarifs, für die aufgrund des erhöhten Risikos bei einem ursprünglichen Vertragsschluss in diesem Tarif ein solcher Risikozuschlag hätte verlangt werden dürfen. Ob und welche Mehrleistungen der Zieltarif gegenüber dem Basistarif im Falle eines späteren Wechsels bietet, steht bei Vertragsschluss im Basistarif nicht fest und kann daher auch nicht Gegenstand der Festsetzung nach Abs. 1 S. 1 Nr. 1 Hs. 4 sein.

Ist der VN aufgrund des befristeten unternehmensübergreifenden Wechselrechts (Abs. 1 S. 1 Nr. 2b) unter Übertragung der anteiligen Alterungsrückstellung im Basistarif versichert, kann er unter Anrechnung der übertragenen und der seit Eintritt in den Basistarif gebildeten Alterungsrückstellung in Normaltarife des Versicherers **»hoch wechseln«**. Anders als bei Versicherten des **Neubestands** (Vertragsschluss nach dem 01.01.2009), wurde die Portabilität der Alterungsrückstellung den **Altbestandskunden** (Vertragsschluss vor dem 01.01.2009) für den Fall des »Abschlusses eines Vertrages im Basistarif« des neuen Versicherers gewährt. Eine gesetzliche Restriktion für Altbestandskunden beim anschließenden Tarifwechsel in Normaltarife des Versicherers sieht das GKV-WSG nicht vor.[59] Durch das GKV-OrgWG[60] wurde in § 12c I 1 VAG a.F. die Nr. 2b (jetzt: § 160 Satz 1 Nr. 4 VAG) eingefügt, die den Verordnungsgeber der KalV (jetzt: KVAV) ermächtigt, nähere Bestimmungen zum Wechsel in den Basistarif und zu einem darauffolgenden Wechsel aus dem Basistarif zu erlassen. Die Zweite Verordnung zur Änderung der KalV[61] führte in §§ 13 Ia und 13a V KalV (jetzt § 13 I und II KVAV) eine **18-monatige Mindestverweildauer im Basistarif** ein, bevor der Übertragungswert bei einem Tarifwechsel in Normaltarife anzurechnen ist. Durch diese Einschränkung der Anrechnung des übertragenen Teils der Alterungsrückstellung beim Weiterwechseln in Normaltarife ist die befristete Portabilität für Bestandskunden unattraktiv geworden und gegenläufig zu dem gesetzgeberischen Ziel[62] der Steigerung der Wettbewerbsdynamik innerhalb des Gesamtsystems der Krankenversicherung. Sie ist aber zum Schutz der Altbestandskunden notwendig, deren Prämien ohne Übertragungswert kalkuliert sind.

2. Wechsel in den Basistarif (Abs. 1 S. 1 Nr. 1 Hs. 5)

Der ab dem 01.01.2009 von allen Krankenversicherungsunternehmen gem. § 152 I VAG anzubietende Basistarif ersetzt den bisher als Voraussetzung für die Arbeitgeberzuschussfähigkeit gem. § 257 SGB V anzubietenden Standardtarif.[63] Die Wechselvoraussetzungen für Versicherte des **Altbestands** (Vertragsschluss vor dem 01.01.2009) gem. Abs. 1 S. 1 Nr. 1 Hs. 5 b) sind gegenüber dem bisherigen Wechselrecht in den Standardtarif gelockert worden und entfallen dem. Abs. 1 Nr. 1 Hs. 5 c) vollständig bei einem Wechselantrag vom 01.07.2009. Dem **Neubestand** (Vertragsschluss nach dem 01.01.2009) steht das Wechselrecht in den Basistarif uneingeschränkt offen. Mit dieser Lockerung bzw. Öffnung wird wesentlich in das **Äquivalenzprinzip** einge-

---

58 Vgl. Abs. 1 Nr. 1 Hs. 5, der beim Wechsel in den Basistarif ausdrücklich die Anrechnung der »aus dem Vertrag erworbenen Rechte« nennt.
59 Die Gesetzgebungshistorie sah zuerst mehrjährige Übergangsfristen für die Portabilität vor (vgl. § 161 VAG-E in der Fassung BT-Drucks. 16/3100 S. 82 und dazu die Begr. S. 208), deren Auswirkungen für die Versicherungsbestände wesentlich milder ausgefallen wären. Der Problematik des Eingriffs in die Bestände und deren Kalkulation war dem Gesetzgeber also bewusst. Zu den Auswirkungen und deren verfassungsrechtliche Relevanz s. *Sodan*, S. 20 ff.
60 Vom 15.12.2008, BGBl. I S. 2426.
61 Vom 05.01.2009, BGBl. I S. 7.
62 S. dazu BT-Drucks. 16/3100 S. 85.
63 Vgl. Begr. zu § 12 Ia VAG, BT-Drucks. 16/3100 S. 207. Bis zum 31.12.2008 im Standardtarif abgeschlossene Versicherungsverträge bleiben über den 01.01.2009 hinaus bestehen und unterstehen dem bisherigen Regelwerk (§ 314 Abs. 2 SGB V), vgl. *Boetius*, VersR 2008, 1016, 1017. Ausführlich zum Standardtarif und dessen geschichtliche Entwicklung L/W/*Boetius*, Vor § 192 Rn. 1016 ff.

griffen. Die Möglichkeit des Wechsels in den über die Prämien der Normaltarife subventionierten[64] Standardtarif war eine erkaufte Versicherungsleistung nach einer zehnjährigen Vorversicherungszeit oder bei Erfüllung besonderer Voraussetzungen.[65] Mit der befristeten Öffnung für den Altbestand wurde nachträglich in die Kalkulationsgrundlage eingegriffen. Das unbeschränkte Wechselrecht der Neubestandskunden kann dagegen kalkulatorisch berücksichtigt werden und korrespondiert mit dem Kontrahierungszwang des Versicherers im Basistarif. Die ausdrückliche Wiederholung der bereits in Abs. 1 S. 1 Nr. 1 Hs. 1 bestimmten Anrechnung der aus dem Vertrag erworbenen Rechte und der Alterungsrückstellung in Hs. 5 beim Wechsel in den Basistarif stellt für den Fall des späteren Rückwechsels in einen Normaltarif klar, dass die vorübergehende Versicherung im Basistarif keine Nachteile für den VN verursacht. Der Wechsel in den Basistarif kann nicht deshalb verweigert werden, weil der VN nicht versicherungspflichtig ist, z.B. bei **Wohnsitz im Ausland** (s. § 193 III 1). § 15 III MB/BT, der eine Beendigung des Versicherungsverhältnisses bei Aufgabe des inländischen Wohnsitzes oder gewöhnlichen Aufenthalts bestimmt, verstößt gegen § 207 III und ist daher unwirksam.[66]

III. Unternehmenswechsel
1. Übertragung der anteiligen Alterungsrückstellung (Abs. 1 S. 1 Nr. 2)

28 Das GKV-WSG erweitert das Tarifwechselrecht um ein **Vertrags- und Versichererwechselrecht** des VN unter Übertragung des kalkulatorischen Anteils der Alterungsrückstellung, der höchstens demjenigen einer bisherigen (fiktiven) Versicherung des VN im Basistarif entspricht. Der Anspruch auf Übertragung eines Teils der Alterungsrückstellung besteht – anders als das Tarifwechselrecht – nur in der **substitutiven Krankenversicherung** (§ 146 I VAG). Die Berechnung des **Übertragungswerts** ist in § 14 I KVAV bestimmt.[67] Der Anspruch besteht nur bei der »**Kündigung**« des Vertrages und dem gleichzeitigen Abschluss eines neuen Vertrags« der substitutiven Krankenversicherung. Dem Fall der Kündigung gleichzustellen ist der Widerruf des neuen Vertrags nach § 8 I und der Rücktritt des Versicherers nach § 37 I, da in diesen Fällen der Übertragungswert noch nicht auf die Prämie des »neuen« Versicherungsvertrags bei dem Versicherer, der den Übertragungswert erhalten hat, angerechnet wurde. Im Falle der außerordentlichen Kündigung, des Rücktritts nach § 19 II oder der Anfechtung nach §§ 22 i.V.m. 123 I BGB hat der VN keinen Anspruch auf den Übertragungswert. Dieser verbleibt – unabhängig davon, inwieweit er an den Versicherer übertragen oder dort gebildet wurde – bei dem aufnehmenden Versicherer. Der Abschluss einer Anwartschaftsversicherung oder von Zusatzversicherungen beim aufnehmenden Versicherer reicht nicht aus. »**Gleichzeitiger Abschluss**« bedeutet, dass es sich um einen Anschlussvertrag zu einem gekündigten Vertrag handelt, für den der VN die Übertragung verlangt. Eine Übertragung auf andere Personen ist ausgeschlossen. Übertragen wird nur die anteilige Alterungsrückstellung, nicht die »erworbenen Rechte«, die aus der beim früheren Versicherer zurückgelegten Vertragslaufzeit resultieren; diese verpflichten den aufnehmenden Versicherer nicht, was insbesondere bei einem anschließenden Wechsel in Normaltarife des aufnehmenden Versicherers von Bedeutung ist.

29 Für Versicherte des **Neubestands** (Vertragsschluss ab dem 01.01.2009) gilt die Portabilität im Umfang des Übertragungswertes uneingeschränkt. Versicherte des **Altbestandes** (Vertragsschluss vor dem 01.01.2009) konnten die Übertragung nur verlangen, wenn sie die Kündigung des »Altvertrages« zwischen dem 01.01.2009 und dem 30.06.2009 ausgesprochen haben und in den Basistarif eines anderen Versicherungsunternehmens wechselten.[68] Maßgeblich ist der Zeitpunkt der Erklärung der Kündigung (Zugang beim Versicherer), nicht der Zeitpunkt der Vertragsbeendigung aufgrund dieser Kündigung. Ergänzend bestimmt § 193 V 2 und 3 (entspricht § 152 Satz 2 und 3 VAG), dass der Kontrahierungszwang des aufnehmenden Versicherers im Basistarif nur bis 30.06.2009 bestand. Ein »Altvertrag« verliert seinen Charakter nicht dadurch, dass ein Unternehmenswechsel im Rahmen der befristeten Öffnung stattfand oder vor einem Unternehmenswechsel in einen »neuen« Tarif mit einkalkuliertem Übertragungswert gewechselt wurde.

30 Der Anspruch ist auf Übertragung, also auf Leistung an einen Dritten – den neuen Versicherer – gerichtet. Hat der Versicherer noch Forderungen gegen den VN (z.B. Prämienrückstände), kann er dennoch keine Aufrechnung erklären, da dies mit der Zweckbindung der Alterungsrückstellung unvereinbar wäre. Eine Aufrechnung ist ausgeschlossen, wenn sie mit der Eigenart des Schuldverhältnisses oder dem Zweck der geschuldeten Leistung unvereinbar ist.[69] Es spricht jedoch nichts dagegen, dass der Versicherer an dem zu übertragenden Betrag einen angemessenen Teil gem. § 273 BGB zurückbehält und erst nach Erfüllung seiner offenen Forderungen durch den VN an den neuen Versicherer überträgt.[70]

---

64 Standardtarifzuschlag gem. § 8 I Nr. 6 KalV (jetzt § 8 I Nr. 8 KVAV) i.d.F. bis 31.12.2008.
65 S. § 257 IIa SGB V i.d.F. bis 31.12.2008.
66 P/M/*Voit*, § 15 MB/BT Rn. 2.
67 Auf die in § 13 III KalV (jetzt: KVAV) i.d.F. BT-Drucks. 16/3100 S. 83 vorgesehene Übergangsfrist für Versicherte des Altbestandes wurde wegen des nur auf ein halbes Jahr beschränkten Wechselzeitraums letztlich verzichtet; vgl. BT-Drucks. 16/4247 S. 70.
68 Zur Verfassungsmäßigkeit der Regelung s. BVerfG Beschl. vom 26.06.2013, 1 BvR 1148/13.
69 Palandt/*Heinrichs*, § 387 BGB Rn. 8 unter Hinweis auf BGHZ 95, 113; 71, 383; 113, 93.
70 Vgl. § 13 IX MB/KK 2009, der dem Versicherer jedoch das Recht einräumt, den Übertragungswert vollständig zurückzubehalten.

2. Verwendung des nicht übertragbaren Teils der Alterungsrückstellung für Zusatzversicherungen (Abs. 1 S. 2)

Damit die Alterungsrückstellung bei einem Tarifwechsel auch nicht teilweise verloren geht, wenn der VN aus einem Tarif mit höheren Leistungen in den Basistarif wechselt, hat der VN das Recht, in diesem Fall den Abschluss einer Zusatzversicherung zu verlangen, in die der überschießende Teil der Alterungsrückstellung eingebracht wird. Nach dem Wortlaut von Abs. 1 Satz 2 besteht der Anspruch nicht nur bei einem Wechsel in den Basistarif, sondern könnte auch den Fall erfassen, dass der VN in einen leistungsschwächeren Tarif des eigenen oder eines anderen Versicherers wechselt. Die Gesetzesbegründung[71] geht jedoch von einem Wechsel »in den Basistarif« aus, was den Wortlaut zutreffend teleologisch auf diesen Fall reduziert. Der Anspruch richtet sich nach dem Gesetzeswortlaut gegen den »bisherigen Versicherer«, was dafür spricht, dass der Anspruch auf Zusatzversicherung nur im Falle des Wechsels in den Basistarif eines anderen Unternehmens besteht.[72] Nach der Gesetzesbegründung[73] soll der Anspruch auf Zusatzversicherung aber sowohl bei einem Tarifwechsel innerhalb des Unternehmens wie auch beim Unternehmenswechsel bestehen. Bei einem Wechsel in den Basistarif des eigenen Unternehmens kann der Anspruch auf Zusatzversicherung jedoch nicht mit der Vermeidung eines anderenfalls eintretenden Teilverlusts der Alterungsrückstellung begründet werden, da beim Tarifwechsel innerhalb eines Unternehmens die gesamte vorhandene Alterungsrückstellung anzurechnen ist. Andererseits ist nicht erklärbar, weshalb der VN zum Unternehmenswechsel gezwungen sein soll, um unabhängig vom Gesundheitszustand die mit dem Basistarif verbundenen Leistungseinschränkungen durch Zusatzversicherungen ausgleichen zu können. Daher spricht vieles dafür, den Anspruch auf Zusatzversicherung auch beim Wechsel in den Basistarif beim bisherigen Versicherer zu bejahen.[74] Nähere Angaben zur Art der Zusatzversicherung und deren Leistungsumfang enthält die Gesetzesbegründung nicht. Nach dem Sinn und Zweck der Vorschrift kann der Kontrahierungszwang des Versicherers aber nur so weit gehen, als die Zusatzversicherung nach Art und Umfang Risiken abdeckt, die Gegenstand des Versicherungsvertrages vor dem Wechsel in den Basistarif waren. Nur insoweit kann dem Versicherer zugemutet werden, das bisher von ihm getragene Risiko auch weiterhin in Form der Zusatzversicherung zu übernehmen. Bei der Versicherung im Basistarif ist gem. § 152 I 6 VAG der Abschluss »**ergänzender Krankheitskostenversicherungen**« zulässig. Summenversicherungen, z.B. Krankenhaustagegeldversicherungen, sind deshalb ausgeschlossen. Ferner scheiden Zusatztarife aus, die ohne Alterungsrückstellung kalkuliert sind, da in solchen Tarife keine Anrechnung der Alterungsrückstellung möglich ist.[75] Kann der Versicherer das Differenzrisiko zwischen bisherigem Tarif und Basistarif nicht durch vorhandene Zusatzversicherungstarife abdecken, entfällt der Anspruch des VN. Die Bestimmung setzt logisch zwingend voraus, dass solche Tarife vorhanden sind[76], da ohne ein entsprechendes Kollektiv keine Risikodeckung möglich ist und sich der Anspruch des VN auf Zusatzversicherungstarife beschränkt. Geht eine Zusatzversicherung im Umfang über den Versicherungsanspruch hinaus, ist Abs. 1 S. 1 Nr. 1 Hs. 2 (Risikozuschlag oder Leistungsausschluss) entsprechend anzuwenden.

IV. Portabilität der Alterungsrückstellung in der Pflegepflichtversicherung (Abs. 2)

Durch die Portabilität der Alterungsrückstellung in der Pflegepflichtversicherung soll dem Grundsatz »Pflegeversicherung folgt Krankenversicherung« Rechnung getragen werden.[77] Dem VN soll der Wechsel des Versicherers für die Krankenversicherung nicht dadurch erschwert werden, dass er entweder die Pflegepflichtversicherung beim bisherigen Versicherer belassen muss oder auf die gebildete Alterungsrückstellung verzichten muss. Abs. 2 gilt sowohl bei gleichzeitigem Wechsel in der Kranken- und Pflegepflichtversicherung zu einem anderen Versicherer als auch bei einem isolierten Wechsel nur des Pflegeversicherers.[78] Abweichend von der Regelung der Portabilität der Alterungsrückstellung in der Krankenversicherung ist beim Wechsel des Pflegepflichtversicherers die gesamte gebildete kalkulatorische Alterungsrückstellung zu übertragen (§ 14 VI KVAV). Es gibt keine Unterscheidung in Alt- und Neubestand, wie sie Abs. 1 S. 1 Nr. 2 für die substitutive Krankheitskostenversicherung trifft.

V. Anwartschaftsversicherung (Abs. 4)

Der Anspruch, »einen gekündigten Versicherungsvertrag in Form einer Anwartschaftsversicherung fortzuführen«[79], geht über einen Tarifwechselanspruch hinaus, da er nicht davon abhängt, ob der Versicherer einen

---

71 Begr. zu § 204 I 2, BT-Drucks. 16/3100 S. 207.
72 PK/*Brömmelmeyer*, § 204 Rn. 45. **A.A.** L/W/*Boetius*, § 204 Rn. 501 (Redaktionsversehen).
73 Begr. zu § 204 I 2, BT-Drucks. 16/3100 S. 207.
74 So L/W/*Boetius*, § 204 Rn. 501; *Marko*, Teil B Rn. 258.
75 Vgl. *Boetius*, VersR 2008, 1016, 1023.
76 Vgl. die ausführliche Begr. von *Boetius*, VersR 2008, 1016, 1019; *Marko*, Teil B Rn. 261. **A.A.** PK/*Brömmelmeyer*, § 204 Rn. 46.
77 Vgl. Begr. zu Art. 9 Pflege-Weiterentwicklungsgesetz, BT-Drucks. 16/7439 S. 98.
78 Vgl. Begr. zu Art. 9 Pflege-Weiterentwicklungsgesetz, BT-Drucks. 16/7439 S. 99.
79 Zur missglückten Terminologie der Vorschrift s. *Boetius*, VersR 2008, 1016, 1024.

entsprechenden Anwartschaftstarif anbietet. Der Sache nach handelt es sich nicht um einen Tarifwechsel, sondern um einen Wechsel der Durchführungsform eines Tarifs.[80] Unter »Kündigung« ist das Verlangen des VN auf Umstellung der Versicherung in eine Anwartschaftsversicherung zu verstehen. Ein gekündigter Vertrag kann nicht mehr fortgesetzt werden, so dass die Gesetzesbegründung zutreffend davon spricht, ein bestehendes Versicherungsverhältnis ... fortzuführen.[81] Der VN muss sein Verlangen auf Vertragsfortsetzung in Form einer Anwartschaftsversicherung deshalb vor dem Wirksamwerden seiner Kündigung verlangen, da mit der Kündigung der nicht portable Teil der Alterungsrückstellung zugunsten des Versichertenkollektivs verfällt.[82] Der VN kann die Fortführung als Anwartschaftsversicherung erst ab dem Zeitpunkt verlangen, zu dem er den Vertrag hätte kündigen können.[83] Der Versicherer ist verpflichtet, für jeden nach »Art der Lebensversicherung«[84] kalkulierten Tarif eine Anwartschaftsversicherung anzubieten (z.B. auch für Zusatzversicherungen und Krankentagegeldtarife). Die Anwartschaftsversicherung ist für Personen von Bedeutung, die vorübergehend die Leistungen der PKV nicht in Anspruch nehmen können, z.B. wegen eines Auslandsaufenthalts.[85] Weiterer praktischer Anwendungsfall ist der Eintritt der Versicherungspflicht, z.B. bei Wechsel von einer selbständigen Tätigkeit in eine sozialversicherungspflichtige Beschäftigung. Nach dem Wortlaut der Bestimmung ist einzige Voraussetzung für den Anspruch auf die Anwartschaftsversicherung die Kündigung eines Krankenversicherungstarifs nach Art der Lebensversicherung. Der VN könnte demnach zur vorübergehenden Prämiensenkung seine Versicherung »stilllegen« – soweit es sich nicht um eine Pflichtversicherung handelt – und bei Bedarf, also bei bevorstehendem Versicherungsfall, wieder »aufrufen«.[86] Das Recht des VN bzw. der versicherten Person ist deshalb, entsprechend dem in der Begründung angegebenen Beispielsfall eines Auslandsaufenthalts, auf die Fälle zu beschränken, in denen der VN die Kündigung ausspricht, weil er vorübergehend die Versicherung im Versicherungsfall nicht in Anspruch nehmen kann.[87] Die Anwartschaftsversicherung ist dementsprechend auch nur so lange zu gewähren, als das tatsächliche Hindernis besteht. Kein vorübergehendes Hindernis für die Inanspruchnahme der Versicherung liegt vor, wenn der Vertrag vom Versicherer wegen Prämienzahlungsverzugs gekündigt wurde.[88] Ein Anspruch des VN, während der Ruhezeit weitere Alterungsrückstellungen aufzubauen (»große Anwartschaft«), besteht nicht.[89]

VI. Abdingbarkeit

34 Auf die Ansprüche nach Abs. 1 S. 1 und 2 kann gem. Abs. 1 S. 3 nicht verzichtet werden. Diesem Verzichtsverbot kommt wegen des halbzwingenden Charakters der gesamten Vorschrift (s. § 208) keine eigenständige Bedeutung zu. Nach der Gesetzesbegründung soll Satz 3 klarstellen, dass der VN auf das Recht zur Portabilität nicht verzichten kann, was zur Begrenzung einer negativen Risikoentmischung erforderlich sei.[90] Da die Gefahr einer negativen Risikoselektion durch die Einführung der Portabilität wesentlich gefördert wird, ist die Begründung insoweit paradox.

VII. Informationspflichten des Versicherers über Tarifwechselmöglichkeiten

35 Zu unterscheiden ist zwischen der Information über das Tarifwechselrecht im Allgemeinen und einer Pflicht zum Hinweis auf konkrete Tarifalternativen. Zu einer allgemeinen Information über das Tarifwechselrecht und den Basistarif ist der Versicherer nach § 3 I Nr. 4 VVG-InfoV verpflichtet. In der substitutiven Krankenversicherung muss der Versicherer gem. § 6 II VVG-InfoV bei jeder Prämienerhöhung auf die Möglichkeit des Tarifwechsels unter Nennung des Gesetzestextes hinweisen. Bei Versicherten, die das 60. Lebensjahr vollendet haben, sind bei jeder Prämienerhöhung konkrete Tarifwechselangebote zu unterbreiten, darunter in dem Tarif mit dem höchsten Neuzugang, in den der Versicherte wechseln kann. Die VVG-InfoV konkretisiert damit die **anlassbezogene Beratungspflicht** des Versicherers im laufenden Versicherungsverhältnis gem. § 6 IV. Aus der Festlegung der Altersgrenze auf 60 Jahre für den Beginn der Informationspflicht für konkrete Umstellungsangebote ohne Anlass im Einzelfall ist im Umkehrschluss zu folgern, dass der Versicherer gegenüber jüngeren Versicherten nicht von sich aus Umstellungsangebote unterbreiten muss, die ein günstigeres Preis-/Leistungsverhältnis aufzeigen. Nur dann, wenn der VN nach Umstellungsmöglichkeiten fragt oder der Ver-

---

80 Vgl. *Boetius*, VersR 2008, 1016, 1024.
81 Begr. zu § 178f VVG i.d.F. des GKV-WSG, BT-Drucks. 16/3100 S. 207.
82 PK-*Brömmelmeyer*, § 204 Rn. 52.
83 *Reinhard*, VersR 2010, 1440, 1441.
84 Zum Begriff s. § 195 Rn. 4.
85 Begr. zu § 178f VVG i.d.F. des GKV-WSG, BT-Drucks. 16/3100 S. 207.
86 Vgl. das Beispiel bei *Marko*, Teil B Rn. 270.
87 Vgl. *Marko*, Teil B Rn. 272; HK-VVG/*Marko*, § 204 Rn. 68. **A.A.** PK/*Brömmelmeyer*, § 204 Rn. 53; P/M/*Voit*, § 204 Rn. 49.
88 Dazu *Reinhard*, VersR 2010, 1440, 1441.
89 P/M/*Voit*, § 204 Rn. 49; HK-VVG/*Marko*, § 204 Rn. 69; *Marko*, Teil B Rn. 274.
90 Begr. zu § 204 I 3, BT-Drucks. 16/3100 S. 207.

sicherer im Einzelfall, etwa bei Prämienerhöhungen erkennt, dass der betroffene VN erheblich belastet wird, kann die laufende Beratungspflicht die Aufklärung des VN über preisgünstigere Alternativen gebieten.[91]

Der PKV-Verband hat im Oktober 2014 »Leitlinien der Privaten Krankenversicherung für einen transparenten und kundenorientierten Tarifwechsel«[92] (**Tarifwechselleitfaden**) veröffentlicht, zu dessen verbindlicher Einhaltung sich eine Vielzahl von Krankenversicherer gegenüber dem PKV-Verband verpflichtet haben. Neben serviceorientierten Vorgaben enthält der Tarifwechselleitfaden Verpflichtungen, die die rechtlichen Bestimmungen zum Tarifwechsel zugunsten des VN näher konkretisieren (z.B. Inhalte der Beratung zum Tarifwechsel) oder erweitern. Zugunsten der VN wird die Altersgrenze für die Mitteilung von Alternativtarifen bei Prämienanpassungen von 60 Jahren (§ 6 II 2 VVG-InfoV) auf 55 Jahre herabgesetzt (Ziff. 6 Tarifwechselleitfaden). Der Beitritt eines Versicherers zum Tarifwechselleitfaden begründet die **Rechtspflicht** zur Einhaltung des Tarifwechselleitfadens mit **Wirkung gegenüber den VN** des beigetretenen Versicherers (echter Vertrag zugunsten Dritter, § 328 BGB).

36

§ 205 Kündigung des Versicherungsnehmers.

(1) ¹Vorbehaltlich einer vereinbarten Mindestversicherungsdauer bei der Krankheitskosten- und bei der Krankenhaustagegeldversicherung kann der Versicherungsnehmer ein Krankenversicherungsverhältnis, das für die Dauer von mehr als einem Jahr eingegangen ist, zum Ende des ersten Jahres oder jedes darauf folgenden Jahres unter Einhaltung einer Frist von drei Monaten kündigen. ²Die Kündigung kann auf einzelne versicherte Personen oder Tarife beschränkt werden.
(2) ¹Wird eine versicherte Person kraft Gesetzes kranken- oder pflegeversicherungspflichtig, kann der Versicherungsnehmer binnen drei Monaten nach Eintritt der Versicherungspflicht eine Krankheitskosten-, eine Krankentagegeld- oder eine Pflegekrankenversicherung sowie eine für diese Versicherungen bestehende Anwartschaftsversicherung rückwirkend zum Eintritt der Versicherungspflicht kündigen. ²Die Kündigung ist unwirksam, wenn der Versicherungsnehmer dem Versicherer den Eintritt der Versicherungspflicht nicht innerhalb von zwei Monaten nachweist, nachdem der Versicherer ihn hierzu in Textform aufgefordert hat, es sei denn, der Versicherungsnehmer hat die Versäumung dieser Frist nicht zu vertreten. ³Macht der Versicherungsnehmer von seinem Kündigungsrecht Gebrauch, steht dem Versicherer die Prämie nur bis zu diesem Zeitpunkt zu. ⁴Später kann der Versicherungsnehmer das Versicherungsverhältnis zum Ende des Monats kündigen, in dem er den Eintritt der Versicherungspflicht nachweist. ⁵Der Versicherungspflicht steht der gesetzliche Anspruch auf Familienversicherung oder der nicht nur vorübergehende Anspruch auf Heilfürsorge aus einem beamtenrechtlichen oder ähnlichen Dienstverhältnis gleich.
(3) Ergibt sich aus dem Versicherungsvertrag, dass bei Erreichen eines bestimmten Lebensalters oder bei Eintreten anderer dort genannter Voraussetzungen die Prämie für ein anderes Lebensalter oder eine andere Altersgruppe gilt oder die Prämie unter Berücksichtigung einer Alterungsrückstellung berechnet wird, kann der Versicherungsnehmer das Versicherungsverhältnis hinsichtlich der betroffenen versicherten Person binnen zwei Monaten nach der Änderung zum Zeitpunkt ihres Wirksamwerdens kündigen, wenn sich die Prämie durch die Änderung erhöht.
(4) Erhöht der Versicherer auf Grund einer Anpassungsklausel die Prämie oder vermindert er die Leistung, kann der Versicherungsnehmer hinsichtlich der betroffenen versicherten Person innerhalb von zwei Monaten nach Zugang der Änderungsmitteilung mit Wirkung für den Zeitpunkt kündigen, zu dem die Prämienerhöhung oder die Leistungsminderung wirksam werden soll.
(5) ¹Hat sich der Versicherer vorbehalten, die Kündigung auf einzelne versicherte Personen oder Tarife zu beschränken, und macht er von dieser Möglichkeit Gebrauch, kann der Versicherungsnehmer innerhalb von zwei Wochen nach Zugang der Kündigung die Aufhebung des übrigen Teils der Versicherung zu dem Zeitpunkt verlangen, zu dem die Kündigung wirksam wird. ²Satz 1 gilt entsprechend, wenn der Versicherer die Anfechtung oder den Rücktritt nur für einzelne versicherte Personen oder Tarife erklärt. ³In diesen Fällen kann der Versicherungsnehmer die Aufhebung zum Ende des Monats verlangen, in dem ihm die Erklärung des Versicherers zugegangen ist.
(6) ¹Abweichend von den Absätzen 1 bis 5 kann der Versicherungsnehmer eine Versicherung, die eine Pflicht aus § 193 Abs. 3 Satz 1 erfüllt, nur dann kündigen, wenn er bei einem anderen Versicherer für die versicherte Person einen neuen Vertrag abschließt, der dieser Pflicht genügt. ²Die Kündigung wird nur wirksam, wenn der Versicherungsnehmer innerhalb von zwei Monaten nach der Kündigungserklärung nachweist, dass die versicherte Person bei einem neuen Versicherer ohne Unterbrechung versichert ist; liegt der Termin, zu dem die Kündigung ausgesprochen wurde, mehr als zwei Monate nach der Kündigungserklärung, muss der Nachweis bis zu diesem Termin erbracht werden.

---

91 OLG München VersR 2005, 1418 (Ls.); P/M/*Voit*, § 204 Rn. 37; R/L/*Langheid*, § 204 Rn. 17.
92 www.pkv.de/w/files/verband/tarifwechselleitfaden/leitlinientarifwechsel.pdf (abgerufen am 07.08.2015).

§ 205 Kündigung des Versicherungsnehmers

Übersicht

	Rdn.		Rdn.
A. Allgemeines	1	1. Kündigungsanlass	14
I. Normzweck	1	2. Umfang des Kündigungsrechts	17
II. Entstehungsgeschichte	2	3. Zeitpunkt der Kündigung, Wirksamwerden, Informationspflicht des Versicherers	18
B. Einzelheiten	3		
I. Ordentliches Kündigungsrecht des VN (Abs. 1)	3	V. Vertragsaufhebungsverlangen des VN bei Teilbeendigung durch den Versicherer (Abs. 5)	20
II. Kündigung wegen Eintritts von Versicherungspflicht in der GKV (Abs. 2)	7	VI. Nachweis über Kenntnis der versicherten Personen von einer Kündigung	22
1. Anlass und Umfang des Kündigungsrechts	7	VII. Anschlussversicherungsnachweis bei Pflichtversicherung (Abs. 6)	23
2. Kündigungszeitpunkte, Frist	10	VIII. Abdingbarkeit	30
3. Nachweisobliegenheit des VN	11		
III. Kündigung bei planmäßiger Prämienänderung (Abs. 3)	13		
IV. Kündigung wegen Prämienerhöhung oder Leistungsminderung (Abs. 4)	14		

Schrifttum:
Mandler, Nachweispflichten beim Widerruf eines Krankenversicherungsvertrags, VersR 2015, 1489; *Rößler*, Erforderlichkeit eines Anschlussversicherungsnachweises bei Kündigung eines Mitversicherungsvertrags durch den VN?, VersR 2013, 1478.

A. Allgemeines

I. Normzweck

1 § 205 regelt in Abs. 1 ergänzend zur allgemeinen Kündigungsregelung in § 11 das **ordentliche Kündigungsrecht** des VN sowie bestimmte anlassbezogene **Sonderkündigungsrechte** in den Abs. 2–5. Die ständige Erfüllung der Versicherungspflicht gem. § 193 II 1 wird durch Abs. 6 gesichert, der das Wirksamwerden der Kündigung einer Pflichtkrankenversicherung durch den VN an den Nachweis anderweitig begründeten entsprechenden Versicherungsschutzes knüpft.

II. Entstehungsgeschichte

2 Die Regelung entspricht inhaltlich unverändert § 178h VVG a.F., mit Ausnahme von Abs. 2, der durch das VVG-Reformgesetz geändert wurde und Abs. 4, in dem die Frist durch Gesetz vom 24.04.2013, BGBl. I S. 932, auf zwei Monate verlängert wurde. Bei Eintritt gesetzlicher Versicherungspflicht wurde in Abs. 2 die Frist zur rückwirkenden Kündigung auf 3 Monate verlängert und der Anwendungsbereich der Vorschrift auf Anwartschaftsversicherungen, die für eine Krankheitskosten-, Krankentagegeld- oder Pflegekrankenversicherung abgeschlossen worden sind, erweitert. Für die rückwirkende Kündigung wurde neu die Nachweispflicht für den Eintritt der Versicherungspflicht eingeführt, die in § 178h II 3 VVG a.F. nur für die zukünftig wirkende Kündigung ausdrücklich vorgesehen war. Eine entsprechende Anwendung dieser Nachweispflicht auf rückwirkende Kündigungen ließ der BGH[1] entgegen instanzgerichtlicher Entscheidungen nicht zu. Die Neuregelung schaffte somit Rechtssicherheit. Abs. 6 wurde mit Einführung der Versicherungspflicht durch das GKV-WSG mit Wirkung ab 01.01.2009 angefügt, dessen Satz 2 durch Gesetz vom 24.04.2013, BGBl. I S. 932 mit Wirkung ab 01.05.2013 neu gefasst wurde.

B. Einzelheiten

I. Ordentliches Kündigungsrecht des VN (Abs. 1)

3 Abs. 1 gilt für **alle Krankheitskosten- und Krankenhaustagegeldversicherungsverträge**, die »für die Dauer von mehr als einem Jahr eingegangen« sind. Dem Wortlaut nach (»Dauer«) beschränkt sich der Anwendungsbereich auf befristete Krankheitskosten- und Krankenhaustagegeldversicherungen, die eine bestimmte Laufzeit, ggf. mit Verlängerungsklausel, haben. Nach § 195 sind Krankenversicherungsverträge nach Art der Lebensversicherung, insbesondere substitutive Krankenversicherungen, unbefristet. Gleichwohl hält die h.M. Abs. 1 – und nicht § 11 – auch auf die unbefristete Krankenversicherung für anwendbar.[2] Krankenversicherungen mit einer befristeten Laufzeit von weniger als einem Jahr sind ausgenommen; für sie gilt § 11.

4 Die **ordentliche Kündigung** des VN kann zum Ende eines jeden Versicherungsjahres unter Einhaltung einer **Frist von 3 Monaten** erklärt werden, sofern nicht eine Mindestversicherungsdauer vereinbart wurde. Die höchstmögliche **Mindestversicherungsdauer** beträgt bei befristeten Verträgen 3 Jahre (§ 11 IV). Bei **unbefristeten Verträgen** kann ein Verzicht auf die Ausübung des Kündigungsrechts für die Dauer von 2 Jahren

---

[1] BGH VersR 2005, 66 mit Nachweisen zur abweichenden Auffassung.
[2] BGH VersR 2012, 1375; HK-VVG/*Rogler*, § 205 Rn. 2; L/W/*Hütt*, § 205 Rn. 10; P/M/*Voit*, § 205 Rn. 3; PK/*Brömmelmeyer*, § 205 Rn. 4; R/L/*Langheid*, § 205 Rn. 3.

nach § 11 II vereinbart werden. In diesem Fall ist der VN für die Dauer von 3 Jahren an den Vertrag gebunden, da er erst im dritten Versicherungsjahr zu dessen Ende kündigen kann.[3] Der Kündigungsverzicht kann auch anlässlich einer sog. »**Kündigungsrücknahme**« (d.h. Vertragsfortsetzungsvereinbarung nach Ausspruch einer Kündigung durch den VN) vereinbart werden, da es sich um einen neuen Vertrag unter Fortgeltung der zuvor erworbenen Rechte und Pflichten handelt. § 13 I MB/KK 2009, der vertraglich das ordentliche Kündigungsrecht des VN regelt, gilt sowohl für befristete als auch für unbefristete Krankenversicherungen und nennt als einheitliche vereinbarungsfähige Mindestvertragslaufzeit 2 Jahre. Die ordentliche Kündigung des VN ist nach § 13 I MB/KK 2009 mit einer Kündigungsfrist von 3 Monaten zum Ende des Versicherungsjahres möglich. Im **Basistarif** beträgt die Mindestversicherungsdauer nach § 13 I AVB-BT 18 Monate.

Für die **Krankentagegeld-** und die **private Pflegepflichtversicherung** gilt Abs. 1 Satz 1 **nicht**. Eine Krankentagegeldversicherung kann vom Versicherungsnehmer nach § 11 II und III i.V.m. § 13 I MB/KT 2009 mit einer Frist von 3 Monaten zum Versicherungsjahresende gekündigt werden. Zum Kündigungsrecht in der privaten Pflegepflichtversicherung s. § 27 SGB XI und § 13 MB/PPV 2009.   5

Abs. 1 Satz 2 lässt eine **Teilkündigung** des Vertrages mit Beschränkung auf einzelne versicherte Personen oder Tarife[4] zu. Ob der Versicherer bestimmte Tarife nur in Kombination miteinander anbietet oder z.B. Kinder nicht ohne gleichzeitige Versicherung eines Elternteils angenommen hätte, beschränkt das selektive Kündigungsrecht des VN nicht. Der Versicherer kann daher gezwungen sein, einen Teilversicherungsschutz fortzuführen, den er als selbständigen Vertrag niemals abgeschlossen hätte.[5] Versicherte Personen, die von einer Teilkündigung durch den VN betroffen sind, haben nach § 207 II ein Vertragsfortsetzungsrecht.   6

II. Kündigung wegen Eintritts von Versicherungspflicht in der GKV (Abs. 2)
1. Anlass und Umfang des Kündigungsrechts

Das Kündigungsrecht besteht nur hinsichtlich der versicherten Personen, die kraft Gesetzes **in der GKV versicherungspflichtig** (§ 5 SGB V) geworden oder bei denen die in Satz 5 genannten Voraussetzungen (Anspruch auf Familienversicherung, §§ 10 SGB V, 25 SGB XI; nicht nur vorübergehender Anspruch auf Heilfürsorge[6]) eingetreten sind.[7] Gleiches gilt auch, wenn in ausländischen Sozialversicherungssystemen eine vergleichbare Pflichtmitgliedschaft oder Absicherung eintritt, sofern die inländische Krankenversicherung auch den Aufenthalt der versicherten Person dort deckt, also Doppelversicherung bestünde.[8] Wird die versicherte Person **beihilfeberechtigt**, liegt kein dem Abs. 2 vergleichbarer Fall vor, der ein Kündigungsinteresse des VN, sondern ein Vertragsanpassungsinteresse analog § 199 II ggf. in Verbindung mit einem Tarifwechsel gem. § 204 begründet.[9] Das Kündigungsrecht erstreckt sich nach dem Wortlaut nicht nur auf Tarife der substitutiven Krankenversicherung. Eine dahingehende Einschränkung durch die Formulierung »insoweit« in § 13 III 1 MB/KK 1994 ist in § 13 III 1 MB/KK 2009 nicht mehr enthalten. Eine einschränkende Auslegung des Sonderkündigungsrechts auf Tarife, die eine Doppelversicherung zur GKV bedeuten würden[10], erscheint aufgrund der durch das VVG-Reformgesetz vorgenommenen Erweiterung des Kündigungsrechts auf Anwartschaftsversicherungen und der genannten Änderung in § 13 III MB/KK 2009 nicht mehr haltbar.[11]   7

Die Versicherungspflicht muss im Zeitpunkt der Kündigungserklärung nicht mehr fortbestehen. Das Kündigungsrecht erlischt nicht deshalb, weil die gesetzliche Versicherungspflicht nur kurzzeitig bestand.[12] Hat der VN dagegen die Versicherungspflicht kurzzeitig in der Absicht herbeiführt, sich vorzeitig aus dem privaten Versicherungsvertrag zu lösen, kann seine Berufung auf das Kündigungsrecht gegen Treu und Glauben verstoßen.[13] Bei vorübergehendem Anspruch auf Heilfürsorge (Abs. 2 Satz 5), der nicht zur Kündigung nach Abs. 2 berechtigt, steht dem VN analog § 204 IV ein Anspruch auf Umwandlung in eine Ruhens- oder Anwartschaftsversicherung zu.[14]   8

---

3 R/L/*Rixecker*, § 11 Rn. 6. **A.A.** L/W/*Hütt*, § 205 Rn. 11, der § 11 II so versteht, dass die Kündigung erstmals zum Ende des zweiten Versicherungsjahres zulässig sei.
4 Zum Begriff des Tarifs s. § 203 Rn. 5.
5 Vgl. HK-VVG/*Rogler*, § 205 Rn. 3; BK/*Hohlfeld*, § 178h Rn. 3; P/M/*Voit*, § 205 Rn. 7; L/W/*Hütt*, § 205 Rn. 12.
6 Anspruch auf freie Heilfürsorge haben folgende Personen: Soldaten (Berufssoldaten, Soldaten auf Zeit, Wehrpflichtige, Zivildienstleistende (jedoch ohne Anspruch auf Beihilfe für ihre Familienangehörigen), Strafgefangene, Bundespolizeibeamte, Polizeibeamte während ihrer Ausbildung, Polizeibeamte während ihrer gesamten aktiven Dienstzeit nur in einigen Bundesländern.
7 Zur Wiederaufnahmepflicht des privaten Krankenversicherers in bestimmten Fällen des nicht Zustandekommens oder der Beendigung der gesetzlichen Versicherungspflicht s. § 5 IX SGB V.
8 Bach/Moser/*Hütt*, § 13 MB/KK Rn. 26.
9 P/M/*Voit*, § 205 Rn. 18; L/W/*Hütt*, § 205 Rn. 37; BK/*Hohlfeld*, § 178h Rn. 10.
10 P/M/*Voit*, § 205 Rn. 9; Bach/Moser/*Hütt*, § 13 MB/KK Rn. 17.
11 Wie hier auch PK/*Brömmelmeyer*, § 205 Rn. 6.
12 Vgl. BGH VersR 2005, 66 (dort: 7 Tage). **A.A.** LG Hildesheim VersR 1990, 1383.
13 Vgl. BGH VersR 2005, 66, dort aber offengelassen.
14 Vgl. P/M/*Prölss*, 27. Aufl., § 178h Rn. 8 unter Berufung auf § 242 BGB.

9 Bei voraussichtlich nur **vorübergehender Versicherungspflicht** bzw. vorübergehendem Anspruch auf eine anderweitige Absicherung i.S.d. Abs. 2 Satz 5 ist der Versicherer gem. § 6 IV verpflichtet, den VN auf die Möglichkeit einer Anwartschaftsversicherung hinzuweisen.[15]

2. Kündigungszeitpunkte, Frist

10 Die **Frist** von **drei Monaten** für eine **rückwirkende Kündigung** nach Abs. 2 Satz 1 beginnt mit dem Eintritt der Versicherungspflicht zu laufen, auch wenn der VN erst nach Fristablauf von der eingetretenen Versicherungspflicht erfährt. Er kann den Versicherungsvertrag dann nur noch für die Zukunft nach Abs. 2 Satz 4 zum Ende des Monats kündigen, in dem er den Eintritt der Versicherungspflicht nachweist.[16] Das Gesetz knüpft nur an den **objektiven Tatbestand der Versicherungspflicht** an, nicht an das Kennen oder Kennenmüssen des VN.[17] Dadurch wird dem Interesse des Versicherers an einer überschaubaren Dauer einer möglichen Rückabwicklung des Versicherungsverhältnisses Rechnung getragen.

3. Nachweisobliegenheit des VN

11 Der VN muss seine **Nachweisobliegenheit** über den Eintritt der Versicherungspflicht bzw. der in Abs. 2 Satz 5 gleichgestellten Fälle innerhalb von **zwei Monaten nach Aufforderung** in Textform durch den Versicherer erfüllen. Die Art des Nachweises ist nicht bestimmt, jedoch muss es sich um eine dem Versicherer vorzulegende Bescheinigung (Krankenkasse, Arbeitgeber, Steuerberater o.ä.) handeln, da dem Versicherer keine Nachforschung zugemutet werden kann. Es reicht nicht aus, wenn der VN als »Nachweis« einen Ansprechpartner bei einer Krankenkasse für eine Anfrage des Versicherers benennt. Aus dem Nachweis muss sich der **Zeitpunkt des Eintritts** der Versicherungspflicht ergeben und bestätigt werden, dass es sich um eine **Pflichtversicherung** handelt, also keine freiwillige Mitgliedschaft. Eine bloße Mitgliedsbescheinigung reicht deshalb nicht aus. Legt der VN eine unzureichende Bescheinigung vor, muss der Versicherer analog den Grundsätzen über die Zurückweisung einer unwirksamen Kündigung den VN darauf hinweisen und eine angemessene Frist zur Nachholung gewähren, sofern er nicht bereits in der Aufforderung zum Nachweis auf die inhaltlichen Anforderungen klar und verständlich hingewiesen hatte. Die Belehrung über die Nachweisobliegenheit kann nicht bereits vorsorglich in den AVB für den Fall des Eintritts der Pflichtversicherung erfolgen, da der Versicherer den VN zum Nachweis »aufzufordern« hat. Die »Aufforderung« kann erst nach Zugang der Kündigung erfolgen, da zuvor keine Nachweisobliegenheit des VN bestand.

12 Versäumt der VN die fristgerechte Vorlage des Nachweises, ist die **Kündigung unwirksam**, es sei denn, der VN hat die Fristversäumnis nicht zu vertreten (§ 276 BGB; Beweislast: VN). Eine Umdeutung dieser Kündigung in eine ordentliche Kündigung zum nächstmöglichen Zeitpunkt ist wegen der gesetzlich angeordneten Unwirksamkeitsfolge ausgeschlossen. Der VN kann dann nur nach Satz 4 zum Ende des Monats kündigen, in dem er den Eintritt der Versicherungspflicht nachweist. Nach dem Wortlaut des Gesetzes wäre dann wegen Unwirksamkeit der rückwirkenden Kündigung eine erneute Kündigungserklärung nach Satz 4 erforderlich. Legt der VN den Nachweis unter Bezugnahme auf die bereits erklärte (unwirksame) Kündigung vor, wird in der Vorlage des Nachweises die erneute konkludente Kündigung mit Wirkung ab Monatsende zu sehen sein. Eine Berufung des Versicherers auf eine vereinbarte Schrift- oder Textform (§ 16 MB/KK 2009) für die Kündigung dürfte dann treuwidrig sein, wenn sich durch die Nachholung einer formgerechten Kündigung der Kündigungstermin um einen Monat verschieben würde.

III. Kündigung bei planmäßiger Prämienänderung (Abs. 3)

13 Abs. 3 gewährt dem VN bei altersbedingter Umtarifierung bezüglich der betroffenen versicherten Person ein Kündigungsrecht.[18] Dies setzt eine vertragliche Regelung voraus, nach der mit steigendem Alter der VP eine höhere Prämie zu zahlen ist. Bei Tarifen nach Art der Lebensversicherung sind planmäßig steigende Prämien nach § 10 IV 1 KVAV nur für Versicherte bis zur Vollendung des 21. Lebensjahres und bei Ausbildungstarifen bis zur Vollendung des 39. Lebensjahres zulässig.

IV. Kündigung wegen Prämienerhöhung oder Leistungsminderung (Abs. 4)
1. Kündigungsanlass

14 Das Kündigungsrecht gilt sowohl bei einer nachteiligen Anpassung auf der Grundlage einer **vertraglichen Anpassungsklausel** als auch in Anwendung der **gesetzlichen Anpassungsbestimmungen** in § 203.[19] Die ausschließliche Nennung der Erhöhung aufgrund einer Anpassungsklausel liegt in der Entstehungsgeschichte der

---

15 Vgl. OLG Hamm VersR 2013, 489 (freie Heilfürsorge bei Strafgefangenen).
16 Vgl. KG VersR 2006, 689; LG Freiburg VersR 2000, 1007; AG Berlin-Tiergarten VersR 1999, 1226. Diese Rechtsauffassung bestätigt auch die Begr. zu § 205 II, BT-Drucks. 16/3945 S. 114.
17 PK/*Brömmelmeyer*, § 205 Rn. 8; L/W/*Hütt*, § 205 Rn. 23; P/M/*Voit*, § 205 Rn. 22.
18 Vgl. Begr. zu § 178h VVG a.F., BT-Drucks. 12/6959 S. 106.
19 P/M/*Voit*, § 205 Rn. 32; L/W/*Hütt*, § 205 Rn. 40.

Vorschrift begründet, die geltendes Bedingungsrecht kodifizierte.[20] Den vertraglichen Anpassungsklauseln (§§ 8b, 18 MB/KK 2009) kommt neben den gesetzlichen Anpassungsbestimmungen in deren Anwendungsbereich keine eigenständige Bedeutung zu. Das Kündigungsrecht gilt auch während einer vertraglichen Mindestlaufzeit und dem Lauf der Mindestbindungsfrist für **Basistarif**versicherungen mit Selbstbehalt nach § 152 I 3 VAG.[21]

Eine **Leistungsminderung** liegt dann vor, wenn der Versicherer seine bedingungsgemäße Erstattungspflicht, die im Äquivalenzverhältnis zur Prämie steht, unter Anwendung des vertraglichen oder gesetzlichen Bedingungsänderungsverfahrens vermindert. Dies liegt nicht vor bei reinen Nebenleistungen, wie z.B. nicht vertraglich geschuldeten Assistanceleistungen oder der Änderung einer Kulanzerstattungspraxis. 15

Erfolgt eine Bedingungsanpassung zur unmittelbaren Umsetzung einer **gesetzlichen Änderung** des Leistungsverhältnisses (Pflegepflichtversicherung), ist Abs. 4 entgegen seinem Wortlaut nicht anwendbar. Zweck des Sonderkündigungsrechts ist es, dem VN eine ausgleichende Reaktionsmöglichkeit auf eine einseitige Vertragsänderung durch den Versicherer zu geben. Dieser Zweck trifft bei gesetzlichen Änderungen, die der Vertragspartner hinnehmen muss, nicht zu.[22] 16

2. Umfang des Kündigungsrechts

Die **Reichweite des Kündigungsrechts** nach Abs. 4 ist – anders als in Abs. 1 für die ordentliche Kündigung – nicht ausdrücklich in der Weise bestimmt, dass eine Teilkündigung für bestimmte versicherte Personen oder Tarife zulässig ist. Dies ergibt sich jedoch aus dem Sinn und Zweck des Sonderkündigungsrechts und der grundsätzlich isolierten Betrachtung der innerhalb eines Versicherungsvertrages bestehenden einzelnen Versicherungsverhältnisse (Tarife, versicherte Personen). Der VN kann nur hinsichtlich der versicherten Personen kündigen, die von einer Anpassung betroffen sind.[23] Ist eine versicherte Person nur hinsichtlich einzelner Tarife betroffen, kann der VN die Kündigung auf die betroffenen Tarife beschränken. Der Versicherer muss auch bei einer ordentlichen Kündigung nach Abs. 1 hinnehmen, dass er nach einer Teilkündigung einen »Rumpfvertrag« fortführen muss, den er so nicht abgeschlossen hätte.[24] Es besteht aber kein Grund, dem VN die Kündigung des gesamten Versicherungsverhältnisses bezüglich einer versicherten Person zu verweigern, auch wenn nur einzelne Tarife von einer Anpassung betroffen sind. Dies entspricht dem Wortlaut der Vorschrift, der Formulierung in § 13 V MB/KK 2009 und der Sichtweise des VN, der seinen Krankenversicherungsschutz nicht nach einzelnen Tarifen betrachtet und im Falle einer nachteiligen Anpassung ggf. den Versicherer bezüglich aller Teile des Versicherungsschutzes für eine Person wechseln will.[25] Der VN kann also wählen, ob er nur die betroffenen Tarife oder das gesamte Versicherungsverhältnis der betroffenen versicherten Person kündigen will.[26] 17

3. Zeitpunkt der Kündigung, Wirksamwerden, Informationspflicht des Versicherers

Die Kündigungserklärung muss dem Versicherer innerhalb von zwei Monaten **ab Zugang** der Änderungsmitteilung beim VN zugehen. Die früher geltende Frist von einem Monat[27] sah der Gesetzgeber als zu kurz an, insbesondere vor dem Hintergrund, dass der VN den Vertrag nur dann kündigen kann, wenn er einen neuen Vertrag abschließt (Abs. 6).[28] Den Zugang der Änderungsmitteilung und den Zugangszeitpunkt hat der Versicherer zu beweisen.[29] Kündigt der VN, endet der Vertrag im gekündigten Umfang **zum Ablauf des Monats vor dem Wirksamwerden** der Prämienerhöhung oder der Leistungsminderung. § 13 V MB/KK 2009 lässt als für den VN günstige Abweichung von der gesetzlichen Regelung bei Prämienerhöhungen die Kündigung auch über die Zweimonatsfrist hinaus noch bis zum Zeitpunkt des Wirksamwerdens zu. 18

Eine **Informationspflicht** des Versicherers über das Kündigungsrecht ist in Abs. 4 **nicht** explizit vorgeschrieben. Die Informationspflicht über das Kündigungsrecht folgt aber aus § 40 I 2, der gem. § 194 auch in der 19

---

20 Vgl. Begr. zu § 178h VVG a.F., BT-Drucks. 12/6959 S. 106.
21 P/M/*Voit*, § 205 Rn. 32.
22 R/L/*Langheid*, § 205 Rn. 10 unter Hinweis auf LSG Essen VersR 2001, 1228 (gesetzliche Leistungsänderung in der Pflegepflichtversicherung); P/M/*Voit*, § 205 Rn. 32.
23 OLG Köln VersR 2002, 1368 (auch bei Bezeichnung der versicherten Personen als »Gefahrpersonen«).
24 S. oben Rdn. 6.
25 Vgl. LG Ulm, Urt. vom 12.12.2001, 1 S 140/01.
26 OLG Bremen r+s 2014, 241. Wie hier auch PK/*Brömmelmeyer*, § 205 Rn. 14; BK/*Hohlfeld*, § 178h Rn. 15; differenzierend P/M/*Voit*, § 205 Rn. 36, der danach unterscheidet, ob das Kündigungsrecht des VN im Einzelfall »erheblich entwertet« würde, wenn das Kündigungsrecht auf die betroffenen Tarife beschränkt würde. **A.A.** AG Köln VersR 2000, 574 und AG Karlsruhe VersR 1999, 1402 (Keine KT-Kündigung bei Anpassung in der Krankheitskostenversicherung). S. auch die Verlautbarung des BAV (jetzt: BaFin) im GB BAV 1993, 60, wonach die für den VN günstigere Auslegung des Begriffs »Versicherungsverhältnis« Anwendung finden soll.
27 S. oben Rdn. 2.
28 Vgl. Begr. RegE BT-Drucks. 17/11469 S. 15.
29 LG Potsdam r+s 2006, 333.

Krankenversicherung gilt. Die Informationspflicht des Versicherers bei Prämienerhöhungen ist in § 6 II VVG-InfoV bestimmt.

V. Vertragsaufhebungsverlangen des VN bei Teilbeendigung durch den Versicherer (Abs. 5)

20 Abs. 5 ermöglicht dem VN als Reaktion auf die **Teilbeendigung** des Vertrages infolge der Ausübung eines Gestaltungsrechts des Versicherers (Kündigung, Anfechtung, Rücktritt), die Beendigung des Vertrages insgesamt zu verlangen. Das Aufhebungsverlangen des VN ist nichts anderes als eine Kündigung.[30] Aus Satz 1 folgt, dass der Versicherer sich das Kündigungsrecht isoliert für einzelne Personen oder Tarife vorbehalten kann, was in § 14 IV MB/KK 2009 erfolgt. Gleiches gilt für die Ausübung des Anfechtungs- und Rücktrittsrechts. Die Vorschrift entspricht § 29 II, dessen Anwendung auf Krankenversicherungsverträge nach § 194 I 1 ausgeschlossen ist. Der Versicherer ist grundsätzlich zur Kündigungs-, Anfechtungs- oder Rücktrittserklärung bezüglich des gesamten Vertrages berechtigt. Abs. 5 ist nur einschlägig, wenn der Versicherer als milderes Mittel gegenüber der Gesamtbeendigung des Vertrages nur dessen Teilbeendigung herbeiführt. Der VN soll sich dann von dem Restvertrag lösen können. Liegen mehrere selbstständige Verträge vor, ist Abs. 5 nicht anwendbar.[31]

21 Der VN kann die Aufhebung des Restvertrages **innerhalb von zwei Wochen nach Zugang** der Gestaltungserklärung des Versicherers verlangen. Hat der Versicherer eine Teilkündigung erklärt, kann der VN die Aufhebung für den Zeitpunkt des Wirksamwerdens der Kündigung verlangen. Läuft die Erklärungsfrist von zwei Wochen bei einer fristlosen Kündigung des Versicherers oder über das Monatsende hinaus, erfolgt die Aufhebung rückwirkend. Im Falle der Anfechtung oder des Rücktritts durch den Versicherer wirkt das Aufhebungsverlangen zum Ende des Monats, in dem die Gestaltungserklärung dem VN zugegangen ist.

VI. Nachweis über Kenntnis der versicherten Personen von einer Kündigung

22 Sind von einer Kündigung bzw. dem Vertragsaufhebungsverlangen des VN (Abs. 5) versicherte Personen außer dem VN betroffen, ist die Kündigung des VN nur wirksam, wenn die versicherten Personen von der Kündigung Kenntnis erlangt haben. In § 178n II 2 VVG a.F. war die Wirksamkeit der Kündigung ausdrücklich an den **Nachweis über die Kenntnis der versicherten Person** geknüpft. Einen Nachweis verlangt § 207 II 2 VVG nicht. Sowohl die VVG-Kommission als auch der Gesetzgeber gehen jedoch davon aus, dass § 207 unverändert[32] bzw. inhaltlich übereinstimmend[33] den § 178n VVG a.F. übernimmt. Ein Wegfall der Nachweispflicht des VN wäre auch vor dem Hintergrund der in Abs. 2 durch die VVG-Reform gerade neu eingefügten Nachweispflicht des VN über den Eintritt der Versicherungspflicht und über die Anschlussversicherung nach Abs. 6 kaum verständlich. In § 13 VII MB/KK 2009 wurde an dem Nachweis des VN richtigerweise festgehalten. Die nicht mehr ausdrückliche Erwähnung des Nachweises ist ein korrekturbedürftiges[34] Redaktionsversehen des Gesetzgebers. Die Nachweispflicht besteht daher trotz der etwas abweichenden Formulierung des Gesetzgebers fort.[35] Wird der Nachweis (z.B. Mitunterzeichnung der Kündigung durch die VP) nicht mit der Kündigung vorgelegt, ist die **Kündigung unwirksam** und muss unter Vorlage des Nachweises erneut ausgesprochen werden. Die Ausführungen unter Rn. 11 gelten entsprechend. Die Grundsätze über die Zurückweisung unwirksamer Kündigungen gelten nicht, da eine unterbliebene Zurückweisung wegen des fehlenden Nachweises zur Wirksamkeit der Kündigung führen würde und somit der durch § 207 II 2 bezweckte Schutz der versicherten Personen unterlaufen würde.[36] Der Versicherer ist aber aus Treu und Glauben verpflichtet, den VN auf die Nachweispflicht hinzuweisen, wenn er eine unwirksame Kündigung erhält. Anderenfalls kann der Versicherer unter dem Gesichtspunkt der Verletzung einer vertraglichen Nebenpflicht gegenüber dem VN schadensersatzpflichtig sein.[37]

VII. Anschlussversicherungsnachweis bei Pflichtversicherung (Abs. 6)

23 Abs. 6 stellt die nahtlose Erfüllung der Krankenversicherungspflicht im Falle der Kündigung eines Pflichtkrankenversicherungsvertrages (§ 193 III 1) durch den VN sicher.[38] Der VN muss die Anschlussversicherung **für sich selbst und für die von ihm gesetzlich vertretenen Personen** nachweisen. Für andere versicherte Personen (z.B. Ehegatten, nicht vom VN gesetzlich vertretene Kinder) muss der VN den Nachweis nicht er-

---

30 S. Begr. zu § 178n V VVG a.F., BT-Drucks. 12/6959 S. 106, die von »kündigen« spricht.
31 Zur Frage, wann mehrere zusammengefasste Verträge bei einer Krankenversicherung vorliegen, s. *Reinhard*, Anm. zu OLG Düsseldorf, VersR 2010, 1439.
32 Abschlussbericht der Kommission zur Reform des Versicherungsvertragsrechts vom 19. April 2004, hrsg. von *E. Lorenz*, VersR-Schriftenreihe, Bd. 25, S. 415 (zu § 200 VVG-E).
33 Begr. zu § 207 II, BT-Drucks. 16/3945 S. 114.
34 Vor dem Hintergrund der Entscheidung BGH VersR 2005, 66 (dazu Rn. 2) erscheint die ausdrückliche Nennung der Nachweispflicht im Gesetz geboten, da der BGH bei der Ausübung von Gestaltungsrechten den Nachweis der zur Ausübung berechtigenden Tatsachen grundsätzlich nicht verlangt.
35 Vgl. BGH VersR 2013, 305 (zu § 207 II 2).
36 Vgl. P/M/*Prölss*, 27. Aufl. § 178n Rn. 12.
37 BGH VersR 2013, 305, 307.
38 Begr. zu § 178h VVG i.d.F. des GKV-WSG, BT-Drucks. 16/4247 S. 68.

bringen.[39] Der VN muss die ordentliche Kündigungsfrist (s. oben Rdn. 3 ff.) einhalten. Die Kündigung wird erst wirksam mit Erbringung des Anschlussversicherungsnachweises; bis dahin ist die Kündigung **schwebend unwirksam**[40] und wird endgültig unwirksam[40], wenn der Anschlussversicherungsnachweis nicht fristgerecht erbracht wird.

Bis zur Entscheidung des BGH vom 12.09.2012[41] war unter Geltung des Abs. 6 i.d.F. bis 30.04.2013 umstritten, ob und ggf. auf welchen Zeitpunkt die Kündigung wirkt, wenn der VN den Anschlussversicherungsnachweis erst nach dem Zeitpunkt vorlegt, zu dem die Kündigung erklärt wurde. Nach Auffassung des BGH zu Abs. 6 a.F. wird in dem Falle, dass der Anschlussversicherungsnachweis nicht bis zum Kündigungstermin vorgelegt wird, die Kündigung zu dem Zeitpunkt wirksam, zu dem der Anschlussversicherungsnachweis vorgelegt wird. Der Versicherer habe ein berechtigtes Interesse daran, möglichst zeitnah Klarheit über die Wirksamkeit einer Kündigung zu erlangen. Die Gefahr des Bestehens einer zeitweisen Doppelversicherung falle in die Sphäre des VN.[42]

24

Die Gesetzesänderung m.W. ab 01.05.2013 (o. Rdn. 2) hat nur insoweit Klarheit gebracht, als der »Schwebezustand« dadurch endet, dass bei einer Kündigung ohne Vorlage des Anschlussversicherungsnachweise bis zum Kündigungstermin, diese spätestens zwei Monate nach der Kündigungserklärung unwirksam wird. Sie besagt aber nicht, zu welchem Zeitpunkt die Kündigung wirksam wird, wenn der Anschlussversicherungsnachweis innerhalb der Frist von zwei Monaten nach der Kündigungserklärung, aber erst nach dem Kündigungstermin vorgelegt wird. Der Gesetzgeber begründet die Änderung damit, dass der VN genügend Zeit haben soll, eine Anschlussversicherung abzuschließen.[43] Dies ist insbesondere im Falle der Kündigung nach Abs. 4 bedeutsam und kommt auch dadurch zum Ausdruck, dass der Gesetzgeber gleichzeitig die Frist für das Wirksamwerden der in Abs. 4 genannten Änderungen (z.B. Prämienanpassung) verlängert hat.

25

An der Auffassung, dass die Vorlage des Anschlussversicherungsnachweises nach dem Kündigungstermin, aber innerhalb der neu eingeführten Vorlagefrist **Rückwirkung auf den Kündigungstermin** entfaltet, ist festzuhalten.[44] Abs. 6 ist § 175 IV 4 SGB V nachgebildet, jedoch ohne die dort geforderte Nachweisung der Anschlussversicherung »innerhalb der Kündigungsfrist«. Der Gesetzgeber wollte also nicht die Wirksamkeit der Kündigung von der Vorlage des Anschlussversicherungsnachweises innerhalb der Kündigungsfrist abhängig machen. Anders als in der gesetzlichen Krankenversicherung können Kündigungen in der PKV anlässlich von Prämienanpassungen (Abs. 4) bis zum letzten Tag vor deren Wirksamwerden ausgesprochen werden (§ 13 V MB/KK 2009). Zwar wird der VN vor dem Ausspruch einer Kündigung regelmäßig eine Pflichtkrankenversicherung bei einem anderen Versicherer abgeschlossen haben, jedoch können sich die Ausstellung des Anschlussversicherungsnachweises und dessen Vorlage beim bisherigen Versicherer über den Kündigungszeitpunkt hinaus verzögern. Wäre die Wirksamkeit der Kündigung von der Vorlage des Anschlussversicherungsnachweises innerhalb der Kündigungsfrist abhängig, würde dieses außerordentliche Kündigungsrecht des VN beeinträchtigt werden. Eine solche Beeinträchtigung würde auch dann vorliegen, wenn der VN eine Doppelversicherung in Kauf nehmen müsste, sofern die Wirkung der Kündigung erst für die Zeit nach der Vorlage des Anschlussversicherungsnachweises beim Vorversicherer eintreten würde. Die Kündigung wird deshalb wirksam, wenn der Nachweis fristgerecht erbracht ist, und zwar mit **Wirkung ab dem Zeitpunkt, für den die Kündigung erklärt werden konnte** und die Anschlussversicherung begonnen hat. Anders als in Abs. 2 Satz 4 für den Fall des verspäteten Pflichtversicherungsnachweises ist in Abs. 6 kein von dem Kündigungstermin abweichender Zeitpunkt für das Wirksamwerden einer zunächst schwebend unwirksamen Kündigung bestimmt. Wird der Nachweis erst nach dem Zeitpunkt vorgelegt, zu dem der Vertrag bei wirksamer Kündigung geendet hätte, wird der Vertrag **rückwirkend** auf diesen Zeitpunkt beendet.[45] Knüpft die Anschlussversicherung nicht unmittelbar an den Zeitpunkt an, zu dem der VN ordentlich gekündigt hat, ist die Kündigung nach Satz 1 unheilbar unwirksam. Der VN kann dann nur zum ordentlichen Kündigungstermin erneut kündigen. Der Gefahr, dass die Wirksamkeit der Kündigung ad infinitum in der Schwebe bleiben könnte und dadurch für den Versicherer Rechtsunsicherheit bestünde, ob der VN noch versichert ist, ist nunmehr durch die neu eingeführte Frist nicht mehr gegeben; ihr hätte schon vor der Gesetzesänderung mit einer analogen Anwendung von Abs. 2 Satz 2 begegnet werden können.[46] Dem vorstehend dargestellten Ergebnis steht auch die Entscheidung des BGH[47] nicht entgegen. Es dürfte kaum anzunehmen sein, dass der Gesetzgeber nach Ein-

26

---

39 BGH VersR 2014, 234; LG Stuttgart r+s 2013, 84; AG Düsseldorf VersR 2013, 572; LG Hagen, ZfS 2011, 40 (unter Hinweis auf den Wortlaut des § 193 III Satz 1) mit ablehnender Anm. *Rogler*, jurisPR-VersR 3/2011 Anm. 3. Eingehend *Rößler*, VersR 2013, 1478.
40 P/M/*Voit*, § 193 Rn. 46.
41 VersR 2012, 1375.
42 BGH VersR 2012, 1375, Tz. 24.
43 RegE BT-Drucks. 17/11469, S. 15.
44 S. Vorauflage § 205 Rn. 22.
45 So auch PK/*Brömmelmeyer*, § 205 Rn. 17. Eingehend *Erdmann*, Anm. zu AG Baden-Baden, VersR 2010, 1027 ff. Nach der Neuregelung jetzt auch P/M/*Voit*, § 205 Rn. 44.
46 So der Vorschlag von PK/*Brömmelmeyer*, § 205 Rn. 17; ebenso – de lege ferenda – *Erdmann*, VersR 2010, 1029.
47 VersR 2012, 1375.

§ 206 Kündigung des Versicherers

führung der zeitlichen Begrenzung des Schwebezustand einer Kündigung, verbunden mit der Absicht, dem VN eine angemessene Zeit für den Abschluss der Anschlussversicherung einzuräumen, eine möglicherweise eintretende Doppelversicherung in Kauf nehmen wollte. Dass der Versicherer für einen kurzen Zeitraum das Risiko einer (rückwirkenden) Beendigung der Versicherung hinnehmen muss, ist nach Abs. 6 nicht anders als im Falle der (rückwirkenden) Kündigung wegen Eintritt der Versicherungspflicht in der GKV (Abs. 2).

27 Abs. 6 gilt entsprechend für eine außerordentliche Kündigung des VN gem. § 314 I BGB[48] und bei Ausübung des Widerrufsrechts gem. § 8[49].

28 Ist die Kündigung unter Vorlage eines Anschlussversicherungsnachweises ausgesprochen und damit wirksam geworden, ändert das **Fehlschlagen der Anschlussversicherung** (z.B. Widerruf des Anschlussversicherungsvertrages durch den VN, Anfechtung wegen arglistiger Täuschung durch den Versicherer) nichts an der wirksam gewordenen Kündigung.[50] Maßgeblich ist nur die Vorlage des Anschlussversicherungsnachweises über die Erfüllung der Versicherungspflicht, nicht dessen inhaltliche Richtigkeit.[51] Anderenfalls bestünde für den früheren Versicherer über einen längeren Zeitraum die Unsicherheit, den VN im bisherigen Tarif wieder versichern zu müssen. Das wäre mit der Bedingungsfeindlichkeit von Gestaltungsrechten unvereinbar. Ein Schutzbedürfnis des VN besteht nicht, da die Erfüllung der Versicherungspflicht durch den Kontrahierungszwang des Versicherers im Basistarif sichergestellt ist.[52]

29 Der bisherige Versicherer hat gegenüber dem VN eine **Hinweispflicht** auf die Vorlage des Anschlussversicherungsnachweises und die Folgen einer nicht fristgerechten Vorlage, einschließlich der Gefahr einer Doppelversicherung.[53] Für den Zugang dieses Hinweises ist der Versicherer beweisbelastet.[54] Unterlässt der Versicherer den Hinweis, kann er nach § 242 BGB seinen Prämienanspruch für die Zeit der Doppelversicherung nicht geltend machen, sofern eine lückenlose Anschlussversicherung tatsächlich besteht. Dies gilt jedoch nicht, wenn der VN nach dem Kündigungstermin noch Leistungsansprüche geltend gemacht hat.[55]

VIII. Abdingbarkeit

30 § 205 ist gem. § 208 **halbzwingend**. Für die Kündigung des VN kann jedoch Schrift- oder Textform vereinbart werden (§ 208 Satz 2). Wegen des Sinn und Zwecks von Abs. 6 kann der Versicherer nicht zugunsten des VN auf den Nachweis der Anschlussversicherung verzichten.[56]

§ 206 Kündigung des Versicherers. (1) ¹Jede Kündigung einer Krankheitskostenversicherung, die eine Pflicht nach § 193 Abs. 3 Satz 1 erfüllt, ist durch den Versicherer ausgeschlossen. ²Darüber hinaus ist die ordentliche Kündigung einer Krankheitskosten-, Krankentagegeld- und einer Pflegekrankenversicherung durch den Versicherer ausgeschlossen, wenn die Versicherung ganz oder teilweise den im gesetzlichen Sozialversicherungssystem vorgesehenen Kranken- oder Pflegeversicherungsschutz ersetzen kann. ³Sie ist weiterhin ausgeschlossen für eine Krankenhaustagegeld-Versicherung, die neben einer Krankheitskostenvollversicherung besteht. ⁴Eine Krankentagegeldversicherung, für die kein gesetzlicher Anspruch auf einen Beitragszuschuss des Arbeitgebers besteht, kann der Versicherer abweichend von Satz 2 in den ersten drei Jahren unter Einhaltung einer Frist von drei Monaten zum Ende eines jeden Versicherungsjahres kündigen.
(2) ¹Liegen bei einer Krankenhaustagegeldversicherung oder einer Krankheitskostenteilversicherung die Voraussetzungen nach Absatz 1 nicht vor, kann der Versicherer das Versicherungsverhältnis nur innerhalb der ersten drei Versicherungsjahre zum Ende eines Versicherungsjahres kündigen. ²Die Kündigungsfrist beträgt drei Monate.
(3) ¹Wird eine Krankheitskostenversicherung oder eine Pflegekrankenversicherung vom Versicherer wegen Zahlungsverzugs des Versicherungsnehmers wirksam gekündigt, sind die versicherten Personen berechtigt, die Fortsetzung des Versicherungsverhältnisses unter Benennung des künftigen Versicherungsnehmers zu erklären; die Prämie ist ab Fortsetzung des Versicherungsverhältnisses zu leisten. ²Die versicherten Personen sind vom Versicherer über die Kündigung und das Recht nach Satz 1 in Textform zu informieren. ³Dieses Recht endet zwei Monate nach dem Zeitpunkt, zu dem die versicherte Person Kenntnis von diesem Recht erlangt hat.

---

48 L/W/*Hütt*, § 205 Rn. 62; P/M/*Voit*, § 205 Rn. 42; PK/*Brömmelmeyer*, § 205 Rn. 18.
49 LG Berlin VersR 2014, 236; P/M/*Voit*, § 205 Rn. 42; *Marko*, Teil B Rn. 120 ff.; *Marlow/Spuhl*, VersR 2009, 593, 598. **A.A.** *Mandler*, VersR 2015, 1489 ff.
50 OLG Bamberg VersR 2014, 51; LG Berlin VersR 2013, 1036; P/M/*Voit*, § 205 Rn. 42. Differenzierend danach, ob der Widerruf der Anschlussversicherung vor oder nach Wirksamwerden der Kündigung der Vorversicherung erfolgt: *Marko*, Teil B Rn. 112 ff.; *Marlow/Spuhl*, VersR 2009, 593, 598. Ähnlich PK/*Brömmelmeyer*, § 205 Rn. 19.
51 **A.A.** *Marko*, Teil B Rn. 112.
52 OLG Bamberg VersR 2014, 51.
53 BGH VersR 2015, 230.
54 BGH VersR 2015, 230.
55 Vgl. BGH VersR 2015, 230, 232.
56 So auch PK/*Brömmelmeyer*, § 205 Rn. 20.

(4) ¹Die ordentliche Kündigung eines Gruppenversicherungsvertrags, der Schutz gegen das Risiko Krankheit enthält, durch den Versicherer ist zulässig, wenn die versicherten Personen die Krankenversicherung unter Anrechnung der aus dem Vertrag erworbenen Rechte und der Alterungsrückstellung, soweit eine solche gebildet wird, zu den Bedingungen der Einzelversicherung fortsetzen können. ²Absatz 3 Satz 2 und 3 ist entsprechend anzuwenden.

Übersicht

	Rdn.		Rdn.
A. Allgemeines	1	II. Vertragsfortsetzungsanspruch bei Kündigung wegen Zahlungsverzugs (Abs. 3)	13
I. Normzweck	1		
II. Entstehungsgeschichte	2	III. Vertragsfortsetzung bei Kündigung eines Gruppenversicherungsvertrags (Abs. 4)	20
B. Einzelheiten	3		
I. Kündigungsbeschränkungen des Versicherers (Abs. 1 und 2)	3	IV. Abdingbarkeit	22

Schrifttum:
Eichelberger, Außerordentliche Kündigung einer die Versicherungspflicht erfüllenden Krankheitskostenversicherung durch den Versicherer und Beschränkung des Kontrahierungszwangs im Basistarif im Spannungsfeld zur Krankenversicherungspflicht, VersR 2010, 886; *Effer-Uhe*, Zur außerordentlichen Kündigung privater Kranken- und Pflegepflichtversicherungsverträge – zugleich Besprechung von BGH VersR 2012, 219 und VersR 2012, 304 –, VersR 2012, 684; *Fortmann*, Krankheitskostenversicherung und Krankenhaustagegeldversicherung, 2010; *Grote/Bronkars*, Gesundheitsreform und private Krankenversicherung – wirtschaftliche Konsequenzen für Versicherer und Versicherte, VersR 2008, 580.

A. Allgemeines

I. Normzweck

Der **Ausschluss jeder Kündigung** durch den Versicherer bei einer **Pflichtkrankenversicherung** dient der 1 dauerhaften Aufrechterhaltung des Versicherungsschutzes und damit der Durchführung der allgemeinen Versicherungspflicht, die durch eine PKV erfüllt wird. Die **ordentliche Kündigung** durch den Versicherer ist in der substitutiven Krankenversicherung und bei einer daneben bestehenden Krankenhaustagegeldversicherung ausgeschlossen, bei anderen Arten der Krankenversicherung zeitlich beschränkt. Damit wird dem Umstand Rechnung getragen, dass der VN aufgrund einer altersbedingt zu erwartenden Verschlechterung seines Gesundheitszustandes den Versicherer nicht mehr unbeschränkt wechseln kann und eine aufgebaute Alterungsrückstellung nicht mehr verlieren soll. Abs. 3 räumt den von einer Kündigung wegen Zahlungsverzug betroffenen versicherten Personen das gleiche **Recht auf Vertragsfortsetzung** ein wie bei Tod des VN oder der Vertragskündigung durch den VN (§ 207 I und II). In der Pflegepflichtversicherung sind Rücktritts- und Kündigungsrechte des Versicherers ausgeschlossen, solange der Kontrahierungszwang besteht (§ 110 Abs. 4 SGB XI).

II. Entstehungsgeschichte

Abs. 1 Satz 1 wurde durch das GKV-WSG mit Wirkung ab 01.01.2009 eingeführt. Mit dem Ausschluss jeglichen Kündigungsrechts bei einer Pflichtkrankenversicherung soll insbesondere verhindert werden, dass infolge einer Kündigung wegen Zahlungsverzuges die Alterungsrückstellung verfällt.¹ Im Übrigen wird § 178i VVG a.F. im Wesentlichen unverändert übernommen. Abs. 3 wurde durch das VVG-Reformgesetz mit Wirkung ab 01.01.2008 neu geschaffen. 2

B. Einzelheiten

I. Kündigungsbeschränkungen des Versicherers (Abs. 1 und 2)

Bei einer **Pflichtkrankenversicherung** (§ 193 III) ist jede Kündigung durch den Versicherer ausgeschlossen 3 (Abs. 1 Satz 1). Neben der ordentlichen Kündigung und der Kündigung nach § 19 III 2² ist nach dem Wortlaut des Abs. 1 auch die **außerordentliche Kündigung** gem. § 314 BGB bei schwerwiegenden Vertragsverletzungen, insbesondere bei betrügerischer Leistungserschleichung, ausgeschlossen. Das BVerfG³ sieht es als sachgemäß und zumutbar an, dass der Gesetzgeber auf eine Kündigungsregelung wegen Vertragsverletzungen, die nur relativ selten vorkämen, verzichtet hat, weil es sich bei der Krankenversicherung um ein »nicht personifiziertes Massengeschäft« handele. Mit dem Fall eines schwerwiegenden Versicherungsbetrugs hatte sich das BVerfG nicht befasst. Das Fehlen einer expliziten gesetzlichen Regelung schließt es insbesondere nicht aus, als »Erst-Recht-Schluss« aus dem unberührt gelassenen Recht des Versicherers, einen Pflichtkrankenversicherungsvertrag wegen Drohung oder Täuschung anzufechten oder wegen einer vorsätzlichen Anzeigepflichtverletzung zu-

---

1 Vgl. Begr. zu § 178i I VVG a.F. in der Fassung des GKV-WSG, BT-Drucks. 16/4247 S. 68.
2 S. dazu § 194 Rn. 13.
3 VersR 2009, 957.

§ 206 Kündigung des Versicherers

rückzutreten (§ 193 V 4), im Falle des Betruges eine Kündigung aus wichtigem Grund (§ 314 I BGB) zuzulassen.

4 Ob trotz des die außerordentliche Kündigung ausschließenden Wortlauts vom Abs. 1 Satz 1 diese aufgrund teleologische Reduktion zulässig ist, war in der Literatur und der Rechtsprechung umstritten.[4] Der BGH hat die außerordentliche Kündigung im Falle besonders schwerwiegender Umstände des Einzelfalles, z.B. bei (versuchter) Leistungserschleichung zugelassen.[5] Der BGH stützt sein durch teleologische Reduktion von Abs. 1 gewonnenes Ergebnis insbesondere auf die Gesetzesbegründung, da es dem Gesetzgeber in erster Linie darum gegangen sei, den Verlust der Alterungsrückstellung durch eine Kündigung wegen Prämienzahlungsverzugs zu verhindern.[6] An die außerordentliche Kündigung sind jedoch hohe Anforderungen zu stellen, sodass sie nur bei Vorliegen besonders schwerwiegender Umstände des Einzelfalls in Betracht kommt. Ob bestimmte Umstände als wichtiger Grund zu werten sind, ist vom Tatrichter zu entscheiden.[7] Nähere Vorgaben hierzu macht der BGH nicht. Für eine außerordentliche Kündigung aus wichtigem Grund auch im **Basistarif** spricht, dass die Unzumutbarkeit der Fortsetzung des Vertragsverhältnisses für den Versicherer bei schwersten Vertragsverletzungen des VN nicht danach differenziert werden kann, in welchem Tarif der VN versichert ist. Der VN bleibt im Falle der außerordentlichen Kündigung auch nicht ohne Versicherungsschutz, da der Kontrahierungszwang anderer Krankenversicherungsunternehmen hiervon unberührt bleibt. Die sozialen Folgen einer außerordentlichen Kündigung für den VN haben sich dadurch erheblich gegenüber dem Rechtszustand vor Einführung des Kontrahierungszwangs im Basistarif abgemildert, was im Rahmen der Abwägung, ob dem Versicherer im Einzelfall ein Recht zur außerordentlichen Kündigung zusteht, mit zu berücksichtigen ist.[8] § 14 III MB/KK 2009 und § 14 II AVB-BT lassen die außerordentliche Kündigung ausdrücklich zu, was offenbar auch von der BaFin als zulässig erachtet wird.[9] § 205 VI (**Anschlussversicherungsnachweis**) gilt nur für die Kündigung durch den VN, nicht aber bei einer Kündigung des Versicherers gem. § 314 I BGB.

5 Die außerordentliche Kündigung (auch) einer **Pflegepflichtversicherung** soll nach Auffassung des BGH dagegen wegen § 110 IV SGB XI in jedem Falle ausgeschlossen sein.[10] Dies begründet der BGH – unzutreffend – damit, dass im Falle der außerordentlichen Kündigung der Pflegepflichtversicherung ein Versicherungsschutz vollständig entfiele und der VN daher auf Sozialhilfeleistungen angewiesen sei. Das trifft jedoch nicht zu. § 110 IV SGB XI schließt eine Kündigung des Versicherers nur aus, »solange der Kontrahierungszwang besteht«. Mit der außerordentlichen Kündigung des Krankenversicherungsvertrags entfällt jedoch der Kontrahierungszwang des Versicherers (§§ 110 I 1 Nr. 1 i.V.m. 23 I 1 SGB XI).[11] Der VN, dessen substitutive Krankenversicherung außerordentlich gekündigt wird, ist zur Erfüllung der (Kranken-)Versicherungspflicht nach § 193 III verpflichtet, sich bei einem anderen Versicherungsunternehmen – ggf. im Basistarif – zu versichern. Der neue Krankenversicherer ist dann auch kontrahierungspflichtig in der Pflegepflichtversicherung nach §§ 110 I 1 Nr. 1 i.V.m. 23 I 1 SGB XI. Wegen des Ausschlusses des Kündigungsrechts des Versicherers in der Pflegepflichtversicherung für die Dauer des Kontrahierungszwangs bedarf es nicht der vom BGH für Abs. 1 vorgenommenen teleologischen Reduktion auch bei § 110 IV, da der Kontrahierungszwang in der Pflegepflichtversicherung an das Bestehen eines (Pflicht-)Krankenversicherungsvertrags geknüpft ist. Der VN verliert auch nicht endgültig seinen Pflegepflichtversicherungsschutz, sondern ist bei dem neuen Krankenversicherer auch in der Pflegepflichtversicherung versicherungsberechtigt und -verpflichtet.[12] Es besteht daher kein Anlass, die außerordentliche Kündigung bei schwerwiegenden Gründen nur auf die Krankenversicherung zu beschränken. Im Übrigen ist der BGH für die Entscheidung der Frage, ob eine Pflegepflichtversicherung außerordentlich gekündigt werden kann, sachlich nicht zuständig. Nach § 51 II 2 SGG entscheiden die Gerichte der **Sozialgerichtsbarkeit** über Streitigkeiten, die in Angelegenheiten nach dem SGB XI entstehen. Dies gilt auch, soweit dabei über die richtige Anwendung privatrechtlicher Vorschriften zu entscheiden ist.[13]

6 Der **Umfang der außerordentlichen Kündigung** wird regelmäßig den gesamten Krankenversicherungsvertrag erfassen. Da die außerordentliche Kündigung ohnehin nur bei schwerwiegenden Vertragsverletzungen des VN in Betracht kommt, wird regelmäßig jede weitere Vertragsbeziehung mit dem VN für den Versicherer

---

4 Für die Zulässigkeit der außerordentlichen Beendigungskündigung: OLG Celle VersR 2011, 738; OLG Brandenburg, ZfS 2011, 396 (tätlicher Angriff des VN auf den Versicherungsvertreter); OLG Koblenz VersR 2010, 58 (zum Standardtarif); Marlow/Spuhl/*Marko*, Rn. 1379 ff., *Marko*, Teil B Rn. 131; L/W/*Hütt*, § 206 Rn. 53. Dagegen: OLG Hamm VersR 2011, 1555, P/M/*Voit*, 28. Aufl., § 206 Rn. 5; HK-VVG/*Rogler*, § 206 Rn. 3.
5 BGH VersR 2012, 219; VersR 2012, 304 mit Anm. von *Eichelberger*. Kritisch *Effer-Uhe*, VersR 2012, 684.
6 BGH VersR 2012, 219, 220.
7 BGH VersR 2012, 219, 222.
8 Offengelassen von OLG Koblenz VersR 2010, 58. Zur Kündigung einer Krankenversicherung aus wichtigem Grund nach früherem Recht s. BGH VersR 2007, 1260.
9 S. *Fortmann*, S. 179, der sich auf ein diesbezügliches Schreiben der BaFin an den PKV-Verband vom 11.01.2010 bezieht.
10 BGH VersR 2012, 304.
11 Vgl. OLG Koblenz VersR 2010, 58; Bach/Moser/*Weber*, Teil G Rn. 22; L/P/*Böhm*, Anhang O Rn. 180.
12 Vgl. *Effer-Uhe*, VersR 2012, 684, 687.
13 Vgl. BSG VersR 1998, 486 (Tz. 11).

unzumutbar sein. Der Versicherer kann deshalb die fristlose Kündigung jedenfalls dann auf die Pflegeversicherung erstrecken, wenn er auch insoweit aufgrund des Verhaltens des VN von einem irreparablen Vertrauensverlust ausgehen muss. Die Gefahr einer Leistungserschleichung durch Vortäuschungsverhalten besteht insoweit gleichermaßen.[14] Die mitversicherten Personen haben – sofern sie an der Pflichtverletzung des VN nicht beteiligt sind – analog Abs. 3 ein Vertragsfortsetzungsrecht.[15]

Soweit in einem Pflichtkrankenversicherungsvertrag einzelne Tarife versichert sind, die andere Arten als die gesetzlich vorgeschriebene Kostenerstattung für ambulante und stationäre Heilbehandlung zum Gegenstand haben (z.B. Krankentagegeldversicherung), genießen diese Teile der Versicherung nicht den absoluten Kündigungsschutz nach Abs. 2 Satz 1. Die Kündigung durch den Versicherer richtet sich in diesem Fall nach den Bestimmungen der Abs. 1 und 2. 7

Die **substitutive Krankenversicherung** ist in aller Regel zugleich Pflichtkrankenversicherung i.S.d. § 193 III, so dass Abs. 1 Satz 2 seit der Einfügung von Satz 1 keine große Bedeutung mehr zukommt. Unterliegt der VN nicht (mehr) der Versicherungspflicht, da er keinen Wohnsitz im Inland hat (§ 193 III 1), und ist die bestehende Versicherung ihrer Art nach substitutiv, ist nur das ordentliche Kündigungsrecht des Versicherers ausgeschlossen. Eine Kündigung aus wichtigem Grund bleibt möglich.[16] 8

Einen Schutz vor einer ordentlichen Kündigung des Versicherers genießt die **Krankenhaustagegeldversicherung**, die mit einer substitutiven Krankenversicherung verbunden ist (Abs. 1 Satz 3) oder die länger als drei Versicherungsjahre besteht (Abs. 2 Satz 1). Maßgebend ist, dass die Verbindung von substitutiver Krankenversicherung und Krankenhaustagegeldversicherung bei derselben versicherten Person beim selben Versicherungsunternehmen besteht; ob es sich um einen Vertrag oder um mehrere Verträge handelt, ist unerheblich. 9

Eine **Krankheitskostenteilversicherung** (z.B. Wahlleistungen bei stationärer Behandlung) kann der Versicherer innerhalb der ersten drei Versicherungsjahre kündigen (Abs. 2). Eine Kostenteilversicherung liegt vor, wenn sie ergänzend zur GKV abgeschlossen wird. Beihilfeergänzungstarife oder Tarife mit Selbstbehalten oder Höchsterstattungsgrenzen sind keine Kostenteilversicherungen.[17] Sind einzelne Tarife einer Krankheitskostenvollversicherung nicht substitutiv, liegt insoweit aber keine Krankheitskostenteilversicherung vor, die nach Abs. 2 kündbar wäre.[18] 10

Eine **Krankentagegeldversicherung** ist ihrer Art nach eine substitutive Krankenversicherung, nicht aber Bestandteil einer Pflichtkrankenversicherung nach § 193 III. Die Kündigung in den ersten drei Versicherungsjahren ist nach Abs. 1 Satz 4 zulässig, sofern der VN, z.B. als Selbstständiger, keinen Arbeitgeberzuschuss gem. § 257 SGB V erhalten kann. Die Unterscheidung liegt darin begründet, dass ein Arbeitnehmer mit Übertritt in die PKV seinen Anspruch auf Krankengeld gem. § 44 SGB V verliert, während Selbstständige als freiwillige Mitglieder der GKV keinen gesetzlichen Anspruch auf Krankengeld haben. 11

Gehört eine Krankenversicherung nicht zu den in Abs. 1 und 2 genannten Arten (z.B. Reisekrankenversicherung) richtet sich das Kündigungsrecht des Versicherers nach § 11. 12

II. Vertragsfortsetzungsanspruch bei Kündigung wegen Zahlungsverzugs (Abs. 3)

Die Vorschrift erweitert den Vertragsfortsetzungsanspruch der versicherten Personen nach § 207 I und II für den Fall der Kündigung des Versicherers wegen Zahlungsverzugs. Eine Kündigung ist nur bei **Folgeprämienzahlungsverzug möglich**. Bei **Erstprämienzahlungsverzug** ist Abs. 3 nicht anwendbar. Der durch das VVG-Reformgesetz mit Wirkung ab 01.01.2008 eingefügte Abs. 3 hat infolge des Kündigungsausschlusses bei Pflichtkrankenversicherungen keine große Bedeutung mehr. Bei **Pflichtkrankenversicherungen** richten sich die Rechtsfolgen des Folgeprämienzahlungsverzugs nach § 193 VI. 13

Die Vorschrift schützt die **vom VN verschiedenen versicherten Personen**. Die Sanktion der Kündigung gegenüber dem VN beim Folgeprämienverzug schließt es aus, dass ein VN, der zugleich auch versicherte Person ist, nach der Kündigung wieder als »künftiger VN« benannt wird, obwohl der Wortlaut der Vorschrift dies nicht ausschließt. Der bisherige VN kann auch nicht als versicherte Person bei Benennung eines anderen künftigen VN im Vertrag versichert bleiben. Sonst bestünde die Gefahr, dass bei jeder Kündigung des Vertrages wegen Folgeprämienverzuges jeweils nur ein anderer VN benannt wird und die drohende Sanktion der Kündigung ihre Wirkung verliert. Erfolgt die Kündigung, kann die Vertragsfortsetzung nur die vom bisherigen VN verschiedenen versicherten Personen zum Gegenstand haben. Der künftige VN muss nicht dem Kreis der versicherten Personen angehören.[19] Dem Versicherer muss aber ein Ablehnungsrecht bei Vorliegen eines wichtigen Grundes, insbesondere bei Zahlungsunfähigkeit der benannten Person, zugestanden werden. 14

---

14 OLG Koblenz VersR 2010, 58.
15 OLG Frankfurt/Main VersR 2016, 317.
16 Zu den Voraussetzungen und der Reichweite einer Kündigung aus wichtigem Grund s. BGH VersR 2007, 1260; BGH VersR 1985, 54; OLG Karlsruhe VersR 2007, 530; OLG Hamm NJW-RR 2006, 1035; OLG Saarbrücken VersR 2006, 644; OLG Zweibrücken NJW-RR 2005, 1119.
17 Vgl. BK/*Hohlfeld*, § 178i Rn. 7.
18 So wohl auch R/L/*Römer*, 2. Aufl., § 178i Rn. 2; BK/*Hohlfeld*, § 178i Rn. 7.
19 Vgl. P/M/*Prölss*, 27. Aufl., § 178n Rn. 5.

§ 206 Kündigung des Versicherers

15 Nach dem Wortlaut der Vorschrift kann nur die Fortsetzung »des Versicherungsverhältnisses«, also der bisherige **Vertrag insgesamt**, unter Wegfall des Vertragsteils des bisherigen VN als versicherte Person, verlangt werden. Eine Fortsetzung im Form von **Einzelverträgen** für jede oder für nur bestimmte fortsetzungswillige versicherte Personen ist jedoch zu bejahen, da der Versicherer eine Verpflichtung zur Fortsetzung des Versicherungsverhältnisses als Einzelvertrag im Falle der Kündigung durch den VN nur bezüglich einer einzelnen versicherten Person nach § 207 II hat.[20] Es wäre mit dem Schutzgedanken der Vorschrift unvereinbar, wenn im Falle der Nichteinigung auf einen künftigen VN oder bei Ablehnung der Vertragsfortsetzung durch eine der versicherten Personen das Recht auf Vertragsfortsetzung für alle versicherten Personen entfallen würde. Sollte die **Versicherungsfähigkeit** der zu versichernden Personen in einem bestimmten Tarif an Eigenschaften des VN gebunden sein, ist die Versicherung in einem gleichartigen Tarif fortzusetzen, in dem Versicherungsfähigkeit besteht.

16 »**Fortsetzung**« des Versicherungsverhältnisses bedeutet, dass mit dem künftigen VN ein **neuer Vertrag mit Rückwirkung** auf den Zeitpunkt des Wirksamwerdens der Kündigung geschlossen wird. Die versicherten Personen sollen so stehen, als wäre es nicht zu einer Vertragsbeendigung durch die Kündigung des Versicherers gekommen. Die Alterungsrückstellung und die »erworbenen Rechte« aus dem gekündigten Vertrag sind – wie bei einem Tarifwechsel nach § 204 I – anzurechnen.[21] Die Prämie, die ab Fortsetzung zu zahlen ist, ist **Folgeprämie**, auch wenn sie die erste Prämie für den neuen Vertrag ist. Die Verzugsfolgen des beendeten Vertrags, insbesondere eingetretene Leistungsfreiheit des Versicherers gem. § 38 II, haben auf den neuen Vertrag keine Auswirkungen. Für die versicherten Personen besteht **materieller Versicherungsschutz mit Rückwirkung** auf den Zeitpunkt der Beendigung und im Umfang des früheren Versicherungsvertrags. Den künftigen VN bzw. die versicherten Personen treffen rückwirkend alle Pflichten und Obliegenheiten aus dem neuen Vertrag.

17 Der **Prämienanspruch** des Versicherers besteht gegenüber dem neuen VN ab dem (rückbezogenen) Zeitpunkt der Vertragsfortsetzung. Für Prämienrückstände aus dem gekündigten Vertrag haftet ausschließlich der frühere VN. Eine Aufrechnung der Prämienrückstände gegen Leistungsansprüche aus dem Fortsetzungsvertrag nach § 35 scheidet aus. Soweit noch Leistungsansprüche aus der Versicherungsdauer des gekündigten Vertrages geltend gemacht werden, ist eine Aufrechnung unabhängig davon möglich, auf welche versicherte Person die Versicherungsleistung entfällt.

18 Der Versicherer hat die versicherten Personen **über die ausgesprochene Kündigung und das Vertragsfortsetzungsrecht zu informieren**. Diese Verpflichtung kann der Versicherer nicht über den bisherigen VN erfüllen lassen oder ihn von den versicherten Personen zur Entgegennahme der Information bevollmächtigen lassen, da dies mit dem Zweck der Vorschrift unvereinbar wäre. Ist der VN zugleich gesetzlicher Vertreter der VP, ist die Rechtsbelehrung an ihn in seiner Eigenschaft als Vertreter zu richten.[22] Der Versicherer muss die Anschriften der versicherten Personen erfragen und erfassen; ein Vertrauen des Versicherers darauf, dass diese unter der Anschrift des VN erreichbar sind, wird nicht geschützt. Die Information hat in **Textform** zu erfolgen.

19 Der Beginn der **Erklärungsfrist von zwei Monaten** für die Benennung des künftigen VN hängt nicht vom Zugang der Information bei der versicherten Personen in Textform ab, sondern nur von deren **Kenntnis von dem Vertragsfortsetzungsrecht**. Dabei kommt es jedoch nicht auf eine abstrakte Rechtskenntnis, sondern auch auf die Kenntnis von der Kündigung des Vertrages durch den Versicherer wegen Zahlungsverzuges an. Bei mehreren versicherten Personen kommt es auf die Kenntnis der betreffenden Person an, die den Anspruch auf Vertragsfortsetzung geltend machen will.[23] Verletzt der Versicherer die Textform oder ist der Zugang der Mitteilung bei der versicherten Person nicht nachweisbar, so kann er sich dennoch auf eine anderweitig erlangte Kenntnis der versicherten Person berufen, z.B. bei telefonischer oder persönlicher Information durch einen Versicherungsvermittler. Die Textform ist vom Versicherer dennoch aus aufsichtsrechtlichen Gründen (§ 298 VAG) einzuhalten. Die versicherten Personen müssen innerhalb der laufenden Frist den künftigen VN benennen. Lehnt die als künftiger VN benannte Person den Vertragsschluss ab, kann bei zwischenzeitlichem Fristablauf keine andere Person als künftiger VN mehr benannt werden.[24] Für die Erklärung der versicherten Personen ist **keine Form** vorgeschrieben. Formvorschriften des gekündigten Vertrages sind nicht anwendbar.

---

20 So auch P/M/*Voit*, § 206 Rn. 17; PK/*Brömmelmeyer*, § 206 Rn. 14. **A.A.** L/W/*Hütt*, § 206 Rn. 24; Bach/Moser/*Hütt*, § 15 MB/KK Rn. 1. Ähnlich wie hier auch BK/*Hohlfeld*, § 178n Rn. 2, der es für unschädlich hält, wenn nicht alle versicherten Personen den Vertrag fortsetzen wollen.
21 So auch BK/*Hohlfeld*, § 178n Rn. 1.
22 Bei gemeinschaftlicher Vertretung der Kinder durch beide Elternteile genügt die Abgabe von Erklärungen gegenüber einem Elternteil (§ 1629 I 2 BGB). Entsprechendes gilt auch für die Information über die Kündigung und das Vertragsfortsetzungsrecht.
23 Vgl. P/M/*Voit*, § 206 Rn. 20.
24 Vgl. P/M/*Prölss*, 27. Aufl., § 178n Rn. 6.

III. Vertragsfortsetzung bei Kündigung eines Gruppenversicherungsvertrags (Abs. 4)

Gruppenversicherung ist Versicherung für fremde Rechnung (§§ 194 III, 43 ff.), bei der die versicherten Personen aufgrund ihrer Zugehörigkeit zu einem bestimmten Personenkreis prämienbegünstigt versichert werden. Sie weisen eine bestimmte Nähebeziehung zum VN auf, der meist eine juristische Person (z.B. Arbeitgeber, Verein) ist. Für den Versicherer besteht das Bedürfnis oder ggf. auch die aufsichtsrechtliche Verpflichtung[25], den Gruppenversicherungsvertrag zu beenden, z.B. wenn eine zu geringe Versichertenanzahl die Begünstigung nicht mehr rechtfertigt. Abs. 4 macht die Vereinbarung eines ordentlichen **Kündigungsrechts** im Gruppenversicherungsvertrag davon abhängig, dass den versicherten Personen der Anspruch auf die Vertragsfortsetzung als Einzelversicherung – wie bei einem Tarifwechsel gem. § 204 – »unter Anrechnung der aus dem Vertrag erworbenen Rechte und der Alterungsrückstellung« zusteht. Die Vorschrift entspricht § 178i III VVG a.F. Sie gilt für alle Arten von Gruppen-Krankenversicherungen, nicht nur für die substitutive Krankenversicherung.[26] Durch das VVG-Reformgesetz wurde sie um die Verweisung in Satz 2 auf Abs. 3 Satz 2 und 3 ergänzt. 20

Bei einer **einvernehmlichen Aufhebung** des Gruppenversicherungsvertrags ist Abs. 4 entsprechend anzuwenden.[27] 21

IV. Abdingbarkeit

§ 206 ist gem. § 208 **halbzwingend**. 22

§ 207 Fortsetzung des Versicherungsverhältnisses.

(1) Endet das Versicherungsverhältnis durch den Tod des Versicherungsnehmers, sind die versicherten Personen berechtigt, binnen zwei Monaten nach dem Tod des Versicherungsnehmers die Fortsetzung des Versicherungsverhältnisses unter Benennung des künftigen Versicherungsnehmers zu erklären.
(2) ¹Kündigt der Versicherungsnehmer das Versicherungsverhältnis insgesamt oder für einzelne versicherte Personen, gilt Absatz 1 entsprechend. ²Die Kündigung ist nur wirksam, wenn die versicherte Person von der Kündigungserklärung Kenntnis erlangt hat. ³Handelt es sich bei dem gekündigten Vertrag um einen Gruppenversicherungsvertrag und wird kein neuer Versicherungsnehmer benannt, sind die versicherten Personen berechtigt, das Versicherungsverhältnis unter Anrechnung der aus dem Vertrag erworbenen Rechte und der Alterungsrückstellung, soweit eine solche gebildet wird, zu den Bedingungen der Einzelversicherung fortzusetzen. ⁴Das Recht nach Satz 3 endet zwei Monate nach dem Zeitpunkt, zu dem die versicherte Person von diesem Recht Kenntnis erlangt hat.
(3) Verlegt eine versicherte Person ihren gewöhnlichen Aufenthalt in einen anderen Mitgliedstaat der Europäischen Union oder einen anderen Vertragsstaat des Abkommens über den Europäischen Wirtschaftsraum, setzt sich das Versicherungsverhältnis mit der Maßgabe fort, dass der Versicherer höchstens zu denjenigen Leistungen verpflichtet bleibt, die er bei einem Aufenthalt im Inland zu erbringen hätte.

Übersicht

	Rdn.		Rdn.
A. Allgemeines	1	III. Vertragsfortsetzung bei Kündigung eines Gruppenversicherungsvertrags (Abs. 2 Satz 2)	10
I. Normzweck	1		
II. Entstehungsgeschichte	2		
III. Anwendungsbereich	3	IV. Verlegung des gewöhnlichen Aufenthalts in das EU/EWR-Ausland	12
B. Einzelheiten	4	V. Abdingbarkeit	16
I. Fortsetzung bei Tod des VN (Abs. 1)	4		
II. Vertragsfortsetzung bei Kündigung des VN (Abs. 2 Satz 1)	8		

Schrifttum:
Weber, Kündigung einer Krankenversicherung für fremde Rechnung, NJW 2016, 1414.

A. Allgemeines

I. Normzweck

Gem. § 15 I 1 MB/KK 2009 endet das Versicherungsverhältnis mit dem Tod des VN. Den versicherten Personen wird bei Tod des VN (Abs. 1) oder im Falle der Kündigung durch den VN (Abs. 2) das **Recht auf Vertragsfortsetzung** eingeräumt, um den versicherten Personen den Fortbestand des Versicherungsschutzes zu sichern. Bei der Kündigung eines **Gruppenversicherungsvertrags** durch den VN besteht nach Abs. 2 Satz 3 das Recht auf Fortsetzung als Einzelversicherung. Dieses Recht ist nach § 206 IV Voraussetzung für die Zuläs- 1

---

[25] Zu den aufsichtsrechtlichen Vorgaben für die Kollektivkrankenversicherung s. BAV-Rundschreiben R 2/97, VerBAV 1997, 154 f.
[26] LG Köln VersR 2008, 525; L/W/*Hütt*, § 206 Rn. 31.
[27] P/M/*Voit*, § 206 Rn. 25.

sigkeit einer Kündigung des Versicherers. Abs. 3 sichert dem VN den nahtlosen Fortbestand des Versicherungsschutzes im Falle des Wegzugs einer versicherten Person in das EU/EWR-Ausland in dem Leistungsumfang, der im Inland besteht.

II. Entstehungsgeschichte

2   Abs. 1 und Abs. 2 entsprechen inhaltlich § 178n VVG a.F., Abs. 2 Satz 3 wurde durch das VVG-Reformgesetz eingefügt, ebenso Abs. 3. Bei Wegzug der versicherten Person aus dem Geschäftsgebiet des Versicherers sah § 15 Abs. 3 MB/KK 1994 in seiner ursprünglichen Fassung die Beendigung des Versicherungsverhältnisses vor. Wegen europarechtlicher Bedenken gegen diese Bestimmung wurde sie in den MB/KK ergänzt um eine Verpflichtung des Versicherers, mit dem VN »eine anderweitige Vereinbarung« zur Fortsetzung des Versicherungsschutzes zu treffen, ggf. gegen Prämienzuschlag. Abs. 3 stellt nunmehr unabdingbar die nahtlose Portabilität des Versicherungsschutzes innerhalb der EU/des EWR her.[1]

III. Anwendungsbereich

3   Die Vorschrift gilt für **alle Arten der Krankenversicherung**. In der **Pflegepflichtversicherung** sieht § 15 III MB/PPV 2009 bei Verlegung des Wohnsitzes oder des gewöhnlichen Aufenthaltes des VN ins Ausland die Beendigung der Versicherung, verbunden mit einem Anspruch auf Weiterversicherung vor, jedoch nur als Anwartschaftsversicherung. Diese §§ 26, 34 I SGB XI nachgebildete Regelung ist jedoch europarechtskonform so auszulegen, dass ein entstandener Anspruch auf Pflegegeld nicht wegen Verlegung des Wohnsitzes oder des gewöhnlichen Aufenthaltes innerhalb der EU/EWR endet.[2]

B. Einzelheiten

I. Fortsetzung bei Tod des VN (Abs. 1)

4   Nach dem Wortlaut des Abs. 1 kann nur die Fortsetzung »des Versicherungsverhältnisses«, also des bisherigen **Vertrags insgesamt** unter Wegfall des Vertragsteils des bisherigen VN als versicherte Person, verlangt werden. Eine Fortsetzung in Form von **Einzelverträgen** für jede oder für nur bestimmte fortsetzungswillige versicherte Personen ist jedoch zu bejahen, da der Versicherer eine Verpflichtung zur Fortsetzung des Versicherungsverhältnisses als Einzelvertrag auch im Falle der Kündigung durch den VN nur bezüglich einer einzelnen versicherten Person nach Abs. 2 hat.[3] Es wäre mit dem Schutzgedanken der Vorschrift unvereinbar, wenn im Falle der Nichteinigung auf einen künftigen VN oder bei Ablehnung der Vertragsfortsetzung durch eine der versicherten Personen das Recht auf Vertragsfortsetzung für alle versicherten Personen entfallen würde. Sollte die **Versicherungsfähigkeit** der zu versichernden Personen in einem bestimmten Tarif an Eigenschaften des VN gebunden sein, ist die Versicherung in einem gleichartigen Tarif fortzusetzen, in dem Versicherungsfähigkeit besteht.

5   »Fortsetzung« des Versicherungsverhältnisses bedeutet, dass mit dem künftigen VN ein **neuer Vertrag mit Rückwirkung** auf den Zeitpunkt des Todes des VN geschlossen wird. Die versicherten Personen sollen so stehen, als wäre es nicht zu einer Vertragsbeendigung wegen Todes des VN (§ 15 I 1 MB/KK 2009) gekommen. Die Alterungsrückstellung und die »erworbenen Rechte« aus dem gekündigten Vertrag sind je versicherter Person – wie bei einem Tarifwechsel nach § 204 I – anzurechnen.[4] Die Prämie, die ab Fortsetzung zu zahlen ist, ist **Folgeprämie**, auch wenn sie die erste Prämie für den neuen Vertrag ist. Für die versicherten Personen besteht **materieller Versicherungsschutz mit Rückwirkung** auf den Zeitpunkt der Beendigung durch den Tod des VN und im Umfang des früheren Versicherungsvertrags. Den künftigen VN bzw. die versicherten Personen treffen rückwirkend alle Pflichten und Obliegenheiten aus dem neuen Vertrag.

6   Der **Prämienanspruch** des Versicherers besteht gegenüber dem neuen VN ab dem (rückbezogenen) Zeitpunkt der Vertragsfortsetzung. Für Prämienrückstände aus dem beendeten Vertrag haftet der künftige VN nicht. Eine Aufrechnung der Prämienrückstände gegen Leistungsansprüche aus dem Fortsetzungsvertrag nach § 35 scheidet aus; soweit noch Leistungsansprüche aus der Versicherungsdauer des beendeten Vertrages geltend gemacht werden, ist eine Aufrechnung unabhängig davon möglich, auf welche versicherte Person die Versicherungsleistung entfällt.

7   Die **Erklärungsfrist von zwei Monaten** beginnt mit dem Tod des VN. Auf die Kenntnis der versicherten Personen vom Tod des VN kommt es nicht an. Den Versicherer trifft aber entsprechend § 6 IV eine **Beratungspflicht** als nachwirkende Verpflichtung aus dem beendeten Versicherungsvertrag gegenüber den versicherten Personen, sobald der Versicherer vom Tod des VN Kenntnis erhält. Die versicherten Personen müssen inner-

---

1   Vgl. Begr. zu § 207 III, BT-Drucks. 16/3945 S. 115.
2   Vgl. SG Frankfurt (Main), Urt. vom 20.07.2006, S 9 P 40/06. S. auch PKV-Info des PKV-Verbandes, Sicherheit im Pflegefall, Stand Juli 2008 S. 11.
3   So auch P/M/*Voit*, § 207 Rn. 10; PK/*Brömmelmeyer*, § 207 Rn. 2. **A.A.** L/W/*Hütt*, § 207 Rn. 10; Bach/Moser/*Hütt*, § 15 MB/KK Rn. 1. Ähnlich wie hier BK/*Hohlfeld*, § 178n Rn. 2, der es für unschädlich hält, wenn nicht alle versicherten Personen den Vertrag fortsetzen wollen.
4   So auch BK/*Hohlfeld*, § 178n Rn. 1.

halb der laufenden Frist den künftigen VN benennen. Lehnt die als künftiger VN benannte Person den Vertragsschluss ab, kann bei zwischenzeitlichem Fristablauf keine andere Person mehr als künftiger VN benannt werden.[5] Für die Erklärung der versicherten Personen ist **keine Form** vorgeschrieben. Formvorschriften des gekündigten Vertrages sind nicht anwendbar.

II. Vertragsfortsetzung bei Kündigung des VN (Abs. 2 Satz 1)

Im Falle der vollständigen oder teilweisen Kündigung des Vertrags durch den VN gilt Abs. 1 entsprechend. Zu den Kündigungsrechten des VN s. § 205. 8

Sind von einer – ordentlichen oder außerordentlichen – Kündigung des VN oder einer einvernehmlichen Vertragsaufhebung[6] versicherte Personen außer dem VN betroffen, ist die Kündigung des VN nur wirksam, wenn die versicherten Personen von der Kündigung Kenntnis erlangt haben. In § 178n II 2 VVG a.F. war die Wirksamkeit der Kündigung ausdrücklich an den **Nachweis** über die Kenntnis der versicherten Person geknüpft. Einen Nachweis verlangt Abs. 2 S. 2 nicht. Sowohl die VVG-Kommission als auch der Gesetzgeber gehen jedoch davon aus, dass § 207 unverändert[7] bzw. inhaltlich übereinstimmend[8] den § 178n VVG a.F. übernimmt. Ein Wegfall der Nachweispflicht des VN wäre auch vor dem Hintergrund der in § 205 II durch die VVG-Reform gerade neu eingefügten Nachweispflicht des VN über den Eintritt der Versicherungspflicht und über die Anschlussversicherung nach § 205 VI kaum verständlich. In § 13 VII MB/KK 2009 wurde an dem Nachweis des VN richtigerweise festgehalten. Die nicht mehr ausdrückliche Erwähnung des Nachweises ist ein korrekturbedürftiges[9] Redaktionsversehen des Gesetzgebers. Die Nachweispflicht besteht daher trotz der etwas abweichenden Formulierung des Gesetzgebers fort.[10] Wird der Nachweis (z.B. Mitunterzeichnung der Kündigung durch die VP) nicht mit der Kündigung vorgelegt, ist die **Kündigung unwirksam** und muss unter Vorlage des Nachweises erneut ausgesprochen werden (s. dazu § 205 Rdn. 11). Nach Auffassung des BGH soll die Erbringung des Nachweises bei einer fristgebundenen Kündigung bis zum Ablauf der Kündigungsfrist genügen[11], *Weber*[12] befürwortet in Analogie zu § 205 II 2 die Zulässigkeit eines nachträglichen Nachweises innerhalb von zwei Monaten nach dem Zeitpunkt, zu dem die Kündigung wirken soll. Die Grundsätze über die Zurückweisung unwirksamer Kündigungen gelten nicht, da eine unterbliebene Zurückweisung wegen des fehlenden Nachweises zur Wirksamkeit der Kündigung führen würde und somit der durch Abs. 2 Satz 2 bezweckte Schutz der versicherten Personen unterlaufen würde.[13] Der Versicherer ist aber aus Treu und Glauben verpflichtet, den VN auf die Nachweispflicht hinzuweisen, wenn er eine unwirksame Kündigung erhält. Anderenfalls kann der Versicherer unter dem Gesichtspunkt der Verletzung einer vertraglichen Nebenpflicht gegenüber dem VN schadensersatzpflichtig sein.[14] Kündigt der VN außerordentlich wegen Eintritt der GKV-Versicherungspflicht bei einer versicherten Person, besteht zwar nicht die Gefahr der Versicherungslosigkeit; jedoch besteht auch in diesem Fall das Interesse der versicherten Person an der Kenntnis von der Kündigung, um das gekündigte Versicherungsverhältnis als Einzel(zusatz)versicherung fortzuführen oder eine Anwartschaftsversicherung für den Fall der Rückkehrmöglichkeit in eine private Krankheitskostenvollversicherung abzuschließen.[15] 9

III. Vertragsfortsetzung bei Kündigung eines Gruppenversicherungsvertrags (Abs. 2 Satz 2)

Gruppenversicherung ist Versicherung für fremde Rechnung (§§ 194 IV, 43 ff.), bei der die versicherten Personen aufgrund ihrer Zugehörigkeit zu einem bestimmten Personenkreis prämienbegünstigt versichert werden. Sie weisen eine bestimmte Nähebeziehung zum VN auf, der meist eine juristische Person (z.B. Arbeitgeber, Verein) ist. 10

Für die **Kündigung des Gruppenversicherungsvertrages** ist die Kenntnis der versicherten Personen nicht Wirksamkeitsvoraussetzung. Anderenfalls wäre nicht verständlich, weshalb der Fristbeginn für die Fortsetzungserklärung nach Abs. 3 Satz 4 lediglich an die Kenntnis des VN vom Recht zur Vertragsfortsetzung anknüpft, diese Rechtskenntnis bei den von der Kündigung betroffenen versicherten Personen von Normalverträgen aber nicht erforderlich ist. Den Nachweis der Kenntnis der versicherten Personen wird der VN bei 11

---

5 Vgl. P/M/*Voit*, § 207 Rn. 12.
6 P/M/*Voit*, § 207 Rn. 17.
7 Abschlussbericht der Kommission zur Reform des Versicherungsvertragsrechts vom 19. April 2004, hrsg. von *E. Lorenz*, VersR-Schriftenreihe, Bd. 25, S. 415 (zu § 200 VVG-E).
8 Begr. zu § 207 II, BT-Drucks. 16/3945 S. 114.
9 Vor dem Hintergrund der Entscheidung BGH VersR 2005, 66 erscheint die ausdrückliche Nennung der Nachweispflicht im Gesetz geboten, da der BGH bei der Ausübung von Gestaltungsrechten den Nachweis der zur Ausübung berechtigenden Tatsachen grundsätzlich nicht verlangt.
10 Vgl. BGH VersR 2013, 305.
11 BGH VersR 2013, 305.
12 NJW 2016, 1414, 1416.
13 Vgl. P/M/*Prölss*, 27. Aufl., § 178n Rn. 12.
14 BGH VersR 2013, 305, 307.
15 A.A. *Weber*, NJW 2016, 1414, 1415.

§ 208 Abweichende Vereinbarungen

größeren Gruppenversicherungsverträgen oftmals kaum beibringen können und wäre so an der Kündigung gehindert. Die versicherten Personen sind aber durch Satz 4 umfassend geschützt, da die Erklärungsfrist (Abs. 2 Satz 1 i.V.m. Abs. 1) erst ab **Kenntnis von dem Recht zur Vertragsfortsetzung** als Einzelversicherung beginnt. Dabei kommt es jedoch nicht auf die Rechtskenntnis, sondern auch auf die **Kenntnis von der Vertragskündigung** an. Die Fortsetzung als Einzelversicherung erfolgt rückwirkend (s. oben Rdn. 5). Eine **Informationspflicht** des bisherigen VN oder des Versicherers gegenüber den versicherten Personen besteht nicht; sie liegt jedoch im Eigeninteresse des Versicherers, um Klarheit darüber zu erhalten, welche versicherten Personen von dem Fortsetzungsrecht Gebrauch machen, und um den erhöhten Prämienanspruch aus der Einzelversicherung geltend machen zu können.

IV. Verlegung des gewöhnlichen Aufenthalts in das EU/EWR-Ausland

12 Der Begriff des »**gewöhnlichen Aufenthalts**« ist nicht legaldefiniert. Er gehört zum Tatbestand zahlreicher Normen, wie z.B. § 9 AO, §§ 1309 II 2, 1558 I, 1559, 1617b I 2, 1717, 1851 BGB, 29c, 38 III Nr. 2, 110 I, 606, 1025 III ZPO, Art. 7 II EGVVG i.d.F. bis 17.12.2009. Der Begriff knüpft an die tatsächlichen Bindungen der versicherten Person (z.B. familiäre oder berufliche Bindungen, Unterhalten einer eigenen Wohnung u.ä.) an einen bestimmten Ort an, an dem sie ihren faktischen Wohnsitz (»**Lebensmittelpunkt**«) hat[16]. Maßgeblich ist die regelmäßige physische Anwesenheit, wobei es keine bestimmte Mindestdauer hierfür gibt. In welchem Staat der VN einen Wohnsitz angemeldet hat, ist lediglich Indiz.

13 **Keine Verlegung** des gewöhnlichen Aufenthalts ist der nur **vorübergehende** Auslandsaufenthalt, z.B. Urlaubs- und Geschäftsreisen. In diesem Fall besteht Versicherungsschutz im Umfang des § 1 IV MB/KK 2009. Danach besteht im **europäischen Ausland** uneingeschränkter, bei Aufenthalt im außereuropäischen Ausland nur zeitlich befristeter Versicherungsschutz. Der Versicherer kann den dem Grunde nach in ganz Europa bestehenden Versicherungsschutz also erst dann gem. Abs. 3 einschränken, wenn die versicherte Person den gewöhnlichen Aufenthalt in den EU/EWR-Raum verlegt. Verlegt die versicherte Person ihren gewöhnlichen Aufenthalt in einen europäischen Staat, der nicht EU/EWR-Mitglied ist (z.B. Schweiz) oder in das **außereuropäische Ausland**, endet insoweit das Versicherungsverhältnis gem. § 15 III 1 MB/KK 2009.

14 Unter den Voraussetzungen des Abs. 3 bleibt das Versicherungsverhältnis unverändert bestehen. Der Versicherer ist jedoch höchstens zu »**denjenigen Leistungen**« verpflichtet, die er bei einem Aufenthalt im Inland zu erbringen hätte, wobei als Vergleichsmaßstab nicht der »Aufenthalt im Inland« dienen kann, sondern die Durchführung der Behandlung im Inland. Maßgeblich bleibt der vereinbarte Umfang des Versicherungsvertrages. Der Versicherer soll nicht höher belastet werden als bei einer im Inland durchgeführten Behandlung. Die Begrenzung betrifft sowohl den **Leistungsumfang dem Grunde nach** als auch der **Höhe** nach. So kommt es z.B. für die Beurteilung der medizinischen Notwendigkeit einer Behandlung nicht auf medizinische Standards am gewöhnlichen Aufenthaltsort des VN an. Im Inland nicht zulässige Behandlungen sind vom Versicherungsschutz nicht umfasst und deshalb auch bei deren Durchführung im Ausland nicht erstattungsfähig.[17] Für die Bestimmung der **Leistungshöhe** sind die dem Grunde nach ersatzfähigen erbrachten Leistungen höchstens in der Höhe zu erstatten, wie sie von inländischen Leistungserbringern nach den jeweiligen Gebührenordnungen abgerechnet oder – falls solche nicht einschlägig sind – üblicherweise berechnet werden können.

15 Die **Beweislast** trifft den Versicherer sowohl für einen gewöhnlichen Aufenthalt im Ausland als auch für einen nur geringeren Behandlungskostenumfang im Inland. Ist der gewöhnliche Aufenthalt der versicherten Person streitig, kann der Versicherer **Nachweise über den gewöhnlichen Aufenthalt** verlangen, da die Ermittlung des gewöhnlichen Aufenthaltsortes zur Feststellung des »Umfanges der Leistungspflicht des Versicherers« (§ 34) erforderlich ist.

V. Abdingbarkeit

16 § 207 ist gem. § 208 halbzwingend.

§ 208 Abweichende Vereinbarungen.

¹Von den §§ 194 bis 199 und 201 bis 207 kann nicht zum Nachteil des Versicherungsnehmers oder der versicherten Person abgewichen werden. ²Für die Kündigung des Versicherungsnehmers nach § 205 kann die Schrift- oder die Textform vereinbart werden.

Schrifttum:
Werber, Halbzwingende Vorschriften des neuen VVG und Inhaltskontrolle, VersR 2010, 1253.

1 Die Vorschrift übernimmt inhaltlich die Regelung des § 178o VVG a.F. und erweitert die halbzwingenden Vorschriften um die Neuregelungen mit Ausnahme des Bereicherungsverbots nach § 200, die im Wesentli-

---

16 Vgl. BGH NJW 1975, 1068.
17 P/M/*Voit*, § 207 Rn. 20; L/W/*Hütt*, § 207 Rn. 29 unter Hinweis auf LG Köln VersR 2007, 1359 (heterologe In-vitro-Fertilisation).

chen produktbezogenen Vorschriften in § 192 (s. dort aber Rdn. 54) und die ohnehin aufsichtsrechtlich (§§ 146 ff. VAG) für den Versicherer verbindlichen Regelungen in § 193. Wie bisher wird ausdrücklich klargestellt, dass auch abweichende Vereinbarungen zum Nachteil der versicherten Person, die nicht VN ist, ausgeschlossen sind (insbesondere § 207).[1] Bei Individualvereinbarungen, die für den VN sowohl günstig als auch nachteilig sein können, sind die Vor- und Nachteile zu saldieren.[2]

Nach Satz 2 ist es zulässig, für die Kündigung des VN nach § 205 die Schriftform oder die Textform zu vereinbaren; dies entspricht der Parallelregelung des § 171 für die Lebensversicherung.[3] Ist (nur) Schriftform vereinbart, gilt § 126 I BGB unter Ausschluss von § 127 II BGB. Anderenfalls wäre die Nennung beider Alternativen Satz 2 nicht zu erklären, da dann stets die Textform genügen würde.[4] Zur Vermeidung von Unklarheit, die gem. § 305c II BGB zu Lasten des Versicherers ginge, muss die Textform dann aber ausgeschlossen werden, z.B. durch den Zusatz »per Brief« oder »per Post« bei der Schriftformklausel. Die Formulierung »Schriftform unter Ausschluss der Textform« wäre für den VN ohne weitere Erläuterung nicht verständlich.

Für Erklärungen, die gesetzlich nicht geregelt sind (z.B. Ausübung einer dem VN nur vertraglich eingeräumten Option), kann eine bestimmte Form im Rahmen des nach § 305 ff. BGB Zulässigen vereinbart werden. Es liegt in diesem Fall keine Abweichung von halbzwingenden Vorschriften der §§ 192 ff. vor, so dass § 208 nicht einschlägig ist.

Die mit Wirkung ab 01.10.2016 erfolgte Änderung von § 309 Nr. 13 b) BGB[5] lässt eine strengere Form als die Textform nicht mehr zu. Dadurch würde Satz 2 gegenüber Verbrauchern (§ 310 I 1 BGB) praktisch ins Leere laufen, da Vereinbarungen über die Form der Kündigung des Versicherungsnehmers stets durch die AVB getroffen werden. Es stellt sich daher die Frage, ob Satz 2 *lex specialis* gegenüber § 309 Nr. 13 b) BGB ist. Da der Gesetzgeber mit Satz 2 der Rechtssicherheit bei der Kündigung einer Krankenversicherung durch den VN einen besonderen Stellenwert eingeräumt hat und diese Vorschrift nicht im Zuge der Änderung von § 309 Nr. 13 BGB angepasst hat, ist nicht anzunehmen, dass der Gesetzgeber mit der Änderung von § 309 Nr. 13 BGB Satz 2 beiläufig aushebeln wollte. Nach Auffassung des PKV-Verbandes soll jedoch § 309 Nr. 13 b) BGB Vorrang vor Satz 2 haben.[6]

---

1 Vgl. Begr. zu § 208, BT-Drucks. 16/3945 S. 115.
2 HK-VVG/*Rogler*, § 208 Rn. 3; P/M/*Armbrüster*, § 18 Rn. 4.
3 Begr. zu § 208, BT-Drucks. 16/3945 S. 115.
4 Vgl. P/M/*Voit*, § 208 Rn. 5; HK-VVG/*Rogler*, § 208 Rn. 6.
5 Durch das »Gesetz zur Verbesserung der zivilrechtlichen Durchsetzung von verbraucherschützenden Vorschriften des Datenschutzrechts« vom 17.02.2016, BGBl. I S. 233. S. dazu *Wagner/Wagner*, BB 2016, 707 ff.
6 Rundschreiben des PKV-Verbands Nr. 2522/2015 vom 18.12.2015.

Teil 3. Schlussvorschriften

§ 209 Rückversicherung, Seeversicherung.
Die Vorschriften dieses Gesetzes sind auf die Rückversicherung und die Versicherung gegen die Gefahren der Seeschifffahrt (Seeversicherung) nicht anzuwenden.

Übersicht

	Rdn.		Rdn.
A. Allgemeines	1	II. Seeversicherung	3
B. Die ausgenommenen Sparten	2	C. Rückgriff auf die Regelungen des VVG?	4
I. Rückversicherung	2		

Schrifttum:
Rückversicherung: *Bender/Richter*, Optimales Vertragsdesign bei moralischem Risiko in der Rückversicherung, ZVersWiss 2003, 483; *Bussel/Taylor/Justen*, Rückversicherungsschiedsgerichtsbarkeit in Deutschland – Gegenwärtiger Stand und Entwicklungen in 8 Thesen, SchiedsVZ 2008, 1; *Gerathewohl*, Rückversicherung, Band I, 1976, Band II, 1979; *Huber*, Die vorvertragliche Anzeigepflicht in der Rückversicherung, in: Liber amicorum für Gerrit Winter, 2005, S. 663; *Honsel*, Grenzenlose Rückversicherung weltweit?, VW 2009, 1109; *Jacobsen*, Datenschutz: Gefahr für Rückversicherungsunternehmen, ZfV 2010, 761; *Kößler*, Die Versicherungsaufsicht über Rückversicherungsunternehmen, 2008; *Mankowski*, Rückversicherungsvertragsrecht, VersR 2002, 1177; *Pfeiffer*, Einführung in die Rückversicherung, 5. Aufl. 1999; *Reißaus/Wamback*, Rückversicherung und Alternative Risikotransfers – Ein theoretischer Vergleich, ZVersWiss 2000, 635; *Rouvray-Kampe*, Das Urteil »Wasa versus Lexington« lässt die Rückversicherer aufatmen, VW 2009, 1346; *Seemayer*, Der Ereignisbegriff in Schadenexzedentenverträgen in der Rückversicherung von Haftpflichtverträgen, 2010; *Schwepcke*, Rückversicherung: Grundlagen und aktuelles Wissen, 2. Aufl. 2004; *Vieregge*, Rückversicherung als Instrument zur Verbesserung der Risikoallokation in der gesetzlichen Krankenversicherung, 2003; *Weber-Rey/Guinomet*, Rückversicherungsaufsicht im Umbruch, WM 2004, 661.
Seeversicherung: *Büchner/Jürss*, VVG-Reform: Die Seeversicherung unter der Flagge des § 203 n.F. (§ 186 a.F.) VVG? – Zu den Auswirkungen einer geplanten Neuregelung in der Praxis –, VersR 2004, 1090; *Ehlers, H.*, Brauchen wir noch ein Recht der Seeversicherung, Sonderbeilage TransportR 3/2004, XIV; *Johannsen, R.*, Zur Einbeziehung des Seeversicherungsrechts in die VVG-Reform, VersR 2005, 319; *Looks*, Die Verletzung der Rettungspflicht des VN in der Seeversicherung, VersR 2008, 883; *ders.*, Der Havariekommissar in der Seeversicherung, VersR 2009, 1467; *Looschelders*, Grundfragen des deutschen und internationalen Rückversicherungsrechts, VersR 2012, 1; *Remé*, Das Seeversicherungsrecht bleibt Kaufmannsrecht, VersR 2008, 756; *ders.*, Gehören See- und Binnenversicherung unter einen Hut?, Sonderbeilage TransportR 3/2004, XXXII; *Schleif*, Die Seerechtsschutzversicherung, 2008; *ders.*, Die Seeversicherung in der VVG-Reform, TransportR 2009, 18; *ders.*, Die Seeversicherung nach altem und neuem VVG, VersR 2010, 1281; *Schwampe*, Seekaskoversicherung: Kommentar der DTV-Kaskoklauseln, 2009; *ders.*, Shipmanagement und Versicherung, VersR 2009, 316; *Trölsch*, Die Obliegenheiten in der Seeversicherung, 1998.

A. Allgemeines

Die Vorschriften des VVG kommen für die Rück- und die Seeversicherung nicht zur Anwendung, weil § 209 für diese Sparten eine umfassende Vertragsfreiheit gewährleisten soll. Für beide Versicherungssparten passen vor allem diejenigen Regelungen des VVG nicht, die dem Verbraucherschutz dienen (z.B. §§ 6, 7). Denn die VN sind im Falle der Rückversicherung selbst VR bzw. im Fall der Seeversicherung Geschäftsleute. Beide Sparten sind zudem durch internationale Standards geprägt. 1

B. Die ausgenommenen Sparten
I. Rückversicherung

Rückversicherung ist die Versicherung der vom VR übernommenen Gefahr.[1] Die Rückversicherung des Rückversicherers ist die Retrozession.[2] Die Rückversicherung ist eine echte Versicherung[3] und sie ist eine Schadensversicherung.[4] Es kann entweder das gesamte Risiko, aber auch ein einzelnes Wagnis oder ein ganzer Versicherungsbestand rückversichert werden.[5] Der Gesetzgeber hat die Rückversicherung von den Regelungen des VVG ausgenommen, da keine unmittelbaren Vertragsbeziehungen zwischen dem VN des Erstversicherers und dem Rückversicherer bestehen[6] In der Praxis werden Streitigkeiten aus Rückversicherungsverträgen selten gerichtlich, und wenn, dann in der Regel vor den Schiedsgerichten geklärt.[7] 2

---

1 So die Legaldefinition in § 779 I HGB a.F.; RGZ 129, 1, 4; Unternehmensformen von Rückversicherern: siehe hierzu *Louven*, Einl. E Rdn. 8.
2 RGZ 129, 1, 4.
3 H.M. RGZ 153, 184, 187 ff.; 164, 212, 214; P/M/*Klimke*, § 209 Rn. 3; anders noch RGZ 38, 206, 208; 39, 193, 199: Einordnung als Gesellschaftsverhältnis.
4 RGZ 153, 184, 192; 164, 212, 214; P/M/*Klimke*, § 209 Rn. 3a.
5 Siehe hierzu ausführlich P/M/*Klimke*, § 209 Rn. 4 ff.
6 Begr. RegE BT-Drucks. 16/3945 S. 115; so auch BGH VersR 1970, 29, 30 = WM 1970, 14, 15.
7 PK/*Pisani*, § 209 Rn. 35.

II. Seeversicherung

3 Die Seeversicherung ist in § 209 **definiert** als Versicherung gegen die Gefahren der Seeschifffahrt. Gemeint ist hierbei die gewerbliche Schifffahrt.[8] Ursprünglich regelten die **§§ 778 bis 900 HGB** a.F. als dispositive Normen die Seeversicherung. Diese Vorschriften wurden im Zuge der VVG-Reform aufgehoben, da die international üblichen AVB (ADS, ADS-Güter 1973/1994, DTV-Güter 2000/2008) es überflüssig machen, von ihr abweichendes dispositives Recht vorzuhalten. Als Gegenstand der Seeversicherung wird jedes in Geld schätzbare Interesse bezeichnet, welches jemand daran hat, dass das Schiff oder die Ladung die Gefahren der Seeschifffahrt bestehen, vgl. § 778 HGB a.F. Besonders bedeutsam sind die **Schiffskaskoversicherung** und die **Schiffsgüterversicherung**. Nach den Regeln der Seeversicherung wird auch die Versicherung von Unternehmungen beurteilt, die mit denjenigen der Schifffahrt in engem **örtlichen und wirtschaftlichen Zusammenhang** stehen, wie etwa eine Versicherung gegen verschiedene Risiken bei einem Schiffsneubau, darunter auch die Risiken der Überführungs-, Probe- und Abnahmefahrten, die jedenfalls ab dem Stapellauf Seeversicherung ist.[9] Die **Binnenschifffahrtsversicherung** fällt nicht unter § 209, sondern bestimmt sich nach den §§ 130 ff.[10]

C. Rückgriff auf die Regelungen des VVG?

4 Ob und inwieweit die Normen des VVG auf die beiden genannten Sparten dennoch Anwendung finden können, ist ungeklärt. Der **BGH** hat eine Anwendung von VVG-Normen auf die Seeversicherung nur insoweit in Betracht gezogen, als bestimmte Schäden z.B. als Haftpflichtschäden i.S.d. VVG anzusehen und die ADS lückenhaft seien.[11] Zudem dürfe die entsprechende VVG-Regelung nicht in das Gefüge des Seeversicherungsrechts eingreifen, was bei § 156 I a.F. (= § 108 I), einer vom sozialen Zweck der Haftpflichtversicherung getragenen Norm, aber der Fall wäre.[12] In der **Literatur** wird z.T. eine analoge Anwendung von einzelnen VVG-Normen[13] oder von »grundlegenden Parametern« des VVG[14] auf die Rückversicherung oder die Berücksichtigung von »grundlegenden Leitbildern« des VVG bei der Inhaltskontrolle seeversicherungsrechtlicher Bedingungen[15] vorgeschlagen. Andere wollen die VVG-Normen nur als Anzeichen für das Vorhandensein allgemeiner versicherungsrechtlicher Grundsätze würdigen und als solche bei der Vertragsauslegung heranziehen.[16]

5 Ausgangspunkt der Überlegungen muss sein, dass der Gesetzgeber die Anwendung der VVG-Normen vollständig ausgeschlossen hat. Eine Normanwendung entgegen dieser klaren gesetzlichen Anordnung kann nicht auf der Basis einer Analogie erfolgen, sondern muss bei einer teleologischen Reduktion des § 209 ansetzen.[17] Ergibt sich, dass dieser nach seinem Sinn und Zweck, für die genannten Sparten unpassende Regelungen zu vermeiden, nicht greift, ist ein Rückgriff auf das VVG möglich. Allerdings ist dabei zu berücksichtigen – wie der BGH in der oben genannten Entscheidung zu Recht betont –, dass nicht verändernd in das Gesamtgefüge der versicherungsvertraglichen Regelungen eingegriffen werden darf. Angesichts der Komplexität des Rechtsprodukts Versicherung wird eine punktuelle Übernahme von VVG-Recht regelmäßig einen solchen Eingriff darstellen, so dass eine teleologische Reduktion des § 209 i.d.R. ausscheidet. Der Gesetzgeber hat aus gutem Grund das VVG für unanwendbar erklärt.

§ 210 Großrisiken, laufende Versicherung.

(1) Die Beschränkungen der Vertragsfreiheit nach diesem Gesetz sind auf Großrisiken und auf laufende Versicherungen nicht anzuwenden.

(2) ¹Großrisiken im Sinne dieser Vorschrift sind:
1. Risiken der unter den Nummern 4 bis 7, 10 Buchstabe b sowie den Nummern 11 und 12 der Anlage 1 zum Versicherungsaufsichtsgesetz erfassten Transport- und Haftpflichtversicherungen,
2. Risiken der unter den Nummern 14 und 15 der Anlage 1 zum Versicherungsaufsichtsgesetz erfassten Kredit- und Kautionsversicherungen bei Versicherungsnehmern, die eine gewerbliche, bergbauliche oder freiberufliche Tätigkeit ausüben, wenn die Risiken damit in Zusammenhang stehen, oder
3. Risiken der unter den Nummern 3, 8, 9, 10, 13 und 16 der Anlage 1 zum Versicherungsaufsichtsgesetz erfassten Sach-, Haftpflicht- und sonstigen Schadensversicherungen bei Versicherungsnehmern, die mindestens zwei der folgenden drei Merkmale überschreiten:

---

8 OLG Köln, VersR 2014, 1205; P/M/*Knappmann*[28], vor AVBW 2008, Rn. 4.
9 BGHZ 56, 339, 443 = VersR 1971, 1031, 1032.
10 Zur Behandlung von gemischten Reisen *Paffenholz*, Vor §§ 130 ff. Rdn. 6.
11 BGHZ 56, 339, 345 f. = VersR 1971, 1031.
12 BGHZ 56, 339, 346 ff. = VersR 1971, 1031.
13 *Kohleick*, Die Doppelversicherung im deutschen Versicherungsvertragsrecht, 1999, S. 12, für die Vorschriften über die Doppelversicherung, heute §§ 78, 79.
14 HK-VVG/*Muschner*, § 209 Rn. 3 für die Rückversicherung.
15 PK/*Pisani*, § 209 Rn. 16.
16 P/M/*Kollhosser*[27], § 209 Rn. 2 für die Rückversicherung.
17 So auch P/M/*Klimke*, § 209 Rn. 3b.

a) 6200000 Euro Bilanzsumme,
b) 12800000 Euro Nettoumsatzerlöse,
c) im Durchschnitt 250 Arbeitnehmer pro Wirtschaftsjahr.

²Gehört der Versicherungsnehmer zu einem Konzern, der nach § 290 des Handelsgesetzbuchs, nach § 11 des Publizitätsgesetzes vom 15. August 1969 (BGBl. I S. 1189) in der jeweils gültigen Fassung oder nach dem mit den Anforderungen der Richtlinie 2013/34/EU des Europäischen Parlaments und des Rates vom 26. Juni 2013 über den Jahresabschluss, den konsolidierten Abschluss und damit verbundene Berichte von Unternehmen bestimmter Rechtsformen und zur Änderung der Richtlinie 2006/43/EG des Europäischen Parlaments und des Rates und zur Aufhebung der Richtlinien 78/660/EWG und 83/349/EWG des Rates (ABl. L 182 vom 29.06.2013, S. 19) übereinstimmenden Recht eines anderen Mitgliedstaats der Europäischen Gemeinschaft oder eines anderen Vertragsstaats des Abkommens über den Europäischen Wirtschaftsraum einen Konzernabschluss aufzustellen hat, so sind für die Feststellung der Unternehmensgröße die Zahlen des Konzernabschlusses maßgebend.

Übersicht

	Rdn.		Rdn.
A. Allgemeines	1	C. Rechtsfolge	6
B. Tatbestand	2	I. Beschränkungen der Vertragsfreiheit	
I. Großrisiko	2	nach diesem Gesetz	6
II. Laufende Versicherung	5	II. Unanwendbarkeit	7

Schrifttum:
Freitag, Das Großrisiko in der VVG-Reform, r+s 2008, 96; *Heppe*, Die teleologische Reduktion des § 187 VVG, in: Liber amicorum für Gerrit Winter, 2007, S. 337; *Heuer*, Die Haftung des Spediteurs und des Lagerhalters als »Großrisiko« i.S. des § 187 VVG, TranspR 2007, 55.

A. Allgemeines

§ 210 soll bestimmte Versicherungen von den Beschränkungen der Vertragsfreiheit befreien, die das VVG – 1 vor allem zum Schutze des VN – enthält (z.B. § 32). Bei Großrisiken und in der laufenden Versicherung fehlt es an einem besonderen Schutzbedürfnis des i.d.R. geschäftserfahrenen VN. Rechtsfolge des § 210 ist, dass die sonst zwingenden Vorschriften zu dispositivem Recht werden.¹

B. Tatbestand

I. Großrisiko

§ 210 II definiert den Begriff des Großrisikos. Danach sind manche Versicherungen allein aufgrund ihrer Zu- 2 gehörigkeit zu einer **Sparte** Großrisiken, andere müssen zusätzlich bestimmte **Größenkriterien** erfüllen. Auch Großrisiken im Ausland sind erfasst.²

Für die Einordnung als Großrisiko ist nicht die Bezeichnung der Versicherung entscheidend, sondern der **Re-** 3 **gelungsinhalt** des Vertrages.³ Handelt es sich um ein kombiniertes Versicherungsprodukt, von dem nur ein Teil ein Großrisiko darstellt, so ist § 210 nicht anwendbar,⁴ d.h. die Beschränkungen der Vertragsfreiheit durch das VVG greifen ein. Entfallen während der Vertragslaufzeit die Voraussetzungen des Großrisikos, kommen die abbedungenen VVG-Vorschriften wieder zur Anwendung.⁵

Neben der Ausnahme des § 210 sieht der Gesetzgeber in den §§ 6 VI Fall 1, 7 V 1 und 8 III 1 Nr. 4 ausdrück- 4 lich Sonderregelungen für Großrisiken vor. So bestehen für Verträge, die ein Großrisiko zum Gegenstand haben, keine Beratungs- und Informationspflichten, und auch das Widerrufsrecht des VN ist vom Gesetzgeber nicht vorgesehen. Gemäß § 65 finden die Vorschriften §§ 60 bis 63 keine Anwendung für die Vermittlung von Versicherungsverträgen über Großrisiken. Demzufolge entfallen die ansonsten erforderlichen Beratungs- und Dokumentationspflichten der Versicherungsvermittler.

---

1 HK-VVG/*Muschner*, § 210 Rn. 9.
2 Begr. RegE BT-Drucks. 16/3945 S. 115; in der früheren Gesetzesfassung war das nicht ganz deutlich, weil auf Art. 10 I EGVVG insgesamt verwiesen wurde und der frühere Satz 1 dieser Vorschrift eine Beschränkung auf inländische Risiken ergeben konnte.
3 Vgl. zur Transportversicherung BGH VersR 1983, 949, 950; OLG Koblenz VersR 1988, 1061; P/M/*Koller*, § 130 Rn. 1.
4 BGH VersR 1972, 85, 86; OLG Hamburg TransportR 2007, 258 ff.; *Freitag* r+s 2008, 96, 97; HK-VVG/*Muschner*, § 210 Rn. 6; PK/*Klär*, § 210 Rn. 13; *Grote/Schneider* BB 2007, 2689; a.A. BK/*Schwintowski*, § 187 Rn. 6; nach P/M/*Klimke*, § 210 Rn. 4 sei eine getrennte Betrachtung geboten, wenn in den Vertragsbestimmungen ausdrücklich zwischen den einzelnen Risiken differenziert werde. Nur für das Großrisiko sei dann die Regelung des § 210 anzuwenden, so auch R/L/*Rixecker*, § 210 Rn. 2.
5 HK-VVG/*Muschner*, § 210 Rn. 5; *Grote/Schneider* BB 2007, 2689.

II. Laufende Versicherung

5 Die laufende Versicherung ist in den §§ 53–58 geregelt. Nach § 53 handelt es sich bei ihr um einen Vertrag, der in der Weise geschlossen ist, dass das versicherte Interesse bei Vertragsschluss nur der Gattung nach bezeichnet und erst nach seiner Entstehung dem VR einzeln aufgegeben wird. Oftmals, allerdings nicht immer,[6] hat eine laufende Versicherung ein Großrisiko zum Vertragsgegenstand.[7]

C. Rechtsfolge

I. Beschränkungen der Vertragsfreiheit nach diesem Gesetz

6 § 210 gilt für fast alle Beschränkungen der Vertragsfreiheit aus dem VVG. Im Rahmen der VVG-Reform ist in der Gesetzesbegründung ausdrücklich klargestellt worden, dass § 210 sowohl für die **halbzwingenden** (insbes. §§ 18, 32, 42, 52 V, 87, 112)[8] als auch die **absolut zwingenden Vorschriften** (§§ 105, 108)[9] greifen soll. Abdingbar ist auch § 215 I, d.h. Vereinbarungen über den Gerichtsstand sind über die von § 215 III gezogenen Grenzen hinaus möglich.[10] § 98 als spezielle Ausprägung des Verbots von Verträgen zu Lasten Dritter kann nicht abbedungen werden.[11] Auch Beschränkungen der Vertragsfreiheit aus anderen Gesetzen – beispielsweise dem BGB – fallen nicht unter den Anwendungsbereich des § 210.

II. Unanwendbarkeit

7 Rechtsfolge des § 210 ist, dass die Beschränkungen des VVG nicht anzuwenden sind. Die als unabdingbar ausgestalteten Normen des VVG, also z.B. § 28 II, der durch § 32 für halbseitig zwingend erklärt wird, **werden durch § 210 zu dispositivem Recht**. § 210 darf nicht dahin missverstanden werden, dass die als zwingend ausgestalteten Normen selbst unanwendbar wären. Sie werden nur zur Disposition durch die Parteien gestellt. Vereinbaren die Parteien z.B. nichts von § 28 II Abweichendes, bleibt es bei dieser Regelung. Treffen sie aber andere Vereinbarungen, sind diese wirksam und gehen dem – dispositiven – § 28 II vor.[12]

8 Die Vertragsparteien können die betreffenden VVG-Normen durch Individualvereinbarung oder durch AVB abbedingen. Im letztgenannten Fall unterliegt das Regelwerk der **AVB-Kontrolle** nach den §§ 305 ff. BGB.[13] Es stellt sich daher die Frage, ob das Regelwerk auch am Leitbild der abbedungenen VVG-Norm zu messen ist. Der BGH[14] hat das im Anschluss an Stimmen in der Literatur[15] bejaht. Für diese Auffassung lässt sich anführen, dass die abbedungene Vorschrift ohne eine Abbedingung auf die betreffende Versicherung anwendbar ist. Im VVG ist insbesondere fraglich, ob die grundlegenden Weichenstellungen des VVG, die Abschaffung des Alles-oder-Nichts-Prinzips, die Folgenlosigkeit leicht fahrlässiger Obliegenheitsverletzungen[16] und das Quotelungsprinzip bei grober Fahrlässigkeit[17] **wesentliche Grundgedanken** i.S.v. § 307 II Nr. 1 BGB sind. Das gilt jedenfalls dann nicht, wenn spartenspezifische Besonderheiten gelten, die diese Grundgedanken modifizieren (z.B. §§ 58, 131 I, 132 II Nr. 2, 134 I, II, 137 I).[18] Noch weitergehend wird in der Literatur aus Sinn und Zweck dieser Sonderregeln, der gewachsenen Struktur des Versicherungsmarktes und der Internationalität des Geschäfts Rechnung zu tragen,[19] geschlossen, dass für Großrisiken generell weder das Alles-oder-Nichts-Prinzip noch die Folgenlosigkeit einfach fahrlässiger Verstöße als wesentliche Grundgedanken anzusehen seien.[20]

---

6 Beispiele bei PK/*Klär*, § 210 Rn. 8; HK-VVG/*Harms*, § 53 Rn. 11.
7 Begr. RegE BT-Drucks. 16/3945 S. 115.
8 Begr. RegE BT-Drucks. 16/3945 S. 115; OLG Hamm r+s 2011, 198, 201.
9 Begr. RegE BT-Drucks. 16/3945 S. 115.
10 B/M/*Renger*, § 215 Rn. 25; P/M/*Klimke*, § 210 Rn. 11 f.; *Prölss* NJW 1955, 1323; a.A. OLG Hamm NJW 1955, 1323, 1324; BK/*Schwintowski*, § 187 Rn. 4.
11 Begr. RegE BT-Drucks. 16/3945 S. 115.
12 BGH VersR 1992, 1089; OLG Hamm r+s 2011, 198; L/W/*Looschelders*, § 210 Rn. 4; HK-VVG/*Muschner*, Rn. 9.
13 Begr. RegE BT-Drucks. 16/3945 S. 115; nach BGH VersR 2009, 1477, 1478 kommt eine Inhaltskontrolle gegenüber dem VR aber dann nicht in Betracht, wenn die Versicherungsbedingungen durch den vom VN eingeschalteten Makler in den Vertrag einbezogen wurden, mit Anmerkung *Steinkühler/Kassing*; PK/*Klär*, § 210 Rn. 11.
14 BGHZ 120, 290, 295 = VersR 1993, 223, 224; BGH VersR 2005, 267.
15 P/M/*Klimke*, § 210 Rn. 15 m.w.N.; P/M/*Martin*, 24. Aufl., § 187 Anm. 1 C unter Aufgabe der gegenteiligen Ansicht in der Vorauflage; vgl. Fn. 1.
16 Dafür PK/*Klär*, § 210 Rn. 12; a.A. L/W/*Looschelders*, § 210 Rn. 11.
17 L/W/*Looschelders*, § 210 Rn. 12. spricht sich gegen eine Leitbildfunktion des Quotenprinzips bei grober Fahrlässigkeit aus.
18 HK-VVG/*Muschner*, § 210 Rn. 10.
19 Begr. RegE BT-Drucks. 16/3945 S. 92, 93 und 77.
20 L/W/*Looschelders*, § 210 Rn. 11; HK-VVG/*Muschner*, § 210 Rn. 10; *Freitag* r+s 2008, 96, 99.

§ 211 Pensionskassen, kleinere Versicherungsvereine, Versicherungen mit kleineren Beträgen.

(1) Die §§ 37, 38, 165, 166, 168 und 169 sind, soweit mit Genehmigung der Aufsichtsbehörde in den Allgemeinen Versicherungsbedingungen abweichende Bestimmungen getroffen sind, nicht anzuwenden auf
1. Versicherungen bei Pensionskassen im Sinn des § 233 Absatz 1 und 2 des Versicherungsaufsichtsgesetzes,
2. Versicherungen, die bei einem Verein genommen werden, der als kleinerer Verein im Sinn des Versicherungsaufsichtsgesetzes anerkannt ist,
3. Lebensversicherungen mit kleineren Beträgen und
4. Unfallversicherungen mit kleineren Beträgen.

(2) Auf die in Absatz 1 Nr. 1 genannten Pensionskassen sind ferner nicht anzuwenden
1. die §§ 6 bis 9, 11, 150 Abs. 2 bis 4 und § 152 Abs. 1 und 2; für die §§ 7 bis 9 und 152 Abs. 1 und 2 gilt dies nicht für Fernabsatzverträge im Sinn des § 312c des Bürgerlichen Gesetzbuchs;
2. § 153, soweit mit Genehmigung der Aufsichtsbehörde in den Allgemeinen Versicherungsbedingungen abweichende Bestimmungen getroffen sind; § 153 Abs. 3 Satz 1 ist ferner nicht auf Sterbekassen anzuwenden.

(3) Sind für Versicherungen mit kleineren Beträgen im Sinn von Absatz 1 Nr. 3 und 4 abweichende Bestimmungen getroffen, kann deren Wirksamkeit nicht unter Berufung darauf angefochten werden, dass es sich nicht um Versicherungen mit kleineren Beträgen handele.

Übersicht	Rdn.		Rdn.
A. Allgemeines	1	II. Auf Pensionskassen und Sterbekassen unanwendbare Regelungen (§ 211 II Nr. 1, Nr. 2 Hs. 2)	5
B. Tatbestand	2		
I. Abweichende Gestaltung in genehmigten AVB (§ 211 I, II Nr. 2 Hs. 1)	2		

Schrifttum:
Laars, Siebtes Gesetz zur Änderung des Versicherungsaufsichtsgesetzes – Auswirkungen für Pensionskassen und Pensionsfonds, BetrAV 2005, 732.

A. Allgemeines

§ 211 sieht für bestimmte Versicherungen die **Möglichkeit der Abbedingung** zwingender Normen des VVG (Abs. 1, Abs. 2 Nr. 2 Hs. 1) sowie die **Unanwendbarkeit** einzelner, überwiegend den Vertragsabschluss betreffender Vorschriften (Abs. 2 Nr. 2 und Nr. 1 Hs. 2) vor.[1] Hierdurch begünstigt sind in unterschiedlichem Umfang Pensionskassen i.s.v. § 233, kleine VVaG i.s.v. § 210 VAG und Lebens- und Unfallversicherungen mit kleinen Beiträgen. Der besonderen Situation der genannten Versicherungen soll Rechnung getragen werden, weil die Anwendung bestimmter Vorschriften nicht praktikabel oder aus anderen Gründen nicht sachgerecht wäre.[2]   1

B. Tatbestand

I. Abweichende Gestaltung in genehmigten AVB (§ 211 I, II Nr. 2 Hs. 1)

Für die in § 211 I genannten Versicherungen können von den §§ 37, 38, 165, 166, 168 und 169 abweichende Regelungen in aufsichtsbehördlich genehmigten AVB getroffen werden, Pensionskassen können darüber hinaus in solchen AVB auch von § 153 abweichen. Das Gesetz erreicht diese Gestaltungsmöglichkeit technisch, indem es die Unanwendbarkeit zwingender Normen für den Fall anordnet, dass AVB Abweichendes regeln.   2

Pensionskassen i.S.d. § 233 VAG sind in § 232 I legaldefiniert. Auch wenn Pensionsfonds i.S.d. § 236 VAG eine vergleichbare Aufgabe bei der betrieblichen Altersversorgung wie Pensionskassen übernehmen, sind sie nicht von § 211 I Nr. 1 erfasst.[3] **Kleinere Versicherungsvereine** sind nach § 210 I VAG Vereine, die bestimmungsgemäß einen sachlich, örtlich oder dem Personenkreis nach eng begrenzten Wirkungskreis haben. Ob ein Verein ein kleiner ist, bestimmt gem. § 210 IV VAG die Aufsicht. **Lebens- und Unfallversicherungen mit kleineren Beträgen** können nicht anhand fester Beträge abgegrenzt werden. Der Übergang ist fließend.[4] Ohne Bedeutung für die Abgrenzung ist die Bezeichnung oder die Organisation des VR.[5] Hat die BaFin die abweichenden AVB genehmigt, ist durch § 211 III Rechtssicherheit geschaffen, da die Wirksamkeit der abwei-   3

---

1 § 211 I, III entspricht ohne inhaltliche Anpassung § 189 I, II a.F.; § 211 II wurde neu ins VVG aufgenommen.
2 So Begr. RegE BT-Drucks. 16/3945 S. 116 in Bezug auf die Besonderheiten der betrieblichen Altersversorgung.
3 Begr. RegE BT-Drucks. 16/3945 S. 116.
4 P/M/*Kollhosser*[27], § 189 Rn. 2.
5 P/M/*Kollhosser*[27], § 189 Rn. 2; B/M/*Leverenz*, § 211 Nr. 9.

chenden AVB nach ihrer Genehmigung nicht mehr mit der Begründung angegriffen werden kann, es handele sich nicht um Versicherungen mit kleinen Beträgen.[6]

4 Abweichende Bestimmungen können für den Zahlungsverzug der Erst- und Folgeprämie getroffen werden, für die prämienfreie Versicherung, für die Kündigung durch VR oder VN sowie für den Rückkaufswert (§ 211 I). Nur Pensionskassen können auch die Regelungen über die Überschussbeteiligung abbedingen (§ 211 II Nr. 2 Hs. 1). Eine solche Abweichung von § 168 I liegt vor, wenn die AVB als einzige Beendigungsmöglichkeit für das Versicherungsverhältnis vorsehen, dass der VN aus dem Arbeitsverhältnis mit dem Trägerunternehmen ausscheiden muss.[7]

II. Auf Pensionskassen und Sterbekassen unanwendbare Regelungen (§ 211 II Nr. 1, Nr. 2 Hs. 2)

5 Bestimmte, den **Vertragsabschluss** betreffende Regelungen sind auf Pensionskassen nicht anwendbar, weil sie mit den Besonderheiten der betrieblichen Altersversorgung nicht vereinbar sind.[8] Das gilt für die Beratungs- und Informationspflichten sowie das Widerrufsrecht, die dafür geltenden Besonderheiten des § 152 I und II sowie für die besonderen Vorschriften der §§ 150 II bis IV (Lebensversicherung für den Fall des Todes eines anderen). Soweit allerdings ein Fernabsatzvertrag gem. § 312c BGB vorliegt, greift die Ausnahme nicht ein, weil das den Vorgaben der Fernabsatzrichtlinie widersprechen würde.

6 Sterbekassen sind Einrichtungen, die nur Todesfallrisiken versichern, soweit der Betrag ihrer Leistungen den Durchschnittswert der Bestattungskosten bei einem Todesfall nicht übersteigt oder diese Leistungen in Sachwerten erbracht werden.[9] Die AVB der Sterbekassen sind bei der BaFin gemäß § 219 III i.V.m. 9 II Nr. 2 VAG einzureichen. Sterbekassen werden durch § 211 II Nr. 2 Hs. 2 von den Verpflichtungen nach § 153 III 1 (Ermittlung und Zuordnung von Bewertungsreserven) entbunden. Grund ist hierfür, dass die Sterbekassen nur alle drei Jahre ihre Überschüsse ermitteln.[10]

§ 212 Fortsetzung der Lebensversicherung nach der Elternzeit.
Besteht während einer Elternzeit ein Arbeitsverhältnis ohne Entgelt gemäß § 1a Abs. 4 des Betriebsrentengesetzes fort und wird eine vom Arbeitgeber zugunsten der Arbeitnehmerin oder des Arbeitnehmers abgeschlossene Lebensversicherung wegen Nichtzahlung der während der Elternzeit fälligen Prämien in eine prämienfreie Versicherung umgewandelt, kann die Arbeitnehmerin oder der Arbeitnehmer innerhalb von drei Monaten nach der Beendigung der Elternzeit verlangen, dass die Versicherung zu den vor der Umwandlung vereinbarten Bedingungen fortgesetzt wird.

Übersicht

	Rdn.		Rdn.
A. Allgemeines	1	III. Durch Nichtzahlung der Prämie Umwandlung in prämienfreie Versicherung	4
B. Tatbestand	2		
I. Vom Arbeitgeber geschlossene Lebensversicherung	2	C. Rechtsfolge	5
II. Während der Elternzeit Arbeitsverhältnis ohne Entgelt gemäß § 1a IV Betriebsrentengesetz	3		

A. Allgemeines

1 Mit § 212 setzt der Gesetzgeber die mit der Elternzeit eingeführte Familienförderung fort.[1] Der Arbeitgeber ist nicht verpflichtet, während der Elternzeit für eine zugunsten seines Arbeitnehmers abgeschlossene Lebensversicherung Prämien zu entrichten (vgl. § 1a IV BetrAVG). Durch die wegen unterbleibender Prämienzahlung erfolgende Kündigung des VR wandelt sich die Versicherung gem. § 166 I in eine prämienfreie Versicherung um. Durch die Umwandlung der Versicherung erfolgt eine Neuberechnung der Versicherung gemäß § 165 II.[2] Vor Einführung des § 212 war es nur möglich, die Wiederherstellung des ursprünglichen Versicherungsvertrages zu verlangen, wenn sämtliche rückständigen Prämien vom Arbeitnehmer oder Arbeitgeber entrichtet wurden. Erfolgte keine Prämienzahlung durch den Arbeitnehmer, war die Wiederherstellung des

---

6 Beispiele BK/*Schwintowski*, § 189 Rn. 5.
7 L/W/*Looschelders*, § 211 Rn. 11; P/M/*Klimke*, § 211 Rn. 3; vgl. hierzu für § 189 a.F. BAG VersR 1989, 789.
8 Begr. RegE BT-Drucks. 16/3945 S. 116.
9 Art. 3 Nr. 5 der RiLi 2002/83/EG des Europäischen Parlaments und Rates über Lebensversicherungen v. 05.11.2002; F/K/B/*Kaulbach*, § 1 Rn. 103.
10 Beschlussempfehlung des Rechtsausschusses, BT-Drucks. 16/5862 S. 100.
1 Begr. RegE BT-Drucks. 16/3945 S. 116; vgl. Bundeselterngeld- und Elternzeitgesetz (BEEG) v. 05.12.2006, BGBl. I S. 2748.
2 BGH VersR 1954, 281, 282; BGH VersR 1994, 39, 40; OLG Oldenburg VersR 2004, 1164, 1165.

ursprünglichen Versicherungsschutzes als Neuabschluss anzusehen.[3] § 212 gibt jetzt dem Arbeitnehmer einen Anspruch auf Fortsetzung der Versicherung.

B. Tatbestand
I. Vom Arbeitgeber geschlossene Lebensversicherung

Vom Arbeitgeber muss zugunsten des Arbeiternehmers oder der Arbeitnehmerin eine Lebensversicherung abgeschlossen worden sein. Erfasst sind damit alle Lebensversicherungen im Rahmen der betrieblichen Altersvorsorge wie Pensionskassenverträge, Versicherungen zur Rückdeckung von Unterstützungsleistungen und Leistungen aus Pensionszusagen sowie Direktversicherungen. Die Vorschrift ist nur auf die Lebensversicherung anwendbar. Für Pensionsfondsverträge kann eine entsprechende Anwendung in Betracht kommen.[4] Andere Versicherungen wie die Berufsunfähigkeitsversicherung oder die Unfallversicherung sind nicht erfasst, da es an gesetzlichen Verweisungen fehlt, vgl. § 176.[5] Außerdem kann nach § 211 I für regulierte Pensionskassen i.S.d. § 233 I und II VAG eine nach § 212 mögliche Umwandlung in eine prämienfreie Versicherung wirksam durch AVB ausgeschlossen sein.[6] Das ist der Fall, wenn für diese AVB eine Genehmigung der Aufsicht vorliegt. 2

II. Während der Elternzeit Arbeitsverhältnis ohne Entgelt gemäß § 1a IV Betriebsrentengesetz

Das Arbeitsverhältnis muss während der Elternzeit gemäß § 1a IV BetriebsrentenG fortbestehen. Eine Kündigung oder Aufhebung des Arbeitsverhältnisses darf ebenso wenig vorliegen wie die Fortzahlung des Arbeitsentgeltes. Die Elternzeit bestimmt sich nach den §§ 15 ff. Bundeselterngeld- und Elternzeitgesetz.[7] 3

III. Durch Nichtzahlung der Prämie Umwandlung in prämienfreie Versicherung

Während dieser Zeit darf keine Prämie gezahlt werden, so dass sich die Lebensversicherung gem. § 166 I in eine prämienfreie Versicherung umwandelt. § 212 greift auch, wenn zu Beginn der Elternzeit Prämien gezahlt, aber irgendwann im Laufe der Elternzeit die Prämienzahlungen ausgesetzt werden.[8] Wird die Lebensversicherung während der gesamten Elternzeit fortgesetzt, weil der Arbeitnehmer die Prämie weiterzahlt, greift § 212 nicht. 4

C. Rechtsfolge

Innerhalb von drei Monaten nach Beendigung der Elternzeit kann die Lebensversicherung fortgesetzt werden. Hierbei handelt es sich um eine Ausschlussfrist.[9] Diese Frist kann auch vertraglich verlängert werden, da es sich bei § 212 um eine halbzwingende Vorschrift handelt.[10] Die Dreimonatsfrist bestimmt sich nach dem Ende der Elternzeit, das dem Bewilligungsbescheid zu entnehmen ist.[11] Allein durch den Zugang der Erklärung über die Fortsetzung tritt die Rechtsfolge ein. Die Erklärung ist nicht formgebunden. *Winter* hält u.U. auch eine Erklärung durch Prämienzahlung für möglich.[12] 5

Wenn die Lebensversicherung fortgesetzt wird, findet weder eine erneute Gesundheitsprüfung statt noch kann der Tarif durch den VR geändert werden.[13] Werden die fehlenden Prämien aus der Zeit der prämienfreien Versicherung nicht gezahlt, so ist die Versicherungsleistung um die entsprechend fehlenden Mittel zu reduzieren. Die fehlenden Prämienzahlungen sind nicht von dem VR und damit von der Versichertengemeinschaft zu tragen.[14] Der Vertrag wird nur ex nunc fortgeführt.[15] 6

§ 213 Erhebung personenbezogener Gesundheitsdaten bei Dritten.

(1) Die Erhebung personenbezogener Gesundheitsdaten durch den Versicherer darf nur bei Ärzten, Krankenhäusern und sonstigen Krankenanstalten, Pflegeheimen und Pflegepersonen, anderen Personenversicherern und gesetzlichen Krankenkassen sowie Berufsgenossenschaften und Behörden erfolgen; sie ist nur zulässig, soweit die Kenntnis der Daten für die Beurteilung des zu versichernden Risikos oder der Leistungspflicht erforderlich ist und die betroffene Person eine Einwilligung erteilt hat.

---

3 BGH VersR 1994, 39, 40; OLG Oldenburg VersR 2004, 1164, 1165.
4 Vgl. zur Anwendbarkeit von VVG-Vorschriften auf Pensionsfonds Prölss/*Weigel*, § 112 Rn. 78; L/W/*Looschelders*, § 212, Rn. 5; P/M/*Klimke*, § 212 Rn. 3.
5 Begr. RegE BT-Drucks. 16/3945 S. 116; B/M/*Winter*, § 212 Rn. 6.
6 L/W/*Looschelders*, § 212 Rn. 5.
7 BGBl. 2006 I, S. 2748 ff.
8 P/M/*Klimke*, § 212 Rn. 4; L/W/*Looschelders*, § 212 Rn. 6; B/M/*Winter*, § 212 Rn. 9.
9 L/W/*Looschelders*, § 212 Rn. 7; PK/*Klär*, § 212 Rn. 8.
10 B/M/*Winter*, § 212 Rn. 17, 20.
11 L/W/*Looschelders*, § 212 Rn. 7; PK/*Klär*, § 212 Rn. 8.
12 B/M/*Winter*, § 212 Rn. 14.
13 Begr. RegE BT-Drucks. 16/3945 S. 116.
14 *Schimikowski/Höra*, S. 187; PK/*Klär*, § 212 Rn. 10.
15 B/M/*Winter*, § 212 Rn. 13.

§ 213 Erhebung personenbezogener Gesundheitsdaten bei Dritten

(2) ¹Die nach Absatz 1 erforderliche Einwilligung kann vor Abgabe der Vertragserklärung erteilt werden. ²Die betroffene Person ist vor einer Erhebung nach Absatz 1 zu unterrichten; sie kann der Erhebung widersprechen.
(3) Die betroffene Person kann jederzeit verlangen, dass eine Erhebung von Daten nur erfolgt, wenn jeweils in die einzelne Erhebung eingewilligt worden ist.
(4) Die betroffene Person ist auf diese Rechte hinzuweisen, auf das Widerspruchsrecht nach Absatz 2 bei der Unterrichtung.

Übersicht

	Rdn.		Rdn.
A. Allgemeines	1	IV. Einwilligung	8
I. Normzweck	1	1. Generelle Einwilligung	8
II. Entstehungsgeschichte	2	2. Einzelfalleinwilligung	12
III. Anwendungsbereich und Konkurrenzen	3	V. Hinweispflichten des VR	13
B. Tatbestand	5	C. Rechtsfolgen	15
I. Erhebungsberechtigte und Erhebungsadressaten	5	I. Verbots- und Befugnisnorm	15
II. Personenbezogene Gesundheitsdaten	6	II. Verweigerung der Einwilligung	16
III. Erforderlichkeit der Daten	7	III. Unzulässige Datenerhebung	17

Schrifttum:
Bähr/Reuter, Einsichtnahme in Patientenakten durch private Krankenversicherer, VersR 2011, 953; *Ebert/Kerst,* Anmerkung zu OLG Celle, Urt. v. 28.02.2002, VersR 2004, 896; *Egger,* Schweigepflichtentbindung in privater Berufsunfähigkeits- und Krankenversicherung, VersR 2007, 905; *Fricke,* Die Erhebung personenbezogener Gesundheitsdaten bei Dritten – Anmerkungen zu § 213 VVG, VersR 2009, 297; *Heghmanns/Niehaus,* Outsourcing im Versicherungswesen und der Gehilfenbegriff des § 203 III 2 StGB, NStZ 2008, 57; *Hoenike/Hülsdunk,* Outsourcing im Versicherungs- und Gesundheitswesen ohne Einwilligung?, MMR 2004, 788; *Hoeren,* Risikoprüfung in der Versicherungswirtschaft – Datenschutz und wettbewerbsrechtliche Fragen beim Aufbau zentraler Hinweissysteme, VersR 2005, 1014; Kaldenbach, Das Problem der Informationsgewinnung für die vorvertragliche Risikoprüfung auf Seiten des privaten Berufsunfähigkeitsversicherer, Diss. Düsseldorf 2010; *Knappmann,* Vertragliche und prozessuale Auswirkungen von arglistig unrichtig beantworteten Gesundheitsfragen des Versicherten, VRR 2010, 63; *Neuhaus/Kloth,* Gesundheitsdaten(schutz) im Versicherungsrecht – Der aktuelle Stand, NJW 2009, 1707; *Notthoff,* Die Zukunft genereller Schweigepflichtentbindungserklärungen in der Berufsunfähigkeitszusatzversicherung, ZfS 2008, 243; *Präve,* Das Gendiagnostikgesetz aus versicherungsrechtlicher Sicht, VersR 2009, 857; *Rixecker,* Rechtswidrigkeit einer Obliegenheit zur generellen Entbindung von der Schweigepflicht, zugl. Anm. zu BVerfG, Beschl. v. 23.10.2006, ZfS 2007, 37; *Schulze,* Anmerkung zu OLG Hamburg, Urt. v. 02.03.2010, VersR 2010, 749; *Schleifenbaum,* Datenschutz und Tatenschutz in der Versicherungswirtschaft, 2009; *Spuhl,* Kontrollrecht des VR bzgl. Richtigkeit der Angaben des VN bei Antragstellung – Keine Fälligkeit bei ungenügender Mitwirkung des VN, VR Kompakt 2010, 11; *Weichert,* Die Krux mit der ärztlichen Schweigepflichtentbindung für Versicherungen, NJW 2004, 1695; *Wolf,* Die Erhebung personenbezogener Gesundheitsdaten bei Dritten, ZVersWiss 2009, 35.

A. Allgemeines

I. Normzweck

1 § 213 soll den VN schützen, indem er die Erhebung personenbezogener Gesundheitsdaten an Voraussetzungen knüpft, die mit dem Datenschutzrecht des BDSG und den Anforderungen des BVerfG im Einklang stehen. Durch die Verordnung (EU) 2016/679 des Europäischen Parlaments und Rates vom 27. April 2016 (»EU-Datenschutz-Grundverordnung«) hat die EU jedoch neue Regelungen hinsichtlich der Rechtmäßigkeit der Verarbeitung personenbezogener Daten erlassen. Die Verordnung wird nach der in ihr vorgesehenen zweijährigen Übergangsfrist 2018 Wirksamkeit erlangen und das BDSG zu diesem Zeitpunkt ablösen. Ob § 213 in Folge dessen abgeschafft oder an die Regelungen der EU-Datenschutz-Grundverordnung angepasst wird, bleibt abzuwarten.

II. Entstehungsgeschichte

2 Die Vorschrift wurde auf Drängen des Bundesbeauftragten für den Datenschutz und die Informationsfreiheit in den Regierungsentwurf aufgenommen.[1] Die bis dahin in der Praxis verwendete Einwilligungserklärung war mit dem aufgrund der Datenschutzrichtlinie 95/46/EG[2] novellierten **BDSG**, dort insbesondere **§ 4a I und III**, nicht mehr vereinbar. § 213 i.d.F. des RegE sah daraufhin zunächst vor, dass der VN in jede einzelne Erhebung einwilligen muss. Im Rechtsausschuss wurde diese von der Versicherungswirtschaft als zu belastend empfundene Regelung in die nun Gesetz gewordene Fassung gebracht, die wieder eine generelle Einwilligung

---

[1] Tätigkeitsbericht 2005 und 2006 des Bundesbeauftragten für den Datenschutz und die Informationsfreiheit *Peter Schaar*, BT-Drucks. 16/4950, S. 111 f.
[2] Richtlinie 95/46/EG des Europäischen Parlaments und des Rates vom 24. Oktober 1995 zum Schutz natürlicher Personen bei der Verarbeitung personenbezogener Daten und zum freien Datenverkehr, ABl 1995 L 281/31.

vorsieht. Die Fassung ist ergänzt um eine einzelfallbezogene Unterrichtungspflicht des VR und ein Widerspruchsrecht des VN (§ 213 II) sowie um die Möglichkeit einer Umstellung auf Einzeleinwilligung (§ 213 III).[3] Diese Änderung berücksichtigte auch die mittlerweile ergangene Rechtsprechung des **BVerfG**, das eine vertragliche Obliegenheit des VN zu einer generellen Schweigepflichtentbindung als Verletzung des Grundrechts des VN auf informationelle Selbstbestimmung angesehen hatte.[4]

III. Anwendungsbereich und Konkurrenzen

§ 213 gilt nach seiner systematischen Stellung **für alle Versicherungssparten**,[5] kommt nach seinem Inhalt jedoch nur in Sparten zur Anwendung, in denen zur Beurteilung des Risikos und der Leistungspflicht die Kenntnis personenbezogener Gesundheitsdaten erforderlich ist. Für die gesetzliche Krankenversicherung regeln §§ 284 ff. SGB V die Erhebung von personenbezogenen Gesundheitsdaten. § 213 ist nicht anwendbar bei Gewinnung von Gesundsdaten des VN durch eine vom VR veranlasste ärztliche Untersuchung.[6]   3

Gegenüber § 4a BDSG ist § 213 **lex specialis**, soweit es um die Erhebung personenbezogener Gesundheitsdaten geht.[7] Das ist insbesondere deshalb von Bedeutung, weil § 4a BDSG strenger ist, indem er unter bestimmten Voraussetzungen einen Hinweis auf die Folgen der verweigerten Einwilligung sowie auch deren Schriftform verlangt. Diese strengeren Regeln gelten hier also nicht. Europarechtlich ist diese Abweichung von § 4a BDSG unbedenklich (s. Art. 8 und 11 der Datenschutzrichtlinie[8]). Für die zeitliche Anwendbarkeit bei Altverträgen s. Looschelders/Pohlmann/Wolf, 2. Auflage, § 213 Rn. 5.   4

Art. 6 der EU-Datenschutz-Grundverordnung sieht vor, dass eine Verarbeitung personenbezogener Daten u.a. dann rechtmäßig ist, wenn die betroffene Person in die Verarbeitung eingewilligt hat (Art. 6 Ziff. 1 lit. a) oder die Verarbeitung für die Erfüllung eines Vertrages oder zur Durchführung vorvertraglicher Maßnahmen, die auf Anfrage der betroffenen Person erfolgen, erforderlich sind (Art. 6 Ziff. 1 lit. b). Eine Kopplung dieser beiden Voraussetzungen ist nicht zulässig; die Öffnungsklausel, die den Nationalstaaten ein Unter- oder Überschreiten der Regelungen der EU-Datenschutz-Grundverordnung erlaubt, bezieht sich ausdrücklich nicht auf Art. 6 Ziff. 1 lit. a und b, siehe Art. 6 Ziff. 2.

B. Tatbestand

I. Erhebungsberechtigte und Erhebungsadressaten

Die Erhebung ist das Beschaffen von Daten über den Betroffenen.[9] Im Gegensatz dazu zählt nicht zur Erhebung von Daten, wenn Daten bekannt werden, die sich aus vorhandenen Unterlagen des VR ergeben.[10] Der Gesetzgeber hatte offenbar bei der Formulierung der Vorschrift keine Fälle bedacht, bei denen der Betroffene nicht auch gleichzeitig am Vertragsverhältnis beteiligt ist. Hier ist ein Hinweis auf die verschiedenen Einwilligungsmöglichkeiten und die Möglichkeit zum Widerspruch naturgemäß nicht möglich. Der Wortlaut lässt aber auch den Einzelhinweis vor der konkreten Datenerhebung zu.[11] Zur Erhebung der Daten sind nur VR berechtigt. Die Stellen, an die sie ihre Erhebung richten können, sind nach dem Wortlaut in § 213 I aufgezählt. Ärzte i.S.d. Vorschrift sind alle Berufsangehörigen gem. § 2 BÄO, die approbiert sind. Von der Vorschrift sind dem Wortlaut nach Heilberufe wie z.B. Heilpraktiker, Physiotherapeuten oder Diplom-Psychologen nicht erfasst. Die Gesetzesbegründung erwähnt nicht, dass es sich um eine abschließende Aufzählung handelt, sondern nur, dass die Erhebungsstellen an die gängige Praxis angelehnt sind. Hierbei ist aber zu berücksichtigen, dass die Gesetzesbegründung der Begründung des RegE entspricht. Diese Fassung des RegE verwies aber in Bezug auf die Erhebungsadressaten auf die Personen in § 203 I Nr. 1, 2 und 6 StGB. § 203 StGB erfasst auch die anderen Heilberufe. Damit lässt zumindest die Gesetzesbegründung Raum für eine analoge Anwendung.[12] Die in der Praxis unbefriedigende Situation verlangt eine Klarstellung durch den Gesetzgeber. Personenversicherer sind nur private Kranken-, Unfall-, Berufsunfähigkeits- und Lebensversicherer.   5

---

3 Beschlussempfehlung und Bericht des Rechtsausschusses, BT-Drucks. 16/5862 S. 100; ausführlich zur Entstehungsgeschichte *Wolf* ZVersWiss 2009, 35, 38 ff.; L/W/*Eberhardt*, § 213 Rn. 7 ff.; Bach/Moser/*Kalis*, Private Krankenversicherung, 5. Aufl. 2016, § 213 Rn. 10 ff.
4 BVerfG VersR 2006, 1669 ff.; Bach/Moser/*Kalis*, Private Krankenversicherung, 5. Aufl. 2016, § 213 Rn. 24 ff.
5 So auch *Schleifenbaum*, S. 161.
6 BGH, Urteil v. 13.07.2016, BeckRS 2016, 13594.
7 *Fricke* VersR 2009, 297; *Wolf* ZVersWiss 2009, 35, 45; PK/*Klär*, § 213 Rn. 6f; P/M/*Voit*, § 213 Rn. 7.
8 Richtlinie 95/46/EG des Europäischen Parlaments und des Rates vom 24. Oktober 1995 zum Schutz natürlicher Personen bei der Verarbeitung personenbezogener Daten und zum freien Datenverkehr, ABl 1995 L 281/31.
9 Vgl. § 3 III BDSG; zu verschiedenen Erhebungsformen Simitis/*Dammann*, BDSG, 86. Aufl. 2014, § 3 Rn. 109.
10 L/W/*Eberhardt*, § 213 Rn. 31; P/M/*Voit*, § 213 Rn. 14.
11 L/W/*Eberhardt*, § 213 Rn. 28 lehnt eine Anwendung des § 213 bei der Datenerhebung bei geschädigten Dritten oder Anspruchsgegner des Versicherungsnehmerins in der Haftpflicht-, Sach- oder Rechtsschutzversicherung ab.
12 Bach/Moser/*Kalis*; Private Krankenversicherung, 5. Aufl. 2016, § 213 Rn. 49 ff.; L/W/*Eberhardt*, § 213 Rn. 33 ff.; Marlow/*Spuhl*, Rn. 1464; Schleifenbaum, S. 166.

§ 213 Erhebung personenbezogener Gesundheitsdaten bei Dritten

Damit scheidet die Datenerhebung bei Haftpflichtversicherern und privatärztlichen Verrechnungsstellen aus.[13] Der Begriff der Behörde bestimmt sich nach § 1 IV VwVfG.

II. Personenbezogene Gesundheitsdaten

6 Personenbezogene Gesundheitsdaten sind Angaben über die Gesundheit einer bestimmten natürlichen Person. Hierzu zählen Angaben über den Gesundheitszustand und seine Entwicklung, über die Medikation und die sonstige Behandlung,[14] insbesondere auch über Operationen, so dass Krankenakten, Röntgenbilder, Gutachten und Entlassungsberichte Gegenstand der Erhebung sein können.[15] Genetische Informationen können auch Auskunft über den Gesundheitszustand geben und sind damit auch personenbezogene Gesundheitsdaten i.S.d. § 213 VVG.[16]

III. Erforderlichkeit der Daten

7 Die personenbezogenen Gesundheitsdaten müssen für die Beurteilung des zu versichernden Risikos oder der Leistungspflicht erforderlich sein. Die Erforderlichkeit beurteilt sich aus der Ex-ante-Perspektive.[17] Für die Risikoprüfung sind Gesundheitsdaten erforderlich, wenn sie für den Entschluss des VR, den Vertrag mit dem vereinbarten Inhalt zu schließen, erheblich sind, vgl. § 19 I 1.[18] Das richtet sich nach der Perspektive des VR, d.h. nach seinen Risiko- und Tarifgrundsätzen, die allerdings objektiv nachvollziehbar sein müssen.[19] Für die Leistungsprüfung gilt, dass der VR auch solche Daten erheben kann, die es ihm ermöglichen, eine eventuelle Anzeigepflichtverletzung des VN zu überprüfen.[20]

IV. Einwilligung

1. Generelle Einwilligung

8 Einwilligung ist die vorherige Zustimmung, § 183 Satz 1 BGB. Sie ist eine einseitige rechtsgeschäftliche Erklärung.[21] Eine bestimmte Form schreibt § 213 für die Einwilligungserklärung nicht vor. Die Einwilligungserklärung kann nach **§ 213 II 1 generell** für alle im Verlaufe der Vertragsdurchführung anfallenden Erhebungen erteilt werden. **Zeitlich** soll nach dem Gesetzeswortlaut diese generelle Einwilligung vor Abgabe der Vertragserklärung erteilt werden. Damit nimmt § 213 den in § 7 genannten Zeitpunkt – allerdings ohne das Rechtzeitigkeitserfordernis – auf. In der Literatur wird zu Recht darauf hingewiesen, dass dieser Zeitpunkt unpraktikabel ist, weil kaum vorstellbar sei, dass der VN schon vor der Abgabe seines Angebots eine solche Einwilligung erteile.[22] Gemeint ist, dass die Einwilligung **bei Abgabe der Vertragserklärung** erfolgen kann.[23]

9 Im Fall einer generellen Einwilligungserklärung ist die betroffene Person vor jeder geplanten Datenerhebung zu **unterrichten (§ 213 II 2 HS. 1)**. Aus der Unterrichtung muss hervorgehen, dass die Erhebung personenbezogener Gesundheitsdaten geplant ist (vgl. § 4a III BDSG) und in welchem Umfang und bei welcher Erhebungsstelle sie stattfinden soll.[24]

10 Der Datenerhebung kann der Betroffene dann **widersprechen (§ 213 II 2 HS. 2)**. Diese einseitige empfangsbedürftige Willenserklärung kann sowohl gegenüber dem VR als auch gem. § 69 I Nr. 2 dem Versicherungsvertreter abgegeben werden. Form und Frist sind für den Widerspruch nicht vorgesehen. Nach der Unterrichtung muss der Betroffene noch genug Zeit zur Überlegung und zum Widerruf haben. Dafür sollen zwei Wochen ab Zugang der Unterrichtung i.d.R. genügen (arg. e. § 8).[25] Sowohl der Gesetzeswortlaut als auch der Sinn und Zweck der Widerspruchsmöglichkeit lassen es zu, die Frist als Ausschlussfrist zu gestalten.

11 Das Gesetz regelt nicht, durch wen der Widerspruch bei einer Pauschaleinwilligung im Rahmen der Lebensversicherung erfolgen soll, wenn der VN stirbt. Als Ausfluss des allgemeinen Persönlichkeitsrechts sind die

---

13 PK/*Klär*, § 213, Rn. 15.
14 HK-VVG/*Muschner*, § 213 Rn. 17.
15 PK/*Klär*, § 213 Rn. 9.
16 Bach/Moser/*Kalis*, Private Krankenversicherung, 5. Aufl. 2016, § 213 Rn. 42; PK/*Klär*, § 213 Rn. 25.
17 BGH r+s 2006, 185, 186; PK/*Klär*, § 213 Rn. 22; *Wolf* ZVersWiss 2009, 35, 42.
18 PK/*Klär*, § 213 Rn. 20.
19 BGH r+s 2006, 185, 186; L/W/*Eberhardt*, § 213 Rn. 49; a.A. PK/*Klär*, § 213 Rn. 22: objektive Erheblichkeit; anders aber HK-VVG/*Muschner*, § 213 Rn. 21: Erheblichkeit nach den eigenen versicherungstechnischen Grundsätzen des VR.
20 HK-VVG/*Muschner*, § 213 Rn. 22.
21 PK/*Klär*, § 213 Rn. 26.
22 HK-VVG/*Muschner*, § 213 Rn. 29.
23 HK-VVG/*Muschner*, § 213 Rn. 29 unter zutreffendem Hinweis auf die Materialien, Beschlussempfehlung und Bericht des Rechtsausschusses, BT-Drucks. 16/5862 S. 100.
24 PK/*Klär*, § 213 Rn. 32.
25 HK-VVG/*Muschner*, § 213 Rn. 27; *Fricke* VersR 2009, 297; *Wolf* ZVersWiss 2009, 35, 43 f.; P/M/*Voit*, § 213 Rn. 42; eine Woche: PK/*Klär*, § 213 Rn. 28; L/W/*Eberhardt*, § 213 Rn. 66; für die PKV Bach/Moser/*Kalis*, Private Krankenversicherung, 5. Aufl. 2016, § 213 Rn. 62: eine Woche.

Rechte aus § 213, also neben dem Widerspruchsrecht auch das Unterrichtungsrecht und das Recht auf Wechsel nach Abs. 3, **nicht vererblich**.[26] Sie erlöschen mit dem Tod des Betroffenen.

2. Einzelfalleinwilligung

Wird bei Vertragsschluss keine generelle Einwilligung erteilt, muss der VR jeweils bei den einzelnen Erhebungen die vorherige Zustimmung des Betroffenen einholen. Aber auch nach erteilter genereller Einwilligung kann der Betroffene jederzeit für künftige Erhebungen den **Wechsel** zum System der Einzeleinwilligungen verlangen (**§ 213 III**). Das Verlangen kann formlos erklärt werden.[27] Ob der umgekehrte Wechsel vom System der Einzeleinwilligungen zu einer generellen Einwilligung zulässig ist, sagt § 213 III nicht, schließt das aber auch nicht aus. Auch § 213 II 1 verlangt nicht, dass die Einwilligung spätestens bei Vertragsabschluss erteilt wird, sondern sagt nur, dass sie bereits zu diesem Zeitpunkt erteilt werden kann, was eine spätere Erteilung nicht ausschließt.

12

V. Hinweispflichten des VR

Der VR muss die betroffene Person nach **§ 213 IV** auf »**diese« Rechte hinweisen**. Rechte in diesem Sinne sind das Recht, gem. § 213 III jederzeit von der generellen Einwilligung auf Einzeleinwilligungen zu wechseln, das Recht auf Unterrichtung aus § 213 II 2 Hs. 1 sowie das Widerspruchsrecht nach § 213 II 2 Hs. 2.

13

Wann die Hinweise erfolgen sollen, ist nicht bestimmt. Für alle Rechte gilt, dass so rechtzeitig über sie zu informieren ist, dass der Betroffene die Rechte noch geltend machen kann. Nach Sinn und Zweck des § 213 III muss der entsprechende Hinweis spätestens bei Abgabe der pauschalen Einwilligungserklärung erteilt werden.[28] Dasselbe gilt für das Unterrichtungsrecht aus § 213 II 2 Hs. 1; auch hierüber ist der Betroffene zu unterrichten, wenn er seine generelle Einwilligung erklärt. Auf das Widerspruchsrecht muss bei Unterrichtung hingewiesen werden.[29] In welcher Form der Hinweis auf die einzelnen Rechte erfolgt, kann der VR entscheiden. Gesetzliche Vorgaben bestehen nicht.

14

C. Rechtsfolgen

I. Verbots- und Befugnisnorm

§ 213 I regelt, unter welchen Voraussetzungen eine Erhebung gesundheitsbezogener Daten allein zulässig ist. Rechtsfolge der Tatbestandserfüllung ist daher die Zulässigkeit der Erhebung, Rechtsfolge fehlender Tatbestandserfüllung ihre Unzulässigkeit. Diese kann sich ergeben aus dem Fehlen einer wirksamen generellen oder speziellen Einwilligung (letzteres u.U. einschließlich vorherigen Fehlens einer Unterrichtung), aus der Erhebung bei einem nicht von § 213 I genannten Erhebungsadressaten oder aus der fehlenden Erforderlichkeit. Welche Rechtsfolgen dann aufgrund der Unzulässigkeit der Erhebung in anderen Zusammenhängen eintreten, regelt § 213 nicht (dazu unten III.). Ebenso wenig gibt die Norm Auskunft darüber, welche Konsequenzen die Verweigerung der Einwilligung durch den Betroffenen hat (s. sogleich).

15

II. Verweigerung der Einwilligung

Unproblematisch ist es, wenn der Betroffene die Einwilligung i.R.d. **Risikoprüfung** verweigert. Der VR kann dann vom Vertragsabschluss absehen.[30] Will der VR im Rahmen der **Leistungsprüfung** Daten erheben, und widerspricht der Betroffene oder verweigert eine Einzeleinwilligung, wird die Leistung des VR nicht gem. § 14 I fällig, weil die notwendigen Erhebungen nicht beendet werden konnten.[31] Der VR kann auch in AVB eine Obliegenheit des Betroffenen zur Mitwirkung an der Datenerhebung vorsehen, muss dabei aber die Vorgaben der oben geschilderten Rechtsprechung des BVerfG beachten, d.h. insbes. dem Betroffenen nicht nur die Möglichkeit einer Einwilligung geben, sondern ihm alternativ die Möglichkeit einräumen, dass die Daten über ihn an den VR weitergeleitet werden, es sei denn, es bestehen Zweifel an der Richtigkeit früherer Angaben des Betroffenen.[32]

16

III. Unzulässige Datenerhebung

Sind Daten unzulässig erhoben worden, fragt sich, ob ihre Verwertung durch den VR verboten ist. Das wird z.T. mit dem Hinweis auf den Grundrechtsverstoß bejaht,[33] von Anderen aber wegen des überwiegen-

17

---

26 So auch L/W/*Eberhardt*, § 211 Rn. 25 f.; P/M/*Voit*, § 213 Rn. 11 hat Zweifel, dass § 213 mit dem Tod entfällt; dagegen *Fricke* VersR 2009, 297, 299; *Neuhaus/Kloth* NJW 2009, 1707, 1708.
27 HK-VVG/*Muschner*, § 213 Rn. 40.
28 HK-VVG/*Muschner*, § 213 Rn. 46 stellt auf den Zeitpunkt des Vertragsschlusses ab.
29 HK-VGG/*Muschner*, § 213 Rn. 46.
30 *Höra* r+s 2008, 89, 93; HK-VVG/*Muschner*, § 213 Rn. 49; S/H/W/*Wendt*, § 213 Rn. 31.
31 OLG Hamburg VersR 2010, 749, 750; *Schulze* VersR 2010, 749, 750; *Höra* r+s 2008, 89, 93.
32 Näher HK-VVG/*Muschner*, § 213 Rn. 46 ff.; PK/*Klär*, § 213 Rn. 39.
33 *Rixecker* ZfS 2007, 37; *Wolf* ZVersWiss 2009, 35, 43; s. auch *Höra* r+s 2008, 89, 93, allerdings ohne Hinweis auf einen Grundrechtsverstoß.

teresses des VR und der Versichertengemeinschaft an der Vermeidung ungerechtfertigter Versicherungsleistungen verneint.[34] Der BGH geht von einer Verwertbarkeit der Informationen aus.[35]
Die Datenerhebung durch die VR nach § 213 unterliegt der Aufsicht nach dem VAG.[36]
Im Jahr 2012 hat der GDV mit dem Code of Conduct eine Selbstverpflichtung seiner Mitgliedsunternehmen initiiert, die Verhaltensregeln für die Datenverabeitung in der Versicherungswirtschaft zum Gegenstand hat.[37]

§ 214 Schlichtungsstelle.

(1) [1]Das Bundesamt für Justiz kann privatrechtlich organisierte Einrichtungen als Schlichtungsstelle zur außergerichtlichen Beilegung von Streitigkeiten
1. bei Versicherungsverträgen mit Verbrauchern im Sinn des § 13 des Bürgerlichen Gesetzbuchs,
2. zwischen Versicherungsvermittlern oder Versicherungsberatern und Versicherungsnehmern im Zusammenhang mit der Vermittlung von Versicherungsverträgen anerkennen.
[2]Die Beteiligten können diese Schlichtungsstelle anrufen; das Recht, die Gerichte anzurufen, bleibt unberührt.
(2) [1]Eine privatrechtlich organisierte Einrichtung kann als Schlichtungsstelle anerkannt werden, wenn sie die Voraussetzungen für eine Anerkennung als Verbraucherschlichtungsstelle nach § 24 des Verbraucherstreitbeilegungsgesetzes vom 19. Februar 2016 (BGBl. I S. 254) erfüllt. [2]Eine anerkannte Schlichtungsstelle ist Verbraucherschlichtungsstelle nach dem Verbraucherstreitbeilegungsgesetz. [3]Das Bundesamt für Justiz nimmt die Verbraucherschlichtungsstellen nach Absatz 1 in die Liste nach § 33 Absatz 1 des Verbraucherstreitbeilegungsgesetzes auf und macht die Anerkennung und den Widerruf oder die Rücknahme der Anerkennung im Bundesanzeiger bekannt.
(3) Die anerkannten Schlichtungsstellen sind verpflichtet, jede Beschwerde über einen Versicherer oder einen Versicherungsvermittler, Vermittler nach § 66 und Versicherungsberater zu beantworten.
(4) [1]Die anerkannten Schlichtungsstellen können von dem Versicherungsvermittler, Vermittler nach § 66 oder Versicherungsberater ein geringes Entgelt erheben. [2]Bei offensichtlich missbräuchlichen Beschwerden kann auch von dem Versicherungsnehmer ein Entgelt verlangt werden. [3]Die Höhe des Entgeltes muss im Verhältnis zum Aufwand der anerkannten Schlichtungsstelle angemessen sein.
(5) [1]Soweit keine privatrechtlich organisierte Einrichtung als Schlichtungsstelle anerkannt wird, weist das Bundesministerium der Justiz und für Verbraucherschutz im Einvernehmen mit dem Bundesministerium der Finanzen und dem Bundesministerium für Wirtschaft und Energie die Aufgaben der Schlichtungsstelle durch Rechtsverordnung ohne Zustimmung des Bundesrates einer Bundesoberbehörde oder Bundesanstalt zu und regelt deren Verfahren sowie die Erhebung von Gebühren und Auslagen. [2]§ 31 des Verbraucherstreitbeilegungsgesetzes ist entsprechend anzuwenden. [3]Die Schlichtungsstelle ist Verbraucherschlichtungsstelle nach dem Verbraucherstreitbeilegungsgesetz und muss die Anforderungen nach dem Verbraucherstreitbeilegungsgesetz erfüllen.

Übersicht

	Rdn.		Rdn.
A. Allgemeines	1	3. Alternativen	6
B. Tatbestand	2	III. Schlichtungsverfahren	7
I. Schlichtungsfähige Streitigkeiten	2	1. Beteiligte	7
II. Anerkennung von Schlichtungsstellen	4	2. Pflicht zur Beantwortung	8
1. Voraussetzungen	4	3. Entgeltanspruch der Schlichtungsstelle	9
2. Verfahren	5	IV. Übergangsfrist	10

Schrifttum:
Basedow, Der Versicherungsombudsmann und die Durchsetzung der Verbraucherrechte in Deutschland, VersR 2008, 750; *Brömmelmeyer,* Der Ombudsmann im Finanzsektor, WM 2012, 337; *Bultmann,* Der Versicherungsombudsmann e.V. – Die Organisation, Münsteraner Reihe, Bd. 72, 1; *Friedrich,* Das Ombudsmannverfahren in der Versicherungswirtschaft für Verbraucher, DAR 2002, 157; *Hirsch,* Die Praxis des Versicherungsombudsmanns, VuR 2010, 298; *ders.,* Erfahrungen des Versicherungsombudsmanns, insbesondere mit der Beratungs- und Dokumentationspflicht, Münsteraner Reihe, Bd. 112, 44; *Jordans,* Der rechtliche Charakter von Ombudsmann-Systemen und ihren Entscheidungen, VuR 2003, 253; *Kalis,* Der Ombudsmann in der privaten Krankenversicherung (PKV), VersR 2002, 292; *Knauth,* Versicherungsombudsmann – private Streitbeilegung für Verbraucher, WM 2001, 2325; *ders.,* Der Versicherungsombudsmann e.V. – Die Erwartungen der Versicherungswirtschaft, Münsteraner Reihe,

---

34 PK/*Klär,* § 213 Rn. 40 f.; sehr ausführlich HK-VVG/*Muschner,* § 213 Rn. 67 bis 92.
35 BGH NJW 2010, 289, 290 ff.; BGH Beschluss v. 25.05.2011, BeckRS 17253; s. auch OLG Jena Urteil v. 22.06.2010, BeckRS 06350; OLG Hamburg VersR 2008, 770, 772; S/H/W/*Wendt,* § 213 Rn. 35; weitere nicht veröffentlichte Urteile von LG bei HK-VVG/*Muschner,* § 213 Rn. 84 f.
36 P/M/*Voit,* § 213 Rn. 60; a.A. PK/*Klär,* § 213 Rn. 60; L/W/*Eberhardt,* § 213 Rn. 78.
37 http://www.gdv.de/wp-content/uploads/2013/03/GDV_Code-of-Conduct_Datenschutz_2012.pdf, zuletzt abgerufen am 31.07.2016.

Bd. 72, 7; *Lorenz, Egon,* Der Versicherungsombudsmann: eine neue Institution des Versicherungswesens, VersR 2004, 541; *Michaels,* Die Unabhängigkeit des Ombudsmanns ist oberster Grundsatz, VW 2000, 396; *Müller,* Außergerichtliche Streitschlichtung im Bereich der Privaten Kranken- und Pflegeversicherung – Erfahrungen im Umgang mit neuen Gesetzen, VuR 2010, 259; *Römer,* Neuland in der Versicherungswirtschaft: Der Ombudsmann ist da, Beilage zu BB 2002 Heft 14, S. 1; *ders.,* Offene und beantwortete Fragen zum Verfahren vor dem Ombudsmann, NVersZ 2002, 289; *ders.,* Der Ombudsmann für private Versicherungen, NJW 2005, 1251; *Scherpe,* Der deutsche Versicherungsombudsmann, NVersZ 2002, 97; *Scholl,* Der Versicherungsombudsmann e.V. – Die Erwartungen der Verbraucher, Münsteraner Reihe, Bd. 72, 19; *Tiffe,* Eineinhalb Jahre Versicherungsombudsmann e.V., VuR 2003, 260.

A. Allgemeines

Schlichtungsstellen sollen helfen, Streitigkeiten außergerichtlich beizulegen. Mit § 214 hat der Gesetzgeber die europarechtlich vorgegebenen[1] Regelungen in § 42k a.F.[2] über Schlichtungsstellen für Streitigkeiten zwischen Vermittlern und VN sowie in § 48e a.F.[3] über Schlichtungsstellen für Streitigkeiten bei Fernabsatzverträgen über Versicherungen zusammengefasst. Zugleich hat er den Anwendungsbereich auf sämtliche Streitigkeiten aus Versicherungsverträgen mit Verbrauchern erweitert. Bereits anerkannte Schlichtungsstellen sind der **Versicherungsombudsmann e.V.**[4] und der **Ombudsmann Private Kranken- und Pflegeversicherung**[5]. Die Versicherungswirtschaft finanziert beide Institutionen. Für weitere Einzelheiten zu den Ombudsleuten Versicherungsombudsmann e.V. und dem Ombudsmann Private Kranken- und Pflegeversicherung wird auf die Kommentierung Einl. A Rdn. 69 ff. verwiesen.

Durch die Richtlinie 2013/11/EU des Europäischen Parlaments und Rates vom 21. Mai 2013 hat der europäische Gesetzgeber EU-Rechtsvorschriften über die alternative Streitbeilegung zwischen Verbrauchern und Unternehmen geschaffen.[6] Die Richtlinie soll eine unabhängige, unparteiische, transparente, effektive, schnelle und faire außergerichtliche Beilegung von Streitigkeiten, die sich aus inländischem oder grenzüberschreitendem Verkauf von Waren oder aus der Bereitstellung von Dienstleistungen ergeben, ermöglichen.

B. Tatbestand

I. Schlichtungsfähige Streitigkeiten

Die Schlichtungsstellen nach § 214 können zur Schlichtung zweier verschiedener Arten von Streitigkeiten für zuständig erklärt werden: Streitigkeiten bei **Versicherungsverträgen mit Verbrauchern** gem. § 13 BGB (Abs. 1 Satz 1 Nr. 1) und Streitigkeiten zwischen Versicherungsvermittlern oder Versicherungsberatern einerseits und VN andererseits im Zusammenhang mit der **Vermittlung von Versicherungsverträgen** (Abs. 1 Satz 1 Nr. 2). Nicht erfasst sind entgegen dem RegE[7] Streitigkeiten zwischen sog. Bagatellvermittlern i.S.v. § 66 und VN. Entsprechend erklärt auch § 66 die Vorschrift des § 214 für unanwendbar. Die EU-Vermittlerrichtlinie schreibt Schlichtungsstellen für Bagatellvermittler nicht vor. Der Gesetzgeber sah von einer überschießenden Umsetzung ab, um die Bagatellvermittler nicht übermäßig zu belasten.[8] In den Abs. 3 und 4 sind die Bagatellvermittler jedoch weiterhin enthalten.

Aus § 209 ergibt sich, dass § 214 nicht auf Streitigkeiten bei **Rückversicherungs- und Seeversicherungsverträgen** anwendbar ist. Abs. 1 Satz 1 Nr. 1 greift wegen der Beschränkung auf Verträge mit Verbrauchern bei **Großrisiken** i.d.R. nicht, weil an Verträgen über Großrisiken zumeist keine Verbraucher beteiligt sind. Dasselbe gilt i.d.R. für die laufende Versicherung.[9] Nach der Regierungsbegründung soll sich aus § 65 ergeben, dass auch Abs. 1 Satz 1 Nr. 2 nicht auf Großrisiken anwendbar ist.[10] Dem Wortlaut des § 65 lässt sich dies allerdings nicht entnehmen, da er nur die §§ 60–63 für unanwendbar erklärt. Auch gibt es keinen Anhaltspunkt dafür, dass die Schlichtungsstelle nach § 214 nur zur Schlichtung von Streitigkeiten aus §§ 60–63 da sein soll. Da Art. 11 der EU-Vermittlerrichtlinie, der die Förderung außergerichtlicher Streitbeilegung verlangt, für alle Risiken gilt, ergibt sich eine entsprechende Einschränkung auch nicht aus einer europarechtskonformen Auslegung. Abs. 1 Satz 1 Nr. 2 ist daher auch auf Verträge zur Vermittlung von Großrisiken anwendbar. Ob die Anrufung des Ombudsmanns hier ein passendes Hilfsmittel ist, ist eine andere Frage.

---

1 Art. 11 Richtlinie 2002/92/EG des europäischen Parlaments und des Rates über Versicherungsvermittlung, Abl. EG Nr. L 9/9 vom 15.01.2003 sowie Art. 14 Richtlinie 2002/65/EG des Europäischen Parlaments und des Rates vom 23. September 2002 über den Fernabsatz von Finanzdienstleistungen an Verbraucher und zur Änderung der Richtlinie 90/619/EWG des Rates und der Richtlinien 97/7/EG und 98/27/EG, ABl 2002 L 271, 16–24.
2 Eingeführt m.w.v. 22.05.2007 durch Gesetz vom 19.12.2006, BGBl. I 2006, S. 3232, wobei Absatz 1 Sätze 1 und 2 sowie Absätze 2 bis 5 bereits am 23.12.2006 in Kraft getreten sind.
3 Eingeführt m.W.v. 08.12.2004 durch Gesetz vom 02.12.2004, BGBl. I 2004, S. 3102, 3107.
4 Homepage: www.versicherungsombudsmann.de; abgerufen am 31.07.2016.
5 Homepage: www.pkv-ombudsmann.de; abgerufen am 31.07.2016.
6 Amtsblatt L 165/63.
7 Begr. RegE BT-Drucks. 16/3945 S. 40 linke Spalte unten.
8 Stellungnahme des Bundesrates zum RegE BT-Drucks. 16/3945 S. 32.
9 L/W/*Looschelders,* § 214 Rn. 6; PK/*Klär,* § 214 Rn. 12.
10 Begr. RegE BT-Drucks. 16/3945 S. 117; PK/*Klär,* § 214 Rn. 12.

§ 215 Gerichtsstand

II. Anerkennung von Schlichtungsstellen

1. Voraussetzungen

4   Ursprünglich zählte § 214 die Anforderungen an die Schlichtungsstelle auf. Nun bestimmen sich die Voraussetzungen für eine Anerkennung als Verbraucherschlichtungsstelle nach § 24 des Verbraucherstreitbeilegungsgesetzes vom 19. Februar 2016 (BGBl. I S. 254).

2. Verfahren

5   Das Bundesamt für Justiz ist nach Abs. 1 Satz 1 befugt, privatrechtlich organisierte Einrichtungen als Schlichtungsstellen anzuerkennen. Die Anerkennung ist im Bundesanzeiger bekannt zu machen (Abs. 2 Satz 3). Die Bekanntgabe ist nur deklaratorischer Natur.[11] Die Anerkennung selbst ist ein Verwaltungsakt gemäß § 35 Satz 1 VwVfG.[12] Ihr Widerruf oder ihre Rücknahme erfolgt nach §§ 48, 49 VwVfG.

3. Alternativen

6   Für den Fall, dass keine privatrechtlich organisierten Einrichtungen anerkannt werden, **ermächtigt** Abs. 5 das Bundesministerium der Justiz im Einvernehmen mit den drei anderen Bundesministerien eine **Verordnung** zu erlassen, die die Aufgaben der Schlichtungsstelle einer Bundesbehörde oder einer Bundesanstalt zuweist und das Verfahren sowie Gebühren und Auslagenerhebung regelt.

III. Schlichtungsverfahren

1. Beteiligte

7   **Alle Beteiligten**, d.h. nicht nur Verbraucher oder VN, sind berechtigt, die Schlichtungsstelle anzurufen (Abs. 1 Satz 2). Das Recht, die ordentlichen Gerichte anzurufen, bleibt gem. Abs. 1 Satz 2 unberührt, so dass die Beteiligten alternativ oder daneben den Rechtsweg beschreiten können. Vor den ordentlichen Gerichten kann das Verfahren vor der Schlichtungsstelle als Einigungsversuch vor einer außergerichtlichen Gütestelle nach § 278 II ZPO gewertet werden.[13]

2. Pflicht zur Beantwortung

8   Die Stelle ist nach Abs. 3 **verpflichtet, jede Beschwerde** über einen VR, Versicherungsvermittler, Vermittler nach § 66 oder Versicherungsberater **zu beantworten**. Ruft hingegen ein Vermittler, ein Versicherungsberater oder ein VR die Stelle an, gibt es keine solche Bescheidungspflicht. In der Vorschrift ist nicht geregelt, welche Rechtsfolge bei Nichtbeachtung der Beantwortungspflicht eintritt. In der Literatur wird vertreten, dass i.d.R. kein Schadensersatzanspruch besteht.[14]

3. Entgeltanspruch der Schlichtungsstelle

9   Durch Abs. 4 Satz 1 wird den Schlichtungsstellen die Möglichkeit eingeräumt, von **Versicherungsvermittlern**, Vermittlern nach § 66 und **Versicherungsberatern** ein **Entgelt** für ihre Leistung zu erheben. Vermittler nach § 66 sind auch hier angesprochen; für Verfahren gegen sie ist die Stelle gar nicht zuständig. VR sind hier nicht erwähnt, was daran liegt, dass die bisher anerkannten Schlichtungsstellen ohnehin von der Versicherungswirtschaft finanziert werden. VN zahlen nach Abs. 4 Satz 2 ein geringes Entgelt, wenn sie offensichtlich missbräuchliche Beschwerden einlegen. Die Höhe des Entgelts muss in allen Fällen im Verhältnis zum Aufwand der Schlichtungsstelle angemessen sein (Abs. 4 Satz 3).

IV. Übergangsfrist

10   Gemäß Art. 23 des Verbraucherstreitbeilegungsgesetzes können Schlichtungsstellen, die bis zum 1. April 2016 anerkannt oder beauftragt worden sind, ihre Tätigkeit bis zum 1. August 2016 auf der bis zum 1. April 2016 geltenden Rechtsgrundlage fortsetzen. Danach gelten sie als Verbraucherschlichtungsstellen nach dem Verbraucherstreitbeilegungsgesetz und unterliegen den ab 1. April geltenden Vorschriften.[15]

§ 215 Gerichtsstand.

(1) ¹Für Klagen aus dem Versicherungsvertrag oder der Versicherungsvermittlung ist auch das Gericht örtlich zuständig, in dessen Bezirk der Versicherungsnehmer zur Zeit der Klageerhebung seinen Wohnsitz, in Ermangelung eines solchen seinen gewöhnlichen Aufenthalt hat. ²Für Klagen gegen den Versicherungsnehmer ist dieses Gericht ausschließlich zuständig.
(2) § 33 Abs. 2 der Zivilprozessordnung ist auf Widerklagen der anderen Partei nicht anzuwenden.

---

11 L/W/*Looschelders*, § 214 Rn. 7; PK/*Klär*, § 214 Rn. 8.
12 B/M/*Brand*, § 214 Rn. 14; P/M/*Klimke*, § 214 Rn. 6.
13 *Meixner/Steinbeck*, § 1 Rn. 376.
14 P/M/*Klimke*, § 214 Rn. 8.
15 BGBl. I S. 254, 273.

Gerichtsstand **§ 215**

(3) Eine von Absatz 1 abweichende Vereinbarung ist zulässig für den Fall, dass der Versicherungsnehmer nach Vertragsschluss seinen Wohnsitz oder gewöhnlichen Aufenthalt aus dem Geltungsbereich dieses Gesetzes verlegt oder sein Wohnsitz oder gewöhnlicher Aufenthalt im Zeitpunkt der Klageerhebung nicht bekannt ist.

Übersicht

	Rdn.		Rdn.
A. Allgemeines	1	IV. Rechtsfolge	8
B. Gerichtsstände nach Abs. 1	2	C. Widerklage nach Abs. 2	9
I. Erfasste Klagen	2	D. Gerichtsstandsvereinbarung nach Abs. 3	10
II. Parteien	5	E. Abdingbarkeit	11
III. Wohnsitz oder gewöhnlicher Aufenthalt	7		

Schrifttum:
Bauer/Raikowski, Zum Wohngerichtsstand des Versicherungsnehmers nach § 215 Abs. 1 VVG, VersR 2010, 1559; *Brand*, Problemfelder des Übergangsrechts zum neuen VVG, VersR 2011, 557; *Fendt*, EuGVVO: Gerichtsstandswahl in Versicherungssachen – auch für Zessionare und Prozessbefugte?, VersR 2012, 34; *Fricke*, Wen oder was schützt § 215 VVG? – Ein Versuch, eine dunkle Norm zu erhellen –, VersR 2009, 15; *Günter*, Anmerkung zu LG Berlin Beschluss vom 30.09.2010, FD-VersR 2011, 314231; *Heiss*, Gerichtsstandsvereinbarungen zulasten Dritter, insbesondere in Versicherungssachen zu ihren Gunsten, IPRax 2005, 497; *Looschelders/Heinig*, Der Gerichtsstand am Wohnsitz oder gewöhnlichen Aufenthalt des VN nach § 215 VVG, JR 2008, 265; *Münstermann*, Anmerkung zu LG Berlin Beschluss vom 30.09.2010, VR kompakt, 2; *Sperlich/Wolf*, Anmerkung zu EuGH Urteil vom 20.05.2010, VersR 2010, 1011; *Staudinger*, Der Schutzgerichtsstand in § 215 I S. 1 VVG analog zu Gunsten der Wohnungseigentümerschaft sowie Sondereigentümer, ZflR 2015, 361; *Wandt/Gal*, Gerichtsstandsvereinbarungen in Versicherungssachen im Anwendungsbereich des § 215, Gedächtnisschrift Manfred Wolf, S. 579.

A. Allgemeines

Mit § 215 I 1 räumt der Gesetzgeber dem VN das Recht ein, Klagen gegen VR, Vermittler und Berater an seinem Wohnsitz einzureichen. Wie bei § 29c ZPO richtet sich der Gerichtsstand des § 215 I 1 daher nach dem **Wohnsitz des Angreifers**, nicht des Angegriffenen.[1] Des Weiteren soll der VN durch den **ausschließlichen Gerichtsstand** des § 215 I 2 für Klagen gegen ihn davor geschützt werden, anderenorts als an seinem Wohnsitz oder Aufenthaltsort in Anspruch genommen zu werden. § 215 ist in seinem Anwendungsbereich spezieller als § 29c ZPO. Im Anwendungsbereich der EuGVVO wird § 215 von Art. 11 I lit. b EuGVVO[2] verdrängt.[3] Für den zeitlichen Anwendungsbereich vgl. *Looschelders/Pohlmann/Wolf*[2], § 215, Rn. 11.   1

B. Gerichtsstände nach Abs. 1

I. Erfasste Klagen

In den sachlichen Anwendungsbereich des § 215 I 1 fallen **erstens Klagen aus dem Versicherungsvertrag**. Der Begriff der »Klagen aus dem Versicherungsvertrag« ist weit auszulegen.[4] Deswegen sind Fragen des Bestehens oder Nichtbestehens eines Versicherungsvertrages[5] ebenso wie Streitigkeiten über eine vorläufige Deckungszusage[6] erfasst. Daneben kommen auch vorvertragliche und vertragsähnliche Ansprüche in Frage. Insbes. kommen Streitigkeiten in Betracht, die sich aus Pflichtverletzungen aus dem VVG ergeben. Hierzu zählen u.a. die Verletzung von Beratungspflichten gem. § 6 V und die Verletzung von Informationspflichten gem. § 7 I i.V.m der VVG-InfoV.[7] § 215 I gilt ebenfalls für Streitigkeiten, die im Zusammenhang mit der Ausübung von Widerrufs- und Gestaltungsrechten gem. §§ 8, 9 oder § 19 II stehen.[8] Auch bereicherungsrechtliche[9] oder deliktsrechtliche Ansprüche[10] können unter § 215 fallen, sofern sie im Zusammenhang mit dem Versicherungsvertrag stehen.   2

Umstritten ist, ob von § 215 auch der Direktanspruch des Geschädigten gem. § 115 erfasst ist. Mit Hinweis auf den überwiegend deliktischen Charakter eines Direktanspruchs wird von der h.M. zu Recht die Anwen-   3

---

1 Begr. RegE BT-Drucks. 16/3945 S. 117; zur Entstehungsgeschichte *Fricke* VersR 2009, 15.
2 Zum Klägergerichtsstand im Europäischen Zivilrecht, *Looschelders* IPRax 1998, 86 ff.; vgl. zu Art. 9 I lit b EuGVVO a.F. auch EuGH (»ČPP«) v. 20.05.2010 – C 111/09 Anm. *Sperlich/Wolf* VersR 2010, 1101.
3 *Grote/Schneider* BB 2007, 2689, 2701; *Looschelders/Heinig* JR 2008, 265, 265.
4 Vgl. zu § 48 a.F. B/M/*Möller*[8], Bd. I, § 48 Anm. 21.
5 *Looschelders/Heinig* JR 2008, 265; vgl. für § 48 a.F. BK/*Gruber*, § 48 Rn. 4; B/M/*Möller*[8], Bd. I, § 48 Anm. 21.
6 OLG Schleswig VersR 1985, 756 ff.; *Looschelders/Heinig* JR 2008, 265; P/M/*Klimke*, § 215 Rn. 4.
7 *Looschelders/Heinig* JR 2008, 265; *Meixner/Steinbeck*, § 1 Rn. 363.
8 *Looschelders/Heinig* JR 2008, 265.
9 Wegen Nichtigkeit des Vertrages oder deliktischer Ansprüche aus § 823 II BGB i.V.m. Schutzgesetz vgl. *Looschelders/Heinig* JR 2008, 265.
10 B/M/*Möller*[8], Bd. I, § 48 Anm. 21; vgl. zu § 29c ZPO BGH NJW 2003, 1190, 1191.

dung des § 215 abgelehnt.[11] Der Anspruch selbst ergibt sich nicht aus dem Versicherungsvertrag, sondern aus dem gesetzlichen Schuldverhältnis.

4 § 215 I 2 erfasst **zweitens Klagen aus der Versicherungsvermittlung**. Der Versicherungsvermittler kann gem. § 59 I der Versicherungsvertreter[12] oder der Versicherungsmakler[13] sein. Daneben sollen laut Gesetzesbegründung auch Klagen des VN gegen einen Versicherungsberater von § 215 erfasst sein.[14] Allerdings kann man angesichts des Wortlauts des § 215 diese Norm für die Versicherungsberater nur analog heranziehen.[15] Der Versicherungsberater darf zwar keine Versicherungen vermitteln[16], fällt aber nach Auffassung des Gesetzgebers unter die Richtlinie über Versicherungsvermittlung[17]. § 68 I erstreckt aufgrund der Richtlinienumsetzung eine Vielzahl von Pflichten auf den Versicherungsberater, insbes. die Schadensersatzpflicht gem. § 63.[18] Der VN kann somit aufgrund derselben Anspruchsgrundlage gegen Versicherungsvermittler und Versicherungsberater vorgehen. Damit besteht die gleiche Interessenlage, so dass dem VN derselbe Gerichtsstand zur Verfügung stehen muss.[19] Mögliche Klagen können u.a. aus einer Verletzung der Beratungs- und Informationspflichten gem. §§ 60 ff. herrühren. Haben die Parteien eine abweichende Vereinbarung hinsichtlich des Provisionsanspruches getroffen,[20] sind auch mögliche Zahlungsklagen gegen den VN von § 215 I 1 erfasst.[21]

II. Parteien

5 § 215 I 1 erfasst nach seinem Wortlaut Klagen, bei denen auf einer Seite, also als Beklagter oder als Kläger, ein **VN** beteiligt ist, und auf der anderen Seite ein **VR** oder ein **Vermittler** oder **Versicherungsberater** (zu letzterem s. vorherige Rdn.). Dritte werden grundsätzlich nicht von § 215 I 1 erfasst[22]. Umstritten ist, ob der Gerichtsstand nur solchen **VN** zugutekommt, die **natürliche Personen** sind. Dafür lässt sich der Wortlaut des § 215 I 1 anführen, der von »Wohnsitz« und »gewöhnlichem Aufenthalt« spricht.[23] Diese Begrifflichkeiten passen nicht zu juristischen Personen oder Personengesellschaften. Dem wird aber zu Recht entgegengehalten, dass der Wortlaut vom VN und nicht vom Verbraucher spricht.[24] Sinn und Zweck des § 215 I 1 ist es nach dem oben Gesagten vor allem, einen für den VN klar feststellbaren Gerichtsstand zu bestimmen. Dieser Zweck ist nicht auf VN beschränkt, die Verbraucher sind, so dass auch die teleologische Auslegung für eine Anwendung auf VN spricht, die juristische Personen oder Personengesellschaften sind[25]. Die Formulierungen »Wohnsitz« und »Aufenthalt« wurden, so wird in der Literatur zu Recht vermutet, wohl nur ohne nähere Überlegungen aus § 29c ZPO übernommen.[26] Deswegen ist § 215 I 1 weit auszulegen, so dass VN, die juristischen Personen oder Personengesellschaften sind, am Sitz ihrer Gesellschaft klagen können (§ 17 I ZPO).[27] Teilweise wird diese Auslegung so bereits in die AVB aufgenommen[28] oder ausdrücklich darauf verwiesen, dass nur natürliche Personen erfasst sind[29].

---

11 LG Halle, NJW-RR 2011, 114; B/H/H/S/*Burmann/Heß*, Rn. 486; B/M/*Brand*, § 215 Rn. 31; *Franz* VersR 2008, 298, 307; *Looschelders/Heinig* JR 2008, 265, 269; Marlow/*Spuhl*, Rn. 646; PK/*Klär*, § 215 Rn. 6, a.A. *Fricke* VersR 2009, 15; schon nach altem Recht ablehnend LG München I VersR 1974, 738; BK/*Gruber*, § 48 Rn. 4; P/M/*Kollhosser*[27], § 48 Rn. 1; R/L/*Langheid*[2], § 48 Rn. 3; a.A. *Hübner* VersR 1977, 1069, 1072 f.; *Landwehr* VersR 1965, 1114, 1117; *Schade* VersR 1974, 738.
12 Legaldefinition in § 59 II.
13 Legaldefinition in § 59 III.
14 Begr. RegE BT-Drucks. 16/3945 S. 117.
15 *Looschelders/Heinig* JR 2008, 265, 266; a.A. PK/*Klär*, § 215 Rn. 3.
16 Vgl. § 34e GewO, *Landmann/Rohmer/Schönleiter*, Gewerbeordnung, 70. EL Juni 2015, § 34e Rn. 10.
17 Richtlinie 2002/92/EG des Europäischen Parlaments und des Rates vom 09.12.2002 über Versicherungsvermittlung, Abl. Nr. L 9 vom 15.01.2003, S. 3–10; Begr. RegE BT-Drucks. 16/1935 S. 23, 26.
18 Siehe Beispiel bei *Meixner/Steinbeck*, § 1 Rn. 364.
19 *Looschelders/Heinig* JR 2008, 265, 266.
20 P/M/*Kohlhosser*[27], Anhang zu §§ 43–48 Rn. 42a.
21 *Looschelders/Heinig* JR 2008, 265, 266; Marlow/*Spuhl*, Rn. 1493.
22 LG Halle NJW-RR 2011, 114.
23 LG Ravensburg VersR 2015, 1184; LG Potsdam VersR 2015, 338; LG Fulda VersR 2013, 481; LG Limburg VersR 2011, 609; P/M/*Klimke*, § 215 Rn. 12; B/H/H/S/*Burmann/Heß*, Rn. 485; *Franz* DStR 2008, 303, 309; *ders.* VersR 2008, 298, 307; *Grote/Schneider* BB 2007, 2689, 2701; PK/*Klär*, § 215 Rn. 9; S/H/W/*Krahe*, § 215 Rn. 7.
24 *Grote/Schneider* BB 2007, 2689, 2701; HK-VVG/*Muschner*, § 215 Rn. 3 spricht sich deswegen für eine teleologische Reduktion des § 215 auf Versicherungsverträge mit Verbrauchern aus.
25 So auch mit ausführlicher Begründung OLG Schleswig VersR 2015, 1422.
26 *Looschelders/Heinig* JR 2008, 265, 266.
27 *Fricke* VersR 2009, 15, 16; *Looschelders/Heinig* JR 2008, 265, 266; B/M/*Brand*, § 215 Rn. 12; *Meixner/Steinbeck*, § 1 Rn. 365; *Bauer/Rajkowski* VersR 2010, 1559; *Armbrüster*, r+s 2010, 441, 456; für eine analoge Anwendung Staudinger, ZfIR 2015, 361; a.A. LG Berlin Beschluss v. 30.09.2010, BeckRS 30691; *Franz* VersR 2008, 298, 307; Marlow/*Spuhl*, Rn. 1489; HK-VVG/*Muschner*, § 215 Rn. 3; P/M/*Klimke*, § 215 Rn. 11 f.
28 Vergleich hierzu im Anhang Berufshaftpflichtversicherung für Rechtsanwälte, Steuerberater und Notare, § 10 II 1.2, 2.2 AVB-RWS: »Ist der VN eine juristische Person, bestimmt sich das zuständige deutsche Gericht nach dem Geschäftssitz«.
29 L/W/*Looschelders*, § 215 Rn. 73; 76.

Tritt ein **Wechsel des VN** ein, so findet § 215 auch Anwendung auf den neuen VN.[30] Dies ist beispielsweise 6
der Fall, wenn die Sache veräußert wird[31] oder eine rechtsgeschäftliche Vertragsübernahme stattfindet. Das
gleiche gilt im Rahmen einer Verschmelzung gem. § 20 I Nr. 1 UmwG oder einer Spaltung nach § 131 I Nr. 1
UmwG.[32] Tritt ein **Erbe** an die Stelle des Erblassers, so ist er der neue VN und damit sein Wohnsitz maßgeblich, z.B. bei Fortsetzung einer Sachversicherung[33] oder Vererblichkeit der vertraglichen Stellung als VN[34]. Ist
bei der Lebensversicherung kein Bezugsberechtigter bestimmt worden, fällt der Anspruch auf die Versicherungssumme in den Nachlass.[35] Da der Erblasser keinen Wohnsitz und gewöhnlichen Aufenthalt mehr hat
und der Erbe nicht VN gemäß § 215 ist[36], gelten die allgemeinen Regeln.[37] Nach dem Zweck des § 215 sind
auch Klagen von **Versicherten und Bezugsberechtigten** grundsätzlich von § 215 erfasst.[38] Maßgeblich ist
dann der Sitz des VN[39] bzw. der letzte Wohnsitz oder gewöhnliche Aufenthalt des Erblassers bei der Lebensversicherung,[40] wenn der Versicherte bzw. Bezugsberechtigte klagt. Für Klagen gegen diese Personen gilt
§ 215 I 1, 2 jedoch nicht, damit diese nicht an einem anderen Ort als ihrem Wohnsitz verklagt werden können.[41] § 215 I ist auch für Klagen des **Grundpfandgläubigers** anwendbar,[42] nicht für Klagen gegen ihn.[43] Für
Klagen eines **Zessionars** greift ebenfalls § 215,[44] nicht aber für Klagen gegen ihn.[45]

III. Wohnsitz oder gewöhnlicher Aufenthalt

Für das örtlich zuständige Gericht ist der **Wohnsitz** des VN maßgeblich. Dieser wird nach den §§ 7–11 BGB 7
bestimmt. Als Wohnsitz ist der räumliche Mittelpunkt des gesamten Lebens einer Person zu verstehen.[46]
Kann kein Wohnsitz bestimmt werden, so ist der **gewöhnliche Aufenthalt** entscheidend. Der gewöhnliche
Aufenthalt ist der Ort, an welchem für eine Person ihr Daseinsmittelpunkt oder der Schwerpunkt der Lebensverhältnisse ist.[47] Der maßgebliche Zeitpunkt ist gem. § 253 I ZPO die Klageerhebung. Eine spätere Änderung des Wohnsitzes bzw. des gewöhnlichen Aufenthalts ist gem. § 261 III Nr. 2 ZPO unschädlich. § 215 ist
nicht anwendbar, wenn der VN keinen Wohnsitz und keinen gewöhnlichen Aufenthalt hat.[48] Der tatsächliche
Aufenthalt reicht nicht aus, um den Anwendungsbereich des § 215 zu eröffnen.[49] Dann sind der allgemeine
Gerichtsstand in § 12 ZPO i.V.m. § 16 ZPO und die besonderen Gerichtsstände gem. §§ 21 I, 29 I ZPO einschlägig.

IV. Rechtsfolge

Der Gerichtsstand ist gem. **§ 215 I 2** für Klagen gegen den VN **ausschließlich**. Ein rügelose Einlassung zu 8
Lasten des VN ist wegen § 40 II 2 ZPO i.V.m. § 215 I 2 VVG ausgeschlossen.[50] Der VN kann hingegen bei
Klagen gegen VR, Vermittler oder Versicherungsberater zwischen dem **besonderen Gerichtsstand** des § 215 I
1 und dem allgemeinen und den weiteren besonderen Gerichtsständen **wählen** (§ 35 ZPO). Der VN kann daher außer an dem Gerichtsstand des § 215 I 1 in dem allgemeinen Gerichtsstand gem. § 17 I ZPO, dem be-

---

30 *Looschelders/Heinig* JR 2008, 265, 267; für § 48 a.F. BK/*Gruber*, § 48 Rn. 4; a.A. P/M/*Klimke*, § 215 Rn. 13, wenn es sich um eine juristische Person oder rechtsfähige Personengesellschaft handelt.
31 Vgl. § 95 I.
32 *Looschelders/Heinig* JR 2008, 265, 267.
33 BGH NJW-RR 1993, 1048, 1049.
34 Bamberger/Roth/*Müller-Christmann*, § 1922 Rn. 44.
35 BGHZ 32, 44, 45 f.; *Looschelders/Heinig* JR 2008, 265, 268.
36 *Looschelders/Heinig* JR 2008, 265, 268.
37 Näher *Looschelders/Heinig* JR 2008, 265, 268.
38 OLG Oldenburg NJW 2012, 2894; LG Saarbrücken Beschluss v. 07.06.2011 BeckRS 2011, 20586; so auch B/M/*Brand*, § 215 Rn. 16; 18.
39 LG Cottbus Beschluss v. 04.05.2011 BeckRS 27578; *Looschelders/Heinig* JR 2008, 265, 267; a.A. P/M/*Klimke*, § 215 Rn. 17.
40 Vgl. § 27 I ZPO a.E., *Looschelders/Heinig* JR 2008, 265, 267.
41 *Looschelders/Heinig* JR 2008, 265, 268.
42 Näher *Looschelders/Heinig* JR 2008, 265, 268, a.A. B/M/*Brand*, § 215 Rn. 19.
43 *Looschelders/Heinig* JR 2008, 265, 268; a.A. B/M/*Brand*, § 215 Rn. 19.
44 Für § 48 a.F. BK/*Gruber*, § 48 Rn. 4; B/M/*Möller*[8], Bd. I, § 48 Anm. 21; a.A. AG Kiel NJW-RR 2011, 188.
45 *Looschelders/Heinig* JR 2008, 265, 269.
46 RGZ 67, 191, 193.
47 BGH NJW 1975, 1068; BGH NJW 1993, 2047, 2048; *Looschelders*, Internationales Privatrecht, Art. 5 EGBGB Rn. 7; Palandt/*Heinrichs/Ellenberger*, § 7 Rn. 3.
48 *Looschelders/Heinig* JR 2008, 265, 269.
49 Vgl. zu dieser Problematik auch die Kommentierung zu § 29c ZPO; Stein/Jonas/*Roth*, ZPO, 22. Aufl. 2003, § 29c Rn. 10; Zöller/*Vollkommer*, § 29c Rn. 7; a.A. Saenger/*Bendtsen*, ZPO, 4. Aufl. 2011, § 29c Rn. 5, 7.
50 Vgl. den Wertungswiderspruch von reinen Inlandsfällen und dem Europäischen Zivilprozessrecht: EuGH (»ČPP«) vom 20.05.2010 – C 111/09 Anm. *Sperlich/Wolf* VersR 2010, 1101, wonach eine rügelose Einlassung des VN nach Art. 8 EGVVO die Zuständigkeit begründet.

sonderen Gerichtsstand des Erfüllungsortes gem. § 29 I ZPO und dem besonderen Gerichtsstand der Niederlassung gem. § 21 I ZPO klagen.

Das Gesagte gilt auch, wenn **mehrere Kläger** gemeinsam gegen den VR oder Versicherungsvermittler bzw. Versicherungsberater vorgehen. Sie werden sich, falls sie unterschiedliche Wohnsitze haben, gegen den Gerichtsstand des § 215 entscheiden.[51]

C. Widerklage nach Abs. 2

9 Nach § 33 I ZPO ist unter der Voraussetzung der Konnexität das Gericht der Klage auch für die Widerklage zuständig. § 33 II i.V.m. § 40 II Nr. 2 ZPO macht hiervon eine Ausnahme, wenn für die Widerklage ein ausschließlicher Gerichtsstand begründet ist. Dieser kann durch den Gerichtsstand der Widerklage nicht umgangen werden. Hiervon wiederum sieht § 215 II – in Entsprechung zu § 29c II ZPO – eine Gegenausnahme vor: VR, Vermittler und Versicherungsberater können eine **Widerklage** gegen den klagenden VN auch dann **erheben**, wenn dadurch der **ausschließliche Gerichtsstand des § 215 II 2 umgangen würde**. Es heißt, § 215 II sei ebenso wie § 29c ZPO eng auszulegen.[52] Deswegen könne der VR nicht im Rahmen der Widerklage einen Anspruch aus einem anderen Versicherungsvertrag geltend machen, der mit dem in der Klage geltend gemachten Anspruch nicht im Zusammenhang stehe.[53] Es dürfte dann ohnehin an der von § 33 I ZPO vorausgesetzten Konnexität fehlen.

D. Gerichtsstandsvereinbarung nach Abs. 3

10 § 215 III ist an §§ 38 III Nr. 2, 29c III ZPO angelehnt.[54] Gerichtsstandsvereinbarungen sind nach § 40 II Nr. 2 ZPO unzulässig, wenn ein ausschließlicher Gerichtsstand besteht. Hiervon macht § 215 III eine Ausnahme und lässt es für beide Varianten des Abs. 1 zu, dass für die Fälle, in denen der VN seinen Wohnsitz oder gewöhnlichen Aufenthalt ins Ausland verlegt oder sein Wohnsitz bzw. gewöhnlicher Aufenthalt unbekannt ist, hilfsweise eine Gerichtsstandsvereinbarung getroffen wird. Durch diese Ausnahmeregelung wird der VR bzw. Versicherungsvermittler bzw. Versicherungsberater vor einer erschwerten Rechtsverfolgung geschützt. Die Verlegung von Wohnsitz bzw. gewöhnlichem Aufenthalt setzt einen ernsthaften Entschluss sowie eine Verlegung auf unbestimmte Zeit voraus.[55] Die abweichenden Vereinbarungen müssen sich jeweils auf den einzelnen Versicherungsvertrag beziehen.[56] Eine solche Vereinbarung kann auch in die AVB aufgenommen werden.[57] Es gilt die Form des § 38 II 2 ZPO.

E. Abdingbarkeit

11 Es handelt sich bei § 215 um zwingendes Recht. Nur unter den Voraussetzungen des § 215 III können Gerichtsstandsvereinbarungen getroffen werden. Nach § 210 gilt die Ausschließlichkeit des Gerichtsstandes des § 215 aber nicht für Versicherungsverträge über Großrisiken und laufende Versicherungen. Entsprechende Gerichtsstandsvereinbarungen für diese Versicherungsverträge sind somit möglich.

§ 216 Prozessstandschaft bei Versicherermehrheit.
Ist ein Versicherungsvertrag mit den bei Lloyd's vereinigten Einzelversicherern nicht über eine Niederlassung im Geltungsbereich dieses Gesetzes abgeschlossen worden und ist ein inländischer Gerichtsstand gegeben, so können Ansprüche daraus gegen den bevollmächtigten Unterzeichner des im Versicherungsschein an erster Stelle aufgeführten Syndikats oder einen von diesem benannten Versicherer geltend gemacht werden; ein darüber erzielter Titel wirkt für und gegen alle an dem Versicherungsvertrag beteiligten Versicherer.

Übersicht

	Rdn.		Rdn.
A. Allgemeines/Überblick	1	C. Prozessstandschaft/Wirkung des Titels für und gegen alle beteiligten Versicherer	5
B. Voraussetzungen	3		

---

51 PK/*Klär*, § 215 Rn. 4.
52 PK/*Klär*, § 213 Rn. 14.
53 *Fricke* VersR 2009, 15, 20.
54 Die Notwendigkeit des § 215 III resultiert aus § 40 II Nr. 2 ZPO, da hierdurch die ausschließliche Zuständigkeit gem. § 215 I 2 für Klagen des VR und Versicherungsvermittlers bzw. Versicherungsberaters durchbrochen wird.
55 Vgl. Baumbach/Lauterbach/*Albers/Hartmann*, § 38 Rn. 35.
56 So zu § 29c ZPO Baumbach/Lauterbach/*Albers/Hartmann*, § 29c Rn. 6; Musielak/*Heinrich*, ZPO, 8. Aufl. 2011, § 29c Rn. 13.
57 *Fricke* VersR 2009, 16, 19; PK/*Klär*, § 215 Rn. 15.

A. Allgemeines/Überblick

§ 216 wurde durch das Rom I-IPRAnpG[1] in das VVG eingefügt. Die Vorschrift gibt der bis dahin in Art. 14 EGVVG[2] verorteten, von der Überschrift abgesehen unverändert gebliebenen Regelung einen neuen Standort, nachdem die übrigen Vorschriften des 2. Kapitels des EGVVG im Zuge der Neuordnung des Versicherungskollisionsrechts (zu dem Art. 14 EGVVG nicht zählte) durch die Rom I-VO aufzuheben waren.[3]

§ 216 ist eine Vorschrift des Internationalen Zivilverfahrensrechts. Sie dient nicht der Umsetzung von Richtlinienbestimmungen, sondern bildet eine mit § 64 II VAG n.F. korrespondierende Regelung für bei **Lloyd's of London** abgeschlossene Versicherungsverträge, die *nicht* über eine Niederlassung im Inland abgeschlossen wurden. Soweit ein inländischer Gerichtsstand gegeben ist, begründet § 216 eine **inländische Prozessstandschaft** des ersten Unterzeichners des Versicherungsscheins bzw. eines von diesem benannten Versicherers für alle an dem Versicherungsvertrag beteiligten Versicherer. Zweck der Regelung ist die Vereinfachung der Rechtsdurchsetzung für den VN, der ohne die Anordnung der Prozessstandschaft gezwungen wäre, eine Klage allen – aufgrund der Struktur von Lloyd's nur schwer identifizierbaren – Einzelversicherern zuzustellen.[4]

B. Voraussetzungen

§ 216 setzt den Abschluss eines Versicherungsvertrages mit der Versicherungsbörse Lloyd's of London voraus. Der Vertrag darf dabei nicht über einen in Deutschland niedergelassenen Hauptbevollmächtigten zustande gekommen sein. In diesem Fall käme nicht § 216 sondern § 64 II VAG n.F. zur Anwendung.[5] Die Ansprüche könnten dann nur durch und gegen den Hauptbevollmächtigten geltend gemacht werden.

Zusätzlich erfordert § 216 das Bestehen eines **inländischen Gerichtsstands**. Dies richtet sich nach den Regeln über die Zuständigkeit in Versicherungssachen, insbesondere nach Art. 11 I lit. b) EUGVVO n.F.[6]

C. Prozessstandschaft/Wirkung des Titels für und gegen alle beteiligten Versicherer

Liegen die Voraussetzungen des § 216 vor, wird eine inländische **gesetzliche Prozessstandschaft** des bevollmächtigten Unterzeichners des im Versicherungsschein an erster Stelle aufgeführten Syndikats (»Underwriter«) oder des von diesem benannten Versicherers für die Gesamtheit der Einzelversicherer begründet. Diese Prozessstandschaft ist **umfassend** und schließt auch das Prozesskostenhilfe- und das Schiedsverfahren ein.[7] Die Prozessstandschaft hat zur Folge, dass ein im Verfahren gegen den Unterzeichner erzielter Titel für und gegen alle an dem Versicherungsvertrag beteiligten Versicherer wirkt.

---

1 Gesetz zur Anpassung der Vorschriften des Internationalen Privatrechts an die Verordnung (EG) Nr. 593/2008 vom 25.06.2009, BGBl. 2009 I, S. 1574.
2 Bis zum Inkrafttreten des Dritten DurchführungsG/EWG zum VAG (BGBl. 1994 I, S. 1630) war die Regelung in Art. 13 EGVVG enthalten.
3 Begr. RegE eines Gesetzes zur Anpassung der Vorschriften des Internationalen Privatrechts an die Verordnung (EG) Nr. 593/2008, BT-Drucks. 16/12104, S. 11.
4 Zu den Hintergründen vgl. BT-Drucks. 11/6341 S. 40; BK/*Dörner*, Art. 14 EGVVG Rn. 2; vgl. auch P/M/*Armbrüster*, § 216 VVG Rn. 1; L/W/*Looschelders*, IntVersR Rn. 31.
5 Staudinger/*Armbrüster* (2011) Anh zu Art. 7 Rom I-VO Rn. 56; P/M/*Armbrüster*, § 216 VVG Rn. 3.
6 BK/*Dörner*, Art. 14 EGVVG Rn. 4; L/W/*Looschelders*, IntVersR Rn. 32.
7 Begr. RegE Zweites DurchführungsG/EWG zum VAG, BT-Drucks. 11/6341 S. 40; P/M/*Armbrüster*, § 216 VVG Rn. 2.

Einführungsgesetz zum Versicherungsvertragsgesetz

Vom 30. Mai 1908 (RGBl S. 305) zuletzt geändert durch Gesetz vom 1. April 2015 (BGBl I S. 434)

Art. 1 EGVVG Altverträge, Allgemeine Versicherungsbedingungen.

(1) Auf Versicherungsverhältnisse, die bis zum Inkrafttreten des Versicherungsvertragsgesetzes vom 23. November 2007 (BGBl. I S. 2631) am 1. Januar 2008 entstanden sind (Altverträge), ist das Gesetz über den Versicherungsvertrag in der bis dahin geltenden Fassung bis zum 31. Dezember 2008 anzuwenden, soweit in Absatz 2 und den Artikeln 2 bis 6 nichts anderes bestimmt ist.
(2) Ist bei Altverträgen ein Versicherungsfall bis zum 31. Dezember 2008 eingetreten, ist insoweit das Gesetz über den Versicherungsvertrag in der bis zum 31. Dezember 2007 geltenden Fassung weiter anzuwenden.
(3) Der Versicherer kann bis zum 1. Januar 2009 seine Allgemeinen Versicherungsbedingungen für Altverträge mit Wirkung zum 1. Januar 2009 ändern, soweit sie von den Vorschriften des Versicherungsvertragsgesetzes abweichen, und er dem VN die geänderten Versicherungsbedingungen unter Kenntlichmachung der Unterschiede spätestens einen Monat vor diesem Zeitpunkt in Textform mitteilt.
(4) Auf Fristen nach § 12 Abs. 3 des Gesetzes über den Versicherungsvertrag, die vor dem 1. Januar 2008 begonnen haben, ist § 12 Abs. 3 des Gesetzes über den Versicherungsvertrag auch nach dem 1. Januar 2008 anzuwenden.

Übersicht

	Rdn.		Rdn.
A. Grundregel (Abs. 1)	1	I. Ausgestaltung des einseitigen Anpassungsrechts des VR	24
B. Versicherungsfälle im Übergangszeitraum (Abs. 2)	17	II. Risiken und Folgen einer Nichtanpassung	28
C. Anpassung Allgemeiner Versicherungsbedingungen (Abs. 3)	23	III. Fristen nach § 12 III VVG a.F. (Abs. 4)	40

Schrifttum:
Armbrüster, Das BGH-Urteil zur unterlassenen AVB-Anpassung und seine Folgen, VersR 2012, 9; *Brand,* Problemfelder des Übergangsrechts zum neuen VVG, VersR 2011, 557; *Fahl/Kassing,* Jetzt sind die Gerichte am Zug – Fehler bei der AVB-Anpassung?, VW 2009, 320; *von Fürstenwerth,* Die Einbeziehung neuer Allgemeiner Versicherungsbedingungen in bestehende Versicherungsverträge, r+s 2009, 221; *Grote/Finkel,* Der Rücktritt von einem Altvertrag – altes oder neues Recht, VersR 2009, 312; *Günther/Spielmann,* Das Urteil des BGH vom 12.10.2011 (IV ZR 199/10) VersR 2011, 1550 – Auswirkungen und Lösungsansätze, VersR 2012, 549; *Hövelmann,* Anpassung der AVB von Altverträgen nach Art. 1 Abs. 3 EGGVG – Option oder Zwang?, VersR 2008, 612; *Höra,* Materielle und prozessuale Klippen in der Berufsunfähigkeits- und Krankenversicherung, r+s 2008, 89; *Honsel,* Umstellung der Schaden- und Unfall-Bestände auf das VVG-2008, VW 2008, 480; *Just,* VVG-Reform: Zum intertemporalen Recht, VP 2008, 2; *Maier,* Was bei der Umstellung von Allgemeinen Versicherungsbedingungen zu beachten ist, VW 2008, 986; *Muschner,* Zur fortdauernden Anwendbarkeit der Klagefrist des § 12 Abs. 3 VVG a.F. im Jahre 2008, VersR 2008, 317; *Muschner/Wendt,* Die Anpassung Allgemeiner Versicherungsbedingungen an das neue VVG und die Folgen ihres Unterbleibens, MDR 2008, 949; *Neuhaus,* Zwischen den Jahrhundertwerken – Die Übergangsregelungen des neuen VVG, r+s 2007, 441; *Pohlmann,* Keine Sanktion aus Verletzung von Obliegenheiten aus Alt-AVB, NJW 2012, 188; *W.-T. Schneider,* Neues Recht für alte Verträge?, VersR 2008, 859; *Schnepp/Segger,* Nur teure Lösungen für die Bestandsumstellung?, VW 2008, 907; *Segger/Degen,* Das Recht zur Anpassung von Altverträgen: Alles oder nichts für den Versicherer?, VersR 2011, 440; *Stockmeier,* Risiken für den Versicherer bei unterlassener Umstellung des Altbestands auf das neue VVG?, VersR 2011, 312; *Wagner,* Pflicht zur Anpassung der AVB von Altverträgen nach der VVG-Reform?, VersR 2008, 1190; *Weidner,* Risiken bei unterlassener Anpassung der AVB von Altverträgen an das VVG 2008?, r+s 2008, 368.

A. Grundregel (Abs. 1)

Versicherungsverträge sind Dauerschuldverhältnisse mit teilweise sehr langen Laufzeiten. Es gibt daher eine Vielzahl von Verträgen, die noch unter Geltung des alten VVG geschlossen wurden. Für diese ist zu klären, welche Bedeutung die Neukodifizierung des VVG für das Vertragsverhältnis hat. Der **Grundsatz der Unwandelbarkeit des Schuldstatuts**, der zu den allgemeinen Prinzipien des Übergangsrechts gehört,[1] verlangt grundsätzlich, dass neue vertragsrechtliche Bestimmungen nur für solche Verträge gelten, die nach Inkrafttreten des neuen Regelwerkes geschlossen werden. 1

---

1 Dazu BGHZ 10, 391, 394; 127, 57, 61; *B. Heß*, Intertemporales Privatrecht, 1998, S. 143 ff.; *Brand* VersR 2011, 557 f.

Art. 1 EGVVG Altverträge, Allgemeine Versicherungsbedingungen

2 Die **Grundregel**[2] der besonderen Übergangsvorschriften zum neuen VVG, Art. 1 I EGVVG, weicht von dem soeben geschilderten Grundsatz ab. Die Vorschrift ordnet an, dass eine generelle **Übergangszeit** von einem Jahr ab Inkrafttreten der Neukodifikation gilt. Das bedeutet, dass für Versicherungsverträge, die bis zum 01.01.2008 geschlossen worden sind (»Altverträge«), bis zum 31.12.2008 das alte Recht gilt, anschließend die Bestimmungen des neu kodifizierten VVG. **Regelungsvorbild** ist der zu Dauerschuldverhältnissen im Rahmen der Schuldrechtsmodernisierung von 2002 ergangene Art. 229 § 5 Satz 2 EGBGB. Der Reformgesetzgeber meinte, den Bestandsschutz mit Art. 1 I EGVVG **aus zwei Gründen** partiell durchbrechen zu müssen:[3] Einmal ging es ihm darum, zu verhindern, dass aufgrund der außerordentlichen Langlebigkeit von Versicherungsverträgen das alte VVG noch jahrzehntelang Anwendung findet und es zu unterschiedlichen, verwirrungstiftenden Parallelregimen für Alt- und Neufälle im Versicherungsbestand kommt. Des Weiteren wollte der Reformgesetzgeber die mit der Neukodifikation bezweckte Stärkung der Rechtsstellung des VN möglichst kurzfristig umsetzen. Auch das sprach für eine rasche Anwendung der neuen Bestimmungen auf Altverträge.

3 Für die Beurteilung, ob ein **Altvertrag** vorliegt, ist der Vertragsschluss maßgeblicher Anknüpfungspunkt, nicht der formelle oder materielle Versicherungsbeginn.[4] Ansonsten könnten die Parteien, etwa durch Vereinbarung einer Rückwärtsversicherung i.S.d. § 2 I VVG, die Anwendbarkeit alten Rechts künstlich verlängern.[5] Vorläufiger Deckungsschutz gilt auch übergangsrechtlich als eigenständiges Vertragsverhältnis.[6]

4 Um einen Altvertrag handelt es sich ferner, wenn der **Vertrag** nach dem 01.01.2008 **geändert** wird, solange diese Änderung das bisherige Vertragsverhältnis nicht wesentlich umgestaltet.[7] Das ist auch die Rechtslage hinsichtlich des Regelungsvorbilds des Art. 229 § 5 Satz 2 EGBGB.[8] Eine wesentliche Umgestaltung liegt vor, wenn zumindest ein wesentliches Merkmal des Versicherungsverhältnisses (versichertes Risiko, Vertragsparteien, Versicherungssumme, Versicherungsprämie) erheblich geändert wird. Das ist wohl bei Prämienerhöhungen von mehr als 10 % oder der Vereinbarung von Risikoausschlüssen der Fall (arg. e. § 19 VI 1 VVG),[9] nicht aber bei einem bloßen Tarifwechsel bei einem Vertrag in der Krankenversicherung[10] oder einer Vertragsverlängerung, solange diese automatisch ohne eine neuerliche Willensbetätigung des VN eintritt.[11]

5 Dass nach Art. 1 I EGVVG ab dem 01.01.2009 auch auf Altverträge die neuen Vorschriften anzuwenden sind, ist eine **Sonderregel zu Art. 12 des Gesetzes zur Reform des Versicherungsvertragsrechts**, die nach dem Grundsatz *lex specialis derogat legi generali* Geltungsvorrang beansprucht,[12] und zwar **für sämtliche Vorschriften des VVG**.[13]

6 Insoweit in Schrifttum und Rspr. abweichend behauptet worden ist, der Anwendungsbereich des Art. 1 I EGVVG sei auf materiellrechtliche Bestimmungen[14] beschränkt (das schlösse die Gerichtsstandsregel des § 215 VVG vom Anwendungsbereich des Art. 1 EGVVG aus), bzw. Bestimmungen, die das laufende Versicherungsverhältnis unmittelbar betreffen (das schlösse darüber hinaus auch §§ 115, 213 VVG vom Anwendungsbereich des Art. 1 I EGVVG aus),[15] so ist dies abzulehnen. Dagegen, dass ein unmittelbarer Bezug zum Versicherungsvertrag bestehen muss, wie die zweite Ansicht fordert, spricht bereits der Wortlaut des Art. 1 I EGVVG. Dort ist vom »Versicherungsverhältnis« die Rede, nicht vom »Versicherungsvertrag«. Der Begriff des Versicherungsverhältnisses ist aber weiter als der des Versicherungsvertrags.[16] Auch eine Beschränkung des Anwendungsbereichs des Art. 1 I EGVVG auf materiellrechtliche Vorschriften lässt sich dem Wortlaut der Norm nicht entnehmen und würde zu einem unnötig komplizierten und verwenderfeindlichen Übergangsrecht führen, da es für unterschiedliche Rechtsfragen eines einheitlichen Versicherungsverhältnisses für den gleichen Zeitraum zu einer gespaltenen Rechtsanwendung käme – der Geltung alten Rechts für materielle, neuen Rechts aber für prozessuale Fragen.

---

2 Kritisch mit Blick auf die vorgesehenen Ausnahmen *W.-T. Schneider* VersR 2008, 859 f.; wie hier P/M/*Armbrüster*, Art. 1 EGVVG Rn. 1; HK-VVG/*Muschner*, Art. 1 EGVVG Rn. 1 und 4; *Brand* VersR 2011, 557, 558.
3 Begr. RegE BT-Drucks. 16/3945 S. 118; dazu L/W/*Looschelders*, Art. 1 EGVVG Rn. 1; *Brand* VersR 2011, 557, 558.
4 Begr. RegE BT-Drucks. 16/3945 S. 118; P/M/*Armbrüster*, Art. 1 EGVVG Rn. 2; *Franz* VersR 2008, 298, 311.
5 Dazu *Brand* VersR 2011, 557, 558.
6 OLG Karlsruhe, Urt. v. 28. August 2009, 12 U 90/09.
7 P/M/*Armbrüster*, Art. 1 EGVVG Rn. 12; *Funck* VersR 2008, 163, 168.
8 BGH NJW-RR 2007, 668, 669; MünchKommBGB/*Krüger*, Art. 229 EGBGB Rn. 10.
9 HK-VVG/*Muschner*, Art. 1 EGVVG Rn. 6; P/M/*Armbrüster*, Art. 1 EGVVG Rn. 13; *Funck* VersR 2008, 163, 168.
10 OLG Karlsruhe VersR 2010, 900.
11 HK-VVG/*Muschner*, Art. 1 EGVVG Rn. 6; P/M/*Armbrüster*, Art. 1 EGVVG Rn. 12; a.A. *Grote/Schneider* BB 2007, 2689, 2701.
12 A.A. *W.-T. Schneider* VersR 2008, 859, 860; wie hier HK-VVG/*Muschner*, Art. 1 EGVVG Rn. 4.
13 Ebenso OLG Düsseldorf VersR 2010, 1354; OLG Dresden VersR 2010, 1065, 1066; OLG Stuttgart NJOZ 2009, 1722; OLG Hamburg VersR 2009, 531; OLG Köln VersR 2009, 1347; OLG Hamm VersR 2009, 1345; OLG Jena NJOZ 2009, 1701; OLG Naumburg VersR 2010, 935; LG Ansbach VersR 2010, 935; HK-VVG/*Muschner*, § 215 Rn. 8; *Abel/Winkens* r+s 2009, 103; *dies.* r+s 2010, 143, 144 f.; *Brand* VersR 2011, 557, 558 f.
14 OLG Frankfurt (Main) NJOZ 2009, 1722; OLG Saarbrücken VersR 2008, 1337; LG Stendal NJOZ 2009, 2668; L/W/*Looschelders*, § 215 Rn. 39 f.; vgl. § 215 VVG Rdn. 11; *Fricke* VersR 2009, 15.
15 So zu Unrecht VersHb/*W.-T. Schneider*, § 1a Rn. 45; *ders.* VersR 2008, 859 und dem folgend P/M/*Armbrüster*, Art. 1 EGVVG Rn. 5 f.
16 L/W/*Looschelders*, Art. 1 EGVVG Rn. 6; HK-VVG/*Muschner*, Art. 1 EGVVG Rn. 4; *Abel/Winkens* r+s 2009, 103, 104.

Vor diesem Hintergrund lässt sich annehmen, dass der Reformgesetzgeber § 215 VVG, der als prozessuale   7
Vorschrift besser in der ZPO aufgehoben gewesen wäre,[17] **bewusst im VVG platziert** hat, um ihm einem einheitlichen übergangsrechtlichen Regelungsrahmen, den Vorschriften der Art. 1–6 EGVVG, zu unterwerfen. Stünde die Vorschrift in der ZPO würden prozessuale Vorschriften als vermeintlich wertneutrale Normen nach den allgemeinen Grundsätzen des Übergangsrechts sofort mit Inkrafttreten des neuen Rechts Geltung beanspruchen können.[18] Dafür, dass Art. 1 I EGVVG auch auf § 215 VVG anzuwenden ist, spricht ein weiteres: Folgte man der Gegenauffassung, wären aufgrund der ausschließlichen Zuweisung des § 215 I 2 VVG **Gerichtsstandsvereinbarungen**, die VR bis zum Ablauf des Jahres 2007 zulässigerweise getroffen haben, mit Inkrafttreten der Neukodifikation des VVG unmittelbar unwirksam geworden, insoweit sie von § 215 I 2 VVG abwichen. Das aber wäre ein (verfassungsrechtlich) bedenklicher rückwirkender Eingriff in vertragliche Abreden.[19]

Aus **Art. 1 II EGVVG** lässt sich nichts anderes ableiten. Die Regierungsbegründung spricht ausdrücklich davon, dass das VVG in seiner bis zum 31.12.2007 geltenden Fassung bei Eintritt des Versicherungsfalles im Laufe des Jahres 2008 auf »sämtliche Rechte und Pflichten der Vertragsparteien weiterhin Anwendung findet.«[20] Unter »Rechten« lassen sich ohne weiteres auch prozessuale Rechte, wie die Wahl des Gerichtsstands durch eine Partei fassen.   8

Dem entsprechend gilt Art. 1 I EGVVG auch für die **Gerichtsstandsregelung § 215 VVG**. Im Lager der Stimmen, die – wie hier – annehmen, Art. 1 Abs. 1 EGVVG lasse sich dem Grunde nach auf § 215 VVG anwenden, herrscht wiederum **Uneinigkeit** darüber, ob die Gerichtsstandsregel auf Grundlage des Art. 1 I EGVVG ab dem 01.01.2009 zwingend anzuwenden ist,[21] oder ob auch die weiteren Vorschriften des Übergangsrechts zu beachten sind, so dass bei Eintreten des Versicherungsfalls während des Übergangszeitraums, also spätestens bis zum 31.12.2008, wenn Klage bis zum 31.12. oder auch später erhoben wurde, noch altes Recht zur Anwendung gelangt.[22] Eine Entscheidung für eine Anwendung der Regeln des EGVVG auf § 215 VVG kann nur heißen, dass sämtliche Bestimmungen des besonderen versicherungsrechtlichen Übergangsrechts – also auch die Ausnahmen zu Art. 1 I EGVVG, zu denen Art. 1 II EGVVG zählt – zur Geltung kommen.   9

Mit den gleichen Argumenten, die zu Art. 1 I EGVVG bemüht wurden, wird man annehmen können, dass der Reformgesetzgeber auch im Rahmen des Art. 1 II EGVVG keine Trennung in materielle und prozessuale Vorschriften im Sinn gehabt hat, was die Abwicklung eines Versicherungsfalles anbelangt. Entsprechend ist **bei Eintreten des Versicherungsfalls bis zum 31.12.2008 altes Recht** für die Gerichtsstandsregel anzuwenden, und zwar unabhängig davon, zu welchem Zeitpunkt die Klage erhoben wird.[23] Der Klagerhebung wird nämlich von Art. 1 II EGVVG keine Bedeutung beigemessen.   10

Bis die Gerichte zu einer einheitlichen Linie gefunden haben, empfiehlt es sich **in der Praxis** aus Gründen äußerster Vorsicht, nach Maßgabe des alten Rechts **Klage am Sitzort** des VR zu erheben bzw. bei Vorliegen der Voraussetzungen des § 48 VVG a.F. Klage am Gerichtsstand des Agenten. Wer dies nicht tun, sondern von § 215 VVG unbedingt Gebrauch machen will, wird sich auf den Rat des ehemaligen Vorsitzenden des 4. Zivilsenats des BGH verlassen können, der angeregt hat, **hilfsweise** einen Antrag auf Verweisung an das nach anderer Auffassung zuständige Gericht zu stellen.[24]   11

Für »**vertragsfremde**« **Umstände**, etwa die Geltendmachung eines Direktanspruchs nach § 115 VVG oder die Erhebung personenbezogener Daten nach § 213 VVG[25] gilt dasselbe wie für die prozessuale Regelung des § 215 VVG. Auch insoweit lassen sich der Gesetzesbegründung keine Anhaltspunkte entnehmen, die eine Differenzierung dergestalt rechtfertigen würde, dass auf diese Vorschriften nicht Art. 1 I EGVVG, sondern das allgemeine Übergangsrecht anzuwenden ist. Schon teleologisch gesehen leuchtet es nicht ein, warum es zu einer Rechtsspaltung kommen sollte. Dass auch der Direktanspruch des § 115 VVG unter Art. 1 I EGVVG fällt, ist allerdings insoweit problematisch, als die Vorschrift nicht »aus dem Versicherungsverhältnis« folgt und eine Anwendung des Art. 1 I EGVVG für den Übergangszeitraum im Gegensatz zu seinem Wortlaut zur Anwendung einer Vorschrift aus dem PflVG – § 3 Nr. 1 PflVG a.F. – und nicht dem VVG a.F. führt.[26] Zu beachten ist aber, dass Art. 1 I EGVVG stark vom Regelungsvorbild des Art. 229 § 5 EGBGB geprägt ist, so dass   12

---

17 *Staudinger*, Münsteraner Reihe, Bd. 105, 2007, S. 1, 8; *Brand* VersR 2011, 557, 559.
18 Dazu und zur Unanwendbarkeit der Grundannahmen des allgemeinen Übergangsrechts im Falle des § 215 VVG *Brand* VersR 2011, 557, 559 f.
19 OLG Dresden VersR 2010, 1065, 1066.
20 Begr. RegE BT-Drucks. 16/3945 S. 118.
21 OLG Rostock, Urt. v. 15. April 2010, 5 W 179/09; OLG Hamburg VersR 2009, 531; OLG Köln VersR 2009, 1347; OLG Dresden VersR 2010, 1065; kleine Anfrage *Dyckmans*, BT-Drucks. 16/11480.
22 Für letzteres OLG Stuttgart VersR 2009, 246; OLG Naumburg VersR 2010, 374; OLG Nürnberg VersR 2010, 935; OLG Bamberg NJW-RR 2011, 388 f.; LG Stralsund, Urt. v. 1. Februar 2011, 6 O 259/10; *Brand* VersR 2011, 557, 560.
23 OLG Düsseldorf VersR 2010, 1354, 1355; OLG Köln r+s 2010, 141; OLG Nürnberg, BeckRS 2010, 0961; LG Ansbach VersR 2010, 935; *Abel/Winkens*, r+s 2009, 103; *Brand* VersR 2011, 557, 560.
24 *Terno* ZfS 2009, 362, 364; ebenso: *Abel* r+s 2010, 143; *Brand* VersR 2011, 557, 560.
25 HK-VVG/*Muschner*, § 213 Rn. 98 und Art. 1 EGVVG Rn. 4; L/W/*Looschelders*, Art. 1 EGVVG Rn. 7; § 213 VVG erscheint im Übrigen gar nicht vertragsfremd, da er eine Regelung enthält, welche die Vertragsanbahnung betrifft.
26 So zu Recht L/W/*Looschelders*, Art. 1 EGVVG Rn. 7.

Art. 1 EGVVG   Altverträge, Allgemeine Versicherungsbedingungen

dem Wortlaut kein absolutes Gewicht beizumessen ist. Um dem gesetzgeberischen Zweck Raum zu verschaffen, muss Art. 1 I EGVVG zumindest im Wege der **Analogie** auf § 115 VVG Anwendung finden.

13 Den Anwendungsbereich des neuen VVG auf Altverträge zu erstrecken, stellt eine verfassungsrechtlich unbedenkliche **unechte Rückwirkung** dar.[27] Sie soll das Reformziel, die Rechtsstellung des Versicherten zu stärken, verwirklichen und den VR ein Nebeneinander unterschiedlicher Rechtsregeln für Versicherungsverträge nach dem Übergangszeitraum ersparen.

14 **Ausnahmen** zur Grundregel des Abs. 1 finden sich in Art. 1 II und Art. 2 bis 6 EGVVG. Darüber hinaus gilt eine Ausnahme für **Sachverhalte**, die unter Geltung des VVG a.F. **vollständig abgeschlossen** waren. Diese Ausnahme folgt unmittelbar aus dem allgemeinen übergangsrechtlichen Grundsatz, dass es nicht zu einer echten Rückwirkung von Vorschriften kommen darf. Das betrifft Vorschriften des neuen VVG, die **vor oder bei Abschluss des Vertrages** zu beachten sind, etwa die Beratungs- und Mitteilungspflichten des VR nach §§ 6 und 7 VVG i.V.m. der VVG-InfoV oder das Widerrufsrecht des VN nach § 8 VVG. Diese Vorschriften sind auch nach dem 31.12.2008 nicht auf Altverträge anwendbar. Es gelten stattdessen die zum Zeitpunkt des Vertragsschlusses maßgeblichen Regeln.[28] Das neue Recht konnte und musste den Parteien bei Vertragsschluss und in dessen Vorfeld schließlich nicht bekannt sein. Das **gilt auch für Versicherungsverträge, die nahe dem Jahreswechsel 2007/2008 nach dem Policenmodell geschlossen werden sollten**. Läuft die Widerrufsfrist des § 5a VVG a.F. erst nach dem 01.01.2008 ab, entsteht der Vertrag, der zunächst schwebend unwirksam war, noch unter Geltung des alten Rechts, da der Vertrag rückwirkend wirksam wird.[29] Das folgt aus einer Analogie zu Art. 1 IV EGVVG. Auf die Einhaltung der §§ 6 f. VVG kommt es also nicht an.

15 Für noch **nicht abgeschlossene Sachverhalte**, etwa die Verletzung einer vorvertraglichen Anzeigepflicht des VN, führt das Übergangsrecht zu einer Rechtsspaltung.[30] Was die Verwirklichung des Tatbestands anbelangt, gilt für Altfälle das alte Recht, also im Falle der Verletzung einer vorvertraglichen Anzeigepflicht §§ 16 ff. VVG a.F. Die **Rechtsfolgen** eines noch nicht abgeschlossenen Tatbestands richten sich aber **nach neuem Recht**. So tritt das differenzierte Rechtsfolgensystem der §§ 19 ff. VVG auch für Altfälle an Stelle des bisherigen einheitlichen Rücktrittsrechts nach § 16 II VVG a.F. Maßgeblich ist nicht der Zeitpunkt der Urteilsverkündung,[31] sondern derjenige, in dem das Recht, um das es geht, ausgeübt worden ist. Das gegenteilige Ergebnis würde die Rechtslage nicht nur von Zufälligkeiten, wie der Verfahrensdauer bei unterschiedlichen Gerichten, abhängig machen, sondern auch zu einer verfassungswidrigen echten Rückwirkung führen.

16 Im Übergangszeitraum muss **nicht zwingend altes Recht** zur Anwendung kommen. Der VR kann die Bestimmungen des neuen Rechts auf Altverträge anwenden, wenn dies für den VN günstiger ist.[32] Das mag sich dann empfehlen, wenn die Bearbeitung für den VR einfacher ist.

B. Versicherungsfälle im Übergangszeitraum (Abs. 2)

17 Tritt bei Altverträgen bis zum Ablauf des Übergangszeitraums am 31.12.2008 ein Versicherungsfall ein, wird er gem. Art. 1 II EGVVG vollständig **nach altem Recht** abgewickelt – mag die Abwicklung sich auch über Jahre oder Jahrzehnte hinziehen.[33] Das hat den **Zweck**, zu verhindern, dass einheitliche Vorgänge, die unter Geltung des alten Rechts nicht vollständig zum Abschluss gekommen sind, auseinander gerissen und zwei unterschiedlichen Regelwerken unterworfen werden. Außerdem geht es darum, zu verhindern, dass es zu einer verfassungsrechtlich bedenklichen echten Rückwirkung des neuen Versicherungsvertragsrechts kommt.[34] Zu denken ist an Fälle, bei denen eine solche Rückwirkung dazu führen würde, dass sich Ansprüche und Verpflichtungen, die aufgrund eines Versicherungsfalls während des Übergangszeitraums entstanden sind, im Zeitpunkt der letzten mündlichen Verhandlung verändern. Das wäre vor allem bei Änderungen in der Verteilung der Beweislast der Fall, wie sie der Reformgesetzgeber etwa in Recht der Obliegenheiten bei § 28 VVG im Vergleich zu § 6 VVG a.F. vorgenommen hat.

18 Das gilt selbst dann, wenn die Abwicklung geraume Zeit in Anspruch nimmt, was insbes. bei »**gedehnten« Versicherungsfällen** in der Kranken-, Renten- und Berufsunfähigkeitsversicherung der Fall sein kann. Dort stellt insbes. nicht jede Rentenzahlung einen neuen Versicherungsfall dar; es handelt sich um einen einheitli-

---

27 Dazu auch Begr. RegE BT-Drucks. 16/3945 S. 118; B/M/*Beckmann*, Einf. A Rn. 69; HK-VVG/*Muschner*, Art. 1 EGVVG Rn. 3; L/W/*Looschelders*, Art. 1 EGVVG Rn. 2; P/M/*Armbrüster*, Art. 1 EGVVG Rn. 3; *Just* VP 2008, 2.
28 Vgl. Begr. RegE BT-Drucks. 16/3945 S. 118; B/M/*Beckmann*, Einf. A Rn. 73; L/W/*Looschelders*, Art. 1 EGVVG Rn. 9; *Hövelmann* VersR 2008, 612, 613; *Just* VP 2008, 2, 3.
29 Ebenso HK-VVG/*Muschner*, Art. 1 EGVVG, Rn. 5; L/W/*Looschelders*, Art. 1 EGVVG Rn. 4; wohl auch P/M/*Armbrüster*, Art. 1 EGVVG Rn. 11; a.A. *Höra* r+s 2008, 89, 90.
30 So auch B/M/*Rolfs*, § 19 Rn. 5; L/P/*Looschelders*, § 19 Rn. 5; *Grote/Finkel* VersR 2009, 312; *Neuhaus* r+s 2007, 441, 446.
31 So aber *Marlow*/Spuhl, Rn. 1509; *Marlow* VersR 2010, 515; wie hier HK-VVG/*Muschner*, Art. 1 EGVVG Rn. 9 f.
32 L/W/*Looschelders*, Art. 1 EGVVG Rn. 11; *Neuhaus* r+s 2007, 441, 442; einschränkend B/M/*Beckmann*, Einf. A Rn. 74.
33 Vgl. Begr. RegE BT-Drucks. 16/3945 S. 118; LG Dortmund r+s 2010, 237, 238; AG Bad Segeberg, Urt. v. 28. April 2011, 17 99/09; *Höra* r+s 2008, 89, 90.
34 Vgl. auch L/W/*Looschelders*, Art. 1 EGVVG Rn. 12; *Koch* r+s 2009, 133, 137.

chen Sachverhalt:³⁵ Bei gedehnten Versicherungsfällen gilt nach Art. 1 II EGVVG altes Recht, wenn der Eintritt des Versicherungsfalls bis zum 31.12.2008 bereits begonnen hat.³⁶ Zum gegenteiligen Ergebnis kann man nur gelangen, wenn man annimmt, Art. 1 II EGVVG habe den Zweck, bereits abgeschlossene Versicherungsfälle nach altem Recht zu behandeln.³⁷ Das ist aber nicht der Zweck der Vorschrift. Es geht gerade darum, Vorgänge, die unter Geltung des alten Rechts nicht vollständig zum Abschluss gekommen sind, einem einheitlichen Regelungsregime zu unterwerfen.

Die Regeln des alten VVG finden nach dem klaren Wortlaut des Art. 1 II EGVVG nur »insoweit« Anwendung, als es um die Abwicklung des Versicherungsfalles geht. Im Übrigen gelten die Bestimmungen des neukodifizierten VVG 2008.³⁸ Es gilt mit anderen Worten nur dasjenige materielle Recht fort, das unmittelbar die Abwicklung des Versicherungsfalls betrifft. Zur **Abwicklung** gehören allerdings nicht nur die unmittelbaren Rechtsfolgen des Versicherungsfalles wie etwa ein Rücktritt des VR, sondern auch Fragen wie der Übergang von Ausgleichsansprüchen (§ 67 VVG a.F./§ 86 VVG),³⁹ die Wahl des Gerichtsstandes in Fällen des § 215 (dazu oben Rdn. 9 ff.) und die Zulässigkeit der Abtretung von Freistellungsansprüchen an den geschädigten Dritten in der Haftpflichtversicherung, welche nach § 108 II VVG nicht mehr durch AVB untersagt werden kann. Eine solche Regelung kannte das alte VVG nicht. Nach Art. 1 II EGVVG gilt § 108 II VVG daher nur, wenn der **Haftpflichtanspruch** erst nach dem Ablauf des Übergangszeitraums bis zum 31.12.2008 geltend gemacht worden ist, innerhalb dessen VR rechtmäßigerweise noch Abtretungsverbote formularvertraglich vereinbaren konnten.⁴⁰ Art. 1 II EGVVG gilt in der **Unfallversicherung** auch für die Vorschrift des § 188 VVG, der die Neubemessung der Invalidität regelt und unmittelbar die Regulierung betrifft, nicht aber für die Belehrungspflicht nach § 186 VVG, da diese nicht unmittelbar der Schadensabwicklung dient.⁴¹ 19

Um dem Sinn und Zweck des Art. 1 II EGVVG gerecht zu werden (oben Rdn. 17), wird man annehmen müssen, dass die Vorschrift auch für den Fall anzuwenden ist, dass der VR nach dem 31.12.2008 aus Anlass eines Versicherungsfalls, der während des Übergangszeitraums eingetreten ist, **wegen Verletzens einer vorvertraglichen Anzeigepflicht den Rücktritt erklärt**.⁴² Das mag auf den ersten Blick überraschen. Das Rücktrittsrecht des Versicherers folgt nämlich nicht aus dem Eintritt des Versicherungsfalls, sondern aus der Verletzung der vorvertraglichen Anzeigepflicht.⁴³ Sofern der Versicherungsfall indes in einem Kausalzusammenhang mit den Umständen steht, auf die sich die Anzeigepflichtverletzung bezieht, schließt der Rücktritt aber die Leistungspflicht des VR bezüglich des Versicherungsfalles nach §§ 16 f., 21 VVG a.F. aus. Nach den Bestimmungen des neu kodifizierten VVG bliebe der VR hingegen trotz Kausalität zur Leistung verpflichtet – gem. § 19 III 2 VVG steht ihm aufgrund der bloß einfachen Fahrlässigkeit des VN nur ein Kündigungsrecht mit Wirkung für die Zukunft zu. Würden die neuen Regeln Geltung beanspruchen, würden die Verpflichtungen des VR aufgrund des Versicherungsfalles im Übergangszeitraum also nachträglich verändert. Das ist mit dem Sinn und Zweck des Art. 1 II EGVVG nur schwer zu vereinbaren. 20

Abs. 2 spricht klar vom »Gesetz über den Versicherungsvertrag in der bis zum 31. Dezember 2007 geltenden Fassung«. Das bedeutet, dass dieses – soweit es um die Abwicklung des Versicherungsfalls geht – **in seiner Gesamtheit**⁴⁴ auf Versicherungsfälle Anwendung findet, die bei Altverträgen vor dem 31.12.2008 eintreten. Etwas anderes gilt nur, wenn der Reformgesetzgeber dies ausdrücklich angeordnet hat, wie etwa in Art. 1 IV EGVVG für die Frist des abgeschafften § 12 III VVG a.F. (vgl. unten Rdn. 41 ff.). 21

Tritt der Versicherungsfall nach dem 31.12.2008 ein, sind nur noch die Bestimmungen des neuen Rechts anzuwenden.⁴⁵ 22

C. Anpassung Allgemeiner Versicherungsbedingungen (Abs. 3)

Nach Art. 1 III EGVVG kann der VR seine AVB für Altverträge, soweit diese von den Vorschriften des VVG abweichen, bis zum Ablauf des Übergangszeitraums **einseitig ohne Zustimmung des VN**⁴⁶ an das neue VVG anpassen. Eine einvernehmliche Änderung ist unter Berücksichtigung des § 6 IV VVG jederzeit möglich.⁴⁷ 23

---

35 OLG Düsseldorf VersR 2010, 1354, 1355.
36 L/W/*Looschelders*, Art. 1 EGVVG Rn. 13; *Höra* r+s 2008, 89, 90; a.A. *Marlow*/Spuhl, Rn. 1512.
37 So *Marlow*/Spuhl, Rn. 1512.
38 OLG Hamburg VersR 2009, 531, 532; OLG Düsseldorf VersR 2010, 1354, 1355.
39 BGH, BeckRS 2011, 08509.
40 *Koch* r+s 2009, 133, 138.
41 *Marlow*/Spuhl, Rn. 1515.
42 L/W/*Looschelders*, Art. 1 EGVVG Rn. 14; *Brand* VersR 2011, 557, 560 f.; *Grote/Finkel* VersR 2009, 312, 314 f.; a.A. *Marlow*/Spuhl, Rn. 231, 1515; *Marlow* VersR 2010, 515.
43 L/W/*Looschelders*, Art. 1 EGVVG Rn. 14; *Grote/Finkel* VersR 2009, 312, 314.
44 OLG Naumburg r+s 2010, 319.
45 LG Köln r+s 2010, 104; *Marlow*/Spuhl, Rn. 1512; *Just* VP 2008, 2, 3.
46 Insoweit kritisch mit Blick auf die Vertragsparität *Dörner/Staudinger* WM 2006, 1710, 1717 f.
47 *Franz* VersR 2008, 298, 312; *Muschner/Wendt* MDR 2008, 949 f.

Art. 1 EGVVG Altverträge, Allgemeine Versicherungsbedingungen

I. Ausgestaltung des einseitigen Anpassungsrechts des VR

24 Das einseitige Abänderungsrecht des VR besteht unter zwei Voraussetzungen: Eine Anpassung der AVB muss durch Änderungen des bisherigen Rechts geboten sein und der VR muss den VN rechtzeitig und in der richtigen Form über die angepassten AVB unterrichtet haben. Zunächst zur **Unterrichtung: Inhaltlich** muss der VR Änderungen in den AVB derart mitteilen, dass dem VN die Unterschiede zum bisher geltenden Recht deutlich werden. Dazu ist nicht zwingend eine synoptische Darstellung[48] des alten und des neuen Rechts erforderlich. Es genügt ein Nachtrag, sofern daraus für einen durchschnittlichen VN die Änderungen im Vergleich zu den alten Bedingungen erkennbar sind.[49] Das ist, wie bereits der Wortlaut des Art. 1 III EGVVG (»Versicherungsbedingungen«) deutlich macht, der Fall, wenn die alten Bedingungen inhaltlich zutreffend in dem Nachtrag wiedergegeben sind und durch Erläuterung deutlich wird, welche Regelungen jeweils an ihre Stelle treten. Eine **direkte Inbezugnahme der alten AVB** ist unerlässlich, da der Passus »unter Kenntlichmachung der Unterschiede« darauf schließen lässt, dass dem VN ein Vergleich der alten und der geänderten AVB ermöglicht werden soll.[50] Beispiele zur Auswirkung der Änderungen sind ratsam, da sie die Transparenz erhöhen. **Zeitlich** sind die Änderungen spätestens einen Monat vor Ablauf des Übergangszeitraums, also bis zum 30. November 2008,[51] und formal in Textform gem. § 126b BGB mitzuteilen gewesen. **Textform** bedeutet, dass die Bedingungen tatsächlich auszuhändigen sind. Ein Verweis auf eine Internetseite oder das Angebot, die Bedingungen anfordern zu können, genügt nicht.[52] Die **Beweislast** für das Einhalten dieser Formalia trägt der VR.

25 Nach der Regierungsbegründung kann eine **Anpassung nur** erfolgen, **wenn** sie aufgrund einer Änderung des bisherigen Rechts **geboten** ist. Das ist insbes. der Fall, wenn AVB zwingenden oder einseitig zwingenden (sog. »halbzwingenden«) Vorschriften des neu kodifizierten VVG widersprechen, kann aber auch dispositives Recht betreffen.[53] Das bedeutet zugleich, dass ein VR die VVG-Reform von 2008 nicht zum Anlass nehmen durfte, bislang unwirksame oder umstrittene AVB zu heilen, ohne dass ein Bezug zur Neukodifikation von 2008 besteht.[54] Eine solche Änderung ist nämlich nicht durch die Reform »geboten«.

26 AVB zu Altverträgen sind mit **Wirksamkeit zum 01.01.2009** anzupassen, also dem Zeitpunkt, ab dem nach der Grundregel des Art 1 I EGVVG die Vorschriften des neukodifizierten VVG auf Altverträge Anwendung finden.[55] **Ausnahmen** zu Abs. 3 ergeben sich aus den Art. 2, 4 und 5 EGVVG.

27 Der **VR** ist **versicherungsvertragsrechtlich nicht verpflichtet**, seine AVB für Altverträge während des Übergangszeitraums umzustellen. Das ergibt sich aus dem klaren Wortlaut des Art. 1 III EGVVG (»kann«). Etwas anderes folgt auch nicht aus § 6 IV VVG (kein konkreter Anlass), § 241 II BGB,[56] dem Aufsichts- (§ 81 I 2 VAG: kein Missstand)[57] oder Lauterkeitsrecht.[58] Auch die Regierungsbegründung geht von einer Handlungsoption für den VR aus (»Befugnis«).[59] Eine entsprechende Verpflichtung wäre angesichts des beträchtlichen Altbestands (mehrere 100 Mio. Verträge verschiedenen Alters) auch eine unangemessene Belastung gewesen. In Versicherungssparten mit langen Laufzeiten, insbes. der Kranken- und der Lebensversicherung, mag für den VR die Gelegenheit zur Vereinheitlichung der Verträge aber günstig sein.

II. Risiken und Folgen einer Nichtanpassung

28 **Risiken bei Nichtumstellung** ergeben sich aus dem **AGB-Recht**. AVB sind üblicherweise AGB, deren Wirksamkeit sich nach §§ 305 ff. BGB richtet. Nach § 307 I 1 BGB sind AGB unwirksam, wenn sie den Vertragspartner des Verwenders entgegen dem Gebot von Treu und Glauben unangemessen benachteiligen. Das ist

---

48 Dazu, dass eine solche synoptische Darstellung den inhaltlichen Anforderungen der Unterrichtung entspricht LG Dortmund VuR 2010, 319; für die Erforderlichkeit einer synoptischen Darstellung *Bauer* NJW 2008, 1496, 1497; *Franz* VersR 2008, 298, 312; *Maier* VW 2008, 986; *Maier/Stadler*, AKB 2008 und VVG-Reform, 2008, S. 9 (ohne Pflicht zur Begründung).
49 *Honsel* VW 2008, 480, 484 f. mit Formulierungsbeispielen; dem folgend HK-VVG/*Muschner*, Art. 1 EGVVG Rn. 34; *Muschner/Wendt* MDR 2008, 949, 950 (allerdings jeweils ohne Bezugnahme auf die alte AVB); P/M/*Armbrüster*, Art. 1 EGVVG Rn. 25; ders. VersR 2012, 9, 15.
50 OLG Hamm VersR 2012, 1246, 1247 f.; *Fahl/Kassing* VW 2009, 320, 321 f.; *v. Fürstenwerth* r+s 2009, 221, 225; P/M/*Armbrüster*, Art. 1 EGVVG Rn. 25.
51 Näher *Fitzau* VW 2008, 448; ferner P/M/*Armbrüster*, Art. 1 EGVVG Rn. 19.
52 *Neuhaus* r+s 2007, 441, 445.
53 Begr. RegE BT-Drucks. 16/3945 S. 118; B/M/*Beckmann*, Einf. A Rn. 79.
54 P/M/*Armbrüster*, Art. 1 EGVVG Rn. 26.
55 Bericht und Beschlussempfehlung des Rechtsausschusses, BT-Drucks. 16/5862 S. 70 und 100 unter fälschlichem Hinweis auf Abs. 1.
56 *Hövelmann* VersR 2008, 612, 614; *Stockmeier* VersR 2011, 312, 313.
57 L/W/*Looschelders*, Art. 1 EGVVG Rn. 17; ausführlich *Hövelmann* VersR 2008, 612, 613 f.; *Fahl/Kassing* VW 2009, 320 f.: a.A. *Neuhaus* r+s 2007, 441, 445; *Wagner* VersR 2008, 1190, 1194.
58 P/M/*Armbrüster*, Art. 1 EGVVG Rn. 33.
59 Begr. RegE BT-Drucks. 16/3945 S. 118; HK-VVG/*Muschner*, Art. 1 EGVVG Rn. 12; P/M/*Armbrüster*, Art. 1 EGVVG Rn. 28; *Schimikowski/Höra*, S. 219; *Hövelmann* VersR 2008, 612, 617; a.A. *Maier* VW 2008, 986; *Wagner* VersR 2008, 1190 ff.; *Knappmann* VRR 2007, 408 (ohne nähere Begründung).

nach § 307 II Nr. 1 BGB im Zweifel anzunehmen, wenn eine Bestimmung mit wesentlichen Grundgedanken der gesetzlichen Regelung, von der abgewichen wird, nicht zu vereinbaren ist. Alt-AVB können auch intransparent i.S.d. § 307 I 2 BGB sein, weil es die Vorschriften, auf die Bezug genommen wird, nicht mehr gibt, oder weil sie an einer ganz anderen Stelle in der Neukodifikation geregelt sind.[60]

Beispiele: Für Versicherungsfälle, die bei Altverträgen nach dem 1. Januar 2009 eintreten, verstoßen gegen das gesetzliche Leitbild Klauseln, die in § 12 III VVG a.F. entsprechende Klagefrist von 6 oder 12 Monaten enthalten, da die Frist ersatzlos abgeschafft wurde.[61] Die Wiedergabe des Wortlauts von § 6 VVG a.F. genügt ebenfalls nicht mehr, da sich darin das gestufte Rechtsfolgensystem von § 28 VVG nicht wiederfindet.[62] AVB, die für die Herbeiführung des Versicherungsfalls noch am Alles-oder-Nichts-Prinzip festhalten, sind ebenfalls intransparent. An ihrer Stelle tritt die gesetzliche Bestimmung des § 81 VVG. Erwerbsunfähigkeitsversicherungen, die mit »Berufsunfähigkeitsversicherung« überschrieben sind, verstoßen gegen das neue Leitbild des § 172 VVG. 29

Ohne Umstellung sind Klauseln, die gegen einseitig zwingende (sog. »halbzwingende«) Normen verstoßen oder mit wesentlichen Grundgedanken der neuen Regelung nicht vereinbar sind, unwirksam. **Rechtsfolge** im Falle der Intransparenz ist ebenfalls die **Unwirksamkeit**. Denkbar ist ferner, dass der VR dem VN gem. §§ 280 I, 241 II BGB i.V.m. § 7 IV VVG oder § 6 V VVG auf Schadensersatz haftet, wenn unwirksame AVB aufgrund der darin enthaltenen Fehlinformationen den VN davon abhalten, einen bestehenden Anspruch geltend zu machen. 30

Die **weiteren Folgen der Unwirksamkeit** von AVB, die gegen § 307 I, II BGB verstoßen, ergeben sich aus § 306 BGB. Danach bleibt der Versicherungsvertrag trotz Unwirksamkeit einzelner Klauseln als solcher grundsätzlich wirksam, § 306 I BGB. An Stelle der unwirksamen Klausel tritt die gesetzliche Regelung, § 306 II BGB. 31

Das ist **problematisch, wo das novellierte VVG keine zwingenden Regelungen trifft**, sondern nur den Rahmen für mögliche vertragliche Regelungen vorgibt.[63] Das betrifft insbes. das **Recht der vertraglichen Obliegenheiten** und die Rechtsfolge der Leistungsfreiheit bei ihrer Verletzung. Vertragliche Obliegenheiten sind in ihren Einzelheiten in AVB geregelt. Alt-AVB weisen notwendigerweise auf die Rechtsfolgen des § 6 VVG a.F. hin, der dem »Alles-oder-Nichts-Prinzip« gehorchte. Das widerspricht dem Leitbild des neuen § 28 VVG. 32

In Rspr. und Schrifttum war entsprechend **Streit** darüber ausgebrochen, wie sich dieser Verstoß gegen das gesetzliche Leitbild auswirkt. Es hatten sich zunächst drei Meinungsgruppen herausgebildet. Teilweise wurde vertreten, ein Hinweis in den Alt-AVB auf die Rechtsfolgen einer Obliegenheitsverletzung, der gegen § 307 II Nr. 1 BGB verstoße, führe dazu, dass überhaupt keine Obliegenheit bestehe (Theorie der Gesamtunwirksamkeit).[64] Eine andere Auffassung wollte hingegen die zum Übergangsrecht noch nicht abgeschlossener Sachverhalte entwickelte »Spaltungslösung« (oben Rdn. 15) fruchtbar machen. Als Ausnahme vom Verbot der geltungserhaltenden Reduktion in § 306 III BGB sollte zwischen dem Tatbestand der Obliegenheit und ihren Rechtsfolgen differenziert werden.[65] Ein Hinweis auf die Rechtsfolgen einer Obliegenheitsverletzung, der gegen § 307 II Nr. 1 BGB verstößt, sollte danach nur dazu führen, dass an Stelle der Rechtsfolgen des § 6 VVG a.F. diejenigen des § 28 VVG treten. Der Tatbestand der Obliegenheit als solcher bliebe unberührt. In den Ergebnissen ähnlich, dogmatisch aber anders ansetzend streitet eine dritte Gruppe dafür, das Problem im Wege der ergänzenden Vertragsauslegung zu lösen.[66] Die Auswirkungen der drei Ansichten in der Praxis sind erheblich.[67] 33

In einer **Grundsatzentscheidung vom 21.10.2011** hat sich der **BGH** der Theorie der Gesamtunwirksamkeit angeschlossen und befunden, dass nicht angepasste AVB als unangemessene Benachteiligung des VN i.S.d. § 307 I 1 BGB insgesamt unwirksam sind, wenn der Versicherungsfall nach dem 31.12.2008 eingetreten ist.[68] Der Spaltungslösung erteilte er mit der Begründung eine Absage, dass Art. 1 III EGVVG *lex specialis* zu § 306 34

---

60 *Marlow*/Spuhl, Rn. 1523; *Muschner*/*Wendt* MDR 2008, 949, 950; *Neuhaus* r+s 2007, 441, 445.
61 Dazu *Neuhaus* r+s 2007, 177; *ders.* r+s 2007, 441, 445 (allerdings ohne den notwendigen Zusammenhang mit dem Eintritt des Versicherungsfalls).
62 *Höra* r+s 2008, 89, 90; *Fahl*/*Kassing* VW 2009, 320, 323.
63 Zu diesem Problem ausführlich *Hövelmann* VersR 2008, 612, 615 f.; *Honsel* VW 2008, 480, 481 f.; *Muschner*/*Wendt* MDR 2008, 949, 951 f.
64 LG Köln r+s 2010, 104; LG Nürnberg-Fürth r+s 2010, 145, 147; LG Hamburg BeckRS 2010, 18585; GDV, Sonderrundschreiben K 08/2008 (0986/2008) v. 27.05.2008, Anlage 1 S. 1; *Marlow*/Spuhl, Rn. 1527; *Fahl*/*Kassing* VW 2008, 320; *Fitzau* VW 208, 448; *Franz* VersR 2008, 298, 312; *Maier* VW 2008, 986, 987 f.; *Wagner* VersR 2008, 1190, 1194; offen gelassen, aber im Ergebnis identisch: OLG Köln VersR 2010, 1592.
65 LG Ellwangen VersR 2011, 62; LG Erfurt VersR 2011, 335 m. zust. Anm. *Günther* VersR 2011, 482; LG Essen, Urt. v. 16. Februar 2010, 9 O 178/09 – ohne nähere Problemdiskussion; L/W/*Looschelders*, Art. 1 EGVVG Rn. 27; P/M/*Armbrüster*, Art. 1 EGVVG Rn. 38; *Günther* ZfS 2010, 362, 363; *Hövelmann* VersR 2008, 612, 616; *Schnepp*/*Segger* VW 2008, 907; *Stockmeier* VersR 2011, 311, 312.
66 HK-VVG/*Muschner*, Art. 1 EGVVG Rn. 35; *Brand* VersR 2011, 557, 563 f.; *Muschner*/*Wendt* MDR 2008, 949, 951.
67 Dazu im Überblick *Günther* VersR 2011, 483.
68 BGH VersR 2011, 1550; bestätigt durch BGH r+s 2015, 347 Rn. 23; dem folgend etwa OLG Hamm VersR 2013, 101 f.; Brandenburgisches OLG r+s 2013, 24.

Art. 1 EGVVG   Altverträge, Allgemeine Versicherungsbedingungen

II BGB sei. Der Reformgesetzgeber habe durch Verwerfen eines alternativen Regelungsvorschlags des Bundesrates[69] klar gemacht, dass der VR etwaige Vertragslücken nur unter den Voraussetzungen des Art. 1 III EGVVG schließen könne. Dadurch habe er dem VN ein Mindestmaß an Transparenz hinsichtlich des Anpassungsprozesses sichern wollen. Jenseits des Art. 1 III EGVVG gebe es keine Möglichkeit, ohne erfolgreiche Anpassung negative Rechtsfolgen aus der Verletzung vertraglicher Obliegenheiten in Altverträgen herzuleiten. Für eine im Schrifttum – u.a. auch hier – vorgeschlagene ergänzende Vertragsauslegung fehle es an der Voraussetzung der planwidrigen Regelungslücke zum maßgeblichen Zeitpunkt des Vertragsschlusses.[70] Der VR habe es in der Hand gehabt, mithilfe des von Art. 1 III vorgesehenen Mechanismus die unwirksamen Vertragsbedingungen durch wirksame zu ersetzen. Tue er dies nicht, verdiene er den Schutz durch Richterhand nicht.[71] Auch sei dem VR ein Festhalten am Vertrag ohne wirksame Regelungen über Obliegenheiten und die Rechtsfolgen ihrer Verletzung nicht unzumutbar. Die Vorschriften über die Gefahrerhöhung (§§ 23 ff. VVG), die Herbeiführung des Versicherungsfalles (§ 81 VVG) und die Rettungsobliegenheiten (§ 82 VVG) stünden als »Auffangregelungen« bereit, um verbleibende Problemfälle zu lösen und eine grundlegende Störung des Vertragsgleichgewichts zu vermeiden.[72]

35 Die Entscheidung des IV. Zivilsenats des BGH ist im Schrifttum[73] und auch von anderen Zivilsenaten des BGH[74] zu recht **ganz überwiegend kritisch aufgenommen** worden. Die dogmatischen Grundlagen der Entscheidung haben sich nicht als tragfähig erwiesen. *Armbrüster* hat gezeigt, dass die Auslegungsregeln im Schluss des BGH, dass im Falle einer Nichtanpassung von AVB sämtliche Sanktionsregelungen entfallen, nicht zulassen.[75] Mit *Pohlmann* ist ferner anzunehmen, dass Art. 1 III EGVVG auch nicht *lex specialis* zu § 306 II BGB ist.[76] Es verbleiben überdies in zwei Fällen **Bedenken, was den Gerechtigkeitsgehalt** der vom BGH vertretenen Lösung **anbelangt**. Die Gesamtunwirksamkeit der Obliegenheitsbestimmungen in Alt-AVB nimmt dem VR zumindest im Falle einer vorsätzlichen Verletzung vertraglicher Obliegenheiten durch den VN die Möglichkeit einer effektiven Sanktion dieses Verhaltens: Das anzuwendende Gesetzesrecht in § 28 II 1 VVG macht die Rechtsfolge der Leistungsfreiheit ausdrücklich von einer wirksamen vertraglichen Vereinbarung abhängig, die bei Alt-AVB fehlt. Der VR bleibt also zur Leistung verpflichtet. Das ist eine **ungerechtfertigte Privilegierung des vorsätzlich handelnden VN**, da das Leistungskürzungsrecht des VR im Falle einer grobfahrlässigen Verletzung vertraglicher Obliegenheiten durch den VN, § 28 II 2 VVG, nicht von einer wirksamen vertraglichen Regelung der Parteien abhängt. Eine Sanktionslosigkeit des Verhaltens vorsätzlich handelnder VN überdehnt auch den Willen des Reformgesetzgebers, der mit § 28 VVG die Rechtsfolgen für den VN bei einem Verstoß gegen eine vertragliche Obliegenheit lediglich abmildern, sie aber nicht gänzlich abschaffen wollte.[77] Auch birgt die Lösung des IV. Zivilsenats das Risiko, Fälle nicht überzeugend zu lösen, in denen der VR wirksam angepasst hat, aber den Zugang der angepassten AVB beim VN nicht beweisen kann – was häufig der Fall sein wird. Hier darf dem Einlassungsgeschick des böswilligen VN kein Raum gelassen werden, wie dies das OLG Celle in einer Entscheidung aus dem Jahre 2012 getan hat.[78] Zumindest im letzteren Falle wird man – entgegen der letztgenannten Entscheidung – dem VR Beweiserleichterungen für den Fall zubilligen müssen, dass dem VN nachweislich wenigstens Teile der maßgeblichen Unterlagen zugegangen sind oder er sich auf solche in der Korrespondenz mit dem VR beruft.[79]

36 Diese Gerechtigkeitslücken hätten sich vermeiden lassen, wenn der IV. Zivilsenat, wie vorgeschlagen, eine Konfliktlösung im Wege der **ergänzenden Vertragsauslegung** gesucht hätte. Nachträgliche Lücken im Vertrag, die darauf beruhen, dass die Parteien bei Vertragsschluss (notwendigerweise) eine spätere Rechtsänderung nicht bedacht haben, sind nämlich – entgegen der Rechtsauffassung des BGH und des OLG Celle – durchaus eine anerkannte Fallgruppe der ergänzenden Vertragsauslegung.[80] Dass der VR – anders als nach den Grundregeln des bürgerlichen Rechts – mit Art. 1 III EGVVG eine Anpassungsmöglichkeit erhalten hat, um die Lücke zu schließen, ist unerheblich, soweit der VR redlicherweise von diesem Anpassungsrecht keinen Gebrauch gemacht hat bzw. in nicht vorwerfbarer Art und Weise an einer wirksamen Anpassung gescheitert ist.

---

69 Stellungnahme des Bundesrates BT-Drucks. 16/3945, S. 128; Gegenäußerung der Bundesregierung BT-Drucks. 16/3945, S. 133; dazu *Armbrüster* VersR 2012, 9, 11.
70 BGH VersR 2011, 1550 Rn. 32; r+s 2015, 347 Rn. 23; ferner OLG Celle VersR 2012, 753 Rn. 37.
71 So zuvor bereits OLG Köln VersR 2010, 1592, 1593 f.; LG Köln r+s 2010, 104; LG Nürnberg-Fürth, r+s 2010, 145; *v. Fürstenwerth* r+s 2009, 221, 223.
72 BGH VersR 2011, 1550 Rn. 52; dazu bereits *Stockmeier* VersR 2011, 311, 315 f.; *Päffgen* VersR 2011, 837.
73 HK-VVG/*Muschner*, Art. 1 EGVVG Rn. 31 f.; R/L/*Rixecker*, § 28 Rn. 5; *Armbrüster* VersR 2012, 9, 11 ff.; *Günther/Spielmann* VersR 2012, 549 ff.; *Pohlmann* NJW 2012, 188 ff.
74 BGH VersR 2011, 1524 (VI. Zivilsenat); BGH, Urt. v. 14. März 2012, XII ZR 44/10 (XII. Zivilsenat).
75 *Armbrüster* VersR 2012, 9, 11 ff.
76 *Pohlmann* NJW 2012, 188, 190 f.
77 LG Ellwangen VersR 2011, 62; *Brand* VersR 2011, 557, 562.
78 OLG Celle VersR 2012, 753 Rn. 37.
79 Dazu *Brand* VersR 2015, 10, 12 ff.; HK-VVG/*Muschner*, Art. 1 EGVVG Rn. 30; P/M/*Armbrüster*, § 8 Rn. 39; *ders.* VersR 2012, 9, 16.
80 Vgl. BGHZ 90, 59, 74; MünchKommBGB/*Busche*, § 157 Rn. 41; *Ehricke* RabelsZ 60 (1996), 661, 676 f.

An Stelle der unwirksamen AVB tritt im Wege der ergänzenden Vertragsauslegung die Regelung, welche die 37
Parteien bei sachgerechter Abwägung der beiderseitigen Interessen im Zeitpunkt des Vertragsschlusses gewählt hätten, wenn ihnen die Unwirksamkeit der Alt-AVB und die Umstände der Nichtanpassung der AVB durch den VR im Übergangszeitraum bekannt gewesen wäre.[81] Im Falle der vorsätzlichen Verletzung vertraglicher Obliegenheiten bedeutet dies, dass – abgesehen von Fällen, wo die Nichtanpassung tatsächlich auf gedankenloser Inaktivität oder bösem Willen des VR beruht – tatbestandlich die Obliegenheitsvereinbarungen der Alt-AVB aufzugreifen und mit der Rechtsfolge des § 28 II 1 VVG zu verknüpfen sind.[82] Für den Fall einer grobfahrlässigen Verletzung von vertragsgleichen Obliegenheiten besteht keine Lücke, die mit Hilfe der ergänzenden Vertragsauslegung zu füllen wäre. Sind diesbezüglich Alt-AVB unwirksam, gilt die gesetzliche Regelung des § 28 II 2 VVG direkt.

Eine ergänzende Vertragsauslegung ist aber **nicht in jedem Fall möglich**. Sie setzt voraus, dass der ergänzte 38
Vertrag **drei Voraussetzungen** genügt: Einmal muss die ergänzende Auslegung alle schützenswerten Belange des VN wahren.[83] Das ist der Fall, da der vorsätzlich handelnde VN redlicherweise nicht drauf vertrauen darf, dass die Verletzung einer mit ihm wirksam vereinbarten Obliegenheit aufgrund einer Gesetzesänderung folgenlos bleibt.[84] Weiterhin darf der Vertragsgegenstand im Wege der ergänzenden Vertragsauslegung nicht erweitert werden.[85] Das bedeutet, dass dem VR nicht nachträglich zusätzliche Rechte eingeräumt werden dürfen, die ihm nach den ursprünglich vereinbarten Vertragsbedingungen von vornherein nicht zugestanden haben. Da § 28 II 1 VVG hinter § 6 VVG a.F., was die Rechtsfolgen anbelangt, zurückbleibt, besteht insoweit keine Besorgnis. Schließlich ist nach § 306 III BGB festzustellen, ob der ergänzte[86] Vertrag den beiden Vertragsparteien zumutbar ist. Das ist der Fall, da die Kombination des Obliegenheitstatbestands nach den Alt-AVB mit den Rechtsfolgen des § 28 VVG als einzige Lösung auf einen Interessenausgleich der Parteien hinwirkt und nicht die Interessen der einen den Interessen der anderen Partei vollständig unterordnet.

Bis die Rechtsprechung das einstweilen zu Unrecht beiseite gelegte Mittel der ergänzenden Vertragsauslegung 39
aufgreift, wird sich die **Praxis** zur Lösung von Problemfällen der vom BGH angesprochenen »**Auffangtatbestände**« der §§ 23 ff., 81 und 82 VVG bedienen müssen. Bei einer Verletzung vertraglicher Obliegenheiten vor Eintritt des Versicherungsfalls ist dabei insb. an die gesetzlichen Leistungskürzungsrechte der §§ 26 I, 81 II VVG zu denken. Bei einer Gefahrerhöhung muss der VR freilich der Dauerhaftigkeit der Änderung nachweisen, bei der Herbeiführung des Versicherungsfalles – anders als bei § 28 II 2 – das Verschulden des VN. Das macht die Vorschriften zu unvollständigen »Lückenbüßern«.[87] Nach Eintritt des Versicherungsfalles hilft dem VR allein § 82 III VVG. Darüber hinaus bleibt es ihm jedoch unbenommen, trotz nicht angepasster AVB gegen den VN wegen **arglistiger Täuschung** vorzugehen.[88] Das widerspricht nicht der Rechtsprechung des BGH zu Art. 1 III EGVVG, da es in einem solchen Fall nicht um eine Obliegenheitsverletzung geht, sondern um die Verwirklichung eines Verwirkungstatbestands.[89] Zu bedenken ist allerdings, dass es dem VR obliegt, im Rahmen der Arglist die besondere Lenkungsabsicht des VN nachzuweisen, was das Versichererverhalten anbelangt.

III. Fristen nach § 12 III VVG a.F. (Abs. 4)

Das neue VVG schafft die Ausschlussfrist des § 12 III 1 VVG a.F. ersatzlos ab. Nach dieser Vorschrift blieb der 40
VR leistungsfrei, wenn ein abgelehnter Anspruch gegen ihn nicht innerhalb von sechs Monaten gerichtlich geltend gemacht wurde. Nach Art. 1 IV EGVVG, der auf die Beschlussempfehlung des Rechtsausschusses zurückgeht, systematisch aber besser in Art. 3 IV EGVVG aufgehoben gewesen wäre, läuft eine Frist i.S.d. § 12 III 1 VVG a.F. die bereits vor dem 31. Dezember 2007 in Gang gesetzt worden ist, auch **über den 1. Januar 2008 hinaus** ungehindert fort. Sie wird nicht durch das Inkrafttreten des neuen VVG gekappt. Das ist eine Sonderregelung zu Art. 3 IV EGVVG. Die Diskussion um eine etwaige analoge Anwendung von Art. 3 IV EGVVG hat sich mit der erfolgreichen Initiative des Rechtsausschusses erledigt.[90]

Art. 1 IV EGVVG regelt nicht die Frage, ob der VR bei Altverträgen die Frist des § 12 III 1 VVG a.F. auch 41
noch **während des Übergangszeitraums** bis zum 31.12.2008 in Gang setzen kann. Auch hierzu hatte sich ein breites Meinungsspektrum entwickelt. Teilweise wurde angenommen, über Art. 1 II EGVVG könne die Frist

---

81 Zu dieser Voraussetzung allgemein BGHZ 137, 153, 157; 127, 138, 142; Erman/*Armbrüster*, § 157 Rn. 20; spezifisch versicherungsrechtlich *Brand* VersR 2011, 557, 564.
82 Ähnlich *Funck* VersR 2008, 163, 168; *Hövelmann* VersR 2008, 612, 616; *Muschner/Wendt* MDR 2008, 949, 952 f.; a.A. *Höra* r+s 2008, 89, 90, der aber die Möglichkeit einer ergänzenden Vertragsauslegung übersieht.
83 *Muschner/Wendt* MDR 2008, 949, 952.
84 So auch (ohne Beschränkung auf den Vorsatztäter) LG Ellwangen VersR 2011, 62; *Segger/Degen* VersR 2011, 440, 445.
85 BGHZ 77, 301, 304; BGH NJW 2004, 1873; MünchKommBGB/*Busche*, § 157 Rn. 55.
86 Nicht der lückenhafte; so HK-VVG/*Muschner*, 2. Aufl., Art. 1 EGVVG Rn. 37; *Muschner/Wendt* MDR 2008, 949, 952.
87 Kritisch insoweit auch P/M/*Armbrüster*, Art. 1 EGVVG Rn. 39.
88 OLG Frankfurt VersR 2013, 1127; HK-VVG/*Muschner*, Art. 1 EGVVG Rn. 32; *Tschersich* r+s 2012, 53.
89 *Günther* ZVersWiss 2010, 607; *Günther/Spielmann* VersR 2012, 549, 552.
90 Vgl. dazu *Neuhaus*, r+s 2007, 177, 180 einerseits und *Marlow/Spuhl*[3], S. 4 f.; *W.-T. Schneider* VersR 2008, 859, 864 andererseits; im Überblick noch HK-VVG/*Muschner*, 2. Aufl., Art. 1 EGVVG Rn. 30–38.

Art. 2 EGVVG Vollmacht des Versicherungsvertreters, Krankenversicherung

des § 12 III 1 VVG a.F. letztlich zeitlich noch unbegrenzt gesetzt werden, solange nur der Versicherungsfall bis zum 31.12.2008 eingetreten ist.[91] Diese Ansicht meinte Art. 1 II EGVVG zur Anwendung bringen zu können, da das Recht des VR zur Fristsetzung nach § 12 III 1 VVG a.F. an den Versicherungsfall anknüpft. Weniger weitreichend hatte sich eine weitere Meinungsgruppe positioniert. Diese Auffassung ging davon aus, dass die Frist des § 12 III 1 VVG a.F. über Art. 1 I EGVVG zumindest innerhalb des Übergangszeitraums noch wirksam gesetzt werden kann.[92] Eine dritte Gruppe schließlich wollte es dem VR verwehren, die Frist des § 12 III 1 VVG a.F. noch nach dem 31.12.2007 in Gang zu setzen.[93] Das stützt sie teilweise auf den Art. 1 Abs. 4 EGVVG innewohnenden Rechtsgedanken, teilweise auf Art. 3 IV, II EGVVG.

42 Gegen die letztgenannte Ansicht scheint zu sprechen, dass die Grundregel des Art. 1 I EGVVG, nach der § 12 III 1 VVG a.F. während des Übergangszeitraums weiterhin anwendbar gewesen wäre, nur dann nicht greift, wenn eine Ausnahmeregel sie verdrängt. Als eine solche sind nur die Art. 1 II, 2–6 EGVVG, nicht aber Art. 1 IV EGVVG benannt.[94] Dem Wortlaut des Art. 1 I EGVVG darf insoweit aber keine allzu große Bedeutung beigemessen werden.[95] Art. 1 IV EGVVG ist spät – auf eine Anregung des Rechtsausschusses hin – in das Gesetzeswerk eingefügt worden. Es erscheint möglich, dass eine Anpassung des Art. 1 I EGVVG schlichtweg unterblieben ist. Darauf kommt es letztlich aber nicht an. Bestimmt ist nämlich in der Gesetzesbegründung zu Art. 1 IV EGVVG, dass diese Vorschrift *lex specialis* **zu Art. 3 IV EGVVG** ist,[96] der seinerseits als Ausnahmevorschrift zu Art. 1 I EGVVG anerkannt ist. *Lex specialis* und *lex generalis* teilen notwendigerweise die Rechtsnatur.

43 Weiterhin lässt sich nicht damit argumentieren, der Reformgesetzgeber habe mit Art. 1 IV EGVVG den Fall einer Fristsetzung nach dem 01.01.2008 gar nicht regeln wollen, sondern insoweit auf Art. 1 I, II EGVVG vertraut.[97] Abs. 4 ist der Bedeutungsgehalt beizumessen, dass er nicht nur regeln will, was mit einer vor Inkrafttreten des reformierten VVG bereits in Gang gesetzten Frist geschehen soll, sondern **a maiore ad minus auch verhindern will, dass noch eine neue Frist gesetzt wird.** Allein diese Auslegung trägt dem reformgesetzgeberischen Willen Rechnung, die Ausschlussfrist möglichst rasch vollständig abzuschaffen.[98] Insoweit stellt sich Art. 1 IV EGVVG im Verhältnis zur ersten vertretenen Ansicht nach der Regel *expressio unius exclusio alterius* als spezialgesetzliche Regelung zu Art. 1 II EGVVG dar. Wäre Art. 1 II EGVVG neben Abs. 4 anwendbar, wäre letzterer schlichtweg überflüssig, da sämtliche übergangsrechtlich relevanten Fälle von Abs. 1 als Ausnahmeregel zu Abs. 1 erfasst wären. Dieser Auffassung hat sich **mittlerweile auch der BGH** in drei Entscheidungen vom 08.12.2012 **angeschlossen.**[99] Der VR kann daher die Frist des § 12 Abs. 2 S. 1 VVG a.F. während des Übergangszeitraums bis zum 31.12.2008 nicht mehr in Gang setzen.

44 Dabei erscheint es **stimmiger**, dieses **Ergebnis auf den Art. 1 IV VVG** innewohnenden Rechtsgedanken **zu stützen** als auf Art. 3 IV, II EGVVG. Um letztere Norm anwenden zu können, müsste man die Abschaffung des § 12 III 1 VVG a.F. als radikalst mögliche Form der Kürzung einer Frist begreifen.[100] Die Begründung des Rechtsausschusses zur Einführung des Art. 1 IV EGVVG legt nahe, dass eine solche Qualifikation nicht recht zur Vorstellung des Reformgesetzgebers von der Abschaffung der Klagefrist des § 12 III 1 VVG a.F. passt.[101]

45 Abs. 4 gilt **analog** für den Fall, dass eine Widerrufsfrist nach § 5a VVG a.F. vor dem 31.12.2007 in Gang gesetzt wurde, aber erst nach diesem Datum ausläuft (siehe oben Rdn. 14).

Art. 2 EGVVG Vollmacht des Versicherungsvertreters, Krankenversicherung.

Auf Altverträge sind die folgenden Vorschriften des Versicherungsvertragsgesetzes bereits ab 1. Januar 2008 anzuwenden:
1. die §§ 69 bis 73 über die Vertretungsmacht des Versicherungsvertreters und der in § 73 erfassten Vermittler;
2. die §§ 192 bis 208 für die Krankenversicherung, wenn der Versicherer dem VN die auf Grund dieser Vorschriften geänderten Allgemeinen Versicherungsbedingungen und Tarifbestimmungen unter Kennt-

---

91 So HK-VVG/*Muschner*, 2. Aufl., Art. 1 EGVVG Rn. 40 f.; *ders.* VersR 2010, 738; *Mertens* VersR 2007, 824.
92 *Neuhaus* r+s 2007, 441, 442 und dem folgend OLG Köln VersR 2011, 383; LG Dortmund VersR 2010, 193, 196 f. m. ablehnender Anm. *Marlow*; LG München I r+s 2010, 317; LG Köln VersR 2010, 611; LG Wuppertal, Urt. v. 29.10.2009, 7 O 85/09.
93 OLG Köln r+s 2011, 150, 152; L/W/*Looschelders*, Art. 1 EGVVG Rn. 29; P/M/*Armbrüster*, Art. 1 EGVVG Rn. 44 f.; *Marlow*/Spuhl, Rn. 18; *Brand* VersR 2011, 557, 565; *Daube* VersR 2009, 1599, 1601; *Höra* r+s 2008, 89, 91; W.-T. *Schneider* VersR 2008, 859, 864; *Uyanik* VersR 2008, 468, 470 und wohl *Rixecker* ZfS 2007, 430, 431.
94 Darauf berufen sich OLG Köln VersR 2011, 383; LG Dortmund VersR 2010, 193; LG München I r+s 2010, 317; LG Köln VersR 2010, 611; HK-VVG/*Muschner*, 2. Aufl., Art. 1 EGVVG Rn. 62; *ders.* VersR 2010, 734.
95 Dazu schon *Brand* VersR 2011, 557, 565; *Lehmann*, r+s 2012, 320, 321.
96 BT-Drucks. 16/5862 S. 100.
97 So HK-VVG/*Muschner*, 2. Aufl., Art. 1 EGVVG Rn. 63.
98 OLG Köln r+s 2011, 150, 152.
99 BGH VersR 2012, 470; ZfS 2012, 2010; NJW 2012, 1213.
100 So etwa *Uyanik* VersR 2008, 468, 470.
101 BT-Drucks. 16/5862 S. 100.

lichmachung der Unterschiede spätestens einen Monat vor dem Zeitpunkt in Textform mitgeteilt hat, zu dem die Änderungen wirksam werden sollen.

Übersicht

	Rdn.		Rdn.
A. Überblick	1	C. Sonderregeln für die Krankenversicherung (Nr. 2)	3
B. Vertretungsmacht des Versicherungsvertreters (Nr. 1)	2		

Schrifttum:
Rogler, Die Wiederentdeckung des Übermaßverbots in der privaten Krankenversicherung – § 192 II VVG, VersR 2009, 573; im Übrigen vgl. Hinweise zu Art. 1 EGVVG.

A. Überblick

Für einige Neuregelungen, die in keinem inneren Zusammenhang stehen, bedurfte es nach Ansicht des Reformgesetzgebers der Übergangsfrist nach Art. 1 I EGVVG nicht.[1] Diese in Nr. 1 und 2 bezeichneten Regelungen sollen bereits ab dem 1. Januar 2008 auch für Altverträge gelten (Nr. 1) oder zumindest gelten können (Nr. 2). 1

B. Vertretungsmacht des Versicherungsvertreters (Nr. 1)

Nr. 1 bestimmt, dass die §§ 69–73 VVG über die Vertretungsmacht des Versicherungsvertreters abweichend von der Grundregel des Art. 1 I EGVVG bereits ab dem 1. Januar 2008 auf Altverträge anzuwenden sind. Das ist folgerichtig, da der Versicherungsvertreter nicht nur neue Versicherungsverträge abschließt, sondern auch bestehende Versicherungsverhältnisse betreut. Es erscheint aus Gründen der Rechtsklarheit und Rechtssicherheit sinnvoll, ihn, was seine Rechtsstellung anbelangt, hinsichtlich alter und neuer Verträge gleichzustellen.[2] Nr. 1 gilt nicht nur für Versicherungsvertreter, die selbstständige Handelsvertreter sind, sondern auch für die von § 73 VVG erfassten angestellten, nicht gewerbsmäßigen Vermittelnden.[3] 2

C. Sonderregeln für die Krankenversicherung (Nr. 2)

Als der Reformgesetzgeber die Übergangsregel des Art. 2 Nr. 2 EGVVG schuf, hatten sich die Bestimmungen über die Krankenversicherung gegenüber dem alten Recht nur unwesentlich verändert. Das Gesetz zur Stärkung des Wettbewerbs in der gesetzlichen Krankenversicherung (GKV-WSG) war noch nicht in Kraft getreten. Es schien daher naheliegend, eine Kalkulation von Alt- und Neuverträgen nach einheitlichen Grundsätzen zu ermöglichen. Nach Inkrafttreten des GKV-WSG, das die §§ 192 ff. VVG grundlegend umgestaltet hat, verflüchtigte sich die ursprüngliche Ratio des Art. 2 Nr. 2 EGVVG. Es ist dennoch bei der ursprünglichen Übergangsregelung geblieben. Sie ordnet an, dass das **neue Recht der Krankversicherung** in §§ 192–208 VVG auch für Altverträge **bereits ab Inkrafttreten** des neuen VVG gilt. Das ermöglicht u.a. eine gemeinsame Beobachtung und Kalkulation von Alt- und Neuverträgen. Dies hielt der Reformgesetzgeber für wichtig, um die Belange der versicherten Personen zu wahren und die Erfüllbarkeit der bestehenden Krankenversicherungsverträge zu gewährleisten.[4] 3

Für **Bestimmungen des Allgemeinen Teils**, bleibt es, soweit sie Krankenversicherungsverhältnisse betreffen, im Übergangszeitraum bei der **Grundregel** des Art. 1 I EGVVG bzw. dem Anpassungsrecht des VR nach Art. 1 III EGVVG.[5] Eine solche Rechtsspaltung für Versicherungsverträge, die – wenn auch nur für die Dauer eines Jahres – teils neuem und teils altem Recht unterliegen, ist misslich. Das gilt umso mehr, als sich in der Krankenversicherung damit das gesamte **Obliegenheitenrecht** im Übergangszeitraum noch nach altem Recht richtet. 4

Art. 2 Nr. 2 EGVVG ordnet nicht nur an, dass die §§ 192–208 VVG seit dem 01.01.2008 auch für Altverträge gelten. Zugleich wird der VR ermächtigt, seine AVB an das neue Recht anzupassen, um die Rechtsänderungen im Bedingungswerk nachzeichnen zu können. Dieses Anpassungsrecht steht unter der Bedingung, dass der VR den VN über die geänderten AVB und Tarifbestimmungen **unterrichtet** hat, und zwar inhaltlich derart, dass dem VN die Unterschiede zum bisher geltenden Recht deutlich werden, zeitlich spätestens einen Monat bevor die Änderungen wirksam werden, und formal in Textform gem. § 126b BGB. Das ist eine Parallelregelung zu Art. 1 III EGVVG. Diese ist sachlich geboten, da es sich bei Art. 2 Nr. 2 EGVVG eben auch um ein be- 5

---

[1] Begr. RegE BT-Drucks. 16/3945 S. 118.
[2] Begr. RegE BT-Drucks. 16/3945 S. 118; B/M/*Beckmann*, Einf. A Rn. 93; L/W/*Looschelders*, Art. 2 EGVVG Rn. 2; HK-VVG/*Muschner*, Art. 2 EGVVG Rn. 2; *Neuhaus* r+s 2007, 441, 444.
[3] Ebenso HK-VVG/*Muschner*, Art. 2 EGVVG Rn. 2; FAKomm-VersR/*Wendt*, Art. 2 EGVVG Rn. 2; zur Anwendung von § 70 VVG auf Ärzte *Wendt/Jularic* VersR 2008, 41, 45 f.
[4] Begr. RegE, BT-Drucks. 16/3945 S. 118 f.; dazu B/M/*Beckmann*, Einf. A Rn. 98.
[5] HK-VVG/*Muschner*, Art. 2 EGVVG Rn. 4; *Höra* r+s 2008, 89, 95.

Art. 3 EGVVG Verjährung

sonderes Bedingungsanpassungsrecht handelt.[6] Der etwas unglückliche Wortlaut des Art. 2 Nr. 2 EGVVG verdunkelt, dass die §§ 192–208 VVG unabhängig davon für Altverträge Geltung beanspruchen, ob der VN unterrichtet worden ist oder nicht.[7] Die **Unterrichtung hat nur AGB-rechtliche Bedeutung**. Anderenfalls hätte es der VR in der Hand, durch Nichtunterrichten des VN die Geltung des neuen Rechts zu verhindern.

6 Im Schrifttum wird teilweise angenommen, das **Verbot der Übermaßvergütung** des § 192 II VVG gelte nicht für Altverträge in der Krankenversicherung.[8] Eine solch pauschale Ausnahme ist abzulehnen, da sie keine Stütze in Wortlaut oder Sinn und Zweck der Übergangsregel der Nr. 2 findet. In der Einführung des § 192 II VVG liegt eine Änderung dispositiven Gesetzesrechts, da es dem VR zuvor nicht auf vergleichbar sicherer Grundlage möglich war, ein Verbot der Übermaßvergütung zu vereinbaren. Schon eine solche Änderung dispositiven Gesetzesrechts eröffnet aber – wie bei Art. 1 III EGVVG – eine Anpassungsmöglichkeit. Richtig ist freilich, dass es dem VR verwehrt bleibt, auf Grundlage von Art. 1 III, 2 Nr. 2 EGVVG ein Verbot der finanziellen Übermaßbehandlung in Altverträge einzuführen.[9] Ein solches Verbot stellt keine Anpassung an die neue Rechtslage dar, da § 192 II VVG ein Verbot der finanziellen Übermaßbehandlung gar nicht vorsieht.

7 Für den im Jahre 2013 eingeführten **Notlagentarif** sieht Art. 7 EGVVG eine eigene Übergangsregel vor.

Art. 3 EGVVG Verjährung.

(1) § 195 des Bürgerlichen Gesetzbuchs ist auf Ansprüche anzuwenden, die am 1. Januar 2008 noch nicht verjährt sind.
(2) Wenn die Verjährungsfrist nach § 195 des Bürgerlichen Gesetzbuchs länger ist als die Frist nach § 12 Abs. 1 des Gesetzes über den Versicherungsvertrag in der bis zum 31. Dezember 2007 geltenden Fassung, ist die Verjährung mit dem Ablauf der in § 12 Abs. 1 des Gesetzes über den Versicherungsvertrag in der bis zum 31. Dezember 2007 geltenden Fassung bestimmten Frist vollendet.
(3) ¹Wenn die Verjährungsfrist nach § 195 des Bürgerlichen Gesetzbuchs kürzer ist als die Frist nach § 12 Abs. 1 des Gesetzes über den Versicherungsvertrag in der bis zum 31. Dezember 2007 geltenden Fassung, wird die kürzere Frist vom 1. Januar 2008 an berechnet. ²Läuft jedoch die längere Frist nach § 12 Abs. 1 des Gesetzes über den Versicherungsvertrag in der bis zum 31. Dezember 2007 geltenden Fassung früher als die Frist nach § 195 des Bürgerlichen Gesetzbuchs ab, ist die Verjährung mit dem Ablauf der längeren Frist vollendet.
(4) Die Absätze 1 bis 3 sind entsprechend auf Fristen anzuwenden, die für die Geltendmachung oder den Erwerb oder Verlust eines Rechtes maßgebend sind.

Übersicht

	Rdn.		Rdn.
A. Überblick	1	C. Ausnahmen (Abs. 2 und 3)	5
B. Grundregel (Abs. 1)	2	D. Entsprechende Anwendung (Abs. 4)	9

Schrifttum:
Funck/Pletsch, Wann ist ein Fünfjahres(alt)vertrag kündbar?, VersR 2009, 615; *Just*, VVG-Reform: Verjährung und Klagefrist, VP 2007, 208.

A. Überblick

1 Art. 3 EGVVG regelt den Übergang bei der Anpassung des Verjährungsrechts und sonstiger Fristbestimmungen. Regelungsvorbild ist das Übergangsrecht zur Schuldrechtsmodernisierung (Art. 229 § 6 I 1 EGBGB). **Ziel** ist es, bestehende, **nicht verjährte** oder verfristete **Ansprüche möglichst zeitnah dem neuen Recht** zu unterstellen und einen gleitenden Übergang laufender Fristen zu gewährleisten.[1] Eine Übergangsregelung ist erforderlich, da die VVG-Reform die bisher geltenden Sondervorschriften über die Verjährung im VVG (z.B. § 12 I 1 VVG a.F.) weitgehend hat entfallen lassen – bestehen bleibt der Hemmungstatbestand des § 15 VVG. Der VR muss den VN **nicht im Rahmen seiner Beratungspflicht** nach § 6 VVG über die Änderung der Rechtsfolgen im Verjährungsrecht nach Art. 3 EGVVG **aufklären**.[2]

B. Grundregel (Abs. 1)

2 Ansprüche, die am Stichtag des 01.01.2008 schon entstanden und noch nicht verjährt sind, unterliegen nach Abs. 1 **einheitlich der dreijährigen Verjährungsfrist der §§ 195, 199 BGB**. Maßgeblich ist das Entstehen des

---

[6] P/M/*Armbrüster*, Art. 2 EGVVG Rn. 3.
[7] B/M/*Beckmann*, Einf. A Rn. 98; L/W/*Looschelders*, Art. 2 EGVVG Rn. 4.
[8] So HK-VVG/*Muschner*¹, Art. 2 EGVVG Rn. 5 (nunmehr wie hier, 2. und 3. Aufl. Rn. 6); FAKomm-VersR/*Wendt*, Art. 2 EGVVG Rn. 6; *Schimikowski/Höra*, S. 213; *Höra* r+s 2008, 89, 96; *Rogler* VersR 2009, 573, 583.
[9] Begr. RegE BT-Drucks. 16/3945 S. 110; P/M/*Armbrüster*, Art. 2 EGVVG Rn. 4; *Rogler* VersR 2009, 573, 583.
[1] *W.-T. Schneider* VersR 2008, 859, 863.
[2] OLG Stuttgart, Urt. vom 3. April 2014, 7 U 228/13; HK-VVG/*Muschner*, Art. 3 EGVVG Rn. 17.

Verjährung **Art. 3 EGVVG**

Anspruchs, nicht das Zustandekommen des zugrundeliegenden Versicherungsvertrags.[3] Fällig muss der Anspruch zum Stichtag des 01.01.2008 aber – wie bei Art. 229 § 6 EGBGB – noch nicht sein.[4] Entsteht ein Anspruch aus einem Altvertrag nach dem 01.01.2008 – etwa weil eine Kündigungsfrist verstreicht –, ist Art. 3 EGVVG in sämtlichen Absätzen auf diesen Fall analog anzuwenden.[5] Das folgt aus einem Erst-recht-Schluss: Ist das neue Verjährungsrecht nach Abs. 1 auf Ansprüche anzuwenden, die vor dem 01.01.2008 entstanden sind, muss dies erst recht für Ansprüche gelten, die aus Versicherungsverträgen herrühren, die vor diesem Stichtag begründet worden sind, aber erst nach dem 01.01.2008 entstehen. Entstanden ist ein Anspruch, wenn er nach Inhalt, Gläubiger und Schuldner bestimmt ist. Der Verweis auf § 195 BGB vereinheitlicht die bisherige allgemeine Frist von zwei Jahren bzw. die besondere Frist von fünf Jahren in der Lebens- und Berufsunfähigkeitsversicherung nach § 12 I VVG a.F. Verjährungsfristen, die bei Inkrafttreten des neukodifizierten VVG schon abgelaufen waren, bleiben vom Übergangsrecht unberührt.[6]

Der **Verjährungsbeginn** für Ansprüche, die vor dem 01.01.2008 entstanden sind, richtet sich wie derjenige von Ansprüchen, die nach Inkrafttreten der Neukodifikation des VVG entstanden sind, nach § 199 BGB. Für eine Fortgeltung von § 12 I 2 VVG a.F. fehlt es an einer Art. 229 § 6 I 2 EGBGB vergleichbaren Übergangsregelung.[7] Anders als § 12 I VVG a.F. knüpft § 199 I BGB hinsichtlich des Beginns der Verjährung nicht nur an die objektive Voraussetzung der Fälligkeit des Anspruchs auf Versicherungsleistung an. Zusätzlich muss der VN **Kenntnis** oder **grob fahrlässige Unkenntnis** von den »den Anspruch begründenden Tatsachen und der Person des Schuldners« gehabt haben. In der Praxis wird das vielfach keinen Unterschied ausmachen, da etliche Ansprüche des VN von Mitwirkungshandlungen abhängen (z.B. Anzeige des Versicherungsfalls), die voraussetzen, dass der VN Kenntnis von den anspruchsbegründenden Tatsachen hat.[8] Bei der Anwendung von § 199 BGB ist für Geldleistungen § 14 VVG zu beachten, der allerdings in AVB abbedungen werden kann. 3

Der **Ablauf der Verjährungsfrist** bestimmt sich nach § 188 II BGB. Hinsichtlich einer Hemmung ist § 15 VVG zu beachten. Zudem ist für Ansprüche, die nicht Schadensersatzansprüche sind (z.B. Leistungsansprüche), die Höchstverjährungsgrenze des § 199 IV BGB zu beachten. 4

C. Ausnahmen (Abs. 2 und 3)

Ausnahmen von der Grundregel des Abs. 1 finden sich in Abs. 2 und 3. Sie beruhen darauf, dass der Reformgesetzgeber von 2007 mit der Einführung der regelmäßigen Verjährung nach dem BGB keine Verjährungsfristen verlängern wollte.[9] Abs. 2 betrifft Fälle außerhalb der Lebens- und Berufsunfähigkeitsversicherung, in denen die **neue Verjährungsfrist länger** ist als die bisherige nach § 12 I 1 VVG a.F. Hier verjährt der Anspruch mit Ablauf der kürzeren der beiden Fristen, also der in § 12 I 1 VVG a.F. bestimmten.[10] 5

Beispiel: Verjährungsbeginn ist der 31.12.2007. Hier ist auf die (kürzere) 2-jährige Frist abzustellen, die nach § 12 I VVG a.F. zu laufen begonnen hat, da die 3-jährige Frist nach § 195 BGB länger läuft. 6

Abs. 3 regelt den Fall, dass die **neue Verjährungsfrist kürzer** ist **als die bisherige**. Hier sind Lebens- und Berufsunfähigkeitsversicherung angesprochen. S. 1 stellt zunächst klar, dass die kürzere Verjährungsfrist des neuen Rechts sich ab dem 01.01.2008 berechnet. Die Verjährungsfrist von § 12 I VVG a.F. läuft unverändert von ihrem ursprünglichen Beginn aus. Vor diesem Hintergrund ist ein **Fristenvergleich** anzustrengen. Maßgeblich für die Verjährung ist, wie bei Abs. 2, die früher ablaufende Frist.[11] Das kann diejenige des neuen Rechts vom 01.01.2008 an berechnet sein, aber auch die des alten Rechts vom ursprünglichen Zeitpunkt an berechnet (S. 2). Einen ähnlichen Fristenvergleich sieht Art. 229 § 6 IV EGBGB vor. 7

Beispiel: Verjährungsbeginn ist der 31.12.2004. Es beginnt die (an sich längere) 5-jährige Frist nach § 12 I VVG a.F. zu laufen. Diese Frist bleibt maßgeblich, da sie vor der kürzeren 3-jährigen Frist nach § 195 BGB abläuft, auf die Abs. 3 abstellt. Etwas anderes gilt, wenn die ursprüngliche Frist gehemmt wird und erst nach der 3-jährigen Frist abläuft.[12] 8

D. Entsprechende Anwendung (Abs. 4)

Die Regelung des Abs. 4 entspricht Art. 229 § 6 V EGBGB. Sie erklärt die Regeln der Abs. 1–3 für entsprechend anwendbar auf Fristen, die maßgeblich für die Geltendmachung eines Rechts sind, seinen Erwerb oder seinen Verlust. Zu denken ist an die Anfechtungsfrist nach § 121 II BGB oder die Frist nach § 158 II VVG, 9

---

3 Ebenso *Neuhaus* r+s 2007, 441, 444.
4 BGH VersR 2014, 735.
5 BGH VersR 2014, 735; P/M/*Armbrüster*, Art. 2 EGVVG Rn. 2.
6 Begr. RegE BT-Drucks. 16/3945 S. 119; P/M/*Armbrüster*, Art. 3 EGVVG Rn. 1.
7 Wie hier P/M/*Armbrüster*, Art. 3 EGVVG Rn. 2; a.A. ohne nähere Begründung HK-VVG/*Muschner*, Art. 3 EGVVG Rn. 4; FAKomm-VersR/*Wendt*, Art. 3 EGVVG Rn. 5; R/L/*Rixecker*, § 15 Rn. 17.
8 HK-VVG/*Muschner*, Art. 3 EGVVG Rn. 8.
9 L/W/*Looschelders*, Art. 3 EGVVG Rn. 3; VersHb/*W.-T. Schneider*, § 1a Rn. 50.
10 OLG Köln VersR 2013, 1438.
11 OLG Hamm Urt. vom 23.03.2011, 20 U 152/10; OLG Stuttgart, Urt. vom 03.04.2014, 7 U 228/13.
12 Dazu auch *Marlow*/Spuhl, Rn. 1535.

Art. 4 EGVVG Lebensversicherung, Berufsunfähigkeitsversicherung

um eine Gefahrerhöhung in der Lebensversicherung geltend zu machen. Von besonderer praktischer Bedeutung wird die neue **Frist**[13] **zur Ausübung des Sonderkündigungsrechts** bei langfristigen Verträgen in § 11 IV VVG sein. Auch diese Frist unterfällt Abs. 3 und 4 – und nicht der Grundregel des Art. 1 I EGVVG[14] –, wie bereits im Referentenentwurf hervorgehoben wurde.[15] Ein gegenteiliges Ergebnis, würde zu einer verfassungsrechtlich bedenklichen echten Rückwirkung führen, da mit der rückwirkenden Anwendung einer kürzeren Kündigungsfrist auf Altverträge nachträglich in bereits abgeschlossene Kalkulationen des VR (z.B. dem VN gewährte Rabatte) eingegriffen würde.[16] Bei Anwendung des Abs. 4 wird es für die Kündbarkeit in entsprechender Anwendung von Abs. 3 auf einen Vergleich der Fristen nach § 8 IV 1 VVG a.F. und § 11 IV VVG ankommen.[17]

10   Abs. 4 lässt sich **nicht auf Fristen anwenden**, die erstmalig durch das neue VVG eingeführt worden sind.[18] Das ist zwingend, da diese Fristen nicht vor dem 01.01.2008 zu laufen begonnen haben können. Betroffen ist u.a. die Ausschlussfrist des § 21 III 1 VVG. Für laufende Klagefristen, die nur noch bis zum 31.12.2007 wirksam gesetzt werden konnten, gilt die Sonderregel des Art. 1 Abs. 4 EGVVG.

Art. 4 EGVVG Lebensversicherung, Berufsunfähigkeitsversicherung.

(1) ¹§ 153 des Versicherungsvertragsgesetzes ist auf Altverträge nicht anzuwenden, wenn eine Überschussbeteiligung nicht vereinbart worden ist. ²Ist eine Überschussbeteiligung vereinbart, ist § 153 des Versicherungsvertragsgesetzes ab dem 1. Januar 2008 auf Altverträge anzuwenden; vereinbarte Verteilungsgrundsätze gelten als angemessen.
(2) Auf Altverträge ist anstatt des § 169 des Versicherungsvertragsgesetzes, auch soweit auf ihn verwiesen wird, § 176 des Gesetzes über den Versicherungsvertrag in der bis zum 31. Dezember 2007 geltenden Fassung weiter anzuwenden.
(3) Auf Altverträge über eine Berufsunfähigkeitsversicherung sind die §§ 172, 174 bis 177 des Versicherungsvertragsgesetzes nicht anzuwenden.

Übersicht

	Rdn.		Rdn.
A. Überblick	1	C. Rückkaufswert der Lebensversicherung (Abs. 2)	7
B. Überschussbeteiligung bei Lebensversicherungen (Abs. 1)	2	D. Übergangsrecht der Berufsunfähigkeitsversicherung (Abs. 3)	9

A. Überblick

1   Art. 4 EGVVG enthält spezielle Übergangsregelungen für »sensible«[1] Bereiche der Lebens- und Berufsunfähigkeitsversicherung, für die Vorgaben des BVerfG zum alten Recht zu beachten waren. **Kernpunkte** der Regelung sind die Unanwendbarkeit der neuen Bestimmungen über die Überschussbeteiligung (§ 153 VVG), Abs. 1, und über den Rückkaufswert (§ 169 VVG), Abs. 2, auf Altverträge in der Lebensversicherung und die selektive Bestimmung anwendbaren neuen Rechts in der Berufsunfähigkeitsversicherung, Abs. 3. Für den Bereich der Lebensversicherung haben einige Bestimmungen dauerhafte Wirkung.

B. Überschussbeteiligung bei Lebensversicherungen (Abs. 1)

2   Nach Abs. 1 Satz 1 gilt der neue Anspruch des VN auf Beteiligung am Überschuss und an den Bewertungsreserven gem. **§ 153 VVG für Altverträge auch nach Ablauf des Übergangszeitraums** zum 01.01.2009 **nicht, wenn** eine entsprechende **Beteiligung nicht vereinbart** worden ist. Verträge, die bisher keine Überschussbeteiligung vorgesehen haben, werden durch das neue Recht nicht zu überschussberechtigten Verträgen.[2]

---

13 Zum Charakter als Frist AG Düsseldorf, Urt. vom 30.10.2009, 41 C 5309/09; AG Eschweiler, Urt. vom 17.11.2009, 21 C 243/09.
14 So aber LG Berlin VersR 2013, 1115; AG Düsseldorf VuR 2010, 197; *Versicherungsombudsmann* VersR 2009, 913; P/M/*Armbrüster*, Art. 3 EGVVG Rn. 4; PK/*Ebers*, § 11 Rn. 51; *Steinbeck/Schmitz-Elvenich* VW 2009, 1251.
15 RefE S. 177; zustimmend AG Daun VersR 2009, 1522; AG Düsseldorf NJW-RR 2010, 908; HK-VVG/*Muschner*, Art. 3 EGVVG Rn. 23; L/P/*Schneider*, § 11 Rn. 49; P/M/*Prölss*, § 11 Rn. 10; FAKomm-VersR/*Wendt*, Art. 3 EGVVG Rn. 7; *Neuhaus/Kloth/Köther*, ZfV 2009, 180, 181 f.; näher zum weiteren Schicksal im Rahmen des Gesetzgebungsverfahrens *Funck/Pletsch* VersR 2009, 615, 616; ferner P/M/*Armbrüster*, Art. 3 EGVVG Rn. 4; *Versicherungsombudsmann* VersR 2009, 913 f.
16 HK-VVG/*Muschner*, Art. 3 EGVVG Rn. 23; *Funck/Pletsch* VersR 2009, 615, 616 f.
17 Näher *W.-T. Schneider* VersR 2008, 859, 864.
18 Begr. RegE BT-Drucks. 16/3945 S. 119; HK-VVG/*Muschner*, Art. 3 EGVVG Rn. 20; FAKomm-VersR/*Wendt*, Art. 3 EGVVG Rn. 8; *Just* VP 2008, 2, 6; *Neuhaus* r+s 2007, 441, 444.
1   Begr. RegE BT-Drucks. 16/3945 S. 119.
2   Ebenso L/W/*Looschelders*, Art. 4 EGVVG Rn. 3; P/M/*Armbrüster*, Art. 4 EGVVG Rn. 2; FAKomm-VersR/*Wendt*, Art. 4 EGVVG Rn. 2; *Neuhaus* r+s 2008, 441, 443.

Für Altverträge in der Lebensversicherung, in denen eine **Überschussbeteiligung vereinbart** war, bestimmt 3
Abs. 1 Satz 2 Hs. 1 in Abweichung von der Grundregel des Art. 1 I EGVVG, dass **§ 153 VVG** in seiner Gesamtheit[3] **ohne Übergangszeit** sofort gilt. Alt- und Neuverträge werden gleich behandelt. Der Reformgesetzgeber folgt mit dieser Regelung Vorgaben des BVerfG.[4] Die unmittelbare Anwendung neuen Rechts auf Altverträge bedeutet keine verfassungsrechtlich bedenkliche Rückbewirkung von Rechtsfolgen. Das neue Recht wirkt nur für die Zukunft.[5] In abgeschlossene Vorgänge greift es nicht ein. Ist ein Lebensversicherungsvertrag bereits vor Inkrafttreten des neuen Rechts abgewickelt worden oder zumindest fällig geworden, gilt § 153 VVG also nicht – mag sich im letzteren Fall die Abwicklung auch bis in das Jahr 2008 hineinstrecken.[6]

Die Regel des Abs. 1 Satz. 2 Hs. 1 ist **gegenüber** der Bestimmung des **Art. 1 II EGVVG vorrangig**. Über deren 4
Anwendung lässt sich nachdenken, da der Einritt des Versicherungsfalls (Erreichen des Ablauftermins, Eintritt des Todes) die Anwendung des § 153 VVG auslöst. Art. 1 II EGVVG bestimmt indes, dass für die Abwicklung von Versicherungsfällen, die im Übergangszeitraum anfallen, das alte Recht fortgilt, § 153 VVG folglich nicht zu beachten wäre. Art. 1 II EGVVG ist jedoch auf solche Fälle nicht anwendbar. Zwar handelt es sich bei beiden Regeln um Ausnahmevorschriften zu Art. 1 I EGVVG, gegenüber Art. 1 II EGVVG ist Abs. 1 Satz. 2 Hs. 1 dennoch wegen größerer Sachnähe *lex specialis*. Praktisch bedeutet dies, dass bei Altverträgen, die zwischen dem 01.01.2008 und dem 31.12.2008 enden, eine zusätzliche Beteiligung an den Bewertungsreserven zu erfolgen hat.[7] Dabei handelt es sich nicht um eine verfassungsrechtlich unzulässige echte Rückwirkung, da in diesen Fällen die Kalkulationsvorgänge – etwa in Form eines Schlussüberschussanteils – noch nicht abgeschlossen sind.

Praktisch dürfte § 153 VVG häufig auf Altverträge Anwendung finden, da eine Überschussbeteiligung regel- 5
mäßig in AVB vereinbart war (vgl. etwa § 2 der Musterbedingungen des GDV von 2006). Das gleiche gilt für Verträge des sog. »**Altbestands**«, also Verträge, die vor dem 29.07.1994 abgeschlossen worden sind. Auch hier war die Beteiligung des VN an Überschüssen die Regel (vgl. etwa § 16 ALB von 1986). Nach Abs. 1 Satz 2 Hs. 2 gelten **Verteilungsgrundsätze**, die in Altverträgen vereinbart worden sind, als angemessen und können damit weiterhin Verwendung finden – natürlich nur wenn die Vereinbarung wirksam ist. Dadurch wird klargestellt, dass das neue Recht nicht in abgeschlossene kalkulatorische Vorgänge eingreifen will. Entsprechend wird nur der ab dem 01.01.2008 eintretende Zuwachs an Bewertungsreserven von der Regelung des Abs. 1 Satz. 2 Hs. 1 erfasst.[8]

Abs. 1 gilt **analog** für Versicherungsverträge mit regulierten **Pensionskassen**. Auf diese findet nach § 211 II 6
Nr. 4 VVG die Bestimmung des § 153 VVG Anwendung. Es muss auch das entsprechende Übergangsrecht für Altverträge gelten. Diesen Zusammenhang hat der Reformgesetzgeber offenbar übersehen.[9]

C. Rückkaufswert der Lebensversicherung (Abs. 2)

Was den Rückkaufswert und die beitragsfreie Versicherungssumme anbelangt, bestimmt Abs. 2, dass der neue 7
§ 169 VVG nur für Lebensversicherungsverträge gilt, die nach Inkrafttreten des neuen VVG, also nach dem 01.01.2008 0 Uhr, geschlossen worden sind. Das gilt auch, insoweit § 169 VII Hs. 2 VVG die Bestimmung des § 153 III 2 VVG unberührt lässt. Abs. 2 ist, was dies anbelangt, *lex specialis* gegenüber Abs. 1, der die allgemeine Übergangsregelung für § 153 VVG enthält. Für **Altverträge** (Zeitraum 1994–2008) gilt damit auf eine Intervention des Rechtsausschusses hin[10] in Frühstorno-Fällen bis zum Vertragsende[11] uneingeschränkt weiterhin § 176 VVG a.F., und zwar auch dann, wenn auf § 169 VVG verwiesen wird. Zu beachten ist, dass **§ 176 VVG a.F.** in seiner gesetzlichen Fassung durch die Anknüpfung an den Zeitwert gegen das Transparenzgebot aus § 307 I 2 BGB verstieß und Lebensversicherungsverträge von der Rechtsprechung entsprechend **normeinschränkend ausgelegt** worden sind.[12] Auch diese Judikatur ist für Altverträge weiterhin beacht-

---

3 Der Rechtsausschuss musste darauf hinwirken, dass die Norm so gefasst wird, dass der ursprünglich versehentlich nicht einbezogene Abs. 4 ebenfalls ohne Übergangsfrist für Altverträge gilt; BT-Drucks. 16/5862, S. 71, 100; dazu HK-VVG/*Muschner*, Art. 4 EGVVG Rn. 3.
4 BVerfG NJW 2005, 2376, 2381 = VersR 2005, 1109; BVerfG VersR 2005, 1127.
5 Begr. RegE BT-Drucks. 16/3945 S. 119; HK-VVG/*Muschner*, Art. 4 EGVVG Rn. 2; *Just* VP 2008, 2, 4.
6 Ebenso PK/*Ortmann*, § 153 Rn. 5; *Marlow*/Spuhl, Rn. 1516.
7 Unentschieden HK-VVG/*Muschner*, Art. 4 EGVVG Rn. 3; a.A. auf Grundlage einer Anwendung des Art. 1 II EGVVG *Marlow*/Spuhl, Rn. 1516; *Mudrack* ZfV 2008, 542, 545.
8 P/M/*Armbrüster*, Art. 4 EGVVG Rn. 3; FAKomm-VersR/*Wendt*, Art. 4 EGVVG Rn. 4.
9 P/M/*Armbrüster*, Art. 4 EGVVG Rn. 4; *Franz* VersR 2008, 298, 312.
10 Zur ursprünglich geplanten Anwendung des § 169 VVG auf Altverträge Begr. RegE, BT-Drucks. 16/3945 S. 119; L/W/*Looschelders*, Art. 4 EGVVG Rn. 4; zur Änderung des Rechtsausschusses BT-Drucks. 16/5862 S. 71 und 100.
11 HK-VVG/*Muschner*, Art. 4 EGVVG Rn. 8; *Schimikowski*/Höra, S. 181.
12 BGH NJW 2001, 2012, 2014; NJW 2005, 3559, 3567 = VersR 2005, 1565, bestätigt durch den Nichtannahmebeschluss des BVerfG VersR 2006, 489.

Art. 5 EGVVG   Rechte der Gläubiger von Grundpfandrechten

lich.[13] Für **Verträge des Altbestands** (dazu oben Rdn. 5) gelten nach der Rechtsprechung des BGH die noch aufsichtsamtlich genehmigten AVB fort.[14]

8 Aufgrund der langen Laufzeit von Lebensversicherungen wird es auf absehbare Zeit zu einem »**Parallelregime**« hinsichtlich des Rückkaufswerts von § 169 VVG für Neuverträge und § 176 VVG a.F. für Altverträge kommen. Abs. 2 gilt auch für die Berufsunfähigkeitsversicherung insoweit diese eine **Überschussbeteiligung** vorsieht und insoweit die Bestimmungen über die Lebensversicherung auf die Berufsunfähigkeitsversicherung anzuwenden sind.[15]

D. Übergangsrecht der Berufsunfähigkeitsversicherung (Abs. 3)

9 Für Altverträge in der gesetzlich bisher nicht geregelten Berufsunfähigkeitsversicherung gelten nach Abs. 3 die neuen Sonderregeln der §§ 172 und 174 bis 177 VVG nicht. Maßgeblich sind bis zum Ablauf der Altverträge[16] insoweit weiterhin die Bestimmungen der AVB zum alten Recht sowie das Leitbild der Regelungen zur Lebensversicherung. Lediglich die Vorschrift über das **Anerkenntnis des VR** in § 173 VVG findet auf Altverträge Anwendung. Das hat seinen Grund darin, dass § 173 VVG ein wichtiges Interesse des VN,[17] dessen Schutz sich der Reformgesetzgeber verschrieben hat, in der Berufsunfähigkeitsversicherung verfolgt. Vor Inkrafttreten des reformierten VVG hatten sich in Ermangelung einer ausdrücklichen Regelung erhebliche Zweifel daran gebildet, ob befristete Leistungszusagen des VR zulässig waren.[18] § 173 VVG gilt nach der klaren Fassung von Abs. 3 vollumfänglich für Altverträge, auch wenn sich im Falle eines allgemeinen befristeten Anerkenntnisses nach Abs. 2 im Einzelfall vertragliche Nachteile für den VN ergeben können.[19]

10 Auch § 173 VVG ist für Altverträge aber nach der Grundregel des Abs. 1 erst ab dem 01.01.2009 verbindlich.[20] Das folgt daraus, dass der Reformgesetzgeber – anders als bei der Überschussbeteiligung – keine Durchbrechung der Grundregel angeordnet hat. Nach dem Ablauf des Übergangszeitraums gelten auch die übrigen Vorschriften des VVG mit Ausnahme der §§ 172 und 174–177 VVG für Altverträge in der Berufsunfähigkeitsversicherung. Nach der Regierungsbegründung ist Abs. 3 **dispositiv**. Das bedeutet, dass VR und VN die Geltung des neuen Rechts für Altverträge in der Berufsunfähigkeitsversicherung vereinbaren können, und zwar auch schon für den Übergangszeitraum bis zum 01.01.2009. Einseitig können Berufsunfähigkeitsversicherer ihre AVB aber nicht an das neue Recht anpassen, insoweit die AVB für den VN günstiger sind als die Regelung des § 173 VVG. Das widerspräche dem Willen des Reformgesetzgebers, der mit Art. 3 III EGVVG die Rechtsstellung des VN nicht verschlechtern wollte.[21] Hinsichtlich einer **Überschussbeteiligung** in der Berufsunfähigkeitsversicherung s.o. Rdn. 8.

Art. 5 EGVVG Rechte der Gläubiger von Grundpfandrechten.
(1) ¹Rechte, die Gläubigern von Grundpfandrechten gegenüber dem Versicherer nach den §§ 99 bis 107c des Gesetzes über den Versicherungsvertrag in der bis zum 31. Dezember 2007 geltenden Fassung zustehen, bestimmen sich auch nach dem 31. Dezember 2008 nach diesen Vorschriften. ²Die Anmeldung eines Grundpfandrechts beim Versicherer kann nur bis zum 31. Dezember 2008 erklärt werden.
(2) Hypotheken, Grundschulden, Rentenschulden und Reallasten,
1. die in der Zeit vom 1. Januar 1943 bis zum 30. Juni 1994 zu Lasten von Grundstücken begründet worden sind,
2. für die eine Gebäudeversicherung bei einer öffentlichen Anstalt unmittelbar kraft Gesetzes oder infolge eines gesetzlichen Zwanges bei einer solchen Anstalt genommen worden ist und
3. die nach der Verordnung zur Ergänzung und Änderung des Gesetzes über den Versicherungsvertrag in der im Bundesgesetzblatt Teil III, Gliederungsnummer 7632–1–1, veröffentlichten bereinigten Fassung als angemeldet im Sinn der §§ 99 bis 106 des Gesetzes über den Versicherungsvertrag gelten,

sind, wenn das Versicherungsverhältnis nach Überleitung in ein vertragliches Versicherungsverhältnis auf Grund des Gesetzes zur Überleitung landesrechtlicher Gebäudeversicherungsverhältnisse vom 22. Juli 1993 (BGBl. I S. 1282, 1286) fortbesteht, zur Erhaltung der durch die Fiktion begründeten Rechte bis spä-

---

13 Ebenso B/M/*Beckmann*, Einf. A Rn. 103; L/W/*Looschelders*, Art. 4 EGVVG Rn. 5; HK-VVG/Muschner, Art. 4 EGVVG Rn. 9.
14 BGHZ 128, 54 = VersR 1995, 77; BGH NJW 2005, 2376 = VersR 2005, 1109; HK-VVG/*Muschner*, Art. 4 EGVVG Rn. 10.
15 Wie hier HK-VVG/*Muschner*, Art. 4 EGVVG Rn. 17; FAKomm-VersR/*Wendt*, Art. 4 EGVVG Rn. 8; *Schimikowski/Höra*, S. 198.
16 Art. 4 III EGVVG ist *lex specialis* zu Art. 1 I EGVVG.
17 Im Gesetzgebungsverfahren war von einem »dringenden Bedürfnis der Praxis« die Rede, die eine Geltung des § 173 VVG auch für Altverträge fordere; vgl. Beschlüsse des Rechtsausschusses, BT-Drucks. 16/5862 S. 136.
18 Vgl. etwa BGH VersR 2007, 633 und 777; dazu B/M/*Beckmann*, Einf. A Rn. 105.
19 Dazu *Müller-Frank*, Aktuelle Rechtsprechung zur Berufsunfähigkeits-(Zusatz-)Versicherung, 7. Aufl. 2007, S. 189.
20 Ebenso L/W/*Looschelders*, Art. 4 EGVVG Rn. 7.
21 P/M/*Armbrüster*, Art. 4 EGVVG Rn. 10; *Höra* r+s 2008, 89, 95.

testens 31. Dezember 2008 beim Versicherer anzumelden. Die durch die Verordnung zur Ergänzung und Änderung des Gesetzes über den Versicherungsvertrag begründete Fiktion erlischt mit Ablauf des 31. Dezember 2008.

Übersicht

	Rdn.		Rdn.
A. Überblick	1	C. Versicherungen bei einer öffentlichen Anstalt	
B. Rechte der Grundpfandgläubiger (Abs. 1)	2	(Abs. 2)	4

A. Überblick

Art. 5 EGVVG enthält Sonderregeln für die Gebäudefeuerversicherung. Abs. 1 betrifft die Rechtsstellung der Grundpfandgläubiger im Allgemeinen, Abs. 2 die deren Stellung im Rahmen von Versicherungsverhältnissen bei einer öffentlichen Anstalt. 1

B. Rechte der Grundpfandgläubiger (Abs. 1)

Die Regelung des Abs. 1 dient dem **Bestandsschutz**,[1] da sich die Rechtsstellung der Grundpfandgläubiger in der Gebäudefeuerversicherung mit der Reform verschlechtert hat. **Satz 1** legt fest, dass sich die Rechte der Grundpfandgläubiger, die sie bis zum 31.12.2007 gegenüber dem VR erworben haben, auch nach dem Ablauf des Übergangszeitraums nach den **§§ 99 bis 107c VVG a.F.** bestimmen. Unter Rechten i.S.d. Satzes 1 sind keine Zahlungsansprüche zu verstehen, sondern diejenigen Rechte, die der Grundpfandgläubiger aus §§ 102 f. a.F. aufgrund seiner Rechtsposition gem. §§ 1127 f. BGB erlangt hat.[2] Der Hinweis in der amtlichen Begründung, dass die Fortgeltung alten Rechts sich auf diejenige Rechtsposition bezieht, welche der Grundpfandgläubiger durch eine **Anmeldung** seiner Rechte beim VR erlangt hat, ist gegenstandslos.[3] Dem klaren Wortlaut nach erfasst Art. 5 I EGVVG auch Rechte des Grundpfandgläubigers, die nicht auf einer Anmeldung beim VR beruhen, etwa §§ 99, 102 VVG a.F. 2

Satz 2 räumt den Grundpfandgläubigern eine **zusätzliche Übergangsfrist** bis zum 31.12.2008 ein, während derer sie ihre Rechte anmelden können. Dadurch haben Grundpfandgläubiger die Möglichkeit, sich u.a. die Leistungspflicht des VR bei Leistungsfreiheit gegenüber dem VN nach § 102 VVG a.F., etwa für den Fall einer Brandstiftung durch den VN, zu erhalten. Diese Leistungspflicht besteht nach neuem Recht nicht mehr.[4] Die Regelung ist abschließend. Nach Ablauf der Übergangsfrist ist eine Anmeldung nicht mehr möglich.[5] 3

C. Versicherungen bei einer öffentlichen Anstalt (Abs. 2)

Die Verordnung zur Ergänzung und Änderung des Gesetzes über den Versicherungsvertrag vom 28. Dezember 1942 (RGBl. I S. 740), die nach dem Gesetz zur Überleitung landesrechtlicher Gebäudeversicherungsverhältnisse vom 22. Juli 1993 (BGBl. I S. 1282) fortgalt, begründete eine Fiktion der Anmeldung zugunsten von Grundpfandgläubigern, deren Rechte zwischen dem 01.01.1943 und dem 30.06.1994 an Grundstücken bestellt worden sind, die bei einer öffentlichen Anstalt versichert waren. Nach Abs. 2 Satz 2 erlischt diese Fiktion mit Ablauf des 31.12.2008, da Verordnung und Gesetz mittlerweile außer Kraft getreten sind. Abs. 2 Satz 1 gibt den betroffenen Grundpfandgläubigern die Möglichkeit, ihre Rechte bis zu diesem Zeitpunkt noch nach Maßgabe der §§ 99 ff. VVG a.F. anzumelden, um ihre Rechtsposition zu wahren, die bisher aufgrund der Fiktion bestand. 4

Art. 6 EGVVG Versicherungsverhältnisse nach § 190 des Gesetzes über den Versicherungsvertrag.

Das Versicherungsvertragsgesetz gilt nicht für die in § 190 des Gesetzes über den Versicherungsvertrag in der bis zum 31. Dezember 2007 geltenden Fassung bezeichneten Altverträge.

§ 190 VVG a.F. nahm Versicherungsverhältnisse bei Innungskrankenkassen und Berufsgenossenschaften von der Anwendung der Vorschriften des VVG aus, weil diese Versicherungsverhältnisse große Nähe zum Sozialversicherungsrecht aufweisen, das von anderen Prinzipien getragen wird als das Privatversicherungsrecht.[1] Eine entsprechende Bestimmung kennt das 2008 neu kodifizierte VVG nicht. Das neue VVG gilt also für Neu- 1

---

1 Kritisch *Langheid* NJW 2007, 3745, 3747.
2 B/M/*Johannsen*, § 143 Rn. 3.
3 B/M/*Johannsen*, § 143 Rn. 3; a.A. offenbar FAKomm-VersR/*Wendt*, Art. 5 EGVVG Rn. 2.
4 Näher zum Wegfall von § 102 VVG a.F.: Anh. K Rn. 4.
5 L/W/*Looschelders*, Art. 5 EGVVG Rn. 2.

1 Motive und amtliche Begründung zum Gesetz über den Versicherungsvertrag vom 30.05.1908, Neudruck Berlin 1963, S. 250; BK/*Schwintowski*, § 190 Rn. 1; L/W/*Looschelders*, Art. 6 EGVVG Rn. 1; FAKomm-VersR/*Wendt*, Art. 6 EGVVG Rn. 1.

verträge der in § 190 VVG a.F. bezeichneten Art uneingeschränkt. Für Altverträge soll es aber bei der bisherigen Regelung bleiben.²

Art. 7 EGVVG Krankenversicherung, Versicherungsverhältnisse nach § 193 Absatz 6 des Versicherungsvertragsgesetzes.

¹Versicherungsnehmer, für die am 1. August 2013 das Ruhen der Leistungen gemäß § 193 Absatz 6 des Versicherungsvertragsgesetzes festgestellt ist, gelten ab diesem Zeitpunkt als im Notlagentarif *gemäß § 12h des Versicherungsaufsichtsgesetzes*1 versichert. ²Versicherungsnehmer gelten rückwirkend ab dem Zeitpunkt, zu dem die Leistungen aus dem Vertrag ruhend gestellt worden sind, als im Notlagentarif versichert, wenn die monatliche Prämie des Notlagentarifs niedriger ist als die in diesem Zeitpunkt geschuldete Prämie. ³Dies gilt unter der Maßgabe, dass die zum Zeitpunkt des Ruhendstellens aus dem Vertrag erworbenen Rechte und Alterungsrückstellungen erhalten bleiben und in Anspruch genommene Ruhensleistungen im Verhältnis zum Versicherungsnehmer als solche des Notlagentarifs gelten. ⁴Eine Anrechnung gebildeter Alterungsrückstellungen nach *§ 12h Absatz 2 Satz 5 des Versicherungsaufsichtsgesetzes*²auf die zu zahlende Prämie findet rückwirkend nicht statt. ⁵Der Versicherungsnehmer kann der rückwirkenden Versicherung nach Satz 2 widersprechen. ⁶Die Versicherer haben auf die Versicherung im Notlagentarif innerhalb von drei Monaten nach dem 1. August 2013 hinzuweisen und hierbei den Versicherungsnehmer über sein Widerspruchsrecht nach Satz 5 unter Hinweis auf die mit der rückwirkenden Versicherung verbundenen Folgen zu informieren; der Widerspruch muss innerhalb von sechs Monaten nach Zugang des Hinweises beim Versicherer eingehen.

Übersicht	Rdn.		Rdn.
I. Normzweck und -geschichte	1	III. Rückwirkende Geltung (Sätze 2–6)	3
II. Grundregel (Satz 1)	2		

Schrifttum:
Mandler, Der Notlagentarif, VersR 2014, 167.

I. Normzweck und -geschichte

1   Art. 7 wurde durch das Gesetz zur Beseitigung sozialer Überforderung bei Betragsschulden in der Krankenversicherung vom 15.07.2013¹ mit **Wirkung vom 01.08.2013** eingeführt. Die im Schrifttum kritisch aufgenommene² Vorschrift soll klarstellen, dass nur diejenigen VN und versicherten Personen als im Notlagentarif versichert gelten, deren Verträge zum Zeitpunkt des Inkrafttretens der Neuregelungen zum Notlagentarif bereits ruhend gestellt sind.³

II. Grundregel (Satz 1)

2   S. 1 stellt eine Fiktion auf. Diejenigen VN, für deren Verträge am Stichtag des 01.08.2013 das Ruhen der Leistungen gem. § 193 VI VVG festgestellt ist, gelten ab diesem Zeitpunkt **für die Zukunft** als im Notlagentarif versichert. Diese Bestimmung setzt schon ihrem Wortlaut nach (»festgestellt *ist*«) voraus, dass der maßgebliche Vertrag in der privaten Krankenversicherung zum Zeitpunkt des Inkrafttretens der Vorschrift bestand und geruht hat. Ist dies der Fall, erfolgt ab diesem Stichtag **kraft Gesetzes** (»gelten«) eine Umstellung in den Notlagentarif. Einer Zustimmung durch die Parteien bedarf es nicht.⁴ S. 1 gilt nicht, wenn das Versicherungsverhältnis zum maßgeblichen Stichtag bereits beendet war, sei es durch Kündigung⁵ oder weil es rückwirkend durch einen Widerruf nach § 8 vernichtet wurde.⁶

III. Rückwirkende Geltung (Sätze 2–6)

3   Wenn die Voraussetzungen der Sätze 2–6 erfüllt sind, gilt der VN sogar rückwirkend als im Notlagentarif versichert, und zwar ab dem Zeitpunkt der Feststellung des Ruhens. Voraussetzung ist zunächst, dass die Leistungen zeitlich ununterbrochen bis zum 01.08.2013 geruht haben.⁷ Ist dies nicht der Fall, etwa weil gem.

---

2 RegE BT-Drucks. 16/3945 S. 120; VersHb/*W.-T. Schneider*, § 1a Rn. 59.
1 BGBl. I S. 2423, 2426.
2 Vgl. nur *Mandler*, VersR 2014, 167, 169 (»bedenklich«).
3 Begr. RegE, BT-Drucks. 17/13079 S. 10; HK-VVG/*Muschner*, Art. 7 EGVVG Rn. 1; P/M/*Armbrüster*, Art. 7 EGVVG Rn. 1.
4 Begr. RegE BT-Drucks. 17/13079 S. 32; HK-VVG/*Muschner*, Art. 7 EGVVG Rn. 2; Prölss/Martin/*Armbrüster*, Art. 7 EGVVG Rn. 1; *Mandler* VersR 2014, 167, 169.
5 LG Dortmund r+s 2014, 85; LG Berlin r+s 2015, 202.
6 *Mandler* VersR 2014, 167, 169.
7 HK-VVG/*Muschner*, Art. 7 EGVVG Rn. 2; *Mandler* VersR 2014, 167, 170.

§ 193 VI 5 VVG **Hilfebedürftigkeit des VN i.S.d. SGB XII** eingetreten war, ist der Notlagentarif entgegen einer Entscheidung des KG[8] nicht rückwirkend anzuwenden.[9] Einzuräumen ist zwar, dass sich der VN in einem solchen Fall in einer finanziell bedrohlichen Lage befindet und der Normzweck darauf gerichtet ist, finanziell schwache Prämienschuldner zu entlasten. Dem lässt sich aber nicht mit der Erstreckung der Rückwirkungsfiktion begegnen. Dagegen spricht der geäußerte Wille des Gesetzgebers,[10] mit dem Notlagentarif (nur) solchen Fällen begegnen zu wollen, in denen die Gefahr besteht, dass die Versichertengemeinschaft für die nicht zahlungsfähigen VN aufkommen muss. Diese Gefahr besteht bei beendeten Verträgen nicht. Auch die kostendeckende Kalkulation des Notlagentarifs entlastet die Versichertengemeinschaft nur bei laufenden, nicht aber bei beendeten Verträgen, weil aus diesen keine Leistung mehr geltend gemacht wird. Bei diesen Überlegungen handelt es sich um Grundfragen, die sowohl für Satz 1 als auch für die Sätze 2–6 des Art. 7 gelten. Das hat der Gesetzgeber selbst an anderer Stelle eingeräumt.[11]

Eine Versicherung im Notlagentarif kann weiterhin nur dann rückwirkend erfolgen, wenn die **Prämie** aus dem Notlagentarif **niedriger** ist als die normale Tarifprämie (Satz 2). Das dient dem Schutz des VN, wird angesichts des Prämienniveaus im Notlagentarif aber regelmäßig der Fall sein. **4**

Darüber hinaus bleiben die bislang im Ausgangstarif erworbenen Rechte und Alterungsrückstellungen erhalten; die während der Zeit der Ruhendstellung der Leistungen in Anspruch genommenen Leistungen werden als Leistungen des Notlagentarifs angesehen (Satz 3). Das ist nicht unproblematisch, da eine Regelung hinsichtlich erweiterter und nicht geltend gemachter Leistungen nicht getroffen wird.[12] Dem Wortlaut der Norm nach verliert der VN diesbezügliche Ansprüche.

Eine rückwirkende Anrechnung der Alterungsrückstellung i.S.d. § 12h II 6 VAG a.F. findet nicht statt (Satz 4).

Dem VN steht in Bezug auf die rückwirkende Geltung des Notlagentarifs ein **Widerspruchsrecht** zu (Satz 5). Auf die Versicherung im Notlagentarif hat der VR den VN innerhalb von drei Monaten nach dem 01.08.2013 **hinzuweisen**, ebenso wie auf sein Widerspruchsrecht unter Hinweis auf die mit der rückwirkenden Versicherung verbundenen Folgen (Satz 6). Der Widerspruch des VN muss innerhalb von sechs Monaten nach Zugang des Hinweises beim VR eingehen (Satz 6 Hs. 2). **5**

Anhang zum EGVVG
Internationales Versicherungsvertragsrecht

Übersicht

	Rdn.
1. Abschnitt Einführung	1
A. Allgemeines/Überblick	1
B. Rechtsquellen, Rechtsentwicklung und intertemporales Recht	2
I. Gewohnheitsrecht	2
II. Kollisionsrecht der Art. 27 ff. EGBGB a.F.	3
III. Kollisionsrecht der Art. 7 ff. EGVVG a.F.	4
1. Zweites DurchführungsG/EWG zum VAG	4
2. Drittes DurchführungsG/EWG zum VAG	5
IV. Rom I-VO	7
V. Intertemporales Recht	8
1. Art. 220 I EGBGB	9
2. Art. 28 Rom I-VO	12
C. Internationale Zuständigkeit und Anerkennung in Versicherungssachen	13
I. Einführung	13
II. Zuständigkeitsordnung der Art. 10–16 EuGVVO	23
1. Anwendungsbereich	23
2. Klagen gegen den Versicherer	26
3. Klagen des Versicherers	34
4. Gerichtsstand der Widerklage	35
5. Gerichtsstandsvereinbarungen	36
6. Zuständigkeitsbegründung durch rügelose Einlassung	37
III. Internationale Zuständigkeit nach nationalem Recht	39
IV. Anerkennung und Vollstreckung	42
2. Abschnitt Rom I-VO (Rechtslage ab dem 17.12.2009)	44
A. Allgemeines/Überblick	44
I. Anwendungsbereich der Rom I-VO	44
II. Einbeziehung von Versicherungsverträgen	53
III. Reichweite und Grenzen des Versicherungsvertragsstatus	55
B. Art. 7 Rom I-VO	61
I. Überblick	61
II. Anwendungsbereich (Abs. 1)	62
III. Großrisiken (Abs. 2)	68
1. Allgemeines	68
2. Definition des Großrisikos	69
a) Transport- und Haftpflichtversicherungen	71
b) Kredit- und Kautionsversicherungen	72
c) Sach-, Haftpflicht- oder sonstige Schadensversicherungen	77
3. Freie Rechtswahl (Abs. 2 UAbs. 1)	78
4. Objektive Anknüpfung (Abs. 2 UAbs. 2)	79

---

[8] KG, Urt. vom 07.11.2014, 6 U 194/11; dem folgend OLG Köln r+s 2015 454, 455.
[9] OLG Hamm, Urt. vom 15.07.2015, 20 U 234/14; HK-VVG/*Muschner*, Art. 7 EGVVG Rn. 3.
[10] BT-Drucks. 17/13947, S. 31; Begr. RegE BT-Drucks. 17/13079, S. 10.
[11] BT-Drucks. 17/13402, S. 11.
[12] *Mandler* VersR 2014, 167, 169.

	Rdn.
IV. Massenrisiken (Abs. 3)	84
1. Überblick/Normzweck	84
2. Anwendungsbereich	87
3. Rechtswahl	89
a) Bei allen Versicherungsverträgen: Recht des Belegenheitsstaates (UAbs. 1 lit. a))	89
b) bei allen Versicherungsverträgen: Recht des Staates des gewöhnlichen Aufenthalts des VN (UAbs. 1 lit. b))	93
c) bei Lebensversicherungen: Recht des Mitgliedstaats, dessen Staatsangehörigkeit die VN besitzt (UAbs. 1 lit. c))	95
d) Rechtswahl bei reinen Auslandsschäden (UAbs. 1 lit. d))	103
e) Rechtswahl bei gewerblicher, industrieller oder freiberuflicher Tätigkeit und mehrfacher Risikobelegenheit (UAbs. 1 lit. e))	107
f) Mitgliedsstaatliche Rechtswahlerweiterungen (UAbs. 2)	113
g) Modalitäten und Schranken der Rechtswahl	116
4. Objektive Anknüpfung (Abs. 3 UAbs. 3)	121
V. Pflichtversicherungen (Abs. 4)	124
1. Überblick/Normzweck	124
2. Anwendungsbereich	125
3. Versicherungspflicht	128
4. Mitgliedsstaatliche Anforderungen an die Versicherungspflicht (lit. a)	129
5. Mitgliedsstaatliche Sonderanknüpfungen (lit. b)	130
6. Konkurrierende Versicherungspflichten	134
VI. Mehrfachbelegenheit (Abs. 5)	135
VII. Risikobelegenheit (Abs. 6)	136
1. Begriff und Funktion	136
2. Gebäudeversicherung (Art. 13 Nr. 13 lit. a) Solvabilität II-RL)	140
3. Versicherung von zugelassenen Fahrzeugen aller Art (Art. 13 Nr. 13 lit. b) Solvabilität II-RL)	144
4. Reise- und Ferienrisiken (Art. 13 Nr. 13 lit. c) Solvabilität II-RL)	150
5. Sonstige Versicherungen (Art. 13 Nr. 13 lit. d), Nr. 14 Solvabilität II-RL)	153
a) Überblick	153
b) VN ist natürliche Person	154
c) VN ist keine natürliche Person	156
C. Geltung der allgemeinen Anknüpfungsregeln (Art. 3, 4 und 6 Rom I-VO)	159
I. Überblick	159
II. Freie Rechtswahl (Art. 3 Rom I-VO)	160
1. Allgemeines/Normzweck	160
2. Vornahme der Rechtswahl (Abs. 1 Satz 2, Abs. 5)	164
3. Teilweise Rechtswahl (Abs. 1 Satz 3)	169
4. Zeitpunkt der Rechtswahl (Abs. 2)	171
5. Gegenstand der Rechtswahl	172
6. Grenzen der Rechtswahlfreiheit	174
7. Geltung der allgemeinen Vorschriften	177
III. Objektive Anknüpfung (Art. 4 Rom I-VO)	178
1. Allgemeines/Normzweck	178
2. Versicherungsverträge als Dienstleistungsverträge (Abs. 1 lit. b))	179

	Rdn.
3. Ausweichklausel (Abs. 3)	182
IV. Verbraucherverträge (Art. 6 Rom I-VO)	188
1. Allgemeines/Normzweck/Anwendbarkeit	188
2. Verbraucherversicherungsverträge	192
a) Verbraucher	193
b) Unternehmer	194
c) Umstände des Vertragsschlusses	195
d) Kausalität	200
3. Beschränkung der Rechtswahl (Abs. 2 Satz 1)	203
4. Objektive Anknüpfung (Abs. 1)	204
5. Kollisionsrecht der Verbraucherschutzrichtlinien (Art. 23 Rom I-VO, Art. 46b EGBGB)	205
D. Sonderanknüpfung von Eingriffsnormen, Art. 9 I Rom I-VO	207
I. Überblick/Normzweck	207
II. Eingriffsnorm	208
III. Inländische und ausländische Eingriffsnormen	209
IV. Eingriffsnormen im deutschen Versicherungsrecht	213
V. Ausländische Eingriffsnormen	216
E. Ordre public-Vorbehalt, Art. 21 Rom I-VO	218
3. Abschnitt Die Regelungssysteme der Art. 27 ff. EGBGB a.F. und Art. 7 ff. EGVVG a.F. (Rechtslage für vor dem 17.12.2009 abgeschlossene Verträge)	221
A. Allgemeines/Überblick	221
I. Einführung	221
II. Europarechtlicher Hintergrund	222
III. Abgrenzung der Regelungssysteme	226
IV. Regelungsinhalte der Art. 27 ff. EGBGB a.F.	227
V. Regelungsinhalte der Art. 7 ff. EGVVG a.F.	228
B. Internationales Versicherungsvertragsrecht der Art. 7 ff. EGVVG a.F.	231
I. Art. 7 EGVVG a.F. – Anwendungsbereich	231
1. Allgemeines/Überblick	231
2. Direkt-(Erst-)versicherungsverträge	235
3. Risikobelegenheit	236
4. Mehrfachbelegenheit	237
II. Art. 8 EGVVG a.F. – Gesetzliche Anknüpfung	239
1. Allgemeines	239
a) Überblick/Normzweck	239
b) Anwendungsbereich	241
c) Abgrenzung zu anderen Kollisionsnormen des EGVVG	242
d) Geltung allgemeiner Regeln	245
2. Tatbestand	246
a) Konvergenz	246
b) Maßgeblicher Zeitpunkt	247
c) Rechtsfolge – Objektive Anknüpfung	248
III. Art. 9 EGVVG a.F. – Wählbare Rechtsordnungen	249
1. Allgemeines	249
a) Normzweck/Überblick	249
b) Anwendungsbereich/Abgrenzungen	253
2. Rechtswahl in Divergenzfällen (Abs. 1)	256
3. Rechtswahl bei gewerblicher, bergbaulicher oder freiberuflicher Tätigkeit und mehrfacher Risikobelegenheit (Abs. 2)	258

	Rdn.		Rdn.
4. Rechtswahl bei Auslandsschäden (Abs. 3)	262	2. Substitutive Krankenversicherung (Abs. 1)	320
5. Rechtswahl bei Korrespondenzversicherungen (Abs. 4)	265	3. Gruppenkrankenversicherung (Abs. 2)	325
6. Rechtswahl bei Lebensversicherungen im Fall des Auseinanderfallens von Staatsangehörigkeit und Aufenthalt (Abs. 5)	271	VIII. Art. 14 EGVVG a.F. – Prozessstandschaft bei Versicherermehrzahl	326
IV. Art. 10 EGVVG a.F. – Erweiterungen der Rechtswahl	274	IX. Art. 15 EGVVG a.F. – Verweisung auf das EGBGB	327
1. Allgemeines	274	1. Normzweck/Überblick	327
a) Normzweck/Überblick	274	2. Entsprechende Anwendung einzelner Vorschriften des Internationalen Schuldrechts	330
b) Anwendungsbereich/Abgrenzung	279	a) Rechtswahl (Art. 27 EGBGB a.F.)	330
2. Rechtswahl bei Großrisiken (Abs. 1)	282	b) Objektive Anknüpfung (Art. 28 EGBGB a.F.)	332
a) Allgemeines	282	c) Verbraucherverträge (Art. 29, 29a EGBGB a.F.)	333
b) Großrisiken	283		
c) Richtlinienkonforme Auslegung	284		
d) Rechtswahl	285	d) Arbeitsverträge (Art. 30 EGBGB a.F.)	336
3. Einbeziehung außerhalb des EWR belegener Risiken (Abs. 2)	286	e) Einigung und materielle Wirksamkeit; Geltungsbereich (Art. 31, 32 EGBGB a.F.)	337
4. Rechtswahlerweiterung (Abs. 3)	290		
V. Art. 11 EGVVG a.F. – Mangels Rechtswahl anzuwendendes Recht	292	f) Übertragung der Forderung, gesetzlicher Forderungsübergang (Art. 33 EGBGB a.F.)	338
1. Allgemeines	292		
a) Normzweck/Überblick	292	g) International zwingende Normen (Art. 34 EGBGB a.F.)	340
b) Anwendungsbereich/Abgrenzung	294		
2. Grundsatz der engsten Verbindung (Abs. 1 Satz 1)	297	h) Rück- und Weiterverweisung, Rechtsspaltung (Art. 35 EGBGB a.F.)	341
3. Vertragsspaltung (Abs. 1 Satz 2)	300		
4. Vermutungsregel (Abs. 2)	302	i) Einheitliche Auslegung (Art. 36 EGBGB a.F.)	342
VI. Art. 12 EGVVG a.F. – Pflichtversicherung	305		
1. Allgemeines	305	3. Anwendbarkeit nichtvertragsrechtlicher Bestimmungen des EGBGB	343
a) Überblick/Normzweck	305		
b) Anwendungsbereich/Abgrenzungen	307	C. Internationales Versicherungsvertragsrecht der Art. 27 ff. EGBGB a.F.	344
2. Zwingende Anwendung des die Versicherungspflicht vorschreibenden Rechts (Abs. 1)	309	I. Allgemeines/Überblick	344
		II. Rechtswahl, Art. 27 EGBGB a.F.	345
3. Anwendung deutschen Rechts (Abs. 2)	310	III. Objektive Anknüpfung, Art. 28 EGBGB a.F.	346
4. Mehrfache Risikobelegenheit (Abs. 3)	312		
VII. Art. 13 EGVVG a.F. – Krankenversicherung	314	IV. Verbraucherverträge, Art. 29, 29a EGBGB a.F.	350
1. Allgemeines	314	V. International zwingende Normen, Art. 34 EGBGB a.F.	352
a) Überblick/Normzweck	314		
b) Anwendungsbereich/Abgrenzungen	316	VI. Anwendung weiterer Vorschriften	354

Schrifttum:
Armbrüster, Aktuelle Streitfragen des Internationalen Privatversicherungsrechts, ZVersWiss 1995, 139; *ders.,* Geltung ausländischen zwingenden Rechts für deutschem Recht unterliegende Versicherungsverträge, VersR 2006, 1; *ders.,* Das IPR der Versicherungsverträge in der Rom I-Verordnung, in: Kronke/Thorn (Hrsg.); Grenzen überwinden – Prinzipien bewahren, FS von Hoffmann, 2011, S. 23; *Basedow/Drasch,* Das neue Internationale Versicherungsvertragsrecht, NJW 1991, 785; *Basedow/Scherpe,* Das internationale Versicherungsvertragsrecht und »Rom I«, FS Heldrich (2005), S. 511; *Clausnitzer/Woopen,* Internationale Vertragsgestaltung – Die neue EG-Verordnung für grenzüberschreitende Verträge (Rom I-VO), BB 2008, 1798; *Dörner,* Nachträgliche Wahl des Versicherungsvertragsstatuts und Anknüpfung vorvertraglicher Informationspflichten, IPRax 2005, 26; *Fricke,* Die Neuregelung des IPR der Versicherungsverträge im EGVVG durch das Gesetz zur Durchführung versicherungsrechtlicher Richtlinien des Rates der Europäischen Gemeinschaften, IPRax 1990, 361; *ders.,* Das IPR der Versicherungsverträge außerhalb des Anwendungsbereichs des EGVVG, VersR 1994, 773; *ders.,* Kollisionsrecht im Umbruch, VersR 2005, 726; *ders.,* Das Versicherungs-IPR im Entwurf der Rom-I-Verordnung – ein kurzer Überblick über die Änderungen, VersR 2006, 745; *ders.,* Das Internationale Privatrecht der Versicherungsverträge nach Inkrafttreten der Rom-I-Verordnung, VersR 2008, 443; *Gruber,* Internationales Versicherungsvertragsrecht, 1999; *ders.,* Insurance Contracts, in: Ferrari/Leible, Rome I Regulation: The Law Applicable to Contractual Obligations in Europe, 2009, S. 109; *Hahn,* Die »europäischen« Kollisionsnormen für Versicherungsverträge, 1992; *Heiss,* Das Kollisionsrecht der Versicherungsverträge nach Rom I und II, VersR 2006, 185; *ders.,* Versicherungsverträge in »Rom I«: Neuerliches Versagen des europäischen Gesetzgebers, in: Baetge/v. Hein/v. Hinden, Die richtige Ordnung – FS Kropholler, 2008, S. 459; *Hübner,* Das Kollisionsrecht nach Rom I – ein Sonderweg für Versicherungsverträge?, EuZW 2006, 449; *Imbusch,*

Anh. EGVVG Int. Versicherungsvertragsrecht

Das IPR der Versicherungsverträge über innerhalb der EG belegene Risiken, VersR 1993, 1059; *Katschthaler/Leichsenring*, Neues internationales Versicherungsvertragsrecht nach der Rom-I-Verordnung, r+s 2010, 45; *Kramer*, Internationales Versicherungsvertragsrecht, 1995; *Lando/Nielsen*, The Rome I Regulation, Common Market Law Review 45 (2008), 1687; *Leible/Lehmann*, Die Verordnung über das auf Schuldverträge anzuwendende Recht (»Rom I«), RIW 2008, 528; *Looschelders*, Internationales Privatrecht, 2004; *ders.*, Grundfragen des deutschen und internationalen Rückversicherungsrechts, VersR 2012, 1; *Looschelders/Smarowos*, Das Internationale Versicherungsvertragsrecht nach Inkrafttreten der Rom-I-Verordnung, VersR 2010, 1; *Lübbert/Vogl*, Grenzüberschreitende Versicherungsverträge (Teil I), r+s 2000, 265; (Teil II), r+s 2000, 311; *Magnus*, Die Rom I-Verordnung, IPRax 2010, 27; *Mankowski*, Nationale Erweiterungen der Rechtswahl im neuen Internationalen Versicherungsvertragsrecht, VersR 1993, 154; *ders.*, Internationales Versicherungsvertragsrecht und Internet, VersR 1999, 923; *ders.*, Der Vorschlag für die Rom I-Verordnung, IPRax 2006, 101; *ders.*, Die Rom I-Verordnung – Änderungen im europäischen IPR für Schuldverträge, IHR 2008, 133; *Martiny*, Neues deutsches internationales Vertragsrecht, RIW 2009, 737; *ders.*, Neuanfang im Europäischen Internationalen Vertragsrecht mit der Rom I-Verordnung, ZEuP 2010, 747; *Mewes*, Internationales Versicherungsvertragsrecht unter besonderer Berücksichtigung der europäischen Dienstleistungsfreiheit im Gemeinsamen Markt, 1994; *Perner*, Das Internationale Versicherungsrecht nach Rom I, IPRax 2009, 218; *Plender/Wilderspin*, The European Private International Law of Obligations, 3. Auflage, 2009; *Reichert-Facilides*, Zur Kodifikation des deutschen internationalen Versicherungsvertragsrechts, IPRax 1990, 1; *ders.*, Versicherungsrecht in Europa – Kernperspektiven am Ende des 20. Jahrhunderts, 2000; *Reichert-Facilides/Basedow/Czernich*, Aspekte des internationalen Versicherungsvertragsrechts im europäischen Wirtschaftsraum, 1994; *Roth*, Internationales Versicherungsvertragsrecht, 1985; *ders.*, Eingriffsnormen im Internationalen Versicherungsrecht nach Unamar, in: Wandt/Reiff/Looschelders/Bayer (Hrsg.), Versicherungsrecht, Haftungs- und Schadensrecht, FS. E. Lorenz zum 80. Geburtstag, 2014, S. 421; *Staudinger*, Internationales Versicherungsvertragsrecht – (k)ein Thema für Rom I?, in: Ferrari/Leible (Hrsg.), Ein neues Internationales Vertragsrecht für Europa – Der Vorschlag für eine Rom I-Verordnung, 2007, S. 225; *Stehl*, Die Überwindung der Inkohärenz des Internationalen Privatrechts der Bank- und Versicherungsverträge; *Uebel*, Die deutschen Kollisionsnormen für (Erst-)Versicherungsverträge mit Ausnahme der Lebensversicherung über in der europäischen Wirtschaftsgemeinschaft belegene Risiken, 1994; *Windmöller*, Die Vertragsspaltung im internationalen Privatrecht des EGBGB und des EGVVG, 2000; *Winter*, Internationale Online-Versicherung als Korrespondenzversicherung, VersR 2001, 1461; *Wördemann*, International zwingende Normen im internationalen Privatrecht des europäischen Versicherungsvertrages, 1997.

1. Abschnitt Einführung

A. Allgemeines/Überblick

1   Das Internationale Versicherungsvertragsrecht als Bestandteil des deutschen und europäischen **Internationalen Privatrechts** bestimmt in Fällen mit Auslandsberührung, auf Grundlage welcher der kollidierenden Rechtsordnungen ein Versicherungsrechtsverhältnis zu beurteilen ist. Eine in sich geschlossene, kohärente Gesamtregelung des versicherungsrechtlichen Kollisionsrechts existiert dabei allerdings nach wie vor nicht. Vielmehr ist das Internationale Versicherungsvertragsrecht gekennzeichnet durch ein wenig übersichtliches Neben- und Miteinander verschiedener Rechtsquellen unterschiedlicher Herkunft und Reichweite.[1] Zwar ist mit dem Inkrafttreten der **Rom I-VO**[2] zum 17.12.2009 insofern eine Verbesserung eingetreten, als die seit diesem Zeitpunkt abgeschlossenen Versicherungsverträge einem zumindest äußerlich betrachtet einheitlichen Kollisionsnormenregime unterliegen; dennoch sind für einen langen Übergangszeitraum weiterhin die auf europäischen Richtlinienvorgaben basierenden speziellen Regelungen der **Art. 7 ff. EGVVG a.F.** sowie die allgemeinen kollisionsrechtlichen Vorschriften des EGBGB, vor allem die des Internationalen Schuldvertragsrechts (**Art. 27–37 EGBGB a.F.**) zu beachten, die wiederum im Wesentlichen auf dem Europäischen Schuldrechtsübereinkommen von Rom (EVÜ)[3] beruhen. Für Altverträge aus der Zeit vor der Kodifizierung des Internationalen Schuldvertragsrechts durch das IPR-Reformgesetz,[4] d.h. vor dem 01.09.1986, finden zudem noch die früheren **gewohnheitsrechtlichen Kollisionsnormen** Anwendung. Soweit vor dem 03.10.1990 geschlossene Versicherungsverträge einen Bezug zur DDR und eine entsprechende Auslandsberührung aufweisen, ist über Art. 236 § 1 EGBGB auch noch das **Rechtsanwendungsgesetz der DDR**[5] einschlägig. Schließlich findet sich mit **§ 78 II 2 VVG** noch eine besondere kollisionsrechtliche Vorschrift bei Mehrfachversicherung im allgemeinen Teil des VVG.

---

1 Die Kritik an der Konzeption und Systematik der Vorschriften ist beinahe unüberschaubar, vgl. *Basedow/Drasch* NJW 1991, 785, 794 f.; *Fricke* VersR 2005, 726, 730; VersR 2006, 745, 746; *Staudinger*, in: Ferrari/Leible, S. 233; *Leible/Lehmann* RIW 2008, 528, 538: »Hölle des Kollisionsrechts«; *Magnus* IPRax 2010, 27, 40: »dunkles Kapitel des Internationalen Vertragsrechts«.

2 Verordnung (EG) Nr. 593/2008 des Europäischen Parlaments und des Rates vom 17. Juni 2008 über das auf vertragliche Schuldverhältnisse anzuwendende Recht (Rom I).

3 Übereinkommen vom 19.06.1980 über das auf vertragliche Schuldverhältnisse anzuwendende Recht (»Übereinkommen von Rom«, EVÜ) BGBl. 1986 II, S. 810.

4 Gesetz zur Neuregelung des Internationalen Privatrechts v. 25.07.1986, BGBl. 1986 I, S. 1142.

5 Rechtsanwendungsgesetz vom 06.12.1975, GBl. I S. 748, zuletzt geändert durch Gesetz vom 11.01.1990, GBl. I S. 10). Zur Anwendung des Internationalen Versicherungsvertragsrechts der DDR und den Problemen des innerdeutschen Versicherungsvertragsrechts umfassend BK/*Dörner*, Vorbem. Art. 7 EGVVG Rn. 29–50.

B. Rechtsquellen, Rechtsentwicklung und intertemporales Recht

I. Gewohnheitsrecht

Bis zum Inkrafttreten des IPR-ReformG am 01.09.1986 wurden in Ermangelung einer gesetzlichen Regelung alle Schuldverhältnisse mit Auslandsberührung, einschließlich der Versicherungsverträge, auf der Grundlage gewohnheitsrechtlich anerkannter Kollisionsregeln behandelt. Im Vordergrund stand dabei der **Parteiwille**: Den Parteien wurde eine weitgehende Rechtswahlfreiheit eingeräumt. Ließ sich ein ausdrücklich oder stillschweigend geäußerter Parteiwille nicht feststellen, wurde unter Berücksichtigung der Umstände des Einzelfalls (Staatsangehörigkeit, Wohnsitz/Niederlassung, Vorliegen einer Gerichtsstandsvereinbarung etc.) versucht, einen – objektivierten – **hypothetischen Parteiwillen** zu ermitteln. Brachte auch das kein Ergebnis, wurde auf den Erfüllungsort abgestellt. Für Erst- (Direkt-)Versicherungsverträge führte dies regelmäßig zum Recht am Sitz bzw. an der Niederlassung des Versicherers.[6] Für Rückversicherungsverträge war nach h.M. auf den Sitz bzw. die betroffene Niederlassung des Erstversicherers abzustellen.[7]

II. Kollisionsrecht der Art. 27 ff. EGBGB a.F.

Mit dem IPR-ReformG vom 25.07.1986 hatte der deutsche Gesetzgeber mit Wirkung vom 01.09.1986 die kollisionsrechtlichen Normen des **EVÜ** mit den Art. 27 ff. in das EGBGB übernommen und das Internationale Schuldvertragsrecht damit erstmals kodifiziert. Diese Vorschriften bezogen sich allgemein auf die kollisionsrechtliche Behandlung von Schuldverträgen und enthielten somit **kein spezifisch auf Versicherungsverträge zugeschnittenes Kollisionsrecht**. In Erwartung einer diesbezüglichen europarechtlichen Lösung wurden durch Art. 37 Nr. 4 Satz 2 EGBGB Direktversicherungsverträge über innerhalb der EG belegene Risiken vom Anwendungsbereich der Art. 27 ff. EGBGB ausgenommen. Für diese Verträge verblieb es daher zunächst bei der Anwendung des Gewohnheitsrechts. Im Hinblick auf Versicherungsverträge beschränkte sich der Anwendungsbereich der Art. 27 ff. EGBGB damit auf Rückversicherungsverträge sowie Direktversicherungsverträge über außerhalb der EG belegene Risiken. Im Rahmen des Dritten DurchführungsG/EWG zum VAG[8] wurde mit Wirkung vom 29.07.1994 der Anwendungsbereich der Art. 27 ff. EGBGB durch die Einbeziehung der EWR-Staaten in den durch Art. 37 Nr. 4 Satz 2 EGBGB ausgenommen Bereich weiter reduziert. Infolge der Ersetzung des EVÜ durch die unmittelbar anwendbare Rom I-VO (vgl. Art. 24 Rom I-VO) wurden die Vorschriften der Art. 27 ff. EGBGB mit Wirkung vom 17.12.2009 aufgehoben.[9] Sie bleiben allerdings auf Verträge anwendbar, die vor dem 17.12.2009 geschlossen wurden.

III. Kollisionsrecht der Art. 7 ff. EGVVG a.F.

1. Zweites DurchführungsG/EWG zum VAG

Die auf die bis zum 17.12.2009 abgeschlossenen Versicherungsverträge anwendbaren, speziell auf das Versicherungsvertragsrecht abgestimmten Kollisionsregeln der Art. 7 ff. EGVVG a.F. wurden in zwei Schritten in das EGVVG eingefügt. Für den Bereich der Schadensversicherungen setzte Art. 3 des Zweiten DurchführungsG/EWG zum VAG[10] zunächst die kollisionsrechtlichen Bestimmungen der **Zweiten SchadenRL**[11] mit Wirkung vom 01.07.1990 in deutsches Recht um. Dazu wurde das EGVVG um ein zweites Kapitel mit dem Titel »Europäisches Internationales Versicherungsvertragsrecht« (Art. 7–14 EGVVG a.F.) ergänzt. Art. 7 EGVVG in der damaligen Fassung beschränkte den Anwendungsbereich der Regelungen auf Direktversicherungsverträge, die in einem Mitgliedstaat der Europäischen Wirtschaftsgemeinschaft belegene Risiken decken, und nahm ausdrücklich den Bereich der Lebensversicherung aus dem Anwendungsbereich heraus. Damit realisierte sich die schon zuvor in Art. 37 Nr. 4 EGBGB a.F. angelegte **Rechtszersplitterung**: Während die Schadensversicherungen (Erstversicherungen) mit Risikobelegenheit innerhalb der EG dem neuen Anknüpfungsregime unterworfen wurden, blieb es für die Rückversicherungsverträge sowie Schadens- und Lebensversicherungen mit Risikobelegenheit außerhalb der EG bei der Anwendung der Art. 27 ff. EGBGB a.F. Für das auf Lebensversicherungen mit Risikobelegenheit innerhalb der EG anzuwendende Recht fand nach wie vor Gewohnheitsrecht Anwendung.

---

6 BGHZ 9, 34, 41; *Roth*, Internationales Versicherungsvertragsrecht, S. 277 ff.; BK/*Dörner*, Vorbem. Art. 7 EGVVG Rn. 7.
7 Eingehend *Roth*, Internationales Versicherungsvertragsrecht, S. 580 ff., 590.
8 Drittes Durchführungsgesetz/EWG zum VAG vom 21.07.1994 (BGBl. I, S. 1630, ber. S. 3134).
9 Gesetz zur Anpassung der Vorschriften des Internationalen Privatrechts an die Verordnung (EG) Nr. 593/2008, BGBl. 2009 I, S. 1574.
10 Zweites Durchführungsgesetz/EWG zum VAG vom 28.06.1990 (BGBl. 1990 I, S. 1249).
11 Zweite Richtlinie 88/357/EWG des Rates vom 22.06.1988 zur Koordinierung der Rechts- und Verwaltungsvorschriften für die Direktversicherung (mit Ausnahme der Lebensversicherung) und zur Erleichterung der tatsächlichen Ausübung des freien Dienstleistungsverkehrs sowie zur Änderung der Richtlinie 73/239/EWG (ABl. EG Nr. L 172 v. 04.07.1988, S. 1).

2. Drittes DurchführungsG/EWG zum VAG

5 In einem zweiten Schritt wurde das EGVVG durch das Dritte DurchführungsG/EWG zum VAG mit Wirkung vom 29.07.1994 erheblich erweitert. Durch die Umsetzung der kollisionsrechtlichen Bestimmungen der **Zweiten LebenRL**[12] in deutsches Recht wurde die in Art. 7 EGVVG enthaltene Beschränkung auf Schadensversicherungsverträge aufgehoben; seit diesem Zeitpunkt fielen auch **Lebensversicherungsverträge** in den Anwendungsbereich der Vorschrift, ein Rückgriff auf das Gewohnheitsrecht war nicht mehr notwendig. Mit der Schaffung einer eigenen Kollisionsnorm für **substituierende Krankenversicherungsverträge** (Art. 13 EGVVG a.F.) und der Erweiterung der Rechtswahlfreiheit für Großrisiken wurden weitere Elemente der **Dritten SchadenRL**[13] umgesetzt. Eine räumliche Ausdehnung erfuhr der Anwendungsbereich der Art. 7 ff. EGVVG durch die Einbeziehung der Staaten des **EWR**.

6 Durch das **Rom I-IPRAnpG**[14] wurden Art. 7–15 EGVVG mit Wirkung vom 17.12.2009 aufgehoben.[15] Die für die § 17 Satz 2 VersVermV, § 6 VI, § 7 V 1, § 8 III Nr. 4, § 65 VVG relevante Definition des Großrisikos aus Art. 10 I 2 EGVVG a.F. findet sich nunmehr in § 210 VVG bzw. in Anlage 1 zum VAG, die wiederum der Umsetzung von Art. 13 Nr. 27 i.V.m. Anhang I Teil A Solvabilität II-RL[16] dient. Eine Art. 12 EGVVG a.F. entsprechende Bestimmung über das auf Pflichtversicherungsverträge anzuwendende Recht wurde in Art. 46c EGBGB aufgenommen. Aufgrund der Ausgestaltung der privaten Krankenversicherung als Pflichtversicherung wurde seitens des deutschen Gesetzgebers von der Schaffung einer Art. 13 EGVVG a.F. entsprechenden Vorschrift abgesehen. Die Regelung über die Prozessstandschaft bei Versicherermehrheit (Art. 14 EGVVG a.F.) wurde in die neue Vorschrift des § 216 VVG überführt.

IV. Rom I-VO

7 Den vorläufig letzten Schritt in der Entwicklung des Internationalen Versicherungsrechts stellt die am 17.06.2008 erlassene europäische Rom I-VO über das auf vertragliche Schuldverhältnisse anzuwendende Recht dar. Sie ist am 24.07.2008 in Kraft getreten (Art. 29 I Rom I-VO) und findet auf Verträge Anwendung, die ab dem **17.12.2009** geschlossen werden (Art. 28 Rom I-VO). Diese Verordnung ersetzt für die Mitgliedsstaaten (mit Ausnahme von Dänemark, jedoch unter Einschluss des Vereinigten Königreichs[17]) das EVÜ (vgl. Art. 24 Rom I-VO) und verdrängt die auf Richtlinienrecht beruhenden Kollisionsregeln für Versicherungsverträge (Art. 23 Rom I-VO). Die Verordnung gilt in allen Mitgliedsstaaten unmittelbar, Artikel 288 II AEUV (ex-Artikel 249 II EGV). Auf die Bundesrepublik Deutschland bezogen bedeutet dies, dass die Rom I-VO als höherrangiges Recht in ihrem Anwendungsbereich das Internationale Schuldrecht des EGBGB sowie die Richtlinienumsetzungen im EGVVG verdrängt. Das Internationale Versicherungsvertragsrecht unterliegt damit einem zumindest nach außen hin **einheitlichen Kollisionsnormenregime**.[18]

V. Intertemporales Recht

8 Die mehrstufige Entwicklung des Internationalen Versicherungsvertragsrechts wirft die Frage nach der intertemporalen Abgrenzung der verschiedenen Regelungen auf.

1. Art. 220 I EGBGB

9 Im Hinblick auf die intertemporale Abgrenzung der Anwendung von Gewohnheitsrecht zu den Regelungen des EGBGB wurde mit dem IPR-ReformG in **Art. 220 I EGBGB** eine entsprechende intertemporale Vorschrift eingefügt. Das Zweite und Dritte DurchführungsG/EWG zum VAG enthielten dagegen keine intertemporalen Regelungen in Bezug auf die Anwendung der Vorschriften des EGVVG. Nach allgemeiner Auffassung ist hier

---

12 Zweite Richtlinie 90/619/EWG vom 8. November 1990 zur Koordinierung der Rechts- und Verwaltungsvorschriften für die Direktversicherung (Lebensversicherung) und zur Erleichterung der tatsächlichen Ausübung des freien Dienstleistungsverkehrs sowie zur Änderung der Richtlinie 79/267/EWG (ABl. EG Nr. L 330 v. 29.11.1990, S. 50). Diese Richtlinie wurde in der Richtlinie 2002/83/EG des Europäischen Parlaments und des Rates vom 05.11.2002 über Lebensversicherungen (ABl. EG Nr. L 345 v. 19.12.2002 S. 1) konsolidiert.
13 Richtlinie 92/49/EWG vom 18. Juni 1992 zur Koordinierung der Rechts- und Verwaltungsvorschriften für die Direktversicherung (mit Ausnahme der Lebensversicherung) sowie zur Änderung der Richtlinie 73/239/EWG und 88/357/EWG (Dritte Richtlinie Schadenversicherung) (ABl. EG Nr. L 228 v. 11.08.1992 S. 1).
14 Gesetz zur Anpassung der Vorschriften des Internationalen Privatrechts an die Verordnung (EG) Nr. 593/2008 vom 25.06.2009, BGBl. 2009 I, S. 1574.
15 Krit. zur vollständigen Aufhebung der Vorschriften *Thume* VersR 2009, 1342.
16 Richtlinie 2009/138/EG des Europäischen Parlaments und des Rates vom 25. November 2009 betreffend die Aufnahme und Ausübung der Versicherungs- und der Rückversicherungstätigkeit (Solvabilität II) (ABl. Nr. L 335 v. 17.12.2009, S. 1).
17 Vgl. Entscheidung der Kommission vom 22.12.2008, ABl. EU Nr. L 10 vom 15.01.2009, S. 22.
18 *Fricke* VersR 2008, 443, 445.

jedoch auch insoweit Art. 220 EGBGB als Ausdruck eines allgemeinen Prinzips des deutschen intertemporalen Privatrechts entsprechend anzuwenden.[19]

Nach der Grundregel des Art. 220 I EGBGB bleibt das bisherige Internationale Privatrecht auf vor dem Inkrafttreten der jeweiligen Neuregelung »**abgeschlossene Vorgänge**« anwendbar. Maßgeblich ist dabei im Rahmen von Verträgen grundsätzlich der Zeitpunkt des Vertragsschlusses; d.h. das neue Recht findet grundsätzlich erst auf Verträge Anwendung, die nach dem Stichtag seines Inkrafttretens geschlossen werden. Unbenommen bleibt den Parteien allerdings, für ihren vor dem Stichtag abgeschlossenen Vertrag nachträglich von einer durch das neue Recht eingeräumten Rechtswahlmöglichkeit Gebrauch zu machen. 10

Probleme tauchen jedoch auf, wenn es sich bei dem Versicherungsvertrag nicht um ein punktuelles, im Hinblick auf Risiko und Prämie umfangmäßig bereits im Zeitpunkt des Vertragsschlusses weitgehend festgelegtes Rechtsverhältnis (z.B. Reiserücktrittskostenversicherung), sondern, wie häufig, um ein **Dauerschuldverhältnis**[20] handelt. Teilweise wird vertreten, dass auch hier bereits mit Vertragsschluss ein »abgeschlossener Vorgang« i.S.d. Art. 220 I EGBGB vorliege. Bereits zu diesem Zeitpunkt seien die Rechtsfolgen vollständig im Vertrag angelegt; zudem dürften die Rechtsanwendungserwartungen der Parteien nicht enttäuscht werden.[21] Zu beachten ist jedoch, dass ein Abstellen auf den Zeitpunkt des Vertragsschlusses eine dauerhafte Rechtsspaltung des Kollisionsrechts zur Folge hätte, was wiederum dem mit den Neuregelungen verfolgten Ziel der Rechtsvereinheitlichung und -verbesserung widerspräche.[22] Nach dieser – wohl herrschenden – Auffassung ist daher im Anwendungsbereich des Art. 220 EGBGB auf Versicherungsverhältnisse mit Dauercharakter ab dem Stichtag des Inkrafttretens das jeweils **neue Kollisionsrecht** anzuwenden.[23] Dabei bleibt eine zuvor getroffene Rechtswahl gültig, wenn auch das neue Recht eine Rechtswahl gestattet. Dagegen ist eine objektive Anknüpfung vorzunehmen, wenn das neue Recht keine Rechtswahloption enthält; eine vorher getroffene Rechtswahl verliert ihre Wirksamkeit.[24] 11

2. Art. 28 Rom I-VO

Keine Probleme bereitet aufgrund der eindeutigen[25] Anordnung in Art. 28 Rom I-VO die zeitliche Anwendbarkeit der Rom I-VO. Diese wird ausschließlich auf Verträge angewandt, die ab dem 17. Dezember 2009 geschlossen werden. Vor diesem Datum abgeschlossene Verträge unterfallen der Anwendung des alten Rechts, d.h. des EGBGB a.F. bzw. der Art. 7 ff. EGVVG a.F. 12

C. Internationale Zuständigkeit und Anerkennung in Versicherungssachen

Schrifttum:
Fricke, Internationale Zuständigkeit und Anerkennungszuständigkeit in Versicherungssachen nach europäischem und deutschem Recht, VersR 1997, 399; *ders.,* Der Abschnitt über Versicherungssachen in der Revision der EUGVVO, VersR 2009, 429; *Grunsky,* Probleme des EWG-Übereinkommens über die gerichtliche Zuständigkeit und die Vollstreckung gerichtlicher Entscheidungen in Zivil- und Handelssachen, JZ 1973, 641 ff.; *Heinig,* Grenzen von Gerichtsstandsvereinbarungen im Europäischen Zivilprozessrecht, 2010; *Hub,* Internationale Zuständigkeit in Versicherungssachen nach der VO 44/01/EG (EuGVVO), 2005; *Looschelders,* Der Klägergerichtsstand am Wohnsitz des VN nach Art. 8 Abs. 1 Nr. 2 EuGVÜ, IPRax 1998, 86; *Mankowski,* Besteht der europäische Gerichtsstand der rügelosen Einlassung auch gegen von Schutzregimes besonders geschützte Personen?, RIW 2010, 667; *ders.,* Internationales Versicherungsprozessrecht: Professioneller Leasinggeber als Geschädigter und Typisierung statt konkreter Prüfung der Schutzbedürftigkeit, Anm. zu OLG Frankfurt a.M. v. 23.06.2014 – 16 U 224/13, IPRax 2015 S. 115; *Pocar,* Erläuternder Bericht zum Übereinkommen über die gerichtliche Zuständigkeit und die Vollstreckung gerichtlicher Entscheidungen in Zivil- und Handelssachen, ABl. EU C 319 v. 23.12.2009, S. 1; *Sperlich/Wolf,* Internationale Zuständigkeit für Versicherungssachen aufgrund rügeloser Einlassung, VersR 2010, 1101; *Staudinger,* Direktklage des Sozialversicherers im Verbund mit dem Geschädigten – droht der deutschen Haftpflichtversicherungsindustrie die Gerichtspflichtigkeit im Ausland?, VersR 2013, 412.

I. Einführung

Von der durch das Internationale Versicherungsvertragsrecht geregelten Feststellung, welche Rechtsordnung auf auslandsbezogene Sachverhalte anzuwenden ist, ist die Frage zu trennen, die Gerichte welches Staates für 13

---

19 H.M.; vgl. BK/*Dörner,* Vorbem. Art. 7 EGVVG Rn. 20; VersHb/*Roth* (2. Aufl.), § 4 Rn. 26; B/M/*Dörner,* Einf. Int. VersR Rn. 14.
20 Kritisch zu dem Begriff *Schmidt-Rimpler,* Die Gegenseitigkeit bei einseitig bedingten Verträgen, 1968, S. 67 ff.; vgl. auch *Dreher,* Die Versicherung als Rechtsprodukt, 1991, S. 111 ff. mit Fn. 35.
21 *Basedow/Drasch* NJW 1991, 785, 788; VersHb/*Roth* (2. Aufl.), § 4 Rn. 26; *Gruber,* IVVR, S. 59 ff.
22 BAGE 71, 297 = IPRax 1994, 123; BAG BB 2004, 1393.
23 BAGE 71, 297 = IPRax 1994, 123; BAG BB 2004, 1393; BK/*Dörner,* Vorbem. Art. 7 EGVVG Rn. 25; Staudinger/*Armbrüster* (2011), Anh zu Art. 7 Rom I-VO Rn. 3; MünchKommBGB/*Martiny* (4. Aufl.), vor Art. 27 EGBGB Rn. 33; *Looschelders,* IPR, Art. 220 Rn. 5; differenzierend VersHb/*Roth* (2. Aufl.), § 4 Rn. 28.
24 A.A. insoweit Staudinger/*Armbrüster* (2011), Anh zu Art. 7 Rn. 3: zuvor gewähltes Recht bleibt maßgeblich.
25 Die im ursprünglichen Text missverständliche Formulierung der Anwendbarkeit (»nach dem 17. Dezember 2009«) wurde korrigiert, vgl. ABl. EU Nr. L 309/87 v. 24.11.2009.

derartige Sachverhalte international zuständig sind. Die Regelung der internationalen Zuständigkeit ist Teil des internationalen Zivilprozessrechts, welches allerdings in Deutschland keine in sich geschlossene Kodifizierung aufweisen kann. Neben Vorschriften des nationalen Rechts sind vor allem Regelungen auf europäischer Ebene zu berücksichtigen. Von besonderer Bedeutung für den Bereich des Versicherungsrechts sind in diesem Zusammenhang die neu gefasste Verordnung des Rates über die gerichtliche Zuständigkeit und die Anerkennung und Vollstreckung von Entscheidungen in Zivil- und Handelssachen (Verordnung (EU) Nr. 1215/2012, Brüssel Ia-VO, **EuGVVO**)[26] als Nachfolgeregelung der Verordnung Nr. 44/2001 (Brüssel I, EUGVVO a.F.)[27], welche wiederum mit Wirkung vom 01.03.2002 das EuGVÜ[28] für den Bereich der EU-Mitgliedsstaaten ersetzt hat.[29] Weiter zu beachten ist das revidierte Lugano-Übereinkommen über die gerichtliche Zuständigkeit und die Anerkennung und Vollstreckung von Entscheidungen in Zivil- und Handelssachen vom 30.10.2007 (**LugÜ II**)[30], welches das frühere Luganer Übereinkommen (**LugÜ I**)[31] vollständig ersetzt hat. Diese in ihrem Anwendungsbereich gegenüber dem nationalen Recht vorrangigen Instrumente des europäischen Zivilprozessrechts enthalten u.a. spezielle Vorschriften zur Feststellung der internationalen Zuständigkeit in Versicherungssachen.

14 Im Hinblick auf die Regelung der internationalen Zusändigkeit durch Gerichtsstandsvereinbarungen ist seit dem 01.10.2015 zusätzlich das Haager Übereinkommen über Gerichtsstandsvereinbarungen vom 30.06.2005 (**HGÜ**) zu berücksichtigen.[32] Der Anwendungsbereich des Übereinkommens ist bislang überschaubar – aktuell haben lediglich die EU[33] und Mexiko den Ratifizierungsprozess abgeschlossen. Innerhalb der EU bleibt es gem. Art. 26 VI HGÜ beim Vorrang der EuGVVO.

15 Bei der EuGVVO handelt es sich um einen gemeinschaftsrechtlichen Sekundärrechtsakt, der nach Art. 288 AEUV in allen Mitgliedsstaaten der EU unmittelbar Anwendung findet. Eine Besonderheit gilt insoweit im Hinblick auf Dänemark, das sich nach Protokoll Nr. 22 zum Lissabon-Vertrag über die Position Dänemarks grundsätzlich nicht an den Maßnahmen der Union auf dem Gebiet der justiziellen Zusammenarbeit in Zivilsachen beteiligt. Durch ein **Abkommen zwischen der Europäischen Gemeinschaft und dem Königreich Dänemark** über die gerichtliche Zuständigkeit und die Anerkennung und Vollstreckung von Entscheidungen in Zivil- und Handelssachen[34] erstreckte sich jedoch bereits das Regelungssystem der EuGVVO a.F. seit dem 01.07.2007 auch auf Dänemark. Für die Neufassung der EUGVVO hat Dänemark in Einklang mit Artikel 3 Absatz 2 des Abkommens der Kommission mit Schreiben vom 20. Dezember 2012 mitgeteilt, dass es auch die EUGVVO n.F. anwenden wird.[35]

16 Gem. Art. 66 EuGVVO ist die Verordnung in ihrer Neufassung nur auf Verfahren, öffentliche Urkunden oder gerichtliche Vergleiche anzuwenden, die am 10. Januar 2015 oder danach eingeleitet, förmlich errichtet oder eingetragen bzw. gebilligt oder geschlossen worden sind. Für davor liegende Sachverhalte ist weiterhin die EuGVVO a.F. zu berücksichtigen.

17 Bei dem **LugÜ II** handelt es sich um ein Nachfolgeabkommen zum sog. Parallel-Übereinkommen von Lugano vom 16.09.1988 (LugÜ I). Durch dieses wurde der Teilnehmerkreis am System des – selbst auf den Kreis der EG-Mitgliedsstaaten beschränkten – EuGVÜ zunächst um die EFTA-Staaten, ab 01.02.2000 auch um Polen erweitert. Nach der Aufnahme der EFTA-Staaten Österreich, Finnland und Schweden sowie Polens in die EU und der damit verbundenen Geltung von EuGVÜ bzw. EuGVVO für diese Staaten, beschränkte sich der Anwendungsbereich des LugÜ I zuletzt auf das Verhältnis zu Island, Norwegen und die Schweiz. Liechtenstein als weiterer EFTA-Staat ist dem LugÜ I nicht beigetreten.

---

26 Verordnung (EU) Nr. 1215/2012 des Europäischen Parlaments und des Rates vom 12. Dezember 2012 über die gerichtliche Zuständigkeit und die Anerkennung und Vollstreckung von Entscheidungen in Zivil- und Handelssachen (ABl. EU Nr. L 351 v. 20.12.2012, S. 1, zuletzt geändert durch Art. 1 ÄndVO (EU) 2015/281 vom 26.11.2014 (ABl. EU Nr. L 54 v. 25.02.2015, S. 1).

27 Verordnung Nr. 44/2001 des Rates vom 22.12.2000 (ABl. EU Nr. L 12 v. 16.01.2001, S. 1, ber. ABl. Nr. L 307 v. 24.11.01, S. 28).

28 Brüsseler EWG-Übereinkommen über die gerichtliche Zuständigkeit und die Vollstreckung gerichtlicher Entscheidungen v 27.09.1968 (BGBl. 1972 II, 774) idF des Vierten Beitrittsabkommens von Österreich, Finnland und Schweden vom 29. November 1996 (BGBl. 1998 II, S. 1411).

29 Das EuGVÜ behält seine Wirkung im Verhältnis zu Hoheitsgebieten der EU-Mitgliedsstaaten, die nach Art. 52 EUV, Art. 355 AEUV nicht in den räumlichen Geltungsbereich der Verträge fallen, vgl. Erwägungsgrund 23 EuGVVO. Ausführliche Übersicht bei *Geimer/Schütze*, EuZVR, 3. Aufl. 2010, A. 1 Einl. EuGVVO Rn. 202 ff.

30 ABl. EU Nr. L 147 v. 10.06.2009, S. 5.

31 Übereinkommen über die gerichtliche Zuständigkeit und die Vollstreckung gerichtlicher Entscheidungen in Zivil- und Handelssachen, geschlossen in Lugano am 16.09.1988 (Luganer Übereinkommen), BGBl. 1994 II S. 2660.

32 Vgl. dazu ausführlich FAKomm-VersR/*Fricke*, IntR, Rn. 102 ff.

33 Beschluss des Rates vom 4. Dezember 2014 über die Genehmigung – im Namen der Europäischen Union – des Haager Übereinkommens über Gerichtsstandsvereinbarungen vom 30. Juni 2005 (2014/887/EU), Abl. EU Nr. L 353 v. 10.12.2014 S. 5.

34 ABl. EU Nr. L 299 v. 16.11.2005 S. 62.

35 ABl. EU Nr. L 79 v. 21.03.2013 S. 4.

Das am 30.10.2007 unterzeichnete LugÜ II dient dazu, die durch die EuGVVO a.F. erzielten Fortschritte und Verbesserungen auf Staaten außerhalb der EU auszudehnen.[36] Unterzeichner des Übereinkommens waren neben der EU zunächst Island, Norwegen und die Schweiz. Dänemark, das nicht an den Rechtsakten der EU auf dem Gebiet der justiziellen Zusammenarbeit teilnimmt und daher nicht durch die Unterschrift der EU gebunden wurde, hat am 05.12.2007 selbständig den Beitritt zum Übereinkommen erklärt. Mittlerweile haben alle bisherigen Signatare den Ratifikationsprozess abgeschlossen.[37] Das neue Übereinkommen konnte daher am 01.01.2010 für **Dänemark, Norwegen** und die **EU** in Kraft treten. Für die **Schweiz** gilt es seit dem 01.01.2011, für **Island** seit dem 01.05.2011. Mit diesem Zeitpunkt hat das LugÜ II gem. Art. 69 VI LugÜ II das LugÜ I vollständig ersetzt. 18

Inhaltlich war daher zwischen **EuGVVO a.F. und LugÜ II** im Bereich der Sachvorschriften nahezu vollständige **Parallelität** gegeben. Durch die Neufassung der EuGVVO ist diese Parallelität teilweise wieder verloren gegangen, so z.B. durch die Abschaffung der sog. Exequaturverfahren, die Stärkung von Gerichtsstandsvereinbarungen, Ermöglichung einer Gerichtsstandsvereinbarung auch ohne Wohnsitz in der EU oder die Beschränkungen zur rügelosen Einlassung gem. Art. 26 Abs. 2 EuGVVO n.F. Durch die Einfügung zusätzlicher Definitionen in den §§ 2 und 3 EuGVVO n.F. ist zudem der Vorteil der vereinfachten Handhabung durch die bis dahin parallele Nummerierung der Vorschriften hinfällig geworden.[38] 19

Das LugÜ II lässt nach seinem Art. 64 die Anwendung der EuGVVO, des EuGVÜ (einschließlich Protokoll und Beitrittsübereinkommen) sowie des Abkommens zwischen der EU und Dänemark unberührt, so dass ein grundsätzlicher **Vorrang der EuGVVO** gegenüber dem LugÜ II besteht. Allerdings bleibt es nach Art. 64 II lit. a) LugÜ II bei der Anwendung des Übereinkommens im Hinblick auf die gerichtliche Zuständigkeit, wenn der Beklagte seinen Wohnsitz im Hoheitsgebiet eines Staates hat, in dem zwar das LugÜ II gilt, aber weder EuGVVO, noch EuGVÜ noch das EU-Dänemark-Abkommen gelten. Ebenso ist das LugÜ II anzuwenden, wenn in einem solchen Staat eine ausschließliche Zuständigkeit nach Art. 22 LugÜ II gegeben ist oder die Zuständigkeit dieses Staates durch Parteivereinbarung gem. Art. 23 LugÜ II begründet wurde. 20

Der sachliche **Anwendungsbereich** von EuGVVO und LugÜ II ist begrenzt. Nach Art. 1 I EuGVVO/LugÜ II finden die Regelungswerke nur auf **Zivil- und Handelssachen** Anwendung. Dagegen bleiben öffentlich-rechtliche Angelegenheiten unberührt. Für den hier relevanten Bereich des Versicherungsrechts bedeutet dies, dass alle Rechtssachen betreffend **öffentlich-rechtliche Versicherungsverhältnisse** nicht von der EuGVVO bzw. dem LugÜ II erfasst werden.[39] Art. 1 II lit. c) EuGVVO/LugÜ II enthält darüber hinaus einen expliziten Anwendungsausschluss im Hinblick auf den Bereich der sozialen Sicherheit. **Sozialversicherungsverträge** sind damit – unabhängig von ihrer Qualifizierung als privatrechtlich oder öffentlich-rechtlich – ebenfalls nicht von der EuGVVO bzw. dem LugÜ II erfasst.[40] 21

Auch die Eröffnung des Anwendungsbereichs von EuGVVO/LugÜ II hat nicht zwingend die Anwendung der Zuständigkeitsvorschriften der Regelwerke zur Folge. EuGVVO bzw. LugÜ II beziehen sich grundsätzlich nur auf Situationen, in denen der Beklagte seinen Wohnsitz bzw. Sitz in einem der Mitgliedsstaaten bzw. in einem durch das Übereinkommen gebundenen Staat hat. Ist dies nicht der Fall, so ordnen die Abkommen (für den Bereich der Versicherungssachen: Art. 10 EuGVVO bzw. Art. 8 LugÜ II) die Anwendung der nationalen Zuständigkeitsvorschriften des jeweiligen mitgliedsstaatlichen Gerichts an (siehe dazu u. Rdn. 39).[41] 22

II. Zuständigkeitsordnung der Art. 10–16 EuGVVO

1. Anwendungsbereich

EuGVVO und LugÜ II enthalten – wie bereits EuGVÜ und LugÜ I – Sonderregelungen für die Bestimmung der Zuständigkeit in Versicherungssachen. Hintergrund der Regelungen ist der Gedanke des VN-Schutzes. Der **Schutz des VN** – aber auch der des **Versicherten, Begünstigten oder anderweitigen Vertragspartners** – als typischerweise dem Versicherer unterlegene Partei soll auch durch internationale Zuständigkeitsvorschrif- 23

---

36 Vgl. Bericht *Pocar*, S. 4 Nr. 12.
37 Übersicht über den Ratifikationsprozess im Internet abrufbar auf der Seite des Eidgenössischen Departements für auswärtige Angelegenheiten unter https://www.dfae.admin.ch/content/dam/eda/fr/documents/mt_110302_lug2partf.pdf (Stand 30.10.2015).
38 Im Folgenden werden nur die Regelungen der EuGVVO n.F. zitiert; die Ausführungen sind analog auf die durch das LugÜ II gebundenen Staaten übertragbar; die Regelungen des LugÜ II sind – in der Regel um zwei bzw. drei Artikelnummern nach vorne verschoben – inhaltsgleich.
39 Vgl. auch *Geimer/Schütze*, EuZVR, 3. Aufl. 2010, A. 1 Art. 8 EuGVVO Rn. 19.
40 Näher *Geimer/Schütze*, EuZVR, 3. Aufl. 2010, A. 1 Art. 8 EuGVVO Rn. 20; s.a. Rauscher/*Staudinger*, EuZPR/EuIPR (2016) Art. 10 Brüssel Ia-VO Rn. 10 ff.
41 Zur rechtlichen Einordnung dieser Verweisungstechnik vgl. *Geimer/Schütze*, EuZVR, 3. Aufl. 2010, A. 1 Art. 4 EuGVVO Rn. 15. Siehe auch EuGH Gutachten 1/03 v. 07.02.2006, Slg. 2006, S. I-1150, 1205 (Rz. 148). Die Liste der anwendbaren Rechtsvorschriften wird nach Art. 76 EuGVVO n.F. veröffentlicht; zuletzt ABl. EU Nr. C 390 v. 24.11.2015 (Liste 1).

ten verwirklicht werden.[42] Dabei treten allerdings **Wertungswidersprüche** auf. Geschützt wird nicht nur der tatsächlich schutzbedürftige private »Verbraucher-Versicherungsnehmer«; der Schutz wird mit gewerblich tätigen juristischen Personen (unabhängig von ihrer Größe oder ihrem Geschäftsfeld) auch Kreisen zuteil, deren Schutzwürdigkeit zweifelhaft erscheint.[43] Kein besonderer kompetenzrechtlicher Schutz wird jedoch gewährt, wenn es sich um eine **Streitigkeit im Rahmen der Beziehungen zwischen gewerblich Tätigen des Versicherungssektors** handelt.[44] Hier sind beide Parteien gleichermaßen in Versicherungsangelegenheiten erfahren; demzufolge kann keine Partei als die gegenüber der anderen schwächere angesehen werden.[45] Aus dem Anwendungsbereich von Art. 10 ff. EuGVVO ausgeschlossen sind damit insbesondere Streitigkeiten aus **Rückversicherungsverträgen** zwischen Versicherern,[46] für die es bei der Anwendung der allgemeinen Regeln (insb. Art. 4 EuGVVO – allgemeiner Gerichtsstand, Art. 7 Nr. 1 EuGVVO – Gerichtsstand des Erfüllungsortes und Art. 7 Nr. 5 EUGVVO – Gerichtsstand der Niederlassung) verbleibt.[47] Gleiches gilt, wenn ein Sozialversicherungsträger als Legalzessionar Ansprüche des bei einem Autounfall unmittelbar Geschädigten unmittelbar gegen den in einem anderen Mitgliedstaat niedergelassenen Versicherer des Unfallverursachers geltend machen will.[48]

24 Die Vorschriften der Art. 10–16 EuGVVO enthalten eine grundsätzlich **abschließende Regelung** der Zuständigkeit in Versicherungssachen.[49] Ein Rückgriff auf die allgemeinen Regeln kommt nur in dem von Art. 10 ff. EuGVVO zugelassenen Umfang in Betracht. Wie aus der dortigen Bezugnahme auf Art. 6 EuGVVO deutlich wird, gelten die Sonderregelungen nur in Situationen, in denen der Beklagte seinen Wohnsitz in einem der Mitgliedsstaaten bzw. in einem der durch das Übereinkommen gebundenen Staaten hat. Ist dies nicht der Fall, so ordnet Art. 6 EuGVVO vorbehaltlich einer ausschließlichen Zuständigkeit nach Art. 24 EuGVVO bzw. einer Zuständigkeitsvereinbarung nach Art. 25 EuGVVO die Anwendung der nationalen Zuständigkeitsvorschriften des Gerichtsstaats an (siehe o. Rdn. 22). Eine Einschränkung erfährt diese Verfahrensweise nach Art. 11 II EuGVVO für Klagen gegen den Versicherer, der zwar keinen Sitz im Hoheitsgebiet eines Mitgliedstaats hat, aber in einem Mitgliedstaat eine Zweigniederlassung, Agentur oder sonstige Niederlassung betreibt. Für Streitigkeiten aus dem Betrieb wird der Versicherer so behandelt, wie wenn er seinen Wohnsitz im Hoheitsgebiet dieses Mitgliedstaats hätte. Entsprechend sind nicht die nationalen Regelungen nach Art. 6 EuGVVO, sondern die Zuständigkeitsregeln nach Art. 10 ff. EuGVVO anzuwenden.

25 Die Zuständigkeitsordnung der Art. 10 ff. EuGVVO findet nur auf **Versicherungssachen** Anwendung. Wann eine Versicherungssache vorliegt, ist autonom unionsrechtlich zu bestimmen.[50] Erfasst werden alle Streitigkeiten zwischen einem Versicherer einerseits und VN, Versichertem, Begünstigten, Geschädigtem oder in anderer Form in den Versicherungsvertrag involviertem Dritten andererseits, die in einem unmittelbaren Zusammenhang mit den Rechten und Pflichten aus einem (auch: nur vermeintlichen)[51] Versicherungsverhältnis stehen. Wie sich aus Art. 11 EuGVVO ergibt, zählt dazu auch die direkte Inanspruchnahme des Versicherers durch den Geschädigten bzw. durch den Zessionar des Anspruchs (soweit es sich nicht um einen Versicherer handelt, vgl. o. Rdn. 23). Auch die Rückgriffsklage des Versicherers gegen den VN ist Versicherungssache,[52] jedoch nicht der Regress des Versicherers gegen den Schädiger.[53]

---

42 Vgl. Erwägungsgrund 13 EuGVVO; EuGH, Urt. v. 14.07.1983 C-201/82 (Gerling), Slg. 1983, S. 2503; Urt. v. 13.07.2000 C-412/98 (Group Josi), Slg. 2000, I-5925; Urt. v. 12.05.2005, C-112/03 (Peloux), Slg. 2005, I-3707, Rz. 30; EuGH Urt. v. 13.12.2007, C-463/06 (FBTO Schadeverzekeringen NV), Slg. 2007, I-11321.
43 OLG Celle VersR 2009, 61 m. Anm. *Tomson*; vgl. auch *Geimer/Schütze*, EuZVR, 3. Aufl. 2010, A. 1 Art. 8 EuGVVO Rn. 4; ebenso VersHb/*Fricke*, § 3 Rn. 24; *Fricke* VersR 1997, 399, 401; zur Problematik der überschießenden Schutztendenz im internationalen Versicherungsprozessrecht *Mankowski* IPRax 2015, 115 f., der die Vorteile der abstrakten und typisierenden Betrachtung hervorhebt. Ebenso Rauscher/*Staudinger*, EuZPR/EuIPR (2016) Art. 13 Brüssel Ia-VO Rn. 6b.
44 EuGH, Urt. v. 17.09.2009, C-347/08 (Vorarlberger Gebietskrankenkasse), Slg. 2009, I-08661; einschränkend VersHb/*Fricke*, § 3 Rn. 23.
45 EuGH, Urt. v. 13.07.2000, C-412/98 (Group Josi), Slg. 2000, I-5925, Rz. 64 f.; Urt. v. 26.05.2005, C-77/04 (GIE Réunion européenne), Slg. 2005, I-04509; EuGH, Urt. v. 17.09.2009, C-347/08 (Vorarlberger Gebietskrankenkasse), Slg. 2009, I-08661 Rz. 42; vgl. auch B/M/*Dörner*, Int.VersProzR Rn. 6; Lüer/Schwepcke/*Looschelders*, § 9 Rn. 17.
46 EuGH, Urt. v. 13.07.2000, C-412/98 (Group Josi), Slg. 2000, I-5925, Rz. 64 f. zum EuGVÜ; Kronke/Melis/Schnyder/*Heiss/Schnyder*, Handbuch Internationales Wirtschaftsrecht, 2005, Teil C Rn. 199; VersHb/*Fricke* § 3 Rn. 23.
47 Vgl. dazu umfassend Lüer/Schwepcke/*Looschelders*, § 8 Rn. 19 ff.
48 EuGH, Urt. v. 17.09.2009, C-347/08 (Vorarlberger Gebietskrankenkasse), Slg. 2009, I-08661; zust. *Staudinger* VersR 2013, 412, 413 f. m.w.N.
49 VersHb/*Fricke*, § 3 Rn. 21; Kronke/Melis/Schnyder/*Heiss/Schnyder*, Handbuch Internationales Wirtschaftsrecht, 2005, Teil C Rn. 199; vgl. auch *Staudinger* VersR 2013, 412, 415.
50 Hess, Europäisches Zivilprozessrecht, 2010, § 6 Rn. 95; *Geimer/Schütze*, EuZVR, 3. Aufl. 2010, A. 1 Art. 8 EuGVVO Rn. 14 ff.; VersHb/*Fricke*, § 3 Rn. 22; B/M/*Dörner*, Int.VersProzR Rn. 5.
51 *Geimer/Schütze*, EuZVR, 3. Aufl. 2010, A. 1 Art. 8 EuGVVO Rn. 15b.
52 VersHb/*Fricke*, § 3 Rn. 25.
53 *Geimer/Schütze*, EuZVR, 3. Aufl. 2010, A. 1 Art. 8 EuGVVO Rn. 15.

2. Klagen gegen den Versicherer

Art. 10–13 EuGVVO enthalten Regelungen über die Gerichtspflichtigkeit des beklagten Versicherers. Da keine Schutzbedürftigkeit des Versicherers besteht, wird die Gerichtspflichtigkeit des Versicherers über seinen (Wohn-)Sitzstaat hinaus zugunsten des Klägers erweitert. **26**

Gem. **Art. 11 I EuGVVO** kann ein Versicherer, der seinen Wohnsitz im Hoheitsgebiet eines Mitgliedstaats hat, verklagt werden vor den Gerichten eben des Mitgliedstaats, in dem er seinen (Wohn-)Sitz hat (lit. a), bei Klagen des VN, des Versicherten oder des Begünstigten vor dem Gericht des Ortes, an dem der Kläger seinen Wohnsitz hat (lit. b) oder, falls es sich um einen Mitversicherer handelt, vor dem Gericht eines Mitgliedstaats, bei dem der federführende Versicherer verklagt wird (lit. c). **Begünstigter** i.S.d. Art. 11 I lit. b) ist nur der unmittelbar aus dem Versicherungsvertrag Begünstigte; eine lediglich mittelbare Begünstigung, z.B. im Rahmen einer Abtretung der Versicherungsleistung, soll nicht zur Anwendung von Art. 11 I lit. b) führen.[54] – Die **Bestimmung des Wohnsitzes** erfolgt nach den allgemeinen Regeln der Art. 62, 63 EuGVVO. Für natürliche Personen ist danach der Wohnsitz nach Maßgabe der *lex fori* zu ermitteln. Der Wohnsitz der juristischen Person befindet sich nach der Definition des Art. 63 EuGVVO am Ort des Sitzes, der Hauptverwaltung oder der Hauptniederlassung. Soweit es sich um Streitigkeiten aus dem Betrieb einer Zweigniederlassung, einer Agentur oder einer sonstigen Niederlassung handelt, ist auch die internationale Zuständigkeit vor dem Gericht des Ortes, an dem sich diese befindet, gegeben (Art. 10 i.V.m. Art. 7 Nr. 5 EuGVVO). **27**

Liegt der Wohnsitz des beklagten Versicherers außerhalb des Gebiets der Mitgliedstaaten, besitzt der Versicherer aber in einem Mitgliedstaat eine Zweigniederlassung, eine Agentur oder eine sonstige Niederlassung, so wird er nach Art. 11 II EuGVVO im Hinblick auf **Streitigkeiten aus dem Betrieb** behandelt, als wenn er seinen Wohnsitz im Hoheitsgebiet dieses Mitgliedstaats hätte.[55] **28**

Bei Art. 11 I lit. b) EuGVVO handelt es sich, wie sich auch aus dem Wortlaut ergibt, nicht nur um eine Regelung der internationalen, sondern zugleich auch der örtlichen Zuständigkeit. Dagegen bleibt in den Fällen der Art. 11 I lit. a) und c) EuGVVO die Bestimmung des örtlich zuständigen Gerichts den Vorschriften des nationalen Rechts, in Deutschland insbesondere § 215 VVG, vorbehalten. **29**

Ein weiterer Gerichtsstand für Klagen gegen den Versicherer ergibt sich bei der **Haftpflichtversicherung** und bei der **Versicherung von unbeweglichen Sachen** aus Art. 12 EuGVVO. Hier kann der Versicherer zusätzlich vor dem Gericht des Ortes, an dem das schädigende Ereignis eingetreten ist, verklagt werden. Dies gilt auch dann, wenn sowohl bewegliche als auch unbewegliche Sachen in ein und demselben Versicherungsvertrag versichert und von demselben Schadensfall betroffen sind.[56] Unter dem »Ort, an dem das schädigende Ereignis eingetreten ist« ist sowohl der Ort, an dem der Schaden eingetreten ist (Erfolgsort), als auch der Ort des ursächlichen Geschehens (Handlungsort) zu verstehen.[57] Aus dem Wortlaut der Vorschrift ergibt sich, dass die Vorschrift nicht nur die internationale, sondern zugleich auch die örtliche Zuständigkeit regelt. **30**

Eine wichtige Erweiterung der Zuständigkeit ergibt sich für die unmittelbar gegen den Haftpflichtversicherer gerichtete Klage des Geschädigten aus Art. 13 II EuGVVO. Die Vorschrift sieht vor, die Regelungen der Art. 10–12 EuGVVO auf eine solche **Direktklage** anzuwenden, sofern eine solche unmittelbare Klage zulässig ist. Dies hat gem. Art. 13 II i.V.m. Art. 11 I lit. b) EuGVVO zur Konsequenz, dass auch der Geschädigte – obwohl nicht VN, Versicherter oder Begünstigter – vor dem Gericht des Ortes am eigenen Wohnsitz eine Klage unmittelbar gegen den Versicherer erheben kann, sofern der Versicherer im Hoheitsgebiet eines Mitgliedstaats ansässig ist.[58] **31**

Art. 13 I EuGVVO sieht vor, dass der Versicherer bei der Haftpflichtversicherung durch eine **Interventionsklage** auch vor das Gericht geladen werden kann, bei dem die Klage des Geschädigten gegen den Versicherten anhängig ist, sofern dies nach dem Recht des angerufenen Gerichts zulässig ist. Der darauf bezogene frühere Nichtanwendungsbefehl für Deutschland, Österreich und Ungarn (Art. 65 I S. 1 EuGVVO a.F.)[59] ist in der Neufassung der EuGVVO entfallen.[60] Da das deutsche Recht eine Interventionsklage nicht zulässt, kann die Einbeziehung Dritter hier nur durch eine Streitverkündung erreicht werden (vgl. §§ 68, 72, 73 und 74 **32**

---

54 So OLG Dresden VersR 2015, 382, 383.
55 Ausf. B/M/*Dörner*, Int.VersProzR Rn. 13.
56 H/E/K/*Heiss*, 7. Kapitel Rn. 21.
57 EuGH, Urt. v. 30.11.1976, Rs. 21/76 (Mines de potasse d'Alsace), Slg. 1976, 1735, Rz. 24, 25; Urt. v. 05.02.2004, C-18/02 (DFDS Torline), Slg. 2004, I-1417, Rz. 40, jeweils zu Art. 5 Nr. 3 EuGVÜ; einschränkend (nicht jeder Ort, an dem lediglich die nachteiligen Folgen eines Umstands spürbar werden): EuGH, Urt. v. 19.09.1995 C-364/93 (Marinari), Slg. 1995, I-2719, Rz. 14; Urt. v. 10.06.2004, C-168/02 (Kronhofer), Slg. 2004, 1–6009. Ausf. VersHb/*Fricke*, § 3 Rn. 36; vgl. auch *Hub*, S. 110 f.
58 EuGH Urt. v. 13.12.2007, C-463/06 (FBTO Schadeverzekeringen NV), Slg. 2007, I-11321 = NJW 2008, 819 m. Anm. *Leible*; BGH NJW 2008, 2343; anders im Hinblick auf Art. 10 II LugÜ I OLG Karlsruhe IPRax 2008, 125 m. Anm. Fuchs, S. 104, vgl. zur Diskussion auch H/E/K/*Heiss*, 7. Kapitel Rn. 22; *Geimer*/Schütze, EuZVR, 3. Aufl. 2010, Art. 11 EuGVVO Rn. 16 m.w.N.; VersHb/*Fricke*, § 3 Rn. 39; B/M/*Dörner*, Int.VersProzR Rn. 15 ff.
59 Krit. dazu *Geimer*/Schütze, EuZVR, 3. Aufl. 2010, Art. 11 EuGVVO Rn. 5.
60 Für das LugÜ II bleiben Beschränkungen nach Art. II Protokoll Nr. 1 zum LugÜ II i.V.m. Anhang IX bestehen.

ZPO).⁶¹ Zu beachten ist allerdings, dass die Möglichkeit des Geschädigten, den deutschen Versicherer über Art. 13 I EuGVVO vor einen entsprechenden ausländischen Gerichtsstand zu ziehen, unberührt bleibt.⁶²

33 Sieht das für die unmittelbare Klage maßgebliche Recht die **Streitverkündung** des Versicherers gegen den VN oder den Versicherten vor, so ist dasselbe Gericht auch für diese Personen zuständig (Art. 13 III EuGVVO). Durch die Streitverkündung kann der Versicherer somit die Gerichtspflichtigkeit von VN und Versichertem über den in Art. 14 I EuGVVO vorgesehenen Rahmen hinaus erweitern.⁶³

3. Klagen des Versicherers

34 Von der Ausnahme des Art. 13 III EuGVVO (Streitverkündung, Rdn. 33) und der Erweiterung nach Art. 10 i.V.m. Art. 7 Nr. 5 EuGVVO (Niederlassung des Beklagten) abgesehen, kann der Versicherer nur vor den Gerichten des Mitgliedstaats klagen, in dessen Hoheitsgebiet der VN, der Versicherte bzw. der Begünstigte seinen Wohnsitz hat, Art. 14 I EuGVVO. Auch Streitgenossen auf Beklagtenseite sind in getrennten Prozessen zu verklagen, wenn sie unterschiedliche Wohnsitze haben.⁶⁴ Art. 8 Nr. 1 EuGVVO findet keine Anwendung.⁶⁵ – Art. 12 I EuGVVO regelt nur die internationale Zuständigkeit; für die Bestimmung der örtlichen Zuständigkeit sind die Vorschriften des nationalen Rechts heranzuziehen.

4. Gerichtsstand der Widerklage

35 Art. 14 II EuGVVO enthält keinen weiteren Gerichtsstand, sondern stellt klar, dass die Zuständigkeitsregelungen der Art. 10–16 EuGVVO keine Einschränkungen für die Erhebung der Widerklage nach allgemeinen Regeln (Art. 8 Nr. 3 EuGVVO) mit sich bringen. Jeder nach den Art. 10–16 EuGVVO zugelassene Gerichtsstand kann auch Gerichtsstand der Widerklage sein, ohne dass für die Widerklage die Anforderungen bzw. Beschränkungen der Art. 10–16 EuGVVO zu beachten wären. Dies gilt allerdings nur insoweit, als es sich um eine Widerklage handelt, die auf denselben Vertrag oder Sachverhalt wie die Klage selbst gestützt wird (konnexe Widerklage, Art. 8 Nr. 3 EuGVVO).⁶⁶

5. Gerichtsstandsvereinbarungen

36 Auch im Hinblick auf Internationale Versicherungssachen sind Gerichtsstandsvereinbarungen nach Maßgabe von Art. 25 EuGVVO grundsätzlich zulässig.⁶⁷ Allerdings stellen Art. 14 und 15 EuGVVO besondere Anforderungen an die Art und Weise des Zustandekommens und den Inhalt solcher Gerichtsstandsvereinbarungen. Eine wirksame Gerichtsstandsvereinbarung erfordert danach, dass die Vereinbarung nach der Entstehung der Streitigkeit getroffen wird (Art. 15 Nr. 1 EuGVVO); dass dem VN, Versicherten oder Begünstigten die Befugnis eingeräumt wird, andere als die in den Art. 8–14 EuGVVO angeführten Gerichte anzurufen (Art. 15 Nr. 2 EuGVVO); dass, sofern Auslandsschäden betroffen sind, die Zuständigkeit der Gerichte des gemeinsamen Wohnsitzes oder gewöhnlichen Aufenthalts von VN und Versicherer vereinbart wird (Art. 15 Nr. 3 EuGVVO); dass sie von einem VN geschlossen ist, der seinen Wohnsitz nicht in einem Mitgliedstaat bzw. gebundenen Staat hat (Art. 15 Nr. 4 EuGVVO); oder dass sie einen Versicherungsvertrag betrifft, der eines oder mehrere der in Art. 16 EuGVVO aufgeführten Risiken betrifft (Art. 15 Nr. 5 EuGVVO). Unter letzterem sind gem. Art. 16 Nr. 1–4 EuGVVO Versicherungen mit Bezug auf Seeschiffe, Transportgüter, Luftfahrzeuge, Anlagen vor der Küste und auf hoher See sowie bestimmte mit diesen Risiken in Zusammenhang stehende Risiken (Annexrisiken) zu verstehen. Hier fehlt es aufgrund des Versicherungsgegenstandes typischerweise an einer besonderen Schutzwürdigkeit des VN. Gleiches gilt ganz allgemein auch bei »Großrisiken« i.S.d. europäischen Richtlinienrechts (vgl. Art. 13 Nr. 27 Solvabilität II-RL; bis 30.11.2012: Art. 5 lit. d) Erste SchadenRL) im Anwendungsbereich der EuGVVO (vgl. Art. 16 Nr. 5 EuGVVO). Das LugÜ II erlaubt – anders als noch das LugÜ I – ebenfalls eine Gerichtsstandsvereinbarung bei Großrisiken, Art. 14 Nr. 5 LugÜ II. Allerdings fehlt insoweit die Bezugnahme auf die Begriffsdefinition des Richtlinienrechts, da die Nicht-EU-Staaten nicht Regelungen des fremden Unionsrechts unterworfen werden sollten. In der Sache ist die allgemeine Bezugnahme auf Großrisiken jedoch ebenso zu verstehen wie unter Anwendung der EuGVVO.⁶⁸

---

61 *Geimer/Schütze*, EuZVR, 3. Aufl. 2010, Art. 11 EuGVVO Rn. 5; vgl. auch Liste der anwendbaren Rechtsvorschriften nach Art. 76 EuGVVO n.F.; zuletzt ABl. EU Nr. C 390 v. 24.11.2015 (Liste 2).
62 Vgl. VersHb/*Fricke*, § 3 Rn. 39 ff.
63 *Geimer/Schütze*, EuZVR, 3. Aufl. 2010, Art. 11 EuGVVO Rn. 22.
64 Zum Sonderfall der notwendigen Streitgenossenschaft siehe *Geimer/Schütze*, EuZVR, 3. Aufl. 2010, Art. 12 EuGVVO Rn. 2; zu weitgehend *Hub*, S. 116 f., der dem Versicherer durch »erweiternde Auslegung« der EuGVVO einen einheitlichen Gerichtsstand am Wohnsitz eines der Streitgenossen zugestehen will.
65 *Geimer/Schütze*, EuZVR, 3. Aufl. 2010, Art. 12 EuGVVO Rn. 2.
66 Ausf. *Kropholler*, Europäisches Zivilprozessrecht, 8. Aufl. 2005, Art. 12 EuGVVO Rn. 3, Art. 6 EuGVVO Rn. 38.
67 Ausf. *Heinig*, Grenzen von Gerichtsstandsvereinbarungen, 2010, S. 244 ff.
68 Bericht *Pocar*, S. 19 Nr. 76.

6. Zuständigkeitsbegründung durch rügelose Einlassung

Unter Geltung der EuGVVO a.F. wurde nach h.M. auch bei Versicherungssachen eine Zuständigkeitsbegründung durch **rügelose Einlassung** für möglich gehalten.[69] Diese mit dem Schutzzweck der Sonderregelungen kaum vereinbare Auffassung ist durch den Verordnungsgeber nunmehr durch eine ausdrückliche Hinweispflicht des Gerichts in Art. 26 II EuGVVO n.F. entschärft worden. Danach hat das Gericht, bevor es sich aufgrund rügeloser Einlassung für zuständig erklärt, von Amts wegen sicherzustellen, dass eine **Belehrung des Beklagten** über sein Recht, die Unzuständigkeit des Gerichts geltend zu machen, und über die Folgen der Einlassung oder Nichteinlassung auf das Verfahren erfolgt.[70] 37

Im Anwendungsbereich des **LugÜ II** ist eine derartige Klarstellung bislang nicht erfolgt, sollte aber – sofern man eine rügelose Einlassung überhaupt zulassen will – in die Regelung des Art. 24 LugÜ II hineingelesen werden. Durch die rügelose Einlassung des VN, Versicherten oder Begünstigten droht der durch Art. 8–14 LugÜ II erreichte Schutz unterlaufen zu werden. Soweit die Situation mit einer – nach Art. 13 Nr. 1 LugÜ II zulässigen – nachträglichen Zuständigkeitsvereinbarung gleichgesetzt wird, kann dem nicht gefolgt werden. Im Gegensatz zur Zuständigkeitsvereinbarung, bei der die schriftliche Abfassung die notwendige Warnfunktion erfüllt, weiß der unerfahrene VN unter Umständen nichts von seiner Möglichkeit, die Zuständigkeit des Gerichts zu rügen. Wenn man daher eine rügelose Einlassung zur Begründung eines Gerichtsstands zulassen will, sollte jedenfalls sichergestellt sein, dass der Beklagte als schwächere Partei von Amts wegen ausdrücklich über seine Rechte aufgeklärt wird. 38

III. Internationale Zuständigkeit nach nationalem Recht

Außerhalb des Anwendungsbereichs der EuGVVO bzw. für den Fall, dass der Beklagte keinen Wohnsitz im Mitgliedstaat/gebundenen Staat hat (Art. 10 iVm Art. 6 EuGVVO), gilt bei Versicherungssachen für die Feststellung der internationalen Zuständigkeit das nationale Recht. Dabei ist zu beachten, dass das deutsche Recht nur wenige ausdrückliche Regeln über die internationale Zuständigkeit enthält. Nach allgemeiner Auffassung sind jedoch die **Regeln** über die örtliche Zuständigkeit als »**doppelfunktional**« anzusehen, d.h., dass die örtliche Zuständigkeit eines deutschen Gerichts zugleich die internationale Zuständigkeit deutscher Gerichte begründet.[71] 39

In diesem Zusammenhang ist im Hinblick auf Versicherungssachen die durch die VVG-Reform eingeführte Vorschrift des **§ 215 VVG** zu beachten.[72] Diese Vorschrift, die sich inhaltlich eng an § 29c ZPO anlehnt, eröffnet für Klagen aus einem Versicherungsvertrag oder einer Versicherungsvermittlung die örtliche Zuständigkeit des Gerichts, in dessen Bezirk der VN zur Zeit der Klageerhebung seinen Wohnsitz, in Ermangelung eines solchen seinen gewöhnlichen Aufenthalt hat. Die Zuständigkeit ist eine ausschließliche, soweit Klagen gegen den VN betroffen sind. Eine davon abweichende Vereinbarung ist nur für den Fall zulässig, dass der VN nach Vertragsschluss seinen Wohnsitz oder gewöhnlichen Aufenthalt aus dem Geltungsbereich dieses Gesetzes verlegt oder sein Wohnsitz oder gewöhnlicher Aufenthalt im Zeitpunkt der Klageerhebung nicht bekannt ist. Zu den Einzelheiten vgl. die Kommentierung zu Art. 215 VVG. 40

Im Übrigen ist auf die allgemeinen Vorschriften der § 12 ff. ZPO zurückzugreifen. Aufgrund der Verpflichtung drittstaatlicher Versicherer zur Errichtung einer Niederlassung (vgl. §§ 67, 68 I VAG n.F.) wird dabei regelmäßig der besondere Gerichtsstand der Niederlassung aus § 21 ZPO gegeben sein.[73] 41

IV. Anerkennung und Vollstreckung

Hinsichtlich der Anerkennung und Vollstreckung von Entscheidungen in internationalen Versicherungssachen finden die allgemeinen Vorschriften der EuGVVO (Art. 36 ff. bzw. Art 39 ff. EuGVVO) Anwendung. Hinzuweisen ist im Zusammenhang mit Versicherungssachen auf die **Sonderregelung des Art. 45 EuGVVO**. Während EuGVVO bzw. LugÜ II im Rahmen der Anerkennung und Vollstreckung grundsätzlich auf die Überprüfung der internationalen Zuständigkeit des Erststaates verzichten, lässt Art. 45 I lit. e) i) EuGVVO (Art. 35 LugÜ II) diese u.a. für Versicherungssachen i.S.d. Art. 10 ff. EuGVVO ausdrücklich zu und verweigert Anerkennung und Vollstreckung im Fall der Verletzung der speziellen Zuständigkeitsregeln. Hintergrund der Regelung ist auch hier der Schutz des VN, Versicherten, Begünstigten bzw. anderweitig in das Versicherungsverhältnis Einbezogenen als der gegenüber dem Versicherer schwächeren Partei (vgl. bereits o. Rdn. 23).[74] Die Neufassung der EuGVVO korrigiert damit zugleich den zu weit geratenen Anwendungsbereich der EuGVVO a.F, die 42

---

69 EuGH, Urt. v. 20.05.2010 C-111/09 (CPP v Bilas), ABl. EU C 179 v. 03.07.2010, S. 11 (Tenor) = EuZW 2010, 678; *Mankowski* RIW 2010, 667 ff.; VersHb/*Fricke* § 3 Rn. 21; *Geimer/Schütze*, EuZVR, 3. Aufl. 2010, Art. 24 EuGVVO Rn. 36.
70 Der EuGH, Urt. v. 20.05.2010 C-111/09 (CPP v Bilas) Rz. 31 f., hatte einer entsprechenden Forderung der tschechischen und der slowakischen Regierung noch eine Absage erteilt.
71 St. Rspr. BGHZ 44, 46 ff.; BGH NJW 1976, 1590, NJW 1983, 1976.
72 Dazu eingehend *Fricke* VersR 2009, 15.
73 Ausf. VersHb/*Fricke*, § 3 Rn. 58 ff., 66.
74 VersHb/*Fricke*, § 3 Rn. 99; *Geimer/Schütze*, EuZVR, 3. Aufl. 2010, A. 1 Art. 35 EuGVVO Rn. 16 ff.

nach ihrem Wortlaut auch Anwendung fand, wenn der *Versicherer* die internationale Unzuständigkeit des Erstgerichts im Anerkennungsverfahren rügte.[75] Darüber hinaus erlaubte sie auch dem Kläger (Versicherer oder VN) des Ausgangsverfahrens die Überprüfung, auch wenn dieser die Klage selbst vor dem unzuständigen Gericht erhoben hatte und insoweit nicht schutzwürdig erschien.[76]

43 Vorstehende Problematik besteht allerdings im Anwendungsbereich des Art. 35 LugÜ II unverändert fort. Ein der EuGVVO n.F. entsprechendes, am Schutzzweck des Art. 35 EuGVVO orientiertes Ergebnis lässt sich hier durch eine teleologische Reduktion der Vorschrift sicherstellen:[77] Die Rüge der internationalen Unzuständigkeit soll nur der schwächeren Partei als Beklagte des Ausgangsverfahrens zustehen.[78] Eine Rüge der internationalen Zuständigkeit durch den Versicherer ist danach ebenso wenig zulässig wie die Rüge durch die schwächere Partei auf Klägerseite.[79]

2. Abschnitt   Rom I-VO (Rechtslage ab dem 17.12.2009)

Kapitel I. Anwendungsbereich

Artikel 1 Anwendungsbereich
(1) Diese Verordnung gilt für vertragliche Schuldverhältnisse in Zivil- und Handelssachen, die eine Verbindung zum Recht verschiedener Staaten aufweisen.
Sie gilt insbesondere nicht für Steuer- und Zollsachen sowie verwaltungsrechtliche Angelegenheiten.
(2) Vom Anwendungsbereich dieser Verordnung ausgenommen sind:
a) der Personenstand sowie die Rechts-, Geschäfts- und Handlungsfähigkeit von natürlichen Personen, unbeschadet des Artikels 13;
b)-d) *nicht abgedruckt*
e) Schieds- und Gerichtsstandsvereinbarungen;
f) Fragen betreffend das Gesellschaftsrecht, das Vereinsrecht und das Recht der juristischen Personen, wie die Errichtung durch Eintragung oder auf andere Weise, die Rechts- und Handlungsfähigkeit, die innere Verfassung und die Auflösung von Gesellschaften, Vereinen und juristischen Personen sowie die persönliche Haftung der Gesellschafter und der Organe für die Verbindlichkeiten einer Gesellschaft, eines Vereins oder einer juristischen Person;
g)-h) *nicht abgedruckt*
i) Schuldverhältnisse aus Verhandlungen vor Abschluss eines Vertrags;
j) Versicherungsverträge aus von anderen Einrichtungen als den in Artikel 2 der Richtlinie 2002/83/EG des Europäischen Parlaments und des Rates vom 5. November 2002 über Lebensversicherungen[80] genannten Unternehmen durchgeführten Geschäften, deren Zweck darin besteht, den unselbstständig oder selbstständig tätigen Arbeitskräften eines Unternehmens oder einer Unternehmensgruppe oder den Angehörigen eines Berufes oder einer Berufsgruppe im Todes- oder Erlebensfall oder bei Arbeitseinstellung oder bei Minderung der Erwerbstätigkeit oder bei arbeitsbedingter Krankheit oder Arbeitsunfällen Leistungen zu gewähren.
(3) *nicht abgedruckt*
(4) Im Sinne dieser Verordnung bezeichnet der Begriff »Mitgliedstaat« die Mitgliedstaaten, auf die diese Verordnung anwendbar ist. In Artikel 3 Absatz 4 und Artikel 7 bezeichnet der Begriff jedoch alle Mitgliedstaaten.

Artikel 2 Universelle Anwendung
Das nach dieser Verordnung bezeichnete Recht ist auch dann anzuwenden, wenn es nicht das Recht eines Mitgliedstaats ist.

Kapitel II. Einheitliche Kollisionsnormen

Artikel 3 Freie Rechtswahl
(1) Der Vertrag unterliegt dem von den Parteien gewählten Recht. Die Rechtswahl muss ausdrücklich erfolgen oder sich eindeutig aus den Bestimmungen des Vertrags oder aus den Umständen des Falles ergeben. Die Parteien können die Rechtswahl für ihren ganzen Vertrag oder nur für einen Teil desselben treffen.
(2) Die Parteien können jederzeit vereinbaren, dass der Vertrag nach einem anderen Recht zu beurteilen ist als dem, das zuvor entweder aufgrund einer früheren Rechtswahl oder aufgrund anderer Artikel oder aufgrund anderer Vorschriften dieser Verordnung für ihn maßgebend war. Die Formgültigkeit des Vertrags im Sinne des Artikels 11 und Rechte Dritter werden durch eine nach Vertragsschluss erfolgende Änderung der Bestimmung des anzuwendenden Rechts nicht berührt.

---

75 VersHb/*Fricke*, § 3 Rn. 99.
76 VersHb/*Fricke*, § 3 Rn. 99; *Geimer/Schütze*, EuZVR, 3. Aufl. 2010, A. 1 Art. 35 EuGVVO Rn. 21: »venire contra factum proprium«.
77 *Geimer/Schütze*, EuZVR, 3. Aufl. 2010, A. 1 Art. 35 EuGVVO Rn. 21.
78 Vgl. *Grunsky* JZ 1973, 641; *Geimer* RIW 1980, 305; *Geimer/Schütze*, EuZVR, 3. Aufl. 2010, A. 1 Art. 35 EuGVVO Rn. 20 f.
79 Angesichts des klaren Wortlauts der Regelung kritisch zu den Vorschlägen VersHb/*Fricke*, § 3 Rn. 99.
80 Amtliche Fußnote ABl. L 345 vom 19.12.2002, S. 1. Zuletzt geändert durch die Richtlinie 2008/19/EG (ABl. L 76 vom 19.03.2008, S. 44).

(3) Sind alle anderen Elemente des Sachverhalts zum Zeitpunkt der Rechtswahl in einem anderen als demjenigen Staat belegen, dessen Recht gewählt wurde, so berührt die Rechtswahl der Parteien nicht die Anwendung derjenigen Bestimmungen des Rechts dieses anderen Staates, von denen nicht durch Vereinbarung abgewichen werden kann.
(4) Sind alle anderen Elemente des Sachverhalts zum Zeitpunkt der Rechtswahl in einem oder mehreren Mitgliedstaaten belegen, so berührt die Wahl des Rechts eines Drittstaats durch die Parteien nicht die Anwendung der Bestimmungen des Gemeinschaftsrechts – gegebenenfalls in der von dem Mitgliedstaat des angerufenen Gerichts umgesetzten Form –, von denen nicht durch Vereinbarung abgewichen werden kann.
(5) Auf das Zustandekommen und die Wirksamkeit der Einigung der Parteien über das anzuwendende Recht finden die Artikel 10, 11 und 13 Anwendung.

Artikel 4 Mangels Rechtswahl anzuwendendes Recht
(1) Soweit die Parteien keine Rechtswahl gemäß Artikel 3 getroffen haben, bestimmt sich das auf den Vertrag anzuwendende Recht unbeschadet der Artikel 5 bis 8 wie folgt:
a) *nicht abgedruckt*
b) Dienstleistungsverträge unterliegen dem Recht des Staates, in dem der Dienstleister seinen gewöhnlichen Aufenthalt hat.
c)-h) *nicht abgedruckt*
(2) Fällt der Vertrag nicht unter Absatz 1 oder sind die Bestandteile des Vertrags durch mehr als einen der Buchstaben a bis h des Absatzes 1 abgedeckt, so unterliegt der Vertrag dem Recht des Staates, in dem die Partei, welche die für den Vertrag charakteristische Leistung zu erbringen hat, ihren gewöhnlichen Aufenthalt hat.
(3) Ergibt sich aus der Gesamtheit der Umstände, dass der Vertrag eine offensichtlich engere Verbindung zu einem anderen als dem nach Absatz 1 oder 2 bestimmten Staat aufweist, so ist das Recht dieses anderen Staates anzuwenden.
(4) Kann das anzuwendende Recht nicht nach Absatz 1 oder 2 bestimmt werden, so unterliegt der Vertrag dem Recht des Staates, zu dem er die engste Verbindung aufweist.

Artikel 6 Verbraucherverträge
(1) Unbeschadet der Artikel 5 und 7 unterliegt ein Vertrag, den eine natürliche Person zu einem Zweck, der nicht ihrer beruflichen oder gewerblichen Tätigkeit zugerechnet werden kann (»Verbraucher«), mit einer anderen Person geschlossen hat, die in Ausübung ihrer beruflichen oder gewerblichen Tätigkeit handelt (»Unternehmer«), dem Recht des Staates, in dem der Verbraucher seinen gewöhnlichen Aufenthalt hat, sofern der Unternehmer
a) seine berufliche oder gewerbliche Tätigkeit in dem Staat ausübt, in dem der Verbraucher seinen gewöhnlichen Aufenthalt hat, oder
b) eine solche Tätigkeit auf irgend einer Weise auf diesen Staat oder auf mehrere Staaten, einschließlich dieses Staates, ausrichtet,
und der Vertrag in den Bereich dieser Tätigkeit fällt.
(2) Ungeachtet des Absatzes 1 können die Parteien das auf einen Vertrag, der die Anforderungen des Absatzes 1 erfüllt, anzuwendende Recht nach Artikel 3 wählen. Die Rechtswahl darf jedoch nicht dazu führen, dass dem Verbraucher der Schutz entzogen wird, der ihm durch diejenigen Bestimmungen gewährt wird, von denen nach dem Recht, das nach Absatz 1 mangels einer Rechtswahl anzuwenden wäre, nicht durch Vereinbarung abgewichen werden darf.
(3) Sind die Anforderungen des Absatzes 1 Buchstabe a oder b nicht erfüllt, so gelten für die Bestimmung des auf einen Vertrag zwischen einem Verbraucher und einem Unternehmer anzuwendenden Rechts die Artikel 3 und 4.
(4) Die Absätze 1 und 2 gelten nicht für:
a) Verträge über die Erbringung von Dienstleistungen, wenn die dem Verbraucher geschuldeten Dienstleistungen ausschließlich in einem anderen als dem Staat erbracht werden müssen, in dem der Verbraucher seinen gewöhnlichen Aufenthalt hat;
b) Beförderungsverträge mit Ausnahme von Pauschalreiseverträgen im Sinne der Richtlinie 90/314/EWG des Rates vom 13. Juni 1990 über Pauschalreisen[81];
c) Verträge, die ein dingliches Recht an unbeweglichen Sachen oder die Miete oder Pacht unbeweglicher Sachen zum Gegenstand haben, mit Ausnahme der Verträge über Teilzeitnutzungsrechte an Immobilien im Sinne der Richtlinie 94/47/EG;
d) Rechte und Pflichten im Zusammenhang mit einem Finanzinstrument sowie Rechte und Pflichten, durch die die Bedingungen für die Ausgabe oder das öffentliche Angebot und öffentliche Übernahmeangebote bezüglich übertragbarer Wertpapiere und die Zeichnung oder den Rückkauf von Anteilen an Organismen für gemeinsame Anlagen in Wertpapieren festgelegt werden, sofern es sich dabei nicht um die Erbringung von Finanzdienstleistungen handelt;
e) Verträge, die innerhalb der Art von Systemen geschlossen werden, auf die Artikel 4 Absatz 1 Buchstabe h Anwendung findet.

---

81 Amtliche Fußnote ABl. L 158 vom 23.06.1990, S. 59.

Artikel 7 Versicherungsverträge

(1) Dieser Artikel gilt für Verträge nach Absatz 2, unabhängig davon, ob das gedeckte Risiko in einem Mitgliedstaat belegen ist, und für alle anderen Versicherungsverträge, durch die Risiken gedeckt werden, die im Gebiet der Mitgliedstaaten belegen sind.
Er gilt nicht für Rückversicherungsverträge.
(2) Versicherungsverträge, die Großrisiken im Sinne von Artikel 5 Buchstabe d der Ersten Richtlinie 73/239/EWG des Rates vom 24. Juli 1973 zur Koordinierung der Rechts- und Verwaltungsvorschriften betreffend die Aufnahme und Ausübung der Tätigkeit der Direktversicherung (mit Ausnahme der Lebensversicherung)[82] decken, unterliegen dem von den Parteien nach Artikel 3 der vorliegenden Verordnung gewählten Recht.
Soweit die Parteien keine Rechtswahl getroffen haben, unterliegt der Versicherungsvertrag dem Recht des Staats, in dem der Versicherer seinen gewöhnlichen Aufenthalt hat. Ergibt sich aus der Gesamtheit der Umstände, dass der Vertrag eine offensichtlich engere Verbindung zu einem anderen Staat aufweist, ist das Recht dieses anderen Staates anzuwenden.
(3) Für Versicherungsverträge, die nicht unter Absatz 2 fallen, dürfen die Parteien nur die folgenden Rechte im Einklang mit Artikel 3 wählen:
a) das Recht eines jeden Mitgliedstaats, in dem zum Zeitpunkt des Vertragsschlusses das Risiko belegen ist;
b) das Recht des Staates, in dem der Versicherungsnehmer seinen gewöhnlichen Aufenthalt hat;
c) bei Lebensversicherungen das Recht des Mitgliedstaats, dessen Staatsangehörigkeit der Versicherungsnehmer besitzt;
d) für Versicherungsverträge, bei denen sich die gedeckten Risiken auf Schadensfälle beschränken, die in einem anderen Mitgliedstaat als dem Mitgliedstaat, in dem das Risiko belegen ist, eintreten können, das Recht jenes Mitgliedstaats;
e) wenn der Versicherungsnehmer eines Vertrags im Sinne dieses Absatzes eine gewerbliche oder industrielle Tätigkeit ausübt oder freiberuflich tätig ist und der Versicherungsvertrag zwei oder mehr Risiken abdeckt, die mit dieser Tätigkeit in Zusammenhang stehen und in unterschiedlichen Mitgliedstaaten belegen sind, das Recht eines betroffenen Mitgliedstaats oder das Recht des Staates des gewöhnlichen Aufenthalts des Versicherungsnehmers.
Räumen in den Fällen nach den Buchstaben a, b oder e die betreffenden Mitgliedstaaten eine größere Wahlfreiheit bezüglich des auf den Versicherungsvertrag anwendbaren Rechts ein, so können die Parteien hiervon Gebrauch machen.
Soweit die Parteien keine Rechtswahl gemäß diesem Absatz getroffen haben unterliegt der Vertrag dem Recht des Mitgliedstaats, in dem zum Zeitpunkt des Vertragsschlusses das Risiko belegen ist.
(4) Die folgenden zusätzlichen Regelungen gelten für Versicherungsverträge über Risiken, für die ein Mitgliedstaat eine Versicherungspflicht vorschreibt:
a) Der Versicherungsvertrag genügt der Versicherungspflicht nur, wenn er den von dem die Versicherungspflicht auferlegenden Mitgliedstaat vorgeschriebenen besonderen Bestimmungen für diese Versicherung entspricht. Widerspricht sich das Recht des Mitgliedstaats, in dem das Risiko belegen ist, und dasjenige des Mitgliedstaats, der die Versicherungspflicht vorschreibt, so hat das letztere Vorrang.
b) Ein Mitgliedstaat kann abweichend von den Absätzen 2 und 3 vorschreiben, dass auf den Versicherungsvertrag das Recht des Mitgliedstaats anzuwenden ist, der die Versicherungspflicht vorschreibt.
(5) Deckt der Vertrag in mehr als einem Mitgliedstaat belegene Risiken, so ist für die Zwecke von Absatz 3 Unterabsatz 3 und Absatz 4 der Vertrag als aus mehreren Verträgen bestehend anzusehen, von denen sich jeder auf jeweils nur einen Mitgliedstaat bezieht.
(6) Für die Zwecke dieses Artikels bestimmt sich der Staat, in dem das Risiko belegen ist, nach Artikel 2 Buchstabe d der Zweiten Richtlinie 88/357/EWG des Rates vom 22. Juni 1988 zur Koordinierung der Rechts- und Verwaltungsvorschriften für die Direktversicherung (mit Ausnahme der Lebensversicherung) und zur Erleichterung der tatsächlichen Ausübung des freien Dienstleistungsverkehrs[83], und bei Lebensversicherungen ist der Staat, in dem das Risiko belegen ist, der Staat der Verpflichtung im Sinne von Artikel 1 Absatz 1 Buchstabe g der Richtlinie 2002/83/EG.

Artikel 9 Eingriffsnormen

(1) Eine Eingriffsnorm ist eine zwingende Vorschrift, deren Einhaltung von einem Staat als so entscheidend für die Wahrung seines öffentlichen Interesses, insbesondere seiner politischen, sozialen oder wirtschaftlichen Organisation, angesehen wird, dass sie ungeachtet des nach Maßgabe dieser Verordnung auf den Vertrag anzuwendenden Rechts auf alle Sachverhalte anzuwenden ist, die in ihren Anwendungsbereich fallen.
(2) Diese Verordnung berührt nicht die Anwendung der Eingriffsnormen des Rechts des angerufenen Gerichts.
(3) Den Eingriffsnormen des Staates, in dem die durch den Vertrag begründeten Verpflichtungen erfüllt werden sollen oder erfüllt worden sind, kann Wirkung verliehen werden, soweit diese Eingriffsnormen die Erfüllung des Vertrags unrechtmäßig werden lassen. Bei der Entscheidung, ob diesen Eingriffsnormen Wirkung zu

---

82 Amtliche Fußnote ABl. L 228 vom 16.08.1973, S. 3. Zuletzt geändert durch die Richtlinie 2005/68/EG des Europäischen Parlaments und des Rates (ABl. L 323 vom 09.12.2006, S. 1).
83 Amtliche Fußnote ABl. L 172 vom 04.07.1988, S. 1. Zuletzt geändert durch die Richtlinie 2005/14/EG des Europäischen Parlaments und des Rates (ABl. L 149 vom 11.06.2005, S. 14).

verleihen ist, werden Art und Zweck dieser Normen sowie die Folgen berücksichtigt, die sich aus ihrer Anwendung oder Nichtanwendung ergeben würden.

Artikel 10 Einigung und materielle Wirksamkeit

(1) Das Zustandekommen und die Wirksamkeit des Vertrags oder einer seiner Bestimmungen beurteilen sich nach dem Recht, das nach dieser Verordnung anzuwenden wäre, wenn der Vertrag oder die Bestimmung wirksam wäre.
(2) Ergibt sich jedoch aus den Umständen, dass es nicht gerechtfertigt wäre, die Wirkung des Verhaltens einer Partei nach dem in Absatz 1 bezeichneten Recht zu bestimmen, so kann sich diese Partei für die Behauptung, sie habe dem Vertrag nicht zugestimmt, auf das Recht des Staates ihres gewöhnlichen Aufenthalts berufen.

Artikel 11 Form

(1) Ein Vertrag, der zwischen Personen geschlossen wird, die oder deren Vertreter sich zum Zeitpunkt des Vertragsschlusses in demselben Staat befinden, ist formgültig, wenn er die Formerfordernisse des auf ihn nach dieser Verordnung anzuwendenden materiellen Rechts oder die Formerfordernisse des Rechts des Staates, in dem er geschlossen wird, erfüllt.
(2) Ein Vertrag, der zwischen Personen geschlossen wird, die oder deren Vertreter sich zum Zeitpunkt des Vertragsschlusses in verschiedenen Staaten befinden, ist formgültig, wenn er die Formerfordernisse des auf ihn nach dieser Verordnung anzuwendenden materiellen Rechts oder die Formerfordernisse des Rechts eines der Staaten, in denen sich eine der Vertragsparteien oder ihr Vertreter zum Zeitpunkt des Vertragsschlusses befindet, oder die Formerfordernisse des Rechts des Staates, in dem eine der Vertragsparteien zu diesem Zeitpunkt ihren gewöhnlichen Aufenthalt hatte, erfüllt.
(3) Ein einseitiges Rechtsgeschäft, das sich auf einen geschlossenen oder zu schließenden Vertrag bezieht, ist formgültig, wenn es die Formerfordernisse des materiellen Rechts, das nach dieser Verordnung auf den Vertrag anzuwenden ist oder anzuwenden wäre, oder die Formerfordernisse des Rechts des Staates erfüllt, in dem dieses Rechtsgeschäft vorgenommen worden ist oder in dem die Person, die das Rechtsgeschäft vorgenommen hat, zu diesem Zeitpunkt ihren gewöhnlichen Aufenthalt hatte.
(4) Die Absätze 1, 2 und 3 des vorliegenden Artikels gelten nicht für Verträge, die in den Anwendungsbereich von Artikel 6 fallen. Für die Form dieser Verträge ist das Recht des Staates maßgebend, in dem der Verbraucher seinen gewöhnlichen Aufenthalt hat.
(5) *nicht abgedruckt*

Artikel 12 Geltungsbereich des anzuwendenden Rechts

(1) Das nach dieser Verordnung auf einen Vertrag anzuwendende Recht ist insbesondere maßgebend für
a) seine Auslegung,
b) die Erfüllung der durch ihn begründeten Verpflichtungen,
c) die Folgen der vollständigen oder teilweisen Nichterfüllung dieser Verpflichtungen, in den Grenzen der dem angerufenen Gericht durch sein Prozessrecht eingeräumten Befugnisse, einschließlich der Schadensbemessung, soweit diese nach Rechtsnormen erfolgt,
d) die verschiedenen Arten des Erlöschens der Verpflichtungen sowie die Verjährung und die Rechtsverluste, die sich aus dem Ablauf einer Frist ergeben,
e) die Folgen der Nichtigkeit des Vertrags.
(2) In Bezug auf die Art und Weise der Erfüllung und die vom Gläubiger im Falle mangelhafter Erfüllung zu treffenden Maßnahmen ist das Recht des Staates, in dem die Erfüllung erfolgt, zu berücksichtigen.

Artikel 13 Rechts-, Geschäfts- und Handlungsunfähigkeit

Bei einem zwischen Personen, die sich in demselben Staat befinden, geschlossenen Vertrag kann sich eine natürliche Person, die nach dem Recht dieses Staates rechts-, geschäfts- und handlungsfähig wäre, nur dann auf ihre sich nach dem Recht eines anderen Staates ergebende Rechts-, Geschäfts- und Handlungsunfähigkeit berufen, wenn die andere Vertragspartei bei Vertragsschluss diese Rechts-, Geschäfts- und Handlungsunfähigkeit kannte oder infolge von Fahrlässigkeit nicht kannte.

Kapitel III. Sonstige Vorschriften

Artikel 19 Gewöhnlicher Aufenthalt

(1) Für die Zwecke dieser Verordnung ist der Ort des gewöhnlichen Aufenthalts von Gesellschaften, Vereinen und juristischen Personen der Ort ihrer Hauptverwaltung.
Der gewöhnliche Aufenthalt einer natürlichen Person, die im Rahmen der Ausübung ihrer beruflichen Tätigkeit handelt, ist der Ort ihrer Hauptniederlassung.
(2) Wird der Vertrag im Rahmen des Betriebs einer Zweigniederlassung, Agentur oder sonstigen Niederlassung geschlossen oder ist für die Erfüllung gemäß dem Vertrag eine solche Zweigniederlassung, Agentur oder sonstigen Niederlassung verantwortlich, so steht der Ort des gewöhnlichen Aufenthalts dem Ort gleich, an dem sich die Zweigniederlassung, Agentur oder sonstige Niederlassung befindet.
(3) Für die Bestimmung des gewöhnlichen Aufenthalts ist der Zeitpunkt des Vertragsschlusses maßgebend.

Anh. EGVVG   Int. Versicherungsvertragsrecht

Artikel 20 Ausschluss der Rück- und Weiterverweisung

Unter dem nach dieser Verordnung anzuwendenden Recht eines Staates sind die in diesem Staat geltenden Rechtsnormen unter Ausschluss derjenigen des Internationalen Privatrechts zu verstehen, soweit in dieser Verordnung nichts anderes bestimmt ist.

Artikel 21 Öffentliche Ordnung im Staat des angerufenen Gerichts

Die Anwendung einer Vorschrift des nach dieser Verordnung bezeichneten Rechts kann nur versagt werden, wenn ihre Anwendung mit der öffentlichen Ordnung (»ordre public«) des Staates des angerufenen Gerichts offensichtlich unvereinbar ist.

Artikel 23 Verhältnis zu anderen Gemeinschaftsrechtsakten

Mit Ausnahme von Artikel 7 berührt diese Verordnung nicht die Anwendung von Vorschriften des Gemeinschaftsrechts, die in besonderen Bereichen Kollisionsnormen für vertragliche Schuldverhältnisse enthalten.

A. Allgemeines/Überblick

I. Anwendungsbereich der Rom I-VO

44 Am 17.06.2008 haben das europäische Parlament und der Rat der Europäischen Union die Verordnung (EG) Nr. 593/2008 über das auf vertragliche Schuldverhältnisse anzuwendende Recht (»Rom I«-VO)[84] erlassen. Die am 24.07.2008 in Kraft getretene Verordnung gilt nach ihrem Art. 28 für alle Verträge, die ab dem 17.12.2009 geschlossen wurden.

45 Der generelle Anwendungsbereich der Verordnung umfasst **vertragliche Schuldverhältnisse in Zivil- und Handelssachen,** die eine Verbindung zum Recht verschiedener Staaten aufweisen, Art. 1 I 1 Rom I-VO. Die Verordnung findet dabei **universelle Anwendung**; weder muss eine Verbindung zum Recht eines anderen Mitgliedsstaates bestehen, noch beschränken sich die anwendbaren Rechtsordnungen auf das Recht von Mitgliedsstaaten, Art. 2 Rom I-VO.[85]

46 Allerdings nehmen Art. 1 I 2, II, III Rom I-VO verschiedene Bereiche von der Anwendung der Verordnung aus. Dazu gehört für den versicherungsrechtlich relevanten Bereich zunächst Abs. 2 lit. f) (Fragen betreffend das Gesellschaftsrecht, das Vereinsrecht und das Recht der juristischen Personen), der mitgliedschaftsbezogene Sachverhalte aus Verträgen mit einem VVaG ausschließt;[86] ferner Abs. 2 lit. i) (culpa in contrahendo), der die bereits von Art. 2 I, 12 Rom II-VO[87] erfassten vorvertraglichen Schuldverhältnisse ausnimmt; sowie schließlich Abs. 2 lit. j), der auch Versicherungsverträge im Rahmen der betrieblichen Altersvorsorge[88] aus dem Anwendungsbereich der Rom I-VO ausklammert.

47 In räumlicher Hinsicht gilt die Rom I-VO für alle Mitgliedsstaaten der EU, mit Ausnahme von Dänemark, welches sich nach Art. 1 und 2 Protokoll Nr. 22 über die Position Dänemarks zum Vertrag über die Europäische Union und des Vertrags über die Arbeitsweise der Europäischen Union nicht an der justiziellen Zusammenarbeit in Zivilsachen nach dem Dritten Teil Titel V des AEUV beteiligt; dagegen hat das Vereinigte Königreich die Verordnung nachträglich angenommen (»opt-in«), sodass diese entgegen dem Erwägungsgrund 45 Rom I-VO im Verhältnis zu den Mitgliedsstaaten angewendet wird.[89] Auch für den Bereich des EWR findet die Rom I-VO grundsätzlich keine unmittelbare Anwendung.

48 Im Rahmen von Versicherungsverträgen sind jedoch im Hinblick auf Dänemark und den EWR einige Besonderheiten zu berücksichtigen, auf die im Folgenden einzugehen ist. Im Hinblick auf Dänemark ergeben sich aufgrund dessen Nichtbeteiligung an der Rom I-VO einige Probleme im Zusammenhang mit der Bestimmung der einschlägigen Kollisionsnormen. Aus dänischer Sicht bleibt es im Bereich des Schuldvertragsrechts grundsätzlich bei der Anwendung des EVÜ. Für den Bereich des internationalen Versicherungsvertragsrechts ist Dänemark über Art. 178 Solvabilität II-RL allerdings angehalten, die Bestimmungen der Rom I-VO anzuwenden, um festzustellen, welche Rechtsvorschriften auf Versicherungsverträge anzuwenden sind, die unter Art. 7 Rom I-VO fallen. Dänemark hat diese Vorgabe fristgerecht umgesetzt.[90] Dabei wurden zugleich die Verweise auf die früheren Kollisionsnormen des Richtlinienrechts[91] aufgehoben.

49 Fraglich ist allerdings, welche Konsequenzen sich auf der Seite der anderen Mitgliedsstaaten ergeben. Da Dänemark nach der Definition des Art. 1 IV Rom I-VO nicht als Mitgliedsstaat i.S. der Rom I-VO gilt, mithin

---

[84] ABl. EU Nr. L 177 v. 04.07.2008, S. 6.
[85] Vgl. dazu MünchKommBGB/*Martiny*, Art. 2 Rom I-VO Rn. 1 ff.; jurisPK-BGB/*Ringe*, Art. 2 Rom I-VO Rn. 4.
[86] *Fricke* VersR 2008, 443, 444.
[87] Verordnung (EG) Nr. 864/2007 des Europäischen Parlaments und des Rates vom 11.07.2007 über das auf außervertragliche Schuldverhältnisse anzuwendende Recht (Rom II) (ABl. L 199 vom 31.07.2007, S. 40).
[88] Zu den Hintergründen vgl. *Martiny* ZEuP 2010, 747, 769 f.
[89] Vgl. Entscheidung der Kommission vom 22.12.2008, ABl. EU Nr. L 10 vom 15.01.2009, S. 22.
[90] Vgl. VO Nr. 1117 des dänischen Justizministers vom 17.09.2015 (Bekendtgørelse om lovvalg for visse forsikringsaftaler), im Internet abrufbar unter https://www.retsinformation.dk/Forms/R0710.aspx?id=174463&exp=1; abgerufen am 31.10.2015.
[91] VO Nr. 560 des dänischen Justizministers vom 27.06.1994 (Bekendtgørelse om lovvalget for visse forsikringsaftaler).

auch die Regelungen der Art. 24 (Ablösung des EVÜ durch die Rom I-VO) und Art. 25 II Rom I-VO (Vorrang der Rom I-VO vor anderen internationalen Übereinkommen) im Verhältnis zu Dänemark nicht eingreifen können, müsste es gemäß Art. 25 I Rom I-VO für die anderen Mitgliedsstaaten im Verhältnis zu Dänemark für die Feststellung des anwendbaren Rechts bei der Anwendung des – noch nicht gekündigten – EVÜ bleiben.[92]
Im Bereich des Kollisionsrechts der Versicherungsverträge wären damit zumindest die Rückversicherung sowie die Direktversicherungsverträge über außerhalb der EU bzw. des EWR belegene Risiken geregelt (vgl. Art. 1 III, IV EVÜ). Dagegen würde es aufgrund der zwischenzeitlichen Aufhebung des Richtlinienkollisionsrechts (vgl. Art. 310 Solvabilität II-RL) sowie der entsprechenden Umsetzungsnormen für alle anderen Versicherungsverträge im Verhältnis zu Dänemark keine geschriebenen Kollisionsnormen mehr geben. Allenfalls käme die Fortgeltung des früheren Richtlinienkollisionsrechts als Gewohnheitsrecht in Betracht.

Dies hat zur paradoxen Konsequenz, dass dänische Gerichte im Bereich des Versicherungsvertragsrechts in grenzüberschreitenden Fällen die Regelungen der Rom I-VO anwenden, während Gerichte anderer Mitgliedsstaaten diese im Verhältnis zu Dänemark nach dem oben Gesagten gerade nicht anwenden könnten. Jedenfalls für den Bereich des internationalen Versicherungsvertragsrechts des Art. 7 Rom I-VO ließe sich diese gesetzgeberische Fehlleistung dadurch korrigieren, das Art. 178 Solvabilität-RL zunächst im Wege eines »erstrecht«-Schlusses ausgedehnt wird: wenn Art. 178 Solvabilität II-RL die Anwendung von Art. 7 Rom I-VO schon von einem Mitgliedsstaat verlangt, der im Übrigen die Rom I-VO nicht anwendet, dann muss der Anwendungsbefehl (vgl. Art. 309 I Solvabilität II-RL) erst recht für die anderen Mitgliedsstaaten gelten. Die materielle Anwendung von Art. 7 Rom I-VO beruhte damit im Verhältnis zu Dänemark nicht auf der Rom I-VO selbst, sondern auf der Solvabilität II-RL. Auch der Vorwurf der Verletzung des Vorrangs des EVÜ ließe sich so überwinden, da Art. 20 EVÜ grds. eine Öffnung zugunsten harmonisierter Vorschriften vorsieht. Im Zweifel wird man sich jedenfalls mit der Annahme einer einvernehmlichen Suspendierung (vgl. Art. 57 WKV) des EVÜ jedenfalls im Hinblick auf den mit Art. 7 Rom I-VO konkurrierenden Anwendungsbereich behelfen können. Art. 23 Rom I-VO sollte dem ebenfalls nicht entgegenstehen, da zwar auf Richtlinienrecht zurückgegriffen wird, aber im Endeffekt kein andersartiges Richtlinienkollisionsrecht zur Anwendung kommt. – Für den Bereich der von Art. 7 Rom I-VO nicht erfassten Rückversicherungen sowie der Verträge über außerhalb der Mitgliedsstaaten belegene Massenrisiken hilft allerdings auch dieser Weg nicht. Die deutlich elegantere Lösung wäre daher sicherlich ein ausdrückliches »opt-in« Dänemarks zur Rom I-VO insgesamt. **50**

Ebenfalls problematisch ist die Einbeziehung der **Staaten des EWR**, die nicht Mitglied der EU sind (Island, Liechtenstein und Norwegen), in den Anwendungsbereich des Art. 7 Rom I-VO. Vor Inkrafttreten der Rom I-VO bestanden in dieser Hinsicht keine Probleme, da aufgrund der Verpflichtung der »Nur-EWR-Staaten« zur Umsetzung des Versicherungsrichtlinienrechts nach Art. 36 EWR-Abkommen[93] i.V.m. Anhang IX (Finanzdienstleistungen) ein einheitlicher räumlicher Anwendungsbereich des Kollisionsrechts gewährleistet war. Die Rom I-VO, insbesondere Art. 7 Rom I-VO, erwähnt die EWR-Mitgliedsstaaten jedoch nicht mehr. Dieser Ausschluss der »Nur-EWR-Staaten« aus dem Anwendungsbereich der Rom I-VO hat allerdings einen **Verstoß gegen das Diskriminierungsverbot** aus Art. 4 EWR-Abkommen zur Folge.[94] So ist einem »Nur-EWR«-Staatsangehörigen mit gewöhnlichem Aufenthaltsort (Risikobelegenheit) in einem EU-Mitgliedsstaat die Wahl seines Heimatrechts nach Art. 7 III UAbs. 1 lit. c) Rom I-VO allein aufgrund seiner Staatsangehörigkeit verwehrt.[95] Neben dieser unmittelbaren Schlechterstellung ist auch von einer mittelbaren Diskriminierung durch die Anknüpfungen an die Risikobelegenheit in einem Mitgliedsstaat[96] sowie im Hinblick auf die Nichtanwendbarkeit der Schutzvorschriften in Art. 7 IV Rom I-VO auszugehen. **51**

Zur Vermeidung dieser Probleme ist von Anfang an eine Ausweitung des Mitgliedsstaatsbegriffs für die Zwecke des Art. 7 Rom I-VO vorgeschlagen worden.[97] Danach sollten sinnvollerweise auch Island, Liechtenstein und Norwegen als Mitgliedsstaaten i.S.d. Art. 7 Rom I-VO behandelt werden. Grundlage dieser Überlegung war die Regelung des **Art. 178 Solvabilität II-RL**[98], wonach Mitgliedsstaaten, die nicht der Rom I-VO unterliegen, aufgefordert sind, die Bestimmungen der Rom I-VO anzuwenden, um festzustellen, welche Rechtsvorschriften auf Versicherungsverträge anzuwenden sind, die unter Artikel 7 Rom I-VO fallen. Aufgrund des **52**

---

92 Zu den hieraus resultierenden Problemen bei der Rechtsanwendung (die unmittelbare Anwendung des EVÜ ist nach Art. 1 II IPR-Reformgesetz v. 25.07.1986 ausgeschlossen; die Umsetzungsvorschriften wurden aufgehoben) eingehend PWW/*Wegen*, Art. 25 Rom I-VO Rn. 2 f.; s.a. Rauscher/*v Hein*, Art. 1 Rom I-VO Rn. 70 ff. Zu den Problemen in der Praxis s. *Roth* IPRax 2015, 222, 224.
93 Abkommen über den Europäischen Wirtschaftsraum ABl. EG Nr. L 1 v. 03.01.1994, S. 3.
94 Grundlegend *Heiss*, in: FS Kropholler, S. 459, 463. Ebenso L/W/*Looschelders*, IntVersR Rn. 35; Staudinger/*Armbrüster* (2011), Art. 7 Rom I-VO Rn. 3.
95 Ausführlich L/W/*Looschelders*, IntVersR Rn. 35.
96 L/W/*Looschelders*, IntVersR Rn. 35.
97 *Heiss*, in: FS Kropholler, S. 459, 463. Ebenso L/W/*Looschelders*, IntVersR Rn. 35; Staudinger/*Armbrüster* (2011), Art. 7 Rom I-VO Rn. 3.
98 Richtlinie 2009/138/EG des Europäischen Parlaments und des Rates vom 25. November 2009 betreffend die Aufnahme und Ausübung der Versicherungs- und der Rückversicherungstätigkeit (Solvabilität II), ABl. EU Nr. L 335 v. 17.12.2009, S. 1.

Umstandes, dass die Solvabilität II-RL Bedeutung für den EWR hat, wurde mit einer jedenfalls in dieser Hinsicht unkomplizierten Verabschiedung durch den Gemeinsamen EWR-Ausschuss und die entsprechende Aufnahme in Anhang IX des EWR-Abkommens gerechnet.[99] Tatsächlich erfolgte eine Umsetzung aufgrund des Beschlusses des Gemeinsamen EWR-Ausschusses Nr. 78/2011 vom 1. Juli 2011.[100] Diese gestaltete sich leider anders als erwartet und für den Rechtsanwender wenig übersichtlich: Art. 178 Solvabilität II-RL wurde in Anhang IX EWR-Abkommen vollständig durch ein eigenständiges Regelungssystem ersetzt, welches neben einem – angepassten – Art. 7 Rom I-VO auch die Art. 3, 10, 11 und 13 Rom I-VO wiedergibt. Über diesen Umweg findet Art. 7 Rom I-VO zumindest inhaltlich in allen EWR-Staaten Anwendung. Aufgrund der Verpflichtungen »der Vertragsparteien« und der Ausdehnung auf Risiken, die »im Gebiet der Vertragsparteien« liegen, ist damit auch für die EU-Mitgliedsstaaten insoweit kein Rückgriff mehr auf die allgemeinen Regeln notwendig. – Für den von Art. 7 Rom I-VO nicht erfassten Bereich der Rückversicherungsverträge sowie der außerhalb des EWR-Gebiets belegenen Massenrisiken bleibt es dagegen bei den allgemeinen Regeln.

II. Einbeziehung von Versicherungsverträgen

53 Nach einem wechselvollen Gesetzgebungsverfahren,[101] in dem die Einbeziehung des Versicherungsrechts in die Verordnung mehrfach in Frage gestellt war, haben sich die Mitgliedsstaaten schlussendlich doch darauf verständigen können, auch das Internationale Versicherungsvertragsrecht in die Verordnung zu integrieren. Die Neuregelung hat einige **Änderungen** für das Internationale Versicherungsvertragsrecht mit sich gebracht. Allerdings haben sich die mit der Einführung der Verordnung verbundenen Hoffnungen[102] auf eine Vereinfachung und Vereinheitlichung des komplexen, schwer durchschaubaren, zersplitterten und mit Wertungswidersprüchen behafteten Regelungssystems zerschlagen.[103] Die Rom I-VO beendet zwar die nach außen tretende Zersplitterung der Materie und fasst das bislang auf EGVVG und EGBGB verteilte Internationale Versicherungsvertragsrecht nunmehr unter dem einheitlichen Dach der Rom I-VO zusammen – bei genauerer Betrachtung handelt es sich jedoch lediglich um eine kosmetische Hülle: die für die Abgrenzung der bisherigen Regelungsbereiche notwendigen Differenzierungen bleiben nahezu unverändert auch im neuen Recht bestehen. Nach wie vor wird an der Unterscheidung zwischen Direktversicherung und Rückversicherung sowie vor allem an der Unterscheidung zwischen Risikobelegenheit innerhalb und außerhalb des Gebiets der Mitgliedsstaaten festgehalten. Von einer gegenüber dem EGVVG erweiterten Rechtswahlmöglichkeit für Großrisiken abgesehen, sind inhaltlich **keine Weiterentwicklungen** festzustellen.[104] Dementsprechend hat die Verordnung im Hinblick auf die Behandlung des Internationalen Versicherungsvertragsrechts – zu Recht – heftige Kritik erfahren.[105]

54 Die neue zentrale Vorschrift des Internationalen Versicherungsvertragsrechts ist Art. 7 Rom I-VO, der auf sämtliche Direktversicherungsverträge über innerhalb des Gebiets der Mitgliedsstaaten belegene Risiken, sowie auf Großrisiken unabhängig von ihrer Belegenheit anzuwenden ist (Rdn. 61 ff.). Die Vorschrift bestimmt in einem abgestuften System das auf Versicherungsverträge anwendbare Recht bzw. den Umfang der Rechtswahlfreiheit der Parteien. Versicherungsverträge außerhalb des Anwendungsbereichs der Vorschrift, d.h. Massenrisiken mit Belegenheit außerhalb der Mitgliedsstaaten, sowie Rückversicherungsverträge werden nach den allgemeinen Kollisionsregeln der Art. 3 (freie Rechtswahl), Art. 4 (objektive Anknüpfung) bzw. Art. 6 (Verbraucherverträge) Rom I-VO angeknüpft (näher Rdn. 159 ff.).

III. Reichweite und Grenzen des Versicherungsvertragsstatus

55 Die Reichweite des auf Grundlage der Rom I-VO ermittelten Versicherungsstatuts umfasst grundsätzlich alle Rechtsfragen, die die **Voraussetzungen und Wirkungen des Versicherungsvertrages** betreffen.[106] Dadurch soll eine möglichst einheitliche Anknüpfung des Vertrages sichergestellt werden.

56 Nach **Art. 10 Rom I-VO** werden zunächst die Fragen des Zustandekommens und der Wirksamkeit des Vertrages vom – hypothetischen (»wenn der Vertrag oder die Bestimmung wirksam wäre«, vgl. Art. 12 I Rom I-VO a.E.) – Vertragsstatut erfasst. Auf Grundlage des Vertragsstatuts sind damit u.a. Fragen im Zusammenhang mit der Abgabe und dem Zugang von Willenserklärungen, der Wirkungen des Schweigens auf ein Angebot sowie der Willensmängel zu behandeln.

---

99 Vgl. Antwort der EU-Kommission v. 04.02.2010 auf die schriftliche Anfrage der Europaparlamentsabgeordneten Geringer de Oedenberg (E-5454/2009), ABl. Nr. C 10E v. 14.01.2011, S. 155 (nur Titel), im Internet abrufbar unter: http://www.europarl.europa.eu/sides/getAllAnswers.do?reference=E-2009-5454&language=DE; abgerufen am 30.10.2015.
100 Beschluss des gemeinsamen EWR-Ausschusses Nr. 78/2011 vom 1. Juli 2011, ABl. Nr. L 262 v. 06.10.2011, S. 45.
101 Vgl. dazu *Fricke* VersR 2008, 443, 444; *Perner* IPRax 2009, 218.
102 Vgl. die ambitionierten Vorschläge zur Umgestaltung des Internationalen Versicherungsvertragsrechts von *Basedow/Scherpe*, in: FS Heldrich, S. 511 ff.; *Fricke* VersR 2005, 726, 730 ff.; *Staudinger*, in Ferrari/Leible, S. 225 ff. Ferner *U. Hübner* EuZW 2006, 449; *Heiss* ZVersWiss 2007, 503, 526 ff.; *Martiny* ZEuP 2008, 79, 84 f.
103 *Fricke* VersR 2008, 443 f.
104 *Fricke* VersR 2008, 443 f.
105 *Fricke* VersR 2008, 443 ff.; *Leible/Lehmann* RIW 2008, 528, 538 f.
106 Staudinger/*Armbrüster* (2011), Vorbem. zu Art. 7 Rom I-VO Rn. 9.

Art. 12 Rom I-VO enthält eine – nicht abschließende (»insbesondere«) – Aufzählung der Vertragswirkungen, 57
die am Maßstab des Vertragsstatuts zu beurteilen sind. Dazu gehören die Auslegung des Vertrages, die Erfüllung der vertraglichen Verpflichtungen, Leistungsstörungen und Schadensersatz, die verschiedenen Arten des Erlöschens der Verpflichtungen, die Verjährung und Rechtsverluste, die sich aus dem Ablauf einer Frist ergeben sowie die Folgen der Nichtigkeit des Vertrags.

Hinsichtlich der **Form** des Vertrages ist nach der alternativen Anknüpfung des **Art. 11 I Rom I-VO** auf das 58
Versicherungsvertragsstatut oder auf das Recht des Staates abzustellen, in dem der Vertrag geschlossen wurde. Bei Distanzverträgen treten gem. Art. 11 II Rom I-VO neben das Vertragsstatut die weiteren alternativen Anknüpfungen des schlichten Aufenthalts jedes der am Vertragsschluss Beteiligten (Vertragsparteien oder deren Vertreter) sowie die des gewöhnlichen Aufenthalts jeder der Vertragsparteien. Bei einseitigen Rechtsgeschäften, die sich auf einen geschlossenen oder zu schließenden Vertrag beziehen (z.B. **Kündigung**), tritt nach Art. 11 III Rom I-VO neben das Vertragsstatut und das Ortsrecht alternativ das Recht des Staates, in dem der Handelnde seinen gewöhnlichen Aufenthalt hatte. Handelt es sich um einen **Verbrauchervertrag** ist ausschließlich auf das **Recht am gewöhnlichen Aufenthalt** des Verbrauchers abzustellen.

Keine Anwendung findet das Versicherungsvertragsstatut auf die Beurteilung der **Rechts-, Geschäfts- und** 59
Handlungsfähigkeit. Insoweit ist auf die nationalen Kollisionsnormen (in Deutschland: Art. 7 EGBGB – Heimatrecht des Betroffenen) zurückzugreifen, da diese Bereiche von der Rom I-VO nicht erfasst sind, vgl. Art. 1 II lit. a) Rom I-VO. Der in Art. 1 II lit. a) Rom I-VO a.E. eingebaute Vorbehalt bezieht sich auf die Verkehrsschutzvorschrift des Art. 13 Rom I-VO, die einer natürlichen Person die Berufung auf eine fehlende Rechts-, Geschäfts- und Handlungsfähigkeit nur unter engen Voraussetzungen gestattet.

Ebenfalls nicht vom Versicherungsvertragsstatut erfasst sind Fragen der **culpa in contrahendo** (vgl. Art. 1 II 60
lit. i) Rom I-VO, Art. 12 Rom II-VO),[107] der **Stellvertretung** und der **Gesellschaft**. Für die beiden letzteren ist auf die (ungeschriebenen) Regeln des nationalen IPR zurückzugreifen. – Für den **Direktanspruch des Geschädigten** gegen den Versicherer des Schädigers gilt Art. 18 II Rom II-VO, wobei die alternative Verweisung neben dem Deliktsstatut auch auf das Versicherungsvertragsstatut verweist.[108] – Bei der **Legalzession** von Ansprüchen aus außervertraglichen bzw. deliktischen Schuldverhältnissen ist nach Art. 19 Rom II-VO das Recht maßgeblich, das für die Verpflichtung des Dritten maßgebend ist, den Gläubiger zu befriedigen. Auf das Versicherungsrecht übertragen bedeutet dies, dass sich die Zulässigkeit und der Umfang des Forderungsübergangs gegenüber dem Schädiger nach dem Versicherungsvertragsstatut richten, wenn der Versicherer gegenüber seinem VN zur Erstattung eines Schadens verpflichtet ist oder er ihn befriedigt hat.[109] – Bei der Mehrfachversicherung ist im Verhältnis zwischen den beteiligten Versicherern die **Sonderregel des § 78 II VVG** zu beachten (vgl. die Kommentierung dort).

B. Art. 7 Rom I-VO

I. Überblick

Ausgangspunkt für die Anknüpfung von Versicherungsverträgen unter der Geltung der Rom I-VO ist Art. 7 61
Rom I-VO. Abs. 1 der Vorschrift definiert den Anwendungsbereich des Artikels (Rdn. 62). Für Verträge über Großrisiken (Abs. 2) gilt unabhängig vom Ort der Risikobelegenheit die Freiheit der Rechtswahl nach Maßgabe der allgemeinen Vorschriften; anders als Rückversicherungsverträge verbleiben Verträge über Großrisiken jedoch generell im Anwendungsbereich des Art. 7, was für die objektive Anknüpfung von Bedeutung ist (Rdn. 68). Abs. 3 betrifft Versicherungsverträge über innerhalb der EU belegene Massenrisiken, für die eine beschränkte Rechtswahl eröffnet wird (Rdn. 84). Abs. 4 enthält eine Sonderregel für Pflichtversicherungen (Rdn. 124), Abs. 5 ordnet eine Anknüpfungsspaltung für Fälle der Mehrfachbelegenheit an (Rdn. 135). Abs. 6 schließlich verweist für die Feststellung der Risikobelegenheit auf die Definitionen des Richtlinienrechts (Rdn. 136).

II. Anwendungsbereich (Abs. 1)

Art. 7 I Rom I-VO legt den Anwendungsbereich der Vorschrift fest. Nach Abs. 1 Satz 1 1. Hs. gilt die Vor- 62
schrift zunächst für Verträge über die in Abs. 2 näher definierten Großrisiken, unabhängig davon, ob das gedeckte Risiko in einem Mitgliedstaat belegen ist. Dies stellt eine wichtige Veränderung gegenüber der früheren Rechtslage unter dem EGVVG dar: **Großrisiken**, die außerhalb des Gebiets der Mitgliedstaaten belegen sind, werden nicht mehr aus dem spezifisch versicherungsrechtlichen Kollisionsrecht ausgeklammert, sondern werden auf eine Stufe mit solchen Versicherungsverträgen gestellt, die ein innerhalb des Gebiets der Mitgliedstaaten belegenes Risiko decken.

Versicherungsverträge, die keine Großrisiken abdecken, d.h. Verträge über die so genannten **Massenrisiken**, 63
unterfallen nach Abs. 1 Satz 1 2. Hs dem Anwendungsbereich von Art. 7 Rom I-VO, sofern das versicherte Risiko **innerhalb** des Gebiets der Mitgliedstaaten belegen ist. Im Umkehrschluss können solche Verträge, die

---

107 Dazu ausf. Staudinger/*Armbrüster* (2011), Vorbem. zu Art. 7 Rom I-VO Rn. 10.
108 *Heiss*, in: FS Kropholler, S. 459, 461; L/W/*Looschelders*, IntVersR Rn. 59; s. auch *Lüttringhaus* VersR 2010, 183, 187.
109 L/W/*Looschelders*, IntVersR Rn. 60; jurisPK-BGB/*Ludwig*, Art. 19 Rom II-VO Rn. 6.

außerhalb des Gebiets der Mitgliedsstaaten belegene Risiken decken, nicht nach Art. 7 Rom I-VO beurteilt werden. In Ermangelung anderer Regelungen ist für diese Fälle auf die allgemeinen Kollisionsregeln der Art. 3, 4 und 6 Rom I-VO zurückzugreifen (vgl. u. Rdn. 159). Die Beurteilung der Risikobelegenheit richtet sich nach Abs. 6, der auf die bisherigen Definitionen der Risikobelegenheit in der Zweiten SchadenRL[110] sowie der LebenRL[111] Bezug nimmt (vgl. u. Rdn. 136). Diese Verweisungen sind gem. Art. 310 i.V.m. Anhang VII Solvabilität II-RL nunmehr als Verweisungen auf Art. 13 Nr. 13 und 14 Solvabilität-RL zu lesen.

64 Ebenfalls bei der Geltung der allgemeinen Kollisionsnormen bleibt es für **Rückversicherungsverträge**. Diese werden durch Abs. 1 Satz 2 explizit vom Anwendungsbereich des Art. 7 Rom I-VO ausgenommen.

65 Besonderheiten bestehen im Hinblick auf die **Bestimmung des räumlichen Anwendungsbereichs** der Vorschrift. Zu berücksichtigen ist zunächst, dass gemäß Art. 1 III Rom I-VO unter »Mitgliedsstaaten« i.S.d. Art. 7 *alle* Mitgliedsstaaten der EU zu verstehen sind, auch diejenigen, auf die die Verordnung keine Anwendung findet.

66 Diese Regelung betrifft unmittelbar zunächst das Königreich Dänemark, das nach Art. 1 und 2 Protokoll Nr. 22 über die Position Dänemarks zum Vertrag über die Europäische Union und des Vertrags über die Arbeitsweise der Europäischen Union nicht an der justiziellen Zusammenarbeit in Zivilsachen nach dem Dritten Teil Titel V des AEUV teilnimmt. Dies ist folgerichtig: da Dänemark im Bereich des materiellen Versicherungsrechts das europäische Richtlinienrecht umsetzt, wäre es nicht gerechtfertigt, Dänemark insoweit als Drittstaat anzusehen.

67 Praktisch sind aufgrund des Beschlusses des Gemeinsamen EWR-Ausschusses Nr. 78/2011 vom 1. Juli 2011[112] auch die **Staaten des EWR** nach Maßgabe des Anhangs IX des EWR-Abkommens nach Art. 7 Rom I-VO zu behandeln, sodass die folgenden Ausführungen entsprechend auch auf die EWR-Staaten zu beziehen sind (vgl. o. Rdn. 51 ff.).

III. Großrisiken (Abs. 2)

1. Allgemeines

68 Art. 7 II UAbs. 1 Rom I-VO eröffnet den Parteien eines Versicherungsvertrages, der ein Großrisiko deckt, die Möglichkeit, das auf den Vertrag anwendbare Recht frei zu bestimmen. Der Grund für die unbeschränkte Freigabe der Rechtswahl liegt in der vermuteten **fehlenden Schutzwürdigkeit** des VN. Die Art des versicherten Risikos und die wirtschaftliche Stärke der beteiligten VN legen den Schluss nahe, dass dieser in der Lage ist, mit dem Versicherer auf Augenhöhe zu verhandeln und die sich aus einer Rechtswahlvereinbarung ergebenden Vor- und Nachteile beurteilen zu können.[113]

2. Definition des Großrisikos

69 Voraussetzung für die Gestattung der freien Rechtswahl nach Art. 7 II UAbs. 1 Rom I-VO ist, dass der Versicherungsvertrag ein Großrisiko deckt. Die Feststellung, wann ein Großrisiko vorliegt, gestaltet sich dabei höchst unübersichtlich. Abs. 2 UAbs. 1 selbst verweist zunächst auf Art. 5 lit. d) der – zwischenzeitlich aufgehobenen – Ersten SchadenRL,[114] der wiederum auf den Anhang zur Richtlinie und die dort aufgeführten Versicherungssparten verweist. Gemäß Art. 310 Solvabilität II-RL ist der Verweis auf die Erste SchadenRL nunmehr als Verweis auf die Solvabilität II-RL zu lesen. Die entsprechende Definition findet sich nunmehr in Art. 13 Nr. 27 Solvabilität II-RL. Aufgrund der unmittelbaren Bezugnahme auf den Richtlinientext ist die nationale Parallelvorschrift zur Definition des Großrisikos in § 210 II VVG im Rahmen der Rom I-VO rechtstechnisch ohne Bedeutung.[115]

70 Die Definition des Großrisikos in Art. 13 Nr. 27 Solvabilität II-RL erfolgt nach rein formalen Kriterien. Differenziert wird in Buchst. a) – c) zunächst zwischen verschiedenen Versicherungszweigen; Buchst. b) und c) fordern darüber hinaus zusätzliche Voraussetzungen in Bezug auf den Vertragsgegenstand bzw. den VN.[116]

---

110 Zweite Richtlinie 88/357/EWG des Rates vom 22.06.1988 zur Koordinierung der Rechts- und Verwaltungsvorschriften für die Direktversicherung (mit Ausnahme der Lebensversicherung) und zur Erleichterung der tatsächlichen Ausübung des freien Dienstleistungsverkehrs sowie zur Änderung der Richtlinie 73/239/EWG (ABl. EG Nr. L 172 v. 04.07.1988, S. 1).

111 Richtlinie 2002/83/EG des Europäischen Parlaments und des Rates vom 05.11.2002 über Lebensversicherungen (ABl. EG Nr. L 345 vom 19.12.2002 S. 1).

112 Beschluss des gemeinsamen EWR-Ausschusses Nr. 78/2011 vom 1. Juli 2011, ABl. Nr. L 262 v. 06.10.2011, S. 45.

113 *Gruber*, S. 66 f.; *Armbrüster*, Jahrbuch Junger Zivilrechtswissenschaftler 1991, 89, 95.

114 Erste Richtlinie 73/239/EWG des Rates vom 24. Juli 1973 zur Koordinierung der Rechts- und Verwaltungsvorschriften betreffend die Aufnahme und Ausübung der Tätigkeit der Direktversicherung (mit Ausnahme der Lebensversicherung) ABl. L 228 vom 16.08.1973, S. 3, zuletzt geändert durch Richtlinie 2005/68/EG des Europäischen Parlaments und des Rates (ABl. L 323 vom 09.12.2006, S. 1).

115 Vgl. Begr. RegE eines Gesetzes zur Anpassung der Vorschriften des Internationalen Privatrechts an die Verordnung (EG) Nr. 593/2008, BT-Drucks. 16/12104, S. 11.

116 Kritisch im Hinblick auf die Abgrenzung nach rein formalen Kriterien *Imbusch* VersR 1993, 1059, 1061.

a) Transport- und Haftpflichtversicherungen

Nach Art. 13 Nr. 27 lit. a) i.V.m. Nr. 4–7, 11, 12 von Anhang I Teil A Solvabilität II-RL liegt ein Großrisiko **71** vor, wenn der Versicherungsvertrag die dort genannten **Transport- und Haftpflichtversicherungen** (Schienenfahrzeug-Kasko, Luftfahrzeug-Kasko, See-, Binnensee- und Flussschiffahrts-Kasko, Transportgüter, Luftfahrzeughaftpflicht, See-, Binnensee- und Flussschifffahrtshaftpflicht) zum Gegenstand hat. Im Gegensatz zur früheren Rechtslage unter Art. 10 I Nr. 1 EGVVG (und der Definition des Großrisikos in § 210 VVG) ist die **Haftpflichtversicherung von Landtransporten** nicht automatisch zu den Großrisiken zu zählen.[117] Eine Berücksichtigung als Großrisiko kommt nur unter den weiteren Voraussetzungen von Art. 13 Nr. 27 lit. c Solvabilität II-RL in Betracht (s. Rdn. 77).

b) Kredit- und Kautionsversicherungen

Art. 13 Nr. 27 lit. b) i.V.m. Nr. 14, 15 von Anhang I Teil A Solvabilität II-RL setzt für das Vorliegen eines **72** Großrisikos zunächst voraus, dass sich der Versicherungsvertrag auf eine **Kredit-** (allgemeine Zahlungsunfähigkeit, Ausfuhrkredit, Abzahlungsgeschäfte, Hypothekendarlehen, landwirtschaftliche Darlehen) oder **Kautionsversicherung** bezieht. Darüber hinaus ist erforderlich, dass der VN eine **Erwerbstätigkeit im industriellen oder gewerblichen Sektor** oder eine **freiberufliche Tätigkeit** ausübt und der Vertrag mit dieser Tätigkeit auch in Zusammenhang steht. Die Auslegung dieser Begriffe gestaltet sich aufgrund der ganz unterschiedlichen nationalen Konzepte vor allem gewerblicher Tätigkeit schwierig. Diese Probleme wurden bislang teilweise dadurch überdeckt, dass die nationalen Gesetzgeber durch entsprechende Formulierungen bei der Umsetzung des Richtlinienrechts im nationalen Rahmen (vermeintliche) Klarheit schufen (vgl. Rdn. 74). Die unmittelbare Geltung der Verordnung hat dem ein Ende bereitet. Die Auslegung der Begriffe unter der Verordnung hat nunmehr unionsautonom allein unter Berücksichtigung des Regelungszusammenhangs und des mit der Regelung verfolgten Ziels zu erfolgen, um eine einheitliche Anwendung der Verordnung in allen Mitgliedstaaten sicherzustellen.[118] Ein Rückgriff auf nationale Definitionen für die Begriffsbestimmung ist danach nicht mehr ohne weiteres zulässig.

Dies trifft zunächst auf die Definition der **Erwerbstätigkeit im industriellen oder gewerblichen Sektor** zu. **73** Trotz Unterschieden in der Formulierung wird dieses Merkmal weitgehend mit dem aus dem Bereich des Verbraucherschutzrechts bekannten europäischen Unternehmerbegriff (vgl. Art. 6 Rom I-VO) gleichgesetzt, der durch den Begriff der »beruflich-gewerblichen Tätigkeit« gekennzeichnet ist.[119] Unternehmerbegriff und Erwerbstätigkeit im industriellen oder gewerblichen Sektor sind jedenfalls insoweit deckungsgleich, als es sich jeweils um eine **auf eine gewisse Dauer angelegte, selbstständige, wirtschaftliche Betätigung** handeln muss.[120] Die nach deutscher Definition des Gewerbebegriffs gewöhnlich verlangte Gewinnerzielungsabsicht ist nach europäischem Verständnis auf das Merkmal einer (lediglich) entgeltlichen Tätigkeit reduziert.[121] Der Begriff der gewerblichen Tätigkeit ist dementsprechend sehr weit und bezieht alle selbstständigen wirtschaftlichen Betätigungen ein. Dem Merkmal der industriellen Tätigkeit kommt daneben insoweit keine eigene Bedeutung mehr zu.[122]

Aus dem weiten Verständnis des Begriffs folgt zugleich, dass sich der zur früheren Regelung in Art. 10 I Nr. 2 **74** EGVVG a.F. und Art. 9 II EGVVG a.F. angenommene Ausschluss der **Urproduktion** (u.a. Land-/Forstwirtschaft, Weinbau, Fischerei und Bergbau) aus dem Begriff der gewerblichen Tätigkeit unter der Rom I-VO nicht länger aufrechterhalten lässt.[123] Die frühere Differenzierung ließ sich ableiten aus der expliziten Bezugnahme der Vorschriften auf den Bergbau in der Umsetzung der Richtlinie im EGVVG (vgl. Rdn. 258). Der Bergbau gehört auf Grundlage der deutschen Gewerbedefinition nicht zum Gewerbe, sondern zum Bereich der Urproduktion.[124] Um dem davon abweichenden europäischen Verständnis des Bergbaus als Gewerbe Rechnung zu tragen, entschloss sich der deutsche Gesetzgeber zur Klarstellung innerhalb der Umsetzungsnorm.[125] Im Umkehrschluss wurde die Bezugnahme auf den Bergbau als Beleg dafür gewertet, dass andere Urproduktion vom Anwendungsbereich der Richtlinie auszuschließen sei.[126] Diese Argumentationslinie ist mit der Aufhebung des EGVVG entfallen.[127]

---

117 Zur Problematik der einseitigen Erweiterung des Begriffs des Großrisikos in Art. 10 I Nr. 1 EGVVG a.F. *Gruber*, IVVR, S. 89 ff.
118 L/W/*Looschelders*, IntVersR Rn. 84.
119 Vgl. L/W/*Looschelders*, IntVersR Rn. 82, 84.
120 BGHZ 167, 40 ff. = BGH NJW 2006, 2250 ff.; MDR 2009, 993; OLG Zweibrücken MMR 208, 135.
121 BGHZ 167, 40 ff. = BGH NJW 2006, 2250, 2251.
122 L/W/*Looschelders*, IntVersR Rn. 87.
123 So bereits zur früheren Rechtslage VersHb/*Roth*, § 4 Rn. 119 mit Fn. 351; zustimmend L/W/*Looschelders*, IntVersR Rn. 84.
124 Begr. RegE BT-Drucks. 11/6341, S. 38.
125 Begr. RegE BT-Drucks. 11/6341, S. 38.
126 BK/*Dörner*, Art. 9 EGVVG Rn. 24; Soergel/*von Hoffmann*, Art. 37 EGBGB Rn. 97.
127 L/W/*Looschelders*, IntVersR Rn. 85.

75 Weniger Probleme bereitet die Auslegung und Bestimmung des Begriffs der **freiberuflichen Tätigkeit**, welche ebenfalls autonom auf Grundlage des europäischen Rechts erfolgt. Nach Auffassung des EuGH[128] sind darunter Tätigkeiten zu verstehen, die ausgesprochen intellektuellen Charakter haben, eine hohe Qualifikation verlangen und gewöhnlich einer genauen und strengen berufsständischen Regelung unterliegen. Weitere wichtige Elemente bilden die persönliche Ausübung der Tätigkeit sowie eine große Selbstständigkeit. Im Ergebnis entspricht diese Sichtweise dem deutschen Verständnis der freien Berufe, wie es auch § 1 II 1 PartGG zum Ausdruck kommt. Zu den freien Berufen gehören daher u.a. die Tätigkeiten der Rechtsanwälte, Wirtschaftsprüfer, Steuerberater, Architekten und Ärzte.

76 Die vom Versicherungsvertrag gedeckten Risiken müssen **in Zusammenhang mit der Tätigkeit** des VN stehen. Probleme ergeben sich, sofern der Versicherungsvertrag der Deckung sowohl beruflich-gewerblicher als auch privater Risiken dient. Nach richtiger Auffassung ist für die Zwecke der Vorschrift ein Überwiegen beruflicher Zwecke nicht erforderlich.[129] Es reicht aus, wenn der Vertrag zumindest auch mit der beruflich-gewerblichen Tätigkeit in Zusammenhang steht;[130] dies gilt jedenfalls, soweit der beruflich-gewerbliche Zweck nicht nur eine völlig untergeordnete Rolle spielt.[131]

c) Sach-, Haftpflicht- oder sonstige Schadensversicherungen

77 Art. 13 Nr. 27 lit. c) i.V.m. Nr. 3, 8, 9, 10, 13, 16 von Anhang I Teil A Solvabilität II-RL macht das Vorliegen eines Großrisikos davon abhängig, dass der Versicherungsvertrag sich auf entsprechende **Sach-, Haftpflicht- oder sonstige Schadensversicherungen** (Landfahrzeug-Kasko (ohne Schienenfahrzeuge), Feuer und Elementarschäden, Hagel-, Frost- und sonstige Sachschäden, Haftpflicht für Landfahrzeuge mit eigenem Antrieb, allgemeine Haftpflicht, verschiedene finanzielle Verluste (z.B. Berufsrisiken, Gewinnausfall, Wertverluste etc.)) bezieht. Des Weiteren ist erforderlich, dass der VN eine gewisse **Betriebsgröße** aufweist. Für die Bestimmung der notwendigen Betriebsgröße zieht Art. 13 Nr. 27 lit. c) mit der Bilanzsumme (6,2 Mio. Euro), dem **Nettoumsatz** (12,8 Mio. Euro) und der **Zahl der Beschäftigten** (mind. 250 Beschäftigte durchschnittlich im Verlauf des Wirtschaftsjahres) drei Kriterien heran, von denen mindestens zwei erfüllt sein müssen. Art. 13 Nr. 27 lit. c) S. 2 stellt dabei klar, dass es bei Konzernen für die Feststellung der Betriebsgröße auf die Zahlen des Konzernabschlusses ankommt.

3. Freie Rechtswahl (Abs. 2 UAbs. 1)

78 Liegt ein Versicherungsvertrag über ein Großrisiko vor, räumt Abs. 2 UAbs. 1 den Vertragsparteien die Möglichkeit einer freien **Rechtswahl nach Maßgabe von Art. 3 Rom I-VO** ein. Zu den Voraussetzungen und Modalitäten der Rechtswahl siehe daher Rdn. 160 ff.; zur Reichweite des Vertragsstatuts vgl. Rdn. 55.

4. Objektive Anknüpfung (Abs. 2 UAbs. 2)

79 Haben die Parteien keine Rechtswahl getroffen, so ordnet Abs. 2 UAbs. 2 eine objektive Anknüpfung des Versicherungsvertragsstatuts an. Der Vertrag unterliegt dann grundsätzlich dem Recht des Staats, in dem der Versicherer seinen gewöhnlichen Aufenthalt hat, d.h. dem **Betriebsstatut des Versicherers**. Hier liegt eine Abweichung zur früheren Regelung in Art. 11 EGVVG a.F. vor, die in dieser Frage eine Anknüpfung an das Recht der engsten Verbindung vorsah (vgl. Rdn. 297).

80 Der gewöhnliche Aufenthalt des Versicherers wird nach Art. 19 Rom I-VO bestimmt. Danach ist der Ort des gewöhnlichen Aufenthalts von Gesellschaften, Vereinen und juristischen Personen grundsätzlich der **Ort ihrer Hauptverwaltung**. Soweit der Vertrag jedoch im Rahmen des Betriebs einer Niederlassung geschlossen wird, oder eine Niederlassung des Versicherers für die Durchführung des Vertrages verantwortlich ist, ist auf den Ort dieser Niederlassung abzustellen, Art. 19 II Rom I-VO.[132] Maßgeblicher Zeitpunkt für die Bestimmung des gewöhnlichen Aufenthalts ist dabei der Zeitpunkt des Vertragsschlusses, Art. 19 III Rom I-VO.

81 Für den Fall, dass sich aus der Gesamtheit der Umstände eine »**offensichtlich**« **engere Verbindung** des Vertrags zu einem zu einem anderen Staat ergibt, sieht Abs. 2 UAbs. 2 Satz 2 eine **Ausweichklausel** zugunsten des Staats der engeren Verbindung vor. Wie sich aus dem Wort »offensichtlich« ergibt, müssen erhebliche Umstände auf den anderen Staat hindeuten.[133] Daran wäre beispielsweise zu denken, wenn sowohl der Aufenthalt des VN als auch die Risikobelegenheit in einem anderen Staat liegen.[134] Ergänzend wird jedoch das

---

128 EuGH, Urt. vom 11.10.2001 C-267/99 (Adam), Slg 2001, S. I-07497.
129 EuGH, Urt. vom 20.01.2005, C-464/01 (Gruber ./. BayWa AG), Slg. 2005, S. I-439 zu Art. 13 EuGVÜ (Art. 15 EuGVVO); L/W/*Looschelders*, IntVersR Rn. 89; anders aber OLG Düsseldorf NJW-RR 2003, 126; BK/*Dörner*, Art. 9 EGVVG Rn. 25; HK-BGB/*Dörner*, §§ 13, 14 Rn. 2.
130 EuGH, Urt. vom 20.01.2005, C-464/01 (Gruber ./. BayWa AG), Slg. 2005, S. I-439 zu Art. 13 EuGVÜ (Art. 15 EuGVVO); vgl. auch *Hahn*, S. 38 f.; *Kramer*, S. 191.
131 So EuGH, Urt. vom 20.01.2005, C-464/01 (Gruber ./. BayWa AG), Slg. 2005, S. I-439 zu Art. 13 EuGVÜ (Art. 15 EuGVVO); *Gottschalk* RIW 2006, 576, 577 f.; krit. *Mankowski* IPRax 2005, 503, 505.
132 Vgl. dazu auch *Fricke* VersR 2008, 443, 447.
133 PWW/*Ehling*, Art. 7 Rom I-VO Rn. 5.
134 *Fricke* VersR 2008, 443, 447; *Katschthaler/Leichsenring* r+s 2010, 45, 49; Rauscher/*Fricke*, Art. 7 Rom I-VO Rn. 12.

Hinzutreten weiterer Umstände zu fordern sein, um die vom Verordnungsgeber vorgesehene Regelanknüpfung nicht gegenstandslos werden zu lassen.[135]

Probleme können sich ergeben, wenn die offensichtlich engere Verbindung zu einem anderen Staat nur für einen Teil des Versicherungsvertrages besteht. In diesem Fall würde die Anwendung der Ausweichklausel zu einer **Vertragsspaltung** führen.[136] Dem Umstand, dass die Regelung zur Mehrfachbelegenheit in Art. 7 V Rom I-VO nicht auf den Bereich der Großrisiken bezogen wurde, lässt sich entnehmen, dass der Verordnungsgeber für diesen Bereich eine einheitliche Anknüpfung des Versicherungsvertrages für vorzugswürdig hält.[137] Daraus lässt sich jedoch nicht folgern, dass die Anwendung der Ausweichklausel auf Versicherungsverträge über Großrisiken vollkommen ausgeschlossen werden sollte, denn im Einzelfall mag eine differenzierte Anknüpfung autonomer und abtrennbarer Vertragsteile durchaus angebracht sein. Allerdings sollte dies immer nur mit der gebotenen Zurückhaltung und tatsächlich **nur im Ausnahmefall** in Betracht gezogen werden. Die Nachteile einer Vertragsspaltung sind dementsprechend sinnvollerweise bereits im Rahmen der Bestimmung einer offensichtlich engeren Verbindung zu berücksichtigen.[138] 82

Ebenfalls als problematisch kann sich das Fehlen einer Art. 4 IV Rom I-VO entsprechenden Auffangklausel darstellen, die das anzuwendende Recht für den Fall bestimmt, dass die Anwendung von Abs. 2 UAbs. 2 zu keinem brauchbaren Ergebnis führt. Diese Fälle dürften selten sein, sind jedoch nicht auszuschließen, wenn z.B. mehrere Versicherer gemeinsam ein Großrisiko versichern.[139] Für diese Fälle erscheint ein Rückgriff auf Art. 4 Abs. 4 Rom I-VO in analoger Anwendung sinnvoll.[140] 83

IV. Massenrisiken (Abs. 3)

1. Überblick/Normzweck

Art. 7 III Rom I-VO eröffnet den Parteien im unter UAbs. 1 lit. a)-e) näher beschriebenen Umfang die Möglichkeit einer – weitgehend eingeschränkten – Rechtswahl zur Bestimmung des anwendbaren Rechts für Versicherungsverträge, die nicht der Deckung eines Großrisikos dienen, sog. **Massenrisiken**. Die Vorschrift entspricht weitgehend dem früher geltenden Richtlinienrecht der Art. 7 Zweite SchadenRL und Art. 32 LebenRL bzw. der entsprechenden Regelung in Art. 9 EGVVG a.F. Dabei spielt allerdings die nach früherem Recht maßgebliche Differenzierung zwischen Konvergenz- und Divergenzfällen (vgl. Rdn. 228 f.) unter Geltung der Verordnung keine Rolle. Eine weitere Abweichung von früherer Rechtslage ist im Hinblick auf die **Korrespondenzversicherung** zu konstatieren. Die für diese zuvor in Art. 9 IV EGVVG a.F. eingeräumte völlige Rechtswahlfreiheit (vgl. Rdn. 265 ff.) beruhte auf einer durch das Richtlinienrecht gestatteten autonomen deutschen Gesetzgebung; diese Option findet in der Rom I-VO keine Entsprechung mehr.[141] 84

Die den Parteien bei Versicherungsverträgen über Massenrisiken eingeräumten Rechtswahlmöglichkeiten differieren nach verschiedenen persönlichen und sachlichen Kriterien. In allen Fällen zulässig sind nach Abs. 3 UAbs. 1 lit. a) und b) die Wahl des Rechts des Mitgliedstaats der Risikobelegenheit zum Zeitpunkt des Vertragsschlusses und die Wahl der Rechtsordnung des Staates, in dem der VN seinen gewöhnlichen Aufenthalt hat (Rdn. 89 ff.). Darüber hinausgehend ist bei der Lebensversicherung das Recht des Mitgliedstaats wählbar, dessen Staatsangehörigkeit der VN besitzt, Abs. 3 UAbs. 1 lit. c) (Rdn. 95).[142] Für Versicherungsverträge, die ein Risiko abdecken, das nur in einem anderen Mitgliedstaat als dem der Risikobelegenheit eintreten kann, erweitert Abs. 3 UAbs. 1 lit. d) die den Parteien eröffneten Rechtswahlmöglichkeiten zusätzlich um die Rechtsordnung des Staates des möglichen Schadenseintritts (Rdn. 103). Abs. 3 UAbs. 1 lit. e) schließlich erweitert die Rechtswahlmöglichkeiten auf weitere Belegenheitsstaaten, soweit der Versicherungsvertrag in verschiedenen Mitgliedstaaten belegene Risiken abdeckt und mit einer gewerblichen, industriellen oder freiberuflichen Tätigkeit des VN in Zusammenhang steht (Rdn. 107). Abs. 3 UAbs. 2 sieht für die Fälle von UAbs. 1 lit. a), b) und e) eine Öffnungsklausel zugunsten einer nach nationalem Recht eingeräumten größeren Wahlfreiheit vor (Rdn. 113). Abschließend enthält Abs. 3 UAbs. 3 eine Regelung zur objektiven Anknüpfung bei Fehlen einer Rechtswahl (Rdn. 121). 85

Der Sinn und Zweck der Rechtswahlbeschränkungen liegt im **Schutz des VN**.[143] Eine völlige Rechtswahlfreiheit würde den VN, vor allem soweit er als Verbraucher auftritt, der Gefahr aussetzen, vom regelmäßig wirtschaftlich überlegenen Versicherer in eine für ihn ungünstige Rechtsordnung gedrängt zu werden, die keinen oder nur einen geringen Bezug zum eigentlichen Versicherungsvertrag aufweist und dem VN aufgrund ihrer 86

---

135 Ausf. dazu L/W/*Looschelders*, IntVersR Rn. 67.
136 *Fricke* VersR 2008, 443, 447; L/W/*Looschelders*, IntVersR Rn. 68.
137 L/W/*Looschelders*, IntVersR Rn. 68.
138 *Fricke* VersR 2008, 443, 447.
139 Ausf. *Plender/Wilderspin*, Rn. 10–044.
140 *Plender/Wilderspin*, Rn. 10–044.
141 *Looschelders/Smarowos* VersR 2010, 1, 7.
142 *Fricke* VersR 2008, 443, 444.
143 L/W/*Looschelders*, IntVersR Rn. 70; P/M/*Armbrüster*, Art. 9 EGVVG Rn. 2.

Vertragsferne die Durchsetzung seiner Rechte erschwert.[144] Folgerichtig beschränkt Art. 7 III Rom I-VO den Kreis der wählbaren Rechte grundsätzlich auf das Recht des Mitgliedstaats der Risikobelegenheit bzw. des gewöhnlichen Aufenthalts des VN. In Abhängigkeit von der Schutzbedürftigkeit des VN und der Vertragsnähe der wählbaren Rechtsordnungen werden den Parteien in beschränktem Umfang weitere Wahlmöglichkeiten eröffnet.

2. Anwendungsbereich

87 Die Anwendung der Regelung ist, wie sich aus Art. 7 I Rom I-VO ergibt, auf Fälle beschränkt, in denen das **Risiko innerhalb des Gebietes der Mitgliedsstaaten** belegen ist. Aus dieser Differenzierung nach Risikobelegenheit folgt, dass es für die außerhalb der Mitgliedsstaaten belegenen Massenrisiken zur Anwendung der allgemeinen Vorschriften, einschließlich der Regelung über Verbraucherverträge nach Art. 6 Rom I-VO kommt.[145] Gerade letzteres wirft in mehrfacher Hinsicht Fragen und Widersprüche auf. So soll nach Erwägungsgrund 32 der Verordnung Art. 6 Rom I-VO auf Versicherungsverträge gerade keine Anwendung finden, da der Schutz des VN durch »besondere Vorschriften« – eben Art. 7 Rom I-VO – gewährleistet werden soll.[146] Darüber hinaus ist auch eine sachliche Rechtfertigung für die schon im Ansatz unterschiedliche Verwirklichung des VN-Schutzes nicht zu erkennen.[147] Während bei Risikobelegenheit innerhalb des Gebiets der Mitgliedsstaaten überhaupt nur eine beschränkte Rechtswahl ermöglicht wird, besteht bei Risikobelegenheit außerhalb der EU grundsätzlich Rechtswahlfreiheit, die lediglich bei Verbraucher-VN durch Art. 6 II Rom I-VO »entschärft« wird. Sachgerechter wäre hier eine einheitliche, von der Belegenheit des Risikos unabhängige Behandlung der Versicherungsverträge gewesen.

88 Allerdings lässt sich dieses sachgerechtere Ergebnis nicht durch Unterstellung eines Redaktionsversehens des Verordnungsgebers und entsprechende erweiternde Auslegung bzw. Umdeutung des Verordnungstextes erzwingen.[148] Von einem Redaktionsversehen kann wohl nicht gesprochen werden. Art. 7 I Rom I-VO schränkt ausdrücklich von vornherein den Anwendungsbereich der Vorschrift für Massenrisiken anhand des Merkmals der Risikobelegenheit ein;[149] diese Beschränkung wird noch einmal bestätigt durch die mehrfache Bezugnahme auf die *Mitgliedsstaaten* innerhalb des Abs. 3 sowie Erwägungsgrund 33 der Verordnung, der die besonderen Regelungen für Versicherungsverträge nur für die Risiken angewendet wissen will, die in dem betreffenden Mitgliedstaat bzw. den betreffenden Mitgliedstaaten belegen sind.[150] Auch die äußeren Umstände lassen nicht erkennen, dass eine Einbeziehung außerhalb der Mitgliedsstaaten belegener Risiken gewollt gewesen wäre. Eine solch weit reichende Änderung des bisherigen Kollisionsrechts in einem Gesetzgebungsverfahren, in dem schon jede kleine Änderung des bisherigen Rechts auf eine Blockadehaltung einiger Mitgliedsstaaten stieß,[151] ist kaum zu vermuten. Bis zu einer – nach Art. 27 Rom I-VO ohnehin anstehenden – Revision der Verordnung wird man daher an der Differenzierung nach Risikobelegenheit für die Bestimmung des auf Massenrisiken anzuwendenden Rechts festhalten müssen.[152]

3. Rechtswahl

a) Bei allen Versicherungsverträgen: Recht des Belegenheitsstaates (UAbs. 1 lit. a))

89 Für alle Versicherungsverträge über Massenrisiken können die Parteien das **Recht des Mitgliedsstaates** wählen, in dem das Risiko belegen ist. Diese Rechtswahloption hat vorrangig eine klarstellende Funktion, da nach Abs. 3 UAbs. 3 auch im Falle des Fehlens einer Rechtswahl das Recht des Belegenheitsortes kraft objektiver Anknüpfung zur Anwendung kommt.[153] Lediglich für den Bereich der Rechtswahlerweiterung nach Abs. 3 UAbs. 2 kann der Regelung eine eigene Bedeutung zukommen.[154] Die Bestimmung der Risikobelegenheit erfolgt nach Art. 7 VI Rom I-VO (u. Rdn. 136). Maßgeblicher Zeitpunkt für die Bestimmung der Risikobelegenheit ist dabei der Zeitpunkt des Vertragsschlusses. Spätere Veränderungen z.B. durch Verlegung des gewöhnlichen Aufenthalts oder Sitzverlegung bleiben unberücksichtigt.

---

144 P/M/*Armbrüster*, Art. 9 EGVVG Rn. 2; L/W/*Looschelders*, IntVersR Rn. 70.
145 MünchKommBGB/*Martiny*, Art. 7 Rom I-VO Rn. 28; P/M/*Armbrüster*, Art. 1 ff. Rom I-VO Rn. 36; Rauscher/*Fricke*, Art. 7 Rom I-VO Rn. 15; *Fricke* VersR 2008, 443, 448; *Leible/Lehmann* RIW 2008, 528, 539.
146 *Fricke* VersR 2008, 443, 448; *Leible/Lehmann* RIW 2008, 528, 539.
147 *Fricke* VersR 2008, 443, 447 f.; Rauscher/*Fricke*, Art. 7 Rom I-VO Rn. 15; P/M/*Armbrüster*, Art. 1 ff. Rom I-VO Rn. 8.
148 Vgl. insoweit den Vorschlag von *Fricke* VersR 2008, 443, 448.
149 *Leible/Lehmann* RIW 2008, 528, 539; *Perner* IPRax 2009, 218, 220; MünchKommBGB/*Martiny*, Art. 7 Rom I-VO Rn. 26 ff.; P/M/*Armbrüster*, Art. 1 ff. Rom I-VO Rn. 8.
150 L/W/*Looschelders*, IntVersR Rn. 69.
151 So *Fricke* VersR 2008, 443, 444.
152 Ebenso *Leible/Lehmann* RIW 2008, 528, 539; P/M/*Armbrüster*, Art. 1 ff. Rom I-VO Rn. 8; *Looschelders/Smarowos* VersR 2010, 1, 8.
153 MünchKommBGB/*Martiny*, Art. 7 Rom I-VO Rn. 28; L/W/*Looschelders*, IntVersR Rn. 73; P/M/*Armbrüster*, Art. 1 ff. Rom I-VO Rn. 30; *Heiss*, in: FS Kropholler, S. 461, 477.
154 P/M/*Armbrüster*, Art. 1 ff. Rom I-VO Rn. 30; *Perner* IPRax 2009, 218, 221.

Fraglich ist, welche Konsequenzen sich für die Rechtswahl nach Abs. 3 UAbs. 1 lit. a) ergeben, wenn der Vertrag **mehrere Risiken in verschiedenen Mitgliedsstaaten** deckt. Klarzustellen ist zunächst, dass die Regelung des Art. 7 V Rom I-VO, die bei Mehrfachbelegenheit zwingend eine Vertragsspaltung vorsieht, hier keine Anwendung finden kann. Diese Vorschrift bezieht sich allein auf die Fälle objektiver Anknüpfung (Abs. 3 UAbs. 3) und den Bereich der Pflichtversicherungen (Abs. 4), nicht aber auf die subjektive Anknüpfung.[155] 90

Somit ist jedenfalls die Anwendung der allgemeinen Regeln der Rechtswahl nicht ausgeschlossen. Wie sich aus Art. 3 I Satz 3 Rom I-VO ergibt, steht den Parteien im Rahmen der zugelassenen Rechtsordnungen die Möglichkeit offen, die Rechtswahl auf einen Teil des Vertrages zu begrenzen. Demzufolge können die Parteien jeweils für ein Teilrisiko das Recht des betreffenden Belegenheitsortes wählen oder das jeweilige Risiko dem Recht des Aufenthalts bzw. der Hauptverwaltung (Abs. 3 UAbs. 1 lit. b)) unterstellen.[156] Auch eine Mischung dieser Formen dergestalt, dass ein Teil des Vertrages dem Aufenthaltsrecht, ein anderer Teil dem Belegenheitsrecht unterworfen wird, ist denkbar.[157] 91

Die Konsequenz einer solchen Aufteilung ist eine **Vertragsspaltung**. Um diese zu vermeiden, wird verschiedentlich eine einheitliche Anknüpfung des gesamten Vertrages an nur eine Risikobelegenheit für möglich gehalten.[158] Begründen lässt sich diese Auffassung mit dem Wortlaut von Art. 3 I Satz 3 Rom I-VO, der auch eine Rechtswahl für den gesamten Vertrag zulässt, sowie mit Schutzerwägungen zugunsten des VN, für den eine einheitliche Anknüpfung des Vertrages besser zu überschauen sei.[159] Dieser Auffassung ist jedoch zu widersprechen. Eine solche einheitliche Anknüpfung des Vertrages ist mit dem von Abs. 3 verfolgten Schutz des VN und der Konzeption der Verordnung im Hinblick auf Abs. 3 UAbs. 1 lit. e) der Regelung nicht zu vereinbaren. Eine einheitliche Anknüpfung bei Mehrfachbelegenheit des Risikos hat der Gesetzgeber nach Abs. 3 UAbs. 1 lit. e) davon abhängig gemacht, dass der Vertrag im Zusammenhang mit der Tätigkeit von bestimmten, regelmäßig geschäftserfahrenen VN steht.[160] Im Umkehrschluss bedeutet dies, dass das mit der einheitlichen Rechtswahl einhergehende **Risiko einer Benachteiligung des VN**, beispielsweise durch die Zusammenfassung mehrerer Risiken in einer Police, im Rahmen von Abs. 3 UAbs. 1 lit. a) für zu hoch befunden wurde. Soweit daher mehrere, in verschiedenen Mitgliedstaaten belegene Risiken von einem Vertrag umfasst sind, muss es bei der Beschränkung der Rechtswahl auf das Belegenheitsrecht des jeweiligen Teilrisikos bleiben.[161] Wollen die Parteien den gesamten Vertrag einem einheitlichen Recht unterstellen, so kann dies nur das Recht des gewöhnlichen Aufenthalts bzw. der Hauptverwaltung (Abs. 3 UAbs. 1 lit. b)) sein.[162] 92

b) bei allen Versicherungsverträgen: Recht des Staates des gewöhnlichen Aufenthalts des VN (UAbs. 1 lit. b))

Neben der Wahl des Belegenheitsortes ist nach Abs. 3 UAbs. 1 lit. b) bei Massenrisiken unabhängig vom Versicherungszweig immer die Wahl des Rechts des Staates des gewöhnlichen Aufenthalts des VN möglich. Ähnlich wie bei lit. a) entspricht die Anknüpfung des Vertrages auch hier regelmäßig der objektiven Anknüpfung nach UAbs. 3, da sich die Risikobelegenheit – von den Ausnahmefällen der Art. 13 Nr. 13 lit. a)-c) Solvabilität II-RL abgesehen – ebenfalls am gewöhnlichen Aufenthaltsort des VN orientiert, Art. 13 Nr. 13 lit. d) Solvabilität II-RL. Für die Bestimmung des gewöhnlichen Aufenthalts kann daher auf die Ausführungen zu Art. 7 VI Rom I-VO verwiesen werden (vgl. Rdn. 154 ff.). 93

Abweichend von lit. a) ist die Rechtswahl nach lit. b) nicht auf die Rechte der Mitgliedsstaaten beschränkt. Ist das Risiko innerhalb der Mitgliedstaaten belegen (vgl. Art. 7 I Rom I-VO), hat der VN aber seinen gewöhnlichen **Aufenthalt in einem Drittstaat**, so gehört auch das Recht dieses Drittstaates zum Kreis der wählbaren Rechtsordnungen. Diese Erweiterung ergibt sich aus dem Wortlaut von lit. b), der in Abweichung von den übrigen Regelungen nicht von »Mitgliedsstaat« spricht, sondern allgemein auf das »Recht des Staates« des gewöhnlichen Aufenthalts des VN verweist.[163] 94

---

155 L/W/*Looschelders*, IntVersR Rn. 73.
156 Eingehend *Kramer*, S. 196 ff.; BK/*Dörner*, Art. 9 EGVVG Rn. 17, jeweils zu Art. 9 EGVVG a.F.
157 BK/*Dörner*, Art. 9 EGVVG Rn. 17.
158 *Basedow/Drasch* NJW 1991, 785, 793; *Kramer*, S. 198 ff.; *Imbusch* VersR 1993, 1059, 1063; Soergel/*von Hoffmann*, Art. 37 EGBGB Rn. 95, 97, jeweils zu Art. 9 EGVVG a.F.
159 *Kramer*, S. 201.
160 So bereits zur entsprechenden Problematik in Art. 9 EGVVG a.F. *Uebel*, S. 138; zur aktuellen Rechtslage L/W/*Looschelders*, IntVersR Rn. 73.
161 L/W/*Looschelders*, IntVersR Rn. 73; Staudinger/*Armbrüster* (2011), Art. 7 Rom I-VO Rn. 11; zur parallelen Problematik in der früheren Regelung in Art. 9 EGVVG a.F. vgl. P/M/*Armbrüster*, Anh. Rom I-VO Rn. 19; BK/*Dörner*, Art. 9 EGVVG Rn. 19; *Hahn*, S. 41.
162 *Uebel*, S. 151.
163 So bereits zu Art. 9 EGVVG a.F. BK/*Dörner*, Art. 9 EGVVG Rn. 15; zu Art. 7 Rom I-VO L/W/*Looschelders*, IntVersR Rn. 74; Staudinger/*Armbrüster* (2011), Art. 7 Rom I-VO Rn. 12; B/M/*Dörner*, Art. 7 Rom I-VO Rn. 56.

c) bei Lebensversicherungen: Recht des Mitgliedstaats, dessen Staatsangehörigkeit der VN besitzt (UAbs. 1 lit. c))

95 Art. 7 III UAbs. 1 lit. c) Rom I-VO erweitert den Kreis der wählbaren Rechte bei **Lebensversicherungsverträgen** zusätzlich[164] um das Heimatrecht des VN. Diese Regelung berücksichtigt, dass es sich bei Lebensversicherungsverträgen regelmäßig um langfristige Verträge handelt, die oftmals einen starken Heimatbezug aufweisen.[165] Hier überlagert die **natürliche, kontinuierliche Verbindung zum Heimatrecht** die gegebenenfalls nur kurzfristigen oder wechselnden Verbindungen zum Recht des gewöhnlichen Aufenthalts.[166] Im Gegensatz zur Rechtslage unter Art. 9 V EGVVG a.F. ist unter Geltung der Rom I-VO ein Auseinanderfallen von gewöhnlichem Aufenthalt und Staatsangehörigkeit des VN nicht mehr erforderlich. Allerdings ist anzumerken, dass die Regelung nur in dieser Konstellation eigenständige Bedeutung erlangt, da die Wahl des Aufenthaltsrechts nach lit. b) ohnehin immer möglich ist.[167]

96 Der **Begriff der Lebensversicherung** ist in der Verordnung selbst nicht definiert. Insoweit lässt sich allerdings auf Art. 2 III bzw. Anhang II Solvabilität-RL zurückgreifen, die die Grundlage für eine autonome Bestimmung des Begriffs auf EU-Ebene bilden.[168] Der Begriff der Lebensversicherung umfasst danach zunächst die Lebensversicherung im engeren Sinne, d.h. insbesondere die Versicherung auf den Erlebensfall, die Versicherung auf den Todesfall, die gemischte Versicherung, die Lebensversicherung mit Prämienrückgewähr sowie die Heirats- und Geburtenversicherung. Darüber hinaus sind u.a. auch die Rentenversicherung, Zusatzversicherungen zur Lebensversicherung sowie Tontinen- und Kapitalisierungsgeschäfte zu den Lebensversicherungen zu zählen.

97 Die Vorschrift setzt voraus, dass es sich bei dem VN um eine **natürliche Person** handelt. Dies ergibt sich anders als nach früherem Recht nicht mehr aus der expliziten Regelung des Art. 32 II LebenRL, sondern nunmehr allein aus dem Erfordernis der Staatsangehörigkeit, die nach allgemeiner Auffassung nur natürlichen Personen zukommt.[169] Für Lebensversicherungsverträge, die durch juristische Personen oder Personenvereinigungen als VN abgeschlossen werden (z.B. Gruppenlebensversicherung für die Beschäftigten eines Unternehmens) kommt eine Anwendung der Vorschrift daher nicht in Betracht; insoweit bleibt es bei der Anwendung der allgemeinen Regeln.[170]

98 Bei der Frage der **Staatsangehörigkeit** handelt es sich um eine öffentlich-rechtliche Vorfrage. Die Staatsangehörigkeit einer Person richtet aus völkerrechtlichen Gründen nach dem Recht des Staates, dessen Staatsangehörigkeit in Anspruch genommen wird.[171]

99 UAbs. 1 lit. c) setzt voraus, dass der VN die Staatsangehörigkeit eines (EWR-)Mitgliedstaats (vgl. o. Rdn. 51) besitzt. Entsprechend wird eine Rechtswahl nach dieser Vorschrift abgelehnt, wenn der VN lediglich die **Staatsangehörigkeit eines Drittstaates** besitzt.[172] Begründet wird dies mit dem Umstand, dass die Anwendung drittstaatlichen Rechts aus dem Schutzbereich des EU-Rechts hinausführe; damit würde aber die Voraussetzung für die Eröffnung der Rechtswahl – nämlich die durch die Harmonisierung des Versicherungsaufsichtsrechts erzielte Gleichwertigkeit mitgliedstaatlicher Versicherungen – entfallen.

100 Diese Sichtweise begegnet jedoch einigen Bedenken. Zu kritisieren ist zunächst, dass hier ein zweifelhaftes Verständnis des EU-Rechts als »überlegene« Rechtsordnung zum Ausdruck kommt, die allein in der Lage ist, den Schutz des VN zu gewährleisten. Dies stellt bereits für sich einen Verstoß gegen das internationalprivatrechtliche **Prinzip der Gleichwertigkeit der Rechtsordnungen** dar.[173] Zugleich benachteiligt der Ausschluss drittstaatlicher Rechte Staatsangehörige von Drittstaaten in unangemessener Weise. Sinn und Zweck der Regelung ist u.a. die Rücksichtnahme auf den VN und dessen häufig besonders enge Verbundenheit zu seinem Heimatrecht, welche die kurzfristigen oder wechselnden Verbindungen zum Recht des gewöhnlichen Aufenthalts überlagert (vgl. o. Rdn. 95). Diese Verbundenheit mit dem Heimatrecht wird aber bei Drittstaatern nicht anders zu beurteilen sein als bei Staatsangehörigen der Mitgliedstaaten. Während den Letztgenannten jedoch das Privileg zuteilwird, durch eine Rechtswahl ihr Heimatrecht zur Anwendung zu bringen, wird vom Drittstaater zwingend verlangt, sich auch nach seiner Rückkehr in die Heimat weiterhin mit dem Recht des gewöhnlichen Aufenthalts zum Zeitpunkt des Vertragsschlusses auseinanderzusetzen. Auch dürften Schutzinteressen des VN in der Praxis nicht berührt sein. Das Interesse des Versicherers, einen VN in dessen Hei-

---

164 jurisPK-BGB/*Junker*, Art. 7 Rom I-VO Rn. 99; Rauscher/*Fricke*, Art. 7 Rom I-VO Rn. 19.
165 *Fricke* VersR 2008, 443, 448; L/W/*Looschelders*, IntVersR Rn. 75.
166 *Gruber*, IVVR, S. 135; VersHb/*Roth*, § 4 Rn. 122.
167 L/W/*Looschelders*, IntVersR Rn. 78.
168 L/W/*Looschelders*, IntVersR Rn. 75; zust. Staudinger/*Armbrüster* (2011), Art. 7 Rom I-VO Rn. 13.
169 Vgl. L/W/*Looschelders*, IntVersR Rn. 77.
170 So bereits BK/*Dörner*, Art. 9 EGVVG Rn. 47 zur früheren Rechtslage; jetzt L/W/*Looschelders*, IntVersR Rn. 77; Staudinger/*Armbrüster* (2011), Art. 7 Rom I-VO Rn. 13; krit. Rauscher/*Fricke*, Art. 7 Rom I-VO Rn. 18 unter Hinweis auf die praktischen Probleme bei der Absicherung von Mitarbeitern eines Unternehmens in verschiedenen Staaten und widersprüchliche Ergebnisse zwischen jur. Personen und Einzelunternehmern bei Gruppenverträgen.
171 *Looschelders*, IPR, Vorbem. zu Art. 3–6 EGBGB Rn. 36, 39.
172 Soergel/*von Hoffmann*, Art. 37 EGBGB Rn. 109; a.A. *Gruber*, IVVR, S. 137.
173 *Gruber*, IVVR, S. 112 f. und S. 137.

matrecht zu drängen, wird angesichts des damit verbundenen Aufwandes auf Versichererseite i.d.R. gering sein. Umgekehrt wird es im Normalfall der VN sein, der um die Vereinbarung seiner Heimatrechtsordnung nachsucht.[174] Die Differenzierung nach Staatsangehörigkeit sollte daher jedenfalls de lege ferenda aufgegeben werden.

Probleme bei der Bestimmung der wählbaren Rechte ergeben sich auch im Hinblick auf VN mit **mehrfacher Staatsangehörigkeit.** Im Gegensatz zur früheren Rechtslage unter Geltung der Art. 7 ff. EGVVG a.F. (vgl. Rdn. 272) scheidet unter der Rom I-VO ein Rückgriff auf die »effektive Staatsangehörigkeit« nach Art. 5 I 1 EGBGB ebenso von vornherein aus, wie die Bevorzugung der deutschen Staatsangehörigkeit nach Maßgabe von Art. 5 I 2 EGBGB.[175] Die Rom I-VO selbst enthält keinerlei Beschränkungen, so dass die Vertragsparteien unter allen Staatsangehörigkeiten des VN wählen können, welches Heimatrecht Anwendung finden soll.[176] Auch hier stellt sich die Frage, ob die Rechtswahlmöglichkeiten auf die Rechtsordnungen von Mitgliedsstaaten zu beschränken sind (o. Rdn. 99). **101**

Maßgeblicher Zeitpunkt für die Bestimmung der Staatsangehörigkeit ist der **Zeitpunkt des Vertragsschlusses.** Ein späterer Wechsel der Staatsangehörigkeit oder der Erwerb einer neuen Staatsangehörigkeit berühren die ursprünglich getroffene Rechtswahl daher nicht. Sofern durch einen Wechsel bzw. den Erwerb der Staatsangehörigkeit ein neues Heimatrecht als wählbares Recht in Frage kommt, können die Parteien den Versicherungsvertrag im Wege einer nachträglichen Rechtswahl diesem neuen Recht unterstellen, Art. 3 II 1 Rom I-VO.[177] **102**

d) Rechtswahl bei reinen Auslandsschäden (UAbs. 1 lit. d))

Um einen **Gleichlauf** des Versicherungsrechts mit dem Haftungsrecht zu erreichen, sieht lit. d) eine Rechtswahlmöglichkeit zugunsten des Rechts des potenziellen Schadensorts für den Fall vor, dass sich das in einem Versicherungsvertrag gedeckte Risiko in einem anderen Mitgliedsstaat als dem der Risikobelegenheit verwirklichen kann.[178] Die Vorschrift entspricht der früheren Regelung in Art. 7 I lit. e) Zweite SchadenRL bzw. der deutschen Umsetzung der Richtlinie in Art. 9 III EGVVG a.F. **103**

In Klarstellung zu dem insoweit missverständlichen Wortlaut der Vorschrift ist dabei zu fordern, dass die Risikoverwirklichung **ausschließlich** in dem anderen Mitgliedsstaat eintreten kann.[179] Nur wenn Risikobelegenheit und Ort des Schadenseintritts mit Sicherheit auseinanderfallen (reine Auslandsdeckungen, z.B. bei Auslandsreisekrankenversicherungen) besteht eine Rechtfertigung für die Erweiterung der Rechtswahl. Anderenfalls bestünde die Gefahr, dass die Regelanknüpfung an den Ort der Belegenheit unterlaufen würde.[180] **104**

Abs. 3 UAbs. 1 lit. d) setzt nach seinem Wortlaut voraus, dass sich das Risiko nur in *einem* anderen Staat verwirklichen kann. Soweit der Versicherungsvertrag die Verwirklichung des Risikos in **mehreren anderen Mitgliedsstaaten** abdeckt, ist die direkte Anwendung der Vorschrift daher ausgeschlossen. Der von lit. d) verfolgte Zweck eines Gleichlaufs zwischen Versicherungs- und Haftungsstatut durch eine einheitliche Rechtswahl zugunsten des Rechts des Schadensortes kann hier nicht erreicht werden.[181] Aus diesem Grund ist – wie auch früher unter Art. 9 III EGVVG a.F. – eine erweiternde Auslegung von lit. d) abzulehnen. **105**

Vorgeschlagen wird allerdings, den Parteien die Möglichkeit einer **Teilrechtswahl** einzuräumen.[182] Die Parteien sollen danach die Möglichkeit haben, im Wege der Vertragsspaltung für jeden Vertragsteil getrennt das Recht des jeweiligen Schadensorts zu wählen. Auch wenn dies ein für die Praxis wünschenswertes Ergebnis ist, bleibt offen, wie dieses auf Grundlage von Abs. 3 UAbs. 1 lit. d) konstruiert werden kann. Eine Teilrechtswahl ist keine »kleine Rechtswahl« mit geringeren Voraussetzungen auf der Tatbestandsseite, sie setzt die Wählbarkeit der jeweiligen Rechtsordnung ebenso voraus wie die »vollständige« Rechtswahl. Die Schaffung einer »Nur-Teilrechtswahl« auf der Rechtsfolgenseite unter Anpassung der Voraussetzungen auf der Tatbestandsseite ist aber nur durch Rechtsfortbildung zu erreichen, die angesichts der mit der Gesamtregelung verfolgten Schutzzwecke dem Gesetz- bzw. Verordnungsgeber überlassen bleiben sollte.[183] Bis zu einer der- **106**

---

174 *Gruber,* Insurance Contracts, S. 119.
175 L/W/*Looschelders,* IntVersR Rn. 73; Staudinger/*Armbrüster* (2011), Art. 7 Rom I-VO Rn. 13.
176 L/W/*Looschelders,* IntVersR Rn. 73; a.A. *Gruber,* Insurance Contracts, S. 119 f.: Mitgliedsstaat der engsten Verbindung.
177 L/W/*Looschelders,* IntVersR Rn. 70.
178 *Gruber,* IVVR, S. 109 f.; *Perner* IPRax 2009, 218, 221.
179 So bereits BT-Drucks. 11/6341 S. 38; BK/*Dörner,* Art. 9 EGVVG Rn. 31; *Kramer,* S. 201; *Hahn,* S. 42, *Gruber,* IVVR, S. 109 f.; zu Rom I: L/W/*Looschelders,* IntVersR Rn. 80; PWW/*Ehling,* Art. 7 Rom I-VO Rn. 10; Rauscher/*Fricke,* Art. 7 Rom I-VO Rn. 20; P/M/*Armbrüster,* Art. 7 Rom I-VO Rn. 63.
180 Siehe *Gruber,* IVVR, S. 109 f. zu Art. 9 III EGVVG.
181 *Uebel,* S. 114; *Gruber,* IVVR, S. 111 f.; BK/*Dörner,* Art. 9 EGVVG Rn. 36, jeweils zu Art. 9 III EGVVG a.F.; P/M/*Armbrüster,* Art. 7 Rom I-VO Rn. 63.
182 BK/*Dörner,* Art. 9 EGVVG Rn. 36; *Gruber,* IVVR, S. 112; L/W/*Looschelders,* IntVersR Rn. 81.
183 Vgl. *Uebel,* S. 114.

artigen gesetzgeberischen Klarstellung erscheint es daher vorzugswürdig, die Parteien zwecks Vermeidung der skizzierten Probleme auf den Abschluss jeweils nach Schadensort getrennter Verträge zu verweisen.[184]

e) Rechtswahl bei gewerblicher, industrieller oder freiberuflicher Tätigkeit und mehrfacher Risikobelegenheit (UAbs. 1 lit. e))

107 UAbs. 1 lit. e) erweitert die Rechtswahloptionen für Versicherungsverträge, die im Zusammenhang mit einer **gewerblichen, industriellen oder freiberuflichen Tätigkeit** des VN stehen und die Risiken in verschiedenen Mitgliedsstaaten umfassen. In dieser Konstellation wird den Parteien gestattet, den gesamten Vertrag (nur) einem Recht des Belegenheitsortes eines der Risiken oder aber dem Recht des gewöhnlichen Aufenthaltes des VN zu unterstellen. Die Vorschrift übernimmt somit die Regelung aus Art. 7 Abs. 1 lit. c) Zweite SchadenRL, die im früheren deutschen Recht durch Art. 9 II EGVVG a.F. umgesetzt wurde.

108 Die Vorschrift trägt dem Bedürfnis der Vertragsparteien Rechnung, ihren Vertrag trotz unterschiedlicher Belegenheit von Risiken in weiterem Umfang einem **einheitlichen Vertragsstatut** zu unterstellen.[185] Zwar lässt sich ein einheitliches Vertragsstatut bereits über Art. 7 III UAbs. 1 lit. b) (Anknüpfung am gewöhnlichen Aufenthalt des VN) festlegen; die Einräumung der Option, auch die Rechtsordnung der Belegenheit eines Teilrisikos zum Vertragsstatut zu erheben, ermöglicht den Parteien aber eine flexiblere Gestaltung und Ausrichtung des Vertrages. Die Erweiterung der Rechtswahl bedeutet ein geringeres Schutzniveau für den VN im Hinblick auf die mit einer Rechtswahl evtl. verbundenen Nachteile; dies ist aber angesichts der von der Verordnung postulierten größeren Erfahrung und des geringeren Schutzbedürfnisses des gewerblich, industriell oder freiberuflich handelnden VN gerechtfertigt.[186]

109 Hinsichtlich der Definition der **gewerblichen, industriellen oder freiberuflichen Tätigkeit** kann auf die Ausführungen zu den Kriterien für die Bestimmung des Großrisikos nach Art. 7 VI Rom I-VO i.V.m. mit Art. 5 lit. d) ii) Erste SchadenRL bzw. Art. 13 Nr. 27 Solvabilität II-RL verwiesen werden (s.o. Rdn. 69 ff.).

110 Die vom Versicherungsvertrag gedeckten Risiken müssen **in Zusammenhang mit der Tätigkeit** des VN stehen. Auch insoweit gelten die Ausführungen zur Bestimmung des Großrisikos entsprechend (o. Rdn. 72 f.).

111 Schließlich setzt die Anwendung von lit. e) voraus, dass der Vertrag mehrere Risiken in verschiedenen **Mitgliedsstaaten** umfasst. Die nach früherem deutschen Recht (Art. 10 II EGVVG a.F., vgl. Rdn. 287) vorgesehene Option, auch das Rechts eines drittstaatlichen Belegenheitsortes zu wählen, existiert unter der Rom I-VO nicht mehr.[187] Außerhalb der Mitgliedsstaaten belegene Risiken bleiben damit bei der Anwendung von lit. e) unberücksichtigt.[188] Für diese bleibt es bei der Anwendung der allgemeinen Regelungen der Art. 3, 4 Rom I-VO. Dies bedeutet zugleich, dass eine Anwendung von lit. e) ausscheidet, wenn nur eines der im Vertrag gedeckten Risiken innerhalb der Mitgliedsstaaten belegen ist.[189]

112 Auf der Rechtsfolgenseite ermöglicht die Vorschrift die Wahl des Rechts des Mitgliedsstaates der Teilrisikobelegenheit. Der ebenfalls eingeräumten Option, das Recht des Staats (nicht Mitgliedsstaats!) am gewöhnlichen Aufenthalt des VN zu wählen, kommt angesichts der ohnehin gegebenen Rechtswahlmöglichkeit nach lit. b) keine eigene Funktion zu.[190]

f) Mitgliedsstaatliche Rechtswahlerweiterungen (UAbs. 2)

113 Räumen in den Fällen nach UAbs. 1 lit. a), b) oder e) die betreffenden Mitgliedsstaaten eine größere Wahlfreiheit bezüglich des auf den Versicherungsvertrag anwendbaren Rechts ein, so können die Parteien gem. Art. 7 III UAbs. 2 Rom I-VO davon Gebrauch machen. Die Vorschrift entspricht ihrem Wesen nach Art. 10 III EGVVG a.F. (vgl. Rdn. 290) bzw. Art. 7 I lit. d) Zweite SchadenRL. Die Übernahme dieser Vorschrift in die Verordnung beruht auf politischen Kompromissformeln; eine sachliche Rechtfertigung, eine mitgliedsstaatliche Rechtswahlerweiterung in die Verordnung einzubauen, lässt sich nicht erkennen. Hatte die Regelung im Richtlinienrecht, in dem es regelmäßig nur um die Erreichung von Mindeststandards geht, noch ihre Existenzberechtigung, so entfällt diese jedenfalls in einer Verordnung, die der Setzung verbindlicher und einheitlicher Regelungen für alle Mitgliedsstaaten dienen soll.[191] Mit der Öffnung zugunsten nationaler Regelungen gefährdet Abs. 3 UAbs. 2 den zuvor in UAbs. 1 erreichten Stand der Rechtsvereinheitlichung.[192] Es ist daher

---

184 So auch *Uebel*, S. 114.
185 L/W/*Looschelders*, IntVersR Rn. 83; B/M/*Dörner*, Art. 7 Rom I-VO Rn. 65.
186 *Fricke* VersR 2008, 443, 448; Rauscher/*Fricke*, Art. 7 Rom I-VO Rn. 21; ebenso jurisPK-BGB/*Junker*, Art. 7 Rom I-VO Rn. 107 ff.; B/M/*Dörner*, Art. 7 Rom I-VO Rn. 65.
187 L/W/*Looschelders*, IntVersR Rn. 83.
188 Krit. dazu Rauscher/*Fricke*, Art. 7 Rom I-VO Rn. 21.
189 Rauscher/*Fricke*, Art. 7 Rom I-VO Rn. 21.
190 B/M/*Dörner*, Art. 7 Rom I-VO Rn. 68; *Heiss*, in: FS Kropholler, S. 471; *Fricke* VersR 2008, 443, 448.
191 Rauscher/*Fricke*, Art. 7 Rom I-VO Rn. 22; krit. auch *Heiss*, in: FS Kropholler, S. 471; *Fricke* VersR 2008, 443, 448.
192 *Leible/Lehmann* RIW 2008, 528, 539; *Fricke* VersR 2008, 443, 448; L/W/*Looschelders*, IntVersR Rn. 92; B/M/*Dörner*, Art. 7 Rom I-VO Rn. 72; vgl. a. *Perner* IPRax 2009, 221.

zu hoffen, dass die Mitgliedsstaaten von der ihnen eingeräumten Möglichkeit nicht bzw. nur sehr zurückhaltend Gebrauch machen werden.[193]

In der Bezugnahme auf das Kollisionsrecht der nach UAbs. 1 lit. a), b) oder e) wählbaren Rechtsordnung ist **keine Gesamtverweisung** zu sehen. Die betreffende Rechtsordnung wird lediglich befragt, ob und inwieweit sie eine weitergehende Rechtswahl zulässt. Alle anderen Normen dieser Rechtsordnung – und damit auch eine eventuelle Rück- und Weiterverweisung – bleiben unberücksichtigt.[194] Lässt die befragte Rechtsordnung eine weitergehende Rechtswahl – auch drittstaatlichen Rechts – zu, so wird diese über Abs. 3 UAbs. 2 in die Verordnung »transplantiert«.[195] Legt die Regelung des fremden Rechts weitere Voraussetzungen für die Anwendung der Rechtswahl fest, sind diese auch für die Rechtswahl innerhalb der Verordnung bindend.[196] 114

Ergibt die Auswertung der nach UAbs. 1 lit. a), b) oder e) zulässigen nationalen Kollisionsrechte, dass mehrere Rechtswahltatbestände eröffnet sind, so können die Parteien ihre Rechtswahl nach Belieben auf Grundlage jedes einzelnen Tatbestandes treffen (**alternative Verweisung**).[197] Eine kumulative Anknüpfung dergestalt, dass nur die Rechtswahlmöglichkeiten eröffnet wären, die nach allen in Bezug genommenen Rechtsordnungen zugelassen sind, ist im Hinblick auf den Sinn und Zweck der Regelung, die ja gerade eine Erweiterung der wählbaren Rechte gewährleisten soll, abzulehnen.[198] 115

g) Modalitäten und Schranken der Rechtswahl

Abs. 3 UAbs. 1 erlaubt die Wahl der nach Abs. 3 UAbs. 1 und 2 zugelassenen Rechte »im Einklang mit« Art. 3 Rom I-VO (vgl. näher Rdn. 160 ff.). Dabei stehen die zugelassenen Rechte frei wählbar nebeneinander. Für die Ausübung, Modalitäten und Schranken der Rechtswahl gelten die allgemeinen Regeln, jeweils unter Berücksichtigung der Begrenzung der tatsächlich zugelassenen Rechte. Gem. Art. 3 I 2 Rom I-VO kann die Rechtswahl ausdrücklich erfolgen oder sich eindeutig aus den Bestimmungen des Vertrags oder aus den Umständen des Falles ergeben. Ebenfalls möglich ist die Vornahme nur einer Teilrechtswahl, Art. 3 I 3 Rom I-VO. Die Rechtswahl bezieht sich gemäß Art. 20 Rom I-VO lediglich auf die Sachnormen der gewählten Rechtsordnung (**Sachnormverweisung**). Rück- und Weiterverweisung bleiben unberücksichtigt. Art. 22 Rom I-VO stellt klar, dass bei Mehrrechtsstaaten mit jeweils eigenen schuldvertraglichen Regelungen jede Gebietseinheit für die Zwecke der Verordnung als Staat anzusehen ist. Die Parteien können also das Recht einer Gebietseinheit zum Vertragsstatut wählen.[199] 116

Mögliche Beschränkungen der Rechtswahl ergeben sich zunächst aus den allgemeinen Regeln der Rechtswahl in Art. 3 III (reine Inlandsfälle) und IV Rom I-VO. Bei Pflichtversicherungen ist daneben Art. 7 Abs. 4 Rom I-VO zu berücksichtigen. – Zur Berücksichtigung von Eingriffsnormen (Art. 9 Rom I-VO) und des *ordre public* (Art. 21 Rom I-VO) vgl. Rdn. 207 bzw. 218. 117

Ungeklärt ist die Frage, ob die besonderen kollisionsrechtlichen Vorschriften zum **Schutz des Verbrauchers** auch auf den VN übertragbar sind. Die frühere Diskussion, ob innerhalb der Kollisionsnormen des EGVVG auch Art. 29 I EGBGB a.F. (Art. 5 II EVÜ) zur Anwendung gelangen kann (vgl. Rdn. 333), setzt sich unter der Rom I-VO mit der Frage nach der **Anwendbarkeit von Art. 6 Rom I-VO** auf die Rechtswahl nach Abs. 3 III Rom I-VO fort. Der Wortlaut des Art. 6 I Rom I-VO (»Unbeschadet der Artikel 5 und 7 …«) lässt sich durchaus dahingehend interpretieren, dass eine Anwendung möglich sein soll, soweit nicht vorrangig Art. 7 Rom I-VO zum Zuge kommt.[200] Da Art. 7 Rom I-VO Regelungen hinsichtlich der Rechtswahl und der objektiven Anknüpfung enthält, ließe sich so jedenfalls eine Anwendung von Art. 6 II 2 Rom I-VO in Betracht ziehen, um dadurch zu einer ergänzenden Anwendung der Verbraucherschutzvorschriften des Umweltrechts des Verbraucher-VN auf den Versicherungsvertrag zu gelangen. 118

Die Regelungstechnik in Art. 6 I, II Rom I-VO lässt allerdings ein Herausgreifen von Art. 6 II 2 Rom I-VO zum Zwecke der Anwendung im Anknüpfungssystem des Art. 7 Rom I-VO willkürlich erscheinen. Die Regelung ist ersichtlich allein auf die Anwendung im System des Art. 6 Rom I-VO abgestimmt und lässt sich ohne systematisch fragwürdige Ergänzungen und Rückgriffe auf die nicht anwendbaren Absätze der Vorschrift nicht mit Art. 7 Rom I-VO in Einklang bringen. In der Tat hat der Verordnungsgeber eine solche Auslegung 119

---

193 *Fricke* VersR 2008, 443, 448; zust. L/W/*Looschelders*, IntVersR Rn. 92.
194 Ausf. B/M/*Dörner*, Art. 7 Rom I-VO Rn. 76; zu Art. 10 III EGVVG a.F. bereits Soergel/*von Hoffmann*, Art. 37 EGBGB Rn. 119; VersHb/*Roth*, 2. Aufl. § 4 Rn. 125.
195 B/M/*Dörner*, Art. 7 Rom I-VO Rn. 71; vgl. a. BK/*Dörner*, Art. 10 EGVVG Rn. 40 zur früheren Situation in Art. 10 III EGVVG a.F.
196 VersHb/*Roth*, § 4 Rn. 129.
197 *Gruber*, IVVR, S. 127; *Mankowski* VersR 1993, 145, 157; *Basedow/Drasch* NJW 1991, 785, 792; Soergel/*von Hoffmann*, Art. 37 EGBGB Rn. 120; BK/*Dörner*, Art. 10 EGVVG Rn. 40; L/W/*Looschelders*, IntVersR Rn. 94; B/M/*Dörner*, Art. 7 Rom I-VO Rn. 73.
198 Ausf. *Gruber*, IVVR, S. 125 ff.; Soergel/*von Hoffmann*, Art. 37 EGBGB Rn. 120; L/W/*Looschelders*, IntVersR Rn. 94.
199 MünchKomm/*Martiny*, Art. 22 Rom I-VO Rn. 4.
200 L/W/*Looschelders*, IntVersR Rn. 97; a.A. (vollständiger Ausschluss von Art. 6 Rom I-VO) offenbar *Magnus* IPRax 2010, 27, 40 mit Fn. 192; Palandt/*Thorn*, Art. 6 Rom I-VO, Rn. 4. Vgl. zum Ausdruck »unbeschadet« auch BAG DB 2004, 2534.

auch nicht gewollt. Ausweislich des Erwägungsgrundes 32 der Verordnung ist aus Sicht des Verordnungsgebers die Anwendung der Verbraucherschutzbestimmungen auf Versicherungsverträge in der Konzeption der Verordnung nicht vorgesehen. Aufgrund der Besonderheit von Versicherungsverträgen soll der **Schutz von VN durch »besondere Vorschriften«** gewährleistet werden, zu denen Art. 6 Rom I-VO nach Auffassung des Verordnungsgebers offensichtlich nicht gehört (vgl. bereits o. Rdn. 87). Die Verordnungsbegründung bestätigt damit die bereits zur früheren Rechtslage teilweise vertretene Auffassung, nach der versicherungsrechtliches und verbraucherschutzrechtliches Kollisionsrecht Ausdruck grundsätzlich verschiedener, eigenständiger und damit für den jeweiligen Bereich **abschließender Schutzkonzeptionen** seien.[201] Vor allem aufgrund des entstehenden »Rechtsmix« wird eine Ausdehnung des verbraucherkollisionsrechtlichen Günstigkeitsprinzips aus Art. 6 II Rom I-VO auf den Bereich des Versicherungsrechts als ungeeignet abgelehnt.[202]

120 Gegen die letztgenannten Argumente sprechen zwar die Belange des Verbraucherschutzes (vgl. auch Erwägungsgrund 23 Rom I-VO) sowie der Umstand, dass Art. 6 II 2 Rom I-VO lediglich ergänzenden Charakter hat, der die Rechtswahlkonzeption des Art. 7 Rom I-VO selbst nicht berührt;[203] angesichts der Systematik der Vorschriften wird man wohl jedoch de lege lata den Willen des Verordnungsgebers respektieren müssen. Im Zuge der anstehenden Überprüfung der Verordnung (vgl. Art. 27 Rom I-VO) sollte der Verordnungsgeber allerdings für größere Klarheit im Hinblick auf die irritierende Eingangsformulierung des Art. 6 Rom I-VO sorgen, um den in den Erwägungsgründen geäußerten Willen auch legislatorisch umzusetzen.

4. Objektive Anknüpfung (Abs. 3 UAbs. 3)

121 Soweit die Parteien keine Rechtswahl getroffen haben, unterliegt der Vertrag dem **Recht des Mitgliedstaats, in dem das Risiko belegen ist**, Art. 7 III UAbs. 3 Rom I-VO. Die objektive Anknüpfung ist somit im Vergleich zu Art. 8 EGVVG a.F. (bzw. Art. 7 I lit. a) Zweite SchadenRL, Art. 32 I 1 LebenRL) und Art. 11 EGVVG a.F. (bzw. Art. 7 I lit. h) Zweite SchadenRL) vollständig neu ausgestaltet. Die objektive Anknüpfung ist weder grundsätzlich zwingend, noch ist sie von der Unterscheidung zwischen Konvergenz bzw. Divergenz von gewöhnlichem Aufenthalt und Risikobelegenheit abhängig. Inhaltlich bestehen noch Anlehnungen an Art. 11 EGVVG a.F., wobei allerdings die dort maßgebliche Beschränkung auf den Kreis der prinzipiell wählbaren Rechte ebenso wenig übernommen wurde wie die Bezugnahme auf das Recht der engsten Verbindung. Im Rahmen von UAbs. 3 ist allein auf das Merkmal der Risikobelegenheit abzustellen, welches nach Abs. 6 zu beurteilen ist (Rdn. 136). Eine etwaige engere Verbindung zu einer anderen Rechtsordnung bleibt unberücksichtigt. Eine Ausweichklausel nach dem Vorbild des Art. 4 III Rom I-VO existiert im Zusammenhang mit Art. 7 III UAbs. 3 Rom I-VO nicht.

122 Auch im Rahmen der objektiven Anknüpfung sind Rück- und Weiterverweisung ausgeschlossen, Art. 20 Rom I-VO.[204]

123 Maßgeblicher Zeitpunkt für die Bestimmung der Risikobelegenheit ist der **Zeitpunkt des Vertragsschlusses**. Nach Vertragsschluss eintretende Veränderungen der Risikobelegenheit bleiben damit generell außer Betracht. Allerdings ist den Parteien unbenommen, bei Vorliegen oder nachträglichem Eintreten der entsprechenden Voraussetzungen eine nachträgliche Rechtswahl gem. Art. 7 III i.V.m. Art. 3 II 1 Rom I-VO vorzunehmen.[205] – Zur Problematik bei Mehrfachbelegenheit von Risiken vgl. u. Rdn. 135.

V. Pflichtversicherungen (Abs. 4)

1. Überblick/Normzweck

124 Art. 7 IV Rom I-VO stellt zusätzliche Regeln zur Bestimmung des anwendbaren Rechts für Versicherungsverträge auf, soweit darin Risiken gedeckt werden, für die ein Mitgliedstaat eine **Versicherungspflicht** vorschreibt. Die Vorschrift entspricht weitgehend der früheren Regelung aus Art. 8 Zweite SchadenRL bzw. dessen nationaler Umsetzung durch Art. 12 EGVVG a.F. (vgl. Rdn. 305). Die Regelung nimmt Rücksicht auf die mit einer Pflichtversicherung verbundenen gesetzlichen Sonderregelungen in den Mitgliedsstaaten und die spezifischen Umstände und (öffentlichen) Interessen, die der Einrichtung einer Pflichtversicherung zugrunde liegen. Diese Rücksichtnahme drückt sich in der Bevorzugung des Rechts des Mitgliedstaates aus, der die Versicherungspflicht vorschreibt, sofern Widersprüche mit dem Recht des Mitgliedstaats der Risikobelegenheit auftreten, Abs. 4 lit. a) (Rdn. 129). Darüber hinaus wird den Mitgliedsstaaten durch Abs. 4 lit. b) die Befugnis eingeräumt, abweichend von den Kollisionsregeln des Art. 7 II, III Rom I-VO einen Pflichtversicherungsvertrag dem Recht des Mitgliedstaates zu unterwerfen, der die Versicherungspflicht vorschreibt. Von dieser Möglichkeit hat der deutsche Gesetzgeber durch Art. 46c EGBGB Gebrauch gemacht (vgl. u. Rdn. 130).

---

201 Staudinger/*Armbrüster* (2011), Anh zu Art. 7 Rom I-VO Rn. 58; Soergel/*von Hoffmann*, Art. 37 EGBGB Rn. 137; BK/*Dörner*, Art. 7 EGVVG Rn. 20.
202 *Fricke* VersR 2008, 443, 451 f.; vgl. auch *Staudinger* AnwBl. 2008, S. 8, 10.
203 L/W/*Looschelders*, IntVersR Rn. 97.
204 MünchKommBGB/*Martiny*, Art. 20 Rom I-VO Rn. 7.
205 L/W/*Looschelders*, IntVersR Rn. 101.

2. Anwendungsbereich

Seinem Wortlaut nach findet Abs. 4 nur Anwendung, soweit es sich um Versicherungspflichten handelt, die 125
von **Mitgliedstaaten** angeordnet werden. Die Regelung ist damit enger als das frühere Richtlinienrecht, welches seinem Wortlaut nach allgemein auf Staaten Bezug nahm. Damit entspricht der räumliche Anwendungsbereich allerdings der früheren deutschen Umsetzung in Art. 12 EGVVG a.F., der ebenfalls eine Beschränkung auf Mitgliedsstaaten vorsah. Angesichts des eindeutigen Wortlauts des Abs. 4 wird man allerdings die zu Art. 12 EGVVG a.F. vertretene analoge Anwendung der Vorschrift auf Drittstaaten nicht aufrechterhalten können.[206] Eine Ausnahme gilt auch hier für den Bereich der **EWR-Mitgliedstaaten**, die nicht der EU angehören (vgl. o. Rdn. 51).[207]

Dem Wortlaut von Abs. 1 Satz 1 zufolge fallen solche Pflichtversicherungsverträge aus dem Anwendungs- 126
bereich des Art. 7 Rom I-VO heraus, bei denen es sich um Verträge über **Massenrisiken mit Belegenheit außerhalb der Mitgliedsstaaten** handelt.[208] Dies hat zur Konsequenz, dass auf die betreffenden Pflichtversicherungsverträge nur die allgemeinen Regelungen der Art. 3, 4 und 6 Rom I-VO Anwendung finden könnten. Die mit Abs. 4 verfolgte besondere Schutzgarantie würde in dem Fall leerlaufen. Zur Vermeidung dieses Ergebnisses wird eine analoge Anwendung von Abs. 4 auch auf außerhalb der Mitgliedsstaaten belegene Risiken befürwortet.[209] Allerdings ist zu bedenken, dass die besonderen kollisionsrechtlichen Vorschriften für Pflichtversicherungsverträge für diese Risiken bereits unter Art. 8 Zweite SchadenRL ausgeschlossen waren.[210] Der Verordnungsgeber hat mit der Verordnung trotz entsprechender Hinweise diesen Rechtszustand noch einmal bestätigt. Die Annahme einer für den Analogieschluss notwendigen unbewussten, planwidrigen Regelungslücke des Verordnungsgebers erscheint vor diesem Hintergrund kaum zu rechtfertigen. Eine Berücksichtigung der mitgliedsstaatlichen Interessen an der Durchsetzung der Pflichtversicherung lässt sich im Anwendungsbereich der allgemeinen Kollisionsregeln daher allenfalls über Art. 9 Rom I-VO erzielen.[211] Die nationalen Regelungen zur Pflichtversicherung stellen i.d.R. **Eingriffsnormen** i.S.d. Vorschrift dar.[212]

Bei **Mehrfachbelegenheit von Risiken**, für die jeweils gesetzliche Versicherungspflichten der Mitgliedsstaaten 127
bestehen, ist gemäß Art. 7 V Rom I-VO der Vertrag als aus mehreren Verträgen bestehend anzusehen, von denen sich jeder auf jeweils nur einen Mitgliedstaat bezieht. Hier ist also für jedes Teilrisiko getrennt zu prüfen, ob die Anforderungen des jeweiligen Mitgliedsstaats an die Versicherungspflicht erfüllt sind (lit. a), bzw. ob mitgliedsstaatliche Sonderanknüpfungen bestehen (lit. b). Letztere beziehen sich entsprechend nur auf das fragliche Teilrisiko.

3. Versicherungspflicht

Abs. 4 betrifft nur solche Versicherungsverträge, für die ein Mitgliedstaat eine **Versicherungspflicht vor-** 128
schreibt. Erforderlich ist somit, dass die Versicherungspflicht durch öffentlich-rechtliche Vorschriften konstituiert wird. Auch Versicherungspflichten, die auf Gesetzen im materiellen Sinne, z.B. **Standesrecht** beruhen, können hierzu zählen,[213] wenn der formelle Gesetzgeber bei der Überantwortung der Rechtssetzungskompetenz an einen Satzungsgeber (z.B. eine Berufskammer) eine entsprechende Entscheidung für die Einrichtung einer Pflichtversicherung selbst getroffen hat. Die autonome Entscheidung einer satzungsgebenden Körperschaft, im Rahmen der Ausgestaltung allgemeiner Pflichten ihrer Mitglieder eine Pflichtversicherung einzuführen, genügt daher nicht.[214] Versicherungsverträge, die lediglich im Hinblick auf vertragliche Verpflichtungen abgeschlossen werden, werden ebenfalls nicht erfasst. Beispiele für Pflichtversicherungen im deutschen Recht sind die Kfz-Haftpflichtversicherung (§ 1 PflVG), die Berufshaftpflichtversicherungen (z.B. Rechtsanwälte, § 51 BRAO; Wirtschaftsprüfer § 54 WPO; Rechtsdienstleister, § 12 I Nr. 3 RDG; Notare, § 19a BnotO; Steuerberater, § 67 StBerG), aber auch die private Krankenversicherung, § 193 III VVG und die Pflegeversicherung, § 23 SGB XI. Ein Versicherungsvertrag betrifft nur dann eine Pflichtversicherung, wenn tatsächlich eine Versicherungspflicht besteht, d.h., wenn die Voraussetzungen der die Pflichtversicherung vorschreibenden Regelung erfüllt sind.[215] Ein Vertrag, der der Erfüllung einer nur vermeintlich bestehenden Versicherungspflicht dient, wird nicht erfasst.

---

[206] Ebenso *Looschelders/Smarowos* VersR 2010, 1, 7; L/W/*Looschelders*, IntVersR Rn. 106; a.A. P/M/*Armbrüster*, Art. 1 ff. Rom I-VO Rn. 47.
[207] Vgl. auch Rauscher/*Fricke*, Art. 7 Rom I-VO Rn. 24.
[208] *Fricke* VersR 2008, 443, 450; *Looschelders/Smarowos* VersR 2010, 1, 7; *Katschthaler/Leichsenring* r+s 2010, 45, 51.
[209] Ausführlich PWW/*Ehling*, Art. 7 Rom I-VO Rn. 16; P/M/*Armbrüster*, Art. 1 ff. Rom I-VO Rn. 46; *Perner* IPRax 2009, 218, 222.
[210] BK/*Dörner*, Art. 12 EGVVG Rn. 2 und Anh. zu Art. 7–15 EGVVG Rn. 26.
[211] PWW/*Ehling*, Art. 7 Rom I-VO Rn. 16; Rauscher/*Fricke*, Art. 7 Rom I-VO Rn. 26.
[212] PWW/*Ehling*, Art. 7 Rom I-VO Rn. 16.
[213] *Basedow/Drasch* NJW 1991, 785, 794.
[214] Vgl. auch BK/*Hübsch*, § 158b VVG Rn. 4.
[215] L/W/*Looschelders*, IntVersR Rn. 105. Vgl. zur parallelen Situation unter Art. 12 EGVVG a.F. auch BK/*Dörner*, Art. 12 EGVVG Rn. 6.

4. Mitgliedsstaatliche Anforderungen an die Versicherungspflicht (lit. a)

129 Abs. 4 macht durch die Formulierung »zusätzliche Regelungen« deutlich, dass auch für Pflichtversicherungen grundsätzlich die Anknüpfungen nach Abs. 2 und 3 gelten. Dies kann dazu führen, dass das auf den Vertrag anwendbare Recht und das Recht des die Versicherungspflicht vorschreibenden Mitgliedsstaates auseinanderfallen. Abs. 4 lit. a) Satz 1 stellt für diese Fälle klar, dass die Anwendung des anderen Rechts nicht die Anforderungen berührt, die der vorschreibende Mitgliedstaat an die inhaltliche Ausgestaltung des betreffenden Pflichtversicherungsvertrages stellt. Im **Konfliktfall**, d.h. wenn sich das Recht des Mitgliedstaats, in dem das Risiko belegen ist, und dasjenige des Mitgliedstaats, der die Versicherungspflicht vorschreibt, widersprechen, wird nach lit. a) Satz 2 dem letzteren Vorrang eingeräumt. Dies bezieht sich allerdings nur auf die tatsächlichen Anforderungen der Versicherungspflicht. An der Anknüpfung des Vertrages im Übrigen, sei es durch Rechtswahl oder kraft objektiver Anknüpfung, ändert sich nichts. Rechtstechnisch handelt es sich daher bei lit. a) nicht um eine Kollisionsnorm im engeren Sinne.[216]

5. Mitgliedsstaatliche Sonderanknüpfungen (lit. b)

130 Abs. 4 lit. b) ermöglicht es den Mitgliedsstaaten für Pflichtversicherungen die Anwendung des Rechts des die Versicherungspflicht vorschreibenden Mitgliedsstaats festzulegen. In diesem Fall scheidet die Anknüpfung des Pflichtversicherungsvertrags nach Art. 7 II, III Rom I-VO aus.

131 Der deutsche Gesetzgeber hat durch Art. 1 des Gesetzes zur Anpassung der Vorschriften des Internationalen Privatrechts an die Verordnung (EG) Nr. 539/08 von dieser Ermächtigung Gebrauch gemacht und **Art. 46c EGBGB** in einen neuen Unterabschnitt des EGBGB zur Durchführung der Rom I-VO eingefügt.[217] Die Vorschrift entspricht mit kleinen Abweichungen der früheren Regelung aus Art. 12 I und II EGVVG a.F. (Rdn. 305 ff.). Die frühere Regelung zur Mehrfachbelegenheit aus Art. 12 III EGVVG a.F. wird nunmehr von der allgemeinen Regelung zur Mehrfachbelegenheit in Abs. 5 erfasst (Rdn. 135).

132 Art. 46c I EGBGB beruft die Rechtsordnung des EU/EWR-Mitgliedsstaates zur Anwendung, der die Versicherungspflicht vorschreibt. Damit steht diese Anordnung unter der Bedingung, dass dieser Staat sein eigenes Recht auch angewendet wissen will.[218] Dadurch soll dem Charakter von Art. 7 IV lit. b) Rom I-VO als Ausnahmeregelung Rechnung getragen werden. Eine Abweichung von den allgemeinen Anknüpfungsregeln ist nicht angezeigt, wenn der betreffende Mitgliedstaat eine Anwendung der eigenen Vorschriften auf den Pflichtversicherungsvertrag selbst für nicht notwendig hält. In dem Fall bleibt es bei der allgemeinen Anknüpfung nach Art. 7 II und III Rom I-VO und der Ergänzung durch Art. 7 IV lit. a) Rom I-VO.[219]

133 Art. 46c II EGBGB ordnet entsprechend zu Art. 46c I die **Anwendung deutschen Rechts** auf einen Pflichtversicherungsvertrag an, wenn die gesetzliche Verpflichtung zum Abschluss des Pflichtversicherungsvertrages auf deutschem Recht beruht. Im Gegensatz zur früheren Regelung in Art. 12 II 2 EGVVG a.F. enthält die Vorschrift allerdings keinen Vorbehalt zur Berücksichtigung anderweitiger Regelungen (vgl. Rdn. 311).

6. Konkurrierende Versicherungspflichten

134 Problematisch sind Fälle, in denen für ein und dasselbe Risiko parallel mehrere **konkurrierende Versicherungspflichten** in verschiedenen Mitgliedsstaaten bestehen. Hier stellt sich die Frage, nach welcher Rechtsordnung die Anforderungen an die Versicherungspflicht nach Abs. 4 lit. a) zu bemessen sind bzw. die Sonderanknüpfung welches Staates nach Abs. 4 lit. b) zu berücksichtigen ist. Die hier bestehende Normenkollision[220] ist dahingehend aufzulösen, dass unter Heranziehung allgemeiner Grundsätze auf das Recht des Staates abzustellen ist, zu dem der in Frage stehende Vertrag die **engste Verbindung** aufweist.[221] Auch wenn die Gefahr besteht, dass Schutzinteressen der nicht berücksichtigten Mitgliedsstaaten unterlaufen werden, stellt dies im Vergleich zu einer kumulativen Anwendung nationaler Vorschriften oder der Bestimmung der nationalen Vorschrift mit den höchsten Anforderungen die praktikablere Lösung dar.[222]

---

216 PWW/*Ehling*, Art. 7 Rom I-VO Rn. 13; L/W/*Looschelders*, IntVersR Rn. 107; vgl. auch Rauscher/*Fricke*, Art. 7 Rom I-VO Rn. 25.
217 Art. 46c EGBGB lautet:
»*Artikel 46c Pflichtversicherungsverträge*
(1) Ein Versicherungsvertrag über Risiken, für die ein Mitgliedstaat der Europäischen Union oder ein anderer Vertragsstaat des Abkommens über den Europäischen Wirtschaftsraum eine Versicherungspflicht vorschreibt, unterliegt dem Recht dieses Staates, sofern dieser dessen Anwendung vorschreibt.
(2) Ein über eine Pflichtversicherung abgeschlossener Vertrag unterliegt deutschem Recht, wenn die gesetzliche Verpflichtung zu seinem Abschluss auf deutschem Recht beruht.«
218 Begr. RegE BT-Drs. 16/12104, S. 10; *Martiny* RIW 2009, 737, 751.
219 Begr. RegE BT-Drs. 16/12104, S. 10; krit. zu der Regelung Rauscher/*Fricke*, Art. 7 Rom I-VO Rn. 25.
220 BK/*Dörner*, Art. 12 EGVVG Rn. 11.
221 L/W/*Looschelders*, IntVersR Rn. 113; *Reichert-Facilides*, Aspekte, S. 86; P/M/*Armbrüster*, Art. 1 ff. Rom I-VO Rn. 56.
222 L/W/*Looschelders*, IntVersR Rn. 113.

VI. Mehrfachbelegenheit (Abs. 5)

Art. 7 V Rom I-VO enthält für die objektive Anknüpfung bei Massenrisiken (Abs. 3 Satz 3) und im Hinblick auf Pflichtversicherungen (Abs. 4) eine Regelung für die Behandlung von Versicherungsverträgen, die Risiken decken, die in mehr als einem Mitgliedstaat belegen sind. Die Vorschrift ordnet eine **Spaltung des Vertragsstatuts** an. Der Vertrag wird im Hinblick auf jedes einzelne Risiko als eigenständiger Vertrag betrachtet und angeknüpft. Dies gilt im Zusammenhang mit Pflichtversicherungen sowohl im Hinblick auf die Prüfung, ob die Anforderungen des jeweiligen Mitgliedsstaats an die Versicherungspflicht erfüllt sind (Abs. 4 lit. a), Rdn. 129) als auch im Hinblick auf das Bestehen mitgliedstaatlicher Sonderanknüpfungen (lit. b), Rdn. 130).). Abs. 5 sieht dabei **keine Ausweichmöglichkeit**, insbesondere keine Berücksichtigung des Vertragsschwerpunkts vor.[223] Der regelmäßig unerwünschten und für die Parteien nicht unbedingt vorteilhaften Vertragsspaltung lässt sich nur durch die Vereinbarung einer entsprechenden Rechtswahl begegnen.[224]

135

VII. Risikobelegenheit (Abs. 6)

1. Begriff und Funktion

Der bereits unter der Geltung des EGVVG zentrale Begriff der Risikobelegenheit behält auch unter der Rom I-VO seine Bedeutung bei. Im Gegensatz zur früheren Rechtslage (vgl. Rdn. 233) wird das Merkmal der Risikobelegenheit aufgrund des nunmehr einheitlichen Kollisionsnormenregimes zwar nicht mehr zur Abgrenzung der verschiedenen Regelungssysteme benötigt. Dennoch behält der Begriff eine **Abgrenzungsfunktion** bei. Wie Art. 7 I Rom I-VO zu entnehmen ist, eröffnet erst das Kriterium der Risikobelegenheit in einem Mitgliedstaat den Anwendungsbereich der Vorschrift, soweit nicht auf Großrisiken bezogene Versicherungsverträge betroffen sind.

136

Die Bedeutung der Risikobelegenheit ist nicht nur auf die Festlegung des Anwendungsbereichs beschränkt. Der Begriff der Risikobelegenheit hat daneben auch entscheidende Bedeutung im Rahmen der verschiedenen Kollisionsnormen. So bildet die Risikobelegenheit in Abs. 3 UAbs. 1 lit. a), lit. d) und lit. e), Abs. 3 UAbs. 3, Abs. 4 lit. a) sowie Abs. 5 jeweils ein maßgebliches Anknüpfungs- bzw. Tatbestandsmerkmal für die Ermittlung des anwendbaren Rechts. Der Risikobelegenheit kommt somit nach wie vor eine **Doppelfunktion** zu.[225]

137

Der »Kunstbegriff«[226] der Risikobelegenheit ist für sich allein betrachtet nur wenig aussagekräftig. Es handelt sich nicht wie beispielsweise bei der Belegenheit eines Grundstücks um ein rein tatsächliches Anknüpfungsmerkmal. Der Begriff der Risikobelegenheit wird vielmehr durch gesetzgeberische **Wertentscheidungen** ausgefüllt.[227] Die Bestimmung des Begriffs der Risikobelegenheit nimmt ihren Ausgangspunkt in Abs. 6. Bedauerlicherweise hat sich der europäische Gesetzgeber darauf beschränkt, lediglich kryptisch auf die in den Richtlinien enthaltenen Definitionen zu verweisen. Im Interesse der Rechtsanwender wäre es vorzuziehen gewesen, die Vorschriften der Richtlinien in die Rom I-VO zu überführen. Die Verweisungen beziehen sich auf Art. 2 lit. d) Zweite SchadenRL (Mitgliedsstaat der Risikobelegenheit) sowie auf Art. 1 I lit. g) (Mitgliedsstaat der Verpflichtung) der konsolidierten LebenRL; beide Richtlinien sind zwischenzeitlich aufgehoben; die Verweisungen sind nunmehr als Verweis auf Art. 13 Nr. 13 und 14 Solvabilität II-RL[228] zu lesen, vgl. Art. 310 Solvabilität II-RL.

138

Abs. 6 enthält keinen Hinweis darauf, welcher **Zeitpunkt** bei der Bestimmung der Risikobelegenheit maßgeblich sein soll. Dies ist insofern problematisch, als die Risikobelegenheit aufgrund der Bezugnahme auf ver-

139

---

223 Kritisch dazu *Fricke* VersR 2008, 443, 449.
224 So auch L/W/*Looschelders*, IntVersR Rn. 114; Rauscher/*Fricke*, Art. 7 Rom I-VO Rn. 45.
225 So zur früheren Rechtslage *Gruber*, IVVR, S. 21; BK/*Dörner*, Art. 7 EGVVG Rn. 2.
226 *Gruber*, IVVR, S. 21.
227 MünchKommBGB/*Martiny*, Art. 7 Rom I-VO Rn. 47; vgl. auch BK/*Dörner*, Art. 7 EGVVG Rn. 14.
228 Art. 13 Nr. 13 und 14 Solvabilität II-RL lauten:
»Für die Zwecke dieser Richtlinie bezeichnet der Ausdruck [...]
13. ›Mitgliedstaat, in dem das Risiko belegen ist‹ einen der nachfolgend genannten Mitgliedstaaten:
a) bei der Versicherung entweder von Gebäuden oder von Gebäuden und den darin befindlichen Sachen, sofern diese durch den gleichen Versicherungsvertrag gedeckt sind, den Mitgliedstaat, in dem die Immobilien belegen sind;
b) bei der Versicherung von zugelassenen Fahrzeugen aller Art den Zulassungsmitgliedstaat;
c) bei einem höchstens viermonatigen Vertrag zur Versicherung von Reise- oder Ferienrisiken ungeachtet des betreffenden Zweigs den Mitgliedstaat, in dem der Versicherungsnehmer den Vertrag geschlossen hat;
d) in allen nicht ausdrücklich in Buchstaben a, b oder c genannten Fällen den Mitgliedstaat, in dem Folgendes belegen ist:
i) der gewöhnliche Aufenthaltsort des Versicherungsnehmers; oder
ii) wenn der Versicherungsnehmer eine juristische Person ist, die Niederlassung dieses Versicherungsnehmers, auf die sich der Vertrag bezieht;
14. ›Mitgliedstaat der Verpflichtung‹ den Mitgliedstaat, in dem Folgendes belegen ist:
a) der gewöhnliche Aufenthaltsort des Versicherungsnehmers; oder
b) wenn der Versicherungsnehmer eine juristische Person ist, die Niederlassung dieses Versicherungsnehmers, auf die sich der Vertrag bezieht;«.

änderbare Merkmale, wie beispielsweise den gewöhnlichen Aufenthalt, Art. 13 Nr. 13 lit. d) Solvabilität II-RL, während des Vertrages selbst Veränderungen unterworfen sein kann. Stellte man hier auf die jeweilige Tatsachenlage ab, würde dies also Statutenwechsel zur Folge haben, die gerade bei Versicherungsverträgen im Hinblick auf drohende Rechtsunsicherheit und Störungen des regelmäßig auf eine Rechtsordnung abgestimmten Regelungsgefüges allgemeiner Versicherungsbedingungen besser vermieden werden sollten.[229] Aus diesem Grund wird daher – wie auch zur früheren Rechtslage – für die Bestimmung der Risikobelegenheit auf die Tatsachenlage zum **Zeitpunkt des Vertragsschlusses** abgestellt.[230] Spätere Änderungen der Risikobelegenheit bleiben damit im Hinblick auf Art. 7 Rom I-VO ohne Auswirkungen.[231]

2. Gebäudeversicherung (Art. 13 Nr. 13 lit. a) Solvabilität II-RL)

140 Für die Versicherung von Gebäuden oder – sofern durch die gleiche Versicherungspolice gedeckt – von Gebäuden und den darin befindlichen Sachen definiert Art. 13 Nr. 13 lit. a) Solvabilität II-RL den Staat der Belegenheit der Sache zugleich als Staat der Risikobelegenheit. Von der Vorschrift umfasst sind daher in erster Linie alle mit Gebäuden in Zusammenhang stehenden Versicherungen. Neben **Gebäudesach-** und **Gebäudehaftpflichtversicherungen** ist hier auch an **Gebäuderechtsschutzversicherungen** zu denken.[232]

141 Der Begriff des »Gebäudes« ist unionsautonom auszulegen. Klarzustellen ist dabei, dass trotz des Wortlauts von Art. 13 Nr. 13 lit. a) Solvabilität II-RL (übernommen aus Art. 2 lit. d) Zweite SchadenRL) nicht nur *Gebäude*versicherungen, sondern – wie im Rahmen von Art. 7 EGVVG a.F. – generell Versicherungsverträge über **unbewegliche Sachen** umfasst werden.[233] Wie ein Vergleich der verschiedenen Sprachversionen der Richtlinie vermuten lässt, ist es bei der Übersetzung der ursprünglichen französischen Fassung der Richtlinie[234] zu Ungenauigkeiten bei der Übertragung des Begriffs »immeubles« gekommen. Dieser lässt sich zwar durchaus mit »Gebäude« übersetzen, er erhält aber im juristischen Zusammenhang die Bedeutung der unbeweglichen Sache (vgl. Art. 516 ff. Code Civil). Entsprechend finden sich in den unterschiedlichen Sprachfassungen teils Bezugnahmen auf »Gebäude«, teils Bezugnahmen auf »unbewegliche Sachen«.[235]

142 Dieser Widerspruch der unterschiedlichen Sprachversionen der Richtlinie, der bislang durch die »richtige« Umsetzung in nationales Recht korrigiert wurde, ist nach den vom EuGH entwickelten Regeln aufzulösen. Aufgrund der Gleichwertigkeit der verschiedenen Sprachfassungen des europäischen Rechts verbietet sich zwar die naheliegende einseitige Bevorzugung einer – hier der französischen – Sprachfassung.[236] Weichen jedoch die verschiedenen Sprachfassungen einer unionsrechtlichen Vorschrift voneinander ab, so muss die fragliche Vorschrift nach der allgemeinen Systematik und dem Zweck der Regelung ausgelegt werden, zu der sie gehört.[237] Vorliegend ist für die Wahl des Versicherungsstatuts der Belegenheit der Sache die **eindeutige, unverrückbare örtliche Zuordnung** des versicherten Gegenstands maßgeblich. Dieses Charakteristikum zeichnet aber nicht nur Gebäude i.S. eines Bauwerks, das dem Schutz von Menschen, Tieren oder Sachen dient, sondern in gleichem Maße auch unbebaute Grundstücke sowie ortsfeste Bauwerke und Anlagen aus.

143 Soweit sich eine auf unbewegliche Sachen bezogene Versicherung zugleich auch auf **bewegliche Sachen** erstreckt (z.B. kombinierte Gebäude-/Inventarversicherung), werden diese zur Vermeidung einer Vertragsspaltung ebenfalls von Buchst. a) erfasst.[238] Umgekehrt ist eine vom Gebäude getrennte Feststellung der Risikobelegenheit notwendig, wenn die beweglichen Sachen Gegenstand eines separaten Versicherungsvertrages sind (z.B. Hausratversicherung). Hier besteht kein Grund, beide Verträge dem gleichen Versicherungsvertragsstatut zu unterwerfen.[239]

---

229 Eingehend *Imbusch* VersR 1993, 1059, 1062; ebenso *Gruber*, IVVR, S. 19 f.
230 Staudinger/*Armbrüster* (2011), Vorbem. zu Art. 7 Rom I-VO Rn. 29; Rauscher/*Fricke*, Art. 7 Rom I-VO Rn. 50. Vgl. zur Art. 7 EGVVG a.F. BK/*Dörner*, Art. 7 EGVVG Rn. 12; *Gruber*, IVVR, S. 19 f.; *Imbusch* VersR 1993, 1059, 1062.
231 L/W/*Looschelders*, IntVersR Rn. 35; Rauscher/*Fricke*, Art. 7 Rom I-VO Rn. 50; Staudinger/*Armbrüster* (2011), Vorbem. zu Art. 7 Rom I-VO Rn. 29.
232 *Gruber*, IVVR, S. 24.
233 Allg. M., vgl. Rauscher/*Fricke*, Art. 7 Rom I-VO Rn. 52; L/W/*Looschelders*, IntVersR Rn. 39.
234 *Basedow/Drasch* NJW 1991, 785, 788.
235 Der Begriff »Gebäude« findet sich u.a. in der englischen (»building«), schwedischen (»byggnad«), estnischen (»hooneid«) und rumänischen (»clădiri«) Sprachfassung. Dagegen entsprechen u.a. die Begriffe in der niederländischen (»onroerend goed«), dänischen (»fast ejendom«), griechischen (»ακίνητα«) und italienischen (»beni immobili«, vgl. Art. 812 Codice Civile) Version dem deutschen Verständnis der unbeweglichen Sache.
236 EuGH, Urt. vom 07.12.1995, C-449/93 (Rockfon), Slg. 1995, I-4291; Urt. vom 02.04.1998, C-296/95 (EMU Tabac u.a.), Slg. 1998, I-1605; Urt. vom 08.12.2005, C-280/04 (Jyske Finans), Slg. 2005, I-10683; Urt. vom 03.04.2008, C-187/07 (Endendijk), Slg. 2008, I-2115.
237 EuGH, Urt. vom 09.03.2000, C-437/97 (EKW und Wein & Co), Slg. 2000, I-1157; Urt. vom 01.04.2004, C-1/02 (Borgmann), Slg. 2004, I-3219.
238 Rauscher/*Fricke*, Art. 7 Rom I-VO Rn. 52; Ferrari/*Staudinger*, Int.VertragsR, Art. 7 Rom I-VO Rn. 63.
239 MünchKommBGB/*Martiny*, Art. 7 Rom I-VO Rn. 49; Soergel/*von Hoffmann*, Art. 37 EGBGB Rn. 78; *Gruber*, IVVR, S. 28.

3. Versicherung von zugelassenen Fahrzeugen aller Art (Art. 13 Nr. 13 lit. b) Solvabilität II-RL)

Für die Beurteilung der Risikobelegenheit von zugelassenen Fahrzeugen aller Art ist gem. Art. 13 Nr. 13 lit. b) Solvabilität II-RL auf den Staat abzustellen, in dem die Zulassung erfolgt. Von dieser Regelung erfasst werden nicht nur **Kfz-Versicherungen** (Haftpflicht, Unfall, Kasko, Verkehrsrechtsschutz), sondern alle Versicherungen, die sich auf **Land-, Luft- oder Wasserfahrzeuge**[240] beziehen.

Im Gegensatz zur früheren deutschen Umsetzung der Richtlinie in Art. 7 EGVVG a.F. bleibt der Begriff der **Zulassung** im Richtlinientext selbst unklar. Die Auslegung des Begriffs im Vergleich mit den verschiedenen Sprachversionen der Richtlinie macht deutlich, dass nicht das Element der Zulassung i.S. einer Erlaubnis der Inbetriebnahme im Verkehr, sondern vielmehr die **Registrierung** des Fahrzeugs in einem staatlichen Register und die damit verbundene eindeutige Zuordnung des Fahrzeugs zu einer Rechtsordnung maßgeblich sind. Dieses Verständnis entspricht dem Zweck der Richtlinie, dem Fahrzeug eine »rechtliche Heimat« zu geben und dadurch Statutenwechsel bei Grenzüberschreitung zu vermeiden.[241]

Eine Abweichung zur früheren Rechtslage ergibt im Hinblick auf Fahrzeuge, für die **keine Registrierungspflicht** besteht. Während Art. 7 EGVVG a.F. eine Pflicht zur Eintragung voraussetzte (»einzutragen sind«), lässt sich dieses Merkmal aus dem Wortlaut der Richtlinie nicht herauslesen.[242] Eine derartige Beschränkung erscheint auch im Hinblick auf den Zwecke der Richtlinie nicht zwingend. Soweit das nationale Recht die freiwillige, amtliche Registrierung eines Fahrzeugs unter Vergabe eines eindeutigen Kennzeichens ermöglicht, ist die Gewähr für eine dauerhafte Zuordnung des Fahrzeugs zu der Rechtsordnung des registrierenden Staates gegeben.

Unklar ist, ob die ergänzende Regelung zur Risikobelegenheit in Art. 15 I Kraftfahrzeug-Haftpflichtversicherungs-RL[243] im Rahmen der Bestimmung der Risikobelegenheit nach Art. 7 VI Rom I-VO zu berücksichtigen ist. Die Regelung sieht für den Bereich nicht schienengebundener Landkraftfahrzeuge mit eigenem Antrieb eine gegenüber Art. 13 Nr. 13 lit. b) Solvabilität II-RL (fr. Art. 2 lit. d) 2. Sp. Zweite SchadenRL) abweichende Bestimmung der **Risikobelegenheit bei Überführungsfällen** vor: Wird ein Fahrzeug von einem Mitgliedstaat in einen anderen überführt, soll während eines Zeitraums von 30 Tagen nach Abnahme des Fahrzeugs durch den Käufer der Bestimmungsmitgliedstaat als der Mitgliedstaat der Risikobelegenheit anzusehen sein; dies gilt auch dann, wenn das Fahrzeug im Bestimmungsmitgliedstaat nicht offiziell zugelassen wurde. Hintergrund dieser – eigentlich versicherungsaufsichtsrechtlichen[244] – Regelung ist es, einem Versicherungsunternehmen des Bestimmungsstaates für einen beschränkten Zeitraum die Deckung des im Ausfuhrstaat belegenen Risikos zu erlauben, ohne dass es die in den Richtlinien über den freien Dienstleistungsverkehr genannten Voraussetzungen erfüllen muss. Dies soll dem Käufer einen erleichterten Zugang zu Versicherungsschutz bieten und ihm ermöglichen, das Fahrzeug innerhalb des genannten Zeitraums einzuführen und zuzulassen.[245]

Der deutsche Gesetzgeber hat sich veranlasst gesehen, diese abweichende Regelung der Risikobelegenheit bei Überführungsfällen auch kollisionsrechtlich zu interpretieren, um diesen Ausnahmefall auch bei der Bestimmung des anwendbaren Rechts berücksichtigen zu können.[246] Entsprechend wurde die Regelung im Jahr 2007 durch eine Ergänzung von Art. 7 I Nr. 2 EGVVG a.F. in das deutsche Kollisionsrecht aufgenommen.[247]

Art. 7 VI Rom I-VO hingegen verweist hinsichtlich der Risikobelegenheit allein auf Art. 2 lit. d) Zweite SchadenRL ohne Art. 15 I Kraftfahrzeug-Haftpflichtversicherungs-RL einzubeziehen. Da Art. 15 I Kraftfahrzeug-Haftpflichtversicherungs-RL ausweislich der Kommissionsbegründung keine unmittelbar kollisionsrechtliche Bedeutung beigemessen wurde und auch methodisch die Einbeziehung einer derartigen Drittregelung in die Rom I-VO nicht darstellbar erscheint, gilt für die Überführungsfälle unter der Rom I-VO keine abweichende Regelung der Risikobelegenheit.[248] Dies ist allerdings insoweit ein misslicher Zustand, als Versicherungsverträge zur Überführung eines Fahrzeugs regelmäßig nicht dem sachnächsten Recht unterstellt sind. Mit dem

---

240 Vertiefend *Mankowski*, Seerechtliche Vertragsverhältnisse, 1995, S. 535 ff.
241 *Fricke* VersR 1994, 773, 775; *Imbusch* VersR 93, 1059, 1060; MünchKommBGB/*Martiny*, Art. 7 Rom I-VO Rn. 50.
242 A.A. offenbar L/W/*Looschelders*, IntVersR Rn. 41; Rauscher/*Fricke*, Art. 7 Rom I-VO Rn. 53; Ferrari/*Staudinger*, Int. VertragsR, Art. 7 Rom I-VO Rn. 65.
243 Richtlinie 2009/103/EG des europäischen Parlaments und des Rates vom 16. September 2009 über die Kraftfahrzeug-Haftpflichtversicherung und die Kontrolle der entsprechenden Versicherungspflicht (ABl. L 263 v. 07.10.2009, S. 11–31) (kodifizierte Fassung der Ersten bis Fünften Kfz-Haftpflicht-Richtlinie). Art. 15 I lautet: »Abweichend von Artikel 2 Buchstabe d zweiter Gedankenstrich der Richtlinie 88/357/EWG ist bei einem Fahrzeug, das von einem Mitgliedstaat in einen anderen versandt wird, während eines Zeitraums von dreißig Tagen unmittelbar nach der Annahme der Lieferung durch den Käufer der Bestimmungsmitgliedstaat als der Mitgliedstaat anzusehen, in dem das Risiko belegen ist, selbst wenn das Fahrzeug im Bestimmungsmitgliedstaat nicht offiziell zugelassen wurde«.
244 Vgl. § 57 III VAG n.F.
245 Vgl. Begründung der Kommission zur 5. Kraftfahrzeug-Haftpflichtversicherungs-RL, KOM (2002) 244 endg. v. 07.06.2002, S. 15.
246 BT-Drucks. 16/5551 S. 9.
247 Art. 3 des Zweiten Gesetzes zur Änderung des Pflichtversicherungsgesetzes und anderer versicherungsrechtlicher Vorschriften vom 10.12.2007, BGBl. 2007 I, S. 2833.
248 Für eine Berücksichtigung allerdings wohl MünchKommBGB/*Martiny*, Art. 7 Rom I-VO Rn. 50 mit Fn. 174.

Versicherungsunternehmen im Bestimmungsstaat, dem Käufer/VN im Bestimmungsstaat und dem künftigen Zulassungsstaat des versicherten Kraftfahrzeugs weisen alle Elemente auf den Bestimmungsstaat, während Art. 13 Nr. 13 lit. b) Solvabilität II-RL nach wie vor die Risikobelegenheit im ursprünglichen Zulassungsstaat festschreibt. Im Rahmen der Überprüfung der Verordnung nach Art. 27 Rom I-VO ist hier an eine Anpassung zu denken.

4. Reise- und Ferienrisiken (Art. 13 Nr. 13 lit. c) Solvabilität II-RL)

150 Bei einem Versicherungsvertrag über Reise- und Ferienrisiken über die Laufzeit von maximal vier Monaten richtet sich die Belegenheit des Risikos gem. Art. 13 Nr. 13 lit. c) Solvabilität II-RL nach dem Mitgliedstaat, in dem der VN den Vertrag geschlossen hat. Unter Reise- und Ferienrisiken sind dabei die typischerweise mit einer Urlaubsreise verbundenen Risiken zu verstehen. Auf den Versicherungszweig kommt es nach dem Wortlaut der Richtlinie nicht an. Erfasst werden somit **Reisegepäck-, Reisekranken-, Reiseunfall-, Reiserücktrittskosten-** und **Reiseabbruchversicherungen**. Auch die **Schutzbriefe** (Verkehrsservice-Versicherungen) können dazu zählen, wenn diese für die Reise abgeschlossen werden und die Laufzeit von vier Monaten nicht überschreiten.[249]

151 Mitgliedstaat der Risikobelegenheit ist der Staat, in dem der VN den Vertrag geschlossen hat. Darunter ist – wie unter der früheren Regelung nach Art. 7 II Nr. 3 EGVVG a.F. – der Ort zu verstehen, an dem der VN die zum Abschluss des Vertrages **erforderlichen Rechtshandlungen** vorgenommen hat, d.h. in dem der VN sein Angebot abgegeben oder die Annahme des Versicherungsvertrages erklärt hat.[250] Dies kann zu Problemen führen, wenn der VN diese Rechtshandlung nicht im Staat seines gewöhnlichen Aufenthaltes, sondern während der Reise in einem anderen Staat vornimmt (z.B. Abschluss der Versicherung am Automaten oder via Internet beim Umsteigen im Flughafen).[251] Hier ist die Gefahr groß, dass durch das Abstellen auf die Vertragsschlusshandlung ein mehr oder weniger zufälliger Ort zum Ort der Risikobelegenheit und damit zur Grundlage der Anknüpfung gemacht wird. In derartigen Fällen widersprechen die nach Buchst. c) erzielten Ergebnisse dem kollisionsrechtlichen Prinzip der engsten Verbindung.[252]

152 Teilweise ist versucht worden, dieser Problematik durch teleologische Reduktion der Vorschrift auf Verträge unter Anwesenden[253], durch die Behandlung der Vorschrift als widerlegliche Vermutung[254] oder durch die Einbeziehung von Vorbereitungshandlungen[255] zu begegnen. Diese Vorschläge können jedoch kaum überzeugen, da sie den Anwendungsbereich der Vorschrift bis zur Bedeutungslosigkeit einschränken, keine Stütze im Gesetz finden oder zu Lasten der Rechtssicherheit gehen.[256] Angesichts des klaren Wortlauts der Richtlinie wird man das zufällige Ergebnis daher hinnehmen müssen.

5. Sonstige Versicherungen (Art. 13 Nr. 13 lit. d), Nr. 14 Solvabilität II-RL)

a) Überblick

153 Für den Bereich der Nicht-Lebensversicherungen enthält Art. 13 Nr. 13 lit. d) Solvabilität II-RL im Hinblick auf die Risikobelegenheit eine **Auffangregel** für alle nicht unter den ersten drei Buchstaben geregelten Versicherungen. Dies betrifft somit den Bereich der **Unfall- und Krankenversicherungen, Haftpflichtversicherungen, Transportversicherungen, Kredit- und Kautionsversicherungen**, Versicherungen zur Deckung verschiedener finanzieller Verluste sowie Rechtsschutzversicherungen. Mitgliedstaat der Risikobelegenheit ist der Staat des gewöhnlichen Aufenthalts des VN bzw., wenn es sich bei dem VN um eine juristische Person handelt, der Mitgliedstaat des Ortes der Niederlassung, auf die sich der Vertrag bezieht. Für den Bereich der **Lebensversicherungen** ist der Ort der Risikobelegenheit der Mitgliedstaat der Verpflichtung. Dessen Bestimmung erfolgt gemäß Art. 13 Nr. 14 Solvabilität II-RL anhand derselben Kriterien wie bei der inhaltsgleichen Regelung in Nr. 13 lit. d) Solvabilität II-RL. Abzustellen ist in beiden Fällen immer auf den VN selbst, nicht auf einen von diesem evtl. abweichenden Bezugsberechtigten.[257]

b) VN ist natürliche Person

154 Handelt es sich bei dem VN um eine natürliche Person, ist der Mitgliedstaat der Risikobelegenheit der Mitgliedstaat, in dem der VN seinen **gewöhnlichen Aufenthalt** hat. Unter gewöhnlichem Aufenthalt ist dabei

---

249 L/W/*Looschelders*, IntVersR Rn. 43.
250 Staudinger/*Armbrüster* (2011), Vorbem. zu Art. 7 Rom I-VO Rn. 20 f.
251 Rauscher/*Fricke*, Art. 7 Rom I-VO Rn. 54; Staudinger/*Armbrüster* (2011), Vorbem. zu Art. 7 Rom I-VO Rn. 21; *Gruber*, IVVR, S. 43; *Hübner* ZVersWiss 2001, 351, 370.
252 *Reichert-Facilides* IPRax 1990, 1, 7; *Gruber*, IVVR, S. 39 ff.; Staudinger/*Armbrüster* (2011), Vorbem. zu Art. 7 Rom I-VO Rn. 21.
253 *Reichert-Facilides* IPRax 1990, 1, 7.
254 *Basedow/Drasch* NJW 1991, 785, 787.
255 *Gruber*, IVVR, S. 41 ff.
256 Staudinger/*Armbrüster* (2011), Vorbem. zu Art. 7 Rom I-VO Rn. 21; Soergel/*von Hoffmann*, Art. 37 EGBGB Rn. 78; BK/*Dörner*, Art. 7 EGVVG Rn. 20.
257 BK/*Dörner*, Art. 7 EGVVG Rn. 24; *Gruber*, IVVR, S. 46.

der Ort zu verstehen, an dem sich eine Person nicht nur vorübergehend aufhält und an dem sie ihren **Daseinsmittelpunkt**, d.h., den Schwerpunkt ihrer Lebensverhältnisse hat.[258] Auf die Staatsangehörigkeit des VN kommt es ebenso wenig an, wie auf dessen Wohnsitz.[259] Ist kein gewöhnlicher Aufenthaltsort zu ermitteln, ist auf den **schlichten Aufenthalt** abzustellen.[260]

Unklar ist die Situation bei natürlichen Personen, die im Rahmen der Ausübung ihrer **beruflichen Tätigkeit** 155
handeln. Hier wäre aufgrund vergleichbarer Interessenlage eine dem Recht der juristischen Personen entsprechende Anknüpfung an den Ort der Niederlassung, auf den sich der Versicherungsvertrag bezieht, einer Anknüpfung an den gewöhnlichen Aufenthalt vorzuziehen. Jedoch verbietet sich angesichts des klaren Wortlauts der Richtlinie eine analoge Anwendung der für juristische Personen geltenden Regelung auf natürliche Personen. Einen Ausweg könnte in diesem Zusammenhang ein Rückgriff auf Art. 19 Rom I-VO bieten.[261] Nach dieser Vorschrift ist für die Zwecke der Verordnung der gewöhnliche Aufenthalt einer natürlichen Person, die im Rahmen der Ausübung ihrer beruflichen Tätigkeit handelt, der Ort ihrer Hauptniederlassung (Art. 19 I UAbs. 2 Rom I-VO); bezieht sich der Vertrag auf eine Zweigniederlassung, so ist der Ort dieser Niederlassung als Ort des gewöhnlichen Aufenthalts anzusehen (Art. 19 II Rom I-VO). Bezieht man die Vorschrift in die Auslegung der Richtlinie ein, gelangt man zu der gewünschten Anknüpfung an den Ort der Niederlassung auch für gewerblich oder freiberuflich tätige natürliche Personen.[262] Allerdings bestehen Zweifel, inwieweit eine solche Interpretation mit der Systematik der Verordnung, insbesondere im Hinblick auf die unterschiedlichen Entstehungszeitpunkte von Richtlinien und Verordnung, vereinbar ist.[263] Hier sollte im Rahmen der Überprüfung der Verordnung nach Art. 27 Rom I-VO eine Klarstellung durch den europäischen Verordnungsgeber erfolgen.

c) VN ist keine natürliche Person

Ist der Versicherer eine juristische Person, so ist der Mitgliedsstaat der Risikobelegenheit der Mitgliedsstaat, 156
in dem sich die **Niederlassung** befindet, **auf die sich der Versicherungsvertrag bezieht**. Zu beachten ist, dass der Begriff der »juristischen Personen« nicht auf juristische Personen im deutschen Verständnis des Wortes zu beschränken ist, sondern auch (teil-)rechtsfähige und nicht rechtsfähige **Personenmehrheiten** (KG, OHG, BGB-Gesellschaft, Partnerschaftsgesellschaft, Erbengemeinschaft, nichtrechtsfähiger Verein usw.) erfasst. Dies entspricht auch der früheren Umsetzung der Richtlinie in Art. 7 II EGVVG a.F., in der die Formulierung »keine natürliche Person« gewählt wurde. Hintergrund der aus deutscher Sicht unklaren Formulierung ist der französische Einfluss bei der Gestaltung der Richtlinie. Die Funktion des Begriffs der juristischen Person (»personne morale«), der im französischen Recht als Gegenbegriff zur natürlichen Person verstanden wird und somit auch Personenmehrheiten erfasst, ging mit der wortgetreuen Übersetzung des Begriffs in der deutschen Fassung verloren.[264]

Die Niederlassung, auf die sich der Versicherungsvertrag bezieht, muss nicht der zentrale Sitz der juristischen 157
Person sein. Die Regelung stellt vielmehr auf die Teileinheit bzw. Untergliederung der betroffenen Organisation ab, auf die sich der Versicherungsvertrag konkret bezieht. Dies vermeidet die Notwendigkeit der Heranziehung des womöglich weit entfernten Sitzrechts der Organisation und gewährleistet somit die wünschenswerte Anwendung des Rechts der räumlich engsten Verbindung. Der Begriff der Niederlassung ist daher unionsautonom weit auszulegen. Die Niederlassung, auf die sich der Vertrag bezieht, kann danach jede der juristischen Person zuzuordnende **Betriebsstätte** sein, die mit einer personellen und sachlichen Mindestausstattung versehen ist und eine gewisse Selbstständigkeit aufweist. Dazu gehören neben **Zweigniederlassungen und Geschäftsstellen** auch Fabrikations- bzw. Werkstätten, Warenlager sowie Ein- und Verkaufsstellen. Nach Auffassung des EuGH[265] sind vom Begriff der Niederlassung darüber hinaus alle in einem Konzern miteinander verbundenen Gesellschaften erfasst, wenn eine dieser Gesellschaften einen Versicherungsvertrag mit Wirkung für andere **konzernangehörige Gesellschaften** abschließt.

Nur wenn sich der Versicherungsvertrag auf die Organisation insgesamt bezieht, oder der Vertrag keiner Teil- 158
einheit bzw. Untergliederung zugeordnet werden kann, ist der Sitz der Organisation auch der Ort der Risikobelegenheit. Unter dem Sitz einer Organisation ist dabei der Ort zu verstehen, an dem die **Willensbildung und die eigentliche Leitung der juristischen Person** (bzw. Organisation) erfolgt, also meist der Sitz der Or-

---

258 BGH NJW 1975, 1078; NJW 1993, 2047, 2048; *Looschelders*, IPR, Art. 5 EGBGB Rn. 7.
259 BK/*Dörner*, Art. 7 EGVVG Rn. 23; MünchKommBGB/*Martiny*, Art. 7 Rom I-VO Rn. 53.
260 So bereits zu Art. 7 EGVVG a.F. P/M/*Armbrüster*, Art. 7 EGVVG Rn. 8; BK/*Dörner*, Art. 7 EGVVG Rn. 26; zur Herleitung vgl. L/W/*Looschelders*, IntVersR Rn. 48.
261 L/W/*Looschelders*, IntVersR Rn. 51.
262 L/W/*Looschelders*, IntVersR Rn. 51.
263 So selbst L/W/*Looschelders*, IntVersR Rn. 51.
264 Vgl. näher bei *Basedow/Drasch* NJW 1991, 785, 788; BK/*Dörner*, Art. 7 EGVVG Rn. 27; L/W/*Looschelders*, IntVersR Rn. 50.
265 EuGH, Urteil vom 14.06.2001, C191/99 (Kvaerner), Slg. 2001, I 4447, 4489 (zu in Art. 2 lit. d) 4. Sp. Zweite SchadenRL).

gane.²⁶⁶ Entscheidend ist der Ort, an dem die grundlegenden Entscheidungen für Unternehmen bzw. Organisation getroffen werden; die Erledigung untergeordneter Verwaltungsaufgaben ist für die Bestimmung des Sitzes der Hauptverwaltung dagegen unerheblich.²⁶⁷

C. Geltung der allgemeinen Anknüpfungsregeln (Art. 3, 4 und 6 Rom I-VO)
I. Überblick

159 Außerhalb des Anwendungsbereichs des Art. 7 Rom I-VO finden auf internationale Versicherungsverträge die allgemeinen Regelungen der Rom I-VO Anwendung. Dies betrifft Rückversicherungsverträge, die nach Art. 7 I 2 Rom I-VO nicht von der Sonderregelung für Versicherungsverträge erfasst werden, sowie Versicherungsverträge über Massenrisiken mit einer Risikobelegenheit außerhalb des Gebiets der Mitgliedstaaten. Für diese Verträge gilt der Grundsatz der freien Rechtswahl nach Art. 3 Rom I-VO (Rdn. 160). Soweit keine Rechtswahl getroffen wurde, sieht Art. 4 Rom I-VO Regelungen zur objektiven Anknüpfung des Versicherungsvertrages vor (Rdn. 178). Ist der Versicherungsvertrag zugleich auch ein Verbrauchervertrag, so sind zusätzlich die besonderen Vorschriften des Art. 6 Rom I-VO über Verbraucherverträge zu berücksichtigen (Rdn. 188).

II. Freie Rechtswahl (Art. 3 Rom I-VO)
1. Allgemeines/Normzweck

160 Auch unter Geltung der Rom I-VO ist die freie Rechtswahl im Bereich der vertraglichen Schuldverhältnisse »einer der Ecksteine des Systems der Kollisionsnormen« (vgl. Erwägungsgrund 11 Rom I-VO) und ist zugleich Ausdruck des im Internationalen Privatrecht vorherrschenden Grundsatzes der **Parteiautonomie**.²⁶⁸ Dementsprechend legt Art. 3 I Rom I-VO als Grundregel fest, dass ein Vertrag dem von den Parteien gewählten Recht unterliegen soll. Daneben enthält die Vorschrift Regelungen über das Zustandekommen (Abs. 1 Satz 2, Abs. 5, die Modalitäten und Wirksamkeit der Rechtswahl (Abs. 1 Satz 3, Abs. 2, Abs. 5) sowie über Begrenzungen der Rechtswahlfreiheit in Inlands- bzw. EU-Binnenmarktsachverhalten (Abs. 3, 4). Die Vorschrift entspricht damit funktionell der früheren Regelung des Art. 3 EVÜ bzw. Art. 27 EGBGB a.F.

161 Im Bereich des Versicherungsrechts ist die freie Rechtswahl nur dort von Bedeutung, wo keine spezifischen Sonderregelungen für Versicherungsverträge vorrangig zu berücksichtigen sind. Dies ist nach Art. 7 I 2 Rom I-VO insbesondere für **Rückversicherungsverträge** der Fall. Hier bedürfen die an einem solchen Vertrag beteiligten Parteien aufgrund ihrer Erfahrung keines besonderen kollisionsrechtlichen Schutzes.²⁶⁹ Es besteht daher keine Veranlassung, die Parteien in ihrer Rechtswahlfreiheit zu beschneiden.

162 Anders stellt sich die Situation im Hinblick auf **außerhalb des Gebiets der Mitgliedstaaten belegene Massenrisiken** dar. Hier sind durchaus VN beteiligt, die des Schutzes durch besondere kollisionsrechtliche Vorschriften bedürfen. Der europäische Verordnungsgeber hat sich allerdings nicht dazu durchringen können, auch derartige Verträge dem Schutzbereich des Art. 7 Rom I-VO zu unterstellen.²⁷⁰ Es bleibt daher bei der Geltung der allgemeinen Regeln, wobei der Schutz für nicht beruflich-gewerbliche VN in diesen Fällen allein durch die verbraucherschützende Regelung des Art. 6 Rom I-VO sichergestellt werden kann.²⁷¹

163 Zwar findet der Grundsatz der freien Rechtswahl im Rahmen der von Art. 7 Rom I-VO erfassten Versicherungsverträge keine Anwendung; Art. 7 II und III Rom I-VO verweisen aber für die Vornahme der Rechtswahl auf Art. 3 Rom I-VO, so dass die hier genannten Modalitäten und Begrenzungen der Rechtswahl im Ergebnis für alle Versicherungsverträge relevant werden.

2. Vornahme der Rechtswahl (Abs. 1 Satz 2, Abs. 5)

164 Die Vornahme der Rechtswahl erfolgt durch einen sog. **kollisionsrechtlichen Verweisungsvertrag**.²⁷² Wie aus Abs. 1 Satz 2 hervorgeht, muss die Rechtswahl nicht **ausdrücklich** getroffen werden. Vielmehr gestattet die Rom I-VO auch eine **stillschweigende Rechtswahl**, die allerdings an besondere Voraussetzungen geknüpft ist. Eine stillschweigende Rechtswahl kann nur angenommen werden, wenn sie sich eindeutig aus den Bestimmungen des Vertrags oder aus den Umständen des Falles ergibt. Mit dem Merkmal »eindeutig« geht die Rom I-VO dabei über die Anforderungen der Art. 3 EVÜ bzw. Art. 27 EGBGB a.F. hinaus, die bereits eine »hinreichende Sicherheit« für die Annahme einer Rechtswahl genügen ließen.²⁷³

165 Die Beurteilung, ob eine stillschweigende Rechtswahl vorliegt, ist abweichend von Abs. 5 nicht dem gewählten Recht zu entnehmen, sondern im Sinne einer einheitlichen Auslegung der Verordnung autonom zu be-

---

266 Vgl. BGH NJW-RR 2008, 551, 552; BAG DB 2008, 1444.
267 Vgl. LG Essen NJW 1995, 1500, 1501.
268 Palandt/*Thorn*, Art. 3 Rom I-VO Rn. 2; MünchKommBGB/*Martiny*, Art. 3 Rom I-VO Rn. 1.
269 MünchKommBGB/*Martiny*, Art. 7 Rom I-VO Rn. 17.
270 *Leible/Lehmann* RIW 2008, 528, 539.
271 Vgl. auch *Looschelders/Smarowos* VersR 2010, 1, 8.
272 Palandt/*Thorn*, Art. 3 Rom I-VO Rn. 2.
273 Palandt/*Thorn*, Art. 3 Rom I-VO Rn. 6; MünchKommBGB/*Martiny*, Art. 3 Rom I-VO Rn. 46.

stimmen.²⁷⁴ Notwendig ist, dass sich aus den Bestimmungen oder Umständen des Vertrages im Einzelfall ein **tatsächlicher Rechtswahlwille** der Parteien feststellen lässt. Als Indizien, die den Schluss auf eine konkludente Rechtswahl zulassen, wurden in der Rechtsprechung beispielsweise herangezogen die **Vereinbarung eines ausschließlichen Gerichtsstandes,**²⁷⁵ die Vereinbarung eines Schiedsgerichtsortes,²⁷⁶ die Bezugnahme auf Vorschriften einer bestimmten Rechtsordnung²⁷⁷ oder auch der innere Zusammenhang mit einem anderen Vertrag, für den sich eine ausdrückliche Rechtswahl feststellen lässt.²⁷⁸ Dem Abschlussort, der Staatsangehörigkeit oder der Vertragswährung kommt dagegen nur untergeordnete Indizwirkung zu.²⁷⁹ Möglich ist eine (nachträgliche) **stillschweigende Rechtswahl auch im Prozess**, z.B., wenn die Parteien auf der Grundlage einer bestimmten Rechtsordnung verhandelt haben.²⁸⁰ Allein aus der Vereinbarung einer »to follow«-Klausel, nach der der deutsche Versicherer einem englischen Versicherer im Hinblick auf Forderungen, Entscheidungen, Vereinbarungen und Gutachten folgen soll, ergibt sich nicht, dass die Parteien im Wege einer stillschweigenden Rechtswahl englisches Recht vereinbaren wollten.²⁸¹ Lässt sich unter Heranziehung der Indizien kein tatsächlicher Rechtswahlwille der Parteien feststellen, bleibt es bei der objektiven Anknüpfung des Versicherungsvertrages nach Art. 4 Rom I-VO. Für die Berücksichtigung eines hypothetischen Parteiwillens bleibt kein Raum.²⁸²

Für die übrigen Voraussetzungen betreffend das Zustandekommen und die Wirksamkeit der Rechtswahl sieht Abs. 5 – der Natur der Rechtswahl als Verweisungsvertrag entsprechend – die Anwendung der Artikel 10, 11 und 13 Rom I-VO vor. Hinsichtlich der **Einigung** und der **materiellen Wirksamkeit der Rechtswahlvereinbarung** ist nach Abs. 5 i.V.m. Art. 10 I Rom I-VO grundsätzlich auf die Vorschriften des in Aussicht genommenen Rechts abzustellen, wobei zu diesem Zweck die Wirksamkeit der Vereinbarung unterstellt wird.²⁸³ Eine abweichende Regelung sieht Art. 10 II Rom I-VO vor, soweit eine Partei geltend macht, der Rechtswahlvereinbarung nicht zugestimmt zu haben. Ergibt sich aus den Umständen, dass es nicht gerechtfertigt wäre, die Wirkung des Verhaltens dieser Partei nach dem Recht der vermeintlichen Rechtswahl zu bestimmen, so ist hier das Verhalten der Partei nach dem Recht des Staates ihres gewöhnlichen Aufenthalts zu bestimmen.²⁸⁴ **166**

Hinsichtlich der **Form der Rechtswahlvereinbarung** nimmt Abs. 5 auf die allgemeine Regelung in Art. 11 Rom I-VO Bezug. Danach ist ein Vertrag, der zwischen Personen geschlossen wird, die sich zum Zeitpunkt des Vertragsschlusses in demselben Staat befinden, formgültig, wenn er die Formerfordernisse des Vertragsstatuts oder die Formerfordernisse des Rechts des Vornahmeortes erfüllt, Art. 11 I Rom I-VO. Bei **Distanzverträgen** ist nach Art. 11 II Rom I-VO die Vereinbarung auch dann formgültig, wenn sie den Formerfordernissen des Rechts nur eines der Staaten entspricht, in denen sich eine der Vertragsparteien zum Zeitpunkt des Vertragsschlusses befindet, oder wenn sie die Formerfordernisse des Rechts des Staates erfüllt, in dem eine der Vertragsparteien zum Zeitpunkt des Vertragsschlusses ihren gewöhnlichen Aufenthalt hatte. Soweit es sich um **Verbraucherverträge** handelt, richtet sich deren Form allerdings immer nur nach dem Recht am gewöhnlichen Aufenthalt des Verbrauchers (Art. 11 IV Rom I-VO). **167**

Schließlich ist für die Wirksamkeit der Rechtswahl über Abs. 5 auch Art. 13 Rom I-VO zu berücksichtigen. Ist eine der Vertragsparteien nach den Vorschriften des Staates, auf dessen Gebiet sich die Vertragspartner befinden, rechts-, geschäfts- und handlungsfähig, so kann sie sich im Interesse des Verkehrsschutzes nur dann auf eine aus dem Personalstatut ergebende **Rechts-, Geschäfts- oder Handlungsunfähigkeit** berufen, wenn die andere Vertragspartei den Mangel kannte oder infolge von Fahrlässigkeit nicht kannte. Dies gilt nach dem Wortlaut von Art. 13 Rom I-VO nur für natürliche Personen (vgl. auch Art. 1 II lit. a)). Einer Ausdehnung auf jur. Personen steht Art. 1 II lit. f) entgegen.²⁸⁵ **168**

---

274 Vgl. i.E. MünchKommBGB/*Martiny*, Art. 3 Rom I-VO Rn. 45; Palandt/*Thorn*, Art. 3 Rom I-VO Rn. 9. Für eine Berücksichtigung des Sachrechts der lex fori BGH NJW-RR 2000, 1002.
275 OLG Frankfurt RIW 1998, 477; vgl. jetzt auch Erwägungsgrund 12 Rom I-VO, dazu ausf. Rauscher/*v Hein*, Art. 3 Rom I-VO Rn. 21 ff.
276 Ausf. MünchKommBGB/*Martiny*, Art. 3 Rom I-VO Rn. 51 f.
277 BHG NJW-RR 2000, 1002, 1004.
278 *Looschelders* IPRax 1998, 296, 297; Rauscher/*v Hein*, Art. 3 Rom I-VO Rn. 31.
279 BGH NJW 2001, 1936, 1937; BGH NJW-RR 1995, 245, 246.
280 BGH NJW 1991, 1292, 193.
281 OLG Hamburg TranspR 2002, 120 = IPRspr 2001, Nr. 45, 95.
282 Palandt/*Thorn*, Art. 3 Rom I-VO Rn. 6; MünchKommBGB/*Martiny*, Art. 3 Rom I-VO Rn. 47.
283 Rauscher/*v Hein*, Art. 3 Rom I-VO Rn. 40.
284 Rauscher/*v Hein*, Art. 3 Rom I-VO Rn. 41; vgl. zur parallelen Problematik unter Geltung des EGVVG/EGBGB Soergel/*von Hoffmann*, Art. 31 EGBGB Rn. 34 ff.
285 jurisPK-BGB/*Ludwig*, Art. 13 Rom I-VO Rn. 12.

3. Teilweise Rechtswahl (Abs. 1 Satz 3)

169 Die Parteien können nach Abs. 1 Satz 3 die **Rechtswahl auch nur für einen Teil des Vertrages** treffen. Dies schließt auch die Möglichkeit ein, verschiedene Teile des Vertrages verschiedenen Rechten zu unterwerfen.[286] Dies ermöglicht den Parteien nicht nur, einzelne, abtrennbare Rechtsfragen (z.B. Form, Gültigkeit, Erfüllung) einem besonderen Statut zu unterstellen (**normenbezogene Vertragsspaltung**), sondern lässt auch eine Aufteilung im Hinblick auf einzelne Teilrisiken des einheitlichen Versicherungsvertrages zu (**objektbezogene Vertragsspaltung**).[287] Nur soweit für Vertragsteile keine Rechtswahl getroffen wurde, bleibt es bei der objektiven Anknüpfung (Art. 4 Rom I-VO).

170 Eine Teilrechtswahl kommt nur in Betracht, wenn der von der Rechtswahl betroffene Teil vom Rest des Vertrages abgrenzbar und einer selbstständigen rechtlichen Regelung zugänglich ist, ohne dass **unauflösliche Widersprüche** mit der Anknüpfung des Vertrages im Übrigen auftreten.[288] Die Teilrechtswahl kann sich daher nur auf solche Vertragsteile beziehen, die nicht aus materiell-rechtlichen Gründen in einer unauflösbaren Wechselbeziehung stehen (z.B. Leistungspflichten im funktionellen Synallagma).[289]

4. Zeitpunkt der Rechtswahl (Abs. 2)

171 Die Vornahme der Rechtswahl kann **jederzeit** erfolgen, Abs. 2 Satz 1. Den Parteien des Versicherungsvertrages ist es daher jederzeit möglich, eine Rechtswahl zu treffen oder eine bestehende Rechtswahlvereinbarung abzuändern oder aufzuheben.[290] Ob die **nachträgliche Rechtswahl** auf den Zeitpunkt des Vertragsschlusses zurückwirkt oder erst ab dem Zeitpunkt der Rechtswahl gelten soll, hängt grundsätzlich von der Parteivereinbarung ab.[291] Tritt die Möglichkeit einer Rechtswahl erst zu einem späteren Zeitpunkt ein (z.B. infolge einer Veränderung der Risikobelegenheit), so ist die Rückwirkung auf diesen Zeitpunkt beschränkt. Die Formgültigkeit des Vertrages nach Art. 11 Rom I-VO und die Rechte Dritter werden durch eine nachträgliche Rechtswahl nicht berührt, Abs. 2 Satz 2.[292]

5. Gegenstand der Rechtswahl

172 Art. 3 I Rom I-VO enthält keine Einschränkungen im Hinblick auf den Kreis der wählbaren Rechte, so dass die Parteien grundsätzlich **jede beliebige Rechtsordnung** wählen können.[293] Eine objektive Beziehung der gewählten Rechtsordnung zum Vertragsgegenstand oder zu den Vertragsparteien ist nicht notwendig.[294] Die Rechtswahl unterliegt auch keiner Begründungspflicht; auch ohne »irgendein anerkennenswertes Interesse« der Parteien an der Wahl einer bestimmten Rechtsordnung kann diese gewählt werden.[295]

173 Im Zuge des Gesetzgebungsverfahren diskutiert wurde die Frage, ob und inwieweit den Parteien auch die kollisionsrechtliche wirkende **Wahl nichtstaatlichen Rechts** gestattet werden soll.[296] Art. 3 II UAbs. 1 E-Rom I-VO sah dabei im Interesse der Stärkung der Parteiautonomie vor, »anerkannte Grundsätze oder Regeln des materiellen Vertragsrechts« für die Rechtswahl zuzulassen.[297] Dadurch sollte insbesondere die Wahl von UNIDROIT-Grundsätzen, der Principles of European Contract Law oder eines etwaigen künftigen fakultativen EU-Instruments für zulässig erklärt werden.[298] Für den Bereich des Versicherungsrechts wären hier die **Principles of European Insurance Contract Law** als mögliche Regeln in Betracht gekommen.[299] Im weiteren Verlauf des Gesetzgebungsverfahrens wurde jedoch die entsprechende Passage des Entwurfs wegen massiver Bedenken verschiedener Mitgliedstaaten im Hinblick auf die fehlende Bestimmtheit und Rechtssicherheit »privater« Rechtsordnungen aus dem Verordnungstext gestrichen.[300] Den Parteien bleibt insoweit nur die – nach Erwägungsgrund 13 Rom I-VO zugestandene – Möglichkeit, durch eine **materiellrechtliche Ver-**

---

286 MünchKommBGB/*Martiny*, Art. 3 Rom I-VO Rn. 74.
287 BK/*Dörner*, Art. 15 EGVVG Rn. 12; vgl. auch *Windmöller* S. 20 ff.
288 Palandt/*Thorn*, Art. 3 Rom I-VO Rn. 10; einschränkend MünchKommBGB/*Martiny*, Art. 3 Rom I-VO Rn. 70 f. Vgl. zur Problematik auch *Windmöller* S. 20 ff., 80 ff.
289 Rauscher/*v Hein*, Art. 3 Rom I-VO Rn. 77.
290 OLG Düsseldorf VersR 2004, 853 = IPRax 2005, 37 m. Anm. *Dörner* S. 26.
291 *Looschelders*, IPR, Art. 27 EGBGB Rn. 23; BK/*Dörner*, Art. 15 EGVVG Rn. 14.
292 Vgl. näher MünchKommBGB/*Martiny*, Art. 3 Rom I-VO Rn. 82 ff. m.w.N.; Rauscher/*v Hein*, Art. 3 Rom I-VO Rn. 97.
293 L/W/*Looschelders*, IntVersR Rn. 117; Rauscher/*v Hein*, Art. 3 Rom I-VO Rn. 47.
294 L/W/*Looschelders*, IntVersR Rn. 117; Palandt/*Thorn*, Art. 3 Rom I-VO Rn. 4.
295 *Looschelders*, IPR, Art. 27 EGBGB Rn. 11; a.A. *Kegel/Schurig*, IPR, § 18 I 1c).
296 Kommissionsentwurf KOM(2005) 650 endg., S. 5 f.; dazu ausf. Rauscher/*v Hein*, Art. 3 Rom I-VO Rn. 49 ff.
297 Kommissionsentwurf KOM(2005) 650 endg., S. 16.
298 Kommissionsentwurf KOM(2005) 650 endg., S. 5 f.
299 Vgl. dazu *Loacker* VersR 2009, 289 ff.
300 Vgl. die Stellungnahmen Italiens (Ratsdokument 13035/06 v. 20.09.2006, S. 1 f.), Großbritanniens (Ratsdokument 13035/06 ADD 4v. 22.09.2006, S. 3), Portugals (Ratsdokument 13035/06 ADD 6 v. 25.09.2006, S. 3) und Luxemburgs (Ratsdokument 13035/06 ADD 8 v. 26.06.2006, S. 2).

weisung in ihrem Vertrag auf ein nichtstaatliches Regelwerk oder ein internationales Übereinkommen Bezug zu nehmen.[301]

6. Grenzen der Rechtswahlfreiheit

Art. 3 I Rom I-VO erlaubt nach allgemeiner Auffassung die Vornahme einer Rechtswahl auch in den Fällen, in denen die Verbindung zum Recht verschiedener Staaten (vgl. Art. 1 I Rom I-VO) lediglich durch die Rechtswahl vermittelt wird.[302] Diese Auffassung wird bestätigt durch die Regelung in Art. 3 III Rom I-VO, die von der grundsätzlichen Wirksamkeit einer Rechtswahl ausgeht, auch wenn »alle anderen Elemente des Sachverhalts« in einem anderen Staat als demjenigen sind, dessen Recht gewählt wurde. Um zu vermeiden, dass in diesen Fällen die Rechtswahl zur Ausschaltung zwingender Vorschriften einer Rechtsordnung führt, setzen Abs. 3 und Abs. 4 der Rechtswahlfreiheit Grenzen. Die Regelungen stellen sicher, dass in Fällen, in denen ein Vertrag – abgesehen von der Rechtswahl selbst – **Verbindungen zu lediglich einer Rechtsordnung** (Abs. 3) bzw. nur zu den **EU-Mitgliedsstaaten** (Abs. 4) aufweist, die nicht dispositiven Vorschriften der betreffenden Rechtsordnung bzw. des EU-Binnenmarktes auch dann eingreifen, wenn die Parteien ein anderes bzw. drittstaatliches Recht gewählt haben. 174

Im Rahmen des Versicherungsrechts sind damit bei **reinen Inlandsfällen** nach Abs. 3 insbesondere die zwingenden und halbzwingenden Vorschriften des VVG immer zu berücksichtigen.[303] Soweit es sich um einen **EU-Binnenmarktsachverhalt**[304] nach Abs. 4 handelt, kann durch die Vereinbarung drittstaatlichen Rechts nicht die Anwendung von zwingenden Bestimmungen des EU-Rechts abgewichen werden. Handelt es sich dabei um Richtlinienrecht, sind die entsprechenden Umsetzungsbestimmungen der *lex fori* anzuwenden.[305] 175

Auch im Rahmen von **Verbraucherversicherungsverträgen** ergeben sich Einschränkungen im Hinblick auf die Rechtswahlfreiheit. Vgl. dazu unten Rdn. 188. – Zu Sonderanknüpfung von Eingriffsnormen siehe Rdn. 207, zum ordre-public-Vorbehalt Rdn. 218. 176

7. Geltung der allgemeinen Vorschriften

Die nach Art. 3 Rom I-VO vorgenommene Rechtswahl bezieht sich gemäß Art. 20 Rom I-VO lediglich auf die Sachnormen der gewählten Rechtsordnung (**Sachnormverweisung**). Eine Rück- und Weiterverweisung durch das gewählte Recht bleibt somit unberücksichtigt. Bei der Wahl von Mehrrechtsstaaten ist Art. 22 Rom I-VO zu berücksichtigen. – Zur Reichweite des Versicherungsstatuts vgl. o. Rdn. 55. 177

III. Objektive Anknüpfung (Art. 4 Rom I-VO)

1. Allgemeines/Normzweck

Haben die Parteien eines Versicherungsvertrages keine Rechtswahl getroffen, so ist das Vertragsstatut sofern es sich nicht um einen Verbrauchervertrag handelt (vgl. dazu Rdn. 188) durch **objektive Anknüpfung** nach Art. 4 Rom I-VO zu bestimmen. Anders als noch nach Art. 28 EGBGB a.F. (vgl. Rdn. 346) erfolgt die objektive Anknüpfung von Verträgen unter der Rom I-VO nicht mehr vornehmlich allgemein nach den Kriterien der engsten Verbindung bzw. des Staates der für den Vertrag als charakteristisch angesehenen Leistungserbringung. Art. 4 I Rom I-VO nimmt dem Rechtsanwender diese Einordnung aus der Hand und hält mit lit. a)–h) einen ganzen Katalog von Vertragstypen bereit, für die die entsprechenden Anknüpfungspunkte bereits festgelegt wurden. Auf das Kriterium der **Erbringung der charakteristischen Leistung** ist daher nur noch in den Fällen abzustellen, in denen keiner der Katalogfälle des Abs. 1 eingreift.[306] Abs. 2 und 4, die im Falle der Nichtermittelbarkeit des anwendbaren Rechts auf allgemeine Kriterien zur Bestimmung des anwendbaren Rechts abstellen, haben neben Abs. 1 lit. b) für Versicherungsverträge keine eigene Bedeutung. Grundsätzlich anwendbar ist jedoch die Ausweichklausel des Abs. 3. Weist der Vertrag unter Berücksichtigung aller Umstände des Sachverhalts eine offensichtlich engere Verbindung zu einem anderen als dem nach Abs. 1 bestimmten Staat auf, so ist das Recht dieses anderen Staates auf den Vertrag anzuwenden (Rdn. 182). 178

2. Versicherungsverträge als Dienstleistungsverträge (Abs. 1 lit. b)

Anders als noch nach der früheren Regelung in Art. 28 I, II EGBGB a.F. ist das anwendbare Recht nun nicht mehr grundsätzlich nach allgemeinen Kriterien zu bestimmen. Vielmehr enthält die Vorschrift in Abs. 1 einen **Katalog bestimmter Vertragstypen**, für die jeweils gesondert eine objektive Anknüpfung festgelegt wird. 179

Dies hat für den Bereich der Versicherungsverträge erhebliche Konsequenzen. Während nach früherer Rechtslage die Einordnung von Versicherungsverträgen am Maßstab der charakteristischen Leistung stark umstrit- 180

---

301 *Leible/Lehmann* RIW 2008, 528, 533; *Mankowski* IHR 2008, 133, 136; vgl. auch *Looschelders/Smarowos* VersR 2010, 1, 8; Rauscher/*v Hein*, Art. 3 Rom I-VO Rn. 56.
302 MünchKommBGB/*Martiny*, Art. 3 Rom I-VO Rn. 20 f.
303 *Kramer*, S. 271 f.
304 Auch Dänemark ist insoweit als Mitgliedsstaat zu behandeln, vgl. Art. 1 IV 2 Rom I-VO.
305 Rauscher/*v Hein*, Art. 3 Rom I-VO Rn. 127.
306 Rauscher/*Thorn*, Art. 4 Rom I-VO Rn. 22 f.

ten war (vgl. Rdn. 346), ist vor dem Hintergrund der Neuregelung für Diskussionen kein Raum mehr. Versicherungsverträge sind als Dienstleistungsverträge i.S.d. Abs. 1 lit. b) zu qualifizieren. Diese Einordnung entspricht dem weitgefassten **Begriff der Dienstleistung** im europäischen Recht, wie er auch in Art. 57 AEUV und Art. 4 Nr. 1 DienstleistungsRL (2006/123/EG)[307] zum Ausdruck gebracht wird. Danach sind Dienstleistungen Leistungen, die in der Regel gegen Entgelt erbracht werden, soweit sie nicht den Vorschriften über den freien Waren- und Kapitalverkehr und über die Freizügigkeit der Personen unterliegen. Auch im internationalen Zuständigkeitsrecht (vgl. Art. 7 Nr. 1 lit. b) EuGVVO n.F.), mit dem nach Erwägungsgrund 17 Rom I-VO ein Gleichlauf hergestellt werden soll, ist dieses Verständnis der Dienstleistungsfreiheit zugrunde gelegt.[308]

181 Nach Abs. 1 lit. b) ist damit ein Versicherungsvertrag grundsätzlich an das **Recht des Staates des gewöhnlichen Aufenthalts des Dienstleisters** anzuknüpfen.[309] Dies führt bei Direktversicherungen zum Statut am gewöhnlichen Aufenthalt des Erstversicherers, bei Rückversicherungen zum Statut am gewöhnlichen Aufenthalt des Rückversicherers. Der gewöhnliche Aufenthalt ist nach Art. 19 Rom I-VO der Ort der Hauptverwaltung bzw. der Niederlassung. Maßgeblich ist insoweit der gewöhnliche Aufenthalt zum Zeitpunkt des Vertragsschlusses, Art. 19 III Rom I-VO.

3. Ausweichklausel (Abs. 3)

182 Anders als im VO-Entwurf der europäischen Kommission zunächst vorgesehen,[310] enthält Art. 4 III Rom I-VO – wie auch bereits Art. 28 V EGBGB a.F. bzw. Art. 4 V 1 EVÜ – nunmehr doch eine sog. **Ausweichklausel**. Die Regelanknüpfung der Abs. 1 und 2 wird durch diese verdrängt, wenn sich aus der Gesamtheit der Umstände ergibt, dass der Vertrag eine **offensichtlich engere Verbindung** zu einem anderen Staat aufweist. In diesem Fall ist das Recht dieses Staates der engeren Verbindung anzuwenden.

183 Diskutiert wird in diesem Zusammenhang, ob nicht im Rahmen von Versicherungsverträgen in Anlehnung an Art. 7 Rom I-VO das **Merkmal der Risikobelegenheit** generell eine solche offensichtlich engere Verbindung begründen kann.[311] An die Stelle des Rechts des gewöhnlichen Aufenthalts des Versicherungsgebers könnte so das Recht des Staates der Risikobelegenheit treten. Diese Sichtweise führt aufgrund der Parallelität zu Art. 7 III UAbs. 3 Rom I-VO (vgl. Rdn. 121) zu einer einheitlichen Anknüpfung von Versicherungsverträgen über Massenrisiken, unabhängig davon, ob das Risiko innerhalb oder außerhalb des Gebiets der Mitgliedstaaten belegen ist.[312] Dadurch ließen sich insbesondere Wertungswidersprüche vermeiden, die sich aus einer unterschiedlichen Anknüpfung dieser Verträge ergeben würden. Dies gilt insbesondere auch im Hinblick auf die Verwirklichung des Schutzes des VN: Durch die Anknüpfung an das Recht des Belegenheitsortes würden praktisch die dem Schutz des VN dienenden Regelungen des Art. 7 Rom I-VO auch auf alle anderen Verträge übertragen.[313]

184 So begrüßenswert die so möglichen Ergebnisse sein mögen, so sehr weichen sie vom erkennbaren **Willen des Verordnungsgebers** und der vorgegebenen **Systematik der Anknüpfung** von Versicherungsverträgen ab. Aus der ausdrücklichen Differenzierung zwischen Belegenheit von Massenrisiken innerhalb und außerhalb des Gebiets der Mitgliedstaaten in Art. 7 I Rom I-VO wird deutlich, dass der Verordnungsgeber eine einheitliche Anknüpfung in beiden Konstellationen für nicht angebracht oder gar notwendig erachtet hat.[314] Gleiches gilt auch im Hinblick auf die Verwirklichung des VN-Schutzes. Der Schutz des VN sollte nach der Konzeption des Verordnungsgebers bei Versicherungsverträgen mit Belegenheit außerhalb des Gebiets der Mitgliedstaaten eben nicht durch Art. 7 Rom I-VO, sondern durch Art. 6 Rom I-VO (und damit auf Verbraucherverträge beschränkt) gewährleistet werden. Die Erzwingung einer parallelen Anknüpfung durch die Anwendung der Ausweichklausel würde diese – vielleicht sachlich fragwürdige, aber sicherlich von der gesetzgeberischen Einschätzungsprärogative gedeckte – Vorstellung des Verordnungsgebers unterlaufen.[315]

185 Gegen eine generelle Anwendung der Ausweichklausel durch ein Abstellen auf die Risikobelegenheit spricht schließlich auch der **Ausnahmecharakter** der Vorschrift,[316] die nach den ursprünglichen Plänen der Kommission im Hinblick auf eine Erhöhung der Rechtssicherheit sogar ganz abgeschafft werden sollte.[317] Mit

---

307 Richtlinie 2006/123/EG des Europäischen Parlaments und des Rates vom 12. Dezember 2006 über Dienstleistungen im Binnenmarkt (ABl. EU Nr. L 376 vom 27.12.2006, S. 36–68).
308 *Kropholler*, Art. 5 EuGVVO Rn. 44; zum Ganzen auch L/W/*Looschelders*, IntVersR Rn. 143; krit. zur Übernahme des Dienstleistungsbegriffs aus der EuGVVO Rauscher/*Fricke*, Art. 7 Rom I-VO Rn. 37 m. Fn. 162.
309 L/W/*Looschelders*, IntVersR Rn. 143; Palandt/*Thorn*, Art. 4 Rom I-VO Rn. 15; *Leible/Lehmann* RIW 2008, 528, 539; a.A. P/M/*Armbrüster*, nach Art. 15 Rn. 32: Anknüpfung über Abs. 3, 4 an das Recht am Sitz des Erstversicherers.
310 Kommissionsentwurf KOM(2005) 650 endg., S. 6, 17.
311 Grundlegend *Fricke* VersR 2008, 443, 452; vgl. auch Rauscher/*Fricke*, Art. 7 Rom I-VO Rn. 39 f.
312 *Fricke* VersR 2008, 443, 452.
313 Rauscher/*Fricke*, Art. 7 Rom I-VO Rn. 39 f.
314 L/W/*Looschelders*, IntVersR Rn. 145.
315 L/W/*Looschelders*, IntVersR Rn. 145; *Looschelders/Smarowos* VersR 2010, 1, 8.
316 L/W/*Looschelders*, IntVersR Rn. 145; *Mankowski* IHR 2008, 133, 137; VersHb/*Roth*, § 4 Rn. 65 f.
317 Kommissionsentwurf KOM(2005) 650 endg., S. 6, 17.

dem Merkmal der »**offensichtlich**« **engeren Verbindung** stellt Art. 4 III Rom I-VO eine Verschärfung der Anforderungen gegenüber Art. 4 V EVÜ bzw. Art. 28 V EGBGB a.F. auf, die den Ausnahmecharakter der Ausweichklausel noch einmal unterstreicht.[318] Schon aus diesem Grund verbietet sich eine pauschale Korrektur der objektiven Anknüpfung über die Ausweichklausel durch das Anknüpfungselement der Risikobelegenheit.[319]

Dies bedeutet allerdings nicht, dass die Anwendung der Ausweichklausel für Versicherungsverträge vollständig auszuschließen wäre. Ob eine Korrektur in Betracht kommt, wird man aber nicht generell, sondern nur unter Berücksichtigung der **Umstände des Einzelfalls** feststellen müssen. Dabei können die versicherungsspezifischen Anknüpfungselemente, darunter auch die Risikobelegenheit, für die Beurteilung der Gesamtumstände als Einzelelemente heranzuziehen sein. Insbesondere die Risikobelegenheit darf aber nach den obigen Ausführungen nicht zu dem allein bestimmenden Merkmal werden. 186

Aus Sicht des Verordnungsgebers ist, wie sich aus Erwägungsgrund 20 Satz 2 Rom I-VO ergibt, insbesondere die »**sehr enge Verbindung**« des betreffenden Vertrags zu einem oder mehreren anderen Verträgen von besonderem Gewicht für das Bestehen einer »offensichtlich« engeren Verbindung. Für Rückversicherungsverträge lässt sich daraus allerdings nicht zwangsläufig folgern, dass diese in einem engen Zusammenhang mit dem Recht am Wohnort des Erstversicherers stehen oder gar akzessorisch an das Recht des Erstversicherungsvertrages angeknüpft werden müssten.[320] 187

IV. Verbraucherverträge (Art. 6 Rom I-VO)

1. Allgemeines/Normzweck/Anwendbarkeit

Die **Sonderkollisionsnorm** des Art. 6 Rom I-VO bildet die Nachfolgeregelung zu Art. 5 EVÜ bzw. Art. 29 EGBGB a.F. Ihr Zweck ist es, den Verbraucher als gegenüber dem Unternehmer strukturell unterlegene Vertragspartei vor den spezifischen **Gefahren nachteilhafter Rechtswahlvereinbarungen** zu schützen und ihm die Anwendung des Verbraucherschutzstandards der ihn umgebenden Rechtsordnung zu erhalten.[321] Zu diesem Zweck enthält Abs. 1 eine objektive Anknüpfung des Verbrauchervertrages an das Recht des gewöhnlichen Aufenthalts. Eine Rechtswahl bleibt nach Abs. 2 zwar möglich, diese darf aber nicht zur Ausschaltung zwingender Verbraucherschutzvorschriften des Rechts am gewöhnlichen Aufenthalt des Verbrauchers führen. 188

Für den Bereich der Versicherungsverträge wird der Verbraucherschutz allerdings grundsätzlich durch Art. 7 Rom I-VO verwirklicht. Erwägungsgrund 32 Rom I-VO macht die Konzeption des Verordnungsgebers deutlich, wonach der VN, auch wenn es sich um einen Verbraucher handelt, durch die besondere Regelung in Art. 7 Rom I-VO so umfassend geschützt ist, dass auf die verbraucherschützenden Regelungen des Art. 6 Rom I-VO nicht mehr zurückgegriffen werden soll. 189

Diese Einschränkung der Anwendbarkeit von Art. 6 Rom I-VO bei Versicherungsverträgen kann allerdings nur soweit reichen, wie dem **Verbraucher-VN** tatsächlich Schutz durch Art. 7 Rom I-VO gewährt wird. Soweit ein Vertrag aus dem Anwendungsbereich des Art. 7 Rom I-VO herausfällt, muss der Schutz des Verbraucher-VN durch die Anwendung von Art. 6 Rom I-VO sichergestellt werden. Davon betroffen ist somit die Erstversicherung von Massenrisiken mit Belegenheit außerhalb des Gebiets der Mitgliedstaaten. Für Rückversicherungsverträge ist die Anwendung von Art. 6 Rom I-VO dagegen von vornherein ausgeschlossen, da hier kein Verbraucher am Vertrag beteiligt sein kann. 190

Probleme ergeben sich im Zusammenhang mit den **Kollisionsregeln der Verbraucherschutzrichtlinien**. Diese werden durch Art. 6 Rom I-VO nicht berührt, Art. 23 Rom I-VO. Dieses Richtlinienkollisionsrecht hat der deutsche Gesetzgeber in die neue Vorschrift des Art. 46b EGBGB überführt, die die Nachfolgevorschrift zu früheren Regelung in Art. 29a EGBGB a.F. darstellt (vgl. u. Rdn. 205). 191

2. Verbraucherversicherungsverträge

Die Anwendung der kollisionsrechtlichen Sonderregelungen des Art. 6 Rom I-VO setzt voraus, dass es sich um einen Vertrag zwischen einem Verbraucher und einem Unternehmer handelt und zugleich einer der in Abs. 1 lit. a) bzw. lit. b) aufgeführten Umstände auf die Tätigkeit des Unternehmers zutrifft. 192

a) Verbraucher

Verbraucher ist nach der Legaldefinition in Abs. 1 jede natürliche Person, die einen Vertrag zu einem Zweck abschließt, der nicht ihrer beruflichen oder gewerblichen Tätigkeit zuzurechnen ist. Unter beruflicher Tätigkeit ist dabei nur die **selbstständige berufliche Tätigkeit** zu verstehen; der Abschluss eines Vertrages im Zusammenhang mit einer unselbstständigen beruflichen Tätigkeit (z.B. Berufsunfähigkeitsversicherung) führt 193

---

318 *Mankowski* IHR 2008, 133, 137; *Pfeiffer* EuZW 2008, 622, 626.
319 Vgl. auch L/W/*Looschelders*, IntVersR Rn. 145.
320 Ausf. L/W/*Looschelders*, IntVersR Rn. 146 f. Zur akzessorischen Anknüpfung vgl. auch MünchKommBGB/*Martiny*, Art. 4 Rom I-VO Rn. 252 ff.
321 MünchKommBGB/*Martiny*, Art. 6 Rom I-VO Rn. 1 ff.

nicht zum Ausschluss der Verbrauchereigenschaft.[322] Spiegelbildlich zur Bestimmung der Unternehmereigenschaft (vgl. o. Rdn. 72, 76) ist die Eigenschaft als Verbraucher zu verneinen, wenn der Vertrag zumindest auch mit der beruflich-gewerblichen Tätigkeit in Zusammenhang steht und nicht nur eine völlig untergeordnete Rolle spielt.[323]

b) Unternehmer

194 Auf der anderen Seite des Vertrages muss ein **Unternehmer** stehen. Im Rahmen von Versicherungsverträgen ist diese Voraussetzung durch die notwendige Beteiligung des Versicherers immer erfüllt.

c) Umstände des Vertragsschlusses

195 Neben der Beteiligung von Verbraucher und Unternehmer erfordert Art. 6 I Rom I-VO in lit. a) und lit. b) das Bestehen eines besonderen situativen Anwendungsbereichs, der das Vorliegen besonderer, **in der Tätigkeit des Unternehmers begründeter Umstände** erfordert. Danach findet Art. 6 Rom I-VO nur dann Anwendung, wenn der Unternehmer seine berufliche oder gewerbliche Tätigkeit in dem Staat ausübt, in dem der Verbraucher seinen gewöhnlichen Aufenthalt hat (Abs. 1 lit. a)), oder eine solche Tätigkeit auf irgendeine Weise auf diesen Staat ausrichtet (Abs. 1 lit. b)) und darüber hinaus der Vertrag in den Bereich dieser Tätigkeit fällt. Erst die durch diese Umstände begründete räumliche Verknüpfung zwischen Vertrag und Aufenthaltsstaat des Verbrauchers rechtfertigt die Anwendung der Sonderkollisionsnorm, Art. 6 III Rom I-VO.[324]

196 Für den Bereich des Versicherungsrechts erfasst Abs. 1 lit. a) regelmäßig Fälle, in denen der Versicherer eine Niederlassung im Aufenthaltsstaat des VN betreibt. Allerdings ist in diesem Fall i.d.R. ein reiner Inlandssachverhalt gegeben, der ohnehin nach Art. 3 III Rom I-VO zur Anwendung zwingenden Inlandsrechts führen würde.[325] **Ausüben** i.S.d. Vorschrift umfasst allerdings auch Situationen, in denen sich der Unternehmer der Hilfe anderer Personen bedient.[326] Eine selbstständige Bedeutung kommt der Vorschrift in Fällen zu, in denen der Versicherer seine Versicherungsprodukte im Aufenthaltsstaat des VN im freien Dienstleistungsverkehr **durch Mittelspersonen** vertreibt.[327] Auch die Bereitstellung von elektronischen Schaltern oder **elektronischen Säulen**, die der Versicherer im Aufenthaltsland des Verbrauchers zum Abschluss von Versicherungsverträgen bereithält, lassen sich als Ausübung der Versicherungstätigkeit im Dienstleistungsverkehr qualifizieren.[328] Hier liegt – im Gegensatz zum Betrieb einer Webseite, die der VN mit dem eigenen Zugangsgerät (Computer, Smartphone etc.) aufruft – eine Ausübung im Sinne einer nach außen tretenden Aktivität im anderen Staat vor, die unmittelbar die notwendige Verbindung zwischen Vertrag und Aufenthaltsstaat des Verbrauchers schafft.

197 Die in Abs. 1 lit. b) genannte zweite Anbahnungssituation setzt zunächst voraus, dass der Unternehmer seine Tätigkeit zumindest auch auf den Aufenthaltsstaat des Verbrauchers **ausrichtet**. Darunter werden Fälle verstanden, in denen der Unternehmer Maßnahmen trifft, die auf die Generierung von Vertragsabschlüssen im Aufenthaltsstaat des Verbrauchers gerichtet sind. Dazu zählen alle Formen des Marketings, klassische, wie z.B. TV- oder Radiowerbespots, Zeitungsanzeigen oder Prospekte ebenso wie modernere Formen, wie z.B. E-Mails, Webseiten, »Apps« oder die Nutzung sozialer Netzwerke im Internet. **Abgrenzungsprobleme** entstehen, wenn der Unternehmer durch eine solche Maßnahme Staaten und damit Verbraucher erreicht, die mangels Begrenzung (z.B. Internet) oder wirksamer Steuerungsmöglichkeit (z.B. Empfangsmöglichkeit von Satelliten-/DVB-T-Signalen nationaler Programme in anderen Staaten) angesprochen werden, obwohl sie nicht zum intendierten Adressatenkreis des Unternehmers gehören. Entscheidend für die Anwendung von Art. 6 Rom I-VO (ebenso wie für die parallele Vorschrift des Art. 17 I lit. c) EuGVVO n.F. für Verbrauchersachen im internationalen Zuständigkeitsrecht) in diesen Fällen ist, dass die Tätigkeit des Unternehmers erkennen lässt, dass er gerade (auch) im Aufenthaltsstaat des Verbrauchers seine Leistung anbieten will und zum Vertragsschluss bereit ist.[329]

198 Zur Feststellung dieses Willens hat der EuGH – jedenfalls im Hinblick auf das **Merkmal des Ausrichtens im elektronischen Geschäftsverkehr** – zahlreiche Indizien für berücksichtigenswert erklärt. So sollen u.a. der internationale Charakter der Tätigkeit, die Angabe von Telefonnummern mit internationaler Vorwahl, Aufwendungen für einen »Internetreferenzierungsdienst«, um an exponierter Stelle in den Ergebnislisten der im

---

322 L/W/*Looschelders*, IntVersR Rn. 129.
323 So EuGH, Urt. vom 20.01.2005, C-464/01 (Gruber ./. BayWa AG), Slg. 2005, S. I-439 zu Art. 13 EuGVÜ (Art. 15 EuGVVO); MünchKommBGB/*Martiny*, Art. 6 Rom I-VO Rn. 9; L/W/*Looschelders*, IntVersR Rn. 129; vgl. auch *Hahn*, S. 38 f.; *Kramer*, S. 191. A.A. BK/*Dörner*, Art. 9 EGVVG Rn. 25.
324 Vgl. MünchKommBGB/*Martiny*, Art. 6 Rom I-VO Rn. 29.
325 *Fricke* VersR 2008, 443, 450; L/W/*Looschelders*, IntVersR Rn. 131.
326 MünchKommBGB/*Martiny*, Art. 6 Rom I-VO Rn. 30.
327 Einschränkend *Fricke* VersR 2008, 443, 450 f. im Hinblick auf die fehlende Nachhaltigkeit der Ausübung der Tätigkeit bei nur vereinzelten Abschlüssen durch Mittelspersonen.
328 Vgl. dazu auch die Mitteilung der Kommission zu Auslegungsfragen – Freier Dienstleistungsverkehr und Allgemeininteresse im Versicherungswesen ABl. EG C 43 v. 16.02.2000, S. 5, 12.
329 EuGH, Urt. vom 07.12.2010, C-585/08 (Pammer) und C-144/09 (Hotel Alpenhof) NJW 2011, 505 Rz. 76, 92 (zu Art. 15 I lit. c) EuGVVO).

Zielstaat aufgerufenen Internetsuchmaschinen zu erscheinen, oder auch die Verwendung generischer bzw. länderspezifischer Top-Level-Domains auf ein Ausrichten hindeuten.[330] Auch die auf der Webseite verwendete **Sprache** oder **Währungsangabe** kann nach Auffassung des EuGH – entgegen Erwägungsgrund 24 Rom I-VO – als Indiz berücksichtigt werden, wenn die Webseite eine Anpassung an die Sprache oder die Währung im Aufenthaltsstaat des Verbrauchers erlaubt.[331] Dagegen wird entsprechend Erwägungsgrund 24 Rom I-VO die einfache Bereitstellung einer Website, die aus dem Mitgliedstaat erreichbar ist, in dem der Verbraucher seinen Wohnsitz hat, für nicht ausreichend gehalten.[332] Umgekehrt kommt es allerdings nicht darauf an. ob es sich um eine »**interaktive Webseite**« handelt, die den Vertragsschluss unmittelbar auf elektronischem Wege ermöglicht.[333]

Viele der vom EuGH herangezogenen Indizien überzeugen aufgrund ihrer Unschärfe bei näherer Betrachtung **199** kaum. So kann heutzutage fast jede Dienstleistung auf internationaler Ebene erbracht werden. Die Angabe der internationalen Vorwahl auf der Webseite ist bereits dann notwendig, wenn der Unternehmer sein Angebot nur in einem anderen Staat anbieten will. Die Verwendung insbesondere generischer Top-Level-Domains (».com«, ».net«, ».org«) kennzeichnet häufig die generelle Ausrichtung auf das Internet, nicht aber zwangsläufig die Ausrichtung auf andere Staaten. Nicht selten ist die Wahl einer Top-Level-Domain einfach der Firma des im Online-Geschäft tätigen Unternehmens geschuldet; dies gilt erst recht für bestimmte länderspezifische Top-Level-Domains (vgl. nur ».ag« – Antigua und Barbuda, ».kg« – Kirgisistan), die wohl kaum als Ausdruck des »Ausrichtens« auf die jeweiligen Staaten angesehen werden dürfen. Auch das Abstellen auf verschiedene Sprachversionen einer Webseite als »Ausrichten« auf einen anderen Staat begegnet angesichts der zunehmenden Internationalisierung der Bevölkerung großen Bedenken. Webseiten deutscher Unternehmer in englischer, französischer oder türkischer Sprache dürften in der Regel nicht auf England oder Frankreich (oder gar alle Staaten mit den Amtssprachen Englisch bzw. Französisch!) oder die Türkei ausgerichtet sein, sondern häufig das Bemühen kennzeichnen, möglichst weite Teile der ausländischen Bevölkerung *im Inland* an die Dienstleistungen und Produkte des Unternehmens heranzuführen. Vorzugswürdig erscheint es daher, den Begriff des »Ausrichtens« weniger an der ggf. zufälligen Wirkung unternehmerischer Aktivitäten beim Verbraucher festzumachen, sondern vielmehr auf das zielgerichtete Handeln des Unternehmers abzustellen, welches sich durch den Grad der internen Organisation des Unternehmens im Hinblick auf Verbraucher in dem anderen Staat manifestiert. Auch im Sinne einer konsistenten Auslegung der Vorschrift im Zusammenspiel mit lit. a) und der auch von Erwägungsgrund 25 Rom I-VO postulierten Gleichartigkeit beider Anbahnungssituationen sollte ein »Ausrichten« somit erst dann angenommen werden, wenn die Aktivitäten des Unternehmers einen Grad erreicht haben, der mit der Ausübung im Zielland zumindest vergleichbar ist.

d) Kausalität

Der Wortlaut des Art. 6 I Rom I-VO verlangt lediglich, dass der Vertrag in den Bereich der in Frage stehenden **200** Tätigkeit des Unternehmers fällt. Unter Berufung auf Erwägungsgrund 25 Rom I-VO wird von der h.M. allerdings zusätzlich ein **innerer Zusammenhang zwischen der Tätigkeit und dem Vertragsschluss** verlangt.[334] Zu einer Anwendung von Art. 6 Rom I-VO soll es nur dann kommen, wenn »der Vertragsschluss auf solche Tätigkeiten zurückzuführen ist«. Abgesehen davon, dass den Erwägungsgründen der Verordnung keine Gesetzeskraft zukommt, wirft ein solches Kausalitätserfordernis einige Abgrenzungsfragen im Hinblick auf dessen Reichweite und Umfang (z.B. mittelbare oder beiläufige Wahrnehmung der Tätigkeit; Bezugnahme auf frühere Tätigkeit) sowie Fragen hinsichtlich der Beweislastverteilung auf.[335] Darüber hinaus erscheint die Anwendung eines solchen Kriteriums auch in der Sache nicht erforderlich, wenn man der hier vorgeschlagenen engeren Auslegung des »Ausrichtens« folgt. Nach dem Sinn und Zweck der Regelung soll zwar dem aktiven Verbraucher, der sich aus eigenem Antrieb in den grenzüberschreitenden Rechtsverkehr wagt, kein kollisionsrechtlicher Schutz geboten werden; er kann nicht erwarten, durch das Recht am Ort seines gewöhnlichen

---

330 EuGH, Urt. vom 07.12.2010, C-585/08 (Pammer) und C-144/09 (Hotel Alpenhof) NJW 2011, 505 Rn. 93 zu Art. 15 I lit. c) EuGVVO; BGH NJW 2009, 298.
331 EuGH, Urt. vom 07.12.2010, C-585/08 (Pammer) und C-144/09 (Hotel Alpenhof) NJW 2011, 505 Rn. 84 (zu Art. 15 I lit. c) EuGVVO).
332 EuGH, Urt. vom 07.12.2010, C-585/08 (Pammer) und C-144/09 (Hotel Alpenhof) NJW 2011, 505 Rn. 93 (zu Art. 15 I lit. c) EuGVVO); BGH NJW 2009, 298; L/W/*Looschelders*, IntVersR Rn. 132.
333 EuGH, Urt. vom 07.12.2010, C-585/08 (Pammer) und C-144/09 (Hotel Alpenhof) NJW 2011, 505 Rn. 79 (zu Art. 15 I lit. c) EuGVVO); anders aber BGH NJW 2009, 298; Palandt/*Thorn*, Art. 6 Rom I-VO Rn. 6.
334 Staudinger/*Magnus* (2011), Art. 6 Rom I-VO Rn. 120; Palandt/*Thorn*, Art. 6 Rom I-VO Rn. 6; PWW/*Remien*, Art. 6 Rom I-VO Rn. 17; *Mankowski* IHR 08, 138, 142 in diesem Sinne wohl auch BGH NJW 2009, 298 verstanden, wo allerdings die Motivation des Verbrauchers in den Zusammenhang mit dem Begriff des Ausrichtens durch den Unternehmer gestellt wird. Das »Ausrichten« kann aber schon begrifflich nicht von einer tatsächlichen Wahrnehmung durch den Empfänger abhängen. Ohne Hinweis auf ein Kausalitätserfordernis: EuGH, Urt. vom 07.12.2010, C-585/08 (Pammer) und C-144/09 (Hotel Alpenhof) NJW 2011, 505 ff.
335 *Leible/Müller* EuZW 2009, 27, 28.

Aufenthaltes geschützt zu werden.³³⁶ Ebenso fehlt es beim aktiven Verbraucher, der keine Kenntnis von der Tätigkeit des Unternehmers hatte, am notwendigen Vertrauenstatbestand.

201 Der Kern der Regelung ist aber nicht in dieser Beschränkung von Rechten des Verbrauchers, sondern vor dem Hintergrund des **Unternehmerschutzes** zu sehen. Dieser soll der vor der aufgedrängten Anwendung einer Rechtsordnung bewahrt werden, die er nicht gewollt hat und deren Inhalt und Rechtsfolgen er womöglich nicht abschätzen oder kalkulieren kann. Bei hinreichend engem Verständnis der Anbahnungssituationen der lit. a) und lit. b) besteht für diesen Schutz des Unternehmers kein Bedürfnis. Aufgrund der Ausübung der Tätigkeit im bzw. aufgrund des konkreten Ausrichtens der Tätigkeit auf den Aufenthaltsstaat des Verbrauchers muss er ohnehin mit der Anwendung dieser Rechtsordnung rechnen, deren Inhalt und Rechtsfolgen er damit auch in seine Kalkulation aufgenommen hat. Entsprechend besteht hier keine Notwendigkeit, dem aktiven Verbraucher den Schutz der ihn umgebenden Rechtsordnung zu versagen.

202 Der Ausschluss der verbraucherschutzrechtlichen Kollisionsnorm sollte daher auf die durch den Wortlaut der Vorschrift gedeckten Fälle beschränkt bleiben. Danach scheidet die Anwendung von Art. 6 Rom I-VO beispielsweise dann aus, wenn der Unternehmer im Aufenthaltsstaat des Verbrauchers ein Produkt oder eine Dienstleistung unter einem der Vertragsumstände der lit. a) oder b) anbietet, der dadurch auf den Unternehmer aufmerksam gewordene Verbraucher aber eine andersartige Leistung nachfragt, die gewöhnlich nicht im Aufenthaltsstaat angeboten wird.

3. Beschränkung der Rechtswahl (Abs. 2 Satz 1)

203 Liegt ein Verbrauchervertrag i.S.d. Abs. 1 vor, so wird den Parteien nach Abs. 2 Satz 1 die Vornahme einer **Rechtswahl** nach Art. 3 Rom I-VO (vgl. Rdn. 160) gestattet. Diese Rechtswahl ist jedoch beschränkt. Sie darf nicht dazu führen, dass dem Verbraucher der Schutz entzogen wird, der ihm durch die Bestimmungen gewährt wird, von denen nach dem Recht am Aufenthaltsort des Verbrauchers nicht durch Vereinbarung abgewichen werden darf. Die Regelung entspricht damit Art. 5 II EVÜ bzw. Art. 29 I EGBGB a.F. Wie dort ist ein **Günstigkeitsvergleich** zwischen dem gewählten Recht und den zwingenden bzw. halbzwingenden Vorschriften des Rechts am gewöhnlichen Aufenthalt des Verbrauchers (objektive Anknüpfung, vgl. Abs. 1) vorzunehmen.³³⁷ Ergibt das Ergebnis des Vergleichs einen stärkeren Schutz des Verbrauchers durch die zwingenden Vorschriften des kraft objektiver Anknüpfung anzuwendenden Rechts, so bleibt dieses anwendbar, es kommt zu einem sog. »Rechtsmix«. Soweit die objektive Anknüpfung zur Anwendung deutschen Rechts führt, sind im Bereich des Versicherungsrechts insbesondere die zwingenden und halbzwingenden Vorschriften des VVG zu berücksichtigen.³³⁸

4. Objektive Anknüpfung (Abs. 1)

204 Haben die Parteien keine Rechtswahl getroffen, so ist der Vertrag nach Abs. 1 objektiv anzuknüpfen. Anzuwenden ist das Recht des Staates, in dem der Verbraucher seinen **gewöhnlichen Aufenthalt** hat. Diese Anknüpfung ist **zwingend**; Ausweichklauseln zugunsten einer engeren Verbindung oder zu einer beteiligten Rechtsordnung, die ggf. einen höheren Verbraucherschutz garantieren würde, existieren nicht.³³⁹

5. Kollisionsrecht der Verbraucherschutzrichtlinien (Art. 23 Rom I-VO, Art. 46b EGBGB)

205 Art. 6 Rom I-VO enthält keine abschließende Kollisionsnorm für alle Verbraucherverträge; Art. 23 Rom I-VO verdeutlicht, dass das **Kollisionsrecht der spezifisch verbraucherschützenden Richtlinien** von der Verordnung nicht berührt wird. Der deutsche Gesetzgeber hat das früher in Art. 29a EGBGB a.F. verortete verbraucherrechtliche Richtlinienkollisionsrecht im Zuge der Anpassung des EGBGB an die Rom I-VO in **Art. 46b EGBGB**³⁴⁰ überführt. Die dortigen Regelungen stehen in der Normenhierarchie über Art. 6 Rom I-VO und

---

336 Staudinger/*Magnus* (2011), Art. 6 Rom I-VO Rn. 120.
337 L/W/*Looschelders*, IntVersR Rn. 134; PWW/*Remien*, Art. 6 Rom I-VO Rn. 22.
338 *Kramer*, S. 271 f.
339 MünchKommBGB/*Martiny*, Art. 6 Rom I-VO Rn. 45.
340 Die Vorschrift lautet:
»Art. 46b EGBGB Verbraucherschutz für besondere Gebiete
(1) Unterliegt ein Vertrag auf Grund einer Rechtswahl nicht dem Recht eines Mitgliedstaats der Europäischen Union oder einem anderen Vertragsstaats des Abkommens über den Europäischen Wirtschaftsraum, weist der Vertrag jedoch einen engen Zusammenhang mit dem Gebiet eines dieser Staaten auf, so sind die im Gebiet dieses Staates geltenden Bestimmungen zur Umsetzung der Verbraucherschutzrichtlinien gleichwohl anzuwenden.
(2) Ein enger Zusammenhang ist insbesondere anzunehmen, wenn der Unternehmer
1. in dem Mitgliedstaat der Europäischen Union oder einem anderen Vertragsstaat des Abkommens über den Europäischen Wirtschaftsraum, in dem der Verbraucher seinen gewöhnlichen Aufenthalt hat, eine berufliche oder gewerbliche Tätigkeit ausübt oder
2. eine solche Tätigkeit auf irgendeinem Wege auf diesen Mitgliedstaat der Europäischen Union oder einen anderen Vertragsstaat des Abkommens über den Europäischen Wirtschaftsraum oder auf mehrere Staaten, einschließlich dieses Staates, ausrichtet
und der Vertrag in den Bereich dieser Tätigkeit fällt.

sind somit grundsätzlich vorrangig anzuwenden.[341] Problematisch ist allerdings der Umstand, dass die Umsetzung nach h.M. hinter den Vorgaben der Richtlinien zurückbleibt, weil der in den Richtlinien angeordnete Günstigkeitsvergleich keinen Niederschlag in Art. 46b EGBGB gefunden hat.[342] Dies wird teilweise sogar zum Anlass genommen, den von Art. 23 Rom I-VO angeordneten Anwendungsvorrang im Hinblick auf § 46b EGBGB einzuschränken, da dieser nur »für fehlerfrei umgesetzte Kollisionsnormen« gewährt werde;[343] entsprechend solle Art. 46b EGBGB unberücksichtigt bleiben, wenn dieser zu einer gegenüber dem gewählten drittstaatlichen Recht ungünstigeren Lösung führen würde.[344] Eine solche Lösung dürfte allerdings aufgrund der damit verbundenen Unsicherheiten im Hinblick auf das anwendbare Recht in der Praxis kaum handhabbar sein. Vorzugswürdig erscheint es, die nationale Regelung generell als nachrangig zu betrachten und nur dort eingreifen zu lassen, wo durch die Anwendung von Art. 6 Rom I-VO bzw. den dort vorzunehmenden Günstigkeitsvergleich selbst kein richtlinienkonformes Ergebnis zu erzielen ist.[345] Dass die Rom I-VO grundsätzlich geeignet ist, auch die verbraucherkollisionsrechtlichen Bestimmungen zu ersetzen, zeigt die neue Verbraucherrichtlinie[346], die nach ihrem Erwägungsgrund 58 die kollisionsrechtliche Durchsetzung des Verbraucherschutzes allein der Rom I-VO überlässt.[347]

Art. 46b EGBGB enthält Kollisionsregeln für den Fall, dass die Vertragsparteien die Geltung drittstaatlichen Rechts vereinbaren, der Vertragsgegenstand jedoch einen nach Abs. 2 näher konkretisierten »engen Zusammenhang« mit dem Gebiet eines EU-Mitgliedstaats oder eines EWR-Vertragsstaates aufweist. Die in Abs. 2 aufgestellten Kriterien des engen Zusammenhangs entsprechen dabei den Voraussetzungen, die auch Art. 6 I Rom I-VO an die Umstände des Vertragsschlusses stellt (vgl. Rdn. 195). Ist ein solcher enger Zusammenhang gegeben, sollen die im Gebiet des betreffenden EU-/EWR-Staats geltenden Umsetzungsbestimmungen der in Abs. 3 aufgeführten Verbraucherschutzrichtlinien gleichwohl zur Anwendung kommen. Für den Bereich des Versicherungsrechts hat dies insbesondere Bedeutung im Hinblick auf die **Klausel-RL**.[348] Die zur Umsetzung von Art. 6 II Klausel-RL in den Mitglieds-/Vertragsstaaten getroffenen Bestimmungen (in Deutschland §§ 305 ff. BGB) schützen bei Vorliegen eines engen Zusammenhangs den VN auch dann, wenn das Recht eines Drittstaates gewählt wurde.[349] 206

D. Sonderanknüpfung von Eingriffsnormen, Art. 9 I Rom I-VO
I. Überblick/Normzweck

Die Anwendung des nach der Rom I-VO durch Rechtswahl oder kraft objektiver Anknüpfung bestimmten Rechts soll nicht dazu führen, dass Rechtsnormen des Forumsstaates oder anderer Rechtsordnungen trotz ihrer Verbindung zum Fall und ihres internationalen Geltungsanspruchs generell unberücksichtigt bleiben. Art. 9 Rom I-VO erlaubt vielmehr – wie die frühere Regelung in Art. 7 EVÜ bzw. Art. 34 EGBGB a.F. – unter bestimmten Voraussetzungen die Sonderanknüpfung derartiger Eingriffsnormen und führt zu einer Korrektur des anwendbaren Rechts. 207

---

(3) Verbraucherschutzrichtlinien im Sinne dieser Vorschrift sind in ihrer jeweils geltenden Fassung:
1. die Richtlinie 93/13/EWG des Rates vom 5. April 1993 über missbräuchliche Klauseln in Verbraucherverträgen (ABl. L 95 vom 21.04.1993, S. 29);
2. die Richtlinie 1999/44/EG des Europäischen Parlaments und des Rates vom 25. Mai 1999 zu bestimmten Aspekten des Verbrauchsgüterkaufs und der Garantien für Verbrauchsgüter (ABl. L 171 vom 07.07.1999, S. 12);
3. die Richtlinie 2002/65/EG des Europäischen Parlaments und des Rates vom 23. September 2002 über den Fernabsatz von Finanzdienstleistungen an Verbraucher und zur Änderung der Richtlinie 90/619/EWG des Rates und der Richtlinien 97/7/EG und 98/27/EG (ABl. L 271 vom 09.10.2002, S. 16);
4. die Richtlinie 2008/48/EG des Europäischen Parlaments und des Rates vom 23. April 2008 über Verbraucherkreditverträge und zur Aufhebung der Richtlinie 87/102/EWG des Rates (ABl. L 133 vom 22.05.2008, S. 66).

(4) [hier nicht abgedruckt (betrifft Teilzeitnutzungsverträge)]«.

341 Ausf. jurisPK-BGB/*Limbach*, Art. 46b EGBGB Rn. 13; Palandt/*Thorn*, Art. 6 Rom I-VO Rn. 2. Vgl. auch *Hoffmann* EWS 2009, 254, 257 f.
342 jurisPK-BGB/*Limbach*, Art. 46b EGBGB Rn. 14; MünchKommBGB/*Martiny*, Art. 46b EGBGB Rn. 117; Staudinger RIW 2000, 416, 418 (zu Art. 29a EGBGB a.F.).
343 jurisPK-BGB/*Limbach*, Art. 46b EGBGB Rn. 14.
344 jurisPK-BGB/*Limbach*, Art. 46b EGBGB Rn. 15.
345 In diesem Sinne Palandt/*Thorn*, Art. 6 Rom I-VO Rn. 2.
346 Richtlinie 2011/83/EU des Europäischen Parlaments und des Rates vom 25. Oktober 2011 über die Rechte der Verbraucher, zur Abänderung der Richtlinie 93/13/EWG des Rates und der Richtlinie 1999/44/EG des Europäischen Parlaments und des Rates sowie zur Aufhebung der Richtlinie 85/577/EWG des Rates und der Richtlinie 97/7/EG des Europäischen Parlaments und des Rates ABl. Nr. L 304, S. 304; vgl. dazu auch bereits *Micklitz/Reich* EuZW 2009, 279 ff.
347 Dazu *Hoffmann* EWS 2009, 254, 257 f.
348 Richtlinie 93/13/EWG des Rates vom 05.04.1993 über missbräuchliche Klauseln in Verbraucherverträgen (ABl. EG Nr. L 95 v. 21.04.1993, S. 29).
349 Vgl. L/W/*Looschelders*, IntVersR Rn. 136.

II. Eingriffsnorm

208 Art. 9 I Rom I-VO enthält erstmalig eine **Legaldefinition** des Begriffs der Eingriffsnorm. Danach ist eine Eingriffsnorm eine zwingende Vorschrift, deren Einhaltung von einem Staat als so entscheidend für die Wahrung seines öffentlichen Interesses, insbesondere seiner politischen, sozialen oder wirtschaftlichen Organisation, angesehen wird, dass sie ungeachtet des nach Maßgabe dieser Verordnung auf den Vertrag anzuwendenden Rechts auf alle Sachverhalte anzuwenden ist, die in ihren Anwendungsbereich fallen. Dabei sind die Eingriffsnormen von den ebenfalls als »zwingende Vorschriften« bezeichneten »Bestimmungen, von denen nicht durch Vereinbarung abgewichen werden kann« (vgl. Art. 3 III, Art. 6 II Rom I-VO) zu unterscheiden und enger auszulegen, vgl. Erwägungsgrund 37 Rom I-VO. Allein der Umstand, dass eine Norm der Disposition durch die Parteien entzogen ist, reicht damit für die Annahme einer Eingriffsnorm noch nicht aus; darüber hinausgehend ist erforderlich, dass die in Frage stehende Vorschrift nicht nur dem Individualinteresse der Parteien dient, sondern darüber hinaus zumindest auch **öffentlich-rechtliche Gemeinwohlinteressen** verfolgt.[350] Ein nur reflexartiger Schutz öffentlicher Gemeinwohlinteressen genügt für die Annahme einer Eingriffsnorm dagegen nicht.[351] Allgemein ist im Hinblick auf die Annahme eines international zwingenden Charakters einer Norm Zurückhaltung geboten; jede Sonderanknüpfung einer Eingriffsnorm führt zu einem partiellen Außerkraftsetzen des Anknüpfungssystems der Verordnung und zu einer Störung des Entscheidungseinklangs.[352] Im Zweifel ist daher von der Annahme eines international zwingenden Geltungswillens abzusehen.[353]

III. Inländische und ausländische Eingriffsnormen

209 Die Regelung in Art. 9 Rom I-VO unterscheidet – wie bereits Art. 7 EVÜ – zwischen der Berücksichtigung von **Eingriffsnormen des Forumsstaates** (Art. 9 II Rom I-VO) und **ausländischen Eingriffsnormen** (Art. 9 III Rom I-VO). Soweit inländische Eingriffsnormen betroffen sind, sind diese, wie bisher nach Art. 34 EGBGB a.F., ohne Einschränkungen anzuwenden. Unterschiede zur früheren Rechtslage in Deutschland ergeben sich im Hinblick auf die Berücksichtigung ausländischer Eingriffsnormen. Die entsprechende Regelung des Art. 7 I EVÜ wurde aufgrund eines Vorbehalts nach Art. 22 Abs. 1 EVÜ wegen Bedenken in Bezug auf die Rechtssicherheit nicht in das deutsche Recht inkorporiert. Die Behandlung ausländischer Eingriffsnormen sollte vielmehr der Rechtsprechung überlassen bleiben. Einen derartigen Vorbehalt erlaubt Art. 9 III Rom I-VO nicht mehr.

210 Der Kreis der in Betracht kommenden ausländischen Eingriffsnormen ist in doppelter Hinsicht begrenzt. Zunächst kommt es im Gegensatz zu Art. 7 I EVÜ nicht mehr auf das Bestehen einer »engen Verbindung« an; die Vorschrift sieht vor, dass lediglich **Eingriffsnormen des Erfüllungsortes** zu berücksichtigen sind, wobei ungeklärt ist, wie der Erfüllungsort bestimmt werden soll.[354] Daneben wird man allerdings auch die Eingriffsnormen des Vertragsstatuts selbst berücksichtigen müssen.[355]

211 Des Weiteren kann nur solchen Normen Bedeutung zukommen, die die Erfüllung des Vertrags **unrechtmäßig** werden lassen. Eingriffsnormen i.S.d. Vorschrift sind daher in erster Linie Verbotsnormen, wie z.B. § 134 BGB im deutschen Recht.[356] Generell ist auch hier eine restriktive Handhabung angezeigt.[357]

212 Auf der Rechtsfolgenseite räumt die Vorschrift dem Gericht ein **Ermessen** bei der Beurteilung ein, ob den ermittelten Eingriffsnormen Wirkung zu verleihen ist (»kann«). Bei dieser Entscheidung hat das Gericht im Rahmen einer Abwägung Art und Zweck dieser Normen sowie die Folgen zu berücksichtigen, die sich aus ihrer Anwendung oder Nichtanwendung ergeben würden. Wie das Gericht der Eingriffsnorm schließlich Wirkung verleiht, steht ebenfalls in seinem Ermessen.[358]

IV. Eingriffsnormen im deutschen Versicherungsrecht

213 Unter Berücksichtigung der Definition der Eingriffsnormen verbleibt der Vorschrift im Bereich des deutschen Versicherungsrechts nur ein kleiner Anwendungsbereich. Soweit die Normen des VVG dem **Schutz des VN** dienen, handelt es sich regelmäßig lediglich um Individualinteressen, denen die erforderliche Normqualität

---

350 BGH NJW 2006, 762 = VersR 2006, 1549.
351 BGH NJW 2006, 762 = VersR 2006, 1549.
352 *Freitag/Leible* ZIP 1999, 1296, 1299; Soergel/*von Hoffmann*, Art. 34 EGBGB Rn. 16; *Looschelders*, IPR, Art. 34 EGBGB Rn. 13; *Hahn*, S. 101.
353 *Freitag/Leible* ZIP 1999, 1296, 1299; *Looschelders*, IPR, Art. 34 EGBGB Rn. 13.
354 Vgl. zur Diskussion ausf. *Harris*, Mandatory Rules and Public Policy under the Rome I Regulation, in: Ferrari/Leible, Rome I Regulation: The Law Applicable to Contractual Obligations in Europe, 2009, S. 269, 310 ff.; *Mankowski* IHR 2008, 133, 148; *Lando/Nielsen* Common Market Law Review 45 (2008), 1687, 1722; *Freitag* IPRax 2009, 109, 113.
355 Str., vgl. jurisPK-BGB/*Ringe*, Art. 9 Rom I-VO Rn. 41; Palandt/*Thorn*, Art. 9 Rom I-VO Rn. 15; MünchKommBGB/*Martiny*, Art. 9 Rom I-VO Rn. 42 f.; offen: *Leible/Lehmann* RIW 2008, 528, 543; PWW/*Remien*, Art. 9 Rom I-VO Rn. 6 f.; a.A. *Mankowski* IHR 2008, 133, 148.
356 Palandt/*Thorn*, Art. 9 Rom I-VO Rn. 12.
357 L/W/*Looschelders*, IntVersR Rn. 155.
358 jurisPK-BGB/*Ringe*, Art. 9 Rom I-VO Rn. 34 ff.

als Eingriffsnorm nicht zukommt.³⁵⁹ Das zum Schutze des VN bestehende Verschuldenserfordernis für die Verwirkung des Versicherungsschutzes (§ 28 VVG) kann als grundlegendes Prinzip des deutschen Versicherungsrechts über die Anwendung des ordre public (Art. 21 Rom I-VO; vgl. Rdn. 218) berücksichtigt werden.³⁶⁰

Keine Eingriffsnormen bilden regelmäßig die **Schutzvorschriften zugunsten Dritter**, wobei die in diesem Zusammenhang diskutierten Normen (z.B. Schutz der Grundpfandgläubiger, §§ 94 ff. VVG; Haftpflichtversicherung, §§ 108, 110, 117, 119 ff. VVG) oftmals nicht versicherungsvertraglich, sondern sachenrechtlich bzw. delikts- oder verfahrensrechtlich zu qualifizieren sind.³⁶¹ Dagegen ist den Vorschriften zum Schutz der Gefahrensperson (§§ 150 II, 179 II VVG), die eine Zustimmung des Dritten für eine auf ihn genommene Lebens- bzw. Unfallversicherung fordern, ein über die rein vertragsbezogenen Individualinteressen hinausgehendes Interesse am Schutz der Persönlichkeit und der körperlichen Integrität des Dritten zu entnehmen, das auch international zwingende Beachtung jedenfalls dann verdient, wenn die Gefahrperson ihren gewöhnlichen Aufenthalt im Zeitpunkt des Vertragsschlusses in Deutschland hatte.³⁶² 214

Auch bezüglich der Vorschriften zum **Schutz der Versicherer** ist Zurückhaltung bei der Annahme von Eingriffsnormen geboten. Das Verbot der betrügerischen Unter- bzw. Überversicherung (§§ 74 II, 78 III VVG) schützt neben den Interessen des einzelnen Versicherers zumindest auch das öffentliche Interesse an der Funktion der Versicherung und dient dem Schutz vor Missbrauch,³⁶³ so dass die Vorschriften als Eingriffsnormen in Betracht kommen.³⁶⁴ Vorzugswürdig erscheint hier jedoch die vorgeschlagene flexiblere Korrektur unerträglicher Ergebnisse über die Anwendung des ordre public, Art. 21 Rom I-VO.³⁶⁵ Gleiches gilt im Hinblick auf Normen zum **Schutz der öffentlichen Ordnung**, die die Unwirksamkeit eines Versicherungsvertrages aufgrund von Gesetzes- oder Sittenverstoß vorsehen (z.B. Geldstrafen-/Bußgeldversicherung).³⁶⁶ 215

V. Ausländische Eingriffsnormen

Auch für den Bereich des Versicherungsrechts sind ausländische Eingriffsnormen nach Maßgabe des Art. 9 III Rom I-VO grundsätzlich zu berücksichtigen. Allerdings lassen die Beschränkungen auf Eingriffsnormen des Erfüllungsorts, sowie das Erfordernis, dass die Eingriffsnorm die Erfüllung des Versicherungsvertrags unrechtmäßig werden lassen muss, in der Praxis wohl nur selten Anwendungsfälle zu. 216

Unberührt von der Regelung in Art. 9 III Rom I-VO bleibt die von der Rechtsprechung verschiedentlich vorgenommene **Berücksichtigung ausländischer Eingriffsnormen auf materiell-rechtlicher Ebene**, z.B. über die Generalklauseln des Zivilrechts.³⁶⁸ 217

E. Ordre public-Vorbehalt, Art. 21 Rom I-VO

Art. 21 Rom I-VO enthält einen Vorbehalt gegenüber der Anwendung des nach den Vorschriften der Verordnung ermittelten Rechts. Die Vorschrift erlaubt die Nichtanwendung von Vorschriften des nach dieser Verordnung bezeichneten Rechts, wenn die Anwendung mit der öffentlichen Ordnung (»**ordre public**«) des Forumsstaates offensichtlich unvereinbar ist. Erwägungsgrund 37 Rom I-VO macht dabei deutlich, dass der ordre public-Vorbehalt nur »unter außergewöhnlichen Umständen« heranzuziehen ist. Gegenstand der Prüfung ist dabei das Ergebnis der Anwendung der konkreten Norm im konkreten Rechtsverhältnis, nicht deren abstrakter Gehalt.³⁶⁹ 218

Aus dem Bereich des Versicherungsrechts ist das zum Schutze des VN bestehende **Verschuldenserfordernis** für die Verwirkung des Versicherungsschutzes (§ 28 VVG) als grundlegendes Prinzip des deutschen Versicherungsrechts über die Anwendung des ordre public zu berücksichtigen.³⁷⁰ Dagegen werden die erst durch die 219

---

359 Unter dem Eindruck der Unamar-Entscheidung des EuGH (Urt. vom 17.10.2013, C-184/12, EuZW 2013, 956) krit. zu dieser Einordnung *Roth*, in: FS E. Lorenz, 2014, S. 440.
360 L/W/*Looschelders*, IntVersR Rn. 158.
361 Vgl. zu Art. 34 EGBGB a.F. Staudinger/*Armbrüster* (2011), Anh zu Art. 7 Rom I-VO Rn. 76; BK/*Dörner*, Art. 15 EGVVG Rn. 40.
362 BGH VersR 1999, 347 m. Anm. *Wandt*; eingehend *Wördemann*, S. 172; *Wandt*, S. 96; a.A. insoweit Staudinger/*Armbrüster* (2011), Anh zu Art. 7 Rom I-VO Rn. 76; *Mankowski* VersR 1999, 821, 823.
363 *Roth*, Internationales Versicherungsvertragsrecht, S. 503.
364 Dafür *Wördemann*, S. 238 f.
365 Staudinger/*Armbrüster* (2011), Anh zu Art. 7 Rom I-VO Rn. 61; BK/*Dörner*, Art. 15 EGVVG Rn. 50; grundsätzlich auch L/W/*Looschelders*, IntVersR Rn. 158.
366 Staudinger/*Armbrüster* (2011), Anh zu Art. 7 Rom I-VO Rn. 61; a.A. *Wördemann*, S. 248.
367 Palandt/*Thorn*, Art. 9 Rom I-VO Rn. 15.
368 Vgl. BGH NJW 1962, 1436; NJW 1972, 1575 = VersR 1972, 849; vgl. auch LG Hamburg VersR 2015, 1024 m. Anm. *Looschelders* zu den Auswirkungen US-amerikanischer Embargobestimmungen auf einen Versicherungsvertrag.
369 MünchKommBGB/*Martiny*, Art. 21 Rom I-VO Rn. 5.
370 Staudinger/*Armbrüster* (2011), Anh zu Art. 7 Rom I-VO Rn. 80.

VVG-Reform eingefügten Elemente der Beschränkung der Einstandspflicht sowie die Geltung des Quotenprinzips noch nicht dem ordre public zugeordnet.[371]

220 Ebenfalls über den ordre public lässt sich das Verbot der betrügerischen Unter- bzw. Überversicherung (§§ 74 II, 78 III VVG) durchsetzen, wenn man diesen Vorschriften nicht bereits auf der Ebene der Eingriffsnormen Bedeutung beimessen will (vgl. Rdn. 215).[372] Normen zum **Schutz der öffentlichen Ordnung**, die die Unwirksamkeit eines Versicherungsvertrages aufgrund von Gesetzes- oder Sittenverstoß vorsehen (z.B. bei **Geldstrafen-/Bußgeldversicherung**), sind ebenfalls Bestandteil des ordre public.[373] Lösegeldversicherungen (auch K&R (**Kidnapping&Ransom**)-Policen genannt) werden dagegen – rechtspolitisch zweifelhaft – seit der entsprechenden Zulassung durch das Bundesaufsichtsamt für das Versicherungswesen im Jahr 1998[374] für zulässig und mit dem ordre public für vereinbar gehalten, unter der Maßgabe, dass diese besonders sensibel zu handhabenden Verträge ein hohes Maß an Geheimhaltung verlangen, die Ermittlungsarbeit der Polizei nicht behindert wird und sichergestellt wird, dass ein kollusives Zusammenwirken zwischen Tätern, Opfern oder Mitarbeitern des Versicherers vermieden wird.

3. Abschnitt Die Regelungssysteme der Art. 27 ff. EGBGB a.F. und Art. 7 ff. EGVVG a.F.
(Rechtslage für vor dem 17.12.2009 abgeschlossene Verträge)

A. Allgemeines/Überblick

I. Einführung

221 Die Rom I-VO wird gemäß ihres Art. 28 auf Verträge angewandt, die ab dem 17.12.2009 geschlossen werden. Für den Zeitraum davor bleibt es daher bei der Anwendung der bisherigen Rechtsvorschriften, d.h. der auf Richtlinienrecht beruhenden Art. 7 ff. EGVVG a.F. und der im Wesentlichen auf dem EVÜ beruhenden Art. 27 ff. EGBGB a.F., auch wenn diese durch das Rom I-IPRAnpG[375] aufgehoben wurden.[376]

II. Europarechtlicher Hintergrund

222 Vor Erlass und Umsetzung der versicherungsrechtlichen Richtlinien stand das deutsche Internationale Versicherungsrecht in einem engen Zusammenhang mit dem deutschen **Versicherungsaufsichtsrecht**. Durch die nationale Versicherungsaufsicht konnte ein hoher Schutzstandard für die Versicherten auch mit internationalprivatrechtlicher Wirkung gewährleistet werden; u.a. bestand für ausländische Versicherungsunternehmen die Pflicht, eine Niederlassung in Deutschland zu errichten, es war ein Hauptbevollmächtigter mit Wohnsitz und ständigem Aufenthalt in Deutschland zu bestellen, die AVB unterlagen der aufsichtsbehördlichen Kontrolle usw. (§§ 105 ff. VAG a.F. (vor 1987)). Dieser Schutzstandard hatte entsprechende Auswirkungen auf das Internationale Versicherungsrecht: Durch die Niederlassungspflicht der Versicherer fehlte es häufig schon am Auslandsbezug. Und auch wenn eine Rechtswahl weitgehend unbeschränkt möglich war, konnten die zwingenden aufsichtsrechtlichen Vorschriften des nationalen Rechts zum Schutz des VN ohne Rücksicht auf das im Übrigen anzuwendende Recht durchgesetzt werden.

223 Die restriktiven Vorschriften des VAG waren allerdings mit der **Niederlassungs- und Dienstleistungsfreiheit** der damaligen Art. 52, 59 EGV (heute Art. 49, 56 AEUV) nicht zu vereinbaren. Die entsprechende Entscheidung des EuGH vom 04.12.1986[377] in einem Vertragsverletzungsverfahren gegen die Bundesrepublik Deutschland läutete – jedenfalls für den Bereich der Mitgliedstaaten – das Ende des Versicherungsnehmerschutzes durch nationale aufsichtsrechtliche Beschränkungen ein. Gefordert waren nun europarechtliche Lösungen, die sowohl der Niederlassungs- und Dienstleistungsfreiheit als auch dem Schutz des Versicherten dienen mussten. Zu diesem Zweck wurden mehrere Richtlinien, unter ihnen auch die Zweite und Dritte SchadenRL sowie die Zweite und Dritte LebenRL, verabschiedet, die für eine **Harmonisierung** der Aufsichtsrechte und eine weitgehende **Liberalisierung** des europäischen Versicherungsmarktes sorgten. Die die Niederlassungs- und Dienstleistungsfreiheit beschränkenden aufsichtsrechtlichen Vorschriften und Instrumente wurden dadurch nach und nach abgeschafft.

224 Durch die so verwirklichte Schaffung des Versicherungsbinnenmarktes wurde der Abschluss grenzüberschreitender Versicherungsverträge in weitem Umfang möglich. In gleichem Maße entfiel aber auch der dafür ur-

---

371 L/W/*Looschelders*, IntVersR Rn. 157.
372 Staudinger/*Armbrüster* (2011), Anh zu Art. 7 Rom I-VO Rn. 80; BK/*Dörner*, Art. 15 EGVVG Rn. 50; mit Einschränkungen L/W/*Looschelders*, IntVersR Rn. 158.
373 Staudinger/*Armbrüster* (2011), Anh zu Art. 7 Rom I-VO Rn. 81.
374 Rundschreiben 3/1998 (VA) v. 21.07.1998 – Hinweise des BAV zum Betrieb von Lösegeldversicherungen.
375 Gesetz zur Anpassung der Vorschriften des Internationalen Privatrechts an die Verordnung (EG) Nr. 593/2008 vom 25.06.2009, BGBl. 2009 I, S. 1574.
376 Krit. dazu Thume VersR 2009, 1342. – Auch wenn sie aufgehoben sind, erfolgt die weitere Kommentierung der Vorschriften aufgrund ihrer fortgesetzten Anwendbarkeit im Präsens. Zugrunde gelegt werden das EGVVG und das EGBGB in der bis zum 17.12.2009 geltenden Fassung.
377 EuGH Urt v. 04.12.1986 – Rs 205/84, EuGHE 1986, 3755 = VersR 1986, 1225 = NJW 1987, 572.

sprünglich vorgesehene **Schutz des VN**, der bis zu diesem Zeitpunkt gerade durch die aufsichtsrechtlichen Instrumente realisiert wurde. Notwendig war daher die Schaffung eines detaillierten **Kollisionsrechts als »flankierende Maßnahme der Liberalisierung** des Aufsichtsrechts«[378], um die schützenswerten Interessen des VN, vor allem die Anwendung dessen Umweltrechts, bei grenzüberschreitenden Versicherungsverträgen angemessen berücksichtigen zu können. Dem wurde durch die Aufnahme entsprechender kollisionsrechtlicher Vorschriften in die Schadens- und Lebensversicherungsrichtlinien Rechnung getragen. Deren Umsetzung erfolgte in Deutschland durch das Zweite und Dritte DurchführungsG/EWG zum VAG in das EGVVG (vgl. oben Rdn. 4 f.).

Einen davon verschiedenen Hintergrund haben die Art. 27 ff. EGBGB a.F. Soweit sie in ihrem Anwendungsbereich auf außerhalb des EWR belegene Risiken beschränkt sind, tauchen die oben angesprochenen Probleme im Zusammenhang mit der Dienstleistungs- und Niederlassungsfreiheit mangels eines europarechtlichen Bezugs nicht auf.[379] Dementsprechend sieht auch das Aufsichtsrecht in den §§ 105 ff. VAG weiterhin strenge Vorschriften für die Zulassung und Kontrolle von Versicherern mit Sitz außerhalb des EWR am deutschen Markt vor. Durch diese Möglichkeit der Einflussnahme wird bereits ein grundlegender Schutz des VN verwirklicht. Dies rechtfertigt die gegenüber dem EGVVG a.F. erweiterten Rechtswahlmöglichkeiten der Art. 27 ff. EGBGB a.F.[380] 225

III. Abgrenzung der Regelungssysteme

Die oben skizzierten europarechtlichen Einflüsse haben zu einer Zersplitterung des auf Versicherungsverträge anwendbaren Kollisionsrechts geführt. Die beiden Regelungssysteme der Art. 27 ff. EGBGB a.F. und der Art. 7 ff. EGVVG a.F. müssen daher voneinander abgegrenzt werden. Ausgangspunkt sind dabei die korrespondierenden Regelungen der Art. 37 Nr. 4 EGBGB a.F. und Art. 7 I EGVVG a.F. Danach ist zunächst zwischen **Direktversicherungs-** und **Rückversicherungs**verträgen zu unterscheiden. Auf letztere finden unabhängig von der Belegenheit des versicherten Risikos die allgemeinen kollisionsrechtlichen Vorschriften der Art. 27 ff. EGBGB a.F. Anwendung. Dagegen ist für Direktversicherungsverträge weiter zu differenzieren, ob diese der Deckung **innerhalb** oder **außerhalb des EWR** belegener Risiken dienen. Im ersteren Fall führt dies zur Anwendung der speziellen Vorschriften der Art. 7 ff. EGVVG a.F., im anderen Fall sind – wie bei den Rückversicherungsverträgen – die allgemeinen schuldvertraglichen Kollisionsvorschriften der Art. 27 ff. EGBGB a.F. heranzuziehen. Dem Begriff der Risikobelegenheit, der durch Art. 7 II EGVVG a.F. näher definiert wird, kommt damit eine zentrale Rolle bei der Abgrenzung der Regelungssysteme zu. Die Regelung wird daher treffend auch als »**Meta-Kollisionsnorm**«[381] bezeichnet: Sie bestimmt nicht die auf den Sachverhalt anzuwendende Rechtsordnung, sondern dient der Feststellung des Kollisionsrechts, auf dessen Grundlage dann erst die auf den Sachverhalt anzuwendende Rechtsordnung ermittelt werden soll. 226

IV. Regelungsinhalte der Art. 27 ff. EGBGB a.F.

Vor dem oben (Rdn. 225) dargestellten Hintergrund sehen die Art. 27 ff. EGBGB a.F. vorrangig eine **freie Rechtswahl** durch die Parteien vor. In Ermangelung einer Rechtswahl greift die objektive Anknüpfung nach Art. 28 EGBGB a.F. ein und unterstellt den Vertrag dem Recht der engsten Verbindung, die im Einzelnen umstritten ist, wie diese im Rahmen von Versicherungsverträgen zu bestimmen ist. Art. 29, 29a EGBGB a.F. enthalten zum Zwecke des Verbraucherschutzes kollisionsrechtliche Sonderregeln, die den Grundsatz der freien Rechtswahl teilweise einschränken. Über die Sonderanknüpfung des Art. 34 EGBGB a.F. schließlich lassen sich die international zwingenden Vorschriften (Eingriffsnormen) des deutschen Rechts gegenüber dem Versicherungsvertragsstatut durchsetzen. 227

V. Regelungsinhalte der Art. 7 ff. EGVVG a.F.

Die Art. 7 ff. EGVVG a.F. verfolgen zum Schutz des VN (siehe oben Rdn. 224) einen von den Art. 27 ff. EGBGB a.F. völlig verschiedenen Regelungsansatz. Im Gegensatz zu den Art. 27 ff. EGBGB a.F., die vom Grundsatz der Rechtswahlfreiheit ausgehen, steht bei den Art. 7 ff. die **zwingende objektive Anknüpfung** (Art. 8 EGVVG a.F.) an der Spitze der Vorschriften. Diese greift immer dann ein, wenn der gewöhnliche Aufenthalt bzw. die Hauptverwaltung des VN und der Staat der Risikobelegenheit zusammenfallen, sog. **Konvergenzfälle**. 228

In Divergenzfällen, d.h. bei einem Auseinanderfallen des Staats des gewöhnlichen Aufenthalts bzw. der Hauptverwaltung und dem Staat der Risikobelegenheit werden den Parteien des Versicherungsvertrages gemäß Art. 9, 10 EGVVG a.F. unter verschiedenen Voraussetzungen (einfache Divergenz; Tätigkeitsbezug; Auslandsfälle; Lebensversicherung) **eingeschränkte Rechtswahlmöglichkeiten** eröffnet. Eine völlige Rechtswahl- 229

---

378 *Basedow/Drasch* NJW 1991, 785, 786.
379 *Gruber*, IVVR, S. 9 f.
380 Vgl. *Gruber*, IVVR, S. 7 ff.
381 *Basedow/Drasch* NJW 1991, 785, 786.

freiheit kommt nur in den Fällen der Art. 9 IV (Korrespondenzversicherung) und 10 I EGVVG a.F. (Großrisiko) in Betracht. Soweit die Parteien von der ihnen eingeräumten Möglichkeit einer Rechtswahl keinen Gebrauch gemacht haben, findet gemäß Art. 11 EGVVG a.F. eine objektive Anknüpfung an das Recht der engsten Verbindung statt, wobei diese nach Art. 11 II EGVVG a.F. im Staat der Risikobelegenheit vermutet wird.

230 Für die Pflichtversicherungen (Art. 12 EGVVG a.F.) und substituierende Krankenversicherungen (Art. 13 EGVVG a.F.) gelten Sonderanknüpfungen. Art. 15 EGVVG a.F. schließlich erklärt die entsprechende Anwendbarkeit der Art. 27 ff. EGBGB a.F., soweit diese nicht durch die Regelungen des EGVVG verdrängt werden.

B. Internationales Versicherungsvertragsrecht der Art. 7 ff. EGVVG a.F.
I. Art. 7 EGVVG a.F. – Anwendungsbereich

(1) Auf Versicherungsverträge mit Ausnahme der Rückversicherung sind, wenn sie in einem Mitgliedstaat der Europäischen Gemeinschaft oder in einem anderen Vertragsstaat des Abkommens über den Europäischen Wirtschaftsraum belegene Risiken decken, die folgenden Vorschriften mit der Maßgabe anzuwenden, daß Vertragsstaaten des Europäischen Wirtschaftsraumes wie Mitgliedstaaten der Europäischen Gemeinschaft zu behandeln sind.

(2) Mitgliedstaat, in dem das Risiko belegen ist, ist
1. bei der Versicherung von Risiken mit Bezug auf unbewegliche Sachen, insbesondere Bauwerke und Anlagen, und den darin befindlichen, durch den gleichen Vertrag gedeckten Sachen der Mitgliedstaat, in dem diese Gegenstände belegen sind,
2. bei der Versicherung von Risiken mit Bezug auf Fahrzeuge aller Art, die in einem Mitgliedstaat in ein amtliches oder amtlich anerkanntes Register einzutragen sind und ein Unterscheidungskennzeichen erhalten, dieser Mitgliedstaat; abweichend hiervon ist bei einem Fahrzeug, das von einem Mitgliedstaat in einen anderen überführt wird, während eines Zeitraums von 30 Tagen nach Abnahme des Fahrzeugs durch den Käufer der Bestimmungsmitgliedstaat als der Mitgliedstaat anzusehen, in dem das Risiko belegen ist,
3. bei der Versicherung von Reise- und Ferienrisiken in Versicherungsverträgen über eine Laufzeit von höchstens vier Monaten der Mitgliedstaat, in dem der VN die zum Abschluß des Vertrages erforderlichen Rechtshandlungen vorgenommen hat,
4. in allen anderen Fällen,
  a) wenn der VN eine natürliche Person ist, der Mitgliedstaat, in dem er seinen gewöhnlichen Aufenthalt hat,
  b) wenn der VN keine natürliche Person ist, der Mitgliedstaat, in dem sich das Unternehmen, die Betriebsstätte oder die entsprechende Einrichtung befindet, auf die sich der Vertrag bezieht.

1. Allgemeines/Überblick

231 Art. 7 I EGVVG a.F. legt den Anwendungsbereich der Vorschriften des Kapitels »Europäisches Internationales Versicherungsrecht« des EGVVG (Art. 7–15 EGVVG a.F.) fest. Die Regelung dient damit zugleich der Abgrenzung des Anwendungsbereichs der Art. 8 ff. EGVVG a.F. von den allgemeinen Regelungen der Art. 27 ff. EGBGB a.F. Die Vorschrift korrespondiert mit Art. 37 Satz 1 Nr. 4 EGBGB a.F., indem sie für die dort gerade ausgenommenen Bereiche die Anwendbarkeit der Art. 8–15 EGVVG a.F. feststellt.[382]

232 Art. 7 EGVVG a.F. schließt **Rückversicherungsverträge** – unabhängig von der Belegenheit des Risikos – von den Regelungen der Art. 8–15 EGVVG a.F. aus. Auf diese finden die allgemeinen Regeln der Art. 27 ff. EGBGB a.F. Anwendung, vgl. Art. 37 Satz 1 Nr. 4 S. 2 EGBGB a.F. Die Art. 7 ff. EGVVG a.F. gelten damit nur für Direkt-(Erst-)versicherungsverträge. Eingeschlossen sind dabei seit dem 29.07.1994 auch Lebensversicherungsverträge.[383]

233 Zentrales Element für die Abgrenzung der beiden Regelungsbereiche von EGVVG und EGBGB ist der Begriff der **Risikobelegenheit**. Ist das versicherte Risiko innerhalb des EWR belegen, so finden die Art. 7 ff. EGVVG a.F. Anwendung; liegt das Risiko außerhalb des EWR, bleibt es grundsätzlich bei der Anwendung der Art. 27 ff. EGBGB a.F. Abs. 2 enthält nähere Definitionen zur Bestimmung der Risikobelegenheit. Wie Art. 37 Nr. 4 S. 2 EGBGB a.F. verdeutlicht, sind diese Definitionen auch im Hinblick auf die Anwendung der Art. 27 ff. EGBGB a.F. heranzuziehen. Neben der Festlegung des Anwendungsbereichs hat die Risikobelegenheit entscheidende Bedeutung im Rahmen der verschiedenen Kollisionsnormen. So bildet die Risikobelegenheit in Art. 8, 9 I–III, 10 I, II und 11 II EGVVG a.F. das maßgebliche **Anknüpfungselement** für die Bestimmung des Versicherungsvertragsstatuts (**Doppelfunktion**).[384]

234 Im Gegensatz zu Art. 8 EGVVG a.F., bei dem im Zuge des Dritten DurchführungsG/EWG zum VAG eine entsprechende Klarstellung zugunsten des Zeitpunkts des Vertragsschlusses eingefügt wurde, enthält Art. 7 EGVVG a.F. keine Bestimmung darüber, welcher Zeitpunkt bei der Bestimmung der Risikobelegenheit maßgeblich sein soll. Zur Vermeidung von Statutenwechseln aufgrund Veränderung der für die Bestimmung der

---

382 *Kramer*, S. 163 f.
383 Vgl. Art. 3 Drittes DurchführungsG/EWG zum VAG (BGBl. 1994 I, S. 1630).
384 *Gruber*, IVVR, S. 21; BK/*Dörner*, Art. 7 EGVVG Rn. 2; B/M/*Dörner*, Einf.Int.VersR Rn. 23.

Risikobelegenheit in Bezug genommenen Merkmale wird daher unter Heranziehung der redaktionellen Klarstellung in Art. 8 EGVVG a.F. für die Bestimmung der Risikobelegenheit auf die Tatsachenlage zum **Zeitpunkt des Vertragsschlusses** abgestellt.[385] Spätere Änderungen der Risikobelegenheit bleiben damit im Hinblick auf die Anwendbarkeit der Art. 7 ff. EGVVG a.F. ohne Auswirkungen.[386]

2. Direkt-(Erst-)versicherungsverträge

Der Anwendungsbereich der Vorschriften des Zweiten Kapitels des EGVVG a.F. umfasst Versicherungsverträge aller Art mit Ausnahme der Rückversicherung, d.h., alle Versicherungsverträge, die zwischen Erstversicherern und VN abgeschlossen werden. Zu beachten ist, dass **Lebensversicherungsverträge** in der ursprünglichen Fassung der Vorschrift noch explizit aus dem Anwendungsbereich der Art. 7 ff. EGVVG a.F. ausgenommen waren; diese wurden erst durch die Neufassung des Art. 7 I EGVVG a.F. durch Art. 3 Nr. 1 des 3. Durchführungsgesetzes/EWG zum VAG seit dem 29.07.1994 in den Anwendungsbereich der Vorschrift einbezogen (vgl. o. Rdn. 5). 235

3. Risikobelegenheit

Art. 7 II EGVVG a.F. dient der Umsetzung der damaligen Regelungen der Art. 2 lit. d) Zweite SchadenRL sowie Art. 1 I lit. g) LebenRL. Beide Richtlinienvorschriften sind nunmehr auch in Art. 7 VI Rom I-VO in Bezug genommen. Die dortigen Erläuterungen (inzwischen auf Basis der Solvabilität II-RL, die die alten Richtlinienvorschriften abgelöst haben – Rdn. 136 ff.) finden daher in gleicher Weise Anwendung. Hinzuweisen ist auf die Unterschiede in der Umsetzung in Abs. 2 Nr. 2 (Staat der Registrierung). Im Gegensatz zur Richtlinie setzt Art. 7 II EGVVG a.F. das **Bestehen einer Registrierungspflicht** voraus. Handelt es sich um nicht registrierungspflichtige Fahrzeuge, so kommt allein eine Anwendung von Abs. 2 Nr. 4 in Betracht. Abweichend von Art. 2 lit. d) Zweite SchadenRL enthält Art. 7 II Nr. 2 EGVVG a.F. eine Regelung zur kollisionsrechtlichen Behandlung von **Überführungsfällen**, vgl. näher dazu Rdn. 147. 236

4. Mehrfachbelegenheit

Probleme im Hinblick auf die Anwendbarkeit der Art. 7 ff. EGVVG a.F. ergeben sich, wenn der Versicherungsvertrag **mehrere Risiken** deckt. Hier kann die Überprüfung am Maßstab des Art. 7 II EGVVG a.F. (i.V.m. Art. 37 Nr. 4 EGBGB a.F.) ergeben, dass ein Teil innerhalb des EWR, ein anderer Teil außerhalb des EWR belegen ist (Mehrfachbelegenheit). Der innerhalb des EWR belegene Teil wird damit den Art. 7 ff. EGVVG a.F. unterworfen, für den anderen Teil finden Art. 27 ff. EGBGB a.F. Anwendung. Hier kommt es somit zu einer **Anknüpfungsspaltung**, die in Abhängigkeit von den angewendeten Kollisionsnormen zu verschiedenen Rechten und damit zu einer Vertragsspaltung führen kann.[387] 237

Zur Vermeidung einer solchen – grundsätzlich unerwünschten – Vertragsspaltung ist vorgeschlagen worden, den *gesamten* Vertrag den Regelungen der Art. 7 ff. EGVVG a.F. zu unterwerfen[388] oder den Parteien ein Wahlrecht[389] einzuräumen. Dem steht jedoch nicht nur der Wortlaut von Art. 7 EGVVG a.F. und Art. 37 Nr. 4 EGBGB a.F. entgegen, sondern auch der Umstand, dass der Gesetzgeber mit Art. 10 II EGVVG a.F. das Problem der **Vertragsspaltung** offensichtlich erkannt hatte und nur unter bestimmten weiteren Voraussetzungen einer einheitlichen Lösung innerhalb der Art. 7 ff. EGVVG a.F. zuführen wollte. Im Umkehrschluss muss es damit für andere Fälle der Mehrfachbelegenheit bei der Differenzierung zwischen innerhalb und außerhalb des EWR belegener Risiken bleiben.[390] Dies bedeutet, dass jedes Teilrisiko als rechtlich selbstständiges Vertragselement nach dem jeweils berufenen Recht zu beurteilen ist.[391] 238

II. Art. 8 EGVVG a.F. – Gesetzliche Anknüpfung

Hat der VN bei Schließung des Vertrages seinen gewöhnlichen Aufenthalt oder seine Hauptverwaltung im Gebiet des Mitgliedstaats, in dem das Risiko belegen ist, so ist das Recht dieses Staates anzuwenden.

---

[385] Staudinger/*Armbrüster* (2011), Anh zu Art. 7 Rom I-VO Rn. 17; BK/*Dörner*, Art. 7 EGVVG Rn. 12; *Gruber*, IVVR, S. 19 f.; *Imbusch* VersR 1993, 1059, 1062.
[386] BK/*Dörner*, Art. 7 EGVVG Rn. 12; *Gruber*, IVVR, S. 20.
[387] Staudinger/*Armbrüster* (2011), Vorbem zu Art. 7 Rom I-VO Rn. 26; *Kramer*, S. 173 f.
[388] *Kramer*, S. 173 ff.
[389] *Basedow/Drasch* NJW 1991, 785, 788.
[390] Staudinger/*Armbrüster* (2011), Vorbem zu Art. 7 Rom I-VO Rn. 26; Soergel/*von Hoffmann*, Art. 37 EGBGB Rn. 78.
[391] BK/*Dörner*, Art. 7 EGVVG Rn. 36; vgl. dort auch zu den Grenzen der rechtlichen Verselbstständigung der Teilrisiken.

1. Allgemeines

a) Überblick/Normzweck

239 Art. 8 EGVVG a.F. dient der Umsetzung von Art. 7 I lit. a) Satz 1 Zweite SchadenRL[392] sowie von Art. 32 I 1 LebenRL[393] (ex Art. 4 I 1 Zweite LebenRL)[394] in deutsches Recht. Die Vorschrift enthält eine objektive Anknüpfung des Versicherungsvertragsstatuts in den so genannten **Konvergenzfällen**. Fallen mit dem gewöhnlichen Aufenthalt bzw. der Hauptverwaltung des VN und der Risikobelegenheit beide Anknüpfungselemente im gleichen Staat zusammen, so ordnet die Vorschrift die Anwendung des Sachrechts eben dieses Staates an. Die Anknüpfung erfolgt allein auf Grundlage der beiden genannten Anknüpfungselemente; andere Kriterien, die den Vertragsschwerpunkt im Einzelfall besser berücksichtigen könnten, werden nicht einbezogen.[395] Auch eine Ausweichklausel nach dem Vorbild des früheren Art. 28 V EGBGB zur Korrektur »verfehlter« Anknüpfungsergebnisse existiert nicht.[396] Die objektive Anknüpfung in den Konvergenzfällen ist grundsätzlich **zwingend**. Eine Rechtswahl durch die Parteien kommt lediglich in den gesetzlich zugelassenen Fällen (Art. 9, 10 EGVVG a.F.) in Betracht.

240 Mit der starren Anknüpfung und der Beschränkung der Rechtswahlfreiheit zielt Art. 8 EGVVG a.F. in erster Linie auf die Wahrung von **Verbraucherschutzinteressen** ab. Der VN soll sich weitgehend auf die Anwendung des ihn an seinem Aufenthaltsort umgebenden und damit regelmäßig im Vergleich zu anderen Rechtsordnungen vertrauteren Rechts verlassen können.[397] Die Anwendung des Umweltrechts erleichtert dem VN zudem die Ermittlung und Durchsetzung von Rechtsansprüchen. Letzteres gilt insbesondere im Zusammenhang mit dem durch diese Vorschrift bewirkten Gleichlauf von internationaler Zuständigkeit und anwendbarem Recht (vgl. Art. 8 I Nr. 2 EuGVVO a.F.).[398]

b) Anwendungsbereich

241 Wie alle Vorschriften des Zweiten Kapitels des EGVVG findet auch Art. 8 EGVVG a.F. nur in dem durch Art. 7 EGVVG a.F. definierten sachlichen und räumlichen Anwendungsbereich Anwendung, vgl. Rdn. 235 f. Ist das Risiko außerhalb der EU bzw. des EWR belegen, oder handelt es sich um einen Rückversicherungsvertrag, finden allein die allgemeinen Vorschriften der Art. 27 ff. EGBGB a.F. Anwendung (vgl. Rdn. 226).

c) Abgrenzung zu anderen Kollisionsnormen des EGVVG

242 Art. 8 EGVVG a.F. enthält eine objektive Anknüpfung lediglich für Konvergenzfälle. Keine Konkurrenz besteht daher zu den Regelungen, die eine Divergenz, d.h. ein Auseinanderfallen des Orts des gewöhnlichen Aufenthalts bzw. der Hauptverwaltung und des Orts der Risikobelegenheit voraussetzen. Dagegen muss Art. 8 EGVVG a.F. zurücktreten, soweit den Parteien in Konvergenzfällen ausnahmsweise eine Rechtswahl gestattet ist. Eine solche Möglichkeit eröffnen Art. 9 III (Rechtswahl bei Deckung von Risiken außerhalb des Belegenheitsstaates, vgl. Rdn. 262), Art. 9 IV (Rechtswahl bei Korrespondenzversicherungen, vgl. Rdn. 265), Art. 10 I (Rechtswahl bei Großrisiken, vgl. Rdn. 282 ff.) und Art. 10 III EGVVG a.F. (Erweiterung der Rechtswahl durch Verweisung, vgl. Rdn. 290 ff.).

243 Umstritten ist die Frage nach dem **Verhältnis zwischen Art. 8 und Art. 11 EGVVG a. F.** Haben die Parteien entgegen der ihnen nach Art. 9, 10 EGVVG a.F. eingeräumten Möglichkeit *keine* Rechtswahl getroffen, so sieht Art. 11 EGVVG a.F. nach seinem Wortlaut das Recht der engsten Verbindung als Versicherungsvertragsstatut vor. Der Anwendungsbereich von Art. 8 EGVVG a.F. ist danach auf die Fälle beschränkt, in denen den Parteien keine Rechtswahl möglich ist.[399] Da gem. Art. 11 II EGVVG a.F. die engste Verbindung mit dem Staat der – auch für Art. 8 EGVVG a.F. relevanten – Risikobelegenheit vermutet wird, sind in der Praxis nur in Ausnahmefällen Unterschiede im Ergebnis zwischen beiden Auffassungen zu erwarten.[400]

244 Die Regelungen zum **Pflichtversicherungsvertrag** (Art. 12 EGVVG a.F.) und zur **substitutiven Krankenversicherung** (Art. 13 EGVVG a.F.) bilden Sonderregelungen und gehen als solche Art. 8 EGVVG a.F. vor.

---

[392] Zweite Richtlinie 88/357/EWG des Rates vom 22.06.1988 zur Koordinierung der Rechts- und Verwaltungsvorschriften für die Direktversicherung (mit Ausnahme der Lebensversicherung) und zur Erleichterung der tatsächlichen Ausübung des freien Dienstleistungsverkehrs sowie zur Änderung der Richtlinie 73/239/EWG (ABl. L 172 vom 04.07.1988, S. 1).

[393] Richtlinie 2002/83/EG des Europäischen Parlaments und des Rates vom 05.11.2002 über Lebensversicherungen (ABl. L 345 vom 19.12.2002 S. 1).

[394] Zweite Richtlinie 90/619/EWG vom 8. November 1990 zur Koordinierung der Rechts- und Verwaltungsvorschriften für die Direktversicherung (Lebensversicherung) und zur Erleichterung der tatsächlichen Ausübung des freien Dienstleistungsverkehrs sowie zur Änderung der Richtlinie 79/267/EWG (ABl. EG Nr. L 330 S. 50).

[395] *Basedow/Drasch* NJW 1991, 785, 792; *Imbusch* VersR 1993, 1059, 1062.

[396] BK/*Dörner*, Art. 8 EGVVG Rn. 29.

[397] VersHb/*Roth*, 2. Aufl., § 4 Rn. 86.

[398] Siehe auch BT Drucks. 11/6341 S. 38; *Imbusch* VersR 1993, 1059, 1063.

[399] *Gruber*, IVVR, S. 167; Staudinger/*Armbrüster* (2011), Anh zu Art. 7 Rom I-VO Rn. 21; a.A. BK/*Dörner*, Art. 8 EGVVG Rn. 9; *Kramer*, S. 238; *Basedow/Drasch* NJW 1991, 785, 791.

[400] Beispiel bei BK/*Dörner*, Art. 8 EGVVG Rn. 9; ebenso B/M/*Dörner*, Einf.Int.VersR Rn. 45.

d) Geltung allgemeiner Regeln

Ergänzend sind im Rahmen von Art. 8 EGVVG a.F. auch die allgemeinen Regeln des IPR sowie über Art. 15 EGVVG a.F. die Bestimmungen der Art. 27–36 EGBGB a.F. heranzuziehen (näher Rdn. 327 ff.). 245

2. Tatbestand
a) Konvergenz

Art. 8 EGVVG a.F. enthält mit dem gewöhnlichen Aufenthalt bzw. der Hauptverwaltung einerseits und der nach Art. 7 II EGVVG a.F. zu bestimmenden Risikobelegenheit andererseits zwei Anknüpfungselemente, die gemeinsam auf dieselbe Rechtsordnung verweisen müssen (**Konvergenzfall**). Die Bestimmung des gewöhnlichen Aufenthalts bzw. der Hauptverwaltung erfolgt nach den allgemeinen Grundsätzen, vgl. dazu bereits Rdn. 154. Das versicherte Risiko muss in demselben EU/EWR-Mitgliedsstaat belegen sein, in dem der VN seinen gewöhnlichen Aufenthalt bzw. seine Hauptverwaltung hat. Für die Feststellung der Belegenheit ist Art. 7 II EGVVG a.F. maßgeblich, vgl. Rdn. 236. 246

b) Maßgeblicher Zeitpunkt

Der für die Feststellung der Voraussetzungen maßgebliche Zeitpunkt ist der der »**Schließung des Vertrages**«. Diese redaktionelle Klarstellung des bereits zuvor anerkannten Grundsatzes ist im Zuge der Umsetzung der Zweiten LebenRL in die Vorschrift eingefügt worden.[401] Fallen daher der gewöhnliche Aufenthalt bzw. Sitz der Hauptverwaltung und die Risikobelegenheit erst nach Vertragsschluss auseinander, so führt dies nicht zu einem Statutenwechsel (sog. **unwandelbares Statut**).[402] Umgekehrt ist für die Anwendung von Art. 8 EGVVG a.F. auch dann kein Raum, wenn die beiden ursprünglich divergierenden Anknüpfungselemente erst nach Vertragsschluss zusammenfallen.[403] Davon unberührt soll allerdings die Möglichkeit der Parteien bleiben, auf die nach Vertragsschluss eingetretenen Veränderungen im Rahmen einer **nachträglichen Rechtswahl** zu reagieren, soweit eine solche aufgrund der Änderung der Anknüpfungselemente eröffnet wird.[404] Gleiches soll auch für den Fall gelten, dass nach Vertragsschluss *beide* Anknüpfungselemente in ein und denselben anderen Mitgliedsstaat verlegt werden.[405] 247

c) Rechtsfolge – Objektive Anknüpfung

Liegen die Voraussetzungen von Art. 8 EGVVG a.F. vor, verweist die Vorschrift auf das gemeinsame Recht des Aufenthalts und der Risikobelegenheit. Dabei handelt es sich um eine **Sachnormverweisung**, d.h. zur Anwendung berufen ist unmittelbar das materielle (Versicherungsvertrags-)Recht des betreffenden Staates unter Ausschluss der Kollisionsnormen. Rück- und Weiterverweisung im IPR der berufenen Rechtsordnung sind somit nicht zu prüfen.[406] 248

III. Art. 9 EGVVG a.F. – Wählbare Rechtsordnungen

(1) Hat der VN seinen gewöhnlichen Aufenthalt oder seine Hauptverwaltung nicht in dem Mitgliedstaat, in dem das Risiko belegen ist, können die Parteien des Versicherungsvertrags für den Vertrag das Recht des Mitgliedstaats, in dem das Risiko belegen ist, oder das Recht des Staates, in dem der VN seinen gewöhnlichen Aufenthalt oder seine Hauptverwaltung hat, wählen.
(2) Übt der VN eine gewerbliche, bergbauliche oder freiberufliche Tätigkeit aus und deckt der Vertrag zwei oder mehrere in verschiedenen Mitgliedstaaten belegene Risiken in Verbindung mit dieser Tätigkeit, so können die Parteien des Versicherungsvertrags das Recht jedes dieser Mitgliedstaaten oder das Recht des Staates, in dem der VN seinen gewöhnlichen Aufenthalt oder seine Hauptverwaltung hat, wählen.
(3) Beschränken sich die durch den Vertrag gedeckten Risiken auf Schadensfälle, die in einem anderen Mitgliedstaat als demjenigen, in dem das Risiko belegen ist, eintreten können, können die Parteien das Recht des anderen Staates wählen.
(4) Schließt ein VN mit gewöhnlichem Aufenthalt oder mit Hauptverwaltung im Geltungsbereich dieses Gesetzes einen Versicherungsvertrag mit einem Versicherungsunternehmen, das im Geltungsbereich dieses Gesetzes weder selbst noch durch Mittelspersonen das Versicherungsgeschäft betreibt, so können die Parteien für den Vertrag jedes beliebige Recht wählen.
(5) Hat ein VN die Staatsangehörigkeit eines anderen Mitgliedstaates als desjenigen, in dem er bei Schließung des Vertrages seinen gewöhnlichen Aufenthalt hat, so können die Parteien bei der Lebensversicherung auch das Recht des Mitgliedstaates wählen, dessen Staatsangehörigkeit der VN besitzt.

---

401 BT-Drucks. 12/6959 S. 108.
402 Staudinger/*Armbrüster* (2011), Anh zu Art. 7 Rom I-VO Rn. 19.
403 P/M/*Armbrüster*, Anh. Rom I-VO Rn. 8; BK/*Dörner*, Art. 8 EGVVG Rn. 28.
404 BK/*Dörner*, Art. 8 EGVVG Rn. 27; Staudinger/*Armbrüster* (2011), Anh zu Art. 7 Rom I-VO Rn. 19.
405 Beispiel bei Staudinger/*Armbrüster* (2011), Anh zu Art. 7 Rom I-VO Rn. 19.
406 *Kramer*, S. 278 f.; P/M/*Armbrüster*, Anh. Rom I-VO Rn. 4; a.A. *Hahn*, S. 29 ff.

Anh. EGVVG   Int. Versicherungsvertragsrecht

1. Allgemeines
a) Normzweck/Überblick

249 Art. 9 EGVVG a.F. diente in Abs. 1 bis 3 der Umsetzung von Art. 7 I l lit. b), c) und e) der Zweiten SchadenRL[407] sowie Art. 32 I 2 der LebenRL[408] (ex Art. 4 I 2 Zweite LebenRL[409]) in deutsches Recht. Die Regelung zur Korrespondenzversicherung in Abs. 4 war in den Richtlinien nicht vorgesehen, jedoch von Art. 7 I lit. a) Satz 2, lit. d) Zweite SchadenRL gedeckt.[410] Abs. 5, der durch Art. 3 Nr. 3 Drittes DurchführungsG/EWG zum VAG[411] nachträglich in die Regelung eingefügt wurde, setzte Art. 32 II LebenRL um.

250 Die Vorschrift eröffnet den Parteien unter den in den einzelnen Absätzen näher spezifizierten Voraussetzungen die Möglichkeit einer – weitgehend eingeschränkten – Rechtswahl zur Bestimmung des Versicherungsvertragsstatuts. Der Sinn und Zweck der Rechtswahlbeschränkungen liegt im **Schutz des VN**. Anders als in den Konvergenzfällen kann in Divergenzfällen der Schutz des VN durch eine objektive Anknüpfung nicht sinnvoll erreicht werden. Da die beiden elementaren Anknüpfungspunkte für einen Versicherungsvertrag, die Risikobelegenheit und der gewöhnliche Aufenthalt bzw. die Hauptverwaltung des VN, hier eben keine eindeutige Antwort auf die Frage nach dem Vertragsschwerpunkt geben, ist die Bestimmung des anwendbaren Rechts daher sinnvollerweise den Parteien zu überlassen.[412] Allerdings birgt die Gewährung von Rechtswahlfreiheit die Gefahr, dass der VN, vor allem soweit er als Verbraucher auftritt, vom wirtschaftlich überlegenen Versicherer in eine für ihn ungünstige Rechtsordnung gedrängt wird (vgl. bereits Rdn. 224).[413] Art. 9 EGVVG a.F. trägt dieser Gefahr dadurch Rechnung, dass – jeweils orientiert an der Schutzbedürftigkeit des VN und der Vertragsnähe der zugelassenen Rechtsordnungen – der Kreis der wählbaren Rechte stufenweise erweitert wird. Die Vorschrift kommt dabei aufgrund der nicht immer gelungenen[414] Transformation des Richtlinienrechts nicht ohne Brüche aus. So ist beispielsweise die Anwendung von Abs. 3 und 4 nicht nur auf Divergenzfälle beschränkt. Abs. 5 enthält eine Sonderregel, die nur für die Lebensversicherung gilt.

251 Die Grundregel in Abs. 1 erlaubt in Divergenzfällen eine Rechtswahl zwischen der Rechtsordnung des Staats der Risikobelegenheit und der des gewöhnlichen Aufenthalts bzw. der Hauptverwaltung des VN (Rdn. 256). Abs. 2 erweitert die Rechtswahlmöglichkeit auf die Rechtsordnungen der weiteren Belegenheitsstaaten, soweit der Versicherungsvertrag in verschiedenen Mitgliedstaaten belegene Risiken abdeckt und mit einer gewerblichen, bergbaulichen oder freiberuflichen Tätigkeit des VN in Zusammenhang steht (Rdn. 258). Für Versicherungsverträge, die ein Risiko abdecken, das nur in einem anderen Mitgliedstaat als dem der Risikobelegenheit eintreten kann, erweitert Abs. 3 die den Parteien eröffneten Rechtswahlmöglichkeiten zusätzlich um die Rechtsordnung des Staates des möglichen Schadenseintritts (Rdn. 262). Abs. 4 lässt eine unbeschränkte Rechtswahl bei Korrespondenzversicherungen zu (Rdn. 265). Abs. 5 schließlich enthält für Lebensversicherungsverträge eine Regelung, die unter bestimmten Voraussetzungen die Vereinbarung des Heimatrechts des VN als Versicherungsvertragsstatut zulässt (Rdn. 271).

252 Art. 9 EGVVG a.F. legt lediglich die Zulässigkeitsvoraussetzungen für eine Rechtswahl fest. Die Ausübung der Rechtswahl, deren Zustandekommen, Gültigkeit und Wirkungen richten sich nach den allgemeinen Regeln der Art. 15 EGVVG a.F. i.V.m. Art. 27 ff.EGBGB a.F. (vgl. Rdn. 327 ff.).

b) Anwendungsbereich/Abgrenzungen

253 Art. 9 EGVVG a. F, setzt zunächst die Eröffnung des Anwendungsbereichs der Art. 7 ff. EGVVG a.F. voraus. Erforderlich ist demnach, dass das versicherte Risiko innerhalb eines Mitgliedstaats der EWR belegen ist. Die Beurteilung der Risikobelegenheit richtet sich nach Art. 7 II EGVVG a.F. (Rdn. 236). Für Risiken mit Belegenheit außerhalb des EWR gelten Art. 27 ff. EGBGB a.F. (Rdn. 344).

254 Berührungspunkte mit Art. 8 EGVVG a.F. ergeben sich nur, soweit Art. 9 III EGVVG a.F. eine Rechtswahl in Konvergenzfällen gestattet. Abs. 3 geht hier als Ausnahmeregelung der objektiven Anknüpfung nach Art. 8 EGVVG a.F. vor (Rdn. 263).[415]

---

407 Zweite Richtlinie 88/357/EWG zur Koordinierung der Rechts- und Verwaltungsvorschriften für die Direktversicherung (mit Ausnahme der Lebensversicherung) und zur Erleichterung der tatsächlichen Ausübung des freien Dienstleistungsverkehrs sowie zur Änderung der Richtlinie 73/239/EWG (ABl. L 172 vom 04.07.1988, S. 1 ff.).
408 Richtlinie 2002/83/EG des Europäischen Parlaments und des Rates vom 5. November 2002 über Lebensversicherungen (ABl. L 345 vom 19.12.2002, S. 1 ff.).
409 Zweite Richtlinie 90/619/EWG des Rates vom 8. November 1990 zur Koordinierung der Rechts- und Verwaltungsvorschriften für die Direktversicherung (Lebensversicherung) und zur Erleichterung der tatsächlichen Ausübung des freien Dienstleistungsverkehrs sowie zur Änderung der Richtlinie 79/267/EWG (ABl. L 330 vom 29.11.1990, S. 50 ff.).
410 Soergel/*von Hoffmann*, Art. 37 EGBGB Rn. 104.
411 BGBl. 1994 I, S. 1630.
412 BK/*Dörner*, Art. 9 EGVVG Rn. 15; *Gruber*, IVVR, S. 65 ff.; *Imbusch* VersR 1993, 1059, 1063.
413 *Gruber*, IVVR, S. 65 f.
414 Zu Recht kritisch *Basedow/Drasch* NJW 1991, 785, 794 f.; *Imbusch* VersR 1993, 1059, 1065 f.; *Fricke* IPRax 1990, 361, 363.
415 *Kramer*, S. 202 f.

Innerhalb von Art. 9 EGVVG a.F. bestehen die verschiedenen Wahlmöglichkeiten nebeneinander.[416] Dies gilt auch im Verhältnis zu Art. 10 EGVVG a.F., der lediglich eine Erweiterung der Wahlmöglichkeiten vorsieht, die nach Art. 9 EGVVG a.F. eröffneten Möglichkeiten aber nicht einschränkt. Liegt keine Rechtswahl vor, so erfolgt die Bestimmung des anwendbaren Rechts anhand der objektiven Anknüpfung gem. Art. 11 EGVVG a.F. Umgekehrt tritt Art. 11 EGVVG a.F. hinter Art. 9 EGVVG a.F. zurück, falls die Parteien eine Rechtswahl getroffen haben. Die Vorschriften über die Pflichtversicherung, Art. 12 EGVVG a.F., sowie die Krankenversicherung, Art. 13 EGVVG a.F., gehen als Spezialregeln der Regelung aus Art. 9 EGVVG a.F. vor; eine Rechtswahl ist nicht möglich.   255

2. Rechtswahl in Divergenzfällen (Abs. 1)

Art. 9 I EGVVG a.F. enthält die **Grundregel** für die Rechtswahl in Divergenzfällen. Eine Rechtswahl ist danach zulässig, wenn der VN »seinen gewöhnlichen Aufenthalt oder seine Hauptverwaltung nicht in dem Mitgliedsstaat [hat], in dem das Risiko belegen ist«. Auch wenn die Formulierung des Gesetzes diesbezüglich Missverständnisse provoziert, ist das Erfordernis des »Mitgliedsstaats« allein auf die Risikobelegenheit, nicht aber auch auf den gewöhnlichen Aufenthalt oder die Hauptverwaltung zu beziehen. Lediglich die Risikobelegenheit muss innerhalb des EWR gegeben sein; der gewöhnliche Aufenthalt oder die Hauptverwaltung des VN können dagegen sowohl in einem anderen Mitgliedsstaat des EWR, aber auch in einem Drittstaat liegen.[417]   256

Soweit der Vertrag **mehrere Risiken in verschiedenen Mitgliedsstaaten** umfasst, steht den Parteien nach Art. 15 EGVVG a.F. i.V.m. 27 I 3 EGBGB a.F. die Möglichkeit offen, die Rechtswahl auf einen Teil des Vertrages zu begrenzen. Auch eine Mischung dieser Formen dergestalt, dass ein Teil des Vertrages dem Aufenthaltsrecht, ein anderer Teil dem Belegenheitsrecht unterworfen wird, ist denkbar.[418] Dagegen ergibt sich aus einem Umkehrschluss zu Abs. 2, dass die Vornahme einer einheitlichen Rechtswahl mit dem Ziel der Vermeidung einer Vertragsspaltung ausgeschlossen ist (vgl. Rdn. 90 ff. zur parallelen Problematik in Art. 7 III Rom I-VO).[419] Wollen die Parteien den gesamten Vertrag einem einheitlichen Recht unterstellen, so kann dies nur das Recht des gewöhnlichen Aufenthalts bzw. der Hauptverwaltung sein.[420]   257

3. Rechtswahl bei gewerblicher, bergbaulicher oder freiberuflicher Tätigkeit und mehrfacher Risikobelegenheit (Abs. 2)

Art. 9 II EGVVG a.F. erweitert die nach Abs. 1 bestehenden Rechtswahlmöglichkeiten für Versicherungsverträge, die im Zusammenhang mit den aufgeführten Tätigkeiten des VN stehen und die Risiken in verschiedenen *Mitglieds*staaten umfassen. Die Regelung entspricht inhaltlich weitgehend Art. 7 III UAbs. 1 lit. e) Rom I-VO, vgl. insoweit Rdn. 107 ff. Unterschiede ergeben sich allerdings im Hinblick auf den Begriff der **gewerblichen Tätigkeit**. Der vom deutschen Gesetzgeber in Abs. 2 verwendete Begriff der gewerblichen Tätigkeit beruht auf einem engen, nationalen Verständnis der gewerblichen Tätigkeit als jede erlaubte, entgeltliche und auf gewisse Dauer angelegte, selbständige Tätigkeit, mit Ausnahme der Urproduktion und der freien Berufe. Dies ergibt sich eindeutig aus der expliziten Einbeziehung des nach nationalem Verständnis zum Bereich der Urproduktion zählenden Bergbaus in die Vorschrift. Damit sollte ausweislich der Gesetzesbegründung eine Klarstellung im Hinblick ein abweichendes Verständnis des europäischen Richtliniengebers erreicht werden.[421] Aus dem Umkehrschluss ergibt sich zugleich, dass Versicherungsverträge mit Bezug zu anderer Urproduktion, wie Land- und Forstwirtschaft, Fischerei und Jagd aus dem Anwendungsbereich von Abs. 2 ausgeschlossen bleiben sollen.[422]   258

Die vom Versicherungsvertrag gedeckten Risiken müssen **in Zusammenhang mit der Tätigkeit** des VN stehen, vgl. dazu bereits Rdn. 76.   259

Schließlich setzt die Anwendung von Abs. 2 voraus, dass der Vertrag mehrere Risiken in verschiedenen Mitgliedsstaaten des EWR umfasst. Sind auch Risiken außerhalb des EWR umfasst, kommt Art. 10 II EGVVG a.F. in Betracht (Rdn. 286). Auf den gewöhnlichen Aufenthalt bzw. die Hauptverwaltung des VN oder den Sitz des Versicherers kommt es dagegen nicht an.[423]   260

---

416 BK/*Dörner*, Art. 9 EGVVG Rn. 5.
417 BK/*Dörner*, Art. 9 EGVVG Rn. 15; P/M/*Armbrüster*, Anh. Rom I-VO Rn. 17; *Basedow/Drasch* NJW 1991, 785, 793; *Kramer*, S. 198 f.; a.A. offenbar *Fricke* IPRax 1990, 361, 362.
418 BK/*Dörner*, Art. 9 EGVVG Rn. 17.
419 *Basedow/Drasch* NJW 1991, 785, 793; *Kramer*, S. 198 ff.; *Imbusch* VersR 1993, 1059, 1063; Soergel/*von Hoffmann*, Art. 37 EGBGB Rn. 95, 97.
420 *Uebel*, S. 151.
421 BT-Drucks. 11/6341 S. 38.
422 BK/*Dörner*, Art. 9 EGVVG Rn. 24; Soergel/*von Hoffmann*, Art. 37 EGBGB Rn. 97. Für eine richtlinienkonforme Auslegung im Sinne des weiten europäischen Gewerbebegriffs VersHb/*Roth*, 2. Aufl., § 4 Rn. 119 mit Fn 351. Ebenso L/W/*Looschelders*, IntVersR Rn. 84.
423 BK/*Dörner*, Art. 9 EGVVG Rn. 26.

261 Liegen die Voraussetzungen des Abs. 2 vor, wird den Parteien im Vergleich zu den Fällen des Abs. 1 die zusätzliche Möglichkeit eingeräumt, durch **Rechtswahl** auch die Rechtsordnung eines Belegenheitsstaates zum einheitlichen Statut für den gesamten Versicherungsvertrag zu machen. Hier muss es also im Gegensatz zu Abs. 1 bei der Wahl des Belegenheitsortes nicht zu einer Vertragsspaltung kommen. Allerdings ist den Parteien unbenommen, über die Regelung des Art. 15 EGVVG a.F. i.V.m. Art. 27 I 3 EGBGB a.F. eine Vertragsspaltung mit den entsprechenden Konsequenzen herbeizuführen.

4. Rechtswahl bei Auslandsschäden (Abs. 3)

262 Um einen **Gleichlauf** des Versicherungsrechts mit dem Haftungsrecht zu erreichen, sieht Abs. 3 eine Rechtswahlmöglichkeit zugunsten des Rechts des potenziellen Schadensorts für den Fall vor, dass sich das in einem Versicherungsvertrag gedeckte Risiko (ausschließlich)[424] in einem anderen Mitgliedstaat als dem der Risikobelegenheit verwirklichen kann. Die Regelung findet im neuen Recht ihre Entsprechung in Art. 7 III UAbs. 1 lit. d Rom I-VO, vgl. zu den Einzelheiten daher Rdn. 103.

263 Probleme ergeben sich im Hinblick auf den Anwendungsbereich von Abs. 3. Aufgrund der systematischen Stellung der Vorschrift unmittelbar im Zusammenhang mit den in Abs. 1 und 2 aufgeführten Divergenzfällen scheint auch Abs. 3 auf die Fälle beschränkt zu sein, in denen Ort der Risikobelegenheit und gewöhnlicher Aufenthalt bzw. Hauptverwaltung des VN auseinanderfallen. Allerdings wird diese Sichtweise den Richtlinienvorgaben des europäischen Gesetzgebers nicht gerecht. Wie aus Art. 7 I lit. e) Zweite SchadenRL eindeutig hervorgeht (»Unbeschadet der Buchstaben a)...«), hat dieser die Wahl des Rechts der ausschließlichen Schadensrealisierbarkeit ausdrücklich neben die – Art. 8 EGVVG a.F. entsprechende – objektive Anknüpfung in Konvergenzfällen nach Art. 7 I lit. a) Zweite SchadenRL gestellt. Dieser Bezug ist durch die Unterscheidung zwischen Konvergenz- und Divergenzfällen in der deutschen Transformation der Richtlinie verloren gegangen. Da der deutsche Gesetzgeber mit Abs. 3 aber ausweislich der Materialien[425] Art. 7 I lit. e) Zweite SchadenRL umsetzen wollte, ist die Vorschrift demnach richtlinienkonform auch auf **Konvergenzfälle** anzuwenden.[426] Für diese eröffnet Abs. 3 demnach abweichend von Art. 8 EGVVG a.F. ausnahmsweise eine Rechtswahlmöglichkeit. Soweit es sich um Divergenzfälle handelt, stellt sich Abs. 3 als Erweiterung der Rechtswahlmöglichkeiten aus Abs. 1 und 2 dar.[427]

264 Art. 9 III EGVVG a.F. setzt nach seinem Wortlaut voraus, dass sich das Risiko nur in *einem* anderen Staat verwirklichen kann. Soweit der Versicherungsvertrag die Verwirklichung des Risikos in mehreren vom Belegenheitsort verschiedenen Mitgliedstaaten abdeckt, ist die direkte Anwendung der Vorschrift daher ausgeschlossen. Der von Abs. 3 verfolgte Zweck eines Gleichlaufs zwischen Versicherungs- und Haftungsstatut durch eine einheitliche Rechtswahl des Rechts eines Schadensortes kann hier nicht erreicht werden. Aus diesem Grund ist auch eine erweiternde Anwendung von Abs. 3 abzulehnen.[428] Soweit vorgeschlagen wird, den Parteien über Art. 15 EGVVG a.F. i.V.m. Art. 27 I 3 EGBGB a.F. die Möglichkeit einer **Teilrechtswahl** einzuräumen,[429] kann dem nicht gefolgt werden. Wie auch unter Geltung der Rom I-VO (Rdn. 106) lässt sich dieses – zweifelsohne wünschenswerte – Ergebnis auf Grundlage der anzuwendenden Gesetze nicht herbeiführen. In Konvergenzfällen fehlt es an der notwendigen Rechtswahloption, da Art. 15 EGVVG a.F. i.V.m. Art. 27 I 3 EGBGB a.F. die objektive Anknüpfung nach Art. 8 EGVVG a.F. nicht beseitigen kann. Soweit eine Rechtswahl nach Art. 9 I, II EGVVG a.F. prinzipiell eröffnet ist, lässt sich aufgrund der Unterschiedlichkeit der verfolgten Schutzzwecke die Erweiterung der Rechtswahl auf den Schadenseintrittsort nicht ohne weiteres in diese Vorschriften übertragen.[430] Zur Vermeidung dieser Probleme ist es daher vorzuziehen, die Parteien auf den Abschluss jeweils nach Schadensort getrennter Verträge zu verweisen.[431]

5. Rechtswahl bei Korrespondenzversicherungen (Abs. 4)

265 Für die so genannten **Korrespondenzverträge** sieht Art. 9 IV EGVVG a.F. eine freie Rechtswahl (»jedes beliebige Recht«) durch die Parteien vor. Die Vorschrift ist trotz ihrer systematischen Einordnung im Zusammenhang mit den Divergenzfällen der Abs. 1 und 2 auch auf Konvergenzfälle anzuwenden.[432] Sie bildet insoweit eine Ausnahmeregelung zur objektiven Anknüpfung nach Art. 8 EGVVG a.F. – Seit dem 22.07.1994 findet die

---

424 So bereits BT-Drucks. 11/6341 S. 38; P/M/*Armbrüster*, Anh. Rom I-VO Rn. 24; BK/*Dörner*, Art. 9 EGVVG Rn. 31; *Kramer*, S. 201; *Hahn*, S. 42.
425 BT-Drucks. 11/6341 S. 38.
426 AllgM: *Basedow/Drasch* NJW 1991, 785, 791; MünchKommBGB/*Martiny* (4. Aufl.), Art. 37 EGBGB Rn. 105; *Gruber*, IVVR, S. 111.
427 BK/*Dörner*, Art. 9 EGVVG Rn. 33; P/M/*Armbrüster*, Anh. Rom I-VO Rn. 23.
428 *Uebel*, S. 114; *Gruber*, IVVR, S. 111 f.; BK/*Dörner*, Art. 9 EGVVG Rn. 36: »Es bleibt folglich bei den von Art. 9 Abs. 1 und 2 gewährten Wahloptionen bzw. bei der Anknüpfung nach Art. 8 und 11«.
429 BK/*Dörner*, Art. 9 EGVVG Rn. 36; *Gruber*, IVVR, S. 112.
430 Vgl. *Uebel*, S. 114.
431 So auch *Uebel*, S. 114.
432 BT-Drucks. 11/6341 S. 38 f.; *Basedow/Drasch* NJW 1991, 785, 791; Soergel/*von Hoffmann*, Art. 37 EGBGB Rn. 101; *Gruber*, IVVR, S. 92.

Vorschrift auch auf Lebensversicherungsverträge Anwendung. In der Rom I-VO findet die Vorschrift keine Entsprechung mehr.

Ein Korrespondenzvertrag i.S.d. Vorschrift liegt vor, wenn ein VN mit gewöhnlichem Aufenthalt bzw. Hauptverwaltung in Deutschland einen Versicherungsvertrag mit einem nicht in Deutschland tätigen Versicherer auf dem Korrespondenzweg (Post), durch andere Kommunikationsmittel (Telefon, elektronische Medien) oder auch anlässlich eines Auslandsaufenthaltes abschließt.[433] 266

Der Hintergrund der Freigabe der Rechtswahl im Rahmen der Korrespondenzverträge ist die **fehlende** **Schutzwürdigkeit des VN**. Wendet sich der VN an den ausländischen Versicherer, der im Inland kein Versicherungsgeschäft betreibt, verlässt der VN also aus eigenem Antrieb den Geltungsbereich der ihn umgebenden Schutzvorschriften des deutschen Rechts, so kann er nicht erwarten, dass ihm diese Schutzvorschriften ins Ausland folgen.[434] Umgekehrt muss das Vertrauen des VN geschützt werden, wenn ihm durch die Tätigkeit des ausländischen Versicherers auf dem deutschen Markt der Eindruck vermittelt wird, dass auf einen Versicherungsvertrag das ihn umgebende Recht Anwendung findet. Dementsprechend setzt Abs. 4 für die freie Rechtswahl voraus, dass der ausländische Versicherer im Inland weder selbst noch durch Mittelspersonen (z.B. Versicherungsagenten, Versicherungsmakler) ein Versicherungsgeschäft betreibt. Ein »**Betreiben**« der Versicherungstätigkeit im Inland ist aus Gründen des Versicherungsnehmerschutzes weit auszulegen. Davon ist nicht erst auszugehen, wenn der ausländische Versicherer oder seine Mittelsperson am konkreten Vertragsschluss im Inland beteiligt ist;[435] vielmehr kann bereits die Werbung des ausländischen Versicherers für seinen Geschäftsbetrieb im Inland (auch durch das Unterhalten einer entsprechend ausgerichteten Webseite im Internet)[436], erst recht aber die Existenz einer Niederlassung oder einer Mittelsperson im Inland beim VN Schutzerwartungen bezüglich des anzuwendenden Rechts wecken und daher als ausreichend anzusehen sein.[437] 267

Die Regelung des Abs. 4 erfasst dem eindeutigen Wortlaut nach nur den Fall, dass der VN seinen gewöhnlichen Aufenthalt in Deutschland hat und der Versicherer sein Geschäft im Ausland betreibt. Soweit teilweise vorgeschlagen wird, die Bestimmung im Wege einer **Analogie** auf die umgekehrte Situation anzuwenden, d.h. auf Korrespondenzverträge, die von VN mit fremdem Aufenthaltsstaat mit deutschen Versicherern abgeschlossen werden,[438] ist dies abzulehnen. Eine solche Ausdehnung widerspricht der Konzeption der Zweiten SchadenRL, wie sie auch in der deutschen Umsetzung in Art. 10 III EGVVG a.F. zum Ausdruck gekommen ist: die Entscheidung über die Zulässigkeit bzw. den Umfang der Rechtswahl soll dem Staat des gewöhnlichen Aufenthalts des VN überlassen sein.[439] Damit kommt gleichzeitig zum Ausdruck, dass der Gesetzgeber VN mit gewöhnlichem Aufenthalt im Ausland bereits im Regelungssystem berücksichtigt hat. Für die analoge Anwendung von Abs. 4 fehlt es damit schon am Vorliegen einer Regelungslücke.[440] 268

Aus dem gleichen Grund ist auch eine Ausdehnung der Vorschrift auf **Versicherungsverträge mit Drittstaatsbezug** abzulehnen. Mit der – nach der Richtlinie nicht notwendigen – Einbeziehung der in Drittstaaten ansässigen Versicherer in Abs. 4 hat der Gesetzgeber seinen Regelungswillen für diese Fälle zum Ausdruck gebracht; eine Regelungslücke besteht daher nicht.[441] 269

Liegen die Voraussetzungen von Abs. 4 vor, ist den Parteien die **Wahl jedes beliebigen Rechts** gestattet, d.h. es findet keine Beschränkung auf das Recht am Ort der Risikobelegenheit, des gewöhnlichen Aufenthalts oder des Schadenseintritts statt. 270

6. Rechtswahl bei Lebensversicherungen im Fall des Auseinanderfallens von Staatsangehörigkeit und Aufenthalt (Abs. 5)

Abs. 5 räumt den Parteien eines Lebensversicherungsvertrags eine Rechtswahlmöglichkeit ein, wenn der gewöhnliche Aufenthalt des VN und dessen Staatsangehörigkeit im Zeitpunkt des Vertragsschlusses auseinander fallen. Der Inhalt der Regelung entspricht inhaltlich weitgehend Art. 7 III UAbs. 1 lit. c) Rom I-VO; zum Regelungszweck und den Voraussetzungen vgl. daher Rdn. 95. 271

Abweichungen ergeben sich im Vergleich zu Art. 7 Rom I-VO Hinblick auf VN mit **mehrfacher Staatsangehörigkeit**. Zwar findet unter Geltung des EGVVG – anders als nach neuer Rechtslage unter der Rom I-VO – 272

---

433 BT-Drucks. 11/6341 S. 38.
434 Vgl. *Basedow/Drasch* NJW 1991, 785, 791 f.; *Mewes*, S. 139.
435 So aber *Uebel*, S. 130; *Basedow/Drasch* NJW 1991, 785, 792; BK/*Dörner*, Art. 9 EGVVG Rn. 42.
436 *Hoeren/Spindler*, S. 43 ff.; *Mankowski* VersR 1999, 923, 930; *Borges* ZIP 1999, 565, 567 f.; vgl. zum Merkmal des Ausrichtens EuGH NJW 2011, 505; BGH NJW 2009, 298; jeweils zu Art. 15 EuGVVO.
437 P/M/*Armbrüster*, Anh. Rom I-VO Rn. 29; *Gruber*, IVVR, S. 95; *Kramer*, S. 208 f.; *Hoeren/Spindler*, S. 43 ff.; *Mankowski* VersR 1999, 923, 930. Vgl. zu den zu berücksichtigenden Kriterien die inhaltlich ganz ähnliche Abgrenzung in Art. 6 I Rom I-VO, Rdn. 195.
438 P/M/*Armbrüster*, Anh. Rom I-VO Rn. 32.
439 Vgl. *Uebel*, S. 131 ff.; BK/*Dörner*, Art. 9 EGVVG Rn. 40; *Imbusch* VersR 1993, 1059, 1063.
440 *Uebel*, S. 131 ff.
441 *Uebel*, S. 131 ff.; *Kramer*, S. 211 f.; a.A. *Basedow/Drasch* NJW 1991, 785, 791; P/M/*Armbrüster*, Anh. Rom I-VO Rn. 31.

grundsätzlich Art. 5 I 1 EGBGB Anwendung, so dass auf die Rechtsordnung abzustellen wäre, mit der die Person durch ihren gewöhnlichen Aufenthalt oder durch den Verlauf ihres Lebens am engsten verbunden ist (»effektive Staatsangehörigkeit«).[442] Damit besteht allerdings die Gefahr, dass genau die Elemente vorrangig in die Bewertung einbezogen werden, deren Berücksichtigung im Rahmen von Abs. 5 durch das Abstellen auf das Heimatrecht gerade vermieden werden sollte. Richtiger erscheint es daher, auf die Anwendung von Art. 5 I EGBGB zu verzichten und hier die Wahlmöglichkeiten der Parteien auf jede der Staatsangehörigkeiten auszudehnen.[443]

273 Dies gilt erst recht, wenn der VN **auch** die **deutsche Staatsangehörigkeit** besitzt. Nach Art. 5 I 2 EGBGB wäre hier immer deutsches Recht anzuwenden. Diese automatische Diskriminierung der anderen Rechtsordnungen des EWR dürfte jedenfalls im Rahmen der Richtlinienumsetzung mit den europarechtlichen Vorgaben nicht vereinbar sein. Personen mit deutscher und ausländischer Staatsangehörigkeit sollten daher auch das andere Heimatrecht wählen können.[444]

IV. Art. 10 EGVVG a.F. – Erweiterungen der Rechtswahl

(1) Für einen Versicherungsvertrag über ein Großrisiko können die Parteien das Recht eines anderen Staates wählen. Ein Versicherungsvertrag über ein Großrisiko im Sinne dieser Bestimmung liegt vor, wenn sich der Versicherungsvertrag bezieht
1. *auf Risiken der unter den Nummern 4 bis 7, 10 Buchstabe b, 11 und 12 der Anlage Teil A zum Versicherungsaufsichtsgesetz erfaßten Transport- und Haftpflichtversicherungen,*
2. *auf Risiken der unter den Nummern 14 und 15 der Anlage Teil A zum Versicherungsaufsichtsgesetz erfaßten Kredit- und Kautionsversicherungen bei VN, die eine gewerbliche, bergbauliche oder freiberufliche Tätigkeit ausüben, wenn die Risiken damit in Zusammenhang stehen, oder*
3. *auf Risiken der unter den Nummern 3, 8, 9, 10, 13 und 16 der Anlage Teil A zum Versicherungsaufsichtsgesetz erfaßten Sach-, Haftpflicht- und sonstigen Schadensversicherungen bei VN, die mindestens zwei der folgenden drei Merkmale überschreiten:*
   a) sechs Millionen zweihunderttausend Euro Bilanzsumme,
   b) zwölf Millionen achthunderttausend Euro Nettoumsatzerlöse,
   c) im Durchschnitt des Wirtschaftsjahres 250 Arbeitnehmer.
Gehört der VN zu einem Konzern, der nach § 290 des Handelsgesetzbuches, nach § 11 des Gesetzes über die Rechnungslegung von bestimmten Unternehmen und Konzernen vom 15. August 1969 (BGBl. I S. 1189), das zuletzt geändert worden ist durch Artikel 21 § 5 Abs. 4 des Gesetzes vom 25. Juli 1988 (BGBl. I S. 1093), oder nach dem mit den Anforderungen der Richtlinie 83/349/EWG des Rates vom 13. Juni 1983 über den konsolidierten Abschluß (ABl. EG Nr. L 193 S. 1) übereinstimmenden Recht eines anderen Mitgliedstaats der Europäischen Gemeinschaft oder eines anderen Vertragsstaats des Abkommens über den Europäischen Wirtschaftsraum einen Konzernabschluß aufzustellen hat, so sind für die Feststellung der Unternehmensgröße die Zahlen des Konzernabschlusses maßgebend.
(2) Schließt der VN in Verbindung mit einer von ihm ausgeübten gewerblichen, bergbaulichen oder freiberuflichen Tätigkeit einen Versicherungsvertrag, der Risiken deckt, die sowohl in einem oder mehreren Mitgliedstaaten als auch in einem anderen Staat belegen sind, können die Parteien das Recht jedes dieser Staaten wählen.
(3) Läßt das nach Artikel 8 anzuwendende Recht die Wahl des Rechts eines anderen Staates oder lassen die nach Artikel 9 Abs. 1 und 2 wählbaren Rechte eine weitergehende Rechtswahl zu, können die Parteien davon Gebrauch machen.

1. Allgemeines

a) Normzweck/Überblick

274 Art. 10 EGVVG a.F. enthält drei – inhaltlich nicht zusammenhängende – Regelungen, die den Parteien eines Versicherungsvertrages unter bestimmten Bedingungen **erweiterte Rechtswahlmöglichkeiten** einräumen.

275 Art. 10 I EGVVG a.F. dient der Umsetzung von Art. 7 I lit. f) Zweite SchadenRL[445] in das deutsche Recht.[446] Die Vorschrift betrifft die Rechtswahlfreiheit bei Großrisiken, die in Abs. 1 Satz 2 entsprechend Art. 5 lit. d) i) – iii) Erste SchadenRL definiert werden (Rdn. 282). Unter Geltung der Rom I-VO finden sich die entsprechenden Regelungen in Art. 7 II Rom I-VO bzw. in der dort unmittelbar in Bezug genommen Ersten SchadenRL (nunmehr Solvabilität II-RL, vgl. Rdn. 68 ff.).

---

442 Staudinger/*Armbrüster* (2011), Anh zu Art. 7 Rom I-VO Rn. 37; BK/*Dörner*, Art. 9 EGVVG Rn. 51.
443 BK/*Dörner*, Art. 9 EGVVG Rn. 51; MünchKommBGB/*Martiny* (4. Aufl.), Art. 37 EGBGB Rn. 114; a.A. Staudinger/*Armbrüster* (2011) Anh zu Art. 7 Rom I-VO Rn. 37; P/M/*Armbrüster*, Anh. Rom I-VO Rn. 33; *Gruber*, IVVR, S. 136.
444 MünchKommBGB/*Martiny* (4. Aufl.), Art. 37 EGBGB Rn. 114; BK/*Dörner*, Art. 9 EGVVG Rn. 51; anders (effektive Staatsangehörigkeit) Staudinger/*Armbrüster* (2011), Anh zu Art. 7 Rom I-VO Rn. 37; *Gruber*, IVVR, S. 136.
445 Zweite Richtlinie 88/357/EWG zur Koordinierung der Rechts- und Verwaltungsvorschriften für die Direktversicherung (mit Ausnahme der Lebensversicherung) und zur Erleichterung der tatsächlichen Ausübung des freien Dienstleistungsverkehrs sowie zur Änderung der Richtlinie 73/239/EWG (ABl. L 172 vom 04.07.1988, S. 1 ff.).
446 Begr. RegE BT-Drucks. 11/6341 S. 39.

Art. 10 II EGVVG a.F. erweitert zum Zwecke der Verhinderung von Vertragsspaltungen die in Art. 9 II EGVVG a.F. bzw. Art. 7 I lit. c) Zweite SchadenRL vorgesehene Rechtswahlmöglichkeit in den Fällen, in denen der Versicherungsvertrag mit einer gewerblichen, bergbaulichen oder freiberuflichen Tätigkeit zusammenhängt und Risiken innerhalb und außerhalb des Gebiets des EWR deckt (Rdn. 286). Diese Option ist unter Geltung der Rom I-VO nicht mehr vorhanden. **276**

Art. 10 III EGVVG a.F. enthält eine Umsetzung von Art. 7 I lit. a) Satz 2, lit. d) Zweite SchadenRL. Die Vorschrift ermöglicht es den Parteien, eine von der nach Art. 8 oder 9 EGVVG a.F. berufenen Rechtsordnung eingeräumte größere Rechtswahlfreiheit zu nutzen (Rdn. 290). Unter Geltung des neuen Rechts findet die Regelung eine Entsprechung in Art. 7 III UAbs. 2 Rom I-VO (vgl. Rdn. 113). **277**

Art. 10 EGVVG a.F. legt lediglich die Zulässigkeitsvoraussetzungen für eine Rechtswahl fest. Die Ausübung der Rechtswahl, deren Zustandekommen, Gültigkeit und Wirkungen richten sich nach den allgemeinen Regeln der Art. 15 EGVVG a.F. i.V.m. Art. 27 ff. EGBGB a.F. (Rdn. 327). **278**

b) Anwendungsbereich/Abgrenzung

Die Anwendung der einzelnen Regelungen von Art. 10 EGVVG a.F. setzt jeweils das Vorliegen des räumlichen und sachlichen Anwendungsbereichs der Art. 7 ff. EGVVG a.F. voraus. Erforderlich ist demnach insbesondere die **Belegenheit des Risikos innerhalb des EWR** (s. Rdn. 236). Ist das Risiko außerhalb des EWR belegen, finden auf den Vertrag Art. 27 ff. EGBGB a.F. Anwendung.[447] **279**

Im Verhältnis zu Art. 8 EGVVG a.F. enthalten Art. 10 I und III EGVVG a.F. in Konvergenzfällen Sonderregeln, die die objektive Anknüpfung nach Art. 8 EGVVG a.F. ausschließen bzw. überlagern. Unterbleibt eine mögliche Rechtswahl in diesen Fällen, so findet die objektive Anknüpfung nach Art. 11, nicht nach Art. 8 EGVVG a.F. statt, vgl. Rdn. 243. **280**

Die einzelnen Rechtswahlmöglichkeiten der Art. 9 EGVVG a.F. sowie die innerhalb des Art. 10 EGVVG a.F. eröffneten **Rechtswahlmöglichkeiten bestehen nebeneinander**.[448] – Sehen die Parteien von einer Rechtswahl ab oder ist die Rechtswahlvereinbarung ungültig, so erfolgt die Bestimmung des anwendbaren Rechts anhand der objektiven Anknüpfung nach Art. 11 EGVVG a.F. Umgekehrt tritt Art. 11 EGVVG a.F. hinter Art. 10 EGVVG a.F. zurück, falls die Parteien eine Rechtswahl getroffen haben. – Die Vorschriften über die Pflichtversicherung, Art. 12 EGVVG a.F., sowie die Krankenversicherung, Art. 13 EGVVG a.F., gehen als Spezialregeln Art. 10 EGVVG a.F. vor; eine Rechtswahl ist – auch soweit es sich um Großrisiken handelt – nicht möglich. **281**

2. Rechtswahl bei Großrisiken (Abs. 1)

a) Allgemeines

Art. 10 I EGVVG a.F. erlaubt den Parteien unter bestimmten Voraussetzungen für Versicherungsverträge, die sich auf Großrisiken beziehen, das auf den Vertrag anwendbare Recht frei zu bestimmen. Der Regelung entspricht weitgehend Art. 7 II Rom I-VO. Zum Normzweck vgl. daher dort Rdn. 68. **282**

b) Großrisiken

Die in Abs. 1 Satz 2 enthaltene Definition des Großrisikos bildet Art. 5 lit. d) i) – iii) Erste SchadenRL nach. Eine Abweichung zur Richtlinie besteht im Hinblick auf die Einordnung von Nr. 10 lit. b) Anlage A zum VAG (Haftpflichtversicherung von Landtransporten). Diese sind auf Grundlage des von Abs. 1 Satz 2 Nr. 1 automatisch als Großrisiken einzustufen. Nach Maßgabe der Richtlinie handelt es sich allerdings nur dann um ein Großrisiko, wenn zusätzlich die Voraussetzungen von Abs. 1 Satz 2 Nr. 3 vorliegen.[449] Zu den einzelnen Merkmalen vgl. Rdn. 69 ff. **283**

c) Richtlinienkonforme Auslegung

Nach seinem Wortlaut in der Fassung bis zum 31.12.2007 setzte Art. 10 I 1 EGVVG voraus, dass sowohl der gewöhnliche Aufenthalt bzw. die Hauptverwaltung des VN als auch das versicherte (Teil-)[450] Risiko im Inland liegen (Konvergenzfall). Damit blieb die Vorschrift hinter den Vorgaben der Zweiten SchadenRL zurück, die in Art. 7 I lit. f) eine völlige Rechtswahlfreiheit für Großrisiken vorsah. Dieses **Umsetzungsdefizit** wurde durch **richtlinienkonforme Auslegung**[451] dahingehend korrigiert, dass Art. 10 I EGVVG a.F. auch auf die Fälle anzuwenden war, in denen das Risiko in einem anderen Mitgliedstaat des EWR belegen war oder der VN seinen gewöhnlichen Aufenthalt bzw. seine Hauptverwaltung in einem anderen Staat (EWR-Staat oder **284**

---

[447] BK/*Dörner*, Art. 11 EGVVG Rn. 2.
[448] BK/*Dörner*, Art. 9 EGVVG Rn. 5.
[449] Zur Problematik der einseitigen Erweiterung des Begriffs des Großrisikos in Art. 10 I Nr. 1 EGVVG *Gruber*, IVVR, S. 89 ff.
[450] P/M/*Armbrüster*, Anh. Rom I-VO Rn. 36; *Basedow/Drasch* NJW 1991, 785, 792.
[451] Treffender wohl *Gruber*, IVVR, S. 90 im Hinblick auf die konstruktiven Probleme: »richtlinienkonforme Fortentwicklung des nationalen Rechts durch Analogiebildung«.

Drittstaat) hatte.[452] Mit Art. 2 Gesetz zur Reform des Versicherungsvertragsrechts[453] hat der Gesetzgeber eine entsprechende Korrektur vorgenommen und die Erfordernisse bzgl. des gewöhnlichen Aufenthalts und der Risikobelegenheit gestrichen.[454]

d) Rechtswahl

285 Liegen die Voraussetzungen des Abs. 1 vor, so können die Parteien **jede beliebige Rechtsordnung** als Versicherungsvertragsstatut berufen. Auf die Rechtswahl finden dabei über Art. 15 EGVVG a.F. die allgemeinen Vorschriften Anwendung (s. Rdn. 327).

3. Einbeziehung außerhalb des EWR belegener Risiken (Abs. 2)

286 Art. 10 II EGVVG a.F. lässt eine im Vergleich zu Art. 9 II EGVVG a.F. erweiterte Rechtswahl in den Fällen zu, in denen ein VN einen mit seiner gewerblichen, bergbaulichen oder freiberuflichen Tätigkeit in Zusammenhang stehenden Versicherungsvertrag abschließt. Während Art. 9 II EGVVG a.F. lediglich auf Risiken in Mitgliedsstaaten des EWR bezogen ist (vgl. o. Rdn. 258), erstreckt sich Art. 10 II EGVVG a.F. auf Risiken, die sowohl in einem oder mehreren EWR-Staaten als auch in einem **Drittstaat** belegen sind. Die Regelung vermeidet damit eine ansonsten notwendige Vertrags- bzw. Anknüpfungsspaltung.[455] Ohne die Regelung in Art. 10 II EGVVG a.F. wären im Hinblick auf das außerhalb des EWR belegene Risiko Art. 27 ff. EGBGB a.F. anzuwenden, während sich die Anknüpfung der von innerhalb des EWR belegener Risiken nach Art. 7 ff. EGVVG a.F. richten würde.[456]

287 Abs. 2 geht mit der Einbeziehung außerhalb des EWR belegener Risiken über die von der Zweite SchadenRL geforderten Maßnahmen hinaus, die sich auf die Regelung der Mehrfachbelegenheit in verschiedenen Mitgliedsstaaten beschränken. Dies wird teilweise insoweit für unzulässig gehalten, als Abs. 2 das Recht von Nicht-EWR-Staaten zur Anwendung gelangen lässt, obwohl dies nach der Systematik der Richtlinie nur in engen Grenzen möglich sei.[457] Dem ist jedoch entgegenzuhalten, dass die Richtlinien nur Mindeststandards setzen, die im Rahmen der nationalen Umsetzung durchaus der Erweiterung zugänglich sind.[458] Angesichts der vielfach kritisierten Unvollkommenheit der Richtlinien fällt es zudem schwer, in Art. 7 I lit. a)-e) Zweite SchadenRL eine abschließende, systematische Regelung gerade für den Bereich des Drittstaatenbezuges zu erkennen.

288 Art. 10 II EGVVG a.F. erscheint aufgrund seiner systematischen Stellung im Anschluss an die Regelung in Abs. 1 allein auf Großrisiken anwendbar. Für Großrisiken besteht allerdings bereits nach Abs. 1 unbeschränkte Rechtswahl, so dass Abs. 2 hier keinen eigenen Anwendungsbereich mehr hätte. Sinnvollerweise ist Abs. 2 daher als eigenständige Regelung zu begreifen, die somit auch auf **Massenrisiken** Anwendung findet.[459] Eine analoge Anwendung auf **Versicherungen ohne geschäftlichen Bezug**[460] kommt aufgrund des Schutzbedürfnisses der betroffenen VN dagegen nicht in Betracht.[461]

289 Liegen im Hinblick auf den Versicherungsvertrag sowohl ein Bezug zur beruflich-gewerblichen Tätigkeit des VN als auch die erforderliche Teilrisikobelegenheit in einem Drittstaat vor, so eröffnet Art. 10 II EGVVG a.F. den Parteien die Möglichkeit, über Art. 9 II EGVVG a.F. hinausgehend auch das Recht dieses Drittstaates als Versicherungsvertragsstatut zu berufen. Auf die Vornahme der Rechtswahl finden dabei über Art. 15 EGVVG a.F. die allgemeinen Vorschriften Anwendung (siehe Rdn. 327).

4. Rechtswahlerweiterung (Abs. 3)

290 Art. 10 III EGVVG a.F. setzt mit Art. 7 I lit. a) Satz 1 Zweite SchadenRL eine **atypische Regelung** zur Erweiterung der Rechtswahl um. Durch die Vorschrift wird den Parteien eine Rechtswahl in dem Umfang erlaubt, in dem diese nach dem Kollisionsrecht der nach Art. 8 EGVVG a.F. maßgeblichen bzw. der nach Art. 9 I, II EGVVG a.F. wählbaren Rechtsordnung(en) möglich ist. Dieser in der Richtlinie vorgesehene »Umweg« über die nationalen Kollisionsrechte zur Erweiterung der Rechtswahlmöglichkeiten erklärt sich aus dem Umstand,

---

452 *Gruber*, IVVR, S. 85 ff.; Soergel/*von Hoffmann*, Art. 37 EGBGB Rn. 113; für unmittelbare Anwendung der Richtlinie P/M/*Armbrüster*, Anh. Rom I-VO Rn. 35; *Basedow/Drasch* NJW 1991, 785, 792; *Imbusch* VersR 1993, 1059, 1063; für analoge Anwendung *Kramer*, S. 217 ff.; BK/*Dörner*, Art. 10 EGVVG Rn. 23; a.A. *Hahn* S. 47. Zur Ausnahme bzgl. der Haftpflichtversicherung für Landtransporte nach Art. 10 I Nr. 1 EGVVG eingehend *Gruber*, IVVR, S. 89 f.
453 BGBl. 2007 I, S. 2631.
454 Begr. RegE BT-Drucks. 16/3945 S. 120.
455 Zur Unterscheidung *Kramer*, S. 221.
456 *Kramer*, S. 220; vgl. auch BT-Drucks. 11/6341 S. 39.
457 *Uebel*, S. 173; einen Inlandsbezug fordert Staudinger/*Armbrüster* (2011), Anh zu Art. 7 Rom I-VO Rn. 44.
458 *Basedow/Drasch* NJW 1991, 785, 788: Erweiterung ist »rechtlich bedenkenfrei«; *Kramer*, S. 220 Fn. 720; BK/*Dörner*, Art. 10 EGVVG Rn. 30.
459 Soergel/*von Hoffmann*, Art. 37 EGBGB Rn. 116; P/M/*Armbrüster*, Anh. Rom I-VO Rn. 37; *Basedow/Drasch* NJW 1991, 785, 795.
460 *Basedow/Drasch* NJW 1991, 785, 788.
461 Staudinger/*Armbrüster* (2011), Anh zu Art. 7 Rom I-VO Rn. 45.

dass auf europäischer Ebene eine Verständigung über eine entsprechende einheitliche Regelung nicht möglich war.[462]

Die Regelung ist mit Art. 7 III UAbs. 2 Rom I-VO auch in das neue Recht übernommen worden. Zu den Einzelheiten vgl. daher zunächst Rdn. 113 ff. – Im Rahmen von Abs. 3 ist umstritten, ob – neben denen aus Art. 8 und 9 I, II EGVVG a.F. – auch die nach Art. 10 II EGVVG a.F. wählbaren Rechte (Rdn. 286) im Rahmen einer analogen Anwendung von Abs. 3 berücksichtigt werden sollten. Dies hätte zur Konsequenz, dass auch Rechtswahloptionen aus den Kollisionsrechten von **Nicht-EWR-Staaten** Berücksichtigung finden würden. Für die Zulässigkeit einer solchen Ausdehnung sind jedoch keine Anhaltspunkte vorhanden. Dass die Nichtberücksichtigung von Art. 10 II EGVVG a.F. in Abs. 3 ein »redaktionelles Versehen«[463] ist, erscheint angesichts der deutlichen Trennlinie, die der deutsche Gesetzgeber zwischen Art. 9 II und Art. 10 II EGVVG a.F. gezogen hat, eher unwahrscheinlich. Zudem beschränkt auch die der Regelung zugrunde liegende Vorschrift des Art. 7 I lit. d) Zweite SchadenRL die zu befragenden Rechte ausdrücklich auf die Rechtsordnungen der Mitgliedstaaten des EWR. Eine Ausdehnung von Abs. 3 auf die nach Art. 10 II EGVVG a.F. wählbaren Rechte ist daher abzulehnen.[464]

291

V. Art. 11 EGVVG a.F. – Mangels Rechtswahl anzuwendendes Recht

(1) Soweit das anzuwendende Recht nicht vereinbart worden ist, unterliegt der Vertrag unter den Rechten, die nach den Artikeln 9 und 10 gewählt werden können, demjenigen des Staates, mit dem er die engsten Verbindungen aufweist. Auf einen selbständigen Vertragsteil, der eine engere Verbindung mit einem anderen Staat aufweist, dessen Recht gewählt werden kann, kann ausnahmsweise das Recht dieses Staates angewandt werden.
(2) Es wird vermutet, daß der Vertrag die engsten Verbindungen mit dem Mitgliedstaat aufweist, in dem das Risiko belegen ist.

1. Allgemeines

a) Normzweck/Überblick

Art. 11 EGVVG a.F. diente ursprünglich allein der Umsetzung von Artikel 7 I lit. h) Zweite SchadenRL in deutsches Recht.[465] Mit der Erweiterung des Anwendungsbereichs der Art. 7 ff. EGVVG a.F. auf den Bereich der Lebensversicherung durch die Zweite LebenRL[466] bzw. Art. 3 Drittes Durchführungsgesetzes/EWG zum VAG[467] hat sich entsprechend auch der Anwendungsbereich des – im Wortlaut unverändert gebliebenen – Art. 11 EGVVG a.F. erweitert.[468] Europarechtlich wurde diese Ausdehnung durch Art. 32 I i.V.m. Art. 1 I lit. g) LebenRL (ex Art. 4 I i.V.m. Art. 2 lit. e) der Zweiten LebenRL gedeckt.

292

Die Vorschrift enthält in Abs. 1 Satz 1 eine objektive Anknüpfung von Versicherungsverträgen in den Fällen, in denen die Parteien von der Möglichkeit einer Rechtswahl nach Art. 9, 10 EGVVG a.F. keinen Gebrauch gemacht haben. Zur Anwendung berufen ist das (Sach-)Recht der engsten Verbindung, wobei eine Einschränkung dahingehend vorgenommen wird, dass als solches nur eines der nach Art. 9, 10 EGVVG a.F. potenziell wählbaren Rechte in Betracht kommt (Rdn. 297). Abs. 1 Satz 2 ergänzt die Regelung in Satz 1 um die Möglichkeit einer objektiven Vertragsspaltung für selbstständige Vertragsteile (Rdn. 300). Abs. 2 schließlich stellt eine Vermutungsregelung für die Feststellung der engsten Verbindung auf (Rdn. 302).

293

b) Anwendungsbereich/Abgrenzung

Die Anwendung von Art. 11 EGVVG a.F. setzt das Vorliegen des räumlichen und sachlichen Anwendungsbereichs der Art. 7 ff. EGVVG a.F. voraus. Dies erfordert gem. Art. 7 II EGVVG a.F. insbesondere die **Belegenheit des Risikos innerhalb des EWR** (siehe Rdn. 236). Ist das Risiko außerhalb des EWR belegen, finden auf den Vertrag Art. 27 ff. EGBGB a.F. Anwendung.[469]

294

Umstritten ist die Abgrenzung zwischen Art. 11 und Art. 8 EGVVG a.F. im Hinblick auf das Fehlen einer Rechtswahl in den so genannten **Konvergenzfällen**. Teilweise wird Art. 8 EGVVG a.F. als *lex specialis* zu Art. 11 EGVVG a.F. angesehen, soweit gewöhnlicher Aufenthalt bzw. Hauptverwaltung des VN und Ort der Risikobelegenheit zusammenfallen. Der Anwendungsbereich von Art. 11 EGVVG a.F. wird danach auf Diver-

295

---

462 Vgl. *Basedow/Drasch* NJW 1991, 785, 792; Soergel/*von Hoffmann*, Art. 37 EGBGB Rn. 119.
463 So *Basedow/Drasch* NJW 1991, 785, 792 f.; *Kramer*, S. 236.
464 Soergel/*von Hoffmann*, Art. 37 EGBGB Rn. 121; BK/*Dörner*, Art. 10 EGVVG Rn. 38; P/M/*Armbrüster*, Anh. Rom I-VO Rn. 40; *Mankowski* VersR 1993, 157 f.
465 Vgl. BT-Drucks. 11/6341 S. 39.
466 Zweite Richtlinie 90/619/EWG des Rates zur Koordinierung der Rechts- und Verwaltungsvorschriften für die Direktversicherung (Lebensversicherung) und zur Erleichterung der tatsächlichen Ausübung des freien Dienstleistungsverkehrs sowie zur Änderung der Richtlinie 79/267/EWG (ABl. EG Nr. L 330 vom 29.11.1990, S. 50).
467 BGBl. 1994 I, S. 1630.
468 Eingehend *Kramer*, S. 243 ff., 247 f.
469 BK/*Dörner*, Art. 11 EGVVG Rn. 2.

genzfälle eingeschränkt.⁴⁷⁰ Für diese Auffassung sind dem Wortlaut des Art. 11 EGVVG a.F. allerdings keine Anhaltspunkte zu entnehmen. Soweit daher die Parteien trotz der eingeräumten Möglichkeit keine Rechtswahl getroffen haben, verdrängt damit nach richtiger Ansicht Art. 11 EGVVG a.F. die Regelung aus Art. 8 EGVVG a.F. auch in Konvergenzfällen⁴⁷¹ (näher oben Rdn. 243).

296 Keine Abgrenzungsprobleme ergeben sich im Hinblick auf Art. 9 und 10 EGVVG a.F. Ist eine Rechtswahl nach diesen Vorschriften getroffen, tritt Art. 11 EGVVG a.F. als subsidiär zurück. Umgekehrt greift Art. 11 EGVVG a.F. nur in den Fällen ein, in denen eine Rechtswahl nach Art. 9 und 10 EGVVG a.F. nicht erfolgt ist. Die Vorschriften über die Pflichtversicherung, Art. 12 EGVVG a.F., sowie über die Krankenversicherung, Art. 13 EGVVG a.F., gehen als Spezialregeln der Regelung aus Art. 11 EGVVG a.F. vor.⁴⁷²

2. Grundsatz der engsten Verbindung (Abs. 1 Satz 1)

297 Art. 11 I EGVVG a.F. setzt zunächst das **Fehlen einer Vereinbarung** über das auf den Versicherungsvertrag anzuwendende Recht voraus. Dies impliziert, dass eine Rechtswahl für die Parteien zumindest möglich gewesen sein muss. Die Vorschrift bezieht sich damit auf die den Parteien in Art. 9 und 10 EGVVG a.F. eingeräumten Rechtswahlmöglichkeiten bei Auseinanderfallen von Belegenheits- und Aufenthaltsort (Art. 9 I EGVVG a.F.), bei Teilbelegenheit (Art. 9 II EGVVG a.F.), bei Auslandsschäden (Art. 9 III EGVVG a.F.), bei der Korrespondenzversicherung (Art. 9 IV EGVVG a.F.), bei Lebensversicherungen, soweit Staatsangehörigkeit und gewöhnlicher Aufenthalt des VN auseinanderfallen (Art. 9 V EGVVG a.F.), bei Großrisiken (Art. 10 I EGVVG a.F.), bei mehrfacher Risikobelegenheit (Art. 10 II EGVVG a.F.) und bei der Rechtswahlerweiterung durch ein nationales Recht (Art. 10 III EGVVG a.F.).⁴⁷³ Liegen die Voraussetzungen für eine Rechtswahl nicht vor, kommt eine Anknüpfung über Art. 11 EGVVG a.F. nicht in Betracht. Hier erfolgt die objektive Anknüpfung nach Art. 8 EGVVG a.F.⁴⁷⁴

298 Fehlt die mögliche Rechtswahl, beruft Art. 11 I 1 EGVVG a.F. die Rechtsordnung des Staates, mit dem der Versicherungsvertrag die engsten Verbindungen aufweist, wobei die **engste Verbindung** gem. Abs. 2 mit dem Staat der Risikobelegenheit vermutet wird (näher Rdn. 302). Diese objektive Anknüpfung enthält aber eine wichtige Einschränkung, einen »**numerus clausus**«⁴⁷⁵ der in Betracht kommenden Rechtsordnungen: Der Vertrag kann nur einer der Rechtsordnungen unterstellt werden, die auch bei einer Rechtswahl hätten vereinbart werden können. Dies hat zur Konsequenz, dass mögliche engere Verbindungen eines anderen Staates zu dem Versicherungsvertrag nach Art. 11 EGVVG a.F. unbeachtlich sind.⁴⁷⁶

299 Der maßgebliche Zeitpunkt für die Feststellung der engsten Verbindung ist vor allem im Interesse des Vertrauensschutzes und der Zuverlässigkeit der objektiven Anknüpfung grundsätzlich der **Zeitpunkt des Vertragsschlusses**.⁴⁷⁷ Wollen die Parteien ein anderes Recht auf ihren Vertrag Anwendung finden lassen, so steht ihnen die Möglichkeit der Rechtswahl offen.

3. Vertragsspaltung (Abs. 1 Satz 2)

300 Abs. 1 Satz 2 enthält eine Art. 28 I 2 EGBGB a.F. entsprechende Regelung, die die Möglichkeit einer getrennten Anknüpfung für **selbstständige Vertragsteile** vorsieht. Um einen selbstständigen Vertragsteil handelt es sich, wenn das betreffende Risiko auch in einem separaten Vertrag hätte versichert werden können.⁴⁷⁸ Falls für einen solchen selbstständigen Vertragsteil eine – gegenüber dem Vertrag im Übrigen – engere Verbindung zu einem anderen Staat festgestellt werden kann, kann ausnahmsweise das Recht dieses Staates angewandt werden. Wie bei S. 1 gilt aber auch hier die Einschränkung auf solche Rechtsordnungen, die auch im Rahmen der Art. 9 und 10 EGVVG a.F. hätten gewählt werden können (vgl. Rdn. 298).⁴⁷⁹ Auch im Rahmen von Abs. 1 Satz 2 gilt für die Bestimmung der engsten Verbindung die Vermutung aus Abs. 2 (s. Rdn. 302).

301 Die Regelung führt damit zu einer – grundsätzlich unerwünschten – **Vertragsspaltung**. Um eine solche zu vermeiden, ist die Regelung restriktiv zu handhaben.⁴⁸⁰ Wie sich schon aus der Formulierung der Vorschrift ergibt, soll die Sonderanknüpfung nur »**ausnahmsweise**« erfolgen. Damit ist klargestellt, dass nicht jeder selbstständige Vertragsteil automatisch getrennt angeknüpft werden darf.⁴⁸¹

---

470 BK/*Dörner*, Art. 11 EGVVG Rn. 5; *Basedow/Drasch* NJW 1991, 785, 793; *Kramer*, S. 238 f.
471 Staudinger/*Armbrüster* (2011), Anh zu Art. 7 Rom I-VO Rn. 49; P/M/*Armbrüster*, Anh. Rom I-VO Rn. 41; *Looschelders*, IPR, Art. 37 EGBGB Rn. 25.
472 BK/*Dörner*, Art. 11 EGVVG Rn. 3.
473 Detaillierte Übersicht bei BK/*Dörner*, Art. 11 EGVVG Rn. 13 ff.
474 MünchKommBGB/*Martiny* (4. Aufl.), Art. 37 EGBGB Rn. 139.
475 *Gruber*, IVVR, S. 176; *Imbusch* VersR 1993, 1059, 1063.
476 Zu Recht kritisch *Basedow/Drasch* NJW 1991, 785, 791; *Imbusch* VersR 1993, 1059, 1064; auch *Kramer*, S. 239 f.
477 P/M/*Armbrüster*, Anh. Rom I-VO Rn. 42; *Kramer*, S. 292; BK/*Dörner*, Art. 11 EGVVG Rn. 9; a.A. *Hahn*, S. 59.
478 Soergel/*von Hoffmann*, Art. 37 EGBGB Rn. 125; P/M/*Armbrüster*, Anh. Rom I-VO Rn. 43.
479 *Uebel*, S. 220 f.
480 Soergel/*von Hoffmann*, Art. 37 EGBGB Rn. 125; P/M/*Armbrüster*, Anh. Rom I-VO Rn. 43; *Kramer*, S. 242.
481 MünchKommBGB/*Martiny* (4. Aufl.), Art. 37 EGBGB Rn. 146; Soergel/*von Hoffmann*, Art. 37 EGBGB Rn. 125; *Imbusch* VersR 1993, 1059, 1064.

4. Vermutungsregel (Abs. 2)

Abs. 2 stellt im Hinblick auf die Regelungen des Abs. 1 die Vermutung auf, dass der Vertrag die engsten Verbindungen mit dem **Staat der Risikobelegenheit** aufweist. Für die Feststellung der Risikobelegenheit ist auf die Definitionen in Art. 7 II EGVVG a.F. zurückzugreifen. Die Vermutung ist allerdings **widerlegbar**.[482] Zwar fehlt in Art. 11 EGVVG a.F. eine Art. 28 V EGBGB a.F. entsprechende Ausweichklausel, dennoch besteht Einigkeit, dass eine sich aus der Gesamtheit der Umstände ergebende engere Beziehung zu einem anderen Staat bei der Anknüpfung zu berücksichtigen ist.[483] Dies folgt zum einen schon aus dem Begriff »Vermutung«, lässt sich aber auch über eine analoge Anwendung von Art. 28 V EGBGB a.F. i.V.m. Art. 15 EGVVG a.F. konstruieren.[484] In jedem Fall kommen aber auch hier nur diejenigen Rechtsordnungen als solche der engeren Verbindung in Betracht, die zum Kreis der nach Art. 9 und 10 EGVVG a.F. wählbaren Rechtsordnungen gehören.[485]

Probleme ergeben sich im Zusammenhang mit der Vermutungsregel im Fall **mehrfacher Risikobelegenheit**. Nach Abs. 2 bestehen hier verschiedene »engste Verbindungen«; eine einheitliche Anknüpfung des Vertrages ist auf Grundlage der Vorschrift somit nicht möglich. Falls die Vermutung daher durch Heranziehung anderer Anknüpfungselemente (z.B. gewöhnlicher Aufenthalt bzw. Hauptverwaltung des VN) nicht widerlegt werden kann, kommt nur eine **Vertragsspaltung** in Betracht.[486]

Soweit der Wortlaut der Vorschrift von »*Mitglieds*staat« spricht, so handelt es sich anscheinend um ein Redaktionsversehen.[487] Wie sich aus der Bezugnahme in Abs. 1 Satz 1 auf Art. 10 II EGVVG a.F. ergibt, ist auch die (Teil-)Risikobelegenheit in einem Nicht-EWR-Staat möglich. Anhaltspunkte, dass mit der Formulierung in Abs. 2 ein Vorrang der (Teil-)Risikobelegenheit in einem Mitgliedstaat gegenüber der in einem Nicht-EWR-Staat statuiert werden sollte, existieren nicht. Ein solcher Vorrang wäre auch in der Sache nicht gerechtfertigt. Die Vermutung des Abs. 2 greift also auch dann ein, wenn das Risiko in einem Drittstaat belegen ist.[488]

VI. Art. 12 EGVVG a.F. – Pflichtversicherung

(1) Ein Versicherungsvertrag, für den ein Mitgliedstaat eine Versicherungspflicht vorschreibt, unterliegt dem Recht dieses Staates, sofern dieser dessen Anwendung vorschreibt.

(2) Ein über eine Pflichtversicherung abgeschlossener Vertrag unterliegt deutschem Recht, wenn die gesetzliche Verpflichtung zu seinem Abschluß auf deutschem Recht beruht. Dies gilt nicht, wenn durch Gesetz oder auf Grund eines Gesetzes etwas anderes bestimmt ist.

(3) Stellt der Versicherungsvertrag die Deckung für Risiken sicher, die in mehreren Mitgliedstaaten belegen sind, von denen mindestens einer eine Versicherungspflicht vorschreibt, so ist der Vertrag so zu behandeln, als bestünde er aus mehreren Verträgen, von denen sich jeder auf jeweils einen Mitgliedstaat bezieht.

1. Allgemeines

a) Überblick/Normzweck

Art. 12 EGVVG a.F. sieht eine **Sonderanknüpfung für Pflichtversicherungen** vor. Die Regelung beruht auf der den Mitgliedsstaaten durch Art. 8 IV lit. c) Zweite SchadenRL[489] eingeräumten Befugnis, einen Pflichtversicherungsvertrag – abweichend von den allgemeinen Kollisionsregeln – dem Recht des Staates zu unterwerfen, der die Versicherungspflicht vorschreibt. In Abs. 3 findet sich in Entsprechung zu Art. 7 II UAbs. 3 Zweite SchadenRL zusätzlich eine Regelung zur Mehrfachbelegenheit.

Unter Geltung der Rom I-VO findet sich in der auf Art. 7 IV Rom I-VO beruhenden Vorschrift des Art. 46c EGBGB eine parallele Vorschrift, die Art. 12 I, II 1 EGVVG a.F. vollständig übernimmt (vgl. Rdn. 130 ff.). Art. 12 III EGVVG a.F. ist in der allgemeinen Vorschrift zur Mehrfachbelegenheit von Risiken in Art. 7 V Rom I-VO aufgegangen. Keine Entsprechung im neuen Recht hat dagegen der Vorbehalt anderweitiger Regelungen aus Art. 12 II 2 EGVVG a.F. gefunden. – Zum Normzweck s. Rdn. 124.

---

482 AllgM; MünchKommBGB/*Martiny* (4. Aufl.), Art. 37 EGBGB Rn. 142; *Kramer*, S. 242; *Imbusch* VersR 1993, 1059, 1064; *Gruber*, IVVR, S. 173.
483 Vgl. nur MünchKommBGB/*Martiny* (4. Aufl.), Art. 37 EGBGB Rn. 142.
484 BK/*Dörner*, Art. 11 EGVVG Rn. 10; P/M/*Armbrüster*, Anh. Rom I-VO Rn. 44; *Hahn*, S. 59.
485 BK/*Dörner*, Art. 11 EGVVG Rn. 10.
486 *Hahn*, S. 59; *Kramer*, S. 242.
487 *Kramer*, S. 241 f.
488 P/M/*Armbrüster*, Anh. Rom I-VO Rn. 45.
489 Zweite Richtlinie 88/357/EWG des Rates vom 22. Juni 1988 zur Koordinierung der Rechts- und Verwaltungsvorschriften für die Direktversicherung (mit Ausnahme der Lebensversicherung) und zur Erleichterung der tatsächlichen Ausübung des freien Dienstleistungsverkehrs sowie zur Änderung der Richtlinie 73/239/EWG (ABl. EG Nr. L 172 vom 04.07.1988, S. 1).

b) Anwendungsbereich/Abgrenzungen

307 Art. 12 EGVVG a.F. gelangt nur zur Anwendung, wenn der räumliche und sachliche Anwendungsbereich der Art. 7 ff. EGVVG a.F. gegeben ist. Dies erfordert nach Art. 7 EGVVG a.F. neben dem Vorliegen eines Direktversicherungsvertrags die Belegenheit des Risikos in einem Mitgliedstaat des EWR (s. Rdn. 236). Für außerhalb des EWR belegene Risiken bleibt es bei der Anwendung der allgemeinen Regeln der Art. 27 ff. EGBGB a.F., wobei allerdings über Art. 34 EGBGB a.F. eine analoge Anwendung von Art. 12 EGVVG a.F. zu befürworten ist.[490]

308 Innerhalb seines Anwendungsbereichs verdrängt Art. 12 EGVVG a.F. grundsätzlich die allgemeinen Regeln der Art. 8–11 EGVVG a.F. Eine objektive Anknüpfung nach Art. 8 oder 11 EGVVG a.F. ist ebenso ausgeschlossen wie eine Rechtswahl durch die Parteien nach Art. 9 oder 10 EGVVG a.F. Etwas anderes gilt nur dann, wenn die Rechtsordnung des die Versicherungspflicht vorschreibenden Staates die Durchsetzung seiner Vorschriften nicht vorschreibt.[491] Im Verhältnis zu Art. 13 EGVVG a.F. tritt Art. 12 EGVVG a.F. als allgemeinere Vorschrift zurück, soweit die Krankenversicherung als Pflichtversicherung ausgestaltet ist (vgl. § 193 VVG).

2. Zwingende Anwendung des die Versicherungspflicht vorschreibenden Rechts (Abs. 1)

309 Abs. 1 entspricht **Art. 46c I EGBGB**. Die dortigen Ausführungen (Rdn. 131 ff.) gelten daher entsprechend. Eine Abweichung zur Rechtslage unter Art. 46c EGBGB ergibt sich allerdings aus der Art. 12 EGVVG a.F. zugrundeliegenden Richtliniennorm. Anders als Art. 7 IV Rom I-VO enthält Art. 8 IV lit. c) Zweite SchadenRL keine Beschränkung auf »Mitgliedstaaten«, sondern bezieht sich allgemein auf »Staaten«. Die in Abs. 1 zum Ausdruck gekommene Beschränkung der Sonderanknüpfung auf Pflichtversicherungen der *Mitgliedstaaten* entspricht somit nicht den Vorgaben der Richtlinie. Gründe, die eine unterschiedliche Behandlung von Pflichtversicherungen aus EWR- und Nicht-EWR-Staaten rechtfertigen könnten, sind nicht ersichtlich. Nach h.M. ist Art. 12 I EGVVG a.F. analog auch auf solche Versicherungsverträge anzuwenden, die auf der Anordnung einer Versicherungspflicht eines Nicht-EWR-Staates beruhen.[492]

3. Anwendung deutschen Rechts (Abs. 2)

310 Abs. 2 Satz 1 entspricht Art. 46c II EGBGB. Auch insoweit kann auf die dortigen Ausführungen verwiesen werden (Rdn. 133).

311 Abs. 2 Satz 2 enthält eine – nicht in Art. 46c EGBGB übernommene – Ausnahmeregelung zu Abs. 2 Satz 1. Danach unterbleibt die Anwendung deutschen Rechts auf Pflichtversicherungsverträge, soweit durch Gesetz oder aufgrund eines Gesetzes eine vorrangige Regelung getroffen wurde. Diese Ausnahme betrifft Situationen in denen der Versicherungspflichtige seiner Versicherungspflicht auch dadurch genügen kann, dass er einen entsprechenden Deckungsnachweis einer ausländischen Versicherung erbringt.[493]

4. Mehrfache Risikobelegenheit (Abs. 3)

312 Art. 12 III EGVVG a.F. enthält eine Sonderregel für einen Versicherungsvertrag, der Risiken abdeckt, die in mehreren Mitgliedstaaten belegen sind. Soweit auch nur einer dieser Mitgliedstaaten für das versicherte Risiko eine Versicherungspflicht vorschreibt, ordnet Abs. 3 eine **Vertragsspaltung** an: der Vertrag wird behandelt, als wären für jeweils in einem Staat belegene Risiken jeweils getrennte Versicherungsverträge abgeschlossen worden. Die Beurteilung jedes einzelnen dieser fiktiven Verträge richtet sich wiederum nach Abs. 1 und 2 bzw. nach den allgemeinen Regeln.[494]

313 Dem Wortlaut nach greift Abs. 3 bereits dann ein, wenn ein Mitgliedstaat die Versicherungspflicht vorschreibt.[495] Dies ist allerdings in Analogie zu Abs. 1 auf die Fälle einzuschränken, in denen der betreffende Mitgliedstaat sein eigenes Recht im Kollisionsfall auch tatsächlich angewendet wissen will.[496] Lässt sich ein solcher Geltungswille bei keinem Mitgliedstaat feststellen, findet eine Vertragsspaltung nicht statt; es bleibt bei der Anwendung der allgemeinen Kollisionsregeln.

---

490 BK/*Dörner*, Art. 12 EGVVG Rn. 2 und Anh. zu Art. 7–15 EGVVG Rn. 26.
491 MünchKommBGB/*Martiny* (4. Aufl.), Art. 37 Rn. 149; B/M/*Dörner*, Einf. Int. VersR. Rn. 47.
492 MünchKommBGB/*Martiny* (4. Aufl.), Art. 37 Rn. 149; BK/*Dörner*, Art. 12 EGVVG Rn. 7; *Basedow/Drasch* NJW 1991, 785, 794; Soergel/*von Hoffmann*, Art. 37 Rn. 128; aufgrund des eindeutigen Wortlauts gegen eine analoge Anwendung *Kramer*, S. 252, der für eine Berücksichtigung drittstaatlicher Pflichtversicherungen über die Sonderanknüpfung für Eingriffsnormen plädiert. Vgl. auch *Uebel*, S. 238.
493 Vgl. BT-Drucks. 11/6341 S. 39. Als Beispiel werden dort §§ 102, 99 LuftVZO genannt. Vgl. auch *Roth*, Internationales Versicherungsvertragsrecht, S. 601.
494 BK/*Dörner*, Art. 12 EGVVG Rn. 17.
495 BK/*Dörner*, Art. 12 EGVVG Rn. 17.
496 Reithmann/Martiny/*Schnyder* (7. Aufl.), Rn. 1351; MünchKommBGB/*Martiny* Art. 37 (4. Aufl.), EGBGB Rn. 153.

VII. Art. 13 EGVVG a.F. – Krankenversicherung

(1) Ein über eine Krankenversicherung abgeschlossener Vertrag, der ganz oder teilweise den im gesetzlichen Sozialversicherungssystem vorgesehenen Kranken- oder Pflegeversicherungsschutz ersetzen kann, unterliegt deutschem Recht, wenn die versicherte Person ihren gewöhnlichen Aufenthalt in Deutschland hat.

(2) Gewährt ein Krankenversicherungsvertrag Versicherungsschutz für mehrere Personen, von denen einzelne ihren gewöhnlichen Aufenthalt in Deutschland haben, so unterliegt der Vertrag bezüglich dieser Personen deutschem Recht.

1. Allgemeines

a) Überblick/Normzweck

Art. 13 EGVVG a.F. betrifft den Abschluss von Krankenversicherungsverträgen, die ganz oder teilweise den im gesetzlichen Sozialversicherungssystem vorgesehenen Kranken- oder Pflegeversicherungsschutz ersetzen können (sog. **substitutive Krankenversicherung**, jetzt § 146 VAG (§ 12 VAG a.F.)). Die Vorschrift beruht auf Art. 54 Dritte SchadenRL,[497] der den Mitgliedstaaten in Bezug auf substitutive Krankenversicherungen gestattete, zu verlangen, »dass der Vertrag den von diesem Mitgliedstaat erlassenen spezifischen Rechtsvorschriften zum Schutz des Allgemeininteresses in Bezug auf diesen Versicherungszweig entspricht.«[498] Mit der Einfügung von Art. 13 EGVVG a.F. durch Art. 3 Nr. 5 Drittes DurchführungsG/EWG zum VAG[499] hat der deutsche Gesetzgeber von dieser Möglichkeit im Bereich des Kollisionsrechts durch eine Sonderanknüpfung Gebrauch gemacht.[500] 314

Die Vorschrift unterwirft substitutive Krankenversicherungsverträge vollständig deutschem Recht, wenn die versicherte Person (nicht notwendigerweise der VN, vgl. § 193 I VVG) ihren gewöhnlichen Aufenthalt bei Vertragsabschluss in Deutschland hatte (Abs. 1). Dies gilt im Rahmen eines Gruppenversicherungsvertrages auch bezüglich einzelner versicherter Personen, die ihren gewöhnlichen Aufenthalt in Deutschland haben (Abs. 2). 315

b) Anwendungsbereich/Abgrenzungen

Auch Art. 13 EGVVG a.F. erfordert die **Belegenheit des Risikos** in einem Mitgliedstaat des EWR, vgl. Art. 7 I EGVVG a.F. Daher ist anhand von Art. 7 II Nr. 4 lit. a), b) EGVVG a.F. zunächst zu prüfen, ob der VN seinen gewöhnlichen Aufenthalt bzw. seine Hauptverwaltung zum Zeitpunkt des Vertragsschlusses[501] innerhalb des EWR hat. Ist dies nicht der Fall, ist das auf den Versicherungsvertrag anzuwendende Recht nach den Art. 27 ff. EGBGB a.F. zu bestimmen.[502] Jedoch kommt insoweit eine analoge Anwendung der Vorschrift in Betracht (vgl. Rdn. 353). 316

Dagegen bleibt es bei der Anwendung der allgemeinen Kollisionsvorschriften des EGVVG, sofern der VN seinen gewöhnlichen Aufenthalt bzw. seine Hauptverwaltung zwar innerhalb des EWR hat, der gewöhnliche Aufenthalt der versicherten Person jedoch nicht in Deutschland liegt.[503] Art. 13 EGVVG a.F. ist insoweit nicht einschlägig. 317

Die Krankenversicherung in Deutschland ist seit dem 01.01.2009 durch Art. 11 Gesetz zur Reform des Versicherungsvertragsrechts[504] als Pflichtversicherung ausgestaltet, § 193 III VVG. Art. 13 EGVVG a.F. verdrängt insoweit als speziellere Vorschrift Art. 12 EGVVG a.F. 318

In seinem Anwendungsbereich verdrängt Art. 13 EGVVG a.F. als speziellere Norm die objektiven Regelanknüpfungen der Art. 8 und 11 EGVVG a.F.;[505] auch eine Rechtswahl ist den Parteien nicht gestattet.[506] 319

2. Substitutive Krankenversicherung (Abs. 1)

Zur substitutiven Krankenversicherung zählen nur solche Versicherungsverträge, die einen dem Versicherungsschutz der gesetzlichen Krankenversicherung vergleichbaren Schutz gewähren.[507] Dazu gehören Ver- 320

---

[497] Richtlinie 92/49/EWG des Rates vom 18. Juni 1992 zur Koordinierung der Rechts- und Verwaltungsvorschriften für die Direktversicherung (mit Ausnahme der Lebensversicherung) sowie zur Änderung der Richtlinien 73/239/EWG und 88/357/EWG (Dritte Richtlinie Schadenversicherung).
[498] Vgl. auch BT-Drucks. 12/6959 S. 108.
[499] BGBl. 1994 I, S. 1630.
[500] BT-Drucks. 12/6959 S. 108. Zu Recht kritisch im Hinblick auf die Diskrepanz zwischen Ermächtigungsnorm und deutscher Umsetzung BK/*Roth*, EuropVersR Rn. 142.
[501] P/M/*Armbrüster*, Anh. Rom I-VO Rn. 49.
[502] BK/*Dörner*, Art. 13 EGVVG Rn. 3.
[503] Vgl. auch BK/*Dörner*, Art. 13 EGVVG Rn. 7.
[504] BGBl. 2007 I, S. 2631.
[505] BK/*Dörner*, Art. 13 EGVVG Rn. 4.
[506] BK/*Dörner*, Art. 13 EGVVG Rn. 4; MünchKommBGB/*Martiny* (4. Aufl.), Art. 37 Rn. 158 f.
[507] BT-Drucks. 12/6959 S. 60; BK/*Hohlfeld*, Vorbem. §§ 178a–180 VVG Rn. 2; *Renger* VersR 1993, 678, 679.

sicherungen für ambulante, stationäre und zahnärztliche Heilbehandlung sowie Krankentagegeldversicherungen, soweit damit der durch Arbeitsunfähigkeit entstehende Verdienstausfall abgedeckt werden soll.[508] Ebenfalls zu den substitutiven Krankenversicherungen wird die **private Pflegeversicherung** gerechnet, soweit sie eine Pflichtversicherung ersetzt.[509] Die Einbeziehung der Pflegeversicherung ergab sich bereits vor Inkrafttreten des SGB XI aus einer Erklärung für das Ratsprotokoll zu Art. 54 Dritte SchadenRL, wonach die Pflegeversicherung unter den Zweig der Krankenversicherung des Teils A des Anhangs Erste SchadenRL fällt.[510] An dieser Einordnung hat sich auch durch das Inkrafttreten des SGB XI nichts geändert.

321 Wie sich aus dem Wort »**teilweise**« in Abs. 1 ergibt, sind auch solche Versicherungsverträge einbezogen, die nur einen bestimmten Prozentsatz der Krankheitskosten abdecken, z.B. **Restkosten- oder Prozenttarife**, die für die Angehörigen des öffentlichen Dienstes abgeschlossen werden und dadurch die Differenz der nicht durch Beihilfen gedeckten Krankheitskosten abdecken.[511]

322 Nicht zu den substitutiven Krankenversicherungen gehören dagegen (Zusatz-)Versicherungen für Risiken, die nicht von der gesetzlichen Krankenversicherung erfasst werden. Ausgeschlossen sind damit beispielsweise **Versicherungen für Wahlleistungen** im Krankenhaus, Krankenhaustagegeld-, Zahnzusatz- und Pflegezusatzversicherungen, Versicherungen für die Inanspruchnahme von Heilpraktikern oder auch Auslandsreise-Krankenversicherungen.[512] Für diese Versicherungen bleibt es bei der Anwendung der allgemeinen Regeln.

323 Art. 13 EGVVG a.F. setzt weiter voraus, dass die versicherte Person, die nicht notwendigerweise mit dem VN identisch sein muss (vgl. § 193 I VVG), ihren gewöhnlichen Aufenthalt in Deutschland hat.[513] Die Bestimmung des gewöhnlichen Aufenthalts erfolgt nach den allgemeinen Grundsätzen. Sind versicherte Person und VN nicht identisch, so ist darüber hinaus erforderlich, dass der VN seinen gewöhnlichen Aufenthalt oder seine Hauptverwaltung wenigstens in einem Mitgliedstaat des EWR hat. Der Sitz des Versicherers ist für die Anwendung von Art. 13 EGVVG a.F. dagegen ohne Belang.[514]

324 Liegen die Voraussetzungen vor, unterwirft Abs. 1 den Krankenversicherungsvertrag zwingend dem deutschen Recht. Der Versicherungsvertrag wird daher nach dem VVG, insbesondere nach §§ 192 ff. VVG beurteilt.

3. Gruppenkrankenversicherung (Abs. 2)

325 Art. 13 II EGVVG a.F. enthält eine ergänzende Regelung für die Behandlung von sog. Gruppenkrankenversicherungen. Bezüglich einzelner durch einen solchen Vertrag versicherter Personen, die ihren gewöhnlichen Aufenthaltsort in Deutschland haben, wird der Vertrag nach Abs. 2 allein deutschem Recht unterworfen. Eine etwa getroffene Rechtswahl hat keine Wirkung.[515] Konsequenz ist eine mögliche **Vertragsspaltung**, da der Versicherungsvertrag im Hinblick auf die Versicherten mit gewöhnlichem Aufenthalt im Ausland nach den allgemeinen Regeln der Art. 8 ff. angeknüpft wird.[516]

VIII. Art. 14 EGVVG a.F. – Prozessstandschaft bei Versicherermehrzahl

Ist ein Versicherungsvertrag mit den bei Lloyd's vereinigten Einzelversicherern nicht über eine Niederlassung im Geltungsbereich dieses Gesetzes abgeschlossen worden und ist ein inländischer Gerichtsstand gegeben, so können Ansprüche daraus gegen den bevollmächtigten Unterzeichner des im Versicherungsschein an erster Stelle aufgeführten Syndikats oder einen von diesem benannten Versicherer geltend gemacht werden; ein darüber erzielter Titel wirkt für und gegen alle an dem Versicherungsvertrag beteiligten Versicherer.

326 Art. 14 EGVVG a.F. enthält international verfahrensrechtliche Regelungen zur Prozessstandschaft bei Versicherermehrheit, die von der Rom I-VO nicht betroffen sind. Die Vorschrift ist nach Aufhebung des zweiten Kapitels des EGVVG durch das Rom I-IPRAnpG in einen neuen § 216 VVG überführt worden. Zu den Erläuterungen siehe dort.

IX. Art. 15 EGVVG a.F. – Verweisung auf das EGBGB

Die Vorschriften der Artikel 27 bis 36 des Einführungsgesetzes zum Bürgerlichen Gesetzbuch sind im Übrigen entsprechend anzuwenden.

---

508 BT-Drucks. 12/6959 S. 60; BK/*Dörner*, Art. 13 EGVVG Rn. 7.
509 BK/*Hohlfeld*, § 178b VVG Rn. 18 ff.
510 BT-Drucks. 12/6959 S. 60.
511 *Fahr* VersR 1992, 1033, 1041; *Kramer*, S. 265 f.
512 BT-Drucks. 12/6959 S. 60; BK/*Dörner*, Art. 13 EGVVG Rn. 7.
513 Siehe auch *Kramer*, S. 264.
514 BK/*Dörner*, Art. 13 EGVVG Rn. 10.
515 MünchKommBGB/*Martiny* (4. Aufl.), Art. 37 Rn. 159.
516 *Kramer*, S. 266 f.; BK/*Dörner*, Art. 13 EGVVG Rn. 11.

1. Normzweck/Überblick

Art. 15 EGVVG a.F. erklärt die Vorschriften des deutschen Internationalen Schuldrechts (Art. 27–36 EGBGB a.F.) auch für Versicherungsverträge anwendbar, soweit das EGVVG keine bzw. keine vorrangige Regelung enthält (»im Übrigen«). Die in Bezug genommenen Vorschriften des EGBGB sind zwar – wie die EGVVG-Vorschriften selbst – durch das Rom I-IPRAnpG aufgehoben worden. Auch diese bleiben aber auf Verträge anwendbar, die vor dem 17.12.2009 geschlossen wurden (vgl. Rdn. 3). 327

Die Vorschrift verfolgt mehrere Zwecke: Zunächst setzt sie Art. 7 III Zweite SchadenRL sowie Art. 32 V LebenRL in deutsches Recht um, wonach die Mitgliedstaaten ihre allgemeinen Bestimmungen des Internationalen Privatrechts in Bezug auf vertragliche Schuldverhältnisse ergänzend zu den Richtlinienbestimmungen anwenden. Daneben ersetzt die Verweisung auf die bereits zuvor existierenden Vorschriften des EGBGB a.F. die ansonsten notwendige Umsetzung verschiedener Richtlinienvorschriften. Dies sind: Art. 7 I lit. h) Satz 1 (Modalitäten der Rechtswahl, Art. 27 I 2 EGBGB a.F.) und Art. 7 I lit. g) (Inlandsfälle, Art. 27 III EGBGB a.F.) Zweite SchadenRL, Art. 7 II Zweite SchadenRL bzw. Art. 32 IV 2 LebenRL (zwingende Bestimmungen, Art. 34 EGBGB a.F.) sowie Art. 7 I lit. i) Satz 1 Zweite SchadenRL und Art. 32 III 1 LebenRL (Mehrrechtsstaaten, Art. 35 II EGBGB a.F.). 328

Die Notwendigkeit der Bestimmung ergibt sich daraus, dass die Art. 27 ff. EGBGB a.F. aufgrund der in Art. 37 Nr. 4 EGBGB a.F. angeordneten Sperre ohne Verweisung nicht, auch nicht ergänzend, herangezogen werden könnten.[517] Dagegen gelten alle übrigen Bestimmungen des IPR auch ohne Verweisung unmittelbar.[518] 329

2. Entsprechende Anwendung einzelner Vorschriften des Internationalen Schuldrechts

a) Rechtswahl (Art. 27 EGBGB a.F.)

Art. 15 EGVVG a.F. erklärt Art. 27 EGBGB a.F. für entsprechend anwendbar. Der dort verankerte Grundsatz der freien Rechtswahl kann für Versicherungsverträge allerdings nicht gelten. Die Regelungen des EGVVG schränken die Parteiautonomie insoweit ein. Anwendbar sind jedoch die in Art. 27 I, II EGBGB a.F. festgelegten allgemeinen Grundsätze zur Vornahme und den Modalitäten der Rechtswahl wie der stillschweigenden Rechtswahl, der Teilrechtswahl und der nachträglichen Rechtswahl; vgl. insoweit die Ausführungen zu der Art. 27 EGBGB a.F. entsprechenden Neuregelung in Art. 3 Rom I-VO, Rdn. 164 ff. 330

Ebenfalls auf Versicherungsverträge anwendbar ist **Art. 27 III EGBGB a.F.** Die Vorschrift stellt sicher, dass in Fällen, in denen ein Vertrag Verbindungen zu lediglich einer Rechtsordnung aufweist, die nicht dispositiven Vorschriften dieser Rechtsordnung auch dann eingreifen, wenn die Parteien ein anderes Recht gewählt haben. Den Parteien wird damit die Ausschaltung zwingenden Rechts durch eine Rechtswahl unmöglich gemacht. Im Rahmen des Versicherungsrechts sind damit bei **reinen Inlandsfällen** insbesondere die zwingenden und halbzwingenden Vorschriften des VVG immer zu berücksichtigen.[519] 331

b) Objektive Anknüpfung (Art. 28 EGBGB a.F.)

Art. 15 EGVVG a.F. erklärt Art. 28 EGBGB a.F. im Rahmen von Versicherungsverträgen zwar für entsprechend anwendbar, jedoch ist die Bedeutung dieser Verweisung beschränkt. Mit der zwingenden objektiven Anknüpfung in Art. 8 EGVVG a.F. für Konvergenzfälle und der objektiven Anknüpfung gemäß Art. 11 EGVVG a.F. im Falle des Fehlens einer Rechtswahl enthält das EGVVG bereits zwei Regelungen der objektiven Anknüpfung, hinter die Art. 28 I EGBGB a.F. zurücktreten muss. Mit Art. 11 II EGVVG a.F. existiert zudem eine eigene Vermutungsregelung für die Feststellung der engsten Verbindung, so dass auch Art. 28 II–IV EGBGB a.F. keine Anwendung finden können.[520] Möglich bleibt allerdings der Rückgriff auf die **Ausweichklausel** in Art. 28 V EGBGB a.F. zur Bestimmung einer engeren Verbindung in Abweichung von der Regelvermutung des Art. 11 II EGVVG a.F.[521] 332

c) Verbraucherverträge (Art. 29, 29a EGBGB a.F.)

Ob und inwieweit die Verweisung in Art. 15 EGVVG a.F. auch zur Anwendbarkeit von Art. 29 EGBGB a.F. auf Versicherungsverträge führt, ist umstritten. Teilweise wird eine Anwendung von Art. 29 EGBGB a.F. im Rahmen des EGVVG für unzulässig gehalten, da Art. 29 EGBGB a.F. als Korrelat der Rechtswahlfreiheit Ausdruck einer vom EGVVG grundsätzlich verschiedenen Schutzkonzeption sei.[522] Auf der anderen Seite wird die Anwendung der Vorschrift aus Gründen des Verbraucherschutzes für notwendig erachtet.[523] Vorzugswür- 333

---

517 BT-Drucks. 11/6341 S. 40.
518 BT-Drucks. 11/6341 S. 40; Soergel/*von Hoffmann*, Art. 37 EGBGB a.F. Rn. 132.
519 *Kramer*, S. 271 f.
520 *Gruber*, IVVR, S. 181 ff.
521 MünchKommBGB/*Martiny* (4. Aufl.), Art. 37 EGBGB Rn. 172.
522 Staudinger/*Armbrüster* (2011), Anh zu Art. 7 Rom I-VO Rn. 59; P/M/*Armbrüster*, Anh. Rom I-VO Rn. 57; *Gruber*, IVVR, S. 157 ff.
523 *Uebel*, S. 173; *Imbusch* VersR 1993, 1059, 1064 f.; *Hahn*, S. 78, 89.

dig erscheint eine differenzierte Betrachtung:[524] Auf jeden Fall ausscheiden muss eine Anwendung von Art. 29 II EGBGB a.F., der eine objektive Anknüpfung sämtlicher Verbraucherverträge im Fall des Fehlens einer Rechtswahl vorsieht. Insoweit stellt Art. 11 EGVVG a.F. bereits eine Regelung bereit, die durch eine Anwendung von Art. 29 II EGBGB a.F. nahezu gegenstandslos würde.

334 Anwendbar ist dagegen Art. 29 I EGBGB a.F., der im Falle einer Rechtswahl sicherstellen soll, dass dem Verbraucher die ihn schützenden zwingenden Bestimmungen seines Umweltrechts erhalten bleiben. Hier sind keine vorrangigen Vorschriften innerhalb des EGVVG zu erkennen, die einen vergleichbaren Schutz bieten und die Anwendung von Art. 29 I EGBGB a.F. sperren könnten.[525]

335 Aus denselben Gründen anzuwenden ist auch Art. 29a EGBGB a.F., der bei Wahl drittstaatlichen Rechts durch die Parteien dennoch die Durchsetzung der europäischen Verbraucherschutzlinien auf den Vertrag anstrebt, wenn dieser in einem engen Zusammenhang mit dem Gebiet eines Mitgliedstaates steht.[526]

d) Arbeitsverträge (Art. 30 EGBGB a.F.)

336 Im Hinblick auf Art. 30 EGBGB a.F. geht die Verweisung des Art. 15 EGVVG a.F. ins Leere.[527] Es sind praktisch keine Fälle denkbar, in denen die Arbeitsverträge betreffende Kollisionsnorm ergänzend auf Versicherungsverträge anzuwenden sein könnte. Soweit innerhalb eines Arbeitsverhältnisses Probleme in Bezug auf ein Versicherungsverhältnis auftauchen (z.B. Bezugsberechtigung des Arbeitnehmers aus einem zwischen Versicherer und Arbeitgeber als VN geschlossenen Versicherungsvertrag) sind diese als arbeitsvertraglich zu qualifizieren und dementsprechend unmittelbar nach Art. 30 EGBGB a.F. anzuknüpfen. Dafür bedarf es keines Rückgriffs auf Art. 15 EGVVG a.F.

e) Einigung und materielle Wirksamkeit; Geltungsbereich (Art. 31, 32 EGBGB a.F.)

337 Ebenfalls von der Verweisung in Art. 15 EGVVG a.F. erfasst werden Art. 31 und 32 EGBGB a.F. Beide Vorschriften präzisieren den Umfang des Versicherungsvertragsstatuts und stellen sicher, dass der gesamte Vertrag, begonnen mit dem Vertragsschluss über die Durchführung bis zur Beendigung des Vertrages grundsätzlich einem einheitlichen Statut untersteht ist. Ausnahmen bzw. Einschränkungen gelten insoweit allerdings für die Form (Art. 11 EGBGB), für die Geschäftsfähigkeit (Art. 7, 12 EGBGB) und für die Fälle des Art. 31 II EGBGB a.F.

f) Übertragung der Forderung, gesetzlicher Forderungsübergang (Art. 33 EGBGB a.F.)

338 Da die Regelungen des EGVVG keine gesonderten Vorschriften über die Anknüpfung einer Forderungsübertragung bzw. eines gesetzlichen Forderungsübergangs enthalten, ist über Art. 15 EGVVG a.F. die allgemeine Regelung aus Art. 33 EGBGB a.F. entsprechend anwendbar. Danach entscheidet das Forderungsstatut, d.h. hier das auf den Versicherungsvertrag anzuwendende Recht, über die Übertragbarkeit der Forderung, über das Verhältnis zwischen neuem Gläubiger und Schuldner, über die Voraussetzungen, unter denen die Übertragung dem Schuldner entgegengehalten werden kann und über die befreiende Wirkung einer Leistung durch den Schuldner, **Art. 33 II EGBGB a.F.** Dagegen ist für die Verpflichtungen zwischen dem alten und dem neuen Gläubiger das Recht des zugrunde liegenden Schuldvertrags maßgeblich, **Art. 33 I EGBGB a.F.** Dieses richtet sich unabhängig vom Versicherungsvertrag nach Art. 27 ff. EGBGB a.F.

339 Die Frage des Übergangs von Ersatzansprüchen (vgl. im deutschen Recht § 86 VVG) richtet sich gemäß **Art. 33 III EGBGB a.F.** nach dem Versicherungsvertragsstatut.[528] Dagegen beurteilen sich Bestehen und Inhalt der Forderung sowie Fragen des Schuldnerschutzes nach dem Recht, das auf die Beziehungen zwischen Gläubiger (VN) und Schuldner (Schädiger) anwendbar ist (z.B. Deliktsstatut).[529] Im Verhältnis zwischen den beteiligten Versicherern bei der Mehrfachversicherung ist die **Sonderregel des § 78 II VVG** zu beachten (vgl. die Kommentierung dort).

g) International zwingende Normen (Art. 34 EGBGB a.F.)

340 Die Durchsetzung international zwingender Normen des deutschen Rechts auf Versicherungsverträge ist gemäß Art. 15 EGVVG a.F. i.V.m. Art. 34 EGBGB a.F. grundsätzlich möglich.[530] Hier gelten grundsätzlich dieselben Erwägungen wie im Zusammenhang der Neuregelung der Problematik in Art. 9 Rom I-VO, vgl. daher zunächst dort, Rdn. 207 ff. Zu beachten ist allerdings die abweichende Ausgangsposition im Hinblick auf **ausländische Eingriffsnormen**. Die Zweite SchadenRL und die LebenRL lassen eine Berücksichtigung von aus-

---

524 *Kramer*, S. 281 ff.
525 *Kramer*, S. 284, der allerdings eine Ausnahme für Großrisiken macht.
526 Str., wie hier *Mankowski* BB 1999, 1229; *A. Staudinger* VersR 1999, 413 zu Art. 12 AGBG; a.A. Staudinger/*Armbrüster* (2011), Anh zu Art. 7 Rom I-VO Rn. 60.
527 BK/*Dörner*, Art. 15 EGVVG Rn. 4.
528 BGH NJW 1998, 3205 = VersR 1998, 1566; OLG Düsseldorf VersR 2000, 460, 462; Staudinger/*Magnus*, Art. 33 EGBGB Rn. 67.
529 *Looschelders*, IPR, Art. 33 EGBGB Rn. 18.
530 *Hahn*, S. 90.

ländischen Eingriffsnormen ausdrücklich zu, soweit das Recht eines Mitgliedstaates dies vorsieht. Deutschland hat jedoch bzgl. einer entsprechenden Regelung zu ausländischen Eingriffsnormen in Art. 7 I EVÜ einen Vorbehalt erklärt und von einer Übernahme der Vorschrift aus Gründen der Rechtssicherheit abgesehen.[531] Damit war jedoch keine vollständige Ablehnung der Berücksichtigung von ausländischen Eingriffsnormen verbunden, so dass diese im Rahmen von Versicherungsverträgen grundsätzlich Berücksichtigung finden können.[532] Auch hier ist jedoch eine restriktive Handhabung angezeigt. Die Rechtsprechung hat verschiedentlich ausländische Eingriffsnormen auf materiell-rechtlicher Ebene berücksichtigt.[533] Soweit das Vorliegen einer Eingriffsnorm verneint wird, kommt zur Korrektur unerträglicher Ergebnisse die Anwendung des ordre public, Art. 6 EGBGB in Betracht.[534]

h) Rück- und Weiterverweisung, Rechtsspaltung (Art. 35 EGBGB a.F.)

Zu den über Art. 15 EGVVG a.F. anwendbaren Vorschriften gehört auch Art. 35 EGBGB a.F. **Art. 35 I EGBGB a.F.** stellt klar, dass es sich bei den Verweisungen des EGVVG um Sachnormverweisungen handelt; Rück- und Weiterverweisung sind damit ausgeschlossen. Davon ausgenommen ist allerdings die »unechte Verweisung« in Art. 10 III EGBGB a.F. (näher Rdn. 290). Gemäß **Art. 35 II EGBGB a.F.** ist bei der Verweisung auf einen Mehrrechtsstaat nicht dessen interlokales Privatrecht heranzuziehen; vielmehr beziehen sich die Verweisungen des EGVVG unmittelbar auf die jeweilige Teilrechtsordnung.

341

i) Einheitliche Auslegung (Art. 36 EGBGB a.F.)

Die ebenfalls von der Verweisung des Art. 15 EGVVG a.F. erfasste Regelung des Art. 36 EGBGB a.F. soll eine einheitliche Auslegung und Anwendung der auf dem EVÜ beruhenden Vorschriften des Internationalen Schuldrechts (mit Ausnahme von Art. 29a EGBGB a.F.) gewährleisten. Neben der im Hinblick auf die in den Art. 27 ff. enthaltenen Richtlinienumsetzungen (siehe oben Rdn. 328) ohnehin notwendigen richtlinien- und unionsrechtskonformen Auslegung ist also auch bezüglich der anderen Regelungen der staatsvertragliche Hintergrund und – daraus folgend – die Auslegungs- und Rechtsanwendungspraxis in anderen Mitgliedstaaten in besonderer Weise zu berücksichtigen.

342

3. Anwendbarkeit nichtvertragsrechtlicher Bestimmungen des EGBGB

Art. 37 Satz 1 Nr. 4 EGBGB a.F. sperrt lediglich die Vorschriften des Unterabschnittes »Vertragliche Schuldverhältnisse« (Art. 27 ff. EGBGB a.F.) für die direkte Anwendung auf Versicherungsverträge. Alle anderen Vorschriften des IPR, insbesondere die des ersten und zweiten Abschnitts, Art. 3–12 EGBGB (mit Ausnahme von Art. 5 I EGBGB, vgl. o. Rdn. 272 f.), sowie die allgemeinen Lehren des deutschen IPR sind unmittelbar anwendbar und bedürfen somit keiner Verweisung nach Art. 15 EGVVG a.F. Im Rahmen von Versicherungsverträgen sind somit insbesondere die Vorschriften über die Rechts- und Geschäftsfähigkeit (Art. 7 EGBGB) einschließlich des diesbezüglichen Schutzes des anderen Vertragsteils (Art. 12 EGBGB), die Form (Art. 11 EGBGB) sowie der ordre public (Art. 6 EGBGB) zu berücksichtigen.

343

C. Internationales Versicherungsvertragsrecht der Art. 27 ff. EGBGB a.F.

I. Allgemeines/Überblick

Aus dem Zusammenspiel zwischen Art. 7 EGVVG a.F., 37 Satz 1 Nr. 4 EGBGB a.F. ergibt sich, dass das auf **Rückversicherungsverträge** sowie **Versicherungsverträge über außerhalb des EWR belegene Risiken** anzuwendende Recht nicht nach den Kollisionsregeln der Art. 7 ff. EGVVG a.F., sondern nach Maßgabe der Vorschriften des Internationalen Schuldrechts, Art. 27 ff. EGBGB a.F., zu ermitteln ist. Die Abgrenzung zwischen beiden Normenkomplexen erfolgt auf Grundlage der **Risikobelegenheit**. Heranzuziehen ist hier gemäß Art. 37 Satz 1 Nr. 4 Satz 2 EGBGB a.F. die *lex fori*. Ein deutsches Gericht hat daher die Risikobelegenheit nach Maßgabe von Art. 7 II EGVVG a.F. festzustellen (näher Rdn. 236). Dabei spielt es keine Rolle, dass die Vorschrift ihrem Wortlaut nach die Feststellung auf einen »Mitgliedstaat« begrenzt: Ihre Abgrenzungsfunktion erfüllt sie auch dadurch, dass sie die Risikobelegenheit außerhalb des EWR feststellt und damit über Art. 37 Satz 1 Nr. 4 Satz 2 EGBGB a.F. den Anwendungsbereich der Art. 27 ff. EGBGB a.F. eröffnet.[535] – Zur zeitlichen Anwendbarkeit der Art. 27 ff. EGBGB a.F. vgl. Rdn. 3.

344

---

531 MünchKommBGB/*Martiny* (4. Aufl.), Art. 34 EGBGB Rn. 46.
532 MünchKommBGB/*Martiny* (4. Aufl.), Art. 37 EGBGB Rn. 180; BK/*Dörner*, Art. 15 EGVVG Rn. 41.
533 BGH NJW 1962, 1436; BGH NJW 1972, 1575 = VersR 1972, 849.
534 Staudinger/*Armbrüster* (2011), Anh zu Art. 7 Rom I-VO Rn. 61.
535 Soergel/*von Hoffmann*, Art. 37 EGBGB Rn. 138; MünchKommBGB/*Martiny* (4. Aufl.), Art. 37 EGBGB Rn. 186; Jayme/*Kohler* IPRax 1991, 362 f. *Windmöller*, S. 171; für analoge Anwendung *Mankowski*, Seerechtliche Vertragsverhältnisse, S. 534.

II. Rechtswahl, Art. 27 EGBGB a.F.

345 Für Rückversicherungsverträge und Versicherungsverträge mit Risikobelegenheit außerhalb des EWR gilt gemäß Art. 27 EGBGB a.F. der **Grundsatz der freien Rechtswahl**, der Einschränkungen nur in reinen Inlandsfällen (näher Art. 15 EGVVG a.F. Rdn. 331) sowie im Rahmen des Verbraucherschutzes nach Art. 29, 29a EGBGB a.F. (siehe unten Rdn. 350) erfährt. Der Vorschrift entspricht die Neuregelung in Art. 3 Rom I-VO. Zu den Modalitäten der Rechtswahl vgl. daher dort Rdn. 164 ff.

III. Objektive Anknüpfung, Art. 28 EGBGB a.F.

346 Haben die Parteien des Versicherungsvertrages keine Rechtswahl getroffen und ist auch die vorrangige Sonderanknüpfung nach Art. 29 II EGBGB a.F. nicht einschlägig, erfolgt eine objektive Anknüpfung gemäß Art. 28 EGBGB a.F. nach dem **Grundsatz der engsten Verbindung**. Die Vermutungsregel des Art. 28 II EGBGB a.F. verweist insoweit auf das Recht des Staates der Partei, welche die **vertragscharakteristische Leistung** zu erbringen hat. Die Bestimmung der charakteristischen Leistung eines Versicherungsvertrages bereitet jedoch Schwierigkeiten. Teilweise wird vertreten, dass die Hauptleistung beider Vertragsparteien in einer Geldzahlung läge (**Geldleistungstheorie**).[536] Daher fehle es an der Bestimmbarkeit einer charakteristischen Leistung mit der Folge, dass das anwendbare Recht nach dem im Einzelfall zu beurteilenden Vertragsschwerpunkt zu ermitteln sei, Art. 28 II 3 EGBGB a.F.[537]

347 Dieser Auffassung ist jedoch entgegenzuhalten, dass die Leistung des Versicherers mehr umfasst als die bloße Auszahlung der Versicherungssumme. Nach richtiger Auffassung ist die vom Versicherer erbrachte Hauptleistung in der Risikotragung sowie in der Organisation zur Absicherung des Risikos zu sehen (**Gefahrtragungstheorie**).[538] Die charakteristische Leistung wird daher vom Versicherer erbracht, so dass gemäß Art. 28 II 2 EGBGB a.F. grundsätzlich das Recht am Ort der Hauptniederlassung bzw. derjenigen Niederlassung maßgeblich ist, von der aus die Leistung zu erbringen ist.

348 Teilweise wird versucht, dieses Ergebnis zugunsten der Anwendung des Rechts am Ort der Risikobelegenheit zu korrigieren. Damit soll eine – grundsätzlich wünschenswerte – einheitliche Behandlung innerhalb und außerhalb des EWR belegener Risiken erreicht werden. Allerdings vermögen die insoweit vorgeschlagenen Lösungsversuche nicht zu überzeugen. So begegnet die Anwendung der Ausweichklausel des Art. 28 V EGBGB a.F.[539] zur Aushebelung der Vermutung des Abs. 2 systematischen Bedenken, da es an der vorausgesetzten Verfehlung des Vertragsschwerpunktes fehlt und zudem das Regel-Ausnahme-Verhältnis zwischen Vermutung und Ausweichklausel für den Bereich der Versicherungsverträge ins Gegenteil verkehrt wird.[540] Als mit der Systematik des Art. 28 EGBGB a.F. unvereinbar erscheint auch der Versuch, über eine Gleichsetzung von »Grundstücksbelegenheit« und »Risikobelegenheit« die Vermutung des Art. 28 III EGBGB a.F. auf Versicherungsverträge anzuwenden und dadurch eine engste Verbindung zum Recht des Ortes der Risikobelegenheit zu konstruieren.[541] Hier fehlt es für eine Analogie nicht nur an einer Regelungslücke sondern auch an der Vergleichbarkeit der Sachverhalte und rechtlichen Wertungen.[542]

349 Bei **Rückversicherungsverträgen** wird die charakteristische Leistung durch den Rückversicherer erbracht, so dass nach der Vermutung des Art. 28 II EGBGB a.F. das Recht an Ort dessen Niederlassung anzuwenden wäre. Die Vermutung des Abs. 2 wird jedoch im Rahmen der Rückversicherung regelmäßig durch Abs. 5 zugunsten des Rechts am Niederlassungsort des Erstversicherers verdrängt.[543] Der Grund dafür ist vor allem in der durch den Erstversicherer begründeten Gefahrengemeinschaft zu sehen; zudem löst erst der Erstversicherungsfall den Eintritt der Rückversicherung aus, so dass hier der Gedanke der Risikobelegenheit zur Begründung einer engeren Verbindung herangezogen werden kann.[544] Der Vorteil der Berufung des Rechts des Erstversicherers liegt vor allem darin, dass bei Beteiligung mehrerer Rückversicherer aus verschiedenen Ländern ein einheitliches Rückversicherungsstatut gewährleistet ist; eine anderenfalls auf Grundlage von Abs. 2 notwendige Vertragsspaltung kann so vermieden werden.[545]

---

536 *Fricke* VersR 1994, 773, 777 f.; Staudinger/*Armbrüster* (2011), Anh zu Art. 7 Rom I-VO Rn. 69.
537 Staudinger/*Armbrüster* (2011), Anh zu Art. 7 Rom I-VO Rn. 69 f.
538 OLG Bremen VersR 1996, 868; OLG Karlsruhe WM 1993, 893, 894; MünchKommBGB/*Martiny* (4. Aufl.), Art. 37 EGVVG Rn. 191; Staudinger/*Magnus*, Art. 28 EGBGB Rn. 485; BK/*Dörner*, Anh. Art. 7–15 EGVVG Rn. 18; i.E. auch *Gruber*, IVVR, S. 252.
539 *Basedow/Drasch* NJW 1991, 785, 789.
540 *Gruber*, IVVR, S. 259 f.; *Stehl*, S. 72 f.; allgemein dazu Erman/*Hohloch*, Art. 28 EGBGB Rn. 17.
541 Soergel/*von Hoffmann*, Art. 37 EGBGB Rn. 143 ff.
542 Ausführlich *Gruber*, IVVR, S. 256 ff.
543 *E. Lorenz*, in: FS Kegel, 1987, S. 303, 327; MünchKommBGB/*Martiny* (4. Aufl.), Art. 37 EGBGB Rn. 195; Staudinger/*Armbrüster* (2011), Anh zu Art. 7 Rom I-VO Rn. 71; *Looschelders*, IPR, Art. 28 EGBGB Rn. 52; krit. *Mankowski* VersR 2002, 1177, 1182 ff.
544 Vgl. *Fricke* VersR 2008, 443, 446 zur parallelen Problematik in der Rom-I-VO.
545 MünchKommBGB/*Martiny* (4. Aufl.), Art. 37 EGBGB Rn. 195; *Looschelders*, IPR, Art. 28 EGBGB Rn. 52.

IV. Verbraucherverträge, Art. 29, 29a EGBGB a.F.

Versicherungsverträge mit Belegenheit außerhalb der EU bzw. des EWR, die nicht der beruflichen oder gewerblichen Tätigkeit des VN zuzuordnen sind, unterfallen als **Verbraucherverträge** der Regelung des **Art. 29 EGBGB a.F.** Soweit der »situative Anwendungsbereich« eröffnet ist, d.h. eine der in Art. 29 I EGBGB a.F. aufgeführten Vertragsschlusssituationen vorliegt, wird dem VN trotz einer etwa abweichenden Rechtswahl der Schutz der zwingenden Bestimmungen des Rechts des Staates seines gewöhnlichen Aufenthalts garantiert. Liegt keine Rechtswahl vor, so führt Art. 29 II EGBGB a.F. zur objektiven Anknüpfung an den gewöhnlichen Aufenthalt des Verbraucher-Versicherungsnehmers. Auf die engste Verbindung kommt es somit nicht an; die Regelung des Art. 28 EGBGB a.F. wird von Art. 29 II EGBGB a.F. vollständig verdrängt.[546]

350

Haben die Parteien den Versicherungsvertrag durch eine Rechtswahl dem Recht eines Staates außerhalb des EWR unterstellt, weist der Vertrag jedoch einen engen Zusammenhang zu einem EWR-Staat auf, so sind gemäß **Art. 29a EGBGB a.F.** die Vorschriften dieses Staates zur Umsetzung der in Art. 29a IV EGBGB a.F. aufgeführten **Verbraucherschutzrichtlinien** dennoch anzuwenden. Dies betrifft im Hinblick auf Versicherungsverträge insbesondere die Vorschriften zur Umsetzung der Klausel-[547] und der Finanzdienstleistungsrichtlinie[548].

351

V. International zwingende Normen, Art. 34 EGBGB a.F.

Auch im Rahmen von Versicherungsverträgen sind die international zwingenden Normen des deutschen Rechts zu beachten, Art. 34 EGBGB a.F. Gleiches gilt mit Einschränkungen auch für ausländische Eingriffsnormen. Inhaltlich ergeben sich jedoch keine wesentlichen Unterschiede zu Versicherungsverträgen über innerhalb des EWR belegene Risiken, so dass auf die diesbezüglichen Ausführungen verwiesen werden kann (vgl. Rdn. 340).

352

In Ergänzung dazu sind im Wege der Sonderanknüpfung die im EGVVG enthaltenen Vorschriften über die **Pflichtversicherung** (Art. 12 EGVVG a.F.) und die substituierende Krankenversicherung (Art. 13 EGVVG a.F.) jeweils in analoger Anwendung durchzusetzen.[549]

353

VI. Anwendung weiterer Vorschriften

Im Hinblick auf die weiteren Vorschriften des Internationalen Schuldvertragsrechts ergeben sich keine Besonderheiten für Versicherungsverträge. Sowohl für Art. 31, 32 (Umfang des Versicherungsvertragsstatuts), Art. 33 (Forderungsübergang), Art. 35 (Rück- und Weiterverweisung/Rechtsspaltung) und Art. 36 (Einheitliche Auslegung) kann daher auf die Ausführungen im Zusammenhang mit Art. 15 EGVVG a.F. verwiesen werden (vgl. Rdn. 337 ff.). Gleiches gilt für die Anwendbarkeit der nichtvertragsrechtlichen Bestimmungen des EGBGB, vgl. Rdn. 343.

354

---

546 *Looschelders*, IPR, Art. 29 EGBGB Rn. 66.
547 Richtlinie 93/13/EWG des Rates vom 5. April 1993 über missbräuchliche Klauseln in Verbraucherverträgen (ABl. EG Nr. L 95 S. 29).
548 Richtlinie 2002/65/EG des Europäischen Parlaments und des Rates vom 23. September 2002 über den Fernabsatz von Finanzdienstleistungen an Verbraucher und zur Änderung der Richtlinie 90/619/EWG des Rates und der Richtlinien 97/7/EG und 98/27/EG (ABl. EG Nr. L 271 S. 16).
549 Ausführlich dazu BK/*Dörner*, Anh. Art. 7–15 EGVVG Rn. 26, 27.

Verordnung über Informationspflichten bei Versicherungsverträgen (VVG-Informationspflichtenverordnung – VVG-InfoV)

Vom 18. Dezember 2007 BGBl. I S. 3004, zuletzt geändert durch Gesetz vom 1. April 2015 (BGBl I S. 434)

Vorbemerkung zu §§ 1 ff. VVG-InfoV

Übersicht

	Rdn.		Rdn.
A. Einleitung	1	C. Verhältnis zu den §§ 312 ff. BGB	7
B. Überblick über die Informationspflichten nach der VVG-InfoV	6	D. Besondere Informationspflichten nach § 5 VIII i.V.m. § 8 II PflVG	10

Schrifttum:
Boslak, Die Pflichten des Versicherungsvermittlers im Internet- und Telefonvertrieb, VW 2008, 636; *Bürkle,* Nationalstaatliche Produktregulierung im europäischen Binnenmarkt für Lebensversicherungen, VersR 2006, 1042; *Baroch Castellvi,* Der Kostenausweis in der kapitalbildenden Lebensversicherung nach der VVG-InfoV – Versuch einer ersten Annäherung, r+s 2009, 1; *Brömmelmeyer,* Vorvertragliche Informationspflichten des Versicherers – insbesondere in der Lebensversicherung, VersR 2009, 584; *Engeländer,* Überschussbeteiligung nach dem Regierungsentwurf zum VVG, VersR 2007, 155; *Franz,* Das Versicherungsvertragsrecht im neuen Gewand, VersR 2008, 298; *Härting/Schirmbacher,* Fernvertrieb von Finanzdienstleistungen an Verbraucher – Umsetzung der Fernabsatzrichtlinie für Finanzdienstleistungen, DB 2003, 1777; *Helfrich/Weyerstall,* Vorsorge: Alles auf dem Papier – Produktinformationsblätter verfehlen das Ziel der Übersichtlichkeit, Transparenz und Einheitlichkeit, VW 2012, 804; *Hillenbrand,* Beschert die Informationspflichtenverordnung dem Versicherungsmakler Prozessvorteile?, VW 2007, 1553; *Hoffmann,* Die Entwicklung des Internet-Rechts bis Mitte 2004, NJW 2004, 2569; *Ihle,* Der Informationsschutz des VN, 2006; *Leverenz,* Vertragsschluss nach der VVG-Reform, 2008; *Littbarski,* Entwicklungstendenzen im deutschen Haftpflichtrecht (Teil 2), PHi 5/2008, 202; *Mattern,* Das Informationsmodell im VVG unter Berücksichtigung der Auswirkungen auf die AGB-Kontrolle, 2011; *Metz,* Informationen bei fondsgebundenen Lebensversicherungen – Schnittstellen zum Investmentrecht, VersR 2009, 1573; *Münster,* Verfassungsrechtliche Überprüfung der VVG-Informationspflichtenverordnung (VVG-InfoV), VersVerm 2008, 274; *Ortmann,* Kostentransparenz in der Lebensversicherung, VW 2007, 684; *ders.,* Werden Kosten von Lebensversicherungen transparent? – Ein Beitrag zur Kostentransparenz bei Lebensversicherungen unter Berücksichtigung des Renditeeffekts nach GDV und der Effektivkosten nach ITA, VuR 2008, 256; *Osing,* Informationspflichten des Versicherers und Abschluß des Versicherungsvertrages, 1995; *Präve,* Die Informationspflichten des Versicherers gemäß § 10a VAG, VW 1995, 90; *ders.,* Die VVG-Informationspflichtenverordnung, VersR 2008, 151; *Radtke,* Grundlagen der Kalkulation von Versicherungsprodukten in der Schaden- und Unfallversicherung, 2008; *Reinecke,* Hinweis-, Informations- und Beratungspflichten im Betriebsrentenrecht nach der Reform des Versicherungsvertragsrechts, RdA 2009, 13; *Römer,* Zu ausgewählten Problemen nach der VVG-Reform nach dem Referentenentwurf vom 13. März 2006 (Teil I), VersR 2006, 740; *ders.,* Zu den Informationspflichten nach dem neuen VVG, VersR 2007, 618; *Schneider,* Umsetzung der Fernabsatzrichtlinie 2002/65/EG im VVG – Anmerkungen zum Regierungsentwurf und zur VVG-Reform, VersR 2004, 696; *Schimikowski,* Die Neuregelungen zum Vertrieb von Versicherungsprodukten im Fernabsatz, ZfV 2005, 279; *Schwintowski,* Erste Erfahrungen mit Kostentransparenz und Produktinformationsblatt nach der VVG-InfoV, VuR 2008, 250; *Schwintowski/Ortmann,* Kostentransparenz in der Lebensversicherung – eine empirisch-normative Analyse, VersR 2009, 728; *dies.,* Die Kostendarstellung nach dem Lebensversicherungsreformgesetz, VersR 2014, 1401; *Sonnenberg,* Vertriebskostentransparenz bei Versicherungsprodukten, 2013; *Stockmeier,* Das Vertragsabschlussverfahren nach neuem VVG, VersR 2008, 717.

A. Einleitung

§ 7 II VVG ermächtigt das Bundesministerium der Justiz, im Einvernehmen mit dem Bundesministerium der Finanzen und im Benehmen mit dem Bundesministerium für Ernährung, Landwirtschaft und Verbraucherschutz durch Rechtsverordnung (RVO) ohne Zustimmung des Bundesrates zum **Zweck einer umfassenden Information des VN** diejenigen Informationen festzulegen, die der VR dem VN **vor Abschluss** eines Vertrages **mitteilen** muss. Die Ermächtigung wird weitgehend konkretisiert durch die Vorgaben der in § 7 II 2 VVG in Bezug genommenen EG-Richtlinien (näher zu den europarechtlichen Grundlagen s.u. im jeweiligen Zusammenhang).[1] Über die europarechtlichen Vorgaben hinausgehende Informationspflichten ergeben sich aus der gesetzlichen Ermächtigung selbst sowie dem übrigen VVG, so v.a. die Information zur Berechnung von Rückkaufswerten bei der Lebensversicherung, zur Höhe der Abschluss- und Vertriebskosten (vgl. dazu ausführlich § 2 VVG-InfoV Rdn. 4 ff.) sowie zur vorgesehenen Modellrechnung.[2]

1

---

1 Begr. zur VVG-InfoV, VersR 2008, 183, 186.
2 Begr. zur VVG-InfoV, VersR 2008, 183, 186.

Vor §§ 1 ff. VVG-InfoV

2 Die Verordnung enthält Angaben über die **vor Vertragsabschluss** (§ 7 I, II VVG i.V.m. §§ 1–5) und **während der Vertragslaufzeit** (§ 7 III VVG i.V.m. § 6) zu erfüllenden Informationspflichten. Der Verordnungstext übernimmt im Wesentlichen die bereits bestehenden Regelungen aus den Anlagen zum VAG und VVG, die nunmehr in den §§ 1–3 zusammengefasst werden.[3] Die Implementierung der zuvor aufsichtsrechtlich geregelten Informationspflichten in das Versicherungsvertragsrecht begründete der Gesetzgeber der VVG-Reform damit, dass »*(d)ie Ausgestaltung als öffentlich-rechtliche Pflicht des Versicherers gegenüber der Aufsichtsbehörde [...] nicht sachgerecht (erscheint)*«[4] und »*[...] bereits die bisherige Regelung in § 5a Abs. 1 VVG [...] die vertragsrechtliche Relevanz der Regelung der Verbraucherinformation deutlich*«[5] gemacht habe. Wenngleich die der Regierungsbegründung zugrundeliegende Prämisse, das Vertragsverhältnis betreffende Pflichten seien für dieses aus privatrechtlicher Sicht irrelevant, sofern eine Aufsichtsbehörde mit der Überwachung und Durchsetzung dieser Pflichten betraut ist, nicht zuletzt vor dem Hintergrund bedenklich erscheint, dass die BaFin ohnehin auch die Einhaltung sämtlicher privatrechtlicher Vorgaben überwacht, die das Versicherungsverhältnis betreffen (§ 294 II 2, III VAG), ist die privatrechtliche Natur und damit vor allem die haftungsrechtliche (§ 280 I BGB) Bedeutung der einstmals aufsichtsrechtlich normierten Informationspflichten seit der VVG-Reform jedenfalls ohne weiteres zu bejahen.[6] Damit ist die Frage nach der **privatrechtlichen Relevanz aufsichtsrechtlicher Informationspflichten** für das Versicherungsvertragsrecht indes noch nicht vom Tisch, ergeben sich derartige Pflichten doch nach wie vor aus §§ 144, 146 VAG (vgl. zu § 146 I Nr. 6 VVG auch § 3 Rdn. 10).

3 Systematisch **knüpft** die InfoV an die früheren Vorschriften für **Fernabsatzverträge** (§ 48a VVG a.F.) **an**; die VVG-InfoV unterscheidet indes nicht zwischen unterschiedlichen Vertriebswegen;[7] eine Ausnahme bildet § 5 VVG-InfoV. Auch zwischen natürlichen oder juristischen Personen sowie Verbrauchern und Unternehmern wird grundsätzlich nicht differenziert. **Einige** Regelungen der VVG-InfoV (neben § 4, der nur für Verbraucher gilt) enthalten aber **spezifisch verbraucherschützende** Ergänzungen,[8] in deren Genuss nunmehr auch Unternehmer kommen. **Grundlegend neu** sind die Ausführungsvorschriften zu den Informationspflichten in der Lebensversicherung (§ 2 II, III)[9] sowie die Verpflichtung, ein Informationsblatt auszuhändigen, wenn ein Verbraucher am Vertragsabschluss beteiligt ist (§ 4). **Geändert** wurde die VVG-InfoV mittlerweile durch das Lebensversicherungsreformgesetz[10] sowie durch das Gesetz zur Modernisierung der Finanzaufsicht über Versicherungen.[11]

4 Die Informationspflichten sind im Gegensatz zu den Pflichten des § 6 VVG nicht auf die individuellen Bedürfnisse des einzelnen VN zugeschnitten. Vielmehr können die VR **standardisierte Informationen** bereithalten.[12] Die Regelung der Informationspflichten in einer Verordnung eröffnet die Möglichkeit, auf neuen Regelungsbedarf schnell und flexibel zu reagieren.[13] Indes ist der Spielraum des Verordnungsgebers weitgehend eingeschränkt sowohl durch europarechtliche Vorgaben als auch die in § 7 II VVG abschließend normierten Regelungsgegenstände (Art. 80 I GG).[14] Die Verordnungsermächtigung in § 7 II VVG sieht nicht die Möglichkeit vor, die Konkretisierung der Informationspflichten durch Rechtsverordnung auf die Bundesanstalt für Finanzdienstleistungsaufsicht zu übertragen.[15] Dies unterstreicht die allein privatrechtliche Natur der Informationspflichten nach § 7 VVG i.V.m. der VVG-InfoV im Gegensatz zu den jedenfalls auch aufsichtsrechtlichen (Informations-)Pflichten von Wertpapierdienstleistungsunternehmen nach dem WpHG.[16]

5 Bei den nach der InfoV zu erteilenden Informationen kann es sich um **AGB** i.S.d. §§ 305 ff. BGB handeln.[17] Entscheidend ist, ob den Informationen **Regelungsgehalt** zukommt. Das ist nicht der Fall, wenn der VR dem VN nur Tatsachen mitteilt[18], etwa seine ladungsfähige Anschrift, § 1 I Nr. 3 VVG-InfoV. Wenn und soweit

---

3 Begr. zur VVG-InfoV, VersR 2008, 183, 186.
4 Begr. RegE BT-Drucks. 16/3945 S. 121.
5 Begr. RegE BT-Drucks. 16/3945 S. 121.
6 Für eine Haftung des Versicherers nach § 280 I BGB bei Verstoß gegen die aufsichtsrechtlichen Informationspflichten des § 10a VAG a.F. bereits *Reichert-Facilides* VW 1994, 561 f.; *Dörner/Hoffmann* NJW 1996, 153, 157; a.A. *Bach*, in: FS Lorenz, 1994, S. 45, 69.
7 PK/*Gansel*, Vorbemerkungen zur VVG-InfoV, Rn. 2.
8 Begr. zur VVG-InfoV, VersR 2008, 183, 186.
9 Zur verfassungsrechtlichen Beurteilung siehe *Münster*, Verfassungsrechtliche Überprüfung der VVG-Informationspflichtenverordnung (VVG-InfoV), VersVerm 2008, 274 ff.
10 Gesetz zur Absicherung stabiler und fairer Leistungen für Lebensversicherte (Lebensversicherungsreformgesetz – LVRG) vom 1. August 2014, BGBl. I S. 1330.
11 Gesetz zur Modernisierung der Finanzaufsicht über Versicherungen vom 1. April 2015, BGBl. I, S. 434.
12 PK/*Gansel*, Vorbemerkungen zur VVG-InfoV, Rn. 4.
13 *Niederleithinger*, Rn. 61.
14 *Niederleithinger*, Rn. 61; PK/*Gansel*, Vorbemerkungen zur VVG-InfoV, Rn. 4.
15 Anders beispielsweise § 31 XI 2 WpHG für die (Informations-)Pflichten nach § 31 WpHG.
16 Ausführlich zur Rechtsnatur der §§ 31 ff. WpHG *Forschner*, Wechselwirkungen zwischen Aufsichtsrecht und Zivilrecht, 2013.
17 Vgl. auch *Präve*, in: Bürkle, Compliance in Versicherungsunternehmen, § 10 Rn. 35.
18 *Pohlmann*, Einl. B Rdn. 8.

die »Informationen« aber **Rechte und Pflichten** der Vertragsparteien **festlegen**, kommt ihnen Regelungscharakter zu, so dass es sich um AGB handelt. Ob einer Information ein über den informatorischen Charakter hinausgehender Regelungsgehalt zukommt, bestimmt sich aus der Sicht eines **durchschnittlichen VN**. Demnach können auch solche Informationen der AGB-Kontrolle unterliegen, denen nur aus der Sicht des VN Regelungsgehalt zukommt.[19]

B. Überblick über die Informationspflichten nach der VVG-InfoV

Die VVG-InfoV enthält im Einzelnen Regelungen darüber,[20] 6
- welche **Einzelheiten des Vertrages** der VR dem VN mitteilen muss, insbes. zur angebotenen Leistung, zu den AVB und dem Bestehen eines Widerrufsrechts, § 1,
- welche **weiteren Informationen** dem VN bei der **Lebensversicherung** mitzuteilen sind, § 2,
- welche **weiteren Informationen** der VR bei der **Krankenversicherung** mitteilen muss, § 3,
- wann und mit welchem Inhalt ein **Produktinformationsblatt** zu erteilen ist, § 4,
- was der VR bei **telefonischer Kontaktaufnahme** mitzuteilen hat, § 5, und
- welche Informationspflichten der VR **während der Vertragslaufzeit** erfüllen muss, § 6.

C. Verhältnis zu den §§ 312 ff. BGB

Das BGB normiert in den §§ 312 ff. BGB eine Reihe weiterer Verhaltenspflichten für Unternehmer, darunter 7
auch **(vor-)vertragliche Informationspflichten** (vgl. etwa §§ 312a I, II, 312d I, II, 312i I, 312j BGB). Von den §§ 312 bis 312h BGB ist auf Verträge über Versicherungen sowie auf Verträge über deren Vermittlung nach **§ 312 VI BGB** jedoch allein § 312a III, IV und VI BGB anwendbar, der jedenfalls keine weiteren Informationspflichten normiert. Etwas anderes ergibt sich auch nicht aus § 312 V BGB. Danach sind zwar grundsätzlich sämtliche der in den §§ 312a bis 312h BGB normierten Pflichten auch bei Dienstleistungen im Zusammenhang mit einer Versicherung anwendbar. Diese scheinbar im Widerspruch zu § 312 VI BGB stehende Regelung erklärt sich jedoch vor dem Hintergrund, dass die Legaldefinition der Finanzdienstleistungen (§ 312 V 1 BGB) an die Vorgaben des Art. 2 lit. b) der Richtlinie über den Fernabsatz von Finanzdienstleistungen an Verbraucher[21] angelehnt ist.[22] Die Vorgaben von § 312 V BGB gelten damit wegen der spezielleren Regelung in Absatz 6 der Vorschrift nicht.[23] Mit Versicherungsverträgen im Sinne des § 312 VI BGB sind sämtliche Verträge im Sinne von § 1 VVG einschließlich fondsgebundener Lebensversicherungsverträge gemeint.[24]

Weitergehende vertragsschlussbegleitende Pflichten des VR ergeben sich jedoch, wenn er sich zum Zwecke 8
des Abschlusses eines Versicherungsvertrages der **Telemedien** bedient. In diesem Fall sind stets die Anforderungen des **§ 312i BGB** und damit unter anderem die zum Teil über den Pflichtenkanon der VVG-InfoV hinausgehenden **Informationspflichten nach Art. 246c EGBGB**, im elektronischen Geschäftsverkehr mit **Verbrauchern** zudem die Vorgaben des **§ 312j III BGB** (die Absätze 1 und 2 der Vorschrift gelten nach § 312j V 2 BGB für Finanzdienstleistungen dagegen nicht) zu berücksichtigen. Während unter den Begriff des Fernabsatzvertrages sämtliche Vertragsschlüsse zwischen physisch Abwesenden fallen, meint § 312i BGB nur solche Verträge, die über **elektronische Kommunikationsmittel** geschlossen werden.[25] Erfasst ist vor allem auch das Telebanking (vgl. insoweit aber die Einschränkung nach § 312i II 1 BGB) sowie das Internet-Shopping.[26] Vertragsschlüsse über das Telefon fallen nicht unter § 312i BGB.[27] Hier sieht § 5 VVG-InfoV eigene Informationspflichten vor. **Abweichend** von § 8 II 1 VVG beginnt der Lauf der **Widerrufsfrist** bei Vertragsschluss im elektronischen Geschäftsverkehr nicht vor Erfüllung auch der in § 312i I 1 BGB genannten Pflichten, § 8 IV VVG.

Dogmatisch schwierig zu beurteilen ist das Zusammenspiel von § 7 I VVG i.V.m. der VVG-InfoV und den 9
Pflichten nach § 312i BGB in den Fällen des § 7 I 3 VVG. Zwar dürfte im elektronischen Geschäftsverkehr eine Information in Textform stets möglich sein (§ 7 I 3 Hs. 1 VVG). Problematisch ist indes der Fall, dass der VN zunächst gem. § 7 I 3 2. Hs. auf die Informationsmitteilung nach § 7 I 1 VVG **verzichtet**, etwa durch Zusendung eines Faxes oder in elektronischer Form, vgl. §§ 126 III, 126a BGB, und sodann den eigentlichen Vertrag im elektronischen Geschäftsverkehr schließt. § 312i II 1 BGB ist hier **nicht** anwendbar, denn die Vorschrift setzt voraus, dass der Vertrag **ausschließlich** durch individuelle Kommunikation geschlossen wird. Richtigerweise ist die **Verzichtserklärung** des VN gem. **§§ 133, 157 BGB** dahingehend auszulegen, dass sich

---

19 Vgl. allgemein zum AGB-Charakter von »Hinweisen« BGH NJW 1996, 2574, 2575; NJW 1987, 2867; NJW 2014, 2269, 2271; Palandt/*Grüneberg*, § 305 Rn. 4.
20 Siehe dazu Begr. zur VVG-InfoV, VersR 2008, 183, 186.
21 Richtlinie 2002/65/EG, ABl. EU L 271/16.
22 Vgl. BT-Drucks. Begr. RegE BT-Drucks. 17/12637 S. 49; MünchKommBGB/*Wendehorst*, § 312a Rn. 82.
23 Vgl. BT-Drucks. Begr. RegE BT-Drucks. 17/12637 S. 49; MünchKommBGB/*Wendehorst*, § 312a Rn. 82; Palandt/*Grüneberg*, § 312 Rn. 26; Erman/*Koch*, § 312 Rn. 75.
24 Palandt/*Grüneberg*, § 312 Rn. 29; Erman/*Koch*, § 312 Rn. 74; EuGH NJW 2012, 1709, 1710.
25 Palandt/*Grüneberg*, § 312i Rn. 2.
26 Vgl. Palandt/*Grüneberg*, § 312i Rn. 2; HK-BGB/*Schulte-Nölke*, § 312i Rn. 2.
27 Palandt/*Grüneberg*, § 312i Rn. 2.

§ 1 VVG-InfoV Informationspflichten bei allen Versicherungszweigen

der Verzicht auf die in § 312i I Nr. 2 BGB vorgesehenen **Informationen erstreckt**. Die Pflichten des Unternehmers nach § 312i I Nr. 1 und Nr. 3 BGB werden dagegen **nicht** von dem Verzicht erfasst, da sich dieser nach der gesetzlichen Systematik des § 7 I 3 2. Hs. VVG ausschließlich auf **vorvertragliche Informationen** bezieht. Die **Pflicht** des Unternehmers **nach** § 312i I Nr. 4 BGB, dem Kunden die Möglichkeit zu verschaffen, die Vertragsbestimmungen einschließlich der allgemeinen Geschäftsbedingungen bei Vertragsschluss abzurufen und in wiedergabefähiger Form zu speichern, **besteht** dagegen bei einem Informationsverzicht nach § 7 I 3 2. Hs. VVG ebenfalls **nicht**, weil die Verzichtsmöglichkeit sonst im elektronischen Geschäftsverkehr weitgehend leer liefe. Die nach § 312i I Nr. 2 BGB zu erteilenden Informationen müssen **analog § 7 I 3 2. Hs. VVG unverzüglich nach Vertragsschluss nachgeholt werden**. Diese Vorgehensweise ist mit § 312k I 1 BGB vereinbar, weil § 7 I 3 2. Hs. VVG insoweit etwas anderes bestimmt.

D. Besondere Informationspflichten nach § 5 VIII i.V.m. § 8 II PflVG

10 Ist eine Kraftfahrzeughaftpflichtversicherung mit einem VU ohne Sitz im Inland im Dienstleistungsverkehr abgeschlossen, so haben der Versicherungsschein und die Versicherungsbestätigung auch Angaben über den Namen und die Anschrift des gem. § 8 II 1 PflVG bestellten Vertreters zu enthalten, vgl. § 5 VIII PflVG.

§ 1 VVG-InfoV Informationspflichten bei allen Versicherungszweigen.

(1) Der Versicherer hat dem Versicherungsnehmer gemäß § 7 Abs. 1 Satz 1 des Versicherungsvertragsgesetzes folgende Informationen zur Verfügung zu stellen:

1. die Identität des Versicherers und der etwaigen Niederlassung, über die der Vertrag abgeschlossen werden soll; anzugeben ist auch das Handelsregister, bei dem der Rechtsträger eingetragen ist, und die zugehörige Registernummer;
2. die Identität eines Vertreters des Versicherers in dem Mitgliedstaat der Europäischen Union, in dem der Versicherungsnehmer seinen Wohnsitz hat, wenn es einen solchen Vertreter gibt, oder die Identität einer anderen gewerblich tätigen Person als dem Anbieter, wenn der Versicherungsnehmer mit dieser geschäftlich zu tun hat, und die Eigenschaft, in der diese Person gegenüber dem Versicherungsnehmer tätig wird;
3. die ladungsfähige Anschrift des Versicherers und jede andere Anschrift, die für die Geschäftsbeziehung zwischen dem Versicherer, seinem Vertreter oder einer anderen gewerblich tätigen Person gemäß Nummer 2 und dem Versicherungsnehmer maßgeblich ist, bei juristischen Personen, Personenvereinigungen oder -gruppen auch den Namen eines Vertretungsberechtigten;
4. die Hauptgeschäftstätigkeit des Versicherers;
5. Angaben über das Bestehen eines Garantiefonds oder anderer Entschädigungsregelungen, die nicht unter die Richtlinie 94/19/EG des Europäischen Parlaments und des Rates vom 30. Mai 1994 über Einlagensicherungssysteme (ABl. EG Nr. L 135 S. 5) und die Richtlinie 97/9/EG des Europäischen Parlaments und des Rates vom 3. März 1997 über Systeme für die Entschädigung der Anleger (ABl. EG Nr. L 84 S. 22) fallen; Name und Anschrift des Garantiefonds sind anzugeben;
6. a) die für das Versicherungsverhältnis geltenden Allgemeinen Versicherungsbedingungen einschließlich der Tarifbestimmungen;
   b) die wesentlichen Merkmale der Versicherungsleistung, insbesondere Angaben über Art, Umfang und Fälligkeit der Leistung des Versicherers;
7. den Gesamtpreis der Versicherung einschließlich aller Steuern und sonstigen Preisbestandteile, wobei die Prämien einzeln auszuweisen sind, wenn das Versicherungsverhältnis mehrere selbständige Versicherungsverträge umfassen soll, oder, wenn ein genauer Preis nicht angegeben werden kann, Angaben zu den Grundlagen seiner Berechnung, die dem Versicherungsnehmer eine Überprüfung des Preises ermöglichen;
8. gegebenenfalls zusätzlich anfallende Kosten unter Angabe des insgesamt zu zahlenden Betrages sowie mögliche weitere Steuern, Gebühren oder Kosten, die nicht über den Versicherer abgeführt oder von ihm in Rechnung gestellt werden; anzugeben sind auch alle Kosten, die dem Versicherungsnehmer für die Benutzung von Fernkommunikationsmitteln entstehen, wenn solche zusätzlichen Kosten in Rechnung gestellt werden;
9. Einzelheiten hinsichtlich der Zahlung und der Erfüllung, insbesondere zur Zahlungsweise der Prämien;
10. die Befristung der Gültigkeitsdauer der zur Verfügung gestellten Informationen, beispielsweise die Gültigkeitsdauer befristeter Angebote, insbesondere hinsichtlich des Preises;
11. gegebenenfalls den Hinweis, dass sich die Finanzdienstleistung auf Finanzinstrumente bezieht, die wegen ihrer spezifischen Merkmale oder der durchzuführenden Vorgänge mit speziellen Risiken behaftet sind, oder deren Preis Schwankungen auf dem Finanzmarkt unterliegt, auf die der Versicherer keinen Einfluss hat, und dass in der Vergangenheit erwirtschaftete Beträge kein Indikator für künftige Erträge sind; die jeweiligen Umstände und Risiken sind zu bezeichnen;

12. Angaben darüber, wie der Vertrag zustande kommt, insbesondere über den Beginn der Versicherung und des Versicherungsschutzes sowie die Dauer der Frist, während der der Antragsteller an den Antrag gebunden sein soll;
13. das Bestehen oder Nichtbestehen eines Widerrufsrechts sowie die Bedingungen, Einzelheiten der Ausübung, insbesondere Namen und Anschrift derjenigen Person, gegenüber der der Widerruf zu erklären ist, und die Rechtsfolgen des Widerrufs einschließlich Informationen über den Betrag, den der Versicherungsnehmer im Falle des Widerrufs gegebenenfalls zu zahlen hat;
14. Angaben zur Laufzeit und gegebenenfalls zur Mindestlaufzeit des Vertrages;
15. Angaben zur Beendigung des Vertrages, insbesondere zu den vertraglichen Kündigungsbedingungen einschließlich etwaiger Vertragsstrafen;
16. die Mitgliedstaaten der Europäischen Union, deren Recht der Versicherer der Aufnahme von Beziehungen zum Versicherungsnehmer vor Abschluss des Versicherungsvertrages zugrunde legt;
17. das auf den Vertrag anwendbare Recht, eine Vertragsklausel über das auf den Vertrag anwendbare Recht oder über das zuständige Gericht;
18. die Sprachen, in welchen die Vertragsbedingungen und die in dieser Vorschrift genannten Vorabinformationen mitgeteilt werden, sowie die Sprachen, in welchen sich der Versicherer verpflichtet, mit Zustimmung des Versicherungsnehmers die Kommunikation während der Laufzeit dieses Vertrages zu führen;
19. einen möglichen Zugang des Versicherungsnehmers zu einem außergerichtlichen Beschwerde- und Rechtsbehelfsverfahren und gegebenenfalls die Voraussetzungen für diesen Zugang; dabei ist ausdrücklich darauf hinzuweisen, dass die Möglichkeit für den Versicherungsnehmer, den Rechtsweg zu beschreiten, hiervon unberührt bleibt;
20. Name und Anschrift der zuständigen Aufsichtsbehörde sowie die Möglichkeit einer Beschwerde bei dieser Aufsichtsbehörde.

(2) Soweit die Mitteilung durch Übermittlung der Vertragsbestimmungen einschließlich der Allgemeinen Versicherungsbedingungen erfolgt, bedürfen die Informationen nach Absatz 1 Nr. 3, 13 und 15 einer hervorgehobenen und deutlich gestalteten Form.

Übersicht

	Rdn.
A. Normüberblick und Entstehungsgeschichte	1
B. Form der Informationsmitteilung	3
C. Tatbestand	4
I. Informationen zum VR, § 1 I Nrn. 1 bis 5	4
1. Überblick	4
2. Identität des VR und Handelsregisternummer, § 1 I Nr. 1	5
3. Identität eines Vertreters oder einer anderen gewerblich tätigen Person, § 1 I Nr. 2	7
4. Ladungsfähige und sonst maßgebliche Anschriften, § 1 I Nr. 3	9
5. Hauptgeschäftstätigkeit des VR, § 1 I Nr. 4	12
6. Angaben über das Bestehen eines Garantiefonds oder anderer Entschädigungsregelungen, § 1 I Nr. 5	13
II. Informationen zur angebotenen Leistung, § 1 I Nrn. 6 bis 11	14
1. Überblick	14
2. AVB und wesentliche Merkmale der Versicherungsleistung, § 1 I Nr. 6	15
3. Angaben über den Gesamtpreis der Versicherung, § 1 I Nr. 7	17
4. Angabe zusätzlich anfallender Kosten, § 1 I Nr. 8	21
5. Einzelheiten hinsichtlich der Zahlung und der Erfüllung, § 1 I Nr. 9	23
6. Befristete Informationen, § 1 I Nr. 10	24
7. Hinweis auf besondere Risiken der Finanzdienstleistung, § 1 I Nr. 11	25
III. Informationen zum Vertrag, § 1 I Nrn. 12 bis 18	27
1. Zustandekommen des Vertrages, § 1 I Nr. 12	27
2. Bestehen und Ausübung des Widerrufsrechts, § 1 I Nr. 13	31
3. Angaben zur (Mindest-)Laufzeit des Vertrages, § 1 I Nr. 14	36
4. Angaben zur Beendigung des Vertrages, § 1 I Nr. 15	37
5. Statut der Kontaktaufnahme, § 1 I Nr. 16	40
6. Anwendbares Recht und Gerichtsstand, § 1 I Nr. 17	41
7. Angaben über zu verwendende Sprachen, § 1 I Nr. 18	43
IV. Informationen zum Rechtsweg, § 1 I Nrn. 19 und 20	44
1. Zugang zu außergerichtlichem Beschwerde- und Rechtsbehelfsverfahren, § 1 I Nr. 19	44
2. Möglichkeit der Beschwerde bei der Aufsichtsbehörde, § 1 I Nr. 20	45
V. Gestaltung der Informationen, § 1 II	46

A. Normüberblick und Entstehungsgeschichte

§ 1 bestimmt, welche Informationspflichten der VR in **sämtlichen Versicherungszweigen** zu erfüllen hat; für die Lebens- und die Krankenversicherung sehen die §§ 2 und 3 zusätzliche Informationspflichten vor. § 1 **1**

§ 1 VVG-InfoV Informationspflichten bei allen Versicherungszweigen

konkretisiert damit § 7 I VVG; Verordnungsermächtigung ist § 7 II 1 Nr. 1 VVG.[1] Die Vorschrift berücksichtigt die Anforderungen von Art. 3 der RiLi 2002/65/EG (FernabsatzRiLi) und Art. 183, 185 RiLi 2009/138/EG (Solvency-II-RiLi, früher Art. 31 RiLi 92/49/EWG = 3. RiLi Schaden, Artikel 36 und Anhang III RiLi 2002/83/EG = RiLi Leben). Die spartenübergreifende Informationspflicht in § 1 I fasst die bisher geltenden Pflichten des VAG und des VVG zusammen, wobei die InfoV nicht auf Verträge im Fernabsatz beschränkt ist. Ganz neu ist der Regelungsgehalt von § 1 II, wonach bestimmte Informationen deutlich hervorzuheben sind, sofern die Mitteilung durch Übermittlung der Vertragsbestimmungen einschließlich der AVB erfolgt.[2]

2 **Inhaltlich** lässt sich § 1 I in Informationen zum VR (Nrn. 1–5), Informationen zur angebotenen Leistung (Nrn. 6–11), Informationen zum Vertrag (Nrn. 12–18) und zum Rechtsweg (Nrn. 19 u. 20) unterteilen.[3] Die einzelnen Regelungen überschneiden sich in Randbereichen, so dass manche Angabe nach zwei Vorschriften erforderlich ist, aber selbstverständlich nur einmal erfolgen muss.

B. Form der Informationsmitteilung

3 Der VR muss – anders als in dem Vorentwurf zur VVG-InfoV vorgesehen – keine bestimmte Reihenfolge der Informationen einhalten; zwingend ist die in der Verordnung gewählte Reihenfolge aber in den Fällen des § 4 V 3. Auch bei der Wahl der Reihenfolge muss der VR aber darauf achten, dass die Informationen insgesamt transparent sind.[4] Die Informationen sind dem VN in **Textform** (§ 126b BGB) und in einer dem eingesetzten Kommunikationsmittel entsprechenden Weise **klar und verständlich** zu übermitteln, § 7 I 1, 2 VVG. Im Übrigen steht es dem VR frei, wie er die Pflichten erfüllt, ob er etwa die Informationen in einem eigenen Druckstück zur Verfügung stellt oder sie in den Antrag oder in AVB (arg. e § 1 II) aufnimmt.[5] Im letztgenannten Fall sind indes bestimmte Informationen hervorzuheben und deutlich zu gestalten, § 1 II.[6]

C. Tatbestand
I. Informationen zum VR, § 1 I Nrn. 1 bis 5
1. Überblick

4 Mit den in § 1 I Nrn. 1 bis 5 normierten **Informationspflichten zum VR** setzt der Verordnungsgeber die Vorgaben von Art. 185 der Richtlinie 2009/138/EG (frühere Anlage D Abschnitt I Nr. 1a zu § 10a VAG) und von Artikel 3 Nr. 1 der Richtlinie 2002/65/EG (bisher Nr. 1 lit. a)-c) der Anlage zu § 48b VVG a.F.) um.[7] Der Hinweis auf die für die Zulassung des Versicherer zuständige Aufsichtsbehörde wegen Sachzusammenhangs mit dem Hinweis auf die Beschwerdemöglichkeit nach § 1 I Nr. 20 ausgegliedert worden; im Übrigen entspricht § 1 I Nr. 4 aber Nr. 2 lit. a) der Anlage zu § 48b VVG a.F. § 1 I Nr. 5 übernimmt Nr. 2 lit. h) der Anlage zu § 48b VVG a.F. Die Vorschrift umfasst damit gleichzeitig die bisher in Anlage D Abschnitt I Nr. 1 lit. i) der Anlage zu § 10a VAG vorgesehenen Informationspflichten.[8]

2. Identität des VR und Handelsregisternummer, § 1 I Nr. 1

5 Die Angaben über die Identität des VR sollen **sicherstellen**, dass der VN vor Vertragsschluss weiß, »auf wen er sich einlässt«.[9] Der Informationspflicht hinsichtlich der **Identität** ist genügt, wenn Name, Anschrift, Rechtsform und Sitz des VR sowie – bei ausländischen VR – zusätzlich (»und«)[10] etwaiger Niederlassungen angegeben sind.[11] Der VR erfüllt seine Pflicht nicht, wenn er dem VN lediglich eine Bezeichnung nennt, die keine **Rückschlüsse auf die Rechtspersönlichkeit** des VR erlaubt.[12] Angaben muss der VR ferner das Handelsregister, in dem er eingetragen ist, sowie die dazugehörige Registernummer. Handelt es sich um einen ausländischen VR, so muss dieser das jeweilige ausländische Unternehmensregister mitteilen.[13]

6 Neben der VVG-InfoV sind auch die Anforderungen von **§ 80 AktG** zu erfüllen. Demnach müssen **Antragsformulare** (arg. e § 80 II AktG)[14] auch Hinweise auf das Registergericht des Unternehmenssitzes sowie die

---

1 Begr. zur VVG-InfoV, VersR 2008, 183, 186.
2 Begr. zur VVG-InfoV, VersR 2008, 183, 187.
3 Begr. zur VVG-InfoV, VersR 2008, 183, 186.
4 Ähnlich PK/*Gansel*, § 1 VVG-InfoV Rn. 10; *Präve* VersR 2008, 151; *ders.*, in: Bürkle, Compliance in Versicherungsunternehmen, § 10 Rn. 38.
5 *Präve* VersR 2008, 151, 152; PK/*Gansel*, § 1 VVG-InfoV Rn. 7 ff.
6 PK/*Gansel*, § 1 VVG-InfoV Rn. 8.
7 Begr. zur VVG-InfoV, VersR 2008, 183, 187.
8 Begr. zur VVG-InfoV, VersR 2008, 183, 187.
9 Allgemein Staudinger/*Thüsing* (2003), Art. 240 EGBGB Rn. 8.
10 HK-VVG/*Baroch Castellvi*, § 1 VVG-InfoV Rn. 4.
11 PK/*Gansel*, § 1 VVG-InfoV Rn. 18; Prölss/*Präve*, § 10a VAG Rn. 9; P/M/*Knappmann*, § 1 VVG-InfoV Rn. 3; L/W/*Armbrüster*, § 1 VVG-InfoV Rn. 2 f.
12 Zur BGB-InfoV Staudinger/*Thüsing* (2005), § 312c Rn. 54.
13 L/W/*Armbrüster*, § 1 VVG-InfoV Rn. 4.
14 *Präve* VW 1995, 90, 92.

Vorstands- und Aufsichtsratsmitglieder enthalten.[15] Diese Pflicht gilt sowohl für VR mit Sitz im Inland (§ 80 AktG für die AG, für VVaG und öffentlich-rechtliche Unternehmen aufgrund der Verweisungen in §§ 34, 156 II VAG) als auch für solche Aktiengesellschaften mit Sitz im Ausland (§ 80 IV AktG).[16] Hingegen besteht eine derartige Verpflichtung nicht für VVaG und öffentlich-rechtliche Unternehmen mit Sitz im Ausland.[17] Allerdings ist zu beachten, dass § 7 I VVG je nach der Gestaltung des Vertragsabschlusses einen früheren **Informationszeitpunkt** vorgibt.[18]

3. Identität eines Vertreters oder einer anderen gewerblich tätigen Person, § 1 I Nr. 2

Die Vorschrift dient demselben **Zweck** wie die Information über die Identität des VR: Der VN soll wissen, an wen er sich im Bedarfsfall wenden kann.[19] Schaltet der VR Dritte ein, hat der VN auch ein Interesse an der Identität des Dritten. Wenngleich Nr. 2 nicht von »Versicherungsvertreter« spricht, kann das Merkmal doch entsprechend der Legaldefinition des § 59 II VVG ausgelegt werden.[20] Andere gewerblich tätige Person ist jeder, der auf Veranlassung des VR in den Vertrieb oder die Vertragsregulierung eingeschaltet ist, ohne Vertreter zu sein.[21] Makler als Vertreter des VN fallen nicht unter Nr. 2.[22] Die Informationspflicht gilt trotz der Anknüpfung an den Wohnsitz auch für VR, die Unternehmen sind;[23] es ist auch nicht erforderlich, dass es sich bei dem VN um eine juristische Person handelt.[24] Vielmehr kommt jede Rechtsform in Betracht, die Trägerin von Rechten und Pflichten und damit Partei eines Versicherungsvertrages sein kann (vgl. auch Nr. 3 a.E.). 7

Die Vorschrift ist nach ihrem klaren Wortlaut **nicht** auf grenzüberschreitende Sachverhalte beschränkt,[25] wenn auch der Sinn der Information, einen inländischen Ansprechpartner zur Verfügung zu stellen, erst dann zum Tragen kommt, wenn der VR seinen Sitz im Ausland (EWR oder sonstiges Ausland) hat. Typischer Anwendungsfall der Vorschrift sind Fernabsatzverträge zwischen einem VN mit Wohnsitz in Deutschland und einem VR mit einem ausländischen VR.[26] Jedoch ist Nr. 2 nicht auf Fernabsatzverträge beschränkt.[27] 8

4. Ladungsfähige und sonst maßgebliche Anschriften des VR, § 1 I Nr. 3

Die Angabe der ladungsfähigen Anschrift soll den VN in die Lage versetzen, seine **Ansprüche** gegen den VR gegebenenfalls auch **gerichtlich** geltend zu machen. Gleichzeitig soll verhindert werden, dass ein Versicherer als »Briefkastenfirma« mit Postfachadresse operiert.[28] **Ladungsfähig** ist eine Anschrift, über die der VR nach den **Vorschriften des Prozessrechts** geladen werden kann. Sie umfasst Land, Postleitzahl, Straße und Hausnummer.[29] Die Angabe eines Postfaches genügt den Anforderungen der ladungsfähigen Anschrift nicht,[30] weil eine Ersatzzustellung gem. §§ 208, 181 ff. ZPO nicht möglich ist, wenn der VR ein Postfach verwendet.[31] Die anders lautende Entscheidung des BGH zu § 355 II BGB a.F.[32] rechtfertigt schon aufgrund des unterschiedlichen Wortlautes (Anschrift/ladungsfähige Anschrift) kein anderes Ergebnis.[33] 9

Es fragt sich, was für die **»anderen maßgeblichen Anschriften«** i.S.v. § 1 I Nr. 3 gelten soll. Da hier nicht die Angabe der »ladungsfähigen« Anschrift gefordert wird, liegt der Schluss nahe, dass im Einklang mit der Rechtsprechung des BGH zu § 355 II BGB a.F. die Angabe eines Postfaches ausreicht. Da dem VN aber vor allem ermöglicht werden soll, den laufenden Geschäftsverkehr reibungslos abzuwickeln,[34] ist die Angabe eines 10

---

15 *Präve* VW 1995, 90, 92.
16 Prölss/*Präve*, § 10a VAG Rn. 9; FAKomm-VersR/*C. Schneider/Reuter-Gehrken*, § 1 VVG-InfoV Rn. 5.
17 Prölss/*Präve*, § 10a VAG Rn. 9.
18 Vgl. HK-VVG/*Baroch Castellvi*, 2. Aufl., § 1 VVG-InfoV Rn. 5.
19 Zur BGB-InfoV Staudinger/*Thüsing* (2005), § 312c Rn. 57.
20 P/M/*Knappmann*, § 1 VVG-InfoV Rn. 4.
21 P/M/*Knappmann*, § 1 VVG-InfoV Rn. 4; FAKomm-VersR/*C. Schneider/Reuter-Gehrken*, § 1 VVG-InfoV Rn. 8.
22 Zustimmend FAKomm-VersR/*C. Schneider/Reuter-Gehrken*, § 1 VVG-InfoV Rn. 8.
23 HK-VVG/*Baroch Castellvi*, § 1 VVG-InfoV Rn. 5 (juristische Person).
24 Anders wohl HK-VVG/*Baroch-Castellvi*, § 1 VVG-InfoV Rn. 5; P/M/*Knappmann*, § 1 VVG-InvoV Rn. 4.
25 Anders PK/*Gansel*, § 1 VVG-InfoV, Rn. 18; P/M/*Knappmann*, § 1 VVG-InfoV Rn. 4; L/W/*Armbrüster*, § 1 VVG-InfoV Rn. 7.
26 L/W/*Armbrüster*, § 1 VVG-InfoV Rn. 7.
27 HK-VVG/*Baroch Castellvi*, § 1 VVG-InfoV Rn. 5; P/M/*Knappmann*, § 1 VVG-InfoV Rn. 4; vgl. zu europarechtlichen Bedenken L/W/*Armbrüster*, § 1 VVG-InfoV Rn. 9.
28 Vgl. BR-Drucks. 92/05, S. 3 zu § 43a TKG.
29 Vgl. Palandt/*Grüneberg*, EGBGB 246 § 1 Rn. 5.
30 MünchKommZPO/*Becker-Eberhard*, § 253 Rn. 57; Römer/Langheid/*Langheid*, § 1 VVG-InfoV Rn. 18; PK/*Gansel*, § 1 VVG-InfoV Rn. 20; BVerwG 1999, 2609; OLG Hamburg NJW 2004, 1114, 1115.
31 Vgl. zu § 312d BGB MünchKommBGB/*Wendehorst*, § 312d Anh. II Rn. 11.
32 BGH NJW 2002, 2391.
33 Vgl. allgemein Staudinger/*Thüsing* (2005), § 312c Rn. 59; Palandt/*Grüneberg*, EGBGB 246 § 1 Rn. 5; *Hoffmann*, NJW 2004, 2569, 2570; OLG Hamburg NJW 2004, 1114.
34 HK-VVG/*Baroch Castellvi*, § 1 VVG-InfoV Rn. 9.

§ 1 VVG-InfoV Informationspflichten bei allen Versicherungszweigen

Postfaches unzweckmäßig.[35] Was unter »Anschrift« i.S.d. Vorschrift zu verstehen ist, kann nur im **Einzelfall** nach Sinn und Zweck der Information bestimmt werden,[36] denn welche Anschriften »**maßgeblich**« sind, bestimmt sich nach den konkreten Bedürfnissen des VN im jeweiligen Einzelfall. Abzustellen ist auf die Perspektive eines **durchschnittlichen** VN.[37] Demnach ist selbst die Angabe einer postalischen Anschrift mitunter nicht ausreichend, sondern auch die Angabe von Telefon- und Faxnummern sowie der E-Mail Adresse erforderlich,[38] wenn diese Angaben – etwa zur zügigen Geschäftsabwicklung oder Rechtsverfolgung – für den VN von Bedeutung und demnach »maßgeblich« sind.

11 Handelt es sich bei dem VR um eine juristische Person, Personenvereinigung oder -gruppe, ist auch der Name eines Vertretungsberechtigten anzugeben. Von Nr. 3 Hs. 2 werden – in Abgrenzung zu Nr. 2 und Nr. 3 Hs. 1 – organschaftliche Vertreter bzw. bei Personenvereinigungen dementsprechende Personen umfasst, nicht dagegen rechtsgeschäftliche Vertreter.[39] Handelt es sich bei dem VR um eine Aktiengesellschaft, bestehen teilweise Überschneidungen mit § 80 AktG (vgl. Rdn. 6).

5. Hauptgeschäftstätigkeit des VR, § 1 I Nr. 4

12 Diese Informationspflicht verfolgt in erster Linie eine **Warnfunktion,** da der VN in den Fällen besonders vorsichtig sein wird, in denen der angebotene Vertrag nicht der Hauptgeschäftstätigkeit des Unternehmens zuzuordnen ist.[40] Allerdings ist bei VU angesichts des aufsichtsbehördlichen Erlaubnisvorbehaltes und der laufenden Aufsicht das Risiko der Unerfahrenheit des VR weitgehend zu vernachlässigen. Aufgrund des **Verbotes versicherungsfremder Geschäfte (§ 8 II VAG)** kann mit »Hauptgeschäftstätigkeit« nicht der Abschluss von Versicherungsverträgen als solcher gemeint sein. Demnach kann nur auf die **einzelnen Sparten** abgestellt werden.[41] Sind für die Tätigkeit des VR bestimmte Sparten prägend – was auch bei einem Anteil von unter 50 % der Fall sein kann[42] –, sind diese Sparten zu benennen.[43]

6. Angaben über das Bestehen eines Garantiefonds oder anderer Entschädigungsregelungen, § 1 I Nr. 5

13 Garantiefonds sind die **Sicherungsfonds** nach §§ 221 ff. VAG. Derzeit sind dies in der **Lebensversicherung** die Protektor Lebensversicherungs-AG, Wilhelmstraße 43 G, 10117 Berlin (Postanschrift: Postfach 102411, 68024 Mannheim) und in der **Krankenversicherung** die Medicator AG, Gustav-Heinemann-Ufer 74, 50968 Köln. Keine Garantiefonds existieren derzeit bei Versicherungen, deren Hauptgeschäftstätigkeit im Betrieb von Haftpflicht-, Unfall-, Kraftfahrt-, Sach- und Rechtsschutzversicherung besteht. Bei der Verkehrsopferhilfe nach § 12 PflVG und dem Deutsches Büro Grüne Karte e.V. der Kraftversicherung handelt es sich nicht um einen Garantiefonds im Sinne der Vorschrift, weil sie unmittelbar das Opfer als Dritten schützen.[44] Aus dem Wortlaut von Nr. 5 ergibt sich nicht eindeutig, ob der VN auch über das Nichtbestehen einer Sicherungseinrichtung zu informieren ist. Für den VN ist ein derartiger Hinweis sicher sinnvoll.[45] Zudem sind auch Banken nach § 23a Abs. 1 S. 3 KWG dazu verpflichtet, den Kunden darüber zu informieren, falls Einlagen und andere rückzahlbare Gelder nicht gesichert sind. Der VR schuldet dem VN aber keine Information darüber, wie er seine Ansprüche gegen den Sicherungsfonds ggf. geltend machen kann.[46] Eine andere Frage ist, ob sich eine derartige Pflicht des VR auf Nachfrage des VN aus § 241 II BGB ergeben kann (vgl. insoweit auch § 23a I 5 KWG).

II. Informationen zur angebotenen Leistung, § 1 I Nrn. 6 bis 11

1. Überblick

14 Die in § 1 I Nr. 6 lit. a) normierte Verpflichtung, die für das Versicherungsverhältnis geltenden **AVB einschließlich der Tarifbestimmungen** zur Verfügung zu stellen, war bis zur VVG-Reform in Nr. 1 lit. c) der

---

35 Vgl. jetzt auch FAKomm-VersR/C. *Schneider/Reuter-Gehrken*, § 1 VVG-InfoV Rn. 9 sowie P/M/*Knappmann*, § 1 VVG-InfoV Rn. 5.
36 So § 312c BGB a.F. auch MünchKommBGB/*Wendehorst*[6], § 312c Rn. 21.
37 A.A. wohl HK-VVG/*Baroch Castellvi*, § 1 VVG-InfoV Rn. 9, der anscheinend auf die Perspektive des konkreten VN abstellen möchte.
38 P/M/*Knappmann*, § 1 VVG-InfoV Rn. 5.
39 L/W/*Armbrüster*, § 1 VVG-InfoV Rn. 11.
40 Vgl. allgemein auch Staudinger/*Thüsing* (2005), § 312c Rn. 77.
41 Ähnlich jetzt auch P/M/*Knappmann*, § 1 VVG-InfoV Rn. 6; FAKomm-VersR/C. *Schneider/Reuter-Gehrken*, § 1 VVG-InfoV Rn. 13, die die Angabe jeweils für sinnvoll, nicht aber für rechtlich zwingend halten; a.A. L/W/*Armbrüster*, § 1 VVG-InfoV Rn. 12; PK/*Gansel*, § 1 VVG-InfoV Rn. 21.
42 Vgl. Staudinger/*Thüsing* (2005), § 312c Rn. 77.
43 A.A. HK-VVG/*Baroch Castellvi*, § 1 VVG-InfoV Rn. 12; wohl auch PK/*Gansel*, § 1 VVG-InfoV Rn. 21; L/W/*Armbrüster*, § 1 VVG-InfoV Rn. 12 (Angaben aus der Satzung genügen).
44 PK/*Gansel*, § 1 VVG-InfoV, Rn. 22; P/M/*Knappmann*, § 1 VVG-InfoV Rn. 7; L/W/*Armbrüster*, § 1 VVG-InfoV Rn. 14.
45 Für eine entsprechende Informationspflicht FAKomm-VersR/C. *Schneider/Reuter-Gehrken*, § 1 VVG-InfoV Rn. 14; a.A. L/W/*Armbrüster*, § 1 VVG-InfoV Rn. 14.
46 FAKomm-VersR/C. *Schneider/Reuter-Gehrken*, § 1 VVG-InfoV Rn. 14; L/W/*Armbrüster*, § 1 VVG-InfoV Rn. 14; anders wohl HK-VVG/*Baroch-Castellvi*, § 1 VVG-InfoV Rn. 14.

Anlage D Abschnitt I zu § 10a VAG a.F. enthalten. Die Verpflichtung zur Angabe des **für den Vertrag geltenden Rechts** ergibt sich demgegenüber aus Nr. 17. Mit der Pflicht zur **Angabe der wesentlichen Merkmale der Versicherungsleistung** übernimmt Nr. 6 lit. b) die bis zur VVG-Reform nur für Fernabsatzverträge geltende Nr. 1 lit. d) der Anlage zu § 48b VVG a.F., wobei die Aufzählung der konkret mitzuteilenden Merkmale (Angaben über Art, Umfang und Fälligkeit der Leistung) der Regelung Nr. 1 lit. c) der Anlage D Abschnitt I zu § 10a VAG a.F. entnommen ist.[47]

2. AVB und wesentliche Merkmale der Versicherungsleistung, § 1 I Nr. 6

Unter § 1 I Nr. 6 lit. a) fallen allgemeine und besondere Versicherungsbedingungen sowie Tarifbestimmungen. Gem. § 1 I Nr. 6 lit. b) sind Angaben über die **wesentlichen Merkmale** der Versicherungsleistung zu machen. Die Angaben über die **Art** der Leistung müssen Hinweise darauf enthalten, ob der VR für den Versicherungsfall eine Geld- oder eine Naturalleistung verspricht.[48] Die Angaben über den **Umfang** der Versicherungsleistung beziehen sich auf die Versicherungssumme.[49] Erforderlich sind auch Hinweise auf Selbstbeteiligungen und Höchstsummen.[50] In den Angaben zur **Fälligkeit** der Leistung ist der VN darauf hinzuweisen, dass die Versicherungsleistung erst dann fällig wird, wenn die Feststellungen des VR zum Grund und zur Höhe des Anspruches abgeschlossen sind.[51] I.d.R. sind diese Angaben bereits in den AVB enthalten. Zu berücksichtigen ist, dass die Aufzählung in Nr. 6 lit. b) nicht abschließend ist (»insbesondere«). Erforderlich ist stets eine Auslegung im Einzelfall.[52] Ausschlaggebend dabei ist der Zweck der Informationspflicht, den VN in die Lage zu versetzen, das konkrete Produkt mit den Produkten anderer VR zu vergleichen und so zu ermitteln, welches Produkt seinen Bedürfnissen entspricht.[53]

15

Die in Nr. 6 lit. b) genannten Informationen werden i.d.R. bereits in den Vertragsbestimmungen und den AVB enthalten sein. Gleichwohl ist eine **zusätzliche Information** nach dieser Vorschrift erforderlich.[54] Hierfür spricht, dass die Einschränkung in der Anlage zum VAG Teil D Abschnitt I Nr. 1 lit. c) »sofern keine allgemeinen Versicherungsbedingungen oder Tarifbestimmungen verwendet werden« nicht übernommen wurde.[55] Außerdem differenziert Nr. 6 ausdrücklich zwischen den für das Versicherungsverhältnis geltenden AVB einschließlich der Tarifbestimmungen einerseits (Nr. 6 lit. a) und den wesentlichen Merkmalen der Versicherungsleistung andererseits (Nr. 6 lit. b)).

16

3. Angaben über den Gesamtpreis der Versicherung, § 1 I Nr. 7

Unter »Gesamtpreis« i.S.v. § 1 I Nr. 7 ist die vom VN für einen bestimmten, ausdrücklich zu nennenden Zeitraum zu entrichtende **Bruttoprämie** (einschließlich aller Steuern und sonstigen Prämienbestandteile) zu verstehen, die sich ergibt, wenn der konkret beantragte Versicherungsvertrag zum vorgesehenen Zeitpunkt geschlossen wird.[56] Die Angabe des Gesamtpreises soll dem VN einen Preisvergleich ermöglichen.[57] Die Angabe der in die Prämien einkalkulierten Kosten ist dagegen nicht erforderlich (*e contrario* § 2 I Nr. 1 und 2, § 3 I Nr. 1 und 2 VVG-InfoV).[58] Für den Fall, dass **mehrere** rechtlich selbständige **Versicherungsverträge** abgeschlossen werden, sind die Beträge für jeden einzelnen Vertrag gesondert auszuweisen.

17

Nach dem Wortlaut von Nr. 7 sind die Prämien nur dann einzeln auszuweisen, wenn das Versicherungsverhältnis **mehrere selbständige Versicherungsverträge** umfassen soll. Sinn und Zweck der Informationspflicht, zur Integration des europäischen Marktes beizutragen (§ 7 VVG Rdn. 6), verlangen eine weite Auslegung dieses Tatbestandsmerkmals. Werden **Haupt- und Zusatzversicherung** miteinander verbunden, handelt es sich um selbständige Verträge i.S.v. Nr. 7. Die Prämien müssen getrennt ausgewiesen werden, damit der VN eine informierte Entscheidung darüber treffen kann, ob er bei dem betreffenden Anbieter nur die Hauptversicherung abschließt oder auch die zusätzliche.[59] Werden verschiedene Risiken auf andere Weise als durch Haupt- und Zusatzversicherung in einem Vertrag verbunden, hängt es von der Auslegung des Vertrages ab, ob selbstän-

18

---

47 Begr. zur VVG-InfoV, VersR 2008, 183, 187.
48 Prölss/*Präve*, § 10 VAG Rn. 6.
49 PK/*Gansel*, § 1 VVG-InfoV Rn. 24, P/M/*Knappmann*, § 1 VVG-InfoV Rn. 8.
50 B/M/*Herrmann*, § 7 VVG Rn. 18; L/W/*Armbrüster*, § 1 VVG-InfoV Rn. 19.
51 PK/*Gansel*, § 1 VVG-InfoV Rn. 24.
52 Begr. zur VVG-InfoV, VersR 2008, 183, 187; FAKomm-VersR/C. *Schneider/Reuter-Gehrken*, § 1 VVG-InfoV Rn. 18.
53 Vgl. L/W/*Armbrüster*, § 1 VVG-InfoV Rn. 19; B/M/*Herrmann*, § 7 Rn. 18.
54 *Hoffmann*, Verbraucherschutz im deutschen Privatversicherungsrecht nach dem Wegfall der Vorabkontrolle Allgemeiner Versicherungsbedingungen, 1998, S. 183 (zu Nr. 1 lit. c) der Anlage D Abschnitt I zu § 10a VAG a.F.); L/W/*Armbrüster*, § 1 VVG-InfoV Rn. 20 (»sinnvoll«); a.A. HK-VVG/*Baroch Castellvi*, § 1 VVG-InfoV Rn. 16; *Osing*, Informationspflichten des Versicherers und Abschluß des Versicherungsvertrages, 1996, S. 103 (zu Nr. 1 lit. c) der Anlage D Abschnitt I zu § 10a VAG a.F.).
55 L/W/*Armbrüster*, § 1 VVG-InfoV Rn. 20.
56 Begr. zur VVG-InfoV, VersR 2008, 183, 187.
57 L/W/*Armbrüster*, § 1 VVG-InfoV Rn. 21.
58 FAKomm-VersR/C. *Schneider/Reuter-Gehrken*, § 1 VVG-InfoV Rn. 21.
59 VerBAV 1995, 283, 284; i.E. HK-VVG/*Baroch Castellvi*, § 1 VVG-InfoV Rn. 19; L/W/*Armbrüster*, § 1 VVG-InfoV Rn. 23.

§ 1 VVG-InfoV Informationspflichten bei allen Versicherungszweigen

dige Verträge vorliegen. Insbes. die separate Kündbarkeit der Versicherung einzelner Risiken spricht dafür, die Selbständigkeit zu bejahen.[60] Bietet der VR dagegen nur das kombinierte Produkt an, begründet die Tatsache, dass die einzelnen Teile des Produkts auf dem Markt auch als selbständige Versicherungsprodukte angeboten werden, nicht die Pflicht, einzelne Prämien auszuweisen. Auch die bloße Möglichkeit, die Versicherung bestimmter Risiken separat anzubieten, hat diese Folge nicht.[61]

19 Kann ein genauer Gesamtpreis der Versicherung nicht angegeben werden, so müssen die Informationsunterlagen Angaben zu den **Grundlagen seiner Berechnung** enthalten, die dem VN eine Überprüfung des Preises ermöglichen.[62] Die Anforderung stimmt wörtlich mit Art. 3 I Nr. 2 lit. b) Fernabsatzrichtlinie II überein, der insbes. für die Fälle konzipiert wurde, in denen Unternehmer auf Dritte angewiesen sind, um die versprochene Leistung erbringen zu können.[63] Ein möglicher Anwendungsfall sind Risikolebensversicherungen zur Absicherung eines Darlehens.[64] Die Grundlage der Gesamtpreisberechnung wird aber auch in den häufigen Fällen erforderlich sein, in denen der VR nach dem **Antragsmodell** verfährt und eine Risikoprüfung nach § 19 VVG durchführt; denn hier stehen ein etwaiger Risikozuschlag und dessen Höhe im Informationszeitpunkt noch nicht fest[65].

20 Eine **Angabe der Kosten in Euro** ist **nicht erforderlich** und zum Teil auch unmöglich. Etwas anderes gilt aber gem. §§ 2 II 1, 3 II für den Ausweis der Prämie und bestimmter Kosten in der Lebens- und Krankenversicherung.[66]

4. Angabe zusätzlich anfallender Kosten, § 1 I Nr. 8

21 Zu informieren ist nach der verschachtelt formulierten Norm über zusätzlich anfallende Kosten, die der VR **ohne weitere Gegenleistung** erhebt, über Kosten, die nicht **vom VR** in Rechnung gestellt werden sowie über **nicht über ihn abgeführte** Steuern und Gebühren. Praktische Beispiele dürfte es kaum geben.[67] Soweit die Zusendung einer Ersatzpolice oder die Bearbeitung von Rückläufern im Lastschriftverkehr genannt werden,[68] ist dem nicht zu folgen, da hier der VR eine Gegenleistung erbringt.[69]

22 Schließlich hat der VR den VN auch über die Kosten der Benutzung von **Fernkommunikationsmitteln** zu informieren, die **zusätzlich** in Rechnung gestellt werden. Dabei kann es nur um Kosten gehen, deren zusätzliche Inrechnungstellung auf den VR zurückgeht, sei es, dass er selbst die Kosten erhebt, sei es, dass er ihre Erhebung durch ein Telekommunikationsunternehmen veranlasst. Über die aufgrund der vertraglichen Beziehungen des VN zu seinem eigenen Telekommunikationsanbieter entstehenden Kosten kann der VR schlechterdings nicht informieren.

5. Einzelheiten hinsichtlich der Zahlung und der Erfüllung, § 1 I Nr. 9

23 In Bezug auf die Zahlung müssen **Zahlungsziel** (z.B. 14 Tage nach Erhalt des Versicherungsscheins) und **Zahlungsmodalitäten** (etwa Überweisung oder Lastschrift[70]) angegeben werden.[71] Überschneidungen können sich zur »Zahlungsweise der Prämie« ergeben. Angaben über die **Erfüllung** müssen alle Punkte enthalten, die ein VN vernünftigerweise erwarten kann, allen voran solche Umstände, auf die er sich einstellen muss (z.B. Zeitpunkt oder Zeitraum der Leistung, Leistungsort).[72] Die vom VR zu erbringende Leistung ist in Nr. 9 nicht gemeint (arg. e § 1 I Nr. 6 lit. b)).[73]

6. Befristete Informationen, § 1 I Nr. 10

24 Bei den meisten der notwendigen Informationen wird die Gültigkeitsdauer i.d.R. nicht in absehbarer Weise beschränkt sein. Möglich ist etwa, dass sich die ladungsfähige Anschrift in Kürze ändert, so dass sowohl die aktuelle als auch die künftige Anschrift anzugeben sind.[74] Im Rahmen des **Invitatio-Modells** muss der VR

---

60 Anders HK-VVG/*Baroch Castellvi*, § 1 VVG-InfoV Rn. 19.
61 Zustimmend P/M/*Knappmann*, § 1 VVG-InfoV, Rn. 9; anders L/W/*Armbrüster*, § 1 VVG-InfoV Rn. 23.
62 Zustimmend FAKomm-VersR/C. *Schneider/Reuter-Gehrken*, § 1 VVG-InfoV Rn. 21.
63 Siehe für den Fernabsatz Staudinger/*Thüsing* (2005), § 312c Rn. 65.
64 Näher HK-VVG/*Baroch Castellvi*, § 1 VVG-InfoV Rn. 21.
65 P/M/*Knappmann*, § 1 VVG-InfoV Rn. 9.
66 *Präve* VersR 2008, 151, 156.
67 Ausführlich HK-VVG/*Baroch Castellvi*, § 1 VVG-InfoV Rn. 22 ff.
68 PK/*Mauntel*[1], § 1 VVG-InfoV Rn. 26; Römer/Langheid/*Langheid*, § 1 VVG-InfoV Rn. 21; P/M/*Knappmann*[28], § 1 VVG-InfoV Rn. 11.
69 Im Ergebnis ebenso HK-VVG/*Baroch Castellvi*, § 1 VVG-InfoV Rn. 22; P/M/*Knappmann*, § 1 VVG-InfoV Rn. 11.
70 L/W/*Armbrüster*, § 1 VVG-InfoV Rn. 34.
71 Vgl. zu Art. 246b EGBGB § 1 MünchKommBGB/*Wendehorst*, § 312d Anh. II Rn. 22.
72 Vgl. zu Art. 246b EGBGB § 1 MünchKommBGB/*Wendehorst*, § 312d Anh. II Rn. 23.
73 HK-VVG/*Baroch Castellvi*, § 1 VVG-InfoV Rn. 29; L/W/*Armbrüster*, § 1 VVG-InfoV Rn. 34.
74 Vgl. allgemein Staudinger/*Thüsing* (2005), § 312c Rn. 73.

mitteilen, wie lange er an sein Angebot **gebunden** ist.[75] Die Pflicht zur Angabe einer Antragsbindefrist bei Verwendung des Antrags-Modells ergibt sich dagegen aus § 1 I Nr. 12.[76] Auch ist der VR nach § 1 I Nr. 10 nicht verpflichtet darzulegen, wie lange er die AVB auch künftig gegenüber anderen VN zu verwenden gedenkt.[77] Eine andere Frage ist, ob sich eine entsprechende Pflicht aus § 6 VVG ergibt.

7. Hinweis auf besondere Risiken der Finanzdienstleistung, § 1 I Nr. 11

§ 1 I Nr. 11 entspricht weitgehend den Anforderungen von Art. 246b § 1 I Nr. 8 EGBGB. Über diese hinaus fordert er die **genaue Bezeichnung** der jeweiligen Umstände und Risiken. Bei Versicherungsverträgen dürfte der Anwendungsbereich überschaubar sein. Ein Anwendungsfall ist die **fondsgebundene Lebensversicherung**.[78] Insoweit ergeben sich Überschneidungen mit § 2 I Nr. 7. Aus Gründen der Transparenz ist es sachgerecht, die Informationen nach Nr. 11 und § 2 I Nr. 7 im Zusammenhang zu geben. Nicht unter Nr. 11 fallen das allgemeine, von allen VR und VN spartenunabhängig zu tragende Kapitalanlagerisiko sowie das Risiko überproportionaler Schäden.[79] Der VR muss auch darauf hinweisen, dass in der Vergangenheit erwirtschaftete Erträge kein Indikator für künftige Erträge sind.   25

Die Überlegung, dass es sich bei § 1 I Nr. 11 sachlich um eine **Beratungspflicht** handele,[80] führt insofern in die Irre, als es sich bei § 7 VVG i.V.m. der VVG-InfoV um standardisierte, insbes. vom VN unabhängige Pflichten handelt. Welche Beratung neben der Information zu erfolgen hat, ergibt sich allein aus § 6 VVG. Die Einschränkung »*gegebenenfalls*« in Nr. 11 ist insoweit missglückt, als etliche Informationen nach § 1 I nicht *per se*, sondern nur unter bestimmten Voraussetzungen mitzuteilen sind.   26

III. Informationen zum Vertrag, § 1 I Nrn. 12 bis 18

1. Zustandekommen des Vertrages, § 1 I Nr. 12

Da die VR zwischen **unterschiedlichen Vertragsschlussmodellen** wählen können (siehe dazu § 7 VVG Rdn. 72 ff.), ist der VN nach § 1 I Nr. 12 über das jeweilig angewandte **Verfahren des Vertragsschlusses** aufzuklären. Insbes. unter Verwendung des Invitatio-Modells muss der VN darüber belehrt werden, dass es noch einer **ausdrücklichen Annahme** seinerseits bedarf. Kommt der Vertrag nach dem **Antragsmodell** zustande, genügt es, wenn der VR darauf hinweist, dass er das Angebot des VN noch **annehmen** muss; dabei muss dem VN verdeutlicht werden, bei welcher Handlung des VR (etwa Zusendung des Versicherungsscheins) es sich um eine Annahme handelt.[81]   27

Anzugeben ist auch die Dauer der **Antragsbindungsfrist**. Antragsteller kann nach dem insofern offenen Wortlaut der Norm sowohl der VN als auch der VR sein. Indes ist anzunehmen, dass der Verordnungsgeber das Antragsmodell und nicht das erst später in der Literatur entwickelte Invitatio-Modell im Kopf hatte, also **den VN als Antragsteller** ansah. Zudem verlangt § 1 I Nr. 10 die Angabe der Gültigkeitsdauer befristeter Angebote, worunter Angebote und auch invitationes ad offerendum des VR fallen. Das spricht dafür, § 1 I Nr. 12 nur auf Anträge (Angebote) des VN anzuwenden.[82] Im Hinblick auf § 1 I Nr. 10 (vgl. dazu Rdn. 24) ist diese Frage im Ergebnis freilich ohne praktische Relevanz.   28

Eine bestehende **Antragsbindefrist** ist genau zu bezeichnen.[83] Die Dauer der Fristen ist durch das Gesetz nicht vorgegeben und demnach **vom VR zu bestimmen**. Diese Bestimmung unterliegt – da sie regelnden Charakter hat – der **AGB-Kontrolle**.[84] Grundsätzlich ist eine Frist von einem Monat zulässig.[85] Eine Ausnahme besteht in der Lebens- und Krankenversicherung, bei der eine Frist von 6 Wochen zulässig sein kann.[86] Soll keine Antragsbindefrist bestehen, ist der VN auch hierüber aufzuklären.[87] Werden die Informationen dem VN – insbes. in den Fällen des § 7 I 3 VVG – erst nach dessen Vertragserklärung ausgehändigt, ist für eine Antragsbindung kein Raum. Um eine Irreführung des VN zu vermeiden, ist in diesen Fällen eine Antragsbindefrist **ausdrücklich auszuschließen**.   29

---

75 HK-VVG/*Baroch Castellvi*, § 1 VVG-InfoV Rn. 30; FAKomm-VersR/C. *Schneider/Reuter-Gehrken*, § 1 VVG-InfoV Rn. 27.
76 HK-VVG/*Baroch Castellvi*, § 1 VVG-InfoV Rn. 30; P/M/*Knappmann*, § 1 VVG-InfoV Rn. 14.
77 Zustimmend P/M/*Knappmann*, § 1 VVG-InfoV Rn. 14.
78 PK/*Gansel*, § 1 VVG-InfoV Rn. 29; P/M/*Knappmann*, § 1 VVG-InfoV Rn. 15; L/W/*Armbrüster*, § 1 VVG-InfoV Rn. 38; FAKomm-VersR/C. *Schneider/Reuter-Gehrken*, § 1 VVG-InfoV Rn. 29.
79 So jetzt auch P/M/*Knappmann*, § 1 VVG-InfoV Rn. 15; L/W/*Armbrüster*, § 1 VVG-InfoV Rn. 37.
80 HK-VVG/*Baroch Castellvi*, § 1 VVG-InfoV Rn. 32; L/W/*Armbrüster*, § 1 VVG-InfoV Rn. 37.
81 Vgl. L/W/*Armbrüster*, § 1 VVG-InfoV Rn. 41.
82 Zustimmend FAKomm-VersR/C. *Schneider/Reuter-Gehrken*, § 1 VVG-InfoV Rn. 32:; a.A. wohl P/M/*Knappmann*, § 1 VVG-InfoV Rn. 16; L/W/*Armbrüster*, § 1 VVG-InfoV Rn. 44.
83 *Präve* VW 1995, 90, 95.
84 Prölss/*Präve*, § 10a VAG Rn. 15.
85 Prölss/*Präve*, § 10a VAG Rn. 15.
86 OLG Hamm VersR 1986, 82, 83; OLG Frankfurt (Main) VersR 1983, 528, 529; Prölss/*Präve*, § 10a VAG Rn. 15.
87 Prölss/*Präve*, § 10a VAG Rn. 15.

§ 1 VVG-InfoV Informationspflichten bei allen Versicherungszweigen

30 Die Verwendung einer Antragsbindefrist ist auch **nicht** etwa deshalb **ausgeschlossen**, weil dem VN gem. § 8 VVG ein **Widerrufsrecht** zusteht.[88] Eine Antragsbindefrist konkretisiert lediglich die Regelung des § 147 II BGB, wonach der einem Abwesenden gemachte Antrag nur bis zu dem Zeitpunkt angenommen werden kann, in welchem der Antragende den Eingang der Antwort unter regelmäßigen Umständen erwarten darf. Folglich ist jeder Antrag per se befristet. Auf die Ausübung eines aufgrund einer anderen gesetzlichen Vorschrift bestehenden Widerrufsrechts hat eine Antragsbindefrist keine Auswirkungen, so dass der VN seine Vertragserklärung unabhängig hiervon gem. § 8 VVG widerrufen kann. Die Aufnahme einer Bindefrist in das Antragsformular dient der **Rechtssicherheit und -klarheit,** da der VN nicht im Ungewissen darüber bleibt, was unter »regelmäßigen Umständen« i.S.v. § 147 II BGB zu verstehen ist. Im Übrigen hat eine Antragsbindefrist den Vorteil, dass der VN in dem Fall, in dem sein Antrag zu spät angenommen wird und er kein Interesse mehr an dem Vertragsschluss hat, keinen Widerruf zu erklären und die Rechtzeitigkeit seiner Erklärung im Streitfall auch **nicht zu beweisen** hat. Um den Anforderungen des BAV (heute: BaFin) zu § 5a VVG a.F.[89] zu genügen, muss der VN aber **ausdrücklich** darauf **hingewiesen** werden, dass er seine Vertragserklärung gem. § 8 VVG unabhängig von der Antragsbindefrist widerrufen kann. Zu informieren ist schließlich über den **Beginn der Versicherung** und des **Versicherungsschutzes**: Da es sich hierbei um besonders wichtige Informationen handelt (vgl. auch § 4 II Nr. 8), sollte aus **Gründen der Transparenz** nicht bloß auf das Antragsformular oder die AVB verwiesen werden, sondern eine ausdrückliche Information erfolgen.[90]

2. Bestehen und Ausübung des Widerrufsrechts, § 1 I Nr. 13

31 § 1 I Nr. 13 stellt klar, dass der VR den VN nicht nur über das **Bestehen**, sondern auch über das **Nichtbestehen** eines Widerrufsrechts belehren muss. Das betrifft vor allem die Fälle des § 8 III 1 VVG (ausgenommen § 8 III Nr. 4 VVG, s. § 7 V 1 VVG), in denen von vornherein kein Widerrufsrecht besteht, aber auch diejenigen des Erlöschens bei beidseitiger vollständiger Erfüllung nach § 8 III 2 VVG.

32 Zu den **Bedingungen der Ausübung** des Widerrufes gehört eine Information über den Beginn, das Ende und die Berechnung der Widerrufsfrist. Erforderlich ist auch ein Hinweis darüber, dass eine Begründung nicht erforderlich ist und zur Fristwahrung die rechtzeitige Absendung der Widerrufserklärung genügt, vgl. § 8 I 2 Hs. 2 VVG. Hinsichtlich der Einzelheiten der Ausübung ist insbes. auf die verschiedenen Möglichkeiten einer Widerrufserklärung sowie das **Textformerfordernis** (§ 126b BGB) hinzuweisen. Zwar genügt ein Widerruf in Schriftform auch den Anforderungen der Textform.[91] Im Unterschied zur Schriftform reicht aber bereits die Fixierung der Widerrufserklärung in einer Urkunde oder auf eine andere zur dauerhaften Wiedergabe von Schriftzeichen geeignete Weise, so dass ein Widerruf etwa per (Computer)Fax oder E-Mail zulässig ist.[92] Demnach sind richtigerweise nicht nur, wie Nr. 12 dies nahe legen würde, Name und Anschrift, sondern auch **E-Mail-Adresse und Faxnummer** der Person, der gegenüber der Widerruf zu erklären ist, anzugeben,[93] da der VN nur dann die Möglichkeit hat, von dem ihm in § 8 VVG eingeräumten Widerrufsrecht vollumfänglich Gebrauch zu machen.

33 Im Hinblick auf die **Rechtsfolgen** ist der VN vor allem darüber zu belehren, dass er unter den Voraussetzungen des § 9 Satz 1 VVG nur den auf die Zeit nach Zugang des Widerrufs entfallenden Teil der Prämie oder – im Falle des unterbliebenen Hinweises durch den VR – die für das erste Jahr des Versicherungsschutzes gezahlten Prämien zurück erhält, § 9 Satz 2 VVG i.V.m. § 1 I Nr. 13 a.E.

34 Fraglich ist im Übrigen, in welchem **Verhältnis** die Belehrung nach § 8 II 1 Nr. 2 VVG und die Informationsmitteilung nach § 7 I 1 VVG i.V.m. § 1 I Nr. 13 zueinander stehen. Streng genommen müsste der VN einmal vor Vertragsschluss nach § 7 I 1 VVG informiert und ein weiteres Mal gem. § 8 VVG belehrt werden. Eine solche **doppelte Belehrung** dürfte indes sachlich **nicht geboten** sein und den VN eher verwirren als ihm einen Informationsvorteil zu verschaffen. Eine einmalige Information/Belehrung genügt daher, wenn sie hinsichtlich des Zeitpunktes, der Form und des Inhaltes den Anforderungen **beider Vorschriften** genügt.[94]

35 Die Verletzung von § 8 II 1 Nr. 2 sowie von § 1 I Nr. 13 zieht grundsätzlich dieselben Rechtsfolgen nach sich: Zum einen beginnt die **Widerrufsfrist** nicht zu laufen, zum anderen macht sich der VR jedenfalls gegenüber einem Verbraucher-VN **schadensersatzpflichtig** (§§ 280 I, 311 II, 241 II BGB).[95] Denn auch bei der

---

[88] So aber HK-VVG/*Baroch Castellvi*, § 1 VVG-InfoV Rn. 35 unter Hinweis auf VerBAV 1995, 283, 285; i.E. wie hier L/W/*Armbrüster*, § 1 VVG-InfoV Rn. 45 f.; FAKomm-VersR/C. *Schneider/Reuter-Gehrken*, § 1 VVG-InfoV Rn. 33.
[89] VerBAV 1995, 283, 285.
[90] A.A. P/M/*Knappmann*, § 1 VVG-InfoV Rn. 16; PK/*Gansel*, § 1 VVG-InfoV Rn. 30.
[91] Palandt/*Grüneberg*, § 355 Rn. 7.
[92] LG Kleve NJW-RR 2003, 196; MünchKommBGB/*Masuch*⁶, § 355 Rn. 35.
[93] So auch HK-VVG/*Baroch Castellvi*, § 1 VVG-InfoV Rn. 37.
[94] So jetzt auch PK/*Gansel*, § 1 VVG-InfoV Rn. 31; FAKomm-VersR/C. *Schneider/Reuter-Gehrken*, § 1 VVG-InfoV Rn. 37; ähnlich L/W/*Armbrüster*, § 1 VVG-InfoV Rn. 49; HK-VVG/*Baroch Castellvi*, § 1 VVG-InfoV Rn. 39; wohl auch P/M/*Knappmann*, § 1 VVG-InfoV Rn. 17.
[95] A.A. L/W/*Armbrüster*, § 1 VVG-InfoV Rn. 50.

Belehrung über den Beginn der Widerrufsfrist nach § 8 II 1 Nr. 2 VVG handelt es sich richtigerweise zumindest **bei Verbraucherverträgen** um eine **echte Rechtspflicht**.[96] Dafür spricht zunächst die Rechtsprechung des EuGH und – dem folgend – des BGH zur Widerrufsbelehrung nach dem HWiG.[97] Zudem sieht das BGB bei Verbraucherverträgen eine allgemeine Pflicht zur Belehrung des Verbrauchers über ein etwaig bestehendes Widerrufsrecht vor (§ 312a II 1 BGB i.V.m. Art. 246 III EGBGB), und auch insoweit wird von einer echten Rechtspflicht zur Belehrung ausgegangen.[98] Zwar ist § 312a II BGB nach Abs. 6 der Vorschrift auf Versicherungsverträge und deren Vermittlung nicht anwendbar. Dem liegt indes die Annahme zugrunde, dass das VVG mit den §§ 7 und 8 VVG sowie den Informationspflichten der VVG-InfoV vergleichbare Standards normiert.[99] Insoweit ist es nur konsequent, auch § 8 II 1 Nr. 2 VVG als Rechtspflicht einzuordnen, sofern der VN ein Verbraucher ist. Dies wird auch am ehesten der ratio der Belehrung gerecht, den Kunden im Interesse eines effektiven Verbraucherschutzes über Existenz, Inhalt und Bedeutung seines Rechts in Kenntnis zu setzen und so zu gewährleisten, dass er sein Recht auch **effektiv** ausübt und sich gegebenenfalls auf die schwebende Unwirksamkeit beruft.[100]

3. Angaben zur (Mindest-)Laufzeit des Vertrages, § 1 I Nr. 14

§ 1 I Nr. 14 fordert Angaben dazu, ob der Vertrag **befristet oder unbefristet** ist und ob er sich automatisch verlängert. Der VR muss auf § 11 VVG hinweisen, wenn es sich um einen Versicherungsvertrag mit unbestimmter Dauer handelt.[101] **Mindestlaufzeiten** ergeben sich aus Kündigungsfristen, für die § 1 I Nr. 15 einschlägig ist. Auf die Kündigungsmöglichkeit nach § 11 IV VVG muss nicht hier[102], sondern im Rahmen von Nr. 15 hingewiesen werden.[103] 36

4. Angaben zur Beendigung des Vertrages, § 1 I Nr. 15

Dem VN soll durch die Angaben nach Nr. 15 darüber Klarheit verschafft werden, wie lange sein Versicherungsschutz besteht und unter welchen Voraussetzungen er den Vertrag einseitig beenden kann.[104] Beispielhaft verlangt die Vorschrift Angaben zu den **vertraglichen Kündigungsbedingungen**, also vornehmlich zu den Voraussetzungen der Kündigung sowie den dafür vorgesehenen Fristen und den jeweiligen Modalitäten (Form, Adressat) nebst Rechtsfolgen. Aus dem Wortlaut ergibt sich nicht, ob auch auf die **gesetzlichen Kündigungsmöglichkeiten** hinzuweisen ist (z.B. §§ 11 IV, 92 I, 40 I 1 VVG). Das ist zu bejahen, soweit das VVG nicht spezielle Informationspflichten vorsieht (z.B. § 40 I 2 VVG).[105] 37

Ob § 1 Nr. 15 aufgrund seines insofern offenen Wortlautes auch die **Kündigungsmöglichkeiten des VR** erfasst[106] oder ob wegen der nur auf den VN abstellenden Begründung zur InfoV die Kündigungsrechte des VR nicht anzugeben sind[107], ist umstritten. Da Nr. 15 auch bezweckt, den VN über die **Dauer seines Versicherungsschutzes** zu informieren, ist der erstgenannten Ansicht zu folgen, soweit nicht spezielle Informationspflichten bestehen (z.B. § 19 V VVG).[108] 38

Die Pflicht zur Angabe etwaiger Vertragsstrafen läuft weitgehend leer. In Betracht kommen wegen des systematischen Zusammenhangs nur Vertragsstrafen, die sich aus der Beendigung des Vertrages durch den VN ergeben.[109] Solche Vertragsstrafen sind im Hinblick auf die halbzwingenden gesetzlichen Kündigungsrechte des VN kaum denkbar.[110] Nicht erfasst sind zudem **Stornoabzüge** in der Lebensversicherung, die auch im Rahmen der AGB-Kontrolle nicht am Maßstab von § 309 Nr. 6 BGB gemessen werden.[111] 39

---

96 So auch PK/*Ebers*, § 8 Rn. 52; anders L/W/*Armbrüster*, § 1 VVG-InfoV Rn. 50; *Heinig/Makowsky*, § 8 VVG Rdn. 46 (Obliegenheit).
97 EuGH NJW 2005, 3551; BGH NJW 2007, 357, 360; vgl. auch OLG Stuttgart NJW-RR 1988, 558, 559; NJW 1988, 1986, 1987, jeweils zu § 2 HWiG.
98 Vgl. Palandt/*Grüneberg*, Art. 246 EGBGB Rn. 12.
99 Vgl. Palandt/*Grüneberg*, § 312 Rn. 29.
100 Vgl. BGH NJW 2007, 357, 360 zu § 2 HWiG.
101 P/M/*Knappmann*, § 1 VVG-InfoV Rn. 18.
102 So aber P/M/*Knappmann*, § 1 VVG-InfoV Rn. 18.
103 So auch L/W/*Armbrüster*, § 1 VVG-InfoV Rn. 58.
104 PK/*Gansel*, § 1 VVG-InfoV Rn. 33.
105 Wie hier jetzt auch L/W/*Armbrüster*, § 1 VVG-InfoV Rn. 60; PK/*Gansel*, § 1 VVG-InfoV Rn. 33; a.A. HK-VVG/*Baroch Castellvi*, § 1 VVG-InfoV Rn. 43; FAKomm-VersR/C. *Schneider/Reuter-Gehrken*, § 1 VVG-InfoV Rn. 41.
106 P/M/*Knappmann*, § 1 VVG-InfoV Rn. 18.
107 So HK-VVG/*Baroch Castellvi*, § 1 VVG-InfoV Rn. 41; L/W/*Armbrüster*, § 1 VVG-InfoV Rn. 59.
108 Dem folgend PK/*Gansel*, § 1 VVG-InfoV Rn. 33.
109 L/W/*Armbrüster*, § 1 VVG-InfoV Rn. 61.
110 HK-VVG/*Baroch Castellvi*, § 1 VVG-InfoV Rn. 44; L/W/*Armbrüster*, § 1 VVG-InfoV Rn. 61.
111 L/W/*Armbrüster*, § 1 VVG-InfoV Rn. 61; HK-VVG/*Baroch Castellvi*, § 1 VVG-InfoV Rn. 44 m.N. aus der Rechtsprechung.

§ 1 VVG-InfoV Informationspflichten bei allen Versicherungszweigen

5. Statut der Kontaktaufnahme, § 1 I Nr. 16

40 In § 1 I Nr. 16 ist nicht das auf den Vertrag selbst anwendbare Recht gemeint, arg. e § 1 I Nr. 17, sondern das **Recht, das die vorvertragliche Anbahnungsphase** bestimmt.[112] Darunter fallen lauterkeitsrechtliche Beschränkungen sowie vorvertragliche Informations- und Aufklärungspflichten.[113] Da die VVG-InfoV zunächst selbst auf die vorvertraglichen Beziehungen anwendbar sein muss, wird das anwendbare vorvertragliche Recht dann i.d.R. das **deutsche Recht** sein.

6. Anwendbares Recht und Gerichtsstand, § 1 I Nr. 17

41 Des Schutzes dieser Informationspflicht bedarf der VN, weil die Rechtslage kompliziert ist.[114] Seit dem 18.12.2009 wird sie durch die Rom-I-Verordnung jedoch vereinfacht. Auch über eine Vertragsklausel über das geltende Recht und über einen Gerichtsstand ist zu informieren; allerdings kann ohne eine solche Information die Vereinbarung nicht zustande kommen. Die Informationspflicht über den Gerichtsstand bezieht sich nur auf eine Gerichtsstandsvereinbarung, nicht dagegen auf einen gesetzlichen Gerichtsstand.[115] Das ergibt sich bereits aus dem klaren Wortlaut der Vorschrift (»[...] Vertragsklausel [...] über das zuständige Gericht«).

42 Bei einem Vertrag über ein **Großrisiko** greift § 7 I VVG i.V.m. der VVG-InfoV nicht ein, § 7 V 1 VVG. Ist bei einem solchen Vertrag der VN eine **natürliche Person**, hat ihm der VR gleichwohl das anwendbare Recht vor Vertragsschluss in Textform mitzuteilen, § 7 V 2 VVG.

7. Angaben über zu verwendende Sprachen, § 1 I Nr. 18

43 Relevant wird diese Vorschrift insbes. bei **grenzüberschreitenden Tätigkeiten** des VR. Nach ihrem Wortlaut gilt sie auch für Inlandssachverhalte (deutscher VN schließt mit deutschem VR einen Vertrag). Nach ihrem Sinn und Zweck ist sie **einschränkend auszulegen**: Ist nach den Umständen ganz offensichtlich, dass nur eine Sprache in Betracht kommt, ist ein Hinweis entbehrlich. Das ist z.B. bei den vorvertraglichen Informationen sogar bei Grenzüberschreitung der Fall, wenn der VR sich auf nur eine Sprache beschränkt; dann ist es dem VN zuzumuten, diese selbständig zu identifizieren.[116] Demgegenüber ist eine Angabe über die Kommunikation während der Laufzeit des Vertrages bei grenzüberschreitendem Bezug oder bei sonstigen Anhaltspunkten für die Relevanz mehrerer Sprachen (VN ist des Deutschen nicht mächtig) erforderlich.[117]

IV. Informationen zum Rechtsweg, § 1 I Nrn. 19 und 20

1. Zugang zu außergerichtlichem Beschwerde- und Rechtsbehelfsverfahren, § 1 I Nr. 19

44 Die Regelung verstärkt den Trend auf europäischer Ebene, auf die außergerichtliche Beilegung insbes. von Verbraucherstreitigkeiten zu setzen, was zu Erleichterungen führen soll v.a. im Hinblick auf die zunehmende Mobilität und die streitigen Rechtsfragen des anwendbaren Rechts, die zuständige Gerichtsbarkeit und praktische Hürden wie etwa die Zustellung von Schriftstücken.[118] Der VR muss auf den **Ombudsmann** und die **Voraussetzungen seiner Inanspruchnahme** hinweisen. Insoweit dürfte es genügen darauf hinzuweisen, dass jedem Verbraucher (Versicherungsombudsmann e.V.) bzw. jedem VN und – bei der Gruppenversicherung – jeder versicherten Person (Ombudsmann PKV) die Möglichkeit offen steht, den Ombudsmann anzurufen,[119] und im Übrigen auf die im Internet abrufbare Verfahrensordnung zu verweisen (http://www.versicherungsombudsmann.de/Navigationsbaum/Verfahrensordnung.html sowie https://www.pkv-ombudsmann.de/statut/). Ein Hinweis auf das Sachverständigenverfahren nach § 84 VVG ist nicht erforderlich.[120] Der **ausdrückliche** Hinweis darauf, dass der Rechtsweg unberührt bleibt, soll Fehlvorstellungen des VN vorbeugen und die Bereitschaft zu einer vorrangigen Inanspruchnahme außergerichtlicher Rechtsbehelfe fördern.[121]
Kontaktdaten:
Anschrift Versicherungsombudsmann:
Versicherungsombudsmann e.V., Postfach 080 632, 10006 Berlin
Tel.: aus dem deutschen Telefonnetz 0800 3696000 (kostenfrei), aus dem Ausland +49 30 20605899 (kostenpflichtig)

---

112 L/W/*Armbrüster*, § 1 VVG-InfoV Rn. 62.
113 Vgl. zu Art. 246b EGBGB § 1 MünchKommBGB/*Wendehorst*, § 312d Anh. II Rn. 31.
114 Näher dazu *Wandt*, Rn. 161 ff.
115 L/W/*Armbrüster*, § 1 VVG-InfoV Rn. 65 m.w.N.
116 Vgl. zu Art. 246b EGBGB § 1 MünchKommBGB/*Wendehorst*, § 312d Anh. II Rn. 34; dagegen FAKomm-VersR/C. Schneider/Reuter-Gehrken, § 1 VVG-InfoV Rn. 50.
117 Weitergehend HK-VVG/*Baroch Castellvi*, § 1 VVG-InfoV Rn. 83.
118 Vgl. allgemein Staudinger/*Thüsing* (2005), § 312c Rn. 87.
119 HK-VVG/*Baroch Castellvi*, § 1 VVG-InfoV Rn. 52; vgl. auch FAKomm-VersR/C. *Schneider/Reuter-Gehrken*, § 1 VVG-InfoV Rn. 53.
120 HK-VVG/*Baroch Castellvi*, § 1 VVG-InfoV Rn. 53; FAKomm-VersR/C. *Schneider/Reuter-Gehrken*, § 1 VVG-InfoV Rn. 52.
121 Begr. zur VVG-InfoV, VersR 2008, 183, 187.

Fax: aus dem deutschen Telefonnetz 0800 3699000 (kostenfrei), aus dem Ausland +49 30 20605898 (kostenpflichtig). E-Mail: beschwerde@versicherungsombudsmann.de
Versicherungsombudsmann ist derzeit Prof. Dr. Günter Hirsch.
Anschrift Ombudsmann PKV:
OMBUDSMANN Private Kranken- und Pflegeversicherung,
Postfach 06 02 22, 10052 Berlin
Tel.: 0800 2550444 (aus dem deutschen Telefonnetz kostenfrei)
Fax: 0 30 – 20 45 89 31
Ombudsmann PKV ist derzeit Heinz Lanfermann.

2. Möglichkeit der Beschwerde bei der Aufsichtsbehörde, § 1 I Nr. 20

Der VR muss Name und Anschrift der zuständigen Aufsichtsbehörde angeben und auf die Möglichkeit einer Beschwerde hinweisen. Deutsche VR sowie ausländische VR, die dem EWR unterfallen, haben die **Adresse der BaFin** mitzuteilen: **45**
Kontaktdaten:
Bundesanstalt für Finanzdienstleistungsaufsicht (BaFin)
Graurheindorfer Str. 108
53117 Bonn
Oder:
Postfach 1253, 53002 Bonn
Tel.: 0228/4108–0
Fax: 0228/4108–1550
EWR-Ausländer, die den EG-Versicherungsrichtlinien unterfallen, müssen die Adresse der zuständigen Sitzlandbehörde anführen. Ist eine Beschwerde eines deutschen VN bei dieser Behörde nicht möglich, ist die Adresse der BaFin anzugeben.[122]

V. Gestaltung der Informationen, § 1 II

§ 1 II eröffnet dem VR die Möglichkeit, alle Informationspflichten nach § 1 I durch Übermittlung der Vertragsbestimmungen einschließlich der AVB zu erfüllen, so dass die Informationen in den Vertragsunterlagen enthalten sein können.[123] Wählt der VR diesen Weg, sind die in § 1 II genannten, **ausnehmend wichtigen Informationen** nach § 1 I Nrn. 3, 13 und 15 **besonders zu kennzeichnen**. Die Vorschrift verlangt insoweit nicht nur eine »hervorgehobene«, sondern darüber hinaus auch eine »deutlich gestaltete« Form. Der Übergang zwischen hervorgehoben und deutlich ist fließend. Will man dem Gesetzgeber keine Tautologie unterstellen, müsste man »deutlich gestaltete Form« im Sinne eines **Transparenzgebotes** verstehen.[124] Die Informationen müssen also nicht nur besonders auffällig und gut sichtbar sein, was beispielsweise durch ein auffälliges Druckbild, räumliche Trennung der relevanten Textpassagen, Fett- oder Farbdruck bzw. Einrahmen der Textbestandteile gewährleistet werden kann;[125] vielmehr müssen gerade diese Passagen besonders **einprägsam und verständlich** sein, um dem Schutzzweck der Informationspflichten im Hinblick auf die Wichtigkeit der Informationen Rechnung zu tragen. Der Wortlaut von Abs. 2 lässt diese Interpretation ohne Weiteres zu[126], bedeutet »deutlich« doch nicht nur »gut wahrnehmbar«, sondern auch »eindeutig« und »unmissverständlich«.[127] Da es sich bei der Information nach § 1 I Nr. 15 aufgrund des regelnden Charakters um eine AGB handelt, kommt es demnach zu einer »**dreifachen Transparenzkontrolle**«: Die Klausel muss dem **Transparenzgebot** des § 307 BGB genügen, darüber hinaus gem. § 7 I 2 VVG in einer dem eingesetzten Kommunikationsmittel entsprechenden Weise **klar und verständlich** übermittelt werden und schließlich eine **hervorgehobene und deutlich gestaltete Form** aufweisen, § 1 II.[128] Ein Verstoß gegen § 1 II und § 7 I 2 VVG führt aber nur dann zur Unwirksamkeit der jeweiligen Klausel, wenn zugleich die Voraussetzungen des § 307 I 2 BGB erfüllt sind (näher zum Verhältnis von § 7 I 2 VVG und § 307 BGB: § 7 VVG Rdn. 39–42). **46**

---

122 PK/*Gansel*, § 1 VVG-InfoV Rn. 38.
123 PK/*Gansel*, § 1 VVG-InfoV Rn. 39.
124 So offenbar auch *Präve* VersR 2008, 151, 152 der schreibt, die Darstellung müsste »insgesamt transparent« sein.
125 *Leverenz*, S. 30; PK/*Gansel*, § 1 VVG-InfoV Rn. 40; P/M/*Knappmann*, § 1 VVG.InfoV Rn. 22.
126 A.A. HK-VVG/*Baroch-Castellvi*, § 1 VVG-InfoV Rn. 59.
127 http://www.duden.de/suchen/dudenonline/deutlich.
128 Dagegen HK-VVG/*Baroch-Castellvi*, § 1 VVG-InfoV Rn. 59; FAKomm-VersR/C. *Schneider/Reuter-Gehrken*, § 1 VVG-InfoV Rn. 57 (keine verschärften inhaltlichen Anforderungen durch § 1 II VVG-InfoV).

§ 2 VVG-InfoV Informationspflichten bei der Lebensversicherung, der Berufsunfähigkeitsversicherung und der Unfallversicherung mit Prämienrückgewähr.

(1) Bei der Lebensversicherung hat der Versicherer dem Versicherungsnehmer gemäß § 7 Abs. 1 Satz 1 des Versicherungsvertragsgesetzes zusätzlich zu den in § 1 Abs. 1 genannten Informationen die folgenden Informationen zur Verfügung zu stellen:

1. Angaben zur Höhe der in die Prämie einkalkulierten Kosten; dabei sind die einkalkulierten Abschlusskosten als einheitlicher Gesamtbetrag und die übrigen einkalkulierten Kosten als Anteil der Jahresprämie unter Angabe der jeweiligen Laufzeit auszuweisen; bei den übrigen einkalkulierten Kosten sind die einkalkulierten Verwaltungskosten zusätzlich gesondert als Anteil der Jahresprämie unter Angabe der jeweiligen Laufzeit auszuweisen;
2. Angaben zu möglichen sonstigen Kosten, insbesondere zu Kosten, die einmalig oder aus besonderem Anlass entstehen können;
3. Angaben über die für die Überschussermittlung und Überschussbeteiligung geltenden Berechnungsgrundsätze und Maßstäbe;
4. Angabe der in Betracht kommenden Rückkaufswerte;
5. Angaben über den Mindestversicherungsbetrag für eine Umwandlung in eine prämienfreie oder eine prämienreduzierte Versicherung und über die Leistungen aus einer prämienfreien oder prämienreduzierten Versicherung;
6. das Ausmaß, in dem die Leistungen nach den Nummern 4 und 5 garantiert sind;
7. bei fondsgebundenen Versicherungen Angaben über die der Versicherung zugrunde liegenden Fonds und die Art der darin enthaltenen Vermögenswerte;
8. allgemeine Angaben über die für diese Versicherungsart geltende Steuerregelung;
9. bei Lebensversicherungsverträgen, die Versicherungsschutz für ein Risiko bieten, bei dem der Eintritt der Verpflichtung des Versicherers gewiss ist, die Minderung der Wertentwicklung durch Kosten in Prozentpunkten (Effektivkosten) bis zum Beginn der Auszahlungsphase.

(2) Die Angaben nach Absatz 1 Nr. 1, 2, 4 und 5 haben in Euro zu erfolgen. Bei Absatz 1 Nr. 6 gilt Satz 1 mit der Maßgabe, dass das Ausmaß der Garantie in Euro anzugeben ist.

(3) Die vom Versicherer zu übermittelnde Modellrechnung im Sinne von § 154 Abs. 1 des Versicherungsvertragsgesetzes ist mit folgenden Zinssätzen darzustellen:
1. dem Höchstrechnungszinssatz, multipliziert mit 1,67,
2. dem Zinssatz nach Nummer 1 zuzüglich eines Prozentpunktes und
3. dem Zinssatz nach Nummer 1 abzüglich eines Prozentpunktes.

(4) ¹Auf die Berufsunfähigkeitsversicherung sind die Absätze 1 und 2 entsprechend anzuwenden. ²Darüber hinaus ist darauf hinzuweisen, dass der in den Versicherungsbedingungen verwendete Begriff der Berufsunfähigkeit nicht mit dem Begriff der Berufsunfähigkeit oder der Erwerbsminderung im sozialrechtlichen Sinne oder dem Begriff der Berufsunfähigkeit im Sinne der Versicherungsbedingungen in der Krankentagegeldversicherung übereinstimmt.

(5) Auf die Unfallversicherung mit Prämienrückgewähr sind Absatz 1 Nr. 3 bis 8 und Absatz 2 entsprechend anzuwenden.

Übersicht

	Rdn.
A. Überblick und Normzweck	1
B. Tatbestand	3
I. Informationspflichten bei der Lebensversicherung, § 2 I	3
1. Angaben zur Höhe der in die Prämien einkalkulierten Kosten, § 2 I Nr. 1	4
a) Einkalkulierte Abschlusskosten	4
b) Angabe der übrigen einkalkulierten Kosten	7
2. Sonstige Kosten, § 2 I Nr. 2	14
3. Angaben zur Berechnung der Überschussermittlung und -beteiligung, § 2 I Nr. 3	16
a) Einleitung	16
b) Umsetzung der Informationspflicht	18
4. Angabe der in Betracht kommenden Rückkaufswerte, § 2 I Nr. 4	21
5. Umwandlung des Versicherungsvertrages, § 2 I Nr. 5	26
a) Prämienfreie Versicherung	27
b) Prämienreduzierung	29
6. Ausmaß garantierter Leistungen, § 2 I Nr. 6	31
7. Informationen bei fondsgebundenen Lebensversicherungen	33
8. Angaben über die Steuerregelung, § 2 I Nr. 8	36
9. Angabe der Effektivkosten, § 2 I Nr. 9	38
II. Angaben in Euro, § 2 II	41
III. Zinssätze, § 2 III	46
IV. Entsprechende Anwendung auf die Berufsunfähigkeitsversicherung, § 2 IV	52
1. § 2 IV 1 i.V.m. § 2 I	52
a) Angabe zu den in die Prämie einkalkulierten Kosten und sonstigen Kosten sowie zur Überschussbeteiligung, § 2 IV 1 i.V.m. § 2 I Nrn. 1, 2 und 3	54
b) Rückkaufswerte, § 2 IV 1 i.V.m. § 2 I Nr. 4	55
c) Angaben für prämienfreie oder -reduzierte Versicherung, § 2 IV 1 i.V.m. § 2 I Nr. 5	56

	Rdn.		Rdn.
d) Ausmaß der garantierten Leistungen, § 2 IV 1 i.V.m. § 2 I Nr. 6	57	2. Begriff der Berufsunfähigkeit, § 2 IV 2 .	60
e) Angaben bei fondsgebundenen Versicherungen, § 2 IV 1 i.V.m. § 2 I Nr. 7	58	3. Angaben in Euro, § 2 IV 1 i.V.m. § 2 II	61
		V. Entsprechende Anwendung auf die Unfallversicherung mit Prämienrückgewähr,	
f) Angaben zur Steuerregelung, § 2 IV 1 i.V.m. § 2 I Nr. 8	59	§ 2 V	62

A. Überblick und Normzweck

§ 2 normiert weitere Informationen, die bei der **Lebensversicherung** und den ihr **verwandten Erscheinungsformen der Personenversicherung zusätzlich** zu den in § 1 Genannten zur Verfügung zu stellen sind, um den Besonderheiten der oben genannten Versicherungsarten Rechnung zu tragen.[1] **Rechtsgrundlage** ist § 7 II Nr. 2 VVG (i.V.m. § 169 III 2 VVG; vgl. dazu Rdn. 21). 1

Die Vorschrift soll in den betreffenden Versicherungssparten **für Transparenz sorgen**. Obwohl § 2 nicht auf Verträge mit Verbrauchern beschränkt ist, soll insbes. diesen die Möglichkeit einer **informierten Entscheidung** über den Abschluss eines Versicherungsvertrages eröffnet werden[2], so dass die hier vorgesehenen Informationspflichten auch im Interesse eines **effektiven Verbraucherschutzes** bestehen.[3] Darüber hinaus fördert eine bessere Vergleichbarkeit der Produkte aufgrund erhöhter Transparenz mittelbar den **Wettbewerb**.[4] 2

B. Tatbestand

I. Informationspflichten bei der Lebensversicherung, § 2 I

Abs. 1 Nrn. 1 und 2 enthalten neue Regelungen zur Mitteilung der Abschluss-, Vertriebs- und sonstigen Kosten.[5] Die Informationen müssen nicht zwingend die in Abs. 1 gewählte Reihenfolge einhalten (arg. e § 4 III 3). Mit »Lebensversicherung« i.S.d. Vorschrift ist nur die Lebensversicherung i.S.d. §§ 150–171 VVG gemeint, vgl. Abs. 4.[6] Ob § 2 I Nr. 1 und 2 dahingehend richtlinienkonform zu reduzieren sind, dass Risikolebensversicherungen ohne Überschussbeteiligung nicht erfasst sind, ist umstritten.[7] 3

1. Angaben zur Höhe der in die Prämien einkalkulierten Kosten, § 2 I Nr. 1

a) Einkalkulierte Abschlusskosten

Nach Nr. 1 Hs. 2 Fall 1 sind die in die Prämie einkalkulierten **Abschlusskosten** mitzuteilen. Demgegenüber verwendet die Verordnungsermächtigung in § 7 II 1 Nr. 2 VVG den Begriff »Abschluss- und Vertriebskosten«, so dass Nr. 1 Hs. 2 Fall 1 einen gegenüber § 7 II 1 Nr. 2 VVG eingeschränkten Anwendungsbereich zu haben scheint. Es ist aber bereits fraglich, ob zwischen Abschluss- und Vertriebskosten ein sachlicher Unterschied besteht.[8] Unter **Vertriebskosten** versteht man alle Kosten, die durch **absatzpolitische Entscheidungen verursacht** werden.[9] § 43 II Nr. 1 lit. b) RechVersV definiert »Abschlussaufwendungen« als unmittelbar zurechenbare Aufwendungen, wie insbes. an Versicherungsmakler zu zahlende **Courtagen**. Da es sich bei einer Courtage um eine Aufwendung handelt, die typischerweise durch den Absatz von Versicherungsprodukten hervorgerufen wird, liegt der Schluss nahe, dass eine sachliche Unterscheidung der Begriffe »Abschluss- und Vertriebskosten« nicht erforderlich ist. Dieser Eindruck wird auch durch die Regierungsbegründung zum VVG sowie die Verordnungsbegründung verstärkt, da hier ebenfalls keine strikte Trennung erfolgt, vielmehr im selben Zusammenhang sowohl von »Abschluss- und Vertriebskosten« als auch nur von »Abschlusskosten« die Rede ist.[10] Ein **sachlicher Unterschied** zwischen Abschluss- und Vertriebskosten i.S.v. § 7 II 1 Nr. 2 VVG und den Abschlusskosten i.S.v. § 2 I Nr. 1 Hs. 2 Fall 1 besteht demnach **nicht**.[11] Die Vorschrift erstreckt sich folglich auf alle Aufwendungen, die unmittelbar oder mittelbar durch den Abschluss eines Versicherungsvertrages anfallen und über die Prämie vom VN getragen werden (z.B. Kosten für die Anlegung der Versicherungsakte, die Aufnahme in den Vertragsbestand oder Abschlussprovisionen). 4

Die Kosten sind als **einheitlicher Gesamtbetrag** auszuweisen. Unter einem Gesamtbetrag versteht man »die Summe aller Teilbeträge«. Die Abschlusskosten sind also nicht einzeln, sondern in Summe zu beziffern. Das 5

---

1 Begr. zur VVG-InfoV, VersR 2008, 183, 188.
2 *Schwintowski* VuR 2008, 250, 251.
3 Ebenso HK-VVG/*Baroch Castellvi*, § 2 VVG-InfoV Rn. 1.
4 Begr. RegE BT-Drucks. 16/3945 S. 47 f.; vgl. auch L/W/*Armbrüster*, § 2 VVG-InfoV Rn. 2.
5 Begr. zur VVG-InfoV, VersR 2008, 183, 188.
6 HK-VVG/*Baroch Castellvi*, § 2 VVG-InfoV Rn. 5; FAKomm-VersR/*C. Schneider/Reuter-Gehrken*, § 2 VVG-InfoV Rn. 3.
7 Dafür *Brömmelmeyer* VersR 2009, 584, 589; im Ergebnis auch P/M/*Knappmann*, § 2 VVG-InfoV Rn. 4; gegen eine Einschränkung des Anwendungsbereichs (ohne Begründung) L/W/*Armbrüster*, § 2 VVG-InfoV Rn. 1.
8 So zutreffend HK-VVG/*Baroch Castellvi*, § 2 VVG-InfoV Rn. 6.
9 Quelle: http://www.wirtschaftslexikon24.com/d/vertriebskosten/vertriebskosten.htm, zuletzt aufgerufen am 06.04.2016.
10 HK-VVG/*Baroch Castellvi*, § 2 VVG-InfoV Rn. 6 unter Hinweis auf BT-Drucks. 16/3945 S. 53, 60, 102 f.
11 So auch HK-VVG/*Baroch Castellvi*, § 2 VVG-InfoV Rn. 6; *ders.* r+s 2009, 1, 2; L/W/*Armbrüster*, § 2 VVG-InfoV Rn. 3.

§ 2 VVG-InfoV Informationspflichten bei der Lebensversicherung

Merkmal »**einheitlich**« hat darüber hinaus keine eigene Bedeutung.[12] Da die Kosten als einheitlicher Gesamtbetrag auszuweisen sind, wird der VN bei kapitalbildenden Lebensversicherungen nicht über etwaige Innenprovisionen informiert.[13] Der insoweit eindeutige Wortlaut von Nr. 1 sowie der Verzicht des Gesetzgebers, im Rahmen des LVRG[14] eine Informationspflicht über Provisionen in die VVG-InfoV aufzunehmen (vgl. dazu noch Rdn. 38) sprechen aber dagegen, den VR über die Anforderungen der VVG-InfoV hinaus bei der kapitalbildenden Lebensversicherung zur Offenlegung von Innenprovisionen zu verpflichten.[15]

6   Da der VR lediglich die in die Prämie **einkalkulierten** Kosten ausweisen muss, erfährt der VN nicht, auf welche Höhe sich die tatsächlichen Aufwendungen belaufen, insbes. nicht die Höhe der Provision.[16] Bei **ungezillmerten Tarifen**, bei denen die Abschlusskosten über die gesamte Laufzeit gleichmäßig verteilt werden, ist Nr. 1 zur Vermeidung von Missverständnissen seitens des VN dahingehend **teleologisch zu reduzieren**, dass in den Fällen ungezillmerter Abschlusskosten diese als **Anteil der Jahresprämie unter Angabe der Laufzeit** auszuweisen sind.[17]

b) Angabe der übrigen einkalkulierten Kosten

7   Unter den übrigen in die Prämie einkalkulierten Kosten sind solche Aufwendungen zu verstehen, die **weder direkt noch indirekt durch den Abschluss eines Versicherungsvertrages hervorgerufen** werden. Da in der Lebensversicherung grundsätzlich Abschluss- und Verwaltungskosten sowie Kosten für das übernommene Risiko in die Prämie einkalkuliert werden, die Risikokosten aber nach der Verordnungsbegründung nicht anzugeben sind[18] und Nr. 1 Hs. 2 Fall 1 eine Spezialregelung für Abschlusskosten bereithält, können die »übrigen Kosten« eigentlich nur **Verwaltungskosten** sein.[19] Dass Verwaltungskosten unter den Begriff der übrigen einkalkulierten Kosten fallen, kann nach der Einführung von Nr. 1 Hs. 3 durch das LVRG[20] nicht mehr bezweifelt werden, denn danach sind bei den übrigen einkalkulierten Kosten die einkalkulierten Verwaltungskosten zusätzlich gesondert als Anteil der Jahresprämie unter Angabe der jeweiligen Laufzeit auszuweisen. Im Hinblick auf die Änderung von § 7 II Nr. 2 VVG durch das LVRG stellt diese Vorschrift nunmehr auch unproblematisch eine taugliche Ermächtigungsgrundlage für eine Informationspflicht über Verwaltungskosten in der VVG-InfoV dar.

8   Die Frage, ob Verwaltungskosten unter Nr. 1 fallen, bleibt freilich für **Altverträge, die vor dem Inkrafttreten des LVRG am 01.01.2015 abgeschlossen worden sind**, nach wie vor virulent.[21] Insoweit lässt sich gegen die Annahme, dass die Verwaltungskosten auch schon von der vorherigen Regelung erfasst waren, nicht § 4 IV a.F. anführen, der einen Kostenausweis in Euro für die Lebens-, Berufsunfähigkeits- und Krankenversicherung unter ausdrücklichem Verweis auf § 2 I Nr. 1 a.F. nur für die »Abschluss- und Vertriebskosten« vorsah.[22] Denn § 2 I Nr. 1 a.F. war mit den »übrigen einkalkulierten Kosten« weiter gefasst als § 4 IV a.F. Es ist nicht davon auszugehen, dass der Verordnungsgeber mit den unterschiedlichen Formulierungen in §§ 2 I Nr. 1, 3 I Nr. 1 und § 4 IV dasselbe meinte.[23] Auch **Sinn und Zweck** der Vorschrift, dem VN eine informierte Entscheidung zu ermöglichen, sprachen seit jeher dafür, dem VN das Versicherungsprodukt so **transparent** wie möglich darzustellen und demnach auch Informationen hinsichtlich der einkalkulierten Verwaltungskosten aufzunehmen.[24] Schließlich deutet auch die Begründung zum LVRG zumindest in die Richtung, dass der Gesetzgeber davon ausging, dass Verwaltungskosten auch von Nr. 1 a.F. erfasst waren, heißt es doch, dass Nr. 1 n.F. »nunmehr eine **ausdrückliche** Pflicht«[25] (Hervorhebung durch den Verf.) vorsieht.[26]

---

12 So auch HK-VVG/*Baroch Castellvi*, § 2 VVG-InfoV Rn. 7.
13 Vgl. dazu *Feuchter/Bauer*, BKR 2015, 271 ff.
14 Gesetz zur Absicherung stabiler und fairer Leistungen für Lebensversicherte (Lebensversicherungsreformgesetz – LVRG) vom 1. August 2014, BGBl. I S. 1330.
15 *Feuchter/Bauer*, BKR 2015, 271, 272 f.
16 Begr. zur VVG-InfoV, VersR 2008, 183, 188; HK-VVG/*Baroch Castellvi*, § 2 VVG-InfoV Rn. 7; *Schwintowski* VuR 2008, 250, 252.
17 HK-VVG/*Baroch Castellvi*, § 2 VVG-InfoV Rn. 8; Marlow/Spuhl/*Grote*, Rn. 1189; FAKomm-VersR/*C. Schneider/Reuter-Gehrken*, § 2 VVG-InfoV Rn. 6; a.A. HdbVersR/*Brömmelmeyer*, § 42 Rn. 74.
18 Begr. zur VVG-InfoV, VersR 2008, 183, 188.
19 HK-VVG/*Baroch Castellvi*, § 2 VVG-InfoV Rn. 13; *ders.* r+s 2009, 1, 3; im Ergebnis ebenso PK/*Gansel*, § 2 VVG-InfoV Rn. 3; P/M/*Knappmann*, § 2 VVG-InfoV Rn. 2.
20 Gesetz zur Absicherung stabiler und fairer Leistungen für Lebensversicherte (Lebensversicherungsreformgesetz – LVRG) vom 1. August 2014, BGBl. I S. 1330.
21 L/W/*Armbrüster*, § 2 VVG-InfoV Rn. 16.
22 So aber *Präve* VersR 2008, 151, 155; Präve, in: Bürkle, Compliance in Versicherungsunternehmen, § 10 Rn. 50; dem folgend L/W/*Armbrüster*, § 2 VVG-InfoV Rn. 16.
23 Im Ergebnis ebenso HK-VVG/*Baroch Castellvi*[2], § 2 VVG-InfoV Rn. 14.
24 Vgl. auch P/M/*Knappmann*, § 2 VVG-InfoV Rn. 2; *Schwintowski/Ortmann*, VersR 2014, 1401, 1403 f.; Begr. RegE BT-Drucks. 18/1772, S. 31; a.A. L/W/*Armbrüster*, § 2 VVG-InfoV Rn. 16: »*Erkenntniswert für den VN gering*«.
25 Begr. RegE BT-Drucks. 18/1772, S. 31.
26 Vgl. auch *Schwintowski/Ortmann*, VersR 2014, 1401, 1402.

Für Altverträge bleibt damit auch nach wie vor die Frage virulent, ob § 7 II 1 Nr. 2 VVG a.F. eine hinreichen- 9
de **Verordnungsermächtigung** für Informationspflichten auch im Hinblick auf Verwaltungskosten darstellte.
Dies wurde und wird zum Teil bestritten.[27] So habe der Verordnungsgeber mit den Nrn. 1 und 2 a.F. die in
§ 7 II 1 Nr. 2 VVG a.F. vorgesehenen Informationspflichten über Abschluss-, Vertriebs- und sonstige Kosten
bereits abschließend ausgestaltet. Die VVG-InfoV a.F. enthalte demnach mit den »übrigen einkalkulierten
Kosten« einen der Ermächtigungsgrundlage fremden Begriff.[28] Ob zur Rechtfertigung auf das Wort »insbesondere« in § 7 II 1 Nr. 2 VVG a.F. verwiesen werden könne, sei fraglich, da nicht ersichtlich ist, dass sich
»insbesondere« auf den mit »sowie« eingeleiteten Halbsatz beziehe.[29] Im Übrigen sei auch zweifelhaft, ob die
Norm hinreichend bestimmt ist, da bei Verwendung des Begriffs »insbesondere« nicht deutlich werde, was
vom VR erwartet wird.[30]

§ 7 II 1 Nr. 2 VVG a.F. bestimmte, »welche weiteren Informationen dem VN bei der Lebensversicherung [...] 10
mitzuteilen sind.« Der **Wortlaut** umfasste demnach auch in die Prämie einkalkulierte Verwaltungskosten, da
es sich um eine Information bei der Lebensversicherung handelte. Auf die Frage, ob sich »insbesondere« auch
auf den von »soweit« eingeleiteten Nebensatz bezog, kam es folglich nicht an.[31] Denn bei den in § 7 II 1 Nr. 2
VVG a.F. enthaltenen Konkretisierungen handelte es sich lediglich um **Regelbeispiele**, die dazu dienten, den
Pflichtenkatalog der VVG-InfoV a.F. vorausehbar zu machen.[32] Auch die Anmerkungen in der Regierungsbegründung sprachen für eine Einbeziehung von Verwaltungskosten. So wollte man mit § 7 VVG i.V.m. der
VVG-InfoV a.F. auch die Vorgaben eines bundesverfassungsgerichtlichen Urteils[33] umsetzen, in dem das
BVerfG für die Lebensversicherung eine Verbesserung des Wettbewerbes durch ergänzende Information über
Abschluss- und Verwaltungskosten angemahnt hatte.[34]

§ 7 II 1 Nr. 2 VVG a.F. war auch hinreichend bestimmt.[35] An der Bestimmtheit fehlt es nach dem BVerfG 11
nämlich nur dann, »wenn die Ermächtigung so unbestimmt ist, dass nicht mehr vorausgesehen werden kann,
in welchen Fällen und in welcher Tendenz von ihr Gebrauch gemacht werden wird und welchen Inhalt die
auf Grund der Ermächtigung erlassenen Verordnungen haben können.«[36] Hier ließ sich aber durch **Auslegung** ermitteln, dass die VVG-InfoV a.F. auch Informationspflichten für die Verwaltungskosten normieren
durfte. Die genannten Regelbeispiele verdeutlichen, dass der VN ein genaues Bild davon haben sollte, welcher Anteil der von ihm zu zahlenden Prämie nur der Kostendeckung diente.[37]

Die Pflicht zur Angabe der Verwaltungskosten widerspricht auch nicht **europarechtlichen Vorgaben**.[38] Gem. 12
Art. 185 VII der Solvency-II-RiLi[39] sind weitergehende Informationspflichten zulässig, wenn diese für das **tatsächliche Verständnis** der wesentlichen Bestandteile der Versicherungspolice **notwendig** sind. Die Angabe
von Verwaltungskosten ist erforderlich, um nicht nur einen Bestandteil des Vertrages, sondern den Wert des
Vertrages an sich, namentlich das Verhältnis von Leistung und Gegenleistung, bestimmen zu können.[40] Die
Pflicht zur Angabe von Verwaltungskosten lässt sich daher auch vor dem Hintergrund der Lebensversicherungsrichtlinie rechtfertigen.[41]

Die übrigen einkalkulierten Kosten sind nach Hs. 2 als **Anteil der Jahresprämie unter Angabe der jeweiligen** 13
Laufzeit,[42] **die übrigen einkalkulierten Verwaltungskosten gesondert als Anteil der Jahresprämie unter**
Angabe der jeweiligen Laufzeit auszuweisen, Hs. 3. Der VN kann so im Idealfall durch einfache Multiplikation die Gesamtbelastung der Kosten ermitteln.[43] Bei schwankenden Verwaltungskosten stößt die von Nr. 2

---

27 PK/*Mauntel*[1], § 2 VVG-InfoV Rn. 3; *Präve* VersR 2008, 151, 155; wohl auch L/W/*Armbrüster*, § 2 VVG-InfoV Rn. 16;
   zweifelnd auch HK-VVG/*Baroch Castellvi*[2], § 2 VVG-InfoV Rn. 13.
28 HK-VVG/*Baroch Castellvi*[2], § 2 VVG-InfoV Rn. 13.
29 HK-VVG/*Baroch Castellvi*[2], § 2 VVG-InfoV Rn. 13.
30 So ausdrücklich PK/*Mauntel*, § 2 VVG-InfoV Rn. 3; *Leverenz*, S. 40; *Präve* VersR 2008, 151, 155; an der Bestimmtheit
   zweifelt auch HK-VVG/*Baroch Castellvi*[2], § 2 VVG-InfoV Rn. 13.
31 A.A. HK-VVG/*Baroch Castellvi*[2], § 2 VVG-InfoV Rn. 13.
32 Vgl. nunmehr auch L/W/*Armbrüster*, § 2 VVG-InfoV Rn. 7.
33 BVerfG NJW 2005, 2376 = r+s 2005, 429.
34 Begr. RegE BT-Drucks. 16/3945 S. 54.
35 Vgl. auch L/W/*Armbrüster*, § 2 VVG-InfoV Rn. 7; HandbVersR/*Schwintowski*, § 18 Rn. 107 ff.
36 BVerfGE 1, 14, 60.
37 Im Ergebnis ebenso *Schwintowski* VuR 2008, 250, 252; *Ortmann* VuR 2008, 256, 258; P/M/*Knappmann*, § 2 VVG-InfoV Rn. 2; PK/*Gansel*, § 2 VVG-InfoV Rn. 3; *Brömmelmeyer* VersR 2009, 584, 589.
38 So aber PK/*Mauntel*[1], § 2 VVG-InfoV Rn. 4; *Präve*, VersR 2008, 1151, 155; *Reinecke* RdA 2009, 13, 14; kritisch auch
   L/W/*Armbrüster*, § 2 VVG-InfoV Rn. 8.
39 Richtlinie 2009/138/EG des Europäischen Parlaments und des Rates vom 25. November 2009 betreffend die Aufnahme
   und Ausübung der Versicherungs- und der Rückversicherungstätigkeit (Solvabilität II), ABl. 2009 L 335/1.
40 P/M/*Knappmann*, § 2 VVG-InfoV Rn. 2.
41 Im Ergebnis wie hier PK/*Gansel*, § 2 VVG-InfoV Rn. 4.
42 Siehe zu einem Formulierungsbeispiel Begr. zur VVG-InfoV, VersR 2008, 183, 188.
43 HK-VVG/*Baroch Castellvi*, § 2 VVG-InfoV Rn. 15.

§ 2 VVG-InfoV Informationspflichten bei der Lebensversicherung

Hs. 2 geforderte Art der Darstellung an Grenzen. Hier muss es genügen, wenn die vom VR gewählte Art der Darstellung dem Modellausweis nahe kommt.[44]

Wortlaut und Systematik von Hs. 2 und Hs. 3 sprechen dafür, dass es neben den Verwaltungskosten noch weitere »**übrige einkalkulierte Kosten**« gibt, die der VR nach Nr. 1 anzugeben hätte. Zu denken wäre insoweit an **Risikokosten**.[45] Nach der Verordnungsbegründung sollte über die Risikokosten aber gerade keine Informationspflicht bestehen,[46] und auch in der Begründung zum LVRG ist sowohl im Zusammenhang mit § 7 VVG als auch im Zusammenhang mit § 2 Nr. 1 VVG-InfoV nur von den Verwaltungskosten die Rede.[47] Es ist daher nicht davon auszugehen, dass die Informationspflicht des VR mit den §§ 7 Abs. 2 Nr. 2, 2 I Nr. 1 VVG n.F. auf Risikokosten erweitert werden sollte.[48] Die Adverbien »zusätzlich« und »gesondert« haben, sofern man – wie hier – die übrigen einkalkulierten Kosten als Verwaltungskosten bestimmt, keine eigenständige Bedeutung, da sich bereits aus Hs. 2 ergibt, dass die übrigen einkalkulierten Kosten gesondert von den Abschlusskosten auszuweisen sind. Die Einführung der beiden Merkmale verdeutlicht freilich, wie wichtig dem Gesetzgeber der Gesichtspunkt der **Transparenz bei dem Ausweis der Verwaltungskosten** war. Dem sollten die Informationsunterlagen Rechnung tragen.

2. Sonstige Kosten, § 2 I Nr. 2

14 Obwohl der Wortlaut der Vorschrift keine Einschränkung enthält, kann Nr. 2 in Abgrenzung zu § 1 I Nr. 8 nur **Kosten** umfassen, die vom VN zumindest mittelbar verursacht worden sind.[49] Erfasst sind v.a. solche Kosten, die bei der **Verrichtung bestimmter Verwaltungsvorgänge** erhoben werden, z.B. die Erstellung eines Ersatzversicherungsscheins[50] oder die Kosten für die Durchführung gewünschter Vertragsänderungen.[51] Demnach ergeben sich auch keine Überschneidungen mit § 1 I Nr. 8, da dort nur Kosten umfasst sind, die der VR ohne weitere Gegenleistung erhebt.[52]

15 Die Informationsunterlagen bzw. die AVB müssen ein genaues Kostenverzeichnis enthalten;[53] nicht ausreichend ist der Hinweis, dass ein derartiges Verzeichnis angefordert werden könne.[54] Der VN muss dem Kostenverzeichnis entnehmen können, welche Kosten genau für welchen Vorgang erhoben werden.[55]

3. Angaben zur Berechnung der Überschussermittlung und -beteiligung, § 2 I Nr. 3

a) Einleitung

16 Mit Nr. 3 wurden wortgleich die Anforderungen von Anlage D Abschnitt I Nr. 2 lit. a) zu § 10a VAG a.F. übernommen. § 153 VVG führt zu einer **Erweiterung des Begriffs »Überschussbeteiligung«**. Während sich früher die Überschussbeteiligung ausschließlich auf den sich aus dem Jahresabschluss ergebenden Überschuss bezog, ist der VN nunmehr **zusätzlich** an den **Bewertungsreserven** zu beteiligen.[56] Dies ist nach der Regierungsbegründung erforderlich, »*um sicherzustellen, dass bei Ermittlung eines bei Vertragsende zuzuteilenden Überschusses die Vermögenswerte angemessen berücksichtigt werden, die durch die Prämienzahlungen des VN mit geschaffen worden sind.*«[57]

17 **Grundlage** für die Berechnung des Überschusses ist der Jahresabschluss, der nach dem jeweils maßgeblichen Recht des Sitzstaates aufgestellt wird.[58] Demnach handelt es sich beim Überschuss um den **handelsrechtlich festgestellten (Roh-)Überschuss im Jahresabschluss** des VR.[59] Mit **Bewertungsreserven** i.S.d. § 153 VVG sind nur solche der Kapitalanlagen gemeint.[60] Dabei handelt es sich um den positiven Unterschied zwischen handelsrechtlich bestimmtem Buch- und Zeitwert der Kapitalanlagen.[61]

---

44 HK-VVG/*Baroch Castellvi*, § 2 VVG-InfoV Rn. 16; L/W/*Armbrüster*, § 2 VVG-InfoV Rn. 17.
45 Vgl. HK-VVG/*Baroch Castellvi*, § 2 VVG-InfoV Rn. 13.
46 Begr. zur VVG-InfoV, VersR 2008, 183, 188.
47 Begr. RegE BT-Drucks. 18/1772, S. 25, 31.
48 Im Ergebnis ebenso HK-VVG/*Baroch Castellvi*, § 2 VVG-InfoV Rn. 13.
49 HK-VVG/*Baroch Castellvi*, § 2 VVG-InfoV Rn. 19; FAKomm-VersR/*C. Schneider/Reuter-Gehrken*, § 2 VVG-InfoV Rn. 10.
50 Begr. zur VVG-InfoV, VersR 2008, 183, 188.
51 *Ortmann* VuR 2008, 256, 259.
52 A.A. PK/*Gansel*, § 2 VVG-InfoV Rn. 7; *Präve* VersR 2008, 151, 156.
53 *Brömmelmeyer* VersR 2009, 584, 590.
54 *Brömmelmeyer* VersR 2009, 584, 590.
55 *Brömmelmeyer* VersR 2009, 584, 590.
56 Begr. RegE BT-Drucks. 16/3945 S. 96.
57 Begr. RegE BT-Drucks. 16/3945 S. 96.
58 Begr. RegE BT-Drucks. 16/3945 S. 96.
59 *Engeländer* VersR 2007, 155, 157.
60 *Engeländer* VersR 2007, 155, 157.
61 *Engeländer* VersR 2007, 155, 157.

b) Umsetzung der Informationspflicht

Eine sachgerechte Umsetzung der gesetzlichen Vorgaben durch die VR ist aufgrund der Komplexität und 18
Schwierigkeit der Materie einerseits und der fehlenden Sachkenntnis der VN andererseits schwierig.[62] Die
Transparenz wird nicht dadurch verbessert, dass dem VN eine Fülle von Informationen zur Verfügung gestellt
wird, die er aufgrund der Komplexität und des Umfanges nicht verstehen kann. Andererseits muss eine »Unterinformation«[63] vermieden werden. Da die VVG-InfoV auch der besseren **Vergleichbarkeit der Versicherungsprodukte** verschiedener Anbieter dient, wird man daher fordern müssen, dem VN die **wesentlichen** Berechnungs**grundsätze** an die Hand zu geben, die es ihm ermöglichen, den Umfang der Überschussbeteiligung
zumindest annähernd zu ermitteln und mit dem anderer Anbieter zu vergleichen.[64] Die Übergabe des Gesetzestextes genügt dem nicht.[65]

Gem. § 153 I 2. Hs. VVG kann die Überschussbeteiligung durch **ausdrückliche Vereinbarung** insgesamt **ausgeschlossen** werden. In diesem Fall empfiehlt sich ein kurzer Hinweis in den Informationsunterlagen, dass eine Überschussbeteiligung nicht vorgesehen ist,[66] wenngleich die Vorschrift dies nicht zwingend vorschreibt. 19
Der Hinweis in den Informationsunterlagen alleine genügt den Anforderungen des § 153 I 2. Hs. VVG indes
nicht.

Hinsichtlich der **Beteiligung** des VN an den **Überschüssen** sowie den Bewertungsreserven sind Angaben darüber erforderlich, ob diese durch **Direktgutschrift** oder **durch Entnahme aus der Rückstellung für Bei- 20
tragsrückerstattungen** an den Überschüssen erfolgt.[67] Außerdem sind Angaben darüber zu machen, welche
Maßstäbe der Überschussbeteiligung (Bemessungsgrößen und Art der Überschussverwendung) für den konkreten Vertrag des VN gelten.[68] Fraglich ist, ob die Angaben den VN dazu befähigen müssen, einen jährlich
nachprüfbaren Anspruch festzustellen. Das wird z.T. unter Hinweis auf ein Urteil des BGH[69] verneint, da die
Anforderungen der VVG-InfoV nicht weiter reichen könnten als das AGB-rechtliche Transparenzgebot.[70]
Dem ist nicht zu folgen.[71] Nach § 7 II 1 Nr. 2 VVG ist der VN bei der Lebensversicherung insbes. über die **zu
erwartenden Leistungen** sowie ihre **Ermittlung und Berechnung** zu informieren. Nach Einschätzung des
Gesetzgebers sind gerade diese Informationen für den Entschluss des VN, einen bestimmten Versicherungsvertrag abzuschließen, von Bedeutung.[72] Auch nach **Sinn und Zweck** der Vorschrift, dem VN den Vergleich
mit anderen Produkten zu ermöglichen, sind solche Angaben erforderlich, die dem VN zumindest eine annähernde Ermittlung der Vertragsleistung ermöglichen.

4. Angabe der in Betracht kommenden Rückkaufswerte, § 2 I Nr. 4

Mit Nr. 4 ist die bis zur VVG-Reform in Anlage D Abschnitt I Nr. 2 lit. b) zu § 10a VAG a.F. normierte Ver- 21
pflichtung zur Information über Rückkaufswerte übernommen worden, wobei die Regelung dahingehend
»konkretisiert«[73] werden sollte, dass nur die »in Betracht kommenden« Rückkaufswerte anzugeben sind. Es
fragt sich, auf welche **Ermächtigungsgrundlage** Nr. 4 zurückzuführen ist. § 7 II 1 Nr. 2 VVG erwähnt die
Rückkaufswerte nicht ausdrücklich. Indes **konkretisiert** § 169 III 2 VVG die Vorschrift des § 7 II 1 Nr. 2
VVG (»[…] Informationen […] bei der Lebensversicherung […]«) dahingehend, dass die VVG-InfoV auch
Angaben über den Rückkaufswert und das Ausmaß, in dem er garantiert ist, enthalten kann. Ermächtigungsgrundlage ist demnach § 7 II 1 Nr. 2 VVG i.V.m. § 169 III 2 Hs. 2 VVG.

Die Angabe der in Betracht kommenden Rückkaufswerte dient dazu, dem VN vor Vertragsschluss zu verdeut- 22
lichen, worauf er sich einlässt. Zu Beginn des Lebensversicherungsvertrages ist es dem VN im Regelfall nicht
möglich, vorherzusehen, ob er die ihn treffenden Leistungspflichten dauerhaft wird erfüllen können. Daher
muss ihm deutlich vor Augen geführt werden, dass ihn im Falle der **vorzeitigen Beendigung** des Vertrages
u.U. von ihm nicht vorausgesehene **finanzielle Nachteile** treffen können, was insbes. für die Vertragsbeendigung in den ersten Jahren nach Vertragsschluss gilt. Hieraus folgt, dass sich die Angaben nach Nr. 4 auf den
konkreten Versicherungsvertrag des einzelnen VN beziehen müssen, allgemeine Angaben folglich nicht ausreichen.[74]

---

62 BGH VersR 2001, 841, 846; *Präve* VersR 2008, 151, 153; PK/*Gansel*, § 2 VVG-InfoV Rn. 8; L/W/*Armbrüster*, § 2 VVG-InfoV Rn. 31.
63 PK/*Gansel*, § 2 VVG-InfoV Rn. 8.
64 So auch FAKomm-VersR/*C. Schneider/Reuter-Gehrken*, § 2 VVG-InfoV Rn. 15.
65 P/M/*Knappmann*, § 2 VVG-InfoV Rn. 7.
66 *Präve* VersR 2008, 151, 153.
67 PK/*Mauntel*¹, § 2 VVG-InfoV Rn. 8; *Präve* VersR 2008, 151, 153.
68 *Präve* VersR 2008, 151, 153.
69 BGH VersR 2001, 841, 845.
70 *Präve* VersR 2008, 151, 153; P/M/*Knappmann*, § 2 VVG-InfoV Rn. 6; PK/*Gansel*, § 2 VVG-InfoV Rn. 8.
71 So auch *Brömmelmeyer* VersR 2009, 584, 590 f.
72 Begr. RegE BT-Drucks. 16/3945 S. 60.
73 Begr. zur VVG-InfoV, VersR 2008, 183, 188.
74 Prölss/*Präve*, § 10a VAG Rn. 25.

§ 2 VVG-InfoV Informationspflichten bei der Lebensversicherung

23 Nr. 4 findet auch auf die **fondsgebundene Lebensversicherung** Anwendung.[75] Dies ergibt sich bereits aus dem **Wortlaut** der Vorschrift, zumal auch § 169 IV 1 VVG bei der fondsgebundenen Lebensversicherung von »Rückkaufswerten« spricht. Hiergegen kann auch nicht eingewandt werden, dass es bei der fondsgebundenen Lebensversicherung keine garantierten Rückkaufswerte gebe,[76] da Nr. 4 erkennbar **nicht auf garantierte Leistungen abstellt** (arg. e Nr. 6). Soweit der VR eine bestimmte Leistung garantiert (vgl. § 169 IV 1 1. Hs. a.E.), ist diese anzugeben. Ansonsten sind die Rückkaufswerte als Zeitwert der Versicherung anzugeben. In diesem Fall haben die berechneten Rückkaufswerte indes nur **Prognosecharakter**[77], worauf der VN **ausdrücklich hinzuweisen** ist.[78] Entgegen zum Teil vertretener Ansicht[79] entsprechen derartige Angaben auch dem Zweck der Information nach Nr. 4, da der VN dafür sensibilisiert wird, dass er im Falle vorzeitiger Vertragsbeendigung möglicherweise finanzielle Einbußen hinzunehmen hat.

24 Fraglich ist, ob die Rückkaufswerte für jedes Vertragsjahr angegeben werden müssen.[80] Der Wortlaut von Nr. 4 gibt hierüber keinen Aufschluss. Verlangt ist die Angabe der »in Betracht kommenden Rückkaufswerte«. Diese Formulierung legt die Darstellung **aller theoretisch möglichen** Rückkaufswerte nahe, was praktisch nicht durchführbar ist. Die Ausführungen in der Regierungsbegründung zu § 169 III 2 VVG konkretisieren die Verpflichtung zur Mitteilung der Rückkaufswerte dahingehend, dass der Rückkaufswert **für jedes Vertragsjahr** anzugeben ist.[81] Da die Vorschrift zusammen mit § 7 II 1 Nr. 2 VVG die Ermächtigungsgrundlage darstellt, muss diese Konkretisierung auch für Nr. 4 gelten.[82] Auch der Verordnungsgeber hält Angaben für jedes Vertragsjahr (u.U. sogar für noch kürzere Perioden) für empfehlenswert.[83] Etwas anderes ergibt sich auch nicht daraus, dass die ursprünglich in § 169 III VVG-E vorgesehene Verpflichtung zur Angabe der Rückkaufswerte für jedes Jahr aufgrund eines Beschlusses des Rechtsausschusses[84] nicht in das VVG aufgenommen worden ist.[85] Die Entwurfsfassung wurde geändert, um die Vorschrift zur Mitteilung der Rückkaufswerte an die Vorgaben der RiLi 2002/83/EG Anhang III, Buchstabe a.9 (jetzt Art. 185 III lit. f RiLi 2009/138/EG) anzupassen.[86] Die RiLi verlangt nur, dass dem VN vor Abschluss des Vertrages Angaben über die Rückkaufswerte und das Ausmaß, in dem diese Leistungen garantiert sind, mitzuteilen sind. Angaben darüber, wie detailliert die Mitteilungen inhaltlich zu erfolgen haben, enthält die RiLi nicht. Schließlich sprechen auch **Sinn und Zweck** der Informationspflicht nach Nr. 4, dem VN die aufgrund einer vorzeitigen Vertragsbeendigung möglichen finanziellen Nachteile deutlich vor Augen zu führen, für eine umfassende Angabe möglicher Rückkaufswerte. Vor dem Hintergrund, dass der VN den Vertrag **jederzeit kündigen** kann und dieses Kündigungsrecht nicht durch Intransparenz von Seiten der VR erschwert werden darf,[87] ist die Angabe **der Werte für jedes Vertragsjahr** sachgerecht.[88] Ob eine Angabe auch für kürzere Intervalle sinnvoll ist[89], kann hingegen bezweifelt werden. Da §§ 169 III 2, 7 II 1 Nr. 2 VVG insoweit keine zwingenden Vorgaben enthalten, wäre dies zwar grundsätzlich möglich,[90] im Ergebnis aber nicht erforderlich. Es reicht ein **ausdrücklicher Hinweis**, dass die Rückkaufswerte bei kurzfristiger Kündigung niedriger ausfallen können. Im Einzelfall kann sich dann ein **Auskunftsanspruch** des VN aus § 241 II BGB ergeben.[91]

25 Die Darstellung der Rückkaufswerte muss aus sich heraus verständlich sein. Eine Angabe in Tabellenform ist zwar nicht zwingend, aber aus Gründen der Übersichtlichkeit empfehlenswert.[92] Ein **durchschnittlicher VN** muss vor Abgabe seiner Vertragserklärung in der Lage sein, anhand der Angaben zu entscheiden, ob der kon-

---

75 A.A. HK-VVG/*Baroch Castellvi*, § 2 VVG-InfoV Rn. 28; P/M/*Knappmann*, § 2 VVG-InfoV Rn. 10.
76 So aber HK-VVG/*Baroch Castellvi*, § 2 VVG-InfoV Rn. 28.
77 HK-VVG/*Baroch Castellvi*, § 2 VVG-InfoV Rn. 28.
78 Es könnten auch Durchschnittswerte der Rückkaufswerte für einen vergleichbaren Vertrag mit vergleichbarer Versicherungssumme in den letzten zehn Jahren angegeben werden.
79 HK-VVG/*Baroch Castellvi*, § 2 VVG-InfoV Rn. 28.
80 So HK-VVG/*Baroch Castellvi*, § 2 VVG-InfoV Rn. 27; L/W/*Armbrüster*, § 2 VVG-InfoV Rn. 41; PK/*Gansel*, § 2 VVG-InfoV Rn. 9; P/M/*Knappmann*, § 2 VVG-InfoV Rn. 8; vgl. auch FAKomm-VersR/*C. Schneider/Reuter-Gehrken*, § 2 VVG-InfoV Rn. 18 (aber nicht zwingend); a.A. PK/*Mauntel*[1], § 2 VVG-InfoV Rn. 9.
81 BT-Drucks. 16/3945 S. 103.
82 Vgl. auch HK-VVG/*Baroch Castellvi*, § 2 VVG-InfoV Rn. 27.
83 Begr. zur VVG-InfoV, VersR 2008, 183, 188.
84 BT-Drucks. 16/5862 S. 53.
85 So aber PK/*Gansel*, § 2 VVG-InfoV Rn. 9.
86 Siehe Begründung des Rechtsausschusses, BT-Drucks. 16/5862 S. 100.
87 Vgl. auch BT-Drucks. 16/3945 S. 52.
88 Dem folgend PK/*Gansel*, § 2 VVG-InfoV Rn. 9; im Ergebnis ebenso HK-VVG/*Baroch Castellvi*, § 2 VVG-InfoV Rn. 27; L/W/*Armbrüster*, § 2 VVG-InfoV Rn. 41; PK/*Gansel*, § 2 VVG-InfoV Rn. 9; P/M/*Knappmann*, § 2 VVG-InfoV Rn. 8; vgl. auch FAKomm-VersR/*C. Schneider/Reuter-Gehrken*, § 2 VVG-InfoV Rn. 18.
89 So ausdrücklich Begr. zur VVG-InfoV, VersR 2008, 183, 188.
90 Anders HK-VVG/*Baroch Castellvi*, § 2 VVG-InfoV Rn. 27, der aus den Angaben in der Regierungsbegründung wohl bindende Vorgaben für den Verordnungsgeber herleitet; so offenbar auch P/M/*Knappmann*, § 2 VVG-InfoV Rn. 8; wie hier PK/*Gansel*, § 2 VVG-InfoV Rn. 9.
91 Im Ergebnis ebenso HK-VVG/*Baroch Castellvi*, § 2 VVG-InfoV Rn. 27; PK/*Gansel*, § 2 VVG-InfoV Rn. 9.
92 PK/*Gansel*, § 2 VVG-InfoV Rn. 9; *Präve* VersR 2008, 151, 154.

krete Vertrag seinen Bedürfnissen auch unter Berücksichtigung der finanziellen Risiken bei vorzeitiger Beendigung entspricht.[93]

5. Umwandlung des Versicherungsvertrages, § 2 I Nr. 5

Ermächtigungsgrundlage für die Informationspflicht hinsichtlich der **Leistungen** aus einer prämienfreien oder prämienreduzierten Versicherung ist § 7 II 1 Nr. 2 VVG.[94] Inwieweit die Norm den Verordnungsgeber auch dazu ermächtigt, Informationspflichten über den **Mindestversicherungsbetrag** zu normieren, ist zumindest zweifelhaft, denn § 7 II 1 Nr. 2 VVG enthält hierüber keine ausdrücklichen Angaben, und eine § 169 III 2 VVG vergleichbare, konkretisierende Vorschrift fehlt.   26

a) Prämienfreie Versicherung

Nr. 5 überschneidet sich mit § 165 II VVG, wonach die prämienfreie Leistung im Vertrag für jedes Versicherungsjahr anzugeben ist. Aus dieser gesetzlichen Formulierung folgt zunächst, dass eine Pflicht zur Mitteilung über prämienfreie Leistungen unabhängig von Nr. 5 besteht.[95] Da § 165 II VVG mit der Formulierung »**im Vertrag**« auch einen von Nr. 5 i.V.m. § 7 I 1 VVG abweichenden Informationszeitpunkt vorsieht, könnte Nr. 5 nach dem Grundsatz »*lex superior derogat legi inferiori*« insoweit leer laufen, als Vorgaben für die Prämienfreistellung betroffen sind.[96] Hiergegen spricht aber, dass § 165 II VVG kein abschließender Charakter zu entnehmen ist. **Ob** die VVG-InfoV vor Vertragsschluss Angaben über die Prämienfreistellung vorschreiben kann, richtet sich alleine nach § 7 II 1 Nr. 2 VVG. Im Übrigen liegt der Schluss nahe, dass es sich bei Verwendung des Begriffs »im Vertrag« in § 165 II VVG um ein Versehen des Gesetzgebers handelt. Diese Formulierung fand sich auch in § 169 III 2 VVG-E. Die Vorschrift wurde erst durch einen Beschluss des Rechtsausschusses mit dem Ziel geändert, die Vorschrift an die Vorgaben der RiLi 2002/83/EG Anhang III, Buchstabe a.9 (jetzt Art. 185 III lit. f RiLi 2009/138/EG) anzupassen.[97] Dort regelt die RiLi aber auch, dass dem VN vor Abschluss des Vertrages Informationen über »beitragsfreie Leistungen« mitzuteilen sind. Demnach würde es der RiLi widersprechen, die in § 165 II VVG genannten Informationen erst nach Vertragsschluss mitzuteilen.[98] Dies wurde – wie auch im Falle des § 169 III 2 VVG-E – offensichtlich übersehen und nicht entsprechend angepasst. Demnach enthält Nr. 5 zulässigerweise auch Informationspflichten hinsichtlich der Prämienfreistellung.[99]   27

Eine Mitteilung über die **Voraussetzungen**, unter denen eine Umwandlung erfolgt, ist zwar nicht vorgeschrieben, empfiehlt sich indes, um dem VN eine **effektive Rechtsausübung** zu ermöglichen.[100] Im Hinblick auf die **Leistungen** aus einer umgewandelten Versicherung ist vornehmlich auf etwaige Stornoabzüge hinzuweisen.[101] In Anlehnung an § 165 II VVG sollten die Angaben **für jedes Versicherungsjahr** erfolgen.[102]   28

b) Prämienreduzierung

In Abweichung von § 10a VAG a.F. sieht Nr. 5 nunmehr auch Informationen zum Mindestversicherungsbetrag für eine prämienreduzierte Versicherung und die Leistungen aus einer solchen vor. Hinsichtlich der **Leistungen** aus einer prämienreduzierten Versicherung ist die Vorschrift missglückt, da im relevanten Zeitpunkt der Informationserteilung keine Anhaltspunkte darüber bestehen, ob und wann der VN in welchem Umfang von der Möglichkeit der Prämienreduzierung Gebrauch machen wird.[103]   29

Die Umwandlung eines bestehenden Versicherungsvertrages in einen **prämienreduzierten Versicherungsvertrag** sieht das VVG nicht vor. Gleichwohl steht es den Vertragsparteien frei, eine derartige Umwandlungsmöglichkeit **vertraglich** zu vereinbaren.[104] Zwar kann Nr. 5 die VR mangels gesetzlicher Ermächtigung nicht dazu verpflichten, derartige Regelungen in die AVB aufzunehmen;[105] enthalten die AVB eines VR indes Vereinbarungen über prämienreduzierte Versicherungen, ist ein entsprechender Hinweis nach Nr. 5 erforderlich.[106]   30

---

93 PK/*Gansel*, § 2 VVG-InfoV Rn. 9.
94 Im Hinblick auf die Informationspflichten zur prämienreduzierten Versicherung a.A. P/M/*Knappmann*, § 2 VVG-InfoV Rn. 13.
95 HK-VVG/*Baroch Castellvi*, § 2 VVG-InfoV Rn. 32.
96 HK-VVG/*Baroch Castellvi*, § 2 VVG-InfoV Rn. 32.
97 Siehe Begründung des Rechtsausschusses, BT-Drucks. 16/5862 S. 100.
98 So jetzt auch L/W/*Armbrüster*, § 2 VVG-InfoV Rn. 46.
99 So offenbar auch PK/*Gansel*, § 2 VVG-InfoV Rn. 10; *Präve* VersR 2008, 151, 154; L/W/*Armbrüster*, § 2 VVG-InfoV Rn. 46; a.A. HK-VVG/*Baroch Castellvi*, § 2 VVG-InfoV Rn. 33.
100 So auch *Präve* VersR 2008, 151, 154.
101 *Präve* VersR 2008, 151, 154.
102 *Präve* VersR 2008, 151, 154.
103 *Präve* VersR 2008, 151, 164; HK-VVG/*Baroch Castellvi*, § 2 VVG-InfoV Rn. 34; P/M/*Knappmann*, § 2 VVG-InfoV Rn. 13; L/W/*Armbrüster*, § 2 VVG-InfoV Rn. 47.
104 So auch HK-VVG/*Baroch Castellvi*, § 2 VVG-InfoV Rn. 34; L/W/*Armbrüster*, § 2 VVG-InfoV Rn. 47.
105 HK-VVG/*Baroch Castellvi*, § 2 VVG-InfoV Rn. 34; P/M/*Knappmann*, § 2 VVG-InfoV Rn. 13; L/W/*Armbrüster*, § 2 VVG-InfoV Rn. 47.
106 A.A. HK-VVG/*Baroch Castellvi*, § 2 VVG-InfoV Rn. 34; P/M/*Knappmann*, § 2 VVG-InfoV Rn. 13.

6. Ausmaß garantierter Leistungen, § 2 I Nr. 6

31 **Ermächtigungsgrundlage** dieser Informationspflicht ist § 7 II 1 Nr. 2 (i.V.m. § 169 III 2 VVG für die Angaben über garantierte Rückkaufswerte).

32 Der VR hat den Umfang der garantierten Rückkaufswerte und der garantierten prämienfreien bzw. prämienreduzierten Versicherungsleistung in Euro (vgl. § 2 II 2: »[...] das Ausmaß der Garantie [...]«) anzugeben.[107] Bei der Berechnung der Rückkaufswerte ist gem. § 169 III VVG stets das Deckungskapital als Bezugswert zugrunde zu legen, so dass es sich bei den Angaben nach Nr. 4 per se schon um eine **garantierte Leistung handelt**.[108] Dasselbe gilt für die Leistungen aus einer prämienreduzierten Versicherung, vgl. § 165 II VVG. Demnach reicht es im Rahmen von Nr. 6 grundsätzlich aus, darauf hinzuweisen, dass es sich bei den in Nrn. 4 und 5 bezeichneten Werten um garantierte Angaben handelt.[109] **Darüber hinausgehende Bedeutung** könnte Nr. 6 allenfalls in den Fällen erlangen, in denen ein EU/EWR-ausländischer VR von der Regelung des § 169 III 3 Gebrauch macht.[110] Besteht in diesen Fällen keine Garantie, ist eine Bezifferung in Höhe von »0 (Null) Euro« vorzunehmen.[111]

7. Informationen bei fondsgebundenen Lebensversicherungen

33 Nr. 7 übernimmt im Wesentlichen Anlage D Abschnitt I Nr. 2 lit. e) zu § 10a VAG a.F., wobei Nr. 7 in Übereinstimmung mit Art. 185 III lit. i RiLi 2009/138/EG auf die der Versicherung zugrunde liegenden Fonds (*Plural*) abstellt. **Ermächtigungsgrundlage** ist § 7 II 1 Nr. 2 i.V.m. Satz 2 VVG.

34 Bei der fondsgebundenen Lebensversicherung legt der VR die Sparbeiträge in Anteilen an Investmentfonds an. Die Informationspflicht verfolgt den **Zweck**, den VN in die Lage zu versetzen, vor Abgabe seiner Vertragserklärung die Chancen und Risiken abzuschätzen, die sich aus den **Schwankungen an den Kapitalmärkten** für sein Anlageprodukt ergeben.[112]

35 Es fragt sich, **wie detailliert** die Angaben nach Nr. 7 sein müssen.[113] Wortlaut und Verordnungsbegründung geben keinen Aufschluss darüber, welche Angaben der VR über die Fonds machen muss. Jedenfalls muss klar werden, welche Fonds zugrunde liegen. Zur »Art der darin enthaltenen Vermögenswerte« sollten Informationen zur Gattung der dem Fonds unterliegenden Vermögenswerte gegeben werden, etwa, ob es sich um Aktien oder Immobilien handelt. Sinnvoll sind auch Angaben über die jeweiligen spezifischen Anlagerisiken der Produkte. Der VR kommt seinen Pflichten aus Nr. 7 jedenfalls dann nach, wenn er dem VN einen **Verkaufsprospekt** im Sinne der §§ 164 ff. KAGB zur Verfügung stellt,[114] zumal ein Verkaufsprospekt alle Angaben enthalten muss, die erforderlich sind, damit sich die Anleger über die ihnen angebotene Anlage und insbes. über die damit verbundenen Risiken ein begründetes Urteil bilden können (§ 165 I 1 KAGB). Wichtig ist freilich, dass der Verkaufsprospekt dem VN rechtzeitig vor Abgabe von dessen Vertragserklärung und in Textform zur Verfügung gestellt wird (§ 7 I 1 VVG).

8. Angaben über die Steuerregelung, § 2 I Nr. 8

36 Nr. 8 stimmt wörtlich mit Anlage D Abschnitt I Nr. 2 lit. f) zu § 10a VAG a.F. überein und erfasst insbes. die **Einkommen-, Vermögen-, Erbschaft- und Versicherungsteuer**[115] sowie die seit dem 01.01.2009 geltende **Abgeltungsteuer**.[116] Erforderlich sind »allgemeine« Angaben. Nach dem **Normzweck** müssen die Angaben aber so umfassend sein, dass der VN vor Abgabe seiner Vertragserklärung erkennen kann, welche **steuerlichen Vor- oder Nachteile** das angebotene Produkt hat, um entscheiden zu können, ob es seinen persönlichen Bedürfnissen entspricht.

37 Mit Versicherungsart ist in Anlehnung an Art. 185 III lit. k RiLi 2009/138/EG die jeweilige **Policenart** gemeint.[117] Demnach muss zwischen privaten und betrieblichen Lebensversicherungen, konventionellen und fondsgebundenen Lebensversicherungen sowie zwischen Kapital- und Rentenzahlungen **differenziert** werden.[118] Bei den Rentenzahlungen empfiehlt sich zusätzlich eine Differenzierung nach Riester- und Rürupverträgen.[119]

---

107 PK/*Mauntel*¹, § 2 VVG-InfoV Rn. 11.
108 *Präve* VersR 2008, 151, 154; zu europarechtlichen Bedenken vgl. *Bürkle* VersR 2006, 1042 ff.
109 So auch HK-VVG/*Baroch Castellvi*, § 2 VVG-InfoV Rn. 36; FAKomm-VersR/*C. Schneider/Reuter-Gehrken*, § 2 VVG-InfoV Rn. 22.
110 HK-VVG/*Baroch Castellvi*, § 2 VVG-InfoV Rn. 36.
111 Begr. zur VVG-InfoV, VersR 2008, 183, 189.
112 Vgl. auch Prölss/*Präve*, § 10a VAG Rn. 27; *Metz* VersR 2009, 1573, 1574.
113 Vgl. dazu ausführlich *Metz* VersR 2009, 1573 ff.
114 HK-VVG/*Baroch Castellvi*, § 2 VVG-InfoV Rn. 37; zum in der Zwischenzeit aufgehobenen § 42 II InvG auch *Metz* VersR 2009, 1573, 1575.
115 *Präve* VersR 2008, 151, 154.
116 P/M/*Knappmann*, § 2 VVG-InfoV Rn. 14.
117 *Präve* VersR 2008, 151, 154.
118 Vgl. bereits VerBAV 1995, 283, 286; HK-VVG/*Baroch Catellvi*, § 2 VVG-InfoV Rn. 38.
119 HK-VVG/*Baroch Castellvi*, § 2 VVG-InfoV Rn. 38.

9. Angabe der Effektivkosten, § 2 I Nr. 9

Die Verpflichtung zur Angabe der **Effektivkosten** ist durch das LVRG[120] statt der ursprünglich geplanten Informationspflicht über Provisionen in die VVG-InfoV aufgenommen worden.[121] Die neue Informationspflicht dient der **Produkttransparenz** und soll den VN in die Lage versetzen, die gesamte Kostenbelastung auf die vom VR geschuldete Leistung einzuschätzen.[122] Nach der **Legaldefinition** in § 2 I Nr. 9 sind **Effektivkosten** die Minderung der Wertentwicklung durch Kosten in Prozentpunkten bis zum Beginn der Auszahlungsphase. 38

Die Vorschrift bezieht sich auf Lebensversicherungsverträge, die Versicherungsschutz für ein Risiko bieten, bei dem der Eintritt der Verpflichtung des VR gewiss ist. Die Formulierung ist an **§ 169 I VVG** angelehnt. Unter Nr. 9 fallen neben der kapitalbildenden Lebensversicherung sämtliche weitere Lebensversicherungsverträge, bei denen der Eintritt der Verpflichtung des VR gewiss ist, weil er entweder bei Tod des VN/der versicherten Person oder bei Erreichen einer vereinbarten Altersgrenze leisten muss.[123] Aufgrund der Legaldefinition der Effektivkosten ist jedoch eine **Ansparphase** zwingend.[124] Bei zeitlich unbegrenzten Sterbegeldversicherungen sind keine Effektivkosten anzugeben;[125] Das Kapital wird hier nicht um seiner selbst Willen, sondern im Hinblick auf die Abdeckung der Beerdigungskosten angespart.[126] Auch bei sofort beginnenden Rentenversicherungen sind keine Effektivkosten anzugeben, zumal dies im Hinblick auf die Ungewissheit der geschuldeten Gesamtleistung nicht möglich ist und es zudem an einer Ansparphase fehlt.[127] 39

Nr. 9 verhält sich nicht zur **Berechnungsmethode** der Effektivkosten. Den VR bleibt es damit unbenommen, von mehreren denkbaren Berechnungsmethoden eine auszuwählen.[128] Zur Frage, ob die Effektivkosten in das Produktinformationsblatt aufzunehmen sind, vgl. § 4 Rdn. 28. 40

II. Angaben in Euro, § 2 II

§ 2 II stellt klar, dass die in Abs. 1 Nrn. 1, 2, 4 und 5 vorgesehenen Angaben in Euro zu erfolgen haben. Dieses Erfordernis dient v.a. der besseren Verständlichkeit und Anschaulichkeit und damit der Produkttransparenz sowie der besseren Vergleichbarkeit der Produkte verschiedener Anbieter. Nach der Verordnungsbegründung soll insbes. verhindert werden, dass die VR durch prozentuale Angaben oder Berechnungsgrundlagen die tatsächlich vom VN zu tragenden Kosten verschleiern.[129] 41

Die Angabe eines konkreten Eurobetrages ist nicht immer **möglich**, beispielsweise dann, wenn und soweit die Beträge vor Vertragsschluss noch nicht bekannt sind.[130] In diesen Fällen würde sich eine Darstellung als Prozentsatz anbieten.[131] Nach einem **Urteil**[132] des BGH zu **§ 7 V 1 AltZertG a.F.** entfällt die Pflicht, Vertragskosten jeweils in Euro gesondert auszuweisen, jedoch selbst dann nicht ersatzlos, wenn die Angabe genauer Euro-Beträge objektiv unmöglich ist.[133] Vielmehr müsse der Informationsverpflichtete in diesen Fällen **beispielhafte Kostenangaben** machen.[134] Unter Bezugnahme auf die Gesetzesmaterialien nennt der BGH als Beispiel die Formulierung »x Euro von einem Kapital von 100 Euro pro Fondswechsel«.[135] **Bedeutsam** ist dieses Urteil auch für die **VVG-InfoV**. Denn die Regelung in § 7 V 1 AltZertG a.F. diente gerade dazu, die Informationspflichten bei der Altersvorsorge mit denen nach § 7 VVG zu harmonisieren.[136] Zudem stützt sich der BGH ausdrücklich auf einen Teil des versicherungsvertragsrechtlichen Schrifttums zur VVG-InfoV und betont in diesem Zusammenhang, dass das Erfordernis von Rechenbeispielen »dem in § 7 Abs. 1 Satz 2 VVG sowie § 4 Abs. 5 VVG-InfoV geregelten ›Gebot der Verständlichkeit‹« entspreche.[137] Dass sich aus dem Gebot der Verständlichkeit zwingend die Angabe von Rechenbeispielen ergeben soll, überzeugt methodisch nicht. Zwar ist zuzugeben, dass 42

---

120 Gesetz zur Absicherung stabiler und fairer Leistungen für Lebensversicherte (Lebensversicherungsreformgesetz – LVRG) vom 1. August 2014, BGBl. I S. 1330.
121 *Schwintowski/Ortmann*, VersR 2014, 1401, 1405 unter Verweis auf BR-Drucks. 290/14.
122 BT-Drucks. 18/2016, S. 15.
123 L/W/*Armbrüster*, § 2 VVG-InfoV Rn. 50b; *Schwintowski/Ortmann*, VersR 2014, 1401, 1405.
124 L/W/*Armbrüster*, § 2 VVG-InfoV Rn. 50b.
125 *Schwintowski/Ortmann* VersR 2014, 1401, 1405; L/W/*Armrbrüster*, § 2 VVG-InfoV Rn. 50b; HK-VVG/*Baroch Castellvi*, § 2 VVG-InfoV Rn. 39.
126 HK-VVG/*Baroch Castellvi*, § 2 VVG-InfoV Rn. 39.
127 *Schwintwoski/Ortmann*, VersR 2014, 1401, 1405; HK-VVG/*Baroch Castellvi*, § 2 VVG-InfoV Rn. 39; vgl. auch L/W/*Armbrüster*, § 2 VVG-InfoV Rn. 50b.
128 HK-VVG/*Baroch Castellvi*, § 2 VVG-InfoV Rn. 40.
129 Vgl. Begr. zur VVG-InfoV, VersR 2008, 183, 188.
130 Vgl. dazu im Einzelnen HK-VVG/*Baroch Castellvi*, § 2 VVG-InfoV Rn. 41, 16; vgl auch BGH WM 2014, 1217, 1218 (zu § 7 V AltZertG a.F.).
131 Siehe dazu HK-VVG/*Baroch Castellvi*, § 2 VVG-InfoV Rn. 42 mit alternativen Formulierungsvorschlägen.
132 BGH WM 2014, 1217 ff.
133 BGH WM 2014, 1217, 1218.
134 BGH WM 2014, 1217, 1218.
135 BGH WM 2014, 1217, 1218 unter Verweis auf Begr. RegE BT-Druck. 16/9670, S. 10.
136 BGH WM 2014, 1217, 1218; Begr. RegE BT-Drucks. 16/9670, S. 10 f.
137 BGH WM 2014, 1217, 1218 f.

§ 2 VVG-InfoV   Informationspflichten bei der Lebensversicherung

die Angabe eines absoluten Euro-Betrages eher dazu geeignet ist, dem VN die konkret auf ihn zukommende Kostenbelastung auf den ersten Blick und ohne rechnerischen Zwischenschritt zu verdeutlichen.[138] Inwieweit das vom BGH bemühte Formulierungsbeispiel aber verständlicher sein soll als eine Angabe in Prozent, bleibt offen.[139]

43 Erforderlich und ausreichend ist im Übrigen die genaue Bezifferung des Betrages in Euro (z.B. »50,– €«). Weder der Wortlaut von Abs. 2 noch die Anmerkungen in der Verordnungsbegründung lassen darauf schließen, dass der konkrete Betrag **in Worten** auszuschreiben ist. Übernimmt der VR aber keine Garantie für einen Rückkaufswert, sollte bei der Bezifferung nach Abs. 2 Satz 2 i.V.m. Nr. 6 die Höhe »0« auch ausgeschrieben werden [»0 (Null) €«].[140] Das dient der Verständlichkeit und beugt Missverständnissen vor, die sich daraus ergeben können, dass der VN annimmt, es handele sich um einen Druckfehler oder ein fälschlicherweise nicht ausgefülltes Leerfeld.[141]

44 Für die Angabe der in die Prämie einkalkulierten Kosten (Abs. 1 Nr. 1) hat der Verordnungsgeber folgende **Formulierung vorgeschlagen:**[142] »*Für diesen Vertrag sind Abschlusskosten und weitere Kosten zu entrichten, die in der kalkulierten Prämie von jährlich zzz,– Euro bereits enthalten sind. Diese Kosten bestehen aus einem einmaligen Betrag von xxx,– Euro und weiteren Beträgen von jährlich yyy,– Euro für eine Laufzeit von 25 Jahren.*«

45 Gem. Abs. 2 Satz 2 ist das Ausmaß der **Garantie bei Rückkaufswerten** sowie prämienreduzierten und -freien Leistungen ebenfalls in Euro anzugeben. Soweit eine Garantie nicht übernommen wurde, ist eine Bezifferung i.H.v. »0 (Null) €« vorzunehmen (s. bereits oben).[143] Dies kann entweder durchgängig in einer Tabelle oder durch einen einmaligen, ausdrücklichen Hinweis geschehen.[144]

III. Zinssätze, § 2 III

46 Die Vorschrift regelt die Einzelheiten der zu übermittelnden Modellrechung und **legt** die ihr zu Grunde zu legenden **Zinssätze** fest. **Ob** der VR eine Modellrechnung erteilen muss, bestimmt sich ausschließlich nach § 154 VVG.

47 Die Information über die Modellrechnung verfolgt den **Zweck**, dem VN vor Vertragsschluss eine »vertretbare Berechnung der möglichen Entwicklung der Ablaufleistung als wichtigste Versicherungsleistung«[145] zu ermöglichen. Die Normierung einer für alle VR einheitlichen Zinsgrundlage soll die **Vergleichbarkeit der Produkte** erhöhen und das **Risiko einer Fehlinformation** des VN durch versichererindividuelle Berechnungen minimieren.

48 Ob mit § 7 II 1 Nr. 2 VVG eine ausreichende **Ermächtigungsgrundlage** für die Festlegung der Zinssätze vorliegt, begegnet Zweifeln,[146] da § 7 II 1 Nr. 2 VVG den Verordnungsgeber lediglich dazu ermächtigt, Informationen **über die Modellrechnung** vorzuschreiben. Demgegenüber bestimmt § 2 III verbindlich, welchen **Inhalt** die Modellrechnung haben muss. Die Vorschrift begründet damit eine originäre, über die Ermächtigungsgrundlage hinausgehende Verhaltenspflicht. Insoweit kann auch nicht auf § 154 I VVG zurückgegriffen werden, da dort nur geregelt wird, dass die Modellrechnung mit drei verschiedenen Zinssätzen darzustellen ist. Den VR steht es frei, **welche Zinssätze** sie genau verwenden.[147] Demnach kann die Verordnung die VR nur dazu verpflichten, die von ihnen bei der Modellrechnung zugrunde gelegten Zinssätze mitzuteilen.

49 Schließlich nimmt Abs. 3 auch Bezug auf § 154 VVG, der die Übermittlung der Modellrechnung zu einem **späteren Zeitpunkt gestattet** als nach § 7 VVG (»im Zusammenhang mit dem Abschluss einer Lebensversicherung«). Für diese Fälle kann § 7 II 1 Nr. 2 VVG gar keine Verordnungsermächtigung enthalten, da die Vorschrift nur für Informationen gilt, die **rechtzeitig vor Abgabe der Vertragserklärung des VN** zu erteilen sind, vgl. § 7 I 1 VVG.

50 Unabhängig von der Frage, ob Abs. 3 mangels Ermächtigungsgrundlage unwirksam ist, greift die Informationspflicht nur dann ein, wenn der VR bezifferte Angaben über die Höhe nicht garantierter Leistungen macht.[148] Die Wahl der Zinssätze entspricht den Vorschlägen der VVG-Kommission.[149] Bei dem »**Höchst-**

---

138 Vgl. BGH WM 2014, 1217, 1218.
139 So auch HK-VVG/Baroch Castellvi, § 2 VVG-InfoV Rn. 42.
140 Begr. zur VVG-InfoV, VersR 2008, 183, 189; a.A. HK-VVG/*Baroch Castellvi*, § 2 VVG-InfoV Rn. 43.
141 So auch FAKomm-VersR/*C. Schneider/Reuter-Gehrken*, § 2 VVG-InfoV Rn. 33.
142 Begr. zur VVG-InfoV, VersR 2008, 183, 188.
143 Begr. zur VVG-InfoV, VersR 2008, 183, 189.
144 So auch HK-VVG/*Baroch Castellvi*, § 2 VVG-InfoV Rn. 44; L/W/*Armbrüster*, § 2 VVG-InfoV Rn. 53.
145 BT-Drucks. 16/3945 S. 97.
146 Im Ergebnis ebenso HK-VVG/*Baroch Castellvi*, § 2 VVG-InfoV Rn. 46; a.A. L/W/*Armbrüster*, § 2 VVG-InfoV Rn. 54.
147 So auch HK-VVG/*Baroch Castellvi*, § 2 VVG-InfoV Rn. 46.
148 *Präve* VersR 2008, 151, 154.
149 Vgl. im Einzelnen; VVG-Kommission Abschlussbericht 2004 (VersR-Schriftenreihe Heft 25), S. 121 ff.

rechnungszinssatz« handelt es sich demnach um den Höchstzinssatz für die Berechnung der Deckungsrückstellung nach § 2 I DeckRV.[150]

Gem. § 154 II VVG muss der VR den VN klar und verständlich darauf hinweisen, dass es sich bei der Modellrechnung nur um ein Rechenmodell handelt, dem fiktive Annahmen zugrunde liegen, und dass der VN aus der Modellrechnung keine vertraglichen Ansprüche gegen den VR ableiten kann. Verletzt der VR diese Hinweispflicht, macht er sich nach allgemeinen Grundsätzen schadensersatzpflichtig.[151] Der VN ist also so zu stellen, wie er bei ordnungsgemäßem Hinweis gestanden hätte.[152] Insoweit kommt insbes. eine **Rückabwicklung** des Vertrages in Betracht, wenn der VN den Vertrag bei ordnungsgemäßem Hinweis nicht abgeschlossen hätte.[153] Im Einzelfall denkbar ist freilich auch, dass der VN die Angaben des VR in Verbindung mit dessen Antrag nach den **§§ 133, 157 BGB** so verstehen durfte, dass sich der VR vertraglich bindet; dann kommen auch **vertragliche Erfüllungsansprüche** in Betracht.[154] Ein auf das positive Interesse und damit die Anpassung des Vertrages gerichteter Schadensersatzanspruch[155] dürfte demgegenüber regelmäßig daran scheitern, dass dem VN der von ihm zu führende Beweis nicht gelingen wird, dass der VR den Vertrag seinerseits ebenfalls zu den abweichenden Bedingungen geschlossen hätte.[156] Insoweit kommt dann aber neben einem Lösungsrecht des VN ein Anspruch auf die Differenz zwischen der hypothetischen Gegenleistung des VR und der tatsächlichen Leistung in Betracht.[157]

IV. Entsprechende Anwendung auf die Berufsunfähigkeitsversicherung, § 2 IV

1. § 2 IV 1 i.V.m. § 2 I

Gem. Abs. 4 finden die Abs. 1 und 2 auf die Berufsunfähigkeitsversicherung entsprechende Anwendung. Hierbei handelt es sich nicht um eine bloße Klarstellung.[158] Aufgrund der eigenständigen Regelungen für die Berufsunfähigkeitsversicherung in §§ 172 ff. VVG ist diese nicht der Lebensversicherung zuzuordnen.[159] Demgemäß musste der Verordnungsgeber die Informationspflichten für die Berufsunfähigkeitsversicherung für entsprechend anwendbar erklären.[160]

Fraglich ist, ob § 7 II 1 Nr. 2 VVG den Verordnungsgeber dazu ermächtigt, Informationspflichten auch für die Berufsunfähigkeitsversicherung vorzusehen. Der Wortlaut erfasst lediglich die Lebensversicherung, so dass die Informationspflichten nach Abs. 4 den **Wortlaut** der Ermächtigungsgrundlage **überschreiten**. Daraus ergibt sich aber nicht denknotwendig die Unwirksamkeit von Abs. 4. Das Bestimmtheitsgebot aus Art. 80 I 2 GG verlangt lediglich, dass der Verordnungsermächtigung **durch Auslegung** zu entnehmen ist, welche Belastungen auf die Adressaten zukommen (oben Rdn. 11). Nach dem Willen des Gesetzgebers sollen Informationspflichten aber auch für diejenigen Verträge gelten, die einzelne Elemente der Lebensversicherung enthalten, was namentlich für die **Berufsunfähigkeitsversicherung mit Prämienrückgewähr** zutrifft.[161] **Sinn und Zweck** von § 7 II VVG, dem VN eine informierte Entscheidung für ein Versicherungsprodukt zu ermöglichen und die Transparenz zu verbessern, sprechen ebenfalls dafür, die Informationspflichten auf die Berufsunfähigkeitsversicherung zu erstrecken, und zwar **unabhängig davon**, ob es sich um eine solche **mit oder ohne Beitragsrückgewähr** handelt; die Schutzbedürftigkeit des VN hängt hiervon nicht ab.[162]

a) Angabe zu den in die Prämie einkalkulierten Kosten und sonstigen Kosten sowie zur Überschussbeteiligung, § 2 IV 1 i.V.m. § 2 I Nrn. 1, 2 und 3

Hinsichtlich der Angaben über die in die Prämien einkalkulierten Kosten und sonstigen Kosten sowie die für die Überschussermittlung und -beteiligung geltenden Regelungen kann auf die Ausführungen zur Lebensversicherung verwiesen werden (s.o.).

---

150 HK-VVG/*Baroch Castellvi*, § 2 VVG-InfoV Rn. 48; PK/*Gansel*, § 2 VVG-InfoV Rn. 15; L/W/*Armbrüster*, § 2 VVG-InfoV Rn. 55.
151 L/W/*Armbrüster*, § 2 VVG-InfoV Rn. 56.
152 L/W/*Armbrüster*, § 2 VVG-InfoV Rn. 56; L/W/*Heiss*, § 154 Rn. 26; P/M/*Reiff*, § 154 Rn. 15.
153 L/W/*Armbrüster*, § 2 VVG-InfoV Rn. 56; L/W/*Heiss*, § 154 Rn. 26.
154 L/W/*Heiss*, § 154 Rn. 25; P/M/*Reiff*, § 154 Rn. 15.
155 Dafür HK-VVG/*Brambach*, § 154 Rn. 30.
156 Vgl. zu diesem Kriterium allgemein *Schäfers*, Die vorvertragliche Anzeigepflicht des Versicherungsnehmers und das allgemeine Leistungsstörungsrecht, S. 44 f.; 156 ff.
157 Allgemein *Schäfers*, Die vorvertragliche Anzeigepflicht des Versicherungsnehmers und das allgemeine Leistungsstörungsrecht, S. 44 f. m.w.N.
158 So aber *Präve* VersR 2008, 151, 154.
159 Vgl. auch Begr. zur VVG-InfoV, VersR 2008, 183, 189; wie hier HK-VVG/*Baroch Castellvi*, § 2 VVG-InfoV Rn. 550; a.A. *Präve* VersR 2008, 151, 154.
160 So auch L/W/*Armbrüster*, § 2 VVG-InfoV Rn. 58.
161 Begr. RegE BT-Drucks. 16/3945 S. 60.
162 A.A. HK-VVG/*Baroch Castellvi*, § 2 VVG-InfoV Rn. 51–54; im Ergebnis wie hier (redaktionelles Versehen) L/W/*Armbrüster*, § 2 VVG-InfoV Rn. 59.

§ 2 VVG-InfoV Informationspflichten bei der Lebensversicherung

b) Rückkaufswerte, § 2 IV 1 i.V.m. § 2 I Nr. 4

55 Nach der gesetzlichen Regelung sind auch in der Berufsunfähigkeitsversicherung die in Betracht kommenden Rückkaufswerte anzugeben. Ausweislich der Regierungsbegründung zu § 176 VVG[163] findet § 169 VVG auf die Berufsunfähigkeitsversicherung grundsätzlich keine Anwendung, da der Eintritt des Versicherungsfalles ungewiss ist. Etwas anderes gilt aber dann, wenn es sich um eine **Berufsunfähigkeitsversicherung mit Beitragsrückgewähr** handelt. Dient der Rückkaufswert zugleich der Kapitalbildung für den VN, findet § 169 VVG bei Kündigung der Haupt- und Zusatzversicherung Anwendung, und der VR hat den Rückkaufswert auszuzahlen.[164] Hinsichtlich der Einzelheiten zur Angabe der »in **Betracht kommenden Rückkaufswerte**« gilt das oben zur Lebensversicherung Gesagte.

c) Angaben für prämienfreie oder -reduzierte Versicherung, § 2 IV 1 i.V.m. § 2 I Nr. 5

56 Gem. § 176 VVG sind die §§ 150–170 VVG auf die Berufsunfähigkeitsversicherung entsprechend anwendbar. Demnach kann für die Angaben auf die Ausführungen zur Lebensversicherung verwiesen werden (Rdn. 26–30).

d) Ausmaß der garantierten Leistungen, § 2 IV 1 i.V.m. § 2 I Nr. 6

57 Siehe dazu im Einzelnen die Ausführungen zur Lebensversicherung (Rdn. 31 f.).

e) Angaben bei fondsgebundenen Versicherungen, § 2 IV 1 i.V.m. § 2 I Nr. 7

58 Da der VN bei einer fondsgebundenen Berufsunfähigkeitsversicherung im Ergebnis keinen verlässlichen Versicherungsschutz erhält, dürfte der Anwendungsbereich der Vorschrift gering sein.[165] Im Übrigen wird auf die Kommentierung zur Lebensversicherung verwiesen (Rdn. 33–35).

f) Angaben zur Steuerregelung, § 2 IV 1 i.V.m. § 2 I Nr. 8

59 Auch hier kann auf die Ausführungen zur Lebensversicherung verwiesen werden (Rdn. 36 f.), wobei die Abgeltung- und Erbschaftsteuer bei der Berufsunfähigkeitsversicherung allenfalls eine untergeordnete Rolle spielen.[166]

2. Begriff der Berufsunfähigkeit, § 2 IV 2

60 Der VN ist darauf hinzuweisen, dass der in den Versicherungsbedingungen verwandte Begriff der Berufsunfähigkeit **nicht** übereinstimmt mit dem Begriff der Berufsunfähigkeit in der Sozialversicherung (§ 43 II SGB VI a.F., jetzt »teilweise oder volle Erwerbsminderung« gem. § 43 I, II SGB VI) oder in den Versicherungsbedingungen in der Krankentagegeldversicherung. Nach dem Wortlaut würde als Hinweis ausreichen, den Gesetzestext abzudrucken. Dies dürfte dem VN indes kaum weiterhelfen.[167] Unter Berücksichtigung des **Normzwecks**, den VN auf den vom Sozialversicherungsrecht abweichenden Umfang der Versicherung und das Risiko etwaiger Deckungslücken im Verhältnis zur Krankentagegeldversicherung hinzuweisen,[168] sollte eine **knappe Erläuterung** erfolgen, welche **Konsequenzen** der abweichende Begriff der Berufsunfähigkeit für den VN hat.[169]

3. Angaben in Euro, § 2 IV 1 i.V.m. § 2 II

61 Vergleiche hierzu bereits oben bei der Lebensversicherung (Rdn. 41–45).

V. Entsprechende Anwendung auf die Unfallversicherung mit Prämienrückgewähr, § 2 V

62 § 2 V stimmt im Wesentlichen mit den nach der Anlage D Abschnitt I Nr. 2 zu § 10a VAG a.F. geltenden Informationspflichten überein. Hinsichtlich der Einzelheiten kann auf die Kommentierung zur Lebensversicherung verwiesen werden.

63 Auch im Rahmen von § 2 V ist zweifelhaft, ob dem Verordnungsgeber in § 7 II 1 Nr. 2 VVG eine **Ermächtigungsgrundlage** zur Verfügung stand, die Informationspflichten auf die Unfallversicherung mit Prämienrückgewähr zu erstrecken. Der Wortlaut der Verordnungsermächtigung umfasst nur Lebensversicherungen. Im Gegensatz zur Berufsunfähigkeitsversicherung kann hier auch nicht eingewandt werden, dass die Unfallversicherung vom Begriff der Lebensversicherung umfasst sei, da schon vor der VVG-Reform die Unfallversicherung eigenständig in den §§ 179 ff. VVG a.F. geregelt war. Nach der Regierungsbegründung soll die Ver-

---

163 BT-Drucks. 16/3945 S. 107.
164 Siehe dazu im Einzelnen *Voit/Neuhaus*, B 32.
165 HK-VVG/*Baroch Castellvi*, § 2 VVG-InfoV Rn. 59.
166 HK-VVG/*Baroch Castellvi*, § 2 VVG-InfoV Rn. 60.
167 Vgl. auch HK-VVG/*Baroch Castellvi*, § 2 VVG-InfoV Rn. 61.
168 Begr. zur VVG-InfoV, VersR 2008, 183, 189.
169 Etwas enger HK-VVG/*Baroch Castellvi*, § 2 VVG-InfoV Rn. 61; L/W/*Armbrüster*, § 2 VVG-InfoV Rn. 61 (Hinweis auf mögliche Deckungslücken genügt).

ordnung Informationspflichten für alle Versicherungsarten vorsehen können, die einzelne **Elemente der Lebensversicherung** enthalten.[170] Auch **Sinn und Zweck** von § 7 II 1 Nr. 2 VVG sprechen für die Einbeziehung der Unfallversicherung, da der VN insoweit ebenfalls auf die Informationen angewiesen ist. Dennoch bleiben erhebliche Zweifel an der Wirksamkeit von Abs. 5,[171] so dass der Gesetzgeber die Geltung des § 7 II 1 Nr. 2 VVG für die Unfallversicherung mit Prämienrückgewähr de lege ferenda ausdrücklich klarstellen sollte.

§ 3 VVG-InfoV Informationspflichten bei der Krankenversicherung.

(1) Bei der substitutiven Krankenversicherung (§ 146 Abs. 1 des Versicherungsaufsichtsgesetzes) hat der Versicherer dem Versicherungsnehmer gemäß § 7 Abs. 1 Satz 1 des Versicherungsvertragsgesetzes zusätzlich zu den in § 1 Abs. 1 genannten Informationen folgende Informationen zur Verfügung zu stellen:

1. Angaben zur Höhe der in die Prämie einkalkulierten Kosten; dabei sind die einkalkulierten Abschlusskosten als einheitlicher Gesamtbetrag und die übrigen einkalkulierten Kosten als Anteil der Jahresprämie unter Angabe der jeweiligen Laufzeit auszuweisen; bei den übrigen einkalkulierten Kosten sind die einkalkulierten Verwaltungskosten zusätzlich gesondert als Anteil der Jahresprämie unter Angabe der jeweiligen Laufzeit auszuweisen;
2. Angaben zu möglichen sonstigen Kosten, insbesondere zu Kosten, die einmalig oder aus besonderem Anlass entstehen können;
3. Angaben über die Auswirkungen steigender Krankheitskosten auf die zukünftige Beitragsentwicklung;
4. Hinweise auf die Möglichkeiten zur Beitragsbegrenzung im Alter, insbesondere auf die Möglichkeiten eines Wechsels in den Standardtarif oder Basistarif oder in andere Tarife gemäß § 204 des Versicherungsvertragsgesetzes und der Vereinbarung von Leistungsausschlüssen, sowie auf die Möglichkeit einer Prämienminderung gemäß § 152 Abs. 3 und 4 des Versicherungsaufsichtsgesetzes;
5. einen Hinweis, dass ein Wechsel von der privaten in die gesetzliche Krankenversicherung in fortgeschrittenem Alter in der Regel ausgeschlossen ist;
6. einen Hinweis, dass ein Wechsel innerhalb der privaten Krankenversicherung in fortgeschrittenem Alter mit höheren Beiträgen verbunden sein kann und gegebenenfalls auf einen Wechsel in den Standardtarif oder Basistarif beschränkt ist;
7. eine Übersicht über die Beitragsentwicklung im Zeitraum der dem Angebot vorangehenden zehn Jahre; anzugeben ist, welcher monatliche Beitrag in den dem Angebot vorangehenden zehn Jahren jeweils zu entrichten gewesen wäre, wenn der Versicherungsvertrag zum damaligen Zeitpunkt von einer Person gleichen Geschlechts wie der Antragsteller mit Eintrittsalter von 35 Jahren abgeschlossen worden wäre; besteht der angebotene Tarif noch nicht seit zehn Jahren, so ist auf den Zeitpunkt der Einführung des Tarifs abzustellen, und es ist darauf hinzuweisen, dass die Aussagekraft der Übersicht wegen der kurzen Zeit, die seit der Einführung des Tarifs vergangen ist, begrenzt ist; ergänzend ist die Entwicklung eines vergleichbaren Tarifs, der bereits seit zehn Jahren besteht, darzustellen.

(2) Die Angaben zu Absatz 1 Nr. 1, 2 und 7 haben in Euro zu erfolgen.

Übersicht

	Rdn.
A. Allgemeines	1
B. Tatbestand	2
I. Angaben zur Höhe der in die Prämie einkalkulierten Kosten und zu sonstigen Kosten, § 3 I Nrn. 1 und 2	2
II. Angaben über die Auswirkungen steigender Krankheitskosten auf die zukünftige Beitragsentwicklung, § 3 I Nr. 3	3
III. Möglichkeiten zur Beitragsbegrenzung im Alter, § 3 I Nr. 4	4
IV. Ausschluss des Wechsels in die gesetzliche Krankenversicherung im Alter, § 3 I Nr. 5	6
V. Wechsel innerhalb der privaten Krankenversicherung im Alter, § 3 I Nr. 6	7
VI. Übersicht über die Beitragsentwicklung, § 3 I Nr. 7	8
VII. Angaben in Euro, § 3 II	9
VIII. Aufsichtsbehördliches Informationsblatt nach § 146 I Nr. 6 VAG	10

A. Allgemeines

Nach § 3 sind bei der **substitutiven Krankenversicherung** zusätzliche Informationen zu erteilen. Rechtsgrundlage ist § 7 II 1 Nr. 3 VVG. Die Informationspflichten sollen den besonderen Eigenarten der substitutiven Krankenversicherung Rechnung tragen.[1] Insbes. sollen dem VN die weitreichenden und oft nur mit Nachteilen rückgängig zu machenden Folgen eines Eintritts in die private Krankenversicherung verdeutlicht

---

[170] BT-Drucks. 16/3945 S. 60.
[171] Im Ergebnis ebenso HK-VVG/*Baroch Castellvi*, § 2 VVG-InfoV Rn. 62.
[1] Begr. zur VVG-InfoV, VersR 2008, 183, 188.

§ 3 VVG-InfoV Informationspflichten bei der Krankenversicherung

werden.[2] Zudem dienen die Informationspflichten der Vergleichbarkeit der Produkte verschiedener Anbieter.[3] Andere Krankenversicherungen, wie etwa Zusatzversicherungen, sind angesichts ihrer geringeren wirtschaftlichen Bedeutung nicht erfasst.[4] Im Gegensatz zu dem ursprünglichen Verordnungsentwurf sieht § 3 keine Reihenfolge vor, in der die Informationen zu erfüllen sind.

B. Tatbestand

I. Angaben zur Höhe der in die Prämie einkalkulierten Kosten und zu sonstigen Kosten, § 3 I Nrn. 1 und 2

2 Hinsichtlich des Kostenausweises in der Krankenversicherung kann auf die entsprechenden Ausführungen im Rahmen der Lebensversicherung verwiesen werden (§ 2 Rdn. 4 ff.). Nach der Änderung von Nr. 1 durch das LVRG[5] ist der VR nun unproblematisch auch zur Offenlegung der in die Prämie einkalkulierten **Verwaltungskosten** verpflichtet. Dies gilt auch für Verträge, die vor dem 01.01.2015 abgeschlossen worden sind. Insbesondere stellte § 7 II 1 Nr. 3 VVG a.F. insoweit auch eine hinreichende Ermächtigungsgrundlage dar (»welche weiteren Informationen bei der Krankenversicherung […] mitzuteilen sind.«; vgl. zur parallelen Problematik bei der Lebensversicherung ausführlich § 2 Rdn. 9 ff.). In der Krankenversicherung sind ungezillmerte Verträge häufig.[6] Der Gesamtbetrag der Abschlusskosten kann vor diesem Hintergrund nicht angegeben werden. Der VR muss insoweit nur den jeweiligen Kostenanteil in der Monatsprämie angeben.[7]

II. Angaben über die Auswirkungen steigender Krankheitskosten auf die zukünftige Beitragsentwicklung, § 3 I Nr. 3

3 Die Regelung entspricht der Anlage D Abschnitt I Nr. 3 lit. a) zu § 10a VAG a.F. Dem VN ist deutlich vor Augen zu führen, dass Kostensteigerungen zu Beitragsanpassungen führen werden. Da der VN für die Problematik **sensibilisiert** werden soll, dürfen die **Gefahren einer Beitragssteigerung** nicht verharmlost werden,[8] insbes. dürfen keine über den bloßen Informationsgehalt hinausgehenden Werbeangaben erfolgen.[9] Früher verlangte man hier beispielhafte Angaben über die Beitragsentwicklung bei typischen Vertragsarten.[10] Inzwischen fordert § 3 I Nr. 3 wesentlich detaillierter, welche Übersichten der VR dem VN an die Hand geben muss. Daneben **weitere Beitragsberechnungen** nach Nr. 3 zu verlangen, sei es auch in allgemeinerer Form, ist **nicht geboten**. Die Bedeutung der Nr. 3 erschöpft sich darin, dass der VR den VN ausdrücklich darauf hinweisen muss, dass dieser wegen steigender Krankheitskosten mit Beitragssteigerungen rechnen muss. Es sollte dann auf die Übersicht nach Nr. 7 verwiesen werden.

III. Möglichkeiten zur Beitragsbegrenzung im Alter, § 3 I Nr. 4

4 Die von Nr. 4 geforderten Hinweise zur Möglichkeit der Beitragsbegrenzung im Alter waren früher in Anlage D Abschnitt I Nr. 3 lit. b) zu § 10a VAG a.F. geregelt. Hier ist namentlich auf die Möglichkeiten eines **Wechsels nach § 204 VVG in den Standard- oder Basistarif oder in andere Tarife** hinzuweisen, wobei der VN über den gegebenenfalls begrenzten Leistungsumfang zu unterrichten ist.[11] Daneben muss der VR auf die Möglichkeit hinweisen, Leistungsausschlüsse zu vereinbaren und die Prämie nach § 152 III, IV VAG zu mindern.[12]

5 Es fragt sich, wie **detailliert** die Angaben nach Nr. 4 sein müssen. Nach dem Wortlaut sind lediglich »Hinweise auf die Möglichkeiten der Beitragsbegrenzung im Alter« erforderlich, so dass allgemeine Angaben ausreichen.[13] Dem Zweck der Informationspflicht ist genügt, wenn dem VN **deutlich** vor Augen geführt wird, dass die in Nr. 4 genannten Möglichkeiten bestehen, und er sich bei Bedarf weitergehend beraten lassen kann.[14]

---

2 P/M/*Knappmann*, § 3 VVG-InfoV Rn. 1; L/W/*Armbrüster*, § 3 VVG-InfoV Rn. 1.
3 L/W/*Armbrüster*, § 3 VVG-InfoV Rn. 1.
4 Begr. zur VVG-InfoV, VersR 2008, 183, 188.
5 Gesetz zur Absicherung stabiler und fairer Leistungen für Lebensversicherte (Lebensversicherungsreformgesetz – LVRG) vom 1. August 2014, BGBl. I S. 1330.
6 P/M/*Knappmann*, § 3 VVG-InfoV Rn. 2.
7 P/M/*Knappmann*, § 3 VVG-InfoV Rn. 2; L/W/*Armrbrüster*, § 3 VVG-InfoV Rn. 3; FAKomm-VersR/*C. Schneider/Reuter-Gehrken*, § 3 VVG-InfoV Rn. 4.
8 PK/*Gansel*, § 3 VVG-InfoV Rn. 4.
9 BT-Drucks. 14/1245, S. 122; *Präve* VersR 2008, 151, 156.
10 Prölss/*Präve*, § 10a VAG Rn. 31; *ders.* VersR 2008, 151, 156.
11 *Präve* VersR 2008, 151, 157.
12 PK/*Gansel*, § 3 VVG-InfoV Rn. 5.
13 Anders wohl Prölss/*Präve*, § 10a VAG Rn. 32, der indes offen lässt, wie detailliert die Angaben erfolgen sollen.
14 So auch HK-VVG/*Baroch Castellvi*, § 3 VVG-InfoV Rn. 6; FAKomm-VersR/*C. Schneider/Reuter-Gehrken*, § 3 VVG-InfoV Rn. 8; P/M/*Knappmann*, § 3 VVG-InfoV Rn. 4; PK/*Gansel*, § 3 VVG-InfoV Rn. 5; vgl. auch L/W/*Armbrüster*, § 3 VVG-InfoV Rn. 5 (konkrete Möglichkeiten) und Rn. 6 (keine detaillierten Einzelheiten).

IV. Ausschluss des Wechsels in die gesetzliche Krankenversicherung im Alter, § 3 I Nr. 5

Dieses Erfordernis bezweckt, dem VN die Bedeutung und Tragweite seiner Entscheidung für die private Krankenversicherung deutlich vor Augen zu führen. Trotz dieser **Warnfunktion** sollen allgemeine Hinweise ausreichen und nähere Konkretisierungen bzw. Erläuterungen entbehrlich sein.[15]

6

V. Wechsel innerhalb der privaten Krankenversicherung im Alter, § 3 I Nr. 6

Um dem VN schon vor Abschluss eines Vertrages die **Tragweite seiner Entscheidung** für eine bestimmte Versicherungsgesellschaft zu verdeutlichen, ist er darauf hinzuweisen, dass ein **Wechsel** innerhalb der privaten Krankenversicherung in fortgeschrittenem Alter mit **höheren Beiträgen** verbunden sein kann und gegebenenfalls auf einen Wechsel in den Standard- oder Basistarif beschränkt ist.[16] Dieser Hinweis ergänzt inhaltlich die Information nach § 3 I Nr. 4.[17] Auch hier gilt, dass allgemeine Hinweise ausreichen und keine detaillierten Angaben erforderlich sind.[18]

7

VI. Übersicht über die Beitragsentwicklung, § 3 I Nr. 7

Damit sich der VN anhand konkreter Zahlen eine Vorstellung über die Beitragsentwicklung in dem angebotenen Tarif machen kann, muss ihm der VR eine Übersicht über die Beitragsentwicklung im Zeitraum der dem Angebot vorangehenden zehn Jahre aushändigen. Anzugeben ist der jeweilige monatliche Beitrag in Euro (§ 3 II), der für den konkreten Versicherungsvertrag zu zahlen gewesen wäre, wenn eine Person gleichen Geschlechts mit einem Eintrittsalter von 35 Jahren diesen Vertrag vor zehn Jahren abgeschlossen hätte. **Sonstige** individuelle **Risikomerkmale** sind bei der Übersicht **nicht zu berücksichtigen**.[19] Für den Fall, dass der in Rede stehende Tarif noch nicht zehn Jahre besteht, ist auf den Zeitpunkt der Einführung des Tarifs abzustellen. Zur Vermeidung falscher Vorstellungen ist der VN in diesem Fall auf die **begrenzte Aussagekraft** der Entwicklung innerhalb des kurzen Zeitraums hinzuweisen.[20] Außerdem ist ergänzend die Entwicklung eines vergleichbaren Tarifs, der bereits seit zehn Jahren besteht, darzustellen. Insoweit sollte deutlich gemacht werden, hinsichtlich welcher Parameter die Tarife voneinander abweichen.[21] Bei der **Neugründung** eines Krankenversicherers bereitet die Pflicht naturgemäß Schwierigkeiten. Hier können nur Angaben verlangt werden, die dem neu gegründeten VR in concreto möglich sind.[22] Gleiches gilt bei **innovativen Tarifen**, etwa im Zusammenhang mit Wearables, bei denen u.U. keine weiteren Tarife bestehen, die sinnvollerweise mit den neuen Tarifen verglichen werden können. Wird der Antrag für eine Person gestellt, die nicht zugleich der Antragsteller ist, ist die Beitragsentwicklung entgegen dem Wortlaut allein für die **versicherte Person** darzustellen.[23]

8

VII. Angaben in Euro, § 3 II

Gem. § 3 II haben die Angaben zu § 3 I Nrn. 1, 2 und 7 in Euro zu erfolgen. Insoweit kann auf die Ausführungen zu § 2 II i.R.d. Lebensversicherung verwiesen werden (§ 2 Rdn. 41 ff.).

9

VIII. Aufsichtsbehördliches Informationsblatt nach § 146 I Nr. 6 VAG

Zusätzlich zu den nach § 7 VVG i.V.m. der VVG-InfoV zu erteilenden Informationen ist dem VN vor Abschluss eines privaten Krankenversicherungsvertrages ein **amtliches Informationsblatt** der BaFin auszuhändigen, welches über die verschiedenen Prinzipien der Krankenversicherung aufklärt, § 146 I Nr. 6 VAG.[24] Bei **Verstoß** gegen die Vorschrift drohen vorrangig **aufsichtsrechtliche Konsequenzen**. Ein **Schadensersatzanspruch** des VN kommt hingegen **nicht** in Betracht:[25] Eine vorvertragliche Pflicht zur Übermittlung des Informationsblattes besteht für die VR nicht, da der Gesetzgeber die vorvertraglichen Informationspflichten abschließend in § 7 VVG i.V.m. der VVG-InfoV geregelt hat. Bei § 146 I Nr. 6 VAG handelt es sich vielmehr ausschließlich um eine gewerberechtliche Ordnungsvorschrift. Gegen die Annahme, die aufsichtsrechtliche Pflicht habe eine rechtliche Doppelnatur,[26] spricht, dass der Lauf der Widerrufsfrist gem. § 8 VVG im Gegensatz zum Beginn der Widerspruchsfrist nach § 5a VVG a.F. nicht mehr vom Erhalt des Informationsblattes

10

---

15 Begr. RegE BT-Drucks. 14/1245, S. 122; *Präve* VersR 2008, 151, 157; Prölss/*Präve*, § 10a VAG Rn. 33; PK/*Gansel*, § 3 VVG-InfoV Rn. 6; L/W/*Armbrüster*, § 3 VVG-InfoV Rn. 7; vgl. auch HK-VVG/*Baroch Castellvi*, § 3 VVG-InfoV Rn. 7.
16 Begr. zur VVG-InfoV, S. 12.
17 *Präve* VersR 2008, 151, 157.
18 HK-VVG/*Baroch Castellvi*, § 3 VVG-InfoV Rn. 8; FAKomm-VersR/*C. Schneider/Reuter-Gehrken*, § 3 VVG-InfoV Rn. 10.
19 Wie hier P/M/*Knappmann*, § 3 VVG-InfoV Rn. 3; anders PK/*Gansel*, § 3 VVG-InfoV Rn. 8.
20 Begr. zur VVG-InfoV, VersR 2008, S. 183, 189.
21 L/W/*Armbrüster*, § 3 VVG-InfoV Rn. 9.
22 HK-VVG/*Baroch Castellvi*, § 3 VVG-InfoV Rn. 9.
23 HK-VVG/*Baroch Castellvi*, § 3 VVG-InfoV Rn. 10; P/M/*Knappmann*, § 3 VVG-InfoV Rn. 3.
24 *Präve* VersR 2008, 151, 156.
25 A.A. *Präve* VersR 2008, 151, 156; L/W/*Armbrüster*, § 3 VVG-InfoV Rn. 11.
26 Vgl. zu § 10a VAG a.F. Prölss/*Präve*, § 10a VAG Rn. 85.

abhängt,[27] der Gesetzgeber also die aufsichtsrechtlichen Vorgaben von privatrechtlichen Folgen entkoppelt hat. Auch wurde bei der Implementierung der Informationspflichten nach § 10a VAG a.F. in das VVG betont, dass die Ausgestaltung der Informationspflichten als öffentlich-rechtliche Pflicht nicht sachgerecht sei (vgl. bereits Vor §§ 1 ff. Rdn. 2); dass die Pflicht zur Übermittlung des aufsichtsbehördlichen Informationsblattes nach wie vor im VAG geregelt ist, spricht demnach dafür, dass der Gesetzgeber insoweit nicht von einer Pflicht des VR i.S.v. § 241 II BGB ausgeht. Der VR, der auf den Inhalt des Informationsblattes ohnehin keinen Einfluss hat, tritt hier vielmehr als **verlängerter Arm und Werkzeug der Aufsichtsbehörde** auf, die das Informationsblatt den VN mangels Kenntnis etwaiger Vertragsschlüsse sinnvollerweise nicht selbst übermitteln kann. Da die BaFin aber ihrerseits sowohl bei inhaltlich unrichtiger als auch bei unterbliebener Aushändigung des Informationsblattes nicht von den VN auf Schadensersatz in Anspruch genommen werden könnte (§§ 294 VIII VAG, 4 IV FinDAG), erscheint es nicht gerechtfertigt, VR über aufsichtsrechtliche Konsequenzen hinaus Schadensersatzansprüchen auszusetzen.[28]

§ 4 VVG-InfoV Produktinformationsblatt.

(1) Ist der Versicherungsnehmer ein Verbraucher, so hat der Versicherer ihm ein Produktinformationsblatt zur Verfügung zu stellen, das diejenigen Informationen enthält, die für den Abschluss oder die Erfüllung des Versicherungsvertrages von besonderer Bedeutung sind.
(2) Informationen im Sinne des Absatzes 1 sind:
1. Angaben zur Art des angebotenen Versicherungsvertrages;
2. eine Beschreibung des durch den Vertrag versicherten Risikos und der ausgeschlossenen Risiken;
3. Angaben zur Höhe der Prämie in Euro, zur Fälligkeit und zum Zeitraum, für den die Prämie zu entrichten ist, sowie zu den Folgen unterbliebener oder verspäteter Zahlung;
4. Hinweise auf im Vertrag enthaltene Leistungsausschlüsse;
5. Hinweise auf bei Vertragsschluss zu beachtende Obliegenheiten und die Rechtsfolgen ihrer Nichtbeachtung;
6. Hinweise auf während der Laufzeit des Vertrages zu beachtende Obliegenheiten und die Rechtsfolgen ihrer Nichtbeachtung;
7. Hinweise auf bei Eintritt des Versicherungsfalles zu beachtende Obliegenheiten und die Rechtsfolgen ihrer Nichtbeachtung;
8. Angabe von Beginn und Ende des Versicherungsschutzes;
9. Hinweise zu den Möglichkeiten einer Beendigung des Vertrages.
(3) Bei der Lebensversicherung mit Überschussbeteiligung ist Absatz 2 Nr. 2 mit der Maßgabe anzuwenden, dass zusätzlich auf die vom Versicherer zu übermittelnde Modellrechnung gemäß § 154 Abs. 1 des Versicherungsvertragsgesetzes hinzuweisen ist.
(4) Bei der Lebensversicherung, der Berufsunfähigkeitsversicherung und der Krankenversicherung ist Absatz 2 Nr. 3 mit der Maßgabe anzuwenden, dass die Abschluss- und Vertriebskosten und die Verwaltungskosten (§ 2 Abs. 1 Nr. 1, § 3 Abs. 1 Nr. 1) sowie die sonstigen Kosten (§ 2 Abs. 1 Nr. 2, § 3 Abs. 1 Nr. 2) jeweils in Euro gesondert auszuweisen sind.
(5) ¹Das Produktinformationsblatt ist als solches zu bezeichnen und den anderen zu erteilenden Informationen voranzustellen. ²Die nach den Absätzen 1 und 2 mitzuteilenden Informationen müssen in übersichtlicher und verständlicher Form knapp dargestellt werden; der VN ist darauf hinzuweisen, dass die Informationen nicht abschließend sind. ³Die in Absatz 2 vorgegebene Reihenfolge ist einzuhalten. ⁴Soweit die Informationen den Inhalt der vertraglichen Vereinbarung betreffen, ist auf die jeweils maßgebliche Bestimmung des Vertrages oder der dem Vertrag zugrunde liegenden Allgemeinen Versicherungsbedingungen hinzuweisen.

Übersicht

	Rdn.		Rdn.
A. Allgemeines	1	1. Angaben zur Art des angebotenen Versicherungsvertrages (Nr. 1)	14
I. Normzweck	1		
II. Entstehungsgeschichte	2	2. Beschreibung des durch den Vertrag versicherten Risikos und der ausgeschlossenen Risiken (Nr. 2)	15
III. Anwendungsbereich/Abgrenzungen	4		
IV. Überblick	8	3. Angaben zur Prämie (Nr. 3)	18
B. Inhalt des Produktinformationsblattes	9	4. Leistungsausschlüsse (Nr. 4)	19
I. Informationen von besonderer Bedeutung	9	5. Obliegenheiten bei Vertragsschluss (Nr. 5)	20
II. Informationen im Einzelnen	13		

---

27 Zustimmend P/M/*Knappmann*, § 3 VVG-InfoV Rn. 1; für den Lauf der Widerrufsfrist auch L/W/*Armbrüster*, § 3 VVG-InfoV Rn. 11.
28 Zustimmend P/M/*Knappmann*, § 3 VVG-InfoV Rn. 1.

Produktinformationsblatt § 4 VVG-InfoV

	Rdn.		Rdn.
6. Obliegenheiten während der Vertragslaufzeit (Nr. 6)	23	III. Besondere Angaben für einzelne Sparten (Absätze 3 und 4)	27
7. Obliegenheiten bei Eintritt des Versicherungsfalles (Nr. 7)	24	C. Gestaltung des Produktinformationsblattes (Abs. 5)	29
8. Beginn und Ende des Versicherungsschutzes (Nr. 8)	25	D. Rechtsfolgen	34
9. Möglichkeit der Vertragsbeendigung (Nr. 9)	26	E. Unabdingbarkeit	36

A. Allgemeines

I. Normzweck

Die Komplexität des Rechtsproduktes Versicherung schlägt sich sowohl bei den AVB als auch den verwendeten Formularen in einer Fülle komplizierter Regelungen nieder, die der VN häufig nicht oder nur unvollständig zur Kenntnis nimmt.[1] Hier soll das Produktinformationsblatt Abhilfe schaffen: Es soll dem VN, sofern er Verbraucher (§ 13 BGB) ist, »ermöglichen, sich anhand einer knappen, verständlichen und daher keinesfalls abschließend gewollten Darstellung einen **Überblick über die wesentlichen Merkmale des Vertrages** zu verschaffen«[2] (Hervorhebung durch d. Verf.). Wenn die Begründung einerseits weiter ausführt, das Produktinformationsblatt solle Informationen enthalten, die aus Sicht des Verbrauchers für die Auswahl des Produktes im Zeitpunkt der Entscheidungsfindung von Bedeutung seien, andererseits aber von einer »ersten Orientierungshilfe« spricht, die gegeben werden soll, dann ist das widersprüchlich. Der Gesetzeswortlaut des Abs. 1 macht aber deutlich, dass der Normzweck im erstgenannten Sinne zu verstehen ist. Eine **abschließende Darstellung** aller Regelungen ist nach dem Sinn des § 4 nicht gewollt, s. auch Abs. 5 Satz 2 Hs. 2. 1

II. Entstehungsgeschichte

Das Produktinformationsblatt, das VR verschiedentlich schon vor Inkrafttreten der VVG-InfoV verwendet haben, geht in der hier normierten Gestalt auf eine **Idee von Römer** zurück, der eine klar und unkompliziert formulierte Unterrichtung des VN über die etwa zehn wichtigsten Punkte für hilfreich hält.[3] Der Abschlussbericht der Reformkommission sah zwar die Schaffung einer InformationspflichtenVO vor, enthielt jedoch noch keinen Formulierungsvorschlag und keinen Hinweis auf das Produktinformationsblatt. Auch die Regierungsbegründung sagt hierüber nichts; es wurde erst im Rahmen der VVG-InfoV behandelt. 2

Ob § 7 II VVG eine hinreichende **Ermächtigungsgrundlage** zur Einführung des Produktinformationsblattes ist, wird bezweifelt; es komme allenfalls § 7 II 1 Nr. 5 VVG als solche in Betracht.[4] Zusätzlich kann § 4 aber auch auf § 7 II 1 Nr. 1 VVG gestützt werden.[5] 3

III. Anwendungsbereich/Abgrenzungen

§ 4 ist nur anwendbar, wenn der VN ein **Verbraucher** ist, § 4 I Hs. 1. Die Verbrauchereigenschaft beurteilt sich nach § 13 BGB.[6] Schwierigkeiten ergeben sich, wenn Unternehmer berufliche und private Risiken in einem Vertrag versichern, wie es z.B. in der Berufshaftpflichtversicherung vorkommt. Nach § 13 BGB kommt es darauf an, dass das Rechtsgeschäft überwiegend weder der gewerblichen noch der selbständigen beruflichen Tätigkeit der natürlichen Person zugerechnet werden kann. Eine solche Zuordnung ist bei der Anwendung des § 4 aber nicht erforderlich, da § 4 auf den privaten Teil des Vertrages angewandt werden kann, ohne dass eine Gesamteinordnung des Vertrages nötig wäre. Soweit private Risiken mitversichert sind, ist ausschließlich die private Sphäre des VN berührt. Dann muss dem VN aber auch ein Produktinformationsblatt erteilt werden.[7] Dieses muss sich aber nur auf die privaten Risiken beziehen. 4

§ 4 ist am **01.07.2008** in Kraft getreten. Zuvor verwendete Produktinformationsblätter können nicht an den Anforderungen des § 4 gemessen werden.[8] 5

Ob das Produktinformationsblatt der **AGB-Kontrolle unterliegt**, ergibt sich allein aus den genannten Vorschriften des BGB. § 305 I 1 BGB setzt voraus, dass es sich um Vertragsbedingungen, also Klauseln handelt, die darauf gerichtet sind, den Inhalt eines Vertrages zu regeln (näher Einl. B Rdn. 5–11). Das Produktinformationsblatt soll über die an anderer Stelle getroffenen Regeln informieren und auf diese insbes. auch verweisen (§ 4 V 4), nicht aber selbst Regelungen treffen. Daher fällt es, sofern es nicht im Inhalt über die gesetzli- 6

---

1 Vgl. *Römer* VersR 2007, 618 f.
2 Begr. VVG-InfoV, VersR 2008, 183, 190.
3 *Römer* VersR 2006, 740, 741; VersR 2007, 618, 619; zustimmend *Schimikowski* r+s 2006, 441, 444.
4 HK-VVG/*Baroch Castellvi*, § 4 VVG-InfoV Rn. 2; zweifelnd P/M/*Knappmann*, § 4 VVG-InfoV Rn. 2; L/W/*Armbrüster*, § 4 VVG-InfoV Rn. 2, der in § 7 II 1 Nr. 5 VVG aber eine ausreichende Ermächtigungsgrundlage sieht.
5 Wie hier FAKomm-VersR/*C. Schneider*/*Reuter-Gehrken*, § 4 VVG-InfoV Rn. 3.
6 Begr. zur VVG-InfoV, VersR 2008, 183, 189 f.
7 A.A. unter Geltung von § 13 BGB a.F. *Franz* VersR 2008, 298, 301.
8 Vgl. auch § 7 VVG-InfoV Rdn. 2 sowie PK/*Gansel*, § 7 VVG-InfoV Rn. 1.

§ 4 VVG-InfoV Produktinformationsblatt

chen Vorgaben des § 4 hinausgehend auch Regelungen trifft, nicht unter § 305 I BGB.[9] Ob das Produktinformationsblatt sich inhaltlich nicht auf die Information beschränkt, sondern selbst Regelungen trifft, ist nach allgemeinen Auslegungsgrundsätzen zu bestimmen (Einl. B Rdn. 43 ff.) und richtet sich daher nach der Sicht eines durchschnittlichen VN. Musste dieser den Eindruck gewinnen, es werde an dieser Stelle schon etwas geregelt, kann § 305 BGB eingreifen.

7 Eine andere Frage ist, ob das Produktinformationsblatt als den Vertragsabschluss begleitender Umstand bei der Kontrolle der AVB eine Rolle spielen kann (unten Rdn. 35).

IV. Überblick

8 § 4 I bestimmt, dass VN, die Verbraucher sind, das Produktinformationsblatt zur Verfügung zu stellen ist, und legt abstrakt fest, welche Informationen es enthalten muss. Abs. 2 enthält eine konkretere Aufzählung der zur Verfügung zu stellenden Informationen, Abs. 3 und 4 sehen ergänzende Regelungen für die Lebensversicherung mit Überschussbeteiligung (Abs. 3) sowie die Lebensversicherung, BU-Versicherung und Krankenversicherung (Abs. 4) vor. Abs. 5 macht inhaltliche und formale Vorgaben für die Gestaltung des Blattes.

B. Inhalt des Produktinformationsblattes
I. Informationen von besonderer Bedeutung

9 Abs. 1 sieht vor, dass dem VN ein Produktinformationsblatt mit solchen Informationen zur Verfügung zu stellen ist, die für den **Vertragsabschluss und die Vertragserfüllung von besonderer Bedeutung** sind. Dieses Tatbestandsmerkmal wird durch Abs. 2 näher konkretisiert,[10] was es aber nicht ausschließt, bei der Subsumtion unter Abs. 2 auf Abs. 1 zurückzugreifen, um zu klären, ob eine bestimmte Information auf dem Blatt enthalten sein muss. Das richtige Maß an Informationen zu treffen, ist schwierig, namentlich dann, wenn man die *Römer'sche* Forderung nach etwa zehn Angaben im Kopf hat, die Ausgangspunkt für § 4 war. Nicht ausreichend ist es, wenn nur ein Beispiel für einen Risikoausschluss genannt wird und im übrigen auf eine ganze Reihe von AVB verwiesen wird (etwa: »Beispielsweise besteht kein Versicherungsschutz für Schäden, die Sie vorsätzlich herbeiführen. Weitere wichtige Ausschlüsse finden Sie in den §§ 2b, 10, 19, 21 und 28 AKB«). Die wichtigsten Ausschlüsse müssen kurz skizziert werden (näher unten zu Abs. 2 Nr. 4).

10 § 4 gilt nach seinem Sinn und Zweck, dem Kunden einen besseren Überblick über die Eigenschaften der angebotenen Versicherung zu verschaffen, sowie nach der Systematik der VVG-InfoV (§§ 1–5 vorvertragliche, § 6 vertragsbegleitende Pflichten) in der **Vertragsanbahnungsphase**, nicht während der Vertragslaufzeit. Das Blatt ist im selben Zeitpunkt wie die nach § 7 I 1 erforderlichen Informationen zu überreichen. Ein weiterer Anhaltspunkt dafür ist § 4 V 1, wonach das Blatt den anderen zu erteilenden Informationen voranzustellen ist.

11 Fraglich ist, ob bei einer **Änderung der Bedingungen** des ursprünglich anvisierten Vertrages **vor Vertragsabschluss** ein **neues Produktinformationsblatt** zu erteilen ist. Dies wird für die Änderung der Prämie durch neue Risikozuschläge und für spätere Veränderungen des Leistungsumfanges verneint.[11] Richtig ist zu unterscheiden: Wenn aufgrund der nachträglichen Änderungen sich das Gesamtbild des anvisierten Vertrages wesentlich ändert, muss auch ein neues Produktinformationsblatt erteilt werden. Das ist jedenfalls dann der Fall, wenn der VR andere AVB übersendet. Auch wenn sich der Vertrag durch die Vereinbarung weiterer Ausschlüsse oder anderer Sonderregelungen so ändert, dass die Hinweise und Verweise im Produktinformationsblatt für den VN nicht mehr nachvollziehbar sind, ist ein neues Produktinformationsblatt zu erteilen. Anderes gilt bei einer Vereinbarung einzelner Ausschlüsse, zumal diese i.d.R. auf ergänzenden Angaben des Kunden beruhen und dieser daher Kenntnis der die Änderung verursachenden Umstände hat und die Änderung sachlich einordnen und verstehen kann.

12 Ob bei einer **nachträglichen Änderung** eines **bestehenden Vertrages** ein neues Produktinformationsblatt zu erteilen ist, beurteilt sich ebenso wie bei § 7 I 1 VVG. Soweit die Parteien ergebnisoffen über eine Fortsetzung des Vertrages zu anderen Bedingungen verhandeln, ist für das geänderte Produkt ein Produktinformationsblatt zu erteilen.

II. Informationen im Einzelnen

13 In Abs. 2 sind diejenigen Informationen aufgeführt, die »als für den Abschluss oder die Erfüllung des Versicherungsvertrages von wesentlicher Bedeutung« im Sinne des Abs. 1 gelten. Die Aufzählung ist abschließend,[12] d.h. weitere Informationen muss der VR nicht aufnehmen. Zusätzliche Informationen sind im Hinblick auf den Zweck des Produktinformationsblattes, einen ersten und kurzen Überblick über das Produkt zu geben, auch nicht immer sinnvoll. Denn mit einem inhaltlich überfrachteten Informationsblatt erfüllt der VR

---

9 So jetzt auch L/W/*Armbrüster*, § 4 VVG-InfoV Rn. 3; P/M/*Knappmann*, § 4 VVG-InfoV Rn. 1b; anders HK-VVG/*Baroch Castellvi*, § 4 VVG-InfoV Rn. 9.
10 Begr. VVG-InfoV, VersR 2008, 183, 190.
11 PK/*Mauntel*[1], § 4 VVG InfoV Rn. 7.
12 Begr. zur VVG-InfoV, VersR 2008, 183, 190.

die Voraussetzungen des § 4 nicht. Die in Abs. 2 angegebene Reihenfolge der Informationen ist einzuhalten, § 4 V 3. So wird eine bessere Vergleichbarkeit von Verträgen bzw. Angeboten gewährleistet.

1. Angaben zur Art des angebotenen Versicherungsvertrages (Nr. 1)

Hier ist anzugeben, um welchen Vertragstyp es sich handelt (z.B. Lebens-, Unfall- oder Haftpflichtversicherung).[13] Daraus ergibt sich, dass ein mehrere Arten von Versicherungen umfassendes Produktinformationsblatt i.d.R. nicht den Anforderungen des § 4 genügen wird, etwa für KH-Haftpflicht, Schutzbrief (In- und Ausland), Vollkasko, Teilkasko, Kraftfahrt-Unfall. 14

2. Beschreibung des durch den Vertrag versicherten Risikos und der ausgeschlossenen Risiken (Nr. 2)

Das versicherte Risiko sei, so die Begründung, anschaulich zu beschreiben. Es sollten Beispiele gebracht werden, die die **Grenzen des Versicherungsschutzes** deutlich machen und es sollte auf **typische Risiken** hingewiesen werden, die – eventuell entgegen der Erwartung – **nicht versichert** sind. Es wird jedoch **keine abschließende Darstellung** erwartet; hier kann von der Verweisungsmöglichkeit des § 4 V 4 Gebrauch gemacht werden.[14] Die Beschreibung des Risikos kann anhand folgender Abgrenzungen erfolgen:[15] Gegenständliche Eingrenzung (welche Sachen/welches Interesse ist versichert), örtliche Eingrenzung des Risikos, Eingrenzung nach der versicherten Gefahr (z.B. Schadensursache), sofern relevant Eingrenzung nach der Art des versicherten Schadens (z.B. nur Sachschäden, Abhandenkommen, Produktionsausfallschäden usw.), Besonderheiten bei der Entschädigung (z.B. Besonderheiten bei Neuwertversicherungen, Deckungsobergrenzen usw.). Eine zeitliche Eingrenzung ist an dieser Stelle entbehrlich (s. Nrn. 3 und 8). Wie viele Details genannt werden müssen, wird die Rspr. zu befinden haben; wie oben ausgeführt, kann ein einziges Beispiel mit einem Verweis auf zahlreiche weitere AVB-Regeln nicht genügen. 15

Teilweise wird vertreten, das versicherte Risiko müsse nur **spartenspezifisch** dargestellt werden, **vertragsindividuelle** Angaben würden von der Verordnung nicht gefordert.[16] Dem ist in dieser Allgemeinheit nicht zu folgen. Bereits der Wortlaut stellt nicht allgemein – etwa wie bei Nr. 1 – auf »die Art der Versicherung« ab, sondern auf das durch »den Vertrag« versicherte Risiko.[17] Auch der Sinn und Zweck der Norm, die Information des Kunden und die Schaffung von Transparenz, erfordern es, vertragsindividuelle Besonderheiten zu berücksichtigen. Eine nur »spartenspezifische« Darstellung ist für den Kunden wertlos. Alle Produktinformationsblätter aller VR einer Sparte könnten dann nämlich in diesem Punkt identisch sein. Dem VN blieben bei einer Lektüre des Blattes die Besonderheiten verborgen, die einen Vergleich seines Vertrages mit anderen Produkten überhaupt erst ermöglichen. Die spartenspezifische Beschreibung kann auch irreführend sein, wenn der individuelle Vertrag – etwa aufgrund besonderer primärer Risikobeschreibungen – vom Regelfall abweicht. Wenn z.B. in der Berufsunfähigkeitsversicherung das versicherte Risiko allgemein spartenspezifisch mit der gesundheitsbedingten dauerhaften Unfähigkeit beschrieben wird, die zuletzt ausgeübte Tätigkeit fortzuführen und in den AVB das Risiko einer auf psychischer Erkrankung beruhenden Berufsunfähigkeit ausgeschlossen ist, müsste dieser Ausschluss nach § 4 II Nr. 2 erwähnt werden. Anderenfalls würde das Blatt seinen Zweck, zu informieren und den Vergleich zu ermöglichen, nicht erfüllen. Auch ist in der Begründung zur Verordnung ausgeführt, dass die Vorgaben des § 4 allgemein gehalten seien und es dem VR obliege, die Angaben abhängig von dem angebotenen Produkt (und nicht der Sparte) zu gestalten.[18] Dass individuelle Informationen nur dann aufzunehmen sind, wenn dies »erforderlich« ist[19], ergibt sich bereits aus dem Wortlaut von Abs. 1 (»besondere Bedeutung«). 16

Problematisch ist aber die **Abgrenzung von ausgeschlossenen Risiken (Nr. 2) und Leistungsausschlüssen (Nr. 4)**.[20] Der Verordnungsgeber hat hier die schwierige Abgrenzung zwischen primären Risikobeschreibungen und sekundären Risikobeschreibungen in Form von Risikoausschlüssen in die Verordnung übernommen. Diese Abgrenzung hat aber bisher einzig und allein Bedeutung für die Beweislast im Streitfall.[21] Für § 4 wäre eine genaue Abgrenzung deshalb nötig, weil die Informationen genau in der Reihenfolge des Gesetzes erfolgen müssen – also erst primäre Risikobeschreibungen, dann, nach den Angaben zur Prämie, sekundäre Risikobeschreibungen in Form von Ausschlüssen. Hier sollte die Rspr. großzügig sein und aus einer falschen Ein- 17

---

13 Begr. zur VVG-InfoV, VersR 2008, 183, 190.
14 Begr. zur VVG-InfoV, VersR 2008, 183, 190.
15 Vgl. P/M/*Kollhosser*[27], § 49 Rn. 8 zur Schadensversicherung.
16 PK/*Mauntel*[1], § 4 VVG-InfoV Rn. 6; vgl. auch FAKomm-VersR/*C. Schneider/Reuter-Gehrken*, § 4 VVG-InfoV Rn. 8; P/M/*Knappmann*, § 4 VVG-InfoV Rn. 3.
17 Dem folgend PK/*Gansel*, § 4 VVG-InfoV Rn. 6.
18 Vgl. Begr. VVG-InfoV, VersR 2008, 183, 190; im Ergebnis wie hier jetzt auch L/W/*Armbrüster*, § 4 VVG-InfoV Rn. 8.
19 So einschränkend PK/*Gansel*, § 4 VVG-InfoV Rn. 6.
20 Vgl. auch HK-VVG/*Baroch Castellvi*, § 4 VVG-InfoV Rn. 10.
21 Näher *Pohlmann* in: E. Lorenz (Hrsg.), Karlsruher Forum 2008, S. 55, 69 ff.

§ 4 VVG-InfoV Produktinformationsblatt

ordnung seitens des VR keine Konsequenzen ziehen.[22] Ohnehin ist es kaum denkbar, dass der VN durch eine falsche Reihenfolge dieser beiden Angaben verwirrt würde.[23]

3. Angaben zur Prämie (Nr. 3)

18 **Detaillierte Angaben** sind bezüglich der Prämie nötig. Anzugeben sind die Daten für den Versicherungsvertrag, dessen Abschluss bei Erstellung des Blattes ins Auge gefasst ist; der VN soll erkennen, zu welchem Zeitpunkt er welchen Betrag zahlen muss.[24] Die Prämie muss **in Euro** angegeben werden. Nicht ausreichend ist daher, wenn das Produktinformationsblatt auf andere Dokumente, etwa den Versicherungsantrag, das Angebot oder den Versicherungsschein, verweist. Anzugeben ist die konkret zu zahlende Prämie.[25] Sofern sich die **Höhe** der Prämie noch ändern kann, etwa im Antragsverfahren durch Risikozuschläge oder Änderungen des Leistungsumfanges, die sich erst nach Übersendung des Produktinformationsblattes ergeben, muss deutlich auf diese Möglichkeit sowie darauf hingewiesen werden, woraus sich der endgültige Betrag ergibt;[26] im Hinblick auf die endgültige Prämienhöhe genügt dann ein Verweis auf den Versicherungsschein.[27] Zur Fälligkeit der **Prämie** sollen Angaben gemacht werden. Der VN soll erkennen können, zu welchem Zeitpunkt er welchen Betrag zahlen muss. Dafür ist zunächst anzugeben, ob die Prämie monatlich, halbjährlich oder jährlich zu zahlen ist. Soweit möglich, ist das **Fälligkeitsdatum** genau zu bezeichnen,[28] soweit § 33 I einschlägig ist, ist das allerdings nicht möglich, so dass es genügt, den Inhalt dieser Regelung wiederzugeben. Anzugeben ist der **Zeitraum, für den die Prämie zu entrichten ist**. Nach der Begründung soll dies erforderlich sein, um dem VN deutlich zu machen, für welchen Zeitraum er für die Prämienzahlung »im Gegenzug« Versicherungsschutz erlangt.[29] Bei Versicherungen gegen Einmalprämien überschneidet sich die Information mit der nach § 4 II Nr. 8 erforderlichen Angabe von Beginn und Ende des Versicherungsschutzes. Wegen der zwingenden Reihenfolge ist die Information daher zunächst hier zu nennen und es kann später auf oben verwiesen werden. Auch die **Folgen einer unterbliebenen oder verspäteten Zahlung** sind zu benennen. Hier reicht eine kurze Darstellung des Inhalts der §§ 37, 38 VVG,[30] wobei insbes. auf die nach § 37 II VVG erforderliche Belehrung hingewiesen werden sollte.

4. Leistungsausschlüsse (Nr. 4)

19 Die Abgrenzung zu Nr. 2 (ausgeschlossene Risiken) ist problematisch, s. Rdn. 15–17. Im Übrigen gilt das oben zum Umfang der Information Gesagte entsprechend. Das wird auch von der Begründung gedeckt, die verlangt, dass neben generellen Ausführungen zu den Ausnahmen des Versicherungsschutzes beispielhaft einzelne, praktisch bedeutsame Leistungsausschlüsse dargestellt werden. Das muss nicht vollständig geschehen, sondern die Verweisungsmöglichkeit kann genutzt werden.[31] Für die jeweilige Sparte **typische Ausschlüsse** sollten genannt werden,[32] namentlich solche, die dem Verbraucher typischerweise **unbekannt** sind.[33] Indes sollte der VR – um Missverständnissen vorzubeugen – auf den **beispielhaften Charakter** der Ausschlüsse und darauf **hinweisen**, dass weitere Ausschlüsse in den AVB enthalten sind.[34]

5. Obliegenheiten bei Vertragsschluss (Nr. 5)

20 Mit den bei Vertragsschluss zu erfüllenden Obliegenheiten sind – in Abgrenzung zu Nr. 6 – die **vorvertraglichen** Obliegenheiten gemeint. Das ist an erster Stelle die **vorvertragliche Anzeigepflicht** nach den §§ 19 ff. VVG.[35] Hier genügt ein Hinweis, dass der VN vor Vertragsschluss die Antragsfragen des VR wahrheitsgemäß beantworten muss, anderenfalls er möglicherweise seinen Versicherungsschutz verliert. Detaillierte Angaben zu den Rechtsfolgen einer vorvertraglichen Anzeigepflichtverletzung sind im Hinblick auf den umfassenden Hinweis nach § 19 V 1 VVG nicht erforderlich[36] und würden vor dem Hintergrund des ausdifferenzierten

---

22 Vgl. auch L/W/*Armbrüster*, § 4 VVG-InfoV Rn. 7, 36; FAKomm-VersR/*C. Schneider/Reuter-Gehrken*, § 4 VVG-InfoV Rn. 11; P/M/*Knappmann*, § 4 VVG-InfoV Rn. 4; HK-VVG/*Baroch Castellvi*, § 4 VVG-InfoV Rn. 11 f.
23 So auch P/M/*Knappmann*, § 4 VVG-InfoV Rn. 4.
24 Begr. zur VVG-InfoV, VersR 2008, 183, 190.
25 L/W/*Armbrüster*, § 4 VVG-InfoV Rn. 20.
26 Vgl. PK/*Gansel*, § 4 VVG-InfoV Rn. 7 f.; vgl. dazu auch P/M/*Knappmann*, § 4 VVG-InfoV Rn. 5; a.A. (unnötige Aufblähung des Produktinformationsblattes) HK-VVG/*Baroch Castellvi*, § 4 VVG-InfoV Rn. 16.
27 L/W/*Armbrüster*, § 4 VVG-InfoV Rn. 20; P/M/*Knappmann*, § 4 VVG-InfoV Rn. 5.
28 PK/*Gansel*, § 4 VVG-InfoV § 4 Rn. 7.
29 Begr. zur VVG-InfoV, VersR 2008, 183, 190.
30 So jetzt auch P/M/*Knappmann*, § 4 VVG-InfoV Rn. 5 unter Hinweis auf Abs. 5 S. 4 sowie L/W/*Armbrüster*, § 4 VVG-InfoV Rn. 23.
31 Begr. zur VVG-InfoV, VersR 2008, 183, 190.
32 Vgl. PK/*Gansel*, § 4 VVG-InfoV Rn. 9.
33 P/M/*Knappmann*, § 4 VVG-InfoV Rn. 6.
34 PK/*Gansel*, § 4 VVG-InfoV Rn. 9; L/W/*Armbrüster*, § 4 VVG-InfoV Rn. 32.
35 HK-VVG/*Baroch-Castellvi*, § 4 VVG-InfoV Rn. 19; L/W/*Armbrüster*, § 4 VVG-InfoV Rn. 37; P/M/*Knappmann*, § 4 VVG-InfoV Rn. 7.
36 Zutreffend PK/*Gansel*, § 4 VVG-InfoV Rn. 10.

Sanktionssystems der §§ 19 II–IV, 21 f. VVG den Zweck des Produktinformationsblattes konterkarieren.[37] Daraus ergibt sich umgekehrt, dass der VR seiner Hinweispflicht nach § 19 V 1 VVG nicht im Rahmen des Produktinformationsblattes genügen kann.

Auch auf die Obliegenheit zur Anzeige einer Mehrfachversicherung nach § 77 VVG ist hinzuweisen und deren Missachtung zu skizzieren.[38]

Eine kurze beispielhafte Skizzierung der wichtigsten weiteren Obliegenheiten und der Rechtsfolgen ihrer Nichtbeachtung reicht hier in Verbindung mit einem Verweis aus.

6. Obliegenheiten während der Vertragslaufzeit (Nr. 6)

Nr. 6 umfasst alle während der Vertragslaufzeit zu beachtenden gesetzlichen und vertraglichen Obliegenheiten. Obwohl der Wortlaut insoweit keine Einschränkung erhält, ergibt sich jedenfalls aus dem Zweck des Produktinformationsblattes, einen Überblick über die wesentlichen Merkmale des Vertrages zu geben, dass nicht sämtliche Obliegenheiten angegeben werden können.[39] Bei allen Obliegenheiten (s. auch Nr. 7) stellt sich daher – ähnlich wie bei den Ausschlüssen und den primären Risikobeschreibungen – die Frage der Auswahl aus der Fülle. Eine kurze, beispielhafte Skizzierung der wichtigsten Obliegenheiten und der Rechtsfolgen ihrer Nichtbeachtung reicht hier in Verbindung mit einem Verweis auf die AVB aus.[40] Hier sollte insbesondere auf die §§ 23 ff. VVG[41] sowie § 28 VVG[42] und die Gefahr des vollständigen oder teilweisen Verlusts des Versicherungsanspruchs bei Obliegenheitsverletzungen hingewiesen werden.[43]

7. Obliegenheiten bei Eintritt des Versicherungsfalles (Nr. 7)

Hier gilt das zu Nr. 6 Gesagte entsprechend. Nach der Begründung ist vor allem ein Hinweis auf die Anzeigepflicht des § 30 VVG unentbehrlich.[44] Auch auf die Schadensabwendungs- und -minderungsobliegenheit nach § 82 VVG sollte hingewiesen werden.[45]

8. Beginn und Ende des Versicherungsschutzes (Nr. 8)

Der VN soll wissen, wann der Versicherungsschutz beginnt und wann er endet; dies ist besonders wichtig, wenn Versicherungsschutz und Vertragslaufzeit auseinander fallen.[46] Ist Letzteres der Fall, muss der VR nach dem Wortlaut der Nr. 8 die Tatsache des Auseinanderfallens nicht ausdrücklich erwähnen, sondern nur Beginn und Ende des Versicherungsschutzes nennen.[47] Ein Hinweis auf die Folgen einer schuldhaften Nichtzahlung der Prämie für den Versicherungsschutz (§ 37 II VVG)[48] erübrigt sich, da er schon nach Nr. 3 notwendig ist.

Beginn und Ende des Versicherungsschutzes müssen möglichst genau bezeichnet werden. Wenn dies möglich ist, ist ein genaues Datum anzugeben.[49] Ansonsten reicht hinsichtlich des Endes des Schutzes der Hinweis, dass der Vertrag mit Kündigung durch den VR oder den VN endet. Einzelheiten zur Vertragsbeendigung sind nach Nr. 9 mitzuteilen.

Auseinanderfallen können auch die formelle Vertragsbeendigung und die materielle Beendigung des Versicherungsschutzes. Das gilt etwa dann, wenn den AVB das Verstoßprinzip zugrunde liegt. Hierauf muss der VN nach Nr. 8 hingewiesen werden. Anderenfalls können sich Schadensersatzansprüche des VN aus den §§ 280 I, 311 II, 241 II BGB ergeben, etwa weil der VN es unterlassen hat, einen gegen ihn gerichteten Anspruch innerhalb der Nachhaftungsfrist gegenüber dem VR anzuzeigen.

9. Möglichkeit der Vertragsbeendigung (Nr. 9)

Dem VN soll deutlich gemacht werden, unter welchen Voraussetzungen er den Vertrag (gegebenenfalls auch vorzeitig) beenden kann. Hingewiesen werden sollte auf die **Regelung des § 11 VVG** sowie auf weitere mögli-

---

37 So auch FAKomm-VersR/*C. Schneider/Reuter-Gehrken*, § 4 VVG-InfoV Rn. 22; HK-VVG/*Baroch Castellvi*, § 4 VVG-InfoV Rn. 20.
38 L/W/*Armbrüster*, § 4 VVG-InfoV Rn. 37; anders HK-VVG/*Baroch Castellvi*, § 4 VVG-InfoV Rn. 19, der einen Hinweis auf § 19 VVG für ausreichend hält.
39 Vgl. auch FAKomm-VersR/*C. Schneider/Reuter-Gehrken*, § 4 VVG-InfoV Rn. 26.
40 So jetzt auch L/W/*Armbrüster*, § 4 VVG-InfoV Rn. 39 mit Formulierungsbeispielen in Rn. 40.
41 L/W/*Armbrüster*, § 4 VVG-InfoV Rn. 39; PK/*Gansel*, § 4 VVG-InfoV Rn. 11.
42 P/M/*Knappmann*, § 4 VVG-InfoV Rn. 7.
43 Vgl. auch FAKomm-VersR/*C. Schneider/Reuter-Gehrken*, § 4 VVG-InfoV Rn. 27.
44 Begr. zur VVG-InfoV, VersR 2008, 183, 190.
45 L/W/*Armbrüster*, § 4 VVG-InfoV Rn. 41.
46 Begr. zur VVG-InfoV, VersR 2008, 183, 190.
47 L/W/*Armbrüster*, § 4 VVG-InfoV Rn. 44; HK-VVG/*Baroch Castellvi*, § 4 VVG-InfoV Rn. 23; a.A. FAKomm-VersR/*C. Schneider/Reuter-Gehrken*, § 4 VVG-InfoV Rn. 31.
48 PK/*Gansel*, § 4 VVG-InfoV Rn. 13; kritisch L/W/*Armbrüster*, § 4 VVG-InfoV Rn. 44.
49 L/W/*Armbrüster*, § 4 VVG-InfoV Rn. 45; a.A. wohl FAKomm-VersR/*C. Schneider/Reuter-Gehrken*, § 4 VVG-InfoV Rn. 30.

che spartenspezifische Kündigungsmöglichkeiten, z.B. nach Beitragserhöhung, im Schadensfalle usw.[50] Auch Kündigungsmöglichkeiten des VR fallen nach dem Wortlaut der Nr. 9, allerdings nicht nach der Verordnungsbegründung,[51] unter die Informationspflicht. Für die Angabe von Beendigungsmöglichkeiten durch den VR sprechen neben dem Wortlaut auch systematische Gründe: Den Nrn. 3–8 des Abs. 2 ist zu entnehmen, dass der Versicherer dem VN verdeutlichen soll, unter welchen Voraussetzungen er seinen **Versicherungsschutz verlieren** kann. Der Versicherer darf den Vertrag mitunter aber auch dann beenden, wenn der VN weder gegen eine Primärleistungspflicht verstößt noch gegen eine Obliegenheit. Es leuchtet nicht ein, warum der VN insoweit weniger schutzwürdig sein sollte. Deshalb hat der Versicherer nach Nr. 9 auf **alle Kündigungsmöglichkeiten** hinzuweisen, die über die Nrn. 3–8 hinausgehen.[52]

III. Besondere Angaben für einzelne Sparten (Absätze 3 und 4)

27 Im Bereich der **Lebensversicherung mit Überschussbeteiligung** ist bei der Angabe zu Nr. 2 (Beschreibung des Risikos) zusätzlich auf das Vorhandensein der Modellrechnung nach § 154 VVG aufmerksam zu machen. Diese Regelung wird dem Umstand gerecht, dass bei Abschluss einer Kapitallebensversicherung die im Erlebensfall zu erbringende Leistung nicht bekannt ist. Die Modellrechnung soll den VN für diese Unsicherheiten sensibilisieren. Daher ist es nur konsequent, einen Hinweis auf sie im Produktinformationsblatt zu verlangen. Die Rechnung selbst muss und soll nicht in das Blatt aufgenommen werden, weil es sonst überfrachtet würde.[53]

28 Bei der **Lebensversicherung, der Berufsunfähigkeitsversicherung und der Krankenversicherung** ist Abs. 2 Nr. 3 mit der Maßgabe anzuwenden, dass die Abschluss- und Vertriebskosten sowie die Verwaltungskosten nach § 2 I Nr. 1, § 3 I Nr. 1 und die sonstigen Kosten i.S.v. § 2 I Nr. 2, § 3 I Nr. 2 jeweils **in Euro** gesondert ausgewiesen werden müssen. Der Wortlaut von § 4 Abs. 4 nennt nunmehr ausdrücklich auch die Verwaltungskosten. Vor Inkrafttreten des LVRG[54] war dies anders. Richtigerweise umfasste aber auch schon § 4 Abs. 4 a.F. die Verwaltungskosten, da anderenfalls die Gefahr bestanden hätte, dass der VN verwirrt worden wäre, weil die Kostenangaben im Produktinformationsblatt von den übrigen Informationsunterlagen abgewichen wären.[55] Anzugeben sind auch die sonstigen Kosten. Um den Informationszweck des Produktinformationsblattes nicht zu gefährden, reicht es, beispielhaft Kosten zu nennen.[56] Eine Pflicht zum Ausweis der **Effektivkosten** (§ 2 Abs. 1 Nr. 9) lässt sich im Hinblick auf den eindeutigen Wortlaut von Abs. 4 und die insoweit klare Systematik der InfoV methodisch nicht überzeugend begründen.[57] Freilich wären diese Angaben im Produktinformationsblatt **sinnvoll**.[58] Ihr Fehlen kann jedoch keine Schadensersatzansprüche nach sich ziehen.

C. Gestaltung des Produktinformationsblattes (Abs. 5)

29 Abs. 5 enthält formale, aber auch inhaltliche Vorgaben. Das Produktinformationsblatt ist **als solches zu bezeichnen** und den anderen Informationen **voranzustellen**, Satz 1. Dadurch soll es sich von den anderen Informationen abheben, auch soll seine Wichtigkeit verdeutlicht werden.[59] Bei elektronischen Informationen ist das Produktinformationsblatt den anderen Dateien voranzustellen. Deutlich wird hierdurch auch, dass das Blatt nicht isoliert, sondern gemeinsam mit den ausführlichen Informationen (AVB) übergeben wird (s.o.). Nur so können auch die vorgesehenen Verweisungen ihre Funktion erfüllen. Der Kunde muss sich die weitergehende Information ohne Schwierigkeiten verschaffen können.[60] Das Produktinformationsblatt ist so teilweise als »erläuterndes Inhaltsverzeichnis der AVB« anzusehen. Die erforderlichen Informationen müssen nach Satz 3 **in der in Abs. 2 angegebenen Reihenfolge** erteilt werden. Dies erleichtert den Vergleich mit anderen Produkten.

30 Die Informationen müssen dabei in übersichtlicher und verständlicher Form knapp dargestellt werden (Satz 2 Hs. 1). Eine **übersichtliche Form** setzt dabei einen überschaubaren Umfang voraus; zwei bis drei Sei-

---

50 PK/*Gansel*, § 4 VVG-InfoV Rn. 14.
51 Begr. zur VVG-InfoV, VersR 2008, 183, 190.
52 A.A. HK-VVG/*Baroch Castellvi*, § 4 VVG-InfoV Rn. 24; PK/*Gansel*, § 4 VVG-InfoV Rn. 14; P/M/*Knappmann*, § 4 VVG-InfoV Rn. 9; L/W/*Armbrüster*, § 4 VVG-InfoV Rn. 46; FAKomm-VersR/*C. Schneider/Reuter-Gehrken*, § 4 VVG-InfoV Rn. 35.
53 Begr. zur VVG-Info-V VersR 2008, 183, 190.
54 Gesetz zur Absicherung stabiler und fairer Leistungen für Lebensversicherte (Lebensversicherungsreformgesetz – LVRG) vom 1. August 2014, BGBl. I S. 1330.
55 *Brömmelmeyer* VersR 2009, 584, 592; PK/*Gansel*, § 4 VVG-InfoV Rn. 16a.
56 HK-VVG/*Baroch Castellvi*, § 4 VVG-InfoV Rn. 30; *Brömmelmeyer* VersR 2009, 584, 592; PK/*Gansel*, § 4 VVG-InfoV Rn. 16b.
57 Vgl. auch HK-VVG/Baroch-Castellvi, § 4 VVG-InfoV Rn. 28; L/W/*Armbrüster*, § 2 VVG-InfoV Rn. 50c; a.A. *Schwintowski/Ortmann* VersR 2014, 1401, 1406.
58 *Schwintowski/Ortmann* VersR 2014, 1401, 1406; vgl. auch L/W/*Armbrüster*, § 2 VVG-InfoV Rn. 50c.
59 Begr. zur VVG-InfoV, VersR 2008, 183, 191.
60 Begr. zur VVG-InfoV, VersR 2008, 183, 191.

ten sollten nicht überschritten werden.[61] Die Tatsache, dass § 4 stets im Singular vom Produktinformationsblatt spricht, bedeutet aber nicht etwa, dass es nur – wie von *Römer* vorgeschlagen – ein Blatt sein darf, dass also alle Informationen auf einer Seite zusammengestellt sein müssten. Das würde häufig zu Unübersichtlichkeit führen. Maßstab für den Umfang des Blattes bleibt aber die **Knappheit**.[62] Das Schriftbild muss übersichtlich sein, einzelne Themen müssen auf den ersten Blick abgrenzbar sein, lange Absätze oder eine zu kleine Schriftgröße sind zu vermeiden (kein »Kleingedrucktes«).

Die geforderte **verständliche Form** meint wohl eine verständliche, d.h. klare und deutliche Sprache.[63] Schachtelsätze mit zahlreichen Nebensätzen, insbes. Relativsätzen, sollten vermieden werden. Dasselbe gilt für Substantivierungen und für doppelte Verneinungen, wie sie in AVB z.T. wegen der Beweislastfolgen auftauchen. Auf juristische Genauigkeit und Vollständigkeit kann gegebenenfalls verzichtet werden.[64] Es muss aber deutlich werden, dass keine trennscharfen juristischen Aussagen getroffen werden sollen. Die Angaben dürfen selbstverständlich nicht im Widerspruch zu den AVB stehen, lediglich eine pauschale Darstellung der Rechtslage, in der nicht auf Einzelheiten eingegangen wird, ist zulässig.   31

Der **Hinweis auf den nicht abschließenden Charakter** des Produktinformationsblattes kann an geeigneter Stelle – am besten eingangs, möglich aber auch am Ende – einmalig erfolgen.[65] Eine ständige Wiederholung des Hinweises bei jeder Ziffer ist entbehrlich.   32

Nach Satz 4 ist schließlich ein **Verweis** auf die entsprechende Regelung des Vertrages oder der AVB erforderlich. Diese Verweisung darf die Information nicht ersetzen, sondern soll sie ergänzen.[66] Sie muss für jede Information einzeln erfolgen und die Vertragsklausel, auf die verwiesen werden soll, genau bezeichnen. Nur so kann der Kunde gezielt nachlesen.[67] Eine Pauschalverweisung ist nicht zulässig.[68]   33

D. Rechtsfolgen

Mit dem Produktinformationsblatt erfüllt der VR teilweise Informationspflichten nach § 7 I 1 VVG. Hinsichtlich der Rechtsfolgen einer unterlassenen oder fehlerhaften Informationserteilung kann daher auf die Ausführungen zu § 7 VVG verwiesen werden (§ 7 VVG Rdn. 54 ff.).   34

Die in Abs. 4 vorgesehenen formalen Anforderungen ergänzen § 7 I VVG in formaler Hinsicht. Ein Schadensersatzanspruch des VN gem. §§ 280 I, 311 II, 241 II BGB kann sich daher z.B. auch dann ergeben, wenn der VR entgegen Abs. 4 das Produktinformationsblatt nicht in verständlicher Form und knapp gestaltet.[69] Neben den zivilrechtlichen Folgen kann es einen aufsichtsrechtlichen Missstand i.S.d. § 298 I 1 VAG darstellen, wenn ein VR das Produktinformationsblatt regelmäßig nicht oder mit fehlerhaftem Inhalt zur Verfügung stellt.[70]

Eine ordnungsgemäße Information durch das Produktinformationsblatt kann nach § 310 III Nr. 3 BGB bei der Kontrolle nach § 307 I und II BGB zu berücksichtigen sein (näher Einl. B Rdn. 55 f.).[71] Auch die Auslegung kann so beeinflusst werden (Einl. B Rdn. 44).   35

E. Unabdingbarkeit

§ 4 ist nach § 18 VVG zwingend. Ein **Verzicht** auf die Erteilung des Informationsblattes rechtzeitig vor Abgabe der Vertragserklärung ist nach § 7 I 3 2. Hs. VVG möglich. Die Information ist aber unverzüglich nach Vertragsschluss nachzuholen. Ein endgültiger Verzicht auf Informationen – und sei es nur auf Teile von ihnen – ist nicht zulässig (§ 7 I 3 VVG).   36

§ 5 VVG-InfoV Informationspflichten bei Telefongesprächen.

(1) Nimmt der Versicherer mit dem Versicherungsnehmer telefonischen Kontakt auf, muss er seine Identität und den geschäftlichen Zweck des Kontakts bereits zu Beginn eines jeden Gesprächs ausdrücklich offenlegen.

(2) Bei Telefongesprächen hat der Versicherer dem Versicherungsnehmer aus diesem Anlass nur die Informationen nach § 1 Abs. 1 Nr. 1 bis 3, 6 Buchstabe b, Nr. 7 bis 10 und 12 bis 14 mitzuteilen. Satz 1 gilt nur, wenn der Versicherer den Versicherungsnehmer darüber informiert hat, dass auf Wunsch weitere Informationen mitgeteilt werden können und welcher Art diese Informationen sind, und der Versiche-

---

61 So auch FAKomm-VersR/*C. Schneider/Reuter-Gehrken*, § 4 VVG-InfoV Rn. 45.
62 Vgl. auch L/W/*Armbrüster*, § 4 VVG-InfoV Rn. 53.
63 So jetzt auch L/W/*Armbrüster*, § 4 VVG-InfoV Rn. 50.
64 Vgl. *Römer* VersR 2007, 618, 619; PK/*Mauntel*[1], § 4 VVG-InfoV Rn. 21.
65 PK/*Mauntel*[1], § 4 VVG-InfoV Rn. 22; so auch die Muster des gdv.
66 Vgl. auch HK-VVG/*Baroch-Castellvi*, § 4 VVG-InfoV Rn. 39.
67 Vgl. Begr. zur VVG-InfoV, VersR 2008, 183, 191.
68 So auch HK-VVG/*Baroch-Castellvi*, § 4 VVG-InfoV Rn. 39.
69 L/W/*Armbrüster*, § 4 VVG-InfoV Rn. 54.
70 *Präve* VersR 2008, 151, 152 zu den Informationspflichten aus § 7 VVG allgemein; zustimmend PK/*Gansel*, § 7 VVG-InfoV Rn. 29a.
71 *Römer* VersR 2007, 618, 619; s. auch OLG Karlsruhe VersR 2006, 637 f.; vgl. dazu ausführlich *Mattern*, S. 403 ff.

§ 5 VVG-InfoV Informationspflichten bei Telefongesprächen

rungsnehmer ausdrücklich auf die Mitteilung der weiteren Informationen zu diesem Zeitpunkt verzichtet.
(3) Die in §§ 1 bis 4 vorgesehenen Informationspflichten bleiben unberührt.

Übersicht

	Rdn.		Rdn.
A. Allgemeines	1	3. Informationspflichten aus diesem Anlass, § 5 II 1	10
B. Tatbestand	3	4. Hinweis auf weitere Informationen und Verzicht des VN, § 5 II 2	11
I. Offenlegung von Identität und geschäftlichem Zweck des Kontaktes, § 5 I	3	III. Verhältnis zu den Informationspflichten nach den §§ 1 bis 4	13
II. Sonstige Informationspflichten bei fernmündlicher Kommunikation, § 5 II	8	IV. Prozessuales/Keine Auswirkungen auf die Widerrufsfrist	14
1. Anwendungsbereich	8		
2. Ermächtigungsgrundlage	9		

A. Allgemeines

1 § 5 regelt die Informationspflichten bei telefonischer Kontaktaufnahme (Abs. 1) sowie bei Telefongesprächen (Abs. 2). Die Vorschrift übernimmt den Regelungsinhalt von § 48b I 1, 2 und III VVG in der Fassung vor der VVG-Reform, mit dem Art. 3 III der RiLi 2002/65/EG umgesetzt worden ist.[1] Der Anwendungsbereich der Vorschrift ist im Gegensatz zu § 48b VVG a.F. in Übereinstimmung mit § 7 VVG dahingehend erweitert worden, dass die Informationspflichten nicht nur bei Verträgen mit Verbrauchern zu erfüllen sind.

2 Da § 7 II VVG i.V.m. der VVG-InfoV die vor Abgabe der **Vertragserklärung** des VN zu erfüllenden Informationspflichten nach § 7 I VVG konkretisiert, ist § 5 nur in den Fällen anwendbar, in denen ein **Vertrag** über das Telefon **geschlossen wird oder** ein Vertragsschluss zumindest **intendiert** ist.[2] Keine Anwendung findet § 5 demnach bei Telefongesprächen während der Vertragslaufzeit,[3] es sei denn, diese dienen der Anbahnung eines neuen Vertrages oder der Vereinbarung einer Vertragsänderung.[4]

B. Tatbestand
I. Offenlegung von Identität und geschäftlichem Zweck des Kontaktes, § 5 I

3 **Rechtsgrundlage** der Regelung ist § 7 II 1 Nr. 4 VVG. § 5 I spricht nicht mehr, wie § 48b III a.F., von »vom Versicherer veranlassten Telefongesprächen«, sondern verlangt eine **telefonische Kontaktaufnahme durch den VR**. Eine inhaltliche Änderung soll damit aber nicht einhergehen[5], wenn auch die These der Verordnungsbegründung, beide Formulierungen seien der Sache nach nichts anderes, angreifbar ist. Unter den Begriff »Versicherer« fallen der diesem zurechenbare Innen- und Außendienst, nicht dagegen Makler.[6] § 5 I ist unzweifelhaft anwendbar, wenn der VR den VN anruft, ohne dass dieser hierfür in irgendeiner Form einen Anlass gegeben oder anderweitig zugestimmt hat.[7] Es fragt sich indes, wie die Fälle zu beurteilen sind, in denen der VR den VN zunächst auf andere Art – etwa mittels Werbesendung oder per E-Mail – kontaktiert und den VN unter Angabe einer »Hotline« dazu auffordert, sich telefonisch an ihn zu wenden. Während die Formulierung »telefonische Kontaktaufnahme durch den Versicherer« dafür spricht, in diesen Fällen die Anwendbarkeit von § 5 I zu verneinen, ließe die alte Fassung die Subsumtion unter die Vorschrift zu. Denn »Veranlassen« bedeutet lediglich, die Ursache für etwas zu setzen. Auch die Formulierung in der Verordnungs-[8] und Gesetzesbegründung[9] spricht für eine Geltung der Informationspflichten in diesen Fällen, ebenso wie die richtlinienkonforme Auslegung, denn nach Art. 3 IV der Richtlinie 2002/65/EG über den Fernabsatz bei Finanzdienstleistungen müssen bei fernmündlicher Kommunikation die Identität und der geschäftliche Zweck des »vom Anbieter initiierten Anrufes« offen gelegt werden. Es kommt also nicht darauf an, ob der VR das letzte Glied in der Ursachenkette setzt (Anruf) oder die ohne Einverständnis erfolgende, aber entscheidende Ursache dafür setzt, dass sich der VN telefonisch an ihn wendet.[10]

4 Anzugeben sind **Identität** des VR und **geschäftlicher Zweck des Kontaktes**. Ob der VR hinsichtlich der Identität dieselben Angaben zu machen hat wie im Rahmen von § 1 I Nr. 1, ist zweifelhaft. Nach § 1 I Nr. 1 hat

---

1 Begr. zur VVG-InfoV, VersR 2008, 183, 191.
2 So auch L/W/*Armbrüster*, § 5 VVG-InfoV Rn. 8; FAKomm-VersR/*C. Schneider/Reuter-Gehrken*, § 5 VVG-InfoV Rn. 2.
3 PK/*Gansel*, § 5 VVG-InfoV Rn. 5; P/M/*Knappmann*, § 5 VVG-InfoV Rn. 2; L/W/*Armbrüster*, § 5 VVG-InfoV Rn. 1; FA-Komm-VersR/*C. Schneider/Reuter-Gehrken*, § 5 VVG-InfoV Rn. 2.
4 So auch P/M/*Knappmann*, § 5 VVG-InfoV Rn. 2.
5 Begr. zur VVG-InfoV, VersR 2008, 183, 191.
6 HK-VVG/*Baroch Castellvi*, § 5 VVG-InfoV Rn. 5; PK/*Gansel*, § 5 VVG-InfoV Rn. 2.
7 Begr. zur VVG-InfoV, VersR 2008, 183, 191.
8 Begr. zur VVG-InfoV, VersR 2008, 183, 191.
9 BT-Drucks. 15/2946, S. 29.
10 Zustimmend PK/*Gansel*, § 5 VVG-InfoV Rn. 2a; FAKomm-VersR/*C. Schneider/Reuter-Gehrken*, § 5 VVG-InfoV Rn. 6; a.A. HK-VVG/*Baroch Castellvi*, § 5 Rn. 5; P/M/*Knappmann*, § 5 VVG-InfoV Rn. 2.

der VR Name, Anschrift, Rechtsform und Sitz des VR sowie etwaiger Niederlassungen anzugeben (§ 1 Rdn. 5–6). Die Vorstellung, der VR würde diese Informationen dem VN am Telefon vorlesen, befremdet indes. Es dürfte ein Hinweis auf **Name, Rechtsform und Sitz** ausreichen.[11]

Im Hinblick auf den **Zeitpunkt** verlangt § 5 I eine Aufklärung zu Beginn eines jeden Gespräches. Es dürfen 5 also nicht erst werbende Aussagen getroffen oder Fragen gestellt werden. Der Zusatz »**eines jeden**« Gesprächs ist **überflüssig**: Erfolgt der Telefonanruf nicht auf Veranlassung des VN, ist der Anwendungsbereich der Vorschrift eröffnet. Kommt es in Folge eines Gespräches zu weiteren, mit dem VN vereinbarten telefonischen Kontakten, liegt der Tatbestand von § 5 I nicht vor.

Identität und geschäftlicher Zweck des Anrufes sind »*ausdrücklich*« offen zu legen. Dem VN sind also deutlich 6 und unmissverständlich die **Gründe für die Kontaktaufnahme** seitens des VR vor Augen zu führen. Auch die Angabe der Identität muss in dem Sinne ausdrücklich erfolgen, dass sie **als solche erkennbar** ist.

Die **wettbewerbsrechtliche Zulässigkeit** der Anrufe nach Abs. 1 richtet sich nach dem **UWG**.[12] Danach sind 7 Anrufe ohne Zustimmung des Verbrauchers sowie vom Unternehmer initiierte Anrufe unzulässig.[13]

II. Sonstige Informationspflichten bei fernmündlicher Kommunikation, § 5 II

1. Anwendungsbereich

§ 5 II VVG-InfoV gilt anders als Abs. 1 der Vorschrift unabhängig davon, ob der VN oder der VR das Telefonat initiiert hat.[14] Das folgt aus dem von § 5 I abweichenden Wortlaut sowie daraus, dass das Informationsbedürfnis des VN in beiden Fällen gleich ist.[15] Auch die Begründung zur VVG-InfoV spricht für diese Auslegung.[16] Abs. 2 greift auch, wenn nur der VN seine Vertragserklärung am Telefon abgibt, der VR seine Erklärung hingegen auf anderem Wege, namentlich durch Zusendung des Versicherungsscheins.[17] 8

2. Ermächtigungsgrundlage

§ 5 II findet in § 7 II 1 Nr. 4 VVG keine Ermächtigungsgrundlage, da dort nur Telefonate erfasst sind, die der 9 VR initiiert. Als Ermächtigung genügt auch § 7 II 1 Nr. 1 VVG allein nicht,[18] da hiernach die Pflichten i.S.v. § 7 I VVG näher ausgestaltet werden können, § 7 I VVG aber keine Pflichten vorsieht, bei Telefonaten bestimmte Informationen mündlich zu geben. Allerdings ergänzt der Hinweis auf die Fernabsatzrichtlinie II in § 7 II 2 VVG die Regelung des § 7 II 1 Nr. 1 VVG. Bei der Festlegung in der Verordnung sind danach die in der Fernabsatzrichtlinie II vorgeschriebenen Angaben zu beachten. Die RiLi verlangt in ihrem Art. 3 III, dass bei Telefonaten in beschränktem Umfang Informationspflichten vorzusehen sind. Daher ist **Ermächtigungsgrundlage für § 5 II die Vorschrift des § 7 I 2 VVG i.V.m. § 7 I 1 Nr. 1 VVG**. Allerdings deckt diese Ermächtigungsgrundlage nur beschränkte Informationspflichten ab, wie § 5 II sie aber auch richtig enthält.

3. Informationspflichten aus diesem Anlass, § 5 II 1

Der VR hat »bei Telefongesprächen […] aus diesem Anlass« nur die besonders wichtigen Informationen nach 10 § 1 I Nrn. 1 bis 3, 6 bis 10 und 12 bis 14 mitzuteilen. Obwohl der Wortlaut dies nahe legt, ist nicht jedes Telefongespräch ein Anlass i.S.d. Vorschrift (s.o. Rdn. 2). Mit der Formulierung wollte der Verordnungsgeber betonen, dass Informationspflichten aus einem »anderen Anlass« von § 5 II 1 unberührt bleiben, was insbes. eine unverzügliche Informationsnachholung nach § 7 I 3 VVG betrifft.

4. Hinweis auf weitere Informationen und Verzicht des VN, § 5 II 2

Die Informationspflichten nach § 5 II 1 gelten nur dann, wenn der VR den VN darüber **informiert** hat, dass 11 **auf Wunsch weitere Informationen mitgeteilt werden** können und welcher Art diese Informationen sind, § 5 II 2. Wie der VR diese Pflicht zur Information über weitere Informationen erfüllen soll, wird in der Verordnung nicht ausgeführt. Er kann nicht verpflichtet sein, detailliert Auskunft über die übrigen Informationen zu erteilen, da die Einschränkung in § 5 II 1 ansonsten ihren Zweck verfehlen würde. Es muss demnach ausreichen, den **wesentlichen Informationsgehalt kurz zu skizzieren**.[19]

Schließlich muss der VN **ausdrücklich** auf die Mitteilung der weiteren Informationen **verzichten**. Ein konkludenter Verzicht, etwa durch weiteres Betreiben der Vertragsverhandlungen, reicht nicht.[20] Auf der anderen 12

---

11 So auch FAKomm-VersR/*C. Schneider/Reuter-Gehrken*, § 5 VVG-InfoV Rn. 9.
12 Siehe *Stockmeier* VersR 2010, 856, 857 ff.
13 PK/*Gansel*, § 5 VVG-InfoV Rn. 3; P/M/*Knappmann*, § 5 VVG-InfoV Rn. 1; L/W/*Armbrüster*, § 5 VVG-InfoV Rn. 4.
14 So jetzt auch L/W/*Armbrüster*, § 5 VVG-InfoV Rn. 8; FAKomm-VersR/*C. Schneider/Reuter-Gehrken*, § 5 VVG-InfoV Rn. 11.
15 HK-VVG/*Baroch Castellvi*, § 5 VVG-InfoV Rn. 10.
16 Vgl. Begr. zur VVG-InfoV, VersR 2008, 183, 191.
17 L/W/*Armbrüster*, § 5 VVG-InfoV Rn. 8; PK/*Gansel*, § 5 VVG-InfoV Rn. 6.
18 So aber HK-VVG/*Baroch Castellvi*, § 5 VVG-InfoV Rn. 10; L/W/*Armbrüster*, § 5 VVG-InfoV Rn. 8.
19 So jetzt auch PK/*Gansel*, § 5 VVG-InfoV Rn. 7; L/W/*Armbrüster*, § 5 VVG-InfoV Rn. 10; im Ergebnis ebenso HK-VVG/*Baroch Castellvi*, § 5 VVG-InfoV Rn. 13.
20 PK/*Gansel*, § 5 VVG-InfoV Rn. 7.

§ 6 VVG-InfoV Informationspflichten während der Laufzeit des Vertrages

Seite sind keine überspannten Anforderungen zu stellen, was namentlich ein Umkehrschluss zu § 7 I 3 2. Hs. VVG ergibt. Ausreichend ist ein einfaches »Nein« auf die Frage des VR, ob der VN weitere Informationen wünscht.[21] Der Verzicht des VN muss sich auf die Information **zu diesem Zeitpunkt** beziehen. Damit wird klargestellt, dass der VN nicht generell, sondern nur für den Augenblick auf die Informationsmitteilung verzichtet. Die Pflicht zur unverzüglichen Informationsnachholung ergibt sich aus § 7 I 3 VVG.[22]

III. Verhältnis zu den Informationspflichten nach den §§ 1 bis 4

13 Gem. § 5 III bleiben die in §§ 1 bis 4 vorgesehenen Informationspflichten unberührt. Das folgt schon daraus, dass die VVG-InfoV nicht die gesetzlich (§ 7 I VVG) vorgeschriebenen – und in §§ 1 bis 3 VVG-InfoV näher ausgestalteten – Pflichten zur Information in Textform abbedingen kann. Auch in § 48b III VVG a.F. war die dem § 5 II entsprechende Pflicht als zusätzlich neben § 48b II VVG a.F. (entspricht weitgehend § 7 I VVG) tretende Pflicht ausgestaltet. Nun ist der Charakter als zusätzliche Pflicht nicht nur für § 5 II, sondern auch für § 5 I klargestellt. Wird der Vertrag daher auf Verlangen des VN telefonisch geschlossen, muss der VR die Informationen nach den §§ 1 bis 4 dem VN **unverzüglich**, d.h. ohne schuldhaftes Zögern, § 121 I 1 BGB, **nach Vertragsschluss** mitteilen. Kommt es dagegen erst später zu einem Vertragsschluss oder wird der Vertrag nicht »auf Verlangen« des VN am Telefon geschlossen, muss der Versicherer dem VN sämtliche Informationen rechtzeitig vor Abgabe dessen Vertragserklärung übermitteln.[23]

IV. Prozessuales/Keine Auswirkungen auf die Widerrufsfrist

14 Der **VR muss beweisen**, dass er die nach § 5 geschuldeten Informationen erbracht und der VN auf weitere Informationen verzichtet hat.[24] Aus Beweisgründen würde sich eine Aufzeichnung des Telefongespräches anbieten, was indes nur bei vorheriger Zustimmung des VN möglich ist.[25] Ein Verstoß gegen die Informationspflichten nach § 5 führt hingegen – anders als zum Teil angenommen[26] – nicht zu einer Verlängerung der **Widerrufsfrist**.[27] Der VR erfüllt seine Informationspflicht nicht, indem er die nach § 5 II eingeschränkten Informationen erteilt. Die Frist kann überhaupt erst laufen, wenn dem VN alle Informationen unverzüglich nach Vertragsschluss zur Verfügung gestellt worden sind. Verstößt der VR gegen die Pflichten nach § 5 II und erteilt er dem VN dann alle Informationen unverzüglich nach Vertragsschluss, ist das Informationsinteresse des VN befriedigt und die Frist nach § 8 VVG beginnt zu laufen; es wäre widersinnig, dem VN nun noch einmal die eingeschränkten Informationen nach § 5 II mitzuteilen.[28] Möglich ist allenfalls ein aufsichtsrechtliches Einschreiten, sofern das Verhalten des VR einen Missstand darstellen sollte, oder ein Schadensersatzanspruch des VN.

§ 6 VVG-InfoV Informationspflichten während der Laufzeit des Vertrages.

(1) Der Versicherer hat dem Versicherungsnehmer während der Laufzeit des Versicherungsvertrages folgende Informationen mitzuteilen:
1. jede Änderung der Identität oder der ladungsfähigen Anschrift des Versicherers und der etwaigen Niederlassung, über die der Vertrag abgeschlossen worden ist;
2. Änderungen bei den Angaben nach § 1 Abs. 1 Nr. 6 Buchstabe b, Nr. 7 bis 9 und 14 sowie nach § 2 Abs. 1 Nr. 3 bis 7, sofern sie sich aus Änderungen von Rechtsvorschriften ergeben;
3. soweit nach dem Vertrag eine Überschussbeteiligung vorgesehen ist, alljährlich eine Information über den Stand der Überschussbeteiligung sowie Informationen darüber, inwieweit diese Überschussbeteiligung garantiert ist; dies gilt nicht für die Krankenversicherung.

(2) ¹Bei der substitutiven Krankenversicherung nach § 146 Abs. 1 des Versicherungsaufsichtsgesetzes hat der Versicherer bei jeder Prämienerhöhung unter Beifügung des Textes der gesetzlichen Regelung auf die Möglichkeit des Tarifwechsels (Umstufung) gemäß § 204 des Versicherungsvertragsgesetzes hinzuweisen. ²Bei Versicherten, die das 60. Lebensjahr vollendet haben, ist der Versicherungsnehmer auf Tarife, die einen gleichartigen Versicherungsschutz wie die bisher vereinbarten Tarife bieten und bei denen eine Umstufung zu einer Prämienreduzierung führen würde, hinzuweisen. ³Der Hinweis muss solche Tarife enthalten, die bei verständiger Würdigung der Interessen des Versicherungsnehmers für eine Umstufung besonders in Betracht kommen. ⁴Zu den in Satz 2 genannten Tarifen zählen jedenfalls diejenigen Tarife

---

21 Zutreffend L/W/*Armbrüster*, § 5 VVG-InfoV Rn. 10; HK-VVG/*Baroch Castellvi*, § 5 VVG-InfoV Rn. 14.
22 HK-VVG/*Baroch Castellvi*, § 5 VVG-InfoV Rn. 14.
23 L/W/*Armbrüster*, § 5 VVG-InfoV Rn. 11; FAKomm-VersR/*C. Schneider/Reuter-Gehrken*, § 5 VVG-InfoV Rn. 15.
24 PK/*Mauntel*¹, § 5 VVG-InfoV Rn. 9; vgl. auch P/M/*Knappmann*, § 5 VVG-InfoV Rn. 4.
25 *Leverenz*, S. 52; P/M/*Knappmann*, § 5 VVG-InfoV Rn. 4.
26 PK/*Gansel*, § 5 VVG-InfoV Rn. 9; so wohl auch L/W/*Armbrüster*, § 5 VVG-InfoV Rn. 10, der eine Dokumentation des Verzichts nach Abs. 2 S. 2 im Hinblick auf § 8 II 3 VVG für zweckmäßig hält.
27 Zustimmend P/M/*Knappmann*, § 5 VVG-InfoV Rn. 4; FAKomm-VersR/*C. Schneider/Reuter-Gehrken*, § 5 VVG-InfoV Rn. 14; R/L/*Langheid*, § 5 VVG-InfoV Rn. 7.
28 A.A. aber offenbar PK/*Gansel*, § 5 VVG-InfoV Rn. 9.

mit Ausnahme des Basistarifs, die jeweils im abgelaufenen Geschäftsjahr den höchsten Neuzugang, gemessen an der Zahl der versicherten Personen, zu verzeichnen hatten. [5]Insgesamt dürfen nicht mehr als zehn Tarife genannt werden. [6]Dabei ist jeweils anzugeben, welche Prämien für die versicherten Personen im Falle eines Wechsels in den jeweiligen Tarif zu zahlen wären. [7]Darüber hinaus ist auf die Möglichkeit eines Wechsels in den Standardtarif oder Basistarif hinzuweisen. [8]Dabei sind die Voraussetzungen des Wechsels in den Standardtarif oder Basistarif, die in diesem Falle zu entrichtende Prämie sowie die Möglichkeit einer Prämienminderung im Basistarif gemäß § 152 Abs. 4 des Versicherungsaufsichtsgesetzes mitzuteilen. [9]Auf Anfrage ist dem Versicherungsnehmer der Übertragungswert gemäß § 146 Abs. 1 Nr. 5 des Versicherungsaufsichtsgesetzes anzugeben; ab dem 1. Januar 2013 ist der Übertragungswert jährlich mitzuteilen.

Übersicht

	Rdn.
A. Allgemeines	1
B. Tatbestand	2
I. Informationspflichten nach § 6 I	2
1. Änderungen der Identität oder der ladungsfähigen Anschrift, § 6 I Nr. 1	2
2. Änderungen aufgrund geänderter Rechtsvorschriften, § 6 I Nr. 2	3
3. Stand der Überschussbeteiligung, § 6 I Nr. 3	7
II. Informationspflichten bei der substitutiven Krankenversicherung, § 6 II	13

A. Allgemeines

Rechtsgrundlage des § 6 ist § 7 III VVG, der auch – wie § 7 I VVG – ein Textformerfordernis enthält. Die Informationspflichten gehen auf Anhang III Abschnitt B der RiLi 2002/83/EG – jetzt geregelt in Art. 185 V Unterabs. 1 der Solvency-II-RiLi[1] – zurück und waren bis zur VVG-Reform 2008 in Anlage D Abschnitt II zu § 10a VAG a.F. geregelt.   **1**

B. Tatbestand

I. Informationspflichten nach § 6 I

1. Änderungen der Identität oder der ladungsfähigen Anschrift, § 6 I Nr. 1

Die Vorschrift trat an die Stelle der zuvor in Anlage D Abschnitt II Nr. 1 zu § 10a VAG a.F. normierten Verpflichtung und bezieht sich auf die Angaben nach § 1 I Nrn. 1, 2 und 3.[2] Um stets einen reibungslosen Verkehr zwischen VN und VR zu gewährleisten, muss dieser die Änderungen nicht erst im Zeitpunkt des Wirksamwerdens mitteilen[3], sondern so rechtzeitig, dass sich der VN darauf einstellen kann. Insoweit empfiehlt es sich, dem VN das Datum des Wirksamwerdens mitzuteilen.   **2**

2. Änderungen aufgrund geänderter Rechtsvorschriften, § 6 I Nr. 2

Die eine Informationspflicht auslösenden Änderungen müssen sich aus **Änderungen von Rechtsvorschriften** ergeben. Die praktische Bedeutung dürfte angesichts der Seltenheit gesetzlicher Eingriffe in Verträge – wie sie etwa das neue VVG vornimmt – gering bleiben.[4] Denkbar sind in erster Linie Änderungen des Versicherungsaufsichtsrechts.[5]   **3**

Zu welchem Zeitpunkt die Informationspflichten zu erfüllen sind, ist weder § 7 III VVG noch Nr. 2 zu entnehmen. Um zu gewährleisten, dass der VN während der Vertragslaufzeit jederzeit über seinen Vertrag informiert ist, bietet sich eine Informationsmitteilung unverzüglich nach Verkündung des Änderungsgesetzes an.[6] Unter Berücksichtigung von **Sinn und Zweck** der Vorschrift, den VN auch während der Vertragslaufzeit jederzeit über seinen Vertrag zu informieren und ihn in die Lage zu versetzen, zu beurteilen, ob dieser noch seinen Bedürfnissen entspricht, müssen jedenfalls alle Änderungen, die vernünftigerweise Einfluss auf den Entschluss des VN haben können, den Vertrag zu kündigen, unverzüglich nach Verkündung des Änderungsgesetzes mitgeteilt werden. Das gilt etwa für die wesentlichen Merkmale der Versicherungsleistung oder den Gesamtpreis der Versicherung, § 1 I Nr. 6 lit. b), Nr. 7. Auch vor dem Hintergrund der RiLi 2009/183/EG ist Nr. 2 nicht etwa richtlinienkonform dahin auszulegen, dass der VR eine veränderte Überschussbeteiligung auch dann mitteilen müsste, wenn sie sich nur aus Vertragsänderungen oder -ergänzungen ergibt (so aber § 155 VVG Rdn. 6, 7). Hier löst bereits § 7 I 1 VVG eine Informationspflicht aus. Denn »Vertragserklärung«   **4**

---

1 RiLi 2009/138/EG des Europäischen Parlaments und des Rates v. 25. November 2009 betreffend die Aufnahme und Ausübung der Versicherungs- und der Rückversicherungstätigkeit (Solvabilität II), ABl. 2009 L 335/1.
2 A.A. (nur Nr. 1) P/M/*Knappmann*, § 6 VVG-InfoV Rn. 2; wie hier FAKomm-VersR/*C. Schneider/Reuter-Gehrken*, § 6 VVG-InfoV Rn. 2; HK-VVG/*Baroch Castellvi*, § 6 VVG-InfoV Rn. 2.
3 So aber wohl L/W/*Armbrüster*, § 6 VVG-InfoV Rn. 2 (»spätestens« im Zeitpunkt des Wirksamwerdens) unter Bezugnahme auf VerBAV 1995, 283, 286; FAKomm-VersR/*C. Schneider/Reuter-Gehrken*, § 6 VVG-InfoV Rn. 3.
4 HK-VVG/*Baroch Castellvi*, § 6 VVG-InfoV Rn. 3; FAKomm-VersR/*C. Schneider/Reuter-Gehrken*, § 6 VVG-InfoV Rn. 4.
5 L/W/*Armbrüster*, § 6 VVG-InfoV Rn. 3.
6 HK-VVG/*Baroch Castellvi*, § 6 VVG-InfoV Rn. 4; FAKomm-VersR/*C. Schneider/Reuter-Gehrken*, § 6 VVG-InfoV Rn. 5.

§ 6 VVG-InfoV Informationspflichten während der Laufzeit des Vertrages

i.S.v. § 7 I 1 VVG kann auch eine auf den Abschluss einer Vertragsänderung bzw. -ergänzung gerichtete Willenserklärung sein. Der VR muss den VN nach Sinn und Zweck von § 7 I 1 VVG dann erneut informieren, wenn die Vertragsänderungen bzw. -ergänzungen derart erheblich sind, dass eine Information hierüber in der Lage ist, auf den Entschluss des VN einzuwirken, ob der Vertrag auch in dieser Form noch seinen Bedürfnissen entspricht. Das trifft aufgrund der wirtschaftlichen Bedeutung namentlich für die Überschussbeteiligung zu. Stehen innerhalb kurzer Zeit mehrere gesetzliche Änderungen ins Haus, kann es genügen, den VN einmal und einheitlich mit der letzten Änderung zu informieren.[7]

5 Abs. 1 Nr. 2 schreibt nicht vor, wie der VR die Mitteilung gestalten muss.[8] Grundsätzlich dürfte es sich empfehlen, die geänderte Regelung der ursprünglichen gegenüberzustellen (**Synopse**), um dem VN die Änderung vor Augen zu führen.[9]

6 Verletzt der VR die Informationspflicht, ist er dem VN zum **Schadensersatz** nach den §§ 280 I, 241 II BGB verpflichtet, so etwa, wenn er keine Ansprüche geltend macht, weil er aufgrund fehlerhafter Informationen davon ausgeht, dass das Alles-oder-Nichts-Prinzip weiterhin gelte.[10]

3. Stand der Überschussbeteiligung, § 6 I Nr. 3

7 Inhaltlich entspricht die Vorschrift – bis auf die Angaben darüber, inwieweit die Überschussbeteiligung garantiert ist – der Regelung aus Anlage D Abschnitt II Nr. 3 zu § 10a VAG i.d.F. bis zur VVG-Reform. Die Klarstellung, dass sie nicht für die Krankenversicherung gilt, soll den Eigenarten dieser Versicherung Rechnung tragen, da die Überschüsse hier grundsätzlich nicht ausgekehrt, sondern zur Senkung der Prämien verwendet werden.[11]

8 Fraglich ist, ob auch die **Berufsunfähigkeits- und die Unfallversicherung mit Prämienrückgewähr** vom Anwendungsbereich der Vorschrift erfasst sind. Der Wortlaut von Nr. 3 ließe dies zu. Auch der Verordnungsgeber wollte mit der allgemeinen Formulierung die Informationspflicht offensichtlich für alle Verträge mit Überschussbeteiligung regeln,[12] was der Sache nach auch sinnvoll ist, da das **Informationsbedürfnis** des VN bei der Berufsunfähigkeits- und Unfallversicherung nicht geringer ist als bei Lebensversicherungen. Hierin liegt auch keine Überschreitung der gesetzlichen Ermächtigung in § 7 III VVG durch den Verordnungsgeber.[13] Die Vorschrift ermächtigt dazu, ganz allgemein zu bestimmen, was der VR während der Laufzeit des Vertrages in Textform mitzuteilen hat. Im Übrigen ist wie i.R.v. § 7 II 1 Nr. 2 VVG i.V.m. § 2 IV auch hier davon auszugehen, dass es sich bei der Beschränkung der Informationspflichten auf die Lebensversicherung um ein redaktionelles Versehen handelt. Demgemäß findet § 6 I Nr. 3 auch auf die Berufsunfähigkeits- und die Unfallversicherung mit Überschussbeteiligung Anwendung.[14]

9 Auch nach §§ 155, 176 VVG hat der VR bei der Lebens- und Berufsunfähigkeitsversicherung mit Überschussbeteiligung den VN **jährlich in Textform** über die Entwicklung seiner Ansprüche unter Einbeziehung der Überschussbeteiligung zu unterrichten, § 155 Satz 1 VVG. Außerdem hat der VR, wenn er bezifferte Angaben zur möglichen zukünftigen Entwicklung der Überschussbeteiligung gemacht hat, den VN auf Abweichungen der tatsächlichen Entwicklung von den anfänglichen Angaben hinzuweisen, § 155 Satz 2 VVG. Eine **aktualisierte Modellrechnung** ist hingegen nicht erforderlich.[15] Es sind ebenfalls keine Angaben über Schlussüberschussanteile zu machen, da der VN so möglicherweise in die Irre geführt und eine Leistung erwarten würde, die tatsächlich noch unsicher ist.[16] **Stichtag** für die Angaben ist das Ende des letzten abgelaufenen Versicherungsjahres.[17]

10 Der **Informationszeitpunkt** ist nicht vorgegeben. Die Information soll den VN auch in die Lage versetzen, zu entscheiden, ob der Vertrag noch seinen Bedürfnissen entspricht. Sachgerecht ist daher eine Information kurz nach Zuteilung der Überschüsse, denn dann wird der VN früh in die Lage versetzt, etwaige Dispositionen zu treffen.[18]

---

7 L/W/*Armbrüster*, § 6 VVG-InfoV Rn. 5.
8 Anders wohl P/M/*Knappmann*, § 6 VVG-InfoV Rn. 3.
9 P/M/*Knappmann*, § 6 VVG-InfoV Rn. 3; FAKomm-VersR/*C. Schneider/Reuter-Gehrken*, § 6 VVG-InfoV Rn. 5 (»vorzugswürdig, wenn auch nicht zwingend«); vgl. auch HK-VVG/*Baroch Castellvi*, § 6 VVG-InfoV Rn. 5.
10 *Weidner* r+s 2008, 368, 371; L/W/*Armbrüster*, § 6 VVG-InfoV Rn. 8.
11 Begr. VVG-InfoV, VersR 2008, 183, 191.
12 Vgl. Begr. VVG-InfoV, VersR 2008, 183, 191.
13 So aber HK-VVG/*Baroch Castellvi*, § 6 VVG-InfoV Rn. 7.
14 Zust. PK/*Gansel*, § 6 VVG-InfoV Rn. 4; FAKomm-VersR/*C. Schneider/Reuter-Gehrken*, § 6 VVG-InfoV Rn. 5;/M/*Knappmann*, § 6 VVG-InfoV Rn. 4; für Anwendbarkeit jedenfalls auf die Unfallversicherung mit Prämienrückgewähr L/W/*Armbrüster*, § 6 VVG-InfoV Rn. 10; a.A. HK-VVG/*Baroch Castellvi*, § 6 VVG-InfoV Rn. 7.
15 Begr. RegE BT-Drucks. 16/3945 S. 98.
16 PK/*Gansel*, § 6 VVG-InfoV Rn. 5 unter Hinweis auf VVG-Kommission Abschlussbericht 2004 (VersR-Schriftenreihe Heft 25), S. 125; L/W/*Armbrüster*, § 6 VVG-InfoV Rn. 12; a.A. HK-VVG/*Baroch Castellvi*, § 6 VVG-InfoV Rn. 6.
17 PK/*Gansel*, § 6 VVG-InfoV Rn. 6; L/W/*Armbrüster*, § 6 VVG-InfoV Rn. 14.
18 Vgl. auch HK-VVG/*Baroch-Castellvi*, § 6 VVG-InfoV Rn. 6; für ein Wahlrecht des VR L/W/*Armbrüster*, § 6 VVG-InfoV Rn. 15.

Fraglich ist, ob der VN auch dann über die Überschussbeteiligung zu informieren ist, wenn diese **unver-** 11
ändert bleiben soll. Der Wortlaut (»Stand der Überschussbeteiligung«) und ein Vergleich mit den Nrn. 1 und
2 – die ausdrücklich an eine »Änderung« anknüpfen – sprechen dafür. Allerdings besteht in diesen Fällen allenfalls ein eingeschränktes Informationsbedürfnis[19], so dass eine **teleologische Reduktion** von Nr. 3 in Betracht kommt. Nicht suspendiert wird die Informationspflicht nach Nr. 3 dagegen durch eine Vereinbarung
zwischen VN und VR, dass der VN bei unveränderter Überschussbeteiligung nicht zu informieren sei: Eine –
u.U. mehrjährige – Stagnation der Überschussbeteiligung kann dazu führen, dass der Vertrag nicht mehr den
Bedürfnissen des VN entspricht. Der VN hat somit ein Interesse daran, auf die Stagnation hingewiesen zu
werden, so dass eine derartige Vereinbarung gem. § 18 VVG unwirksam ist.

Zu beachten sind zudem die Anforderungen von **§ 15 der Mindestzuführungsverordnung (MindZV)**. Nach 12
dessen Abs. 1 müssen LebensVU mit Ausnahme der Pensionskassen spätestens neun Monate nach Schluss des
Geschäftsjahres die in der Anlage zur MindZV genannten Informationen zur Beteiligung der Versicherten an
den Erträgen in der dort vorgeschriebenen Form und in deutscher Sprache elektronisch veröffentlichen. Nach
§ 15 II MindZV muss in der Information nach § 6 I Nr. 3 VVG-InfoV auf die Veröffentlichung nach der
MindZV unter Angabe der Fundstelle hingewiesen werden.

II. Informationspflichten bei der substitutiven Krankenversicherung, § 6 II

§ 6 II sieht spezielle Informationspflichten **während der Vertragslaufzeit** bei der **substitutiven Krankenver-** 13
sicherung nach § 146 I VAG vor und übernimmt weitgehend die bis zur VVG-Reform 2008 in Anlage D Abschnitt II Nr. 4 zu § 10a VAG a.F. enthaltene Regelung.[20] Die Norm kommt nach ihrem Wortlaut immer dann
zum Tragen, wenn die **Prämie erhöht** wird. Sie soll dem VN ermöglichen, seine Rechte effektiv auszuüben.[21]
Nach Satz 1 hat der VR den VN bei jeder Prämienerhöhung unter Beifügung des Textes der gesetzlichen Re- 14
gelung auf die **Möglichkeit des Tarifwechsels** (Umstufung) gem. § 204 VVG hinzuweisen. Modifiziert wurde
die nach den Sätzen 2 und 3 bestehende Verpflichtung, solche VN, die das 60. Lebensjahr vollendet haben,
auf Tarife hinzuweisen, die einen gleichartigen Versicherungsschutz (früher: »gleiche Leistungsbereiche«) wie
die bisher vereinbarten Tarife bieten, und bei denen eine Umstufung zu einer Prämienreduzierung führen
würde. Die Regelung soll sicherstellen, dass dem VN **mehrere vergleichbare Tarife zur Auswahl** angeboten
werden, die für ihn besonders in Betracht kommen.[22] Das Kriterium der **Gleichartigkeit** soll, so die Verordnungsbegründung, **großzügig** ausgelegt werden; bestehe der Versicherungsschutz beispielsweise aus mehreren
Tarifen, die getrennt Versicherungsschutz für ambulante Heilbehandlung, stationäre Heilbehandlung sowie
für Zahnbehandlung und Zahnersatz vorsehen, so erfülle auch ein einziger Tarif, der alle vorgenannten Leistungsbereiche enthält, das Kriterium der Gleichartigkeit.[23] Gem. Satz 4 gehören zu den nach Satz 2 zu nennenden Tarifen zwingend diejenigen, die jeweils im abgelaufenen Geschäftsjahr den **höchsten Neuzugang**, gemessen an der Zahl der versicherten Personen, zu verzeichnen hatten und damit **am attraktivsten** sind;[24]
eine Ausnahme gilt aber für den Basistarif. Um den VN nicht zu verwirren,[25] dürfen nicht mehr als 10 Tarife
genannt werden, vgl. Satz 5. **Neu** sind die in den Sätzen 7 bis 9 vorgesehenen Pflichten, die sich aus der am
01.01.2009 in Kraft getretenen Bestimmungen der **Gesundheitsreform** über den Wechsel in den Standardoder Basistarif ergeben. Die Hinweispflicht besteht gegenüber allen VN, für die ein Wechsel **theoretisch** denkbar ist.[26] Unerheblich ist, ob der Wechsel für den VN sinnvoll ist, denn bei § 6 II VVG-InfoV handelt es sich
um eine Informationspflicht, nicht um Beratung.

§ 7 VVG-InfoV Übergangsvorschrift; Inkrafttreten. (1) Der Versicherer kann die in dieser Verordnung bestimmten Informationspflichten bis zum 30. Juni 2008 auch dadurch erfüllen, dass er nach den Vorgaben des bis zum 31. Dezember 2007 geltenden Rechts informiert.
(2) ¹§ 2 Abs. 1 Nr. 1 und 2 und Abs. 2, § 3 Abs. 1 Nr. 1 und 2 und Abs. 2 sowie § 4 treten am 1. Juli 2008 in Kraft. ²Im Übrigen tritt diese Verordnung am 1. Januar 2008 in Kraft.

Gem. § 7 I wurde dem VR die Möglichkeit eingeräumt, die Informationspflichten bis zum 30.06.2008 auch 1
dadurch zu erfüllen, dass er die inhaltlichen Vorgaben an die Information des bis zum 31.12.2007 geltenden
Rechts einhielt. Der VR konnte also Informationsunterlagen, die den Anforderungen des bis zum 31.12.2007
geltenden Rechts entsprachen, noch bis zum 30.06.2008 verwenden. Die Übergangsfrist sollte den Unterneh-

---

19 Gegen ein Informationsbedürfnis L/W/*Armbrüster*, § 6 VVG-InfoV Rn. 16.
20 Begr. zur VVG-InfoV, VersR 2008, 183, 191.
21 L/W/*Armbrüster*, § 6 VVG-InfoV Rn. 17; Prölss/*Präve*, § 10a Rn. 39.
22 Begr. zur VVG-InfoV, VersR 2008, 183, 191.
23 Begr. zur VVG-InfoV, VersR 2008, 183, 191.
24 PK/*Gansel*, § 6 VVG-InfoV Rn. 7.
25 PK/*Gansel*, § 6 VVG-InfoV Rn. 7.
26 Nach L/W/*Armbrüster*, § 6 VVG-InfoV Rn. 19 besteht die Hinweispflicht gegenüber solchen VN, für die ein Wechsel »in Betracht kommt«.

§ 7 VVG-InfoV   Übergangsvorschrift; Inkrafttreten

men die **Umstellung erleichtern**, da die VO erst am 21.12.2007 im BGBl. verkündet wurde.[1] Abs. 1 führt freilich nur dazu, dass die Informationspflichten der VVG-InfoV nicht erfüllt zu werden brauchten; die Informationen mussten aber inhaltlich auch in der Übergangszeit dem neuen VVG entsprechen, so dass vor allem Hinweise nach § 5a VAG a.F. den Anforderungen des § 8 VVG nicht genügten.[2]

2 Nach dem Wortlaut der Vorschrift modifiziert diese auch den **Zeitpunkt der Informationsmitteilung**,[3] da das bis zum 31.12.2007 geltende Recht eine Informationsmitteilung rechtzeitig vor Abgabe der Vertragserklärung des VN nicht vorsah. Ob § 7 VVG hierfür eine taugliche Ermächtigungsgrundlage bereithält, ist zumindest zweifelhaft;[4] jedenfalls muss § 7 I nach Sinn und Zweck der Übergangsregelung einschränkend dahingehend ausgelegt werden, dass die Informationen auch in der Übergangszeit rechtzeitig vor der Vertragserklärung des VN zu erteilen waren.[5] Die Vorschrift diente nur dazu, den Unternehmen genügend Zeit für die aufwändige Herstellung des neuen Informationsmaterials einzuräumen.[6] Eines Hinausschiebens des Informationszeitpunktes bedurfte es hierfür nicht.

3 § 7 II regelt das **Inkrafttreten** der VO. Bei Verträgen, die in diese Zwischenzeiten fallen, ist zu prüfen, welche Informationspflichten zur Zeit des Vertragsschlusses galten. So sind etwa Produktinformationsblätter, die der VR vor dem 01.07.2008 freiwillig erteilte, nicht an den Anforderungen von § 4 zu messen.[7]

---

1 Vgl. Begr. zur VVG-InfoV, VersR 2008, 183, 191.
2 P/M/Knappmann, § 7 VVG-InfoV Rn. 1; FAKomm-VersR/*C. Schneider/Reuter-Gehrken*, § 7 VVG-InfoV Rn. 4; HK-VVG/*Baroch Castellvi*, § 7 VVG Rn. 3.
3 Siehe dazu *Franz* VersR 2008, 298, 301.
4 Ablehnend HK-VVG/*Baroch Castellvi*, § 7 VVG Rn. 4; dem folgend PK/*Gansel*, § 7 VVG-InfoV Rn. 1; FAKomm-VersR/ *C. Schneider/Reuter-Gehrken*, § 7 VVG-InfoV Rn. 3.
5 So i.E. auch L/W/*Armbrüster*, § 7 VVG-InfoV Rn. 4; PK-*Gansel*, § 7 VVG-InfoV Rn. 1; HK-VVG/*Baroch Castellvi*, § 7 VVG Rn. 4.
6 Vgl. Begr. zur VVG-InfoV, VersR 2008, 183, 192.
7 PK/*Gansel*, § 7 VVG-InfoV Rn. 1; FAKomm-VersR/*C. Schneider/Reuter-Gehrken*, § 7 VVG-InfoV Rn. 4.

Anhang Besondere Versicherungen

Anhang A
Kraftfahrtversicherung

Übersicht

	Rdn.
I. Allgemeines	1
1. Gegenstand und praktische Bedeutung	1
2. Rechtsgrundlagen	7
a) VVG	8
b) PflVG	9
c) AuslPflVG	13
d) KfzPflVV	15
3. AKB 2008	18
4. AKB 2015	20
5. Ausblick: Selbstfahrendes Auto	21
II. Umfang des Versicherungsschutzes	22
1. Kfz-Haftpflichtversicherung	22
a) Versicherte Gefahren	25
b) Objektive und subjektive Risikoausschlüsse	30
c) Leistungsumfang	31
2. Kaskoversicherung	34
a) Versicherte Gefahren	37
aa) Versicherte Gefahren in der TK	38
bb) Zusätzlich versicherte Gefahren in der VK	39
cc) Persönlicher und örtlicher Anwendungsbereich	40
b) Objektive und subjektive Risikoausschlüsse	41
c) Leistungsumfang	42
III. Prämien; Beginn und Ende des Versicherungsschutzes	44
1. Prämie	44
a) Prämienberechnung	44
b) Zahlungsfristen	47
2. Beginn des Versicherungsschutzes	50
3. Abschluss über Internet	51
4. Ende des Versicherungsschutzes	54
IV. Obliegenheiten des VN und Gefahrerhöhung	57
1. Vertragliche Obliegenheiten	57
a) Pflichten bei Gebrauch des Fahrzeugs	58
b) Obliegenheiten im Schadenfall	61
c) Rechtsfolgen einer Obliegenheitsverletzung	62
2. Gefahrerhöhung	66
a) Fallgruppen	67
b) Rechtsfolgen bei Verstößen	68
V. Geschädigter und VR	69
1. Direktanspruch des geschädigten Dritten	69
2. Regress des VR	72
3. Forderungsübergang bei Kaskoversicherung; Quotenvorrecht	75
4. Veräußerung des versicherten Fahrzeugs	80
5. Ausländische Fahrzeuge bzw. Auslandsschäden	83
a) Ausländische Fahrzeuge im Inland	83
b) Schäden im Ausland	86
6. Entschädigungsfonds für Schäden aus Kfz-Unfällen	90
VI. Kriterien für das Quotelungs-System	93
1. Grobe – einfache Fahrlässigkeit (Abgrenzung)	93
a) Fälle grober Fahrlässigkeit	96
b) Fälle einfacher Fahrlässigkeit	97
2. Quotenmodell	98
a) Beispielsfälle	99
aa) Grob fahrlässige Herbeiführung des Versicherungsfalls	99
bb) Obliegenheitsverletzungen	100
cc) Gefahrerhöhung	101
b) Gleichzeitige Verletzung mehrerer Pflichten	102
c) Begrenzte Leistungsfreiheit in der Kfz-Haftpflichtversicherung	103

Schrifttum:
Feyock/Jacobsen/Lemor, Kraftfahrtversicherung, 3. Aufl. 2009; *Halm/Kreuter/Schwab*, AKB, 2. Aufl. 2015; *Pamer*, Der Kaskoschaden, 2008; *Schimikowski*, Die »Benzinklausel« in der Privathaftpflichtversicherung – Auslegung des Begriffs »Gebrauch des Kraftfahrzeugs« –, r+s 2016, 14; *Schirmer*, Neues VVG und die Kraftfahrzeughaftpflicht- und Kaskoversicherung – Teil I, DAR 2008, 181; Teil II, DAR 2008, 319; *Schwab*, Regress beim leistungsfreien Kfz-Haftpflichtversicherer im Rahmen der Mehrfachversicherung?, VersR 2016, 221; *Stiefel/Maier*, Kraftfahrtversicherung, 18. Aufl., 2010; *Stockmeier*, Die kleine Benzinklausel, VersR 2013, 823.

I. Allgemeines

1. Gegenstand und praktische Bedeutung

Zum **Begriff** Kraftfahrtversicherung sind folgende Versicherungsverträge zu zählen: die Kfz-Haftpflichtversicherung als Pflichtversicherung jedes Kfz-Halters, die Kaskoversicherung (früher: Fahrzeugversicherung), der Autoschutzbrief, die Kfz-Unfallversicherung und – neuerdings – die Fahrerschutzversicherung. Die Kraftfahrtversicherung ist i.S.v. § 5 VersStG keine Einheitsversicherung, sondern besteht aus rechtlich selbständigen, nur formal in einem Versicherungsschein zusammengefassten Versicherungsverträgen.[1] 1

Die **Kfz-Haftpflichtversicherung** bietet Versicherungsschutz für die Haftpflicht des VN, d.h. für dessen Verpflichtung zum Schadenersatz gegenüber einem Geschädigten nach den Bestimmungen des Zivilrechts. Gem. § 1 PflVG ist der Halter eines Kfz oder eines Anhängers mit regelmäßigem Standort im Inland verpflichtet, 2

---

[1] OLG Karlsruhe VersR 2013, 1123, 1124; P/M/*Knappmann*, AKB 2008, Vorbemerkung zu A.1.1 Rn. 3.

Anhang A Kraftfahrtversicherung

für sich, den Eigentümer und den Fahrer eine Haftpflichtversicherung zur Deckung der durch den Gebrauch des Fahrzeugs verursachten Personen-, Sach- und sonstigen Vermögensschäden abzuschließen und aufrechtzuerhalten, wenn das Kfz auf öffentlichen Wegen oder Plätzen verwendet wird. Durch diese Versicherungspflicht soll sichergestellt werden, dass das Verkehrsopfer in jedem Fall Schadenersatz erhält, selbst wenn der haftpflichtige Fahrer und Halter nach ihrem wirtschaftlichen Vermögen nicht zur Ersatzleistung in der Lage wären. Der Versicherungspflicht der Kfz-Halter steht ein in § 5 PflVG geregelter modifizierter **Kontrahierungszwang** der Kfz-Haftpflicht-VR gegenüber, s. im Einzelnen Rdn. 24.

3 Die **Kaskoversicherung** deckt das Eigentümerinteresse an der Erhaltung des wirtschaftlichen Werts des versicherten Kfz ab. Sie bietet Versicherungsschutz bei Beschädigung, Zerstörung und Verlust des Fahrzeugs infolge bestimmter in den Versicherungsbedingungen definierter Ereignisse. Vom Versicherungsschutz umfasst sind auch bestimmte Fahrzeugteile und Fahrzeugzubehör, sofern sie straßenverkehrsrechtlich zulässig sind. Im Hinblick auf die versicherten Ereignisse ist zu unterscheiden zwischen der TK und der VK, s. im Einzelnen Rdn. 37 ff.

4 Mit dem **Autoschutzbrief** verspricht der VR die Erbringung von Serviceleistungen bzw. Kostenerstattungen bei bestimmten Schadenereignissen im Zusammenhang mit dem versicherten Kfz, insbes. Reparatur- und Abschleppleistungen bei Panne oder Unfall, Hilfe bei Krankheit, Verletzung oder Tod auf einer Reise (z.B. durch Krankenrücktransport oder Fahrzeugabholung) und Hilfsleistungen bei Panne, Unfall oder Fahrzeugdiebstahl bei einer Auslandsreise (z.B. Ersatzteilversand, Fahrzeugtransport, Vermittlung eines Mietwagens). Es handelt sich im Wesentlichen um eine Schadenversicherung i.S.v. §§ 74–99; z.T. sind aber auch Elemente der Unfallversicherung i.S.v. §§ 178 ff. enthalten. Die Versicherung ist an das jeweilige versicherte Kfz gebunden. Näheres zum Leistungsumfang ist den MB in A.3 AKB 2008 bzw. A.3 AKB 2015 zu entnehmen.

5 Die **Kraftfahrt-Unfallversicherung** ist eine spezielle Form der allgemeinen Unfallversicherung; für sie gelten daher die §§ 178 ff. Für den VN ist die Kraftfahrt-Unfallversicherung eine Eigenversicherung. Im Hinblick auf andere Insassen handelt es sich um eine Fremdversicherung, so dass gem. § 179 I 2 insoweit die Bestimmungen der §§ 43–48 über die Versicherung für fremde Rechnung anwendbar sind. Die Kraftfahrt-Unfallversicherung ist eine Summenversicherung. Die allgemeinen Vorschriften über die Schadenversicherung in den §§ 74–99 sind somit nicht anwendbar. Dies gilt insbes. für den gesetzlichen Forderungsübergang gem. § 86. Näheres ist A.4 AKB 2008 bzw. A.4 AKB 2015 zu entnehmen.

6 Die **Fahrerschutzversicherung** wurde erstmals in den AKB 2015 in den Leistungsumfang aufgenommen. Durch sie wird der berechtigte Fahrer des versicherten Kfz anderen Insassen gleichgestellt. Im Fall eines unfallbedingten Personenschadens leistet die Fahrerschutzversicherung in dem Umfang eines fiktiv eintrittspflichtigen Kfz-Haftpflichtversicherers eines anderen Unfallverursachers. Die Ansprüche gegenüber Dritten bleiben dabei jedoch vorrangig (A.5.4.2 AKB 2015) Die Fahrerschutzversicherung ist demnach als subsidiäre (Rest-)Schadenversicherung ausgestaltet und somit von einer Unfallversicherung als Summenversicherung abzugrenzen.[2] Daher sind auch die Regelungen der Schadenversicherung (§§ 74–87) und nicht diejenigen der Unfallversicherung (§§ 178–191) anzuwenden. Weiteres ist A.5 AKB 2015 zu entnehmen.

2. Rechtsgrundlagen

7 Die wesentlichen vom Gesetzgeber geschaffenen Rechtsgrundlagen der Kraftfahrtversicherung sind im VVG, im PflVG, in der KfzPflVV und im AuslPflVG (Gesetz über die Haftpflichtversicherung für ausländische Kraftfahrzeuge und Kraftfahrzeuganhänger) enthalten:

a) VVG

8 Das **VVG** vom 23.11.2007, zuletzt geändert am 19.02.2016 durch Art. 15 des Gesetzes zur Umsetzung der Richtlinie über alternative Streitbeilegung in Verbraucherangelegenheiten und zur Durchführung der Verordnung über Online-Streitbeilegung in Verbraucherangelegenheiten,[3] ist auch für die Kraftfahrtversicherung das zentrale Gesetzeswerk. Es regelt die Rechtsbeziehungen zwischen privatem VR und VN sowie versicherten Personen und enthält einen ausführlichen Allgemeinen Teil mit Vorschriften, die für alle Versicherungszweige gelten. In einem Besonderen Teil werden einzelne Versicherungszweige gesondert geregelt. Speziell zur Kraftfahrtversicherung gibt es zwar keine besonderen gesetzlichen Regelungen im VVG, aber die Bestimmungen zur Haftpflichtversicherung in den §§ 100–112 sowie zur Pflichtversicherung in den §§ 113–124 sind auf die Kfz-Haftpflichtversicherung anwendbar. Die allgemeinen Bestimmungen über die Schadenversicherung (§§ 74–87) und die speziellen Regelungen zur Sachversicherung (§§ 88–99) finden auf die Kaskoversicherung Anwendung.

b) PflVG

9 Das Gesetz über die Pflichtversicherung für Kfz-Halter (**PflVG**) v. 05.04.1965, zuletzt geändert am 31.08.2015, enthält zusätzliche wichtige Spezialregelungen für die Kfz-Haftpflichtversicherung, die gem. § 1 PflVG eine Pflichtversicherung i.S.v. § 113 I ist.[4]

---

[2] Vgl. OLG Koblenz r+s 2014, 223; Halm/Kreuter/*Schwab*, A.5 AKB 2015 Rn. 13; *Heinrichs* DAR 2015, 195, 199 f.
[3] BGBl. I 2016, S. 254.
[4] BGBl. I 1965, S. 213.

Das PflVG hat seinen Ursprung in den internationalen Harmonisierungsmaßnahmen: Es setzte die für die Bundesrepublik Deutschland mit Unterzeichnung des Europäischen Abkommens über die obligatorische Haftpflichtversicherung für Kraftfahrzeuge v. 20.04.1959[5] übernommenen Verpflichtungen in deutsches Recht um. Dieses sog. **Straßburger Übereinkommen**, das am 22.09.1969 in Kraft trat, war von lediglich sechs Vertragsstaaten unterzeichnet worden: Bundesrepublik Deutschland, Dänemark, Griechenland, Norwegen, Österreich und Schweden. Dennoch erwies es sich als Triebfeder für die **Harmonisierung des europäischen Pflichtversicherungsrechts**:[6] Es folgten fünf Kfz-Haftpflichtversicherungs-RiLi der EG, nämlich im Jahr 1972 (Erste KH-RiLi 72/166/EWG v. 24.04.1972:[7] Versicherungspflicht für jedes Kfz mit gewöhnlichem Standort innerhalb EG; Aufhebung der Grenzkontrolle des Versicherungsnachweises), 1983 (Zweite KH-RiLi 84/5/EWG v. 30.12.1983:[8] Mindestumfang des Versicherungsschutzes; Garantie-/Entschädigungsfonds), 1990 (Dritte KH-RiLi 90/232/EWG v. 14.05.1990:[9] Erweiterung des Mindestversicherungsschutzes bzgl. Fahrzeuginsassen und Auslandsunfällen), 2000 (Vierte KH-RiLi 2000/26/EG v. 16.05.2000:[10] Vereinfachung der Regulierung von Verkehrsunfällen innerhalb des EWR) und schließlich 2005 (Fünfte KH-RiLi 2005/14/EG v. 11.05.2005:[11] Gerichtszuständigkeit am Wohnsitz des Geschädigten). Die fünf RiLi wurden im Jahr 2009 (durch die Sechste KH-RiLi 2009/103/EG v. 16.09.2009:[12] Abschaffung der Grenzkontrolle von Versicherungsschutz und Benennung der von der Versicherungspflicht befreiten Personen/Institutionen, die einen entsprechenden Versicherungsschutz vorzuhalten haben und die von der EU-Kommission veröffentlicht werden) konsolidiert und zugleich außer Kraft gesetzt (Art. 29 Sechste KH-RiLi). Zentraler Gegenstand der europäischen Harmonisierung ist der **Direktanspruch des Geschädigten** gegen den Kfz-Haftpflicht-VR.[13]

Das PflVG ist daher seit 1965 mehrfach geändert worden. Eine entscheidende Änderung erfolgte mit dem Änderungsgesetz v. 29.07.1994[14]: Es wurden wesentliche Teile des PflVG ersatzlos gestrichen, insbes. die gesetzlichen Regelungen über die Tarifbedingungen, die seither nicht mehr der Genehmigung der Aufsichtsbehörde bedürfen. Ein weiteres wichtiges Änderungsgesetz trat zum 01.01.2003 in Umsetzung der Vierten KH-RiLi in Kraft[15]: Im Interesse des Verbraucherschutzes wurde die Abwicklung von Verkehrsunfällen im Ausland erleichtert, indem die Mitgliedsstaaten zur gesetzlichen Regelung der Einrichtung bestimmter Auskunfts- und Entschädigungsstellen (vgl. §§ 8–14 PflVG) verpflichtet wurden. Aufgrund der §§ 13 II und III, 14 PflVG wurde auch die VO über den Entschädigungsfonds für Schäden aus Kraftfahrzeugunfällen (**KfzUnfEntschV**) am 14.12.1965 erlassen, die zuletzt am 31.08.2015 geändert wurde und einzelne Regelungen zur Verkehrsopferhilfe und der dort bestehenden Schiedsstelle enthält.[16] Weiterhin wurden die VR zur Benennung eines speziell für die Regulierung von Auslandsunfällen zuständigen Schadenregulierungsbeauftragten verpflichtet (vgl. § 163 VAG; s. im Einzelnen hierzu Rdn. 86). Die europäischen Vorgaben sind inzwischen auch im neuen VVG berücksichtigt: In den §§ 114 ff. wurde der durch die VVG-Reform aufgehobene § 3 PflVG a.F. weitgehend übernommen.

§ 6 PflVG enthält zudem eine **Strafvorschrift**: Wer ein Kfz auf öffentlichen Wegen oder Plätzen gebraucht oder den Gebrauch gestattet, obwohl für das Kfz nicht der erforderliche Kfz-Haftpflichtversicherungsschutz besteht, wird mit Freiheitsstrafe bis zu einem Jahr oder mit Geldstrafe bestraft. Bei vorsätzlichem Handeln kann zusätzlich das Kfz eingezogen werden, wenn es z.Zt. der Entscheidung Eigentum des Täters oder Tatbeteiligten ist. Handelt der Täter fahrlässig, so kann dies mit Freiheitsstrafe bis zu sechs Monaten oder mit Geldstrafe bis zu einhundertachtzig Tagessätzen geahndet werden.

c) AuslPflVG

Das PflVG wird ergänzt durch das Gesetz über die Haftpflichtversicherung für ausländische Kraftfahrzeuge und Kraftfahrzeuganhänger (**AuslPflVG**) v. 24.07.1956, zuletzt geändert am 31.08.2015. Die Verpflichtung zum Abschluss einer Kfz-Haftpflichtversicherung beschränkte sich früher in Deutschland auf die Halter von Kfz und Anhängern, die regelmäßigen Standort im Inland haben. Der grenzüberschreitende Kfz-Verkehr machte jedoch schnell die Lücke im Verkehrsopferschutz deutlich, die in Deutschland aber bereits 1956 durch das AuslPflVG geschlossen wurde: Danach besteht hierzulande auch für ausländische Fahrzeuge grundsätzlich eine Versicherungspflicht (s. Einzelheiten in Rdn. 83).

---

5 BGBl. II 1965, S. 281.
6 Feyock/Jacobsen/*Lemor*, Europarechtliche Grundlagen der Kfz-Haftpflichtversicherung Rn. 5 ff. m.w.N.
7 ABl. EG Nr. L 103 v. 02.05.1972, S. 1 ff.
8 ABl. EG Nr. L 8 v. 11.01.1984, S. 17 ff.
9 ABl. EG Nr. L 129 v. 19.05.1990, S. 33 ff.
10 ABl. EG Nr. L 181 v. 20.07.2000, S. 65 ff.
11 ABl. EG Nr. L 149 v. 11.06.2005, S. 14 ff.
12 ABl. EG Nr. L 263 v. 07.10.2009, S. 11 ff.
13 S. Einl. C Rdn. 65 ff.
14 BGBl. I 1994, S. 1630.
15 BGBl. I 2002, S. 2586.
16 BGBl. I 1965, S. 2093.

Anhang A Kraftfahrtversicherung

14 § 9 AuslPflVG sieht einen **Straftatbestand** entsprechend § 6 PflVG mit denselben Strafmaßen und der Ermächtigung zur Einziehung des Kfz vor.

d) KfzPflVV

15 Auf der Grundlage von § 4 I PflVG wurde die ministerielle VO über den Versicherungsschutz in der Kfz-Haftpflichtversicherung (**KfzPflVV**) v. 29.07.1994 erlassen, zuletzt geändert durch Gesetz v. 13.01.2012. Sie gilt für Kfz-Haftpflichtversicherungen, die in Erfüllung der Versicherungspflicht gem. § 1 PflVG abgeschlossen werden, nicht dagegen für die Kaskoversicherung. Gem. § 4 AuslPflVG findet die KfzPflVV zudem Anwendung auf Halter von ausländischen Fahrzeugen i.S.d. AuslPflVG.

16 Die KfzPflVV hat den Zweck zu gewährleisten, dass die gem. § 1 PflVG abgeschlossenen Kfz-Haftpflichtversicherungsverträge einen für **Verkehrsopfer** und versicherte Personen ausreichenden Versicherungsschutz regeln. Der Erlass einer ministeriellen VO wurde aufgrund des Wegfalls der aufsichtsbehördlichen Genehmigung von AVB im Jahr 1994 erforderlich. Adressat der KfzPflVV ist somit vor allem der Kfz-Haftpflicht-VR. Wenn ein Vertrag z.T. oder überhaupt keine Bestimmungen bzgl. des Versicherungsumfangs enthält, gelten insoweit die zwingenden Bestimmungen der KfzPflVV, also die §§ 1, 2, 3 I, 8 I, 9 Satz 1 KfzPflVV i.V.m. § 5 VI 1 PflVG. Nicht zwingend sind die sog. »kann«-Bestimmungen, z.B. der in § 4 KfzPflVV genannten Leistungsausschlüsse. D.h., der in der KfzPflVV geregelte Mindestumfang des Versicherungsschutzes darf nicht unterschritten werden, eine Erweiterung der Leistungspflichten des VR ist dagegen ohne Weiteres zulässig. Die KfzPflVV ist **Schutzgesetz i.S.v. § 823 II BGB**.[17]

17 Die KfzPflVV regelt somit den Mindestinhalt und -umfang des Versicherungsschutzes, den ein Kfz-Haftpflichtversicherungsvertrag in Deutschland zu gewähren hat. Die Bestimmungen der KfzPflVV setzen vorwiegend die vorstehend erwähnten Vorgaben des EG-Rechts um. Sie ergänzen und konkretisieren das PflVG, das bereits einige Mindestvorgaben enthält, insbes. die Mindestversicherungssummen in der Anl. zu § 4 II PflVG und die Vorgaben zur Vertragslaufzeit in § 5 V PflVG. Inhaltlich sind die Vorgaben von PflVG und KfzPflVV weitgehend in den AKB 2008 bzw. AKB 2015 abgebildet.

3. AKB 2008

18 Die vom GDV empfohlenen MB, die sog. »Allgemeinen Bedingungen für die Kfz-Versicherung – AKB 2008« haben als unverbindliche Rechtsquelle für die Gestaltung der individuellen AVB der Kraftfahrt-VR große Bedeutung. Die **AKB 2008** sind zum Inkrafttreten der VVG-Reform am 01.01.2008 vollständig überarbeitet und zuletzt zum 17.03.2010 geändert worden. Die Überarbeitung in 2008 diente zum einen der Anpassung an die neuen Regelungen des VVG, des PflVG, der KfzPflVV sowie der damals zum 01.03.2007 neugefassten FahrzeugzulassungsVO (**FZV**)[18]. Zum anderen sollte aber zugleich die Verständlichkeit und Lesbarkeit des Bedingungswerks verbessert werden; denn das **Transparenzgebot** gem. § 307 I 2 BGB verlangt, dass Regelungen in AGB und damit auch in AVB »klar und verständlich« formuliert sind. Maßstab für die Verständlichkeit von Versicherungsbedingungen ist nach stRspr. des BGH[19] das Verständnis des durchschnittlichen VN. Die AKB 2008 sind daher dem Sprachgebrauch eines durchschnittlichen VN angepasst, z.B. wird die Kaskoversicherung entsprechend dem alltäglichen Sprachgebrauch auch als solche bezeichnet und nicht mehr – wie in früheren AKB – als »Fahrzeugversicherung«. Zudem wurde die bisherige Aufteilung in zwei getrennte Bedingungswerke, nämlich AKB und Regelungen zur Tarifbestimmung (**TB**), aufgegeben; die TB sind nunmehr integraler Bestandteil der AKB 2008.

19 Die AKB 2008 bestehen auch nicht mehr aus den vormals nach der Methodik eines Gesetzes aufgebauten und damit verbraucherunfreundlichen Paragraphen. Ein leicht verständliches **Frage- und Antwortsystem** teilt die AKB 2008 in Abschnitte nach Buchstaben A bis N auf. Die Abschnitte orientieren sich an der jeweiligen Sachlage des VN, so dass dem sog. durchschnittlichen VN ein gezieltes Lesen ermöglicht wird, wenn er z.B. wissen will, welche Leistungen die Versicherung umfasst, welche Pflichten er vor und im Schadenfall zu erfüllen hat, welche Laufzeit der Vertrag hat oder welche Kündigungsmöglichkeiten er hat. Einen vorgezogenen Allgemeinen Teil gibt es ebenfalls nicht mehr; dadurch müssen zwar einige Bestimmungen in den AKB 2008 im jeweiligen Sachzusammenhang wiederholt werden, sind also doppelt enthalten, die dadurch entstandene leichte Aufblähung des Gesamttextes wird durch die erreichte verbesserte Lesbarkeit jedoch aufgewogen.

4. AKB 2015

20 Die stetige Entwicklung des Rechts sowie das anhaltende Bedürfnis sprachlicher Klarheit erforderten die Anpassung der MB. Der GDV veröffentlichte Ende Januar 2015 die AKB 2015, die in der Fassung zum 06.07.2016 aktuell sind. Sie stellen die erste größere Überarbeitung der AKB 2008 dar. Neben den sprachlichen Vereinfachungen erfolgten eine nicht unwesentliche Neustrukturierung der Gliederung in der Kasko-Versicherung so-

---

17 Feyock/*Jacobsen*/Lemor, Einf. KfzPflVV Rn. 21.
18 Ursprungsfassung vom 25.04.2006 (BGBl. I 2006, S. 988 ff. und S. 3226 ff.); Neufassung (BGBl. I 2011, S. 139).
19 Jüngst: BGH BetrAV 2016, 61; VersR 2016, 45; R/L/*Römer*, Vor § 1 Rn. 15.

wie eine grundlegende Neuausrichtung der Kfz-Unfallversicherung. Darüber hinaus wurde die Fahrerschutzversicherung in den Leistungsumfang neu aufgenommen (s. Rdn. 6).

Sowohl die AKB 2008 als auch die AKB 2015 haben folgenden **Inhalt**:

A   Welche Leistungen umfasst Ihre Kfz-Versicherung?
B   Beginn des Vertrags und vorläufiger Versicherungsschutz
C   Beitragszahlung
D   Welche Pflichten haben Sie beim Gebrauch des Fahrzeugs?
E   Welche Pflichten haben Sie im Schadenfall?
F   Rechte und Pflichten der mitversicherten Personen
G   Laufzeit und Kündigung des Vertrags, Veräußerung des Fahrzeugs, Wagniswegfall
H   Außerbetriebsetzung, Saisonkennzeichen, Fahrten mit ungestempelten Kennzeichen
I   Schadenfreiheitsrabatt-System
J   Beitragsänderung aufgrund tariflicher Maßnahmen
K   Beitragsänderung aufgrund eines bei Ihnen eingetretenen Umstands
L   Meinungsverschiedenheiten und Gerichtsstände
M   – Abschnitt gestrichen –
N   Bedingungsänderung
Anh 1:   Tabellen zum Schadenfreiheitsrabatt-System
Anh 2:   Merkmale zur Beitragsberechnung
Anh 3:   Tabellen zu den Typklassen
Anh 4:   Tabellen zu den Regionalklassen
Anh 5:   Berufsgruppen (Tarifgruppen)
Anh 6:   Art und Verwendung von Fahrzeugen

5. Ausblick: Selbstfahrendes Auto

Sowohl die großen Kfz-Hersteller und ihre Zulieferer als auch Firmen wie Google treiben die Entwicklung des autonom fahrenden Kfz mit großem Aufwand voran. Neben ausstehenden technischen Entwicklungen braucht es vor Markteinführung auch gesetzliche Rahmenbedingungen.[20] Für die Versicherungsbranche wird sich die Frage stellen, wie der Versicherungsschutz für teil- oder vollautonom fahrenden Kfz auszugestalten ist: Während die Haftung des Halters durch die Gefährdungshaftung gem. § 7 I StVG Zuordnungsprobleme vermeidet, wird sich zukünftig die Frage stellen, ob der Kfz-VR bei dem Kfz-Hersteller Regress nehmen könnte, wenn die Technik des autonom fahrenden Kfz den Schaden verursacht hat. Dies betrifft zugleich den Versicherungsschutz für Produkthaftungsrisiken der Kfz-Hersteller.

II. Umfang des Versicherungsschutzes

1. Kfz-Haftpflichtversicherung

Gem. § 1 PflVG ist der Halter eines Kfz oder eines Anhängers mit regelmäßigem Standort im Inland verpflichtet, für sich, den Eigentümer und den Fahrer eine Haftpflichtversicherung zur Deckung der durch den Gebrauch des Fahrzeugs verursachten Personen-, Sach- und sonstigen Vermögensschäden abzuschließen und aufrechtzuerhalten, wenn das Kfz auf öffentlichen Wegen oder Plätzen verwendet wird. Es handelt sich um eine Pflichtversicherung i.S.v. § 113 I. Eine Befreiung von der Versicherungspflicht sieht § 2 PflVG nur in speziellen Ausnahmefällen vor, so für Bund, Länder, Gemeinden mit mehr als 100.000 Einwohnern und Gemeinde- und Zweckverbände, deren Bonität schlicht vorausgesetzt wird, bei Kleinkraftfahrzeugen, die aufgrund ihrer Bauart eine Höchstgeschwindigkeit von 6 km/h nicht übersteigen, und bei selbstfahrenden Arbeitsmaschinen, Staplern oder Anhängern, wenn sie nicht zulassungspflichtig sind.

Der Kfz-Halter darf die Kfz-Haftpflichtversicherung gem. § 5 I PflVG nur bei einem im Inland zum Betrieb der Kfz-Haftpflichtversicherung befugten VR nehmen. Hierzu zählen gem. § 5 VIII PflVG auch VR ohne Sitz im Inland, die im Wege des **freien Dienstleistungsverkehrs** mit Billigung der BaFin Kfz-Haftpflichtversicherungsschutz im deutschen Markt anbieten; sie haben gem. § 8 II PflVG aber einen inländischen Vertreter zu bestellen, der die Befugnis und auch Befähigung zur Schadenregulierung hat, i.d.R. sind dies spezialisierte Dienstleistungsgesellschaften, Anwaltskanzleien oder auch inländische VR.[21]

Der Versicherungspflicht des Kfz-Halters gem. § 1 PflVG entspricht ein **modifizierter Kontrahierungszwang** der im Inland zugelassenen VR gem. § 5 II PflVG: Diese sind verpflichtet, den in § 1 PflVG und § 2 II KfzPflVV genannten Personen Versicherungsschutz nach den gesetzlichen Vorschriften zu gewähren, soweit

---

20 *Hammel* VersR 2016, 281 ff.; *Lutz* NJW 2015, 119, 122 m.w.N.; Dobrindt: Weg frei für das automatisierte Fahren – Bundeskabinett beschließt Umsetzung des Wiener Übereinkommens, Pressemitteilung des BMVI Nr. 44 vom 13. April 2016, abrufbar unter: http://www.bmvi.de/SharedDocs/DE/Pressemitteilungen/2016/044-dobrindt-automatisiertesfahren.html; abgerufen am 26.08.2016.
21 *Feyock*/Jacobsen/Lemor, § 8 PflVG Rn. 31 ff.

Versicherungspflicht besteht.[22] Die VR sind also berechtigt, Anträge abzulehnen, die auf einen weiteren als den gesetzlich zu gewährenden Mindestdeckungsumfang abzielen. Zusätzlich darf ein VR gem. § 5 IV PflVG den Antrag auf Kfz-Haftpflichtversicherung dann ablehnen, wenn sachliche oder örtliche Beschränkungen im Geschäftsplan des VR dem Abschluss des Vertrags entgegenstehen oder wenn der Antragsteller bereits bei dem VR versichert war und der VR (i) den betr. Versicherungsvertrag wegen Drohung oder arglistiger Täuschung des VN angefochten hatte, (ii) von dem Vertrag wegen Verletzung der vorvertraglichen Anzeigepflicht oder wegen Nichtzahlung der ersten Prämie durch den VN zurückgetreten war oder (iii) den Versicherungsvertrag wegen Prämienverzugs oder nach Eintritt eines Versicherungsfalls gekündigt hatte.

a) Versicherte Gefahren

25 Gem. § 2 KfzPflVV, der § 100 ergänzt und konkretisiert, stellt der Kfz-Haftpflicht-VR den VN, den Kfz-Halter und die mitversicherten Personen – dies sind der Kfz-Eigentümer, der Fahrer und gegebenenfalls Beifahrer, Omnibusschaffner und Arbeitgeber bei einem Dienstfahrzeug – von **Schadenersatzansprüchen** frei, die gegen diese erhoben werden, weil durch den Gebrauch des Fahrzeugs Personen verletzt oder getötet, Sachen beschädigt oder zerstört worden oder abhanden gekommen sind, oder Vermögensschäden verursacht worden sind, die weder mit einem Personen- noch Sachschaden mittelbar oder unmittelbar zusammenhängen. Mitversicherten Personen ist gem. § 2 III KfzPflVV das Recht einzuräumen, ihre Ansprüche selbständig geltend zu machen. Diese Vorgaben sind entsprechend in A.1.1 und A.1.2 AKB 2008 bzw. A.1.1 und A.1.2 AKB 2015 abgebildet.

26 Der weder im Gesetz noch in einer VO definierte Begriff **Gebrauch des Fahrzeugs** ist in A.1.1.1 AKB 2008 bzw. A.1.1.1 AKB 2015 – entsprechend der stRspr., die mit dem rechtlichen Gehalt von Art. 3 I der Ersten KH-RiLi in der Auslegung durch den EuGH übereinstimmt[23] – definiert: Er schließt den Betrieb i.S.v. § 7 StVG ein und geht noch darüber hinaus: Danach ist nicht nur das Fahren mit dem Kfz als solches gedeckt, sondern es sollen alle typischen, vom Gebrauch des Fahrzeugs selbst ausgehenden Gefahren gedeckt werden, z.B. auch Risiken beim Ein- und Aussteigen und beim Be- und Entladen; das gilt auch für abgekoppelte Anhänger von der Zugmaschine. Auch Schäden anlässlich des Waschens, beim Betanken[24] oder bei Reparaturarbeiten an dem Kfz fallen unter den Begriff des Fahrzeuggebrauchs; es muss aber jeweils ein adäquater Ursachenzusammenhang zwischen Schadeneintritt und Gebrauch des Fahrzeugs bestehen.[25] Verneint wurde ein solcher Zusammenhang in dem Fall, in dem ein Hund den elektrischen Fensterheber eines geparkten Kfz betätigt, herausspringt und dann einen Sachschaden in einem nahegelegenen Stall verursacht.[26] Zu beachten ist, dass das Verständnis bzgl. des Gebrauchs des Fahrzeugs nach den AKB nicht zur Auslegung der sog. **Benzinklausel** i.R.d. Privathaftpflichtversicherung, die der Abgrenzung zur Kfz-Haftpflichtversicherung dient, herangezogen werden kann.[27]

27 Die **Art der versicherten Schäden** hat die Rspr. wie folgt konkretisiert: Zu der Verletzung einer Person gehören nicht nur die physische, sondern auch die psychische Beeinträchtigung der Gesundheit[28] oder Schäden am ungeborenen Kind[29]. Als Beschädigung oder Zerstörung einer Sache werden auch der Verlust von Gegenständen oder Vermögensfolgeschäden wie z.B. entgangener Gewinn oder Nutzungsausfall angesehen.[30] Reine Vermögensschäden, also Vermögensschäden, die weder mit dem Personen- noch dem Sachschaden zusammenhängen, sind zwar gem. A.1.1.1 Ziff. c AKB 2008 bzw. A.1.1.1 Ziff. c AKB 2015 ausdrücklich mitversichert, kommen aber in der Praxis nicht vor.[31] Zudem umfasst die Deckung der Kfz-Haftpflichtversicherung lediglich Schadenersatzansprüche, die aufgrund **gesetzlicher Haftpflichtbestimmungen privatrechtlichen Inhalts**, insbes. §§ 823 ff. BGB und § 7 ff. StVG, erhoben werden (vgl. A.1.5.8 AKB 2008 bzw. A.1.5.8 AKB 2015).

28 Gem. § 3 KfzPflVV erstreckt sich der Versicherungsschutz des ziehenden Kfz auch auf **Anhänger** oder **Auflieger**, solange diese mit dem Kfz verbunden sind oder sich zwar vom Zugfahrzeug gelöst haben, sich aber noch in Bewegung befinden (vgl. A.1.1.5 AKB 2008 bzw. A.1.1.5 AKB 2015),[32] und zwar unabhängig davon, ob der Anhänger selbst versicherungspflichtig, weil gem. § 3 II Nr. 2 FZV zulassungspflichtig, ist oder nicht. Der Versicherungsschutz des ziehenden Kfz erstreckt sich zudem auf (ab)geschleppte Fahrzeuge, für die kein Haft-

---

22 *Feyock*/Jacobsen/Lemor, § 5 PflVG Rn. 6.
23 Jüngst: BGH VersR 2016, 1048, 1050 f.; zum Begriff der »Benutzung eines Fahrzeugs«, EuGH VersR 2015, 311.
24 Kritisch: *Schimikowski*, r+s 2016, 14, 16; *Maier* jurisPR-VersR 8/2012 Anm. 4.
25 Vgl. BGH r+s 2007, 102; VersR 2003, 1031; OLG Hamm VersR 2016, 524; NJW-Spezial 2015, 745, 746; r+s 2014, 202; KG Berlin VersR 2012, 1164; LG Saarbrücken NJW-RR 2016, 356; LG Karlsruhe VersR 2015, 100, 101; LG Bremen NJW-RR 2012, 1427; AG Altena VersR 2015, 747, 748.
26 BGH SP 2008, 338; LG Mannheim SP 2006, 327; ähnlich: LG Kaiserslautern NJW-RR 2009, 249.
27 BGH VersR 2007, 388.
28 BGH VersR 1971, 905, 906.
29 BGH VersR 1985, 499, 501.
30 *Feyock*/*Jacobsen*/Lemor, A.1 AKB 2008 Rn. 10 i.V.m. § 10 AKB Rn. 17.
31 *Feyock*/*Jacobsen*/Lemor, A.1 AKB 2008 Rn. 10 i.V.m. § 10 AKB Rn. 18.
32 Vgl. AG Altena VersR 2015, 747, 748.

pflichtversicherungsschutz besteht (vgl. A.1.1.5 AKB 2008 bzw. A.1.1.5 AKB 2015). Im Fall einer Doppelversicherung von Kfz und (versicherungspflichtigen) Anhänger oder Auflieger haben die VR den durch das Gespann verursachten Schaden im Innenverhältnis grundsätzlich je zur Hälfte zu tragen.[33] Das ist nicht der Fall, wenn zwischen dem Halter des Zugfahrzeugs und des Anhängers Personenidentität besteht.[34]

Gem. § 1 KfzPflVV umfasst der mindestens zu gewährende **örtliche Geltungsbereich** der Kfz-Haftpflichtversicherung Europa sowie die außereuropäischen Gebiete, die zum Geltungsbereich des EU gehören (vgl. A.1.4.1 AKB 2008 bzw. A.1.4.1 AKB 2015). Der Versicherungsschutz ist in der Höhe zu gewähren, die in dem jeweiligen Land gesetzlich vorgeschrieben ist, mindestens jedoch in der in der Bundesrepublik Deutschland vorgeschriebenen Höhe. Soweit der VR dem VN eine internationale Versicherungskarte (sog.»Grüne Karte« aushändigt, erstreckt sich der Versicherungsschutz zudem auf die darin genannten nicht-europäischen Länder, soweit diese darin nicht durchgestrichen sind, vgl. A.1.4.2 AKB 2008 bzw. A.1.4.2. AKB 2015 und Rdn. 85. 29

b) Objektive und subjektive Risikoausschlüsse

In § 4 Nrn. 1–6 KfzPflVV ist geregelt, welche vertraglichen Risikoausschlüsse in der Kfz-Haftpflichtversicherung zulässig sind: 30

1. **Schadenersatzanspruch des VN, Halters oder Eigentümers gegen mitversicherte Person:** Der Versicherungsschutz kann gem. § 4 Nr. 1 KfzPflVV ausgeschlossen werden für Sach- oder Vermögensschäden, die eine mitversicherte Person dem VN, dem Halter oder dem Eigentümer durch den Gebrauch des Kfz zufügt. Versichert sind jedoch Personenschäden, die z.B. einem VN, Halter oder Eigentümer als Beifahrer des Kfz zugefügt werden (vgl. A.1.5.6 AKB 2008 bzw. A.1.5.6 AKB 2015).
2. **Beschädigung des versicherten Kfz/Anhängers:** Der Versicherungsschutz kann gem. § 4 Nr. 2 KfzPflVV für die Beschädigung, Zerstörung oder das Abhandenkommen des versicherten Kfz (vgl. A.1.5.3 AKB 2008 bzw. A.1.5.3 AKB 2015) ausgeschlossen werden. Dies gilt auch für einen mit dem versicherten Kfz verbundenen Anhänger, Auflieger oder ein mit dem versicherten Kfz abgeschlepptes Kfz. Für Schäden am abgeschleppten Kfz besteht dagegen Versicherungsschutz, soweit dieses im Rahmen üblicher Hilfeleistung und ohne gewerbliche Absicht abgeschleppt wurde (vgl. A.1.5.4 AKB 2008 bzw. A.1.5.4 AKB 2015). Im Übrigen sind Fahrzeugschäden grundsätzlich durch eine Kaskoversicherung abzudecken.
3. **Beschädigung von beförderten Sachen:** Mit dem Kfz beförderte Sachen können gem. § 4 Nr. 3 KfzPflVV vom Versicherungsschutz ausgenommen werden; insoweit ist grundsätzlich eine Transportversicherung abzuschließen. Ausnahmsweise hat die Kfz-Haftpflichtversicherung Versicherungsschutz zu gewähren bei Beschädigung, Zerstörung oder Abhandenkommen von bestimmten persönlichen Gegenständen, die berechtigte Insassen des Fahrzeugs üblicherweise, z.B. Kleidung, Brille, Brieftasche, Reisegepäck, Reiseproviant (vgl. A.1.5.5 AKB 2008 bzw. A.1.5.5 AKB 2015), oder bei einer überwiegend der Personenbeförderung dienenden Fahrt als Gegenstände des persönlichen Bedarfs (z.B. Gegenstände im Kofferraum oder im Gepäcknetz) mit sich führen. Berechtigte Insassen sind mit dem Wissen und Willen des Halters beförderte Personen. Für den Fall, dass es an diesem Wissen und Willen fehlt, kann der Versicherungsschutz für beförderte Sachen ausgeschlossen werden.[35]
4. **Genehmigte Rennen** können gem. § 4 Nr. 4 KfzPflVV in der Kfz-Haftpflichtversicherung vom Versicherungsschutz ausgeschlossen werden; dies gilt auch für dazugehörige Übungsfahrten (vgl. A.1.5.2 AKB 2008 bzw. A.1.5.2 AKB 2015). Hintergrund ist, dass die Erteilung einer behördlichen Genehmigung zu einer Rennveranstaltung nach Verwaltungsrecht ohnehin den Nachweis einer Haftpflichtversicherung durch den Veranstalter voraussetzt, so dass jedenfalls Versicherungsschutz gewährleistet ist. Die Teilnahme an Privatrennen ist zwar nicht grundsätzlich vom Versicherungsschutz ausgeschlossen, wird aber als Obliegenheitsverletzung behandelt (vgl. D.2.2 AKB 2008 bzw. D.1.1.4 AKB 2015); so wird insbes. das Verkehrsopfer geschützt, dessen Schaden gem. § 117 I trotz Verletzung einer Obliegenheit ersetzt wird.
5. **Nichteinhaltung von Liefer- und Beförderungsfristen:** Gem. § 4 Nr. 5 KfzPflVV kann der Versicherungsschutz auch für reine Vermögensschäden ausgeschlossen werden, die durch die Nichteinhaltung von Liefer- und Beförderungsfristen entstehen. Insoweit ist ein spezieller Versicherungsschutz im Rahmen einer Güterhaftpflichtversicherung für den gewerblichen Güterverkehr abzuschließen (vgl. A.1.5.7 AKB 2008 bzw. A.1.5.7 AKB 2015).
6. **Schäden durch Kernenergie:** Gem. § 4 Nr. 6 KfzPflVV können vom Versicherungsschutz schließlich auch Schäden, die durch Kernenergie entstehen, ausgenommen werden (vgl. A.1.5.9 AKB 2008 bzw. A.1.5.9 AKB 2015). Den Ersatz für solche Schäden regeln ausschließlich die §§ 25 ff. Atomgesetz (AtG).
7. **Vorsatz:** Aus § 103 folgt zudem, dass kein Versicherungsschutz für Schäden besteht, die die versicherte Person vorsätzlich und widerrechtlich herbeiführt (vgl. A.1.5.1 AKB 2008 bzw. A.1.5.1 AKB 2015). Der Vorsatz muss auch die Schadenfolgen in ihrem wesentlichen Umfang umfassen.[36] Es handelt sich um ei-

---

33 BGH r+s 2011, 60; OLG Celle r+s 2013, 594, 595.
34 LG Dortmund, Urt. vom 8. November 2007, 11 S 129/07; AG Altena VersR 2015, 747, 748.
35 P/M/*Knappmann*, § 4 KfzPflVV Rn. 7.
36 BGH VersR 1998, 1011; OLG Köln r+s 1997, 95, 96.

Anhang A Kraftfahrtversicherung

nen subjektiven Risikoausschluss; die Versicherungsverhältnisse des VN und der jeweils mitversicherten Personen sind somit unabhängig voneinander zu betrachten.[37] Bei Vorsatztaten ist der VR auch dem Geschädigten gegenüber leistungsfrei.[38]

c) Leistungsumfang

31 Entsprechend den **allgemeinen Bestimmungen zur Haftpflichtversicherung** in den §§ 100 ff. leistet der VR bei begründeten Schadenersatzansprüchen Ersatz in Geld (vgl. A.1.1.2 AKB 2008 bzw. A.1.1.2 AKB 2015), bei unbegründeten Schadenersatzansprüchen umfasst die Leistung des VR die Abwehr der Ansprüche auf Kosten des VR. Der VR trägt die gerichtlichen und die außergerichtlichen Kosten, die durch die zivilprozessuale Abwehr des geltend gemachten Anspruchs entstehen.[39]

32 Die Zahlungen des VR für ein Schadenereignis sind i.d.R. jeweils beschränkt auf die Höhe der für Personen-, Sach- und Vermögensschäden jeweils vertraglich vereinbarten Versicherungssummen. Die **Mindestversicherungssummen** sind in der Anl. zu § 4 II PflVG im Einzelnen aufgeführt:
1. bei Kfz einschließlich Anhänger beträgt die Mindesthöhe der Versicherungssumme je Schadensfall:
   – für Personenschäden € 7,5 Mio.,
   – für Sachschäden € 1,12 Mio.,[40]
   – für die weder mittelbar noch unmittelbar mit einem Personen- oder Sachschaden zusammenhängenden Vermögensschäden (reine Vermögensschäden) € 50.000.
2. bei Kfz, die der Beförderung von Personen dienen und mehr als neun Plätze (ohne den Fahrersitz) aufweisen – mit Ausnahme von Omnibussen, die ausschließlich zu Lehr- und Übungszwecken gebraucht werden – erhöhen sich die vorgenannten Beträge für das Kfz unter Ausschluss der Anhänger:
   – für den zehnten und jeden weiteren Platz um € 50.000 für Personenschäden und € 500 für reine Vermögensschäden,
   – vom 81. Platz ab für jeden weiteren Platz um € 25.000 für Personenschäden und € 250 für reine Vermögensschäden.
3. bei Anhängern entspricht die Mindesthöhe der Versicherungssumme entweder den in Ziff. 1 oder 2 genannten Beträgen, je nachdem ob es sich um einen Personenanhänger mit mehr als neun Plätzen handelt oder nicht.

33 Zu welcher der vorgenannten Gruppen ein Kfz oder Anhänger gehört, richtet sich nach der Eintragung im Kfz- oder Anhängerbrief. Übersteigen Schadenersatzansprüche die vertraglich vereinbarten Versicherungssummen, die den vorgenannten Mindestversicherungssummen mindestens entsprechen, so muss der VN gegebenenfalls für einen nicht oder nicht vollständig befriedigten Schadenersatzanspruch selbst aufkommen. Im Fall von mehreren Geschädigten, deren Ansprüche die Versicherungssumme übersteigen, gilt § 109, wonach der VR diese Ansprüche nach dem Verhältnis ihrer Beträge zu erfüllen hat. Hat der VN an den Geschädigten Rentenzahlungen zu leisten und übersteigt der Kapitalwert der Rente die Versicherungssumme, so ist gem. § 8 I KfzPflVV die zu leistende Rente nur im Verhältnis der Versicherungssumme zum Kapitalwert der Rente zu erstatten.
Bei **Sachschäden**, d.h. Schäden am Kfz, werden die Reparaturkosten[41] und eine gegebenenfalls nach Ausmaß des Schadens und nach Fahrzeugalter bemessene Wertminderung erstattet. Bei einem technischen oder wirtschaftlichen Totalschaden wird der Wiederbeschaffungswert abzüglich des Restwertes ersetzt (hierzu im Einzelnen s. auch Rdn. 42 ff.). Als **Kfz-Folgeschäden** werden der Nutzungsausfall (Tagessatz für die Zeit des Nutzungsausfalls während der Reparatur des Kfz) oder aber ein Teil entstandener Mietwagenkosten und gegebenenfalls erforderliche Anwaltskosten erstattet. Wenn Aufwendungen zur Absicherung des Unfallortes schadensersatzähnlichen Charakter haben, fallen sie ebenfalls unter den Begriff des Schadensersatzanspruchs nach A.1.1.1 AKB 2008 bzw. A.1.1.1 AKB 2015.[42] Bei **Personenschäden** umfasst die Versicherungsleistung die Heilungskosten und sogenannte vermehrte Bedürfnisse (z.B. orthopädische Hilfsmittel), soweit sie nicht von einer Krankenversicherung übernommen werden, einen etwaigen Verdienstausfall der verletzten Person, gegebenenfalls Umschulungsmaßnahmen oder eine Berufsunfähigkeitsrente, Schmerzensgeld und – bei Tötung – die Begräbniskosten und die Leistung auf etwaige Unterhaltspflichten des Getöteten.[43]

---

37 P/M/*Knappmann*, AKB 2008 § A_1.5 Rn. 2 m.w.N.
38 BGH VersR 1990, 888, 889; *Langheid* VersR 1997, 348; *Lorenz* VersR 1997, 349.
39 Zu den Einzelheiten s. Kommentierung zu §§ 100, 101; vgl. PK/*Retter*, § 100 Rn. 36 ff.
40 Geändert mit Wirkung v. 01.01.2012 durch VO v. 06.12.2011 (BGBl. I 2011, S. 2628).
41 BGH VersR 2015, 861; VersR 2010, 225 (sog. Golf-Urteil): grundsätzlich übliche Stundenverrechnungssätze einer markengebundenen Fachwerkstatt auf dem allgemeinen regionalen Markt (Bestätigung von BGHZ 155, 1 (sog. Porsche-Urteil)), es sei denn Schädiger kann nachweisen, dass günstigere Reparatur in »freier Fachwerkstatt« mit entsprechendem Qualitätsstandard möglich war.
42 Vgl. BGH, VersR 2011, 1509; OLG Hamburg TranspR 2015, 170.
43 Umfassender Überblick bei Stiefel/Maier/*Rogler*, SE Rn. 1 ff.

2. Kaskoversicherung

Die Kaskoversicherung deckt das Interesse des Eigentümers an der Erhaltung des wirtschaftlichen Werts des unter den Versicherungsschutz fallenden Fahrzeugs ab. Sie umfasst die **Beschädigung**, die **Zerstörung** sowie den **Verlust** des **versicherten Fahrzeugs** und bestimmter mitversicherter Fahrzeugteile und Fahrzeugzubehör. Hierzu gehören: (i) fest eingebaute **Fahrzeugteile bzw. -zubehör**, das im Kfz unter Verschluss verwahrt wird und allgemein nicht als Luxus betrachtet wird (z.B. Schonbezüge, Pannenwerkzeug), (ii) mitgeführte Ersatzteile (z.B. Sicherungen und Glühlampen), (iii) Schutzhelme, (iv) Planen und Planengestelle/Spriegel und bestimmte außerhalb des Kfz aufbewahrte Teile wie Winter-/Sommerreifen, Dachgepäckträger/Heckständer, Hardtop, Schneeketten, Kindersitze sowie Reparaturteile und -zubehör. Je nach Gesamtneuwert des versicherten Fahrzeugs sind gegebenenfalls auch Radio- und sonstige Audiosysteme, Sonderlackierungen, Beiwagen und Spezialaufbauten usw. mitversichert (vgl. A.2.1.3 AKB 2008 bzw. A.2.1.2.2 AKB 2015). Als nicht versicherbar werden aber i.d.R. solche Gegenstände im Versicherungsvertrag genannt, deren Nutzung nicht ausschließlich dem Gebrauch des Fahrzeugs dienen, z.B. Mobiltelefon, mobiles Navigationsgerät,[44] Reisegepäck, persönliche Gegenstände der Insassen wie Brillen, Kleidung, Garagentoröffner, Laptop, mobile Ton- und Datenträger jeder Art usw. (vgl. A.2.1.4 AKB 2008 bzw. A.2.1.2.3 AKB 2015).

Anders als die Kfz-Haftpflichtversicherung ist das Kaskoversicherungsrecht nicht speziell gesetzlich geregelt. Der Versicherungsumfang und die Regulierung von Kaskoschäden ergeben sich aus den **vertraglichen Vereinbarungen** zwischen den Parteien. Gesetzliches Haftpflichtrecht ist nicht anwendbar. Die Bestimmungen des PflVG, der KfzPflVV und des AuslPflVG sind im Zusammenhang mit der Kaskoversicherung also unbeachtlich. Da die Kaskoversicherung ein Versicherungsvertrag ist, sind die Bestimmungen des **VVG**, insbes. über die Schadenversicherung (§§ 74–87) und speziell zur Sachversicherung (§§ 88–99), und das allgemeine privatrechtliche Vertragsrecht, insbes. §§ 123, 133, 155, 305 ff. **BGB**, zu beachten. Die durch die Rspr. zu § 249 BGB entwickelten Grundsätze des Schadenersatzrechts sind nicht ohne Weiteres auf die Kaskoversicherung zu übertragen, weil hier der Leistungsumfang aus den genau definierten vertraglichen Vereinbarungen und somit aus dem primären Erfüllungsanspruch des VN gegen den Kasko-VR folgt.

In der Kaskoversicherung kommt daher den vom GDV empfohlenen MB für die Kaskoversicherung (vgl. A.2 AKB 2008 bzw. A.2. AKB 2015) eine noch größere Bedeutung zu als in der Kfz-Haftpflichtversicherung. Die nachfolgende Darstellung des Umfangs des Kaskoversicherungsschutzes folgt der Gliederung der AKB 2008:

a) Versicherte Gefahren

Die Kaskoversicherung gewährt Versicherungsschutz nur gegen bestimmte vertraglich definierte Gefahren, wobei zu unterscheiden ist zwischen Teilkasko- (**TK**) und Vollkaskoversicherung (**VK**):

aa) Versicherte Gefahren in der TK

1. **Brand und Explosion (A.2.2.1 AKB 2008/A.2.2.1.1 AKB 2015):** Als Brand gilt ein Feuer mit Flammenbildung, das ohne einen bestimmungsgemäßen Herd entstanden ist oder ihn verlassen hat und sich aus eigener Kraft auszubreiten vermag. Nicht als Brand gelten Schmor- und Sengschäden, es sei denn, es handelt sich um Schäden (nicht Folgeschäden) an der Verkabelung des Fahrzeugs durch Kurzschluss, s. nachfolgend Ziff. 6. Ebenso wird ein Brand i.d.R. verneint beim Glühen/Durchbrennen von Zündkerzen oder Sicherungen, beim Durchbrennen eines Katalysators, beim Heißlaufen eines Radlagers oder bei einem Vergaserbrand.[45] Das Kfz muss nicht selbst vom Feuer erfasst sein, der Brand muss aber die adäquat kausale Ursache für den Fahrzeugschaden darstellen.[46] Eine Explosion ist eine auf dem Ausdehnungsbestreben von Gasen oder Dämpfen beruhende, plötzlich verlaufende Kraftäußerung. Nicht als Explosion gelten Motorexplosionen. Es muss nicht das Kfz selbst explodieren, sondern versichert ist auch die Beschädigung des Fahrzeugs durch eine von außen ausgehende Explosion.[47]
2. **Entwendung (A.2.2.2 AKB 2008/A.2.2.1.2 AKB 2015):** Versichert ist die Entwendung des Fahrzeugs, insbes. durch Diebstahl und Raub (bzw. räuberische Erpressung), aber auch durch unbefugten Gebrauch und durch Unterschlagung, wenn dem Täter das Kfz nicht zum Gebrauch im eigenen Interesse, zur Veräußerung oder unter Eigentumsvorbehalt überlassen wird. Der Begriff der Entwendung ist dem Strafrecht entlehnt und bedeutet die widerrechtliche Sachentziehung, die zur wirtschaftlichen Entrechtung des Eigentümers führt, ohne Rücksicht auf das Vorliegen eines schuldhaften Verhaltens des Täters.[48] Versicherungsschutz ist auch bei einem versuchten Delikt gegeben[49] und auch bei Beschädigung anlässlich eines fehlgeschlagenen Versuchs.[50] Nicht als unbefugter Gebrauch gilt i.d.R., wenn der Täter vom Verfügungs-

---

44 S. Überblick bei *Pamer*, Rn. 655 ff.
45 *Pamer*, Rn. 193 ff. m.w.N.
46 Vgl. OLG Düsseldorf VersR 1992, 567, 568.
47 Feyock/*Jacobsen*/Lemor, A.2 AKB 2008 Rn. 41 i.V.m. § 12 AKB Rn. 37 f.
48 BGH r+s 1995, 125; OLG Köln VersR 1996, 1271; OLG Hamm VersR 1993, 1394; LG Berlin SP 2011, 443, 444.
49 OLG Köln VersR 1995, 1350; VersR 1966, 358.
50 LG Dortmund SP 1998, 329, 330; P/M/*Knappmann*, AKB 2008 § A_2.2 Rn. 8.

berechtigten mit der Betreuung des Kfz beauftragt wird (z.B. Reparaturwerkstatt, Hotelangestellter) oder in einem Näheverhältnis zum Verfügungsberechtigten steht (z.B. Arbeitnehmer, Familien- oder Haushaltsangehöriger). Während der Trickdiebstahl, bei dem der Eigentümer zunächst noch einen Gewahrsamsrest behält, meist versichert ist, genießt der Betrug, aufgrund dessen der Eigentümer den Gewahrsam freiwillig aufgibt, i.d.R. keinen Versicherungsschutz.[51] Da der VN bei einem Kfz-Diebstahl regelmäßig in Beweisnot ist, werden ihm nach stRspr.[52] des BGH **Beweiserleichterungen** zuteil: Zunächst hat der VN nur das äußere Bild eines Diebstahls zu beweisen. Dieses ist zu bejahen, wenn das Fahrzeug zu einer bestimmten Zeit an einem bestimmten Ort verschlossen abgestellt und zu einem späteren Zeitpunkt dort nicht wieder aufgefunden wird.[53] Das Gericht kann gem. § 286 ZPO den glaubwürdigen VN hierzu auch persönlich anhören (§ 141 ZPO).[54] Wenn dem VN der Nachweis gelingt, hat der VR Tatsachen zu beweisen, aus denen sich ergibt, dass die Entwendung mit erheblicher Wahrscheinlichkeit vorgetäuscht ist. Diese Beweiserleichterungen gelten jedoch für Raub und räuberische Erpressung nicht.[55]

3. **Sturm, Hagel, Blitzschlag und Überschwemmung (A.2.2.3 AKB 2008/A.2.2.1.3 AKB 2015):** Als Sturm gilt eine wetterbedingte Luftbewegung von mindestens Windstärke 8. Eine Überschwemmung erfordert, dass das Wasser sein natürliches Bett oder die technisch vorgesehenen Abflüsse verlässt und sich irregulär auf dem Gelände staut.[56] Eine Überschwemmung kann aber auch dann vorliegen, wenn aufgrund starken Regens Wasser sturzbachartig einen Berghang hinunterfließt.[57] Die Schäden am Kfz müssen unmittelbar durch die Naturgewalten bzw. durch hierdurch auf das Kfz aufprallende Gegenstände verursacht werden. Wird ein Schaden durch ein Verhalten des Fahrers (»Schreckreaktion«) anlässlich der Naturgewalten herbeigeführt, so besteht i.d.R. kein Versicherungsschutz;[58] so verursachte Schäden fallen meist unter den nach der VK gedeckten Unfallbegriff. Da die Klausel die versicherten Naturereignisse abschließend aufzählt, ist im Rahmen einer TK die Gefahr des Abgangs von Schneelawinen nicht versichert, sofern keine hierauf gerichtete Vereinbarung geschlossen wurde. Das gilt auch für Dachlawinen.[59]

4. **Zusammenstoß mit Haarwild (A.2.2.4 AKB 2008/A.2.2.1.4 AKB 2015):** Versichert ist der Zusammenstoß des in Fahrt befindlichen Kfz mit Haarwild i.S.v. § 2 I Nr. 1 Bundesjagdgesetz (BJagdG), hierzu zählen insbes. Rehe, Wildschweine, Hasen, Füchse, Dachse und Marder. Auch das Auffahren auf einen auf der Fahrbahn liegenden Tierkadaver ist nach der Rspr. als versichert anzusehen.[60] Weicht der Fahrer bei der Fahrt einem (toten) Haarwild aus, um Schaden am Kfz zu vermeiden, und verursacht er hierdurch dennoch einen Schaden, so ist dieser grundsätzlich unter der TK nicht versichert.[61] Der VN kann möglicherweise in diesem Fall unter der TK aber Rettungskostenersatz gem. §§ 82 I, 83 I geltend machen; es ist ausreichend, wenn der Zusammenstoß unmittelbar bevorstand.[62] Lässt sich ein Zusammenstoß mit Haarwild nicht beweisen, so kommt jedenfalls unter der VK Versicherungsschutz wegen eines Unfalls in Betracht.[63] In der Praxis bieten die Kasko-VR TK-Schutz nicht nur bei Haarwild, sondern bezüglich jeder Tierart an.

5. **Glasbruch (A.2.2.5 AKB 2008):** Auch Bruchschäden an der Verglasung des Fahrzeugs sind in der TK versichert, nicht dagegen daraus entstehende Folgeschäden. A.2.2.1.5 AKB 2015 enthält eine Klarstellung, was unter dem Begriff Verglasung zu verstehen ist, und eine Negativabgrenzung von Bauteilen deren Glas- und Kunststoffteile nicht zur Verglasung gehören. Insgesamt ist die Klausel an die heutigen Gegebenheiten moderner Fahrzeuge angepasst worden, da nicht nur Glas, sondern auch Kunststoffe erfasst werden.

6. **Kurzschluss-Schaden an der Verkabelung (A.2.2.6 AKB 2008/A.2.2.1.6 AKB 2015):** Versichert sind Schäden an der Verkabelung des Kfz durch Kurzschluss. In der Praxis bieten die Kasko-VR zusätzlich TK-Schutz bei Marderbiss an Kabeln Schläuchen und Leitungen an. Nicht versichert sind Folgeschäden jeglicher Art, insbes. über den Kabelschaden hinausgehende, durch ihn verursachte Schäden am Kfz.

---

51 *Pamer*, Rn. 178 ff. m.w.N.
52 Z.B. BGH VersR 2002, 431; VersR 1998, 1012; OLG Dresden, Urt. vom 12. Februar 2014, 7 U 871/13; OLG Koblenz r+s 2013, 543.
53 BGHZ 130, 1 (2); OLG Hamm, Urt. vom 18. Dezember 2015, 20 U 58/15 Rn. 17.
54 BGH VersR 1997, 691; vgl. jüngst OLG Hamm, Urt. vom 18. Dezember 2015, 20 U 58/15 Rn. 33 ff.
55 Feyock/*Jacobsen*/Lemor, A.2 AKB 2008 Rn. 51.
56 OLG Hamm VersR 2015, 888.
57 BGH VersR 2006, 966, 967; vgl. LG Bochum r+s 2015, 345.
58 Vgl. OLG Hamburg VersR 1972, 241, 242; OLG München DAR 1969, 1103; AG Bremen r+s 2015, 228; *Pamer*, Rn. 172 und Rn. 214 ff.
59 OLG Köln r+s 2012, 383.
60 OLG Nürnberg VersR 1994, 929; LG Stuttgart SP 2008, 25; a.A. noch OLG München VersR 1986, 863.
61 OLG Düsseldorf VersR 1985, 851, 852.
62 BGH VersR 1991, 459, 460; LG Limburg, SP 2010, 190; *Knappmann* VersR 2002, 129; van Bühren/*Therstappen*, § 2 Rn. 265 ff.
63 OLG Hamm VersR 2008, 1059 f.

bb) Zusätzlich versicherte Gefahren in der VK

In der VK sind zusätzlich zu den in der TK versicherten Schadenereignissen die folgenden Gefahren versichert: **39**

1. **Unfall (A.2.3.2 AKB 2008/A.2.2.2.2 AKB 2015):** Versichert sind Unfälle des Kfz, d.h. ein unmittelbar von außen plötzlich mit mechanischer Gewalt auf das Kfz einwirkendes Ereignis. Das Merkmal der Unfreiwilligkeit gehört nach h.M. nicht zum Unfallbegriff i.S.d. AKB:[64] Freiwillige, d.h. vorsätzliche Herbeiführung des Unfalls führt aber i.d.R. gem. § 81 I zur Leistungsfreiheit des VR.[65] Keine Unfallschäden sind reine Brems-, Betriebs- und Bruchschäden, also insbes. Schäden, die am Kfz durch rutschende Ladung oder durch Abnutzung, Verwindung, aufgrund von Bedienungsfehlern oder durch Überbeanspruchung des Fahrzeugs verursacht werden.[66] Ein durch die Betankung mit falschem Kraftstoff entstandener Motorschaden ist ein nicht versicherter Betriebsschaden.[67] Üblicherweise werden in den AKB 2008 bzw. AKB 2015 auch Schäden zwischen ziehendem und gezogenem Kfz ohne Einwirkung von außen als nicht versichert aufgeführt.[68] Grundsätzlich erkennt jedoch die neuere Rspr. Schäden durch Kollision zwischen Zugmaschine und Anhänger als versicherte Unfallschäden an, allerdings nur wenn die Kollision durch ein äußeres Ereignis eintritt, da der Anhänger ein gezogenes Fahrzeug i.S.v. A.2.3.2 AKB 2008 bzw. A.2.2.2.2 AKB 2015 ist.[69] An einem von außen einwirkenden Ereignis fehlt es jedoch dann, wenn sich ein Fahrzeugteil während der Fahrt löst und das Fahrzeug unmittelbar im Anschluss an die Ablösung des Teils von diesem getroffen und beschädigt wird.[70]

2. **Mut- oder böswillige Handlungen betriebsfremder Personen (A.2.3.3 AKB 2008/A.2.2.2.3 AKB 2015):** In der VK sind zudem mut- oder böswillige Handlungen von Personen versichert, die in keiner Weise berechtigt sind, das Kfz zu gebrauchen. Als berechtigte Personen sind insbes. solche anzusehen, die mit der Betreuung des Fahrzeugs beauftragt wurden (z.B. Werkstatt oder Hotelangestellter) oder die in einem Näheverhältnis zum Versicherten stehen (Arbeitnehmer, Familien- oder Haushaltsangehörige). In der VK sind somit auch sog. Vandalismusschäden gedeckt, die anlässlich eines Diebstahls verursacht werden, die aber nicht unter den Entwendungsbegriff in der TK fallen.[71]

cc) Persönlicher und örtlicher Anwendungsbereich

In den persönlichen Anwendungsbereich der Kaskoversicherung fällt der Eigentümer, z.B. auch der Leasinggeber, des Kfz (A.2.4 AKB 2008 bzw. A.2.3 AKB 2015). Üblicherweise gewähren die Kasko-VR – angelehnt an die Mindestbedingungen in der Kfz-Haftpflichtversicherung – Versicherungsschutz in den geografischen Grenzen Europas sowie den außereuropäischen Gebieten, die zum Geltungsbereich der EU gehören (A.2.5 AKB 2008 bzw. A.2.4 AKB 2015). Vom VN ist zu erwarten, dass er sich aus eigener Veranlassung von den genauen geografischen Grenzen Europas in Kenntnis setzt.[72] Den Kasko-VR kann gegenüber dem VN aber eine besondere Aufklärungspflicht bzgl. des örtlichen Geltungsbereichs treffen, wenn er hätte wissen müssen, dass der VN das Kfz außerhalb des Geltungsbereichs nutzen will, z.B. weil der VN von der kurz bevorstehenden Türkeireise erzählt.[73] **40**

b) Objektive und subjektive Risikoausschlüsse

In der Kaskoversicherung werden i.d.R. folgende Risikoausschlüsse vereinbart, die auch in den AKB 2008 abgebildet sind: **41**

1. **Vorsatz (A.2.16.1 AKB 2008/A.2.9.1 AKB 2015):** Bereits aus § 81 I folgt, dass kein Versicherungsschutz besteht für Schäden, die der VN vorsätzlich herbeiführt. Wenngleich viele Kasko-VR seit der VVG-Reform auf den Ausschluss des Versicherungsschutzes bei grober Fahrlässigkeit vertraglich verzichten, bleibt die grob fahrlässige Herbeiführung des Versicherungsfalls weiterhin ein relevantes Thema auch bei der Schadenregulierung in der Kaskoversicherung. Denn die VR behalten sich entsprechend den gesetzlichen Vorgaben des VVG zumeist das Recht vor, die Leistung im Fall von grober Fahrlässigkeit in einem der Schwere des Verschuldens des Versicherten entsprechenden Verhältnis zu kürzen. Relevante Fälle sind z.B. das grob fahrlässige Herbeiführen des Versicherungsfalls infolge des Genusses alkoholischer Getränke oder anderer berauschender Mittel und das grob fahrlässige Zulassen des Fahrzeugdiebstahls (s. hierzu auch Rdn. 99).

---

64 Vgl. OLG Naumburg VersR 2016, 590.
65 BGH VersR 2013, 993; VersR 1981, 450; OLG Köln VersR 1990, 1223.
66 BGH VersR 1969, 32 (normale Abnutzung und Materialfehler); OLG Stuttgart VersR 1995, 1044 (Betriebsschäden); OLG Hamm VersR 1989, 907 (Bremsschäden); LG Karlsruhe r+s 2013, 490 (Reifenplatzer); LG Bochum SP 2012, 409 (Felgenschäden).
67 BGH VersR 2003, 1031.
68 Vgl. OLG Stuttgart r+s 2007, 238, 239; VersR 2005, 643.
69 Vgl. BGH VersR 2015, 571, 572; OLG Düsseldorf SP 2007, 154; LG Essen r+s 2006, 65, 66.
70 BGH VersR 2013, 933.
71 *Pamer*, Rn. 209 ff.
72 BGH VersR 2005, 824.
73 LG Coburg SP 2007, 74, 75; P/M/*Knappmann*, AKB 2008 § A_2.5 Rn. 1.

Anhang A Kraftfahrtversicherung

2. **Rennen (A.2.16.2 AKB 2008/A.2.9.2 AKB 2015):** Vertraglich ausgeschlossen werden i.d.R. Schäden, die bei Beteiligung an einem Rennen bzw. bei den dazugehörigen Übungsfahrten entstehen. Dies gilt für die AKB 2008 unabhängig davon, ob das Rennen eine behördlich genehmigte Veranstaltung ist oder nicht. In den AKB 2015 ist der Risikoausschluss für Rennen insgesamt vereinheitlicht worden. Die bisher nur in der Kfz-Haftpflichtversicherung vollzogene Unterscheidung (s. Rdn. 30) gilt nun ebenso in der Kaskoversicherung und auch in den weiteren Sparten (A.3.9.2, A.4.12.3, A.5.6.5 AKB 2015). Danach kann die Teilnahme an einem genehmigten Rennen ausgeschlossen werden, während die Teilnahme an einem privaten Rennen allgemein eine Obliegenheitsverletzung darstellt (D.1.1.4 AKB 2015).
3. **Reifenschäden (A.2.16.3 AKB 2008/A.2.9.3 AKB 2015):** Vom Versicherungsschutz werden i.d.R. beschädigte oder zerstörte Reifen ausgenommen, es sei denn, die Ursache hierfür ist ein in der Kaskoversicherung versichertes Ereignis.
4. **Force Majeure (A.2.16.4 AKB 2008/A.2.9.4 AKB 2015):** Nicht versichert sind weiterhin Schäden, die durch Erdbeben, Kriegsereignisse, innere Unruhen oder Maßnahmen der Staatsgewalt unmittelbar oder mittelbar an dem Kfz verursacht werden.
5. **Schäden durch Kernenergie (A.2.16.5 AKB 2008/A.2.9.5 AKB 2015):** Ebenso wie in der Kfz-Haftpflichtversicherung besteht kein Versicherungsschutz in der Kaskoversicherung für Schäden, die durch Kernenergie entstehen. Die betr. Schadenregulierung ist abschließend in den §§ 25 ff. AtG geregelt.

c) Leistungsumfang

42 Der Umfang der Entschädigungsleistung des Kasko-VR ergibt sich aus der jeweiligen vertraglichen Vereinbarung, die in den AKB mit dem VN getroffen wird. Der Kasko-VR zahlt i.d.R. Entschädigung bis zur Höhe des Wiederbeschaffungswertes des beschädigten, zerstörten oder abhanden gekommenen Kfz. Wie in früheren AKB definiert auch A.2.6.6 AKB 2008 bzw. A.2.5.1.6 AKB 2015 den **Wiederbeschaffungswert** als den Preis, den der VN für den Kauf eines gleichwertigen gebrauchten Kfz am Tag des Schadensereignisses bezahlen müsste. Bei der Bemessung des Wiederbeschaffungswertes können die individuellen Verhältnisse des VN berücksichtigt werden, insbes. ob er vorsteuerabzugsberechtigt ist und somit selbst keine Mehrwertsteuer trägt[74] oder ob er Anspruch auf besondere Preisvorteile (z.B. als Kfz-Händler) bei der Wiederbeschaffung hat.[75] Es besteht grundsätzlich Vertragsfreiheit im Hinblick darauf, in welchem Umfang der VR zusätzlich z.B. den Neupreis des Kfz, Mietwagenkosten oder Nutzungsausfallschäden ersetzt. Der GDV empfiehlt in A.2.6 bis A.2.13 AKB 2008 bzw. A.2.5 AKB 2015 folgende vertragliche Regelungen zu den vom Kasko-VR zu übernehmenden Ersatzleistungen bzgl. des versicherten Kfz, der mitversicherten Fahrzeugteile und des mitversicherten Fahrzeugzubehörs:

43 1. **Begriffe (A.2.6.5, A.2.6.7, A.2.11 AKB 2008/A.2.5.1.5, A.2.5.1.7, A.2.5.1.8 AKB 2015):** Seit 2008 definieren die AKB auch die Begriffe »Totalschaden«, »Restwert« und »Neupreis«. Danach liegt ein **Totalschaden** vor, wenn die erforderlichen Kosten der Reparatur des Kfz dessen Wiederbeschaffungswert übersteigen. **Restwert** ist der Veräußerungswert des Kfz im beschädigten oder zerstörten Zustand. **Neupreis** ist der Betrag, der für den Kauf eines neuen Kfz in der Ausstattung des versicherten Fahrzeugs oder, falls dies nicht mehr hergestellt wird, eines vergleichbaren Nachfolgemodells am Tage des Schadensereignisses aufgewendet werden muss; maßgeblich ist die unverbindliche Kaufpreisempfehlung des Herstellers abzüglich orts- und markenüblicher Nachlässe.
2. **Totalschaden, Zerstörung oder Verlust (A.2.6 AKB 2008/A.2.5.1 AKB 2015):** Bei Totalschaden, Zerstörung oder Verlust des Kfz zahlt der Kasko-VR grundsätzlich den **Wiederbeschaffungswert abzüglich des Restwertes** des Kfz.
   - Wenn innerhalb von sechs Monaten nach Erstzulassung des Kfz ein Totalschaden, eine Zerstörung oder ein Verlust eintritt, so sagt der Kasko-VR i.d.R. zu, ausnahmsweise den Neupreis des Kfz zu zahlen. Voraussetzung ist, dass sich das Kfz zum Zeitpunkt des Schadensereignisses tatsächlich im Eigentum dessen befindet, der es als Neufahrzeug vom Händler oder Hersteller erworben hat. Weitere Voraussetzung der **Neupreisentschädigung** ist, dass gesichert sein muss, dass die Entschädigung auch tatsächlich innerhalb von zwei Jahren für die Reparatur des Kfz oder den Erwerb eines anderen Kfz verwendet wird. Dies ist dann der Fall, wenn sicher angenommen werden kann, dass die Verwendung bestimmungsgemäß erfolgen werde, etwa wenn ein Kaufvertrag über ein Ersatzfahrzeug vorgelegt wird.[76] Bei einer Reparatur trotz Totalschadens oder Zerstörung gelten die unter nachfolgender Ziff. 3 dargestellten Vereinbarungen bezüglich der Übernahme von Reparaturkosten.
   - Die vorstehend dargestellten Grundsätze gelten auch für mitversicherte Fahrzeugteile. Soweit es einen Markt für gebrauchte Teile gibt, sind die betr. Preise als Wiederbeschaffungswert anzunehmen.[77] Ob

---

[74] Vgl. OLG Köln r+s 2008, 236, 237.
[75] OLG Düsseldorf VersR 1996, 1136.
[76] *Pamer*, Rn. 285 m.w.N.
[77] P/M/*Knappmann*, AKB 2008 § A_2.13 Rn. 14.

sich der VN bei der Entwendung eines serienmäßig eingebauten Navigationsgeräts aus dem Pkw auf die Beschaffung im Internet angebotener Gebrauchtgeräte verweisen lassen muss, ist streitig.[78]
- Im Hinblick auf **Fahrzeugdiebstahl** wird üblicherweise vereinbart, dass sich die Entschädigungsleistung des VR um i.d.R. 10 % vermindert, wenn das Kfz zum Zeitpunkt des Diebstahls nicht durch eine selbstschärfende elektronische Wegfahrsperre gesichert war (A.2.6.4 AKB 2008 bzw. A.2.5.1.4 AKB 2015). Der VN ist zur Rücknahme des Kfz verpflichtet, wenn es innerhalb eines Monats nach Eingang der schriftlichen Schadenanzeige wiederaufgefunden wird und der VN innerhalb dieses Zeitraums mit objektiv zumutbaren Anstrengungen das Kfz wieder in Besitz nehmen kann. Befindet sich das Kfz nach **Wiederauffindung** in einer Entfernung von mehr als 50 km Luftlinie, so zahlt der VR i.d.R. die Kosten für die Abholung in Höhe einer Bahnfahrkarte 2. Klasse für Hin- und Rückfahrt bis zu einer Höchstentfernung von 1.500 km. Ist die Rücknahme des wiederaufgefundenen Kfz nicht zumutbar, so wird der Kasko-VR dessen Eigentümer (A.2.10 AKB 2008 bzw. A.2.5.5.3 AKB 2015).
3. **Übernahme der Reparaturkosten:** Bei Beschädigung des Fahrzeugs, die nicht zu einem Totalschaden führt, zahlt der Kasko-VR grundsätzlich die »für die Reparatur erforderlichen Kosten« mit folgenden Maßgaben:[79]
   - (i) Die Reparaturkosten werden bis zur Höhe des Wiederbeschaffungswertes ohne Abzug des Restwertes bezahlt, wenn der VN das Kfz vollständig und fachgerecht reparieren lässt und über die erfolgte Reparatur auch eine Rechnung vorlegen kann; (ii) wenn eine der beiden Voraussetzungen – zumeist der Reparaturnachweis – fehlt, leistet der VR Ersatz nur bis zur Höhe des Wiederbeschaffungswertes abzüglich des Restwertes (A.2.7.1 AKB 2008 bzw. A.2.5.2.1 AKB 2015).
   - Da der Kostenersatzanspruch ein primärer vertraglicher Erfüllungsanspruch des VN ist, kommt § 249 BGB nicht zur Anwendung. Dementsprechend hatte das OLG Hamm entschieden, dass – soweit vertraglich nicht vorgesehen – die Erstattung fiktiver Reparaturkosten einer Herstellerwerkstatt nicht verlangt werden kann.[80] Der BGH arbeitete hingegen heraus, dass auch fiktive Aufwendungen für die Reparatur in einer markengebundenen Werkstatt ausnahmsweise als »erforderliche« Kosten i.S.v. A.2.7.1 lit. b) AKB 2008 angesehen werden können: Die – vom VN darzulegende und zu beweisende[81] – Ersatzfähigkeit der Stundenverrechnungssätze sei zu bejahen, wenn die fachgerechte Wiederherstellung des Fahrzeugs allein in einer markengebundenen Werkstatt erfolgen kann, und grundsätzlich auch dann, wenn es sich um ein neueres Fahrzeug oder um ein solches handelt, das der VN bisher stets in einer markengebundenen Fachwerkstatt hat warten und reparieren lassen.[82] Noch nicht entschieden ist die Frage, wie es sich verhält, wenn die Reparatur durch eine Nicht-Herstellerwerkstatt zugleich zu einer Wertminderung des Fahrzeugs führt. Z.T. wird die Ansicht vertreten, dass bei angemessener Abwägung der Interessen beider Vertragsparteien die fiktiven Kosten der Herstellerwerkstatt zu ersetzen sind, da der VR bei Verträgen ohne Werkstattbindung ja eine entsprechend höhere Prämie erhält.[83] In jedem Fall bleibt dem VN die in vorstehendem Abs. unter (i) genannte Option, nämlich die Reparatur tatsächlich durchführen zu lassen und die betr. Rechnung vorzulegen. Die Reparatur muss in einem Umfang durchgeführt werden, wie ihn der Kfz-SV zur Grundlage seiner Kostenschätzung gemacht hat.[84] Unterschreiten die von der beauftragten Werkstatt berechneten Reparaturkosten die vom Kfz-SV angesetzten Kosten, so erfolgt eine fiktive Abrechnung in Höhe der tatsächlich angefallenen Bruttokosten.[85]
   - Die **Kosten des Abschleppens** des Kfz vom Schadenort zur nächstgelegenen für die Reparatur geeigneten Werkstatt werden auf die Obergrenze Wiederbeschaffungswert angerechnet.[86] Werden bei der Reparatur alte Teile gegen neue Teile ausgetauscht bzw. wird eine neue Lackierung aufgebracht, so darf der Kasko-VR von den Kosten der Ersatzteile bzw. der Lackierung einen dem Alter und der Abnutzung

---

78 Zustimmend LG Essen VersR 2011, 914, 916; Urt. vom 28. Januar 2010, 10 S 379/09; AG Bremen r+s 2014, 228; AG Essen SP 2011, 376; AG Mainz r+s 2011, 283; AG Wuppertal SVR 2009, 265; a.A. AG Karlsruhe ZfS 2013, 579; AG Köln r+s 2011, 332; AG Hannover ZfS 2010, 333; AG Hamburg-Barmbeck r+s 2009, 11. Die Klausel, wonach beim Diebstahl eines eingebauten Navigationssystems ein Abzug »neu für alt« vorgesehen ist, ist nicht unangemessen, AG Hannover r+s 2013, 328. Meinungsverschiedenheiten über den Wiederbeschaffungswert eines Navigationsgeräts können im Sachverständigenverfahren geklärt werden, LG Erfurt r+s 2013, 375.
79 Zur Behandlung von abgrenzbaren und nicht-abgrenzbaren Vorschäden s. LG Nürnberg-Fürth r+s 2015, 547, 548 m.w.N.
80 OLG Hamm ZfS 2006, 155.
81 Zum Unterschied bzgl. der grundsätzlichen Verteilung von Darlegungs- und Beweislast bei Haftungsanspruch gegen den Unfallgegner sowie Erfüllungsanspruch gegen VR s. *Derkum*, Zur Reichweite der Fahrzeugkaskoversicherung – Abrechnung von Reparaturkosten auf Gutachtenbasis, 22. November 2015, http://www.ivr-blog.de; abgerufen am 26.08.2016.
82 BGH VersR 2016, 45.
83 Vgl. *Pamer*, Rn. 236 ff.; Stiefel/Maier/*Stadler*, A.2.7 AKB 2008 Rn. 12 ff.
84 BGH VersR 2015, 1267, 1268.
85 BGH VersR 2014, 214.
86 Stiefel/Maier/*Stadler*, A.2.7 AKB 2008 Rn. 18 weisen richtig darauf hin, dass »Verbringungskosten« der genauere Begriff wäre.

der alten Teile/Lackierung entsprechenden Betrag abziehen (»**Abzug neu für alt**«: s. A.2.7.3 AKB 2008 bzw. A.2.5.2.3 AKB 2015). Die Abschleppkosten kann der VN ggf. auch nach § 83 I geltend machen. Das gilt aber nicht, wenn das versicherte Fahrzeug weitgehend zerstört ist und erkennbar über keinen relevanten Restwert mehr verfügt.[87]

4. **Leistungseinschränkungen/-ausschlüsse:** Die AKB 2008 sehen einige Einschränkungen bzw. -ausschlüsse der Ersatzleistung des Kasko-VR vor:
   – Die Kosten eines **SV** werden i.d.R. nur dann erstattet, wenn der Kasko-VR dessen Beauftragung veranlasst hat oder ihr zumindest zugestimmt hat (A.2.8 AKB 2008 bzw. A.2.5.3 AKB 2015). Sollte eine betr. Ausschlussklausel nicht in den AKB enthalten sein, so gilt nach stRspr., dass SV-Kosten zu den notwendigen Kosten der Wiederherstellung gehören, wenn es sich nicht um einen Bagatellschaden handelt.[88] Sollten die Kosten eines SV aber nach einer unberechtigten Leistungsablehnung anfallen, können sie trotz A.2.8 AKB als Schadensersatz zu ersetzen sein.[89]
   – Wie bereits erwähnt, wird die **Mehrwertsteuer** i.d.R. nur dann erstattet, wenn sie auch tatsächlich angefallen ist (A.2.9 AKB 2008 bzw. A.2.5.4 AKB 2015). Die höchstrichterliche Rspr. verlangt insoweit, dass eine betr. Ausschlussklausel in den AKB dem Transparenzgebot gem. § 307 I 2 BGB entspricht: Der VN muss deutlich erkennen können, dass bei einer Ersatzbeschaffung die Erstattung der dafür gezahlten Mehrwertsteuer u.U. ausgeschlossen sein soll.[90]
   – Die **Höchstentschädigung** des Kasko-VR ist in jedem Fall beschränkt auf den **Neupreis** des Kfz (A.2.11 AKB 2008 bzw. A.2.5.6. AKB 2015).
   – Wenn eine **Selbstbeteiligung** vereinbart ist, wird diese bei jedem Schadenereignis von der Entschädigung abgezogen (A.2.12 AKB 2008 bzw. A.2.5.8 AKB 2015).
   – Von der Ersatzleistung **ausgeschlossen** sind Veränderungen, Verbesserungen oder Verschleißreparaturen am Kfz anlässlich der Reparatur und i.d.R. auch **Folgeschäden** wie Verlust von Treibstoff und Betriebsmitteln (d.h. Öl, Kühlflüssigkeit), Wertminderung, Zulassungskosten, Überführungskosten, Verwaltungskosten, Nutzungsausfall oder Kosten eines Mietfahrzeugs (A.2.13.1 AKB 2008). A.2.5.7.1 AKB 2015 ergänzt zur Verdeutlichung zur ausgeschlossenen Reparaturen den Begriff der Alterungsreparatur.
   – **Rest- und Altteile und das unreparierte Kfz** verbleiben im Eigentum des VN und werden zum Veräußerungswert auf die vom Kasko-VR zu zahlende Entschädigung angerechnet (A.2.13.2 AKB 2008 bzw. A.2.5.7.2 AKB 2015).

5. **SV-Verfahren (A.2.17 AKB 2008/A.2.6 AKB 2015):** Bei Meinungsverschiedenheiten über die Höhe der vom Kasko-VR zu leistenden Entschädigung ist das SV-Verfahren durchzuführen, das üblicherweise in den AKB vereinbart wird. Nach A.2.6 AKB 2015 in der Fassung vom 06.07.2016 wird das SV-Verfahren allein auf Wunsch des VN durchgeführt.[91] Der Sinn besteht darin, Streitigkeiten über Reparaturkosten, insbes. über den technisch erforderlichen Umfang einer Reparatur oder über den Wiederbeschaffungswert oder Neupreis eines Kfz, möglichst nicht vor ordentlichen Gerichten auszutragen, sondern vielmehr eine Schlichtung durch sachkundige Kfz-SV herbeizuführen. Im Streitfall benennen beide Parteien jeweils einen Kfz-SV, der seine Eignung durch eine entsprechende Ausbildung oder berufliche Erfahrung nachweist;[92] es muss sich nicht um gem. § 36 GewO öffentlich bestellte Kfz-SV[93] handeln. Ein Mitarbeiter einer Partei ist jedoch kein tauglicher Kfz-SV.[94] Beide benannten SV bilden gemeinsam den sog. **SV-Ausschuss**. Für den Fall, dass die beiden von den Parteien benannten SV nicht zu einer Einigung gelangen, obliegt die Entscheidung einem von den beiden SV vor Beginn des Verfahrens benannten Obmann mit gleicher Eignung. Der SV-Ausschuss ist kein Schiedsgericht i.S.d. §§ 1025 ff. ZPO, sondern es handelt sich vielmehr um ein Schiedsgutachterverfahren.[95] Seine Feststellungen sind grundsätzlich **verbindlich**, es sei denn sie weichen gem. § 84 »offenbar von der wirklichen Sachlage erheblich« ab. Bei einem Streit über die Entschädigungshöhe ist die Durchführung des SV-Verfahrens Fälligkeitsvoraussetzung und somit zugleich Bedingung für eine Klageerhebung, die Aussicht auf Erfolg haben soll.[96] Der Kasko-VR kann sich aber nicht auf fehlende Fälligkeit berufen, wenn er zuvor unmissverständlich klar gemacht hat, dass er die erhobenen Ansprüche zurückweist und keine Zahlungen leisten wird.[97]

---

87 OLG Karlsruhe VersR 2016, 458.
88 BGH VersR 1998, 179.
89 LG Nürnberg-Fürth r+s 2015, 547.
90 BGH VersR 2010, 28; VersR 2006, 1066; KG Berlin VersR 2010, 1633; vgl. *Münstermann* Versicherung und Recht kompakt 2008, 141.
91 Nach A.2.6 AKB 2015 in der Fassung vom 19.05.2015, die bis zum 05.07.2015 gültig war, war das SV-Verfahren noch zwingend durchzuführen.
92 Feyock/*Jacobsen*/Lemor, § 14 AKB Rn. 8.
93 Vgl. BVerfG NJW 1992, 2621, 2622.
94 BGH VersR 2015, 182.
95 P/M/*Knappmann*, AKB 2008 § A_2.17 Rn. 2; Feyock/*Jacobsen*/Lemor, § 14 AKB Rn. 3 m.w.N.
96 Stiefel/Maier/*Meinecke*, A. 2.17 AKB 2008 Rn. 1; van Bühren/*Therstappen*, § 2 Rn. 292 f. m.w.N.
97 LG Nürnberg-Fürth r+s 2015, 547.

III. Prämien; Beginn und Ende des Versicherungsschutzes

1. Prämie

a) Prämienberechnung

Die Regelungen zur Prämienberechnung in den Abschnitten I bis N und in den Anh. 1 bis 6 der vom GDV empfohlenen AKB 2008 bzw. AKB 2015 sind umfangreich: Hintergrund ist, dass sich in der Kraftfahrtversicherung inzwischen ein sehr differenziertes Preisfindungssystem entwickelt hat, und dieser Entwicklungsprozess setzt sich angesichts des starken Wettbewerbs auf diesem Markt fort. Es gibt keine andere Versicherungssparte, die so viele tarifliche Abgrenzungskriterien vorsieht, wie die Kraftfahrtversicherung: So sind maßgebliche **Tarifberechnungskriterien** die Typklasse des Kfz, die Region, in der das Kfz zugelassen wird, der individuelle Schadenverlauf, das Alter, der Beruf, die Jahresfahrleistung, und bestehendes Wohneigentum des VN, zudem der weitere Fahrerkreis und der Abstellort des Kfz (Garage oder Straße). Das Geschlecht des VN ist nach europarechtlichen Vorgaben grundsätzlich kein solches Kriterium (s. Rdn. 46). Die europarechtlichen Vorgaben (Art. 2 Dritte KH-RiLi) sehen zudem vor, dass alle Kfz-Versicherungen auf Basis einer einzigen Prämie und während der gesamten Laufzeit des Vertrags das gesamte EU-Gebiet abdecken, einschließlich aller Aufenthalte des Fahrzeugs in anderen Mitgliedstaaten während der Laufzeit des Vertrags. Danach ist es den Mitgliedstaaten nicht erlaubt, in einer Vereinbarung den Versicherungsschutz der versicherten Person geografisch dahingehend einzuschränken, dass eine unterschiedliche Versicherungsprämie festgelegt wird, je nachdem, in welchem Gebiet das Fahrzeug genutzt wird – entweder in dem der gesamten EU oder nur in dem Gebiet des Mitgliedstaats, in dem es seinen gewöhnlichen Standort hat.[98]   **44**

Seit dem Wegfall der aufsichtsbehördlichen Genehmigung von **Tarifen** im Jahr 1994 hat der VR grundsätzlich Gestaltungsfreiheit hinsichtlich seiner Versicherungstarife. Eine betr. vertragliche Vereinbarung ist dann erforderlich, wenn an die Veränderung von bestimmten Kriterien der Tarifberechnung automatisch die Folge einer Preisanpassung geknüpft werden soll; denn hierüber ist der VN in verständlicher Form zu informieren, bevor dieser dem Vertragsabschluss zustimmt. Insbes. ist die Ersteinstufung in die sog. **Schadenfreiheitsrabatt-Klassen** (SFK) in den AKB zu regeln, da anderenfalls die Darstellung der Systematik einer Umstufung des VN innerhalb der SFK kaum in für den VN nachvollziehbarer Weise möglich wäre. Im Wesentlichen sind folgende Grundsätze der Prämienberechnung zu beachten: **45**

1. **SFK-Systematik:** Der individuelle **Schadenverlauf** des VN ist i.d.R. eines der wichtigsten Kriterien der Prämienberechnung für Kfz-VR. Gem. § 5 VII PflVG hat der VN daher auch gegen den Kfz-Haftpflicht-VR jederzeit während der Vertragslaufzeit und bei Beendigung des Versicherungsverhältnisses einen gesetzlichen Anspruch auf Bescheinigung der Dauer des Versicherungsverhältnisses und der Anzahl und Daten der während der Vertragslaufzeit gemeldeten Schäden, die zu einer Schadenzahlung oder zur Bildung von noch wirksamen Schadenrückstellungen geführt haben.   **46**

   Jeder VR kann selbst entscheiden, ob er überhaupt oder gegebenenfalls ein vom Marktstandard abweichendes SFK-System führen will. Kein VR ist gesetzlich verpflichtet, in seinem SFK-System auf **Vorversichererzeiten** bei anderen VR abzustellen. Insbes. ist der VR nicht verpflichtet, die spezifischen Vertragsparameter des Vorvertrags bei einem anderen VR in den neuen Vertrag mit ihm zu übernehmen; er ist frei in der Entscheidung, in welcher Form er den früheren Schadenverlauf des Kfz bzw. des VN berücksichtigen will.[99] Letztlich steuert aber auch hier wie in jedem freien Markt die Nachfrage der Kunden das Angebot der VR.

   In Abschnitt I ist eine Empfehlung für Regelungen des gängigen SFK-Systems enthalten, so insbes. die grundsätzliche Ersteinstufung in die SFK 0, die Sondereinstufung eines Kfz in die SFK 1/2 bzw. 2 bei Zweitwagen des VN bzw. in häuslicher Gemeinschaft lebender Lebenspartner, die jährliche automatische Neueinstufung (d.h. Besserstufung bei schadenfreiem Verlauf oder Rückstufung bei schadenbelastetem Verlauf) und die Übertragung der **SFK-Einstufung** in der Kfz-Haftpflichtversicherung in eine mit demselben VN abgeschlossene Kaskoversicherung. Die Führerscheinsonderregelung gem. I.2.4 AKB 2008 bzw. I.2.4 AKB 2015 weicht zur Vermeidung von Härtefällen von der jährlichen automatischen Neueinstufung ab und sieht vor, dass der VN auch unterjährig einen Anspruch auf Umstufung hat, sobald er drei Jahre im Besitz der Fahrerlaubnis ist. Zusätzlich sieht Anh. 1 die Beifügung detaillierter Tabellen vor, die die **Einstufung** und gegebenenfalls **Rückstufung** in eine SFK mit den betr. Beitragssätzen auflisten.

2. **Weitere Tarifmerkmale:** In den Anh. 2 bis 6 ist die Darstellung der weiteren bereits genannten marktüblichen Tarifmerkmale vorgesehen. Die VR verwenden im deutschen Markt darüber hinaus verstärkt unternehmensindividuelle Tarifmerkmale, z.B. die Mitgliedschaft in einem Automobilclub u.ä.

   – Im Versicherungsrecht besteht ein **Gleichbehandlungsgebot** nur in Bezug auf Lebens- und substitutive Krankenversicherung (§§ 138, 146 II VAG). Ob hieraus ein versicherungsaufsichtsrechtlich verankertes allgemeines Gleichbehandlungsgebot abzuleiten ist, wurde bereits bei Geltung des VAG a.F. unter-

---

[98] EuGH VersR 2015, 977, 978.
[99] *Feyock*/Jacobsen/Lemor, § 5 PflVG Rn. 82.

Anhang A Kraftfahrtversicherung

schiedlich beurteilt.[100] Jedenfalls gelten das allgemeine Grundrecht auf Gleichbehandlung gem. Art. 3 GG und die spezialgesetzlichen Regelungen im **AGG** v. 14.08.2006, zuletzt geändert durch Gesetz v. 03.04.2013.[101]

Gem. § 19 I Nr. 2 AGG sind Benachteiligungen bei der Begründung, Durchführung und Beendigung einer privatrechtlichen Versicherung aus Gründen der Rasse oder wegen der ethnischen Herkunft, des Geschlechts, der Religion, einer Behinderung, des Alters oder der sexuellen Identität grundsätzlich unzulässig. Damit werden privatrechtliche Versicherungsverträge pauschal dem Massengeschäften gleichgestellt, was angesichts der ihnen zugrundeliegenden individuellen Risikoprüfung nicht gänzlich unbedenklich ist.[102] § 20 I AGG sieht jedoch eng auszulegende Ausnahmen vom Verbot vor: Gem. § 20 II 1 AGG dürfen Kosten im Zusammenhang mit Schwangerschaft und Mutterschaft auf keinen Fall zu unterschiedlichen Prämien oder Leistungen führen. Nach § 20 II 2 AGG ist eine unterschiedliche Behandlung aufgrund der **Religion**, einer **Behinderung**, des **Alters** und der **sexuellen Identität** lediglich dann zulässig, wenn sie auf anerkannten Prinzipien risikoadäquater Kalkulation beruht, insbes. auf einer versicherungsmathematisch ermittelten Risikobewertung unter Heranziehung statistischer Erhebungen. Die Anknüpfung an die anerkannten Prinzipien einer risikoadäquaten Kalkulation eröffnet für die Tarifierung einen gewissen Freiraum, der allerdings mit der Auslegung der unbestimmten Rechtsbegriffe zugleich Schwierigkeiten aufwirft.[103] Keine Ausnahmeregelung findet sich hingegen bzgl. einer Benachteiligung aus Gründen der **Rasse** oder wegen der **ethnischen Herkunft**. Eine Ungleichbehandlung bei Prämien oder Leistungen aufgrund der Nationalität würde somit als unzulässig eingestuft und kann gem. § 21 AGG u.U. nicht nur zu einer Unterlassungspflicht, sondern sogar zu einer Schadenersatzpflicht des VR führen.

Die nach § 20 II 1 AGG a.F. unter speziellen Voraussetzungen zulässige unterschiedliche Behandlung des **Geschlechts** wurde mit Gesetzesänderung vom 21.12.2012 ersatzlos gestrichen. Anlass war das durchaus kritisch[104] aufgenommene Urteil des EuGH in der Rechtssache »Test-Achats«. Das sog. Unisex-Urteil gilt jedoch allein für Versicherungsverträge, die nach dem 21.12.2012 geschlossen worden sind.[105] Daher kann eine unterschiedliche Behandlung aufgrund des Geschlechts im Rahmen von Altverträgen weiterhin nach § 20 II 1 AGG a.F. Bestand haben.[106] Das ist der Fall, wenn die Berücksichtigung des Geschlechts bei einer auf relevanten sowie genauen versicherungsmathematischen und statistischen Daten beruhenden Risikobewertung ein bestimmender Faktor ist. Eine Ungleichbehandlung von Männern und Frauen wurde früher bei der Berechnung der Prämie in der Kraftfahrtversicherung als zulässig angesehen, da das Geschlecht bei der **Risikobewertung** nachweislich ein bestimmender Faktor war. Es war im deutschen Markt anerkannt, und entsprechende Daten konnten beim GDV abgefragt werden.

– **Telematik-Tarife:** Bei den derzeit in der Erprobung befindlichen Telematik- oder auch »pay as you drive«-Tarifen wird die Höhe der Versicherungsprämie **variabel anhand des Fahrverhaltens** ermittelt: Eine sichere Fahrweise wird mit entsprechenden Prämiennachlässen belohnt, was insbes. für Kunden mit hoher Prämienlast lohnenswert sein kann.[107] Dazu werden Fahrtdaten wie etwa die zurückgelegte Strecke, Position, Uhrzeit, Geschwindigkeit sowie das Brems- und Beschleunigungsverhalten von einer in das Kfz eingebauten Telematikbox bzw. einem in eine USB-Schnittstelle des Kfz eingesteckten Gerät übermittelt. Deren Empfänger ist zumeist ein IT-Dienstleister, der zur Tarifierung regelmäßig Auswertungen der Fahrtdaten an den VR weitergibt. Die Auswertungen können neben dem Fahrverhalten (z.B. starkes Beschleunigen oder Bremsen sowie das Übertreten der erlaubten Höchstgeschwindigkeit) auch davon unabhängige Risikofaktoren wie häufige Stadt- oder Nachtfahrten berücksichtigen. Daneben werden von den VR im Rahmen von **Assistance-Dienstleistungen** auch Notruf-Services bei schweren Unfällen oder die Ortung eines abhandengekommenen Kfz angeboten.

Neben **datenschutzrechtlichen Aspekten**[108] stellen sich bei der Ausgestaltung dieser neuen Tarifmodelle auch bislang kaum diskutierte zivil- und versicherungsrechtliche Fragen:[109] Insbesondere muss si-

---

100 Vgl. zu §§ 11 II, 12 IV und V VAG a.F. P/M/*Prölss*[27], Vorbem. II Rn. 3 m.w.N.
101 BGBl. I 2006, S. 1897 ff.; BGBl. I 2013, S. 610.
102 P/M/*Armbrüster*, Einl, Rn. 296 m.w.N.
103 Vgl. P/M/*Armbrüster*, Einl, Rn. 309.
104 Vgl. P/M/*Armbrüster*, Einl, Rn. 302 m.w.N.
105 *Weckmann*, Art. 5 Abs. 2 der Richtlinie 2004/113/EG ist mit Wirkung vom 21. Dezember 2012 ungültig, 1. März 2011, http://www.ivr-blog.de; abgerufen am 26.08.2016.
106 P/M/*Armbrüster*, Einl, Rn. 304.
107 *Morawetz* VW 2016, 68, 70.
108 Vgl. dazu *Morawetz* VW 2016, 68, 71 f.; *Helmes* VersR 2015, 1096; *Kinast/Kühl* NJW 2014, 3057; *Weichert* SVR 2014, 201 und 241 (Fortsetzungsbeitrag) sowie den auf Anfrage eines VR von dem nordrhein-westfälischen Landesdatenschutzbeauftragten aufgestellten Anforderungen in LDI NRW 22. Datenschutzbericht 2015, S. 38 ff., https://www.ldi.nrw.de/mainmenu_Service/submenu_Berichte/Inhalt/22_DIB/DIB_22.pdf; abgerufen am 26.08.2016.
109 Hierzu *Klimke* r+s 2015, 217.

chergestellt werden, dass die Tarifierung dem **Transparenzgebot** gem. § 307 I 2 BGB genügt.[110] Inwieweit sich das neue Modell, das durch die Bereitstellung der Telematikgeräte mit zusätzlichen Kosten für den VR verbunden ist, durchsetzen wird, bleibt abzuwarten.

3. **Anzeigepflichten des VN (K.4 AKB 2008/K.4 AKB 2015):** Nach Empfehlung des GDV soll der VN nicht nur bei Vertragsabschluss, sondern auch im weiteren Verlauf der Kraftfahrtversicherung verpflichtet sein, dem VR etwaige Änderungen der vom VR bei Abschluss abgefragten Tarifmerkmale zur Prämienberechnung unverzüglich anzuzeigen. Die Anzeigepflicht des VN entfällt nicht dadurch, dass der VR Erkenntnisse z.B. über Vorschäden selbst aus der vom GDV geführten sog. **Uni-Wagnis-Datei** ziehen kann, da diese Datei ausschließlich den Zweck hat, dem Versicherungsbetrug entgegenzuwirken.[111] Jederzeit ist der VR berechtigt zu überprüfen, ob die Merkmale zur Prämienberechnung beim VN weiterhin vorliegen, indem er vom VN betr. Bestätigungen oder Nachweise anfordert.
Bei Feststellung von **Falsch-** bzw. **Nichtangaben** durch den VN soll grundsätzlich rückwirkend ab Beginn der betr. laufenden Versicherungszeit die Prämie gelten, die den tatsächlich vorliegenden Tarifmerkmalen entspricht (K.4.3 AKB 2008 bzw. K.4.3 AKB 2015). Für den Fall, dass der VN vorsätzlich falsche oder überhaupt keine Angaben gemacht hat, kann der VR neben der Beitragserhöhung zusätzlich die Zahlung einer **Vertragsstrafe** vorsehen (K.4.4 AKB 2008 bzw. K.4.4 AKB 2015). Die Höhe der Vertragsstrafe ist je nach VR unterschiedlich hoch; durchaus üblich ist in den AKB eine Vertragsstrafe bis zur Höhe eines Jahresbeitrags. Leistungsfreiheit des VR ist bei Falsch- bzw. Nichtangaben zu Tarifmerkmalen nur in den gesetzlichen Fällen der Verletzung **vorvertraglicher Anzeigepflichten** gem. §§ 19 ff. und der **Gefahrerhöhung** gem. §§ 23 ff. vorgesehen. Die große Zahl der Tarifmerkmale hat jedoch einen rein statistischen Hintergrund, so dass diese oftmals keine unmittelbare Auswirkung auf die Bewertung des versicherten Risikos als solches haben.
Wenn der VN der Aufforderung des VR zur Vorlage von Bestätigungen oder Nachweisen schuldhaft nicht innerhalb einer bestimmten Frist nachkommt, so sehen die AKB i.d.R. vor, dass der VR den Beitrag rückwirkend ab Beginn der laufenden Versicherungszeit für dieses Prämienberechnungsmerkmal nach den für den VN ungünstigsten Angaben berechnen darf (K.4.5 AKB 2008). K.4.5 AKB 2015 stellt ergänzend klar, dass das Recht dann besteht, wenn der VR in Textform auf den dann zu zahlenden Beitrag und die dabei zugrundegelegten Annahmen hingewiesen hat. Die Frist darf nach der Klausel die Dauer von vier Wochen nicht unterschreiten.

4. **Automatische Beitragsanpassung:** Die AKB 2008 unterscheiden zwischen automatischen Beitragsänderungen aufgrund tariflicher Maßnahmen (J. AKB 2008/J. AKB 2015) und aufgrund eines beim VN eingetretenen Umstandes (K. AKB 2008/K. AKB 2015): **Tarifliche Maßnahmen** sind Beitragsanpassungen aufgrund geänderter Schadenaufwendungen oder aufgrund neuerer statistischer Erkenntnisse zu den Typ- oder Regionalklassen. Bei betr. Prämienerhöhungen, die von einem unabhängigen Treuhänder zu bestätigen sind (J.6 AKB 2008 bzw. J.6 AKB 2015), hat der VN ein außerordentliches Kündigungsrecht gem. § 40 I. Voraussetzung ist, dass der VR die Prämie aufgrund einer Anpassungsklausel erhöht, ohne dass sich der Umfang des Versicherungsschutzes ändert. Der VR hat den VN in der Mitteilung über die Prämienerhöhung, die dem VN spätestens einen Monat vor Wirksamwerden der Prämienerhöhung zugehen soll, auf dieses Kündigungsrecht hinzuweisen. Der VN kann dann innerhalb eines Monats nach Zugang der Mitteilung mit sofortiger Wirkung, frühestens aber zum Zeitpunkt des Wirksamwerdens der Prämienerhöhung kündigen. Ein solches außerordentliches Kündigungsrecht des VN besteht dagegen nicht, wenn die Prämie aufgrund eines **beim VN eingetretenen Umstands** (z.B. Berufsänderung, Änderung der Jahresfahrleistung, des Fahrerkreises oder des Wohnortes) geändert wird. Denn diese Änderungen führt der VN i.d.R. freiwillig herbei, und sie führen zumeist zu einer Veränderung des versicherten Risikos.

b) Zahlungsfristen
In der Kraftfahrtversicherung gelten die allgemeinen Regelungen zur Prämienzahlung in den §§ 33–42. Gem. § 33 I ist die Erstprämie unverzüglich nach Ablauf von **zwei Wochen nach Zugang des Versicherungsscheins** zu zahlen. Der VN soll während des Laufs der **Widerrufsfrist** nach § 8 nicht zur Zahlung verpflichtet sein. Die stRspr. hat bisher eine Zahlung innerhalb von zwei Wochen als unverzüglich angesehen.[112] Dementsprechend sieht C.1.1 AKB 2008 bzw. C.1.1 AKB 2015 eine Zahlungsfrist von zwei Wochen bzw. von 14 Tagen nach Zugang des Versicherungsscheins zuzüglich weiterer 14 Tage vor. Da der VN allerdings nach nun geltendem Recht ohnehin während der zweiwöchigen Widerrufsfrist bereits mehr Zeit zur Veranlassung der Prämienzahlung hat als nach dem alten Versicherungsvertragsrecht, wird die Rspr. möglicherweise in der Kraftfahrtversicherung nur noch drei bis sieben Tage als **unverzüglich** anerkennen, so dass die Praxis insoweit die GDV-Empfehlung wahrscheinlich nicht befolgen wird.[113]

47

---

110 *Klimke* r+s 2015, 217 ff.
111 BGH VersR 2007, 481; OLG Hamm VersR 2008, 958.
112 Vgl. z.B. OLG Köln r+s 1986, 144.
113 Vgl. *Maier/Stadler*, Rn. 71.

Anhang A Kraftfahrtversicherung

48 Der VR genießt gem. § 37 II grundsätzlich **Leistungsfreiheit**, solange der erste oder einmalige Beitrag nicht gezahlt wird. Anders als früher bleibt der VR aber trotz Nichtzahlung des ersten Beitrags zur Leistung verpflichtet, wenn der VN die Nichtzahlung **nicht zu vertreten** hat, insbes. wenn er krankheitsbedingt an der Zahlung gehindert war,[114] oder wenn aufgrund einer missverständlichen oder falschen Beitragsrechnung nicht klar ist, welchen Beitrag der VN zu bezahlen hat.[115] Der VR kann zudem bei Nichtzahlung der Erstprämie gem. § 37 I vom Versicherungsvertrag zurücktreten und gem. § 39 I 3 eine Geschäftsgebühr verlangen, es sei denn der VN hat die Nichtzahlung nicht zu vertreten. Im Falle der **vorzeitigen Vertragsauflösung** wegen eines Schadenfalls, einer Obliegenheitsverletzung oder der Nichtzahlung der Folgeprämie steht dem VR nur derjenige Teil der Prämie zu, der der tatsächlichen Vertragslaufzeit bis zur Vertragsauflösung entspricht, vgl. § 39 I 1.

49 Bleibt der Kfz-Haftpflicht-VR aufgrund § 117 II gegenüber einem Dritten trotz Beendigung des Versicherungsvertrages bis zum Ablauf eines Monats zur Leistung verpflichtet, so kann er in den AKB einen Anspruch auf den Beitrag für die Zeit dieser Verpflichtung vorsehen (C.5 AKB 2008 bzw. C.5 AKB 2015).

2. Beginn des Versicherungsschutzes

50 Der Versicherungsvertrag kommt dadurch zustande, dass der VR den Antrag des VN durch Aushändigung oder Zusendung des Versicherungsscheins annimmt (vgl. § 5 VI PflVG für die Kfz-Haftpflichtversicherung).[116] Der Versicherungsschutz beginnt grundsätzlich erst, wenn der VN die im Versicherungsschein genannte fällige Prämie gezahlt hat, jedoch nicht vor dem in dem Versicherungsvertrag vereinbarten Zeitpunkt. Bevor die Prämie gezahlt ist, hat der VN i.d.R. vorläufigen Versicherungsschutz; insoweit wird auf die Kommentierung zu den §§ 49–52 verwiesen.

3. Abschluss über Internet

51 In der Kraftfahrtversicherung hat die Bedeutung des **Direktgeschäfts** erheblich zugenommen. Beim Vertragsabschluss im Wege des **Fernabsatzes**, d.h. Antrag des VN und Annahme des VR per Fernkommunikationsmittel (Brief, Telefon, Internet, E-Mail usw.) gelten – wie für alle anderen Vertriebswege – die vom VR vor Vertragsabschluss zu erfüllenden **Informationspflichten** gem. § 7. Aufgrund der Ermächtigungsgrundlage in § 7 II wurde zudem die VO über Informationspflichten bei Versicherungsverträgen v. 18.12.2007 (»**VVG-InfoV**«)[117] erlassen, in der die Informationspflichten im Einzelnen geregelt sind. Gem. § 7 und der VVG-InfoV hat der VR dem VN rechtzeitig vor Abgabe von dessen Vertragserklärung insbes. seine Vertragsbestimmungen einschließlich der AVB in Textform in klarer und verständlicher Form mitzuteilen. Wann eine Information »**rechtzeitig**« i.S.d. § 7 mitgeteilt wurde, ist bislang nicht festgelegt. Nach Sinn und Zweck der gesetzlichen Bestimmung ist die Rechtzeitigkeit dann erfüllt, sobald der VN eine informierte Entscheidung treffen kann. Es hängt somit von der Art, dem Umfang und der Komplexität des betr. Versicherungsvertrages ab: Bei standardisierten einfachen Produkten wie der Kraftfahrtversicherung kann daher auch eine Aushändigung kurz vor Abgabe der Willenserklärung des VN ausreichen.[118] **Textform** ist gem. § 126b BGB gegeben, wenn die betr. Informationen in einer Urkunde oder in einer anderen zur dauerhaften Wiedergabe in Schriftzeichen geeigneten Weise gegeben werden, sie die Person des Erklärenden (z.B. durch Aufdruck eines Logos) erkennen lassen und das Ende des Textes kenntlich gemacht ist. Wird der Vertrag auf Verlangen des VN unter Verwendung eines Kommunikationsmittels geschlossen, das die Information in Textform nicht gestattet, ist diese unverzüglich nach Vertragsschluss nachzuholen (§ 7 I 3). Bei elektronisch durch E-Mail übermittelten Erklärungen genügt, dass der Empfänger sie speichern und ausdrucken kann; nicht erforderlich ist, dass tatsächlich ein Ausdruck erfolgt.

52 Bislang rechtlich noch ungeklärt ist bei dem Verfahren des rein elektronischen Vertragsabschlusses die Thematik der Erhebung und Verwendung von **personenbezogenen Daten** (der Versicherten), die der VR gem. § 4 I Bundesdatenschutzgesetz (**BDSG**) grundsätzlich nur dann erheben und verwenden darf, wenn ihm dies entweder aufgrund gesetzlicher Erlaubnistatbestände oder aufgrund einer Einwilligungserklärung des Betroffenen gestattet ist. Nach § 4a I 2 BDSG muss nämlich die **Einwilligung in Schriftform** erteilt – d.h. handschriftlich unterschrieben oder mit einer qualifizierten elektronischen Signatur nach dem Signaturgesetz versehen – werden, sofern nicht wegen besonderer Umstände eine abweichende Form angemessen ist. Die Erfahrung in der Praxis zeigt, dass eine Vielzahl von Datenschutzbehörden auch beim Vertragsschluss über das Internet eine schriftliche Einwilligungserklärung für notwendig halten, also keinen gesetzlichen Erlaubnistat-

---

114 Vgl. OLG Stuttgart VersR 1953, 18; P/M/*Knappmann*, § 37 Rn. 17.
115 BGH r+s 1992, 398; VersR 1978, 241, 242.
116 Nach OLG Naumburg VersR 2016, 842 kann ein Kfz-Haftpflichtversicherungsvertrag auch dann wirksam zustande kommen, wenn die Fahrzeugidentifikationsnummer in den Zulassungspapieren und im Versicherungsschein unrichtig ist.
117 BGBl. I 2007, S. 3004 ff., zuletzt geändert am durch Art. 2 Abs. 50 des Gesetzes zur Modernisierung der Finanzaufsicht über Versicherungen (BGBl. I 2015, S. 434).
118 Vgl. Kommentierung zur VVG-InfoV vor diesem Anh. A; vgl. *Schirmer* DAR 2008, 181, 182.

bestand anerkennen. Dies bedeutet, dass dem VN unverzüglich nach Vertragsschluss im Internet jedenfalls eine Einwilligungserklärung zuzusenden ist, die dieser dann unterschreibt und zurücksendet. Es wäre wünschenswert, wenn die in § 13 II Telemediengesetz (**TMG**) vorgesehene Form der Einwilligung, d.h. bewusstes Anklicken einer Erklärung, Protokollierung dieser Einwilligung, jederzeitige Abrufbarkeit der Einwilligungserklärung und Möglichkeit des jederzeitigen Widerrufs, die für auf das Internet bezogene Verarbeitungen ausreichend ist, aus Gründen der Konsistenz auch für Vertragsschlüsse über das Internet analog angewendet werden könnte. Insoweit fehlt bislang noch betr. höchstrichterliche Rspr. oder eine klarstellende Äußerung des Gesetzgebers.[119]

Die **Beratungspflichten** des VR gem. § 6 I gelten gem. § 6 VI nicht, wenn es sich um einen **Fernabsatzvertrag** i.S.d. § 312c BGB handelt. Im elektronischen Geschäftsverkehr sind aufgrund der Verweisung in § 8 IV aber die Anforderungen des § 312i I 1 BGB zu beachten: Insbes. beginnt die zweiwöchige Widerrufsfrist frühestens ab Erfüllung der für alle im Wege des sog. E-Commerce abgeschlossenen Geschäfte geltenden Pflichten (z.B. Möglichkeit der Eingabenänderung, Zusendung einer Abschlussbestätigung usw.). Diese Pflichten können gem. § 312i II 2 BGB gegenüber einem VN, der nicht Verbraucher i.S.d. § 13 BGB ist, zumindest teilw. (§ 312i I 1 Nrn. 1–3 und 2 BGB) abbedungen werden.[120]   53

4. Ende des Versicherungsschutzes

Grundsätzlich endet der Versicherungsschutz in der Kraftfahrtversicherung mit **Ablauf der vereinbarten Versicherungszeit**. Falls vertraglich nichts vereinbart ist, gilt für die Kfz-Haftpflichtversicherung gem. § 5 V PflVG, dass das Versicherungsverhältnis spätestens nach Ablauf eines Jahres zum Monatsersten endet und sich automatisch um jeweils ein Jahr verlängert, wenn es nicht spätestens einen Monat vor Ablauf schriftlich gekündigt wird. Dies gilt auch dann, wenn die Vertragslaufzeit nur deshalb weniger als ein Jahr beträgt, weil als Beginn der nächsten Versicherungsperiode ein vor Ablauf eines Jahres nach Versicherungsbeginn liegender Zeitpunkt vereinbart wurde.   54

Der Versicherungsschutz kann in bestimmten Fällen durch die Vertragsparteien **vorzeitig einseitig beendet** werden: Der VN kann seine Vertragserklärung innerhalb von zwei Wochen ab Erhalt der notwendigen Unterlagen vom VR gem. §§ 8, 9 **widerrufen**. Der VR kann den Versicherungsvertrag z.B. wegen arglistiger Täuschung des VN gem. § 22 i.V.m. § 123 BGB **anfechten**. Weiterhin kann er vom Vertrag gem. § 19 II **zurücktreten**, wenn der VN vorsätzlich oder grob fahrlässig vorvertragliche Anzeigepflichten verletzt hat. Das gilt jedoch nur dann, wenn der VR den VN vor Vertragsabschluss in Textform nach der Angabe der vom VR als gefahrerheblich betrachteten Umständen gefragt hat (§ 19 I 1). Bei mit einfacher Fahrlässigkeit oder unverschuldet vom VN begangener Anzeigepflichtverletzung besteht kein Rücktritts-, sondern gegebenenfalls ein **Kündigungsrecht** des VR, wobei dieser eine Frist von einem Monat einzuhalten hat (§ 19 III 2). Ebenso ist der VR nach einem Fahrzeugverkauf gem. § 96 I berechtigt, den Erwerber des Versicherungsverhältnis mit Monatsfrist zu kündigen. Ebenso kann auch der Erwerber gem. § 96 II das Versicherungsverhältnis mit sofortiger Wirkung oder für den Schluss der laufenden Versicherungszeit kündigen. Beide Kündigungsrechte erlöschen, wenn sie nicht innerhalb eines Monats ab Kenntniserlangung ausgeübt werden. Zudem gilt die gesetzliche Kündigungsfiktion des § 3b PflVG: Wenn der Erwerber eines veräußerten Fahrzeugs eine neue Kfz-Haftpflichtversicherung abschließt, ohne dass auf ihn durch Veräußerung gem. §§ 122, 95 ff. übergegangene Versicherungsverhältnis zu kündigen, gilt dieses mit Beginn des neuen Versicherungsverhältnisses als gekündigt, s. Rdn. 81. Gem. §§ 92, 111 sehen die AKB i.d.R. zudem vor, dass der VR nach Eintritt des Versicherungsfalls mit Monatsfrist den Vertrag kündigen kann (G.2.3 AKB 2008 bzw. G.2.3 AKB 2015).   55

Der Vertrag endet vorzeitig auch im Fall eines endgültigen **Wegfalls des versicherten Risikos**, der bei der Kaskoversicherung nur bei völliger Zerstörung des Fahrzeugs oder Verlust ohne Aussicht auf Wiedererlangung in Betracht kommt (§ 80; G.8 AKB 2008 bzw. G.8 AKB 2015).[121] Die Vertragsparteien können schließlich den Vertrag jederzeit in beiderseitigem Einvernehmen durch **Aufhebungsvertrag** beenden.   56

Eine Ausnahmeregelung besteht in der Kfz-Haftpflichtversicherung zugunsten des geschädigten Dritten: Gem. § 117 II gilt diesem gegenüber eine **Nachhaftung** des VR von einem Monat, nachdem der VR das Nichtbestehen oder die Beendigung des Versicherungsverhältnis der Zulassungsstelle mitgeteilt hat.

IV. Obliegenheiten des VN und Gefahrerhöhung

1. Vertragliche Obliegenheiten

Bei den vertraglichen Obliegenheiten des VN in der Kraftfahrtversicherung wird zwischen Pflichten **vor dem Versicherungsfall** (D. AKB 2008/D. AKB 2015 »Pflichten bei Gebrauch des Fahrzeugs«) und solchen **im Versicherungsfall** (E. AKB 2008/E. AKB 2015 »Pflichten im Schadenfall«) unterschieden. Die Besonderheiten des Prinzips der Quotelung in der Kraftfahrtversicherung sind in Rdn. 98 dargestellt: 57

---

[119] Vgl. OLG Frankfurt (Main) WRP 2016, 364. Die Entscheidung ist nicht rechtskräftig. Die zugelassene Revision ist beim BGH unter dem Az. I ZR 7/16 anhängig.
[120] PK/*Ebers*, § 8 Rn. 46.
[121] Vgl. OLG Hamm VersR 1997, 1096; LG Düsseldorf ZfS 1991, 99.

Anhang A Kraftfahrtversicherung

a) Pflichten bei Gebrauch des Fahrzeugs

58 In der Kraftfahrtversicherung darf das Kfz nur zu dem im Versicherungsschein angegebenen Zweck verwendet werden (§ 5 Nr. 1 KfzPflVV; D.1.1 AKB 2008 bzw. D.1.1.1 AKB 2015). Verstöße gegen die **Verwendungsklausel** sind in der Rspr. z.B. in folgenden Fällen bejaht worden: Verwendung eines Traktors beim Karnevalsumzug,[122] Verwendung eines Kfz mit rotem Kennzeichen für andere Fahrt als Prüfungs- oder Probefahrt.[123] Die Verwendungsklausel ist eine spezielle Regelung der Gefahrerhöhung.[124]

59 Das Kfz darf auch nur von einem **berechtigten Fahrer** gebraucht werden (§ 5 Nr. 3 KfzPflVV; D.1.2 AKB 2008 bzw. D.1.1.2 AKB 2015). Zudem darf der Fahrer das Kfz auf öffentlichen Wegen oder Plätzen nur mit der erforderlichen Fahrerlaubnis benutzen; Halter oder Eigentümer des Kfz dürfen es nicht von einem Fahrer benutzen lassen, der diese Fahrerlaubnis nicht hat (§ 5 Nr. 4 KfzPflVV; D.1.3 AKB 2008 bzw. D.1.1.3 AKB 2015). Ein Verstoß gegen die Fahrerlaubnisklausel (sog. »**Schwarzfahrt**«) liegt auch dann vor, wenn die Fahrerlaubnis gem. § 111a StPO vorläufig entzogen[125] oder der Führerschein nach § 94 StPO polizeilich beschlagnahmt worden ist.[126] Ein Fahrverbot fällt dagegen nicht unter die sog. Führerscheinklausel.[127] Der Fahrer ist auch dann berechtigt, wenn ein ausländischer Führerschein später ohne Weiteres umgeschrieben werden kann.[128]

60 § 5 KfzPflVV sieht für die Kfz-Haftpflichtversicherung zwei weitere Obliegenheiten vor: (i) Das Kfz darf gem. § 5 Nr. 2 KfzPflVV nicht zu nicht behördlich genehmigten Kraftfahrten bei sportlichen Veranstaltungen und **Rennen** und den dazugehörigen Übungsfahrten verwendet werden (vgl. D.2.2 AKB 2008); D.1.1.4 AKB 2015 gleicht alle Sparten an die Regelung der Kfz-Haftpflichtversicherung an (s. Rdn. 41), sodass eine Teilnahme an nicht behördlich genehmigten Rennen nunmehr auch in der Kasko-, Autoschutzbrief-, Kfz-Unfall- und Fahrerschutzversicherung eine Obliegenheitsverletzung darstellt; (ii) das Kfz darf nicht gefahren werden, wenn der Fahrer durch alkoholische Getränke oder andere berauschende Mittel nicht zur Fahrzeugführung in der Lage ist (§ 5 Nr. 5 KfzPflVV; D.2.1 AKB 2008 bzw. D.2.1 AKB 2015). Bei einer BAK von über 1,1 ‰ liegt absolute Fahruntüchtigkeit vor. Zwischen 0,3–1,1 ‰ ist von relativer Fahruntüchtigkeit auszugehen, bei der weitere Indizien vorliegen müssen, aus denen sich die Fahruntüchtigkeit ergibt. Solche sind z.B. das Abkommen von schnurgerader Fahrbahn,[129] das Geradeausfahren in einer Kurve,[130] oder das Übersehen eines geparkten oder verkehrsbedingt anhaltenden Fahrzeugs[131] sowie das Abkommen von der Straße aufgrund überhöhter Geschwindigkeit.[132]

b) Obliegenheiten im Schadenfall

61 Nach Eintritt des Versicherungsfalls hat der VN folgende Obliegenheiten zu erfüllen:
1. **Anzeigepflichten:** Der VN hat das Schadenereignis gem. § 30 I unverzüglich nach Kenntniserlangung, i.d.R. innerhalb einer Woche (E.1.1 AKB 2008 bzw. E.1.1.1 AKB 2015), dem VR anzuzeigen. Ebenso hat der VN polizeiliche und staatsanwaltschaftliche **Ermittlungen** sowie den etwaigen Erlass eines Strafbefehls oder Bußgeldbescheids unverzüglich mitzuteilen (E.1.2 AKB 2008). Die Verpflichtung zur unverzüglichen Anzeige über den Fortgang des Verfahrens ist in E.1.1.2 AKB 2015 nicht mehr enthalten. Um dem Kfz-Haftpflicht-VR im Haftpflichtprozess die geeigneten Maßnahmen zur Abwehr unberechtigter Ansprüche zu ermöglichen, ist der VN zusätzlich in der Kfz-Haftpflichtversicherung gem. § 104 I 2 und II 1 dazu verpflichtet, außergerichtliche Ansprüche innerhalb einer Woche nach deren Erhebung anzuzeigen sowie gerichtlich geltend gemachte Ansprüche unverzüglich anzuzeigen (E.2.1 bzw. »mitzuteilen« E.1.2.1. AKB 2015 und E.2.3 AKB 2008 bzw. E.1.2.3 AKB 2015). Die praktische Bedeutung dieser Anzeigeobliegenheiten ist gering, da i.d.R. der Geschädigte den Unfall ohnehin selbst unverzüglich anzeigt und damit der VR in anderer Weise rechtzeitig Kenntnis erlangt (§§ 104 III 2, 30 II). Ein Sachschaden, der voraussichtlich nicht mehr als i.d.R. € 500 beträgt, darf vom VN erst später angezeigt werden, wenn dem VN die zunächst beabsichtigte Selbstregulierung des **Bagatellschadens** dann doch nicht gelingt (E.2.2 AKB 2008 bzw. E.1.2.2 AKB 2015). Die Schadenanzeige soll grundsätzlich Ort, Zeit sowie den Ablauf des betr. Unfalls angeben. Bei Entwendung des Fahrzeugs ist in der Kaskoversicherung die Schadenanzeige unverzüglich in **schriftlicher Form** (E.3.1 AKB 2008) zu machen. Nach E.1.3.1 AKB 2015 in der Fassung vom 06.07.2016 ist der

---

122 OLG Karlsruhe VersR 1986, 1180.
123 LG München SP 2012, 186; LG Köln r+s 2005, 325.
124 BGH VersR 1986, 693; OLG Karlsruhe VersR 1995, 568.
125 BGH VersR 1962, 1053.
126 BGH VersR 1982, 84.
127 BGH VersR 1988, 1017; OLG Köln VersR 1993, 45; LG Hannover DAR 2015, 29, 30.
128 LG Köln, Urt. vom 28. Oktober 2015, 20 S 11/15.
129 OLG Hamm r+s 2003, 188; r+s 1995, 373.
130 OLG Hamm r+s 1995, 374; OLG Oldenburg r+s 1995, 331.
131 OLG Karlsruhe r+s 1995, 375; OLG Hamm r+s 1995, 374, 375; r+s 1995, 373, 374.
132 OLG Karlsruhe r+s 1995, 376.

Schaden nunmehr in **Textform** anzuzeigen. Die Anzeige eines Kaskoschadens ersetzt allerdings nicht die Anzeige eines Haftpflichtfalls und umgekehrt.[133]

Die Anzeigepflichten des VN stehen in der Kfz-Haftpflichtversicherung in unmittelbarem Zusammenhang mit der üblichen Regulierungsvollmacht des VR: Damit ist dieser im Außenverhältnis berechtigt, jede Erklärung im Namen des VN abzugeben, soweit ihm dies zur Befriedigung oder Abwehr der Ansprüche des Dritten im Rahmen pflichtgemäßen Ermessens zweckmäßig erscheint (A.1.1.4 AKB 2008 bzw. A.1.1.4 AKB 2015). Weiterhin berechtigt die Regulierungsvollmacht den VR dazu, im Namen des VN Zahlungen zu leisten, Vergleiche abzuschließen oder auch Anerkenntnisse abzugeben. Die telefonische Äußerung des Sachbearbeiters eines VR gegenüber dem Geschädigten, der VR werde zu 100 % eintreten, ist dementsprechend ein für den VN abgegebenes Anerkenntnis des VR.[134]

2. **Prozessführung:** Der VN hat dem VR die Führung eines etwaigen Rechtsstreits zu überlassen, muss aber gegen einen Mahnbescheid oder einen behördlichen Bescheid selbst fristgerecht **Rechtsmittel** einlegen (E.2.5 AKB 2008 bzw. E.1.2.5 AKB 2015). In der Kaskoversicherung hat der VN das Schadenereignis unverzüglich selbst der **Polizei** anzeigen, wenn ein Entwendungs-, Brand-, oder Wildschaden einen bestimmten Betrag (i.d.R. € 500) übersteigt (E.3.3 AKB 2008 bzw. E.1.3.3 AKB 2015).[135]

3. **Aufklärungsobliegenheit/Unfallflucht:** Der VN ist verpflichtet, alles zu tun, was der Aufklärung des Sachverhalts und der Minderung des Schadens dienlich sein kann. In der Praxis von großer Bedeutung sind insbes. die Fälle der Unfallflucht und der falschen Angaben in der Schadenanzeige.

Unfallflucht wird als eine Verletzung der Aufklärungspflicht angesehen.[136] Allerdings normiert E.1.3 AKB 2008 eine allgemeine Wartepflicht nach einem Verkehrsunfall, wonach der VN den Unfallort nicht verlassen darf, »ohne die erforderlichen Feststellungen zu ermöglichen«. Die Rspr. wertet die Formulierung bisher überwiegend als eine über die strafrechtliche Verpflichtung nach § 142 StGB hinausgehende eigenständige Wartepflicht.[137] Nach E.1.1.3 AKB 2015 wird die Rspr. hingegen nicht mehr zu einer solchen Wertung gelangen können: Danach darf der Unfallort nicht verlassen werden, »ohne die gesetzlich erforderlichen Feststellungen zu ermöglichen und die dabei gesetzlich erforderliche Wartezeit zu beachten (Unfallflucht)«. Die Wartepflicht ist somit keine selbstständige versicherungsrechtliche Obliegenheit, sondern wie bereits vor Einführung der AKB 2008 nur ein Reflex der strafrechtlichen Verpflichtung.[138]

Falsche Angaben gegenüber der Polizei sind nur insoweit erheblich, wenn zugleich unmittelbar das Aufklärungsinteresse des VR berührt wird.[139] Es liegt regelmäßig eine relevante Verletzung der Aufklärungspflicht vor, wenn der VN falsche Angaben zur Unfallursache, zum Unfallhergang und zum Fahrer macht.[140] Vorsätzlich **falsche Angaben zur Laufleistung** oder zu Vorschäden werden in der Kaskoversicherung mangels Kausalität nicht mehr zur Leistungsfreiheit führen, wenn der VR die Falschangabe rechtzeitig vor Regulierung bemerkt.[141]

c) **Rechtsfolgen einer Obliegenheitsverletzung**

Zwischen Obliegenheitsverletzungen vor und nach Eintritt des Versicherungsfalls bestehen nur geringe Unterschiede (s. § 81 VVG Rdn. 16 und D.3.3/E.6 AKB 2008 bzw. D.2.3/E.2 AKB 2015): Leistungsfreiheit des VR besteht grundsätzlich nur bei vorsätzlicher Pflichtverletzung des VN. Bei grob fahrlässig begangenen Obliegenheitsverletzungen kann der VR dagegen seine Leistung entsprechend der Schwere des Verschuldens des VN kürzen (im Einzelnen zur Quotelung Rdn. 100). Durch einfache Fahrlässigkeit verursachte Pflichtverletzungen bleiben für den VN i.d.R. folgenlos, d.h. der VR bleibt zur vollen Versicherungsleistung verpflichtet, vgl. §§ 28, 81.

In der Kfz-Haftpflichtversicherung ist stets zu beachten, dass die Höhe der Leistungsfreiheit des VR gem. den Vorgaben in §§ 5 III, 6 I und III KfzPflVV jedenfalls beschränkt ist: Bei einer Obliegenheitsverletzung vor dem Versicherungsfall, also bei Gebrauch des Fahrzeugs, ist sie auf € 5.000 pro Person, die die Obliegenheitsverletzung begeht, begrenzt (§ 5 III KfzPflVV). Zudem gelten i.d.R. statt der vereinbarten Versicherungssummen nur die gesetzlichen Mindestversicherungssummen (D.3.3 AKB 2008 bzw. D.2.3 AKB 2015). Wenn der VN/die mitversicherte Person mehrere Obliegenheiten verletzt, bleibt es pro Person bei der **Leistungsfrei-**

---

133 OLG Celle VersR 1967, 994.
134 OLG Hamm VersR 1998, 1538, 1539.
135 OLG Hamm r+s 2005, 102 (Meldung nach 12 Tagen nicht unverzüglich).
136 BGH VersR 2000, 222; OLG Hamm r+s 1993, 4.
137 OLG Frankfurt (Main) VersR 2016, 47; OLG Stuttgart VersR 2015, 444; LG Karlsruhe VRR 2015, 9; LG Köln VRR 2014, 386; vgl. AG Mülheim VRR 2011, 386; a.A. OLG München, r+s 2016, 342.
138 P/M/*Knappmann* AKB 2008 § E_1 Rn. 55.
139 BGH VersR 1995, 1043; P/M/*Knappmann*, AKB 2008 § E_1 Rn. 11 m.w.N.
140 OLG Hamm r+s 1998, 363; OLG Koblenz r+s 1996, 300; LG Coburg, Urt. vom 18.11.2015, 12 O 578/14; P/M/*Knappmann* AKB 2008 § E_1 Rn. 11.
141 Maier/Stadler, Rn. 194; *Schirmer* DAR 2008, 319, 321.

Anhang A Kraftfahrtversicherung

heitsgrenze von insgesamt maximal € 5.000, es sei denn, es handelt sich um die Verletzung von Obliegenheiten vor dem und zusätzlich später im Versicherungsfall.[142]

64 Bei Verletzung von Obliegenheiten im Versicherungsfall ist die Leistungsfreiheit des Kfz-Haftpflicht-VR sogar auf € 2.500 beschränkt (§ 6 I KfzPflVV; E.6.3 AKB 2008 bzw. E.2.3 AKB 2015). Allerdings bei besonders schwerwiegender vorsätzlich begangener Verletzung der Aufklärungs- oder Schadenminderungspflicht (insbes. Unfallflucht, unterlassene Hilfeleistung, bewusst wahrheitswidrige Angaben gegenüber dem VR) ist auch hier die Leistungsfreiheit des VR auf den doppelten Betrag, d.h. auf maximal € 5.000, beschränkt (§ 6 III KfzPflVV; E.6.4 AKB 2008).[143] In E.2.4. AKB 2015 sind die Beispiele der unterlassenen Hilfeleistung und der bewusst wahrheitswidrigen Angabe weggefallen. Kommen Verletzungen von Obliegenheiten bei Gebrauch des Fahrzeugs sowie im Versicherungsfall zusammen, so erhöht sich die Grenze der maximalen Leistungsfreiheit des VR bis auf € 10.000.[144]

65 Bei der Kaskoversicherung findet die KfzPflVV keine Anwendung, da es sich hierbei nicht um eine Pflichtversicherung handelt. Hier führt also der vorsätzliche Obliegenheitsverstoß zur vollen Leistungsfreiheit des VR. Bei grob fahrlässigem Verhalten wird i.d.R. eine Quotelung entsprechend der Schwere der Schuld vorgenommen; die Beschränkungen nach §§ 5 III, 6 I und III KfzPflVV finden aber auch insoweit keine Beachtung.

2. Gefahrerhöhung

66 Den VN trifft gem. § 23 I eine sog. **Gefahrstandspflicht**: Nach Abgabe seiner Vertragserklärung darf der VN ohne Einwilligung des VR keine Gefahrerhöhung vornehmen oder deren Vornahme durch einen Dritten gestatten. Im Rahmen der Gefahrstandspflicht ist der VN zusätzlich gegenüber dem VR verpflichtet, eine subjektive Gefahrerhöhung (§ 23 II) oder eine objektive Gefahrerhöhung (§ 23 III) jeweils bei deren Erkennen unverzüglich dem VR anzuzeigen. Der Begriff der Gefahrerhöhung ist in § 23 jedoch nicht definiert (s. daher § 23 VVG Rdn. 8, 14 f.). Die gesetzlichen Regelungen zur Gefahrerhöhung in den §§ 23 ff. sind in der Kraftfahrtversicherung von großer Bedeutung, weil weder die alten AKB noch die AKB 2008 bzw. die neuen AKB 2015 hierzu vertraglich zu vereinbarende eigenständige Bestimmungen enthalten.

a) Fallgruppen

67 Typische Fälle, in denen in der Kraftfahrtversicherung eine Gefahrerhöhung i.S.d. § 23 in Betracht kommen, sind Änderungen am Zustand des Kfz oder des Fahrers:
1. **Zustand des Fahrzeugs**: Der Gebrauch eines Fahrzeugs, dessen technischer Zustand nicht den § 32 ff. StVZO entspricht, stellt eine subjektive Gefahrerhöhung dar.[145] Das gilt selbst dann, wenn die Betriebsuntauglichkeit des Fahrzeugs lediglich auf einer gewöhnlichen Abnutzung beruht; die Gefahrerhöhung tritt dann bereits dadurch ein, dass das mangelhafte Kfz vom VN ohne Reparaturabsicht fortgesetzt benutzt wird.[146] Es geht also um die Weiterbenutzung, nicht um Unterlassung der Reparatur, die den Tatbestand des § 23 erfüllt.[147] Häufige Fälle in der Praxis sind abgefahrene Reifen – gem. § 36 II 4 StVZO ist eine Profiltiefe von mindestens 1,6 mm vorgeschrieben – und mangelhafte Bremsen.[148] Der Fahrer muss aber Kenntnis von den abgefahrenen Reifen gehabt haben oder bewusst von einer Überprüfung der Reifen Abstand genommen haben.[149] Durch die zum 4. Dezember 2010 in Kraft getretene »Winterreifenpflicht« gem. § 2 IIIa StVO[150] kommt in der Praxis auch den Fällen der ungeeigneten Winterbereifung Bedeutung zu.
2. **Zustand des Fahrers**: Eine Gefahrerhöhung kommt auch in Betracht bei Änderungen in der Person des Fahrers, insbes. wenn sich die Gesundheit des Fahrers dauerhaft verschlechtert: Z.B. bei Fahren trotz Kenntnis von regelmäßigen epileptischen Anfällen[151] oder bei Fahrt eines VN, der seit Jahren unter schizophrenen Schüben leidet.[152] Ein ständiges Fahren ohne Brille, obwohl diese laut Führerschein vorgeschrieben ist, kann eine Gefahrerhöhung darstellen.[153] Die Fahrt eines alkoholisierten oder übermüdeten Fahrers wird i.d.R. keine **subjektive Gefahrerhöhung** gem. § 23 I sein, da nur eine einmalige, kurzzeitige und vorübergehende

---

142 OLG Hamm VersR 2000, 843, 844; Feyock/*Jacobsen*/Lemor, § 5 KfzPflVV Rn. 11; P/M/*Knappmann*, § 5 KfzPflVV Rn. 15.
143 Weitere Fälle »besonders schwerwiegender Weise« s. P/M/*Knappmann*, AKB 2008 § E_6 Rn. 10 m.w.N.
144 BGH VersR 2005, 1720; OLG Schleswig VersR 2003, 637; LG Kassel ZfS 2011, 33; P/M/*Knappmann*, § 5 KfzPflVV Rn. 17; Feyock/*Jacobsen*/Lemor, § 5 KfzPflVV Rn. 12; *Schirmer* DAR 2008, 319.
145 BGH r+s 1990, 8; OLG Köln r+s 1988, 355 (»frisiertes« Mofa).
146 BGH VersR 1969, 1011; *Schirmer* DAR 2008, 181.
147 BGH r+s 1990, 8; OLG Hamm r+s 1989, 2; R/L/*Langheid*, § 23 Rn. 31; *Kärger*, Rn. 389.
148 »Abgefahrene Reifen«: BGH VersR 1982, 793; VersR 1978, 146, 147; »Mangelhafte Bremsen«: BGH VersR 1968, 1153; BGHZ 23, 142; OLG Hamm r+s 1989, 2, 3.
149 OLG Köln VersR 2007, 204 f.
150 Die neugefasste StVO vom 06.03.2013 (BGBl. I 2013, S. 367) wurde zuletzt durch Artikel 2 der Verordnung vom 15.09.2015 (BGBl. I 2015, S. 1573) geändert.
151 OLG Stuttgart VersR 1997, 1141, 1442.
152 OLG Hamm VersR 1985, 751.
153 OLG Koblenz VersR 1972, 921; OLG Schleswig VersR 1971, 118, 119; OLG Karlsruhe VersR 1969, 175, 176.

Gefahrerhöhung vorliegt. Etwas anderes gilt, wenn ein VN das Kfz regelmäßig in einem solchen Zustand nutzt.[154] Das gilt auch für sog. Schwarzfahrten durch führerscheinlose Personen;[155] erst die Wiederholung erfüllt das Erfordernis des Dauerzustands.

Fortgesetzte Verstöße gegen Lenkzeit- und Ruhezeitvorschriften im Fernkraftverkehr können ebenfalls zu einer subjektiven Gefahrerhöhung führen.[156] Dagegen ist das Fahren eines abgemeldeten Kfz nicht als Gefahrerhöhung zu qualifizieren, da die Abmeldung nicht zwingend mit der Verkehrssicherheit eines Fahrzeugs oder der Zuverlässigkeit des Fahrers korreliert.[157]

In der Kaskoversicherung steht angesichts des gedeckten Risikos im Hinblick auf eine Gefahrerhöhung weniger der Zustand des Fahrzeugs sowie Fahrers im Vordergrund, sondern vielmehr die Verhütung von Schäden am Fahrzeug oder der Verlust desselben. Daher stellt die ständige Aufbewahrung eines Zweitschlüssels im Innenraum eine Gefahrerhöhung dar.[158] Ob dies auch für die ständige Aufbewahrung des Kfz-Scheins im Handschuhfach gilt,[159] wird unterschiedlich beurteilt. Dagegen wird eingewendet, dass die damit verbundene Steigerung des Diebstahlsrisikos die Erheblichkeitsschwelle des § 27 im Allgemeinen nicht überschreitet.[160]

Der VR trägt im Hinblick auf den Nachweis des veränderten Zustands des Kfz oder des Fahrers jeweils die Beweislast.

b) Rechtsfolgen bei Verstößen

Die Rechtsfolgen einer Pflichtverletzung im Hinblick auf Gefahrerhöhung sind in den §§ 24–26 geregelt: Danach kann der VR ganz oder teilweise leistungsfrei werden (§ 26). Zudem hat der VR zusätzlich ein Wahlrecht zwischen der Kündigung des Versicherungsvertrages (§ 24), der Prämienerhöhung (§ 25 I 1. Alt) oder dem Ausschluss der Versicherung der erhöhten Gefahr (§ 25 I 2. Alt). Entscheidet sich der VR für die Fortsetzung des Versicherungsvertrages zu einer um mehr als 10 % erhöhten Prämie bzw. unter Ausschluss der Absicherung der erhöhten Gefahr, kann der VN innerhalb eines Monats nach Zugang der Mitteilung des VR fristlos kündigen (§ 25 II). **68**

V. Geschädigter und VR

1. Direktanspruch des geschädigten Dritten

Obwohl im Referentenentwurf des Bundesministeriums der Justiz v. 13.03.2006 zum VVG-Reform-Gesetz[161] noch vorgesehen war, dass der Geschädigte im Pflichtversicherungsrecht grundsätzlich gegen alle Pflicht-VR einen Direktanspruch haben soll, ist dies letztlich im VVG von 2008 nicht vollständig umgesetzt worden. Gem. § 115 besteht ein direkter Schadenersatzanspruch des Geschädigten auch gegen den VR tatsächlich nur in den folgenden drei Fällen: **69**
– Es handelt sich um Ansprüche nach dem PflVG (§ 115 I Nr. 1).
– Es liegt Insolvenz des VN vor (§ 115 I Nr. 2).
– Der Aufenthalt des VN ist unbekannt (§ 115 I Nr. 3).

Für die Kfz-Haftpflichtversicherung hat sich somit nichts geändert. Der Geschädigte kann neben dem VN nach wie vor unmittelbar auch den Kfz-Haftpflicht-VR in Anspruch nehmen. Die diesbezüglichen Regelungen im § 3 PflVG a.F. sind durch die Regelungen in §§ 115 ff. ersetzt worden. Ein Direktanspruch gegen den VR nach § 115 I Nr. 1 besteht jedoch nicht, wenn ein vom VN und eingetragenem Halter personenverschiedener Dritter mit einem Kfz, das mit dem im Versicherungsschein eingetragenen Kurzzeitkennzeichen versehen war, einen Unfallgegner schädigt, sofern im Versicherungsschein allein VN und Halter namentlich benannt sind.[162]

Grundsätzlich besteht der Anspruch des geschädigten Dritten gegen den VR jeweils im Rahmen der Leistungspflicht des VR aus dem Versicherungsverhältnis mit dem VN. Gem. **§ 117 I–IV** kommt eine Leistungspflicht des VR gegenüber dem Dritten aber selbst dann in Betracht, wenn der VR gegenüber dem VN von der Leistungspflicht ganz oder teilweise – z.B. wegen vorsätzlicher Obliegenheitsverletzung des VN – befreit ist. Hierdurch soll das **Verkehrsopfer** davor **geschützt** werden, möglicherweise ohne jede Entschädigung zu bleiben, weil ein **mittelloser Schädiger** eine vertragliche Pflicht gegenüber dem VR verletzt. Gem. § 117 I bleibt die Leistungspflicht des VR nämlich »in Ansehung des Dritten« bestehen, wenn auch gem. § 117 III nur im Rahmen der gesetzlichen Mindestversicherungssummen und bzgl. des tatsächlich versicherten Risikos. **70**

---

154 BGH VersR 1986, 693, 694; OGH VersR 1980, 759; Maier/Stadler, Rn. 205.
155 BGH VersR 1986, 693, 694.
156 OLG Köln r+s 1997, 321, 322.
157 BGH VersR 1986, 693, 694.
158 OLG Koblenz VersR 1998, 233.
159 So OLG Celle VersR 2011, 663; VersR 2008, 204.
160 OLG Oldenburg VersR 2011, 256, 257; § 23 VVG Rdn. 20 m.w.N.
161 Quelle: http://www.hzv-uhh.de/fileadmin/Versicherungsrecht/VVG_Reform/VVG-Referentenentwurf_des_BMJ.pdf abgerufen am 26.08.2016.
162 BGH VersR 2015, 1552.

71 Grundsätzlich ist der VR gem. § 117 III 2 aber auch dem Geschädigten gegenüber leistungsfrei, wenn dieser von einem anderen Schaden-VR oder von einem Sozialversicherungsträger Schadenersatz verlangen kann. Hierzu enthält § 3 PflVG für die Kfz-Haftpflichtversicherung allerdings eine Spezialregelung: Ist der VR gegenüber dem VN nicht zur Leistung verpflichtet, weil das Kfz nicht den Bau- oder Betriebsvorschriften der StVZO entsprach oder von einem unberechtigten Fahrer oder von einem Fahrer ohne Fahrerlaubnis geführt wurde, kann der VR den Dritten abweichend von § 117 III 2 nicht auf die Möglichkeit verweisen, Schadenersatz von einem anderen Schaden-VR oder von einem Sozialversicherungsträger zu erlangen; die Leistungspflicht des VR entfällt insoweit nur dann, soweit der geschädigte Dritte von einer öffentlich-rechtlichen Körperschaft i.S.d. § 2 I Nr. 1–5 PflVG Schadenersatz erlangen kann.

2. Regress des VR

72 Für die Kfz-Haftpflichtversicherung stellt § 115 I 4 klar, dass der VR und der ersatzpflichtige VN als **Gesamtschuldner** haften;[163] deren rechtliche Beziehung zueinander ist spezialgesetzlich in **§ 116** geregelt: Gem. § 116 I 1 ist der VR, soweit er dem VN gegenüber aus dem Versicherungsverhältnis zur Leistung verpflichtet ist, im Verhältnis der Gesamtschuldner zueinander allein verpflichtet; ist der VR leistungsfrei, so ist der VN gem. § 116 I 2 im Verhältnis der Gesamtschuldner zueinander allein verpflichtet.

73 Gem. § 116 I 3 kann der VR vom ersatzpflichtigen VN Ersatz der Aufwendungen verlangen, die er den Umständen nach für erforderlich halten durfte. Damit besteht in der Kfz-Haftpflichtversicherung ein spezialgesetzlich geregelter **Ausgleichsanspruch des VR** gegenüber dem VN. Zudem regelt § 117 V, dass die Forderung des Dritten gegen den VN auf den VR übergeht, soweit dieser den Dritten befriedigt und ein Fall des § 116 (gesamtschuldnerische Haftung) nicht vorliegt; der Forderungsübergang ist also als Legalzession vorgeschrieben.

74 Die Kfz-Haftpflichtversicherung ist i.d.R. eine Kombination aus einer Eigenversicherung des VN als Halter und Fahrer und einer **Fremdversicherung** hinsichtlich mitversicherter Personen wie z.B. des Beifahrers. Der Regressanspruch des VR gegen eine **mitversicherte Person** unterliegt daher einigen Einschränkungen: Die versicherten Personen sind in der Versicherung für fremde Rechnung gem. § 123 I insoweit geschützt, als der VR eine Leistungsfreiheit im Verhältnis zum VN gegenüber dem Versicherten nur geltend machen kann, wenn die die Leistungsfreiheit begründenden Umstände auch in der Person des Versicherten vorliegen oder wenn diese Umstände dem Versicherten zumindest bekannt oder infolge grober Fahrlässigkeit unbekannt waren.

3. Forderungsübergang bei Kaskoversicherung; Quotenvorrecht

75 In der Kaskoversicherung findet die allgemeine gesetzliche Regelung des § 86 I bzgl. des Forderungsübergangs auf den VR Anwendung: Soweit der VR den Schaden des VN reguliert, geht ein etwaiger Schadenersatzanspruch des VN gegen den schädigenden Dritten wegen Beschädigung, Zerstörung oder Verlust des kaskoversicherten Fahrzeugs gem. § 86 I 1 auf den VR über. Die **Legalzession** erstreckt sich nur auf sog. kongruente Schäden, d.h. dass z.B. ein Ersatzanspruch des VN gegen den Schädiger auf Ersatz von Mietwagenkosten oder Ausgleich von Prämiennachteilen nicht auf den VR übergehen, wenn und soweit dieser solche Schäden als sog. Sachfolgeschäden gar nicht ersetzt; solche Ansprüche verbleiben dann beim VN.[164]

76 Eine wichtige Regelung, nämlich das sog. **Quotenvorrecht** des VN, ist in § 86 I 2 enthalten: Der VR kann den Forderungsübergang nicht zum Nachteil des VN geltend machen. Im Hinblick auf die zuvor erwähnten kongruenten Schäden konkurrieren VN und VR nämlich um den Schadenersatzanspruch gegenüber dem schädigenden Dritten. § 86 I 2 schützt den VN hier vor einem **Forderungsübergang** in dem Fall, dass weder sein Schadenersatzanspruch gegen den Dritten noch sein Anspruch auf Versicherungsleistung ausreicht, um seinen kongruenten Schaden vollständig zu ersetzen: Dann ist der Forderungsübergang auf den Kasko-VR nämlich auf den Teil beschränkt, den der VN für die Erlangung von Ersatz für bestimmte ungedeckte kongruente Schäden nicht benötigt.[165] Die stRspr. hat bestätigt, dass sich das Quotenvorrecht des VN nur auf den unmittelbaren Sachschaden (den kongruenten Schaden) und nicht auf die Sachfolgeschäden bezieht.[166]

77 In § 86 III ist eine weitere Einschränkung geregelt: Der Kasko-VR kann den übergegangenen Ersatzanspruch nicht gegen eine Person geltend machen, mit der der VN zum Zeitpunkt des schadensverursachenden Ereignisses in **häuslicher Gemeinschaft** lebt; einzige Ausnahme ist, dass ein solcher Schädiger den Schaden vorsätzlich verursacht hat. Die Privilegierung der in häuslicher Gemeinschaft mit dem VN lebenden Schädiger gilt somit selbst bei grob fahrlässiger Herbeiführung des Schadens. Die Gesetzesbegründung enthält keine

---

163 Im Hinblick auf die Ersatzpflicht ist zu beachten, dass zwischen VN und Halter nach § 23 II 4 Nr. 1 FZV keine Personenidentität bestehen muss. Somit kann es Fälle geben, in denen der VN nicht nach § 7 StVG ersatzpflichtig ist; vgl. LG Heidelberg NJW-RR 2013, 93; AG Bremen r+s 2014, 406; AG Nordenham DV 2013, 34; AG Krefeld, Urt. vom 1. August 2013, 3 C 16/12.
164 PK/*Kloth/Neuhaus*, § 86 Rn. 27 ff.
165 PK/*Kloth/Neuhaus*, § 86 Rn. 29; *Pamer*, Rn. 566 ff.
166 BGH NJW 1982, 827, 828; OLG Celle SP 2007, 146.

Hinweise dazu, wie das Zusammenleben in einer häuslichen Gemeinschaft von dem betr. schädigenden Dritten nachzuweisen ist.[167] Der früher geltende § 67 II a.F. beschränkte die Privilegierung noch auf in häuslicher Gemeinschaft lebende Familienangehörige. Mit der neuen Regelung wird der Nachweis nunmehr insbes. dann schwierig, wenn zwar zwischen dem VN und der schädigenden dritten Person faktisch ein gemeinsamer Haushalt besteht, dieser aber nicht formell z.B. durch eine Wohnungsanmeldung beim Einwohnermeldeamt dokumentiert ist. Nicht von der Privilegierung erfasst ist allerdings die bloße Mitwohngemeinschaft mit getrennten Finanzhaushalten; § 86 III setzt das Bestehen einer **Wirtschaftsgemeinschaft** voraus.[168]

In der Praxis erweitern die Kasko-VR die Privilegierung freiwillig auf weitere berechtigte Fahrer neben dem VN, beim Mietfahrzeug z.B. auf den Mieter des kaskoversicherten Kfz (A.2.15 AKB 2008). Die AKB 2015 ergänzen die Privilegierung dahingehend, dass bei grober Fahrlässigkeit lediglich eine quotale Rückforderung erfolgt (A.2.8 AKB 2015).   **78**

In § 86 II wurde eine z.T. ganz neue Obliegenheit des VN eingeführt: Der VN hat seinen Ersatzanspruch gegen den Dritten oder ein zur Sicherung dieses Anspruchs dienendes Recht unter Beachtung der geltenden Form- und Fristvorschriften zu wahren und bei dessen Durchsetzung durch den VR erforderlichenfalls mitzuwirken. Die **Wahrungspflicht** verbietet somit einen Verzicht oder einen Vergleich der betr. Forderung durch den VN. Die **Mitwirkungspflicht** umfasst z.B. die Pflicht des VN, dem Kasko-VR bestimmte Auskünfte zu geben, die dieser zur Begr. des übergegangenen und gegenüber dem Dritten geltend gemachten Schadenersatzanspruchs braucht. Falls der VN seine Wahrungs- oder Mitwirkungspflicht nach § 86 II verletzt, kommt eine (teilweise) Leistungsfreiheit des VR wegen Obliegenheitsverletzung nach den allgemeinen Regelungen in Betracht.[169]   **79**

4. Veräußerung des versicherten Fahrzeugs

Im Fall der Veräußerung eines bereits zugelassenen Kfz geht die bestehende Kfz-Haftpflichtversicherung gem. §§ 122, 95 ff. durch **Legalzession** auf den Erwerber über. Veräußerer und Erwerber trifft jedoch die Verpflichtung, dem VR die Veräußerung **unverzüglich anzuzeigen** (§§ 122, 97 I 1). Wird die Anzeigepflicht verletzt, gilt nach §§ 122, 97 I 2 Folgendes: Der VR ist nicht zur Leistung verpflichtet, wenn der Versicherungsfall später als einen Monat nach dem Zeitpunkt eintritt, zu dem die Anzeige dem VR hätte zugehen müssen, und wenn der VR den mit dem Veräußerer bestehenden Kraftfahrtversicherungsvertrag mit dem Erwerber nicht geschlossen hätte. Der VR wird also nur dann leistungsfrei, wenn er nachweisen kann, dass er den Versicherungsvertrag mit dem Erwerber nicht abgeschlossen hätte.   **80**

Gem. §§ 122, 96 I ist der VR berechtigt, dem Erwerber des Fahrzeugs das Versicherungsverhältnis unter Einhaltung einer Frist von einem Monat zu **kündigen**. Der Erwerber selbst darf das Versicherungsverhältnis gem. §§ 122, 96 II mit sofortiger Wirkung oder zu dem Schluss der laufenden Versicherungsperiode kündigen; dieses Kündigungsrecht muss ebenfalls innerhalb eines Monats nach dem Erwerb bzw. ab Kenntnis der bestehenden Versicherung ausgeübt werden. Gem. §§ 122, 96 III bleibt der Veräußerer im Fall der Kündigung zur Zahlung der Prämie verpflichtet, während den Erwerber hierfür keine Haftung trifft. In der Kfz-Haftpflichtversicherung gilt zudem das auf den Erwerber übergegangene Versicherungsverhältnis gem. der Regelung in § 3b PflVG als zu dem Zeitpunkt gekündigt, in dem eine neue Kfz-Haftpflichtversicherung des Erwerbers beginnt, ohne dass er das auf ihn übergegangene Versicherungsverhältnis zuvor gekündigt hat.   **81**

Die Buchstaben G.7.2 und G.7.3 AKB 2008 bzw. G.7.2 und G.7.3 AKB 2015 enthalten Empfehlungen des GDV, was zu vereinbaren ist für den Fall, dass das Versicherungsverhältnis bei einem Erwerber des veräußerten Kfz übergeht und weder VR noch Erwerber es kündigen: Demnach verpflichtet sich der VR, die Prämie entsprechend den Angaben des Erwerbers, die der VR bei einem Neuabschluss des Vertrages verlangen würde, anzupassen. Dies gilt auch für die **SFK-Einstufung** des Erwerbers. Die neue Versicherungsprämie gilt dann ab dem Tag, der auf den Übergang der Versicherung folgt (G.7.2 AKB 2008 bzw. G.7.2 AKB 2015). Den Beitrag für das laufende Versicherungsjahr kann der VR entweder vom Veräußerer oder vom Erwerber verlangen (G.7.3 AKB 2008 bzw. G.7.3 AKB 2015).   **82**

5. Ausländische Fahrzeuge bzw. Auslandsschäden

a) Ausländische Fahrzeuge im Inland

Das PflVG wird durch das AuslPflVG ergänzt. Gem. § 4 AuslPflVG finden die Bestimmungen des VVG, PflVG und der KfzPflVV auch Anwendung auf den Halter eines ausländischen Kfz/Anhängers i.S.d. AuslPflVG, der nach Deutschland einreisen und das Kfz in Deutschland nutzen möchte. Er hat insbes. das Bestehen der erforderlichen **Kfz-Haftpflichtversicherung bei Grenzübergang** nachzuweisen. Fehlt bei der Einreise des Kfz/Anhängers die erforderliche Versicherungsbescheinigung, muss die Grenzzollstelle gem. § 1 IV AuslPflVG die Einreise verweigern; stellt sich das Fehlen der Versicherungsbescheinigung erst nach der Einreise heraus, so darf das Kfz bis zur Vorlage der Bescheinigung von der zuständigen Behörde sichergestellt werden.   **83**

---

167 Begr. RegE BT-Drucks. 16/3945 S. 82.
168 *Schirmer* DAR 2008, 319, 325.
169 *Schirmer* DAR 2008, 319.

Anhang A Kraftfahrtversicherung

84 Der Kfz-Halter des ausländischen Fahrzeugs hat nach § 2 AuslPflVG drei Möglichkeiten, die in Deutschland bestehende Versicherungspflicht und den erforderlichen Verkehrsopferschutz bei etwaigen Unfällen im Inland sicherzustellen: Er kann (i) eine Kfz-Haftpflichtversicherung bei einem in Deutschland tätigen VR in Form einer üblichen, meist kurz laufenden Kfz-Haftpflichtversicherung abschließen, er kann (ii) eine sog. Grenzversicherung bei einem inländischen VR oder einer VR-Gemeinschaft von in- und ausländischen VR nehmen, und schließlich (iii) gibt es die heute im EWR und der Schweiz üblichste Möglichkeit der Anerkennung einer ausländischen Kfz-Haftpflichtversicherung im Inland: den Nachweis einer internationalen Versicherungskarte (sog. »Grüne Karte«); das Bestehen der anerkannten ausländischen Kfz-Haftpflichtversicherung ergibt sich in diesem Fall bereits aus dem Kennzeichen des einreisenden Kfz, das von der Zulassungsstelle des jeweiligen Mitgliedstaates ausgegeben wurde.

85 Das **System der Grünen Versicherungskarte** besteht bereits seit 1949. Es wurde ursprünglich aufgrund der UNO-Empfehlung Nr. 5 v. 25.01.1949 durch 13 Staaten begründet. Die UNO-Empfehlung richtet sich an die Regierungen der UNO-Mitgliedstaaten und enthält die Richtlinien des Grüne-Karte-Systems; sie wurde mehrfach geändert, zuletzt im November 2000.[170] Die Notwendigkeit eines solchen Systems ergab sich aus den erheblichen Unterschieden der Haftungs- und Versicherungsvertragsrechtsbestimmungen sowie der Regulierungspraxis in den Mitgliedstaaten. Inzwischen haben sich 44 Staaten angeschlossen und jeweils in ihrem Land ein **Grüne-Karte-Büro** gegründet. Das Deutsche Büro Grüne Karte e.V. befindet sich in Berlin (E-Mail allgemein: dbgk@gruene-karte.de bzw. E-Mail für Schadenfälle: claims@gruene-karte.de). Es hat seine Tätigkeit am 1. Januar 1994 aufgenommen und ist in dieser Funktion Rechtsnachfolger der Auslandsabteilung des ehemaligen HUK-Verbandes. Pflichtmitglieder dieses eingetragenen Vereins sind gem. § 8 I 1 PflVG die VR, die die Kfz-Haftpflichtversicherung in der Bundesrepublik Deutschland selbst betreiben. Bei Schadenfällen, die durch die Beteiligung ausländischer Kfz/Anhänger verursacht werden, wird der Geschädigte durch das Grüne-Karte-Büro unterstützt: Der Geschädigte kann nach § 3a II PflVG zudem einen Direktanspruch gegen das Deutsche Büro Grüne Karte e.V. nach Maßgabe deutschen Haftpflicht- und Versicherungsrechts geltend machen.[171] Die Mitteilung der Anschrift des Fahrers ist für die Geltendmachung des Anspruchs nicht erforderlich.[172] Das Deutsche Büro Grüne Karte e.V. beauftragt i.d.R. einen inländischen VR mit der eigenverantwortlichen Regulierung der Ansprüche für Rechnung des jeweils zuständigen ausländischen »Zahlenden Büros«, letztlich des betr. ausländischen VR. Der Verein erstattet dem Mitglied Aufwendungen zuzüglich der Bearbeitungsgebühr, wenn es seinen Erstattungsanspruch gegen den betr. ausländischen VR nicht innerhalb der üblichen angemessenen Frist realisieren kann (§ 10 I 2 Satzung des Vereins »Deutsches Büro Grüne Karte e.V«).[173] Schadenaufwendungen, die dem Verein aufgrund seiner satzungsmäßigen Tätigkeit entstanden sind und die von einem ausländischen Büro nicht in angemessener Frist ersetzt werden oder für die ein Erstattungsanspruch gegen ein einzelnes Mitglied oder ein ausländisches Büro nicht besteht, werden von der Gesamtheit der Mitglieder getragen (§ 10 II Satzung des Vereins »Deutsches Büro Grüne Karte e.V«).

b) Schäden im Ausland

86 Die Regulierung von Verkehrsunfällen im europäischen Ausland ist durch die zum 01.01.2003 umgesetzte Vierte KH-RiLi[174] erheblich vereinfacht worden. Dieses europäische Regulierungssystem zeichnet sich neben dem Direktanspruch des Geschädigten gegen den Kfz-Haftpflicht-VR insbes. durch die folgenden Aspekte aus:

– Jeder Mitgliedstaat richtet eine zentrale Auskunftsstelle ein, an die sich der Geschädigte wenden kann, um die zur Schadenregulierung notwendigen Daten und Informationen, insbes. den Namen des zuständigen ausl. VR, zu erlangen. In Deutschland ist diese gem. § 8a PflVG eingerichtete Stelle die **GDV Dienstleistungs-GmbH & Co. KG** in 20095 Hamburg (Tel.: 040/33 449 0).
– Die VR haben in jedem Mitgliedstaat mit Ausnahme ihres Sitzstaates einen **Schadenregulierungsbeauftragten** zu benennen, der den betr. Schaden in der jeweiligen Landessprache des Geschädigten vor Ort regulieren kann; diese Verpflichtung wurde für deutsche VR in § 163 VAG festgeschrieben.
– Die Mitgliedstaaten haben eine Entschädigungsstelle einzurichten, die den Schaden reguliert und ihn anschließend mit dem zuständigen ausländischen VR abrechnet, wenn das System aus irgendeinem Grund nicht funktioniert; in Deutschland ist die zuständige Stelle gem. § 13a PflVG der rechtsfähige Verein »**Verkehrsopferhilfe e.V.**« (Adresse: Wilhelmstraße 43/43G, 10117 Berlin; Tel.: 030/20205 858; E-Mail: voh@verkehrsopferhilfe.de). Der Verkehrsopferhilfe e.V. ist eine Einrichtung der deutschen Kfz-Haftpflicht-VR, die gem. § 8 I 1 PflVG Pflichtmitglieder dieses eingetragenen Vereins sind.

---

170 Ausführlich: H/E/K/*Lemor*, 6. Kap. Rn. 17 ff.
171 Vgl. BGH VersR 2008, 1273.
172 LG Stuttgart VersR 2016, 44.
173 Satzung (Stand: Januar 2008) aufzurufen unter: http://www.gruene-karte.de/uploads/media/Das_DBGK_Satzung.pdf; abgerufen am 26.08.2016.
174 ABl. EG Nr. L 181 v. 20.07.2000, S. 65 ff.; s. Rdn. 10 zur Weitergeltung der Prinzipien in der Sechsten KH-RiLi.

– Ein Schaden aus einem Verkehrsunfall ist innerhalb von drei Monaten zu regulieren; sollte dies nicht gelingen, so ist der VR verpflichtet, dem Geschädigten noch vor Ablauf dieser Frist den Grund für die Verzögerung mitzuteilen (§ 3a II i.V.m. I Nr. 1 PflVG); nach drei Monaten tritt Verzug ein (§ 3a II i.V.m. I Nr. 2 PflVG); wenn der Geschädigte innerhalb der Drei-Monatsfrist weder vom Schadenregulierungsbeauftragten noch vom ausländischen VR Nachricht erhält, reguliert der Verkehrsopferhilfe e.V. gem. § 12a PflVG den Schaden.

Die Regulierung von Verkehrsunfällen, die sich außerhalb des Geltungsbereichs der Vierten KH-RiLi ereignen, ist in Deutschland weitgehend unreglementiert. Gleichwohl bietet Art. 40 IV EGBGB für die Frage nach dem Direktanspruch gegen den Kfz-Haftpflicht-VR des Ersatzpflichtigen einen Anhaltspunkt. Danach kann der Verletzte seinen Anspruch unmittelbar gegen den VR geltend machen, wenn das auf die unerlaubte Handlung anzuwendende Recht oder das Recht, dem der Versicherungsvertrag unterliegt, das vorsieht. Nach dem BGH ordnet die Vorschrift eine echte Alternativanknüpfung an. Sollten die beiden Varianten zur Anwendung unterschiedlicher Rechtsordnungen führen, ist das für den Geschädigten im konkreten Einzelfall günstigere Recht anzuwenden; die Entscheidung darüber hat das Gericht von Amts wegen zu ermitteln.[175] **87**

Entsprechend § 215, der vorsieht, dass der VN Klagen aus dem Versicherungsvertrag beim Gericht seines eigenen Wohnsitzes erheben kann, besteht zumindest für den Geltungsbereich der EuGVVO[176] bezüglich des Direktanspruches eines im Ausland geschädigten deutschen Verkehrsteilnehmers gegen den in einem EU-Mitgliedstaat ansässigen Kfz-Haftpflicht-VR des Schädigers ein Wohnsitzgerichtsstand gem. Art. 13 I EuGVVO.[177] **88**

Sollte ein deutscher VN im Ausland einen Schaden mitverursacht haben, kann der in Anspruch genommene und zahlende Haftpflichtversicherer des deutschen VN bei dem anderen Schädiger bzw. dessen Haftpflichtversicherer nach § 86 I 1 Regress nehmen, wenn die nach den Art. 4 ff. Rom-II VO auf den Unfall anzuwendenden deliktischen Haftungsnormen eine Aufteilung der Schadensersatzpflicht bestimmen.[178] **89**

6. Entschädigungsfonds für Schäden aus Kfz-Unfällen

Es sind Fälle denkbar, in denen der Geschädigte weder von einem VR noch vom Halter, Eigentümer oder Fahrer des Kfz Ersatz erlangen kann. Für solche Fälle sieht § 12 PflVG i.V.m. der KfzUnfEntschV einen **Verkehrsopferschutz** außerhalb der Kfz-Haftpflichtversicherung vor: Danach kann derjenige, der durch den Gebrauch eines Kfz oder eines Anhängers einen Personen- oder Sachschaden erlitten hat, die Schadensersatzansprüche, die ihm gegen den Halter, Eigentümer oder Fahrer des Fahrzeugs zustehen, gegen den sog. »Entschädigungsfonds für Schäden aus Kraftfahrzeugunfällen« geltend machen. Träger des Entschädigungsfonds ist der **Verkehrsopferhilfe e.V.** **90**

Die Inanspruchnahme des Verkehrsopferhilfe e.V. kommt gem. § 12 I 1 PflVG in folgenden Fällen in Betracht: **91**
– Das Kfz, durch dessen Gebrauch der Schaden verursacht worden ist, kann nicht ermittelt werden (Nr. 1);
– Es besteht keine gesetzliche Haftpflichtversicherung zugunsten des Halters, des Eigentümers und des Fahrers des Kfz (Nr. 2);
– Der Halter des Kfz ist gem. § 2 I Nr. 6 PflVG (Kfz mit Maximalgeschwindigkeit von 6 km/h; selbstfahrende Arbeitsmaschinen und Stapler mit Höchstgeschwindigkeit von 20 km/h; Anhänger, die den Vorschriften über das Zulassungsverfahren nicht unterliegen) oder aufgrund einer anderen gesetzlichen Bestimmung von der Versicherungspflicht befreit (Nr. 2a);
– Es besteht für den Schaden keine Versicherungsdeckung, weil der Ersatzpflichtige den Versicherungsfall vorsätzlich und widerrechtlich herbeigeführt hat (Nr. 3); oder
– Über das Vermögen des leistungspflichtigen VR ist das Insolvenzverfahren eröffnet worden (Nr. 4).

Der Ersatzberechtigte trägt die **Beweispflicht** bzgl. der Tatsache, dass er weder vom Halter, dem Eigentümer, dem Fahrer des Kfz noch von einem Schaden-VR oder einem Verband von im Inland zum Geschäftsbetrieb befugten Haftpflicht-VR Schadenersatz erlangen kann. Gem. § 12 II 2 PflVG beschränkt sich im Fall des § 12 I 1 Nr. 1 PflVG die Leistungspflicht des Entschädigungsfonds für Sachschäden auf den Betrag, der € 500 übersteigt; durch diesen **Selbstbehalt** wird die Geltendmachung von sog. Bagatellschäden ausgeschlossen. In Fällen, in denen das schädigende Kfz aufgrund von Unfallflucht nicht mehr zu ermitteln ist, kann Schadenersatz für den Sachschaden am Kfz des Geschädigten nur dann geltend gemacht werden, wenn zugleich auch eine Entschädigungspflicht wegen der Tötung einer Person oder der erheblichen Verletzung des Körpers oder der Gesundheit des Ersatzberechtigten oder eines Fahrzeuginsassen des geschädigten Kfz besteht (§ 12 II 3 PflVG). **92**

---

175 BGH VersR 2016, 745.
176 VO (EU) Nr. 1215/2012 v. 12.12.2012, ABl. EU Nr. L 351 v. 20.12.2012, S. 1 ff.
177 Vgl. EuGH DAR 2008, 17; auf Vorlage von BGH NJW 2007, 71.
178 Vgl. EuGH VersR 2016, 797; Staudinger/Friesen VersR 2016, 768, 770.

Anhang A Kraftfahrtversicherung

VI. Kriterien für das Quotelungs-System
1. Grobe – einfache Fahrlässigkeit (Abgrenzung)

93 Der VR kann bei grob fahrlässigen Verstößen gem. §§ 26 I 2, II 2 Hs. 2, 28 II 2 und 82 III 2 seine Leistung entsprechend der Schwere des Verschuldens kürzen (»**quoteln**«). Daher wird neben der grundlegenden Frage, wie schwer das Verschulden des VN ist, die Frage zu klären sein, um welchen Betrag sich die Leistungspflicht des VR bei Vorliegen von grober Fahrlässigkeit des VN mindert. Der Gesetzgeber stellt zudem die Beweislast klar: »Die Beweislast für das Nichtvorliegen einer groben Fahrlässigkeit trägt der Versicherungsnehmer« (§§ 26 I 2 Hs. 2, II 2 Hs. 2, 28 II 2 Hs 2. und 82 III 2 Hs 2.). Die amtliche Begr. des Regierungsentwurfs zu § 28 II enthält folgende etwas widersprüchliche Feststellung: »Für das Verschuldensmaß, nach dem sich im Fall grober Fahrlässigkeit der Umfang der Leistungspflicht bestimmt, ist der Versicherer beweispflichtig.«[179] Es ist noch umstr., ob die Beweislast für den Grad des Verschuldens tatsächlich ganz beim VR liegt. Für die Einzelheiten wird auf die Kommentierung zu § 28 (dort § 28 VVG Rdn. 154 ff.) verwiesen.

94 Die amtliche Begr. des Regierungsentwurfs zu den §§ 26 I 2, 28 II 2, 81 II, 82 III 2, 86 II 3 gibt zudem keine konkreten Leitlinien, wie die Quotelung bei grober Fahrlässigkeit praktisch erfolgen soll. Es findet sich lediglich zu § 28 II der Hinweis, dass sich der Umfang der Leistungspflicht künftig nach dem Grad der groben Fahrlässigkeit bestimmen soll. Wenn die grobe Fahrlässigkeit nahe beim Vorsatz liegt, soll dies zu einer hohen Leistungskürzung führen; liegt die grobe Fahrlässigkeit dagegen nahe an einer einfachen Fahrlässigkeit, soll die Leistungskürzung geringer ausfallen. Der Gesetzgeber war sich aber ausdrücklich bewusst, dass »die Quotelung (…) zwar zunächst mit nicht unerheblichen Problemen in der praktischen Umsetzung verbunden sein wird; sie dürften im Ergebnis aber nicht größer sein als die bei der Entscheidung, ob im Einzelfall grobe oder nur einfache Fahrlässigkeit vorliegt.«[180]

95 Das VVG definiert den Begriff der **groben Fahrlässigkeit** nicht, so dass die von den Zivilgerichten geprägte Definition anzuwenden ist: Danach handelt grob fahrlässig, wer die im Verkehr erforderliche Sorgfalt in objektiver Hinsicht in ungewöhnlich hohem Grade außer Acht lässt und wen in subjektiver Hinsicht ein erheblich gesteigertes Verschulden trifft.[181] Vor dem Hintergrund, dass der Kfz-Haftpflicht-VR ohnehin nur eine Leistungsfreiheit von maximal € 10.000 geltend machen kann, hat es in der Vergangenheit zu der Frage des Vorliegens grober Fahrlässigkeit vor allem im Rahmen der **Kaskoversicherung** eine Vielzahl von Urteilen gegeben. Im Hinblick auf die durch das VVG von 2008 eingeführte, angemessene Quotelung hat sich mittlerweile – zumindest teilweise – eine Rspr.-Praxis zur Beurteilung der Schwere des Verschuldens bei Vorliegen grober Fahrlässigkeit herausgebildet. Die vorherrschende Meinung bejaht unter Betonung der Abwägung der Umstände des Einzelfalles die Berechtigung des VR zur vollständigen Kürzung der Leistung (also von 100 % auf 0 %) bei Vorliegen grober Fahrlässigkeit in Ausnahmefällen.[182] Damit ist die betr. Rspr. auf Basis des VVG a.F. jedoch nicht obsolet geworden. Sie bleibt vor allem bei der Klärung der grundsätzlichen Frage, ob einfache oder grobe Fahrlässigkeit vorliegt, weiterhin gültig.

a) Fälle grober Fahrlässigkeit

96 In folgenden Fällen hat die Rspr. das Vorliegen von grober Fahrlässigkeit z.B. bejaht:[183]
  1. **Alkohol/Drogen/Medikamente:** Grundsätzlich bei absoluter Fahruntüchtigkeit, d.h. 1,1 ‰ BAK (BGH VersR 1991, 1367; VersR 1989, 469, 470; vgl. in Strafsache BGH VersR 1990, 1177; OLG Saarbrücken, r+s 2013, 485, 486 f. OLG Dresden DAR 2011, 24); bei relativer Fahruntüchtigkeit, d.h. 0,3–1,1 ‰ BAK, wenn zusätzlich äußere Anzeichen für alkoholbedingte Fahruntüchtigkeit vorliegen (BGH VersR 1988, 733; OLG Saarbrücken r+s 2015, 340; OLG Hamm NJW 2011, 85; AG Dippoldiswalde r+s 2014, 122); KG Berlin VersR 2011, 742 beleuchtet zudem Augenblicksversagen;
  2. **Brand/Explosion:** Schweißarbeiten mit unzureichenden Sicherheitsmaßnahmen (OLG Hamm VersR 1984, 726); Unterlassen des Löschversuchs bei Vergaserbrand (OLG Bremen VersR 1951, 196); unbeaufsichtigtes Heizgerät auf dem Beifahrersitz (OLG Hamm r+s 1998, 187);
  3. **Mobiltelefon/Ablenkung durch andere Gegenstände/Tiere:** Telefonieren mit Mobiltelefon während Fahrt mit Geschwindigkeit zwischen 170 km/h und 220 km/h (OLG Koblenz VersR 1999, 503, 504); Aufheben herabgefallener Gegenstände während der Fahrt (OLG Hamm, Urt. vom 30. Mai 2016, 18 U 155/15; OLG Frankfurt (Main) NVersZ 2001, 322; OLG Zweibrücken r+s 1999, 406; OLG Köln r+s 1998, 273; AG Hanau, SVR 2010, 429 f.); Anzünden einer Zigarette bei Fahrt auf linker Autobahnspur (OLG Frankfurt (Main) r+s 1997, 101); Weglegen eines Gegenstands auf den Rücksitz (OLG Frankfurt (Main) VersR 1973, 610); Herausholen eines Gegenstands aus dem Handschuhfach (OLG Stuttgart r+s 1999, 56, 57); Hund im Fußraum vor dem Beifahrersitz (OLG Nürnberg r+s 1994, 49; r+s 1990, 81); Kassetten-

---

179 Begr. RegE BT-Drucks. 16/3945 S. 69.
180 Begr. RegE BT-Drucks. 16/3945 S. 69.
181 BGH VersR 2003, 364; VersR 1989, 141, 142; OLG Köln VersR 2014, 1205, 1206.
182 BGH VersR 2012, 341 (zu § 28); VersR 2011, 1037 (zu § 81); § 28 VVG Rdn. 132; L/W/*Wandt*, § 28 Rn. 240; a.A. KG Berlin VersR 2011, 487; *Marlow*/Spuhl, Rn. 325; vgl. auch Rdn. 99.
183 *Pamer*, Rn. 445 ff. m.w.N.; van Bühren/*Therstappen*, § 2 Rn. 151 ff. m.w.N.

wechsel während der Fahrt (OLG Nürnberg NJW-RR 1992, 360; AG Köln SP 1999, 282); Verstellen des Fahrersitzes während einer Autobahnfahrt (OLG Saarbrücken VersR 2004, 1308, 1309);
4. **Parken:** Verlassen des Fahrzeugs ohne jede Sicherheitsvorkehrung (OLG Hamm VersR 1991, 881); Cabriolet mit geöffnetem Verdeck über Nacht im Zentrum einer Großstadt (LG Aachen VersR 1992, 997); Abstellen eines Wohnmobils mit geöffneter Schiebetür während Einkaufs (OLG Hamburg ZfS 2005, 247); Liegenbleiben infolge Treibstoffmangels und Unterlassen der Sicherung durch ein Warndreieck (OLG Hamm VersR 1994, 590); unterlassenes bzw. unzureichendes Anziehen der Handbremse bei abschüssiger Straße (OLG Köln VersR 1994, 1414; OLG Stuttgart VersR 1991, 1049); Abstellen eines Lkw ohne Anziehen der Handbremse bzw. Gangsicherung (OLG Düsseldorf NVersZ 2002, 364; AG Frankfurt (Main) NZV 2003, 242) bzw. eines Kfz ohne Gangsicherung (OLG Karlsruhe SP 2008, 57);
5. **Rotlichtverstoß:** Überfahren von Rotlicht ist grundsätzlich grob fahrlässig, es sei denn der VN kann besondere Umstände darlegen, die im Einzelfall ausnahmsweise eine mildere Beurteilung rechtfertigen;[184] die Berufung auf bloßes Augenblicksversagen reicht hierfür allerdings grundsätzlich nicht aus (BGH NJW 2003, 1118, 1119); auch die nachfolgend genannten Fälle von Rotlichtverstoß wurden trotz dargelegter besonderer Umstände als grob fahrlässig eingestuft: ein ortsunkundiger Autofahrer sucht nach einer bestimmten Straße (OLG Frankfurt (Main) VersR 2003, 319); unklare Ampelleuchten bzw. kurz hintereinander stehende Ampelanlagen (OLG Hamm NVersZ 2002, 23; OLG Köln NVersZ 2002, 225); irriges Anfahren, nachdem VN zuvor ca. 1 Minute an der roten Ampel stand (OLG Karlsruhe r+s 2004, 139); Blendung durch Sonnenlicht (OLG München, Urt. vom 29. Januar 2010, 10 U 4264/08; OLG Köln r+s 2003, 451; LG Münster r+s 2009, 501; AG Duisburg SP 2011, 28); Unaufmerksamkeit bzw. starke Ablenkung durch einen Mitfahrer (OLG Jena VersR 2004, 463, 464; OLG Köln SP 2003, 318); Arbeitsüberlastung während des Tages (AG Essen SP 2003, 388); fehlende Ortskunde und mangelnde Fahrpraxis (OLG Rostock VersR 2003, 1528); Verwechslung mit Grünlicht für Linksabbieger bzw. daneben liegende Ampel (OLG Köln r+s 2004, 101; LG Düsseldorf SP 2004, 166);
6. **Schüssel/Papiere:** Unterlassen von Sicherungsmaßnahmen nach Verlust einer Keyless-Go-Karte und des Fahrzeugscheins (OLG München VersR 2008, 1105); Zurücklassen des sichtbaren Schlüssel im verschlossenen Auto (BGH VersR 1986, 962); bzw. dauerhafte, nicht sichtbaren Aufbewahrung (Zweit-)Schlüssels im Auto (OLG Hamm VersR 1998, 489; OLG Nürnberg VersR 1994, 1417; OLG Frankfurt (Main) VersR 1988, 1122; LG Traunstein, Urt. vom 12. Mai 2011, 1 O 3826/10); insb. bei zeitgleich unverschlossenem Fahrzeug (OLG Koblenz VersR 2009, 1527); ebenso Aufbewahrung des (Zweit-)Schlüssels im Handschuhfach eines anderen, in der Nähe abgestellten Pkw (AG Rheinbach SP 2013, 408), insb. wenn im Anschluss an den Diebstahls des Schlüssels bloß die Anbringung einer Lenkradkralle anstatt einer Umprogrammierung des Schlosses erfolgt (LG Hechingen ZfS 2013, 392); Aufbewahrung in einem nicht abgeschlossenen Aufenthaltsraum, wenn abschließbarer Spind zur Verfügung steht (OLG Koblenz r+s 2012, 430); Schlüssel in der Tasche einer unbeaufsichtigten Jacke (OLG Celle r+s 2010, 149; OLG Koblenz r+s 2003, 319; OLG Karlsruhe SP 2002, 394, 394 f.) bzw. Tasche (OLG Saarbrücken ZfS 2010, 506; LG Berlin r+s 2013, 488); Schlüssel im Haus bei geöffneter Terrassentür zur Nachtzeit (OLG München NZV 2006, 158; LG München VRR 2013, 30); Schlüssel im Zündschloss während Telefonats in öffentlicher Telefonzelle (LG Traunstein VersR 1993, 47) bzw. während Einkaufs am drei Meter entfernten Obststand (OLG Köln VersR 2002, 842) bzw. während des Parkscheinkaufs bei laufendem Motor (OLG Koblenz VersR 2004, 1410, 1411) bzw. wenn es an der Möglichkeit mangelt in das Diebstahlgeschehen einzugreifen (OLG Koblenz r+s 2008, 11; VersR 2001, 1278); Übergabe des Schlüssels für Probefahrt ohne Kenntnis der Identität des Kaufinteressenten (OLG Frankfurt (Main) NVersZ 2002, 320; LG Neubrandenburg DAR 2012, 527); Einwurf des Schlüssels in den ungesicherten Briefkasten eines Autohauses und Abstellen des Fahrzeugs davor (OLG Hamm VersR 2006, 403; OLG Köln VersR 2002, 604); Schlüssel in mangelhaft bewachten Büroraum (OLG Hamm VersR 1985, 489); dauerhaftes Verlassen des Fahrzeugs bei steckendem Zündschlüssel trotz Bewachung durch freilaufenden Hund (LG Itzehoe VersR 2004, 192); unterlassenes Ergreifen von Maßnahmen nach dem Bemerken der Entwendung eines Fahrzeugschlüssels (LG Coburg SP 2004, 94; LG Mainz VersR 1996, 705); dauerhaftes Aufbewahren des Fahrzeugscheins im Kfz mag grob fahrlässig sein (str., zustimmend: OLG Celle VersR 2011, 663 f.; LG Traunstein, Urt. vom 12. Mai 2011, 1 O 3826/10; a.A. OLG Bremen SVR 2011, 259; LG Dortmund SP 2010, 332 f.), es fehlt jedoch an der Kausalität für den Eintritt des Versicherungsfalls (BGH VersR 1996, 621; OLG Oldenburg VersR 2011, 256; OLG Bremen SVR 2011, 259; mit Bedenken offengelassen: OLG Celle VersR 2011, 663 f.; a.A. LG Traunstein, Urt. vom 12. Mai 2011, 1 O 3826/10).
7. **Überfahren eines Stoppschilds:** Das Überfahren eines Stoppschilds stellt grundsätzlich grobe Fahrlässigkeit dar (OLG Köln VersR 2010, 623; OLG Koblenz VersR 2008, 1346; OLG Nürnberg NJW-RR 1996, 988, wobei dieses im Hinblick auf irreführende Beschilderung letztlich die grobe Fahrlässigkeit verneinte);

---

184 BGH VersR 2003, 364; VersR 1992, 1085; OLG Hamm NJW 2003, 1118; OLG Düsseldorf VersR 1992, 1086; OLG Köln r+s 1990, 193; r+s 1989, 350; VersR 1989, 952.

Anhang A Kraftfahrtversicherung

8. **Überhöhte Geschwindigkeit/sonstige Fahrfehler:** Geschwindigkeitsüberschreitungen von ca. 50 % über der zulässigen Höchstgeschwindigkeit (OLG Koblenz VersR 2000, 720; OLG Karlsruhe SP 1997, 296, 297); Fahrgeschwindigkeit von 80 km/h bei Nebel mit Sichtweite von 20–30 m (OLG Nürnberg VersR 1989, 284); Drängeln auf der Autobahn durch zu nahes Auffahren und scharfes Abbremsen, das zum Schleudern führt (OLG Hamm VersR 1992, 691); Überschreiten der Geschwindigkeit zur Nachtzeit um 40 % (OLG Karlsruhe NZV 1994, 443); Wenden auf der Autobahn (OLG Hamm r+s 1992, 42, 43); verbotswidriges Linksabbiegen ohne Beachtung des Gegenverkehrs (OLG Köln r+s 1993, 406); Ziehen der Handbremse durch VN auf Beifahrersitz bei einer Geschwindigkeit von 150 km/h auf der Autobahn (OLG Köln r+s 1997, 408); Missachtung eines deutlich sichtbaren Halteverbotsschildes (OLG Hamm ZfS 1998, 262); Geschwindigkeitsüberschreitung um 40 km/h auf kurvenreicher Strecke, wo eine Höchstgeschwindigkeit von 50 km/h erlaubt ist (OLG Köln r+s 2004, 11);
9. **Überholvorgang:** Überholen einer Fahrzeugkolonne bei hoher Geschwindigkeit (OLG Schleswig VersR 1974, 703); nächtliches Überholen mit hoher Geschwindigkeit (OLG Düsseldorf SP 2003, 247); Überholen eines die Sicht behindernden Großfahrzeugs (BGH VersR 1982, 892, 893; OLG Karlsruhe VersR 2004, 776, 777); Überholen in unübersichtlicher Kurve (OLG Köln VersR 1987, 1207); Überholen bei sich verengender Fahrbahn (OLG Hamburg SP 1998, 330); Verschätzen der Entfernungen zu Gegenverkehr bzw. zu Fußgängerinsel in der Fahrbahnmitte (OLG Köln r+s 2003, 56; OLG Düsseldorf VersR 2001, 1020);
10. **Übermüdung:** Fahren eines Fahrzeugs trotz Übermüdung entsprechend deutlich wahrnehmbarer Ermüdungsanzeichen (BGH VersR 1977, 619, 620; OLG Saarbrücken r+s 2015, 340; OLG Koblenz SP 2007, 439; OLG Oldenburg NVersZ 1999, 80); Sekundenschlaf, selbst wenn VN nachweisen kann, dass er ständig unter Schlafstörungen leidet (LG Stendal VersR 2003, 1170);
11. **Überschwemmung:** Kfz wird nicht rechtzeitig vor stark steigendem Hochwasser in Sicherheit gebracht (BGH VersR 1976, 649); überflutete Unterführung wird durchfahren, wobei es hier an der unmittelbaren Einwirkung der Überschwemmung auf das Kfz fehlt (OLG Frankfurt (Main) DAR 2001, 364);
12. **Unfallflucht:** Wie in Rdn. 61 ausgeführt, wertet die Rspr. die allgemeine Wartepflicht in E.1.3 AKB 2008 als versicherungsrechtliche Obliegenheit. Daher ist grundsätzlich auch eine grob fahrlässige Obliegenheitsverletzung möglich.[185]
13. **Unterführungen/Einfahrten:** Durchfahren einer Brückenunterführung, die durch Verkehrszeichen und rot-weißen Farbanstrich eine Maximalhöhe angab, mit einem zu hohen Lkw (OLG Karlsruhe VersR 2004, 1305; LG Hagen r+s 2012, 538) bzw. Wohnmobil (OLG Oldenburg VersR 2006, 920); ebenso Einfahrt mit zu hohem Lkw in ein Parkhaus, dessen Einfahrtshöhe mit Schildern und orangefarbenen Ballons gekennzeichnet war (LG Konstanz r+s 2010, 319, 323 f.); das gilt auch dann, wenn sich im Innenraum des Fahrzeugs kein Hinweis auf die Aufbauhöhe befindet (OLG Düsseldorf VersR 2013, 199);
14. **Zusammenstoß mit/Ausweichen vor Wild:** Übermäßiges Ausweichmanöver bei Kleinwild (BGH VersR 2003, 1250; OLG Saarbrücken VersR 2011, 55, 58; OLG Koblenz VersR 2004, 464, 465 f.); Ausweichen vor Haarwild bei überhöhter Geschwindigkeit (LG Trier ZfS 2010, 510; LG Hannover VersR 2004, 857, 858).

b) Fälle einfacher Fahrlässigkeit

97 Die grobe Fahrlässigkeit wurde hingegen in folgenden Fällen durch die Rspr. verneint:
1. **Ablenkung durch Gegenstände/Tiere im Kfz:** Bedienen des CD-Wechslers oder des Autoradios, wenn keine weiteren Anhaltspunkte für ein Fehlverhalten oder für eine gesteigerte gefährdende Verkehrssituation bestehen (OLG Nürnberg NJW-RR 2005, 1193; OLG Hamm VersR 2001, 893); Aufheben einer Zigarette in einer einfachen Verkehrssituation (OLG Dresden r+s 2003, 7);
2. **Diebstahl:** Parken eines verschlossenen Fahrzeugs mit eingeschalteter Alarmanlage auf belebter und beleuchteter Hauptstraße in Mailand (BGH VersR 1996, 576 – Porsche); nicht Aushändigung aller Originalschlüssel durch Voreigentümer, wenn Kauf durch Autohaus im Auftrag des Voreigentümers vollzogen wird (BGH VersR 1996, 621 – BMW Z1); Abstellen des Pkw in Warschau in der Nähe eines Hotels auf einem Parkplatz, den der VN für bewacht halten durfte, und er eine bessere Parkmöglichkeit nicht kannte (BGH VersR 1998, 44 – Mercedes Benz Roadster 500 SL);
3. **Fahren ohne Winterreifen:** Fahren mit Sommerreifen bei wechselhaftem Wetter und nur teilweise winterlichen Straßenverhältnisse in einer Region, in der typischerweise nicht mit winterlichen Verhältnissen zu rechnen ist.[186]
4. **Parken:** Unverschlossenes Kfz auf einem Hof, der durch Schiebetor mit zwei Vorhängeschlössern gesichert ist (OLG Düsseldorf VersR 1991, 540, 541); Gepäckstücke, in denen sich die Fahrzeugpapiere befanden, sichtbar auf der Rücksitzbank (OLG München VersR 1999, 1361);
5. **Rotlichtverstoß:** Ampelanlage nur schwer zu erkennen bzw. verdeckt (BGH NJW 2003, 1118; vgl. auch OLG Hamm VersR 2002, 603); kurze Gelbphase bei unbekannter Ampelanlage (OLG Stuttgart VersR 1980,

---

185 Vgl. AG Hannover DAR 2013, 87; AG Mülheim VRR 2011, 386; *Maier/Stadler*, Rn. 142.
186 LG Hamburg DAR 2010, 473.

1140); Übersehen einer nur vorübergehend installierten Ampel (OLG Hamm NZV 1990, 30); Frühstart an noch roter Ampel infolge eines Wahrnehmungsfehlers (LG Köln DAR 2004, 276); Ablenkung durch eine gefahrenträchtige Verkehrssituation, die durch Fahrverhalten eines Gelenkomnibusses verursacht wird (OLG Hamm VersR 2002, 603); Ablenkung durch hupenden Hintermann (OLG Koblenz r+s 2004, 55); Eingreifen des geistig behinderten Beifahrers in das Lenkrad (LG Oldenburg ZfS 2003, 504);

6. **Schlüssel/Papiere:** Zurücklassen des Kfz-Scheins im Pkw nicht kausal für die Entwendung des Fahrzeugs (BGH VersR 1996, 621; OLG Oldenburg NRW-RR 2010, 1542; OLG Düsseldorf VersR 1997, 304, 305); Schlüssel im abgeschlossenen Handschuhfach statt auf der Mittelkonsole (BGH VersR 1986, 962); einmaliges Vergessen eines Zweitschlüssels im Fahrzeug über einen nur kurzen Zeitraum (LG Ingolstadt ZfS 2010, 331); Zündschlüssel im Schloss, während Beifahrer sich im oder am Kfz aufhält (OLG Frankfurt (Main) VersR 2003, 319); Aufbewahrung des Schlüssels in einer Jacke, die zwei bis drei Schritte entfernt abgelegt wird (OLG Stuttgart VersR 1992, 567); Steckenlassen des Schlüssels im Zündschloss auf eingefriedetem Grundstück des Halters (OLG Düsseldorf, SP 2010, 331);

7. **Überhöhte Geschwindigkeit/sonstige Fahrfehler:** Die grobe Fahrlässigkeit wurde weiterhin verneint bei einem Fahrfehler mit einer Geschwindigkeit von 165 km/h auf der Autobahn bei guten Witterungsverhältnissen (OLG Hamm VersR 1987, 1206); Überholen mit hoher Geschwindigkeit auf dreispuriger Autobahn ohne Geschwindigkeitsbegrenzung und bei geringer Verkehrsdichte (OLG Köln r+s 2006, 415 ff.); Abkommen von der Fahrbahn wegen Anlegen des Sicherheitsgurts während der Fahrt (OLG Saarbrücken VersR 1984, 1185); reflexartige Handbewegung zum Verscheuchen eines Insekts aus dem Gesicht (OLG Bamberg NZV 1991, 473); Umschauen während der Fahrt, weil auf dem Rücksitz sitzendes Kind plötzlich laut aufschreit (OLG Saarbrücken ZfS 2004, 223);

8. **Zusammenstoß mit/Ausweichen vor Wild:** Herbeiführung eines Unfalls mit einem Motorrad durch Vollbremsung zur Vermeidung einer Frontalkollision mit einem Reh (OLG Koblenz VersR 2007, 831 f.); leichte Ausweichbewegung bei winterlichen Straßenverhältnissen gegen 7 Uhr morgens mit einer Geschwindigkeit von 60–70 km/h auf der Autobahn, um einem Fuchs auszuweichen, der vom rechten Fahrbahnrand nach links in die Spur läuft (LG Nürnberg-Fürth r+s 2014, 493).

2. Quotenmodell

Es stellt sich die Frage, wie die Leistungskürzung im Einzelfall vorzunehmen ist. Die amtliche Begr. des Regierungsentwurfs zu § 28 enthält – wie in Rdn. 93 ausgeführt – keine konkreten Vorgaben. 98

Es bestehen jedoch abstrakte Kriterien für die Quotelung (s. § 28 VVG Rdn. 119 ff und § 81 VVG Rdn. 50 ff.),), die Rspr. und Literatur für Quoten bezüglich der wichtigsten Pflichtverletzungen herausgebildet haben. Die Instanzgerichte entscheiden zwar aktuell noch uneinheitlich zur Frage, ob die Kürzungsquote über die Bildung eines Mittelwerts von 50 %[187] oder über eine Einzelfallprüfung[188] zu ermitteln ist. Dagegen ist die Frage, ob die Kürzung in Schritten von 25 %[189] oder 10 %[190] zu erfolgen hat, durch den BGH mittelbar beantwortet worden: Danach kommt eine Kürzungsquote von unter 10 % nicht in Betracht.[191] Letztlich verbindlich wird also die (höchstrichterliche) Rspr. für bestimmte Fallkonstellationen auch bestimmte Quoten für die Leistungsfreiheit des VR festlegen:

a) Beispielsfälle
aa) Grob fahrlässige Herbeiführung des Versicherungsfalls

1. **Alkohol/Drogen/Medikamente:** Alkoholisiertes Fahren stellt einen Straftatbestand (§§ 315c, 316 StGB) dar und hat stets großes Gefährdungspotential für andere Verkehrsteilnehmer. Zudem erfolgt die Pflichtverletzung bei einer Alkoholfahrt regelmäßig über einen längeren Zeitraum. Daher kann nach dem BGH eine 100 %ige Leistungsfreiheit des VR bei Alkoholfahrten im Zustand der **absoluten Fahruntüchtigkeit** (BAK ab 1,1 ‰) möglich sein.[192] Die bis zur Entscheidung des BGH ergangene, abweichende Instanz-Rspr. (s. dazu in der Vorauflage Rn. 111) ist damit überholt. Wenngleich der BGH die Abwägung der Umstände des Einzelfalls betont, tendiert die Instanz-Rspr. mittlerweile zu einer vollständigen Leistungskür- 99

---

187 OLG Hamm VersR 2011, 206; LG Hannover VersR 2011, 112; LG Konstanz r+s 2010, 323.
188 OLG Köln VersR 2014, 1205; 1206; OLG Düsseldorf VersR 2011, 1388; KG Berlin VersR 2011, 487 f.; LG Köln VersR 2013, 851; LG Münster, NJW 2010, 240; LG Nürnberg-Fürth VersR 2010, 1635; LG Dortmund VersR 2010, 1594.
189 So OLG Naumburg r+s 2010, 319; LG Münster, NJW 2010, 240; LG Bonn r+s 2010, 319, 320 f.; vgl. auch den »Goslarer Orientierungsrahmen« des 47. Deutschen Verkehrsgerichtstags, SpV 2010, 1, 5.
190 So OLG Hamm VersR 2011, 206; LG Hannover VersR 2011, 112; LG Dortmund VersR 2010, 1594; LG Nürnberg-Fürth VersR 2010, 1635; LG Trier ZfS 2010, 510.
191 BGH VersR 2014, 1135, 1136.
192 BGH VersR 2011, 1037; so bereits vorher: OLG Hamm r+s 2010, 501; LG Münster r+s 2010, 319, 321 f.; AG Bitterfeld-Wolfen, Urt. vom 19. August 2010, 7 C 1001/09.

zung.[193] In der Literatur[194] wird als allgemeine Quote eine 70–100 %ige Leistungsfreiheit vorgeschlagen. Eine Minderung dieser Regelquoten kommt in Betracht, wenn es konkrete Anhaltspunkte für einen geringeren Schuldvorwurf gibt, wenn z.B. ein VN am frühen Morgen nach einer längeren Feier seinen Restalkohol unterschätzt und das Verkehrsaufkommen nachweisbar in den frühen Morgenstunden nur sehr gering war. Im Fall einer nur **relativen Fahruntüchtigkeit** (BAK unter 1,1 ‰ und alkoholbedingte Fahrfehler/Ausfallerscheinungen) wird sich die Quote der Leistungsfreiheit des VR zwischen 25 und 100 % bewegen.[195] Im Einzelfall wird entscheidend sein, wie nah die BAK an der absoluten Fahruntüchtigkeit war und vor allem in welchem Maß sich der Alkohol auf den tatsächlich verursachten Unfall ausgewirkt hat.[196]

Die Übergabe eines Autoschlüssels durch VN an stark alkoholisierte Personen, damit diese fahren, rechtfertigt eine Leistungskürzung des VR von 75 %.[197]

Mangels Orientierung an Richt- oder Grenzwerten ist die Angabe von allgemeinen Kürzungsquoten bei Fahrten unter Drogen oder Medikamenten weitaus weniger möglich als bei Alkohol. Hier kommt es – wie bei der Leistungskürzung um 100 % im Fall einer Alkoholfahrt im Zustand absoluter Fahruntüchtigkeit – auf die Abwägung der Umstände im Einzelfall an. Insbesondere sind im Fall des Medikamenteneinflusses der ärztliche Rat und die Verschreibung zu berücksichtigen.

2. **Falschbetankung:** Das Befüllen eines blau gekennzeichneten »Ad blue«-Tanks mit Dieselkraftstoff trotz eines ausdrücklichen Warnhinweises unterhalb des Tankdeckels, den Tank nicht mit Diesel zu befüllen, führt zu einer Kürzung der Leistung um 50 %.[198]

3. **Glätte:** Wie bereits in Rdn. 97 ausgeführt, wird ungeeignete Winterbereifung zunehmend praktische Bedeutung erlangen. Kommt das Fahrzeug in einem vertrauten Wohnviertel bei Glätte aufgrund von Sommerreifen von der Fahrbahn ab, wird eine Quote von 50 % festgesetzt.[199] Eine Kürzung von 75 % kommt in Betracht, wenn sich der Fahrer bei Führen eines mit Gefahrgutflüssigkeit beladenen Sattelzuges auf frostbedingt glatter Fahrbahn und Displayanzeige »durchdrehende Reifen« eine Zigarette anzündet.[200]

4. **Mobiltelefon/Ablenkung durch andere Gegenstände im Kfz:** In der bisherigen Rspr. wurde die Ablenkung durch die bloße Bedienung eines Autoradios oder eines CD-Wechslers i.d.R. nicht als grobe Fahrlässigkeit gesehen, in Einzelfällen aber bejaht. Dagegen wurde die Ablenkung durch das Telefonieren mit einem Mobiltelefon während der Autofahrt überwiegend als grob fahrlässig angesehen. Der Schuldvorwurf liegt eher im unteren Bereich, da es sich meist nur um kurzfristige Unaufmerksamkeiten handelt, die z.B. nicht mit einer längeren Alkoholfahrt vergleichbar sind. Beim Bedienen eines Autoradios ist somit eine Leistungsfreiheitsquote von nur 25 % angemessen, beim Bedienen eines Mobiltelefons (z.B. Eintippen der Telefonnummer) wird die Leistungsfreiheitsquote i.d.R. höher liegen, also zwischen 25 und 50 %. Die Leistungsfreiheitsquote ist weiter zu erhöhen, wenn eine längere Ablenkung, z.B. durch das Tippen von SMS-Botschaften, vorliegt. Die bisherige Rspr. hat i.d.R. die Ablenkung des Fahrers durch heruntergefallene Gegenstände im Kfz als grobe Fahrlässigkeit angesehen. Durch das Bücken nach heruntergefallenen Gegenständen ist die Kontrolle über das Kfz erheblich eingeschränkt und somit die Gefahr eines Lenkfehlers stark erhöht. Die Leistungsfreiheitsquote wird daher i.d.R. bei mindestens 50 % anzusetzen sein. Eine Verminderung des Schuldvorwurfs kommt nur bei besonders einfachen Verkehrssituationen, z.B. Fahrt auf einer wenig befahrenen Landstraße, in Betracht.

5. **Rotlichtverstoß:** Nach bisheriger Rspr. liegt bei dem Überfahren einer roten Ampel regelmäßig grobe Fahrlässigkeit vor. Wegen Rotlichtverstoßes kann zudem ein Fahrverbot von einem Monat verhängt werden, so dass es eine erhebliche Ordnungswidrigkeit darstellt. Zudem ist stets eine erhebliche Gefährdung anderer Verkehrsteilnehmer anzunehmen. Andererseits können Rotlichtverstöße auch aufgrund eines nur kurzen Moments der Unaufmerksamkeit geschehen, so dass eine Leistungsfreiheitsquote von 50 % vertret-

---

193 Kritisch dazu OLG Saarbrücken r+s 2013, 485, 487.
194 *Römer* VersR 2006, 740; *Rixecker* ZfS 2007, 15, 16; *Maier/Stadler*, Rn. 133 (bis zu 100 %); a.A. PK/*Schwintowski*, § 28 Rn. 78; *Nugel*, Quotenbildung bei Leistungskürzung wegen grober Fahrlässigkeit, Sonderbeilage zu MDR H 22/2007, S. 23 ff. (maximal bis zu 80 %) und Halm/Kreuter/Schwab/*Stomper*, A.2.9.1 AKB 2015 Rn. 133 (zwischen 70 % und 100 %).
195 Für eine 50 %-Quote ab 0,3 ‰ und auch steigender Kürzungsquoten OLG Hamm r+s 2010, 506; Halm/Kreuter/Schwab/*Stomper*, A.2.9.1 AKB 2015 unterteilt in BAK 0,3 bis 0,5 ‰ (Kürzung um 25–50 % (Rn. 144)) und 0,5 bis 1,1 ‰ (50–80 % (Rn. 139)).
196 Vgl. OLG Saarbrücken r+s 2015, 340 (0,93 ‰ = 75 %); OLG Karlsruhe VersR 2014, 1369 (1,09 ‰ = 75 %); OLG Düsseldorf VersR 2011, 1388 (0,55 ‰ = 25 %); OLG Hamm VersR 2011, 206 (0,59 ‰ = 60 %); LG Kaiserslautern r+s 2014, 408 (0,9 ‰ = 100 %); LG Flensburg ZfS 2011, 200 (0,33 ‰ = 50 %); AG Darmstadt ZfS 2015, 697 (0,67 ‰ = 75 %); AG Dippoldiswalde r+s 2014, 122 (1,07 ‰ = 70 %); AG Siegen ZfS 2013, 90, 91 (0.7 ‰ = 75 %); AG Düren SP 2011, 226 (0,54 ‰ = 75 %).
197 LG Bonn r+s 2010, 319, 320 f.
198 AG Freiburg SVR 2010, 110.
199 AG Hamburg St. Georg r+s 2010, 323.
200 OLG Naumburg r+s 2010, 319.

bar ist.[201] Eine Quotenerhöhung bis zu 100 %iger Leistungsfreiheit des VR ist vorzunehmen, wenn die rote Ampel z.B. absichtlich überfahren wird, um Zeit zu sparen. Eine Quotenminderung auf 30 % kann angezeigt sein, wenn der Versicherte möglicherweise durch eine Vielzahl von Ampeln oder die niedrig stehende Sonne verwirrt war bzw. durch ein mitfahrendes Kleinkind plötzlich abgelenkt wurde. Fehlende Ortskunde bei der Suche nach einem Restaurant wird nicht als Grund für eine Quotenminderung anerkannt; da weder leichtsinniges noch rücksichtsloses Verhalten vorliegt, wird Haftungsquote von 50 % als angemessen angesehen.[202]

6. **Schlüssel:** Die bisherige Rspr. hat in dem Fall, dass der Versicherte einen Autoschlüssel in einer Jacke oder einer Tasche unbeaufsichtigt lässt, regelmäßig als grobe Fahrlässigkeit gesehen. Zugunsten des Versicherten ist zu berücksichtigen, dass durch das Fehlverhalten der versicherten Person keine anderen Personen gefährdet werden. Die Leistungsfreiheitsquote sollte bei einem unbeaufsichtigten Autoschlüssel daher nur zwischen 25 und 50 % liegen.[203] Die jüngere Rspr. folgt dieser Empfehlung.[204] Erschwerend können sich aber Umstände im Einzelfall auswirken: Offen erkennbare Schlüssel können z.B. einen höheren Abzug rechtfertigen;[205] ebenso wenn das betr. Kfz besonders hochwertig ist. Im Fall des Unterlassens jeglicher Sicherungsmaßnahmen nach Verlust des Schlüssels in der Nähe des üblichen Parkplatzes kann sogar eine Kürzung um 100 % in Betracht kommen.[206] Ebenso, wenn bei Vorliegen einer polizeilichen Warnmeldung über vergleichbare Fälle einem Kaufinteressenten vorübergehend unbeaufsichtigt den Fahrzeugschlüssel für das besichtigte Fahrzeug überlassen und der Kaufinteressent das Fahrzeug durch Austausch des Fahrzeugschlüssels später entwenden kann.[207]

7. **Überhöhte Geschwindigkeit/sonstige Fahrfehler:** Bei Geschwindigkeitsüberschreitungen von ca. 50 % über der zulässigen Höchstgeschwindigkeit hat die Rspr. bislang stets grobe Fahrlässigkeit angenommen (s. Rdn. 96 Nr. 8). Somit wird auch bei der Quotenbildung vor allem das Maß der Überschreitung der zulässigen Geschwindigkeit ein entscheidendes Kriterium sein. Geschwindigkeitsüberschreitung wird gegebenenfalls mit Fahrverbot geahndet und kann in schweren Fällen sogar einen Straftatbestand (§ 315c I 1 Nr. 2 lit. d) StGB) erfüllen. Angesichts der erheblichen Gefährdung anderer Verkehrsteilnehmer ist grundsätzlich von einem erhöhten Schuldvorwurf auszugehen, der eine Leistungsfreiheitsquote von mindestens 75 % rechtfertigt.[208]

8. **Unterführungen/Einfahrten:** Die Schäden im Zusammenhang mit Unterführungen bzw. Einfahrten treten in der Praxis grundsätzlich beim Führen von Lkw auf. Aufgrund der wesentlichen Abweichung von den Maßen eines gewöhnlichen Pkw wird hier die Erfahrung des Fahrers bzw. sein Verhalten noch mehr als beim Führen eines Pkw für die Bildung der Quote von Bedeutung sein. Die Rspr. kürzt die Leistung bei Einfahren in ein Parkhaus mit einem zu hohem Fahrzeug um 50 %, wenn die Einfahrtshöhe durch Hinweisschilder sowie orange Ballons gekennzeichnet und der Fahrer unerfahren im Umgang mit Lkw ist.[209] Im Fall der Durchfahrt einer Unterführung mit für den Lkw um fast einen Meter zu geringer Durchfahrtshöhe wird die Leistung sogar um 66 % gekürzt, wenn auf die Höhe mehrfach durch Schilder und letztlich durch rot-weiße Markierungen an der Unterführung hingewiesen wird.[210] Ist die Durchfahrtshöhe bei einem Mietfahrzeug lediglich 40 cm zu gering, wird um 50 % gekürzt.[211]

9. **Zusammenstoß mit/Ausweichen vor Wild:** Bei übermäßigem Ausweichmanöver bei Kleinwild ist grundsätzlich eine Kürzung um 25–30 % angemessen, wenn die Gefahr – wie i.d.R. – plötzlich von außen auf den Fahrer zukommt.[212] Wird jedoch das Lenkrad im Anschluss an das Manöver losgelassen und die Hände vor das Gesicht geschlagen, kann die Kürzung auch 50 % betragen.[213] Erfolgt das Ausweichmanöver vor einem Fuchs auf einer Landstraße ohne Warnschild vor Wildwechsel in Dunkelheit und vor einer Rechtskurve, kann die Leistung um 60 % gekürzt werden.[214]

---

201 So bislang LG Essen ZfS 2010, 393; LG Münster VersR 2009, 1615; AG Solingen DV 2015, 122.
202 OLG Koblenz r+s 2013, 545 (Az 12 U 1198/12).
203 So auch Halm/Kreuter/Schwab/*Stomper*, A.2.9.1 AKB 2015 Rn. 233.
204 OLG Koblenz r+s 2012, 430 (50 %); LG Berlin r+s 2013, 488 (25 %); LG München VRR 2013, 30 (25 %); LG Traunstein, Urt. vom 12. Mai 2011, 1 O 3826/10 (50 %); AG Rheinbach SP 2013, 408, 409 (50 %).
205 HK-VVG/*Karczewski*, § 81 Rn. 120.
206 LG Kleve r+s 2011, 206, 207; a.A. LG Hechingen ZfS 2013, 392, 394 bei Anwendung des Stufenmodells bei Diebstahl des (Zweit-)Schlüssel aus unverschlossenem Handschuhfach und bloß die Anbringung einer Lenkradkralle anstatt einer Umprogrammierung des Schlosses am (Zweit-)Auto im Anschluss an den Diebstahl des Schlüssels: Leistungskürzung um 75 %.
207 LG Neubrandenburg DAR 2012, 527.
208 *Maier/Stadler*, Rn. 138; a.A. Halm/Kreuter/Schwab/*Stomper*, A.2.9.1 AKB 2015 Rn. 297 (50–70 %), Rn. 298: im Fall von § 315c I Nr. 2d StGB (75 %).
209 OLG Naumburg r+s 2010, 324; LG Konstanz r+s 2010, 319, 323 f.
210 LG Köln VersR 2013, 851; LG Göttingen VersR 2010, 1490, 1491 f.
211 LG Hagen r+s 2012, 538.
212 *Schirmer* DAR 2008, 319, m.w.N.
213 Vgl. OLG Saarbrücken VersR 2011, 55, 59.
214 Vgl. LG Trier r+s 2010, 509.

bb) Obliegenheitsverletzungen

100 Bei Obliegenheitsverletzungen ist oftmals davon auszugehen, dass die Pflichtverletzung (z.B. Fahren ohne Führerschein, Falschangaben im Fragebogen des VR,[215] Unfallflucht) sogar vorsätzlich erfolgt, so dass der VR grundsätzlich leistungsfrei ist. Zur Anwendung von § 28 II gibt es folgende (auch höchstrichterliche) Urteile, und es bestehen folgende Meinungen in der Literatur:[216]

1. **Alkohol/Drogen/Medikamente:** Bei Trunkenheitsfahrten wird sich i.d.R. die Frage stellen, ob beim VN/Versicherten Vorsatz vorgelegen hat. Wenn der VR Vorsatz nicht nachweisen kann, ist entsprechend den zur grob fahrlässigen Herbeiführung des Versicherungsfalls aufgestellten Regelungen eine entsprechende Quote zu bilden. Dabei kann bei der absoluten Fahruntüchtigkeit ab 1,1 ‰ eine Leistungskürzung von 100 % gerechtfertigt sein.[217]
2. **Schwarzfahrt:** Während das Fahren ohne Führerschein i.d.R. vorsätzlich erfolgt, kann der Versicherte möglicherweise aber das Bestehen eines Fahrverbots (grob) fahrlässig nicht kennen; z.B. kann ein Ausländer davon ausgehen, dass seine ausländische Fahrerlaubnis auch in Deutschland gilt. In solchen Fallkonstellationen wird sich i.d.R. nur ein geringer Schuldvorwurf ergeben, so dass eine Leistungsfreiheitsquote von nur 25 % gerechtfertigt sein kann. Anders ist der Fall zu beurteilen, in dem der Halter eines Kfz einem Fahrer ohne Führerschein das Kfz überlässt (vgl. D.1.3 Satz 2 AKB 2008). Hierdurch macht sich der Halter nicht nur strafbar (§ 21 I Nr. 2 i.V.m. II Nr. 1 StVG), die Fahrt durch einen Fahrer ohne entsprechende Ausbildung ist zudem stets mit einer erheblichen Gefährdung anderer Verkehrsteilnehmer verbunden, die eine 100 %ige Leistungsfreiheit des VR rechtfertigt. Auch wenn der VN das Fehlen der Fahrerlaubnis des Fahrers nicht kennt, liegt i.d.R. ein Überwachungsverschulden vor. Eine Leistungsfreiheitsquote von mindestens 50 % ist daher gerechtfertigt. Eine Minderung unter 50 % kann sich dann ergeben, wenn zwischen Halter und Fahrer ein besonderes Vertrauensverhältnis vorlag (z.B. Freund, Arbeitskollege), so dass der Halter von der Fahrerlaubnis des Fahrers entsprechend dessen tatsächlich unrichtigen Angaben ausgehen durfte.
3. **Verletzung der Aufklärungspflicht/Unfallflucht:** Diese Verletzungen werden durch den Versicherten i.d.R. vorsätzlich begangen und führen gem. § 28 II 1 grundsätzlich zur Leistungsfreiheit, auch bei Angaben »ins Blaue hinein«[218]. Denkbar ist jedoch, dass der Versicherte behauptet, dass bestimmte Fragen des VR bezüglich Angaben zum Schadenfall missverstanden wurden. In einem solchen Fall kommt eine grob fahrlässige Falschangabe durch den Versicherten in Betracht. Eine Leistungsfreiheitsquote von 50–75 % kann angemessen sein, wenn der Versicherte bei Unklarheiten den VR oder einen Vertreter hätte fragen können, dies aber unterließ oder sogar behauptete, dass alles klar und verstanden sei. Zudem hat der BGH entschieden, dass bei einer folgenlos gebliebenen Obliegenheitsverletzung ein erhebliches Verschulden des Versicherten und insbesondere eine ernsthafte Gefährdung der Interessen des VR hinzukommen müssen.[219] Wenn der verschwiegene Vorschaden jedoch leicht vergessen werden konnte, kann eine Kürzung um bloß 20 % gerechtfertigt sein.[220] Nach E.1.3 AKB 2008 ist ein unerlaubtes Entfernen vom Unfallort grundsätzlich auch in grob fahrlässiger Weise möglich (s. Rdn. 96 Nr. 12), in solchen Fällen kürzt die Rspr. die Leistung um 50 %.[221]
4. **Zustand des Fahrzeugs:** Wie in Rdn. 67 ausgeführt, sind abgefahrene Reifen häufige Fälle: Gerät der VN mit Reifen bei einer Profiltiefe von 0,4 mm von der Fahrbahn ab, wird eine quotale Leistungskürzung im Bereich von 50 % für angemessen erachtet.[222]

cc) Gefahrerhöhung

101 Bei der Gefahrerhöhung wird häufig die Frage relevant sein, ob Vorsatz vorliegt. Vorsatz ist insbes. dann gegeben, wenn der VN ein Fahrzeug in Kenntnis der Verkehrsunsicherheit, z.B. weil er selbst die Fahrleistung des Fahrzeugs »frisiert« hat, oder in Kenntnis einer eigenen Krankheit weiterbenutzt. Eine Leistungskürzung von 50–60 % wird aber z.B. in dem Fall angemessen sein, in dem der VN ohne betr. Kenntnis ein vom Vorbesitzer »frisiertes« Fahrzeug übernimmt und sich lediglich bisweilen über die langen Bremswege wundert.[223] Allgemein zur Quotelung bei grober Fahrlässigkeit im Fall einer Gefahrerhöhung s. § 26 VVG Rdn. 5.

---

215 OLG Düsseldorf SP 2013, 24; OLG Stuttgart r+s 2012, 170; OLG Frankfurt (Main) SP 2012, 117; KG Berlin SP 2011, 83.
216 PK/*Schwintowski*, § 28 Rn. 60 ff.; *Maier/Stadler*, Rn. 140 ff.; *Schirmer* DAR 2008, 319 ff.
217 BGH VersR 2012, 341; so bereits vorher: OLG Stuttgart r+s 2011, 280.
218 LG Hamburg NJW-Spezial 2011, 617; LG Berlin SP 2010, 262.
219 BGH MDR 2011, 975 ff.; so auch KG Berlin VersR 2011, 622.
220 LG Nürnberg-Fürth r+s 2010, 412.
221 AG Hannover DAR 2013, 87; AG Mülheim VRR 2011, 386.
222 LG Darmstadt VRR 2011, 464.
223 So auch KG Berlin, VersR 2011, 622; *Schirmer* DAR 2008, 181.

b) Gleichzeitige Verletzung mehrerer Pflichten

Während im Fall des Zusammentreffens mehrerer Obliegenheitsverletzungen des VN grundsätzlich eine Gesamtquote im Wege der Gesamtbewertung gebildet wird,[224] sind bei der Kfz-Haftpflichtversicherung mit Rücksicht auf die in Rdn. 63 ausgeführte begrenzte Leistungsfreiheit die jeweiligen Leistungsfreiheitquoten zu addieren, wenn der VN mehrere Obliegenheiten bei Gebrauch des Fahrzeugs sowie im Versicherungsfall verletzt. Denn die Rechtsfolgen der jeweiligen Obliegenheitsverletzungen sind für den VN verständlich und in den voneinander getrennten Buchstaben D. und E. AKB 2008 bzw. D. und E. AKB 2015 geregelt. Der durchschnittliche, verständige VN muss daher davon ausgehen, dass die betr. Rechtsfolgen auch unabhängig voneinander Anwendung finden.[225] Eine solche **Addition** verbietet sich jedoch, wenn die Obliegenheitsverletzungen auf ein und derselben Handlung des VN bzw. des VN und des Versicherten (z.B. Trunkenheitsfahrt und Gestattung der Trunkenheitsfahrt)[226] basieren.[227] In solchen Fällen ist die bereits erwähnte Gesamtbewertung der Schwere der Schuld vorzunehmen.

102

c) Begrenzte Leistungsfreiheit in der Kfz-Haftpflichtversicherung

Wie in Rdn. 64 ausgeführt, ist in der Kfz-Haftpflichtversicherung stets die Begrenzung der Leistungsfreiheit des VR auf i.d.R. € 5.000 bzw. € 2.500, maximal bis zu € 10.000, zu beachten. Welche Auswirkung die limitierte Leistungsfreiheit auf eine mögliche quotale Leistungsfreiheit nach § 28 II 2 hat, wird unterschiedlich bewertet. Vereinzelt wird gefordert, dass ausschließlich die KfzPflVV anzuwenden sei, also keine Quote bei Regress.[228] Dem stehen die Ansichten gegenüber, entweder die Quote lediglich innerhalb der Leistungsfreibeträge zu bilden, also Regress vor Quote,[229] oder zunächst die Leistungsfreiheitsquote entsprechend der Schwere des Verschuldens im Hinblick auf die volle Schadensumme zu bilden, und erst dann ist die Beschränkung auf die Höchstfreiheitsbeträge vorzunehmen (sog. Quote vor Regress).[230] Für die letzte Auffassung spricht, dass der VVG-Reformgesetzgeber die KfzPflVV diesbzgl. unverändert ließ. Die Untätigkeit ist nicht als redaktionelles Versehen zu werten, sondern vielmehr dahingehend, dass die Begrenzung der Leistungsfreiheit weiterhin vollumfänglich greifen soll. Denn mit Schaffung von § 28 II 2 kann sicherlich nicht eine Schlechterstellung des VN beabsichtigt gewesen sein. Da jedoch auch die Beträge in den Bestimmungen der KfzPflVV belassen wurden, war zugleich ebenso wenig eine Besserstellung des VN gewollt. Daher ist die Methode »**Quote vor Regress**« anzuwenden. Die Beschränkung der Leistungsfreiheit in der Kfz-Haftpflichtversicherung ist somit nur dann relevant, wenn nach Bildung der Leistungsfreiheitsquote der Leistungsfreiheitsbetrag zugunsten des VR den in §§ 5 III, 6 I und III KfzPflVV geregelten Maximalleistungsfreiheitsbetrag übersteigt. Diese Vorgehensweise ist dementsprechend in D.3.3 AKB 2008 bzw. D.2.3 AKB 2015 abgebildet.

103

---

224 S. dazu ausführlich § 28 VVG Rdn. 134.
225 BGH r+s 2006, 100.
226 AG Aachen VersR 2008, 202 f.
227 Vgl. BGH r+s 2006, 100; *Maier/Stadler*, Rn. 144.
228 *Mergner* NZV 2007, 385, 388; so auch noch *Nugel* NZV 2008, 11, 15 (nun anders, vgl. *Nugel/Wenker* NZV 2012, 463).
229 Vgl. *Kerst* VW 2010, 501, 503.
230 OLG Saarbrücken r+s 2013, 485, 487; LG Saarbrücken r+s 2013, 275; LG Bochum ZfS 2012, 573; AG Düren ZfS 2012, 631, 632.

Anhang B
Berufshaftpflichtversicherung für Rechtsanwälte, Steuerberater, Wirtschaftsprüfer und Notare

Übersicht

	Rdn.			Rdn.
I. Allgemeines	1		a) Verstoßprinzip	63
1. Einführung	1		b) Serienschäden	68
a) Versicherung der beruflichen Tätigkeit	2	5.	Zeitlicher Umfang des Versicherungsschutzes	70
b) Pflichtversicherung	3		a) Beginn des Versicherungsschutzes	71
c) Bedeutung und Marktverhältnisse	10		b) Vorwärtsversicherung	72
2. Rechtsgrundlagen und rechtliche Rahmenbedingungen	11		c) Rückwärtsversicherung	73
3. Allgemeine Versicherungsbedingungen (Überblick)	15		d) Vertragsdauer	76
II. Berufshaftpflichtversicherung für Rechtsanwälte	18	6.	Sachlicher Umfang des Versicherungsschutzes	79
1. Gegenstand der Versicherung	19		a) Abwehr unbegründeter und Freistellung von begründeten Schadensersatzforderungen	80
a) Ausübung der beruflichen Tätigkeit	20			
b) Gesetzliche Haftpflichtansprüche privatrechtlichen Inhalts	26		b) Eigenschaden	90
c) Vermögensschaden	30		c) Versicherungssumme	91
2. Versicherte Personen	33		d) Selbstbehalt, Gebühreneinwurf	94
a) Selbstständiger Rechtsanwalt, Sozien	34	7.	Sonstige Regelungen in den AVB	97
b) Mitarbeiter und Vertreter	39		a) Prämienzahlung	98
c) Sozietät, Partnerschaft, Rechtsanwaltsgesellschaft	42		b) Obliegenheiten	99
3. Risikoausschlüsse	45	8.	Rechtsstellung des geschädigten Dritten	103
a) Auslandsschäden	46	III.	Besonderheiten der Berufshaftpflichtversicherung für Steuerberater, Wirtschaftsprüfer, Notare und bei interprofessioneller Zusammenarbeit	108
b) Aufgrund Vertrags oder besonderer Zusage	49			
c) Veruntreuung durch Personal, Angehörige und Sozien	51	1.	Berufshaftpflichtversicherung für Steuerberater und Wirtschaftsprüfer	108
d) Organ- und Leitungsklausel	52	2.	Berufshaftpflichtversicherung für Notare	116
e) Wissentliche Pflichtverletzungen	55	3.	Berufshaftpflichtversicherungsschutz bei interprofessioneller Sozietät/Mehrfachqualifikation	123
4. Versicherungsfall	62			

Schrifttum:
Armbrüster/Dallwig, Die Rechtsfolgen übermäßiger Deckungsbegrenzungen in der Pflichtversicherung, VersR 2009, 150; *Bachmann/Schaloske,* Die neue Partnerschaftsgesellschaft mit beschränkter Berufshaftung, PHi 2013, 202; *Baumann,* Die Überwindung des Trennungsprinzips durch das Verbot des Abtretungsverbots in der Haftpflichtversicherung, VersR 2010, 984; *Borgmann,* Lücken in der Auslandsdeckung der Berufshaftpflichtversicherung von Rechtsanwälten, AnwBl 2005, 732; *Braun,* Berufshaftpflichtversicherungen, BRAK-Mitt. 2002, 150; *Brieske,* Die Berufshaftpflichtversicherung, AnwBl 1995, 225; *H.W. van Bühren/H.M. van Bühren,* Haftung und Haftpflichtversicherung der rechtsberatenden Berufe, r+s 2004, 89; *Burger,* Interprofessionelle Zusammenarbeit von Rechtsanwälten in gemischten Sozietäten, AnwBl 2004, 304; *Chab,* Der Schadenfall in der anwaltlichen Berufshaftpflichtversicherung, ZAP 2005, 681; *ders.,* Der Schadenfall in der Anwaltshaftung nach der VVG-Reform, AnwBl 2008, 63; *ders.,* Der Vermögensschaden in der Haftpflichtversicherung, AnwBl 2009, 789; *Dahns,* Die Berufshaftpflichtversicherung, NJW-Spezial 2006, 381; *Diller,* Die Berufshaftpflichtversicherung für Rechtsanwälte, 2009; *Dobmaier,* »Wissentliche Pflichtverletzung« in der Berufshaftpflichtversicherung, AnwBl 2003, 446; *Farkas-Richling,* Vermögensberatende Tätigkeit des Steuerberaters und Berufshaftpflichtversicherung, VersR 2006, 907; *Gräfe,* Die Serienschadenklausel in der Vermögensschaden-Haftpflichtversicherung, NJW 2003, 3673; *Gräfe/Brügge,* Vermögensschaden-Haftpflichtversicherung, 2012; *Grams,* Verstoß- und Claims-made-Prinzip in der Berufshaftpflichtversicherung der rechts- und wirtschaftsberatenden Berufe, AnwBl 2003, 299; *Jungk,* Der Anwalt im Grenzbereich anwaltlicher Tätigkeiten, AnwBl 2004, 117; *dies.,* Haftungsrechtliche Probleme in der interprofessionellen Sozietät, AnwBl 2009, 865; *Kaufmann,* Die Berufshaftpflichtversicherung des Steuerberaters, 1996; *Kilian,* Zwei Jahre Partnerschaftsgesellschaft mit beschränkter Berufshaftung, AnwBl 2015, 772; *Kouba,* Berufshaftpflichtversicherung: Wie sinnvoll sind Excedentendeckungen im Ausland?, BRAK-Mitt. 2002, 165; *Laschke,* Die Sternsozietät – Auswirkungen auf Haftung und Versicherung, AnwBl 2009, 546; *Mennemeyer,* Berufshaftpflichtversicherung für Anwälte und (Anwalts-)Notare (Kapitel 12), in: Fahrendorf/Mennemeyer/Terbille, Die Haftung des Rechtsanwalts, 8. Aufl. 2010; *Meßmer,* Die Berufshaftpflichtversicherung des deutschen Rechtsanwalts, VW 1998, 294; *Sassenbach,* Rechtsanwaltsgesellschaften: RA-GmbH, RA-AG und RA-LLP, AnwBl 2007, 293; *Sassenbach/Stöhr,* Die Niederlassung ausländischer Rechtsanwälte in Deutschland, BRAK-Mitt. 2007, 155; *Chab,* Berufshaftpflichtversicherung für Rechtsanwälte (Teil 5), in: G. Fischer/Vill/D. Fischer/Rinkler/Chab, Handbuch der Anwaltshaftung, 4. Aufl. 2015; *Stobbe,* Mandant und Haftpflichtversicherer – ein schwieriges Verhältnis, AnwBl 2007, 853; *Teichler,* Berufshaft-

pflichtversicherung, 1985; *Terbille,* Haftpflichtversicherung und Haftung von Anwälten und Notaren, MDR 1999, 1426

I. Allgemeines

1. Einführung

Berufshaftpflichtversicherungen schützen die wirtschaftliche Existenz des Versicherungsnehmers. Mit der Vielzahl der unterschiedlichen Berufsgruppen korrespondieren jeweils auf die speziellen Bedürfnisse angepasste Versicherungsprodukte. Erläutert wird im Folgenden die Berufshaftpflichtversicherung der Rechtsanwälte einschließlich der Besonderheiten der Berufshaftpflichtversicherung der Steuerberater und Wirtschaftsprüfer sowie der Notare. Musterbedingungen des GDV existieren für die Berufshaftpflichtversicherung nicht. Die folgende Darstellung orientiert sich beispielhaft an den Allgemeinen (AVB-RSW) und Besonderen Versicherungsbedingungen sowie Risikobeschreibungen zur Vermögensschadenhaftpflichtversicherung für Rechtsanwälte und Patentanwälte (BBR-RA), Steuerberater (BBR-S), Wirtschaftsprüfer und vereidigte Buchprüfer (BBR-W) der Allianz Versicherungs-AG (Stand: HV 60106, 05.11)[1], die nachfolgend ausschnittsweise abgedruckt sind. Die Bedingungen anderer Anbieter sind zumeist ähnlich ausgestaltet. 1

a) Versicherung der beruflichen Tätigkeit

Die Berufshaftpflichtversicherung bietet den versicherten Personen **Versicherungsschutz** für den Fall, dass sie wegen eines **Pflichtverstoßes bei Ausübung ihrer beruflichen Tätigkeit auf Schadensersatz** haften. Wie die Betriebshaftpflichtversicherung (vgl. § 102) steht die Berufshaftpflichtversicherung damit im Gegensatz zu der die Gefahren des täglichen Lebens absichernden Privathaftpflichtversicherung. Entscheidend für die Abgrenzung ist, ob das haftungsauslösende Verhalten in einem inneren ursächlichen Zusammenhang mit dem versicherten geschäftlichen Betrieb bzw. der versicherten beruflichen Tätigkeit steht.[2] Ist dies der Fall, setzt der Versicherungsschutz nach dem Grundsatz der Spezialität der versicherten Risiken voraus, dass die Haftpflicht von der Risikobeschreibung durch die AVB und Besonderen Bedingungen erfasst ist. Im Gegensatz zu der Betriebshaftpflichtversicherung erfasst die Berufshaftpflichtversicherung vor allem freiberufliche Berufsträger, während die Betriebshaftpflichtversicherung sonstige betriebliche Tätigkeiten abdeckt. Berufshaftpflichtversicherungen gibt es unter anderem für Ärzte, Architekten, Bauingenieure, Rechtsanwälte, Notare, Steuerberater, Wirtschaftsprüfer und Versicherungsvermittler. Die Versicherungsbedingungen sind dabei an die Besonderheiten der jeweiligen Berufsgruppe angepasst und unterscheiden sich nicht zuletzt hinsichtlich der versicherten Schäden. Während die Berufshaftpflichtversicherung der Ärzte, Architekten und Bauingenieure grundsätzlich nur die Haftung wegen Sach- und Personenschäden abdeckt, handelt es sich bei der Berufshaftpflichtversicherung der Rechtsanwälte, Notare, Steuerberater, Wirtschaftsprüfer und Versicherungsvermittler um eine Vermögensschadenhaftpflichtversicherung. 2

b) Pflichtversicherung

Berufshaftpflichtversicherungen unterschiedlicher Berufsgruppen unterscheiden sich auch danach, ob ihr Abschluss freiwillig ist oder ob eine **gesetzliche Versicherungspflicht** besteht. In Deutschland gilt eine Versicherungspflicht insbesondere für Rechtsanwälte, Notare, Steuerberater und Wirtschaftsprüfer, aber auch für Sachverständige, Architekten, Ingenieure, Schausteller, Jäger und Versicherungsvermittler.[3] Für Rechtsanwälte bestimmt dies § 51 BRAO seit dem 09.09.1994.[4] Zuvor bestand nur eine auf Standesrichtlinien beruhende Versicherungspflicht. Die Berufshaftpflichtversicherung dient dabei vorrangig dem Schutz des rechtsuchenden Publikums.[5] Durch die Ausgestaltung als Pflichtversicherung kann der Mandant darauf vertrauen, dass etwaige Schadensersatzansprüche gegen seinen Rechtsanwalt wegen Falschberatung durchsetzbar sind. Dies dient zugleich dem Ansehen des Berufsstandes. Schließlich sichert die Berufshaftpflichtversicherung auch die Existenz des Rechtsanwalts, da dieser grundsätzlich unbeschränkt mit seinem Privatvermögen haftet. 3

Für den Bereich der Pflichtversicherung macht § 51 BRAO zwingende Vorgaben hinsichtlich Mindestinhalt und -umfang der Berufshaftpflichtversicherung. **Adressat der Versicherungspflicht** ist jeder Rechtsanwalt. Dieser ist verpflichtet, eine Berufshaftpflichtversicherung bei einem im Inland zum Geschäftsbetrieb befugten Versicherungsunternehmen zur Deckung der sich aus seiner Berufstätigkeit ergebenden Haftpflichtgefahren für Vermögensschäden abzuschließen und die Versicherung während der Dauer seiner Zulassung aufrechtzuerhalten. Dies gilt für den Einzelanwalt wie für das Mitglied einer Bürogemeinschaft, Sozietät oder Partnerschaft, ferner auch für angestellte freie Mitarbeiter und den Syndikusanwalt, soweit seine Tätigkeit außerhalb des Anstellungsverhältnisses betroffen ist. Insbesondere benötigt auch der angestellte Rechtsanwalt, im Gegensatz zu angestellten Steuerberatern und Wirtschaftsprüfern, eine eigene Berufshaftpflichtversicherung. Es 4

---

1 Mit freundlicher Genehmigung der Allianz Versicherungs-AG.
2 BGH VersR 1988, 1283, 1284; VersR 1987, 1181.
3 Vgl. die Übersicht in BT-Drucks. 16/5298 S. 6 ff.
4 BGBl I 1994, S. 2278.
5 Begr. RegE BT-Drucks. 12/4993 S. 31 (zu Nr. 22); *H.W. van Bühren/H.M. van Bühren* r+s 2004, 89, 93.

Anhang B Berufshaftpflichtversicherung für Rechtsanwälte, Steuerberater u.a.

genügt nicht, wenn er im Rahmen dieser Tätigkeit über die Versicherung des Prinzipals mitversichert ist. Hintergrund hierfür ist, dass der Anwalt nach den §§ 48, 49, 49a BRAO jederzeit zur Mandatsannahme verpflichtet werden kann.[6] Für die Abgrenzung des Versicherungsschutzes gilt Ziff. A. 2.3 der Besonderen Bedingungen BBR-RA: Der Versicherungsschutz unter der eigenen Berufshaftpflichtversicherung des angestellten Rechtsanwalts bezieht sich nicht auf Haftpflichtansprüche aus der Tätigkeit des Versicherungsnehmers als Angestellter.

5 Für den **Syndikusanwalt** besteht nach dem am 01.01.2016 in Kraft getretenen Gesetz zur Neuordnung des Rechts der Syndikusanwälte[7] – entgegen dem Gesetzesentwurf der Bundesregierung vom 10.06.2015[8] – nach wie vor in Bezug auf seine Tätigkeit im Unternehmen keine Pflicht zum Abschluss einer Berufshaftpflichtversicherung. Nachdem der Gesetzesentwurf mit § 46a IV BRAO eine Pflicht für Syndikusanwälte vorsah, auch für ihre angestellte Tätigkeit eine § 51 BRAO genügende Berufshaftpflichtversicherung abzuschließen, sofern die sich aus dieser Tätigkeit ergebenden Haftpflichtgefahren für Vermögensschäden nicht durch eine beim Arbeitgeber bestehende Haftpflichtversicherung abgedeckt sind, hat der Gesetzgeber diese von Anfang an umstrittene Regelung gestrichen. Damit hat der Gesetzgeber dem Umstand Rechnung getragen, dass Syndikusanwälte in der Regel nur ihren Arbeitgeber beraten und vertreten.[9] Die Neuregelungen sollen voraussichtlich zu Beginn des Jahres 2016 in Kraft treten.

6 Für die **Rechtsanwaltsgesellschaft mbH** folgt eine eigene Pflicht zur Unterhaltung einer Berufshaftpflichtversicherung aus § 59j BRAO. Obgleich die Berufsausübung auch in der Form einer **Rechtsanwalts-AG** möglich ist[10], besteht für diese keine entsprechende gesetzliche Verpflichtung. Der Versicherungsschutz kann daher entsprechend **Partnerschaft und Sozietät** ausgestaltet werden.[11] Diese unterliegen ebenfalls keiner Versicherungspflicht. Versicherungsnehmer können dann entweder die einzelnen Partner/Sozien sein, die Ansprüche gegen die Gesellschaft in ihren Versicherungsschutz einbeziehen können, oder auch die Gesellschaft selbst, solange jeder für die Gesellschaft tätige Anwalt Versicherungsschutz hat.[12] Die kumulative Absicherung von Sozietät und Sozien ist dabei aufgrund der akzessorischen persönlichen Haftung analog §§ 128 ff. HGB bzw. § 8 PartGG geboten. Die am 19.07.2013 in Kraft getretene **Partnerschaftsgesellschaft mit beschränkter Berufshaftung (PartGmbB)** setzt allerdings gemäß der Neuregelung des § 8 IV PartGG voraus, dass die PartGmbB eine Berufshaftpflichtversicherung entsprechend der jeweiligen Berufsrechte unterhält.[13] Die entsprechenden Vorgaben für Rechtsanwälte finden sich in § 51a BRAO.

7 Der Abschluss einer Berufshaftpflichtversicherung ist gem. § 12 II 2 BRAO **Voraussetzung für die Zulassung zur Anwaltschaft**. Zumindest eine vorläufige Deckungszusage ist nachzuweisen. Nach § 14 II Nr. 9 BRAO ist die Zulassung zwingend zu widerrufen, sofern ein Rechtsanwalt die vorgeschriebene Berufshaftpflichtversicherung nicht dauerhaft unterhält. Der Widerruf erfolgt nach Anhörung durch in der Regel für sofort vollziehbar zu erklärende Verfügung. Die Versicherungsbedingungen haben gem. § 51 VI 1, VII BRAO vorzusehen, dass der Versicherer der zuständigen Rechtsanwaltskammer den Beginn und die Beendigung oder Kündigung des Versicherungsvertrages wie auch jede den vorgeschriebenen Versicherungsschutz beeinträchtigende Vertragsänderung unverzüglich mitteilt (vgl. Ziff. A. 3. der Besonderen Bedingungen BBR-RA). Die Versicherungspflicht gilt dabei unabhängig vom Umfang der anwaltlichen Tätigkeit und auch für den von der Residenzpflicht gem. § 29 oder § 29a BRAO befreiten Rechtsanwalt[14] sowie dann, wenn sich der Rechtsanwalt zur Ruhe setzt, aber seine Zulassung aufrechterhält.[15] Entscheidend für die Versicherungspflicht ist die Berechtigung und Verpflichtung zur Berufsausübung (vgl. §§ 48, 49, 49a BRAO) ungeachtet eines etwaigen tatsächlichen Ruhens der beruflichen Tätigkeit.[16] Die Berufspflicht verletzt auch der Rechtsanwalt, der nur vorübergehend keine Berufshaftpflichtversicherung unterhält. Dennoch darf die Zulassung dann nicht widerrufen werden, wenn der Rechtsanwalt nachweist, dass jedenfalls für die Zukunft wieder voller Versicherungsschutz besteht.[17] Schließlich besteht die Verpflichtung, eine Haftpflichtversicherung nach Maßgabe des § 51 BRAO zu unterhalten, auch im Falle einer Befreiung von der Verpflichtung, eine Kanzlei in Deutschland zu unterhalten.[18]

---

6 *Dahns* NJW-Spezial 2006, 381.
7 BGBl. I 2015, S. 2517.
8 BT-Drucks. 18/5201.
9 BT-Drucks. 18/6915 S. 23.
10 BGH, Beschl. vom 14.11.2005, AnwZ (B)83/04; BGH NJW 2005, 1568, 1569 ff.
11 Vgl. *Sassenbach* AnwBl 2007, 293.
12 *Diller*, Einl. Rn. 24.
13 Vgl. *Bachmann/Schaloske* PHi 2013, 202 ff.
14 BGH AnwBl 2006, 356; AGH Stuttgart, Beschl. vom 06.10.2008, AGH 35/2007; AGH Hamm BRAK-Mitt. 2006, 141; AGH Hamburg BRAK-Mitt. 1998, 44, 45.
15 Vgl. BGH AnwBl 2006, 356.
16 BGH, Beschl. vom 04.12.2006, AnwZ (B) 106/05; BRAK-Mitt. 1997, 39 f.
17 BGH NJW 2001, 3131; *Braun* BRAK-Mitt. 2002, 150, 151.
18 BGH, Beschl. vom 10.05.2010, AnwZ (B) 30/09.

Für die Inlandstätigkeit **europäischer Rechtsanwälte** gilt § 7 EuRAG, für **außereuropäische Rechtsanwälte** **8**
§ 206 BRAO. Nach § 7 EuRAG genügt es, wenn der Rechtsanwalt gegenüber der Landesjustizverwaltung jährlich eine nach den Vorschriften des Herkunftsstaates geschlossene Versicherung oder Garantie nachweist, die hinsichtlich der Bedingungen und des Deckungsumfangs einer Versicherung i.S.v. § 51 BRAO gleichwertig ist. De lege ferenda soll die Pflichtversicherung im europäischen Bereich zwar, insbesondere bei nur vorübergehender grenzüberschreitender Tätigkeit, durch die fortschreitende Integration des europäischen Binnenmarkts unter steigenden Rechtfertigungsdruck geraten.[19] Allerdings hat der EuGH eine österreichische Regelung, welche für Patentanwälte aus anderen Mitgliedsstaaten den Abschluss einer Haftpflichtversicherung bei einem in Österreich zum Geschäftsbetrieb zugelassenen Versicherer oder eine gleichwertige, die Tätigkeit in Österreich abdeckende Versicherung oder Garantie nach den Vorschriften des Herkunftsstaats vorschreibt, grundsätzlich gebilligt.[20] Der BFH hat zudem entschieden, dass eine in einem anderen Mitgliedstaat der Europäischen Union registrierte Steuerberatungsgesellschaft Ltd. weder nach § 3a StBerG noch aufgrund der Dienstleistungsfreiheit zur geschäftsmäßigen Hilfeleistung in Steuersachen gemäß § 80 Abs. 5 AO befugt ist, wenn sie nicht über eine Berufshaftpflichtversicherung oder einen anderen individuellen oder kollektiven Schutz in Bezug auf die Berufshaftpflicht verfügt.[21] Ein außereuropäischer Rechtsanwalt muss dagegen gem. § 207 II 1 BRAO eine Berufshaftpflichtversicherung i.S.v. § 51 BRAO, zumindest aber einen auf das individuelle Tätigkeitsfeld zugeschnittenen modifizierten Versicherungsschutz nachweisen.[22] Folgt eine ausländische Berufshaftpflichtversicherung nicht dem durch § 51 BRAO vorgegebenen Verstoßprinzip, sondern handelt es sich um eine sog. Claims Made-Deckung, genügt sie regelmäßig nicht den gesetzlichen Anforderungen.[23] Dies gilt jedenfalls, wenn – wie üblich – keine unbefristete Nachhaftung vereinbart ist.

Über die Pflichtversicherung hinaus hat der Rechtsanwalt sorgfältig zu erwägen, inwieweit er aufgrund seiner **9**
Tätigkeit und Mandatsstruktur **weitergehenden Versicherungsschutz** benötigt. Hierzu kann er die Mindestversicherungssumme erhöhen oder zusätzliche Deckung durch selbständige **Anschlussverträge (Exzedenten)** erwerben. Bei lediglich besonderem Versicherungsbedarf im Einzelfall bieten die Versicherer zudem **Einzelmandatsversicherungen** an, entweder als Anschlussdeckung oder durch Abschluss eines zusätzlichen, unabhängigen Vertrags.

c) Bedeutung und Marktverhältnisse

Die Bedeutung der Berufshaftpflichtversicherung steigt mit dem zunehmenden Haftungsrisiko der Rechts- **10**
anwälte und einem veränderten Anspruchsklima. Seit der Schuldrechtsreform gelten strengere gesetzliche Haftungsvoraussetzungen, da bei den gesetzlichen Haftpflichtbestimmungen der §§ 280 ff. BGB der Rechtsanwalt die Beweislast für das fehlende Verschulden trägt. Die zunehmende Zahl und Komplexität der Fachgesetze, ein schärferer Wettbewerb und das Anspruchsbewusstsein der Klientel tragen ihr Übriges dazu bei, dass die Zahl der Haftpflichtfälle gestiegen ist. Dagegen war der **Versicherer-Markt** lange Zeit übersichtlich.[24] In den letzten Jahren sind allerdings etliche Anbieter, teils auch über den Londoner Markt, hinzugekommen. Etwa 30 Versicherer treten regelmäßig als Anbieter in Erscheinung, wenngleich nicht sämtlich auch für Pflichtversicherungen auf Basis des Verstoßprinzips. Ausländische Versicherer, deren Deckungskonzepte grundsätzlich claims-made basiert sind, bieten zwar D&O-Versicherungen, andere Berufshaftpflichtversicherungen allerdings nach wie vor eher selten und üblicherweise nur im Exzedentenbereich an. In diesem Fall ist gesteigertes Augenmerk auf die Abstimmung des Grund- und Exzedentenversicherungsschutzes zu legen.

2. Rechtsgrundlagen und rechtliche Rahmenbedingungen

Die Rechtsgrundlagen und rechtlichen Rahmenbedingungen für die Berufshaftpflichtversicherung der **11**
Rechtsanwälte ergeben sich aus Gesetz und Vertrag. Zwingende Vorgaben für den Bereich der **Pflichtversicherung** sehen §§ 51, 51a, 59j BRAO vor. Das betrifft den Umfang des Versicherungsschutzes einschließlich der Mindestversicherungssumme, des maximal zulässigen Selbstbehalts und zulässiger Ausschlusstatbestände. Entspricht ein Versicherungsvertrag diesen Vorgaben nicht, weil er beispielsweise einen unzulässigen Deckungsausschluss enthält, ist nicht etwa der Vertrag als Pflichtversicherung untauglich. Vielmehr ist der Vertragszweck i.S.v. § 307 II Nr. 2 BGB gefährdet und die entsprechende Bestimmung nichtig.[25]

Aus dem **VVG** sind zunächst die Vorschriften für alle Versicherungsverträge in §§ 1–73 anwendbar. Hervor- **12**
zuheben ist, dass die Berufshaftpflichtversicherung eine **Versicherung für fremde Rechnung** i.S.d. §§ 43 ff. darstellt, sofern neben dem Versicherungsnehmer weitere Personen (Sozien, Partner, Mitarbeiter) versichert

---

19 Vgl. *Storost* GewA 2008, 472.
20 EuGH EuZW 2009, 493, 494 f.
21 BFH DStRE 2011, 1294.
22 *Sassenbach/Stöhr* BRAK-Mitt. 2007, 155, 156.
23 *Braun* BRAK-Mitt. 2002, 150, 152; *Grams* AnwBl 2003, 299, 303; *Kouba* BRAK-Mitt. 2002, 165.
24 Vgl. OLG Düsseldorf VersR 2009, 1420 (»Versicherungsstelle Wiesbaden«); BKartA, Beschl. vom 13.12.2007, B 4–31/05, Tz. 72.
25 Vgl. OLG München VersR 2009, 59, 60 f.; vgl. auch *Armbrüster/Dallwig* VersR 2009, 150 ff.

Anhang B Berufshaftpflichtversicherung für Rechtsanwälte, Steuerberater u.a.

sind. Diese Regelungen werden durch die AVB regelmäßig ergänzt und modifiziert. § 7 I Ziff. 1 AVB-RSW sieht vor, dass alle auf den Versicherungsnehmer Bezug nehmenden Bestimmungen des Vertrages sinngemäß Anwendung auf die versicherten Personen finden. Diese treffen danach insbesondere eigenständig die vertraglichen Obliegenheiten. Nach § 7 I Ziff. 2 AVB-RSW können die versicherten Personen ihre Versicherungsansprüche abweichend von § 44 II selbständig geltend machen. Schließlich sieht § 7 I Ziff. 3 AVB-RSW vor, dass Innenhaftungsansprüche vorbehaltlich besonderer Regelung vom Versicherungsschutz ausgenommen sind.

13 Weiter sind die allgemeinen Vorschriften des VVG über die **Schadensversicherung** in §§ 74–87 sowie die speziellen Regelungen zur **Haftpflichtversicherung** in §§ 100 ff. einschließlich der §§ 113 ff. zur **Pflichtversicherung** zu berücksichtigen. Diese gelten gem. § 113 III auch dann, wenn der Vertrag über den Mindeststandard hinausgeht, vor allem durch Erhöhung der Versicherungssumme. Nicht den §§ 113 ff. unterliegt von vornherein eine selbständige **Anschlussdeckung (Exzedent)**. Eine solche kann zudem nicht nur preiswerter sein, sondern ermöglicht beispielsweise bei einer Sozietät auch eine individuelle Bedarfsanpassung und verhindert den Nachteil der Durchschnittsleistung[26], ist aber zugleich weiter als eine nur **einzelfallbezogene Zusatzdeckung**.

14 Neben die gesetzlichen Regelungen treten ergänzend und, soweit zulässig, modifizierend die vertraglichen Regelungen. Der **Versicherungsvertrag** besteht aus der Police, den Allgemeinen Versicherungsbedingungen sowie den Besonderen Bedingungen und Risikobeschreibungen für die jeweilige Berufsgruppe und ggf. speziellen Klauseln. Als **Allgemeine Geschäftsbedingungen** unterfallen diese §§ 305 ff. BGB und damit insbesondere der Inhaltskontrolle gem. § 307 BGB. Nach ständiger Rechtsprechung des Bundesgerichtshofes sind AVB so auszulegen, wie sie ein durchschnittlicher Versicherungsnehmer ohne versicherungsrechtliche Spezialkenntnisse bei verständiger Würdigung, aufmerksamer Durchsicht und Berücksichtigung des erkennbaren Sinnzusammenhangs verstehen muss.[27] Da sich die Berufshaftpflichtversicherung an eine abgrenzbare Berufsgruppe richtet, ist auf einen durchschnittlichen Versicherungsnehmer dieser Gruppe abzustellen. Folglich sind bei Auslegung der AVB für Anwälte auch Rechtskenntnisse vorauszusetzen, die für die Auslegung der AVB beachtlich sind.[28]

3. Allgemeine Versicherungsbedingungen (Überblick)

15 Seit der Deregulierung[29] im Jahr 1994 unterliegen die AVB keiner Vorabgenehmigung, sondern sind im Fall der Pflichtversicherung lediglich nach § 5 V Nr. 1 VAG zusätzlich zum Geschäftsplan bei der **Aufsichtsbehörde** einzureichen. Trotz der Vorgaben durch §§ 51, 51a, 59j BRAO hat sich auch in der Berufshaftpflichtversicherung der **Wettbewerb** intensiviert, vor allem auf der Prämienseite, aber auch über Bedingungserweiterungen und die Sachkunde und den Schadenservice der Anbieter. Die Bedingungen einzelner Anbieter können sich daher durchaus unterscheiden. Der Rechtsanwalt hat daher jenseits des zwingend vorgeschriebenen Pflichtversicherungsschutzes im Einzelfall zu prüfen, ob die angebotenen Bedingungen seinem Versicherungsbedarf entsprechen. Hinzukommt, dass aufgrund der spezifischen Definition des Versicherungsfalls auch **alte Bedingungswerke** noch von Bedeutung sein können.[30]

16 Für alle RWS-Berufe gelten identische AVB. Die **AVB-RSW** regeln übereinstimmend in §§ 1–4 zunächst den zeitlichen und sachlichen Umfang des Versicherungsschutzes, in §§ 5, 6 den Versicherungsfall und enthalten in §§ 7–16 einzelne Bestimmungen über das Versicherungsverhältnis. Hinzukommen die **Besonderen Bedingungen und Risikobeschreibungen (BBR) für jede einzelne Berufsgruppe**. Die besonderen Versicherungsbedingungen enthalten unterschiedliche, auf den jeweiligen Berufszweig abgestimmte Risikobeschreibungen. Zudem tragen sie dem Umstand Rechnung, dass die gesetzlichen Vorgaben an die Pflichtversicherung von Rechtsanwälten, Notaren, Steuerberatern und Wirtschaftsprüfern unterschiedlich sind, etwa hinsichtlich der Selbstbehalte und der Deckungssummen. Dies hat zur Folge, dass die Versicherungen für die einzelnen Berufsgruppen nicht austauschbar sind. Besonderheiten ergeben sich daher vor allem bei Mehrfachqualifikation und für interprofessionelle Sozietäten.[31]

17 Die AVB-RSW sind eine Fortentwicklung der AVB-Vermögen, jedoch ein **eigenständiges Bedingungswerk**. Dies hat insbesondere zur Folge, dass die AHB auch nicht subsidiär gelten.[32] Gleichwohl kann auf die Rechtsprechung und Kommentierung zu den AVB-Vermögen und den AHB bei sinngemäßer Übertragung zurückgegriffen werden, soweit die Bedingungen übereinstimmen.

---

26 Siehe unten Rdn. 93.
27 BGH VersR 2014, 1498, 1499; VersR 2007, 1690; VersR 2001, 489, 490; VersR 1993, 957, 958.
28 G. Fischer/Vill/D. Fischer/Rinkler/*Chab*, Rn. 5.
29 Drittes Durchführungsgesetz/EWG zum VAG vom 21.07.1994, BGBl. I 1994, S. 1630.
30 Siehe unten Rdn. 63.
31 Siehe unten Rdn. 123.
32 BGH VersR 1964, 230; P/M/*Lücke*, § 1 AVB Vermögen Rn. 1.

II. Berufshaftpflichtversicherung für Rechtsanwälte

Im Folgenden werden zunächst die Grundzüge der Berufshaftpflichtversicherung für Rechtsanwälte anhand der wesentlichen Regelungen der AVB-RSW und BBR-RA in systematischer Anordnung dargestellt.

1. Gegenstand der Versicherung
§ 1 Gegenstand des Versicherungsschutzes, Vermögensschaden, Versicherungsnehmer
I. Versicherungsschutz für berufliche Tätigkeit, Vermögensschadenbegriff

1. Gegenstand des Versicherungsschutzes
Der Versicherer bietet dem Versicherungsnehmer Versicherungsschutz für den Fall, dass er wegen eines bei der Ausübung beruflicher Tätigkeit von ihm selbst oder einer Person, für die er nach § 278 oder § 831 BGB einzustehen hat, begangenen Verstoßes von einem anderen auf Grund gesetzlicher Haftpflichtbestimmungen privatrechtlichen Inhalts für einen Vermögensschaden verantwortlich gemacht wird. Ausgenommen sind Ansprüche auf Rückforderung von Gebühren oder Honoraren sowie Erfüllungsansprüche und Erfüllungssurrogate gemäß § 281 i.V.m. § 280 BGB.

2. Definition des Vermögensschadens
Vermögensschäden sind solche Schäden, die weder Personenschäden (Tötung, Verletzung des Körpers oder Schädigung der Gesundheit von Menschen) noch Sachschäden (Beschädigung, Verderben, Vernichtung oder Abhandenkommen von Sachen, insbesondere auch von Geld und geldwerten Zeichen) sind, noch sich aus solchen von dem Versicherungsnehmer oder einer Person, für die er einzutreten hat, verursachten Schäden herleiten.

Nach § 1 I Ziff. 1 AVB-RSW bietet der Versicherer dem Versicherungsnehmer Versicherungsschutz für den Fall, dass er wegen eines bei der Ausübung beruflicher Tätigkeit von ihm selbst oder einer Person, für die er nach § 278 oder § 831 BGB einzustehen hat, begangenen Verstoßes von einem anderen aufgrund gesetzlicher Haftpflichtbestimmungen privatrechtlichen Inhalts für einen Vermögensschaden verantwortlich gemacht wird (vgl. § 51 I, II BRAO).

a) Ausübung der beruflichen Tätigkeit
Versichert ist die **beruflich ausgeübte Tätigkeit als Rechtsanwalt**. Während sich diese vergleichsweise einfach von dem privaten Bereich abgrenzen lässt, kann die Abgrenzung zu anderen beruflichen Tätigkeiten gelegentlich größere Schwierigkeiten bereiten.[33] § 1 AVB-RSW und die Risikobeschreibung bezwecken, die Haftung des Versicherers auf Verstöße gegen solche Pflichten zu beschränken, die den Rechtsanwalt gerade in dieser Eigenschaft treffen. Anderweitige Tätigkeiten sind von dem Versicherungsschutz demgegenüber ausgenommen.

Lediglich Ausgangspunkt der **Abgrenzung** und nicht abschließend sind die gesetzlichen Berufsbestimmungen. Der Hauptaufgabenkreis des Rechtsanwalts – Rechtsberatung und Rechtsbesorgung – folgt aus § 3 BRAO. Einzeltätigkeiten ergeben sich aus den Gebührentatbeständen des RVG. Diese kennzeichnen jedoch nur den Kernbereich anwaltlicher Tätigkeit und lassen keinen Umkehrschluss dahingehend zu, dass nicht aufgeführte Tätigkeiten nicht versichert sind.[34] Maßgeblich ist, ob eine bestimmte Tätigkeit einen engen, inneren Zusammenhang zur Rechtsberatung/-besorgung aufweist und folglich unter Berücksichtigung der historischen Entwicklung und der – wandelbaren – Verkehrsauffassung zum Berufsbild des Rechtsanwalts gehört.[35] Ein wichtiges Indiz ist, ob eine Aufgabe typischerweise oder zumindest in erheblichem Umfang von Rechtsanwälten oder auch von anderen Berufsgruppen wahrgenommen wird.[36]

Nebentätigkeiten sind danach versichert, soweit sie noch zum Berufsbild des Rechtsanwalts gehören und kein Ausschluss vorliegt. Andere Tätigkeiten müssen dagegen ausdrücklich mitversichert sein. Für folgende in der **Risikobeschreibung der BBR-RA gemäß Ziff. B. S. 2** ausdrücklich mitversicherte Tätigkeiten erübrigt sich die Abgrenzung:
- gemäß InsO, z.B. (vorläufiger) Insolvenzverwalter, Sonder(insolvenz)verwalter, Gläubigerausschussmitglied, Sachwalter und Treuhänder;
- Gesamtvollstreckungsverwalter;
- gerichtlich bestellter (vorläufiger) Liquidator oder Abwickler;
- Testamentsvollstrecker, Nachlasspfleger, Nachlassverwalter, Vormund, Betreuer, Pfleger, Beistand; Schiedsrichter, Schlichter, Mediator;
- Abwickler einer Praxis gemäß § 55 BRAO, Zustellungsbevollmächtigter gemäß § 30 BRAO;

---

33 Vgl. *Jungk* AnwBl 2004, 117.
34 BGH NJW 1993, 199; OLG Düsseldorf NVersZ 1998, 132.
35 Vgl. BGH NJW 1994, 1405, 1406; VersR 1987, 887, 888.
36 BGH NJW 1967, 876; OLG Düsseldorf NVersZ 1998, 132. Zur Abgrenzung von Anwalts- und Notartätigkeit vgl. *Becker* AnwBl 2010, 618.

Anhang B Berufshaftpflichtversicherung für Rechtsanwälte, Steuerberater u.a.

– Notarvertreter für die Dauer von 60 Tagen innerhalb eines Versicherungsjahres;
– Mitglied eines Aufsichtsrates, Beirates, Stiftungsrates, oder ähnlicher Gremien, soweit die dem Verstoß zugrunde liegende Tätigkeit einer anwaltlichen Berufsausübung entspricht.

23 Diese Tätigkeiten unterfallen zunächst insgesamt dem Deckungsschutz, also beispielsweise auch hinsichtlich unternehmerischer Entscheidungen, sowie unabhängig davon, ob der Rechtsanwalt sie überwiegend oder gelegentlich ausübt. Für Insolvenzverwalter und Sonder(insolvenz)verwalter sind zudem gemäß Ziff. B. S. 3 BBR-RA in nicht abschließender Aufzählung mitversicherte Haftpflichtansprüche genannt, etwa wegen der Fortführung des Betriebes und aus §§ 34, 69 AO. Im Weiteren kommt es darauf an, ob ein Ausschlusstatbestand eingreift. Der BGH hat beispielsweise zu älteren AVB entschieden, dass Haftpflichtansprüche aufgrund unternehmerischer Entscheidungen eines Insolvenzverwalters nur vom Versicherungsschutz ausgeschlossen sind, soweit der Insolvenzverwalter nicht mehr insolvenzbezogene, sondern echte unternehmerische Zwecke verfolgt, d.h. nicht vom Insolvenzzweck geprägte leitende Entscheidungen.[37] Nach Ziff. A. 4.2 BBR-RA sind Haftpflichtrisiken aus einer kaufmännischen Kalkulations- oder Organisationstätigkeit eines (vorläufigen) Insolvenzverwalters, Sachwalters, gerichtlich bestellten Liquidators, Gläubigerausschlussmitglieds oder Treuhänders gemäß InsO allerdings gesondert zu versichern.

24 Dagegen ist bei anderen als den genannten Tätigkeiten bereits fraglich, ob sie der primären Risikobeschreibung unterfallen. Insoweit liegt eine umfangreiche **Kasuistik** vor. Bei einer reinen Vermögensverwaltung oder Anlageberatung/-vermittlung fehlt es danach an dem erforderlichen Zusammenhang mit einer rechtsberatenden Tätigkeit, wenn nicht eine Pflicht zur Rechtsbetreuung einhergeht.[38] Auch eine Treuhandtätigkeit ist nur gedeckt, wenn die Rechtsberatung nicht völlig im Hintergrund steht.[39] Genügen kann es, wenn gegenüber Dritten bei Einzahlung von Geldern auf ein Anderkonto durch die Berufsstellung als Rechtsanwalt ein besonderes Vertrauen erweckt wird.[40] Dagegen ist der reine Strohmann nicht versichert, es sei denn, sein Auftrag beinhaltet den Entwurf der erforderlichen rechtlichen Konstruktion.[41] Nicht versichert sind die ausschließlich wirtschaftliche Mitwirkung bei dem Kauf eines Vollstreckungstitels,[42] eine rein wirtschaftliche Finanzdienstleistung,[43] die Erledigung der kaufmännischen Buchführung,[44] die Aufstellung von Finanzierungsplänen[45] und eine rein wirtschaftliche Schuldenregulierung,[46] die Unterschlagungsprüfung[47] sowie die Maklertätigkeit und die Hausverwaltung durch einen Rechtsanwalt. In diesen Fällen ist es geboten, den Versicherungsschutz anzupassen. In Zweifelsfällen sollte der Rechtsanwalt bei seinem Versicherer eine Deckungsbestätigung einholen.

25 Bei einer Vielzahl von Aufgaben können anwaltliche und andere Tätigkeiten zusammentreffen (**gemischte Tätigkeiten**). Für den Versicherungsschutz kommt es dann, anders als in gebührenrechtlichen Fragen,[48] nicht darauf an, welche Tätigkeit im Vordergrund steht bzw. den Schwerpunkt der Tätigkeit bildet.[49] Unabhängig davon hat der Versicherer Versicherungsschutz zu gewähren, wenn der schadensursächliche Verstoß bei der anwaltlichen Berufsausübung erfolgt.[50] Auch wenn der Schwerpunkt auf einer berufstypischen Tätigkeit liegt, sind berufsfremde Nebenleistungen grundsätzlich nicht mitversichert, sofern sie nicht als notwendige Annextätigkeit vom Zweck der berufstypischen Tätigkeit geprägt sind.[51]

b) Gesetzliche Haftpflichtansprüche privatrechtlichen Inhalts

26 Versichert ist die **Haftpflicht aufgrund gesetzlicher Haftpflichtbestimmungen privatrechtlichen Inhalts** (§ 1 I Ziff. 1 AVB-RSW). Dieses Tatbestandsmerkmal entspricht den AHB und den AVB-Vermögen. Auf die hierzu ergangene Rechtsprechung kann zurückgegriffen werden.

27 **Gesetzliche Haftpflichtbestimmungen** sind solche Rechtsnormen, die unabhängig vom Willen der Beteiligten an die Verwirklichung eines dem Versicherungsschutz unterfallenden Ereignisses Rechtsfolgen knüpfen.[52] Es muss sich um Schadensersatzansprüche handeln. Nicht versichert sind also Ansprüche wegen ungerechtfertigter Bereicherung, auf Vertragserfüllung einschließlich Nacherfüllung und aus Gewährleistung, soweit sie

---

37 Vgl. BGH VersR 1980, 353, 355; P/M/*Lücke*, § 4 AVB Vermögen Rn. 26.
38 BGH NJW 1999, 3040, 3042; NJW 1994, 1405, 1406; NJW 1980, 1855 f.; NJW 1967, 876; KG VersR 2003, 1031.
39 BGH VersR 1993, 700, 701; G. Fischer/Vill/D. Fischer/Rinkler/*Chab*, Rn. 35; VersHb/*v. Rintelen*, § 26 Rn. 287.
40 OLG Düsseldorf, Urt. vom 10. Juni 2008, I-4 U 164/07.
41 OLG Düsseldorf NVersZ 1998, 132 f.
42 OLG Stuttgart BRAK-Mitt. 2005, 21.
43 OLG Düsseldorf NJW-RR 2004, 756 f.
44 BGH NJW 1970, 1189, 1190 f.
45 LG Bochum JW 1924, 874 f.
46 Fahrendorf/Mennemeyer/Terbille/*Mennemeyer*, Rn. 2271; a.A. OLG Celle ZfS 1985, 19.
47 BGH VersR 1972, 1052, 1053.
48 BGH NJW 1980, 1855, 1856; NJW 1967, 876.
49 Jedenfalls missverständlich OLG Düsseldorf NVersZ 1998, 132, 133.
50 *Jungk* AnwBl 2004, 117 ff.; G. Fischer/Vill/D. Fischer/Rinkler/*Chab*, Rn. 37.
51 VersHb/*v. Rintelen*, § 26 Rn. 289.
52 BGH VersR 1971, 144.

nicht auf Schadensersatz gerichtet sind. Auch dann besteht aber nach § 1 I Ziff. 1 AVB-RSW kein Versicherungsschutz für Erfüllungssurrogate gem. §§ 280 I, III, 281 BGB, d.h. soweit der Schadensersatz an die Stelle der Erfüllung tritt. Maßgeblich ist, ob der Anspruch auf das unmittelbare Interesse des Dritten an der vertraglich geschuldeten Leistung gerichtet ist.[53] Über das Äquivalenzinteresse hinausgehende Schadenspositionen sind dagegen versichert. Versichert sind auch Ansprüche wegen Verzugs aus §§ 280 I, II, 286 BGB. Erfasst ist nach der Rechtsprechung des BGH ferner ein Anspruch aus § 179 BGB und zwar selbst dann, wenn der Vertreter ohne Vertretungsmacht auf Erfüllung in Anspruch genommen wird.[54] Auch in diesem Fall beruhe seine Verpflichtung nämlich nicht auf einer vertraglichen Vereinbarung, sondern trete ohne seinen Willen kraft Gesetzes ein. Dagegen begründet § 326 II 1 BGB keinen Schadensersatzanspruch.[55] An der Voraussetzung eines gesetzlichen Anspruches fehlt es schließlich, soweit der Anspruch auf besonderen vertraglichen Vereinbarungen beruht (vgl. § 4 Ziff. 2 AVB-RSW). Das kann beispielsweise für so genannte »Reliance«-Erklärungen gelten, mit denen ein Rechtsanwalt für die Richtigkeit seines Due Diligence Reports auch gegenüber der finanzierenden Bank und weiteren Personen eintritt.[56] Hingegen können Ansprüche aus Geschäftsführung ohne Auftrag versichert sein, wenn sie schadenersatzähnlichen Charakter haben.[57]

Aufgrund der Bedeutung für die Praxis enthalten die Besonderen Bedingungen in Ziff. A. 4.3 BBR-RA eine **28** Deckungserweiterung für **Auszahlungsfehler bei Anderkonten**. Obwohl es sich eigentlich um Erfüllungssurrogate handelt, sind fahrlässige Verfügungen des Versicherungsnehmers über Beträge, die in unmittelbarem Zusammenhang mit einer Rechtsanwaltstätigkeit auf ein Anderkonto eingezahlt oder zur alsbaldigen Anlage auf ein Anderkonto in Verwahrung genommen und ordnungsgemäß verbucht sind, versichert. Etwas anderes gilt bei Veruntreuung (§ 4 Ziff. 3 AVB-RSW).

Schließlich sind nur Schadensersatzansprüche privatrechtlichen, also **nicht öffentlich-rechtlichen Inhalts 29** versichert. Nicht unter den Deckungsschutz fallen daher grundsätzlich die steuerliche Haftung nach §§ 34, 69 ff. AO und die Kostenhaftung nach § 22 GKG, wenn ein Rechtsanwalt ein Verfahren einleitet, aber keine Vollmacht nachweisen kann.[58] Ebenfalls nicht privatrechtlichen Inhalts sind Haftungstatbestände des **Straf- oder Ordnungswidrigkeitenrechts**.

c) Vermögensschaden

Nach § 1 I Ziff. 1 AVB-RSW schützt die Berufshaftpflichtversicherung den Rechtsanwalt vor **Vermögensschä- 30 den**. Diese sind in § 1 I Ziff. 2 AVB-RSW negativ als solche Schäden definiert, die weder Personen- noch Sachschäden sind, noch sich aus solchen Schäden herleiten. Grundsätzlich kommt es also darauf an, ob das Vermögen als solches beeinträchtigt ist.[59] Nicht erfasst sind neben Personen- und Sachschäden daher beispielsweise Inanspruchnahmen auf Schmerzensgeld.[60] Nicht erfasst ist weiter ein Personenfolge- und Sachfolgeschaden. Ein solcher soll beispielsweise vorliegen, wenn der Rechtsanwalt ein entscheidendes Beweismittel und dadurch auch den Prozess verliert.[61] Der Einschluss von Sach- und Sachfolgeschäden kann allerdings im Einzelfall in den Versicherungsschutz einbezogen werden.

Von vornherein mitversichert sind dagegen besonders typische Sachschäden an Akten und anderen für die **31** Sachbehandlung in Betracht kommenden Schriftstücken sowie an sonstigen beweglichen Sachen, die das Objekt der versicherten Betätigung des Versicherungsnehmers bilden (**erweiterte Sachschadensdeckung**, § 15 AVB-RSW). Dies erfasst keine Ansprüche wegen solcher Sachschäden, die durch das Abhandenkommen von Geld, geldwerten Zeichen, Wertsachen, Inhaberpapieren und in blanko indossierten Orderpapieren entstehen. Gedeckt sind aber Ansprüche aufgrund des Abhandenkommens von Wechseln sowie von zu Protest gegangenen Schecks. Zu beachten ist, dass es sich im Umfang dieser Mitversicherung nicht um eine Pflichtversicherung handelt, sodass die §§ 113 ff. nicht anwendbar sind.

Gleiches gilt auch für die gesondert mögliche Versicherung der **Bürohaftpflicht** (§ 16 AVB-RSW i.V.m. **32** Teil 5). Hierbei handelt es sich um einen eigenständigen Versicherungsvertrag. Versichert wird die Haftpflicht aus der beruflichen Tätigkeit wegen eines Personen- oder Sachschadens, beispielsweise wenn ein Mandant sich im Büro des Rechtsanwalts verletzt. Mitversichert ist die gesetzliche Haftpflicht als Eigentümer, Mieter, Pächter oder Nutznießer von Grundstücken, Gebäuden oder Räumlichkeiten, sofern sie ausschließlich für Zwecke des versicherten Berufs benutzt werden. Ferner mitversichert ist die Haftpflicht wegen bestimmter Schäden im Zusammenhang mit der versicherten beruflichen Tätigkeit aus dem Austausch, der Übermittlung und der Bereitstellung elektronischer Daten, z.B. im Internet, per E-Mail oder mittels Datenträger.

---

53 BGH VersR 2005, 110, 112; MDR 1963, 382, 383.
54 BGH VersR 1971, 144.
55 LG Köln VersR 2008, 1488.
56 *Diller* AnwBl 2010, 52 ff.; *Kahmann/Vitzthum* VersR 2009, 21 ff.
57 BGH VersR 2011, 1509.
58 OLG Köln VersR 2003, 55 f. (zu § 49 GKG a.F.).
59 *Chab* AnwBl 2009, 789 ff.
60 Vgl. BGH VersR 2010, 211; *Druckenbrodt* VersR 2010, 610.
61 *Brieske* AnwBl 1995, 225, 228; Terbille/Höra/*Sassenbach*, § 18 Rn. 16.

Anhang B Berufshaftpflichtversicherung für Rechtsanwälte, Steuerberater u.a.

2. Versicherte Personen
§ 1 Gegenstand des Versicherungsschutzes, Vermögensschaden, Versicherungsnehmer
II. Berufsangehörige als Versicherungsnehmer

1. Sozien

Üben Berufsangehörge ihren Beruf nach außen hin gemeinschaftlich aus, sind sie Sozien ohne Rücksicht darauf, wie ihre vertraglichen Beziehungen untereinander (Innenverhältnis) geregelt sind.

2. Innenverhältnis

Die vertraglichen Beziehungen des Innenverhältnisses können sein: Anstellungsverhältnis, freie Mitarbeit, Bürogemeinschaft, Kooperation, Gesellschaft bürgerlichen Rechts, nicht als Berufsträgergesellschaft anerkannte Partnerschaft und ähnliches.

3. Zurechnung

In der Person eines Sozius gegebene Umstände, die den Versicherungsschutz beeinflussen, gehen zu Lasten aller Sozien.

III. Berufsträgergesellschaft als Versicherungsnehmer

1. Versicherungsschutz für Repräsentanten

Nimmt eine anerkannte Berufsträgergesellschaft für sich selbst Versicherung, bezieht sich der Versicherungsschutz für diese Gesellschaft auf die den Organen, Geschäftsführern, Gesellschaftern von Personengesellschaften, Partnern und Angestellten oder sonstigen Personen, derer sie sich zur Erfüllung ihrer Berufstätigkeit bedient, zur Last fallenden Verstöße.

2. Zurechnung

In der Person des Verstoßenden gegebene Umstände, die den Versicherungsschutz beeinflussen, werden dem Versicherungsnehmer zugerechnet; das gilt nicht, wenn Angestellte (nicht Organe, Geschäftsführer, Gesellschafter von Personengesellschaften, Partner) des Versicherungsnehmers oder sonstige Personen, derer er sich zur Erfüllung seiner Berufstätigkeit bedient, in Erfüllung dieser Tätigkeit von Gesetz, Vorschrift, Anweisung oder Bedingung des Auftraggebers wissentlich abgewichen sind oder sonst ihre Pflichten wissentlich verletzt haben.

§ 7 Versicherung für fremde Rechnung, Abtretung, Verpfändung, Rückgriffsansprüche
I. Versicherung für fremde Rechnung

1. Geltung der Vertragsbestimmungen für versicherte Personen

Soweit sich die Versicherung auf Haftpflichtansprüche erstreckt, die gegen andere Personen als den Versicherungsnehmer selbst gerichtet sind (versicherte Personen), finden alle in dem Versicherungsvertrag bezüglich des Versicherungsnehmers getroffenen Bestimmungen auch auf diese Personen sinngemäße Anwendung. Der Versicherungsnehmer bleibt neben den versicherten Personen für die Erfüllung der Obliegenheiten verantwortlich.

2. Geltendmachung der Versicherungsansprüche

Versicherte Personen können ihre Versicherungsansprüche selbständig geltend machen.

3. Ansprüche des Versicherungsnehmers gegen versicherte Personen

Ansprüche des Versicherungsnehmers gegen versicherte Personen sind, soweit nichts anderes vereinbart ist, von der Versicherung ausgeschlossen.

§ 12 Sozien
I. Versicherungsfall

Der Versicherungsfall auch nur eines Sozius (§ 1 II) gilt als Versicherungsfall aller Sozien. Dies gilt nicht für Tätigkeiten außerhalb der gemeinschaftlichen Berufsausübung.

II. Durchschnittsleistung

Der Versicherer tritt für die Sozien zusammen mit einer einheitlichen Durchschnittsleistung ein. Für diese Durchschnittsleistung gilt folgendes:

1. Berechnung der Versicherungsleistung

Die Leistung auf die Haftpflichtsumme ist in der Weise zu berechnen, dass zunächst bei jedem einzelnen Sozius festgestellt wird, wie viel er vom Versicherer zu erhalten hätte, wenn er, ohne Sozius zu sein, allein einzutreten hätte (fiktive Leistung), und sodann die Summe dieser fiktiven Leistungen durch die Zahl aller Sozien geteilt wird.

2. Berechnung der Kosten

Bezüglich der Kosten sind die Bestimmungen in § 3 III Ziffer 5 in sinngemäßer Verbindung mit den vorstehenden Bestimmungen anzuwenden.

3. Anwendung auf Nichtversicherungsnehmer

Dieser Durchschnittsversicherungsschutz besteht nach Maßgabe des § 7 I Ziffer 1 auch zugunsten eines Sozius, der Nichtversicherungsnehmer ist.

Jeder Rechtsanwalt muss gem. § 51 BRAO eine Berufshaftpflichtversicherung abschließen und unterhalten. Die persönliche Reichweite des Versicherungsschutzes unter einem konkreten Vertrag hängt davon ab, ob es sich um eine Einzelversicherung für den einzelnen Berufsträger oder eine gemeinsame Versicherung der Sozien oder Partner, ggf. unter Einschluss der Mitarbeiter und der Sozietät, Partnerschaft oder Rechtsanwaltsgesellschaft handelt. Die AVB-RSW gehen davon aus, dass die Versicherung durch den Rechtsanwalt selbst geschlossen wird.   33

a) Selbstständiger Rechtsanwalt, Sozien

Versichert ist daher zunächst der einzelne **Rechtsanwalt als Versicherungsnehmer** und zwar für eigene Pflichtverletzungen wie für das Fehlverhalten solcher Personen, für die er nach § 278 oder § 831 BGB einzustehen hat (§ 1 I Ziff. 1 AVB-RSW). Nicht erfasst von dieser Beschreibung des Gegenstands der Versicherung ist für den Fall der gemeinschaftlichen Berufsausübung in einer Sozietät die gesamtschuldnerische akzessorische Haftung eines Sozius für Pflichtverletzungen anderer Sozien.   34

Den Besonderheiten der **gemeinschaftlichen Berufsausübung** trägt indes § 12 AVB-RSW Rechnung. Nach § 12 I AVB-RSW gilt der Versicherungsfall eines Sozius als Versicherungsfall aller Sozien. Der Begriff der Sozien ist weit gefasst und bezieht gem. § 1 II Ziff. 1 und 2 AVB-RSW alle Berufsträger ein, die ihren Beruf nach außen hin gemeinschaftlich ausüben ohne Rücksicht auf ihre vertraglichen Beziehungen im Innenverhältnis (Anstellungsverhältnis, freie Mitarbeit, Bürogemeinschaft, Kooperation, Gesellschaft bürgerlichen Rechts, Partnerschaft etc).[62] § 12 I AVB-RSW gilt zugunsten der durch den konkreten Vertrag versicherten Sozien unabhängig davon, ob der pflichtwidrig handelnde Sozius unter derselben Berufshaftpflichtversicherung oder durch einen separaten Vertrag bei demselben oder einem anderen Versicherer versichert ist. In jedem Fall gilt der Versicherungsfall eines Sozius als Versicherungsfall aller versicherten Sozien. Die Regelung soll verhindern, dass die Versicherer bei einer gemeinschaftlichen Berufsausübung im Schadensfall Einblick in die internen Verhältnisse der Berufsträger nehmen und die jeweiligen Verursachungsbeitrag im Gesamtschuldverhältnis individuell bestimmen müssen.[63] Die Klausel dient damit sowohl den Interessen der Versicherungsnehmer als auch der Versicherer.   35

Liegt für den Versicherungsnehmer infolge der Fiktion des § 12 I AVW-RSW ein Versicherungsfall vor, bestimmt sich die Leistung des Versicherers nach § 12 II AVB-RSW (**Durchschnittsleistung**).[64] Mit der Ausweitung des Versicherungsschutzes durch § 12 I AVB-RSW korrespondiert ferner die **Zurechnungsklausel** des § 1 II Ziff. 3 AVB-RSW. Danach wirken in der Person eines Sozius gegebene Umstände, die den Versicherungsschutz beeinflussen, zulasten aller Sozien. Insbesondere lässt ein Ausschlussgrund in der Person eines Sozius den Versicherungsschutz auch für alle anderen Sozien entfallen. In konsequenter Fortführung von § 12 I AVB-RSW werden die Sozien damit als versicherungsrechtliche Risikogemeinschaft behandelt und tragen ggf. das Regressrisiko gegenüber dem pflichtwidrig Handelnden. Ohne die Bestimmung des § 1 II Ziff. 3 AVB-RSW wäre der Versicherer nämlich immer leistungspflichtig, weil der redliche Sozius aus dem auch für ihn vorliegenden Versicherungsfall Versicherungsschutz auch zugunsten des unredlichen Sozius beanspruchen könnte. Trotz fehlender Versicherungspflicht ist daher dringend zu erwägen, für eine Sozietät eigenen Versicherungsschutz vorzuhalten.   36

Problematisch und umstritten sind allerdings die **Reichweite und Wirksamkeit der Zurechnungsklausel**. Nach einer Entscheidung des OLG Hamm zu einer inhaltlich identischen Klausel, die systematisch allerdings bei einer § 12 I AVB-RSW entsprechenden Regelung verortet war, ist diese Klausel vom Standpunkt eines durchschnittlichen Versicherungsnehmers der beteiligten Verkehrskreise nicht dahingehend zu verstehen, dass der auf eigener Pflichtwidrigkeit gründende Versicherungsanspruch, der auch ohne die Bestimmung des § 12 I AVB-RSW bestünde, nur deshalb ausgeschlossen sein soll, weil in der Person eines Sozius ein Ausschlussgrund gegeben ist.[65] Sofern man § 1 II Ziff. 3 AVB-RSW nach Sinn und Zweck der Regelung entsprechend auslegt, sprechen gute Argumente für die Wirksamkeit der Klausel. Denn die Zurechnungsklausel beschränkt   37

---

62 Vgl. BGH, Urt. v. 18. Mai 2011, IV ZR 168/09.
63 *Burger* AnwBl 2004, 304, 305; Terbille/Höra/*Sassenbach*, § 18 Rn. 47.
64 Siehe unten Rdn. 93.
65 OLG Hamm VersR 1996, 1006.

Anhang B Berufshaftpflichtversicherung für Rechtsanwälte, Steuerberater u.a.

dann nur aus oben genannten Gründen den durch § 12 I AVB-RSW über § 1 I Ziff. 1 AVB-RSW hinaus erweiterten Versicherungsschutz. Sie verstößt dann insbesondere nicht gegen den zwingend vorgeschriebenen Umfang des Pflichtversicherungsschutzes.

38 Allerdings hält das OLG München Bedingungen, die den § 1 II Ziff. 1 und Ziff. 3 AVB-RSW inhaltlich entsprechen, gem. § 305c und § 307 BGB für unwirksam, weil danach auch der Deckungsschutz eines angestellten Scheinsozius wegen Veruntreuungen durch echte Sozien ausgeschlossen sei.[66] Der Versicherungsvertrag weiche damit in unzulässiger Weise von den Vorgaben des § 51 III BRAO und des § 152 a.F. ab. Zwingend ist diese Sichtweise allerdings nicht. Zu berücksichtigen ist, dass sich der Versicherungsschutz grundsätzlich nicht auf die Tätigkeit als Angestellter bezieht und Haftpflichtansprüche gegen den angestellten Anwalt daher grundsätzlich nur über die Berufshaftpflichtversicherung des Prinzipals mitversichert sind. Ist hingegen die eigene Berufshaftpflichtversicherung des Scheinsozius aufgrund des erzeugten Rechtsscheins ebenfalls einschlägig, gilt dies zunächst nur für eigene oder nach § 278 oder § 831 BGB zurechenbare Verstöße des Scheinsozius. Insoweit erfolgt keine Zurechnung eines lediglich in der Person eines anderen Sozius vorliegenden Ausschlussgrundes. Für die akzessorische Haftung infolge eines Verstoßes eines anderen Sozius fingiert allerdings erst § 12 I AVB-RSW den Versicherungsfall auch für den Scheinsozius. Sofern dann entsprechend § 1 II Ziff. 3 AVB-RSW in der Person des pflichtwidrig Handelnden gegebene Umstände, die den Versicherungsschutz beeinflussen, zulasten auch des Scheinsozius wirken, wird im Ergebnis lediglich die Reichweite der Fiktion beschränkt.

b) Mitarbeiter und Vertreter

39 Die Haftpflicht des Versicherungsnehmers für das ihm gem. § 278 oder § 831 BGB zurechenbare Fehlverhalten seiner Mitarbeiter ist stets und zwingend (§ 51 I BRAO) mitversichert. Etwas anderes gilt für eine ausnahmsweise gegebene **Schadensersatzpflicht der Mitarbeiter** im Außenverhältnis selbst. Als Erhöhung des versicherten Risikos ist diese nicht automatisch mitversichert, sondern bedarf einer besonderen Vereinbarung (§ 13 AVB-RSW).

40 Wird die eigene Schadensersatzhaftung von Mitarbeitern des Versicherungsnehmers mitversichert, handelt es sich um eine **Versicherung für fremde Rechnung** i.S.d. §§ 43 ff. Als versicherte Personen sind sie nicht Vertragspartei. Nach § 7 I Ziff. 1 AVB-RSW sind auf sie aber alle **Vertragsbestimmungen sinngemäß** anzuwenden. Ein Ausschlusstatbestand greift folglich nur, sofern er durch die jeweilige versicherte Person verwirklicht ist.[67] Insbesondere sind die versicherten Personen selbst für die Erfüllung der Obliegenheiten verantwortlich. Abweichend von § 44 II sind die versicherten Personen befugt, ihre **Versicherungsansprüche** selbständig geltend zu machen. Grundsätzlich ausgeschlossen vom Versicherungsschutz sind nach § 7 I Ziff. 3 AVB-RSW Ansprüche des Versicherungsnehmers gegen versicherte Personen. Dieser **Eigenschaden des Versicherungsnehmers** kann über eine Vertrauensschadenversicherung abgesichert werden.

41 Nach der Risikobeschreibung unter B. der BBR-RA mitversichert ist schließlich die gesetzliche Haftpflicht eines **Vertreters des Versicherungsnehmers** aus der Vertretertätigkeit, solange der Versicherungsnehmer an der Ausübung seines Berufes gehindert ist und soweit der Vertreter nicht durch eine eigene Versicherung gedeckt ist. Ferner mitversichert ist die gesetzliche Haftpflicht der **Erben** des Versicherungsnehmers aus Verstößen, die bis zur Bestellung eines Praxisabwicklers oder bis zur Praxisveräußerung, längstens jedoch bis zu acht Wochen nach dem Ableben des Versicherungsnehmers, vorgekommen sind.

c) Sozietät, Partnerschaft, Rechtsanwaltsgesellschaft

42 Während für die Rechtsanwaltsgesellschaft mbH zwingend eine eigene Berufshaftpflichtversicherung nach Maßgabe von § 59j BRAO abzuschließen ist, besteht keine entsprechende Verpflichtung für die Berufsausübung in Form einer Aktiengesellschaft, Partnerschaft oder Sozietät. Es reicht dann für die Erfüllung der Versicherungspflicht aus, wenn jeder Partner/Sozius eine Einzelpolice unterhält oder eine gemeinsame Absicherung erfolgt. Nach der Rechtsprechung des BGH haftet nach Anerkennung der Rechts- und Parteifähigkeit der Gesellschaft bürgerlichen Rechts nunmehr aber auch die Anwaltssozietät für berufshaftungsrechtliche Verbindlichkeiten.[68] Solche **Ansprüche gegen die Sozietät** können und sollten regelmäßig in den Versicherungsschutz der Sozien einbezogen oder über eine eigene Police gedeckt werden.

43 Am 19.07.2013 ist das Gesetz zur Einführung einer **Partnerschaftsgesellschaft mit beschränkter Berufshaftung (PartGmbB)** in Kraft getreten.[69] Der Gesetzgeber hat damit zunächst für Rechts- und Patentanwälte, Steuerberater und Wirtschaftsprüfer die Möglichkeit geschaffen, gesellschaftsrechtlich eine persönliche Haftung für vertragliche Schadensersatzansprüche wegen Fehler bei der Berufsausübung auszuschließen.[70] Bis En-

---

66 OLG München VersR 2009, 59, 60 f.; vgl. auch *Diller*, § 1 Rn. 124; VersHb/*v. Rintelen*, § 26 Rn. 296.
67 OLG Hamm NJW-RR 1993, 160, 161.
68 BGH NJW 2007, 2490, 2491; a.A. Terbille/Höra/*Sassenbach*, § 18 Rn. 48.
69 BGBl. I 2013, S. 2386.
70 Vgl. *Bachmann/Schaloske* PHi 2013, 202 ff.

de April 2015 haben sich bereits über 1.000 Anwaltskanzleien für diese Gesellschaftsform entschieden.[71] Die maßgebliche Neuregelung enthält § 8 IV PartGG. Danach ist Voraussetzung für die Haftungsbeschränkung auf das Gesellschaftsvermögen, dass die PartGmbB eine Berufshaftpflichtversicherung entsprechend der jeweiligen Berufsrechte unterhält und den Zusatz »mit beschränkter Berufshaftung« oder eine entsprechende Abkürzung führt. Die einzuhaltenden Vorgaben ergeben sich aus § 51a BRAO, § 67 II StBerG i.V.m. §§ 51 ff. DVStB und § 54 WPO. Gem. § 8 IV 2 PartGG gelten die Vorschriften des § 113 III und der §§ 114 bis 124 VVG für die Berufshaftpflichtversicherung der PartGmbB entsprechend. Eine bemerkenswerte, systematisch wie von der Begründung zu kritisierende Neuerung betrifft den grundsätzlich im Rahmen der Berufshaftpflichtversicherung anerkannten Ausschluss für wissentliche Pflichtverletzungen. An dessen Stelle soll der gesetzlich vorgesehene Ausschluss gem. § 103 VVG zur Anwendung gelangen. Dies gilt auch für die GmbH aufgrund der Neufassung von § 59j BRAO.

Schließt eine anerkannte Berufsträgergesellschaft für sich selbst eine Berufshaftpflichtversicherung ab, gilt § 1 III AVB-RSW. Der Versicherungsschutz bezieht sich auf **Verstöße derjenigen Personen, derer sich die Gesellschaft zur Erfüllung ihrer Berufstätigkeit bedient**. Zugleich werden der Gesellschaft dann grundsätzlich uneingeschränkt auch solche Umstände in der Person des pflichtwidrig Handelnden zugerechnet, die den Versicherungsschutz beeinflussen. Eine Ausnahme gilt für Angestellte des Versicherungsnehmers und sonstige Personen, wenn diese in Erfüllung ihrer Tätigkeit von Gesetz, Vorschrift, Anweisung oder Bedingung des Auftraggebers wissentlich abweichen oder sonst ihre Pflichten wissentlich verletzen. Insoweit bleibt der Versicherungsschutz zwar erhalten. Der Versicherer kann dann aber bei den Verantwortlichen Regress nehmen (§ 7 III AVB-RSW).

44

3. Risikoausschlüsse

§ 4 Ausschlüsse

Der Versicherungsschutz bezieht sich nicht auf Haftpflichtansprüche
1. mit Auslandsbezug, entsprechend den Regelungen in den Besonderen Bedingungen (Teil 2 BBR-RA, Teil 3 BBR-S und Teil 4 BBR-W);
2. soweit sie auf Grund Vertrages oder besonderer Zusage über den Umfang der gesetzlichen Haftpflicht hinausgehen;
3. wegen Schäden durch Veruntreuung entsprechend den Regelungen in den Besonderen Bedingungen (Teil 2 BBR-RA, Teil 3 BBR-S und Teil 4 BBR-W);
4. aus der Tätigkeit des Versicherungsnehmers oder seines Personals als Leiter, Geschäftsführer, Vorstands-, Aufsichtsrats-, Beiratsmitglied von Firmen, Unternehmungen, Vereinen, Verbänden. Ist der Versicherungsnehmer als Berufsträgergesellschaft anerkannt, gilt dies entsprechend für die Berufsgesellschaft und die dort tätigen mitversicherten Personen gemäß § 7 I 1;
5. wegen Schadenverursachung durch wissentliches Abweichen von Gesetz, Vorschrift, Anweisung oder Bedingung des Auftraggebers oder durch sonstige wissentliche Pflichtverletzung. Der Versicherungsnehmer behält, wenn dieser Ausschlussgrund nicht in seiner Person und auch nicht in der Person eines Sozius vorliegt – unbeschadet der Bestimmungen des § 7 III 2 – den Anspruch auf Versicherungsschutz. § 1 III bleibt unberührt.

Teil 2 Besondere Bedingungen und Risikobeschreibungen für Rechtsanwälte und Patentanwälte (BBR-RA)

2. Ausschlüsse

2.1 Haftpflichtansprüche mit Auslandsbezug

Der Versicherungsschutz bezieht sich nicht auf Haftpflichtansprüche aus Tätigkeiten
a) über in anderen Staaten eingerichtete oder unterhaltene Kanzleien oder Büros,
b) im Zusammenhang mit der Beratung und Beschäftigung im außereuropäischen Recht,
c) des Rechtsanwalts vor außereuropäischen Gerichten.

2.2 Veruntreuungsschäden

Der Versicherungsschutz bezieht sich nicht auf Haftpflichtansprüche wegen Schäden durch Veruntreuung durch Personal, Sozien oder Angehörige des Versicherungsnehmers; als Angehörige gelten:
a) der Ehegatte des Versicherungsnehmers, der Lebenspartner im Sinne des Lebenspartnerschaftsgesetzes oder einer vergleichbaren Partnerschaft nach dem Recht anderer Staaten;
b) wer mit dem Versicherungsnehmer in gerader Linie verwandt oder verschwägert oder im zweiten Grad der Seitenlinie verwandt ist.

---

[71] DAV-Depesche Nr. 43/15.

Anhang B Berufshaftpflichtversicherung für Rechtsanwälte, Steuerberater u.a.

2.3 Tätigkeit als Angestellter

In Erweiterung von § 4 Ziffer 4 bezieht sich der Versicherungsschutz nicht auf Haftpflichtansprüche aus der Tätigkeit des Versicherungsnehmers als Angestellter.

4. Überschreiten der Pflichtversicherung

Soweit die vereinbarte Versicherungssumme den Betrag von 250.000 Euro und die vereinbarte Jahreshöchstleistung den Betrag von 1.000.000 Euro übersteigt oder soweit der Umfang des vereinbarten Versicherungsschutzes über den Umfang des gesetzlich vorgeschriebenen Versicherungsschutzes hinausgeht, gelten die Bedingungen des Teil 1 entsprechend, soweit nichts Abweichendes, z.B. durch zusätzliche Vereinbarungen, bestimmt ist.

Erweiterungen des Versicherungsschutzes lassen den Umfang des gesetzlich vorgeschriebenen Versicherungsschutzes unberührt.

4.1 Inanspruchnahme des Versicherungsnehmers vor außereuropäischen Gerichten

Für Haftpflichtansprüche aus der Inanspruchnahme des Versicherungsnehmers vor außereuropäischen Gerichten besteht Leistungspflicht nur in Höhe der Mindestpflichtversicherungssumme.

4.2 Ausschluss kaufmännischer Risiken

Ergänzend zu § 4 bezieht sich der Versicherungsschutz nicht auf Haftpflichtansprüche wegen Schäden aus einer kaufmännischen Kalkulations-, Spekulations- oder Organisationstätigkeit. Soweit der Versicherungsnehmer gemäß InsO (z.B. als (vorläufiger) Insolvenzverwalter, Sonder(insolvenz)verwalter, Gläubigerausschussmitglied, Sachwalter und Treuhänder), als Gesamtvollstreckungsverwalter, als gerichtlich bestellter (vorläufiger) Liquidator oder Abwickler oder als Abwickler einer Praxis gemäß § 55 BRAO tätig ist, sind Haftpflichtansprüche wegen Schäden aus einer kaufmännischen Kalkulations- oder Organisationstätigkeit bis zur Höhe der vereinbarten Versicherungssumme, maximal in Höhe von EUR 2.000.000 versichert.

45 Für die Pflichtversicherung enthält § 51 III BRAO einen enumerativen **Katalog zulässiger Ausschlusstatbestände**. Dem entsprechen die Ausschlussgründe in § 4 AVB-RSW. Die Tatbestände begrenzen das durch den Berufshaftpflichtversicherer übernommene Risiko. Sie sind daher grundsätzlich eng und nicht weiter auszulegen, als es ihr Sinn unter Beachtung ihres wirtschaftlichen Zwecks und der gewählten Ausdrucksweise erfordert.[72] Als sekundäre Risikoabgrenzungen sind ihre Voraussetzungen durch den Versicherer darzulegen und zu beweisen. Da es sich um **echte Risikoausschlüsse** und nicht um verhüllte Obliegenheiten handelt, kommt es auf ein Verschulden des Versicherungsnehmers nicht an.[73] Insbesondere ist § 28 nicht anwendbar.

a) Auslandsschäden

46 Nach § 4 Ziff. 1 AVB-RSW bezieht sich der Versicherungsschutz nicht auf Haftpflichtansprüche mit Auslandsbezug nach Maßgabe der BBR-RA. Gemäß den Besonderen Bedingungen Ziff. A. 2.1 BBR-RA gilt der Ausschluss alternativ für **Haftpflichtansprüche aus Tätigkeiten:**

a) **über in anderen Staaten eingerichtete oder unterhaltene Kanzleien oder Büros** (§ 51 III Nr. 2 BRAO),
b) im Zusammenhang mit der **Beratung und Beschäftigung im außereuropäischen Recht** (§ 51 III Nr. 3 BRAO),
c) **des Rechtsanwalts vor außereuropäischen Gerichten** (§ 51 III Nr. 4 BRAO).

47 Schließlich sehen die Besonderen Bedingungen in Ziff. A. 4.1 BBR-RA vor, dass Haftpflichtansprüche aus der **Inanspruchnahme des Versicherungsnehmers vor außereuropäischen Gerichten** nur in Höhe der Mindestpflichtversicherungssumme von € 250.000 gedeckt sind.

48 Von der Deckung erfasst ist danach insbesondere die Beratung und Beschäftigung mit europäischem Recht sowie das Auftreten vor europäischen Gerichten und Behörden, solange die Tätigkeit nicht über in anderen Staaten eingerichtete oder unterhaltene Kanzleien oder Büros erfolgt. Trotz eines Auslandsbüros besteht auch dann Versicherungsschutz, wenn der Rechtsanwalt einen Mandanten von Deutschland aus berät. Wird ein Mandat sowohl von einem deutschen wie auch einem ausländischen Büro einer Kanzlei gemeinsam bearbeitet, kommt es darauf an, wo der haftungsbegründende Verstoß begangen wurde. Insbesondere bei internationalen Sozietäten sind Auslandsschäden ggf. gesondert zu versichern. Während die Tätigkeit vor außereuropäischen Gerichten unabhängig vom anzuwendenden Recht nie versichert ist, kommt es nach den Besonderen Bedingungen Ziff. A. 2.1 lit. b) BBR-RA für den Ausschluss des Versicherungsschutzes bei der Beratung und Beschäftigung im außereuropäischen Recht darauf an, dass ein irgendwie gearteter Zusammenhang zwischen der Beratung und dem Haftpflichtanspruch vorliegt. Der Ausschluss greift aber dann nicht ein, wenn der Anwalt die Anwendbarkeit außereuropäischen Rechts erst gar nicht erkennt.[74]

---

72 BGH VersR 1995, 162, 163.
73 Fahrendorf/Mennemeyer/Terbille/*Mennemeyer*, Rn. 2328 ff.
74 *Borgmann* AnwBl 2005, 732, 733; Fahrendorf/Mennemeyer/Terbille/*Mennemeyer*, Rn. 2304.

b) Aufgrund Vertrags oder besonderer Zusage

Gem. § 4 Ziff. 2 AVB-RSW sind **Haftpflichtansprüche aufgrund Vertrages oder besonderer Zusage** nicht versichert, soweit sie über den Umfang der gesetzlichen Haftpflicht hinausgehen. Da insoweit schon nach § 1 I Ziff. 1 AVB-RSW kein Versicherungsschutz besteht, ist der Ausschluss rein deklaratorischer Natur. Besteht ein gesetzlicher Schadensersatzanspruch, der durch Vertrag oder besondere Zusage erweitert wurde, ist der Versicherer nur im Rahmen der gesetzlichen Haftung eintrittspflichtig. 49

Strittig ist, ob die **Verlängerung von Verjährungsfristen** unter § 4 Ziff. 2 AVB-RSW fällt. Grundsätzlich gilt, dass auch die vertragliche Verlängerung der Verjährung dazu führt, dass der Versicherungsnehmer über den Umfang der gesetzlichen Haftpflicht hinaus eintrittspflichtig ist. Jedenfalls die Haftung infolge der (mit dem Versicherer nicht abgestimmten) Verlängerung von Verjährungsfristen vor Eintritt des Versicherungsfalls ist daher nicht versichert.[75] Etwas anderes gilt für die Zeit nach Eintritt des Versicherungsfalls. Die Verlängerung der Verjährungsfrist oder ein Verjährungsverzicht fallen dann nicht unter § 4 Ziff. 2 AVB-RSW, sondern stellen allenfalls eine Obliegenheitsverletzung i.S.d. § 5 Ziff. 2.2 AVB-RSW dar.[76] Ein Verjährungsverzicht sollte daher stets vorab mit dem Versicherer erörtert werden. 50

c) Veruntreuung durch Personal, Angehörige und Sozien

Entsprechend § 51 III Nr. 5 BRAO sehen § 4 Ziff. 3 AVB-RSW und die Besonderen Bedingungen in Ziff. A. 2.2 BBR-RA vor, dass der Versicherungsschutz sich nicht auf Haftpflichtansprüche wegen Schäden durch **Veruntreuung durch Personal, Sozien oder Angehörige** des Versicherungsnehmers i.S.v. Ziff. A 2.2 lit. a) und b) BBR-RA bezieht. Die Klausel trägt der Gefahr des kollusiven Zusammenwirkens zulasten des Versicherers Rechnung. Für ihre Anwendbarkeit kommt es auf den Status des Schädigers zur Zeit der Veruntreuung an. Versicherungsschutz bei Veruntreuung kann ggf. eine Vertrauensschadenversicherung bieten. 51

d) Organ- und Leitungsklausel

§ 4 Ziff. 4 AVB-RSW schließt den Versicherungsschutz für Haftpflichtansprüche aus der Tätigkeit des Versicherungsnehmers als **Leiter, Geschäftsführer, Vorstands-, Aufsichtsrats- und Beiratsmitglied** von Firmen, Unternehmen, Vereinen und Verbänden aus. Darüber hinaus bezieht sich der Versicherungsschutz nach den Besonderen Bedingungen Ziff. A. 2.3 BBR-RA nicht auf Tätigkeiten des Versicherungsnehmers als Angestellter. Soweit der Versicherungsschutz über die Pflichtversicherung hinausgeht, enthält schließlich Ziff. A. 4.2 BBR-RA einen weiteren Ausschluss für kaufmännische Risiken. 52

Der Ausschluss dient der Begrenzung des Versicherungsschutzes auf die eigentliche berufliche Tätigkeit des Rechtsanwalts, zu der unternehmerische Entscheidungen grundsätzlich nicht gehören.[77] Der Ausschluss ist insoweit – wie schon § 4 Ziff. 2 AVB-RSW – allerdings nur deklaratorisch. Er umfasst die jeweilige Tätigkeit insgesamt und unabhängig davon, ob der Rechtsanwalt im Einzelfall unternehmerisch handelte.[78] Er greift jedoch nicht, sofern der Rechtsanwalt gleichzeitig rechtsberatend tätig wird und entsprechend dem Wortlaut von § 4 Ziff. 4 AVB-RSW nicht »**aus der Tätigkeit**« beispielsweise als Geschäftsführer, sondern wegen eines fehlerhaften Vertragsentwurfs haftet, den er für die Gesellschaft erstellt hat.[79] Eine bedeutende Einschränkung des Ausschlusses kaufmännischer Risiken enthält Ziff. A. 4.2 BBR-RA, soweit der Versicherungsnehmer gemäß der Insolvenzordnung als (vorläufiger) Insolvenzverwalter, Sonder(insolvenz)verwalter, Gläubigerausschussmitglied, Sachwalter, Treuhänder, Gesamtvollstreckungsverwalter, gerichtlich bestellter (vorläufiger) Liquidator oder Abwickler oder als Abwickler einer Praxis gem. § 55 BRAO tätig ist. In diesen Fällen sind Haftpflichtansprüche aus einer kaufmännischen Kalkulations- oder Organisationstätigkeit bis zur Höhe der vereinbarten Versicherungssumme, maximal in Höhe von € 2.000.000 versichert. 53

Die Begriffe **Geschäftsführer, Vorstands- und Aufsichtsratsmitglied** beziehen sich auf gesetzlich vorgegebene oder fakultative zugelassene Organe und sind nicht analogiefähig.[80] Funktional auszulegen sind dagegen die Begriffe Leiter und Beirat. **Leiter** ist, wem es in vergleichbarer Weise wie einem Geschäftsführer oder Vorstandsmitglied obliegt, unternehmerische Entscheidungen zu treffen.[81] Ein **Beirat** liegt vor, wenn einem Organ eine Funktion zugewiesen war, die den anderen in der Klausel aufgeführten Gremien vergleichbar ist. Es muss also die Zustimmung des Organs zu allen oder bestimmten unternehmerischen Entscheidungen erforderlich sein; eine nur beratende Tätigkeit genügt hingegen nicht.[82] 54

---

75 A.A. Fahrendorf/Mennemeyer/Terbille/*Mennemeyer*, Rn. 2309.
76 OLG Düsseldorf VersR 1999, 480, 481.
77 BGH VersR 1980, 353, 354.
78 BGH VersR 1990, 191, 192.
79 OLG Düsseldorf, Urt. vom 16. Oktober 2007, I-4 U 211/06.
80 BGH VersR 1990, 191, 192; P/M/*Lücke*, § 4 AVB Vermögen Rn. 24; G. Fischer/Vill/D. Fischer/Rinkler/*Chab*, Rn. 58.
81 P/M/*Lücke*, § 4 AVB Vermögen Rn. 25; VersHb/*v. Rintelen*, § 26 Rn. 285.
82 BGH VersR 1990, 191, 192; VersHb/*v. Rintelen*, § 26 Rn. 285.

Anhang B Berufshaftpflichtversicherung für Rechtsanwälte, Steuerberater u.a.

e) Wissentliche Pflichtverletzungen

55 Den praktisch wohl bedeutendsten Ausschlusstatbestand enthält § 4 Ziff. 5 AVB-RSW. Danach sind Haftpflichtansprüche wegen Schadensverursachung durch **wissentliches Abweichen von Gesetz, Vorschrift, Anweisung oder Bedingung des Auftraggebers oder durch sonstige wissentliche Pflichtverletzung** vom Versicherungsschutz ausgenommen (vgl. § 51 III Nr. 1 BRAO). Der Ausschlussgrund muss in der Person des Versicherungsnehmers selbst oder eines Sozius vorliegen. Vorsätzliche Pflichtverletzungen von Angestellten des Versicherungsnehmers bleiben hingegen versichert. Allerdings behält sich der Versicherer für diesen Fall den Rückgriff vor (§ 7 III Ziff. 2 AVB-RSW). Bei Berufsträgergesellschaften als Versicherungsnehmer gilt § 1 III AVB-RSW.

56 Auch § 4 Ziff. 5 AVB-RSW beinhaltet einen **subjektiven Risikoausschluss** und nicht nur eine verhüllte Obliegenheit.[83] Die Klausel modifiziert § 103, wonach der Versicherer im Fall der vorsätzlichen und widerrechtlichen Schadensherbeiführung leistungsfrei ist. Diese Abänderung ist **wirksam**.[84] § 103 ist weder (halb-)zwingend noch verstößt § 4 Ziff. 5 AVB-RSW, auch soweit die Regelung zulasten des Versicherungsnehmers geht, gegen § 307 BGB. Vielmehr ist von einem Berufsträger, wie § 51 III Nr. 1 BRAO unterstreicht, die Befolgung bekannter Pflichten zu erwarten.

57 Während nach § 103 dolus eventualis genügt, dieser aber neben der schädigenden Handlung auch den Schadenserfolg umfassen muss,[85] greift der Ausschluss wissentlicher Pflichtverletzung gem. § 4 Nr. 5 AVB-RSW auch dann ein, wenn der Versicherungsnehmer überzeugt war, dass durch sein Verhalten kein Schaden eintreten werde.[86] Der Versicherungsnehmer muss hingegen die von ihm verletzte **Pflicht positiv gekannt und subjektiv das Bewusstsein** gehabt haben, **pflichtwidrig zu handeln**.[87] Bedingter Vorsatz, bei dem der Rechtsanwalt die in Rede stehende Verpflichtung nur für möglich hält, reicht dafür ebenso wenig aus wie fahrlässige Unkenntnis. Ebenso schließt ein Rechtsirrtum über das Bestehen oder den Inhalt einer Pflicht einen wissentlichen Pflichtenverstoß aus.[88] Maßgeblich sind diejenigen Pflichten, deren Verletzung in einem vorangegangenen **Haftpflichtprozess** für den nachfolgenden Deckungsprozess verbindlich festgestellt wurde.[89] Die **Bindungswirkung** hat zur Folge, dass nur der im Haftpflichturteil als schadensursächlich festgestellte Pflichtverstoß auf wissentliche Begehung untersucht werden kann. Auf ein anderes schadensursächliches Fehlverhalten kann sich der Versicherer im Deckungsprozess nicht mehr berufen. Gleiches gilt mangels Voraussetzungsidentität in der Regel aber nicht für den Grad des Verschuldens des Versicherungsnehmers.[90]

58 Der Deckungsausschluss greift nach einer neuen Entscheidung des BGH auch dann, wenn neben der wissentlichen Pflichtverletzung (möglicherweise) auch eine weitere, nicht wissentliche Pflichtverletzung den Schaden verursacht hat. Entscheidend für die **Reichweite des Deckungsausschlusses** ist die Auslegung aus Sicht eines durchschnittlichen Versicherungsnehmers. Dieser wird den Leistungsausschluss dahingehend verstehen, dass Versicherungsleistungen bereits dann ausgeschlossen sind, wenn ein Schaden durch eine wissentliche Pflichtverletzung mitverursacht ist.[91] Die Grundsätze der Bindungswirkung bleiben von dieser Entscheidung jedoch unberührt. Der Versicherer kann sich im Fall eines rechtskräftigen Urteils daher nur dann auf die wissentliche Pflichtverletzung berufen, wenn diese durch das Gericht im Haftpflichtverfahren festgestellt worden ist. Bedeutung hat die Entscheidung des BGH, bei der es um die Anmeldung bestrittener Schadensersatzforderungen im Insolvenzverfahren ging, darüber hinaus in anderen Konstellationen, etwa einem Versäumnisurteil, Vollstreckungsbescheid oder auch im Rahmen des Abwehrrechtsschutzes.

59 **Darlegungs- und beweispflichtig** ist der Versicherer.[92] Dieser hat zunächst Anknüpfungstatsachen vorzutragen, die als schlüssige Indizien für eine wissentliche Pflichtverletzung geeignet sind.[93] Erst im Anschluss obliegt es dem Versicherungsnehmer im Zuge seiner sekundären Darlegungslast, Gründe aufzuzeigen, weshalb die vom Versicherer vorgetragenen Indizien keinen Rückschluss auf eine Wissentlichkeit der Pflichtverletzung zulassen. Da es sich um individuelle subjektive Umstände handelt, greift ein Anscheinsbeweis in der Regel nicht ein.[94] Grundsätzlich kann aber unterstellt werden, dass der Versicherungsnehmer die fundamentalen

---

83 BGH VersR 1987, 174, 175; OLG Köln r+s 1997, 496; OLG Hamm VersR 1996, 1006; OLG Koblenz VersR 1990, 41; OLG Düsseldorf VersR 1981, 769; P/M/*Lücke*, § 4 AVB Vermögen Rn. 11.
84 BGH VersR 2001, 1103, 1104; VersR 1991, 176, 179; OLG Karlsruhe r+s 2010, 372; OLG Köln VersR 2002, 1371; OLG Saarbrücken VersR 1992, 994; G. Fischer/Vill/D. Fischer/Rinkler/*Chab*, Rn. 63.
85 BGH VersR 2000, 447, 448.
86 BGH VersR 1991, 176, 177 f.; VersR 1959, 691 f.
87 Vgl. BGH VersR 2015, 181; VersR 2006, 106, 108; VersR 2001, 1103, 1105; VersR 1991, 176, 177 f.; VersR 1987, 174, 175; VersR 1986, 647, 648; OLG Karlsruhe r+s 2010, 372; OLG Köln VersR 2009, 58, 59; VersR 2009, 250 f.; OLG Hamm NJW-RR 1995, 1431, 1432; P/M/*Lücke*, § 4 AVB Vermögen Rn. 12.
88 BGH VersR 1986, 647, 648.
89 Vgl. BGH VersR 2015, 181; VersR 2006, 106, 107 f.; VersR 2004, 590 f.
90 OLG Karlsruhe r+s 2010, 372, 373.
91 Vgl. BGH VersR 2015, 1236.
92 Vgl. BGH VersR 2015, 181; VersR 2001, 1103, 1105; VersR 1991, 176, 178; OLG Hamm VersR 2007, 980, 982.
93 Siehe oben Rdn. 93.
94 Offen gelassen in OLG Köln VersR 2009, 58, 59.

seinen Beruf betreffenden Regeln und Vorschriften kennt.[95] Ferner kann im Wege des Indizienbeweises aus Art und Gewicht eines objektiven Pflichtenverstoßes auf das Maß der Vorwerfbarkeit geschlossen werden.[96] Verletzt der Versicherungsnehmer eine solche elementare berufliche Pflicht, hat der Versicherungsnehmer darzulegen und zu beweisen, dass ihm keine wissentliche Pflichtverletzung vorzuwerfen ist.[97] Eine Pflichtverletzung, die nur vorsätzlich begangen werden kann, bedarf keiner weiteren Darlegung und keines weiteren Beweises. Vielmehr muss der Versicherungsnehmer darlegen und ggf. beweisen, aus welchen Gründen es zu dem Verstoß gekommen ist.[98]

Grundsätzlich muss der Versicherer danach aufzeigen, wie sich der Versicherungsnehmer konkret hätte verhalten müssen und dass der Versicherungsnehmer dies auch wusste. In der Praxis sind insbesondere **Fristversäumnisse** des Anwalts von besonderer Bedeutung. Für eine wissentliche Pflichtverletzung genügt es nicht, dass der Anwalt versehentlich eine Frist übersehen, vergessen, falsch berechnet oder nicht notiert hat.[99] Auch ein unordentlich geführtes Büro[100] oder die Arbeitsüberlastung des Anwalts allein begründen kein hinreichendes Indiz für einen wissentlichen Verstoß. Ein bewusster Pflichtverstoß kann dagegen vorliegen, wenn der Anwalt aufgrund der Arbeitsüberlastung im Bewusstsein und in Kenntnis des Fristablaufs oder aufgrund der »schwierigen Rechtslage« die Akte unbearbeitet gelassen hat.[101] Gleiches gilt bei einer verbindlichen Anweisung durch den Mandanten, die Sache zu bearbeiten.[102] Eine solche liegt aber noch nicht vor, wenn der Mandant lediglich an die Sache erinnert oder auf ihre Erledigung drängt.[103]   60

Aus dem fehlenden Verweis in § 51a I 2 auf § 51 III Nr. 1 BRAO ergibt sich, dass die Pflichtversicherung der **PartGmbB**, jedoch ausschließlich bei Rechtsanwälten, den Versicherungsschutz für wissentliche Pflichtverletzungen nicht ausschließen darf.[104] Gleiches gilt bei der GmbH gemäß § 59j BRAO. Stattdessen gilt § 103 VVG. Das ist systematisch wie teleologisch verfehlt. Teilweise behalten sich Versicherer bei wissentlichen Pflichtverletzungen einen Regress gegen den Versicherungsnehmer im Innenverhältnis vor.   61

4. Versicherungsfall
§ 2 Vorwärts- und Rückwärtsversicherung
III. Verstoßzeitpunkt bei Unterlassung

Wird ein Schaden durch fahrlässige Unterlassung verursacht, gilt im Zweifel der Verstoß als an dem Tag begangen, an welchem die versäumte Handlung spätestens hätte vorgenommen werden müssen, um den Eintritt des Schadens abzuwenden.

§ 3 Beginn und Umfang des Versicherungsschutzes
III. Umfang des Versicherungsschutzes
2. Höchstbetrag der Versicherungsleistung

2.1 Die Versicherungssumme stellt den Höchstbetrag der dem Versicherer – abgesehen vom Kostenpunkte (s. Ziffer 5) – in jedem einzelnen Versicherungsfall obliegenden Leistung dar und zwar mit der Maßgabe, dass nur eine einmalige Leistung der Versicherungssumme in Frage kommt:
a) gegenüber mehreren entschädigungspflichtigen Personen, auf welche sich der Versicherungsschutz erstreckt,
b) bezüglich eines aus mehreren Verstößen stammenden einheitlichen Schadens,
c) bezüglich sämtlicher Pflichtverletzungen bei der Erledigung eines einheitlichen Auftrags, mögen diese auf dem Verschulden des Versicherungsnehmers oder einer von ihm herangezogenen Hilfsperson beruhen.

§ 5 Versicherungsfall, Obliegenheiten im Versicherungsfall, Zahlung des Versicherers
I. Versicherungsfall

Versicherungsfall ist der Verstoß, der Haftpflichtansprüche gegen den Versicherungsnehmer zur Folge haben könnte.

---

95 OLG Köln VersR 2009, 58, 59; r+s 1997, 496; VersR 1990, 193, 194.
96 OLG Saarbrücken VersR 1992, 994, 995.
97 Vgl. BGH VersR 2015, 181, 182; OLG Köln VersR 2012, 560.
98 OLG Koblenz VersR 1980, 643.
99 Vgl. OLG Düsseldorf VersR 1981, 621; VersR 1981, 769; OLG Koblenz VersR 1980, 643.
100 OLG Hamm VersR 1987, 802, 804.
101 OLG Köln r+s 2001, 58, 59; OLG Düsseldorf VersR 1981, 621; VersR 1981, 769; LG Düsseldorf VersR 1980, 81 f.
102 OLG Koblenz VersR 1990, 41.
103 OLG Saarbrücken VersR 1992, 994, 995.
104 Vgl. BT-Drucks. 17/13944 S. 15.

Anhang B Berufshaftpflichtversicherung für Rechtsanwälte, Steuerberater u.a.

62 Regelungen zum Versicherungsfall enthalten §§ 5 und 6 AVB-RSW. Während § 5 I AVB-RSW den Versicherungsfall definiert, legt § 5 II AVB-RSW die Obliegenheiten des Versicherungsnehmers im Versicherungsfall (Schadensanzeige, Mitwirkung bei der Schadensabwehr) fest, bei deren Verletzung der Versicherer nach § 6 AVB-RSW, entsprechend § 28, leistungsfrei oder berechtigt sein kann, seine Leistung verhältnismäßig zu kürzen.[105] Die Zahlung des Versicherers bei bindender Feststellung der Schadensersatzverpflichtung des Versicherungsnehmers regelt schließlich § 5 III AVB-RSW.

a) Verstoßprinzip

63 § 100 überlässt es, entsprechend der gesetzgeberischen Intention,[106] dem Haftpflichtversicherer, das für die **zeitliche Abgrenzung** des Versicherungsschutzes maßgebliche Ereignis zu bestimmen. Allerdings bestimmt § 51 II Hs. 1 BRAO, dass der Versicherungsvertrag Versicherungsschutz für jede einzelne Pflichtverletzung zu gewähren hat. Dieser Vorgabe entsprechend definiert § 5 I AVB-RSW den Versicherungsfall als den **Verstoß**, der Haftpflichtansprüche gegen den Versicherungsnehmer zur Folge haben kann. Die Berufshaftpflichtversicherung folgt damit der Kausalereignistheorie und stellt im Vergleich zur Folgeereignistheorie und dem Claims Made-Prinzip nicht erst auf das Schadensereignis oder die Inanspruchnahme des Anwalts, sondern auf die anwaltliche Falschberatung als frühesten möglichen Zeitpunkt ab. Danach ist beispielsweise im Rahmen einer Vertragsgestaltung durch den Rechtsanwalt die Aufnahme einer AGB-rechtlich unzulässigen Haftungsbegrenzung in den Vertrag, nicht erst das spätere haftungsauslösende Verhalten des Mandanten oder die Erhebung des Regressanspruchs für den Versicherungsschutz entscheidend.

64 Bedeutsam ist dies für den zeitlichen Umfang des Versicherungsschutzes, da Schadensursache und Schadensfolge zeitlich weit auseinander liegen können, und damit für die Bestimmung der anwendbaren Versicherungsbedingungen und Versicherungssumme. Das Verstoßprinzip gewährleistet grundsätzlich eine **unbegrenzte Nachhaftung** auch nach Berufsaufgabe oder Ausscheiden des Berufsträgers aus einer Sozietät. Dies gilt allerdings nur für in der Vergangenheit liegende Verstöße und nicht, sofern die Mandatsverträge noch nicht beendet sind und daher haftungsrelevante Risiken fortbestehen. Den vom Versicherungsvertrag umfassten Spätschäden wohnt allerdings das Risiko unzureichenden Versicherungsschutzes inne, da Bedingungen, Versicherungssumme und Selbstbehalt einer unter Umständen nicht mehr risikoadäquaten Altpolice zu entnehmen sind.[107] Gerade bei zwischenzeitlicher Vertragsänderung oder einem Versichererwechsel ist daher genau zu prüfen, welcher Versicherungsvertrag betroffen ist.

65 Erforderlich ist danach, den für die Haftung **maßgeblichen Verstoß** zu bestimmen. Dies ist bei mehreren aktiven Pflichtverletzungen grundsätzlich der erste Verstoß, der die Schadensursache gesetzt hat.[108] Dies gilt auch dann, wenn der Rechtsanwalt es im Weiteren trotz Möglichkeit unterlassen hat, den Fehler zu heilen und die Kausalkette zu unterbrechen.[109] Anders ist die Rechtslage zu beurteilen, wenn eine besondere Pflicht zur erneuten Prüfung und Entscheidung bestand und der Schaden bei ordnungsgemäßer Erfüllung dieser Pflicht durch den Rechtsanwalt nicht eingetreten wäre.[110] Ist das erneute Handeln oder Unterlassen unabhängig von dem ersten Verstoß, beruht es auf einem neuen Entschluss, setzt es eine neue Kausalkette in Gang und führt es zu einem selbstständigen weiteren Schaden, liegen auch dann mehrere Versicherungsfälle vor, wenn die Verstöße gleichartig waren.[111] Unter Umständen kann es sich dann im Fall eines einheitlichen Auftrags aber um einen Serienschaden handeln.[112] Soweit der Verstoß des Anwalts durch das Gericht im Haftpflichtverfahren rechtskräftig festgestellt wurde, ist diese Feststellung auch für das Deckungsverfahren bindend.

66 Eine besondere Regelung sieht § 2 III AVB-RSW für den Fall vor, dass ein Schaden durch ein fahrlässiges **Unterlassen** des Rechtsanwalts verursacht wird. Danach gilt der Verstoß im Zweifel als an dem Tag begangen, an welchem die versäumte Handlung spätestens hätte vorgenommen werden müssen, um den Eintritt des Schadens abzuwenden. Es kommt also auf eine hypothetische Betrachtung an. Zugrunde zu legen ist der Zeitpunkt, in dem der Schaden tatsächlich eingetreten ist. Unerheblich ist, ob der Schaden auch früher hätte eintreten können.[113] Von Bedeutung ist dies insbesondere bei Fristversäumnissen des Anwalts, die schätzungsweise bis zu 40 % aller gemeldeten Haftpflichtfälle ausmachen sollen.[114] Zu beachten ist aber, dass bei der Ermittlung des versicherungsrechtlich maßgeblichen Verstoßes nur dann von einer Pflichtverletzung durch Unterlassen aus-

---

105 Siehe unten Rdn. 102.
106 BT-Drucks. 16/3945 S. 85.
107 *Meßmer* VW 1998, 294 f.
108 P/M/*Lücke*, § 2 AVB Vermögen Rn. 3.
109 OLG Nürnberg VersR 1994, 1462.
110 BGH VersR 1970, 247, 248.
111 OLG Saarbrücken VersR 1991, 457 f.
112 Siehe unten Rdn. 68 f.
113 Vgl. LG Berlin VersR 1995, 330 f.
114 *Chab* ZAP 2005, 681 f.

zugehen ist, wenn sich hinsichtlich des vorgeworfenen Verhaltens im Rahmen der Gesamtbeurteilung ein positives Tun nicht feststellen lässt.[115]

Für den Bereich der Pflichtversicherung gibt § 51 II BRAO das Verstoßprinzip zwar nicht zwingend vor, unter Zugrundelegung der am Markt üblichen Deckungsausgestaltungen gewährleistet regelmäßig aber nur das Verstoßprinzip Versicherungsschutz für jede einzelne Pflichtverletzung. Bei Wahl des Claims Made-Prinzips wäre dieser Vorgabe dagegen nur bei einer uneingeschränkten Nachhaftung des Versicherers genügt.[116] Für über die Pflichtversicherung hinausgehende oder diese ergänzende Deckungen ist dagegen durchaus auch ein anderer Anknüpfungspunkt zulässig und unter Umständen sinnvoll. Dies gilt vor allem bei **Eintritt eines neuen Sozius** in eine Sozietät. Der Bundesgerichtshof hat insoweit die Haftung des Eintretenden für Altschulden grundsätzlich anerkannt, für Berufshaftungsfälle zwar zunächst offen gelassen,[117] nunmehr aber entschieden, dass der in eine Partnerschaftsgesellschaft eintretende Partner auch für vor seinem Eintritt begangene Fehler haftet, sofern er nach seinem Eintritt mit der Bearbeitung des entsprechenden Mandats befasst ist.[118] Die Pflichtversicherung kann dann zwar grundsätzlich auch Versicherungsschutz für vorvertragliche Pflichtverletzungen im Rahmen der sog. Rückwärtsversicherung gem. § 2 II AVB-RSW bieten.[119] Dies gilt aber gem. § 2 II Ziff. 2. AVB-RSW gerade nicht für bekannte Pflichtverletzungen. Zudem kann der Versicherungsschutz, beispielsweise wegen Veruntreuung, ausgeschlossen sein und der Altfall kann sich auf die Berechnung der Durchschnittsversicherungssumme auswirken.[120] Eine Zusatzdeckung auf Claims Made-Basis kann daher unter Umständen sinnvoll sein, um ausreichenden Versicherungsschutz für das Haftungsrisiko des Eintretenden vorzuhalten.[121]

67

b) Serienschäden

§ 3 III Ziff. 2.1 AVB-RSW sieht vor, dass der Versicherer **nur einmal die versprochene Leistung**
a) gegenüber mehreren entschädigungspflichtigen versicherten Personen,
b) bezüglich eines aus mehreren Verstößen stammenden einheitlichen Schadens sowie
c) bezüglich sämtlicher Pflichtverletzungen bei der Erledigung eines einheitlichen Auftrags, mögen diese auf dem Verschulden des Versicherungsnehmers oder einer von ihm herangezogenen Hilfsperson beruhen,
erbringt. Mit der Klausel begegnet der Versicherer dem Kumulrisiko bei mehreren Verstößen im Sinne von § 5 I AVB-RSW. Die Versicherungssumme steht in den genannten Fällen folglich nur einmal zur Verfügung. Gleiches gilt auch für den Selbstbehalt.

68

Durch **lit. a)** stellt der Versicherer zunächst klar, dass die Deckungssumme nicht mehrfach, sondern nur einmal zur Verfügung steht, wenn mehrere unter demselben Versicherungsvertrag versicherte Personen für einen Schaden haften. Gleiches gilt bei Fiktion des Versicherungsfalls über die Sozienklausel. Für die **lit. b)** unterfallenden Konstellationen wäre deckungsrechtlich grundsätzlich nur auf den ersten Verstoß abzustellen. Die Klausel erfasst somit erneute selbstständige Verstöße desselben oder eines anderen Versicherten, die infolge alternativer oder kumulativer Kausalität den einheitlichen Schaden (mit-)verursacht haben.[122] Die **eigentliche Serienschadenklausel enthält § 3 Ziff. 2.1 lit. c) AVB-RSW**, der insoweit dem gesetzlichen Erlaubnisbehalt in § 51 II BRAO entspricht und daher wirksam ist.[123] Sämtliche Pflichtverletzungen bei der Erledigung eines einheitlichen Auftrages werden danach zu einem Versicherungsfall zusammengefasst. Maßgeblich ist also, ob ein einheitlicher Auftrag gegeben ist. Dies bestimmt in erster Linie der Mandant mit seiner Auftragserteilung. Indiziell kann zur Auslegung auf die für die Gebührenabrechnung geltenden Grundsätze zur Differenzierung verschiedener Angelegenheiten zurückgegriffen werden. Wichtig ist die Abgrenzung vor allem auch bei Dauermandaten. Wird ein Rechtsanwalt jährlich mit der Beratung eines Mandanten beauftragt und unterläuft ihm mehrfach derselbe Fehler, greift § 3 Ziff. 2.1 lit. c) AVB-RSW im Zweifel nicht ein, wenn es sich ausnahmsweise nicht um eine übergreifende generelle Grundsatzfrage handelte, die nur einmal zu Beginn der Tätigkeit des Klägers zu prüfen und zu entscheiden war.[124]

69

---

115 KG VersR 2009, 1350, 1351.
116 Vgl. *Diller*, Einl. Rn. 27; *Grams* AnwBl 2003, 299, 303.
117 BGH NJW 2003, 1803, 1805.
118 BGH NJW 2010, 1360.
119 Siehe unten Rdn. 73 f.
120 Vgl. *Brieske* AnwBl 1995, 225, 227.
121 Terbille/Höra/*Sassenbach*, § 18 Rn. 50.
122 VersHb/*v. Rintelen*, § 26 Rn. 328.
123 Vgl. *Gräfe* NJW 2003, 3673, 3675; P/M/*Lücke*, § 3 AVB Vermögen Rn. 8; VersHb/*v. Rintelen*, § 26 Rn. 339.
124 Vgl. BGH VersR 1991, 873, 875.

Anhang B Berufshaftpflichtversicherung für Rechtsanwälte, Steuerberater u.a.

5. Zeitlicher Umfang des Versicherungsschutzes

§ 2 Vorwärts- und Rückwärtsversicherung

I. Vorwärtsversicherung

Die Vorwärtsversicherung umfasst die Folgen aller vom Beginn des Versicherungsschutzes an (§ 3) bis zum Ablauf des Vertrages vorkommenden Verstöße.

II. Rückwärtsversicherung

1. Versicherungsumfang

Die Rückwärtsversicherung bietet Versicherungsschutz gegen in der Vergangenheit vorgekommene Verstöße, welche dem Versicherungsnehmer oder den versicherten Personen bis zum Abschluss der Rückwärtsversicherung nicht bekannt geworden sind. Bei Antragstellung ist die zu versichernde Zeit nach Anfangs- und Endpunkt zu bezeichnen.

2. Bekannter Verstoß

Ein Verstoß gilt als bekannt, wenn ein Vorkommnis vom Versicherungsnehmer oder versicherten Personen als – wenn auch nur möglicherweise – objektiv fehlsam erkannt oder ihnen, wenn auch nur bedingt, als fehlsam bezeichnet worden ist, auch wenn Schadenersatzansprüche weder erhoben noch angedroht noch befürchtet worden sind.

§ 3 Beginn und Umfang des Versicherungsschutzes

I. Vorläufige Deckung

1. Beginn

Die vorläufige Deckung wird mit entsprechender Erklärung des Versicherers ab dem vereinbarten Zeitpunkt wirksam.

2. Inhalt

Die vorläufige Deckung richtet sich nach den Vertragsgrundlagen, die dem endgültigen Versicherungsvertrag zugrunde liegen sollen. Der Versicherungsnehmer erhält die für die vorläufige Deckung und den endgültigen Versicherungsvertrag geltenden Versicherungsbedingungen und die Information für Versicherungsnehmer zusammen mit dem Versicherungsschein, auf Wunsch auch zu einem früheren Zeitpunkt.

II. Hauptvertrag

1. Beginn mit Einlösung des Versicherungsscheins

Der Versicherungsschutz beginnt vorbehaltlich einer anderen Vereinbarung mit der Einlösung des Versicherungsscheines durch rechtzeitige Zahlung der Prämie gemäß § 8 II Ziffer 1, der im Antrag angegebenen Kosten und etwaiger öffentlicher Abgaben.

2. Beginn bei späterer Prämieneinforderung

Wird die erste Prämie erst nach dem als Beginn der Versicherung festgesetzten Zeitpunkt eingefordert, dann aber ohne Verzug bezahlt, beginnt der Versicherungsschutz mit dem vereinbarten Zeitpunkt.

§ 9 Vertragsdauer, Kündigung, ErlöschenI. Vertragsdauer und ordentliche Kündigung

1. Vorläufige Deckung

1.1 Die vorläufige Deckung endet spätestens zu dem Zeitpunkt, zu dem nach einem vom Versicherungsnehmer geschlossenen Hauptvertrag oder einem weiteren Vertrag über vorläufige Deckung ein gleichartiger Versicherungsschutz beginnt.

1.2 Kommt der endgültige Versicherungsvertrag nicht zustande, weil der Versicherungsnehmer seinen Antrag nach § 8 VVG widerruft oder einen Widerspruch nach § 5 Abs. 1 u. 2 VVG erklärt, endet die vorläufige Deckung mit dem Zugang des Widerrufs oder des Widerspruchs beim Versicherer.

1.3 Ist die vorläufige Deckung befristet, endet sie automatisch mit Fristablauf. Ziffer 1.1 bleibt unberührt.

1.4 Ist die vorläufige Deckung unbefristet, kann jede Vertragspartei ohne Einhaltung einer Frist in Textform kündigen. Die Kündigung des Versicherers wird erst nach Ablauf von zwei Wochen nach Zugang wirksam. Ziffer 1.1 bleibt unberührt.

2. Hauptvertrag

Der Vertrag ist zunächst für die in dem Versicherungsschein festgesetzte Zeit abgeschlossen. Beträgt diese mindestens ein Jahr, bewirkt die Unterlassung rechtswirksamer Kündigung eine Verlängerung des Vertrages jeweils um ein Jahr. Die Kündigung ist rechtswirksam, sofern sie spätestens drei Monate vor dem jeweiligen Ablauf des Vertrages in Textform erklärt wird.

II. Kündigung im Schadenfall

1. Kündigungsvoraussetzungen

Das Versicherungsverhältnis kann nach Eintritt eines Versicherungsfalles in Textform gekündigt werden, wenn eine Zahlung aufgrund eines Versicherungsfalles geleistet oder der Haftpflichtanspruch rechtshängig geworden ist oder der Versicherungsnehmer mit einem von ihm geltend gemachten Versicherungsanspruch rechtskräftig abgewiesen ist.

2. Kündigungsfrist

Der Versicherer hat eine Kündigungsfrist von einem Monat einzuhalten. Der Versicherungsnehmer kann mit sofortiger Wirkung oder zum Schluss der laufenden Versicherungsperiode kündigen.

3. Erlöschen des Kündigungsrechts

Das Recht zur Kündigung erlischt, wenn es nicht spätestens einen Monat, nachdem die Zahlung geleistet, der Rechtsstreit durch Klagerücknahme, Anerkenntnis oder Vergleich beigelegt oder das Urteil rechtskräftig geworden ist, ausgeübt wird.

III. Rechtzeitigkeit der Kündigung

Die Kündigung ist nur dann rechtzeitig, wenn sie dem Vertragspartner innerhalb der jeweils vorgeschriebenen Frist zugegangen ist.

IV. Erlöschen des Versicherungsschutzes

Bei Wegfall des versicherten Interesses (z.B. Wegfall der Zulassung) erlischt der Versicherungsschutz. Ziff. A 1.a) BBR-S bleibt unberührt.

Beginn und Ende des Versicherungsschutzes bestimmt in erster Linie der Vertrag. Im Übrigen gilt § 10. **70**

a) Beginn des Versicherungsschutzes

Eine etwaige **vorläufige Deckung** wird gem. § 3 I Ziff. 1 AVB-RSW mit entsprechender Erklärung des Versicherers ab dem vereinbarten Zeitpunkt wirksam. Hiervon zu trennen ist der (materielle) **Versicherungsbeginn des Hauptvertrages**. Grundsätzlich richtet sich dieser nach dem Zeitpunkt des Vertragsschlusses oder dem vertraglich bestimmten Zeitpunkt. Von diesem Grundsatz macht § 3 II AVB-RSW eine Ausnahme. Haben die Parteien kein bestimmtes Datum festgelegt, gilt die **einfache Einlösungsklausel** in Ziff. 1. Danach beginnt der Versicherungsschutz mit der rechtzeitigen Zahlung der Prämie, der im Antrag angegebenen Kosten und etwaiger öffentlicher Abgaben. Ist ein bestimmtes Datum im Vertrag vereinbart, greift die **erweiterte Einlösungsklausel** in Ziff. 2. Demzufolge beginnt der Versicherungsschutz mit dem vereinbarten Zeitpunkt, auch wenn die erste Prämie erst nach dem genannten Datum eingefordert, dann aber ohne Verzug bezahlt wird. **71**

b) Vorwärtsversicherung

Der Versicherer ist leistungspflichtig, wenn der Rechtsanwalt während der Versicherungsdauer seine Pflichten verletzt. Maßgeblich ist nach § 5 I AVB-RSW der **Zeitpunkt des Verstoßes**. Treten die Folgen eines zeitlich früheren Verstoßes während der Versicherungsdauer ein oder wird der Anwalt erst jetzt auf Schadensersatz in Anspruch genommen, besteht keine Leistungspflicht unter der aktuellen Police. Dagegen umfasst der Versicherungsschutz die **Folgen** eines während der Versicherungsdauer begangenen Verstoßes, auch wenn diese **erst nach Beendigung des Vertrages** eintreten (§ 2 I AVB-RSW). Versicherungsschutz besteht daher beispielsweise selbst dann, wenn der Rechtsanwalt wegen einer fehlerhaften Gestaltung eines Erbvertrages erst 20 Jahre nach Vertragsende auf Schadensersatz in Anspruch genommen wird. Gleiches gilt für die Nachhaftung gem. § 160 HGB bei Ausscheiden eines Sozius. **72**

c) Rückwärtsversicherung

Der Berufshaftpflichtversicherer gewährt grundsätzlich Versicherungsschutz für Verstöße des Rechtsanwalts während des versicherten Zeitraums. Eine zusätzlich zu vereinbarende Deckungserweiterung beinhaltet die Rückwärtsversicherung nach § 2 II AVB-RSW. Diese bietet Versicherungsschutz gegen in der **Vergangenheit vorgekommene Verstöße**, welche dem Versicherungsnehmer oder den versicherten Personen **bis zum Abschluss der Rückwärtsversicherung nicht bekannt** geworden sind. Ein Verstoß gilt als bekannt, wenn ein Vorkommnis vom Versicherungsnehmer oder versicherten Personen als – wenn auch nur möglicherweise – objektiv fehlsam erkannt oder ihnen gegenüber, wenn auch nur bedingt, als fehlsam bezeichnet worden ist. **73**

Der Deckungsausschluss für auch nur als möglicherweise fehlsam erkannte oder bezeichnete Vorkommnisse ist zwar weitgehend, trägt aber den legitimen Interessen des Versicherers an einer zutreffenden Risikoeinschätzung **74**

Anhang B Berufshaftpflichtversicherung für Rechtsanwälte, Steuerberater u.a.

Rechnung. Die Klausel benachteiligt den Versicherungsnehmer daher nicht unangemessen i.S.v. § 307 BGB und ist somit **wirksam**.[125] Die **Beweislast** für die Kenntnis des Versicherungsnehmers oder versicherter Personen trägt der Versicherer.

75 Bedeutsam ist die Rückwärtsversicherung vor allem bei **Eintritt eines Anwalts** als Gesellschafter in eine bestehende Sozietät oder Partnerschaft. Bei Antragstellung ist die zu versichernde Zeit nach Anfangs- und Endpunkt zu bezeichnen. Hierfür ist eine **Einmalprämie** zu entrichten.

d) Vertragsdauer

76 § 9 I AVB-RSW regelt die **Vertragsdauer und die ordentliche Kündigung** sowohl für die vorläufige Deckung als auch für den Hauptvertrag. Letzterer ist zunächst für die in dem Versicherungsschein genannte Zeit abgeschlossen. Bei einer Vertragslaufzeit von mindestens einem Jahr **verlängert sich der Vertrag stillschweigend** jeweils um ein weiteres Jahr, sofern keine Partei den Vertrag mit einer Frist von drei Monaten in Textform kündigt.

77 Für den **Schadensfall** sieht § 9 II AVB-RSW ein Kündigungsrecht vor, wenn der Versicherer eine Zahlung aufgrund eines Versicherungsfalles geleistet hat, der Haftpflichtanspruch rechtshängig geworden ist oder der Versicherungsnehmer mit einem von ihm geltend gemachten Versicherungsanspruch rechtskräftig abgewiesen wurde. Für den Versicherer gilt eine Kündigungsfrist von einem Monat. Der Versicherungsnehmer kann mit sofortiger Wirkung oder zum Schluss der laufenden Versicherungsperiode kündigen. Es gilt eine Ausschlussfrist von einem Monat.

78 Der Versicherungsschutz erlischt schließlich auch bei **Wegfall des versicherten Interesses**, insbesondere bei Fortfall der Zulassung (§ 9 IV AVB-RSW). Nicht gleich steht dem allerdings die nur vorübergehende Untersagung der Berufstätigkeit ohne Rückgabe der Zulassung.[126]

6. Sachlicher Umfang des Versicherungsschutzes

§ 3 Beginn und Umfang des Versicherungsschutzes

III. Umfang des Versicherungsschutzes

1. Abwehrschutz und Freistellung

Der Versicherungsschutz umfasst die Abwehr unberechtigter Schadenersatzansprüche und die Freistellung des Versicherungsnehmers von berechtigten Schadenersatzverpflichtungen.

1.1 Berechtigt sind Schadenersatzverpflichtungen dann, wenn der Versicherungsnehmer aufgrund Gesetzes, rechtskräftigen Urteils, Anerkenntnisses oder Vergleiches zur Entschädigung verpflichtet ist und der Versicherer hierdurch gebunden ist.

1.2 Anerkenntnisse und Vergleiche, die vom Versicherungsnehmer ohne Zustimmung des Versicherers abgegeben oder geschlossen worden sind, binden den Versicherer nur, soweit der Haftpflichtanspruch auch ohne Anerkenntnis oder Vergleich bestanden hätte.

1.3 Der Versicherer ist bevollmächtigt, alle zur Beilegung oder Abwehr des Haftpflichtanspruchs ihm zweckmäßig erscheinenden Erklärungen im Namen des Versicherungsnehmers abzugeben.

3. Jahreshöchstleistung

Die Leistungen des Versicherers können im Rahmen der gesetzlichen Bestimmungen begrenzt werden. Weitere Bestimmungen zur Jahreshöchstleistung regeln die Besonderen Bedingungen (Teil 2 BBR-RA, Teil 3 BBR-S bzw. Teil 4 BBR-W).

4. Selbstbehalt/Eigenbehalt des Versicherungsnehmers

4.1 An der Summe, die vom Versicherungsnehmer auf Grund richterlichen Urteils oder eines vom Versicherer genehmigten Anerkenntnisses oder Vergleichs zu bezahlen ist (Haftpflichtsumme), wird der Versicherungsnehmer mit einem Selbstbehalt von EUR 1.500 beteiligt (Festselbstbehalt).

4.2 Abweichend hiervon kann ein anderer, z.B. gestaffelter Selbstbehalt (der Versicherer ersetzt in den Fällen der Ziffer 4.1 von den ersten 5.000 EUR 90 %, vom Mehrbetrag bis 45.000 EUR 97,5 % und vom Mehrbetrag 100 %; der vom Versicherungsnehmer selbst zu tragende Schaden beträgt in jedem Falle mindestens 250 EUR, höchstens jedoch 1.500 EUR) oder ein erhöhter Festselbstbehalt bzw. Eigenbehalt in Höhe von 2.500 EUR vereinbart werden.

4.3 Ein Selbstbehalt ist jedoch ausgeschlossen, wenn bei Geltendmachung des Schadens durch einen Dritten die Bestellung bzw. Zulassung des Berufsträgers oder die Anerkennung bzw. Zulassung der Berufsträgergesellschaft erloschen ist. Dies gilt auch, wenn Haftpflichtansprüche gegen die Erben des Versicherungsnehmers erhoben werden. Zudem entfällt in den ersten drei Jahren nach der Zulassung/Bestellung als Berufsträger der Selbstbehalt, sofern kein abweichender Selbstbehalt bzw. ein Eigenbehalt vereinbart wurde.

---

125 G. Fischer/Vill/D. Fischer/Rinkler/*Chab*, Rn. 89; Terbille/Höra/*Sassenbach*, § 18 Rn. 30.
126 G. Fischer/Vill/D. Fischer/Rinkler/*Chab*, Rn. 93.

5. Prozesskosten

5.1 Die Kosten eines gegen den Versicherungsnehmer anhängig gewordenen, einen gedeckten Haftpflichtanspruch betreffenden Haftpflichtprozesses sowie einer wenigen eines solchen Anspruchs mit Zustimmung des Versicherers vom Versicherungsnehmer betriebenen negativen Feststellungsklage oder Nebenintervention gehen zu Lasten des Versicherers. Sofern nicht im Einzelfall mit dem Versicherer etwas anderes vereinbart ist, werden die Rechtsanwaltskosten entsprechend den Gebührensätzen des RVG übernommen.

5.2 Übersteigt der geltend gemachte Haftpflichtanspruch die Versicherungssumme, trägt der Versicherer die Gebühren und Pauschsätze nur nach der der Versicherungssumme entsprechenden Wertklasse. Dies gilt sowohl bei der Abwehr unberechtigter Schadenersatzansprüche als auch bei der Freistellung des Versicherungsnehmers von berechtigten Schadenersatzverpflichtungen. Bei den nicht durch Pauschsätze abzugeltenden Auslagen tritt eine verhältnismäßige Verteilung auf Versicherer und Versicherungsnehmer ein.

5.3 Übersteigt der Haftpflichtanspruch nicht den Betrag des Mindest- oder eines vereinbarten festen Selbstbehalts, treffen den Versicherer keine Kosten.

5.4 Sofern ein Versicherungsnehmer sich selbst vertritt oder durch einen Sozius oder Mitarbeiter vertreten lässt, werden eigene Gebühren nicht erstattet. Ist der Versicherungsnehmer als Berufsträgergesellschaft anerkannt, werden keine Gebühren erstattet, sofern der Versicherungsnehmer sich von für die Gesellschaft tätigen Personen vertreten lässt.

5.5 Bei der Inanspruchnahme vor ausländischen Gerichten ersetzt der Versicherer begrenzt auf seine Leistungspflicht Kosten höchstens nach der der Versicherungssumme entsprechenden Wertklasse nach deutschem Kosten- und Gebührenrecht, sofern nicht im Einzelfall mit dem Versicherer etwas anderes vereinbart ist.

6. Sicherheitsleistung zur Abwendung der Zwangsvollstreckung

An der Sicherheitsleistung oder Hinterlegung, die zur Abwendung der zwangsweisen Beitreibung der Haftpflichtsumme zu leisten ist, beteiligt sich der Versicherer in demselben Umfange wie an der Ersatzleistung, höchstens jedoch bis zur Höhe der Versicherungssumme.

7. Leistungsbegrenzung bei gescheiterter Erledigung des Haftpflichtanspruchs oder zur Verfügungstellung der Versicherungsleistung

Falls die vom Versicherer verlangte Erledigung eines Haftpflichtanspruchs durch Anerkenntnis, Befriedigung oder Vergleich am Verhalten des Versicherungsnehmers scheitert oder falls der Versicherer seinen vertragsmäßigen Anteil zur Befriedigung des Geschädigten zur Verfügung stellt, hat der Versicherer für den von der Weigerung bzw. der Verfügungstellung an entstehenden Mehraufwand an Hauptsache, Zinsen und Kosten nicht aufzukommen.

§ 12 Sozien
II. Durchschnittsleistung

Der Versicherer tritt für die Sozien zusammen mit einer einheitlichen Durchschnittsleistung ein. Für diese Durchschnittsleistung gilt folgendes:

1. Berechnung der Versicherungsleistung

Die Leistung auf die Haftpflichtsumme ist in der Weise zu berechnen, dass zunächst bei jedem einzelnen Sozius festgestellt wird, wie viel er vom Versicherer zu erhalten hätte, wenn er, ohne Sozius zu sein, allein einzutreten hätte (fiktive Leistung), und sodann die Summe dieser fiktiven Leistungen durch die Zahl aller Sozien geteilt wird.

2. Berechnung der Kosten

Bezüglich der Kosten sind die Bestimmungen in § 3 III Ziffer 5 in sinngemäßer Verbindung mit den vorstehenden Bestimmungen anzuwenden.

3. Anwendung auf Nichtversicherungsnehmer

Dieser Durchschnittsversicherungsschutz besteht nach Maßgabe des § 7 I Ziffer 1 auch zugunsten eines Sozius, der Nichtversicherungsnehmer ist.

Der sachliche Umfang des Versicherungsschutzes ist in § 3 III AVB-RSW geregelt. Gem. § 12 II AVB-RSW tritt der Versicherer für die unter derselben Police versicherten Sozien mit einer einheitlichen Durchschnittsleistung ein.

Anhang B Berufshaftpflichtversicherung für Rechtsanwälte, Steuerberater u.a.

a) Abwehr unbegründeter und Freistellung von begründeten Schadensersatzforderungen

80 Entsprechend § 100 bestimmt § 3 III Ziff. 1 AVB-RSW, dass der Versicherungsschutz die **Abwehr unberechtigter Schadensersatzansprüche** und die **Freistellung des Versicherungsnehmers von berechtigten Schadensersatzverpflichtungen** umfasst. Berechtigt sind Schadensersatzverpflichtungen dann, wenn der Versicherungsnehmer aufgrund Gesetzes, rechtskräftigen Urteils oder aufgrund eines von dem Versicherer oder mit seiner Zustimmung abgegebenen Anerkenntnisses oder geschlossenen Vergleiches zur Entschädigungsleistung verpflichtet ist. Hat der Versicherungsnehmer ein Anerkenntnis oder einen Vergleich ohne Zustimmung des Versicherers abgegeben/geschlossen, binden Anerkenntnis und Vergleich den Versicherer allerdings nur insoweit, wie der Haftpflichtanspruch auch kraft Gesetzes bestanden hätte.[127]

81 Aufgabe des Berufshaftpflichtversicherers ist es danach, aufgrund seiner Prüfung der Sach- und Rechtslage nach seinem **pflichtgemäßen Ermessen** den Rechtsanwalt von Schadensersatzansprüchen freizustellen oder solche Ansprüche abzuwehren (**Doppelfunktion**). Die Prüfung der Haftpflichtfrage erfolgt also durch den Versicherer, der daher für den außergerichtlichen Bereich die Kosten eines Bevollmächtigten des Versicherungsnehmers nicht übernimmt. Die Rechtsschutzverpflichtung ist nach ständiger Rechtsprechung des BGH im Verhältnis zur Freistellung von begründeten Haftpflichtansprüchen gleichrangige **Hauptleistungspflicht** des Versicherers und nicht nur eine untergeordnete Nebenpflicht.[128] Will der Versicherer den Anspruch bestreiten, muss er alles tun, was zu dessen Abwehr notwendig ist. Der Versicherer allein trägt die aus der Prüfung und Abwehr folgende Arbeitslast und Verantwortung. Demgemäß hat er im Haftpflichtprozess die Interessen des Versicherungsnehmers so zu wahren, wie das ein von diesem beauftragter Anwalt tun würde. Der Versicherer muss daher auch seine eigenen Interessen zurückstellen, wenn eine Kollision mit den Interessen des Versicherungsnehmers einmal nicht zu vermeiden ist.[129]

82 Gerade die Anspruchsabwehr ist für den versicherten Rechtsanwalt von besonderer Bedeutung, da mit ihr die Rechtsberatung des Anwalts bestätigt und seine Reputation gewahrt werden soll. Allerdings kann sie den Interessen des Rechtsanwalts wegen fehlender Abwehrbereitschaft, insbesondere bei laufenden Mandatsverhältnissen, auch zuwiderlaufen. Nichtsdestotrotz liegt die **Entscheidung zwischen Anspruchsabwehr und Freistellung im pflichtgemäßen Ermessen des Versicherers**.[130] Hält dieser die geltend gemachten Ansprüche nach pflichtgemäßer Prüfung für unbegründet, ist der Versicherer daher beispielsweise auch dann nicht verpflichtet, ein Vergleichsangebot der Gegenseite anzunehmen, wenn die Ansprüche die Versicherungssumme übersteigen. Der Versicherungsnehmer kann dann allenfalls seinerseits infolge des Fortfalls des Anerkenntnisverbots durch § 105 und der Unzulässigkeit des formularmäßigen Verbots der Abtretung des Freistellungsanspruchs gem. § 108 II den Anspruch des Geschädigten anerkennen und seinen Deckungsanspruch an diesen abtreten.[131]

83 Der Versicherungsnehmer hat gegen den Versicherer zunächst einen **einheitlichen Deckungsanspruch**. Fällig wird dieser, sobald Ansprüche gegen den Versicherungsnehmer ernstlich geltend gemacht werden.[132] Hierzu zählt auch eine Streitverkündung gegenüber dem Versicherungsnehmer, nicht aber eine nur vorsorgliche Regressdrohung, oder die Aufforderung zu einem Verjährungsverzicht.[133] Lehnt der Versicherer den Versicherungsschutz ab, kann der Versicherungsnehmer in einem vorweggenommenen **Deckungsprozess auf Feststellung klagen**, dass der Versicherer verpflichtet ist, dem Versicherungsnehmer aus dem konkreten Versicherungsvertrag Versicherungsschutz im Hinblick auf die von dem Antragsteller geltend gemachten Schadensersatzansprüche zu gewähren. Das erforderliche Feststellungsinteresse liegt infolge der Deckungsablehnung vor. Im Rahmen der Begründetheit hat das Gericht festzustellen, ob der Versicherer auf der Grundlage der Behauptungen des Anspruchstellers zur Gewährung von Versicherungsschutz verpflichtet ist. Nicht dagegen hat es den Haftpflichtanspruch selbst zu bescheiden, da insoweit gerade die Abwehrpflicht des Versicherers besteht.[134]

84 Wird der Anspruch des Dritten mit bindender Wirkung für den Versicherer durch rechtskräftiges Urteil, Anerkenntnis oder Vergleich festgestellt, hat der Versicherer den Versicherungsnehmer binnen zwei Wochen vom Anspruch des Dritten freizustellen (§ 106, § 5 III Ziff. 1.1 u. 1.2 AVB-RSW). Zulässig ist dann eine **Leistungsklage auf Freistellung** gegen den Versicherer. Auf Zahlung ist diese nur zu richten, wenn sich der versicherungsrechtliche Freistellungsanspruch in einen **Zahlungsanspruch** umgewandelt hat, weil der Versicherungsnehmer den Anspruchsteller mit bindender Wirkung für den Versicherer befriedigt hat.

85 Für die **Verjährung** (§ 10 I AVB-RSW) des einheitlichen Deckungsanspruchs gelten die allgemeinen Verjährungsvorschriften der §§ 195 ff. BGB sowie § 15. Mit dem Deckungsanspruch verjährt auch ein etwaiger spä-

---

127 P/M/*Lücke*, § 106 Rn. 10.
128 BGH VersR 1992, 1504, 1505; VersR 1976, 477, 478; VersR 1956, 186, 187.
129 BGH VersR 2007, 1116, 1117.
130 BGH VersR 1981, 180; *Baumann* VersR 2010, 984, 986; a.A. P/M/*Lücke*, § 100 Rn. 2.
131 Siehe unten Rdn. 104.
132 BGH VersR 1976, 477, 479; VersR 1960, 554; KG VersR 2000, 576; OLG Köln r+s 1998, 323; LG Düsseldorf, Urt. vom 31. März 2009, 11 O 457/06.
133 BGH VersR 1979, 1117, 1118.
134 BGH VersR 2001, 90, 91; OLG München VersR 2009, 59 f.

terer Anspruch auf Zahlung, wenn sich der Deckungsanspruch nicht vor Eintritt der Verjährung in einen fälligen Zahlungsanspruch umgewandelt hat. Für diesen Zahlungsanspruch gilt dann eine gesonderte Verjährung.[135]

Der **Versicherer** ist für die Schadensregulierung nach § 3 III Ziff. 1.3 AVB-RSW **bevollmächtigt**, alle zur Beilegung oder Abwehr des Haftpflichtanspruchs ihm zweckmäßig erscheinenden Erklärungen im Namen des Versicherungsnehmers abzugeben. Die Regulierungsvollmacht des Versicherers umfasst auch Verhandlungen mit dem Anspruchsteller und gilt über die Beendigung des Versicherungsverhältnisses hinaus, wenn Schadensfälle noch nicht endgültig abgewickelt sind oder nach Vertragsende Schadensersatzansprüche wegen Verstößen während der Versicherungsdauer geltend gemacht werden.[136] Erkennt der Versicherer den Haftpflichtanspruch an, führt dies zu einem Neubeginn der Verjährung auch zulasten des Versicherungsnehmers und zwar auch insoweit, als der Versicherer wegen eines Selbstbehalts oder der Überschreitung der Versicherungssumme den Schaden nicht selbst reguliert. Will der Versicherer von seiner Vollmacht nur eingeschränkt Gebrauch machen, muss er dies dem Geschädigten gegenüber ausdrücklich klarstellen.[137] 86

Dem Versicherungsnehmer obliegt es, bei der **Schadensabwehr mitzuwirken** (§ 5 II Ziff. 2 AVB-RSW). Aufgrund der besonderen Stellung im Verhältnis zu seinem Mandanten führt der Versicherungsnehmer auch den aus Anlass eines Schadensfalles erforderlichen **Schriftwechsel** und trägt die hierdurch entstehenden Kosten (§ 5 II Ziff. 2.3 AVB-RSW). 87

Dagegen trägt der Versicherer die **Kosten des Haftpflichtprozesses** sowie einer mit seiner Zustimmung betriebenen negativen Feststellungsklage oder Nebenintervention entsprechend den Gebührensätzen des RVG, sofern nichts anderes vereinbart wurde (§ 3 III Ziff. 5.1 AVB-RSW). Dies gilt nicht, wenn der Haftpflichtanspruch den Betrag des Mindest- oder eines vereinbarten festen Selbstbehalts nicht übersteigt (§ 3 III Ziff. 5.3 AVB-RSW). Nicht erstattet werden ferner eigene Gebühren, wenn sich der Versicherungsnehmer selbst vertritt oder durch einen Sozius oder Mitarbeiter vertreten lässt (§ 3 III Ziff. 5.4 AVB-RSW). Übersteigt der geltend gemachte Schadensersatzanspruch die Versicherungssumme, trägt der Versicherer die Kosten nur nach der der Versicherungssumme entsprechenden Wertklasse (§ 3 III Ziff. 5.2 AVB-RSW). Schon nach dem Wortlaut der Bestimmung gilt diese Begrenzung der Kostenübernahme unabhängig davon, ob der Haftpflichtanspruch tatsächlich begründet ist.[138] Bei den nicht durch Pauschsätze abzugeltenden Auslagen erfolgt eine verhältnismäßige Verteilung. Im Übrigen trägt der Versicherer **Kosten und Zinsen** nach Maßgabe von § 101 II aber auch insoweit, als sie zusammen mit den Aufwendungen des Versicherers zur Freistellung des Versicherungsnehmers die **Versicherungssumme übersteigen**. Vorbehaltlich abweichender Regelung bezieht sich die Versicherungssumme nämlich nur auf den Hauptsachebetrag.[139] Aufgrund der Bindungswirkung des Haftpflichtprozesses übernimmt der Versicherer dagegen **nicht die Kosten** einer ihm gegenüber durch den Versicherungsnehmer erfolgten **Streitverkündung** (§ 5 II Ziff. 2.4 AVB-RSW). 88

Zur Abwehrverpflichtung des Versicherers zählt schließlich der Anspruch auf **Sicherheitsleistung**.[140] An der Sicherheitsleistung oder Hinterlegung zur Abwendung der Zwangsvollstreckung beteiligt sich der Versicherer daher gem. § 3 III Ziff. 6 AVB-RSW in demselben Umfang wie an der Ersatzleistung, begrenzt durch die vereinbarte Versicherungssumme. Eine generelle **Leistungsbegrenzung** tritt dagegen ein, wenn die durch den Versicherer verlangte Erledigung eines Haftpflichtanspruchs durch Anerkenntnis, Befriedigung oder Vergleich am Verhalten des Versicherungsnehmers scheitert oder der Versicherer seinen vertragsmäßigen Anteil zur Befriedigung des Geschädigten zur Verfügung stellt (sog. Abandon). Der Versicherungsnehmer hat für den entstehenden Mehraufwand an Hauptsache, Zinsen und Kosten gem. § 3 III Ziff. 7 AVB-RSW selbst aufzukommen. 89

b) Eigenschaden

Nach § 7 I Ziff. 3 AVB-RSW sind im Fall der Versicherung für fremde Rechnung **Ansprüche des Versicherungsnehmers gegen versicherte Personen** vorbehaltlich einer abweichenden Vereinbarung von der Versicherung **ausgeschlossen**. Dieser Eigenschaden unterfällt nicht der Berufshaftpflichtversicherung. Dies gilt mangels Mandatsverhältnis auch dann, wenn die versicherte Person über eine eigene Berufshaftpflichtversicherung verfügt. Einschlägig sein kann dagegen ggf. eine Vertrauensschadenversicherung oder auch eine D&O-Versicherung, sofern beispielsweise eine Rechtsanwaltsgesellschaft mbH im Wege der Innenhaftung ihren Geschäftsführer gem. § 43 II GmbHG wegen pflichtwidriger Geschäftsführungsmaßnahmen in Anspruch nimmt. 90

---

135 OLG Düsseldorf r+s 1999, 274, 275; OLG Frankfurt (Main) VersR 1994, 1175, 1178.
136 BGH VersR 1987, 924, 925.
137 BGH VersR 2006, 1676, 1677.
138 A.A. OLG Düsseldorf VersR 1991, 94 (zu § 3 II Nr. 7a AVB Vermögen).
139 BGH VersR 1992, 1257; VersR 1990, 191, 192.
140 OLG Koblenz VersR 1979, 830, 831.

c) Versicherungssumme

91 Für die **Pflichtversicherung** bestimmt § 51 IV BRAO, dass die **Mindestversicherungssumme € 250.000** betragen und für jeden Versicherungsfall zur Verfügung stehen muss. Der Versicherer kann seine Leistung allerdings für alle innerhalb eines Versicherungsjahres verursachten Schäden auf den vierfachen Betrag der Mindestversicherungssumme begrenzen, d.h. auf eine **Jahreshöchstleistung von maximal € 1.000.000**. Die AVB-RSW regeln den Höchstbetrag der Versicherungsleistung in § 3 III Ziff. 2, 3 und in Ziff. A. 1 der BBR-RA entsprechend. Eine geringere Maximierung (zweifach) gilt für eine freiwillige Höherversicherung. Nach § 51 VIII BRAO kann das Bundesministerium der Justiz durch Rechtsverordnung die Mindestversicherungssumme bei einer Änderung der wirtschaftlichen Verhältnisse zum Zwecke eines hinreichenden Schutzes der Geschädigten anders festsetzen. Von dieser Ermächtigung hat der Verordnungsgeber bislang keinen Gebrauch gemacht. Die Mindestversicherungssumme bei der PartGmbB beträgt gem. § 51a II BRAO € 2.500.000. Dabei können die Leistungen des Versicherers je Versicherungsjahr auf den Betrag der Mindestversicherungssumme vervielfacht mit der Zahl der Partner, mindestens auf € 10.000.000 begrenzt werden. Das Gleiche gilt gem. § 59j BRAO für die GmbH.

92 Zur Illustration: Verursacht der Rechtsanwalt in einem Versicherungsjahr beispielsweise zwei Schadensfälle mit einer Haftpflichtsumme von € 500.000 und € 400.000, fünf Schadensfälle mit Haftpflichtsummen von € 200.000, € 150.000, € 100.000 und zweimal € 50.000, ist die Leistung des Versicherers in den ersten beiden Fällen durch die Versicherungssumme auf € 250.000 begrenzt. Von den weiteren fünf Fällen sind die ersten vier gedeckt. Für den fünften Fall besteht wegen Überschreitens der Jahreshöchstleistung dagegen kein Versicherungsschutz. Die Pflichtversicherungssumme gewährleistet damit **nur einen Mindestschutz** des Berufsträgers. Jedem Rechtsanwalt obliegt es damit zur Sicherung seiner Existenz, eine unter Berücksichtigung seiner **Mandatsstruktur und Risikosituation** adäquate Versicherungssumme mit dem Versicherer zu vereinbaren und diese kontinuierlich zu überprüfen. Den Versicherungsschutz kann der Rechtsanwalt dann ggf. generell durch eine **höhere Versicherungssumme** oder durch eine separate **Exzedentendeckung** sowie auch nur für einzelne Mandate durch den Abschluss einer **Einzelmandatsversicherung** erweitern. Der Rechtsanwalt ist insoweit auch berufsrechtlich verpflichtet, angemessenen Versicherungsschutz zu unterhalten. Verstöße können gem. §§ 113, 43 BRAO geahndet werden.[141] Gesetzlich vorgeschrieben ist ein erweiterter Versicherungsschutz, sofern ein Rechtsanwalt durch vorformulierte Vertragsbedingungen seine Haftung für Fälle einfacher Fahrlässigkeit gem. § 51a I Nr. 2 BRAO wirksam begrenzen möchte. Bei Doppelzulassung oder gemeinsamer Tätigkeit mit einem Wirtschaftsprüfer in einer Sozietät gem. §§ 44b IV, 54 WPO muss für die Haftung aus der Tätigkeit des Wirtschaftsprüfers eine Mindestversicherungssumme von € 1.000.000 ohne Begrenzung der Jahreshöchstleistung gewährleistet sein.[142]

93 Besondere Regeln gelten für die **Versicherung von Sozien**. Wie ausgeführt, gilt der Versicherungsfall nur eines Sozius als Versicherungsfall aller Sozien gem. § 12 I AVB-RSW.[143] Der Versicherer verpflichtet sich, auch dann jedem einzelnen Sozius Versicherungsschutz zu gewähren, wenn dieser weder selbst noch durch ihm nach § 278 oder § 831 BGB zurechenbares Verhalten Dritter gegen seine Berufspflichten verstoßen hat. Die Regelung trägt der akzessorischen gesamtschuldnerischen Haftung der Sozien Rechnung und verhindert, dass der Versicherer den individuellen Verschuldensanteil des jeweiligen Versicherungsnehmers ermitteln muss. Gilt aber der Versicherungsfall eines Sozius als Versicherungsfall aller, setzt der Versicherungsschutz zweckmäßigerweise voraus, dass für die Sozien die gleichen Bedingungen und Versicherungssummen gelten.[144] Ist dies nicht der Fall, tritt der Versicherer für die unter derselben Police versicherten Sozien gem. § 12 II AVB-RSW mit einer **einheitlichen Durchschnittsleistung** ein. Dies gilt zugunsten eines Sozius auch dann, wenn dieser nicht selbst (Mit-)Versicherungsnehmer, sondern versicherte Person i.S.v. § 7 I Ziff. 1 AVB-RSW ist. Die Leistung auf die Haftpflichtsumme ist in der Weise zu berechnen, dass zunächst bei jedem einzelnen Sozius festgestellt wird, wie viel er vom Versicherer zu erhalten hätte, wenn er, ohne Sozius zu sein, allein einzutreten hätte (fiktive Leistung). Sodann wird die Summe dieser fiktiven Leistungen durch die Zahl aller Sozien geteilt. Ist daher beispielsweise bei einem Schaden von € 800.000 Sozius A mit € 1.000.000 versichert, Sozius B mit € 600.000 und Sozius C mit € 500.000, betragen die fiktiven Einzelleistungen bei einem Festselbstbehalt von € 1.500 für Sozius A € 798.500, für Sozius B € 600.000 und für Sozius C € 500.000. Daraus errechnet sich eine Durchschnittsleistung von € 632.833. Sofern nur die Versicherungssumme für einen Sozius geringer als die Haftpflichtsumme ist, ist der Schaden damit nicht mehr vollständig gedeckt. Das Beispiel macht deutlich, dass mit jeder gemeinschaftlichen Berufsausübung unbedingt eine Überprüfung des Berufshaftpflichtversicherungsschutzes und ggf. eine Anpassung der Versicherungssummen einhergehen sollte.[145]

---

141 *Braun* BRAK-Mitt. 2002, 150, 151.
142 Siehe unten Rdn. 115.
143 Siehe oben Rdn. 35.
144 van Bühren/*Hartmann*, § 10 Rn. 205.
145 Vgl. zur Durchschnittsberechnung und weiteren Beispielen van Bühren/*Hartmann*, § 10 Rn. 207; P/M/*Lücke*, § 12 AVB Vermögen Rn. 2; zur Anwendung auf verschiedene Policen bei demselben oder einem anderen Versicherer *Burger* AnwBl 2004, 304, 305 f.; zu Recht kritisch VersHb/*v. Rintelen*, § 26 Rn. 324.

d) Selbstbehalt, Gebühreneinwurf

Gem. § 51 V BRAO ist die Vereinbarung eines Selbstbehalts im Bereich der Pflichtversicherung bis zu 1 % der Mindestversicherungssumme, d.h. bis zu maximal € 2.500, zulässig. **Zweck** eines Selbstbehalts ist es, eine Schadensbeteiligung des Versicherungsnehmers zu gewährleisten und damit einer Verminderung des Verantwortungsbewusstseins des Berufsträgers und somit fahrlässigem Verhalten Vorschub zu leisten (Steuerungsfunktion).[146] Zugleich wird der Versicherer von der Regulierung von Bagatellfällen entlastet, was über die vereinfachte Prämienkalkulation auch dem Versicherungsnehmer zugutekommt. **94**

Im Markt existieren verschiedene Selbstbehaltsregelungen. Die AVB-RSW regeln den Selbstbehalt in § 3 III Ziff. 4. Vorbehaltlich einer abweichenden individuellen Vereinbarung wird der Versicherungsnehmer nach Ziff. 4.1 an der Summe, die er aufgrund richterlichen Urteils oder eines vom Versicherer genehmigten Anerkenntnisses oder Vergleichs zu bezahlen hat, mit einem **Festselbstbehalt** von € 1.500 beteiligt. Der Selbstbehalt greift damit nicht hinsichtlich der Abwehrverpflichtung des Versicherers bei unbegründeten Ansprüchen. Bei begründeter Inanspruchnahme ist Anknüpfungspunkt die Haftpflicht-, nicht dagegen die Versicherungssumme, was sich im Fall der Unterdeckung auswirkt. Ziff. 4.2 sieht die Möglichkeit vor, abweichend von Ziff. 4.1, einen gestaffelten Selbstbehalt oder einen erhöhten Festselbstbehalt beziehungsweise Eigenbehalt von € 2.500 zu vereinbaren. Gem. Ziff. 4.3 entfällt der Selbstbehalt, wenn bei Geltendmachung des Schadens durch einen Dritten die Bestellung/Anerkennung oder Zulassung des Berufsträgers respektive der Berufsträgergesellschaft erloschen ist. Gleiches gilt, wenn Haftpflichtansprüche gegen die Erben des Versicherungsnehmers erhoben werden. Überdies ist ein Selbstbehalt in den ersten drei Jahren nach der Zulassung/Bestellung als Berufsträger ausgeschlossen, sofern kein abweichender Selbstbehalt beziehungsweise ein Eigenbehalt vereinbart wurde. **95**

Zum Teil enthalten die im Markt verbreiteten Bedingungswerke neben dem eigentlichen Selbstbehalt weitergehend einen sog. **Gebühreneinwurf**. Dieser führt zu einer Erweiterung des Selbstbehalts. Die Regelungen sehen vor, dass Gebühren, die der Rechtsanwalt in dem fehlerhaft bearbeiteten Mandat erhalten hat, die vom Versicherer zu regulierende Haftpflichtsumme mindern, für die Pflichtversicherung allerdings begrenzt auf € 2.500. Der Gebühreneinwurf wirkt sich damit vorwiegend bei kleineren Haftpflichtfällen aus. Sofern die Bedingungswerke einen Gebühreneinwurf enthalten, sind die Versicherer gegen einen Prämienzuschlag in der Regel bereit, auf den Gebühreneinwurf zu verzichten. Die AVB-RSW enthalten zwar keine Regelung zum Gebühreneinwurf. Allerdings sind Ansprüche auf Rückforderung von Gebühren oder Honoraren generell vom Versicherungsschutz nach § 1 I Ziff. 1 Abs. 2 AVB-RSW nicht erfasst. **96**

7. Sonstige Regelungen in den AVB

§ 3 Beginn und Umfang des Versicherungsschutzes

II. Hauptvertrag

1. Beginn mit Einlösung des Versicherungsscheins Der Versicherungsschutz beginnt vorbehaltlich einer anderen Vereinbarung mit der Einlösung des Versicherungsscheins durch rechtzeitige Zahlung der Prämie gemäß § 8 II Ziffer 1, der im Antrag angegebenen Kosten und etwaiger öffentlicher Abgaben.

2. Beginn bei späterer Prämieneinforderung

Wird die erste Prämie erst nach dem als Beginn der Versicherung festgesetzten Zeitpunkt eingefordert, dann aber ohne Verzug bezahlt, beginnt der Versicherungsschutz mit dem vereinbarten Zeitpunkt.

§ 5 Versicherungsfall, Obliegenheiten im Versicherungsfall, Zahlung des Versicherers

II. Obliegenheiten im Versicherungsfall

1. Schadenanzeige

1.1 Jeder Versicherungsfall ist dem Versicherer (vgl. § 11) unverzüglich, spätestens innerhalb einer Woche, in Textform anzuzeigen.

1.2 Auch wenn der Versicherungsnehmer den Versicherungsfall selbst bereits angezeigt hat, hat er dem Versicherer unverzüglich Anzeige zu erstatten, wenn gegen ihn ein Anspruch gerichtlich geltend gemacht, Prozesskostenhilfe beantragt, ein Mahnbescheid erlassen, ihm der Streit verkündet, ein Schlichtungsverfahren vor der Schlichtungsstelle der Rechtsanwaltschaft beantragt, ein Ermittlungsverfahren eingeleitet oder ein Strafbefehl erlassen wird. Das gleiche gilt im Falle eines Arrestes, einer einstweiligen Verfügung oder eines selbständigen Beweisverfahrens. Gegen Mahnbescheide oder Verfügungen von Verwaltungsbehörden auf Schadenersatz hat er, ohne die Weisung des Versicherers abzuwarten, fristgemäß Widerspruch zu erheben und die erforderlichen Rechtsbehelfe zu ergreifen.

1.3 Macht der Geschädigte seinen Anspruch gegenüber dem Versicherungsnehmer geltend, ist dieser zur Anzeige innerhalb einer Woche nach der Erhebung des Anspruchs verpflichtet.

---

146 G. Fischer/Vill/D. Fischer/Rinkler/*Chab*, Rn. 83; Terbille/Höra/*Sassenbach*, § 18 Rn. 74.

Anhang B Berufshaftpflichtversicherung für Rechtsanwälte, Steuerberater u.a.

1.4 Durch die Absendung der Anzeige werden die Fristen gewahrt. Für die Erben des Versicherungsnehmers tritt an Stelle der Wochenfrist jeweils eine Frist von einem Monat.

2. Mitwirkung des Versicherungsnehmers bei der Schadenabwehr

2.1 Der Versicherungsnehmer ist, soweit für ihn zumutbar, verpflichtet, unter Beachtung der Weisungen des Versicherers, insbesondere auch hinsichtlich der Auswahl des Prozessbevollmächtigten, für die Abwendung und Minderung des Schadens zu sorgen und alles zu tun, was zur Klarstellung des Schadenfalles dient.

2.2 Er hat den Versicherer bei der Abwehr des Schadens sowie bei der Schadenermittlung und -regulierung zu unterstützen, ihm ausführliche und wahrheitsgemäße Schadenberichte zu erstatten, alle Tatumstände, welche auf den Schadenfall Bezug haben, mitzuteilen und alle nach Ansicht des Versicherers für die Beurteilung des Schadenfalls erheblichen Schriftstücke einzusenden.

2.3 Den aus Anlass eines Schadenfalles erforderlichen Schriftwechsel hat der Versicherungsnehmer unentgeltlich zu führen. Sonstiger anfallender Aufwand sowie auch die Kosten eines vom Versicherungsnehmer außergerichtlich beauftragten Bevollmächtigten werden nicht erstattet.

2.4 Eine Streitverkündung seitens des Versicherungsnehmers an den Versicherer ist nicht erforderlich. Die Kosten einer solchen werden vom Versicherer nicht ersetzt.

§ 6 Leistungsfreiheit, Leistungskürzung und Fortbestehen der Leistungspflicht bei einer Obliegenheitsverletzung nach § 5

I. Leistungsfreiheit

Wird eine Obliegenheit verletzt, die dem Versicherer gegenüber zu erfüllen ist, ist der Versicherer von der Verpflichtung zur Leistung frei, wenn der Versicherungsnehmer die Obliegenheit vorsätzlich verletzt hat.

II. Leistungskürzung

Im Fall einer grob fahrlässigen Verletzung der Obliegenheit ist der Versicherer berechtigt, seine Leistung in einem der Schwere des Verschuldens des Versicherungsnehmers entsprechenden Verhältnis zu kürzen. Weist der Versicherungsnehmer nach, dass er die Obliegenheit nicht grob fahrlässig verletzt hat, bleibt der Versicherungsschutz bestehen.

III. Fortbestehen der Leistungspflicht

Der Versicherer bleibt zur Leistung verpflichtet, wenn der Versicherungsnehmer nachweist, dass die Verletzung der Obliegenheit weder für den Eintritt oder die Feststellung des Versicherungsfalls noch für die Feststellung oder den Umfang der dem Versicherer obliegenden Leistung ursächlich war. Das gilt nicht, wenn der Versicherungsnehmer die Obliegenheit arglistig verletzt hat.

§ 7 Versicherung für fremde Rechnung, Abtretung, Verpfändung, Rückgriffsansprüche

II. Abtretung, Verpfändung

Der Freistellungsanspruch darf vor seiner endgültigen Feststellung ohne Zustimmung des Versicherers weder abgetreten noch verpfändet werden. Eine Abtretung an den geschädigten Dritten ist zulässig.

III. Rückgriffsansprüche

1. Übergang von Ansprüche des Versicherungsnehmers gegen Dritte

Rückgriffsansprüche des Versicherungsnehmers gegen Dritte, ebenso dessen Ansprüche auf Kostenersatz, auf Rückgabe hinterlegter und auf Rückerstattung bezahlter Beträge sowie auf Abtretung gemäß § 255 BGB gehen in Höhe der vom Versicherer geleisteten Zahlung ohne weiteres auf diesen über. Der Übergang kann nicht zum Nachteil des Versicherungsnehmers geltend gemacht werden. Der Versicherer kann die Ausstellung einer den Forderungsübergang nachweisenden Urkunde verlangen.

2. Rückgriff gegen Angestellte des Versicherungsnehmers

Rückgriff gegen Angestellte des Versicherungsnehmers wird nur genommen, wenn der Angestellte seine Pflichten vorsätzlich oder wissentlich verletzt hat.

3. Wahrungs- und Mitwirkungspflichten

Der Versicherungsnehmer hat seinen Anspruch gemäß Ziffer 1 oder ein zur Sicherung dieses Anspruchs dienendes Recht unter Beachtung der geltenden Form- und Fristvorschriften zu wahren und bei dessen Durchsetzung durch den Versicherer soweit erforderlich mitzuwirken. Die Folgen einer Verletzung dieser Obliegenheit ergeben sich aus § 86 Abs. 2 VVG.

§ 8 Prämienzahlung (Erst- und Folgeprämie) und Rechtsfolgen bei Nichtzahlung, Verzug bei Abbuchung, Prämienregulierung, Prämienrückerstattung

II. Zahlung der Erstprämie des Hauptvertrages

1. Fälligkeit

Die erste oder einmalige Prämie ist unverzüglich nach Abschluss des Versicherungsvertrages zu zahlen, jedoch nicht vor dem vereinbarten und im Versicherungsschein angegebenen Beginn des Versicherungsschutzes. Ist die Zahlung der Jahresprämie in Raten vereinbart, gilt die erste Rate als Erstprämie.

2. Rücktrittsrecht des Versicherers bei Nichtzahlung

Wird die erste oder einmalige Prämie nicht rechtzeitig bezahlt, ist der Versicherer, solange die Zahlung nicht bewirkt ist, zum Rücktritt vom Vertrag berechtigt. Dies gilt nicht, wenn der Versicherungsnehmer nachweist, dass er die Nichtzahlung nicht zu vertreten hat.

3. Leistungsfreiheit des Versicherers bei Nichtzahlung

Ist die Prämie zur Zeit des Eintritts des Versicherungsfalles noch nicht bezahlt, ist der Versicherer von der Verpflichtung zur Leistung frei. Dies gilt nicht, wenn der Versicherungsnehmer nachweist, dass er die Nichtzahlung nicht zu vertreten hat.

III. Zahlung der Folgeprämien des Hauptvertrages

1. Fälligkeit

Die nach Beginn des Versicherungsschutzes (§ 3 II) zahlbaren regelmäßigen Folgeprämien sind an den im Versicherungsschein festgesetzten Zahlungsterminen und sonstige Prämien bei Bekanntgabe an den Versicherungsnehmer zuzüglich etwaiger öffentlicher Abgaben zu entrichten.

2. Zahlungsfrist bei Nichtzahlung

Wird eine Folgeprämie nicht rechtzeitig gezahlt, kann der Versicherer dem Versicherungsnehmer auf dessen Kosten in Textform eine Zahlungsfrist von mindestens zwei Wochen bestimmen. Dabei sind die rückständigen Beträge der Prämie, Zinsen und Kosten im Einzelnen zu beziffern und die Rechtsfolgen anzugeben, die nach den Ziffern 3 und 4 mit dem Fristablauf verbunden sind.

3. Leistungsfreiheit des Versicherers bei Nichtzahlung

Tritt der Verstoß nach dem Ablauf dieser Frist ein und ist der Versicherungsnehmer zur Zeit des Eintritts mit der Zahlung der Prämie oder der Kosten im Verzug, ist der Versicherer nicht zur Leistung verpflichtet.

4. Kündigungsrecht des Versicherers bei Nichtzahlung

Der Versicherer kann nach Fristablauf den Vertrag ohne Einhaltung einer Frist kündigen, sofern der Versicherungsnehmer mit der Zahlung der geschuldeten Beträge in Verzug ist.

§ 10 Verjährung, zuständiges Gericht, anwendbares Recht

I. Verjährung

Die Verjährung der Ansprüche aus dem Versicherungsvertrag richtet sich nach den Vorschriften des Bürgerlichen Gesetzbuches.

II. Zuständiges Gericht

1. Klagen gegen den Versicherer

1.1 Ansprüche aus dem Versicherungsvertrag können gegen den Versicherer bei dem für seinen Geschäftssitz oder für den Geschäftssitz seiner vertragsführenden Niederlassung örtlich zuständigen Gericht geltend gemacht werden.

1.2 Für Klagen des Versicherungsnehmers aus dem Versicherungsvertrag oder der Versicherungsvermittlung ist auch das deutsche Gericht örtlich zuständig, in dessen Bezirk der Versicherungsnehmer zur Zeit der Klageerhebung seinen Wohnsitz, in Ermangelung eines solchen seinen gewöhnlichen Aufenthalt hat. Ist der Versicherungsnehmer eine juristische Person, bestimmt sich das zuständige deutsche Gericht nach dem Geschäftssitz.

2. Klagen gegen den Versicherungsnehmer

2.1 Für Klagen des Versicherers ist ausschließlich das Gericht örtlich zuständig, in dessen Bezirk der Versicherungsnehmer zur Zeit der Klageerhebung seinen Wohnsitz, in Ermangelung eines solchen seinen gewöhnlichen Aufenthalt hat.

2.2 Ist der Versicherungsnehmer eine juristische Person, bestimmt sich das zuständige Gericht nach dem Geschäftssitz.

Anhang B Berufshaftpflichtversicherung für Rechtsanwälte, Steuerberater u.a.

3. Unbekannter Wohnsitz oder Aufenthalt des Versicherungsnehmers

Ist der Wohnsitz oder der gewöhnliche Aufenthalt des Versicherungsnehmers in Deutschland im Zeitpunkt der Klageerhebung nicht bekannt, bestimmt sich die gerichtliche Zuständigkeit für Klagen aus dem Versicherungsvertrag gegen den Versicherer oder den Versicherungsnehmer ausschließlich nach dem Sitz des Versicherers oder seiner für den Versicherungsvertrag zuständigen Niederlassung. Ist der Versicherungsnehmer eine juristische Person, gilt dies entsprechend, wenn sein Geschäftssitz unbekannt ist.

4. Wohn- oder Geschäftssitz des Versicherungsnehmers außerhalb der Europäischen Gemeinschaft, Island, Norwegen oder Schweiz

Hat der Versicherungsnehmer zum Zeitpunkt der Klageerhebung seinen Wohn- oder Geschäftssitz nicht in einem Mitgliedstaat der Europäischen Gemeinschaft, Island, Norwegen oder der Schweiz ist das Gericht nach Ziffer 3 Satz 1 ausschließlich zuständig.

III. Anwendbares Recht

Die Rechte und Pflichten aus dem Versicherungsvertrag bestimmen sich ausschließlich nach deutschem Recht.

§ 14 Kumulsperre

I. Ein Versicherungsnehmer mit unterschiedlichen Qualifikationen

Unterhält der Versicherungsnehmer auf Grund zusätzlicher Qualifikationen weitere Versicherungsverträge (z.B. in der Eigenschaft als Rechtsanwalt, Rechtsbeistand, Patentanwalt, Steuerberater, vereidigter Buchprüfer oder Wirtschaftsprüfer) und kann er für ein und denselben Verstoß Versicherungsschutz auch aus einem oder mehreren Versicherungsverträgen in Anspruch nehmen, begrenzt die Versicherungssumme des Vertrages mit der höchsten Versicherungssumme die Leistung aus allen Versicherungsverträgen; eine Kumulierung der Versicherungssummen findet nicht statt. § 78 Abs. 2 Satz 1 VVG gilt entsprechend.

II. Mehrere Versicherungsnehmer mit unterschiedlichen Berufsqualifikationen

Werden Angehörige der rechts-, steuer- und wirtschaftsberatenden Berufe, welche auf Grund gleicher, mehrfacher oder verschiedener Qualifikationen Versicherungsverträge unterhalten, für ein- und denselben Verstoß verantwortlich gemacht und kann für diesen Verstoß Versicherungsschutz aus mehreren Versicherungsverträgen in Anspruch genommen werden, begrenzt die Versicherungssumme des Vertrages mit der höchsten Versicherungssumme die Leistung aus allen Versicherungsverträgen; Eine Kumulierung der Versicherungssummen findet nicht statt.

III. § 12 bleibt unberührt.

97 Nur kurz hinzuweisen ist an dieser Stelle auf die Regelungen zum **Regress des Versicherers** in § 7 III AVB-RSW, zu **Verjährung, Gerichtsstand und anwendbarem Recht** in § 10 AVB-RSW und zu der **sog. Kumulsperre** gem. § 14 AVB-RSW, wenn bei unterschiedlicher beruflicher Qualifikation eines oder mehrerer Versicherungsnehmer für ein und denselben Verstoß Versicherungsschutz aus mehreren Versicherungsverträgen verlangt werden kann. Aufgrund ihrer besonderen Bedeutung für den Beginn und die Aufrechterhaltung des Versicherungsschutzes sind im Übrigen die Prämienzahlungspflicht und die Obliegenheiten des Versicherungsnehmers hervorzuheben.

a) Prämienzahlung

98 Die Hauptleistungspflicht des Versicherungsnehmers ist die Prämienzahlung. Die rechtzeitige Zahlung der Erstprämie ist nach § 3 II AVB-RSW maßgeblich für den **Beginn des Versicherungsschutzes**.[147] Die Voraussetzungen für die **Fälligkeit der Prämienzahlung und die Rechtsfolgen bei nicht rechtzeitiger Zahlung** sind in §§ 33 ff. sowie vertraglich in § 8 AVB-RSW geregelt. Die nicht rechtzeitige Zahlung der Erstprämie kann den Versicherer berechtigen, vom Versicherungsvertrag zurückzutreten. Ist die Erstprämie zur Zeit des Eintritts des Versicherungsfalles noch nicht bezahlt, kann der Versicherer zudem leistungsfrei sein. Letzteres gilt entsprechend bei nicht rechtzeitiger Zahlung einer Folgeprämie, wenn der Versicherungsfall nach Ablauf der durch den Versicherer bestimmten Zahlungsfrist von mindestens zwei Wochen eintritt und sich der Versicherungsnehmer zu dieser Zeit im Verzug befindet. An die Stelle des Rücktrittsrechts tritt das Recht des Versicherers, den Vertrag nach Fristablauf ohne Einhaltung einer Frist zu kündigen.

b) Obliegenheiten

99 Für den Rechtsanwalt ist es unerlässlich, die ihn treffenden gesetzlichen und vertraglichen **Obliegenheiten** zu kennen und zu beachten, um den Versicherungsschutz nicht zu gefährden. Gem. §§ 19 ff. trifft den Versiche-

---

[147] Siehe oben Rdn. 71.

rungsnehmer zunächst die **vorvertragliche Anzeigepflicht**, bis zur Abgabe seiner Vertragserklärung dem Versicherer alle ihm bekannten Gefahrumstände vollständig und richtig anzuzeigen, nach denen der Versicherer in Textform gefragt hat. Bei Verletzung der Anzeigepflicht kann der Versicherer vom Vertrag ggf. zurücktreten, leistungsfrei sein, den Vertrag kündigen oder zu einer Vertragsanpassung berechtigt sein (§ 11a AVB-RSW). Im Fall einer **Gefahrerhöhung** während der Vertragslaufzeit gelten §§ 23 ff. (§ 11b II AVB-RSW). Nach § 13 AVB-RSW gilt die Beschäftigung eines zuschlagspflichtigen Mitarbeiters als Erweiterung des versicherten Risikos in diesem Sinne und ist durch den Versicherungsnehmer zur Wahrung ungekürzten Versicherungsschutzes spätestens nach Aufforderung durch den Versicherer anzuzeigen.

Die vertraglichen **Obliegenheiten im Versicherungsfall** regelt § 5 II AVB-RSW. Nach Ziff. 1 bestehen verschiedene **Anzeigepflichten**. Dem Versicherungsnehmer obliegt es, dem Versicherer den Versicherungsfall, also den Verstoß, unverzüglich, spätestens aber innerhalb einer Woche anzuzeigen. Dafür muss der Versicherungsnehmer lediglich wissen, dass eine Tatsache eingetreten ist, durch die einem Dritten ein Schaden entstanden ist oder entstehen kann, und er muss wissen oder damit rechnen, dass er für diese Tatsache verantwortlich gemacht werden kann. Nicht entscheidend ist, ob Schadensersatzansprüche befürchtet, angedroht oder schon erhoben sind oder ob der Versicherungsnehmer einen etwaigen Haftpflichtanspruch für unbegründet hält.[148] Anzeigepflichtig sind auch die Einleitung eines Ermittlungsverfahrens sowie der Erlass eines Strafbefehls oder eines Mahnbescheids. Gegen Mahnbescheide und Verfügungen von Verwaltungsbehörden auf Schadensersatz hat der Versicherungsnehmer fristgemäß Widerspruch zu erheben und die erforderlichen Rechtsbehelfe zu ergreifen, ohne die Weisung des Versicherers abzuwarten. Eine selbstständige Anzeigepflicht und nicht nur eine Auskunftspflicht besteht auch dann, wenn der Geschädigte seinen Anspruch gerichtlich oder außergerichtlich geltend macht.[149] Die Anzeige soll sicherstellen, dass der Versicherer in die Lage versetzt wird, über die Fortführung des Verfahrens zu entscheiden.

100

Über die Anzeigepflichten hinaus bestimmt § 5 II Ziff. 2 AVB-RSW **Mitwirkungsobliegenheiten bei der Schadensabwehr**. Der Versicherungsnehmer ist im Rahmen des Zumutbaren verpflichtet, unter Beachtung der Weisungen des Versicherers für die Abwendung und Minderung des Schadens zu sorgen und alles zu tun, was zur Klarstellung des Schadensfalles dient. Er hat den Versicherer bei der Schadensabwehr, Schadensermittlung und Schadensregulierung zu unterstützen, ihm ausführliche und wahrheitsgemäße Schadensberichte zu erstatten, alle Tatumstände mit Bezug zum Schadensfall mitzuteilen und die nach Ansicht des Versicherers für die Beurteilung des Schadensfalls erheblichen Schriftstücke einzusenden. Grundsätzlich entscheidet der Versicherer, welche Angaben zur Sachverhaltsermittlung erforderlich sind.[150] Darunter fallen auch Umstände, die lediglich Anhaltspunkte für oder gegen das Vorliegen eines Versicherungsfalles geben können. Der Versicherungsnehmer kann auf Verlangen des Versicherers auch verpflichtet sein, eine eigene Stellungnahme desjenigen (früheren) Sachbearbeiters vorzulegen, der durch seine Tätigkeit den Versicherungsfall verursacht hat soll.[151] Weigert sich der Versicherungsnehmer trotz mehrfacher Aufforderung des Versicherers eine solche Stellungnahme abzugeben, liegt eine Verletzung seiner Mitwirkungsobliegenheit/Aufklärungsobliegenheit vor. Der Versicherungsnehmer bleibt im Fall der Versicherung für fremde Rechnung neben den **versicherten Personen** für die Erfüllung der Obliegenheiten verantwortlich (§ 7 I Ziff. 1 Satz 2 AVB-RSW).

101

Die **Rechtsfolgen bei Verletzung einer vertraglichen Obliegenheit** regelt § 28. Bei Vorsatz und grober Fahrlässigkeit ist der Versicherer gem. § 28 I berechtigt, den Vertrag innerhalb eines Monats nach Kenntniserlangung fristlos zu kündigen. Nach § 28 II ist der Versicherer bei Vorsatz zudem leistungsfrei. Bei grober Fahrlässigkeit ist er berechtigt, seine Leistung in einem der Schwere des Verschuldens entsprechenden Verhältnis zu kürzen. Abweichend davon bleibt es – ausgenommen Arglist – nach § 28 III bei der Leistungspflicht des Versicherers, soweit die Obliegenheitsverletzung weder für den Eintritt oder die Feststellung des Versicherungsfalles noch für die Feststellung oder den Umfang der Leistungspflicht des Versicherers ursächlich ist. Die nach § 28 II erforderlichen vertraglichen Bestimmungen finden sich in § 6 AVB-RSW.

102

8. Rechtsstellung des geschädigten Dritten

Für die Haftpflichtversicherung konstituierend ist das **Trennungsprinzip**. Dem geschädigten Dritten steht danach **kein direkter Zahlungsanspruch** gegen den Berufshaftpflichtversicherer zu. Die Frage der Schadensersatzverpflichtung ist vielmehr im Verhältnis des geschädigten Dritten zum Schädiger im Haftpflichtprozess, versicherungsrechtliche Fragen sind dagegen in einem Deckungsprozess zwischen dem Versicherten und dem Versicherer zu klären. Die Möglichkeit des geschädigten Dritten, unmittelbar gegen den Versicherer vorzugehen, ist somit vor allem darauf beschränkt, Ansprüche des Versicherten gegen den Berufshaftpflichtversicherer zu **pfänden und sich zur Einziehung überweisen** zu lassen. Den Zugriff auf den Deckungsanspruch schützt § 108 I durch ein relatives gesetzliches Veräußerungsverbot. In bestimmten Konstellationen erfordert

103

---

148 OLG Köln VersR 2004, 1549, 1550.
149 OLG Düsseldorf VersR 1990, 411.
150 Vgl. BGH VersR 2015, 45.
151 Vgl. BGH VersR 2015, 45; Urt. vom 22. Oktober 2014, IV ZR 303/13.

der Schutz des Geschädigten es gleichwohl, dass dieser unter den Voraussetzungen des § 256 ZPO selbst gegen den Versicherer eine Deckungsklage erheben kann.[152] Das gilt insbesondere, wenn der Versicherer seine Eintrittspflicht abgelehnt hat und der Versicherte nichts unternimmt, da der Geschädigte dann Gefahr läuft, den Freistellungsanspruch als Befriedigungsgegenstand zu verlieren.[153] **Auskunft über Namen und Adresse** des Berufshaftpflichtversicherers kann der geschädigte Dritte gem. § 51 VI 2 BRAO von der Rechtsanwaltskammer erhalten.[154] Seit dem 17.05.2010 muss ferner auch der Anwalt den (potentiellen) Mandanten gem. § 2 I Nr. 11 DL-InfoV vor Abschluss eines schriftlichen Mandatsvertrags oder vor Erbringung der Dienstleistung klar und verständlich über seine Berufshaftpflichtversicherung informieren, insbesondere über Namen und Anschrift des Versicherers und den räumlichen Geltungsbereich der Versicherung.[155]

104 Der Absicherung des Trennungsprinzips diente bis zur VVG-Reform auch das in den AVB regelmäßig verankerte Abtretungsverbot. Nach dem neu gefassten § 108 II kann die **Anspruchsabtretung** vom Versicherungsnehmer an den Geschädigten formularmäßig allerdings nicht mehr ausgeschlossen werden. Entsprechend sieht § 7 II AVB-RSW vor, dass der Freistellungsanspruch vor seiner endgültigen Feststellung ohne Zustimmung des Versicherers weder abgetreten noch verpfändet werden darf, eine Abtretung an den geschädigten Dritten aber zulässig ist. Der Rechtsanwalt kann grundsätzlich daher seinen Freistellungsanspruch an den geschädigten Mandanten abtreten. Durch den Übergang des Freistellungsanspruchs auf den Geschädigten wandelt sich dieser in einen Zahlungsanspruch gegen den Versicherer.[156] Flankierend zum Abtretungsverbot hat § 105 das frühere Anerkenntnis- und Befriedigungsverbot abgeschafft. Nunmehr hat der Versicherungsnehmer das Recht, einen gegen ihn erhobenen Haftpflichtanspruch anzuerkennen oder zu befriedigen, ohne dass dies als Obliegenheitsverletzung für den Versicherungsschutz schädlich ist. Dadurch kann der Rechtsanwalt die Fälligkeit des Freistellungsanspruchs bewirken. Allerdings sind für den Rechtsanwalt mit einem solchen Vorgehen erhebliche Risiken verbunden. Insbesondere besteht die Gefahr, dass der Versicherungsnehmer ohne Versicherungsschutz ist, wenn der Zessionar den Deckungsprozess verliert. Ein solches Vorgehen sollte daher auch aus Gründen der Mandatspflege nicht vorschnell erfolgen, sondern bedarf sorgfältiger Abwägung.

105 Besonderheiten gelten zudem aufgrund der **Bestimmungen zur Pflichtversicherung** in §§ 113 ff. Zunächst kann der Versicherer dem geschädigten Dritten gem. § 114 II 2 einen **Selbstbehalt** des Versicherungsnehmers nicht entgegenhalten. Der Selbstbehalt gilt nur im Innenverhältnis von Versicherer und Versicherungsnehmer, bei dem der Versicherer ggf. Rückgriff nehmen muss. Mit § 115 hat der Gesetzgeber zudem den aus der Kfz-Haftpflichtversicherung bekannten **Direktanspruch** gegen den Versicherer nunmehr generell für die Pflichtversicherung eingeführt. Hierdurch soll nach der Vorstellung des Gesetzgebers die Realisierung von Ersatzansprüchen auch in der Berufshaftpflichtversicherung erleichtert werden.[157] Allerdings ist der Direktanspruch auf bestimmte Fallkonstellationen beschränkt. Zurückzuführen ist dies auf die Intervention des Rechtsausschusses des Deutschen Bundestages, der eine unmittelbare Auseinandersetzung mit dem Geschädigten für den Versicherer, insbesondere für den Haftpflichtversicherer der rechts- und steuerberatenden Berufe, für nicht zumutbar hielt.[158] Ein Direktanspruch bleibt damit die seltene Ausnahme. Nach § 115 I 1 Nr. 2 und 3 setzt dieser voraus, dass über das Vermögen des Versicherungsnehmers das Insolvenzverfahren eröffnet, der Eröffnungsantrag mangels Masse abgewiesen, ein vorläufiger Insolvenzverwalter bestellt worden oder der Aufenthalt des Versicherungsnehmers unbekannt ist.

106 Nach § 117 I bleibt der **Versicherer gegenüber dem geschädigten Dritten zur Leistung verpflichtet,** auch wenn er im Innenverhältnis zum Versicherungsnehmer leistungsfrei ist. Das gilt gem. § 115 I 2 zunächst für den **Direktanspruch.** Liegen dessen Voraussetzungen nicht vor, kann der geschädigte Dritte aber wie sonst auch den **Freistellungsanspruch des Versicherungsnehmers** pfänden und sich überweisen lassen, nachdem er ein Urteil über den Haftungsanspruch erwirkt hat. Da die VVG-Reform die Rechtsstellung des Dritten verbessern, nicht aber verschlechtern wollte, lässt sich vertreten, dass § 117 auch in dieser Konstellation nach Sinn und Zweck jedenfalls analog anwendbar ist[159], aufgrund des Direktanspruchs dürfte ein entsprechendes praktisches Bedürfnis jedoch kaum bestehen. Die Regelung des § 117 dient dem Opferschutz im Fall des »**kranken« Versicherungsverhältnisses**, indem sie einen nicht vorhandenen Anspruch des Versicherungsnehmers fingiert.[160] Dies betrifft vor allem die (teilweise) Leistungsfreiheit des Versicherers wegen Obliegenheitsverletzung, Gefahrerhöhung oder Prämienverzug. Bei Nichtbestehen oder Beendigung des Versicherungsverhältnisses gilt die Nachhaftungsregelung des § 117 II. Zuständige Stelle in diesem Sinne ist nach § 51 VII

---

152 BK/*Baumann*, § 149 Rn. 148 f.
153 BGH VersR 2001, 90, 91.
154 Zum Rechtsweg bei verweigerter Auskunft VG Stuttgart BRAK-Mitt. 2008, 236; AGH Stuttgart BRAK-Mitt. 2008, 75.
155 Im Einzelnen *Bräuer* AnwBl 2010, 523; *Schons* AnwBl 2010, 419.
156 Vgl. BGH VersR 2016, 786.
157 Begr. RegE BT-Drucks. 16/3945 S. 88 f.
158 BT-Drucks. 16/5862 S. 99.
159 *Stobbe* AnwBl 2007, 853.
160 BGH VersR 1983, 688, 690.

BRAO die Rechtsanwaltskammer. Die Leistungspflicht des Versicherers gegenüber dem geschädigten Dritten besteht allerdings nach § 117 III 1 nur im Rahmen der vorgeschriebenen Mindestversicherungssumme und der von dem Versicherer übernommenen Gefahr. Es bleibt dem Versicherer also unbenommen, Einwendungen gegen seine Leistungspflicht aufgrund von Risikoausschlüssen und Risikobegrenzungen zu erheben.[161] Versagt ist es dem Versicherer nach § 121 jedoch, fällige (Prämien-)Forderungen gegen den Versicherungsnehmer gegen die Forderung des geschädigten Dritten aufzurechnen. Soweit der Versicherer den geschädigten Dritten befriedigt, geht die Haftpflichtforderung des geschädigten Dritten auf den Versicherer gem. § 117 V 1 über. Dieser kann dann beim Versicherungsnehmer Regress nehmen.

Mit dem erweiterten Geschädigtenschutz korrespondieren eigene **Obliegenheiten des geschädigten Dritten**. 107
Nach § 119 I hat auch der Dritte ein Schadensereignis, aus dem er einen Anspruch gegen den Versicherungsnehmer oder nach § 115 I gegen den Versicherer herleiten will, dem Versicherer innerhalb von zwei Wochen in Textform anzuzeigen. Die gerichtliche Geltendmachung hat er dem Versicherer unverzüglich anzuzeigen (§ 119 II). Der Versicherer kann zudem von dem Dritten Auskunft und Belege verlangen, soweit dies zur Feststellung des Schadensereignisses und der Höhe des Schadens erforderlich ist (§ 119 II). Die schuldhafte Obliegenheitsverletzung des geschädigten Dritten wird nach Maßgabe von § 120 sanktioniert.[162]

III. Besonderheiten der Berufshaftpflichtversicherung für Steuerberater, Wirtschaftsprüfer, Notare und bei interprofessioneller Zusammenarbeit

1. Berufshaftpflichtversicherung für Steuerberater und Wirtschaftsprüfer

Steuerberater und Wirtschaftsprüfer sind aus den gleichen Erwägungen wie Rechtsanwälte verpflichtet, eine 108 Berufshaftpflichtversicherung zu unterhalten. Auch deren Ausgestaltung folgt weitgehend dem Versicherungsschutz der Anwälte, angepasst an die Spezifika der Berufsgruppen durch die **Besonderen Bedingungen und Risikobeschreibungen für Steuerberater (BBR-S) und für Wirtschaftsprüfer und vereidigte Buchprüfer (BBR-W)**.

Die **Versicherungspflicht der selbstständigen Steuerberater und Steuerberatungsgesellschaften** regeln 109 §§ 67, 72 I StBerG i.V.m. §§ 51 ff. DVStB. Anders als bei den Rechtsanwälten unterliegen freie Mitarbeiter und Angestellte grundsätzlich keiner eigenen Versicherungspflicht (vgl. § 51 II, III DVStB).

Gegenstand des Versicherungsschutzes ist die **berufliche Tätigkeit des Steuerberaters**. Versichert ist zunächst 110 der Hauptaufgabenkreis des Steuerberaters, die Hilfeleistung in Steuersachen, nach Maßgabe von § 33 StBerG. Darüber hinaus regelt § 57 III StBerG, welche Tätigkeiten mit dem Beruf eines Steuerberaters vereinbar sind. Versicherungspflichtig sind von diesen Tätigkeiten gem. § 51 I 1 DVStB nur die freiberufliche Tätigkeit, welche die Wahrnehmung fremder Interessen einschließlich der Beratung zum Gegenstand hat (§ 57 III Ziff. 2 StBerG), und die wirtschaftsberatende, gutachtliche oder treuhänderische Tätigkeit sowie die Erteilung von Bescheinigungen über die Beachtung steuerrechtlicher Vorschriften in Vermögensübersichten und Erfolgsrechnungen (§ 57 III Ziff. 3 StBerG). Die Risikobeschreibung in Ziff. B der BBR-S geht allerdings über diesen Mindestumfang hinaus und präzisiert den gesetzlichen Tätigkeitskatalog durch verschiedene Beispiele. Für die Versicherung anderer Tätigkeiten muss sich der Steuerberater um eine Zusatzdeckung bemühen. Dies gilt beispielsweise, sofern der Steuerberater in Fragen der individuellen Vermögens- und Altersvorsorgeberatung tätig wird.[163]

Selbstständige Wirtschaftsprüfer und Wirtschaftsprüfungsgesellschaften sind nach § 54 I 1, III WPO 111 i.V.m. der Wirtschaftsprüfer-Berufshaftpflichtversicherungsverordnung (WPBHV) verpflichtet, eine Berufshaftpflichtversicherung zur Deckung der sich aus ihrer Berufstätigkeit ergebenen Haftpflichtgefahren für Vermögensschäden zu unterhalten. Gesetzlich ist die **Tätigkeit der Wirtschaftsprüfer** in § 2 WPO bestimmt. Den Umfang des Versicherungsschutzes regelt Ziff. B der BBR-W. Erfasst und beispielhaft näher erläutert sind die Durchführung betriebswirtschaftlicher Prüfungen, die Beratung und Vertretung in Steuersachen, Tätigkeiten, welche die Beratung und Wahrung fremder Interessen in wirtschaftlichen Angelegenheiten zum Gegenstand haben, die Tätigkeit als nicht geschäftsführender Treuhänder und die berufsübliche Erstattung von Gutachten.

Nach Ziff. B. IV der BBR-S und Ziff. B. III der BBR-W erstreckt sich der Versicherungsschutz auch auf die **Be-** 112 **sorgung sonstiger fremder Rechtsangelegenheiten**, soweit die Grenzen der erlaubten Tätigkeit nicht bewusst überschritten werden (§ 5 RDG). Dies trägt dem Umstand Rechnung, dass Steuerberater und Wirtschaftsprüfer üblicherweise auch fremde Rechtsangelegenheiten im zulässigen Umfang besorgen. Der Versicherungsschutz auch für die objektiv unzulässige Rechtsberatung schützt den Berufsträger, wenn dieser fahrlässig die Grenzen der zulässigen Nebentätigkeit überschreitet. Nicht versichert ist nach Wortlaut und Sinn und Zweck mithin allein der vorsätzliche Verstoß.[164]

---

161 *Chab* AnwBl 2008, 63.
162 OLG Karlsruhe r+s 2010, 372, 373.
163 Dazu *Farkas-Richling* VersR 2006, 907; *Hartmann/Laufenberg* DStR 2009, 244.
164 VersHb/*v. Rintelen*, § 26 Rn. 281; vgl. auch *Uckermann/Pradl* BB 2009, 1892 zur unerlaubten Rechtsberatung eines Steuerberaters im Rahmen der betrieblichen Altersversorgung.

Anhang B Berufshaftpflichtversicherung für Rechtsanwälte, Steuerberater u.a.

113 Welche **Personen mitversichert** sind, ergibt sich aus den Besonderen Bedingungen in Ziff. A. 1 BBR-S sowie Ziff. A. 1 BBR-W. Nach Ziff. A. 1 BBR-S sind der allgemeine Vertreter (§ 69 StBerG), der Praxisabwickler (§ 70 StBerG) oder der Praxistreuhänder (§ 71 StBerG) für die Dauer ihrer Bestellung sowie Vertreter i.S.v. § 145 StBerG mitversichert, soweit sie unter einer eigenen Haftpflichtversicherung keine Deckung erhalten. Ferner mitversichert sind als freie Mitarbeiter tätige selbstständige Steuerberater und Steuerbevollmächtigte für sich aus der freien Mitarbeit und aus § 63 StBerG ergebende Haftpflichtgefahren, es sei denn, sie betreuen auch eigene Mandate. Gleiches gilt für angestellte Steuerberater und Steuerbevollmächtigte (vgl. § 51 II, III DVStB). Über die Berufshaftpflichtversicherung des Wirtschaftsprüfers ist – ebenfalls nur subsidiär – ein gem. § 121 WPO bestellter Vertreter mitversichert.

114 Die **Deckungsausschlüsse** finden sich ergänzend zu § 4 AVB-RSW in den Besonderen Bedingungen in Ziff. A. 4 BBR-S und Ziff. A. 5 BBR-W. Dort besonders und teilweise abweichend von der Berufshaftpflichtversicherung der Rechtsanwälte geregelt sind die Ausschlüsse von Haftpflichtansprüchen mit Auslandbezug, von Veruntreuungsschäden und von Haftpflichtansprüchen aus unternehmerischem Risiko.

115 Unterschiedliche Vorgaben gelten für **Mindestversicherungssumme und Selbstbehalt**. Wie für Rechtsanwälte muss die Mindestversicherungssumme auch für **Steuerberater** nach § 52 DVStB für den einzelnen Versicherungsfall € 250.000 und die Jahreshöchstleistung mindestens € 1.000.000 betragen. Ein Selbstbehalt von € 1.500 ist zulässig, es sei denn, dass bei Geltendmachung des Schadens durch einen Dritten die Bestellung des Steuerberaters oder Steuerbevollmächtigten oder die Anerkennung der Steuerberatungsgesellschaft erloschen ist. Bei der PartGmbB beträgt die Mindestversicherungssumme gem. § 67 II StBerG und § 52 IV DVStB € 1.000.000; sie kann für alle innerhalb eines Versicherungsjahres verursachten Schäden auf den Betrag der Mindestversicherungssumme vervielfacht mit der Zahl der Partner, mindestens jedoch € 4.000.000 begrenzt werden. Für **Wirtschaftsprüfer** verweist § 54 I 2 WPO für die Mindestversicherungssumme auf § 323 II 1 HGB. Sie beträgt damit derzeit € 1.000.000 für jeden einzelnen Versicherungsfall. Im Pflichtversicherungsbereich gilt eine uneingeschränkte Jahreshöchstleistung. Ein Selbstbehalt ist bis zu 1 % der Mindestversicherungssumme zulässig (§ 2 II WPBHV). Die Besonderen Bedingungen sehen in Ziff. A. 4 BBR-W einen gestaffelten Selbstbehalt von mindestens € 250 und höchstens € 1.500 vor. Die Mindestversicherungssumme ändert sich bei der PartGmbB von Wirtschaftsprüfern nicht und beträgt auch dann € 1.000.000 mit unbeschränkter Jahreshöchstleistung.

2. Berufshaftpflichtversicherung für Notare

116 Den Berufshaftpflichtversicherungsschutz der Notare kennzeichnet ein von der Berufshaftpflichtversicherung der Rechtsanwälte, Steuerberater und Wirtschaftsprüfer **abweichendes System**, das auf dem Zusammenspiel verschiedener Versicherungsverträge beruht: der individuellen Pflichtversicherung nach § 19a BNotO, einer freiwilligen Anschlussversicherung sowie der durch die Notarkammern nach § 67 BNotO abzuschließenden ergänzenden Versicherungen.

117 § 19a I 1, II BNotO verpflichtet den Notar, eine **Berufshaftpflichtversicherung** zur Deckung der Haftpflichtgefahren für Vermögensschäden **wegen fahrlässiger Amtspflichtverletzungen** abzuschließen und für die Dauer der Bestellung zu unterhalten. Der Versicherungsschutz muss sich sowohl auf die eigene Berufstätigkeit als auch auf die Tätigkeit von Personen erstrecken, für die der Notar haftet. Das betrifft den amtlich bestellten Vertreter (vgl. § 46 BNotO), soweit dieser nicht – wie der Rechtsanwalt als Notarvertreter – über seine eigene Berufshaftpflichtversicherung versichert ist.[165] Gleiches gilt für Notariatsangestellte, sofern sie in Notariatssachen als Vollzugsbevollmächtigte der Beteiligten auftreten. Verstößt der Notar gegen seine Versicherungspflicht, ist die Bestellung nach § 6a BNotO zu versagen oder der Notar nach § 50 I Ziff. 10 BNotO seines Amtes zu entheben.

118 Versicherungspflichtig ist die gesetzlich in § 1 BNotO definierte **Berufstätigkeit des Notars**, d.h. die Beurkundung von Rechtsvorgängen und anderen Aufgaben auf dem Gebiet der vorsorgenden Rechtspflege. Hierüber gehen die AVB allerdings regelmäßig hinaus und erfassen auch die Tätigkeiten nach § 23 BNotO, Ansprüche wegen Fehlverfügungen und bestimmte Nebentätigkeiten.

119 Die zulässigen **Deckungsausschlüsse** gibt § 19a II NotO vor. Es handelt sich zum einen um Ersatzansprüche wegen **wissentlicher Pflichtverletzung**, die der Vertrauensschadenversicherung unterliegen (Ziff. 1). Ein Ausschluss wegen wissentlicher Pflichtverletzung liegt beispielsweise im Falle eines Verstoßes des Notars gegen seine Pflicht zur Prüfung der Auszahlungsvoraussetzungen und des Auszahlungsbetrages bei der Abwicklung eines Kaufvertrages über ein Notaranderkonto vor, sofern er den Überweisungsträger blanko unterschreibt und es der Bank überlässt, den konkreten Auszahlungsbetrag zu bestimmen.[166] Ist streitig, ob eine wissentliche Pflichtverletzung vorliegt und lehnt der Berufshaftpflichtversicherer deshalb den Versicherungsschutz ab, hat er gleichwohl gem. § 19a II 2 BNotO bis zur Höhe der Mindestversicherungssumme aus der Vertrauensschadenhaftpflichtversicherung vorzuleisten.[167] Ein Streit zwischen Anspruchsteller und Berufshaftpflichtver-

---

165 Siehe oben Rdn. 22.
166 OLG Bremen, Urt. v. 20. November 2014, 3 U 17/14.
167 Vgl. BGH, Urt. v. 20. Juli 2011, IV ZR 75/09; Urt. v. 20. Juli 2011, IV ZR 180/10.

sicherer über die wissentliche Pflichtverletzung ist jedoch nicht Voraussetzung für den Vorleistungsanspruch. Entscheidend ist allein, dass der Berufshaftpflichtversicherer unter Berufung auf eine wissentliche Pflichtverletzung die Regulierung verweigert, gegen das Bestehen des Deckungsanspruchs aus dem Versicherungsvertrag aber keine weiteren Einwände erhebt.[168] Als Ausgleich für die Vorleistungspflicht ordnet § 67 III Ziff. 3 BNotO einen Übergang des Haftpflichtanspruchs auf den Berufshaftpflichtversicherer an. Der nach § 19a II 2 BnotO vorleistende Berufshaftpflichtversicherer kann seine Aufwendungen im Falle wissentlicher Pflichtverletzung des Notars gem. § 19a II 4 BNtO nur vom Vertrauensschadenversicherer, jedoch nicht von der Notarkammer ersetzt verlangen.[169] Des Weiteren können Ersatzansprüche aus der Tätigkeit im Zusammenhang mit der **Beratung über außereuropäisches Recht** vom Versicherungsschutz ausgeschlossen werden, es sei denn, die Amtspflichtverletzung besteht darin, dass der Notar die Möglichkeit der Anwendbarkeit des außereuropäischen Rechts übersehen hat (Ziff. 2). Die Versicherer bieten allerdings erweiternde Deckungseinschlüsse an. Zulässig ist schließlich auch der Ausschluss von Ersatzansprüchen wegen **Veruntreuung durch Personal des Notars**, soweit nicht der Notar wegen fahrlässiger Verletzung seiner Amtspflicht zur Überwachung des Personals haftet (Ziff. 3).

Die **Mindestversicherungssumme** beträgt nach § 19a III 1 BNotO € 500.000 für jeden Versicherungsfall. Die Jahreshöchstleistung darf gem. § 19a III 2 BNotO auf € 1.000.000 begrenzt werden. Der **Selbstbehalt** darf bis zu 1 % der Mindestversicherungssumme betragen (§ 19a IV BNotO). Wie in der Berufshaftpflichtversicherung der Rechtsanwälte, Steuerberater und Wirtschaftsprüfer ist **Versicherungsfall der Verstoß**. Nach § 19a III 4 BNotO ist eine **Serienschadenklausel** zulässig, nach der sämtliche Pflichtverletzungen bei der Erledigung eines einheitlichen Amtsgeschäftes als ein Versicherungsfall gelten. **120**

Ergänzt wird die individuelle Pflichtversicherung nach § 19a BNotO durch eine von der Notarkammer abgeschlossene **Gruppenanschlussversicherung** und eine **Vertrauensschadenversicherung**. Dies beruht auf der Versicherungspflicht gem. § 67 III Ziff. 3 BNotO. Danach hat die Notarkammer Versicherungsverträge abzuschließen, um auch Gefahren aus solchen Pflichtverletzungen zu versichern, die nicht durch die individuelle Pflichtversicherung abgedeckt sind, weil die durch sie verursachten Vermögensschäden die Deckungssummen übersteigen oder weil sie als vorsätzliche Handlungen vom Versicherungsschutz ausgenommen sind. Entsprechend § 67 III Ziff. 3 Satz 2 BNotO sieht die Gruppenanschlussversicherung eine weitere Versicherungssumme von € 500.000 für Pflichtverletzungen vor, für die die individuelle Pflichtversicherung nicht ausreicht. Als weitere Ergänzung deckt die Vertrauensschadenversicherung nach § 19a II Ziff. 1 BNotO vom Versicherungsschutz der individuellen Pflichtversicherung ausgeschlossene wissentliche Pflichtverletzungen mit einer Versicherungssumme je Notar und je Versicherungsfall von mindestens € 250.000. Zur Vermeidung schuldhafter Versäumung einer Schadenmeldefrist ist die Meldung durch den Geschädigten bereits dann geboten, wenn ihm Erkenntnisse vorliegen, nach denen für den konkreten Schaden die ernsthafte Möglichkeit eines Vertrauensschadensfalles im Raum steht.[170] Die in § 4 Ziff. 2 der Bedingungen der Vertrauensschadenversicherungsverträge der Notarkammern für die Geltendmachung von Schäden bestimmte Ausschlussfrist von vier Jahren ist wirksam; auf eine Fristversäumnis kann sich der Versicherer jedoch nicht berufen, wenn diese unverschuldet ist.[171] Darüber hinaus unterhalten die Notarkammern auf freiwilliger Basis einen **Vertrauensschadenfonds** als Einrichtung im Sinne von § 67 IV Ziff. 3 BNotO. Aus diesem werden satzungsgemäß Zahlungen bei Schäden durch vorsätzliche Handlungen eines Notars ermöglicht, wenn nach der Vertrauensschadenversicherung kein Versicherungsschutz besteht. **121**

Über den Pflichtversicherungsschutz hinaus hat der Notar die Möglichkeit, weitergehenden Versicherungsschutz durch eine **Anschlussversicherung** zu vereinbaren. Diese Anschlussversicherung unterliegt dann nicht den Vorgaben des § 19a NotO zur Pflichtversicherung. **122**

3. Berufshaftpflichtversicherungsschutz bei interprofessioneller Sozietät/Mehrfachqualifikation

Eine versicherungsrechtliche Sonderstellung nehmen interprofessionelle Sozietäten und Berufsträger mit Mehrfachqualifikation ein. Der Versicherungsschutz muss bei diesen den **Anforderungen der einzelnen Berufsgruppen** genügen. Zur Risikoabdeckung gibt es in der Praxis dafür zwei Möglichkeiten: entweder **Einzelverträge**, die den besonderen Anforderungen der Sozietät angepasst sind, oder ein **Gesamtvertrag**, der für alle Sozien gilt. Unabhängig davon erfordert es die interprofessionelle Zusammenarbeit, dass sich die Sozietät sämtlichen gesetzlichen Vorgaben der entsprechenden Berufsrechte unterwirft. Allerdings erkennt § 54 DVStB die Vorgaben der WPBHV und der §§ 51, 59j BRAO als ausreichend an, sofern der Versicherungsvertrag die Voraussetzungen der §§ 52 bis 53a DVStB erfüllt. Im Übrigen gilt das **Prinzip des »maximalen Versicherungsschutzes«**.[172] Dies betrifft neben den Versicherungsbedingungen insbesondere die Versicherungssumme. Für die Zusammenarbeit mit Wirtschaftsprüfern wurde die entsprechende Regelung in § 44b IV WPO al- **123**

---

168 BGH VersR 2014, 947.
169 BGH, Urt. v. 20. Juli 2011, IV ZR 131/09.
170 BGH VersR 2014, 951.
171 BGH, Urt. v. 20. Juli 2011, IV ZR 131/09.
172 Vgl. BT-Drucks. 17/13944 S. 15.

Anhang B Berufshaftpflichtversicherung für Rechtsanwälte, Steuerberater u.a.

lerdings zum 01.01.2004 formal entschärft. Während Wirtschaftsprüfer ihren Beruf in Sozietäten zuvor nur ausüben durften, wenn alle Mitglieder der Sozietät eine der WPBHV genügende Berufshaftpflichtversicherung unterhielten und dies der Wirtschaftsprüferkammer unverzüglich nachgewiesen wurde, greift § 44b IV WPO seit seiner Neufassung nicht mehr in die Pflichtversicherungsbestimmungen der anderen sozietätsfähigen Berufe ein und verlangt keinen Nachweis der ordnungsgemäßen Versicherung der Sozii mehr. Nachweisen müssen die Wirtschaftsprüfer-Sozii jetzt lediglich, dass ihnen auch bei gesamtschuldnerischer Inanspruchnahme der nach § 54 WPO vorgeschriebene Versicherungsschutz für jeden Versicherungsfall uneingeschränkt zur Verfügung steht. In praxi besteht regelmäßig die Notwendigkeit fort, für alle sozietätsfähigen Berufe gleichen Versicherungsschutz zumindest in Höhe der Mindestversicherungssumme der Wirtschaftsprüfer zu unterhalten.

Anhang C
D&O-Versicherung und Persönliche Selbstbehaltsversicherung

Übersicht

	Rdn.		Rdn.
A. D&O-Versicherung	1	f) Ziffer 5.6 AVB-AVG	147
I. Einleitung	1	g) Ziffer 5.7 AVB-AVG	148
II. Rechtsgrundlagen	8	h) Ziffer 5.8 AVB-AVG	149
III. Risikosituation	13	i) Ziffer 5.9 AVB-AVG	150
1. Haftung von Organmitgliedern	14	j) Ziffer 5.10 AVB-AVG	151
2. Inanspruchnahme von Organmitgliedern	26	k) Ziffer 5.11 AVB-AVG	152
		l) Ziffer 5.12 AVB-AVG	153
3. Entwicklung der Schadensfälle	28	m) Ziffer 5.13 AVB-AVG	154
IV. Haftpflichtversicherung für fremde Rechnung	34	n) Ziffer 5.14 AVB-AVG	155
		o) Ziffer 5.15 AVB-AVG	156
1. Rechtsverhältnisse in der D&O-Versicherung	34	p) Ziffer 5.16 AVB-AVG	157
		q) Ziffer 5.17 AVB-AVG	158
2. Zulässigkeit der D&O-Versicherung	42	r) Ziffer 5.18 AVB-AVG	159
3. Natur der D&O-Versicherung	45	6. Anderweitige Versicherungen	160
4. Rechte aus dem Versicherungsvertrag	49	7. Anzeigepflichten, Gefahrerhöhung, andere Obliegenheiten	160
5. Wissenszurechnung	57	8. Rechtsfolgen bei Verletzung von Obliegenheiten	160
V. Inanspruchnahmeprinzip (Claims made-Prinzip)	64	9. Vertragsdauer, Kündigung, Erlöschen des Vertrages	160
VI. AVB-AVG	70	10. Versicherung für fremde Rechnung, Abtretung des Versicherungsanspruches	161
1. Versicherungsgegenstand	71		
a) Versicherungsnehmerin	71		
b) Tochterunternehmen	73		
c) Versicherte Personen	75	11. Risikoinformationen	162
d) Pflichtverletzung bei Ausübung einer versicherten Tätigkeit	80	12. Beitrag	162
		13. Gerichtsstand und anzuwendendes Recht	162
e) Gesetzliche Haftpflichtbestimmungen	84	B. Selbstbehaltsversicherung	163
f) Vermögensschaden	85	I. Einleitung	163
g) Außenhaftung und Innenhaftung	88	II. Rechtsgrundlagen	165
h) Freistellung durch die Gesellschaft (Company Reimbursement)	89	III. Risikosituation	168
		1. Vereinbarung des Selbstbehalts im Unternehmensversicherungsvertrag	168
2. Versicherungsfall (Claims-made-Prinzip)	90	2. Geltung des § 93 II 3 AktG	172
3. Rückwärtsdeckung, Nachmeldefrist, Meldung von Umständen, Insolvenz	95	a) Zeitlicher Anwendungsbereich	172
		b) Sachlicher Anwendungsbereich	174
a) Pflichtverletzungen während der Versicherungsdauer	96	aa) Versicherung	174
		bb) Gesellschaftsform	175
b) Rückwärtsversicherung für vorvertragliche Pflichtverletzungen	98	cc) Organfunktion	177
		dd) Schaden	179
c) Nachhaftung	102	3. Höhe des Selbstbehalts	182
d) Umstandsmeldung	106	a) Mindesthöhe	182
e) Insolvenzreife	107	b) Mindestobergrenze	183
4. Sachlicher Umfang des Versicherungsschutzes	111	c) Serienschaden	185
		d) Gesamtschuldnerische Haftung	186
a) Abwehr unbegründeter Schadensersatzansprüche	111	4. Selbstbehalt in der D&O-Versicherung	187
		IV. Zulässigkeit der Selbstbehaltsversicherung	189
b) Prozessführung	116	V. Selbstbehaltsversicherungsmodelle	190
c) Freistellung von berechtigten Schadensersatzverpflichtungen	121	1. Absicherung des Selbstbehalts	190
		2. Akzessorietät oder Unabhängigkeit der Selbstbehaltsversicherung	193
d) Zahlungsanspruch	125	a) Akzessorische Selbstbehaltsversicherung	194
e) Versicherungssumme	127		
f) Selbstbehalt	130	b) Unabhängige Selbstbehaltsversicherung	195
g) Serienschadenklausel	133		
5. Ausschlüsse	136	3. Begrenzung der Kapazität	196
a) Ziffer 5.1 AVB-AVG	137	VI. Kommentierung der Musterbedingungen des GDV	199
b) Ziffer 5.2 AVB-AVG	143		
c) Ziffer 5.3 AVB-AVG	144		
d) Ziffer 5.4 AVB-AVG	145		
e) Ziffer 5.5 AVB-AVG	146		

Anhang C D&O-Versicherung und Persönliche Selbstbehaltsversicherung

A. D&O-Versicherung
Schrifttum:
Armbrüster, Interessenkonflikte in der D&O-Versicherung, NJW 2016, 897; *ders.*, Verteilung nicht ausreichender Versicherungssummen in D&O-Innenhaftungsfällen, VersR 2014, 1; *ders.*, Auswirkungen von Versicherungsschutz auf die Haftung, NJW 2009, 188; *ders.*, Prozessuale Besonderheiten in der Haftpflichtversicherung, r+s 2010, 441; *Bank*, D&O-Versicherer: Neue Situation durch Subprime-Krise und VVG-Reform, VW 2008, 730; *Baumann*, Versicherungsfall und zeitliche Abgrenzung des Versicherungsschutzes in der D&O-Versicherung, NZG 2010, 1366; *ders.*, AGB-rechtliche Inhaltskontrollfreiheit des Claims-made-Prinzips?, VersR 2012, 1461; *ders.*, Aktienrechtliche Managerhaftung, D&O-Versicherung und »angemessener Selbstbehalt«, VersR 2006, 455; *Beckmann*, Einschränkungen der Innenhaftungsdeckung bei der D&O-Versicherung, in: FS Kollhosser, 2004, S. 25; *Böttcher*, Direktanspruch gegen den D&O-Versicherer – Neue Spielregeln im Managerhaftungsprozess?, NZG 2008, 645; *Dreher*, Der Abschluss von D&O-Versicherungen und die aktienrechtliche Zuständigkeitsordnung, ZHR 165 (2001), 293; *ders.*, Die Rechtsnatur der D&O-Versicherung, DB 2005, 1669; *ders.*, Versicherungsschutz für die Verletzung von Kartellrecht oder von Unternehmensinnenrecht in der D&O-Versicherung und Ausschluss vorsätzlicher oder wissentlicher Pflichtverletzungen, VersR 2015, 781; *Dreher/Thomas*, Die D&O-Versicherung nach der VVG-Novelle 2008, ZGR 2009, 31; *Dreher/Görner*, Der angemessene Selbstbehalt in der D&O-Versicherung, ZIP 2003, 2321; *Feddersen*, Neue gesetzliche Anforderungen an den Aufsichtsrat, AG 2000, 385; *Fleischer*, Handbuch des Vorstandsrechts, 2006, D&O-Versicherung, § 12; *ders.*, Haftungsfreistellung, Prozesskostenersatz und Versicherung für Vorstandsmitglieder, WM 2005, 909; *Graf von Westphalen*, Drum besser wär's, wenn nichts geschähe, VW 2003, 514; *ders.*, Ausgewählte neuere Entwicklungen in der D&O-Versicherung, VersR 2006, 17; *Gran*, D&O-Versicherung in Deutschland und in den USA, DAJV-NL 2005, 6; *Grooterhorst/Looman*, Rechtsfolgen der Abtretung des Freistellungsanspruchs gegen den Versicherer im Rahmen der D&O-Versicherung, NZG 2015, 215; *Grote/Schneider*, VVG 2008: Das neue Versicherungsvertragsrecht, BB 2007, 2689; *Gruber/Mitterlechner/Wax*, D&O-Versicherung mit internationalen Bezügen, 2012; *Habetha*, Direktorenhaftung und gesellschaftsfinanzierte Haftpflichtversicherung, 1995; *Hanau*, Rückwirkungen der Haftpflichtversicherung auf die Haftung: Das Beispiel der Innenhaftung leitender Angestellter unter D&O-Versicherung, in: FS Lorenz, 2004, S. 283; *Hansen*, Wissentliche Pflichtverletzung in der D&O, VW 2006, 313; *Henssler*, Tagungsband zum RWS-Forum Gesellschaftsrecht 2001, D&O-Versicherung in Deutschland, S. 131; *Heße*, Das Anspruchserhebungsprinzip in den Allgemeinen Versicherungsbedingungen von D&O-Versicherungsverträgen und das Recht der Allgemeinen Geschäftsbedingungen, NZI 2009, 790; *Hösker*, Maklerbedingungen und AGB-Recht, VersR 2011, 29; *Ihlas*, D&O Directors & Officers Liability, 2. Auflage 2009; *ders.*, Im D&O-Markt nehmen die Ausschlüsse zu, VW 2004, 395; *ders*, Reform der Organhaftung? Anmerkung zur Diskussion und zu den Beschlüssen der Abteilung Wirtschaftsrecht des 70. Deutschen Juristentages (Teil 1), PHi 2015, 2; *ders.*, Reform der Organhaftung? Anmerkung zur Diskussion und zu den Beschlüssen der Abteilung Wirtschaftsrecht des 70. Deutschen Juristentages (Teil 2), PHi 2015, 66; *Ihlas/Stute*, D&O-Versicherung für das Innenverhältnis dargestellt an Ziffer 1.3 der AVB AVG des unverbindlichen GDV-Modells, PHi-Sonderheft D&O 2003; *Ingwersen*, Die Stellung des Versicherungsnehmers bei Innenhaftungsfällen in der D&O-Versicherung, 2011; *Kästner*, Aktienrechtliche Probleme der D&O-Versicherung, AG 2000, 113; *Kelch*, Der Versicherungsfall in der Haftpflichtversicherung oder warum eigentlich nicht Claims-made?, VW 1998, 677; *Kiethe*, Persönliche Haftung von Organen der AG und der GmbH – Risikovermeidung durch D&O-Versicherung?, BB 2003, 537; *Koch*, Die Rechtsstellung der Gesellschaft und des Organmitglieds in der D&O-Versicherung (I), GmbHR 2004, 18; *ders.*, Die Rechtsstellung der Gesellschaft und des Organmitglieds in der D&O-Versicherung (II), GmbHR 2004, 160; *ders.*, Die Rechtsstellung der Gesellschaft und des Organmitglieds in der D&O-Versicherung (III), GmbHR 2004, 288; *ders.*, Aktuelle und zukünftige Entwicklungen in der D&O-Versicherung, WM 2007, 2173; *ders.*, VVG-Reform: Zu den Folgen der Untersagung des Anerkenntnis- und Abtretungsverbots in der Haftpflichtversicherung, in: liber amicorum für Winter, 2007, S. 345; *ders.*; Das Claims-made-Prinzip in der D&O-Versicherung auf dem Prüfstand der AGB-Inhaltskontrolle, VersR 2011, 295; *Kort*, Voraussetzungen der Zulässigkeit einer D&O-Versicherung von Organmitgliedern, DStR 2006, 799; *Krüger*, Nichtigkeit des D&O-Versicherungsvertrages bei fehlender Genehmigung durch die Hauptversammlung, NVersZ 2001, 8; *Krupp*, Erfahrungen aus der D&O-Schadensregulierungspraxis, VersPrax 2003, 22; *Kuthe*, BB-Gesetzgebungsreport: Die Fortsetzung der Aktienrechtsreform durch den Entwurf eines Gesetzes zur Unternehmensintegrität und Modernisierung des Anfechtungsrechts, BB 2004, 449; *Lange*, Handbuch D&O-Versicherung und Managerhaftung, 2014; *ders.* in: Veith/Gräfe/Gebert, Versicherungsprozess, 3. Auflage 2016, § 21 D&O-Versicherung; *ders.*, Zulässigkeitsvoraussetzungen einer gesellschaftsfinanzierten Aufsichtsrats-D&O-Versicherung, ZIP 2001, 1524; *ders.*, Die Eigenschadenklausel in der D&O-Versicherung, ZIP 2003, 466; *ders.*, Die D&O-Versicherungsverschaffungsklausel im Manageranstellungsvertrag, ZIP 2004, 2221; *ders.*, Praxisfragen der D&O-Versicherung (Teil I), DStR 2002, 1626; *ders.*, Praxisfragen der D&O-Versicherung (Teil III), DStR 2002, 1674; *ders.*, Die Serienschadensklausel in der D&O-Versicherung, VersR 2004, 563; *ders.*, Die vorvertragliche Anzeigepflicht in der D&O-Versicherung, VersR 2006, 605; *ders.*, Das Anerkenntnisverbot vor und nach der VVG-Reform, VersR 2006, 1313; *ders.*, Die Prozessführungsbefugnis der Versicherungsnehmerin einer D&O-Versicherung, VersR 2007, 893; *ders.*, Der Versicherungsfall der D&O-Versicherung, r+s 2006, 177; *ders.*, Das Zusammenspiel von Anerkenntnis und Abtretung in der Haftpflichtversicherung nach der VVG-Reform, r+s 2007, 401; *ders.*, Die Company-Reimbursement-Klausel in der D&O-Versicherung, VersR 2011, 429; *ders.*, Die verbrauchte Versicherungssumme in der D&O-Versicherung, VersR 2014, 1413; *Langheid*, Tücken in den §§ 100 ff. VVG-RegE, VersR 2007, 865; *ders.*, Ausweg aus der Anerkenntnis- und Abtretungsfalle, in: liber amicorum für Winter, 2007, S. 367; *Langheid/Grote*, Deckungsfragen der D&O-Versicherung, VersR 2005, 1165; *Lattwein*, Quo vadis D&O? – Status der Diskussionen über die Bedingungen, NVersZ 1999, 49; *Mahncke*, Der Ausschluss vorsätzlichen Verhaltens versicherter Personen in der D&O-Versicherung, ZfV 2006, 540; *Mertens*, Bedarf der Abschluss einer D&O-Versicherung durch die Aktiengesellschaft der Zustimmung der Hauptversammlung?, AG 2000, 447; *Messmer*, Corporate Governance und D&O-Versicherung, VW 2002, 1384; *Notthoff*, Rechtliche Fragestellungen im Zusammenhang mit dem Ab-

schluss einer Director's & Officer's-Versicherung, NJW 2003, 1350; *Olbrich,* Die D&O-Versicherung, 2. Auflage 2007; *Osswald,* Die D&O-Versicherung beim Unternehmenskauf, 2009; *Pammler,* Die gesellschaftsfinanzierte D&O-Versicherung im Spannungsfeld des Aktienrechts, 2006; *Pataki,* Der Versicherungsfall in der Haftpflichtversicherung, VersR 2004, 835; *Peltzer,* Die deutsche D&O-Versicherung und ihr (noch operabler) Geburtsfehler, in: FS P. Westermann 2008, S. 1257; *Penner,* Tod eines Wiedergängers? Vorsätzliche contra wissentliche Pflichtverletzung in der D&O-Versicherung, VersR 2005, 1359; *Ruttmann,* Die Versicherbarkeit von Geldstrafen, Geldbußen, Strafschadensersatz und Regressansprüchen von Unternehmen in der D&O-Versicherung, 2014; *Ries/Peiniger,* Haftung und Versicherung von Managern, 3. Aufl. 2015; *Schaloske,* Das Recht der so genannten offenen Mitversicherung, 2007; *Schilling,* D&O-Versicherung und Managerhaftung, VersSchutz, S. 19; *Schillinger,* Die Entwicklung der D&O-Versicherung und der Managerhaftung in Deutschland – von der Versicherungsutopie zu den Auswirkungen des UMAG, VersR 2005, 1484; *Schimikowski,* Claims-made – ein geeignetes Prinzip für Haftpflichtversicherungen im Heilwesenbereich, VersR 2010, 1533; *Schmitt,* Organhaftung und D&O-Versicherung, 2007; *Schramm,* Das Anspruchserhebungsprinzip, 2009; *dies.,* Grenzen der Abtretung bei der D&O-Versicherung im Licht des neuen VVG, PHi 2008, 24; *dies.,* Claims Made mit deutschen AGB vereinbar, VW 2008, 2071; *Schüppen/Sanna,* D&O-Versicherungen – Gute und schlechte Nachrichten!, ZIP 2002, 550; *Seitz,* Vorsatzausschluss in der D&O-Versicherung – endlich Licht im Dunkeln!, VersR 2007, 1476; *Sieg,* § 15 D&O-Versicherung des Managers, in: Krieger/Schneider, Handbuch Managerhaftung, 2. Aufl. 2010; *Sieg/Schramm,* D&O-Berufshaftpflicht, PHi 2007, 172; *Steinkühler,* D&O: Ein Mehr an Deckungsschutz kann auch nachteilig sein, VW 2009, 94; *Steinkühler/Kassing,* Das Claims-Made-Prinzip in der D&O-Versicherung und die Auslegung der Begriffe Anspruchs- sowie Klageerhebung, VersR 2009, 607; *Teichler,* Verstoß, Ereignis oder claims made?, ZfV 1984, 643; *Thiel,* Über Maklerbedingungen in Versicherungsverträgen, r+s 2011, 1; *Terno,* Wirksamkeit von Kostenanrechnungsklauseln, r+s 2013, 577; *Thomas,* Die Haftungsfreistellung von Organmitgliedern, 2010; *ders.,* Unternehmensinterne Informationspflichten bei Verlust der D&O-Deckung, VersR 2010, 281; *Thüsing,* Geschäftsführerverträge, in: Graf von Westphalen, Vertragsrecht und AGB-Klauselwerke, 37. Aufl. 2016; *Ulmer,* Strikte aktienrechtliche Organhaftung und D&O-Versicherung – zwei getrennte Welten?, in: FS Canaris, Bd. II, 2007, S. 451; *Vetter,* Aktienrechtliche Probleme der D&O-Versicherung, AG 2000, 453; *Vorrath,* Wissentliche Pflichtverletzung in der D&O-Versicherung – Ein Ausschlustatbestand »sui generis«?, VW 2006, 575; *Vothknecht,* Die wissentliche Pflichtverletzung in der Vermögensschaden-Haftpflicht-/D&O-Versicherung, PHi 2006, 52; *ders.,* Wishful Thinking in der D&O, VW 2006, 488; *Wagner,* Persönliche Haftung der Unternehmensleitung: die zweite Spur der Produkthaftung?, VersR 2001, 1057; *Werber,* Kostenanrechnungsklauseln in der D&O-Versicherung, VersR 2014, 1159; *Wiedemann,* Gesellschaftsrecht, Bd. 1, Grundlagen 1980, 624; *Winter,* Das Abtretungsverbot in der Berufshaftpflichtversicherung, r+s 2001, 133; *Winterling/Harzenetter,* Vorvertragliche Anzeigepflichten in der D&O-Versicherung, VW 2007, 1792; *Wissmann/Adolphs,* Direktanspruch des Versicherungsnehmers gegen den Versicherer bei der D&O-Versicherung, StudZR 2005, 489.

I. Einleitung

Die »Director and Officer Liability Insurance« (D&O-Versicherung) ist eine freiwillige Vermögensschaden-Haftpflichtversicherung für Organmitglieder, teilweise auch für leitende Angestellte juristischer Personen.[1] Die Versicherung dient dem Schutz der Organmitglieder vor möglichen Inanspruchnahmen auf Schadensersatz wegen Pflichtverletzungen im Rahmen ihrer Organtätigkeit durch das Unternehmen selbst oder Dritte. Hintergrund ist die nach deutschem Recht bestehende unbeschränkte und persönliche Haftung von Organmitgliedern mit ihrem Privatvermögen für schuldhaft verursachte Schäden. In Betracht kommt eine Absicherung gegen Schadensersatzansprüche des Unternehmens selbst (Innenhaftung) oder außenstehender Dritter (Außenhaftung). Als Haftpflichtversicherung umfasst die D&O-Versicherung die gerichtliche und außergerichtliche Abwehr von Haftpflichtansprüchen sowie die Freistellung von diesen im Fall der Begründetheit.

Die D&O-Versicherung wird grundsätzlich als Versicherung für fremde Rechnung durch die juristische Person als VN zugunsten ihrer Organmitglieder als versicherte Personen abgeschlossen. I.d.R. bezieht sich die Versicherung nicht auf bestimmte Personen, sondern knüpft abstrakt an die Position des Organmitglieds an. Der Grund für die Konzeption als Versicherung für fremde Rechnung ist die im deutschen Recht grundsätzlich bestehende gesamtschuldnerische Haftung der Organmitglieder.[2] Das Haftungsrisiko des einzelnen Organmitglieds umfasst die Gefahr, dass das versicherte Organmitglied für einen durch ein Fehlverhalten eines anderen Organmitglieds verursachten Schaden und gegenüber dem Geschädigten in voller Höhe einzustehen hat. Das Risiko entspräche der Versicherung des gesamten Organs.

Aufgrund der Doppelfunktion des Unternehmens als VN und Geschädigte im Fall der Innenhaftung besteht in der D&O-Versicherung ein gesteigertes Risiko eines kollusiven Zusammenwirkens des Unternehmens und des Organmitglieds gegen den VR zur Erlangung der Versicherungssumme. Dieses Risiko hat durch die in § 108 II VVG neu geregelte Einschränkung des Abtretungsverbotes i.V.m. der Unwirksamkeit eines Anerkenntnis- und Vergleichsverbots eine neue Ausprägung erfahren. In der Praxis greifen einzelne VR auf verschiedene Beschränkungen der Deckung von Innenhaftungsansprüchen zurück, um diesem Risiko zu begegnen.[3]

---

1 Vgl. OLG München VersR 2005, 540.
2 Terbille/Höra/*Sieg,* § 17 Rn. 69; *Fleischer,* § 12 Rn. 26; *Olbrich,* S. 53 f.; *Ihlas,* S. 326.
3 *Graf von Westphalen* VersR 2006, 17; *Baumann* VersR 2006, 455, 459; *Beckmann,* in: FS Kollhosser, S. 25, 28 ff.; *Koch* GmbHR 2004, 18, 20; *Ihlas,* S. 479.

Anhang C   D&O-Versicherung und Persönliche Selbstbehaltsversicherung

4 In der D&O-Versicherung wird der Versicherungsschutz i.d.R. durch den Versicherungsfall der Inanspruchnahme versicherter Personen (sog. Claims-made-Prinzip) ausgelöst. Möglich ist die Vereinbarung einer Nachhaftung für Inanspruchnahmen in einem bestimmten Zeitraum nach Vertragsende. Der Umfang des Versicherungsschutzes ist im Grundsatz zeitlich beschränkt auf Pflichtverletzungen während der Dauer des Versicherungsvertrages. Ganz überwiegend wird die Rückwärtsdeckung für Pflichtverletzungen im Zeitraum vor Vertragsbeginn vereinbart, soweit diese bei Vertragsschluss nicht bekannt waren.

5 In der deutschen Versicherungspraxis hat sich die Bezeichnung des ursprünglich für den angloamerikanischen Markt entworfenen Versicherungsprodukts durchgesetzt. Die D&O-Versicherung wurde erstmalig im Jahr 1986 auf dem deutschen Markt angeboten. In der heute bekannten Form existiert die D&O-Versicherung in Deutschland seit Mitte der 1990er Jahre.[4]

6 Zunächst begegnete die D&O-Versicherung Zulässigkeitsbedenken des damaligen Bundesamtes für das Versicherungswesen (BAV). Die Befürchtung ging dahin, dass die Versicherung von Organmitgliedern zu einer Senkung des Sorgfaltsmaßstabs versicherter Organmitglieder im Geschäftsverkehr führen würde. Nach den Vorgaben des BAV waren Haftungsrisiken im Zusammenhang mit unternehmerischen Fehlentscheidungen daher zunächst vom Versicherungsschutz ausgenommen. Seit der Aufgabe des Genehmigungserfordernisses für Versicherungskonzepte am 01.07.1994 hat sich die D&O-Versicherung in Deutschland zunehmend durchgesetzt.[5] Die anfänglichen Bedenken gegen die D&O-Versicherung entsprechen den Überlegungen zur Einführung des gesetzlichen Mindestselbstbehalts gem. § 93 II 3 AktG mit Inkrafttreten des VorstAG am 05.08.2009.[6] Auf dem deutschen Markt ist die D&O-Versicherung inzwischen weit verbreitet und gehört zu einer regelmäßig unterhaltenen Versicherung von Großunternehmen.[7] Eine Vielzahl von mittleren und kleineren Unternehmen unterhält inzwischen ebenfalls eine D&O-Versicherung. Bei hohen Versicherungssummen erfolgt die Ausgestaltung oft in Form eines Versicherungsprogramms, welches sich zusammensetzt aus einer Grundversicherung und mehreren Exzedentenversicherungen, gegebenenfalls unter Beteiligung jeweils mehrerer Mitversicherer und Führung des VR mit dem höchsten Anteil.[8]

7 Schätzungen des Prämienvolumens in Deutschland variieren zwischen EUR 250 Mio. und EUR 750 Mio.[9] Der D&O-Versicherungsmarkt ist grundsätzlich weiterhin geprägt von der Entwicklung zu nachgiebigeren Bedingungswerken und fallenden Prämien der Anbieter.[10] Zwischenzeitlich war im Nachgang zum Zusammenbruch des Neuen Marktes aufgrund der Vielzahl von Schadensfällen vorübergehend ein harter Markt, d.h. höhere Prämien und eine Verschärfung der Bedingungen, zu beobachten. Eine entsprechende Entwicklung im Hinblick auf die Folgen der US-Subprime- und der sich hieran anschließenden Finanzmarktkrise war auch erwartet worden.[11] Allerdings haben die Schadenmeldungen in Folge der US-Subprime-Krise bislang vornehmlich zu erhöhten Rechtsschutzkosten und nicht zu massenhaften Schadensersatzzahlungen geführt, da eine individuelle Verantwortung der jeweiligen Manager regelmäßig nicht bestand.[12]

II. Rechtsgrundlagen

8 Im deutschen Recht existiert keine besondere gesetzliche Regelung der D&O-Versicherung.[13] Eine indirekte Regelung findet sich in § 93 II 3 AktG. Danach muss bei Abschluss einer D&O-Versicherung für Vorstandsmitglieder ein Selbstbehalt vereinbart werden (s. im Einzelnen B. IV.).

Maßgeblich ist für den Inhalt der D&O-Versicherung in erster Linie der konkrete Versicherungsvertrag mit den zugrunde liegenden Versicherungsbedingungen. Im Folgenden wird die D&O-Versicherung anhand der empfohlenen Bedingungen des GDV (Stand: Februar 2016) erläutert. Für die D&O-Versicherung hat sich aufgrund der Besonderheiten eines jeden Unternehmens und der Markteinflüsse in der Praxis kein einheitliches Bedingungswerk entwickelt. Die Empfehlungen des GDV entsprechen nicht dem Marktstandard. Sie sind vielmehr als Grundkonzept der D&O-Versicherung zu verstehen, von dem die verschiedenen VR in ihren Versicherungsverträgen mehr oder weniger abweichen.[14]

9 Das Grundkonzept der D&O-Versicherung als Vermögensschaden-Haftpflichtversicherung lehnt sich vielfach an die Allgemeinen Haftpflichtbedingungen sowie die Bedingungen zur Vermögensschadenhaftpflicht an. Insoweit kann die Rspr. und Literatur zu den entsprechenden Klauseln zur Auslegung der D&O-Versicherungs-

---

4 Vgl. zur Entwicklung der D&O-Versicherung: *Henssler*, S. 131, 133; *Ihlas*, S. 89 ff.; *Olbrich*, S. 5 ff.
5 *Henssler*, S. 141; *Ihlas*, S. 108 ff., *Kästner* AG 2000, 114.
6 BT-Drucks. 16/13433 S. 11.
7 Vgl. hierzu *Ihlas*, S. 167 ff.
8 Zu Mitversicherung und Führungsabreden siehe *Schaloske*, S. 67 ff., 156 ff.
9 *Ihlas*, S. 126; *Olbrich*, S. 5; Veith/Gräfe/Gebert/*Lange*, § 21 Rn. 2 ff.; *Ulmer*, in: FS Canaris, S. 451, 453, Fn. 7; *Peltzer*, in: FS Westermann, S. 1257, 1258; http://versicherungswirtschaft-heute.de/koepfe/deutschland-liegt-bei-managerhaftung-auf-platz-eins/; abgerufen am 25.03.2016.
10 Veith/Gräfe/Gebert/*Lange*, § 21 Rn. 23 ff.
11 *Bank* VW 2008, 730, 731; vgl. *Gran* DAJV-NL 2005, 6, 8; *Sieg/Schramm* PHi 2007, 173; *Ihlas*, S. 137.
12 Veith/Gräfe/Gebert/*Lange*, § 21 Rn. 28.
13 Vgl. L/W/*Lorenz*, Bd. I, Einführung Rn. 19.
14 Terbille/Höra/*Sieg*, § 17 Rn. 5; *Fleischer*, § 12 Rn. 6, 25; *Koch* GmbHR 2004, 18, 19; *Olbrich*, S. 51 f.; *Lange*, § 1 Rn. 67.

bedingungswerke weitgehend herangezogen werden. Da es sich im Bereich der D&O-Versicherung um VN handelt, die geschäftlich erfahren sind und sich mit den jeweiligen Gegebenheiten des Marktes auseinandersetzen, sind im Rahmen der Auslegung der D&O-Versicherungsbedingungen an das Informationsverhalten des VN höhere Maßstäbe als bei einem durchschnittlichen Verbraucher anzulegen.[15] Sofern der VN einen Versicherungsmakler eingeschaltet hat, sind dessen Kenntnisse dem VN gem. § 166 I BGB zuzurechnen. Für Bedingungen, welche der Versicherungsmakler in den Vertrag eingeführt hat und welche der VR gewöhnlich nicht verwendet, gilt der VN als Verwender.[16]

Versicherungsvertragliche Vereinbarungen sind zulässig in den Grenzen des dispositiven Rechts und der §§ 134, 138 BGB. Abweichungen von zwingenden Vorschriften des VVG sind möglich im Fall von Großrisiken i.S.d. § 210 VVG i.V.m. Art. 10 EGVVG. Für Allgemeine Vertragsbedingungen gelten zusätzlich die Grenzen der §§ 305 ff. BGB. **10**

Subsidiär gelten die Regelungen des VVG. Anwendbar sind insbes. die Vorschriften für die Haftpflichtversicherung in §§ 100 ff. VVG und für die Versicherung für fremde Rechnung in §§ 43 ff. VVG. Die Vorschriften für die Pflichtversicherung in §§ 113 ff. VVG sind nicht anwendbar, da es sich um eine freiwillige Versicherung handelt.[17] Daneben gelten die Vorschriften des BGB, insbes. die Anfechtungsregeln nach §§ 142, 119 ff. BGB. **11**

Es existiert kaum veröffentlichte Rspr. des BGH zu dem Thema der D&O-Versicherung.[18] In den letzten Jahren sind einige unterinstanzliche Urteile ergangen.[19] Die D&O-Versicherung erfreut sich stetig zunehmender Behandlung im Schrifttum. Trotzdem ist eine Vielzahl von Rechtsfragen noch unbeantwortet. Gerade aufgrund der unterschiedlichen Konstellationen der Sachverhalte und der unterschiedlichsten Versicherungsbedingungen entstehen in der Praxis fortlaufend neue Fragestellungen, die einer sachgerechten Lösung bedürfen. **12**

III. Risikosituation

Der Versicherungsschutz der D&O-Versicherung bezieht sich auf das persönliche Haftungsrisiko von Organmitgliedern. Zu berücksichtigen ist dabei die Rechtslage zur Haftung und die Möglichkeit der Inanspruchnahme von Organmitgliedern sowie die Entwicklung der Schadensfälle in der Vergangenheit. **13**

1. Haftung von Organmitgliedern

Zu unterscheiden ist zwischen der Innenhaftung, d.h. der Haftung des Organmitglieds gegenüber der Gesellschaft, und der Außenhaftung, d.h. der Haftung gegenüber Dritten. Im deutschen Rechtssystem stellt die Innenhaftung den Normalfall dar. Fehlverhalten von Organmitgliedern gegenüber Dritten wird gem. § 31 BGB der Gesellschaft zugerechnet. Geschädigte Dritte sind gehalten, Schadensersatzforderungen zunächst gegen die Gesellschaft geltend zu machen. Nach Ersatz des Schadens gegenüber dem Dritten kann sich die Gesellschaft im Wege des Rückgriffs bei dem verantwortlichen Organmitglied schadlos halten. Die direkte Außenhaftung der Organmitglieder spielt in der Praxis insbes. dann eine Rolle, wenn die Gesellschaft als Schuldner nicht mehr zur Verfügung steht, d.h. im Fall der Insolvenz der Gesellschaft oder der Verjährung von Ansprüchen gegenüber der Gesellschaft.[20] **14**

Als Anspruchsgrundlage für die Innenhaftung kommen eine Verletzung des Dienstvertrages sowie gesellschaftsrechtliche Haftungsnormen je nach Gesellschaftsform des Unternehmens in Betracht. Anspruchsgrundlage für den Vorstand einer AG ist § 93 II AktG, für den Geschäftsführer einer GmbH § 43 II GmbHG und für den Vorstand einer Genossenschaft § 34 II GenG. Die Haftung von Aufsichtsratsmitgliedern ergibt sich aus § 116 AktG, § 52 GmbHG und § 41 GenG. Konzernhaftungstatbestände finden sich in §§ 309, 310, 317, 318 AktG. **15**

Voraussetzung für die Haftung des Organmitglieds ist die Verursachung eines Schadens durch mindestens eine schuldhafte Pflichtverletzung. Die Beweislast bzgl. des Nichtvorliegens einer Pflichtverletzung liegt gem. § 93 II 2 AktG (analog) bei dem Organmitglied. Die Gesellschaft hat die zugrunde liegende Pflichtverletzung substantiiert darzulegen und den kausalen Schaden zu beweisen.[21] Dem aus der Gesellschaft ausgeschiedenen **16**

---

15 LG München I NJOZ 2008, 4725, 4729.
16 BGH VersR 2009, 1477; 2001, 368; *Hösker* VersR 2011, 29, 30 ff.; *Thiel* r+s 2011, 1, 3 ff.; differenzierend: *Golz* VersR 2011, 727.
17 *Dreher/Thomas* ZGR 2009, 31, 47 ff.; P/M/*Voit*, Ziff 1 AVB-AVG Rn. 9; *Lange* VersR 2010, 162, 164; *Olbrich*, S. 72; Veith/Gräfe/Gebert/*Lange*, § 21 Rn. 3.
18 BGH r+s 2012, 539; Urt. vom 13. April 2016, IV ZR 304/13 und IV ZR 51/14.
19 OLG Düsseldorf r+s 2014, 122; VersR 2013, 1522; NJoZ 2007, 1242; OLG Frankfurt (Main) r+s 2015, 347; r+s 2013, 329; r+s 2012, 292; r+s 2011, 509; 2010, 61; OLG Hamburg r+s 2015, 498; OLG Koblenz VersR 2011, 1042; OLG Köln r+s 2008, 468; OLG München r+s 2009, 327; VersR 2005, 540; LG Düsseldorf, Urt. vom 11. August 2010, 9 O289/09; LG Köln PHi 2007, 158 (»Lufthansa«); LG München I VersR 2005, 543; LG Wiesbaden VersR 2005, 545; LG Marburg DB 2005, 437; LG München I NJOZ 2008, 4725.
20 *Schmitt*, S. 37 f.
21 BGH VersR 2008, 1355, 1356; NJW 2003, 358, 359; MünchKommAktG/*Spindler*, § 93 Rn. 185.

Organmitglied steht ein Einsichtnahmerecht der zur Anspruchsabwehr notwendigen Unterlagen der Gesellschaft zu.[22]

17 Im Hinblick auf Pflichtverletzungen von Organmitgliedern wird unterschieden zwischen gebundenen und unternehmerischen Entscheidungen. Eine gebundene Entscheidung des Organmitglieds liegt vor im Fall gesetzlicher oder interner Vorgaben (etwa durch Satzung, Geschäftsordnung oder Dienstvertrag), an welche sich das Organmitglied zu halten hat. Unternehmerische Entscheidungen sind infolge ihrer Zukunftsbezogenheit durch Prognosen und nicht justiziable Einschätzungen geprägt. Für solche Entscheidungen gilt die mit dem UMAG mit Wirkung vom 01.11.2005 im deutschen Recht eingeführte Business Judgement Rule. Danach liegt eine Pflichtverletzung nicht vor, wenn das Vorstandsmitglied bei einer unternehmerischen Entscheidung vernünftigerweise annehmen durfte, auf der Grundlage angemessener Informationen zum Wohle der Gesellschaft zu handeln. Diese Regelung in § 93 I 2 AktG gilt analog für die Haftung von Organmitgliedern anderer Gesellschaftsformen.[23]

18 Mit der Business Judgement Rule wurden die in der Rspr. bereits geltenden Grundsätze normiert. Zweck der Regelung ist es, Organmitgliedern auf angemessener Informationsgrundlage einen weiten Ermessensspielraum für unternehmerische Entscheidungen einzuräumen. Danach kommt eine Pflichtverletzung erst im Fall einer unverantwortlichen Überspannung unternehmerischer Risiken bzw. bei deutlichem Überschreiten der Grenzen eines von Verantwortungsbewusstsein getragenen unternehmerischen Handelns in Betracht. Entscheidend ist dabei die Betrachtungsweise aus der Sicht des Organmitglieds zum Zeitpunkt vor der Entscheidung.[24]

19 Mehrere Organmitglieder haften grundsätzlich als Gesamtschuldner. Eine Ressortaufteilung zwischen mehreren Organmitgliedern ist zulässig, führt jedoch nicht notwendig zu einer Haftungsfreiheit der nicht verantwortlichen Organmitglieder. Bei Anhaltspunkten für Pflichtverletzungen durch das ressortzuständige Organmitglied sind die anderen Organmitglieder zur Überwachung und zum Einschreiten verpflichtet.[25] Die Delegation von Aufgaben an untergeordnete Mitarbeiter ist möglich. In diesem Fall wandeln sich die Pflichten des Organmitglieds in Organisations- und Aufsichtspflichten, insbes. im Hinblick auf Auswahl und Überwachung der Mitarbeiter, um.[26]

20 Aufsichtsratsmitglieder haften grundsätzlich nach den gleichen Maßstäben, insbes. bei fahrlässiger Verletzung ihrer Pflicht zur Überwachung der Geschäftsführung. Im Fall von Zustimmungsvorbehalten des Aufsichtsrates zu bestimmten Geschäften der Geschäftsführung liegt eine Pflichtverletzung der Aufsichtsratsmitglieder nach der Rspr. des BGH bereits dann vor, wenn sie ohne gebotene Information und darauf aufbauender Chancen- und Risikoabschätzung ihre Zustimmung zu nachteiligen Geschäften erteilen.[27]

21 In der Praxis spielt die Frage der haftungsausfüllenden Kausalität eine wesentliche Rolle.[28] Dabei geht es um die Frage, ob gerade durch die unterstellte Pflichtverletzung der Gesellschaft ein Schaden im Rechtssinne zugefügt wurde.

22 Die Außenhaftung von Organmitgliedern ergibt sich grundsätzlich aus den Vorschriften des BGB. Abgesehen von einigen Spezialvorschriften[29] existieren keine der Innenhaftung vergleichbaren gesellschaftsrechtlichen Haftungsnormen der Organe gegenüber Dritten.

23 Aus dem BGB kommt neben den von der Rspr. restriktiv angewandten Fällen der Vertreterhaftung nach § 311 III BGB vor allem eine deliktische Haftung in Betracht. Die Relevanz für die D&O-Versicherung ist eingeschränkt durch das für den Versicherungsschutz vorausgesetzte Merkmal des reinen Vermögensschadens und den Vorsatzausschluss. Eine Haftung für reine Vermögensschäden scheidet nach § 823 I BGB wegen der Voraussetzung der Rechtsgutverletzung grundsätzlich aus. Eine Haftung für Vermögensschäden gem. § 823 II BGB i.V.m. einem Schutzgesetz bzw. aus § 826 BGB setzt grundsätzlich vorsätzliches Handeln voraus. Die fahrlässige Verletzung von Aufsichtspflichten durch die Unternehmensleitung nach § 130 OWiG ist grundsätzlich kein Schutzgesetz i.S.d. § 823 II BGB.[30] Soweit der BGH einen fahrlässigen Eingriff in den eingerichteten und ausgeübten Gewerbebetrieb als ausreichend zur Erfüllung des Haftungstatbestands angesehen hat,[31] ist dies wohl als Einzelfallentscheidung zu werten.

24 Praxisrelevant ist insbes. die Haftung nach § 823 II BGB i.V.m. § 15a I InsO wegen Verletzung der Insolvenzantragspflicht. Dieser Anspruch wird häufig zusammen mit einem Anspruch auf Ersatz geleisteter Zahlungen trotz Insolvenzreife nach §§ 93 III Nr. 6, 92 II AktG und § 64 Satz 1 GmbHG geltend gemacht. Daneben

---

22 BGH NJW 2003, 358, 359.
23 Entwurf eines Gesetzes zur Unternehmensintegrität und Modernisierung des Anfechtungsrechts (UMAG), BT-Drucks. 15/5092 S. 11.
24 BGH NJW 1997, 1926, 1928 (»ARAG/Garmenbeck«); WM 2005, 933.
25 MünchKommAktG/*Spindler*, § 93 Rn. 148 ff.; Hüffer/*Koch*, § 93 Rn. 42.
26 *Fleischer*, § 1 Rn. 56.
27 BGH WM 2007, 259.
28 Terbille/Höra/*Sieg*, § 17 Rn. 26.
29 §§ 69, 34 AO, § 41 I 2 AktG, § 11 II GmbHG.
30 BGH DStR 1994, 1272.
31 BGH NJW 2006, 830.

kommt die Haftung des Organmitglieds gegenüber Aktionären oder Gesellschaftern durch Eingriffe in die Mitgliedsstellung als absolut geschütztes Recht i.S.d. § 823 I BGB, etwa durch Nichtbeachtung satzungsmäßiger Befugnisse in Betracht.[32] Eine Haftung von Organmitgliedern einer börsennotierten AG wegen ungenügender kapitalmarktrelevanter Informationen besteht gem. §§ 823 II BGB, 400 AktG, 826 BGB nur unter strengen Voraussetzungen.[33]

Zu beachten sind Unterschiede in Haftungssystemen anderer Länder, auf welche sich die D&O-Versicherung im Einzelfall erstreckt. Besondere Haftungsrisiken von Organmitgliedern ergeben sich etwa nach dem Haftungssystem von Common Law-Ländern im Hinblick auf eine direkte Inanspruchnahme des Organmitglieds durch den geschädigten Dritten und die Möglichkeit von Sammelklagen einer Vielzahl Geschädigter.   25

2. Inanspruchnahme von Organmitgliedern

Im Rahmen der Innenhaftung ist der Aufsichtsrat für die Vertretung der Gesellschaft gegenüber Vorstandsmitgliedern zuständig. Für die AG ergibt sich dies aus § 112 AktG, für die GmbH entsprechend aus § 52 GmbHG. Schadensersatzansprüche gegenüber Aufsichtsratsmitgliedern sind vom Vorstand zu verfolgen. Dies ergibt sich aus der grundsätzlichen gerichtlichen und außergerichtlichen Vertretung der Gesellschaft durch den Vorstand nach § 78 I AktG.   26

In der AG besteht gem. § 147 I AktG eine Pflicht zur Geltendmachung von Ersatzansprüchen der Gesellschaft gegen die Mitglieder des Vorstandes und des Aufsichtsrates, wenn es die Hauptversammlung mit einfacher Stimmenmehrheit beschließt. Minderheitsaktionäre, deren Anteile zusammen den zehnten Teil des Grundkapitals oder den anteiligen Betrag von EUR 1,0 Mio. erreichen, können gem. § 147 II 2 AktG einen Vertreter der Gesellschaft zur Geltendmachung des Ersatzanspruchs bestellen. Daneben besteht die Möglichkeit des Klagezulassungsverfahrens nach § 148 I AktG. Danach können Minderheitsaktionäre, deren Anteile den einhundertsten Teil des Grundkapitals oder einen Börsenwert von EUR 100.000 erreichen, beantragen, die Ersatzansprüche der Gesellschaft im eigenen Namen gerichtlich geltend zu machen.   27

3. Entwicklung der Schadensfälle

Das persönliche Haftungsrisiko von Organmitgliedern wird seit einigen Jahren als stetig ansteigend gewertet.[34] Es ist im Markt zu beobachten, dass sowohl die Schadensfrequenz als auch die Schadenshöhe steigen und insbes. Insolvenzverwalter verstärkt Schäden gegen ehemalige Organmitglieder geltend machen.[35] Derzeit sollen nach Schätzungen Schadensersatzansprüche gegen 20.000 Manager verfolgt werden und 6.000 Verfahren wegen Managerhaftung anhängig sein.[36]   28

Zunächst haben gesetzgeberische Initiativen zu einer Verschärfung der Organhaftung und einer Erleichterung der Inanspruchnahme geführt.[37] Durch die verstärkte Befassung der Gerichte mit der Organhaftung wurden die Verhaltensanforderungen an Organmitglieder präzisiert.[38] Gerade die Business Judgement Rule, durch welche den Unternehmensleitern ein weiter Ermessensspielraum bzgl. unternehmerischer Entscheidungen ermöglicht werden sollte, führt in der Praxis zu einer Haftungsverschärfung.[39] Dies folgt daraus, dass die Unternehmensleiter die Darlegungs- und Beweislast für den Ausschlusstatbestand der Business Judgement Rule tragen. Das Organmitglied muss beweisen, dass es annehmen durfte, die unternehmerische Entscheidung auf einer angemessenen Informationsgrundlage zu treffen. Bei einem unternehmerischen Fehlschlag liegt es nahe, dass wesentliche Informationen bei der Vorbereitung der Entscheidung nicht berücksichtigt wurden. Daneben fehlt es in der Praxis oft an der Möglichkeit, unternehmerische Entscheidungen mit einem entsprechenden Aufwand zu dokumentieren.   29

Die zunehmende Inanspruchnahme von Organmitgliedern wird auf eine wesentliche Entscheidung des BGH aus dem Jahr 1997 zurückgeführt.[40] Der BGH hat darin festgestellt, dass grundsätzlich eine Pflicht des Aufsichtsrats zur Verfolgung von Ansprüchen gegen Vorstandsmitglieder besteht.[41] Die zuständigen Organe würden sich demnach selbst schadensersatzpflichtig machen, wenn sie die Verfolgung von Ansprüchen pflichtwidrig unterließen. Von einer Anspruchsverfolgung kann nur aus übergeordneten Gründen abgesehen   30

---

32 BGH NJW 1990, 2877, 2878; VersHb/*Beckmann*, § 28 Rn. 47.
33 Vgl. BGH ZIP 2007, 322; NJW 2005, 2450; NJW 2004, 2664; *Krupp* VersPrax 2003, 22, 25.
34 *Wiedemann*, in: Gesellschaftsrecht, Bd. 1, 1980, S. 624; Terbille/Höra/*Sieg*, § 17 Rn. 19; *Schillinger* VersR 2005, 1484, 1485; *Schmitt*, S. 95 f.; *Peltzer*, in: FS Westermann, S. 1257, 1261; Veith/Gräfe/Gebert/*Lange*, § 21 Rn. 48.
35 Veith/Gräfe/Gebert/*Lange*, § 21 Rn. 32 f.
36 Veith/Gräfe/Gebert/*Lange*, § 21 Rn. 35.
37 Gesetz zur Kontrolle und Transparenz im Unternehmensbereich (KonTraG) zum 01.05.1998, 4. Finanzmarktförderungsgesetz zum 01.07.2002, Gesetz zur weiteren Reform des Aktien- und Bilanzrechts, zur Transparenz und Publizität (TransPuG) zum 26.07.2002, Deutscher Corporate Governance Kodex als Verhaltenskodex, Gesetz zur Unternehmensintegrität und Modernisierung des Anfechtungsrechts (UMAG) zum 01.11.2005.
38 Terbille/Höra/*Sieg*, § 17 Rn. 20; *Olbrich*, S. 29 ff.; *Dreher/Thomas* ZGR 2009, 31.
39 *Kuthe* BB 2004, 449; *Bank* VW 2008, 730, 731; *Ihlas* VW 2004, 395, 396; *Schillinger* VersR 2005, 1484, 1489 m.w.N.
40 Terbille/Höra/*Sieg*, § 17 Rn. 22; *Notthoff* NJW 2003, 1350, 1356; *Olbrich*, S. 31 ff.
41 BGH NJW 1997, 1926.

werden (z.B. Reputationsgründe). Aufsichtsratsmitglieder sehen sich vor diesem Hintergrund zunehmend veranlasst, Schadensersatzansprüche gegen Vorstandsmitglieder rechtlich prüfen zu lassen und im Fall einer entsprechenden Empfehlung zu verfolgen, um ein eigenes Haftungsrisiko auszuschließen. Zudem bestehen insbes. bei einer AG gem. § 93 IV AktG Einschränkungen im Hinblick auf einen möglichen Verzicht auf bzw. Vergleich von Ansprüchen der Gesellschaft gegen Vorstandsmitglieder.

31 Daneben wird als Ursache für die Schadensentwicklung in der D&O-Versicherung die gesteigerte Komplexität der rechtlichen Rahmenbedingungen und Aufgabenbereiche der Unternehmensleiter im zunehmend globalisierten Umfeld[42] sowie die stärkere Sensibilisierung der Öffentlichkeit für schadensverursachendes Fehlverhalten von Organmitgliedern angesehen.[43] Aufgrund des durch die Öffentlichkeit und Aktionäre verursachten Drucks, insbes. vor dem Hintergrund der Wirtschaftskrise, rücken die Vermögensinteressen der Unternehmen in den Vordergrund.[44] Gerade im Zusammenhang mit dem Zusammenbruch der Aktienmärkte im Jahr 2001 wurde das Fehlverhalten der Geschäftsführung vieler Unternehmen der sog. New Economy bekannt.[45] Besondere Aufmerksamkeit in der Öffentlichkeit erlangten in den vergangenen Jahren Großschäden in Milliarden- und Millionenhöhe[46] sowie strafrechtliche Verfahren gegen Unternehmensleiter renommierter Gesellschaften. Ein faktischer Zwang zur Anspruchsverfolgung kann sich aus kapitalmarktrechtlichen Gründen, etwa unter dem Einfluss der US-Börsenaufsicht SEC, ergeben.[47] Anlass für Managerhaftungsfälle sind inzwischen regelmäßig Ermittlungen von Behörden, wie Kartellbehörden, Datenschutzbehörden oder sonstigen öffentlichen Stellen, die sich zwar grundsätzlich gegen die Unternehmen selbst richten, aber auch parallel gegen einzelne Organmitglieder ermitteln können. Soweit Behörden Bußgelder gegen das Unternehmen verhängt haben, wird anschließend geprüft, ob für die Bußgeldzahlung Organmitglieder in Regress genommen werden können.

32 Nicht zuletzt begünstigt möglicherweise die zunehmende Verbreitung der D&O-Versicherung auf dem deutschen Markt die Entscheidung von Unternehmen zur Inanspruchnahme ihrer Organmitglieder zur Erlangung der Versicherungssumme.[48]

33 Für die Zukunft bleibt zu erwarten, dass die Tätigkeit als Manager weiterhin haftungsträchtig bleibt und die Schadensfrequenz nicht abnehmen wird. Zwar wurde auf dem 70. Deutschen Juristentag die Managerhaftung und eine etwaige Einschränkung umfassend diskutiert, jedoch ist nicht zu erwarten, dass der Gesetzgeber das Thema Managerhaftung zeitnah aufgreifen wird.[49] Die weitere Entwicklung und Begleitung der Rechtsfragen der Managerhaftung bleibt daher der Rspr. und dem Schrifttum überlassen.

IV. Haftpflichtversicherung für fremde Rechnung
1. Rechtsverhältnisse in der D&O-Versicherung

34 Zu unterscheiden ist zwischen dem versicherungsrechtlichen und dem haftungsrechtlichen Verhältnis.

35 VN und damit Vertragspartnerin des VR ist die Gesellschaft.[50] Der Versicherungsschutz aus dem D&O-Versicherungsvertrag besteht zugunsten der Organmitglieder als kollektiv versicherte Personen.[51]

36 Der Versicherungsschutz bezieht sich auf die Haftpflicht der Organmitglieder gegenüber der Gesellschaft oder Dritten. Im Rahmen der Innenhaftung kommt es damit zu einer Doppelstellung des Unternehmens als Geschädigte und Anspruchstellerin auf der Haftpflichtebene und als VN auf der Deckungsebene.

37 Für haftungs- und deckungsrechtliche Fragen ist auf die jeweilig maßgebliche Funktion des Unternehmens als Anspruchstellerin bzw. als VN abzustellen. Die Eigenschaft des Unternehmens als VN hat keinen Einfluss auf den Haftpflichtanspruch. Ebenso ist die Eigenschaft der Gesellschaft als Geschädigte unerheblich für ihre Rechte und Pflichten als VN. Insbes. ist die Gesellschaft als VN gem. § 31 VVG verpflichtet, dem VR die zur Feststellung des Versicherungsfalls oder des Umfangs der Leistungspflicht erforderliche Auskunft zu erteilen. Diese Auskunftsobliegenheit ändert sich nicht durch die Tatsache, dass das Unternehmen als Geschädigte einen Haftpflichtprozess gegen versicherte Personen führt.[52]

38 Durch die typische Doppelfunktion des Unternehmens besteht bei der D&O-Versicherung eine erhöhte Gefahr kollusiven Zusammenwirkens des Organmitglieds und des Unternehmens zur Erlangung der Versiche-

---

42 *Olbrich*, S. 437 f.
43 Terbille/Höra/*Sieg*, § 17 Rn. 21; *Krupp* VersPrax 2003, 22, 26; *Olbrich*, S. 11; vgl. *Peltzer*, in: FS Westermann, S. 1257, 1264 f.
44 *Schillinger* VersR 2005, 1484, 1485; *Schmitt*, S. 13 ff.
45 Terbille/Höra/*Sieg*, § 17 Rn. 21; *Schmitt*, S. 15.
46 *Ihlas*, S. 155 ff.; *Olbrich*, S. 11.
47 Vgl. Veith/Gräfe/Gebert/*Lange*, § 21 Rn. 45.
48 Krieger/Schneider/*Sieg*, § 15 Rn. 70 ff.; *Peltzer*, in: FS Westermann, S. 1257, 1265; a.A. Veith/Gräfe/Gebert/*Lange*, § 21 Rn. 46 ff.
49 Vgl. zu den Beschlüssen des 70. Deutschen Juristentages: *Ihlas* PHi 2015, 3; *ders.* PHI 2015, 66.
50 *Fleischer*, § 12 Rn. 1, 26; *Ihlas*, S. 329 ff.; Veith/Gräfe/Gebert/*Lange*, § 21 Rn. 4; *Olbrich*, S. 53 ff.; *Schmitt*, S. 100 f.; *Pammler*, S. 30; L/W/*Dageförde*, § 43 Rn. 23.
51 OLG München VersR 2005, 540, 541; Terbille/Höra/*Sieg*, § 17 Rn. 67 ff.
52 *Graf v. Westphalen* VersR 2006, 17, 18; *Koch* GmbHR 2004, 160, 163 ff.

rungssumme im Fall reiner unternehmerischer Fehlschläge, für die grundsätzlich keine Haftung des Organs besteht.[53]

Zuständig für den Abschluss der D&O-Versicherung für die VN im Außenverhältnis gegenüber dem VR ist das zur Vertretung der Gesellschaft berechtigte Organ, i.d.R. der Vorstand bzw. der Geschäftsführer.[54] Der Abschluss und die Aushandlung des Vertragsinhalts unterliegen als unternehmerische Entscheidung grundsätzlich dem pflichtgemäßen Ermessen der Unternehmensleitung. Im Rahmen der Anwendbarkeit des § 93 II 3 AktG ist der Vorstand zur Vereinbarung des Mindestselbstbehalts verpflichtet. Sofern die Grenzen pflichtgemäßen Verhaltens durch Abschluss und/oder Inhalt der D&O-Versicherung überschritten sind, hat dies deckungsrechtlich keine Relevanz. Insbes. ist der Versicherungsvertrag nicht etwa (teil-)nichtig gem. §§ 134, 138 BGB (vgl. B III.1.). **39**

Teile der Literatur leiten aus §§ 113 I 2, 87 I AktG für Aufsichtsratsmitglieder die Notwendigkeit einer internen Beschlussfassung für den Abschluss einer D&O-Versicherung durch Festsetzung in der Satzung oder durch Zustimmung bzw. für Vorstandsmitglieder einer Beschlussfassung des Aufsichtsrats ab.[55] § 113 I 2 AktG und § 87 AktG sind anwendbar, wenn die von der Gesellschaft übernommene Versicherungsprämie als Vergütung anzusehen ist. Hierfür wird angeführt, dass in § 87 I 1 AktG Versicherungsentgelte als Bestandteil der Gesamtbezüge eines Vorstandsmitgliedes aufgeführt sind. Daneben seien Versicherungsentgelte von der bilanziellen Behandlung der Gesamtbezüge der Aufsichtsratsmitglieder gem. § 285 Nr. 9a HGB umfasst. Die Gegenansicht sieht die Übernahme der D&O-Versicherungsprämie durch die Gesellschaft als dienstliche Fürsorgeaufwendung i.S.d. § 618 I BGB, nicht als Teil der Vergütung i.S.d. §§ 113 I 2, 87 I 1 AktG an.[56] Gegen den Vergütungscharakter der Versicherungsprämie spricht, dass die D&O-Versicherung die Haftung des Organmitglieds aus dessen beruflicher Tätigkeit und nicht dessen Privatsphäre betrifft. Zudem werden durch die D&O-Versicherung mittelbar Unternehmensinteressen abgesichert.[57] Auch der Schutzzweck des § 113 I 2 AktG spricht gegen die D&O-Versicherungsprämie als Vergütung der Aufsichtsratsmitglieder. Geschützt ist das Informationsinteresse der Aktionäre bzgl. der materiellen Vorteile der Aufsichtsratsmitglieder zum Schutz vor überhöhten Vergütungen. Mittelbar profitieren die Aktionäre als Inhaber der potenziell geschädigten Gesellschaft jedoch von dem Bestehen einer D&O-Versicherung. Zur Vermeidung von Missbrauch haben die Gesellschaft und die Organmitglieder ein berechtigtes Interesse an der Geheimhaltung des Bestehens und der Bedingungen einer D&O-Versicherung.[58] **40**

Den Organmitgliedern kann ein Anspruch auf Abschluss einer D&O-Versicherung gegen die Gesellschaft aufgrund einer entsprechenden Regelung in ihrem Anstellungsvertrag (D&O-Versicherungsverschaffungsklausel) zustehen.[59] Aus der dienstlichen Treue- und Fürsorgepflicht der Gesellschaft ergibt sich ein solcher D&O-Versicherungsverschaffungsanspruch grundsätzlich nicht.[60] **41**

Sofern die versicherungsnehmende Gesellschaft den geschuldeten D&O-Versicherungsschutz zu besorgen versäumt oder vereitelt, ist die Gesellschaft dem Vorstandsmitglied zum Schadensersatz verpflichtet.[61] Auch ohne D&O-Versicherungsverschaffungspflicht wird ein Schadensersatzanspruch des Organmitglieds bejaht im Fall, dass die Gesellschaft den einmal begründeten Versicherungsschutz schuldhaft gefährdet, etwa durch eigene Obliegenheitsverletzungen, oder fälschlich den Anschein bestehenden Versicherungsschutzes erweckt und dadurch das Organmitglied von der Besorgung einer eigenen Versicherung abhält.[62]

Das Organmitglied ist im Rahmen des Schadensersatzes so zu stellen, als ob ihm der vereinbarte D&O-Versicherungsschutz zustünde.[63] Der Schadensersatzanspruch des Organmitglieds kann in Höhe der entstandenen Abwehrkosten und des begründeten Haftpflichtanspruchs gegen diesen aufgerechnet bzw. als Einrede der unzulässigen Rechtsausübung und des widersprüchlichen Verhaltens entgegengehalten werden.[64] Die Gesellschaft kann nicht einerseits die Begründetheit ihres Schadensersatzanspruchs behaupten und andererseits den

---

53 *Henssler*, S. 148 f.; *Fleischer*, § 12 Rn. 6, 38 (»freundliche Inanspruchnahme«); *Schmitt*, S. 146 ff.; *Veith/Gräfe/Gebert/Lange*, § 21 Rn. 57 f.; *Krieger/Schneider/Sieg*, § 15 Rn. 65 ff.
54 *Olbrich*, S. 209 f.; *Vetter* AG 2000, 453, 458; a.A. *Henssler*, S. 155.
55 *Schmidt/Lutter/Drygala*, AktG, § 113 Rn. 12; *Feddersen* AG 2000, 385, 394; *Kästner* AG 2000, 113, 116; *Pammler*, S. 103 ff.; *Hüffer*, § 113 Rn. 2a; *Ulmer*, in: FS Canaris, S. 451, 471.
56 *Notthoff* NJW 2003, 1350, 1354; *Lange* ZIP 2001, 1524, 1526; *Mertens* AG 2000, 447, 452; *Vetter* AG 2000, 453, 456; *Krüger* NVersZ 2001, 8 f.; *v. Schenck* NZG 2015, 494, 497; *Olbrich*, S. 201 ff.
57 OLG München VersR 2005, 540, 541.
58 *Terbille/Höra/Sieg*, § 17 Rn. 45; vgl. *Lange* DStR 2002, 1626, 1628.
59 *Fleischer* WM 2005, 909, 919; *Lange* ZIP 2004, 2221; *Kort* DStR 2006, 799, 801; P/M/*Voit*, Ziff. 1 AVB-AVG Rn. 3; *Ihlas*, S. 314 ff.
60 OLG Koblenz, Urt. vom 24. September 2007, 12 U 1437/04; *Fleischer* WM 2005, 909, 919; *Koch* GmbHR 2004, 160, 167 f.; *Lange* VersR 2010, 162, 164; *Schmitt*, S. 201 ff.; *Ihlas*, S. 56.
61 *Ihlas*, S. 314 ff.; P/M/*Voit*, Ziff. 1 AVB-AVG Rn. 4.
62 P/M/*Voit*, Ziff. 1 AVB-AVG Rn. 4; *Lange* VersR 2010, 162, 165; *Thomas* VersR 2010, 281, 282 ff. (keine konzernweite Informationspflicht).
63 P/M/*Voit*, Ziff. 1 AVB-AVG Rn. 4; *Koch* GmbHR 2004, 160, 164 f.; *Lange* VersR 2010, 162, 163 f.; *Thomas* VersR 2010, 281 f.; *Peltzer*, in: FS Westermann, S. 1257, 1274.
64 *Lange* ZIP 2006, 1680, 1682; *Thomas* VersR 2010, 281 f.

Anhang C D&O-Versicherung und Persönliche Selbstbehaltsversicherung

D&O-Versicherungsschutz in Form der Freistellung von begründeten Schadensersatzansprüchen im Rahmen des Schadensersatzanspruchs des Vorstandsmitglieds ablehnen. Die Darlegungs- und Beweislast bzgl. hypothetisch eingreifender Ausschlussgründe geht zu Lasten der Gesellschaft.

2. Zulässigkeit der D&O-Versicherung

42 Die Zulässigkeit der D&O-Versicherung ist heute allgemein anerkannt.[65] So hat der Gesetzgeber in seiner Begründung zu § 100 VVG ausdrücklich auf die D&O-Versicherung Bezug genommen.[66] Auch § 93 II 3 AktG und der Deutsche Corporate Governance Kodex setzen den Abschluss einer D&O-Versicherung voraus.[67]

43 Ursprünglich geäußerte Zweifel an der Zulässigkeit beruhten vor allem auf der Befürchtung einer Vernachlässigung des allgemeinen Sorgfaltsmaßstabs durch versicherte Organmitglieder bei Erfüllung ihrer organschaftlichen Pflichten.[68] Diesen Zweifeln ist durch § 93 II 3 AktG begegnet worden. Danach muss bei Abschluss einer D&O-Versicherung für Vorstände ein Selbstbehalt vereinbart werden. Die Haftung mit dem Privatvermögen soll Pflichtverletzungen der Vorstandsmitglieder vermeiden. Eine solche gesetzliche Pflicht zur Vereinbarung eines Selbstbehalts besteht für Aufsichtsratsmitglieder nicht. Die Auswirkung des Pflichtselbstbehalts i.S.d. beabsichtigten Schadensprävention ist zweifelhaft.[69] Auch ohne Selbstbehalt werden Organmitglieder bei ihrer Tätigkeit nicht mit geringerer Sorgfalt vorgehen. Aufgrund der vertraglichen Voraussetzungen und der Beschränkungen des Leistungsanspruchs können sich Organmitglieder nicht auf das Eingreifen des Versicherungsschutzes verlassen. Es besteht die Gefahr, dass die Versicherungssumme durch den Schaden, gegebenenfalls auch um ein vielfaches, überschritten ist oder ein Leistungsausschlussgrund eingreift. Daneben besteht die Möglichkeit arbeitsrechtlicher oder sogar strafrechtlicher Sanktionen.

44 Daneben wird der Einwand erhoben, die D&O-Versicherung verstoße gegen die Einschränkungen des Anspruchsverzichts gegen Organmitglieder nach § 93 IV 3 AktG. Die D&O-Versicherung führe zu einem zirkulären Geldumlauf zwischen Gesellschaft, VR und Organmitglied und komme damit einer unzulässigen Haftungsfreistellung bzw. einem unzulässigen Verzicht auf Schadensersatzansprüche gleich.[70] Gegen diese Bedenken spricht, dass die Gesellschaft mit dem Abschluss der D&O-Versicherung bei Anspruchsdeckung lediglich den VR als solventen Schuldner hinzugewinnt. Der Haftpflichtanspruch gegenüber dem Organmitglied bleibt uneingeschränkt bestehen.[71] Mit der Einführung des § 93 II 3 AktG sind die Zulässigkeitsbedenken endgültig ausgeräumt.

3. Natur der D&O-Versicherung

45 Bei der D&O-Versicherung handelt es sich um eine freiwillige Haftpflichtversicherung für fremde Rechnung zum vorrangigen Schutz der versicherten Personen vor Haftungsrisiken wegen Vermögensschäden.[72]

46 Die D&O-Versicherung dient aus versicherungsrechtlicher Sicht in erster Linie dem Schutz des versicherten Organmitglieds, indem dieses von der Erfüllung der Schadensersatzpflicht gegenüber der Gesellschaft und Dritten befreit wird.[73] In der als Haftpflichtversicherung konzipierten D&O-Versicherung nimmt die Gesellschaft im Rahmen der Innenhaftung ebenso wie der Drittgeschädigte im Bereich der Außenhaftung die Stellung des Haftungsgläubigers ein und ist somit – wie bei allen freiwilligen Haftpflichtversicherungen – nicht in den Schutzbereich der Versicherung einbezogen.[74] Soweit in der Literatur[75] früher teilweise vertreten wurde, dass die D&O-Versicherung in erster Linie dem Eigeninteresse der Gesellschaft diene, ist dies überholt.

47 Die D&O-Versicherung bewirkt mittelbar auch den Schutz der Gesellschaft vor einer Zahlungsunfähigkeit des ihr zum Schadensersatz verpflichteten Organmitglieds.[76] Teilweise werden inzwischen auch Deckungsbausteine vereinbart, die unmittelbar der Versicherungsnehmerin Ansprüche unter der D&O-Versicherung

---

65 Terbille/Höra/Sieg, § 17 Rn. 41; Fleischer, § 12 Rn. 2; Hüffer/Koch AktG, § 84 Rn. 22; Kort DStR 2006, 799; Olbrich, S. 83 f.; Schmitt, S. 110; Osswald, S. 27; a.A. Habetha, S. 171 ff. wg. Verstoßes gegen § 93 IV AktG (nur bei angemessenem Selbstbehalt wg. Normzweck des § 93 II AktG); Pammler, S. 82 ff.; Ulmer, in: FS Canaris, S. 451, 462 ff.
66 Entwurf eines Gesetzes zur Reform des Versicherungsvertragsrechts, BT-Drucks. 16/3945, S. 85.
67 Ziff. 3.8 Deutscher Corporate Governance Codex.
68 Fleischer, § 12 Rn. 3, 9 m.w.N; Wagner VersR 2001, 1057, 1069.
69 Schulz VW 2009, 1410, 1411; Dreher AG 2008, 429, 430 m.w.N.; Stellungnahmen zum Fraktionsentwurf des VorstAG zur öffentlichen Anhörung des Rechtsausschusses des Deutschen Bundestags am 25.05.2009, BDI S. 7; Hirte, S. 31; Goette, S. 7.
70 Schüppen/Sanna ZIP 2002, 550, 553; Habetha, S. 173 ff., 183.
71 Vgl. Fleischer, § 12 Rn. 8; P/M/Voit, Ziff. 1 AVB-AVG Rn. 2; Olbrich, S. 64 f.; Pammler, S. 44 ff.; Dreher AG 2008, 429 ff.
72 OLG München VersR 2005, 540; B/M/Baumann, AVB-AVG Einf. Rn. 5.
73 OLG München VersR 2005, 540, 541; LG Marburg DB 2005, 437, 438; vgl. Koch GmbHR 2004, 18, 22.
74 OLG München VersR 2005, 540, 541; LG Marburg DB 2005, 437, 438.
75 Vgl. hierzu ausführlich Dreher ZHR 165 (2001), 293, 309 ff.; ders. DB 2005, 1669, 1670 ff.; Fleischer, § 12 Rn. 11 ff.; Wissmann/Adolphs StudZR 2005, 489, 497; Olbrich, S. 208.
76 OLG München VersR 2005, 540, 541; Pammler, S. 58, 112; Veith/Gräfe/Gebert/Lange, § 21 Rn. 9; Ulmer, in: FS Canaris, S. 451, 460 ff.; Dreher/Thomas ZGR 2009, 31, 33, 37 ff.

einräumen (z.B. sog. Side-B- und Side-C-Deckung).[77] Die D&O-Versicherung wird als Bestandteil eines ordnungsgemäßen Risikomanagements angesehen.[78] Durch die Absicherung soll die Konzentration der Organmitglieder auf ihre Aufgabe als Geschäftsführer, Vorstands- oder Aufsichtsratsmitglied auch im Schadensfall ohne die Befürchtung des persönlichen finanziellen Ruins gewährleistet werden.[79] Daneben dient die D&O-Versicherung der Rekrutierung qualifizierter Führungskräfte. Ohne eine derartige Versicherung wird eine Vielzahl von Kandidaten eine Organstellung ablehnen.[80] Der D&O-VR kann im Streitfall die Stellung eines Vermittlers zwischen Gesellschaft und Organmitglied einnehmen.[81] Die Vorteile für die Gesellschaft stellen sich gem. der Rspr. jedoch lediglich als Reflex des Schutzes der versicherten Person und nicht als beabsichtigter Zweck der D&O-Versicherung dar.[82]

Der Abschluss einer D&O-Versicherung steht dem Unternehmen grundsätzlich frei. Es handelt sich nicht um eine Pflichtversicherung.[83] Diskutiert wird allerdings die mögliche Verpflichtung der Geschäftsleiter zum Abschluss einer D&O-Versicherung im Rahmen der Erfüllung der Pflicht zum angemessenen Risikomanagement gem. § 91 II AktG.[84] 48

Für die D&O-Versicherung gelten die allgemeinen Grundsätze der Haftpflichtversicherung. Es gilt insbes. das sog. Trennungsprinzip.[85] Danach sind die Haftpflichtfrage und die Deckungsfrage unabhängig voneinander und in getrennten Prozessen zu verhandeln.[86] Dem Haftpflichtversicherer steht bei Inanspruchnahme des Versicherten ein Wahlrecht zu, die gegen den Versicherten geltend gemachten Ansprüche abzuwehren oder zu befriedigen.[87] Zu diesem Zeitpunkt besteht lediglich ein fälliger Deckungsanspruch des Versicherten auf Rechtsschutz und Anspruchsabwehr. Der Freistellungsanspruch bzgl. der geltend gemachten Schadensersatzforderung wird gem. § 106 VVG erst zwei Wochen nach der Feststellung des Anspruchs durch rechtskräftiges Urteil, Anerkenntnis oder Vergleich fällig. Die entscheidungserheblichen Feststellungen im Haftpflichtprozess haben Bindungswirkung für das Deckungsverhältnis zwischen Versichertem und VR.[88]

4. Rechte aus dem Versicherungsvertrag

Bei der D&O-Versicherung als Versicherung für fremde Rechnung stehen die Rechte aus dem Versicherungsvertrag gem. § 44 I VVG dem Versicherten zu. 49

Die Klage- und Verfügungsbefugnis über die Rechte aus dem Versicherungsvertrag liegt bei der Versicherung für fremde Rechnung gem. §§ 44 II, 45 I, II VVG grundsätzlich bei der VN, welche i.d.R. im Besitz des Versicherungsscheins ist.[89] Der VR ist zur Leistung an die VN nur verpflichtet, wenn der Versicherte seine Zustimmung zu der Versicherung erteilt hat. Die §§ 44 II, 45 II VVG sind bei der D&O-Versicherung als Haftpflichtversicherung grundsätzlich abbedungen (vgl. Ziffer 10.1 AVB-AVG) bzw. durch die spezielleren gesetzlichen Bestimmungen der Haftpflichtversicherung verdrängt.[90] Ein Direktanspruch der VN als Geschädigte stünde im Widerspruch zu dem in der Haftpflichtversicherung geltenden Trennungsprinzip und dem Wahlrecht des VR zur Gewährung von Abwehrdeckung oder Freistellung. In Betracht kommt nach Maßgabe der zugrunde liegenden Versicherungsbedingungen allenfalls eine Prozessstandschaft der VN zur Geltendmachung der Rechte zugunsten der versicherten Personen.[91]

Die Gestaltungsrechte bzgl. des Versicherungsvertrags liegen bei der VN als Vertragspartnerin des VR. Dies gilt unabhängig von der Verfügungsbefugnis über den einzelnen materiellen Deckungsanspruch.[92] Die VN kann daher das Versicherungsverhältnis kündigen oder anfechten, hiervon zurücktreten oder Vertragsaufhebung vereinbaren. In dem Fall kann sich die VN gegenüber den versicherten Personen schadensersatzpflichtig 50

---

77 *Lange*, § 3 Rn. 20; *Gruber/Mitterlechner/Wax*, § 4 Rn. 12 ff.
78 *Seibt/Saame* AG 2006, 901, 902 f.
79 OLG München VersR 2005, 540, 541; *Terbille/Höra/Sieg*, § 17 Rn. 39; *Vetter* AG 2000, 453, 458; *Dreher* ZHR 165, 293, 310.
80 OLG München VersR 2005, 540, 542; *Pammler*, S. 60, 110 f.
81 *Veith/Gräfe/Gebert/Lange*, § 21 Rn. 54 ff.
82 LG Marburg DB 2005, 437, 438; *Dreher* ZHR 165, 293, 315; *Koch* GmbHR 2004, 18, 23.
83 *Dreher/Thomas* ZGR 2009, 31, 47 ff.; *P/M/Voit*, Ziff. 1 AVB-AVG Rn. 9; *Lange* VersR 2010, 162, 164; *Olbrich*, S. 72; *Veith/Gräfe/Gebert/Lange*, § 16 Rn. 2.
84 *Olbrich*, S. 72 f.; *Kort* DStR 2006, 799, 802; *Lange* DStR 2002, 1674, 1677; *Vetter* AG 2000, 453, 455.
85 OLG München VersR 2005, 540, 541; *Armbrüster* r+s 2010, 441, 442 f.
86 BGH r+s 2009, 62.
87 OLG München VersR 2005, 540, 542.
88 BGH VersR 2015, 181, VersR 2006, 106; VersR 2004, 590.
89 *P/M/Voit*, Ziff. 1 AVB-AVG Rn. 8; *Olbrich*, S. 54 ff.; *Pammler*, S. 32.
90 OLG Köln VersR 2008, 1673, 1675; OLG München VersR 2005, 540, 541; LG München I VersR 2005, 543, 544; LG Marburg DB 2005, 327; *Krieger/Schneider/Sieg*, § 15 Rn. 24; *L/W/Dageförde*, § 44 Rn. 22 ff.; *Dreher/Thomas* ZGR 2009, 31, 37 ff.; *Koch* WM 2007, 2173, 2176; *Langheid/Grote* VersR 2005, 1165, 1171; *Osswald*, S. 34 ff.; a.A. *Lange* VersR 2007, 893 ff.; *P/M/Voit*, Ziff. 1 AVB-AVG Rn. 8; *Ulmer*, in: FS Canaris, S. 451, 457.
91 OLG Düsseldorf NJOZ 2007, 1242; *Koch* WM 2007, 2173, 2177; *Lange* VersR 2007, 893 ff.; *Bank* VW 2008, 730, 732; a.A. *Thüsing*, Rn. 173.
92 *Dreher* ZHR 165, 293, 318; *Terbille/Höra/Sieg*, § 17 Rn. 63; *P/M/Klimke*, § 45 Rn. 1.

Anhang C D&O-Versicherung und Persönliche Selbstbehaltsversicherung

machen, etwa im Fall einer D&O-Versicherungsverschaffungsklausel im Anstellungsvertrag.[93] Daneben kommt der Einwand unzulässiger Rechtsausübung durch die versicherten Personen gegen Haftpflichtansprüche der VN in Betracht.[94] Pflichtwidrig kann es sein, wenn eine D&O-Versicherung durch den Insolvenzverwalter unabgestimmt und ankündigungslos beendet wird.[95] Das gleiche dürfte auch für die unabgestimmte und ankündigungslose Beendigung einer D&O-Versicherung in Bezug auf ausgeschiedene Organmitglieder gelten.

51 Die verfügungsberechtigte versicherte Person kann den Deckungsanspruch in Form der Freistellung von begründeten Schadenersatzansprüchen grundsätzlich abtreten, sofern kein gem. § 108 II VVG wirksames vertragliches Abtretungsverbot vorliegt. Die Abtretung des Deckungsanspruchs in Form der Abwehr unbegründeter Schadenersatzansprüche scheidet gem. § 399 BGB aus. Es handelt sich hierbei um einen höchstpersönlichen Anspruch, welcher nicht ohne Veränderung des Anspruchsinhalts an einen anderen als den ursprünglichen Gläubiger erfüllt werden kann.[96]

52 Bei der Abtretung des Freistellungsanspruchs kann der VR dem Zessionar gem. § 404 BGB die Einreden entgegenhalten, welche ihm zum Zeitpunkt der Abtretung gegenüber der versicherten Person zustanden. Hiervon umfasst ist grundsätzlich auch die Einrede der fehlenden Fälligkeit der Forderung.[97] Nach § 106 VVG ist der Freistellungsanspruch zwei Wochen nach Feststellung der Haftpflicht durch rechtskräftiges Urteil, Anerkenntnis oder Vergleich fällig. Ab Inanspruchnahme des Versicherten ist der Freistellungsanspruch zwar durch den VR erfüllbar. Sofern der VR sich jedoch für die Abwehr des geltend gemachten Schadensersatzanspruchs wegen Unbegründetheit entscheidet, wäre eine Deckungsklage auf Freistellung von der Haftpflicht als derzeit unbegründet abzuweisen.[98] Eine entsprechende Feststellungsklage wäre bei Gewährung von Abwehrdeckung bereits mangels Feststellungsinteresses unzulässig.[99]

53 Die Geltendmachung eines abgetretenen Deckungsanspruchs durch den Zessionar gegenüber dem VR ist nach der hier vertretenen Ansicht erst nach Fälligkeit des Freistellungsanspruchs gem. § 106 Satz 1 VVG sinnvoll. Im Fall der Abtretung an den Geschädigten kann die Fälligkeit durch den Versicherten als Zedenten und den Geschädigten als Zessionar herbeigeführt werden, indem diese die Feststellung des Haftpflichtanspruchs i.S.d. § 106 Satz 1 VVG durch Anerkenntnis bzw. Vergleich bewirken.

D&O-Bedingungswerke sahen in der Vergangenheit regelmäßig das Verbot eines Anerkenntnisses ohne Zustimmung des VR vor, um die Bindungswirkung solcher eigenmächtigen Feststellungen für das Deckungsverhältnis auszuschließen. Gem. der Begründung des Gesetzgebers zum Wegfall des § 154 II VVG a.F. ist ein solches Anerkenntnisverbot nicht notwendig. Der Gesetzgeber hat dort ausdrücklich klargestellt, dass ein eigenmächtiges Anerkenntnis des Versicherten den VR nur insoweit bindet, als der Anspruch ohnehin besteht. Das tatsächliche Bestehen des Anspruchs ist dann nachträglich im Rahmen des Deckungsprozesses inzident zu prüfen. Soweit das Anerkenntnis hierüber hinausgeht, hat der Versicherte für die vertraglich übernommene Verpflichtung selbst aufzukommen.[100]

54 In den D&O-Bedingungswerken nach Maßgabe des VVG 1908 wurde das Recht des Versicherten zur Abtretung des Anspruchs ohne Zustimmung des VR vor endgültiger Feststellung des Anspruchs regelmäßig ausgeschlossen. Gem. § 108 II VVG ist ein Verbot der Abtretung an den geschädigten Dritten im Wege Allgemeiner Versicherungsbedingungen nicht mehr zulässig. Hierzu wird vertreten, dass die versicherungsnehmende Gesellschaft nicht Dritte i.S.d. § 108 II VVG sein kann.[101] Dies entspricht der begrifflichen Differenzierung zwischen Dritten und versicherten Unternehmen in Ziffer 1.1 AVB-AVG. Die Rspr. geht allerdings davon aus, dass gerade bei Innenhaftungsfällen auch die VN Dritte i.S.d. § 108 II VVG sein kann.[102]

---

93 *Lange* VersR 2010, 162 ff.
94 *Terbille/Höra/Sieg*, § 17 Rn. 64; *Koch* GmbHR 2004, 160, 162.
95 OLG Hamburg r+s 2015, 498; a.A. BGH VersR 2016, 1000.
96 *Terbille/Höra/Sieg*, § 17 Rn. 179.
97 KG Berlin VersR 2007, 349; *Terbille/Höra/Sieg*, § 17 Rn. 185; *Schramm* PHi 2008, 24 f.; *Ihlas*, S. 405; a.A. P/M/*Voit*, Ziff. 1.1 AVB-AVG Rn. 9; *Langheid* VersR 2009, 1043.
98 OLG München VersR 2005, 540, 542; OLG Köln r+s 2008, 468, 469; LG Marburg DB 2005, 437, 438; *Terbille/Höra/Sieg*, § 17 Rn. 185; *Schramm* PHi 2008, 24 f.; *Bank* VW 2008, 730, 732; *Koch* WM 2007, 2173, 2176; van Bühren/*Lenz*, § 27 Rn. 49 f.; VersHB/*Beckmann*, § 28 Rn. 143a; *Dreher/Thomas* ZGR 2009, 31, 32; *Ihlas*, S. 406 f.; a.A. *Säcker* VersR 2005, 10 f.
99 Vgl. P/M/*Lücke*, § 100 Rn. 20.
100 BT-Drucks. 16/3945 S. 86.
101 *Schimmer* VersR 2008, 875, 878; *Armbrüster* NJW 2009, 187, 192; *ders.*, r+s 2010, 441, 448; RHSch/*Schimikowski*, § 108 Rn. 6; *Ihlas*, S. 408 ff.; a.A. *Lange* NJW 2007, 3745, 3846; *Koch* r+s 2009, 133, 134 f.; *Langheid* VersR 2009, 1043; B/M/*Koch*, § 108 Rn. 33; P/M/*Voit*, Ziff. 10 AVB-AVG Rn. 2; Veith/Gräfe/Gebert/*Lange*, § 21 Rn. 63; Grooterhorst/*Looman* NZG 2015, 215.
102 BGH, Urt. vom 13. April 2016, IV ZR 304/13 und IV ZR 51/14; Offen lassend: OLG Düsseldorf VersR 2013, 1522 f.; r+s 2014, 122, 123.

Die Beschränkung des § 108 II 2 VVG gilt nicht im Fall eines Großrisikos[103] i.S.d. § 210 VVG i.V.m. Art. 10 EGVVG.[104] Bedenken, dass eine entsprechende Klausel im Fall eines Großrisikos der Inhaltskontrolle nach § 305 BGB grundsätzlich nicht standhalten würde,[105] erscheinen nicht begründet. Der Gesetzgeber sieht in der Begründung zu § 210 VVG gerade die Möglichkeit einer Abbedingung des § 108 VVG vor.[106] Auch treffen die Motive des Gesetzgebers für die Regelung in § 108 II VVG auf die D&O-Versicherung nicht zu. In der Begründung wird abgestellt auf den in zahlreichen Fällen festgestellten Verstoß des Abtretungsverbots gegen Treu und Glauben bei Fehlen eines berechtigten Interesses des VR sowie auf das Interesse des Geschädigten, welcher grundsätzlich keine Kenntnis vom Versicherungsverhältnis hat.[107] Die Rspr. hat das Abtretungsverbot in der D&O-Versicherung teilweise als wirksam angesehen.[108] Es besteht in der D&O-Versicherung vor dem Hintergrund der erhöhten Kollusionsgefahr ein berechtigtes Interesse des VR, die Einhaltung des Trennungsprinzips durch die Vereinbarung eines Abtretungsverbots zu gewährleisten.[109] Die geschädigte Gesellschaft ist im Regelfall der Innenhaftung in der D&O-Versicherung als VN typischerweise mit den Einzelheiten des Versicherungsverhältnisses vertraut.

Eine begründete direkte Zahlungsklage des geschädigten Dritten gegenüber dem VR bei Abtretung des Deckungsanspruchs an diesen kommt nur in Betracht, wenn die Haftpflicht durch Urteil, Anerkenntnis oder Vergleich bereits festgestellt und der Freistellungsanspruch gem. § 106 VVG fällig ist.[110] In der Hand des geschädigten Dritten wandelt sich der fällige Freistellungsanspruch des Versicherten in einen Zahlungsanspruch um.[111]

Vielfach[112] wird vertreten, dass der geschädigte Dritte den VR auch bei Abtretung eines noch nicht fälligen Freistellungsanspruchs auf Zahlung in Anspruch nehmen kann, d.h. ohne Anerkenntnis, Vergleich oder rechtskräftigem Urteil und Ablauf der Zweiwochenfrist nach § 106 VVG. Als Begründung wird eine entsprechende Absicht des Gesetzgebers angeführt. In der Gesetzesbegründung heißt es hierzu, der VN könne ein Interesse daran haben, den Geschädigten an den VR zu verweisen, wenn dieser einen Haftpflichtanspruch in Frage stelle, den der VN – vielleicht wegen seiner Beziehungen zu dem Geschädigten – nicht einfach zurückweisen möchte. Zur Voraussetzung der Fälligkeit findet sich in der Gesetzesbegründung kein Hinweis. Hieraus kann nicht geschlossen werden, dass die gesetzlichen Regelungen zur Abtretung, insbes. § 404 BGB für den Freistellungsanspruch nicht gelten sollen. Vielmehr entspricht die in der Gesetzesbegründung geschilderte Situation der Motivlage für ein – nunmehr ohne Gefährdung des Versicherungsschutzes zulässiges – eigenmächtiges Anerkenntnis des Haftpflichtigen zur Vermeidung eines Haftpflichtprozesses. Dass der Haftpflichtige das Risiko für ein Anerkenntnis unbegründeter Ansprüche selbst trägt, ist nur gerecht. Will der Versicherte das Risiko eines eigenmächtigen Anerkenntnisses nicht tragen, kann er zur Entlastung seiner Beziehung zum Geschädigten im Hinblick auf den zu führenden Haftpflichtprozess auf die Weisungsbefugnis des VR verweisen. Ein Zahlungsanspruch des geschädigten Dritten vor dessen rechtskräftiger Feststellung würde auch zu Unstimmigkeiten im Fall der Abtretung während eines laufenden Haftpflichtverfahrens führen. Dieses bliebe ohne Anerkenntnis formell anhängig, der VR insoweit weisungsbefugt.[113] Ein inzidentes Verfahren zur Feststellung der Haftpflicht im Rahmen des Deckungsverfahrens würde mangels Ablaufs der Zweiwochenfrist des § 106 VVG ebenfalls nicht zu einem fälligen Deckungsanspruch führen.[114] Erwogen wird in der Literatur für diesen Fall ein Schadensersatzanspruch des VR gegen den Versicherten aus §§ 241 II, 280 BGB wegen Verletzung des Rücksichtnahmegebotes.[115]

Die inzidente Feststellung des tatsächlichen Bestehens eines eigenmächtig (vergleichsweise) anerkannten Anspruchs im Rahmen einer Zahlungsklage des Geschädigten gegenüber dem VR stellt keinen erheblichen Nachteil für den VR dar. Die Beweislast für die Begründetheit des Haftpflichtanspruchs liegt in dem Fall bei

---

103 Ein Großrisiko liegt vor bei Erfüllen von zwei der folgenden drei Merkmale durch die Versicherungsnehmerin bzw. der versicherten Unternehmensgruppe: Bilanzsumme von mehr als EUR 6,2 Mio., Nettoumsatzerlöse von mehr als EUR 12,8 Mio., durchschnittliche Arbeitnehmerzahl von mehr als 250 im Wirtschaftsjahr.
104 Terbille/Höra/*Sieg*, § 17 Rn. 184; *Bank* VW 2008, 730, 732; Veith/Gräfe/Gebert/*Lange*, § 21 Rn. 63; *Dreher/Thomas* ZGR 2009, 31, 44.
105 *Koch* WM 2007, 2173, 2177; *Bank* VW 2008, 730, 733; P/M/*Voit*, Ziff. 10 AVB-AVG Rn. 2.
106 BT-Drucks. 16/3945 S. 115.
107 BT-Drucks. 16/3945 S. 87.
108 LG München I VersR 2005, 543, 549; LG Wiesbaden VersR 2005, 545; *Koch* WM 2007, 2173, 2174.
109 *Armbrüster* NJW 2009, 188.
110 *Schramm* PHi 2008, 24, 25; *Schramm/Wolf* r+s 2009, 358 f.; *Lange* VersR 2008, 713, 714; *Bank* VW 2008, 730; Terbille/Höra/*Sieg*, § 17 Rn. 185; Veith/Gräfe/Gebert/*Lange*, § 21 Rn. 63.
111 BT-Drucks. 16/3945 S. 87.
112 *Langheid* VersR 2009, 1043, 1044; *Koch* r+s 2009, 133, 134 ff.; *Böttcher* NZG 2008, 645, 646; *Grote/Schneider* BB 2007, 2689, 2697; P/M/*Voit*, Ziff. 1 AVB-AVG Rn. 9, Ziff. 10 AVB-AVG Rn. 3; *Dreher/Thomas* ZGR 2009, 31, 39 ff.; *Olbrich*, S. 59; *Armbrüster* r+s 2010, 441, 449.
113 Vgl. *Koch*, in: Liber amicorum für Winter, S. 345, 355 f.
114 *Bank* VW 2008, 730, 733; a.A. *Armbrüster* r+s 2010, 441, 449 f. (Fälligkeit des Zahlungsanspruchs nicht nach § 105 Satz 1 VVG, sondern nach § 14 VVG).
115 *Ihlas*, S. 405; *Koch*, in: Liber amicorum für Winter, S. 345, 356.

der Geschädigten als Voraussetzung für die Deckung in Form der Freistellung.[116] Zwar steht das versicherte Organmitglied als Zeuge zur Verfügung. Andererseits wird das Gericht das eigene Interesse des Versicherten an der Feststellung des Anspruchs aufgrund des eigenen Risikos bzgl. eines darüber hinaus anerkannten Betrags entsprechend werten.[117] Diese Konstellation kann für den VR sogar vorteilhaft sein gegenüber einem Geständnis des Versicherten mit Bindungswirkung im Haftpflichtprozess.[118] Im Übrigen bleiben die versicherungsvertraglichen Obliegenheiten des Organmitglieds bzgl. der Anspruchsabwehr grundsätzlich auch nach (eigenmächtigem) Anerkenntnis und Abtretung bestehen.[119] Diskutiert wird die Möglichkeit, dass sich die Geschädigte gegenüber der versicherten Person wegen schlechter Prozessführung im Deckungsprozess schadensersatzpflichtig machen könnte.[120] Dies muss wohl in selber Weise gelten für Versäumnisse bzgl. des inzident geführten Haftpflichtprozesses, wenn die versicherte Person den Anspruch zuvor anerkannt hat.

5. Wissenszurechnung

57 Die Frage der Wissenszurechnung stellt sich in der D&O-Versicherung sowohl für das Verhältnis zwischen der VN und den versicherten Personen, insbes. im Hinblick auf vorvertragliche Aufklärungspflichten gegenüber dem VR gem. § 19 ff. VVG mit der möglichen Folge von Gestaltungsrechten für den VR, als auch für das Verhältnis zwischen den versicherten Personen, insbes. im Hinblick auf den Ausschluss vorvertraglich bekannter Pflichtverletzungen bei Rückwärtsdeckung und den Ausschluss vorsätzlich oder wissentlich begangener Pflichtverletzungen.[121]

58 Gem. § 19 VVG hat die VN dem VR die ihr bekannten Gefahrumstände anzuzeigen, welche für den Entschluss des VR, den Vertrag mit dem vereinbarten Inhalt zu schließen, erheblich sind und nach denen der VR in Textform gefragt hat. I.d.R. fragt der D&O-VR vor Vertragsschluss im Rahmen eines Fragebogens nach bekannten Umständen, welche zu einer nach dem Versicherungsvertrag gedeckten Inanspruchnahme führen könnten. Bei einer solchen schriftlichen Frage sind gem. der gesetzlichen Obliegenheit jegliche Indizien für das Vorliegen von Pflichtverletzungen von Organmitgliedern anzuzeigen. Jede mögliche Pflichtverletzung eines Organmitglieds begründet grundsätzlich die Möglichkeit einer Inanspruchnahme.

59 Zur Bestimmung der der VN bei Erklärungsabgabe bekannten Umstände gelten die allgemeinen Grundsätze der Wissenszurechnung der Repräsentanten der Gesellschaft, d.h. insbes. der Wissensvertreter und Wissenserklärungsvertreter.[122] Zusätzlich gilt für die D&O-Versicherung als Versicherung für fremde Rechnung die Zurechnungsnorm des § 47 VVG.[123] Danach wird der VN die Kenntnis versicherter Personen grundsätzlich zugerechnet.[124] Die Zwischenschaltung der VN in der Versicherung für fremde Rechnung soll die Anzeigeobliegenheiten gegenüber dem VR bzgl. des versicherten Risikos nicht einschränken. Eine Ausnahme von diesem Grundsatz besteht gem. § 47 II 1 VVG in dem Fall, dass der Versicherungsvertrag ohne das Wissen der versicherten Person geschlossen worden ist oder der versicherten Person eine rechtzeitige Benachrichtigung der VN nicht möglich oder nicht zumutbar war. In der Praxis werden mit der allgemeinen Verbreitung der D&O-Versicherung die Organmitglieder i.d.R. darauf achten, ob die Gesellschaft eine D&O-Versicherung abgeschlossen hat. I.d.R. besteht damit Kenntnis der versicherten Personen.[125] Im Fall des Vertragsschlusses ohne Auftrag des Versicherten gilt nach § 47 II 2 VVG die Rückausnahme, also die Zurechnung der Kenntnis versicherter Personen an die VN, wenn der fehlende Auftrag dem VR bei Vertragsschluss nicht angezeigt wurde. § 47 II 2 VVG greift i.d.R. nicht ein, da der D&O-VR grundsätzlich vor Vertragsschluss auch die Kenntnis der versicherten Personen abfragt. Bei Beantwortung dieser Fragen gibt die VN konkludent zu verstehen, dass die versicherten Personen, die zu dem zu versichernden Risiko befragt wurden, mit dem Versicherungsvertrag einverstanden sind und insoweit ein entsprechender Auftrag zum Vertragsschluss besteht.[126]

60 Teilweise wird kritisiert, es liege mit der D&O-Versicherung ein in sich widersprüchliches Konzept vor, da die Aufdeckung von Missständen und die fehlerfreie unternehmensinterne Kommunikation, insbes. das Repor-

---

116 Böttcher NZG 2008, 645, 648; Lange VersR 2006, 1313, 1318; Grote/Schneider BB 2007, 2689, 2699; Dreher/Thomas ZGR 2009, 31, 42 ff.; Grooterhorst/Looman NZG 2015, 215, 217; a.A. P/M/Voit, Ziff. 10 AVB-AVG Rn. 3; Ihlas, S. 400 f.
117 Lange r+s 2007, 401, 403; Armbrüster r+s 2010, 441, 450.
118 Vgl. Langheid, in: Liber amicorum für Winter, S. 367, 376, 378; Winter r+s 2001, 133, 138; Lange VersR 2006, 1313; a.A. LG München I VersR 2005, 543, 544; Koch WM 2007, 2173, 2176; Böttcher NZG 2008, 645, 648; Bank VW 2008, 730, 732; a.A. Armbrüster r+s 2010, 441, 450.
119 Vgl. P/M/Voit, Ziff. 10 AVB-AVG Rn. 3.
120 Ihlas, S. 417; 161, 168; Koch, in: Liber amicorum für Winter S. 356, 362; Dreher/Thomas ZGR 2009, 31, 46.
121 Koch WM 2007, 2173, 2180 ff.; Langheid/Grote VersR 2005, 1165 ff.
122 A.A. Winterling/Harzenetter VersW 2007, 1792, welche auf die allgemeinen gesellschaftsrechtlichen Zurechnungsgrundsätze abstellen.
123 Terbille/Höra/Sieg, § 17 Rn. 65; Koch WM 2007, 2173, 2180 ff.; Langheid/Grote VersR 2005, 465 ff.; Winterling/Harzenetter VersW 2007, 1792; Lange VersR 2006, 605, 606.
124 Lange VersR 2006, 605, 606 zum Fehlen einer eigenen vorvertraglichen Anzeigepflicht der Versicherten.
125 Koch WM 2007, 2173, 2181; Dreher/Thomas ZGR 2009, 31, 63.
126 Lange VersR 2006, 605, 607; Koch WM 2007, 2171, 2181; Dreher/Thomas ZGR 2009, 31, 63 f.

ting von Unregelmäßigkeiten, ein nicht unwesentlicher Bestandteil einer sorgfältigen und damit pflichtgemäßen Geschäftsleitung sei. Bei fahrlässigen Verletzungen dieser Pflicht solle die D&O-Versicherung grundsätzlich gerade Schutz gewähren. Andererseits kann sich die VN nicht auf ein mangelndes Verschulden der Anzeigepflichtverletzung berufen, weil die Kenntnis versicherter Personen nicht an die für den Vertragsschluss zuständigen Stellen kommuniziert wurde.[127] Gegen diese Kritik lässt sich anführen, dass nur das tatsächliche Wissen der versicherten Personen der anzeigepflichtigen VN nach Maßgabe des § 47 VVG zugerechnet wird. Das Risiko, dass bekannte Umstände tatsächlich nicht an die VN weitergegeben werden, ist dem Konzept der Versicherung für fremde Rechnung immanent und in der Regelung des § 47 VVG entsprechend berücksichtigt. Sofern versicherte Personen aufgrund einer von ihnen zu verantwortenden mangelhaften unternehmensinternen Kommunikation keine Anhaltspunkte für vertragsrelevante Umstände hatten, kommt eine Anzeigepflichtverletzung über die Zurechnungsnorm des § 47 VVG nicht in Betracht.

Die Rechtsfolgen einer Anzeigeobliegenheitsverletzung sind geregelt in § 19 VVG. Danach ist der VR je nach Verschuldensgrad berechtigt, den Vertrag durch Erklärung zu modifizieren, hiervon zurückzutreten oder zu kündigen. Daneben besteht gem. § 22 VVG die Möglichkeit, den Vertrag bei arglistiger Täuschung anzufechten. Eine arglistige Täuschung liegt insbes. vor, wenn die VN in dem üblichen Fragebogen im Rahmen der Erklärung zur Rückwärtsdeckung trotz Kenntnis keine Angaben zu möglichen Schadensersatzansprüchen wegen Pflichtverletzungen macht.[128] Es genügt das Bewusstsein, das ein Verhalten als pflichtwidrig angesehen und demnach die Möglichkeit von Schadensersatzansprüchen gegen Versicherte mit sich bringen könnte.[129] **61**

Die Ausübung des Gestaltungsrechts richtet sich auf das Vertragsverhältnis und entfaltet daher Wirkung für alle versicherten Personen. Bei der Modifizierung des Versicherungsvertrages sind Schadensfälle im Zusammenhang mit dem nicht angezeigten Umstand i.d.R. vom Versicherungsschutz ausgeschlossen. Denn nur unter einer solchen Ausschlussbedingung würden D&O-VR grundsätzlich einen D&O-Versicherungsvertrag mit Rückwärtsdeckung bei Kenntnis möglicher Pflichtverletzungen eingehen. Rücktritt und Anfechtung beseitigen den Versicherungsvertrag für alle versicherten Personen. Insbes. findet der Teilrücktritt gem. § 29 VVG bei Umstandskenntnis nur einer versicherten Person keine Anwendung, da zwar die Ursache der Anzeigepflichtverletzung in einer versicherten Person liegt, hiervon betroffen jedoch das gesamte versicherte Risiko aufgrund der gesamtschuldnerischen Haftung der versicherten Personen ist. Zudem gehört die anzeigepflichtige VN nicht zum Kreis der Versicherten.[130] Auf die Anfechtung ist § 29 VVG bereits nicht anwendbar.[131] **62**

Die in D&O-Versicherungsbedingungen vielfach zu findende »Severability«-Klausel, nach der das Verhalten einer versicherten Person den anderen versicherten Personen nicht zugerechnet wird, ist im Zusammenhang mit vorvertraglichen Anzeigeobliegenheiten und deren Rechtsfolgen nicht anwendbar.[132] Eine solche Klausel wirkt nur im Verhältnis zwischen versicherten Personen. Bei der Anzeigeobliegenheit geht es jedoch um die Wissenszurechnung im Verhältnis zwischen versicherten Personen und der VN.[133] § 47 VVG ist abdingbar. Es ist möglich, den Kreis der relevanten Wissensträger im Wege einer sog. Repräsentantenklausel einzuschränken.[134] **63**

V. Inanspruchnahmeprinzip (Claims-made-Prinzip)

Eine Besonderheit der D&O-Versicherung ist das Inanspruchnahmeprinzip.[135] Der Versicherungsfall i.S.d. § 100 VVG besteht in der Inanspruchnahme der versicherten Person durch den geschädigten Dritten (vgl. Ziffer 2 AVB-AVG). An den Versicherungsfall knüpfen zahlreiche gesetzliche und versicherungsvertragliche Bestimmungen an. Insbes. richtet sich der Versicherungsschutz nach den zu dem Zeitpunkt des Versicherungsfalls geltenden Bedingungen. **64**

Von dem Versicherungsfall durch Inanspruchnahme zu unterscheiden ist der sachliche und zeitliche Umfang des Versicherungsschutzes, d.h. die Frage, ob die der Inanspruchnahme zugrunde liegende sachlich versicherte Pflichtverletzung in den versicherten Zeitraum fällt.[136] Die Beweislast für das Einhalten der zeitlichen Grenzen als Voraussetzung für den Leistungsanspruch trägt der Versicherte.[137] **65**

---

127 Vgl. *Lange* VersR 2006, 605, 608.
128 LG Düsseldorf, Urt. vom 11. August 2010, 9 O 289/09.
129 LG Düsseldorf, Urt. v. 11. August 2010, 9 O 289/09.
130 *Lange* VersR 2006, 605, 611; *Langheid/Grote* VersR 2005, 1165, 1168.
131 OLG Düsseldorf VersR 2006, 785, 787.
132 *Dreher/Thomas* ZGR 2009, 31, 68 f.; *Winterling/Harzenetter* VW 2007, 1792, 1795; *Koch* WM 2007, 2173, 2182; *Schmitt*, S. 162 f.; *Dreher/Thomas* ZGR 2009, 31, 67; zu Severability-Klauseln siehe Veith/Gräfe/Gebert/*Lange*, § 21 Rn. 238 ff.; *Gädtke* r+s 2013, 313, 314 ff.
133 *Koch* WM 2007, 2173, 2181.
134 *Dreher/Thomas* ZGR 2009, 31, 69 ff.; Veith/Gräfe/Gebert/*Lange*, § 21 Rn. 227 ff.
135 Im Einzelnen siehe *Schramm*, S. 147 ff.
136 Vgl. Ziffer 2 und Ziffer 3 AVB-AVG; *Lange* r+s 2006, 177; für eine Kombination des Inanspruchnahme- und Verstoßprinzips: *Fleischer*, § 12 Rn. 47; VersHb/*Beckmann*, § 28 Rn. 99, 101, 105; *Koch* GmbHR 2004, 288, 291; *Olbrich*, S. 150; *Terbille/Höra/Sieg*, § 17 Rn. 113; *Ihlas*, S. 363 ff.; *Schmitt*, S. 128 f.; *Pammler*, S. 40.
137 A.A. *Lange* r+s 2006, 177, 178.

Anhang C D&O-Versicherung und Persönliche Selbstbehaltsversicherung

66 Für die D&O-Versicherung wurde das Inanspruchnahmeprinzip von dem bei Berufshaftpflichtversicherungsverträgen in den USA und England üblichen Claims-made-Prinzip übernommen.[138] Der Gesetzgeber hat in der Gesetzesbegründung zu § 100 VVG das »Claims-made«-Prinzip in der D&O-Versicherung ausdrücklich als Anknüpfungspunkt für die Definition des Versicherungsfalls in der Haftpflichtversicherung anerkannt.[139]

67 Ein Vorteil des Inanspruchnahmeprinzips ist die klare Abgrenzbarkeit des Zeitpunktes des Versicherungsfalls durch die Geltendmachung des Anspruchs. Die Übernahme des international üblichen Claims-made-Prinzips erleichtert den Einkauf von Rückversicherungsschutz für deutsche D&O-VR.[140] Teilweise wird im Hinblick auf das Erfordernis der Schriftform für die Inanspruchnahme kritisiert, dass der Versicherungsfall ein bestimmtes Verhalten des Anspruchsgläubigers voraussetze, das weder der Versicherte noch die VN verlangen könnten, und der Versicherungsfall daher von einem durch die Versicherten nicht beherrschbaren Verhalten anderer abhänge.[141] Die Tatsache, dass der Versicherungsfall an das Verhalten eines Dritten und nicht an ein zufälliges Ereignis anknüpft, ist unschädlich, da im Hinblick auf den Versicherungsschutz ein Gleichlauf des Interesses des Versicherten und des Geschädigten besteht. Der Geschädigte profitiert mittelbar vom Versicherungsschutz, wenn hinter dem Versicherten der VR als liquider Schuldner steht. Der gesteigerten Kollusionsgefahr kann durch Einschränkungen im Bedingungswerk begegnet werden.

68 Systematisch entspricht die Anknüpfung an die Inanspruchnahme als Versicherungsfall der gem. § 104 I 2 VVG mit diesem Zeitpunkt entstehenden Obliegenheit des Versicherten zur Schadenmeldung. Der Versicherungsfall fällt zusammen mit der Fälligkeit des Abwehrdeckungsanspruchs. Sofern die schriftliche Inanspruchnahme vorausgesetzt wird, ist die Anzeigeobliegenheit nach § 104 I 2 VVG i.d.R. durch eine entsprechende versicherungsvertragliche Regelung angepasst.

69 Die Definition des Versicherungsfalls in der Haftpflichtversicherung ist der AGB-rechtlichen Kontrolle entzogen, da die Definition des Versicherungsfalls einen nicht überprüfbaren Kernbereich des Versicherungsvertrages darstellt.[142] Mangels gesetzlicher Regelung des Versicherungsfalls in der Haftpflichtversicherung würde auch keine gesetzliche Regelung greifen, wenn die Definition des Versicherungsfalls unwirksam sein sollte, sodass der gesamte Vertrag unwirksam wäre. Selbst wenn man das Inanspruchnahmeprinzip trotzdem für überprüfbar hält, ist es wirksam. Das Inanspruchnahmeprinzip hat sich in dem deutschen Versicherungsrecht in den Bereichen D&O und EPLI bereits soweit etabliert, dass eine entsprechende Regelung in den zugrunde liegenden Versicherungsbedingungen nicht als überraschend angesehen werden kann.[143] Im Übrigen stellt das Inanspruchnahmeprinzip keine unangemessene Benachteiligung des Versicherten dar. Denkbare Nachteile des Inanspruchnahmeprinzips etwa gegenüber dem Verstoßprinzip sind jedenfalls im Fall der Rückwärtsdeckung und/oder einer Deckungserweiterung durch Vereinbarung eines Nachhaftungszeitraums durch gleichwertige Vorteile ausgeglichen.[144] Auch ohne Rückwärtsdeckung und Nachhaftung verbleibt ein – gegebenenfalls bei der Prämienhöhe angemessen zu berücksichtigender – ausreichender Versicherungsschutz für die Haftung der Organmitglieder wegen Pflichtverletzungen und Inanspruchnahme während der Vertragslaufzeit.[145]

VI. AVB-AVG

70 Unverbindliche Bekanntgabe des Gesamtverbandes der Deutschen Versicherungswirtschaft e.V. (GDV) Zur fakultativen Verwendung. Abweichende Vereinbarungen sind möglich.

**Allgemeine Versicherungsbedingungen
für die Vermögensschaden-Haftpflichtversicherung
von Aufsichtsräten, Vorständen und Geschäftsführern (AVB-AVG)
(Stand: Februar 2016)**

---

138 *Pataki* VersR 2004, 835, 837; *Teichler* ZfV 1984, 643, 644; *Späte/Schmimikowski/v. Rintelen*, § 1 AHB Rn. 99; *Kelch* VW 1998, 677, 678.
139 BT-Drucks. 16/3945 S. 85 (missverständlich bezugnehmend auf die »Schadenmeldung«); vgl. hierzu LG München I NJOZ 2008, 4725.
140 *Pataki* VersR 2004, 836, 837.
141 VersHb/*Beckmann*, § 28 Rn. 104.
142 BGH VersR 2014, 625, 627; differenzierend: *Baumann* VersR 2012, 1461.
143 Vgl. OLG München VersR 2009, 1066, 1067 f.; LG München I NJOZ 2008, 4725; *Schramm* VW 2008, 2071; Veith/Gräfe/Gebert/*Lange*, § 21 Rn. 79; *Heße* NZI 2009, 790, 791 f.
144 Vgl. OLG Frankfurt (Main) r+s 2013, 332, 333; LG München I NJOZ 2008, 4725; *Schramm* VW 2008, 2071; Vgl. P/M/Voit Ziff. 2 AVB-AVG Rn. 1 ff.; Krieger/Schreiber/*Sieg*, § 15 Rn. 44, 40; *Ihlas*, S. 366; Veith/Gräfe/Gebert/*Lange*, § 21 Rn. 75 ff.; *Koch* VersR 2011, 295, 297 f.
145 A.A. *Schimikowski* VersR 2010, 1533, 1538 ff.; *Baumann* NZG 2010, 1366, 1368 ff.; *Heße* NZI 2009, 790, 792 ff.; *Koch* VersR 2011, 295, 297 f.

D&O-Versicherung und Persönliche Selbstbehaltsversicherung Anhang C

Hinweis
Dieser Versicherungsvertrag ist eine auf dem Anspruchserhebungsprinzip (Claims-made-Prinzip) basierende Versicherung, das heißt der Versicherungsfall ist die erstmalige Geltendmachung eines Haftpflichtanspruchs gegen eine versicherte Person während der Dauer des Versicherungsvertrages.
Kosten (siehe Ziffer 4.3 Absatz 1 Satz 2) werden auf die Versicherungssumme angerechnet.

1. Versicherungsgegenstand

1.1 Der Versicherer gewährt Versicherungsschutz für den Fall, dass ein gegenwärtiges oder ehemaliges Mitglied des Aufsichtsrates, des Vorstandes oder der Geschäftsführung der Versicherungsnehmerin oder einer Tochtergesellschaft (versicherte Personen) wegen einer bei Ausübung dieser Tätigkeit begangenen Pflichtverletzung aufgrund gesetzlicher Haftpflichtbestimmungen für einen Vermögensschaden auf Schadenersatz in Anspruch genommen wird.
Tochtergesellschaften sind Unternehmen i.S.v. §§ 290 I, II, 271 I HGB, bei denen der Versicherungsnehmerin die Leitung oder Kontrolle direkt oder indirekt zusteht, entweder durch
– die Mehrheit der Stimmrechte der Gesellschafter oder
– das Recht, die Mehrheit der Mitglieder des Aufsichts-, des Verwaltungsrats oder eines sonstigen Leitungsorgans zu bestellen oder abzuberufen und sie gleichzeitig Gesellschafter ist oder
– das Recht, einen beherrschenden Einfluss aufgrund eines mit diesem Unternehmen geschlossenen Beherrschungsvertrages oder aufgrund einer Satzungsbestimmung dieses Unternehmens auszuüben.
Dies gilt nicht für Personengesellschaften i.S.d. deutschen Rechts und vergleichbare Gesellschaftsformen nach ausländischem Recht.
Neuhinzukommende und neugegründete Tochtergesellschaften sind ab dem Zeitpunkt, zu dem der Erwerb oder die Gründung dem Versicherer angezeigt wird, vom Versicherungsschutz erfasst, soweit der Versicherer der Mitversicherung schriftlich zugestimmt hat.
Förmlich bestellte Mitglieder in den entsprechenden aufsichts- und geschäftsführenden Organen nach den Rechtsordnungen der Mitgliedstaaten der EU gelten ebenfalls als versicherte Personen.
Nicht versichert sind Angehörige der rechts-, steuer-, wirtschaftsberatenden und wirtschaftsprüfenden Berufe, soweit diese beratende, prüfende oder forensische Aufgaben wahrnehmen.
Vermögensschäden sind solche Schäden, die weder Personenschäden (Tötung, Verletzung des Körpers oder Schädigung der Gesundheit von Menschen) noch Sachschäden (Beschädigung, Verderben, Vernichtung oder Abhandenkommen von Sachen) sind noch sich aus solchen Schäden herleiten. Als Sachen gelten auch Geld und geldwerte Zeichen.

1.2
Besteht eine Verpflichtung der Versicherungsnehmerin oder einer Tochtergesellschaft, versicherte Personen für den Fall, dass diese von Dritten im Sinne von Ziffer 1.1 Absatz 1 in dem in Ziffer 1.1 beschriebenen Umfang haftpflichtig gemacht werden, freizustellen (company reimbursement), so geht der Anspruch auf Versicherungsschutz aus diesem Vertrag in dem Umfang von den versicherten Personen auf die Versicherungsnehmerin oder ihre Tochtergesellschaft über, in welchem diese ihre Freistellungsverpflichtung erfüllt. Voraussetzung für den Übergang des Versicherungsschutzes ist, dass die Freistellungsverpflichtung nach Art und Umfang rechtlich zulässig ist.

a) Versicherungsnehmerin

Die D&O-Versicherung ist konzipiert für Organmitglieder juristischer Personen des Privatrechts.[146] Für juristische Personen des öffentlichen Rechts soll eine D&O-Versicherung wegen der im öffentlichen Recht bestehenden Besonderheiten, insbes. Weisungsrechte von Aufsichtsbehörden, Haftungsprivilegien und landesrechtliche Unterschiede, grundsätzlich nicht in Betracht kommen.[147] Diese Einschränkung gilt nicht für öffentlich-rechtliche Unternehmen, die in einer Rechtsform des Privatrechts betrieben werden.[148] Im deutschen Markt werden aber trotz der Bedenken im Schrifttum auch D&O-Versicherungen für juristische Personen des öffentlichen Rechts angeboten.

Das Konzept der D&O-Versicherung basiert auf der Rechtsform der VN als Kapitalgesellschaft.[149] Voraussetzung ist die eigene Rechtspersönlichkeit der VN und die getrennt zu behandelnde Haftung der VN und ihrer geschäftsführenden Personen. Bei Personengesellschaften sind diese Voraussetzungen nicht gegeben. Die Geschäftsführer unterliegen wegen des Prinzips der Selbstorganschaft dem maßgebenden Einfluss der Gesellschafter. Die Gesellschafter haften für die Verpflichtungen der Personengesellschaft verschuldensunabhängig. Die D&O-Versicherung würde in der Personengesellschaft einer Eigenversicherung der Gesellschafter gleich-

---

146 VersHb/*Beckmann*, § 28 Rn. 49; *Ihlas*, S. 329.
147 VersHb/*Beckmann*, § 28 Rn. 49; *Ihlas*, S. 330; *Olbrich*, S. 105 f.
148 *Olbrich*, S. 103 ff.; VersHb/*Beckmann*, § 28 Rn. 49.
149 Terbille/Höra/*Sieg*, § 17 Rn. 68; VersHb/*Beckmann*, § 28 Rn. 50.

kommen.[150] Eine Möglichkeit wäre jedoch, Leitungsorganen von Personengesellschaften Versicherungsschutz für die Fälle zu gewähren, in denen auch ein GmbH-Geschäftsführer haftbar gemacht werden könnte.[151]
In Betracht kommen als VN einer D&O-Versicherung daher grundsätzlich Aktiengesellschaften (einschließlich Europäischer Aktiengesellschaften (SE), KGaA und VVaG), GmbHs sowie wegen ihrer ähnlichen Struktur Vereine, Genossenschaften und Stiftungen.[152] Ebenso kann VN die Komplementärin einer GmbH & Co. KG zugunsten ihres Geschäftsführers sein.[153] Daneben steht die D&O-Versicherung unter Beachtung der oben dargelegten Grundsätze auch ausländischen Rechtsformen offen, so etwa der mit der deutschen GmbH vergleichbaren »Ltd.« (Private Limited Company by Shares) nach englischem Recht.[154]

b) Tochterunternehmen

73 Mitversichert sind i.d.R. auch die Organmitglieder der Tochterunternehmen der VN i.S.d. der Definition in Ziffer 1.1 Abs. 2 AVB-AVG. Die Definition entspricht den Voraussetzungen der §§ 290 I, II, 271 I HGB.[155] Ein rein faktischer Einfluss auf eine Gesellschaft aufgrund Personenidentität oder vertraglicher Bindungen genügt nicht.[156] Ein ausdrücklicher Katalog der mitversicherten Gesellschaften geht als besondere Vereinbarung der Bedingung nach Ziffer 1.1 Abs. 1 Satz 2 vor.[157]
Die oben erläuterte Einschränkung bzgl. Personengesellschaften des deutschen Rechts und vergleichbaren ausländischen Rechtsformen gilt entsprechend.
Der Versicherungsschutz beginnt bei neuen Tochterunternehmen ab Anzeige der Gründung oder des Neuerwerbs und schriftlicher Zustimmung des VR. Sofern eine solche ausdrückliche Regelung fehlt, stellt der Neuerwerb eines unter den Versicherungsschutz fallenden Tochterunternehmens einen gefahrerhöhenden Umstand i.S.d. § 23 VVG dar.[158] Der Erwerb ist daher anzeigepflichtig und die Einbeziehung in die Deckung unterliegt der Einwilligung des VR. Bei Fortfall der Voraussetzungen für ein Tochterunternehmen, insbes. Liquidation oder Anteilsveräußerung, endet der Versicherungsschutz.

74 Der territoriale Deckungsumfang der AVB-AVG ist beschränkt auf Organmitglieder nach den Rechtsordnungen der Mitgliedsstaaten der EU (siehe Ziffer 5.5 AVB-AVG). Umfasst sind davon auch neu zur EU hinzukommende Mitgliedsstaaten sowie außerhalb Europas gelegene Territorien.

c) Versicherte Personen

75 Versicherte Personen sind die Organmitglieder der VN und mitversicherter Tochterunternehmen. Bei der AG gelten als Versicherte regelmäßig die Mitglieder des Vorstands und des Aufsichtsrats, bei einer GmbH die Mitglieder der Geschäftsführung und – sofern vorhanden – ebenfalls des Aufsichtsrats. Mitglieder beratender Organe, wie etwa Beiräte oder Ausschüsse, sind grundsätzlich nicht in den Versicherungsschutz einbezogen.[159] Liquidatoren und Abwickler sowie Insolvenzverwalter sind grundsätzlich keine Organe einer juristischen Person.[160] Dasselbe gilt für den durch die Hauptversammlung oder Gericht eingesetzten Sonderprüfer.[161] Ein Besonderer Vertreter gem. § 147 II AktG ist kein Vorstands-, Aufsichtsrats- oder Geschäftsführungsmitglied i.S.v. Ziffer 1.1 und insoweit nicht vom Versicherungsschutz umfasst. Eine Einbeziehung durch entsprechende Vereinbarung ist jedoch denkbar.[162] Für Organmitglieder von Unternehmen nach ausländischem Recht gilt das Entsprechende. Eine Ausdehnung des Versicherungsschutzes durch besondere Vereinbarung ist möglich.

76 Der Versicherungsschutz knüpft abstrakt an die Position des Organmitglieds an ohne Benennung der einzelnen versicherten Personen. Wegen des Inanspruchnahmeprinzips und der nach Ziffer 3.1 AVB-AVG vorgesehenen Rückwärtsdeckung für in der Vergangenheit liegende Pflichtverletzungen umfasst der Versicherungsschutz auch ehemalige Organmitglieder. Sofern manche Bedingungswerke auch künftige Organmitglieder ausdrücklich einbeziehen, knüpft dies am Zeitpunkt des Versicherungsbeginns, nicht des Versicherungsfalls an. Der Versicherungsschutz umfasst lediglich die Haftpflicht der versicherten Personen aufgrund ihrer Tätigkeit als Organmitglieder.[163]

---

150 P/M/*Voit*, Ziff. 1 AVB-AVG Rn. 10; *Ihlas*, S. 330 f.
151 *Ihlas*, S. 331.
152 B/M/*Baumann*, Ziff. 1 AVB-AVG Rn. 6; *Ihlas*, S. 329; *Ries/Peininger*, S. 158.
153 Terbille/Höra/*Sieg*, § 17 Rn. 68; *Olbrich*, S. 102; VersHb/*Beckmann*, § 28 Rn. 50; *Ihlas*, S. 329 f.
154 *Ihlas*, S. 330.
155 *Olbrich*, S. 121 ff.
156 P/M/*Voit*, Ziff. 1 AVB-AVG Rn. 15.
157 P/M/*Voit*, Ziff. 1 AVB-AVG Rn. 14; Veith/Gräfe/Gebert/*Lange*, § 21 Rn. 13.
158 Terbille/Höra/*Sieg*, § 17 Rn. 72; *Ihlas*, S. 387.
159 Terbille/Höra/*Sieg*, § 17 Rn. 74; VersHb/*Beckmann*, § 28 Rn. 54; *Plück/Lattwein*, S. 173; *Olbrich*, S. 117.
160 Vgl. Terbille/Höra/*Sieg*, § 17 Rn. 75.
161 *Ihlas*, S. 349 ff.
162 *Ihlas*, S. 352 f.
163 Terbille/Höra/*Sieg*, § 17 Rn. 71; VersHb/*Beckmann*, § 28 Rn. 76; *Olbrich*, S. 103; *Ihlas*, S. 338.

Maßgeblich ist die wirksame Bestellung der Person zum Organmitglied. Die bloß faktische Ausübung von Organfunktionen ohne Bestellung genügt grundsätzlich nicht.[164] Fehlerhaft bestellte Organmitglieder sind mangels anderweitiger Vereinbarung wohl ebenfalls nicht vom Versicherungsschutz umfasst. Die haftungsrechtliche Gleichstellung mit Organen hat keinen Einfluss auf den Umfang des Versicherungsschutzes.[165] 77

Das Konzept der AVB-AVG bezieht sich nicht auf leitende Angestellte von Unternehmen. Der Grund liegt in der nach deutschem Recht unterschiedlichen Haftung von Organmitgliedern und leitenden Angestellten. Für leitende Angestellte besteht das Haftungsprivileg wegen betrieblich veranlasster Tätigkeit gem. der Rspr. des BAG. Es bestehen Bedenken, dass dieses Haftungsprivileg durch die Einbeziehung der leitenden Angestellten in die D&O-Versicherung gefährdet wäre.[166] Nach der Rspr. des BAG[167] wird die Haftungsprivilegierung wegen betrieblich veranlasster Tätigkeit durch eine freiwillige Berufshaftpflichtversicherung des Angestellten nicht in Frage gestellt. Dies muss in gleicher Weise für die D&O-Versicherung gelten.[168] In der Praxis können Prokuristen oder leitende Angestellte durch besondere Vereinbarung in den Versicherungsschutz einbezogen werden.[169] Die Einbeziehung steht teilweise unter der Einschränkung einer Haftung des Angestellten nach organschaftlichen Grundsätzen. Dann kann sich der Versicherungsschutz auf fehlerhaft bestellte Organe erstrecken, welche einen wirksamen Anstellungsvertrag mit der Gesellschaft als Unternehmensleiter haben.[170] In solchen Fällen kann zudem Versicherungsschutz bei Haftung nach ausländischem Recht bestehen. 78

In Ziffer 1.1 Abs. 3 findet sich die klarstellende Regelung, dass Angehörige der rechts-, steuer-, wirtschaftsberatenden und wirtschaftsprüfenden Berufe nicht versichert sind, soweit diese beratende, prüfende oder forensische Aufgaben wahrnehmen. Hintergrund ist der territoriale Anwendungsbereich auch in Ländern des Common Law. Danach gelten Wirtschaftsprüfer, welche über einen längeren Zeitraum zur Prüfung in einem Unternehmen tätig sind, als leitende Angestellte dieses Unternehmens und unterliegen damit dem Haftungsprivileg der Angestellten. 79

d) Pflichtverletzung bei Ausübung einer versicherten Tätigkeit

Voraussetzung für den Versicherungsschutz ist, dass das haftungsrelevante Verhalten des Versicherten in den Tätigkeitsbereich der versicherten Person als Organmitglied der VN oder ihrer Tochtergesellschaft fällt. Dies bezieht sich auf die Tätigkeiten, die dem Organmitglied im Rahmen seiner Funktion als Teil des Organs zugewiesen sind. Die Zuweisung ergibt sich aus den gesetzlichen Vorschriften, der Gesellschaftssatzung bzw. dem Gesellschaftsvertrag, aus Gesellschafterbeschlüssen sowie aus dem zugrunde liegenden Dienstvertrag.[171] 80

Versichert sind danach Pflichtverletzungen im Rahmen der Unternehmensleitung bzw. deren Beaufsichtigung und Kontrolle (§§ 76, 111 AktG). Daneben umfasst der Versicherungsschutz grundsätzlich auch Pflichtverletzungen des Organmitglieds in den Fällen der sog. Berufshaftung bei Tätigkeiten außerhalb der Unternehmensleitung oder -aufsicht im Zusammenhang mit Dienstleistungen des Unternehmens, etwa die fehlerhafte Kreditvergabe bei einem Kreditinstitut. Auch solche Tätigkeiten fallen nach dem Dienstvertrag regelmäßig in den Tätigkeitsbereich des Organs.[172] Einige D&O-Versicherungsbedingungswerke sehen einen entsprechenden Deckungsausschluss vor (vgl. Ziffer 5.3 AVB-AVG). Dann muss der schadenersatzbegründende Pflichtenverstoß gerade der Organtätigkeit zuzuordnen sein.[173] 81

Nicht vom Versicherungsschutz umfasst sind die Fälle, in denen der Versicherte als Privatperson wie jeder Dritte auch und nicht aufgrund seiner Organstellung in Anspruch genommen wird.[174] Dies kommt insbes. in Fällen der Vertreterhaftung wegen Inanspruchnahme besonderen persönlichen Vertrauens oder wegen eigenen wirtschaftlichen Interesses an einem Vertragsschluss in Betracht.[175] In den Fällen, in denen Organmitglieder gleichzeitig auch Gesellschafter der VN oder mitversicherter Tochtergesellschaften sind, scheidet Versicherungsschutz im Fall der sog. Durchgriffshaftung auf die Gesellschafter aus. In dieser Konstellation haftet die versicherte Person nicht wegen der Ausübung organschaftlicher Tätigkeit, sondern aufgrund ihres Verhaltens als Gesellschafter.[176] 82

---

164 VersHb/*Beckmann*, § 28 Rn. 55; *Fleischer*, § 12 Rn. 27; *Ihlas*, S. 340; *Olbrich*, S. 110; *Steinkühler* VW 2009, 94; a.A. P/M/*Voit*, Ziff. 1 AVB-AVG Rn. 12.
165 Vgl. *Steinkühler* VW 2009, 94; a.A. *Olbrich*, S. 108; P/M/*Voit*, Ziff. 1 AVB-AVG Rn. 12.
166 *Ihlas*, S. 343 ff.; *Lattwein* NVersZ 1999, 49, 50.
167 BAG NJW 1998, 1810, 1811.
168 Terbille/Höra/*Sieg*, § 17 Rn. 79; *Hanau*, in: FS Lorenz, S. 283.
169 *Ihlas*, S. 344 ff.; *Olbrich*, S. 110 f.
170 Vgl. *Steinkühler* VW 2009, 94.
171 VersHb/*Beckmann*, § 28 Rn. 76; *Ihlas*, S. 358.
172 VersHb/*Beckmann*, § 28 Rn. 81; *Thüsing*, Rn. 158; Veith/Gräfe/Gebert/*Lange*, § 21 Rn. 10; zur Abgrenzung zur Berufshaftpflichtversicherung: *Ihlas*, S. 360 ff.
173 *Ihlas*, S. 533, 360 ff.; *Olbrich*, S. 118 f.
174 Veith/Gräfe/Gebert/*Lange*, § 21 Rn. 11; *Ries/Peininger*, S. 155; Terbille/Höra/*Sieg*, § 17 Rn. 82.
175 Terbille/Höra/*Sieg*, § 17 Rn. 82; a.A. P/M/*Voit*, Ziff. 1 AVB-AVG Rn. 18.
176 VersHb/*Beckmann*, § 28 Rn. 61; *Ihlas*, S. 359; *Olbrich*, S. 119 f.

83 Nach dem Konzept der AVB-AVG wird Versicherungsschutz nicht gewährt für sog. Outside Directorships, d.h. Fremdmandate des Organmitglieds bei nicht mitversicherten Unternehmen. In der Praxis spielt dies insbes. bei Banken und Beteiligungsgesellschaften eine Rolle. Grund für den Ausschluss in Ziffer 5.7 AVB-AVG ist, dass eine entsprechende Versicherung der Tätigkeit bei anderen Gesellschaften wegen der gesamtschuldnerischen Haftung zur Mitversicherung der Geschäftsführung des anderen Unternehmens führen würde. Die zur Einschätzung dieses Risikos erforderlichen Informationen liegen dem VR regelmäßig nicht vor. Daneben besteht die Befürchtung, dass Ansprüche in einem solchen Fall bevorzugt gegen das versicherte fremdmandatierte Organmitglied geltend gemacht würden.[177] Ebenfalls ausgeschlossen ist eine Beratertätigkeit des Organs aufgrund eines Beratervertrages.[178]

e) Gesetzliche Haftpflichtbestimmungen

84 Gesetzliche Haftpflichtbestimmungen sind Rechtsnormen, die unabhängig vom Willen der Beteiligten an die Verwirklichung eines versicherungsrelevanten Tatbestandes Rechtsfolgen knüpfen.[179] Hiervon umfasst sind Ansprüche wegen Verletzung vertraglicher Pflichten, deliktische Ansprüche sowie die gesetzliche gesellschaftsrechtliche Innenhaftung von Organmitgliedern.[180] Nicht erfasst sind besondere vertragliche Zusagen sowie Erfüllungs- und Gewährleistungsansprüche.[181] Nicht mehr ausgeschlossen sind nach den AVB-AVG öffentlich-rechtliche Anspruchsgrundlagen, wie z.B. Ansprüche nach der AO. Bußgelder und Gewinnabschöpfungen sind nicht vom Versicherungsschutz umfasst, da sie nicht auf Haftpflichtbestimmungen beruhen.[182] Der Regress wegen eines gegen das Unternehmen verhängten Bußgeldes stellt eine Inanspruchnahme aufgrund gesetzlicher Haftpflichtbestimmungen dar.[183]

f) Vermögensschaden

85 Der Versicherungsschutz bezieht sich ausschließlich auf sog. reine oder primäre Vermögensschäden. Die Definition der Vermögensschäden in Ziffer 1.1 Abs. 4 entspricht der für Vermögensschadenversicherungen allgemein üblichen Definition.[184] Reine Vermögensschäden werden danach negativ abgegrenzt von Personenschäden und Sachschäden sowie sog. unechten Vermögensschäden als adäquat kausale Folge eines Personen- oder Sachschadens.[185] Kein reiner Vermögensschaden liegt insbes. vor, wenn die Gesellschaft von einem Dritten wegen eines durch das Organmitglied verursachten Personen- oder Sachschadens in Anspruch genommen wird und anschließend Rückgriff bei dem Organmitglied nimmt.[186] Ein reiner Vermögensschaden setzt voraus, dass auch dem Dritten ein Vermögensschaden zugefügt wurde. Eine Identität zwischen dem Anspruchsteller des Personen- oder Sachschadens und dem Anspruchsteller ist für die Einordnung als unechter Vermögensschaden nicht notwendig.[187] Solche mittelbaren Personen- oder Sachschäden sind i.d.R. von der Betriebshaftpflichtversicherung der Gesellschaft gedeckt.[188]

86 Nicht vom Versicherungsschutz umfasst sind Ansprüche, welche sich nicht auf den Ersatz eines Schadens beziehen, insbes. Ansprüche auf Vertragserfüllung oder auf Rückzahlung von rechtsgrundlos ausgezahlten Bezügen.[189]

87 Der Versicherungsschutz umfasst weiterhin keine eigenen Schäden der versicherten Person. Gem. Ziffer 4.2 AVB-AVG ist bei einer Kapitalbeteiligung der versicherten Person oder einer ihrer Angehörigen an der VN der Versicherungsschutz im Fall der Innenhaftung um die entsprechende Quote der Kapitalbeteiligung vermindert. Dies gilt für unmittelbare und mittelbare, also auch treuhänderisch gehaltene Anteile der VN oder Tochtergesellschaft bzw. einer an dieser beteiligten Gesellschaft.[190] Maßgeblich ist der Zeitpunkt des Versicherungsfalles bzw. eine höhere Kapitalbeteiligung zum Zeitpunkt der Pflichtverletzung. Für die versicherte Person, die selbst im Lager der VN als geschädigte Dritte steht, läge die Situation einer echten Eigenschadenversicherung vor. Die versicherte Person würde sich quasi selbst in Anspruch nehmen. Eine solche Situation ist

---

177 Vgl. hierzu *Fleischer*, § 12 Rn. 28; *Ihlas*, S. 341 f.; *Olbrich*, S. 120; *Terbille/Höra/Sieg*, § 17 Rn. 73; VersHb/*Beckmann*, § 28 Rn. 83; *Olbrich*, S. 121.
178 *Ihlas*, S. 363.
179 BGH NJW 2000, 1194, 1195.
180 *Fleischer*, § 12 Rn. 33.
181 *Ihlas*, S. 354; *Olbrich*, S. 128.
182 P/M/*Voit*, Ziff. 1 AVB-AVG Rn. 17.
183 P/M/*Voit*, Ziff. 5 Rn. 15 AVB-AVG; *Dreher* VersR 2015, 781, 788.
184 VersHb/*Beckmann*, § 28 Rn. 67; *Ihlas*, S. 355 ff.; *Littbarski*, AHB, Vorbemerkungen Rn. 40; *Olbrich*, S. 135; *Pammler*, S. 38.
185 VersHb/*Beckmann*, § 28 Rn. 67; *Fleischer*, § 12 Rn. 31.
186 *Ihlas*, S. 356; *Olbrich*, S. 136.
187 *Terbille/Höra/Sieg*, § 17 Rn. 94; *Fleischer*, § 12 Rn. 32; a.A. VersHb/*Beckmann*, § 28 Rn. 70.
188 *Fleischer*, § 12 Rn. 32; VersHb/*Beckmann*, § 28 Rn. 70.
189 *Terbille/Höra/Sieg*, § 17 Rn. 85.
190 Vgl. *Lange* ZIP 2003, 466; *Dreher* ZHR 165, 293, 311.

schon wegen des möglichen Manipulationsrisikos nicht versicherbar.[191] Die zu erstattenden Abwehrkosten bemessen sich (bei Vergütung nach dem Rechtsanwaltsvergütungsgesetz) nach der Höhe des versicherten Schadenersatzanspruchs.[192]

g) Außenhaftung und Innenhaftung

Die Musterbedingungen unterscheiden nicht mehr zwischen der Deckung von Außen- und Innenhaftungsansprüchen. Damit haben sich die Musterbedingungen der Praxis angepasst, nach der bereits bisher sowohl Innenhaftungsansprüche wie auch die Außenhaftung unter den gleichen Voraussetzungen versichert waren und sind.[193] Ein Ausschluss oder eine Sublimitierung von Innenhaftungsansprüchen ist insbes. im Hinblick auf die Common Law-Länder üblich. Denkbar ist ebenfalls der Ausschluss von Ansprüchen, welche von einem Groß- oder Mehrheitsaktionär veranlasst oder erhoben werden. 88

h) Freistellung durch die Gesellschaft (Company Reimbursement)

Die Vereinbarung einer Freistellungsverpflichtung versicherter Personen durch die VN oder eine Tochtergesellschaft von Ansprüchen Dritter ist nach deutschem Recht zulässig, sofern die versicherte Person nicht gleichzeitig Pflichten gegenüber der Gesellschaft verletzt hat.[194] Die Gesellschaft ist gem. §§ 669, 670 BGB grundsätzlich dazu verpflichtet, die Aufwendungen ihrer Organe zur Abwehr solcher Ansprüche vorzuschießen.[195] In diesem Fall greift die Regelung in Ziffer 1.2. Danach geht der Anspruch auf Versicherungsschutz in der Höhe der Freistellung der versicherten Person durch die VN bzw. ihre Tochtergesellschaft auf diese über. Insoweit wandelt sich die D&O-Versicherung als Fremdversicherung in eine Eigenversicherung der VN um.[196] Ohne entsprechende Vereinbarung besteht bei Freistellung durch die Gesellschaft mangels einer persönlichen Haftung des Organmitglieds kein Versicherungsschutz.[197] Sofern der VR bereits geleistet hat, geht ein Freistellungsanspruch des Organmitglieds gegen die Gesellschaft gem. § 86 I 1 VVG auf den VR über.[198] 89

2. Versicherungsfall (Claims-made-Prinzip)

Versicherungsfall ist die erstmalige Geltendmachung eines Haftpflichtanspruchs gegen eine versicherte Person während der Dauer des Versicherungsvertrages. Im Sinne dieses Vertrages ist ein Haftpflichtanspruch geltend gemacht, wenn gegen eine versicherte Person ein Anspruch schriftlich erhoben wird oder ein Dritter der Versicherungsnehmerin, einer Tochtergesellschaft oder der versicherten Person schriftlich mitteilt, einen Anspruch gegen eine versicherte Person zu haben.

Der Versicherungsfall ist definiert als die erstmalige Geltendmachung eines Haftpflichtanspruchs gegen eine versicherte Person während der Dauer des Versicherungsvertrages (siehe A.V.). Die Vertragsdauer entspricht dem im Versicherungsschein genannten bzw. ausdrücklich verlängerten Zeitraum. Für die Zuordnung zu einer bestimmten Versicherungsperiode ist auf die erstmalige Geltendmachung des Haftpflichtanspruchs abzustellen, wenn es keine vorherige wirksame Umstandsmeldung gab. Im Fall der Innenhaftung ist die Anspruchserhebung gegenüber der versicherten Person vorausgesetzt, während im Fall der Außenhaftung die Mitteilung eines gegen die versicherte Person erhobenen Anspruchs an eine versicherte Gesellschaft genügt. Maßgeblich ist der Zeitpunkt des Zugangs der Inanspruchnahme.[199] § 130 BGB gilt für die Anspruchserhebung als geschäftsähnliche Handlung entsprechend.[200] Bei Klageerhebung ist der Zeitpunkt der Rechtshängigkeit gem. § 261 ZPO entscheidend.[201] § 167 ZPO, nach welchem eine demnächst erfolgende Zustellung der Klageschrift auf den Zeitpunkt der Einreichung zurückwirkt, ist im Hinblick auf die Zuordnung zu einer Versicherungsperiode nicht anwendbar.[202] 90

Im Hinblick auf die Anspruchserhebung kann auf die Rspr. zu § 153 II VVG 1908 bzw. § 104 I 2 VVG zurückgegriffen werden.[203] Diese Vorschrift setzt für die Anspruchserhebung eine ernsthafte Forderung voraus. Dies ist der Fall, wenn Ansprüche angemeldet werden, die nicht erkennbar scherzhafter Natur sind. Auf die Durchsetzbarkeit oder die Begründetheit kommt es dabei nicht an.[204] Eine bloße Ankündigung von Ansprü- 91

---

191 *Olbrich*, S. 165 ff.; Wirksamkeitsbedenken: *Lange* ZIP 2003, 466, 468 ff.; *Koch* GmbHR 2004, 18, 20.
192 A.A. *Olbrich*, S. 167.
193 *Olbrich*, S. 141 ff.
194 *Thomas*, S. 26 ff.; *Fleischer* WM 2005, 915 f.; *Dreher* DB 2005, 1669, 1672; *Koch* GmbHR 2004, 18, 26; *Pammler*, S. 39; Zur Übernahme einer Geldstrafe durch die Gesellschaft: BGH NZG 2014, 1058.
195 *Fleischer* WM 2005, 915 f.
196 *Dreher* DB 2005, 1669, 1672; a.A. P/M/*Voit*, Ziff. 1 AVB-AVG Rn. 22.
197 *Olbrich*, S. 146 f.
198 *Veith/Gräfe/Gebert/Lange*, § 21 Rn. 66; *ders.* VersR 2011, 429, 432.
199 P/M/*Voit*, Ziff. 2 AVB-AVG Rn. 3; *Steinkühler/Kassing* VersR 2009, 607 ff.
200 *Steinkühler/Kassing* VersR 2009, 607 f.
201 *Steinkühler/Kassing* VersR 2009, 607, 608 ff.
202 *Steinkühler/Kassing* VersR 2009, 607, 608 f.
203 Vgl. OLG Frankfurt (Main) r+s 2010, 61, 62 f.; *Schramm*, S. 164; *Steinkühler/Kassing* VersR 2009, 607, 608.
204 BGH VersR 2004, 1043, 1044 f.; OLG Frankfurt (Main) r+s 2010, 61, 62 f.

Anhang C   D&O-Versicherung und Persönliche Selbstbehaltsversicherung

chen nach weiteren Sachverhalts- oder Schadensermittlungen genügt nicht. Nicht ausreichend ist insbes. eine lediglich aus anwaltlicher Vorsorge erfolgende Drohung mit einer Klage verbunden mit der Bitte um Verzicht auf die Einrede der Verjährung.[205]

92   An einer ernstlichen Inanspruchnahme fehlt es, wenn die Gesellschaft und die versicherte Person vereinbaren, dass ein Anspruch gegen die versicherte Person nicht in deren Privatvermögen vollstreckt werden soll, sofern der VR den Versicherungsschutz ablehnt, etwa im Rahmen einer Aufhebungsvereinbarung zum Dienstvertrag. An einer ernstlichen Inanspruchnahme fehlt es auch, wenn das verfasste Anspruchsschreiben nur den Anschein einer Inanspruchnahme erwecken soll.[206] Dieser Mangel der Ernstlichkeit kann an Indizien festgemacht werden. Für eine nicht ernstliche Inanspruchnahme kann sprechen, dass die VN die Ansprüche nicht unmittelbar gegen die versicherten Personen verfolgen will, die VN die Inanspruchnahme zeitlich ohne sachlichen Grund herauszögert, eine zeitliche Nähe zwischen der Inanspruchnahme und einer Abtretung, die versicherte Person sich nicht gegen den erhobenen Anspruch wendet, den Vorwurf einräumt, die versicherte Person keinen Kontakt zum Versicherer aufnimmt, das Beschäftigungsverhältnis fortgesetzt wird, die versicherte Person zeitglich auch als Gesellschafter Einfluss auf die Inanspruchnahme nehmen kann.[207] Der BGH hat das Erfordernis der Ernstlichkeit der Inanspruchnahme abgelehnt, sofern keine notwendige Anknüpfung in den Versicherungsbedingungen gegeben ist.[208] Kollusive Abreden zum Nachteil des VR sind zudem nichtig gem. § 138 I BGB. Sofern die Gesellschaft die Vollstreckung betreibt, ist eine Ernstlichkeit der Inanspruchnahme gegeben.[209]

93   Das Schriftformerfordernis gem. §§ 127, 126 BGB dient Beweiszwecken und der Abgrenzbarkeit der i.d.R. sehr komplexen Streitgegenstände zur Rechtssicherheit im Verhältnis zwischen Versicherten und VR. Ohne Schriftformerfordernis könnte der VR sich darauf berufen, dass derselbe Anspruch vor Versicherungsbeginn bereits mündlich erhoben worden sei und deshalb kein Versicherungsschutz bestehe. Ebenso könnten Versicherte den Zeitpunkt des Versicherungsfalleintritts nach Belieben manipulieren, um ihn so auf den günstigsten Zeitpunkt zu legen.[210]

94   Das Sichberühmen eines Anspruchs im Fall der Außenhaftung führt zu einer Vorverlagerung des Versicherungsfalls. Mit Eintritt des Versicherungsfalls entstehen die vertraglichen und gesetzlichen Obliegenheiten des Versicherten.[211]

Für mehrere Inanspruchnahmen gilt die Fiktion eines Versicherungsfalls gem. der üblichen Serienschadenklausel in Ziffer 4.5 AVB-AVG (vgl. 5. zu Ziffer 4).

3. Rückwärtsdeckung, Nachmeldefrist, Meldung von Umständen, Insolvenz

95   **3.1 Rückwärtsversicherung für vorvertragliche Pflichtverletzungen**

Der Versicherungsschutz erstreckt sich auch auf Versicherungsfälle aufgrund von vor Vertragsbeginn begangenen Pflichtverletzungen. Dies gilt jedoch nicht für solche Pflichtverletzungen, die eine versicherte Person, die Versicherungsnehmerin oder eine Tochtergesellschaft bei Abschluss dieses Versicherungsvertrages kannte. Als bekannt gilt eine Pflichtverletzung, wenn sie von der Versicherungsnehmerin, einer Tochtergesellschaft oder versicherten Personen als – wenn auch nur möglicherweise – objektiv fehlsam erkannt oder ihnen, wenn auch nur bedingt, als fehlsam bezeichnet worden ist – auch wenn Schadenersatzansprüche weder erhoben noch angedroht noch befürchtet worden sind.

3.2 Nachmeldefrist für Anspruchserhebungen nach Vertragsbeendigung

Der Versicherungsschutz umfasst auch solche Anspruchserhebungen, die auf Pflichtverletzungen beruhen, die bis zur Beendigung des Versicherungsvertrages begangen und innerhalb eines Zeitraums von … Jahren nach Beendigung des Versicherungsvertrages erhoben und dem Versicherer gemeldet worden sind.

Darüber hinaus hat die Versicherungsnehmerin das Recht, gegen Zahlung eines zusätzlichen Beitrags in Höhe von … % des letzten Jahresbeitrags die Vereinbarung einer weiteren Nachmeldefrist von … Jahr(en) zu verlangen; dies gilt jedoch nur, wenn der Versicherungsvertrag mindestens … Jahre bestanden hat. Das Recht der Versicherungsnehmerin, die Vereinbarung einer Nachmeldefrist zu verlangen, erlischt, wenn die Nachmeldefrist nicht innerhalb eines Monats nach Ablauf des Versicherungsvertrages schriftlich beim Versicherer beantragt wird oder wenn die Zahlung des zusätzlichen Beitrages für die Nachmeldefrist nicht unverzüglich geleistet wird.

---

205   BGH VersR 1979, 1117.
206   OLG Düsseldorf r+s 2014, 122, 124; VersR 2013, 1522, 1523.
207   Vgl. OLG Düsseldorf r+s 2014, 122, 124 f.; VersR 2013, 1522, 1524.
208   BGH, Urt. vom 13. April 2016, IV ZR 304/13 und IV ZR 51/14.
209   Terbille/Höra/*Sieg*, § 17 Rn. 108.
210   *Lange* r+s 2006, 177, 178.
211   Vgl. Veith/Gräfe/Gebert/*Lange*, § 21 Rn. 98 ff.

Die automatische Nachmeldefrist wie auch das Recht zum Erwerb einer weiteren Nachmeldefrist gilt nicht für des Fall eines Antrags auf Eröffnung des Insolvenzverfahrens über das Vermögen der Versicherungsnehmerin sowie in den Fällen der Vertragsbeendigung gem. Ziffer 9.3 sowie in den Fällen, in denen der Versicherungsvertrag wegen Zahlungsverzug beendet worden ist. Das gleiche gilt, wenn nach Beendigung dieses Vertrages eine anderweitige Vermögensschadenhaftpflichtversicherung für Unternehmensleiter abgeschlossen wird.

Versicherungsschutz besteht für die gesamte Nachmeldefrist im Rahmen und nach Maßgabe der bei Ablauf des letzten Versicherungsjahres geltenden Vertragsbestimmungen und zwar in Höhe des unverbrauchten Teils der Deckungssumme des letzten Versicherungsjahres.

3.3 Meldung von Umständen (Notice of Circumstance – Regelung)

Die versicherten Personen haben die Möglichkeit, dem Versicherer während der Laufzeit des Vertrages konkrete Umstände zu melden, die eine Inanspruchnahme der versicherten Personen hinreichend wahrscheinlich erscheinen lassen.

Kündigt der Versicherer das Versicherungsverhältnis, kann zudem eine Meldung solcher Umstände innerhalb einer Frist von … Tagen nach Beendigung des Vertrages erfolgen. Die Meldung von Umständen innerhalb dieser Frist von … Tagen nach Beendigung des Vertrages ist jedoch nicht möglich, wenn der Versicherungsvertrag aufgrund Zahlungsverzugs beendet worden ist.

Im Fall einer tatsächlichen späteren Inanspruchnahme, die aufgrund eines gemeldeten Umstandes spätestens innerhalb einer Frist von … Jahren erfolgen muss, gilt die Inanspruchnahme als zu dem Zeitpunkt der Meldung der Umstände erfolgt.

3.4 Insolvenz

Im Fall der Insolvenz der Versicherungsnehmerin oder eines Tochterunternehmens erstreckt sich die Deckung für die versicherten Personen des betroffenen Unternehmens nur auf Haftpflichtansprüche infolge von Pflichtverletzungen, welche bis zum Eintritt der Insolvenzreife begangen worden sind.

a) Pflichtverletzungen während der Versicherungsdauer

Das Grundkonzept der D&O-Versicherung setzt voraus, dass der Versicherungsfall, d.h. die erstmalige schriftliche Inanspruchnahme einer versicherten Person, während der Dauer des Versicherungsvertrages eingetreten ist. Nach dem Zeitpunkt des Versicherungsfalls bemisst sich die einschlägige Versicherungsperiode. Hierdurch wird der Versicherungsschutz gem. den maßgeblichen Bedingungen für die jeweilige Versicherungsperiode ausgelöst. Eine Ausnahme hiervon bildet die Möglichkeit einer Umstandsmeldung i.S.d. Ziffer 3.3.

Die früher in den AVB-AVG vorgesehene zeitliche Begrenzung auf Pflichtverletzungen, welche während der Dauer des Versicherungsvertrages begangen wurden, ist zwischenzeitlich gestrichen worden. Die zeitliche Begrenzung des Versicherungsschutzes in den AVB-AVG auf Pflichtverletzungen während der Versicherungsdauer war inhaltlich angelehnt an Versicherungskonzepte, welche auf dem Verstoßprinzip basieren.

b) Rückwärtsversicherung für vorvertragliche Pflichtverletzungen

Ziffer 3.1 erweitert den zeitlichen Umfang des Versicherungsschutzes auf Versicherungsfälle wegen Pflichtverletzungen vor Beginn des Versicherungsvertrages. In der Praxis wird eine solche Rückwärtsversicherung vereinzelt begrenzt auf einen bestimmten Zeitpunkt. I.d.R. ist der Versicherungsschutz bzgl. nachträglich erworbener oder gegründeter Tochterunternehmen auf Pflichtverletzungen nach dem Kontrollerwerb beschränkt.[212]

Grundsätzlich nicht vom Versicherungsschutz umfasst sind Ansprüche aufgrund von Pflichtverletzungen, welche die versicherte Person oder die VN bei Abschluss des Vertrages kannte. Die Kenntnis muss sich beziehen auf das tatsächliche Verhalten sowie die Einordnung dieses Verhaltens als möglicherweise pflichtwidrig.[213] D.h., dass die Pflichtverletzung nicht rechtskräftig festgestellt sein muss. Es genügt gem. der Fiktion in Ziffer 3.1 Satz 3, wenn die versicherte Person das Verhalten als möglicherweise objektiv fehlsam erkannt oder es ihm gegenüber zumindest bedingt als fehlsam bezeichnet worden ist. Dies gilt unabhängig von der Erhebung von Schadensersatzansprüchen. Die Kenntnis kann nicht durch die Erwägung ersetzt werden, dass die versicherte Person die betreffenden Umstände hätte kennen müssen.[214]

Abweichend von den AVB-AVG wird teilweise vereinbart, dass das Kennenmüssen der Pflichtverletzung der Kenntnis gleichsteht. Abweichend von der Legaldefinition in § 122 II BGB ist der Begriff des Kennenmüssens in diesem Zusammenhang als grob pflichtwidrige Unkenntnis i.S.d. Rspr. zu den Obliegenheiten im VVG zu verstehen.[215] Dies ergibt sich aus dem Regelungszweck i.V.m. dem Sinn und Zweck der Rückwärtsdeckung in der D&O-Versicherung. Keineswegs soll der Ausschluss des Kennenmüssens mit der fahrlässigen Begehung

---

212 Veith/Gräfe/Gebert/*Lange*, § 21 Rn. 16 ff.
213 OLG Koblenz r+s 2011, 512, 514; VersHb/*Beckmann*, § 28 Rn. 108; *Olbrich*, S. 153.
214 BGH VersR 2015, 89, 90 f.
215 A.A. *Koch* WM 2007, 2173, 2182.

Anhang C D&O-Versicherung und Persönliche Selbstbehaltsversicherung

von Pflichtverletzungen in der Vergangenheit gleichgesetzt sein. In dem Fall würde die Rückwärtsdeckung leer laufen.[216] Vielmehr soll vermieden werden, dass die VN bzw. versicherte Personen den Ausschluss einseitig vereiteln können, indem behauptet wird, trotz sich aufdrängender Tatsachen sei der Schluss auf eine mögliche Pflichtverletzung nicht gezogen worden. Versicherungsschutz über die Rückwärtsversicherung besteht dann nicht bei positiver Kenntnis und bei grob fahrlässiger Unkenntnis, wohl aber bei leicht fahrlässiger Unkenntnis. Eine grob pflichtwidrige Unkenntnis ist gegeben, wenn die versicherte Person Anhaltspunkten, an welche rückblickend betrachtet die mögliche Pflichtverletzung anknüpft, grob fahrlässig nicht nachgegangen ist. Unter grober Fahrlässigkeit versteht die Rspr. ein Verhalten, bei dem die verkehrserforderliche Sorgfalt in einem besonders hohen Maße verletzt worden und dasjenige unbeachtet geblieben ist, was im gegebenen Fall ohne Weiteres hätte einleuchten müssen.[217]

101 Bei Ziffer 3.1 handelt es sich nicht um einen Deckungsausschluss im versicherungsrechtlichen Sinne, sondern um die Eingrenzung der Rückwärtsdeckung als Deckungserweiterung. Die Beweislast für das fehlende Kennen der von der Rückwärtsversicherung gedeckten Pflichtverletzung liegt daher grundsätzlich bei der versicherten Person.[218] Allerdings trägt der VR im Ergebnis die sekundäre Beweislast für das Nichtvorliegen der fehlenden Kenntnis.

c) Nachhaftung

102 Gem. dem Inanspruchnahmeprinzip sind Ansprüche, die erst nach Ablauf des versicherten Zeitraums geltend gemacht werden, nicht gedeckt. Dies gilt auch, wenn sie auf Pflichtverletzungen beruhen, die während des versicherten Zeitraums begangen wurden. Aufgrund dieser Rechtslage können sich bei einem Wechsel des VR Deckungslücken ergeben. Diese Gefahr besteht, wenn Sachverhalte bekannt werden, welche dem neuen VR im Rahmen der vorvertraglichen Anzeigepflicht aufzudecken sind. Diese Sachverhalte sind unter dem neuen Versicherungsvertrag naturgemäß ausgeschlossen. Unter den alten Versicherungsvertrag fallen solche Fälle ebenfalls nicht, da mangels Inanspruchnahme kein Versicherungsfall vorliegt.[219]

103 Zur Vermeidung von Deckungslücken sehen die Musterbedingungen eine automatische Nachmeldefrist vor. Für den Nachhaftungszeitraum steht der Versicherungsschutz in Höhe des unverbrauchten Teils der Deckungssumme und nach dem Bedingungswerk des letzten Versicherungsjahres zur Verfügung.

104 Die Nachmeldefrist kann gegen Zahlung einer zusätzlichen Versicherungsprämie verlängert werden. Nach den AVB-AVG besteht ein bindendes Angebot des VR für eine solche Vereinbarung befristet auf einen Monat nach Ablauf des Versicherungsvertrages unter der Bedingung eines schriftlichen Antrags. Im Fall, dass der zusätzliche Beitrag nicht unverzüglich geleistet wird, soll das Recht der VN, die Vereinbarung einer Nachmeldefrist zu verlangen, ebenfalls erlöschen. Die Auslösung einer Nachhaftungsfrist ist damit an die Bedingung der unverzüglichen Erfüllung seitens der VN geknüpft.

105 Die Möglichkeit der Vereinbarung einer Nachhaftung ist ausgeschlossen für den Fall der Eröffnung des Insolvenzverfahrens über das Vermögen der VN sowie in den Fällen der Vertragsbeendigung gegen Liquidation oder Neubeherrschung gem. Ziffer 9.2. Hintergrund ist die im Rahmen der VVG-Reform erfolgte Streichung des Kündigungsrechts des VR bei Insolvenz des VN.

Eine Beratungs- und Hinweispflicht des VR bzgl. der Möglichkeit von Deckungslücken und bzgl. der Voraussetzungen einer Nachhaftung[220] kommt gem. § 6 VI VVG nicht bei Großrisiken oder bei der üblichen[221] Vermittlung des Versicherungsvertrages durch einen Versicherungsmakler in Betracht. Für den Versicherungsmakler gelten die Pflichten nach §§ 61 ff. VVG.

d) Umstandsmeldung

106 Ziffer 3.3 sieht zur Vermeidung von Deckungslücken nach Ablauf des Versicherungsvertrages die Möglichkeit einer Umstandsmeldung vor. Die versicherten Personen können dem VR während der Laufzeit des Vertrages einen Sachverhalt melden, der eine Inanspruchnahme der versicherten Person hinreichend wahrscheinlich erscheinen lässt. Im Fall einer Kündigung des Versicherungsvertrages ist auch eine Umstandsmeldung im unmittelbaren Anschluss möglich, sofern die Kündigung nicht auf einem Zahlungsverzug durch die VN basiert. In der Praxis besteht regelmäßig die Möglichkeit einer Umstandsmeldung sowohl durch die versicherte Person als auch die Versicherungsnehmerin sowie in zeitlicher Sicht bis zum Ablauf der Nachhaftungsfrist. Allerdings wird eine vertragsgemäße Umstandsmeldung regelmäßig an enge Voraussetzungen geknüpft.

---

216 Vgl. hierzu VersHb/*Beckmann*, § 28 Rn. 109.
217 BGHZ 10, 12, 16.
218 Offen lassend: OLG Koblenz r+s 2011, 513; a.A. VersHb/*Beckmann*, § 28 Rn. 110.
219 Vgl. VersHb/*Beckmann*, § 28 Rn. 111; Krieger/Schneider/*Sieg*, § 15 Rn. 42 ff.; *Koch* GmbHR 2004, 288, 291; *Olbrich*, S. 157; *Schmitt*, S. 130 ff.
220 So vertreten von P/M/*Voit*, Ziff. 3 AVB-AVG Rn. 7; *Notthoff* NJW 2003, 1350, 1352 f.
221 Vgl. *Ihlas*, S. 179 ff.

Spätere Inanspruchnahmen aufgrund der gemeldeten Umstände sind dann vielfach vom Versicherungsschutz des letzten Versicherungsjahres gedeckt. Ziffer 3.3 Abs. 2 sieht eine zeitliche Begrenzung für die gedeckten Inanspruchnahmen vor.

e) Insolvenzreife

Der zeitliche Umfang des Versicherungsschutzes ist weiter beschränkt auf Pflichtverletzungen, die bis zum Eintritt der Insolvenzreife der VN begangen worden sind. 107

Insolvenzreife tritt ein mit der Zahlungsunfähigkeit oder Überschuldung der Gesellschaft. Die zeitliche Beschränkung besteht unabhängig von einer Kenntnis oder einem Kennenmüssen der Unternehmensleitung von der Insolvenzreife. Abzustellen ist auf den objektiven Zeitpunkt des Eintritts der Insolvenzreife, auch wenn dieser erst nachträglich festgestellt wird. Der Zeitraum zwischen Eintritt und Erkennen der Insolvenzreife kann im Einzelfall von nicht unerheblicher Dauer sein und birgt ein erhebliches Haftungspotenzial.[222] Die Beweislast bzgl. des Zeitpunktes der Pflichtverletzung vor der Insolvenzreife liegt beim VN.[223] 108

Teilweise stellen D&O-Bedingungswerke auch auf die Eröffnung des Insolvenzverfahrens ab. Eine solche Beschränkung erfüllt jedoch nicht den Zweck, Haftungsrisiken im Zusammenhang mit der Insolvenz der Gesellschaft, insbes. der Insolvenzverschleppung, vom Versicherungsschutz auszuschließen. Ab dem Insolvenzantrag liegen die Entscheidungen der Unternehmensleitung regelmäßig bei dem durch Gericht vorläufig bestellten Insolvenzverwalter, welcher grundsätzlich nicht zum Kreis der versicherten Personen gehört. 109

Die Beschränkung des Versicherungsschutzes gem. Ziffer 3.4 hat keinen Einfluss auf die Vertragsdauer. Versicherungsschutz für Pflichtverletzungen vor Eintritt der Insolvenzreife wird bei Inanspruchnahme bis zum Ende der Versicherungsperiode gewährt. Auf Verlangen der VN kann der Vertrag aufgehoben werden. 110

4. Sachlicher Umfang des Versicherungsschutzes

4.1 Der Versicherungsschutz umfasst die Prüfung der Haftpflichtfrage, die Abwehr unberechtigter Schadenersatzansprüche und die Freistellung der versicherten Personen von berechtigten Schadenersatzverpflichtungen.

Berechtigt sind Schadenersatzverpflichtungen dann, wenn die versicherten Personen aufgrund Gesetzes, rechtskräftigen Urteils, Anerkenntnisses oder Vergleiches zur Entschädigung verpflichtet sind und der Versicherer hierdurch gebunden ist. Anerkenntnisse und Vergleiche, die von den versicherten Personen ohne Zustimmung des Versicherers abgegeben oder geschlossen worden sind, binden den Versicherer nur, soweit der Anspruch auch ohne Anerkenntnis oder Vergleich bestanden hätte.

Ist die Schadenersatzverpflichtung der versicherten Personen mit bindender Wirkung für den Versicherer festgestellt, hat der Versicherer die versicherten Personen binnen zwei Wochen vom Anspruch des Dritten freizustellen.

4.2 Besteht eine mittelbare oder unmittelbare Kapitalbeteiligung der versicherten Personen, die eine Pflichtverletzung begangen haben bzw. von Angehörigen dieser versicherten Personen (als Angehörige gelten Ehegatten, Lebenspartner im Sinne des Lebenspartnerschaftsgesetzes oder vergleichbare Partnerschaften nach dem Recht anderer Staaten, Eltern und Kinder, Adoptiveltern und -kinder, Schwiegereltern und -kinder; Stiefeltern und -kinder, Großeltern und Enkel, Geschwister sowie Pflegeeltern und -kinder (Personen, die durch ein familienähnliches, auf längere Dauer angelegtes Verhältnis wie Eltern und Kinder miteinander verbunden sind) an der Versicherungsnehmerin bzw. einer vom Versicherungsschutz erfassten Tochtergesellschaft, so umfasst der Versicherungsschutz bei Ansprüchen der Versicherungsnehmerin bzw. einer vom Versicherungsschutz erfassten Tochtergesellschaft nicht den Teil des Schadenersatzanspruchs, welcher der Quote dieser Kapitalbeteiligung entspricht. Berücksichtigt wird die Quote der Kapitalbeteiligung im Zeitpunkt des Versicherungsfalles im Sinne der Ziffer 2 an der Gesellschaft, die Ansprüche geltend macht. Sofern zum Zeitpunkt der Pflichtverletzung eine höhere Kapitalbeteiligung bestand, so wird ausschließlich diese berücksichtigt.

4.3 Für den Umfang der Leistung des Versicherers ist die im Versicherungsschein angegebene Versicherungssumme der Höchstbetrag für jeden Versicherungsfall und für alle während eines Versicherungsjahres eingetretenen Versicherungsfälle zusammen. Aufwendungen des Versicherers für Kosten der gerichtlichen und außergerichtlichen Abwehr der gegenüber einer versicherten Person von einem Dritten und/oder der Versicherungsnehmerin geltend gemachten Ansprüche (insbesondere Anwalts-, Sachverständigen-, Zeugen und Gerichtskosten) werden auf die Versicherungssumme angerechnet.

In jedem Versicherungsfall tragen die in Anspruch genommenen versicherten Personen den im Versicherungsschein aufgeführten Betrag selbst (Selbstbehalt). Im Falle der Ziffer 1.2 gilt statt des Selbstbehalts der versicherten Person der im Versicherungsschein aufgeführte Betrag für die Versicherungsnehmerin.

---

[222] Vgl. die Grundsatzentscheidung des BGH, NJW 2005, 3062; Bedenken zur Wirksamkeit P/M/*Voit*, Ziff. 3 AVB-AVG Rn. 18.
[223] P/M/*Voit*, Ziff. 3 AVB-AVG Rn. 17.

Anhang C D&O-Versicherung und Persönliche Selbstbehaltsversicherung

Soweit die versicherten Personen als Vorstandsmitglieder von Gesellschaften in Anspruch genommen werden, auf die das deutsche Aktiengesetz (AktG) Anwendung findet, gilt Folgendes:
Sofern kein höherer Selbstbehalt vereinbart ist, tragen die versicherten Personen im Versicherungsfall einen Selbstbehalt von ... % des Schadens bis zur Höhe des ...-fachen der festen jährlichen Vergütung des Vorstandsmitglieds.
Diese Selbstbehaltsregelung findet keine Anwendung auf Ansprüche wegen Pflichtverletzungen, die vor dem 05.08.2009 begangen worden sind oder solange und soweit die versicherte Gesellschaft gegenüber den Vorstandsmitgliedern aus einer vor dem 05.08.2009 geschlossenen Vereinbarung zur Gewährung einer D&O- Versicherung ohne Selbstbehalt verpflichtet ist.
Auf Abwehrkosten findet dieser Selbstbehalt keine Anwendung.

4.4 Der Versicherer ist bevollmächtigt, alle ihm zur Abwicklung des Schadens oder Abwehr der Schadenersatzansprüche zweckmäßig erscheinenden Erklärungen im Namen der versicherten Personen abzugeben.
Kommt es in einem Versicherungsfall zu einem Rechtsstreit über Schadenersatzansprüche gegen versicherte Personen, ist der Versicherer zur Prozessführung bevollmächtigt. Er führt den Rechtsstreit im Namen der versicherten Personen.
Wird ein Strafverfahren wegen einer Pflichtverletzung, die einen unter den Versicherungsschutz fallenden Haftpflichtanspruch zur Folge haben kann, die Bestellung eines Verteidigers für die versicherten Personen von dem Versicherer gewünscht oder genehmigt, so trägt der Versicherer die Kosten gemäß Rechtsanwaltsvergütungsgesetz, ggf. die mit ihm besonders vereinbarten höheren Kosten des Verteidigers.
Übersteigt der Streitwert die Versicherungssumme, so trägt der Versicherer nur die Kosten nach dem Streitwert in Höhe der Versicherungssumme.

4.5 Unabhängig von den einzelnen Versicherungsjahren gelten mehrere während der Wirksamkeit des Versicherungsvertrages geltend gemachte Ansprüche eines oder mehrerer Anspruchsteller
a) aufgrund einer Pflichtverletzung, welche durch eine oder mehrere versicherte Personen begangen wurde,
b) aufgrund mehrerer Pflichtverletzungen, welche durch eine oder mehrere versicherte Personen begangen wurden, sofern diese Pflichtverletzungen demselben Sachverhalt zuzuordnen sind und miteinander in rechtlichem, wirtschaftlichem oder zeitlichem Zusammenhang stehen,
als ein Versicherungsfall.
Dieser gilt unabhängig von dem tatsächlichen Zeitpunkt der Geltendmachung der einzelnen Haftpflichtansprüche als in dem Zeitpunkt eingetreten, in dem der erste Haftpflichtanspruch geltend gemacht wurde.

4.6 Falls die vom Versicherer verlangte Erledigung eines Haftpflichtanspruches durch Anerkenntnis, Befriedigung oder Vergleich an dem Verhalten der Versicherungsnehmerin oder einer versicherten Person scheitert oder falls der Versicherer seinen vertragsgemäßen Anteil zur Befriedigung des Geschädigten zur Verfügung stellt, so hat der Versicherer für den von der Weigerung bzw. der Zurverfügungstellung an entstehenden Mehraufwand an Hauptsache, Zinsen und Kosten nicht aufzukommen.

a) Abwehr unbegründeter Schadensersatzansprüche

111 Der sachliche Umfang des Versicherungsschutzes umfasst gem. Ziffer 4.1 Abs. 1 die Prüfung der Haftpflichtfrage, die Abwehr unberechtigter Schadensersatzansprüche und die Freistellung der versicherten Personen von berechtigten Schadensersatzverpflichtungen. Diese Regelung entspricht dem typischen Umfang des Deckungsschutzes einer Haftpflichtversicherung gem. § 100 VVG. Danach besteht bei einer Inanspruchnahme des Versicherten zunächst der Deckungsanspruch in Form eines Rechtsschutz- und Abwehranspruchs. Alternativ kann der VR den Versicherten direkt von dem geltend gemachten Schadensersatzanspruch freistellen. Insoweit steht dem VR ein Wahlrecht zu.[224] Fällig wird der Freistellungsanspruch gem. § 106 Satz 1 VVG erst nach rechtskräftiger Feststellung des Haftpflichtanspruchs. Sofern der Versicherte die Ansprüche des Dritten selbst erfüllt, wandelt sich der Deckungsanspruch in Form der Freistellung in einen Zahlungsanspruch gegen den VR um.

112 Der Deckungsanspruch in Form der Abwehr unbegründeter Schadensersatzansprüche umfasst die Gewährung von Rechtsschutz sowie die aktive Anspruchsabwehr durch den VR.[225] Der Abwehranspruch wird fällig bei der ernstlichen Inanspruchnahme des Versicherten i.S.d. VVG.[226] Der Fälligkeitszeitpunkt kann in der D&O-Versicherung vor dem Eintritt des Versicherungsfalls liegen, da dieser das zusätzliche Merkmal der

---

[224] BGH NJW 1956, 826, 827; OLG Köln VersR 2005, 540.
[225] VersHb/*Beckmann*, § 28 Rn. 84.
[226] BGH NJW 1979, 1117, 1118.

schriftlichen Inanspruchnahme voraussetzt.[227] Erst nach Eintritt des Versicherungsfalls besteht eine Leistungspflicht des VR.

Die Abwehrdeckung in Form des Rechtsschutzes begründet die Pflicht des VR zur Übernahme der zur außergerichtlichen und gerichtlichen Abwehr entstehenden Kosten. Die Grenze der Erstattungsfähigkeit liegt gem. der zugrundeliegenden Regelung in § 101 I VVG bei den nach den Umständen gebotenen Kosten. Darüber hinausgehende Aufwendungen hat der Versicherte selbst zu tragen. 113

Der Versicherungsschutz in Form der Abwehrdeckung kann sich auch auf die Führung von Aktivprozessen erstrecken, wenn der geschädigte Dritte gegen eigene Ansprüche der versicherten Person die Aufrechnung mit Schadensersatzansprüchen erklärt. In dem Fall sind die zur Führung des Aktivprozesses notwendigen Kosten vom Versicherungsschutz umfasst.[228] 114

Entsprechend der Regelung in § 101 I 3 VVG kann der VR gem. Ziffer 4.4 Abs. 3 ebenfalls die Kosten für ein gegen die versicherte Person eingeleitetes Strafverfahren wegen einer versicherten Pflichtverletzung übernehmen. Sofern der versicherten Person Straftaten vorgeworfen werden, welche ein vorsätzliches Verhalten voraussetzen, besteht i.d.R. kein Interesse des VR an einem Eingreifen, da vorsätzliche Pflichtverletzungen vom Versicherungsschutz der Haftpflichtversicherung gem. Ziffer 5.1 AVB-AVG und § 103 VVG zwingend ausgeschlossen sind. Ein Interesse des VR an einer Einflussnahme auf die Verteidigung der versicherten Person kann sich insbes. ergeben im Hinblick auf Ordnungswidrigkeitsverfahren, welche fahrlässige Pflichtverletzungen der Unternehmensleiter sanktionieren, z.B. § 130 OWiG. Zur Vermeidung einer faktischen Bindungswirkung kann es für den VR von entscheidender Bedeutung sein, sich bereits frühzeitig an einem staatsanwaltschaftlichen Ermittlungsverfahren zu beteiligen und einen möglichen strafrechtlichen Vorwurf zu entkräften. 115

b) Prozessführung

Aus Ziffer 4.4 Abs. 1 und 2 ergibt sich, dass der VR zur aktiven Prozessführung berechtigt ist. Diese Regelung ist an Ziffer 5 II AHB angelehnt. Hierin liegt eine unwiderrufliche Vollmacht des Versicherten an den VR zur außergerichtlichen und gerichtlichen Vertretung gegenüber dem Geschädigten.[229] Diese Vollmacht bezieht sich ausdrücklich auf die dem VR zweckmäßig erscheinenden Erklärungen zur Abwicklung des Schadens oder Abwehr der Schadensersatzansprüche. Dem VR steht damit im Innenverhältnis zum Versicherten die Entscheidungsbefugnis über das Vorgehen zur Anspruchsabwehr zu.[230] Dies gilt insbes. auch für die Wahl eines rechtlichen Vertreters für die versicherte Person bis hin zur Entscheidung über den Inhalt des gerichtlichen Vortrags.[231] 116

Die Entscheidungsbefugnis des VR über die Maßnahmen zur Anspruchsabwehr trägt dem Umstand Rechnung, dass das wirtschaftliche Risiko des Haftpflichtprozesses bei Deckungsgewährung grundsätzlich bei dem VR liegt. Die Regelung gilt auch, sofern der VR Abwehrdeckung unter dem Vorbehalt sich später in dem Haftpflichtprozess ergebender Ausschlussgründe gewährt. Dass Ausschlussgründe die Deckung nachträglich beseitigen können, ist notwendige Folge des für die Haftpflichtversicherung geltenden Trennungsprinzips und Bindungsgrundsatzes. 117

Im Rahmen der Anspruchsabwehr ist der VR verpflichtet, die Interessen der versicherten Person unter Zurückstellung der eigenen Interessen wahrzunehmen. Dies gilt insbes. im Fall einer Kollision zwischen den Interessen des Versicherten und denen des VR. Der VR hat im Haftpflichtprozess die Interessen des Versicherten wie ein von diesem beauftragter Anwalt zu wahren.[232] 118

Im Fall eines Rechtsstreits zwischen dem Geschädigten und der versicherten Person ist der VR für die versicherte Person prozessführungsbefugt, d.h. er kann den Prozess im Namen der versicherten Person selbst führen. I.d.R. wird jedoch der VR jedoch die Prozessführungsbefugnis über den rechtlichen Vertreter der versicherten Person wahrnehmen, ohne im Prozess selbst in Erscheinung zu treten. In Betracht kommt im Einzelfall auch ein Beitritt des VR im Haftpflichtverfahren auf Seiten des Versicherten. Eine Nebenintervention des VR ist in der Praxis zunehmend zu beobachten und wird von der Rspr. als zulässig anerkannt.[233] Der VR kann in Konflikte vermittelnd eingreifen und auf eine Streitschlichtung, etwa durch Vergleich hinwirken.[234] 119

Eine Ausprägung der Prozessführungsbefugnis des VR ist die Klarstellung in Ziffer 4.6. Sofern eine Erledigung des Haftpflichtanspruchs an dem Verhalten einer versicherten Person scheitert, hat der VR für den von der Weigerung an entstehenden Mehraufwand an Hauptsache, Zinsen und Kosten nicht aufzukommen. Im 120

---

227 Vgl. Terbille/Höra/*Sieg*, § 17 Rn. 127.
228 OLG Hamm VersR 1978, 80, 81; *Koch* GmbHR 2004, 288, 289; Terbille/Höra/*Sieg*, § 17 Rn. 131 ff. m.w.N.
229 *Littbarski* AHB § 5 Rn. 136; *Armbrüster* r+s 2010, 441, 443 ff.
230 *Fleischer*, § 12 Rn. 47; Terbille/Höra/*Sieg*, § 17 Rn. 143 ff.; a.A. VersHb/*Beckmann*, § 28 Rn. 88 unter Verweis auf Ziffer 4.6 AVB-AVG, der allerdings auf den Fall abstellt, dass die versicherte Person sich der Entscheidung des VR durch ihr Verhalten im Außenverhältnis widersetzt.
231 *Ihlas*, S. 395.
232 BGH NJW-RR 2001, 1466; differenzierend: Veith/Gräfe/Gebert/*Lange*, § 21 Rn. 53 ff., wonach D&O-VR im Innenhaftungsfall eine Mediationsfunktion zukomme.
233 OLG Frankfurt (Main) r+s 2015, 347.
234 Veith/Gräfe/Gebert/*Lange*, § 16 Rn. 53 f.

Anhang C D&O-Versicherung und Persönliche Selbstbehaltsversicherung

Fall der Außenhaftung bezieht die Regelung das Verhalten der VN ein. Dasselbe gilt im Fall, dass der Schaden die Versicherungssumme übersteigt und der VR seinen vertragsgemäßen Anteil zur Befriedigung des Geschädigten zur Verfügung stellt. Die Regelung trägt der Möglichkeit Rechnung, dass die versicherten Personen wegen der ihnen gegenüber persönlich erhobenen Ansprüche ein größeres Abwehrinteresse entwickeln, als der Bewertung des VR aus der Sicht einer neutralen Stelle entspricht. Die Vereitelung einer wirtschaftlich sinnvollen Lösung des Haftpflichtrechtsstreits aufgrund der subjektiven Sichtweise der versicherten Person soll verhindert werden.

c) Freistellung von berechtigten Schadensersatzverpflichtungen

121 Die Deckung in Form der Freistellung von berechtigten Schadensersatzverpflichtungen kann vom VR gewährt werden im Fall einer ernstlichen Inanspruchnahme der versicherten Person. Ab diesem Zeitpunkt kann der VR statt der Anspruchsabwehr den Schadensersatzanspruch als begründet anerkennen und die versicherte Person direkt freistellen.

122 Ein Anspruch der versicherten Personen auf Freistellung entsteht erst nach Feststellung der Berechtigung der geltend gemachten Schadensersatzansprüche. Berechtigt sind Schadensersatzansprüche gem. Ziffer 4.1 Abs. 2 dann, wenn die versicherte Person aufgrund Gesetzes, rechtskräftigen Urteils, Anerkenntnisses oder Vergleichs zur Entschädigung verpflichtet ist und der VR hierdurch gebunden ist.

123 Der VR ist aufgrund des Gesetzes gebunden, wenn er bei ernstlicher Inanspruchnahme der versicherten Person statt der Anspruchsabwehr die direkte Freistellung der versicherten Person wählt. Andernfalls besteht eine Bindung des VR erst nach rechtskräftiger Feststellung im Haftpflichtprozess.

124 Anerkenntnisse und Vergleiche, die von den versicherten Personen ohne Zustimmung des VR abgegeben oder geschlossen worden sind, binden den VR gem. Ziffer 4.1 Abs. 2 Satz 2 AVB-AVG nur, soweit der Anspruch auch tatsächlich besteht. Diese Regelung entspricht der materiellen Rechtslage gemäß der Gesetzesbegründung zu § 105 VVG zum Wegfall des Anerkenntnis- und Befriedigungsverbots.[235] Bei Großrisiken und durch Individualabrede ist die zusätzliche Vereinbarung eines Anerkenntnis- und Vergleichsverbots weiter möglich. In der Praxis wird die Beendigung eines Haftpflichtverfahrens durch unabgestimmten Vergleich i.d.R. zu einer rechtlichen Auseinandersetzung über das Bestehen eines Freistellungsanspruchs führen, da die Begründetheit des Schadensersatzanspruchs aufgrund der vorzeitigen Beendigung des Haftpflichtverfahrens durch Anerkenntnis bzw. Vergleich nicht feststeht. Das tatsächliche Bestehen des Anspruchs muss dann im Rahmen eines anschließenden Deckungsprozesses inzident geklärt werden. Die Beweislast liegt bei der versicherten Person.[236] Sofern ein unabgestimmtes Anerkenntnis über den materiell bestehenden Anspruch hinausgeht, ist die Differenz von der versicherten Person zu tragen.

Bei einer Kapitalbeteiligung der versicherten Person oder deren Angehöriger an der Gesellschaft ist der Versicherungsschutz gem. Ziffer 4.2 beschränkt (s. 6. zu Ziffer 1).

d) Zahlungsanspruch

125 Bei Befriedigung des Schadensersatzanspruchs durch die versicherte Person wandelt sich der Freistellungs- in einen Zahlungsanspruch um. Der VR hat dem Versicherten den vorgestreckten Betrag gem. § 106 Satz 2 VVG innerhalb von zwei Wochen zu erstatten.

126 Sofern die versicherte Person den Geschädigten nicht befriedigt, sondern ihren fälligen Freistellungsanspruch gegenüber dem VR an diesen abtritt, wandelt sich der Freistellungsanspruch in einen direkten Zahlungsanspruch des Geschädigten in Höhe der berechtigten Schadensersatzverpflichtung i.S.d. Ziffer 4.1 Abs. 2 um.

e) Versicherungssumme

127 Die Leistungspflicht des VR ist gem. Ziffer 4.3 Abs. 1 beschränkt auf die im Versicherungsschein angegebene Versicherungssumme. Gem. § 50 VVG a.F. bzw. nach Maßgabe des Versicherungsvertrags braucht der VR nicht mehr zu leisten, als die vereinbarte Höhe der Versicherungssumme, auch wenn der geltend gemachte Schaden größer ist. Die Versicherungssumme als Höchstbetrag gilt üblicherweise für jeden Versicherungsfall und für alle während eines Versicherungsjahres eingetretenen Versicherungsfälle zusammen.[237] Es besteht auch die Möglichkeit, für bestimmte gedeckte Tatbestände Sublimits unterhalb der Versicherungssumme zu vereinbaren.

128 Das Gesetz macht in § 101 II VVG grundsätzlich eine Ausnahme von der Begrenzung der Leistungspflicht durch die Versicherungssumme. Danach hat der VR die Kosten eines auf seine Veranlassung geführten Rechtsstreits und die Kosten der Verteidigung nach Abs. 1 Satz 2 auch insoweit zu ersetzen, als sie zusammen mit den Aufwendungen des VR zur Freistellung des VN die Versicherungssumme übersteigen. Diese Norm ist abdingbar. In der D&O-Versicherung wird regelmäßig eine von § 101 II VVG abweichende Vereinbarung getroffen. Gem. Ziffer 4.3 Abs. 1 Satz 2 werden Abwehrkosten auf die Versicherungssumme angerechnet. Der

---

235 BT-Drucks. 16/3945 S. 86.
236 *Böttcher* NZG 2008, 645, 648; *Lange* VersR 2006, 1313, 1318.
237 *Ihlas*, S. 429; *Olbrich*, S. 167.

Grund hierfür liegt in der stärkeren Bedeutung der Übernahme der Kosten im Gegensatz zur Wahrnehmung der Leistungs- und Befriedigungsfunktion in der D&O-Versicherung.[238] Dies gilt sowohl im Hinblick auf die Bearbeitung von Rechtsfällen in Deutschland, welche i.d.R. durch besonders spezialisierte Anwälte auf der Basis von über dem RVG liegenden Stundensätzen erfolgt, als auch im Hinblick auf die Anspruchsabwehr im Ausland, insbes. in Common Law-Ländern, deren Prozessrecht eine langwierige und kostenintensive Einsichtnahme der im Besitz der Gegenpartei befindlichen Dokumente vorsieht. Die Möglichkeit, dass die Versicherungssumme durch die Kosten aufgezehrt wird, lässt eine zusätzliche Kostenübernahme dann als gerechtfertigt erscheinen, wenn der Rechtsstreit gegen den Willen des Versicherten geführt wird. Diese Überlegung trifft aufgrund der besonderen Risikosituation bei der D&O-Versicherung nicht zu. Wegen der gesteigerten Gefahr eines kollusiven Zusammenwirkens der versicherten Person mit der VN als geschädigten Dritten besteht ein berechtigtes Interesse des VR, die Abwehr des Anspruchs selbst zu veranlassen, ohne das zusätzliche Kostenrisiko zu übernehmen. Zweifel an der Wirksamkeit von Kostenanrechnungsklausel[239] sind daher unbegründet.[240] Kostenanrechnungsklauseln stellen aufgrund ihrer breiten Verwendung und des ausdrücklichen Hinweises keine überraschende Klausel i.S.d. § 305c I BGB dar.[241] Kostenanrechnungsklauseln sind auch in der Regel weder intransparent i.S.d. § 307 I 2 BGB noch stellen sie eine unangemessene Benachteiligung i.S.d. § 307 II Nr. 1 BGB dar.[242] Teilweise wird in der Praxis den Wirksamkeitsbedenken damit begegnet, dass ein Zusatzlimit für Abwehrkosten bei Verbrauch der Versicherungssumme vereinbart wird.[243] In der Praxis sind Zinsen auf die Haftpflichtforderung i.d.R. ebenfalls in Abweichung von § 101 II 1 VVG von der Versicherungssumme umfasst.

Sofern eine Unterversicherung vorliegt, d.h. sofern der Streitwert des Haftpflichtprozesses die Versicherungssumme übersteigt, trägt der VR gem. Ziffer 4.4 Abs. 4 nur die Kosten nach dem Streitwert in Höhe der Versicherungssumme. Diese Klausel weicht gem. § 112 VVG von der gesetzlichen Regelung in § 101 II 1 VVG ab. Ohne eine entsprechende Vereinbarung sind die Abwehrkosten vollständig nach Berechnung des vollen Gebührenstreitwerts zu erstatten, auch wenn diese die Versicherungssumme übersteigt.[244] Die Abwehr unbegründeter Ansprüche steht als gleichwertige Komponente der Versicherungsleistung neben der Befriedigung begründeter Ansprüche.

Eine ausdrückliche Regelung der Verteilung der Versicherungssumme bei deren Ausschöpfung fehlt in fast allen Versicherungsbedingungen. Aufgrund der Vielzahl der verschiedenen Konstellationen ist eine sachgerechte Regelung für alle denkbaren Fälle auch nur schwer darstellbar. Fehlt es an einer vertraglichen Regelung, wird vertreten, dass die Verteilungsproblematik durch eine ergänzende Vertragsauslegung zu lösen sei.[245] Grundsätzlich ist eine Verteilung nach dem Proportionalitätsprinzip, dem Prioritätsprinzip oder dem Kopfprinzip denkbar. Bei der ergänzenden Vertragsauslegung spricht viel dafür, dass bei mehreren Versicherungsfällen einer Versicherungsperiode das Prioritätsprinzip Anwendung findet. Sollte lediglich ein Versicherungsfall oder mehrere gleichzeitig eingetretene Versicherungsfälle zur Ausschöpfung der Versicherungssumme führen, ist die Versicherungssumme unter den in Anspruch genommenen Personen unabhängig von der Höhe des jeweiligen Anspruchs gleichmäßig aufzuteilen. Dies folgt aus dem Vorrang der Abwehrfunktion der Haftpflichtversicherung vor dem mit § 109 Satz 1 VVG bezweckten Gläubigerschutz. Die zu erstattenden und nach sorgfältiger Prognose des VR noch zu erwartenden Abwehrkosten werden bis zur Höhe des jeweiligen Anteils erstattet. Gegebenenfalls sind Nachberechnungen des VR erforderlich. Wird der zugeteilte Betrag nicht ausgeschöpft, ist der Restbetrag gegebenenfalls auf die anderen versicherten Personen gleichmäßig zu verteilen. Die Differenz zwischen der Versicherungssumme und den Abwehrkosten steht zur Befriedigung begründeter Schadenersatzansprüche zur Verfügung. Der auf jeden Gläubiger entfallende Anteil bestimmt sich gem. § 109 Satz 1 VVG nach dem Verhältnis der jeweiligen Forderung zum Gesamtbetrag aller Forderungen.

f) Selbstbehalt

Die Musterbedingungen sehen in Ziffer 4.3 Abs. 2 einen Selbstbehalt der versicherten Personen vor. Dieser wird bei Vertragsschluss individuell vereinbart. Aus Sicht des VR sollen durch die Vereinbarung eines Selbstbehalts Bagatellschäden ausgeschlossen werden. Die D&O-Versicherung zielt auf die Abdeckung großer Schadenfälle. Der Versicherungsschutz soll nicht durch eine Vielzahl niedriger Schadensersatzansprüche verbraucht werden.[246] Daneben soll die Selbstbehaltregelung den Willen der versicherten Person zur Schaden-

---

238 Vgl. *Olbrich*, S. 168.
239 OLG Frankfurt (Main) r+s 2011, 509; *Terno* r+s 2013, 577.
240 *Ihlas*, S. 434; van Bühren/*Lenz*, § 27 Rn. 92 f.
241 *Terno* r+s 2013, 577, 578.
242 *Lange*, § 15 Rn. 21 ff.; *Armbrüster* NJW 2016, 897, 898; a.A. OLG Frankfurt (Main) r+s 2011, 509, 512; *Terno* r+s 2013, 577, 582.
243 *Werber* VersR 2014, 1159, 1166; *Armbrüster* NJW 2016, 897, 898.
244 Vgl. OLG Karlsruhe VersR 1993, 821; RGZ 124, 235; BK/*Baumann*, § 150 Rn. 22.
245 *Armbrüster* VersR 2014, 1; a.A. *Lange* VersR 2014, 1413, 1418 f.
246 Terbille/Höra/*Sieg*, § 17 Rn. 142; *Thüsing*, Rn. 161; *Dreher/Görner* ZIP 2003, 2321, 2322.

Anhang C D&O-Versicherung und Persönliche Selbstbehaltsversicherung

verhütung und Anspruchsabwehr stärken.[247] Bei der Anspruchsabwehr ist der VR im Hinblick auf den zugrunde liegenden Sachverhalt auf die Mitwirkung der versicherten Person angewiesen. Durch die Vereinbarung eines Selbstbehalts soll der besonderen Gefahr eines kollusiven Zusammenwirkens der versicherten Person und der VN zu Lasten des VR begegnet werden.

131 Für Ansprüche aufgrund von Pflichtverletzungen nach dem 05.08.2009 ist gem. § 93 II 3 AktG für Vorstandsmitglieder von Gesellschaften, auf die das deutsche Aktiengesetz anwendbar ist, ein Mindestselbstbehalt zu vereinbaren. Gem. § 93 II 3 AktG ist ein Mindestwert für den Selbstbehalt pro Schadenfall und ein Mindestwert für die Obergrenze des Selbstbehalts pro Versicherungsperiode einzuhalten: Bei jedem Schadenfall hat sich das Vorstandsmitglied mit einem Prozentsatz von mindestens 10 % zu beteiligen. Als Obergrenze des Selbstbehalts für alle Schadenfälle in der Versicherungsperiode muss ein Betrag vereinbart werden, welcher dem Eineinhalbfachen der jährlichen Festvergütung entspricht. Gem. der Übergangsvorschrift in § 23 I EGAktG ist § 93 II 3 AktG auf zum Zeitpunkt des Inkrafttretens des VorstAG bestehende D&O-Versicherungsverträge ab dem 01.07.2010 anzuwenden. Bis dahin sind Altverträge an die neue Rechtslage anzupassen. Hat ein Vorstandsmitglied aus einem laufenden Anstellungsvertrag einen Anspruch auf eine D&O-Versicherung ohne Selbstbehalt, so bleibt diese Verpflichtung der Gesellschaft bis zum Ablauf des jeweiligen Dienstvertrages (i.d.R. bis zu 5 Jahre) erfüllbar.

132 Im Fall einer Freistellung der versicherten Personen durch die VN und eines entsprechenden Übergangs des Deckungsanspruchs nach Ziffer 1.2 AVB-AVG gilt gem. der Klarstellung in Ziffer 4.3 Abs. 2 Satz 2 die gesonderte Selbstbehaltregelung für die VN. Die Empfehlung der Musterbedingungen geht dahin, in solchen Fällen regelmäßig eine höhere Selbstbeteiligung zu vereinbaren.

Der Selbstbehalt gilt grundsätzlich mangels abweichender Vereinbarung auch für den Versicherungsschutz in Form der Abwehrdeckung.[248] Dies folgt daraus, dass der Selbstbehalt am Versicherungsfall, d.h. an der Inanspruchnahme der versicherten Person anknüpft, unabhängig von der Begründetheit des Anspruchs. Für den Mindestselbstbehalt gem. § 93 II 3 AktG ist die Nichtanwendbarkeit auf Abwehrkosten in Ziffer 4.3 ausdrücklich geregelt.

g) Serienschadenklausel

133 Soweit sich mehrere Inanspruchnahmen aufgrund einer Pflichtverletzung einer versicherten Person auf den Ersatz desselben Schadens beziehen, liegt bereits gem. der Definition in Ziffer 2 AVB-AVG ein Versicherungsfall zum Zeitpunkt der erstmaligen schriftlichen Inanspruchnahme vor.

134 Gem. der Serienschadenklausel in Ziffer 4.5 Abs. 1a) gelten mehrere Inanspruchnahmen eines oder mehrerer Anspruchsteller aufgrund einer Pflichtverletzung einer oder mehrerer versicherter Personen als ein Versicherungsfall (Fiktion eines Versicherungsfalls), auch wenn sich die mehreren geltend gemachten Ansprüche auf verschiedene Schäden als kausale Folge dieser Pflichtverletzung beziehen.[249] Eine durch mehrere Personen begangene Pflichtverletzung liegt insbes. vor bei gemeinsamen Fehlentscheidungen oder Versäumnissen des Vorstands oder Aufsichtsrats. Maßgeblich für die Bestimmung des Versicherungsfalls ist gem. Ziffer 4.5 Abs. 2 der Zeitpunkt, in dem der erste Haftpflichtanspruch geltend gemacht wurde (Fiktion eines Eintrittszeitpunktes).

135 Die Regelung in Ziffer 4.5 Abs. 1b) verknüpft mehrere Ansprüche eines oder mehrerer Anspruchsteller aufgrund mehrerer Pflichtverletzungen einer oder mehrerer versicherter Personen aus einem Sachverhalt zu einem Versicherungsfall. Voraussetzung ist, dass die Pflichtverletzungen miteinander in rechtlichem, wirtschaftlichen oder zeitlichen Zusammenhang stehen. Diese Einschränkung entspricht den Vorgaben, die der BGH zur Bestimmtheit und Angemessenheit der Serienschadenklausel aufgestellt hat.[250] Dieser Verknüpfung mehrerer Schadenersatzansprüche aufgrund verschiedener Pflichtverletzungen zu einem Versicherungsfall unterfällt insbes. der Fall, dass Vorstandsmitglieder wegen Pflichtverletzungen im Rahmen der Unternehmensleitung und Aufsichtsratsmitglieder wegen der entsprechenden Verletzung der Pflicht zur Aufsicht der Unternehmensleitung haftbar gemacht werden. Es kommen hierbei aber auch mehrere Pflichtverletzungen eines Organs aufgrund gleich gelagerter Entscheidungen bzw. gleichen Verhaltens in mehreren Situationen in Betracht. Bei solchen miteinander im Zusammenhang stehenden Pflichtverletzungen kommt es für die zeitliche Bestimmung des Versicherungsfalls auf die erste Inanspruchnahme an. Für die Frage, ob Versicherungsschutz im Hinblick auf dessen zeitlichen Umfang besteht (Ziffer 3 AVB-AVG), kommt es auf den Zeitpunkt der ersten Pflichtverletzung an.

---

247 *Fleischer*, § 12 Rn. 45; Zweifel an dieser Wirkung: Terbille/Höra/*Sieg*, § 17 Rn. 142, *Graf v. Westphalen* VW 2003, 514, 516.
248 A.A. Ihlas, S. 419 f.; P/M/*Voit*, Ziff. 4 AVB-AVG Rn. 8; *Olbrich*, S. 170.
249 Vgl. *Lange* VersR 2004, 563 ff.; *Thüsing*, Rn. 163; *Schmitt*, S. 187 ff.
250 Vgl. BGH VersR 2003, 187; BGH NJW 2003, 3705.

5. Ausschlüsse

Ausgeschlossen vom Versicherungsschutz sind Haftpflichtansprüche

5.1 wegen vorsätzlicher Schadenverursachung oder durch wissentliches Abweichen von Gesetz, Vorschrift, Beschluss, Vollmacht oder Weisung oder durch sonstige wissentliche Pflichtverletzung. Den versicherten Personen werden die Handlungen und Unterlassungen nicht zugerechnet, die ohne ihr Wissen von anderen Organmitgliedern begangen wurden;

5.2 wegen Rückzahlung oder Rückgabe von Bezügen, Tantiemen oder sonstigen Vorteilen, welche die versicherten Personen aus der versicherten Tätigkeit oder mit Rücksicht auf diese erhalten haben;

5.3 wegen Schäden durch von der Versicherungsnehmerin oder einer Tochtergesellschaft in den Verkehr gebrachte Produkte, Arbeiten oder sonstige Leistungen;

5.4 wegen Schäden durch Umwelteinwirkungen und alle sich daraus ergebenden weiteren Schäden;

5.5
- welche vor Gerichten außerhalb der EU geltend gemacht werden – dies gilt auch im Falle der Vollstreckung von Urteilen, die außerhalb der EU gefällt wurden –;
- wegen Verletzung oder Nichtbeachtung des Rechts von Staaten, die nicht der EU angehören;
- wegen einer außerhalb der EU vorgenommenen Tätigkeit;

5.6 Pflichtverletzungen im Zusammenhang mit sog. »Insider-Regeln«;

5.7 aus Pflichtverletzungen bei einer anderen als der versicherten Tätigkeit (z.B. Tätigkeit bei einem anderen Unternehmen oder freiberufliche Tätigkeit);

5.8 von versicherten Personen untereinander oder von Angehörigen der versicherten Personen i.S.d. Ziff. 4.2;

5.9 die sich daraus ergeben oder damit im Zusammenhang stehen, dass Versicherungsleistungen oder Versicherungen nicht oder unzureichend wahrgenommen, abgeschlossen oder fortgeführt werden;

5.10 wegen Beleidigung, übler Nachrede, Geschäftsschädigung oder unlauteren Wettbewerbs oder Wettbewerbsbeschränkungen sowie aus der Verletzung von Berufsgeheimnissen, Urheber-, Patent-, Warenzeichen-, Geschmacksmuster und vergleichbaren Immaterialgüterrechten;

5.11 wegen Vertragsstrafen, Kautionen, Bußgeldern und Entschädigungen mit Strafcharakter (punitive und exemplary damages);

5.12 der Versicherungsnehmerin, einer Tochtergesellschaft oder einer verbundenen Gesellschaft, deren Vermögensschaden bei einer anderen Gesellschaft dieses Konzerns zu einem Vermögensvorteil geführt hat, in Höhe des Vermögensvorteils;

5.13 im Zusammenhang mit Bestechungen, Schenkungen, Spenden oder ähnlichen Zuwendungen;

5.14 wegen Schäden aus Spekulationsgeschäften, soweit diese nicht innerhalb eines ordnungsgemäßen Geschäftsgangs erforderlich und üblich sind (z.B. Kurssicherungsgeschäfte);

5.15 wegen Schäden der Versicherungsnehmerin oder einer Tochtergesellschaft durch Einbußen bei Darlehen und Krediten. Dies gilt nicht, soweit die Einbußen verursacht sind durch Pflichtverletzungen bei der Rechtsverfolgung;

5.16 wegen Schäden aus Anfeindung, Schikane, Belästigung, Ungleichbehandlung oder sonstigen Diskriminierungen;

5.17 wegen Schäden, die direkt oder indirekt auf Asbest, asbesthaltige Substanzen oder Erzeugnisse zurückzuführen sind oder mit diesen im Zusammenhang stehen;

5.18 die im Zusammenhang mit Forderungen, Klagen, Verwaltungsakten, Ermittlungsverfahren, Untersuchungen, Urteilen, sonstigen Vollstreckungstiteln oder den diesen zugrunde liegenden Sachverhalten stehen, die bereits vor oder zu Beginn des Vertrages gegen eine versicherte Person oder die Versicherungsnehmerin oder ein mitversichertes Unternehmen gerichtet waren.

Der Umfang des Versicherungsschutzes ist negativ abgegrenzt durch die vereinbarten Ausschlusstatbestände. Die Beweislast bzgl. der Voraussetzungen des Ausschlusstatbestandes liegt grundsätzlich bei dem VR. In der Praxis wird der Katalog der Ausschlüsse im Einzelfall durch besondere Bedingungen ergänzt oder angepasst.[251]

136

---

[251] *Ihlas*, S. 453 f.; zur Praxis einer »All-Risk-Vermögensschaden-Haftpflichtversicherung«: Veith/Gräfe/Gebert/*Lange*, § 21 Rn. 25 ff.

Anhang C   D&O-Versicherung und Persönliche Selbstbehaltsversicherung

a) Ziffer 5.1 AVB-AVG

137 Gem. Ziffer 5.1 sind Haftpflichtansprüche wegen vorsätzlicher Schadenverursachung oder wissentlicher Pflichtverletzung vom Versicherungsschutz ausgeschlossen.[252]
Der Ausschluss der vorsätzlichen Schadenverursachung entspricht der gesetzlichen Regelung in § 103 VVG und hat daher lediglich klarstellende Wirkung. Es gilt der allgemeine zivilrechtliche Vorsatzbegriff. Bezugsmerkmal des Vorsatzes ist die Schadensverursachung. Der Vorsatz muss sich daher sowohl auf das pflichtwidrige Verhalten als auch auf den rechtswidrigen Erfolg in Form eines Schadeneintritts beziehen.[253] Für diesen Ausschlusstatbestand genügt ein bedingter Vorsatz, welcher den Schadenseintritt umfassen muss.

138 Durch den zusätzlichen Ausschlusstatbestand der wissentlichen Pflichtverletzung wird von der gesetzlichen Regelung in § 103 VVG sowohl im Hinblick auf die Vorsatzform als auch auf das Bezugsmerkmal abgewichen. Wirksamkeitsbedenken bestehen insoweit nicht.[254] Der Ausschlusstatbestand der wissentlichen Pflichtverletzung setzt die Vorsatzform dolus directus 2. Grades voraus. Das Bezugsmerkmal beschränkt sich auf die Pflichtverletzung als haftungsbegründendes Verhalten. Auf die innere Einstellung der versicherten Person im Hinblick auf die Herbeiführung eines Schadens kommt es im Rahmen dieses Ausschlusstatbestandes daher nicht an.[255]

139 Schwierigkeiten können sich für den VR aufgrund der Beweislastverteilung ergeben. So muss der VR, der sich auf eine wissentliche Pflichtverletzung der versicherten Person beruft, deren Bewusstsein eines Pflichtenverstoßes nachweisen.[256] Die Grundsätze des Anscheinsbeweises werden für die innere Einstellung einer Person mangels einer Typisierung menschlichen Verhaltens als unanwendbar erachtet. Es besteht die Möglichkeit eines Indizienbeweises, welcher den Schluss von äußeren Tatsachen auf innere Vorgänge erlaubt. Indizien können sich insbes. ergeben aus der Schwere der Pflichtverletzung sowie der Ausbildung und Erfahrung des Unternehmensleiters. Im Fall einer gebundenen Entscheidung, d.h. eines Abweichens von Gesetz, Vorschrift, Beschluss, Vollmacht oder Weisung ist grundsätzlich davon auszugehen, dass die Organe über die für sie geltenden Regelungen informiert sind. Andernfalls kann ein vermeidbarer Verbotsirrtum anzunehmen sein.[257] Es liegt bei der versicherten Person, Umstände des Einzelfalls darzulegen, welche für eine andere Beurteilung sprechen.[258]

140 Der Ausschluss greift auch dann, wenn derselbe Schaden nicht nur durch eine wissentliche Pflichtverletzung, sondern (möglicherweise) auch durch weitere, nicht wissentliche Pflichtverletzungen mitverursacht worden ist.[259] Es genügt daher, wenn der VR eine wissentliche Pflichtverletzung nachweist, die den Schaden verursacht hat. Ob weitere fahrlässige Pflichtverletzungen hinzutreten ist dann für den Versicherungsschutz unbeachtlich.

141 Gem. Ziffer 5.1 Satz 2 werden wissentliche Pflichtverletzungen einer versicherten Person anderen versicherten Personen nicht zugerechnet, sofern diese Pflichtverletzungen ohne Ihre Kenntnis begangen wurden.

142 Zum Zeitpunkt der Inanspruchnahme durch den Dritten und damit der Fälligkeit des Abwehranspruchs steht i.d.R. nicht fest, ob die versicherte Person vorsätzlich oder wissentlich gehandelt hat. Der VR kann sich in dem Fall nach Prüfung der Haftpflichtfrage nur dann sicher auf den Deckungsausschluss nach Ziffer 5.1 beziehen, wenn eine Haftung ausschließlich bei vorsätzlicher Schadenverursachung in Betracht kommt. Sofern nach dem zugrunde liegenden Sachverhalt auch eine Haftung wegen fahrlässigen Verhaltens der versicherten Person möglich ist, bestehen die üblichen Risiken einer unberechtigten Deckungsablehnung. Insbes. verzichtet der VR bei Deckungsablehnung auf sein Prozessführungsrecht im Hinblick auf den Haftpflichtprozess. Eine Vielzahl der Bedingungswerke sieht eine Vorleistungspflicht des VR unter Vorbehalt des Deckungsausschlusses vor.[260] Stellt ein Gericht später die Voraussetzungen für den Ausschlussgrund fest, entfällt der Versicherungsschutz rückwirkend. Der Versicherte ist zur Rückzahlung der vorläufig erstatteten Kosten an den VR verpflichtet.[261] Vereinzelt wird auf eine solche Rückforderung bereits im Vorfeld im Rahmen der Bedingung verzichtet. Feststellungen im Haftpflichtprozess haben nur dann Bindungswirkung für den Deckungsprozess, wenn der Verschuldensmaßstab auch im Haftpflichtprozess entscheidungserheblich ist.[262]

---

252 Vgl. hierzu *Koch* WM 2007, 2173, 2179 f.; *Seitz* VersR 2007, 1376; *Mahnke* ZfV 2006, 540; *Vothknecht* PHi 2006, 52; *ders.* VW 2006, 488; *Vorrath* VW 2006, 575; *Hansen* VW 2006, 313; *Penner* VersR 2005, 1359; *Mahnke* ZfV 2006, 540.
253 *Seitz* VersR 2007, 1476 (Fn. 5), 1477.
254 Vgl. BGH VersR 1991, 176, 177; *Seitz* VersR 2007, 1476, 1478; *Veith/Gräfe/Gebert/Lange*, § 21 Rn. 184.
255 OLG Hamm r+s 2007, 279; *Ihlas*, S. 458 f.
256 *Thüsing*, Rn. 168; *Kiethe* BB 2003, 537, 541; *Lange* DStR 2002, 1674, 1676; *Ihlas*, S. 459; *Veith/Gräfe/Gebert/Lange*, § 21 Rn. 187.
257 LG Wiesbaden VersR 2005, 545; OLG Köln r+s 1997, 105, 106; *Lange* DStR 2002, 1674, 1676; *Seitz* VersR 2007, 1476, 1478.
258 *Lange* DStR 2002, 1674, 1676.
259 BGH VersR 2015, 130.
260 *Ihlas*, S. 461 ff.
261 *Fleischer*, § 12 Rn. 51; *Olbrich*, S. 166, 167.
262 BGH VersR 2006, 106; VersR 2004, 590; OLG Frankfurt (Main) r+s 2012, 292.

b) Ziffer 5.2 AVB-AVG

Die Rückabwicklung von dienstvertraglich vereinbarten Leistungen und Fragen der Vertragserfüllung fallen nicht unter die D&O-Versicherung als Haftpflichtversicherung. Es fehlt an dem Merkmal des Schadensersatzanspruchs. Eine konstitutive Wirkung kommt Ziffer 5.2 im Fall einer Zuvielentnahme, welche gleichzeitig einen Pflichtenverstoß begründet, zu.[263]

143

c) Ziffer 5.3 AVB-AVG

Der Ausschluss in Ziffer 5.3 dient der Abgrenzung der D&O-Versicherung von den am Markt erhältlichen Betriebs- und Produkthaftpflichtversicherungen. Hierdurch soll die Doppelversicherung von Sachverhalten durch mehrere Versicherungen vermieden werden. Dies gilt insbes. vor dem Hintergrund, dass auch im Rahmen der empfohlenen Produkthaftpflichtmodells reine Vermögensschäden mitversichert sind. Daher ist insbes. der Ausschluss einer Haftpflicht von versicherten Personen im Zusammenhang mit der Herstellung und dem Inverkehrbringen von Produkten notwendig.

144

d) Ziffer 5.4 AVB-AVG

Der Ausschluss in Ziffer 5.4 dient der Abgrenzung des Versicherungsschutzes der D&O-Versicherung zu dem im Rahmen der Betriebshaftpflichtversicherung angebotenen Umwelthaftpflichtmodell. Danach besteht die Möglichkeit der Absicherung von Umweltrisiken. Hiervon umfasst können auch reine Vermögensschäden sein. Insoweit ist eine Inanspruchnahme versicherter Personen aufgrund Verletzung von Kontroll- und Überwachungspflichten bzgl. reiner Vermögensschäden durch Umwelteinwirkungen denkbar. Der Ausschluss verhindert den Missbrauch der D&O-Versicherung als Auffanglösung für Schäden durch Umwelteinwirkungen. In diesem Zusammenhang ist auf die neue öffentlich-rechtliche Haftung für Umweltschäden aus dem Umweltschadensgesetz zu verweisen, deren Rechtsnatur sich im Regressfall in einen zivilrechtlichen Haftpflichtanspruch umwandeln kann.[264]

145

e) Ziffer 5.5 AVB-AVG

Der territoriale Deckungsumfang der AVB-AVG beschränkt sich auf Ansprüche gegen Leitungsorgane nach den Rechtsordnungen der EU-Mitgliedsstaaten. In der Praxis besteht bei D&O-Versicherungen i.d.R. eine weltweite Deckung, gegebenenfalls unter Einschränkungen im Hinblick auf Common Law-Länder.[265] Die Gewährung von weltweitem Versicherungsschutz kann in einzelnen Ländern allerdings zu aufsichtsrechtlichen Folgefragen führen, insbes. in den sog. »non-admitted« Staaten.

146

f) Ziffer 5.6 AVB-AVG

Der Ausschluss in Ziffer 5.6 bezieht sich auf Pflichtverletzungen im Zusammenhang mit sog. »Insider-Regeln«, insbesondere die entsprechenden Vorschriften des Wertpapierhandelsgesetz (WPHG). In der Praxis ist dieser Ausschluss in nur sehr wenigen Bedingungswerken enthalten. Aufgrund der Überschneidungen mit anderen Ausschlusstatbeständen (Ziff. 5.1 und 5.11) hat er auch nur eine untergeordnete eigene Bedeutung.[266]

147

g) Ziffer 5.7 AVB-AVG

Ziffer 5.7 stellt klar, dass sich der Versicherungsschutz nur auf die Tätigkeit der versicherten Person als Organ des der VN oder deren Tochtergesellschaft bezieht. Ausgeschlossen sind insbes. Fremdmandate bei einem anderen Unternehmen oder eine freiberufliche Tätigkeit neben der Organaufgabe. Häufig gewähren D&O-VR aber auch Versicherungsschutz für die Wahrnehmung von Fremdmandaten durch sog. ODL-Klauseln. Der Versicherungsschutz wird hierbei allerdings regelmäßig auf ein Sublimit begrenzt.

148

h) Ziffer 5.8 AVB-AVG

Gem. Ziffer 5.8 sind Haftpflichtansprüche von versicherten Personen untereinander oder von Angehörigen der versicherten Personen ausgeschlossen. Entsprechend der Situation bei der Eigenschadenklausel stünde der Ersatz eines Eigenschadens einer versicherten Person im Widerspruch zu dem Schutzzweck der Haftpflichtversicherung. Ferner soll dieser Ausschluss kollusives Verhalten verhindern.[267]

149

---

263 *Ihlas*, S. 471.
264 Ziff. 7.10a AHB 2015.
265 *Olbrich*, S. 184 ff.; *Ihlas*, S. 449.
266 B/M/*Gädtke*, Ziff. 5 AVB-AVG Rn. 86.
267 P/M/*Voit*, Ziff. 5 Rn. 12.

i) Ziffer 5.9 AVB-AVG

150 Ziffer 5.9 soll sicherstellen, dass die D&O-Versicherung nicht als Auffangversicherung für nicht vorhandenen oder nur unzureichend wahrgenommenen Versicherungsschutz dient.

j) Ziffer 5.10 AVB-AVG

151 Ersatzansprüche aufgrund Äußerungen einer versicherten Person im Geschäftsverkehr sowie aufgrund der Verletzung von Immaterialgüterrechten sind gem. Ziffer 5.10 vom Versicherungsschutz ausgeschlossen. Dies gilt insbes. für Schadensersatz wegen kreditschädigenden Äußerungen durch Organmitglieder in der Öffentlichkeit.[268]

k) Ziffer 5.11 AVB-AVG

152 In Ziffer 5.11 ist klargestellt, dass Vertragsstrafen nicht vom Versicherungsschutz umfasst sind. Dies ergibt sich bereits aus der Voraussetzung der gesetzlichen Haftpflichtbestimmungen in Ziffer 1.1. AVB-AVG. Vertragsstrafen beruhen dagegen auf einer vertraglichen Zusage, die über den gesetzlichen Umfang hinausgeht. Ferner sind auch Bußgelder und Zahlungen mit Strafcharakter vom Versicherungsschutz ausgeschlossen. Bei unmittelbaren Bußgeldern gegen die versicherten Personen handelt es sich auch nicht um Haftpflichtansprüche wegen Vermögensschäden i.S.d. Ziff. 1.1 AVB-AVG.[269] Insoweit ist der Ausschluss deklaratorisch. Der Ausschluss schließt aber auch Regressansprüche gegen versicherte Personen wegen Bußgeldern aus. Bei solchen Regressansprüchen handelt es sich um Haftpflichtansprüche, sodass der Ausschluss insoweit konstitutiv wirkt. Hinsichtlich der Reichweite des Ausschlusstatbestandes ist die genaue Formulierung in der Praxis entscheidend. Kartell- und andere Behörden verhängen teilweise Bußgelder in erheblicher Höhe gegen Unternehmen, sodass ein erhebliches Risiko aufgrund möglicher Regressansprüche für die Organmitglieder und die D&O-VR besteht. Allerdings gibt es Tendenzen in der Rspr. den Regress gegen Organmitglieder der Höhe nach zu begrenzen.[270]

l) Ziffer 5.12 AVB-AVG

153 Nach diesem sog. Konzernausschluss ist die Innenhaftung gegen versicherte Personen insoweit ausgeschlossen, als ein Schaden geltend gemacht wird, welcher bei einer anderen Gesellschaft des Konzerns zu einem Vermögensvorteil geführt hat. Im Rahmen einer wirtschaftlichen Betrachtungsweise sollen die Vermögensvorteile der einen Gesellschaft mit den Nachteilen der anderen konzerninternen Gesellschaft i.S.d. § 18 AktG verrechnet werden. Als ersatzfähiger Schaden verbleibt lediglich der sich ergebende Saldo.[271]

m) Ziffer 5.13 AVB-AVG

154 Straftatbestände nach §§ 331 ff. StGB unterliegen als Vorsatztaten bereits dem Ausschluss nach Ziffer 5.1. Der Ausschluss nach Ziffer 5.13 umfasst darüber hinaus eine Haftpflicht im Zusammenhang mit solchen Straftaten. Ausgeschlossen sind daher auch Organisations- und Aufsichtspflichtverletzungen, welche eine Begehung bzw. Nichtaufdeckung des strafbaren Verhaltens durch Untergebene ermöglicht haben.

n) Ziffer 5.14 AVB-AVG

155 Haftpflichtansprüche aus unzureichender Überwachung und Kontrolle interner Abläufe zur Vermeidung von Spekulationsgeschäften sind nach Ziffer 5.14 von der Deckung ausgeschlossen. Dies gilt nicht, soweit für den normalen Geschäftsbetrieb Geschäfte mit spekulativem Charakter üblich oder sogar zwingend erforderlich sind. In dem Fall läge die Grenze des Versicherungsschutzes bei einer vorsätzlichen Schadensverursachung oder wissentlichen Pflichtverletzung nach Ziffer 5.1.

o) Ziffer 5.15 AVB-AVG

156 Ziffer 5.15 bezieht sich auf von der VN oder einem mitversicherten Tochterunternehmen gewährte Kredite. Nicht von dem Ausschluss umfasst sollen Schäden im Zusammenhang mit bei Dritten aufgenommenen Krediten sein. Es entspricht dem berechtigten Interesse des VR, diesen besonders gefahrträchtigen Bereich vom Versicherungsschutz auszunehmen. Sinn und Zweck dieses Ausschlusses ist die Vermeidung von Tatbeständen, welche in besonderer Weise der Gefahr eines kollusiven Zusammenwirkens der versicherten Personen und der Anspruchstellerin ausgesetzt sind.[272]

---

[268] Wirksamkeitsbedenken: *Ihlas*, S. 546.
[269] *Dreher* VersR 2015, 781, 792.
[270] LAG Düsseldorf VersR 2015, 629 (Revision anhängig unter 8 AZR 189/15).
[271] LG Wiesbaden VersR 2005, 545, 546.
[272] Vgl. LG Wiesbaden VersR 2005, 545, 546; *Koch* WM 2007, 2173, 2179.

p) Ziffer 5.16 AVB-AVG

Hintergrund des Ausschlusses nach Ziffer 5.16 ist das am 18.08.2006 in Kraft getretene Allgemeine Gleichbehandlungsgesetz (AGG). Die Haftungsrisiken für Unternehmensleiter nach dem AGG sind typischerweise nicht von der D&O-Versicherung umfasst. In diesem Zusammenhang wird auf die unverbindlichen Musterbedingungen des GDV zur Haftpflichtversicherung von Ansprüchen aus Benachteiligungen verwiesen, welche eine umfassende Deckung für Inanspruchnahmen wegen Benachteiligungen bieten.

q) Ziffer 5.17 AVB-AVG

Haftpflichtansprüche wegen Vermögensschäden im Zusammenhang mit Asbest sind insbes. denkbar bei Pflichtverletzungen bei der Übernahme von fremden Unternehmen mit Asbestszenarien. Insoweit ist der Versicherungsschutz ausgeschlossen.

r) Ziffer 5.18 AVB-AVG

Der Ausschluss von Haftpflichtansprüchen im Zusammenhang mit vor oder zu Vertragsbeginn bestehenden Forderungen, Verfahren, Untersuchungen, etc. oder den diesen zugrunde liegenden Sachverhalten ist unabhängig von den zu Vertragsbeginn gemeldeten Umständen. Etwaige Gestaltungsrechte des VR aufgrund vorvertraglicher Anzeigepflichtverletzungen stehen neben diesem Ausschluss. Ziffer 5.18 entspricht dem allgemeinen Grundsatz, dass vorvertraglich eingetretene Schäden vom Versicherungsschutz ausgeschlossen sind.

6. Anderweitige Versicherungen

Besteht für einen unter diesem Versicherungsvertrag geltend gemachten Schaden auch unter einem anderen Versicherungsvertrag Versicherungsschutz, so sind Versicherungsnehmerin und versicherte Personen verpflichtet, den Schaden zunächst unter dem anderweitigen Versicherungsvertrag geltend zu machen. Die Leistungspflicht des Versicherers unter diesem Vertrag besteht nur, wenn und insoweit der anderweitige Versicherer für den Schaden nicht leistet. Kommt es zu einer Leistung aus diesem Versicherungsvertrag, weil der Versicherer des anderweitigen Versicherungsvertrages seine Leistungspflicht gegenüber der Versicherungsnehmerin oder einer versicherten Person bestreitet, so sind diese verpflichtet, etwaige Ansprüche aus dem anderweitigen Versicherungsvertrag an den Versicherer dieses Vertrages abzutreten.
Sofern die Versicherungsnehmerin oder eine versicherte Person das durch diesen Versicherungsvertrag versicherte Risiko auch anderweitig versichert (Doppelversicherung, Anschlussversicherung), ist dies dem Versicherer unverzüglich anzuzeigen.

Die Musterbedingungen enthalten unter Ziffer 6 eine sog. eingeschränkte bzw. einfache Subsidiaritätsklausel. Danach ist der VR im konkreten Fall einer anderweitigen Versicherung nicht zur Leistung verpflichtet. Als Doppelversicherungen kommen im Hinblick auf die D&O-Versicherung insbes. die Rechtsschutzversicherung[273] sowie die Betriebs- und Berufshaftpflichtversicherung in Betracht.[274] Im Fall einer Mehrfachversicherung sowie im Fall einer doppelten Subsidiarität der zusammentreffenden Bedingungswerke gelten die gesetzlichen Folgen des § 78 I VVG.[275] Eine qualifizierte Subsidiaritätsklausel, welche auf das Bestehen eines anderen Versicherungsvertrages für dasselbe Risiko abstellt, verdrängt i.d.R. die einfache Subsidiaritätsklausel.[276]

Besondere Bedeutung kommt den Subsidiaritätsklauseln auch zu, wenn ein Versicherungsfall sowohl unter der Nachhaftung der Vorversicherung als auch unter der laufenden D&O-Versicherung eingetreten ist. Diese Problematik sollte bei einem Wechsel des Versicherungsprogramms bei der Gestaltung der Versicherungsbedingungen berücksichtigt werden.

7. Anzeigepflichten, Gefahrerhöhung, andere Obliegenheiten

7.1 Vorvertragliche Anzeigepflichten

7.1.1 Vollständigkeit und Richtigkeit von Angaben über gefahrerhebliche Umstände

Die Versicherungsnehmerin hat bis zur Abgabe ihrer Vertragserklärung dem Versicherer alle ihr bekannten Gefahrumstände anzuzeigen, nach denen der Versicherer in Textform gefragt hat und die für den Entschluss des Versicherers erheblich sind, den Vertrag mit dem vereinbarten Inhalt zu schließen. Die Versicherungsnehmerin ist auch insoweit zur Anzeige verpflichtet, als nach ihrer Vertragserklärung, aber vor Vertragsannahme der Versicherer Fragen im Sinne des Satzes 1 stellt. Gefahrerheblich sind die Umstände, die geeignet sind, auf den Entschluss des Versicherers Einfluss auszuüben, den Vertrag überhaupt oder mit dem vereinbarten Inhalt abzuschließen.

---

273 BGH VersR 2014, 450; vgl. hierzu *Ihlas*, S. 446 ff.
274 Zur Abgrenzung *Schmitt*, S. 103 ff.; Krieger/Schneider/*Sieg*, § 15 Rn. 14 ff.
275 *Ihlas*, S. 445 f.
276 BK/*Schauer*, § 59 Rn. 52.

Anhang C D&O-Versicherung und Persönliche Selbstbehaltsversicherung

Wird der Vertrag von einem Vertreter der Versicherungsnehmerin geschlossen und kennt dieser den gefahrerheblichen Umstand, muss sich die Versicherungsnehmerin so behandeln lassen, als habe sie selbst davon Kenntnis gehabt oder dies arglistig verschwiegen.

7.1.2 Rücktritt

Unvollständige oder unrichtige Angaben zu den gefahrerheblichen Umständen berechtigen den Versicherer, vom Versicherungsvertrag zurückzutreten.

Der Versicherer hat kein Rücktrittsrecht, wenn die Versicherungsnehmerin nachweist, dass sie oder ihr Vertreter die unrichtigen oder unvollständigen Angaben weder vorsätzlich noch grob fahrlässig gemacht hat.

Das Rücktrittsrecht des Versicherers wegen grob fahrlässiger Verletzung der Anzeigepflicht besteht nicht, wenn die Versicherungsnehmerin nachweist, dass der Versicherer den Vertrag auch bei Kenntnis der nicht angezeigten Umstände, wenn auch zu anderen Bedingungen, geschlossen hätte.

Im Fall des Rücktritts besteht kein Versicherungsschutz.

Tritt der Versicherer nach Eintritt des Versicherungsfalls zurück, darf er den Versicherungsschutz nicht versagen, wenn die Versicherungsnehmerin nachweist, dass der unvollständig oder unrichtig angezeigte Umstand weder für den Eintritt des Versicherungsfalls noch für die Feststellung oder den Umfang der Leistung ursächlich war. Auch in diesem Fall besteht aber kein Versicherungsschutz, wenn die Versicherungsnehmerin die Anzeigepflicht arglistig verletzt hat.

Dem Versicherer steht der Teil des Beitrages zu, der der bis zum Wirksamwerden der Rücktrittserklärung abgelaufenen Vertragszeit entspricht.

7.1.3 Beitragsänderung oder Kündigungsrecht

Ist das Rücktrittsrecht des Versicherers ausgeschlossen, weil die Verletzung einer Anzeigepflicht weder auf Vorsatz noch auf grober Fahrlässigkeit beruhte, kann der Versicherer den Vertrag unter Einhaltung einer Frist von einem Monat kündigen.

Das Kündigungsrecht ist ausgeschlossen, wenn die Versicherungsnehmerin nachweist, dass der Versicherer den Vertrag auch bei Kenntnis der nicht angezeigten Umstände, wenn auch zu anderen Bedingungen, geschlossen hätte.

Kann der Versicherer nicht zurücktreten oder kündigen, weil er den Vertrag auch bei Kenntnis der nicht angezeigten Umstände, aber zu anderen Bedingungen, geschlossen hätte, werden die anderen Bedingungen auf Verlangen des Versicherers rückwirkend Vertragsbestandteil. Hat die Versicherungsnehmerin die Pflichtverletzung nicht zu vertreten, werden die anderen Bedingungen ab der laufenden Versicherungsperiode Vertragsbestandteil.

Erhöht sich durch die Vertragsanpassung der Beitrag um mehr als 10 % oder schließt der Versicherer die Risikoübernahme für den nicht angezeigten Umstand aus, kann die Versicherungsnehmerin den Vertrag innerhalb eines Monats nach Zugang der Mitteilung des Versicherers fristlos kündigen.

Der Versicherer muss die ihm nach Ziffer 7.1.2 und 7.1.3 zustehenden Rechte innerhalb eines Monats schriftlich geltend machen. Die Frist beginnt mit dem Zeitpunkt, zu dem er von der Verletzung der Anzeigepflicht, die das von ihm geltend gemachte Recht begründet, Kenntnis erlangt. Er hat die Umstände anzugeben, auf die er seine Erklärung stützt; er darf nachträglich weitere Umstände zur Begründung seiner Erklärung abgeben, wenn für diese die Monatsfrist nicht verstrichen ist.

Dem Versicherer stehen die Rechte nach Ziffer 7.1.2 und 7.1.3 nur zu, wenn er die Versicherungsnehmerin durch gesonderte Mitteilung in Textform auf die Folgen einer Anzeigepflichtverletzung hingewiesen hat.

Der Versicherer kann sich auf die in den Ziffern 7.1.2 und 7.1.3 genannten Rechte nicht berufen, wenn er den nicht angezeigten Gefahrumstand oder die Unrichtigkeit der Anzeige kannte.

7.2 Gefahrerhöhung

7.2.1 Anzeigepflicht

Erkennt die Versicherungsnehmerin nachträglich, dass sie eine Gefahrerhöhung vorgenommen oder gestattet hat, hat sie die Gefahrerhöhung dem Versicherer unverzüglich anzuzeigen.

Tritt nach Abgabe der Vertragserklärung der Versicherungsnehmerin eine Gefahrerhöhung unabhängig von ihrem Willen ein, hat sie die Gefahrerhöhung, nachdem sie von ihr Kenntnis erlangt hat, dem Versicherer auf Befragen unverzüglich anzuzeigen.

7.2.2 Kündigung

In den Fällen einer Gefahrerhöhung nach Ziffer 7.2.1 kann der Versicherer den Vertrag unter Einhaltung einer Frist von einem Monat kündigen, und zwar auch dann, wenn die Voraussetzungen für die Kündigung nur bei einem Teil der versicherten Personen oder Tochterunternehmen erfüllt sind.

Das Kündigungsrecht erlischt, wenn es nicht innerhalb eines Monats ab der Kenntnis des Versicherers von der Erhöhung der Gefahr ausgeübt wird oder wenn der Zustand wiederhergestellt ist, der vor der Gefahrerhöhung bestanden hat.

7.2.3 Prämienerhöhung

Der Versicherer kann an Stelle einer Kündigung ab dem Zeitpunkt der Gefahrerhöhung eine seinen Geschäftsgrundsätzen für diese höhere Gefahr entsprechende Prämie verlangen oder die Absicherung der höheren Gefahr ausschließen. Für das Erlöschen dieses Rechtes gilt Ziffer 7.2.2 Abs. 2 entsprechend. Erhöht sich die Prämie als Folge der Gefahrerhöhung um mehr als 10 Prozent oder schließt der Versicherer die Absicherung der höheren Gefahr aus, kann die Versicherungsnehmerin den Vertrag innerhalb eines Monats nach Zugang der Mitteilung des Versicherers ohne Einhaltung einer Frist kündigen. Der Versicherer hat die Versicherungsnehmerin in der Mitteilung auf dieses Recht hinzuweisen.

7.2.4 Leistungsfreiheit

In den Fällen einer Gefahrerhöhung nach Ziffer 7.2.1 Abs. 1 und 2 ist der Versicherer nicht zur Leistung verpflichtet, wenn der Versicherungsfall später als einen Monat nach dem Zeitpunkt eintritt, zu dem die Anzeige dem Versicherer hätte zugehen müssen, es sei denn, dem Versicherer war die Gefahrerhöhung zu diesem Zeitpunkt bekannt. Er ist zur Leistung verpflichtet, wenn die Verletzung der Anzeigepflicht nach Ziffer 7.2.1 Abs. 1 und 2 nicht auf Vorsatz beruht; im Fall einer grob fahrlässigen Verletzung ist der Versicherer berechtigt, seine Leistung in einem der Schwere des Verschuldens der Versicherungsnehmerin entsprechenden Verhältnis zu kürzen; die Beweislast für das Nichtvorliegen einer groben Fahrlässigkeit trägt die Versicherungsnehmerin.

Abweichend von Abs. 1 Satz 1 ist der Versicherer zur Leistung verpflichtet,
1. soweit die Gefahrerhöhung nicht ursächlich für den Eintritt des Versicherungsfalles oder den Umfang der Leistungspflicht war, oder
2. wenn zur Zeit des Eintrittes des Versicherungsfalles die Frist für die Kündigung des Versicherers abgelaufen und eine Kündigung nicht erfolgt war.

7.2.5 Unerhebliche Gefahrerhöhung

Die Ziffern 7.2.1 bis 7.2.4 sind nicht anzuwenden, wenn nur eine unerhebliche Erhöhung der Gefahr vorliegt oder wenn nach den Umständen als vereinbart anzusehen ist, dass die Gefahrerhöhung mitversichert sein soll.

7.3 Obliegenheiten der Versicherungsnehmerin

7.3.1 Obliegenheiten vor Eintritt des Versicherungsfalles

Besonders gefahrdrohende Umstände hat die Versicherungsnehmerin auf Verlangen des Versicherers innerhalb angemessener Frist zu beseitigen. Dies gilt nicht, soweit die Beseitigung unter Abwägung der beiderseitigen Interessen unzumutbar ist. Ein Umstand, der zu einem Schaden geführt hat, gilt ohne weiteres als besonders gefahrdrohend.

7.3.2 Obliegenheiten nach Eintritt des Versicherungsfalles

7.3.2.1 Jeder Versicherungsfall ist dem Versicherer unverzüglich anzuzeigen. Dieses soll in Textform erfolgen.

Wird ein Ermittlungsverfahren eingeleitet, ein selbständiges Beweisverfahren angeordnet oder ergeht ein Strafbefehl oder Bescheid, der den Ersatz eines Vermögensschadens zum Gegenstand hat oder zur Folge haben könnte, so hat die Versicherungsnehmerin oder die versicherte Person dem Versicherer unverzüglich Anzeige zu erstatten, auch wenn der Versicherungsfall selbst bereits angezeigt wurde.

Wird gegen eine versicherte Person ein Anspruch gerichtlich geltend gemacht, Prozesskostenhilfe beantragt oder gegen diese gerichtlich der Streit verkündet, so ist dies ebenfalls unverzüglich anzuzeigen. Das gleiche gilt im Falle eines Arrestes oder einer einstweiligen Verfügung. Gegen einen Mahnbescheid muss die versicherte Person fristgemäß Widerspruch einlegen, ohne dass es einer Weisung des Versicherers bedarf.

7.3.2.2 Die Versicherungsnehmerin und die versicherten Personen müssen im Rahmen ihrer Möglichkeiten für die Abwendung und Minderung des Schadens sorgen. Weisungen des Versicherers sind dabei zu befolgen, soweit es für die Versicherungsnehmerin zumutbar ist. Sie haben dem Versicherer ausführliche und wahrheitsgemäße Schadenberichte zu erstellen und ihn bei der Schadenermittlung und -regulierung zu unterstützen. Alle Umstände, die nach Ansicht des Versicherers für die Bearbeitung des Schadens wichtig sind, müssen mitgeteilt sowie alle dafür angeforderten Informationen in Textform zur Verfügung gestellt werden.

Anhang C D&O-Versicherung und Persönliche Selbstbehaltsversicherung

8. Rechtsfolgen bei Verletzung von Obliegenheiten

8.1 Verletzt die Versicherungsnehmerin eine Obliegenheit aus diesem Vertrag, die sie vor Eintritt des Versicherungsfalles zu erfüllen hat, kann der Versicherer den Vertrag innerhalb eines Monats ab Kenntnis von der Obliegenheitsverletzung fristlos kündigen. Der Versicherer hat kein Kündigungsrecht, wenn die Versicherungsnehmerin nachweist, dass die Obliegenheitsverletzung weder auf Vorsatz noch auf grober Fahrlässigkeit beruhte.

8.2 Wird eine Obliegenheit aus diesem Vertrag vorsätzlich verletzt, verliert die Versicherungsnehmerin ihren Versicherungsschutz. Bei grob fahrlässiger Verletzung einer Obliegenheit ist der Versicherer berechtigt, seine Leistung in einem der Schwere des Verschuldens der Versicherungsnehmerin entsprechenden Verhältnis zu kürzen. Weist die Versicherungsnehmerin nach, dass sie die Obliegenheit nicht grob fahrlässig verletzt hat, bleibt der Versicherungsschutz bestehen.

Der Versicherungsschutz bleibt auch bestehen, wenn die Versicherungsnehmerin nachweist, dass die Verletzung der Obliegenheit weder für den Eintritt oder die Feststellung des Versicherungsfalls noch für die Feststellung oder den Umfang der dem Versicherer obliegenden Leistung ursächlich war. Das gilt nicht, wenn die Versicherungsnehmerin die Obliegenheit arglistig verletzt hat.

Die vorstehenden Bestimmungen gelten unabhängig davon, ob der der Versicherer ein ihm nach Ziffer 8.1 zustehendes Kündigungsrecht ausübt.

8.3 Die Anzeigepflichten und Obliegenheiten gelten sinngemäß für die versicherten Personen.

9. Vertragsdauer, Kündigung, Erlöschen des Vertrages

9.1 Der Vertrag ist für die im Versicherungsschein angegebene Zeit abgeschlossen.

Bei einer Vertragsdauer von mindestens einem Jahr verlängert sich der Vertrag um jeweils ein Jahr, wenn nicht dem Vertragspartner spätestens drei Monate vor dem Ablauf der jeweiligen Vertragsdauer eine Kündigung zugegangen ist.

Bei einer Vertragsdauer von weniger als einem Jahr endet der Vertrag, ohne dass es einer Kündigung bedarf zum vorgesehenen Zeitpunkt.

Bei einer Vertragsdauer von mehr als drei Jahren kann der Versicherungsnehmer den Vertrag zum Ablauf des dritten Jahres oder jedes darauf folgenden Jahres kündigen; die Kündigung muss dem Versicherer spätestens drei Monate vor dem Ablauf des jeweiligen Jahres zugegangen sein. Der Vertrag wird für den im Versicherungsschein genannten Zeitraum abgeschlossen. Eine Verlängerung des Vertragsverhältnisses bedarf einer ausdrücklichen Vereinbarung.

9.2 Hat der Versicherer nach dem Eintritt des Versicherungsfalles den Anspruch der versicherten Person auf Freistellung anerkannt oder zu Unrecht abgelehnt, kann jede Vertragspartei das Versicherungsverhältnis kündigen. Dies gilt auch, wenn der Versicherer der versicherten Person die Weisung erteilt, es zum Rechtsstreit über den Anspruch kommen zu lassen.

Die Kündigung ist nur innerhalb eines Monats seit der Anerkennung oder Ablehnung des Freistellungsanspruchs oder seit der Rechtskraft des im Rechtsstreit mit dem Dritten ergangenen Urteils zulässig. § 92 Abs. 2 Satz 2 und 3 VVG ist anzuwenden.

9.3 Wird die Versicherungsnehmerin selbst freiwillig liquidiert, endet der Versicherungsvertrag mit Abschluss der Liquidation automatisch.

Wird die Versicherungsnehmerin neu beherrscht, endet der Versicherungsvertrag automatisch spätestens nach Ablauf einer Frist von … Monaten. Versichert sind in diesem Fall nur Versicherungsfälle aufgrund von Pflichtverletzungen, die bis zum Zeitpunkt der Neubeherrschung begangen wurden.

10. Versicherung für fremde Rechnung, Abtretung des Versicherungsanspruches

10.1 Die Ausübung der Rechte aus dem Versicherungsvertrag steht ausschließlich den versicherten Personen zu; dies gilt nicht in den Fällen der Ziffer 1.2.

10.2 Der Freistellungsanspruch darf vor seiner endgültigen Feststellung ohne Zustimmung des Versicherers weder abgetreten noch verpfändet werden. Eine Abtretung an den geschädigten Dritten ist zulässig.

10.3 Rückgriffsansprüche der versicherten Personen und deren Ansprüche auf Kostenersatz, auf Rückgabe hinterlegter und auf Rückerstattung bezahlter Beträge sowie auf Abtretung gem. § 255 BGB gehen in Höhe der vom Versicherer geleisteten Zahlung ohne weiteres auf diesen über. Der Versicherer kann die Ausstellung einer den Forderungsübergang nachweisenden Urkunde verlangen.

10.4 Hat eine versicherte Person auf einen Anspruch gem. Ziffer 10.3 oder ein zu dessen Sicherung dienendes Recht verzichtet, bleibt der Versicherer dieser gegenüber nur insoweit verpflichtet, als die versicherte Person nachweist, dass die Verfolgung des Anspruchs ergebnislos geblieben wäre.

Der materielle Anspruch auf Versicherungsschutz im Rahmen der D&O-Versicherung als Versicherung für fremde Rechnung i.S.d. §§ 43 ff. VVG steht dem Organmitglied als versicherter Person zu. Die Ausübung der Rechte, d.h. die Verfügungsbefugnis über den materiellen Anspruch, ist durch Ziffer 10.1 in Abbedingung des § 44 II VVG ebenfalls der versicherten Person zugewiesen. Die Gestaltungsrechte zum Versicherungsvertrag verbleiben bei der VN als Vertragspartnerin (s. im Einzelnen A IV. 1. 4.). 161

Das Abtretungsverbot in Ziffer 10.2 dient der Vermeidung von Missbrauch und kollusivem Zusammenwirken des Organmitglieds und der Geschädigten. Nach der hier vertretenen Auffassung kann dem vor Feststellung des Haftpflichtanspruchs an den Geschädigten abgetretenen Freistellungsanspruch die fehlende Fälligkeit gem. § 404 BGB i.V.m. § 106 Satz 1 VVG entgegengehalten werden. Nach der Gegenauffassung kann der Geschädigte – auch ohne Feststellung des Haftpflichtanspruchs durch Urteil, Anerkenntnis oder Vergleich – direkt die Leistung vom VR verlangen, gegebenenfalls mit inzidenter Prüfung des Haftpflichtanspruchs im Deckungsprozess (s. im Einzelnen A. IV. 4.). 162

Die Regelungen in Ziffern 10.3 und 10.4 konkretisieren den Übergang von Rückgriffsansprüchen der versicherten Person bei Versicherungsleistung gem. § 86 VVG.

11. Risikoinformationen

Darüber hinaus bleibt es dem Versicherer unbenommen, weitere Risikoinformationen zu verlangen.

12. Beitrag

12.1 Der Beitrag wird unverzüglich nach Ablauf von zwei Wochen nach Zugang des Versicherungsscheins fällig.

12.2 Zahlt die Versicherungsnehmerin den Beitrag nicht rechtzeitig, ist der Versicherer von der Verpflichtung zur Leistung frei, es sei denn, die Versicherungsnehmerin hat die Nichtzahlung nicht zu vertreten. Für Versicherungsfälle, die bis zur Zahlung des Beitrags eintreten, ist der Versicherer nur dann nicht zur Leistung verpflichtet, wenn er die Versicherungsnehmerin durch gesonderte Mitteilung in Textform oder durch einen auffälligen Hinweis im Versicherungsschein auf diese Rechtsfolge hingewiesen hat.

12.3 Zahlt die Versicherungsnehmerin den Beitrag nicht rechtzeitig, kann der Versicherer vom Vertrag zurücktreten, solange der Beitrag nicht gezahlt ist, es sei denn, die Versicherungsnehmerin hat die Nichtzahlung nicht zu vertreten.

12.4 Endet das Versicherungsverhältnis vor Ablauf der Vertragszeit oder wird es nach Beginn der Versicherung rückwirkend aufgehoben oder ist es von Anfang an nichtig, gebührt dem Versicherer Beitrag oder Geschäftsgebühr nach Maßgabe der gesetzlichen Bestimmungen (z.B. §§ 39 und 80 VVG).

13. Gerichtsstand und anzuwendendes Recht

13.1 Für diesen Vertrag gilt ausschließlich deutsches Recht.

13.2 Gerichtsstand für alle Rechtsstreitigkeiten aus dem Versicherungsvertrag ist der Sitz des Versicherers oder seiner für den Versicherungsvertrag zuständigen Niederlassung. Diese Gerichtsstandsvereinbarung gilt ausdrücklich auch dann, wenn die Versicherungsnehmerin oder eine versicherte Person ihren (Wohn-)Sitz im Ausland hat.

B. Selbstbehaltsversicherung

Schrifttum:

Annuß/Theusinger, Das VorstAG – Praktische Hinweise zum Umgang mit dem neuen Recht, BB 2009, 2434; *Armbrüster/Schilbach,* Nichtigkeit von VersVerträgen wegen Verbots- oder Sittenverstoßes, r+s 2016, 109; *Bosse,* Das Gesetz zur Angemessenheit der Vorstandsvergütung (VorstAG) – Überblick und Handlungsbedarf, BB 2009, 1650; Bundesverband der Deutschen Industrie e.V., Stellungnahme zur öffentlichen Anhörung des Rechtsausschusses des deutschen Bundestages am 25. Mai 2009 – Entwurf eines Gesetzes zur Angemessenheit der Vorstandsvergütung (BT-Drs. 16/12278) in der Fassung der Synopse der Berichterstatter der Koalitionsfraktionen vom 15. Mai 2009; *Dauner-Lieb/Tettinger,* Vorstandshaftung, D&O-Versicherung, Selbstbehalt – Offene Fragen zum neuen § 93 Abs. 2 Satz 3 AktG, ZIP 2009, 1555; *Dreher,* Die selbstbeteiligungslose D&O-Versicherung in der Aktiengesellschaft, AG 2008, 429; *Faßbender,* 18 Jahre ARAG Garmenbeck – und alle Fragen offen?, NZG, 501; *Feddersen/Von Cube,* Vorstand wider Willen? – Auswirkungen des Gesetzes zur Angemessenheit der Vorstandsvergütung auf GmbHs, NJW 2010, 576; *Fiedler,* Der Pflichtselbstbehalt nach § 93 Abs. 2 Satz 3 AktG und seine Auswirkung auf Vorstandshaftung und D&O Versicherung, MDR 2009, 1077; *Fleischer,* Haftungsfreistellung, Prozesskostensatz und Versicherung für Vorstandsmitglieder – eine rechtsvergleichende Bestandsaufnahme zur Enthaftung des Managements, WM 2005, 909; *ders.,* Das Gesetz zur Angemessenheit der Vorstandsvergütung (VorstAG), NZG 2009, 801; *Franz,* Der gesetzliche Selbstbehalt in der D&O-Versicherung nach dem VorstAG – Wie weit geht das Einschussloch in der Schutzweste der Manager?, DB 2009, 2764; *ders.,* Aktuelle Compliance-Fragen zur D&O-Versicherung (Teil 2) – Insbesondere Zuständigkeiten und Selbstbehalt(sversicherung), DB 2011, 2019; *Franz/Spielmann,* Die Zukunft von Selbstbehalten bei Pflichtversicherungen aus versicherungssteuerlicher Sicht, VersR 2012, 960; *Gädtke/Wax,* Konzepte zur Versicherung des D&O-Selbstbehalts, AG 2010, 851; *Gädtke,* Implizites Verbot der D&O-Selbst-

Anhang C D&O-Versicherung und Persönliche Selbstbehaltsversicherung

behaltsversicherung?, VersR 2009, 1565; Gesamtverband der Deutschen Versicherungswirtschaft e.V., Stellungnahme zum Entwurf eines Gesetzes zur Angemessenheit der Vorstandsvergütung, BT-Drucks. 16/12278 – Überlegungen zur verpflichtenden Einführung von Selbstbehalten bei D&O-Versicherungen vom 22.05.2009; *Goette*, Stellungnahme zum Entwurf eines Gesetzes zur Angemessenheit der Vorstandsvergütung; *Haarmann/Weiß*, Reformbedarft bei der aktienrechtlichen Organhaftung, BB 2014, 2115; *Hirte*, Stellungnahme zum Fraktionsentwurf eines Gesetzes zur Angemessenheit der Vorstandsvergütung (VorstAG) für den Deutschen Bundestag – Sitzung des Rechtsausschusses am 25. Mai 2009 –; *Hoffmann-Becking/Krieger*, Leitfaden zur Anwendung des Gesetzes zur Angemessenheit der Vorstandsvergütung (VorstAG), NZG, Beilage 2009, 1; *Hohenstatt*, Das Gesetz zur Angemessenheit der Vorstandsvergütung, ZIP 2009, 1349; *Ihlas*, D & O Directors & Officers Liability, 2. Auflage 2009; *Kerst*, D&O-Selbstbehalt: Klare Antworten auf bohrende Fragen, VW 2010, 102; *Koch*, Einführung eines obligatorischen Selbstbehalts in der D&O-Versicherung durch das VorstAG, AG 2009, 637; *Lange*, in: Veith/Gräfe/Gebert, Versicherungsprozess, 3. Auflage 2016, § 21 D&O-Versicherung; *ders.*, Zur Selbstbehaltvereinbarungspflicht in der D&O-Versicherung, VW 2009, 918; *ders.*, Die Selbstbehaltsvereinbarungspflicht gem. § 93 Abs. 2 S. 3 AktG n.F., VersR 2009, 1011; *ders.*, Die D&O-Selbstbehalt-Versicherung, r+s 2010, 92; *Laschet*, Vorstandsvergütung und D&O-Versicherung – Gedanken zum neuen VorstAG, PHi 2009, 158; *Lingemann*, Angemessenheit der Vorstandsvergütung – Das VorstAG ist in Kraft, BB 2009, 1918; *Melot de Beauregard/Gleich*, Aktuelle Problemfelder bei der D&O-Versicherung, NJW 2013, 824; *Mesch*, Der Selbstbehalt für Versicherungen von Vorstandsmitgliedern gemäß § 93 II 3 AktG, 2014; *ders.* Die Wirkung des Selbstbehalts nach § 93 Abs. 2 S. AktG auf das Entscheidungsverhalten der Vorstandsmitglieder, VersR 2015, 1337; *ders.* Die Verfassungsmäßigkeit des zwingenden Selbstbehalts in der D&O-Versicherung, VersR 2015, 813; *Nikolay*, Die neuen Vorschriften zur Vorstandsvergütung – Detaillierte Regelungen und offene Fragen, NJW 2009, 2640; *Olbrich/Kassing*, Der Selbstbehalt in der D&O Versicherung: Gesetzliche Neuregelung lässt viele Fragen offen, BB 2009, 1659; *Schramm*, Das Anspruchserhebungsprinzip, 2009; *Schulz*, Bericht aus Brüssel, Zwangs-Selbstbehalt für Vorstände verfehlt Zweck, VW 2009, 1410; *Seibert*, Das VorstAG – Regelungen zur Angemessenheit der Vorstandsvergütung und zum Aufsichtsrat, WM 2009, 1489; *Sieg*, in: Krieger/Schneider, Handbuch Managerhaftung, 2. Aufl., D&O-Versicherung § 15; D&O-Versicherung des Managers; *Spindler*, Vorstandsgehälter auf dem Prüfstand – das Gesetz zur Angemessenheit der Vorstandsvergütung (VorstAG), NJOZ 2009, 3282; *Thomas*, Die Haftungsfreistellung von Organmitgliedern, 2010; *Thüsing/Traut*, Angemessener Selbstbehalt bei D&O-Versicherungen – Ein Blick auf die Neuerungen nach dem VorstAG, NZA 2010, 140; *Thüsing*, Stellungnahme zum Entwurf eines Gesetzes zur Angemessenheit der Vorstandsvergütung (VorstAG), BT-Drucks. 16/12278; *van Kann*, Zwingender Selbstbehalt bei der D&O-Versicherung – Gut gemeint, aber auch gut gemacht? – Änderungsbedarf an D&O-Versicherungen durch das VorstAG, NZG 2009, 1010; *van Kann/Keiluweit*, Das neue Gesetz zur Angemessenheit der Vorstandsvergütung – Wichtige Reform oder viel Lärm um nichts?, DStR 2009, 1587; *von Werder*, Wirtschaftskrise und persönliche Managementverantwortung – Sanktionsmechanismen aus betriebswirtschaftlicher Sicht, ZIP 2009, 500; *Wendt*, Zwangs-Selbstbehalt gilt nur für D&O-Policen – Neuregelung greift weder in Rechtsschutz noch Haftpflicht, VW 2009, 1589; *Wübbelsmann*, Die Vergütung des Geschäftsführers – Ausstrahlung des VorstAG auf die GmbH?, GmbHR 2009, 988.

I. Einleitung

163 Mit Inkrafttreten des Gesetzes zur Angemessenheit der Vorstandsvergütung (VorStAG) am 05.08.2009 wurde § 93 II AktG um die Vorgabe eines Mindestselbstbehalts im Rahmen einer Versicherung der Gesellschaft zur Absicherung eines Vorstandsmitglieds gegen Risiken aus dessen beruflicher Tätigkeit für die Gesellschaft ergänzt. Die Neuregelung dient dem Schutz der Vermögensinteressen der AG bzw. der Aktionäre vor Beeinträchtigungen durch nachteilige Entscheidungen der Unternehmensleitung. Der primäre Regelungszweck liegt in der Verhaltenssteuerung und Schadensprävention durch die Sicherstellung der persönlichen Haftung des Vorstandsmitglieds. Er findet seine Grenze in dem angemessenen Interesse der Gesellschaft an der Vermeidung eines Forderungsausfalls im Haftungsfall durch Vereinbarung einer Obergrenze des Selbstbehalts.[277] § 93 II 3 AktG bezieht sich nur auf Vorstandsmitglieder solcher Gesellschaften, auf die das deutsche Aktiengesetz Anwendung findet. Der Corporate Governance-Kodex empfiehlt darüber hinaus die Vereinbarung eines entsprechenden Mindestselbstbehalts auch für Aufsichtsratsmitglieder (Ziffer 3.8 DCGK).

164 Die Persönliche Selbstbehaltsversicherung als Vermögensschaden-Haftpflichtversicherung des Vorstandsmitglieds wurde nach Einführung des § 93 II 3 AktG als Ergänzung zur D&O-Versicherung zur Absicherung der Organmitglieder gegen die persönliche Haftung in Höhe des gesetzlichen Mindestselbstbehalts entwickelt. Voraussetzung für das Bestehen des versicherten Interesses unter der Selbstbehaltsversicherung ist, dass eine D&O-Versicherung der Gesellschaft besteht und im Rahmen der Leistungspflicht unter der D&O-Versicherung ein Selbstbehalt gem. § 93 II 3 AktG zur Anwendung kommt. VN der persönlichen Selbstbehaltsversicherung ist – anders als in der D&O-Versicherung – aufgrund der Vorgaben in § 93 II 3 AktG das Vorstandsmitglied persönlich. Eine solche Direktversicherung wird in verfassungsrechtlicher Auslegung des § 93 II 3 AktG als zulässig angesehen.[278] Auf dem Versicherungsmarkt existieren verschiedene Modelle der Umsetzung des Selbstbehalts in der D&O-Versicherung und einer entsprechenden Versicherung des Selbstbehalts.[279]

---

277 BT-Drucks. 16/13433 S. 11; vgl. *Koch* AG 2009, 637, 638; *Dauner-Lieb/Tettinger* ZIP 2009, 1555.
278 Hinsichtlich verfassungsrechtlicher Bedenken gegen die Einführung des Pflichtselbstbehalts: vgl. *Mesch* VersR 2015, 813.
279 Vgl. *Franz* DB 2011, 2019, 2023 ff.; *Melot de Beauregard/Gleich* NJW 2013, 824, 829.

II. Rechtsgrundlagen

Die Versicherung bemisst sich in erster Linie nach den jeweiligen Bedingungen des Versicherungsvertrages. Die Bedingungswerke der verschiedenen Anbieter unterscheiden sich teilweise stark, je nach zugrunde liegendem Umsetzungsmodell der Selbstbehaltsversicherung und des Selbstbehalts in der D&O-Versicherung der Gesellschaft. Bei Bezugnahme und je nach den Umständen des Vertragsschlusses sind die Regelungen des D&O-Versicherungsvertrages der Gesellschaft ergänzend heranzuziehen. 165

Im Folgenden werden die Musterbedingungen des GDV mit Stand von März 2010, die Allgemeinen Versicherungsbedingungen für die persönliche Absicherung des Selbstbehalts nach dem VorstAG (Persönliche Selbstbehaltsversicherung), kommentiert. Es handelt sich um eine eigenständige Haftpflichtversicherung des Vorstandsmitglieds in Höhe des Selbstbehalts, welcher akzessorisch zur D&O-Versicherung der Gesellschaft ist (vgl. IV.2.). 166

Ergänzend zu den Versicherungsbedingungen gelten die Vorschriften des VVG und des BGB. Soweit auf den Selbstbehalt i.S.d. § 93 II 3 AktG Bezug genommen wird, gilt die Auslegung der gesetzlichen Vorschrift (vgl. III.). Der Wortlaut und die Gesetzesbegründung des § 93 II 3 AktG lassen eine Vielzahl ungeklärter Fragen offen. Diese wurden in der juristischen Literatur eingehend behandelt. Veröffentlichte Rspr. existiert bisher nicht. Insoweit besteht bzgl. des Vertragsgegenstands ein erhebliches Maß an Rechtsunsicherheit und -unklarheit. 167

III. Risikosituation

1. Vereinbarung des Selbstbehalts im Unternehmensversicherungsvertrag

Die durch die Selbstbehaltsversicherung abgesicherte Risikosituation setzt die Vereinbarung eines Selbstbehalts i.S.d. § 93 II 3 AktG im Rahmen des Unternehmensversicherungsvertrages voraus. Zuständig für den Abschluss der Unternehmensversicherung ist der Vorstand der Gesellschaft.[280] Der Abschluss und die Ausgestaltung des Unternehmensversicherungsvertrages einschließlich der Vereinbarung eines Selbstbehalts stellt grundsätzlich eine unternehmerische Entscheidung des Vorstands dar, für welchen ein entsprechender Ermessensspielraum besteht. Der Ermessensspielraum wird durch die gesellschaftsrechtliche Pflicht in § 93 II 3 AktG im Hinblick auf das Ob und die Mindesthöhe des Selbstbehalts zu einer gebundenen Entscheidung des Vorstands.[281] Hierdurch ist die Umsetzung des angemessenen Selbstbehalts zur Schadensprävention im Interesse der Aktionäre gewährleistet. 168

Nach der Vorstellung des Gesetzgebers ist der Selbstbehalt im Unternehmensversicherungsvertrag zu vereinbaren (vgl. auch § 23 I 1 EGAktG). Eine Vereinbarung außerhalb des Versicherungsvertrages, etwa durch separaten Vertrag zwischen der Gesellschaft und dem Vorstandsmitglied, genügt den Vorgaben des § 93 II 3 AktG nicht.[282] 169

Bei Verstoß gegen die Pflicht zur Vereinbarung des Mindestselbstbehalts i.S.d. § 93 II 3 AktG droht dem verantwortlichen Vorstandsmitglied eine Haftung für kausale Schäden, insbes. im Hinblick auf die Mehrprämie für die D&O-Versicherung ohne Selbstbehalt.[283] Angesichts der zweifelhaften Wirkung des Selbstbehalts als Schadensprävention[284] dürfte der Beweis der Kausalität im Haftungsfall schwierig sein.[285] 170

In der juristischen Literatur wird teilweise die Ansicht vertreten, dass § 93 II 3 AktG nicht nur eine gesellschaftsrechtliche Pflicht begründe, sondern auch ein gesetzliches Verbot i.S.d. § 134 BGB des Abschlusses einer D&O-Versicherung ohne Selbstbehalt enthalte.[286] Rechtsfolge einer Missachtung des Verbotsgesetzes sei die Teilnichtigkeit des D&O-Versicherungsvertrages in Höhe des fehlenden gesetzlichen Selbstbehalts. Der D&O-Versicherungsvertrag im Übrigen bleibe i.S. einer geltungserhaltenden Reduktion bestehen. Für eine rein gesellschaftsrechtliche Konkretisierung der Pflichten des Vorstands zur Gewährleistung der Interessen der Aktionäre spricht indes die systematische Stellung des Pflichtselbstbehalts in § 93 II AktG und der Vergleich mit § 87 I AktG, welcher ebenfalls den Schutz der Aktionäre (im Hinblick auf eine angemessene, auf Nachhaltigkeit angelegte Vorstandsvergütung) bezweckt und nach allgemeiner Ansicht eine den allgemeinen Standards der §§ 134, 138 BGB vorgelagerte Beschränkung des Beurteilungsspielraums darstellt.[287] 171

---

280 Siehe im Einzelnen A IV. 1.
281 *Thüsing*, Stellungnahme, S. 12; *Thüsing/Traut* NZA 2010, 140, 141; *Olbrich/Kassing* BB 2009, 1659; *Spindler* NJoZ 2009, 3282, 3287; *Hohenstatt* ZIP 2009, 1349, 1354; *Dauner-Lieb/Tettinger* ZIP 2009, 1555, 1557; *van Kann* NZG 2009, 1010; *Laschet* PHi 2009, 158, 162; *Schulz* VW 2009, 1410, 1414.
282 Vgl. *Lingemann* BB 2009, 1918, 1922; *Lange* VW 2009, 918; *ders.* VersR 2009, 1011, 1013; a.A. *Thüsing/Traut* NZA 2010, 140, 141.
283 *Dauner-Lieb/Tettinger* ZIP 2009, 1555, 1557; *Thomas*, S. 208 f.; *Hohenstatt* ZIP 2009, 637, 639; *Spindler* NJoZ 2009, 3282, 3288; *Fiedler* MDR 2009, 1077, 1079 ff.; *Schulz* VW 2009, 1410; *Thüsing/Traut* NZA 2010, 140 f.
284 Vgl. *Thomas*, S. 209 f.; *Franz* DB 2009, 2764; *Veith/Gräfe/Gebert/Lange*, § 21 Rn. 286; *Mesch* VersR 2015, 1337, 1344 f.
285 *Dauner-Lieb/Tettinger* ZIP 2009, 1555, 1557.
286 *Koch* AG 2009, 637, 639; *Olbrich/Kassing* BB 2009, 1659, 1661; *Gädtke* VersR 2009, 1565, 1572; P/M/*Voit*, Ziff. 4 AVB-AVG Rn. 11; *Franz* DB 2009, 2764, 2770 f.; *Thomas*, S. 209 ff.; *Gädtke/Wax* AG 2010, 851, 852 ff.
287 MünchKommAktG/*Spindler*, § 87 Rn. 6.

Anhang C   D&O-Versicherung und Persönliche Selbstbehaltsversicherung

2. Geltung des § 93 II 3 AktG

a) Zeitlicher Anwendungsbereich

172 Der gesetzliche Pflichtselbstbehalt gem. § 93 II 3 AktG gilt für neu abgeschlossene D&O-Versicherungsverträge ab dem 05.08.2009. Vorher bestehende und seither verlängerte D&O-Versicherungsverträge waren gem. § 23 I 1 EGAktG bis zum 01.07.2010 um den Pflichtselbstbehalt zu ergänzen. Wenn die Gesellschaft mit dem Vorstandsmitglied vor dem 05.08.2009 eine Vereinbarung getroffen hat, nach welcher die Gesellschaft zur Besorgung einer D&O-Versicherung ohne Selbstbehalt verpflichtet ist, gilt die Ausnahmeregelung des § 23 I 2 EGAktG. Danach darf die Gesellschaft diese vertragliche Verpflichtung bis zum Ablauf des Vorstandsvertrages erfüllen. Wegen der grundsätzlichen Begrenzung von Anstellungsverträgen auf fünf Jahre (vgl. § 84 I 1 AktG) dürfte diese Übergangsregelung im August 2014 ausgelaufen sein.

173 Sofern der D&O-Versicherungsvertrag die Inanspruchnahme versicherter Personen aufgrund von Pflichtversicherungen vor Beginn des D&O-Versicherungsvertrages abdeckt (Rückwärtsversicherung), gilt der Pflichtselbstbehalt gem. § 93 II 3 AktG nur für Pflichtverletzungen ab dem 05.08.2009. Dies folgt aus dem Regelungszweck einer verhaltenssteuernden Wirkung.[288]

b) Sachlicher Anwendungsbereich

aa) Versicherung

174 Der gesetzliche Pflichtselbstbehalt gem. § 93 II 3 AktG gilt nur für die D&O-Versicherung, nicht für andere Versicherungsarten, auf welche der Wortlaut des § 93 II 3 AktG zutrifft, insbes. nicht für die Betriebshaftpflichtversicherung und die Rechtsschutzversicherung des Unternehmens.[289] Dies ergibt sich aus der Gesetzesbegründung, welche sich ausdrücklich auf die D&O-Versicherung und die Schadensprävention im Rahmen der Unternehmensleitung bezieht.[290]

bb) Gesellschaftsform

175 Der Pflichtselbstbehalt gilt für alle Gesellschaftsformen, auf die das deutsche Aktiengesetz unmittelbar oder über eine Verweisungsnorm anwendbar ist, d.h. die AG, den Versicherungsverein auf Gegenseitigkeit (§ 34 Satz 2 VAG), die Kommanditgesellschaft auf Aktien (§ 283 Nr. 3 AktG) und die Societas Europaea mit Sitz in Deutschland (Artikel 9 Abs. 1c ii, 51 SEVO i.V.m. §§ 15–19 SEAG, §§ 39, 40 VIII SEAG).[291]

176 Eine analoge Anwendung des Pflichtselbstbehalts auf die GmbH und die Genossenschaft scheidet aus. Gem. der Gesetzesbegründung fehlt es an einer planwidrigen Regelungslücke und wegen der stärkeren Einflussnahmemöglichkeit der Gesellschafter an einer vergleichbaren Situation.[292] Im Rahmen einer Konzern-D&O-Versicherung gilt § 93 II 3 AktG analog, wenn zwar nicht die versicherungsnehmende Gesellschaft, wohl aber eine mitversicherte Gesellschaft in einer Gesellschaftsform besteht, auf welche § 93 II 3 AktG anwendbar ist.[293]

cc) Organfunktion

177 Der gesetzliche Pflichtselbstbehalt gem. § 93 II 3 AktG gilt nur für Vorstandsmitglieder.[294] Für die Societas Europaea gilt § 93 AktG gem. der Verweisungsnorm für Verwaltungsratsmitglieder und geschäftsführende Direktoren.

178 Die Empfehlung des Deutschen Corporate Governance-Kodex in Ziffer 3.8 DCGK umfasst auch die Vereinbarung eines Selbstbehalts für Aufsichtsratsmitglieder. Diese Empfehlung ist im Rahmen der Pflicht zur Entsprechenserklärung gem. § 161 AktG zu beachten.

dd) Schaden

179 Der Pflichtselbstbehalt setzt gem. § 93 II 3 AktG das Vorliegen eines Schadens voraus. Der Schadensbegriff bezieht sich auf die rechtskräftig festgestellte Haftung des Vorstandsmitglieds gegenüber der Gesellschaft,

---

288 *Koch* AG 2009, 637, 640; *Lange* VW 2009, 918; *Kerst* VW 2010, 102; sinngemäß auch *Lingemann* BB 2009, 1918, 1922; *Franz* DB 2009, 2764, 2772; a.A. *Olbrich/Kassing* BB 2009, 1659, 1661 f.
289 *Thomas*, S. 202; *Wendt* VW 2009, 1589, 1590; *Schulz* VW 2009, 1410, 1413; *Kerst* VW 2010, 102; a.A. *Lange* VersR 2009, 1011; *Franz* DB 2009, 2764 f.
290 BT-Drucks. 16/13433 S. 11.
291 *Koch* AG 2009, 637, 640; P/M/*Voit* Ziff. 4 AVB-AVG Rn. 9; *Krieger/Schneider/Sieg*, § 15 Rn. 81; in Bezug auf VVaG und KGaA auch *Melot de Beauregard/Gleich* NJW 2013, 824, 829; *Franz* DB 2011, 2019, 2021; a.A. zum VVaG und zur Societas Europaea *Schulz* VW 2009, 1410, 1414.
292 *Feddersen/von Cube* NJW 2010, 576, 577; *Thüsing/Traut* NZA 2010, 140, 144; *Bosse* BB 2009, 1650, 1652; *Olbrich/Kassing* BB 2009, 1659; *van Kann* NZG 2009, 1010, 1011; *Franz* DB 2009, 2764, 2766; P/M/*Voit*, Ziff. 4 AVB-AVG Rn. 9; a.A. *Fiedler* MDR 2009, 1077; *Koch* AG 2009, 637, 643 zur Genossenschaft.
293 *Thüsing/Traut* NZA 2010, 140, 143; *Kerst* VW 2010, 102, 105; *Koch* AG 2009, 637, 640; *Lange* VersR 2009, 1011, 1014; P/M/*Voit* Ziff. 4 AVB-AVG Rn. 9; *Thomas*, S. 203; *Franz* DB 2009, 2764, 2766 f.; *Veith/Gräfe/Gebert/Lange*, § 21 Rn. 294; a.A. *Schulz* VW 2009, 1410, 1414; *Fiedler* MDR 2009, 1077.
294 BT-Drucks. 16/13433, S. 11.

nicht etwa auf den versicherungsrechtlichen Schaden. Gerichtliche und außergerichtliche Kosten zur Abwehr geltend gemachter Ansprüche gegen das Vorstandsmitglied sind ohne Pflichtselbstbehalt von der D&O-Versicherung gedeckt.[295] Solange eine Pflichtverletzung des Vorstandsmitglieds nicht rechtskräftig festgestellt ist, ist eine persönliche Haftung des Vorstandsmitglieds gem. dem Präventionszweck der Regelung nicht zu rechtfertigen, zumal die Höhe der Abwehrkosten von den unbewiesenen Behauptungen des Anspruchstellers zur Anspruchshöhe und der Entscheidung des VR über die Anspruchsabwehr abhängt und damit außerhalb des Einflussbereichs des Vorstandsmitglieds liegt.

Der Pflichtselbstbehalt ist lediglich im Rahmen der Innenhaftung des Vorstandsmitglieds gegenüber der eigenen Gesellschaft anwendbar. Auf Außenhaftungsansprüche Dritter findet § 93 II 3 AktG keine Anwendung.[296] Hierfür spricht vor allem die systematische Stellung der Selbstbehaltsregelung in § 93 II AktG, welche ausschließlich die Innenhaftung regelt. **180**

Im Fall einer Vergleichsvereinbarung zwischen der Gesellschaft und den Vorstandsmitgliedern über den Haftungsanspruch ist der Pflichtselbstbehalt nicht notwendig zu berücksichtigen. Gem. § 93 IV AktG unterliegt ein Vergleich von Schadenersatzansprüchen gegen Vorstandsmitglieder der notwendigen Zustimmung der Hauptversammlung. Insoweit können die Aktionäre den Inhalt des Vergleichs beeinflussen und sind somit nicht schutzbedürftig i.S.d. Regelungszwecks des § 93 II 3 AktG.[297] Ein Eingreifen des Pflichtselbstbehalts kommt allenfalls bei einer Anerkennung der Haftpflicht durch das Vorstandsmitglied in Betracht.[298] **181**

3. Höhe des Selbstbehalts

a) Mindesthöhe

Die Mindesthöhe des Pflichtselbstbehalts beträgt gem. § 93 II 3 AktG 10 % der festgestellten Haftung pro Versicherungsfall unter der D&O-Versicherung, d.h. für jeden geltend gemachten Vermögensschaden. **182**

b) Mindestobergrenze

Die Mindestobergrenze des Pflichtselbstbehalts dient der Vermeidung von Forderungsausfällen im Interesse der Gesellschaft und beträgt gem. § 93 II 3 AktG das Eineinhalbfache der Jahresfestvergütung des Vorstandsmitglieds. Für die Bemessung der Jahresfestvergütung verweist die Gesetzesbegründung auf das Jahr der Pflichtverletzung. Gem. dem allgemeinen Sprachgebrauch und nach Maßgabe des Regelungszwecks – der pauschalen Beschränkung des Forderungsausfallrisikos – ist wohl gemeint das Kalenderjahr der Pflichtverletzung, unabhängig von dem Anstellungsverhältnis des Vorstandsmitglieds bei der geschädigten Gesellschaft.[299] **183**

Sofern die Inanspruchnahme eines Vorstandsmitglieds wegen eines Vermögensschadens auf verschiedene kausale Pflichtverletzungen in verschiedenen Kalenderjahren gestützt wird, ist bei Berechnung der Mindestobergrenze des Pflichtselbstbehalts der Durchschnitt des jährlichen Festgehalts des Vorstandsmitglieds in den verschiedenen Jahren maßgeblich.[300]

Die Mindestobergrenze kann durch einen hohen Versicherungsfall oder durch mehrere Versicherungsfälle erreicht werden.[301] Maßgeblicher Zeitraum für eine Kumulierung mehrerer Versicherungsfälle ist die Versicherungsperiode der D&O-Versicherung. Hierfür spricht der Regelungszweck der Mindestobergrenze des Selbstbehalts als Begrenzung der Schadensprävention und der Beschränkung des Forderungsausfallrisikos.[302] Eine angemessene Begrenzung des Forderungsausfallrisikos wird nur durch die Kumulierung der Selbstbehalte mehrerer Versicherungsfälle innerhalb einer Versicherungsperiode als Zeitraum der Inanspruchnahme erreicht.[303] Sofern den verschiedenen Versicherungsfällen Pflichtverletzungen in verschiedenen Jahren zugrunde liegen, ist bei Bemessung der Obergrenze auf das Durchschnittsfestgehalt der betroffenen Jahre abzustellen.[304] **184**

---

295 *Thüsing/Traut* NZA 2010, 140, 141; *Koch* AG 2009, 637, 644, 647; *Hoffmann-Becking/Krieger* NZG-Beil. 2009, 1, 7; *Olbrich/Kassing* BB 2009, 1659, 1660; *Spindler* NJoZ 2009, 3282, 3287; *Lingemann* BB 2009, 1918, 1922; *Lange* VersR 2009, 1011, 1020, *Nicolay* NJW 2009, 2640, 2644; *Dauner-Lieb/Tettinger* ZIP 2009, 1555, 1556; *Laschet* PHi 2009, 158, 164; Veith/Gräfe/Gebert/*Lange*, § 21 Rn. 298; *Krieger/Schneider/Sieg*, § 15 Rn. 82; *Thomas*, S. 204 f.; P/M/*Voit*, Ziff. 4 AVB-AVG Rn. 10; *Franz* DB 2009, 2764, 2767 f.; *v. Schenk* NZG 2015, 494, 496; a.A. *van Kann* NZG 2009, 1010, 1012.

296 *Olbrich/Kassing* BB 2009, 1659; *Spindler* NJoZ 2009, 3282, 3287; *Lingemann* BB 2009, 1918, 1922; *Lange* VW 2009, 918; *ders.* VersR 2009, 1011, 1016; *Thomas*, S. 203 f.; *Franz* DB 2009, 2764, 2768; *Krieger/Schneider/Sieg*, § 15 Rn. 82; Veith/Gräfe/Gebert/*Lange*, § 21 Rn. 297; a.A. *Melot de Beauregard/Gleich* NJW 2013, 824, 829; *Thüsing/Traut* NZA 2010, 140, 141; *Gädtke* VersR 2009, 1565, 1566; *Schulz* VW 2009, 1410, 1411; P/M/*Voit*, Nr. 4 AVB-AVG Rn. 9.

297 A.A. *Lange* VersR 2009, 1011, 1023, Vergleichsvereinbarung ohne Selbstbehalt gem. § 134 BGB nichtig.

298 *Franz* DB 2011, 2019, 2022 f.

299 *Annuß/Theusinger* BB 2009, 2434, 2441; *Spindler* NJoZ 2009, 3282, 3287; *Kerst* VW 2010, 102, 106; *Lingemann* BB 2009, 1918, 1922; *Franz* DB 2009, 2764, 2769; *ders.* DB 2011, 2023; *Melot de Beauregard/Gleich* NJW 2013, 824, 829; a.A. *Laschet* PHi 2009, 158, 163; *van Kann* NZG 2009, 1010, 1012; *Koch* AG 2009, 637, 644; *Lange* VersR 2009, 1011, 1019; Veith/Gräfe/Gebert/*Lange*, § 21 Rn. 305 ff.; *Thomas*, S. 207 (je nach Vereinbarung im Versicherungsvertrag).

300 *Lange* VersR 2009, 1011, 1019.

301 BT-Drucks. 16/13433 S. 11.

302 So auch *Dauner-Lieb/Tettinger* ZIP 2009, 1555, 1556; a.A. P/M/*Voit*, Ziff. 4 AVB-AVG Rn. 12 (Kalenderjahr).

303 Vgl. *Lange* VersR 2009, 1011, 1019.

Anhang C   D&O-Versicherung und Persönliche Selbstbehaltsversicherung

Vielfach wird auch mit Verweis auf den Regelungszweck der Schadensprävention vertreten, dass die Kumulierung mehrerer Selbstbehalte gem. der Gesetzesbegründung für jedes Jahr eines Pflichtverstoßes gesondert erfolgen müsse.[305] Hiergegen spricht, dass die Obergrenze des Selbstbehalts die Schadensprävention nicht fördern, sondern durch Berücksichtigung des Forderungsausfallrisikos gerade begrenzen soll.

c) Serienschaden

185 In der D&O-Versicherung ist üblicherweise eine Serienschadenklausel enthalten (vgl. Ziffer 4.5 AVB-AVG). Danach gelten mehrere während der Wirksamkeit der D&O-Versicherung geltend gemachte Ansprüche aufgrund einer oder mehrerer im Zusammenhang stehender Pflichtverletzungen, welche durch eine oder mehrere versicherte Personen begangen wurden, als ein Versicherungsfall. Sofern es sich um einen durch eine versicherte Person verursachten Serienschaden handelt, gilt für die Ermittlung des Selbstbehalts die Fiktion eines Versicherungsfalls. Der Selbstbehalt kommt dann nur einmal zur Anwendung.[306] Soweit gem. der üblichen Serienschadenklausel auf den Zeitpunkt der ersten Pflichtverletzung abzustellen ist, kommt für die Bemessung der Obergrenze entsprechend das Festgehalt des Vorstandsmitglieds im Jahr der erstmaligen Pflichtverletzung zur Anwendung.[307] Sofern Ansprüche auf verschiedene Vermögensschäden aufgrund Pflichtverletzungen verschiedener versicherter Personen zu einem Serienschaden zusammengefasst werden, ist der individuelle Selbstbehalt abweichend von der Fiktion des Versicherungsfalls in Höhe von 10 % des durch die jeweilige versicherte Person verursachten Schadens bis zum Eineinhalbfachen der jeweiligen Jahresfestvergütung zu ermitteln.

d) Gesamtschuldnerische Haftung

186 Mehrere Vorstandsmitglieder haften grundsätzlich als Gesamtschuldner. Im Fall einer Gesamtschuldnerhaftung ist der Pflichtselbstbehalt für jedes Vorstandsmitglied separat zu ermitteln.[308] Es gilt das jeweilige Jahresfestgehalt als Maßstab für die individuelle Mindestobergrenze des Selbstbehalts. Die Leistungspflicht des D&O-VR schließt sich an die addierten Selbstbehalte der gesamtschuldnerisch haftenden Vorstandsmitglieder an.[309] Bei Leistung des VR gehen Rückgriffsansprüche der Versicherten gegen andere Vorstandsmitglieder gem. § 86 VVG auf den VR über. Soweit Versicherungsschutz auch für diese anderen Vorstandsmitglieder besteht, kann der VR nur in Höhe des jeweiligen Selbstbehalts Rückgriff nehmen.[310] In der juristischen Literatur wird ebenfalls vertreten, dass ein Selbstbehalt unter den gesamtschuldnerisch haftenden Vorstandsmitgliedern aufgeteilt wird.[311] Dagegen spricht, dass es dem Gesetzgeber bei der Begrenzung des Pflichtselbstbehalts durch die Mindestobergrenze nur um eine Berücksichtigung des Forderungsausfallrisikos je Vorstandsmitglied ging. Bei einer gesamtschuldnerischen Haftung von mehr als zehn Vorstandsmitgliedern übersteigt der Pflichtselbstbehalt die Schadenshöhe. Dann ist der jeweilige Pflichtselbstbehalt der Vorstandsmitglieder verhältnismäßig zu reduzieren.

4. Selbstbehalt in der D&O-Versicherung

187 Die Umsetzung des Selbstbehalts in der D&O-Versicherung erfolgt grundsätzlich durch die Beschränkung des Versicherungsschutzes auf die Haftung des Vorstandsmitglieds oberhalb des Selbstbehalts. Der Schadensersatzanspruch der Gesellschaft gegen das Vorstandsmitglied bleibt in Höhe des Selbstbehalts bestehen und ist von diesem selbst zu tragen.

188 Teilweise sieht die Vereinbarung des Selbstbehalts zur D&O-Versicherung auch eine Deckung des vollen Schadens durch Zahlung an die Gesellschaft und eine Abtretung (bzw. einen gesetzlichen Übergang) des Anspruchs der Gesellschaft gegen das Vorstandsmitglied in Höhe des Selbstbehalts auf den VR vor. Rechtlich handelt es sich dabei um eine Kombination aus einer D&O-Haftpflichtversicherung der Gesellschaft zugunsten der Organmitglieder und – in Höhe des Selbstbehalts – einer Vermögenseigenschadenversicherung der Gesellschaft nach dem Vorbild einer Vertrauensschaden- oder Personalgarantieversicherung.[312] Die Versicherungsleistung der Vermögenseigenschadenversicherungskomponente liegt in der Übernahme der Anspruchsdurchsetzung gegen das Vorstandsmitglied und damit der Übernahme des Insolvenzrisikos des Vorstandsmitglieds durch den VR. Ein weiterer Vorteil kann in der Vermeidung von Streitigkeiten zwischen der Gesellschaft und dem Vorstandsmitglied im Rahmen der Anspruchsdurchsetzung liegen. Der Normzweck des § 93 II 3

---

305 *Thüsing/Traut* NZA 2010, 140, 142; *Lingemann* BB 2009, 1918, 1922; *Dauner-Lieb/Tettinger* ZIP 2009, 1555, 1556; *van Kann* NZG 2009, 1010, 1012; *Lange* VersR 2009, 1011, 1019; *Koch* AG 2009, 637, 644; *Fiedler* MDR 2009, 1077, 1078.
306 *Thomas*, S. 206.
307 Vgl. *Thüsing/Traut* NZA 2010, 140, 142; *Koch* AG 2009, 637, 644; P/M/*Voit*, Ziff. 4 AVB-AVG Rn. 12.
308 *Spindler* NJoZ 2009, 3282, 3287; *Lange* VersR 2009, 1011, 1021; P/M/*Voit*, Ziff. 4 AVB-AVG Rn. 10.
309 Veith/Gräfe/Gebert/*Lange*, § 21 Rn. 314 f.; a.A. P/M/*Voit*, Ziff. 4 AVB-AVG Rn. 10; *Franz* DB 2009, 2764, 2770.
310 P/M/*Voit*, Ziff. 4 AVB-AVG Rn. 10.
311 *Thüsing/Traut* NZA 2010, 140, 143; *Lingemann* BB 2009, 1918, 1922; *Schulz* VW 2009, 1410, 1413; *Koch* AG 2009, 637, 645; *Franz* DB 2009, 2764, 2770; *v. Schenck* NZG 2015, 494, 497.
312 Vgl. *Koch* AG 2009, 637, 646.

AktG steht dem Abschluss einer solchen Eigenschadenversicherung mit Abtretung des Rückgriffsanspruchs auf das Vorstandsmitglied nicht entgegen.[313] Hierdurch wird nicht etwa ein Vorstandsmitglied gegen Risiken aus dessen beruflicher Tätigkeit für die Gesellschaft abgesichert. Die Haftung des Vorstandsmitglieds in Höhe des Selbstbehalts bleibt abgetreten an den D&O-VR bestehen.

IV. Zulässigkeit der Selbstbehaltsversicherung

Die Versicherung des Vorstandsmitglieds gegen Haftungsrisiken in Höhe des Selbstbehalts ist rechtlich zulässig.[314] Die Vorgaben des § 93 II 3 AktG stehen lediglich einer gesellschaftsfinanzierten Versicherung zugunsten des Vorstandsmitglieds in Höhe des Selbstbehalts entgegen. Der Vorschlag eines ausdrücklichen Verbots einer Selbstbehaltsversicherung wurde im Gesetzgebungsverfahren verworfen. Ein solches Verbot wäre wegen Verstoßes gegen Artikel 12 I, 3 I GG verfassungswidrig.[315] Es bleibt der Gesellschaft aber unbelassen, im Anstellungsvertrag ein solches Verbot mit dem Organmitglied zu vereinbaren.[316]

189

V. Selbstbehaltsversicherungsmodelle

1. Absicherung des Selbstbehalts

Die Selbstbehaltsversicherung stellt eine Vermögensschaden-Haftpflichtversicherung des Vorstandsmitglieds dar. Voraussetzung für das Bestehen eines versicherten Interesses ist das Vorliegen eines D&O-Versicherungsvertrages, welcher einen Selbstbehalt vorsieht. Entsprechend der Umsetzung des Selbstbehalts in dem D&O-Versicherungsvertrag besteht die Versicherungsleistung unter der Selbstbehaltsversicherung in der Freistellung von begründeten Ansprüchen in Höhe des Selbstbehalts bzw. in dem Verzicht des VR auf den abgetretenen Rückgriffsanspruch gegen das Vorstandsmitglied.[317] Der Regressverzicht stellt eine praktische Verkürzung der Aufrechnung der Versicherungsleistung, d.h. der Freistellung vom Schadenersatzanspruch, gegen die Schadensersatzforderung dar.

190

VN der Selbstbehaltsversicherung ist das einzelne Vorstandsmitglied. Die Bedingungen können in einem Kollektivrahmenvertrag zwischen dem Unternehmen und dem VR vereinbart werden.[318] Die Selbstbehaltsversicherung ist auch als Gruppenpolice denkbar, welcher die einzelnen Vorstandsmitglieder beitreten können.[319] Der Vorteil einer Gruppenlösung liegt in der Streuung des Risikos unter den versicherten Personen und der damit günstigeren und zwischen den versicherten Personen aufzuteilenden Höhe der Versicherungsbeiträge. Der Nachteil liegt in der Gefahr eines Verbrauchs der Versicherungssumme durch eine andere versicherte Person.

191

Als Alternative zu einer Selbstbehaltsversicherung und als Ergänzung einer gesellschaftsfinanzierten D&O-Versicherung kommt ein Einzel-D&O-Versicherungsvertrag des jeweiligen Vorstandsmitglieds in Betracht, welcher die Abwehr unbegründeter und die Freistellung von begründeten Schadensersatzansprüchen gegen das Vorstandsmitglied im Rahmen der vereinbarten Versicherungssumme abdeckt.[320] Eine Schwierigkeit für die Einzel-D&O-Versicherung ergibt sich aus der gesamtschuldnerischen Haftung des Vorstands, welche die Bewertung des versicherten Risikos für das einzelne Vorstandsmitglied erschwert. Im Rahmen der gesamtschuldnerischen Haftung besteht die Gefahr einer verstärkten Inanspruchnahme des versicherungsnehmenden Vorstandsmitglieds und einer entsprechenden Ausschöpfung der Versicherungssumme.

192

2. Akzessorietät oder Unabhängigkeit der Selbstbehaltsversicherung

Konzeptionell zu unterscheiden ist die Selbstbehaltsversicherung mit einer akzessorischen Leistungspflicht zu der D&O-Versicherung und die Selbstbehaltsversicherung, welche unabhängig neben der D&O-Versicherung besteht.

193

---

313 *Koch* AG 2009, 637, 646; *Fiedler* MDR 2009, 1077, 1081; *Lange* VersR 2009, 1011, 1018; *Franz* DB 2009, 2764, 2772 f.; *Krieger/Schneider/Sieg*, § 15 Rn. 83; a.A. *Laschet* PHi 2009, 158, 165; *Veith/Gräfe/Gebert/Lange*, § 21 Rn. 301.
314 P/M/*Voit*, Ziff. 4 AVB-AVG Rn. 13; *Gädtke/Wax* AG 2010, 851, 852; *Thomas*, S. 202, 212; *Dauner-Lieb/Tettinger* ZIP 2009, 1555, 1557; *Lingemann* BB 2009, 1918, 1922; *Thüsing/Traut* NZA 2009, 140, 142; *Lange* VW 2009, 918, 919; *Kerst* VW 2010, 102; *Koch* AG 2009, 637, 645 ff.; *Armbrüster/Schilbach* r+s 2016, 109, 113; *Faßbender* NZG 2015, 501, 507.
315 *Hoffmann-Becking/Krieger* NZG Beil. 2009, 1, 7; *Lange* VersR 2009, 1011, 1023; *Dreher* AG 2008, 429, 431; *Fiedler* MDR 2009, 1077, 1081; *Laschet* PHi 2009, 158, 166; *Schulz* VW 2009, 1410, 1414; a.A. *Koch* AG 2009, 637, 646; für ein Verbot der Selbstbehaltsversicherung de lege ferenda *Heyers* WM 2016, 581, 587 f.; *Bayer/Scholz*, NZG 2014, 926, 933; überlegend auch *Faßbender* NZG 2015, 501, 507.
316 *Melot de Beauregard/Gleich* NJW 2013, 824, 829; *Franz* DB 2011, 2029, 2023.
317 Ähnlich der Anschlussversicherungsmöglichkeit in § 10 Abs. 2 PGV/GVV-2002 in der Personalgarantieversicherung.
318 *Gädtke/Wax* AG 2010, 851, 864.
319 *Gädtke/Wax* AG 2010, 853, 864.
320 Vgl. *Gädtke/Wax* AG 2010, 851 f., 866 f.

Anhang C D&O-Versicherung und Persönliche Selbstbehaltsversicherung

a) Akzessorische Selbstbehaltsversicherung

194 Die akzessorische Selbstbehaltsversicherung (vgl. Musterbedingungen des GDV) setzt für den Versicherungsschutz eine Leistungspflicht des D&O-VR zur Freistellung des Vorstandsmitglieds von begründeten Schadenersatzansprüchen voraus. Eine eigene haftungsrechtliche Prüfung durch den Selbstbehaltsversicherer findet nicht statt. Durch die Akzessorietät wird die Selbstbehaltsversicherung zusätzlich an die Anspruchsvoraussetzungen der D&O-Versicherung geknüpft. Zeitliche und sachliche Grenzen des Versicherungsschutzes unter der D&O-Versicherung, insbes. Laufzeit, Versicherungssumme, Ausschlussgründe und Obliegenheiten, schlagen auf den Versicherungsschutz unter der Selbstbehaltsversicherung durch. Das versicherungsnehmende Vorstandsmitglied ist daher über den Inhalt der akzessorischen Selbstbehaltsversicherung nur vollständig informiert, wenn ihm der Inhalt des D&O-Versicherungsvertrages bekannt ist. Insbes. im Fall einer Konzernpolice liegt dem einzelnen Vorstandsmitglied der D&O-Versicherungsvertrag i.d.R. nicht vor. Durch die Abhängigkeit von dem D&O-Versicherungsvertrag ist der Versicherungsschutz unter der akzessorischen Selbstbehaltsversicherung dem Einfluss des versicherungsnehmenden Vorstandsmitglieds teilweise entzogen. So besteht etwa kein Versicherungsschutz unter der Selbstbehaltsversicherung im Fall, dass die Versicherungssumme unter der D&O-Versicherung bereits durch andere Versicherungsfälle erschöpft ist oder dass der Versicherungsschutz unter der D&O-Versicherung wegen Obliegenheitsverletzungen der versicherungsnehmenden Gesellschaft ausscheidet.[321] Insoweit kommt eine entsprechende Limitierung der Akzessorietät in Betracht.[322]

b) Unabhängige Selbstbehaltsversicherung

195 Die Selbstbehaltsversicherung, welche unabhängig neben der D&O-Versicherung besteht, birgt die Gefahr von Deckungslücken bei nicht hinreichender Abstimmung, unterschiedlicher Auslegung und unterschiedlicher haftungsrechtlicher Einschätzung.[323] Zur Vermeidung solcher Deckungslücken kommt das Mittel einer (umgekehrten) Konditionendifferenzdeckung in Betracht.

3. Begrenzung der Kapazität

196 Für den Selbstbehalts- und D&O-VR besteht die Schwierigkeit, dass es sich bei der Selbstbehalts- und der D&O-Versicherung um die Abdeckung desselben Risikos handelt. Im Rahmen des eigenen Risikomanagements ist der VR grundsätzlich bestrebt, die Kapazitäten für solche Kumulrisiken auf einen gemeinsamen Höchstbetrag für die Selbstbehalts- und die D&O-Versicherung zu beschränken.

197 Im Fall einer kombinierten D&O- und Eigenschadenversicherung der Gesellschaft mit Anschlussversicherung des Vorstandsmitglieds in Höhe des Selbstbehalts (durch Regressverzicht des VR) ist die Kapazität insgesamt auf die Höhe der Versicherungssumme unter der kombinierten D&O- und Eigenschadenversicherung begrenzt. Ein Regressverzicht unter der Selbstbehaltsversicherung kommt nur in Höhe des übergegangenen bzw. abgetretenen Anspruchs in Höhe der Eigenschadenversicherung in Betracht.[324]

198 Im Übrigen kann die Kapazität nur insgesamt durch die Versicherungssummen der D&O-Versicherung und der Selbstbehaltsversicherung als Maximum für alle während einer Versicherungsperiode eintretenden Versicherungsfälle begrenzt werden. Bei der akzessorischen Selbstbehaltsversicherung schlägt die Begrenzung der D&O-Versicherungssumme zusätzlich auf die Selbstbehaltsversicherung durch. Umgekehrt wäre eine Anrechnung der Versicherungssumme der Selbstbehaltsversicherung auf die D&O-Versicherungssumme ohne eine entsprechende Eigenschadenversicherungskomponente im D&O-Versicherungsvertrag nicht den Vorgaben des § 93 II 3 AktG entsprechend, soweit die Selbstbehaltsversicherung deshalb durch die Versicherungsprämie für die D&O-Versicherung mitfinanziert wird.[325]

VI. Kommentierung der Musterbedingungen des GDV

Präambel

Gemäß § 93 II 3 AktG ist bei Abschluss einer D&O-Versicherung (nachfolgend: D&O-Versicherungsvertrag) durch die Gesellschaft zwingend ein Selbstbehalt für Vorstände von Aktiengesellschaften vorgesehen.

Dieses persönliche Risiko – d.h. der gesetzlich vorgesehene Pflicht-Selbstbehalt – kann durch das Vorstandsmitglied privat versichert werden (nachfolgend: Persönliche Selbstbehaltsversicherung). Nach den nachstehenden Bedingungen handelt es sich bei dieser Persönlichen Selbstbehaltsversicherung um einen eigenständigen persönlichen Versicherungsvertrag des Vorstandsmitglieds. Hierbei ist die Persönliche Selbstbehaltsversicherung so ausgestaltet, dass eine Leistung dann erfolgt, wenn aus dem D&O-Versicherungsvertrag der Gesellschaft gezahlt wird und hierdurch der nach § 93 II 3 AktG vorgeschriebene

---

321 Wirksamkeitsbedenken *Lange* r+s 2010, 92, 98; a.A. *Gädtke/Wax* AG 2010, 851, 856 ff., 862 f.
322 *Lange* r+s 2010, 92, 99.
323 Vgl. *Gädtke/Wax* AG 2010, 851, 862 f.
324 Vgl. hierzu *Gädtke/Wax* AG 2010, 851, 858 f.
325 Wirksamkeitsbedenken zur Anrechnungsklausel siehe *Gädtke/Wax* AG 2010, 851, 859 ff.

D&O-Versicherung und Persönliche Selbstbehaltsversicherung Anhang C

Pflicht-Selbstbehalt zur Anwendung gelangt (insoweit Ziff. 4 Abs. 2 der nachfolgenden Bedingungen). Eine eigenständige Prüfung der Haftung des Vorstandsmitglieds erfolgt insoweit nicht und ist letztlich auch nicht erforderlich, weil die Begründetheit des Anspruches gegen das Vorstandsmitglied bereits im Rahmen des D&O-Versicherungsvertrages der Gesellschaft als Fremdversicherung zugunsten der versicherten Organe (hier: der Vorstandsmitglieder) geprüft wurde.

Der unten in Bezug genommene D&O-Versicherungsvertrag basiert auf dem Claims-Made-Prinzip. Das bedeutet, dass solche Haftpflichtansprüche versichert sind, die während der Dauer dieses Versicherungsvertrages erstmals geltend gemacht werden oder in eine dort vereinbarte Nachmeldefrist fallen, und zwar unabhängig vom Zeitpunkt der Pflichtverletzung.

In der Präambel wird der Gegenstand der Versicherung kurz beschrieben. Versicherungsgegenstand ist danach das persönliche Haftungsrisiko des Vorstandsmitglieds einer AG in Höhe des für die D&O-Versicherung gesetzlich vorgegebenen Selbstbehalts gem. § 93 II 3 AktG. Es ist klargestellt, dass das versicherte Risiko das Bestehen einer D&O-Versicherung der Gesellschaft mit Selbstbehalt voraussetzt und dass die Versicherung durch die Bezugnahme auf § 93 II 3 AktG auf den gesetzlichen Mindestselbstbehalt beschränkt ist. Sofern in der D&O-Versicherung ein über die Grenzen des § 93 II 3 AktG hinausgehender Selbstbehalt vereinbart ist und die Haftung in dieser Höhe versichert werden soll, ist eine besondere Vereinbarung in der Selbstbehaltsversicherung notwendig. Die Versicherung wird definiert als Persönliche Selbstbehaltsversicherung. **199**

Die Persönliche Selbstbehaltsversicherung ist als eigenständiger Vertrag konzipiert, welcher inhaltlich an die D&O-Versicherung der Gesellschaft geknüpft ist. VN ist das Vorstandsmitglied selbst. Eine eigene Prüfung der Haftung des Vorstandsmitglieds durch den Selbstbehaltsversicherer erfolgt nicht. Vielmehr wird unter der Selbstbehaltsversicherung geleistet, wenn der D&O-VR das Vorstandsmitglied von begründeten Schadensersatzansprüchen freistellt und so der Selbstbehalt unter der D&O-Versicherung zur Anwendung kommt (Deckungsselbstbehalt). **200**

Die Präambel enthält den ausdrücklichen Hinweis, dass die Versicherung dem Claims-Made-Prinzip unterliegt und es daher für die Zuordnung zum versicherten Zeitraum auf den Zeitpunkt der ersten Inanspruchnahme des Vorstandsmitglieds innerhalb des versicherten Zeitraums ankommt. **201**

1. Gegenstand der Versicherung

Tritt unter dem von der Gesellschaft, in welcher die unter Ziffer 2 genannte Tätigkeit ausgeübt wird, abgeschlossenen D&O-Versicherungsvertrag ein Versicherungsfall ein, für den Versicherungsschutz unter dem D&O-Versicherungsvertrag besteht und verbleibt für den Versicherungsnehmer ein Selbstbehalt nach § 93 II 3 AktG, so gewährt der Versicherer dem Versicherungsnehmer über vorliegende Persönliche Selbstbehaltsversicherung Versicherungsschutz in Höhe des Selbstbehalts.

Die Leistungspflicht unter der Selbstbehaltsversicherung besteht unter folgenden Voraussetzungen: **202**
1. Die Gesellschaft, in welcher der VN die versicherte Tätigkeit ausübt, unterhält eine D&O-Versicherung.
2. Unter dem D&O-Versicherungsvertrag der Gesellschaft tritt ein Versicherungsfall durch Inanspruchnahme des Vorstandsmitglieds ein.
3. Für den Versicherungsfall besteht unter der D&O-Versicherung der Gesellschaft Versicherungsschutz in Form der Freistellung von begründeten Schadenersatzansprüchen, d.h. die Voraussetzungen für den Leistungsanspruch unter der D&O-Versicherung liegen vor, es greifen keine Ausschlussgründe ein und der Versicherungsschutz ist nicht durch Obliegenheitsverletzungen der Gesellschaft als VN oder des Vorstandsmitglieds als versicherter Person gemindert oder verwirkt.
4. Für das Vorstandsmitglied als versicherter Person unter der D&O-Versicherung verbleibt ein Selbstbehalt, für welchen er persönlich haftet.

Liegen die oben genannten Voraussetzungen vor, leistet der Selbstbehaltsversicherer Versicherungsschutz in Form der Freistellung des begründeten Schadenersatzanspruchs im Rahmen des Anwendungsbereichs und in Höhe des § 93 II 3 AktG (siehe Rdn. 168). Sofern die D&O-Versicherung der Gesellschaft einen darüber hinausgehenden Selbstbehalt der versicherten Personen vorsieht, etwa entsprechend der Empfehlung des Deutschen Corporate Governance-Kodex in Ziffer 3.8 DCGK für Aufsichtsratsmitglieder, besteht eine Deckung unter der Selbstbehaltsversicherung nur bei besonderer Vereinbarung im Versicherungsvertrag. **203**

2. Versicherte Tätigkeit

Versichert ist die Tätigkeit des Versicherungsnehmers als Mitglied des Vorstands bei der im Versicherungsschein genannten Gesellschaft, auf die das deutsche Aktiengesetz (AktG) Anwendung findet, und welche Versicherungsnehmerin des unter Ziffer 1 genannten D&O-Versicherungsvertrages oder, nach Maßgabe des genannten D&O-Versicherungsvertrages, ein Tochterunternehmen derselben ist.

Die Versicherung unter der Selbstbehaltsversicherung gem. Ziffer 1 wird konkretisiert durch die Bezeichnung der VN des D&O-Versicherungsvertrages im Versicherungsschein der Selbstbehaltsversicherung und die Bezugnahme hierauf unter Ziffer 2. **204**

Anhang C D&O-Versicherung und Persönliche Selbstbehaltsversicherung

205 In Ziffer 2 wird klargestellt, dass die Leistungspflicht des Selbstbehaltsversicherers durch den sachlichen Anwendungsbereich des § 93 II 3 AktG im Hinblick auf die Art der Unternehmensversicherung, die Gesellschaftsform der unter der Unternehmensversicherung versicherten Gesellschaft und die Organfunktion der versicherten Person unter der Unternehmensversicherung bzw. des VN der Selbstbehaltsversicherung, beschränkt ist (s. im Einzelnen Rdn. 174). Insbes. ist klargestellt, dass die Selbstbehaltsversicherung ausschließlich den Selbstbehalt eines D&O-Versicherungsvertrages abdeckt. Die Deckung des Selbstbehalts bezieht sich ausschließlich auf die Haftung des VN aufgrund seiner Tätigkeit und Funktion als Mitglied des Vorstands der unter der D&O-Versicherung versicherten Gesellschaft unter der weiteren Voraussetzung, dass das deutsche Aktiengesetz Anwendung findet. Wegen der Eigenschaft der VN und der Tochterunternehmen als versicherte Gesellschaften wird auf die Definition in dem D&O-Versicherungsvertrag verwiesen. Sofern Tochterunternehmen vom Versicherungsschutz des D&O-Versicherungsvertrages ausgenommen sind, ist der Wortlaut der Ziffer 2 entsprechend anzupassen.

3. Zeitlicher Umfang des Versicherungsschutzes

Versicherungsschutz besteht für Versicherungsfälle (erstmalige Geltendmachung von Haftpflichtansprüchen) unter dem D&O-Versicherungsvertrag der Gesellschaft, die während der Laufzeit dieser Persönlichen Selbstbehaltsversicherung eintreten, unabhängig davon, wann der Selbstbehalt für den Versicherungsnehmer fällig wird.

206 Der Versicherungsfall unter der Selbstbehaltsversicherung tritt mit dem Versicherungsfall gem. der Definition in dem D&O-Versicherungsvertrag ein. Es kommt daher auf den Zeitpunkt der erstmaligen Inanspruchnahme des Vorstandsmitglieds sowohl während der Laufzeit des D&O-Versicherungsvertrages als auch während der Laufzeit der Selbstbehaltsversicherung an (s. hierzu A. VI. zu Ziffer 2 AVB-AVG). Der Zeitpunkt der Fälligkeit des Selbstbehalts ist für die Deckung unter der Selbstbehaltsversicherung nicht relevant. Dies ist in Ziffer 3 ausdrücklich klargestellt angesichts des erheblichen Zeitraums, welcher zwischen der erstmaligen Inanspruchnahme und der Fälligkeit des Selbstbehalts nach Feststellung der Begründetheit der geltend gemachten Schadenersatzansprüche in einem Haftpflichtverfahren liegen kann.

207 Eine weitere zeitliche Einschränkung erfährt der Versicherungsschutz unter der Selbstbehaltsversicherung durch den zeitlichen Anwendungsbereich des § 93 II 3 AktG. Danach ist ein Selbstbehalt nur für den Fall einer Haftung aufgrund einer Pflichtverletzung nach Inkrafttreten des VorstAG am 05.08.2009 zu vereinbaren. Sofern der D&O-Versicherungsvertrag darüber hinaus einen Selbstbehalt vorsieht, ist dieser von der Selbstbehaltsversicherung nicht gedeckt.

4. Sachlicher Umfang des Versicherungsschutzes

Der Versicherungsschutz umfasst die Erstattung des persönlichen Selbstbehalts, der von dem Versicherungsnehmer unter dem D&O-Versicherungsvertrag der Gesellschaft zu tragen ist. Für den Umfang der Leistung des Versicherers ist die im Versicherungsschein angegebene Versicherungssumme der Höchstbetrag für jeden Versicherungsfall und für alle während eines Versicherungsjahres eingetretenen Versicherungsfälle zusammen.
Die Leistungspflicht des Versicherers besteht, wenn der Versicherungsnehmer dieser Selbstbehaltsversicherung unter dem D&O-Versicherungsvertrag der Gesellschaft im Falle der dortigen endgültigen Freistellung durch den Versicherer einen Selbstbehalt zu tragen hat.
Die Leistungspflicht des Versicherers ist in jedem Falle begrenzt auf 10 % des Schadens, für den der Versicherungsnehmer gegenüber der Gesellschaft nach § 93 II 3 AktG haftet, maximal jedoch auf 150 % der festen jährlichen Vergütung, welche der Versicherungsnehmer in dem Jahr erhalten hat, in welchem die Pflichtverletzung begangen wurde, die dem Anspruch aus § 93 II AktG zugrunde liegt.
Sofern unter dem D&O-Versicherungsvertrag der Gesellschaft ein höherer Selbstbehalt vereinbart worden ist, besteht hierfür Versicherungsschutz unter dieser Persönlichen Selbstbehaltsversicherung nur nach gesonderter Vereinbarung.

208 Gem. Ziffer 4 Abs. 1 ist der Versicherungsschutz unter der Selbstbehaltsversicherung gerichtet auf die Erstattung des von dem Vorstandsmitglied zu tragenden Selbstbehalts unter der D&O-Versicherung. Es handelt sich gem. der Klarstellung in Ziffer 4 Abs. 2 entsprechend der Versicherungsleistung unter der D&O-Versicherung um einen Freistellungsanspruch des VN gegen den Selbstbehaltsversicherer, welcher sich bei Vorleistung des VN in einen Zahlungsanspruch umwandelt. Der insoweit ungenaue Wortlaut (»Erstattung«) entspricht dem Verständnis des § 149 VVG 1908 (»Ersetzen der Leistung«).

209 Abs. 3 stellt klar, dass die Leistungspflicht des Selbstbehaltsversicherers höhenmäßig auf den Selbstbehalt gem. § 93 II 3 AktG begrenzt ist. Gem. Abs. 4 ist ein unter dem D&O-Versicherungsvertrag der Gesellschaft vereinbarter höherer Selbstbehalt nur bei besonderer Vereinbarung durch die Selbstbehaltsversicherung gedeckt. Daneben ist die unter der Selbstbehaltsversicherung zur Verfügung stehende Kapazität durch die im Versicherungsschein angegebene Versicherungssumme als Höchstbetrag für jeden Versicherungsfall und für alle während eines Versicherungsjahres eingetretenen Versicherungsfälle zusammen beschränkt. Kein ausdrücklicher

Hinweis erfolgt auf die zusätzliche Begrenzung durch die Versicherungssumme der D&O-Versicherung aufgrund der Akzessorietät der Selbstbehaltsversicherung. Durch die Voraussetzung der Leistungspflicht des D&O-VR gem. Ziffer 1 führt die Ausschöpfung der D&O-Versicherungssumme dazu, dass die Voraussetzungen für einen Deckungsanspruch unter der Selbstbehaltsversicherung nicht vorliegen.
In Abs. 2 wird für die Leistungspflicht unter der Selbstbehaltsversicherung auf die endgültige Freistellung durch den D&O-VR abgestellt. Grundsätzlich besteht unter der D&O-Versicherung ein Anspruch auf Freistellung nur im Fall einer rechtskräftigen Feststellung der Begründetheit der geltend gemachten Schadensersatzansprüche. Dem D&O-VR steht ein Wahlrecht im Hinblick auf die Abwehr der geltend gemachten Ansprüche zu (s. im Einzelnen A. IV. 3.). Im Fall eines Vergleichsschlusses zwischen D&O-VR und der anspruchstellenden Gesellschaft, welcher eine Freistellung durch den D&O-VR und einen Selbstbehalt des Vorstandsmitglieds vorsieht, scheidet Versicherungsschutz unter der Selbstbehaltsversicherung grundsätzlich mangels Anwendbarkeit des § 93 II 3 AktG aus. Die Anwendbarkeit des Pflichtselbstbehalts und Versicherungsschutz unter der Selbstbehaltsversicherung kommt nur dann in Betracht, wenn dem Vergleich eine Anerkenntnisfunktion im Hinblick auf die behauptete Pflichtverletzung des Vorstandsmitglieds zukommt (s. im Einzelnen B. III. 2.b). Für ein eigenmächtiges Handeln des VN im Hinblick auf ein Anerkenntnis, einen Vergleich oder die Befriedigung von Schadenersatzansprüchen gilt die Obliegenheit in Ziffer 5.3.

5. Obliegenheiten des Versicherungsnehmers

5.1 Schadenanzeige

Jeder Versicherungsfall unter dem D&O-Versicherungsvertrag, der eine persönliche Inanspruchnahme des Versicherungsnehmers zum Gegenstand hat und während der Laufzeit dieser Persönlichen Selbstbehaltversicherung eintritt, ist dem Versicherer unter dieser Persönlichen Selbstbehaltversicherung unverzüglich anzuzeigen.

5.2 Schadenabwendung und -minderung

Der Versicherungsnehmer muss im Rahmen seiner Möglichkeiten für die Abwendung und Minderung des Schadens sorgen. Weisungen des Versicherers sind dabei zu befolgen, soweit es für den Versicherungsnehmer zumutbar ist. Er hat dem Versicherer ausführliche und wahrheitsgemäße Schadenberichte zu erstellen und ihn bei der Schadenermittlung und -regulierung zu unterstützen. Alle Umstände, die nach Ansicht des Versicherers für die Bearbeitung des Schadens wichtig sind, müssen mitgeteilt sowie alle dafür angeforderten Informationen in Textform zur Verfügung gestellt werden.

5.3 Anerkenntnis, Vergleich oder Befriedigung von Schadenersatzansprüchen

Sofern der Versicherungsnehmer ohne vorherige Zustimmung des Versicherers einen Schadenersatzanspruch ganz oder zum Teil anerkennt, vergleicht oder befriedigt, bei dem ein Selbstbehalt gemäß § 93 II 3 AktG zur Anwendung kommt, bindet dies den Versicherer nur, soweit der Schadenersatzanspruch auch ohne Anerkenntnis, Vergleich oder Befriedigung bestanden hätte.

5.4 Rechtsfolgen bei Obliegenheitsverletzungen

Verletzt der Versicherungsnehmer eine Obliegenheit aus diesem Vertrag, die er vor Eintritt des Versicherungsfalles zu erfüllen hat, kann der Versicherer den Vertrag innerhalb eines Monats ab Kenntnis von der Obliegenheitsverletzung fristlos kündigen. Der Versicherer hat kein Kündigungsrecht, wenn der Versicherungsnehmer nachweist, dass die Obliegenheitsverletzung weder auf Vorsatz noch auf grober Fahrlässigkeit beruhte.
Wird eine Obliegenheit aus diesem Vertrag vorsätzlich verletzt, verliert der Versicherungsnehmer seinen Versicherungsschutz. Bei grob fahrlässiger Verletzung einer Obliegenheit ist der Versicherer berechtigt, seine Leistung in einem der Schwere des Verschuldens des Versicherungsnehmers entsprechenden Verhältnis zu kürzen. Weist der Versicherungsnehmer nach, dass er die Obliegenheit nicht grob fahrlässig verletzt hat, bleibt der Versicherungsschutz bestehen.
Der Versicherungsschutz bleibt auch bestehen, wenn der Versicherungsnehmer nachweist, dass die Verletzung der Obliegenheit weder für den Eintritt oder die Feststellung des Versicherungsfalls noch für die Feststellung oder den Umfang der dem Versicherer obliegenden Leistung ursächlich war. Dies gilt nicht, wenn der Versicherungsnehmer die Obliegenheit arglistig verletzt hat.
Die vorstehenden Bestimmungen gelten unabhängig davon, ob der Versicherer ein ihm nach Ziffer 5.4 Absatz 1 zustehendes Kündigungsrecht ausübt.

Ziffer 5 bestimmt die für die Persönliche Selbstbehaltsversicherung notwendigen Mitwirkungs- und Verhaltensobliegenheiten des VN. Inhaltlich entsprechen die Obliegenheiten den wesentlichen Verhaltenspflichten der versicherungsnehmenden Gesellschaft und der versicherten Person in der D&O-Versicherung. Werden der D&O-Versicherungsvertrag und die Selbstbehaltsversicherung bei verschiedenen VR abgeschlossen, sind die Obliegenheiten gegenüber beiden VR zu erfüllen. Sofern der D&O-VR und der Selbstbehaltsversicherer identisch sind, sind die Obliegenheiten unter der Selbstbehaltsversicherung bereits durch das Verhalten des

Anhang C   D&O-Versicherung und Persönliche Selbstbehaltsversicherung

Vorstandsmitglieds als versicherter Person unter der D&O-Versicherung erfüllt. Insbes. gilt die Anzeige eines D&O-Versicherungsfalles auch als Anzeige eines Schadenfalls unter der Persönlichen Selbstbehaltsversicherung, da der VR hierdurch Kenntnis von der Inanspruchnahme erhält, welche auch den Versicherungsfall unter der Selbstbehaltsversicherung darstellt, und sich daher gem. § 30 II VVG nicht auf eine Anzeigepflichtverletzung berufen kann.

212 Eine Schadenabwendung und -minderung in Bezug auf den Eintritt des Selbstbehalts kann nur durch die Abwehr des Schadens unter der D&O-Versicherung, d.h. der Feststellung begründeter Schadenersatzansprüche gegen das Vorstandsmitglied, erfolgen, da der Selbstbehalt prozentual mit der Haftpflicht unter der D&O-Versicherung verknüpft ist. Der Regelung unter Ziffer 5.3 im Hinblick auf ein Anerkenntnis, einen Vergleich oder die Befriedigung von Schadenersatzansprüchen in Höhe des Selbstbehalts kann neben der entsprechenden Obliegenheit unter der D&O-Versicherung eine eigene Funktion zukommen, wenn hierdurch Schadenersatzansprüche über den Selbstbehalt hinaus nicht beeinflusst werden und insoweit die entsprechende Obliegenheit unter dem D&O-Versicherungsvertrag nicht eingreift.

213 Die Rechtsfolgen bei Obliegenheitsverletzungen in Ziffer 5.4 entsprechen den gesetzlichen Rechtsfolgen des § 28 VVG.

6. Vertragsdauer

Der Vertrag wird für den im Versicherungsschein genannten Zeitraum geschlossen. Eine Verlängerung des Vertragsverhältnisses bedarf einer ausdrücklichen Vereinbarung.

214 Für die Vertragsdauer wird auf den individuell vereinbarten und im Versicherungsschein genannten Zeitraum verwiesen. Eine automatische Verlängerung des Selbstbehaltsversicherungsvertrages ist in den Musterbedingungen nicht vorgesehen. Vielmehr bedarf es hierfür einer ausdrücklichen Vereinbarung. Aufgrund der Akzessorietät zum D&O-Versicherungsvertrag ist eine zeitliche Anpassung der Vertragsdauer an die Laufzeit der D&O-Versicherung einschließlich einer gegebenenfalls vereinbarten Nachmeldefrist sinnvoll.

7. Anzeigen und Willenserklärungen

Alle für den Versicherer bestimmten Anzeigen und Erklärungen sind in Textform abzugeben und an die Direktion des Versicherers zu richten.

8. Gerichtsstand und anzuwendendes Recht

Im Übrigen gelten für die Versicherung die Bestimmungen des Versicherungsvertragsgesetzes (VVG).
Gerichtsstand für alle Rechtsstreitigkeiten aus dem Versicherungsvertrag ist der Sitz des Versicherers oder seiner für den Versicherungsvertrag zuständigen Niederlassung.
Örtlich zuständig ist auch das Gericht, in dessen Bezirk der Versicherungsnehmer zur Zeit der Klageerhebung seinen Wohnsitz oder, in Ermangelung eines solchen, seinen gewöhnlichen Aufenthalt hat. Für Klagen gegen den Versicherungsnehmer ist dieses Gericht ausschließlich zuständig.
Hat der Versicherungsnehmer nach Vertragsschluss seinen Wohnsitz oder gewöhnlichen Aufenthaltsort aus dem Geltungsbereich des Versicherungsvertragsgesetzes verlegt oder ist dieser im Zeitpunkt der Klageerhebung nicht bekannt, bestimmt sich die gerichtliche Zuständigkeit für Klagen aus dem Versicherungsvertrag gegen den Versicherer oder den Versicherungsnehmer nach dem Sitz des Versicherers oder seiner für den Versicherungsvertrag zuständigen Niederlassung.
Für diesen Vertrag gilt ausschließlich deutsches Recht.

215 Ziffer 8 entspricht der gesetzlichen Regelung des § 215 VVG.

Anhang D
Vertrauensschadenversicherung (VSV)

Übersicht

	Rdn.
I. Allgemeines	1
1. Schutzkonzept der Vertrauensschadenversicherung und praktische Bedeutung	1
2. Rechtsnatur	4
3. Sonderformen der Vertrauensschadenversicherung	6
a) Eigenschadenversicherungen der Gemeinden und Sparkassen	6
b) Vertrauensschadenversicherung der Notarkammern	7
4. Rechtsgrundlagen und rechtliche Rahmenbedingungen	9
5. Die unterschiedlichen AVB-VSV	11
6. Bedingungstechnische Entwicklung	12
a) Ursprüngliche Gestalt der Vertrauensschadenversicherung	12
b) Entwicklung der modernen Vertrauensschadenversicherung in Deutschland	14
7. Auslegung der AVB-VSV	16
II. Vertrauensperson	18
III. Gegenstand der Vertrauensschadenversicherung	22
1. Vorsätzliche unerlaubte ersatzpflichtige Handlung	23
a) Schadensersatzpflicht aus unerlaubter Handlung	23
b) Vorsatz	24
c) Optionale Zusatzdeckung für Fahrlässigkeit	26
2. Unmittelbarkeit	27
3. Versicherte Schäden	29
IV. Umfang des Versicherungsschutzes	32
1. Schäden verursacht durch Vertrauenspersonen	32
a) Schäden der versicherten Unternehmen	32
b) Fremdschäden	33
2. Verrat von Betriebs- und Geschäftsgeheimnissen durch Vertrauenspersonen	35
3. Schäden verursacht durch Dritte	36
a) Dritter	37
b) Schäden durch Raub oder Tresoreinbruch	38
c) Schäden durch Diebstahl	39
d) Schäden durch Betrug	40
4. Eingriffe in das EDV-System durch Dritte »Hackerschäden«	41
a) Unmittelbare Schäden	42
b) Mittelbare Schäden	43
c) Abgrenzung	44
5. Vertragsstrafen	46
6. Erstattungsfähige Kosten	47
a) Kosten zur Minderung eines Reputationsschadens	48
b) Schadenermittlungs- und Rechtsverfolgungskosten	49
7. Sublimits	52
8. Identität des Schädigers	53
9. Zeitliche Bestimmung des Versicherungsschutzes	54
10. Versicherte Unternehmen	56
11. Risikoausschlüsse	58
a) Mittelbare Schäden	59
b) Handel mit Finanzinstrumenten	60
c) Schäden durch Dritte	61
d) Subsidiarität der Vertrauensschadenversicherung	62
e) Krieg, Elementargefahren und ähnliche Risiken	64
f) Weitere Ausschlusstatbestände innerhalb der Ausschlusskataloge	65
12. Kenntnis des versicherten Unternehmens von Vortaten der Vertrauensperson	67
13. Anzeige des Schadens nach Vertragsbeendigung	68
14. Bestimmter Anteilsbesitz	69
V. Leistungsumfang	71
1. Versicherungssumme	72
2. Auffüllung der Versicherungssumme	74
3. Begrenzung der Entschädigungsleistung durch Serienschadenklauseln	75
4. Selbstbehalt	77
VI. Prämie	78
VII. Beginn und Ende des Versicherungsschutzes	80
VIII. Obliegenheiten des VN	82
1. Gesetzliche Obliegenheiten	82
2. Vertragliche Obliegenheiten	86
IX. Herbeiführung des Versicherungsfalls	89

Schrifttum:

Bergeest, Die Vertrauensschadenversicherung in ihren modernen Erscheinungsformen, 1982; *Bussmann/Salvenmoser,* Internationale Studie zur Wirtschaftskriminalität, NStZ 2006, 203; *Egli,* Grundformen der Wirtschaftskriminalität, 1985; *Fetzer,* Stellung des Geschädigten in der Vertrauensschadenversicherung der Notarkammern, VersR 1999, 1504; *Gerwien,* Die Vertrauensschäden-Versicherung, 1955; *Hauschka,* Corporate Compliance, 2. Aufl. 2010; *Hoeren/Sieber,* Handbuch Multimedia-Recht, Teil 18.4, Stand 42. Ergänzungslieferung 2015; *Ihlas,* Stand und Entwicklungsmöglichkeiten der Vertrauensschadenversicherung, VersR 1994, 898; *Kersten,* Neuerungen in der Vertrauenschaden-/Computermißbrauchversicherung, VersR 1987, 1172; *Kilian/Heussen,* Computerrechts-Handbuch, Teil 12, Stand 32. Ergänzungslieferung 2013; *Koch,* Die Vertrauensschadenversicherung in ihrer aktuellen Erscheinungsform, VersR 2005, 1192; *ders.,* Vertrauensschadenversicherung, 2006; *ders.,* Versicherung im IT-Bereich, in: E. Lorenz (Hrsg.), Karlsruher Forum 2010: Haftung und Versicherung im IT-Bereich, 2011, S. 113; *Looschelders,* Aktuelle Probleme der Vertrauensschadenversicherung – Deckungsumfang, Risikoausschlüsse und zeitliche Grenzen des Versicherungsschutzes –, VersR 2013, 1069; *ders.,* Vertrauensschadenversicherung und Strafrecht, in: FS Wessing, 2015, 887; *Manes,* Versicherungslexikon, 3. Aufl. 1930; *Schnedelbach,* Das Recht der Kreditversicherung, 1929; *Seitz,* Die Bedeutung der Vertrauensschadenversicherung im Kontext von Wirtschaftskriminalität, Risikomanagement und Compliance, 2011; *dies.,* Die aktuelle Bedeutung und Gestaltung der Vertrauensschadenversicherung, ZVersWiss 2011, 779; *dies.,* Vertrauensschaden-Versicherung hat hierzulande noch viel Potenzial, VW 2011,

Anhang D Vertrauensschadenversicherung (VSV)

1502; *Silberschmidt*, Der Versicherungsfall in der Veruntreuungsversicherung, 1930; *Weitzel*, Vertrauensschadenversicherung/Private Kreditversicherung, 2014; *Wolff*, Notarhaftung: Die sogenannte Vertrauensschadensversicherung und der Vertrauensschadensfonds der Notarkammern, VersR 1993, 272; *Wörner*, Grundriss der besonderen Versicherungslehre, 1. Buch, Die Privatversicherung, 1908.

I. Allgemeines

1. Schutzkonzept der Vertrauensschadenversicherung und praktische Bedeutung

1 Die VSV bietet dem VN Schutz vor finanziellen Schäden aufgrund von **Wirtschaftskriminalität**. Die Unternehmen können sich mit dieser Versicherung gegen Schäden durch Geheimnisverrat, unerlaubte Handlungen im IT-Bereich und andere vorsätzliche unerlaubte Handlungen absichern.[1]

2 Der Abschluss einer VSV ist für die Unternehmen sehr wichtig. Wirtschaftskriminalität birgt für die Unternehmen erhebliche finanzielle Schadenrisiken. Teilweise wird sogar von einem existenzbedrohenden Risiko für die Unternehmen gesprochen.[2] Nach aktuellen Studien ist das Risiko der Wirtschaftskriminalität in der Gesamtbetrachtung rückläufig.[3] Dies kann mit der Wirkung eingerichteter **Compliance-Maßnahmen** zusammenhängen.[4] Allerdings lassen sich wirtschaftskriminelle Verhaltensweisen nie ganz ausschließen. Unternehmen können dem Auftreten von Wirtschaftskriminalität präventiv nur eingeschränkt entgegenwirken.[5] Auch entwickelt sich die Wirtschaftskriminalität weiter. Besonders durch den technischen Fortschritt entstehen in den Unternehmen neue Risikobereiche.[6] So ist die Wirtschaftskriminalität über das **Tatmittel Internet** angestiegen. Dieses Risiko trifft auch den Mittelstand. Jedes zehnte kleine und mittelständische Unternehmen ist bereits Opfer von Hackerangriffen gewesen.[7] Die Unternehmen begreifen möglichen Datenverlust als Sicherheitsrisiko. Großes Risikopotential liegt in der Cloud Technologie, dem E-Mail-Verkehr und der Mobilfunkkommunikation.[8] Die Versicherer reagieren auf diese Veränderungen und entwickeln die VSV ständig fort. Während ursprünglich hauptsächlich Schäden der Unternehmen durch **Mitarbeiterkriminalität** versichert waren, wird heute eine **Vielzahl wirtschaftskrimineller Verhaltensweisen** abgesichert.[9] Neue Risiken der Wirtschaftskriminalität werden teilweise in den allgemeinen Deckungsumfang der VSV aufgenommen. Teilweise wird die Absicherung neuartiger Risikofelder aber auch im Rahmen zusätzlicher Deckungskonzepte angeboten.

3 Nach alledem müsste die VSV in Deutschland große Bedeutung haben. Indessen ist die VSV bei deutschen Unternehmen nach wie vor nicht sehr stark verbreitet.[10] Jedoch steigt das Interesse der Unternehmen und die Versicherungswirtschaft registriert höhere Vertragszahlen.[11]

2. Rechtsnatur

4 Die Rechtsnatur der VSV ist umstritten. Traditionell gilt die VSV als **Kreditversicherung**[12] mit der Folge, dass die VSV nach § 210 II Nr. 2 stets als ein Versicherungsvertrag über ein Großrisiko anzusehen wäre.[13] Vorzugswürdig erscheint jedoch, die VSV als **reine Schadenversicherung** zu qualifizieren.[14] Die Einordnung als Kreditversicherung wird im Wesentlichen darauf gestützt, dass der Versicherungsschutz der VSV in der Sicherung einer Geldforderung liege. Der Versicherungsschutz beziehe sich auf die durch die unerlaubte Handlung ausgelöste Schadensersatzforderung des Treugebers gegen den Treunehmer.[15] Auch bestehe bei der VSV wegen

---

1 Vgl. Terbille/*W. Schneider*, § 29 Rn. 2; van Bühren/*Koch/Sommer*, § 19 Rn. 1; Kilian/Heussen/*Koch*, Kap. 120 Rn. 9; *Koch* VersR 2005, 1192.
2 H/E/K/*Siegel*, Kap. 35 Rn. 1; van Bühren/*Koch/Sommer*, § 19 Rn. 3 ff.; *Bussmann/Salvenmoser* NStZ 2006, 203, 204 f., 209; *Egli*, S. 2 f. mit einer Übersicht zusammengebrochener Unternehmen.
3 Vgl. Polizeiliche Kriminalstatistik 2014, S. 9, 17; Universität Halle-Wittenberg/PwC, Wirtschaftskriminalität und Unternehmenskultur 2013, S. 16.
4 So Universität Halle-Wittenberg/PwC, Wirtschaftskriminalität und Unternehmenskultur 2013, S. 19 f.
5 van Bühren/*Koch/Sommer*, § 19 Rn. 6, 9; *Siemon/Lange*, in: Kube u.a., Kriminalistik, 1994, Kap. 43 Rn. 63; *Weckert* TW 1976, Nr. 2, 19, 21.
6 Zu den Risiken im IT-Bereich Euler Hermes Kreditversicherungs-AG, Ein sicheres Netz, 2008, S. 6; Euler Hermes Deutschland, Schutz vor Veruntreuung – Informationen zur VSV, S. 5, http://www.eulerhermes.de/mediacenter/Lists/mediacenter-documents/vertrauensschadenversicherung-info-mappe.pdf; abgerufen am 02.11.2015; *Egli*, S. 151, 157.
7 Vgl. *Pfeifer* VM 2014, 36, 38 f.; Allianz Risk Pulse 2015, S. 6.
8 So Universität Halle-Wittenberg/PwC, Wirtschaftskriminalität und Unternehmenskultur 2013, S. 20.
9 *Koch*, Rn. 17; zur Entwicklung des Versicherungsschutzes im IT-Bereich *Ihlas* VersR 1994, 898 f.
10 Vgl. van Bühren/*Koch/Sommer*, § 19 Rn. 6; *Bergeest*, S. 204; *Steinkühler/Olbrich* VP 2009, 75, 76.
11 So *Meurer*, Börsen-Zeitung vom 06.12.2013, S. 4.
12 BGH VersR 1971, 1055, 1056; *Schnedelbach*, S. 90 f.; *Bergeest*, S. 15; nicht eindeutig *Silberschmidt*, S. 21 f., 343. Aus neuerer Zeit L/W/*Grote*, VertrauensschadenV Rn. 12 ff.; Terbille/*W. Schneider*, § 29 Rn. 3, 18 ff.; Hoeren/Sieber/*Buchner*, Teil 18.4 Rn. 35; *Koch*, Rn. 53, 57, 62; wohl auch *Weitzel*, S. 7.
13 So BGH VersR 1971, 1055, 1056; OLG Köln r+s 1978, 153; Hoeren/Sieber/*Buchner*, Teil 18.4 Rn. 35; Manes/*Herzfelder*, Sp. 959; krit. Terbille/*W. Schneider*, § 29 Rn. 21 f.
14 So schon *Ehrenzweig* I, S. 37; *Gerwien*, S. 34 f.; vgl. auch Manes/*Herzfelder*, Sp. 960; van Bühren/*Koch/Sommer*, § 19 Rn. 16.
15 *Bischoff/Vassel* VerBAV 1959, 155, 156; vgl. auch *Fetzer* VersR 1999, 793.

des Schutzes des Arbeitgebers vor einem möglichen Ausfall der Schadenersatzforderung gegen den Mitarbeiter eine Nähe zur Kreditversicherung, die den Schutz vor Forderungsausfällen bezweckt.
Indessen hat sich die VSV weiterentwickelt. Insbesondere bei Hacker- und Täuschungsschäden geht es nicht um den Schutz vor Forderungsausfällen gegenüber dem Schädiger.[16] Außerdem sind für die Rechtsnatur der VSV die Leistungsverpflichtung des Versicherers[17] und der Gegenstand der VSV[18] entscheidend. Die Leistung des Versicherers und der Gegenstand der VSV liegen in dem **Ersatz von Schäden bzw. Vermögensschäden** des VN aufgrund wirtschaftskrimineller Handlungen (Rdn. 1, Rdn. 22). Geschützt ist das Interesse des Unternehmens an der Unversehrtheit seiner Sachgüter und sonstigen Vermögenswerte.[19] Daneben ist die Einordnung der VSV nach der Verordnung über die Berichterstattung von Versicherungsunternehmen gegenüber der BaFin (BerVersV) iVm Anlage 1 zum VAG zu beachten. Nach Ziff. 29.6 BerVersV gehören die VSV und ihre Versicherungsarten zum Versicherungszweig »Sonstige Schadenversicherung« (Ziff. 29 BerVersV). Ferner zählen die regelmäßig von der VSV gedeckten Risiken zur Sparte Nr. 16i (indirekte kommerzielle Verluste außer den bereits erwähnten) der Anlage 1 zum VAG und nicht zur Sparte Nr. 14 (Kredit). Es handelt sich bei der VSV also nicht per se um eine Versicherung von Großrisiken gemäß § 210 II Nr. 2.[20]

3. Sonderformen der Vertrauensschadenversicherung
a) Eigenschadenversicherungen der Gemeinden und Sparkassen

Eine Sonderform der VSV stellen die **Eigenschadenversicherungen** von Gemeinden, Gemeindeverbänden, kommunalen Einrichtungen (z.B. Stadtwerken) sowie Sparkassen dar.[21] Die Eigenschadenversicherung dient der Abdeckung von Vermögensschäden, die dem VN durch **vorsätzliche Dienstpflichtverletzungen** seiner Vertrauenspersonen (unten Rdn. 23) unmittelbar zugefügt werden.[22] Darüber hinaus können im Allgemeinen auch unmittelbare Vermögensschäden durch **fahrlässige** Dienstpflichtverletzungen mit abgedeckt werden (sog. Deckungsbereich F).[23]

b) Vertrauensschadenversicherung der Notarkammern

Eine weitere Sonderform der VSV ist die Vertrauensschadenversicherung der **Notarkammern**.[24] Dahinter steht die Verpflichtung der Notarkammern aus § 67 III Nr. 3 BNotO, die Pflicht-Berufshaftpflichtversicherung der Notare (§ 19a BNotO) durch Abschluss einer Versicherung zu ergänzen, die auch Gefahren aus solchen Pflichtverletzungen abdeckt, die von der Haftpflichtversicherung nicht ersetzt werden, weil die Schäden die Deckungssumme übersteigen oder weil Schäden durch vorsätzliche Handlungen nach den AVB vom Versicherungsschutz ausgenommen sind (vgl. Anh. B Rdn. 123). Es handelt sich um eine **Versicherung für fremde Rechnung** (§§ 43 ff.), wobei die Notarkammer als VN und der Geschädigte – also nicht der Notar – als Versicherter anzusehen ist.[25] Der wichtigste Zweck der ergänzenden Versicherungspflicht besteht darin, die Entschädigung des Opfers bei **vorsätzlichen Pflichtverletzungen des Notars** sicherzustellen.[26] Dieser Schutzzweck verbietet es dem Versicherer, seine Leistung bei **grober Fahrlässigkeit** des Geschädigten nach § 81 II i.V.m. § 47 I entsprechend der Schwere des Verschuldens zu kürzen.[27]

Der Geschädigte kann seine Rechte gegen den Versicherer ohne Zustimmung der Notarkammer nur dann gerichtlich geltend machen, wenn er im Besitz des Versicherungsscheins ist (§ 44 II). Die Notarkammer ist aufgrund des **gesetzlichen Treuhandverhältnisses** mit dem Geschädigten verpflichtet, die Entschädigung einzuziehen und an den Geschädigten auszukehren.[28] Ein Anspruch des Geschädigten gegen die Notarkammer auf Abtretung der Forderung besteht im Regelfall nicht.[29]

4. Rechtsgrundlagen und rechtliche Rahmenbedingungen

Für die VSV bestehen keine eigenständigen gesetzlichen Regelungen. In der Finanzdienstleistungsbranche, in der das Risiko für Vertrauensschäden besonders groß ist, findet sich allerdings mit § 2d der Verordnung über

---

16 Hauschka/*Pant/Probst*, § 13 Rn. 21 f.
17 Vgl. etwa die gesetzlichen Vorschriften der §§ 100, 125, 130, 150, 172, 178, 192 VVG.
18 So *Gerwien*, S. 35; Hauschka/*Pant/Probst*, § 13 Rn. 21 f.
19 Hauschka/*Pant/Probst*, § 13 Rn. 21 f.
20 Vgl. Staudinger/Halm/Wendt/*Wolf*, Kap. IX 2a Rn. 22; *Looschelders*, FS Wessing, 2015, 887, 890.
21 Vgl. H/E/K/*Siegel*, Kap. 35 Rn. 7; zu Beispielen aus der Rechtsprechung BGH VersR 1991, 417; OLG Karlsruhe NJW-RR 1988, 1495; OLG Schleswig v. 08.07.2004 – 16 U 112/03.
22 Vgl. BGH VersR 1991, 417.
23 Vgl. H/E/K/*Siegel*, Kap. 35 Rn. 7; OLG Karlsruhe NJW-RR 1988, 1495.
24 Dazu H/E/K/*Siegel*, Kap. 35 Rn. 7; *Fetzer* VersR 1999, 793 ff.; *Wolff*, VersR 1993, 272 ff.
25 BGHZ 113, 151, 152 ff. = VersR 1991, 299; 115, 275, 280; BGH VersR 1998, 1504; *Ihlas* VersR 1994, 898; *Fetzer* VersR 1999, 793, 794.
26 Vgl. BGHZ 113, 151, 154; 115, 275, 278; *Fetzer* VersR 1999, 793.
27 BGH VersR 1998, 1504 (zu § 61 a.F.).
28 BGHZ 113, 151, 155; *Fetzer* VersR 1999, 793, 794 ff.
29 BGH NJW 1998, 2537, 2538.

Anhang D Vertrauensschadenversicherung (VSV)

die Beiträge zu der Entschädigungseinrichtung der Wertpapierhandelsunternehmen bei der Kreditanstalt für Wiederaufbau (EdWBeitrV) eine Bestimmung zur VSV. Hiernach kann eine VSV unter bestimmten Voraussetzungen für Finanzinstitute zur Ermäßigung des Jahresbeitrags (sog. Versicherungsabschlag) an die Entschädigungseinrichtung führen.[30] Ist jedoch etwa der Selbstbehalt bei der VSV nicht gemäß § 2d Nr. 4 EdWBeitrV prozentual festgelegt (mind. 10 bis max. 20 Prozent), kommt es nicht zum Versicherungsabschlag.[31] Die VSV unterliegt im Übrigen den allgemeinen Vorschriften des VVG (§§ 1–73). Ferner gelten die allgemeinen Vorschriften für die **Schadensversicherung** (§§ 74–87), denn die VSV ersetzt nach den einschlägigen AVB (§ 1 AVB-VSV 2014 Chubb, § 1 AVB-VSV 2012 Euler Hermes Premium) die jeweils eingetretenen Schäden des VN.[32] Da die VSV nicht als Kreditversicherung einzuordnen ist, finden auch die im VVG enthaltenen Beschränkungen der Vertragsfreiheit grundsätzlich Anwendung. Eine Ausnahme gilt nur, wenn sich die VSV auf ein **Großrisiko** nach § 210 II Nr. 3 bezieht. Dies ist jedoch anhand der Umstände des Einzelfalls (Bilanzsumme, Nettoumsatzerlöse und Arbeitnehmeranzahl) zu ermitteln und hängt somit gerade nicht von der Rechtsnatur der VSV ab.

10 Neben den Regelungen des VVG sind die Vorschriften des BGB, des HGB und des VAG zu beachten.[33] Die **Beschränkungen der Vertragsfreiheit** nach dem BGB – insbesondere die §§ 134, 138 BGB sowie die §§ 305 ff. BGB – gelten auch dann, wenn die VSV im konkreten Fall in den Anwendungsbereich des § 210 II Nr. 3 fällt. Der Gesetzgeber hat ausdrücklich in § 210 normiert, dass »nur« die Beschränkungen der Vertragsfreiheit nach »diesem« Gesetz nicht anzuwenden sind.[34]

5. Die unterschiedlichen AVB-VSV

11 Das Versicherungsprodukt der VSV bestimmt sich maßgeblich nach den allgemeinen Bedingungen für die VSV (**AVB-VSV**). Unverbindliche Musterbedingungen, wie sie etwa für die D&O-Versicherung vom GDV ausgearbeitet worden sind (vgl. Anh. C Rdn. 70 ff.), existieren für die VSV nicht. Vielmehr besteht eine Vielfalt unterschiedlichster Bedingungswerke. Die VSV wird in Deutschland von verschiedenen Versicherern angeboten, die jeweils ihr eigenes Bedingungswerk verwenden. In der Vergangenheit existierten ausgehend von der inhaltlichen Fassung im Wesentlichen zwei Arten der AVB-VSV: auf der einen Seite die Bedingungswerke der Versicherer **anglo-amerikanischer** Herkunft, auf der anderen Seite die Bedingungen der Vertrauensschadenversicherer ohne anglo-amerikanischen Hintergrund. Eine gute Orientierung bieten insoweit die AVB-VSV 2012 von Euler Hermes Deutschland[35], die auch bereits Grundlage verschiedener wissenschaftlicher Veröffentlichungen sind.[36] Erstmalig sind in der neuen Fassung der AVB-VSV von Euler Hermes – im Gegensatz zu sämtlichen anderen einschlägigen Bedingungswerken – die einzelnen Überschriften der Bedingungsklauseln als Fragen gestaltet. Inhaltlich haben sich die Bedingungswerke im Laufe der letzten Aktualisierungen deutlich angeglichen.[37] So erfasst der Versicherungsschutz in den Bedingungen nicht anglo-amerikanischen Ursprungs inzwischen auch die Kosten zur Minderung eines Reputationsschadens.[38] Für die zeitliche Bestimmung des Versicherungsfalls besteht nun mehrheitlich das Schadenentdeckungsprinzip (vgl. unten Rdn. 55).

6. Bedingungstechnische Entwicklung
a) Ursprüngliche Gestalt der Vertrauensschadenversicherung

12 Die VSV wurde früher meist **Veruntreuungs-** oder **Unterschlagungsversicherung** genannt.[39] Der »typische« Versicherungsfall bestand dementsprechend in der Unterschlagung beweglicher Sachen. Daneben lösten auch Diebstahl und sonstige »untreue« Handlungen, durch welche versicherte Gegenstände dem Besitz ihres rechtmäßigen Besitzers widerrechtlich entzogen wurden, den Versicherungsfall aus. Der Versicherungsschutz bezog sich zunächst nur auf Gelder, Wertpapiere und Waren. Ferner waren ausschließlich Handlungen von **Angestellten** und **Vertretern** der Unternehmen und Behörden versichert.[40] Die VSV ersetzte den Vermögensschaden, den das Unternehmen infolge von Veruntreuung, Diebstahl oder Unterschlagung von Geldern und Wertpapieren durch die im Versicherungsvertrag aufgeführten Angestellten (Beamten, Handlungsgehilfen oder

---

30 *Seitz* VW 2011, 1502.
31 VG Berlin, Urt. v. 14.03.2014, 4 K 294.12, juris.
32 Vgl. L/W/*Grote* VertrauensschadenV Rn. 22; *Koch*, Rn. 49; *Looschelders*, FS Wessing, 2015, 887, 889.
33 L/W/*Grote*, VertrauensschadenV Rn. 22.
34 Vgl. L/W/*Looschelders*, § 210 Rn. 6 ff.
35 Die Euler Hermes Bedingungen sind in der Version Premium Grundlage dieser Kommentierung und zu finden unter http://www.eulerhermes.de/mediacenter/Lists/mediacenter-documents/avb_vsv_premium.pdf.
36 Siehe *Gerwien*, S. 75 ff.; *Bergeest*, S. 208 ff.; *Koch*, Rn. 538; H/E/K/*Siegel*, Kap. 35 Rn. 2 a.E.
37 L/W/*Grote*, VertrauensschadenV Rn. 6.
38 Siehe § 22 AVB-VSV 2012 Euler Hermes Premium; § 2 Nr. 2 AVB-VSV 2012 Zurich.
39 Vgl. *Manes*, Spalte 1778; *Schnedelbach*, S. 90 f.; *Silberschmidt*, S. 54 ff.; *Looschelders*, FS Wessing, 2015, 887. Weitere Bezeichnungen waren Garantie- oder Kautionsversicherung.
40 *Wörner*, S. 165.

Vertreter) erlitt.[41] Allmählich, zunächst allerdings nur auf besonderen Antrag und gegen Prämienzuschlag, konnte der Versicherungsschutz auf andere Schädigungen durch Angestellte erweitert werden.[42]
Die VSV kann als Versicherung für eigene sowie für fremde Rechnung (§§ 43 ff. VVG) ausgestaltet sein. Ausgangspunkt der VSV war die Konzeption als Fremdversicherung.[43] Der Arbeitnehmer konnte die Versicherung zugunsten des Arbeitgebers abschließen. Diese Form ersetzte die damals übliche Barkaution des Arbeitnehmers und heißt **Personenkautionsversicherung**.[44] Daneben konnte das Unternehmen die VSV für eigene Rechnung abschließen. Dabei handelt es sich um die **Garantie(kautions)versicherung**.[45] Üblich ist heute hauptsächlich die letztere Gestaltungsform.[46]

13

b) Entwicklung der modernen Vertrauensschadenversicherung in Deutschland

Die moderne Gestalt der VSV hat sich erst seit den fünfziger Jahren herausentwickelt.[47] Für den Entwicklungsprozess ist eine allmähliche Ausweitung des Versicherungsschutzes kennzeichnend. Zunächst wurde der Gegenstand der VSV generell auf den Ersatz von Schäden des Unternehmens durch sämtliche **vorsätzliche unerlaubte Handlungen** erweitert.[48] Es folgten die unbenannte Form der VSV, d.h. die Gewährung von Versicherungsschutz für Schäden durch sämtliche Vertrauenspersonen **ohne Namensnennung**,[49] sowie die Absicherung von **Computerschäden**.[50] 1990 wurden dann Schäden durch unerlaubte Eingriffe in die elektronische Datenverarbeitung (sog. Hackerangriff) in die AVB-VSV aufgenommen. Damit ging die Erweiterung des Versicherungsschutzes auf Schäden durch das **Verhalten Dritter** einher.[51] In neuerer Zeit erstreckt sich der Versicherungsschutz meist auch auf Schäden durch **Geheimnisverrat oder Industriespionage**.[52] Zum Teil werden hierfür aber Deckungszusatzkonzepte angeboten.[53] Inzwischen wurde auch der Ersatz von Public Relations-Kosten, die den Unternehmen nach Eintritt eines Versicherungsfalls zur Vermeidung von Reputationsschäden entstehen, in die VSV einbezogen.[54]

14

In neuerer Zeit ist die »Vertrauens- und Vermögensschadenversicherung« (VVV) als neues Produktangebot der VSV vorgestellt worden.[55] Dieses Versicherungskonzept bezieht insbesondere Drittrisiken und Drittschäden mit ein. Die gewöhnlichen Bedingungswerke der VSV erstrecken den Versicherungsschutz aber regelmäßig auch auf solche Risiken.[56] Die neue VVV dürfte also kein neues Versicherungsprodukt darstellen.[57] Vielmehr stellt die Begrifflichkeit der »Vermögensschadenversicherung« die frühere Bezeichnung der VSV dar, die sich als zu weit und unbestimmt erwiesen hat.[58] Von einer Irreführung gemäß § 5 UWG durch die neue Produktbezeichnung als VVV und die Vorstellung der VVV als neues Produkt dürfte gleichwohl noch nicht auszugehen sein.

15

7. Auslegung der AVB-VSV

Die Auslegung von AVB richtet sich im Allgemeinen nach den Verständnismöglichkeiten eines durchschnittlichen VN ohne versicherungsrechtliche Spezialkenntnisse (vgl. Einl. B Rdn. 43). Bei der Auslegung der AVB-VSV ist allerdings zu beachten, dass die VSV von den Angehörigen eines besonderen Verkehrskreises – nämlich von **Unternehmen** – abgeschlossen wird. Folglich kommt es bei der Auslegung der AVB-VSV auf die Verständnismöglichkeiten der Mitglieder dieses Verkehrskreises an. Besondere Bedeutung haben in diesem

16

---

41 *Manes*, Spalte 1778.
42 Siehe dazu *Manes*, Spalte 1779.
43 *Bergeest*, S. 149.
44 Vgl. BGHZ 33, 97, 102 = VersR 1960, 724, 725; VersHb/*Herrmann*, § 39 Rn. 118a.
45 Zu den Gestaltungsformen vgl. H/E/K/*Siegel*, Kap. 35 Rn. 3 ff.; VersHb/*Herrmann*, § 39 Rn. 118a; *Manes*, Sp. 1778; *Schnedelbach*, S. 90 f.; *Wörner*, S. 165 f.; *Silberschmidt*, S. 1 f.
46 H/E/K/*Siegel*, Kap. 35 Rn. 4.
47 Zur geschichtlichen Entwicklung vgl. L/W/*Grote*, VertrauensschadenV Rn. 6; *Koch*, Rn. 9 ff.
48 Siehe die AVB-VSV in VerBAV 1956, 159 ff.; VerBAV 1959, 131 ff.
49 Vgl. VerBAV 1974, 314 ff.
50 VerBAV 1977, 167 ff.; überarbeitet VerBAV 1984, 401 ff.; zur Deckung des Computer-Missbrauchs *Ihlas* VersR 1994, 898; *Koch*, E. *Lorenz*, M. 134 f.
51 VerBAV 1990, 435 ff.
52 Vgl. § 1 Nr. 2 AVB-VSV 2014 Chubb; §§ 5, 6 AVB-VSV 2012 Euler Hermes Premium; § 1 Nr. 1b AVB-VSV 2012 Zürich; § 1 Nr. 1.5 AVB-VSV 2013 R+V.
53 Vgl. Hauschka/*Pant*/*Probst*, § 13 Rn. 27.
54 § 1 Nr. 7 AVB-VSV 2014 Chubb.
55 Siehe http://www.chubbeuropemail.com/vertrauen-ist-gut-absicherung-ist-besser/; *Kurz*, http://versicherungswirtschaft-heute.de/vertrieb/vom-hackerangriff-bis-zum-verkauf-von-geschaftsgeheimnissen/; abgerufen am 02.11.2015.
56 Vgl. §§ 3, 6 AVB-VSV 2012 Euler Hermes Premium zu den Drittschäden, §§ 10, 15 AVB-VSV 2012 Euler Hermes Premium zu den Drittrisiken; § 1 Nr. 1c AVB-VSV 2012 Zurich zu den Drittschäden; § 1 Nr. 2 AVB-VSV 2012 Zurich zu den Drittrisiken.
57 Siehe dazu Kraft-Kompakt Urteil des OLG München VersR 2008, 1212, 1213.
58 Vgl. van Bühren/*Koch*/*Sommer*, § 19 Rn. 13.

Anhang D Vertrauensschadenversicherung (VSV)

Zusammenhang die Kaufmannseigenschaft und die Geschäftserfahrenheit des VN.[59] Außerdem sind die spezifischen Merkmale des jeweiligen Unternehmens (Größe, Branche etc.) zu berücksichtigen.

17 Weitere Besonderheiten ergeben sich bei der Auslegung der AVB-VSV aus der **Verwendung von Rechtsbegriffen** (vgl. Einl. B Rdn. 47). So enthält § 1 der jeweiligen AVB-VSV zahlreiche Begriffe, die in der Rechtssprache fest umrissen sind (vgl. unten Rdn. 22). Die Wendung »Vermögensschäden, die durch vorsätzliche unerlaubte Handlungen, die nach den gesetzlichen Bestimmungen zum Schadensersatz verpflichten, unmittelbar zugefügt werden«, nimmt insbesondere auf die §§ 823 I, 823 II, 249 ff. BGB Bezug. Es ist daher davon auszugehen, dass die Versicherer den Umfang des Versicherungsschutzes im Einklang mit diesen Bestimmungen festlegen wollen. Die in § 1 AVB-VSV verwendeten Begrifflichkeiten sind keine juristischen Spezialbegriffe, sondern stammen aus dem **allgemeinen Zivilrecht**. Dies spricht dafür, dass die Geschäftsleitung eines Unternehmens die betreffenden Begriffe als solche der Rechtssprache erkennen und verstehen kann. Die Merkmale der § 1 AVB-VSV sind daher grundsätzlich **rechtsbegriffstechnisch** auszulegen.[60] Nicht selten werden in den AVB-VSV auch **strafrechtliche Begriffe** (z.B. Diebstahl, Untreue) verwendet. Wegen der unterschiedlichen Funktionen des Strafrechts und des Versicherungsvertragsrechts darf in diesen Fällen keineswegs unbesehen vom strafrechtlichen Verständnis ausgegangen werden. Ein strafrechtliches Verständnis liegt allerdings nahe, wenn bei einer Erweiterung des Versicherungsschutzes oder einem Risikoausschluss auf einen bestimmten Straftatbestand ausdrücklich Bezug genommen wird.[61]

II. Vertrauensperson

18 In der Grunddeckung ersetzt die VSV die Vermögensschäden, die durch das Verhalten sog. Vertrauenspersonen herbeigeführt werden. Zu den Vertrauenspersonen gehören regelmäßig alle aufgrund eines Arbeits- oder Dienstvertrages beschäftigten **Arbeitnehmer** einschließlich der Aushilfskräfte, Auszubildenden, Praktikanten, Gaststudenten, Heimarbeiter, Zeitarbeitskräfte und – obwohl nicht überall ausdrücklich angeführt – der Volontäre.[62] In § 3 Nr. 8 AVB-VSV 2014 Chubb findet sich für **Zeitarbeitskräfte** eine sog. **Vorhaftungsklausel**. Danach wird der Versicherungsschutz unter Vorhaftung des durch den Zeitarbeitgeber vereinbarten Versicherungsschutzes gewährt. Der VN hat also zunächst den vom Zeitarbeitgeber vereinbarten Versicherungsschutz in Anspruch zu nehmen. Der Status der »Vertrauensperson« muss grundsätzlich im Zeitpunkt der Schadenverursachung vorliegen.[63] Für **ausgeschiedene Mitarbeiter** erlischt der Versicherungsschutz erst nach einer bestimmten Frist (je nach Bedingungswerk 60 Tage bis 12 Monate nach dem Ausscheiden).[64] Dies erscheint sinnvoll, weil ausscheidende Mitarbeiter ein erhöhtes Risikopotential für das Unternehmen darstellen können.[65]

19 Große Bedeutung kommt der Einbeziehung der **Geschäftsleitung von Unternehmen** unter den Begriff der Vertrauensperson zu.[66] Schäden durch vorsätzliche Handlungen der Geschäftsleitung werden also durch die VSV mit abgedeckt. Die Unternehmen können daher mit der VSV Lücken beim Versicherungsschutz schließen, die durch den Ausschluss vorsätzlicher Verhaltensweisen der Geschäftsleitung bei der **D&O-Versicherung** entstehen.[67] Die Bedingungswerke sehen allerdings **Grenzen für die Beteiligung** der Geschäftsleitung am **Gesellschaftsvermögen** vor. Verbreitet sind Obergrenzen von 20 %.[68] Zum Teil wird der Versicherungsschutz auch davon abhängig gemacht, dass die Geschäftsleitung sich selbst rechtswidrig bereichert hat. Die VSV bietet dann keinen Schutz gegenüber vorsätzlichen Handlungen der Geschäftsleitung, die in der Absicht erfolgen, dem Unternehmen einen rechtswidrigen Vermögensvorteil zu verschaffen.[69]

20 Auch **betriebsfremde Personen** können unter den Begriff der Vertrauensperson fallen. Dabei handelt es sich um für ein versichertes Unternehmen tätige Personen, die sich berechtigt im Betriebsgebäude oder auf dem Betriebsgelände aufhalten.[70] Dazu gehört neben dem Sicherheits-, Reinigungs- und Wartungspersonal insbesondere das **IT-Service-Personal**.[71] Zum Teil hängt die Mitversicherung des IT-Service-Personals nicht

---

59 Vgl. BGH VersR 2011, 919, 920; L/W/*Reiff*, AVB Rn. 80; *Looschelders*, FS Wessing, 2015, 887, 893.
60 Für den Vermögensschadensbegriff ausdrücklich *Koch*, Rn. 133.
61 Eingehend dazu *Looschelders*, FS Wessing, 2015, 887 ff.
62 Vgl. § 34 Nr. 1, Nr. 3 AVB-VSV 2012 Euler Hermes Premium; § 5 Nr. 1 AVB-VSV 2012 Zurich; dazu Hauschka/*Pant/Probst*, § 13 Rn. 25; *Seitz*, Kap. 4 B. I. 1.
63 § 13 Gliederungspunkt 11 (b) AVB-VSV 2014 Chubb; § 34 AVB-VSV 2012 Euler Hermes Premium.
64 § 13 Gliederungspunkt 11 (d) AVB-VSV 2014 Chubb; § 34 a.E. AVB-VSV 2012 Euler Hermes Premium.
65 Vgl. Staudinger/Halm/Wendt/*Wolf*, Kap. IX 2a Rn. 40.
66 *Looschelders* VersR 2013, 1069, 1072.
67 Zum Vorsatzausschluss bei der D&O-Versicherung Anh. C Rdn. 137.
68 § 34 Nr. 2 AVB-VSV 2012 Euler Hermes Premium.
69 § 35 Nr. 1 AVB-VSV 2012 Euler Hermes Premium; vgl. *Koch* VersR 2005, 1192, 1199; Hauschka/*Pant/Probst*, § 13 Rn. 40.
70 § 34 Nr. 4 AVB-VSV 2012 Euler Hermes Premium; § 13 Gliederungspunkt 11 (f) AVB-VSV 2014 Chubb.
71 Dazu auch Hauschka/*Pant/Probst*, § 13 Rn. 25.

mehr vom örtlichen Element der Tätigkeit im Betriebsgebäude ab; es genügt vielmehr auch ein Tätigwerden für das Unternehmen mittels Datenübertragung.[72]

Bei der **Eigenschadenversicherung der Kommunen und Sparkassen** (oben Rdn. 6) gehören zu den Vertrauenspersonen außer den Mitarbeitern auch die Mitglieder der Vertretungskörperschaft (z.B. Gemeinderat) sowie die Organe (z.B. Bürgermeister, Vorstände, Aufsichtsratsmitglieder).[73] 21

III. Gegenstand der Vertrauensschadenversicherung

In der **Grunddeckung** ersetzt die VSV nach dem jeweiligen § 1 AVB-VSV Schäden am Vermögen der versicherten Unternehmen, die durch **vorsätzliche unerlaubte Handlungen**, die nach den gesetzlichen Bestimmungen zum Schadenersatz verpflichten, **unmittelbar** verursacht werden.[74] 22

1. Vorsätzliche unerlaubte ersatzpflichtige Handlung

a) Schadensersatzpflicht aus unerlaubter Handlung

Maßgeblich für den Versicherungsschutz ist eine vorsätzliche unerlaubte Handlung, die zu einer gesetzlichen Schadensersatzverpflichtung führt. Dieses Kriterium wird zuweilen als das »Herzstück eines jeden Vertrauensschadens«[75] bezeichnet. Der Begriff der **unerlaubten Handlung** wird in einem weiten Sinne verstanden. Erfasst werden insbesondere Schadensersatzverpflichtungen aus §§ 823 ff. BGB und §§ 228, 231 BGB. Größte Bedeutung kommt den Schadenersatzpflichten aus § 823 II BGB i.V.m. einem Schutzgesetz zu. Zu den verletzten Schutzgesetzen gehören die **klassischen Straftatbestände** des Diebstahls, der Unterschlagung, des (Computer-)Betrugs und der Untreue (§§ 242, 263, 263a, 266 StGB). Darüber hinaus sind auch die Normen des **Nebenstrafrechts** zu beachten.[76] Hierher gehört insbesondere die Haftung aufgrund strafrechtlicher Bestimmungen zum gewerblichen Rechtsschutz (MarkenG, UWG, Urheberrechtsgesetz). 23

b) Vorsatz

Der **Begriff des Vorsatzes** bestimmt sich nach den allgemeinen Kriterien (§ 276 BGB). Nach der im Zivilrecht geltenden **Vorsatztheorie** ist Vorsatz als Wissen und Wollen des rechtswidrigen Erfolgs zu verstehen. Der Vorsatz setzt somit das **Bewusstsein der Rechtswidrigkeit** voraus.[77] Im Anwendungsbereich des § 823 II BGB i.V.m. einem strafrechtlichen Schutzgesetz ist der Vorsatz jedoch nach der strafrechtlichen **Schuldtheorie** zu beurteilen.[78] Dies hat zur Folge, dass das fehlende Unrechtsbewusstsein den Vorsatz nicht ausschließt. Vorsatz kann daher auch bei einem vermeidbaren Verbotsirrtum zu bejahen sein.[79] Die Abgrenzung von Vorsatz und grober Fahrlässigkeit richtet sich ebenfalls nach den allgemeinen Kriterien. Dolus eventualis reicht also aus. 24

Von der vorsätzlichen Handlungsweise klar abzugrenzen ist weiter die **wissentliche Pflichtverletzung.** Dieser Begriff ist im Versicherungsvertragsrecht als typischer Ausschlusstatbestand anerkannt. Er findet sich vor allem in den Vermögensschäden-Haftpflichtversicherungen der Freien Berufe (vgl. Anh. B Rdn. 56 ff.) und in der D&O-Versicherung (vgl. Anh. C Rdn. 138). Nach der Rechtsprechung handelt wissentlich derjenige, der die verletzte Pflicht positiv kennt. Erforderlich ist also, dass die handelnde Person **positive Kenntnis** von der Pflicht und dem Abweichen hat.[80] Ein lediglich »Für-möglich-halten« genügt insoweit alsonicht.[81] Bedeutsam ist auch, dass die **Darlegungs- und Beweislast** für die wissentliche Pflichtverletzung in der Ausgestaltung als Ausschlusstatbestand den Versicherer[82], hingegen für die vorsätzliche Handlung der VSV als anspruchsbegründendes Merkmal den VN trifft. Nun bietet die R+V Versicherung in der Grunddeckung der VSV erstmalig auch Versicherungsschutz für Schäden durch wissentliche Pflichtverletzung der Vertrauensperson. Die Entschädigungsleistung ist auf 100.000 EUR pro Person und insgesamt beschränkt.[83] Kein Versicherungsschutz besteht im Zusammenhang mit der Gewährung oder Abwicklung von Darlehen.[84] Dies zeigt, dass die 25

---

72 § 34 Nr. 5 AVB-VSV 2012 Euler Hermes Premium.
73 Vgl. die Informationen der GVV-Kommunalversicherung VVaG unter https://www.gvv.de/gvv-kommunal/versicherungen/vermoegen/vermoegenseigenschaden/im-detail/; abgerufen am 02.11.2015.
74 § 1 AVB-VSV 2012 Euler Hermes Premium; § 1 Nr. 1 AVB-VSV 2014 Chubb; § 1 AVB-VSV 2013 R+V; vgl. dazu Kilian/Heussen/*Koch*, Kap. 123 Rn. 1; *Koch*, Rn. 131 ff.
75 van Bühren/*Koch*/*Sommer*, § 19 Rn. 18; Hauschka/*Pant*/*Probst*, § 13 Rn. 24.
76 *Koch* VersR 2005, 1192, 1193; *ders.*, Rn. 140 ff.; Seitz ZVersWiss 100 (2011), 779, 781; Hauschka/*Pant*/*Probst*, § 13 Rn. 24; *Looschelders*, FS Wessing, 2015, 887, 894.
77 Palandt/*Grüneberg*, § 276 Rn. 11.
78 BGH NJW 1962, 910, 911; 1985, 134, 135; Palandt/*Sprau*, § 823 Rn. 61; *Koch* VersR 2005, 1192, 1193; *ders.*, Rn. 140; *Looschelders*, FS Wessing, 2015, 887, 895.
79 BGH VersR 1984, 1071; *Koch* VersR 2005, 1192, 1193; L/W/*Grote*, VertrauensschadenV Rn. 120.
80 BGH VersR 1987, 174, 175; VersR 1991, 176, 177; VersR 2006, 106, 108; VersR 2015, 181, 182.
81 BGH VersR 1991, 176, 177; BGH VersR 2006, 106, 108; BGH VersR 2015, 181, 182.
82 Ausführlich dazu BGH VersR 2015, 181, 182.
83 Siehe § 1 Nr. 5 AVB-VSV 2013 R+V.
84 § 8 Nr. 10 AVB-VSV 2013 R+V.

Anhang D Vertrauensschadenversicherung (VSV)

Versicherer diese Erweiterung in der VSV zunächst vorsichtig vornehmen. So ist die **Versicherbarkeit von Wissentlichkeit** bislang nicht eindeutig geklärt.[85] Letztlich entspricht die Abdeckung vorsätzlicher (und damit auch wissentlicher) Pflichtverletzungen von Vertrauenspersonen allerdings der Funktion der Vertrauensschadenversicherung. Dies ist ein wesentlicher Unterschied zur D&O-Versicherung, bei der Haftpflichtansprüche wegen vorsätzlicher Schadenverursachung nicht versichert sind (vgl. Ziff. 5.1 AVB-AVG).[86]

c) Optionale Zusatzdeckung für Fahrlässigkeit

26 Durch **Fahrlässigkeit** einer Vertrauensperson verursachte Schäden werden in der Grunddeckung der VSV nicht ersetzt. Die Versicherer bieten jedoch meist optional weitergehende Deckungskonzepte an, nach denen **zusätzlich** zum Vorsatz auch bestimmte durch eine Vertrauensperson infolge von Fahrlässigkeit verursachte Schäden abgedeckt sind (sog. **Zusatzdeckung F**).[87] Die Haftung des Versicherers ist dabei regelmäßig auf bestimmte Höchstsummen oder Sublimits begrenzt.[88]

2. Unmittelbarkeit

27 Die vorsätzliche unerlaubte Handlung muss unmittelbar zu einem Schaden des versicherten Unternehmens führen (sog. **Unmittelbarkeitsprinzip**). Diese Voraussetzung liegt immer dann vor, wenn die Handlung direkt, ohne zusätzliche Zwischenhandlungen beim versicherten Unternehmen einen Schaden verursacht.[89] Mittelbare Schäden sind grundsätzlich vom Versicherungsschutz ausgeschlossen.[90] Das Unmittelbarkeitsprinzip dient vor allem der Überschaubarkeit und Kalkulation des Risikos. Versicherungsschutz für sämtliche mittelbare Schäden infolge wirtschaftskrimineller Handlungen wäre – auch aufgrund der ständigen Weiterentwicklung von Wirtschaftskriminalität – kaum kalkulierbar.

28 In neuerer Zeit ist das Unmittelbarkeitsprinzip aufgelockert worden. Dahinter steht das Bedürfnis der VN nach einer Erweiterung des Versicherungsschutzes auf mittelbare Nachteile aus der Wirtschaftskriminalität. Die Erweiterung erfolgt insbesondere unter dem Aspekt des **Ersatzes von Kosten**. So wurden etwa Mehrkosten in den Versicherungsschutz einbezogen (s. unten Rdn. 47). Die Versicherer tragen durch diese Ausweitung den Bedürfnissen der VN Rechnung. Da die versicherten Kosten genau umschrieben werden, bleibt die Kalkulierbarkeit des Risikos dennoch gewahrt.

3. Versicherte Schäden

29 In der VSV sind grundsätzlich Sach- und Personenschäden sowie reine Vermögensschäden versichert.[91] § 1 AVB-VSV 2012 Euler Hermes Premium bestimmt Versicherungsschutz für »Schäden«. Sämtliche andere Bedingungswerke sehen vor, dass die VSV dem VN »Schäden am Vermögen«[92] ersetzt. Der Begriff des Schadens (am Vermögen) entspricht einem feststehenden Begriff der Rechtssprache und ist rechtstechnisch zu interpretieren.[93] Unter einem **Schaden** versteht man alle Einbußen an rechtlich geschützten Positionen mit und ohne Vermögenswert, die jemand an seinen Rechtsgütern (Leben, Gesundheit, Freiheit, Eigentum etc.) oder an seinen sonstigen rechtlich geschützten Interessen (insbesondere seinem Vermögen als solchem) erleidet.[94] Bei materiellen Einbußen erfolgt die Feststellung und Berechnung eines Schadens nach der **Differenztheorie**.[95] Entscheidend ist danach die Differenz zwischen der tatsächlichen Güterlage und der Güterlage, die ohne das schädigende Ereignis bestünde.[96] Bei der VSV ist die tatsächliche Güterlage des Unternehmens, die durch die wirtschaftskriminelle Handlung geschaffen wurde, mit dessen hypothetischer Lage ohne die wirtschaftskriminelle Handlung zu vergleichen. Hat die Vertrauensperson sich mit dem deliktisch erlangten Geld des VN von diesem eine Leistung erkauft, so steht die Rückführung des Geldes an den VN der Annahme eines Schadens nicht entgegen.[97]

---

85 Dazu auch Staudinger/Halm/Wendt/*Wolf*, Kap. IX 2a Rn. 33.
86 Näher dazu *Looschelders*, FS Wessing, 2015, 887, 891 f.
87 Vgl. VersHb/*Herrmann*, § 39 Rn. 118; Terbille/*W. Schneider*, § 29 Rn. 102; H/E/K/*Siegel*, Kap. 35 Rn. 6; die Zusatzdeckung befürwortend L/W/*Grote*, VertrauensschadenV Rn. 124.
88 Terbille/*W. Schneider*, § 29 Rn. 103; H/E/K/*Siegel*, Kap. 35 Rn. 6.
89 Zum Unmittelbarkeitsbegriff vgl. *Koch*, Rn. 155; *Looschelders* VersR 2013, 1069, 1070 f. Näher zur Abgrenzung unten Rdn. 59.
90 Vgl. § 6 Nr. 2 AVB-VSV 2014 Chubb; § 51 Nr. 1 AVB-VSV 2012 Euler Hermes Premium.
91 Vgl. van Bühren/*Koch/Sommer*, § 19 Rn. 19; differenzierend L/W/*Grote*, VertrauensschadenV Rn. 65 f.
92 § 1 Nr. 1 AVB-VSV 2014 Chubb; § 1 AVB-VSV 2012 Zurich.
93 So auch *Koch*, Rn. 133 mit Verweis auf BGH VersR 2003, 236, 237; BGH VersR 2000, 311, 312; *Looschelders* VersR 2013, 1069 f.
94 HK-BGB/*Schulze*, Vorbem. zu §§ 249–253 Rn. 5; Palandt/*Grüneberg*, Vorb. v. § 249 Rn. 9.
95 BGH NJW 1997, 2378 m.w.N.; Palandt/*Grüneberg*, Vorb. v. § 249 Rn. 10.
96 Vgl. BGH NJW 1994, 2357, 2359; NJW 2009, 1870, 1871; HK-BGB/*Schulze*, Vorbem. zu §§ 249–253 Rn. 6; Palandt/*Grüneberg*, Vorb. v. § 249 Rn. 10.
97 BGH VersR 1980, 1023 (Einsatz des Geldes in der Spielbank des VN).

Der **Vermögensschaden** ist von dem nicht versicherten Nichtvermögensschaden (immateriellen Schaden) abzugrenzen. Ein Vermögensschaden liegt vor, wenn der entstandene Nachteil in Geld bewertet werden kann. Dabei ist weniger entscheidend, ob das beeinträchtigte Interesse ein kommerzialisiertes Gut darstellt.[98] Vielmehr kommt es für die Feststellung eines Vermögensschadens darauf an, ob **eine in Geld messbare Einbuße** vorliegt.[99] Nach der Kommerzialisierungsthese ist eine Einbuße jedenfalls dann in Geld messbar, wenn für das beeinträchtigte Interesse ein Markt besteht.[100] Rechtlich missbilligte Vorteile sind aber auch dann nicht ersatzfähig.[101] Umgekehrt kann ein Vermögensschaden u.U. auch vorliegen, wenn für das beeinträchtigte Interesse kein Markt existiert. Entscheidend ist, dass die Verkehrsauffassung dem Interesse einen Geldwert beimisst.[102] Dies ist insbesondere anzunehmen, wenn das Interesse mit einem marktmäßigen Vorteil vergleichbar ist.[103] 30

Bei der VSV kann die Feststellung eines Vermögensschadens im Einzelfall schwierig sein. Zu denken ist etwa an den **Rückgang des Ratings** eines Unternehmens infolge von Wirtschaftskriminalität. Zur Qualifizierung als Vermögensschaden müsste der Rückgang des Ratings eine in Geld messbare Einbuße darstellen oder zumindest mit einem marktmäßigen Nachteil vergleichbar sein. Bei einem Rating handelt es sich um die Bewertung des Unternehmens durch externe Ratingagenturen.[104] Das Rating ist entscheidend für die Kreditkosten des Unternehmens und entspricht somit einem marktmäßigen Vorteil. Der Rückgang des Ratings ist daher als **Vermögensschaden** i.S.d. einschlägigen AVB-VSV einzustufen. Die Höhe des Schadens ist allerdings schwer zu bestimmen. Davon abgesehen dürfte ein Ersatz des Ratingschadens durch die VSV jedenfalls daran scheitern, dass es sich nicht um einen unmittelbaren, sondern bloß um einen **mittelbaren** Vermögensschaden handelt.[105] 31

IV. Umfang des Versicherungsschutzes

1. Schäden verursacht durch Vertrauenspersonen

a) Schäden der versicherten Unternehmen

Die VSV ersetzt den versicherten Unternehmen Schäden, die durch das Verhalten einer **identifizierten** oder bei überwiegender Wahrscheinlichkeit auch **nicht identifizierten Vertrauensperson** verursacht werden (vgl. §§ 1, 2 AVB-VSV 2012 Euler Hermes Premium). 32

b) Fremdschäden

Die VSV beschränkt sich nicht auf den Ersatz von Schäden, die unmittelbar bei einem versicherten Unternehmen selbst eintreten. Vielmehr wird auch Versicherungsschutz für Fremdschäden gewährt. Die AVB-VSV sprechen in diesem Zusammenhang von Drittschäden[106] oder Schäden am Kundenvermögen. Die betreffenden Schäden müssen dem Dritten durch das Verhalten einer Vertrauensperson unmittelbar zugefügt werden; der von der VSV abgedeckte (**mittelbare**) **Schaden des versicherten Unternehmens** besteht darin, dass es für den unmittelbaren Schaden des Dritten haftet.[107] In der Literatur wird zu Recht darauf hingewiesen, dass der Anwendungsbereich dieser Schadenskategorie nur gering ist.[108] So dürfte es bei vorsätzlichen unerlaubten Handlungen zum Nachteil eines Dritten häufig an dem für die Haftung des Geschäftsherrn nach § 831 BGB erforderlichen Zusammenhang mit den zugewiesenen Verrichtungen fehlen, weil die Vertrauensperson das Delikt nicht »in Ausführung«, sondern nur »bei Gelegenheit« der Verrichtung begangen hat.[109] Außerdem ist die Exkulpationsmöglichkeit des Geschäftsherrn nach § 831 I 2 BGB zu beachten. 33

Die **Fremd- bzw. Drittschäden** sind nicht zu verwechseln mit den **Schäden durch Dritte**. Während bei den »Fremdschäden« eine Vertrauensperson bei einem Dritten einen Schaden verursacht, handelt bei der Kategorie »der Schäden durch Dritte« ein Dritter, der gerade nicht in den Kreis der Vertrauenspersonen fällt, als Schädiger. Bei den »Fremdschäden« verursacht die Vertrauensperson am Vermögen des **Dritten** unmittelbar einen Schaden, für den das versicherte Unternehmen haftet, so dass beim versicherten Unternehmen nur ein mittelbarer Vermögensschaden entsteht. Bei »Schäden durch Dritte« erleidet das **versicherte Unternehmen** dagegen einen unmittelbaren Schaden an seinem Vermögen. Zur Vermeidung von Unklarheiten und Ver- 34

---

98 Palandt/*Grüneberg*, Vorb. v. § 249 Rn. 12; MünchKommBGB/*Oetker*, § 249 Rn. 41.
99 MünchKommBGB/*Oetker*, § 249 Rn. 28; *Looschelders*, Schuldrecht AT, 13. Aufl. 2015, Rn. 966.
100 MünchKommBGB/*Oetker*, § 249 Rn. 41 m.w.N.; Jauernig/*Teichmann*, Vor §§ 249–253 Rn. 7; krit. Palandt/*Grüneberg*, Vorb. v. § 249 Rn. 11.
101 MünchKommBGB/*Oetker*, § 249 Rn. 42 und § 252 Rn. 7 ff.
102 BGHZ 92, 85, 91; *Looschelders*, Schuldrecht AT, 13. Aufl. 2015, Rn. 966.
103 Vgl. MünchKommBGB/*Oetker*, § 249 Rn. 50.
104 Zum Ratingbegriff *Vetter* WM 2004, 1701; *Richter* WM 2008, 960; zur neuen Ratingaufsicht *Möllers* NZG 2010, 285.
105 Zur Abgrenzung siehe Gliederungspunkt III 2.
106 § 1 Nr. 3 AVB-VSV 2014 Chubb; § 1 Nr. 1c AVB-VSV 2012 Zurich.
107 § 1 Nr. 3 AVB-VSV 2014 Chubb; §§ 3, 4 AVB-VSV 2012 Euler Hermes Premium.
108 Vgl. *Koch*, Rn. 172 f.; *ders.* VersR 2005, 1192, 1195.
109 Allg. dazu Palandt/*Sprau*, § 831 Rn. 9.

Anhang D Vertrauensschadenversicherung (VSV)

wechslungen empfiehlt es sich daher, die »Drittschäden« ausschließlich als »Fremdschäden« zu bezeichnen.[110]

2. Verrat von Betriebs- und Geschäftsgeheimnissen durch Vertrauenspersonen

35 Einige Versicherer erstrecken den Versicherungsschutz durch die VSV auch auf Schäden durch Geheimnisverrat.[111] Die AVB-VSV unterscheiden sich bei der **Definition des Geheimnisverrats**. Teilweise wird Geheimnisverrat als »der von einer Vertrauensperson durch nach den gesetzlichen Vorschriften über unerlaubte Handlungen zum Schadenersatz verpflichtende Verrat eines der Vertrauensperson anvertrauten Betriebs- oder Geschäftsgeheimnisses« definiert.[112] Teilweise wird darunter die vorsätzliche und rechtswidrige Weitergabe an unberechtigte Dritte oder Verwendung von dem versicherten Unternehmen gehörenden oder rechtmäßig anvertrauten fremden Betriebs- und Geschäftsgeheimnissen verstanden.[113] Inhaltlich dürften die Definitionen indes weitgehend übereinstimmen.

3. Schäden verursacht durch Dritte

36 Außer im IT-Bereich erstreckt sich die VSV auch in einigen anderen Bereichen auf Schäden, die **durch Dritte** verursacht werden. Die einschlägigen Fälle werden in den AVB-VSV explizit aufgeführt.

a) Dritter

37 Der Begriff des Dritten wird in § 11 AVB-VSV 2012 Euler Hermes Premium definiert. Danach ist Dritter jede natürliche und juristische Person, die weder versichertes Unternehmen noch Vertrauensperson, Vorstandsmitglied, Geschäftsführer, Aufsichtsrat, Verwaltungsrat, Beirat, Gesellschafter oder Treuhänder eins versicherten Unternehmens ist.[114]

b) Schäden durch Raub oder Tresoreinbruch

38 Der Versicherungsschutz umfasst Schäden, die einem versicherten Unternehmen durch **Raub** oder **Tresoreinbruch** entstehen. Im Einzelnen werden Schäden durch Raub von Bargeld, Wertpapieren oder sonstigen Vermögensgegenständen aus einem verschlossenen Tresor oder Bankschließfach oder aus dem Gewahrsam der Vertrauensperson erfasst.[115] Die einschränkenden Voraussetzungen (verschlossener Tresor oder Bankschließfach) haben den Zweck, Überschneidungen mit der Einbruchdiebstahl- und Raubversicherung zu vermeiden.[116]

c) Schäden durch Diebstahl

39 Auch besteht der Versicherungsschutz für Schäden, die aufgrund von Diebstahl von Bargeld, Wertpapieren oder sonstigen Vermögensgegenständen auftreten. Voraussetzung ist auch hier, dass diese in einem verschlossenen Tresor oder Bankschließfach aufbewahrt waren.[117]

d) Schäden durch Betrug

40 Die VSV versichert auch Schäden durch Betrug mittels gefälschter Wechsel, Schecks oder gesetzlicher Zahlungsmittel und ferner mittels gefälschter Anweisung, Bestellung oder Rechnung.[118] Für eine strafrechtliche Auslegung der einzelnen Varianten spricht die Bezeichnung der Handlungsart als solche (Betrug) und die Bezugnahme auf die Handlungsart der Urkundenfälschung (vgl. »gefälschte«).[119] Dabei handelt es sich um Tatbestände des StGB. Danach dürfte das Erfordernis der Bereicherungsabsicht des Dritten trotz des Verzichts auf die ausdrückliche Nennung einer solchen Absicht in den neuen AVB weiterhin bestehen. Denn die Bereicherungsabsicht ist ein subjektives Tatbestandsmerkmal und damit eine unverzichtbare Voraussetzung für die Verwirklichung des Betrugs.[120]

Besonders die Fallkonstellation der Schäden durch Betrug hat in neuerer Zeit die Praxis beschäftigt. Euler Hermes hat dazu im Februar 2015 eine Betrugswarnung herausgegeben und dabei auf drei Fallszenarien aufmerksam gemacht, die zu einer Vielzahl von Schäden geführt haben. Hervorzuheben ist die Fallgruppe des Betrugs durch Vorspiegelung einer falschen Identität, insbesondere das Szenario des »Fake President Fraud«.

---

110 Den Begriff der »Fremdschäden« verwendet auch *Koch*, Rn. 172; *ders.* VersR 2005, 1192, 1195.
111 § 1 Nr. 2 AVB-VSV 2014; §§ 5, 6 AVB-VSV 2012 Euler Hermes Premium; § 1 Nr. 1b AVB-VSV 2012 Zurich; § 1 Nr. 1.5 AVB-VSV 2013 R+V.
112 § 13 Gliederungspunkt 4 AVB-VSV 2014 Chubb.
113 §§ 5, 6 AVB-VSV 2012 Euler Hermes Premium
114 § 11 AVB-VSV 2012 Euler Hermes Premium; zur Person des Dritten *Koch* VersR 2005, 1192, 1194; *ders.*, Rn. 149.
115 § 10 Nr. 1 AVB-VSV 2012 Euler Hermes Premium.
116 Vgl. *Looschelders*, FS Wessing, 2015, 887, 899.
117 § 10 Nr. 1 AVB-VSV 2012 Euler Hermes Premium.
118 § 10 Nr. 3a, b AVB-VSV 2012 Euler Hermes Premium.
119 Vgl. *Looschelders*, FS Wessing, 2015, 887, 898 f.
120 Vgl. das frühere Bedingungswerk § 2 Nr. 1e AVB-VSV 2008 Euler Hermes.

Die Täter geben sich gegenüber den – häufig für Bankgeschäfte und den Zahlungsverkehr zuständigen – Mitarbeitern eines Unternehmens als Vorstand oder Geschäftsführer des Unternehmens aus und bitten die Mitarbeiter per E-Mail oder Fax darum, in einer vertraulichen und geheimen Angelegenheit eine dringende Überweisung auszuführen.[121]

4. Eingriffe in das EDV-System durch Dritte »Hackerschäden«

Die VSV erstreckt sich auch auf Vermögensschäden im IT-Bereich durch Eingriffe Dritter. Da sich die Risikofelder im IT-Bereich aufgrund des technischen Fortschritts laufend ändern,[122] unterliegt auch das Verständnis der Begrifflichkeiten in diesem Bereich einem ständigen zeitlichen Wandel. **41**

a) Unmittelbare Schäden

Die VSV erstattet den versicherten Unternehmen sog. **Hackerschäden**. Die AVB-VSV beschreiben diese als unmittelbare Schäden durch vorsätzliche, rechtswidrige und zielgerichtete Eingriffe Dritter in das EDV-System des versicherten Unternehmens.[123] EDV-System ist definiert als die Gesamtheit der zur elektronischen Datenverarbeitung rechtmäßig genutzten Soft- und Hardware inklusive Daten, Datenbanken und Telefonanlagen. Als Eingriff ist jede Einwirkung auf das EDV-System zu verstehen. Der Eingriff ist zielgerichtet, wenn er sich gegen eine bestimmte Anzahl von EDV-Nutzern, zu denen auch das versicherte Unternehmen zählt, richtet und nicht nur gegen eine unbestimmte Anzahl von EDV-Nutzern.[124] Für den Versicherungsschutz besteht kein Sublimit, sofern sich ein Dritter in Höhe des Schadens bereichert hat. Dabei ist die Bereicherung irgendeines Dritten genügend. Dagegen besteht ein Sublimit von 50 % der Versicherungssumme, max. EUR 1.000.000 für Fälle ohne Bereicherung des Dritten.[125] Voraussetzung für den Versicherungsschutz bei Hackerschäden ist die Erstattung einer Strafanzeige.[126] **42**

b) Mittelbare Schäden

Im Bereich der Hackerschäden erstreckt sich Versicherungsschutz der VSV auch auf mittelbare Schäden. So sind Aufwendungen zur Fortführung des Geschäftsbetriebs, die ohne den Versicherungsfall nicht oder nicht so entstanden wären, vom Versicherungsschutz erfasst. Zeitlich besteht eine Höchstgrenze von sechs Monaten nach der Einwirkung auf das EDV System.[127] Überdies sind Schäden durch Überweisungen von Kreditinstituten versichert, nachdem Benutzerzugangsdaten durch Ausspähen (etwa Phishing, Pharming) unrechtmäßig erlangt und missbraucht worden sind.[128] Diese Erweiterung des Versicherungsumfangs ist bedeutend, sind doch mittelbare Schäden gewöhnlich vom Versicherungsschutz ausgeschlossen.[129] Bei fehlender Bereicherung eines Dritten besteht auch hier ein Sublimit wie bei den unmittelbaren Schäden.[130] **43**

c) Abgrenzung

Neben der VSV bieten hauptsächlich **Cyber-Versicherungen** Versicherungsschutz für Schäden im IT-Bereich (umfassend dazu Anh. J). Im Bereich der Eigenschäden versichern Cyber-Versicherungen etwa Betriebsunterbrechungsschäden.[131] Die Abgrenzung zum Versicherungsschutz der VSV für Aufwendungen zur Fortführung des Geschäftsbetriebs kann mitunter schwierig sein. Die Subsidiarität des Versicherungsschutzes in der VSV (vgl. § 19 AVB-VSV 2012 Euler Hermes Premium) hilft hier jedenfalls dann nicht weiter, falls Subsidiarität auch in der Cyber-Police angeordnet ist. Daneben enthält die Betriebshaftpflichtversicherung in ihrem Standardkonzept eine Deckungskomponente für **Schäden im IT-Bereich**. Diese Deckung betrifft allerdings Haftpflichtrisiken des VN, insbesondere die Haftpflicht gegenüber Dritten wegen Löschung oder Beschädigung von Daten (vgl. Ziff. 1.6.2 AVB Betriebshaftpflicht) sowie die Internethaftpflicht (vgl. Ziff. 1.8 AVB Betriebshaftpflicht). Deshalb bestehen keine Abgrenzungsschwierigkeiten zur VSV, die Versicherungsschutz für Eigenschäden des VN bietet. **44**

---

121 Euler Hermes Schreiben vom 10.02.2015, abrufbar unter http://www.maklerpool-deutschland.de/am/html.nsf/ (WANPG/88B9E974E4553CB4C1257DEB00338035/$File/EulerHermes_FakePresidentFraud.pdf; vgl. auch http://www.eulerhermes.de/veruntreuung/fake-president-fraud/Pages/default.aspx; dazu auch *Fromme*, SZ vom 05.11.2014, S. 24.
122 Dazu Euler Hermes Kreditversicherungs-AG, Ein sichereres Netz, 2008.
123 §§ 15, 16 AVB-VSV 2012 Euler Hermes Premium.
124 § 15 AVB-VSV 2012 Euler Hermes Premium.
125 § 16 Abs. 2 AVB-VSV 2012 Euler Hermes Premium.
126 § 18 AVB-VSV 2012 Euler Hermes Premium.
127 § 17 Nr. 1 AVB-VSV 2012 Euler Hermes Premium.
128 § 17 Nr. 2 AVB-VSV 2012 Euler Hermes Premium.
129 Vgl. § 51 Nr. 1 AVB-VSV 2012 Euler Hermes Premium.
130 § 17 Abs. 1 AVB-VSV 2012 Euler Hermes Premium.
131 Vgl. *Kieffer*, http://versicherungswirtschaft-heute.de/dossier/welchen-cyberschutz-versicherer-bieten/; abgerufen am 02.11.2015.

Anhang D Vertrauensschadenversicherung (VSV)

45 Aufgrund des möglichen Versicherungsschutzes für IT-Risiken durch verschiedene Versicherungsarten[132] könnten künftig Schwierigkeiten bei der Wahl des richtigen Versicherungsschutzes und der Klärung der Deckung auftreten. Die Entwicklung der IT-Risiken, bestehende Unklarheiten und ein hohes Schadenpotential könnten die damit verbundenen Probleme noch verstärken. Zur Vermeidung dieser Probleme könnte für den VN die Wahl des gleichen Versicherers für die betreffenden Versicherungsarten oder die Vereinbarung eines Kombinationsprodukts empfehlenswert sein.

5. Vertragsstrafen

46 Auch die Bedingungswerke nicht anglo-amerikanischen Hintergrunds sehen inzwischen Versicherungsschutz für mittelbare Schäden der versicherten Unternehmen in Form von **Vertragsstrafen** vor. Vorausgesetzt ist nach § 20 AVB-VSV 2012 Euler Hermes Premium, dass der Versicherungsfall eine Vertragsstrafe auslöst, zu deren Zahlung eine **rechtliche Verpflichtung** besteht.

6. Erstattungsfähige Kosten

47 Daneben ersetzt die VSV heute auch bestimmte **Kosten**. Voraussetzung für die Erstattung von Kosten ist stets, dass ein **Versicherungsfall** i.S.d. AVB-VSV eingetreten ist.

a) Kosten zur Minderung eines Reputationsschadens

48 In neuerer Zeit erstrecken die Bedingungswerke den Versicherungsschutz der VSV regelmäßig auf die Erstattung sog. Public Relations-Kosten. Dabei handelt es sich um Kosten, die zur Minderung eines Reputationsschadens entstehen. Die Bedingungen setzen zur Rückführung oder Vermeidung des Reputationsschadens gewöhnlich die Beauftragung eines Dritten voraus.[133] Für die Beauftragung des Dritten kann es der vorherigen Abstimmung mit dem Versicherer bedürfen.[134] In Bezug auf den Begriff des Reputationsschadens besteht kein einheitliches Verständnis. Erschüttert die Berichterstattung in den Medien infolge eines Versicherungsfalls die Glaubwürdigkeit eines versicherten Unternehmens und das ihm entgegengebrachte Vertrauen, so ist ein Reputationsschaden aber gegeben.[135] Letztlich führt die Erstattung sog. Public Relations-Kosten zu einer deutlichen Ausweitung des Versicherungsschutzes der VSV auf Schäden, die nach dem Unmittelbarkeitskriterium (oben Rdn. 27) nicht abgedeckt wären. Diese Erweiterung ist in Anbetracht der möglichen immensen nachteiligen Auswirkungen der Wirtschaftskriminalität auf die Reputation des betroffenen Unternehmens zu begrüßen.

b) Schadenermittlungs- und Rechtsverfolgungskosten

49 Die VSV ersetzt auch die Schadenermittlungs- und Rechtsverfolgungskosten der versicherten Unternehmen. § 27 AVB-VSV 2012 Euler Hermes Premium definiert die Schadenermittlungskosten als Aufwendungen, die ein versichertes Unternehmen zur Aufklärung des Schadenhergangs, zur Feststellung der Schadenhöhe oder zur Ermittlung des Schadenverursachers getätigt hat. Die Schadenermittlungskosten werden in externe und interne unterteilt. Nimmt das Unternehmen bei der Abwicklung des Versicherungsfalls externe Dienstleistungen in Anspruch, entstehen außerhalb des Unternehmens Kosten, die das Unternehmen zu erstatten hat. Diese Aufwendungen bezeichnet man als **externe** Schadenermittlungskosten.[136] Bei den sog. **internen** Schadenermittlungskosten handelt es sich um Kosten, die durch die Abwicklung des Versicherungsfalls im Unternehmen selbst entstehen. Dazu gehören etwa die zusätzliche Vergütung für Überstunden der Mitarbeiter sowie Kosten für vorübergehendes Zusatzpersonal.[137] Davon abzugrenzen und nicht erstattungsfähig sind die sog. Sowieso-Kosten, die auch ohne den Versicherungsfall beim versicherten Unternehmen entstanden wären.

50 Auch die **Rechtsverfolgungskosten** sind in den Bedingungen nach externen und internen aufgeteilt. Bei den externen Rechtsverfolgungskosten handelt es sich um solche Kosten, die bei der Geltendmachung von Schadenersatzansprüchen gegen eine Vertrauensperson anfallen, und zwar unabhängig vom Vorliegen eines versicherten Schadens. Daneben sind die Kosten der Rechtsverteidigung, also Kosten, die dem Unternehmen für die Abwehr des Anspruchs eines Dritten aufgrund eines möglichen Versicherungsfalls entstehen, erfasst. Als mögliche Kostenpositionen sind etwa Gerichts- und Verfahrenskosten, Rechtsanwalts- und gewisse Notarkosten aufgeführt.[138] Zu den internen Rechtsverfolgungskosten gehören gemäß §§ 31, 32 AVB-VSV 2012 Euler Hermes Premium Aufwendungen oder Sachaufwendungen des versicherten Unternehmens zur Geltendma-

---

132 Dazu Anh. J Rdn. 2, 13 ff.
133 § 20 AVB-VSV 2012 Euler Hermes Premium; § 1 Nr. 7 AVB-VSV 2014 Chubb.
134 § 1 Nr. 7 AVB-VSV 2014 Chubb.
135 § 23 AVB-VSV 2012 Euler Hermes Premium; dazu auch Staudinger/Halm/Wendt/*Wolf*, Kap. IX 2a Rn. 59.
136 Hauschka/*Pant*/*Probst*, § 13 Rn. 28.
137 Hauschka/*Pant*/*Probst*, § 13 Rn. 28.
138 § 30 AVB-VSV 2012 Euler Hermes Premium.

chung eines eigenen Schadenersatzanspruchs gegen eine Vertrauensperson oder zur Abwehr des Anspruchs eines Dritten.
Die Unterteilung in ex- und interne Kosten ist wegen **unterschiedlicher Sublimits** relevant. So beträgt der Erstattungssatz für externe Kosten bis zu 20 % und für interne Kosten bis zu 5 % des versicherten Schadens.[139]

7. Sublimits

Der Umfang des Versicherungsschutzes ist in den Bedingungen zum Teil durch bestimmte Sublimits betragsmäßig begrenzt. Diese Sublimits finden sich meist am Ende der jeweiligen Schaden- bzw. Kostenpositionen.[140] Die Sublimits sind häufig als Anteil an der Versicherungssumme ausgestaltet. Daneben können die Anteile wiederum auf bestimmte Höchstbeträge und für die gesamte Versicherungsperiode beschränkt werden.[141] So können sich betragsmäßig unterschiedliche Sublimits ergeben.

8. Identität des Schädigers

Der Ersatzanspruch des VN setzt grundsätzlich voraus, dass die Identität des Schädigers nachgewiesen werden kann. Ist dies nicht möglich, so muss wenigstens eine **überwiegende Wahrscheinlichkeit** dafür sprechen, dass ein Versicherungsfall i.S.d. AVB-VSV vorliegt.[142] Hierzu gehört insbesondere, dass der Schaden durch eine Vertrauensperson herbeigeführt wurde.[143]

9. Zeitliche Bestimmung des Versicherungsschutzes

Da es für die VSV keine speziellen gesetzlichen Regelungen gibt, hängt die zeitliche Bestimmung des Versicherungsschutzes von der Definition des Versicherungsfalls in den jeweiligen AVB ab. Dabei kommt den Parteien in den Grenzen der §§ 305 ff. BGB umfassende Vertragsfreiheit zu. Für den VN ist die zeitliche Festlegung des Versicherungsschutzes von großer Bedeutung, weil die Leistungspflicht des Versicherers davon abhängt, ob der Versicherungsfall innerhalb des vereinbarten Haftungszeitraums eingetreten ist.[144] Daneben hat sie erhebliche Auswirkungen auf die **Kontinuität des Versicherungsschutzes**. Wird der Versicherungsfall in den AVB-VSV nicht einheitlich definiert, so kann dies bei einem **Wechsel des Versicherers** zu empfindlichen **Deckungslücken** führen.[145]

Die zeitlichen Anknüpfungspunkte für den Versicherungsfall waren in den vorausgegangenen Bedingungsgenerationen bei den einzelnen AVB-VSV sehr unterschiedlich ausgestaltet.[146] Zum Teil wurde die Ausübung der schädigenden Handlung (sog. **Schadenverursachung**) durch den Schädiger als frühester Zeitpunkt herangezogen. Danach tritt der Versicherungsfall mit der Begehung der vorsätzlichen unerlaubten Handlung durch die Vertrauensperson oder einen in den Versicherungsschutz einbezogenen Dritten ein.[147] Insbesondere die AVB-VSV der Versicherer anglo-amerikanischen Hintergrunds stellten für die zeitliche Bestimmung des Versicherungsfalles allerdings auf den Zeitpunkt der **Entdeckung des Schadens** ab. Für die Leistungspflicht des Versicherers ist danach entscheidend, dass die Schadenentdeckung in die Vertragslaufzeit fällt.[148] In der aktuellen Bedingungsgeneration hat in den einschlägigen Bedingungen mit Verursachungsprinzip nun ein **Wechsel hin zum Entdeckungsprinzip** stattgefunden. Demnach besteht Versicherungsschutz für alle zwischen Versicherungsbeginn und Versicherungsende entdeckten Versicherungsfälle.[149] Teilweise werden die **Schadenverursachung und die Schadenentdeckung** auch kumulativ herangezogen. Beide Ereignisse müssen somit grundsätzlich in die Laufzeit des Vertrags fallen.[150] Für Schäden, die während der Laufzeit verursacht, aber erst nach Vertragsende entdeckt werden, wird dabei allerdings eine **Nachmeldefrist** (drei Jahre nach Vertragsende, spätestens aber vor Inkrafttreten einer anderen VSV) gewährt.[151]

---

139 §§ 29, 31 AVB-VSV 2012 Euler Hermes Premium.
140 §§ 9, 13, 16 a.E., 21, 24, 26, 29, 31 AVB-VSV 2012 Euler Hermes Premium; § 1 Nr. 2 a.E., Nr. 4 a.E., Nr. 6 a.E., Nr. 7 a.E. AVB-VSV 2014 Chubb.
141 § 1 Nr. 6 AVB-VSV 2014 Chubb; dazu auch § 7 Nr. 3 AVB-VSV 2012 Zurich.
142 Vgl. §§ 1, 2 AVB-VSV 2012 Euler Hermes Premium; Kilian/Heussen/*Koch*, Kap. 123 Rn. 12.
143 Vgl. § 2 AVB-VSV 2012 Euler Hermes Premium; § 1 Nr. 1 Satz 2 AVB-VSV 2014 Chubb.
144 Vgl. L/W/*Looschelders*, § 1 Rn. 35.
145 Vgl. *Seitz*, Kap. 4 B. II 4.
146 Zu den möglichen Zeitpunkten vgl. § 100 VVG Rdn. 2 ff.; im Übrigen dazu auch *Seitz*, Kap. 4 B. II.
147 So § 6 AVB-VSV 2008 Euler Hermes; § 5 AVB-VSV 2008 Zurich.
148 § 2 Nr. 1 AVB-VSV 2014 Chubb.
149 § 39 AVB-VSV 2012 Euler Hermes Premium; § 1 AVB-VSV 2012 Zurich.
150 § 3 Nr. 1 AVB-VSV 2013 R+V; § 2 Nr. 1 AVB-VSV ABC 2004 Chubb.
151 Vgl. § 2 Nr. 2 AVB-VSV ABC 2004 Chubb; § 3 Nr. 2 AVB-VSV 2013 R+V.

Anhang D   Vertrauensschadenversicherung (VSV)

10. Versicherte Unternehmen

56 Der Versicherungsschutz erstreckt sich regelmäßig auf die versicherten Unternehmen.[152] Die Bedingungswerke verstehen darunter den VN und die mitversicherten Unternehmen.[153] Für die **Mitversicherung** eines Unternehmens ist entscheidend, dass dem VN die Leitung und Kontrolle des betreffenden Unternehmens zusteht. Der VN muss die Mitversicherung beantragen. Er kann diesen Antrag bei oder nach Vertragsschluss stellen. Schließlich ist die Zustimmung des Versicherers erforderlich.[154]

57 Soweit die VSV die Interessen von mitversicherten Unternehmen abdeckt, handelt es sich um eine **Versicherung für fremde Rechnung** (§§ 43 ff.).[155] Im Versicherungsfall wird das mitversicherte Unternehmen damit Inhaber eines selbständigen Versicherungsanspruchs (§ 44 I). Das Verfügungsrecht über den Anspruch steht aber grundsätzlich allein dem VN als Vertragspartner des Versicherers zu (vgl. §§ 44 II, 45 I). Das Gleiche gilt für die Ausübung von Gestaltungsrechten.[156]

11. Risikoausschlüsse

58 Der Versicherungsschutz der VSV wird durch einen speziell festgelegten Ausschlusskatalog eingeschränkt. Dieser Katalog trägt zumeist die Überschrift »Ausschlüsse«.[157] Da die Ausschlusskataloge inhaltlich differieren, werden im Folgenden nur bestimmte besonders wichtige oder besonders einschneidende Ausschlusstatbestände erörtert. Darüber hinaus finden sich auch an anderen Stellen der Bedingungswerke Regelungen, die den Versicherungsschutz einschränken. Bei der Prüfung möglicher Ausschlusstatbestände kann der VN sich also nicht mit der Untersuchung des Ausschlusskatalogs begnügen.

a) Mittelbare Schäden

59 Nach der Grundkonzeption der VSV besteht für mittelbare Schäden im Allgemeinen kein Versicherungsschutz (vgl. oben Rdn. 27). Der Begriff des **mittelbaren Schadens** wird in den jeweiligen AVB-VSV nicht definiert. Die überwiegende Auffassung orientiert sich an den allgemeinen zivilrechtlichen Abgrenzungskriterien.[158] Danach versteht man unter einem unmittelbaren Schaden die nachteiligen Veränderungen an dem verletzten Recht, Rechtsgut oder Interesse selbst. Die durch das schädigende Ereignis verursachten Einbußen am sonstigen Vermögen (z.B. Nutzungsausfall, entgangener Gewinn) werden als mittelbare Schäden bezeichnet.[159] Zum Teil findet sich in den AVB-VSV eine beispielhafte Aufzählung.[160] Einige wichtige »mittelbare Schäden« werden heute allerdings erstattet. Zum Teil gibt es hierzu eigenständige Regelungen wie etwa bei den Hackerschäden oder den Vertragsstrafen. Auch sind die betreffenden Positionen unter dem Aspekt der **erstattungsfähigen Kosten** (vgl. oben Rdn. 47) aufgeführt. Da ein Großteil der mittelbaren Schäden bei der Schadenabwicklung entsteht, wurde der Versicherungsschutz namentlich auf die Erstattung der Schadenermittlungs- und Rechtsverfolgungskosten ausgeweitet.[161]

b) Handel mit Finanzinstrumenten

60 Nicht ersetzt werden nach § 8 Nr. 8 AVB-VSV 2013 R+V und § 13 Nr. 6 AVB-VSV 2012 Zurich Schäden, die von einer Vertrauensperson durch den Handel mit Finanzinstrumenten wie Aktien, Wertpapiere, Derivate, Devisen, Investments oder durch Termingeschäfte (oder aufgrund der Gewährung von Krediten) verursacht werden. Der Ausschlusstatbestand greift nur ein, soweit die Vertrauensperson den Schaden nicht vorsätzlich zum Nachteil des VN verursacht, um sich selbst oder einem Dritten einen rechtswidrigen Vermögensvorteil zu verschaffen. Die AVB stellen klar, dass es für die Annahme einer rechtswidrigen Bereicherungsabsicht nicht ausreicht, wenn die Vertrauensperson lediglich eine erhöhte Vergütung wie Lohn, Gehalt oder Tantiemen angestrebt hat.

c) Schäden durch Dritte

61 Der Versicherungsschutz der VSV erstreckt sich auf bestimmten Gebieten – vor allem im Computerbereich – auch auf Schäden aufgrund von Handlungen Dritter (vgl. oben Rdn. 36). Diese Erweiterung des Versicherungsschutzes erfährt jedoch wiederum verschiedene Einschränkungen. So werden Schäden durch »besonders bevollmächtigte Dritte« ausdrücklich nicht erfasst. Der Ausschluss bezieht sich auf solche Dritte, denen die versicherten Unternehmen Zugang zu vertraulichen Informationen oder zugangsbeschränkten Räumen ge-

---
152 Siehe § 1 AVB-VSV 2012 Euler Hermes Premium.
153 Vgl. § 37 AVB-VSV 2012 Euler Hermes Premium; § 13 Gliederungspunkt 8 AVB-VSV 2014 Chubb.
154 § 38 Nr. 2 AVB-VSV 2012 Euler Hermes Premium.
155 Hauschka/*Pant*/*Probst*, § 13 Rn. 29.
156 Zur Kündigung § 9 AVB-VSV 2014 Chubb.
157 § 6 AVB-VSV 2014 Chubb; § 51 AVB-VSV 2012 Euler Hermes Premium; § 6 AVB-VSV 2012 Zurich; § 8 AVB-VSV 2013 R+V.
158 *Koch* VersR 2005, 1192, 1198; Hauschka/*Pant*/*Probst*, § 13 Rn. 37.
159 BGH VersR 2003, 236, 237; Palandt/*Grüneberg*, Vorb. v. § 249 Rn. 15.
160 § 51 Nr. 1 AVB-VSV 2012 Euler Hermes Premium; dazu auch *Looschelders* VersR 2013, 1069, 1071.
161 van Bühren/*Koch*/*Sommer*, § 19 Rn. 36.

währt haben.[162] Der Grund für den Ausschluss liegt in dem erhöhten Risikopotential, das mit der Gewährung des Zugangs zu vertraulichen Informationen oder zugangsbeschränkten Räumen verbunden ist. Ein innerer Zusammenhang zwischen dem Schaden und der Gewährung des Zugangs wird nicht ausdrücklich vorausgesetzt. Nach Sinn und Zweck ist der Ausschlusstatbestand aber dahingehend zu verstehen, dass der Schaden gerade **durch Ausnutzung** der Bevollmächtigung oder des Zugangs entstanden sein muss.

d) Subsidiarität der Vertrauensschadenversicherung

Weit verbreitet ist der Ausschluss von Schäden, die durch andere Versicherungen abgedeckt werden können.[163] So schließen sämtliche AVB-VSV den Ersatz von Schäden aus, die nach den (Grund-)Bedingungen der **Feuerversicherung** versicherbar sind.[164] Als weitere vorrangige Versicherungen werden teilweise die Einbruchdiebstahlversicherung, die Betriebsunterbrechungsversicherung, die Leitungswasserversicherung sowie die Elektronikversicherung aufgeführt. Im Schrifttum werden diese Ausschlusstatbestände als **qualifizierte Subsidiaritätsklauseln** bezeichnet.[165] Für die Subsidiarität der VSV kommt es allein auf die »Versicherbarkeit« nach den anderen Bedingungen an. Es reicht also, dass die für die andere Versicherung maßgeblichen AVB für derartige Schäden Versicherungsschutz vorsehen.[166] Erweiterungen des Versicherungsschutzes nach Zusatzdeckungsbausteinen bleiben dabei außer Betracht.[167] Ob die andere Versicherung tatsächlich besteht, ist dagegen unerheblich. 62

Darüber hinaus kann die VSV auch gegenüber dem Schutz durch eine anderweitige, in den AVB-VSV nicht ausdrücklich aufgeführte, **bestehende** Versicherung zurücktreten. Hier kommt es aber darauf an, dass der Ersatz des Schadens durch die andere Versicherung **tatsächlich** erzielt werden kann.[168] § 8 Nr. 7 AVB-VSV 2013 R+V schließt den Ersatz von Schäden und Kosten im Rahmen des Online-Banking aus, sofern das kontoführende Kreditinstitut für den Schaden haftet oder ihn ersetzt. 63

e) Krieg, Elementargefahren und ähnliche Risiken

Auch bei der VSV finden sich die in anderen Sachversicherungen geläufigen **allgemeinen Risikoausschlüsse**. So sind Schäden, die durch Krieg, kriegerische Ereignisse, innere Unruhen, Verfügungen von hoher Hand, höhere Gewalt oder Kernenergie (mit-)verursacht werden, von der VSV ausgeschlossen.[169] Darüber hinaus gilt der Ausschluss zum Teil auch für Schäden durch Terror und Umwelteinwirkungen i.S.d. Umwelthaftungsgesetzes oder des Wasserhaushaltsgesetzes.[170] Da es sich um einen Ausschlusstatbestand handelt, liegt die Beweislast nach allgemeinen Grundsätzen beim Versicherer. § 6 Nr. 4 AVB-VSV 2014 Chubb sieht allerdings vor, dass im Zweifel nach der überwiegenden Wahrscheinlichkeit entschieden werden soll. Eine unbillige Benachteiligung des VN (§ 307 BGB) dürfte hierin (noch) nicht zu sehen sein. 64

f) Weitere Ausschlusstatbestände innerhalb der Ausschlusskataloge

Auch Schäden durch **unaufgeklärte Inventurdifferenzen** und Vermögensminderungen, die sich ausschließlich aus der Gegenüberstellung von Soll- und Istbeständen bei sonst ungeklärten Schadenursachen ergeben, können vom Versicherungsschutz ausgeschlossen sein. 65

Nach § 6 Nr. 5 AVB-VSV 2014 Chubb ersetzt die VSV keine Schäden, die ein versichertes Organmitglied durch **Untreue** (§ 266 StGB) oder eine Vertrauensperson durch **unbefugtes Handeln** herbeiführt. Der letztere Ausschluss greift aber nicht ein, soweit die Vertrauensperson sich selbst oder einen anderen vorsätzlich zum Nachteil des versicherten Unternehmens **unmittelbar bereichert** hat. Bezüge, Gehälter, Vergütungen, Tantiemen, Boni, Gewinnbeteiligungen und Pensionen gelten in diesem Zusammenhang nicht als unmittelbare Bereicherung. Der **Ausschlusstatbestand** hat damit die gleiche Wirkung wie die Klauseln in anderen AVB, welche die Bereicherung der Vertrauensperson oder des Dritten als **Voraussetzung** für den Versicherungsschutz anführen (vgl. § 35 Nr. 1 AVB-VSV 2012 Euler Hermes Premium). 66

12. Kenntnis des versicherten Unternehmens von Vortaten der Vertrauensperson

Der Versicherungsschutz kann entfallen bei Schäden durch eine Vertrauensperson, die bereits in der Vergangenheit vorsätzliche unerlaubte Handlungen begangen hat, die einen Versicherungsfall in der VSV begrün- 67

---

162 § 6 Nr. 7 AVB-VSV 2014 Chubb.
163 Näher dazu L/W/*Grote* VertrauensschadenV Rn. 168; *Looschelders*, FS Wessing, 2015, 887, 890 f.
164 Vgl. § 51 Nr. 4 AVB-VSV 2012 Euler Hermes Premium; § 8 Nr. 6 AVB-VSV 2013 R+V; § 6 Nr. 3 AVB-VSV 2014 Chubb; ähnlich auch bei § 6 Nr. 10 AVB-VSV 2012 Zurich.
165 Krit. gegen solche Klauseln *Koch* VersR 2005, 1192, 1199; Hauschka/*Pant*/*Probst*, § 13 Rn. 41.
166 Hauschka/*Pant*/*Probst*, § 13 Rn. 41; *Koch*, in E. Lorenz, S. 135.
167 Hauschka/*Pant*/*Probst*, § 13 Rn. 41.
168 § 6 Nr. 3 AVB-VSV 2014 Chubb.
169 § 6 Nr. 4 AVB-VSV 2014 Chubb; § 51 Nr. 3 AVB-VSV 2012 Euler Hermes Premium; § 8 Nr. 11 AVB-VSV 2013 R+V; § 6 Nr. 11 AVB-VSV 2012 Zurich.
170 Dazu § 51 Nr. 3 AVB-VSV 2012 Euler Hermes Premium.

den.[171] Der Ausschluss greift aber nur ein, wenn das versicherte Unternehmen bei Versicherungsbeginn oder bei Einschluss der Vertrauensperson in die Versicherung[172] bzw. im Zeitpunkt der Schadenverursachung[173] **wusste**, dass der Betreffende solche Handlungen begangen hat. Der Begriff des Wissens ist nach dem Schutzzweck der VSV eng auszulegen. Notwendig ist positive Kenntnis, die vom Versicherer bewiesen werden muss. Grob fahrlässige Unkenntnis reicht nicht aus.[174] Der Ausschlusstatbestand trägt dem Umstand Rechnung, dass der Versicherer den Kreis der Vertrauenspersonen nicht beeinflussen kann, weil die Personalauswahl in der alleinigen Verantwortung des versicherten Unternehmens liegt.[175] Hat eine Vertrauensperson aber schon einmal einen Versicherungsfall herbeigeführt, so besteht ein erhöhtes Risiko, das dem Versicherer nicht aufgebürdet werden soll.[176]

13. Anzeige des Schadens nach Vertragsbeendigung

68 Der Ersatzanspruch des VN kann auch daran scheitern, dass der Schaden dem Versicherer erst eine gewisse Zeit nach Vertragsbeendigung angezeigt worden ist. So sind Schäden, die während der Laufzeit des Vertrages verursacht wurden, nach einigen AVB vom Versicherungsschutz ausgeschlossen, wenn sie dem Versicherer später als 60 Tage nach Vertragsbeendigung angezeigt werden.[177] In anderen AVB wird dieser Fall als ein Problem der **Nachhaftung** behandelt (s. oben Rdn. 55). Die Nachmeldefrist beträgt dabei drei Jahre.[178] Anknüpfungspunkt für die Fristen ist die **Beendigung** des Vertrags. Solange der Vertrag läuft, kann der Ersatz von Schäden also nicht unter diesem Aspekt ausgeschlossen sein.[179] Die verspätete Anzeige kann zwar auch eine **Obliegenheitsverletzung** darstellen, die nach § 28 zur Leistungsfreiheit des Versicherers führt (vgl. unten Rdn. 86). Dies setzt jedoch nach allgemeinen Regeln Vorsatz oder zumindest grobe Fahrlässigkeit des VN voraus. Die Ausschluss- und Nachhaftungsregeln greifen dagegen unabhängig von einem Verschulden ein.[180]

14. Bestimmter Anteilsbesitz

69 Nach den Bedingungswerken erstreckt sich der Versicherungsschutz zum Teil ausdrücklich nicht auf Schäden, die durch **persönlich haftende Gesellschafter** oder **Gesellschafter mit einem Anteilsbesitz** von mehr als 20 Prozent verursacht werden.[181] Dieser Ausschlusstatbestand kann nur Bedeutung erlangen, wenn es sich bei den betreffenden Gesellschaftern um Vertrauenspersonen handelt. Hinter dem Ausschlusstatbestand steht der Gedanke, dass ein Unternehmen durch seine Gesellschafter repräsentiert wird; ohne den Ausschluss hätte das Unternehmen die Möglichkeit, sich gegen seine eigenen vorsätzlichen Delikte zu versichern.[182]

70 Der Ausschlusstatbestand unterscheidet zwischen Gesellschaftern von Personen- und Kapitalgesellschaften. Für Schäden durch die **persönlich haftenden Gesellschafter** einer Personengesellschaft – also GbR, OHG, KG – besteht grundsätzlich kein Versicherungsschutz. Nach Ansicht von *Koch* gilt der Ausschluss auch für Kommanditisten.[183] Dem ist jedoch entgegenzuhalten, dass der Kommanditist nach Leistung seiner Einlage gegenüber den Gesellschaftsgläubigern gerade nicht persönlich haftet (vgl. § 171 I Hs. 2 HGB).[184] Demgegenüber sind Schäden durch die **Gesellschafter von Kapitalgesellschaften** nicht generell vom Versicherungsschutz ausgeschlossen; hier kommt es vielmehr auf die jeweilige Höhe der Beteiligung am Gesellschaftskapital an.[185]

V. Leistungsumfang

71 Der Umfang der vom Versicherer zu erbringenden Leistung wird maßgeblich durch die **Versicherungssumme** und den vereinbarten **Selbstbehalt des VN** beeinflusst.

---

171 § 36 AVB-VSV 2012 Euler Hermes Premium.
172 § 36 Nr. 2 AVB-VSV 2012 Euler Hermes Premium.
173 § 6 Nr. 1 AVB-VSV 2014 Chubb.
174 *Bergeest*, S. 67; *Koch* VersR 2005, 1192, 1197; ders., Rn. 227; Hauschka/*Pant/Probst*, § 13 Rn. 36.
175 *Bergeest*, S. 66.
176 Vgl. *Bergeest*, S. 66; Hauschka/*Pant/Probst*, § 13 Rn. 36.
177 § 44 AVB-VSV 2012 Euler Hermes Premium.
178 § 2 Nr. 2 AVB-VSV 2014 Chubb; § 3 Nr. 2 AVB-VSV 2013 R+V.
179 Hauschka/*Pant/Probst*, § 13 Rn. 32, 36.
180 Zum Risikoausschluss der Fristversäumung vgl. OLG Frankfurt NJW-RR 2013, 230 ff.
181 § 3 Nr. 6 AVB-VSV 2014 Chubb; § 51 Nr. 2 AVB-VSV 2012 Euler Hermes Premium.
182 Hauschka/*Pant/Probst*, § 13 Rn. 39.
183 *Koch*, Rn. 249 f.; *ders.* VersR 2005, 1192, 1199.
184 *Seitz*, Kap. 4 B. IV. 4; Hauschka/*Pant/Probst*, § 13 Rn. 39.
185 Auf eine Beteiligung von 20 Prozent stellt § 51 Nr. 2 AVB-VSV 2012 Euler Hermes Premium ab.

1. Versicherungssumme

Bei der Versicherungssumme handelt es sich um die **Höchstersatzleistung** des Versicherers **für eine Versicherungsperiode**. Maßgeblich ist das sog. Entdeckungsprinzip.[186] Dies bedeutet, dass für sämtliche Versicherungsfälle, die während der Versicherungsperiode entdeckt werden, insgesamt maximal die Versicherungssumme zur Verfügung steht. Der Versicherer, der für eine Versicherungsperiode nur einmal eine Prämie erhalten hat, soll bei Eintritt eines weiteren Versicherungsfalls nicht noch einmal die volle Versicherungssumme leisten müssen, wenn daraus bereits Ersatz an den VN gezahlt wurde.[187] Mit jeder Entdeckung eines Versicherungsfalls reduziert sich die Versicherungssumme für alle weiteren Schäden der Versicherungsperiode um den Betrag der Entschädigungsleistung.[188] Für jeden entdeckten Versicherungsfall kann also solange Entschädigung erlangt werden, bis die Versicherungssumme für die Versicherungsperiode aufgebraucht ist.

Die **Höhe der Versicherungssumme** ergibt sich nach allgemeinen Regeln aus dem Vertrag (vgl. § 74 VVG Rdn. 8). Die Entscheidung über die Höhe richtet sich nach der Einschätzung des jeweiligen Risikos. Dabei sind insbesondere die **Tätigkeitsfelder** des Unternehmens und die Struktur seines **Personals** (Anzahl der Vertrauenspersonen, Zugang von Dritten) zu berücksichtigen.[189] Weitere wichtige Kriterien sind die Befugnisse der Mitarbeiter, die Höhe der ihnen anvertrauten Werte, die Werthaltigkeit der Produkte des Unternehmens sowie die Höhe des Umsatzes.[190]

2. Auffüllung der Versicherungssumme

Wegen der Ausgestaltung der Versicherungssumme als Höchstbetrag für alle Versicherungsfälle während einer Versicherungsperiode kann der VN daran interessiert sein, die Versicherungssumme für die Versicherungsperiode gegen anteilige Prämienzahlung wieder aufzufüllen. Zum Teil wird dem VN in den AVB-VSV standardmäßig die Möglichkeit des Nachkaufs der Versicherungssumme eingeräumt.[191] Teilweise ist aber auch eine individualvertragliche Vereinbarung mit dem Versicherer erforderlich.[192] Die Wiederauffüllung der Versicherungssumme bezog sich in einem älteren Bedingungswerk nur auf noch nicht verursachte Schäden (sog. **Verursachungsprinzip**).[193] Der Nachkauf der Versicherungssumme half dem VN daher nicht in Bezug auf Schäden, die schon vor Wiederauffüllung der Versicherungssumme verursacht, jedoch erst nach der Wiederauffüllung entdeckt worden sind. Neuerdings bezieht sich der Nachkauf allerdings ausdrücklich auf die »noch nicht entdeckten Schäden«.[194] Nach dem Entdeckungsprinzip dürften nun also zum Zeitpunkt des Erwerbs verursachte und noch nicht entdeckte Schäden einbezogen sein.

3. Begrenzung der Entschädigungsleistung durch Serienschadenklauseln

Für Serien- und Langzeitschäden wird die Entschädigungsleistung des Versicherers durch sog. Serienschadenklauseln weiter begrenzt. Dabei wird auf die Art der Handlung, die zu dem Serien- bzw. Langzeitschaden geführt hat, oder auf die den Langzeitschaden verursachende Person abgestellt. Nach der ersten Variante werden alle schadenverursachenden **Handlungen** einer oder mehrerer Personen durch die Versicherungssumme begrenzt, falls die Handlungen in **Tateinheit** oder in einem rechtlichen oder wirtschaftlichen **Zusammenhang** stehen.[195] Dadurch soll erreicht werden, dass bei mehrjähriger Schadenverursachung die Versicherungssumme nur einmal zur Verfügung steht, auch wenn die Schäden in verschiedenen Versicherungsperioden entdeckt werden.[196] Der Begriff der Tateinheit ist im strafrechtlichen Sinne (§ 52 StGB) zu verstehen.[197] Dabei ist zu beachten, dass der Große Senat für Strafsachen die Rechtsfigur des **Fortsetzungszusammenhangs** in einer Grundsatzentscheidung aus dem Jahre 1994 praktisch abgeschafft hat.[198] Bei **fahrlässig** verursachten Schäden wird ein rechtlicher und wirtschaftlicher Zusammenhang bejaht, wenn die in Frage stehenden Handlungen auf der gleichen oder auf gleichartigen Fehlerquellen beruhen.[199]

---

186 § 46 Nr. 1a AVB-VSV 2012 Euler Hermes Premium; § 3 Nr. 1 AVB-VSV 2014 Chubb; auf den jeweiligen Eintritt des Versicherungsfalls abstellend OLG Hamm NJW-RR 1992, 1307, 1308.
187 *Bergeest*, S. 108.
188 *Bergeest*, S. 108; *Koch* VersR 2005, 1192, 1200.
189 *Bergeest*, S. 107.
190 Hauschka/*Pant/Probst*, § 13 Rn. 34.
191 § 3 Nr. 2 AVB-VSV 2014 Chubb; vgl. OLG Hamm NJW-RR 1992, 1307, 1308.
192 § 46 Nr. 3 AVB-VSV 2012 Euler Hermes Premium; Hauschka/*Pant/Probst*, § 13 Rn. 34, dazu auch *Koch* VersR 2005, 1192, 1200.
193 § 3 Nr. 1 AVB-VSV ABC 2007 Chubb; *Koch* VersR 2005, 1192, 1200.
194 § 3 Nr. 2 AVB-VSV 2014 Chubb.
195 § 4 Nr. 3 AVB-VSV 2013 R+V.
196 Hauschka/*Pant/Probst*, § 13 Rn. 34.
197 *Koch* VersR 2005, 1192, 1200.
198 BGH NJW 1994, 1663; vgl. dazu Terbille/*W. Schneider*, § 29 Rn. 79.
199 Vgl. zur gemeindlichen Eigenschadenversicherung OLG Karlsruhe NJW-RR 1998, 1495; zur Vermögensschaden-Haftpflichtversicherung BGH, NJW 2003, 3705; *Gräfe* NJW 2003, 3673, 3675.

76 Bei der **personenbezogenen Begrenzung** stellt die Versicherungssumme die maximale Entschädigungsleistung für die durch eine einzelne Vertrauensperson während der gesamten Laufzeit des Versicherungsvertrags verursachten Schäden dar.[200] Diese Variante trägt dem Umstand Rechnung, dass schädigende Handlungen einer Vertrauensperson sich über einen längeren Zeitraum erstrecken und zu einem immensen Gesamtschaden führen können.[201]

4. Selbstbehalt

77 Die Festlegung einer Selbstbeteiligung des VN ist in den AVB-VSV häufig standardmäßig vorgesehen.[202] Durch den Selbstbehalt soll insbesondere dem Eintritt von **Frequenzschäden**, die immer wieder eintreten, entgegengewirkt werden.[203] Denn der Zweck der VSV liegt in der Absicherung eines Restrisikos, dessen Eintritt selbst durch das beste Präventionssystem nicht verhindert werden kann.[204]

VI. Prämie

78 Der Wettbewerb zwischen den Versicherern in der VSV findet neben der unterschiedlichen Ausgestaltung der AVB-VSV (sog. Bedingungswettbewerb) hauptsächlich bei der Höhe der Prämie statt. Die Prämie bemisst sich nach dem Umfang des versicherten Risikos. In Bezug auf die für die Prämienberechnung maßgeblichen Umstände kann den VN eine »**Meldepflicht**« treffen. Voraussetzung ist eine gesonderte Parteivereinbarung oder eine Festlegung in den AVB-VSV.[205] Bei der Meldung kann es sich um eine **echte Rechtspflicht** handeln. So ist der VN nach § 54 AVB-VSV 2012 Euler Hermes Premium verpflichtet, auf Anfrage vor Beginn jedes Versicherungsjahres die Anzahl sämtlicher in diesem Zeitpunkt beschäftigten Vertrauenspersonen und den Umsatz dem Versicherer zur Berechnung der nächsten Jahresprämie mitzuteilen. Die Meldepflicht kann auch als vertragliche **Obliegenheit** i.S.d. § 28 ausgestaltet sein.[206] Durch die Meldung der Vertrauenspersonen erhält der Versicherer Kenntnis über die Anzahl der zu diesem Zeitpunkt als Vertrauenspersonen in Betracht kommenden Risikoträger. Anhand der Meldung kalkuliert der Versicherer dann die Folgeprämie.

79 Bezüglich der **Fälligkeit** der Prämie bestimmen die Bedingungen, dass die Erstprämie unverzüglich nach Ablauf von zwei Wochen nach Zugang des Versicherungsscheins und Folgeprämien bei Beginn jeder Versicherungsperiode oder im Zeitpunkt der vereinbarten Fälligkeit zu zahlen sind.[207]

VII. Beginn und Ende des Versicherungsschutzes

80 Der **Beginn des Versicherungsschutzes** wird im Versicherungsschein festgelegt. Die zeitliche Bestimmung des Versicherungsfalls wirkt sich auch hier aus. In den AVB-VSV, die auf den Zeitpunkt der Schadenentdeckung abstellen, sind Schäden, die vor dem Beginn des Versicherungsschutzes verursacht wurden, nun grundsätzlich versichert. Während der Laufzeit neu hinzukommende Vertrauenspersonen müssen dem Versicherer für den laufenden Versicherungsschutz nicht angezeigt werden. Mit Aufnahme ihrer vertragsgemäßen Tätigkeit sind sie automatisch in die Versicherung einbezogen.[208] Für die Berechnung der Folgeprämie ist dem Versicherer aber die genaue Anzahl der Vertrauenspersonen zu melden.

81 Der Versicherungsschutz **endet** grundsätzlich mit Ablauf des Versicherungsvertrags. Durch die Bestimmung von **Nachmeldefristen** kann der Versicherungsschutz über diesen Zeitpunkt hinaus ausgedehnt werden.[209] Umgekehrt kann der Versicherungsschutz für bestimmte Schäden auch schon vor Ablauf des Versicherungsvertrags enden. Für Vertrauenspersonen, die bereits einen Versicherungsfall herbeigeführt haben, erlischt der Versicherungsschutz automatisch in dem Moment, in dem der VN von dem Versicherungsfall Kenntnis erlangt.[210] Hinsichtlich der Kenntnisschwelle ist wegen der gravierenden Folgen des Erlöschens zumindest **hinreichender Tatverdacht** zu fordern.

VIII. Obliegenheiten des VN

1. Gesetzliche Obliegenheiten

82 Die vorvertragliche Anzeigepflicht (§§ 19 ff.) und die Pflichten des VN bei einer Gefahrerhöhung (§§ 23 ff.) werden in den meisten AVB-VSV nicht mehr eigenständig geregelt. Insoweit sind also allein die gesetzlichen Bestimmungen maßgeblich. Soweit die AVB-VSV die vorvertragliche Anzeigepflicht und die Gefahrerhöhung

---

200 § 46 Nr. 1 AVB-VSV 2012 Euler Hermes Premium.
201 *Bergeest*, S. 107.
202 § 3 Nr. 4 AVB-VSV 2014 Chubb.
203 Hauschka/*Pant*/*Probst*, § 13 Rn. 35.
204 Vgl. *Seitz*, Kap. 2 B. VI.
205 *Bergeest*, S. 143.
206 So § 7 Nr. 2 AVB-VSV 2013 R+V.
207 § 53 AVB-VSV 2012 Euler Hermes Premium.
208 *Koch* VersR 2005, 1192, 1196; Hauschka/*Pant*/*Probst*, § 13 Rn. 31.
209 § 2 Nr. 2 AVB-VSV 2014 Chubb.
210 § 36 Nr. 2 AVB-VSV 2012 Euler Hermes Premium.

ausdrücklich ansprechen,[211] stimmen die einschlägigen Klauseln mit den gesetzlichen Regelungen überein. Auf die dortigen Kommentierungen kann daher verwiesen werden.

Im Zusammenhang mit der **vorvertraglichen Anzeigepflicht** ist zu beachten, dass fehlende Angaben zu Vorschäden oft bei der Prüfung und Abwicklung von Schadenfällen zu Tage treten.[212] Der Versicherer muss seine Rechte dann innerhalb der Monatsfrist des § 21 I geltend machen (vgl. § 21 VVG Rdn. 2 ff.). Eine **Gefahrerhöhung** kann in der VSV insbesondere durch bestimmte Outsourcing-Maßnahmen eintreten.[213] Für das Vorliegen einer Gefahrerhöhung reicht allerdings nicht die Veränderung eines Einzelrisikos; vielmehr ist eine Gesamtbetrachtung erforderlich. Dabei muss auch eine mögliche Gefahrkompensation geprüft werden (vgl. § 23 VVG Rdn. 10). Eine gewisse Orientierungshilfe bietet insoweit die Frage, ob der Versicherer die VSV unter Berücksichtigung der geänderten Gefahrenlage zu den gleichen Bedingungen abschließen würde.[214]

Die **Schadenminderungspflicht** des VN beurteilt sich nach den allgemeinen Regeln des § 82. Soweit die AVB-VSV hierfür eigenständige Regelungen enthalten,[215] stimmen sie mit § 82 überein. Die Schadenminderungspflicht setzt bei Eintritt des Versicherungsfalles ein und besteht solange, wie der Schaden noch abgewendet oder gemindert werden kann (vgl. § 82 VVG Rdn. 9 ff.). Sie endet also nicht mit der Vollendung oder Beendigung des Deliktes. Der VN kann daher u.U. verpflichtet sein, sich um die Rückerlangung von unterschlagenen Sachen oder Geldern zu bemühen.[216]

Der Anspruch des VN auf **Ersatz von Rettungskosten** richtet sich nach § 83. Er beschränkt sich damit auf den Ersatz von Aufwendungen zur Schadensminderung, die der VN **bei bzw. nach Eintritt des Versicherungsfalls** tätigt. Aufwendungen zur Abwendung eines unmittelbar bevorstehenden Versicherungsfalls oder zur Minderung seiner Auswirkungen werden dagegen nicht ersetzt. Da die VSV keine Sachversicherung ist, greift der erweiterte Aufwendungsersatzanspruch nach § 90 nämlich nicht ein (vgl. allg. § 90 VVG Rdn. 2). In diesem Sinne schließt § 8 Nr. 2 AVB-VSV 2013 R+V ausdrücklich den Ersatz von Schäden und Kosten aus, die **vor Eintritt des Versicherungsfalls** entstanden sind, um diesen abzuwenden oder in seinen Auswirkungen zu mindern.

2. Vertragliche Obliegenheiten

Die AVB-VSV sehen regelmäßig eine **Anzeigeobliegenheit** des VN für mögliche oder eingetretene Versicherungsfälle vor. Der VN hat dem Versicherer unverzüglich nach erhaltener Kenntnis jedes Vorkommnis schriftlich anzuzeigen, das sich nach Klärung als Versicherungsfall erweisen könnte. Das Gleiche gilt für jeden Versicherungsfall, und zwar auch dann, wenn der VN keine Entschädigungsansprüche geltend machen kann oder will.[217] Diese Obliegenheit entspricht im Ausgangspunkt der gesetzlichen Regelung des § 30 I. Der entscheidende Unterschied liegt darin, dass die Anzeigeobliegenheit aus § 30 I sich nur auf den Eintritt des Versicherungsfalls selbst bezieht, während die AVB-VSV die Anzeige eines möglichen Versicherungsfalls fordern.[218] Der Zweck dieser erweiterten Anzeigeobliegenheit besteht darin, dass der Versicherer das versicherte Risiko für die Zukunft abschätzen und darauf reagieren kann.[219] Dahinter steht die Erwägung, dass der mögliche Eintritt eines Versicherungsfalls die Gefahr eines Eintritts künftiger Versicherungsfälle erhöht.[220]

Die **Auskunfts- und Belegpflicht** des VN aus § 31 wird in den AVB-VSV oft ebenfalls näher ausgestaltet. So hat der VN dem Versicherer sowie dessen Beauftragten und Sachverständigen nach § 7 Nr. 1c AVB-VSV 2014 Chubb jede Untersuchung über Ursache und Höhe des Schadens und über den Umfang der Entschädigungspflicht zu gestatten und jede hierzu dienliche Auskunft, auf Verlangen auch schriftlich, zu erteilen. Zu diesem Zweck muss er auch seine Geschäftsbücher, Inventuren, Bilanzen, Rechnungen und Belege zur Verfügung zu stellen.[221] In zeitlicher Hinsicht bezieht sich diese Obliegenheit auf das laufende Geschäftsjahr sowie die drei Vorjahre.

Mit Blick auf Schäden im **IT-Bereich** ist gemäß § 6 Nr. 2 AVB-VSV 2013 R+V eine tägliche Datensicherung für die Entschädigungsleistung vorausgesetzt. Dabei handelt es sich aber um eine **verhüllte Obliegenheit** zur Verhütung des Eintritts von Versicherungsfällen (vgl. § 28 VVG Rdn. 27 ff.). Die Leistungsfreiheit des Versicherers richtet sich daher nach den Voraussetzungen des § 28 II und III.[222]

---

211 §§ 11 Nr. 1, 12 AVB-VSV 2012 Zurich; § 7 Nr. 1 und 3 AVB-VSV 2013 R+V.
212 Hauschka/*Pant*/*Probst*, § 13 Rn. 42.
213 van Bühren/*Koch*/*Sommer*, § 19 Rn. 4.
214 Vgl. *Koch*, Rn. 351 ff. unter Verweis auf BGH VersR 2005, 218, 219; VersR 2004, 1098, 1099; Hauschka/*Pant*/*Probst*, § 13 Rn. 42.
215 So etwa § 7 Nr. 5a AVB-VSV 2013 R+V.
216 Vgl. Terbille/*W. Schneider*, § 29 Rn. 150 ff.
217 § 6 Nr. 1a AVB-VSV 2014 Chubb; § 7 Nr. 4 AVB-VSV 2013 R+V.
218 Vgl. Kilian/Heussen/*Koch*, Kap. 123 Rn. 13; L/W/*Grote*, VertrauensschadenV Rn. 144. Zu den Voraussetzungen der Anzeigepflicht s. auch BGH VersR 1971, 1055.
219 OLG Hamburg VersR 1970, 1027; Hauschka/*Pant*/*Probst*, § 13 Rn. 42.
220 OLG Hamburg VersR 1970, 1027; Terbille/*W. Schneider*, § 29 Rn. 151.
221 Ähnlich § 7 Nr. 5b AVB-VSV 2013 R+V.
222 So auch Kilian/Heussen/*Koch*, Kap. 123 Rn. 15; *Koch*, in E. Lorenz, S. 150.

IX. Herbeiführung des Versicherungsfalls

89 Welche Bedeutung der subjektive Risikoausschluss nach § 81 für die VSV hat, ist umstritten.[223] Bei der Würdigung der Problematik ist davon auszugehen, dass der VN im Rahmen des § 81 nur für das Verschulden seiner sog. **Repräsentanten** (dazu § 28 VVG Rdn. 69 ff. und § 81 VVG Rdn. 46 ff.) einzustehen hat;[224] ist der VN eine juristische Person oder eine Personengesellschaft, so muss er sich überdies das Verschulden seiner **Organe** nach § 31 BGB analog zurechnen lassen (vgl. § 81 VVG Rdn. 45). Ist die Vertrauensperson, die den Versicherungsfall herbeigeführt hat, weder als Organ noch als Repräsentant des VN anzusehen, so scheidet die Anwendung des § 81 von vornherein aus.

90 Nach Sinn und Zweck der VSV kann § 81 I aber auch dann nicht zur Leistungsfreiheit des Versicherers führen, wenn ein Organ oder Repräsentant **als Vertrauensperson** des VN den Versicherungsfall **vorsätzlich** herbeigeführt hat. Denn die VSV soll den VN gerade vor Schäden durch vorsätzliche unerlaubte Handlungen von Vertrauenspersonen schützen.[225] Die Einbeziehung von vorsätzlichen Schädigungen durch Repräsentanten in den Versicherungsschutz verstößt insofern auch nicht gegen die guten Sitten (§ 138 I BGB).[226] Das Problem wird im Übrigen dadurch entschärft, dass bestimmte Organe oder Repräsentanten des VN (z.B. persönlich haftende Gesellschafter) nach den jeweiligen AVB-VSV schon gar nicht als Vertrauenspersonen anzusehen sind (s. oben Rdn. 19).

91 Hat ein Repräsentant die vorsätzliche Schädigung des VN durch eine andere Vertrauensperson oder einen versicherten Dritten aufgrund **grober Fahrlässigkeit** ermöglicht, so kommt dagegen eine Kürzung der Leistung nach § 81 II in Betracht.[227] Teilweise wird die **fahrlässige Mitwirkung** von Vertrauenspersonen bei der Entstehung des Schadens in den AVB-VSV aber auch **eigenständig geregelt**. So stellt § 9 Nr. 1 AVB-VSV 2013 R+V klar, dass die Entschädigungsleistung keine zivilrechtliche Inanspruchnahme der fahrlässig mitwirkenden Vertrauensperson voraussetzt; R+V verzichtet bei diesen Personen auch auf den Regress. Allerdings bleibt § 81 II bei grober Fahrlässigkeit auch hier anwendbar.

---

223 Vgl. L/W/*Grote*, VertrauensschadenV Rn. 156; Terbille/*W. Schneider*, § 29 Rn. 167 ff.
224 Dazu auch *Looschelders* VersR 2013, 1069, 1073.
225 Vgl. Terbille/*W. Schneider*, § 29 Rn. 167 f.; VersHb/*Herrmann*, § 39 Rn. 118b.
226 Vgl. L/W/*Looschelders*, § 81 Rn. 154.
227 So auch van Bühren/*v. Bergner*[4], § 20 Rn. 119; einschränkend Terbille/*W. Schneider*, § 29 Rn. 171; a.A. L/W/*Grote*, VertrauensschadenV Rn. 156 f.

Anhang E
Produkthaftpflichtversicherung

Übersicht

	Rdn.
A. Produkthaftpflichtversicherung	1
I. Vorbemerkung	1
II. Überblick zur Systematik des Modells	5
III. Gegenstand des Vertrages	7
1. Gesetzliche Haftpflichtbestimmungen	8
2. Personen- und Sachschäden nach Ziffer 1	12
a) Personenschäden	13
b) Sachschäden	14
c) »Weitere Schäden«	16
d) Schäden durch hergestellte oder gelieferte Erzeugnisse und erbrachte Arbeiten oder sonstige Leistungen	17
aa) Hergestellte Erzeugnisse	17
bb) Gelieferte Erzeugnisse	18
cc) Erbrachte Arbeiten	19
dd) Sonstige Leistungen	20
3. Versicherungsschutzbeginn (Ziff. 1.1 Abs. 2 des Modells bis 2008)	21
a) Das »In-Verkehr-Bringen«	22
b) Arbeitsabschluss/Ausführungen von Leistungen	24
4. Mitversicherung von Bearbeitungsschäden (Ziffer 1.2 bis 2008)	25
IV. Versichertes Risiko	27
V. Mitversicherte Personen (bis 2008: Ziffer 3)	29
VI. Kern des Modells »Abgrenzung und Erweiterung des Versicherungsschutzes« (Ziff. 4 des Modells)	30
1. Überblick	30
2. Die einzelnen »Bausteine« (Ziff. 4.1–4.6)	32
a) Personen- und Sachschäden aufgrund von Sachmängeln infolge des Fehlens von vereinbarten Eigenschaften (Ziff. 4.1 bis 2008)	32
b) Verbindungs-, Vermischungs- und Verarbeitungsschäden (Ziff. 4.2)	33
aa) Verbindung, Vermischung oder Verarbeitung	34
bb) Mangelhaftes Erzeugnis des VN	35
cc) Verbindung des mangelhaften Erzeugnisses des VN mit anderen Produkten (Dritter)	36
dd) Mangelhaftes Gesamtprodukt	37
ee) Schaden eines Dritten	38
ff) Folge	39
c) Weiterver- oder -bearbeitungsschäden (Ziff. 4.3)	40
aa) Erzeugnis des VN	41
bb) Mangelhaft hergestelltes oder geliefertes Erzeugnis	42
cc) Weiterverarbeitung	43
dd) Nicht untrennbar verbunden	44
ee) Neues Produkt	45
ff) Folge	46
d) Aus- und Einbaukosten (Ziff. 4.4)	47
aa) Mangelhaftes Gesamtprodukt eines Dritten	48
bb) Mangelhaftes Erzeugnis des VN	49
cc) Einbau/Anbringen/Verlegen/Auftragen	50
dd) Sonstige Voraussetzungen für das Eingreifen des Deckungstatbestands	51
ee) Folge	53
ff) Ausschlüsse für Austauschkostendeckung (Ziff. 4.4.4)	57
e) Die Maschinenklausel (Ziff. 4.5)	58
f) Prüf- und Sortierkosten (Ziff. 4.6)	61
VII. Auslandsdeckung	64
VIII. Risikoabgrenzungen	65
1. Nicht versicherte Tatbestände im vertraglichen Erfüllungsbereich	66
2. Sonstige Ausschlüsse (Ziff. 6.2)	69
a) Garantien (Ziff. 6.2.1)	69
b) Ansprüche wegen Rechtsmängeln (Ziff. 6.2.2)	70
c) Ansprüche wegen Schäden nach Ziff. 7.8 AHB (Ziff. 6.2.3)	71
d) Bewusstes Abweichen (Ziff. 6.2.4)	72
e) Die sog. Experimentier- bzw. Erprobungsklausel (Ziff. 6.2.5)	74
aa) Der Stand der Technik	76
bb) Ausreichende Erprobung	79
cc) Sonstiges	80
f) Sog. »Planungs-«Ausschlüsse (Ziff. 6.2.6)	85
g) Der Konzern-Ausschluss (Ziff. 6.2.7)	86
h) Der Rückrufkosten-Ausschluss (Ziff. 6.2.8)	87
i) AHB-Ausschlüsse	88
IX. Zeitliche Begrenzung (Ziff. 7)	89
X. Versicherungsfall und Serienschaden	91
1. Versicherungsfall	91
2. Serienschaden	93
XI. Versicherungssumme/Maximierung/Selbstbehalt	99
XII. Erhöhungen und Erweiterungen des Risikos	100
B. Rückrufkosten-Versicherungen	101
I. Zwei Rückrufkosten-Modelle des GDV	101
II. Gegenstand des Versicherungsschutzes	102
1. Vermögensschäden	103
2. Gesetzliche Haftpflicht	104
3. Zur Vermeidung von Vermögensschäden	105
4. Erzeugnisse	106
5. Der Rückruf	107
6. Auf gesetzlicher Verpflichtung beruhend	108
III. Umfang des Versicherungsschutzes	109
IV. Risikobegrenzung und -ausschlüsse	110

Schrifttum:
Ackermann, Die Nacherfüllungspflicht des Stückverkäufers, JZ 2002, 378 ff.; *Anhalt,* Handbuch der Produzentenhaftung, ab 1980, Teil 23/3.6; *AnwaltKommentar Schuldrecht,* Erläuterungen der Neuregelungen zum Verjährungs-

Anhang E   Produkthaftpflichtversicherung

recht, Schuldrecht, Schadenersatzrecht und Mietrecht, Hrsg.: Dauner-Lieb/Heidel/Lepa/Ring, 2002; *Beckmann,* Versicherungsschutz für Rückrufkosten – unter besonderer Berücksichtigung eines Anspruchs auf Ersatz von Rettungskosten gem. §§ 62, 63 VVG, r+s 1997, 265 ff.; *Beckmann/Beckmann-Matusche,* Handbuch des Versicherungsrechts, 2009; *Bodewig,* Der Rückruf fehlerhafter Produkte, 1999; *Bruck/Möller/Johannsen,* Kommentar zum VVG und zu den Allgemeinen Versicherungsbedingungen unter Einschluss des Versicherungsvermittlerrechts, Vierter Band, Allgemeine Haftpflichtversicherung (§§ 149–158a VVG), 8. Aufl. 1970; *Brüggemeier,* Die vertragsrechtliche Haftung für fehlerhafte Produkte und der deliktsrechtliche Eigentumsschutz nach § 823 I BGB, VersR 1983, 501 ff.; *Burckhardt,* Das Ende kostenloser Nachrüstung beim Rückruf von Produkten?, VersR 2007, 1601 ff.; *ders.,* Anmerkung zu BGH PHi 2009, 47 ff.; *Canaris,* Die Produzentenhaftpflicht in dogmatischer und rechtspolitischer Sicht, JZ 1968, 494 ff.; *Dietborn/Müller,* Beschränkung der deliktischen Herstellerpflichten: Kein Produktrückruf und kostenloser Austausch, BB 2007, 2358; *Dinzen,* Rückrufkostendeckung und Haftpflicht aus einer Hand?, VW 2006, 1184; *Droste,* Der Regress des Herstellers gegen den Zulieferanten, 1994; *Ermert,* Produkthaftpflicht, Haftung und Versicherungsschutz, 5. Aufl 2002; *Fausten,* Zur Modifizierung der Experimentierklausel im Rahmen von Produkthaftpflichtversicherungen, VersR 1996, 411 ff.; *Frick/Kluth,* Produktbeobachtung – Umfang, Reaktion und Kostentragung, PHi 2006, 206 ff.; *Gaßner/Reich-Malter,* Die Haftung bei fehlerhaften Medizinprodukten und Arzneimitteln 2006, 147 ff.; *Graß/Tenschert,* Neue Musterbedingungen für die BHV und PHV, VW 2014, 30 ff.; *Grote,* Der Herstellerregress beim Produktrückruf, VersR 1994, 1269 ff.; *Grote,* Ein- und Ausblicke bei Aus- und Einbaukosten, VersR 1995, 508 ff.; *Grote/Seidl,* Wofür muss der Lieferant wirklich geradestehen?, VW 2009, 756 ff.; *Haas/Medicus/Rolland/Schäfer/Wendtland,* Das neue Schuldrecht, 2002; *Hagena/Freeman/Volz,* Die behördliche Meldung unsicherer Verbraucherprodukte nach dem neuen Geräte- und Produktsicherheitsgesetz und ihre europäische Dimension, PHi 2006, 10 ff.; *Hager,* Die Kostentragung bei Rückruf fehlerhafter Produkte, VersR 1984, 799 ff.; *Halm/Engelbrecht/Krahe,* Handbuch des Fachanwalts Versicherungsrecht, 3. Aufl. 2008; *Harer,* Deliktische Haftung für Schäden an der Sache bei »weiterfressenden« Mängeln, Jura 1984, 80 ff.; *Hauschka/Klindt,* Eine Rechtspflicht zur Compliance im Reklamationsmanagement, NJW 2007, 2726 ff.; *Hein,* Die Produkthaftung des Zulieferers im Europäischen Internationalen Zivilprozessrecht, IPRax 2010, 330 ff.; *Helmig,* Zur Versicherbarkeit von Risiken aus der KVV, VW 2010, 1190 ff.; *Helmig,* Fahrzeugsicherheit versus Fahrerverunsicherung – Kritische Überlegungen zur KVV und zur ISO 26262, PHi 2010, 194 ff.; *Helmig,* Die Airbag-Entscheidung im Kontext zum Gemeinschaftsrecht – Vertragsrelevanz in der Automobilindustrie, PHi 2009, 190 f.; *Helmig,* Die Konzeptverantwortungsvereinbarung von VW im Konflikt mit Angemessenheit und Transparenz, PHi 2009, 30 ff.; *Hermes,* Wechselwirkungen zwischen Produktsicherheitsrecht und Produkthaftungsrecht, Diss., Hamburg 2009, S. 1 ff.; *Hilger,* Medizinprodukte im Schadensfall, Teil I, DS. 2006, 103 ff.; Teil II, DS. 2006, 136 ff.; *Hoffmann,* Produktrückruf – ein Haftpflichtrisiko? (Teil 1), PHi 1999, 35 ff.; *Hommelhoff,* Produkthaftung im Konzern, ZiP 1990, 761 im Konzern, *Honsell* (Hrsg.), Berliner Kommentar zum VVG, 1999; *Huck,* Grundlagen der Produkthaftung in der Volksrepublik China, PHi 2006, 98 ff.; *Kellam/Nottage,* Studie: Produkthaftung in Asienpazifik, Teil 1, PHi 2007, 22 ff., Teil 2, PHi 2007, 77 ff.; *Kettler,* Renaissance der Rückrufkostendiskussion: Ist die Rückrufpflicht mit kostenloser Reparatur ein – teurer – Irrtum?, PHi 2008, 52 ff.; Kettler/Bäcker, Die neue Struktur der betrieblichen Haftpflichtversicherung in Deutschland (AVB BHV-Musterbedingungen des GdV vom 25.08.2014) – Schwerpunkt: Produkthaftpflichtversicherung in den AVB BHV; *Kettler/Visser,* Die Neufassung der GDV-Modelle zur Rückrufkostenversicherung (Teil 1); PHi 2004, 213 ff., PHi 2005, 2; *Kettler/Waldner,* Die Struktur der Erprobungsklausel im Produkthaftpflicht-Modell, VersR 2004, 213; *Klindt,* Geräte- und Produktsicherheitsgesetz, 2007; *Kloepfer/Grunwald,* Zur rechtlichen Bedeutung von Herstellerinstruktionen, DB 2007, 1342 ff.; *Krings,* Haftung und Versicherung in der Kontraktlogistik, TranspR 2007, 269; *Kupper,* Anpassung des Produkthaftpflicht-Modells und seiner Erläuterungen, VP 87, 34; *Kullmann,* ProdHaftG, 5. Aufl, 2006; *Kullmann/Pfister,* Produzentenhaftung, Bände I–III, Loseblattsammlung, Stand: Lieferung 3/2010; *Kuwert,* Allgemeine Haftpflichtversicherung, Leitfaden durch die AHB, 3. Aufl, 1988; *Langheid/Grote,* Droht die rote Karte? Internationale Versicherungsprogramme und die Versicherung des finanziellen Interesses, VW 2008, 631 ff.; Lenz, Produkthaftung, NJW Praxis-Reihe Band 9, München 2014; *Lenz,* EuGH sorgt für radikale Einschnitte im deutschen Kaufrecht, PHi 2011, S. 156 ff. *Lenz,* Die versicherungsrechtlichen Auswirkungen auf die Pauschalierungs- und Quotierungsnovationen (Konzeptverantwortungsvereinbarung und Referenzmarkt) in der Zuliefererindustrie, in FS für Streck, S. 859 ff., Köln 2011; *Lenz,* Die Auswirkungen der Rechtsprechung zum »Rückruf«, insbesondere für den Zuliefererregress auch unter Berücksichtigung internationaler Aspekte, in FS für Meilicke, S. 417 ff., Baden-Baden 2010; *Lenz,* Die Konzeptverantwortungsvereinbarung, PHi 2008, 164 ff.; *Lenz,* OLG Hamm zum Aufwendungsersatz für die Nachrüstungskosten bei Pflegebetten – Berufung gegen Hersteller von Medizinprodukten zurückgewiesen, PHi 2007, 135 ff.; *Lenz,* Keine Haftung auf Aufwendungsersatz des Pflegebettenherstellers für Nachrüstsätze, PHi 2006, 17 ff.; *Lenz,* Instruktionshaftung und Tabakprozesse, StoffR 2004, 13 ff.; *Lenz,* Das neue Geräte- und Produktsicherheitsgesetz, StoffR 2004, 116 ff.; *Lenz,* Das neue Geräte- und Produktsicherheitsgesetz, MDR 2004, 918 ff.; *Lenz,* »Brennende Pflegebetten« – Sichere Medizinprodukte, PHi 2003, 142 ff.; *Lenz,* Anmerkung zur Transistor-Entscheidung, MDR 1998, 842 ff.; *Lenz,* Die Kulanzleistung des Versicherers, 1993; *Lenz/Laschet,* Das neue Geräte- und Produktsicherheitsgesetz, Loseblattsammlung (Stand: November 2010), Merching; *Lenz/Laschet,* Leitfaden zum Geräte- und Produktsicherheitsgesetz, 2004; *Lenz/Otto,* Praxisratgeber Maschinensicherheit, Loseblattsammlung (Stand: Dezember 2009), Merching; *Link,* Gesetzliche Regressansprüche bei Produzentenhaftung gegenüber dem Zulieferer, BB 1985, 1424 ff.; *Littbarski,* AHB – Allgemeine Versicherungsbedingungen für die Haftpflichtversicherung, Kommentar, 2001; *Littbarski,* Herstellerhaftung ohne Ende – ein Segen für den Verbraucher?, NJW 1995, 217 ff.; *Littbarski,* Produkthaftpflichtversicherung, Kommentar zu den Besonderen Bedingungen und Risikobeschreibungen für die Produkthaftpflichtversicherung von Industrie- und Handelsbetrieben, 2000 (zit.: Ziff. Rn.); *Littbarski,* Zum Stand der internationalen Produkthaftung, JZ 1996, 231 ff.; *Littbarski,* Die AHB-Reform von 2004 (Teil 1), PHi 2005, 97 ff.; *Littbarski,* Die AHB-Reform von 2004 in Gestalt der Überarbeitung von 2006 (Teil 2), PHi 2006, 82 ff.; *Littbarski,* Auswirkungen der VVG-Reform auf die Haftpflichtsparte (Teil 1), PHi 2007, 126 ff. und Teil 2, PHi 2007, 176 ff.; *Löwe,* Erhebliche Erhöhung des Produzentenhaftungsrisikos durch den Bundesgerichtshof, BB 1978, 1495 ff.; *Marburger,* Die Regeln der Technik im Recht, 1979; *Mayer,* Produkthaftung und Gefahrenbeseitigungsanspruch, DB 1985, 319 ff.; *Meixner/Steinbeck,* Das neue Versicherungsvertragsrecht, 2011; *Molitoris,* »Kehrtwende« des BGH bei Produktrückrufen?, NJW 2009, 1049 ff.; *Molitoris/Klindt,* Produkthaftung und Produktsicherheit – Ein aktueller Rechtsprechungsüberblick, NJW 2008, 1203 ff.; *Nickel,* Streit um den Rückruffall – Deckung in keinem Vertrag?, VW 2006, 820; *Nickel,* Die neuen Grundlagen der Produkthaftpflichtversicherung, VW 2005, 1652 ff.; *Nickel,* Der Tätigkeitsschaden in der Betriebshaftpflichtversicherung, VersR 1987, 965 ff.; *Nickel/Ganz,* Produktsicherheitsschäden in der Betriebshaftpflichtversicherung, VersR 1999, 151 ff.; *Nickel/Nickel-Fiedler,* Produkthaftpflichtversicherungsrecht, Berlin 2010; *Nickel/Schade,* Konzept-Verantwortung in der Automobilindustrie, VW 2009, 1100 ff.; *Palandt,* Bürgerliches Gesetzbuch, 70. Aufl. 2011; *Pannenbecker,* Produktrückrufpflicht und Kostenersatz in der Haftpflichtversicherung, 1998; *Pape,* Zur Produkthaftung von Hersteller, Quasi-Hersteller und Lieferant wegen eines fehlerhaften Grillanzünders, PHi 2006, 22 ff.; *Rehbinder,* Zur Haftung des Warenherstellers gegenüber dem Verbraucher ohne Verschulden, BB 1965, 439 ff.; *Römer,* Zu den Informationspflichten des Versicherer und ihrer Vermittler, VersR 1998, 1313; *Rotmüller,* Zur Anwendung der »Tätigkeitsklausel« in § 4 I Nr. 6b AHB, VersR 1986, 843 ff.; *Sack,* Die wettbewerbsrechtliche Haftung für das Anbieten mangelhafter und gefährlicher Produkte, GRUR int. 1983, 565 ff.; *Sack,* Produkthaftung für reine Vermögensschäden von Endabnehmern, VersR 2006, 582 ff.; *Schlegelmilch,* Die Absicherung der Produkthaftpflicht, 2. Aufl., 1978; *Schmidt,* Die Haftung des Produzenten für Schäden Dritter, Jura 2007, 572 ff.; *Schmidt-Salzer/Hinsch/Thürmann,* Produkthaftung, Band IV, Produktpflichtversicherung, Teil 1, 2. Aufl. 1990; *Schumann,* Bauelemente des europäischen Produktsicherheitsrechts – Gefahrenabwehr durch Zusammenwirken von Europäischer Gemeinschaft, Mitgliedsstaaten und Privaten, Baden-Baden, 2007; *Schwabe,* Die Erprobungsklausel in der Produkthaftpflichtversicherung, VersR 2002, 790; *Späte,* Die Produkthaftpflichtversicherung, in: Brendl, Produkt- und Produzentenhaftung, Gruppe 13, S. 1 ff., Stand 1984; *Späte,* Haftpflichtversicherung – Kommentar zu den Allgemeinen Versicherungsbedingungen für die Haftpflichtversicherung (AHB), 1993; *Steinkühler,* Die zunehmende Bedeutung der Erprobungsklausel in der Schadenabwicklung, VP 2010, 73 ff.; *Stöhr,* Haftung trotz perfekten Rückrufs?, in FS für Gerda Müller, S. 173 ff., Köln 2009; *Tamme,* Rückrufkosten, Haftung und Versicherung, 1996; *Terrahe,* Haftungs- und Deckungssituation für Aus- und Einbaukosten nach dem neuen Kaufrecht, VersR 2004, 680 ff.; *Thürmann,* Rückruf und Haftpflichtversicherung nach AHB und ProdHB, NVersRZ 1999, 145 ff.; *Thürmann,* Das neue Produkthaftpflichtmodell, PHI 2000, 163 ff.; *Thürmann,* Der Ersatzanspruch des Käufers für Aus- und Einbaukosten einer mangelhaften Kaufsache, NJW 2006, 3457 ff.; *Thürmann/Kettler,* Produkthaftpflichtversicherung, 6. Aufl. 2009; *Visser,* Rücknahme, Rückruf und der Sicherheitsbegriff im neuen Lebensmittelrecht, PHi 2006, 184 ff.; *Visser,* Sache oder Körperteil? Rechtliche Überlegungen zu Implantaten am Beispiel von Herzschrittmachern, PHi 2008, 32 ff.; *Wagener,* Produkthaftung Deutschland/USA von A – Z, 2010; *Wagner,* Münchener Kommentar zum BGB, Kommentierung zu § 823; *Weitnauer,* Literaturbesprechung zu Grundfragen der Produzentenhaftung, AcP 167, 1967, 286 ff.; *Graf von Westphalen,* Die Produkthaftpflichtversicherung des HUK Modells, BB 1974, 625 ff.; *Graf von Westphalen,* (Hrsg.), Produkthaftungshandbuch, 2. Aufl 1999; *Graf von Westphalen,* Produkthaftpflicht-Bedingungen (2002) für gesetzliche und/oder vertragliche Schadenersatzansprüche, PHi 2004, 172 ff.; *Graf von Westphalen,* Waren- oder Rückrufaktion bei nicht sicheren Produkten: §§ 8, 9 ProdSG als Schutzgesetz i.S.v. § 823 II BGB – rechtliche und versicherungsrechtliche Konsequenzen, DB 1999, 1369; *Zichner/Raschmann/Thomann,* Die Conterankatastrophe – Eine Bilanz nach 40 Jahren, Darmstadt 2005; *Zölch,* Die Versicherung der Haftung für vereinbarte Eigenschaften nach dem Produkthaftpflichtmodell 2002, PHi 2005, 16 ff.; *Zölch,* Die Überarbeitung des Produkthaftpflicht-Modells im Jahre 2002 (Teil 2) PHi 2002, 236 ff.; *Zölch,* Die Überarbeitung des Produkthaftpflicht-Modells im Jahre 2002 (Teil 1), PHi 2002, 166 ff.

A. Produkthaftpflichtversicherung

I. Vorbemerkung

Das Produkthaftpflicht-Modell in der ursprünglichen Fassung ist das Ergebnis einer Expertenkommission, bestehend aus Mitgliedern des HUK-Verbandes, Mitgliedern des DVS und Mitgliedern des Bundesverbandes der Deutschen Industrie. Im Jahre 1973 wurde das erste Produkthaftpflicht-Modell mit Erläuterungen veröffentlicht[1]. Zunächst galt es nur für Industriebetriebe, schließlich wurde aber ab 1975 die Möglichkeit eröffnet, das Modell auch auf Großhandelsbetriebe zu erweitern[2]. Auf Initiative des BDI, des DVS und des VDMA kam es bereits 1979 zu ersten Ergänzungen[3]. 1986 kam es zu Erweiterungen des Modells u.a. auf alle Handelsbetriebe[4]. Nach einigen weiteren Änderungen im März 2000 und im Juli 2002 gabder Gesamtverband der Deutschen Versicherungswirtschaft e.V. (im Folgenden GdV) zur fakultativen Verwendung zunächst die »Besonderen Bedingungen und Risikobeschreibungen für die Produkthaftpflichtversicherung von Industrie- und Handelsbetrieben (Produkthaftpflicht-Modell)« als sog. »Musterbedingungen des GdV« mit dem Stand August 2008 heraus[5].

Hierbei handelt es sich nach wie vor um das derzeit im Markt gängige Bedingungswerk. Das ist der Grund, weshalb Herausgeber und Verlag sich entschlossen haben, anhand der 2008er-Musterbedingungen des GdV die Klauselinhalte zu erläutern und nicht auf neuere Modell-Empfehlungen zu rekurrieren.

---

1 Abgedruckt in VW 1973, 1409 ff.
2 VerBAV 1975, 187.
3 Vgl. dazu VerBAV 1979, 192 und VerBAV 1979, 80 f.
4 VerBAV 1987, 3, 5; vgl. im Einzelnen *Küpper* VP 87, 34 und Erläuterungen der Verbände in VW 87, 255.
5 Vgl. zur Entwicklung der Produkthaftpflichtversicherung und zu den Gründen für die Einführung der Produkthaftpflichtversicherung und deren Entwicklung van Bühren/*Lenz,* § 12 Rn. 1–11.

Anhang E Produkthaftpflichtversicherung

Besonders sei hervorgehoben, dass sich der GdV entschlossen hat, eine gänzlich neue Struktur – ein sogenanntes »AHB-freies« Haftpflichtkonzept[6] – zu schaffen, die am 25.08.2014 bekanntgegebenen Allgemeinen Versicherungsbedingungen für die Betriebs- und Berufshaftpflichtversicherung (AVB BHV)[7] – Zum Hintergrund: Verschiedene Arbeitsgruppen beim Gesamtverband haben in einem Zeitraum von zwei Jahren von 2012 bis 2014 dieses neue Haftpflichtkonzept entwickelt (AVB BHV). Mit dem »AHB-freien« Konzept sollen Kundenwünsche befriedigt werden, die mehr Transparenz und Rechtssicherheit gefordert haben.[8] Die Gründe für diese »Strukturreform«[9] liegen auf der Hand: Im Wesentlichen basieren alle gängigen Haftpflichtdeckungen auf den jeweils gültigen sog. Allgemeinen Haftpflichtbedingungen (AHB). Diese werden bekanntlich durch Besondere Bedingungen und Risikobeschreibungen (sog. BBR) bzw. durch Besondere Versicherungskonzepte oder bestimmte Musterstrukturbedingungen und sonstige Besondere Bedingungen oder Zusatzbausteine, um den Versicherungsschutz abschließend – was den Umfang angeht – zu beschreiben, ergänzt. Diese bisher – seit 1921 in revidierter Fassung[10] – grundlegend verwandte Regelungssystematik des Zusammenspiels zwischen AHB/BBR[11] führte bekanntlich zu Unsicherheiten, weil zusammenhängende Inhalte und auch Deckungsausschlüsse an unterschiedlichen Stellen systematisch hatten abgebildet werden müssen. Zum Teil werden Deckungsausschlüsse aus den AHB in den BBR ganz – oder auch teilweise – wieder aufgehoben (»Ausschluss-Wiedereinschluss-Prinzip«). Zudem sind bei der bisherigen und bekannten Regelungssystematik Quer- und Rückverweise erforderlich, die die Lesbarkeit und die Verständlichkeit bisweilen nachteilig beeinflussen.[12] Nach Kettler/Bäcker schaffe die neue Struktur der betrieblichen Haftpflichtversicherung ein höheres Maß an Transparenz und Verständlichkeit im Interesse des Versicherungsnehmers; es verbessere die Bündelfähigkeit zur spartenübergreifenden Nutzung und zur Beseitigung des »Ausschluss-Wiedereinschluss-Prinzips«.[13] Klarstellend wird jedoch auch erwähnt, dass neben sprachlichen Korrekturen und Modernisierungen so gut wie keine materiellen Änderungen gegenüber dem bisherigen Regelungsinhalt der AHB 2014 und den weiteren Musterbedingungen vorgenommen worden seien, so dass man von weitgehender Inhaltsgleichheit (1:1) ausgehen könne.[14] Mit anderen Worten: Erzielt werden sollten »vollständige«, insbesondere auch für den Bereich der Produkthaftpflichtversicherung, durchgeschriebene und in sich geschlossene Musterbedingungen. Das Produkthaftpflichtrisiko ist in den AVB BHV in Teil A Abschnitt 3 geregelt.[15] Insoweit wurde das »unverbindliche« Produkthaftpflicht-Modell in die AVB BHV integriert. Der Abschnitt 3 beinhaltet zunächst Regelungen zum sog. konventionellen Produktrisiko (vgl. Ziffer 1 ff.). Ferner enthält er einen fakultativ zu vereinbarenden Baustein für die »erweiterte Produkthaftpflichtversicherung« (Ziffer 7). Bis auf wenige Ausnahmen ist auch hier wohl offensichtlich eine 1:1-Umsetzung des Produkthaftpflichtmodells – auch wenn es dazu wohl Ausnahmen gibt – erfolgt.[16]

3   Der Markt, dies haben verschiedene Rücksprachen auch mit Industrieversicherungsmaklern ergeben, verwendet derzeit die »neue Struktur der betrieblichen Haftpflichtversicherung« oder anders formuliert Klauseln auf Basis der AVB BHV-Musterbedingungen des GdV vom 25.08.2014 noch nicht.
Zumindest mittelfristig wird es erwartungsgemäß daher bei der »älteren Systematik« bleiben.[17] Insofern gibt es aktuell nunmehr zwei Angebote des GdV, nämlich das bisherige und auf AHB-Basis angebotene Produkthaftpflichtmodell und – neben diesem klassischen Produkthaftpflichtmodell – ein weiteres zur Versicherung von Produkthaftpflichtrisiken (Teil A 3 der AVB BHV).

4   Der GdV hat – quasi parallel das bisher ausschließlich auf der AHB-Basis angebotene Modell (bis dato aktuell: Stand August 2008) – zum Januar 2015 und die Besonderen Bedingungen und Risikobeschreibungen für die Produkthaftpflichtversicherung von Industrie- und Handelsbetrieben (Produkthaftpflicht-Modell) aktualisiert[18]. Die Änderungen gegenüber dem hier abgebildeten Bedingungswerk von August 2008 sind in erster Linie aber redaktioneller Art. An einigen wesentlichen Stellen wird dennoch zur Klarstellung und der Voll-

---

6   Vgl. zur Terminologie *Kettler/Bäcker*, PHi 2015, 130 f.; *Graß/Tenschert*, VW 2014, 30 sprechen von »AHB-losen Konzepten«.
7   Die Allgemeinen Versicherungsbedingungen für die Betriebs- und Berufshaftpflichtversicherung (AVB BHV) vom 25.08.2014, Musterbedingungen des Gesamtverbandes der deutschen Versicherungswirtschaft e.V. (GdV) sind auf der Homepage des GdV herunterladbar: http://www.gdv.de/downloads/versicherungsbedingungen; dazu *Graß/Tenschert*, VW 2014, 30 ff.
8   *Kettler/Bäcker*, PHi 2015, 130.
9   Vgl. zum Begriff: *Kettler/Bäcker*, PHi 2015, 130.
10 Vgl. *Späte*, HPV, Teil B. Erläuterungen, Vorbemerkung I. 2 Rn. 11; *Graß/Tenschert*, VW 2014, 30 und dort FN 2 und 34; *Kettler/Bäcker*, PHi 2015, 130.
11 *Kettler/Bäcker*, PHi 2015, 130.
12 So auch das Verständnis von *Kettler/Bäcker*, PHi 2015, 131.
13 *Kettler/Bäcker*, PHi 2015, 131.
14 Siehe dazu auch *Graß/Tenschert*, VW 2014, 30.
15 *Graß/Tenschert*, VW 2014, 30, 34; *Kettler/Bäcker*, PHi 2015, 130 ff.
16 So explizit *Graß/Tenschert*, VW 2014, 30, 34 sowie *Kettler/Bäcker*, PHi 2015, 130 ff.
17 Davon gehen auch *Kettler/Bäcker* aus, PHi 2015, 135, FN 13.
18 Das Produkthaftpflichtmodell ist auf der GdV-Homepage: http://www.gdv.de/downloads/versicherungsbedingungen abrufbar.

Produkthaftpflichtversicherung Anhang E

ständigkeit halber auf die jeweilige Ziffer der aktuellen Musterbedingungen des GdV von Januar 2015 verwiesen, um dem Leser das Auffinden der jeweils einschlägigen Klauseln zu vereinfachen.

II. Überblick zur Systematik des Modells

Ziel des Produkthaftpflicht-Modells ist es, die Produkthaftpflichtrisiken abschließend zu regeln. Das Produkthaftpflichtrisiko baut auf der »Betriebshaftpflichtversicherung« i.S.d. § 102 VVG auf. Wünscht der VN aufgrund seiner Risikoeinschätzung eine Erweiterung oder Optimierung seiner Absicherung gegenüber der zugrundeliegenden Betriebshaftpflichtversicherung, kann er dies durch den Abschluss der Produkthaftpflichtversicherung erreichen. Die bestehende Betriebshaftpflichtversicherung kann dann um konkrete Vereinbarungen aus den Modellbedingungen oder um konkret vereinbarte Bausteine des Modells individuell erweitert werden. Die einzelnen Deckungserweiterungen, die unter VI. »Kern des Modells« systematisch abgehandelt werden, waren bei Schaffung des Modells – als sog. »Baukastenerweiterung« – gedacht, dessen einzelne »Bausteine« von den verschiedenen Versicherern entsprechend den Bedürfnissen des VN als »Standarddeckung« angeboten werden.[19] Die derzeitige Praxis sieht allerdings anders aus. Die Deckungserweiterungen (Modellbausteine Ziff. 4.1–4.4) werden regelmäßig als »Gesamtpaket« im Rahmen der Produkthaftpflichtversicherung von Seiten der Versicherungswirtschaft angeboten. Es werden demzufolge Produktrisiken erfasst, für die bereits auf der Grundlage der Allgemeinen Haftpflichtbedingungen (AHB) Versicherungsschutz besteht (sog. konventionelle Produkthaftpflichtdeckung). Danach werden Personen- und Sachschäden und sog. unechte Vermögensschäden gedeckt (vgl. Ziff. 1.1 AHB).

Ferner ist es Ziel des Modells, Ansprüche aus sog. echten Vermögensschäden, für die eben im Rahmen der Betriebshaftpflichtversicherung auf AHB-Basis kein Versicherungsschutz besteht – es sei denn, dass aufgrund besonderer Vereinbarungen »eine Erweiterung der Deckung auch auf Vermögensschäden vorgenommen wurde« (vgl. Ziff. 2.1 AHB) – zu erfassen und – dies war schließlich auch Anstoß für das Modell – Ansprüche zu erfassen, bei denen der Versicherungsschutz auf der Grundlage der AHB-Deckung in der Vergangenheit strittig war. Es gilt, die aus der Produzentenhaftung entstehenden Verpflichtungen des Herstellers – und dazu gehören auch die Zulieferer (vgl. § 4 ProdHG) – bezahlbar zu machen. Jedenfalls soll deren Existenz im Großschadensfall gesichert sein. Die Grundlagen des Modells ergeben sich aus dessen Ziff. 1–3. Den Kern des Modells bildet allerdings die Ziff. 4. Dort geht es um die Erweiterung der Deckung auf die dort konkret benannten »echten« Vermögensschäden sowie die Einbeziehung von Versicherungsschutz für vertraglich vereinbarte Eigenschaften.

III. Gegenstand des Vertrages

Versichert ist nach Ziff. 1.1 die gesetzliche Haftpflicht des VN für Personen-, Sach- und daraus entstandene weitere Schäden[20], soweit diese durch vom VN hergestellte oder gelieferte Erzeugnisse, erbrachte Arbeiten oder sonstige Leistungen verursacht wurden.

1. Gesetzliche Haftpflichtbestimmungen

Eine Legaldefinition, was unter dem Begriff der »gesetzlichen Haftpflicht« in Ziff. 1.1 zu verstehen ist, findet sich im Produkthaftpflicht-Modell nicht. Da sich nach der Präambel des Produkthaftpflicht-Modells der Versicherungsschutz für Produkthaftpflichtrisiken von Industrie- und Handelsbetrieben auch nach den Allgemeinen Versicherungsbedingungen für die Haftpflichtversicherung (AHB) richtet, kann auf die allgemeine Regelung in Ziff. 1.1 AHB zurückgegriffen werden[21]. Dort wird aber der Begriff der »gesetzlichen Haftpflichtbestimmung« ebenfalls nur erwähnt und ebenso wenig wie im VVG »gesetzlich definiert«. Zu Ziff. 1.1 AHB wurde und wird die Auffassung vertreten, dass unter den dort geregelten Haftpflichtansprüchen nur **Schadenersatzansprüche** erfasst sein sollen.[22] Unter »gesetzlichen Haftpflichtbestimmungen« lassen sich daher alle vertraglichen oder vertragsähnlichen, die deliktischen und quasi deliktischen sowie sonstigen Ansprüche verstehen, die den Ausgleich eines Schadens gewährleisten.[23] Auf ein »Verschulden« als Voraussetzung kommt es nicht an, so dass auch die sog. Gefährdungshaftungstatbestände (z.B. § 1 ProdHaftG oder § 84 AMG) erfasst werden. Zu den gesetzlichen Haftpflichtbestimmungen gehören daher auch die §§ 280 ff. BGB, § 311 II BGB (früher: cic); daneben auch Ansprüche nach den §§ 437 Nr. 3, 634 Nr. 4 BGB – wenn auch mit zahlreichen Ausschlusstatbeständen (vgl. dazu Ziff. 7 AHB). Von Bedeutung im Zusammenhang mit der Produkthaftung ist es, darauf hinzuweisen, dass auch Ausgleichsansprüche nach § 426 I und II BGB vom Begriff der

---

19 Vgl. die Erläuterungen in VP 1973, 153, 154 f.
20 In den Musterbedingungen des GdV des Produkthaftpflicht-Modells von Januar 2015 heißt es dazu: »… für Personen-, Sach- und sich daraus ergebende Vermögensschäden – nicht jedoch für die in Ziffer 4 benannte Schäden – soweit diese durch vom Versicherungsnehmer hergestellte oder gelieferte Erzeugnisse …«, und in Absatz 2: »Schäden nach Ziffer 4 können im Umfang dieser Besonderen Bedingungen und Risikobeschreibungen gesondert versichert werden«.
21 Lenz/Weitzel, Produkthaftung, § 7 Rn. 18 m.w.N.
22 *Späte*, § 1 AHB Rn. 127 f.
23 P/M/Voit/Lücke, Ziff. 1 AHB Rn. 6 ff.

gesetzlichen Haftpflicht erfasst sind.[24] Problematisch erscheint die Frage, ob und inwieweit ein Anspruch aus § 1004 BGB – wenn also der VN auf Unterlassung von Beeinträchtigungen des Eigentums oder Besitzes eines Dritten in Anspruch genommen wird – als gesetzliche Haftpflichtbestimmung angesehen werden kann. Der BGH führt dazu aus, dass der VN auch dann i.S.v. Ziff. 1.1 AHB auf Schadenersatz in Anspruch genommen wird, wenn und soweit er einem Beseitigungsanspruch nach § 1004 BGB ausgesetzt ist, der dieselbe wiederherstellende Wirkung hat wie ein auf Naturalrestitution gerichteter Schadenersatzanspruch.[25]

9   Ohne Bedeutung ist, ob es sich um Haftungsnormen des nationalen bzw. des ausländischen Rechts handelt.[26] Bei Anspruchskonkurrenz ist es entscheidend, dass **ein Anspruch**, mag dieser vertraglich, deliktisch oder quasi deliktisch gedeckt sein, vom Versicherungsschutz gedeckt wird. In diesem Fall besteht dann stets Deckungsschutz.

10 Der Vollständigkeit halber sei erwähnt, dass sich in den Musterbedingungen des GdV zum Produkthaftpflicht-Modell nicht die Formulierung findet »gesetzliche Haftpflichtbestimmungen privatrechtlichen Inhalts«. Daraus resultiert das Abgrenzungsproblem, ob und inwieweit es sich um Haftpflichtbestimmungen handeln muss, die dem privaten Recht zugeordnet werden müssen; es ließe sich die Auffassung vertreten, dass aufgrund der generellen ergänzenden Geltung der AHB auch die gesetzlichen Haftpflichtbestimmungen tatsächlich privatrechtlichen Inhalts sein müssten. Andererseits ergibt sich aus Sinn und Zweck durchaus das Argument, zu betonen und zu behaupten, das bekannte Element des »privatrechtlichen Inhalts« sei eben bewusst nicht im Modell angeführt, so dass tatsächlich nur darauf abzustellen ist, ob es sich um gesetzliche Haftpflichtbestimmungen handelt oder eben nicht. Ungeachtet dieser Frage sind Ansprüche aus § 839 BGB i.V.m. Art. 34 GG ohnehin als Schadenersatzansprüche »privatrechtlichen Inhalts« erfasst.[27]

11 Es kann zu Erweiterungen der »gesetzlichen Haftpflicht« des VN durch Vertrag – und spiegelbildlich – zu Einschränkungen der gesetzlichen Haftpflicht durch Vertrag kommen. Soweit der VN die gesetzlichen Haftpflichttatbestände etwa durch vertragliche Absprachen (Garantien, Verjährungsfristverlängerungen oder auch abändernde Bedingungen zu den Rügepflichten nach § 377 HGB) erweitert, ist dies nicht insgesamt »deckungsschädlich«[28]. Der Versicherungsschutz besteht in Fällen dieser Art soweit, als die gesetzlichen Haftpflichtbestimmungen reichen. Bei der spiegelbildlichen Konstellation, wenn also der VN mit seinem Kunden eine Vereinbarung trifft, die gesetzliche Haftung einzuschränken, sei es beispielsweise durch Haftungsbeschränkungen dem Grunde oder der Höhe nach, oder durch Verkürzungen der gesetzlichen Verjährungsfristen, besteht in der Literatur einhellig die Meinung, dass dann der Versicherer gleichwohl im Umfang der »gesetzlichen Haftung« Versicherungsschutz zu gewähren habe.[29] Rspr. zu diesem Problem fehlt. Dem Versicherer müssen die Haftungsbeschränkungen des VN durchaus im Deckungsverhältnis zugute kommen; die Deckung bezieht sich streng akzessorisch auf die Haftung.

2. Personen- und Sachschäden nach Ziffer 1[30]

12 Nach Ziff. 1.1 erstreckt sich der Versicherungsschutz auf die gesetzliche Haftpflicht des VN für Personen-, Sach- und daraus entstandene weitere Schäden (sog. unechte Vermögensschäden)[31]. Vom Wortlaut her lässt sich daraus folgern, dass die sog. reinen Vermögensschäden, die also nicht Folge eines Personen- oder Sachschadens sind, von den Modellbestimmungen grundsätzlich nicht erfasst werden,[32] wenn es nicht durch vertragliche Einbeziehungen z.B. über Ziff. 4 zu Erweiterungen kommt.

a) Personenschäden

13 Da der Personenschaden im Produkthaftpflicht-Modell selbst nicht definiert ist, greift ergänzend die Ziff. 1.1 AHB. Dem früher dort vorhandenen und auch nach seinem Wegfall inhaltlich nach wie vor gültigen definitorischen Zusatz zufolge ist unter dem Personenschaden der Tod, die Verletzung oder die Gesundheitsbeschädigung von Menschen zu verstehen. Vgl. dazu vertiefend die Ausführungen zur AHB-Kommentierung.

---

24 LG Hamburg VersR 1994, 299 mit Anm. *Harms*; vgl. zum Verjährungsbeginn des Ausgleichsanspruchs nach § 426 I BGB *Klutinius/Karwatzki* VersR 2008, 617 ff.
25 BGH r+s 2000, 100 ff.; vgl. a.A. P/M/Voit/*Lücke*, Ziff. 1 AHB Rn. 14.
26 van Bühren/*Lenz*, § 12 Rn. 25.
27 Vgl. P/M/Voit/*Lücke*, Ziff. 1 AHB Rn. 18.
28 P/M/Voit/*Lücke*, Ziff. 7.3 AHB Rn. 18 ff. (»soweit«) m.w.N.
29 So ausdrücklich Terbille/*Stempfle*, § 15 Rn. 47; *Littbarski*, Ziff. 1 Rn. 29; *Ermert*, S. 119.
30 Ab den Musterbedingungen des GdV von Januar 2015 wird die Ziffer 1 nicht mehr unterteilt. Ziffer 1 wird überschrieben mit »Gegenstand der Versicherung, versichertes Risiko«.
31 Ab den Musterbedingungen des GdV von Januar 2015 heißt es unter Ziffer 1 Abs. 1 zum Gegenstand der Versicherung: »… und sich daraus ergebende Vermögensschäden, nicht jedoch für in Ziffer 4 benannte Schäden …«. Ferner: »Schäden nach Ziffer 4 können im Umfang dieser Besonderen Bedingungen und Risikobeschreibungen gesondert versichert werden« (Ziffer 1 Abs. 2).
32 Ebenso *Littbarski*, Ziff. 1 Rn. 24; vgl. zur Produkthaftung für reine Vermögensschäden v. Endabnehmer aber auch *Sack* VersR 2006, 582, 588, der auf die Möglichkeit der Heranziehung des § 311 III i.V.m. §§ 241 II, 280 BGB verweist.

b) Sachschäden

Unter einem Sachschaden ist – wiederum unter Rückgriff auf die grundlegende Regelung in Ziff. 1.1 AHB – die Beschädigung oder Vernichtung von Sachen zu verstehen. Eine Beschädigung liegt vor, wenn auf die Substanz einer (bereits bestehenden) Sache so eingewirkt wird, dass deren zunächst vorhandener Zustand beeinträchtigt und dadurch ihre Gebrauchsfähigkeit aufgehoben oder gemindert wird[33]. Insofern ist wiederum auf die Ausführungen zur Kommentierung der AHB zu verweisen. **14**

Im Zusammenhang mit der Produkthaftpflichtversicherung sei erwähnt, dass die Rspr. den deliktischen Eigentumsschutz zunehmend ausdehnt – im Rahmen des § 823 I BGB – insbes. durch das Kondensatorurteil[34] und im Anschluss daran insbes. durch die später ergangene Transistorentscheidung.[35] Dies hat unbestreitbare Auswirkungen für den Deckungsbereich. Durch diese Entscheidungen wird – mittelbar – auch der »Sachschaden« tangiert. Ähnlich ist es mit der Frage, ob im Falle des Vorliegens einer Eigentumsverletzung (i.S.d. § 823 I BGB) der gesamte Folgeschaden nach den §§ 249 ff. BGB umfasst ist, für den dann ggf. die Sachschadendeckung eingreift, oder ob der Haftungsumfang tatsächlich auf die bis dato unbelasteten Materialien beschränkt bleibt und damit keinesfalls der Versicherer mehr als nur die Materialien (deckungsrechtlich betrachtet) ersetzen muss. Höchstrichterliche Rspr. zu dieser Thematik liegt bisher nicht vor. Zu verweisen ist auf die Entscheidung des OLG Stuttgart[36]. **15**

c) »Weitere Schäden«

Mit der Thematik der »weiteren Schäden« ist die Frage der Abgrenzung der – grundsätzlich nicht gedeckten – reinen Vermögensschäden (i.S.d. Ziff. 2.1 AHB) zu den erfassten, sog. unechten Vermögensschäden, die gedeckt sind, sofern nicht ein Ausschlusstatbestand eingreift, angesprochen. Reine Vermögensschäden sind Schäden, die weder durch Personen- noch durch Sachschäden entstanden sind. Entscheidend ist in den Modellbedingungen das Wort »daraus«. Es kommt auf den Ursachenzusammenhang an. Der reine Vermögensschaden ist der Minderertrag – beispielsweise Ernteausfall – wegen einer Falschlieferung,[37] auch der Schaden, der durch irrtümlichen Einbau einer falsch gelieferten Sache entsteht.[38] **16**

d) Schäden durch hergestellte oder gelieferte Erzeugnisse und erbrachte Arbeiten oder sonstige Leistungen

aa) Hergestellte Erzeugnisse

Der Begriff des »Erzeugnisses« ist – ungeachtet der Frage, ob es sich um »hergestellte« oder um »gelieferte« Erzeugnisse handelt – im Produkthaftpflicht-Modell selbst nicht definiert. Nach Sinn und Zweck dürfte der Begriff jedoch weit ausgelegt werden. Ebenso wie in § 99 BGB, einer Regelung, in der die Früchte einer Sache definiert werden und auch der Begriff des Erzeugnisses weit gefasst ist, dürfte dies im Produkthaftpflicht-Modell entsprechend weit ausgedehnt sein (vgl. auch § 101 BGB). Was die »Herstellung« betrifft, ist auf den Herstellungsakt als solchen abzustellen. Der Herstellungsakt muss tatsächlich beendet sein.[39] **17**

bb) Gelieferte Erzeugnisse

Dass neben dem Hersteller auch der Handel Adressat des Versicherungsschutzes durch das Produkthaftpflicht-Modell ist, wird durch die in Ziff. 1 angeführte Alt. »oder« hinter dem ersten Spiegelstrich dargestellt. Geliefert sind Erzeugnisse, wenn das, was den Handel betrifft, abgeschlossen ist, also etwa die Ablieferung der Kaufsache. **18**

cc) Erbrachte Arbeiten

Das Produkthaftpflicht-Modell definiert nicht, was unter »erbrachten Arbeiten« zu verstehen ist. Ziel der Formulierung ist es, über das eigentliche »Herstellen und Liefern« eines Erzeugnisses hinaus, insbes. auch Service- und Montageleistungen – auch produktbezogene Zusatzleistungen von Herstellern und Händlern – zu erfassen.[40] Demzufolge ist der Begriff weit auszulegen. Zu den »erbrachten Arbeiten« gehören sowohl Arbeiten im Rahmen eines Werkvertrages, als auch solche im Rahmen eines Dienstvertrages. Nach dem Wortlaut müssen diese abgeschlossen (d.h. beendet) sein. **19**

---

33 BGH NJW 1961, 269; BGH NJW 2005, 110: Ringofen; P/M/*Lücke*, Ziff. 1 AHB Rn. 22.
34 BGHZ 117, 183 ff. – Kondensator = BGH VersR 1992, 873.
35 BGH VersR 1998, 855; MDR 1998, 1005 f. mit Anm. *Lenz*, siehe auch BGH VersR 1995, 348 – Gewindeschneidemittel II zu § 1 ProdHG und BGH VersR 1996, 1116 – Möbellack/Chefbüro; vgl. zu dieser Thematik nunmehr Lenz, Produkthaftung, § 3 Rn. 179 ff.
36 OLG Stuttgart NJW-RR 2002, 25 ff. – Chip; vgl. dazu auch *Kullmann* NJW 2005, 1908; *ders.* NJW 2002, 30 f.; vgl. dazu auch *Nickel* VersR 2004, 31 ff.; Thürmann/*Kettler*, S. 64 f.; Lenz, Produkthaftung, § 3 Rn. 179 ff.
37 BGH VersR 1968, 437.
38 AG Köln r+s 1977, 2.
39 Vgl. ähnlich Terbille/*Stempfle*, § 14 Rn. 21; vgl. zum Begriff »Erzeugnis« auch *Nickel* VW 2005, 1652 ff.
40 Littbarski, Ziff. 1 Rn. 16.

dd) Sonstige Leistungen

20 Bei einer weiten Auslegung des Begriffs der »erbrachten Arbeiten« (also bei der Erfassung von Werk- und Dienstverträgen) bleibt aber dann die Frage, was unter den »sonstigen Leistungen« zu verstehen ist. Durch die Verbindung zwischen den »erbrachten Arbeiten oder den sonstigen Leistungen« wird deutlich, dass eine stringente Abgrenzung nicht gewollt ist; vielmehr gewünscht ist die weite Auslegung der »Gesamttermini«, weshalb der Begriff der »sonstigen Leistungen« nicht intransparent erscheint i.S.v. § 307 I 2 BGB. Es gilt, mit den »sonstigen Leistungen« alle diejenigen Tätigkeiten zu erfassen, die nicht bereits unter den Begriff der »Arbeiten« fallen. Diese lassen sich – im Streitfall – hinreichend klar bestimmen.

3. Versicherungsschutzbeginn (Ziff. 1.1 Abs. 2 des Modells bis 2008[41])

21 Der Versicherungsschutz beginnt nach Ziff. 1.1 mit dem Zeitpunkt, in dem der Versicherungsnehmer die Erzeugnisse in den Verkehr gebracht, die Arbeiten abgeschlossen oder die Leistungen ausgeführt hat. Die sog. Betriebsstätten-Deckung (Betriebshaftpflichtversicherung, § 102 VVG) und die Produkthaftpflicht-Deckung nach Ziff. 1.1 des Modells werden in **zeitlicher Hinsicht** danach abgegrenzt, ob der Schaden *nach* In-Verkehr-Bringen der Erzeugnisse, *nach* Abschluss der Arbeiten oder *nach* Ausführung der Leistungen (dann Produkthaftpflicht-Versicherung) oder eben **vor diesem Zeitpunkt** (dann Betriebsstätten-Risiko) entsteht. Auch wenn es nicht zu empfehlen ist und in der Praxis davor gewarnt wird, können für das Betriebsstätten-Risiko andere Deckungssummen vereinbart sein als für das Produkthaftpflicht-Risiko und auch andere Selbstbehalte. U.a. kann dann die Abgrenzung Bedeutung erlangen.

a) Das »In-Verkehr-Bringen«

22 Bisher war fraglich, ob der »recht schillernde« Begriff des »In-Verkehr-Bringens« wirklich geeignet ist, für eine ausreichende Transparenz zu sorgen. In verschiedenen europäischen RiLi[42] und zahlreichen nationalen gesetzlichen Vorschriften[43] und in verschiedenen vertraglichen Regelwerken wird häufig auf den Begriff des In-Verkehr-Bringens abgestellt. Dabei ließ sich ein gewisses »Grundverständnis« zur Terminologie bereits erkennen, ohne dass dabei die bestimmten Besonderheiten in den einzelnen RiLi, Gesetzen oder sonstigen Regelwerken tatsächlich einmal – bezogen auf etwaige Auslegungsschwierigkeiten – umfassend dogmatisch aufbereitet worden wären.[44] Die amtliche Begründung – und auf die könnte vorliegend abzustellen sein – zu § 1 ProdHaftG geht davon aus, dass ein Produkt gewöhnlich dann in den Verkehr gebracht ist, wenn es »in die Verteilungskette« gegeben worden ist, wenn der Hersteller es also aufgrund seines Willensentschlusses einer anderen Person außerhalb seiner Herstellungssphäre übergeben hat.[45] Der EuGH hat – im Rahmen der Auslegung der Produkthaftungsrichtlinie (85/374/EWG) – den Begriff des In-Verkehr-Bringens dahingehend ausgelegt, dass ein Produkt dann in den Verkehr gebracht ist, wenn es den »beim Hersteller eingerichteten Prozess der Herstellung verlassen hat und in einen Prozess der Vermarktung eingetreten ist, in dem es in ge- oder verbrauchsfertigem Zustand offensichtlich angeboten wird«. Dabei soll es zwar grundsätzlich unerheblich sein, ob der Hersteller das Produkt unmittelbar an den Verbraucher verkauft oder ob der Verkauf im Wege des Vertriebs mit mehreren Beteiligten erfolgt, so dass auch der Verkauf einer Vertriebsgesellschaft grundsätzlich als In-Verkehr-Bringen betrachtet werden kann.[46] M.E. genügt die nach außen erkennbare Beendigung der tatsächlichen Sachherrschaft (vgl. § 856 I und II BGB); das Willensmoment darf nicht unbeachtet bleiben: Kein In-Verkehr-Bringen, wenn Produkte gestohlen oder unterschlagen worden sind.[47] Das In-Verkehr-Bringen muss – jedenfalls nach dem Wortlaut – zudem »durch den Versicherungsnehmer« erfolgen.

23 Seit Anfang Dezember 2011 gilt in Deutschland das Produktsicherheitsgesetz (ProdSG), welches das zuvor gültige Geräte- und Produktsicherheitsgesetz (GPSG) abgelöst hat. Seine Dachfunktion bezieht sich darauf, dass das ProdSG auch die »Bereitstellung von Verbraucherprodukten auf dem Markt regelt«. Diese Dachfunktion soll nach dem Willen des Gesetzgebers dann zum Tragen kommen, wenn in anderen Rechtsvorschriften nicht mindestens gleichwertige Bestimmungen enthalten sind[48]. Nach § 2 Nr. 13 ProdSG wird das Inverkehrbringen in diesem Gesetz als »*erstmaliges Bereitstellen eines Produktes auf dem Markt*« definiert und steht der Einfuhr in den Europäischen Wirtschaftsraum eines neuen Produkts damit gleich.

---

41 Ab den Musterbedingungen des GdV von Januar 2015 ist der Versicherungsschutzbeginn nicht mehr im Gegenstand der Versicherung (alte Ziffer 1.1 Abs. 2) formuliert, vielmehr hat der GdV den alten Abs. 2 in Ziffer 1.1 der Musterbedingungen des GdV, Stand August 2008 vor den »Gegenstand der Versicherung« gezogen, also vor Ziffer 1 aufgenommen. Materiell dürften damit keine Änderungen verbunden sein.
42 So dazu z.B. RiLi 2001/95/EG v. 03.12.2001 über die allgemeine Produktsicherheit oder die RiLi 2002/95/EG »RoHS« oder die RiLi 2002/96/EG »WEEE«.
43 Im GPSG, im Produkthaftungsgesetz, im Elektrogesetz, im AMG, im Futtermittelgesetz, im Pflanzenschutzgesetz.
44 Vgl. dazu ausführlich van Bühren/*Lenz*, § 12 Rn. 45 ff.
45 BT-Drucks. 11/2447 v. 09.06.1988, S. 14, 30; vgl. dazu auch *Kullmann*, Produkthaftungsgesetz, S. 44 ff.; vgl. dazu auch *Hommelhoff*, ZIP 1990, 761.
46 EuGH Urt v. 09.02.2006 – C-127/04 – »Impfstoff«; vgl. dazu van Bühren/*Lenz*, § 12 Rn. 48 und 49 vertiefend.
47 Ebenso Thürmann/*Kettler*, S. 73 f.; a.A. *Littbarski*, Ziff. 1 Rn. 13.
48 Vgl. hierzu und zum ProdSG im Besonderen Lenz/*Klindt*, Produkthaftung, § 8, Rn. 4 ff.

b) Arbeitsabschluss/Ausführungen von Leistungen

Die Tätigkeiten müssen zum Ende gekommen und damit »tatsächlich beendet« worden sein.[49] Verursacht ein Monteur noch während der Arbeiten einen Brand, gilt nach wie vor das Betriebsstätten-Risiko. Das Gleiche gilt, wenn der VN die von ihm gebaute Maschine auf dem Betriebsgelände seines Kunden zusammenbaut und dabei die für die Kühlung der Maschine erforderliche Zuleitung beschädigt, so dass es zu einem Wasserschaden auf dem Betriebsgelände kommt. Wird allerdings beim Zusammensetzen der Maschine die Zuführung der Wasserleitung fehlerhaft montiert, so dass nach der Inbetriebnahme der Maschine Rohre platzen und das Betriebsgelände überschwemmt wird, greift die Produkthaftpflichtversicherung.

4. Mitversicherung von Bearbeitungsschäden (Ziffer 1.2 bis 2008)[50]

Der in Ziff. 7.7 AHB enthaltene Bearbeitungsschaden-Ausschluss verfolgt den Sinn, den Versicherer in gewissem Umfang vom unternehmerischen Risiko des VN zu befreien. Es handelt sich bei dieser AHB-Regelung um eine Ausschlussklausel. Diese ist eng auszulegen.[51] In neueren Modellbedingungen wurden Haftpflichtansprüche wegen Schäden an fremden Sachen »und allen sich daraus ergebenden vorhandenen Vermögensschäden« insgesamt ausgeschlossen und damit der Bearbeitungsschaden-Ausschluss nennenswert erweitert. Dieser Ausschluss wird aber in dieser Schärfe heutzutage in der Praxis weitgehend durch anderweitige vertragliche Gestaltungen abgeändert. Üblicherweise geschieht dies dadurch, dass ein Teil – in der Betriebsstätten-Deckung – wieder mit eingeschlossen wird, ggf. mit einem Sublimit und teilweise mit höheren Selbstbehalten.[52]

Die bis August 2008 empfohlene Ziff. 1.2 im Produkthaftpflicht-Modell, die ab dem Produkthaftpflicht-Modell 2000/2002 eingeführt und ab 2015 nochmals modifiziert worden ist, hebt für den gesamten Bereich der Produkthaftpflicht-Versicherung den in Ziff. 7.7 AHB enthaltenen Bearbeitungsschaden-Ausschluss insgesamt auf, ohne Sublimit und ohne besonderen Selbstbehalt für Bearbeitungsschäden. Nach Abschluss der Arbeiten oder nach Ausführung der sonstigen Leistungen sind dann die Bearbeitungsschäden – entgegen Ziff. 7.7 AHB – folglich wieder erfasst mit Ausnahme der zitierten weiteren Spiegelstriche. Ausgeschlossen bleiben Ansprüche wegen Beschädigung von Kraft-, Schienen- und Wasserfahrzeugen, Containern sowie deren Beladung sowie Sachen, die sich beim VN zur Lohnbe- oder -verarbeitung, Reparatur oder sonstigen Zwecken befinden oder befunden haben.

Hinzu kommen ab 2015 weitere Alternativen (vgl. Ziffer 3.1 der Musterbedingungen des GdV von Januar 2015).

IV. Versichertes Risiko

Nach Ziff. 2 des Produkthaftpflicht-Modells (bis 2008)[53] bezieht sich der Versicherungsschutz auf den in der Betriebsbeschreibung genannten Produktions- und Tätigkeitsumfang. Hier sind Angaben des VN gefordert. Welche Konsequenzen etwaige »verkürzte Angaben« des VN nach sich ziehen, ist nicht geregelt. Johannsen[54] hat zu Recht hervorgehoben, dass es in diesem von den tatsächlichen Verhältnissen geprägten Bereich keine veröffentlichten Entscheidungen gibt.

In Ziff. 2 Abs. 2 (ab 2015 in Ziffer 2.1 Abs. 2) ist geregelt, dass im Rahmen dieses Risikos Ansprüche mitversichert sind wegen Schäden aus der Vergabe von Leistungen an Dritte (**Subunternehmerklausel**). Subunternehmer sind diejenigen, die durch ihre Lieferungen oder Leistungen hinsichtlich des Vertrages mit dem Besteller ganz oder teilweise an die Stelle des (General-)Unternehmers treten (vgl. auch die Rspr. zu § 278 BGB). Nicht versichert bleibt die Haftpflicht der Subunternehmer selbst und deren Betriebsangehörige.

---

49 Ebenso Thürmann/*Kettler*, S. 73 f.
50 Die gesamte Ziffer 1.2 der Musterbedingungen des GdV von August 2008 ist – wortgleich – nunmehr ab Januar 2015 in den Musterbedingungen des GdV unter Ziffer 3.1 geregelt unter der Überschrift »Schäden durch Bearbeitung fremder Sachen (Tätigkeitsschäden)«.
51 BGH VersR 1984, 252 – »Gabelstapler«; vgl. aber auch BGH VersR 1999, 748 – »Tankleichter«-Urteil; vgl. auch Anm. v. *Bayer* VersR 1999, 813.
52 Vgl. dazu Thürmann/*Kettler*, S. 80; In den Musterbedingungen des GdV ab Januar 2015 gibt es Varianten für »getrennte« und/oder für »pauschale« Versicherungssummen für bestimmte Tätigkeitsschäden (vgl. dazu Ziffer 3) unter der Überschrift »Versicherungsschutz für besondere Produkthaftpflichtrisiken« und dort die Alternative zu Ziffer 3.1 »Schäden durch Bearbeitung fremder Sachen (Tätigkeitsschäden))«.
53 Das versicherte Risiko der Musterbedingungen des GdV bis Stand August 2008 hatte eine eigene Ziffer 2. Diese findet sich wortgleich inhaltlich in den Absätzen 1 und 2 nunmehr in Ziffer 2.1 der Musterbedingungen des GdV von Januar 2015. Änderungen ergeben sich nicht, auch wenn der GdV in Ziffer 1 hinter den »Gegenstand der Versicherung« das »versicherte Risiko« ebenfalls noch einmal erwähnt.
54 VersHb/*Johannsen*, § 25 Rn. 12.

V. Mitversicherte Personen (bis 2008: Ziffer 3)[55]

29 Insofern wird hervorgehoben, dass von dem Versicherungsschutz neben den gesetzlichen Vertretern des VN und Personen mit Leitungsaufgaben hinsichtlich des versicherten Betriebs auch die persönliche gesetzliche Haftpflicht aller übrigen Betriebsangehörigen gedeckt ist. Entsprechend dem Zweck der Produkthaftpflichtpolice, die aus dem Produktionsvorgang hervorgehenden Risiken abzusichern und nicht etwa betriebsinterne Risiken, gilt gem. Ziff. 3.2 Abs. 2 (ab 2015 Ziffer 2.2.2 Abs. 2) ein weitergehender Ausschluss von Arbeitsunfällen und Berufskrankheiten. Ausgeschlossen sind Haftpflichtansprüche aus Personenschäden, bei denen es sich um Arbeitsunfälle und Berufskrankheiten im Betrieb des VN gem. dem SGB VII handelt.

VI. Kern des Modells »Abgrenzung und Erweiterung des Versicherungsschutzes« (Ziff. 4 des Modells)[56]

1. Überblick

30 Mit gutem Grund wird Ziff. 4 als »Kern des Modells« – bezogen auf die Frage des Umfangs des Versicherungsschutzes – verstanden.[57] Während das sog. konventionelle Produkthaftpflichtrisiko in den AHB i.V.m. Ziff. 1 des Produkthaftpflicht-Modells geregelt ist, **erweitert** insbes. Ziff. 4 den **Versicherungsschutz** auf bestimmte, abschließend benannte, vertragliche – zusätzliche – Haftungstatbestände und auch auf sog. »echte« Vermögensschäden. Diese Deckungserweiterungen sind im Einzelnen, in zunächst separat zu betrachtenden, sog. »Deckungsbausteinen« (Ziff. 4.1–4.6) geregelt. Entsprechend der individuellen Risikosituation des VN können die einzelnen Deckungsbausteine für ihn »maßgeschneidert« – so jedenfalls die Theorie – zusammengestellt werden. Es entspricht allerdings gängiger Praxis der Versicherer, auch wenn die Risiken nicht gänzlich mit den tatsächlichen Situationen bei dem VN übereinstimmen, die Deckungsbausteine der Ziff. 4.1–4.4 standardmäßig (»en bloc«) anzubieten. Auch dafür gibt es einen guten Grund, nämlich den, dass die einzelnen Bearbeitungsstufen eines Erzeugnisses nicht immer ganz transparent sind. Alleine die Bausteine der Ziff. 4.5 (für Maschinenhersteller) und 4.6 (für Prüf- und Sortierkosten), die nur einzelne VN benötigen, werden fakultativ in der Praxis angeboten. Der nach Ziff. 4 Produkthaftpflicht-Modell implementierte Versicherungsschutz funktioniert demzufolge nach einem sog. »Bausteinsystem«.

31 Mit Ausnahme der Ziff. 4.1 (Personen- oder Sachschäden aufgrund von Sachmängeln infolge Fehlens vereinbarter Eigenschaften) ist jeder einzelne Baustein (4.2–4.6) in zwei Abschnitte unterteilt. Im zugrunde liegenden Abs. 1 ist stets der **Grundtatbestand** geregelt, also die Voraussetzungen, unter denen der Baustein überhaupt Folgen auszulösen vermag. Im zweiten Abschnitt finden sich dann in enumerativer Auflistung die von dem einzelnen Baustein erfassten (zusätzlichen und echten) »Vermögensschäden«, also die jeweils ausgelösten »**Deckungsfolgen**«.

---

55 Für die »mitversicherten Personen« gab es Stand August 2008 in den Musterbedingungen des GdV eine eigene Ziffer 3. Die Mitversicherung wird in den Musterbedingungen des GdV ab Stand Januar 2015 nunmehr unter der Überschrift in Ziffer 2 »Versichertes Risiko und mitversicherte Person« geregelt und dies in einem eigenen Abschnitt 2.2 (mit zwei Unterabschnitten 2.2.1 und 2.2.2).

56 Der GdV hat die bisherigen Klauseln zur »Abgrenzung und Erweiterung des Versicherungsschutzes« (alte Ziffer 4 des Modells bis 2008) umformuliert und die bisherigen Regelungsbereiche systematisch anders aufgebaut und insbesondere die vereinbarten Eigenschaften (Personen- oder Sachschäden aufgrund von Sachmängeln infolge Fehlens von »vereinbarten Eigenschaften« (alte Ziffer 4.1 im Modell August 2008) nunmehr ab 2015 in der Ziffer 3 verankert (»Versicherungsschutz für besondere Produkthaftpflichtrisiken« und »Vertraglich übernommene Haftpflicht« (Ziffer 3.2 der GdV-Musterbedingungen ab 2015). Mit anderen Worten: Die in den Modellbedingungen 2008 unter der Überschrift »Personen- oder Sachschäden aufgrund von Sachmängeln infolge Fehlens von vereinbarten Eigenschaften« beinhaltete Klausel ist wortgleich nunmehr in den Modellbedingungen von 2015 in der Ziffer 3.2.1 geregelt. Der Vollständigkeit halber soll aber bereits hier erwähnt werden, dass zur vertraglich übernommenen Haftpflicht (Ziffer 3.2 der GdV-Bedingungen von 2015) nicht nur die in Ziffer 3.2 Abs. 1 vereinbarten Eigenschaften aufgenommen worden sind, sondern ein neuer Abschnitt ergänzt wurde in Ziffer 3.2.2 des Modells zu den »Kaufmännischen Prüf- und Rügepflichten«. Wegen der praktischen Bedeutung soll Ziffer 3.2.2 der Musterbedingungen des GdV, Stand Januar 2015, hier wörtlich abgedruckt werden:
»Kaufmännische Prüf- und Rügepflicht
Falls folgendes zusätzliche Risiko versichert werden soll, kann durch besondere Vereinbarung der Versicherungsschutz im Versicherungsschein oder in seinen Nachträgen wie folgt erweitert werden:
Eingeschlossen ist – abweichend von Ziffer 7.3 – die Haftpflicht des Versicherungsnehmers wegen Personen-, Sach- und daraus entstandener weiterer Schäden, soweit der Versicherungsnehmer gegenüber seinen Abnehmern vertraglich auf die Untersuchungs- und Rügepflicht gemäß § 377 HGB, Art. 38, 39 UN-Kaufrecht oder vergleichbarer Bestimmungen verzichtet.
Versicherungsschutz besteht nur, wenn der Versicherungsnehmer mit seinen Abnehmern vereinbart,
– dass eine Eingangskontrolle in Form einer Sichtprüfung auf offensichtliche Mängel, Transportschäden und Identität der Ware beim Abnehmer durchgeführt wird und
– erkannte Mängel unverzüglich beim Versicherungsnehmer gerügt werden müssen
– sowie unter der Voraussetzung, dass ein Qualitätssicherungsmanagement mit branchenüblichem Standard (z.B. ISO 9000 ff.) beim Versicherungsnehmer eingeführt und eine Ausgangskontrolle geregelt ist«.

57 van Bühren/*Lenz*, § 12 Rn. 63 ff.; *Thürmann* PHi 2000, 163; Terbille/*Stempfle*, § 15 Rn. 91 spricht v. »Mittelpunkt des Modells« unter Berufung auf *Thürmann* PHi 2000, 163.

Nur noch einmal zur Klarstellung: Der Kern des Modells war die Ziffer 4 der Musterbedingungen des GdV von Stand August 2008. Mit der Umformulierung der Musterbedingungen des GdV, Stand Januar 2015, ist das Modell im Hinblick auf zwei Titel von besonderer Bedeutung: »Der Versicherungsschutz für besondere Produkthaftpflichtrisiken« in Ziffer 3 in Verbindung mit den »Erweiterten Produkthaftpflichtbedingungen« in Ziffer 4.

2. Die einzelnen »Bausteine« (Ziff. 4.1–4.6)

a) Personen- und Sachschäden aufgrund von Sachmängeln infolge des Fehlens von vereinbarten Eigenschaften (Ziff. 4.1 bis 2008)[58]

Hintergrund für die Einführung der Ziff. 4.1 ins Modell waren die Kleberentscheidung des BGH[59] und die seinerzeitige Fassung im Bürgerlichen Gesetzbuch, nämlich § 463 a.F. (Zusicherung von Eigenschaften). Mit der Streichung des § 463 BGB a.F. erscheint der Sinn des Deckungsbausteins 4.1 durchaus fragwürdig. Mit guten Gründen lässt sich die These vertreten, dass mit dem Wegfall der Haftung wegen Fehlens zugesicherter Eigenschaften (§ 463 BGB a.F.) an sich kein zwingender Bedarf mehr für die Deckungserweiterung der Ziff. 4.1 besteht. In der versicherungsrechtlichen Literatur wird demgegenüber angeführt, dass sich mit der Streichung des § 463 BGB a.F. die Aufgabe stelle, die Produkthaftpflichtversicherung so auszugestalten, dass anstelle der früheren Eigenschaftszusicherung gleichwertige Vertragskonstellationen eben erfasst blieben:[60] Die vom Gesetz ermöglichte Abbedingung des Verschuldenserfordernisses – in § 276 BGB »Garantie« genannt – entspreche genau dem Deckungsbedürfnis. Andere[61] stellen zur Begründung des Sinns der Ziff. 4.1 auf das auf Händlerseite bestehende Deckungsbedürfnis ab, dem die neue Klausel der Ziff. 4.1 gerecht werde. 32

b) Verbindungs-, Vermischungs- und Verarbeitungsschäden (Ziff. 4.2)[62]

Ziff. 4.2 gewährt Versicherungsschutz für Schadenersatzansprüche Dritter, die auf der Mangelhaftigkeit von sog. Gesamtprodukten aufbauen, die wiederum durch eine aus tatsächlichen oder wirtschaftlichen Gründen **nicht mehr trennbare** Verbindung, Vermischung oder Verarbeitung von mangelhaft hergestellten oder gelieferten Erzeugnissen des VN mit anderen Produkten entstanden sind. Von Ziff. 4.2 werden die dort – nämlich im Rahmen von Ziff. 4.2.2 – im Einzelnen aufgelisteten (enumerativ zu verstehenden) »reinen« oder »echten« Vermögensschäden i.S.v. Ziff. 2.1 AHB in dem dort im Einzelnen aufgelisteten Umfang (vgl. Ziff. 4.2.2.2 ff.) erfasst. Dabei stellte erstmals das nach der Schuldrechtsmodernisierung veröffentlichte Modell 2002 ausdrücklich klar, dass ein die Deckung auslösender Mangel der Erzeugnisse des VN nicht nur bei Mängeln in der Herstellung oder Lieferung, sondern auch bei der (fehlerhaften) Beratung über die An- und Verwendung der von dem VN hergestellten oder gelieferten Erzeugnisse vorliegen kann. Ferner besteht nach Ziff. 4.2.1 Deckungsschutz für Schadenersatzansprüche Dritter, die auf mit dem VN geschlossene Eigenschaftsvereinbarungen (verschuldensunabhängige Haftung für das Vorliegen bestimmter Eigenschaften bei Gefahr) gestützt werden. 33

aa) Verbindung, Vermischung oder Verarbeitung

Bei der Auslegung der zitierten Formulierungen ist auf die Regeln der §§ 946 ff. BGB zurückzugreifen. Auch bei einer über den Wortlaut hinausgehenden Interpretation scheinen die Regelungen hinreichend bestimmt und AGB-rechtlich wirksam, da sich der Sinn unzweifelhaft erschließen lässt:[63] Es geht darum, dass die Tren- 34

---

58 Wortgleich hat der GdV die Ziffer 4.1 der Musterbedingungen des GdV, Stand August 2008 nunmehr ab 2015 unter der Überschrift »Vertraglich übernommene Haftpflicht« (Ziffer 3.2) in eine eigene Ziffer, nämlich in Ziffer 3.2.1, aufgenommen und damit diese Ziffer dem »Versicherungsschutz für besondere Produkthaftpflichtrisiken« (vgl. dazu Überschrift vor 3.1) angeführt. Inhaltlich haben sich keine wesentlichen Änderungen ergeben.
59 BGH NJW 1968, 1622 ff.; vgl. zu der durch diese Entscheidung ausgelösten Diskussion und zu den Gründen für die Einführung der Produkthaftpflichtversicherung vertiefend van Bühren/*Lenz*, § 12 Rn. 10 ff.
60 *Zölch* PHi 2002, 237, ders. PHi 2005, 16, 17 ff.
61 Terbille/*Stempfle*, § 15 Rn. 106.
62 Der GdV hat in seinen Musterbedingungen ab Stand Januar 2015 die Überschriften etwas neu formuliert: Die Ziffer 4 »Erweiterte Produkthaftpflichtbedingungen« lautet nunmehr wie folgt:
 »4 Falls folgende zusätzliche Risiken versichert werden sollen, kann durch besondere Vereinbarung der Versicherungsschutz im Versicherungsschein und in seinen Nachträgen wie folgt erweitert werden:
 4.1 Begriffsbestimmungen/Anwendbarkeit von Ziffer 3.2
   Erzeugnisse im Sinne dieser Regelung können sowohl solche des Versicherungsnehmers als auch Produkte Dritter sein, die Erzeugnisse des Versicherungsnehmers enthalten.
   Mängel bei der Beratung über die An- und Verwendung der vom Versicherungsnehmer hergestellten oder gelieferten Erzeugnisse sowie Falschlieferungen stehen Mängeln in der Herstellung oder Lieferung gleich.
   Mangelhaftigkeit im Sinne dieser Regelung ist die tatsächliche Mangelhaftigkeit, nicht der Mangelverdacht.
   Ziffer 3.2 (vertraglich übernommene Haftpflicht) findet auf Schäden gem. Ziffer 4.2 ff. Anwendung.«
 Dann folgt die Überschrift 4.2 »Verbindungs-, Vermischungs-, Verarbeitungsschäden«. Dies dient ganz erheblich der weiteren Klarstellung, insbesondere, was die Definitionen angeht.
63 Zweifelnd: *Littbarski*, Ziff. 4 Rn. 38.

nung der Produkte, die verbunden, vermischt oder verarbeitet worden sind, nicht mehr vollzogen werden kann, dass eben das Erzeugnis des VN oder das im Erzeugnis des VN enthaltene Produkt eines Dritten in einer **nicht mehr trennbaren Weise** verbunden worden ist. Beispielhaft sei verwiesen auf einen Fall, der der Entscheidung des OLG Düsseldorf[64] zugrunde lag: Ein Zulieferer für die Düngemittelindustrie stellte Rizin aus der Rizinusbohne her. Dieses lieferte er an den (End-)Hersteller, der das Rizin mit vielen anderen Zutaten in großen Silos vermengt und mit Knochenmehl zu Düngemitteln verarbeitet. Eine Trennung der einzelnen Zutaten war nach der Vermischung nicht mehr möglich. Oder: Eine von einem VN gelieferte Druckfaser trocknet nicht hinreichend. Die mit ihr hergestellten Pappschachteln kleben daher zusammen und sind unbrauchbar.

bb) Mangelhaftes Erzeugnis des VN

35 Das mangelhafte Gesamtprodukt, das durch Verbindung, Vermischung oder Verarbeitung entsteht, muss – wie Ziff. 4.2 zu entnehmen ist – durch ein **mangelhaftes Erzeugnis** des VN entstanden sein.[65] Der Begriff des mangelhaften Erzeugnisses ist nach Sinn und Zweck weit auszulegen. Es geht – entsprechend dem Sachmangelbegriff in § 434 BGB – um eine fehlerhafte Sache (vgl. auch § 3 ProdHG). Dabei wird zusätzlich auf Beratungsmängel abgestellt (vgl. Ziff. 4.2.1 Satz 3); ein Mangel kann auch bei bestimmten Vereinbarungen über die verschuldensunabhängige Haftung vorliegen (Ziff. 4.2.1). Voraussetzung ist stets, dass das Produkt tatsächlich »mangelhaft« (vgl. § 434 BGB und § 3 ProdHG) ist. Nicht genügend wäre der bloße Mangelverdacht. Der Begriff des »**Erzeugnisses des VN**« ist in Ziff. 4.2.1 definiert: Es handelt sich um Erzeugnisse des VN selbst oder um solche, die VN-Produkte enthalten (vgl. dazu ab 2015 in den GdV-Musterbedingungen die Begriffsbestimmung in Ziffer 4.1 zu »Erzeugnissen«, »Mängeln« und »zur Mangelhaftigkeit«).

cc) Verbindung des mangelhaften Erzeugnisses des VN mit anderen Produkten (Dritter)

36 Die »anderen Produkte« sind nicht dem VN zuzurechnende, ursprünglich mangelfreie Materialien Dritter.

dd) Mangelhaftes Gesamtprodukt

37 Durch Verbindung, Vermischung oder Verarbeitung eines mangelhaften Erzeugnisses des VN mit anderen Produkten (Dritter) muss ein mangelhaftes **Gesamtprodukt** entstanden sein. Ziff. 4.2 regelt die Fälle der Herstellung einer neuen mangelhaften (auch unbeweglichen) Sache (Gesamtprodukt). Das mangelhafte Gesamtprodukt ist das Resultat des Herstellungsprozesses, wobei das »Gesamtprodukt« im Modell selbst nicht definiert wird.[66] Was den Mangel angeht, wird auf die Ausführungen zum mangelhaften Erzeugnis (unter bb.) verwiesen, Rdn. 35.

ee) Schaden eines Dritten

38 Voraussetzung für ein Eingreifen des Deckungsbausteins ist die **Kausalität** zwischen dem Mangel des Gesamtprodukts und dem bei dem Dritten entstandenen Schaden. Erfasst wird die jeweils nächste Verarbeitungsstufe. Zum Begriff des Schadens vgl. §§ 249 ff. BGB.[67]

ff) Folge

39 Wenn die Voraussetzungen der Ziff. 4.2.1 gegeben sind, besteht zusätzlich die in Ziff. 4.2.2 angeführte Deckung. Es handelt sich um eine beschränkte Deckung, nämlich nur für die dort in Ziff. 4.2.2.1–4.2.2.5 enumerativ aufgeführten Schadenspositionen. Dort nicht erwähnte Schadenspositionen sind für den jeweiligen Verarbeitungstatbestand nicht versichert. Von Ziff. 4.2 werden aber – was die Folgen angeht – eben auch Vermögensschäden i.S.v. Ziff. 2.1 AHB erfasst, aber eben nur in dem in Ziff. 4.2.2 im Einzelnen aufgelisteten Umfang. Es empfiehlt sich wegen der Einzelheiten zu den von Ziff. 4.2 erfassten Schadensersatzansprüchen eine Sichtung der einzelnen Positionen.[68]

c) Weiterver- oder -bearbeitungsschäden (Ziff. 4.3)

40 Ziff. 4.3 regelt den Fall der Weiterver- und -bearbeitung des vom VN gelieferten Erzeugnisses, ohne dass weitere Materialien hinzugefügt werden. Zu denken ist beispielsweise an Fallkonstellationen, in denen mangelhafte Kunststoffe (Zuliefererprodukte) zu Verpackungen (vom Endhersteller) gepresst werden, oder – ganz allgemein – aus einem Zuliefererprodukt gefertigte Produkte unbrauchbar werden, wie das Spinnen von Garn, wenn das Garn fehlerhaft war oder die Weiterverarbeitung von Stoffen durch Weben oder Stricken. In der Metallbranche ist zu erwähnen das Falzen von Blechen oder auch das Umformen von Stangen. Zur Klar-

---

64 OLG Düsseldorf NJW-RR 2008, 411 f.: Die Parteien haben sich vor Einlegung der Nichtzulassungsbeschwerde verglichen; vgl. dazu auch *Molitoris/Klindt* NJW 2008, 1203, 1205.
65 Vgl. zu den Begriffen »Erzeugnis«, »Produkt« und »Gesamtprodukt« auch *Nickel* VW 2005, 1652 ff.
66 Zur Terminologie »Gesamtprodukt« auch *Nickel* VW 2005, 1652, 1653.
67 Vgl. zu Beispielsfällen *Littbarski*, Ziff. 4 Rn. 38.
68 Vgl. vertiefend zu den Schadensersatzfolgen van Bühren/*Lenz*, § 12 Rn. 81–86.

stellung sei hervorgehoben, dass entweder Ziff. 4.3 oder aber Ziff. 4.2 – oder allenfalls 4.4 – eingreifen kann, nicht aber – bezogen auf ein und denselben Sachverhalt – der Tatbestand des 4.3 mit einer Ziff. 4.2 oder 4.4.

aa) Erzeugnis des VN

Es geht hier – was den Terminus angeht – um einen entsprechend in Ziff. 4.2.1 bereits beschriebenen Terminus, so dass auf die Ausführungen oben (Rdn. 35) verwiesen werden kann[69]. **41**

bb) Mangelhaft hergestelltes oder geliefertes Erzeugnis

Auch was die Mangelhaftigkeit angeht, gilt das zu Ziff. 4.2.1 Ausgeführte, s. Rdn. 35[70]. **42**

cc) Weiterverarbeitung

Das Merkmal der »Weiterverarbeitung« ist weit auszulegen. Entscheidend ist, dass das gelieferte Produkt des VN durch einen Dritten in ein anderes »umgewandelt« oder »umgestaltet« wird. Das zugelieferte Erzeugnis bleibt erhalten, wird aber verändert, verbessert, veredelt oder wie auch immer optimiert. Betroffen sind Vorgänge wie Brillieren, Wärmebehandeln, Spannen oder Schleifen; die Weiterverarbeitung kann jedoch auch in einem bloßen »Assembling«, also dem Zusammenfügen als Bausatz gelieferter Teile bestehen.[71] Eine Weiterverarbeitung liegt aber dann nicht vor, wenn das VN-Erzeugnis allein und ausschließlich für Verarbeitungsprozesse als Hilfsmittel gebraucht wird, etwa als Kälte- oder Schmiermittel, weil es insofern dann am Merkmal der »Weiterverarbeitung« fehlt.[72] **43**

dd) Nicht untrennbar verbunden

Ferner zählt zu den Voraussetzungen der Ziff. 4.3, dass ein »Weiterverarbeiten« stattfindet, ohne dass es zu einer Verbindung, Vermischung oder Verarbeitung mit **anderen Produkten** kommt. Im Gegensatz zu Ziff. 4.2 wird im Rahmen der Ziff. 4.3 tatsächlich nur der Weiterverarbeitungstatbestand angesprochen. Da in der Regel nicht nur das VN-Erzeugnis verarbeitet wird, sondern auch andere Zutaten hinzugefügt werden, ist der Anwendungsbereich und damit auch die Bedeutung der Ziff. 4.3 nicht ganz so hoch wie die der Ziff. 4.2 oder 4.4 in der Deckungspraxis. **44**

ee) Neues Produkt

Infolge der Weiterverarbeitung muss ferner ein neues Produkt (z.B. ein Kunststoffbehälter aus zugeliefertem Kunststoff) entstehen. Entscheidend ist, dass das neue Produkt infolge des ursprünglichen Mangels unbrauchbar oder nur bedingt brauchbar ist. **45**

ff) Folge

Da das von dem VN gelieferte Material selbst in den Erfüllungsbereich fällt und deswegen vom Produkthaftpflicht-Modell nicht gedeckt ist (vgl. Ziff. 6.1.1), ist der **gedeckte Vermögensschaden** lediglich der, der durch den vergeblichen Verarbeitungsaufwand entsteht. Die Folgen sind geregelt in Ziff. 4.3.2. Auch hier gilt – wie schon zu Ziff. 4.2 ausgeführt –, dass nur die Schadenspositionen gedeckt sind, die ausschließlich in den Ziff. 4.3.2.1 ff. aufgelistet und enumerativ aufgeführt sind, wie die Herstellungskosten in Ziff. 4.3.2.1, die Nachbearbeitungskosten in Ziff. 4.3.2.2, sonstige weitere Vermögensnachteile in Ziff. 4.3.2.3.[73] **46**

d) Aus- und Einbaukosten (Ziff. 4.4)

Ziff. 4.4 gewährt Versicherungsschutz für gesetzliche Schadenersatzansprüche Dritter wegen Vermögensschäden, die infolge der Mangelhaftigkeit von Gesamtprodukten entstanden sind. Voraussetzung ist, dass die Mangelhaftigkeit des Gesamtprodukts durch den Einbau, das Anbringen, Verlegen oder Auftragen von mangelhaft hergestellten oder gelieferten Erzeugnissen des VN entstanden ist. Der Aus- und Einbaukostenklausel des Modells (Ziff. 4.4) kommt in der Praxis – bezogen auf die verschiedenen Bausteine des Modells – die wohl höchste Bedeutung zu.[74] Adressaten dieses Deckungsbausteins sind (End-)Hersteller und Lieferanten von Maschinenteilen, Aggregaten und Zubehörteilen, Rohren, aber auch Kabeln, Hersteller von Baustoffen sowie von sonstigen Fertigteilen, die im Rahmen der Weiterverarbeitung in andere (Gesamt-)Produkte eingesetzt werden. Beispiele: Stromkabel für Staubsauger, Heizspiralen für Tauchsieder, Dimmer für Trafos, Heckschlosslieferungen für Automobile, Transistoren für Rauchmelderanlagen, Armaturen etc. **47**

---

69 Ab den Modellbedingungen des GdV ab 2015 ist der Begriff des Erzeugnisses in Ziffer 4.1 (vorab – sozusagen vor die Klammer – gezogen) definiert und gilt daher sowohl bei Ziffer 4.2 als auch bei Ziffer 4.3.
70 Zur Definition vgl. Ziffer 4.1 der Musterbedingungen des GdV, Stand Januar 2015.
71 Thürmann/*Kettler*, S. 153.
72 Thürmann/*Kettler*, S. 153.
73 Vgl. vertiefend zur Folge der Verletzung der Ziff. 4.3 van Bühren/*Lenz*, § 12 Rn. 95–100.
74 Ebenso *Littbarski*, Ziff. 4 Rn. 141; *Thürmann* PHi 2000, 162, 170; Terbille/*Stempfle*, § 15 Rn. 180.

aa) Mangelhaftes Gesamtprodukt eines Dritten

48 Voraussetzung für das Eingreifen des Deckungstatbestands ist zunächst, dass es infolge des Einbaus, des Anbringens, des Verlegens oder des Auftragens des mangelhaft hergestellten oder gelieferten Erzeugnisses des VN zu einem **mangelhaften Gesamtprodukt** eines Dritten gekommen sein muss. Insofern ergibt sich – was die Formulierungen angeht – zum Begriff des »Mangels« oder auch zum Begriff des »Gesamtprodukts« nichts anderes als zum zu den Deckungsbausteinen Ziff. 4.2 und Ziff. 4.3 Ausgeführten. Entscheidend ist, dass tatsächlich ein mangelhaftes Gesamtprodukt entstanden sein muss (vgl. § 434 BGB). Eingeschlossen sind nach Ziff. 4.4.1 Falschlieferungen, Beratungsmängel und Vereinbarungen über bestimmte Eigenschaften[75]. Es muss tatsächlich ein Mangel vorliegen, bloßer Mangelverdacht wird vom Modell nicht erfasst. Beispiel: Ein Hersteller von Luftreinigungsanlagen baut Luftfilter des VN, die er von diesem bezogen hat, in seine Anlagen ein. Aufgrund eines Fehlers an den Filtern müssen diese getauscht werden. Oder: Ein Stromversorgungsteilehersteller liefert Stromversorgungsteile zum Einbau an seinen Abnehmer für eine Rauchmeldeanlage[76]. Der Abnehmer stellt daraus zusammen mit anderen Produkten eine Rauchmeldeanlage her. Jedes Teil kann für sich auseinandergeschraubt werden, ohne dass die jeweils anderen Zulieferprodukte berührt werden. Es stellt sich heraus, dass einige Stromversorgungsteile fehlerhaft waren und Brände durch diese ausgelöst werden konnten. Die Rauchmeldeanlage war damit für Dritte mangelhaft.

bb) Mangelhaftes Erzeugnis des VN

49 Voraussetzung für das Eingreifen des Deckungsbausteins Ziff. 4.4.1 ist ferner ein vom VN mangelhaft hergestelltes oder geliefertes Erzeugnis. Hinsichtlich der Mangelhaftigkeit kann insofern auf die obigen Ausführungen und auf § 434 BGB Bezug genommen werden (vgl. Rdn. 35). Erzeugnisse im hier zitierten und verstandenen Sinne sind ausweislich des weit gefassten Wortlauts nicht nur die Produkte des VN, sondern auch Produkte Dritter, die Produkte des VN enthalten (vgl. dazu die Definition in den neuen Musterbedingungen des GdV von 2015, Ziffer 4.1).

cc) Einbau/Anbringen/Verlegen/Auftragen

50 Sämtliche in der Überschrift angeführten Begriffe werden vom Produkthaftpflicht-Modell selbst nicht definiert und finden auch – soweit feststellbar – keine zitierfähigen Vorgaben in gesetzlichen Regelungen. Versuche, die einzelnen Begriffe genauer zu umschreiben, scheitern daher zwangsläufig. Dennoch ist dies nicht etwa unter AGB-rechtlichen Gesichtspunkten intransparent (vgl. § 307 BGB). Denn es kommt im Modell zum Ausdruck, dass die genaue Abgrenzung nicht entscheidend ist: Es genügt, dass ein mangelhaftes Gesamtprodukt entstanden ist und feststeht, dass eine **Trennung** der einzelnen Produkte **tatsächlich möglich** und **wirtschaftlich sinnvoll** ist.[77]

dd) Sonstige Voraussetzungen für das Eingreifen des Deckungstatbestands

51 Voraussetzung ist ferner, dass aufgrund eines mangelhaft hergestellten oder gelieferten Erzeugnisses des VN durch den Einbau, das Anbringen, Verlegen oder Auftragen ein mangelhaftes Gesamtprodukt eines Dritten entstanden ist. Dies müsste ferner – demzufolge – zu einem gesetzlichen Schadenersatzanspruch bei einem Dritten geführt haben. Nicht genügend sind Sachmängelhaftungsansprüche, die von vorneherein auf einen Austausch gerichtet sind (§ 437 BGB).[78] Die Abgrenzung kann Schwierigkeiten bereiten, etwa dann, wenn – bedingt durch die Rechtsprechung – auch die Nacherfüllungsregelung des § 439 II BGB weit ausgelegt wird.[79]

52 Auf den Versicherungsfall bezogen heißt dies nach Ziff. 8.1 und 8.2.3, dass es für die Frage, wann der Versicherungsfall eingetreten ist, auf den Zeitpunkt des Einbaus des mangelhaften Erzeugnisses ankommen kann.

ee) Folge

53 Gedeckt sind nach Ziff. 4.4.2 ausschließlich die in Ziff. 4.4.2.1 ff. genannten Kosten und enumerativ aufgeführten Positionen im Rahmen der Austauschkostendeckung. Die Gesamtbetrachtung der einzelnen Deckungspositionen zeigt, dass Ziff. 4.4 weniger gedeckte Positionen erfasst als z.B. die Ziff. 4.2, 4.5 und auch 4.3.[80] So sind etwa »weitere Vermögensnachteile« (Ziff. 4.2.2.4/4.3.2.3) nicht gedeckt. Gedeckt sind Aus- und

---

75 Thürmann/*Kettler*, S. 162.
76 Vgl. OLG Nürnberg, Urt. v. 03.08.2011 – 12 U 1143/06.
77 Thürmann/*Kettler*, S. 162.
78 Vgl. dazu bereits BGHZ 87, 104, 108 – »Dachziegel«.
79 OLG Karlsruhe MDR 2005, 135, 136; demgegenüber aber enger OLG Köln NJW-RR 2006, 677 und dem zustimmend *Thürmann* NJW 2006, 3457 ff.; bei Nachlieferung den Ersatz von Einbaukosten nach § 439 II BGB verneinend jetzt BGHZ 177, 224 – »Parkettstäbe« –, ebenso verneinend den Ersatz von Ausbaukosten – jedenfalls gegenüber Unternehmern – nach § 439 II BGB noch BGH NJW 2009, 1660 (jedoch Vorlage zur Vorabentscheidung des EuGH); gegenüber Verbrauchern anders der EuGH, Urteil vom 16.06.2011, AZ.: c-65/09 – vgl. dazu Rdn. 53, *Lenz*, PHi 2011, 156 ff.; vgl. zum Umfang der aktuell geschuldeten Aufwendungen nunmehr zusammenfassend Lenz, Produkthaftung, § 3 Rn. 28 ff.
80 Vgl. Thürmann/*Kettler*, S. 163.

Einbaukosten (Ziff. 4.4.2.1), wenn sie *zur Erfüllung einer gesetzlichen Pflicht* zur Neulieferung oder zur Beseitigung eines Mangels des Erzeugnisses des VN von diesem oder seinem Abnehmer aufgewendet werden (Ziff. 4.4.3). Eine solche Pflicht kann sich aus dem verschuldensunabhängigen Nacherfüllungsanspruch oder aus dem ein Verschulden voraussetzenden Schadensersatzanspruch des § 280 I BGB ergeben. Aufgrund der bisherigen Rechtsprechung des BGH[81] konnte derzeit nur in zwei Fällen gesichert von einer gesetzlichen Pflicht des VN und damit von einer Deckung der Ein- und Ausbaukosten ausgegangen werden: Zum einen dann, wenn der Käufer Nachbesserung, also Reparatur des mangelhaften Erzeugnisses verlangt und diese nur möglich ist, wenn das Erzeugnis ausgebaut wird: In diesem Fall musste der VN als Verkäufer alle für die von ihm zu leistende Reparatur notwendigen Kosten übernehmen nach § 439 II BGB. Dementsprechend sind diese Kosten unbestreitbar gedeckt. Des Weiteren besteht eine solche gesetzliche Pflicht dann, wenn Nachlieferung, d.h. Ersatz, begehrt wird und den VN als Verkäufer (ausnahmsweise) ein Verschulden an der den Mangel verursachenden Pflichtverletzung trifft nach § 280 I BGB. Dies kann der Fall sein, wenn der auf Ersatzlieferung in Anspruch genommene Verkäufer zugleich Hersteller des Erzeugnisses ist. Schwieriger verhält es sich, wenn die Ein- und Ausbaukosten nicht bei dem Kunden des VN, sondern erst bei dessen Kunden nach Weiterverkauf angefallen sind, denn der Kunde des VN ist dann nur Händler, der regelmäßig kein Verschulden an dem Mangel trägt. Zu klären blieb somit die Deckung für die **Ein- und Ausbaukosten** eines Nachlieferungsverlangens, bei dem den VN bzw. in der zweiten Absatzstufe den Kunden des VN kein Verschulden am Mangel trifft. Dabei wurde von der deutschen Rechtsprechung bis 2011 zwischen Ein- und Ausbaukosten differenziert: Die Einbaukosten für das als Ersatz gelieferte mangelfreie Erzeugnis waren nicht ersatzfähig nach § 439 II BGB, da sie keine für die Nachlieferung notwendigen Kosten darstellen.[82] Denn – so die Begründung – die Nacherfüllung könne nicht weiter reichen als die Erfüllung selbst. Diese bestehe beim Kaufvertrag nur in der Übergabe der Sache und der Verschaffung des Eigentums an dieser, nicht aber in dem Einbau der Kaufsache in eine andere Sache. Der Schadensersatzanspruch i.S.d. § 280 Abs. 1 BGB scheitert an fehlendem Verschulden. Offen blieb, ob dies in gleicher Weise für die Ausbaukosten der mangelhaften Sache gilt. Zwar bejahte der BGH dies zunächst. Er befürchtete aber, dass dieses Verständnis des § 439 II BGB gegen die Verbrauchsgüterkaufrichtlinie[83] verstoßen könne.[84] Aus diesem Grund hat er diese Frage dem EuGH zur Vorabentscheidung vorgelegt. Mit seiner Entscheidung vom 16.06.2011 hat der EuGH[85] für radikale Einschnitte im deutschen Kaufrecht gesorgt. Er hat die bis dato nach deutscher Rechtsprechung gezogenen Grenzen zwischen der verschuldensabhängigen Sachmängelhaftung und dem verschuldensabhängigen Schadenersatz – zu Lasten des Handels – verschoben. Er hat nämlich jetzt entschieden, dass Verkäufer (in Europa) verpflichtet sind, den Ausbau der mangelhaften Kaufsachen entweder selbst vorzunehmen und (auch) die als Ersatz gelieferten neuen Kaufsachen **einzubauen**, oder aber jedenfalls die für den **Ein- und Ausbau notwendig werdenden Kosten** zu tragen.

Der Mangel muss tatsächlich vorhanden sein, **bloßer Mangelverdacht** genügt aufgrund des eindeutigen Wortlauts **nicht (ab den Musterbedingungen des GdV von Januar 2015 wird dies in Ziffer 4.1 definiert: »Tatsächliche Mangelhaftigkeit«)**. Zu den »Kosten« für das Ausbauen, Abnehmen, Freilegen etc. gehören die notwendigen Arbeitskosten, wie Reisekosten, Überstundenzuschläge, Spesen und Übernachtungskosten für Montagepersonal. Dazu gehören auch Kosten für eine notwendige Montageüberwachung, für Arbeitsmittel (auch Verschleißscheiben), etwaige Zubehörteile und Zusatzmaterialien, die für die Montage notwendig sind[86]. Auf Anhieb nicht einfach zu verstehen ist der Klammerzusatz in Ziff. 4.4.2.1 (nicht jedoch von deren Einzelteilen). Gedeckt sein sollen nach dem Modell in Ziff. 4.4.2 ausschließlich Schadenersatzansprüche wegen Kosten für den Austausch mangelhafter Erzeugnisse, nicht jedoch Schadensersatzansprüche wegen des Austauschs von Einzelteilen des gelieferten Erzeugnisses. Interpretiert man den Klammerzusatz, so fällt es leichter, diesen zu verstehen, wenn man die »Lieferung« mit einbezieht, dann nahezu nichts ergibt. Vgl. dazu die Entscheidung des LG Hannover vom 27.02.2002 zu Lamellenbremsen in Achsgehäusen[87].

Im Zusammenhang mit den Aus- und Einbaukosten beim Einzelteileaustausch empfiehlt der GdV ab Januar 2015 (fakultativ) neu und erstmals eine eigene Klausel, nämlich Ziffer 4.4.5. Diese lautet:

---

81 Vgl. BGHZ 177, 224 – »Parkettstäbe« – und BGH NJW 2009, 1660.
82 Vgl. BGHZ 177, 224 – »Parkettstäbe«.
83 Richtlinie 1999/44/EG des Europäischen Parlaments und des Rates vom 25. Mai 1999 zu bestimmten Aspekten des Verbrauchsgüterkaufs und der Garantien für Verbrauchsgüter.
84 Vgl. BGH NJW 2009, 1660.
85 EuGH, Urteil vom 16.06.2011, Az. C-65/09; dazu und zu den Konsequenzen der Entscheidung *Lenz*, PHi 2011, 156 ff.; dazu auch das Editorial von *Schulte-Nölke*, ZGS 2011, 289. Das Urteil entsprach – durchaus unüblich – nicht den Schlussanträgen des Generalanwalts, ZGS 2010, 361; vgl. die Gesamtdarstellung bei Lenz, Produkthaftung, § 3 Rn. 27 ff., 31 ff., 40).
86 Thürmann/*Kettler*, S. 167 ff.
87 LG Hannover, Urt v. 27.02.2002 – 6 O 44/02; Info-Letter Versicherungs- und Haftungsrecht 2003, 102; vgl. dazu das Beispiel mit einer Musterlösung vertiefend bei van Bühren/*Lenz*, § 12 Rn. 116 und 117.

Anhang E Produkthaftpflichtversicherung

»Falls folgendes zusätzliches Risiko versichert werden soll, kann durch besondere Vereinbarung der Versicherungsschutz im Versicherungsschein oder in seinen Nachträgen wie folgt erweitert werden:
In Erweiterung zu Ziffer 4.4.1–4.4.3 besteht Versicherungsschutz auch für gesetzliche Ansprüche Dritter wegen (folgende Ziffern 4.4.5.1 ff.).«

55 Im Gegensatz zu den Produkthaftungsmodellen von 1973 bzw. 1987, die für Transportkosten keinen Versicherungsschutz boten, bieten Modelle ab 2000 jetzt auch dafür Schutz an (Ziff. 4.4.2.2). Der aus AGB-rechtlicher Sicht weit gefasste Tatbestand könnte andeuten, dass tatsächlich sämtliche Transportkosten, die im Einzelnen nicht definiert sind, von der in Rede stehenden Ziffer erfasst sind, was aber wohl nicht gewollt ist[88]. Da § 439 III BGB nicht mehr auf den Ort abstellt, an dem sich die Sache befindet, sondern auf die Unverhältnismäßigkeit der Kosten, muss sich der Versicherer ggf. auch entgegen dem Wortlaut der Ziff. 4.4.2.2 mit der Angemessenheit der Kosten befassen.[89]

56 Was die Folgen im Rahmen der Ziff. 4.4 angeht, ist ausdrücklich Ziff. 4.4.3 zu erwähnen. Ziff. 4.4.3 **durchbricht das Grundprinzip**, dass nachbesserungsbedingte Austauschkosten nicht versicherbar sind, und schränkt damit auch den Ausschluss nach Ziff. 6.1.1 ein. Über Ziff. 4.4.3 wird die Aus- und Einbaukostendeckung – und dies, obwohl nach Auffassung der Versicherungswirtschaft ein ganz erhebliches Risikopotential abgesichert wird[90] – auf **Nebenansprüche der Nacherfüllung** erstreckt. Bei der Ziff. 4.4.3 geht es also nicht um gesetzliche Schadenersatzansprüche Dritter, sondern einzig und alleine darum, Nacherfüllungsansprüche abzusichern.[91] Betroffen ist u.a. die Regelung des § 439 BGB. Danach hat der Verkäufer – und zwar verschuldensunabhängig – die zur Nacherfüllung erforderlichen Aufwendungen, insbes. Transport-, Wege-, Arbeits- und Materialkosten zu tragen (§ 437 i.V.m. § 439 BGB). Im Unterschied zu § 476a BGB a.F. werden jetzt im Regelfall die Kosten zum Zwecke der Lieferung einer mangelfreien Sache zumindest ersetzbar sein,[92] bei Verbrauchsgütern sogar vom Handel Kosten des Ausbaus und die Kosten des (Wieder-)Einbaus.[93]

ff) Ausschlüsse für Austauschkostendeckung (Ziff. 4.4.4)

57 In Ziff. 4.4.4 sind spezielle, für die Austauschkostendeckung geltende Ausschlüsse formuliert. Zu erwähnen sind Ausschlüsse für die sog. Eigenmontage (Ziff. 4.4.4.1) und der Ausschluss für Kraftfahrzeuge, Schienenfahrzeuge und Wasserfahrzeuge (Ziff. 4.4.4.2). Lediglich klarstellend war in den Modellbedingungen bis 2008 erwähnt, dass im Falle des Rückrufs auch Ziff. 4.4 nicht eingreifen soll. Es besteht somit kein Versicherungsschutz, soweit Ziff. 6.2.8 eingreift und es sich um Kosten handelt, die im Zusammenhang mit einem Rückruf von Erzeugnissen geltend gemacht werden.
Die klarstellende Ziffer 4.4.4.3 mit dem Verweis auf 6.2.8 ist in den Musterbedingungen mit Stand Januar 2015 gestrichen worden.

e) Die Maschinenklausel (Ziff. 4.5)

58 Nach den AHB bereits versichert sind Personen- und Sachschäden, die durch gelieferte Maschinen verursacht werden. Nicht versichert sind jedoch die Auswirkungen in Fällen, in denen mit einer Maschine mangelhafte Produkte hergestellt werden. Einen Teil daraus resultierender reiner Vermögensschäden deckt daher – besonders interessant für Maschinenhersteller – Ziff. 4.5.2. Die sog. Maschinenklausel (Ziff. 4.5) bietet daher Versicherungsschutz für Hersteller von Produktions- oder Verarbeitungsmaschinen[94]. Der Begriff der **Maschine** wird in Ziff. 4.5 nicht definiert. Lediglich die Erläuterungen geben daher einen gewissen Anhaltspunkt. Dem Sinn und der Ratio der Ziff. 4.5 könnte zu entnehmen sein, dass es sich um »mechanische Vorrichtungen« handelt, mit deren Hilfe tatsächlich etwas hergestellt, oder aber auch nur verändernd verarbeitet wird. Es scheint empfehlenswert, für den Begriff der Maschine abzustellen auf die neue EG-Maschinenrichtlinie 2006/42/EG. In deren Art. 2 wird die Maschine i.S.d. RiLi nämlich definiert.
In den Modellbedingungen des GdV, Stand Januar 2015, ist die Ziffer 4.5.1 etwas umformuliert worden. Es heißt jetzt im Zusammenhang mit der Definition von Maschinen:

»Als Maschinen gelten auch Werkzeuge an Maschinen und Erzeugnisse der Steuer-, Mess- und Regeltechnik sowie Formen.«

---

88 Vgl. insbes. Erläuterungen zum Produkthaftpflicht-Modell 2002 zu Ziff. 4.4.2.2; dazu auch Thürmann/*Kettler*, S. 171 f.; vgl. zu den Folgen und zu den ersatzfähigen und nicht ersatzfähigen Transportkosten ferner van Bühren/*Lenz*, § 12 Rn. 118 ff.
89 Thürmann/*Kettler*, S. 189 f.
90 Thürmann/*Kettler*, S. 176.
91 Vgl. dazu auch LG Hannover, Urt v. 27.02.2002 – 6 O 24/02; Info-Letter, Versicherungs- und Haftungsrecht 2003, 102; vertiefend dazu van Bühren/*Lenz*, § 12 Rn. 116, 117 und 124.
92 Vgl. BGHZ 97, 104 zu § 467 S. 2 BGB a.F. in der berühmten »Dachziegel-Entscheidung«.
93 EuGH, Urt. v. 16.06.2011 – C 65/09, vgl. dazu *Lenz*, PHi 2011, 156 ff. und Rdn. 53.
94 Vgl. die Verbandserläuterungen in VW 1987, 255, 259.

Die einzelnen Vorgänge zu den Begriffen »geliefert«, »montiert«, »gewartet« werden ebenso wenig im Modell selbst definiert. Für Letztere kann bei der Auslegung auf § 950 BGB, für den der Lieferung auf die §§ 439, 631 ff. BGB zurückgegriffen werden. Was den »Mangel« angeht, ist wiederum auf § 434 BGB zu verweisen. 59

Den Umfang der Deckung bestimmt Ziff. 4.5.2, es handelt sich um sechs gedeckte Einzelpositionen, Ziff. 4.5.2.1 die Beschädigung/Vernichtung der Produkte betreffend, Ziff. 4.5.2.2 zu den Herstellungs- und Bearbeitungskosten, Ziff. 4.5.2.3 die Nachbearbeitungskosten, Ziff. 4.5.2.4 weitere Vermögensnachteile, Ziff. 4.5.2.5 Produktionsausfallkosten und Ziff. 4.5.2.6 zu sog. mittelbaren Schäden.[95] 60

f) Prüf- und Sortierkosten (Ziff. 4.6)

Nach den Ziff. 4.2 ff. werden Prüf- und Sortierkosten grundsätzlich nicht erfasst. Versicherungsschutz wird eben nur für die tatsächlichen mangelhaften Teile gewährt. Bei Serienproduktionen mit hohen Stückzahlen (z.B. Dosenabfüllbetrieb) stellen die Überprüfung und Sortierung ein hohes Kostenrisiko dar. Ziff. 4.6 gibt – fakultativ – die Möglichkeit, Prüf- und Sortierkosten ebenfalls abzudecken. Die **Deckungsvoraussetzungen** im Einzelnen sind: Gesetzliche Schadenersatzansprüche Dritter, die Mangelhaftigkeit einzelner Produkte ist tatsächlich festgestellt, aufgrund ausreichenden Stichprobenbefundes oder sonstiger nachweisbarer Tatsachen sind gleiche Mängel an gleichartigen Produkten zu befürchten (objektiv begründeter Mangelverdacht) und es muss ohnehin Versicherungsschutz nach den vorangehenden Ziff. 4.2 ff. bestehen, wie sich aus dem Einleitungssatz unter der Überschrift der Ziff. 4.6 ergibt. Der Gedanke, die Überprüfungskosten zu erfassen, manifestiert sich – soweit feststellbar – erstmals im Modell ab 2000. Vergleicht man die Bedingungen im Modell von 2002 mit den aktuellen Bedingungen von 2008, lässt sich feststellen, dass die Deckungsinhalte durch Umformulierungen etwas klarer gefasst und einige »Grenzfälle« eher noch in die Deckung einbezogen worden sind. Ob dies eine – nennenswerte – Erweiterung des Klauselumfangs darstellt, kann hier nicht abschließend beurteilt werden. Der Text wurde jedenfalls in dem Modell vom April 2006 modifiziert (vgl. Ziff. 4.6.1 S. 2; 4.6.3 S. 1 und 2). Ziff. 4.6.3 wurde 2008 um einen zweiten Absatz erweitert. 61

Folgen: Gedeckt sind ausschließlich Schadenersatzansprüche wegen Kosten der Überprüfung der Produkte mit Mangelverdacht (vgl. Ziff. 4.6.2 S. 1). Zur Überprüfung gehört auch ein notwendiges Vorsortieren zu überprüfender und Aussortieren von überprüften Produkten sowie das infolge der Überprüfung erforderliche Umpacken der betroffenen Produkte (Ziff. 4.6.2 S. 2). Beispiel: Das Auspacken bereits verpackter Produkte und das Wiedereinpacken der dennoch nicht mangelhaften Produkte gehört mit zu den Überprüfungskosten.[96] Allerdings begrenzt Ziff. 4.6.3 die gedeckten Schadenersatzansprüche. Die Regelung enthält eine im Modell 2006 nochmals umformulierte **Kostenabwägungsklausel**. Ist zu erwarten, dass die Kosten der Überprüfung der Produkte mit Mangelverdacht zuzüglich der nach Ziff. 4.2 ff. gedeckten Kosten auf Basis der festgestellten oder nach objektiven Tatsachen anzunehmenden Fehlerquote höher sind als die nach Ziff. 4.2 ff. gedeckten Kosten im Falle der tatsächlichen Mangelhaftigkeit aller Produkte mit Mangelverdacht, beschränkt sich der Versicherungsschutz auf die Versicherungsleistungen nach den Ziff. 4.2 ff. In diesen Fällen, oder wenn ein Feststellen der Mangelhaftigkeit nur durch Zerstören der Produkte möglich ist, bedarf es keines Nachweises, dass die Produkte mit Mangelverdacht tatsächlich Mängel aufweisen. Entsprechendes gilt nach Ziff. 4.6.3 Abs. 2, wenn die Feststellung der Mangelhaftigkeit nur nach Ausbau der Erzeugnisse möglich ist und bei tatsächlicher Mangelhaftigkeit der Austausch dieser Erzeugnisse die notwendige Maßnahme wäre; in diesem Fall ist die Deckung auf die Leistungen nach Ziff. 4.4 beschränkt. Allerdings ergibt sich ein ganz erheblicher Deckungserweiterungstatbestand in Ziff. 4.6.4: Die soeben zitierte Klausel erweitert die Deckung in Fällen, in denen die Überprüfung nicht nach gesetzlichen Haftpflichtbestimmungen als Schadenersatz verlangt werden kann, sondern als vertragliche Erfüllung. Betroffen sind wiederum die Fälle des § 439 BGB, also die Nebenkosten der Mangelbeseitigung. Vom Wortlaut der Ziff. 4.6.4 her ergibt sich keine erwähnenswerte Einschränkung im Deckungsbereich. Aufgrund der zu § 439 BGB ergangenen neuen Rechtsprechung des EuGH[97] ist aber anzunehmen, dass es zu einer erhöhten Inanspruchnahme zu Lasten der Versicherungswirtschaft kommen könnte. 62

Da im Rahmen der Erfüllung gesetzlicher Rückrufverpflichtungen auch Prüf- und Sortierkosten gedeckt werden, werden diese über Ziff. 4.6.5 – zu Recht – unter Verweis auf Ziff. 6.2.8 ausgenommen. 63

Die Formulierungen des Produkthaftpflichtmodells ab den Musterbedingungen des GdV Stand Januar 2015 weichen ein wenig von den Darstellungen ab. Insbesondere wird der Verweis auf Ziffer 6.2.8 nicht mehr aufgenommen (alte Formulierung Ziffer 4.6.5).

VII. Auslandsdeckung

Grund dafür, dass das Modell im Rahmen eines Klammerzusatzes erwähnt, dass es einer »Besonderen Vereinbarung« zur Auslandsdeckung bedarf, soll nach den Erläuterungen zum Modell von 1987[98] die bestehende 64

---

95 Vgl. die Verbandserläuterungen in VW 1987, 255, 259. Vgl. dazu vertiefend van Bühren/*Lenz*, § 12 Rn. 134.
96 Beispiel v. Thürmann/*Kettler*, S. 246.
97 EuGH, Urt. v. 16.06.2011 – C 65/09; vgl. dazu bereits *Lenz*, PHi 2011, 156 ff.
98 VW 1987, 255, 260.

Anhang E Produkthaftpflichtversicherung

Praxis sein, in die man nicht habe eingreifen wollen. Dabei ist – neben möglichen Individualvereinbarungen – stets auch an die »Besonderen Bedingungen für den Einschluss von Auslandsschäden in der Betriebshaftpflichtversicherung«[99] zu denken. In der heutigen Praxis kommen im Wege der zunehmenden Globalisierung der Unternehmen mehr und mehr internationale Programme – internationale Haftpflichtprogramme – zur Geltung (z.B. »Mastercover« oder auch sog. »Umbrella-Systeme«)[100].

VIII. Risikoabgrenzungen

65 Das Modell unterscheidet in Ziff. 6 die nicht versicherten Tatbestände im vertraglichen Erfüllungsbereich (Ziff. 6.1) und die einzelnen explizit ausgeführten besonderen Ausschlüsse (Ziff. 6.2). Im Einzelnen:

1. Nicht versicherte Tatbestände im vertraglichen Erfüllungsbereich

66 In Ziff. 6.1.1 gelten Ansprüche als nicht versichert, soweit diese nicht in Ziff. 4 ausdrücklich mitversichert sind, wenn sie unter die dort angeführten Spiegelstriche fallen. Im Einzelfall kann es schwierig sein festzustellen, was konkret noch zum **Erfüllungsbereich** gehört. Werden etwa Nebenkosten geltend gemacht, ist die Abgrenzung zweifelhaft. Bei der Nacherfüllung sind die Regelungen der §§ 437, 439 BGB zu beachten, beim Recht auf Selbstvornahme die Regelung des § 637 BGB. § 637 BGB enthält eine § 326 II 2 BGB verdrängende Sonderregelung für den Werkvertrag. § 637 BGB wird – beim Kaufvertrag – grundsätzlich nicht analog herangezogen.[101] Die Selbstbeseitigung des Mangels durch den Käufer, ohne dass er Nacherfüllung verlangt, führt daher grundsätzlich zum Verlust des Anspruchs aus §§ 437 BGB i.V.m. 275 BGB[102]. Dem Verkäufer wird dadurch das Recht zur zweiten Andienung genommen.[103] Beim Rücktritt ist auf § 437 i.V.m. den §§ 440, 323 und 326 Abs. 5 BGB zu verweisen und bei der Minderung auf § 437 Nr. 2 i.V.m. § 441 BGB, sowie wegen Schadenersatz statt der Leistung auf die §§ 440, 636, 280, 281 BGB.

67 Zu verweisen ist auch auf außerdem den zweiten Spiegelstrich in Ziff. 6.1.1, nach dem Ansprüche nicht versichert sind wegen Schäden, die verursacht werden, um die Nachbesserung durchführen zu können. Sog. **Zerstörungsschäden** sind damit ebenfalls vom Deckungsumfang ausgeschlossen.

68 Mit der »Verzögerung der Leistung« ist der Anspruch nach § 286 BGB erfasst.

2. Sonstige Ausschlüsse (Ziff. 6.2)

a) Garantien (Ziff. 6.2.1)

69 Mit der gewählten, weit zu verstehenden Formulierung des Begriffs der »Garantie« sind sämtliche gewährten Garantiezusagen/Garantieverträge oder auch »unselbständigen Garantien« ausgeschlossen, insbes. Vereinbarungen i.S.d. §§ 443, 477 BGB.[104]

b) Ansprüche wegen Rechtsmängeln (Ziff. 6.2.2)

70 Nach Ziff. 6.2.2 sind sämtliche Ansprüche ausgeschlossen, die mit einem Rechtsmangel behaftet sind, wie beispielsweise Schäden aus der Verletzung von Patenten, gewerblichen Schutzrechten, Urheberrechten, Persönlichkeitsrechten oder auch Verstößen in Wettbewerb und Werbung.

c) Ansprüche wegen Schäden nach Ziff. 7.8 AHB (Ziff. 6.2.3)

71 Danach sind Haftpflichtansprüche wegen Schäden an vom VN hergestellten oder gelieferten Sachen, Arbeiten oder sonstigen Leistungen infolge einer in der Herstellung, Lieferung oder Leistung liegenden Ursache und alle sich daraus ergebenden Vermögensschäden nach Ziff. 7.8 AHB ausgeschlossen. Ziff. 6.2.3 nimmt auf diese Klausel Bezug. Dies gilt auch dann, wenn die Schadenursache in einem mangelhaften Einzelteil der Sache oder in einer mangelhaften Teilleistung liegt und zur Beschädigung oder Vernichtung der Sache oder Leistung führt. Dieser Ausschluss findet auch dann Anwendung, wenn Dritte im Auftrag oder für Rechnung des VN die Herstellung oder Lieferung der Sachen oder die Arbeiten oder sonstigen Leistungen übernommen haben (Abs. 2). Es handelt sich – bei diesem Ausschluss – um die alte sog. **Herstellungs- und Lieferantenklausel** (§ 4 II Ziff. 5 AHB a.F.). Ziel und Zweck dieser Regelung – Ziff. 7.8 AHB – ist es, bestimmte Schadenersatzansprüche vom Deckungsschutz der Produkthaftpflichtversicherung auszuschließen, für die grundsätzlich über die AHB oder über Ziff. 1.1 des Modells Deckung bestehen könnte.

d) Bewusstes Abweichen (Ziff. 6.2.4)

72 Nach Ziff. 6.2.4 besteht Versicherungsschutz nicht für Ansprüche gegen den VN oder jeden Mitversicherten, soweit diese den Schaden durch **bewusstes Abweichen** von gesetzlichen oder behördlichen Vorschriften so-

---

99 VerBAV 1981, 238 und VerBAV 1982, 184; *De Lousanoff*, ZHR 151 (1987), 72, 85.
100 Vgl. hierzu Kullmann/Pfister/*Nickel*, 2. Bd. Ziff. 6868, S. 2; s. auch *Langheid/Grote* VW 2008, 631 ff.
101 Palandt/*Weidenkaff*, BGB, § 437 Rn. 4a.
102 *Ball* NZV 2004, 217, 227; *Ebert* NJW 2004, 1761.
103 Vgl. BGH NJW 2005, 1348 und BGH NJW 2005, 3211.
104 Ebenso *Zölch* PHi 2002, 236; zum Begriff »echte Garantien«; Lenz, Produkthaftung, § 3 Rn. 3 ff., Beispiele Rn. 9–11.

wie von schriftlichen Anweisungen oder Bedingungen des Auftraggebers herbeigeführt haben. In früheren Modellen (von 1973 bzw. 1987) war noch von »vorsätzlichem Abweichen« gesprochen worden. Die Zielrichtung ist – bedingt durch die Abänderung des Wortlauts – heute eine andere und auch eine andere, als bei dem in Ziff. 7.1 AHB enthaltenen Vorsatzausschluss[105]. Der heutige Ausschlusstatbestand der Ziff. 6.2.4 verfolgt vor allem den Zweck, den VN gegenüber seinem potentiellen Vertragspartner zu disziplinieren[106]. Die durchaus anerkennenswerte Funktion darf aber nicht überschätzt werden, da die Bedeutung der Ziff. 6.2.4 ohnehin nicht allzu hoch sein dürfte[107]. Anders als in den AHB muss sich der Vorsatz nicht auf den Schaden, sondern auf die Tatbestandselemente der Ziff. 6.2.4 beziehen. Erforderlich ist Kausalität zwischen dem Verstoß gegen die Vorschrift und dem Schaden.

Die Beweislast für das Vorliegen der Voraussetzung trägt aus den bekannten allgemeinen Beweislastgrundsätzen der Versicherer. **73**

e) Die sog. Experimentier- bzw. Erprobungsklausel (Ziff. 6.2.5)[108]

Gegenstand der Ziff. 6.2.5 ist der Ausschluss des sog. Experimentier- oder Erprobungsrisikos vom Versicherungsschutz. Bei derartigen Erprobungsklauseln handelt es sich anerkanntermaßen um Risikoausschlüsse[109]. **74**
Nach Ziff. 6.2.5 S. 1 sind Ansprüche für Sach- und Vermögensschäden (also nicht für Personenschäden) durch Erzeugnisse, deren Verwendung oder Wirkung im Hinblick auf den konkreten Verwendungszweck nicht nach dem Stand der Technik oder in sonstiger Weise ausreichend erprobt waren, vom Versicherungsschutz ausgeschlossen. Schon die Formulierung zeigt, dass der Versicherer für das Eingreifen des Satzes 1 der Ziff. 6.2.5 beweisbelastet ist. Allerdings gilt dies nicht für Schäden an Sachen, die mit dem hergestellten oder gelieferten Erzeugnis weder in einem Funktionszusammenhang stehen noch dessen bestimmungsgemäßer Einwirkung unterliegen. Aufgrund der Formulierung des Satzes 2 in Ziff. 6.2.5 ist für das Eingreifen dieser Ausnahme nämlich der VN beweisbelastet.

Es gilt, vom Versicherungsschutz diejenigen Risiken auszunehmen, die typischerweise zu den Unternehmerrisiken gehören.[110] Die Klausel gilt nicht nur bei gänzlichen Neuentwicklungen, sondern auch bei Abänderungen oder Weiterentwicklungen des Produkts selbst.[111] Es muss sich um Erzeugnisse handeln, die entweder neu sind oder um solche, die mit neuen Produktionsmethoden oder unter Verwendung anderer Materialien als bisher produziert worden sind, oder schließlich um solche, die zwar für andere Zwecke schon bewährt sind, nunmehr aber zu einem neuen Verwendungszweck eingesetzt werden sollen. Gemessen an den im Produkthaftpflichtversicherungsrecht öffentlich publizierten Entscheidungen zeigt allein die Anzahl von vier veröffentlichten Urteilen die Bedeutung dieser Klausel[112]. Der Bedeutungsgrad könnte zunehmen bei den heute häufig vorkommenden »Just-in-time-Lieferungen« und bei Berücksichtigung kürzer werdender Produktzyklen. Dadurch kommt es nämlich zu verkürzten Test- und Erprobungsphasen und damit möglicherweise verstärkt zu Entwicklungsmängeln, so dass die Bedeutung zunehmen könnte.[113] **75**

Selbst wenn Unternehmen versuchen, Gegensteuerungsmaßnahmen zu ergreifen, etwa durch die Konzeptverantwortungsvereinbarung (KVV)[114] und/oder durch Pauschalierungsnovationen im sog. Referenzmarktverfahren,[115] und diese von der Wirtschaft – nach anfänglichem Aufschrei – auch goutiert werden,[116] stehen diese, deckungsrechtlich betrachtet, ebenfalls unter dem »Damokles-Schwert« des Erprobungsklauselausschlusses.[117]

aa) Der Stand der Technik

Voraussetzung für das Eingreifen des Ausschlusses ist, dass keine ausreichende Erprobung nach dem »Stand der Technik« vorliegt, oder die Erzeugnisse nicht »in sonstiger Weise« ausreichend erprobt waren. Nach den Bedingungen in älteren Modellen (von 1974–1987) hatte der VN noch die anerkannten Regeln der Technik **oder** Wissenschaft einzuhalten. Die Modelle von 2000/2002 beinhalteten noch den Begriff »Stand von Wis- **76**

---

105 Thürmann/*Kettler*, S. 281.
106 So ausdrücklich *Littbarski*, Ziff. 6 Rn. 71.
107 So ausdrücklich *Ermert*, S. 155 als Vertreter der VW, und ebenso *Späte*, AHB, Teil C, Produkthaftpflicht-Modell, § 6 Rn. 65; ebenso *Littbarski*, Ziff. 6 Rn. 71.
108 Der GdV hat ab Stand Januar 2015 den Wortlaut (lediglich) leicht gegenüber den Bedingungen Stand 2008 geändert.
109 Statt vieler anderer Entscheidungen: OLG Köln r+s 2015, 192 m.w.N.
110 *Fausten* VersR 1996, 411; vgl. auch *Kettler/Waldner* VersR 2004, 213 ff.
111 LG Aachen VersR 1995, 280 f.
112 BGH VersR 1991, 414 ff.; OLG Bremen VersR 1999, 1102 f.; OLG Frankfurt VersR 1998, 176; LG Aachen VersR 1995, 286 f., nicht veröffentlicht: LG Karlsruhe, Urt. v. 26.09.2008, 15 O 100/07.
113 Fehlinterpretiert durch *Steinkühler* VP 2010, 73 ff., in Fn. 2.
114 *Lenz* PHi 2008, 164.
115 *Lenz* in FS für Streck, S. 859 ff.
116 *Helmig* PHi 2010, 194 ff.; *ders.* VW 2010, 1190 ff.; *ders.* PHi 2009, 190 f.; *Grote/Seidl* VW 2009, 756 ff.
117 *Nickel/Schade* VW 2009, 1100 ff.

senschaft und Technik«. Ziff. 6.2.5 spricht jetzt **nur noch** vom »**Stand der Technik**«. Nach § 3 VI des BImSchG ist der Stand der Technik – im Anschluss an die Arbeit von Marburger[118] – folgender:

77 »*Stand der Technik iS. dieses Gesetzes (BImSchG) ist der Entwicklungsstand fortschrittlicher Verfahren, Einrichtungen oder Betriebsweisen, die die praktische Eignung einer Maßnahme zur Begrenzung von Emissionen in Luft, Wasser und Boden, zur Gewährleistung der Anlagensicherheit, zur Gewährleistung einer umweltverträglichen Abfallentsorgung oder sonst zur Vermeidung oder Verminderung von Auswirkungen auf die Umwelt zur Erreichung eines allgemein hohen Schutzniveaus für die Umwelt insgesamt gesichert erscheinen lässt. Bei der Bestimmung des Standes der Technik sind insbes. die in der Anlage aufgeführten Kriterien zu berücksichtigen.*«[119]

78 Aber weder das BVerfG[120] noch Marburger haben den Begriff des »Stands der Technik« letztlich abschließend durchdringen können oder auch nur ansatzweise durchdrungen[121]. Der Begriff ist nicht leicht zu umreißen. Es ist ein unbestimmter, kein »feststehender« Rechtsbegriff.[122] Nach Marburger erfassen die »allgemein anerkannten Regeln der Technik« nur bestimmte technische Verfahrensweisen, nämlich die, die sich bereits in der betrieblichen Praxis – und nicht nur in der betrieblichen Entwicklung – bewährt haben und die als **erfolgreiche Problemlösung** betrachtet werden können. Bisweilen wird angeführt, bezogen auf die Ausschlussklausel sei der »Stand der Technik« der **aktuelle Entwicklungsstand fortschrittlicher Verfahren**, Einrichtungen oder Betriebsweisen zur Erprobung, der die praktische Eignung des Erzeugnisses für den konkreten Verwendungszweck gesichert erscheinen lässt. In der versicherungsrechtlichen Literatur wird – in Bezug auf die inzwischen nebeneinander vorfindbaren Termini – nach den »anerkannten Regeln der Technik«, dem »Stand der Technik« und dem »Stand von Wissenschaft und (statt oder) Technik« ein bestehendes Stufenverhältnis als gesetzt interpretiert, wobei der Stand von Wissenschaft und Technik als »höchster Maßstab«, die »anerkannten Regeln der Technik« hingegen als niedrigste Stand sein soll. Die Formulierung im Modell jetzt – in dem Modell von 2006 – lägen dann »in der Mitte«.[123] Immerhin scheint der Begriff – AGB-rechtlich betrachtet – hinreichend transparent und klar zu sein, wenngleich die Definition selber durchaus – wie gezeigt – Schwierigkeiten bereitet.[124]

bb) Ausreichende Erprobung

79 Entscheidend ist, wie ein durchschnittlicher VN die Formulierung der »ausreichenden Erprobung« bei verständiger Würdigung und bei aufmerksamer Sichtung und unter Berücksichtigung des erkennbaren Sinnzusammenhangs verstehen muss. Die Erprobung ist etwas anderes als ein bloßes Experiment, das der Überprüfung einer These dient.[125] Die Erwartungen an die Gebrauchsfähigkeit und Lebensdauer eines Produkts müssen auch in der Praxis erfüllt werden können; dann kann man von ausreichender Erprobung sprechen.[126] Dies setzt grundsätzlich »systematisierte Prüfungen« in einem geregelten Verfahren voraus. Erproben ist nicht Herumprobieren.[127] Auch das OLG Frankfurt[128] unterscheidet zwischen Entwicklungs- und sich daran anschließenden Erprobungsphasen. Durch die Erprobung sollen eben keine erhöhten Risiken für Rechtsgüter Dritter entstehen. Nach einer in der Literatur vertretenen Auffassung[129] soll eine Erprobung als nicht ausreichend angesehen werden, wenn es (noch) keine anerkannten Erprobungsmethoden gibt. Derartige Ansätze dürften im Ergebnis nicht weiterhelfen, insbes. wenn es um neue Produkte geht oder um solche, die mit neuen Produktionsmethoden oder unter Verwendung anderer Materialien als bisher produziert worden sind. Beispiel: Die Veränderung der Rezeptur im Hinblick auf den konkreten Verwendungszweck[130]. Wie lange ein Erproben im Einzelnen gedauert haben muss und wie der Umfang im Einzelnen auszusehen hat, ist nicht immer eindeutig vorherzusagen: Beispielhaft sei auf die Entscheidung des BGH vom 09.01.1991[131] verwiesen. In dieser Entscheidung hatte der VN eine Flüssiggasanlage zum Einbau in beliebige Fahrzeugmotoren auf den Markt gebracht, sie jedoch nur an einzelnen Fahrzeugmotoren erprobt. Nach Ansicht des BGH war die Flüs-

---

118 *Marburger*, S. 161 f.
119 Vgl. entsprechende Regelungen im WHG, Kreislauf-Abfallgesetz, s. aber auch Patentgesetz und Bauproduktengesetz sowie Atomgesetz und Luftverkehrsgesetz.
120 BVerfG 49, 89, 135 ff. = NJW 1979, 359, 362.
121 Vgl. dazu vertiefend Lenz, Produkthaftung § 3 Rn. 396 ff.
122 A.A. *Kettler/Waldner* VersR 2004, 413 ff.; *Zölch* PHi 2002, 166, 169; *Thürmann/Kettler*, S. 288.
123 *Thürmann/Kettler*, S. 288; *Kettler/Waldner* VersR 2004, 413, 418; *Zölch* PHi 2004, 166, 169; a.A. aber auch *Koch/Artz* DB 2001, 1599.
124 A.A. *Koch/Artz* DB 2001, 1599.
125 *Schwabe* VersR 2002, 790; *Kettler/Waldner* VersR 2004, 413 ff.
126 So ausdrücklich *Schwabe* VersR 2002, 790.
127 So ausdrücklich *Kettler/Waldner* VersR 2004, 413 ff.
128 OLG Frankfurt VersR 1998, 176.
129 P/M/*Voit*, Produkthaftpflicht, Ziff. 6 Rn. 10.
130 Vgl. dazu LG Aachen VersR 1995, 286 f.
131 BGH VersR 1991, 414, 416.

siggasanlage ein nicht ausreichend erprobtes Erzeugnis i.S.d. Modells, denn wer – so der BGH – ohne Einschränkung eine Flüssiggasanlage zum Einbau **in beliebige Fahrzeugmotoren** auf den Markt bringe, könne und dürfe nicht erwarten, dass seine Abnehmer bereit seien, ein Produkt zu erwerben, was sie erst darauf selbst erproben müssten, ob es die vertraglich vorgesehene universelle Eignung überhaupt besitze. Trotz dieser Entscheidung und den zutreffenden Ausführungen in der Literatur kann von einer gänzlich exakten Bestimmung des Begriffs der »nicht ausreichenden Erprobung« leider wohl noch immer nicht gesprochen werden.

cc) Sonstiges

Soweit das Modell 2008 (und ebenso das Modell 2015) den Begriff des »konkreten Verwendungszwecks« nach wie vor nicht bestimmt, stellt sich die Frage nach einer hinreichenden Konkretisierung der Klausel insgesamt. Deckungsrechtlich stellt sich auch die Frage, auf welchen Zeitpunkt bei Anwendung der Erprobungsklausel abzustellen ist. Gibt es einen **klaren Stand der Technik« vor** der Auslieferung, also unmittelbar vor dem In-Verkehr-Bringen und hat der Unternehmer diesen Stand auch eingehalten, sollte der Deckungsschutz nicht unter Berufung auf die Erprobungsklausel versagt werden können. Stellt sich – **nach dem In-Verkehr-Bringen** – heraus, dass die seinerzeit angewandten Regeln der Technik falsch oder unzureichend waren, hat dies damit auf die Deckung keinen Einfluss mehr.[132] 80

Etwas unklar bleibt, was mit Ziff. 6.2.5 unter der Formulierung »oder in sonstiger Weise« – im Anschluss an die Ausführungen nach dem Stand der Technik – zu verstehen ist. Dem durchschnittlichen VN wird sich der Sinn jedenfalls ohne weiteres nicht erschließen. In der versicherungsrechtlichen Literatur bleibt die Auslegungsvariante daher auch nahezu unerwähnt, was deren untergeordnete Bedeutung bereits kennzeichnet. 81

Allgemein sind von der Rspr. zur heutigen Experimentierklausel keine durchgreifenden Wirksamkeitsbedenken aus AGB-rechtlicher Sicht erhoben worden. In den zur Erprobungsklausel zitierten Urteilen hatte man die AGB-Thematik gar nicht erst erwähnt. Lediglich in der Entscheidung des OLG Bremen[133] wurde zur AGB-Thematik mit wenigen Sätzen Stellung genommen. Dort wurde jedoch betont, dass ein Verstoß gegen das Transparenzgebot nicht vorliege. Demgegenüber vertreten Koch/Artz[134] seit Mitte 2001 die Auffassung, die Erprobungsklausel halte einer Inhaltskontrolle nicht Stand und sei im Übrigen als »überraschende Klausel« (jetzt § 305c BGB) zu qualifizieren.[135] Dieser Auffassung ist im Ergebnis nicht zu folgen.[136] Die Gegenansicht vermag nicht exakt zu erklären, woraus sich eine »Leitbildfunktion«, auf die sich Koch/Artz beziehen, abgeleitet wird. Die AHB sind kein gesetzliches Regelwerk.[137] Auch vermag ich nicht zu erkennen, warum von einem angeblich gesetzlichen Leitbild, nämlich dem des § 103 (§ 152 a.F.) abgewichen wird. Da ein Risikoausschluss vorliegt, hat dieser § 103 nicht zwingend zu entsprechen. Trotzdem: Im Hinblick auf die zu erwartenden Entwicklungen wäre es überlegenswert, die sog. Erprobungsklausel auf absolut »AGB-feste Beine« zu stellen und Versicherern damit eine weitere Möglichkeit zu geben, in der heutigen modernen und schnelllebigen Zeit das Risiko konkret zu begrenzen. Es wäre sachgerechter, wenn sich Versicherer häufiger als dies in der heutigen Praxis geschieht, auf diesen Ausschluss berufen könnten und berufen würden. 82

In Einzelfällen kann die Kausalität fraglich sein[138]: Nach dem Wortlaut der Klausel ist nicht Voraussetzung, dass die nicht hinreichende Erprobung auch kausal für den durch das Erzeugnis hervorgerufenen Sach- oder Vermögensschaden geworden sein müsste. 83

Zu verweisen ist noch auf den **Ausschluss vom Ausschluss** (Ziff. 6.2.5 S. 2). Vorstehendes gilt nicht für Schäden an Sachen, die mit den hergestellten oder gelieferten Erzeugnissen weder in einem Funktionszusammenhang stehen noch deren bestimmungsgemäßer Einwirkung unterliegen.[139] 84

f) Sog. »Planungs-«Ausschlüsse (Ziff. 6.2.6)

Aufgrund der äußerst hohen Risiken sind Ansprüche aus Planung oder Konstruktion im Zusammenhang mit der Lieferung von Luft- und Raumfahrzeugen sowie von Teilen davon ausgeschlossen. Für das Luftfahrtprodukthaftpflichtrisiko bestehen gesonderte Deckungskonzepte[140]. 85

g) Der Konzern-Ausschluss (Ziff. 6.2.7)

Es handelt sich nicht um einen Standardausschluss in der Praxis. Nicht selten wird schon bei Vertragsschluss die Streichung dieser Klausel verlangt und auch vorgenommen. 86

---

132 Ebenso *Littbarski*, Ziff. 6 Rn. 106.
133 OLG Bremen VersR 1999, 1102; vgl. dazu auch *Thürmann/Kettler*, S. 286.
134 *Koch/Artz* DB 2001, 1599.
135 Vgl. dazu vertiefend die Ausführungen bei van Bühren/*Lenz*, § 12 Rn. 167.
136 Ebenso *Thürmann* PHi 2002, 35, 36; *Schwabe* VersR 2002, 793.
137 *Thürmann* PHi 2002, 34.
138 Vgl. dazu Lenz/*Weitzel*, Produkthaftung, § 7, Rn. 66.
139 Vgl. dazu vertiefend Terbille/*Stempfle*, § 15 Rn. 287 und van Bühren/*Lenz*, § 12 Rn. 168 und 169.
140 *Müller-Rostin* ZLW 1983, 225 f.; *Kadletz* ZLW 1995, 284, 290; vgl. auch *Littbarski*, Ziff. 6 Rn. 112 ff.

Anhang E Produkthaftpflichtversicherung

h) Der Rückrufkosten-Ausschluss (Ziff. 6.2.8)

87 Kein echter Ausschluss. Es handelt sich vielmehr um eine Klarstellung. Mit dem in Ziff. 6.2.8 geregelten »Ausschluss« sollen Überschneidungen zu den angebotenen Rückrufkostendeckungen – vgl. dazu Ausführungen unter II. – vermieden und die Abgrenzung einfach gestaltet werden.[141] Ausführungen zum Thema **Rückruf** vgl. II. Rdn. 107.

i) AHB-Ausschlüsse

88 Lediglich ergänzend sei hervorzuheben, dass die in den AHB geregelten Ausschlüsse (vgl. dazu die Ausführungen zu Ziff. 7 AHB) ebenfalls grundsätzlich anwendbar sind. Dies ergibt sich aus der Präambel, nach der sich der Versicherungsschutz für Produkthaftpflichtrisiken von Industrie- und Handelsbetrieben nach den Allgemeinen Versicherungsbedingungen für die Haftpflichtversicherung (AHB) und den »folgenden« (gemeint sind die Musterbedingungen des GDV zum Produkthaftpflicht-Modell) Besonderen Bedingungen und Risikobeschreibungen ergibt.

IX. Zeitliche Begrenzung (Ziff. 7)

89 Ziffer 7 wird ab den Modellbedingungen Stand Januar 2015 anders formuliert:

> »Der Versicherungsschutz gemäß Ziffer 4.2 ff. umfasst die Folgen aller während der Wirksamkeit der Versicherung eingetretenen Versicherungsfälle, die dem Versicherer nicht später als drei Jahre nach Beendigung des Versicherungsvertrages gemeldet werden. Unberührt bleiben die vertraglichen Anzeigeobliegenheiten. Diese dreijährige Befristung des Versicherungsschutzes gilt nicht, wenn der Versicherungsnehmer den Nachweis erbringt, dass diese Frist von ihm unverschuldet versäumt wurde.«

Ziff. 7 beschäftigt sich mit der zeitlichen Begrenzung des Versicherungsschutzes. Ziff. 7.1 erfasst die sog. **Vorwärtsdeckung**. Neben den Personen- und Sachschäden, für die der Versicherer unabhängig von einem bestimmten Zeitablauf haftet, haftet der Versicherer auch für Vermögensschäden (»gem Ziff. 4.2 ff.«), die bis zum Ablauf von drei Jahren nach Beendigung des Vertrages gemeldet werden (§§ 199, 195 BGB).

90 Die Ziff. 7.2 beinhaltet die sog. **Rückwärtsdeckung**. Grundsätzlich werden Schäden nicht gedeckt, die **vor** In-Kraft-Treten des Versicherungsvertrages entstanden sind. Etwas anderes gilt – und dies regelt Ziff. 7.2 – nur bei besonderer Vereinbarung und für Ansprüche »nach Ziff. 4.2 ff.« wegen Schäden durch Erzeugnisse des VN (auch sog. »Altumsatzklausel« oder auch »Vorumsatzklausel« genannt).

X. Versicherungsfall und Serienschaden

1. Versicherungsfall

91 Bewusst ist der Versicherungsfall, der in den Modellen von 1973 und 1987 noch nicht erwähnt war, nunmehr in Ziff. 8.1 ausdrücklich angeführt als Reaktion auf die Rspr. im »Bahndamm-Urteil«[142]. Ursprünglich hatte man den Begriff »Ereignis« gewählt. Ziel der Einführung der Terminologie **Schadenereignis** war, auf das sog. **Folgeereignis** abstellen zu können.[143] Die Versichererseite war und ist herrschend der Überzeugung, dass durch die Wahl des Begriffs »Schadenereignis« nunmehr weitestgehend auf das Folgeereignis abgestellt werden kann und dieses weitestgehend auch anerkannt wäre[144]. Die sog. Folgeereignistheorie sieht das entscheidende Ereignis »als äußeren Vorgang«, das den Schaden unmittelbar herbeiführt[145]. Mangelhafte Weinkorken waren vom VN während der Wirksamkeit des Versicherungsvertrages bezogen, beim VN weiterverarbeitet und an seinen Abnehmer ausgeliefert worden. Erst nach Ablauf des Vertrages wurden die Korken zum Verschließen von Weinflaschen verwendet und anschließend traten Schäden auf. Das OLG Oldenburg hat zum Begriff des »Schadenereignisses« ausgeführt, dass die Auslegung nicht isoliert aus der Vorschrift abgelesen werden könne, sondern eine Gesamtschau aller Vereinbarungen der Vertragsparteien erfordere. Aus dem Zusammenhang der Einzelregelungen und deren Wortlaut sei im streitgegenständlichen Versicherungsverhältnis das »Schadenereignis« nicht bereits die Herstellung (Konstruktion) oder Lieferung des fehlerhaften Erzeugnisses (hier 70 Bus-Pumpen), also nicht das Kausalereignis zu verstehen, sondern erst der äußere Vorgang, der die Schädigung des Dritten unmittelbar herbeiführt, also das Folgeereignis, vgl. dazu auch die jüngeren Entscheidungen des OLG Stuttgart zum »Folgeereignis« in der Betriebshaftpflichtversicherung (Software-Lieferung) sowie bereits OLG Karlsruhe. Demgegenüber jedoch nach wie vor anders – allerdings zur Gewässerschadenhaftpflichtversicherung – OLG Celle: aber auch zum Produkthaftung-Bauproduktebereich.[146]

---

141 *Zölch* PHi 2002, 166; *Thürmann* PHi 2000, 163, 174; vgl. dazu auch *Nickel* VW 2006, 820 und die Erwiderung von *Dinzen* VW 2006, 1185.
142 BGH VersR 1981, 173.
143 VerBAV 1982, 122; und zur Historie der Änderung des Wortlauts auch OLG Karlsruhe VersR 2003, 1436.
144 *Teichler* ZFV 1984, 643; *Jenssen* ZVersWiss 1987, 455.
145 OLG Oldenburg VersR 1997, 732 – »Folgeschadenereignis« = OLG Oldenburg r+s 1997, 57.
146 OLG Stuttgart VersR 2006, 65 f.; OLG Karlsruhe VersR 2005, 397 und OLG Karlsruhe VersR 2003, 1436; OLG Celle r+s 1996, 173: aber auch LG Hannover, Urt v. 26.10.2007 – 13 O 71/07 (endete durch Vergleich beim OLG Celle).

Ziff. 8.2 regelt den **Zeitpunkt des Eintretens des Versicherungsfalls** – und zwar in geänderter Fassung – hinsichtlich der einzelnen Bausteine der Deckung in den Ziff. 4.2–4.6. Trotz der »Ziffernwüste« scheint mir die Regelung AGB-rechtlich nicht zu beanstanden zu sein. Die Vorverlagerung birgt **Gefahren**. Schließt beispielsweise der VN einen Versicherungsvertrag im Rahmen der erweiterten Produkthaftpflichtversicherung für einen bestimmten Zeitraum, z.B. vom 01.01.2005 bis zum 31.10.2007, und kommt es aufgrund eines (unterstellten) Ausführungsfehlers während des Aufbaus einer Lagerhalle durch den VN am 01.01.2008 zu einem Halleneinsturz, liegt das äußere – sichtbare – Folgeereignis der fehlerhaften Arbeiten, also der Halleneinsturz, erst im Jahre 2008. Der Versicherungsfall ist dann – so die Argumentation – nicht mehr während der Wirksamkeit des Vertrages (Ende 2007) eingetreten. Jetzt greift jedoch Ziff. 8.2 und damit ist im Einzelfall vorverlagert die Frage, ob der Versicherungsfall etwa wegen Ziff. 8.2.1 schon im Zeitpunkt der Verbindung, Vermischung oder Verarbeitung der Erzeugnisse und damit im Jahre 2007 eingetreten ist. Zum daraus resultierenden Folgeproblem: Aufgrund des Wortlauts und der gewählten Konstruktion ist anzunehmen, dass die Vorverlagerung sich dann auch **nur** auf die erweiterten Produkthaftpflichttatbestände bezieht – also auf die echten Vermögensschäden i.S.d. Ziff. 4.2 ff., nicht aber auf die Personen- und Sachschäden. Rspr. zu diesem Thema findet sich noch nicht. 92

2. Serienschaden

Ziff. 8.3 enthält die sog. **Serienschadenklausel**. Mehrere während der Wirksamkeit des Vertrages eingetretene Versicherungsfälle 93
- aus der gleichen Ursache, z.B. aus dem gleichen Konstruktions-, Produktions- oder Instruktionsfehler, es sei denn, es besteht zwischen den mehreren gleichen Ursachen kein innerer Zusammenhang, oder 94
- aus Lieferungen solcher Erzeugnisse, die mit den gleichen Mängeln behaftet sind, 95

gelten unabhängig von ihrem tatsächlichen Eintritt als in dem Zeitpunkt eingetreten, in dem der erste dieser Versicherungsfälle eingetreten ist. Ziff. 6.3 AHB wird gestrichen. 96

Die Klausel enthält eine **zeitliche Fiktion**, wann einzelne Versicherungsfälle als eingetreten gelten, aber keine Kontraktion auf ein Schadenereignis[147]. Alle unter Ziff. 8.3 fallenden Versicherungsfälle werden im Hinblick auf die zeitliche Rückbeziehung in dem Jahr erfasst, in dem der erste Versicherungsfall der Schadensserie eingetreten ist, und in dem Fall steht – nur einmal – die maximierte Versicherungssumme des Versicherungsjahres zur Verfügung[148]. 97

Neben der Serienschadenklausel des Modells formuliert die Versicherungswirtschaft auch »eine alternative Serienschadenklausel«[149]. Hingewiesen sei auch auf die »besonderen Bedingungen für den alternativen Einschluss von Serienschäden in der Produkthaftpflichtversicherung von Industrie- und Handelsbetrieben«[150]. 98

XI. Versicherungssumme/Maximierung/Selbstbehalt

Die Versicherungssumme ist der Betrag, den der Versicherer zu leisten hat (vgl. dazu Ziff. 9.1). Die Maximierung versteht sich als die Höchstersatzleistung für alle Versicherungsfälle eines Versicherungsjahres (vgl. Ziff. 9.2). Der Selbstbehalt (Ziff. 9.3) ist die Summe, die der VN selbst zu zahlen hat. Versicherungssummen, Maximierungen und Selbstbehalte sind frei verhandelbar und in Anbetracht der Besonderheiten des Einzelfalls konkret auszugestalten.[151] Der GdV empfiehlt ab Stand Januar 2015 in den Musterbedingungen zu differenzieren in Ziffer 9.1 zwei Varianten, nämlich für »getrennte« und für »pauschale« Versicherungssummen. 99

XII. Erhöhungen und Erweiterungen des Risikos

Der VN hat die in Ziff. 10.1 genannten Risiken unverzüglich anzuzeigen. Kommt er dieser Pflicht nicht nach, erhöhen sich die in Ziff. 9.3 genannten Selbstbehalte in Schadensfällen, die mit solchen Erhöhungen oder Erweiterungen oder mit neu entstandenen Risiken in Zusammenhang stehen. Weitergehende Sanktionen treffen den VN nicht. 100

B. Rückrufkosten-Versicherungen

I. Zwei Rückrufkosten-Modelle des GDV

Die Versicherer haben zunächst – auf Wunsch der Automobil- und Zuliefererindustrie – für den Kfz-Bereich 1981 eine Rückrufkosten-Versicherung angeboten.[152] Diese hatte Vorbildfunktion auch für andere Industriezweige und Branchen. Rückrufkosten-Versicherungen decken auch, und dies ist eine zentrale Innovation, un- 101

---

147 *Thürmann*, PHi 2000, 173, 176; Terbille/*Stempfle*, § 14 Rn. 314; vgl. auch die Beispielsfälle bei van Bühren/*Lenz*, § 12 Rn. 181.
148 Vgl. dazu auch Thürmann/*Kettler*, Produkthaftpflichtversicherung, S. 324.
149 Die Alternativklausel findet sich in den Erläuterungen zu Ziff. 8.3 des Produkthaftpflicht-Modells 2008.
150 Vgl. *Littbarski*, hinter Ziff. 9 AHB.
151 Vgl. dazu *Schmidt-Salzer*, BB 1983, 1251, 1253.
152 VW 1981, 1573 ff.

ternehmerische Risiken ab, die eben aus der Durchführung von Produktrückrufen resultieren. Es handelt sich (noch immer) um eine »neue Form der Versicherung«, die zwar noch zu den Haftpflichtversicherungen gerechnet werden kann, dogmatisch aber der Haftpflicht in Gänze nicht unterfällt. Die Grenzen zum Deckungsbereich einer Haftpflichtversicherung sind betroffen, wenn der Versicherungsschutz uneingeschränkt gewährt wird, obwohl noch kein konkreter Sach- oder Personenschaden eingetreten ist (sog »bloße Schadensverhütungsmaßnahmen«).[153] Entsprechend der Empfehlung von 1998 für Rückrufkosten-Haftpflichtversicherungen des Gesamtverbandes der Versicherungswirtschaft e.V. existieren heute **zwei grundlegende Modelle**: Zum einen die »Besonderen Bedingungen und Risikobeschreibungen für die Rückrufkosten-Haftpflichtversicherung für Kfz-Teile-Zulieferer« (Stand: August 2008; »Kfz-Rückrufmodell«) sowie die »Rückrufkosten-Haftpflichtversicherung für Hersteller und Handelsbetriebe« (Stand: August 2008; »Produkte-Rückrufmodell«). Beide Modelle werden unverbindlich bekanntgegeben als Musterbedingungen des GdV.

II. Gegenstand des Versicherungsschutzes

102 Nach Ziff. 1.1 (beider Modellbedingungen) ist im Rahmen der Allgemeinen Versicherungsbedingungen für die Haftpflichtversicherung (AHB) und der nachfolgenden Bestimmungen die gesetzliche Haftpflicht des VN für Vermögensschäden i.S.v. § 2.1 AHB 2008 versichert, die dadurch entstehen, dass
- aufgrund festgestellter oder nach objektiven Tatsachen, insbes. ausreichenden Stichprobenbefundes vermuteter Mängel von Erzeugnissen oder
- aufgrund behördlicher Anordnung
- zur Vermeidung von Personenschäden, ein Rückruf i.S.d. Ziff. 2 durchgeführt wurde und der VN hierfür in Anspruch genommen wird.[154]

1. Vermögensschäden

103 Entscheidend ist zunächst, dass lediglich (bestimmte) **Vermögensschäden** versichert sind, nicht jedoch Personen- und Sachschäden sowie deren Vermögensfolgeschäden.

2. Gesetzliche Haftpflicht

104 Ferner geht es um die **gesetzliche Haftpflicht** des VN; bedingt durch die Überschrift stellt sich bereits die Frage, ob von einer Haftpflichtversicherung überhaupt gesprochen werden kann; möglicherweise wäre es besser nur von »Rückrufkostenversicherung« zu reden. Ein typischer »gesetzlicher Haftpflichtfall« – also z.B. die Tatbestandsvoraussetzungen des § 823 BGB – liegen im Zeitpunkt, in dem es zu einem Rückruf kommt, regelmäßig gerade noch nicht vor. Der Rückruf dient im früheren Stadium ja gerade der Verhinderung des Eintritts von Rechtsguts- oder Rechtsverletzungen. Was also letztendlich mit der »gesetzlichen Haftpflicht« in diesem Zusammenhanggemeint ist, bleibt (etwas) unklar. Dies erkennt insbesondere das LG Hamburg[155]: Im dort vorliegenden Fall wird denn auch konkret keine einzige Anspruchsgrundlage zur »gesetzlichen Haftpflicht« zitiert. So bleibt offen, ob das LG Hamburg von einer Analogie zu § 823 BGB ausgegangen ist, einer Analogie, die von der übrigen Rspr. und im Rahmen der Literatur durchweg verneint wird.[156] Daher lässt sich der Begriff – AGB-rechtlich betrachtet – allenfalls dann wirksam aufrecht erhalten, wenn der Begriff der »gesetzlichen Verpflichtung« weit gefasst wird.[157] Es genügt danach, dass der Hersteller die im Rahmen der durch Rechtsfortbildung entwickelten Kriterien einhält und »im Rahmen der richterlichen Vorgaben« agiert und im Einklang mit der Judikatur einen Rückruf durchführt. Schon dann ist das Merkmal der »gesetzlichen Haftpflicht« erfüllt.

3. Zur Vermeidung von Vermögensschäden

105 Versicherungsschutz besteht nach dem Wortlaut der Ziff. 1.1 der Modelle nur dann, wenn der Rückruf zur Vermeidung von Personenschäden durchgeführt wird. In der Literatur wird dazu – soweit feststellbar –[158] vertreten, dieses Merkmal »zur Vermeidung von Personenschäden« sei i.S.v. **Ausschließlichkeit** zu verstehen.

---

153 Vgl. vertiefend van Bühren/*Lenz*, § 12 Rn. 185 ff.
154 *Kettler/Visser* PHi 2004, 213; dieselben PHi 2005, 6 ff. und jüngst *Kettler* PHi 2008, 52 ff.; vgl. jetzt dazu umfassend *Lenz* in FS für Meilicke, S. 417 ff.
155 LG Hamburg VersR 2004, 299, 300 – Rettungsinsel.
156 Vgl. bereits BGH NJW 1990, 2560 – Erdal-Rex; OLG Karlsruhe NJW-RR 1995, 594 – Dunstabzugshaube; s. auch OLG München VersR 1992, 1135 – Druckluftbremse (rechtskräftig durch BGH-Nichtannahmebeschluss v. 05.05.1993 – VIII ZR 104/92); s. auch OLG Düsseldorf NJW-RR 1997, 1344 – Tempostat; OLG München NJW-RR 1999, 1657 – Gasheizungsdeckel; vgl. auch *Beckmann* r+s 1997, 265, 268; Staudinger/*Hager*, BGB, § 823 Rn. F25; MünchKommBGB/*Wagner*, § 823 Rn. 649 ff.; *Tamme*, Rückrufkosten, Haftung und Versicherung, 1996; *Bodewig*, Der Rückruf fehlerhafter Produkte 1999; vgl. auch *Lenz*, PHi 2003, 142; *ders.* PHi 2006, 17 und PHi 2007, 135; *ders.* in FS für Meilicke, S. 417 ff.
157 Ähnlich wie auch in Ziff. 6.2.8 des Modells – beim Rückrufkostenausschluss: vgl. dazu bereits van Bühren/*Lenz*, § 12 Rn. 173.
158 *Kettler/Visser* PHi 2004, 213, 215.

Versicherungsschutz bestehe nur dann, wenn ein Rückruf – nur – zu diesem Zweck tatsächlich durchgeführt werden musste. Der Wortlaut ist jedoch weit gefasst. Daher wird man wohl annehmen müssen, dass es genügt, wenn der Rückruf »auch« zur Vermeidung von Personenschäden durchgeführt wird[159]. Zur Begr. mag beispielsweise auf den Sachverhalt der Entscheidung des OLG Düsseldorf – Hundesterben[160] – verwiesen werden: Ein Düngemittelhersteller hatte Düngemittel – die aktives Rizin (also toxisches Rizin) enthielten – hergestellt und über den Handel vertrieben. Es kam zu einem massiven Hundesterben und es war zum Zeitpunkt der Durchführung des Rückrufs nicht ausgeschlossen, dass nicht auch konkrete Gefahren für Leib und Leben von Personen, zumindest für Kleinkinder, bestanden (Einzelheiten waren umstritten). In deckungsrechtlicher Hinsicht drängt sich daher in Einzelfällen die Frage auf, ob ein »gedeckter Rückruf« nicht zumindest dann vorliegt, wenn er »auch« zur Vermeidung von Personenschäden erfolgt, was im Ergebnis zu bejahen ist; ansonsten käme es zu Unverständlichkeiten im Deckungsschutz.[161]

4. Erzeugnisse

Erzeugnisse i.S.d. zitierten Rückrufkosten-Bedingungen können sowohl vom Versicherungsnehmer hergestellte, gelieferte oder vertriebene Erzeugnisse als auch Produkte Dritter sein, die Erzeugnisse des VN enthalten (Ziff. 1.2). **106**

5. Der Rückruf

Es geht um einen **Rückruf** i.S.v. Ziff. 2 der Modelle. Rückruf ist danach die auf gesetzlicher Verpflichtung beruhende Aufforderung des VN, zuständiger Behörden oder sonstiger Dritter an Endverbraucher, Endverbraucher beliefernde Händler, Vertrags- oder sonstige Werkstätten, die Erzeugnisse von autorisierter Stelle auf die angegebenen Mängel prüfen und die ggf. festgestellten Mängel beheben oder andere namentlich benannte Maßnahmen durchführen zu lassen.[162] Als Rückruf **gilt** auch die **Warnung** vor nicht sicheren Erzeugnissen, soweit aufgrund gesetzlicher Verpflichtungen zur Vermeidung von Personenschäden eine Warnung ausreichend ist. Die Abgrenzung zwischen einem erforderlichen und notwendigen Rückruf (iS. eines kostenlosen Austauschs) oder einer Warnung kann im Einzelfall schwierig sein[163]. Eine Reihe von Entscheidungen, insbes. drei landgerichtliche Urteile[164] und insbes. auch die Entscheidung des OLG Hamm[165] und diesem dann folgend der BGH,[166] haben die Diskussion – fokussiert allerdings auf den Aspekt des Umfangs von Gefahrenbeseitigungsmaßnahmen (kostenloser Austausch als adäquates Mittel) und über die Abgrenzung zwischen dem (kostenlosen) Austausch und der »bloßen Warnung« – vor einigen Jahren wiederaufleben lassen. Nach Molitoris[167] lasse die Entscheidung des LG Frankfurt Raum für die Überlegung, dass der »Rückruf« – in Form eines kostenlosen Austauschs oder in Form einer kostenlosen Nachrüstung – künftig **gänzlich obsolet** sein könne. Wäre diese Auffassung richtig, würden Versicherungswirtschaft und Industrie schlimmstenfalls Jahr für Jahr Millionen für Produktrückrufe ausgeben, ohne dazu verpflichtet zu sein. Die Annahme als richtig unterstellt, hätte sich die Rückrufpraxis weit vom Haftungsrecht entfernt und es käme dann – wohl unbewusst – zu hohen Kulanzleistungen von Seiten der Versicherungswirtschaft[168]. Die – sicher nur provokant gemeinte – These ist unzutreffend.[169] In der versicherungsrechtlichen Literatur wird auch ausgeführt, dass es und warum es künftig nach wie vor zu Rückrufen – i.S. eines kostenlosen Austauschs – kommen wird, und warum nach wie vor ein Bedürfnis besteht, Rückrufkostendeckungen anzubieten und – für die VN – abzu- **107**

---

159 Vgl. mit beachtenswerten Argumenten a.A. *Kettler/Visser* PHi 2004, 215 ff.
160 OLG Düsseldorf NJW-RR 2008, 411: Die Parteien haben sich seinerzeit vor Einlegung der Nichtzulassungsbeschwerde beim BGH verglichen.
161 Siehe – weitgehend womöglich – *Stöhr* in FS für Gerda Müller, S. 179 ff.: Zur haftungsrechtlichen Betrachtung hält er möglicherweise Rückrufe für notwendig, wenn das »Eigentum« betroffen ist, so dass dieser deckungsrechtliche Baustein an Bedeutung gewinnen könnte; vgl. dazu auch Fn. 137.
162 Grundlegend dazu *Stöhr* in FS für Gerda Müller, S. 173 ff.; *Lenz* in FS für Meilicke, S. 418 ff.
163 Lenz, Produkthaftung, § 4 »Der Rückruf« Rn. 1 ff.
164 LG Bielefeld PHi 2006, 18 – »Brennende Pflegebetten«; LG Arnsberg v. 06.05.2003, zit. bei *Lenz*, PHi 2007, 135, und LG Frankfurt VersR 2007, 1575 ff. – »Federbruch«.
165 OLG Hamm BB 2007, 2367 – »Brennende Pflegebetten«; vgl. dazu auch *Lenz*, PHi 2003, 142, ders. PHi 2006, 17 und ders. PHi 2007, 135.
166 BGH NJW 2009, 1080 – »Brennende Pflegebetten«; vgl. auch OLG Düsseldorf, BeckRS 2010, 05734 – abgebrannter LKW sowie dazu der bestätigende Beschluss des BGH vom 26.01.2010, BeckRS 2010, 05571; OLG Stuttgart, Urteil, Az. 19 U 123/09; OLG Nürnberg, Urteil vom 03.08.2011 und zurückweisender Beschluss des BGH vom 19.03.2013, Az. VI ZR 246/11 – brennender Rauchmelder; BGH NJW 2009, 2952 ff. – Airbag, dazu *Lenz*, PHi 2009, 196 ff.; Ansichten in der Literatur zur Rückrufverpflichtung bei Lenz, Produkthaftung, § 4 Rn. 39 ff.; vgl. auch den belastenden Verwaltungsakt des Kaftfahrtbundesamtes an VW vom 15.10.2015.
167 *Molitoris* VW 2007, 1175 und *ders*. in NJW 2009, 1049 und FAZ 11/2006, 25.
168 *Lenz*, Die Kulanzleistung des Versicherers, 1993, 1 ff.
169 Ebenso *Kettler* PHi 2008, 52 ff.; vgl. dazu die detaillierte Begründung bei Lenz, Produkthaftung, § 4 Rn. 44 ff.

Anhang E Produkthaftpflichtversicherung

schließen. Aufgrund der zitierten Entscheidungen lässt sich allenfalls die These wagen, dass Unternehmer möglicherweise eher als bisher Warnungen aussprechen und gut überlegen, ob wirklich ein Rückruf i.S.d. kostenlosen Austauschs notwendig ist. Dieser ist – immer unterstellt, es bestehen konkrete Gefahren für Leib und Leben[170] – jedenfalls wohl aber nach wie vor dann durchzuführen, wenn **unbeteiligte Dritte** mit einem Produkt in Berührung kommen können, ohne dass sie die Gefahr erkennen können (sog. **Unbedarfte**). Es wird auch einen Unterschied machen, insofern ist Kettler[171] zuzustimmen, ob die Produkte, die gefährlich sind, sich in Händen von professionellen Betreibern befinden, oder aber in die Hände von Verbrauchern (§ 13 BGB) gelangt sind.[172]

Zudem ist der Einfluss des europäischen Marktüberwachungsrechts auf das Zivilrecht nicht zu unterschätzen.[173] Führungskräfte aus der EU verstehen den deutschen Ansatz und die Unterscheidung zwischen kostenlosem Austausch und Rückruf bzw. Warnung nicht und kritisieren – öffentlich – die deutsche Justiz gelegentlich. Dabei wird wiederum der föderative Charakter der Strukturen der Bundesrepublik Deutschland verkannt. Und dennoch ist darauf hinzuweisen, dass der Einfluss des öffentlich-rechtlichen Produktsicherheitsrechts zunehmen und die Diskussionen voranbringen wird. So ist am 01.01.2010 die Verordnung (EG) Nr. 765/2008 zur Akkreditierung und Marktüberwachung in Kraft getreten; diese gilt damit in Deutschland unmittelbar und neben dem seit 01.12.2011 in Kraft getretene ProdSG. Dieses enthält einen weitreichenden Katalog zu den möglichen Marktüberwachungsmaßnahmen. Wenn es Herstellern gelingt, die im Einklang mit dem Produktsicherheitsrecht gehandelt haben, zu verdeutlichen, dass gerade sie sich im Rahmen des Rechts bewegt haben, könnte dies Auswirkungen auf die Rechtsprechung zum Zulieferer-Regress haben, und dies wiederum auf die bestehenden Deckungslösungen durch die Versicherungswirtschaft.[174]

6. Auf gesetzlicher Verpflichtung beruhend

108 Einschränkend sieht Ziff. 2 vor, dass der Rückruf zusätzlich noch auf »gesetzlicher Verpflichtung« beruhender Aufforderung bestehen muss, festgestellte Mängel zu beheben oder andere namentlich benannte Maßnahmen durchführen zu lassen. Diese Formulierung ist aus sich heraus nicht gänzlich verständlich. Sie wird weder in Ziff. 2 der Musterbedingungen des GdV, noch – vgl. insoweit nahezu deckungsgleich – in Ziff. 6.2.8 des Produkthaftpflicht-Modells definiert. Zu Recht wird auch deshalb von Seiten der Versicherungswirtschaft erwähnt, dass diese Ergänzung auf den ersten Blick verwundert[175]. Überraschend i.S.d. § 305c BGB ist sie nicht, weil sie sich über Jahre bereits an Industrieversicherungskunden wendet, denen die Thematik durchaus bewusst ist. Trotzdem erstaunt die zitierte Ergänzung, da eine Rückrufverpflichtung – ja wie bekannt – gesetzlich gerade nicht normiert ist. An keiner Stelle gibt es eine »gesetzliche Verpflichtung«, unter bestimmten Voraussetzungen tatsächlich einen Rückruf durchzuführen. Von einer »gesetzlichen Verpflichtung« wird man jedenfalls dann sprechen können, wenn etwa die Behörde einen Rückruf angeordnet hat per Verwaltungsakt. Aufgrund des im GPSG verankerten Subsidiaritätsprinzips kann rückgeschlossen werden, dass auch die bloße **Androhung** durch die Behörde, dann tätig zu werden, wenn der Unternehmer sich in der konkreten Situation nicht dazu durchringt, einen Rückruf durchzuführen, ebenfalls genügt, um bereits den Deckungstatbestand der »gesetzlichen Verpflichtung« auszulösen. Vor diesem Hintergrund macht nur eine weite Auslegung des Begriffs der »gesetzlichen Verpflichtung« Sinn, wenn sie nicht insgesamt intransparent erscheinen soll (vgl. § 307 BGB).

III. Umfang des Versicherungsschutzes

109 Gedeckt sind – vgl. Ziff. 3 – in beiden Modellen die im Einzelnen **enumerativ** angeführten Kosten: Kosten für die Benachrichtigung (Ziff. 3.1); im Produkte-Rückrufmodell das Vorsortieren der vom Rückruf betroffenen Erzeugnisse und der Transport der Erzeugnisse zum VN zu autorisierten Stellen (Ziff. 3.2 und 3.3); dementsprechend heißt es im Kfz-Rückrufmodell unter Ziff. 3.2 bzw. 3.3 »die Überführung der Kraftfahrzeuge« und »die Überprüfung der vom Rückruf betroffenen Erzeugnisse«. Letzteres ist wiederum nach Ziff. 3.4 auch im Produkte-Rückrufmodell umfasst. Im Einzelnen sei zum Umfang auf die Ziff. 3 in den jeweiligen Modellen verwiesen.

---

170 Vgl. dazu OLG Karlsruhe NJW-RR 1995, 534 – Dunstabzugshaube; ebenso OLG Nürnberg, Urt. v. 03.08.2011 – 12 U 1143/06 ebenso wie Vorinstanz, LG Regensburg, Urt v. 07.04.2006 – 2 HK O1 376/02 – Stromversorgungsteil; LG Hamburg VersR 1994, 299, 300 – Rettungsinsel; vielleicht weitergehend sogar *Stöhr* in FS für Gerda Müller, S. 179: »... mit gefährlichen Folgen für Leben, Leib, **Eigentum** von Kunden und sonstigen Personen ...«. Dafür lässt sich ggf. nunmehr auch der gegen VW am 15.10.2015 durch das KBA angeordnete Rückruf anführen.
171 *Kettler* PHi 2008, 52 ff.
172 Vgl. *van Bühren/Lenz*, § 12 Rn. 201b vertiefend; ebenso *Burckhardt* PHi 2009, 47, 51.
173 *Hermes*, S. 114 ff.
174 *Lenz* in FS für Meilicke, S. 417 ff.; *ders.* in FS für Streck, S. 859 ff.
175 *Kettler/Visser* PHi 2004, 217.

IV. Risikobegrenzung und -ausschlüsse

Nach Ziff. 6 der beiden aktuellen Rückrufkosten-Modelle sind bestimmte Ansprüche nicht versichert (Risikobegrenzung/Ausschlüsse). Die zitierten Ziff. sind nicht allesamt inhaltsgleich in den Modellen, doch die Ziff. 6.1–6.4 des Kfz-Rückrufmodells entsprechen wörtlich den Ziff. 6.2–6.5 des Produkte-Rückrufmodells. Denkbar ist, dass im Rahmen der Rückrufkosten-Versicherung der Ausschlusstatbestand des »bewussten Abweichens« der Ziff. 6.3 des Produkte-Rückrufmodells eingreifen kann, wenn der Hersteller die normierten Pflichten (z.B. § 6 ProdSG) nicht ernst nimmt und/oder diese »bewusst übergeht«. Das Gleiche gilt, wenn ein Hersteller es unterlässt, entgegen der Regelung des § 6 IV ProdSG die zuständigen Behörden unverzüglich zu unterrichten.[176]

---

[176] Zu den Unterschieden in beiden Modellen – auch weitergehend über die Ausschlüsse hinaus – vgl. van Bühren/*Lenz*, § 12 Rn. 198 ff.; dazu auch Lenz/*Klindt*, Produkthaftung, § 8 Rn. 55 ff.

Anhang F
Umwelthaftpflichtversicherung

Übersicht

	Rdn.
I. Vorbemerkung	1
II. »Besondere Bedingungen und Risikobeschreibungen für die Versicherung der Haftpflicht wegen Schäden durch Umwelteinwirkung (Umwelthaftpflicht-Modell)«	2
1. Überblick zur Systematik des Modells	2
2. Gegenstand der Versicherung	5
a) Schäden durch Umwelteinwirkung	6
b) Gesetzliche Haftpflichtansprüche	7
c) Personen-, Sach- und unechte Vermögensschäden	8
d) Echte Vermögensschäden	9
aa) Aneignungsrechte	10
bb) Eingerichteter und ausgeübter Gewerbebetrieb	11
cc) Wasserrechtliche Benutzungsrechte und -befugnisse	12
e) Mitversicherte Tatbestände	13
aa) Mitversicherte Personen	13
bb) Sonstige Mitversicherungstatbestände	14
cc) Einschlusstatbestände	15
3. Umfang der UHV	16
a) Enumerations- und Deklarationsprinzip	16
b) Risikobausteine der UHV	17
aa) WHG-Anlagen	17
(1) Begriff der WHG-Anlage (Ziff. 2.1 UHV)	17
(2) Inhaberschaft	18
(3) Abgrenzungen	19
bb) UHG-Anlagen	20
(1) Begriff der UHG-Anlage	20
(2) Inhaberschaft	22
(3) Abgrenzung	23
cc) Sonstige deklarierungspflichtige Anlagen	24
(1) Begriff der deklarierungspflichtigen Anlage	24
(2) Inhaberschaft	25
(3) Abgrenzungen	26
dd) Abwasseranlagen, Einbringen von Abwässern	27
(1) Abwasseranlagen	28
(2) Einwirkungsrisiko	29
(3) Klarstellung zu AHB	30
ee) UHG-II-Anlagen/Pflichtversicherung	31
ff) Umweltprodukterisiko	32
gg) Sonstige Umwelteinwirkungen	36
(1) Anwendungsbereich	37
(2) Zusammenhang mit im Versicherungsschein beschriebenen Risiken	38
(3) Abgrenzung zu Risikobausteinen in Ziff. 2.1. bis 2.6 UHV	39
hh) Sonstiges	40
4. Vorsorgeversicherungen/Erhöhungen und Erweiterungen	41
a) Regelung des VVG	41
b) Regelung der AHB	42
aa) Risikoerhöhungen und -erweiterungen	43
bb) Vorsorgeversicherung für neue Risiken	44
c) Regelungen der UHV	45
5. Versicherungsfall	47
a) Allgemeines	47
b) Feststellung des Schadens	49
c) Nachprüfbarkeit	50
d) Während der Wirksamkeit der Versicherung	51
6. Aufwendungen vor Eintritt des Versicherungsfalls	52
a) Rettungskosten nach VVG	53
b) Anwendungsbereich	54
aa) Störung des Betriebes	55
bb) Behördliche Anordnung	56
c) Umfang des Aufwendungsersatzes	57
7. Ausschlusstatbestände	58
a) Kleckerklausel	59
b) Normalbetrieb	60
c) Vor Vertragsbeginn eingetretene Schäden	61
d) Subsidiaritätsklausel	62
e) Grundstückserwerb	63
f) Endablagerungsklausel	64
g) Produkthaftpflicht	65
h) Abfallklausel	66
i) Bewusstes Abweichen von Umweltschutzbestimmungen	67
j) Bewusstes Unterlassen	69
k) Genetische Schäden	70
l) Weitere Ausschlüsse	71
8. Versicherungssummen/Maximierung/Serienschadenklausel/Selbstbehalt	72
9. Nachhaftung	73
a) Beendigung des Versicherungsverhältnisses	74
b) Eintritt und Feststellung des Schadens	75
c) Umfang	76
10. Auslandsschäden	77

Schrifttum:

Berendes, Wasserhaushaltsgesetz, 2010; *Czychowski/Reinhardt*, Wasserhaushaltsgesetz, 11. Aufl. 2014; *Kahl*, Neuere höchstrichterliche Rechtsprechung zum Umweltrecht, JZ 2008, 74 ff. und 120 ff.; *Klingelhöfer*, Umwelthaftung, Abfallproblematik und betriebliche Entsorgung – Wirtschaftliche Auswirkung des Umwelthaftungsrechts, VersR 2002, 530 ff.; *Korves*, Ewiges Recht? Zur Anspruchsverjährung bei der Haftung von Umwelteinwirkungen, NVwZ 2015, 200; *Küpper*, Anmerkung zu dem genehmigten Umwelthaftpflicht-Modell und Umwelthaftpflichttarif des HUK-Verbandes, VP 1993, 17 ff.; *Lach/Morbach*, Versicherungsschutz für CO_2-Haftungsklagen, VersR 2011, 52 ff.; *Laschet/Fehn*, Die Bestimmung der Ortsüblichkeit nach § 906 BGB, UPR 1998, 13 ff.; *Littbarski*, Die AHB-Reform von 2004 (Teil 1), PHi 2005, 97 ff.; *ders.*, Die AHB-Reform von 2004 in Gestalt der Überarbeitung von 2006 (Teil 2), PHi 2006, 82 ff.; *ders.*, Auswirkungen der VVG-Reform auf die Haftpflichtsparte (Teil 1), PHi 2007, 126 ff.

und (Teil 2), PHi 2007, 176 ff.; *Poschen,* Das Deckungskonzept für die Versicherung der Haftpflicht wegen Schäden durch Umwelteinwirkung (Umwelthaftpflichtmodell), VersR 1993, 653 ff.; *Salje/Peter,* Umwelthaftungsgesetz, 2. Aufl. 2005; *Schimikowski,* Umwelthaftungsrecht und Umwelthaftpflichtversicherung, 6. Aufl. 2002; *Schmidt-Salzer/Schramm,* Kommentar zur Umwelthaftpflichtversicherung, 1993; *Späte/Schimikowski,* Haftpflichtversicherung – Kommentar zu den AHB und weiteren Haftpflichtversicherungsbedingungen, 2. völlig neu bearb. Aufl. 2015; *Thüsing,* Was ist ein Riesengrabfrosch wert?, VersR 2002, 927 ff.; *Vogel/Stockmeier,* Umwelthaftpflichtversicherung, 2. Aufl. 2009.

I. Vorbemerkung

Die durch die besonderen Bedingungen und Risikobeschreibungen für die Versicherung der Haftpflicht wegen Schäden durch Umwelteinwirkung bekannte Umwelthaftpflichtversicherung (UHV) ist das versicherungstechnische Ergebnis jahrzehntelanger Entwicklung des Umwelthaftpflichtrechts. Bereits ab Mitte der 60er Jahre des 20. Jahrhunderts waren bestimmte Deckungsklarstellungen in den damals bekannten Versicherungsbedingungen erforderlich, nicht zuletzt durch die Einführung des Wasserhaushaltsgesetzes (WHG)[1] im Jahre 1957, welches zum 01.03.2010 gänzlich neu gefasst wurde und das bisherige Rahmenrecht durch ein umfassendes Regelwerk zum Wasserhaushaltsrecht ersetzt. Weitere Entwicklungen und die gesteigerte Bedeutung des Umweltschutzes in Politik und Gesetzgebung[2], nicht zuletzt auch die Einführung des Gesetzes über die Umwelthaftung (UmweltHG)[3] zum 01.01.1991 führten dazu, dass neben den allgemeinen zivilrechtlichen Schadensersatznormen nunmehr auch spezielle Umwelthaftpflichttatbestände kodifiziert wurden. Infolge dessen ist zwischen dem HUK-Verband in Zusammenarbeit mit dem Bundesverband der Deutschen Industrie (BDI) und dem Deutschen Versicherungsschutzverband (DVS) das erste Umwelthaftpflicht-Modell entworfen worden, um den besonderen und zunehmenden Risiken aus der Verantwortlichkeit für Umweltschäden auf beiden Marktseiten gerecht zu werden. Abgelöst wurde mit dem Umwelthaftpflicht-Modell auch die vormalige sog. »Umweltpolice«, die »Besonderen Bedingungen für die erweiterte Versicherung von Umweltschäden im Rahmen der Betriebshaftpflicht«.[4] Das Umwelthaftpflichtmodell liegt derzeit nach Anpassung an die Veränderungen des Schuldrechts im Jahre 2002 und das VVG zum 01.01.2008 als »Musterbedingungen des GDV« mit dem Stand Januar 2015 vor. 1

II. »Besondere Bedingungen und Risikobeschreibungen für die Versicherung der Haftpflicht wegen Schäden durch Umwelteinwirkung (Umwelthaftpflicht-Modell)«

1. Überblick zur Systematik des Modells

Das Umwelthaftpflicht-Modell stellt den umfangreichsten Teil der Deckung von Umweltschäden dar. Neben diesem hat der GDV die »Besonderen Bedingungen und Risikobeschreibungen für die Versicherung der Haftpflichtschäden durch Umwelteinwirkung im Rahmen der Betriebs- und Berufshaftpflichtversicherung« (sog. Umwelthaftpflicht-Basisversicherung) herausgegeben. Soweit nur in begrenztem Maße die Abdeckung von Umweltrisiken erforderlich ist, wird diese Police separat vereinbart oder in die allgemeine Betriebshaftpflichtversicherung integriert. Diese ist vom Deckungsbereich weniger umfangreich als das nachfolgend kommentierte Umwelthaftpflicht-Modell. 2

Das Umwelthaftpflicht-Modell wird – ebenso wie das Produkthaftpflicht-Modell[5] – als eigenständiger Bestandteil der Betriebshaftpflichtpolice vereinbart. Die Haftpflicht für Umweltrisiken wäre ohne diese Ergänzung nicht über die AHB gedeckt, weil entsprechende Risiken ansonsten ausgeschlossen wären. Insbesondere Ziff. 7.10 AHB enthält eine umfassende **Nullstellung**[6] in Bezug auf Schäden durch Umwelteinwirkung. Ziff. 7.14 AHB enthält einen Deckungsausschluss für Haftpflichtansprüche aus Sachschäden, welche durch Abwässer entstehen. 3

Die UHV ist als Deckungsbestandteil der Betriebshaftpflichtversicherung insbesondere dann erforderlich, wenn der VN **umweltrelevante Anlagen** betreibt oder sich bei diesem ein Umweltrisiko aus der Planung, Herstellung, Lieferung, Montage, Demontage, Instandhaltung oder Wartung solcher Anlagen ergibt. Der Deckungsschutz der UHV ist zugeschnitten auf die Bedürfnisse des VN und dessen konkrete Haftpflichtrisiken. Da die UHV Teil der einheitlichen Betriebshaftpflicht-Police ist, sind Abgrenzungsschwierigkeiten zur AHB und zur Produkthaftpflicht sowie neuerdings zur Umweltschadensversicherung[7] nicht selten. Trotz einheitlicher Police – mit Ausnahme der Umwelt-Schadensversicherung, die eigenständig abgeschlossen wird – ist eine Abgrenzung wegen divergierender Deckungssummen und Selbstbehalte für die einzelnen Teile notwendig. 4

---

1 Gesetz zur Ordnung des Wasserhaushalts vom 27.07.1957, BGBl. I, S. 1110 ff., neugefasst durch Bekanntmachung v. 19.08.2002, BGBl. I, S. 3245 ff., zuletzt geändert durch Art. 320 der Verordnung v. 31.08.2013, BGBl. I, S. 1474.
2 H/E/K/*Schwab,* 30. Kap. Rn. 1 ff., gibt insgesamt einen sehr guten Überblick über das materielle Umwelthaftungsrecht.
3 Gesetz über die Umwelthaftung vom 10.12.1990, BGBl. I, S. 2634 f., zuletzt geändert durch Art. 9 V des Gesetzes v. 23.11.2007, BGBl. I, S. 2631.
4 Hierzu im Einzelnen: *Poschen* VersR 1993, 653 ff.
5 Vgl. hierzu *Lenz,* Anhang E.
6 *Vogel/Stockmeier,* S. 155.
7 Vgl. hierzu *Laschet,* Anhang G.

Anhang F   Umwelthaftpflichtversicherung

2. Gegenstand der Versicherung

5   Versichert ist gem. Ziff. 1.2 UHV die gesetzliche Haftpflicht privatrechtlichen Inhalts des VN wegen Personen-, Sach- und besonders genannter Vermögensschäden durch Umwelteinwirkung für die besonders gem. Ziff. 2 in Versicherung gegebenen Risiken. Grundlage des Versicherungsschutzes bleiben zwar die allgemeinen Versicherungsbedingungen für die Haftpflichtversicherung (AHB), wie Ziff. 2.1 UHV festhält. Wegen der Ausschlüsse in Ziff. 7.10, 7.14 AHB werden die besonderen Risiken gemäß den nachfolgend erläuterten Bedingungen – jedoch eingeschränkt – wieder in Deckung genommen werden.

a) Schäden durch Umwelteinwirkung

6   Versichert sind nur solche Schäden, die **durch Umwelteinwirkung** entstehen. Schlüsselbegriff der Deckung – und entsprechend auch des Ausschlusses in Ziff. 7.10 AHB – ist die »Umwelteinwirkung«. Auch versicherungsrechtlich ist auf die gesetzliche Definition des § 3 I UmweltHG zurückzugreifen. Danach entsteht ein Schaden durch Umwelteinwirkung, wenn dieser durch Stoffe, Erschütterungen, Geräusche, Druck, Strahlen, Gase, Dämpfe oder sonstige Erscheinungen verursacht wird, die sich im Boden, in der Luft oder im Wasser ausgebreitet haben. Erforderlich ist die Ausbreitung eines Ereignisses, das über ein Umweltmedium oder einen Umweltpfad (Boden, Luft, Wasser) vermittelt wird[8], was beispielsweise bei Erdrutschen nicht der Fall ist, weil es am Merkmal des Ausbreitens fehlt.[9] Das Umweltmedium selbst ist nicht versichert,[10] zumal es in den meisten Fällen bereits daran fehlt, dass Luft, Meerwasser, frei fließendes Wasser und das Grundwasser nicht unter die Sachdefinition des § 90 BGB fallen und damit nicht nach Ziff. 1.2 UHV in den Deckungsbereich einbezogen sind. Teilweise kann eine Deckung dieser Risiken über die Umweltschadensversicherung[11] erfolgen.

b) Gesetzliche Haftpflichtansprüche

7   Mit der Deckung des gesetzlichen Haftpflichtanspruchs privatrechtlichen Inhalts bietet die UHV zunächst – wie auch die AHB – eine konkrete Gefahrendeckung. Da die UHV keine Definition gesetzlicher Haftpflichtansprüche enthält, wird insofern auf die Ausführungen zu Ziff. 1.1 AHB[12] verwiesen. In Abgrenzung zur Umweltschadensversicherung (USV) werden damit allerdings keine öffentlich-rechtlichen Ansprüche gedeckt, sondern es verbleibt bei den klassischen zivilrechtlichen Haftpflichtansprüchen. Denkbar ist indes, dass die öffentlich-rechtliche Inanspruchnahme Dritter zu einem zivilrechtlichen Schadensersatzanspruch führt.[13] Insofern kommt es dann maßgeblich auf die Abgrenzung zur Umweltschadensversicherung an, wie z.B. bei Ziff. 7.10a AHB. Erfasst werden alle Normen, die unabhängig vom Willen der Beteiligten an die Verwirklichung eines unter Ziff. 1.2 UHV fallenden Vorkommnisses Rechtsfolgen knüpfen[14], wobei dies zwingend Schadensersatzansprüche sein müssen. Auch sog. CO_2-Haftungsklagen werden künftig – wie aktuelle Beispiele zeigen – die Automobil- und energieintensive Industrie belasten.[15] Im Bereich des Umweltrechts kommen als Anspruchsgrundlagen insbesondere die § 1 UmweltHG, § 89 WHG, §§ 823, 906 BGB[16], § 14 BImSchG sowie auch ggf. der bürgerlich-rechtliche Aufopferungsanspruch nach § 1004 BGB in Betracht.[17] Im Rahmen des § 1004 BGB ist zu beachten, dass dieser nicht grundsätzlich einen gesetzlichen Haftpflichtanspruch begründet, sondern der Anspruch nur im Einzelfall auf Schadensersatz gerichtet ist.[18] Das Gleiche gilt für § 906 BGB[19] und § 14 BImSchG. Negatorische Ansprüche aus §§ 862, 1004 BGB, Auskunftsansprüche (§ 8 UmweltHG), Duldungsansprüche (§ 906 BGB) sowie öffentlich-rechtliche Beseitigungsansprüche nach dem UmweltSchadG fallen sämtlich nicht unter die Deckung der UHV. Ansprüche aus dem Bundesbodenschutzgesetz (BBodSchG) fallen ebenso nicht in den Deckungsbereich; insofern sind nicht Schadensersatzansprüche Dritter geltend gemacht, sondern die Eigenschadenproblematik des Umweltmediums Boden betroffen[20], was aber für die Umweltschadensversicherung von Relevanz sein kann. Die UHV schafft damit gleichwohl eine normunabhängige **Allgefahrendeckung**.

---

8   Terbille/*Fränzer*, § 16 Rn. 15 ff.; Schmidt-Salzer/*Schramm*, S. 237.
9   OLG Köln r+s 2009, 149, 152.
10 van Bühren/*Laschet*, § 24 Rn. 9; H/E/K/*Schwab*, 30 Kap. Rn. 52.
11 Vgl. hierzu *Laschet*, Anhang F.
12 Vgl. § 100 VVG Rdn. 39 ff.
13 LG Dortmund r+s 2010, 237, 239.
14 § 100 VVG Rdn. 41.
15 *Lach/Morbach*, VersR 2011, 52.
16 Vgl. hierzu, insbesondere in Bezug auf das Kriterium des Ausbreitens: OLG Koblenz r+s 2010, 472.
17 Umfangreicher Überblick bei: H/E/K/*Schwab*, 30. Kap. Rn. 1 ff.
18 Vgl. Palandt/*Bassenge*, § 1004 Rn. 1 ff.
19 Vgl. Palandt/*Bassenge*, § 906 Rn. 25.
20 Terbille/*Fränzer*, § 15 Rn. 20; vgl. aber LG Dortmund r+s 2010, 237 ff.

c) Personen-, Sach- und unechte Vermögensschäden

Nach Ziff. 1.2 UHV sind die Personen- und Sachschäden sowie die daraus resultierenden Vermögensschäden[21] vom Versicherungsschutz erfasst. Da weder der Personen- noch der Sachschaden eine gesonderte Definition im Rahmen der UHV erfährt, ist auf das Begriffsverständnis im Rahmen von Ziff. 1.1 AHB zurückzugreifen. Personenschäden sind der Tod, die Verletzung oder die Gesundheitsbeschädigung von Menschen.[22] Sachschäden sind die Beschädigung oder Vernichtung von Sachen.[23] Unechte Vermögensschäden sind solche, die Folge eines Personen- oder Sachschadens sind.[24]

d) Echte Vermögensschäden

Deckung für echte Vermögensschäden wird nur gewährt für die Verletzung von Aneignungsrechten, Verletzung des Rechts am eingerichteten und ausgeübten Gewerbebetrieb oder bei der Verletzung von wasserrechtlichen Benutzungsrechten oder -befugnissen. Echte Vermögensschäden an diesen Rechtsgütern werden wie Sachschäden behandelt (Ziff. 1.2 UHV).

aa) Aneignungsrechte

Aneignungsrecht ist das subjektive, durch § 823 I BGB als sonstiges Recht absolut geschützte Recht, durch eine Handlung Eigentum zu erwerben[25]. Der Begriff ist identisch mit dem aus § 958 II BGB. Typischerweise entstehen Aneignungsrechte im Bereich des Jagdrechts (vgl. § 1 BJagdG)[26], dem Fischereirecht[27] und dem Recht des Grundstückseigentümers auf Grundwasserförderung[28]. Hauptsächlicher Anwendungsbereich dieser Vermögensschäden ist damit das Verenden von Tieren.

bb) Eingerichteter und ausgeübter Gewerbebetrieb

Eine Verletzung des eingerichteten und ausgeübten Gewerbebetriebes liegt vor, wenn das entsprechende Unternehmen in seinem Bestand mit allen seinen Ausstrahlungen im gewerblichen Tätigkeitskreis unter der Voraussetzung, dass es sich um einen betriebsbezogenen Eingriff handelt, beeinträchtigt ist.[29] Betriebsbezogen ist ein Eingriff dann, wenn er sich unmittelbar gegen den Betrieb als solchen richtet und nicht zufällig einen Gewerbebetrieb beeinträchtigt.[30] Nur wenn dieser absolut geschützte Kern der gewerblichen Betätigung betroffen ist, greift der Versicherungsschutz der UHV.

cc) Wasserrechtliche Benutzungsrechte und -befugnisse

Die Verletzung der wasserrechtlichen Benutzungsrechte und -befugnisse liegt vor, soweit der Geschädigte Inhaber entsprechender Rechte war. Nach § 8 I Wasserhaushaltsgesetz (WHG) werden entsprechende Erlaubnisse oder Bewilligungen öffentlich-rechtlich gewährt. Das Benutzungsrecht erfasst die Entnahme und das Ableiten von Wasser aus oberirdischen Gewässern, das Einbringen und Einleiten von Stoffen in oberirdische Gewässer, das Entnehmen von Grundwässern und bestimmte Einwirkungen auf Gewässer. Andere Tatbestände außerhalb des WHG wurden nicht erfasst.[31]

e) Mitversicherte Tatbestände

aa) Mitversicherte Personen

Im Rahmen der UHV ist mitversichert die persönliche gesetzliche Haftpflicht der gesetzlichen Vertreter der VN und der Personen, die zur Leitung oder Beaufsichtigung des versicherten Betriebes oder von Teilen desselben angestellt sind im Rahmen ihrer Aufgabe. Mitversichert sind auch alle anderen übrigen Betriebsangehörigen für solche Schäden, die sie in Ausführung ihrer dienstlichen Verrichtung für den VN verursachen, allerdings unter Ausschluss von Personenschäden aus Arbeitsunfällen und Berufskrankheiten gemäß SGB VII.

bb) Sonstige Mitversicherungstatbestände

Soweit Kraftfahrzeuge nicht versicherungspflichtig sind, besteht ebenfalls Deckungsschutz für Schäden aus dem Gebrauch solcher Kfz, insbesondere von Kfz und Anhängern, die nur auf nicht öffentlichen Wegen und

---

21 S. oben Rdn. 5.
22 P/M/*Voit/Lücke*, Nr. 1 AHB Rn. 30.
23 P/M/*Voit/Lücke*, Nr. 1 AHB Rn. 22.
24 P/M/*Voit/Lücke*, Nr. 1 AHB Rn. 29.
25 BGH vom 05.03.1958 LM § 823 BGB (F) Nr. 10; BGHZ 69, 1 ff.
26 Bundesjagdgesetz in der Fassung vom 29.09.1976, BGBl. I, S 2849, zuletzt geändert durch Art. 422 der Verordnung v. 31.08.2015, BGBl. I, S. 1474.
27 BGH NJW-RR 2007, 1319 ff.
28 BGHZ 69, 177.
29 BGH NJW 2003, 1041; BGHZ 45, 296 ff.; Palandt/*Sprau*, § 823 Rn. 126 ff.
30 Palandt/*Sprau*, § 823 Rn. 128 ff.
31 *Vogel/Stockmeier*, S. 227.

Anhang F Umwelthaftpflichtversicherung

Plätzen verkehren, Kfz mit nicht mehr als 6 km/h Höchstgeschwindigkeit und selbstfahrende Arbeitsmaschinen mit nicht mehr als 20 km/h Höchstgeschwindigkeit.

cc) Einschlusstatbestände

15 In Erweiterung der AHB sind über Ziff. 1.4.2 UHV zahlreiche Ausschlussrisiken aus den AHB bewusst in den Deckungsschutz aufgenommen. Dies gilt insbesondere für die Ausschlusstatbestände von Ziff. 7.3, 7.4, 7.6 und teilweise 7.14 AHB.

3. Umfang der UHV

a) Enumerations- und Deklarationsprinzip

16 Die UHV unterliegt einem **Bausteinprinzip**. So werden im Kern der UHV einzelne Versicherungsbausteine vertraglich vereinbart, abhängig vom Bedarf des VN. Die Bausteine der Ziff. 2.1 bis 2.7 UHV wiederum erfassen konkrete haftungsrechtliche Risiken, aus denen sich Schäden durch Umwelteinwirkungen realisieren können. Der Versicherungsschutz erstreckt sich gem. Ziff. 2 UHV ausschließlich auf die im Versicherungsschein aufgeführten Risiken. Im Versicherungsschein sind die Risiken, für die Versicherungsschutz bestehen soll, konkret zu deklarieren (sog. **Deklarationsprinzip**). Der VN hat damit umfassend vor Beginn des Versicherungsvertrages die Verpflichtung, jedes einzelne Umweltrisiko seines Unternehmens abzuschätzen, in die Police aufzunehmen und auch dem zutreffenden Versicherungsbaustein zuzuordnen.[32] Darauf aufbauend vereinbart er dann die einzelnen Bausteine, die für einen umfassenden Deckungsschutz notwendig sind (**Enumerationsprinzip**). Neben der enumerativen Aufzählung einzelner Bausteine können wiederum innerhalb eines Bausteines unterschiedliche oder mehrfache Risiken deklarierungsfähig sein. Dies bedingt auf Seiten des Versicherers und des VN eine detaillierte Risikoanalyse.[33] Sind bestimmte Anlagen des VN, die Umweltrisiken in sich bergen, nicht deklariert, besteht kein Versicherungsschutz nach der UHV.[34]

b) Risikobausteine der UHV

aa) WHG-Anlagen

(1) Begriff der WHG-Anlage (Ziff. 2.1 UHV)

17 Nach Ziff. 2.1 UHV sind Anlagen des VN versichert, die bestimmt sind, gewässerschädliche Stoffe herzustellen, zu verarbeiten, zu lagern, abzulagern, zu befördern oder wegzuleiten (WHG-Anlagen). Begrifflich übernimmt Ziff. 2.1 UHV die Definition des § 89 II WHG. Anlagen in diesem Sinne sind Einrichtungen, die für eine nicht unerhebliche Zeit den ausgeführten Zwecken dienen sollen.[35] Das WHG übernimmt keine Konkretisierung hinsichtlich Größe, Bauart etc.; mithin ist jeder Behälter, der einen wasserschädlichen Stoff zu den benannten Zwecken enthält, eine WHG-Anlage. Insbesondere gehören hierzu z.B. Abfallentsorgungsanlagen, Futtersilos, Tankanlagen für Mineralöle, Tankwagen etc.[36] Bei Anwendung des Deklarationsprinzips ergeben sich bei WHG-Anlagen wegen der Vielschichtigkeit des WHG-Anlagenbegriffs Schwierigkeiten. Treten Konzerne als VN auf, können kaum alle kleineren Lagerbestände im Einzelnen deklariert werden.[37] Vertragstechnisch wird dies regelmäßig durch die sog. »Kleingebindeklausel« aufgefangen werden, mit der die Lagerung von Kleingebinden bestimmter Inhalte zusammengefasst wird oder aber pauschale Deklarationen in Form der Umschreibung mitversichert werden.

(2) Inhaberschaft

18 Erfasst sind von Ziff. 2.1 UHV auch die über das Eigentum hinaus gehenden Risiken aus § 89 II WHG. Haftender ist danach der »Betreiber der Anlage«. Anlagenbetreiber ist, wer die tatsächliche Sachherrschaft in dem Sinne ausübt, dass er die tatsächliche Verfügungsgewalt über die Anlage besitzt und auf ihren Betrieb Einfluss nimmt oder nehmen kann, also wer »Herr der Gefahr« ist.[38]

(3) Abgrenzungen

19 Ausgeschlossen aus dem Risikobaustein Ziff. 2.1 UHV ist das Risiko aus solchen WHG-Anlagen, die im Anhang 1 oder 2 zum UmweltHG aufgeführt sind, Abwasseranlagen sowie Einwirkungen auf Gewässer und Schäden durch Abwasser. Hierfür werden eigenständige Bausteine angeboten.

---

32 *Vogel/Stockmeier*, S. 255.
33 Vgl. *Martin* VW 1992, 602 ff.
34 Schmidt-Salzer/*Schramm*, S. 257.
35 *Czychowski/Reinhardt*, WHG, § 89 Rn. 70.
36 *Czychowski/Reinhardt*, a.a.O.
37 Vgl. auch Schmidt-Salzer/*Schramm*, S. 262.
38 BGHZ 80, 1 ff.; vgl. zum europäischen Umweltrecht die Betreibereigenschaft in: EuGH NVwZ 2010, 759.

bb) UHG-Anlagen

(1) Begriff der UHG-Anlage

Nach Ziff. 2.2 UHV sind Anlagen des VN gem. Anhang 1 zum UmweltHG mitversichert. Nach § 3 II UmweltHG sind Anlagen ortsfeste Einrichtungen wie Betriebsstätten und Lager. § 3 III UmweltHG erfasst auch Maschinen, Geräte, Fahrzeuge und sonstige ortsveränderliche Einrichtungen und Nebeneinrichtungen, die mit der Anlage oder einem Anlagenteil in einem räumlichen oder betriebstechnischen Zusammenhang stehen. Anhang 1 zum UmweltHG enthält insgesamt 96 verschiedene Anlagentypen. Diese wiederum sind aufgeteilt in Gruppen, nämlich Anlagen für Wärmeerzeugung, Bergbau, Energie; Steine und Erden, Glas, Keramik, Baustoffe; Stahl, Eisen und sonstige Metalle einschließlich Verarbeitung; chemische Erzeugnisse, Arzneimittel, Mineralölraffineration und Weiterverarbeitung; Oberflächenbehandlung mit organischen Stoffen, Herstellung von bahnenförmigen Materialien aus Kunststoff, sonstige Verarbeitung von Harzen und Kunststoffen; Holz, Zellstoff; Nahrungs-, Genuss- und Futtermittel, landwirtschaftliche Erzeugnisse; Abfälle und Reststoffe; Lagerung, Be- und Entladen von Stoffen sowie Sonstiges.

Nach § 2 I UmweltHG fallen auch noch nicht fertiggestellte Anlagen unter die UHG-Anlagen, soweit die Beeinträchtigung auf Umständen beruht, die die Gefährlichkeit der Anlage nach ihrer Fertigstellung begründen. Das Gleiche gilt gem. § 2 II UmweltHG für nicht mehr betriebene Anlagen. In beiden Fällen haftet der Inhaber bzw. derjenige, der in der Zeit der Einstellung des Betriebes Inhaber der Anlage war.

(2) Inhaberschaft

Auch Ziff. 2.2 UHV verzeichnet nur Anlagen des VN. Da das Risiko des UmweltHG gedeckt werden soll, kommt es auch hier maßgeblich auf die Inhaberschaft an.[39] Inhaber ist also derjenige, der die Anlage auf eigene Rechnung benutzt, die Vermögenshoheit besitzt und die Unterhaltungskosten aufbringt.[40] Während der Erstellung bis zur erstmaligen Abnahme – auch bei Probebetrieben – liegt das Anlagenrisiko beim Hersteller.[41] Soweit die erstmalige Abnahme erfolgt ist, haftet der Betreiber als Inhaber; dies auch, wenn die Anlage ruht oder aufgrund von Revisionsarbeiten längerfristig nicht benutzt wird. Für Anlagen, die nicht mehr betrieben werden, haftet derjenige, der bei Einstellung des Betriebs Inhaber war.[42]

(3) Abgrenzung

Ausgenommen vom Anwendungsbereich der Ziff. 2.2 UHV sind Wasseranlagen, Einwirkungen auf Gewässer sowie Schäden durch Abwässer. Wenn auch ein genauer Hinweis auf die Abgrenzung zu Anlagen gem. Anhang 2 des UmweltHG fehlt,[43] ist der eindeutige Hinweis auf die alleinige Deckung für Anlagen gem. Anhang 1 ausreichend. Für Anlagen nach Anhang 2 zum UmweltHG schafft Ziff. 2.5 UHV einen eigenen Deckungsbaustein.

cc) Sonstige deklarierungspflichtige Anlagen

(1) Begriff der deklarierungspflichtigen Anlage

Nach Ziff. 2.3 UHV werden Anlagen des VN, die nach den dem Umweltschutz dienenden Bestimmungen einer Genehmigungs- oder Anzeigenpflicht unterliegen, in Deckung genommen, soweit es sich nicht um WHG- oder UHG-Anlagen handelt. Dem Umweltschutz dienende Bestimmungen sind solche, die zum unmittelbaren Schutz der natürlichen Lebensgrundlagen des Menschen eine Genehmigungs- oder Anzeigepflicht zum Betrieb einer Anlage vorsehen.[44] Hierzu gehören insbesondere Anlagen gem. § 4 BImSchG in Verbindung mit 4. BImSchVO und 13. BImSchVO, anzeigepflichtige Anlagen gemäß der Landeswassergesetze oder gem. § 7 Kreislaufwirtschafts- und Abfallgesetz (KrW-/AbfG). Die Genehmigungspflicht muss sich für die Anlage konkret als solche ableiten lassen. Auch wenn über die Einführung des Art. 20a GG (»Staatszielbestimmung Umweltschutz«) alle staatlichen Genehmigungen z.B. auch Baugenehmigungen dem Umweltschutz zu dienen bestimmt sind, ist dies ersichtlich nicht so umfassend gemeint.[45] Erfasst sind hiervon die umweltrechtlichen Sondergenehmigungen. Besondere Praxisrelevanz haben die Anlagen nach der 4. BImSchVO.

(2) Inhaberschaft

Im Rahmen der Ziff. 2.3 UHV muss es sich wiederum um Anlagen des VN handeln, dieser also Inhaber sein.[46]

---

39 Vgl. Rdn. 18.
40 *Schimikowski*, UHV, Rn. 155.
41 *Salje/Peter*, UmweltHG, § 2 Rn. 6; a.A. *Schmidt-Salzer*, Umwelthaftungsrecht, § 2 UmweltHG Rn. 9; vermittelnd: *Vogel/Stockmeier*, S. 274.
42 *Vogel/Stockmeier*, S. 274 f.
43 *Schramm* fordert hier sogar eine Ergänzung der Versicherungsbedingungen; vgl. Schmidt-Salzer/*Schramm*, UHV, S. 269.
44 Schmidt-Salzer/*Schramm*, S. 269.
45 van Bühren/*Laschet*, § 24 Rn. 25.
46 Vgl. Rdn. 18, 22.

Anhang F Umwelthaftpflichtversicherung

(3) Abgrenzungen

26 Ausgenommen vom Deckungsschutz des Bausteins Ziff. 2.3 UHV sind Abwasseranlagen, Einwirkungen auf Gewässer und Schäden durch Abwässer.

dd) Abwasseranlagen, Einbringen von Abwässern

27 Ziff. 2.4 UHV deckt das Abwasserrisiko. Erfasst sind Abwasseranlagen des VN oder das Einbringen oder Einleiten von Stoffen in ein Gewässer oder Einwirken auf ein Gewässer.

(1) Abwasseranlagen

28 Gesetzlich definiert ist der Begriff Abwasseranlage nicht. Aus § 55 I 2 WHG ist abzuleiten, dass damit dezentrale Anlagen zur Abwasserbeseitigung gemeint sind. Abwasserbeseitigung wiederum erfasst nach § 54 II WHG das Sammeln, Fortleiten, Behandeln, Einleiten, Versickern, Verregnen und Verrieseln von Abwasser sowie das Entwässern von Klärschlamm im Zusammenhang mit der Abwasserbeseitigung. Abwasser wiederum ist Wasser, dessen physikalische, chemische oder biologische Eigenschaft durch menschliche Eingriffe verändert worden ist sowie das von Niederschlägen aus dem Bereich bebauter oder befestigter Flächen abfließende und zum Fortleiten gesammelte Niederschlagswasser.[47]

(2) Einwirkungsrisiko

29 Unter dem Oberbegriff Einwirkungsrisiko sind das Einbringen oder das Einleiten von Stoffen in ein Gewässer sowie das Einwirken auf ein Gewässer derart zu verstehen, dass die physikalische, chemische oder biologische Beschaffenheit des Wassers verändert wird. Erfasst wird damit konkret das haftungsrechtliche Risiko aus § 89 I WHG. **Einbringen** bezieht sich auf feste Stoffe, **Einleiten** dagegen auf flüssige Stoffe und Gase und **Einwirken** betrifft Handlungen, die nicht Einbringen oder Einleiten sind.[48] Nicht zum Einleiten gehört das Zuführen von Stoffen in die dafür vorgesehene Kanalisation. Diese stellt kein Gewässer dar. Soweit allerdings über die Kanalisation Stoffe in ein Gewässer eingeleitet werden, liegt ein **mittelbares Einleiten** vor, welches wiederum die Haftung nach § 89 I WHG begründen kann.

(3) Klarstellung zu AHB

30 Da konkret durch Ziff. 2.4 UHV Abwasserrisiken versichert werden, wird der ansonsten fest geltende Ausschluss der Ziff. 7.14 AHB durch Ziff. 2.4 Satz 2 UHV ausdrücklich für unanwendbar erklärt.

ee) UHG-II-Anlagen/Pflichtversicherung

31 Nach Ziff. 2.5 UHV werden Anlagen des VN gem. Anhang 2 zum UHG versichert. Die Anlagen nach Anhang 2 UmweltHG sind aufgrund ihrer Größe und besonderen Betriebsart mit besonderer Gefährlichkeit ausgestattet. Der Gesetzgeber hat zu diesem Zweck vorgesehen, diese einer Pflichtversicherung zu unterwerfen. Die insoweit erforderliche Rechtsverordnung zur Einführung der Pflichtversicherung existiert bis heute jedoch nicht. Alle Fragen versicherungsrechtlicher Art, insbesondere Mindest-Deckungssummen, Annahmezwang etc. sind noch nicht geklärt. Zu beachten ist, dass bei Umsetzung der entsprechenden Rechtsverordnung durch den Verordnungsgeber die UHV in diesem Bereich dann eine Pflichtversicherung entsprechend den Regelungen der §§ 113 bis 124 VVG geschaffen würde.

ff) Umweltprodukterisiko

32 Nach Ziff. 2.6 UHV wird das **Umweltprodukterisiko** gedeckt. Im Gegensatz zu den Deckungssatzbausteinen der Ziff. 2.1 bis 2.5 UHV, bei denen die Inhaberschaft einer umweltgefährdenden Anlage oder ein besonderes Einwirkungsmerkmal das versicherte Risiko darstellt, wird in diesem Bereich ein konkretes Liefer-, Herstellungs- und/oder Planungsrisiko erfasst. Eine Abgrenzung ist insbesondere zu den AHB[49] und dem ProdHM erforderlich.

33 Sinn und Zweck von Ziff. 2.6 UHV ergeben sich aus dem Versicherungsausschluss nach Ziff. 7.10 AHB. Danach sind Haftpflichtansprüche wegen Schäden durch Umwelteinwirkung ausgeschlossen. Dies gilt allerdings nicht für Schäden, die durch vom VN hergestellte oder gelieferte Erzeugnisse (auch Abfälle), durch Arbeiten oder sonstige Leistungen nach Ausführung der Leistung oder nach Abschluss der Arbeiten entstehen (Produkthaftpflichtrisiko). Dieser »Wiedereinschluss« der Liefer- und Tätigkeitsschäden innerhalb Ziff. 7.10 AHB findet dann eine erneute Korrektur dadurch, so dass dieser nicht greift – also ein Ausschlussgrund nach Ziff. 7.10 AHB vorliegt – wenn Schäden durch Umwelteinwirkung vorliegen, die aus der Planung, Herstellung, Lieferung, Montage, Demontage, Instandhaltung oder Wartung von Anlagen nach den Ziff. 2.1. bis 2.5 UHV resultieren. Dies wiederum – insoweit also wieder ein AHB-Einschluss – gilt nicht, wenn und soweit die Verwendung in einer der bezeichneten Umweltanlagen nicht ersichtlich ist.

---

47 *Czychowski/Reinhardt*, WHG, § 54 Rn. 8.
48 *Czychowski/Reinhardt*, WHG, § 89 Rn. 28.
49 Vgl. § 100 VVG Rdn. 39.

VN, die nicht selbst Inhaber einer Umweltanlage, aber Lieferanten von Teilen zur Herstellung solcher Anlagen 34
oder Dienstleister im Zusammenhang mit Umweltanlagen sind, benötigen neben den AHB und dem
ProdHM zusätzlich die Deckung des Bausteins Ziff. 2.6 UHV, wenn und soweit für sie die Verwendung im
Zusammenhang mit einer Umweltanlage erkennbar war. Der Versicherungsschutz wird damit letztlich abhängig von der Vorhersehbarkeit umweltrelevanter Berührungspunkte der Lieferung bzw. der Planungs- und weiterer Dienstleistungen.[50]

Ob für die Ersichtlichkeit des Einsatzes in Umweltanlagen ein objektives oder ein subjektives Verständnis anzuwenden ist, ist umstritten.[51] Maßgeblich ist das subjektive Verständnis, was sich aus dem Zweck der Regelung ergibt. Der VN kennt durch die Bestellung seinen Abnehmer und erlangt regelmäßig auch Kenntnis 35
vom Einsatzzweck, so dass ein erhöhtes Haftungsrisiko gegeben ist. Dieses erhöhte Haftungsrisiko ist für den
Versicherer nicht kalkulierbar, wenn er entsprechende Informationen nicht vom VN erhält. Der VN hingegen
ist sachnäher und hat die unmittelbare Aufklärungsmöglichkeit durch seine Beziehung zum Vertragspartner.
Zugleich ist durchaus fraglich, ob die Klausel bei Anwendung einer AGB-Kontrolle überhaupt die Hürde des
§ 305c II BGB überwinden könnte.

gg) Sonstige Umwelteinwirkungen

Nach Ziff. 2.7 UHV wird Deckungsschutz gewährt für sonstige Schäden durch Umwelteinwirkung, soweit 36
diese nicht unter die Bausteine von Ziff. 2.1 bis 2.6 UHV fallen. Mit Ziff. 2.7 UHV wird das **allgemeine Umweltrisiko** versichert, insbesondere auch aus sogenannten »übergreifenden Schäden«.

(1) Anwendungsbereich

Durch die Ergänzungsklausel der Ziff. 2.7 UHV wird das Deklarationsprinzip[52] durchbrochen. Ist nach 37
Ziff. 2.1 bis 2.6 UHV der VN verpflichtet, konkrete Risiken dem Versicherer anzuzeigen, ist dies im Rahmen
der Ziff. 2.7 als allgemeine Auffangklausel nicht möglich. Eine insoweit ausfüllende Ergänzung ergibt sich aus
dem nachfolgend beschriebenen Zusammenhang mit den im Versicherungsschein beschriebenen Risiken. Erfasst werden in Ziff. 2.7 UHV insbesondere Ereignisse nicht anlagenspezifischer Emissionen, wie z.B. übergreifendes Feuer, das Verwehen von Ruß und Rauch sowie Ausbreitung von Gasen. Das Verbringen größerer
Gegenstände (z.B. Bretter, Ziegel o.ä.) ist über den Umweltpfad Luft nicht gedeckt, weil sich insofern durch
mangelndes Ausbreiten des Schädigungsstoffes im Umweltpfad kein Umweltrisiko realisiert. Rauchschwaden
dagegen, in denen kleinste Partikel auch tatsächlich durch ein »Auseinanderdriften« ausgedehnt werden und
zu weitergehenden Schäden führen, gehören zu den gedeckten Ereignissen.[53]

(2) Zusammenhang mit im Versicherungsschein beschriebenen Risiken

Ziff. 2.7 UHV. greift nur bei den im Versicherungsschein beschriebenen Risiken. Insoweit wiederholt die Regelung den Geltungsbereich von Ziff. 2 I 1 UHV.[54] Regelmäßig wird im Versicherungsschein auf die Betriebs- 38
und Unternehmensbeschreibung abgestellt, wobei einzelne Teilbereiche ausdrücklich ausgenommen werden
können.[55] Dies genügt dann ebenfalls der Deklarationspflicht.

(3) Abgrenzung zu Risikobausteinen in Ziff. 2.1. bis 2.6 UHV

Ziff. 2.7 UHV bietet keinen Versicherungsschutz, soweit der Anwendungsbereich eines Risikobausteins nach 39
Ziff. 2.1 bis 2.6 UHV eröffnet ist, unabhängig davon, ob diese Risikobausteine vereinbart wurden. Durch diese Einschränkung wird das Primat der Ziff. 2.1 bis 2.6 für entsprechende Risiken hervorgehoben. Diese stellen
insoweit **negative Tatbestandsmerkmale**[56] dar, so dass nach Ziff. 2.7 UHV weder nicht deklarierte Risiken in
den Bausteinen nach Ziff. 2.1 bis 2.6 UHV versichert sind noch Risiken, für die die enumerative Einbeziehung eines Bausteins nach Ziff. 2.1 bis 2.6 übersehen wurde.

hh) Sonstiges

Versicherungsschutz besteht auch dann, wenn gelagerte Stoffe bei ihrer Verwendung im räumlichen und ge- 40
genständlichen Zusammenhang mit versicherten Anlagen gem. Ziff. 2.1 bis 2.5 und Ziff. 2.7 UHV in Boden,
Luft oder Wasser – einschließlich Gewässer – gelangen, ohne in diese eingebracht oder eingesetzt zu sein. Der
Versicherungsschutz gem. Ziff. 2.1 bis 2.7 bezieht sich auch auf die Haftpflicht wegen Schäden eines Dritten,
die dadurch entstehen, dass Stoffe in Abwässer und mit diesen in Gewässer gelangen.

---

50 van Bühren/*Laschet*, § 24 Rn. 31.
51 Vgl. im Einzelnen: Terbille/*Fränzer*, § 16 Rn. 39 f.
52 Vgl. Rdn. 16.
53 OLG Köln VersR 1996, 442 ff.
54 *Schmidt-Leithoff* VP 1992, 197 ff.
55 Schmidt-Salzer/*Schramm*, S. 281.
56 Schmidt-Salzer/*Schramm*, S. 281.

4. Vorsorgeversicherungen/Erhöhungen und Erweiterungen
a) Regelung des VVG

41 Das VVG regelt die Fälle der Gefahrerhöhung in §§ 23 ff. Gefahrerhöhungen sind die nachträglichen Änderungen der bei Vertragsschluss tatsächlich vorhandenen gefahrerheblichen Umstände, die den Eintritt eines Versicherungsfalles oder eine Vergrößerung des Schadens wahrscheinlicher machen.[57] Von den Regelungen der §§ 23 ff. VVG kann gem. § 32 VVG nicht zum Nachteil des VN abgewichen werden. Allerdings gelten die §§ 23 ff. VVG nur für die Erhöhungen der versicherten Gefahr, nicht jedoch für neue Gefahren.

b) Regelung der AHB

42 Innerhalb der AHB wird differenziert zwischen Erhöhungen und Erweiterungen des versicherten Risikos auf der einen und neuen Risiken auf der anderen Seite.

aa) Risikoerhöhungen und -erweiterungen

43 Nach Ziff. 3.1 II und 3.2 AHB wird der Versicherungsschutz erweitert auf gesetzliche Haftpflichtansprüche aus Erhöhungen und Erweiterungen des versicherten Risikos. Die gesetzlichen Regelungen der §§ 23 ff. VVG werden durch diese Klausel zugunsten des VN modifiziert.

bb) Vorsorgeversicherung für neue Risiken

44 Versicherungsschutz wird gem. Ziff. 3.1 III, IV und Ziff. 4.1 AHB auch für solche Risiken geschaffen, die nach Abschluss des Versicherungsvertrags neu entstehen. Im bestehenden Versicherungsvertrag sind diese sofort mitversichert. Der VN ist allerdings verpflichtet, nach Aufforderung durch den Versicherer jedes neue Risiko innerhalb eines Monats anzuzeigen.

c) Regelungen der UHV

45 Im Rahmen der Ziff. 3 UHV werden die Begünstigungen des VN durch die AHB wieder aufgehoben. Die Bestimmungen für die Vorsorgeversicherungen der Ziff. 3.1 III und IV AHB findet für die Risikobausteine in Ziff. 2.1 bis 2.6 UHV keine Anwendung. Vielmehr wird hier der Vorrang des Deklarationsprinzips begründet. Für neue Risiken bedarf es stets einer besonderen Vereinbarung – und damit der Zustimmung des Versicherers. Hinsichtlich der Erhöhungen und Erweiterungen bestehender Risiken werden Ziff. 3.1 II und 3.2 AHB außer Kraft gesetzt, soweit die Risikobausteine von Ziff. 2.1 bis 2.6 UHV betroffen sind. Damit greifen zumindest die Regelungen der §§ 23 ff. VVG, die für später entstehende Risikoänderungen indes ebenfalls keinen unmittelbaren Versicherungsschutz vorsehen.

46 Risikoerhöhungen, die sich daraus ergeben, dass eine bereits mitversicherte Anlage größenmäßig ausgedehnt wird, sind gem. 3.2 UHV dennoch mitversichert. Insbesondere bei den UHG-Anlagen gem. Ziff. 2.2 UHV ist dies bedeutsam. Ob eine Anlage eine UHG-Anlage ist, richtet sich vielfach nach einem bestimmten Größen- und Mengenvolumen der Anlage. Ist der Schwellenwert einmal überschritten, sind weitere Vergrößerungen für den Deckungsschutz unschädlich.[58]

5. Versicherungsfall
a) Allgemeines

47 Ziff. 4 UHV definiert den Versicherungsfall für Schäden durch Umwelteinwirkung abweichend von Ziff. 1.1 AHB. Die Notwendigkeit ergibt sich aus den Regelungen über die Aufwendungen vor Eintritt des Versicherungsfalls (Ziff. 5 UHV), den Risikoausschlüssen der Ziff. 6.3 bis 6.5 UHV, der Serienschadenregelung nach Ziff. 7.2 UHV sowie den besonderen Regelungen zur Nachhaftung in Ziff. 8 UHV. Diese Notwendigkeit ergibt sich aus der teilweise besonders langen zeitlichen Erstreckung von Umweltschäden.

48 Die im allgemeinen Haftpflichtbereich streitigen Fragestellungen zur Kausalereignis- bzw. Folgeereignistheorie greift in der UHV weitestgehend nicht. Die UHV wählt vielmehr – in entfernter Anlehnung an das Anspruchserhebungsprinzip (»Claims-Made-Prinzip«)[59] – eine Kombination aus subjektiven und objektiven Tatbestandsmerkmalen. Versicherungsfall ist nach Ziff. 4 UHV die erste nachprüfbare Feststellung des Personen-, Sach- oder mitversicherten Vermögensschadens, soweit diese während der Wirksamkeit der Versicherung eingetreten sind. Dabei kommt es nicht darauf an, ob zu diesem Zeitpunkt bereits Ursache oder Umfang des Schadens oder die Möglichkeit zur Erhebung von Haftpflichtansprüchen erkennbar war.

---

57 Vgl. § 23 VVG Rdn. 8.
58 Beispiel bei: van Bühren/*Laschet*, § 24 Rn. 38; H/E/K/*Schwab*, 30. Kap. Rn. 93.
59 Das »Claims-Made-Prinzip« wurde jüngst vom LG München I unter AGB-rechtlicher Sicht (für die D&O-Versicherung) als wirksam erachtet, vgl. LG München I r+s 2009, 11 ff. Eine unmittelbare Transformation auf die UHV kann daraus nicht abgeleitet werden, weil das »Claims-Made-Prinzip« nicht inhaltsgleich übernommen wurde. Eine Indizwirkung für »flexible Begriffe« stellt dieses Urteil jedoch allemal dar.

b) Feststellung des Schadens

Die subjektive Komponente des Versicherungsfallbegriffs setzt die positive Kenntnis des Feststellenden von einem objektiv vorliegenden Schaden voraus. Der bloße Verdacht, es könne ein Schaden vorliegen, ist nicht ausreichend.[60] Erforderlich ist, dass der Feststellende nach außen kundtut, eine Feststellung gemacht zu haben, was – insoweit in Anlehnung an das »Claims-Made-Prinzip« – mindestens durch Inanspruchnahme des VN dokumentiert wird. Maßgeblich ist die erste Feststellung, wobei insoweit Darlegungs- und Beweislast im Streitfall der VN trägt. Die Schadensfeststellung selbst kann durch den VN, den Geschädigten oder einen sonstigen Dritten, beispielsweise auch eine Behörde, erfolgen.

c) Nachprüfbarkeit

Als objektives Tatbestandsmerkmal führt Ziff. 4 UHV das Erfordernis der Nachprüfbarkeit ein. Die Feststellung muss einem geeigneten objektiven Beweis zugänglich sein, also mittels der anerkannten prozessualen Beweismittel erfassbar sein.[61] Aus Sicht des verständigen VN ist darunter insgesamt die objektive Befunderhebung zum Schaden zu verstehen.[62] Insbesondere Gutachten oder sachkundige Feststellungen sind Merkmale der Nachprüfbarkeit. Eine Form für diese Feststellung wird nicht vorgegeben. Die Feststellung muss sich auf einen konkreten Personen-, Sach- oder mitversicherten Vermögensschaden beziehen.

d) Während der Wirksamkeit der Versicherung

Der Versicherungsfall insgesamt, also subjektive und objektive Komponenten, müssen während der Versicherung eingetreten sein. Nicht maßgeblich ist, ob bereits Ursache oder Umfang des Schadens oder die Möglichkeit zur Erhebung von Haftpflichtansprüchen erkennbar war. Insofern ist das benannte »Claims-Made-Prinzip« durchbrochen. Für den VN wiegen Vor- und Nachteile gleichermaßen. Bereits vor Beginn des Versicherungszeitraums ursächlich gesetzte Ereignisse können damit in den Versicherungsschutz fallen. Findet allerdings die erste prüfbare Feststellung erst statt, nachdem der Versicherungsvertrag bereits wieder ausgelaufen ist, kommt es auf die Nachhaftungsklausel nach Ziff. 8 UHV an. Einzelne Modifikationen geben die Ausschlussgründe nach Ziff. 6.3 und 6.4 UHV. Aus diesen Gründen dürften AGB-rechtliche Bedenken nicht durchgreifen.

6. Aufwendungen vor Eintritt des Versicherungsfalls

Der Versicherer ersetzt – auch wenn kein Versicherungsfall eingetreten ist – nach Ziff. 5 UHV auch Aufwendungen des VN für Maßnahmen zur Abwendung eines sonst unvermeidbar eintretenden Personen-, Sach- oder mitversicherten Vermögensschadens, wenn diese nach einer Störung des Betriebes oder aufgrund behördlicher Anordnung getätigt werden. Die Feststellung der Betriebsstörung bzw. die behördliche Anordnung müssen in den Wirksamkeitszeitraum der Versicherung fallen.

a) Rettungskosten nach VVG

Nach § 82 VVG ist der VN verpflichtet, bei Eintritt des Versicherungsfalls nach Möglichkeit für die Abwendung und Minderung des Schadens zu sorgen und ggf. den Weisungen des Versicherers zu folgen. Dafür verwendete Aufwendungen kann der VN vom Versicherer gem. § 83 VVG ersetzt verlangen. Da in der Haftpflichtversicherung die Vorerstreckungstheorie[63] nicht gilt[64], wird für einen Rettungskostenersatz nach §§ 82, 83 VVG der Eintritt des Versicherungsfalls in der Haftpflichtversicherung vorausgesetzt.[65] Damit kommen über die Regelung der §§ 82, 83 VVG allenfalls Aufwendungen zur Minderung des Schadens in Betracht.[66] Da damit über §§ 82, 83 VVG nur begrenzt Aufwendungsersatzansprüche entstehen, ist Ziff. 5 UHV ergänzend notwendig.

b) Anwendungsbereich

Der Ersatz von Aufwendungen vor Eintritt des Versicherungsfalls ist allerdings an bestimmte Voraussetzungen geknüpft, nämlich die **Störung des Betriebes** bzw. eine **behördliche Anordnung**.

---

60 P/M/*Voit*, Nr. 4 Umwelthaftpfl. Rn. 2.
61 Schmidt-Salzer/*Schramm*, S. 301 f.; *Reif* VW 1992, 122 ff.; van Bühren/*Laschet*, § 24 Rn. 42.
62 LG Dortmund, r+s 2010, 237, 239.
63 Vgl. hierzu BGH VersR 1985, 656; NJW 1991, 1609 = VersR 1991, 459.
64 BGH VersR 1965, 325; BGH NJW 1991, 1609 = VersR 1991, 459; nach Neuregelung des VVG zum 01.01.2008 wohl ohnehin aufgegeben; vgl. *Meixner/Steinbeck*, Das neue VVG, § 2 Rn. 28 ff.
65 OLG Zelle VersR 1992, 1348.
66 Vgl. hierzu *Meyer-Kahlen* VP 1993, 1 ff.; *Schimikowski* ZfV 1992, 262 ff.; *Schmidt/Leithoff* VP 1992, 197, 205.

Anhang F Umwelthaftpflichtversicherung

aa) Störung des Betriebes

55 Eine Definition der Störung des Betriebes bietet die UHV nicht. Es ist nicht eindeutig, woraus sich der Begriff ableiten soll. In Betracht kommt hier die Heranziehung von § 6 II UmweltHG[67] oder aber auch § 2 I der 12. BImSchVO (Störfall-VO)[68]. Danach liegt ein Störfall vor, wenn aufgrund eines Ereignisses Stoffe von der Anlage erzeugt oder freigesetzt werden, in Brand geraten oder explodieren, die bei ordnungsgemäßem Betrieb nicht entstehen oder nicht emittiert werden.[69] Die Analogie zum Begriff aus der Störfall-VO ist die tragfähigste, jedenfalls soweit, wie nach den Bausteinen der UHV ein Anlagenrisiko betroffen ist. Soweit allerdings in Ziff. 2.4 UHV das Einwirkungsrisiko oder in Ziff. 2.7 das verbleibende Umweltrisiko versichert ist, kann eine Analogie zur Störfall-VO nicht gezogen werden. Insofern führt *Schramm*[70] zutreffend an, dass eine Umwelteinwirkung unmittelbar durch ein zeitpunktartig fassbares, plötzlich und unfallartig eintretendes äußeres Ereignis verursacht worden sein muss, die ohne das Ereignis unterblieben wäre.[71]

bb) Behördliche Anordnung

56 Behördliche Anordnungen sind Verwaltungsakte zur Gefahrenabwehr[72], die von Verwaltungsbehörden aufgrund umweltrechtlicher Spezialnormen, aber auch aufgrund der polizeirechtlichen Generalklausel zur Durchführung von Maßnahmen erlassen werden. Keine Regelung enthält Ziff. 5.1 UHV dazu, ob diese Maßnahmen vollstreckbar sein müssen oder ob der Deckungsschutz in diesen Fällen wieder entfällt, soweit Rechtsmittel aufschiebende Wirkung haben. Richtigerweise ist davon auszugehen, dass Aufwendungen, die vom VN getätigt werden, stets zu ersetzen sind, ungeachtet der verwaltungsrechtlichen Vollstreckbarkeit. Das Risiko nachträglicher Beurteilungen soll nicht allein beim VN liegen.

c) Umfang des Aufwendungsersatzes

57 Aufwendungen sind alle – auch unfreiwilligen – Vermögensminderungen, welche die adäquate Folge einer Maßnahme sind, die der VN zur Schadensabwehr oder -minderung tätigt.[73] Der Aufwendungsersatz ist vom Versicherer nur dann zu leisten, wenn die Störung des Betriebes und/oder die behördliche Anordnung vom VN unverzüglich angezeigt wurden (Ziff. 5.3 UHV). Hinzu kommt, dass der VN alles erforderliche getan haben muss, die Aufwendungen auf den Umfang zu begrenzen, der notwendig und objektiv geeignet ist, den Schadenseintritt zu verhindern und den Schadensumfang zu mindern. Nur insoweit greift auch der Aufwendungsersatz. Hinzu kommt, dass der VN auf Verlangen des Versicherers fristgemäß Widerspruch gegen behördliche Anordnungen einzulegen hat, was auch zeigt, dass der Versicherungsschutz nicht von der Vollstreckbarkeit abhängig ist. Ansonsten könnte der Versicherer sich durch Anweisung vorübergehend der Deckungspflicht entziehen.

7. Ausschlusstatbestände

58 Da die UHV neben den AHB im Rahmen der Betriebshaftpflichtpolice Geltung findet, greifen zunächst die Ausschlusstatbestände der Ziff. 7 AHB durch. Diese sind auch im Bereich der Schäden durch Umwelteinwirkung weiterhin gültig. Die UHV enthält in Ziff. 6 weitere, umweltspezifische Ausschlusstatbestände, die nachfolgend kurz skizziert werden.

a) Kleckerklausel

59 Nach Ziff. 6.1 UHV sind Schäden nicht versichert, die beim Umgang mit wassergefährdenden Stoffen entstehen, insbesondere durch Verschütten, Abtropfen, Ablaufen, Verdampfen, Verdunsten oder ähnlichen Vorgängen, bei denen die Stoffe in Boden und Gewässer gelangen können. Damit ist erfasst der sorglose und leichtfertige Umgang mit gefährdenden Substanzen, die außerhalb der Anlagenrisiken liegen. Wassergefährliche Stoffe sind feste, flüssige und gasförmige Stoffe, die geeignet sind, die physikalische, chemische oder biologische Beschaffenheit des Wassers nachhaltig zu verändern. Einzelheiten über die Beschaffenheit dieser Stoffe sind der Definition des § 62 I WHG zu entnehmen. Soweit »Kleckerschäden« zusammenfallen mit der Störung einer Anlage, greift der Ausschluss regelmäßig nicht, weil Ziff. 6.1 Satz 2 UHV den Deckungsschutz reaktiviert. Dies gilt indes nur dann, wenn das »Kleckern« eine adäquat kausale Ursache in der Störung einer Anlage hat.

---

67 Hierzu *Küpper* VP 1992, 1 ff.
68 Hierzu Landsberg/*Lülling*, Umwelthaftungsrecht, § 6 UmweltHG Rn. 73.
69 Landsberg/*Lülling*, a.a.O.
70 Schmidt-Salzer/*Schramm*, S. 325.
71 Ähnlich auch Terbille/*Fränzer*, § 16 Rn. 59, der auf alle vom üblichen Betrieb abweichenden Zustände abstellt, ohne dass diese zu einer Außenwirkung, insbesondere zu einer solchen mit Gefährdungen führt.
72 Schmidt-Salzer/*Schramm*, S. 326.
73 Hierzu kann auf die Begrifflichkeit der §§ 62, 63 VVG zurückgegriffen werden. Insofern also, BGH VersR 1977, 709; OLG Oldenburg VersR 1990, 516; BK/*Beckmann*, § 63 Rn. 16.

b) Normalbetrieb

Nach Ziff. 6.2 UHV werden solche Ansprüche wegen Schäden, die durch betriebsbedingt unvermeidbare, notwendige oder in Kauf genommene Umwelteinwirkungen entstehen, ausgeschlossen. Der störungsfreie Normalbetrieb ist insgesamt nicht vom Versicherungsschutz erfasst.[74] In solchen Schäden realisiert sich das kalkulierbare Unternehmerrisiko.[75] Normalbetriebsschäden sind solche, denen kein Störfall[76] vorausgegangen ist.[77] Damit gehören Nachlässigkeiten bei der Wartung und fehlerhaften Einstellungen der Anlagensteuerung zum Ausschlusstatbestand; dem VN steht allerdings der Gegennachweis zu. Er muss nachweisen, dass er nach dem Stand der Technik zum Zeitpunkt der schadensursächlichen Umwelteinwirkung unter den Gegebenheiten des Einzelfalls die Möglichkeiten derartiger Schäden nicht erkennen konnte.[78]

c) Vor Vertragsbeginn eingetretene Schäden

Der Vorschadensausschluss nach Ziff. 6.3 UHV stellt sicher, dass Schäden, die bei Vertragsbeginn bereits eingetreten waren, nicht dem Deckungsschutz der UHV unterliegen. Voraussetzung ist – insoweit ist Rückgriff auf die Definition des Versicherungsfalls nach Ziff. 4 UHV zu nehmen –, dass ein Schaden bereits eingetreten ist. Lediglich eine gesetzte Ursache genügt nicht, weil Ziff. 6.3 einen **Vorschadensausschluss** darstellt.[79] Erfasst sind damit insbesondere die Fälle, die zeitlich zwischen Schadenseintritt und Feststellung des Schadens, also zwischen subjektiver und objektiver Voraussetzung des Versicherungsfalls nach Ziff. 4 UHV liegen.[80] Bei mehrfachem Wechsel des Versicherers kombiniert sich der Versicherungsfallbegriff nach Ziff. 4, der Vorschadenausschluss nach Ziff. 6.3 und die Nachhaftungsklausel nach Ziff. 8[81], so dass der Schadensverlauf im Einzelnen detailliert nachzuhalten ist.[82] Dies ist im Einzelfall kompliziert, führt aber dennoch nicht zur AGB-rechtlichen Unwahrscheinlichkeit.[83]

d) Subsidiaritätsklausel

Ziff. 6.4 UHV schließt Ansprüche aus, für die nach Maßgabe früherer Versicherungsverträge Versicherungsschutz besteht oder hätte beantragt werden können. Die Klausel insgesamt ist unbestimmt in mehrfacher Hinsicht. Die gilt zum einen für die Frage, was überhaupt unter ihren Anwendungsbereich fallen soll. Vergleicht man diese wiederum mit der Versicherungsfalldefinition nach Ziff. 4 UHV, dem Vorschadensausschluss nach Ziff. 6.3 UHV und der Nachhaftungsklausel nach Ziff. 8 UHV, kombiniert dann mit der ohnehin geltenden Regelung zur Doppelversicherung nach § 78 VVG, wird dies offenkundig. Sinn und Zweck der Ziff. 6.4 UHV zielt auf Ansprüche wegen Grundwasserverunreinigungen, die vor Abschluss der neuen Policen bereits eingetreten waren, aber noch nicht zu Schäden im Sinne von Ansprüchen Dritter geführt haben. Diese sollen aus der Deckung herausgehalten werden.[84] Die Schwierigkeit, zwischen Eintritt und Schadensentstehung im Sinne von Ansprüchen zu differenzieren – und dies aus der Sicht eines allgemein verständigen VN – verdeutlicht die Transparenzproblematik im AGB-rechtlichen Sinne. Faktisch handelt es sich bei Ziff. 6.4 um eine erweiterte Subsidiaritätsregelung.

e) Grundstückserwerb

Ausgeschlossen sind nach Ziff. 6.5 UHV Schäden betreffend Grundstücken, die vom VN nach Beginn der Versicherung erworben wurden, aber zum Erwerbszeitpunkt bereits von einer Umwelteinwirkung betroffen waren. Angesichts des strengen Deklarations- und Enumerationsprinzips und der Tatsache, dass ohnehin nur Schadensersatzansprüche Dritter in der UHV gedeckt sind, ist die eigenständige Bedeutung der Klausel zu bezweifeln. Der Ausschluss ist eine Klarstellung der allgemeinen Grundsätze der UHV.

f) Endablagerungsklausel

Nach Ziff. 6.6 UHV sind ausgeschlossen Ansprüche wegen Schäden aus Eigentum, Besitz oder Betrieb von Abfallentsorgungsanlagen, insbesondere Deponien und Kompostieranlagen. Zurückgegriffen wird damit begrifflich auf § 29 I 3 Nr. 2 KrW-AbfG in Bezug auf die Deponien. Diese Zweckbestimmung wird auch bedingungsseitig übernommen. Für bloße Zwischenlager greift der Ausschluss nicht. Der VN ist indes gehalten, die Zwischenlagerungsbestimmungen im Rahmen des Versicherungsabschlusses zu deklarieren.

---

74 Terbille/*Fränzer*, § 16 Rn. 76.
75 *Schimikowski*, Rn. 398.
76 Vgl. Rdn. 55.
77 van Bühren/*Laschet*, § 24 Rn. 60.
78 van Bühren/*Laschet*, § 24 Rn. 62.
79 Schmidt-Salzer/*Schramm*, S. 378; P/M/*Voit*, Umwelthaftpflicht Nr. 6 Rn. 10.
80 Rdn. 49, 50.
81 Rdn. 73.
82 Hilfreich die Skizze in Anlehnung an GDV bei: Terbille/*Fränzer*, § 16 Rn. 88.
83 OLG Hamm r+s 2013, 68.
84 Terbille/*Fränzer*, § 16 Rn. 89.

g) Produkthaftpflicht

65 In Ziff. 6.7 UHV wird der Ausschluss des Produkthaftpflicht-Risikos genannt, der allerdings nach der Systematik der UHV eher abgrenzenden denn ausschließenden Charakter hat. Einbezogen wird damit die Ausschlussregelung der Ziff. 7.10 AHB sowie der Deckungsbaustein Ziff. 2.6 UHV. Soweit unter diesem Versicherungsschutz greift, kann der Ausschluss nach Ziff. 6.7 UHV nicht greifen. Es soll mit dem Ausschluss eine Doppeldeckung unter dem ProdHM und der UHV vermieden werden, zugleich erfolgt eine klare Zuordnung wegen etwaig unterschiedlicher Deckungssummen und Selbstbehalte.

h) Abfallklausel

66 Ansprüche wegen Schäden, die durch die vom VN erzeugte oder gelieferte Abfälle entstehen, sind nach Ziff. 6.8 UHV vom Versicherungsschutz ausgeschlossen. Der Begriff des Abfalls richtet sich nach den Begriffsbestimmungen des KrW-AbfG. Nach § 3 KrW-AbfG sind davon erfasst alle beweglichen Sachen, die unter die in Anhang I des Gesetzes aufgeführten Gruppen fallen und derer sich ihr Besitzer entledigt, entledigen will oder entledigen muss. Diese Abfälle werden begrifflich nochmals differenziert in Abfälle zur Verwertung und solche zur Beseitigung (§ 3 I 2 KrW-AbfG). Da Ziff. 6.8 UHV nicht entsprechend differenziert, sind beide Arten vom Versicherungsschutz ausgeschlossen.[85] Bei genauer Betrachtung ist bereits zu überlegen, ob Abfälle überhaupt dem Anwendungsbereich nach Ziff. 2 UHV dieser Versicherung zuzuordnen sind und wann genau der Deckungsschutz aus der Betriebshaftpflichtversicherung noch greifen kann. Hinzu kommt, dass Abfälle als solche nicht vom Deckungsschutz nach den AHB ausgeschlossen sind. Dies gilt nur, wenn aus den Abfällen heraus ein Schaden durch Umwelteinwirkung entsteht. Der Ausschluss nach Ziff. 6.8 UHV zielt indes nur auf solche Abfälle ab, die vom Hersteller erzeugt oder geliefert wurden. Bei gelieferten Abfällen ist erforderlich, dass diese den Hoheits- bzw. Einwirkungsbereich des VN verlassen.[86] Ob dies gilt, wenn die Abfälle beim VN erzeugt wurden und zugleich einen Schaden durch Umwelteinwirkung verursacht haben, während sie noch auf dem Betriebsgelände gelagert wurden, ist zweifelhaft.[87]

i) Bewusstes Abweichen von Umweltschutzbestimmungen

67 Nach Ziff. 6.9 UHV greift der Sonderausschluss für solche Ansprüche gegen die Personen, die den Schaden dadurch verursacht haben, dass sie bewusst von Gesetzen, Verordnungen oder an den VN gerichteten behördlichen Anordnungen und Verfügungen, die dem Umweltschutz dienen, abgewichen sind. Dies setzt im Ergebnis voraus, dass der VN oder seine Repräsentanten vorsätzlich gegen Umweltschutzvorschriften verstoßen haben und um diese auch wussten. Grobfahrlässige Verstöße oder grobfahrlässige Unkenntnis – insoweit bestehen bereits AGB-rechtlich Bedenken – würden für den Ausschluss nicht genügen.

68 Unter den Normen sind insbesondere die umweltrechtlichen Regelungen zu verstehen, auf die die UHV besonderen deckungsrechtlichen Bezug nimmt, beispielsweise das Wasserhaushaltsgesetz, das Bundesimissionsschutzgesetz, das Kreislaufwirtschafts- und Abfallgesetz, aber auch Spezialgesetze, wie beispielsweise das Tierkörperbeseitigungsgesetz und u.a.

j) Bewusstes Unterlassen

69 Nach Ziff. 6.10 UHV sind Ansprüche gegen die Personen ausgeschlossen, die den Schaden dadurch verursachen, dass sie es bewusst unterlassen, die vom Hersteller gegebenen oder nach dem Stand der Technik einzuhaltenden Richtlinien oder Gebrauchsanweisungen für Anwendung, regelmäßige Kontrollen, Inspektion oder Wartung zu befolgen oder notwendige Reparaturen bewusst nicht ausführen. In dem Anwendungsbereich kann insofern auf die Ausführungen zu Ziff. 6.9 UHV verwiesen werden.[88] Der maßgebliche Anwendungsbereich dieses Ausschlusses gilt für diejenigen Deckungsbausteine nach Ziff. 2 UHV, die konkreten Versicherungsschutz für Anlagen gewähren. Nur darauf können sich Herstelleranweisungen beziehen.

k) Genetische Schäden

70 Da vorliegend kein Rückgriff genommen werden kann auf ein materielles Gesetz, um eine Definition ableiten zu können, ist unklar, was genau darunter erfasst ist. Dies wiederum wirft AGB-rechtliche Bedenken nach § 307 I BGB auf. Weitgehend werden unter genetischen Schäden diejenigen verstanden, die in einer pathologischen Veränderung des Erbgutes bestehen bzw. auf einer solchen beruhen.[89]

---

85 Terbille/*Fränzer*, § 16 Rn. 97.
86 Terbille/*Fränzer*, § 16 Rn. 99.
87 Dafür aber offenbar: Terbille/*Fränzer*, a.a.O.
88 Vgl. Rdn. 67.
89 Schmidt-Salzer/*Schramm*, S. 693; dem mit guten Argumenten zustimmend: Terbille/*Fränzer*, § 16 Rn. 104; kritisch *Vogel/Stockmeier*, Seite 486.

l) Weitere Ausschlüsse

Die UHV enthält weitere Ausschlüsse mit sehr konkreten Anwendungsbereichen. So enthält Ziff. 6.12 UHV den Ausschluss für **Bergschäden**, also solche Umweltschäden, die sich nach dem Berggesetz richten.[90] Da in diesem Bereich, also infolge von Bergbaubetrieb, erhebliche Risiken drohen, werden hierfür gesonderte Versicherungskonzepte erstellt. Weiterhin erhält Ziff. 6.13 UHV den Ausschluss von Ansprüchen gegen Schäden in Folge der **Veränderung der Lagerstätte des Grundwassers** oder seines Fließverhaltens. Ziff. 6.14 UHV enthält den Gemeingefahrenausschluss, der aus anderen Versicherungsbedingungen bekannt ist. Ziff. 6.15 UHV schließt Schäden durch Kraft- und Wasserfahrzeuge unter bestimmten Umständen aus ebenso wie Ziff. 6.16 UHV für Luftfahrzeuge.

8. Versicherungssummen/Maximierung/Serienschadenklausel/Selbstbehalt

In Bezug auf die Versicherungssummen enthält die UHV übliche Beschränkungen auf bestimmte Summen, die regelmäßig geteilt sind nach Personen-, Sach- und mitversicherten Vermögensschäden. Üblicherweise vereinbart ist auch – je nach Risikobaustein möglicherweise unterschiedlich – ein Selbstbehalt. In Ziff. 7.2 UHV ist die Serienschadenklausel enthalten, die sich an der vergleichbaren Klausel der AHB orientiert. Kritisch im Zusammenhang mit Bodenkontamination ist insbesondere die Frage nach derselben Ursache im Umweltbereich.[91]

9. Nachhaftung

Folge der besonderen Definition des Versicherungsfalls in Ziff. 4 UHV ist die Nachhaftungsklausel nach Ziff. 8 UHV. Danach behält der VN Versicherungsschutz für solche Personen-, Sach- oder mitversicherte Vermögensschäden, die während der Wirksamkeit der Versicherung eingetreten sind, aber zum Zeitpunkt der Beendigung des Versicherungsverhältnisses noch nicht festgestellt waren. Dieser (verlängerte) Versicherungsschutz gilt für die Dauer von **drei Jahren** vom Zeitpunkt der Beendigung des Versicherungsverhältnisses an gerechnet. Der Versicherungsschutz besteht für die gesamte Nachhaftungszeit im Rahmen des bei Beendigung des Versicherungsverhältnisses geltenden Versicherungsumfangs in Höhe des unverbrauchten Teils der Versicherungssumme des Versicherungsjahres, in dem das Versicherungsverhältnis endete.

a) Beendigung des Versicherungsverhältnisses

Bedingungsgemäß ist Vertragsvoraussetzung, dass das Versicherungsverhältnis beendet wurde. Diese Beendigung hat entweder aufgrund des vollständigen oder dauerhaften Wegfalls des versicherten Risikos oder durch Kündigung eines der Vertragspartner zu erfolgen. Soweit der Versicherer nach § 22 VVG wegen arglistiger Täuschung den Versicherungsvertrag anficht oder aber seine ihm zustehenden Rechte auf Rücktritt, z.B. nach § 19 II VVG ausübt, gilt die Nachhaftungsklausel nicht.

b) Eintritt und Feststellung des Schadens

Aufgrund der Mehrgliedrigkeit des Versicherungsfalls hat auch die Nachhaftungsregel neben dem Ausschluss nach Ziff. 6.3 UHV darauf zurückzugreifen. Im zeitlichen Ablauf muss daher der Eintritt des Versicherungsfalls während der Dauer der Versicherung stattgefunden haben. Die Nachhaftungszeit wird dabei nicht mitgerechnet.[92] Schäden, die nach Beendigung der eigentlichen Versicherungsperiode bereits im Nachhaftungszeitraum entstehen und dort auch festgestellt werden, fallen ebenso nicht unter die Nachhaftungsregelung.

c) Umfang

Dem VN steht lediglich der nicht verbrauchte Teil der Versicherungssumme des letzten Versicherungsjahres zu. Dieser Betrag steht für den gesamten Nachhaftungszeitraum, also für die drei Jahre zur Verfügung. Der Umfang der Versicherungsleistung kann damit innerhalb der Nachhaftungszeit deutlich geringer sein.

10. Auslandsschäden

Auch Auslandsschäden können unter der UHV gedeckt sein. Von Ziff. 7.9 AHB wird allerdings nur dann abgewichen, wenn die Schäden durch Umwelteinwirkung auf den Betrieb einer im Inland gelegenen Anlage oder einer Tätigkeit im Inland zurückzuführen sind. Für Tätigkeiten im Sinne von Ziff. 2.6 UHV gilt dies nur, wenn die Anlagen oder Teile nicht ersichtlich für das Ausland bestimmt waren. Weiterhin sind Ansprüche geschützt, die aus Anlass von Geschäftsreisen oder aus der Teilnahme an Ausstellungen und Messen begründet wurden, wenn der Risikobaustein nach Ziff. 2.7 UHV vereinbart wurde. Anlagen des VN, die sich im Ausland befinden, müssten von diesem aufgrund des Deklarationsprinzips ohnehin gesondert gemeldet werden und könnten dann ausdrücklich in den Versicherungsschutz einbezogen werden. Dies wird in Ziff. 9.2 UHV – abweichend von Ziff. 7.9 AHB – nochmals festgehalten.

---

90 Hierzu: OLG Köln r+s 2009, 149, 153.
91 Vgl. hierzu BGH NJW 2003, 511.
92 Schmidt-Salzer/*Schramm*, S. 415.

Anhang G
Umweltschadensversicherung (USV)

Übersicht

	Rdn.		Rdn.
I. Einführung	1	d) Versicherte Kosten/Deckungsumfang	22
II. »Allgemeine Versicherungsbedingungen für die Umweltschadensversicherung (USV)«	5	aa) Sanierung von Schäden an geschützten Arten, natürlichen Lebensräumen oder Gewässern	23
1. Überblick zur Systematik der USV	5	bb) Bodensanierung	24
a) Eigenständiges Modell	5	cc) Eigenschäden/Grundwasserschäden	26
b) Eigenständigkeit der USV/Anlehnung an AHB und UHV	6	4. Erhöhungen, Erweiterungen und neue Risiken	27
c) Haftpflichtversicherung und Sachversicherung	8	5. Versicherungsfall	31
2. Gegenstand der Versicherung	9	6. Aufwendungen vor Eintritt des Versicherungsfalls	32
a) Öffentlich-rechtliche Pflicht gemäß USchadG	9	7. Ausschlusstatbestände	33
b) Mitversicherte Personen	11	a) Einleitung und Verweis	33
3. Umfang der USV	12	b) Eigenschadenausschluss (Ziff. 10.1 USV)	34
a) Bausteinprinzip der USV	12	c) Grundwasserausschluss (Ziff. 10.2 USV)	35
aa) Anlagenrisiko	13	d) Landwirtschaftlicher Einsatz (Ziff. 10.9)	36
bb) Produktbezogene Risiken	14	e) Auslandsschäden (Ziff. 10.6 USV)	37
b) Betriebsstörung	15	8. Zusatzbausteine	38
c) Leistungen des Versicherers	17	a) Zusatzbaustein 1 (Eigenschäden)	39
aa) Prüfung der gesetzlichen Verpflichtung	18	b) Zusatzbaustein 2	42
bb) Abwehrschutz	19		
cc) Freistellungsverpflichtung	20		
dd) Strafrechtsschutz	21		

Schrifttum:

Becker, Das neue Umweltschadensgesetz, 2007; *de Haan/Dohren*, Enthebt ein »Wegfließen« des Schadens den Zustandsstörer seiner Verantwortlichkeit gern. § 4 III BBodSchG?, NVwZ 2013, 1247 ff.; *Diederichsen*, Grundfragen zum neuen Umweltschadensgesetz, NJW 2007, 3377 ff.; *Eipper/Morgenstern*, Inanspruchnahmerisiko nach dem Umweltschadensgesetz, PHi 2009, 14 ff.; *Falke*, Neue Entwicklungen im europäischen Umweltrecht, ZUR 2015, 187 ff.; *Fritsch*, Das Umweltschadengesetz und seine Sanierungspflichten – das unterschätzte Haftungsrisiko, UPR 2011, 365 ff.; *Gellermann*, Umweltschaden und Biodiversität, NVwZ 2008, 828 ff.; *Greinacher*, Bahnbrechend Neues oder alles wie gehabt? – Umsetzung der Umwelthaftungsrichtlinie in deutsches Recht, PHI 2007, 2 ff.; *Hartje*, Bewertung von Biodiversitätsschäden im Rahmen des Umweltschadensgesetzes – Ansätze und offene Fragen, PHi 2008, 80 ff.; *Klinkhammer*, Die Umweltschadensversicherung des GDV im Lichte des USchadG, VP 2007, 201 ff.; *Knopp*, EG-Umwelthaftungsrichtlinie und deutsches Umweltschadensgesetz, UPR 2005, 361 ff.; *ders.*, Neues Umweltschadensgesetz, UPR 2007, 414 ff.; *ders.*, Das Umweltschadensgesetz im Umweltgesetzbuch, UPR 2008, 121 ff.; *ders./Pirock*, Die EU-Umwelthaftungsrichtlinie in der mitgliedschaftlichen Praxis – erste Erfahrungen, unterschiedliche Bedeutung und Folgeprobleme einer »bloßen« Rahmenrichtlinie, NVR 2013, 25 ff.; *ders./Wiegbleb*, Biodiversitätsschäden und Umweltschadensgesetz – rechtliche und ökologische Haftungsdimension, 2008; *Landmann/Rohmer*, Umweltrecht, 76. EL 2015; *Schimikowski*, Umweltschadensversicherung – Anmerkung zur Grunddeckung, VP 2009, 13 ff.; *Sons*, Das Umweltschadensgesetz und die Umweltschadensversicherung, PHI 2007, 86 ff.; *Schröder*, EU-Umwelthaftungsrichtlinie, Umweltschadensgesetz und Umweltschadensversicherung, 2008; Vogel/Stockmeier, Umwelthaftpflichtversicherung/Umweltschadenversicherung, 2. Aufl., 2009; *Wagner*, Das neue Umweltschadensgesetz, VersR 2008, 565 ff.

I. Einführung

1 Mit der Umweltschadensversicherung (USV)[1] reagierte die Versicherungswirtschaft unmittelbar auf die neue Gesetzeslage im Bereich des Umweltrechts. Mit Wirkung vom 14.11.2007 ist in Deutschland – in Umsetzung der Europäischen Richtlinie 2004/35/EG[2] – das Umweltschadensgesetz (USchadG)[3] in Kraft getreten. Mit dem USchadG wurden in einem Bereich Haftungstatbestände eingeführt, die zuvor nicht von den zahlreichen zivilrechtlichen Regelungen erfasst waren.[4] Die Umwelthaftung ist damit zweispurig geworden[5], weil neben

---

1 Musterbedingungen des GDV für die Allgemeinen Versicherungsbedingungen für die Umweltschadensversicherung (USV), Stand: Februar 2016.
2 Richtlinie 2004/35/EG des Europäischen Parlaments und des Rates vom 21.04.2004 über die Umwelthaftung zur Vermeidung und Sanierung von Umweltschäden, ABl. EU Nr. L143, S. 56 ff.
3 Gesetz über die Vermeidung und Sanierung von Umweltschäden (Umweltschadensgesetz) vom 10.05.2007, BGBl. I, S. 666, zuletzt geändert durch Art. 7 des Gesetzes v. 08.04.2013, BGBl. I, S. 734.
4 Terbille/*Fränzer*, § 16 Rn. 145.
5 *Wagner* VersR 2008, 565 ff.

dem UmweltHG als zivilrechtlichem Haftungsgesetz in Bezug auf Schäden von Leben, Gesundheit, Körper und Eigentum sowie teilweise auch in Bezug auf Vermögensschäden nunmehr ein weiteres, öffentlich-rechtlich geprägtes Gesetzeswerk tritt. Das USchadG fokussiert als geschütztes Rechtsgut nicht unmittelbar die Individualrechtsgüter des zivilrechtlichen Schadensersatzrechts, sondern dient dem Schutz der »natürlichen Ressourcen«. Im Umwelthaftungsrecht begründet dies einen Paradigmenwechsel.[6] Erfasst sind damit vor allem die ökologischen Schäden.[7]

Umweltschäden sind – geteilt in drei Komplexe – gem. § 2 Nr. 1 USchadG die »Schädigung von Arten und natürlichen Lebensräumen nach § 21a des Bundesnaturschutzgesetzes«[8], die »Schädigung der Gewässer nach Maßgabe des § 22a des Wasserhaushaltsgesetzes« und die »Schädigung des Bodens durch eine Beeinträchtigung der Bodenfunktion i.S.d. § 2 II des Bundesbodenschutzgesetzes, die durch direkte oder indirekte Einbringungen von Stoffen, Zubereitungen, Organismen oder Mikroorganismen auf, in oder unter den Boden hervorgerufen wurden und Gefahren für die menschliche Gesundheit verursachen«. Schaden bzw. Schädigung ist nach § 2 Nr. 2 USchadG jede »direkt oder indirekt eintretende feststellbare nachteilige Veränderung einer natürlichen Ressource« (Arten und natürliche Lebensräume, Gewässer und Boden) oder »Beeinträchtigung der Funktion einer natürlichen Ressource«.

2

Das Pflichtenkonzept des USchadG ist unmittelbare Grundlage für die Umweltschadensversicherung. Nach den §§ 4–6 USchadG ist eine gestaffelte Verantwortlichkeit geschaffen.[9] § 4 USchadG begründet zunächst eine **Informationspflicht**. Danach hat der Verantwortliche die zuständige Behörde unverzüglich über alle bedeutsamen Aspekte zu unterrichten, wenn eine unmittelbare Gefahr eines Umweltschadens droht oder ein solcher eingetreten ist. Darauf aufbauend schafft § 5 USchadG eine **Gefahrabwehrpflicht**. Der Verantwortliche hat bei unmittelbarer Gefahr eines Umweltschadens unverzüglich alle erforderlichen Vermeidungsmaßnahmen zu ergreifen. Ist bereits ein Umweltschaden eingetreten, begründet § 6 USchadG für den Verantwortlichen eine **Sanierungspflicht**, die zum einen in der Vornahme erforderlicher Schadensbegrenzungsmaßnahmen, zum anderen im Ergreifen erforderlicher Sanierungsmaßnahmen nach § 8 USchadG bestehen kann.[10]

3

Subjektiv betroffen durch das USchadG ist der **Verantwortliche**, der damit zugleich als VN in Betracht kommt. Verantwortlicher ist nach § 2 Nr. 2 USchadG jede natürliche oder juristische Person, die eine berufliche Tätigkeit ausübt oder bestimmt, einschließlich der Inhaber einer Zulassung oder Genehmigung für eine solche Tätigkeit oder der Person, die eine solche Tätigkeit anmeldet oder notifiziert, und dadurch unmittelbar einen Umweltschaden oder die unmittelbare Gefahr eines solchen Schadens verursacht hat.

4

II. »Allgemeine Versicherungsbedingungen für die Umweltschadensversicherung (USV)«

1. Überblick zur Systematik der USV

a) Eigenständiges Modell

Für die Verantwortlichkeit hinsichtlich der Einstandspflichten nach dem USchadG bestand vor Einführung der USV kein Versicherungsschutz. Die Betriebshaftpflichtversicherung einschließlich der AHB greift aus unterschiedlichen Gründen nicht: Zum einen handelt es sich bei den Ansprüchen nach dem USchadG zumeist nicht – betroffen sind typischerweise Sanierungsverpflichtungen – um Schadensersatzansprüche, schon gar nicht aber um solche privatrechtlicher Natur[11]. Das USchadG ist weit überwiegend öffentlich-rechtlich ausgestaltet. Zum anderen enthält Ziff. 7.10 AHB in den Ausschlüssen die Nullstellung für Umweltrisiken, mittlerweile sogar unter gesonderter Nennung der Inanspruchnahme nach dem USchadG. Die Umwelthaftpflichtversicherung kann – auch aus den dargestellten Gründen – den erforderlichen Deckungsschutz ebenso wenig bieten, es sei denn, dass sich eine öffentlich-rechtliche Sanierungspflicht Dritter in einen Schadensersatzanspruch gegen den VN wandelt.[12] Die UHV deckt nur besonders deklarierte und enumerativ aufgezählte Risiken; die Umweltmedien und Umweltressourcen werden davon gerade nicht erfasst.[13] Anderweitiger Versicherungsschutz ist nicht ersichtlich. Da sowohl die AHB als auch die UHV einer gänzlich anderen Konzeption folgen, ist richtigerweise die USV als eigenständiges Modell konzipiert worden.[14]

5

b) Eigenständigkeit der USV/Anlehnung an AHB und UHV

Da die USV nur schwierig in die zivilrechtlich-orientierten Haftpflichtversicherungen der Betriebshaftpflicht und der UHV zu integrieren ist, wurde eine von diesen unabhängige Versicherung konzipiert, die also auch gesondert policiert wird.

6

---

6 Terbille/*Fränzer*, § 16 Rn. 146; van Bühren/*Laschet*, § 25 Rn. 5.
7 *Wagner* VersR 2008, 565, 566.
8 Vgl. zu einzelnen Vorschriften: H/E/K/*Schwab*, 30. Kap. Rn. 85.
9 Einen Überblick gewährt: Landmann/Rohner/*Beckmann/Willmann*, § 6 USchG.
10 Hierzu: *Fritsch* VPR 2011, 365 ff.
11 Vgl. *Laschet*, Anhang F Rdn. 7.
12 LG Dortmund r+s 2010, 237.
13 Vgl. *Laschet*, Anhang F Rdn. 6.
14 Terbille/*Fränzer*, § 16 Rn. 146; *Sons* PHi 2008, 86, 91.

Anhang G Umweltschadensversicherung (USV)

7 Gleichwohl weist die USV trotz dieser Eigenständigkeit zahlreiche Verwandtschaften mit den AHB und der UHV auf. Das GDV-Modell der USV hat sich an AHB und UHV angelehnt. Die Struktur zur USV folgt weitestgehend dem Muster der UHV[15], soweit Deckungsbesonderheiten für Umweltrisiken betroffen sind. Eine Vielzahl von allgemeinen Regelungen (Obliegenheiten, Ausschlüsse etc.) folgen den AHB.[16] Auf AHB und UHV kann daher vielfach verwiesen und zurückgegriffen werden.

c) Haftpflichtversicherung und Sachversicherung

8 Die USV ist nicht ohne Weiteres einem Versicherungsbereich zuzuordnen. Die Anlehnung an AHB und UHV legt nahe, diese dem Bereich des Haftpflichtversicherungsrechts zuzuordnen.[17] Allerdings erfasst die öffentlich-rechtliche Inanspruchnahme nach dem USchadG nicht nur Schädigungen, die außerhalb des Betriebsgrundstücks eintreten, sondern kann auch Schädigungen an Schutzgütern, die sich innerhalb des Betriebsgeländes des Verantwortlichen befinden, betreffen, ebenso wie Eigenschäden des VN. Die USV stellt damit zum Teil auch eine Sacheigenschadendeckung dar.[18] Im Einzelfall sind sowohl die Regelungen über die Haftpflichtversicherung nach §§ 100 ff. VVG als auch die Vorschriften zur Sachversicherung nach §§ 88 ff. VVG anzuwenden.

2. Gegenstand der Versicherung

a) Öffentlich-rechtliche Pflicht gemäß USchadG

9 Versichert ist gem. Ziff. 1.1 USV die gesetzliche Pflicht öffentlich-rechtlichen Inhalts des VN gemäß Umweltschadensgesetz zur Sanierung von Umweltschäden. Ziff. 1.1 Satz 2 USV verweist begrifflich auf die Definition des Umweltschadens in § 2 Nr. 1 USchadG. Gesetzlich ist die Definition indes detaillierter. Der haftungsrechtliche Begriff ist gleichwohl versicherungsrechtlich maßgeblich. Versicherungsschutz besteht ausdrücklich nach Ziff. 1.1 Satz 3 USV auch für Kostenerstattungsansprüche von Behörden oder Dritten, die bereits Sanierungsmaßnahmen oder andere Pflichten für den VN übernommen haben.[19] Eine Deckung bleibt trotz der öffentlich-rechtlichen Ersatzansprüche beschränkt auf die Verpflichtung aus dem USchadG. Inanspruchnahmen aus anderen öffentlich-rechtlichen Normen sind nicht erfasst.[20] Lediglich bei den Regressansprüchen nach Ziff. 1.1 II USV von Behörden oder Dritter bleibt es unbeachtlich, ob diese auf öffentlich-rechtlicher oder privatrechtlicher Grundlage erfolgen.

10 Soweit Ansprüche geltend gemacht werden, die auch ohne Bestehen des Umweltschadensgesetzes oder vergleichbarer nationaler Regelungen anderer Länder bereits aufgrund gesetzlicher Haftpflichtbestimmungen privatrechtlichen Inhalts hätten geltend gemacht werden können, ist der Versicherungsschutz nach Ziff. 1.1 III USV ausgeschlossen. Damit wird der Vorrang der klassischen Haftpflichtversicherungen, insbesondere AHB und UHV begründet.

b) Mitversicherte Personen

11 Mitversicherte Personen und sonstige Mitversicherungstatbestände entsprechen denen der UHV.[21]

3. Umfang der USV

a) Bausteinprinzip der USV

12 In Bezug auf den Umfang der Versicherung ist die USV nahezu identisch zur UHV konzipiert. Der Versicherungsschutz erstreckt sich ausschließlich auf die im Versicherungsschein aufgeführten Risiken und Tätigkeiten (**Deklarationsprinzip**[22]). Versicherungsschutz besteht nur für die nach Ziff. 2.1 bis 2.8 USV aufgeführten, jeweils ausdrücklich vereinbarten Risikobausteine (**Enumerationsprinzip**[23]).

aa) Anlagenrisiko

13 Entsprechend den Regelungen der UHV bieten die Ziff. 2.1 bis 2.5 USV den Inhabern[24] entsprechender Umweltanlagen Versicherungsschutz. Insoweit kann vollumfänglich auf die Ziff. 2.1 bis 2.5 UHV verwiesen werden.[25]

---

15 *Sons* PHi 1986, 91.
16 van Bühren/*Laschet*, § 25 Rn. 8; *Sons* PHi 2007, 86, 93; Terbille/*Fränzer*, § 16 Rn. 162.
17 van Bühren/*Laschet*, § 25 Rn. 1.
18 Terbille/*Fränzer*, § 16 Rn. 150.
19 Zur behördlichen Anordnung: OVG Koblenz DÖV 2015, 1022.
20 Terbille/*Fränzer*, § 16 Rn. 149.
21 *Laschet*, Anhang F Rdn. 13.
22 *Laschet*, Anhang F Rdn. 16.
23 *Laschet*, Anhang F Rdn. 16.
24 Zur Haftung von Betreibern in der Nähe verschmutzter Gebiete aufgrund vermuteter Ursache: EuGH NVwZ 2010, 759 ff.
25 *Laschet*, Anhang F Rdn. 17–31.

bb) Produktbezogene Risiken

Differenzierend von dem Baustein der UHV trennt die USV die produktbezogenen Risiken in Ziff. 2.6 und 2.7 USV. Die Risiken für Planung, Herstellung, Lieferung, Montage, Demontage, Instandhaltung und Wartung von Umweltanlagen oder Teilen, die ersichtlich für derartige Anlagen bestimmt sind – insoweit Analogie zu Ziff. 2.6 UHV – werden über die Ziff. 2.6 USV gedeckt, alle sonstigen Herstellungs- oder Lieferrisiken von Erzeugnissen nach dem Inverkehrbringen über Ziff. 2.7 USV. Aufgrund der einheitlichen Konzeption des Umweltschadensrisikos ist diese Trennung nicht überzeugend. Das Produkterisiko könnte in einem Baustein zusammengefasst werden.[26] Dann wäre jedoch auch eine Anpassung des Erfordernisses der Betriebsstörung in Ziff. 3 USV vorzunehmen. Das Rest- bzw. Auffangrisiko wird über Ziff. 2.8 USV. gedeckt.

b) Betriebsstörung

Ziff. 3.1 USV verlangt für die überwiegenden Risiken als Tatbestandsvoraussetzung für den Deckungsschutz das Vorliegen einer **Betriebsstörung**. Umweltschäden beruhen auf einer Betriebsstörung, wenn sie unmittelbare Folge einer plötzlichen und unfallartigen, während der Wirksamkeit des Versicherungsvertrages eingetretenen Störung des bestimmungsgemäßen Betriebs des VN oder des Dritten sind. Die USV schließt damit – für den überwiegenden Teil – in Abgrenzung zur UHV die Deckung für den Normalbetrieb vollständig aus.[27] Anders als die UHV sieht die USV auch keine Öffnungsklausel für Normalbetriebsschäden vor.[28] *Fränzer* weist zu Recht darauf hin, dass die Informations- und Gefahrabwehrpflichten der Verantwortlichen nach §§ 4, 5 USchadG es gerechtfertigt erscheinen lassen, den Versicherungsschutz an der Störung des Betriebs festzumachen. Der Verantwortliche muss, sobald die unmittelbare Gefahr eines Umweltschadens droht bzw. ein Umweltschaden eingetreten ist, unmittelbar aktiv werden. Wenn diese Vorschriften greifen, dürfte zumeist auch eine Betriebsstörung vorliegen.[29]

Das Erfordernis der Betriebsstörung greift allerdings nur für Risiken nach den Bausteinen Ziff. 2.1 bis 2.6 USV. Für die Herstellung und Verwendung von sonstigen Produkten entsprechend Ziff. 2.7 USV greift nach Ziff. 3.2 Satz 1 USV diese Beschränkung nicht. Dies gilt ebenso für das Auffangrisiko nach Ziff. 2.8 USV, allerdings eingeschränkt für Umweltschäden durch Lagerung, Verwendung oder anderen Umgang mit Erzeugnissen Dritter. Ohnehin soll auf das Erfordernis der Betriebsstörung nur dann bei Ziff. 2.7 und 2.8 USV verzichtet werden, wenn der Umweltschaden auf einen Konstruktions-, Produktions- oder Instruktionsfehler dieser Erzeugnisse zurückzuführen ist.[30] Zugleich wird das Entwicklungsrisiko ausgeschlossen.[31]

c) Leistungen des Versicherers

Die durch die USV gewährten Leistungen sind vergleichbar mit denen einer klassischen Haftpflichtversicherung.[32] Aufgrund der Besonderheit des USchadG sind die Leistungen den öffentlich-rechtlichen Besonderheiten angepasst.

aa) Prüfung der gesetzlichen Verpflichtung

Nach Ziff. 4.1 USV erfasst der Versicherungsschutz zunächst die **Prüfung der gesetzlichen Verpflichtung**. Dies entspricht der »Prüfung der Haftpflichtfrage« nach § 100 VVG und Ziff. 5.1 AHB.[33] Der Versicherer hat für den VN eine rechtliche Bewertung dessen Inanspruchnahme vorzunehmen.

bb) Abwehrschutz

Im Anschluss an die Prüfung der gesetzlichen Verpflichtung ist der Versicherer zur Abwehr unberechtigter Inanspruchnahmen verpflichtet, vergleichbar mit den Leistungen nach Ziff. 5.1 AHB. Die unberechtigte Inanspruchnahme nach dem USchadG kann unterschiedliche Gründe haben. So kann der VN nicht verantwortlich nach dem USchadG sein. Insofern besteht vollständiger Abwehrschutz nach Ziff. 4.1 USV.[34] Gegenstand der Abwehr kann aber auch die Höhe der Inanspruchnahme sein; insofern besteht vollständiger Abwehrschutz. Soweit indes offensichtlich ist, dass eine Inanspruchnahme aufgrund der Realisierung des Normalbetriebsrisikos erfolgte, besteht wegen Ziff. 3 USV kein Abwehrschutz.

---

26 van Bühren/*Laschet*, § 25 Rn. 514; a.A. Terbille/*Fränzer*, § 16 Rn. 154.
27 H/E/K/*Schwab*, 30 Kap. Rn. 118.
28 *Sons* PHi 2007, 86, 92.
29 van Bühren/*Laschet*, § 25 Rn. 15.
30 Vgl. hierzu *Lenz*, Anhang E Rdn. 35.
31 Vgl. insoweit auch: *Lenz*, Anhang E Rdn. 74.
32 van Bühren/*Laschet*, § 25 Rn. 16; Terbille/*Fränzer*, § 16 Rn. 162.
33 § 100 VVG Rdn. 52.
34 Terbille/*Fränzer*, § 16 Rn. 162.

Anhang G Umweltschadensversicherung (USV)

cc) Freistellungsverpflichtung

20 Auf der dritten Stufe hat der Versicherer – entsprechend § 100 VVG und Ziff. 5.1 AHB[35] – die Freistellung des VN von Sanierungs- und anderen Kostentragungspflichten (vgl. hierzu unten) gegenüber Behörden oder einem sonstigen Dritten zu gewähren.

dd) Strafrechtsschutz

21 Ziff. 4.3 USV sichert die Deckung der gebührenmäßigen Kosten eines Strafverteidigers für den Fall, dass ein Umweltdelikt aufgrund eines Versicherungstatbestandes vorliegt.

d) Versicherte Kosten/Deckungsumfang

22 Im Rahmen der versicherten Leistungen nach Ziff. 4 USV sind vom Versicherer die Gutachter-, Sachverständigen-, Anwalts-, Zeugen-, Verwaltungsverfahrens- und Gerichtskosten zu ersetzen. Die genannten Kosten müssen allerdings im Rahmen bestimmter Schadensbilder anfallen. Insofern reflektiert die USV exakt das Inanspruchnahmerisiko nach dem USchadG.

aa) Sanierung von Schäden an geschützten Arten, natürlichen Lebensräumen oder Gewässern

23 Die versicherten Kosten werden zunächst für die Sanierung von Schäden an geschützten Arten, natürlichen Lebensräumen oder Gewässern ersetzt.[36] Die Ziff. 5.1.1 bis 5.1.3 USV beziehen sich insofern auf den Anhang II der EU-Umwelthaftungsrichtlinie (2004/35/EG). Der Versicherer ersetzt die Kosten für **primäre Sanierungen**[37], **ergänzende Sanierung**[38] und **Ausgleichssanierung**[39]. Für die Definition der jeweiligen Sanierungsmöglichkeiten übernehmen Ziff. 5.1.1 bis 5.1.3 USV die jeweiligen Definitionen aus der Europäischen Richtlinie. Primäre Sanierung ist jede Maßnahme, die die geschädigten natürlichen Ressourcen und/oder beeinträchtigenden Funktionen ganz oder annähernd in den Ausgangszustand zurückversetzt. Ergänzende Sanierung ist jede Maßnahme in Bezug auf die natürlichen Ressourcen und/oder Funktionen, mit der der Umstand ausgeglichen wird, dass die primäre Sanierung nicht zu einer vollständigen Wiederherstellung der geschädigten natürlichen Ressourcen und/oder Funktionen führt. Ausgleichssanierung ist jede Tätigkeit zum Ausgleich zwischenzeitlicher Verluste natürlicher Ressourcen und/oder Funktionen, die zum Zeitpunkt des Eintretens des Schadens bis zu dem Zeitpunkt entstehen, in dem die primäre Sanierung ihre Wirkung vollständig entfaltet hat. Auch genannte **zwischenzeitliche Verluste** sind nach Ziff. 5.1.3 USV zu ersetzen. Davon erfasst sind also solche Verluste, die darauf zurückzuführen sind, dass die geschädigten natürlichen Ressourcen und/oder Funktionen ihre ökologischen Aufgaben oder ihre Funktionen für andere natürliche Ressourcen nicht erfüllen können, solange die Maßnahmen der primären oder ergänzenden Sanierung ihre Wirkung nicht entfalten.[40]

bb) Bodensanierung

24 Nach Ziff. 5.2 USV werden die Kosten für die Schädigung des Bodens übernommen, und zwar zumindest soweit, dass die betreffenden Schadstoffe beseitigt, kontrolliert, eingedämmt oder vermindert werden, so dass der beschädigte Boden unter Berücksichtigung seiner zum Zeitpunkt der Schädigung gegebenen gegenwärtigen und zugelassenen zukünftigen Nutzung kein erhebliches Risiko oder keine erhebliche Beeinträchtigung der menschlichen Gesundheit mehr darstellt. Die gesetzliche Situation des Bundesbodenschutzgesetzes (BBodSchG) in Deutschland war aufgrund der EU-Umwelthaftungsrichtlinie nicht zu ändern, weil diese nicht über den bisherigen Gesetzeszustand hinausging.[41] Da im Rahmen der UHV allerdings die Schäden nach dem BBodSchG ausgeschlossen waren,[42] besteht für entsprechende Risiken mit der USV nunmehr erstmalig Versicherungsschutz.

25 Soweit bei Dritten Bodenschäden vorliegen, die zugleich einen Sachschaden darstellen, ist der Anspruch des Dritten bereits nach den Regelungen der UHV versichert. Abgrenzungsschwierigkeiten zur Umwelthaftpflichtversicherung sind programmiert, insbesondere dann, wenn eine Behörde Sanierungskosten auf Grundstücken Dritter im Regresswege geltend macht.[43]

---

35 § 100 VVG Rdn. 52.
36 Vgl. *Fritsch* UPR 2011, 365 ff.
37 EU-Richtlinie 2004/35/EG, Anh II Nr. 1 lit. a).
38 EU-Richtlinie 2004/35/EG, Anh II Nr. 1 lit. b).
39 EU-Richtlinie 2004/35/EG, Anh II Nr. 1.1.2.
40 EU-Richtlinie 2004/35/EG, Anh II Nr. 1 lit. b).
41 Terbille/*Fränzer*, § 16 Rn. 170.
42 Vgl. *Laschet*, Anhang F Rdn. 6.
43 Vgl. im Einzelnen und sehr detailliert: Terbille/*Fränzer*, § 16 Rn. 170; zum Verhältnis USchadG und BBodSchG: *Becker*, Das neue Umweltschadensgesetz, Rn. 57 ff.

cc) Eigenschäden/Grundwasserschäden

Unter die versicherten Kosten können ferner solche Kosten für Umweltschäden fallen, die auf Grundstücken 26
des VN entstehen oder am Grundwasser eintreten. Beide Tatbestände sind gem. Ziff. 10.1 und 10.2 USV
grundsätzlich ausgeschlossen, können jedoch über die Zusatzbausteine 1 und 2[44] gesondert versichert werden.

4. Erhöhungen, Erweiterungen und neue Risiken

Wie bei der UHV sind **Erhöhungen und Erweiterungen** des versicherten Risikos nicht mitversichert. Das 27
Enumerations- und Deklarationsprinzip verlangt eine individuelle Einbeziehung in den Versicherungsvertrag
und in die Umweltschadenspolice. Soweit allerdings im Rahmen des Anlagenrisikos lediglich mengenmäßige
Erhöhungen stattfinden, sind diese erfasst.[45]

Für das produktbezogene Risiko und das Auffangrisiko nach Ziff. 2.6 bis 2.8 USV werden Erhöhungen und 28
Erweiterungen vom Versicherungsschutz automatisch erfasst. Jedenfalls für den Baustein Ziff. 2.6 USV ist dies
eine Besserstellung im Verhältnis zur UHV.

Soweit sich Erhöhungen und Erweiterungen daraus ergeben, dass auf der Basis der EU-Umwelthaftungsricht- 29
linie 2004/35/EG Rechtsvorschriften geändert werden, sind diese nach Ziff. 6.3 USV vom Versicherungsschutz
erfasst. Dies gilt nicht, soweit es sich dabei um neue gesetzliche Vorschriften zur Versicherungs- oder Deckungsvorsorgepflicht handelt, die nach Art. 14 EU-Umwelthaftungsrichtlinie 2004/35/EG dem nationalen
Gesetzgeber als Möglichkeit eröffnet worden sind. Bislang gibt es keine Anzeichen für die Einführung einer
solchen Versicherungs- und Deckungsvorsorgepflicht in Deutschland.

Für neue Risiken gilt gem. Ziff. 7 USV das Gleiche. Soweit neue Risiken im Bereich des Anlagenrisikos nach 30
Ziff. 2.1 bis 2.5 USV entstehen, muss eine gesonderte Vereinbarung zwischen den Versicherungsvertragsparteien getroffen werden. Beim produktbezogenen Risiko und dem Auffangrisiko nach Ziff. 2.6 bis 2.8 USV
sind auch neue Risiken erfasst, die nach Vertragsabschluss entstehen, allerdings für gewöhnlich gedeckelt auf
einen bestimmten Betrag nach Ziff. 7.2.3 USV. Für Anzeigepflichten des VN und Anpassungsmöglichkeiten
des Versicherers in Bezug auf die Prämie sind die AHB-Regelungen übernommen worden.

5. Versicherungsfall

Die Definition des Versicherungsfalls entspricht derjenigen in der UHV.[46] 31

6. Aufwendungen vor Eintritt des Versicherungsfalls

Aufwendungen vor Eintritt des Versicherungsfalls werden nach Ziff. 9.1 USV vom Versicherer ersetzt, soweit 32
zuvor eine Betriebsstörung vorgelegen hat. Insoweit kann auf die Ausführungen zu Ziff. 5 UHV verwiesen
werden.[47] Nach Ziff. 5 UHV werden allerdings Aufwendungen auch dann ersetzt, wenn diesen eine behördliche Anordnung vorausgegangen ist. Insofern könnte der Versicherungsschutz nach der USV im Verhältnis
zur UHV verkürzt sein.[48] Richtigerweise ist aber die besondere Haftungssituation des USchadG und dessen
Regelungen zu betrachten.[49] Nach § 4 USchadG ist der Verantwortliche ohnehin verpflichtet, unverzüglich
die Behörden zu informieren, die sich sodann unmittelbar einschalten. Hinzu kommt, dass nach Ziff. 3 USV
das gesamte Deckungskonzept der USV ausnahmslos an die Betriebsstörung geknüpft ist. Insofern ist dies
auch bei den Regelungen zu den Aufwendungen vor Eintritt des Versicherungsfalls konsequent.

7. Ausschlusstatbestände

a) Einleitung und Verweis

Die USV enthält mit insgesamt 24 Einzelregelungen eine Vielzahl an Ausschlusstatbeständen. Dies ergibt sich 33
daraus, dass Ausschlusstatbestände der AHB bzw. der UHV aufgrund der Eigenständigkeit der Versicherungspolice nicht unmittelbar greifen. Daher werden diese vielfach inhaltlich im Rahmen der USV kopiert. Dies gilt
für Ziff. 10.3 (Veränderungen der Lagerstätte, des Grundwassers oder seines Fließverhaltens), Ziff. 10.4 (Eintritt vor Beginn des Versicherungsvertrags), Ziff. 10.5 (Neuerwerb kontaminierter Grundstücke), Ziff. 10.7
(Kleckerklausel), Ziff. 10.8 (Normalbetrieb), Ziff. 10.10 (Asbest-Ausschluss), Ziff. 10.11 (GVO-Ausschluss),
Ziff.n 10.12 und 10.13 (Abfall-Ausschlüsse), Ziff. 10.14 und 10.15 (Kraft-, Wasser- und Luftfahrzeugausschlüsse) sowie Ziff. 10.16 und 10.17 USV (Abweichen von Gesetzen etc. bzw. anderen Anweisungen). Auf die entsprechenden Kommentierungen wird verwiesen.

---

[44] Vgl. hierzu Rdn. 39–42.
[45] Vgl. *Laschet*, Anhang F Rdn. 46.
[46] Vgl. hierzu: *Laschet*, Anhang F Rdn. 47.
[47] Vgl. *Laschet*, Anhang F Rdn. 52 ff.
[48] So jedenfalls *Klinkhammer* VP 2007, 201 ff.
[49] So Terbille/*Fränzer*, § 16 Rn. 176.

Anhang G Umweltschadensversicherung (USV)

b) Eigenschadenausschluss (Ziff. 10.1 USV)

34 Ausgeschlossen vom Versicherungsschutz sind solche Schäden, die auf Grundstücken (Böden und Gewässer) des VN eintreten. Hiervon erfasst sind solche, die im Eigentum des VN stehen, von ihm gemietet, geleast oder gepachtet wurden, geliehen sind oder durch verbotene Eigenmacht erlangt wurden.[50] Der Ausschluss ist angelehnt an Ziff. 7.6 UHV, bedurfte allerdings der Erweiterung auf eigene Grundstücke aufgrund der besonderen Konzeption der USV. Der Verantwortliche kann nach dem USchadG allerdings auch bei dem Vorliegen von Umweltschäden auf eigenen Grundstücken in Anspruch genommen werden. Die Verantwortung macht nicht am Werkszaun halt.[51] Der VN muss dieses Risiko über den Zusatzbaustein 1 oder 2 gesondert in Deckung nehmen.[52]

c) Grundwasserausschluss (Ziff. 10.2 USV)

35 Nicht versichert sind Schäden am Grundwasser. Im Einzelfall ist eine Abgrenzung vorzunehmen, was zum Grundwasser gehört. Bei grundwassernahen Bodenschichten ist auf die naturwissenschaftliche Abgrenzung zwischen Boden und Grundwasser zurückzugreifen. Dies orientiert sich an der Unterscheidung zwischen ungesättigter und gesättigter Zone. Teile der gesättigten Zone fallen zum Grundwasser und unterliegen damit dem Ausschluss. Der ungesättigte Teil fällt gänzlich nicht unter den Grundwasserausschluss.[53] Grundwasserschäden können allerdings über den Zusatzbaustein 1[54] gesondert in Deckung genommen werden.

d) Landwirtschaftlicher Einsatz (Ziff. 10.9)

36 Kein Versicherungsschutz besteht für Schäden, die durch die Herstellung, Lieferung, Verwendung oder Freisetzung von Klärschlamm, Jauche, Gülle, festem Stalldung, Pflanzenschutz-, Dünge- oder Schädlingsbekämpfungsmitteln entstehen. Dies gilt allerdings nur im normalen Verwendungsbereich. Soweit diese Stoffe durch plötzliche unfallartige Ereignisse bestimmungswidrig und unbeabsichtigt in die Umwelt gelangen, greift der Ausschluss nach Ziff. 10.9 USV nicht. *Fränzer* hält dies in den Ausschlüssen zwar für bedenklich[55], allerdings ist nicht deutlich erkennbar, aus welchen Gründen. Berechtigterweise – dies erkennt wiederum auch *Fränzer* – begrenzen die Versicherer ihre Deckungspflicht auf Störungsfälle und tragen nicht das Entwicklungsrisiko. Dies entspricht dem Sinn des Ausschlusses; die Problematik ist auch in anderen Versicherungsprodukten als Ausschluss enthalten.

e) Auslandsschäden (Ziff. 10.6 USV)

37 Ziff. 10.6 USV enthält einen Ausschluss für Schäden, die im Ausland eintreten. Dieser Ausschluss wird über Ziff. 13 USV relativiert. Haftungsfälle, die insgesamt im Geltungsbereich der EU-Umwelthaftungsrichtlinie 2004/35/EG eintreten, fallen auch als Auslandsschäden unter den Versicherungsschutz. Das haftungsrechtliche Risiko ist europaweit durch die Umsetzung der EU-Umwelthaftungsrichtlinie gleich. Den Versicherer treffen auch keine erhöhten Risiken, weil das Deklarationsprinzip gilt und jedes einzelne Risiko ihm zuvor angezeigt werden muss. Soweit der VN über das Risiko der EU-Umwelthaftungsrichtlinie hinausgehende Tatbestände mit Auslandsversicherungsschutz decken möchte, ist dies gesondert zu vereinbaren.[56]

8. Zusatzbausteine

38 In Abänderung der Ausschlüsse nach Ziff. 10.1 und 10.2 USV können im Einzelfall VN die Zusatzbausteine I und II (USV-Zusatzbausteine) vereinbaren.

a) Zusatzbaustein 1 (Eigenschäden)

39 Für den Zusatzbaustein 1 werden entsprechend dem haftungsrechtlichen Risiko nach dem USchadG Grundstücke aus dem eigenen Herrschaftsbereich (Eigentum, Miete, Pacht etc.) des VN in den Versicherungsschutz einbezogen. Soweit der Bodenschutz betroffen ist, werden Sanierungspflichten allerdings nach Ziff. 1, 2. Spiegelstrich des Zusatzbausteins nur dann gedeckt, wenn eine Gefährdung für die menschliche Gesundheit besteht. Wegen Schäden an der Biodiversität besteht die Einschränkung der Gesundheitsbeschädigung nicht. Der Versicherungsschutz selbst, der durch den Zusatzbaustein begründet wird, entspricht im Übrigen den Grundsätzen der USV.

40 Ziff. 3 des Zusatzbausteins enthält Abgrenzungen für bestimmte Schäden und Ziff. 4 des Zusatzbausteins Sonderregelungen über Versicherungssummen, Maximierungen und Selbstbehalte.

---

50 van Bühren/*Laschet*, § 25 Rn. 32.
51 Terbille/*Fränzer*, § 16 Rn. 179.
52 Vgl. hierzu Rdn. 39–42.
53 van Bühren/*Laschet*, § 25 Rn. 33.
54 Vgl. hierzu Rdn. 39–42.
55 Terbille/*Fränzer*, § 16 Rn. 184.
56 van Bühren/*Laschet*, § 25 Rn. 35.

Nach Ziff. 2 des USV-Zusatzbausteins 1 kann auch der Ausschluss nach Ziff. 10.2 (Grundwasser) USV abgeändert und in die Deckung einbezogen werden. **41**

b) Zusatzbaustein 2
Der Zusatzbaustein 2 erweitert den Versicherungsschutz bei Eigenschäden auf den Bereich, in dem keine Gefahr für die menschliche Gesundheit ausgeht. Die Voraussetzungen bleiben gleich. Versicherungsschutz besteht also nur, wenn die Voraussetzungen der Inanspruchnahme nach dem BBodSchG vorliegen. **42**

Anhang H
Employment-Insurance – Haftpflichtversicherung von Ansprüchen aus Benachteiligungen (AGG-Versicherung)

Übersicht

	Rdn.		Rdn.
I. Vorbemerkung	1	4. Ausschlüsse	15
II. »Allgemeine Bedingungen zur Haftpflichtversicherung von Ansprüchen aus Benachteiligungen – AVB Benachteiligungen«	2	a) Vorsatzausschluss/wissentliche Pflichtverletzung	16
1. Überblick über die Versicherungsbedingungen	2	b) Ansprüche gegen mitversicherte Personen	17
2. Gegenstand der Versicherung	3	c) Auslands-Ausschluss	18
a) Versicherte Schäden	4	d) Verbandsklage und kollektivrechtliche Ansprüche	19
b) Benachteiligungsgründe	5	e) Schadensersatz mit Strafcharakter	21
c) Mitversicherte Tatbestände	6	f) Vertragliche Zusagen über den gesetzlichen Umfang hinaus	22
aa) Inanspruchnahme des VN	6	g) Tochtergesellschaften	24
bb) Mitversicherte Personen	7	h) Gesetzliche Vorgaben	25
cc) Mitversicherte Unternehmen	9	5. Klassische AHB-Regelungen	26
d) Versicherungsumfang	10		
3. Versicherungsfall	11		

Schrifttum:

Agatstein/Stramford/Dahm-Loraing/Portz, Employment Practices Liability Insurance – Globale Entwicklung und Versicherbarkeit eines wachsenden Risikos, PHI 2000, 42 ff. (Teil 1) und 101 ff. (Teil 2); *Bauer/Göpfert/Krieger,* Allgemeines Gleichbehandlungsgesetz, 4. Aufl. 2015; *Bartl/Lattwein,* Das Allgemeine Gleichbehandlungsgesetz – kein Grund zur Entwarnung, PHI 2008, 116 ff.; *dies.,* AGG: Auf dem Prüfstand – Erste Markterfahrungen und Perspektiven, VP 2008, 41 ff.; *Koch,* Versicherung von Haftungsrisiken nach dem Allgemeinen Gleichbehandlungsgesetz, VersR 2007, 288 ff.; *Maier-Reimer,* Das Allgemeine Gleichbehandlungsgesetz im Zivilrechtsverkehr, NJW 2006, 2577 ff.; *Rolfs,* Die Versicherbarkeit der arbeitsrechtlichen Risiken des AGG, VersR 2009, 1001 ff.; *ders.,* AGG-Hopping, NZA 2016, 586; *von Steinau-Steinrück,* EuGH-Vorlage zum Entschädigungsanspruch für AGG-Hopper, ZIP 2015, 1508 ff.

I. Vorbemerkung

1 Seit August 2006 ist das Allgemeine Gleichbehandlungsgesetz (AGG)[1] in Kraft. Unter großer politischer und gesellschaftlicher Diskussion sind eine Vielzahl von EU-Richtlinien in Bezug auf Diskriminierungen[2] vom nationalen Gesetzgeber umgesetzt worden. Das AGG greift ganz überwiegend im Bereich der arbeitsrechtlichen Diskriminierungen, ist aber nach der gesetzlichen Konzeption auch auf andere Diskriminierungen im Zivilrecht anwendbar.[3] Insgesamt ist die Problematik vor allem aus den USA bereits bekannt. Dort werden die Diskriminierungsvorschriften bereits seit langem streng beachtet. Dabei stehen die Bereiche der **widerrechtlichen Arbeitspraktiken** (Unlawful Employment Practices), der **rechtswidrigen Kündigungen** (wrongful termination) und die **Diskriminierungen** (z.B. sexual harassment) sowie **Verleumdungen**, **Falschdarstellungen** und das **Eindringen in die Privatsphäre**, z.B. durch E-Mail-Überwachung, im Vordergrund.[4] Die Debatten zeigen, dass diese Themen insgesamt auch in Deutschland den Unternehmensalltag erreichen, wobei die befürchtete und herbeigeschworene Klagewelle in Deutschland ausgeblieben ist.[5] Eine Vielzahl von Entscheidungen zu AGG-Diskriminierungstatbeständen sind zwischenzeitlich indes ergangen,[6] wobei insb. die jüngste Entscheidung des EuGH zum sog. »AGG-Hopping« beachtenswert ist, für welches eine Entschädigung wegen

---

1 Allgemeines Gleichbehandlungsgesetz vom 14.08.2006, BGBl. I, S. 1897, zuletzt geändert durch Art. 8 G. v. 03.04.2013 BGBl. I, S. 610.
2 EU-Richtlinie 2000/43/EG des Rates v. 29.06.2000 zur Anwendung des Gleichbehandlungsgrundsatz ohne Unterschiede der Rasse oder ethnischen Herkunft (»Antirassismusrichtlinie«); EU-Richtlinie 2000/78/EG des Rates v. 27.11.2000 zur Festlegung eines allgemeinen Rahmens für die Verwirklichung der Gleichbehandlung in Beschäftigung und Beruf (»Rahmenrichtlinie Beschäftigung«); EU-Richtlinie 2002/73/EG des Europäischen Parlaments und des Rates v. 23.09.2002 zur Änderung der Richtlinie 76/207/EWG zur Verwirklichung von Grundsätzen der Gleichbehandlung von Männern und Frauen hinsichtlich des Zugangs zur Beschäftigung, zur Berufsausbildung und zum beruflichen Aufstieg sowie in Bezug auf die Arbeitsbedingungen (»Gender-Richtlinie«); EU-Richtlinie 2004/113/EG v. 13.12.2004 zur Verwirklichung des Grundsatzes der Gleichbehandlung von Männern und Frauen beim Zugang zu und bei der Versorgung mit Gütern und Dienstleistungen (»Unisex-Richtlinie«).
3 Vgl. insgesamt einleitend: *Maier-Reimer* NJW 2006, 2577 ff.
4 *Agatstein/Dahm-Loraing* PHI 2000, 42.
5 *Rolfs* VersR 2009, 1001.
6 So jüngst BAG, Urt. vom 09. Dezember 2015, 4 AZR 684/12; BAG DB 2016, 1383.

Rechtsmissbräuchlichkeit ausgeschlossen sein kann.[7] Das AGG selbst allerdings erstreckt sich auf die Diskriminierungen aller Art. Für die genannten Tatbestände gibt es in den USA seit 1992 sog. EPLI[8]-Deckungen[9], die teilweise auch Vorbildcharakter für die deutschen AGG-Policen haben, zumeist aber weitreichender sind. Die deutsche Versicherungswirtschaft hat sich ganz überwiegend auf Diskriminierungen in der Arbeitswelt beschränkt, wie diese durch das AGG begründet wurden.

II. »Allgemeine Bedingungen zur Haftpflichtversicherung von Ansprüchen aus Benachteiligungen – AVB Benachteiligungen«

1. Überblick über die Versicherungsbedingungen

Für die Risiken von Unternehmen und deren Mitarbeitern, wegen einer Verletzung des Allgemeinen Gleichbehandlungsgesetzes in Haftung genommen zu werden, bedurfte es versicherungsseitig eines gesonderten Versicherungskonzepts.[10] Eine Deckung über die Betriebshaftpflicht kommt wegen Ziff. 7.16 und 7.17 AHB über die D&O-Versicherung aufgrund des Ausschlusses Ziff. 5.16 AVB-AVG nicht in Betracht, wenn auch einige Anbieter von D&O-Policen für dort versicherte Personen Zusatzbausteine anbieten. Von zahlreichen Versicherern liegen unterschiedlichste Konzepte vor. Auch unter den AVB-Vermögen, soweit diese keinen gesonderten Ausschluss für AGG-Risiken formuliert haben, ist eine Deckung zumindest für die Entschädigungsansprüche nach § 15 II AGG nicht anzunehmen, weil diese nur ein Surrogat der im Übrigen ausgeschlossenen Erfüllungsansprüche sind.[11] Auch für die Schadensersatzansprüche nach § 15 I AGG ist im Regelfall eine Deckung unter den AVB-Vermögen nicht anzunehmen.[12] Im Wesentlichen orientieren sich die Versicherungskonzepte – wie auch die Allgemeinen Bedingungen zur Haftpflichtversicherung von Ansprüchen aus Benachteiligung (AVB-Benachteiligung, Stand Februar 2016 (nachfolgend AVB-B)[13]) – als Haftpflichtbedingungen an den Vorgaben der AHB. Diese sind modifiziert in Bezug auf die besonderen Risiken wegen Diskriminierungen. Der Gegenstand der Versicherung verweist daher zwangsläufig auf die haftungsrechtlichen Besonderheiten des AGG. Im Weiteren weisen die AVB-B zur klassischen allgemeinen Haftpflichtversicherung Änderungen im Bereich der mitversicherten Personen, des Versicherungsfalls, der zeitlichen Abgrenzung des Versicherungsschutzes sowie der Ausschlüsse auf.

2. Gegenstand der Versicherung

Nach Ziff. 1.1 AVB-B sind versichert Schadensersatzansprüche aufgrund gesetzlicher Haftpflichtbestimmungen privatrechtlichen Inhalts wegen Benachteiligungen aus den in Ziff. 1.2 AVB-B genannten Gründen für einen Personen-, Sach- oder Vermögensschaden, auf den der VN oder eine mitversicherte Person in Anspruch genommen wird.

a) Versicherte Schäden

Versichert sind zivilrechtliche Schadensersatzansprüche Dritter. Die AVB-B entsprechen daher den Regelungen der AHB.[14] Erfasst sind vom Versicherungsschutz Personen-, Sach- und Vermögensschäden, wobei – entgegen Ziff. 1.1 AHB – keine Differenzierung zwischen echten und unechten Vermögensschäden vorgenommen wird. Sachschäden sind in diesem Zusammenhang bedeutungslos.[15] Alle denkbaren Vermögensschäden sind vom Versicherungsumfang erfasst, soweit diese im Wege des Schadensersatzes geltend gemacht werden können. Auf die Anspruchsgrundlage kommt es nicht an. Die AVB-B bieten keine ausschließliche AGG-Deckung, wenn auch der überwiegende Anteil von Ersatzansprüchen aus dem AGG abgeleitet werden wird. Als Anspruchsgrundlagen sind denkbar §§ 280 I, 823 BGB sowie insbesondere § 15 I AGG. Ansprüche aus § 15 II AGG, nach denen der Geschädigte eine angemessene Entschädigung in Geld verlangen kann, die nach § 15 II 2 AGG drei Monatsgehälter allerdings nicht überschreiten darf, sind nicht vom Versicherungsschutz erfasst[16], es sei denn, dass der Versicherer dies abweichend von den AVB-B in den Versicherungsschutz einbezieht, was teilweise angeboten wird.[17] Zum einen stellen diese weder Personen-, Sach- oder Vermögensschaden dar, son-

---

7 EuGH, Urt. v. 28.07.2016, AZ C-423/15.
8 Employment Practices Liability Insurance.
9 *Agatstein/Dahm-Loraing* PHI 2000, 42.
10 *Bartl/Lattwein* PHI 2008, 116.
11 Im Ergebnis auch: *Rolfs* VersR 2009, 1001, 1006.
12 *Koch* VersR 2007, 288, 295 ff.; *Rolfs* VersR 2009, 1001, 1007.
13 Unverbindliche Musterbedingungen des Verbands der Deutschen Versicherungswirtschaft zu den Allgemeinen Versicherungsbedingungen zur Haftpflichtversicherung von Ansprüchen aus Benachteiligung – AVB-Benachteiligung, Stand 2014.
14 Vgl. §§ 100 ff.
15 *Rolfs* VersR 2009, 1001, 1007.
16 Deklaratorisch hierzu auch der Ausschluss nach Ziff. 5.6 AVB-B.
17 Zum Nachweis einzelner Anbieter vgl. *Rolfs* VersR 2009, 1001, 1007 (Fn. 84).

dern allenfalls einen »Nichtvermögensschaden«.[18] Zum anderen sind dies keine Schadensersatzansprüche im kompensatorischen Sinne. Auch denkbare Beseitigungs- und Unterlassungsansprüche[19] nach § 21 I AGG sind nicht gedeckt.

b) Benachteiligungsgründe

5   Deckungsschutz besteht nur für Schadensersatzansprüche, die aus Gründen einer Benachteiligung wegen der **Rasse**, **ethnischen Herkunft**, des **Geschlechts**, der **Religion**, der **Weltanschauung**, einer **Behinderung**, des **Alters**[20] oder der **sexuellen Identität** erfolgen. Die AVB-B übernehmen damit die Diskriminierungsgründe nach § 1 AGG,[21] wobei gerade der Altersdiskriminierung auch in der Rechtsprechung besondere Bedeutung zukommt.[22]

c) Mitversicherte Tatbestände
aa) Inanspruchnahme des VN

6   Nach Ziff. 1.1 AVB-B ist zunächst die Inanspruchnahme des VN selbst vom Versicherungsschutz erfasst. Bei unmittelbarer Inanspruchnahme des VN besteht also immer Versicherungsschutz.[23]

bb) Mitversicherte Personen

7   Nach Ziff. 1.1 II AVB-B sind mitversichert die Mitglieder des Aufsichtsrats, des Vorstands oder der Geschäftsführung des VN sowie die leitenden Angestellten. Bei der Inanspruchnahme von mitversicherten Personen sind diese immer mitversichert – bei unmittelbarer Inanspruchnahme. Die Beschreibung des mitversicherten Personenkreises ist nicht hinreichend deutlich. Zunächst ist das verwendete »oder« redaktionell zu hinterfragen. Sinn und Zweck der Regelung kann nur sein, dass insoweit eigentlich ein »und«, zumindest aber ein »und/oder« gemeint ist. Gerade im Diskriminierungsrecht ist es denkbar und wahrscheinlich, dass durch Zusammenwirken von leitenden Angestellten und Organen, z.B. Vorstand und Personalleiter, Diskriminierungstatbestände erst verwirklicht werden. Eine Alternativdeckung war offensichtlich nicht gewollt; im Falle der Inanspruchnahme beider steht beiden Personen Deckungsschutz zu. Des Weiteren erfasst die Mitversicherung zwar weitestgehend alle Organe, indes nicht bezogen auf alle bekannten Rechtsformen. Nicht erfasst ist die in zunehmender Anzahl gegründete Europäische Aktiengesellschaft (SE), soweit sich deren Aktionäre zulässigerweise für das monistische System mit einem Verwaltungsrat und geschäftsführenden Direktoren entscheidet.[24] Diese Personen wären begrifflich – soweit nicht die Police andere Angaben enthält – nicht erfasst. Im Wege der Auslegung ist allerdings zu bestimmen, dass die geschäftsführenden Direktoren als Vorstände, die übrigen Mitglieder des Verwaltungsrates als Aufsichtsräte in entsprechender Anwendung mitversichert wären. Erfasst sind als mitversicherte Personen daher jegliche Organe als gesetzliche Vertreter der Gesellschaft, Aufsichtsgremien und leitende Angestellte.

8   Der Begriff der leitenden Angestellten ist versicherungsseitig nicht definiert. Insofern ist – wie auch im Rahmen der D&O-Versicherung[25] – auf die materielle Rechtslage zurückzugreifen. Bei der Verletzung entsprechender Tatbestände wäre haftungsrechtlich ohnehin bereits zu betrachten, inwiefern der VN oder ein mitversichertes Unternehmen als Arbeitgeber freistellungspflichtig gegenüber dem Arbeitnehmer als leitenden Angestellten wären. Auch wenn die AVB-B nicht auf die Definition des leitenden Angestellten nach § 5 III BetrVG verweisen, ist dieser Begriff maßgeblich, stellt er doch die einzige bekannte Definition des leitenden Angestellten in diesem Zusammenhang dar. Im Rahmen des § 5 III BetrVG ist zwar letztlich eine komplizierte Struktur in der Definition des leitenden Angestellten gebaut. Das maßgebliche Kriterium im Zusammenhang mit Ziff. 1.1 II AVB-B ist der Umfang der Vertretungsmacht. Wenn eine Person beispielsweise Prokura hat oder über die Prokura hinausgehende handelsrechtliche Vollmacht erhält, wird sie zumindest als leitender Angestellter anzusehen sein.[26]

Soweit Diskriminierungen von nicht versicherten Personen vorgenommen werden, ist der Deckungsschutz zu differenzieren. Wird die VN unmittelbar wegen eines ihr über §§ 278, 831 BGB zuzurechnenden Verhaltens

---

18   *Wagner/Potsch* JZ 2006, 1085, 1093; *Walker* NZA 2009, 5, 7; i.E. wohl auch *Rolfs* VersR 2009, 1001, 1006 f., der indes den Begriff »Vermögensschaden« nochmals hinterleuchtet.
19   Hierzu: *Maier-Reimer* NJW 2006, 2577, 2581.
20   Vgl. beispielsweise zur Altersdiskriminierung gegenüber einem Geschäftsführer, OLG Köln VP 2010, 210.
21   Zu den Definitionen und Bestimmungsmerkmalen der einzelnen Diskriminierungsmerkmale vgl. sehr ausführlich und umfassend: MünchKommBGB/*Thüsing*, § 1 AGG Rn. 51 ff. mit zahlreichen Verweisen und Herleitungen; ebenso bei *Däubler/Bertzbach*, § 1 AGG.
22   *Rolfs* VersR 2009, 1001.
23   *Rolfs* VersR 2009, 1001, 1008.
24   Vgl. hierzu: MünchKommAktG/*Reichert/Brandes*, Art. 43 SE-VO Rn. 199; *Manz/Mayer/Schröder*, Europäische Aktiengesellschaft, Art. 43 SE-VO Rn. 1 ff.
25   Vgl. Anhang C.
26   VersHb/*Beckmann*, § 28 Rn. 60 (zur D&O-Versicherung).

in Anspruch genommen, ist grundsätzlich nach Ziff. 1.1/2 AVB-B Deckungsschutz gegeben.[27] Wird indes eine nicht versicherte Person unmittelbar in Anspruch genommen, besteht kein Deckungsschutz. Letzteres gilt auch dann, wenn dieser nicht versicherte Arbeitnehmer nach einer Drittinanspruchnahme im Wege des innerbetrieblichen Schadensausgleichs von dem VN Freistellung bzw. Erstattung verlangt.[28] Der innerbetriebliche Schadensausgleich ist kein gesetzlicher Haftpflichtanspruch privatrechtlichen Inhalts.

cc) Mitversicherte Unternehmen

Tochtergesellschaften der VN sind nach Ziff. 1.3 AVB-B unmittelbar mitversichert. Auf die Leitungs- oder Kontrollmöglichkeiten der VN nach §§ 290 I, II, 271 I HGB ist zurückzugreifen. Bei nach Abschluss des Versicherungsvertrags neu hinzukommenden Tochtergesellschaften erstreckt sich der Versicherungsschutz nur auf solche Benachteiligungen, die nach Vollzug des Erwerbs begangen wurden. Nur Tochtergesellschaften mit Sitz in Deutschland sind – vorbehaltlich anderweitiger Regeln in der Police – mitversichert. Diese Beschränkungen werden flankiert durch die Ausschlüsse in Ziff. 5.3, 5.9, 5.10 AVB-B.

d) Versicherungsumfang

Der Umfang der Versicherung richtet sich nach Ziff. 4 AVB-B analog den Regelungen der Ziff. 5, 6 AHB. Insofern kann umfänglich auf die dortigen Regelungen verwiesen werden.

3. Versicherungsfall

Versicherungsfall ist nach Ziff. 2 AVB-B die erstmalige Geltendmachung eines Haftpflichtanspruchs gegen den VN oder eine mitversicherte Person während der Dauer des Versicherungsvertrags. Als geltend gemacht gilt ein Anspruch, wenn gegen den VN oder eine mitversicherte Person ein Anspruch schriftlich erhoben wird oder ein Dritter dem VN oder einer mitversicherten Person schriftlich mitteilt, einen Anspruch gegen den VN oder eine mitversicherte Person zu haben.

Auch wegen der Vergleichbarkeit mit der D&O-Versicherung übernehmen die AVB-B hier das sog. »Claims-Made-Prinzip« bzw. Anspruchserhebungsprinzip.[29] AGB-rechtliche Bedenken gegen das »Claims-Made-Prinzip« sind unbegründet.[30] Im Übrigen wird auf die Ausführungen zum Versicherungsfall innerhalb der D&O-Versicherung verwiesen[31], wobei der BGH die Frage der Ernsthaftigkeit einer Inanspruchnahme jüngst entschieden hat.[32]

Nach Ziff. 3 AVB-B ist der Versicherungsfall zeitlich eingegrenzt. Anspruchserhebung und die zugrunde liegende Benachteiligung müssen – dies ist abweichend von der D&O-Versicherung – während der Wirksamkeit der Versicherung erfolgt sein. Bei fahrlässiger Unterlassung gilt diese angenommen an dem Tag, an dem die versäumte Handlung hätte vorgenommen werden können. Dies trägt dem Charakter des AGG dadurch Rechnung, dass Diskriminierungen häufig durch Unterlassungen begangen werden. Dies führt indes in praktischer Hinsicht zu einigen Darlegungs- und Beweisschwierigkeiten, die wegen der kumulativen Anwendung von Anspruchserhebung und Benachteiligung auch den Versicherungsschutz betreffen. Gleichwohl bleibt die Klausel als solche transparent und wirksam. Soweit ein Insolvenzantrag gestellt wird, werden nach Ziff. 3.2 AVB-B nur solche Tatbestände erfasst, die vor Beantragung des Versicherungsfalls begangen wurden.

Im Rahmen des Versicherungsfalls ist bezüglich der Geltendmachung die haftungsrechtliche Regelung nach § 15 IV AGG zu beachten. Soweit Schadensersatzansprüche nach § 15 I AGG geltend gemacht werden, müssen diese innerhalb einer Frist von zwei Monaten schriftlich geltend gemacht werden, es sei denn, die Tarifvertragsparteien haben etwas anderes vereinbart. Die Frist beginnt im Falle einer Bewerbung oder eines beruflichen Abstiegs mit dem Zugang der Ablehnung; in sonstigen Diskriminierungsfällen zu dem Zeitpunkt, in dem der Beschäftigte von der Benachteiligung Kenntnis erlangt hat. Die Frist ist nicht übertragbar auf Ansprüche aus anderen Ersatzgrundlagen, so beispielsweise vertragliche oder deliktische Ansprüche[33], die gem. § 15 V AGG unberührt bleiben.

4. Ausschlüsse

Die AVB-B enthalten in Ziff. 5 eine Vielzahl von Ausschlüssen, die für das besondere Risiko der AGG-Tatbestände konzipiert sind.

---

27 So auch: *Rolfs* VersR 2009, 1001, 1008.
28 *Koch* VersR 2007, 288, 297; *Rolfs* VersR 2009, 1001, 1008; VersHb/*v. Rintelen*, § 26 Rn. 24a.
29 Vgl. hierzu umfassend van Bühren/*Lenz*, § 26 Rn. 86; VersHb/*Beckmann*, § 28 Rn. 95; H/E/K/*Held*, 33. Kap. Rn. 23; Terbille/*Sieg*, § 17 Rn. 60.
30 So auch: OLG München VersR 2009, 1066 ff.
31 Vgl. Anhang C.
32 BGH DStR 2016, 1381.
33 MünchKommBGB/*Thüsing*, § 15 AGG Rn. 45 m.w.N.

Anhang H   Employment-Insurance – Haftpflichtversicherung von AGG-Risiken

a) Vorsatzausschluss/wissentliche Pflichtverletzung

16   Ausgeschlossen sind Schäden, wenn diese vorsätzlich oder durch wissentliches Abweichen von Gesetzen oder Vorschriften, Beschluss, Vollmacht oder Weisungen oder durch sonstige Pflichtverletzungen herbeigeführt wurden. Die Klauseln entstammen wiederum der D&O-Versicherung und anderen Vermögensschaden-Haftpflichtversicherungen. Ziff. 5.1 AVB-B orientiert sich dabei an § 103 VVG sowie Ziff. 7.1 AHB und vor allem an Ziff. 5.1 AVB-AVG.[34] Der Vorsatz muss sich nicht nur auf das Schadensereignis, sondern auch auf die Schadensfolge beziehen.[35] Vorsatz setzt damit Wissen und Wollen des Rechtswidrigen voraus und es greifen die allgemeinen Erwägungen, vor allem in Bezug auf die Abgrenzung zur bewussten Fahrlässigkeit. Unter wissentlicher Pflichtverletzung ist das bewusste Abweichen der versicherten Person von einer gesetzlichen und anderweitig normierten Pflicht oder auch einer Weisung zu verstehen; erforderlich ist dabei die positive Kenntnis von der Pflicht (Pflichtbewusstsein) sowie positive Kenntnis vom Abweichen von dieser Pflicht (Pflichtverletzungsbewusstsein).[36]

b) Ansprüche gegen mitversicherte Personen

17   Ansprüche, die gegen mitversicherte Personen gem. Ziff. 1.1 AVB-B geltend gemacht werden, sind ausgeschlossen. Gleiches gilt für Ansprüche des VN selbst oder seiner Angehörigen gegen die mitversicherten Personen. Die zweite Alternative ist vom Anwendungsbereich noch verständlich, wenngleich nicht zwingend (vgl. hierzu unten); die erste Alternative indes ist kritisch zu hinterfragen. Im Ergebnis wären damit Diskriminierungstatbestände gegen leitende Angestellte vom Versicherungsschutz ausgeschlossen, auch dann, wenn diese von Organen begangen werden. Die Klausel findet zwar keine Anwendung für Diskriminierungen in Bezug auf die Beförderung von einer Position als nicht leitender Angestellter auf eine Position als Leitender Angestellter. Tatbestandsvoraussetzung des Ausschlusses ist das Bestehen der Position als Leitender Angestellter. Sachlich vertretbar kann der Ausschluss sein, wenn leitenden Angestellten als »potentiell diskriminierende Persönlichkeiten« unterstellt werden kann, mit dem Diskriminierungstatbestand in Bezug auf ihre eigene Person sensibilisiert zu sein. Gleichwohl bleibt diese Alternative des Ausschlusses zweifelhaft. Zwingend ist auch der Ausschluss von Ansprüchen durch Angehörige gegen mitversicherte Personen nicht. Insofern sind Diskriminierungen haftpflichtrechtlich durchaus denkbar (z.B. Geschlechtsdiskriminierungen in großen Familienunternehmen), gleichwohl greift der Ausschluss nach Ziff. 5.2 AVB-B. Eine Beschränkung des Ausschlusses dergestalt, dass nur solche Ansprüche ausgeschlossen sind, die einen Zusammenhang zwischen Angehörigem und mitversicherter Person in der Diskriminierungshandlung aufweisen, enthält Ziff. 5.2 AVB-B nicht. Angehörige des VN sind vielmehr gänzlich ausgeschlossen. Ist die VN eine juristische Person, kommt dem Angehörigenausschluss keine Bedeutung zu; der Wortlaut von Ziff. 5.2 AVB-B lässt keine Erweiterung auf angehörige mitversicherte Personen zu.

c) Auslands-Ausschluss

18   Ansprüche, die vor Gerichten außerhalb Deutschlands geltend gemacht werden oder die materiell die Verletzung bei Nichtbeachtung des Rechts ausländischer Staaten betreffen, sind vom Deckungsumfang ausgeschlossen. Gerade im anglo-amerikanischen Rechtsraum, aber auch in anderen europäischen Ländern[37] ist die Rechtsentwicklung weiter fortgeschritten und damit vielfach unkalkulierbar. Dies erklärt den Ausschluss und das Interesse des Versicherers. Die AVB-B gewähren damit einen rein nationalen materiellen wie prozessualen Deckungsschutz.

d) Verbandsklage und kollektivrechtliche Ansprüche

19   Ziff. 5.4 AVB-B schließt Haftpflichtansprüche aus, die »kollektiv« erhoben werden. Auf unterschiedliche Modelle der Versicherer weist *Rolfs*[38] hin. Die beispielhafte Aufzählung »im Zusammenhang mit Streitgenossenschaften, Verbandsklagen« oder die von »Gewerkschaften oder Betriebsräten« erhoben werden, ist nicht stringent. In Bezug auf Streitgenossenschaften ist der Ausschluss bei der Kollektivausschluss ohnehin nicht unmittelbar erklärbar. Soweit Verbände, ebenso Gewerkschaften, aus abgetretenem Recht oder ggf. in Prozessstandschaft Ansprüche erheben, ist dies nicht zwingend ein kollektiv erhobener Anspruch. Der Sachverhalt kann weiter individueller Herkunft sein. Der Ausschluss nach Ziff. 5.4 AVB-B ist – wenn er die Art und Weise der Geltendmachung der Ansprüche als vom Deckungsschutz ausgeschlossen ansehen möchte – angreifbar in Bezug auf das Transparenzgebot nach § 305 BGB. Unter kollektiv erhobenen Ansprüchen können nur solche verstanden werden,

---

34   Vgl. Anhang C, Rdn. 133.
35   Vgl. noch zu § 152 VVG a.F.: BK/*Baumann*, § 152 Rn. 17.
36   Vgl. zur D&O-Versicherung: *Lange* DStR 2002, 1674, 1676; im Übrigen wird auf die Ausführungen bei Anhang C verwiesen.
37   Einen Überblick in unterschiedlichen Ländern und in Bezug auf die entsprechenden Schadenssummen gibt der »Loss & Litigation-Report« der GenRe, November 2007. Die dort enthaltene Analyse aller »EPLI-Schadensfälle in ausgewählten europäischen Ländern« zeigt bereits das Risiko innerhalb der EU.
38   *Rolfs* VersR 2009, 1001, 1009.

die für eine Vielzahl von gleichen oder gleich gelagerten Fällen von nicht unmittelbaren Anspruchsinhabern geltend gemacht werden.
Soweit Ansprüche aus dem arbeitsrechtlichen Kollektivrecht abzuleiten sind, ist der Ausschluss nach Ziff. 5.5 AVB-B wiederum klar und verständlich. 20

e) Schadensersatz mit Strafcharakter

Entschädigungen und/oder Schadensersatz mit Strafcharakter sind nach Ziff. 5.6 AVB-B vom Versicherungsschutz ausgeschlossen. Hierzu zählen auch Strafen, Buß-, Ordnungs- oder Zwangsgelder. Dies entspricht – allerdings detaillierter – dem Ausschluss nach Ziff. 5.11 AVB-AVG.[39] Klarstellend erfasst der Ausschluss für Entschädigungen auch, dass Ansprüche nach § 15 II AGG vom Deckungsschutz nicht erfasst sind. Diese allerdings stellen bereits keine Schadensersatzansprüche dar. Der Ausschluss ist bedeutsam, weil die Begrenzung nach § 15 II AGG ohnehin europarechtlich bedenklich ist und möglicherweise in Zukunft gänzlich kippen wird. Nach Art. 14 Satz 2 des Entwurfs einer neuen Antidiskriminierungsrichtlinie[40] sollen Höchstgrenzen nämlich überhaupt nicht mehr zulässig sein. Einheitlich soll eine »wirksame, verhältnismäßige und abschreckende Sanktion« vorgesehen sein.[41] 21

f) Vertragliche Zusagen über den gesetzlichen Umfang hinaus

Ausgeschlossen bleiben Ansprüche aufgrund eines Vertrags oder besonderer Zusagen über den Umfang der gesetzlichen Haftpflicht hinaus. Insofern ist vollumfänglich auf die Regelung nach Ziff. 7.3 AHB verweisbar. 22
Der umfassende Ausschluss für Leistungen im Zusammenhang mit Lohn, Pensionen oder Abfindungszahlungen nach Ziff. 5.8 AVB-B ist klarstellend aufgenommen. Hierbei handelt es sich ohnehin schon nicht um Schadensersatzansprüche; selbst wenn dies so wäre, wäre ein Ausschlussgrund nach Ziff. 5.7 AVB-B begründet. 23

g) Tochtergesellschaften

Die Ausschlüsse nach Ziff. 5.9 und 5.10 AVB-B greifen in Bezug auf die Tochtergesellschaften. Sie differenzieren nach Erwerb (Ziff. 5.9) und Veräußerung (Ziff. 5.10). In beiden Fällen ist die formgerechte wirksame Übernahme maßgeblich, abhängig von der jeweiligen Rechtsform. Bei erworbenen Tochtergesellschaften sind ausgeschlossen die Diskriminierungen vor Übernahme, bei veräußerten diejenigen nach Übernahme. Ziff. 5.10 AVB-B ist damit ohnehin nur klarstellend hinsichtlich der Einbeziehung von Tochtergesellschaften entsprechend Ziff. 1.3 AVB-B.[42] 24

h) Gesetzliche Vorgaben

Ziff. 5.11 AVB-B schließt Haftpflichtansprüche und Aufwendungen im Zusammenhang mit der Vornahme von Maßnahmen aufgrund gesetzlicher Verpflichtungen, z.B. baulicher Veränderungen (Trennung nach Geschlechtern) etc. aus dem Deckungsbereich der Police aus. Die genannten Ansprüche sind regelmäßig allerdings schon keine Schadensersatzansprüche, sondern entsprechen den Beseitigungsansprüchen entsprechend § 21 I AGG. 25

5. Klassische AHB-Regelungen

Im Übrigen enthalten die AVB-B – weil sie ein eigenständiges Versicherungswerk sind – klassische Haftpflichtregelungen, wie die vorvertraglichen Anzeigepflichten des VN, Obliegenheiten des VN, Rechtsfolgen bei Obliegenheitsverletzungen, Zahlungs- und Beitragsregelungen sowie Regelungen zur Vertragsdauer, Verjährungen, dem anwendbaren Recht, der zuständigen Gerichtsbarkeit und hinsichtlich Anzeigen und Willenserklärungen. Insofern wird vollständig verwiesen auf die Kommentierung zu den AHB.[43] 26

---

39 Vgl. Anhang C, Rdn. 150.
40 Vorschlag für eine Richtlinie des Rates zur Anwendung des Grundsatzes der Gleichbehandlung ungeachtet der Religion oder der Weltanschauung, einer Behinderung, des Alters oder der sexuellen Ausrichtung, KOM (2008) 426; das Europäische Parlament hat dieser Richtlinie mehrheitlich am 02.04.2009 zugestimmt, allerdings gibt es aus den Mitgliedsstaaten bislang massiven Widerstand.
41 So auch: Art. 17 EU-Richtlinie 2000/78/EG; Art. 8d EU-Richtlinie 2002/73/EG; Art. 15 EU-Richtlinie 2000/43/EG; Art. 14 EU-Richtlinie 2004/113/EG; lediglich die Gender-Richtlinie EU-Richtlinie 2002/73/EG enthielt in Art. 6 eine entsprechende Beschränkungsmöglichkeit.
42 Vgl. oben Rdn. 9.
43 § 100 VVG Rdn. 38 f.

Anhang I
Tierhalter-Haftpflichtversicherung

Übersicht	Rdn.		Rdn.
I. Überblick über die Tierhalter-HPflV	1	II. Umfang des Versicherungsschutzes in der Tierhalter-HPflV	18
1. Allgemeines	1	1. Rechtsgrundlagen	18
a) Einleitung	1	2. Versicherte Gefahren und Ausschlüsse	19
b) Praktische Bedeutung	2	3. Einzelne Fragen	24
c) Gegenstand der Tierhalter-HPflV (versichertes Risiko)	5	a) (Mit-)Tierhalter und Angehörige	24
d) Rechtshistorische Bedeutung der Tierhalterhaftung und der Versicherung	6	b) Namentliche Eintragung im Versicherungsschein	25
e) Haftung in Rechtsvereinheitlichungsprojekten	9	c) Nach Vertragsschluss geborene Tiere	26
		d) Deckakt/Deckschäden	27
f) Allgemein zu Versicherungen für Tiere	10	e) Schäden an Mietsachen	28
2. Insbesondere: Pflichtversicherung für Hunde	11	f) Flurschäden	29
		g) Tierärztliche Behandlung	30

I. Überblick über die Tierhalter-HPflV
1. Allgemeines
a) Einleitung

1 Die Tierhalter-Haftpflichtversicherung (Tierhalter-HPflV) ist im Alltag eine Schadensversicherung von hoher praktischer Bedeutung. Erstaunlicherweise gibt es jedoch bisher keine sichtbare wissenschaftliche Beschäftigung mit dem Thema in speziellen Monographien oder Kommentierungen, weshalb hier keine grundsätzlichen Literaturhinweise gegeben werden können. Veröffentlichungen in relevanter Zahl gibt es hingegen zum Gegenstand der Versicherung, also zum versicherten Risiko, der zivilrechtlichen Haftung des Tierhalters.

b) Praktische Bedeutung

2 Tiere können aus der Sicht des Menschen unberechenbar sein, auch wenn sie sich grundsätzlich nur art-typisch verhalten bzw. auf ihre Umwelt reagieren. Die eigentlichen Risiken entstehen aus dem **Zusammenleben von Mensch und Tier**. Wenn also etwa ein Tier einen Menschen oder ein in fremdem Eigentum stehendes Tier beißt,[1] können erhebliche Schäden und damit Schadensersatzpflichten entstehen. Insbesondere Hunde- und Pferdehalter sind besonderen Haftungsrisiken für ihre Tiere ausgesetzt.

3 Ein **Beispiel** aus der Rechtsprechung:[2] Das Pony einer 16-Jährigen brach zusammen mit allen anderen im gleichen Stallgebäude untergebrachten Pferden aus. Die Haftung des Mädchens wurde bejaht, weil es die Box und weitere Türen fahrlässig nicht ordnungsgemäß geschlossen habe. Der Schaden entstand durch zwei einer anderen Frau gehörende Pferde, die auf der Landstraße gegen das Auto eines Pfarrers rannten. Die Pferde wurden getötet, der Pfarrer schwer verletzt, was zu einer längeren Arbeitsunfähigkeit führte. Der Vater des Mädchens hatte zwar sowohl eine private HPflV als auch eine Tierhalter-HPflV abgeschlossen – und in beide Versicherungen war die Tochter einbezogen – jedoch aufgrund fehlerhafter Prozesstaktik keinen Erfolg mit seinen Bemühungen, von den Versicherungen Deckung zu erhalten.

4 Gegenwärtig gibt es in Deutschland mit seit Jahren steigender Tendenz (offiziell) über 5 Mio. Hunde und mehr als eine Million Pferde.[3] Nach Aussage des Gesamtverbandes der Deutschen Versicherungswirtschaft e.V. (GDV) haben derzeit ca. 70 Prozent aller Hundehalter eine Tierhalter-HPflV abgeschlossen.[4]
Die Versicherung von Tierhaltern gegen die Risiken aus dem Verhalten ihrer Tiere hat eine der privaten HPflV vergleichbare Bedeutung,[5] auch wenn die jährlichen Schadenssummen erheblich niedriger sein dürften.[6] Der

---

1 Der Tod einer Brieftaube durch eine Katze beschäftigte das LG Siegen NJW-RR 2005, 1340.
2 BGH NJW 2007, 2544, 2545 mit Anm. *Schimikowski* jurisPR-VersR 3/2007, Anm. 1. Vgl. dazu auch hier Fn. 46. Ein weiteres Beispiel für die Haftungsrisiken von Pferdehaltern unten Rdn. 30.
3 Zahlen zur Hundehaltung findet man z.B. beim Verband für das Deutsche Hundewesen, www.vdh.de/presse/daten-zur-hundehaltung/; abgerufen am 22.08.2016 *Ohr*, Heimtierstudie »Wirtschaftsfaktor Heimtierhaltung«, 2014, S. 4 ff. und etwas ältere Zahlen in der Studie von *Ohr/Zeddies*, Ökonomische Gesamtbetrachtung der Hundehaltung in Deutschland, 2006, S. 2. Die deutsche reiterliche Vereinigung geht, basierend auf Hochrechnungen des Statistischen Bundesamtes und von Versicherungen, aktuell von einer Zahl von 1,2 Millionen Pferden und Ponys aus, http://www.pferd-aktuell.de/fn-service/zahlen–fakten/zahlen–fakten; abgerufen am 22.08.2016.
4 So eine aktuelle Veröffentlichung des GDV vom 04.06.2015, www.gdv.de/2015/06/hunde-verursachen-100-000-haftpflichtschaeden-im-jahr/; abgerufen am 22.08.2016.
5 Dazu Einführung vor § 100.
6 Laut GDV-Pressemitteilung vom 04.06.2015 (»Wenn Bello beißt«) verursachen (allein) Hunde im Jahr etwa 100.000 versicherte Schadensfälle; die Schadenssumme beträgt ca. 80 Millionen Euro, www.gdv.de/2015/06/hunde-verursachen-100-000-haftpflichtschaeden-im-jahr/; abgerufen am 22.08.2016.

Versicherungsschutz kann tatsächlich schon in der privaten HPflV enthalten sein, allerdings werden von den VR in den AHB oft Ausschlüsse vereinbart. Es gibt aber neben der allgemeinen HPflV spezielle Tierhalter-HPflV, insbesondere für Hunde und Pferde.

c) Gegenstand der Tierhalter-HPflV (versichertes Risiko)

Versicherungsschutz besteht in einer Tierhalter-HPflV für die Haftpflicht des VN für das Verhalten der von ihm gehaltenen Tiere nach den Bestimmungen des Zivilrechts. 5

Schadensersatzpflichten des VN können sich insbesondere ergeben aus § 833 Satz 1 BGB (verschuldensunabhängige Gefährdungshaftung für sog. **Luxustiere**). Problematisch sind hier Versuche, durch ungeschriebene Tatbestandsmerkmale wie die »**typische Tiergefahr**«, die sich realisiert haben soll, die Haftung zu beschränken.[7]

Für sog. **Nutztiere**, die dem Beruf, der Erwerbstätigkeit oder dem Unterhalt des Tierhalters zu dienen bestimmt sind, haftet dieser hingegen nur unter der Voraussetzung eines vorliegenden Verschuldens (aus § 833 Satz 2 BGB).[8] Daneben ist an die allgemeineren, ebenfalls Verschulden voraussetzenden Anspruchsgrundlagen des § 823 I und II BGB zu denken.

Verkehrssicherungspflichten i.S.d. § 823 I BGB können sich z.B. ergeben aus § 28 I und II StVO und § 32 I StVO bzw. diese Vorschriften können **Schutzgesetze i.S.d. § 823 II BGB** darstellen. Auch §§ 222, 223 ff., 229 StGB oder die landesrechtlichen Pflichtversicherungsregelungen[9] kommen als Schutzgesetze in Betracht.

d) Rechtshistorische Bedeutung der Tierhalterhaftung und der Versicherung

Zum Verständnis der Tierhalter-Haftung und der Versicherung gegen dieses Risiko in der Gegenwart ist ein Rückblick in die Geschichte hilfreich. 6

Aufgrund der wirtschaftlichen Bedeutung der von Tieren verursachten Schäden (insbesondere in agrarisch geprägten Gesellschaften) sind seit der Antike Rechtsregeln erforderlich. Eine für die Haftung grundsätzlich und daher noch heute relevante Erkenntnis enthielt schon das römische Recht: »Tierschaden aber ist der ohne Unrecht des Handelnden zugefügte Schaden ... (weil ein Tier keinen Verstand hat ...)«.[10]

Die (nach heutiger Terminologie) Gefährdungshaftung war an sich dem römischen Recht fremd und galt als Besonderheit damals ausschließlich für Tierschäden. Es handelte sich um eine sog. Noxalhaftung[11] wegen der Möglichkeit des Eigentümers, das Tier dem Geschädigten auszuliefern und damit seine Haftung auf den Wert des Tieres zu begrenzen.

Für die Tierhalterhaftung spielten schon im römischen Recht weitere, bis heute **für die Gefährdungshaftung allgemein relevante Gedanken** eine Rolle: Die Sonderstellung des Tierhalters, nämlich seine gegenüber anderen Schädigern verschärfte Haftung (aber in Rom eben durch die mögliche Hingabe des Tieres wiederum gemildert[12]), lässt sich rechtfertigen wegen der schwierigen Beherrschbarkeit des Tieres bei gleichzeitig hoher Gefährlichkeit, aber auch grundsätzlicher Nützlichkeit des risikoträchtigen Verhaltens.

Die römische Klage ist die historische Wurzel für den am 01.01.1900 in Kraft getretenen und noch heute geltenden § 833 Satz 1 BGB, also für die bis heute einzige Gefährdungshaftung innerhalb des BGB. Bemerkenswert ist in diesem Zusammenhang, dass der Gesetzgeber bei später eingeführten anderen Tatbeständen der Gefährdungshaftung in der Regel einen **Haftungshöchstbetrag** festgelegt, dies aber nie bei der Tierhalter-Haftung nachgeholt hat. Es kann jedoch ausnahmsweise Fälle geben, in denen die Geltendmachung von Ansprüchen aus § 833 Satz 1 BGB gegen Treu und Glauben verstößt.[13] 7

Die mildere, verschuldensabhängige Haftung in **§ 833 Satz 2 BGB** hingegen beruht auf dem massiven Einfluss der Landwirtschaftslobby auf die Gesetzgebung nach Inkrafttreten des BGB und führte 1908 zur Einfügung des 2. Satzes in § 833 BGB.[14] Heute wird an dieser Haftungsmilderung vielfach **Kritik** geübt. Es gebe weniger Fälle, wo Nutztiere landwirtschaftlich freilaufend gehalten würden und daher sei kein Grund für die

---

7 An diesem Tatbestandsmerkmal ließ beispielsweise das OLG Düsseldorf AgrarR 1991, 263 die Haftung eines Imkers scheitern, dessen **Bienen** die Blumen einer nahegelegenen Gärtnerei befruchtet und damit ein rasches Verblühen verursacht hatten; anders dann die Begründung des BGH, BGHZ 117, 110, 112. Dazu *Seiler*, in: FS Zeuner, 1994, S. 279 f., 292 f., zur »typischen Tiergefahr« bzw. der »Unberechenbarkeit« insb. S. 285 ff. Vgl. auch BGH VersR 2016, 1068; BGH NJW 1999, 3119 m. Anm. *Staudinger/Schmidt* JURA 2000, 343, 352 f.

8 Zur haftungsrechtlichen Seite insgesamt: MünchKommBGB/*Wagner*, § 833; Staudinger/*Eberl-Borges* (2012), § 833.

9 Siehe unten, Rdn. 13 ff.

10 Vgl. Ulpian Dig. 9, 1, 1, 3 bzw. Justinian Inst. 4, 9, pr. zur sog. *actio de pauperie*. Dazu etwa *Zimmermann*, The Law of Obligations, 1990/92, S. 1095 ff. m.w.N. und *Jansen*, Die Struktur des Haftungsrechts, 2003, S. 181 ff., 187, 251.

11 Von *noxa* = (lat.) für 1. den Schaden, 2. die Schuld, 3. die Strafe.

12 Was man heute über das ungeschriebene Tatbestandsmerkmal der »typischen Tiergefahr« oder der »Unberechenbarkeit« auszugleichen versucht, s.o. Rdn. 5.

13 Tierarzt-Urteil des BGH, VersR 2009, 693, 694 (vgl. auch hier Rdn. 30); Fortführung im Hundepension-Urteil, BGH NJW 2014, 2434; anschließend OLG Hamm, Beschluss vom 23.03.2015, 3 U 37/14.

14 Vertiefte Auseinandersetzung mit den historischen Vorgängen im Reitpferde-Urteil des BGH, BGH NJW 1986, 2501, 2502. Ausführlicher *Schmalhorst*, Die Tierhalterhaftung im BGB von 1896, 2002.

Anhang I Tierhalter-Haftpflichtversicherung

Privilegierung des § 833 Satz 2 BGB erkennbar. Hinzu komme die **Versicherbarkeit** der Schäden, welche für kommerzielle Pferdehalter und Landwirte sogar zu besseren Konditionen als für Halter anderer sog. Luxustiere erreichbar sei.[15] Neuerdings hat der BGH jedoch § 833 S. 2 BGB als mit Art. 3 I GG vereinbar angesehen.[16]

8 Auch andere historisch bedeutsame Kodifikationen wie der Sachsenspiegel (um 1230) enthielten Regelungen zum Problem des Tierschadens bzw. der Haftung des Halters.[17] Als naturrechtlich beeinflusste Kodifikationen erwähnt seien das Preußische Allgemeine Landrecht und das immer noch geltende österreichische Zivilgesetzbuch.[18]

Bemerkenswert ist der französische Code civil.[19] Er enthält wie § 833 Satz 1 BGB eine verschuldensunabhängige Gefährdungshaftung.[20] Diese war die Ursache für die wohl **erste Tierhalter-HPflV**. In Frankreich entstand zwischen 1825 und 1830 eine freiwillige Versicherung für alle Schäden, die einem Pferde- und Wagenbesitzer durch Unfälle an diesem oder durch dieses Fahrzeug entstanden.[21] Es handelte sich hierbei zumindest partiell um eine der heutigen Kfz-Halter-HPflV mit Sinn her vergleichbare HPflV. **Deutschland** war zu dieser Zeit rechtlich noch zersplittert. Erst nach der Reichseinheit von 1871 begann man diesen Zustand zu ändern. Seit 1890 wurden dann in Deutschland neben der Betriebs-HPflV auch eine Privat-HPflV für Landwirte[22] und seit 1891 speziell für Pferde- und Wagenbesitzer angeboten.[23]

e) Haftung in Rechtsvereinheitlichungsprojekten

9 Der Tierhalter-Haftung und damit auch der Tierhalter-HPflV kann man aber auch für die **Zukunft** eine gesicherte Bedeutung prognostizieren. Die auf Rechtsvergleichung beruhenden Versuche künftiger Rechtsvereinheitlichung in Europa[24] enthalten (noch unverbindliche) Vorschriften zur Tierhalter-Haftung. In den Prinzipien des Europäischen Deliktsrechts war es noch eine allgemeine Normierung der Gefährdungshaftung.[25] Der etwas jüngere Entwurf eines Europäischen Referenzrahmens enthält einen spezielleren Artikel zur Tierhalter-Haftung.[26]

f) Allgemein zu Versicherungen für Tiere

10 Neben der Tierhalter-HPflV bieten die VR zahlreiche **weitere Produkte der freiwilligen Versicherung** an, auf die hier nicht näher eingegangen werden soll.[27] Die große Verbreitung von speziellen Versicherungen für Tierhalter ist zwar neu, die vermutlich erste Versicherung entstand jedoch schon relativ früh und zwar genau für die so wichtige, im vorliegenden Zusammenhang relevante Tierhalter-Haftpflicht.[28]

---

15 Kritisch schon der BGH in seinem Reitpferde-Urteil NJW 1986, 2501, 2502, der sich jedoch – methodisch korrekt – an die Vorgabe des Gesetzgebers gebunden fühlte. Vgl. auch MünchKommBGB/*Wagner*, § 833 Rn. 37: Norm sei teleologisch nicht zu rechtfertigen; Staudinger/*Eberl-Borges* (2012), § 833 Rn. 7.

16 BGH NJW 2009, 3233 (Haltung von Rindvieh). Das Gericht berief sich dabei auf das Nichttätigwerden des Gesetzgebers in der Schuldrechtsreform 2001 und der Schadensrechtsreform 2002, vgl. BGH a.a.O. 3234, Rn. 8. Zu diesem Urteil Anm. *Ebert* jurisPR-BGHZivilR 19/2009, Anm. 4.

17 Die Überschrift von Ssp LandR 2. Buch § 40 lautet: Ab wie ein vie schaden tut, wer den gelden sal. Waz des richteres recht si dar an. Vgl. zu den Regelungen im Detail z.B. die Reclam-Ausgabe des Sachsenspiegels, 1999 hrsg. von *Ebel*.

18 In Preußen waren es seit 1794 die §§ 70 ff. I 6 PrALR, im österreichischen, seit 1811 geltenden Gesetz der § 1320 ABGB, wobei hierzu heute zu Recht überwiegend von einer verschuldensabhängigen Haftung ausgegangen wird.

19 Das noch heute geltende Gesetzbuch trat 1804 in Kraft. Es war das erste moderne Gesetzbuch, das von der Freiheit und Gleichheit der Rechtssubjekte ausging, in Folge der französischen Revolution von 1789 bzw. der europäischen Aufklärung und des besonderen Wirkens von Napoleon entstanden. Ausführlicher m.w.N. *Bürge*, ZEuP 2004, S. 5 ff.

20 Art. 1385 Cc lautet: Le propriétaire d'un animal, ou celui qui s'en sert, pendant qu'il est à son usage, est responsable du dommage que l'animal a causé, soit que l'animal fût sous sa garde, soit qu'il fût égaré ou échappé.

21 *Großfeld* VW 13 (1974), 693; *Heimbücher*, Einführung in die Haftpflichtversicherung, 1983 bis 5. Aufl. 2003, S. 2 – beide allerdings ohne Nachweise.

22 *Meyer-Kahlen*, in: Bach (Hrsg.) Symposion Haftungsrecht und Haftpflichtversicherung, 1992, S. 49, 51, jedoch sehr oberflächlich zum hier interessierenden Zusammenhang.

23 *Becker*, Der Einfluß der Haftpflichtversicherung auf die Haftung, 1996, S. 28 m.w.N. in Fn. 63.

24 Zur Tierhalter-Haftpflicht in den Rechtsvereinheitlichungsprojekten vgl. MünchKommBGB/*Wagner*, § 833 Rn. 4 m.w.N.

25 *European Group on Tort Law*, Principles of European Tort Law, 2005, PETL Art. 5:101 (Außergewöhnlich gefährliche Aktivitäten): (1) Wer eine außergewöhnlich gefährliche Aktivität setzt, haftet ohne Verschulden für jene Schäden, ... Nähere Informationen zu den Urhebern und dem Entwurf unter www.ectil.org; abgerufen am 22.08.2016.

26 *v. Bar/Clive/Schulte-Nölke* (Ed.) Draft Common Frame of Reference, 2009/2010, DCFR VI. – 3:203 (Accountability for damage caused by animals): A keeper of an animal is accountable for the causation by the animal of personal injury and consequential loss, loss within VI. – 2:202 (Loss suffered by third persons as a result of another's personal injury or death), and loss resulting from property damage. Nähere Informationen zu der dahinterstehenden Gruppe und diesem Entwurf unter www.sgecc.net; abgerufen am 22.08.2016.

27 Einen allgemeinverständlichen und wertenden Überblick für Hundehalter bietet die Zeitschrift dogs 2009, 120, 121. Für Pferde vgl. *Karle*, VW 2000, 1052 ff.

28 S.o. Rdn. 8.

2. Insbesondere: Pflichtversicherung für Hunde

Eine gesellschaftliche Entwicklung der jüngsten Vergangenheit hatte besonderen Einfluss auf die Bedeutung der Tierhalter-HPflV.[29] Gemeint ist die zunehmende Haltung sog. Kampfhunde[30] seit Ende des 20. Jahrhunderts. Zwar wurden schon immer gefährliche Hunde gezüchtet und gehalten, dies geschah jedoch früher aus anderen Gründen. Neu war die gehäuft auftretende, nicht artgerechte Haltung solcher Tiere in (Stadt-)Wohnungen und eine zumindest zeitweise erhöhte Zahl nicht geeigneter Halter. 11

Hunde sind heute in der Regel nicht mehr Nutztiere, sondern zumindest teilweise Statussymbole, jedenfalls aber meistens sog. **Luxus-Tiere**, für die schon seit 1900 nach § 833 Satz 1 BGB eine Gefährdungshaftung besteht.[31] Etwas anderes gilt für professionelle Wachhunde und Jagdhunde eines Försters.[32] 12

Auch gab es bereits seit längerem polizeirechtliche Verordnungen zum Halten gefährlicher Tiere/Hunde, die teilweise in den letzten Jahren novelliert oder erst neu erlassen wurden. Die Haltung gefährlicher Tiere ohne erforderliche Schadensverhütungsmaßnahmen ist zudem eine Ordnungswidrigkeit (§ 121 OWiG Halten gefährlicher Tiere).

Die Vorkommnisse in der jüngsten Vergangenheit, insbesondere gebissene bzw. getötete Kinder, über welche breit in den Medien berichtet wurde, veranlassten den Gesetzgeber zu einer (zusätzlichen) Reaktion. Er erließ 2004 in Berlin und sukzessive in allen Bundesländern (Kampf-)Hundegesetze bzw. Verordnungen, in denen eine **Versicherungspflicht** eingeführt wurde. 13

Dieses Vorgehen entspricht der seit langem zu beobachtenden allgemeinen Ausweitung der Pflichtversicherung für erlaubte Risiken. Am bekanntesten und deshalb gut vergleichbar ist die seit 1909 bestehende Gefährdungshaftung des Kfz-Halters (heute: § 7 I StVG), für die seit 1939 eine Versicherungspflicht besteht (jetzt: § 1 PflVG). Aufgrund dieser Pflichtversicherung werden Unfallopfer heute insbes. gegen das **Insolvenzrisiko des Schädigers** abgesichert.[33] Einen entsprechenden Weg hat der Gesetzgeber zur Absicherung potentieller Opfer von als gefährlich eingestuften Hunden gewählt. 14

Je nach Bundesland hat der Gesetzgeber allerdings eine **unterschiedliche Gruppe** von Hunden bzw. Hundehaltern mit der Versicherungspflicht erfasst. So ist beispielsweise in den Großstädten Berlin und Hamburg für jeden Hund der Abschluss einer Hundehalter-HPflV vorgeschrieben.[34] Andere Bundesländer haben die Versicherungspflicht pauschal für gefährliche oder für enumerativ aufgelistete »gefährliche Hunde« vorgeschrieben, wobei es in den jeweiligen Gesetzen zum Teil erhebliche Differenzen gibt, welche Tiere man als besonders gefährlich ansieht.[35] 15

Wegen der Schwierigkeiten bei der Bestimmung »gefährlicher Rassen« ist dieses Vorgehen fragwürdig. In die falsche Richtung geht allerdings die Aufhebung der Versicherungspflicht in Mecklenburg Vorpommern um Diskriminierungen zu beseitigen. Bei Berücksichtigung der Interessen aller Beteiligter ist eine **einheitliche Pflicht** für alle Hundehalter die bessere Lösung.[36] Die Unterschiede hinsichtlich der Haftungsrisiken im Einzelfall wird der Versicherungsmarkt bei seiner Produktgestaltung berücksichtigen. Schon jetzt gibt es Beitragsvergünstigungen nach Besuch einer Hundeschule oder für Halter ab 40 Jahren. Andererseits schließen manche Versicherungen auch Personen in den Schutz ein, die minderjährig oder geistig behindert sind, oder als Gefälligkeit den Hund ausführen. Hier scheint das Konzept im Vordergrund zu stehen, dass das Risiko nicht vom Halter ausgeht, sondern vom Tier (bzw. dessen Instinkten und Reflexen). 16

Der Abschluss einer separaten Pflicht-HPflV ist aktuell erforderlich, weil als gefährlich eingestufte Hunde in den freiwilligen Tierhalter-HPflV regelmäßig ausgeschlossen sind.[37] Die Prämien für diese Hunde sind bereits jetzt fast doppelt so hoch, wie die für andere Hunde.[38] 17

---

29 Zum Zusammenhang zwischen gesellschaftlicher Entwicklung und Haftpflichtversicherungen allgemein Einführung Vor § 100 VVG Rdn. 6.
30 Lesenswert zum Thema ist die an sich veterinärmedizinische, aber stärker als der Titel vermuten lässt interdisziplinäre Arbeit von *Steinfeldt*, »Kampfhunde« – Geschichte, Einsatz, Haltungsprobleme von »Bull-Rassen«, Diss., Hannover 2002, http://elib.tiho-hannover.de/dissertations/steinfeldta_2002.pdf; abgerufen am 09.11.2015.
31 S.o. Rdn. 5 und 7.
32 Zur Qualifikation eines auf einem Reiterhof gehaltenen Hundes als Nutztier: BGH NJW-RR 2005, 1183 m. Anm. *Ebert* jurisPR-BGHZivilR 31/2005, Anm. 5. Zum persönlichen Sicherheitsbedürfnis vgl. OLG Frankfurt (Main) NJW-RR 2004, 1672, 1673. Zurückhaltend mit der Annahme der Nutztiereigenschaft eines als Wachhund gehaltenen Tieres auch OLG Sachsen-Anhalt MDR 2011, 293, 294; LG BayreuthNJW-RR 2008, 976.
33 Allgemein zu Pflicht-HPflV § 113 VVG Rdn. 3 f., speziell zur Kfz-Halter-HPflV Anh. A, Rdn. 2.
34 § 14 HundeG Berlin, § 12 I, HundeG Hamburg.
35 Beispiele: § 2 HundeVO Hessen, § 3 II LHundG NRW.
36 So auch: *Saipa*, NordÖR 2012, 113, 116 zum Niedersächsichem Hundegesetz (NHundG). A.A. dagegen der GDV, äußerte: www.gdv.de/2013/10/geplante-aenderung-des-landeshundegesetzes-in-schleswig-holstein/; abgerufen am 22.08.2016. Vgl. auch *Stollenwerk*, ThürVBl 2016, 109, 112.
Wie hier der Deutsche Tierschutzbund e.V., der darüber hinaus eine gesetzliche Sachkundepflicht für Hundehalter einfordert, vgl. Interview mit dem Bundesgeschäftsführer *Schröder* dogs 2009, 121.
37 Näher zu den Ausschlüssen im Folgenden unter II.
38 Dazu dogs 2009, 120.

Anhang I Tierhalter-Haftpflichtversicherung

Die Haltung eines gefährlichen Hundes muss angezeigt und der Abschluss der Pflichtversicherung nachgewiesen werden.[39] Der Nichtabschluss einer solchen Versicherung ist als Ordnungswidrigkeit sanktioniert.[40]

II. Umfang des Versicherungsschutzes in der Tierhalter-HPflV

1. Rechtsgrundlagen

18 Ein Tier-Risiko kann wie erwähnt in der privaten HPflV mitversichert sein. Es gelten daher als Rechtsgrundlagen neben dem Versicherungsvertrag als Rahmen jedenfalls die **§§ 100 ff. VVG** und die Allgemeinen Bedingungen für die Haftpflichtversicherung (**AHB**).[41]
In der Regel haben die einzelnen VR die AHB ergänzende Besondere Bedingungen und Risikobeschreibungen (**BBR**) verfasst. Der Gesamtverband der Deutschen Versicherungswirtschaft e.V. (GDV) hat zwar AHB-Musterbedingungen, jedoch keine BBR-Musterbedingungen herausgegeben.
Ein vollständiger Überblick über die – sehr unterschiedlich ausführlichen – BBR aller VR kann hier nicht gegeben werden. Umgekehrt sollen aber auch nicht die BBR einzelner VR bevorzugt dargestellt werden. Deshalb wird im Folgenden nicht auf bestimmte BBR Bezug genommen, sondern auf die wesentlichen Regelungsinhalte.

2. Versicherte Gefahren und Ausschlüsse

19 Sofern die Tierhalter-Haftung (für Kleintiere) in der **privaten HPflV mit umfasst** ist, geschieht dies typischerweise über die BBR, welche die jeweiligen AHB entsprechend ergänzen.

20 Enthalten die AHB zu einer Privathaftpflichtversicherung die Bestimmung, dass die »Haftpflicht als Tierhalter« **nicht** versichert sei, so war die **Auslegung** dieser Vorschrift lange umstritten. Nach höchstrichterlicher Rspr. schließt die Klausel die Einstandspflicht des VR nicht nur für Ansprüche aus § 833 BGB aus, sondern auch diejenige aufgrund anderer Anspruchsgrundlagen,[42] aufgrund derer sich der Versicherte gerade in seiner Eigenschaft als Tierhalter Haftpflichtansprüchen ausgesetzt sieht.[43]

21 Explizit ausgeschlossen vom Versicherungsschutz sind typischerweise Hunde, Rinder, Pferde, sonstige Reit- und Zugtiere, wilde Tiere sowie Tiere, die zu **gewerblichen oder landwirtschaftlichen** Zwecken gehalten werden.

22 Eine **separate Versicherung** wird daher besonders häufig abgeschlossen für privat gehaltene Hunde und Pferde sowie für die gewerbliche Haltung von Tieren (typischerweise im Rahmen der Betriebs-HPflV abgedeckt). Auch **Jäger**, die als Jagdhund-Halter und auch als Nicht-Halter besonderen Haftungsrisiken für das Verhalten von Tieren ausgesetzt sind, benötigen eine besondere Jagd-HPflV.[44]
Daneben gibt es Produkte wie die Zwingerhaftpflicht, bei der es genau genommen nur einen Prämien-Rabatt in der Tierhalter-HPflV ab dem zweiten Hund gibt.

23 In der privaten HPflV sind Hunde wie erwähnt oft ausgeschlossen. Aber auch in der freiwilligen Tierhalter-HPflV ist das typisierte Risiko sog. **gefährlicher Hunde** meist ausgeschlossen.
Besondere Probleme können auftreten, wenn eine Versicherung für Hundehalter angeboten bzw. abgeschlossen wurde, die entgegen den landesrechtlichen Vorschriften beispielsweise keine **Leinen- oder Maulkorbpflicht** vorsieht. Wenn dann z.B. der nicht angeleinte Hund einen Schaden verursacht, könnte sich der VR auf den subjektiven Risikoausschluss der vorsätzlichen Herbeiführung des Versicherungsfalles berufen. Dies dürfte aber als widersprüchliches Verhalten (*venire contra factum proprium*, § 242 BGB) anzusehen sein. Es sollte daher nur von Fahrlässigkeit des VN und damit von einer Einstandspflicht des VR auszugehen sein.

3. Einzelne Fragen

a) (Mit-)Tierhalter und Angehörige

24 **Tierhalter** ist grundsätzlich derjenige, der die Bestimmungsmacht über das Tier trägt, aus eigenem Interesse für die Kosten des Tieres aufkommt und das wirtschaftliche Risiko des Verlustes trägt. Teilweise wird auch derjenige als Halter angesehen, der das Tier versichert hat.[45]

---

39 Vgl. VG Düsseldorf, Beschl. v. 29. Dezember 2010, 18 L 2243/10, Rn. 23, u.a. mit Bezug auf § 11 LHundG NRW; die Untersagung der Haltung durch die Ordnungsbehörde wurde bestätigt.
40 Beispiele: § 33 I Nr. 13 HundeG Berlin und § 27 I Nr. 1k LHundG NRW.
41 Vgl. dazu grundsätzlich Einführung vor § 100 und Kommentierung zu §§ 100–112; *Wandt*, Versicherungsrecht, 6. Aufl. 2016, Rn. 1043 ff.
42 S.o. Rdn. 5.
43 BGH NJW 2007, 2544, 2545, insbes. Rn. 11, 13, 15 m. Anm. *Schimikowski* jurisPR-VersR 3/2007, Anm. 1. Anschließend OLG Köln, VersR 2010, 902. Ähnlich schon – auch für Tierhüter – OLG Düsseldorf VersR 1995, 1343, 1344; vgl. auch KG Berlin, Beschluss vom 08. März 2016 – 6 U 88/15, Rn. 11, m. Anm. *Fortmann*, jurisPR-VersR 6/2016, Anm. 4; OLG Köln VersR 2010, 902; a.A. OLG Hamm VersR 2005, 1678.
44 Gemäß § 17 I Nr. 4 BJagdG ist die Versicherung Voraussetzung für die Erteilung des Jagdscheines.
45 Ausführlichst zur Bestimmung des Begriffs »Tierhalter« Staudinger/*Eberl-Borges* (2012), § 833 Rn. 67 ff., zur Versicherung Rn. 78 f. m.w.N.

Probleme (aus Sicht des VN) kann die Einstandspflicht des VR für **Angehörige** des VN bereiten.[46] Auch im Deckungsprozess ist daher die Voraussetzung – Halter bzw. Hüter – zu prüfen.[47]
Wenn mehrere Personen **gemeinsam** ein Tier halten, sind Ansprüche der Mit-Tierhalter aus § 833 BGB gegeneinander ausgeschlossen.[48]
Einem sog. **Gast- oder Fremdreiter** stehen Ansprüche gegen den Pferdehalter zu und er ist standardmäßig mitversichert. Ein **selbständiger** Reiter hingegen kann Tierhüter i.S.d. § 834 BGB sein und muss dann bei seiner Verletzung nachweisen, dass er selbst die ihm obliegende Sorgfalt beachtet hat.[49]

b) Namentliche Eintragung im Versicherungsschein

Voraussetzung für den Versicherungsschutz ist in der Regel die namentliche Eintragung sowohl des Tierhalters als auch des Tieres im Versicherungsschein. 25
Soweit einem Hund ein Mikrochip links am Hals implantiert wurde (Pflicht beispielsweise schon jetzt nach §§ 12 I, 4 HundeG Berlin), lässt sich heute die Identität des Tieres aufgrund der Transpondernummer eindeutig und damit zuverlässiger feststellen, was wohl in Zukunft die namentliche Nennung ersetzen wird.

c) Nach Vertragsschluss geborene Tiere

Bis zu 6 Monate alte Jungtiere können – bei Haltung eines weiblichen Tieres – ohne Namensnennung mitversichert sein, sofern dies ausdrücklich bzw. vermittelt durch die BBR vereinbart wurde. 26

d) Deckakt/Deckschäden

Insbesondere bei Rasse-Hündinnen stellt es sich aus Sicht des Züchters als Problem bzw. Schaden dar, wenn 27
es zu einer nicht vorgesehenen Deckung durch einen rassefremden Rüden kommt. Tatsächlich erleidet der Züchter möglicherweise Einkommenseinbußen, wenn dadurch eine planmäßige Schwangerschaft der Hündin und damit der Verkauf von rassereinem Nachwuchs verhindert werden. Die Rechtsprechung lässt den Halter des Rüden zwar grundsätzlich haften, gewichtete bisher aber im Einzelfall das jeweilige Mitverschulden der Hündin bzw. des Halters derselben schwer.[50]
Das gleiche Problem ist auch bei anderen Tierarten (z.B. Katzen, Pferden) vorstellbar.[51]
Die BBR der VR enthalten nur teilweise Ausschlüsse für den ungewollten Deckschaden. Umgekehrt führen manche VR den Vermögensschaden bei ungewolltem Deckakt als mitversichert auf. Auch bei fehlendem Ausschluss ist von einer Leistungspflicht des VR auszugehen.

e) Schäden an Mietsachen

Nach heute h.M. ist der **Risikoausschluss in der privaten HPflV** für Schadensersatzansprüche aus Tierhaltung **weit auszulegen**.[52] Durch Urinieren eines vom VN einer privaten HPflV in der Mietwohnung gehaltenen Tieres entstandene Schäden sind daher vom VR zu ersetzen.[53] 28
In Nr. 7.6 der Muster-AHB des GDV (**Besitzklausel**) sind darüber hinaus Haftpflichtansprüche wegen Schäden an fremden Sachen und alle sich daraus ergebenden Vermögensschäden ausgeschlossen, wenn der VN diese Sachen im Besitz, insbes. gemietet hat. Das kann beispielsweise für gemietete Transportbehältnisse, Anhänger oder Pferde-Boxen relevant werden. Hier gibt es aber die Möglichkeit einer Zusatzversicherung.
Soweit nach den Vertragsbedingungen einer privaten Tierhalter-HPflV Ansprüche wegen »**Abnutzung**, Verschleiß und übermäßiger Beanspruchung« vom Deckungsschutz ausgenommen sind, ist ein Deckungsan-

---

46 Vom OLG Hamm VersR 2005, 1678, wurde daher – bezogen auf den oben Rdn. 3 geschilderten Sachverhalt – die Einstandspflicht der Tierhalter-HPflV des Vaters verneint (Tochter sei weder Tierhalter noch -hüter gewesen); im Ergebnis bestätigt vom BGH, NJW 2007, 2544. Vgl. auch OLG Hamm VersR 2016, 588 ff.
47 OLG Hamm VersR 2005, 1678.
48 OLG Köln, Beschl. v. 02. Juli 2010, 19 U 171/09, Rn. 66; Thüringer OLG r+s 2010, 126, 127; OLG Köln NJW-RR 1999, 1628; Staudinger/*Eberl-Borges* (2012), § 833 Rn. 87, 111.
49 Zu allen diesen Fällen *Hohlbein/Bredenschey/Salzbrunn* VW 64 (2009), 1430 1431 – dort auch zu der noch nicht abschließend geklärten Konstellation einer **Reitbeteiligung**, dazu OLG Köln, Urteil vom 18. Januar 2013 – 1 U 41/12, Rn. 13 f.; *Karle* VW 65 (2010), 1052.
50 Der BGH, BGHZ 67, 129, bejahte zwar grundsätzlich die Haftung wegen Sachbeschädigung, ließ im konkreten Fall aber den Schadensersatzanspruch aus § 833 Satz 1 BGB am Mitverschulden gem. § 254 BGB scheitern, da die Hündin den Schaden aufgrund der spezifischen Tiergefahr mitverursacht habe und die Halterin der Hündin eigene Schutzvorkehrungen hätte treffen müssen. Ähnlich auch OLG Hamm NJW-RR 1994, 804; NJW-RR 1990, 1052, 1053. Vgl. dazu in seinem grundlegenden Beitrag *Deutsch* JuS 1987, 673, 681.
51 Zur Verletzung eines Deckhengstes während des Paarungsaktes, OLG Koblenz, Beschluss vom 16. Mai 2013 – 3 U 1486/12, Rn. 12 ff.
52 S.o. Rdn. 20.
53 OLG Köln VersR 2010, 902 (Hund); OLG Hamm VersR 2015, 708 (Katze).

Anhang I Tierhalter-Haftpflichtversicherung

spruch des VN ausgeschlossen, wenn sein Hund in der von ihm gemieteten Wohnung Schäden an Tapeten und Holzwerk (Zargen) verursacht hat.[54]

f) Flurschäden

29 Ältere Fassungen der Muster-AHB des GDV schlossen Flurschaden durch Weidevieh (worunter teilweise auch Pferde gefasst wurden) und Schäden durch Wildtiere von der allgemeinen HPflV aus.[55]

g) Tierärztliche Behandlung

30 Erleidet ein Tierarzt bei der Behandlung des Tieres einen Schaden aufgrund eines Verhaltens desselben, so kann er grundsätzlich den Tierhalter auf Schadensersatz (und Schmerzensgeld) in Anspruch nehmen. Dem Arzt wird aber gegebenenfalls sein mitursächliches Verschulden nach § 254 BGB angerechnet, was jedoch nach den allgemeinen Grundsätzen der Tierhalter beweisen muss, damit seine Haftung im Umfang reduziert wird oder u.U. ganz entfällt.[56]

---

54 AG Köln, Urt. vom 20. März 2008, 139 C 580/07, Rn. 3; zur übermäßigen Beanspruchung einer Mietwohnung durch Haltung von Katzen vgl. OLG Saarbrücken r+s 2013, 546, 547; AG Offenbach ZfS 2015, 402, 403.
55 Ausführlich m.w.N. dazu P/M/*Lücke*, Nr. 7 AHB 2008 Rn. 136 ff., 140.
56 Tierarzt-Urteil des BGH, BGH VersR 2009, 693. Konkret hatte ein Pferd beim rektalen Fiebermessen ausgetreten und dem Arzt den Daumen gebrochen. Dazu Anmerkungen von *Eichelberger* ZJS 2009, 567 ff. und *Hohlbein/Bredenschey/Salzbrunn* VW 64 (2009), 1430. Fortführung der Grundsätze des Tierarzt-Urteils im Hundepensions-Urteil des BGH, BGH NJW 2014, 2434; für Hufschmiede OLG Hamm, Urt. vom 22. April 2015, 14 U 19/14. Zur Beschädigung tierärztlicher Instrumente durch das Tier bei der Untersuchung vgl. OLG Jena r+s 2016, 371, 372; LG Münster RdL 2014, 101.

Anhang J
IT-Versicherung

Übersicht

	Rdn.
A. Vorbemerkungen	1
I. Begriff der Informationstechnik-Versicherung	1
II. Gegenstand der Versicherung von IT-Risiken	3
III. Praktische Relevanz	6
IV. Rechtsgrundlagen	9
1. Gesetzliche Grundlagen	9
2. Versicherungsbedingungen	11
a) Private Versicherungsnehmer	13
b) Gewerbliche Versicherungsnehmer	15
B. Versicherungsschutz	18
I. Private VN	18
1. Eigenschäden	18
a) Schäden an eigener Hardware	19
aa) Hausratversicherung	19
bb) Reisegepäckversicherung	20
cc) Glasversicherung	23
b) Schäden an eigenen Daten	25
aa) Hausratversicherung	26
(1) Datenrettungskosten in der Privatversicherung	28
(2) Ausschließlich private Daten und Programme; Ausschluss von »Raubkopien«	30
(3) Weitere Einzelfragen	34
bb) Reisegepäckversicherung	37
2. Fremdschäden	42
a) Schäden an fremder Hardware (Privathaftpflichtversicherung)	44
aa) Schäden durch physische Einwirkungen	44
bb) Schäden durch Datenübermittelung	46
(1) Ausschluss in der Haftpflichtversicherung, Ziff. 7.15 AHB	46
(2) Wiedereinschluss in der Privathaftpflichtversicherung	50
(3) Sicherheitsobliegenheit	55
(4) Serienschäden	57
(5) Auslandsschäden/Europaklausel	58
(6) Weitere Ausschlüsse	61
b) Sonstige Sach- und Personenschäden bei Dritten	65
c) Schäden an fremden Daten	67
d) Weitere Fremdschäden	73
aa) Urheberrecht	75
(1) Privathaftpflichtversicherung	75
(2) Rechtsschutzversicherung	76
bb) Persönlichkeitsrechte	78
(1) Privathaftpflichtversicherung	78
(2) Rechtsschutzversicherung	79
II. Gewerbliche VN	83
1. Eigenschäden	83
a) Schäden an eigener Hardware	84
aa) Allgemeine Sachversicherung	84
bb) Elektronikversicherung	89
(1) Versicherte und nicht versicherte Sachen	89
(2) Versicherte und nicht versicherte Gefahren und Schäden	97
(3) Weitere Einzelfragen	98
cc) Glasversicherung	100
b) Schäden an eigenen Daten	101
aa) Allgemeine Sachversicherung	101
(1) Versicherte Gefahren und Schäden	101
(2) System- und gleichzusetzende Daten	106
(3) Software als Handelsware	109
(4) Sonstige Daten	110
(5) Ausschlüsse	111
(6) Insbes.: Datensicherungsobliegenheit	117
bb) Elektronikversicherung	121
cc) Datenversicherung	123
(1) Versicherte und nicht versicherte Kosten und Sachen	123
(2) Versicherte und nicht versicherte Gefahren und Schäden, Versicherungsort, Versicherungsumfang	128
(3) Ausschlüsse, Obliegenheiten	133
dd) Softwareversicherung	137
(1) Versicherte und nicht versicherte Gefahren und Schäden, Versicherungsort	137
(2) Ausschlüsse, Obliegenheiten	141
c) Unterbrechungsschäden	143
aa) Betriebsunterbrechungsversicherung zur allgemeinen Sachversicherung	144
bb) Maschinen-Betriebsunterbrechungsversicherung	150
cc) Elektronik Betriebsunterbrechungs-Versicherung	158
2. Fremdschäden	167
a) Schäden an fremder Hardware	167
aa) Betriebshaftpflichtversicherung	167
(1) Versichertes Risiko	167
(2) AHB Ausschlüsse und Wiedereinschlüsse in der Betriebshaftpflichtversicherung	168
bb) Zusatzbedingungen zur Betriebshaftpflichtversicherung für die Nutzer von Internet-Technologien (BHV-IT)	171
(1) Wiedereinschluss von Datenrisiken	171
(2) Nicht versicherte Tätigkeiten	174
(3) Serienschäden	175
(4) Auslandsdeckung	176
(5) Ausschlüsse	177
(6) Sicherheitsobliegenheit	179

Anhang J IT-Versicherung

	Rdn.		Rdn.
cc) Besondere Bedingungen und Risikobeschreibungen für die Haftpflichtversicherung von IT-Dienstleistern (BBR-IT)	180	bb) Allgemeines Persönlichkeits- und Namensrecht sowie Datenschutzgesetze	198
(1) Versichertes Risiko	180	(1) Zusatzbedingungen zur Betriebshaftpflichtversicherung für die Nutzer von Internet-Technologien (BHV-IT)	199
(2) Insbes.: Abweichungen von den AHB	185		
b) Sonstige Personen- und Sachschäden	191		
c) Schäden an fremden Daten	192	(2) Besondere Bedingungen und Risikobeschreibungen für die Haftpflichtversicherung von IT-Dienstleistern (BBR-IT)	202
aa) Betriebshaftpflichtversicherung	192		
bb) Zusatzbedingungen zur Betriebshaftpflichtversicherung für die Nutzer von Internet-Technologien (BHV-IT)	193	(3) Betriebshaftpflichtversicherung	204
cc) Besondere Bedingungen und Risikobeschreibungen für die Haftpflichtversicherung von IT-Dienstleistern (BBR-IT)	195	cc) Urheberrechte, Marken- und Patentrechte u.a.	205
		dd) Fehlerhafte Erbringung softwarebezogener Dienstleistungen	208
d) Weitere Vermögensfremdschäden	197	ee) Fehlerhafte Erbringung von hardwarebezogenen Dienstleistungen	211
aa) Unterbrechungsschäden	197		

Schrifttum:
Buchner, Die IT-Versicherung, 2007; *Funke,* Versicherung von Unternehmen im Electronic-Commerce, BB Beilage 12 zu Heft 40/1999, 29; *Grzebiela,* Internet-Risiken – Versicherbarkeit und alternativer Risikotransfer, 2002; *R. Koch,* Versicherbarkeit von IT-Risiken in der Sach-, Vertrauensschaden- und Haftpflichtversicherung, 2005; *ders.,* Nullstellung und Wiedereinschluss von IT-Risiken in der Betriebshaftpflichtversicherung, r+s 2005, 181; *ders.,* Versicherungsschutz bei Gestattung privater Online-Nutzung am Arbeitsplatz – (k)ein neues Risiko?, VersR 2006, 1433; *Leckel,* Haftpflichtversicherungsdeckung auf Basis der AHB, AVB-Vermögen bei Verletzung von Normen des gewerblichen Rechtsschutzes unter besonderer Berücksichtigung der Internet-Provider, 2000; *Lesch,* Risk-Management von Risiken aus Nutzung des Internets, 2002; *Lesch/Richter,* Risiken aus kommerzieller Nutzung des Internet – Möglichkeiten der Schadenverhütung und Versicherung, ZVersWiss 2000, 605; *Lomen,* Versicherungskonzepte für die IT-Branche – Nachholbedarf in der Praxis, BB Beilage 10 zu Heft 48/2000, 28; *Quack-Grobecker/Funke,* Zur Haftpflichtversicherung von Internet-Risiken, ZfV 1998, 614; *Quack-Grobecker/Funke,* Internetrisiken – eine Herausforderung für die Haftpflichtversicherung, VW 1999, 157; *Schlayer,* Management und Versicherung von Risiken der Informationstechnologie, Trust in IT 2011, 113; *Stockmeier,* Die Haftpflichtversicherung des IT-Nutzers, 2005; *Tita,* Umfang und Grenzen der Softwareversicherung nach Kl. 028 zu den ABE (I), VW 2001, 1696; *ders.,* Zum Terrorrisiko in der IT-Versicherung, VW 2001, 1779; *ders.,* Umfang und Grenzen der Softwareversicherung nach Kl. 028 zu den ABE (II), VW 2001, 1781; *Vogel,* IT-Versicherungen: Skizzen eines Risikos, VW 2001, 751.

A. Vorbemerkungen

I. Begriff der Informationstechnik-Versicherung

1 **Informationstechnik**[1] **(IT)** beschreibt die Gesamtheit von **Informations-** und **Datenverarbeitungsvorgängen**, die dafür **benötigten Geräte** (»Hardware«) sowie die für diese Geräte erforderlichen **Betriebs- und Steuerungsprogramme** (»Software«) und weitere in diesem Zusammenhang stehende Daten.[2]
Aus der Vielzahl der unter den Begriff der IT fallenden Prozesse ergibt sich, dass **Umfang und Art der Risiken**, die sich aus der Verwendung von IT ergeben, unterschiedlicher Art und **erheblich differierenden Umfangs** sind.

2 Eine **typische »IT-Versicherung« gibt es** schon aufgrund des umfassenden Begriffs der IT **nicht**. Risiken, die sich aus der oder für die Informationstechnik ergeben, sind daher vielfach nicht Gegenstand besonderer Versicherungsmodelle, sondern in diversen »traditionellen« zum Beispiel aus dem Haftpflicht- oder Sachversicherungsbereich bekannten Konzepten enthalten. Inhaltlich und begrifflich einer IT-Versicherung am nächsten ist noch das bisher einzige, vollständig typische IT-Risiken erfassende Modell der »Besonderen Bedingungen und Risikobeschreibungen für die Haftpflichtversicherung von IT-Dienstleistern« (BBR-IT). Im Übrigen sind IT-

---

[1] Der oftmals synonym verwendete Begriff der Informationstechnologie dürfte auf eine fehlerhafte Übersetzung des englischen Begriffs »information technology« zurückgehen.
[2] Vgl. dazu auch die Legaldefinition des Begriffs Informationstechnik in § 2 Abs. 1 des Gesetzes zur Stärkung der Sicherheit in der Informationstechnik des Bundes vom 14.08.2009 (BGBl. I S. 2821): »Die Informationstechnik im Sinne dieses Gesetzes umfasst alle technischen Mittel zur Verarbeitung oder Übertragung von Informationen«.

spezifische Regelungen im Standardumfang anderer Versicherungsmodelle enthalten oder können als separate Zusatzbausteine in die Verträge einbezogen werden.

II. Gegenstand der Versicherung von IT-Risiken

Gegenstand von IT-spezifischen Versicherungsangeboten ist die **Absicherung** von sich **aus der Verwendung oder für die Verwendung von IT ergebenden Risiken**. Aufgrund des weiten Begriffs der IT ist auch das Feld der Risiken umfangreich. 3

Einerseits bestehen Risiken unmittelbar *für* IT (auch IT-Risiken im engeren Sinne).[3] **IT-Risiken** sind unter anderem alle **Gefahren**, die den **Mitteln der Informationsübertragung und Verarbeitung drohen**, also insbes. hard- oder softwarebezogene Risiken für Computer, Tablets, Mobiltelefone und ähnliche technische Mittel. Diese können sich sowohl aufgrund **IT-unspezifischer Ursachen**, wie etwa Feuer oder Diebstahl, als auch aufgrund **IT-spezifischer Ursachen**, wie der Verwendung oder Übertragung von Schadsoftware ergeben. Soweit es sich dabei um Schäden an eigener Hardware handelt, sind diese **Eigenschadenrisiken** typischer Gegenstand der **Sachversicherung**; Schäden an fremder Hardware (**Fremdschäden**) ihrerseits sind typischerweise solche der **Haftpflichtversicherung**. Neben den vorgenannten Schäden stellt bei der IT oft nicht die Hardware den eigentlichen wirtschaftlichen Wert dar, sondern die Integrität und Verfügbarkeit von **Daten**. Beispiele sind hier die Funktionsfähigkeit von Steuerungssoftware oder die Verfügbarkeit von Kundendaten. Auch der ideelle Wert digitaler Erinnerungen ist nicht zu unterschätzen. 4

Andererseits bestehen typischerweise **Risiken aus der Verwendung** von Mitteln der IT, ohne dass sich diese jedoch ihrerseits unmittelbar auf eigene oder fremde IT auswirken müssen (IT-Risiken im weiteren Sinne).[4] Beispiele sind dabei etwa aus dem Bereich des gewerblichen Marketings oder der privaten Betätigung in »sozialen Netzen« die Verletzung von fremden Immaterialgüterrechten oder Schäden durch (versehentliches) Übermitteln von Schadsoftware. 5

III. Praktische Relevanz

Informationstechnik ist längst zu einem essentiellen Bestandteil unseres Alltags geworden. Computer steuern Maschinen, Autos, Schiffe und Flugzeuge sowie nahezu die gesamte Warenlogistik. Unternehmen haben ihr »Know-How« überwiegend digital gespeichert. 88 % der deutschen Unternehmen verwenden Computertechnik im Rahmen ihrer Geschäftstätigkeit; 87 % aller Unternehmen nutzen das Internet. »Cloud-basierte« Internet- und Datendienste erfahren weitreichende Verbreitung, wodurch die digitale Infrastruktur immer angreifbarer wird. In der deutschen Informations- und Kommunikationsbranche erwirtschafteten im Jahr 2011 ca. 81.000 Unternehmen mit 989.000 Mitarbeitern einen Umsatz von fast 300 Milliarden Euro.[5] 6

Auch Privatpersonen wickeln erhebliche Teile ihrer Kommunikation per E-Mail und vermehrt mittels »Instant-Messenger« ab, kaufen im Internet ein, vernetzen sich in sozialen Netzen und speichern ihr »Leben« in digitalen Fotografien und Textdokumenten ab. Smartphones, Tablets und Laptops werden mehr und mehr zu alltäglichen Begleitern. 83 % der deutschen Haushalte verfügen mittlerweile über einen PC, 82 % über einen Internetzugang; das Maß der Digitalisierung steigt seit Jahren stetig an.[6] 7

Die wachsende Verbreitung der IT führt zu erheblichen zusätzlichen Risiken für das »digitale Leben und das digitale Wirtschaften«. Diese können sowohl im privaten als auch wirtschaftlichen Bereich durch IT verursacht werden oder sich auf IT auswirken. 8

Die individuelle Relevanz der Verwirklichung eines IT-Risikos für den einzelnen VN kann sehr unterschiedlich sein. Diese kann von ärgerlichen Kosten aufgrund einer Beschädigung oder Zerstörung des privaten Mobiltelefons, Tablets oder Computers bis hin zu Schäden reichen, die die wirtschaftliche Existenz eines Unternehmens in Frage stellen.[7] Diverse Dienstleistungsunternehmen können ohne digitale Infrastruktur schlicht nicht arbeiten. Besondere Relevanz der IT-Risiken für die moderne Gesellschaft ergibt sich somit einerseits aus der Verbreitung der IT und der daraus resultierenden Gefahr von zahlreichen Schäden, andererseits aus der Gefahr von existenzbedrohenden oder existenzvernichtenden Schäden.[8] Die Versicherungsmodelle der Assekuranzen bilden diese digitale Wirklichkeit unverändert nur unvollständig ab.

---

3 Zu diesem Begriff vgl. *R. Koch*, Rn. 1.
4 Zu diesem Begriff vgl. *R. Koch*, Rn. 2.
5 Statistisches Jahrbuch 2014 für die Bundesrepublik Deutschland, S. 517, 520.
6 Statistisches Jahrbuch 2014 für die Bundesrepublik Deutschland, S. 202.
7 Im Jahr 2002 gaben 16 % der Befragten im Rahmen einer Studie zu IT Risiken an, dass der Verlust aller elektronisch gespeicherten Daten den finanziellen Ruin bedeuten würde, vgl. *R. Koch*, Rn. 4.
8 So auch: *Lomen*, BB Beilage 10/2000, 28; vgl. ferner *Wolters* VW 2006, 1714.

Anhang J IT-Versicherung

IV. Rechtsgrundlagen
1. Gesetzliche Grundlagen

9 Spezielle gesetzliche Regelungen für die **Versicherung von IT**-spezifischen Risiken existieren im **VVG nicht**. Das Informationszeitalter ist insofern im Wesentlichen bisher nur im Bereich des Vertragsschlusses (§ 8 IV) im gesetzlich normierten Versicherungsrecht angekommen.

10 Im Übrigen sind die allgemeinen Vorschriften einzelner Versicherungszweige anzuwenden. Soweit »IT-Schäden« als Eigenschäden in den Regelungsbereich der Sachversicherung einzuordnen sind, gelten grundsätzlich die allgemeinen Regelungen zur Sachversicherung der §§ 88 ff.; entsprechendes gilt für die §§ 100 ff. bei »IT-Fremdschäden«, also Schäden, die durch IT bei Dritten oder an der IT Dritter eintreten.

2. Versicherungsbedingungen

11 Aufgrund der fehlenden gesetzlichen Regelungen ist der individuell **geschlossene Versicherungsvertrag** unter Einbeziehung der zugrunde liegenden (allgemeinen und besonderen) Versicherungsbedingungen maßgebliche **Quelle** zur Bestimmung von Inhalt und Umfang des Versicherungsschutzes.

12 Sowohl für den privaten als auch für den gewerblichen VN sind für den Bereich der IT-Fremdschäden insbes. die AHB relevant. Die genaueren Ausgestaltungen im Rahmen der Haftpflichtdeckung, aber auch der Inhalt und Umfang anderer Versicherungsmodelle ergibt sich im Übrigen aus anderen, spezielleren Versicherungsbedingungen. Regelungen zu IT-Eigenschäden finden sich überwiegend im Bereich der Sachversicherungen.

a) Private Versicherungsnehmer

13 Einige der »typischerweise« von privaten VN abgeschlossenen Versicherungen enthalten Regelungen, die der Deckung von IT-Risiken dienen.[9] Sie finden sich insbes. im Bereich der privaten **Haftpflichtversicherung**, der **Hausratversicherung** und der **Rechtsschutzversicherung**.

14 Kommentiert werden aus dem Bereich der privaten Versicherungsangebote:
- Glasversicherung (AGlB 2010):[10] Rdn. 23 f.
- Hausratversicherung (VHB 2010):[11] Rdn. 19, 26 ff.
- Privathaftpflichtversicherung (AVB PHV, BB PHV):[12] Rdn. 42 f., 50 ff., 75, 78.
- Rechtsschutzversicherung (ARB 2012):[13] Rdn. 76 f., 79 ff.
- Reisegepäckversicherung (VB-Reisegepäck 2008):[14] Rdn. 20 ff., 37 ff.

b) Gewerbliche Versicherungsnehmer

15 Für gewerbliche VN sind **IT-Risiken** teilweise **im Rahmen üblicher Versicherungspolicen** wie etwa der »regulären« Betriebshaftpflichtversicherung nebst den Zusatzbedingungen zur Betriebshaftpflichtversicherung für die Nutzer von Internet-Technologien abgedeckt (BHV-IT). Darüber hinaus sind aber hier auch **besondere IT-spezifische Versicherungslösungen** entwickelt worden.[15] Dabei handelt es sich insbes. um die Besonderen Bedingungen und Risikobeschreibungen für die Haftpflichtversicherung von IT-Dienstleistern (BBR-IT)[16]. Diese Modelle sind dem Bereich der typischen Haftpflichtversicherung zuzuordnen und basieren daher auf den AHB.[17]

16 Auch im Bereich der Sachversicherungen finden sich Regelungen, die den Besonderheiten der IT Rechnung tragen. Die Versicherungsbedingungen der allgemeinen Sachversicherung enthalten IT-spezifische Klauseln; die Elektronikversicherung mit ihren Klauseln trägt teilweise explizit den IT-Risiken Rechnung (Daten- und Softwareversicherung). Auch im Bereich der Unterbrechungsversicherungen nehmen einzelne Klauseln auf Fragen der IT-Risiken besonders Bezug.

---

9 Einige Policen enthalten auch unerwartete und mithin in den meisten Fällen wohl wenig relevante IT-spezifische Klauseln, vgl. etwa Allgemeine Wohngebäude Versicherungsbedingungen (VGB 2010), Musterbedingungen des GDV, Stand 01.01.2013 (Wert 1914 und Wohnflächenmodell), die in § 5 Ziff. 3 lit. c) einen Ausschluss hinsichtlich elektronisch gespeicherter Daten und Programme enthalten. Ein solcher Schaden ist aber vor dem Hintergrund der versicherten Sache insbes. bei Wohngebäuden nur schwerlich vorstellbar. Gleiches gilt für die Klausel 7168 im Zusammenhang mit der Wohngebäude Versicherung.
10 Musterbedingungen des GDV, GDV 0500, Stand 01.01.2013.
11 Musterbedingungen des GDV, GDV 0620, Quadratmetermodell in der Fassung vom 01.01.2013.
12 AVB PHV, Musterbedingungen des GDV, Stand 25.08.2014; BB PHV, Musterbedingungen des GDV, Stand April 2011.
13 Allgemeine Bedingungen für die Rechtsschutzversicherung, Musterbedingungen des GDV, Stand Oktober 2014.
14 Besondere Bedingungen für die Reisegepäckversicherung, Musterbedingungen des GDV, Stand 2008.
15 Eine erste diesbezügliche Regelung bildeten die Besonderen Bedingungen und Risikobeschreibungen für die Haftpflichtversicherung von Software-Häusern, die der GDV 2001 entwickelte. Diese wurden mittlerweile durch die BBR-IT ersetzt.
16 Musterbedingungen des GDV, Stand April 2007.
17 Seltener sind IT-spezifische Versicherungsmodelle systematisch dem Bereich der Vermögensschäden zugeordnet und basieren dann auf den AVB.

IT-Versicherung **Anhang J**

Kommentiert werden aus dem Bereich der gewerblichen Versicherungen: 17
- Sachversicherung
  - Datenversicherung (TK 1911 ABE 2011):[18] Rdn. 123 ff.
  - Datenversicherung (TK 2911 AMB 2011):[19] Entspricht der Datenversicherung nach TK1911 ABE 2011; auf die entsprechenden Ausführungen wird verwiesen.
  - Einbruchdiebstahl- und Raubversicherung (AERB 2010):[20] Rdn. 84 ff.
  - Elektronikversicherung (ABE 2011):[21] Rdn. 89 ff., 121 f.
  - Elektronik-Pauschalversicherung (TK 1926 ABE 2011):[22] Rdn. 91.
  - Glasversicherung (AGlB 2010):[23] Rdn. 23 f., 100.
  - Feuerversicherung (AFB 2010):[24] Rdn. 84 ff.
  - Leitungswasserversicherung (AWB 2010):[25] Rdn. 84 ff.
  - Softwareversicherung (TK 1928 ABE 2011):[26] Rdn. 133 ff., 137 ff.
  - Sturmversicherung (AStB 2010):[27] Rdn. 84 ff.
- Unterbrechungsversicherungen
  - Einfache Betriebsunterbrechungs-Versicherung (ZKBU 2010):[28] Rdn. 144 ff.
  - Elektronik Betriebsunterbrechungs-Versicherung (TK 4910 AMBUB 2011):[29] Rdn. 158 ff.
  - Feuer-Betriebsunterbrechungs-Versicherung (FBUB 2010):[30] Rdn. 144 ff.
  - Maschinen-Betriebsunterbrechungsversicherung (AMBUB 2011):[31] Rdn. 150 ff.
  - Versicherung zusätzlicher Gefahren zur Feuer-Betriebsunterbrechungs-Versicherung (ECBUB 2010):[32] Rdn. 144 ff.
- Haftpflichtversicherungen auf Grundlage der AHB[33]
  - Besondere Bedingungen und Risikobeschreibungen für die Haftpflichtversicherung von IT-Dienstleistern (BBR-IT):[34] Rdn. 180 ff., 195 ff., 202 f., 205, 209, 212.
  - Betriebshaftpflichtversicherung (AVB BHV, BBR BHV):[35] Rdn. 167 ff., 192, 204, 207.
  - Zusatzbedingungen zur Betriebshaftpflichtversicherung für die Nutzer von Internet-Technologien (BHV-IT):[36] Rdn. 171 ff., 193 f. 199 ff.

---

18 Klauseln zu den Allgemeinen Bedingungen für die Elektronikversicherung, Musterbedingungen des GDV, GDV 0820, Stand 01.01.2011.
19 Klauseln zu den Allgemeinen Bedingungen für die Maschinenversicherung von stationären Maschinen, Musterbedingungen des GDV, GDV 0801, Stand 01.01.2011.
20 Musterbedingungen des GDV zur Einbruchdiebstahl- und Raubversicherung, GDV 0200, Stand 01.01.2014; vgl. dazu Anhang M Rdn. 1 ff.
21 Allgemeine Bedingungen für die Elektronikversicherung, Musterbedingungen des GDV, GDV 0818, Stand 01.01.2011.
22 Klauseln zu den Allgemeinen Bedingungen für die Elektronikversicherung, Musterbedingungen des GDV, GDV 0820, Stand 01.01.2011.
23 Musterbedingungen des GDV, GDV 0500, Stand 01.01.2013.
24 Musterbedingungen des GDV zur Feuerversicherung, AFB 2010 GDV 0100, Stand 01.01.2014; zur Feuerversicherung – Terrorausschluss, AFB Terror 2010 GDV 0100a, Stand 01.01.2014; zur Feuerversicherung – gleitende Neuwertversicherung, AFB 2010 GDV 0100b; Stand 01.04.2014; zur Feuerversicherung – echte unterjährige Zahlungsweise, AFB 2010 GDV 0100, Stand: 01.01.2014, inhaltlich identisch aber anders gegliedert: Allgemeine Bedingungen für die Versicherung zusätzlicher Gefahren zur industriellen Feuerversicherung, ECB 2010 GDV 1201, Stand 01.04.2014; vgl. zur Feuerversicherung insgesamt: Anhang K Rdn. 1 ff.
25 Musterbedingungen des GDV zur Leitungswasserversicherung, GDV 0300, Stand 01.04.2014.
26 Klauseln zu den Allgemeinen Bedingungen für die Elektronikversicherung, Musterbedingungen des GDV, GDV 0820, Stand 01.01.2011.
27 Musterbedingungen des GDV zur Sturmversicherung, GDV 0400, Stand 01.04.2014.
28 Musterbedingungen des GDV, GDV 0125, Stand 01.04.2014.
29 Klauseln zu den Allgemeinen Bedingungen für die Maschinen-Betriebsunterbrechungsversicherung (TK AMBUB 2011), GDV 0806, Stand 01.01.2011.
30 Musterbedingungen des GDV, GDV 0120, Stand 01.04.2014.
31 Musterbedingungen des GDV, GDV 0804, Stand 01.01.2011.
32 Musterbedingungen des GDV, GDV 1210, Stand 01.04.2014.
33 Auf Grundlage der Allgemeinen Versicherungsbedingungen für die Haftpflichtversicherung Musterbedingungen des GDV, Stand Januar 2015.
34 Musterbedingungen des GDV, Stand April 2007.
35 AVB BHV, Musterbedingungen des GDV zur Betriebs- und Berufshaftpflichtversicherung, Stand 25.08.2014; BBR BHV, Musterbedingungen des GDV zur Betriebshaftpflichtversicherung, Stand 11.04.2011.
36 Musterbedingungen des GDV, Stand Januar 2015.

Anhang J IT-Versicherung

B. Versicherungsschutz
I. Private VN
1. Eigenschäden

18 Ersatz für **Eigenschäden** kann der private VN im Rahmen der **Sachversicherung** beanspruchen. Schäden an eigenen IT-Einrichtungen sind über die Haftpflichtversicherung des Geschädigten grundsätzlich nicht gedeckt, § 100 VVG, Ziff. 1 AHB. Versicherungsschutz im Rahmen der Haftpflicht besteht nur bei einer Einstandspflicht gegenüber Dritten.[37]

a) Schäden an eigener Hardware

Beispiele: Schäden am eigenen PC/Monitor/Laptop durch Brand, Diebstahl, Einbruch, Feuchtigkeit bzw. Flüssigkeit (insbes. »Getränkeschäden« bei Laptops), Sturzschäden, Überspannung, Verlust, Viren und Schadsoftware.

aa) Hausratversicherung

19 Geräte der IT sind **Hausrat**[38] und somit in der Hausratversicherung versichert. Insbesondere Computer (auch Tablet-Computer) und ähnliche Geräte der IT fallen unter die Definition von Hausrat in Abschnitt A, § 6 Ziff. 2 VHB 2010.[39]
– Zu weiteren Einzelheiten der Hausratversicherung: vgl. Anhang L, Rdn. 1 ff.

bb) Reisegepäckversicherung

20 **Mittel der IT** sind mit Einschränkungen in der Reisegepäckversicherung bei (**Auslands-)Reisen versichert**. Hinsichtlich spezifischer IT-Mittel gilt in der Reiseversicherung gem. Ziff. 3.2.2 VB-Reisegepäck insoweit eine Einschränkung, als regelmäßig eine **wertmäßige Begrenzung** der Versicherungsdeckung besteht.

21 Ziff. 3.2.2 VB-Reisegepäck ist in ihren Einzelheiten ungenau und daher entsprechend ihrem Charakter als Einschränkung des Versicherungsschutzes VN-freundlich und **eng auszulegen**. Der Passus »EDV-Geräte und Software einschließlich des *jeweiligen* Zubehörs« umfasst Computer wie Net- oder Notebooks und Zubehörteile, die unmittelbar dem Hauptgerät zu dienen bestimmt sind (insbes. Netzteile, Akkus, externe Laufwerke, Eingabegeräte), nicht jedoch Gegenstände, die nicht *ausschließlich* der *jeweiligen* Hauptsache dienen und mit dieser nur in vorübergehendem Zusammenhang stehen, wie etwa mobile Datenträger (bei denen aber gem. Ziff. 4.3 VB-Reisegepäck ohnehin nur der Materialwert ersetzt wird).[40] Bei solchem Zubehör handelt es sich nicht um *jeweiliges*, sondern nur um allgemeines Zubehör. Um Zubehör handelt es sich nur dann, wenn dieses von der Verkehrsauffassung als Zubehörteil eines *konkreten* EDV-Geräts betrachtet wird.

22 Nicht von der Einschränkung der Ziff. 3.2.2 VB-Reisegepäck erfasst sind jedenfalls sog. »Smartphones« und andere Mobiltelefone. Diese sind dem allgemeinen Sprachgebrauch nach, der sich mit der VN-Erwartung decken wird, keine EDV-Geräte, sondern Kommunikationsmittel. Ihr Hauptzweck liegt regelmäßig nicht in der Datenverarbeitung, sondern der bloßen Informationsübermittlung. Ebenfalls nicht erfasst sind – auch hier ist der allgemeine Sprachgebrauch entscheidend – so genannte E-Book-Reader. Diese sind keine EDV-Geräte i.S.d. Ziff 3.2.2 VB-Reisegepäck. Sie dienen überwiegend dem rein passiven Konsum von Informationen und nicht der Vornahme von Datenverarbeitungsaufgaben. Vom Begriff des EDV-Geräts umfasst sind hingegen Tablets, da sich deren Funktionsvielfalt überwiegend mit »typischen« Notebooks u.ä. deckt und diese vielfach ganz oder weitgehend ersetzt.
– Zu weiteren Einzelheiten der Reisegepäckversicherung: vgl. Anhang N, Rdn. 1 ff.

cc) Glasversicherung

23 Die Glasversicherung besteht bei privaten VN überwiegend in **Verbindung mit** einer **Hausrat- oder Wohngebäudeversicherung**.[41] Sie kann einschlägig sein, wenn Computer oder Mobiltelefone, insbes. solche mit sogenannten »Touch-Screen«-Displays (i.d.R. Tablets und Smartphones), über einen Anzeige- oder **Steuerungsbildschirm mit Glaselementen** verfügen. Bruchschäden[42] an solchen Geräten sind regelmäßig nur mit wirtschaftlich hohem Aufwand zu beseitigen bzw. führen dazu, dass ein Gerät mangels Reparaturmöglichkeit vollständig ersetzt werden muss.

24 Abschnitt A § 3 Ziff. 3 lit. d) AGlB 2010 nimmt Glaselemente, »die Bestandteil elektronischer Daten-, Ton-, Bildwiedergabe- und Kommunikationsmittel sind«, vom Versicherungsschutz aus. Damit sind Geräte der Informationstechnik (auch hier werden überwiegend Smartphones und Tablets betroffen sein) **umfassend** von einem Versicherungsschutz im Rahmen der Glasversicherung **ausgeschlossen**.

---

37 Vgl. § 100 VVG Rdn. 17.
38 Beachte aber Einschränkungen bei gewerblich/beruflich genutzter IT, Anhang L, Rdn. 66 und Rdn. 67.
39 Vgl. Anhang L, Rdn. 55; ferner: *Buchner*, S. 192.
40 Vgl. dazu auch Anhang N, Rdn. 64; zum Materialwert von Datenträgern vgl. LG Aachen NJW-RR 1988, 416.
41 Allg. dazu etwa: P/M/*Armbrüster*, AGlB, Vorb. Rn. 1 ff.; VersHb/*Hahn*, § 34 Rn. 81 ff.
42 Vgl. § 1 Ziff. 1 AGlB 2010.

b) Schäden an eigenen Daten

Die privaten Daten des VN sind für diesen regelmäßig von hohem ideellen Wert. Da private VN häufig keine 25 sorgfältige Datensicherung vornehmen, können für eine dann gewünschte Datenrettung oder Wiederherstellung erhebliche Kosten anfallen.
Beispiele: Verlust eigener Daten aufgrund von Datenträgerdefekten, Fehlbedienungen, Spannungsschäden, Schadsoftware/Viren und Verlust des gesamten Datenträgers.

aa) Hausratversicherung

Für Datenschäden besteht im Rahmen einer Hausratversicherung nur **eingeschränkter Versicherungsschutz**: 26 Bei immateriellen Gütern, also Programmen und Daten, handelt es sich mangels Sacheigenschaft schon nicht um Hausrat,[43] so dass ein Versicherungsschutz diesbezüglich nicht besteht.[44]
Abschnitt A § 6 Ziff. 4 VHB 2010 hat daher lediglich deklaratorischen Charakter.[45]
Abweichende Vereinbarungen sind jedoch **möglich**. Diese Möglichkeit konkretisiert die Klausel PK 7112 27 der Klauseln zur Hausratversicherung (PK VHB 2010).[46]

(1) Datenrettungskosten in der Privatversicherung

Für den Fall ersatzpflichtiger **Substanzbeschädigungen**[47] an Datenträgern besteht bei **gesonderter Vereinbarung** Anspruch auf Erstattung der tatsächlich entstandenen, notwendigen Kosten einer Wiederherstellung 28 von Daten (»**Datenrettung**«) oder eines entsprechenden Wiederherstellungsversuchs, Ziff. 1 PK 7112 VHB 2010.
Aus der Begrenzung auf die notwendigen Kosten ergibt sich, dass ein von vornherein aussichtsloser Wiederherstellungsversuch zu keiner Ersatzleistung berechtigt.
Ausdrücklich **nicht erstattungsfähig** sind gem. Ziff. 1 PK 7112 VHB 2010 die Kosten einer **Wieder- oder** 29 **Neubeschaffung** der Daten, unabhängig davon, auf welchem Wege dies geschehen kann. Der Neukauf einer Software oder sogar die Wiederholung einer Reise, um Fotos erneut aufzunehmen,[48] ist daher vom Versicherungsumfang nicht gedeckt.

(2) Ausschließlich private Daten und Programme; Ausschluss von »Raubkopien«

Die Beschränkung auf ausschließlich für die **private Nutzung beschränkte Daten und Programme** spiegelt 30 das Leitbild der (privaten) Hausratversicherung wieder, so dass bei einer beruflichen/gewerblichen Nutzung der verlorenen Daten grundsätzlich kein Erstattungsanspruch besteht.[49]
Bedenklich ist Ziff. 1 PK 7112 VHB 2010, insbes. im Hinblick auf Daten und **Programme** mit gemischter 31 Nutzung, die also **sowohl privat als auch beruflich genutzt** werden (können). Typische Beispiele sind hier insbes. Textverarbeitungs- oder E-Mail-Programme.
Die selektive Datenwiederherstellung eines Datenträgers ist **technisch kaum umsetzbar**. Sie kann regelmäßig 32 nicht dergestalt erfolgen, dass von zu verschiedenen Zwecken genutzten Dateien nur diejenigen wiederhergestellt werden, die ausschließlich privaten Zwecken dienen. Die Lesbarkeit des Datenträgers wird regelmäßig für den gesamten Datenträger wiederhergestellt; es kann vorab keine Datei gezielt von der Wiederherstellung ausgeschlossen werden.
Daher bestehen hinsichtlich der Klausel insoweit **Wirksamkeitsbedenken**, als die Datenrettungskosten sich auf *ausschließlich* privat genutzte Daten beziehen sollen und bei einer Mischnutzung kein Versicherungsschutz mehr bestünde. Auch ist der Versicherer über Ziff. 3 PK 7112 VHB 2010 ohnehin hinreichend geschützt.[50] Eine Quotierung VN/VU kommt mangels Bestimmbarkeit (Wonach soll man abgrenzen? Menge der Daten? Ein möglicher merkantiler Wert?) nicht in Betracht. Soweit die privaten Daten nicht evident in vollkommen untergeordnetem Umfang auf dem Datenträger gespeichert sind, dürfte der VR die Gesamtkosten einer Wiederherstellung zu tragen haben.
Ausgeschlossen sind die Kosten der Wiederherstellung sogenannter »**Raubkopien**« und solcher Daten, die 33 der VN ohnehin noch auf separaten Medien (etwa Sicherungsmedien) bereithält, Ziff. 2 PK 7112 VHB 2010. Auch hier stellt sich wieder das Problem, dass unter Umständen bei einer Datenrettung nicht getrennt werden kann, sondern einheitlich alle Daten wiederhergestellt werden (jedenfalls *auch* »Raubkopien«).[51] Soweit ge-

---

43 Vgl. zur Sacheigenschaft von Daten auch Rdn. 67; LG Stuttgart NJOZ 2004, 3754, 3754 f.
44 Vgl. LG Stuttgart NJOZ 2004, 3754, 3754 f.; *Buchner*, S. 192 ff.
45 Vgl. auch Anhang L, Rdn. 84; ferner: P/M/*Knappmann*, § 6 VHB Rn. 27; so im Ergebnis auch Terbille/Höra/*S. Schneider*, § 7 Rn. 100, der Abschnitt A § 6 Ziff. 2 VHB 2008/2010 scheinbar regelnde Wirkung zuspricht.
46 PK VHB 2010 zum Quadratmetermodell GDV 0631, Stand 01.01.2013.
47 Dazu Anhang L, insbes. Rdn. 8 ff.
48 Illustrativ: LG Hamburg NJW-RR 2000, 653.
49 Anders bei Erweiterung auf gewerbliche Arbeitsgeräte, vgl. zu dieser Möglichkeit auch LG Stuttgart NJOZ 2004, 3754.
50 Vgl. Rdn. 36.
51 Vgl. Rdn. 126.

Anhang J IT-Versicherung

wissermaßen »versehentlich zu viele« Daten wiederhergestellt werden, kann dies nicht zu Lasten des VN gehen. Der VR dürfte einheitlich die Kosten der gesamten Datenrettung zu tragen haben. Auch hier gilt zuvor Festgestelltes: Bei »gemischten« Daten kann sich der VR nur dann auf die Klausel berufen, wenn legale oder nicht separat andernorts gespeicherte Daten auf dem betroffenen Datenträger von vollkommen untergeordneter Bedeutung sind.[52]

(3) Weitere Einzelfragen

34 Kosten für die Wiederherstellung von **Daten, von denen Sicherungskopien** existieren, sind schon nicht notwendig im Sinne der Ziff. 1 PK 7112 VHB 2010. Die Regelung in Ziff. 2 lit. a) bb) PK 7112 VHB 2010 hat daher nur deklaratorischen Charakter.

35 Nicht erstattungsfähig sind die Kosten für den Fall, dass neben der Wiederherstellung eine **neue Lizenz** erworben werden müsste, Ziff. 2 lit. b) PK 7112 VHB 2010. Die Klausel konkretisiert im Ergebnis vor allem Ziff. 1 PK 7112 VHB 2010 bezüglich der Neubeschaffungen.

36 Ziff. 3 PK 7112 PK VHB 2010 ermöglicht die Begrenzung der Datenrettungskosten auf einen **Höchstbetrag** sowie die Möglichkeit eines zu vereinbarenden **Selbstbehalts**.

bb) Reisegepäckversicherung

37 Für **Datenschäden** gilt in der Reisegepäckversicherung: Die Einschränkung hinsichtlich Software in Ziff. 3.2.2 **VB-Reisegepäck erfasst keine** Daten, die nicht selber Bestandteil eines Anwendungsprogramms sind, also etwa digitale **Dokumente oder Bilder**. Diese sind Daten, aber keine Software; auf diese beschränkt sich aber der Regelungsbereich der Ziff. 3.2.2 VB-Reisegepäck.

38 Bei **Software** handelt es sich dem Sprachgebrauch nach nur um ausführbare Programme mit Steuerungsfunktion nebst den zu ihrer Ausführung erforderlichen Daten.[53]

39 **Programme** sind nach dem BGH eine Folge von Befehlen, die nach Aufnahme in einen maschinenlesbaren Träger in der Lage sind zu bewirken, dass eine Maschine mit informationsverarbeitenden Fähigkeiten eine bestimmte Funktion oder Aufgabe oder ein bestimmtes Ergebnis anzeigt, ausführt oder erzielt.[54]

40 **Daten ohne Steuerungsfunktionen** bzw. Daten, die für diese Funktionen nicht erforderlich sind, sind daher vom **Begriff der Software nicht erfasst** und unterliegen somit nicht der summenmäßigen Begrenzung der Ziff. 3.2.2 VB-Reisegepäck.

41 Ziff. 4.3 VB-Reisegepäck führt aber zu einer Begrenzung der Versicherungsdeckung auf den reinen Materialwert der Datenträger. Ein Anspruch etwa auf Ersatz der Kosten für eine Wiederherstellung von Urlaubsfotos oder ähnlichen Daten besteht nicht.

– Zu weiteren Einzelheiten der Reisegepäckversicherung: vgl. Rdn. 20 ff. und Anhang N, Rdn. 1 ff.

2. Fremdschäden

42 Eine typische Lösung zur Reduzierung von Haftungsrisiken im privaten Umfeld ist die Privathaftpflichtversicherung (PHV). Aufgrund der Verbreitung technischer Geräte in Privathaushalten gehört der Umgang mit **IT** inklusive der Verwendung des Internets zum allgemeinen Lebensrisiko bzw. zu den **Gefahren des täglichen Lebens** als Privatperson i.S.v. Ziff. A1-1 AVB PHV, Ziff. 1 BB PHV.[55]

43 Gefahren des täglichen Lebens sind alle Risiken, mit denen im Privatleben eines Menschen gerechnet werden muss.[56] Die Privathaftpflichtversicherung schützt den VN bei Inanspruchnahme Dritter aufgrund eigener Verantwortlichkeit, § 100.

a) Schäden an fremder Hardware (Privathaftpflichtversicherung)

Beispiele: Schlichtes Fallenlassen fremder Laptops, Netbooks oder Tablet-PCs, Verursachen von Flüssigkeitsschäden (insbes. umgeworfene Getränke), Übermittlung schadhafter Dateien an Dritte, die zu Hardwareschäden führen.

aa) Schäden durch physische Einwirkungen

44 Hinsichtlich der **Beschädigung von Hardware durch physische Einwirkungen** bestehen gegenüber der Beschädigung »normaler« Sachen keine Unterschiede. Die Substanzverletzung durch physische Einwirkung ist als Sachschaden i.S.d. Ziff. 1.1 AHB Gegenstand der Haftpflichtversicherung und in deren Rahmen grundsätzlich gedeckt.[57]

---

52 Vgl. Rdn. 32.
53 Vgl. auch Kilian/Heussen/*Moritz*, Computerrechts-Handbuch, 32. EL. 2013, Kap. 31 Rn. 2.
54 BGH GRUR 1985, 1041, 1047 – Computer-Programme; vgl. Auch DIN-Norm 44.300.
55 So auch zu Ziff. 1 BB PHV *Heimbücher* VW 2006, 1688, 1690.
56 *Hugel*, Haftpflichtversicherung, 3. Aufl. 2008, S. 187; *Späte/Schimikowski*, Haftpflichtversicherung, 2. Auflage 2015, AVB PHV Teil A Abschn. 1 Rn. 1f.
57 Vgl. § 100 VVG Rdn. 45 ff.

Das gilt auch für den Verlust von Daten und Anwendungsprogrammen, wenn und soweit deren Verlust auf die physische Beschädigung eines Datenträgers zurückzuführen ist.[58] Die **Beschädigung des Datenträgers** an sich **ist Sachschaden**. Dabei ist es im Ergebnis unerheblich, ob man das verkörperte Computerprogramm selbst als Sache ansieht oder nur den Datenträger, dessen Wert dann durch die auf ihm gespeicherten Daten determiniert wird.[59] Der Wert eines durch physische Beschädigungen beeinträchtigten Datenträgers ist grundsätzlich im Rahmen der Haftpflichtversicherung abgedeckt. Allerdings erhöhen nicht alle Daten auch den (Markt)Wert eines Datenträgers; vielmehr handelt es sich dabei wohl eher um die Ausnahme.[60] Beispielsweise privaten Fotos kommt zwar ein erheblicher Erinnerungs-, aber in der Regel kein wirtschaftlicher Wert zu. 45

bb) Schäden durch Datenübermittlung
(1) Ausschluss in der Haftpflichtversicherung, Ziff. 7.15 AHB

Schäden aufgrund der Übermittlung von Daten unterliegen in der Haftpflichtversicherung erheblichen Einschränkungen. Ziff. **7.15 AHB** enthält eine für den Bereich der IT-Versicherung besonders relevante Klausel (sog. »**Nullstellung von IT-Risiken**«)[61]. Demnach besteht grundsätzlich kein Versicherungsschutz, soweit ein an sich versicherter Schaden im Sinne einer kausalen Verursachung auf Austausch, **Übermittlung und Bereitstellung von Daten** (etwa durch eine negative Beeinflussung einer Lüftersteuerung) zurückzuführen ist.[62] 46

Auch **Hardwareschäden** sind **als Folgeschäden** vom Versicherungsschutz **ausgeschlossen**,[63] soweit eine der Modalitäten der Ziff. 7.15 Abs. 1–4 AHB[64] ursächlich im Sinne eines Kausalzusammenhangs für einen Schaden ist. 47

Ziff. 7.15 Abs. 1 AHB orientiert sich begrifflich an § 303a StGB. Zur Auslegung der Termini Löschung, Unterdrückung, Unbrauchbarmachung und Veränderung kann insoweit auf die strafrechtliche Literatur und Auslegung zurückgegriffen werden.[65] 48

Der **Weg der Datenübermittlung** ist ausweislich der Ziff. 7.15 AHB **unerheblich**.[66] Der häufig verwendete Begriff »Internet-Ausschluss« für Ziff. 7.15 AHB ist insoweit unpräzise.[67] Vom Ausschluss erfasst ist dem Wortlaut und dem Telos der Regelung nach, der einen umfangreichen Ausschluss von technischen bzw. EDV-Risiken bezweckt, auch eine Übermittlung mittels physischer Datenträger oder die Schädigung der Daten aufgrund fehlerhafter Software.[68] Im Ergebnis sind Schäden aus einer Datenübermittlung umfassend vom Versicherungsschutz ausgeschlossen. Einer Mitverursachung durch Internetdienste bedarf es nicht. Im Anwendungsbereich von Ziff. 7.15 AHB kommt es auf eine Qualifikation von Schäden als Sachschäden oder andere Schäden gar nicht mehr an.[69] 49

(2) Wiedereinschluss in der Privathaftpflichtversicherung

Ziff. A1-6.16.1 AVB-PHV trägt den Interessen der VN Rechnung und enthält einen **eingeschränkten Wiedereinschluss** der gem. Ziff. 7.15 AHB ausgeschlossenen Risiken. Entsprechendes gilt nach Ziff. 4.1 BB PHV. Der Wiedereinschluss umfasst Schäden, die sich aus dem Austausch und der Bereitstellung elektronischer Daten ergeben. Klarstellend gegenüber Ziff. 7.15 AHB ist formuliert, dass auch der Austausch mittels Datenträger vom Regelungsgegenstand erfasst ist. Die Aufzählung der **Übermittlungsmodalitäten** in Ziff. A1-6.16.1 AVB-PHV, Ziff. 4.1 BB PHV ist **nicht abschließend**. Erfasst ist daher zum Beispiel auch eine Datenübertragung per Bluetooth. Ziff. A1-6.16.1 AVB-PHV und Ziff. 4.1 BB PHV sind insoweit für technische Entwicklungen offen und technikneutral ausgestaltet. 50

Vom Schutz der Privathaftpflichtversicherung umfasst sind Fremdschäden an Hardware, die aufgrund der Löschung, Unterdrückung, Unbrauchbarmachung oder Veränderung von Daten durch Computer-Viren und/ 51

---

58 Siehe schon § 100 VVG Rdn. 47; vgl. ferner MünchKommBGB/*Stresemann*, § 90 Rn. 25, unter Verweis auf BGH NJW 1993, 2436, 2438; NJW 1990, 320, 321; NJW 1988, 406, 408; siehe auch etwa BGH NJW 2007, 2394, 2394.
59 Vgl. zu dieser Frage: Bamberger/Roth/*Fritzsche*, § 90 Rn. 25 ff.; B/M/*Koch*, Band IV, Ziff. 1 AHB 2012 Rn. 17.
60 Vgl. LG Stuttgart NJOZ 2004, 3754.
61 Vgl. *R. Koch* r+s 2005, 181; P/M/*Lücke*, Ziff. 7 AHB Rn. 141.
62 *Stockmeier*, S. 21 f.
63 Vgl. Kilian/Heussen/*R. Koch*, Computerrechts-Handbuch, 32. EL. 2013, Kap. 122 Rn. 21; P/M/*Lücke*, Ziff. 7 AHB Rn. 141.
64 Relevant sind technisch regelmäßig nur die Varianten der Abs. 1 und 2, also auf einen Austausch, eine Übermittlung oder die Bereitstellung von Daten zurückgehende Löschung, Unterdrückung, Unbrauchbarmachung, Veränderung, Nichterfassung oder fehlerhafte Speicherung; zu den Einzelnen Definitionen: *R. Koch* r+s 2005, 181, 182 ff.
65 P/M/*Lücke*, Ziff. 7 AHB Rn. 141; *ders.*, Ziff. 2 BetrH IT Rn. 3; VersHb/*Spindler*, § 40 Rn. 98; vgl. ferner: *Stockmeier*, S. 24 f.
66 *Stockmeier*, S. 23.
67 Vgl. etwa *R. Koch* r+s 2005, 181, 182 f.; P/M/*Lücke*, Ziff. 7 AHB Rn. 141.
68 *R. Koch* r+s 2005, 181, 182 f.
69 Vgl. etwa *R. Koch* r+s 2005, 181, 182 f.

Anhang J   IT-Versicherung

oder andere Schadprogramme entstehen, Ziff. A1-6.16.1 AVB-PHV, Ziff. 4.1 Abs. 1 BB PHV.[70] Aufgrund der Beschränkung der **Ursachen** auf **Viren und Schadprogramme** bleibt der Wiedereinschluss hinter dem Ausschluss in Ziff. 7.15 AHB zurück, der eine entsprechende Einschränkung nicht enthält.[71]

52 Die Feststellung, dass die Schäden gem. Ziff. A1-6.16.1 AVB-PHV, Ziff. 4.1 Abs. 1 BB PHV »bei Dritten« eingetreten sein müssen, ist Wesen der Haftpflichtversicherung und hat nur deklaratorischen Charakter.

53 Eine einheitliche **Definition** von **Schadprogrammen** existiert nicht. Hier sind aber jedenfalls die vom Bundesamt für Sicherheit in der Informationstechnik (BSI) beschriebenen Gefährdungen »Viren, Würmer und Trojanische Pferde« erfasst.[72]

54 Gleichermaßen versichert sind **Hardwareschäden** (»daraus ergebende(r) Personen- und *Sachschäden*«) aufgrund einer Datenveränderung **aus sonstigen Gründen** und der fehlerhaften Speicherung von Daten bei Dritten, Ziff. A1-6.16.1 Abs. 2 AVB-PHV, Ziff. 4.1 Abs. 2 BB PHV. Ziff. A1-6.16.1 Abs. 2 AVB-PHV sowie Ziff. 4.1 Abs. 2 BB PHV bleiben hinsichtlich des Versicherungsschutzes bei Schäden, die nicht auf Schadsoftware basieren, hinter ihrem Abs. 1 zurück. Die Ersatzleistung ist jeweils auf die Fälle der Spiegelstriche 1 und 2 beschränkt.

(3) Sicherheitsobliegenheit

55 Den VN trifft die **Obliegenheit**,[73] dass seine Datenübertragungen durch **Sicherheitsmaßnahmen** und/oder Techniken (z.B. Virenscanner, Firewall) abgesichert sind, die dem **Stand der Technik**[74] entsprechen. Diese Maßnahmen können auch durch Dritte erfolgen, Ziff. A1-6.16.1 AVB-PHV, Ziff. 4.1 BB PHV.

56 **Fraglich** ist die vom Nutzer zu fordernde **Qualität der Überwachungsmaßnahmen**. *Spindler*[75] schlägt für eine vergleichbare Regelung aus dem Bereich der gewerblichen Versicherung eine Orientierung an den Grundschutzkatalogen des BSI[76] vor. Dessen Anforderungen gehen aber für den privaten Bereich erheblich zu weit. Aufgrund der Fassung der Klausel kann vom Benutzer auch nicht die Benutzung eines Virenscanners *und* einer Firewall verlangt werden. Auch darf der VN nicht allein auf kostenpflichtige Angebote verwiesen werden. Ausreichend muss sein, wenn der VN sich einer kostenlosen Anwendung bedient und diese in regelmäßigen Abständen, aktualisiert. In jedem Fall sind Maßnahmen ausreichend, die den Sicherheitshinweisen des BSI für Privatpersonen entsprechen.
Ausreichend sind aber auch Maßnahmen, die deutlich dahinter zurückbleiben. Um den Versicherungsschutz nicht unbillig einzuschränken, dürfte die Installation eines Virenscanners mit zumindest wöchentlicher Aktualisierung im privaten Bereich ausreichend sein.[77]

(4) Serienschäden

57 Gegen die **Serienschadenklausel** in Ziff. 4.2 BB PHV bestehen erhebliche **Bedenken**.[78] Die Varianten in Spiegelstrich 2 (Beruhen auf gleicher Ursache mit innerem, insbes. sachlichem und zeitlichem Zusammenhang) und Spiegelstrich 3 (Beruhen auf dem Austausch, der Übermittlung und Bereitstellung elektronischer Daten mit gleichen Mängeln) **benachteiligen** den privaten VN **unangemessen** i.S.d. § 307 I, II Nr. 1 u. 2 BGB. Die Klauseln würden eine der nachgerade typischen Haftpflichtkonstellationen, nämlich das versehentliche Versenden von Viren an mehrere Empfänger, aus dem Versicherungsschutz ausnehmen. Der VR ist durch die wirksam zu vereinbarende Höchstentschädigung hinreichend geschützt. Gleichermaßen gelten diese Bedenken auch gegenüber der insoweit identisch gefassten Regelung in Ziff. A1-6.16.3 AVB-PHV.
Wirksam bleibt mithin einzig die Variante unter Spiegelstrich 1 (**Beruhen auf derselben Ursache**),[79] wobei der Passus in seinem strengen Wortsinne auszulegen ist.[80] Dieselbe Ursache ist nur eine einzige tatsächliche schadensauslösende Handlung, also etwa einmaliges Ausführen einer Dateiübertragung.

---

70 Zur Auslegung kann auf die Auslegung von § 303a StGB zurückgegriffen werden; vgl. nur P/M/*Lücke*, Ziff. 2 BetrH IT Rn. 3; VersHb/*Spindler*, § 40 Rn. 98.
71 VersHb/*Spindler*, § 40 Rn. 100 zur wortgleichen Bestimmung in den BHV-IT.
72 Vgl. dazu IT-Grundschutzkataloge des BSI, Stand 14. EL 2014, G 5.23, abrufbar unter: https://gsb.download.bva.bund.de/BSI/ITGSK/IT-Grundschutz-Kataloge_2014_EL14_DE.pdf; zuletzt abgerufen am 13.07.2015.
73 Vgl. § 28 VVG Rdn. 1 ff.
74 Vgl. z.B. § 3 VI BImSchG; ferner: *Buchner*, S. 297 ff., insbes. 306 ff.
75 VersHb/*Spindler*, § 40 Rn. 105.
76 Abrufbar unter: https://www.bsi.bund.de/DE/Themen/ITGrundschutz/ITGrundschutzKataloge/Inhalt/content/download/download.html; zuletzt abgerufen am 13.07.2015.
77 P/M/*Lücke*, Ziff. 4 BB PHV Rn. 1 verweist mit Recht auf das Fehlen praktischer Erfahrungen in diesem Bereich.
78 P/M/*Lücke*, Ziff. 4 BB PHV Rn. 7.
79 Terbille/Höra/*Kummer*, § 12 Rn. 183; i.E. auch P/M/*Lücke*, Ziff. 4 BetrH IT Rn. 2 f.; vgl. ferner BGH VersR 1991, 175, 175 f.; VersR 1969, 723, 726.
80 P/M/*Lücke*, Ziff. 6 AHB Rn. 12.

(5) Auslandsschäden/Europaklausel

Abweichend von der Grundregel der Ziff. 7.9 AHB besteht im Rahmen der Privathaftpflichtversicherung eine erweiterte Deckung für Auslandsschäden. Gem. Ziff. 7.9 i.V.m. Ziff. 1.1 AHB liegt ein **Auslandsschaden** dann vor, wenn sich der schädigende **Erfolg im Ausland realisiert hat**.[81] Auslandsschäden sind gem. Ziff. A1-6.16.4 AVB-PHV, Ziff. 4.3 BB PHV vom Versicherungsschutz erfasst, soweit sie in **europäischen Staaten** und **nach dem Recht europäischer Staaten** geltend gemacht werden. 58

Die Klausel ist **objektiv mehrdeutig**. Europa lässt sich beispielsweise politisch, geographisch oder sogar werteorientiert verstehen.[82] Diese Mehrdeutigkeit der Klausel führt dazu, dass die für den VN **günstigste Auslegung** zu Grunde zu legen ist, § 305c II BGB. Demnach ist der jeweils weitergehende Begriff anzuwenden. Daher gehören bei Anwendung des geographischen Begriffs auch noch Russland und die Türkei zu Europa, deren Territorium jedenfalls teilweise auf (geographisch) europäischem Boden liegt. Dieses **Günstigkeitsprinzip** gilt ebenso, wenn die Ansprüche vor einem Gericht im politischen Europa, also etwa in französischen oder portugiesischen Überseeterritorien geltend gemacht werden.[83] 59

Gegen **Ziff. 4.3 Satz 2 BB PHV (Ziff. A1-6.16.4 AVB-PHV)** bestehen vor dem Hintergrund des § 307 II Nr. 2 BGB **Wirksamkeitsbedenken**. Gerade der Betätigung im Internet ist die weltweite Gefahr einer Inanspruchnahme immanent. Die Auslandsklausel entwertet den Versicherungsschutz in erheblicher Weise, was vor dem Hintergrund der explizit genannten Bereitstellung von Daten im Internet in Ziff. A1-6.16.1 AVB-PHV, Ziff. 4.1 BB PHV und dem sich daraus ergebenden Vertragszweck in hohem Maße bedenklich erscheint.[84] 60

(6) Weitere Ausschlüsse

Ziff. A1-6.16.2 AVB-PHV und Ziff. 4.4 BB PHV beinhalten einen **Ausschluss** der Versicherungsdeckung bei **bestimmten Tätigkeiten**. Bei diesen Tätigkeiten handelt es sich allerdings überwiegend um dem **gewerblichen Bereich** zuzuordnende Betätigungen, so dass der Klausel vor allem deklaratorische Funktion zukommt. Die meisten der ausgeschlossenen Handlungen fallen schon nicht unter den Begriff der Gefahren des täglichen Lebens.[85] Daher kommt der Klausel nur in Ausnahmefällen ein eigener Regelungscharakter zu, etwa wenn die erwähnten Leistungen im Rahmen rein privater Gefälligkeitsverhältnisse erbracht werden oder im Zusammenhang mit der Vorsorgedeckung nach Ziff. 4 AHB.[86] 61

Ziff. A1-6.16.5 AVB-PHV und Ziff. 4.5 BB PHV **konkretisieren** den **Vorsatzausschluss** in Ziff. 7.1 AHB. Die Regelungen der Abs. 1 u. 3 schließen jeweils **bewusste Handlungen** vom Versicherungsschutz aus. Damit geht der Ausschluss über das Vorsatzerfordernis in Ziff. 7.1 AHB hinaus. Vorsatz umfasst in der Haftpflichtversicherung regelmäßig auch die Schadensfolgen.[87] Das Bewusstsein muss sich hingegen nicht auf die Schadensfolge erstrecken, so dass Ziff. A1-6.16.5 Abs. 1 u. 3 AVB-PHV sowie Ziff. 4.5 Abs. 1 u. 3 BB PHV auch ohne Schädigungsvorsatz greifen, was vor allem die Beweissituation erheblich vereinfacht. 62

Ziff. A1-6.16.5 Abs. 2 AVB-PHV und Ziff. 4.5 Abs. 2 BB PHV verlangen ihrem Wortlaut nach kein bewusstes oder vorsätzliches Verhalten. Der Begriff der **Informationen**[88] ist aber vor dem Hintergrund der Ziff. 4.5 Abs. 1 u. 3 BB PHV (Ziff. A1-6.16.5 Abs. 1 u. 3 AVB-PHV) insoweit **einschränkend auszulegen**, dass der Begriff Informationen nur das umfasst, was den Empfänger auch informieren soll.[89] Konsequenz eines anderen Verständnisses des Begriffes Informationen wäre sonst, dass ein VN, dessen Computer von unbekannten Dritten ohne sein Wissen (zum Erfordernis hinreichender Schutzmaßnahmen vgl. schon Rdn. 55 f.) zum Versand von »**Spam**« »gekapert« wurde, nicht versichert ist, auch wenn ansonsten die Voraussetzungen einer Versicherungsdeckung vorlägen. Zwar wäre ein solcher Anspruch gegen den VN mangels Verschuldens regelmäßig unbegründet, der VN ginge aber seiner Abwehrdeckung verlustig. Der **Ausschluss** eines derart typischen Risikos **würde den Vertragszweck gefährden**, § 307 II Nr. 2 BGB.[90] Da es sich um Informationen handeln muss, die den Adressaten informieren sollen, ist ferner jedenfalls hinsichtlich des Spiegelstrichs 1 zu fordern, dass die Informationen bewusst versandt werden. 63

---

81 Kilian/Heusen/*R. Koch*, Computerrechts-Handbuch, 32. EL. 2013, Kap. 122; Rn. 19; P/M/*Lücke*, Ziff. 7 AHB Rn. 95 m.w.N. aus der Rspr.

82 Zu einer Europa-Klausel in der Hausratversicherung: LG Berlin r+s 2008, 476 ff.; wohl als Reaktion auf die Problemstellung enthält die Klausel TK 1926 ABE 2011 (Elektronik-Pauschalversicherung) die präzisere Fassung: »Europa (geographischer Begriff)«; vgl. auch *Buchner*, S. 254 ff.

83 Vgl. ebenfalls unter Anwendung dieses »Günstigkeitsprinzips«: *Buchner* (allerdings partiell zu restriktiv), S. 254 ff.; ebenso jedenfalls für die Kanaren: LG Berlin r+s 2008, 476 ff.

84 P/M/*Lücke*, Ziff. 4 BB PHV Rn. 8.

85 Vgl. Rdn. 42 f.

86 *Stockmeier*, S. 88.

87 Vgl. nur BGH VersR 1991, 178; VersR 1986, 647; OLG Düsseldorf VersR 2001, 1371.

88 Vgl. zur Diskussion: *R. Koch* r+s 2005, 181, 187; VersHb/*Spindler*, § 40 Rn. 221.

89 Vgl. für den Bereich der gewerblichen Versicherung P/M/*Lücke*, Ziff. 7 BetrH IT Rn. 1 f.

90 Vgl. *R. Koch*, Rn. 2436; *ders*. r+s 2005, 181, 187; VersHb/*Spindler*, § 40 Rn. 221; P/M/*Lücke*, Ziff. 7 BetrH IT Rn. 1 geht von einer engeren Auslegung des Begriffs Informationen aus und hält die Klausel jedenfalls dann für wirksam.

Anhang J IT-Versicherung

64 Die Vereinbarung einer Höchstentschädigungsgrenze nach Ziff. A1-6.16.6 AVB-PHV, Ziff. 4.2 Satz 1 u. 2 BB PHV ist vor dem Hintergrund einer Inhaltskontrolle unbedenklich.

b) Sonstige Sach- und Personenschäden bei Dritten

65 Hinsichtlich weiterer bzw. anderer Sachschäden[91] bei Dritten aufgrund der Verwendung von Mitteln der IT bestehen gegenüber den Hardwareschäden keine Besonderheiten. Versicherungsschutz besteht hier im gleichen Umfang und mit den gleichen Einschränkungen wie für Hardwareschäden bei Dritten.[92] In tatsächlicher Hinsicht sind aber Schäden an Sachen, die keine Mittel der Informationstechnik sind, aufgrund der Übermittelung von Schadsoftware unwahrscheinlich.

66 Gleiches gilt für die in tatsächlicher Hinsicht ebenso unwahrscheinliche Verwirklichung von Personenschäden durch Privatpersonen aufgrund des Umgangs mit Mitteln der Informationstechnik bzw. der Übermittlung von Schadsoftware.

c) Schäden an fremden Daten

Beispiele: Übermittelung schadhafter Software oder von Viren, Dateilöschung durch Fehlbedienung fremder Computer, Datenverlust aufgrund der Beschädigung fremder Hardware.

67 **Computerdaten** und **Computerprogramme** als solche sind anders als die Datenträger, auf denen sich diese befinden,[93] nach zutreffender Ansicht mangels Körperlichkeit **keine Sachen**.[94] Der reine Verlust von Daten ist also kein Sachschaden im Sinne der Haftpflichtversicherung.[95]

68 Aufgrund der im Rahmen der Haftpflichtversicherung gem. Ziff. 1.1 AHB bestehenden Beschränkung auf Sach- und Personenschäden bestünde ein Haftpflichtversicherungsschutz bei der Beschädigung oder Zerstörung rein immaterieller Daten ohne Sacheigenschaft grundsätzlich nicht. Auch Ziff. 7.15 AHB schließt einen Versicherungsschutz für Haftpflichtansprüche wegen Datenschäden umfassend aus.[96] Aufgrund der Regelung in Ziff. A1-6.16.1 Abs. 1 u. 2 AVB-PHV, Ziff. 4.1 Abs. 1 u. 2 BB PHV kommt es im Rahmen der Privathaftpflichtversicherung auf eine Einordnung von Daten als Sach- oder anderer Schaden aber nicht entscheidend an.[97] **Ziff. 4.1 BB PHV (Ziff. A1-6.16.1 AVB-PHV)** bezieht **Datenschäden** partiell in den **Anwendungsbereich der Haftpflichtversicherung** mit ein.

69 Gem. Ziff. A1-6.16.1 Abs. 1 AVB-PHV, Ziff. 4.1 Abs. 1 BB PHV besteht Versicherungsschutz bei Löschung, Unterdrückung, Unbrauchbarmachung oder Veränderung von Daten (Datenveränderung) bei Dritten, soweit dies auf Viren und/oder andere Schadprogramme zurückzuführen ist.[98] Eine **rechtliche Einordnung der Daten** als Sache im Sinne der Ziff. 1 AHB ist damit insoweit **entbehrlich**. Ziff. A1-6.16.1 AVB-PHV bewirkt ebenso wie Ziff. 4.1 BB PHV jedenfalls einen teilweisen Wiedereinschluss der gem. 7.15 AHB ausgenommenen Risiken.[99]

70 Resultiert die Datenveränderung aus **anderen Gründen** als aus der Übermittelung von Computer-Viren oder Schadprogrammen, besteht Versicherungsdeckung nur bei der unmittelbaren Verursachung von Sach- oder Personenschäden, also im Ergebnis v.a. bei Hardwareschäden, sowie für die Kosten der Wiederherstellung, Erfassung oder korrekten Speicherung der nicht oder fehlerhaft erfassten Daten, Ziff. A1-6.16.1 Abs. 2 AVB-PHV, Ziff. 4.1 Abs. 2 BB PHV.

71 Gem. Ziff. A1-6.16.1 Abs. 2 AVB-PHV und Ziff. 4.1 Abs. 2 BB PHV ist damit insbes. eine Versicherungsdeckung für **Folgeschäden** aus einer Fehlbedienung von fremden Computern im privaten Bereich **ausgeschlossen**, soweit es dabei um Kosten geht, die über eine bloße Wiederherstellung hinausgehen.[100]

– Zur Auslands- bzw. Europaklausel in der Privathaftpflichtversicherung vgl. Rdn. 58 ff.
– Zu Serienschäden in der Privathaftpflichtversicherung vgl. Rdn. 57.
– Zu den Ausschlüssen in der Privathaftpflichtversicherung vgl. Rdn. 61 ff.

72 Dem VN **obliegt** es, seine **Datenübertragung** mit technischen Mitteln **abzusichern**.[101]

---

91 § 100 VVG Rdn. 45 ff.
92 Rdn. 44 ff.
93 Zur Verkörperung auf einem Datenträger: BGH NJW 2007, 2394.
94 Palandt/*Ellenberger*, § 90, Rn. 2; MünchKommBGB/*Stresemann*, § 90, Rn. 25; Bamberger/Roth/*Fritzsche*, § 90, Rn. 25 ff.; Staudinger/*Jickeli/Stieper* (2012), § 90 Rn. 12 ff. jeweils m.w.N.; a.A. etwa *König*, Das Computerprogramm im Recht, 1991, Rn. 269 ff.; *ders.* NJW 1993, 3121 ff.; *Marly* BB 1991, 434.
95 A.A. P/M/*Lücke*, Ziff. 1 AHB Rn. 40, der auf die geminderte verminderte Gebrauchstauglichkeit abstellt. Eine solche tritt aber nicht bei jedem Datenverlust ein, so dass jedenfalls nicht pauschal davon ausgegangen werden kann, dass jeder Datenverlust auch ein Sachschaden im Sinne der AHB ist. Wegen Ziff. 7.15 AHB kommt es auf diesen Streit in vielen Fällen aber gar nicht an.
96 VersHb/*Spindler*, § 40 Rn. 2; vgl. dazu auch Rdn. 46 ff.
97 P/M/*Lücke*, Ziff. 4 BB PHV Rn. 5.
98 Vgl. dazu und zur Auslegung dieser Begriffe: Rdn. 53 und § 303a StGB.
99 Vgl. zu diesem Wiedereinschluss schon Rdn. 50 ff.
100 VersHb/*Spindler*, § 40 Rn. 103 zur wortgleichen Bestimmung in den BHV-IT.
101 Vgl. dazu bereits Rdn. 55 f.

d) Weitere Fremdschäden

Durch zunehmende Verbreitung von sozialen Netzen und vergleichbaren Diensten zum Bereitstellen bzw. Teilen von Inhalten, bei denen es dem privaten Nutzer ohne große technische Kenntnisse und Fähigkeiten ermöglicht wird, eigene Inhalte im Internet zur Verfügung zu stellen und damit öffentlich zugänglich zu machen, bestehen für den privaten Nutzer erhebliche Risiken, mit geistigen Eigentumsrechten oder Persönlichkeitsrechten Dritter in Konflikt zu geraten. 73

Hier kommen insbes. die Verletzung von Urheber- oder Leistungsschutzrechten durch die Verwertung fremder Fotos, Videos und Texte auf eigenen Seiten oder die Verletzung fremder Persönlichkeitsrechte in Betracht. In den vorgenannten Fällen werden aber keine Sach- oder Personenschäden verursacht. Die Ansicht, dass es sich bei der Verletzung des **allgemeinen Persönlichkeitsrechts** um einen **Personenschaden** i.S.d. Ziff. 1 AHB handelt,[102] ist **überholt**.[103] Vielmehr handelt es sich bei solchen Schäden um die Verursachung reiner Vermögensschäden. Diese sind trotz des grundsätzlichen Ausschlusses durch Ziff. 1 AHB aufgrund besonderer Bestimmungen gem. Ziff. 2.1 AHB i.V.m. Ziff. A1-6.15 AVB-PHV, Ziff. 6 BB PHV, die eine Möglichkeit zur Mitversicherung von Vermögensschäden vorsehen, möglicher Gegenstand des Versicherungsschutzes. 74

aa) Urheberrecht

(1) Privathaftpflichtversicherung

Es besteht **keine** Versicherungsdeckung bei einer Inanspruchnahme aufgrund einer Verletzung von **Urheberrechten**. Gem. den gegenüber den Regelungen der AHB zusätzlichen Ausschlüssen in Ziff. A1-6.15.2 Abs. 8 AVB-PHV, Ziff. 6.2 BB PHV hinsichtlich der Versicherung von Vermögensschäden sind Ansprüche wegen Schäden »aus der Verletzung von gewerblichen Schutzrechten und Urheberrechten sowie des Kartell- oder Wettbewerbsrechts« explizit vom Versicherungsschutz ausgenommen. 75

(2) Rechtsschutzversicherung

Abwehrrechtsschutz im Rahmen einer Rechtsschutzversicherung[104] besteht bei einer Inanspruchnahme aufgrund von **Urheberrechtsverletzungen grundsätzlich nicht**. Gem. Ziff. 3.2.3 ARB 2012 erfasst der Versicherungsschutz nur die Abwehr von auf Vertragsverletzung beruhenden Ersatzansprüchen, nicht hingegen solcher aus Delikt.[105] 76

Auch statuiert Ziff. 3.2.6 ARB 2012 einen expliziten Ausschluss aller Ansprüche im Zusammenhang mit Urheberrechten,[106] so dass insoweit auch Kosten aufgrund von Ansprüchen im Zusammenhang mit anwaltlichen Abmahnverfahren oder Verfahren, die auf Beseitigung und Unterlassung von Urheberrechtsverletzungen gerichtet sind, nicht ersetzt werden. 77

bb) Persönlichkeitsrechte

(1) Privathaftpflichtversicherung

Bei der Verletzung von **Persönlichkeitsrechten** besteht kein Versicherungsschutz im Rahmen der Privathaftpflichtversicherung. Gem. Ziff. 7.16 AHB sind »Haftpflichtansprüche wegen Schäden aus Persönlichkeits- oder Namensrechtsverletzungen« vom Versicherungsschutz **ausgenommen**.[107] 78

(2) Rechtsschutzversicherung

Es besteht grundsätzlich **kein Abwehrrechtsschutz** im Rahmen einer Rechtsschutzversicherung[108] bei einer Inanspruchnahme aufgrund der Verletzung von Persönlichkeitsrechten. Gem. Ziff. 3.2.3 ARB 2012 besteht Versicherungsschutz nur für die Geltendmachung von Schadensersatzansprüchen, nicht jedoch für die Abwehr deliktischer Ansprüche.[109] 79

Auch im Übrigen sind Inanspruchnahmen aufgrund von Persönlichkeitsrechtsverletzungen wegen des Grundsatzes der Spezialität des versicherten Risikos nicht erfasst. Diese sind nicht Gegenstand des Versicherungsschutzes der Rechtsschutzversicherung.[110] 80

---

102 So noch: B/M/*Johannsen*[8], Bd. IV, Anm. G 71 zu § 1 AHB.
103 § 100 VVG Rdn. 43; BK/*Baumann*, § 149 Rn. 29; *Quack-Grobecker/Funke* ZfV 1998, 614, 618; *Stockmeier*, S. 33, 53; PK/*Retter*, § 100 Rn. 6.
104 Vgl. dazu allg. § 125 VVG Rdn. 1 ff.
105 § 125 VVG Rdn. 12; vgl. auch P/M/*Armbrüster*, § 3 ARB Rn. 30; *Buchner*, S. 195 ff.; VersHb/*Obarowski*, § 37 Rn. 39 ff.
106 Vgl. auch *Beier-Thomas* VW 2000, 386, 389; VersHb/*Obarowski*, § 37 Rn. 313.
107 Vgl. auch *Stockmeier*, S. 33 f.
108 Vgl. dazu allg. § 125 VVG Rdn. 1 ff.
109 § 125 VVG Rdn. 12.
110 Vgl. § 125 VVG Rdn. 12 f. zu den einzelnen Leistungsarten.

Anhang J IT-Versicherung

81 Anders ist dies allerdings, wenn der VN aktiv einen entsprechenden Anspruch geltend machen bzw. durchsetzen möchte. Die **Durchsetzung von Schadensersatzansprüchen** ist jedenfalls Gegenstand der Schadensersatz-Rechtsschutzversicherung.[111]

82 Umstritten ist die Behandlung der im Bereich der Persönlichkeitsrechte nicht unbedeutenden Durchsetzung von Beseitigungs- und Unterlassungsansprüchen. Ob diese als Schadensersatzansprüche im Sinne der ARB 2012 zu behandeln sind, ist für den konkreten Einzelfall zu beurteilen.[112] Soweit sich die Rechtsfolge des Unterlassungsbegehrens inhaltlich mit der Schadensersatzpflicht und einer dann geschuldeten Herstellung nach § 249 BGB deckt, ist es berechtigt, von einem Schadensersatzanspruch im Sinne der ARB 2012 auszugehen.[113] Dies dürfte jedenfalls für Beseitigungsansprüche gelten. Vorbeugende Unterlassungsansprüche sind hingegen nicht versichert.[114]

II. Gewerbliche VN

1. Eigenschäden

83 In nahezu jedem Gewerbebetrieb sind heutzutage erhebliche Teile der Geschäftstätigkeit von der Verfügbarkeit und Funktionsfähigkeit der IT abhängig. Der Ausfall oder Verlust von Hardware oder die fehlende Verfügbarkeit von Daten erfordert daher regelmäßig eine zügige und gegebenenfalls kostenintensive Neubeschaffung bzw. Wiederherstellung der ausgefallenen Betriebsmittel, um langanhaltende Behinderungen der Geschäftstätigkeit zu verhindern. Bei Unternehmen der IT-Branche stellen Hardware, Software und sonstige Daten sogar das wesentliche Betriebsvermögen dar. Für viele Dienstleistungsunternehmen gilt dies nicht minder.

a) Schäden an eigener Hardware

Beispiele: Schäden an IT Mitteln eines Unternehmens oder Unternehmers durch Brand, Diebstahl, Einbruch, Feuchtigkeit bzw. Flüssigkeit, Sturzschäden, Überspannung, Verlust, Viren und Schadsoftware.

aa) Allgemeine Sachversicherung

84 Schäden an eigener Hardware sind im Rahmen der Firmenversicherung systematisch dem Bereich der **allgemeinen Sachversicherung** zuzuordnen. Die für Schäden an eigenen Mitteln der IT relevanten Klauseln sind in den verschiedenen Versicherungsmodellen der allgemeinen Sachversicherung wort- und bedeutungsidentisch (**Feuerversicherung** in ihren verschiedenen Ausprägungen,[115] **Leitungswasserversicherung**,[116] **Sturmversicherung**[117] sowie **Einbruchdiebstahl und Raubversicherung**[118]).

85 Für Mittel der Datenverarbeitung, also beispielsweise Computer, Monitore oder Datenträger, gelten die normalen Grundsätze hinsichtlich der Versicherung von Sachen im Rahmen der allgemeinen Sachversicherung. Für diese kommt ein Versicherungsschutz wie für alle anderen (beweglichen[119]) Sachen in Betracht, soweit diese insbes. als versicherte Sachen gelten und der Schaden auf einer versicherten Gefahr beruht.[120]

86 Die Klauseln zu den jeweiligen Versicherungen[121] enthalten in SK 1512 jeweils eine konkretisierende Regel für **Medien der Unterhaltungselektronik**, bei denen es sich ausweislich Ziff. 1 SK 1512 beispielsweise um Videokassetten, CDs, DVDs und andere Datenträger zur Verwendung mit Mitteln der Unterhaltungselektronik handelt (z.B. Spielfilme oder Computerspiele). Die Klausel ist auf den Bereich der gewerblichen Vermietung von Medien der Unterhaltungselektronik zugeschnitten.

87 Ziff. 1 SK 1512 bestimmt als **Versicherungswert** der Medien, soweit diese gewerbsmäßig vermietet werden, den Zeitwert.

88 Ziff. 2–4 SK 1512 verpflichten den VN zum Einhalten bestimmter **Obliegenheiten** im Umgang mit Medien der Unterhaltungselektronik. Er ist verpflichtet, über den jeweils aktuellen Bestand (Ziff. 2) und die Anzahl

---

111 Siehe dazu im Einzelnen: § 125 VVG Rdn. 12 f.
112 Dazu: Harbauer/*Stahl*, ARB-Kommentar, 8. Aufl. 2010, ARB 2000 § 2 Rn. 45.
113 Harbauer/*Stahl*, ARB-Kommentar, 8. Aufl. 2010, ARB 2000 § 2 Rn. 46.
114 Vgl. § 125 VVG Rdn. 13.; ferner insbes. BGH r+s 2000, 100; insgesamt so die wohl absolut h.M.; ablehnend für vorbeugende Unterlassungsansprüche, aber offen gelassen bei Beseitigung einer fortgesetzten Störung: LG Ellwangen r+s 2000, 508; AG Hannover r+s 1998, 27; vgl. zu zahlreichen Einzelfällen die umfangreichen Nachweise bei VersHb/*Obarowski*, § 37 Rn. 49.
115 Vgl. dazu Anhang K Rdn. 1 ff.
116 AWB 2010 GDV 0300, Stand 01.04.2014.
117 AStB 2010 GDV 0400, Stand 01.04.2014.
118 AERB 2010 GDV 0200, Stand 01.04.2014.
119 Als bewegliche Sachen gelten ausweislich der Fiktion in § 3 Ziff. 1 S. 2 AWB 2010 und AStB 2010 auch bestimmte in das Gebäude eingefügte Sachen.
120 Vgl. etwa für die Feuerversicherung: Anhang K Rdn. 15 ff.; beachte aber für die Feuerversicherung hinsichtlich »Stromschäden« § 1 Ziff. 3 AFB 2010 und Anh. K Rdn. 22.
121 Klauseln für die Feuerversicherung, GDV 0110, Stand 01.01.2011; Klauseln für die Einbruchdiebstahlversicherung, GDV 0210, Stand 01.01.2011; Klauseln für die Leitungswasser-Versicherung, GDV 0310, Stand 01.01.2011; Klauseln für die Sturm-, Hagelversicherung, GDV 0410, Stand 01.01.2011.

der Vermietvorgänge (Ziff. 3) ein Verzeichnis zu führen. Über die Anzahl der Vermietvorgänge hinaus muss das Verzeichnis, so auch der klare Klauselwortlaut, keine Angaben enthalten. Diese Verzeichnisse unterliegen besonderen Anforderungen an die Aufbewahrung; sie hat so zu erfolgen, dass die Verzeichnisse im Versicherungsfall voraussichtlich nicht gleichzeitig mit den Medien zerstört oder beschädigt werden bzw. abhandenkommen.

bb) Elektronikversicherung

(1) Versicherte und nicht versicherte Sachen

Gegenstand der **Elektronikversicherung** ist die Versicherung von elektrotechnischen und elektronischen Anlagen gegen unvorhergesehene Beschädigungen oder Zerstörungen, vgl. Abschnitt A § 1 Ziff. 1 ABE 2011. Versichert ist die gesamte Hardware eines Betriebes, soweit sie im Versicherungsvertrag bezeichnet und betriebsfertig ist.[122] **89**

Wann eine Anlage als **betriebsfertig** gilt, ergibt sich aus der Legaldefiniton in Abschnitt A § 1 Ziff. 1 ABE 2011. Damit sind insbes. noch **originalverpackte und nicht erprobte Anlagen** nicht vom Versicherungsschutz erfasst.[123] **90**

Soweit der VN die **An- bzw. Nachmeldung** (oder **Anzeige** zur Erlangung einer vorläufigen Deckung, vgl. Abschnitt A § 11 ABE 2011) der Anlagen in den Versicherungsvertrag vermeiden möchte,[124] besteht die Möglichkeit der **Elektronik Pauschalversicherung** nach der Klausel TK 1926 ABE 2011 zur ABE. Bei Vereinbarung der TK 1926 ABE 2011 entfällt auch die Voraussetzung der Betriebsfertigkeit für einen Versicherungsschutz.[125] **91**

Die Elektronik Pauschalversicherung modifiziert die ABE insbes. in den Bereichen der versicherten Sachen, des Versicherungsortes und des Entschädigungsumfanges. Bei ihrer Vereinbarung sind in Anlagengruppen kategorisierte Anlagen unabhängig von einer Individualbenennung versichert. Die Klauseln der Pauschalversicherung bedürfen allerdings der Aktualisierung, da sie nicht mehr dem neuesten Stand der Technik entsprechen. Beispielsweise hinsichtlich der Versicherung von z.B. Tablets als eigener Gerätegattung bestehen Einordnungsprobleme und potentielle Deckungsstreitigkeiten. **92**

Hinsichtlich des Passus »**unvorhergesehen**« enthalten die ABE 2011 eine Definition in Abschnitt A § 2 Ziff. 1 Abs. 2 ABE 2011. »Unvorhergesehen« ist nach der Rspr. mit unvorhersehbar gleichzusetzen.[126] **93**

Kein Versicherungsschutz besteht gem. Abschnitt A § 1 Ziff. 2 lit. a) ABE 2011 für **Wechseldatenträger**. Wechseldatenträger sind dabei alle Datenträger, die ohne größeres technisches Verständnis und ohne Werkzeuge vom durchschnittlichen Anwender gewechselt werden können, also insbes. Disketten, CDs/DVDs, USB-Sticks, Speicherkarten oder Festplatten in Wechselrahmen bei entsprechend frei zugänglichen Wechselschächten.[127] Eine andere Betrachtung ist nicht vom Wortlaut der Klausel gedeckt. Im Rahmen der Datenversicherung und der Softwareversicherung werden Wechseldatenträger explizit in den Versicherungsschutz einbezogen, Ziff. 2 TK 1911 ABE 2011 bzw. Ziff. 2 TK 1928 ABE 2011.[128] **94**

Schäden an **Bauteilen bzw. Austauscheinheiten,** also z.B. Laufwerke oder RAM-Module, sind nur dann versichert, wenn der Schaden nachweislich oder mit überwiegender Wahrscheinlichkeit von außen auf dieses Teil oder die ganze Anlage eingewirkt hat, Abschnitt A § 2 Ziff. 2 ABE 2011. Eine Einwirkung von außen liegt bereits bei einer unmittelbaren Einwirkung auf die Austauscheinheit vor und kann auch von einem anderen Teil derselben Anlage ausgehen; die gesamte Anlage an sich muss nicht betroffen sein.[129] Somit werden typische **Verschleißschäden** einzelner Baugruppen vom Versicherungsschutz **ausgenommen**.[130] **95**

Versichert ist Hardware nur auf dem im Versicherungsvertrag bezeichneten **Betriebsgrundstück**, Abschnitt A § 4 ABE 2011. Somit besteht insbesondere für typischerweise mobile Hardware (z.B. Smartphones, Tablets oder Notebooks) außerhalb des Versicherungsortes kein Versicherungsschutz.[131] Anders ist dies bei Vereinbarung der Klausel 1408 TK ABE 2011, die den räumlichen Geltungsbereich für bewegliche Sachen erweitert, wobei auch hier ein Gebiet benannt sein muss. **96**

---

122 Kilian/Heussen/*R. Koch*, Computerrechts-Handbuch, 32. EL. 2013, Kap. 121 Rn. 3; VersHb/*Spindler*, § 40 Rn. 121.
123 VersHb/*Spindler*, § 40 Rn. 126.
124 Zu den Folgen einer unterbliebenen Nachmeldung: LG Köln r+s 2009, 245.
125 P/M/*Voit*, A. § 1 Nr. 1 ABE Rn. 2.
126 Dazu: OLG Hamm VersR 1988, 731; vgl. auch VersHb/*Spindler*, § 40 Rn. 132 f.
127 Vgl. dazu: Kilian/Heussen/*R. Koch*, Computerrechts-Handbuch, 32. EL. 2013, Kap. 121 Rn. 30f; VersHb/*Spindler*, § 40 Rn. 122; wohl a.A. hinsichtlich Festplatten in Wechselrahmen: *Tita* VW 2001, 1696, 1698.
128 Siehe dazu Rdn. 123, 137.
129 *R. Koch*, Rn. 1066.
130 VersHb/*Spindler*, § 40 Rn. 135; zu Verschleißschäden vgl. auch A § 2 Ziff. 4 lit. g).
131 Kilian/Heussen/*R. Koch*, Computerrechts-Handbuch, 32. EL. 2013, Kap. 121 Rn. 10.

Anhang J IT-Versicherung

(2) Versicherte und nicht versicherte Gefahren und Schäden

97 Die Elektronikversicherung versichert **Hardware** gegen unvorhergesehen[132] eintretende Beschädigungen oder Zerstörungen (Beeinträchtigung der Sachsubstanz, die Wert oder Brauchbarkeit der Sache mindert[133]) und gegen Abhandenkommen, Abschnitt A § 2 Ziff. 1 ABE 2011. Es handelt sich für den Bereich der Sachschäden um eine **Allgefahrendeckung**; die Auflistung in Abschnitt A § 2 Ziff. 1 lit. a)-f) ABE 2011 ist allein beispielhaft.[134] Die Aufzählung für die Ursachen des **Abhandenkommens** ist hingegen **abschließend**; insoweit wird vom Grundsatz der Allgefahrendeckung abgewichen.[135] Die versicherten Tatbestände Raub und Einbruchdiebstahl sind in Abschnitt A § 2 Ziff. 5 lit. a) u. b) ABE 2011 definiert. Die Beurteilung als (strafrechtlich sanktionierbarer) Einbruchdiebstahl (§ 243 I Nr. 1 StGB) oder Raub (§ 249 StGB) spielt hier keine Rolle; versichert sind daher zum Beispiel auch Schäden, die von entschuldigt/schuldunfähig Handelnden verursacht werden.

(3) Weitere Einzelfragen

98 Die Elektronikversicherung ist grundsätzlich eine Neuwertversicherung.[136] Die **Erstattung** richtet sich nach dem Vorliegen eines **Teil-** (Abschnitt A § 7 Ziff. 1 u. 2 ABE 2011) oder **Totalschadens** (Abschnitt A § 7 Ziff. 1 u. 3 ABE 2011) und wird begrenzt durch den auf die betroffene Sache entfallenden Teil der Versicherungssumme (Abschnitt A § 7 Ziff. 6 ABE 2011).[137] Einzelheiten zu Versicherungswert und Versicherungssumme regelt Abschnitt A § 5 ABE 2011.

99 **Soweit** der VN die Sache **nicht repariert bzw. ersetzt** (auch dann, wenn nicht mehr verfügbare Ersatzteile dafür die Ursache sind), ist die Ersatzleistung auf den Zeitwert begrenzt, Abschnitt A § 7 Ziff. 4 ABE 2011.[138] Ersatzteile sind schon dann nicht mehr verfügbar, wenn diese auf regulären Wegen nicht mehr zu beziehen sind. Abschnitt A § 7 Ziff. 4 ABE 2011 schränkt den Versicherungsschutz somit insbesondere für den schnelllebigen Bereich der Informationstechnik erheblich ein, da die Produktzyklen bei IT-Mitteln ausgesprochen kurz sind. Die **Klausel** ist daher **einschränkend auszulegen**: Sie findet jedenfalls keine Anwendung, wenn Ersatzteile für die Abwicklung des Versicherungsfalls gar nicht benötigt werden (z.B.: Totalschaden oder Abhandenkommen).[139]

– Grobe Fahrlässigkeit führt zur Kürzung der Ansprüche, Abschnitt A § 7 Ziff. 8 ABE 2011.[140]
– Relevante Ausschlüsse ergeben sich insbes. aus Abschnitt A § 1 Ziff. 2, § 2 Ziff. 4 ABE 2011.

cc) Glasversicherung

100 – Eine Glasversicherung ist auch im Firmenversicherungsgeschäft möglich. Vgl. dazu bereits Rdn. 23 f.

b) Schäden an eigenen Daten

Beispiele: Verlust eigener Daten aufgrund von Datenträgerdefekten, Fehlbedienungen, Spannungsschäden, Schadsoftware/Viren.

aa) Allgemeine Sachversicherung

(1) Versicherte Gefahren und Schäden

101 Die Versicherungsbedingungen der allgemeinen Sachversicherungen[141] enthalten in Abschnitt A § 3 Ziff. 1 Satz 3[142] die Feststellung, dass **Daten und Programme** keine Sachen sind.
– Zur Definition von Programmen vgl. Rdn. 39.

102 Damit entsprechen die Bedingungen der h.M. und haben, solange keine maßgebliche (und unwahrscheinliche) Änderung der diesbezüglichen Rechtsprechung eintritt, allein deklaratorischen Charakter.[143] Der in den Vorläuferbedingungen in Abschnitt A § 3 Ziff. 1 Satz 3[144] enthaltene ausdrückliche Verweis auf Abschnitt A § 4[145], – der im Ergebnis zu einem Einschluss von Daten in den Versicherungsschutz führte – ist entfallen.

---

132 Vgl. Rdn. 93.
133 VersHb/*Spindler*, § 40 Rn. 128.
134 Kilian/Heussen/*R. Koch*, Computerrechts-Handbuch, 32. EL. 2013, Kap. 121, Rn. 8; *Lesch*, S. 139 f.; VersHb/*Spindler*, § 40 Rn. 129 f.
135 *Buchner*, S. 77 f.; VersHb/*Spindler*, § 40 Rn. 134; P/M/*Voit*, A. § 2 Nr. 1 ABE Rn. 1; vgl. zu einzelnen Varianten des Abhandenkommens: OLG Düsseldorf, NJOZ 2004, 3752; OLG Köln r+s 2002, 307; OLG Köln r+s 2000, 350.
136 *R. Koch*, Rn. 1102.
137 VersHb/*Spindler*, § 40 Rn. 137 ff.
138 VersHb/*Spindler*, § 40 Rn. 142; u.a. zur nicht mehr Verfügbarkeit: OLG Koblenz NJW-RR 2009, 100.
139 Weitere Einzelheiten: P/M/*Voit*, A. § 7 Nr. 4 ABE Rn. 1; vgl. auch OLG Frankfurt (Main) VersR 2002, 1098.
140 Vgl. dazu § 81 VVG, Rdn. 31 ff.
141 Zu den relevanten Bedingungswerken vgl. bereits oben Rdn. 84.
142 Abschnitt A § 14 Ziff. 1 Satz 3 in den ECB 2010.
143 Vgl. dazu Rdn. 67.
144 Abschnitt A § 14 Ziff. 1 Satz 2 in den ECB 2010.
145 Abschnitt A § 15 in den ECB 2010.

Gem. Abschnitt A § 4 Ziff. 1[146] wird für die in Abschnitt A § 4 Ziff. 2–4[147] genannten Daten Entschädigung 103
(nur) geleistet, wenn der Verlust, die Veränderung oder die Nichtverfügbarkeit der Daten und Programme
durch einen dem Grunde nach versicherten Schaden an dem die Daten beinhaltenden Datenträger verursacht
wurde.

Dem Grunde nach sind damit **Schäden** an Daten(trägern) erfasst, die an versicherten Sachen **aufgrund** von 104
Brand, Blitzschlag, Explosion, Flugzeugabsturz/Anprall,[148] **Einbruchdiebstahl, Vandalismus nach Einbruch, Raub in Gebäuden**, auf Grundstücken oder Transportwegen,[149] **Bruch- oder Nässeschäden**[150] sowie
Sturm und **Hagel** eintreten.[151]

Die Art der **versicherten Daten und Programme**[152] ist eingeschränkt; erfasst sind nur solche, die von der abschließenden Auflistung in Abschnitt A § 4 Ziff. 2–4[153] umfasst sind; 105
– Zum Kostenersatz bei Datenträgerschäden: vgl. Anh. K, Rdn. 80.

(2) System- und gleichzusetzende Daten

Abschnitt A § 4 Ziff. 2[154] regelt, dass **Daten und Programme,**[155] **die für die Grundfunktion** einer versicher- 106
ten Sache notwendig sind, vom Versicherungsschutz erfasst sind. Die Klausel ist trotz der vermeintlich klarstellenden Definition in Satz 2 auslegungsbedürftig, da fraglich ist, welches die für die Grundfunktionen einer
versicherten Sache notwendigen Daten sind bzw. worin genau sich diese Grundfunktion erschöpft. Satz 2 versucht diese Frage insoweit zu beantworten, als damit »**System-Programmdaten aus Betriebssystemen oder
damit gleichzusetzenden Daten**« gemeint sein sollen.

Eindeutig ist die Klausel nur insoweit, wie es sich um Daten des Betriebssystems handelt. Bei **Betriebssyste-** 107
men handelt es sich um alle zur Steuerung des Hardware-Systems selbst erforderlichen Daten, durch die die
Bestandteile der Hardware-Komponenten logisch verknüpft und für die Nutzung der eigentlichen Anwendungsprogramme zugänglich gemacht werden.[156] Erfasst sind also jedenfalls all jene Daten, die für ein Erreichen der eigentlichen Benutzeroberfläche des IT-Mittels und dessen Bedienung erforderlich sind.

Fraglich ist aber, welche **Daten damit gleichzusetzende** Daten i.S.d. Abschnitt A § 4 Ziff. 2[157] sind. Einerseits 108
kann es sich dabei nicht um Daten nach dem Wortlaut und dem Sinn der Klausel nach nicht um solche Daten handeln, die für den
eigentlichen Betrieb unabdingbar sind; ebenso wenig gemeint sein können aber auch **Anwendungsdaten
oder Programme**, die den Funktionsumfang des Betriebssystems erheblich erweitern. Daher geht es um solche Daten, die für die üblichen Funktionen des IT-Mittels erforderlich sind, auch wenn und soweit diese über
das bloße Betriebssystem hinausgehen. Dabei handelt es sich um solche Daten, die typischerweise zum nicht
aufpreispflichtigen Lieferumfang des Betriebssystems gehören. Auch sind **BIOS-Daten** vom Versicherungsschutz erfasst. Diese sind für die Funktionsfähigkeit der Sache zwingend erforderlich und damit dem Betriebssystem gleichzusetzen.[158]

(3) Software als Handelsware

Abschnitt A § 4 Ziff. 3[159] enthält die Deckungszusage für **Software als Handelsware**. Diesbezüglich gelten 109
die Regelungen der Position, die der Versicherungsvertrag für die zum Verkauf bestimmten Datenträger vorsieht, bzw. die Regelungen zu der Position, der diese Datenträger zuzuordnen sind. Die Klausel ist insbes. für
Softwarehäuser und IT-Dienstleister relevant.

---

146 Abschnitt A § 15 Ziff. 1 in den ECB 2010.
147 Abschnitt A § 15 Ziff. 2–4 in den ECB 2010.
148 Zu allen vorgenannten: Anhang K Rdn. 15 ff.
149 Dazu Rdn. 97 a.E. und Anhang M, Rdn. 8 ff.
150 Zu letztgenannten vgl. Abschnitt A § 1 AWB 2010.
151 Zu letztgenannten vgl. Abschnitt A § 1 AStB 2010.
152 Vgl. Rdn. 39, 67.
153 Abschnitt A § 15 Ziff. 2–4 in den ECB 2010.
154 Abschnitt A § 15 Ziff. 2 in den ECB 2010; vgl. zur Feuerversicherung auch insb. Anhang K, Rdn. 48 f.
155 Vgl. Rdn. 39, 67.
156 Vgl. Kilian/Heussen/*Moritz*, Computerrechts-Handbuch, 32. EL. 2013, Kap. 31 Rn. 5; ferner *Tita* VW 2001, 1696,
 1696 f.: »(…) ein Betriebssystem, das die Zusammenarbeit der einzelnen Komponenten regelt und Grundfunktionen
 für Anwenderprogramme zur Verfügung stellt, (…)«.
157 Abschnitt A § 15 Ziff. 2 in den ECB 2010.
158 Kilian/Heussen/*R. Koch*, Computerrechts-Handbuch, 32. EL. 2013, Kap. 121 Rn. 34; *ders.*, Rn. 1058 noch zur in den
 ABE 2001 identischen Klausel.
159 Abschnitt A § 15 Ziff. 3 in den ECB 2010.

Anhang J IT-Versicherung

(4) Sonstige Daten

110 Gem. Abschnitt A § 4 Ziff. 4[160] sind **sonstige Daten**, also Daten, die nicht von Abschnitt A § 4 Ziff. 2 und Ziff. 3[161] erfasst sind (vgl. Abschnitt A § 4 Ziff. 4 Satz 2[162]), im Rahmen der **Position Geschäftsunterlagen** des Versicherungsvertrages versichert.[163] Gemeint sind damit Daten, die nicht System-Programmdaten des Betriebssystems und damit gleichzusetzende Daten sind, vgl. Rdn. 106 ff.

(5) Ausschlüsse

111 Die Allgemeinen Firmen-Sachversicherungen enthalten in Abschnitt A § 4 Ziff. 5[164] IT-spezifische Ausschlusstatbestände für bestimmte Daten und Programme.

112 Gem. Abschnitt A § 4 Ziff. 5 lit. a) besteht **kein Versicherungsschutz** für Daten und Programme, zu deren Verwendung der VN **nicht berechtigt** ist, die **nicht lauffähig** bzw. **betriebsfertig** sind oder die sich lediglich im Zentralspeicher der Zentraleinheit befinden.
  – Zum Begriff der Betriebsfertigkeit vgl. Rdn. 125.

113 Auch hier stellt sich die Frage, wie **Datenträger mit** »**gemischten**« Daten zu behandeln sind, also solche, die sowohl **legale als auch illegale Daten** enthalten. Hier dürfte eine andere Betrachtung als für den privaten Bereich angezeigt sein.[165] Im Rahmen einer ordnungsgemäßen Geschäftsführung und insbes. der IT-Organisation ist der VN gehalten, seine IT auf das Vorhandensein von Daten, zu deren Nutzung er nicht berechtigt ist, zu überprüfen und diese gegebenenfalls unverzüglich zu beseitigen bzw. erforderliche Lizenzen zu erwerben. Im gewerblichen Umfeld dürfte die Klausel damit, anders als im privaten Bereich, uneingeschränkt zulässig sein.

114 Soweit sich der Ausschluss auf nicht betriebsfertige bzw. nicht lauffähige Programme bezieht, ist die Klausel ebenfalls dann problematisch, wenn auf einem Datenträger auch »**gemischte**« **Daten** in der Art enthalten sind, dass **sowohl** »**normale**« **als auch Programme, die nicht betriebsfertig bzw. lauffähig i.S.v. Abschnitt A § 4 Ziff. 5 lit. a) sind**, vorhanden sind. Hier ist die Klausel auch im gewerblichen Bereich bedenklich, soweit ein Anteil nicht betriebsfertiger bzw. nicht lauffähiger Dateien zu einem Gesamtausschluss des Versicherungsschutzes für den betreffenden Datenträger führt. Anders als beim Vorhandensein unberechtigt genutzter Daten[166] liegt bei nicht betriebsfertigen oder nicht lauffähigen Dateien kein »Fehlverhalten« des VN vor, das so angemessen erscheinen ließe, den Versicherungsschutz abzulehnen. Eine abweichende Beurteilung ist nur bei evidentem Überwiegen von noch in der Entwicklung befindlichen Daten gegenüber den »normalen« Daten angezeigt.
  – Zum Problem der fehlenden Möglichkeit zur selektiven Datenwiederherstellung schon Rdn. 32.

115 Ferner regelt Abschnitt A § 4 Ziff. 5 lit. b), dass keine **Entschädigung für Zusatzkosten** aufgrund des Vorhandenseins von Kopierschutz-, Zugriffsschutz- oder vergleichbaren Vorkehrungen geleistet wird. Die Klausel verlangt vom VN eine sorgsame Risikoabwägung zwischen der Einschränkung des Versicherungsschutzes in bestimmten Konstellationen und dem Risiko durch unberechtigte Vervielfältigungsmaßnahmen.

116 Die Klausel ist aber vor dem Hintergrund der in der Haftpflichtversicherung bestehenden Obliegenheiten von gewissen Überwachungsmaßnahmen bei der Datenübermittlung unproblematisch. Die dort verlangten **Virenschutz- und Firewallsoftwares**[167] fallen jedenfalls **nicht unter die zu einem Ausschluss des Versicherungsschutzes führenden Vorkehrungen**, da diese ihrer Zielrichtung nach keine dem Kopierschutz vergleichbaren Maßnahmen sind. Soweit Firewalls auch dem Zugriffsschutz von außen dienen, ergibt sich aus dem Telos der Regelung, dass derartige Maßnahmen zum Schutz vor technischen Angriffen von außenstehenden Dritten von der Klausel nicht erfasst werden und somit nicht zu einer Einschränkung des Versicherungsschutzes führen.

(6) Insbes.: Datensicherungsobliegenheit

117 Bei den gem. Abschnitt A § 11[168] einzuhaltenden **Sicherheitsvorschriften** handelt es sich um Obliegenheiten, deren Verletzung gem. Abschnitt A § 11 Ziff. 2[169] in Verbindung mit Abschnitt B § 8 zur Kündigung oder teilweiser bzw. vollständiger Leistungsfreiheit des VR führen kann.

118 Relevant ist hier insbesondere auch Abschnitt A § 11 Ziff. 1 lit. b)[170], der den VN verpflichtet, regelmäßig (mindestens wöchentlich, soweit in der Branche nicht kürzere Fristen *üblich* sind) **Sicherungskopien** anzu-

---

160 Abschnitt A § 15 Ziff. 4 in den ECB 2010.
161 Abschnitt A § 15 Ziff. 3 in den ECB 2010.
162 Abschnitt A § 15 Ziff. 4 Satz 2 in den ECB 2010.
163 Beachte dazu auch Abschnitt A § 5 Ziff. 4 der Sachversicherungsbedingungen.
164 Abschnitt A § 15 Ziff. 5 in den ECB 2010.
165 Vgl. dazu oben unter Rdn. 30, insb. Rdn. 33.
166 Vgl. dazu Rdn. 30 ff., insb. Rdn. 33 f. und Rdn. 126.
167 Vgl. dazu Rdn. 179; für den privaten Bereich vgl. Rdn. 55 f.
168 Abschnitt A § 22 in den ECB 2010.
169 Abschnitt A § 22 Ziff. 2 in den ECB 2010.
170 § 22 Ziff. 1 lit. b) in den ECB 2010.

fertigen und diese so zu lagern, dass sie im Versicherungsfall voraussichtlich nicht gleichzeitig mit den Originalen zerstört oder beschädigt werden oder abhandenkommen können. Eine hinreichende Datensicherung erfordert grundsätzlich, dass die ergriffenen Maßnahmen geeignet sind, die Daten in einem der Gefährdung entsprechenden Umfang zu sichern.[171] Datensicherung umfasst Maßnahmen, die im Falle eines Datenverlustes sicherstellen, dass aktuelle Datenbestände innerhalb angemessener Zeit arbeitsfähig rekonstruiert werden können.[172] Die Sicherungskopien dürfen daher nicht zusammen mit den Originaldaten aufbewahrt werden. Insbes. reicht es nicht aus, Daten auf eine andere Festplatte im selben Rechner oder Server zu spiegeln.[173] Eine Orientierungshilfe zu jedenfalls ausreichenden Maßnahmen bieten die Grundschutzkataloge des Bundesamts für Sicherheit in der Informationstechnik zur Notfallvorsorge.[174]

Die angemessene **Dauer zwischen den Sicherungskopien** richtet sich nach der Frequenz der Datenaktualisierung in einem Unternehmen.[175] Soweit für den Betriebsablauf relevante Daten ständig verändert werden, dürfte schon eine tägliche Datensicherung nicht ausreichend sein. Sinnvoll wäre hier allerdings eine präzisere Regelung, um Deckungsstreitigkeiten zu vermeiden.[176] 119

Inhaltlich bestehen gegen diese Klausel keine grundlegenden Bedenken, da die aufgestellten Anforderungen ohnehin einem ordnungsgemäßen Geschäftsgebaren im Zusammenhang mit Datenverarbeitung entsprechen und den VN mithin nicht unbillig benachteiligen.[177] 120

bb) Elektronikversicherung

Die Elektronikversicherung deckt **Datenschäden mangels Sacheigenschaft** von Daten[178] grundsätzlich nicht ab. 121

Versicherungsschutz besteht gem. Abschnitt A § 6 Ziff. 2 lit. a) ABE 2011 aber für die Kosten der Wiederherstellung von »**Daten des Betriebssystems**, welche für die Grundfunktion der versicherten Sache notwendig sind«.[179] Erfasst ist mithin die Wiederherstellung von Betriebssystem- und BIOS-Daten.[180] Weitere Voraussetzung ist, dass der Verlust, die Veränderung oder die Nichtverfügbarkeit der entsprechenden Daten auf einem dem Grunde nach versicherten Schaden an dem Datenträger, auf dem die Daten gespeichert waren, beruht.[181] Es muss also eine Beeinträchtigung der Sachsubstanz eingetreten sein.[182] Kein Versicherungsschutz besteht auch, soweit diese **Daten auf Wechseldatenträgern** oder sonst auf nicht versicherten Datenträgern gespeichert waren. Dies ergibt sich aus dem Sinnzusammenhang von Abschnitt A § 6 Ziff. 2 lit. a) i.V.m. Abschnitt A § 1 ABE 2011.[183] 122

– Zum Begriff des Wechseldatenträgers: Rdn. 94.
– Relevante Ausschlüsse ergeben sich insbesondere aus Abschnitt A § 1 Ziff. 2, § 2 Ziff. 4 ABE 2011.
– Abweichende Vereinbarungen im Versicherungsvertrag sind möglich, Abschnitt A § 6 Ziff. 2 lit. b) ABE 2011. Die Neufassung in den ABE 2011 gegenüber den ABE 2008 ist rein sprachlich und führt zu keiner inhaltlichen Änderung.
– Der Versicherungsschutz kann durch die Vereinbarung der Klauseln TK 1911 ABE 2011[184] oder TK 1928 ABE 2011[185] erweitert werden.

cc) Datenversicherung

(1) Versicherte und nicht versicherte Kosten und Sachen

Die Datenversicherung kann als Klausel zur Elektronikversicherung vereinbart werden. Sie erweitert den Versicherungsschutz über die dort versicherten Systemdaten hinaus.[186] Versichert ist umfänglich jede Art von 123

---

171 VersHb/*Spindler*, § 40 Rn. 199.
172 *Tita* VW 2001, 1781, 1783.
173 So auch *Tita* VW 2001, 1781, 1784.
174 Abrufbar unter: https://www.bsi.bund.de/DE/Themen/ITGrundschutz/ITGrundschutzKataloge/itgrundschutzkataloge_node.html; zuletzt abgerufen am 14.07.2015.
175 *Tita* VW 2001, 1781, 1783.
176 Vgl. Kilian/Heussen/*R. Koch*, Computerrechts-Handbuch, 32. EL. 2013, Kap. 121 Rn. 41.
177 So wohl auch *R. Koch*, Rn. 964 u. 1245 der allerdings Bedenken hinsichtlich der Bestimmtheit der Klausel anmeldet.
178 Vgl. Rdn. 67, 106 ff.; 122; ferner: LG Dortmund, Urteil vom 14.02.2008 – 2 O 324/07 dazu, dass ein Datenverlust nicht zu einem Sachschaden an dem Datenträger führt.
179 VersHb/*Spindler*, § 40 Rn. 123.
180 Vgl. dazu Rdn. 108 und P/M/*Voit*, A. § 6 Nr. 2 ABE Rn. 1.
181 LG Dortmund NJOZ 2008, 2043; *R. Koch*, Rn. 1060; VersHb/*Spindler*, § 40 Rn. 124; P/M/*Voit*, A. § 6 Nr. 2 ABE Rn. 1.
182 Vgl. zu versicherten Schäden in den ABE 2011 Rdn. 97.
183 So auch: Kilian/Heussen/*R. Koch*, Computerrechts-Handbuch, 32. EL. 2013, Kap. 121 Rn. 35 m.w.N.; a.A. VersHb/*Spindler*, § 40 Rn. 124.
184 Siehe Datenversicherung: Rdn. 123 ff.
185 Siehe Softwareversicherung: Rdn. 137 ff.
186 Vgl. dazu Rdn. 122.

Anhang J IT-Versicherung

Daten, soweit sich diese **auf** einem **versicherten**[187] **Datenträger** (Disketten, CDs/DVDs/Blueray, Festplatten, Speicherkarten, USB-Speichermedien usw.; auf Datenträgern sind auch die BIOS-Daten gespeichert[188]) befinden, Ziff. 1 lit. a) TK 1911 ABE 2011. Um Wechseldatenträger[189] muss es sich dabei nicht handeln.

124 Die Aufgliederung in Ziff. 1 lit. a) aa) u. bb) TK 1911 ABE 2011 ist wenig gelungen.[190] Auch bei Programmen[191] nach bb) handelt es sich an sich um bereits von aa) erfasste Daten. Ziff. 1 lit. a) TK 1911 ABE 2011 ist so auszulegen, dass Programme gerade nicht als Daten im Sinne der aa) zu behandeln sind. Auch die in Ziff. 1 lit. a) aa) S. 2 TK 1911 ABE 2011 neu aufgenommene Definition des Begriffs Daten als »digitalisierte maschinenlesbare Informationen« bietet keinen Erkenntnismehrwert.

125 **Programme** sind nur vom Versicherungsschutz umfasst, wenn diese **betriebsfertig** und **funktionsfähig** sind. Zur Auslegung von »betriebsfertig« kann auf Abschnitt A § 1 Ziff. 1 ABE 2011 zurückgegriffen werden.[192] Im Ergebnis ist Betriebsfertigkeit anzunehmen, wenn die Softwareentwicklung und gegebenenfalls Testläufe abgeschlossen sind oder das Programm im Tagesbetrieb eingesetzt wird.[193]

126 Vom Versicherungsschutz ausgenommen sind Programme, zu deren Nutzung der VN nicht berechtigt war (also insbes. **illegale Kopien**), und nicht betriebsfertige oder nicht funktionsfähige Programme. Die Bedingungen sind insoweit lückenhaft, als dem Wortlaut nach »Raubkopien«, die keine Programmqualität erreichen, (z.B. Musikstücke oder Filme) vom Versicherungsschutz gem. Ziff. 1 lit. a) aa) TK 1911 ABE 2011 umfasst sind.

– Zum Problem der »selektiven« Wiederherstellung schon Rdn. 30 ff. und 112 ff. Hier gelten die gleichen Grundsätze wie in der Allgemeinen Sachversicherung; vgl. Rdn. 112 ff.

127 Die Einschränkung auf Daten auf **versicherten Datenträgern** ist vor dem Hintergrund von Ziff. 1 lit. b) TK 1911 ABE 2011 letztlich ohne Bedeutung. Außer flüchtigen Dateien im Hauptspeicher, dessen Module in der Tat nicht vom allgemeinen Sprachverständnis als Datenträger betrachtet werden dürften, ist jede Datei auf einem Datenträger gespeichert. Daten im Arbeitsspeicher sind aber schon aufgrund von Ziff. 1 lit. b) TK 1911 ABE 2011 vom Versicherungsschutz ausgeschlossen.[194]

(2) Versicherte und nicht versicherte Gefahren und Schäden, Versicherungsort, Versicherungsumfang

128 Versichert sind die **Gefahren der ABE 2011**, vgl. Ziff. 3 TK 1911 ABE 2011,[195] also erstens der Sachschaden am Datenträger (lit. b)).[196] Ein Sachschaden an einem Datenträger liegt nach *Tita* vor, wenn dieser physikalisch so beeinträchtigt ist, dass er nicht mehr maschinell gelesen oder nicht mehr für die Aufnahme neuer Daten verwendet werden kann.[197] Versichert sind zweitens Schäden durch **Blitzeinwirkung** (lit. a)). Aufgrund der umfassenden Definition des Blitz*schlags*,[198] der auch gem. den ABE 2011 mit versichert ist, und der dort ebenfalls erfassten Stromschäden im weiteren Sinne (Abschnitt A § 2 Ziff. 1 lit. c) ABE 2011) besteht für die Gefahr der Blitz*einwirkung* nur insoweit ein eigenständiger Anwendungsbereich, wie der Datenschaden nicht auf einem Sachschaden an dem betroffenen Datenträger beruht.[199]

129 **Versicherungsort** ist über die Bestimmungen der ABE 2011[200] hinaus für Sicherungskopien (nicht für die Originaldaten!) auch der ausgelagerte Ort, an dem sich Sicherungsdaten befinden, sowie die **Verbindungswege** zwischen diesen Orten, Ziff. 4 TK 1911 ABE 2011. Die Klausel steht in direktem Sachzusammenhang mit Ziff. 7 lit. a) aa) TK 1911 ABE 2011 und trägt dieser Obliegenheit bzw. entsprechenden Datensicherungsobliegenheiten aus anderen Versicherungsmodellen Rechnung.[201] Die Erweiterung erfasst keine Originaldaten.[202] Hier hilft gegebenenfalls die Klausel TK 1408 ABE 2011 (Erweiterter Geltungsbereich für bewegliche Sachen) weiter.

130 **Verbindungswege** zwischen dem eigentlichen Versicherungsort und dem Auslagerungsort sind dabei die jeweils schnellste oder kürzeste Verbindung mit dem gewählten Verkehrsmittel. Ebenfalls als Verbindungswege

---

187 Die klarstellende Einschränkung auf »versicherte« Datenträger ist in den Bedingungen in der Fassung vom 01.01.2011 neu hinzugekommen.
188 Vgl. auch VersHb/*Spindler*, § 40 Rn. 147.
189 Vgl. Rdn. 94.
190 A.A. *Tita* VW 2001, 1696, 1696.
191 Vgl. zum Begriff Rdn. 39.
192 Vgl. bereits Rdn. 90.
193 *R. Koch*, Rn. 1186 m.w.N.
194 VersHb/*Spindler*, § 40 Rn. 147; vgl. auch *Tita* VW 2001, 1696.
195 Vgl. Rdn. 97.
196 Zum Erfordernis des Sachschadens am Datenträger: OLG Karlsruhe, NJW-RR 1998, 891.
197 *Tita* VW 2001, 1696, 1698.
198 Anh. K Rdn. 23.
199 Kilian/Heussen/*R. Koch*, Computerrechts-Handbuch, 32. EL. 2013, Kap. 121 Rn. 37.
200 Vgl. Rdn. 96.
201 VersHb/*Spindler*, § 40 Rn. 147; *Tita* VW 2001, 1696, 1699: »Der Einschluss der Auslagerungsstätten (…) und der Wege zwischen diesen (…) ist deshalb erforderlich«.
202 Kilian/Heussen/*R. Koch*, Computerrechts-Handbuch, 32. EL. 2013, Kap. 121 Rn. 38.

dürften darüber hinaus auch sinnvolle Alternativwege gelten, zum Beispiel im Falle von Verkehrsbehinderungen.

Findet der **Transport** nicht körperlich, sondern mittels **netzwerkgestützter Datenübertragung** (insbes. über das Internet) statt und wird die Datenübertragung etwa durch Blitzeinwirkung gestört, würden bei der Feststellung des Verbindungsweges aber erhebliche praktische Probleme entstehen. Dem Wortlaut nach dürfte die Klausel nur den körperlichen Transport mittels »Boten« erfassen. Andernfalls würde die Wortbedeutung von Verbindungs*wegen* wohl überdehnt werden.[203] 131

Der **Umfang der Ersatzleistung** bestimmt sich nach Ziff. 6 lit. a) TK 1911 ABE 2011. Notwendig sind die Aufwendungen, die zur Vermeidung eines wirtschaftlichen Nachteils beim VN erforderlich sind.[204] Die Auflistung ist dem eindeutigen Wortlaut nach (»insbesondere«) nicht abschließend. Höchstgrenze ist die jeweils vereinbarte Versicherungssumme, Ziff. 6 lit. c) TK 1911 ABE 2011. 132

(3) Ausschlüsse, Obliegenheiten

Die Ausschlüsse in der Datenversicherung und der Softwareversicherung laufen weitgehend parallel. Sie finden sich jeweils in Ziff. 6 lit. b) der TK 1911 ABE 2011 bzw. der TK 1928 ABE 2011. Ziff. 6 lit. b) bb) TK 1911 ABE 2011 bzw. Ziff. 6 lit. b) cc) TK 1928 ABE 2011 (**fehlerhaft eingegebene Daten**) haben lediglich deklaratorischen Charakter.[205] Im genannten Fall besteht schon keine nachteilige Datenveränderung i.S.v. Ziff. 3 TK 1911 ABE 2011 bzw. TK 1928 ABE 2011. 133

Ziff. 6 lit. b) ff) u. gg) TK 1911 ABE 2011 führen zu einem Ausschluss der Entschädigungsleistung, *soweit* die **Wiederbeschaffung oder Wiedereingabe** der Daten (etwa bei vorhandenen Sicherheitskopien) **nicht nötig** ist oder nicht **innerhalb von 12 Monaten** nach Schadenseintritt erfolgt.[206] 134

In der aktuellen Fassung der Software-Versicherung nach TK 1928 ABE 2011 sind die Ausschlüsse gem. Ziff. 6 lit. b) ff) u. gg) TK 1911 ABE 2011 – in Abweichung zur Vorgängerfassung – in Ziff. 6 lit. b) gg) u. hh) TK 1928 ABE 2011 ebenfalls aufgenommen worden. 135

Den VN treffen bestimmte ergänzende Obliegenheiten zur Datensicherung. Er hat regelmäßig Datensicherungen vorzunehmen,[207] die bestimmten qualitativen Anforderungen unterliegen, Ziff. 7 TK 1911 ABE 2011. 136

dd) Softwareversicherung

(1) Versicherte und nicht versicherte Gefahren und Schäden, Versicherungsort

Die Softwareversicherung kann als **Klausel zur Elektronikversicherung** vereinbart werden, TK 1928 ABE 2011. Sie deckt sich in weiten Teilen mit der Datenversicherung.[208] Vgl. daher Rdn. 123 ff. 137

Eine wesentliche Erweiterung der Softwareversicherung gem. TK 1928 ABE 2011 gegenüber der Datenversicherung und der Elektronikversicherung ergibt sich aus der Erweiterung der versicherten Schadensursachen.[209] Versichert sind Verlust, Veränderung oder Nichtverfügbarkeit von Daten oder Programmen[210] infolge der schon im Rahmen der ABE 2011 versicherten Gefahren, Ziff. 3 lit. a) TK 1928 ABE 2011.[211] Darüber hinaus erstreckt sich der Versicherungsschutz auf die in Ziff. 3 lit. b) TK 1928 ABE 2011 genannten weiteren Ursachen. Bei diesen ist also kein Sachschaden am Datenträger selber erforderlich.[212] Die **Auflistung der benannten Gefahren**[213] **ist abschließend** und weicht somit vom Prinzip der Allgefahrendeckung ab. 138

Ausgenommen von den genannten Gefahren sind aufgrund des Kumulrisikos explizit all jene, die auf einer **Übermittelung von Schadsoftware** basieren, Ziff. 3 lit. c) TK 1928 ABE 2011.[215] Die versicherte Gefahr in Ziff. 3 lit. b) cc) TK 1928 ABE 2011 betrifft daher nur Fälle, in denen Dritte mittels direkten und gezielten Zugriffs auf Anlagen der Informationstechnik des VN zugreifen und dort Daten direkt verändern.[216] 139

---

203 Vgl. auch die Regelungen in Ziff. 4 TK 1928 ABE 2011.
204 VersHb/*Spindler*, § 40 Rn. 152, vgl. auch *Tita* VW 2001, 1781, 1781 ff.
205 Kilian/Heussen/*R. Koch*, Computerrechts-Handbuch, 32. EL. 2013, Kap. 121 Rn. 49.
206 Zur Wirksamkeit einer entsprechenden Klausel: OLG Saarbrücken VersR 2004, 237.
207 Zu einer vergleichbaren Klausel siehe schon Rdn. 117 ff.
208 Identisch zwischen TK 1911 ABE 2011 und TK 1928 ABE 2011 sind die Ziff. 1, 2, 5, 6 lit. a), c)-e), Ziff. 7 lit. a), aa) u. bb), lit. b); vgl. dazu Rdn. 141 ff.
209 Vgl. VersHb/*Spindler*, § 40 Rn. 158; *Tita* VW 2001, 1696, 1699.
210 Zur an sich entbehrlichen Trennung in Daten und Programme und dem Begriff der Programme: Rdn. 124 und Rdn. 39.
211 Vgl. Rdn. 97 sowie *Tita* VW 2001, 1696, 1699 f.
212 *R. Koch*, Rn. 1210.
213 Einzelheiten: *R. Koch*, Rn. 1212 ff.; *Tita* VW 2001, 1696, 1699 f.
214 Kilian/Heussen/*R. Koch*, Computerrechts-Handbuch, 32. EL. 2013, Kap. 121 Rn. 43; *ders.* Rn. 1210; VersHb/*Spindler*, § 40 Rn. 158.
215 VersHb/*Spindler*, § 40 Rn. 160.
216 Kilian/Heussen/*R. Koch*, Computerrechts-Handbuch, 32. EL. 2013, Kap. 121 Rn. 44; VersHb/*Spindler*, § 40 Rn. 161.

Anhang J IT-Versicherung

140 Zum Versicherungsort vgl. schon die Ausführungen zur Datenversicherung.[217] Darüber hinaus sind auch die **Datenübertragungseinrichtungen und -leitungen,** die die im Versicherungsvertrag benannten Betriebsgrundstücke verbinden, erfasst, Ziff. 4 lit. a) TK 1928 ABE 2011.[218] Dem Sinn und Zweck der Regelung zufolge sind hier nur direkte Datenleitungen des VN erfasst, nicht jedoch für jeden frei zugängliche Verbindungen wie Internetverbindungsleitungen und sonstige öffentliche Netze.

(2) Ausschlüsse, Obliegenheiten

– Zu den Ausschlüssen vgl. bereits in der Datenversicherung: Rdn. 133 ff.

141 Die **Obliegenheiten** in der Softwareversicherung gehen über die der Datenversicherung hinaus.[219] Ziff. 7 lit. a) cc) TK 1928 ABE 2011 ist einer entsprechenden Klausel in der Privathaftpflichtversicherung ähnlich[220] und erfordert die Einrichtung u.a. von Zugriffsschutzprogrammen. Ziff. 7 lit. a) cc) TK 1928 ABE 2011 stellt aber aufgrund des gewerblichen Kontextes billigerweise höhere Anforderungen als dies in der Privathaftpflichtversicherung der Fall ist (vgl. »ständig aktualisierte Schutzmaßnahmen« in der Softwareversicherung).

142 Gem. Ziff. 7 lit. a) dd) TK 1928 ABE 2011 obliegt es dem VN, insbesondere seine Mitarbeiter schriftlich zu verpflichten, **Datenverarbeitungsanlagen** ausschließlich zu **betrieblichen Zwecken** zu nutzen,[221] und steht damit im Widerspruch zur häufig abweichenden betrieblichen Praxis in den Unternehmen.[222] Insoweit besteht für den VN ein erhebliches Risikopotential.

c) Unterbrechungsschäden

143 Das Risiko aus dem Verlust von Daten oder der Ausfall von Hardware erschöpft sich nicht in den Kosten für Ersatz bzw. Wiederherstellung der »verlorenen Güter«. Vielmehr kann der Ausfall von IT oder der Verlust von Daten zu einem jedenfalls vorübergehenden Stillstand der Unternehmenstätigkeit führen, da die meisten Betriebe heutzutage zur Abwicklung ihrer Geschäftstätigkeit auf die Verfügbarkeit ihrer IT-Mittel angewiesen sind. Unterbrechungsschäden gehören daher zu den wirtschaftlich besonders relevanten Schadensszenarien.[223]

aa) Betriebsunterbrechungsversicherung zur allgemeinen Sachversicherung

144 Hinsichtlich der Gefahren der Allgemeinen Sachversicherungen können die aus diesen Schäden resultierenden **Ertragsausfallschäden,** zum Beispiel durch die Allgemeine Feuerbetriebsunterbrechungs-Versicherung (FBUB 2010), die Zusatzbedingungen für die einfache Betriebsunterbrechungs-Versicherung (ZKBU 2010) bzw. durch eine Versicherung zusätzlicher Gefahren zur Betriebsunterbrechungs-Versicherung für Industrie und Handelsbetriebe (ECBUB 2010) versichert werden.

145 Die jeweiligen Bedingungen sehen in Abschnitt A § 1 Ziff. 4 FBUB 2010 und ECBUB 2010 bzw. § 2 Ziff. 4 ZKBU 2010 eine Regelung speziell für **Ertragsausfallschäden aufgrund von Verlust, Veränderung oder Nichtverfügbarkeit von Daten und Programmen** vor. Ertragsausfall aufgrund von fehlender Verfügbarkeit wird demzufolge in der allgemeinen Betriebsunterbrechungsversicherung nur ersetzt, wenn der zur Betriebsunterbrechung führende Datenverlust wegen eines nach dem Vertrag versicherten Schadens aufgrund einer der **benannten Gefahren an einem Datenträger** eintritt.[224]

146 Gem. Abschnitt A § 1 Ziff. 4 Abs. 2 FBUB 2010 und ECBUB 2010 bzw. § 2 Ziff. 4 Abs. 2 ZKBU 2010 erstreckt sich der Versicherungsschutz nicht auf **nicht betriebsfertige** oder **nicht lizenzierte** Programme.[225] Ist der Ausfall gerade solcher Daten kausal für die Unterbrechung, besteht kein Versicherungsschutz. Sind *auch* solche Daten betroffen, ist aber die Beeinträchtigung »normal versicherter« Daten kausal, ist die darüber hinausgehende Beeinträchtigung von weiteren Daten irrelevant.
Die Einschränkung entspricht Ziff. 1 lit. a) bb) TK 1911 ABE 2011. Siehe dazu Rdn. 125.

147 Der Ausschluss von Daten und Programmen, die sich nur im Arbeitsspeicher befinden, hat lediglich deklaratorischen Charakter. Beim Arbeitsspeicher eines Computers handelt es sich schon begrifflich nicht um einen Datenträger. Abschnitt A § 1 Ziff. 4 Abs. 1 FBUB 2010 und ECBUB 2010 bzw. § 2 Ziff. 4 Abs. 1 ZKBU 2010 beschränkt den Versicherungsschutz aber ausdrücklich auf Datenverlust aufgrund der Beschädigung von Datenträgern.[226]

---

217 Rdn. 129 ff.
218 Dazu auch: *Buchner*, S. 252 ff.
219 Zu diesen schon Rdn. 133 ff.
220 Rdn. 55 f.
221 *Tita* VW 2001, 1781, 1784.
222 VersHb/*Spindler*, § 40 Rn. 166.
223 Vgl. VersHb, *Spindler*, § 40 Rn. 209.
224 Vgl. Terbille/Höra/*W. Schneider*, § 28 Rn. 33; laut P/M/*Armbrüster*, A. § 1 FBUB Rn. 9 soll sich § 1 Ziff. 4 Abs. 1 nur auf Datenträger, die in der Verwaltung eingesetzt werden, beziehen, nicht jedoch auf solche als Teil von Produktionsanlagen.
225 Zum Begriff: Rdn. 39.
226 Siehe Rdn. 97.

Beruht die Betriebsunterbrechung allein auf einem Hardwareschaden, bestehen keine Besonderheiten gegen- 148
über der Betriebsunterbrechung aufgrund von Schäden an anderen Betriebsmitteln.
– Zur wöchentlichen **Datensicherungsobliegenheit** in Abschnitt A § 11 Ziff. 1 lit. b) FBUB 2010 bzw. Abschnitt A § 22 Ziff. 1 lit. b) ECBUB 2010 vgl. schon Rdn. 117 ff.

Die Klauseln zur Betriebsunterbrechungsversicherung (SK BU 2010)[227] erfuhren gegenüber den SK BU 2008 149
erhebliche Veränderungen. SK 8611 BU 2008 ermöglichte noch eine explizite Mitversicherung von Schäden trotz fehlender Duplikate der Daten (Tatbestandsregelung).
SK 8611 BU 2010 regelt nun, dass der Versicherer auf seine für den Fall einer Obliegenheitsverletzung bestehenden Rechte (in diesem Fall: Kündigung und vollständige/teilweise Leistungsfreiheit) verzichtet (Rechtsfolgenregelung). Der Verzicht ist durch die vereinbarte Entschädigungsgrenze eingeschränkt. Infolge der Überarbeitung von SK BU 2010 und FBUB sind die Verweisungen fehlerhaft; SK 8611 BU 2010 verweist auf Abschnitt A § 11 Ziff. 1 lit. c). Die Datensicherungsobliegenheit ist nunmehr in Abschnitt A § 11 Ziff. 1 lit. b) FBUB 2010 bzw. Abschnitt A § 22 Ziff. 1 lit. b) ECBUB 2010 geregelt.

bb) Maschinen-Betriebsunterbrechungsversicherung

Sofern beschädigte **Hardware als versicherter Gegenstand** im Rahmen der Maschinen-Betriebsunterbre- 150
chungsversicherung (AMBUB 2011) bezeichnet ist, kommt im Fall eines Schadens an dieser Hardware ein Versicherungsschutz bei Unterbrechungsschäden in Betracht.

Typischerweise werden technische Anlagen der IT aber nicht im Rahmen der »normalen« Maschinen-Be- 151
triebsunterbrechungsversicherung, sondern im Rahmen der Elektronik Betriebsunterbrechungs-Versicherung versichert sein.[228]

Versicherungsschutz bei Betriebsunterbrechungen aufgrund von Verlust oder Veränderungen von Daten wird 152
nur bei Vorliegen zweier kumulativer Voraussetzungen gewährt, Abschnitt A § 3 Ziff. 3 AMBUB 2011.

Bei den beschädigten **Daten** muss es sich um solche **des Betriebssystems** handeln. Zum Begriff des Betriebs- 153
systems: Rdn. 106 ff. Anwenderdaten sind vom Versicherungsschutz nicht erfasst. Ferner muss die Beschädigung an den Daten Folge eines **Sachschadens an einem Datenträger** sein.[229]

Ausgeschlossen ist der Versicherungsschutz immer dann, wenn der Unterbrechungsschaden als Folge eines 154
Sachschadens an einem Wechseldatenträger eintritt, unabhängig davon, ob es sich bei den Daten auf dem Wechseldatenträger um solche des Betriebssystems oder andere Daten handelt, Abschnitt A § 3 Ziff. 3 und Abschnitt A § 3 Ziff. 8 lit. a) AMBUB 2011.[230] Dies ist der erhöhten Wahrscheinlichkeit einer Beschädigung bei mobilen Datenträgern geschuldet.
– Zum Begriff des Wechseldatenträgers: Rdn. 94.

Gem. Abschnitt A § 5 Ziff. 1 lit. f) ii) AMBUB 2011 wird keine Entschädigung geleistet, soweit der Unterbre- 155
chungsschaden dadurch vergrößert wird, dass der VN für die Wiederherstellung des Betriebssystems nicht rechtzeitig ausreichendes Kapital zur Verfügung stellt.

A § 5 Ziff. 1 lit. f) jj) AMBUB 2011 betrifft Fälle, in denen der VN die Gelegenheit des Versicherungsfalls 156
»nutzt«, um seine EDV Anlagen aufzurüsten. Soweit der VN das Betriebssystem ändert, verbessert oder überholt, sind deswegen entstehende höhere Unterbrechungsschäden nicht vom Versicherungsumfang erfasst. Wenn die Änderungen aber nicht länger dauern als die Wiederherstellung des vorher bestehenden Zustands, kann der VN diese Änderungen durchführen. Der Unterbrechungsschaden wird dann nicht i.S.v. Abschnitt A § 5 Ziff. 1 lit. f) AMBUB 2011 vergrößert.

Beruht die Betriebsunterbrechung allein auf einem Hardwareschaden, bestehen keine Besonderheiten gegen- 157
über der Betriebsunterbrechung aufgrund von Schäden an anderen Betriebsmitteln.

cc) Elektronik Betriebsunterbrechungs-Versicherung

Die Elektronik Betriebsunterbrechungs-Versicherung nach TK 4910 AMBUB 2011 basiert auf der Maschinen- 158
Betriebsunterbrechungsversicherung, weicht aber in erheblichem Umfang von dieser ab und orientiert sich an der Elektronikversicherung (ABE 2011).[231]

Versichert sind gem. Ziff. 1 TK 4910 AMBUB 2011 Unterbrechungsschäden, die dadurch entstehen, dass die 159
technische Einsatzmöglichkeit einer im Versicherungsvertrag bezeichneten betriebsfertigen elektrotechnischen oder elektronischen **Anlage** oder eines solchen Gerätes aufgrund eines Sachschadens auf dem Betriebsgrundstück unterbrochen oder beeinträchtigt wird. Basiert eine Betriebsunterbrechung also auf einer Nichtverfügbarkeit von Mitteln der IT, besteht grundsätzlich die Möglichkeit eines Versicherungsschutzes, so-

---

227 Musterbedingungen des GDV, GVO 0123, Stand: 01.06.2011.
228 Dazu sogleich unter Rdn. 158 ff.
229 P/M/*Voit*, A. § 3 Ziff. 3 AMBUB Rn. 1.
230 P/M/*Voit*, A. § 3 Ziff. 3 AMBUB Rn. 1.
231 Vgl. zur Elektronikversicherung: Rdn. 89 ff., 121 f.

Anhang J   IT-Versicherung

weit diese im Versicherungsvertrag als versicherte Sachen aufgeführt sind.[232] Beruht die **Unterbrechung** auf einem **Datenschaden,** besteht nur **eingeschränkte** Deckung, vgl. Rdn. 164.

160 Die Beschränkung auf das jeweilige Betriebsgrundstück kann gem. Ziff. 3 TK 4910 AMBUB 2011 durch gesonderte Vereinbarung erweitert werden.

161 Zum Begriff der **Betriebsfertigkeit** kann auf die Definition in Abschnitt A § 1 Ziff. 1 ABE 2011 zurückgegriffen werden; dazu Rdn. 90, 125. Der Sachschaden muss nach dem eindeutigen Wortlaut von Ziff. 1 TK 4910 AMBUB 2011 nicht an der Anlage bzw. dem Gerät selbst eingetreten sein, vielmehr genügt es, wenn er irgendwo **auf** dem **Betriebsgrundstück** eintritt.

162 Bei den **versicherten Gefahren** entspricht Ziff. 2 TK 4910 AMBUB 2011 in weiten Teilen dem Abschnitt A § 2 ABE 2011.[233] Hinsichtlich der Beschädigungsschäden handelt es sich um eine Allgefahrendeckung. Bezüglich der Modalitäten des Abhandenkommens sind die versicherten Gefahren einzeln benannt; dazu unter Rdn. 97. Die Auflistung in Ziff. 2 lit. a) Abs. 3 TK 4910 AMBUB 2011 ist nicht abschließend (»insbesondere«).

163 Abweichungen der Regelungen in TK 4910 AMBUB 2011 gegenüber den weitgehend identischen Klauseln in Abschnitt A § 2 ABE 2011 ergeben sich insbesondere aus Ziff. 2 lit. d), Ziff. 2 lit. e) ii) u. jj), Ziff. 2 lit. f) TK 4910 AMBUB 2011.

164 Gem. Ziff. 2 lit. d) TK 4910 AMBUB 2011 wird bei Unterbrechungsschäden aufgrund der Fehlerhaftigkeit des Betriebssystems Entschädigung nur dann geleistet, wenn dieser Schaden auf einem Sachschaden an einem **fest installierten Datenträger** (nicht Wechseldatenträger) beruht. Der Ausschluss bei Schäden an Wechseldatenträgern ist in den TK AMBUB in Ziff. 2 lit. g) aa) TK AMBUB 2011 noch einmal ausdrücklich aufgenommen. Diese Umformulierung gegenüber den TK AMBUB 2008 hat aufgrund Ziff. 2 lit. d) TK 4910 AMBUB 2011 (Wortgleich bereits in den TK 4910 AMBUB 2008) lediglich klarstellenden Charakter.
– Zur vergleichbaren Klausel in der AMBUB: Rdn. 154.
– Zum Begriff des Betriebssystems: Rdn. 106 ff.
– Zum Begriff des Wechseldatenträgers: Rdn. 94.

165 **Nicht versichert** sind gem. Ziff. 2 lit. e) jj) TK 4910 AMBUB 2011 entgegen Ziff. 2 lit. a) cc) TK 4910 AMBUB 2011 die gerade für den Bereich der IT besonders relevanten Schäden aufgrund von **Kurzschluss, Überstrom und Überspannung,** soweit diese auf den typischen Gefahren der Feuerversicherung beruhen. Denn Ziff. 2 lit. e) ii) u. jj) TK 4910 AMBUB 2011 nehmen diese typischen Gefahren[234] aus dem Anwendungsbereich der Elektronik-Betriebsunterbrechungs-Versicherung aus. Hier ist der VN auf die Feuerbetriebsunterbrechungs-Versicherung angewiesen.[235] Gleichsam kann der entsprechende Schutz gem. Ziff. 4 TK 4910 AMBUB 2011 gesondert vereinbart werden.

166 Ziff. 2 lit. h) TK 4910 AMBUB 2011 enthalten Definitionen zentraler Begriffe der Elektronik Betriebsunterbrechungs-Versicherung.
– Zur den Gefahren Einbruchsdiebstahl und Raub vgl. bereits Rdn. 97.

2. Fremdschäden

a) Schäden an fremder Hardware

Beispiele: Beschädigung fremder Datenverarbeitungsanlagen durch physische Einwirkung, durch Übermittelung fehlerhafter Dateien oder von Viren und Trojanern, Beschädigung von Hardware durch fehlerhaft ausgeführte Wartung oder Installation schadhafter Software.

aa) Betriebshaftpflichtversicherung

(1) Versichertes Risiko

167 Bezüglich **fremder Hardware** besteht eine Haftpflichtdeckung bei **Substanzschäden** unabhängig davon, ob diese an Hardware oder »gewöhnlichen Sachen« eintreten. Zum grundsätzlichen Versicherungsschutz in der Betriebshaftpflichtversicherung hinsichtlich fremder Hardware bei der Übermittelung schadhafter Dateien und anderer Ursachen, die aus Austausch, Übermittelung und Bereitstellung elektronischer Dateien resultieren, vgl. schon Rdn. 46 ff. (7.15 AHB). Der Ausschluss aus Ziff. 7.15 AHB gilt auch in der Betriebshaftpflichtversicherung, Ziff. 7.1.1 BBR PHV.

(2) AHB Ausschlüsse und Wiedereinschlüsse in der Betriebshaftpflichtversicherung

168 Der Ausschluss von Tätigkeitsschäden gem. Ziff. 7.7 AHB ist vorliegend besonders relevant. Im Bereich der IT-Dienstleistungen tätige Unternehmen haben während der Implementierung ihrer Leistungen regelmäßig umfassenden Zugriff auf die gesamte IT-Infrastruktur des Kunden.

---

232 Kilian/Heussen/*R. Koch*, Computerrechts-Handbuch, 32. EL. 2013, Kap. 121 Rn. 24.
233 Vgl. Kilian/Heussen/*R. Koch*, Computerrechts-Handbuch, 32. EL. 2013, Kap. 121 Rn. 3.
234 Vgl. Anh. K Rdn. 15 ff.
235 Dazu Rdn. 144 ff.

IT-Versicherung Anhang J

Ziff. A1-6.13.1 AVB BHV[236] schließt ebenso wie Ziff. 7.6.3.3 BBR BHV bestimmte Schäden – einschließ- 169
lich Tätigkeitsschäden – im Zusammenhang mit der Übertragung elektronischer Daten wieder in den
Versicherungsschutz **ein**. Der GDV hat diese Bestimmung selbst als problematisch im Zusammenhang mit
EDV-Betrieben, Softwarebetrieben/-händlern und Software-Erstellern erkannt, vgl. Ziff. 7.6.3.3 BBR BHV.
Ziffer A1-6.13.2 AVB BHV sieht folgerichtig wiederum einen Ausschlusskatalog für bestimmte Tätigkeiten
vor (z.B. IT-Beratung, Softwareerstellung, Netzwerkplanung). Wegen des hohen Schadenspotentials sehen
Ziff. A1-6.13.6 AVB BHV und Ziff. 7.6.3.3 BBR BHV zudem summenmäßige Begrenzungen des Versicherungsschutzes vor. Vorgenannte Betriebe werden tendenziell keine »Standardbetriebshaftpflicht« abgeschlossen haben, sondern in den Anwendungsbereich der BBR-IT fallen; dazu unten unter Rdn. 180 ff., 195 ff.

Ziff. A1-6.13.4 AVB BHV, Ziff. 7.7 BBR BHV enthalten einen **begrenzten Wiedereinschluss** von bestimmten 170
Auslandsschadenkonstellationen. Dieser deckt sich in Teilen mit Ziff. 1.5.1.1 BBR-IT (vgl. dazu unter
Rdn. 187) und umfasst Ansprüche, die in europäischen Staaten und nach deren Recht geltend gemacht wer-
den. Ziff. 7.7 BBR BHV sieht dementgegen vor, dass Schäden in den USA, US Territorien und Kanada durch
Erzeugnisse, die erkennbar für vorgenannte Märkte bestimmt sind, nur bei besonderer Vereinbarung ver-
sichert sind.

**bb) Zusatzbedingungen zur Betriebshaftpflichtversicherung für die Nutzer von Internet-Technologien
(BHV-IT)**

(1) Wiedereinschluss von Datenrisiken

Abweichende Ergebnisse hinsichtlich des Ausschlusses in Ziff. 7.15 AHB ergeben sich für den Fall, dass die – 171
mittlerweile obligatorischen – Zusatzbedingungen zur Betriebshaftpflichtversicherung für die Nutzer von Internet-Technologien (BHV-IT) Bestandteil des Versicherungsvertrages geworden sind. Gem. Ziff. 2 BHV-IT
besteht, abweichend vom Haftpflichtversicherungsgrundsatz der Allgefahrendeckung, **Versicherungsdeckung**
für bestimmte und abschließend **benannte Risiken** aus dem Austausch, der Übermittlung und der Bereitstellung elektronischer Daten.[237] Anders als es die Bezeichnung des Bedingungswerkes vermuten lässt, beschränkt sich die Deckung nicht auf Risiken aus dem Datenaustausch via Internet, sondern erfasst auch den
Austausch mittels physischer Datenträger.[238] Auf eine Einordnung der Schäden als Sach-, Personen- oder
Vermögensschaden kommt es dabei nicht an.[239]

Die **Auflistung** der versicherten Risiken in Ziff. 2.1–2.4 BHV-IT ist **abschließend**. Ziff. 2.1–2.3 BHV-IT ent- 172
sprechen weitgehend den in Ziff. 7.15 AHB ausgeschlossenen Risiken.[240] Der Wiedereinschluss bleibt aber insoweit hinter Ziff. 7.15 AHB zurück, als dass die Datenveränderungen i.S.v. Ziff. 2.1 BHV-IT durch Viren
oder Schadprogramme[241] verursacht worden sein müssen.[242] Die versicherten Gefahren entsprechen denen,
die auch in der Privathaftpflichtversicherung wieder eingeschlossen sind.[243]

Beruht ein Hardwareschaden auf einer Ursache i.S.d. Ziff. 2 BHV-IT, besteht grundsätzlich Versicherungs- 173
schutz für sich daraus ergebende Hardwareschäden.

(2) Nicht versicherte Tätigkeiten

Gem. Ziff. 6 BHV-IT ist eine Reihe von **Tätigkeiten und Leistungen nicht** vom Versicherungsumfang der 174
BHV-IT **gedeckt**.[244] Dabei handelt es sich um Leistungen, die typisch für spezifische IT-Dienstleister sind
und im Bereich der »gewöhnlichen« Gewerbetätigkeit wenig relevant sind. Der Katalog ist abschließend. IT-
Dienstleister sollten vorzugsweise über die BBR-IT versichert sein.[245] Andere Tätigkeiten unterliegen z.T. ohnehin der Pflicht zum Abschluss einer Vermögensschaden-Haftpflichtversicherung.[246]

---

236 Allgemeine Versicherungsbedingungen für die Betriebs- und Berufshaftpflichtversicherung, Musterbedingungen des
    GDV, Stand: 25.08.2014.
237 Vgl. *Stockmeier*, S. 36 ff.
238 P/M/*Lücke*, Ziff. 2 BetrH IT Rn. 2; VersHb/*Spindler*, § 40 Rn. 94.
239 *R. Koch* r+s 2005, 181, 183.
240 Vgl. Rdn. 46 ff.; VersHb/*Spindler*, § 40 Rn. 95.
241 Zum Begriff Rdn. 123.
242 P/M/*Lücke*, Ziff. 2 BetrH IT Rn. 4; VersHb/*Spindler*, § 40 Rn. 100.
243 Vgl. Rdn. 50 ff.
244 Software-Erstellung, -Handel, -Implementierung, -Pflege; – IT-Beratung, -Analyse, -Organisation, -Einweisung,
    -Schulung; Netzwerkplanung, -installation, -integration, -betrieb, -wartung, -pflege; Bereithalten fremder Inhalte,
    z.B. Access-, Host-, Full-Service-Providing; Betrieb von Rechenzentren und Datenbanken und wie nach Ziff. 1.1.4
    BBR-IT der Betrieb von Telekommunikationsnetzen, das Anbieten von Zertifizierungsdiensten i.S.d. SigG/SigV und
    Tätigkeiten, für die eine gesetzliche Pflicht zum Abschluss einer Vermögensschadenhaftpflichtversicherung besteht
    (z.B. Rechtsanwälte, Architekten oder Wirtschaftsprüfer).
245 Vgl. *Stockmeier*, S. 76.
246 *Stockmeier*, S. 77.

Anhang J IT-Versicherung

(3) Serienschäden

175 Gegen die **Serienschadenklausel** in Ziff. 4.2 BHV-IT bestehen die gleichen **Bedenken** wie schon im Rahmen der Privathaftpflichtversicherung.[247] Unter Umständen ist aber vor dem Hintergrund der fehlenden Beteiligung von privaten VN der Befund weniger eindeutig. Es bleibt aber bei der Feststellung, dass die Möglichkeit, ein Sublimit zu vereinbaren, den VR hinreichend schützt. Jedenfalls gilt der Grundsatz der engen Klauselauslegung.[248]

(4) Auslandsdeckung

176 Ziff. 5 BHV-IT weicht vom Grundsatz der Ziff. 7.9 AHB ab. Ziff. 5 BHV-IT gewährt grundsätzlich **weltweite Versicherungsdeckung** mit der Einschränkung, dass die Ansprüche nach dem Recht europäischer Staaten in europäischen Staaten geltend gemacht werden, Ziff. 5 Satz 2 BHV-IT.[249] Zum Problem des »europäischen Staates« und der wesentlichen Vertragspflichten schon Rdn. 58 ff.

(5) Ausschlüsse

177 Ziff. 7.1 BHV-IT enthält IT-spezifische **Risikoausschlüsse**.[250] Der Ausschluss hinsichtlich ungewollter elektronischer Informationen ist klarstellungsbedürftig. Eine vergleichbare Klausel enthält auch die Privathaftpflichtversicherung.[251] Bei dieser greift der entsprechende Ausschluss aus Gründen der systematischen Stellung und der Billigkeit nur in Fällen eines bewussten Versendens von entsprechenden Informationen.

178 Aber auch im Bereich der Unternehmensversicherungen bestehen vor dem Hintergrund einer möglichen Beeinträchtigung des Vertragszwecks erhebliche **Wirksamkeitsbedenken**. Dem Wortlaut nach umfasst der Ausschluss auch solche Nachrichten, die aufgrund von Schadsoftware automatisiert ohne Wissen und Wollen eines Betriebsinhabers verbreitet werden (insbes. sich selbstständig verbreitende Viren). Auch diese sind Informationen[252] und evident vom Empfänger ungewollt. Bei dieser Konstellation handelt es sich aber um ein nachgerade typisches Schadensszenario. Ein solches Szenario auszuschließen, gefährdet den Vertragszweck i.S.d. § 307 II Nr. 2 BGB.[253]

(6) Sicherheitsobliegenheit

179 Den VN trifft hinsichtlich Ziff. 2.1–2.3 BHV-IT ferner die **Obliegenheit** zur **Einrichtung** von **Schutzmechanismen**.[254] Die Anforderungen an den VN können vor dem Hintergrund der gewerblichen Tätigkeit hier insbesondere in der Frage des Standes der Technik höher sein als bei privaten VN. Vor dem Hintergrund der gewerblichen Nutzung dürfte eine jedenfalls tägliche Aktualisierung der Schutzsoftware erforderlich sein.[255] Der Einsatz von Virenscannern und/oder Firewalls gehört bei gewerblicher IT-Nutzung mittlerweile zum Standard der erforderlichen Schutzmaßnahmen.[256] *Spindler*[257] folgend dürfte vom gewerblichen VN auch eine Orientierung am Grundschutzkatalog des BSI zu fordern sein.[258]

cc) Besondere Bedingungen und Risikobeschreibungen für die Haftpflichtversicherung von IT-Dienstleistern (BBR-IT)

(1) Versichertes Risiko

180 Die Besonderen Bedingungen und Risikobeschreibungen für die Haftpflichtversicherung von IT-Dienstleistern (BBR-IT) stellen ein auf die speziellen Adressaten zugeschnittenes Versicherungskonzept dar, das versucht, den besonderen Risiken, die sich aus deren Tätigkeit ergeben, Rechnung zu tragen.

181 Schäden an fremder Hardware sind bei der BBR-IT als besondere Haftpflichtversicherung grundsätzlich in gleichem Umfang wie bei der regulären (Betriebs-)Haftpflichtversicherung versichert.[259] Neben der Abdeckung des **Sachschadensrisikos** erfassen die BBR-IT auch das Personen- und Umweltschadenrisiko und bieten somit eine umfassende Absicherung für Unternehmen der IT-Branche.[260]

---

247 Vgl. Rdn. 57; so auch: P/M/*Lücke*, Ziff. 4 BetrH IT Rn. 2.
248 Vgl. dazu schon Rdn. 57. Andernfalls dürfte die Klausel vollumfänglich unwirksam sein.
249 Vgl. ferner: *Stockmeier*, S. 73 ff.
250 Vgl. auch *Stockmeier*, S. 78 ff.
251 Vgl. Rdn. 63.
252 Vgl. zur Diskussion: *R. Koch* r+s 2005, 181, 187; VersHb/*Spindler*, § 40 Rn. 221.
253 Vgl. *R. Koch*, Rn. 2436; *ders.*, r+s 2005, 181, 187; VersHb/*Spindler*, § 40 Rn. 221; P/M/*Lücke*, Ziff. 7 BetrH IT Rn. 1 geht von einer engeren Auslegung des Begriffs Informationen aus und hält die Klausel jedenfalls dann für wirksam.
254 Zu dieser Klausel bereits Rdn. 55; ferner speziell für die BHV-IT: *Stockmeier*, S. 43 ff.
255 So auch: P/M/*Lücke*, Ziff. 2 BetrH IT Rn. 12.
256 VersHb/*Spindler*, § 40 Rn. 196.
257 VersHb/*Spindler*, § 40 Rn. 105.
258 Abrufbar unter: https://www.bsi.bund.de/DE/Themen/ITGrundschutz/ITGrundschutzKataloge/itgrundschutzkataloge_node.html, zuletzt abgerufen am 10.08.2015.
259 Vgl. § 100 VVG Rdn. 45 ff.
260 Vgl. VersHb/*Spindler*, § 40 Rn. 66.

Voraussetzung ist aber, dass die Schäden aus der **Tätigkeit** des VN **als IT-Dienstleister** entstanden 182
sind, Ziff. 1.1 BBR-IT. Welche Tätigkeiten als IT-Dienstleister konkret versichert sind, ergibt sich aus den
Ziff. 1.1.1–1.1.3 BBR-IT. Die Aufzählung ist abschließend.[261] Eine die Versicherungsdeckung begründende Tätigkeit muss sich unter eines der (zahlreichen und weit gefassten) genannten Betätigungsfelder subsumieren lassen und darf zudem nicht der Ausschlussklausel in Ziff. 1.1.4 BBR-IT unterfallen.

Im Rahmen der BBR-IT sind bestimmte Tätigkeiten als Provider sowie **hardwarebezogene** und **software-** 183
bezogenen Dienstleistungen immer versichert. Der reguläre Umfang der versicherten Tätigkeiten ergibt sich
aus Ziff. 1.1.1[262], 1.1.2[263] und 1.1.3[264] BBR-IT. Die Ziff. 1.1.2[265] und 1.1.3[266] BBR-IT enthalten ferner bestimmte Möglichkeiten, den Versicherungsschutz durch gesonderte Vereinbarung zu erweitern.

Explizit vom Versicherungsschutz **ausgeschlossen,** ohne dass eine Möglichkeit besteht, diese Tätigkeiten im 184
Rahmen der BBR-IT zu versichern, ist gem. Ziff 1.1.4 BBR-IT die gesetzliche Haftpflicht aus dem Betrieb eines **Telekommunikationsnetzes** und bei Tätigkeiten, für die eine **Pflichtversicherung nachzuweisen** ist (z.B.
Zertifizierungsdienste-Anbieter nach § 12 SigG i.V.m. § 9 SigV). Ebenso wenig im Rahmen der BBR-IT versicherbar sind reine Beratungs- und Sachverständigenunternehmen.[267]

(2) Insbes.: Abweichungen von den AHB

Die BBR-IT enthalten insbes. gegenüber den Ausschlüssen in Ziff. 7.7, 7.9, 7.15 und 7.16 AHB abweichende 185
Regelungen.

Gem. Ziff. 1.5.3.2 BBR-IT sind, abweichend von Ziff. 7.7 AHB, auch bestimmte **Tätigkeitsschäden** vom Ver- 186
sicherungsschutz erfasst, soweit es sich um eine Tätigkeit im Sinne der Ziff. 1.1.1 oder 1.1.3 BBR-IT handelt,
Ziff. 1.5.3 BBR-IT. Wegen des hohen Schadenspotentials von Tätigkeitsschäden[268] sieht Ziff. 1.5.3.5 BBR-IT
eine Selbstbeteiligung und ein Sublimit vor.[269]

Ziff. 1.5.1 BBR-IT erweitert die **Auslandsdeckung** explizit über Ziff. 7.9 AHB hinaus. Von Ziff. 1.5.1 BBR-IT 187
sind aber nur ganz spezifische Konstellationen erfasst, bei denen das Risiko für den VR überschaubar bleibt.
Über Ziff. 7.9 AHB hinaus sind insbesondere Risiken im Zusammenhang mit Geschäftsreisen und Messen
(Ziff. 1.5.1.1 lit. a) BBR-IT), dem unbeabsichtigten Gelangen von Erzeugnissen ins Ausland (Ziff. 1.5.1.1
lit. b) BBR-IT; explizit nicht anwendbar auf Downloads) und für weitere Lieferungen und Leistungen sowie
durch Daten verursachte Schäden im europäischen Ausland (Ziff. 1.5.1.1 lit. c)-e) BBR-IT) versichert. Zur
problematischen Verwendung des Begriffs Europa vgl. schon Rdn. 59 zu anderen Europaklauseln.

Ziff. 1.5.1.4 und 1.5.2.3 BBR-IT enthalten besondere Regelungen zu Selbstbeteiligungen bzw. Sublimiten für 188
im Geltungsbereich des US-amerikanischen oder kanadischen Rechts geltend gemachte Ansprüche und tragen damit den Besonderheiten des dortigen Schadensersatzrechts Rechnung. Die gleiche Überlegung dürfte
den Einschränkungen in Ziff. 1.5.2.1 BBR-IT hinsichtlich »punitive« oder »exemplary damages« zugrunde liegen.

Ziff. 3.4.2.1 BBR-IT enthält für den Bereich der IT-bezogenen Tätigkeiten gem. Ziff. 1.1.2 BBR-IT[270] besonde- 189
re Ausschlüsse vom Versicherungsschutz für **bewusst pflichtwidriges Verhalten**. Bewusste Pflichtwidrigkeit
ist der wissentlichen und absichtlichen Pflichtverletzung gleichzusetzen: Anh. B, Rdn. 56.
- Zur Datensicherungspflicht: Rdn. 117 ff.
- Zu Sicherungsmaßnahmen nach dem Stand der Technik: Rdn. 55.
- Für Tätigkeiten gem. Ziff. 1.1.1 und 1.1.3 BBR-IT findet sich ein teilweise entsprechender Ausschluss in Ziff. 1.7.1.1 BBR-IT.
- Zu Serienschäden i.S.d. Ziff. 3.5.2 BBR-IT vgl. Rdn. 57.

---

261 Ebenso: VersHb/*Spindler*, § 40 Rn. 52.
262 Versicherte Tätigkeiten sind: Software-Erstellung, -Handel, -Implementierung, -Pflege; IT Analyse, -Organisation, -Einweisung, -Schulung; Netzwerkplanung, -installation, -integration, -pflege und alle damit verbundenen Beratungsleistungen.
263 Versicherte Tätigkeiten sind die Tätigkeiten als Provider für die Zugangsvermittlung ins Internet (z.B. Access Providing); das Bereithalten fremder Inhalte (z.B. Host Providing); das Bereithalten eigener Inhalte (z.B. Content Providing).
264 Versicherungsschutz wird gewährt für Hardware-Handel, -Modifizierung (Nachrüstung), -Installation, -Wartung und alle damit verbundenen Beratungsleistungen.
265 Erweiterung des Versicherungsschutzes möglich auf das Zur-Verfügung-Stellen von Anwendungsprogrammen, auf die über das Internet zugegriffen werden kann (Application Service Providing); den Betrieb von Rechenzentren und Datenbanken.
266 Erweiterung des Versicherungsschutzes möglich auf: Hardware-Herstellung und Herstellung und Handel von/mit Mess-, Steuer- und Regelungstechnik.
267 Ebenso: VersHb/*Spindler*, § 40 Rn. 57.
268 Kilian/Heussen/*R. Koch*, Computerrechts-Handbuch, 32. EL. 2013, Kap. 122 Rn. 64.
269 Vgl. VersHb/*Spindler*, § 40 Rn. 88 u. 92.
270 Vgl. Rdn. 183.

Anhang J IT-Versicherung

190 Ziff. 3.5.3 BBR-IT normiert einen Selbstbehalt. Für den Bereich der Providertätigkeit ist lediglich der Selbstbehalt einschlägig, nicht jedoch das Sublimit aus 1.5.3.5 BBR-IT, das gem. Ziff. 1.5.3 Satz 2 BBR-IT ausschließlich für Tätigkeiten i.S.d. Ziff. 1.1.1 und 1.1.3 BBR-IT gilt.[271]

b) Sonstige Personen- und Sachschäden

191 Gegenüber den Schäden an Hardware bestehen diesbezüglich keine Besonderheiten. Personen und Sachschäden sind typischer Anwendungsbereich der Haftpflichtversicherung. Vgl. ferner Rdn. 167 ff.

c) Schäden an fremden Daten
aa) Betriebshaftpflichtversicherung

192 Daten sind keine Sachen und Datenschäden mithin keine Sachschäden im Sinne der Haftpflichtversicherung.[272] Schäden an Daten sind damit gem. Ziff. 1.1 AHB i.V.m. Ziff. 7.1.1 BBR BHV nicht versichert. Ferner enthält Ziff. 7.15 AHB einen umfassenden Ausschluss der meisten Datenrisiken.[273]

bb) Zusatzbedingungen zur Betriebshaftpflichtversicherung für die Nutzer von Internet-Technologien (BHV-IT)

193 **Schäden** an fremden Daten sind nach Maßgabe von Ziff. 2.1 BHV-IT versichert, wenn diese **aufgrund** einer Datenveränderung durch **Viren** oder **Schadprogrammen** entstehen.[274]

194 Ein Versicherungsschutz nach Ziff. 2.2 Spiegelstrich 1 BHV-IT besteht mangels Sachqualität von Daten nicht. Spiegelstrich 2 der Ziff. 2.2 BHV-IT erfasst die Wiederherstellung, Erfassung bzw. korrekte Speicherung veränderter oder fehlerhafter Daten, geht jedoch nicht darüber hinaus.[275] Insbes. besteht keine Versicherungsdeckung für daraus möglicherweise resultierende Schäden.[276]

– Zur Sicherheitsobliegenheit aus Ziff. 2 BHV-IT vgl. Rdn. 179.
– Zu Serienschäden Rdn. 57, 175.
– Zur Auslandsdeckung Rdn. 58 ff., 176.
– Zu nicht versicherten Tätigkeiten Rdn. 174.
– Zu Ausschlüssen Rdn. 177 f.

cc) Besondere Bedingungen und Risikobeschreibungen für die Haftpflichtversicherung von IT-Dienstleistern (BBR-IT)

195 Im Rahmen der **Providertätigkeiten** i.S.v. Ziff. 1.1.2 BBR-IT[277] besteht Versicherungsschutz auch hinsichtlich der Beschädigung von Daten, Ziff. 3.3.2 BBR-IT. Gem. Ziff. 1.5.3 BBR-IT ist der Versicherungsschutz für Tätigkeiten gem. Ziff. 1.1.2 BBR-IT in Ziff. 3.3.2 BBR-IT abschließend geregelt. Schäden Dritter durch die Löschung, Beschädigung oder Beeinträchtigung der Ordnung von Daten[278] Dritter und sich daraus ergebende Vermögensschäden werden im Wege einer **Fiktion wie Sachschäden** behandelt.[279] Auf eine Einordnung von Datenschäden als Sachschäden kommt es im Rahmen der BBR-IT mithin nicht an.

– Vgl. zu Sachschäden in der BBR-IT Rdn. 181 ff.

196 Für **Tätigkeiten** i.S.d. **Ziff. 1.1.1** und **1.1.3 BBR-IT**[280] besteht gem. Ziff. 1.5.3 BBR-IT ebenfalls ein Versicherungsschutz bei Löschung, Beschädigung oder Beeinträchtigung der Ordnung von Daten[281] Dritter und aller sich daraus ergebender Vermögensschäden, soweit diese vor Abschluss der Arbeiten bzw. Leistungen eintreten. In diesen Fällen werden die **Datenschäden wie Sachschäden** behandelt, Ziff. 1.5.3.1 BBR-IT.[282]

– Vgl. zu dann geltendem Sublimit und Selbstbehalt gem. Ziff. 1.5.3.5 BBR-IT auch Rdn. 186.

d) Weitere Vermögensfremdschäden

Beispiele: Unterbrechungsschäden, Datenschutzrechte, Persönlichkeitsrechte, Namensrechte, Rechte des geistigen Eigentums.

---

271 Vgl. VersHb/*Spindler*, § 40 Rn. 83.
272 Vgl. schon Rdn. 67.
273 Vgl. dazu Rdn. 46 ff.
274 Zum Begriff der Datenveränderung vgl. Rdn. 69; zum Begriff der Viren und Schadprogramme Rdn. 53; weitere Einzelheiten: *Stockmeier*, S. 38 f.
275 Vgl. zu Ziff 2.2 BHV-IT auch *Stockmeier*, S. 40 f.
276 Kilian/Heussen/*R. Koch*, Computerrechts-Handbuch, 32. EL. 2013, Kap. 122 Rn. 26.
277 Rdn. 183.
278 Zur Auslegung: Rdn. 51 und § 303a StGB.
279 Vgl. VersHb/*Spindler*, § 40 Rn. 80.
280 Dazu Rdn. 183.
281 Zur Auslegung: Rdn. 51 und § 303a StGB.
282 Vgl. VersHb/*Spindler*, § 40 Rn. 66.

aa) Unterbrechungsschäden

Resultiert aus einer Tätigkeit i.S.v. Ziff. 1.1.2 BBR-IT eine **Betriebsunterbrechung** bei Dritten, besteht im Rahmen der BBR-IT gem. **Ziff. 3.4.2.1 BBR-IT** eine **eingeschränkte Versicherungsdeckung**. Die zeitliche Beschränkung der Versicherungsdeckung führt im Ergebnis zu einem Selbstbehalt des VN für darüber hinausgehende Schäden.[283]

bb) Allgemeines Persönlichkeits- und Namensrecht sowie Datenschutzgesetze

Schäden aus der Verletzung von **Persönlichkeits-**, **Namens-** und **Datenschutzgesetzen** sind als Vermögensschäden gem. Ziff. 2.1 AHB im Rahmen der Haftpflichtversicherung nur bei gesonderter Vereinbarung versichert. Gleichzeitig enthält Ziff. 7.16 AHB hinsichtlich der Verletzung von Persönlichkeits- und Namensrechten einen expliziten Ausschluss vom Versicherungsschutz. Ziff. 7.16 AHB hat den Streit über die Einordnung von Verletzungen des Persönlichkeitsrechts als Personen- oder Vermögensschaden letztlich obsolet gemacht.[284]

(1) Zusatzbedingungen zur Betriebshaftpflichtversicherung für die Nutzer von Internet-Technologien (BHV-IT)

Ziff. 2.4 BHV-IT statuiert einen Versicherungsschutz für bestimmte Vermögensschäden, die wegen der Beschränkung der allgemeinen Haftpflichtversicherung auf Sach- und Personenschäden grundsätzlich nicht versichert sind. Die versicherten Rechte sind abschließend genannt. Versichert sind Ansprüche aufgrund der Verletzung des (allgemeinen und besonderen) **Persönlichkeits-**[285] und **Namensrechts**[286]. Der expliziten Nennung des Namensrechts kommt insbes. bei **Domainstreitigkeiten** Bedeutung zu.[287]

Explizit **ausgeschlossen** ist die Versicherung von Schäden wegen der Verletzung von **Urheberrechten**. Aufgrund der systematischen Stellung dieses Ausschlusses betrifft diese Regelung insbes. die Verletzung des Urheberpersönlichkeitsrechts.[288]

Die **Abwehrdeckung** des VN wird für den Bereich der Persönlichkeits- und Namensrechtsverletzungen insoweit **ergänzt**, dass für die in diesem Bereich besonders relevanten Verfahren im einstweiligen Rechtsschutz, insbes. soweit diese auf Unterlassung oder Widerruf gerichtet sind, Versicherungsschutz gewährt wird.[289] Die BHV-IT gewähren diesbezüglich passiven Rechtsschutz (»partielle Rechtsschutzversicherung«[290]).

– Zur Auslandsdeckung in der BHV-IT: Rdn. 176.

(2) Besondere Bedingungen und Risikobeschreibungen für die Haftpflichtversicherung von IT-Dienstleistern (BBR-IT)

Im Rahmen der BBR-IT kann, abweichend von Ziff. 7.16 AHB, gem. Ziff. 1.5.5 BBR-IT Versicherungsdeckung für bestimmte Vermögensschäden bestehen. Ziff. 1.5.5 BBR-IT umfasst Ansprüche aufgrund der versicherten Tätigkeit[291] aus der Verletzung von **Datenschutzgesetzen** (insbes. des BDSG aber auch nach § 13 TMG) durch **Missbrauch personenbezogener Daten** und der Verletzung von **Persönlichkeits- und Namensrechten**. Explizit erfasst ist auch das Bereithalten eigener Inhalte (z.B. **Content Providing**), bei dem ansonsten grundsätzlich ein umfassender Ausschluss der Versicherungsdeckung von Vermögensschäden gilt, Ziff. 1.1 Abs. 4, Ziff. 1.1.2 BBR-IT.

Den Ausschlüssen in Ziff. 1.5.5 a.E. BBR-IT kommt überwiegend deklaratorischer Charakter zu; das eine Versicherungsdeckung nicht besteht ergibt sich schon aus der Begrenzung in Ziff. 1.1 AHB, die das Wesen der Haftpflichtversicherung festlegt.[292]

(3) Betriebshaftpflichtversicherung

Ziff. A1-6.13.1 Abs. 4 AVB BHV erweitert nunmehr den Schutz der Betriebshaftpflichtversicherung auf Vermögensschäden, die im Zusammenhang mit der Übertragung elektronischer Daten aus der Verletzung von

---

283 VersHb/*Spindler*, § 40 Rn. 211.
284 So P/M/*Lücke*, Ziff. 7 AHB Rn. 146; vgl. ferner: *Stockmeier*, S. 33 f.; zum Streit auch Rdn. 74.
285 *R. Koch*, r+s 2005, 181, 185; *ders.*, Rn. 2420; VersHb/*Spindler*, § 40 Rn. 109; *Stockmeier*, S. 48 ff.; darunter fallen insbes. Verletzung von Namensrechten (§ 12 BGB), dem Recht am eigenen Bild (§ 22 KUG), schadensersatzbegründende Beleidigungen (§§ 823 Abs. 2 BGB i.V.m. §§ 185 ff. StGB), Kreditschädigung (§ 824 BGB), Verletzung des vertraulich gesprochenen Worts (§ 201 StGB), Verrat von Betriebs- und Geschäftsgeheimnissen (§ 203 StGB, § 17 UWG).
286 VersHb/*Spindler*, § 40 Rn. 112: erfasst sind insbesondere die Firma (§§ 17 ff. HB) und gegebenenfalls Unternehmenskennzeichen (§ 5 I, II MarkenG); *Stockmeier*, S. 56 f.
287 *R. Koch*, Rn. 2423.
288 *R. Koch* r+s 2005, 181, 185; P/M/*Lücke*, Ziff. 2 BetrH IT Rn. 13; VersHb/*Spindler*, § 40 Rn. 110.
289 Vgl. *Stockmeier*, S. 69 f.
290 VersHb/*Spindler*, § 40 Rn. 113.
291 Vgl. Rdn. 182 ff.
292 So auch: *R. Koch*, Rn. 2485.

Anhang J IT-Versicherung

Persönlichkeits- und Namensrechten resultieren. Diese Bestimmung entspricht wortgleich der Regelung in Ziff. 2.4 BHV-IT.

Ziff. 7.6.5.1 BBR BHV bezieht ausschließlich Vermögensschäden aufgrund der Verletzung von Datenschutzgesetzen durch Missbrauch personenbezogener Daten ein, so dass anders als bei AVB BHV, BHV-IT und BBR-IT Namensrechte nicht von der erweiterten Deckung erfasst sind (vgl. dazu Rdn. 199, 201). Diese sind vielmehr explizit vom Versicherungsschutz ausgenommen, vgl. Rdn. 207.

cc) Urheberrechte, Marken- und Patentrechte u.a.

205 Vermögensschadenrisiken aus der Verletzung von **Urheber-, Marken- und Patentrechten** sind für die gewerblichen VN **regelmäßig nicht versicherbar**. Es handelt sich um Vermögensschäden, die gem. Ziff. 2.1 AHB nur bei gesonderter Vereinbarung versicherbar sind. Die Musterbedingungen des GDV sehen aber, abgesehen von den BBR-IT in bestimmten Konstellationen, keine Versicherungsmodelle vor, die einen Wiedereinschluss der entsprechenden Risiken ermöglichen. Die BBR-IT enthalten aber in Ziff. 3.4.2.3 BBR-IT einen ausdrücklichen Ausschluss für Ansprüche aus entsprechenden Rechten.[293]

206 Etwas anderes gilt lediglich hinsichtlich der **urheberpersönlichkeitsrechtlichen** Komponente des Urheberrechts.[294]

207 Ziff. A1-6.13.1 Abs. 4 AVB BHV regelt explizit, dass Versicherungsschutz für die Verletzung von Urheberrechten nicht gewährt wird. Entgegen der grundsätzlichen Möglichkeit zur Mitversicherung nimmt Ziff. 7.6.5.2 lit. h) BBR BHV auch eine Deckung für sonstige Vermögensschäden infolge der Verletzung von Persönlichkeits- und Namenrechten ausdrücklich aus.[295] Daneben erstreckt sich der Ausschluss gem. Ziff. 7.6.5.2 lit. h) BBR BHV ebenfalls auf die Verletzung von Urheber- und gewerblichen Schutzrechten.

dd) Fehlerhafte Erbringung softwarebezogener Dienstleistungen

208 Es gelten die grundsätzlichen Bestimmungen der Ziff. 1.1 und 2.1 AHB hinsichtlich der Versicherung von Vermögensschäden in der Haftpflichtversicherung.

209 Jedenfalls gem. Ziff. 3.3.3 BBR-IT besteht bei **fehlerhafter Erbringung von softwarebezogenen Dienstleistungen** umfassender Versicherungsschutz im Sinne einer offenen Vermögensschadendeckung, die auch Betriebsunterbrechungs- und Produktionsausfallschäden umfasst.[296] Der abschließende Katalog der versicherten Tätigkeiten in den Ziff. 3.3.3.1–3.3.3.4 BBR-IT erfasst, teilweise allerdings nur bei expliziter Vereinbarung (relevant ist das Erfordernis der besonderen Vereinbarung insbes. beim Content-Providing[297]), die gleichen Tätigkeiten wie Ziff. 1.1.1 und 1.1.2 BBR-IT. Software- und providerbezogene Tätigkeiten sind im Rahmen der BBR-IT auch bei einer Inanspruchnahme für Vermögensschäden bei den meisten Tätigkeiten umfassend abgesichert.

– Zur Auslandsdeckung nach Ziff. 1.5.1 BBR-IT vgl. Rdn. 187.

210 Ziff. 3.4.2.1 BBR-IT enthält für den Bereich der IT-bezogenen Tätigkeiten besondere Ausschlüsse vom Versicherungsschutz.

– Zum Begriff der bewussten Pflichtwidrigkeit: Rdn. 189,
– Zu Sicherungsmaßnahmen nach dem Stand der Technik: Rdn. 55.

ee) Fehlerhafte Erbringung von hardwarebezogenen Dienstleistungen

211 Es gelten die grundsätzlichen Bestimmungen der Ziff. 1.1 und 2.1 AHB hinsichtlich der Versicherung von Vermögensschäden in der Haftpflichtversicherung.

212 Versicherungsschutz bei Vermögensschäden im Zusammenhang mit **Tätigkeiten i.S.v. Ziff. 1.1.3 BBR-IT**[298] besteht nur eingeschränkt im Umfang von Ziff. 3.3.4 und 3.3.5 (fakultativ) BBR-IT. Ziff. 3.3.4 BBR-IT regelt den Bereich von Nachrüstung sowie Aus- und Einbaukosten. Die fakultative Vereinbarung gem. Ziff. 3.3.5 BBR-IT betrifft den Bereich der Nachrüstung und Steuerelemente. Ziff. 1.5.5 BBR-IT[299] findet auch bei hardwarebezogenen Leistungen Anwendung, vgl. Ziff. 1.1 BBR-IT.

– Zur Auslandsdeckung nach Ziff. 1.5.1 BBR-IT vgl. Rdn. 187.

---

293 Vgl. VersHb/*Spindler* § 40 Rn. 212.
294 Vgl. dazu Rdn. 200.
295 Vgl. auch schon zu älteren Bedingungswerken: *Funke* BB Beilage 12/1999, 29, 31; *Quack-Grobecker/Funke* VW 1999, 157, 158.
296 Kilian/Heussen/*R. Koch*, Computerrechts-Handbuch, 32. EL. 2013, Kap. 122 Rn. 53; vgl. VersHb/*Spindler*, § 40 Rn. 69 u. 72.
297 Vgl. VersHb/*Spindler*, § 40 Rn. 74.
298 Vgl. Rdn. 183.
299 Vgl. dazu Rdn. 202 f.

Anhang K
Feuerversicherung

Übersicht

	Rdn.		Rdn.
I. Allgemeines	1	4. Versicherte Sachen	42
1. Gegenstand der Feuerversicherung und praktische Bedeutung	1	a) Gebäude und sonstige Grundstücksbestandteile	43
2. Rechtsgrundlagen	4	b) Bewegliche Sachen	44
3. AVB und optionale Klauseln	7	c) Daten und Programme	48
4. Personen in der Feuerversicherung	11	5. Grenzen des Versicherungsschutzes	50
II. Umfang des Versicherungsschutzes	13	III. Obliegenheiten des VN	53
1. Versicherungsfall	13	1. Grundlagen	53
2. Versicherte Risiken	15	2. Gesetzliche Obliegenheiten	54
a) Brand	15	a) Vorvertragliche Anzeigepflicht	54
b) Blitzschlag	23	b) Gefahrerhöhung	57
c) Explosion	25	c) Rettungspflichten	60
d) Anprall oder Absturz eines Luftfahrzeugs	29	3. Vertragliche Obliegenheiten	61
		IV. Versicherungssumme und -wert	64
e) Löschen, Niederreißen oder Ausräumen	32	1. Versicherungssumme	64
f) Beweislast	33	2. Grundfragen des Versicherungswertes	65
3. Risikoausschlüsse	34	3. Versicherungswert bei Gebäudeschäden	68
a) Grundsätzliches	34		
b) Vorsätzliche oder besonders grob fahrlässige Herbeiführung des Versicherungsfalls	35	4. Versicherungswert bei beweglichen Sachen	73
c) Krieg und Innere Unruhen	37	5. Kostenersatz	77
d) Erdbeben	39	V. Fälligkeit der Versicherungssumme	82
e) Kernenergie	40	VI. Mehrfach- und Mitversicherung	83
f) Beweislast	41	VII. Sachverständigenverfahren	86

Schrifttum:

Armbrüster, Zum Schutz von Haftpflichtinteressen in der Sachversicherung, NVersZ 2001, 193; *Berndt/Luttmer,* Der Ersatzwert in der Feuerversicherung: Theorie und Praxis, 2. Aufl. 1975; *Boldt,* Die Feuerversicherung nach AFB, VHB, VGB und FBUB, 7. Aufl. 1995; *Brisken,* Der Schutz der Hypothekengläubiger bei der Gebäudefeuerversicherung, 1964; *Cors,* Sind Außenanlagen mitversichert?, ZfV 1989, 47; *Fischinger,* Die Folgen des Wegfalls von § 102 VVG a.F. für Hypothekenverband und Beschlagnahme beim gestörten Versicherungsverhältnis, VersR 2009, 1032; *Frehn,* Zur Reform des Versicherungswertes in der Feuer-Sachversicherung, ZfV 1989, 40 und 80; *Fricke,* Rechtliche Probleme des Ausschlusses von Kriegsrisiken in AVB, VersR 2002, 6; *Grassl-Palten,* Feuerversicherung und Realkredit, 1992; *Grommelt,* Ausgleichsanspruch gemäß § 59 II 1 VVG analog und Regressverzichtsabkommen der Feuerversicherer bei übergreifenden Schadensereignissen, r+s 2007, 230; *Günther,* Der zivilrechtliche Nachweis der Eigenbrandstiftung, r+s 2006, 221; *Günther/Borbe,* Kostenersatz der Feuerwehr am Beispiel der Sachversicherung, VersR 2012, 1197; *Issler,* Neuwert oder Zeitwert – was gilt?, VW 2000, 1972; *Kollhosser,* Bereicherungsverbot, Neuwertversicherungen, Entwertungsgrenzen und Wiederherstellungsklauseln, VersR 1997, 521; *Krahe,* Der Begriff des Kriegsereignisses in der Sachversicherung, VersR 1991, 634; *Kühl,* Die Geschäftspolitik der Industriellen Feuerversicherung aus der Sicht eines Erstversicherers, 1994; *ders.,* Das Risiko Feuer aus der Sicht der Versicherungswirtschaft, ZVersWiss 1993, 491; *Kulenkampff,* Neuwertersatz bei Brand eines zum Abbruch bestimmten Hauses?, VersR 1983, 413; *Langheid,* Nachweis der Eigenbrandstiftung, VersR 1992, 13; *Langheid/Rupietta,* Versicherung gegen Terrorschäden, NJW 2005, 3233; *Messenmöller,* Die Ermittlung von Gebäudeversicherungswerten, 4. Aufl. 1994; *Meyer-Kahlen,* Behälterexplosionsschäden in der Feuerversicherung, ZVersWiss 1993, 459; *Prölss,* Das Wegnahmerecht des Mieters in der Gebäudefeuerversicherung, VersR 1994, 1404; *Siegel,* Das Regressverzichtsabkommen der Feuerversicherer, VersR 2009, 46; *Stange,* Rettungsobliegenheiten und Rettungskosten im Versicherungsrecht, 1995; *Wälder,* Das fragwürdige Merkmal Feuer im Brandbegriff der Feuerversicherung, ZVersWiss 1971, 657; *ders.,* Zur Versicherung von Strom- und Blitzschäden an elektrischen Einrichtungen, r+s 1991, 1; *ders.,* Anprall und Absturz von Flugkörpern, r+s 2006, 139; *ders.,* Mehrkosten durch technologischen Fortschritt in den Sachversicherungen, Festschrift für Winter, 2007, S. 441; *R.-J. Wussow,* Gefahrerhöhung in der Feuerversicherung, VersR 2001, 678; *W. Wussow,* Feuerversicherungsrecht, 2. Aufl. 1975; *ders.,* Gefahrerhöhung in der Feuerversicherung, VersR 2001, 678.

I. Allgemeines

1. Gegenstand der Feuerversicherung und praktische Bedeutung

Die Feuerversicherung ist nach der See- und Transportversicherung die älteste und für die ideengeschichtliche Entwicklung des Privatversicherungsrechts in Deutschland wohl bedeutendste Versicherungssparte. Sie **1**

Anhang K Feuerversicherung

ist ihrer Natur nach **Sach- und Schadensversicherung**. Ihre Ursprünge lassen sich bis ins 15. Jahrhundert zurückverfolgen. Vorläufer, wie die Brandgilden, finden sich in deutschen Landen schon im Spätmittelalter.[1]

2   Die große historische Bedeutung der Feuerversicherung lässt sich aus dem VVG von 2008 nicht mehr herauslesen. Aufgrund einer zweifelhaften Motivlage hat sich der Reformgesetzgeber entschlossen, die Feuerversicherung in ihrer Gesamtheit nicht mehr im VVG zu regeln (dazu näher unten Rdn. 4 und Vor §§ 142–148 VVG Rdn. 3 ff.). In der Tat ist es so, dass es eine isolierte Deckung der in der Feuerversicherung traditionell gebündelten Gefahren im nicht-gewerblichen Bereich schon seit Längerem nicht mehr gibt. Die in der Praxis üblichen Multi-Risk-Versicherungen (z.B. Gebäudeversicherungen) dominieren und haben offenbar den Blick des auf den Verbraucherversicherungsnehmer konzentrierten Reformgesetzgebers von 2007 ganz für sich eingenommen. Dabei ist offenbar übersehen worden, dass die **Feuerversicherung im gewerblichen Bereich nach wie vor eine nicht unerhebliche Rolle** spielt, wie nicht zuletzt das immer noch beträchtliche Feuerschutzsteueraufkommen[2] zeigt.

3   Hier nicht behandelt ist die **Feuerbetriebsunterbrechungsversicherung**,[3] die ebenfalls eine Schadensversicherung ist. Sie knüpft an Sachschäden an, die im Betrieb des VN entstanden sind. Der VR soll aber nicht den entstandenen Sachschaden tragen – dafür ist der Feuerversicherer zuständig –, sondern den Unterbrechungsschaden decken, der durch den Sachschaden entsteht, also den entgangenen Gewinn und den Aufwand an fortlaufenden Kosten im versicherten Betrieb. Sofern in der Feuerversicherung der Ersatz entgangenen Gewinns vereinbart ist, kann es zu einer Mehrfachversicherung nach § 78 kommen. Ebenfalls unbehandelt bleibt die **Rohbaufeuerversicherung**. Dabei handelt es sich um einen – zumeist prämienfreien – unselbstständigen Versicherungsschutz ab Baubeginn im Rahmen der Gebäudeversicherung.[4]

2. Rechtsgrundlagen

4   Seit der Neukodifikation von 2008 ist die Feuerversicherung in ihrer Gesamtheit **nicht mehr** im **VVG geregelt**. Bisher war sie dies in §§ 81–107c a.F. Auf Grundlage eines Vorschlags der Reformkommission hat sich der Reformgesetzgeber entschlossen, auf eine Sonderregelung dieses Versicherungszweigs zu verzichten. Grund war, dass es einen auf das Risiko »Brand, Explosion und Blitzschlag« begrenzten Versicherungsschutz praktisch nicht mehr gebe. Für den Bereich der gewerblichen Versicherungen ist diese Annahme schlichtweg falsch – wenngleich auch hier All-Risk-Deckungskonzepte zunehmen. Die Herausgabe der AFB 2008 und der AFB 2010 – Letztere noch einmal neu gefasst am 01.04.2014 – durch den GDV belegen jedoch, dass es eine vitale Nachfrage nach dem »Produkt« Feuerversicherung gibt. Lediglich für den Bereich privat genommener Versicherungen trifft die Beobachtung des Reformgesetzgebers zu.

5   Innerhalb des VVG geregelt sind in den §§ 142–149 unter der Überschrift der »Gebäudefeuerversicherung« nur noch sondersachenrechtliche Schutzvorschriften zu Gunsten von Grundpfandgläubigern. Der Sache nach ist die Feuerversicherung Schadensversicherung in Form der Sachversicherung. Deswegen gelten im Übrigen hinsichtlich der **Rechte und Pflichten** der Parteien neben den allgemeinen Vorschriften (§§ 1–73) die allgemeinen Bestimmungen über die Schadensversicherung (§§ 74–87) und die allgemeinen Bestimmungen über die Sachversicherung (§§ 88–99). Einige dieser jetzt allgemeinen Vorschriften entstammen sogar dem bisherigen Recht der Feuerversicherung, etwa §§ 91, 92. Der **Umfang des Versicherungsschutzes** bestimmt sich – anders als nach §§ 82–84 a.F. – vollständig nach den vertraglichen Abreden der Parteien.

6   Die §§ 81–107c a.F. behalten praktische Bedeutung, insofern sie **in AVB abgebildet** werden. Die AFB 87 etwa geben, was die versicherten Gefahren anbelangt, die §§ 82, 83 I 2 a.F. im Wesentlichen wieder. Hier kann das alte Recht und die dazu ergangene Judikatur zur Auslegung herangezogen werden.

3. AVB und optionale Klauseln

7   AVB sind in der Feuerversicherung von besonderer Bedeutung, seit das VVG infolge der Neukodifikation von 2007 keine allgemeinen Bestimmungen über die Feuerversicherung mehr enthält. Bereits zum Inkrafttreten des neu kodifizierten VVG hat der GDV die **AFB 2008** entwickelt, die Verträgen nach neuem Recht zugrunde liegen sollten. Sie lösten für Neuverträge die bisherigen AFB 87 ab. Mittlerweile sind die AFB abermals reformiert worden. Zum 01.01.2011 stehen die **AFB 2010** zur Verfügung. Die schnelle Novellierung der AFB mag auf den ersten Blick überraschen. Sie erklärt sich dadurch, dass die AFB 2008 zunächst darauf bedacht waren, das Recht der Feuerversicherung rasch mit den Bestimmungen des neukodifizierten VVG zu harmonisieren. Eine Anpassung der Definitionen der versicherten Gefahren an den Zeitverlauf und die Praxis sowie eine Austarierung schwieriger Fragen wie der Versicherung von Mehrkosten bei der Schadensbeseitigung durch Technologiefortschritt, Inflation usw. unterblieb zunächst. Die AFB 2010 nehmen sich diesen Problemkreisen

---

[1] Zur Geschichte der Feuerversicherung im Überblick: B/M/*Sieg/Johannsen*[8], Bd. III, Anm. A 49 ff.; *Helmer*, Die Entstehung der öffentlichrechtlichen Brandversicherungsanstalten, 1936.

[2] Wenngleich nach § 1 I Feuerschutzsteuergesetz auch die Mehr-Gefahren-Wohngebäudeversicherung dieser Steuer unterliegt.

[3] Dazu ausführlich B/M/*Johannsen/Johannsen*[8], Bd. III, Anm. K 1 ff.; VersHb/*Philipp*, § 31 Rn. 44 ff.

[4] Dazu *Hansen* VersR 2010, 41; aus der jüngeren Rspr. etwa OLG Karlsruhe VersR 2010, 1213.

in großem Detail an. In der Kommentierung wird auf die Änderungen in den AFB 2010 im jeweiligen Zusammenhang gesondert hingewiesen.

AVB, die den AFB 87 nachgebildet sind, bedürfen einer sorgfältigen AGB-Kontrolle unter § 307 BGB, da sie nicht auf das reformierte VVG Bezug nehmen, dem Altverträge ab dem 01.01.2009 unterliegen (näher Art. 1 EGVVG, Rdn. 18). 8

Der Umfang des Versicherungsschutzes in der Feuerversicherung hängt nicht nur von den AFB ab. Traditionell kommen die ebenfalls vom GDV bekannt gegebenen Musterbedingungen »**Klauseln für die Feuerversicherung**« (Klauseln) hinzu. Diese liegen jetzt als Klauseln SK (2010) abgestimmt auf die AFB 2010 vor. Dabei handelt es sich um Standardklauseln, mit denen sich eine Feinsteuerung der Pflichten der Parteien und des Versicherungsschutzes bewirken lässt. Dieses Instrument ist von besonderer Bedeutung, da in der gewerblichen Feuerversicherung, welche die Praxis dominiert, der Vertrieb über Makler üblich ist. Der VN erwartet entsprechend ein auf seine Bedürfnisse in besonderer Art und Weise zugeschnittenes Deckungskonzept. 9

In der industriellen Feuerversicherung sind weiterhin die sog. **Positionen-Erläuterungen**[5] zu beachten. Sie enthalten Definitionen von versicherten Sachen, die mitunter allgemein gebräuchliche Begriffe wie den des Gebäudes – teils erweiternd (auch solche, die nicht zum Betreten durch Menschen geeignet und bestimmt sind), teils einschränkend (kein Schutz für Baubuden und Zelte) – neu und feuerversicherungsspezifisch bestimmen. Die Positionen-Erläuterungen gelten nur, wenn die Parteien vereinbart haben, dass diese Vertragsbestandteil sind. **Widersprüche zwischen Positionen-Erläuterungen und AFB** sind im Wege der Auslegung zugunsten des VN aufzulösen.[6] Das folgt aus dem Rechtsgedanken des § 305c II BGB (Unklarheitenregel). Welche Positionen versichert sind, ergibt sich aus dem jeweiligen Versicherungsvertrag. 10

4. Personen in der Feuerversicherung

Eine Feuerversicherung wird oft von anderen Personen als dem Eigentümer eines Gebäudes, z.B. von Mietern, Pächtern oder Nießbrauchern, abgeschlossen. Daher spielen die in §§ 43–48 niedergelegten Bestimmungen über die **Versicherung für fremde Rechnung** für die Feuerversicherung eine besondere Rolle. Abweichend von § 44 I 2, II kann nach Teil B § 12 Nr. 1 AFB 2008/2010 der VN über die Rechte des Versicherten verfügen, auch wenn er nicht im Besitz des Versicherungsscheins ist oder der VN der Verfügung zugestimmt hat. Das erspart dem VR im Einzelfall eine Prüfung der Legitimation.[7] Der VN muss die erlangte Versicherungssumme aber aufgrund des Treuhandverhältnisses, das zwischen ihm und dem Versicherten besteht, an diesen auskehren.[8] Ein bestehendes Schuldverhältnis zwischen VN und versicherter Person (z.B. ein Nießbrauch) kann den Anspruch auf Auskehrung der Versicherungssumme modifizieren.[9] 11

Schäden in der Feuerversicherung werden ebenfalls häufig von **Mietern, Pächtern und anderen Nutzungsberechtigten** an der versicherten Sache verursacht. Diese wollen dem Eigentümer nicht für jede fahrlässige Beschädigung oder Zerstörung im Zusammenhang mit Feuer haften. Um diesem Interesse Rechnung zu tragen, schließt i.d.R. der Eigentümer eine Feuerversicherung ab, deren Kosten er auf den Mieter, Pächter, usw. abwälzt. Nach anfänglich anderem Ansatz[10] vertritt die Rspr. nunmehr die Auffassung, dass das Haftpflichtinteresse des Mieters in der Feuerversicherung mitgeschützt ist.[11] Im Wege der ergänzenden Vertragsauslegung nimmt der BGH an, dass dem Versicherungsvertrag zwischen Vermieter und Gebäudeversicherer ein konkludenter **Regressverzicht des VR** gegen den Mieter in Fällen der leichten Fahrlässigkeit innewohnt. Dadurch soll das Mietverhältnis vor Spannungen bewahrt werden. Die Beweislast für grobe Fahrlässigkeit, die einen Regressverzicht ausschließen würde, liegt entgegen §§ 535 ff. BGB beim VR.[12] Ein Regressverzicht ist auch dann anzunehmen, wenn der Mieter haftpflichtversichert ist.[13] Ein Ausgleich zwischen Feuer- und Haftpflichtversicherer erfolgt analog § 78 II nach den Grundsätzen der Mehrfachversicherung nach dem Verhältnis der jeweiligen Leistungspflicht.[14] Diese Regeln gelten nicht nur zum Schutze des entgeltlichen, sondern auch zugunsten des unentgeltlichen Nutzers der versicherten Sache.[15] 12

---

5 *Martin*, H II Rn. 6 ff.
6 Ebenso Terbille/Höra/*Johannsen*, § 5 Rn. 122.
7 Näher B/M/*Brand*, § 44 Rn. 37.
8 OLG Karlsruhe VersR 1997, 104; OLG Hamm VersR 1997, 309.
9 B/M/*Brand*, § 46 Rn. 17; *Kisch*, PVR III 538.
10 Sog. »haftungsrechtliche Lösung«, vertreten von BGH VersR 1996, 320 und noch BGH NVersZ 2000, 427.
11 BGH VersR 2001, 94; dem folgend BGH VersR 2001, 856; VersR 2002, 433; VersR 2005, 498; kritisch B/M/*Johannsen/ Johannsen*[8], Bd. III, Anm. J 109 f.
12 BGH VersR 2001, 856; BGH VersR 2011, 916 f.; VersHb/*Philipp*, § 31 Rn. 43.
13 BGH VersR 2006, 1530; VersR 2006, 1533, 1534; VersR 2006, 1536 m. Anm. *Günther* VersR 2006, 1539; VersR 2007, 539; zum Regressverzichtsabkommen der Feuerversicherer untereinander: *Siegel* VersR 2009, 46.
14 So auch OLG Koblenz VersR 2007, 687.
15 BGH VersR 2006, 1533, 1534.

Anhang K Feuerversicherung

II. Umfang des Versicherungsschutzes

1. Versicherungsfall

13 In den AVB der Feuerversicherer ist der Eintritt des Versicherungsfalls regelmäßig nicht definiert. Er ist aber traditionell zeitlich dadurch markiert, dass **die versicherte Gefahr sich an versicherten Sachen zu verwirklichen beginnt**.[16] Zu diesem Zeitpunkt lebt auch die Rettungsobliegenheit aus § 82 auf. Wann der Schaden eintritt, ist unerheblich. Dieser Grundsatz gilt auch für versicherte Sachen, auf die eine versicherte Gefahr erst später übergreift. Treten **mehrere** versicherte **Gefahren** hintereinander ein (z.B. Brand und Explosion), kommt es auf den Beginn der Verwirklichung der ersten Gefahr an.[17]

14 **Ersatz** wird in der Feuerversicherung grundsätzlich nur für die **versicherte Sache selbst** geleistet. Für einen darüber hinausgehenden Vermögensschaden hat der VR nur einzustehen, wenn dies besonders vereinbart ist.[18]

2. Versicherte Risiken

a) Brand

15 Zu den versicherten Risiken in der Feuerversicherung zählt zuvorderst der **Brand**. Dabei handelt es sich um ein Feuer, das ohne einen bestimmungsgemäßen Herd entstanden ist oder ihn verlassen hat und das sich aus eigener Kraft auszubreiten vermag (Teil A § 1 Nr. 2 AFB 2008/2010). Damit sind die drei wesentlichen Bestandteile des Brandbegriffs umschrieben. Darüber hinaus ist nicht erforderlich, dass der Brand am Belegenheitsort der versicherten Sache ausbricht. Das ist von Bedeutung für Ruß- und Rauchschäden.

16 Wesensbestimmend für den Brand ist der Begriff des **Feuers**, der einen Oxidationsvorgang mit Lichterscheinung bezeichnet.[19] Nach der maßgeblichen Sicht des durchschnittlichen VN kommt es dabei auf die Art des Oxidationsmittels (z.B. Sauerstoff, Schwefel, Chlor) nicht an.[20] Das Erfordernis der Lichterscheinung schließt nach allgemeinem Sprachgebrauch Glühen, Glimmen und Funkenflug in den Brandbegriff ein, nicht aber die Verkohlung und die Erhitzung durch elektrischen Strom. Die Einschränkung, dass es sich um ein Feuer handeln muss, dass **außerhalb seines bestimmungsgemäßen Herdes** brennt, grenzt das versicherte Schadensfeuer vom nicht versicherten Nutzfeuer[21] (Teil A § 1 Nr. 5 lit. d) AFB 2008/2010) ab. Bestimmungsgemäßer Herd ist jede Ausgangsstelle des Feuers, die dazu bestimmt ist, Feuer zu erzeugen oder aufzunehmen, etwa ein Hochofen. Ohne einen solchen Herd entsteht ein Feuer v.a. bei Blitzschlag, Kurzschluss, Selbstentzündung von Gegenständen (z.B. Heu, überhitztes Fett oder Öl, heißgelaufener Motor) oder bei Brandstiftung Dritter. Um das Verlassen eines bestimmungsgemäßen Herdes handelt es sich, wenn eine Flamme aus einem Heizungskessel schlägt,[22] aber auch beim Entzünden eines Öltanks mittels eines Streichholzes. Letzteres ist als Herd anzusehen. Die räumliche Grenze des bestimmungsgemäßen Herdes ist der planmäßige Feuerbereich. Ein objektiv bestimmungsgemäßer Herd verliert diesen Charakter, wenn er **bestimmungswidrig gebraucht** wird.[23] Das ist etwa der Fall, wenn Einbrecher versicherte Sachen in einem Kamin verbrennen.

17 Um einen Brand handelt es sich nur, wenn das Feuer **aus eigener Kraft auszubreiten** vermag, und zwar gleich, ob es sich um ein Feuer ohne Herd oder ein solches handelt, das seinen Herd verlassen hat (unklar noch § 1 Nr. 2 AFB 30).[24] Diese Kraft hat ein Feuer, wenn es zündend auf andere Stoffe weitergreifen kann,[25] auch wenn dies von besonderen Umweltbedingungen abhängt, wie bei einem Eisenfeuer.[26] Das Feuer darf also nicht nur an der Stelle seiner Entstehung oder Einwirkung zu Schäden führen. Das ist etwa bei Sengschäden[27] der Fall. Entsprechende gefahrspezifische Gefahrenausschlüsse in AVB (z.B. § 1 Nr. 5 lit. b AFB 2008/2010 und AFB 87) sind rein deklaratorisch.[28]

---

16 Martin, B I Rn. 13 und B IV Rn. 5; H/E/K/Gallmeister, 12. Kap. Rn. 58 f.
17 BGH VersR 1957, 781 f.; B/M/Sieg/Johannsen[8], Bd. III, Anm. C 3.
18 LG Köln r+s 2005, 507; P/M/Armbrüster, § 1 AFB 2008 Rn. 1.
19 Näher BK/Dörner/Staudinger, § 82 Rn. 5; B/M/Johannsen/Johannsen[8], Bd. III, Anm. H 3; P/M/Kollhosser[27], § 82 Rn. 2; Wussow, § 1 AFB Anm. 5.
20 H/E/K/Wälder, 9. Kap. Rn. 27 ff.; a.A. Vossen ZVersWiss 1968, 515 ff.
21 Dazu etwa BGH VersR 1988, 282; Nutzwärmeschäden sind aber im Wege einer Zusatzklausel versicherbar.
22 OLG Hamm VersR 1993, 220; BK/Dörner/Staudinger, § 82 Rn. 8; zu Grenzfällen: H/E/K/Wälder, 9. Kap. Rn. 58.
23 Martin, C I Rn. 32; Golinski/Wälder r+s 1988, 273.
24 P/M/Armbrüster, § 1 AFB 2008 Rn. 3; zur früher unsicheren Rechtslage bei Feuern ohne Herd OLG Hamburg VersR 1987, 479; VersHb/Philipp, § 31 Rn. 3.
25 Boldt, Feuerversicherung, S. 45; Wussow, § 1 AFB Anm. 17.
26 Dazu Martin, C I Rn. 1c und 3; P/M/Kollhosser[27], § 82 Rn. 3.
27 Darunter sind thermische Zersetzungen fester Stoffe zu verstehen; teilweise fallen Sengschäden auch nicht unter die versicherte Gefahr, weil es an einer Lichterscheinung fehlt; dazu H/E/K/Wälder, 9. Kapitel Rn. 82.
28 B/M/Johannsen/Johannsen[8], Bd. III, Anm. H 12; Martin, C I Rn. 25; Wussow, § 1 AFB Anm. 19.

Beispiele: Die Ausbreitungsfähigkeit eines Feuers ist verneint worden für eine brennende Zigarette, die auf einen Kunstfaserteppich fällt und zu einer Schadensstelle in der Größe des Durchmessers einer Zigarette führt;[29] für eine brennende Kerze, die vom Tisch auf den Teppich stürzt und zwei Brandlöcher verursacht;[30] für 5-Mark-Stück-große Sengstellen im Teppich, die von Wunderkerzen hervorgerufen worden sind;[31] für das selbständige Erlöschen eines Mantelärmels, der in eine Kerzenflamme geraten ist.[32] 18

Der feuerversicherungsrechtliche **Brandbegriff** ist auch für **andere Versicherungszweige** maßgeblich, in denen das Risiko Brand versichert, aber nicht näher definiert ist.[33] Das gilt insbes. für die Hausratsversicherung (dort Abschnitt A § 2 Nr. 2 VHB 2008). 19

Durch **einzelvertragliche Abrede** sind in das versicherte Risiko Brand häufig eingeschlossen: Brandschäden an Räucher-, Trocken- und sonstigen Erhitzungsanlagen (Klausel SK (2010) 3101); Fermentationsschäden an Ernteerzeugnissen, vornehmlich Heu, Getreide und Tabak, (Klausel SK (2010) 3105);[34] bestimmungswidriges Ausbrechen glühendflüssiger Schmelzmassen (Klausel SK (2010) 3107);[35] Schwelzersetzungsschäden in der landwirtschaftlichen Feuerversicherung (Klausel SK (2010) 3109). 20

In AVB werden häufig bestimmte Brandschäden vom Versicherungsschutz ausgenommen. Dazu zählen sog. **Betriebs- und Bearbeitungsschäden** (Teil A § 1 Nr. 5 lit. d) AFB 2008/2010). Das sind Brandschäden an Sachen, die vom VN, seinem Repräsentanten oder sonstigen zuständigen Personen am Versicherungsort bestimmungsgemäß[36] der Wärme ausgesetzt werden und daher einer höheren Brandgefahr unterliegen (Beispiele: Schäden an Räuchergut oder die Entzündung von Rußablagerungen im Kamin durch eine angeschlossene Feuerung). Werden nur Teile einer Anlage der Wärme ausgesetzt, gilt der Ausschluss auch nur für diese Teile (Beispiel: elektrische Aggregate in einer Kühlanlage).[37] Diese Beschränkungen des Versicherungsschutzes halten einer **AGB-Kontrolle** nach §§ 305c, 307 I, II Nr. 1 BGB stand, da der gewerblich tätige VN, der vom Ausschluss der Betriebsschäden vornehmlich betroffen ist, Vorsorge durch den zusätzlichen Abschluss einer Allgefahrenversicherung betreiben kann.[38] 21

Weiterhin sind Gefahrausschlüsse für **Stromschäden** verbreitet. Darunter versteht man Schäden, die durch die Wirkung elektrischen Stromes an elektrischen Einrichtungen mit oder ohne Feuererscheinung entstehen (Beispiel: Überspannungsschäden an Computern). Solche Schäden sind vom Versicherungsschutz regelmäßig ausgenommen, sofern sie nicht Folgeschäden eines versicherten Ereignisses sind oder zu Brand- oder Explosionsschäden an nicht-elektrischen Teilen komplexer Sachen oder an anderen Sachen führen. Der Ausschluss von Stromschäden dient der Abgrenzung der Risiken, die von der Feuerversicherung gedeckt sind, von denjenigen, die von einer Maschinen- oder Elektronikversicherung übernommen werden. 22

b) Blitzschlag

Das versicherte Risiko des Blitzschlags überschneidet sich mit dem des Brandes. Es hat aber einen **eigenständigen Anwendungsbereich** für Schäden, die von sog. »**kalten**« **Blitzschlägen** hervorgerufen werden, also solche, die ohne Brandwirkung auf die versicherte Sache durch die bloße Kraft des Einschlags entstehen, und für Sengschäden, die durch »warme« Blitze verursacht werden. Ein Blitzschlag ist der Übergang von Blitzen auf versicherte Sachen. Einer Unmittelbarkeitsbeziehung bedarf es insoweit entgegen der missverständlichen Definition in Teil A § 1 Nr. 3 I AFB 2008/2010 nicht zwingend.[39] Es genügt, dass am Anfang der Schadenskette ein Blitz unmittelbar auf eine Sache einwirkt (nicht der Fall bei Übertragung von Wolke zu Wolke). 23

Schäden an anderen Gegenständen sind mitversichert, wenn ein adäquater Kausalzusammenhang zwischen der Ersteinwirkung und dem eingetretenen Schaden besteht. Das ist etwa der Fall, wenn auf einer Hühnerfarm Tiere dadurch verenden, dass infolge einer durch Blitzschlag entstandenen Überspannung der Strom für die Lüftungsanlage ausgeschaltet worden ist.[40] Das entspricht der Sonderregelung für Blitzschäden an elektrischen Einrichtungen in Teil A § 1 Nr. 3 II AFB 2008/2010 (anders noch § 1 Nr. 5 lit. e) AFB 87). Mitversichert sind danach Schäden an elektrischen Einrichtungen, die darauf beruhen, dass der Blitzstrom selbst in die 24

---

29 AG Hamm VersR 1987, 874.
30 AG Frankfurt (Main) r+s 1987, 351; ähnlich: AG Nürnberg r+s 1994, 310; AG Flensburg r+s 1984, 170; AG Mönchengladbach VersR 1978, 434.
31 AG Duisburg-Ruhrort ZfS 1986, 250.
32 AG Hamburg VersR 1982, 335.
33 BGH VersR 1983, 479 zur Maßgeblichkeit des Brandbegriffs der AFB 30 im Rahmen der ADS; kritisch H/E/K/*Wälder*, 9. Kap. Rn. 24.
34 Vgl. *Boldt*, Feuerversicherung, S. 76; H/E/K/*Wälder*, 9. Kap. Rn. 162; *Raiser*, § 1 Rn. 7; *Wussow*, § 1 AFB Anm. 9.
35 Dazu näher B/M/*Johannsen/Johannsen*[8], Bd. III, Anm. H 10; H/E/K/*Wälder*, 9. Kap. Rn. 144 ff.; *Martin*, C I Rn. 58 ff.
36 LG Osnabrück r+s 1985, 175; KG VA 24 Nr. 1421; a.A. P/M/*Armbrüster*, § 1 AFB 2008 Rn. 8.
37 *Meyer-Kahlen* r+s 1977, 43; *Körner* r+s 1975, 236.
38 P/M/*Armbrüster*, § 1 AFB 2008 Rn. 7.
39 Ebenso H/E/K/*Wälder*, 9. Kap. Rn. 180; *Martin*, C II Rn. 4; P/M/*Armbrüster*, AFB 2008 Rn. 4; *Wälder* r+s 1991, 1, 4; a.A. BK/*Dörner/Staudinger*, § 82 Rn. 11.
40 OLG Hamburg VersR 1984, 953.

elektrische Einrichtung gelangt.[41] Zu denken ist an Überspannungs-, Überstrom- oder Kurzschlussschäden. Der Blitzstrom selbst gelangt in die fragliche Einrichtung bei Blitzstromwanderwellen,[42] nicht aber bei Schäden, die auf Induktion[43] oder Influenz[44] beruhen. Versichert sind aber stets nur Schäden, die auf einen Blitzschlag zurückgehen, der sich auf dem Grundstück ereignet, auf dem der Versicherungsort liegt. Schlägt der Blitz außerhalb des Versicherungsortes ein, sind entstehende Schäden nach Teil A § 1 Nr. 3 II AFB 2010 nicht versichert.

c) Explosion

25 In der Feuerversicherung mitversichert sind auch zwei Arten von Explosionsschäden: Schäden, die Folge einer Gasexplosion sind, und Schäden, die auf einer Behälterexplosion beruhen. Um eine **Gasexplosion** handelt es sich, wenn ein zündfähiges Gas-Luftgemisch unter speziellen Temperaturverhältnissen Ausdehnungsbestrebungen zeigt, die in eine plötzliche Kraftäußerung münden (ähnlich Teil A § 1 Nr. 4 I AFB 2008/2010). Darunter fallen neben den »klassischen« Substanzexplosionen (z.B. Staub- oder Sprengstoffexplosionen) auch Verpuffungen.[45] Schäden, die durch Feuerwerkskörper hervorgerufen werden und nicht auf einem Brand beruhen, sind ebenfalls versicherte Gasexplosionsschäden (z.B. Schäden durch Hitze, Glut oder Funken explodierender/explodierter Feuerwerkskörper). Keine Gasexplosionen sind hingegen aufgrund der Verkehrsanschauung der Überschallknall,[46] Gewehr- und Revolverschüsse[47] sowie das Platzen von Einweckgläsern und Saftflaschen[48].

26 Eine **Behälterexplosion** liegt vor, wenn die Wandung durch Überdruck von Gasen oder Dämpfen in einem solchen Umfang zerrissen wird, dass ein plötzlicher Ausgleich des Druckunterschieds innerhalb und außerhalb des Behälters stattfindet, Teil A § 1 Nr. 4 II 1 AFB 2008/2010.[49] Die explosionstypische Gefahrenlage, die der Versicherungsschutz abdecken soll, besteht nur bei Geräten, die planmäßig einem hohen Innendruck ausgesetzt sind. Das betrifft vor allem Kessel, Rohrleitungen und Rohre. Um zuverlässig zu ermitteln, ob der Druckausgleich plötzlich stattgefunden hat, bedarf es eigentlich einer eingehenden Analyse der Faktoren Behälterdruck, Rissquerschnitt, Behälterfüllung, Risslage und Behältervolumen. Die Regulierungspraxis stellt vereinfachend auf folgende Kennzahlen ab: Bei Behältern von bis zu 100 cbm ist ein Rissquerschnitt von nicht mehr als 30 cm^2 pro m^3 erforderlich, bei größeren Behältern ein Rissquerschnitt von mindestens 3000 cm^2 absolut, bei Rohrleitungen ein Rissquerschnitt von mindestens 350 cm^2 absolut.[50] Obwohl sie zeitgleich mit dem versicherten Ereignis entstehen, sind Schäden in oder an dem explodierenden Behälter selbst mitversichert, weil es sich um unmittelbare Auswirkungen des Schadensereignisses handelt.[51]

27 **Ausgeschlossen** vom Explosionsbegriff sind Schäden an Verbrennungsmaschinen durch Explosionen, die in ihrem Inneren auftreten, sowie Explosionen an Schaltern durch den in ihnen auftretenden Gasdruck, Teil A § 1 Nr. 5 lit. c) AFB 2008/2010. Der Gefahrausschluss für Schäden an Verbrennungsmaschinen beruht darauf, dass es sich häufig um betriebsbedingte Abnutzungen handelt, der Gefahrausschluss für Schalter darauf, dass sich Explosionsschäden hier kaum von anderen Zerstörungen des Schalter unterscheiden lassen und besonders häufig auftreten.[52] Im Übrigen sind aber alle **Folgeschäden** einer Explosion **mitversichert**, wie Sengschäden, Schäden durch eine explosionsbedingte Schockreaktion oder Panik, aber auch ein etwaiger Ertragsausfallschaden.[53]

28 Mangels Ausdehnungsbestrebens von Gasen und Dämpfen sind Schäden, die durch **Unterdruck** hervorgerufen werden, etwa durch die Implosion einer Fernsehbildröhre, anders als in der Hausratsversicherung (Abschnitt A § 1 Nr. 1 lit. a) VHB 2008) in der Feuerversicherung **nicht mitversichert**. Teil A § 1 Nr. 4 II 3 AFB 2008/2010 stellt das deklaratorisch fest. Eine entsprechende Zusatzversicherung ist möglich, in den vom GDV herausgegebenen Klauseln SK (2010) und den Vorgängerklauseln aber nicht vorgesehen. Ebenfalls nicht ver-

---

41 H/E/K/*Wälder*, 9. Kap. Rn. 199; *Martin*, C II Rn. 14.
42 H/E/K/*Wälder*, 9. Kap. Rn. 202; a.A. *Boldt*, Feuerversicherung, S. 116 f.
43 H/E/K/*Wälder*, 9. Kap. Rn. 203; *Boldt*, Feuerversicherung, S. 117; a.A. *Martin*, C II Rn. 14.
44 *Boldt*, Feuerversicherung, S. 116 f.; *Hösl* VW 1971, 254, 256.
45 VersHb/*Philipp*, § 31 Rn. 5; H/E/K/*Wälder*, 9. Kap. Rn. 278; *Boldt*, Feuerversicherung, S. 73; differenzierend *Martin*, C III Rn. 7.
46 B/M/*Johannsen/Johannsen*^{8}, Bd. III, Anm. H 24; *Falckenberg*, Gefahrentdeckung, S. 24.
47 *Boldt*, Feuerversicherung, S. 71; *Falckenberg*, Gefahrentdeckung, S. 22 ff.; a.A. *Martin*, C III Rn. 7; P/M/*Kollhosser*^{27}, § 82 Rn. 8; R/L/*Langheid*^{2}, § 82 Rn. 5.
48 *Wussow*, § 1 AFB Anm. 28; a.A. *Sieg* VersR 1969, 963 f.; unentschieden H/E/K/*Wälder*, 9. Kap. Rn. 303.
49 Näher zur Behälterexplosion *Meyer-Kahlen* ZVersWiss 1993, 459, 464 ff.
50 GDV, Handbuch der Allgemeinen Sachversicherung, S. 121; *Meyer-Kahlen* ZVersWiss 1993, 459, 481 ff.; zuvor bereits *Bergmann* VW 1966, 1313; *ders*. ZVersWiss 1971, 445, 447.
51 Wie hier H/E/K/*Wälder*, 9. Kap. Rn. 341; a.A. *Martin*, C III Rn. 6; *Meyer-Kahlen* ZVersWiss 1993, 459, 486.
52 Zu Explosionsschäden an Schaltorganen: B/M/*Johannsen/Johannsen*^{8}, Bd. III, Anm. H 27.
53 OLG Oldenburg VersR 1982, 82; H/E/K/*Wälder*, 9. Kapitel Rn. 368 ff.; P/M/*Kollhosser*^{27}, § 82 Rn. 8.

sichert ist das Zerplatzen eines Behälters durch Flüssigkeitsdruck (z.B. Einfrieren von Flüssigkeiten, zu hoher Wasserdruck), da es an einem explosionstypischen Gas-Überdruck fehlt.[54]

d) Anprall oder Absturz eines Luftfahrzeugs

Eine Feuerversicherung gewährt Versicherungsschutz auch für Schäden an der versicherten Sache, die durch den Anprall oder den Absturz eines **Luftfahrzeugs**, seiner Teile oder seiner Ladung verursacht werden, ohne dass es dadurch zu einem Brand oder einer Explosion kommt, § 1 Nr. 1 lit. d) AFB 2008/2010. Mitversichert sind dadurch auch reine Trümmerschäden. Der Begriff des Luftfahrzeugs wird durch § 1 II LuftVG bestimmt. Versicherungsschutz besteht dementsprechend nicht nur gegenüber maschinenbetriebenen Flugkörpern, sondern auch gegenüber Drachen, Segelflugzeugen, Fallschirmen, usw. Nach den AFB 2008 und den AFB 2010, die an die Versicherung eines »Luftfahrzeugs« anknüpfen, kommt es **nicht mehr darauf an, ob der fragliche Flugkörper bemannt ist.** Das zeigt die Erwähnung von Modellflugzeugen in § 1 II Nr. 9 LuftVG. Etwas anderes gilt nach den AFB 87, die unter § 1 Nr. 1 lit. d) lediglich Versicherungsschutz für »bemannte Flugkörper« versprechen. Als bemannt i.d.S. gilt ein Flugkörper auch dann, wenn die Besatzung ihn, etwa vor einem Absturz, entgegen seiner Bestimmung verlassen hat.[55] Grundsätzlich muss aber eine Besatzung vorhanden oder zumindest vorgesehen sein.[56] Schutz gegen unbemannte Flugkörper wird auf Grundlage der AFB 87 nur gewährt, wenn eine entsprechende Zusatzklausel (Klausel 3108) vereinbart ist. Eine solche ist wegen der erweiterten Grunddeckung für die AFB 2008 und die AFB 2010 nicht mehr vorgesehen. 29

Mitversichert sind **atypische Schäden** durch einen Absturz oder Anprall, etwa ein Überschwemmungsschaden an dem versicherten Gegenstand, der durch den Absturz eines Flugkörpers auf ein Wehr verursacht wird.[57] Es muss aber ein Anprall oder Absturz vorliegen; Schäden, die durch Luftdruck eines niedrig überfliegenden Luftfahrzeugs hervorgerufen werden, sind nicht mitversichert. 30

Der Passus »**Teile des Luftfahrzeugs** oder seine Ladung« ist weit auszulegen. Darunter fallen nicht nur beförderte Sachen wie Frachtgut und Reisegepäck, sondern auch Schäden, die durch Passagiere verursacht werden, die aus einem Luftfahrzeug herausgeschleudert worden oder herausgefallen sind.[58] Das gleiche gilt für Eis, das sich während des Fluges am Luftfahrzeug bildet, sich dann während des Fluges ablöst und herabstürzt.[59] Für eine derart weite Auslegung des § 1 Nr. 1 lit. d) AFB 2008/2010 spricht dessen Zweck, den VN umfassend zu schützen. Dieser Zweck spiegelt sich in der Erweiterung des Schutzes von der Versicherung gegenüber »bemannten Flugkörpern« in den AFB 87 zum Schutz gegenüber »Luftfahrzeugen« in den AFB 2008/2010 wieder. 31

e) Löschen, Niederreißen oder Ausräumen

Soweit eines der vorbeschriebenen Ereignisse als Schadensursache auftritt, sind die adäquat kausal erforderlichen Aufwendungen, die durch das Löschen, Niederreißen oder Ausräumen entstehen, mitversichert. Das ergibt sich zumindest für Löschen und Niederreißen schon daraus, dass es sich regelmäßig um Maßnahmen der Schadensminderung handelt. Ausräummaßnahmen, die in unmittelbarem räumlichen und zeitlichen Zusammenhang mit einem Schadensereignis vorgenommen werden, sind Rettungstätigkeiten, die ohne besondere Erwähnung vom Versicherungsschutz umfasst sind. Beim Löschen, Niederreißen und Ausräumen handelt es sich also nicht um originär versicherte Gefahren, sondern um mitversicherte Folgeschäden.[60] 32

Vom Ausräumen ist das **Aufräumen** zu unterscheiden, Teil A § 5 Nr. 2 AFB 2010, einer zusätzlichen Leistung des VR (dazu unten Rdn. 78).

f) Beweislast

Nach den allgemeinen Regeln trägt der VN die Beweislast für das Eintreten des Versicherungsfalls. Beweisschwierigkeiten können sich insbes. bei Überspannungsschäden in Folge Blitzschlags[61] und beim Abhandenkommen versicherter Sachen im Zusammenhang mit einer versicherten Gefahr[62] ergeben. Häufig ist es dem VN nachgelassen, einen Anscheinsbeweis zu erbringen.[63] 33

---

54 *Martin*, C III Rn. 12.
55 A.A. B/M/*Sieg/Johannsen*[8], Bd. III, Anm. C 2.
56 *Martin*, C IV Rn. 3; zu den Grenzen des Versicherungsschutzes für unbemannte Flugkörper LG Saarbrücken VersR 2005, 1728 (Feuerwerksraketen); ferner *Wälder* r+s 2007, 425.
57 *Martin*, C IV Rn. 4.
58 *Wälder* r+s 2006, 139, 141 f.
59 Wie hier Anh. L, Rdn. 26.
60 A.A. B/M/*Sieg/Johannsen*[8], Bd. III, Anm. C 2.
61 LG Aachen r+s 1988, 269 m. Anm. *Wälder* ebd., S. 270; LG Gießen r+s 1995, 392.
62 Dazu Terbille/Höra/*Johannsen*, § 5 Rn. 56.
63 OLG Hamm VersR 1987, 1029 (Nachweis des Brandes und seiner Ursächlichkeit für den Schaden).

Anhang K Feuerversicherung

3. Risikoausschlüsse
a) Grundsätzliches

34 Die früher in § 84 a.F. geregelten Risikoausschlüsse in der Feuerversicherung sind jetzt nur noch in den AFB geregelt (§ 2 AFB 2010). Es handelt sich um die klassischen Fälle des Kriegs und der kriegsähnlichen Ereignisse, innere Unruhen, Erdbeben und Schäden durch Kernenergie. In allen diesen Fällen genügt eine bloße Mitursächlichkeit der Ausschlusstatbestände, um den Versicherungsschutz zu Fall zu bringen. Das kommt durch die Formulierung »ohne Rücksicht auf mitwirkende Ursachen« zum Ausdruck. Hinzu kommt der allgemeine Risikoausschluss des § 81.

b) Vorsätzliche oder besonders grob fahrlässige Herbeiführung des Versicherungsfalls

35 Der wichtigste Risikoausschluss in der Feuerversicherung ist die Herbeiführung des Versicherungsfalls nach § 81. Praktisch bedeutsam ist vor allem die Eigenbrandstiftung, die vom VN oder in dessen Auftrag begangen wird. Vorsatz ist schwierig zu beweisen. Nach neuem Recht muss der VR, der insoweit die Beweislast trägt,[64] sich daran aber versuchen, um in den Genuss der Leistungsfreiheit zu kommen. Bei grob fahrlässiger Eigenbrandstiftung greift das **Quotelungsprinzip** (dazu § 81 VVG Rdn. 50). Eine Ausnahme gilt in Fällen besonders grober Fahrlässigkeit, bei denen auch Leistungsfreiheit in Betracht kommt. Objektive Sorgfaltsmaßstäbe zur Ermittlung der Fahrlässigkeit ergeben sich etwa aus den Sicherheitsvorschriften i.S.d. § 11 Teil A AFB 2010.[65] Nach der bisherigen Spruchpraxis wird von **grober Fahrlässigkeit** etwa auszugehen sein beim Einfüllen von Asche, Kohle oder Zigarettenresten in brennbare Behältnisse, dem unbeaufsichtigten Brennenlassen von Kerzen oder Frittieren von Nahrungsmitteln[66], dem Anlassen von Elektroherdplatten oder Rauchen im Bett,[67] des Weiteren beim Durchführen von Schweißarbeiten durch einen fachunkundigen VN.[68] Ob besonders grobe Fahrlässigkeit vorliegt, die zur Leistungsfreiheit des VR führt (Kürzung auf Null), ist Frage des Einzelfalls. Schematische Festlegungen auf bestimmte Fallgruppen, in denen bei grober Fahrlässigkeit stets eine Leistungskürzung auf Null vorgenommen wird, wie dies für die Kfz-Haftpflichtversicherung bei Rotlichtverstößen vorgeschlagen wurde[69], verbieten sich. Regelmäßig wird es in den genannten Fällen daher zu einer anteilsmäßigen Kürzung des Anspruchs des VN kommen.[70]

36 Der Versicherungsfall kann auch durch **Unterlassen** herbeigeführt werden, und zwar dann, wenn bei dringender Gefahr die möglichen, geeigneten und zumutbaren Maßnahmen zum Schutz des versicherten Gegenstands unterlassen werden.[71] Weiterhin genügt es, wenn das Verhalten des VN **mitursächlich** für die Herbeiführung des Versicherungsfalls war.[72] Dazu genügt u.U., über die Möglichkeit und Durchführung einer Brandlegung zu sprechen (»Brandrede«), wenn sich eine Ursachenbeziehung zum tatsächlich gelegten Brand nachweisen lässt.[73]

c) Krieg und Innere Unruhen

37 Der Risikoausschluss für Schäden, die durch Krieg oder kriegsähnliche Ereignisse hervorgerufen werden (Teil A § 2 Nr. 1 AFB 2008/2010), folgt einem eigenen versicherungsrechtlichen **Kriegsbegriff**. Einer im Schrifttum oft anzutreffenden Abgrenzung gegenüber einem »völkerrechtlichen Kriegsbegriff«[74] bedarf es nicht, weil es einen solchen seit dem 2. Weltkrieg nicht mehr gibt. Erfasst sind bewaffnete Auseinandersetzungen zwischen zwei oder mehr Staaten, ohne dass es auf eine offizielle Kriegserklärung ankäme.[75] Dementsprechend sind auch Handlungen, die von militärischen Befehlshabern vor einer förmlichen Kriegserklärung[76] und nach völkerrechtlichem Kriegsende (Besatzungsschäden)[77] angeordnet werden, sowie Grenzkonflikte erfasst. Erforderlich

---

64 Zum notwendigen Vollbeweis OLG Köln r+s 2009, 414; ferner OLG Koblenz VersR 2010, 110 (für die Gebäudeversicherung).
65 Dazu OLG Zweibrücken VersR 2010, 364.
66 BGH VersR 2011, 916 (auch zum Augenblickversagen).
67 Vgl. LG Regensburg VersR 2008, 964 und KG Berlin VersR 2007, 1124.
68 OLG Schleswig VersR 2009, 633; OLG Oldenburg VersR 2003, 1262.
69 Siehe jetzt aber BGH v. 22.06.2011 – IV ZR 225/10 (juris).
70 Vgl. für einen Ansatz zur praktischen Handhabung etwa die »Matrix-Lösung« von *Philipp*, VersHb/*Philipp*, § 31 Rn. 40.
71 BGH VersR 1984, 25.
72 BGH VersR 1986, 962.
73 BGH VersR 1990, 173.
74 Vgl. etwa BK/*Dörner/Staudinger*, § 84 Rn. 4; B/M/*Johannsen/Johannsen*[8], Bd. III, Anm. H 36; P/M/*Kollhosser*[27], AFB 30 § 1 Rn. 21.
75 BK/*Dörner/Staudinger*, § 84 Rn. 4; B/M/*Johannsen/Johannsen*[8], Bd. III, Anm. H 36; *Krahe* VersR 1991, 634, 635; a.A. R/L/*Langheid*[2], § 84 Rn. 3.
76 BGH VersR 1952, 52.
77 OGH VersRdschau 1945, 309; OLG Düsseldorf VW 1949, 282; P/M/*Armbrüster*, § 2 AFB 2008 Rn. 5; a.A. BK/*Dörner/Staudinger*, § 84 Rn. 4.

ist aber eine innere adäquat-kausale Beziehung des Schadenssachverhalts zu den betreffenden Handlungen.[78] Bürgerkrieg, Revolutionen und Aufstände stehen nach Teil A § 2 Nr. 1 AFB 2008/2010 Krieg und kriegsähnlichen Ereignissen gleich. Nicht unter den Begriff des Kriegs und der kriegsähnlichen Ereignisse fallen indes **Terroranschläge** und Sabotageakte, es sei denn, sie wurden von einer kriegführenden Partei angeordnet.[79] VR vereinbaren bei Großrisiken aber zumindest nach dem 11.09.2001 einen zusätzlichen Risikoausschluss für Terrorakte.[80]

Innere Unruhen i.S.v. Teil A § 2 Nr. 2 AFB 2008/2010 liegen entsprechend § 125 I StGB vor,[81] wenn sich eine Menschenmenge zusammengerottet hat, die mit vereinten Kräften Gewalt gegen Menschen oder Sachen verübt. Erforderlich ist ein öffentliches, provokatorisches Handeln, das über dasjenige hinausgeht, an dass sich überwiegende Teile der Bevölkerung – wenn auch widerwillig – gewöhnt haben (Beispiel für Gewöhnung: Krawalle zum 1. Mai in Großstädten). Der Tatbestand der inneren Unruhe ist entsprechend auch dann nicht erfüllt, wenn die Mehrheit einer Demonstration nichts gegen Gewalttaten einer Minderheit unternimmt.[82] Dass eine Straftat verwirklicht wird, ist allerdings auch nicht erforderlich, um anzunehmen, dass eine innere Unruhe vorliegt.[83]   38

d) Erdbeben

Ausgeschlossen sind ferner Schäden durch Erdbeben, § 1 Nr. 5 lit. a) AFB 2008/2010. Bei einem Erdbeben handelt es sich um eine naturbedingte Erschütterung des Erdbodens durch geophysikalische Vorgänge im Erdinneren, ohne dass es auf eine Mindeststärke ankäme.[84] Nicht erfasst sind Erschütterungen durch Sprengungen, da sie nicht naturbedingt sind. Da Deutschland weitgehend kein Erdbebengebiet ist, hat dieser Ausschlusstatbestand vor allem in Fällen Bedeutung, wo ein versichertes Gebäude in gefährdeten Gebieten im Ausland belegen ist, nach Art. 7 bzw. Art. 3, 4 Rom-I-VO aber deutsches Recht auf das Versicherungsverhältnis Anwendung findet.   39

e) Kernenergie

Der Risikoausschluss für Schäden aus Kernenergie (Teil A § 2 Nr. 3 AFB 2008/2010) betrifft Schäden, welche durch die friedliche Nutzung von Kernenergie hervorgerufen werden, etwa der Ausbruch von Bränden und Explosionen, die durch Kernumwandlungsprozesse entstehen, oder Strahlungs- und Kontaminationsschäden. Erfasst sind auch Schäden, die dem Umgang mit abgebrannten Brennelementen zuzurechnen sind. Die Haftung für derartige Schäden wird durch die Pariser Konvention vom 29.07.1960 und ergänzend durch die Gefährdungshaftung nach §§ 25 ff. Atomgesetz umfassend geregelt. Versicherungsschutz für Schäden durch radioaktive Isotope kann aber einzelvertraglich vereinbart werden (vgl. Klausel SK (2010) 1101).   40

f) Beweislast

Die Beweislast für das Eingreifen eines Ausschlusstatbestands einschließlich der notwendigen Kausalbeziehung zwischen Schaden und ausschließendem Ereignis trägt nach den allgemeinen Regeln der VR. AFB-Klauseln (etwa § 1 Nr. 7 AFB 87), nach denen es dem VR nachgelassen ist, lediglich die überwiegende Wahrscheinlichkeit des Vorliegens eines Ausschlusstatbestands nachzuweisen, verstoßen gegen § 309 Nr. 12 BGB. Zu Beweiserleichterungen für den VR, insbes. in Fällen der Eigenbrandstiftung, in denen der VR seine Beweislast nur schwer schultern kann, hat sich die Rspr. bisher nicht bereitgefunden.[85] Das Gleiche gilt für Vorsatz und besonders grobe Fahrlässigkeit im Rahmen des § 81. Auch hier muss der VR vollen Beweis führen.[86] Auch sonst kann sich der VR nur ganz ausnahmsweise auf den Beweis des ersten Anscheins stützen, etwa wenn erwiesen ist, dass ein Brandschaden in zeitlicher und räumlicher Nähe zu inneren Unruhen entstanden ist, und feststeht, dass entsprechende Brände durch Beteiligte an den inneren Unruhen herbeigeführt worden sind.[87]   41

---

78 BGHZ 2, 55; *Krahe* VersR 1991, 634, 636.
79 *Armbrüster* VersR 2006, 13; *Ehlers* r+s 2002, 133, 135; Terbille/Höra/*Johannsen*, § 5 Rn. 39; ferner BK/*Dörner/Staudinger*, § 84 Rn. 9.
80 Dazu *Fricke* VersR 2002, 6, 8; *Langheid/Rupietta* NJW 2005, 3233, 3234 f. und die AFB 2008/2010 mit Terrorausschlussklausel.
81 Dazu schon BGH VersR 1975, 175; H/E/K/*Wälder*, 9. Kap. Rn. 782 ff.; Wussow, § 1 AFB Anm. 48.
82 OLG Frankfurt (Main) r+s 1993, 467 (Kaufhausplünderung während einer Demonstration); P/M/*Armbrüster*, § 2 AFB 2008 Rn. 9; Wussow, § 1 AFB Anm. 48.
83 BK/*Dörner/Staudinger*, § 84 Rn. 9.
84 *Martin*, F I Rn. 3; *Koch* ZfV 1999, 696, 699.
85 BGH VersR 1996, 186; VersR 2005, 1387; kritisch *Langheid* VersR 1992, 13.
86 Kein Anscheinsbeweis: BGH NJW-RR 1997, 112; VersR 2007, 1429; OLG Karlsruhe VersR 1991, 181; ZfS 2007, 577; OLG Nürnberg VersR 1995, 331; BK/*Beckmann*, § 61 Rn. 104; kritisch *Langheid* VersR 1992, 13.
87 Näher *Martin*, F I Rn. 10; H/E/K/*Wälder*, 9. Kap. Rn. 7.

Anhang K Feuerversicherung

4. Versicherte Sachen

42 Zumindest im Bereich der industriellen und gewerblichen Feuerversicherung werden die versicherten Sachen regelmäßig im Versicherungsschein in verschiedene Gruppen (sog. Positionen) aufgegliedert, für die oft unterschiedliche Versicherungssummen und Prämiensätze gelten. Zu den einzelnen Positionen gibt es standardisierte Erläuterungen, die in der industriellen Feuerversicherung Vertragsbestandteil sind und der AGB-Kontrolle unterliegen (siehe oben Rdn. 10).

a) Gebäude und sonstige Grundstücksbestandteile

43 Nach Teil A § 3 Nr. 1 lit. a) AFB 2008/2010 sind die im Versicherungsvertrag bezeichneten Gebäude und die sonstigen Grundstücksbestandteile i.S.d. § 94 BGB versichert. Der Gebäudebegriff ergibt sich aus 1.1–1.2 der **Positionen-Erläuterung**. Der dort entwickelte Gebäudebegriff geht teilweise über den des bürgerlichen Rechts hinaus, teilweise bleibt er auch dahinter zurück (näher oben Rdn. 10). Zur Auslegung kann im Übrigen kaum auf den **Gebäudebegriff der verwandten Einbruchdiebstahlsversicherung** zurückgegriffen werden.[88] Dieser ist stark von den strafrechtlichen Wertungen des § 243 I 2 Nr. 1 StGB geprägt. Diese Prägung hat der Gebäudebegriff in der Feuerversicherung nicht. Das wirkt sich auf Merkmale wie die räumliche Umfriedung, den Schutz gegen äußere Einflüsse (Rohbauten!) oder die Eignung zum Betreten durch Menschen aus, auf die es in der Feuerversicherung nicht ankommt. Die Parteien können aufgrund dieses offeneren Gebäudebegriffs auch bewegliche Sachen als Gebäude definieren und als solche versichern.[89] Ausgenommen vom Versicherungsschutz ist Zubehör i.S.d. § 97 BGB, Teil A § 3 Nr. 2 AFB 2008/2010.[90] Die Gebäude und sonstigen Grundstücksbestandteile müssen nicht im Eigentum des VN stehen, um Versicherungsschutz zu genießen.[91] Das ist von Belang für die Versicherung auf fremde Rechnung und folgt aus einem Umkehrschluss zu Teil A § 3 Nr. 3 lit. a) AFB 2008/2010. Diese Vorschrift sieht im Übrigen **keine unbedingte dingliche Surrogation** vor: Wird an der Stelle eines versicherten Gebäudes ein anderes errichtet, ist dieses nur insoweit vom Versicherungsschutz erfasst, als es nicht über das ursprüngliche Gebäude hinausreicht.[92] Die übrigen Bauteile sind nicht mitversichert.

b) Bewegliche Sachen

44 Bewegliche Sachen sind in der Feuerversicherung nur unter zwei Voraussetzungen versichert. Zunächst müssen sie im Versicherungsvertrag **bezeichnet werden**. Das geschieht zumeist in einer sog. »Pauschaldeklaration«, die den Versicherungsschutz auf Waren und Rohstoffe sowie die technische und kaufmännische Betriebseinrichtung (z.B. Büroeinrichtung, Maschinen, Arbeitsmittel) erstreckt.

45 Weiterhin müssen die beweglichen Sachen **im Eigentum** – auch Sicherungseigentum[93] – **des VN** stehen (Teil A § 3 Nr. 3 lit. a) AFB 2008/2010), von ihm unter Eigentumsvorbehalt erworben worden oder mit Kaufoption geleast sein (Teil A § 3 Nr. 3 lit. b) AFB 2008/2010) oder einem anderen zur Sicherung übereignet sein (Teil A § 3 Nr. 3 lit. c) AFB 2008/2010), um Versicherungsschutz zu genießen. Die Beweislast für das Vorliegen eines dieser drei Tatbestände trägt der VN.[94]

46 **Fremde bewegliche Sachen** sind nur mitversichert, sofern sie ihrer Art nach zu den versicherten Sachen zählen und wenn der VN das fremde Eigentum zur Bearbeitung, Benutzung, Verwahrung oder zum Verkauf in Obhut genommen hat, Teil A § 3 Nr. 4 AFB 2008/2010. Unter Obhut ist dabei ein Rechtsverhältnis zu verstehen, kraft dessen der VN Sorgfalts- und Fürsorgepflichten hinsichtlich der beweglichen Sachen übernommen hat.[95] Obhut liegt entsprechend bereits bei bloß gefälligkeitshalber aufbewahrten Sachen vor. Zu denken ist aber auch an die Produktion unter Verwendung fremder Sachen oder die Reparatur von Kundeneigentum im Rahmen eines Werkvertrags.[96] Keine Obhut des VN ist hingegen anzunehmen, wenn dieser nachweislich mit dem Eigentümer vereinbart hat, dass dessen Sachen nicht versichert werden müssen. Die Mitversicherung fremder beweglicher Sachen kann Anlass geben, eine erhebliche Unterversicherung nach § 75 zu prüfen.

47 Obwohl es sich um grundsächlich mitversicherte bewegliche Sachen handelt, enthält Teil A § 3 Nr. 6 AFB 2008/2010 eine Liste von Gegenständen, die **nur auf Grundlage einer gesonderten individuellen Vereinbarung** mitversichert sind. Dazu zählt die Versicherung von Bargeldbeständen und anderen Wertsachen (Klauseln SK (2010) 1209 sowie 3201), Edelmetallen in Zahnarztpraxen und Zahnlabors (Klausel SK (2010)

---

[88] Zum Gebäudebegriff in der Einbruchdiebstahlsversicherung OLG Saarbrücken r+s 2001, 206; zur Auslegung in der Feuerversicherung ausführlich B/M/*Johannsen/Johannsen*⁸, Bd. III, Anm. H 89.
[89] OLG Düsseldorf VersR 2002, 1279 (Verkaufsanhänger).
[90] Daran hält sich die Positionen-Erläuterung in 1.1–1.2 nicht.
[91] Auch hier weicht die Positionen-Erläuterung in 1.1–1.2 teilweise ab.
[92] OLG Düsseldorf r+s 2005, 465; P/M/*Armbrüster*, § 3 AFB 2008 Rn. 3.
[93] LG Aachen VersR 1993, 419.
[94] BGH r+s 1999, 31; VersHb/*Philipp*, § 31 Rn. 14.
[95] VersHb/*Rüffer*, § 33 Rn. 80; *Martin*, H III Rn. 70.
[96] OLG Frankfurt (Main) r+s 1998, 338.

1207), Hausrat (Klausel SK (2010) 1206), Automaten (Klauseln SK (2010) 1212 und 1213) oder Kraftfahrzeugen (Klauseln SK (2010) 3202–3205).

c) Daten und Programme

Teil A § 4 AFB 2010 trägt der wachsenden Bedeutung von Daten und Datenträgern für den beruflichen und privaten Alltag Rechnung. Soll sich der Versicherungsschutz auf Daten und Programme erstrecken, ist eine ausdrückliche **Erwähnung sinnvoll, da es sich nicht um körperliche Gegenstände** und damit nicht um Sachen handelt, ein Schutz nach Teil A § 3 Nr. 1 AFB 2008/2010 also nicht besteht. Die AFB 2010 halten dies – anders als die AFB 2008 – nicht mehr ausdrücklich fest. In der Sache hat sich dadurch aber nichts geändert. Nach Maßgabe von Teil A § 4 Nr. 1 AFB 2008/2010, der die bisherige Praxis zu Daten- und Programmverlusten[97] erstmalig in einer AVB festschreibt, hat der VR auch für Schäden, die auf dem Verlust, der Veränderung oder der Nichtverfügbarkeit von in Nr. 2–4 näher bezeichneten Daten beruhen, aufzukommen. Voraussetzung ist, dass Verlust, Veränderung oder Nichtverfügbarkeit ihrerseits auf einem versicherten Schaden an einem Datenträger beruhen, auf dem die Daten und Programme gespeichert waren. Daraus folgt, dass Schäden, die nur die Daten oder Programme betreffen, nicht aber den Datenträger selbst, wie eine Löschung durch Bedienfehler, Stromausfälle oder datenunterdrückendes Verhalten Dritter, nicht mitversichert sind.[98] Ob die mitversicherten Daten und Programme für die Grundfunktion einer versicherten Sache notwendig oder zum Handel bestimmt sind, ist allerdings unerheblich.

Ausgenommen vom Versicherungsschutz sind Daten und Programme, die der VN unbefugt benutzt oder die nicht betriebsfertig sind, sowie Kosten für Kopierschutz und ähnliche Sicherungsvorkehrungen, Teil A § 4 Nr. 5 AFB 2008/2010.

5. Grenzen des Versicherungsschutzes

Bei länger dauernden Bränden kann es zu Fragen hinsichtlich der **zeitlichen Grenzen** des Versicherungsschutzes kommen. Der Feuerversicherer muss nur für Schäden eintreten, die während der Dauer des zugesagten Versicherungsschutzes entstanden sind. Maßgeblich ist der Zeitpunkt, in dem die versicherten Sachen durch versicherte Gefahren beschädigt oder zerstört werden.[99] Hat ein Brand oder eine andere versicherte Gefahr allerdings zum Ende der vereinbarten Versicherungszeit bereits einen Teil der versicherten Sachen beschädigt oder zerstört und entstehen durch dieselbe Gefahr später weitere Schäden, so haftet der VR in vollem Umfang.[100]

Versichert sind grundsätzlich nur Schäden, die am vereinbarten **Versicherungsort** eintreten, Teil A § 6 Nr. 1 lit. a) I AFB 2008/2010. Das gilt für Schäden an beweglichen und unbeweglichen Sachen gleichermaßen (anders noch § 4 Nr. 1 AFB 87). Die Schadensursache (Brand, Explosion usw.) kann auch außerhalb des Versicherungsortes belegen sein (zum Ausnahmefall des Blitzschlags oben Rdn. 24). Welches der Versicherungsort ist (z.B. Gebäude, Räume von Gebäuden oder Grundstücke), ergibt sich durch objektive Auslegung der AVB und einzelvertraglichen Vereinbarungen.[101] In Betracht kommen auch mehrere Versicherungsorte. Ist in den AVB kein Versicherungsort festgelegt, muss er durch ergänzende Vertragsauslegung ermittelt werden.[102] **Ausnahmsweise** mitversichert, obwohl sie sich nicht am Versicherungsort befinden, sind Sachen, die infolge eines eingetretenen oder unmittelbar bevorstehenden Versicherungsfalles von dem Versicherungsort entfernt werden und in zeitlichem und örtlichem Zusammenhang mit diesem Vorgang beschädigt oder zerstört werden bzw. abhandenkommen, Teil A § 6 Nr. 1 lit. a) II AFB 2008/2010. Zu denken ist etwa an einen überhasteten Abtransport zur Schadensabwendung bzw. Schadensminderung. Trifft den VN selbst ein Verschulden an den eingetretenen Schäden, gilt § 81. Er hat auch darzulegen und zu beweisen, dass sich die zerstörten, beschädigten oder abhandengekommenen Sachen zum Zeitpunkt des schädigenden Ereignisses am Versicherungsort befunden haben.

Nicht mitversichert sind nach Teil A § 6 Nr. 2 AFB 2008/2010 Gebrauchsgegenstände von Betriebsangehörigen in deren Wohnung. Diese Gegenstände lassen sich durch eine Hausratsversicherung des Betriebsangehörigen schützen. Teil A § 6 Nr. 3 AFB 2008/2010 bestimmt, dass **Bargeld und bestimmte Wertgegenstände** nur versichert sind, wenn sie sich in verschlossenen Räumen oder Behältnissen befinden, wie sie im Versicherungsvertrag näher bezeichnet sind. Dabei handelt es sich um eine nähere Bestimmung des Versicherungsortes und damit um einen Risikoausschluss, nicht um eine verhüllte Obliegenheit, mit der Folge, dass es

---

97 Dazu H/E/K/*Gallmeister*, 12. Kap. Rn. 61.
98 B/M/*Johannsen*, A § 4 AFB 2008/2010; zu Schutzmöglichkeiten in der Elektronikversicherung: VersHb/*Spindler*, § 40 Rn. 146 ff.
99 BGH VersR 1991, 460.
100 BGH VersR 1991, 460 (wiederaufflackernder Schwelbrand); Terbille/Höra/*Johannsen*, § 5 Rn. 113; a.A. *Martin*, B IV Rn. 3.
101 BGH VersR 1966, 673 (zur falschen Bezeichnung).
102 B/M/*Johannsen*, A § 6 AFB 2008/2010 Rn. 1.

allein auf das Vorliegen der objektiven Voraussetzungen ankommt.[103] Für Geschäfte (z.B. Juweliere oder Uhrmacher) besteht eine Ausnahmeregelung während der Ladenöffnungszeiten, Teil A § 6 Nr. 3 II AFB 2008/2010.

III. Obliegenheiten des VN
1. Grundlagen

53 Für die Obliegenheiten des VN gelten die allgemeinen Regeln. Hier soll nur auf einige Besonderheiten für Verträge in der Feuerversicherung hingewiesen werden. Hinsichtlich der **Repräsentantenhaftung** gelten in der Feuerversicherung Mieter und Pächter eines Gebäudes nur unter besonderen Voraussetzungen[104] als Repräsentanten des Eigentümers, wenn dieser VN ist, da sie für gewöhnlich nicht die alleinige Obhut über die versicherten Sachen haben.[105] Bei einem Ehegatten müssen über die bloße Heirat weitere Umstände hinzukommen, etwa die Betrauung mit der Leitung eines Unternehmens, für dessen Betrieb Feuerversicherungsschutz besteht, um ihn als Repräsentanten ansehen zu können.[106] Auch als **Wissenserklärungsvertreter**, dem insbes. beim Ausfüllen von Fragebögen im Rahmen der vorvertraglichen Anzeigepflicht des VN Bedeutung zukommt, gelten Ehegatten in der Feuerversicherung nur, wenn sie mit der Abgabe von Erklärungen gegenüber dem VR besonders betraut worden sind.[107]

2. Gesetzliche Obliegenheiten
a) Vorvertragliche Anzeigepflicht

54 Hinsichtlich der **vorvertraglichen Anzeigepflicht** des VN nach §§ 19 ff. ist beachtlich, dass nach dem neukodifizierten VVG die Gefahrerheblichkeit eines Umstands, nach dem der VR in Textform (§ 126b BGB) gefragt hat, nicht mehr automatisch angenommen werden kann wie aufgrund der Vermutung des § 16 I 3 a.F. Die Falsch- oder Nichtanzeige von Umständen, nach denen gefragt wird, die dem VN auch bekannt sind, die aber keine Gefahrrelevanz besitzen, bleibt entsprechend folgenlos. Die Beweislast hinsichtlich der Gefahrrelevanz trägt der VR (§ 19 VVG Rdn. 81). Die VR sind aufgerufen, die Fragenkataloge, welche sie den VN vorlegen, besonders sorgfältig zu entwerfen. In der Feuerversicherung sind die Gerichte in der Vergangenheit eher streng gewesen, was die Anforderungen an die **Klarheit der Fragen** anbelangt. Will der VR etwa wissen, ob ein Gebäude bewohnt oder unbewohnt ist, muss er dies klar zum Ausdruck bringen. Aus der Frage, ob das Gebäude noch im Bau ist oder bloß als Feriendomizil dient, muss ein VN nicht herauslesen, dass es dem VR um den Bewohnungszustand des Objekts geht.[108] Unklarheiten im Fragenkatalog wirken sich zumindest auf das Verschuldensmaß aus, das dem VN bei der Verletzung einer vorvertraglichen Anzeigepflicht vorgeworfen wird.

55 **Gefahrerheblich** sind in der Feuerversicherung nicht nur Umstände, die den Eintritt des Versicherungsfalls beeinflussen, wie die Lagerung brennbaren Materials oder die Beschaffenheit und Lage der versicherten Sache, sondern auch sonstige Umstände, welche die Eintrittspflicht des VR betreffen, wie etwa das Bestehen weiterer Versicherungen, abgelehnte Anträge auf Feuerversicherungsschutz oder frühere Verurteilungen des VN wegen Brandstiftung.[109] Nach begangenen Brandstiftungsdelikten, die nicht aufgedeckt worden sind, darf der VR nicht fragen. Dem stehen das Verfassungsgebot des *nemo-tenetur*-Grundsatzes und – flankierend – das Recht auf informationelle Selbstbestimmung entgegen. In der industriellen Feuerversicherung gehört zur Risikoprüfung regelmäßig eine Besichtigung des Objekts.

56 Ausnahmsweise kommt auch nach dem neu kodifizierten VVG eine **spontane Anzeigepflicht** des VN in Betracht. Das kann zum einen bei stark individualisierten Verträgen der Fall sein, weil hier die Grundvermutung des Reformgesetzgebers, der VR könne das Risiko besser einschätzen als der VN, nicht stimmt. Des Weiteren lässt sich an eine spontane Anzeigepflicht denken, wo die Fragenkataloge des VR naturgemäß lückenhaft sind. Für den Bereich der Feuerversicherung ist an Straftaten, die einer versicherten Sache drohen, zu denken (z.B. Brandstiftung[110] oder Schutzgelderpressung[111]), nach denen regelmäßig nicht gefragt wird. Rechtstechnisch handelt es sich um eine vorvertragliche Anzeigepflicht nach § 241 II BGB. § 22 i.V.m. § 123 BGB eröffnet die Möglichkeit einer solchen Anzeigepflicht im Rahmen einer arglistigen Täuschung durch Unterlassen.

---

103 P/M/*Armbrüster*, § 6 AFB 2008 Rn. 9; B/M/*Johannsen*, A § 6 AFB 2008/2010 Rn. 7; vgl. auch BGH VersR 1983, 573; VersR 1972, 575.
104 OLG Hamm r+s 2002, 27 (Teilübernahme der Risikoverwaltung durch den Mieter).
105 BGH VersR 1989, 737; VersR 1989, 909.
106 BGH VersR 1989, 736; r+s 1994, 284; Terbille/Höra/*Johannsen*, § 5 Rn. 122; vgl. auch schon *Stürmer* VersR 1983, 310; a.A. OLG Karlsruhe r+s 1998, 162.
107 BGHZ 122, 388, 391 = VersR 1993, 960.
108 BGH VersR 1984, 25; B/M/*Johannsen/Johannsen*[8], Bd. III, Anm. G 6.
109 Zum alten Recht BGH VersR 1986, 1089; OLG Hamm r+s 1998, 473.
110 KG Berlin NJW-RR 1999, 100.
111 BGH r+s 2010, 331 (zur Gefahrerhöhung).

b) Gefahrerhöhung

Die Besichtigung im Rahmen der Risikoprüfung bei der industriellen Feuerversicherung hat Bedeutung für den Tatbestand der **Gefahrerhöhung** i.S.d. § 23. Negative Abweichungen vom Besichtigungsbericht werden regelmäßig als Gefahrerhöhung anzusehen sein, vgl. auch Teil A § 11 Nr. 2 AFB 2008/2010 sowie Klausel SK (2010) 3605.[112] Die erforderliche Dauerhaftigkeit einer Gefahrerhöhung wird regelmäßig nicht bei einem einmaligen Fehlverhalten[113] oder bei einem Fehlverhalten, das nur wenige Stunden andauert,[114] vorliegen. Etwas anderes gilt dann, wenn eine einmalige Gefährdungshandlung für eine längere Zeit die Wahrscheinlichkeit erhöht, dass der Versicherungsfall eintritt.[115] 57

Betriebseinstellungen werden häufiger als in anderen Sparten der Sachversicherung als Gefahrkompensation zu beurteilen sein, weil durch eine solche Einstellung regelmäßig die Brandgefahr für die versicherte Sache sinkt.[116] Abzuwägen sind die sinkende Brandgefahr durch den Wegfall des Betriebs und die steigende Brandstiftungsgefahr durch verminderte Beaufsichtigung.[117] Eine ähnliche Abwägung ist beim **Leerstehen von Gebäuden** anzustrengen, das nicht nur Gefahrerhöhung, sondern auch Gefahrkompensation sein kann. Hier spielen Indizien, wie Hinweise auf eine unbefugte Benutzung durch Dritte, eine entscheidende Rolle.[118] 58

Im Übrigen gibt es eine ganze Reihe »klassischer« **Gefahrerhöhungen** im Bereich der Feuerversicherung. Brandreden des VN,[119] die Veränderung der Betriebsart[120] oder der verwandten Betriebsmittel – etwa das Erhöhen der Brandleistung eines Ofens durch Zugabe brennbarer Flüssigkeiten[121] – sowie die Einlagerung feuergefährlicher Sachen[122] wie Benzin, Strohballen oder brennbarer Halbfertigfabrikate sind nach § 23 I beachtlich. Das Gleiche gilt für die Verwendung defekter bzw. selbst reparierter elektrischer Anlagen.[123] Hier lässt sich durch Vereinbarung der Klauseln SK (2010) 3602 und 3611 auf das Verhalten des VN einwirken. Ernstliche Drohungen Dritter, die versicherte Sache anzuzünden oder in die Luft zu sprengen, lösen eine Anzeigepflicht nach § 23 III aus. Ein gefahrerhöhender Umstand i.d.S. kann auch darin bestehen, dass verfeindete Verwandte über einen Generalschlüssel verfügen.[124] Teil A § 12 AFB 2008/2010 erschwert dem VN die Einlassung, er habe die fragliche Gefahrerhöhung nicht erkannt. 59

c) Rettungspflichten

Rettungspflichten nach § 82 sind für die Feuerversicherung besonders bedeutsam, um den versicherten Schaden überschaubar zu halten. Dem VN obliegen insoweit beim Auftreten eines Brandes vor allem die Benachrichtigung der Feuerwehr, zumutbare Sicherungs- (z.B. Türenschließen) und Löscharbeiten vor deren Eintreffen und das zumutbare Fortschaffen von versicherten Sachen, die vom Feuer bedroht sind.[125] Der VN muss unverzüglich handeln und sich so verhalten, als sei er nicht versichert.[126] Weiterhin begründet § 82 die Verpflichtung, Weisungen des VR einzuholen und zu befolgen. Nach der Vorerstreckungstheorie setzt die Rettungspflicht des VN nicht erst ein, wenn die versicherte Sache brennt, sondern bereits, wenn ihr Schaden droht, etwa weil ein Nachbargebäude Feuer gefangen hat. Das ergibt sich schon aus § 90. 60

3. Vertragliche Obliegenheiten

Vertraglich vereinbarte Obliegenheiten nach § 28 sind für die Feuerversicherung besonders bedeutsam. Bei solchen Obliegenheiten, die vor Eintritt des Versicherungsfalls zu beachten sind, geht es v.a. darum, zu verhüten, dass eine versicherte Gefahr sich erhöht oder verwirklicht. Dazu dient traditionell die Vereinbarung, bestimmte **Sicherheitsvorschriften** einzuhalten. § 32 a.F., der besagte, dass eine solche Vereinbarung nicht an den halbzwingenden Vorschriften über die Gefahrerhöhung zu messen ist, wurde im Rahmen der Neukodifikation von 2008 ersatzlos gestrichen. Das bedeutet, dass die §§ 23 ff. nunmehr bei der Abfassung vertraglicher Obliegenheiten, die darauf gerichtet sind, zu beachten sind. Besondere Sicherheitsvorschriften finden sich in 61

---

112 Vgl. auch LG Düsseldorf ZfS 2008, 279.
113 OLG Hamm r+s 1995, 325 f. (Auftauen von Wasserleitungen mittels eines Industrieföns); OLG Celle r+s 1996, 111 (Lagern von Holz um einen Ofen).
114 AG Bochum r+s 1986, 105; P/M/*Armbrüster*, § 12 AFB 2008 Rn. 3.
115 BGH NJW 1951, 231 (Versehentliche Einfüllung brennbarer Flüssigkeit in eine Anlage, in der sie längere Zeit verbleibt).
116 VersHb/*Philipp*, § 5 Rn. 42.
117 Terbille/Höra/*Johannsen*, § 5 Rn. 78; ferner zum Leerstehen BGH r+s 2004, 377.
118 Dazu OLG Hamm VersR 2006, 113; OLG Rostock VersR 2008, 72; weiterhin zur Problematik des Leerstehens OLG Köln r+s 2000, 207; OLG Koblenz VersR 2005, 1283; OLG Celle VersR 2010, 383, 384.
119 OLG Schleswig VersR 1992, 1258; OLG Brandenburg VersR 2000, 1014; *Sieg* VersR 1995, 369.
120 OLG Düsseldorf VersR 1953, 111 (Umwandlung einer Gastwirtschaft in einen Produktionsbetrieb).
121 OLG Nürnberg VersR 2002, 1232.
122 OLG Oldenburg VersR 1985, 978; OLG Hamm r+s 1990, 22; AG Lüdinghausen VersR 1967, 125.
123 OLG Hamm VersR 1971, 805 f.; vgl. aber OLG Hamm VersR 1985, 488.
124 LG Nürnberg-Fürth VersR 2008, 1648.
125 Terbille/Höra/*Johannsen*, § 5 Rn. 109.
126 BGH VersR 1972, 1039.

Anhang K Feuerversicherung

Teil A § 11 AFB 2008/2010.[127] In der industriellen Feuerversicherung sind weitere vertraglich vereinbarte Sicherheitsbestimmungen üblich, z.B. was die Überprüfung elektrischer Anlagen oder die Installation von Brandschutzanlagen anbelangt (vgl. Klauseln SK (2010) 3602, 3603, 3607, 3610). Darüber hinaus enthält Teil B § 8 Ziff. 1 lit. a) aa) AFB 2008/2010 einen Hinweis auf gesetzliche und behördliche Sicherheitsvorschriften. Zu den gesetzlichen Sicherheitsvorschriften zählen etwa die §§ 306f ff. StGB, die Feuer-VO, die Landesbauordnungen nebst Durchführungsverordnungen und die Schornsteinfegergesetze, zu den behördlichen Sicherheitsvorschriften z.B. die Unfallverhütungsvorschriften des Gaststättengewerbes,[128] u.U. aber auch Regelungen von Berufsgenossenschaften.[129] Eine Verschärfung gesetzlicher oder behördlicher Sicherheitsvorschriften ist nur im Wege der Individualabrede, nicht im Rahmen von AVB möglich.[130] Der **VN verletzt eine vertragliche Obliegenheit**, wenn er entweder nicht tut, was ihm (durch eine Sicherheitsvorschrift) vorgeschrieben wird, oder eine verbotene Handlung vornimmt. Auch eine teilweise Nichterfüllung oder Schlechterfüllung genügt, um eine Obliegenheitsverletzung anzunehmen, etwa wenn der VN vorgeschriebene Prüfgänge zwar unternimmt, aber nicht in den vorgesehenen Abständen.[131] Vereinbarte Maßnahmen darf der VN nicht nach eigenem Gutdünken durch andere, ihm geeignet erscheinende Maßnahmen ersetzen. Im Einzelfall mag eine solche Ersatzmaßnahme aber die Kausalität zwischen der Verletzung der Obliegenheit und dem Eintritt des Versicherungsfalls bzw. der konkreten Leistungspflicht des VR entfallen lassen. Der eigenen Verletzung einer vertraglichen Obliegenheit durch den VN ist die **Duldung der Verletzung durch Dritte** (z.B. Familienangehörige, Arbeitnehmer etc.) gleichgestellt. Der VN haftet auch insoweit für das Verhalten seiner Repräsentanten.

62 Vertragliche Obliegenheiten, welche der VN bei und nach dem Versicherungsfall zu beachten hat, sind im Einzelnen in Teil B § 8 Nr. 2 lit. a) AFB 2008/2010 geregelt. Zusätzlich zur **Anzeige des Versicherungsfalles** nach § 30 I sieht § 13 Nr. 1 lit. a) und b) AFB 1987 vor, dass der VN das Abhandenkommen versicherter Sachen der zuständigen Polizeibehörde mitzuteilen hat.[132] Da Rechtsfolge bezugnehmend auf § 6 a.F. die Leistungsfreiheit sein soll, müssen die VR ihre AFB insoweit nach Art. 1 III EGVVG umstellen, da diese die gestufte Rechtsfolge des § 28 nicht wiedergeben und somit wegen Verstoßes gegen AGB-Recht unwirksam sind (vgl. Art. 1 EGVVG, Rdn. 30). § 8 Nr. 2 lit. a) ee) und ff). Teil B AFB 2008/2010 enthält für Neuverträge freilich eine inhaltsgleiche Bestimmung unter korrektem Hinweis auf § 28.

63 Die **Auskunfts- und Aufklärungsobliegenheit** des VN nach § 31 war nach altem Recht für die Feuerversicherung durch eine gesetzliche Obliegenheit in § 93 a.F. ergänzt, der vorsah, dass der VN bis zur Feststellung eines Schadens an einem Gebäude ohne Einwilligung des VR nur solche Veränderungen vornehmen darf, die dazu dienen, die Pflicht des VN nach § 62 a.F. oder ein öffentliches Interesse zu erfüllen. Eine entsprechende Obliegenheit ist nach ersatzlosem Wegfall des § 93 a.F. in Teil B § 8 Nr. 2 lit. a) gg) AFB 2008/2010 als vertragliche vorgesehen. Wegen der besonderen Bedeutung, welche die Aufklärung von Versicherungsfällen für den VR hat, ist als Rechtsfolge für eine Obliegenheitsverletzung die Leistungsfreiheit des VR vorgesehen. Für die Verletzung von vertraglichen Auskunfts- und Aufklärungsobliegenheiten nach dem Versicherungsfall ist insoweit § 28 IV zu beachten. Weiterhin hat die Rspr. die Rechtsfolge der Leistungsfreiheit in Einzelfällen von einer Güterabwägung abhängig gemacht, in welche u.a. das Maß des Verschuldens des VN einerseits und die Bedeutung der Leistungsfreiheit für seine wirtschaftliche Existenz andererseits einzufließen haben.[133] In den Grenzen der Zumutbarkeit muss der VN weiterhin jede Untersuchung des VR über die Ursache und die Höhe des Schadens sowie den Umfang seiner Leistungspflicht dulden, Teil B § 8 Nr. 2 lit. a) hh) AFB 2008.

IV. Versicherungssumme und -wert
1. Versicherungssumme

64 Die Feuerversicherung ist in Deutschland traditionell[134] nach oben durch die vereinbarten Versicherungssummen begrenzt. Um den VN vor den Folgen einer **Unterversicherung** zu schützen, gibt es aber eine Reihe von Sonderregelungen. Zu beachten ist für den Fall der Unterversicherung § 75, wobei die Unterversicherung in der Feuerversicherung für die einzelnen versicherten Positionen gesondert zu berechnen ist. Summenausgleichsklauseln, die einen Ausgleich zwischen verschiedenen Positionen herbeiführen,[135] können eine teilweise Unterversicherung abwenden, vgl. Klausel SK (2010) 1704. Die Beweislast für eine Unterversicherung trägt der VR.

---

127 Dazu auch *Schimikowski* ZfV 1995, 494 und 541.
128 Dazu etwa BGH NVersZ 2000, 389; OLG Hamm VersR 1990, 1230.
129 BGH VersR 1997, 485; LG Kassel r+s 2011, 27; HK-VVG/*Rüffer*, Abschnitt B § 8 AFB 2010 Rn. 1.
130 VersHb/*Philipp*, § 31 Rn. 40.
131 *Wussow*, § 7 AFB Anm. 7.
132 Vgl. auch *Knappmann*, in: FS Kollhosser, S. 195.
133 BGH VersR 1964, 164; VersR 1991, 1129; LG Köln r+s 2008, 246; B/M/*Johannsen/Johannsen*[8], Bd. III, Anm. G 139 f.
134 Zur Entwicklung mit Blick auf die Europäisierung Terbille/Höra/*Johannsen*, § 5 Rn. 133.
135 BGH VersR 1983, 1122.

2. Grundfragen des Versicherungswertes

Den Versicherungswert und damit die Versicherungssumme bestimmt grundsätzlich der VN selbst. Die Legaldefinition des § 74 I legt ihm dabei aber Grenzen auf. Den VR können im Vorfeld der Antragstellung Beratungspflichten nach § 6 I treffen.[136] Verletzt der VR diese Beratungspflicht, kann er sich nach § 6 V nicht auf eine Unterversicherung berufen. Darüber hinaus sind in der Praxis Klauseln üblich, mit denen der VR unter bestimmten Voraussetzungen darauf verzichtet, sich auf eine Unterversicherung zu berufen (z.B. Klausel 866). 65

Die **Höhe der Entschädigungsleistung** hängt davon ab, ob VR und VN eine Leistung auf Zeitwert- oder auf Neuwertbasis vereinbart haben. Zudem werden Selbstbeteiligungen – insbes. in der industriellen Feuerversicherung – immer bedeutsamer, Teil A § 8 Nr. 7 AFB 2008/2010.[137] Haben die Parteien keine Vereinbarung über die Entschädigungsleistung getroffen, ist gem. § 88 entsprechend den Grundsätzen von §§ 249 ff. BGB der Zeitwert maßgeblich. Nach § 76 kann der Zeitwert durch eine Taxe bestimmt werden. Beschränkungen für die Feuerversicherung, die sich insoweit aus § 89 a.F. ergaben, sind durch dessen ersatzlose Streichung weggefallen.

Die **Neuwertversicherung** ist in der Feuerversicherung verbreitet und zulässig. Ihr Sinn ist es, eine inflationsbedingte Unterversicherung zu vermeiden (gleitende Neuwertversicherung).[138] Mit dem Zeitverlauf kommt es zu Steigerungen in den Baupreisen. Diese könnten, würde nicht zum Neuwert versichert, den realen Wert des Gebäudes und damit den Versicherungsschutz unterminieren. Ein generelles versicherungsrechtliches Bereicherungsverbot, das einer Neuwertversicherung durch den Ausschluss eines Abzuges »neu-für-alt« entgegenstehen könnte, gibt es nicht.[139] Der VR hat es in der Hand, durch AVB den Deckungsumfang einzuschränken, sodass die Neuwertversicherung nicht zwingend an Entwertungsgrenzen und Wiederbeschaffungs-/Wiederaufbauklauseln gebunden ist. 66

Maßgeblicher Zeitpunkt für die Ermittlung der Leistungspflicht des VR ist der Versicherungswert unmittelbar vor Eintritt des Versicherungsfalls, Teil A § 8 Nr. 1 lit. a) AFB 2008/2010.[140] Verweigert der VR allerdings zu Unrecht die Deckung oder leistet er mit schuldhaftem Zögern, ist er für den Nachschaden gem. § 280 I bzw. §§ 280 I, II 286 BGB verantwortlich. 67

3. Versicherungswert bei Gebäudeschäden

Bei Gebäudeschäden ist **grundsätzlich** der **Neuwert**, d.h. der fiktive ortsübliche Neubauwert eines Gebäudes von mindestens[141] gleicher Art und Güte einschließlich Architektengebühren[142] und sonstiger Konstruktions- und Planungskosten, zu ersetzen, Teil A § 7 Nr. 1 lit. a) aa) AFB 2008/2010. Das gilt auch, wenn und insoweit der VN Eigenleistungen erbringt, die qualitativ den Leistungen eines Fachbetriebs entsprechen.[143] Die AFB 2010 stellen jetzt klar, dass Bestandteil des Neuwertes auch Aufwendungen sind, die dadurch entstehen, dass die Wiederherstellung der Sachen in derselben Art und Güte infolge **Technologiefortschritts** entweder nicht möglich ist oder nur mit unwirtschaftlichem Aufwand möglich wäre. Eine Rechtsänderung gegenüber den AFB 2008 bedeutet dies nicht. Bereits dazu war anerkannt, dass die Wiedererrichtung eines Gebäudes nicht zwingend die Errichtung eines identischen Gebäudes sein muss, sondern dass Modernisierungen aufgrund technischer Änderungen zu berücksichtigen sind.[144] **Nicht zum Neuwert** zählen nach Teil A § 7 Nr. 1 lit. a) aa) III, IV AFB 2010 Mehrkosten durch behördliche Wiederherstellungsbeschränkungen und Mehrkosten durch Preissteigerungen zwischen dem Eintritt des Versicherungsfalls und der tatsächlichen Wiederherstellung. Beide Posten werden allerdings als Kosten nach Maßgabe des Teil A § 5 AFB 2010 ersetzt (näher unten Rdn. 72). 68

Abweichend von der Grundregel, dass Gebäudeschäden zum Neuwert versichert sind, muss der VR lediglich den **Zeitwert** ersetzen, wenn die Parteien dies vereinbart haben oder wenn der Zeitwert einen bestimmten Prozentsatz des Neuwertes unterschritten hat. In den AFB 87 waren noch fixe Angaben von 40 % bzw. 50 % bei landwirtschaftlichen Grundstücken als maßgebliche Prozentsätze vorgesehen. In den AFB 2008/2010 hat der VR selbst einen Prozentsatz einzutragen. Dieser unterliegt einer strengen AGB-Kontrolle, auch was den 69

---

136 P/M/*Armbrüster*, § 7 AFB 2008 Rn. 1.
137 Zu den verschiedenen Arten der als »Franchise« bezeichneten Selbstbeteiligung: H/E/K/*Gallmeister*, 12. Kap. Rn. 64 ff.
138 R/L/*Langheid*², § 88 Rn. 3.
139 BGH VersR 1998, 305; VersR 2001, 749; B/M/*Johannsen*, AFB 2008/2010 A § 7 Rn. 2; *Issler* VW 2000, 1972 f.; *Kollhosser* VersR 1997, 521; früher einschränkend unter Bezugnahme auf § 55 a.F. *Martin*, Q III Rn. 4 und R IV Rn. 9; vgl. auch *Kulenkampff* VersR 1983, 413.
140 A.A. *Martin*, Q I Rn. 60 ff.; zu Mehrkosten in Folge von Preissteigerungen und Technologiefortschritt BGH VersR 2008, 816 m. Anm. *Wälder* r+s 2008, 294.
141 P/M/*Armbrüster*, § 7 AFB 2008 Rn. 2.
142 Näher VersHb/*Philipp*, § 31 Rn. 32.
143 OLG Hamm VersR 2000, 845; P/M/*Armbrüster*, § 7 AFB 2008 Rn. 2.
144 Etwa OLG Köln r+s 2008, 111 (zu den VGB 88); P/M/*Armbrüster*, § 7 AFB 2008 Rn. 4; *Wälder* r+s 2007, 8.

Charakter als überraschende Klausel i.S.v. § 305c BGB anbelangt.[145] Der Zeitwert entspricht dem Neuwert des Gebäudes unter Berücksichtigung eines Abschlags entsprechend dem Alter und der Abnutzung der Substanz.[146] Architektengebühren, Konstruktions- und Planungskosten sind – wie bei der Neuwertversicherung – in die Wertberechnung einzubeziehen, was sich aus der Art und Weise der Berechnung des Zeitwertes ergibt. Ist das Gebäude zum Abbruch bestimmt oder dauernd entwertet, d.h. allgemein oder zumindest für die Zwecke des VN nicht mehr zu gebrauchen, ist nur der **gemeine Wert** zu ersetzen, § 7 Nr. 1 lit. a) cc) AFB 2008/2010. Unter dem gemeinen Wert ist der Verkaufspreis zu verstehen, den der VN im maßgeblichen Zeitpunkt für Gebäude oder Abbruchmaterial hätte erzielen können.[147] Der gemeine Wert kann auch im Wege der Vereinbarung zum maßgeblichen Versicherungswert bestimmt werden. Die Beweislast dafür, ob eine dauernde Entwertung vorliegt, was auch bei Änderungen in der Marktsituation, technischen oder modischen Veränderungen hinsichtlich eigentlich noch brauchbarer Sachen der Fall sein kann,[148] trägt derjenige, der sich auf die Entwertung beruft. Bei zerstörten Gebäuden ist dies der VR, bei geretteten Gebäuden der VN.[149]

70 Bei der Neuwertversicherung sind **strenge Wiederaufbauklauseln** üblich, um betrügerischen Eigenbrandstiftungen vorzubeugen. Eine Neuwertentschädigung ist danach nur zu zahlen, wenn sicher gestellt ist, dass es zum Wiederaufbau kommt, Teil A § 8 Nr. 2 lit. a) AFB 2008/2010.[150] Das ist dann der Fall, wenn bei vorausschauend wertender Betrachtung hinreichend sicher angenommen werden kann, dass die Mittel bestimmungsgemäß verwandt werden.[151] Zu denken ist an den Abschluss eines Bauvertrags, der nicht ohne weiteres wieder rückgängig gemacht werden kann,[152] nicht aber an die bloße Erteilung einer Baugenehmigung.[153] Strenge Wiederaufbauklauseln greifen auch, wenn das versicherte Gebäude bloß beschädigt ist.[154] Der Wiederaufbau hat grundsätzlich an der bisherigen Stelle zu erfolgen. Ist dies nicht möglich oder dem VN (wirtschaftlich) nicht zumutbar, kann der Wiederaufbau auch anderorts erfolgen. In der Praxis finden sich oft Klauseln, die den Wiederaufbau auf das Gebiet der Bundesrepublik Deutschland beschränken. Innerhalb der in Teil A § 8 Nr. 2 lit. a) AFB 2008/2010 genannten Frist von drei Jahren nach dem Eintritt des Versicherungsfalls muss der VN nicht zwingend mit dem Wiederaufbau begonnen haben, aber er muss seinen Wiederaufbauwillen ernsthaft dokumentieren, etwa mit dem Abschluss eines Bauvertrages ohne Rücktrittsrecht.[155] Allein die Erteilung einer Baugenehmigung genügt nicht.[156] Im Übrigen gilt § 93.

71 **Übersteigt der Neubau die Nutzfläche** (ab ca. 33 % Mehrfläche) und/oder den umbauten Raum (ab ca. 60 % Mehrraum) des ursprünglichen Gebäudes erheblich,[157] verneinen die Gerichte überwiegend den Anspruch auf Neuwertentschädigung mangels Gleichartigkeit des Wiederaufbaus.[158] Richtigerweise wäre aber wohl Neuwertentschädigung in dem Umfang zuzusprechen, der einem gleichwertigen Wiederaufbau entspräche.[159] Hat der VN die Wiederaufbaufrist nach Teil A § 8 Nr. 2 lit. a) AFB 2008/2010 schuldhaft[160] verstreichen lassen, verliert er den Anspruch auf Neuwertentschädigung. Hat umgekehrt der VR durch sein Verhalten den VN daran gehindert, die Frist einzuhalten, ist dem VN eine angemessene Nachfrist einzuräumen.[161]

72 Klauseln wie diejenige in § 11 Nr. 1 AFB 87, welche vorsehen, dass bei der Wert-/Entschädigungsberechnung **behördliche Wiederherstellungsbeschränkungen** außer Betracht zu lassen sind, verstoßen gegen das Transparenzgebot und sind daher nach § 307 I 2 BGB unwirksam.[162] Die fragliche Formulierung, so der BGH, lasse den durchschnittlichen VN die wirtschaftlichen Nachteile und Belastungen nicht soweit erkennen, wie dies

---

145 BGH r+s 2009, 508, 510 f.; mit krit. Anm. *Wälder*, abweichend von OLG Stuttgart r+s 2009, 508; B/M/*Johannsen*, A § 7 AFB 2008/2010 Rn. 9 ff.
146 R/L/*Langheid*², § 86 Rn. 3.
147 Dazu auch Terbille/Höra/*Johannsen*, § 5 Rn. 150.
148 Streng BGH VersR 1984, 843; zur Möglichkeit einer Remontage OLG Köln VersR 1996, 54; ferner *Martin*, Q III Rn. 56.
149 R/L/*Langheid*², § 86 Rn. 18.
150 Zur Zulässigkeit solcher Klauseln BGH VersR 1988, 925; VersR 2001, 326.
151 BGH VersR 2004, 512, 513; VersR 2011, 1180; HK-VVG/*Rüffer*, Abschnitt A § 8 AFB 2010 Rn. 8.
152 BGH VersR 2004, 512, 513; VersR 2011, 1180; *Martin*, R IV Rn. 35.
153 OLG Köln r+s 2008, 111, 112; P/M/*Armbrüster*, § 8 AFB 2008/2010 Rn. 4.
154 BGH VersR 2007, 489 m. zust. Anm. *Dallmayr* VersR 2007, 491; P/M/*Armbrüster*, § 8 AFB 2008 Rn. 2; *Schirmer/Clauß* r+s 2003, 1; a.A. OLG Düsseldorf r+s 2002, 246; B/M/*Johannsen/Johannsen*⁸, Bd. III, Anm. H 165; P/M/*Kollhosser*²⁷, § 97 Rn. 13.
155 Zu Bauverträgen mit Rücktrittsrecht OLG Hamm VersR 1984, 175.
156 LG Köln VersR 2005, 1077.
157 Zur Schwelle der Erheblichkeit OLG Frankfurt (Main) r+s 2006, 112; OLG Köln VersR 2006, 1357; OLG Karlsruhe VersR 2005, 353 (ab 50 % Mehrfläche); LG Stuttgart r+s 2008, 154 m. Anm. *Wälder* (ab 33 % Mehrfläche); HK-VVG/*Rüffer*, Abschnitt A § 8 AFB 2010 Rn. 6; P/M/*Armbrüster*, § 7 AFB 2008 Rn. 4 und § 8 AFB 2008 Rn. 2; kritisch B/M/*Johannsen*, A § 8 AFB 2008/2010 Rn. 32.
158 Etwa OLG Frankfurt (Main) r+s 2006, 112; OLG Köln VersR 2006, 1357; dazu *Wälder* r+s 2007, 8.
159 Zutreffend BGH VersR 1990, 486; OLG Schleswig NJW-RR 1989, 280; Terbille/Höra/*Johannsen*, § 5 Rn. 155.
160 A.A. BK/*Dörner/Staudinger*, § 97 Rn. 29.
161 OLG Bremen VersR 2002; P/M/*Armbrüster*, § 8 AFB 2008 Rn. 5.
162 BGH VersR 2008, 816; *Langheid/Müller-Frank* NJW 2009, 337.

nach den Umständen zu fordern sei. Die AFB 2008 und die AFB 2010 haben darauf reagiert und in Teil A § 8 Nr. 1 Satz 3 AFB 2008 bzw. Teil A § 8 Nr. 1 lit. b) AFB 2010 die Regelung zur Nichtberücksichtigung behördlicher Wiederherstellungsbeschränkungen in zwei Stufen weiter präzisiert. Das spiegelt sich in der neuen Bestimmung zum Umfang des Kostenersatzes in Teil A § 5 Nr. 1 lit. e) und Nr. 6 AFB 2010, ebenfalls den Ersatz von Mehrkosten durch behördliche Wiederherstellungsbeschränkungen regelt. Die Neuregelungen in Teil A § 8 Nr. 1 S. 3 AFB 2008 und in Teil A § 8 Nr. 1 lit. b) AFB 2010 sind transparenter als ihre Normvorgänger in den AFB 87. Insbes. wird klargestellt, dass sich die Nichtberücksichtigung sowohl auf die Restwertanrechnung als auch auf den erhöhten Schadenaufwand durch Mehrkosten bezieht. Ob damit den Anforderungen des § 307 I 2 BGB bereits genüge getan wird, muss dennoch bezweifelt werden.

4. Versicherungswert bei beweglichen Sachen

Für **technische und kaufmännische Betriebseinrichtungen** gelten dieselben Grundregeln für die Ermittlung des Versicherungswertes wie für Gebäude, Teil A § 7 Nr. 2 lit. a) AFB 2010 (vgl. oben Rdn. 68). Nach den Positionen-Erläuterungen zählen auch Ersatzteile zur Betriebseinrichtung. Nicht zum Neuwert, sondern lediglich nach lit. c) zum Zeitwert bzw. gemeinen Wert, sind danach Gebrauchsgegenstände von Betriebsangehörigen versichert, da es sich nicht um technische oder kaufmännische Betriebseinrichtungen handelt. Sind bei einer Neuwertversicherung auf dem Markt Gerätschaften der zerstörten oder beschädigten Art nicht mehr zu beschaffen, gelten auch andere Geräte als gleichwertig, solange sie denselben Betriebszweck haben; das gilt auch, wenn es sich um neue höherwertige Modelle handelt, da ein Abzug »neu-für-alt« nicht stattfindet. Im Übrigen kann der VN in der Neuwertversicherung gestiegene Wiederbeschaffungskosten liquidieren. Hat sich ein gleichwertiger Ersatzgegenstand infolge technischen Fortschritts verbilligt, kann er nur den zur Wiederbeschaffung erforderlichen Betrag ersetzt verlangen.[163] Ebenso muss der VN Preisnachlässe ersatzwertmindernd gegen sich gelten lassen, und zwar gleich, ob sie im Allgemeinen gewährt werden oder ob sie nur dem VN zugänglich sind.[164] Wenn der VR zustimmt, kann der VN auch gebrauchte Gegenstände wiederbeschaffen.[165] 73

Bei **Vorräten** (Teil A § 7 Nr. 2 lit. b) AFB 2010), zu denen nach den Positionen-Erläuterungen auch Magazinvorräte zählen, sind für den Neuwertersatz mehrere Besonderheiten zu beachten. Zum einen berechnet sich der Versicherungswert unabhängig von den Bewertungsmaßstäben, denen Vorräte nach § 253 I HGB für Zwecke der Rechnungslegung unterliegen. Insbes. sind bei der Berechnung des Versicherungswertes – anders als nach den HGB-Vorschriften – interne Anschaffungsnebenkosten (Lagerung, Etikettierung, usw.) zu berücksichtigen.[166] Weiterhin ist zu beachten, dass **entgangener Gewinn** nicht ersetzt wird. Um diese Lücke im Versicherungsschutz, die für den VN mitunter empfindlich sein kann, zu schließen, kann vereinbart werden, dass statt des Neuwerts der Verkaufswert zu ersetzen ist, Klauseln SK (2010) 1501–1503. Des Weiteren ist darauf hinzuweisen, dass der entgangene Gewinn regelmäßig in einer Feuerbetriebsunterbrechungsversicherung mitversichert ist, so dass diese insoweit die Feuerversicherung komplementär ergänzt.[167] Kann der VN **selbst hergestellte Vorräte** preiswerter auf dem Markt wiederbeschaffen als sie selbst erneut herstellen, kann ihn der VR in den Grenzen der Zumutbarkeit auf diese Möglichkeit verweisen. Unzumutbar ist die Wiederbeschaffung von Vorräten von einem Konkurrenten.[168] 74

Für alle übrigen, nicht von lit. a) und b) erfassten beweglichen Sachen sowie Modelle, Prototypen und Ausstellungsstücke bzw. bewegliche Sachen, die der VN ohne Kaufoption geleast hat, ist der Zeitwert bzw. der gemeine Wert maßgeblich, Teil A § 7 Nr. 2 lit. d) aa) AFB 2008/2010. Die Positionen-Erläuterungen können Abweichendes bestimmen. 75

Der Versicherungswert von **Wertpapieren** beläuft sich nach Teil A § 7 Nr. 2 lit. d) aa) AFB 2008/2010 auf den mittleren Einheitskurs am Tage der letzten Notierung aller amtlichen Börsen der Bundesrepublik Deutschland. Diese Bestimmung ist ungenau. Maßgeblich für die Berechnung des Versicherungswertes muss nach der allgemeinen Regel der Zeitpunkt unmittelbar vor Eintritt des Versicherungsfalls sein. Kursänderungen nach Eintritt des Versicherungsfalls sind mithin ohne Belang.[169] Es sind zur Berechnung des mittleren Einheitskurses nur die letzten Notierungen vor Eintritt des Versicherungsfalls heranzuziehen. 76

5. Kostenersatz

In der Feuerversicherung sind neben dem Sachschaden bestimmte Kosten mitversichert, die durch den Versicherungsfall entstehen, Teil A § 5 Nr. 1 AFB 2008/2010. Bei diesem Kostenersatz handelt es sich um eine zusätzliche Leistung des VR, die zwischen den Parteien zu vereinbaren ist. Versichert sind nach Teil A § 5 Nr. 1 Satz 1 AFB 2010 aber nur Kosten, die tatsächlich entstanden sind. Daraus folgt eigentlich eine Vorleistungs- 77

---

163 Terbille/Höra/*Johannsen*, § 5 Rn. 161; VersHb/*Philipp*, § 31 Rn. 33.
164 R/L/*Langheid*², § 86 Rn. 6.
165 H/E/K/*Gallmeister*, 12. Kap. Rn. 37.
166 H/E/K/*Gallmeister*, 12. Kap. Rn. 41 (auch zu den einzelnen Faktoren der Wertberechnung bei Vorräten).
167 P/M/*Armbrüster*, § 7 AFB 2008 Rn. 3; VersHb/*Philipp*, § 31 Rn. 48.
168 H/E/K/*Gallmeister*, 12. Kap. Rn. 41.
169 B/M/*Johannsen/Johannsen*⁸, Bd. III, Anm. H 157; a.A. *Boldt*, Feuerversicherung, S. 18 f.; *Martin*, Q II Rn. 30.

pflicht des VN, die dieser regelmäßig nicht schultern kann. Diese Regelung verstößt daher gegen das Verbot wesentlicher Benachteiligung aus § 307 I BGB.[170] I.d.S. hat der BGH im Jahre 2013 entschieden, dass der Anspruch auf Kostenersatz nicht voraussetzt, dass der VN die Aufwendungen seinerseits bereits erbracht oder entsprechende Zahlungsverpflichtungen begründet hat.[171]
Die Kostenversicherung ist von Bedeutung, wenn der versicherte Schaden die Versicherungssumme vollständig erschöpft. Üblich ist in der Feuerversicherung, einen Satz von 3 % der Versicherungssumme zu vereinbaren. **Nicht zum Kostenersatz** zählen Schadensabwendungs- und Schadensminderungskosten, die dem VN in Erfüllung seiner Obliegenheiten nach § 82 erwachsen. Sie sind als Teil des Sachsubstanzschadens mitversichert (vgl. oben Rdn. 32).

78 Nach Teil A § 5 Nr. 1 lit. a), Nr. 2 AFB 2008/2010 kann der Ersatz von **Aufräumungs- und Abbruchkosten** vereinbart werden. Darunter fallen die Kosten, die entstehen, um die Schadensstätte vollständig von Resten gleich welcher Art zu befreien. Die erforderlichen Arbeiten können dabei ober- oder unterirdisch (z.B. in den Boden eingedrungene Schadstoffe) stattfinden einschließlich des Abbruchs stehengebliebener Teile der versicherten Sache. Mitversichert sind auch etwaige Folgekosten, wie etwa Kosten für den Abtransport und die Entsorgung von Trümmern (Deponiekosten). Dekontaminationskosten sind hingegen nur gedeckt, wenn individualvertraglich Klausel SK (2010) 3301 vereinbart ist.[172] Die Schadensstätte kann – insbes. bei Explosionsschäden oder durch Einfluss der Elemente (starker Wind) – größer sein als der Versicherungsort.[173]

79 Ersatzfähig sind weiterhin **Bewegungs- und Schutzkosten**, Teil A § 5 Nr. 1 lit. b) Nr. 3 AFB 2008/2010. Das sind Kosten, die dadurch entstehen, dass zum Zwecke der Wiederherstellung oder der Wiederbeschaffung der versicherten Sache andere Sachen bewegt, verändert oder geschützt werden müssen. Es kann sich um die De- und Remontage maschineller Anlagen handeln[174] oder den Abriss[175] bzw. den Durchbruch[176] von Mauerwerk. Keine Bewegungs- und Schutzkosten sind aber Einlagerungskosten, da diese erst infolge der durchgeführten Maßnahmen nach Teil A § 5 Nr. 1 lit. b), Nr. 3 AFB 2008/2010 entstehen. Einlagerungskosten sind nach Teil A § 5 AFB 2008/2010 überhaupt nicht ersatzfähig.[177] Im Einzelfall ist abzugrenzen von bloßen Reparaturaufwendungen an der versicherten Sache, die als Teil des Sachsubstanzschadens abgegolten werden.

80 Nach Teil A § 5 Nr. 1 lit. c), Nr. 4 AFB 2008/2010 sind innerhalb von zwei Jahren nach Eintritt des Versicherungsfalls die Kosten für die **Wiederherstellung von Geschäftsunterlagen** zu ersetzen. Das sind die Kosten für die Datenrekonstruktion, die Datenerfassung und der Materialwert der betreffenden Datenträger.[178] Der Ersatz von **Feuerlöschkosten** nach Teil A § 5 Nr. 1 lit. d), Nr. 5 AFB 2008/2010 hat seine frühere Bedeutung eingebüßt, seit die Verwaltungsgerichte den Aufgabenbereich der Feuerwehren ausgeweitet haben.[179] Es verbleibt ein Restanwendungsbereich für diejenigen Löschmaßnahmen, die nicht kostenfrei gestellt sind. Dabei kann es sich um Kosten für Arbeitsgeräte handeln, welche die Feuerwehren selbst nicht zur Verfügung haben und sich anderweitig beschaffen müssen (z.B. Kräne). Die AFB 2010 machen – in Abweichung von den AFB 2008 – den Kostenersatz bei Löscharbeiten der Feuerwehr jetzt ausdrücklich davon abhängig, dass diese Leistungen nicht im öffentlichen Interesse kostenfrei zu erbringen sind.[180]

81 Neu in den AFB 2010 ist zum einen die Bestimmung über den **Kostenersatz im Zusammenhang mit Mehrkosten infolge behördlicher Wiederherstellungsbeschränkungen** (Nr. 6). Dabei handelt es sich um den Ersatz von Aufwendungen, die dadurch entstehen, dass die versicherte und vom Schaden betroffene Sache aufgrund behördlicher Vorschriften nicht in derselben Art und Güte wiederhergestellt oder wiederbeschafft werden darf. Ebenfalls neu ist die Bestimmung zum Ersatz von **Mehrkosten durch Preissteigerungen** (Nr. 7). Sie setzt Rspr. des BGH aus dem Jahre 2008 um. Danach kann der VN grundsätzlich auch Ersatz für Preissteigerungen versicherter und vom Schaden betroffener Sachen zwischen dem Eintritt des Versicherungsfalles und der Wiederherstellung oder Wiederbeschaffung verlangen. Voraussetzung ist aber, dass der VN die Wiederherstellung oder Wiederbeschaffung unverzüglich veranlasst, Teil A § 5 Nr. 7 lit. b) AFB 2010.

V. Fälligkeit der Versicherungssumme

82 Hinsichtlich der **Fälligkeit der Versicherungssumme** gelten die allgemeinen Regeln des § 14. Teil A § 9 AFB 2008/2010 führt § 14 für die Feuerversicherung aus und verzichtet dabei, anders als die Vorgängerregelung

---

170 HK-VVG/*Rüffer*, Abschnitt A § 5 AFB 2010 Rn. 7.
171 BGH VersR 2013, 1039; *Felsch* r+s 2014, 313, 320; a.A. *Martin*, W I Rn. 25 f.; P/M/*Armbrüster*, § 5 AFB 2010 Rn. 1.
172 A.A. offenbar P/M/*Armbrüster* § 5 AFB 2008 Rn. 2.
173 VersHb/*Philipp*, § 31 Rn. 21.
174 *Wälder*, Feuerversicherung I, 3.4.2, S. 35.
175 P/M/*Kollhosser*[27], § 55 Rn. 58.
176 *Boldt*, Feuerversicherung, S. 39; Terbille/Höra/*Johannsen*, § 5 Rn. 168.
177 P/M/*Armbrüster*, § 5 AFB 2008 Rn. 1.
178 OLG Karlsruhe r+s 1997, 207; VersHb/*Philipp*, § 31 Rn. 24.
179 VG Hannover NVwZ-RR 2000, 785.
180 Näher B/M/*Johannsen*, A § 5 AFB 2008/2010 Rn. 13 ff.; *Günther/Borbe* VersR 2012, 1197.

des § 16 AFB 87, auf AGB-rechtlich bedenkliche Bestimmungen wie eine 14-tägige Zahlungsfrist des VR.[181] Da Schadensfälle in der Feuerversicherung häufig behördliche Ermittlungsverfahren nach sich ziehen, ist Teil A § 9 Nr. 5 AFB 2008/2010 von besonderer Bedeutung. Danach kann der VR die Leistung solange verweigern, wie ein behördliches oder strafgerichtliches Verfahren gegen den VN oder seinen Repräsentanten wegen des Schadensereignisses noch läuft. Die Änderung des Wortlauts von Teil A § 9 Nr. 5 AFB 2008/2010 im Vergleich zum Normvorgänger § 16 AFB 87 lit. b) AFB 87 (»noch läuft« statt »bis zum rechtskräftigen Abschluß«) in Anlehnung an die Rspr. des BGH zu einem gleichlautenden Passus in § 24 Nr. 4 VHB 1984[182] zeigt, dass die Leistung des VR auf Grundlage der AFB 2008/2010 fällig wird, wenn die Staatsanwaltschaft ihr Ermittlungsverfahren vorläufig einstellt.[183] Eine spätere Wiederaufnahme des Verfahrens ändert daran nichts.[184] **Zinsen** auf die Versicherungssumme sind, was in § 91 ungeregelt bleibt, nach Teil A § 9 Nr. 3 lit. d) AFB 2008/2010 mit der Versicherungssumme zusammen fällig.

VI. Mehrfach- und Mitversicherung

Wird für die gleiche Gefahr, das gleiche Interesse und den gleichen Schaden Deckung bei verschiedenen VR gesucht, liegt eine **Mehrfachversicherung** vor. Nimmt der VN bei einem weiteren VR Versicherung gegen Gefahren, die für das fragliche Interesse für den gleichen Zeitraum beim Feuerversicherer versichert sind, ist er diesem unverzüglich zur Anzeige verpflichtet, Teil B § 11 Nr. 1 AFB 2010. Das Gleiche gilt, wenn er für dieses Interesse eine Betriebsunterbrechungsversicherung abschließt.[185] Es handelt sich in beiden Fällen um eine Obliegenheit des VN, deren Verletzung entsprechend nicht schadensersatzbewehrt ist. Anzuzeigen sind nach Teil B § 11 Nr. 1 AFB 2010 nicht mehr als der Name des anderen VR und die Versicherungssumme – bzw. die Versicherungssummen, wenn es verschiedene solche in Bezug auf verschiedene Objekte gibt. 83

Verletzt der VN seine Anzeigepflicht bei Mehrfachversicherung vorsätzlich oder grob fahrlässig, wird der **VR ganz oder teilweise leistungsfrei**, Teil B §§ 11 Nr. 2, 8 AFB 2008/2010. Es gelten hier dieselben Grundsätze wie für andere Obliegenheitsverletzungen. Der Versicherer bleibt allerdings nach Teil B § 11 Nr. 2 AFB 2008/2010 zur Leistung verpflichtet, wenn ihm die Mehrfachversicherung anderweitig bekannt geworden ist. Im Falle des vorsätzlichen oder grob fahrlässigen Unterlassens der Anzeige kann der VR bei Vorliegen einer Mehrfachversicherung auch **kündigen**. Haftung und Entschädigung bei ungekündigter Mehrfachversicherung regelt Teil B § 11 Nr. 3 AFB 2010. 84

Obwohl gerade in der Industrieversicherung verbreitet, ist die **Mitversicherung** – d.h. die einvernehmliche Deckung desselben Risikos durch mehrere VR in einer Police – in der Feuerversicherung weder im VVG noch in den AFB geregelt. Der VR mit der höchsten Zeichnungsquote wird i.d.R. zum führenden VR bestellt.[186] Wird die Klausel SK (2010) 1801 vereinbart, ist der führende VR als Vertreter bevollmächtigt, Anzeigen und Willenserklärungen des VN mit Wirkung für sämtliche VR entgegen zu nehmen. Änderungen des Versicherungsvertrags bedürfen regelmäßig der Zustimmung sämtlicher VR. Mit Hilfe der Klausel SK (2010) 1804 lässt sich für den Streitfall auch die Prozessführung gegenüber dem VN auf den führenden VR konzentrieren. 85

VII. Sachverständigenverfahren

Auf Grundlage von § 84 sieht Teil A § 10 AFB 2008/2010 ein Sachverständigenverfahren vor, das entweder der VN allein oder beide Parteien gemeinsam einleiten können.[187] Es dient dazu, die Höhe des versicherten Schadens zu ermitteln und kann durch Vereinbarung[188] – beschränkt – auch in Feststellungen über das Vorliegen anderer Voraussetzungen des Entschädigungsanspruchs, etwa der Entstehungsursache des Schadens, münden, Teil A § 10 Nr. 1 und 2 AFB 2008/2010. Der praktische Nutzen des Sachverständigenverfahrens liegt darin, dass die im Verfahren getroffenen **Feststellungen grundsätzlich verbindlich** sind (Nr. 5). Damit erübrigt sich ein selbständiges Beweisverfahren, für welches das Rechtsschutzbedürfnis fehlt.[189] Ausnahmsweise sind Feststellungen im Sachverständigenverfahren nicht bindend, wenn sie »offenbar von der tatsächlichen Sachlage erheblich abweichen«, d.h. handgreiflich fehlerhaft sind. 86

---

181 Zur AGB-rechtlichen Bedenklichkeit einer solchen Regelung ausführlich B/M/*Johannsen/Johannsen*[8], Bd. III, Anm. H 210.
182 BGH VersR 1999, 227.
183 A.A. zu den AFB 1987 P/M/*Prölss*[27], § 11 Rn. 3; P/M/*Kollhosser*[27], § 17 AFB 30 Rn. 18; *Präve*, Versicherungsbedingungen und AGBG, Rn. 572; wie hier bereits *Magnussen* MDR 1994, 1160, 1161.
184 OLG Hamm VersR 1994, 1419; Terbille/Höra/*Johannsen*, § 5 Rn. 174.
185 B/M/*Johannsen/Johannsen*[8], Bd. III, Anm. B 6.
186 H/E/K/*Gallmeister*, 12. Kap. Rn. 84.
187 Näher zu diesem Verfahren Terbille/Höra/*Johannsen*, § 5 Rn. 185 ff.
188 Vgl. aber kritisch zur Voraussetzung der Vereinbarung unter älteren Bedingungswerken – wie etwa den AFB 87 oder den VGB 88 – BGH r+s 2006, 405, 406.
189 OLG Hamm r+s 1998, 102; P/M/*Armbrüster*, § 10 AFB 2008 Rn. 1.

Anhang K Feuerversicherung

87 **Ausgenommen vom Sachverständigenverfahren** bleiben aber rein rechtliche Wertungsfragen wie die einer adäquaten Verursachung, die Feststellung grob fahrlässigen Verschuldens oder das Vorliegen einer Unterversicherung.[190]

88 Das Sachverständigenverfahren wird von drei **Personen** betrieben. Zunächst benennen VR und VN jeweils einen Sachverständigen, die dann ihrerseits einen dritten Sachverständigen als Obmann wählen (im Einzelnen Teil A § 10 Nr. 3 AFB 2008/2010). Die formgerechte Benennung/Wahl ist Voraussetzung für die Wirksamkeit der Feststellungen der Sachverständigen. Bei einem Verstoß gegen das von Teil A § 10 Nr. 3 AFB 2008/2010 vorgesehene Verfahren muss das Prozessgericht die Höhe der Entschädigung festsetzen.[191]

89 Der **VN ist nicht verpflichtet, schon im Rechtsstreit zu erklären**, ob er das Sachverständigenverfahren beantragen wird. Gleiches gilt bei der Fremdversicherung für die versicherte Person, die ihren Anspruch befugtermaßen gerichtlich geltend macht.[192]

---

190 OLG Hamm VersR 1989, 584; P/M/*Armbrüster*, § 10 AFB 2008 Rn. 3.
191 BGH VersR 1989, 910.
192 BGH r+s 2010, 64.

Anhang L
Hausratversicherung

Übersicht

	Rdn.
I. Allgemeines	1
1. Gegenstand der Hausratversicherung und praktische Bedeutung	1
2. Rechtsgrundlagen und rechtliche Rahmenbedingungen	3
3. Allgemeine Versicherungsbedingungen und optionale Klauseln	4
II. Umfang des Versicherungsschutzes	8
1. Versicherungsfall	8
2. Versicherte Gefahren und Schäden	9
a) Brand, Blitzschlag, Explosion, Implosion	11
aa) Brand	12
bb) Blitzschlag	15
cc) Explosion, Implosion	18
dd) Spezifische Risikoausschlüsse	22
b) Anprall oder Absturz eines Luftfahrzeuges	24
c) Einbruchdiebstahl, Vandalismus nach einem Einbruch, Raub	28
aa) Einbruchdiebstahl	28
bb) Vandalismus nach einem Einbruch	29
cc) Raub	30
(1) Gewaltanwendung	31
(2) Gewaltandrohung	32
(3) Ausnutzung ausgeschalteter Widerstandskraft	33
(4) Mit Zustimmung des VN in der Wohnung Anwesende	34
(5) Spezifische Risikoausschlüsse	35
d) Leitungswasser	37
aa) Begriff	37
bb) Bruchschäden	38
cc) Nässeschäden	41
dd) Spezifische Risikoausschlüsse	43
e) Sturm, Hagel	44
aa) Begriffe	44
bb) Kausalität des Sturms oder Hagels	47
cc) Weitere Elementargefahren	52
dd) Spezifische Risikoausschlüsse	53
3. Versicherte Sachen (Hausrat)	55
a) Wertsachen und Bargeld	56
b) In das Gebäude eingefügte Sachen	58
c) Serienmäßig produzierte Anbaumöbel und Anbauküchen	62
d) Antennenanlagen und Markisen	63
e) Fremdes Eigentum	64
f) Nicht versicherungspflichtige Fahrzeuge und Sportgeräte	65
g) Arbeitsgeräte und Einrichtungsgegenstände	66
h) Haustiere	69
i) Nicht versicherte Sachen	70
aa) Gebäudebestandteile	71
bb) Vom Gebäudeeigentümer eingebrachte Sachen	76
cc) Kraftfahrzeuge aller Art und Anhänger	77
dd) Luft- und Wasserfahrzeuge	79
ee) Hausrat von Mietern und Untermietern	80
ff) Sachen im Privatbesitz mit gesondertem Versicherungsschutz	82
gg) Elektronisch gespeicherte Daten und Programme	84
4. Versicherte Kosten und Aufwendungen	85
a) Aufräumungskosten	86
b) Bewegungs- und Schutzkosten	87
c) Hotelkosten	88
d) Transport- und Lagerkosten	89
e) Schlossänderungskosten	90
f) Bewachungskosten	92
g) Reparaturkosten für Gebäudeschäden	93
h) Reparaturkosten für Nässeschäden	94
i) Kosten für provisorische Maßnahmen	95
j) Kosten der Ermittlung und Feststellung des Schadens	96
k) Aufwendungen zur Abwendung und Minderung des Schadens	100
l) Weitere versicherte Kosten	105
5. Versicherungsort und räumliche Grenzen des Versicherungsschutzes	106
a) Wohnung	107
b) Wohnungswechsel	113
aa) Übergang des Versicherungsschutzes	113
bb) Anzeige der neuen Wohnung und Festlegung einer neuen Prämie	116
cc) Aufgabe einer gemeinsamen Ehewohnung	118
c) Außenversicherung	124
6. Allgemeine Risikoausschlüsse und Verwirkungsklauseln	130
a) Objektive Risikoausschlüsse	130
b) Herbeiführung des Versicherungsfalles	131
aa) Allgemeine Voraussetzungen	131
bb) Einzelfälle	134
cc) Repräsentantenhaftung	139
c) Arglistige Täuschung nach Eintritt des Versicherungsfalles	141
7. Leistungsumfang	144
a) Grundlegende Faktoren bei der Entschädigungsberechnung	145
aa) Versicherungswert und Entschädigungsgrenzen	145
bb) Versicherungssumme	148
b) Berechnung der Entschädigung	149
aa) Zerstörte oder abhandengekommene Sachen	149
bb) Beschädigte Sachen	150
cc) Restwerte und Mehrwertsteuer	152
dd) Gesamtentschädigung, Kosten aufgrund Weisung	153
ee) Unterversicherung	155
c) Zahlung und Verzinsung der Entschädigung	157
d) Sachverständigenverfahren	159
e) Wiederherbeigeschaffte Sachen	160
aa) Anzeigepflicht des VN	160
bb) Auswirkungen auf die Entschädigung	162
III. Prämie, Beginn und Ende des Versicherungsschutzes	169

Anhang L Hausratversicherung

	Rdn.		Rdn.
1. Prämie	169	cc) Wegfall des versicherten Interesses	191
a) Erst- oder Einmalprämie	170	dd) Tod des VN	192
aa) Fälligkeit	170	ee) Kündigung nach Eintritt des Versicherungsfalles	193
bb) Zahlungsverzug	175		
b) Folgeprämie	177	3. Verjährung	194
aa) Fälligkeit	177	IV. Obliegenheiten des VN	196
bb) Zahlungsverzug	178	1. Vorvertragliche Anzeigepflicht	196
c) Ratenzahlung	179	2. Obliegenheiten	197
d) Prämie bei vorzeitiger Vertragsbeendigung	180	a) Obliegenheiten vor Eintritt des Versicherungsfalles	198
e) Überversicherung	186	aa) Einzelne Obliegenheiten	199
2. Beginn und Ende des Versicherungsschutzes	187	bb) Kündigungsrecht des Versicherers	202
		b) Obliegenheiten bei und nach Eintritt des Versicherungsfalles	203
a) Beginn und Verlängerung der Versicherung	187	aa) Überblick	203
b) Ende der Versicherung	189	bb) Erfüllung der Obliegenheiten durch Dritte	204
aa) Kündigungsrecht des VN bei langfristigen Verträgen	189	c) Leistungsfreiheit bei Obliegenheitsverletzung	205
bb) Ablauf der vereinbarten Vertragsdauer	190	3. Gefahrerhöhung	206

Schrifttum:
Boldt, Über die Ersatzpflicht für Schäden durch Feuerwerkskörper, VW 1964, 154; *ders.*, Versicherungsschutz für vom Mieter in das Gebäude eingefügte Sachen, VersR 1989, 457; *Dietz*, Hausratversicherung 84 – Bedingungen, Klauseln, Prämienrichtlinien, Versicherungstechnik, 2. Aufl. 1988; *Felsch*, Die Rechtsprechung des IV. Zivilsenats des Bundesgerichtshofs zur Sachversicherung (und Warenkreditversicherung), r+s 2014, 31; *Günther*, Der Versicherungsfall Raub, r+s 2007, 265; *Günther/Spielmann*, Vollständige und teilweise Leistungsfreiheit nach dem VVG 2008 am Beispiel der Sachversicherung (Teil 2), r+s 2008, 177; *Hamann*, Versicherungsbetrug in der Hausratversicherung, VersR 2009, 35; *Hugel*, Die Hausratversicherung – Eine Darstellung anhand von Schadenfällen, 3. Aufl. 1999; *Keuneke*, Das Recht der Einbruchdiebstahlversicherung unter Berücksichtigung der Hausratversicherung, 1965; *Nugel*, Kürzungsquoten nach dem VVG, 2. Aufl. 2012; *Schmid*, Grobe Fahrlässigkeit in der Hausratversicherung, VersR 2009, 49; *Spielmann*, Der Versicherungsfall Einbruchdiebstahl, VersR 2004, 964; *Stange*, Rettungsobliegenheiten und Rettungskosten im Versicherungsrecht, 1995; *Veith/Gräfe*, Der Versicherungsprozess, 2. Aufl. 2010; *Wälder*, Zur Versicherung von Strom- und Blitzschäden an elektrischen Einrichtungen – Feuer-, Maschinen- und Elektronikversicherung –, r+s 1991, 1; *ders.*, Anmerkung zu BGH, Urteil vom 08.12.1993 – IV ZR 233/92, r+s 1994, 64; *ders.*, Anprall und Absturz von Flugkörpern, r+s 2006, 139; *Weiss*, Feuerschäden durch Luftfahrzeuge, 1967; *Wille*, Ausgewählte rechtliche und versicherungstechnische Aspekte der neuen Hausratversicherung (I), VW 1985, 1469; *Wussow*, Sturmschäden im Versicherungs- und Haftpflichtrecht, VersR 2000, 679.

I. Allgemeines

1. Gegenstand der Hausratversicherung und praktische Bedeutung

1 Die Hausratversicherung ist eine der wichtigsten Versicherungen für den privaten VN. Mit Einnahmen von 2,6 Mrd. Euro stellte sie im Jahr 2010 neben der Wohngebäudeversicherung einen der größten Versicherungszweige im Bereich der **Sachversicherung** dar.[1] Wichtigster Grund für die große Verbreitung der Hausratversicherung ist die Kombination des gewährten Schutzes. In einem **rechtlich einheitlichen Vertrag** werden die Risiken der Beschädigung, der Zerstörung oder des Abhandenkommens von Gegenständen des Hausrats abgesichert und Schutz vor vielfältigen Gefahren wie Blitzschlag, Explosion, Brand, Leitungswasser, Einbruchdiebstahl, Raub, Sturm und Hagel etc. gewährt.

2 Im Unterschied zur Geschäftsversicherung, die sich auf den beruflichen und gewerblichen Lebensbereich des VN bezieht, sind Sachen, die **beruflichen oder gewerblichen Zwecken** dienen, nur in wenigen Ausnahmefällen vom Schutzbereich der Hausratversicherung erfasst (vgl. unten Rdn. 66). Große praktische Bedeutung hat auch die Abgrenzung der Hausrat- von der **Gebäudeversicherung**. Der Schutz der Gebäudeversicherung greift dann, wenn im privaten Bereich Schäden an Gebäuden oder Gebäudeteilen aufgetreten sind. Im Einzelnen kann sich die Abgrenzung der beiden Versicherungszweige aber als problematisch erweisen (vgl. unten Rdn. 71).

2. Rechtsgrundlagen und rechtliche Rahmenbedingungen

3 Für die Hausratversicherung bestehen nach wie vor **keine eigenständigen gesetzlichen Regelungen**. Da die Hausratversicherung dem Bereich der **Sachversicherung** zuzuordnen ist, kann wie schon vor der Reform des VVG auf die allgemeinen Vorschriften des VVG für alle Versicherungszweige (§§ 1–73) sowie auf die Vor-

---

1 Berechnung der Beitragseinnahmen der Versicherungswirtschaft, die auf einer Hochrechnung auf Datengrundlage von Meldungen bis Juni 2010 basiert, in: Jahrbuch des GdV, 2010, S. 49.

schriften für die Schadensversicherung (§§ 74–99) zurückgegriffen werden. Darüber hinaus sind die Vorschriften des BGB anwendbar, soweit sie nicht durch die spezielleren Vorschriften des VVG verdrängt werden (dazu allgemein Einl. A Rdn. 36 f.).

3. Allgemeine Versicherungsbedingungen und optionale Klauseln

Bei der Hausratversicherung finden sich i.d.R. keine individuell ausgehandelten Vertragsbestimmungen,[2] so dass in den meisten Fällen die dem jeweiligen Vertrag zugrunde liegenden Allgemeinen Versicherungsbedingungen maßgeblich sind. Die vom Gesamtverband der Versicherungswirtschaft herausgearbeiteten unverbindlichen Musterbedingungen für die Hausratversicherung in der Fassung vom 01.01.2011 (VHB 2010) unterscheiden zwischen dem **Quadratmeter-** und dem **Versicherungssummenmodell** (näher dazu unten Rdn. 148).[3] Die Allgemeinen Hausrat-Versicherungsbedingungen (VHB) aus den Jahren 1942, 1966 und 1974 haben heute nur noch geringe Relevanz. Demgegenüber sind die VHB von 1984, 1992, 2000 und 2008 in der Praxis nach wie vor von großer Bedeutung.[4]

Die dem Versicherungsvertrag zugrunde liegende Fassung der VHB wird prinzipiell zu Vertragsbeginn festgelegt. Eine Umstellung auf neue AVB kann grundsätzlich nur mit ausdrücklicher Zustimmung des VN erfolgen. Da das VVG 2008 seit dem 01.01.2009 auch auf Altverträge anwendbar ist (Art. 1 II EGVVG), hatte der Versicherer aber gemäß Art. 1 III EGVVG die Möglichkeit, seine AVB für Altverträge bis zu diesem Termin **einseitig** zu ändern, um sie **dem neuen Recht anzupassen**. Zu den Einzelheiten vgl. die Kommentierung zu Art. 1 EGVVG.

In der Praxis werden mitunter **zusätzliche Klauseln** oder **Sonderbedingungen** vereinbart, die die VHB modifizieren oder ergänzen. Sofern diese Klauseln nicht auf individuellen Vereinbarungen beruhen, handelt es sich ebenfalls um AGB, die der Kontrolle nach §§ 307 ff. BGB unterliegen.[5] So existieren zu den VHB 2008 **Klauselvorschläge des GdV**, die zur optionalen Verwendung bestimmt sind.[6]

Die nachfolgende Darstellung stellt die VHB 2010 in den Vordergrund. Dabei wird jedoch auch auf Unterschiede zu den älteren AVB, insbesondere zu den VHB 2008 (Rdn. 4) hingewiesen. Im Übrigen ist zu beachten, dass die im konkreten Fall maßgeblichen AVB in wichtigen Punkten durchaus von den jeweiligen VHB abweichen können.

II. Umfang des Versicherungsschutzes

1. Versicherungsfall

Die Entschädigungspflicht des Versicherers setzt nach allgemeinen Grundsätzen den **Eintritt des Versicherungsfalles** voraus. In der Hausratversicherung ist dafür erforderlich, dass eine versicherte Sache (Hausrat oder ein diesem gleichgestellter Gegenstand) am versicherten Ort während der Versicherungsdauer durch eine versicherte Gefahr zerstört oder beschädigt wird oder abhandenkommt (vgl. Abschnitt A § 1 Nr. 1 VHB 2010). Da es grundsätzlich Aufgabe des VN ist, alle Voraussetzungen des von ihm geltend gemachten Anspruchs zu beweisen, muss der VN den Nachweis des Versicherungsfalles erbringen.[7] **Beweiserleichterungen** kommen ihm in der Hausratversicherung lediglich hinsichtlich der Gefahren des **Einbruchdiebstahls**,[8] des **Raubes**[9] und des **Vandalismus** zugute (vgl. hierzu ausführlich **Anhang M Rdn. 56 f.**).

2. Versicherte Gefahren und Schäden

Eine Aufzählung der im Rahmen der Hausratversicherung versicherten Gefahren und Schäden findet sich in Abschnitt A § 1 Nr. 1 VHB 2010. Danach leistet der Hausratversicherer Entschädigung für die **Zerstörung**, **Beschädigung** und das **Abhandenkommen** von versicherten Sachen. Zerstörung und Beschädigung lassen

---

2 *Martin*, A IV Rn. 27.
3 Abrufbar unter http://www.gdv.de/wp-content/uploads/2013/08/GDV-Bedingungen-Hausrat-VHB_2010_QM_Stand _2013_01.pdf (Quadratmetermodell); http://www.gdv.de/wp-content/uploads/2014/07/VHB_2010-Hausrat-VS-Mo dell-2013.pdf (Versicherungssummenmodell), abgerufen am 21.08.2015.
4 Zu den älteren VHB vgl. VersHb/*Rüffer*, § 32 Rn. 4 ff.; van Bühren/*Höra*, § 3 Rn. 4 ff. sowie P/M/*Knappmann*[28] zu den VHB 2000/2008.
5 VersHb/*Rüffer*, § 32 Rn. 9.
6 www.gdv.de/downloads/versicherungsbedingungen/klauseln-zu-den-vhb-2010-quadratmetermodell/sowie http://www. gdv.de/downloads/versicherungsbedingungen/klauseln-zu-den-vhb-2010-versicherungssummenmodell/abgerufen am 24.08.2015.
7 R/L/*Langheid*, § 81 Rn. 104; VersHb/*Rüffer*, § 32 Rn. 205.
8 Der VN muss das äußere Erscheinungsbild eines Einbruchdiebstahls beweisen. Typischerweise kann aus Aufbruchspuren auf einen Einbruch geschlossen werden. Der Mindestbeweis kann bei Fehlen solcher Spuren jedoch auch anders geführt werden, s. dazu z.B. OLG Frankfurt (Main) VersR 2010, 904 f.; OLG Naumburg VersR 2014, 702 f.; OLG Hamm VersR 2012, 436.
9 Es genügt, dass solche Umstände festgestellt werden können, die hinreichend deutlich auf das äußere Bild eines versicherten Raubes schließen lassen, wobei der Nachweis auch durch informatorische Anhörung des VN (§ 141 ZPO) erbracht werden kann; vgl. OLG Düsseldorf VersR 2015, 748, 749.

Anhang L Hausratversicherung

sich unter dem Begriff des Sachschadens zusammenfassen. Erfasst wird jede Beeinträchtigung der Substanz, die den Wert oder die Brauchbarkeit der Sache mindert oder vollständig aufhebt.[10] Der Begriff des Abhandenkommens richtet sich nach den gleichen Grundsätzen wie bei § 935 I BGB. Entscheidend ist also, dass der unmittelbare Besitzer ohne seinen Willen den Besitz verloren hat.[11]

10 Die eben genannten versicherten Schäden müssen durch eine der in der Hausratversicherung versicherten **Gefahren** verursacht worden sein. Die einzelnen Gefahren sind in Abschnitt A § 1 Nr. 1 VHB 2010 aufgelistet und werden in den nachfolgenden Paragraphen (Abschnitt A §§ 2–5 VHB 2010) näher umschrieben.

a) Brand, Blitzschlag, Explosion, Implosion

11 Die in der Hausratversicherung versicherten Gefahren **Brand, Blitzschlag, Explosion und Implosion** sind im Wesentlichen inhaltsgleich mit denen bei der Feuerversicherung. Insoweit kann daher ergänzend auf die Ausführungen zur Feuerversicherung (Anhang K Rdn. 15 ff.) verwiesen werden.

aa) Brand

12 Die Gefahr »Brand« wird in Abschnitt A § 2 Nr. 2 VHB 2010 als ein **Feuer** definiert, das ohne einen bestimmungsgemäßen Herd entstanden ist oder ihn verlassen hat und das sich aus eigener Kraft auszubreiten vermag. Da der Begriff »Feuer« in den VHB 2010 nicht eigens umschrieben wird, ist hierfür der allgemeine Sprachgebrauch maßgeblich. Ein Feuer ist danach ein Verbrennungsvorgang mit Lichterscheinungen in Form einer offenen Flamme oder einem Glühen bzw. Glimmen.[12]

13 Ein Feuer ist **ohne bestimmungsgemäßen Herd** entstanden, wenn es ohne bewusstes Einwirken einer dazu berechtigten Person hervorgerufen wurde, z.B. durch einen Blitzschlag, einen Kurzschluss, Selbstentzündung[13] oder durch Brandstiftung Dritter.[14] Die Voraussetzung ist beispielsweise erfüllt, wenn der Motor einer Waschmaschine aus eigener Kraft heiß läuft und zu brennen beginnt oder wenn ein Kurzschluss in einer elektrischen Heizdecke ein Feuer verursacht. Ist das Feuer aus einem bestimmungsgemäßen Herd entstanden – d.h. durch eine berechtigte Person in einer dazu bestimmten Feuerstelle entzündet worden –, so besteht Versicherungsschutz nur für den Fall, dass es seinen **bestimmungsgemäßen Herd verlassen** hat.[15]

14 Das Feuer muss sich **aus eigener Kraft ausbreiten** können. Aus der Wiederholung des Wortes »das« in der Definition des § 2 Nr. 2 (oben Rdn. 12) folgt, dass dieses Erfordernis für beide Alternativen gilt.[16] Die Ausbreitung aus eigener Kraft setzt voraus, dass die entstandene Wärmeenergie außerhalb des Herdes befindliche Sachen entzünden kann.[17] An dieser konkreten Gefährlichkeit des Feuers fehlt es etwa, wenn eine Flammenbildung im Kochtopf allein von den darin befindlichen Speiseresten sowie dem hineinströmenden Sauerstoff zehrt, ohne dass ein Übergreifen der Flammen auf umliegende Gegenstände zu erwarten ist.[18]

bb) Blitzschlag

15 Blitzschlag ist nach Abschnitt A § 2 Nr. 3 VHB 2010 der **unmittelbare Übergang** eines Blitzes auf Sachen.[19] Der Blitz braucht dabei nicht unmittelbar auf versicherte Sachen überzugehen. Es reicht der Übergang auf **jede beliebige Sache**.[20]

16 Blitzschlagschäden treten nicht selten in der Form von **Überspannungs-, Überstrom- oder Kurzschlussschäden** an elektrischen Einrichtungen und Geräten auf. Solche Schäden sind nach Abschnitt A § 2 Nr. 3 VHB 2010 nur versichert, wenn der Blitzschlag an Sachen auf dem Grundstück, auf dem der Versicherungsort liegt, **Schäden anderer Art** verursacht hat. Spuren eines Blitzschlags an diesem Grundstück, an dort befindlichen Antennen oder anderen Sachen als elektrischen Einrichtungen und Geräten stehen den Schäden anderer Art gleich. Kein Versicherungsschutz besteht damit für Überspannungs- und ähnliche Schäden, die darauf beruhen, dass der Blitz außerhalb des betreffenden Grundstücks (z.B. in eine Freileitung) eingeschlagen ist.[21]

17 Der BGH hat in einer zu § 9 Nr. 2b VHB 92 ergangenen Entscheidung klargestellt, dass kein ersatzfähiger Überspannungsschaden vorliegt, wenn infolge einer durch Blitzschlag eingetretenen Überspannung der FI-Schalter herausspringt, dies zum **Abschalten einer Kühlanlage** im Wintergarten führt und dadurch Pflanzen

---

10 Vgl. *Martin*, B III Rn. 4 ff., 27.
11 *Martin*, B II Rn. 11; vgl. auch BGH NJW 2014, 1524; Palandt/*Bassenge*, § 935 Rn. 3.
12 PK/*Hammel*, Anh. 1 zu §§ 88 ff. Rn. 4; *Dietz*, § 4 Rn. 2.1; van Bühren/*Höra*, § 3 Rn. 65; ausführlich H/E/K/*Wälder*, 9. Kap. Rn. 26; *Martin*, C I Rn. 3 ff.
13 OLG Frankfurt (Main) VersR 1983, 869 – überhitzte Pfanne mit feuergefährlichem Fett.
14 Vgl. *Dietz*, § 4 Rn. 2.2.3.
15 Zur Abgrenzung OLG Hamm VersR 1993, 220.
16 Vgl. *Martin*, C I Rn. 47; anders zu älteren AVB OLG Hamburg r+s 1990, 206, 207 m. Anm. *Wälder*.
17 P/M/*Knappmann*, Abschnitt A § 2 VHB 2010 Rn. 3.
18 OLG Hamm r+s 2015, 136.
19 Zu den Beweisfragen P/M/*Knappmann*, Abschnitt A § 2 VHB 2010 Rn. 12.
20 Vgl. OLG Hamburg VersR 1998, 92; P/M/*Knappmann*, Abschnitt A § 2 VHB 2010 Rn. 8; *Martin*, C II Rn. 4; ausführlich *Wälder* r+s 1991, 1, 4.
21 PK/*Hammel*, Anh. 1 zu §§ 88 ff. Rn. 10; P/M/*Knappmann*, Abschnitt A § 2 VHB 2010 Rn. 9.

eingehen.[22] Die VHB 2010 haben den Versicherungsschutz bei Überspannungsschäden zwar verbessert. Nach Abschnitt A § 2 Nr. 3 VHB 2010 würde der Anspruch des VN auf die Versicherungsleistung in einem solchen Fall aber ebenfalls daran scheitern, dass es an einem **Überspannungsschaden** an einer elektrischen Einrichtung oder einem elektrischen Gerät fehlt, da die Kühlanlage nicht zerstört oder beschädigt, sondern lediglich außer Funktion gesetzt worden ist.[23]

cc) Explosion, Implosion

Gemäß Abschnitt A § 2 Nr. 4 VHB 2010 liegt eine **Explosion** vor, wenn eine plötzliche Kraftäußerung erfolgt, die auf dem Ausdehnungsbestreben von Gasen oder Dämpfen beruht. Diese Voraussetzung kann auch bei einer **Verpuffung** erfüllt sein.[24] Auch der Gebrauch von **Schusswaffen** zählt als Explosion.[25] 18

Ein wichtiger Sonderfall der Explosion ist die sog. **Behälterexplosion**. Diese liegt nach Abschnitt A § 2 Nr. 4 VHB 2010 nur vor, wenn ein Behälter durch den Überdruck von Gasen oder Dämpfen in einem solchen Umfang zerrissen wird, dass ein plötzlicher Ausgleich des Druckunterschiedes innerhalb und außerhalb des Behälters stattfindet. Bei Explosionen im Inneren eines Behälters, die durch chemische Reaktionen hervorgerufen werden, ist ein Zerreißen der Wandung nicht erforderlich. Typische Beispiele einer Behälterexplosion sind Explosionen von Saftflaschen durch Druck der Gärgase oder die Explosion von Spraydosen.[26] **Nicht** erfasst ist das Zerplatzen von Behältern durch **Flüssigkeitsdruck**,[27] z.B. das Zerplatzen einer Wasserflasche in der Tiefkühltruhe oder das Zerplatzen eines Waschmaschinenschlauchs durch zu hohen Wasserdruck. 19

Ob **Feuerwerkskörper** den Explosionsbegriff erfüllen, ist umstritten. Teilweise wird zwischen zwei Kategorien von Feuerwerkskörpern unterschieden. Bei Leuchtraketen und Pfeifern sei – im Gegensatz zu Knallkörpern – von einem gleichmäßigen und konstanten Geschehensablauf auszugehen, so dass die Voraussetzung einer plötzlichen Kraftäußerung nicht erfüllt sei.[28] Diese Auffassung ist jedoch abzulehnen, weil selbst Feuerwerkskörper ohne Knallsätze durch den Rückstoß der enthaltenen Pulvergase in Rotation oder sonstige Bewegungen versetzt werden.[29] Damit liegt auch hier »eine auf dem Ausdehnungsbestreben von Gasen oder Dämpfen beruhende, plötzlich verlaufende Kraftäußerung« vor. 20

Die erstmals in den VHB 2000 vorgenommene Erweiterung des Versicherungsschutzes auf **Implosionen**[30] wird in Abschnitt A § 1 Nr. 1a) VHB 2010 aufrechterhalten. Nach der Definition in Abschnitt A § 2 Nr. 5 VHB 2010 liegt eine Implosion vor, wenn ein plötzlicher, unvorhergesehener Zusammenfall eines Hohlkörpers durch äußeren Überdruck infolge eines inneren Unterdrucks erfolgt. Im Unterschied zur Explosion vollzieht sich der plötzliche Druckausgleich bei der Implosion von außen nach innen. Es ist daher auch der klassische Fall einer implodierenden Bildröhre des Fernsehers vom Versicherungsschutz erfasst.[31] 21

dd) Spezifische Risikoausschlüsse

In Abschnitt A § 2 Nr. 6a) VHB 2010 wird klargestellt, dass Schäden durch **Erdbeben** unabhängig von mitwirkenden Ursachen nicht versichert sind. Das bedeutet, dass der Ausschluss auch dann eingreift, wenn andere versicherte Gefahren bei der Entstehung des Schadens mitwirken.[32] Kein Versicherungsschutz besteht gemäß Abschnitt A § 2 Nr. 6b) VHB 2010 für **Sengschäden**, die nicht durch Brand, Blitzschlag, Explosion oder Implosion entstanden sind. 22

Für Schäden, die an Verbrennungskraftmaschinen durch die im Verbrennungsraum auftretenden Explosionen sowie Schäden, die an Schaltorganen von elektrischen Schaltern durch den in ihnen auftretenden Gasdruck entstehen, besteht gemäß Abschnitt A § 2 Nr. 6c) VHB 2010 ebenfalls kein Versicherungsschutz. Die Ausschlüsse nach Nr. 6b) und 6c) gelten allerdings nicht für solche Schäden, die Folge eines versicherten Risikos nach Nr. 1 sind. 23

b) Anprall oder Absturz eines Luftfahrzeuges

Schäden, die infolge des Anpralls oder Absturzes eines Luftfahrzeuges, seiner Teile oder seiner Ladung entstanden sind, sind nach Abschnitt A § 2 Nr. 1 VHB 2010 in den Versicherungsschutz einbezogen. Der VN wird hierdurch nicht nur vor Explosions- und Brandschäden, die in solchen Fällen gegeben sein können, sondern auch vor **reinen Trümmerschäden** durch Luftfahrzeuge geschützt. 24

---

22 BGH VersR 2010, 1078, 1079 = r+s 2010, 376 m. Anm. *Wälder*.
23 Hierauf abstellend BGH VersR 2010, 1078, 1079.
24 PK/*Hammel*, Anh. 1 zu §§ 88 ff. Rn. 11.
25 P/M/*Knappmann*, Abschnitt A § 2 VHB 2010 Rn. 14.
26 Zu diesen Beispielen auch *Dietz*, § 4 Rn. 4.2; H/E/K/*Wälder*, 9. Kap. Rn. 315.
27 Vgl. PK/*Hammel*, Anh. 1 zu §§ 88 ff. Rn. 12; *Dietz*, § 4 Rn. 4.2; *Martin*, C III Rn. 12.
28 So AG Neunkirchen und LG Saarbrücken r+s 2007, 424 im Anschluss an *Boldt* VW 1964, 154; krit. *Wälder* r+s 2007, 425.
29 So überzeugend H/E/K/*Wälder*, 9. Kap. Rn. 304.
30 Vgl. van Bühren/*Höra*, § 3 Rn. 74.
31 Vgl. BK/*Dörner/Staudinger*, § 82 Rn. 10; P/M/*Knappmann*, Abschnitt A § 2 VHB 2010 Rn. 17.
32 Zu älteren VHB vgl. *Dietz*, § 9 Rn. 1 sowie OLG Saarbrücken VersR 1997, 1000, 1001.

Anhang L   Hausratversicherung

25 Der Begriff des **Luftfahrzeugs** ist in den VHB 2010 nicht definiert. Insoweit kann daher auf § 1 II LuftVG zurückgegriffen werden.[33] Danach sind Luftfahrzeuge Flugzeuge, Drehflügler, Luftschiffe, Segelflugzeuge, Motorsegler, Frei- und Fesselballone, Drachen, Rettungsfallschirme, Flugmodelle, Luftsportgeräte und sonstige für die Benutzung des Luftraums bestimmte Geräte, sofern sie in Höhen von mehr als dreißig Metern über Grund oder Wasser betrieben werden können. Auch Raumfahrzeuge, Raketen und ähnliche Flugkörper sind nach § 1 II 2 LuftVG als Luftfahrzeuge anzusehen, solange sie sich im Luftraum befinden. Feuerwerksraketen sind jedoch keine Luftfahrzeuge; insofern kann aber ein Versicherungsschutz nach Nr. 4 bestehen.[34]

26 Probleme bereitet die Konkretisierung der Merkmale »Teile« und »Ladung des Luftfahrzeugs«. Fraglich erscheint insbesondere, ob **Eis**, das sich während des Fluges am Luftfahrzeug bildet und später ablöst, **als Teil des Luftfahrzeugs** angesehen werden kann. In der Literatur wird die Auffassung vertreten, dass Gegenstände, die sich vom Luftfahrzeug ablösen, nur dann als Teil des Flugkörpers anzusehen sind, wenn sie in einem Zusammenhang mit der Fortbewegung des Gerätes stehen.[35] Gegen dieses enge Verständnis spricht aber der Zweck des Abschnitt A § 2 Nr. 1 VHB 2010, dem VN einen möglichst umfassenden Schutz vor den Risiken des Luftverkehrs zu verschaffen. Da die Gefahr der Bildung und des Herabfallens von Eisstücken durch das Luftfahrzeug überhaupt erst geschaffen wird, muss diese Gefahr mitversichert sein. Dementsprechend wird auch der VN beim Abschluss einer Hausratversicherung die berechtigte Erwartung haben, dass alle Gegenstände, die in irgendeiner Form mit Luftfahrzeugen verbunden sind, als dessen Teile vom Versicherungsschutz erfasst sind.[36]

27 Zur **Ladung** eines Luftfahrzeugs gehören jedenfalls die beförderten Sachen, insbesondere Frachtgut und Reisegepäck.[37] Ob **Menschen** (Passagiere, Besatzungsmitglieder) den Begriff der Ladung erfüllen können, ist streitig.[38] Der natürliche Wortsinn spricht gegen ein solches Verständnis. Nach dem Zweck der Klausel, dem VN einen umfassenden Versicherungsschutz vor den Risiken des Luftverkehrs zu gewähren, erscheint eine weite Auslegung aber doch gerechtfertigt. Erfasst werden danach auch Schäden durch Personen, die bei einem Absturz aus dem Luftfahrzeug herausgeschleudert werden.[39] Ob der Versicherungsschutz darüber hinaus auch auf Schäden durch Fallschirmspringer auszuweiten ist, erscheint zweifelhaft, weil es sich dabei um ein spezifisches Risiko handelt.[40]

c) Einbruchdiebstahl, Vandalismus nach einem Einbruch, Raub

aa) Einbruchdiebstahl

28 Die Gefahr des Einbruchdiebstahls wurde in der Hausratversicherung in Anlehnung an die AVB für die Einbruchdiebstahl- und Raubversicherung (AERB) konzipiert. Auch in der Hausratversicherung sind daher nur die **erschwerten Formen des Diebstahls** versichert. Der einfache Diebstahl ist dagegen nicht in den Versicherungsschutz einbezogen. Das Herausziehen der Bolzen eines durch Korrosion angegriffenen Garagentores stellt daher keinen versicherten Einbruchdiebstahl dar, weil es an der erforderlichen Kraftanstrengung fehlt.[41] Die Voraussetzungen des Einbruchdiebstahls sind in Abschnitt A § 3 Nr. 2a)-f) VHB 2010 **wortgleich** mit Abschnitt A § 1 Nr. 2a)-f) AERB 2010 geregelt, nur dass es die sog. eingeschränkte Schlüsselklausel für qualifizierte Behältnisse (Abschnitt A § 1 Nr. 2e) Abs. 2 AERB 2010) bei der Hausratversicherung nicht gibt. Der Einbruchdiebstahl wird daher für beide Versicherungszweige einheitlich in Anhang M Rdn. 9 ff. erörtert.

bb) Vandalismus nach einem Einbruch

29 Die Gefahr des **Vandalismus nach einem Einbruch** ist nach Abschnitt A § 3 Nr. 3 VHB 2010 versichert. Versicherungsschutz besteht dabei nur dann, wenn der Täter auf eine der beschriebenen Arten des Einbruchdiebstahls in den Versicherungsort eindringt und versicherte Sachen vorsätzlich **zerstört** oder **beschädigt**. Für weitere Einzelheiten wird auf die diesbezüglichen Ausführungen zur Einbruchdiebstahl- und Raubversicherung (Anhang M Rdn. 27 f.) verwiesen.

cc) Raub

30 Die Gefahr des Raubes ist gemäß Abschnitt A § 3 Nr. 4 VHB 2010 versichert. Die Regelung weist im Detail einige Unterschiede zu der Bestimmung über den Raub in Abschnitt A § 1 Nr. 4 AERB 2010 auf. Dies gilt ins-

---

33 Vgl. dazu *Wälder* r+s 2006, 139, 140; P/M/*Knappmann*, Abschnitt A § 2 VHB 2010 Rn. 2; B/M/K. *Johannsen*, Vor § 142 Rn. 38.
34 Vgl. LG Saarbrücken VersR 2005, 1728; P/M/*Knappmann*, Abschnitt A § 2 VHB 2010 Rn. 2; a.A. B/M/K. *Johannsen*, Vor § 142 Rn. 39.
35 *Weiss*, S. 40.
36 Ähnlich auch *Wälder* r+s 2006, 139, 141; gegen einen Versicherungsschutz bei Ablassen von Flugbenzin oder Ablösung von Eis B/M/*Jula*, A § 2 VHB 2010 Rn. 18.
37 *Wälder* r+s 2006, 139, 141.
38 Vgl. dazu *Wälder* r+s 2006, 139, 141 f.
39 B/M/K. *Johannsen*, Vor § 142 Rn. 37.
40 B/M/*Jula*, A § 2 VHB 2010 Rn. 19; a.A. B/M/K. *Johannsen*, Vor § 142 Rn. 39; vgl. auch *Wälder* r+s 2006, 139, 141 f.
41 Vgl. LG Essen VersR 2010, 626 (zu § 3 VHB 92).

besondere im Hinblick auf die potentiellen Opfer. Insofern erscheint eine eigenständige Kommentierung geboten. Die Ausführungen zur **Einbruchdiebstahl- und Raubversicherung** (Anhang M Rdn. 29 ff.) können für allgemeine Fragen aber ergänzend herangezogen werden.

(1) Gewaltanwendung

Ein **Raub** liegt gemäß Abschnitt A § 3 Nr. 4a) aa) VHB 2010 vor, wenn gegen den VN **Gewalt** angewendet wird, um dessen Widerstand gegen die Wegnahme versicherter Sachen auszuschalten. Die Gewalt muss vom Opfer als solche empfunden und vom Täter mit dem Ziel der Wegnahme bewusst angewendet worden sein.[42] Erforderlich ist der Einsatz körperlicher oder mechanischer Energie mit dem Ziel, den geleisteten oder erwarteten Widerstand des VN gegen eine Wegnahme zu brechen.[43] Keine Gewaltanwendung liegt vor, wenn der Täter jeglichem körperlichen Widerstand zuvorkommt und dem Opfer eine von ihm nicht festgehaltene Sache überraschend wegnimmt,[44] oder wenn sich die Gewalt ausschließlich gegen Sachen richtet.[45] Ein lediglich reflexartiges Festhalten der Sache ist nicht als **bewusster Widerstand** zu werten.[46]

31

(2) Gewaltandrohung

Ein Raub ist ebenfalls zu bejahen, wenn der VN versicherte Sachen herausgibt oder sich wegnehmen lässt, weil eine Gewalttat mit Gefahr für Leib oder Leben **angedroht** wird, die innerhalb des Versicherungsortes verübt werden soll (Abschnitt A § 3 Nr. 4a) bb) VHB 2010). Bei mehreren Versicherungsorten muss sich die Drohung auf denjenigen Ort beziehen, an dem die Drohung ausgesprochen wurde.

32

(3) Ausnutzung ausgeschalteter Widerstandskraft

Ist die Widerstandskraft des VN bereits ausgeschaltet, weil sein körperlicher Zustand unmittelbar vor der Wegnahme infolge eines Unfalls oder infolge einer nicht verschuldeten sonstigen Ursache beeinträchtigt ist und können die versicherten Sachen aufgrund dessen weggenommen werden, ist ein Raub i.S.d. Abschnitt A § 3 Nr. 4a) cc) VHB 2010 gegeben. In Betracht kommen Beeinträchtigungen der Widerstandskraft durch Ohnmacht oder Herzinfarkt. Eine körperliche Behinderung, hohes Alter oder eine erhebliche Erschöpfung reichen demgegenüber nicht aus, weil eine **vollständige Ausschaltung** der Widerstandskraft erforderlich ist.[47]

33

(4) Mit Zustimmung des VN in der Wohnung Anwesende

Mit Zustimmung des VN in der versicherten Wohnung anwesende Personen werden dem VN in den vorangegangen Raubalternativen gemäß Abschnitt A § 3 Nr. 4b) VHB 2010 gleichgestellt. Die Klausel erfasst nicht nur Familienangehörige und Hausangestellte des VN, sondern auch **jeden beliebigen Dritten**.[48] Dass es sich um einen Repräsentanten des VN (dazu unten Rdn. 139 f.) handelt, ist nicht erforderlich.

34

(5) Spezifische Risikoausschlüsse

Kein Versicherungsschutz besteht nach Abschnitt A § 3 Nr. 4c) VHB 2010 für Sachen, die erst auf Verlangen des Täters an den Ort der Herausgabe oder Wegnahme herangeschafft werden. Der Risikoausschluss beruht auf der Erwägung, dass die betreffenden Sachen sich schon **bei Beginn des Raubes am Versicherungsort befunden** haben müssen, also nicht erst aufgrund des Raubes dorthin gebracht worden sein dürfen.[49] Die Klausel sieht daher vor, dass der Versicherungsschutz bestehen bleibt, wenn das Heranschaffen nur innerhalb des Versicherungsortes erfolgt, an dem die Raubhandlungen verübt wurden.

35

Die Versicherung erstreckt sich gemäß Abschnitt A § 3 Nr. 5 VHB 2010 ohne Rücksicht auf mitwirkende Ursachen nicht auf Schäden, die durch **weitere Elementargefahren** verursacht werden. Beispiele sind etwa Überschwemmungen, Erdbeben, Erdsenkungen, Schneedruck, Lawinen und Vulkanausbrüche.

36

d) Leitungswasser

aa) Begriff

Im Rahmen der Hausratversicherung sind gemäß Abschnitt A § 4 VHB 2010 auch Schäden versichert, die an versicherten Sachen durch Leitungswasser entstanden sind. Der **Begriff des Leitungswassers** war in § 7 VHB

37

---

42 Vgl. OLG Köln VersR 2007, 1473; OLG Hamm r+s 2000, 292, 293; P/M/*Knappmann*, Abschnitt A § 3 VHB 2010 Rn. 13.
43 OLG Köln r+s 1991, 277, 278; LG Ulm NJW-RR 2010, 386; *Martin*, D XII 19 f.
44 OLG Düsseldorf VersR 2015, 748, 749 f.; OLG Karlsruhe VersR 2009, 1360; LG Köln VersR 2015, 751; LG Kiel, Urt. v. 25.06.2010, 11 O 320/09; AG Hannover VersR 2010, 943 (LS); *Günther* r+s 2007, 265, 266; Veith/Gräfe/*Drenk*, § 3 Rn. 84.
45 AG Dorsten r+s 1994, 269; s. auch *Günther* r+s 2007, 265, 267.
46 Zur Außenversicherung AG Hannover VersR 2010, 943.
47 OLG Hamm r+s 2000, 292, 293; LG Kleve r+s 1986, 103; Terbille/Höra/*S. Schneider*, § 7 Rn. 77; vgl. auch P/M/*Knappmann*, Abschnitt A § 3 VHB 2010 Rn. 16; weitergehend B/M/*Jula*, A § 2 VHB 2010 Rn. 64.
48 *Martin*, D XII Rn. 58.
49 P/M/*Knappmann*[27], § 9 VHB 84 Rn. 23.

Anhang L   Hausratversicherung

84/VHB 92/VHB 2000 definiert. In den VHB 2010 fehlt eine entsprechende Umschreibung. Das zentrale Merkmal der Definitionen, »der **bestimmungswidrige Austritt** des Leitungswassers«, wird aber im Zusammenhang mit der Versicherung von Nässeschäden geregelt. In der zweiten Fallgruppe »der Versicherung von Bruchschäden an Rohren und Installationen« spielt dieses Merkmal dagegen naturgemäß keine Rolle.

bb) Bruchschäden

38   Für **frostbedingte und sonstige Bruchschäden an Rohren** besteht gemäß Abschnitt A § 4 Nr. 1a) VHB 2010 nur Versicherungsschutz, sofern die betreffenden Rohre zum versicherten Hausrat gehören und nicht Bestandteil von Heizkesseln, Boilern oder vergleichbaren Anlagen sind. Außerdem ist erforderlich, dass die Schäden innerhalb des Gebäudes eingetreten sind. Aus Abschnitt A § 4 Nr. 1a) aa)-cc) VHB 2010 ergibt sich zudem, dass es sich um Rohre der Wasserversorgung (Zu- oder Ableitungen) bzw. damit verbundene Schläuche, um Rohre der Warmwasser- oder Dampfheizung sowie Klima-, Wärmepumpen-, Solarheizungsanlagen oder um Rohre von Wasserlösch- oder Berieselungsanlagen handeln muss. Ein Bruch liegt nicht vor, wenn es zu einer bloßen Verschiebung von Rohrstücken gekommen ist.[50]

39   Gemäß Abschnitt A § 4 Nr. 1b) VHB 2010 sind **frostbedingte Bruchschäden** an den nachfolgend genannten **Installationen** versichert, sofern diese als Hausrat anzusehen und die Schäden innerhalb des Gebäudes eingetreten sind: Badeeinrichtungen, Waschbecken, Spülklosetts, Armaturen (z.B. Wasser- und Absperrhähne, Ventile, Geruchsverschlüsse, Wassermesser) sowie deren Anschlussschläuche, außerdem Heizkörper, Heizkessel, Boiler oder vergleichbare Teile von Warmwasserheizungs-, Dampfheizungs-, Klima-, Wärmepumpen- oder Solarheizungsanlagen.

40   Unter welchen Voraussetzungen ein Bruchschaden **innerhalb des Gebäudes** eingetreten ist, bestimmt Abschnitt A § 4 Nr. 1 a.E. VHB 2010. Danach gilt der gesamte Baukörper einschließlich der Bodenplatte als innerhalb des Gebäudes. Daraus folgt, dass Rohre und Installationen, die unterhalb der Bodenplatte verlaufen, grundsätzlich nicht mehr vom Versicherungsschutz erfasst sind. Hierbei macht es keinen Unterschied, ob es sich um tragende oder nicht tragende Bodenplatten handelt. Ausnahmen können zwischen den Vertragsparteien jedoch vereinbart werden. Rohre von Solarheizungsanlagen, die sich auf dem Dach des Gebäudes befinden, sind hingegen als Rohre innerhalb des Gebäudes anzusehen.

cc) Nässeschäden

41   Besonders große praktische Bedeutung hat der Ersatz von Schäden, die an versicherten Sachen durch bestimmungswidrig ausgetretenes Leitungswasser entstanden sind. In Abschnitt A § 4 Nr. 2 VHB 2010 wird hierfür vorausgesetzt, dass das Leitungswasser aus Rohren der Wasserversorgung (Zu- und Ableitungen) oder damit verbundenen Schläuchen, den mit diesem Rohrsystem verbundenen sonstigen Einrichtungen oder deren wasserführenden Teilen, aus Einrichtungen der Warmwasser- oder Dampfheizung, aus Klima-, Wärmepumpen oder Solarheizungsanlagen, aus Wasserlösch- und Berieselungsanlagen sowie aus Wasserbetten und Aquarien bestimmungswidrig ausgetreten ist. Sole, Öl, Kühl- und Kältemittel aus Klima-, Wärmepumpen-, Solarheizungsanlagen und Wasserdampf stehen insoweit der Gefahr des Leitungswassers gleich. Kein Austritt von Leitungswasser liegt vor, wenn das Wasser aus verbliebenen Rohren der früheren Wasserversorgung mit Grundwasser austritt, die nicht mehr Wasser zur Wasserversorgung zu- oder ableiten.[51]

42   **Bestimmungswidrig** ist der Austritt des Leitungswassers oder gleichgestellter Flüssigkeiten und Wasserdampf, wenn er **gegen den Willen des VN** oder eines sonstigen berechtigten Benutzers (z.B. aufgrund einer technischen Störung) erfolgt.[52] Das Merkmal der Bestimmungswidrigkeit liegt somit auch vor, wenn das Wasser in der objektiv technisch bestimmten Weise, aber gegen den Willen des VN austritt.[53] Versicherungsschutz besteht daher auch dann, wenn Badewannen überlaufen, weil der Wasserhahn versehentlich nicht rechtzeitig geschlossen wird.[54] Wird der VN durch austretendes Wasser aus einer anderen Wohnung geschädigt, so ist nicht auf seinen Willen, sondern auf den Willen des dafür ursächlichen Besitzers der anderen Wohnung abzustellen.[55] Bei grober Fahrlässigkeit des VN kommt eine Kürzung der Leistung nach § 81 II in Betracht. Wechselt der VN den Versicherer, kann sich der Nachweis, dass der Schadenseintritt im versicherten Zeitraum erfolgte, als schwierig erweisen.[56]

---

50   OLG Düsseldorf VersR 2004, 193; OLG Bamberg VersR 2006, 1213; AG Erfurt r+s 2014, 24; P/M/*Knappmann*, Abschnitt A § 4 VHB 2010 Rn. 1; a.A. B/M/*Jula*, A § 4 VHB 2010 Rn. 7.
51   OLG Hamm VersR 2013, 582.
52   BGH VersR 2005, 498, 499; P/M/*Knappmann*, Abschnitt A § 4 VHB 2010 Rn. 6; Veith/Gräfe/*Drenk*, § 3 Rn. 94.
53   van Bühren/*Höra*, § 3 Rn. 100; *Martin*, E I Rn. 54 ff.
54   Vgl. zu diesem Beispiel *Dietz*, § 7 Rn. 2.3.2; *Martin*, E I Rn. 60.
55   P/M/*Knappmann*, Abschnitt A § 4 VHB 2010 Rn. 7; a.A. van Bühren/*Höra*, § 3 Rn. 100.
56   Dazu P/M/*Knappmann*, Abschnitt A § 4 VHB 2010 Rn. 8; OLG Celle r+s 2012, 493 m. Anm. *Knappmann* (495); Felsch r+s 2014, 313, 323 ff.

dd) Spezifische Risikoausschlüsse

Nicht versichert sind **ohne Rücksicht auf mitwirkende Ursachen** gemäß Abschnitt A § 4 Nr. 3a) VHB 2010 Schäden, die durch
- Plansch- oder Reinigungswasser,
- Schwamm[57],
- Grundwasser, Gewässer, Überschwemmung[58], Niederschläge oder einen Rückstau davon,
- Erdbeben, Schneedruck, Lawinen, Vulkanausbruch,
- Erdsenkung oder Erdrutsch, außer wenn Leitungswasser nach Nr. 2 dafür die Ursache ist,
- Öffnen der Sprinkler oder Bedienen der Berieselungsdrüsen wegen eines Brandes[59], durch Druckproben oder durch Umbauten oder Reparaturarbeiten an dem versicherten Gebäude oder an der Wasserlösch- oder Berieselungsanlage,
- Leitungswasser aus Eimern, Gießkannen oder sonstigen mobilen Behältnissen

entstanden sind. Ferner leistet der Versicherer gemäß Abschnitt A § 4 Nr. 3b) VHB 2010 keine Entschädigung für Schäden an **nicht bezugsfertigen Gebäuden** oder Gebäudeteilen; für die darin befindlichen Sachen wird ebenfalls kein Ersatz geleistet. Dieser Ausschluss greift jedoch nicht ein, wenn lediglich einzelne Zimmer eines Gebäudeteils renoviert werden und der Rest der Wohnung weiterhin bezogen bleibt.[60] Ein weiterer Ausschluss betrifft Schäden am **Inhalt eines Aquariums** (Fische, Pflanzen, etc.), die darauf beruhen, dass Wasser aus dem Aquarium ausgetreten ist.[61]

43

e) Sturm, Hagel

aa) Begriffe

Die Begriffe »Sturm« und »Hagel« sind in Abschnitt A § 5 Nr. 2a) und 2b) VHB 2010 definiert. Beim **Hagel** handelt es sich um einen festen Witterungsniederschlag in Form von Eiskörnern. **Sturm** ist eine wetterbedingte Luftbewegung von mindestens Windstärke 8 nach Beaufort (Windgeschwindigkeit von mindestens 62 km/Stunde). Bei einer geringeren Windstärke besteht also kein Versicherungsschutz. Der VN wird hierdurch nicht unbillig benachteiligt, weil aus meteorologischer Sicht erst ab Windstärke 9 nach Beaufort von einem Sturm gesprochen wird.[62]

44

Der **Nachweis der Windstärke** kann **für den VN** mit erheblichen Schwierigkeiten verbunden sein. Dies gilt insbesondere dann, wenn in der Nähe der Wohnung keine Wetterstationen oder sonstige Messeinrichtungen vorhanden sind. Abschnitt A § 5 Nr. 2a) der VHB 2010 hilft dem VN daher mit **Beweiserleichterungen**. Ist die Windstärke für den Schadenort nicht feststellbar, so wird Windstärke 8 unterstellt, wenn der VN nachweist, dass die Luftbewegung in der Umgebung des Versicherungsgrundstücks Schäden an Gebäuden in einwandfreiem Zustand oder an ebenso widerstandsfähigen anderen Sachen angerichtet hat oder dass der Schaden wegen des einwandfreien Zustands des versicherten Gebäudes oder des Gebäudes, in dem sich versicherte Sachen befunden haben, nur durch Sturm entstanden sein kann.

45

Nach der Definition setzt ein Sturm eine **wetterbedingte Luftbewegung** voraus. Der Sturm muss also durch **natürliche Luftdruckunterschiede** entstanden sein. Keine wetterbedingte Luftbewegung liegt vor bei Druckwellen einer Explosion oder eines einschlagenden Blitzes sowie beim Feuersturm eines Brandes. Das Gleiche gilt für Luftbewegungen, die durch Hubschrauber, Flugzeuge, Züge oder Kraftfahrzeuge hervorgerufen werden. In all diesen Fällen besteht kein Versicherungsschutz.[63]

46

bb) Kausalität des Sturms oder Hagels

Der Versicherungsschutz bei Sturm und Hagel erstreckt sich nicht auf alle adäquat verursachten Schäden. Der Schaden muss vielmehr aufgrund eines in den VHB **konkret beschriebenen Kausalverlaufs** eingetreten sein.[64] Nur dann handelt es sich um einen versicherten Sturm- oder Hagelschaden.

47

Ersatzfähig sind zunächst solche Schäden, die durch die **unmittelbare Einwirkung** des Sturms oder Hagels auf versicherte Sachen oder auf Gebäude, in denen sich versicherte Sachen befinden, entstanden sind (s. Abschnitt A § 5 Nr. 2c) aa) VHB 2010). Eine unmittelbare Einwirkung ist dann anzunehmen, wenn der Sturm

48

---

[57] Nach BGH VersR 2012, 1253 gilt der Leistungsausschluss für alle Arten von Hausfäulepilzen und erfasst gerade auch den Schwammbefall als Folge eines versicherten Leitungswasseraustritts.
[58] Vgl. etwa OLG Köln r+s 2013, 319.
[59] Gegen die Wirksamkeit des Leistungsausschlusses P/M/*Knappmann*, Abschnitt A § 4 VHB 2010 Rn. 16.
[60] P/M/*Knappmann*, Abschnitt A § 4 VHB 2010 Rn. 18.
[61] Vgl. dazu *Dietz*, Klausel zu § 7 Rn. 1.
[62] Vgl. H/E/K/*Wälder*, 9. Kap. Rn. 703.
[63] OLG Schleswig r+s 2001, 337, 338; P/M/*Knappmann*, Abschnitt A § 5 VHB 2010 Rn. 3; *Martin*, E II Rn. 17; VersHb/ *Rüffer*, § 32 Rn. 319; *Wussow* VersR 2000, 679, 680.
[64] Vgl. dazu *Martin*, E II Rn. 13 ff.; *Dietz*, § 8 Rn. 5; OLG Saarbrücken NJW-RR 2014, 99, 100.

oder Hagel die **zeitlich letzte Ursache** des Schadens ist.[65] Exemplarisch kann hier das Abknicken einer versicherten Antenne durch einen Sturm genannt werden. Keine unmittelbare Einwirkung liegt dagegen vor, wenn der Schaden durch eine Lawine verursacht wird, die durch einen Sturm ausgelöst worden ist.[66] Ferner fehlt es an einer unmittelbaren Einwirkung von Hagel, wenn nicht schon die Eiskörner, sondern erst das hieraus entstehende Schmelzwasser zu einem (Wasser-)Schaden führt.[67]

49 Gemäß Abschnitt A § 5 Nr. 2c) bb) VHB 2010 sind auch Schäden versichert, die dadurch entstehen, dass ein Sturm oder Hagel **Gebäudeteile, Bäume oder andere Gegenstände** auf versicherte Sachen **wirft**. Ein solcher Schaden ist z.B. gegeben, wenn ein entwurzelter Baum oder ein Ast auf eine Markise geschleudert wird.

50 Abschnitt A § 5 Nr. 2c) cc) VHB 2010 erstreckt die Leistungspflicht des Versicherers auf solche Schäden, die sich als **Folge eines Schadens** nach Nr. 2c) aa) oder bb) darstellen. In Betracht kommen z.B. Nässeschäden aufgrund von Sturm- oder Hagelfolgen, etwa wenn Regen durch ein vom Sturm abgedecktes Dach oder ein vom Hagel zerschlagenes Fenster eindringt und versicherte Sachen beschädigt.[68] Mangels Vorliegen eines Gebäudeschadens genügt es indes nicht, wenn Türen oder Fenster durch den Sturm oder Hagel lediglich aufgedrückt werden und es erst dann zu einem Schaden kommt.[69]

51 Abschnitt A § 5 Nr. 2c) dd) und ee) VHB 2010 erweitern den Versicherungsschutz. Der Versicherer leistet auch Entschädigung für die Zerstörung oder Beschädigung oder das Abhandenkommen versicherter Sachen durch die **unmittelbare Einwirkung** des Sturms oder Hagels auf Gebäude, die mit dem versicherten Gebäude oder Gebäuden, in denen sich versicherte Sachen befinden, baulich verbunden sind (Abschnitt A § 5 Nr. 2c) dd) VHB 2010). Versicherungsschutz besteht schließlich für Schäden, die darauf beruhen, dass ein Sturm oder Hagel **Gebäudeteile, Bäume oder andere Gegenstände** auf Gebäude **wirft**, die mit dem versicherten Gebäude oder Gebäuden, in denen sich versicherte Sachen befinden, baulich verbunden sind (Abschnitt A § 2c) ee) VHB 2010). Die beiden Klauseln erweitern den Versicherungsschutz nach Nr. 2c) aa) und bb) also auf den Fall, dass der Sturm oder Hagel sich auf ein **Gebäude** auswirkt, das mit dem versicherten Gebäude oder einem Gebäude, in dem sich versicherte Sachen befinden, **baulich verbunden** ist.

cc) Weitere Elementargefahren

52 Nach Abschnitt A § 1 Nr. 1d) bb) VHB 2010 sind nunmehr auch Schäden durch **weitere Elementargefahren** versichert, soweit dies **gesondert vereinbart** ist. Sturm, Hagel und die weiteren Elementargefahren werden dabei unter dem Oberbegriff der »**Naturgefahren**« zusammengefasst. Zu den weiteren Elementargefahren gehören gemäß Abschnitt A § 5 Nr. 1b) VHB 2010 Überschwemmung, Rückstau, Erdbeben, Erdsenkung, Erdrutsch, Schneedruck, Lawinen und Vukanausbruch. Die betreffenden Gefahren werden in Abschnitt A § 5 Nr. 3 VHB 2010 **definiert**.[70] Da eine gesonderte Vereinbarung über die Versicherung weiterer Elementargefahren schon früher möglich war, liegt hierin der eigentliche Fortschritt gegenüber den VHB 2008.

dd) Spezifische Risikoausschlüsse

53 Spezifische Risikoausschlüsse bei Naturgefahren enthält Abschnitt A § 5 Nr. 4 VHB 2010. Nicht versichert sind nach Nr. 4a) aa) und bb) Schäden an versicherten Sachen durch **Sturmflut** oder durch Eindringen von Regen, Hagel, Schnee oder Schmutz durch **nicht ordnungsgemäß geschlossene Fenster**, Außentüren oder andere Öffnungen. Fenster und Türen sind nur dann ordnungsgemäß geschlossen, wenn die Verriegelung oder das Schloss betätigt wurde; das bloße Zuschlagen oder Anlehnen ist nicht ausreichend.[71] Der Risikoausschluss greift nicht ein, wenn die Öffnung erst durch den Sturm oder Hagel entstanden ist und einen Gebäudeschaden darstellt.[72] Dies gilt auch dann, wenn die Öffnung durch einen früheren Sturm oder Hagel verursacht worden ist.[73] Bei Reparaturarbeiten an einem Dach schließt eine ordnungsgemäß angebrachte Abdeckungsplane die Annahme einer **anderen Öffnung** i.S.d. Klausel aus.[74]

54 Nicht versichert sind nach Nr. 4a) cc) Schäden, die durch **Grundwasser** entstehen, es sei denn, das Wasser dringt an die Erdoberfläche, so dass von einer Überschwemmung i.S.v. Nr. 1b) aa) auszugehen ist.[75] Kein Versicherungsschutz besteht ferner für Brand, Blitzschlag, Explosion, Anprall oder Absturz eines Luftfahrzeuges, seiner Teile oder seiner Landung (Nr. 4a) dd)). Dieser Ausschluss greift jedoch nicht im Falle eines Erdbebens, das nach Nr. 1b) cc) versichert ist. Die genannten Risiken sind allerdings bereits nach Abschnitt A §§ 1

---

65 OLG Saarbrücken NJW-RR 2014, 99, 100; OLG Köln r+s 1995, 390, 391; r+s 2003, 65, 66; LG Flensburg r + s 2014, 238; *Martin*, E II Rn. 17; VersHb/*Rüffer*, § 32 Rn. 322.
66 BGH VersR 1984, 28; H/E/K/*Wälder*, 9. Kap., Rn. 737.
67 OLG Saarbrücken NJW-RR 2014, 99, 100.
68 Vgl. BGH VersR 1992, 606; P/M/*Knappmann*, Abschnitt A § 5 VHB 2010 Rn. 7; H/E/K/*Wälder*, 9. Kap. Rn. 745.
69 OLG Saarbrücken NJW-RR 2014, 99, 100; P/M/*Knappmann*, Abschnitt A § 5 VHB 2010 Rn. 7.
70 Zu den Einzelheiten B/M/*Jula*, A § 5 VHB 2010 Rn. 13 ff.
71 Ausführlich vgl. *Dietz*, § 9 Rn. 8.3; *Martin*, F V Rn. 19.
72 OLG Saarbrücken NJW-RR 2014, 99, 100 f.; P/M/*Knappmann*, Abschnitt A § 5 VHB 2010 Rn. 11.
73 *Martin*, F V Rn. 21; VersHb/*Rüffer*, § 32 Rn. 91.
74 BGH VersR 1992, 606.
75 Vgl. B/M/*Jula*, A § 5 VHB 2010 Rn. 39.

Nr. 1a), 2 abgesichert und müssen daher nicht durch eine gesonderte Elementarversicherung einbezogen werden.[76] Nach Nr. 4a) ee) besteht kein Versicherungsschutz für Schäden, die durch **Trockenheit** oder **Austrocknung** entstanden sind.[77] Risikoausschlüsse gelten ferner für **nicht bezugsfertige Gebäude** oder Gebäudeteile (Nr. 4b) aa)) und Sachen, die sich **außerhalb von Gebäuden** befinden (Nr. 4b) bb)). Als »außerhalb« des Gebäudes wird bereits angesehen, wenn die Sache die Grenzen des Gebäudes verlässt, weil etwa der VN seinen Kopf aus dem Fenster oder der Balkontür streckt.[78]

3. Versicherte Sachen (Hausrat)

Vom Versicherungsschutz erfasst ist der **gesamte Hausrat** in der im Versicherungsschein bezeichneten Wohnung (Versicherungsort). In Abschnitt A § 6 Nr. 2 der VHB 2010 wird aufgeführt, welche Sachen als Hausrat oder ihm gleichgestellte Gegenstände versichert sind. Zum **Hausrat** gehören danach alle Sachen, die dem Haushalt des VN zur privaten Nutzung, d.h. zum Gebrauch und Verbrauch, dienen (Abschnitt A § 6 Nr. 2a) VHB 2010). Die Hausrateigenschaft einer Sache resultiert also nicht schon alleine aus der Tatsache, dass sich die Sache in einem Haushalt bzw. einer Wohnung befindet.[79] Entscheidend ist vielmehr, ob die in Frage stehende Sache aufgrund ihrer Beschaffenheit und Eigenschaften **objektiv geeignet** und **subjektiv dazu bestimmt ist, nutzbringend für die Ziele oder Zwecke des Haushalts** eingesetzt zu werden.[80] Zum Hausrat gehören z.B. Möbel, Geschirr, Kleidung, Haushaltsgeräte, Bücher und Videokassetten[81], weil diese Sachen dem Gebrauch des VN dienen. Zum Verbrauch bestimmte Hausratgegenstände sind insbesondere Nahrungs- und Genussmittel. 55

a) Wertsachen und Bargeld

Aus Abschnitt A § 6 Nr. 2b) VHB 2010 ergibt sich, dass Wertsachen und Bargeld als Hausrat in den Versicherungsschutz miteinbezogen sind. Eine Präzisierung dieser versicherten Sachen erfolgt in Abschnitt A § 13 Nr. 1a) VHB 2010. Danach sind **versicherte Wertsachen** nicht nur Bargeld und auf Geldkarten geladene Beträge, sondern auch Urkunden einschließlich Sparbücher und sonstige Wertpapiere. In diese Kategorie gehören außerdem Schmucksachen, Edelsteine, Perlen, Briefmarken, Münzen, Medaillen, alle Sachen aus Gold und Platin, Pelze, handgeknüpfte Teppiche und Gobelins sowie Kunstgegenstände (z.B. Gemälde, Collagen, Zeichnungen, Graphiken und Plastiken) und Sachen aus Silber. Hochwertige Armbanduhren, selbst wenn sie teilweise mit Gold oder Platin besetzt sind, sind keine Schmucksachen, da Uhren zur Zeitmessung bestimmt sind und der Schmuckcharakter nicht ihren Hauptzweck darstellt.[82] Sachen, die über 100 Jahre alt sind und somit unter den Begriff der Antiquität fallen, sind grundsätzlich ebenfalls durch die Hausratversicherung geschützt. Eine Ausnahme wird in diesem Bereich lediglich für antike Möbelstücke gemacht; sie sind ausdrücklich nicht mit in den Versicherungsschutz einbezogen (vgl. Abschnitt A § 13 Nr. 1a) ee) VHB 2010). 56

Für Wertsachen sind **besondere Entschädigungsgrenzen** vorgesehen, die vom Versicherer in Abschnitt A § 13 Nr. 2 der VHB 2010 gesondert festzulegen sind. Dabei ist nach Nr. 2a) allgemein ein bestimmter Prozentsatz der Versicherungssumme als Entschädigungsgrenze je Versicherungsfall vorgesehen. Weitere prozentuale und betragsmäßige Entschädigungsgrenzen werden speziell in Nr. 2b) für bestimmte Wertsachen festgesetzt, die sich außerhalb von anerkannten und verschlossenen Wertschutzschränken i.S.v. Nr. 1b)[83] befunden haben.[84] Nach h.M. stellt diese Regelung eine bloße objektive Risikobegrenzung und keine verhüllte Obliegenheit des VN zur sicheren Aufbewahrung dar.[85] Umstritten ist, ob die Entschädigungsgrenze der Verschlussvorschrift nach ihrem Zweck auch im Falle eines Raubes anwendbar ist.[86] Der Wertschutzschrank ist nicht verschlossen, wenn sich der Schlüssel leicht auffindbar und zuordnungsbar in der Nähe befindet.[87] Dagegen ist die Kenntnis des Täters vom Aufbewahrungsort für die Frage des Verschlusses unbeachtlich.[88] 57

---

76 P/M/*Knappmann*, Abschnitt A § 5 VHB 2010 Rn. 13.
77 Krit. dazu B/M/*Jula*, A § 5 VHB 2010 Rn. 41.
78 AG Landsberg am Lech r+s 2010, 291; AG München r+s 2010, 291, 292: Sturm weht dem VN beim Hinauslehnen die Brille bzw. die Perücke vom Kopf.
79 *Dietz*, § 1 Rn. 3.2.1.
80 *Dietz*, § 1 Rn. 3.2.
81 Vgl. OLG Köln NVersZ 2002, 509, 510 (Porno-Videosammlung); P/M/*Knappmann*, Abschnitt A § 6 VHB 2010 Rn. 2.
82 OLG Koblenz NJW-RR 2012, 812; zust. B/M/*Jula*, A § 13 VHB 2010 Rn. 6; zweifelnd P/M/*Knappmann*, Abschnitt A § 13 VHB 2010 Rn. 1.
83 Zu den Voraussetzungen jüngst LG Flensburg VersR 2014, 948; vgl. auch OLG Hamm NJW-RR 2014, 146; VersR 2012, 1173.
84 Zur Wirksamkeit der Klausel OLG Hamm NJW-RR 2014, 146.
85 BGH VersR 1972, 575; LG Dortmund r+s 2015; P/M/*Knappmann*, Abschnitt A § 13 VHB 2010 Rn. 6; a.A. B/M/*Jula*, A § 13 VHB 2010 Rn. 20.
86 Dafür OLG Hamm r+s 2012, 245; B/M/*Jula*, A § 13 VHB 2010 Rn. 15; a.A. P/M/*Knappmann*, Abschnitt A § 13 VHB 2010 Rn. 10.
87 P/M/*Knappmann*, Abschnitt A § 13 VHB 2010 Rn. 6.
88 OLG Koblenz VersR 2014, 329.

Anhang L Hausratversicherung

b) In das Gebäude eingefügte Sachen

58 Zum Hausrat gehören auch »alle in das Gebäude **eingefügten Sachen** (z.B. Einbaumöbel und Einbauküchen), die der VN als Mieter oder Wohnungseigentümer auf seine Kosten **beschafft** oder **übernommen** hat und daher hierfür die **Gefahr trägt**« (Abschnitt A § 6 Nr. 2c) aa) VHB 2010). Der Ausschluss von Gebäudebestandteilen gemäß Abschnitt A § 6 Nr. 4a) VHB 2010 wird dadurch eingeschränkt. Dahinter steht die Erwägung, dass eine eindeutige Abgrenzung zwischen der Hausrat- und der Gebäudeversicherung in diesem Bereich häufig schwierig ist (vgl. unten Rdn. 71). Da dem Mieter kein Versicherungsschutz aus einer eigenen Gebäudeversicherung zur Verfügung steht, kann er sich außerdem nur über die Hausratversicherung absichern.[89] Die Deckungserweiterung gilt allerdings nicht nur für **Mieter**. Vielmehr wird in Abschnitt A § 6 Nr. 2c) aa) VHB 2010 ausdrücklich klargestellt, dass sie sich auch auf **Wohnungseigentümer** bezieht.[90]

59 In das Gebäude **eingefügt** sind Einbauten jeder Art. Abschnitt A § 6 Nr. 2c) aa) VHB 2010 stellt klar, dass hierunter u.a. Einbauküchen und sonstige Einbaumöbel zu verstehen sind. Solche Gegenstände gehören bei Vorliegen der übrigen Voraussetzungen der Klausel auch dann zum Hausrat, wenn sie für die betreffende Wohnung **passend gekauft oder individuell zugeschnitten** wurden. Als Hausrat versichert sind auch Wasch- und Geschirrspülmaschinen sowie Gas- und Elektroherde.[91] Tapeten und Anstriche werden dagegen nicht von der Klausel erfasst, weil sie nicht in das Gebäude »eingefügt« werden.[92]

60 Die Klausel setzt weiter voraus, dass die eingefügten Sachen vom VN als Mieter oder Wohnungseigentümer beschafft oder übernommen worden sind. Die **Beschaffung** muss durch den VN oder eine mit ihm in häuslicher Gemeinschaft lebende Person **auf eigene Rechnung** (z.B. Erwerb durch Kauf oder Schenkung) erfolgt sein.[93] Eine **Übernahme** liegt vor, wenn die eingefügten Sachen aus dem Vermögen eines anderen (z.B. des Gebäudeeigentümers, des Vormieters oder eines Untermieters) in das Vermögen des VN übergegangen sind.[94] Ob die Übernahme beim VN Kosten verursacht hat oder nicht, ist unerheblich.[95]

61 Der VN muss die **Gefahr** für die eingefügten Sachen tragen. Erforderlich ist also, dass **zufällige Schäden** an diesen Sachen zu seinen Lasten gehen.[96] Nach den allgemeinen Regeln der §§ 535, 536 BGB sind zufällige Schäden an der vermieteten Sache grundsätzlich vom Vermieter zu tragen. Die Parteien können aber eine abweichende Vereinbarung treffen. Die **Beweislast** für eine solche »anderweitige Vereinbarung über die Gefahrtragung« trifft nach Abschnitt A § 6 Nr. 2c) aa) Satz 2 VHB 2010 den VN. Hat dieser die Sachen für eigene Rechnung angeschafft bzw. übernommen, so liegt die Annahme einer abweichenden Vereinbarung im Allgemeinen nahe.[97] Die Parteien des Mietvertrages können nach h.M. aber auch vereinbaren, dass der VN als Mieter die Gefahr für bestimmte eingefügte Sachen tragen soll, obwohl er sie weder beschafft noch übernommen hat.[98]

c) Serienmäßig produzierte Anbaumöbel und Anbauküchen

62 Serienmäßig hergestellte und nicht individuell für das Gebäude gefertigte **Anbaumöbel und Anbauküchen** gehören nach Abschnitt A § 6 Nr. 2c) bb) VHB 2010 zum Hausrat, wenn sie lediglich mit einem geringen Einbauaufwand an die Gebäudeverhältnisse angepasst wurden.

d) Antennenanlagen und Markisen

63 Privat genutzte **Antennenanlagen und Markisen**, die ausschließlich der versicherten Wohnung dienen und sich auf dem Grundstück befinden, auf dem die Wohnung liegt, sind gemäß Abschnitt A § 6 Nr. 2c) cc) VHB 2010 vom Versicherungsschutz erfasst. Konnte dem Wortlaut des § 1 Nr. 4a) VHB 2000 nach auch eine Gemeinschaftsanlage versichert sein,[99] so ergibt sich aus der in Abschnitt A § 6 Nr. 2c) cc) VHB 2010 gewählten Formulierung, dass eine Antennenanlage oder Markise nur versichert ist, wenn sie »**ausschließlich der versicherten Wohnung**« dient. Gemeinschaftsanlagen sind damit der Gebäudeversicherung zuzuordnen. Das gilt unabhängig davon, ob sie vom Gebäudeeigentümer oder vom Mieter einer im Gebäude befindlichen Wohnung angeschafft worden sind.[100]

---

89 Vgl. zu den VHB 1984 KG NVersZ 1999, 336, 337.
90 Ebenso schon § 1 Nr. 4b) VHB 2000; anders noch in den VHB 1984 und 1992, vgl. dazu KG NVersZ 1999, 336, 337; van Bühren/*Höra*, § 3 Rn. 35; H/E/K/*Reichard/Siegel*, 11. Kap. Rn. 14; *Dietz*, § 1 Rn. 4.2.
91 P/M/*Knappmann*, Abschnitt A § 6 VHB 2010 Rn. 12; VersHb/*Rüffer*, § 32 Rn. 24.
92 P/M/*Knappmann*, Abschnitt A § 6 VHB 2010 Rn. 9; Terbille/Höra/*S. Schneider*, § 7 Rn. 106; *Boldt* VersR 1989, 457.
93 van Bühren/*Höra*, § 3 Rn. 35; *Dietz*, § 1 Rn. 4.2.1.
94 So van Bühren/*Höra*, § 3 Rn. 35; *Dietz*, § 1 Rn. 4.2.1.
95 *Dietz*, § 1 Rn. 4.2.1.
96 Vgl. H/E/K/*Richard/Siegel*, 11. Kap. Rn. 14.
97 *Dietz*, § 1 Rn. 4.2.1.
98 Vgl. *Martin*, H II Rn. 47 und H IV Rn. 58: krit. *Dietz*, § 1 Rn. 4.2.1.
99 So P/M/*Knappmann*[28], § 1 VHB 2000 Rn. 16.
100 *Dietz*, § 1 Rn. 4.1.2; van Bühren/*Höra*, § 3 Rn. 33.

e) Fremdes Eigentum

Der Versicherungsschutz in der Hausratversicherung ist nicht auf das Eigentum des VN beschränkt. Gemäß 64
Abschnitt A § 6 Nr. 2c) dd) VHB 2010kann vielmehr auch **fremdes Eigentum** erfasst sein. Voraussetzung ist dabei zum einen, dass sich die fremden Sachen im Haushalt des VN befinden. Zum anderen darf es sich nicht um Eigentum von **Mietern oder Untermietern des VN** handeln (vgl. Abschnitt A § 6 Nr. 4e) VHB 2010). Eine Ausnahme kommt nur in Betracht, wenn der Hausrat dem Mieter oder Untermieter vom VN **überlassen** wurde (vgl. dazu unten Rdn. 81).

f) Nicht versicherungspflichtige Fahrzeuge und Sportgeräte

Soweit für **selbstfahrende Krankenfahrstühle, Rasenmäher, Go-Karts und Spielfahrzeuge** keine Versiche- 65
rungspflicht besteht, sind sie gemäß Abschnitt A § 6 Nr. 2 ee) VHB 2010 als Hausrat vom Versicherungsschutz erfasst. Da für solche Fahrzeuge im Allgemeinen keine spezielle Versicherung abgeschlossen werden kann, ermöglicht diese Regelung die Beseitigung einer Deckungslücke. Versichert sind darüber hinaus die in Abschnitt A § 6 Nr. 2 ff) und gg) VHB 2010 genannten **Sportgeräte**, d.h. Kanus, Ruder-, Falt- und Schlauchboote einschließlich ihrer Motoren, Surfgeräte, Fall- und Gleitschirme sowie nicht motorisierte Flugdrachen.

g) Arbeitsgeräte und Einrichtungsgegenstände

Obwohl die Hausratversicherung an sich auf Sachen zur privaten Nutzung beschränkt ist (oben Rdn. 55), ge- 66
hören zum Hausrat nach Abschnitt A § 6 Nr. 2c) hh) VHB 2010 auch Arbeitsgeräte und Einrichtungsgegenstände, die **ausschließlich dem Beruf** oder **dem Gewerbe** des VN oder einer mit ihm in häuslicher Gemeinschaft lebenden Person dienen. Praktische Bedeutung hat dies vor allem für Arbeitnehmer, die einzelne Arbeitsgeräte – erlaubt oder unerlaubt – mit nach Hause nehmen,[101] sowie für Selbstständige, die ihr Gewerbe oder ihre freiberufliche Tätigkeit von der Privatwohnung aus betreiben.[102] Einschränkungen ergeben sich aus der Umschreibung des Versicherungsorts in Abschnitt A § 6 Nr. 3a) VHB 2010. Die betreffenden Gegenstände dürfen sich danach nicht in Räumen befinden, die ausschließlich beruflich oder gewerblich genutzt werden.

Der Begriff »**Arbeitsgeräte**« erfasst alle Gegenstände, die der VN zur Berufsausübung benötigt.[103] Typische 67
Beispiele sind Notebooks, PC, Diktiergeräte, Werkzeuge, Büromaschinen, Fachbücher und Musikinstrumente[104]. Da eine weite, über den Wortsinn hinausgehende Auslegung zugrunde gelegt wird, kann auch ein von einem Arzt für seinen Patienten beschafftes Medikament bei vorübergehender Aufbewahrung im Haushalt des VN als Arbeitsgerät qualifiziert werden.[105] Zu den **Einrichtungsgegenständen** gehören namentlich Büromöbel.

Handelswaren und Musterkollektionen sind von der Erweiterung des Versicherungsschutzes ausdrücklich 68
ausgenommen. Demgegenüber hatte der alleinige Ausschluss der Handelsware in den VHB 2000 dazu geführt, dass auch Vorführware, Musterkollektionen und Ausstellungsstücke, die sich in der Wohnung des VN befanden, dem Versicherungsschutz unterstellt wurden.[106]

h) Haustiere

Haustiere, die **regelmäßig artgerecht in Wohnungen gehalten** werden (z.B. Fische, Katzen, Hunde, Vögel, 69
Goldhamster, Meerschweinchen), gehören nach Abschnitt A § 6 Nr. 2c) ii) VHB 2010 zum Hausrat. Nicht versichert sind dagegen größere Tiere wie etwa das private Reitpferd.

i) Nicht versicherte Sachen

In Abschnitt A § 6 Nr. 4 VHB 2010 findet sich eine Aufzählung von Sachen, die nicht als Hausrat versichert 70
sind.

aa) Gebäudebestandteile

Obwohl es sich schon aus begrifflichen Gründen nicht um Hausrat handelt, sind Gebäudebestandteile gemäß 71
Abschnitt A § 6 Nr. 4a) VHB 2010 ausdrücklich vom Versicherungsschutz ausgenommen. Dies entspricht dem in der Sachversicherung herrschenden **Trennungsprinzip**, wonach zwischen der Versicherung von Gebäuden und der Versicherung des Inhalts der Gebäude zu unterscheiden ist.

---

101 *Martin*, H IV Rn. 37.
102 H/E/K/*Richard/Siegel*, 11. Kap. Rn. 23.
103 OLG Koblenz NJW-RR 2008, 544, 545 = VersR 2007, 1695 f.
104 Vgl. OLG Düsseldorf NJW-RR 1995, 1497 – Violine als Arbeitsgerät.
105 OLG Koblenz NJW-RR 2008, 544 f. = VersR 2007, 1695 f.
106 VersHb/*Rüffer*², § 32 Rn. 21.

72 Ebenso wie die älteren VHB enthalten auch die VHB 2010 keine Definition des **Gebäudebestandteils**. Die h.M. geht von einem **versicherungsrechtlichen Verständnis** dieses Begriffs aus.[107] Ob es sich um einen Gebäudebestandteil handelt, richtet sich somit nicht nach rein sachenrechtlichen Kriterien (§§ 93 ff. BGB); vielmehr muss auch die Sicht eines **durchschnittlichen VN** berücksichtigt werden. Die sachenrechtlichen Kriterien können aber jedenfalls dann herangezogen werden, wenn sie dem allgemeinen Sprachgebrauch entsprechen oder den Versicherungsschutz zugunsten des VN darüber hinaus noch erweitern.[108]

73 Die praktische Bedeutung des Abgrenzungsproblems wird dadurch verringert, dass die vom VN als **Mieter oder Wohnungseigentümer** in das Gebäude eingefügten Sachen nach Abschnitt A § 6 Nr. 2c) aa) VHB 2010 von der Hausratversicherung erfasst werden (s. oben Rdn. 59). Bei diesen Sachen – namentlich den praktisch wichtigen **Einbauküchen** und **Einbaumöbeln** – kommt es also gerade nicht darauf an, ob es sich um wesentliche Bestandteile des Gebäudes (§ 94 II BGB), Scheinbestandteile (§ 95 BGB) oder Zubehör (§ 97 BGB) handelt.[109] Das Problem stellt sich aber auch hier, wenn die Einbauküche oder die sonstigen Einbaumöbel vom VN als **Eigentümer des Gebäudes** eingefügt wurden. Die h.M. geht davon aus, dass Einbaumöbel im Regelfall nicht als Gebäudebestandteil anzusehen sind, weil sie meist ohne erheblichen Wertverlust von dem Gebäude getrennt werden können.[110]

74 Bei **Bodenbelägen** hängt die Einordnung als Gebäudebestandteil zunächst davon ab, ob das Gebäude ohne den Teppichboden als **bezugsfertig** angesehen werden kann.[111] Liegt der Teppichboden bereits auf einem bewohnbaren Untergrund – wie etwa Parkett –, so kommt es weiter darauf an, wie **fest er mit dem Untergrund verbunden** ist. Wird der Teppichboden im Fall der Ablösung aufgrund der Art der Befestigung (z.B. Verklebung) zwangsläufig beschädigt, so spricht dies für die Annahme eines Gebäudebestandteils.[112] Fehlt eine derart feste Verbindung, so kann ein vom Eigentümer verlegter Teppichboden gleichwohl als Gebäudebestandteil angesehen werden, wenn er speziell auf die Maße des Raumes zugeschnitten ist.[113] Denn der Teppichboden kann auch in diesem Fall nicht ohne erheblichen Wertverlust von dem Gebäude getrennt werden.

75 **Anstriche, Tapeten** und sonstige Wand- und Deckenbeläge,[114] fest eingebaute Einbruchmeldeanlagen[115] sowie sanitäre und leitungswasserführende Installationen[116] werden als Gebäudebestandteile nicht von der Hausratversicherung erfasst.

bb) Vom Gebäudeeigentümer eingebrachte Sachen

76 Hat der **Gebäudeeigentümer** Sachen in die Wohnung eingebracht, so sind diese gemäß Abschnitt A § 6 Nr. 4b) VHB 2010 nicht versichert, wenn der Gebäudeeigentümer für sie die Gefahr trägt. Im Rahmen der Hausratversicherung besteht dementsprechend auch dann kein Versicherungsschutz, wenn ursprünglich vom Gebäudeeigentümer eingebrachte oder in dessen Eigentum übergegangene Sachen durch den Mieter oder den Wohnungseigentümer ersetzt werden.

cc) Kraftfahrzeuge aller Art und Anhänger

77 Nicht zum Hausrat gehören gemäß Abschnitt A § 6 Nr. 4c) VHB 2010 Kraftfahrzeuge aller Art und Anhänger, unabhängig von deren Versicherungspflicht, sowie deren Teile und Zubehör. Der **Begriff des Kraftfahrzeuges** wird in den VHB2010 nicht eigenständig definiert. Insoweit kann aber auf **§ 1 II StVO** zurückgegriffen werden. Denn die dort festgelegte Definition des Begriffs »Kraftfahrzeug« entspricht sowohl dem allgemeinen Sprachgebrauch als auch der Verkehrsanschauung.[117] Kraftfahrzeuge sind somit durch Maschinenkraft bewegte **Landfahrzeuge aller Art**, die **nicht schienengebunden** sind. Das hat zur Konsequenz, dass auch Mofas und Leichtkrafträder von dieser Einschränkung betroffen sind. Eine Zulassungspflicht nach der StVZO hat auf die Einordnung als Kraftfahrzeug indes keine Auswirkung.[118]

---

107 OLG Köln r+s 1999, 383 = VersR 2001, 54; OLG Köln NJOZ 2003, 1011, 1012 = VersR 2004, 105 (LS); Palandt/*Ellenberger*, § 93 Rn. 4; van Bühren/*Höra*, § 3 Rn. 35; a.A. VersHb/*Rüffer*, § 32 Rn. 23.
108 OLG Saarbrücken r+s 1996, 414, 415.
109 VersHb/*Rüffer*, § 32 Rn. 17.
110 Vgl. OLG Saarbrücken r+s 1996, 414, 415; OLG Köln r+s 1999, 383 = VersR 2001, 54; P/M/*Knappmann*, Abschnitt A § 6 VHB 2010 Rn. 13; *Martin*, H II Rn. 62 ff.; VersHb/*Rüffer*, § 32 Rn. 24.
111 OLG Köln NJOZ 2003, 1012 = VersR 2004, 105 (LS); LG Oldenburg VersR 1988, 1285; P/M/*Knappmann*, Abschnitt A § 6 VHB 2010 Rn. 10; *Martin*, H II Rn. 69 ff.
112 OLG Köln NJOZ 2003, 1012 = VersR 2004, 105 (LS).
113 KG VersR 1999, 617; Martin, H II Rn. 70.
114 KG r+s 1999, 160; VersHb/*Rüffer*, § 32 Rn. 24.
115 OLG Hamm VersR 1988, 1170; H/E/K/*Engler*[4], 11. Kap. Rn. 21; VersHb/*Rüffer*, § 32 Rn. 24.
116 VersHb/*Rüffer*, § 32 Rn. 24.
117 van Bühren/*Höra*, § 3 Rn. 41; *Dietz*, § 1 Rn. 6.2.1; vgl. zum umfassenden Ausschluss auch von eingelagerten Kfz-Teilen H/E/K/*Reichhard/Siegel*, 11. Kap. Rn. 29.
118 *Dietz*, § 1 Rn. 6.2.1; van Bühren/*Höra*, § 3 Rn. 41; a.A. *Martin*, H IV Rn. 22 in der 2. Aufl. 1986, nun aber Bedenken einräumend *ders*, H IV Rn. 22.

Als »**Anhänger**« von Kraftfahrzeugen sind Wohn- und Campingwagen sowie Ladeanhänger anzusehen, die hinter einem Kraftfahrzeug mitgeführt werden.[119] **78**

dd) Luft- und Wasserfahrzeuge

Ohne Rücksicht auf das Bestehen einer Versicherungspflicht sind **Luft- und Wasserfahrzeuge** einschließlich ihrer nicht eingebauten Teile gemäß Abschnitt A § 6 Nr. 4d) VHB 2010 nicht als Hausrat anzusehen. Der Ausschluss ist vor dem Hintergrund zu sehen, dass die Hausratversicherung in diesen Fällen ohnehin keinen angemessenen Versicherungsschutz gewährleisten kann, weil die betreffenden Fahrzeuge typischerweise nicht in der versicherten Wohnung abgestellt werden.[120] Auf der anderen Seite gibt es mit der Wassersportkaskoversicherung eine andere Versicherung, die auf die speziellen Bedürfnisse dieses Bereichs zugeschnitten ist.[121] In der Praxis betrifft der Ausschluss zumeist Segel- und Motorboote.[122] Der Ausschluss bezieht sich im Übrigen nicht auf die in Abschnitt A § 6 Nr. 2c) ff) und gg) VHB 2010 ausdrücklich der Hausratversicherung unterstellten Luft- und Wasserfahrzeuge (vgl. oben Rdn. 65). **79**

ee) Hausrat von Mietern und Untermietern

Der in Abschnitt A § 6 Nr. 2c) dd) VHB 2010 festgelegte Grundsatz, dass der Versicherungsschutz nicht auf das Eigentum des VN beschränkt ist (vgl. Rdn. 64), wird in Abschnitt A § 6 Nr. 4e) VHB 2010 für Hausrat von **Mietern und Untermietern** in der Wohnung des VN eingeschränkt. Versicherungsschutz besteht lediglich für solche Sachen des Mieters oder Untermieters, die ihm gerade vom VN **überlassen** wurden. Die h.M. wendet diesen Ausnahmetatbestand nur an, wenn die Überlassung auf einen bestimmten Zeitraum begrenzt ist. Eine auf Dauer angelegte Überlassung soll dagegen dazu führen, dass die Sache in den vom Versicherungsschutz ausgenommenen Hausrat des Untermieters eingegliedert wird.[123] Dem Wortlaut der Klausel lässt sich ein solches restriktives Verständnis der Überlassung jedoch nicht entnehmen.[124] Solange die Sache nicht in das Vermögen des Mieters oder Untermieters überführt wird, ist daher von einer Überlassung auszugehen. **80**

Als **Untermieter** im Sinne der Klausel sind alle Personen zu verstehen, denen Teile einer durch den Hauptmieter oder den Wohnungseigentümer selbst genutzten Wohnung zur selbstständigen Haushaltsführung vermietet oder unentgeltlich überlassen wurden.[125] Eine Untervermietung ist abzulehnen, wenn ein gemeinsamer Haushalt geführt wird.[126] Bei Wohn- und Lebensgemeinschaften sowie bei der »Untervermietung« an ein Familienmitglied aus steuerlichen Gründen liegt daher kein Untermietverhältnis vor. Der Begriff »Untermieter« passt bei genauer Betrachtung aber nicht, wenn der VN Eigentümer der Wohnung ist. Zur Klarstellung wird daher für diesen Fall – wie schon in den VHB 2000 – der **Mieter** gesondert erwähnt.[127] **81**

ff) Sachen im Privatbesitz mit gesondertem Versicherungsschutz

Um **Doppelversicherungen** zu vermeiden, sind bestimmte im Privatbesitz befindliche Sachen bei Bestehen einer diesbezüglichen gesonderten Versicherung (sog. **Valorenversicherung**) gemäß Abschnitt A § 6 Nr. 4f) VHB 2010 vom Versicherungsschutz ausgenommen. Die Klausel nennt einige Sachen, bei denen ein solcher Ausschluss in Betracht kommt, nämlich Schmuck, Pelze, Kunstgegenstände, Musikinstrumente sowie Jagd- und Sportwaffen. Demgegenüber war der Ausschlusstatbestand der Valorenversicherung nach § 1 Nr. 4e) VHB 84 und § 1 Nr. 6e) VHB 2000 noch auf Schmucksachen und Pelze begrenzt. **82**

Die bloße Möglichkeit einer Valorenversicherung reicht für den Ausschluss nicht aus. Erforderlich ist vielmehr, dass für die betreffende Sache **tatsächlich** eine gesonderte Versicherung vorliegt.[128] Dass der VN aus der anderen Versicherung eine Leistung erhält, wird dagegen nicht vorausgesetzt. Der Ausschluss greift also auch dann ein, wenn die Leistungspflicht des anderen Versicherers aus bestimmen Gründen – z.B. wegen einer Obliegenheitsverletzung – ausgeschlossen ist.[129] **83**

gg) Elektronisch gespeicherte Daten und Programme

Abschnitt A § 6 Nr. 4 a.E. VHB 2010 enthält eine Klarstellung für elektronisch gespeicherte Daten und Programme. Da es sich bei diesen Gegenständen **nicht** um **Sachen** handelt, sind sie grundsätzlich nicht als Hausrat versichert. Ausnahmsweise können die Kosten für die technische Wiederherstellung von elektronisch gespeicherten, ausschließlich für die private Nutzung bestimmter Daten und Programme aber dennoch über **84**

---

119 van Bühren/*Höra*, § 3 Rn. 41.
120 *Dietz*, § 1 Rn. 6.3.
121 Zu diesem Beispiel vgl. *Dietz*, § 1 Rn. 6.3.
122 *Dietz*, § 1 Rn. 6.3.
123 *Dietz*, § 1 Rn. 6.5; van Bühren/*Höra*, § 3 Rn. 42.
124 So auch H/E/K/*Reichard/Siegel*, 11. Kap., Rn. 30.
125 AG Berlin-Charlottenburg r+s 1987, 260; *Dietz*, § 1 Rn. 6.5.1; *Martin*, H IV Rn. 63; van Bühren/*Höra*, § 3 Rn. 42.
126 *Dietz*, § 1 Rn. 6.5.1.
127 van Bühren/*Höra*, § 3 Rn. 42.
128 H/E/K/*Reichard/Siegel*, 11. Kap., Rn. 33.
129 P/M/*Knappmann*, Abschnitt A § 6 VHB 2010 Rn. 25; *Martin*, H IV Rn. 49; a.A. B/M/*Jula*, A § 6 VHB 2010 Rn. 39.

Anhang L Hausratversicherung

die Hausratversicherung mitversichert sein, wenn hierzu im Versicherungsvertrag eine **gesonderte Vereinbarung** getroffen wurde.

4. Versicherte Kosten und Aufwendungen

85 Neben der Reparatur oder dem Ersatz der versicherten Sachen können den VN bei Eintritt des Versicherungsfalles noch andere Kosten treffen. In Abschnitt A § 8 Nr. 1 VHB 2010 findet sich eine Aufzählung der **versicherten Kosten**. Eine Vergütung für die **eigene Tätigkeit** kann der VN unter dem Aspekt des Kostenersatzes nach überwiegender Auffassung auch dann verlangen, wenn die Tätigkeit nicht seinem Beruf oder Gewerbe zuzuordnen ist.[130]

a) Aufräumungskosten

86 Gemäß Abschnitt A § 8 Nr. 1a) VHB 2010 hat der Versicherer dem VN die **notwendigen Aufräumungskosten** zu ersetzen.[131] Aufräumungskosten entstehen, wenn versicherte Sachen auf- bzw. weggeräumt oder im Fall der Beschädigung oder Zerstörung zum nächsten Ablagerungsplatz transportiert werden müssen. Über diese Aufräumungskosten hinaus kann der VN nach der Klausel auch den Ersatz der Kosten für das **Ablagern oder Vernichten** der Sachen verlangen.

b) Bewegungs- und Schutzkosten

87 Müssen zum Zweck der Wiederherstellung oder Wiederbeschaffung versicherter Sachen **andere Sachen** bewegt, verändert oder geschützt werden, so sind auch die hierfür notwendigen Kosten gemäß Abschnitt A § 8 Nr. 1b) VHB 2010 zu ersetzen. Ob die anderen Sachen durch die Hausratversicherung geschützt sind, ist unerheblich.[132]

c) Hotelkosten

88 Ist die ansonsten ständig bewohnte Wohnung des VN unbewohnbar geworden und dem VN auch die Beschränkung auf einen bewohnbaren Teil der Wohnung nicht zumutbar, so hat der Versicherer gemäß Abschnitt A § 8 Nr. 1c) VHB 2010 die **Kosten für eine Unterbringung** im Hotel oder in einer ähnlichen Einrichtung ohne die dort anfallenden Nebenkosten (z.B. für Frühstück und Telefon) zu tragen. Zu ersetzen sind die Unterbringungskosten für den VN selbst sowie seine Angehörigen und Besucher,[133] nicht aber für die Haustiere des VN[134]. Ersatzfähig sind nur die tatsächlichen Kosten, eine Erstattung fiktiver Kosten kommt nicht in Betracht.[135]

d) Transport- und Lagerkosten

89 Versichert sind gemäß Abschnitt A § 8 Nr. 1d) VHB 2010 die **Transport- und Lagerkosten** für versicherten Hausrat, wenn die versicherte Wohnung entweder **unbenutzbar** ist oder dem VN eine **Lagerung** in einem noch benutzbaren Teil der Wohnung **unzumutbar** ist. Die Kosten für die Unterbringung von Haustieren sind auch unter diesem Aspekt nicht versichert, weil es an einer »Lagerung« fehlt.[136]

e) Schlossänderungskosten

90 Sind Schlüssel für die Wohnungstüren oder für die in der Wohnung befindlichen Wertschutzschränke durch einen Versicherungsfall abhandengekommen, so hat der Versicherer nach Abschnitt A § 8 Nr. 1e) VHB 2010 die anfallenden **Schlossänderungskosten** zu ersetzen. Da der Schlüssel durch einen Versicherungsfall abhandengekommen sein muss, ist der Versicherer nicht zum Ersatz der Kosten verpflichtet, wenn der VN den Schlüssel verloren hat oder der Schlüssel durch einen einfachen Diebstahl abhandengekommen ist.[137] Die Ersatzpflicht beschränkt sich auf Schlüssel für **Wohnungstüren** und **in der Wohnung befindliche Wertschutzschränke**. Schlossänderungskosten, die für die Haustür eines Mehrfamilienhauses, eine Hotelzimmertür oder sonstige Behältnisse (z.B. Wohnzimmerschränke oder Briefkästen) anfallen, sind nicht zu ersetzen.[138]

91 Für den Begriff des **Schlüssels** sehen die VHB 2010 keine Definition vor. Grundsätzlich stellt ein Schlüssel ein Werkzeug zum bestimmungsgemäßen Öffnen eines Schlosses dar. In den meisten Bereichen – gerade bei Wohnungstüren – werden derzeit überwiegend mechanische Schlüssel verwendet. Allerdings besteht die Möglich-

---

130 P/M/*Knappmann*, Abschnitt A § 8 VHB 2010 Rn. 2; *Martin*, W IX Rn. 20; H/E/K/*Engler*, 11. Kap., Rn. 28; VersHb/ *Rüffer*, § 32 Rn. 39; vgl. auch BGH VersR 1986, 482.
131 Zum Begriff der Aufräumungskosten vgl. P/M/*Knappmann*, Abschnitt A § 8 VHB 2010 Rn. 5; *Martin*, W V.
132 *Dietz*, § 2 Rn. 4.2.
133 P/M/*Knappmann*, Abschnitt A § 8 VHB 2010 Rn. 11.
134 OLG Hamm r+s 1998, 489 = NVersZ 1999, 335, 336 (zu § 2 VHB 92): Unterbringung von Katzen.
135 OLG Celle VersR 2010, 526, 527; AG Trier NJW-RR 2003, 889; *Martin*, W I Rn. 25; Veith/Gräfe/*Drenk*, § 3 Rn. 36.
136 P/M/*Knappmann*, Abschnitt A § 8 VHB 2010 Rn. 11.
137 Vgl. P/M/*Knappmann*, Abschnitt A § 8 VHB 2010 Rn. 13; VersHb/*Rüffer*, § 32 Rn. 37.
138 Vgl. OLG Hamm r+s 1993, 265, 266; AG Köln r+s 1990, 389; P/M/*Knappmann*, Abschnitt A § 8 VHB 2010 Rn. 14 f.; VersHb/*Rüffer*, § 32 Rn. 34.

keit, elektronische oder elektromagnetische Schlüssel zu verwenden. Diese nichtmechanischen Schlüsselarten sind nach dem erkennbaren Sinnzusammenhang ebenfalls als Schlüssel anzusehen.[139] Daher sind auch Schlossänderungskosten versichert, die dadurch entstehen, dass **Code-Karten** oder **Zugangschips**, die zum Öffnen von Wohnungstüren oder Wertschutzschränken gedacht sind, durch einen Versicherungsfall abhandengekommen sind.

f) Bewachungskosten

Die Kosten für eine **notwendige Bewachung** versicherter Sachen sind nach Abschnitt A § 8 Nr. 1f) VHB 2010 ebenfalls vom Versicherungsschutz umfasst. Die Notwendigkeit einer Bewachung besteht, wenn die versicherte Wohnung unbewohnbar geworden ist. Darüber hinaus ist erforderlich, dass die Schließvorrichtungen und sonstigen Sicherungen keinen ausreichenden Schutz mehr für die in der Wohnung befindlichen versicherten Sachen bieten. Sobald die Schließvorrichtungen oder sonstigen Sicherungen wieder voll gebrauchsfähig sind, werden die Kosten für eine Bewachung nicht mehr ersetzt. Die Höchstdauer für den Ersatz von Bewachungskosten ist vom Versicherer in den AVB zu bestimmen.

92

g) Reparaturkosten für Gebäudeschäden

Werden im Bereich der Wohnung durch Einbruchdiebstahl, Raub oder den Versuch einer solchen Tat Reparaturen **am Gebäude** notwendig, so sind diese Kosten gemäß Abschnitt A § 8 Nr. 1g) VHB 2010 von der Hausratversicherung gedeckt. Auf einen Nachweis dafür, dass bestimmte konkrete Gegenstände abhandengekommen sind, kommt es nicht an.[140] Der Versicherer muss die Reparaturkosten auch ersetzen, wenn die Gebäudeschäden durch Vandalismus nach einem Einbruch oder einer Beraubung entstanden sind.

93

h) Reparaturkosten für Nässeschäden

Versichert sind darüber hinaus Reparaturkosten für **Nässeschäden** an Bodenbelägen, Innenanstrichen oder Tapeten in gemieteten bzw. in Sondereigentum befindlichen Wohnungen (Abschnitt A § 8 Nr. 1h) VHB 2010). Bodenbeläge sind u.a. Teppichböden, Kunststoffbeläge (z.B. PVC), Parkett und Fliesen. Die Klausel geht über die älteren Regelungen in § 2 Nr. 1f) VHB 84, § 2 Nr. 1g) VHB 92 und § 2 Nr. 1i) VHB 2000 hinaus, wonach die Ersatzpflicht auf **Leitungswasserschäden** an Bodenbelägen etc. in **gemieteten** Wohnungen beschränkt war.[141]

94

i) Kosten für provisorische Maßnahmen

Gemäß Abschnitt A § 8 Nr. 1i) VHB 2010 sind auch die Kosten versichert, die dadurch entstehen, dass **provisorische Maßnahmen** zum Schutz versicherter Sachen ergriffen werden müssen. Soweit solche Maßnahmen durch die **Rettungspflicht des VN** aus § 82 geboten sind, müssen sie schon nach § 83 ersetzt werden.

95

j) Kosten der Ermittlung und Feststellung des Schadens

Der Ersatz von Kosten für die Ermittlung und Feststellung des Schadens ist in Abschnitt A § 8 Nr. 1 VHB 2010 nicht geregelt. Nach den älteren AVB musste die Lösung durch Anwendung des § 66 a.F. (§ 85 n.F.) entwickelt werden.[142] Demgegenüber enthält Abschnitt B § 13 Nr. 2 VHB 2010 nunmehr eine ausdrückliche Bestimmung über den Ersatz der Schadensermittlungskosten, die mit der gesetzlichen Regelung des **§ 85** weitgehend übereinstimmt. Der Versicherer hat danach die Kosten für Ermittlung und Feststellung eines von ihm zu ersetzenden Schadens bis zur vereinbarten Höhe zu tragen, sofern diese Kosten **den Umständen nach geboten** waren. Die Gebotenheit ist nach objektiven Kriterien zu beurteilen; es reicht also nicht, dass der VN die Kosten für geboten halten durfte.[143]

96

Die Klausel bleibt insofern hinter der gesetzlichen Regelung zurück, als sie die vertragliche Vereinbarung einer **Höchstsumme** vorsieht. Nach § 85 I 2 steht der Kostenersatz dem VN dagegen sogar insoweit zu, als dieser Betrag zusammen mit der sonstigen Entschädigung die vertraglich festgesetzte Versicherungssumme übersteigt. Aus § 87 folgt indes, dass § 85 auch zum Nachteil des VN **abdingbar** ist. Die Gesetzesbegründung weist zwar darauf hin, dass ein vollständiger Ausschluss des Ersatzes von Schadensermittlungskosten mit § 307 BGB unvereinbar wäre.[144] Eine angemessene Begrenzung der Höhe erscheint jedoch grundsätzlich möglich.

97

Kosten für die Hinzuziehung eines **Sachverständigen oder Beistandes** werden nach Abschnitt B § 13 Nr. 2a) Abs. 2 nur ersetzt, wenn der VN vertraglich zur Hinzuziehung verpflichtet ist oder vom Versicherer dazu aufgefordert wurde. Dies entspricht der gesetzlichen Regelung in § 85 II und beruht auf der Erwägung, dass die

98

---

139 Ebenso zu § 243 I Nr. 1 StGB MünchKommStGB/*Schmitz*, 2. Auflage 2012, § 243 Rn. 27; Schönke/Schröder/*Eser/Bosch*, 29. Auflage 2014, § 243 Rn. 14.
140 OLG Naumburg VersR 2014, 702.
141 Zu § 2 Nr. 1f) VHB 84 vgl. KG VersR 1999, 617.
142 Vgl. H/E/K/*Engler*³, 11. Kap. Rn. 28.
143 Vgl. PK/*Kloth/Neuhaus*, § 85 Rn. 8.
144 Begr. RegE BT-Drucks. 16/3945 S. 81.

Hinzuziehung eines Sachverständigen oder Beistandes im Allgemeinen unverhältnismäßige Kosten verursacht und daher objektiv nicht geboten ist.[145]

99 Der **Abkehr vom Alles-oder-nichts-Prinzip** trägt Abschnitt B § 13 Nr. 2b) VHB 2010 in Einklang mit § 85 III Rechnung. Ist der Versicherer nach den allgemeinen Vorschriften (z.B. §§ 28 II 2, 81 II) berechtigt, seine Leistung zu kürzen, kann er auch den Ersatz der Ermittlungs- und Feststellungskosten entsprechend herabsetzen.

k) Aufwendungen zur Abwendung und Minderung des Schadens

100 Den Regelungen der §§ 82, 83 entsprechend sind auch Aufwendungen zur Abwendung und Minderung des Schadens versichert. Der Versicherer muss dem VN daher nach Abschnitt B § 13 Nr. 1a) VHB 2010 Aufwendungen ersetzen, die dieser **bei Eintritt des Versicherungsfalles** den Umständen nach zur Abwendung und Minderung des Schadens für geboten halten durfte oder auf Weisung des Versicherers gemacht hat. Dies gilt unabhängig vom Erfolg der Aufwendung.

101 Nach der gesetzlichen Regelung des § 90 sind in der Sachversicherung auch solche Aufwendungen zu ersetzen, die der VN macht, um einen **unmittelbar bevorstehenden** Versicherungsfall abzuwenden oder in seinen Auswirkungen zu mindern. Abschnitt B § 13 Nr. 1b) VHB 2010 beschränkt die Ersatzpflicht des Versicherers für diesen Fall aber auf Aufwendungen, die bei einer nachträglichen objektiven Betrachtung der Umstände verhältnismäßig und erfolgreich waren oder auf Weisung des Versicherers erfolgt sind. Anders als nach der gesetzlichen Regelung des § 90 i.V.m. § 83 I 1 trägt der VN also grundsätzlich das **Erfolgsrisiko**. Die Klausel lässt sich damit rechtfertigen, dass abweichende Regelungen zu Lasten des VN im Anwendungsbereich des § 90 – anders als bei § 83 – grundsätzlich zulässig sind.[146] Da der VN in den einschlägigen Fällen auch im Interesse des Versicherers handelt, ist die vollständige und verschuldensunabhängige Abwälzung des Erfolgsrisikos auf den VN aber unter dem Aspekt des § 307 BGB bedenklich.[147]

102 In den Fällen des Abschnitt B § 13 Nr. 1a) und 1b) VHB 2010 kommt nach Nr. 1c) eine **Kürzung des Ersatzanspruchs** in Betracht, wenn der Versicherer berechtigt ist, die Versicherungsleistung zu kürzen. Sofern die Aufwendungen nicht auf Weisung des Versicherers erfolgt sind, entspricht der zu leistende Betrag (Ersatz der Aufwendungen + Entschädigung für versicherte Sachen) höchstens der Versicherungssumme je vereinbarter Position (Abschnitt B § 13 Nr. 1d) VHB 2010). Ein Vorschussanspruch des VN gegen den Versicherer ist in Nr. 1e) vorgesehen.

103 **Nicht versichert** sind nach Abschnitt B § 13 Nr. 1f) VHB 2010 Aufwendungen für Leistungen der Feuerwehr oder anderer Institutionen, die im öffentlichen Interesse zur Hilfeleistung verpflichtet sind, wenn die **Leistungen im öffentlichen Interesse** erbracht werden. Hinter diesem Ausschluss steht die Erwägung, dass die Versicherungsentgelte aus Hausrat-, Feuer- und Gebäudeversicherungen nach § 1 Feuerschutzsteuergesetz vom 21.12.1979 i.d.F. vom 10.01.1996 einer besonderen Steuer unterliegen, deren Aufkommen nach den einschlägigen Landesgesetzen für den Brandschutz und die Aufgaben der öffentlichen Feuerwehr zu verwenden ist.[148] Da die Versicherer schon auf diese Weise an den Feuerbekämpfungskosten beteiligt sind, sollen sie damit nicht noch einmal über eine Ersatzpflicht belastet werden.

104 Da Löschkosten nach allgemeiner Ansicht zu den Rettungskosten i.S.d. § 83 gehören,[149] könnte in der Klausel aber eine **für den VN nachteilige** und somit nach § 87 unzulässige **Abweichung von § 83** zu sehen sein. Vor der Reform wurden die entsprechenden Klauseln in den älteren AVB meist damit gerechtfertigt, dass dem VN durch den Einsatz der öffentlichen Feuerwehr keine Kosten entstehen, da der Einsatz entsprechend den einschlägigen Landesgesetzen – in NRW § 41 I FSHG NW – im Allgemeinen unentgeltlich erfolgt.[150] Dieser Ansatz führt jedoch zu Problemen, weil die einzelnen Landesgesetze den Grundsatz der Unentgeltlichkeit in unterschiedlichem Umfang durchbrechen. So sieht § 25b I Nr. 1 Hamburger Feuerschutzgesetz vom 23.06.1986[151] eine Ersatzpflicht des Brandverursachers bei grober Fahrlässigkeit vor. Da dem Versicherer bei grober Fahrlässigkeit des VN nach § 83 II nur das Recht zusteht, den Aufwendungsersatz nach der Schwere des Verschuldens zu kürzen, führt der vollständige Ausschluss des Erstattungsanspruchs zu einem erheblichen Nachteil für den VN. Die Klausel verstößt also gegen § 87.

l) Weitere versicherte Kosten

105 Andere als die in den VHB 2010 genannten Kosten sind gemäß Abschnitt A § 8 Nr. 2 VHB 2010 nur bei Vorliegen einer **ausdrücklichen Vereinbarung** versichert.

---

145 BGHZ 83, 169, 176.
146 Vgl. Begr. RegE BT-Drucks. 16/3945 S. 83.
147 P/M/*Knappmann*, Abschnitt B § 13 VHB 2010 Rn. 1.
148 Vgl. GV NW 1998 S. 122.
149 B/M/*Johannsen/Johannsen*, Bd. III Anm. G 165; *Stange*, Rettungskosten, S. 91.
150 Vgl. B/M/*Johannsen/Johannsen*, Bd. III Anm. G 165; VersHb/*Beckmann*, § 15 Rn. 116.
151 HmbGVBl 1986, 137.

5. Versicherungsort und räumliche Grenzen des Versicherungsschutzes

Der Versicherungsschutz für versicherte Sachen ist grundsätzlich auf den **Versicherungsort** beschränkt. Ausnahmen können sich unter Umständen durch eine eingeschränkte Deckung im Rahmen der **Außenversicherung** ergeben. 106

a) Wohnung

Versicherungsort ist die **im Versicherungsschein bezeichnete Wohnung** (vgl. Abschnitt A § 6 Nr. 3 VHB 2010). Was unter »Wohnung« zu verstehen ist, wird in den VHB 2010 nicht definiert. Maßgeblich ist daher der allgemeine Sprachgebrauch.[152] Eine Wohnung ist hiernach »eine abgrenzbare und geschlossene Einheit von einem oder mehreren Räumen, die dazu geeignet und bestimmt sind, auf Dauer Menschen und Sachen (Hausrat) zu Zwecken privater Lebens- und Haushaltsführung aufzunehmen«.[153] In der Literatur wird auch davon gesprochen, dass die Wohnung den »privaten Lebensmittelpunkt« eines Menschen darstellen muss.[154] 107

Ob sich die Wohnung in den Räumen eines **Gebäudes** befinden muss, ist umstritten. In der Literatur wird zu Recht darauf hingewiesen, dass ein Mensch seinen privaten Lebensmittelpunkt auch in den Räumen eines **Wohnwagens** oder eines **Schiffes** (z.B. eines Hausboots) haben kann.[155] In Abschnitt A § 6 Nr. 3a) VHB 2010 wird zwar zur Konkretisierung von »privat genutzte[n] Flächen eines Gebäudes« gesprochen. Diese Wendung geht jedoch von dem Regelfall aus, dass sich die Wohnung in einem Gebäude befindet. Den Parteien ist es im Rahmen des Abschnitt A § 6 Nr. 1 VHB 2010 aber unbenommen, einen Wohnwagen oder ein Hausboot im Versicherungsschein als Wohnung i.S.d. Versicherungsorts zu bezeichnen.[156] 108

Zur Wohnung gehören gemäß Abschnitt A § 6 Nr. 3a) VHB 2010 diejenigen Räume, die Wohnzwecken dienen und eine selbstständige Lebensführung ermöglichen. Erfasst werden grundsätzlich **nur privat genutzte Flächen** eines Gebäudes, die **ausschließlich vom VN** oder von einer mit ihm in häuslicher Gemeinschaft lebenden Person **genutzt** werden. Ausschließlich zu beruflichen oder gewerblichen Zwecken genutzte Räume gehören aufgrund ihrer Nutzungsweise nicht zur Wohnung. Etwas anderes ergibt sich jedoch, wenn die Räume nur über die Wohnung zu betreten sind, z.B. bei Arbeitszimmern in der Wohnung[157] oder Bibliotheken. In diesen Fällen ist regelmäßig eine private Mitbenutzung anzunehmen, so dass nicht von einer ausschließlich beruflichen oder gewerblichen Nutzung auszugehen ist.[158] 109

Zur Wohnung gehören gemäß Abschnitt A § 6 Nr. 3b) VHB 2010 auch **Loggien, Balkone**, an das Gebäude unmittelbar anschließende **Terrassen** sowie ausschließlich vom VN oder einer mit ihm in häuslicher Gemeinschaft lebenden Person zu privaten Zwecken genutzte Räume in **Nebengebäuden** – einschließlich Garagen – des Grundstücks, auf dem sich die versicherte Wohnung befindet. Zu den in der Klausel genannten Nebengebäuden zählen z.B. auch Schuppen, Garten- oder Gewächshäuser, die sich auf demselben Grundstück befinden.[159] 110

Aus dem Erfordernis einer ausschließlichen Nutzung durch den VN oder einer mit ihm in häuslicher Gemeinschaft lebenden Person in Abschnitt A § 6 Nr. 3a) und Nr. 3b) VHB 2010 folgt, dass **gemeinsam mit Dritten genutzte Räume** (z.B. Waschküche, Fahrradkeller, Dachboden in Mehrfamilienhäusern) grundsätzlich nicht zur Wohnung gehören.[160] Abschnitt A § 6 Nr. 3c) VHB 2010 erweitert den Begriff der Wohnung aber auf gemeinschaftlich genutzte, **verschließbare Räume**, die sich auf dem Grundstück befinden und auf dem sich auch die versicherte Wohnung befindet und in denen Hausrat bestimmungsgemäß vorgehalten wird. 111

Privat genutzte **Garagen** werden gemäß Abschnitt A § 6 Nr. 3d) VHB 2010 der Wohnung auch dann zugerechnet, wenn sie sich zwar **nicht auf demselben Grundstück** wie die versicherte Wohnung, aber zumindest **in der Nähe** des Versicherungsortes befinden. Unter »Nähe« ist nach allgemeinem Sprachgebrauch eine nur geringe Entfernung zu verstehen. Eine Entfernung von 1,45 km erfüllt nach Ansicht des BGH nicht das Kriterium der Nähe zum Versicherungsort.[161] 112

b) Wohnungswechsel

aa) Übergang des Versicherungsschutzes

Zieht der VN in eine neue Wohnung um, so geht der Versicherungsschutz gemäß Abschnitt A § 11 Nr. 1 VHB 2010 auf die neue Wohnung über. Während des Wohnungswechsels besteht für beide Wohnungen Versicherungsschutz. Der **Umzug** beginnt mit dem Zeitpunkt, in dem erstmals versicherte Sachen dauerhaft in 113

---

152 OLG Karlsruhe VersR 1993, 1266; *Martin*, G IV Rn. 3.
153 So *Dietz*, § 10 Rn. 2.3.
154 Vgl. van Bühren/*Höra*, § 3 Rn. 137; Terbille/*Höra*/S. *Schneider*, § 7 Rn. 23; *Martin*, G IV Rn. 49.
155 *Dietz*, § 10 Rn. 2.3; van Bühren/*Höra*, § 3 Rn. 137.
156 Vgl. *Dietz*, § 10 Rn. 2.3 (zu § 10 VHB 84); *Martin*, D III Rn. 5.
157 Zu diesem Beispiel auch Terbille/*Höra*/S. *Schneider*, § 7 Rn. 23.
158 van Bühren/*Höra*, § 3 Rn. 141; *Dietz*, § 10 Rn. 2.7.
159 Vgl. dazu etwa AG Gießen r+s 2014, 78 mit Anm. *Wälder*.
160 OLG Karlsruhe VersR 1993, 1266; *Martin*, G IV Rn. 15.
161 BGH r+s 2003, 240; LG Dortmund r+s 2009, 416 f. (Entfernung von ca. 1,2 km).

die neue Wohnung verbracht werden. Der Versicherungsschutz für die bisherige Wohnung erlischt spätestens zwei Monate nach Umzugsbeginn.

114 **Behält der VN seine bisherige Wohnung bei**, so geht der Versicherungsschutz nicht auf die neue Wohnung über, solange der VN die erste Wohnung weiter bewohnt (Abschnitt A § 11 Nr. 2 VHB 2010). Für eine Übergangszeit von zwei Monaten besteht aber in beiden Wohnungen Versicherungsschutz.

115 Bei **Umzügen ins Ausland** geht der Versicherungsschutz nicht auf die neue Wohnung über (Abschnitt A § 11 Nr. 3 VHB 2010). Der Versicherungsschutz für die bisherige Wohnung erlischt auch hier spätestens zwei Monate nach Umzugsbeginn.

bb) Anzeige der neuen Wohnung und Festlegung einer neuen Prämie

116 Der Wohnungswechsel ist dem Versicherer gemäß Abschnitt A § 11 Nr. 4a) VHB 2010 **spätestens bei Beginn des Einzuges** unter Angabe der neuen Wohnfläche in Quadratmetern anzuzeigen. Waren für die bisherige Wohnung besondere Sicherungen vereinbart, muss der Versicherer nach § 11 Nr. 4b) in Textform mitgeteilt werden, ob in der neuen Wohnung entsprechende Sicherungen vorhanden sind. Aus dem Umkehrschluss zu Nr. 4b) folgt, dass die Anzeige nach Nr. 4a) formlos erfolgen kann.

Die Anzeige- und Mitteilungsobliegenheiten haben den Zweck, den Versicherungsschutz an die Gegebenheiten der neuen Wohnung **anzupassen**. So verweist § 11 Nr. 4c) darauf, dass eine geänderte Wohnfläche oder ein geänderter Wert des Hausrates ohne Anpassung des Versicherungsschutzes zur Unterversicherung führen kann. Die Änderung der Wohnfläche führt zwar für sich genommen (also ohne eine Änderung des Wertes des Hausrats) zu keiner Unterversicherung; denkbar ist aber, dass ein vereinbarter Unterversicherungsverzicht aus diesem Grunde nicht nach Abschnitt A § 9 Nr. 3b) auf die neue Wohnung übergeht.[162]

117 Der **Umzug** in eine **andere Tarifzone** kann eine erneute Beitragsberechnung erforderlich machen und zur Festlegung einer neuen Versicherungsprämie führen (vgl. Abschnitt A § 11 Nr. 5a) VHB 2010). In Abschnitt A § 11 Nr. 5b) VHB 2010 ist aber ein Kündigungsrecht des VN für den Fall vorgesehen, dass es zu einer Erhöhung der Prämie aufgrund veränderter Prämiensätze oder zu einer Erhöhung des Selbstbehaltes kommt. In diesem Fall ist dem Versicherer die Kündigung in Textform binnen eines Monats nach Zugang der Mitteilung über die Erhöhung zu erklären. Bis zur Wirksamkeit der vom VN vorgenommenen Kündigung kann der Versicherer die Prämie lediglich in der bisherigen Höhe beanspruchen.

cc) Aufgabe einer gemeinsamen Ehewohnung

118 Eine Besonderheit gilt bei der **Trennung von Eheleuten**. Zieht der VN aus der gemeinsamen Ehewohnung aus, so findet eine zeitweise Erweiterung des Versicherungsschutzes statt. Als Versicherungsort gelten gemäß Abschnitt A § 11 Nr. 6a) VHB 2010 sowohl die neue Wohnung des VN als auch die bisherige Ehewohnung. Der erweiterte Schutz erlischt bei einer Änderung des Versicherungsvertrages, spätestens nach Ablauf von drei Monaten nach der nächsten, auf den Auszug des VN folgenden Prämienfälligkeit. Danach besteht nur noch für die neue Wohnung Versicherungsschutz. Der Versicherungsschutz für die alte Wohnung erlischt.

119 Haben **beide Ehegatten** den Versicherungsvertrag geschlossen, so besteht der doppelte Versicherungsschutz ebenfalls längstens bis zum Ablauf von drei Monaten nach der nächsten, auf den Auszug des einen Ehegatten folgenden Prämienfälligkeit. Der Versicherungsschutz erlischt hier jedoch für die neue Wohnung des ausziehenden Ehegatten (Abschnitt A § 11 Nr. 6b) VHB 2010).

120 Für den **Umzug beider Ehegatten in neue Wohnungen** wird in Abschnitt A § 11 Nr. 6c) VHB 2010 auf die Versicherungssituation bei der Trennung zweier versicherter Ehepartner nach Nr. 6b) verwiesen. Der Versicherungsschutz erstreckt sich zunächst also auf die bisherige Ehewohnung und die beiden neuen Wohnungen. Die Besonderheit besteht darin, dass der **Versicherungsschutz** nach Ablauf der Übergangsfrist **für beide neuen Wohnungen erlischt**. Die Regelung durchbricht damit den Grundsatz, dass der Versicherungsschutz dem VN in die neue Wohnung folgt. Die Aufrechterhaltung des Versicherungsschutzes für die alte Wohnung macht demgegenüber keinen Sinn. Insoweit wird nämlich meist ein Wegfall des versicherten Interesses nach § 80 II vorliegen.[163] In der Literatur ist schon die entsprechende Regelung des § 10 Nr. 6 Abs. 2 VHB 2000 auf berechtigte Kritik gestoßen.[164] Die Neufassung der VHB hat den Wertungswiderspruch nicht beseitigt.

121 Da die Sonderregelung für den Umzug beider Ehegatten – anders als nach § 10 Nr. 6 VHB 2000 – in einer gesonderten Bestimmung enthalten ist, scheint es nicht darauf anzukommen, dass **beide Ehegatten VN** sind. Nach Sinn und Zweck muss der Anwendungsbereich des Abschnitts A § 11 Nr. 6c) VHB 2010 aber auf diesen Fall beschränkt werden. Ansonsten muss es bei dem Grundsatz bleiben, dass der Versicherungsschutz dem VN in die neue Wohnung folgt.

122 Unklar bleibt, wie die **Fristberechnung** zu erfolgen hat. In Abschnitt A § 11 Nr. 6c) VHB 2010 wird auf den »Auszug der Ehegatten« abgestellt. Dabei wird offenbar von einem gleichzeitigen Auszug ausgegangen. Sollte diese Voraussetzung nicht vorliegen, so muss die Frist für jeden Ehegatten gesondert berechnet werden.

---

162 Vgl. P/M/*Knappmann*, Abschnitt A § 11 VHB 2010 Rn. 10.
163 Vgl. P/M/*Knappmann*, Abschnitt A § 11 VHB 2010 Rn. 16.
164 van Bühren/*Höra*, § 3 Rn. 151.

Gemäß Abschnitt A § 11 Nr. 7 VHB 2010 sind die Regelungen über die Aufgabe einer gemeinsamen Ehewohnung auf **eheähnliche Lebensgemeinschaften** und **Lebenspartnerschaften** entsprechend anwendbar, sofern beide Partner am Versicherungsort gemeldet sind. Der Begriff der eheähnlichen Lebensgemeinschaft ist unklar und daher intransparent.[165] Ferner wird die Lebenspartnerschaft durch das Erfordernis der polizeilichen Meldung am Versicherungsort unangemessen benachteiligt.[166] 123

c) Außenversicherung

Die Außenversicherung erweitert den Versicherungsschutz auf solche Sachen, die sich **vorübergehend** außerhalb des Versicherungsortes befinden. Abschnitt A § 7 Nr. 1 VHB 2010 regelt den Begriff und die Geltungsdauer der Außenversicherung. Danach sind versicherte Sachen, die im Eigentum des VN oder einer mit ihm in häuslicher Gemeinschaft lebenden Person stehen oder die deren Gebrauch dienen, **weltweit** im Rahmen der Außenversicherung versichert, sofern sie sich nur vorübergehend außerhalb des Versicherungsortes befinden. Als **Höchstdauer** nennt Satz 2 einen Zeitraum von drei Monaten; im Einzelfall kommt aber auch ein geringerer Zeitraum in Betracht.[167] Die **Beweislast** für den vorübergehenden Charakter der Entfernung vom Versicherungsort liegt beim VN.[168] 124

Ob im Einzelfall eine »**vorübergehende**« Entfernung der versicherten Sache vom Versicherungsort vorliegt, richtet sich sowohl in zeitlicher als auch in räumlicher Hinsicht nach dem **Willen des Berechtigten**.[169] Ein Schutz durch die Außenversicherung kommt daher nicht in Betracht, wenn der VN von Anfang an eine dauerhafte Entfernung der Sache beabsichtigt.[170] Ein »vorübergehender« Zustand ist demgegenüber anzunehmen, wenn eine deutlich überwiegende Wahrscheinlichkeit für die Rückkehr der Sache an den Versicherungsort besteht.[171] Diese Voraussetzung liegt nicht vor, wenn das während einer Reise geraubte Geld als Taschengeld für die Reise und zum Kauf von Geschenken verwendet werden sollte.[172] Eine nur vorübergehende Entfernung aus der Wohnung kann auch dann vorliegen, wenn die betreffenden Gegenstände in erster Linie einem Verwendungszweck außerhalb der Wohnung dienen.[173] 125

Die Formulierung »vorübergehend« beschränkt den Versicherungsschutz nicht auf Sachen, die sich bereits als Hausrat am Versicherungsort befunden haben. Nach Sinn und Zweck der Außenversicherung sind vielmehr auch solche Sachen versichert, die **erstmals** an den Versicherungsort gebracht werden sollen.[174] Aufgrund der weiten Auslegung des Merkmals »vorübergehend« ist auch **keine Identität** des weg- und zurückgebrachten Gegenstandes erforderlich.[175] Das gilt insbesondere bei Entfernung von Hausrat zum Zweck des Tauschs oder Verkaufs. Der Ersatzgegenstand oder der Erlös aus dem Verkauf wird also von Hausrat-Außenversicherung erfasst, wenn er in die Wohnung zurückgelangen soll.[176] 126

Abschnitt A § 7 Nr. 2 VHB 2010 erweitert den Schutz durch die Außenversicherung für die Zeit einer Ausbildung oder eines freiwilligen Wehr- bzw. Zivildienstes. Als »vorübergehend« i.S.v. Abschnitt A § 7 Nr. 1 VHB 2010 gilt danach der Zeitraum bis zur Begründung eines eigenen Hausstands. Die Drei-Monats-Grenze der Nr. 1 greift dabei nicht ein. 127

Der Außenversicherungsschutz wird für die Gefahren des **Einbruchdiebstahls, Raubes sowie für Naturgefahren** nicht umfassend gewährleistet (vgl. Abschnitt A § 7 Nr. 3–5 VHB 2010). Im Einzelnen bestehen folgende Einschränkungen. Für Schäden durch **Einbruchdiebstahl** müssen die Voraussetzungen des Abschnitt A § 3 Nr. 2 VHB 2010 vorliegen. Ein einfacher Diebstahl wird also auch hier nicht erfasst. Aus dem Verweis auf § 3 Nr. 2 in § 7 Nr. 3 wird überdies – in AGB-rechtlich unbedenklicher Weise – deutlich, dass Außenversicherungsschutz nur besteht, wenn der Einbruchdiebstahl sich in einem Raum eines Gebäudes abspielt.[177] Bei **Raub** beschränkt sich der Außenversicherungsschutz auf den Fall, dass der VN oder eine Person, die mit ihm in häuslicher Gemeinschaft lebt, versicherte Sachen herausgibt oder sich wegnehmen lässt, weil eine Gewalttat mit Gefahr für Leib oder Leben angedroht wird, die an Ort und Stelle verübt werden soll. Die Außenversicherung greift daher nicht ein, wenn die Sachen erst auf Verlangen des Täters an den Ort der Wegnahme oder 128

---

165 Vgl. OLG Köln NJW-RR 2002, 598; B/M/*Jula*, A § 11 VHB 2010 Rn. 17; P/M/*Knappmann*, Abschnitt A § 11 VHB 2010 Rn. 17.
166 B/M/*Jula*, A § 11 VHB 2010 Rn. 17; P/M/*Knappmann*, Abschnitt A § 11 VHB 2010 Rn. 17.
167 P/M/*Knappmann*, Abschnitt A § 7 VHB 2010 Rn. 9.
168 BGH VersR 1986, 778, 779; OLG Hamm ZfS 2008, 214, 215; van Bühren/*Höra*, § 3 Rn. 158; *Martin*, G V Rn. 19; VersHb/*Rüffer*, § 32 Rn. 141.
169 VersHb/*Rüffer*, § 32 Rn. 141; Terbille/*Höra/S. Schneider*, § 7 Rn. 35.
170 OLG Dresden VersR 2012. 989; OLG Hamm ZfS 2008, 214, 215; LG Köln r+s 2012, 343; P/M/*Knappmann*, Abschnitt A § 7 VHB 2010 Rn. 12; van Bühren/*Höra*, § 3 Rn. 159; VersHb/*Rüffer*, § 32 Rn. 145.
171 OLG Hamm ZfS 2008, 214, 215; OLG Celle r+s 1989, 157.
172 LG Köln VersR 2009, 1360.
173 A.A. AG Gießen r+s 2014, 79 mit zu Recht krit. Anm. *Wälder* m.w.N.
174 So auch OLG Koblenz r+s 2000, 381; *Martin*, G V Rn. 19; VersHb/*Rüffer*, § 32 Rn. 141.
175 AG Eschweiler r+s 2010, 422; P/M/*Knappmann*, Abschnitt A § 7 VHB 2010 Rn. 12.
176 AG Eschweiler r+s 2010, 422.
177 Vgl. zu VHB 84 OLG Stuttgart r+s 2013, 389; B/M/*Jula*, A § 7 VHB 2010 Rn. 9.

Anhang L Hausratversicherung

Herausgabe gebracht werden. Bei **Naturgefahren** besteht kein Außenversicherungsschutz für Schäden, die außerhalb von Gebäuden entstehen.

129 Gemäß Abschnitt A § 7 Nr. 6 VHB 2010 gelten für den Außenversicherungsschutz **Entschädigungsgrenzen**. Zum einen kann die Entschädigung im Rahmen der Außenversicherung insgesamt auf einen vom Versicherer festzulegenden Prozentsatz der Versicherungssumme begrenzt werden, höchstens jedoch auf den vereinbarten Betrag. Zum anderen gelten für Wertsachen die gemäß Abschnitt A § 13 Nr. 2 VHB 2010 festzulegenden Entschädigungsgrenzen.

6. Allgemeine Risikoausschlüsse und Verwirkungsklauseln
a) Objektive Risikoausschlüsse

130 Abschnitt A § 1 Nr. 2 der VHB 2010 enthält einen objektiven Risikoausschluss für Schäden, die durch **Krieg, innere Unruhen und Kernenergie** verursacht werden. Es genügt, wenn der ausgeschlossene Umstand mitursächlich gewesen ist.[178] Der Ausschlusstatbestand Krieg umfasst dabei Kriegsereignisse jeder Art, d.h. auch kriegsähnliche Ereignisse, Bürgerkrieg, Revolution, Rebellion und Aufstand. Im Zusammenhang mit der Kernenergie werden auch Schäden durch nukleare Strahlung oder radioaktive Substanzen ausgeschlossen.

b) Herbeiführung des Versicherungsfalles
aa) Allgemeine Voraussetzungen

131 Nahezu inhaltsgleich mit § 81 sieht Abschnitt B § 16 Nr. 1 VHB 2010 einen subjektiven Risikoausschluss bei schuldhafter Herbeiführung des Versicherungsfalles durch den VN vor. Die Herbeiführung des Versicherungsfalles kann sowohl durch positives Tun als auch durch Unterlassen erfolgen.[179]

132 Bei **vorsätzlicher Herbeiführung** des Versicherungsfalles bleibt der Versicherer entsprechend der gesetzlichen Regelung des § 81 I auch im Rahmen der Hausratversicherung von der Verpflichtung zur Entschädigung frei. Die VHB enthalten aber den Zusatz, dass die vorsätzliche Herbeiführung des Schadens als bewiesen gilt, wenn die Herbeiführung des Schadens durch rechtskräftiges Strafurteil wegen Vorsatzes in der Person des VN festgestellt worden ist.

133 Bei **grob fahrlässiger Herbeiführung des Versicherungsfalles** durch den VN ist der Versicherer nach Abschnitt B § 16 Nr. 1b) VHB 2010 berechtigt, seine Leistung in einem der **Schwere des Verschuldens** entsprechenden Verhältnis zu kürzen. Im Einzelfall kommt dabei auch eine Kürzung auf »Null« in Betracht.[180] Für die Einzelheiten wird auf die Ausführungen zu § 81 II verwiesen.

bb) Einzelfälle

134 Zur grob fahrlässigen Herbeiführung des Versicherungsfalles hat sich bei der Hausratversicherung eine umfangreiche **Kasuistik** herausgebildet.[181] Im Folgenden sollen einige besonders wichtige Konstellationen exemplarisch erläutert werden.

135 Im Hinblick auf die Gefahr des **Einbruchdiebstahls** bejaht die Rechtsprechung häufig **grobe Fahrlässigkeit**, wenn der VN sein Haus oder seine Wohnung für längere Zeit mit einem **auf Kipp gestellten Fenster** unbeaufsichtigt lässt.[182] Das exakte Maß des Verschuldens hängt jedoch von den Umständen des Einzelfalles ab.[183] Dabei können auch individuelle (subjektive) Entlastungsgründe (z.B. Stress, Hektik) zum Tragen kommen. In objektiver Hinsicht ist insbesondere zu berücksichtigen, wie lange der VN die Wohnung verlassen[184] und in welchem Stockwerk sich das auf Kipp stehende Fenster befunden hat[185]. Bejaht worden ist eine grob fahrlässige Herbeiführung des Versicherungsfalles z.B. bei Erdgeschoss-, Untergeschoss und Kellerfenstern[186] sowie bei Badezimmerfenstern, die hinter herabgelassenen Holzrollladen auf Kipp standen, obwohl bereits zwei Mal in gleicher Weise in die Wohnung eingebrochen wurde[187]. Nach Ansicht des OLG Köln soll grobe Fahr-

---

[178] Vgl. dazu P/M/*Knappmann*, Abschnitt A § 2 VHB 2010 Rn. 8.
[179] *Dietz*, § 9 Rn. 3.1; vgl. allgemein *Martin*, O I Rn. 13; L/W/*Looschelders*, § 81 Rn. 35 ff.; *Wagner*, Die schuldhafte Herbeiführung des Versicherungsfalles in der Schadensversicherung nach der VVG-Reform 2008, S. 64 ff.
[180] Vgl. BGH v. 22.06.2011 – IV ZR 225/10.
[181] Vgl. L/W/*Looschelders*, § 81 Rn. 85 ff.; PK/*Hammel*, Anh. 1 §§ 88 ff. Rn. 182 ff.; van Bühren/*Höra*, § 3 Rn. 127 ff.; VersHb/*Rüffer*, § 32 Rn. 97 ff.; Terbille/*Höra/S. Schneider*, § 7 Rn. 127 f.; Veith/Gräfe/*Drenk*, § 3 Rn. 143 ff.; *Dietz*, § 9 Rn. 3.1.7.
[182] OLG Saarbrücken VersR 2004, 1265, 1266; OLG Oldenburg VersR 1997, 999; OLG Celle VersR 1993, 572, 573; OLG Karlsruhe r+s 1998, 162, 163; LG Aachen r+s 2000, 383, 384; LG Hamburg r+s 1990, 348; AG Hamburg r+s 1996, 455.
[183] Vgl. PK/*Kloth/Neuhaus*, § 81 Rn. 63; *Nugel*, Kürzungsquoten, § 2 Rn. 259; *Wagner*, Die schuldhafte Herbeiführung des Versicherungsfalles in der Schadensversicherung nach der VVG-Reform 2008, S. 83 ff., 175 ff.
[184] Vgl. OLG Saarbrücken VersR 2004, 1265, 1260 sowie *Spielmann* r+s 2008, 177, 184.
[185] OLG Hamburg r+s 1990, 247; LG Hamburg r+s 1990, 348.
[186] OLG Oldenburg r+s 1996, 455 f.; OLG Celle VersR 1993, 572, 573; OLG Karlsruhe r+s 1998, 162, 163; OLG Saarbrücken r+s 2004, 23, 24; LG Düsseldorf VersR 2008, 347, 348; AG Hamburg r+s 1996, 455.
[187] OLG Düsseldorf VersR 1996, 1493.

lässigkeit schon bei kurzer Abwesenheit gegeben sein, wenn das Fenster um die horizontale Mittelachse zu schwenken ist.[188] Dies erscheint aber zu weitgehend.

Die Kriterien, die für das »Ob« der groben Fahrlässigkeit ausschlaggebend sind, müssen in einem zweiten Schritt auch bei der **Bestimmung der Kürzungsquote** berücksichtigt werden.[189] Die Quote hängt also ebenfalls u.a. von der Dauer der Abwesenheit, der Lage des Fensters sowie dem etwaigen Vorliegen von individuellen Entlastungsgründen ab.[190] Mit Rücksicht auf das objektive Gewicht der Pflichtwidrigkeit dürfte sich die Quote in den typischen Fällen im mittleren Bereich (40–60 %) bewegen.[191] Entsprechendes gilt bei **Nichtabschließen der Wohnungstür**.[192] Die Lagerung wertvoller Gegenstände im Keller eines Mehrfamilienhauses kann ebenfalls den Vorwurf grober Fahrlässigkeit begründen,[193] wobei die Kürzungsquote von den Umständen des Einzelfalles abhängt.[194] Hat der VN hochwertige Gegenstände **von außen frei einsehbar** in seinem Pkw zurückgelassen, so kann der Versicherer im Rahmen der Außenversicherung berechtigt sein, die Leistung um 70 % zu kürzen.[195]

136

Im Hinblick auf die Gefahr von **Leitungswasserschäden** kommt dem **unbeaufsichtigten Betrieb von Wasch- und Geschirrspülmaschinen** in der Hausratversicherung große Bedeutung zu. Die Rechtsprechung hat in vielen Fällen grobe Fahrlässigkeit bejaht.[196] Allerdings ist auch hier stets eine Entscheidung im Einzelfall erforderlich. Dabei ist neben dem Standort[197] und dem Alter der Maschine[198] insbesondere Dauer der Abwesenheit zu berücksichtigen.[199] Bei einer Abwesenheit von 2–3 Stunden wird grobe Fahrlässigkeit mit Rücksicht auf den modernen technischen Standard der Geräte verneint. Grobe Fahrlässigkeit liegt dagegen vor, wenn der VN die Wohnung nach Inbetriebnahme der Maschine für mehrere Tage verlässt, z.B. »ins Wochenende« fährt.[200] Überwiegend wird grobe Fahrlässigkeit auch dann angenommen, wenn sich der VN nach dem Einschalten der Maschine zu Bett legt, ohne den Abschluss des Waschvorgangs abzuwarten.[201] Diese strenge Auffassung erscheint aber zweifelhaft, weil sie in vielen Fällen den Lebensbedürfnissen des VN und seiner Familie nicht gerecht wird.[202] Wenn dennoch grobe Fahrlässigkeit bejaht wird, ist die objektive Vorhersehbarkeit und Vermeidbarkeit des Versicherungsfalles in solchen Fällen nicht sehr hoch. Daher kommt hier meist nur eine **geringe Kürzungsquote** (10–30 %) in Betracht. Bei längerer Abwesenheit oder besonderen gefahrerhöhenden Umständen (z.B. ältere Maschine ohne Aquastopp, schlechte Schlauchverbindung) kann aber eine höhere Quote gerechtfertigt sein.[203]

137

Brandschäden werden oft dadurch verursacht, dass der VN **Kerzen** nicht verlöscht. Ob grobe Fahrlässigkeit zu bejahen ist, hängt wieder von den Umständen des Einzelfalles ab. Das OLG Köln hat grobe Fahrlässigkeit für den Fall bejaht, dass der VN nach Alkoholgenuss bei brennenden Kerzen einschläft, obwohl er Zeit und Veranlassung zum Löschen der Kerzen hatte, bevor er sich auf das Sofa legte.[204] Soweit grobe Fahrlässigkeit vorliegt, hängt auch die Kürzungsquote von den Umständen des Einzelfalles ab; dabei sind insbesondere die objektive Gefährlichkeit der Situation und deren Erkennbarkeit für den VN sowie das mögliche Vorliegen entlastender Umstände (z.B. verständliche Ablenkung) zu berücksichtigen.[205] In der Gebäudeversicherung hat das OLG Naumburg den Anspruch des VN auf »Null« gekürzt, weil dieser den Brand dadurch verursacht

138

---

188 OLG Köln r+s 2006, 75, 76.
189 *Wagner*, Die schuldhafte Herbeiführung des Versicherungsfalles in der Schadensversicherung nach der VVG-Reform 2008, S. 173 f.
190 Vgl. zu einem Beispiel PK/*Kloth/Neuhaus*, § 81 Rn. 54.
191 So auch *Nugel*, Kürzungsquoten, § 2 Rn. 260.
192 Vgl. dazu OLG Köln VersR 2008, 1206, 1207; LG Koblenz r+s 2006, 288, 289; L/W/*Looschelders*, § 81 Rn. 93; *Nugel*, Kürzungsquoten, § 2 Rn. 253 ff.; zu streng PK/*Kloth/Neuhaus*, § 81 Rn. 62 (im Regelfall Kürzung um 60–80 %).
193 OLG Hamburg r+s 1987, 48; OLG Köln r+s 1996, 1990; LG Rottweil ZfS 2008, 153, 154; L/W/*Looschelders*, § 81 Rn. 94.
194 Vgl. *Nugel*, Kürzungsquoten, § 2 Rn. 261 (mit Quoten von 20–100 %).
195 AG Langenfeld VersR 2010, 1449.
196 OLG Oldenburg ZfS 2004, 373; VersR 1996, 1492; OLG Karlsruhe r+s 1987, 231, 232; OLG Koblenz VersR 2002, 231; OLG Düsseldorf VersR 1989, 697; LG Düsseldorf r+s 1994, 109; LG Gießen VersR 1997, 693; LG Frankfurt (Main) VersR 1999, 1535; LG Passau VersR 2007, 242, 243; AG Bielefeld VersR 1995, 210; AG Weilburg NZM 2004, 544; einschränkend AG Köln VersR 2007, 242.
197 Zu diesem Kriterium s. *Spielmann* r+s 2008, 177, 183.
198 OLG Oldenburg VersR 1996, 1492.
199 OLG Düsseldorf VersR 1989, 697 f.; s. auch *Günther/Spielmann* r+s 2008, 177, 183.
200 Zu beiden Konstellationen OLG Koblenz VersR 2002, 231.
201 So AG Weilburg NZM 2002, 544; LG Passau VersR 2007, 242.
202 So zutreffend AG Köln VersR 2007, 242.
203 Vgl. *Nugel*, Kürzungsquoten, § 2 Rn. 241 f.; vgl. zu Aquastopp-Vorrichtung LG Osnabrück VersR 2013, 233.
204 OLG Köln VersR 2010, 479. Zu weiteren Beispielen vgl. KG VersR 2007, 1124 (Grablicht); LG Krefeld r+s 2007, 65; AG St. Goar r+s 1998, 122 (grobe Fahrlässigkeit bejaht); OLG Düsseldorf VersR 2000, 1493 (grobe Fahrlässigkeit verneint).
205 Vgl. *Nugel*, Kürzungsquoten, § 2 Rn. 225 f.

hatte, dass er zwei Feuerwerkskörper nach einer in sein Haus eingedrungenen Katze warf.[206] Die gleiche Bewertung wäre auch bei der Hausratversicherung geboten.

cc) Repräsentantenhaftung

139 Abschnitt B § 19 VHB 2010 sieht vor, dass sich der VN die Kenntnis und das Verhalten seiner Repräsentanten zurechnen lassen muss. Der Begriff des Repräsentanten wird in der Klausel nicht eigenständig definiert. Insoweit muss also auf die allgemeinen Grundsätze zurückgegriffen werden (vgl. dazu § 28 VVG Rdn. 69 ff.). Repräsentant ist danach, wer bei der Verwaltung des versicherten Risikos oder des Vertrages an die Stelle des VN getreten ist.[207]

140 Die Rechtsprechung legt an die Repräsentantenstellung einen strengen Maßstab an. So ist der **Ehegatte** des VN nur dann Repräsentant, wenn er für einen längeren Zeitraum – nicht also bei bloßer Geschäftsreise oder Krankenhausaufenthalt – die **alleinige Obhut** über die versicherte Sache ausübt. Die für das eheliche Zusammenleben typische Mitobhut genügt also nicht.[208] Entgegen der Ansicht des OLG Karlsruhe[209] kann die Repräsentantenstellung auch nicht damit begründet werden, dass der Ehegatte für einen Teil der Risikoverwaltung – etwa das Schließen der Fenster und Türen beim Verlassen der Wohnung – selbstständig zuständig ist.[210] Die gleichen Erwägungen gelten für **Lebenspartner** (§ 1 LPartG), **Lebensgefährten** und **sonstige Angehörige** des VN.[211] Bei Minderjährigen – etwa den Kindern des VN – scheidet eine Repräsentantenstellung ohnehin grundsätzlich aus.[212]

c) Arglistige Täuschung nach Eintritt des Versicherungsfalles

141 Täuscht der VN den Versicherer **arglistig** über Tatsachen, die für den Grund oder die Höhe der Entschädigung von Bedeutung sind, so ist der Versicherer nach Abschnitt B § 16 Nr. 2 VHB 2010 von der Entschädigungspflicht frei. Das Gleiche gilt für den Fall, dass der VN eine solche arglistige Täuschung versucht.[213] Zur dogmatischen Einordnung solcher **Verwirkungsklauseln** s. § 31 VVG Rdn. 8.

142 **Arglistige Täuschung** ist das bewusste und willentliche Einwirken des VN oder seines Repräsentanten auf den Entscheidungswillen des Versicherers durch Erregung und Aufrechterhaltung eines Irrtums über den Grund oder die Höhe der Leistungsverpflichtung.[214] Eine Bereicherungsabsicht ist nicht erforderlich.[215] Eine arglistige Täuschung liegt z.B. vor, wenn der VN in der Schadensmeldung falsche Angaben zur Schadenshöhe macht[216] oder Einbruchschäden aus einem früheren Einbruch als aktuelle Schäden ausgibt.[217] Das Gleiche gilt, wenn der VN Rechnungen rückdatiert oder fingiert[218] oder selbst geschriebene Kaufbelege vorlegt.[219] Eine arglistige Täuschung kommt auch in Betracht, wenn der VN die Wohnfläche der versicherten Räume unzutreffend bezeichnet.[220]

143 Der Versicherer muss die **Täuschung** und **Arglist** des VN beweisen.[221] Die Voraussetzungen für das Entfallen der Entschädigungspflicht gelten jedoch nach Abschnitt B § 16 Nr. 2 Abs. 2 VHB 2010 als bewiesen, wenn die Täuschung oder der Täuschungsversuch durch ein **rechtskräftiges Strafurteil** gegen den VN wegen Betrugs oder Betrugsversuchs festgestellt wurde.

7. Leistungsumfang

144 Die Höhe der Entschädigung, die der Versicherer nach einem Schadensfall zu leisten hat, bestimmt sich anhand verschiedener Faktoren. Grundlage der Berechnung ist nach Abschnitt A § 9 Nr. 1 VHB 2010 der **Versicherungswert** (s. § 88). Von Bedeutung sind außerdem die **Versicherungssumme** (vgl. dazu § 74) und die vereinbarten **Entschädigungsgrenzen** (dazu § 75).

---

206 OLG Naumburg NJW-RR 2011, 901.
207 Vgl. BGHZ 122, 250, 254; BGH VersR 2007, 673, 674; ausführlich zur Repräsentantenhaftung VersHb/*Looschelders*, § 17 Rn. 29 ff.
208 BGH VersR 1965, 425; OLG Karlsruhe r+s 1998, 162, 163.
209 OLG Karlsruhe r+s 1998, 162, 163.
210 VersHb/*Looschelders*, § 17 Rn. 57; *Knappmann* r+s 1998, 250.
211 VersHb/*Looschelders*, § 17 Rn. 59 f.
212 *Dietz*, § 9 Rn. 3.1.
213 Vgl. etwa OLG Hamm VersR 2012, 356.
214 Terbille/Höra/*S. Schneider*, § 7 Rn. 133; Veith/Gräfe/*Drenk*, § 3 Rn. 222 ff. mit Beispielen; vgl. OLG Hamm VersR 2012, 356.
215 OLG Köln r+s 2002, 122; LG Berlin VersR 2003, 101.
216 OLG Celle r+s 2009, 239 f.; OLG Köln r+s 2001, 513, 515; OLG Hamm VersR 2012, 356.
217 OLG Frankfurt (Main) NVersZ 2000, 289 f.; LG Köln VersR 2008, 1350.
218 OLG Köln r+s 1996, 234, 236; OLG Düsseldorf r+s 1996, 319, 320; OLG Köln VersR 2001, 893, 984; NVersZ 2002, 507, 508; VersR 2003, 101, 102.
219 OLG Frankfurt (Main) VersR 1992, 694 (LS).
220 OLG Köln NVersZ 2001, 233.
221 van Bühren/*Höra*, § 3 Rn. 219; PK/*Hammel*, Anh. 1 §§ 88 ff. Rn. 190.

a) Grundlegende Faktoren bei der Entschädigungsberechnung

aa) Versicherungswert und Entschädigungsgrenzen

Versicherungswert ist nach der Legaldefinition des § 74 I der Wert des versicherten Interesses. Da es sich bei der Hausratversicherung grundsätzlich um eine **Neuwertversicherung** handelt, wird bei Verlust oder völliger Zerstörung einer versicherten Sache als Versicherungswert der Wiederbeschaffungswert von Sachen gleicher Art und Güte in neuwertigem Zustand zugrunde gelegt (vgl. Abschnitt A § 9 Nr. 1a) VHB 2010). Entgegen der allgemeinen Regel des § 88 findet also kein Abzug »neu für alt« statt. Für Kunstgegenstände und Antiquitäten gilt demgegenüber als Versicherungswert der **Wiederbeschaffungswert** von Sachen gleicher Art und Güte (Abschnitt A § 9 Nr. 1b) VHB 2010). Dabei sind auch die Bekanntheit und die bisherigen Verkaufserfolge des Künstlers (sog. **Marktpräsenz**) zu berücksichtigen.[222]

145

Eine Ausnahme vom Grundsatz der Neuwertversicherung gilt für Sachen, die im Zeitpunkt des Schadenfalles für ihren Zweck in dem versicherten Haushalt **nicht mehr zu verwenden** sind. Versicherungswert ist hier nach Abschnitt A § 9 Nr. 1c) VHB 2010 der für den VN erzielbare Verkaufspreis (**gemeiner Wert**). Maßgeblich ist, welchen Wert die Sache nach ihrer objektiven Beschaffenheit für jedermann hat.[223] Ob eine Sache in dem versicherten Haushalt noch zu verwenden ist, hängt nicht vom objektiven Wert der Sache ab. Daher sind auch sehr alte und stark abgenutzte Sachen zum Neuwert zu ersetzen, wenn sie im Haushalt des VN noch verwendet werden. Dies gilt auch für defekte Geräte, wenn der VN sie reparieren lassen will.[224]

146

Soweit **für Wertsachen Entschädigungsgrenzen** vereinbart sind (vgl. oben Rdn. 57),[225] werden bei der Ermittlung des Versicherungswertes höchstens diese Beträge berücksichtigt (Abschnitt A § 9 Nr. 1d) VHB 2010 i.V.m. Abschnitt A § 13 Nr. 2 VHB 2010).

147

bb) Versicherungssumme

Bei Ermittlung der Versicherungssumme ist zwischen dem **Quadratmeter-** und dem **Versicherungssummenmodell** zu unterscheiden. Beim Quadratmetermodell errechnet sich die Versicherungssumme aus dem bei Vertragsschluss vereinbarten Betrag pro Quadratmeter Wohnfläche, multipliziert mit der im Versicherungsschein genannten Wohnfläche der versicherten Wohnung. Beim Versicherungssummenmodell soll die Versicherungssumme dem Versicherungswert entsprechen.

148

b) Berechnung der Entschädigung

aa) Zerstörte oder abhandengekommene Sachen

Bei zerstörten oder abhandengekommenen Sachen wird nach Abschnitt A § 12 Nr. 1a) VHB 2010 der **Versicherungswert** bei Eintritt des Versicherungsfalles ersetzt. Gemäß Abschnitt A § 9 Nr. 1 handelt es sich dabei i.d.R. um den **Neuwert** der Sache.

149

bb) Beschädigte Sachen

Bei beschädigten Sachen ersetzt der Versicherer die **notwendigen Reparaturkosten** bei Eintritt des Versicherungsfalles zuzüglich einer durch die Reparatur nicht auszugleichenden **Wertminderung** (Abschnitt A § 12 Nr. 1b) VHB 2010). Erfasst werden nur die **objektiv** notwendigen Reparaturkosten. Der Versicherer muss daher keine Schäden ersetzen, die beim Transport des Hausrats zur Reparatur oder bei der Reparatur selbst eintreten.[226] Höchstgrenze für die Entschädigung ist der Versicherungswert bei Eintritt des Versicherungsfalles.

150

Ist die Gebrauchsfähigkeit der Sache nicht beeinträchtigt und dem VN die Nutzung ohne Reparatur zumutbar, so handelt es sich um einen sog. **Schönheitsschaden**, bei dem der VN einen Anspruch auf Ausgleich des Minderwerts in Geld hat.[227] Beispiele für Schönheitsschäden sind geringfügige Dellen, Absplitterungen oder Einkerbungen an schwer einsehbaren Stellen (z.B. Rückwand eines Möbelstücks, Innenfutter eines Mantels).[228] In der Literatur wird aber zu Recht darauf hingewiesen, dass die Gebrauchsfähigkeit einer Sache im **persönlichen Bereich** – insbesondere bei Einrichtungsgegenständen und Kleidung – maßgeblich durch das äußere Erscheinungsbild geprägt wird. Bei der Hausratversicherung muss der VN sich daher im Allgemeinen nicht mit dem Ersatz der Schönheitsschäden begnügen, sondern kann Ersatz des Neuwerts bzw. Ersatz der Reparaturkosten verlangen.[229]

151

---

222 OLG Köln r+s 2002, 338, 339; LG Köln r+s 2005, 467, 468; van Bühren/*Höra*, § 3 Rn. 223.
223 VersHb/*Rüffer*, § 32 Rn. 209; R/L/*Langheid*, § 88 Rn. 10; BK/*Schauer*, § 53 Rn. 9.
224 Vgl. *Martin*, Q III Rn. 29 f.
225 Zu Entschädigungsgrenzen bei Wertsachen nach den VHB 84 vgl. *Martin*, U IV. Rn. 4 ff.; P/M/*Knappmann*[27], § 19 VHB 84 sowie zu den VHB 2002 Veith/*Gräfe/Drenk*, § 3 Rn. 253 f.
226 OLG Nürnberg VersR 1995, 290; P/M/*Knappmann*, Abschnitt A § 12 VHB 2010 Rn. 4.
227 Vgl. dazu Terbille/Höra*S. Schneider*, § 7 Rn. 163.
228 *Martin*, B III Rn. 20.
229 *Martin*, B III Rn. 21 und R I Rn. 24.

cc) Restwerte und Mehrwertsteuer

152 **Restwerte** werden nach Abschnitt A § 12 Nr. 2 VHB 2010 auf die Entschädigung angerechnet. Die **Mehrwertsteuer** gehört grundsätzlich zum ersatzfähigen Schaden. Sie wird aber nicht ersetzt, wenn der VN vorsteuerabzugsberechtigt ist oder tatsächlich keine Mehrwertsteuer gezahlt hat (Abschnitt A § 12 Nr. 3 VHB 2010).

dd) Gesamtentschädigung, Kosten aufgrund Weisung

153 Die Gesamtentschädigung ist nach Abschnitt A § 12 Nr. 4 VHB 2010 auf die vereinbarte **Versicherungssumme nebst Vorsorgebetrag** begrenzt. Wird die vereinbarte Versicherungssumme einschließlich des Vorsorgebetrages bereits für die **Entschädigung versicherter Sachen** vollständig ausgeschöpft, so werden die **versicherten Kosten** darüber hinaus bis zu dem von den Parteien vereinbarten Prozentsatz der Versicherungssumme ersetzt.

154 Schadensabwendungs- und Schadenminderungskosten, die auf Weisung des Versicherers entstanden sind, werden in jedem Fall unbegrenzt ersetzt.

ee) Unterversicherung

155 Abschnitt A § 12 Nr. 5 VHB 2010 regelt den Fall der **Unterversicherung**. Ist die Versicherungssumme im Zeitpunkt des Versicherungsfalles niedriger als der Versicherungswert der versicherten Sachen, so wird die Entschädigung für die versicherten Sachen bei Fehlen eines vereinbarten Unterversicherungsverzichts[230] nach einer bestimmten Formel anteilig gekürzt. Die **Berechnungsformel** für die Entschädigungsleistung lautet: Schadensbetrag × Versicherungssumme/Versicherungswert.

156 Für die Entschädigungsberechnung der **versicherten Kosten** (oben Rdn. 144 f.) sowie der Schadensabwendungs-, Schadenminderungs- und Schadensermittlungskosten (oben Rdn. 96 ff.) gelten die Grundsätze über die Unterversicherung nach Abschnitt A § 12 Nr. 6 VHB 2010 entsprechend.[231] Zur Unterversicherung vgl. außerdem die Kommentierung zu § 75.

c) Zahlung und Verzinsung der Entschädigung

157 Die **Fälligkeit** der Entschädigung und der Anspruch des VN auf Zahlung eines **Abschlags**[232] sind in Abschnitt A § 14 Nr. 1 VHB 2010 geregelt. Da die Klausel mit der gesetzlichen Regelung in **§ 14 I und II** übereinstimmt, kann auf die dortige Kommentierung verwiesen werden.

158 Wurde die Entschädigung nicht innerhalb eines Monats nach Meldung des Schadens geleistet, so ist der Entschädigungsbetrag nach Abschnitt A § 14 Nr. 2 VHB 2010 **seit Anzeige des Schadens zu verzinsen**.[233] Für die Einzelheiten kann auf die Kommentierung zu **§ 91** verwiesen werden.

d) Sachverständigenverfahren

159 Zur Ermittlung der Schadenshöhe kann nach Eintritt des Versicherungsfalles auf **Antrag des VN** oder durch **Vereinbarung** zwischen den Parteien ein Sachverständigenverfahren eingeleitet werden (Abschnitt A § 15 Nr. 1 VHB 2010). Das Verfahren kann durch Vereinbarung auf weitere Feststellungen zum Versicherungsfall ausgedehnt werden (Abschnitt A § 15 Nr. 2 VHB 2010). Zu weiteren Einzelheiten vgl. Abschnitt A § 15 Nr. 1–7 VHB 2010 und die Kommentierung zu § 84.

e) Wiederherbeigeschaffte Sachen

aa) Anzeigepflicht des VN

160 Wird der Verbleib abhandengekommener Sachen ermittelt, so führt dies **nicht** zum **Wegfall des Versicherungsfalles**.[234] Nach Abschnitt A § 18 Nr. 1 VHB 2010 hat jede Partei aber eine **Anzeigepflicht** gegenüber dem Vertragspartner. Die Anzeige muss unverzüglich nach Kenntniserlangung in Textform erfolgen. Da die Anzeigepflicht an die bloße **Ermittlung des Verbleibs** anknüpft, ist eine Besitzerlangung oder auch nur die Möglichkeit der Besitzerlangung dafür nicht erforderlich.[235]

161 Welche **Rechtsfolgen** die Verletzung der Anzeigepflicht hat, ist in den VHB 2010 nicht ausdrücklich geregelt. Leistungsfreiheit nach Abschnitt B § 8 Nr. 3 VHB 2010 dürfte ausscheiden, weil dort ausdrücklich nur auf die

---

230 Zum Unterversicherungsverzicht *Martin*, S II Rn. 68 ff. Beim Quadratmetermodell verzichtet der Versicherer gem. Abschnitt A § 9 Nr. 3 VHB 2008/10 auf den Einwand der Unterversicherung, wenn die Wohnfläche bei Eintritt des Versicherungsfalles der im Versicherungsschein genannten Wohnfläche entspricht und die vereinbarte Versicherungssumme nach den für einen Unterversicherungsverzicht maßgeblichen Grundsätzen berechnet worden ist.
231 Vgl. *Martin*, S II Rn. 13.
232 Zur Abschlagszahlung vgl. *Martin*, Y III Rn. 1 ff.; Veith/Gräfe/*Drenk*, § 3 Rn. 287 ff.
233 Allg. vgl. *Martin*, Y IV.
234 *Martin*, Z I Rn. 8.
235 Vgl. *Martin*, Z III Rn. 2.

in § 8 Nr. 1 und 2 geregelten Obliegenheiten Bezug genommen wird.[236] Bei **Arglist** des VN kommt aber ein Ausschluss der Leistungspflicht nach Abschnitt B § 16 Nr. 2 VHB 2010 in Betracht.

bb) Auswirkungen auf die Entschädigung

Erlangt der VN den Besitz an der abhandengekommenen Sache zurück, **bevor** die **volle Entschädigung dafür gezahlt** wurde, bleibt der Entschädigungsanspruch nur dann bestehen, wenn der VN die wiedererlangte Sache innerhalb von zwei Wochen dem Versicherer zur Verfügung stellt (unten Rdn. 167). Anderenfalls hat der VN die Entschädigung gemäß Abschnitt A § 18 Nr. 2 VHB 2010 zurückzugewähren. 162

Bei Wiedererlangung der Sache **nach Zahlung der vollen Entschädigung** steht dem VN ein **Wahlrecht** zu. Er kann die Sache behalten und die Entschädigung zurückzahlen oder die Entschädigung behalten und die Sache dem Versicherer zur Verfügung stellen (unten Rdn. 167). Das Wahlrecht ist innerhalb von **zwei Wochen** nach Empfang einer schriftlichen Aufforderung des Versicherers auszuüben und geht nach Ablauf der Frist auf den Versicherer über (Abschnitt A § 18 Nr. 3a) VHB 2010). 163

Ist die für die Sache gezahlte **Entschädigung bedingungsgemäß hinter dem Versicherungswert zurückgeblieben**, was z.B. bei Unterversicherung (Rdn. 155) oder bei Eingreifen von Entschädigungsgrenzen (Rdn. 147) vorkommt,[237] kann der VN die Sache behalten, muss aber die Entschädigung zurückzahlen. Erklärt sich der VN innerhalb der Zwei-Wochen-Frist nach Erhalt der Aufforderung des Versicherers nicht zur Rückzahlung bereit, muss er die Sache im Einvernehmen mit dem Versicherer öffentlich meistbietend verkaufen lassen. Dem Versicherer steht vom Erlös abzüglich der Verkaufskosten ein Anteil entsprechend der bedingungsgemäß geleisteten Entschädigung zu (Abschnitt A § 18 Nr. 3b) VHB 2010). 164

Im Fall der **Beschädigung einer wiederbeschafften Sache** kann der VN die Entschädigung in Höhe der Reparaturkosten auch dann verlangen oder behalten, wenn die Sachen bei ihm verbleiben (s. Abschnitt A § 18 Nr. 4 VHB 2010). Dahinter steht die Erwägung, dass die Belastung des VN mit den Reparaturkosten durch die Wiederbeschaffung der Sache nicht aufgehoben wird.[238] 165

Dem tatsächlichen Besitz einer zurückerlangten Sache steht die bloße **Möglichkeit der Besitzwiederverschaffung** gleich (vgl. Abschnitt A § 18 Nr. 5 VHB 2010). Die Wiederbeschaffung muss dem VN aber unter zumutbaren Anstrengungen und in angemessener Zeit möglich sein.[239] 166

Die **Zurverfügungstellung** zurückerlangter Sachen setzt gemäß Abschnitt A § 18 Nr. 6 VHB 2010 voraus, dass der VN dem Versicherer den Besitz, das Eigentum und alle sonstigen Rechte, die ihm in Bezug auf die Sache zustehen, überträgt. 167

Abschnitt A § 18 Nr. 7 VHB 2010 regelt den Fall, dass ein **Wertpapier** in einem Aufgebotsverfahren **für kraftlos erklärt** worden ist. Dem Grundsatz nach hat der VN hier die gleichen Rechte und Pflichten wie bei einer Zurückerlangung des Wertpapiers. Er kann aber die Entschädigung behalten, soweit ihm durch Verzögerung fälliger Leistungen aus den Wertpapieren ein Zinsverlust entstanden ist. 168

III. Prämie, Beginn und Ende des Versicherungsschutzes
1. Prämie

Die Zahlung der vereinbarten Prämie ist als **Gegenleistung** für die Übernahme des Versicherungsschutzes die Hauptpflicht des VN aus dem Versicherungsvertrag.[240] 169

a) Erst- oder Einmalprämie

aa) Fälligkeit

Während der Prämienanspruch des Versicherers nach § 33 I unverzüglich nach Ablauf von zwei Wochen nach Zugang des Versicherungsscheins fällig wird, tritt die Fälligkeit der Erst- oder Einmalprämie gemäß Abschnitt B § 4 Nr. 1 Abs. 1 VHB 2010 unverzüglich nach dem Zeitpunkt des vereinbarten und im Versicherungsschein angegebenen Versicherungsbeginns ein. Die Klausel stellt ausdrücklich klar, dass die Fälligkeit nicht durch das **Bestehen eines Widerrufsrechts** in Frage gestellt wird. Anders als nach der gesetzlichen Regelung kann die Fälligkeit also schon vor Ablauf der Widerrufsfrist nach § 8 I eintreten. Dies entspricht dem allgemeinen Grundsatz, dass der Vertrag bis zum Widerruf voll wirksam ist (vgl. § 8 VVG Rdn. 40). Die Abweichung von § 33 I kann zwar zum Nachteil des VN wirken; dies ist wegen des dispositiven Charakters von § 33 I[241] aber nicht per se bedenklich. Die Fälligkeit tritt im Übrigen nur dann vor Ablauf der Widerrufsfrist 170

---

236 A.A. zu § 25 VHB 84 *Martin*, Z III Rn. 4 mit der Erwägung, dass es sich um einen Unterfall der Aufklärungspflicht handele. Dem ist jedoch entgegenzuhalten, dass Abschnitt B § 8 Nr. 2 VHB 2008 – ebenso wie § 21 VHB 84 – keine allgemeine Aufklärungsobliegenheit des VN vorsieht.
237 Vgl. P/M/*Knappmann*, Abschnitt A § 18 VHB 2010 Rn. 3.
238 P/M/*Knappmann*, Abschnitt A § 18 VHB 2010 Rn. 2.
239 P/M/*Knappmann*, Abschnitt A § 18 VHB 2010 Rn. 1.
240 *Martin*, P I Rn. 1.
241 Vgl. allgemein PK/*Michaelis/Pilz*, § 33 Rn. 16.

Anhang L Hausratversicherung

ein, wenn auch der vereinbarte oder im Versicherungsschein angegebene **Versicherungsbeginn vor diesem Zeitpunkt** liegt. Eine unbillige Benachteiligung des VN i.S.d. § 307 BGB liegt daher nicht vor.

171 Abschnitt B § 4 Nr. 1 Abs. 2 VHB 2010 enthält eine Sonderregelung für den Fall, dass der Versicherungsbeginn vor dem Vertragsschluss liegt. Bei einer solchen **Rückwärtsversicherung** (§ 2) wird die Erst- oder Einmalprämie unverzüglich nach dem Vertragsschluss fällig.

172 Die **verspätete Zahlung** der Erst- oder Einmalprämie hat gemäß Abschnitt B § 4 Nr. 1 Abs. 3 VHB 2010 eine **Verzögerung des Versicherungsbeginns** zur Folge. Der Versicherungsschutz beginnt erst, wenn die Zahlung erfolgt ist.

173 Bei Abweichungen des Versicherungsscheins vom Antrag des VN oder von den getroffenen Vereinbarungen tritt die Fälligkeit der Erst- oder Einmalprämie gemäß Abschnitt B § 4 Nr. 1 Abs. 4 VHB 2010 frühestens **einen Monat nach Zugang des Versicherungsscheines** ein. Die Klausel trägt dem Umstand Rechnung, dass der VN der Abweichung nach § 5 I innerhalb eines Monats **widersprechen** kann.

174 Ist **Ratenzahlung** vereinbart worden, so gilt die erste Rate als erste Prämie. Die insofern bloß klarstellende Klausel in Abschnitt B § 2 Nr. 2 Abs. 5 VHB 2008 ist in den VHB 2010 entfallen.[242]

bb) Zahlungsverzug

175 Zahlt der VN die Erst- oder Einmalprämie nicht zum maßgebenden Fälligkeitszeitpunkt, so steht dem Versicherer gemäß Abschnitt B § 4 Nr. 2 VHB 2010 ein **Rücktrittsrecht** zu, solange die Zahlung nicht erfolgt ist. Vorausgesetzt wird auch in diesem Bereich in Übereinstimmung mit § 37 ein Vertretenmüssen des Versicherungsnehmers. Der Versicherer ist nur zum Rücktritt vom Vertrag berechtigt, wenn der VN die Nichtzahlung zu vertreten hat.[243] Den erforderlichen Entlastungsbeweis für das fehlende Verschulden hat demgemäß der VN zu erbringen.[244] Die Klausel stimmt inhaltlich mit der gesetzlichen Regelung des **§ 37 I** überein. Für die Einzelheiten kann daher auf die Kommentierung zu § 37 (§ 37 VVG Rdn. 9) verwiesen werden.

176 Der Zahlungsverzug des VN mit der Erst- oder Einmalprämie kann außerdem zur **vollständigen Leistungsfreiheit** des Versicherers führen, wenn vor der Zahlung der fälligen Prämie ein Versicherungsfall eingetreten ist. Die Leistungsfreiheit des Versicherers setzt nach § 4 Nr. 3 VHB 2010 voraus, dass der Versicherer den VN durch gesonderte Mitteilung in Textform oder durch einen auffälligen Hinweis im Versicherungsschein auf diese Rechtsfolge aufmerksam gemacht hat. Außerdem kann der VN sich damit entlasten, dass er die Nichtzahlung nicht zu vertreten hat. Dies entspricht der gesetzlichen Regelung in **§ 37 II** (näher dazu § 37 VVG Rdn. 15).

b) Folgeprämie
aa) Fälligkeit

177 Die Fälligkeit der **Folgeprämie**[245] ist im VVG nicht geregelt. Nach Abschnitt B § 5 Nr. 1a) VHB 2010 wird die Folgeprämie zu Beginn der vereinbarten Versicherungsperiode fällig. Die Zahlung gilt nach Nr. 1b) als rechtzeitig, wenn sie innerhalb des im Versicherungsschein oder in der Prämienrechnung angegebenen Zeitraums bewirkt ist. Haben die Parteien über die Fälligkeit der Folgeprämie keine Vereinbarung getroffen, so ist nach § 271 BGB der erste Tag der neuen Versicherungsperiode maßgeblich.[246]

bb) Zahlungsverzug

178 Kommt der VN mit der Zahlung einer Folgeprämie in Verzug, so kann der Versicherer Ersatz des entstandenen Schadens verlangen (vgl. Abschnitt B § 5 Nr. 2 VHB 2010). Die weiteren Folgen des Zahlungsverzugs mit einer Folgeprämie – **Leistungsfreiheit und Kündigungsrecht des Versicherers** nach Mahnung – sind in Abschnitt B § 5 Nr. 3 und 4 VHB 2010 in Übereinstimmung mit **§ 38** geregelt. Für die Einzelheiten kann auf die dortige Kommentierung verwiesen werden.

c) Ratenzahlung

179 Die in Abschnitt B § 6 VHB 2008 enthaltene Regelung zu Ratenzahlungsvereinbarungen, nach der die noch ausstehenden Raten bis zu den vereinbarten Zahlungsterminen als gestundet gelten, jedoch sofort fällig werden, wenn der VN mit einer Rate in Verzug gerät oder eine Entschädigung fällig wird, ist in den VHB 2010 entfallen.

---

242 Vgl. OLG Hamm VersR 1982, 867; P/M/*Knappmann*, § 37 Rn. 9.
243 Vgl. zum »Vertretenmüssen« bei § 37 auch PK/*Michaelis/Pilz*, § 37 Rn. 8 ff.
244 Vgl. allg. *Meixner/Steinbeck*, § 6 Rn. 26; PK/*Michaelis/Pilz*, § 37 Rn. 8 ff.
245 Zum Begriff vgl. P/M/*Knappmann*, § 38 Rn. 4, *Dietz*, § 15 Rn. 1.2.
246 Vgl. PK/*Michaelis/Pilz*, § 38 Rn. 5; § 15 Nr. 1 VHB 84/92 und § 16 VHB 2000 sehen ausdrücklich vor, dass Folgeprämien am Ersten des Monats zu zahlen sind, in dem ein neues Versicherungsjahr beginnt.

d) Prämie bei vorzeitiger Vertragsbeendigung

Wird das Versicherungsverhältnis **vor Ablauf der Versicherungsperiode beendet**, so steht dem Versicherer gemäß Abschnitt B § 7 Nr. 1a) VHB 2010 für diese Versicherungsperiode nur derjenige Teil der Prämie zu, der dem Zeitraum entspricht, in dem der Versicherungsschutz tatsächlich bestanden hat. Der Grundsatz der **Unteilbarkeit der Prämie**[247] (§ 40 a.F.) wird damit entsprechend der gesetzlichen Regelung des **§ 39 I** für die Hausratversicherung aufgehoben.[248] Für die Einzelheiten wird auf die Kommentierung zu § 39 verwiesen. 180

Fällt das **versicherte Interesses nach Beginn der Versicherung weg**, so steht dem Versicherer gemäß Abschnitt B § 7 Nr. 1b) VHB 2010 die Prämie zu, die er hätte beanspruchen können, wenn die Versicherung nur bis zu dem Zeitpunkt beantragt worden wäre, zu dem der Versicherer vom Wegfall des Interesses Kenntnis erlangt hat. Die Klausel entspricht der gesetzlichen Regelung des **§ 80 II**. Zu den Einzelheiten vgl. § 80 VVG Rdn. 11. 181

Die Rechtsfolgen des **Widerrufs der Vertragserklärung** durch den VN (§ 8) sind in Abschnitt B § 7 Nr. 2a) VHB 2010 in Übereinstimmung mit **§ 9** geregelt. Für die Einzelheiten wird auf die dortige Kommentierung verwiesen. 182

Beendet der Versicherer das Vertragsverhältnis durch **Rücktritt**, weil der VN seine **vorvertragliche Anzeigepflicht (§ 19)** verletzt hat, so steht dem Versicherer die Prämie bis zur Wirksamkeit der Rücktrittserklärung zu (vgl. Abschnitt B § 7 Nr. 2b) Abs. 1 VHB 2010). Entsprechendes gilt nach Abschnitt B § 7 Nr. 2c) VHB 2010 bei Beendigung des Vertragsverhältnisses durch **Anfechtung** des Versicherers **wegen arglistiger Täuschung** (vgl. § 22). Wird das Vertragsverhältnis durch Rücktritt beendet, weil die erste oder die einmalige Prämie vom VN nicht rechtzeitig gezahlt wurde, so steht dem Versicherer dagegen nur eine angemessene Geschäftsgebühr zu (Abschnitt B § 7 Nr. 2b) Abs. 2 VHB 2010). Für die Einzelheiten wird auf die Kommentierung der entsprechenden gesetzlichen Regelung in **§ 39 I 2 und 3** verwiesen (§ 39 VVG Rdn. 5 ff.). 183

Der VN ist nicht zur Zahlung der Prämie verpflichtet, wenn das **versicherte Interesse** bei Beginn der Versicherung **nicht besteht** oder wenn das Interesse bei einer Versicherung, die für ein künftiges Unternehmen oder für ein anderes künftiges Interesse genommen ist, nicht entsteht. In diesem Fall besteht für den Versicherer gemäß Abschnitt B § 7 Nr. 2d) Abs. 1 VHB 2010 wiederum nur die Möglichkeit, eine angemessene Geschäftsgebühr vom VN zu verlangen. Dies entspricht der gesetzlichen Regelung des **§ 80 I** (vgl. dazu § 80 VVG Rdn. 9). 184

Nach Abschnitt B § 7 Nr. 2d) Abs. 2 VHB 2010 ist der Versicherungsvertrag **nichtig**, wenn der VN ein nicht bestehendes Interesse in der **Absicht** versichert hat, sich dadurch einen **rechtswidrigen Vermögensvorteil** zu verschaffen. In diesem Fall steht dem Versicherer die Prämie bis zu dem Zeitpunkt zu, zu dem er von den die Nichtigkeit begründenden Umständen Kenntnis erlangt. Die Klausel entspricht der gesetzlichen Regelung des § 80 III. Zu den Einzelheiten vgl. § 80 VVG Rdn. 16. 185

e) Überversicherung

Die Überversicherung ist in Abschnitt B § 10 VHB 2010 geregelt. Eine Überversicherung kann z.B. dann gegeben sein, wenn einzelne besonders wertvolle Hausratgegenstände vom Versicherungsnehmer veräußert werden.[249] Die Klausel übernimmt **nahezu wortgleich** die gesetzliche Regelung des **§ 74**. Für die Einzelheiten wird daher auf die dortige Kommentierung verwiesen. 186

2. Beginn und Ende des Versicherungsschutzes

a) Beginn und Verlängerung der Versicherung

Der Versicherungsschutz **beginnt** gemäß Abschnitt B § 2 Nr. 1 VHB 2010 grundsätzlich zu dem im Versicherungsschein angegebenen Zeitpunkt. 187

Regelmäßig ist der Vertrag für den **im Versicherungsschein angegebenen Zeitraum** abgeschlossen (s. Abschnitt B § 2 Nr. 2 VHB 2010). Bei einer Vertragsdauer von mindestens einem Jahr verlängert er sich automatisch um ein weiteres Jahr, sofern der VN den Vertrag nicht rechtzeitig gekündigt hat. Eine Kündigung muss in diesem Fall spätestens drei Monate vor Ablauf des Versicherungsjahres dem Versicherer zugegangen sein (Abschnitt B § 2 Nr. 3 VHB 2010). Zu den **gesetzlichen Rahmenbedingungen** für solche Verlängerungsklauseln vgl. § 11 VVG Rdn. 35. 188

b) Ende der Versicherung

aa) Kündigungsrecht des VN bei langfristigen Verträgen

Bei einer **Vertragslaufzeit von mehr als drei Jahren** kann der Vertrag vom VN zum Ablauf des dritten oder jedes darauf folgenden Jahres mit einer Frist von drei Monaten gekündigt werden. Die Kündigung muss dem 189

---

[247] Zur Rechtslage vor der Reform vgl. allgemein *Martin*, P II.
[248] S. Begr. RegE BT-Drucks. 16/3945 S. 72.
[249] Zu weiteren Beispielen vgl. *Dietz*, § 16 Rn. 4.5.

Versicherer spätestens drei Monate vor dem Ablauf des jeweiligen Versicherungsjahres zugehen (s. Abschnitt B § 2 Nr. 4 VHB 2008). Vgl. dazu § 11 IV und die dortige Kommentierung (§ 11 VVG Rdn. 47 f.).

bb) Ablauf der vereinbarten Vertragsdauer

190 Beträgt die Vertragsdauer weniger als ein Jahr, so endet der Vertrag gemäß Abschnitt B § 2 Nr. 5 VHB 2010 zum vorgesehenen Zeitpunkt, ohne dass es einer Kündigung bedarf. Nach der Auslegungsregel des § 10 tritt die Beendigung mit Ablauf des letzten Tages der Vertragszeit ein.

cc) Wegfall des versicherten Interesses

191 Bei **Wegfall des versicherten Interesses** nach dem Beginn des Versicherungsvertrages endet der Vertrag mit der Kenntniserlangung des Versicherers vom Wegfall des Risikos. Ein versichertes Interesse gilt als weggefallen, wenn der versicherte Hausrat nach Aufnahme des VN in eine **stationäre Pflegeeinrichtung** vollständig und dauerhaft aufgelöst wird sowie bei vollständiger und dauerhafter Auflösung des Hausrates nach Aufgabe einer Zweit- oder Ferienwohnung (vgl. Abschnitt B § 2 Nr. 6a) VHB 2010). Ein bloßer **Wohnungswechsel** gilt nicht als Wegfall des versicherten Interesses (vgl. zum Versicherungsschutz bei Wohnungswechseln oben Rdn. 113 ff.).

dd) Tod des VN

192 Beim **Tod des VN** endet das Versicherungsverhältnis zum Zeitpunkt der Kenntniserlangung des Versicherers über die vollständige und dauerhafte Haushaltsauflösung, spätestens jedoch zwei Monate nach dem Tod des VN, wenn nicht bis zu diesem Zeitpunkt ein Erbe die Wohnung in derselben Weise nutzt wie der verstorbene VN.[250] Vgl. Abschnitt B § 3 Nr. 6b) VHB 2010.

ee) Kündigung nach Eintritt des Versicherungsfalles

193 Beiden Vertragsparteien steht **nach Eintritt eines Versicherungsfalles** ein **Kündigungsrecht** zu (Abschnitt B § 15 VHB 2010). Das Kündigungsrecht entspricht im Wesentlichen dem für die gesamte Sachversicherung geltenden Kündigungsrecht nach § 92 (vgl. die dortige Kommentierung). Im Vergleich mit § 92 II 1, bei dem auf den Zeitpunkt des Abschlusses der Verhandlungen über die Entschädigung abgestellt wird, sieht Abschnitt B § 15 VHB 2010 in zeitlicher Hinsicht eine Erweiterung vor.[251] Die Kündigung muss der anderen Vertragspartei spätestens einen Monat »nach Auszahlung oder Ablehnung der Entschädigung zugegangen sein«. Für den Fall, dass die Verhandlungen erheblich vor der Auszahlung der Entschädigung abgeschlossen worden sind,[252] endet die Frist nach § 15 also später als nach § 92.

3. Verjährung

194 Die Verjährung von Ansprüchen aus dem Versicherungsvertrag wird in Abschnitt B § 20 I VHB 2010 entsprechend den allgemeinen Vorschriften (§§ 195, 199 I BGB) geregelt. Die **Verjährungsfrist** beträgt danach **3 Jahre**. Die Verjährung **beginnt** mit dem Schluss des Jahres, in dem der Anspruch entstanden ist und der Gläubiger von den Anspruch begründenden Umständen und der Person des Schuldners Kenntnis erlangt oder ohne grobe Fahrlässigkeit erlangen musste.

195 Abschnitt B § 20 Abs. 2 enthält eine Regelung über die **Hemmung der Verjährung**, die inhaltlich der gesetzlichen Regelung des § 15 entspricht.

IV. Obliegenheiten des VN

1. Vorvertragliche Anzeigepflicht

196 Die **vorvertragliche Anzeigepflicht** des VN und die **Rechtsfolgen einer Verletzung dieser Pflicht** sind in Abschnitt B § 1 VHB 2010 geregelt. Die Anzeigepflicht des VN beschränkt sich auf solche Gefahrumstände, die für die Vertragsentscheidung des Versicherers **objektiv gefahrerheblich** sind (vgl. § 19 VVG Rdn. 26).[253] Praktische Bedeutung hat dies z.B. bei Falschangaben über die Wohnungsgröße. Denn in der Hausratversicherung wird die Gefahrerheblichkeit der Wohnungsgröße ganz überwiegend abgelehnt.[254] Da die Regelung in den VHB 2010 inhaltlich mit den einseitig zwingenden Vorschriften der §§ 19–22 übereinstimmt, kann auf die dortigen Kommentierungen verwiesen werden.

2. Obliegenheiten

197 Die Obliegenheiten des VN sind in Abschnitt B § 8 VHB 2010 geregelt. Die Klausel unterscheidet zwischen Obliegenheiten **vor** (Nr. 1) und **bei bzw. nach Eintritt des Versicherungsfalles** (Nr. 2). Die mögliche **Leis-**

---

250 Vgl. *Martin*, G IV Rn. 107 ff.
251 So bereits § 21 VHB 2000.
252 S. *Martin*, L II Rn. 36 f.
253 Vgl. zu §§ 19–22 Begr. RegE BT-Drucks. 16/3945 S. 64.
254 OLG Hamm NVersZ 2000, 282, 284.

Hausratversicherung Anhang L

tungsfreiheit des Versicherers bei Obliegenheitsverletzung beurteilt sich für beide Fallgruppen nach Abschnitt B § 8 Nr. 3 VHB 2010.

a) Obliegenheiten vor Eintritt des Versicherungsfalles

Vor Eintritt des Versicherungsfalles hat der VN nach § 8 Nr. 1a) alle gesetzlichen, behördlichen und vertraglich vereinbarten **Sicherheitsvorschriften** sowie alle sonstigen vertraglich vereinbarten Obliegenheiten einzuhalten. **Gesetzliche und behördliche Sicherheitsvorschriften** haben in der Hausratversicherung keine große Bedeutung.[255] Eine Ausnahme gilt in Bezug auf Brandschutzvorschriften.[256] **198**

aa) Einzelne Obliegenheiten

Als **vertraglich vereinbarte Obliegenheit** sieht Abschnitt A § 16 Nr. 1 VHB 2010 vor, dass der VN die Wohnung in der kalten Jahreszeit zu **beheizen** und dies genügend häufig zu kontrollieren oder alle wasserführenden Anlagen und Einrichtungen **abzusperren, zu entleeren und entleert zu halten** hat.[257] Zweck dieser Obliegenheit ist die Vermeidung von Leitungswasserschäden durch Frost.[258] **199**

Beispiele für weitere **vertraglich zu vereinbarende Sicherheitsvorschriften** finden sich in PK 7610 VHB 2010. Die AVB können danach z.B. vorsehen, dass der VN alle **Schließvorrichtungen**, vereinbarten Sicherungen und vereinbarten Einbruchmeldeanlagen in gebrauchsfähigem Zustand zu erhalten und bei längerer Abwesenheit zu betätigen hat. Die Begrenzung auf Fälle von **längerer Abwesenheit** beruht darauf, dass die Vorgängerklausel des § 14 Nr. 1c) VHB 84 nach § 307 BGB unwirksam war, weil die Betätigung sämtlicher Schließvorrichtungen etc. bei nur kurzfristiger Abwesenheit unverhältnismäßig und daher dem VN nicht zumutbar ist.[259] **200**

Die Obliegenheiten des VN vor Eintritt des Versicherungsfalles beschränken sich nicht auf die Einhaltung von Sicherheitsvorschriften. So hat der VN dem Versicherer nach Abschnitt B § 11 Nr. 1 VHB 2010 **unverzüglich mitzuteilen**, dass er ein Interesse bei einem anderen Versicherer gegen dieselbe Gefahr versichert hat. Für die Rechtsfolgen einer Verletzung der Anzeigepflicht verweist § 11 Nr. 2 auf Abschnitt B § 8 VHB 2010. Zur **Mehrfachversicherung** vgl. im Übrigen die Kommentierung des § 77. **201**

bb) Kündigungsrecht des Versicherers

Bei vorsätzlicher oder grob fahrlässiger Verletzung einer vor Eintritt des Versicherungsfalles zu erfüllenden Obliegenheit durch den VN steht dem Versicherer nach Abschnitt B § 8 Nr. 1b) VHB 2010 innerhalb eines Monats nach Kenntniserlangung ein fristloses **Kündigungsrecht** zu. Es gelten insoweit die gleichen Grundsätze wie nach der gesetzlichen Regelung des **§ 28 I** (vgl. § 28 VVG Rdn. 105). Der VN muss also das Fehlen von Vorsatz und grober Fahrlässigkeit nachweisen. **202**

b) Obliegenheiten bei und nach Eintritt des Versicherungsfalles
aa) Überblick

Erhebliche praktische Bedeutung haben in der Hausratversicherung die Obliegenheiten, die vom VN **bei und nach Eintritt des Versicherungsfalles** zu erfüllen sind. Hierzu gehören nach Abschnitt B § 8 Nr. 2a) VHB 2010 namentlich: **203**

– aa) die **Abwendung und Minderung des Schadens**; vgl. dazu die Kommentierung zu § 82;
– bb) die **Anzeige des Schadeneintritts**, vgl. dazu die Kommentierung zu § 30;
– cc) und dd) die **Einholung und Befolgung von Weisungen** des Versicherers, vgl. dazu die Kommentierung zu § 82;
– ee) die **Anzeige** von Schäden durch strafbare Handlungen gegen das Eigentum **bei der Polizei**, vgl. dazu § 30;
– ff) die Einreichung einer **Stehlgutliste** beim Versicherer und bei der Polizei, vgl. § 31 VVG Rdn. 39 ff. und Anhang M Rdn. 108 ff.; ist die Stehlgutliste fast einen Monat nach der Tat nicht ausreichend individualisiert und mit erheblichen Abweichungen zur ersten Schadenmeldung bei der Polizei eingereicht worden, so liegt nach Ansicht des LG Oldenburg ein grob fahrlässiger Verstoß gegen diese Obliegenheit vor, der zu einer **Kürzungsquote** von 40 % führt;[260] dem Versicherer kann aber u.U. nach Treu und Glauben verwehrt sein, sich auf Leistungsfreiheit zu berufen (näher dazu § 30 VVG Rdn. 31);[261]

---

255 P/M/*Knappmann*, Abschnitt B § 8 VHB 2010 Rn. 2.
256 BGH VersR 1997, 485.
257 Vgl. zu dieser Obliegenheit *Martin*, M I Rn. 70 ff.
258 P/M/*Knappmann*, Abschnitt A § 16 VHB 2010 Rn. 1.
259 BGHZ 111, 278, 280.
260 LG Oldenburg VersR 2011, 69.
261 BGH VersR 2008, 1491; VersR 2010, 903, 904.

- gg) die Nichtvornahme von **Veränderungen am Schadensbild** bis zur Freigabe durch den Versicherer;[262] soweit Veränderungen unumgänglich sind, muss der VN das Schadensbild (z.B. durch Fotos) nachvollziehbar dokumentieren und die beschädigten Sachen bis zu einer Besichtigung durch den Versicherer aufbewahren;
- hh) und ii) die Erteilung von **Auskünften** an den Versicherer und die Beibringung von **Belegen**, vgl. dazu die Kommentierung zu § 31;
- jj) die Einleitung eines **Aufgebotsverfahrens** für zerstörte oder abhandengekommene Wertpapiere und die **Sperrung** abhandengekommener Sparbücher und sonstiger sperrfähiger Urkunden.

bb) Erfüllung der Obliegenheiten durch Dritte

204 Abschnitt B § 8 Nr. 2b) VHB 2010 stellt klar, dass die genannten Obliegenheiten auch von einem **Dritten** zu erfüllen sind, dem das Recht auf die vertragliche Leistung des Versicherers zusteht. Dies entspricht den gesetzlichen Regelungen in § 30 I 2 und § 31 II. Zu den Einzelheiten vgl. die Kommentierung zu § 30 und § 31.

c) Leistungsfreiheit bei Obliegenheitsverletzung

205 Die Bestimmungen über die **Leistungsfreiheit des Versicherers** im Fall der Obliegenheitsverletzung (Abschnitt B § 8 Nr. 3 VHB 2010) entsprechen inhaltlich der gesetzlichen Regelung in **§ 28 II–IV**. Für die Einzelheiten wird auf die dortige Kommentierung verwiesen.

3. Gefahrerhöhung

206 Die mit der Gefahrerhöhung zusammenhängenden Fragen sind in Abschnitt B § 9 VHB 2010 geregelt. Die Bestimmungen entsprechen inhaltlich den §§ 23–27. Auf die diesbezügliche Kommentierung kann daher Bezug genommen werden.

207 Die VHB 2010 enthalten in Abschnitt A § 17 Nr. 1 VHB 2010 eine nicht abschließende Aufzählung von **Beispielen anzeigepflichtiger Gefahrerhöhungen**. So kann in der Hausratversicherung eine Gefahrerhöhung insbesondere anzunehmen sein, wenn sich – namentlich anlässlich eines Wohnungswechsels – ein Umstand ändert, nach dem im Antrag gefragt worden ist (§ 17 Nr. 1a) und b)). Die Änderung muss einen **gefahrerheblichen Umstand** betreffen. Die Änderung der Wohnungsgröße (z.B. bei einem Wohnungswechsel) stellt daher auch dann keine Gefahrerhöhung dar, wenn der Versicherer im Antrag danach gefragt hat.[263]

208 Eine Gefahrerhöhung kommt auch in Betracht, wenn die ansonsten ständig bewohnte **Wohnung länger als 60 Tage** oder über eine für den Einzelfall vereinbarte längere Frist hinaus **unbewohnt** bleibt **und** auch **nicht beaufsichtigt** wird (§ 17 Nr. 1c)). Das legt den Schluss nahe, dass das Leerstehen einer Wohnung für weniger als 60 Tage im Regelfall keine anzeigepflichtige Gefahrerhöhung darstellt.[264] Problematisch ist in diesem Zusammenhang der Zusatz, dass eine Wohnung »nur dann« beaufsichtigt ist, wenn sich während der Nacht eine dazu berechtigte volljährige Person darin aufhält.[265] Denn damit werden andere Möglichkeiten der Gefahrkompensation[266] ausgeschlossen (s. dazu § 23 VVG Rdn. 50). Eine Gefahrerhöhung soll sich zwar ohnehin nicht mit Hilfe von Kontrollgängen durch eine Wach- und Schließgesellschaft sowie durch Nachbarn oder Verwandte kompensieren lassen.[267] Auch dies erscheint aber zweifelhaft.

209 Bleibt die versicherte Wohnung für mehr als 60 Tage unbewohnt und unbeaufsichtigt, weil der VN aufgrund einer schweren Erkrankung **ins Krankenhaus eingeliefert** wird und **dort verstirbt**, so liegt jedenfalls keine subjektive Gefahrerhöhung i.S.d. § 23 I (Abschnitt B § 9 Nr. 2a) VHB 2010) vor. Eine Anzeigepflicht nach § 23 III (Abschnitt B § 9 Nr. 2c) VHB 2010) besteht in diesem Fall nur, wenn der VN davon Kenntnis erlangt, dass die Wohnung während seiner Abwesenheit auf Dauer unbeaufsichtigt ist.[268] Befindet sich der VN für einen längeren Zeitraum in **Haft**, so kann eine Gefahrerhöhung vorliegen; den VN trifft hier eine Anzeigepflicht nach § 23 III (Abschnitt B § 9 Nr. 2c) VHB 2010).[269]

210 Nach Abschnitt A § 17 Nr. 1d) VHB 2010 liegt eine Gefahrerhöhung schließlich nahe, wenn **vereinbarte Sicherungen** beseitigt, vermindert oder in nicht gebrauchsfähigem Zustand sind. Die Klausel stellt ausdrücklich klar, dass dies auch bei einem Wohnungswechsel gilt. Erforderlich ist aber immer das Vorliegen einer entsprechenden Vereinbarung.

---

262 Ausführlich dazu *Martin*, X II Rn. 138 ff.
263 P/M/*Knappmann*[27], § 13 VHB 84 Rn. 4.
264 Vgl. OLG Hamm VersR 1998, 1152; *Martin*, N IV Rn. 81.
265 Zu diesem Erfordernis P/M/*Knappmann*, Abschnitt A § 17 VHB 2010 Rn. 2 mit dem Hinweis, dass die zwischenzeitliche Beaufsichtigung einen erneuten Fristbeginn auslöst; strenger LG Leipzig r+s 1995, 427, wonach gelegentliche Übernachtungen nicht ausreichen.
266 Zu einem Beispiel *Martin*, N IV Rn. 86: »allnächtliche Anwesenheit eines Wachhundes«. Bei der Hausratversicherung dürfte dieses Beispiel jedoch keine große praktische Bedeutung haben.
267 So LG Aachen VersR 1977, 173.
268 OLG Hamm VersR 1992, 694.
269 LG Leipzig r+s 1995, 427 (Haft von 30 Monaten).

Unabhängig von den in Abschnitt A § 17 Nr. 1 VHB 2010 genannten Beispielen ist eine Gefahrerhöhung von der Rechtsprechung z.B. für den Fall bejaht worden, dass an dem Gebäude, in dem sich die versicherte Wohnung befindet, ein **Baugerüst** errichtet wird. Durch das Baugerüst wird nicht nur der Einstieg von Dieben in die versicherte Wohnung erleichtert, sondern auch der Anreiz zur Ausführung eines Diebstahls generell gefördert, so dass die Gefahr eines Einbruchdiebstahls steigt.[270]

---

[270] BGH VersR 1975, 845 – zur Einbruchdiebstahlversicherung.

Anhang M
Einbruchdiebstahl- und Raubversicherung

Übersicht

	Rdn.
I. Allgemeines	1
1. Gegenstand und praktische Bedeutung	1
2. Rechtsgrundlagen	4
3. Allgemeine Versicherungsbedingungen und optionale Klauseln	5
a) Überblick	5
b) Auslegung der AERB	7
II. Umfang des Versicherungsschutzes	8
1. Versicherte Gefahren	8
a) Einbruchdiebstahl (Abschnitt A § 1 Nr. 2 AERB 2010)	9
aa) Diebstahl	11
bb) Raum eines Gebäudes	12
cc) Einbrechen	15
dd) Einsteigen	16
ee) Eindringen mittels eines falschen Schlüssels oder anderer Werkzeuge	17
ff) Aufbrechen eines Behältnisses oder Öffnen mittels falschen Schlüssels	19
gg) Einschleichen oder Sich-Verborgenhalten	20
hh) Räuberischer Diebstahl	23
ii) Eindringen in einen Raum eines Gebäudes oder Öffnen eines Behältnisses	24
jj) Eindringen mittels an sich gebrachter richtiger Schlüssel	26
b) Vandalismus nach einem Einbruch (Abschnitt A § 1 Nr. 3 AERB 2010)	27
aa) Zerstörung oder Beschädigung	27
bb) Einbruch	28
c) Raub (Abschnitt A § 1 Nr. 4 AERB 2010)	29
aa) Gewaltanwendung	30
bb) Gewaltandrohung	33
cc) Ausnutzung ausgeschalteter Widerstandskraft	34
dd) Opfer der Raubhandlungen	35
d) Raub auf Transportwegen (Abschnitt A § 1 Nr. 5 AERB 2010)	38
2. Versicherte Sachen (Abschnitt A § 3 AERB 2010)	42
a) Bewegliche Sachen	42
b) Versicherte Interessen	45
c) Nicht versicherte Sachen	46
d) Versicherte Daten und Programme (Abschnitt A § 4 AERB 2010)	47
3. Versicherte Kosten	48
a) Versicherbare Kosten (Abschnitt A § 5 AERB 2010)	48
b) Kostenersatz kraft Gesetzes	50
4. Versicherungsfall	51
a) Abhandenkommen, Zerstörung oder Beschädigung	51
b) Kausalität und Versuch	52
c) Beweislast – Nachweis des Versicherungsfalls	54
aa) Problemstellung	54
bb) Das Zweistufenmodell der Rechtsprechung	55
(1) Beweiserleichterungen zugunsten des VN	56
(2) Erleichterung des Gegenbeweises zugunsten des Versicherers	61
5. Versicherungs- und Ereignisort	64
a) Versicherungsort (Abschnitt A § 6 AERB 2010)	65
b) Ereignisort (Abschnitt A § 1 Nr. 6 AERB 2010)	69
6. Allgemeine Risikoausschlüsse und Verwirkungsklauseln	73
a) Objektive Risikoausschlüsse	73
aa) Nicht versicherte Schäden	73
bb) Schäden durch politische Risiken und Elementargefahren	77
b) Herbeiführung des Versicherungsfalls	78
aa) Allgemeines	78
bb) Haftung für Repräsentanten	80
c) Arglistige Täuschung nach Eintritt des Versicherungsfalls	81
7. Versicherungswert und Versicherungssumme (Abschnitt A § 7 AERB 2010)	82
a) Versicherungswert	82
b) Versicherungssumme	86
8. Leistungsumfang und Zahlung der Entschädigung	87
a) Berechnung der Entschädigung	87
aa) Allgemein	87
bb) Einschränkungen des Leistungsumfangs	88
cc) Unterversicherung	91
b) Entschädigungsgrenzen	92
c) Zahlung und Verzinsung der Entschädigung	93
9. Wiederherbeischaffung und Veräußerung der versicherten Sachen	96
a) Wiederherbeigeschaffte Sachen	96
b) Veräußerung der versicherten Sachen	98
III. Beginn, Dauer und Ende des Versicherungsschutzes; Prämie	99
IV. Obliegenheiten des VN	100
1. Vorvertragliche Anzeigepflicht	100
2. Obliegenheiten	101
a) Obliegenheiten vor Eintritt des Versicherungsfalls	102
aa) Sicherheitsvorschriften	102
bb) Sonstige Obliegenheiten vor Eintritt des Versicherungsfalls	104
b) Obliegenheiten bei und nach Eintritt des Versicherungsfalls	105
aa) Schadenabwendungs- und Schadensminderungspflicht	106
bb) Anzeige des Versicherungsfalls	107
cc) Stehlgutliste und Belege	108
dd) Aufklärungsobliegenheit	113
ee) Aufgebotsverfahren	115
ff) Erfüllung der Obliegenheiten durch Dritte	116
c) Leistungsfreiheit des Versicherers	117
3. Gefahrerhöhung	118

Einbruchdiebstahl- und Raubversicherung Anhang M

Schrifttum:
Bach, Entwendungsnachweis und Versicherungsbetrug – Eine kritische Zusammenfassung der Rechtsprechung zu den Beweisregeln beim Entwendungsnachweis –, VersR 1989, 982; *Brand*, Beweiserleichterungen im Versicherungsvertragsrecht, VersR 2015, 10; *Fischer*, Strafgesetzbuch, Kommentar, 63. Aufl. 2016; *M. Gruber*, Die Kriegsklausel, FS Fenyves, 2013, S. 493; *Günther*, Der Versicherungsfall Raub – zugleich Besprechung von OLG Köln, Urteil vom 13.03.2007, r+s 2007, 265; *Keuneke*, Das Recht der Einbruchdiebstahlversicherung unter Berücksichtigung der Hausratversicherung, Diss. Hamburg, 1965; *Kollhosser*, Beweiserleichterungen bei Entwendungsversicherungen, NJW 1997, 969; *Lackner/Kühl*, Strafgesetzbuch, Kommentar, 28. Aufl. 2014; *Krahe*, Der Begriff »Kriegsereignis« in der Sachversicherung, VersR 1991, 634; *Martin*, Der versicherungsrechtliche Begriff des Raubes, in: FS Klingmüller, 1974, S. 261; *Mittendorf*, Beweisprobleme des unredlichen VN in Entwendungsfällen – Zugleich Anmerkung zum Urteil des LG München I vom 22.09.1998, VersR 2000, 98; *Ollick*, Die neuen Allgemeinen Bedingungen für die Versicherung gegen Schäden durch Einbruchdiebstahl und Raub (AERB) nebst Klauseln, VerBAV 1981, 34; *E. Prölss*, Einbruchdiebstahlversicherung, 3. Aufl. 1966; *Rodewald*, Die Zerstörung des äußeren Bildes durch Merkwürdigkeiten, VersR 1994, 412; *Schönke/Schröder*, Strafgesetzbuch, Kommentar, 29. Aufl. 2014; *Spielmann*, Der Versicherungsfall Einbruchdiebstahl, VersR 2004, 964; *Terbille*, Parteianhörung und Parteivernehmung im Rechtsstreit um die Leistungspflicht des Versicherers aus Diebstahlversicherungsverträgen, VersR 1996, 408; *Wälder*, Einzelfälle des Einbruchdiebstahls im Urteil von Gerichten und Kommentatoren, r+s 2004, 441; *ders.*, Verwendung falscher Schlüssel und anderer Werkzeuge in der Einbruchdiebstahlversicherung, r+s 2006, 183; *ders.*, Zum fahrlässigen Verhalten des berechtigten Besitzers beim Diebstahl richtiger Schlüssel – Rechtsprechungsübersicht, r+s 1992, 73.

I. Allgemeines

1. Gegenstand und praktische Bedeutung

Die Einbruchdiebstahl- und Raubversicherung ist ein besonderer Zweig der **Sachversicherung**.[1] Der Versicherungsschutz umfasst dabei im Allgemeinen **vier Gefahren**: Einbruchdiebstahl, Vandalismus nach einem Einbruch, Raub und Raub auf Transportwegen, jeweils einschließlich des Versuchs.[2] Jede dieser Gefahren ist nur bei Vorliegen einer entsprechenden Vereinbarung versichert (vgl. Abschnitt A § 1 Nr. 1 AERB 2010). Die Parteien haben also die Möglichkeit, den Versicherungsschutz auf einzelne Gefahren zu **beschränken**.[3] Anders als noch nach § 1 Nr. 1 Satz 2 AERB 87 kann Vandalismus nach einem Einbruch auch ohne Verbindung mit Einbruchdiebstahl versichert werden. 1

Die Gefahren Einbruchdiebstahl, Vandalismus nach einem Einbruch und Raub werden auch durch die Hausratversicherung abgedeckt (vgl. dazu Anhang L Rdn. 28 ff.). Während die Hausratversicherung den privaten Lebensbereich des VN (»Wohnung«) schützt, bezieht sich die Einbruchdiebstahl- und Raubversicherung auf den **beruflichen und gewerblichen Lebensbereich**.[4] Dies hat zur Folge, dass es zwischen den jeweiligen AVB einige wichtige Unterschiede gibt: 2

Im Unterschied zur Hausratversicherung bietet die Einbruchdiebstahl- und Raubversicherung **keinen Schutz vor Elementargefahren** (Brand, Blitzschlag, Leitungswasser, Sturm und Hagel etc.). Um in Bezug auf diese Risiken Lücken im Versicherungsschutz zu vermeiden, wird die Einbruchdiebstahl- und Raubversicherung im betrieblichen Bereich oft mit anderen Sachversicherungen (Feuer-, Leitungswasser-, Sturm- und Hagelversicherung etc.) in einem gemeinsamen Versicherungsschein zusammengefasst (gebündelt).[5] Man spricht dann von einer **Geschäftsversicherung**.[6] Die Besonderheit einer solchen **gebündelten Versicherung** besteht darin, dass die Versicherungsverträge **rechtlich selbständig** bleiben und gesondert gekündigt werden können,[7] was bei einer kombinierten Versicherung, wie z.B. der Hausratversicherung, nicht möglich ist.[8] 3

2. Rechtsgrundlagen

Ebenso wie die Hausratversicherung (Anhang L) ist auch die Einbruchdiebstahl- und Raubversicherung im **VVG nicht gesondert geregelt**. Es finden jedoch auch hier die Vorschriften des Allgemeinen Teils (§§ 1 bis 99) einschließlich der Vorschriften für die Schadensversicherung (§§ 74 bis 87) und für die Sachversicherung als Teil der Schadensversicherung (§§ 88 bis 99) Anwendung. 4

3. Allgemeine Versicherungsbedingungen und optionale Klauseln

a) Überblick

Der Einbruchdiebstahl- und Raubversicherung liegen im Regelfall AVB zugrunde. Große praktische Bedeutung haben dabei die von der Versicherungswirtschaft entwickelten **Allgemeinen Bedingungen für die Ein-** 5

---

1 VersHb/*Rüffer*, § 33 Rn. 1; vgl. *Martin*, A I Rn. 1.
2 H/E/K/*Wälder*, 9. Kap. Rn. 410.
3 VersHb/*Rüffer*, § 33 Rn. 1, 7a; van Bühren/*Damke*, § 6 Rn. 3; Staudinger/Halm/Wendt/*Schnepp*, A. § 1 AERB 2010 Rn. 5.
4 Vgl. VersHb/*Rüffer*, § 33 Rn. 2; van Bühren/*Damke*, § 6 Rn. 3.
5 VersHb/*Rüffer*, § 33 Rn. 2; van Bühren/*Damke*, § 6 Rn. 2; *Martin*, D I Rn. 4.
6 Zum Begriff der Geschäftsversicherung *v. Fürstenwerth/Weiß*, Versicherungs-Alphabet, S. 287.
7 VersHb/*Rüffer*, § 33 Rn. 2; van Bühren/*Damke*, § 6 Rn. 2.
8 Zur Unterscheidung von kombinierten und gebündelten Versicherungen *Martin*, A II Rn. 1 ff. und D I Rn. 4.

Anhang M Einbruchdiebstahl- und Raubversicherung

bruchdiebstahl- und Raubversicherung (AERB). Die aktuelle Fassung stellen die **AERB 2010** dar.[9] Sie liegen dieser Kommentierung zugrunde. Vorangegangen sind die AERB 81, die AERB 87 und die AERB 2008.

6 Die Versicherungswirtschaft hat im Übrigen bestimmte **Klauseln** erarbeitet, die von den einzelnen Versicherern optional verwendet werden können, um die AERB in einzelnen Punkten zu ergänzen oder zu modifizieren.[10] Die einschlägigen Klauseln für die Einbruchdiebstahlversicherung liegen aktuell in der Fassung **SK AERB 2010** vor.[11] Sofern keine Individualvereinbarung vorliegt, handelt es sich auch hier um Allgemeine Geschäftsbedingungen i.S.d. §§ 305 ff. BGB.

b) Auslegung der AERB

7 Die AERB beziehen sich häufig auf strafrechtlich relevante Sachverhalte und verwenden dabei teilweise dieselben Begriffe wie das StGB. In solchen Fällen stellt sich die Frage, ob von dem **strafrechtlichen Begriffsverständnis** auszugehen oder ein **eigenständiger versicherungsrechtlicher Begriff** zugrunde zu legen ist (vgl. dazu auch unten Rdn. 9, Rdn. 11 f., Rdn. 17, Rdn. 23, Rdn. 27, Rdn. 29 ff.). Nach allgemeinen Grundsätzen sind AVB im Allgemeinen so auszulegen, »wie ein **durchschnittlicher VN** sie bei verständiger Würdigung, aufmerksamer Durchsicht und Berücksichtigung des erkennbaren Sinnzusammenhangs verstehen muss«[12]. Von diesem Grundsatz ist nach h.M.[13] eine Ausnahme zu machen, wenn die Rechtssprache für einen in den Bedingungen verwendeten Begriff einen festumrissenen Bedeutungsgehalt hat (sog. **festumrissener Rechtsbegriff**)[14]; dann ist im Zweifel davon auszugehen, dass dieser Bedeutungsgehalt auch den Bedingungen zugrunde liegt.[15] In Grenzfällen kann nach **Sinn und Zweck der jeweiligen Klausel** unter Berücksichtigung eines abweichenden Sprachgebrauchs im täglichen Leben und der daraus resultierenden **Erwartungen des VN** aber von der gesetzlichen Bedeutung abgewichen werden.[16]

II. Umfang des Versicherungsschutzes

1. Versicherte Gefahren

8 Die AERB 2010 sehen in Abschnitt A § 1 Nr. 1 als versicherte Gefahren den Einbruchdiebstahl (lit. a), den Vandalismus nach einem Einbruch (lit. b), den Raub (lit. c) sowie den Raub auf Transportwegen (lit. d) vor. Dabei handelt es sich nicht um Einzeltatbestände, sondern um **Sammelbegriffe** für mehrere alternative Tatbestände.

a) Einbruchdiebstahl (Abschnitt A § 1 Nr. 2 AERB 2010)

9 Ebenso wie bei der Hausratversicherung (Anhang L Rdn. 28) wird ein einfacher Diebstahl auch in der Einbruchdiebstahl- und Raubversicherung nicht gedeckt. Erfasst werden nur »**erschwerte**« **Fälle des Diebstahls**,[17] so dass zum Tatbestand des Diebstahls weitere Qualifizierungsmerkmale hinzutreten müssen. Da die Regelbeispiele des § 243 StGB auf anderen – spezifisch strafrechtlichen – Erwägungen beruhen, besteht mit ihnen keine vollständige Übereinstimmung.[18]

10 Die einzelnen Voraussetzungen des Einbruchdiebstahls sind in Abschnitt A § 1 Nr. 2a)–f) AERB 2010 wortgleich mit Abschnitt A § 3 Nr. 2a)–f) VHB 2010 geregelt. Eine Ausnahme gilt nur im Hinblick auf die sog. **eingeschränkte Schlüsselklausel für qualifizierte Behältnisse** (Abschnitt A § 1 Nr. 2e) Abs. 2 AERB 2010), für die es in den VHB 2010 keine Entsprechung gibt. Die nachfolgende Kommentierung bezieht sich daher nicht nur auf die AERB 2010, sondern auch auf die entsprechenden Bestimmungen der VHB 2010, wobei auf etwaige **Besonderheiten bei der Hausratversicherung** jeweils hingewiesen wird.

aa) Diebstahl

11 Zunächst erfordern alle Fälle des Einbruchdiebstahls das Vorliegen eines Diebstahls. Die h.M. legt einen eigenständigen versicherungsrechtlichen Diebstahlsbegriff zugrunde, der nicht in jeder Hinsicht mit der strafrechtlichen Definition übereinstimmt.[19] Die Gegenauffassung will aus Gründen der Rechtssicherheit auf die

---

9 AERB 2010, Version vom 01.04.2014, GDV 0200.
10 Vgl. VersHb/*Rüffer*, § 33 Rn. 6; vgl. auch *Martin*, A IV Rn. 34.
11 SK AERB 2010, Version vom 01.01.2011, GDV 0210.
12 BGH VersR 2003, 236, 237; VersR 2002, 1546, 1547; VersR 2001, 576; VersR 2000, 709; VersR 1993, 957, 958; vgl. auch P/M/*Armbrüster*, Einleitung Rn. 260 ff.
13 BGH VersR 2003, 236, 237; VersR 2000, 753, 754; VersR 1995, 951, 952; VersR 1986, 537, 538; OLG Düsseldorf NVersZ 2001, 568, 569; OLG Stuttgart VersR 1983, 745; *Günther* r+s 2007, 265, 267; vgl. P/M/*Armbrüster*, Einleitung Rn. 272 ff.; H/E/K/*Wälder*, 9. Kap. Rn. 417 f.
14 Ausführlich zu festumrissenen Rechtsbegriffen *Winter* r+s 1991, 397 ff.
15 A.A. *Keuneke*, S. 18 ff.; *E. Prölss*, S. 54.
16 BGH VersR 1995, 951, 952; VersR 1992, 606, 607; VersR 1986, 537, 538; OLG Oldenburg VersR 1997, 1128; vgl. *Martin*, D II Rn. 8.
17 *Martin*, D II Rn. 5; vgl. VersHb/*Rüffer*, § 33 Rn. 8; van Bühren/*Damke*, § 6 Rn. 16.
18 Vgl. *Martin*, D II Rn. 1.
19 OLG Köln r+s 2008, 373, 374; van Bühren/*Damke*, § 6 Rn. 17; *Martin*, D II Rn. 7; VersHb/*Rüffer*, § 33 Rn. 9.

zu § 242 StGB entwickelten Definitionen zurückgreifen.[20] Bei der Würdigung des Meinungsstreits ist zu beachten, dass der strafrechtliche Begriff des Diebstahls im Wesentlichen mit dem allgemeinen Sprachverständnis übereinstimmt. **Ausgangspunkt** der Betrachtung muss daher auch im Versicherungsrecht die **strafrechtliche Begriffsbildung** sein. Bei Einzelfragen kann es aber gerechtfertigt sein, den strafrechtlichen Begriff im Hinblick auf **Sinn und Zweck der Versicherung** und die **berechtigten Erwartungen des VN** zu modifizieren. **Diebstahl i.S.d. Versicherungsrechts** ist danach der »Bruch des unmittelbaren Besitzes durch Wegnahme von fremden Sachen«. Anders als bei § 242 StGB kommt es dabei nicht darauf an, ob der Täter mit Zueignungsabsicht handelt oder schuldfähig ist.[21] Denn die für die Strafbarkeit des Täters unverzichtbaren subjektiven Elemente sind aus Sicht des VN weitgehend irrelevant.

bb) Raum eines Gebäudes

Allen Tatbeständen des Einbruchdiebstahls ist gemein, dass der Täter in den Raum eines Gebäudes gelangen muss. Der Bedeutungsgehalt des Begriffs Gebäude kann dem strafrechtlichen Einbruchdiebstahl gem. **§ 243 I 2 Nr. 1 StGB** entnommen werden.[22] **Gebäude** ist danach ein mit Grund und Boden verbundenes Bauwerk, das den Eintritt von Menschen ermöglicht und geeignet und dazu bestimmt ist, dem Schutz von Menschen oder Sachen zu dienen, und Unbefugte abhalten soll;[23] eine dauernde oder feste Verbindung mit dem Boden ist nicht erforderlich. Hiernach kann auch ein **Parkhaus** als Gebäude angesehen werden.[24] Dies gilt jedenfalls dann, wenn die Ein- und Ausfahrt durch Rollgitter oder Schranken verhindert werden kann.[25] Auch bei **Garagen** kann die Gebäudeeigenschaft vorliegen,[26] zumal ein Gebäude nicht aus mehreren Räumen bestehen muss.[27] Erfasst werden außerdem Ausstellungspavillons[28], **Rohbauten** oder Bauten, die kurz vor dem Abriss stehen, soweit sie schon oder noch mit Vorrichtungen zur Abwehr Unbefugter versehen sind.[29] Kraftfahrzeuge,[30] Wohnwagen[31] und Schiffe sind demgegenüber keine Gebäude. In der Hausratversicherung können Wohnwagen und Schiffe[32] (z.B. Hausboote) aber als Wohnung i.S.d. Versicherungsortes bezeichnet werden (vgl. Anhang L Rdn. 107). Eine solche Vereinbarung hat zur Folge, dass auch der Gebäudebegriff erweitert wird.[33]

Raum eines Gebäudes ist jeder abgegrenzte und verschließbare Teil eines Gebäudes, der in verschlossenem Zustand Unbefugte abhält oder sie zwingt, eines der Mittel des erschwerten Diebstahls anzuwenden, um Zutritt zu erlangen.[34] Eine Holzlattenwand im Keller ist hierfür ausreichend, sofern der Täter gezwungen ist, zum Einsteigen ein Hindernis durch Gewalt zu überwinden.[35] Das Merkmal »**verschlossen**« kann trotz einer Boden- oder Deckenöffnung bejaht werden.[36]

Bei **Balkonen**, Loggien, Terrassen, Veranden oder **Carports** ist die Einordnung als »Raum eines Gebäudes« **umstritten**.[37] Nach einer engen Auffassung handelt es sich nur dann um einen Raum, wenn der betreffende Gebäudeteil allseitig umschlossen ist.[38] Diese Voraussetzung ist in den genannten Fällen allerdings nur selten erfüllt. Als Beispiel kann ein allseitig verglaster Wintergarten genannt werden.[39] Mit Rücksicht auf Sinn und Zweck der Versicherung und die berechtigten Erwartungen der VN ist daher eine **großzügigere Auslegung geboten**. Erforderlich bleibt aber eine **gewisse Umfriedung**, die von Unbefugten **mit den Mitteln des er-**

---

20 So *Spielmann* VersR 2004, 964, 965; *Keuneke*, S. 21 ff.; vgl. OLG Naumburg r+s 2013, 595, 596.
21 OLG Hamm VersR 2002, 1280 (LS); P/M/*Armbrüster*, A. § 1 AERB 2010 Rn. 6; *Martin*, D II Rn. 18; VersHb/*Rüffer*, § 33 Rn. 9; van Bühren/*Damke*, § 6 Rn. 17.
22 OLG Saarbrücken VersR 2002, 93, 94; VersHb/*Rüffer*, § 33 Rn. 14; H/E/K/*Wälder*, 9. Kap. Rn. 428; vgl. auch *Martin*, D III Rn. 4.
23 Schönke/Schröder/*Eser/Bosch*, StGB, § 243 Rn. 7; *Fischer*, StGB, § 243 Rn. 4; H/E/K/*Wälder*, 9. Kap. Rn. 429; vgl. OLG Frankfurt (Main) r+s 2010, 469, 470 f.
24 OLG Saarbrücken r+s 1995, 108; OLG Hamm r+s 1991, 314 f.; offen gelassen von OLG Köln r+s 1999, 380 f.; vgl. auch *Wälder* r+s 2004, 441, 442 m.w.N.
25 Vgl. OLG Saarbrücken r+s 1995, 108; OLG Hamm r+s 1991, 314 f.
26 OLG Hamm VersR 1992, 353, 354; van Bühren/*Höra*, § 3 Rn. 82; zur Gebäudeeigenschaft eines begehbaren Stahlcontainers OLG Saarbrücken VersR 2002, 93, 94.
27 van Bühren/*Höra*, § 3 Rn. 83; a.A. Wille VW 1985, 1462, 1469.
28 *Ollick* VerBAV 1981, 34, 35.
29 *Fischer*, StGB, § 243 Rn. 4; *Keuneke*, S. 26; *Martin*, D III Rn. 4.
30 LG Hamburg r+s 1997, 257; van Bühren/*Damke*, § 6 Rn. 25.
31 OLG Frankfurt (Main) ZfS 1984, 90; LG Berlin r+s 1999, 382.
32 LG München I VersR 1977, 853, 854.
33 Vgl. *Martin*, D III Rn. 5.
34 OLG Köln r+s 2006, 245; r+s 1999, 380, 381; *Martin*, D III Rn. 8; van Bühren/*Damke*, § 6 Rn. 26; vgl. VersHb/*Rüffer*, § 33 Rn. 15; ausführliche Beispiele bei H/E/K/*Wälder*, 9. Kap. Rn. 431; *ders.* r+s 2004, 441, 442.
35 *Martin*, D III Rn. 8 f.; van Bühren/*Damke*, § 6 Rn. 26; *Ollick* VerBAV 1981, 34, 35; *Keuneke*, S. 26.
36 BGH VersR 1985, 1029; *Martin*, D II Rn. 8; VersHb/*Rüffer*, § 33 Rn. 15; van Bühren/*Damke*, § 6 Rn. 26.
37 Ablehnend OLG Hamm r+s 1991, 314, 315; speziell zum Carport auch OLG Köln r+s 2006, 245; offen gelassen von BGH r+s 1994, 63, 64 m. Anm. *Wälder*; *ders.* r+s 2004, 441, 442.
38 So *Martin*, D III Rn. 3.
39 Dazu OLG Hamm VersR 1992, 353, 354.

schwerten Diebstahls überwunden werden muss.[40] Ansonsten würde die Annahme eines Einbruchdiebstahls zumindest daran scheitern, dass es aufgrund fehlender Hindernisse an einem Einbrechen, Einsteigen etc. fehlt.[41] Problematisch erscheint unter diesem Aspekt die ausdrückliche Einbeziehung von **Terrassen** in den Versicherungsschutz (vgl. Abschnitt A § 6 Nr. 3b) VHB 2010). Bei Balkonen und Loggien wird dagegen im Allgemeinen ein Fall des Einsteigens vorliegen.[42]

cc) Einbrechen

15 Unter Einbrechen i.S.d. Nr. 2a) ist **jedes gewaltsame Eindringen in einen Raum** zu verstehen. Ein Einbrechen erfordert Gewalt gegen Gebäudebestandteile.[43] Sofern keine Substanzverletzung eines Gebäudeteils gegeben ist und auch kein Werkzeug zur Zugangsverschaffung verwendet wurde, muss die vom Täter zur Beseitigung des Zugangshindernisses aufgewendete **körperliche Kraft** jedoch **nicht unerheblich** gewesen sein.[44] Diese **Voraussetzung fehlt, wenn** der Täter eine klemmende Tür oder nicht arretierte Flügel- oder Terrassentüren aufdrückt.[45] Ein gewaltsames Eindringen kann auch dann vorliegen, wenn der Täter mit seinem Körper nicht vollständig in den Raum gelangt ist. Es reicht beispielsweise, dass der Täter nach dem Einschlagen einer Glasscheibe versicherte Sachen mit der Hand oder mit einem Werkzeug aus der Wohnung des VN herausholt.[46]

dd) Einsteigen

16 Das Merkmal »Einsteigen« i.S.d. Nr. 2a) setzt voraus, dass sich der Täter auf ungewöhnliche, nach den üblichen Gegebenheiten des Bauwerks nicht vorhergesehene Weise Zugang verschafft,[47] z.B. indem er an einer Fassade hochklettert oder durch einen Kellerschacht in den Raum eines Gebäudes kriecht.[48] Das Betreten des Raumes oder des Gebäudes ist wie beim Einbrechen nicht erforderlich.[49]

ee) Eindringen mittels eines falschen Schlüssels oder anderer Werkzeuge

17 Beim Eindringen mittels eines falschen Schlüssels (Nr. 2a) kommt es maßgeblich darauf an, dass die **Anfertigung des Schlüssels** für das Schloss **nicht von einer berechtigten Person** veranlasst oder gebilligt worden ist, beispielsweise durch Besucher, Hausangestellte[50] oder Nachbarn[51]. Bei dem **Mieter** einer Wohnung ist dies regelmäßig zu bejahen.[52] Die **Berechtigung** muss sich auf das jeweilige Schloss beziehen und ist nicht schon dann anzunehmen, wenn die betreffende Person von einem tatsächlich Berechtigten die Verfügungsgewalt über den Schlüssel erhalten hat.[53] Zu beachten ist überdies, dass es sich bei einem nur zufällig ins Schloss passenden Schlüssel ebenfalls um einen »falschen« Schlüssel handelt.[54] Da es für die »**Falschheit« des Schlüssels** allein auf den **Anfertigungszeitpunkt** ankommt, kann ein ursprünglich »richtiger Schlüssel« – anders als im Strafrecht[55] – nie zu einem »falschen Schlüssel« werden.[56] Das gilt auch, wenn der Schlüssel abhandengekommen, verloren gegangen oder vom VN entwidmet worden ist.[57] Umgekehrt kann ein falscher Schlüssel aber durch nachträgliche Widmung zum richtigen Schlüssel werden.[58]

18 Der Verwendung eines »falschen Schlüssels« steht in Nr. 2a) die Verwendung »**anderer Werkzeuge**« gleich. Hierunter versteht man z.B. Dietriche, Sperrhaken oder Elektro-Picks sowie alle Hilfsmittel – wie Drähte,

---

40 VersHb/*Rüffer*, § 33 Rn. 14.
41 Vgl. van Bühren/*Höra*, § 3 Rn. 82.
42 Vgl. van Bühren/*Höra*, § 3 Rn. 82; VersHb/*Rüffer*, § 33 Rn. 16.
43 OLG Koblenz VersR 2015, 101; OLG Köln r+s 2011, 337, 338; P/M/*Armbrüster*, § 1 AERB Rn. 14.
44 OLG Koblenz VersR 2015, 101, 102; OLG Karlsruhe r+s 2007, 23; Terbille/Höra/*Knöpper*, § 8 Rn. 9; s. auch P/M/*Armbrüster*, A. § 1 AERB 2010 Rn. 13 f.
45 LG Hannover VersR 1986, 1093 (nicht arretierte Tür); zur klemmenden Tür vgl. P/M/*Armbrüster*, A. § 1 AERB 2010 Rn. 14; zum Herausziehen des Bolzen eines durch Korrosion angegriffenen Garagentors LG Essen VersR 2010, 626; weitere Beispiele bei *Wälder* r+s 2004, 441, 442 f.
46 So *Martin*, D III Rn. 18; Terbille/Höra/*Knöpper*, § 8 Rn. 9; vgl. BGH NStZ 1985, 217, 218.
47 BGH r+s 1994, 63, 64; VersR 1985, 1029; OLG Köln r+s 2011, 337, 338.
48 Vgl. auch BGH VersR 1985, 1029 zur Frage des »Einsteigens« in einen Lattenverschlag. Weitere Beispiele bei van Bühren/*Damke*, § 6 Rn. 33 sowie *Wälder* r+s 2004, 441, 444.
49 P/M/*Armbrüster*, A. § 1 AERB 2010 Rn. 15.
50 Vgl. OLG Stuttgart VersR 1983, 745.
51 Vgl. OLG Düsseldorf r+s 1990, 384 f.; *Martin*, D V Rn. 1, 3.
52 Staudinger/Halm/Wendt/*Schnepp*, A. § 1 AERB 2010 Rn. 10.
53 OLG Stuttgart VersR 1983, 745.
54 LG Duisburg ZfS 1982, 312; *Wälder* r+s 2006, 183, 184.
55 Dazu BGHSt 21, 189; 14, 291, 292; 13, 15, 16; *Fischer*, StGB, § 243 Rn. 8; Lackner/*Kühl*, StGB, § 243 Rn. 12.
56 OLG Köln VersR 2011, 1007; KG Berlin VersR 2010, 1077, 1078; OLG Hamm VersR 1994, 669, 670; *E. Prölss*, S. 66; *Martin*, D V Rn. 3; VersHb/*Rüffer*, § 33 Rn. 17; van Bühren/*Damke*, § 6 Rn. 36 f.; *Wälder* r+s 2006, 183 f.; *Keuneke*, S. 31 ff.; a.A. OLG Stuttgart VersR 1983, 745.
57 OLG Saarbrücken r+s 1996, 150, 151; OLG Hamm r+s 1992, 346, 347; OLG Köln VersR 1988, 1234; OLG Hamm VersR 1980, 737.
58 OLG Hamm VersR 1980, 737, 738; *Martin*, D V Rn. 1, 13; VersHb/*Rüffer*, § 33 Rn. 19.

Stangen, Haken –, die geeignet sind, in ordnungswidriger Weise auf den Schließmechanismus einzuwirken.[59] Der Schlüsselbegriff ist nicht auf mechanische Schlüssel begrenzt. Er umfasst auch elektronische oder elektromagnetische Schlüssel wie Chips und Codekarten.[60]

ff) Aufbrechen eines Behältnisses oder Öffnen mittels falschen Schlüssels

Ein Einbruchdiebstahl ist nach Nr. 2b) auch dann gegebenen, wenn der Dieb in einem Raum eines Gebäudes ein Behältnis aufbricht oder falsche Schlüssel oder andere Werkzeuge (dazu Rdn. 17 f.) benutzt, um das Behältnis zu öffnen. Unter einem **Behältnis** ist jeder Raum zu verstehen, der geeignet ist, versicherte Sachen aufzunehmen und allseitig zu umschließen.[61] Das können z.B. Schränke, Schreibtische, Schließfächer, Koffer, Geldkassetten oder Tresore[62] sein. Das »Aufbrechen« setzt einen gewissen Kraftaufwand oder den Einsatz von technischen Mitteln voraus; das Aufreißen eines Briefes ist nicht ausreichend.[63] 19

gg) Einschleichen oder Sich-Verborgenhalten

Nach Nr. 2c) liegt ein Einbruchdiebstahl auch vor, wenn der Dieb aus einem verschlossenen Raum eines Gebäudes Sachen entwendet, nachdem er sich in das Gebäude eingeschlichen und dort verborgen hat. Ein **Einschleichen** ist gegeben, wenn der Dieb heimlich, d.h. vom VN und von Dritten unbemerkt, den versicherten Raum betritt.[64] Dafür bedarf es einer listigen Art der Ausführung; nicht ausreichend ist ein lediglich unbemerktes Eintreten.[65] Der Täter muss also besondere Vorkehrungen treffen, um sich der Wahrnehmung durch andere zu entziehen.[66] Ein Schleichen im Vorfeld (z.B. an der Gartentür) ist dabei nicht ausreichend.[67] Das Erschleichen offenen Zutritts, also die Verheimlichung nur der Diebstahlsabsicht, nicht jedoch des Eintritts, wird vom Versicherungsschutz ebenfalls nicht erfasst.[68] 20

Die zweite Variante – das **Sich-Verborgen-Halten** – setzt voraus, dass der Täter sich durch Ausnutzung der örtlichen Gegebenheiten der Wahrnehmung Dritter entzieht.[69] Dabei ist irrelevant, wie der Täter in den Raum gelangt ist. 21

Die Merkmale des Einschleichens und des Sich-Verborgen-Haltens müssen sich auf **verschlossene Räume** beziehen. Ein Raum ist verschlossen, wenn er mit einem Schloss oder einer vergleichbaren Einrichtung versehen ist und wenn die Einrichtung entsprechend betätigt worden ist.[70] Der Raum muss nach h.M. **zum Zeitpunkt der Wegnahme** verschlossen sein;[71] teilweise wird jedoch verlangt, dass dieses Merkmal auch noch beim Verlassen des Raumes vorliegt.[72] 22

hh) Räuberischer Diebstahl

Nr. 2d) nennt den Fall, dass der Dieb in einem Raum eines Gebäudes bei einem Diebstahl **auf frischer Tat angetroffen** wird und eines der in Abschnitt A § 1 Nr. 4a) aa) oder bb) AERB 2010 genannten räuberischen Mittel anwendet (s. unten Rdn. 30, 33), um sich den Besitz des gestohlenen Gutes zu erhalten. Ein solcher räuberischer Diebstahl (vgl. **§ 252 StGB**) stellt aus versicherungsrechtlicher Sicht ebenfalls einen Sonderfall des Einbruchdiebstahls dar. 23

ii) Eindringen in einen Raum eines Gebäudes oder Öffnen eines Behältnisses

Nach Nr. 2e) liegt ein Einbruchdiebstahl vor, wenn der Dieb mittels **richtiger Schlüssel**, die er innerhalb oder außerhalb des Versicherungsortes **durch Einbruchdiebstahl oder Raub an sich gebracht** hat, in einen Raum eines Gebäudes eindringt oder dort ein Behältnis öffnet. Kein Versicherungsschutz besteht also, wenn der Dieb den richtigen Schlüssel durch einfachen Diebstahl erlangt hat.[73] 24

Besonderheiten gelten bei der Einbruchdiebstahl- und Raubversicherung – nicht aber bei der Hausratversicherung –, wenn die entwendeten Sachen nur **unter vereinbarten zusätzlichen Voraussetzungen eines be-** 25

---

59 OLG Köln r+s 2011, 337, 338; *Martin*, D V Rn. 3; *Wälder* r+s 2006, 183, 184; van Bühren/*Damke*, § 6 Rn. 40.
60 Staudinger/Halm/Wendt/*Schnepp*, A. § 1 AERB 2010 Rn. 11; vgl. LG Frankfurt (Main) VersR 2014, 1079, 1079 f.
61 *Martin*, D VI Rn. 4; van Bühren/*Damke*, § 6 Rn. 42; vgl. *Fischer*, StGB, § 243 Rn. 14.
62 Vgl. OLG Koblenz VersR 2014, 329, 329 f.
63 *Martin*, D V Rn. 5; Staudinger/Halm/Wendt/*Schnepp*, A. § 1 AERB 2010 Rn. 16.
64 van Bühren/*Damke*, § 6 Rn. 45; Terbille/Höra/*Knöpper*, § 8 Rn. 7.
65 OLG Frankfurt (Main) VersR 1987, 706, 707; LG Hamburg VersR 1991, 659; P/M/*Armbrüster*, A. § 1 AERB 2010 Rn. 19; *Martin*, D VII Rn. 11; vgl. *Wälder* r+s 2004, 441, 444.
66 OLG Frankfurt (Main) VersR 1987, 706; LG Mainz VersR 1985, 559; *Martin*, D VII Rn. 11.
67 OLG Hamm r+s 1988, 273, 274.
68 P/M/*Armbrüster*, A. § 1 AERB 2010 Rn. 19; *Martin*, D VII Rn. 7; van Bühren/*Damke*, § 6 Rn. 46; a.A. *E. Prölss*, S. 70.
69 *Martin*, D VII Rn. 14; VersHb/*Rüffer*, § 33 Rn. 32; van Bühren/*Damke*, § 6 Rn. 46; vgl. auch *Fischer*, StGB, § 243 Rn. 10.
70 H/E/K/*Wälder*, 9. Kap. Rn. 505; vgl. etwa OLG Köln r+s 2002, 25.
71 P/M/*Armbrüster*, A. § 1 AERB 2010 Rn. 22; *Martin*, D VII Rn. 20; VersHb/*Rüffer*, § 33 Rn. 33.
72 H/E/K/*Wälder*, 9. Kap. Rn. 506.
73 Vgl. *Martin*, D VIII Rn. 2.

Anhang M Einbruchdiebstahl- und Raubversicherung

sonderen Verschlusses gegen Einbruchdiebstahl versichert sind. In diesem Fall setzt der Versicherungsschutz voraus, dass der Dieb die richtigen Schlüssel durch eine bestimmte qualifizierte Vortat (sog. **Schlüsselvortat**)[74] erlangt hat.

jj) Eindringen mittels an sich gebrachter richtiger Schlüssel

26 Um einen Einbruchdiebstahl handelt es sich schließlich auch dann, wenn der Dieb in einen Raum eines Gebäudes mittels richtigem Schlüssel eindringt, den er innerhalb oder außerhalb des Versicherungsortes **durch einfachen Diebstahl an sich gebracht** hat (vgl. Nr. 2f); sog. **erweiterte Schlüsselklausel**[75]. In diesem Fall ist aber außerdem noch erforderlich, dass weder der VN noch der Gewahrsamsinhaber den Diebstahl des Schlüssels durch fahrlässiges Verhalten ermöglicht hat. Der **Versicherungsschutz entfällt** dabei schon im Falle **einfacher Fahrlässigkeit**.[76] Hiervon ist etwa beim Zurücklassen des Schlüssels in einem geparkten Pkw auszugehen.[77] Die Beweislast für die fehlende Fahrlässigkeit trägt der VN als Anspruchsteller.[78]

b) Vandalismus nach einem Einbruch (Abschnitt A § 1 Nr. 3 AERB 2010)

aa) Zerstörung oder Beschädigung

27 Vandalismus i.S.d. AERB ist das vorsätzliche Zerstören oder Beschädigen der versicherten Sache. Insoweit kann der Bedeutungsgehalt der **Sachbeschädigung i.S.d. § 303 I StGB** zugrunde gelegt werden. Eine Sache ist **beschädigt**, wenn der Täter nicht ganz unerheblich körperlich auf sie einwirkt und dadurch ihre stoffliche Zusammensetzung verändert oder ihre bestimmungsgemäße Brauchbarkeit nachhaltig mindert.[79] **Zerstört** ist eine Sache, wenn sie so wesentlich beschädigt wurde, dass ihre bestimmungsgemäße Brauchbarkeit vollständig aufgehoben ist.[80]

bb) Einbruch

28 Der Tatbestand des Vandalismus erfordert zusätzlich, dass ein Einbruch i.S.v. Abschnitt A § 1 Nr. 2a), e) oder f) AERB 2010 vorliegt. Es bedarf jedoch nicht des Vorliegens eines Diebstahls oder eines entsprechenden Versuchs; vielmehr ist ein **Einbruch ohne die Wegnahme** einer versicherten Sache **ausreichend**. Dies galt auch schon bei Zugrundelegung der AERB 87, obwohl danach eine Versicherung der Gefahr Vandalismus nur i.V.m. der Gefahr Einbruchdiebstahl möglich ist (vgl. Rdn. 1).[81]

c) Raub (Abschnitt A § 1 Nr. 4 AERB 2010)

29 Der versicherungsrechtliche Begriff des Raubes nach den AERB geht insgesamt über den strafrechtlichen Begriff gem. § 249 StGB hinaus.[82] In der Einbruchdiebstahl- und Raubversicherung umfasst die versicherte Gefahr des Raubes **drei Tatbestandsvarianten** (vgl. Abschnitt A § 1 Nr. 4a) aa), bb) und cc) AERB 2010). Ziel aller drei Varianten ist die Wegnahme versicherter Sachen.[83]

aa) Gewaltanwendung

30 In der ersten Variante (lit. aa) geht es um die Wegnahme versicherter Sachen unter Gewaltanwendung. Das Raubmerkmal wird dabei in **Anlehnung an § 249 StGB** definiert. Dies ändert aber nichts daran, dass es nach der Rechtsprechung mit Rücksicht auf die versicherungsrechtlichen Bedürfnisse **in Grenzbereichen** zu einem spezifisch **versicherungsrechtlichen Verständnis** kommen kann.[84]

31 Das Merkmal »**Gewaltanwendung**« erfordert, dass der Täter körperliche oder mechanische Energie einsetzt, um den geleisteten oder erwarteten Widerstand des Opfers zu brechen.[85] Ob hiervon auch der **Trickdiebstahl**, namentlich in Form des »Handtaschenraubes«, erfasst wird, war auf der Grundlage der älteren AVB **umstritten**.[86] Das OLG Köln hat in einer Entscheidung im Jahr 2007 jeden »Handtaschenraub« als Raub qualifiziert, weil der versicherungsrechtliche Raubbegriff keine Differenzierung nach dem Maß der aufgewende-

---

74 VersHb/*Rüffer*, § 33 Rn. 36.
75 Terbille/Höra/*Knöpper*, § 8 Rn. 24.
76 Ausführliche Rechtsprechungsübersicht bei *Wälder* r+s 1992, 73 ff. Zur Vereinbarkeit der Klausel mit § 307 BGB und zum Verhältnis zu § 81 VVG s. Terbille/Höra/*Knöpper*, § 8 Rn. 25 f.
77 OLG Hamm NJW-RR 1991, 803, 804; P/M/*Armbrüster*, A. § 1 AERB 2010 Rn. 29.
78 OLG Braunschweig NJW-RR 2013, 1506, 1507.
79 BGH NJW 1998, 2149, 2150; BGH NStZ 1982, 508 f.; *Fischer*, StGB, § 303 Rn. 6; Lackner/Kühl/*Heger*, StGB, § 303 Rn. 3.
80 RGSt 8, 33; Lackner/Kühl/*Heger*, StGB, § 303 Rn. 7; *Fischer*, StGB, § 303 Rn. 14; Schönke/Schröder/*Stree/Hecker*, StGB, § 303 Rn. 14.
81 BGH NJW 2002, 1498; a.A. noch OLG Hamburg NVersZ 2002, 228.
82 Vgl. *Martin*, D XII Rn. 9; ausführlich *Martin*, in: FS Klingmüller, S. 261 ff.
83 VersHb/*Rüffer*, § 33 Rn. 59; Staudinger/Halm/Wendt/*Schnepp*, A. § 1 AERB 2010 Rn. 26.
84 Vgl. BGH VersR 1977, 417, 418; OLG Köln VersR 2007, 1270.
85 OLG Köln r+s 1991, 277, 278; LG Konstanz VersR 2008, 1207; *Martin*, D XII Rn. 19 f.
86 Vgl. *Martin*, D XII Rn. 27 ff.; H/E/K/*Wälder*, 9. Kap. Rn. 525.

ten Gewalt kenne.[87] Die **AERB** stellen jedoch seit der Fassung 2008 klar, dass **keine Gewalt** vorliegt, wenn versicherte Sachen ohne Überwindung eines bewussten Widerstandes entwendet werden (zu den aktuellen AERB s. Abschnitt A § 1 Nr. 4a) aa) AERB 2010; zu den VHB 2010 vgl. Anhang L Rdn. 31).[88] Die Regelung ist weder überraschend i.S.d. § 305c I BGB, noch verstößt sie gegen § 307 BGB.[89]

Die Gewalt muss gegen den VN oder einen seiner Arbeitnehmer gerichtet sein. **Gewalt gegen Sachen** genügt daher nicht. Nach Ansicht des LG Düsseldorf liegt daher kein Raub vor, wenn der Täter eine Scheibe der Beifahrertür mittels einer Axt einschlägt, um die auf dem Beifahrersitz liegende Tasche zu entwenden.[90] 32

bb) Gewaltandrohung

Die Raubdefinition in lit. bb) erfasst in **Anlehnung an die räuberische Erpressung gem. § 255 StGB** die Herausgabe der versicherten Sache oder die Duldung der Wegnahme durch das Opfer unter Gewaltandrohung für Leib und Leben.[91] Adressat der Drohung (siehe Rdn. 35 f.) muss nicht auch das Opfer der angedrohten Gewalttat sein.[92] Voraussetzung ist, dass die **angedrohte Gewalttat**[93] **innerhalb des Versicherungsortes** verübt werden soll. Bei mehreren Versicherungsorten wird an den Ort angeknüpft, an dem die Drohung ausgesprochen wurde. Anders als beim Straftatbestand des § 255 StGB kommt es für den Raub i.S.d. Einbruchdiebstahl- und Raubversicherung **nicht auf die Gegenwärtigkeit der angedrohten Gefahr** an. Die praktische Bedeutung dieser Ausweitung dürfte aber gering sein. 33

cc) Ausnutzung ausgeschalteter Widerstandskraft

Die dritte Tatbestandsvariante des versicherungsrechtlichen Raubes (lit. cc) stellt den Mitteln der Gewalt die Wegnahme bei körperlicher Widerstandsunfähigkeit gleich (**sog. Ohnmachtsklausel**)[94]. Das Tatbestandsmerkmal der Widerstandsunfähigkeit erfordert eine völlige Aufhebung der Widerstandskraft und nicht bloß eine Erschöpfung.[95] Die Widerstandskraft darf im Vergleich zum Zustand vor der körperlichen Beeinträchtigung nicht mehr ausreichen, um den Täter von der Gewaltanwendung oder Drohung mit Gefahr für Leib oder Leben zu abzuhalten. **Ursache der Widerstandsunfähigkeit** muss ein Unfall oder eine nicht verschuldete sonstige Ursache wie z.B. Ohnmacht oder ein Herzinfarkt sein.[96] Eine körperliche Behinderung, hohes Alter oder eine erhebliche Erschöpfung reichen demgegenüber nicht aus, weil eine **vollständige Ausschaltung** der Widerstandskraft erforderlich ist.[97] Aus der Wendung »nicht verschuldete sonstige Ursache« folgt, dass die fehlende Widerstandskraft eine **körperliche Ursache** haben muss und nicht bloß auf Angst und Sorge um die eigene Sicherheit oder die Sicherheit von Angehörigen beruhen darf.[98] Zwischen der Wegnahme und der Widerstandsunfähigkeit des Opfers muss außerdem ein **unmittelbarer zeitlicher und ursächlicher Zusammenhang** liegen.[99] 34

dd) Opfer der Raubhandlungen

Taugliche Opfer der Raubhandlungen sind bei der Einbruchdiebstahl- und Raubversicherung in allen drei Varianten **neben dem VN** auch dessen **Arbeitnehmer**.[100] Darüber hinaus stehen dem VN geeignete volljährige Personen gleich, denen er die **Obhut über die versicherten Sachen vorübergehend überlassen** hat (Abschnitt A § 1 Nr. 4b) Satz 1 AERB 2010). In den AERB 87 war diese Alternative noch auf die Familienangehörigen des VN beschränkt. Das Merkmal der »vorübergehenden« Obhutsüberlassung hat in der Praxis keine große einschränkende Bedeutung, weil die Betreffenden bei einer längerfristigen Obhutsüberlassung häufig als Arbeitnehmer des VN zu qualifizieren sind.[101] 35

---

87 OLG Köln VersR 2007, 1270; dagegen *Günther* r+s 2007, 265, 267 ff.; vermittelnd Terbille/Höra/*Knöpper*, § 8 Rn. 34.
88 So auch OLG Karlsruhe VersR 2009, 1360; LG Kleve r+s 1986, 103; *E. Prölss*, S. 253; *Ollick* VerBAV 1981, 34, 37, Fn. 37.
89 Vgl. OLG Düsseldorf VersR 2015, 748, 749 m. Anm. *Günther*.
90 LG Düsseldorf VersR 2011, 259, 260.
91 Eine Abgrenzung der Wegnahme durch den Täter von der Herausgabe durch das Opfer ist – anders als im Strafrecht bei § 249 StGB (Wegnahme) und §§ 253, 255 StGB (Herausgabe) – nicht erforderlich.
92 VersHb/*Rüffer*, § 33 Rn. 65; Staudinger/Halm/Wendt/*Schnepp*, A. § 1 AERB 2010 Rn. 32; a.A. P/M/*Armbrüster*, A. § 1 AERB 2010 Rn. 39.
93 Zu den Voraussetzungen der Androhung LG Hannover VersR 2011, 259, 260.
94 OLG Hamm r+s 2000, 292, 293; *Martin*, D XII Rn. 31; van Bühren/*Damke*, § 6 Rn. 69; *Günther* r+s 2007, 265 Fn. 3; *Keuneke*, S. 58.
95 OLG Hamm r+s 2000, 292, 293.
96 Weitere Beispiele bei H/E/K/*Wälder*, 9. Kap. Rn. 537; *Ollick* VerBAV 1981, 34, 38.
97 OLG Hamm r+s 2000, 292, 293; LG Kleve r+s 1986, 103, 104.
98 OLG Frankfurt (Main) r+s 2002, 340; *Martin*, D XII Rn. 32; van Bühren/*Damke*, § 6 Rn. 69.
99 *Martin*, D XII Rn. 31, 34; VersHb/*Rüffer* § 33 Rn. 67; van Bühren/*Damke*, § 6 Rn. 71.
100 Zum Begriff des Arbeitnehmers i.S.d. AVB s. *Martin*, D XII Rn. 53.
101 Vgl. *Martin*, D XII Rn. 54.

36 Nach Abschnitt A § 1 Nr. 4b) Satz 2 AERB 2010 sind auch solche geeigneten volljährigen Personen taugliche Opfer des versicherungsrechtlichen Raubes, die der VN **mit der Bewachung der als Versicherungsort vereinbarten Räume beauftragt** hat.[102]

37 Der erweiterte Kreis der Opfer beschränkt sich in beiden Alternativen der Nr. 4b) auf **geeignete volljährige Personen**. Während das Erfordernis der Eignung eine sachgemäße Begrenzung des Versicherungsschutzes ermöglicht, erscheint das Kriterium der Volljährigkeit problematisch, zumal es bei der anderen möglichen Opfergruppe – den Arbeitnehmern – gerade nicht auf die Volljährigkeit ankommt. Letztlich wird man die Volljährigkeit aber als pauschalierte Anforderung an die Eignung des Betreffenden als Obhuts- bzw. Wachperson rechtfertigen können.

d) Raub auf Transportwegen (Abschnitt A § 1 Nr. 5 AERB 2010)

38 Für den Raub auf Transportwegen gelten einige Sonderregeln, die den besonderen Gegebenheiten – insbesondere dem erhöhten Raubrisiko – beim Transport Rechnung tragen. Folgende Punkte sind besonders hervorzuheben:

39 Nach Abschnitt A § 1 Nr. 5a) aa) AERB 2010 stehen dem VN **sonstige Personen** gleich, die von ihm mit dem Transport der versicherten Sachen beauftragt worden sind. Ausgenommen sind jedoch Transporte durch gewerbliche Geldtransportunternehmen. Die betreffende Person muss ebenso wie beim Raub in Gebäuden **volljährig** und für ihre Tätigkeit **geeignet** sein Nr. 5a) bb). Das in § 1 Nr. 4b) AERB 87 vorgesehene Höchstalter von 65 Jahren ist – wohl mit Blick auf das Verbot der Altersdiskriminierung nach dem AGG – entfallen. Dass der Betreffende »im Vollbesitz körperlicher und geistiger Kräfte« ist, wird ebenfalls nicht mehr ausdrücklich gefordert. Die entsprechenden Anforderungen behalten jedoch bei der Prüfung der Eignung ihre Bedeutung.

40 Abweichend von Abschnitt A § 1 Nr. 4a) bb) AERB 2010 (Rdn. 33) ist der Raub durch Gewaltandrohung auf Transportwegen nach Abschnitt A § 1 Nr. 5a) cc) nur versichert, wenn die vom Täter **angedrohte Gewalttat an Ort und Stelle** – also am Ort des Überfalls – **verübt werden soll**. Nicht erfasst ist somit der Fall, dass der Täter mit Gewalt gegenüber Personen droht, die sich an einem anderen Ort – z.B. dem Heimatort des Bedrohten – aufhalten.[103]

41 Falls der VN nicht persönlich bei der Durchführung des Transports mitwirkt, so umfasst die Ersatzpflicht des Versicherers auch Schäden, die der Transportperson ohne ihr Verschulden entstehen (vgl. Nr. 5b). Nr. 5c) sieht die Vereinbarung von Höchstgrenzen vor, über die hinaus die Entschädigung nur bei besonderen Sicherheitsvorkehrungen (Transport durch mindestens zwei oder drei Personen, ggf. mit Kraftwagen und unter polizeilichem Schutz) geleistet wird.

2. Versicherte Sachen (Abschnitt A § 3 AERB 2010)

a) Bewegliche Sachen

42 Der Versicherungsschutz bezieht sich nach Abschnitt A § 3 Nr. 1 AERB 2010 auf die **im Versicherungsvertrag bezeichneten** beweglichen Sachen. In der Praxis erfolgt diese Bezeichnung meist in Form einer sog. **Pauschaldeklaration**. Versicherungsschutz besteht danach insbesondere für die technische und kaufmännische **Betriebseinrichtung** sowie für die **Waren und Rohstoffe**.[104] Zur Betriebseinrichtung werden dabei alle Sachen gezählt, »die sich in irgendeinem Zusammenhang mit dem Zweck des Betriebes am Versicherungsort befinden«.[105] Beispiele sind die Büroeinrichtung, Maschinen,[106] aber auch Telefonkarten.[107] Zu spezifischen Risikoausschlüssen s. unten Rdn. 73 ff.

43 Die versicherten Sachen werden häufig im **Eigentum des VN** stehen (Abschnitt A § 3 Nr. 2a AERB 2010). Der Versicherungsschutz kann aber auch bewegliche Sachen umfassen, die im Eigentum eines anderen stehen. Dies betrifft namentlich Sachen, die der VN unter **Eigentumsvorbehalt** erworben oder mit Kaufoption geleast hat (vgl. Abschnitt A § 3 Nr. 2b) AERB 2010). Auch Sachen, die der VN **sicherungshalber** einem anderen **übereignet** hat, können versichert sein (Abschnitt A § 3 Nr. 2c) AERB 2010).[108] Sachen, die dem VN zur Sicherung seiner Forderungen übereignet worden sind, stehen dagegen im Eigentum des VN und werden daher unter diesem Aspekt nicht erfasst.[109]

44 **Fremdes Eigentum** kann nach Abschnitt A § 3 Nr. 3 AERB 2010 auch über die genannten Fälle hinaus versichert sein. Dazu muss es zunächst seiner Art nach zu den versicherten Sachen gehören. Ob dies der Fall ist, ist vorrangig der Regelung im Versicherungsschein zu entnehmen.[110] Darüber hinaus muss das fremde Eigen-

---

102 Zur ratio dieser Alternative *Martin*, D XII Rn. 55.
103 VersHb/*Rüffer*, § 33 Rn. 70; van Bühren/*Damke*, § 6 Rn. 75; *Ollick* VerBAV 1981, 34, 38.
104 Ausführlich dazu *Martin*, H III Rn. 8 ff.
105 OLG Hamm r+s 1999, 287; *Martin*, H III Rn. 20; einschränkend LG Aachen VersR 1993, 419.
106 OLG Oldenburg VersR 1976, 1029.
107 OLG Karlsruhe VersR 1997, 1275.
108 So auch VersHb/*Rüffer*, § 33 Rn. 77.
109 Vgl. LG Aachen VersR 1993, 419.
110 *Martin*, H III Rn. 63 ff.; VersHb/*Rüffer*, § 33 Rn. 79.

tum **dem VN zur Bearbeitung, Benutzung, Verwahrung**[111] **oder zum Verkauf in Obhut gegeben** worden sein. **Obhut** ist ein vertragliches Rechtsverhältnis, das dem VN gegenüber dem Eigentümer gewisse Sorgfalts- und Fürsorgepflichten hinsichtlich der Sachen auferlegt.[112] Erfasst wird z.B. die Produktion unter Verwendung fremder Sachen oder die Reparatur von Kundeneigentum.[113] Fremdes Eigentum fällt jedoch dann nicht unter den Versicherungsschutz, wenn der VN nachweislich – insbesondere mit dem Eigentümer – vereinbart hat, dass die fremden Sachen nicht versichert werden.

b) Versicherte Interessen

Schließt der VN die Versicherung für fremdes Eigentum ab, so gilt sie nach Abschnitt A § 3 Nr. 4 AERB 2010 sowohl für seine Rechnung als auch für Rechnung des Eigentümers. In den Fällen des Abschnitt A § 3 Nr. 3 AERB 2010 ist für die **Höhe des Versicherungswertes** jedoch nur das **Interesse des Eigentümers** maßgebend. Zur Versicherung für fremde Rechnung s. auch Abschnitt B § 12 AERB 2010 sowie die Kommentierung zu §§ 43 ff. 45

c) Nicht versicherte Sachen

Bestimmte Sachen sind gem. Abschnitt A § 3 Nr. 5 AERB 2010 bei Fehlen einer abweichenden Vereinbarung vom Versicherungsschutz ausgenommen. Dazu gehören insbesondere **Bargeld und Wertsachen**, Schmucksachen und Edelmetalle, Geschäftsunterlagen, zulassungspflichtige Kraftfahrzeuge, Prototypen, Ausstellungsstücke sowie **Hausrat aller Art**. Der Ausschluss ist vor dem Hintergrund zu sehen, dass die betreffenden Sachen im Allgemeinen von anderen Versicherungen erfasst sind.[114] Der Ausschluss beugt somit einer **Mehrfachversicherung** (§ 78) vor. Bei einigen Sachen besteht außerdem ein erhöhtes Diebstahlrisiko, das nur bei Vorliegen einer besonderen Vereinbarung abgedeckt werden soll.[115] Anders als bei der Hausratversicherung im Fall der Valorenversicherung (s. dazu Anhang L Rdn. 83) greift der Ausschluss auch dann ein, wenn für die betreffenden Sachen tatsächlich überhaupt kein Versicherungsschutz besteht. 46

d) Versicherte Daten und Programme (Abschnitt A § 4 AERB 2010)

Eine Sonderregelung in den AERB 2010 für **Daten und Programme** ist notwendig, weil Daten und Programme nach der klarstellenden Vorschrift in Abschnitt A § 3 Nr. 1 Satz 2 AERB 2010 **keine Sachen** sind. 47
Nach § 4 Nr. 1 wird Entschädigung für Daten und Programme nur geleistet, wenn der Verlust, die Nichtverfügbarkeit oder die Nichtversicherbarkeit der Daten und Programme durch einen dem Grunde nach versicherten **Schaden an dem Datenträger**, auf dem die Daten und Programme gespeichert waren, verursacht wurde. Welche Daten und Programme vom Versicherungsschutz erfasst werden, ergibt sich aus § 4 Nr. 2 bis 4; spezielle Ausschlüsse sind in § 4 Nr. 5 geregelt.

3. Versicherte Kosten

a) Versicherbare Kosten (Abschnitt A § 5 AERB 2010)

Der Versicherer ersetzt gem. Abschnitt A § 5 AERB 2010 bestimmte, tatsächlich entstandene Aufwendungen für notwendige Kosten bis zu der hierfür vereinbarten Versicherungssumme. Diese Kosten werden in Nr. 1 a) bis g) aufgezählt und in Nr. 2 bis 8 näher erläutert. Im Einzelnen handelt es sich um Aufräumungs- und Abbruchkosten (vgl. Nr. 2), Bewegungs- und Schutzkosten (vgl. Nr. 3), Wiederherstellungskosten von Geschäftsunterlagen (vgl. Nr. 4), Schlossänderungskosten (vgl. Nr. 5), Kosten für die Beseitigung von Gebäudeschäden (vgl. Nr. 6), Mehrkosten durch behördliche Wiederherstellungsbeschränkungen (Nr. 7) und Mehrkosten durch Preissteigerungen (Nr. 8). 48
Die jeweiligen Erläuterungen stimmen im Wesentlichen mit den Erläuterungen zu den **entsprechenden Kosten bei der Hausratversicherung** überein (vgl. Anhang L Rdn. 85 ff.). Teilweise wird aber auch **dem betrieblichen bzw. gewerblichen Charakter** der Einbruchdiebstahl- und Raubversicherung **Rechnung getragen**. So wird bei den Bewegungs- und Schutzkosten die De- und Remontage von Maschinen als Beispiel genannt. Abweichungen enthalten auch die Definitionen von den Aufräumungs- und Abbruchkosten sowie den Schlossänderungskosten. Für die Wiederherstellungskosten von Geschäftsunterlagen gibt es bei der Hausratversicherung keine Parallele. Nach der Definition des Abschnitt A § 5 Nr. 4 AERB 2010 handelt es sich um Aufwendungen, die innerhalb von zwei Jahren nach Eintritt des Versicherungsfalls für die Wiederherstellung oder Wiederbeschaffung von Geschäftsunterlagen, serienmäßig hergestellten Programmen, individueller Daten und individuellen Programmen anfallen. 49

---

111 Zu diesen drei Begriffen vgl. *Martin*, H III Rn. 73.
112 *Martin*, H III Rn. 70; VersHb/*Rüffer*, § 33 Rn. 80.
113 *Martin*, H III Rn. 73; VersHb/*Rüffer*, § 33 Rn. 80a.
114 VersHb/*Rüffer*, § 33 Rn. 84.
115 Vgl. *Martin*, H III Rn. 73 (betr. Ausstellungsware).

b) Kostenersatz kraft Gesetzes

50 Der Anspruch des VN auf Ersatz von Schadensabwendungs-, Schadensminderungs- und Schadensermittlungskosten ergibt sich bereits aus dem VVG (§§ 83, 85). Die AERB 2010 verzichten insoweit auf eine gesonderte Regelung.

4. Versicherungsfall

a) Abhandenkommen, Zerstörung oder Beschädigung

51 Für das Vorliegen des Versicherungsfalls müssen die versicherten Sachen (Rdn. 42 ff.) abhandenkommen, zerstört oder beschädigt werden (vgl. Abschnitt A § 1 Nr. 1 Satz 1 AERB 2010). Beim **Abhandenkommen** handelt es sich um einen festumrissenen Rechtsbegriff des BGB (z.B. §§ 799 I 1, 808 II 2, 935 I, 1006 I 2, 1007 II 1 BGB). Die versicherte Sache ist danach abhandengekommen, wenn der unmittelbare Besitzer ohne seinen Willen den Besitz verloren hat (s. auch Anhang L Rdn. 9).[116] Für die Begriffe der **Beschädigung** und **Zerstörung** s. Rdn. 27.

b) Kausalität und Versuch

52 Der Versicherungsfall muss aufgrund einer der in Abschnitt A § 1 Nr. 2–5 AERB 2008 geregelten versicherten Gefahren eingetreten sein. Erforderlich ist ein **adäquater Kausalzusammenhang** (»durch«) zwischen der Gefahrverwirklichung und dem Eintritt des Schadens an den versicherten Sachen.[117] Auch Folgeschäden werden erfasst, soweit sie adäquate Folge sind und die Voraussetzungen des vertraglichen Versicherungsschutzes vorliegen.[118]

53 Die versicherte Gefahr muss sich jedoch nicht vollständig verwirklicht haben. Vielmehr ist schon der **Versuch** eines der Tatbestände **ausreichend** (vgl. Abschnitt A § 1 Nr. 1 Satz 1 nach lit. d), wobei der Begriff des Versuchs dem des Strafrechts entspricht.[119]

c) Beweislast – Nachweis des Versicherungsfalls

aa) Problemstellung

54 Der VN hat grundsätzlich alle **anspruchsbegründenden Tatsachen** zu beweisen. Dazu gehören der Eintritt des Versicherungsfalls und die Höhe des Schadens, also die Anzahl und der Wert der abhandengekommenen, beschädigten oder zerstörten Sachen.[120] In den Einbruchsfällen spielt sich die Entwendung der versicherten Sachen für den VN typischerweise unbemerkt ab. I.d.R. gibt es auch keine Tatzeugen und die Täter hinterlassen möglichst wenig Spuren. Nach den allgemeinen Beweisregeln hätte der VN daher große Schwierigkeiten, den Versicherungsfall nachzuweisen.[121] Um eine Entwertung des Versicherungsschutzes zu vermeiden, hat die Rechtsprechung im Wege der Vertragsauslegung **Beweiserleichterungen** entwickelt, die für alle Fälle der versicherten Entwendung – und damit auch für die Einbruchdiebstahl- und Raubversicherung sowie die Hausratversicherung – gelten.[122] Die Beweiserleichterungen betreffen den **Nachweis des Versicherungsfalls** und beziehen sich nicht nur auf den Einbruchdiebstahl, sondern auch auf den Vandalismus nach einem Einbruch, den Raub innerhalb eines Gebäudes oder Grundstücks[123] und den Raub auf Transportwegen.[124]

bb) Das Zweistufenmodell der Rechtsprechung

55 Systematisch bilden die Beweiserleichterungen ein sog. **Zweistufenmodell**.[125] Auf erster Stufe wird dem VN der Nachweis des versicherten Diebstahls erleichtert; auf zweiter Stufe hat der Versicherer seinerseits die Möglichkeit, in erleichterter Form zu beweisen, dass die behauptete Entwendung nicht stattgefunden hat.

---

116 Palandt/*Bassenge*, § 935 Rn. 3; MünchKommBGB/*Oechsler*, § 935 Rn. 3 ff.
117 P/M/*Armbrüster*, A. § 1 AERB 2010 Rn. 3; *Martin*, D XI Rn. 20, 25.
118 P/M/*Armbrüster*, A. § 1 AERB 2010 Rn. 3; Terbille/Höra/*Knöpper*, § 8 Rn. 77 ff.
119 Vgl. OLG Naumburg VersR 2014, 702, 702 f.; *Martin*, D II Rn. 37.
120 BGH VersR 1991, 924, 925; VersHb/*Rüffer*, § 33 Rn. 180; van Bühren/*Damke*, § 6 Rn. 82; *Mittendorf* VersR 2000, 297, 298.
121 BGH VersR 1984, 29; P/M/*Armbrüster*, A. § 1 AERB 2010 Rn. 52; VersHb/*Rüffer*, § 33 Rn. 180; *Lücke* VersR 1996, 785, 790; *Mittendorf* VersR 2000, 297, 298; *Spielmann* VersR 2004, 964; a.A. *Bach* VersR 1989, 982, 986.
122 Vgl. P/M/*Armbrüster*, A. § 1 AERB 2010 Rn. 52; *Brand* VersR 2015, 10, 11 ff.; *Hoegen* VersR 1987, 221; *Lücke* VersR 1996, 785 ff.; *Römer* r+s 2001, 45, 47 f.; *Spielmann* VersR 2004, 964 ff.; *Wente*, Kernprobleme des Sachversicherungsrechts, 1999, S. 325 ff., krit. dazu *Kollhosser* NJW 1997, 969, 973.
123 Vgl. VersHb/*Rüffer*, § 33 Rn. 180; van Bühren/*Damke*, § 6 Rn. 84; speziell zum Raub BGH VersR 1991, 297; zum Vandalismus nach einem Einbruch BGH VersR 1996, 186.
124 Terbille/Höra/*Knöpper*, § 8 Rn. 100.
125 *Hoegen* VersR 1987, 221; *Rodewald* VersR 1994, 412, 413; *Wente*, Kernprobleme des Sachversicherungsrechts, 1999, S. 326; krit. *Bach* VersR 1989, 982, 983 ff.; *Zopfs* VersR 1993, 140, 142.

(1) Beweiserleichterungen zugunsten des VN

Der VN hat zum Nachweis des Versicherungsfalls diejenigen Tatsachen zu beweisen, die nach der Lebenserfahrung mit **hinreichender Wahrscheinlichkeit** das »**äußere Bild**« einer Entwendung der versicherten Sachen ergeben.[126] Eine generelle Festlegung des erforderlichen Wahrscheinlichkeitsgrades ist dabei nicht möglich; im Einzelfall kann schon eine Wahrscheinlichkeit von weniger als 50 % ausreichen.[127] Die Beweiserleichterung betrifft allerdings nicht das Vorhandensein der als gestohlen gemeldeten Sachen. Der VN hat vielmehr als **Mindesttatsachen** zur vollen Überzeugung des Gerichts nachzuweisen, dass die versicherten Sachen zu einer bestimmten Zeit an einer bestimmten Stelle vorhanden und danach nicht mehr aufzufinden waren.[128] Ist eine **Mehrheit von Sachen** (z.B. Warenlager) entwendet worden, so muss der VN nach h.M. den Vollbeweis dafür erbringen, dass Sachen vorhanden waren, die der angegebenen Menge in etwa (»im Wesentlichen«) entsprechen.[129] Der genaue Beweisumfang ist dabei eine Frage des Einzelfalls.[130]

Da die von der Beweiserleichterung erfassten Tatbestände der Einbruchdiebstahl- und Raubversicherung allesamt über den einfachen Diebstahl hinausgehen, hat der VN – abhängig vom jeweils behaupteten Tatbestand – für **weitere Mindesttatsachen** den Vollbeweis zu erbringen.[131] Zum äußeren Bild eines Einbruchdiebstahls gehört – wenn nicht ein Nachschlüsseldiebstahl in Betracht kommt – das Vorhandensein von **Einbruchspuren**.[132] Die Spuren müssen ein »stimmiges Bild« ergeben, also nachvollziehen lassen, wie der Täter in die versicherte Wohnung oder das versicherte Gebäude gelangt ist.[133] Das heißt freilich nicht, dass die vorgefundenen Spuren »stimmig« in dem Sinne sein müssen, dass sie zweifelsfrei auf einen Einbruch schließen lassen. Der BGH hat hierzu in neuerer Zeit klargestellt, dass insbesondere nicht sämtliche, typischerweise auftretende Spuren vorhanden sein müssen.[134] **Falls Einbruchspuren fehlen**, ist nachzuweisen, dass von mehreren möglichen Begehungsweisen alle unversicherten so unwahrscheinlich sind, dass **die behauptete Begehungsweise hinreichend wahrscheinlich ist**.[135] Dieser Nachweis wird regelmäßig beim Einschleichen und Sich-Verborgenhalten erforderlich sein.[136]

Bei den übrigen Entwendungsarten muss **im Einzelfall** festgestellt werden, ob eine hinreichende Wahrscheinlichkeit für das Vorliegen des Versicherungsfalls gegeben ist. Besonderheiten ergeben sich für den **Nachschlüsseldiebstahl**, denn in diesem Fall finden sich naturgemäß keine Einbruchspuren.[137] Welche Umstände mit hinreichender Wahrscheinlichkeit auf die Benutzung eines Nachschlüssels schließen lassen, ist wiederum eine Frage des Einzelfalls.[138] In Betracht kommt z.B. die Feststellung von Resten einer Abformmasse am Schlüssel eines Arbeitnehmers.[139]

Falls die Richtigkeit der Behauptungen nicht anders zu beweisen ist (sog. Beweisnotstand)[140], kann der VN gem. § 141 ZPO angehört werden.[141] Im Rahmen einer solchen Parteianhörung besteht zugunsten des VN eine **Redlichkeitsvermutung** (sog. subsidiäre Beweiserleichterungsregel)[142]: Danach ist dem VN Glauben zu

---

126 StRspr., s. nur BGH VersR 2015, 710, 711; VersR 2007, 102; NVersZ 2000, 87; VersR 1996, 186, 187; VersR 1984, 29 f.; OLG Frankfurt (Main)VersR 2010, 905; OLG Hamm VersR 2015, 1374, 1375.
127 BGH NJW-RR 1993, 797; P/M/*Armbrüster*, A. § 1 AERB 2010 Rn. 53.
128 BGH VersR 2007, 241; VersR 2007, 102, 103; VersR 1995, 956; VersR 1992, 867, 868; OLG Hamm VersR 1994, 168, 189; *Lücke* VersR 1996, 785, 791.
129 BGH VersR 2007, 102, 103; OLG Hamm NVersZ 2000, 186; ähnlich OLG Düsseldorf r+s 1999, 514, 515; *Günther* r+s 2008, 199; vgl. auch Staudinger/Halm/Wendt/*Schnepp*, A. § 1 AERB 2010 Rn. 51; a.A. BK/*Schauer*, Vorbem. zu §§ 49–68a Rn. 91; krit. auch *Lücke* VersR 1996, 785, 794.
130 *Günther* r+s 2008, 199, 200.
131 van Bühren/Tietgens/Höra, § 6 Rn. 86.
132 BGH VersR 1996, 186, 187; VersR 1995, 956; OLG Koblenz VersR 2015, 101. Zur Kasuistik vgl. BK/*Schauer*, Vorbem. zu §§ 49–68a Rn. 91 ff.
133 BGH NVersZ 1999, 390, 391; OLG Schleswig r+s 2011, 25; OLG Karlsruhe VersR 1998, 757 f.; BK/*Schauer*, Vorbem. zu §§ 49–68a Rn. 92; *Spielmann* VersR 2004, 964, 966. Eingehend auch Terbille/Höra/*Knöpper*, § 8 Rn. 89 f.
134 BGH VersR 2015, 710, 712.
135 BGH VersR 1991, 543, 544; OLG Frankfurt (Main) VersR 2010, 904 f.; OLG Hamm NJW-RR 2004, 1401, 1402; OLG Düsseldorf VersR 1992, 182, 183; LG Dortmund r+s 2013, 78, 79; P/M/*Armbrüster*, A. § 1 AERB 2010 Rn. 59; vgl. auch Staudinger/Halm/Wendt/*Schnepp*, A. § 1 AERB 2010 Rn. 52; *Römer* r+s 2001, 45, 47 f.
136 Staudinger/Halm/Wendt/*Schnepp*, A. § 1 AERB 2010 Rn. 54. Zum Nachweis beim Sich-Verborgenhalten siehe LG Berlin VersR 2015, 1288.
137 OLG Köln VersR 1994, 216; Staudinger/Halm/Wendt/*Krahe*, Prozessführung Rn. 62; *Lücke* VersR 1996, 785, 793; *Römer* r+s 2001, 45, 47.
138 KG Berlin VersR 2010, 1077. Zur Kasuistik s. VersHb/*Rüffer*, § 33 Rn. 183 f.; BK/*Schauer*, Vorbem. zu §§ 49–68a Rn. 93; *Kollhosser* NJW 1997, 969, 970; *Spielmann* VersR 2004, 964, 967.
139 BGH VersR 1991, 543, 544; OLG Düsseldorf VersR 2000, 225, 226 (Kopierspuren); vgl. weitere Beispiele bei P/M/*Armbrüster*, A. § 1 AERB 2010 Rn. 58 und Staudinger/Halm/Wendt/*Schnepp*, A. § 1 AERB 2010 Rn. 55.
140 OLG Hamm ZfS 1997, 30; OLG Düsseldorf r+s 1999, 514.
141 StRspr.; s. nur BGH VersR 1997, 733; VersR 1992, 867, 868; OLG Düsseldorf r+s 1999, 514, 515. S. auch *Mittendorf* VersR 2000, 297, 298. Ausführlich zum Ganzen *Terbille* VersR 1996, 408 ff.
142 P/M/*Armbrüster*, A. § 1 AERB 2010 Rn. 60; *Kollhosser* NJW 1997, 969, 972.

schenken, solange seine Glaubwürdigkeit nicht durch konkrete Tatsachen erschüttert ist.[143] Grundlage hierfür ist die Annahme, dass nicht der unredliche, sondern der redliche VN der Regelfall ist.[144] In welchen Fällen nicht mehr von der Glaubwürdigkeit des VN ausgegangen werden kann, ist eine Frage der tatrichterlichen Gesamtwürdigung im Einzelfall gem. § 286 I ZPO.[145]

60 Die dargelegten Beweiserleichterungen betreffen nur den Anspruchsgrund, nicht auch die **Anspruchshöhe**. Insoweit kann dem VN aber durch eine Schätzung des Schadens nach **§ 287 ZPO** geholfen werden.[146] Der Rückgriff auf § 287 ZPO setzt aber voraus, dass der Versicherungsfall als solcher bewiesen ist.[147]

(2) Erleichterung des Gegenbeweises zugunsten des Versicherers

61 Hat der VN unter Berücksichtigung der ihm zukommenden Beweiserleichterungen die Tatsachen bewiesen, die den Schluss auf den Versicherungsfall zulassen, so steht dem Versicherer der **Gegenbeweis** offen. Dazu muss er Tatsachen vortragen und im Bestreitensfall zur vollen Überzeugung des Gerichts beweisen, die mit **erheblicher Wahrscheinlichkeit** die **Vortäuschung des Versicherungsfalls** nahe legen.[148] Darunter ist eine größere Wahrscheinlichkeit zu verstehen als die für das äußere Bild der Entwendung erforderliche hinreichende Wahrscheinlichkeit.[149] Die unterschiedliche Behandlung von Versicherer und VN ist vor dem Hintergrund zu sehen, dass sich der VN in einer Beweisnot befindet und der Versicherer das zunächst bewiesene äußere Bild des Versicherungsfalls wieder zerstören muss.[150]

62 Welche Tatsachen ausreichen, um die Wahrscheinlichkeit einer Vortäuschung des Versicherungsfalls darzulegen, ist eine Frage des Einzelfalls; es kommt auf die Gesamtwürdigung aller Umstände an.[151] Besondere Bedeutung können dabei Umstände erlangen, welche die **Glaubwürdigkeit des VN** in Frage stellen.[152] Bloße Verdachtsmomente reichen dabei aber nicht aus. So kann das Gericht die fehlende Glaubwürdigkeit des VN nicht auf die Durchführung eines Strafverfahrens stützen, wenn dieses nicht zu einer rechtskräftigen Verurteilung geführt hat.[153]

63 Ist dem Versicherer der **Gegenbeweis gelungen**, so muss der VN den (wegen der Beweisschwierigkeiten kaum möglichen) Vollbeweis des Versicherungsfalls führen.[154]

5. Versicherungs- und Ereignisort

64 Die AERB 2010 **begrenzen** den Versicherungsschutz nach räumlichen Kriterien durch den Versicherungs- und den Ereignisort.

a) Versicherungsort (Abschnitt A § 6 AERB 2010)

65 Abschnitt A § 6 Nr. 1a) Satz 1 AERB 2010 stellt klar, dass **Versicherungsschutz nur innerhalb des Versicherungsortes** besteht. Der Versicherungsfall muss also am Versicherungsort eintreten.[155] Welcher Ort konkret Versicherungsort ist, wird im Versicherungsvertrag meist einzelvertraglich festgelegt.[156]

66 In Abschnitt A § 6 Nr. 1b)–d) AERB 2010 finden sich ergänzende Regelungen für die jeweils versicherten Gefahren. **Versicherungsort für Einbruchdiebstahl und Vandalismus** nach einem Einbruch sind gem. lit. b) nur die Gebäude oder Räume von Gebäuden, die im Versicherungsvertrag bezeichnet sind oder die sich auf den im Versicherungsvertrag bezeichneten Grundstücken befinden. Maßgeblich sind die Verhältnisse bei Abschluss des Versicherungsvertrags.[157] Spätere Änderungen wie das Hinzukommen neuer Räume (z.B. bei ei-

---

143 BGH VersR 1996, 575; VersR 1991, 917, 918; OLG Hamm VersR 1994, 168, 169; vgl. OLG Frankfurt (Main) VersR 2010, 904, 905. Krit. *Kollhosser* NJW 1997, 969, 971 ff.
144 BGH r+s 1997, 184; VersR 1996, 575; VersR 1984, 29, 30; OLG Hamm r+s 2008, 197, 198 m. Anm. *Günther*; OLG Düsseldorf r+s 1999, 514, 515; BK/*Schauer*, Vorbem. zu §§ 49–68a Rn. 115.
145 BGH VersR 1997, 733, 734; VersR 1996, 575 f. Weitere Beispiele aus der Rspr. bei BK/*Schauer*, Vorbem. zu §§ 49–68a Rn. 116 ff.; *Lücke* VersR 1996, 785, 791; *Terbille* VersR 1996, 408, 410. Tabellarische Rechtsprechungsübersicht bei Terbille/Höra/*Knöpper*, § 8 Rn. 114.
146 BGH VersR 1991, 924, 925; r+s 1988, 53, 54.
147 BGH VersR 2007, 102, 103; vgl. auch *Langheid/Müller-Frank* NJW 2007, 338, 339.
148 BGH VersR 2015, 710, 711; VersR 1995, 956; VersR 1984, 29, 30; OLG Hamm r+s 2011, 522, 522 f.
149 BGH NVersZ 1999, 76, 77; VersR 1997, 733, 734; VersR 1995, 956; *Kollhosser* NJW 1997, 969, 971.
150 Krit. *Bach* VersR 1989, 982, 985; vgl. auch *Rodewald* VersR 1994, 412, 413.
151 BGH NJW 1996, 1348, 1349; OLG Koblenz VersR 2011, 747; *Römer* r+s 2001, 45, 46. Beispiele bei Staudinger/Halm/Wendt/*Schnepp*, A. § 1 AERB 2010 Rn. 60.
152 BGH VersR 2002, 431, 432; BGHZ 132, 79, 82 f.; *Kollhosser* NJW 1997, 969, 971. Zur Kasuistik P/M/*Armbrüster*, A. § 1 AERB 2010 Rn. 63 ff.; van Bühren/*Damke*, § 6 Rn. 96.
153 BGHZ 132, 79, 83.
154 BGH VersR 1994, 45, 46; Terbille/Höra/*Knöpper*, § 8 Rn. 120; BK/*Schauer*, Vorbem. zu §§ 49–68a Rn. 113.
155 *Martin*, D XII Rn. 76, G I Rn. 4.
156 *Martin*, G I Rn. 19 f., G III Rn. 18; P/M/*Armbrüster*, A. § 6 AERB 2010 Rn. 2; VersHb/*Rüffer*, § 33 Rn. 93a; vgl. BGH VersR 1989, 395, 396.
157 OLG Oldenburg ZfS 1989, 427; VersR 1976, 1029, 1030; *E. Prölss*, S. 151; *Martin*, G III Rn. 22; VersHb/*Rüffer*, § 33 Rn. 95.

ner Betriebserweiterung) werden grundsätzlich nur erfasst, wenn eine Vertragsänderung vorgenommen wird.[158]

Versicherungsort für Raub innerhalb eines Gebäudes oder Grundstücks ist gem. lit. c) **das gesamte Grundstück**, auf dem der Versicherungsort liegt, wenn das Grundstück allseitig umfriedet ist. Eine Umfriedung in diesem Sinn liegt vor, wenn eine gewisse, wenn auch durch Lücken unterbrochene bauliche Abgrenzung gegeben ist.[159] Dass Unbefugte vom Zutritt abgehalten werden, ist nicht erforderlich; es reicht vielmehr aus, wenn die Umfriedung gewährleistet, dass innerhalb des Grundstücks nur ein auf den Betrieb des VN bezogener Publikumsverkehr herrscht.[160] Versicherungsort für **Raub auf Transportwegen** ist, soweit nicht etwas anderes vereinbart ist, gem. lit. d) die **Bundesrepublik Deutschland**.

67

Für bestimmte Sachen enthalten die AERB 2010 **Sonderregelungen**. So schließt Abschnitt A § 6 Nr. 2 für **Gebrauchsgegenstände von Betriebsangehörigen** – soweit diese Gegenstände versichert sind – den Versicherungsschutz in den Wohnräumen der Betriebsangehörigen aus. Für die Versicherung von **Bargeld und Wertsachen** besteht Versicherungsschutz nach Abschnitt A § 6 Nr. 3 grundsätzlich nur in verschlossenen Räumen oder Behältnissen der im Versicherungsvertrag bezeichneten Art; eine **Ausnahme** gilt lediglich für Schäden bei Raub. Bei solchen **Verschlussvorschriften** handelt es sich nach h.M. nicht um verhüllte Obliegenheiten, sondern um objektive Risikoausschlüsse.[161] § 28 ist daher nicht anwendbar.

68

b) Ereignisort (Abschnitt A § 1 Nr. 6 AERB 2010)

Abschnitt A § 1 Nr. 6 AERB 2010 enthält eine gesonderte Regelung über den Ereignisort. Hierbei handelt es sich um den **Ort, an dem alle Voraussetzungen** des versicherten Ereignisses **verwirklicht werden** müssen.[162]

69

Der Versicherungsort stellt in der Praxis häufig auch den Ereignisort dar. Nach allgemeinen Grundsätzen würde es jedoch nicht schaden, wenn die Ursachen des Versicherungsfalls außerhalb des Versicherungsortes gesetzt werden.[163] Hiervon macht Abschnitt A § 1 Nr. 6 lit. a) bis lit. c) AERB 2010 mit der ausdrücklichen Festlegung des Ereignisortes eine Ausnahme, wodurch die vom Versicherungsschutz erfassten **Tathandlungen örtlich begrenzt** werden.

70

Nach Nr. 6a) müssen in den Fällen des Einbruchdiebstahls, des Raubes und des Vandalismus nach einem Einbruch alle Voraussetzungen **innerhalb des Versicherungsortes** verwirklicht worden sein. Die Beschränkung auf Räume von Gebäuden wurde schon in den AERB 2008 gestrichen, so dass Ereignisort der gesamte Versicherungsort ist. Nicht versichert sind nach § 1 Nr. 6b) Sachen, die erst auf Verlangen des Täters an den Ort der Herausgabe oder Wegnahme herangeschafft werden, es sei denn, das Heranschaffen erfolgt nur innerhalb des Versicherungsortes, an dem die Tathandlungen verübt wurden (vgl. zur Hausratversicherung Anhang L Rdn. 106).

71

Bei Raub auf Transportwegen tritt als Ereignisort der **Ort des Überfalls** an die Stelle des Versicherungsortes. Der **Transportweg** beginnt gem. Nr. 6c) mit der Übernahme der versicherten Sachen für einen unmittelbar anschließenden Transport und endet an der Ablieferungsstelle mit der Übergabe.

72

6. Allgemeine Risikoausschlüsse und Verwirkungsklauseln

a) Objektive Risikoausschlüsse

aa) Nicht versicherte Schäden

Abschnitt A § 1 Nr. 7 AERB 2010 regelt einige Fälle, in denen die Schäden ohne Rücksicht auf mitwirkende Ursachen nicht versichert sind. Hierzu gehören nach lit. a) zunächst Schäden, die durch **Raub auf Transportwegen** eintreten, wenn und solange eine **größere als die vereinbarte Zahl von Transporten gleichzeitig unterwegs** ist. Der Grund für diesen Ausschluss liegt darin, dass die Anzahl der Transporte ein wichtiger Faktor bei der Prämienkalkulation ist. Eine Beschränkung des Ausschlusses auf die Transporte, die konkret über die vereinbarte Anzahl hinausgehen, erscheint impraktikabel, weil sich die zeitliche Reihenfolge des Beginns der Transporte nicht immer sicher feststellen lässt.[164] In der Literatur werden Zweifel an der Verhältnismäßigkeit der Klausel geäußert, zumal eine anteilige Kürzung durchaus möglich wäre.[165] In Anbetracht des gewerblichen Charakters der Versicherung dürfte ein Verstoß gegen § 307 II Nr. 2 BGB aber zu verneinen sein.

73

Nach lit. b) sind auch Schäden ausgenommen, die durch **Brand, Blitzschlag, Explosion, Anprall oder Absturz eines Luftfahrzeuges**, seiner Teile oder seiner Ladung eintreten. Der Ausschluss dieser Ursachen verhin-

74

---

158 LG Dortmund NJOZ 2006, 2013, 2014; *Martin*, G III Rn. 21 f., 28; VersHb/*Rüffer*, § 33 Rn. 96; vgl. auch P/M/*Armbrüster*, A. § 6 AERB 2010 Rn. 2.
159 *Martin*, D XII Rn. 75.
160 *Martin*, D XII Rn. 75.
161 BGH VersR 1972, 575 ff.; OLG Koblenz VersR 1999, 48 f.; P/M/*Armbrüster*, A. § 6 AERB 2010 Rn. 4; VersHb/*Rüffer*, § 33 Rn. 98; *Martin*, G I Rn. 17, M III Rn. 19 f.
162 H/E/K/*Wälder*, 9. Kap. Rn. 412; Staudinger/Halm/Wendt/*Schnepp*, A. § 1 AERB 2010 Rn. 39.
163 *Martin*, D XII Rn. 76.
164 VersHb/*Rüffer*, § 33 Rn. 119; van Bühren/*Damke*, § 6 Rn. 105.
165 *Martin*, F III Rn. 58 (»Übermaßsanktion«).

Anhang M Einbruchdiebstahl- und Raubversicherung

dert Überschneidungen mit der Feuerversicherung (vgl. Abschnitt A § 1 Nr. 1 AFB 2010). Kein Versicherungsschutz besteht gem. lit. b) auch für Schäden, die durch bestimmungswidrig austretendes Leitungswasser eintreten.[166] Diese Schäden können durch den Abschluss einer Leitungswasserversicherung abgedeckt werden (vgl. Abschnitt A § 1 Nr. 3a) AWB 2010). In der **Geschäftsversicherung** werden diese Versicherungen ohnehin zumeist mit der Einbruchdiebstahl- und Raubversicherung gebündelt (vgl. Rdn. 3).

75 Vom Versicherungsschutz ausgenommen sind schließlich auch Schäden, die durch die **Elementargefahren** Erdbeben (lit. c) und Überschwemmung (lit. d) eintreten. Ein **Erdbeben** liegt vor bei Erschütterungen infolge geophysikalischer Vorgänge im Erdinneren.[167] Eine **Überschwemmung** ist jede Überflutung von Gelände durch das Austreten von Wasser aus einem stehenden oder fließenden Gewässer.[168]

76 Anders als nach § 1 Nr. 7a) und b) AERB 87 sind Schäden durch vorsätzliches Handeln von Personen, die mit dem VN in **häuslicher Gemeinschaft** leben, bei ihm wohnen oder als seine **(Haus-)Angestellten, Arbeitnehmer oder Transportpersonen** zu qualifizieren sind, seit der Fassung der AERB 2008 nicht mehr vom Versicherungsschutz ausgenommen. Der Wegfall dieser Ausschlüsse erklärt sich damit, dass sie wegen unangemessener Benachteiligung des VN nach § 307 BGB unwirksam waren.[169] Denn der subjektive Risikoausschluss des § 81 regelt zunächst nur die vorsätzliche oder grob fahrlässige Herbeiführung des Versicherungsfalls durch den VN selbst. Eine Ausdehnung auf das Verhalten Dritter ist nur insoweit zulässig, als dies mit den wesentlichen Grundgedanken der gesetzlichen Bestimmungen vereinbar ist (vgl. § 307 II Nr. 1 BGB). Darunter fällt die im Wege der Rechtsfortbildung geschaffene **Repräsentantenhaftung**, die in einem gewissen Rahmen die Haftung des VN für Dritte begründet.[170] Die Ausschlüsse in den alten AERB haben die Haftung des VN jedoch zu dessen Nachteil auf solche Personen erweitert, die nach den neuen Kriterien des BGH keine Repräsentanten sind.[171]

bb) Schäden durch politische Risiken und Elementargefahren

77 In der Einbruchdiebstahl- und Raubversicherung werden auch die in anderen Sachversicherungen geläufigen allgemeinen Gefahrenausschlüsse vereinbart (zur Hausratversicherung vgl. Anhang L Rdn. 130). Ohne Rücksicht auf mitwirkende Ursachen sind daher gem. Abschnitt A § 2 AERB 2010 Schäden ausgeschlossen, die durch sog. **politische Risiken** wie Krieg, kriegsähnliche Ereignisse,[172] Bürgerkrieg, Revolution, Rebellion oder Aufstand (Nr. 1) und innere Unruhen (Nr. 2) eintreten.[173] Die Abgrenzung dieser politischen Risiken ist nicht immer ganz eindeutig. So können sich z.B. innere Unruhen im Extremfall zu einem Bürgerkrieg ausweiten.[174] Terroranschläge werden dagegen im Allgemeinen nicht von den Ausschlüssen erfasst, es sei denn, dass sie Teil eines Krieges, eines Bürgerkrieges, eines Aufstands oder innerer Unruhen sind.[175] Nach Nr. 3 sind auch Schäden durch Elementargefahren wie **Kernenergie, nukleare Strahlung und radioaktive Substanzen** vom Versicherungsschutz ausgenommen.[176] In all diesen Fällen ist zu beachten, dass die bloße Kausalität des betreffenden Ereignisses i.S.d. Äquivalenztheorie nicht ausreicht; darüber hinaus müssen auch die allgemeinen Zurechnungskriterien (Adäquanz, Schutzzweck) erfüllt sein.[177] Erforderlich ist also, dass der Versicherungsfall gerade auf dem betreffenden Ereignis beruht.

b) Herbeiführung des Versicherungsfalls
aa) Allgemeines

78 Abschnitt B § 16 Nr. 1 AERB 2010 regelt den Ausschluss bzw. die Kürzung der Versicherungsleistung bei vorsätzlicher oder grob fahrlässiger Herbeiführung des Versicherungsfalls durch den VN. Es handelt sich um einen **subjektiven Risikoausschluss**, der inhaltlich der gesetzlichen Regelung des § 81 entspricht. Für die Einzelheiten kann daher auf die Kommentierung zu § 81 verwiesen werden. Die Klausel stimmt im Übrigen mit der Regelung des subjektiven Risikoausschlusses bei der Hausratversicherung (Abschnitt B § 16 Nr. 1 VHB 2010) überein. Ebenso wie dort **gilt die vorsätzliche Herbeiführung des Versicherungsfalls als bewiesen**, wenn die Herbeiführung des Schadens durch rechtskräftiges Strafurteil wegen Vorsatzes in der Person des VN festgestellt ist.

---

166 Dazu VersHb/*Hahn*, § 34 Rn. 4 ff.
167 P/M/*Armbrüster*, A. § 1 AFB 2010 Rn. 5.
168 Vgl. BGH VersR 2006, 966, 967; VersR 1951, 79 f.; OLG Düsseldorf VersR 1959, 822, 824.
169 Vgl. *Martin*, F III Rn. 40 ff.; VersHb/*Rüffer*, § 33 Rn. 112.
170 OLG Hamm NJW-RR 1990, 165; *Looschelders* VersR 1999, 666 ff.
171 BGH VersR 1993, 828, 829; vgl. VersHb/*Looschelders*, § 17 Rn. 36 ff.
172 Zu Krieg und kriegsähnlichen Ereignissen *Ehlers* r+s 2002, 133 ff.; *Fricke* VersR 1991, 1098 ff.; *Krahe* VersR 1991, 634 ff.; aus österreichischer Sicht *M. Gruber*, FS Fenyves, S. 493 ff.
173 Zum Ausschluss sog. politischer Risiken *Martin*, F I Rn. 4 ff.
174 *Martin*, F I Rn. 7. Zum Begriff der inneren Unruhen grundlegend RGZ 108, 188, 190; BGHZ 6, 28; näher dazu *M. Gruber*, FS Fenyves, S. 493, 499 f.
175 Vgl. *M. Gruber*, FS Fenyves, S. 493, 501.
176 Ausführlich dazu *Martin*, F I Rn. 1 f.
177 Vgl. *Krahe* VersR 1991, 634, 636.

Zur **groben Fahrlässigkeit**, die praktisch weitaus bedeutender ist, gibt es auch bei der Einbruchdiebstahl- 79
und Raubversicherung eine **Vielzahl an Rechtsprechung**.[178] Ebenso wie bei der Hausratversicherung geht es
auch hier häufig um Fälle, in denen der VN die versicherten Räume mit einem **auf Kipp gestellten Fenster**
unbeaufsichtigt lässt.[179] Auch die längere Lagerung elektronischer Geräte im durch Lattentür verschlossenen
Keller kann grob fahrlässig sein.[180] Für die Einzelheiten wird auf die Kommentierung zur Hausratversicherung verwiesen (Anhang L Rdn. 131 ff.). Aufgrund des gewerblichen Charakters der Einbruchdiebstahl- und
Raubversicherung dürften die an den VN gerichteten **Sorgfaltsanforderungen** allerdings **höher als bei der
Hausratversicherung** sein.

bb) Haftung für Repräsentanten

Die Einstandspflicht des VN für seine Repräsentanten ist in Abschnitt B § 19 AERB 2010 geregelt. Die Klausel 80
verzichtet auf eine eigenständige **Definition** des Repräsentanten. Insoweit muss daher auf die allgemeinen
Grundsätze zurückgegriffen werden. Zur Parallelvorschrift in der Hausratversicherung s. Anhang L
Rdn. 139 f. Vgl. auch § 28 VVG Rdn. 69 ff. und § 81 VVG Rdn. 46 ff.

c) Arglistige Täuschung nach Eintritt des Versicherungsfalls

Abschnitt B § 16 Nr. 2 AERB 2010 enthält eine sog. »**Verwirkungsklausel**« (dazu § 31 VVG Rdn. 3) für den 81
Fall, dass der VN den Versicherer arglistig über Tatsachen täuscht, die für den Grund und die Höhe der Entschädigung von Bedeutung sind.[181] Für die Einzelheiten wird auf die Ausführungen zur parallelen Klausel bei
der Hausratversicherung in Abschnitt B § 16 Nr. 2 VHB 2010 (Anhang L Rdn. 141) verwiesen.

7. Versicherungswert und Versicherungssumme (Abschnitt A § 7 AERB 2010)

a) Versicherungswert

Der Versicherungswert (dazu allg. § 88 VVG Rdn. 1) bemisst sich bei der Einbruchdiebstahl- und Raubver- 82
sicherung – ebenso wie bei der Hausratversicherung – grundsätzlich nach dem **Neuwert** der versicherten Sache. **Bei Gebäuden** ist der Neuwert der Betrag, der aufzuwenden ist, um Sachen gleicher Art und Güte in
neuwertigem Zustand herzustellen (Abschnitt A § 7 Nr. 1a) aa) AERB 2010). Maßgeblich ist der ortsübliche
Neubauwert einschließlich Architektengebühren sowie sonstiger Konstruktions- und Planungskosten. Bei beweglichen Sachen ist der Neuwert der Betrag, der aufzuwenden ist, um Sachen gleicher Art und Güte in neuwertigem Zustand wieder zu beschaffen oder sie neu herzustellen. Maßgebend ist dabei der niedrigere Betrag
(Abschnitt A § 7 Nr. 2a) aa) AERB 2010). Mehrkosten, die durch behördliche Wiederherstellungsbeschränkungen und Preissteigerungen entstehen, sind gemäß den AERB 2010 nicht Bestandteil des Neuwertes. Sie
werden nur ersetzt, wenn und soweit dies vereinbart ist (siehe Rdn. 48). Bei der technischen und kaufmännischen **Betriebseinrichtung** und bei **Vorräten** wird unter dem Neuwert derjenige Betrag verstanden – ohne
Abzug alt für neu –, der aufzuwenden ist, um eine Sache gleicher Art und Güte im neuwertigen Zustand wiederzubeschaffen oder sie neu herzustellen, wobei der jeweils niedrigere Betrag maßgeblich ist (Abschnitt A
§ 7 Nr. 2b) AERB 2010).[182] Mehrkosten durch Preissteigerungen sind auch hier nicht Bestandteil des Neuwertes.

Nach Abschnitt A § 7 Nr. 1a) bb) und Nr. 2a) bb) AERB 2010 ist anstelle des Neuwerts der **Zeitwert** der ver- 83
sicherten Sachen maßgeblich, wenn die Parteien dies **vereinbart** haben oder wenn der Zeitwert bei einer
Neuwertversicherung weniger als einen vereinbarten Prozentsatz des Neuwerts beträgt (sog. **Zeitwertvorbehalt**). Der Zeitwert ist der Wert, den die versicherte Sache am Tag des Schadens hat; dabei wird der Abnutzungsgrad vom Neuwert der Sache abgezogen.[183]

Bei Vorliegen einer entsprechenden **Vereinbarung oder bei dauerhafter Entwertung bzw. Gebrauchsun-** 84
tauglichkeit der versicherten Sache wird nach Abschnitt A § 7 Nr. 1a) cc) und Nr. 2a) cc) AERB 2010 auf
den gemeinen Wert abgestellt. Der **gemeine Wert** ist der Verkehrswert, d.h. derjenige Wert, den das Gut nach
seiner objektiven Beschaffenheit für jedermann hat, unabhängig von den individuellen Verhältnissen der Beteiligten.[184] Er berechnet sich gem. den genannten Klauseln nach dem für den VN erzielbaren **Verkaufspreis**
für das Gebäude oder die bewegliche Sache.

Sonderregelungen gelten nach Abschnitt A § 7 Nr. 2c) AERB 2010 für den Versicherungswert von **Anschau-** 85
ungsmodellen, Prototypen und Ausstellungsstücken, typengebundenen, für die laufende Produktion nicht
mehr benötigten Fertigungsvorrichtungen, ohne Kaufoption geleasten Sachen oder geleasten Sachen, bei denen die Kaufoption bei Schadeneintritt abgelaufen war, sowie allen anderen beweglichen Sachen, die weder

---

178 S. die Nachweise bei Terbille/Höra/*Knöpper*, § 8 Rn. 204; VersHb/*Rüffer*, § 33 Rn. 163b ff.
179 S. hierzu VersHb/*Rüffer*, § 33 Rn. 164.
180 AG Bremen r+s 2009, 336.
181 Zum folgenlosen Täuschungsversuch s. OLG Hamm VersR 2011, 1391, 1392.
182 Vgl. BGH VersR 1988, 463; BK/*Schauer*, § 52 Rn. 14.
183 BGH VersR 1984, 480, 481; VersHb/*Rüffer*, § 33 Rn. 107.
184 BGHZ 5, 197, 202; RGZ 97, 44, 46; VersHb/*Rüffer*, § 33 Rn. 108.

Anhang M Einbruchdiebstahl- und Raubversicherung

zur Betriebseinrichtung gehören noch als Vorräte zu qualifizieren sind. In diesen Fällen ist grundsätzlich nicht der Neuwert, sondern der Zeitwert oder der gemeine Wert in Ansatz zu bringen. **Bei Wertpapieren** kommt es auf den mittleren Einheitskurs am Tag der jeweils letzten amtlichen Notierung bzw. den Marktpreis an; bei Sparbüchern ist der Betrag des Guthabens maßgeblich (vgl. Abschnitt A § 7 Nr. 2d) AERB 2010).

b) Versicherungssumme

86 Die Versicherungssumme wird **von den Parteien** im Einzelnen **festgelegt** und soll nach Abschnitt A § 7 Nr. 4a) AERB 2010 dem Versicherungswert entsprechen.

8. Leistungsumfang und Zahlung der Entschädigung

a) Berechnung der Entschädigung

aa) Allgemein

87 Die Berechnung der Entschädigung ist umfassend in **Abschnitt A § 8 AERB 2010** geregelt. Gem. Nr. 1a) ersetzt der Versicherer **bei zerstörten oder** infolge eines Versicherungsfalls **abhandengekommenen Sachen** den Versicherungswert (Rdn. 82 ff.), den die Sache unmittelbar vor Eintritt des Versicherungsfalls hatte. **Bei beschädigten Sachen** werden nach Nr. 1a) bb) **die notwendigen Reparaturkosten** zur Zeit des Eintritts des Versicherungsfalls zuzüglich einer durch den Versicherungsfall entstandenen und durch die Reparatur nicht auszugleichenden Wertminderung ersetzt, **höchstens** jedoch der Versicherungswert, den die Sache unmittelbar vor Eintritt des Versicherungsfalls hatte. Die Reparaturkosten werden gekürzt, soweit durch die Reparatur der Versicherungswert der Sache gegenüber dem Versicherungswert unmittelbar vor Eintritt des Versicherungsfalls erhöht wird. Nr. 1b) regelt, unter welchen Voraussetzungen öffentlich-rechtliche Vorschriften, die zu Mehrkosten führen, bei der Entschädigungsberechnung berücksichtigt werden. Gem. Nr. 1c) wird der erzielbare Verkaufspreis von Resten bei der Entschädigungsberechnung nach lit. a) und b) angerechnet.

bb) Einschränkungen des Leistungsumfangs

88 Bei einer **Versicherung zum Neuwert** wird der Teil der Entschädigung, der den Zeitwertschaden übersteigt (sog. **Neuwertanteil**), gem. Abschnitt A § 8 Nr. 2 AERB 2010 nur ersetzt, soweit und sobald der VN innerhalb von drei Jahren nach Eintritt des Versicherungsfalls sichergestellt hat, dass er die Entschädigung verwenden wird, um Gebäude gleicher Art und Zweckbestimmung an der bisherigen Stelle wiederherzustellen, zerstörte bzw. abhanden gekommene bewegliche Sachen in gleicher Art und Güte und in neuwertigem Zustand wiederzubeschaffen oder beschädigte bewegliche Sachen wiederherzustellen. Allgemein zu solchen **Wiederherstellungsklauseln vgl. § 93**.

89 Nach Abschnitt A § 8 Nr. 3 lit. a) AERB 2010 wird der **Zeitwertschaden** bei zerstörten oder abhanden gekommenen Sachen gemäß den Bestimmungen über den Versicherungswert (Rdn. 82) festgestellt; bei beschädigten Sachen werden die Reparaturkosten um den Betrag gekürzt, um den der Zeitwert der Sache durch die Reparatur gegenüber dem Zeitwert unmittelbar vor Eintritt des Versicherungsfalls erhöht würde.

90 Abschnitt A § 8 Nr. 3 lit. b) AERB 2010 regelt, dass bei **Anschauungsmodelle, Prototypen, Ausstellungsstücke** oder typengebundene und für die laufende Produktion nicht mehr benötigte Fertigungsvorrichtungen der über den gemeinen Wert hinausgehende Teil der Entschädigung nur geleistet werden muss, wenn die Wiederbeschaffung bzw. Wiederherstellung sichergestellt und notwendig ist.

cc) Unterversicherung

91 Abschnitt A § 8 Nr. 4 AERB 2010 regelt den Fall der Unterversicherung. Dieser liegt nach der Definition des lit. a) Abs. 1 vor, wenn die Versicherungssumme niedriger ist als der Versicherungswert unmittelbar vor Eintritt des Versicherungsfalls. Die Höhe der Entschädigung wird dann nach der sog. **Proportionalitätsregel** des § 75 anteilig gekürzt. Für die Einzelheiten kann auf die Kommentierung des § 75 und der Hausratversicherung verwiesen werden (Anhang L Rdn. 155).

b) Entschädigungsgrenzen

92 Nach Abschnitt A § 8 Nr. 7a) AERB 2010 stellt grundsätzlich die je Position vereinbarte **Versicherungssumme** (Rdn. 86) die Entschädigungsgrenze dar. Die Parteien können jedoch zusätzlich besondere **Entschädigungsgrenzen vereinbaren**, die niedriger als die Versicherungssumme sind (vgl. Nr. 7b) und Nr. 7c). Der Zweck solcher Entschädigungsgrenzen liegt in der **Begrenzung eines erhöhten Risikos** bei bestimmten Arten von Sachen (z.B. Wertsachen, Ausstellungsstücke).[185] Für Raub auf Transportwegen ist die Festlegung von Entschädigungsgrenzen in Abschnitt A § 1 Nr. 5c) AERB 2010 vorgesehen. Die Grenze wird danach gezogen, wie viele Personen an dem Transport mitwirken und ob der Transport unter Polizeischutz oder anderen Sicherheitsvorkehrungen durchgeführt wird (vgl. Rdn. 41).

---

185 P/M/*Armbrüster*, Vor §§ 74–94 Rn. 17.

c) Zahlung und Verzinsung der Entschädigung

Die **Fälligkeit der Entschädigung** und der **Anspruch des VN auf eine Abschlagszahlung** ist in Abschnitt A § 9 Nr. 1a) AERB 2010 in Übereinstimmung mit der gesetzlichen Regelung in § 14 I und II geregelt. Für die Einzelheiten kann daher auf die dortige Kommentierung verwiesen werden. 93

Der über den Zeitwert bzw. den gemeinen Wert hinausgehende Schaden (Rdn. 83 f.) wird nach Nr. 1b) und c) erst fällig, nachdem der VN gegenüber dem Versicherer den **Nachweis** geführt hat, dass er **die Wiederherstellung oder Wiederbeschaffung sichergestellt** hat. Der VN ist nach Abschnitt A § 9 Nr. 2 AERB 2010 zur **Rückzahlung** der geleisteten Entschädigung verpflichtet, wenn die Sache infolge seines Verschuldens nicht innerhalb einer angemessenen Frist wiederhergestellt oder wiederbeschafft worden ist. Zu den Einzelheiten vgl. die Kommentierung zu § 93. 94

Zur **Verzinsung** der Entschädigung und zur **Hemmung** des Zinsanspruchs vgl. Abschnitt A § 9 Nr. 3 und 4 AERB 2010. Für die Einzelheiten wird auf die Kommentierung zu § 91 verwiesen. 95

9. Wiederherbeischaffung und Veräußerung der versicherten Sachen

a) Wiederherbeigeschaffte Sachen

Wird der Verbleib abhanden gekommener Sachen ermittelt, so hat der VN dies **nach Kenntniserlangung** dem Versicherer **unverzüglich** in Textform **anzuzeigen** (Abschnitt A § 13 Nr. 1 AERB 2010). Anders als in Abschnitt A § 18 Nr. 1 VHB 2010 ist eine entsprechende Pflicht des Versicherers nicht vorgesehen; sie dürfte sich im Einzelfall aus Treu und Glauben ableiten lassen. 96

Die weiteren Rechtsfolgen der Wiederherbeischaffung abhanden gekommener Sachen – insbesondere im Hinblick auf die **Entschädigung** – sind in Abschnitt A § 13 Nr. 2–7 AERB 2010 in gleicher Weise wie in Abschnitt A § 18 Nr. 2–7 VHB 2010 geregelt. Auf die dortige Kommentierung (Anhang L Rdn. 160 ff.) wird daher verwiesen. 97

b) Veräußerung der versicherten Sachen

Veräußert der VN die versicherte Sache, so hat er dies nach Abschnitt A § 14 Nr. 3 AERB 2010 dem Versicherer **unverzüglich** in Textform **anzuzeigen**. Der **Eintritt des Erwerbers in die Rechte und Pflichten** aus dem Versicherungsverhältnis ist in § 14 Nr. 1 geregelt; zu den Kündigungsrechten der Parteien vgl. § 14 Nr. 2. Die Regelungen entsprechen den §§ 95 bis 97; auf die dortige Kommentierung wird verwiesen. 98

III. Beginn, Dauer und Ende des Versicherungsschutzes; Prämie

Beginn, Dauer und Ende des Versicherungsschutzes sowie die Prämienzahlungspflicht des VN und die Folgen eines Zahlungsverzugs sind in Abschnitt B §§ 2–7 AERB 2010 geregelt. Die Vorschriften stimmen mit den **entsprechenden Klauseln bei der Hausratversicherung** (Abschnitt B §§ 2–7 VHB 2010) überein, nur dass die Aufnahme des VN in eine Pflegeeinrichtung, die Aufgabe einer Zweit- oder Ferienwohnung sowie der Tod des VN (Abschnitt B § 2 Nr. 6a) und b) VHB 2010) bei der Einbruchdiebstahl- und Raubversicherung wegen des gewerblichen Charakters nicht als Sonderfälle eines Wegfalls des versicherten Interesses angeführt werden. Für die Einzelheiten wird auf die Kommentierung bei der Hausratversicherung (Anhang L Rdn. 169 ff.) verwiesen. 99

IV. Obliegenheiten des VN

1. Vorvertragliche Anzeigepflicht

Die Regelungen in Abschnitt B § 1 AERB 2010 über die vorvertragliche Anzeigepflicht des VN und die Rechtsfolgen einer Verletzung dieser Pflicht entsprechen den gesetzlichen Vorschriften in §§ 19–22. Für die Einzelheiten kann daher auf die Kommentierung zu diesen Vorschriften verwiesen werden. **Wichtige Beispiele** vorvertraglicher Anzeigepflichtverletzungen sind bei der Einbruchdiebstahl- und Raubversicherung unrichtige Angaben über die Art der vorhandenen Schlösser und Sicherungen[186] oder die Art des betriebenen Gewerbes.[187] 100

2. Obliegenheiten

Die Obliegenheiten des VN sind in Abschnitt B § 8 AERB 2010 geregelt. Die Klausel unterscheidet zwischen Obliegenheiten vor (Nr. 1) und bei und nach Eintritt des Versicherungsfalls (Nr. 2). Die mögliche Leistungsfreiheit des Versicherers bei Obliegenheitsverletzung richtet sich für beide Fallgruppen nach Nr. 3. 101

---

186 LG München I VersR 1986, 645.
187 BGH VersR 1989, 398; OLG Koblenz r+s 2002, 336, 337 f.; LG Köln r+s 2003, 420, 421; vgl. VersHb/*Rüffer*, § 33 Rn. 123.

Anhang M   Einbruchdiebstahl- und Raubversicherung

a) Obliegenheiten vor Eintritt des Versicherungsfalls
aa) Sicherheitsvorschriften

102 Die wichtigste Gruppe der vor dem Versicherungsfall zu erfüllenden Obliegenheiten in der Einbruchdiebstahl- und Raubversicherung sind Sicherheitsvorschriften (vgl. Abschnitt B § 8 Nr. 1a) aa) AERB 2010). Ebenso wie bei der Hausratversicherung haben gesetzliche und behördliche Sicherheitsvorschriften keine große Bedeutung. Im Vordergrund stehen die **vertraglich vereinbarten Sicherheitsvorschriften**.

103 Einzelne vertraglich vereinbarte Sicherheitsvorschriften sind in Abschnitt A § 11 Nr. 1 AERB 2010 geregelt. Dazu gehört insbesondere eine genügend häufige **Kontrolle der versicherten Räume** auch während einer vorübergehenden Betriebsstilllegung, z.B. in den Betriebsferien (lit. a). Gem. lit. b) sind in gewissen Zeitabständen **Duplikate von Daten und Programmen** zu erstellen, die so aufzubewahren sind, dass sie im Versicherungsfall voraussichtlich nicht gleichzeitig mit den Originalen zerstört oder beschädigt werden oder abhandenkommen können. Entsprechende Aufbewahrungsvorschriften gelten gem. lit. c) auch für die zu führenden **Verzeichnisse über Wertpapiere und sonstige Urkunden**, über Sammlungen und über sonstige Sachen, für die dies vereinbart ist. Daneben hat der VN gem. lit. d) **alle Öffnungen** (z.B. Fenster und Türen) in dem Betrieb oder in Teilen des Betriebes verschlossen zu halten, solange die Arbeit, von Nebenarbeiten abgesehen, in diesen Betriebsteilen ruht;[188] alle bei der Antragstellung vorhandenen und alle **zusätzlich vereinbarten Sicherungen** wie z.B. Schlösser von Türen uneingeschränkt gebrauchsfähig zu erhalten und zu betätigen,[189] und nach **Verlust eines Schlüssels** für einen Zugang zum Versicherungsort oder für ein Behältnis das Schloss unverzüglich durch ein gleichwertiges zu ersetzen; **Kassen** sind nach Geschäftsschluss zu entleeren und offen zu lassen.

bb) Sonstige Obliegenheiten vor Eintritt des Versicherungsfalls

104 Den VN können vor Eintritt des Versicherungsfalls auch sonstige Obliegenheiten treffen. So ist er nach Abschnitt B § 11 Nr. 1 AERB 2010 gehalten, dem Versicherer **unverzüglich mitzuteilen**, dass er **bei einem anderen Versicherer ein Interesse gegen dieselbe Gefahr versichert** hat. Für die Einzelheiten vgl. die Kommentierung zu § 77. Zur **Anzeigepflicht des VN bei Veräußerung der versicherten Sachen** (Abschnitt A § 14 Nr. 3a) AERB 2010) s.o. Rdn. 98. Die **Rechtsfolgen** einer Verletzung der Pflicht zur Anzeige der Veräußerung sind in Abschnitt A § 14 Nr. 3b) und c) AERB 2010 entsprechend § 97 gesondert geregelt; s. dazu die Kommentierung zu § 97.

b) Obliegenheiten bei und nach Eintritt des Versicherungsfalls

105 Bei und nach Eintritt des Versicherungsfalls hat der VN in der Einbruchdiebstahl- und Raubversicherung nach Abschnitt B § 8 Nr. 2a) AERB 2010 die gleichen Obliegenheiten zu erfüllen **wie in der Hausratversicherung** (Anhang L Rdn. 203).

aa) Schadenabwendungs- und Schadensminderungspflicht

106 Die einzelnen Ausprägungen der Schadensabwendungs- und Schadensminderungspflicht des VN aus **§ 82** sind in lit. aa), cc) und dd) geregelt. Für die Einzelheiten wird auf die Kommentierung zu § 82 verwiesen.

bb) Anzeige des Versicherungsfalls

107 Der VN hat **dem Versicherer** den Schadenseintritt gem. lit. bb) unverzüglich nach Kenntniserlangung anzuzeigen. Soweit die Schäden durch strafbare Handlungen gegen das Eigentum entstanden sind, müssen sie gem. lit. ee) außerdem unverzüglich **der Polizei** angezeigt werden. Vgl. dazu § 30 VVG Rdn. 10.

cc) Stehlgutliste und Belege

108 Gem. lit. ff) ist dem Versicherer und der Polizei unverzüglich ein Verzeichnis der abhandengekommenen Sachen einzureichen (sog. **Stehlgutliste**)[190]. Es handelt es sich um eine spontan zu erfüllende Auskunfts- und Aufklärungsobliegenheit (§ 31 VVG Rdn. 40 ff.). Die Stehlgutliste hat den **Zweck**, eine gezielte und erfolgreiche Sachfahndung zu ermöglichen, um den vom Versicherer zu ersetzenden Schaden möglichst gering zu halten.[191] Außerdem soll die Gefahr einer unberechtigten Inanspruchnahme des Versicherers (sog. **Vertragsgefahr**) **herabgesetzt** werden, da der VN sich frühzeitig auch gegenüber der Polizei auf den genauen Schadensumfang festlegen muss.[192]

---

188 Zum nicht ordnungsgemäß verschlossenen, auf Kipp gestellten Fenster s. LG Saarbrücken VersR 2010, 1655, 1656.
189 Nach OLG Frankfurt (Main) ZfS 2001, 268 sind Türen bereits dann verschlossen, wenn der Schlüssel nur einmal im Schloss umgedreht wurde; vgl. auch OLG Koblenz r+s 2003, 504, 505 u. 507. Bei Vereinbarung von »Rollläden mit Hochschiebesicherung« keine zuverlässig ausschließende Sicherung erforderlich, OLG Hamm VersR 2010, 208 f.
190 BGH r+s 1988, 146; VersHb/*Rüffer*, § 33 Rn. 143; van Bühren/*Damke*, § 6 Rn. 148.
191 OLG Köln r+s 2011, 337, 338; OLG Nürnberg r+s 2010, 116, 117.
192 OLG Köln VersR 1996, 1534 (LS); OLG Stuttgart r+s 1995, 146; *Martin*, X II Rn. 85.

Für die Hausratversicherung hat der BGH zum alten VVG entschieden, dass den Versicherer über das Einreichen der Stehlgutliste nach Treu und Glauben gemäß § 242 BGB eine **Belehrungspflicht** treffen kann (s. dazu § 31 VVG Rdn. 41).[193] Nach der Rechtsprechung zum neuen VVG ist umstritten, ob § 28 IV gilt.[194] Die generelle Annahme einer zwingenden Belehrungspflicht wäre mit dem Charakter einer spontan zu erfüllenden Obliegenheit nicht vereinbar. Eine andere Beurteilung ist aber geboten, wenn der Versicherer im Einzelfall **Gelegenheit und Anlass** zu einer Belehrung hat (vgl. § 28 VVG Rdn. 137 und § 31 VVG Rdn. 42).[195] Ein Anlass kann insbesondere bestehen, wenn der VN bei rechtzeitiger Anzeige des Versicherungsfalls für den Versicherer erkennbar keine Kenntnis von seiner Obliegenheit hat. Da die Raub- und Einbruchsversicherung den gewerblichen Bereich betrifft (vgl. Rdn. 2), kann der Versicherer i.d.R. aber von der Kenntnis des VN ausgehen. 109

Die einzelnen Gegenstände müssen in der Liste so beschrieben werden, dass eine **Individualisierung möglich** ist.[196] Werden Waren (z.B. Lederwaren, Textilien) aus einem versicherten Geschäft entwendet, so darf der VN sich nicht mit der Einreichung von Rechnungen oder Lieferscheinen begnügen.[197] Bei elektronischen Artikeln hat der VN nicht nur die Typenbezeichnungen, sondern auch die Gerätenummern anzuführen.[198] **Bloße Gattungsbezeichnungen** wie »Ketten, Ringe, Armbänder, Ohrringe«, »eine Pelzjacke« oder »ein Fernglas« sind im Allgemeinen **nicht ausreichend**.[199] **Bei Massenware** werden Sammelbezeichnungen in einem gewissen Umfang jedoch nicht immer zu vermeiden sein. Eine gewisse Orientierung kann in diesem Zusammenhang auch der Wert der jeweiligen Sachen liefern.[200] 110

Die Stehlgutliste ist **unverzüglich**, d.h. ohne schuldhaftes Zögern (§ 121 I 1 BGB), einzureichen.[201] Grundlage für die Bemessung der Frist ist die Zeit, die der VN für die Erstellung der Liste benötigt.[202] In der Regel wird ihm danach eine Frist von ein bis zwei Wochen zugebilligt.[203] Letztlich kommt es auf die Umstände des Einzelfalls an,[204] so dass auch kürzere[205] oder längere[206] Fristen in Betracht kommen können. 111

Neben der Stehlgutliste hat der VN gem. lit. ii) vom Versicherer angeforderte **Belege beizubringen**, deren Beschaffung ihm billigerweise zugemutet werden kann. Zu den Einzelheiten vgl. § 31 VVG Rdn. 23. 112

dd) Aufklärungsobliegenheit

Entsprechend der gesetzlichen Regelung des § 31 schreibt Abschnitt B § 8 Nr. 2a) hh) AERB 2010 vor, dass der VN soweit möglich dem Versicherer unverzüglich **jede Auskunft** zu erteilen hat, die **zur Feststellung des Versicherungsfalls oder des Umfangs der Leistungspflicht** des Versicherers erforderlich ist, sowie jede Untersuchung über Ursache und Höhe des Schadens und über den Umfang der Entschädigungspflicht zu gestatten hat. Ausführlich dazu die Kommentierung zu § 31. 113

Zu den Aufklärungsobliegenheiten kann auch die Pflicht des VN aus lit. gg) gezählt werden, das **Schadenbild** so lange **unverändert zu lassen**, bis die Schadenstelle oder die beschädigten Sachen durch den Versicherer freigegeben worden sind.[207] **Ausnahmen** davon sind im Zweifelsfall möglich, wobei das Schadenbild dann aber nachvollziehbar zu dokumentieren ist (z.B. durch Fotos) und die beschädigten Sachen bis zu einer Besichtigung durch den Versicherer aufzubewahren sind. 114

ee) Aufgebotsverfahren

Gem. lit. jj) hat der VN für zerstörte oder abhanden gekommene **Wertpapiere** oder sonstige aufgebotsfähige **Urkunden** unverzüglich das Aufgebotsverfahren einzuleiten und etwaige sonstige Rechte zu wahren, insbesondere abhandengekommene Sparbücher und andere sperrfähige Urkunden unverzüglich sperren zu lassen. 115

---

193 BGH VersR 2010, 903, 904; BGH VersR 2008, 1491 (= r+s 2008, 513 m. Anm. *Eckes*); OLG Celle r+s 2009, 193, 195 m. Anm. *Günther*.
194 Für eine Belehrungspflicht nach § 28 IV VVG: OLG Celle VersR 2015, 1124, 1126 f.; OLG Karlsruhe VersR 2011, 1560, 1561 m. Anm. *Günther*. Dagegen: OLG Köln VersR 2014 105, 106.
195 Vgl. auch VersHb/*Rüffer*, § 33 Rn. 146; vgl. auch Terbille/Höra/*Knöpper*, § 8 Rn. 175.
196 BGH r+s 1988, 146, 147; OLG Stuttgart r+s 1995, 146; VersHb/*Rüffer*, § 33 Rn. 145; Terbille/Höra/*Knöpper*, § 8 Rn. 171.
197 LG Köln r+s 1995, 147.
198 BGH r+s 1988, 146, 147.
199 OLG Nürnberg r+s 2010, 116, 117; OLG Stuttgart r+s 1995, 146.
200 *Martin*, X II Rn. 76.
201 Vgl. *Spielmann* r+s 2008, 177, 182.
202 OLG Köln r+s 2011, 337, 338; van Bühren/*Damke*, § 6 Rn. 148.
203 OLG Hamm NVersZ 2002, 324, 325; OLG Köln r+s 1998, 250; r+s 2008, 154; vgl. VersHb/*Rüffer*, § 33 Rn. 144; van Bühren/*Damke*, § 6 Rn. 148. Vereinzelt wird »als grobe Orientierung« auch eine Frist von zwei bis drei Wochen vertreten, so *Spielmann* r+s 2008, 177, 182.
204 VersHb/*Rüffer*, § 33 Rn. 143; *Spielmann* r+s 2008, 177, 182.
205 Z.B. OLG Köln 2011, 227, 228 (»binnen weniger Tage«); OLG Frankfurt (Main) r+s 2000, 464, 465 (5 bis 10 Tage).
206 Z.B. LG Kassel r+s 1997, 339, 340 (1 Monat).
207 Ausführlich dazu *Martin*, X II Rn. 138 ff.

ff) Erfüllung der Obliegenheiten durch Dritte

116 Die nach Eintritt des Versicherungsfalls zu erfüllenden Obliegenheiten aus Abschnitt B § 8 Nr. 2a) AERB 2010 treffen gem. Nr. 2b) auch Dritte, denen das Recht auf die vertragliche Leistung des Versicherers zusteht. Vgl. dazu § 30 VVG Rdn. 7 und § 31 VVG Rdn. 12.

c) Leistungsfreiheit des Versicherers

117 Die **Rechtsfolge** der (teilweisen) Leistungsfreiheit bei Obliegenheitsverletzung ist in Abschnitt B § 8 Nr. 3 AERB 2010 geregelt. Insoweit wird auf die Kommentierung zu §§ 28 II–IV (§ 28 VVG Rdn. 117) verwiesen.[208]

3. Gefahrerhöhung

118 In Abschnitt B § 9 Nr. 1 AERB 2010 wird zunächst der **Begriff** der Gefahrerhöhung definiert. Im Übrigen deckt sich die Vorschrift mit den gesetzlichen Bestimmungen der **§§ 23–27**. Auf die dortige Kommentierung wird daher verwiesen.

119 **Besondere gefahrerhöhende Umstände** werden für die Einbruchdiebstahl- und Raubversicherung in Abschnitt A § 12 AERB 2010 – **nicht abschließend** (»insbesondere«) – **aufgezählt**. Eine anzeigepflichtige Gefahrerhöhung i.S.v. Abschnitt B § 9 Nr. 1a) AERB 2010 kann danach z.B. vorliegen, wenn sich ein Umstand ändert, nach dem der Versicherer vor Vertragsschluss gefragt hat (Abschnitt A § 12 lit. a) AERB 2010), wenn von der dokumentierten Betriebsbeschreibung abgewichen wird, Neu- oder Erweiterungsbauten durchgeführt werden oder ein Gebäude oder der überwiegende Teil des Gebäudes nicht genutzt wird (Abschnitt A § 12 lit. b) AERB 2010), oder wenn Räumlichkeiten, die an den Versicherungsort angrenzen, dauernd oder vorübergehend nicht mehr benutzt werden (Abschnitt A § 12 lit. c) AERB 2010).

120 Die **Einstellung des Geschäftsbetriebs** (z.B. bei Insolvenz) führt dagegen nicht ohne Weiteres zu einer Gefahrerhöhung.[209] Das Gleiche gilt für die **vorübergehende Betriebsstilllegung** z.B. während der Betriebsferien (vgl. Rdn. 103). Die entsprechenden Vermutungen in § 5 Nr. 3d) AERB 81 und § 6 Nr. 4d) AERB 87 sind in den AERB 2010 daher nicht mehr geregelt.

---

[208] S. auch Terbille/Höra/*Knöpper*, § 8 Rn. 179 ff.
[209] Vgl. BGH NVersZ 2000, 124, 125.

Anhang N
Reiseversicherung

Übersicht

	Rdn.
I. Vorbemerkung	1
II. Die Reisegepäckversicherung	3
1. Allgemeines	3
a) Gegenstand und praktische Bedeutung	3
b) Rechtsgrundlagen und rechtliche Rahmenbedingungen	7
2. Umfang des Versicherungsschutzes	8
a) Versicherte Personen	8
b) Versicherte Sachen	9
aa) Reisegepäck	9
bb) Sportgeräte	17
cc) Geschenke und Reiseandenken	21
dd) Nicht versicherte Sachen	22
c) Versicherte Gefahren und Schäden	23
aa) Beschädigung und Abhandenkommen	23
(1) Allgemein	23
(2) Umfang des Versicherungsschutzes	27
bb) Verspätungsschäden	36
cc) Beweislast	37
d) Objektive und subjektive Risikoausschlüsse	41
aa) Allgemeine Risikoausschlüsse	41
bb) Besondere Risikoausschlüsse	45
(1) Schmucksachen, Kostbarkeiten, Video- und Fotoapparate	45
(2) Reisegepäck in abgestellten Kraftfahrzeugen	46
(3) Campen und Zelten	48
(4) Herbeiführung des Versicherungsfalles	49
cc) Beweislast	54
e) Leistungsumfang	55
aa) Abhandenkommen und Zerstörung	56
bb) Beschädigung	59
cc) Verspätung	61
dd) Nicht versicherte Schäden	62
ee) Unterversicherung und Wertgrenzen	63
f) Zahlung der Entschädigung	66
3. Prämie; Beginn und Ende des Versicherungsschutzes	68
a) Prämie	68
aa) Versicherung für eine Reise	69
(1) Fälligkeit	69
(2) Zahlungsverzug	70
bb) Jahresversicherung	72
(1) Fälligkeit	72
(2) Zahlungsverzug	73
b) Beginn und Ende des Versicherungsschutzes	77
aa) Beginn des Versicherungsschutzes	77
bb) Ende des Versicherungsschutzes	78
cc) Verlängerung	79
4. Obliegenheiten des Versicherungsnehmers	80
a) Obliegenheiten vor dem Versicherungsfall	80
aa) Besondere Sicherung von Schmucksachen und Kostbarkeiten	80
bb) Gepäckstücke in abgestellten Kraftfahrzeugen	83
b) Obliegenheiten nach dem Versicherungsfall	84
aa) Allgemein	84
bb) Spezielle Obliegenheiten	88
(1) Unverzügliche Strafanzeige	88
(2) Schadensmeldung bei aufgegebenen Gepäckstücken	91
c) Rechtsfolgen	92
5. Ansprüche gegen Dritte	96
6. Verjährung	98
7. Gerichtsstand	100
III. Die Reiserücktrittskostenversicherung	101
1. Allgemeines	101
a) Gegenstand und praktische Bedeutung	101
b) Rechtsgrundlagen und rechtliche Rahmenbedingungen	103
2. Umfang des Versicherungsschutzes	104
a) Versicherte Personen	104
b) Versicherungsfall	105
aa) Allgemein	105
bb) Versicherte Risiken	109
(1) Tod	110
(2) Schwere Unfallverletzung	111
(3) Unerwartet schwere Erkrankung	113
(4) Impfunverträglichkeit	119
(5) Schwangerschaft	122
(6) Eigentumsschaden	123
(7) Arbeitsplatzverlust und Begründung eines neuen Arbeitsverhältnisses	127
(8) Zusätzliche Risiken	131
cc) Kausalität	132
dd) Beweislast	133
c) Objektive und subjektive Risikoausschlüsse	134
d) Leistungsumfang	139
aa) Stornokosten und Vermittlungsentgelte	139
(1) Allgemein	139
(2) Höhe	142
bb) Nachreisekosten	144
cc) Betreuungs- und Pflegekosten	145
e) Zahlung der Entschädigung	146
3. Prämie; Beginn und Ende des Versicherungsschutzes	147
a) Prämie	147
b) Beginn und Ende des Versicherungsschutzes	148
aa) Beginn des Versicherungsschutzes	148
bb) Ende des Versicherungsschutzes	149
4. Obliegenheiten des Versicherungsnehmers	151
a) Obliegenheiten	151
aa) Unverzügliche Stornierung	151
bb) Nachweis- und Aufklärungsobliegenheiten	153
b) Obliegenheitsverletzungen	155
5. Ansprüche gegen Dritte	156
6. Verjährung	157
7. Gerichtsstand	158
IV. Die Reiseabbruchversicherung	159
1. Allgemeines	159

Anhang N Reiseversicherung

	Rdn.		Rdn.
a) Gegenstand und praktische Bedeutung	159	bb) Anteiliger Reisepreis	175
b) Rechtsgrundlagen und rechtliche Rahmenbedingungen	161	cc) Unterkunftskosten	176
		dd) Entschädigungshöhe	177
2. Umfang des Versicherungsschutzes	162	e) Zahlung der Entschädigung	178
a) Versicherte Personen	162	3. Prämie; Beginn und Ende des Versicherungsschutzes	179
b) Versicherungsfall	163	a) Prämie	179
aa) Allgemein	163	b) Beginn und Ende des Versicherungsschutzes	180
bb) Versicherte Risiken	165		
cc) Kausalität	167	4. Obliegenheiten des Versicherungsnehmers	181
dd) Reiseabbruch	168	a) Obliegenheiten	181
c) Objektive und subjektive Risikoausschlüsse	169	aa) Schadenminderung	181
d) Leistungsumfang	170	bb) Nachweispflichten	182
aa) Rückreisekosten	170	b) Obliegenheitsverletzungen	183

Schrifttum:
van Bühren/Nies, Reiseversicherung, 3. Aufl. 2010; *Führich,* Reiserecht, 7. Aufl. 2015; *Nies,* Voraussehbarkeit und unerwartete schwere Erkrankung in der Reise-Rücktrittskosten-Versicherung, VersR 1984, 405; *dies,* Anmerkung zu BGH, Urteil vom 28.01.2004, RRa 2004, 135; *dies,* Die Entwicklung der Reise-Rücktrittskosten- und Reiseabbruchversicherung in der Folge des 11. September 2001, RRa 2002, 251; *dies,* Neue Entwicklungen in der Reisegepäck- und Reiserücktrittskostenversicherung, NVersZ 1999, 241; *Schmid,* Rechtsprobleme bei der Luftbeförderung im Rahmen von Flugpauschalreisen, NJW 2002, 3510; *ders,* Zum Zeitpunkt des Reiseantritts – BGB § 651i I – bei einer Flugreise, RRa 2001, 256; *Staudinger,* Die Bedeutung der BGB- und VVG Reformen für das Reise- und Reiseversicherungsrecht, RRa 2007, 245; *ders,* Aktuelle Streitfragen bei Pauschalreisen und spezifischen Versicherungsprodukten, DAR 2015, 183.

I. Vorbemerkung

1 Mit dem Begriff Reiseversicherung wird **keine einheitliche Versicherung**, sondern die Zusammenfassung verschiedener Versicherungssparten bezeichnet, die sich unterschiedlichen reisespezifischen Risiken widmen. Zu den wichtigsten erfassten Versicherungssparten gehören neben der Reisegepäck-, der Reiserücktrittskosten- und der Reiseabbruchversicherung die Reisekrankenversicherung. Im Nachfolgenden werden die Reisegepäck-, die Reiserücktrittskosten- und die Reiseabbruchversicherung kommentiert. Von einer Kommentierung der **Reisekrankenversicherung** wird wegen der Besonderheiten dieser Materie – insbesondere der Bezüge zur Krankenversicherung im Allgemeinen (§§ 192 ff.) – abgesehen.

2 Bezugspunkt der Kommentierung bilden im Wesentlichen die im Zuge der VVG-Reform neu erarbeiteten unverbindlichen **Musterbedingungen des GdV**. Entsprechend der seit einigen Jahren von verschiedenen Versicherern geübten Praxis, gliedern sich die Musterbedingungen in einen Allgemeinen Teil (AT-Reise 2008), mit den für alle Versicherungssparten geltenden Bestimmungen, und einen nach Sparten sortierten Besonderen Teil (VB-Reisegepäck 2008, VB-Reiserücktritt 2008, VB-Reiseabbruch 2008). Um Wiederholungen zu vermeiden, werden die allgemeinen Bestimmungen im Rahmen der Reisegepäckversicherung erörtert und für die weiteren Versicherungssparten, soweit erforderlich, sodann jeweils in Bezug genommen. Da die von den Versicherern verwendeten Versicherungsbedingungen auch in wesentlichen Punkten von den Musterbedingungen abweichen können, sind bei der Fallbearbeitung die im Einzelfall maßgebenden AVB sorgfältig durchzusehen und zu prüfen.

II. Die Reisegepäckversicherung

1. Allgemeines

a) Gegenstand und praktische Bedeutung

3 Die Reisegepäckversicherung gewährt Schutz gegen die durch das Entfernen aus der häuslichen Umgebung auf einer Reise gegebenen besonderen Risiken der **Beschädigung** und des **Verlustes der mitgeführten Gegenstände**.[1]

4 Die ersten Reisegepäckversicherungen wurden um die Jahrhundertwende des letzten Jahrhunderts angeboten und zunächst der **Transportversicherung** zugeordnet.[2] Dies hatte zur Folge, dass die Versicherung nach § 187 a.F. nicht den Beschränkungen des VVG unterworfen war und bis 1975 gemäß dem bis dahin gültigen § 148 nicht der Kontrolle durch die Versicherungsaufsicht unterstand. Mit Blick auf den zunehmenden Massentourismus wurde die Reisegepäckversicherung jedoch 1976 aus Gründen des Verbraucherschutzes aus der

---

1 van Bühren/Nies/*Nies*, Teil 1 Rn. 1.
2 van Bühren/Nies/*Nies*, Teil 1 Rn. 5 ff.

Transportversicherung ausgegliedert und der **Sachversicherung** zugeordnet.[3] Damit unterstand sie von nun an bis zu deren Wegfall 1994 der Bedingungsaufsicht durch das Bundesaufsichtsamt.

Die **praktische Bedeutung** der Reisegepäckversicherung hat im Vergleich zur Reiserücktrittskostenversicherung und Reisekrankenversicherung in den zurückliegenden Jahren abgenommen.[4] Dies dürfte damit zu erklären sein, dass die auf der Reise mitgeführten Gegenstände regelmäßig **Hausrat** (vgl. Anh. L Rdn. 55 ff.) darstellen, der – wenn auch zeitlich beschränkt – außerhalb der Wohnung über die sog. **Außenversicherung** einer bestehenden **Hausratversicherung** (zu den Einzelheiten Anh. L Rdn. 124 ff.) Versicherungsschutz genießt und Reisende vor diesem Hintergrund offensichtlich den zusätzlichen Abschluss einer Reisegepäckversicherung für entbehrlich halten.[5] Hierbei wird jedoch verkannt, dass der Versicherungsschutz der Hausratversicherung schwächer ausgestaltet ist als der Schutz durch die Reisegepäckversicherung. So ist im Rahmen der Reisegepäckversicherung auch der **einfache Diebstahl** versichert (vgl. zu den versicherten Risiken unten Rdn. 30 ff.), während die Eintrittspflicht des Hausratversicherers **qualifizierte Formen des Diebstahls** voraussetzt (vgl. hierzu Anh. L Rdn. 128). Es ist daher tatsächlich zu überlegen, ob auf den zusätzlichen Abschluss einer Reisegepäckversicherung verzichtet werden kann. Fehlt eine Reisegepäckversicherung, so ist im Schadenfall jeweils zu prüfen, ob eine bestehende Hausratversicherung eingreift. 5

Der Bedeutungsrückgang der Reisegepäckversicherung mag daneben durch das Bestehen internationaler Abkommen wie dem **Montrealer Übereinkommen**[6] begünstigt werden, die eine – regelmäßig summenmäßig beschränkte – Haftung der Fluggesellschaften für verlorene und beschädigte Gepäckstücke vorsehen.[7] 6

b) Rechtsgrundlagen und rechtliche Rahmenbedingungen

Eine eigenständige gesetzliche Regelung der Reisegepäckversicherung fehlt. Der Versicherungsschutz wird im Wesentlichen durch die **Bedingungswerke der Versicherer** ausgestaltet; individuelle Vereinbarungen zwischen den Vertragsparteien fehlen regelmäßig. Da die Reisegepäckversicherung heute der Sachversicherung zugeordnet wird (vgl. oben Rdn. 4), kann auf die Allgemeinen Vorschriften für alle Versicherungszweige in den §§ 1–73 sowie die Vorschriften über die **Schadensversicherung** in den §§ 74–99 zurückgegriffen werden. Darüber hinaus gelten die Vorschriften des BGB, soweit diese nicht durch speziellere Vorschriften des VVG verdrängt werden (vgl. Einl. A Rdn. 36 f.). 7

2. Umfang des Versicherungsschutzes

a) Versicherte Personen

Welche der reisenden Personen versichert ist, bestimmt sich ausschließlich nach der **vertraglichen Vereinbarung** zwischen Versicherer und VN. Die noch in den AVBR 92 enthaltenen Beschränkungen des Versichertenkreises auf mitreisende Angehörige und Lebensgefährten sind zwischenzeitlich weggefallen. Versichert sind damit alle im Versicherungsschein namentlich genannten Personen bzw. ist die im Versicherungsschein umschriebene Personengruppe. 8

b) Versicherte Sachen

aa) Reisegepäck

Versicherungsschutz genießt grundsätzlich das gesamte **Reisegepäck** des VN/Versicherten. Darunter fallen sämtliche **Sachen des persönlichen Reisebedarfs**, also alle unbelebten,[8] beweglichen, körperlichen Gegenstände (§ 90 BGB), die vom VN/Versicherten auf der Reise bewusst mitgeführt werden, weil sie nach der Art der Reise und der konkreten Vorstellung des VN/Versicherten irgendwann auf dieser gebraucht werden oder von Nutzen sein könnten.[9] Ob die mitgeführten Gegenstände schließlich tatsächlich genutzt werden, ist ohne Bedeutung. 9

Auf eine Definition des Begriffs der **Reise** ist in den Reiseversicherungsbedingungen trotz der zentralen Bedeutung dieses Begriffs bislang verzichtet worden. Ausgehend vom allgemeinen Sprachgebrauch ist darunter jede vom ständigen Wohnsitz, also vom tatsächlichen Lebensmittelpunkt des VN/Versicherten ausgehende Ortsveränderung zu verstehen.[10] Welches Fortbewegungsmittel hierbei benutzt wird, ist unerheblich. Auch 10

---

3 van Bühren/Nies/*van Bühren*, Teil 4 Rn. 55.
4 H/E/K/*Fajen*, 17. Kap. Rn. 3; Staudinger/Halm/Wendt/*Staudinger*, VB-Reisegepäck Vorb. Rn. 1.
5 H/E/K/*Fajen*, 17. Kap. Rn. 3.
6 BGBl 2004, Teil II, Nr. 11, S. 459.
7 H/E/K/*Fajen*, 17. Kap. Rn. 3; Staudinger/Halm/Wendt/*Staudinger*, VB-Reisegepäck Vorb. Rn. 1.
8 van Bühren/Nies/*van Bühren*, Teil 4 Rn. 13; *Führich*, § 33 Rn. 10; Terbille/Höra/*Gebert/Steinbeck*, § 30 Rn. 140; a.A. Staudinger/Halm/Wendt/*Staudinger*, VB-Reisegepäck Ziff. 1 Rn. 4; auf den Einzelfall abstellend P/M/*Dörner*, VB-Reisegepäck Ziff. 1 Rn. 1.
9 van Bühren/Nies/*van Bühren*, Teil 4 Rn. 23 ff.; *Führich*, § 33 Rn. 11; AG Bremen VersR 1981, 927; allein auf die subjektive Zwecksetzung stellt ab P/M/*Dörner*, VB-Reisegepäck Ziff. 1 Rn. 2.
10 *Führich*, § 33 Rn. 6.

Anhang N Reiseversicherung

Fußwanderungen werden daher grundsätzlich erfasst.[11] Die Ortsveränderung muss nach den Versicherungsbedingungen jedoch eine **Mindestentfernung zwischen Wohn- und Zielort** aufweisen: Während nach den AVBR 92 in diesem Zusammenhang noch das Überschreiten der Gemeindegrenze zur Gewährung von Versicherungsschutz vorausgesetzt wurde, fordert Pkt. 2.2.4 AT–Reise 2008 nunmehr eine zurückzulegende Mindestanzahl von Kilometern, die sich ausschließlich nach der abstrakten Entfernung (Luftlinie) zwischen Wohnort und dem Ziel der Reise bemisst;[12] die vom Reisenden konkret zurückgelegte Wegstrecke bleibt außer Betracht.

11 Ob die Ortsveränderung vom VN/Versicherten **in eigener Verantwortung** organisiert wird oder ein **Reisevertrag** i.S.d. § 651a BGB vorliegt, ist für die Qualifikation als Reise ohne Bedeutung. Der durch Reiserücktrittskosten- und Reiseabbruchversicherung gewährte Deckungsschutz setzt jedoch zwingend das Vorliegen eines Reise- oder Mietvertrages bzw. einen Vertrag über die Erbringung touristischer Leistungen voraus (vgl. Rdn. 101 ff.).

12 Liegen ein Reisevertrag oder mehrere Reiseverträge mit örtlich und zeitlich aufeinander abgestimmten Reiseleistungen/-bausteinen vor, so werden diese versicherungsrechtlich regelmäßig als einheitliche Reise behandelt. Dies gilt jedenfalls dann, wenn die Reisebausteine bei einem Reiseveranstalter gebucht wurden.[13]

13 **Zeitliche Mindestanforderungen** an die Ortsveränderung werden grundsätzlich nicht gestellt;[14] von einer Reise kann allerdings nach dem allgemeinen Sprachgebrauch dann nicht mehr gesprochen werden, wenn die Ortsveränderung nur wenige Minuten dauern soll.[15] Durch was die Ortsveränderung veranlasst wird, ob durch private oder berufliche Zwecke, ist für die Einordnung als Reise ebenfalls unerheblich.[16] Damit werden neben »klassischen« Urlaubs- und Dienstreisen z.B. auch Einkaufs-[17] und Umzugsfahrten[18] umfasst. Die Frage, ob auch die täglichen Fahrten von und zur Arbeitsstätte als Reise zu qualifizieren sind,[19] ist mit Blick auf den in Pkt. 2.2.4 AT–Reise 2008 ausdrücklich festgehaltenen Ausschluss entsprechender Fahrten vom Versicherungsschutz nicht mehr zu entscheiden. Nicht als Fahrten zur Arbeitsstätte sind jedoch die im Rahmen einer Vertreter-/Außendienstler-Tätigkeit durchgeführten Fahrten zu wechselnden Einsatzorten zu qualifizieren. Sie werden daher vom Reisebegriff umfasst.[20]

14 Ohne Bedeutung für den Versicherungsschutz ist, ob die Mitnahme eines Gegenstands im Einzelfall **beruflich oder privat** veranlasst ist.[21] Der noch in den AVBR 1992 enthaltene Ausschluss von Gegenständen, die überwiegend beruflichen Zwecken dienen, findet sich heute nur noch vereinzelt in den Versicherungsbedingungen. Für die Einordnung als Reisebedarf maßgeblich ist für alle Gegenstände ausschließlich, dass die mitgeführte Sache vom Reisenden während der Reise benutzt werden soll. Nicht versichert sind demgemäß solche Gegenstände, die lediglich zum Transport mitgeführt werden, z.B. Umzugsgut.[22]

15 Der Versicherungsschutz erstreckt sich sowohl auf Gegenstände, die bereits seit Reisebeginn mitgeführt werden, als auch auf den erst auf der Reise hinzu erworbenen Reisebedarf.[23] Werden erst am letzten Tag der Reise eine Vielzahl von Kleidungsstücken erworben, so ist allerdings bereits vom äußeren Erscheinungsbild auszuschließen, dass diese noch auf der Reise gebraucht werden und damit Reisebedarf darstellen.[24]

16 Die **Eigentumsverhältnisse** und damit die Frage, ob durch Beschädigung oder Verlust der Sache ein Schaden erlitten wird, sind für die Qualifikation als Reisegepäck ohne Bedeutung:[25] Versicherungsschutz genießen folglich auch Gegenstände, die lediglich unter Eigentumsvorbehalt erworben wurden oder die sich der VN/Versicherte für die Reise geliehen bzw. gemietet hat. Nicht zuletzt mit Blick auf die bei einer abweichenden Einordnung eröffneten Manipulationsmöglichkeiten sind Gegenstände, die der VN/Versicherte auf der Reise planmäßig zusammen mit einer dritten Person nutzt, nicht als persönlicher Reisebedarf des Versicherten zu qualifizieren.[26]

---

11 P/M/*Dörner*, AT-Reise Ziff. 2 Rn. 1.
12 van Bühren/Nies/*Nies*, Teil 1 Rn. 48.
13 *Führich*, § 30 Rn. 17; P/M/*Dörner*, AT-Reise Ziff. 2 Rn. 10; LG Hagen NJW-RR 2012, 936.
14 P/M/*Dörner*, AT-Reise Ziff. 2 Rn. 7; OLG Hamm VersR 1991, 689; LG Wiesbaden NVersZ 2000, 432.
15 van Bühren/*Nies*, ReiseV², § 6 AVBR Rn. 8.
16 P/M/*Dörner*, AT-Reise Ziff. 2 Rn. 8; van Bühren/Nies/*van Bühren*, Teil 4 Rn. 29; *Führich*, § 33 Rn. 6.
17 LG Wiesbaden NVersZ 2000, 432.
18 LG Hannover VersR 1984, 959 f.; P/M/*Dörner*, AT-Reise Ziff. 2 Rn. 9.
19 So noch van Bühren/*Nies*, ReiseV², § 6 AVBR Rn. 10.
20 P/M/*Dörner*, AT-Reise Ziff. 2 Rn. 9.
21 P/M/*Dörner*, VB-Reisegepäck Ziff. 1 Rn. 5; Staudinger/Halm/Wendt/*Staudinger*, VB-Reisegepäck Ziff. 1 Rn. 5; van Bühren/*Richter*, § 7 Rn. 147; a.A. van Bühren/Nies/*van Bühren*, Teil 4 Rn. 38; *Führich*, § 33 Rn. 11; Terbille/Höra/*Gebert/Steinbeck*, § 30 Rn. 151.
22 van Bühren/Nies/*van Bühren*, Teil 4 Rn. 36; H/E/K/*Fajen*, 17. Kap. Rn. 8; *Führich*, § 33 Rn. 10.
23 van Bühren/Nies/*van Bühren*, Teil 4 Rn. 28; Staudinger/Halm/Wendt/*Staudinger*, VB-Reisegepäck Ziff. 1 Rn. 5.
24 LG Düsseldorf VersR 1989, 42, 42 f.
25 van Bühren/Nies/*van Bühren*, Teil 4 Rn. 12.
26 van Bühren/Nies/*van Bühren*, Teil 4 Rn. 33.

bb) Sportgeräte

Nach der ausdrücklichen Klarstellung in den verschiedenen Bedingungswerken zählen zum Reisegepäck auch mitgeführte **Sportgeräte**. Im Vergleich zum übrigen Reisebedarf genießen diese allerdings lediglich einen eingeschränkten Versicherungsschutz, sodass es der Differenzierung bedarf. 17

Als Sportgeräte gelten sämtliche Gegenstände, die charakteristisch der **Sportausübung**, also Wettkampfspielen oder dem körperlichen Training, dienen.[27] Hierunter fallen z.B. Tennisschläger, Surfbretter, Golfschläger, Skier und Tauchausrüstungen. Kleidungsstücke, die zwar beim Sport Verwendung finden, jedoch ohne spezifische Funktion bei der Sportausübung sind, stellen lediglich einfachen Reisebedarf dar.[28] Gleiches gilt für Kinderspielzeug.[29] 18

Der Reiseversicherer trägt **nicht** die gerade **aus dem Gebrauch** der Sportgeräte spezifisch **erwachsenden Risiken**. Deckungsschutz besteht daher nur solange sich die auf der Reise mitgeführten Sportgeräte nicht im bestimmungsgemäßen, ihrer Funktion entsprechendem Einsatz befinden.[30] Noch nicht als bestimmungsgemäßer Gebrauch zu werten sind grundsätzlich bloße Maßnahmen zur Vorbereitung des Einsatzes oder die nach der Verwendung anfallenden Tätigkeiten, es sei denn, in ihnen verwirkliche sich ausnahmsweise (bereits) ein besonderes Gebrauchsrisiko. Für Schäden, die während der An- und Abtransports oder bei Auf- und Abbau der Geräte eintreten, besteht daher regelmäßig, wenn auch betragsmäßig beschränkt, Deckungsschutz.[31] 19

Da es sich beim Ausschluss des Gebrauchsrisikos von Sportgeräten um eine **Risikobeschränkung** handelt,[32] trägt der VN die Beweislast dafür, dass der Versicherungsfall nicht während des bestimmungsgemäßen Gebrauchs der Geräte eingetreten ist. 20

cc) Geschenke und Reiseandenken

Zum versicherten Reisegepäck gehören schließlich bedingungsgemäß auch **Geschenke** und **Reiseandenken**. Welche Gegenstände als Geschenke oder Reiseandenken mitgeführt werden, bestimmt sich hierbei in erster Linie nach der subjektiven Vorstellung des VN/Versicherten. Die Grenze der insoweit **freien Deklaration** durch den VN/Versicherten ist allerdings dort erreicht, wo dem in Rede stehenden Gegenstand objektiv kein Geschenkcharakter mehr zugemessen werden kann, z.B. weil er nur beruflichen oder gewerblichen Zwecken dienen kann,[33] oder atypisch größere Sachmengen und -werte mitgeführt werden.[34] 21

dd) Nicht versicherte Sachen

Unabhängig von ihrer Einordnung als Reisegepäck wird generell kein Versicherungsschutz für **Geld**, also gültige Zahlungsmittel,[35] **Wertpapiere**, **Urkunden** und für sämtliche Arten von Dokumenten, mit Ausnahme von amtlichen Ausweisen und Visa, gewährt. Ebenfalls nicht versichert sind motorgetriebene **Land-, Luft- und Wasserfahrzeuge** jeweils samt Zubehör sowie **Brillen**, **Kontaktlinsen**, **Hörgeräte** und **Prothesen**. Mit den genannten medizinischen Hilfsmitteln sind Krücken, handbetriebene Rollstühle, Zahnspangen und Perücken nicht gleichzusetzen.[36] 22

c) Versicherte Gefahren und Schäden

aa) Beschädigung und Abhandenkommen

(1) Allgemein

Das Reisegepäck ist grundsätzlich gegen **Beschädigung**, einschließlich Zerstörung, sowie gegen **Abhandenkommen** versichert. Als Abhandenkommen ist entsprechend § 935 BGB der endgültige Verlust des unmittelbaren Besitzes ohne oder gegen den Willen des Besitzers zu verstehen.[37] Da der Besitzverlust endgültig sein muss, gilt **fehlgeleitetes Reisegepäck** erst dann als abhandengekommen, wenn aufgrund von Erfahrungswerten aus vergleichbaren Fällen mit einer Wiederbeschaffung nicht mehr gerechnet werden kann.[38] Dies dürfte regelmäßig nach ein bis zwei Wochen der Fall sein.[39] 23

---

27 van Bühren/Nies/*van Bühren*, Teil 4 Rn. 171 f.
28 van Bühren/Nies/*van Bühren*, Teil 4 Rn. 173; *Führich*, § 33 Rn. 26.
29 P/M/*Dörner*, VB-Reisegepäck Ziff. 3 Rn. 11; van Bühren/Nies/*van Bühren*, Teil 4 Rn. 174 f.; *Führich*, § 33 Rn. 26.
30 P/M/*Dörner*, VB-Reisegepäck Ziff. 3 Rn. 9; van Bühren/Nies/*van Bühren*, Teil 4 Rn. 170.
31 P/M/*Dörner*, VB-Reisegepäck Ziff. 3 Rn. 9; van Bühren/Nies/*van Bühren*, Teil 4 Rn. 181 ff.; *Führich*, § 33 Rn. 26.
32 P/M/*Dörner*, VB-Reisegepäck Ziff. 3 Rn. 10; van Bühren/Nies/*van Bühren*, Teil 4 Rn. 169; *Führich*, § 33 Rn. 26.
33 van Bühren/Nies/*van Bühren*, Teil 4 Rn. 292.
34 Terbille/Höra/*Gebert/Steinbeck*, § 30 Rn. 155.
35 van Bühren/Nies/*van Bühren*, Teil 4 Rn. 136.
36 P/M/*Dörner*, VB-Reisegepäck Ziff. 3 Rn. 4; van Bühren/Nies/*van Bühren*, Teil 4 Rn. 158; H/E/K/*Fajen* 17. Kap. Rn. 12.
37 van Bühren/Nies/*van Bühren*, Teil 4 Rn. 60.
38 van Bühren/Nies/*van Bühren*, Teil 4 Rn. 62.
39 van Bühren/*Richter*, § 7 Rn. 20; *Führich*, § 33 Rn. 15; Staudinger/Halm/Wendt/*Staudinger*, VB-Reisegepäck Ziff. 2 Rn. 7.

24 Wird abhanden gekommenes Gepäck später wiedererlangt, so entfällt der Anspruch auf Entschädigungsleistung: Ein Versicherungsfall lag tatsächlich nicht vor. Ist die Entschädigungsleistung bereits ausgezahlt worden, so ist der VN/Versicherte gem. § 812 Abs. 1 S. 1, 1. Fall BGB zur Rückgewähr verpflichtet.[40]

25 Vom Abhandenkommen ist das **Vergessen, Liegen-, Hängen-, Stehenlassen** sowie das **Verlieren** abzugrenzen; für diese Formen des Besitzverlustes wird nach Pkt. 3.1.7 VB-Reisegepäck 2008 kein Versicherungsschutz gewährt. Eigentümlich ist diesen Formen des Besitzverlustes jeweils, dass der VN/Versicherte das Gepäckstück zunächst willentlich an einen Ort verbracht hat, an dem es dann versehentlich verblieben ist.[41]

26 Da es sich um sekundäre Risikobeschränkungen zum Oberbegriff des Abhandenkommens handelt, hat der Versicherer zu beweisen, dass der vom VN/Versicherten dargelegte Besitzverlust auf ein Verlieren, Vergessen, Liegen-, Hängen- oder Stehenlassen zurückzuführen ist.[42]

(2) Umfang des Versicherungsschutzes

27 Der Umfang des bei Beschädigung und Abhandenkommen im Einzelfall gewährten Versicherungsschutzes hängt maßgebend davon ab, in wessen Gewahrsam sich das Gepäckstück im Zeitpunkt des Schadensfalles befand.

28 Soweit der VN/Versicherte einem Beförderungsunternehmen, einem Beherbergungsbetrieb oder einer Gepäckaufbewahrung den Alleingewahrsam an versicherten Sachen übergeben hat, tritt der Versicherer unabhängig von der Schadensursache bei Beschädigungen und Abhandenkommen des Gepäcks ein. Der insoweit gewährte **Allgefahrenschutz** rechtfertigt sich dadurch, dass sich der VN/Versicherte mit dem Alleingewahrsam sämtlichen Einwirkungsmöglichkeiten auf das Gepäckstück und damit auf den Eintritt eines Versicherungsfalles begeben hat.[43] Im Einzelfall ist jeweils sorgfältig zu prüfen, ob der VN/Versicherte tatsächlich den alleinigen Gewahrsam an einem versicherten Gepäckstück aufgegeben hat oder noch Einflussmöglichkeiten bestehen. Legt der VN/Versicherte im Bus oder Flugzeug z.B. Gepäckstücke in der Ablage über seinem Sitz ab, so bestehen weiterhin Zugriffsmöglichkeiten und damit Gewahrsam des VN/Versicherten.[44] Anders ist zu entscheiden, wenn das Gepäckstück gesondert im jeweiligen Gepäckraum des Transportmittels verstaut ist.[45]

29 Der **Kreis der Institutionen**, deren Gewahrsamsübernahme den umfassenden Versicherungsschutz begründet, ist in den Versicherungsbedingungen **abschließend** genannt und nicht erweiterbar.[46] Es muss sich jeweils um ein gewerblich oder berufsmäßig handelndes Unternehmen handeln,[47] dem auf Grundlage eines – auch konkludent abgeschlossenen – Werk- oder Dienstvertrages der Alleingewahrsam übertragen wurde.[48] Reine Gefälligkeitsverhältnisse genügen in diesem Zusammenhang nicht.[49]

30 Ist der Alleingewahrsam nicht in der bezeichneten Art an einen Dritten übergeben worden, so besteht lediglich **Einzelgefahrendeckung:** Für Schäden an den vom VN/Versicherten mitgeführten Reisegepäckstücken tritt der Versicherer nur ein, wenn sie auf den Eintritt eines versicherten Ereignisses zurückzuführen sind. Der Kreis der versicherten Risiken ist in den Versicherungsbedingungen **abschließend** genannt.

31 Zu den versicherten Risiken zählen nach Pkt. 2.1.1 VB–Reisegepäck 2008 **Diebstahl, Einbruchdiebstahl, Raub, räuberische Erpressung** und **vorsätzliche Sachbeschädigung**. Die Begriffe sind entsprechend den **Straftatbeständen des StGB** auszulegen.[50] Eine Erweiterung auf andere Straftatbestände scheidet aus. Damit sind insbesondere keine Schäden versichert, die in Folge eines Betruges oder einer Unterschlagung eintreten. Wie im Strafrecht muss daher im Einzelfall sorgfältig geprüft werden, ob ein Fremd- oder ein Selbstschädigungsdelikt gegeben ist.

32 Versichert sind daneben nach Pkt. 2.1.2 VB–Reisegepäck 2008 Gepäckschäden, die auf einen **Unfall** des benutzten Transportmittels zurückzuführen sind. Als Transportmittel können hierbei grundsätzlich sowohl Gegenstände als auch Tiere dienen, die zum Transport von Gütern geeignet und bestimmt sind.[51]

---

40 P/M/*Dörner*, VB-Reisegepäck Ziff. 2 Rn. 7; van Bühren/*Richter*, § 7 Rn. 20; *Führich*, § 33 Rn. 15; Staudinger/Halm/Wendt/*Staudinger*, VB-Reisegepäck Ziff. 2 Rn. 7.
41 P/M/*Knappmann*[27], § 2 AVBR 92 Rn. 8.
42 van Bühren/Nies/*van Bühren*, Teil 4 Rn. 187.
43 van Bühren/Nies/*van Bühren*, Teil 4 Rn. 113; *Führich*, § 33 Rn. 14; H/E/K/*Fajen*, 17. Kap. Rn. 20.
44 AG München VersR 1985, 255.
45 van Bühren/Nies/*van Bühren*, Teil 4 Rn. 115; P/M/*Dörner*, VB-Reisegepäck Ziff. 2 Rn. 3.
46 P/M/*Dörner*, VB-Reisegepäck Ziff. 2 Rn. 2; *Führich*, § 33 Rn. 14.
47 BGH NJW 1987, 191, 193; AG Hamburg NJW-RR 1989, 1432; van Bühren/Nies/*van Bühren*, Teil 4 Rn. 118; *Führich*, § 33 Rn. 14.
48 Nach Staudinger/Halm/Wendt/*Staudinger*, VB-Reisegepäck Ziff. 2 Rn. 6 braucht die zugrundeliegende vertragliche Abrede nicht einmal unmittelbar mit dem VN/Versicherten bestehen.
49 P/M/*Dörner*, VB-Reisegepäck Ziff. 2 Rn. 3; van Bühren/Nies/*van Bühren*, Teil 4 Rn. 119; *Führich*, § 33 Rn. 14.
50 P/M/*Dörner*, VB-Reisegepäck Ziff. 2 Rn. 14; *Führich*, § 33 Rn. 18.
51 van Bühren/Nies/*van Bühren*, Teil 4 Rn. 92; *Führich*, § 33 Rn. 19.

Die Annahme eines Unfalls setzt voraus, dass auf das Transportmittel plötzlich von außen – zumindest über das Gepäck selbst –[52] mit mechanischer Gewalt eingewirkt wird.[53] Neben den klassischen Kollisionsfällen liegt ein Transportmittelunfall folglich auch dann vor, wenn überstehendes Gepäck gegen ein Hindernis schlägt und das Transportmittel hierdurch aus der Bahn geworfen wird.[54] Ein äußeres Einwirken ist ferner zu bejahen, wenn das Transportmittel wegen eines Hindernisses auf der Straße zum Abbremsen genötigt wird.[55] Nicht versichert sind Ereignisse, die auf interne Ursachen, wie technische Fehlfunktionen oder Materialermüdungen, zurückzuführen sind.[56] 33

Ohne Bedeutung für die Annahme eines versicherten Unfallereignisses ist, ob das Transportmittel durch die Gewalteinwirkung selbst einen Schaden erlitten hat.[57] 34

Versichert sind schließlich nach Pkt. 2.1.3 VB–Reisegepäck 2008 **Schadensfälle infolge eines Feuers, einer Explosion und infolge von Elementarereignissen** wie Überschwemmungen, Lawinenabgängen, Sturm und Blitzschlag. Hinsichtlich der Begriffsbestimmungen kann auf die Ausführungen zu den inhaltsgleichen Begriffen der Hausratversicherung verwiesen werden (vgl. Anh. L Rdn. 11). Für die Annahme eines Versicherungsfalles reicht es jeweils aus, dass sich der eingetretene Schaden **adäquat kausal** auf den Eintritt eines der genannten Risiken zurückführen lässt: Versichert sind daher z.B. bei Vorliegen eines Brandes auch Beschädigungen des Reisegepäcks durch Löschwasser, durch Panikhandlungen oder Raucheinwirkung.[58] 35

bb) Verspätungsschäden

Zusätzlich zur Haftung für beschädigtes und abhanden gekommenes Reisegepäck wird bei aufgegebenem Gepäck Versicherungsschutz auch im Fall von **Verspätungen** gewährt, wenn das Reisegepäck seinen Bestimmungsort entgegen der ursprünglichen Planung nicht am selben Tag wie der VN/Versicherte erreicht. Erstattet werden hier die zum Ersatz oder die zur Wiedererlangung der nicht rechtzeitig ausgelieferten Gepäckteile aufgewandten Kosten (vgl. dazu im Einzelnen unten Rdn. 61). 36

cc) Beweislast

Die **Beweislast** für das Vorliegen eines Versicherungsfalles trägt der VN/Versicherte. Angesichts der im Bereich der **Einzelgefahrendeckung** für den VN/Versicherten gegebenen **Beweisschwierigkeiten** wird dem VN/Versicherten hier jedoch grundsätzlich **nicht der Vollbeweis abverlangt**.[59] Die ständige Rechtsprechung lässt es genügen, dass der VN/Versicherte Tatsachen darlegt und beweist, die nach ihrem äußeren Erscheinungsbild nach allgemeiner Lebenserfahrung mit **hinreichender Wahrscheinlichkeit** den Schluss auf den Eintritt eines versicherten Schadensfalles zulassen.[60] Zugunsten des VN/Versicherten wird insoweit vermutet, dass dieser redlich agiert.[61] 37

Gelingt dem VN/Versicherten der erleichterte Beweis, so ist es sodann am Versicherer, Tatsachen darzulegen und unter Beweis zu stellen, aus denen sich mit **erheblicher Wahrscheinlichkeit** das Vortäuschen eines Versicherungsfalles ergibt.[62] Den Verdacht eines unredlichen Verhaltens des VN/Versicherten können neben widersprüchlichen Angaben zum Schadenshergang[63] oder zur Schadenshöhe[64] insbesondere Manipulationen von Schadensbelegen[65] und eine gehäufte Anzahl von angeblichen Reisegepäckschäden[66] begründen. Auch Vorstrafen wegen mehrerer Vermögensdelikte können zur Erschütterung der Redlichkeitsvermutung genügen.[67] 38

---

52 van Bühren/Nies/*van Bühren*, Teil 4 Rn. 97; OLG Stuttgart VersR 1980, 918, 919.
53 P/M/*Dörner*, VB-Reisegepäck Ziff. 2 Rn. 15; van Bühren/Nies/*van Bühren*, Teil 4 Rn. 93.
54 AG München VersR 1994, 594.
55 van Bühren/Nies/*van Bühren*, Teil 4 Rn. 96; van Bühren/*Richter*, § 7 Rn. 23; jetzt auch P/M/*Dörner*, VB-Reisegepäck Ziff. 2 Rn. 15.
56 P/M/*Dörner*, VB-Reisegepäck Ziff. 2 Rn. 15.
57 P/M/*Dörner*, VB-Reisegepäck Ziff. 2 Rn. 15; van Bühren/Nies/*van Bühren*, Teil 4 Rn. 97; LG Bremen VersR 1996, 230.
58 P/M/*Dörner*, VB-Reisegepäck Ziff. 2 Rn. 16; van Bühren/*Richter*, § 7 Rn. 25; van Bühren/Nies/*van Bühren*, Teil 4 Rn. 101 f.
59 OLG Hamm r+s 1988, 178; LG Aachen r+s 2004, 69, 69 f.; van Bühren/Nies/*van Bühren*, Teil 4 Rn. 319 ff.; H/E/K/*Fajen*, 17. Kap. Rn. 39.
60 OLG Hamm VersR 1989, 625; OLG Hamburg VersR 1984, 1063; van Bühren/*Richter*, § 7 Rn. 19; van Bühren/Nies/*van Bühren*, Teil 4 Rn. 323; Terbille/Höra/*Gebert/Steinbeck*, § 30 Rn. 174.
61 BGHZ 132, 79, 82; BGH VersR 1997, 733 f.; van Bühren/Nies/*van Bühren*, Teil 4 Rn. 331 ff.; Terbille/Höra/*Gebert/Steinbeck*, § 30 Rn. 174.
62 P/M/*Dörner*, VB-Reisegepäck Ziff. 2 Rn. 19; van Bühren/Nies/*van Bühren*, Teil 4 Rn. 323 ff.
63 OLG München VersR 1984, 733.
64 AG Hamburg VersR 1989, 743.
65 OLG Hamm VersR 1985, 382; OLG Düsseldorf VersR 1977, 661 f.
66 AG München RRa 2001, 151.
67 OLG Hamm VersR 2006, 1490, 1491; VersR 2001, 710; H/E/K/*Fajen*, 17. Kap. Rn. 39 nur bei Hinzutreten weiterer Umstände.

Anhang N Reiseversicherung

39 Kann der Versicherer den ihm obliegenden Gegenbeweis erbringen, so entfallen Redlichkeitsvermutung und Beweiserleichterung zu Gunsten des VN/Versicherten; dieser hat nun den **Vollbeweis** zu erbringen.[68]

40 Die dargestellten Beweiserleichterungen greifen von vornherein nicht für den Nachweis des erlittenen Schadens. Bezogen auf die Schadenhöhe gelten die allgemeinen zivilrechtlichen Beweisregeln.[69]

d) Objektive und subjektive Risikoausschlüsse
aa) Allgemeine Risikoausschlüsse

41 Wegen der in diesen Fällen bestehenden Gefahr gehäufter Risikoverwirklichungen wird sowohl in der Reisegepäckversicherung als auch in den übrigen Reiseversicherungssparten nach Pkt. 5 AT-Reise 2008 kein Versicherungsschutz für Schäden gewährt, die adäquat kausal auf politische oder gesellschaftliche Ausnahmesituationen zurückzuführen sind: Nicht versichert sind Schäden, die infolge von **Kriegs- oder Bürgerkriegshandlungen oder kriegsähnlichen Ereignissen** eintreten, wobei der Ausschluss eine formale Kriegserklärung nicht voraussetzt,[70] sowie Schäden, die durch Arbeitskampfmaßnahmen wie **Streiks** und **Aussperrungen** sowie **Arbeitsunruhen** verursacht werden.

42 Versicherungsschutz wird daneben bedingungsgemäß versagt für die mit terroristischen oder politischen Gewalthandlungen, Aufruhr und sonstigen bürgerlichen Unruhen verbundenen Risiken sowie für die aus der Verwendung chemischer, biologischer, biochemischer oder elektromagnetischer Wellen als Waffen mit gemeingefährlicher Wirkung resultierenden Gefahren.

43 Der Versicherer haftet ferner nicht für Schäden, die durch den Einsatz von **Kernenergie** oder sonstigen **ionisierenden Strahlen** oder aber durch **Pandemien**, d.h. durch kontinentübergreifend auftretende infektiöse Erkrankungen, verursacht sind.

44 Schließlich wird kein Versicherungsschutz für Schäden gewährt, die in Folge von Beschlagnahmen, Entziehungen oder sonstigen **Eingriffen von hoher Hand** eintreten. Ob die staatliche Maßnahme rechtmäßig oder widerrechtlich erfolgt, ist hierbei ohne Bedeutung.[71] Der Risikoausschluss soll den aus den Eigentümlichkeiten hoheitlichen Handelns resultierenden Gefahren Rechnung tragen: Er betrifft daher nur unmittelbare adäquate Schäden des Behördenhandelns, die hoheitliche Maßnahme muss den letzten Akt zur Schädigung des Reisegepäcks bilden.[72] Der Ausschluss greift folglich z.B. nicht, wenn ein Schaden an der beschlagnahmten Sache erst durch einen von dritter Seite nach der Beschlagnahme erfolgenden Diebstahl verursacht wird.[73]

bb) Besondere Risikoausschlüsse
(1) Schmucksachen, Kostbarkeiten, Video- und Fotoapparate

45 Mit Blick auf die in Rede stehenden erheblichen Werte und die nicht zuletzt hierdurch bedingte Gefahr von Missbräuchen ist die Haftung für **Schmucksachen und Kostbarkeiten,** also für Gegenstände, denen im Verhältnis zu ihrer Größe ein erheblicher Wert zukommt,[74] sowie für **Video- und Fotoapparate** einschließlich Zubehör ausgeschlossen, die sich im aufgegebenen Gepäck befinden (Pkt. 3.1.5 VB–Reisegepäck 2008). Soweit die vorgenannten Gegenstände mitgeführt werden, genießen sie generell nur einen wertmäßig beschränkten Versicherungsschutz (Pkt. 3.2.1 VB–Reisegepäck 2008). Bei mitgeführten Schmucksachen und Kostbarkeiten sind vom VN/Versicherten zudem besondere Sicherungsmaßnahmen zu treffen, um sich im Schadensfall einen Anspruch auf Versicherungsleistung zu erhalten (vgl. dazu Rdn. 80 ff.).

(2) Reisegepäck in abgestellten Kraftfahrzeugen

46 Auch für Reisegepäckdiebstähle aus **abgestellten Kraftfahrzeugen** sowie aus daran **angebrachten Behältnissen oder Dach- und Heckgepäckträgern** besteht nur eingeschränkter Deckungsschutz. Der Versicherer haftet lediglich, wenn das Fahrzeug, das Behältnis oder der Dach- bzw. Heckgepäckträger ordnungsgemäß verschlossen waren (vgl. hierzu Rdn. 81) und der Schaden zwischen 6.00 Uhr und 22.00 Uhr eingetreten ist. Für Diebstähle, die außerhalb des angegebenen Zeitfensters, zu Nachtzeiten erfolgen, wird grundsätzlich kein Versicherungsschutz gewährt, es sei denn, das Fahrzeug wurde lediglich im Rahmen einer kurzen, weniger als zwei Stunden dauernden Fahrtunterbrechungen, z.B. zur Rast, abgestellt.

---

68 van Bühren/*Richter*, § 7 Rn. 19; H/E/K/*Fajen*, 17. Kap. Rn. 39.
69 van Bühren/Nies/*van Bühren*, Teil 4 Rn. 341; a.A. Führich, § 33 Rn. 59, der die Grundsätze des Beweises des ersten Anscheins für anwendbar hält.
70 van Bühren/Nies/*Nies*, Teil 1 Rn. 79.
71 P/M/*Dörner*, AT-Reise Ziff. 5 Rn. 5; van Bühren/*Richter*, § 7 Rn. 31.
72 P/M/*Dörner*, AT-Reise Ziff. 5 Rn. 5; van Bühren/*Richter*, § 7 Rn. 31.
73 van Bühren/Nies/*Nies*, Teil 1 Rn. 83; van Bühren/*Richter*, § 7 Rn. 31.
74 P/M/*Dörner*, VB-Reisegepäck Ziff. 3 Rn. 7; Staudinger/Halm/Wendt/*Staudinger*, VB-Reisegepäck Ziff. 3 Rn. 7 zweifelt unter Hinweis auf § 307 Abs. 1 S. 2 BGB an der notwendigen Klarheit des Begriffes »Kostbarkeit«, durch die gemeinsame Nennung von Schmucksachen dürfte der Begriff aber auch für den durchschnittlichen Versicherungsnehmer hinreichend klar gefasst sein.

Mit dem grundsätzlichen Ausschluss des Versicherungsschutzes zu Nachtzeiten liegt eine objektive Risikobegrenzung vor, sodass der Versicherer deren Vorliegen darlegen und beweisen muss.[75] Soweit der Versicherungsschutz darüber hinaus ein ordnungsgemäß verschlossenes Fahrzeug oder Aufbewahrungselement voraussetzt, liegt eine **verhüllte Obliegenheit** des VN/Versicherten vor.[76] 47

(3) Campen und Zelten

Nur eingeschränkter Versicherungsschutz besteht ferner während des **Campens** und **Zeltens**. Für Schäden haftet der Versicherer in diesen Fällen nur, wenn bei Eintritt des Schadens auf einem offiziell eingerichteten Campingplatz gecampt bzw. gezeltet wurde. Für die Einordnung als **offizieller Campingplatz** kommt es weniger auf die behördliche Genehmigung des Platzes, denn auf die Organisation und Einrichtung des Platzes an. Entscheidend ist, dass der Platz zumindest nach seinem äußeren Erscheinungsbild von einem Berechtigten zur Nutzung durch eine Mehrzahl von Besuchern zur Verfügung gestellt wird.[77] 48

(4) Herbeiführung des Versicherungsfalles

Entsprechend § 81 ist der Versicherungsschutz schließlich dann eingeschränkt, wenn der VN/Versicherte oder einer seiner Repräsentanten[78] den Versicherungsfall herbeiführt. Handelt der VN/Versicherte **vorsätzlich**, scheidet eine Haftung des Versicherers generell aus. Da es bei einem vorsätzlichen Handeln aber zumeist bereits an einem versicherten Risiko fehlen wird, kommt dem Ausschluss keine praktische Bedeutung zu.[79] 49

Ist dem VN/Versicherten das **grob fahrlässige Herbeiführen** des Versicherungsfalles vorzuwerfen, so ist die Versicherungsleistung entsprechend dem Grad des festgestellten Verschuldens zu kürzen. Für Einzelheiten wird auf die Ausführungen zu § 81 II verwiesen. 50

Grob fahrlässig handelt, wer trotz bestehender, zumutbarer Handlungsmöglichkeiten entgegen den üblichen Sorgfaltspflichten die Obhut über das Reisegepäck vernachlässigt, obwohl er die nahe liegende Gefahr des Eintritts eines Versicherungsfalles erkennen musste.[80] Der VN/Versicherte muss im konkreten Fall dasjenige nicht beachtet haben, was in seiner Situation jedem hätte einleuchten müssen.[81] **Augenblicksversagen** rechtfertigt den Vorwurf der groben Fahrlässigkeit regelmäßig nicht.[82] 51

Welche Sorgfaltspflichten den VN/Versicherten treffen, entscheidet sich nach den Umständen des jeweiligen Einzelfalls. Allgemein gilt jedoch, dass die Anforderungen zur Sicherung des Reisegepäcks mit dem **Wert des Reisegepäcks** steigen.[83] Der VN/Versicherte muss daneben grundsätzlich an Örtlichkeiten mit **starkem Publikumsverkehr** sowie in Ländern und an Orten mit ausgewiesenem höheren Diebstahlsrisiko vorsichtiger agieren.[84] 52

Die von der Rechtsprechung aufgestellten Sorgfaltsmaßstäbe sind relativ streng. Grob fahrlässiges Verhalten ist beispielsweise bejaht worden bei der Mitnahme von Schmuckstücken zum Spielen am Strand[85] bzw. zum Skilaufen[86], bei der Überlassung von Gepäckstücken an Zufallsbekanntschaften oder an Unbekannte,[87] beim Zurücklassen von Reisegepäckstücken im Zugabteil ohne Aufsicht,[88] beim unbeaufsichtigten Zurücklassen bzw. Abstellen von Gepäckstücken an belebten Orten[89] und bei einem Fußmarsch mit dem Gepäck durch eine Gegend mit erhöhtem Diebstahlsrisiko.[90] 53

cc) Beweislast

Das Vorliegen eines Ausschlussgrundes hat der **Versicherer** darzulegen und zu beweisen. 54

---

75 Staudinger/Halm/Wendt/*Staudinger*, VB-Reisegepäck Ziff. 3 Rn. 16; a.A. *Führich*, § 33 Rn. 38.
76 Staudinger/Halm/Wendt/*Staudinger*, VB-Reisegepäck Ziff. 3 Rn. 16 geht davon aus, dass die Klauselfassung gegen das Tranzparenzgebot des § 307 Abs. 1 S. 2 BGB verstößt, weil sie dem durchschnittlichen VN den tatsächlichen Gehalt als Obliegenheit und die hieran anknüpfenden Rechtsfolgen verschleiert.
77 P/M/*Dörner*, VB-Reisegepäck Ziff. 3 Rn. 41; Staudinger/Halm/Wendt/*Staudinger*, VB-Reisegepäck Ziff. 3 Rn. 15; so im Ergebnis auch H/E/K/*Fajen*, 17. Kap. Rn. 31.
78 Vgl. hierzu die Ausführungen § 28 VVG Rdn. 69 ff.
79 van Bühren/*Richter*, § 7 Rn. 93.
80 van Bühren/Nies/*van Bühren*, VB Reisegepäck Rn. 213.
81 BGH NJW 1992, 3235, 3236; NJW-RR 1994, 1469, 1471.
82 BGH NJW-RR 1989, 1187; OLG Stuttgart NJW-RR 1989, 682; P/M/*Dörner*, VB-Reisegepäck Ziff. 3 Rn. 15; *Führich*, § 33 Rn. 66.
83 van Bühren/Nies/*van Bühren*, VB Reisegepäck Rn. 220; H/E/K/*Fajen*, 17. Kap. Rn. 58.
84 van Bühren/Nies/*van Bühren*, VB Reisegepäck Rn. 218, 221; H/E/K/*Fajen*, 17. Kap. Rn. 58.
85 LG Köln VersR 1976, 747, 748.
86 LG Aachen r+s 1992, 135.
87 LG Frankfurt (Main) VersR 1993, 225; LG Köln VersR 1983, 78 f.; AG Hamburg VersR 1989, 742.
88 LG Trier VersR 1992, 1394.
89 LG Köln VersR 1994, 49; LG Verden VersR 1994, 594–Flughafen; AG München RRa 1998, 9–Bahnhof.
90 AG Berlin-Mitte VersR 2006, 1639; LG München I VersR 1994, 50.

e) Leistungsumfang

55 Der Umfang der vom Versicherer zu leistenden Entschädigung bestimmt sich maßgebend danach, welcher Gegenstand des Reisebedarfs von einem Schaden betroffen ist und welcher Schaden erlitten wurde.

aa) Abhandenkommen und Zerstörung

56 Bei **Abhandenkommen** und **Zerstörung** wird grundsätzlich der **Zeitwert** des betroffenen Gegenstandes bis maximal zur Höhe der Versicherungssumme ersetzt: Der Versicherer erstattet demgemäß die Kosten, die am Schadenstag allgemein erforderlich sind, um neue Sachen gleicher Art und Güte anzuschaffen, abzüglich eines dem Zustand der zu Schaden gekommenen Sache entsprechenden Minderwerts. Bei der Bemessung des **abzusetzenden Minderwertes** sind sämtliche wertbildenden Umstände zu berücksichtigen. Hierunter fallen neben Alter, Gebrauchs- und Abnutzungsgrad auch zwischenzeitlich festzustellende technische und modische Veränderungen.[91]

57 In der Praxis haben sich zur Bestimmung des maßgebenden Zeitwertabzuges **Pauschalsätze** herausgebildet: Bei Kleidungsstücken werden beispielsweise 10–25 %, bei Schuhen bis zu 30 % und bei Foto- und Filmapparaten bis zu 10 % des Neuwerts pro Jahr in Abzug gebracht.[92] Dem VN/Versicherten steht es jeweils offen, eine gegenüber der angesetzten Pauschale unterdurchschnittliche Abnutzung und Wertminderung des betroffenen Gepäckstücks darzulegen.

58 Vom Versicherer nicht ersetzt werden die Kosten, die für den Wiederbeschaffungsvorgang als solchen anfallen, also z.B. Reise-, Portokosten und Telefonkosten.[93]

bb) Beschädigung

59 Im Fall von **Beschädigungen** werden innerhalb des durch die Versicherungssumme gesteckten Rahmens bis zur Höhe des Zeitwerts die für eine **Reparatur** des betroffenen Gepäckstücks **in einer Fachwerkstatt oder beim Hersteller** aufzuwendenden Kosten, einschließlich Versand- und Transportkosten, erstattet.[94] Ob eine Reparatur tatsächlich, in einem Reparaturbetrieb oder in Eigenregie, erfolgt, ist unerheblich, insoweit kann auch fiktiv abgerechnet werden.[95] Der Begriff der Beschädigung ist grundsätzlich weit auszulegen. Beschädigt ist eine Sache dann, wenn sie durch äußere Einwirkung in ihrer Brauchbarkeit beeinträchtigt ist. Auch starke Verschmutzungen können damit als Beschädigung eingeordnet werden.[96]
Verbleibt nach der Reparatur ein **merkantiler oder technischer Minderwert**, so wird auch dieser ersetzt.[97] Erfährt die Sache durch die Reparatur eine Wertverbesserung, so ist diese im Gegenzug von der Entschädigungsleistung abzuziehen.[98]

60 Stellt sich erst **bei der Reparatur** heraus, dass die Sache tatsächlich einen **Totalschaden** erlitten hat und nicht mehr zu reparieren ist, so sind neben dem Zeitwert die für die bisherigen Reparaturbemühungen aufgewandten Kosten nach §§ 82, 83 als Rettungskosten zu ersetzen.[99]

cc) Verspätung

61 Im Fall der nicht fristgerechten Reisegepäckauslieferung werden vom Versicherer die nachgewiesenen Aufwendungen zur Wiederbeschaffung des Gepäcks, z.B. Telefon-, Porto- oder Fahrtkosten, bzw. die für eine Ersatzbeschaffung der Gepäckstücke angefallenen Kosten ersetzt. Die Übernahme der **Ersatzbeschaffungskosten** setzt nach Pkt. 2.2.2 VB–Reisegepäck 2008 einschränkend voraus, dass die Ersatzbeschaffung für die Fortsetzung der betroffenen Reise erforderlich war. Demgemäß scheidet die Übernahme von Ersatzbeschaffungskosten für Gepäckstücke, die nach Abschluss der Reise verspätet eintreffen, von vornherein aus.

dd) Nicht versicherte Schäden

62 Nicht ersatzfähig sind die vom VN/Versicherten in Folge des Versicherungsfalles erlittenen **Vermögensschäden**. Es wird daher weder eine Nutzungsausfallentschädigung für die beschädigten Sachen gewährt, noch Ersatz für einen erlittenen Verdienstausfall oder entgangene Urlaubsfreuden geleistet.[100]

---

[91] van Bühren/Nies/*van Bühren*, VB Reisegepäck Rn. 350; a.A. P/M/*Dörner*, VB-Reisegepäck Ziff. 4 Rn. 3; Staudinger/Halm/Wendt/*Staudinger*, VB-Reisegepäck Ziff. 4 Rn. 1.
[92] Vgl. P/M/*Dörner*, VB-Reisegepäck Ziff. 4 Rn. 3; *Führich*, § 33 Rn. 44; OLG Hamm VersR 1986, 544.
[93] P/M/*Dörner*, VB-Reisegepäck Ziff. 4 Rn. 5; Staudinger/Halm/Wendt/*Staudinger*, VB-Reisegepäck Ziff. 4 Rn. 1.
[94] P/M/*Dörner*, VB-Reisegepäck Ziff. 4 Rn. 8; *Führich*, § 33 Rn. 45.
[95] P/M/*Dörner*, VB-Reisegepäck Ziff. 4 Rn. 8; *Führich*, § 33 Rn. 45; Staudinger/Halm/Wendt/*Staudinger*, VB-Reisegepäck Ziff. 4 Rn. 2.
[96] van Bühren/Nies/*van Bühren*, Teil 4 Rn. 68 ff.; H/E/K/*Fajen*, 17. Kap. Rn. 15.
[97] P/M/*Dörner*, VB-Reisegepäck Ziff. 4 Rn. 9; *Führich*, § 33 Rn. 45.
[98] P/M/*Dörner*, VB-Reisegepäck Ziff. 4 Rn. 9; van Bühren/*Richter*, § 7 Rn. 68; a.A. van Bühren/Nies/*van Bühren*, VB Reisegepäck Rn. 366.
[99] van Bühren/Nies/*van Bühren*, Teil 4 Rn. 368.
[100] P/M/*Dörner*, VB-Reisegepäck Ziff. 3 Rn. 5; van Bühren/Nies/*van Bühren*, Teil 4 Rn. 159.

ee) Unterversicherung und Wertgrenzen

Bei der Bemessung der Entschädigungsleistung ist eine etwaige **Unterversicherung** zu berücksichtigen. Zur Berechnung der Entschädigung bei Unterversicherung wird auf die Ausführungen zu § 75 verwiesen. Außerdem sind bei verschiedenen Gepäckstücken und Schadensfällen Begrenzungen der zu leistenden Entschädigung zu beachten. So wird bei Schäden an **Filmen, Bild-, Ton- und Datenträgern,** die nicht bereits in belichtetem bzw. bespieltem Zustand erworben wurden,[101] nur der jeweilige Materialwert ersetzt; eine mögliche ideelle Bedeutung der betroffenen Aufnahmen findet keine Berücksichtigung.[102] Bei **amtlichen Ausweisen und Visa** erstattet der Versicherer im Schadensfall lediglich die Gebühren, die für deren Wiederbeschaffung amtlich erhoben werden. 63

Bei **EDV-Geräte** und **Software**, mitgeführten versicherten **Video- und Fotoapparaten** einschließlich Zubehör, bei versicherten **Sportgeräten** samt Zubehör, **Geschenken** und **Reiseandenken** und bei mitgeführten **Schmucksachen** und **Kostbarkeiten** haftet der Versicherer daneben nur summenmäßig beschränkt bis zu einem gewissen Prozentsatz der Versicherungssumme bzw. bis zu einem bestimmten Höchstbetrag. Auch die Höhe der vom Versicherer im **Verspätungsfall** übernommenen Kosten ist regelmäßig betragsmäßig begrenzt. 64

Greift eine summenmäßige Begrenzung des Versicherungsschutzes, so ist der Entschädigungsbetrag erst nach dem **Proportionalitätsgrundsatz** zu ermitteln.[103] In einem zweiten Schritt ist sodann die vereinbarte Entschädigungsgrenze in Ansatz zu bringen.[104] 65

f) Zahlung der Entschädigung

Der Anspruch auf Zahlung der Entschädigung wird **zwei Wochen** nach Feststellung des Grundes und der Höhe der Leistungspflicht des Versicherers fällig. 66

Sind die zur Feststellung der Leistungspflicht erforderlichen Ermittlungen innerhalb eines Monats nach der Schadensanzeige noch nicht abgeschlossen, so kann der VN/Versicherte, sofern die Eintrittspflicht des Versicherers dem Grunde nach feststeht,[105] ab diesem Zeitpunkt die Zahlung eines **Abschlags** verlangen, dessen Höhe sich nach dem Betrag bestimmt, der nach den bisherigen Ermittlungen in der Sache mindestens als Entschädigung zu leisten ist. 67

3. Prämie; Beginn und Ende des Versicherungsschutzes

a) Prämie

Die Fälligkeit der Versicherungsprämie bestimmt sich maßgebend nach der Laufzeit des Versicherungsvertrages und danach, ob die Zahlung der Erst- oder einer Folgeprämie in Rede steht. 68

aa) Versicherung für eine Reise

(1) Fälligkeit

Liegt eine **Versicherung für eine Reise** vor, so ist die Versicherungsprämie nach Pkt. 3.1.1 AT-Reise 2008 nach Abschluss des Vertrages sofort fällig und bei Aushändigung des Versicherungsscheins zu zahlen. Mit der Klausel wird die dispositive Regelung des § 33 I abbedungen, der die Prämienfälligkeit grundsätzlich an den Ablauf der zweiwöchigen Widerrufsfrist nach § 8 III bindet. Wegen der regelmäßig kurzen Laufzeit des Versicherungsvertrages wird allerdings ohnehin ein Widerrufsrecht nur in seltenen Fällen gegeben sein. 69

(2) Zahlungsverzug

Ist die Versicherungsprämie bei Eintritt des Versicherungsfalles noch nicht entrichtet, so ist der Versicherer, soweit er den VN auf das **Entfallen seiner Eintrittspflicht** bei Nichtzahlung durch gesonderte Mitteilung in Textform i.S.d. § 126b BGB oder aber durch einen auffälligen Hinweis im Versicherungsschein aufmerksam gemacht hat, bei schuldhafter Nichtzahlung der Prämie entsprechend § 37 II von der Leistung frei. Dass die Prämienzahlung schuldhaft nicht erfolgt ist, wird zu Lasten des VN grundsätzlich vermutet. Will der VN seinen Anspruch auf die Versicherungsleistung nicht verlieren, so hat er folglich darzulegen und zu beweisen, dass er den Prämienrückstand nicht zu vertreten hat. 70

Anders als § 37 I sehen die Versicherungsbedingungen neben der Leistungsfreiheit die **Möglichkeit zum Rücktritt** vom Versicherungsvertrag für den Versicherer **nicht** vor. 71

---

101 van Bühren/Nies/*van Bühren*, Teil 4 Rn. 371; *Führich*, § 33 Rn. 46.
102 van Bühren/Nies/*van Bühren*, Teil 4 Rn. 370; *Führich*, § 33 Rn. 46.
103 Vgl. hierzu die Ausführungen zu § 75 VVG Rn. 19.
104 OLG Hamburg VersR 1986, 572; van Bühren/*Richter*, § 7 Rn. 73; *Führich*, § 33 Rn. 49.
105 van Bühren/Nies/*Nies*, Teil 1 Rn. 135; *Führich*, § 30 Rn. 24.

Anhang N Reiseversicherung

bb) Jahresversicherung

(1) Fälligkeit

72 Bei Versicherungsverträgen mit einjähriger Laufzeit, sog. **Jahresversicherung**, ist die **Erstprämie** mit Aushändigung des Versicherungsscheins zu zahlen. Die **Folgeprämien** werden sodann zum jeweils vereinbarten Zeitpunkt fällig. Ist im Versicherungsschein oder auf der Prämienrechnung ein anderer Zeitpunkt genannt, so gilt die Zahlung auch zu diesem Zeitpunkt als rechtzeitig.

(2) Zahlungsverzug

73 Erfolgt die Zahlung der **Erstprämie** durch den VN schuldhaft verspätet, so ist der Versicherer unter den bereits für die Versicherung für nur eine Reise dargelegten Bedingungen **leistungsfrei**. Der Versicherer hat hier daneben zusätzlich die Möglichkeit, vom Vertrag zurückzutreten.

74 Gerät der VN mit der Entrichtung der **Folgeprämie** in **Zahlungsverzug**, so kann der Versicherer den VN anmahnen, indem er ihm auf dessen Kosten entsprechend § 38 zunächst eine Frist von mindestens zwei Wochen zur Zahlung setzt. Die **Mahnung** hat in Textform nach § 126b BGB zu erfolgen und muss die ausstehenden Prämienbeträge, Zinsen und Kosten der Mahnung konkret ausweisen. Daneben sind die bei fruchtlosem Fristablauf drohenden Rechtsfolgen anzugeben. Fehler in der formalen Gestaltung machen das Aufforderungsschreiben unwirksam.

75 Erfolgt auch innerhalb der so gesetzten Frist schuldhaft kein Zahlungsausgleich, so besteht, soweit der VN mit der Zahlungsaufforderung auch auf diese mögliche Rechtsfolge aufmerksam gemacht wurde, mit dem Fristablauf bis zur Zahlung der Prämie kein Versicherungsschutz. Der Versicherer hat daneben das Recht, das Vertragsverhältnis **außerordentlich** zu **kündigen**.

76 Wird unter den vorgenannten Bedingungen die Kündigung des Vertragsverhältnisses durch den Versicherer erklärt, so kann der VN durch Zahlung des rückständigen, angemahnten Betrages **innerhalb eines Monats nach Zugang der außerordentlichen Kündigung** den **rückwirkenden Fortfall der Kündigung** bewirken. Das bereits beendete Vertragsverhältnis lebt wieder auf. Versicherungsschutz besteht allerdings nur für die Zukunft. Für die zwischen Kündigung und Zahlungsausgleich eingetretenen Versicherungsfälle haftet der Versicherer nicht.

b) Beginn und Ende des Versicherungsschutzes

aa) Beginn des Versicherungsschutzes

77 Versicherungsschutz besteht ab dem zwischen den Parteien **vereinbarten Zeitpunkt**, frühestens jedoch mit dem **Antritt der Reise**. Dieser ist mit dem Entfernen des Reisegepäcks aus der ständigen Wohnung zum unmittelbaren, unverzüglichen Reiseaufbruch gegeben.[106] Lediglich als Reisevorbereitung und noch nicht als Reiseantritt ist das bloße Verladen des Gepäcks ins Fahrzeug bei erst später geplantem Reisebeginn einzuordnen.[107]

bb) Ende des Versicherungsschutzes

78 Auch das Ende des Versicherungsschutzes bestimmt sich zunächst maßgebend nach der **Vereinbarung der Parteien**. Diese können den Versicherungsschutz auch auf einzelne Reiseabschnitte oder Reisetage beschränken. Unabhängig vom vereinbarten Zeitpunkt endet der Versicherungsschutz jedoch spätestens mit dem **Reiseende**, d.h. wenn die versicherten Gegenstände wieder in die ständige Wohnung des VN/Versicherten zurückgelangen.[108]

cc) Verlängerung

79 Ist die vertraglich festgelegte Versicherungslaufzeit bereits abgelaufen, die versicherte Reise tatsächlich aber noch nicht beendet, so **verlängert sich der Versicherungsschutz** nach Pkt. 4.2.3 AT–Reise 2008 ausnahmsweise automatisch **bis zum Reiseende**, wenn sich die planmäßige Beendigung der Reise aus Gründen verzögert, die die versicherte Person nicht zu vertreten hat. Als Gründe für eine entsprechende Verlängerung kommen z.B. eine plötzlich auftretende Erkrankung oder Verkehrsmittelstörungen durch Witterung oder Streik in Betracht.[109]

---

[106] VersHb/*Staudinger*, § 41 Rn. 255; *Führich*, § 33 Rn. 7; Terbille/Höra/*Gebert/Steinbeck*, § 30 Rn. 142 ff.
[107] LG Potsdam VersR 2002, 1554; AG Cottbus VersR 2005, 1388; Terbille/Höra/*Gebert/Steinbeck*, § 30 Rn. 144.
[108] Terbille/Höra/*Gebert/Steinbeck*, § 30 Rn. 145; van Bühren/Nies/*Nies*, Teil 1 Rn. 64.
[109] van Bühren/Nies/*Nies*, Teil 1 Rn. 74.

4. Obliegenheiten des Versicherungsnehmers
a) Obliegenheiten vor dem Versicherungsfall
aa) Besondere Sicherung von Schmucksachen und Kostbarkeiten

Für **Schmucksachen und Kostbarkeiten** besteht nur in erheblich eingeschränktem Umfang Versicherungsschutz. Für Gegenstände, die im Gepäck transportiert werden, das zur Beförderung aufgegeben ist, haftet der Versicherer generell nicht (vgl. dazu oben Rdn. 45); für Schäden an den vom VN/Versicherten mitgeführten Schmuckstücken und Kostbarkeiten, wird Versicherungsschutz nur gewährt, wenn der VN/Versicherte besondere Maßnahmen zur Sicherung dieser Gepäckstücke ergreift: Die Gegenstände müssen in einem **ortsfesten Behältnis**, z.B. einem Safe oder schweren Möbelstücke[110] eingeschlossen oder aber **im persönlichen Gewahrsam sicher mitgeführt** werden. 80

Von einem **verschlossenen Behältnis** ist nur dann auszugehen, wenn die vorhandenen Verschlussmechanismen ordnungsgemäß betätigt wurden.[111] Auch bei einem ordnungsgemäßen Betätigen der Verschlussmechanismen kann allerdings dann nicht mehr von einem Verschluss geredet werden, wenn der zum Öffnen des Behälters erforderliche Schlüssel in dessen Nähe jederzeit auffindbar aufbewahrt wird.[112] 81

Der im Übrigen vorausgesetzte **persönliche Gewahrsam** ist nicht gleichzusetzen mit ständigem Körperkontakt; es ist lediglich erforderlich, dass der Gegenstand vom VN/Versicherten so gesichert verwahrt wird, dass ein unberechtigter Zugriff eines Dritten ausgeschlossen werden kann oder zumindest sofort entdeckt werden könnte.[113] Welche **räumliche Entfernung** im Einzelnen eingenommen werden kann und welche Schutzmaßnahmen ergriffen werden müssen, kann nicht allgemein bestimmt werden, sondern hängt von den konkreten Umständen des jeweiligen Einzelfalls und vom Wert des betroffenen Gegenstandes ab. Eine sichere Verwahrung ist von der Rechtsprechung beispielsweise verneint worden, wenn Kostbarkeiten während des Toilettengangs unbeaufsichtigt in einem Bahnabteil zurückgelassen[114] oder während des Schlafens in der Gepäckaufbewahrung über dem eigenen Sitz verstaut werden,[115] Schmuckstücke während des Duschens im Nebenraum in einem nicht abgeschlossenen Hotelzimmer offen abgelegt werden,[116] oder eine Handtasche in einem belebten Straßencafé neben dem Stuhl abgestellt wird, während sich der VN/Versicherte dem Gespräch am Tisch widmet.[117] 82

bb) Gepäckstücke in abgestellten Kraftfahrzeugen

Auch die Haftung des Versicherers für die in einem **abgestellten Kraftfahrzeug bzw. in hieran angebrachten Behältnissen** befindlichen Reisegepäckstücke setzt besondere Sicherungsvorkehrungen durch den VN/Versicherten voraus. Fahrzeug und Behältnisse müssen **ordnungsgemäß verschlossen** werden, andernfalls wird auch zur Tageszeit (vgl. hierzu oben Rdn. 46 f.) kein Diebstahlsschutz gewährt. 83

b) Obliegenheiten nach dem Versicherungsfall
aa) Allgemein

Ist ein Versicherungsfall eingetreten, so ist der VN/Versicherte nach Pkt. 6.1.1 AT-Reise 2008 entsprechend § 82 zunächst allgemein verpflichtet, den **Schaden möglichst gering zu halten und unnötige Kosten zu vermeiden**. Er hat insoweit sämtliche Maßnahmen zu treffen, die er treffen würde, wenn eine Versicherung nicht eingreifen würde und er den Schaden selbst zu tragen hätte. 84

Der VN/Versicherte ist daneben verpflichtet, den eingetretenen Versicherungsfall dem Versicherer **unverzüglich**, mithin ohne schuldhaftes Zögern i.S.d. § 121 BGB **anzuzeigen**. Bis zu welchem Zeitpunkt die Schadensanzeige erfolgt sein muss, um als unverzüglich zu gelten, kann nicht generell beantwortet werden. Maßgebend sind vielmehr die Umstände des Einzelfalls, die auf Grundlage eines objektiven Maßstabs unter Berücksichtigung der allgemeinen Lebenserfahrung zu bewerten sind. 85

Die erforderliche **Schadensanzeige** hat eine detaillierte Schilderung des zugrunde liegenden Sachverhaltes und des erlittenen Schadens zu beinhalten: Der Versicherer muss aufgrund der gemachten Angaben zur Überprüfung seiner Eintrittspflicht in der Lage sein.[118] Da die Beweislast für den Eintritt eines Versicherungsfalles den VN/Versicherten ohnehin trifft, kommt der ausdrücklichen Festschreibung der Nachweisobliegenheiten allerdings keine konstitutive Bedeutung zu. 86

Über die Schadensanzeige hinaus hat der VN/Versicherte den Versicherer bei der **Aufklärung und Prüfung des Sachverhaltes** zu unterstützen. Dazu gehört es, vollständige und wahrheitsgemäße Angaben zum Scha- 87

---

110 P/M/*Dörner*, VB-Reisegepäck Ziff. 3 Rn. 34; H/E/K/*Fajen*, 17. Kap. Rn. 23.
111 *Führich*, § 33 Rn. 29.
112 AG Osnabrück NVersZ 2001, 40, 41; P/M/*Dörner*, VB-Reisegepäck Ziff. 3 Rn. 34.
113 LG München I r+s 1998, 122; H/E/K/*Fajen*, 17. Kap. Rn. 22; Terbille/Höra/*Gebert/Steinbeck*, § 30 Rn. 205.
114 LG Saarbrücken VersR 2000, 1235-Laptop.
115 AG Bielefeld RRa 1998, 9.
116 BGH VersR 1980, 1042, 1043.
117 AG Hamburg VersR 2004, 238.
118 BGH VersR 1979, 177 f.; P/M/*Dörner*, AT-Reise Ziff. 6 Rn. 5.

densherang und -umfang zu machen,[119] auf Nachfrage des Versicherers gegebene Vorschäden zu offenbaren,[120] vorhandene Originaldokumente zum Nachweis einzureichen[121] und dem Versicherer jede zumutbare Untersuchung über Ursache und Höhe seiner Einstandspflicht zu gestatten, was in Bezug auf den VN – nicht jedoch auf den Versicherten, der selbst nicht Vertragspartner des Versicherers ist – auch die Entbindung der behandelnden Ärzte von ihrer Schweigepflicht beinhalten kann. Bei der konkreten Anforderung der Schweigepflichtentbindungserklärung sind vom Versicherer die Vorgaben des § 213 zu beachten.[122]

bb) Spezielle Obliegenheiten

(1) Unverzügliche Strafanzeige

88 In Konkretisierung der bereits allgemein festgeschriebenen Obliegenheiten zur Schadensminderung und zur Aufklärung des Sachverhaltes hat der VN/Versicherte bei Schäden durch strafbare Handlungen nach Eintritt des Versicherungsfalles unverzüglich i.S.d. § 121 BGB **Anzeige bei der nächstzuständigen oder nächsterreichbaren Polizeidienststelle** zu erstatten und sich dies zur Vorlage beim Versicherer schriftlich bestätigen zu lassen.

89 Bis zu welchem Zeitpunkt die Schadensanzeige erfolgen muss, um nicht den Vorwurf schuldhaften Zögerns nach sich zu ziehen, ist unter Berücksichtigung eines objektiven Maßstabs für den jeweiligen Einzelfall zu bestimmen. Regelmäßig erscheint jedoch eine erst 24 Stunden nach dem Schadensfall erfolgende Anzeige als zu spät.[123] Im Ausland ggf. bestehende Sprachprobleme[124] wie auch geringe Chancen, den Täter tatsächlich zu ermitteln,[125] entbinden den VN/Versicherten regelmäßig nicht von seiner Pflicht zur Strafanzeige.[126]

90 Mit der Anzeige hat der VN/Versicherte der Polizei eine Liste einzureichen, in der die abhanden gekommenen Gegenstände aufgeführt sind, **sog. Stehlgutliste**.[127] Die Angaben in der Liste müssen so vollständig und so konkret sein, dass sie eine Individualisierung der betroffenen Gegenstände und deren Wiederbeschaffung durch Fahndungsmaßnahmen möglich machen.[128] Die Anforderungen an Vollständigkeit und Genauigkeit der Liste steigen mit dem Wert der betroffenen Sachen.[129]

(2) Schadensmeldung bei aufgegebenen Gepäckstücken

91 Kommt es zu Schäden, während sich das Reisegepäck im **Gewahrsam eines Beförderungsunternehmens, eines Beherbergungsbetriebes oder einer Gepäckaufbewahrung** befindet, so hat der VN/Versicherte diese, zur Sicherung vertraglicher Schadenersatzansprüche aus dem zugrunde liegenden Werk-/Dienstvertrag und zur Sicherung des möglichen Anspruchsübergangs auf den Versicherer gem. § 86,[130] unverzüglich dem jeweils betroffenen Unternehmen zu melden. Äußerlich nicht erkennbare Schäden sind dem Vertragspartner unverzüglich nach ihrer Entdeckung und unter Wahrung bestehender Reklamationsfristen schriftlich anzuzeigen. Dem Versicherer sind Bescheinigungen über die erfolgten Meldungen vorzulegen.

c) Rechtsfolgen

92 Die Verletzung von Obliegenheiten durch den VN/Versicherten wird abhängig vom Grad des Verschuldens sanktioniert: Werden **nach Eintritt des Versicherungsfalls** bestehende Obliegenheiten **grob fahrlässig** verletzt, so ist der Versicherer nach § 28 II 2 Hs. 1 berechtigt, seine Leistung entsprechend der Schwere des festgestellten Verschuldens zu kürzen. Ist eine **vorsätzliche** Obliegenheitsverletzung gegeben, so ist der Versicherer grundsätzlich von seiner Verpflichtung zur Leistung frei. Lediglich einfach fahrlässig begangene Obliegenheitsverletzungen bleiben sanktionslos. Für die Einzelheiten wird auf die Kommentierung zu § 28 verwiesen.

93 Steht die Verletzung von **Auskunfts- oder Aufklärungsobliegenheiten,** wie z.B. bei der Nichtvorlage der Stehlgutliste,[131] in Rede, so setzt die Kürzung der Versicherungsleistung bzw. die Leistungsfreiheit wegen einer grob fahrlässigen oder vorsätzlichen Obliegenheitsverletzung einschränkend voraus, dass der Versicherer

---

119 van Bühren/*Richter*, § 7 Rn. 83.
120 van Bühren/*Richter*, § 7 Rn. 84; Staudinger/Halm/Wendt/*Staudinger*, AT-Reise Ziff. 6 Rn. 3 mit weiteren Einschränkungen unter Hinweis auf die §§ 19, 31 Abs. 1.
121 van Bühren/*Richter*, § 7 Rn. 86.
122 P/M/*Dörner*, AT-Reise Ziff. 6 Rn. 10; Staudinger/Halm/Wendt/*Staudinger*, AT-Reise Ziff. 6 Rn. 5 mit Bedenken gegen die Zulässigkeit der maßgebenden Vertragsklausel.
123 P/M/*Dörner*, VB-Reisegepäck Ziff. 5 Rn. 3; *Führich*, § 33 Rn. 53; Terbille/Höra/*Gebert/Steinbeck*, § 30 Rn. 217.
124 OLG Frankfurt (Main) VersR 1991, 302; LG Kassel r+s 1989, 369; AG Halle-Saalkreis RRa 2004, 138; AG München RRa 2003, 279; AG Kaiserslautern VersR 1994, 1226, 1227.
125 LG Berlin VersR 1987, 503.
126 Möglicherweise können entsprechende Schwierigkeiten bei der Frage des Umfangs der Leistungskürzung – bei der Bewertung des Verschuldensvorwurfs – Berücksichtigung finden.
127 P/M/*Dörner*, VB-Reisegepäck Ziff. 5 Rn. 2; *Führich*, § 33 Rn. 54.
128 OLG Köln VersR 2005, 1531 f.; *P/M/Dörner*, VB-Reisegepäck Ziff. 5 Rn. 4.
129 *Führich*, § 33 Rn. 54.
130 H/E/K/*Fajen*, 17. Kap. Rn. 51; Staudinger/Halm/Wendt/*Staudinger*, VB-Reisegepäck Ziff. 5 Rn. 5.
131 Staudinger/Halm/Wendt/*Staudinger*, VB-Reisegepäck Ziff. 5 Rn. 4; a.A. LG Dortmund VersR 2010, 1594.

den VN/Versicherten durch eine gesonderte Mitteilung in Textform nach § 126b BGB auf die bei einer Verletzung drohenden Rechtsfolgen hingewiesen hat (vgl. näher § 28 IV). Dies kann auch in Form eines auffälligen Hinweises in einem dem VN zur Beantwortung ausgehändigten Schadenformular geschehen.[132]

Hinsichtlich des Vorliegens einer **Obliegenheitsverletzung** ist der Versicherer beweisbelastet. Der Versicherer hat auch ein **vorsätzliches** Handeln des VN/Versicherten unter Beweis zu stellen. Ein **grob fahrlässiges** Tun wird demgegenüber zu Lasten des VN/Versicherten vermutet (vgl. § 28 II 2 Hs. 2). Dem VN/Versicherten steht jedoch der Entlastungsbeweis offen. Zur Beweislast hinsichtlich des **Maßes der groben Fahrlässigkeit** s. § 28 VVG Rdn. 153 ff. 94

Trotz Vorliegens einer relevanten Obliegenheitsverletzung scheidet eine Kürzung der Versicherungsleistung dann aus, wenn die Verletzung **folgenlos** geblieben ist (vgl. § 28 III). Der VN/Versicherte soll letztlich nur den Schaden nicht ersetzt bekommen, der durch sein fehlerhaftes Verhalten verursacht wurde. Dem VN/Versicherten, der zwar grob fahrlässig oder vorsätzlich, **nicht** jedoch **arglistig** gehandelt hat, steht insoweit der Beweis offen, dass sich die Obliegenheitsverletzung weder auf den Eintritt oder auf die Feststellung des Versicherungsfalles, noch auf die Feststellung der Leistungspflicht oder des Leistungsumfanges ausgewirkt hat. Soweit dieser **Kausalitätsgegenbeweis** gelingt, bleibt der Versicherer weiterhin zur Leistung verpflichtet. 95

5. Ansprüche gegen Dritte

Entsprechend § 86 gehen in Höhe der vom Versicherer erbrachten Leistungen Schadenersatzansprüche und Ausgleichsansprüche des VN/Versicherten gegen Dritte auf den Versicherer über. Einschränkungen gelten lediglich, wenn sich der Ersatzanspruch gegen Personen richtet, die bei Eintritt des Schadens mit dem VN/Versicherten in häuslicher Gemeinschaft, also in einer auf Dauer angelegten Verbindung mit gemeinsamer Wirtschaftsführung leben.[133] Soweit nicht ein vorsätzliches Handeln in Rede steht, kann den Mitgliedern der häuslichen Gemeinschaft gegenüber ein Anspruchsübergang nicht geltend gemacht werden (§ 86 II 1). 96

Der VN/Versicherte ist verpflichtet, alle Maßnahmen zur Sicherung seiner Ersatzansprüche zu treffen und den Versicherer bei der Durchsetzung des Anspruchs gegen den Dritten zu unterstützen. Soweit erforderlich, hat er seine Ansprüche an den Versicherer abzutreten (vgl. § 86 II 1). 97

6. Verjährung

Nach Pkt. 9.1 AT-Reise 2008 **verjähren** die Ansprüche aus dem Versicherungsvertrag entsprechend den allgemeinen Bestimmungen (§§ 195, 199 I BGB) in drei Jahren ab dem Ende des Jahres, in dem der Anspruch entstanden ist und der VN/Versicherte von den Umständen zur Geltendmachung des Anspruchs Kenntnis erlangt hat oder ohne grobe Fahrlässigkeit hätte erlangen können. 98

In Anlehnung an § 15 ist die Verjährung nach Pkt. 9.2 AT-Reise 2008 für die Zeit zwischen Schadensmeldung und dem Zugang der Entscheidung des Versicherers über seine Eintrittspflicht in Textform **gehemmt**. 99

7. Gerichtsstand

Gerichtsstand für die Geltendmachung von Ansprüchen aus dem Versicherungsvertrag gegen den Versicherer ist nach Wahl des VN/Versicherten entweder dessen deutscher Wohnsitz (§ 215) oder der Sitz des Versicherers als allgemeiner Gerichtsstand (§§ 12, 17 ZPO). Zwar nimmt Pkt. 10.1 der AT-Reise 2008 wie die Vorschrift des § 215 ausdrücklich nur den VN in Bezug. Aufgrund vergleichbarer Interessenlage erscheint jedoch – wie schon bei § 215 – auch hier eine analoge Anwendung der Bestimmung auf Versicherte geboten.[134] 100

III. Die Reiserücktrittskostenversicherung

1. Allgemeines

a) Gegenstand und praktische Bedeutung

Bereits mit Abschluss eines Reisevertrags i.S.d. § 651a BGB schuldet der Reisende nach Übergabe des Sicherungsscheins (§ 651k BGB) seinem Vertragspartner den vereinbarten Reisepreis. Bis zum eigentlichen Antritt der Reise können allerdings Umstände eintreten, die der Wahrnehmung der gebuchten Reise entgegenstehen. Zwar räumt § 651i I BGB dem Reisenden vor Reiseantritt ein **unbeschränktes Rücktrittsrecht** ein, bei dessen Ausübung der Anspruch des Reiseveranstalters auf Zahlung des Reisepreises entfällt. An die Stelle des entfallenen Reisepreises tritt jedoch nach § 651i II 2 BGB der Anspruch des Reiseveranstalters auf Zahlung einer **angemessenen Entschädigung**. Trotz Nichtinanspruchnahme von Reiseleistungen sieht sich der Reisende also mit fortbestehenden Zahlungsansprüchen konfrontiert. Ähnliche Konstellationen ergeben sich beim Abschluss anderer Verträge über touristische Leistungen. Die Reiserücktrittskostenversicherung sichert den VN gegen das dargestellte Risiko des Nichtantritts einer gebuchten Reise und die daran anknüpfenden finanziellen Belastungen ab. 101

---

132 H/E/K/*Fajen*, 17. Kap. Rn. 55.
133 Vgl. hierzu die Ausführungen § 86 VVG Rdn. 74; ursprünglich **sog. Familienprivileg** – mit Staudinger/Halm/Wendt/ *Staudinger*, AT-Reise Ziff. 8 Rn. 4 ist jedoch zuzugeben, dass der Begriff heute zu eng erscheint.
134 Staudinger/Halm/Wendt/*Staudinger*, AT-Reise Ziff. 10 Rn. 3 f.

Anhang N Reiseversicherung

102 Im Kreis der Reiseversicherungen stellt die Reiserücktrittskostenversicherung die praktisch **bedeutendste Versicherung** dar. Die ersten Versicherungen dieser Art wurden im Zuge des aufkommenden Tourismus in den 60er Jahren angeboten. Angesichts ungebrochener Reisebegeisterung und der heute bei frühzeitiger Buchung regelmäßig lockenden, großzügigen Rabatte erscheint der praktische Bedarf nach einer Absicherung gegen unwägbare Umstände, die dem Reiseantritt entgegenstehen, weiterhin groß. Gem. § 6 Abs. 2 Nr. 9 BGB-InfoV sind Reiseveranstalter und in deren Namen handelnde Vermittler zudem heute verpflichtet, auf die Möglichkeit des Abschlusses einer Rücktrittskostenversicherung hinzuweisen.

b) Rechtsgrundlagen und rechtliche Rahmenbedingungen

103 Auch die Reiserücktrittskostenversicherung ist gesetzlich nicht geregelt. Der Umfang des Versicherungsschutzes wird im Wesentlichen durch die **Versicherungsbedingungen** ausgestaltet. Darüber hinaus gelten die Allgemeinen Vorschriften für alle Versicherungszweige (§§ 1–73) sowie die allgemeinen Vorschriften über die Schadensversicherung (§§ 74–87).

2. Umfang des Versicherungsschutzes
a) Versicherte Personen

104 Es gelten die Ausführungen zum Kreis der versicherten Personen im Rahmen der Reisegepäckversicherung (vgl. unter Rdn. 8).

b) Versicherungsfall
aa) Allgemein

105 Deckungsschutz wird gewährt, wenn der Antritt (vgl. hierzu Rdn. 149) und die Durchführung einer geplanten Reise durch den Eintritt eines versicherten Ereignisses während der Vertragslaufzeit für den VN/Versicherten **unzumutbar** und die Reise auf Grund dessen **storniert** wird.

106 Der VN/Versicherte muss nicht zwingend selbst vom Eintritt eines versicherten Ereignisses betroffen sein. Es reicht aus, wenn sich für eine **sog. Risikoperson** des VN/Versicherten ein versichertes Ereignis verwirklicht. Wer als Risikoperson gilt, ergibt sich aus den jeweils geltenden Versicherungsbedingungen. Der dort genannte Personenkreis ist abschließend. Regelmäßig handelt es sich um Personen, die typischerweise in **enger persönlichen Beziehung** zum VN/Versicherten stehen. Durchgängig gelten demgemäß die **Angehörigen** des VN/Versicherten als Risikopersonen. Enthalten die Versicherungsbedingungen keine eigenständige Begriffsbestimmung, so kann § 11 StGB als erster Ausgangspunkt herangezogen werden. Darüber hinaus entscheidet die Verkehrsauffassung, welche Personen in so enger Beziehung zum VN/Versicherten stehen, dass sie als Angehörige eingeordnet werden können.[135]

107 Neben Angehörigen zählen zum Kreis der Risikopersonen heute regelmäßig Personen, die für den VN/Versicherten nicht mitreisende minderjährige oder pflegebedürftige Angehörige betreuen, sowie diejenigen Personen, die gemeinsam mit der versicherten Person die in Rede stehende Reise gebucht und versichert haben. Im letzteren Fall indiziert die **gemeinsame Buchung**, dass die Reise gerade mit der mitreisenden Person durchgeführt werden soll und dass bei deren Wegfall das Interesse an der Durchführung der Reise entfällt. Bei einer größeren Anzahl Mitreisender greift eine entsprechende Vermutung nicht mehr ohne Weiteres Platz bzw. erscheint die Durchführung der Reise dem VN/Versicherten angesichts der verbleibenden Mitreisenden weiter zumutbar.[136] Der Kreis der Risikopersonen wird daher bei Überschreiten einer bestimmten Anzahl Mitreisender wieder eingeschränkt. Als Risikopersonen gelten in diesen Fällen wiederum nur die jeweiligen Angehörigen, Lebenspartner und Betreuungspersonen der versicherten Person. Der einschlägige Grenzwert liegt nach Pkt. 2.2 VB–Reiserücktritt 2008 bei vier Personen.

108 Das versicherte Ereignis muss **nach Vertragsschluss** eintreten. Für bereits eingetretene Risiken kann naturgemäß kein Versicherungsschutz vereinbart werden. Durch die Risikoverwirklichung muss der Antritt gerade der versicherten Reise für den VN/Versicherten unzumutbar werden. Die **Unzumutbarkeit** ist im Einzelnen darzulegen, wobei der Begründungsaufwand abhängig vom in Rede stehenden Risiko unterschiedlich hoch ist. Regelmäßig größerer Begründungsaufwand ist erforderlich, wenn eine Risikoperson von einem versicherten Ereignis betroffen ist.[137]

bb) Versicherte Risiken

109 Die versicherten Risiken sind in den jeweiligen Versicherungsbedingungen **abschließend** aufgezählt. Es wird mithin lediglich **Einzelgefahrendeckung** gewährt.

---

135 P/M/*Dörner*, VB-Reiserücktritt Ziff. 2 Rn. 22; van Bühren/Nies/*Nies*, Teil 2 Rn. 15; VersHb/*Staudinger*, § 41 Rn. 117; *Nies* NVersZ 1999, 241, 246.
136 Terbille/Höra/*Gebert/Steinbeck*, § 30 Rn. 39.
137 H/E/K/*Fajen*, 18. Kap. Rn. 70.

(1) Tod

Zu den versicherten Rücktrittsgründen zählt zunächst der **Tod** der versicherten Person oder einer Risikoperson. Während der Tod der versicherten Person, bis auf den Fall der Selbsttötung,[138] ohne Weiteres den Versicherungsfall begründet, ist beim Tod einer Risikoperson die Unzumutbarkeit des Reiseantritts gesondert darzulegen, sie folgt nicht bereits aus dem Ereignis selbst. Die beabsichtigte Teilnahme an der Beerdigung genügt jedoch regelmäßig, um den Reiseantritt unzumutbar erscheinen zu lassen.[139]

110

(2) Schwere Unfallverletzung

Versichert ist des Weiteren das Auftreten einer **schweren Unfallverletzung**. Eine Unfallverletzung ist entsprechend § 178 II gegeben, wenn die versicherte Person oder eine Risikoperson in Folge eines plötzlich von außen auf den Körper einwirkenden Ereignisses einen unfreiwilligen Körperschaden erleidet.[140] Ab wann die erlittene Unfallverletzung als schwer einzuordnen ist, kann nicht generell beantwortet werden. Maßgebend ist nicht, ob die Verletzungen objektiv als schwer einzuordnen sind. Es ist vielmehr für den jeweiligen Einzelfall unter Anlegung eines **objektiven Maßstabs** zu klären, ob der Reiseantritt mit Blick auf das gebuchte Reisepaket und die erlittenen Verletzungen unzumutbar erscheint:[141] Eine schwere Verletzung der versicherten Person liegt danach jedenfalls dann vor, wenn diese verletzungsbedingt nicht mehr in der Lage ist, die **Hauptreiseleistungen des gebuchten Reisearrangements** in Anspruch zu nehmen.[142] Ist die versicherte Person demgegenüber lediglich in der freien Gestaltung der Reise oder in der Umsetzung der ursprünglichen Reiseplanung beeinträchtigt, so ist sie versicherungsrechtlich nicht zur Stornierung berechtigt.[143] Stationäre Aufenthalte, Knochenbrüche und innere Verletzungen begründen regelmäßig die Annahme einer schweren Unfallverletzung.[144] Verletzt sich eine Risikoperson, so ist zur Beantwortung der Frage, ob eine schwere Erkrankung vorliegt, zu klären, ob die Erkrankung den Zuspruch oder die Betreuung durch die versicherte Person erforderlich macht.[145]

111

Da die Unzumutbarkeit des Reiseantritts bereits in die Bewertung des Grades der erlittenen Unfallverletzung eingeflossen ist, ist sie nicht nochmals eigenständig zu problematisieren.

112

(3) Unerwartet schwere Erkrankung

Als Rücktrittsgrund ist daneben grundsätzlich das Auftreten einer **unerwartet schweren Erkrankung** versichert. Unter Krankheit ist ein anormaler körperlicher oder geistiger Zustand zu verstehen, der eine nicht ganz unerhebliche Störung körperlicher oder geistiger Funktionen bedingt.[146] Die Erkrankung muss **objektiv belegbar** gegeben sein, der bloße Verdacht einer Erkrankung oder die bloße Befürchtung, in nächster Zukunft zu erkranken, reichen zur Begründung des Versicherungsfalles nicht aus.[147]

113

Die Beschädigung medizinischer Hilfsmittel, wie z.B. Zahn- und Beinprothesen, stellt als solche keine Erkrankung dar.[148] Etwas anderes gilt allenfalls dann, wenn den in Folge der Beschädigung eintretenden körperlichen Beeinträchtigungen Krankheitswert zukommt.[149]

114

Ob die Erkrankung als **schwer** einzustufen ist, ist wie im Fall der Unfallverletzung durch die Gegenüberstellung von krankheitsbedingten Beeinträchtigungen und den Hauptreiseleistungen des gebuchten Reisepakets zu beantworten. Der Antritt der geplanten Reise muss durch die vorliegende Erkrankung unter Zugrundelegung objektiver Maßstäbe als unzumutbar erscheinen. Mögliche Therapien und Heilungschancen bis zum geplanten Reiseantritt sind bei der erforderlichen Wertung in Ansatz zu bringen. Krankheiten, die keiner Hinzuziehung eines Arztes bedürfen, begründen grundsätzlich keine schwere Erkrankung.[150] Wird trotz Erkrankung ein Arzt nicht aufgesucht, so spricht der Beweis des ersten Anscheins gegen das Vorliegen einer schweren Erkrankung.[151]

115

Die schwere Erkrankung muss für den VN/Versicherten **unerwartet** aufgetreten sein. Von einem solchen unerwarteten Auftreten kann nicht mehr ausgegangen werden, wenn dem VN/Versicherten bereits bei Ver-

116

---

138 van Bühren/Nies/*Nies*, Teil 2 Rn. 108; *Führich*, § 31 Rn. 23; Staudinger/Halm/Wendt/*Staudinger*, VB-Reiserücktritt Ziff. 2 Rn. 4.
139 *Führich*, § 31 Rn. 10; Terbille/Höra/*Gebert*/*Steinbeck*, § 30 Rn. 41; *Nies* VersR 1984, 1017, 1019.
140 AG München VersR 1993, 1355; van Bühren/Nies/*Nies*, Teil 2 Rn. 112; *Führich*, § 31 Rn. 11. Zum Begriff weitergehend § 178 VVG Rdn. 12 ff.
141 LG Essen VersR 1987, 1004; *Führich*, § 31 Rn. 11; *Nies* VersR 1984, 406, 408.
142 LG München I VersR 2001, 504, 505; Terbille/Höra/*Gebert*/*Steinbeck*, § 30 Rn. 43; *Führich*, § 31 Rn. 11.
143 AG Ludwigshafen VersR 1984, 330, 331; van Bühren/Nies/*Nies*, Teil 2 Rn. 118.
144 van Bühren/Nies/*Nies*, Teil 2 Rn. 115; *Führich*, § 31 Rn. 11.
145 AG München VersR 1984, 330, 331; van Bühren/Nies/*Nies*, Teil 2 Rn. 121.
146 *Führich*, § 31 Rn. 12.
147 OLG München VersR 1987, 1032, 1033; van Bühren/Nies/*Nies*, Teil 2 Rn. 128; *Führich*, § 31 Rn. 12.
148 AG Hildesheim VersR 1989, 959; van Bühren/Nies/*Nies*, Teil 2 Rn. 131; P/M/*Dörner*, VB-Reiserücktritt Ziff. 2 Rn. 6.
149 van Bühren/Nies/*Nies*, Teil 2 Rn. 131; P/M/*Dörner*, VB-Reiserücktritt Ziff. 2 Rn. 6.
150 *Nies* VersR 1984, 406, 408; Terbille/Höra/*Gebert*/*Steinbeck*, § 30 Rn. 45.
151 AG München NVersZ 2000, 31; van Bühren/Nies/*Nies*, Teil 2 Rn. 129; Terbille/Höra/*Gebert*/*Steinbeck*, § 30 Rn. 45.

tragsabschluss Tatsachen bekannt waren oder grob fahrlässig unbekannt geblieben sind, die **auch ohne medizinische Spezialkenntnisse, aus der Sicht eines durchschnittlichen VN/Versicherten** mit großer Wahrscheinlichkeit für das Auftreten der Krankheit und eine hieraus folgende Unzumutbarkeit des Reiseantritts sprachen.[152] Dies bedeutet allerdings nicht, dass bei Vorliegen einer, möglicherweise auch chronischen, Vorerkrankung ein Versicherungsfall stets zu verneinen ist. Es ist in solchen Fällen vielmehr zu fragen, ob der VN/Versicherte nach objektiven Maßstäben – auch unter Berücksichtigung des bisherigen Krankheitsverlaufs – Anhaltspunkte dafür hatte, dass eine Verbesserung seines Zustands bzw. bei leichteren Erkrankungen keine die Reisefähigkeit ausschließende Verschlechterung des Krankheitsbildes zu erwarten stand.[153] Die rein subjektive Hoffnung des VN/Versicherten, er werde die Reise antreten können, wird als solche nicht geschützt.[154]

117 Unter Hinweis auf die im Zuge der VVG-Reform neugefassten Regelungen der §§ 19 ff., von denen gem. § 32 nicht zum Nachteil des VN abgewichen werden darf, wird die Einschränkung des Versicherungsschutzes auf unerwartete Erkrankungen teilweise für bedenklich erachtet.[155] Gefahrerhebliche Umstände müsse der VN heute nicht mehr automatisch offenbaren; der Versicherer müsse nach diesen konkret fragen. Verzichte der Versicherer jedoch, wie bei Reiseversicherungen regelmäßig, auf eine Abfrage von Gesundheitsdaten und eine entsprechende Risikoprüfung, so könne er diese nicht in Form des Ausschlusses unerwarteter Erkrankungen bei Eintritt des Versicherungsfalles nachholen.[156] Damit verlagere der Versicherer die ihm obliegende Risikoprüfung unzulässig auf den VN.[157] Daneben erscheine der Begriff der »Unerwartetheit« im Lichte des § 307 Abs. 1 S. 2 BGB für den durchschnittlichen VN nicht hinreichend klar.[158] Das Merkmal »unerwartet« müsse daher nach dem blue pencil Test aus der Vertragsklausel gestrichen werden. Die §§ 19 ff. stehen einer Beschränkung des Versicherungsschutzes auf unerwartete Erkrankungen jedoch nicht entgegen. Die §§ 19 ff. hindern den Versicherer nicht, bestimmte Gefahren ohne konkrete Risikoprüfung insgesamt aus dem Versicherungsschutz herauszunehmen. Die unerwartet schwere Erkrankung beschreibt insoweit keinen sekundären Risikoausschluss, sondern stellt eine primäre Risikobeschreibung dar.[159] Die Erwartungen des VN werden hierdurch nicht enttäuscht: Versicherungsverträge bieten von ihrer Grundkonzeption grundsätzlich nur Schutz gegen künftige, unerwartete Ereignisse.[160] Durch den subjektiven Bewertungsmaßstab bei der Frage des Vorliegens einer unerwarteten Erkrankung und die Berücksichtigung der dem VN bekannten Umstände ist zudem sichergestellt, dass der VN nicht überraschend von der Versagung des Versicherungsschutzes getroffen wird. Bei der Formulierung von Allgemeinen Geschäftsbedingungen kann letztlich auch nicht auf ein gewisses Maß an Abstraktion verzichtet werden. Dass der Begriff »unerwartet« vom durchschnittlichen VN nicht gefasst werden kann, ist nicht ohne Weiteres ersichtlich. Zudem finden sich in einigen Versicherungsbedingungen ergänzende Erläuterungen, wann im Erkrankungsfall von einem Versicherungsfall auszugehen ist.[161]

118 Prägen eine vorhandene Erkrankung jederzeit auftretende akute Schübe und plötzliche Verschlechterungen des Gesundheitszustandes, die eine Reiseunfähigkeit bedingen können, so z.B. bei Aids-, Krebs- und Rheumaerkrankung, so ist der Eintritt einer solchen akuten Krankheitsphase nicht unerwartet.[162] Auch bei **Suchterkrankungen**, wie insbesondere Alkoholismus, muss nach allgemeiner Lebenserfahrung jederzeit mit einem Rückfall gerechnet werden. Ein solcher Rückfall begründet folglich keine unerwartete Erkrankung.[163] Ist dem VN/Versicherten ärztlich die Reisefähigkeit zum geplanten Reisebeginn attestiert worden, so ist für ihn der Eintritt einer Erkrankung grundsätzlich unerwartet.[164]

(4) Impfunverträglichkeit

119 Deckungsschutz besteht ferner bei einem durch eine bestehende **Impfunverträglichkeit** bedingten Reiserücktritt. Die Unverträglichkeit muss sich auf eine für die Durchführung der konkreten Reise erforderliche oder

---

152 van Bühren/*Richter*, § 8 Rn. 17; *Terbille*/Höra/*Gebert*/*Steinbeck*, § 30 Rn. 49.
153 LG Hamburg, RRa 2003, 43; AG Lichtenberg RRa 2005, 86 f.; *Terbille*/Höra/*Gebert*/*Steinbeck*, § 30 Rn. 50; *Führich*, § 31 Rn. 14.
154 AG Hamburg VersR 2003, 1395; van Bühren/Nies/*Nies*, Teil 2 Rn. 142.
155 Staudinger/Halm/Wendt/*Staudinger*, VB-Reiserücktritt Ziff. 2 Rn. 6 ff.; *ders*. DAR 2015, 183, 189 f.; P/M/*Dörner*, VB-Reiserücktritt Ziff. 2 Rn. 8 ff.
156 P/M/*Dörner*, VB-Reiserücktritt Ziff. 2 Rn. 8; Staudinger/Halm/Wendt/*Staudinger*, VB-Reiserücktritt Ziff. 2 Rn. 6 ff.
157 Staudinger/Halm/Wendt/*Staudinger*, VB-Reiserücktritt Ziff. 2 Rn. 9.
158 Staudinger/Halm/Wendt/*Staudinger*, VB-Reiserücktritt Ziff. 2 Rn. 7f.
159 *Führich*, § 31 Rn. 14; H/E/K/*Fajen*, Kap. 18 Rn. 57.
160 H/E/K/*Fajen*, 18. Kap. Rn. 57.
161 So H/E/K/*Fajen*, 18. Kap. Rn. 57.
162 AG Hamburg VersR 2003, 60 f.; AG Düsseldorf r+s 2002, 384; AG München VersR 1990, 851 f.; VersR 1985, 1080; an Bühren/Nies/*Nies*, Teil 2 Rn. 139; *Nies* RRa 2002, 251, 254.
163 LG München I VersR 2000, 1105; AG München NVersZ 2001, 167; AG Bonn NVersZ 1999, 270; van Bühren/Nies/*Nies*, Teil 2 Rn. 140; H/E/K/*Fajen*, 18. Kap. Rn. 61; Zweifel an einer solch generellen Aussage äußert van Bühren/*Richter*, § 8 Rn. 18.
164 OLG Köln VersR 1991, 661.

empfohlene Impfung beziehen.[165] Sie ist gegeben, wenn in Folge einer zur Reisevorbereitung durchgeführten Impfung Reaktionen ausgelöst werden, die dem Reiseantritt entgegenstehen, oder wenn eine notwendige Impfung wegen des Gesundheitszustands des Betroffenen nicht durchgeführt werden kann.[166]

Mit Blick auf die durch den fehlenden bzw. unzureichenden Impfschutz bei einem Reiseantritt gegebenen Risiken ist die Reisedurchführung für den betroffenen VN/Versicherten grundsätzlich **unzumutbar**.[167] Ist eine Risikoperson von der Impfunverträglichkeit betroffen, erscheint die Reisedurchführung für den VN/Versicherten regelmäßig zumutbar, es sei denn die Risikoperson bedürfte wegen der Folgen der Impfung der Betreuung durch die versicherte Person. 120

Sind vor Reisebuchung Impfunverträglichkeiten bekannt oder liegt eine Vorerkrankung vor, die einer Impfung entgegenstehen könnte, so ist dem VN/Versicherten zuzumuten, sich vor der Buchung über bestehende Impfpflichten im Reiseland zu informieren.[168] Bei Buchung über einen Reiseveranstalter sind die notwendigen Informationen über den Reiseveranstalter zu erlangen: dieser ist gem. §§ 4 Abs. 1 Nr. 6, 5 Nr. 2 BGB-InfV verpflichtet, den Reisenden auf die im Reiseland bestehenden Impfpflichten hinzuweisen. Erkundigt sich der VN/Versicherte nicht, ist ihm der Versicherungsschutz wegen grob fahrlässiger Herbeiführung des Versicherungsfalls regelmäßig zu versagen. 121

(5) Schwangerschaft

Versichert ist des Weiteren der Reiserücktritt wegen **schwangerschaftsbedingter Unzumutbarkeit** der Reisedurchführung.[169] Schwangerschaft meint einen Zustand, der potentiell zur Geburt eines Kindes führen kann.[170] Geburt und Adoption können einer Schwangerschaft nicht gleichgesetzt werden.[171] Ob die Reisedurchführung in Folge der Schwangerschaft unzumutbar ist, ist auch hier unter Anlegung eines objektiven Maßstabs mit Blick auf das jeweils gebuchte Reisepaket und den individuellen Zustand der schwangeren Person zu ermitteln.[172] Aus der bloßen Feststellung, dass eine Schwangerschaft gegeben ist, folgt jedenfalls nicht automatisch und generell die Unzumutbarkeit der Reisedurchführung. Von dem Eintritt eines versicherten Ereignisses wird vielmehr regelmäßig erst bei fortgeschrittener Schwangerschaft, bei einer Risikoschwangerschaft oder einem besonders gefahrgeneigten, mit körperlichen Anstrengungen verbundenen Reisearrangement auszugehen sein. 122

(6) Eigentumsschaden

Zu den versicherten Rücktrittsgründen zählt ferner der Eintritt eines **Eigentumsschadens** infolge einzelner, in den Versicherungsbedingungen abschließend aufgeführter Ereignisse. Der Eintritt eines Vermögensschadens ist einem Eigentumsschaden nicht gleichzusetzen.[173] Die von einem Betroffenen in Folge eines Schadensfalles erlittenen Nachteile sind daher sorgfältig zu ermitteln und voneinander abzugrenzen. Anders als bei den übrigen versicherten Risiken muss nach Pkt. 2.1 VB-Reiserücktritt 2008 der VN/Versicherte selbst von einem Eigentumsschaden betroffen werden; nur teilweise genügt den Versicherern auch der von einer Risikoperson erlittene Eigentumsschaden. 123

Als mögliche Ursachen für den Eigentumsschaden werden in den Versicherungsbedingungen regelmäßig **Feuer, Explosion, Elementarereignisse**, also durch Naturgewalten ausgelöste Ereignisse wie Überschwemmungen, Erdrutsche, Erdbeben, Lawinen, Blitz- und Hagelschlag, sowie die **vorsätzliche Straftat eines Dritten** genannt. Als vorsätzliche Straftaten kommen insbesondere Diebstahl und Sachbeschädigung in Betracht. Bei Betrugsdelikten kann ein versichertes Risiko nur dann bejaht werden, wenn neben dem tatbestandlich erforderlichen Vermögensschaden, auch ein Eigentumsschaden eingetreten ist. Durch Fahrlässigkeit erlittene Sachschäden, z.B. Schäden infolge eines erlittenen Verkehrsunfalls vermögen, unabhängig von der Höhe des eingetretenen Schadens, einen Versicherungsfall nicht zu begründen. 124

Der erlittene Eigentumsschaden muss **erheblich sein** oder alternativ die **Anwesenheit der versicherten Person zur Sachverhaltsaufklärung und zur Schadensfeststellung erforderlich** machen. Ist in den Versicherungsbedingungen eine Wertgrenze für die Annahme eines erheblichen Schadens nicht genannt, so ist diese für den jeweiligen Einzelfall unter Berücksichtigung der wirtschaftlichen Verhältnisse des Betroffenen zu er- 125

---

165 AG Köln RRa 1997, 188; AG München VersR 1996, 1145.
166 *Führich*, § 31 Rn. 18.
167 van Bühren/Nies/*Nies*, Teil 2 Rn. 158; *Führich*, § 31 Rn. 18.
168 AG Sinsheim NJW-RR 2000, 940; *Führich*, § 31 Rn. 18.
169 Nach H/E/K/*Fajen*, 18. Kap. Rn. 65 darf die Schwangerschaft erst nach Abschluss des Versicherungsvertrages auftreten.
170 OLG Stuttgart VersR 1991, 646, 647; van Bühren/Nies/*Nies*, Teil 2 Rn. 161.
171 van Bühren/Nies/*Nies*, Teil 2 Rn. 163; van Bühren/*Richter*, § 8 Rn. 20.
172 *Führich*, § 31 Rn. 19; Staudinger/Halm/Wendt/*Staudinger*, VB-Reiserücktritt Ziff. 2 Rn. 19.
173 van Bühren/Nies/*Nies*, Teil 2 Rn. 168; P/M/*Dörner*, VB-Reiserücktritt Ziff. 2 Rn. 17.

mitteln.[174] Zusätzlich erlittene Vermögensschäden sind bei der Bewertung der Schwere des eingetretenen Eigentumsschadens nicht zu berücksichtigen.

126 Die Anwesenheit der versicherten Person wird regelmäßig im Rahmen polizeilicher Ermittlungen nach einem Diebstahl oder im Zuge einer geplanten Begutachtung des Schadens durch die Versicherung erforderlich sein.[175]

(7) Arbeitsplatzverlust und Begründung eines neuen Arbeitsverhältnisses

127 In Anerkennung der existenziellen Bedeutung eines Arbeitsplatzes gewährt Pkt. 2.1 VB–Reiserücktritt 2008 Versicherungsschutz nunmehr auch regelmäßig bei wesentlichen Veränderungen der beruflichen Situation: Versichert ist zum einen der **Verlust des Arbeitsplatzes** der versicherten Person oder einer mitreisenden Risikoperson in Folge einer **unerwarteten** arbeitgeberseitig ausgesprochenen **betriebsbedingten Kündigung**. Mangels Beendigung des Arbeitsverhältnisses können der Kündigung weder eine arbeitgeberseitig verhängte Urlaubssperre[176] oder der bloße Wegfall einer beruflichen Fortbildungsmaßnahme,[177] noch eine Versetzung an einen anderen Arbeitsort[178] gleichgesetzt werden. Auch die Aufgabe einer selbständigen Tätigkeit ist nicht versichert.[179] Die Beendigung oder Aufhebung des abhängigen Beschäftigungsverhältnisses aus anderen Gründen als durch betriebsbedingte Kündigung begründet keinen Versicherungsfall. Versicherungsschutz wird daher auch dann nicht gewährt, wenn eine zunächst fristlos ausgesprochene verhaltensbedingte Kündigung im Vergleichswege in eine ordentliche Kündigung umgewandelt wird.[180]

128 Die versicherte Person bzw. die mitreisende Risikoperson muss von der Kündigung **unerwartet** betroffen werden. Auch in diesem Zusammenhang ist zu fragen, ob dem VN/Versicherten bei Vertragsschluss Tatsachen bekannt waren, aus denen nach allgemeiner Lebenserfahrung mit dem Ausspruch einer Kündigung gerechnet werden musste. Gibt es bereits durch den Arbeitgeber Mitteilungen zu einer geplanten Betriebsstilllegung oder -verkleinerung, so kann eine im Folgenden ausgesprochene Kündigung demgemäß nicht mehr als unerwartet qualifiziert werden.[181] Da während der **Probezeit** das Arbeitsverhältnis ohne Angabe von Gründen jederzeit beendet werden kann, sind auch die in diesem Zeitraum ausgesprochenen Kündigungen im Regelfall nicht unerwartet.[182]

129 Neben dem Verlust des Arbeitsplatzes wird zum anderen Versicherungsschutz gewährt, wenn die bei Reisebuchung arbeitslos gemeldete versicherte Person bzw. eine arbeitslos gemeldete mitreisende Risikoperson unerwartet ein neues Arbeitsverhältnis aufnimmt. Die Aufnahme von Praktika oder Schulungsmaßnahmen sowie die Teilnahme an einem Vorstellungsgespräch[183] sind der Begründung eines Arbeitsverhältnisses nicht gleichzustellen.

130 Auch die **Arbeitsplatzaufnahme** muss für den Betroffenen **unerwartet** erfolgen. Dieser Annahme steht nicht entgegen, dass bereits zur Zeit der Reisebuchung Bewerbungsbemühungen liefen. Etwas anderes dürfte lediglich dann gelten, wenn bereits ein Vorstellungsgespräch geführt wurde. Die hieraus erwachsenen Chancen zum Erhalt des Arbeitsplatzes lassen die spätere Arbeitsaufnahme nicht mehr unerwartet erscheinen.[184]

(8) Zusätzliche Risiken

131 Neben den vorgenannten Risiken treten einzelne Versicherer auch dann ein, wenn der Reiseantritt in Folge einer unerwarteten, nicht zu verschiebenden **Einberufung der versicherten Person zum Wehrdienst, zu einer Wehrübung oder zum Zivildienst** oder wegen eines unerwartet in die Reisezeit fallenden Termins für die **Wiederholung einer nicht bestandenen Prüfung** an einer Schule oder einer Universität unzumutbar und die Reise deswegen storniert wird. Vereinzelt sind zusätzlich die **schwere Erkrankung, Unfallverletzung oder Impfunverträglichkeit eines zur Reise angemeldeten Hundes** als Risiken versichert.

cc) Kausalität

132 Die Reise muss gerade **wegen** des Eintritts eines versicherten Ereignisses und der hieraus folgenden Unzumutbarkeit der Reisedurchführung storniert werden. Dies setzt notwendigerweise voraus, dass ein versicher-

---

174 P/M/*Dörner*, VB-Reiserücktritt Ziff. 2 Rn. 18; *Führich*, § 31 Rn. 20; a.A. keine Berücksichtigung der allgemeinen Vermögenssituation van Bühren/Nies/*Nies*, Teil 2 Rn. 175.
175 *Führich*, § 31 Rn. 20.
176 AG München VersR 2002, 96.
177 AG Würzburg VersR 2002, 568.
178 H/E/K/*Fajen*, 18. Kap. Rn. 67.
179 AG Saarlouis NVersZ 2002, 266; van Bühren/*Richter*, § 8 Rn. 22.
180 AG Lippstadt RRa 2002, 90.
181 Staudinger/Halm/Wendt/*Staudinger*, VB Reiserücktritt Ziff. 2 Rn. 21.
182 AG München VersR 2004, 62; H/E/K/*Fajen*, 18. Kap. Rn. 67; differenzierend van Bühren/Nies/*Nies*, Teil 2 Rn. 179; Staudinger/Halm/Wendt/*Staudinger*, VB Reiserücktritt Ziff. 2 Rn. 21, die auf den Einzelfall und die Erwartung einer unbefristeten Übernahme abstellen wollen.
183 AG München VersR 2003, 459.
184 VersHb/*Staudinger*, § 41 Rn. 113.

ter Rücktrittsgrund nicht nur objektiv gegeben, sondern dem VN/Versicherten bei der Reiseabsage auch bekannt ist. Erfolgt die Stornierung, ohne dass zum Zeitpunkt des Rücktritts ein versicherter Rücktrittsgrund gegeben ist, so wird auch dann kein Versicherungsschutz gewährt, wenn in der Folgezeit ein solcher eintritt.[185]

dd) Beweislast

Die Darlegungs- und Beweislast für den Eintritt eines versicherten Risikos trägt der VN/Versicherte. 133

c) Objektive und subjektive Risikoausschlüsse

Neben den bereits im Rahmen der Reisegepäckversicherung erläuterten allgemeinen Ausschlussgründen 134 (oben Rdn. 41 ff.) haftet der Versicherer nach Pkt. 3.2 VB-Reiserücktritt 2008 nicht, wenn die Reiseabsage wegen eines Ereignisses erfolgt, mit dessen Eintritt bereits zur Zeit der Buchung zu rechnen war. Von einem solchen vorhersehbaren Ereignis ist auszugehen, wenn dem VN/Versicherten bei Buchung Tatsachen bekannt waren, die den Eintritt eines versicherten Ereignisses nach objektiven Maßstäben überwiegend wahrscheinlich erscheinen ließen.[186]

Die praktische Bedeutung des Ausschlusses ist für die versicherten Ereignisse unterschiedlich groß. Für die 135 versicherten Risiken Erkrankung, Arbeitsplatzverlust und Begründung eines neuen Arbeitsverhältnisses ergibt sich wegen des Gleichlaufs der Begriffe bereits aus der Feststellung eines **unerwarteten Ereignisses**, dass der Ausschluss nicht eingreifen kann. Schon definitionsgemäß wird man auch einem Unfall Vorhersehbarkeit nicht entgegen halten können. Nur in extremen Ausnahmefällen, z.B. bei Vorliegen einer schweren Erkrankung mit nur noch geringer Lebenserwartung, ist schließlich im Todesfall ein vorhersehbares Ereignis anzunehmen.

Ist eine **unerwartet schwere Erkrankung** gegeben, so besteht auch dann kein Versicherungsschutz, wenn sich 136 die Erkrankung den Umständen nach als Reaktion auf einen **Terrorakt, auf innere Unruhen, auf Kriegsereignisse, auf ein Flugunglück oder als Reaktion auf eine Naturkatastrophe** darstellt oder in der Befürchtung solcher Ereignisse wurzelt. Der Ausschluss erklärt sich mit Blick auf die Ereignisse des 11.09. und stellt klar, dass insbesondere die Gefahr von Terrorakten zum allgemeinen, nicht versicherbaren Lebensrisiko gehört.[187]

Versicherungsschutz wird bei Vorliegen einer schweren Erkrankung ferner dann versagt, wenn diese lediglich 137 einen **Schub einer chronischen Erkrankung** darstellt. Da es bei einem chronischen Krankheitsschub regelmäßig bereits an einer unerwarteten Erkrankung fehlen dürfte (vgl. oben Rdn. 118), kommt dem Ausschluss im Wesentlichen nur klarstellende Funktion zu.

Das Vorliegen eines Ausschlusstatbestandes ist **durch den Versicherer** darzulegen und zu **beweisen**. 138

d) Leistungsumfang

aa) Stornokosten und Vermittlungsentgelte

(1) Allgemein

Im Versicherungsfall werden vom Versicherer sowohl die vom VN/Versicherten vertraglich geschuldeten **Stornokosten**, als auch die bei der Reisebuchung mit dem Reisevermittler vereinbarten und in Rechnung gestellten **Vermittlungsentgelte** ersetzt, vorausgesetzt diese sind bei der Bemessung der Versicherungssumme mit eingeflossen. Leistungsgrenze ist in beiden Fällen die vereinbarte Versicherungssumme. 139

Unter **Stornokosten** ist die dem Reiseveranstalter bei Rücktritt vom Vertrag geschuldete, entweder pauschal 140 auf Grundlage entsprechender **Stornokostentabellen** oder **konkret** für den jeweiligen Einzelfall berechnete Entschädigung zu verstehen. Die für eine Reiseumbuchung erhobenen Gebühren fallen – trotz möglicherweise formaler Bezeichnung als Stornokosten – grundsätzlich nicht unter die insoweit zu erstattenden Entgelte: Mit der Reiseumbuchung erfolgt kein Rücktritt vom Vertrag, der ursprünglich bestehende Reisevertrag wird vielmehr einvernehmlich abgeändert.[188] Die Versicherer behandeln Umbuchungskosten jedoch regelmäßig den Stornokosten gleich.[189]

Nicht zu den Stornokosten zählen die dem VN/Versicherten in Folge des Rücktritts anderweitig entstehenden oder verbleibenden Vermögensnachteile. Nicht ersetzt werden daher die durch den Rücktritt letztlich nutzlos gewordenen Aufwendungen für Reiseausstattung/-ausrüstung sowie Reisenebenkosten wie die Kosten für die Beschaffung von Visa und Pässen oder erforderliche Impfungen.[190] Ferner nicht vom Versicherungsschutz umfasst, sind die Kosten für die Erklärung der Stornierung selbst, also z.B. Telefon- oder Portokosten; solche Kosten können ggf. über § 83 als Rettungskosten zu ersetzen sein.[191] Auch die vom Reisever- 141

---

185 *Führich*, § 31 Rn. 9.
186 P/M/*Dörner*, VB-Reiserücktritt Ziff. 3 Rn. 4.
187 AG Melsungen RRa 2004, 92 f.; AG Dresden VersR 2003, 991.
188 van Bühren/Nies/*Nies*, Teil 2 Rn. 93; P/M/*Dörner*, VB-Reiserücktritt Ziff. 1 Rn. 6.
189 van Bühren/Nies/*Nies*, Teil 2 Rn. 93.
190 van Bühren/Nies/*Nies*, Teil 2 Rn. 76; *Führich*, § 31 Rn. 4.
191 P/M/*Dörner*, VB-Reiserücktritt Ziff. 1 Rn. 6.

Anhang N Reiseversicherung

mittler für die Vornahme der Stornierung erhobenen Bearbeitungsentgelte sind vom Versicherer nicht zu erstatten.
Der Versicherer übernimmt schließlich ebenfalls nicht die Kosten, die einem **Dritten** in Folge des Reiserücktritts entstehen, beispielsweise die durch den Rücktritt und den damit einhergehenden Wegfall des Gruppenrabatts oder den dadurch nunmehr zu zahlenden Einzelzimmerzuschlag anfallenden Zusatzkosten.[192]

(2) Höhe

142 Vom Versicherer werden jeweils nur die vom Reiseveranstalter bzw. Reisevermittler berechtigt erhobenen Stornokosten bzw. Vermittlungsentgelte erstattet. Beruht der Versicherungsschutz nicht auf einem zwischen Versicherer und Reiseveranstalter geschlossenem Vertrag bzw. ist der Versicherungsvertrag nicht durch einen Agenturvertrag zwischen Reiseveranstalter und Versicherer vermittelt worden,[193] so steht dem Versicherer ein eigenes **Prüfungsrecht** hinsichtlich des Grundes und der Höhe der angemeldeten Stornokosten und/oder Vermittlungsentgelte zu:[194] Liegt das mit einem Reisevermittler vereinbarte Entgelt über den allgemein üblichen und angemessenen Sätzen für entsprechende Dienste, so kann der Versicherer seine Leistung auf einen angemessenen Betrag herabsetzen. Bei bestehenden Meinungsverschiedenheiten über den Umfang der zu übernehmenden Kosten muss der VN/Versicherte eine gerichtliche Entscheidung zur Frage der Berechtigung und Angemessenheit der Stornokosten und/oder Vermittlungsentgelte herbeiführen.[195]

143 Bei der Berechnung der zu leistenden Entschädigung ist eine bestehende **Unterversicherung** zu berücksichtigen. Daneben ist ein (regelmäßig) vereinbarter **Selbstbehalt** in Ansatz zu bringen. Die Höhe des Selbstbehaltes differiert in den Bedingungen der Versicherer teilweise abhängig vom Rücktrittsgrund: Erfolgt der Rücktritt wegen einer unerwarteten Erkrankung, Impfunverträglichkeit oder Schwangerschaft, so greifen regelmäßig höhere Selbstbehalte ein. Gerechtfertigt wird der höhere Selbstbehalt in diesen Fällen durch die höhere Wahrscheinlichkeit eines Risikoeintritts. Außerdem will man der Gefahr von Manipulationen durch die Vorlage von Gefälligkeitsattesten entgegenwirken.[196] Der höhere Selbstbehalt ist auch dann verwirkt, wenn sich nach erfolgter Stornierung aus den vorbezeichneten Risiken ein weiterer Rücktrittsgrund mit einem niedrigeren Selbstbehalt ergibt.[197]

bb) Nachreisekosten

144 Neben dem Ersatz von Stornokosten und Vermittlungsentgelten übernehmen einzelne Versicherer auch die nachweislich entstandenen **Kosten der Nachreise**, wenn die Reise in Folge des Eintritts eines versicherten Risikos verspätet angetreten wird. Die Höhe der erstattungsfähigen Kosten ist hierbei durch die Höhe der Stornokosten begrenzt, die angefallen wären, wenn die Reise bei Eintritt des Versicherungsfalles unverzüglich storniert worden wäre.

cc) Betreuungs- und Pflegekosten

145 Für den Fall, dass eine Risikoperson wegen einer unerwarteten Erkrankung oder einer unerwarteten Unfallverletzung zwingend der Pflege oder Unterbringung bedarf, werden außerdem teilweise **wahlweise** die anfallenden **Betreuungs- bzw. Pflegekosten** anstelle der Stornokosten ersetzt. Die Leistungsgrenze bildet auch hier die Höhe der Stornokosten, die fiktiv bei unverzüglicher Stornierung nach Eintritt des Versicherungsfalls angefallen wären.

e) Zahlung der Entschädigung

146 Zur Fälligkeit der Versicherungsleistung kann auf die entsprechenden Ausführungen im Rahmen der Reisegepäckversicherung (oben Rdn. 66) verwiesen werden.

3. Prämie; Beginn und Ende des Versicherungsschutzes

a) Prämie

147 Hinsichtlich der Fälligkeit der Versicherungsprämie gelten die entsprechenden Ausführungen im Rahmen der Reisegepäckversicherung (vgl. oben Rdn. 68 ff.).

b) Beginn und Ende des Versicherungsschutzes

aa) Beginn des Versicherungsschutzes

148 Der Beginn des Versicherungsschutzes hängt maßgebend vom jeweiligen Vertragstyp ab. Bezieht sich die Versicherung lediglich auf eine **konkrete Reise**, so beginnt der Versicherungsschutz unmittelbar mit dem Ab-

---

192 van Bühren/Nies/*Nies*, Teil 2 Rn. 78; H/E/K/*Fajen*, 18. Kap. Rn. 44; *Führich*, § 31 Rn. 4.
193 van Bühren/Nies/*Nies*, Teil 2 Rn. 83.
194 KG RRa 1998, 244, 245; H/E/K/*Fajen*, 18. Kap. Rn. 44.
195 H/E/K/*Fajen*, 18. Kap. Rn. 44.
196 van Bühren/Nies/*Nies*, Teil 2 Rn. 255.
197 van Bühren/Nies/*Nies*, Teil 2 Rn. 261.

schluss des Versicherungsvertrages. Liegt eine **Jahresversicherung** vor, so beginnt der Versicherungsschutz jeweils mit der innerhalb der Vertragslaufzeit vorgenommenen Reisebuchung.

bb) Ende des Versicherungsschutzes

Der Versicherungsschutz endet mit dem **Antritt der versicherten Reise**. Anders als in der Reisegepäckversicherung ist von einem Reiseantritt nicht bereits beim Verlassen der Wohnung zum unverzüglichen Reiseaufbruch auszugehen. Da die Reiserücktrittskostenversicherung an einen Vertrag über eine touristische Leistung anknüpft, ist die Reise mit der **Inanspruchnahme der ersten Teilleistung** des gebuchten Reisepakets angetreten, wobei auch eine nur teilweise Inanspruchnahme genügt. 149

Bei Flugreisen ist mit dem Beginn des Eincheckens am Abfertigungsschalter die erste Reiseleistung in Anspruch genommen.[198] Nutzt der Reisende die ihm eröffnete Möglichkeit des Vorabend-check-in, stellt dies regelmäßig noch nicht den Reiseantritt dar. Der check-in enthält zunächst eine bloße Absichtserklärung, die durch den tatsächlichen Antritt im Flughafen noch bestätigt werden muss.[199] Beinhaltet die gebuchte Reise auch die Zugfahrt zum Flughafen, so ist die Reise bereits mit dem Einsteigen in die Bahn angetreten.[200] Allein das Ausdrucken eines online-Tickets,[201] das Einfinden auf einem vereinbarten Sammelplatz oder Abfahrtspunkt kann dagegen noch nicht als Reiseantritt gewertet werden.[202] Erfolgt die Anreise in eigener Verantwortung, so ist der Reiseantritt mit der Zuweisung des Zimmers oder Ferienhauses am jeweiligen Reiseziel gegeben.[203] 150

4. Obliegenheiten des Versicherungsnehmers

a) Obliegenheiten

aa) Unverzügliche Stornierung

Welche Maßnahmen der VN/Versicherte treffen muss, um sich nach Eintritt des Versicherungsfalles den Anspruch auf die Versicherungsleistung zu erhalten, ergibt sich bereits im Wesentlichen aus den allgemein für die Reiseversicherung geltenden Bestimmungen (vgl. hierzu Rdn. 84 ff.). In Konkretisierung der dort nochmals fixierten Pflicht zur **Schadensminderung** ist der VN/Versicherte zunächst verpflichtet, die Reise unverzüglich nach Eintritt und Kenntnis eines versicherten Rücktrittsgrundes bzw. von Tatsachen, die nach allgemeiner Lebenserfahrung die Unzumutbarkeit des Reiseantritts überwiegend wahrscheinlich machen,[204] zu stornieren, um das Anwachsen der geschuldeten Stornokosten zu verhindern. Unverzüglich bedeutet gemäß § 121 BGB ohne schuldhaftes Zögern. Wann konkret die Stornierung erfolgen muss, um noch als unverzüglich zu gelten, kann generell nicht bestimmt werden. Es sind jeweils die Umstände des Einzelfalls in die Bewertung einzustellen. Das Verstreichenlassen mehrerer Tage dürfte aber regelmäßig zur Verneinung der Unverzüglichkeit führen.[205] 151

Schwierigkeiten bereitet insbesondere die Bestimmung, wann im **Krankheitsfall** die Reiseabsage zu erfolgen hat. Erkrankt der VN/Versicherte oder eine Risikoperson, so ist spätestens dann, wenn dem VN/Versicherten konkrete Anhaltspunkte dafür vorliegen, dass die Reise krankheitsbedingt nicht wie geplant durchgeführt werden kann, der Rücktritt zu erklären.[206] Dem VN/Versicherten ist beim Auftreten der ersten Krankheitszeichen hierbei grundsätzlich zuzumuten, ein ärztliches Urteil zur Reisefähigkeit einzuholen.[207] Liegt eine Erkrankung nachweisbar vor, so dispensiert die bloß subjektive Hoffnung des Betroffenen, er könne bis zum Reiseantritt die Reisefähigkeit wiedererlangen, nicht von einer Stornierung. Etwas anderes gilt, wenn eine rechtzeitige Wiedergenesung ärztlich attestiert wurde. In diesem Fall darf der VN/Versicherte auf das ärztliche Urteil vertrauen und vom Rücktritt (zunächst) Abstand nehmen.[208] Kann der Arzt keine verlässlichen Angaben zum möglichen Krankheitsverlauf machen, so muss regelmäßig der Reiserücktritt erklärt werden.[209] 152

---

198 OLG Dresden VersR 2002, 1373, 1373 f.; AG München r+s 2002, 384; Terbille/Höra/*Gebert/Steinbeck*, § 30 Rn. 20 ff.; H/E/K/*Fajen*, 18. Kap. Rn. 48; *Führich*, § 31 Rn. 2; a.A. *Schmid* NJW 2002, 3510, 3511; *ders* RRa 2001, 256 »Annahme als Fluggast«.
199 *Staudinger*, DAR 2015, 183, 189; Terbille/Höra/*Gebert/Steinbeck*, § 30 Rn. 22; a.A. H/E/K/*Fajen*, 18. Kap. Rn. 48, der unter Hinweis auf die reiserechtlichen Regelungen einen Reiseantritt bereits beim Vorabend/online-check-in annimmt.
200 LG München I RRa 2004, 274; van Bühren/*Richter*, § 8 Rn. 6.
201 AG Bremen, BeckRS 2013, 11445; *Staudinger*, DAR 2015, 183, 189; H/E/K/*Fajen*, 18. Kap. Rn. 48.
202 LG Koblenz NJW-RR 2004, 1333; van Bühren/Nies/*Nies*, Teil 2 Rn. 69.
203 Terbille/Höra/*Gebert/Steinbeck*, § 30 Rn. 24.
204 Terbille/Höra/*Gebert/Steinbeck*, § 30 Rn. 91.
205 AG Landau NVersZ 2002, 464 f.; *Führich*, § 31 Rn. 24; H/E/K/*Fajen*, 18. Kap. Rn. 79.
206 *Führich*, § 31 Rn. 24.
207 LG München r+s 2003, 159; LG Aachen NJW-RR 1993, 674, 675.
208 LG Krefeld VersR 1990, 850, 851; AG München VersR 2008, 641; *Führich*, § 31 Rn. 24.
209 AG München RRa 2003, 89 f.; Terbille/Höra/*Gebert/Steinbeck*, § 30 Rn. 91.

bb) Nachweis- und Aufklärungsobliegenheiten

153 Die den VN/Versicherten neben der Stornierungsobliegenheit bereits allgemein treffenden umfangreichen **Nachweis- und Auskunftsobliegenheiten** verpflichten ihn, dem Versicherer Buchungsunterlagen und Rechnungsschreiben zum Nachweis des Grundes und der Höhe der angefallenen Stornokosten und/oder Vermittlungsentgelte vorzulegen. Die im Versicherungsfall konkret beizubringenden Dokumente werden in den Versicherungsbedingungen ausdrücklich benannt. Im Todesfall ist so z.B. die Sterbeurkunde, bei Verlust des Arbeitsplatzes das auch den Kündigungsgrund ausweisende Kündigungsschreiben vorzulegen. Bei Unfallverletzungen, Erkrankungen, Impfunverträglichkeit sowie Schwangerschaft sind **ärztliche Atteste** einzureichen, die zur Überprüfung des Versicherungsfalles Diagnose und Behandlungsdaten ausweisen müssen. Bei psychischen Erkrankungen wird einschränkend das Attest eines Facharztes für Psychiatrie verlangt. Nur dieser ist regelmäßig in der Lage, festzustellen, ob den beklagten Beschwerden tatsächlich ein Krankheitswert zuzumessen ist.[210] Die Kosten für die Erstellung der Atteste sind als Kosten der Schadensfeststellung i.S.d. § 85 vom Versicherer zu übernehmen.[211] Bei einem geplanten Aufenthalt in einem Mietobjekt ist zusätzlich eine Bescheinigung über die Nichtvermietbarkeit des Objekts beizubringen.

154 Auf gesondertes Verlangen des Versicherers hat der VN/Versicherte darüber hinaus weitergehende, einzeln benannte Auskünfte zu gewähren und zusätzliche Dokumente zum Nachweis des Versicherungsfalles vorzulegen. Insbesondere ist der VN verpflichtet, der Einholung eines fachärztlichen Attestes über die Art und die Schwere der Erkrankung sowie die hieraus resultierende Reiseunfähigkeit zuzustimmen, unter Berücksichtigung des § 213 vom Versicherer angeforderte **Schweigepflichtentbindungserklärungen** abzugeben, und ggf. erforderliche werdende Untersuchungen vornehmen zu lassen. Ist der VN/Versicherte nicht selbst von der Erkrankung betroffen, so hat er die Risikoperson zu entsprechenden Mitwirkungen aufzufordern.

b) Obliegenheitsverletzungen

155 Hinsichtlich der möglichen Rechtsfolgen bei **Obliegenheitsverletzungen** wird auf die parallelen Ausführungen im Rahmen der Reisegepäckversicherung Bezug genommen (vgl. oben Rdn. 92 ff.). Bei Verstößen gegen die Verpflichtung zur unverzüglichen Stornierung ist besonders die Möglichkeit des **Kausalitätsgegenbeweises** zu prüfen.

5. Ansprüche gegen Dritte

156 Vgl. die Ausführungen unter Rdn. 96 f.

6. Verjährung

157 Vgl. die Ausführungen unter Rdn. 98 f.

7. Gerichtsstand

158 Es gelten die Ausführungen unter Rdn. 100.

IV. Die Reiseabbruchversicherung
1. Allgemeines
a) Gegenstand und praktische Bedeutung

159 Nicht nur zwischen Reisebuchung und Reiseantritt, auch **während der Reise** selbst können Umstände eintreten, durch die die bestehenden Reisepläne überholt werden. Die Reiseabbruchversicherung bietet Schutz gegen die den Reisenden bei einem unplanmäßigen Reiseabbruch in Form von zusätzlichen Rückreisekosten und nutzlos werdenden Aufwendungen für Reiseleistungen treffenden finanziellen Belastungen.

160 Als **eigenständige Versicherung** ist die Reiseabbruchversicherung noch relativ jung. Bis vor wenigen Jahren war sie als unselbständiger Teil in der Reiserücktrittskostenversicherung enthalten. Hieraus erklärt sich auch die weitgehende Parallelität des Katalogs der versicherten Risiken. Wie die selbständige Reiseabbruchsversicherung von den Versicherungskunden angenommen wird, bleibt abzuwarten. Anders als bei der Reiserücktrittsversicherung muss der Reiseveranstalter den Reisenden auf die Möglichkeit des Abschlusses einer Reiseabbruchversicherung nicht hinweisen.[212]

b) Rechtsgrundlagen und rechtliche Rahmenbedingungen

161 Es gelten die Ausführungen zur Reiserücktrittskostenversicherung (vgl. Rdn. 103).

---

210 LG Kleve r+s 1998, 254; AG München VersR 2000, 486.
211 van Bühren/Nies/*Nies*, Teil 2 Rn. 244.
212 BGH NJW 2006, 3137, 3138 f.; Staudinger/Halm/Wendt/*Staudinger*, AT-Reise Vorb. Rn. 3; H/E/K/*Fajen*, 18. Kap. Rn. 3.

2. Umfang des Versicherungsschutzes

a) Versicherte Personen

Vgl. hierzu die Ausführungen unter Rdn. 8. 162

b) Versicherungsfall

aa) Allgemein

Versicherungsschutz wird gewährt, wenn die Fortsetzung einer **angetretenen Reise** (vgl. zum Begriff des Reiseantritts Rdn. 149) in Folge des Eintritts eines versicherten Ereignisses für die versicherte Person unzumutbar und die Reise deswegen unplanmäßig beendet wird. Die nicht planmäßige Beendigung umfasst neben dem vorzeitigen Abbruch der Reise und der vorzeitigen Rückkehr auch die Rückkehr nach dem eigentlich geplanten Reiseende. 163

Wie im Rahmen der Reiserücktrittskostenversicherung ist es nicht erforderlich, dass die versicherte Person selbst von einem versicherten Ereignis betroffen wird. Es reicht aus, wenn sich ein versichertes Ereignis bei einer sog. **Risikoperson** verwirklicht. Zu den Risikopersonen zählen neben Angehörigen und Personen, die nicht mitreisende minderjährige oder pflegebedürftige Angehörige der versicherten Person betreuen, auch bis zu einer gewissen Personenzahlgrenze diejenigen Personen, die mit der versicherten Person die betroffene Reise gemeinsam gebucht und versichert haben. Wegen des weitgehend deckungsgleichen Kreises der Risikopersonen wird hinsichtlich der weiteren Details auf die Ausführungen im Rahmen der Reiserücktrittskostenversicherung (oben Rdn. 106 ff.) verwiesen. 164

bb) Versicherte Risiken

Die Gründe, die die nicht planmäßige Beendigung versicherungsrechtlich rechtfertigen können, sind in den Versicherungsbedingungen abschließend benannt. Es besteht insoweit auch hier lediglich **Einzelgefahrenschutz**. Zu den versicherten Risiken zählen standardmäßig **Tod**, eine **schwere Unfallverletzung**, **eine unerwartet schwere Erkrankung** der versicherten Person bzw. einer Risikoperson sowie der Eintritt eines **Eigentumsschadens** infolge enumerativ aufgeführter Ereignisse. 165

Darüber hinaus bieten einzelne Versicherer zusätzlich Versicherungsschutz an, wenn die gebuchte Reise wegen einer bestehenden **Impfunverträglichkeit** oder **Schwangerschaft** nicht wie vorgesehen beendet werden kann. Hinsichtlich der weiteren Einzelheiten wird auf die Ausführungen zum Katalog der im Rahmen der Reiserücktrittskostenversicherung versicherten Risiken verwiesen (oben Rdn. 109 ff.). 166

cc) Kausalität

Liegt ein versicherter Abbruchsgrund vor, so muss dieser im konkreten Fall die Fortsetzung und die planmäßige Beendigung der Reise **unzumutbar** machen und den Reiseabbruch bedingen. Wie im Rahmen der Reiserücktrittskostenversicherung beantwortet sich die Frage der Unzumutbarkeit der Fortsetzung der Reise nach objektiven Maßstäben unter Berücksichtigung der gegebenen Beeinträchtigungen für das konkret betroffene Reisepaket (vgl. dort unter Rdn. 115).[213] Neben den **Hauptreiseleistungen** ist bei der erforderlichen Abwägung insbesondere der **Zeitpunkt der geplanten Rückreise** in Ansatz zu bringen: Steht die Rückreise kurz bevor, so ist dem Versicherten eher zuzumuten, am Urlaubsort zu verbleiben und die Reise, wie ursprünglich vorgesehen, zu beenden.[214] 167

dd) Reiseabbruch

Die Reise muss infolge eines versicherten Risikos unplanmäßig beendet werden. Wird die Reise lediglich unterbrochen, besteht grundsätzlich kein Versicherungsschutz. Von einer bloßen **Reiseunterbrechung** im Gegensatz zum Reiseabbruch ist dann auszugehen, wenn der VN/Versicherte lediglich einzelne Reiseleistungen nicht in Anspruch nimmt, im Übrigen aber mit dem ursprünglich vorgesehenen Beförderungsmittel zum geplanten Termin zurückkehrt.[215] 168

c) Objektive und subjektive Risikoausschlüsse

Der Katalog der Gründe, die den Versicherungsschutz ausschließen, entspricht den auch im Rahmen der Reiserücktrittskostenversicherung geltenden Beschränkungen. Es wird daher auf die dortigen Ausführungen (unter Rdn. 134 ff.) verwiesen. 169

---

[213] AG Ludwigshafen VersR 1984, 330, 331.
[214] *Nies* VersR 1984, 1017, 1019.
[215] AG München NVersZ 2001, 126; AG Dresden VersR 2000, 633; P/M/*Dörner*, VB-Reiseabbruch Ziff. 1 Rn. 1.

d) Leistungsumfang

aa) Rückreisekosten

170　Im Versicherungsfall erstattet der Versicherer die vom VN/Versicherten nachweisbar aufgewandten (zusätzlichen) **Rückreisekosten,** vorausgesetzt das gebuchte und versicherte Reisearrangement umfasste auch die Rückreise. Für Reisen, bei denen An- und Abreisen in eigener Verantwortung erfolgen, z.B. mit dem eigenen Pkw, besteht mithin kein Deckungsschutz.

171　Wegen der fehlenden Möglichkeit, Umstände und Kosten eines unplanmäßigen Reiseabbruchs bei Vertragsschluss zu prognostizieren, ist der Umfang der Entschädigungsleistung im Versicherungsfall ausnahmsweise **nicht durch die Höhe der Versicherungssumme** begrenzt. Jedoch soll der VN/Versicherte durch den Abbruch nicht besser gestellt werden als bei planmäßiger Beendigung der Reise. Ersetzt werden daher grundsätzlich lediglich die Kosten für die Rückkehr vom Ort des Reiseabbruchs zum Ausgangspunkt der Reise bzw. zum planmäßigen Zielort der Rückkehr;[216] die Kosten für die Rückkehr zum Heimatort trägt der Versicherer nicht.[217] Erstattet werden außerdem lediglich Rückreisekosten, die in **Art und Qualität der gebuchten Reise** entsprechen. Sieht das gebuchte Reisearrangement z.B. die Hin-/Rückreise mit einem Bus oder einem Zug vor, so werden auch nur die Kosten für eine Rückfahrt mittels Bus bzw. Zug erstattet; ein Anspruch darauf, die Rückreise in diesem Fall mit einem Flugzeug antreten zu dürfen, besteht grundsätzlich nicht.

172　Bedarf der VN/Versicherte auf der Rückreise aufgrund seines Zustands der medizinischen Betreuung oder erfolgt die Rückreise durch einen **Rettungswagen oder -hubschrauber,** so kommt der Versicherer auch für die hierdurch ausgelösten Mehrkosten nicht auf.[218] Im Vordergrund steht die medizinische Versorgung und nicht die Rückreise, sodass eine qualitativ andere Leistung erbracht wird.[219] Ersatz ist hier über eine ggf. bestehende Reisekrankenversicherung zu erlangen.

173　Über die eigentlichen Rückreisekosten hinaus erstattet der Versicherer dem VN/Versicherten alle unmittelbar mit der Rückreise und ihrer Organisation verbundenen **Zusatzkosten.** Dies umfasst neben Telefon- und Telefaxkosten, anfallende Umbuchungs- und Transferkosten, die Kosten für Verpflegung und notwendige Übernachtungen auf der Rückreise – jeweils entsprechend der Art und Qualität des gebuchten Reisearrangements – sowie die Kosten für die Rückbeförderung des Gepäcks.[220] Auch die Kosten der Rückbeförderung des Gepäcks einer auf der Reise verstorbenen versicherten Person werden übernommen. Die Kosten für die Rückführung der verstorbenen Person selbst sind dagegen nicht versichert.[221]

174　**Nicht übernommen** werden die lediglich mittelbar durch die unplanmäßige Reisebeendigung ausgelösten Kosten, wie die Kosten für die Einstellung eines Vertreters zur Überbrückung einer längeren Abwesenheit im Betrieb,[222] Kosten für die erforderliche Betreuung minderjähriger Kinder oder aber die Rückführungskosten für ein während der Reise gemietetes Fahrzeug[223]. Auch die Kosten für Begleitpersonen werden nicht erstattet, soweit diese nicht selbst versichert sind und auch für sie ein Versicherungsfall vorliegt.

bb) Anteiliger Reisepreis

175　Bei vorzeitiger Beendigung der Reise aus versichertem Grund erstattet der Versicherer neben den Rückreisekosten im Rahmen der Versicherungssumme den **Reisepreis,** der anteilig auf die durch den Reiseabbruch nicht genutzten Reiseleistungen entfällt. Um eine Besserstellung des VN/Versicherten bei gleichzeitig bestehendem Anspruch auf Erstattung der Rückreisekosten zu verhindern, ist der Reisepreis für die Berechnung der Entschädigung grundsätzlich vorab um die ursprünglichen Rückreisekosten zu bereinigen. Etwas anderes gilt nur, soweit eine Pauschalreise vom Reiseabbruch betroffen ist. An- und Abreisekosten werden hier nicht gesondert ausgewiesen, sie bilden untrennbare Bestandteile des Gesamtreisepreises.[224]

cc) Unterkunftskosten

176　Ist die Rückreise zum ursprünglich geplanten Termin für die versicherte Person nicht zumutbar, weil eine mitreisende Risikoperson wegen einer schweren Unfallverletzung oder einer unerwarteten Erkrankung nicht transportfähig ist und über den gebuchten Rückreisetermin in stationärer Behandlung bleiben muss, so erstattet der Versicherer schließlich die nachgewiesenen zusätzlichen **Unterkunftskosten** der versicherten Person bis zur zumutbaren Rückreise. Die Entschädigungshöhe ist auch hier an Art und Klasse der ursprünglich gebuchten und versicherten Leistung gebunden. Darüber hinaus sind in verschiedenen Versicherungsbedingungen Erstattungshöchstbeträge und zeitliche Entschädigungsgrenzen fixiert.

216　P/M/*Dörner*, VB-Reiseabbruch Ziff. 1 Rn. 2; Terbille/Höra/*Gebert/Steinbeck*, § 30 Rn. 120.
217　van Bühren/Nies/*Nies*, Teil 2 Rn. 281; Terbille/Höra/*Gebert/Steinbeck*, § 30 Rn. 120; *Nies* VersR 1984, 1017, 1020.
218　LG Bückeburg VersR 1989, 43; van Bühren/Nies/*Nies*, Teil 2 Rn. 296; VersHb/*Staudinger*, § 41 Rn. 42.
219　van Bühren/Nies/*Nies*, Teil 2 Rn. 296.
220　van Bühren/Nies/*Nies*, Teil 2 Rn. 285 ff.; *Führich*, § 32 Rn. 7.
221　LG Aachen VersR 1987, 154 f.; van Bühren/Nies/*Nies*, Teil 2 Rn. 299 f.
222　LG Aachen VersR 1987, 154 f.
223　*Führich*, § 32 Rn. 10; *Nies* VersR 1984, 1017, 1021.
224　BGH NJW 2004, 1600, 1601; *Führich*, § 32 Rn. 11; a.A. *Nies* RRa 2004, 135, 136.

dd) Entschädigungshöhe

Bei der Berechnung der zu leistenden Entschädigung ist eine ggf. gegebene **Unterversicherung** zu berücksichtigen. Außerdem ist ein (regelmäßig) vereinbarter **Selbstbehalt** in Ansatz zu bringen, dessen Höhe je nach Abbruchsgrund differieren kann. Vgl. hierzu die Ausführungen unter Rdn. 143. 177

e) Zahlung der Entschädigung

Vgl. zur Fälligkeit der Entschädigungszahlung die Ausführungen unter Rdn. 66 f. 178

3. Prämie; Beginn und Ende des Versicherungsschutzes
a) Prämie

Hinsichtlich der Fälligkeit der Versicherungsprämie wird grundsätzlich auf die parallel geltenden Ausführungen im Rahmen der Reisegepäckversicherung verwiesen (vgl. unter Rdn. 68 ff.). 179

b) Beginn und Ende des Versicherungsschutzes

Für Beginn und Ende des Versicherungsschutzes gelten die Ausführungen im Rahmen der Reisegepäckversicherung entsprechend. Auf diese wird daher verwiesen (vgl. Rdn. 77 ff.). Die Reise gilt allerdings bereits nach der Inanspruchnahme der letzten gebuchten Reiseleistung als beendet. 180

4. Obliegenheiten des Versicherungsnehmers
a) Obliegenheiten
aa) Schadenminderung

Die bereits im Allgemeinen Teil der Reiseversicherung niedergelegten **Obliegenheiten** werden für die Reiseabbruchversicherung dahingehend konkretisiert, dass der VN/Versicherte nach Eintritt des Versicherungsfalls zunächst gehalten ist, die **Rückreisekosten möglichst gering zu halten**. Er ist daher aufgefordert, das kostengünstigste Verkehrsmittel und die kostengünstigste Rückreisevariante zu wählen. 181

bb) Nachweispflichten

Im Zuge seiner Verpflichtung zum Nachweis des Eintritts eines Versicherungsfalls hat der VN/Versicherte Dokumente vorzulegen, die Grund und Höhe der ihm entstandenen Kosten belegen. Wie im Rahmen der Reiserücktrittskostenversicherung sind das Vorliegen einer schweren Erkrankung oder Unfallverletzung durch **ärztliche Atteste** nachzuweisen, die zur Überprüfung der Eintrittspflicht des Versicherers Diagnose und Behandlungsdaten ausweisen müssen. Bei einer psychischen Erkrankung wird einschränkend die Vorlage des Attestes eines Facharztes für Psychiatrie gefordert. Steht eine Transportunfähigkeit in Folge einer schweren Unfallverletzung oder einer schweren Erkrankung zur Diskussion, ist dem VN/Versicherten aufgegeben, der Einholung eines fachärztlichen Gutachtens zuzustimmen und bei dessen Erstellung mitzuwirken bzw. auf eine Mitwirkung hinzuwirken. 182

b) Obliegenheitsverletzungen

Welche Rechtsfolgen bei Obliegenheitsverletzungen drohen, ergibt sich aus den entsprechenden Ausführungen im Rahmen der Reisegepäckversicherung (vgl. unter Rdn. 92 ff.). 183

Anhang O
Private Pflegepflichtversicherung (PPV)

Übersicht

	Rdn.
I. Einführung	1
II. Rechtsgrundlagen und rechtliche Rahmenbedingungen	18
1. Grundsätze	18
2. Versicherungsvertrag	19
a) MB/PPV mit Tarif PV	19
b) Tarifstufen PVN und PVB	20
c) Wechsel zwischen den Tarifstufen	21
3. Anwendbarkeit des VVG	22
4. Zwingende Vorgaben des SGB XI	23
a) Gebot der Gleichwertigkeit von SPV und PPV	23
b) Erhebliche Einschränkung der Vertragsfreiheit	24
c) Weitergehende Einschränkungen bei »Basistarif-Versicherten«	27
d) Weitergehende Einschränkungen bei »PKV-Altbestand-Versicherten«	28
e) Somit unanwendbare Regelungen des VVG	29
f) Anwendbarkeit des VVG bei qualifiziertem Zahlungsverzug gem. § 38 II VVG und bei Obliegenheitsverletzung gem. § 28 II VVG	30
g) Umsetzung in den MB/PPV 2015	31
III. Versicherungspflicht; Versicherte Personen	32
1. Grundsatz »Pflegeversicherung folgt Krankenversicherung«	32
2. Einführung der generellen Krankenversicherungspflicht zum 01.01.2009	33
3. Versicherungspflichtiger Personenkreis in der PPV	36
4. Mitzuversichernde Personen	41
5. Wahl des Versicherers durch den VN	42
6. Befreiung von der Versicherungspflicht in der SPV	43
7. Kontrahierungszwang	44
8. Nichterfüllung der Versicherungspflicht	45
a) Ordnungswidrigkeit	45
b) Meldepflichten des Versicherers	46
9. Beitrittsrecht	47
IV. Versicherungsfall	48
1. Grundsätze	48
2. Eintritt des Versicherungsfalls aufgrund Pflegebedürftigkeit	50
a) Pflegebedürftigkeit	50
b) Hilfebedarf bei Zuordenbarkeit zu den Pflegestufen I bis III	54
c) Keine Zuordenbarkeit zu einer Pflegestufe	56
d) Zuordnung zur Pflegestufe I	57
e) Zuordnung zur Pflegestufe II	58
f) Zuordnung zur Pflegestufe III	59
g) Zuordnung von Kindern	60
3. Verfahren zur Feststellung der Pflegebedürftigkeit	61
a) Untersuchung durch MEDICPROOF	61
b) »Begutachtungsrichtlinien« der SPV als Maßstab	64
c) Kein Schiedsgutachten im Sinne des § 84 VVG	65
d) Kostentragung	66
e) Akteneinsicht	67
4. Befristung der Zuordnung zu einer Pflegestufe	68
5. Eintritt des Versicherungsfalls aufgrund erheblich eingeschränkter Alltagskompetenz	69
V. Zeitlicher Umfang des Versicherungsschutzes	73
1. Beginn des Versicherungsschutzes; Wartezeit	73
2. Ende des Versicherungsschutzes	77
VI. Sachlicher Umfang des Versicherungsschutzes	78
1. Grundsätze	79
a) Überblick über die Leistungsarten für den Pflegebedürftigen	80
b) Bedeutung der Pflegestufen	82
c) Anerkennung als Härtefall	83
d) Keine Erstattung der Aufwendungen für Unterkunft und Verpflegung	84
e) Überblick über die Leistungsarten für nicht pflegebedürftige Personen mit erheblich eingeschränkter Alltagskompetenz	85
f) Ziel der Pflegeleistungen	86
g) Überblick über die Leistungsarten für Pflegepersonen, Angehörige und Lebenspartner	87
h) Abgrenzung der Leistungen der PPV von denen der PKV	88
2. Pflegeberatung	93
3. Ambulante Pflege	96
a) Überblick	96
b) Häusliche Pflegehilfe	97
c) Pflegegeld	104
d) Anteiliges Pflegegeld	108
e) Ersatzpflege	109
f) Pflegehilfsmittel	111
g) Maßnahmen zur Verbesserung des individuellen Wohnumfelds	117
h) Ambulant betreute Wohngruppen	118
4. Teilstationäre Pflege	121
5. Kurzzeitpflege	127
6. Vollstationäre Pflege	131
7. Leistungen für Personen mit erheblich eingeschränkter Alltagskompetenz; Betreuungs- und Entlastungsleistungen	137
8. Leistungen für Pflegepersonen	143
a) Leistungen zur sozialen Sicherung	144
b) Leistungen bei Pflegezeit	145
b) Leistungen bei kurzzeitiger Arbeitsverhinderung	146
9. Pflegekurse für Angehörige und ehrenamtliche Pflegepersonen	149
10. Antragserfordernis; Beginn der Leistungspflicht	150
11. Rechtsnatur und Bindungswirkung der Leistungszusage	153
12. Befristung der Bewilligung von Leistungen	154
13. Einschränkung der Leistungspflicht	155

	Rdn.		Rdn.
a) Nicht erforderliche Pflegemaßnahmen; Unangemessene Vergütung	156	10. Beitragszuschüsse	181
b) Mehrere Erstattungsverpflichtete	157	11. Einkommensteuerrechtliche Behandlung	182
c) Auslandsaufenthalt des Pflegebedürftigen	158	12. Hilfebedürftigkeit	183
		13. Zahlungsverzug; Rechtsfolgen	184
d) Anderweitiger Anspruch auf Entschädigungsleistungen wegen Pflegebedürftigkeit	161	14. Nacherhebung des Risikozuschlags	186
		VIII. Obliegenheiten	187
		1. Grundsätze	187
e) Weitere Einschränkungen bei ambulanter Pflege	162	2. Obliegenheiten während der Vertragsverhältnisses	189
14. Leistungsausschluss bei Missbrauchsabsicht	163	3. Obliegenheitsverletzungen	190
15. Empfangsberechtigung; Kosten besonderer Überweisungsformen	164	4. Regress des Versicherers; Obliegenheiten und Folgen von Obliegenheitsverletzungen bei Ansprüchen gegen Dritte	191
16. Abtretungs- und Verpfändungsverbot	166	IX. Ende der Versicherung	192
17. Einkommensteuerrechtliche Behandlung	167	1. Tod	192
		2. Verlegung des Wohnsitzes ins Ausland	194
18. Qualitätssicherung	169	3. Beendigung durch den Versicherer	199
VII. Beitrag	172	4. Beendigung durch den VN	204
1. Grundsätze	172	a) Versicherungspflicht in der SPV	204
2. Beitragsfreie Mitversicherung von Kindern	173	b) Wechsel des Versicherers	207
3. Kein Beitragszuschlag in der PPV für Kinderlose	174	5. Portabilität der Alterungsrückstellung	208
		X. Weitere Regelungen in den MB/PPV 2015	211
4. Geschlechtsunabhängige Beiträge	175	1. Versicherungsjahr	211
5. Erhebung von Risikozuschlägen	176	2. Willenserklärungen und Anzeigen gegenüber dem Versicherer	212
6. Beitragskappung	177	3. Aufrechnung	213
7. Abweichende Regelungen für »Basistarif-Versicherte«	178	4. Änderungen der AVB	214
		XI. Schlichtungsstelle	217
8. Abweichende Regelungen für den »PKV-Altbestand«	179	XII. Gerichtsstand	218
		XIII. Risikoausgleich zwischen den Versicherern	221
9. Beitragsberechnung, -änderungen	180		

Schrifttum:
Bastian, Die Rechtsstellung mitversicherter Familienangehöriger in der Privaten Pflegepflichtversicherung, VersR 2003, 945; *ders.,* Die Rechtsnatur der Leistungszusage und die Bedeutung ärztlicher Feststellungen in der Privaten Pflegepflichtversicherung, NZS 2004, 76; *Bauer/Krämer,* Das Gesetz zur Berücksichtigung der Kindererziehung im Beitragsrecht der sozialen Pflegeversicherung, NJW 2005, 180; *Besche,* Die Pflegeversicherung – Textausgabe mit ausführlicher Einführung, 7. Aufl. 2015; *Brose,* Die sozialversicherungsrechtlichen Nebenwirkungen von Pflegezeit und Familienpflegezeit, NZS 2012, 499; *Ebsen,* Die gesetzliche Pflegeversicherung auf dem Prüfstand des Bundesverfassungsgerichts, Jura 2002, 401; *Effer-Uhe,* Zur außerordentlichen Kündbarkeit privater Kranken- und Pflegeversicherungsverträge, VersR 2012, 684; *Glatzel,* Das neue Familienpflegezeitgesetz, NJW 2012, 1175; *Igl,* Die soziale Pflegeversicherung, NJW 1994, 3185; *ders.,* Das Gesetz zur strukturellen Weiterentwicklung der Pflegeversicherung, NJW 2008, 2214; *Kasseler Kommentar, Leitherer* (Hrsg.), Sozialversicherungsrecht, Band 3, Loseblattsammlung, Stand der 86. Ergänzungslieferung: 1. Juni 2015; *Klie/Krahmer/Plantholz,* Sozialgesetzbuch XI – Soziale Pflegeversicherung – Lehr- und Praxiskommentar, 4. Aufl. 2014; *Krasney,* Versicherter Personenkreis und Pflegeleistungen des SGB XI, VSSR 1994, 265; *Maschmann,* Grundzüge des Leistungsrechts der gesetzlichen Pflegeversicherung, NZS 1995, 109; *v. Renesse,* Die Änderung von Leistungszusagen in der Privaten Pflegeversicherung, SGb 2002, 305; *Richter,* Das Pflegestärkungsgesetz I, NJW 2015, 1271; *Ruland,* Das BVerfG und der Familienlastenausgleich in der Pflegeversicherung, NJW 2001, 1673; *Sasse,* Bessere Vereinbarkeit von Familie, Pflege und Beruf, Der Betrieb 2015, 310; *Schäfer,* Das Produkt Krankheitskostenvollversicherung, VersR 2010, 1525; *Schölkopf/Hoffer,* Das Erste Pflegestärkungsgesetz (PSG I) – Inhalte und Bedeutung für die pflegerische Versorgung, NZS 2015, 512; *Schulin,* Die soziale Pflegeversicherung des SGB XI – Grundstrukturen und Probleme, NZS 1994, 433; *Stüben/Schwanenflügel,* Die rechtliche Stärkung der Vereinbarkeit von Familie, Pflege und Beruf, NJW 2015, 577; *Udsching,* SGB XI – Soziale Pflegeversicherung – Kommentar, 4. Aufl. 2015; *Wiesner,* Die Pflegeversicherung – eine Übersicht über Inhalt und Strukturen des Pflegeversicherungsgesetzes, VersR 1995, 134; *Wollenschläger,* Der Rechtsweg in Streitigkeiten der privaten Pflegeversicherung, in: Festschrift für Otto Ernst Krasney zum 65. Geburtstag, 1997, 757; *Zeihe,* Rechtsweg bei Streitigkeiten in der privaten Pflegeversicherung, SGb 1997, 487.

I. Einführung

Die **gesetzliche Pflegeversicherung** hat die Aufgabe, pflegebedürftigen Personen Hilfe zu leisten, die wegen der Schwere ihrer Pflegebedürftigkeit auf solidarische Unterstützung angewiesen sind (vgl. § 1 IV SGB XI). Sie wurde am **01.01.1995** als fünfte Säule des gegliederten Sozialversicherungssystems in Deutschland einge- 1

Anhang O Private Pflegepflichtversicherung (PPV)

führt.[1] Die Leistungspflicht der gesetzlichen Pflegeversicherung trat zeitversetzt und stufenweise ein. Seit dem 01.04.1995 besteht für Pflegebedürftige, die zu Hause gepflegt werden, Anspruch auf Leistungen, seit dem 01.07.1996 auch für Pflegebedürftige in stationärer Pflege.

2 Mit der Einführung der gesetzlichen Pflegeversicherung wurde erstmals eine im Grundsatz alle Bürger erfassende Volksversicherung als **Pflichtversicherung** geschaffen.

3 **Vor dem 01.01.1995** war die Absicherung des Risikos von Pflegebedürftigkeit im gegliederten Sozialversicherungssystem nicht eigenständig geregelt. Trat Pflegebedürftigkeit ein und wurde die Pflege nicht im familiären oder sonstigen sozialen Umfeld des Pflegebedürftigen unentgeltlich durchgeführt, waren die durch die Inanspruchnahme von Pflegeleistungen entstehenden Kosten prinzipiell vom Pflegebedürftigen und ggf. von seinen Angehörigen zu tragen. Verfügten der Pflegebedürftige und seine ihm unterhaltspflichtigen Angehörigen nicht über hinreichende finanzielle Mittel, um die im Zusammenhang mit der Pflege entstehenden Kosten zu tragen, übernahm die Gemeinde als Träger der Sozialhilfe den verbleibenden Teil der Kosten einer angemessenen Pflege. Die Entlastung der Haushalte der Gemeinden war deshalb, neben der Verminderung der finanziellen Risiken für die Bürger, ein wesentliches Ziel bei der Einführung der gesetzlichen Pflegeversicherung.

4 Die gesetzliche Pflegeversicherung ist **keine Vollversicherung** in dem Sinne, dass sie bei eintretender Pflegebedürftigkeit alle hierdurch entstehenden Kosten übernimmt. Ihre Leistungen mindern lediglich die Belastungen für den Pflegebedürftigen und ggf. auch für seine ihm unterhaltspflichtigen Angehörigen. Unverändert gilt, dass die Gemeinde als Träger der Sozialhilfe den verbleibenden Teil der Kosten einer angemessenen Pflege übernehmen muss, sofern der Pflegebedürftige und seine ihm unterhaltspflichtigen Angehörigen nicht über hinreichende finanzielle Mittel verfügen.

5 Die gesetzliche Pflegeversicherung ist unterteilt in die **soziale Pflegeversicherung (SPV)** und die **private Pflegepflichtversicherung (PPV)**. Die Zuordnung der Bürger zu diesen beiden Zweigen erfolgte gem. § 1 II SGB XI anhand des Grundsatzes »Pflegeversicherung folgt Krankenversicherung«. Für die in der gesetzlichen Krankenversicherung (GKV) versicherten Personen wurde unter dem Dach der gesetzlichen Krankenkassen die SPV eingeführt, für die bei einem Versicherungsunternehmen der privaten Krankenversicherung (PKV) versicherten Personen die PPV.

6 Die Einführung einer umfassenden Pflegeversicherungspflicht, die Aufteilung der gesetzlichen Pflegeversicherung in die SPV und die PPV, die Zuordnung der Bürger zu diesen beiden Zweigen anhand ihrer Einkommenshöhe und ihrer ggf. für einen Zweig der Krankenversicherung (GKV/PKV) getroffenen Wahlentscheidung sowie die unterschiedliche Beitragsbelastung in der SPV und der PPV sind **verfassungskonform**.[2] Die Vorschriften des PflegeVG (SGB XI) über die Verpflichtung privat Krankenversicherter zum Abschluss und zur Aufrechterhaltung privater Pflegeversicherungsverträge und über deren nähere inhaltliche Ausgestaltung sind durch die Gesetzgebungskompetenz des Art. 74 I Nr. 11 GG (»privatrechtliches Versicherungswesen«) gedeckt.[3] Der zur sozialpolitischen Gestaltung berufene Gesetzgeber durfte eine im Grundsatz alle Bürger erfassende Volksversicherung einrichten, um die für die Pflege hilfebedürftiger Menschen notwendigen Mittel auf der Grundlage einer Pflichtversicherung sicherzustellen.[4] Der mit der gesetzlichen Verpflichtung zum Abschluss und zur Aufrechterhaltung eines privaten Pflegeversicherungsvertrages verbundene Eingriff in das Grundrecht der allgemeinen Handlungsfreiheit (Art. 2 I GG) ist verfassungsgemäß.[5]

7 Die Freiheiten der an der PPV beteiligten Versicherer schränkt der Gesetzgeber aus sozialen Gründen durch **Kontrahierungszwang und Vorgabe von Mindestbedingungen für die Pflegeversicherungsverträge** erheblich ein. Die PKV-Versicherungsunternehmen sind nicht verpflichtet, die PPV anzubieten; einige kleinere Unternehmen haben dann auch davon abgesehen.[6]

8 Die **Leistungen der SPV und der PPV** sind **nach Art und Umfang gleichwertig**, allerdings tritt an die Stelle der Sachleistungen der SPV in der PPV eine der Höhe nach gleiche Kostenerstattung. Die Ansprüche auf Leistungen sind in der SPV und der PPV ganz überwiegend einkommensunabhängig ausgestaltet. Im Interesse der Solidargemeinschaft der Pflegeversicherten unterliegen die Leistungen in beiden Zweigen der gesetzlichen Pflegeversicherung dem Wirtschaftlichkeitsgebot.

9 Wesentliche Unterschiede zwischen der SPV und der PPV bestehen bei der jeweiligen **Finanzstruktur**. Die SPV wird nach dem Umlageverfahren betrieben, und es sind prozentual vom Arbeitsentgelt festgelegte Beiträge abzuführen. Die PPV wird demgegenüber nach dem Kapitaldeckungsverfahren betrieben, und die Prämien werden nach dem Äquivalenzprinzip kalkuliert.

---

1 Gesetz zur sozialen Absicherung des Risikos der Pflegebedürftigkeit (Pflege-Versicherungsgesetz – Pflege-VG) vom 26.05.1994, BGBl. I S. 1014. Einen Überblick geben: *Igl* NJW 1994, 3185, 3185 ff.; *Krasney* VSSR 1994, 265, 265 ff.; *Maschmann* NZS 1995, 109, 109 ff.; *Schulin* NZS 1994, 433, 433 ff.; *Wiesner* VersR 1995, 134, 134 ff.
2 S. BVerfG VersR 2001, 623, 623 ff. und 627, 627 ff. Vgl. auch *Ebsen* Jura 2002, 401, 401 ff.
3 BVerfG VersR 2001, 627, 627 – Leitsatz Nr. 1.
4 BVerfG VersR 2001, 627, 627 – Leitsatz Nr. 2.
5 BVerfG VersR 2001, 627, 627 – Leitsatz Nr. 3.
6 Bach/Moser/*Weber*, Teil H. PPV, Rn. 8.

Zum **01.04.2002** wurden durch das **Pflegeleistungs-Ergänzungsgesetz** Leistungen für Personen eingeführt, die in ihrer eigenen Alltagskompetenz aufgrund von demenzbedingten Fähigkeitsstörungen, geistigen Behinderungen oder psychischen Erkrankungen erheblich eingeschränkt sind.[7] Diese Leistungen können auch dann beansprucht werden, wenn Pflegebedürftigkeit noch nicht oder nicht mehr besteht. 10

Erstmals reformiert wurde die gesetzliche Pflegeversicherung zum **01.07.2008** durch das **Pflege-Weiterentwicklungsgesetz**.[8] Mit Inkrafttreten der Reform wurde erstmals seit der Einführung der gesetzlichen Pflegeversicherung das Niveau der Leistungen für die ambulante und die stationäre Pflege angehoben. Auch wurde das Leistungsspektrum erweitert, insbesondere durch den Anspruch der pflegebedürftigen Person auf eine individuelle Pflegeberatung. Zudem wurden ergänzende Maßnahmen zur **Qualitätssicherung** in der Pflege eingeführt. 11

Gleichfalls zum 01.07.2008 trat das **Pflegezeitgesetz** in Kraft.[9] Neu eingeführt wurde hiermit der Anspruch auf Leistungen bei Pflegezeit gem. § 3 PflegeZG, d.h. während ihrer vollständigen oder teilweisen unbezahlten Freistellung von der Arbeitsleistung für die Dauer von bis zu sechs Monaten zur Pflege eines nahen Angehörigen in häuslicher Umgebung (Pflegezeit). Ferner erhielten Beschäftigte gem. § 2 I PflegeZG das Recht, bis zu zehn Arbeitstage der Arbeit fernzubleiben, wenn dies erforderlich ist, um für einen pflegebedürftigen nahen Angehörigen in einer akut aufgetretenen Pflegesituation eine bedarfsgerechte Pflege zu organisieren oder eine pflegerische Versorgung in dieser Zeit sicherzustellen (kurzzeitige Arbeitsverhinderung). 12

Zum 01.01.2012 trat neben das PflegeZG das **Familienpflegezeitgesetz**.[10] Beschäftigte erhielten die Möglichkeit, die wöchentliche Arbeitszeit in einer »Pflegephase« bis zu einem Mindestumfang von 15 Stunden für die Dauer von längstens 24 Monaten zur häuslichen Pflege eines pflegebedürftigen nahen Angehörigen zu verringern. Während der »Pflegephase« stockt der Arbeitgeber, staatlich gefördert, das Arbeitsentgelt auf, wodurch ein »negatives Wertguthaben« entsteht, das in der folgenden »Nachpflegephase« durch entsprechenden Lohneinbehalt ausgeglichen wird. Ein Rechtsanspruch auf Inanspruchnahme von Familienpflegezeit wurde allerdings nicht eingeräumt. 13

Mit dem zum 30.10.2012 in Kraft getretenen **Gesetz zur Neuausrichtung der Pflegeversicherung** wurden zu Beginn des Jahres 2013 insbesondere die Leistungen für demenziell Erkrankte in der ambulanten Versorgung deutlich verbessert sowie die Wahl- und Gestaltungsmöglichkeiten für Pflegebedürftige mit ihren Angehörigen ausgeweitet, beispielsweise durch die Einführung von Betreuungsleistungen und die Möglichkeit der Vereinbarung von Zeitkontingenten neben den verrichtungsbezogenen Leistungskomplexen in der ambulanten Pflege.[11] Zudem wurde mit dem PNG die **Geförderte ergänzende Pflegeversicherung (GEPV, sog. »Pflege-Bahr«)** eingeführt. Die staatliche Zulage beträgt monatlich 5 Euro. Um diese staatliche Zulage zu erhalten, muss der VN einen von ihm selbst zu zahlenden monatlichen Mindestbeitrag von zehn Euro vereinbaren. Für die Versicherer gilt Kontrahierungszwang. Gesundheitsprüfungen, Risikozuschläge und Leistungsausschlüsse sind nicht zulässig. Die Höhe der Versicherungsprämie hängt somit ausschließlich vom Eintrittsalter des VN bei Vertragsabschluss und vom vertraglich vereinbarten Leistungsumfang ab. Die Wartezeit darf höchstens fünf Jahre betragen. Die Versicherungsleistungen sind Geldleistungen (Pflegemonatsgeld oder Pflegetagegeld), über die der Pflegebedürftige im Leistungsfall frei verfügen kann. Die Pflege-Zusatzversicherung muss für jede Pflegestufe Leistungen anbieten, in der Pflegestufe III mindestens ein Pflegemonatsgeld von 600 Euro. Der Leistungsumfang in der Pflegestufe 0 muss mindestens 10 Prozent, in der Pflegestufe I mindestens 20 Prozent und in der Pflegestufe II mindestens 30 Prozent des vereinbarten Pflegemonatsgelds der Pflegestufe III betragen. Es ist möglich, dynamisierte Leistungen zu vereinbaren. Bei der Feststellung des Leistungsfalls müssen sich die Versicherer an die Feststellungen der gesetzlichen Pflegeversicherung halten. Hilfebedürftigen muss die Möglichkeit eingeräumt werden, den Vertrag rückwirkend zum Eintritt der Hilfebedürftigkeit zu kündigen oder ruhend zu stellen. Der Verband der privaten Krankenversicherung e.V. wurde gem. § 127 II 2 SGB XI damit beliehen, brancheneinheitliche Vertragsmuster festzulegen, die von den Versicherungsunternehmen als Teil der Allgemeinen Versicherungsbedingungen förderfähiger Pflege-Zusatzversicherungen zu verwenden sind (MB/GEPV). Ergänzend verwenden die Versicherer Tarifbedingungen, um zulässige unternehmensindividuelle Abweichungen zu regeln. Die Abschluss- und Verwaltungskosten dürfen die gesetzlich vorgegebenen Grenzen von zwei Monatsbeiträgen bzw. 10 Prozent der Bruttoprämie nicht überschreiten, die damit deutlich unter den marktdurchschnittlichen Abschluss- und Verwaltungskosten für private Versicherungsverträge liegen. 14

---

7 Gesetz zur Ergänzung der Leistungen bei häuslicher Pflege von Pflegebedürftigen mit erheblichem allgemeinem Betreuungsbedarf (Pflegeleistungs-Ergänzungsgesetz – PflEG) vom 14.12.2001, BGBl. I 2001 S. 3728.
8 Gesetz zur strukturellen Weiterentwicklung der Pflegeversicherung (Pflege-Weiterentwicklungsgesetz – PfWG) vom 28.05.2008, BGBl. I 2008 S. 874. Vertiefend: *Igl* NJW 2008, 2214, 2214 ff.
9 Gesetz über die Pflegezeit (Pflegezeitgesetz – PflegeZG) vom 28.05.2008, BGBl. I 2008 S. 896.
10 Gesetz über die Familienpflegezeit (Familienpflegezeitgesetz – FPfZG) vom 06.12.2011, BGBl. I 2011 S. 2564. Einen Überblick gibt: *Glatzel* NJW 2012, 1175, 1175 ff. Siehe auch: *Brose* NZS 2012, 499, 499 ff.
11 Gesetz zur Neuausrichtung der Pflegeversicherung (Pflege-Neuausrichtungs-Gesetz – PNG) vom 23. Oktober 2012, BGBl. I 2012 S. 2246.

Anhang O Private Pflegepflichtversicherung (PPV)

15 Zum 01.01.2015 trat das **Gesetz zur besseren Vereinbarkeit von Familie, Pflege und Beruf** in Kraft, das neben sozialrechtlichen Vorschriften insbesondere das PflegeZG und das FPfZG änderte.[12] Unter anderem neu eingeführt wurden der Anspruch, als Leistung für die Dauer der kurzzeitigen Arbeitsverhinderung gem. § 2 PflegeZG ein **Pflegeunterstützungsgeld** als Lohnersatzleistung zu erhalten, sowie ein Rechtsanspruch auf Familienpflegezeit nach dem FPfZG.

16 Ebenfalls mit Wirkung zum 01.01.2015 wurden durch das **erste Pflegestärkungsgesetz** in vielfältiger Weise die Leistungen für Pflegebedürftige und Pflegepersonen deutlich erhöht und auch ausgeweitet.[13] Besonders hervorzuheben sind beachtlich erweiterte Leistungsansprüche von Personen mit erheblich eingeschränkter Alltagskompetenz. In der PPV erhöhten sich infolge der Reformen zum 01.01.2015 die Beiträge in der SPV um rund 17 Prozent und in der PPV im Durchschnitt aller Versicherten um etwa 11 Prozent.[14]

17 Das **zweite Pflegestärkungsgesetz** ist zum 01.01.2016 in Kraft getreten und soll mit Wirkung zum 01.01.2017 die gesetzliche Pflegeversicherung grundlegend verändern.[15] Zentraler Punkt der Reform ist ein **neuer Pflegebedürftigkeitsbegriff**. Die Pflegebedürftigkeit soll dann für alle Pflegebedürftigen ausschließlich nach dem Grad ihrer Selbstständigkeit im Alltag beurteilt werden, der bei der Begutachtung des Pflegebedürftigen in sechs Bereichen gemessen werden soll (Mobilität, kognitive und kommunikative Fähigkeiten, Verhaltensweisen und psychische Problemlagen, Selbstversorgung, Bewältigung von und selbstständiger Umgang mit krankheits- oder therapiebedingten Anforderungen und Belastungen, Gestaltung des Alltagslebens und sozialer Kontakte). Die Ergebnisse der sechs Einzelbeurteilungen sollen – mit unterschiedlicher Gewichtung – zu einer Gesamtbewertung zusammengefasst werden. Auf dieser Grundlage soll der Pflegebedürftige in einen von **fünf neudefinierten Pflegegraden** eingestuft werden, die die bisher geltenden drei Pflegestufen (mit gesonderter Feststellung von erheblich eingeschränkter Alltagskompetenz) ersetzen.

II. Rechtsgrundlagen und rechtliche Rahmenbedingungen
1. Grundsätze

18 In der SPV führt die Versicherungspflicht nach §§ 20, 21 SGB XI zu einer Versicherung kraft Gesetzes in Form einer gesetzlich begründeten Zwangsmitgliedschaft bei der Pflegekasse.[16] Demgegenüber folgt für die PPV aus der Versicherungspflicht gem. § 23 SGB XI lediglich, dass die von dieser Vorschrift erfassten Personen mit einem privaten Krankenversicherungsunternehmen einen privatrechtlichen Pflegeversicherungsvertrag schließen müssen. Erfüllen Versicherungspflichtige die Verpflichtung, einen Vertrag über eine PPV abzuschließen und aufrecht zu erhalten, nicht, so wird der Vertragsabschluss nicht gesetzlich fingiert.[17] **Zustandekommen und Inhalt des Vertrags richten sich nach den Vorschriften des bürgerlichen Rechts einschließlich des VVG, sofern nicht das SGB XI besondere Vorschriften vorsieht.**[18] Vertragspartner des Versicherers wird der VN, den alle Rechte und Pflichten aus dem über die PPV geschlossenen Versicherungsvertrag treffen. Hiervon zu unterscheiden ist die Rechtsstellung der im Vertrag versicherten Personen, falls nicht der VN zugleich auch die einzige versicherte Person ist.[19] Nach § 148 VAG darf von den Versicherern die PPV nur nach Art der Lebensversicherung betrieben werden.

2. Versicherungsvertrag
a) MB/PPV mit Tarif PV

19 Grundlage des Vertrages über die PPV sind die zwischen dem VN und dem Versicherer getroffenen Vereinbarungen. Diese sind im Versicherungsschein und den zugehörigen Versicherungs- und Tarifbedingungen niedergelegt, die als **Musterbedingungen für die Private Pflegeversicherung (MB/PPV) mit dem Tarif PV** vom Verband der privaten Krankenversicherung e.V. vorgegeben und einheitlich verwendet werden. Deren jüngste Fassung sind die »MB/PPV 2015« mit Stand vom 01.04.2015.[20]

---

12 Gesetz zur besseren Vereinbarkeit von Familie, Pflege und Beruf vom 23.12.2014, BGBl. I 2014 S. 2462. Einen Überblick geben: *Sasse* Der Betrieb 2015, 310, 310 ff.; *Stüben/Schwanenflügel* NJW 2015, 577, 577 ff.
13 Erstes Gesetz zur Stärkung der pflegerischen Versorgung und zur Änderung weiterer Vorschriften (Erstes Pflegestärkungsgesetz – PSG I) vom 17. Dezember 2014, BGBl. I 2014 S. 2222. Einen Überblick geben: *Richter* NJW 2015, 1271, 1271 ff.; *Schölkopf/Hoffer* NZS 2015, 512, 521 ff.
14 Gem. Pressemitteilung »Pflegereform bringt auch Privatversicherten mehr Leistungen – bei moderaten Beitragsanpassungen« des Verbands der privaten Krankenversicherung e.V. (PKV) vom 26.11.2014.
15 Entwurf eines Zweiten Gesetzes zur Stärkung der pflegerischen Versorgung und zur Änderung weiterer Vorschriften (Zweites Pflegestärkungsgesetz – PSG II), Gesetzesentwurf der Bundesregierung vom 12.08.2015.
16 Vgl. Kasseler Kommentar/Leitherer/*Peters*, § 23 Rn. 11.
17 Kasseler Kommentar/Leitherer/*Peters*, § 23 Rn. 20.
18 BVerfG VersR 2001, 627, 630.
19 Vertiefend *Bastian* VersR 2003, 945, 945 ff.
20 Im Internet von der Homepage des PKV-Verbands im PDF-Format abrufbar unter: http://www.pkv.de/service/broschueren/musterbedingungen/avb-ppv-2015.pdb.pdf; abgerufen am 28.11.2015.

Private Pflegepflichtversicherung (PPV) Anhang O

b) Tarifstufen PVN und PVB

Der Tarif PV wird in den **Tarifstufen PVN und PVB** angeboten. In der Tarifstufe PVN für versicherte Personen ohne Anspruch auf Beihilfe betragen die Tarifleistungen 100 Prozent der im Tarif PV vorgesehenen Leistungen. Die Tarifstufe PVB für versicherte Personen, die bei Pflegebedürftigkeit Anspruch auf Beihilfe nach beamtenrechtlichen Vorschriften oder Grundsätzen haben, ist gem. § 23 III SGB XI so ausgestaltet, dass der Versicherungsschutz eine **anteilige beihilfekonforme Leistung** beinhaltet. Die Tarifleistungen in der Tarifstufe PVB entsprechen zusammen mit den Beihilfeleistungen, die sich für die versicherte Person aus den Bemessungssätzen nach § 46 II, III BBhV ergeben, den Tarifleistungen in der Tarifstufe PVN. Somit deckt die beihilfekonforme PPV grundsätzlich den Teil der Pflegekosten ab, der von der Beihilfe nicht übernommen wird. Sieht allerdings die Beihilfeverordnung eines Landes andere Bemessungssätze als die BBhV vor, ist der Leistungsanspruch nicht hieran anzupassen, die Leistungen der beihilfekonformen PPV sind nur entsprechend der BBhV auszugestalten.[21] Entsprechendes gilt gem. § 23 IV SGB XI für Heilfürsorgeberechtigte, ferner für Mitglieder der Postbeamtenkrankenkasse und der Krankenversorgung der Bundesbahnbeamten.

20

c) Wechsel zwischen den Tarifstufen

Den Wechsel zwischen den Tarifstufen PVN und PVB regelt § 1 XI MB/PPV 2015. Entfällt bei versicherten Personen der Tarifstufe PVB der Beihilfeanspruch, werden sie nach Tarifstufe PVN weiterversichert. Stellt der VN innerhalb von sechs Monaten seit dem Wegfall des Beihilfeanspruchs einen entsprechenden Antrag, erfolgt die Erhöhung des Versicherungsschutzes ohne Risikoprüfung und Wartezeiten zum Ersten des Monats, in dem der Beihilfeanspruch entfallen ist. Werden versicherte Personen der Tarifstufe PVN beihilfeberechtigt, wird die Versicherung nach Tarifstufe PVB weitergeführt. Der VN und die versicherte Person sind verpflichtet, dem Versicherer unverzüglich den Erwerb eines Beihilfeanspruchs anzuzeigen.

21

3. Anwendbarkeit des VVG

Die PPV wird **auf privatrechtlicher Grundlage nach den normativen Vorgaben des Privatversicherungsrechts** betrieben.[22] Die Zuordnung der PPV zum Bereich des privatrechtlichen Versicherungswesens wird nicht dadurch in Frage gestellt, dass das Zustandekommen der Versicherungsverträge auf einer gesetzlich angeordneten Versicherungspflicht beruht.[23] Trotz des in der PPV für die Versicherer gem. § 110 SGB XI bestehenden Kontrahierungszwangs ist der Vertrag über die PPV privatrechtlicher Natur.[24] Somit finden auf einen über die PPV abgeschlossenen Vertrag grundsätzlich die Vorschriften des VVG Anwendung (vgl. § 1 Satz 1 VVG). Neben den **Vorschriften des Allgemeinen Teils (§§ 1 ff. VVG)** anwendbar sind auch die **Vorschriften über die Krankenversicherung (§§ 192 ff. VVG)**, da es sich bei einem Vertrag über die PPV um eine **Pflegekrankenversicherung im Sinne des § 192 VI 1 VVG** handelt (vgl. § 192 VI 3 VVG). Allerdings geben die nach § 192 VI 3 VVG vorrangigen Regelungen des SGB XI den Inhalt des Vertrags über die PPV weitgehend vor, wodurch die Vertragsfreiheit und die versicherungstechnischen Grundsätze der Privatversicherung deutlich eingeschränkt sind.

22

4. Zwingende Vorgaben des SGB XI

a) Gebot der Gleichwertigkeit von SPV und PPV

Gem. § 23 I 2 und 3, III und IV SGB XI muss der Vertrag über die PPV ab dem Zeitpunkt des Eintritts der Versicherungspflicht für den VN selbst und für seine Angehörigen oder Lebenspartner, für die in der SPV nach § 25 SGB XI eine Familienversicherung bestünde, Vertragsleistungen vorsehen, die nach Art und Umfang den Leistungen der SPV (§§ 28 bis 45e, § 87b II 1, 123, 124 SGB XI) gleichwertig sind (sog. »**Gleichwertigkeitsgebot**«). Dabei tritt an die Stelle der Sachleistungen der SPV in der PPV eine **der Höhe nach gleiche Kostenerstattung**. Das Gleichwertigkeitsgebot bezieht sich allerdings nicht auf die Auslegung, die das Gemeinsame Rundschreiben des GKV-Spitzenverbandes und der Verbände der Pflegekassen auf Bundesebene zu den leistungsrechtlichen Vorschriften des SGB XI in der jeweils gültigen Fassung enthält, diese ist daher für die PPV nicht bindend.[25]

23

b) Erhebliche Einschränkung der Vertragsfreiheit

Der Gesetzgeber stellt sicher, dass der Pflegeversicherungsschutz in der PPV dem in der SPV gleichwertig ist, indem er die PPV der SPV durch umfangreiche und zwingende Vorgaben in den §§ 23 VI, 110 SGB XI annähert. Das bedeutet in diesem Bereich eine **erhebliche Einschränkung der Vertragsfreiheit**.[26] Im Einzelnen:

24

---

[21] Vgl. Udsching/*Vieweg*, § 23 Rn. 30.
[22] S. BSG VersR 2004, 1151, 1152 und 1154, 1155 unter Hinweis auf BVerfG VersR 2001, 627, 627 ff.
[23] S. BVerfG VersR 2001, 627, 630.
[24] Vgl. Kasseler Kommentar/Leitherer/*Koch*, § 110 Rn. 6.
[25] Udsching/*Vieweg*, § 23 Rn. 25.
[26] Kasseler Kommentar/Leitherer/*Peters*, § 23 Rn. 18.

Anhang O Private Pflegepflichtversicherung (PPV)

- Es besteht für die Versicherer **Kontrahierungszwang** (§ 110 III Nr. 1 SGB XI). Der Kontrahierungszwang erstreckt sich im Neugeschäft allerdings nicht auf bereits pflegebedürftige Personen (argumentum e contrario § 110 I Nr. 2b SGB XI).[27]
- **Rücktritts- und Kündigungsrechte** der Versicherer sind **ausgeschlossen**, solange der Kontrahierungszwang besteht (§ 110 IV SGB XI).
- Die **Staffelung der Prämien nach Geschlecht** ist **unzulässig** (§ 110 III Nr. 3 SGB XI).
- Der **Ausschluss von Vorerkrankungen** ist den Versicherern **untersagt** (§ 110 III Nr. 2 SGB XI).
- Der Vertrag über die PPV darf **keine längeren Wartezeiten als in der SPV** vorsehen (§ 110 III Nr. 4 SGB XI).
- Die **in der SPV zurückgelegte Versicherungszeit** des VN und seiner nach § 25 SGB XI familienversicherten Angehörigen oder Lebenspartner hat der Versicherer auf die Wartezeit **anzurechnen** (§ 23 VI Nr. 1 SGB XI).
- Für die **Feststellung der Pflegebedürftigkeit** sowie für die **Zuordnung zu einer Pflegestufe** haben die Versicherer **dieselben Maßstäbe wie in der SPV** anzulegen (§ 23 VI Nr. 1 SGB XI).
- Für VN, die über eine Vorversicherungszeit von mindestens fünf Jahren in der PPV oder PKV verfügen, darf **keine Beitragshöhe, die den Höchstbeitrag der SPV übersteigt**, vereinbart werden (§ 110 III Nr. 4 SGB XI).
- Die Versicherer haben den Versicherten **Akteneinsicht** zu gewähren (§ 110 V SGB XI).

25 Gleichwertigkeit bedeutet auch, dass die Leistungen in der PPV in dem Maße **angepasst** werden müssen, in dem in der SPV eine Dynamisierung nach § 30 SGB XI erfolgt (vgl. § 1 X 2 i.V.m. XVIII MB/PPV 2015).

26 Grundsätzlich **zulässig** ist die **Berücksichtigung von Vorerkrankungen** bei der Beitragsbemessung.

c) Weitergehende Einschränkungen bei »Basistarif-Versicherten«

27 Nochmals weitergehende Einschränkungen gelten gem. § 110 II 2 bis 5 i.V.m. I Nr. 1 und 3 lit. a) bis f) SGB XI für Personen, die gegen das Risiko Krankheit im **Basistarif** nach § 152 I VAG versichert sind. Bei diesem Personenkreis ist die Staffelung der Prämien auch nach dem Gesundheitszustand des Versicherten unzulässig. Bereits pflegebedürftige Personen dürfen die Versicherer nicht vom Vertragsabschluss ausschließen. Ab Versicherungsbeginn gilt eine Beitragsbegrenzung auf die Höchstsätze der SPV. Der zu zahlende Beitrag wird **halbiert**, wenn der Beitrag der versicherten Person zur PKV gem. § 152 IV VAG wegen Hilfebedürftigkeit im Sinne des SGB II oder des SGB XII auf den halben Höchstbeitrag vermindert ist oder wenn allein durch die Zahlung des Höchstbeitrages zur PPV die Hilfebedürftigkeit entsteht. Nötigenfalls hat sich der Grundsicherungs- oder Sozialhilfeträger im erforderlichen Umfang zu beteiligen.

d) Weitergehende Einschränkungen bei »PKV-Altbestand-Versicherten«

28 Auch für den am 01.01.1995 vorhanden gewesenen sog. **Altbestand** an PKV-Versicherten gelten gem. § 110 II 1 i.V.m. I SGB XI Regelungen, die die Vertragsfreiheit der Versicherer weitergehend einschränken. Zu nennen sind insbesondere der Kontrahierungszwang auch gegenüber bereits pflegebedürftigen Personen, das Entfallen der Wartezeit, Bestimmungen über besondere Höchstbeitragsgrenzen, die nicht von einer Vorversicherungszeit abhängig sind, und das Verbot der Staffelung der Prämien nach dem Gesundheitszustand des Versicherten.

e) Somit unanwendbare Regelungen des VVG

29 Nicht anwendbar sind somit insbesondere die allgemeinen Vorschriften des VVG über die Anfechtung wegen arglistiger Täuschung, den Rücktritt wegen Verletzung der vorvertraglichen Anzeigepflicht oder wegen Nichtzahlung des ersten Beitrags und die Kündigung wegen Beitragszahlungsverzugs oder nach Eintritt des Versicherungsfalls.[28] Dies folgt zwingend aus dem Kontrahierungszwang nach § 110 III Nr. 1 SGB XI, aus dem Verbot des Ausschlusses von Vorerkrankungen des Versicherten nach § 110 III Nr. 2 SGB XI und aus dem Ausschluss des Rücktritts- und Kündigungsrechts für die Dauer des Bestehens des Kontrahierungszwangs nach § 110 IV SGB XI.

f) Anwendbarkeit des VVG bei qualifiziertem Zahlungsverzug gem. § 38 II VVG und bei Obliegenheitsverletzung gem. § 28 II VVG

30 Leistungsfreiheit für die Zeit des qualifizierten Zahlungsverzugs gem. § 38 II VVG und wegen Obliegenheitsverletzung gem. § 28 II VVG gilt auch für die PPV.[29] Das Leistungsverweigerungsrecht gem. § 38 II VVG be-

---

27 Vgl. Besche, S. 17; vgl. Udsching/*Vieweg*, § 110 Rn. 10; a.A. Kasseler Kommentar/Leitherer/*Koch*, § 110 Rn. 4, wonach der Kontrahierungszwang bezüglich aller PKV-Versicherten gelten soll.
28 Vgl. Kasseler Kommentar/Leitherer/*Koch*, § 110 Rn. 6.
29 Bach/Moser/*Weber*, Teil H. PPV, Rn. 67.

steht allerdings nur für den Zeitraum, in dem der VN keinen Beitrag entrichtet.[30] Wenn in diesem Zeitraum Pflegebedürftigkeit und somit der Versicherungsfall eintritt, müssen nach Aufnahme oder Wiederaufnahme der Beitragszahlung die Versicherer die vertraglichen Leistungen erbringen.[31]

g) Umsetzung in den MB/PPV 2015

In Ansehung des zwingenden Charakters der Vorgaben des SGB XI für den Inhalt des Versicherungsverhältnisses bestimmt § 1 X 1 MB/PPV 2015, dass der Umfang des Versicherungsschutzes sich aus dem Versicherungsschein, ergänzenden schriftlichen Vereinbarungen, den Allgemeinen Versicherungsbedingungen (Bedingungsteil MB/PPV 2015, Tarif PV) sowie den gesetzlichen Vorschriften, **insbesondere dem SGB XI**, ergibt. Zudem bestimmt § 1 X 2 MB/PPV 2015, dass die dem SGB XI gleichwertigen Teile der AVB gem. § 18 MB/PPV 2015 geändert werden, **wenn und soweit sich die gesetzlichen Bestimmungen ändern**. 31

III. Versicherungspflicht; Versicherte Personen

1. Grundsatz »Pflegeversicherung folgt Krankenversicherung«

Nach der gesetzgeberischen Grundsatzentscheidung des § 1 II SGB XI muss einen Vertrag über eine PPV abschließen, wer bei Krankheit bei einem privaten Krankenversicherungsunternehmen versichert ist, wohingegen in den Schutz der SPV kraft Gesetzes alle Personen einbezogen sind, die in der GKV versichert sind. Wer voraussichtlich nur vorübergehend in der SPV versicherungspflichtig wird, kann in der PPV gegen stark ermäßigten Beitrag eine sog. »kleine Anwartschaft« abschließen und sich so seine in der PPV erworbenen Rechte erhalten.[32] 32

2. Einführung der generellen Krankenversicherungspflicht zum 01.01.2009

Vor der Einführung der generellen Krankenversicherungspflicht, also bis zum 31.12.2008, knüpfte die Pflegeversicherungspflicht an das Bestehen von (gesetzlichem oder privatem) Krankenversicherungsschutz oder alternativ an die Beihilfe- und Heilfürsorgeberechtigung an. Folglich wurde bis dahin derjenige Teil der Bevölkerung, der nicht krankenversichert war und zudem auch keinen Beilhilfe- oder Heilfürsorgeanspruch hatte, von der Pflegeversicherungspflicht noch nicht erfasst. 33

Mit Inkrafttreten des GKV-WSG[33] am 01.01.2009 hat der Gesetzgeber eine **generelle Krankenversicherungspflicht** eingeführt, mit dem Ziel, einen Krankenversicherungsschutz für alle in Deutschland lebenden Personen zu bezahlbaren Konditionen herzustellen. Niemand solle ohne Versicherungsschutz und damit im Bedarfsfalle nicht ausreichend versorgt oder auf steuerfinanzierte staatliche Leistungen angewiesen sein.[34] § 193 III VVG verpflichtet zu diesem Zweck jede Person mit Wohnsitz im Inland, die nicht der GKV zuzuordnen ist, dazu, einen den gesetzlichen Mindestanforderungen genügenden privaten Krankenversicherungsvertrag abzuschließen. Bei Beihilfeberechtigten umfasst die Versicherungspflicht gem. § 193 III VVG den Abschluss von sog. Teilkostentarifen, die zur Aufstockung auf eine volle Kostenerstattung dem Grunde nach erforderlich sind. Um die Erfüllung der Verpflichtung auch den Personen zu ermöglichen, die aufgrund von Vorerkrankungen nicht oder nur mit erheblichen Risikozuschlägen versicherbar wären, unterliegen die Versicherer einem Kontrahierungszwang in dem von ihnen zwingend anzubietenden Basistarif, der in § 152 VAG näher bestimmt ist. Die Kündigung des Pflichtkrankenversicherungsvertrags durch den Versicherer, beispielsweise wegen Zahlungsverzuges, ist gem. § 206 I 1 VVG ausgeschlossen. Die Nichterfüllung der Krankenversicherungspflicht wird in § 193 IV VVG durch die Verpflichtung zur Nachentrichtung eines einmaligen Prämienzuschlags sanktioniert. 34

Aufgrund des in § 1 II SGB XI normierten Grundsatzes »Pflegeversicherung folgt Krankenversicherung« wurde mit Einführung der generellen Krankenversicherungspflicht (§ 193 VVG) zum 01.01.2009 zugleich auch die Pflegeversicherungspflicht auf die Gesamtbevölkerung ausgedehnt. Der von der Versicherungspflicht in der gesetzlichen Pflegeversicherung erfasste Personenkreis stimmt ganz überwiegend mit dem Personenkreis überein, der von der generellen Krankenversicherungspflicht erfasst wird. 35

3. Versicherungspflichtiger Personenkreis in der PPV

Die ebenfalls mit Wirkung vom 01.01.2009 in Kraft getretene Neufassung des § 23 I SGB XI nimmt in Satz 1 Alt. 2 auf die generelle Krankenversicherungspflicht Bezug. Hiernach sind Personen, die mit Anspruch auf allgemeine Krankenhausleistungen oder im Rahmen von Versicherungsverträgen, die der Krankenversicherungspflicht nach § 193 III VVG genügen, versichert sind, dazu verpflichtet, zur Absicherung des Risikos der 36

---

30 Vgl. Kasseler Kommentar/Leitherer/*Koch*, § 110, Rn. 26; vgl. Klie/Krahmer/Plantholz/*Gallon/Kuhn-Zuber*, § 110 Rn. 44; vgl. Udsching/*Vieweg*, § 110 Rn. 24; vgl. *Besche*, S. 16.
31 Vgl. Klie/Krahmer/Plantholz/*Gallon/Kuhn-Zuber*, § 110 Rn. 44.
32 Vgl. Besche, S. 19.
33 Gesetz zur Stärkung des Wettbewerbs in der gesetzlichen Krankenversicherung (GKV-Wettbewerbsstärkungsgesetz – GKV-WSG) vom 26.03.2007, BGBl. I 2007 S. 1127.
34 Begr. zu § 178a V VVG a.F. in der Fassung des GKV-WSG, BT-Drucks. 16/4247 S. 66.

Anhang O Private Pflegepflichtversicherung (PPV)

Pflegebedürftigkeit einen Vertrag über die PPV abzuschließen und aufrechtzuerhalten. Von dieser Versicherungspflicht erfasst werden Personen mit Wohnsitz im Inland, da § 193 III VVG, auf den § 23 I SGB XI verweist, hierauf abstellt.[35]

37 Die beibehaltene Tatbestandsalternative des § 23 I 1 Alt. 1 SGB XI, nach der Personen, die bei einem privaten Krankenversicherungsunternehmen gegen das Risiko Krankheit mit Anspruch auf allgemeine Krankenhausleistungen versichert sind, versicherungspflichtig in der PPV sind, hat für das sog. Neugeschäft infolge der Einführung der generellen Krankenversicherungspflicht keine Bedeutung mehr. Sie begründet aber weiterhin die Versicherungspflicht für diejenigen PKV-Versicherten, die bis zum Inkrafttreten der generellen Krankenversicherungspflicht am 01.01.2009 nur einen Anspruch auf stationäre Heilbehandlung versichert hatten und diesen Versicherungsvertrag in unverändertem Umfang fortführen.[36]

38 Auch beihilfeberechtigte Personen unterfallen gem. § 23 I, III SGB XI der Pflicht zur Versicherung in der PPV, da auch sie infolge der Einführung der generellen Krankenversicherungspflicht einen ihr genügenden Krankenversicherungsvertrag abschließen und aufrechterhalten müssen. § 23 III SGB XI bestimmt für Beihilfeberechtigte, dass es sich bei dem von ihnen abzuschließenden Vertrag um eine anteilige beihilfekonforme Versicherung handeln muss, die so auszugestalten ist, dass ihre Leistungen zusammen mit den Beihilfeleistungen den »vollen« Leistungen der PPV entsprechen. Die Versicherer bieten deshalb Beihilfeberechtigten als sog. Teilkostentarif die Tarifstufe PVB anstelle der Tarifstufe PVN an.

39 Gemäß § 23 IV SGB XI sind auch Personen mit Anspruch auf Heilfürsorge (Soldaten, Strafgefangene, Bundespolizeibeamte, teilweise Polizeibeamte), die nicht in der SPV versicherungspflichtig sind, sowie die Mitglieder der Postbeamtenkrankenkasse und der Krankenversorgung der Bundesbahnbeamten zum Abschluss eines Vertrags über eine PPV verpflichtet.

40 Die Versicherungspflicht in der PPV **entfällt** allerdings gem. § 23 V SGB XI **für Personen, die sich auf nicht absehbare Dauer in stationärer Pflege befinden und bereits Pflegeleistungen** nach § 35 VI BVG, § 44 SGB VII, 34 BeamtVG oder Gesetzen, die eine entsprechende Anwendung des BVG vorsehen, **erhalten**, sofern sie keine Familienangehörigen oder Lebenspartner haben, für die in der SPV nach § 25 SGB XI eine Familienversicherung bestünde.

4. Mitzuversichernde Personen

41 Der Vertrag über die PPV muss ab dem Zeitpunkt des Eintritts der Versicherungspflicht **für die Person selbst und für ihre Angehörigen oder Lebenspartner, für die in der SPV eine Familienversicherung nach § 25 SGB XI bestünde,** der SPV gleichwertige Leistungen vorsehen.

5. Wahl des Versicherers durch den VN

42 Der Vertrag über die PPV kann gem. § 23 I, II SGB XI bei dem Versicherer, bei dem die Pflichtkrankenversicherung besteht, oder wahlweise bei einem anderen privaten Versicherer abgeschlossen werden. Das Wahlrecht, den Vertrag über die PPV bei einem anderen Versicherer abzuschließen, kann nur innerhalb einer sechsmonatigen Frist ab Eintritt der individuellen Versicherungspflicht ausgeübt werden. Ist allerdings der Vertrag über die PPV, wie üblich, bereits zusammen mit dem privaten Krankenversicherungsvertrag mit einem Versicherer zustande gekommen, kann das in § 23 II SGB XI normierte Wahlrecht nicht mehr ausgeübt werden. Die Vorschrift gewährt nämlich nicht etwa ein besonderes Kündigungsrecht innerhalb der ersten sechs Monate nach Eintritt der Versicherungspflicht, sondern räumt dem Versicherungspflichtigen eine Überlegungsfrist ein, innerhalb derer der Nichtabschluss eines Vertrags ohne Sanktion bleibt (vgl. §§ 51 I, 121 I Nr. 1 SGB XI).[37]

6. Befreiung von der Versicherungspflicht in der SPV

43 § 22 SGB XI räumt den in der SPV versicherungspflichtigen Personen die Möglichkeit ein, sich **zugunsten der PPV von der Versicherungspflicht in der SPV befreien** zu lassen. Sie können auf Antrag von der Versicherungspflicht befreit werden, wenn sie nachweisen, dass sie bei einem privaten Versicherer gegen Pflegebedürftigkeit versichert sind und für sich und ihre Angehörigen oder Lebenspartner, die in der SPV im Rahmen der Familienversicherung nach § 25 SGB XI versichert wären, Leistungen beanspruchen können, die nach Art und Umfang den Leistungen der SPV gleichwertig sind. Die befreiten Personen sind verpflichtet, den Vertrag über die PPV aufrechtzuerhalten, solange sie krankenversichert sind. Personen, die bei Pflegebedürftigkeit Beihilfeleistungen erhalten, sind zum Abschluss eines entsprechenden anteiligen Vertrags über die PPV verpflichtet. Der Antrag kann nur innerhalb von drei Monaten nach Beginn der Versicherungspflicht bei der Pflegekasse gestellt werden. Die Befreiung wirkt vom Beginn der Versicherungspflicht an, wenn seit diesem Zeitpunkt noch keine Leistungen in Anspruch genommen wurden, sonst vom Beginn des Kalendermonats an, der auf die Antragstellung folgt. Die Befreiung kann nicht widerrufen werden.

---

35 Vgl. Klie/Krahmer/Plantholz/*Gallon/Kuhn-Zuber*, § 23 Rn. 28.
36 Klie/Krahmer/Plantholz/*Gallon/Kuhn-Zuber*, § 23 Rn. 14.
37 *Besche*, S. 13.

7. Kontrahierungszwang

Um die Belange der in §§ 22, 23 I, III und IV genannten versicherungspflichtigen Personen zu wahren, insbesondere um ihnen den Abschluss des Vertrags über die PPV auch bei gravierenden Vorerkrankungen zu ermöglichen, unterliegen die Versicherer in der PPV, ähnlich wie in der PKV in dem von ihnen zwingend anzubietenden Basistarif, gem. § 110 I Nr. 1 SGB XI einem Kontrahierungszwang. Er erstreckt sich im Neugeschäft allerdings **nicht auf bereits pflegebedürftige Personen** (argumentum e contrario § 110 I Nr. 2b SGB XI).[38]

8. Nichterfüllung der Versicherungspflicht

a) Ordnungswidrigkeit

Personen, die vorsätzlich oder leichtfertig die Pflicht zur Versicherung in der PPV nicht erfüllen, handeln gem. § 121 I Nr. 1 SGB XI **ordnungswidrig**. Vorsätzlich bedeutet, dass der Tatbestand mit Wissen und Wollen verwirklicht wurde, ein bedingter Vorsatz ist ausreichend; Leichtfertigkeit bezeichnet einen gesteigerten Grad der Fahrlässigkeit und liegt vor, wenn nahe liegende Überlegungen nicht angestellt wurden, die jedem einleuchten müssen.[39] Rechtfertigungsgründe enthalten §§ 15, 16 OWiG. Die Verjährung richtet sich nach § 31 I Nr. 3 OWiG. Die Ordnungswidrigkeit kann gem. § 121 II SGB XI mit einer Geldbuße bis zu 2.500 Euro geahndet werden, bei leichtfertigem Handeln beträgt das Bußgeld gem. § 17 II OWiG jedoch höchstens 1.250 Euro. Ob und in welcher Höhe ein Bußgeld verhängt wird, entscheidet die Behörde nach pflichtgemäßem Ermessen, § 47 I 1 OWiG. Gegen den Bußgeldbescheid ist der Einspruch nach § 67 OWiG bei der erlassenden Behörde statthaft.

b) Meldepflichten des Versicherers

Gemäß § 51 SGB XI sind die Versicherer zu **Meldungen an das Bundesversicherungsamt** verpflichtet, wenn Personen die Pflegeversicherungspflicht nicht erfüllen. Personen, die bei ihnen infolge eines Neuabschlusses gegen Krankheit versichert sind und, trotz Aufforderung, innerhalb von drei Monaten nach Abschluss des Vertrages keinen privaten Pflegeversicherungsvertrag abgeschlossen haben, haben die Versicherer gem. § 51 I SGB XI unverzüglich dem Bundesversicherungsamt zu melden. Die Versicherer haben auch VN zu melden, die mit der Entrichtung von sechs Monatsprämien in Verzug geraten sind. Die Meldepflichten bestehen gem. § 51 III SGB XI auch für die Fälle, in denen eine bestehende private Pflegeversicherung gekündigt und der Abschluss eines neuen Vertrages bei einem anderen Versicherer nicht nachgewiesen wird. Die Meldepflichten sollen sicherstellen, dass Versicherungspflichtige einen Vertrag über die PPV abschließen und ihn dauerhaft aufrechterhalten. Eine Verpflichtung zur gerichtlichen Geltendmachung des Beitragsrückstandes durch die PPV-Unternehmen folgt aus der Meldepflicht nicht. Folgen auf einen gemeldeten sechsmonatigen Prämienverzug weitere sechs Monate des Prämienverzugs, hat der Versicherer eine weitere Meldung abzugeben.[40]

Erstattet der Versicherer eine von ihm abzugebende Meldung vorsätzlich oder leichtfertig nicht, nicht richtig, nicht vollständig oder nicht rechtzeitig, so handelt er gem. § 121 I Nr. 2 SGB XI **ordnungswidrig**. Die Ordnungswidrigkeit kann gem. § 121 II SGB XI mit einer Geldbuße bis zu 2.500 Euro geahndet werden. Zuständige Verwaltungsbehörde ist das Bundesversicherungsamt.

9. Beitrittsrecht

Die Bestimmung des § 26 III SGB XI über das (freiwillige) Beitrittsrecht zur gesetzlichen Pflegeversicherung (SPV und PPV) für nicht pflegeversicherte Personen, die als Zuwanderer oder Auslandsrückkehrer bei Wohnsitznahme im Inland keinen Tatbestand der Versicherungspflicht nach dem SGB XI erfüllen, hat sich mit Einführung der generellen Krankenversicherungspflicht zum 01.01.2009 erübrigt.[41]

IV. Versicherungsfall

1. Grundsätze

Versicherungsfall ist gem. § 1 II MB/PPV 2015 grundsätzlich die **Pflegebedürftigkeit** oder eine erheblich eingeschränkte Alltagskompetenz einer versicherten Person. Der Versicherungsfall **beginnt** grundsätzlich mit der ärztlichen Feststellung der Pflegebedürftigkeit bzw. der Feststellung einer erheblich eingeschränkten Alltagskompetenz und **endet** grundsätzlich, wenn Pflegebedürftigkeit nicht mehr besteht und auch keine erheblich eingeschränkte Alltagskompetenz vorliegt, § 1 IX MB/PPV 2015.

§ 23 VI Nr. 1 SGB XI verpflichtet die Versicherer, für die Feststellung der Pflegebedürftigkeit sowie für die Zuordnung zu einer Pflegestufe **dieselben Maßstäbe wie in der SPV** anzulegen (»Gleichwertigkeitsgebot«).

---

[38] Vgl. Besche, S. 17; vgl. Udsching/*Udsching*, § 110 Rn. 10; a.A. Kasseler Kommentar/Leitherer/*Koch*, § 110 Rn. 4, wonach der Kontrahierungszwang bezüglich aller PKV-Versicherten gelten soll.
[39] Vgl. Udsching/*Vieweg*, § 121 Rn. 11.
[40] Vgl. Udsching/*Vieweg*, § 51 Rn. 5.
[41] S. Bach/Moser/*Weber*, Teil H. PPV, Rn. 54.

Anhang O Private Pflegepflichtversicherung (PPV)

Folglich binden die Definitionen, die der Gesetzgeber für den Begriff der Pflegebedürftigkeit und die Stufen der Pflegebedürftigkeit in den §§ 14, 15 SGB XI gewählt hat, neben den Pflegekassen auch die Versicherer. Aus diesem Grund wurde der Regelungsgehalt der §§ 14, 15 SGB XI vollumfänglich in § 1 II bis VIII MB/PPV 2015 übernommen.

2. Eintritt des Versicherungsfalls aufgrund Pflegebedürftigkeit

a) Pflegebedürftigkeit

50 Nach der Legaldefinition des § 14 I SGB XI (§ 1 II MB/PPV 2015) liegt Pflegebedürftigkeit vor, wenn eine Person wegen einer körperlichen, geistigen oder seelischen Krankheit oder Behinderung für die gewöhnlichen und regelmäßig wiederkehrenden Verrichtungen im Ablauf des täglichen Lebens auf Dauer, voraussichtlich für mindestens sechs Monate, nach Maßgabe des § 15 SGB XI (§ 1 Abs. VI MB/PPV 2015) in erheblichem oder höherem Maße **der Hilfe bedarf.**

51 »**Körperliche, geistige oder seelische Krankheiten oder Behinderungen**« sind nach der Legaldefinition des § 14 II SGB XI (§ 1 IV MB/PPV 2015)
   – Verluste, Lähmungen oder andere Funktionsstörungen am Stütz- und Bewegungsapparat,
   – Funktionsstörungen der inneren Organe oder der Sinnesorgane,
   – Störungen des Zentralnervensystems wie Antriebs-, Gedächtnis- oder Orientierungsstörungen sowie endogene Psychosen, Neurosen oder geistige Behinderungen.

52 Als »**gewöhnliche und regelmäßig wiederkehrende Verrichtungen**« definiert § 14 IV SGB XI (§ 1 V MB/PPV 2015)
   – im Bereich der Körperpflege das Waschen, Duschen, Baden, die Zahnpflege, das Kämmen, Rasieren, die Darm- oder Blasenentleerung,
   – im Bereich der Ernährung das mundgerechte Zubereiten oder die Aufnahme der Nahrung,
   – im Bereich der Mobilität das selbständige Aufstehen und Zu-Bett-Gehen, An- und Auskleiden, Gehen, Stehen, Treppensteigen oder das Verlassen und Wiederaufsuchen der Wohnung,
   – im Bereich der hauswirtschaftlichen Versorgung das Einkaufen, Kochen, Reinigen der Wohnung, Spülen, Wechseln und Waschen der Wäsche und Kleidung oder das Beheizen.

53 Unter »**Hilfe**« ist nach der Legaldefinition des § 14 III SGB XI (§ 1 III MB/PPV 2015) die Unterstützung bei den Verrichtungen im Ablauf des täglichen Lebens zu verstehen, ferner die teilweise oder vollständige Übernahme dieser Verrichtungen oder auch die Beaufsichtigung oder Anleitung mit dem Ziel der eigenständigen Übernahme dieser Verrichtungen.

b) Hilfebedarf bei Zuordenbarkeit zu den Pflegestufen I bis III

54 Ob im Einzelfall ein Hilfebedarf im Sinne des § 14 I SGB XI (§ 1 II MB/PPV 2015) besteht, bestimmt sich danach, ob die versicherte Person einer der drei in § 15 I SGB XI (§ 1 VI MB/PPV 2015) definierten **Pflegestufen** zuzuordnen ist. Hierbei werden erheblich Pflegebedürftige der Pflegestufe I zugeordnet, Schwerpflegebedürftige der Pflegestufe II und Schwerstpflegebedürftige der Pflegestufe III. Kriterien für die Zuordnung des Versicherten zu einer der drei Pflegestufen sind
   – die **Häufigkeit seines Hilfebedarfs** sowohl in der Grundpflege (Körperpflege, Ernährung, Mobilität) als auch bei der hauswirtschaftlichen Versorgung (vgl. § 15 I SGB XI, § 1 VI MB/PPV 2015) **und**
   – der **Zeitaufwand**, den ein Familienangehöriger oder eine andere nicht als Pflegekraft ausgebildete Person für die erforderlichen Leistungen der Grundpflege und hauswirtschaftlichen Versorgung benötigt (vgl. § 15 III SGB XI, § 1 VIII MB/PPV 2015).

55 Bei der Feststellung des Zeitaufwandes ist nach § 15 III 2 und 3 SGB XI (§ 1 VIII 2 und 3 MB/PPV 2015) ein **Zeitaufwand für erforderliche verrichtungsbezogene krankheitsspezifische Pflegemaßnahmen** zu berücksichtigen. Dies gilt auch dann, wenn der Hilfebedarf zu Leistungen aus der Krankenversicherung führt. Verrichtungsbezogene krankheitsspezifische Pflegemaßnahmen sind Maßnahmen der Behandlungspflege, bei denen der behandlungspflegerische Hilfebedarf untrennbarer Bestandteil einer gewöhnlichen und regelmäßig wiederkehrenden Verrichtungen ist und mit einer solchen Verrichtung notwendig in einem unmittelbaren zeitlichen und sachlichen Zusammenhang steht.

c) Keine Zuordenbarkeit zu einer Pflegestufe

56 Pflegebedürftigkeit liegt somit insbesondere dann (noch) **nicht** vor, wenn
   – zwar Hilfebedarf besteht, dieser jedoch nicht erheblich ist,
   – zwar erheblicher Hilfebedarf besteht, jedoch voraussichtlich für weniger als sechs Monate,
   – der Hilfebedarf nur in der Grundpflege (Körperpflege, Ernährung, Mobilität) **oder** nur bei der hauswirtschaftlichen Versorgung besteht.

d) Zuordnung zur Pflegestufe I

57 Pflegebedürftige der Pflegestufe I (erheblich Pflegebedürftige) sind Personen, die bei der Grundpflege (Körperpflege, Ernährung, Mobilität) für wenigstens zwei Verrichtungen aus einem oder mehreren Bereichen

(s.o.) **mindestens einmal täglich** der Hilfe bedürfen und zusätzlich mehrfach in der Woche Hilfen bei der hauswirtschaftlichen Versorgung benötigen. Der Zeitaufwand, den ein Familienangehöriger oder eine andere nicht als Pflegekraft ausgebildete Pflegeperson für die erforderlichen Leistungen der Grundpflege und hauswirtschaftlichen Versorgung benötigt, muss wöchentlich im Tagesdurchschnitt **mindestens 90 Minuten** betragen; hierbei müssen auf die Grundpflege **mehr als 45 Minuten** entfallen.

e) Zuordnung zur Pflegestufe II

Pflegebedürftige der Pflegestufe II (Schwerpflegebedürftige) sind Personen, die bei der Grundpflege (Körperpflege, Ernährung, Mobilität) **mindestens dreimal täglich** zu verschiedenen Tageszeiten der Hilfe bedürfen und zusätzlich mehrfach in der Woche Hilfen bei der hauswirtschaftlichen Versorgung benötigen. Der Zeitaufwand, den ein Familienangehöriger oder eine andere nicht als Pflegekraft ausgebildete Pflegeperson für die erforderlichen Leistungen der Grundpflege und hauswirtschaftlichen Versorgung benötigt, muss wöchentlich im Tagesdurchschnitt **mindestens drei Stunden** betragen; hierbei müssen auf die Grundpflege **mindestens zwei Stunden** entfallen.

f) Zuordnung zur Pflegestufe III

Pflegebedürftige der Pflegestufe III (Schwerstpflegebedürftige) sind Personen, die bei der Grundpflege (Körperpflege, Ernährung, Mobilität) **täglich rund um die Uhr, auch nachts,** der Hilfe bedürfen und zusätzlich mehrfach in der Woche Hilfen bei der hauswirtschaftlichen Versorgung benötigen. Der Zeitaufwand, den ein Familienangehöriger oder eine andere nicht als Pflegekraft ausgebildete Pflegeperson für die erforderlichen Leistungen der Grundpflege und hauswirtschaftlichen Versorgung benötigt, muss wöchentlich im Tagesdurchschnitt **mindestens fünf Stunden** betragen; hierbei müssen auf die Grundpflege **mindestens vier Stunden** entfallen.

g) Zuordnung von Kindern

Bei Kindern ist gem. § 15 II SGB XI (§ 1 VII MB/PPV 2015) für die Zuordnung zu den drei Pflegestufen der **zusätzliche Hilfebedarf gegenüber einem gesunden gleichaltrigen Kind** maßgebend. Der natürliche, altersbedingte Pflegeaufwand bleibt unberücksichtigt.

3. Verfahren zur Feststellung der Pflegebedürftigkeit

a) Untersuchung durch MEDICPROOF

Eintritt, Stufe und Fortdauer der Pflegebedürftigkeit sind gem. § 6 II MB/PPV 2015 **durch einen von dem Versicherer beauftragten Arzt** festzustellen, ebenso die Eignung, Notwendigkeit und Zumutbarkeit von Maßnahmen zur Beseitigung, Minderung oder Verhütung einer Verschlimmerung der Pflegebedürftigkeit, ferner auch die Voraussetzungen des zusätzlichen Betreuungsbedarfs und die Notwendigkeit der Versorgung mit beantragten Pflegehilfsmitteln. Die Feststellungen zur medizinischen Rehabilitation sind dabei in einer gesonderten Rehabilitationsempfehlung zu dokumentieren. Mit der Durchführung der Untersuchungen beauftragt werden kann und wird der medizinische Dienst der PPV. Dies ist die »**MEDICPROOF – Gesellschaft für medizinische Gutachten GmbH**«, eine Tochtergesellschaft des Verbands der privaten Krankenversicherung e.V. (PKV).[42] Ebenso wie der »Medizinische Dienst der Krankenversicherung« (MDK), ist MEDICPROOF organisatorisch selbständig und fachlich unabhängig. MEDICPROOF arbeitet aktuell mit bundesweit mehr als 1.000 freiberuflichen ärztlichen Gutachtern und Pflegefachkräften zusammen, die im Jahr über 145.000 Pflegegutachten für die privaten Pflegeversicherer erstellen.[43]

Die Untersuchung erfolgt gem. § 6 II MB/PPV 2015 **grundsätzlich im Wohnbereich der versicherten Person**. Auf Verlangen des Versicherers ist die versicherte Person verpflichtet, sich auch außerhalb ihres Wohnbereichs durch einen vom Versicherer beauftragten Arzt untersuchen zu lassen, wenn die erforderlichen Feststellungen im Wohnbereich nicht möglich sind. Erteilt die versicherte Person zu den Untersuchungen nicht ihr Einverständnis, kann der Versicherer die beantragten Leistungen verweigern oder die Leistungsgewährung einstellen. Die Untersuchung im Wohnbereich kann ausnahmsweise unterbleiben, wenn aufgrund einer eindeutigen Aktenlage das Ergebnis der medizinischen Untersuchung bereits feststeht.

Die Feststellung wird gem. § 6 II MB/PPV 2015 in angemessenen Abständen **wiederholt**.

b) »Begutachtungsrichtlinien« der SPV als Maßstab

Um in der SPV eine Begutachtung nach einheitlichen Kriterien sicherzustellen, verpflichtete der Gesetzgeber die Spitzenverbände der Pflegekassen in § 17 SGB XI dazu, Richtlinien zu erlassen. Auf dieser Grundlage wurden am 08.06.2009 die »Richtlinien des GKV-Spitzenverbandes zur Begutachtung von Pflegebedürftigkeit nach dem XI. Buch des Sozialgesetzbuches« (sog. **Begutachtungsrichtlinien – BRi**) erlassen, die aktuell in

---

[42] Nähere Informationen im Internet unter www.medicproof.de.
[43] Gem. MEDICPROOF, Angaben im Internet abrufbar unter http://www.medicproof.de/index.php?id=13; abgerufen am 28.11.2015.

der Fassung vom 16.04.2013 vorliegen.⁴⁴ Im Hinblick auf das »Gleichwertigkeitsgebot« gem. § 23 VI Nr. 1 SGB XI erfolgt in der PPV die Feststellung der Pflegebedürftigkeit sowie die Zuordnung zu einer Pflegestufe ebenfalls anhand der von den Spitzenverbänden der Pflegekassen beschlossenen Richtlinien.⁴⁵

c) Kein Schiedsgutachten im Sinne des § 84 VVG

65 Nach ständiger Rechtsprechung des BSG handelte es sich bei den von MEDICPROOF erstellten Gutachten um Schiedsgutachten im Sinne des § 84 VVG, so dass Versicherer und VN an die Feststellungen des tätig gewordenen Sachverständigen gebunden waren, soweit diese nicht offenbar von der wirklichen Sachlage erheblich abwichen.⁴⁶ Mit Urteil vom 22.04.2015 hat das BSG seine diesbezügliche Rechtsprechung unter Hinweis auf das in § 23 SGB XI normierte sog. »Gleichwertigkeitsgebot« geändert; seither sind MEDICPROOF-Gutachten – wie MDK-Gutachten schon seit jeher – uneingeschränkt gerichtlich überprüfbar; zur Begründung wird angeführt, dass § 84 VVG von § 23 VI Nr. 1 SGB XI als der spezielleren Regelung verdrängt werde.⁴⁷ Ungeachtet dessen dürfte es dabei verbleiben, dass – im Sinne einer Beweislastverteilung – der Versicherer die Voraussetzungen einer Rückstufung und der VN die Voraussetzungen beispielsweise für eine Ein- oder Höherstufung darlegen und beweisen muss.⁴⁸

d) Kostentragung

66 Die **Kosten der Untersuchungen** trägt gem. § 6 II MB/PPV 2015 der Versicherer, es sei denn, es wird innerhalb eines Zeitraumes von sechs Monaten erneut der Eintritt eines Versicherungsfalles behauptet, ohne dass der Versicherer dann seine Leistungspflicht anerkennt.

e) Akteneinsicht

67 Die Versicherer hat der versicherten Person gem. § 110 V SGB XI **Akteneinsicht** zu gewähren (vgl. § 6 II MB/PPV 2015 am Ende). Wenn der Versicherer das Ergebnis einer Prüfung auf Pflegebedürftigkeit mitteilt, hat er den Berechtigten über das Recht auf Akteneinsicht zu informieren. § 25 SGB X, der u.a. in der SPV die Akteneinsicht durch die Beteiligten regelt, gilt entsprechend.

4. Befristung der Zuordnung zu einer Pflegestufe

68 Wenn und soweit im Rahmen der Feststellung der Pflegebedürftigkeit eine **Verringerung des Hilfebedarfs zu erwarten** ist, kann nach § 6 III MB/PPV 2015 die Zuordnung zu einer Pflegestufe – ebenso wie auch die Anerkennung als Härtefall und die Bewilligung von Leistungen – befristet werden und endet dann mit Ablauf der Frist. Die Befristung kann wiederholt werden und schließt Änderungen bei der Zuordnung zu einer Pflegestufe nicht aus. Der Befristungszeitraum beträgt insgesamt **höchstens drei Jahre**.

5. Eintritt des Versicherungsfalls aufgrund erheblich eingeschränkter Alltagskompetenz

69 Seit dem 01.04.2002 erhielten Personen, deren Alltagskompetenz **aufgrund von demenzbedingten Fähigkeitsstörungen, geistigen Behinderungen oder psychischen Erkrankungen dauerhaft erheblich eingeschränkt** ist und die deshalb einen erheblichen allgemeinen Betreuungsbedarf aufweisen, Anspruch auf Leistungen aus der gesetzlichen Pflegeversicherung. Mit dieser Neuerung wurde, ohne dass eine Änderung des Pflegebedürftigkeitsbegriffs erfolgte, die Gerechtigkeitslücke geschlossen, welche daraus resultierte, dass der Pflegebedürftigkeitsbegriff in der gesetzlichen Pflegeversicherung einseitig auf die Bedürfnisse altersgebrechlicher Menschen ausgerichtet ist. Erstmals in den MB/PPV 2014 wurde dann ausdrücklich klargestellt, dass Versicherungsfall in der PPV auch eine erheblich eingeschränkte Alltagskompetenz einer versicherten Person ist.

70 Eine erheblich eingeschränkte Alltagskompetenz liegt vor, wenn – neben einem Hilfebedarf im Bereich der Grundpflege und hauswirtschaftlichen Versorgung – ein **erheblicher Bedarf an allgemeiner Beaufsichtigung und Betreuung** gegeben ist. Pflegebedürftigkeit muss also nicht eingetreten sein, bei nicht pflegebedürftigen Personen muss aber zumindest ein Hilfebedarf im Bereich der Grundpflege und hauswirtschaftlichen Versorgung gegeben sein (der nicht das Ausmaß der Pflegestufe I erreicht), in dieser Konstellation ist umgangssprachlich die Rede von der »**Pflegestufe Null**«, in Anlehnung an die in § 15 I SGB XI (§ 1 VI MB/PPV 2015)

---

44 Im Internet abrufbar unter https://www.gkv-spitzenverband.de/media/dokumente/pflegeversicherung/richtlinien__vereinbarungen__formulare/richtlinien_zur_pflegeberatung_und_pflegebeduerftigkeit/Pflege_Begutachtungsrichtlinie_2013-04-16.pdf; abgerufen am 28.11.2015.
45 Vgl. Bach/Moser/*Weber*, Teil H. PPV, Rn. 107 und 147 f. Anders Udsching/*Vieweg*, § 23 Rn. 32, wonach die BRi als Verwaltungsbinnenrecht für die Versicherer und MEDICPROOF nicht verbindlich seien; ähnlich Besche, S. 28, demzufolge die Begutachtung wohl aber jedenfalls anhand der BRi zu erfolgen hat, solange MEDICPROOF keine eigenen Begutachtungsrichtlinien entwickelt.
46 S. BSG VersR 2004, 1151, 1153 und 1154, 1155 f. (jeweils unter Geltung des mit § 84 VVG n.F. inhaltsgleichen § 64 I VVG a.F.); s. auch *Bastian* NZS 2004, 76, 76 ff.
47 S. BSG, Urteil vom 22. April 2015, B 3 P 8/13 R.
48 Bach/Moser/*Weber*, Teil H. PPV, Rn. 134.

definierten Pflegestufen I bis III. In jedem Fall muss überdies die versicherte Person zusätzlich mit **demenzbedingten Fähigkeitstörungen, geistigen Behinderungen oder psychischen Erkrankungen** belastet sein. Als Folge der Krankheit oder Behinderung müssen Auswirkungen auf die Aktivitäten des täglichen Lebens festzustellen sein, die **dauerhaft** zu einer erheblichen Einschränkung der Alltagskompetenz geführt haben. Einzelheiten bestimmt § 4 XVI, XVII MB/PPV 2015.

Die Prüfung, ob als Folge der Krankheit oder Behinderung Auswirkungen auf die Aktivitäten des täglichen Lebens festzustellen sind, die dauerhaft zu einer erheblichen Einschränkung der Alltagskompetenz geführt haben, nimmt ein vom Versicherer beauftragter Arzt oder MEDICPROOF, der medizinische Dienst der PPV, vor. Für die Bewertung sind gem. § 4 XVII SGB XI **folgende Schädigungen und Fähigkeitsstörungen maßgebend**: 71

– unkontrolliertes Verlassen des Wohnbereiches (Weglauftendenz);
– Verkennen oder Verursachen gefährdender Situationen;
– unsachgemäßer Umgang mit gefährlichen Gegenständen oder potenziell gefährdenden Substanzen;
– tätlich oder verbal aggressives Verhalten in Verkennung der Situation;
– im situativen Kontext inadäquates Verhalten;
– Unfähigkeit, die eigenen körperlichen und seelischen Gefühle oder Bedürfnisse wahrzunehmen;
– Unfähigkeit zu einer erforderlichen Kooperation bei therapeutischen oder schützenden Maßnahmen als Folge einer therapieresistenten Depression oder Angststörung;
– Störungen der höheren Hirnfunktionen (Beeinträchtigungen des Gedächtnisses, herabgesetztes Urteilsvermögen), die zu Problemen bei der Bewältigung von sozialen Alltagsleistungen geführt haben;
– Störung des Tag-/Nacht-Rhythmus;
– Unfähigkeit, eigenständig den Tagesablauf zu planen und zu strukturieren;
– Verkennen von Alltagssituationen und inadäquates Reagieren in Alltagssituationen;
– ausgeprägtes labiles oder unkontrolliert emotionales Verhalten;
– zeitlich überwiegend Niedergeschlagenheit, Verzagtheit, Hilflosigkeit oder Hoffnungslosigkeit aufgrund einer therapieresistenten Depression.

Die Alltagskompetenz ist erheblich eingeschränkt, wenn der vom Versicherer beauftragte Arzt der Gutachter von MEDICPROOF bei dem Pflegebedürftigen **wenigstens in zwei Bereichen**, davon mindestens einmal aus einem der acht zuerst genannten Bereiche, dauerhafte und regelmäßige Schädigungen oder Fähigkeitsstörungen feststellt. 72

V. Zeitlicher Umfang des Versicherungsschutzes

1. Beginn des Versicherungsschutzes; Wartezeit

Der Versicherungsschutz beginnt gem. § 2 I MB/PPV 2015 mit dem **technischen Versicherungsbeginn**, jedoch nicht vor Abschluss des Versicherungsvertrags, nicht vor Zahlung des Erstbeitrags und nicht vor Erfüllung der Wartezeit. 73

Die Erfüllung einer **Wartezeit** ist gem. § 33 II SGB XI auch in der SPV eine Leistungsvoraussetzung. Die sofortige Gewährung von Leistungen aus der gesetzlichen Pflegeversicherung, beispielsweise an in die Bundesrepublik zuwandernde Personen, wäre sozial nicht gerechtfertigt.[49] Gemäß § 110 SGB XI dürfen die die PPV betreibenden Versicherer allerdings keine längeren Wartezeiten als in der SPV vorsehen. Die Wartezeit in der PPV beträgt, wenn erstmals seit dem 01.07.2008 ein Leistungsantrag gestellt wurde bzw. wird, **zwei Jahre**, wobei das Versicherungsverhältnis innerhalb der letzten zehn Jahre vor Stellung des Leistungsantrags **mindestens zwei Jahre bestanden** haben muss, § 3 II MB/PPV 2015. Berechnet wird die Wartezeit vom technischen Beginn an, § 3 I MB/PPV 2015. Auf die zu erfüllende Wartezeit angerechnet werden neben den in der PPV insgesamt bereits zurückgelegten Versicherungszeiten gem. § 23 VI Nr. 2 SGB XI auch die in der SPV bereits zurückgelegten Versicherungszeiten (vgl. § 3 IV MB/PPV 2015). Umgekehrt ist gem. § 33 III SGB XI bei Personen, die wegen des Eintritts von Versicherungspflicht in der SPV aus der PPV ausscheiden, die in der PPV ununterbrochen zurückgelegte Versicherungszeit auf die Vorversicherungszeit anzurechnen. 74

Für versicherte **Kinder** gilt gem. § 33 II 2 SGB XI (§ 3 III MB/PPV 2015) die Wartezeit als erfüllt, sobald ein Elternteil sie erfüllt hat. 75

Wartezeiten, die in einer gesetzlichen Pflegeversicherung eines anderen Staates des **EWR** (Europäischer Wirtschaftsraum, umfasst die EU-Staaten sowie Norwegen, Island und Liechtenstein) erfüllt wurden, müssen angerechnet werden.[50] 76

2. Ende des Versicherungsschutzes

Der Versicherungsschutz endet nach § 7 MB/PPV 2015 mit **Beendigung des Versicherungsverhältnisses**, auch für schwebende Versicherungsfälle. 77

---

49 Vgl. Bach/Moser/*Weber*, Teil H. PPV, Rn. 43.
50 S. Bach/Moser/*Weber*, Teil H. PPV, Rn. 57, dort erläutert sind auch die Voraussetzungen der Anrechnung von in der Schweiz absolvierten Wartezeiten.

Anhang O Private Pflegepflichtversicherung (PPV)

VI. Sachlicher Umfang des Versicherungsschutzes

78 Die Leistungen der PPV sind gem. § 23 I 2 und 3 SGB XI nach Art und Umfang denen der SPV gleichwertig und entsprechen ihnen deshalb grundsätzlich, jedoch tritt an die Stelle der Sachleistungen der SPV in der PPV eine der Höhe nach gleiche Kostenerstattung. Leistungsausschlüsse sind in der PPV unzulässig.

1. Grundsätze

79 Ist mit der Pflegebedürftigkeit einer versicherten Person der Versicherungsfall eingetreten und besteht hierfür, insbesondere wegen Erfüllung der Wartezeit, Versicherungsschutz, erbringt der Versicherer gem. §§ 1 I 1 i.V.m. 6 I 1 MB/PPV 2015 auf Antrag Leistungen im vertraglichen Umfang. Inhalt und Umfang des Leistungsanspruchs bestimmen sich nach den AVB für die private Pflegepflichtversicherung (MB/PPV 2015) in Verbindung mit den Tarifbedingungen des Tarifs PV, der in den Tarifstufen PVN und PVB angeboten wird. Ist die pflegebedürftige Person in der Tarifstufe PVB versichert, werden die Leistungen auf den tariflichen Prozentsatz gekürzt.

a) Überblick über die Leistungsarten für den Pflegebedürftigen

80 **Für Pflegebedürftige** besteht in der PPV Anspruch auf folgende Leistungen:
   - Pflegeberatung,
   - Bei ambulanter (häuslicher) Pflege:
     - Aufwendungsersatz für häusliche Pflegehilfe und Betreuung,
     - Pflegegeld,
     - Kombinationsleistungen (Aufwendungsersatz für häusliche Pflegehilfe und anteiliges Pflegegeld),
     - Ersatzpflege (Aufwendungsersatz für häusliche Pflege bei Verhinderung der Pflegeperson),
     - Pflegehilfsmittel (leihweise Überlassung oder subsidiär Aufwendungsersatz),
     - Aufwendungsersatz für Maßnahmen zur Verbesserung des individuellen Wohnumfeldes,
     - Leistungen für ambulant betreute Wohngruppen,
     - Leistungen für zusätzliche Betreuungs- und Entlastungsleistungen bei ambulanter Pflege
   - Aufwendungsersatz für teilstationäre Pflege,
   - Aufwendungsersatz für Kurzzeitpflege,
   - Aufwendungsersatz für vollstationäre Pflege.

81 Wird neben der Pflegebedürftigkeit auch eine **erheblich eingeschränkte Alltagskompetenz** festgestellt, besteht ergänzend Anspruch auf
   - erhöhte Leistungen für zusätzliche Betreuungs- und Entlastungsleistungen bei ambulanter Pflege,
   - leistungsgerechte Zuschläge zur Pflegevergütung bei stationärer Pflege,
   - erhöhte Leistungen (betrifft Aufwendungsersatz für häusliche Pflege, Pflegegeld, Aufwendungsersatz für teilstationäre Pflege) für Pflegebedürftige der Pflegestufen I und II.

b) Bedeutung der Pflegestufen

82 Die maximale Höhe des jeweiligen Leistungsanspruchs ist bei der überwiegenden Zahl der vorgenannten Leistungsarten in Abhängigkeit von der Pflegestufe, welcher die pflegebedürftige Person anlässlich der Feststellung des Versicherungsfalls zugeordnet wurde, **gestaffelt**. Namentlich betrifft dies bei ambulanter Pflege die Leistungen für häusliche Pflegehilfe, das Pflegegeld, die Leistungen für die Durchführung eines Beratungseinsatzes und die Verhinderungspflegeleistungen, ferner die Leistungen bei teilstationärer, Kurzzeit- und vollstationärer Pflege.

c) Anerkennung als Härtefall

83 Zur Vermeidung von Härten erfolgt in besonders gelagerten Einzelfällen bei Pflegebedürftigen der Pflegestufe III, wenn ein außergewöhnlich hoher Pflegeaufwand vorliegt, der das übliche Maß der Pflegestufe III weit übersteigt, die **Anerkennung als Härtefall**. Bei diesem Personenkreis erhöhen sich die Höchstbeträge für häusliche Pflegehilfe und für vollstationäre Pflege gegenüber den ansonsten für die Pflegestufe III festgelegten Höchstbeträgen. Die Anerkennung als Härtefall erfolgt, ebenso wie die Zuordnung zu einer der drei Pflegestufen, durch MEDICPROOF, den medizinischen Dienst der PPV. Wenn und soweit im Rahmen der Feststellung des Versicherungsfalls (d.h. der Pflegebedürftigkeit) eine **Verringerung des Hilfebedarfs zu erwarten** ist, kann nach § 6 III MB/PPV 2015 die Anerkennung als Härtefall – ebenso wie auch die Zuordnung zu einer Pflegestufe und die Bewilligung von Leistungen – befristet werden und endet dann mit Ablauf der Frist. Die Befristung kann wiederholt werden und schließt Änderungen bei der Anerkennung als Härtefall nicht aus. Der Befristungszeitraum beträgt insgesamt **höchstens drei Jahre**.

d) Keine Erstattung der Aufwendungen für Unterkunft und Verpflegung

84 Vom Versicherungsschutz nicht umfasst und somit **nicht erstattungsfähig** sind gem. § 1 I 2 MB/PPV die **Aufwendungen für Unterkunft und Verpflegung** (sog. »Hotel-Kosten«) einschließlich besonderer Komfort-

leistungen. Dasselbe gilt für zusätzliche pflegerisch-betreuende Leistungen sowie für berechnungsfähige Investitions- und sonstige betriebsnotwendige Kosten (i.S.v. § 82 III und IV SGB XI).

e) Überblick über die Leistungsarten für nicht pflegebedürftige Personen mit erheblich eingeschränkter Alltagskompetenz

Für Personen, deren Alltagskompetenz aufgrund von **demenzbedingten Fähigkeitsstörungen, geistigen Behinderungen oder psychischen Erkrankungen** dauerhaft erheblich eingeschränkt ist und die deshalb einen erheblichen Bedarf an allgemeiner Beaufsichtigung und Betreuung aufweisen, und deren Hilfebedarf im Bereich der Grundpflege und hauswirtschaftlichen Versorgung aber nicht das Ausmaß der Pflegestufe I erreicht, besteht in der PPV Anspruch auf folgende Leistungen (umgangssprachlich »**Pflegestufe Null**«), die allerdings gegenüber Pflegebedürftigen teilweise verringert sind: 85

- Pflegeberatung,
- Bei ambulanter (häuslicher) Pflege:
  - (verringerter) Aufwendungsersatz für häusliche Pflegehilfe und Betreuung,
  - (verringertes) Pflegegeld,
  - (verringerte) Kombinationsleistungen (Aufwendungsersatz für häusliche Pflegehilfe und anteiliges Pflegegeld),
  - Ersatzpflege (Aufwendungsersatz für häusliche Pflege bei Verhinderung der Pflegeperson),
  - Pflegehilfsmittel (leihweise Überlassung oder subsidiär Aufwendungsersatz),
  - Aufwendungsersatz für Maßnahmen zur Verbesserung des individuellen Wohnumfeldes,
  - Leistungen für ambulant betreute Wohngruppen,
  - Leistungen für zusätzliche Betreuungs- und Entlastungsleistungen,
- Aufwendungsersatz für teilstationäre Pflege,
- Aufwendungsersatz für Kurzzeitpflege,
- leistungsgerechte Zuschläge zur Pflegevergütung bei stationärer Pflege.

f) Ziel der Pflegeleistungen

Pflegebedürftige sollen möglichst lange in ihrer häuslichen Umgebung bleiben können. Deshalb gilt der **Vorrang der Leistungen der ambulanten, teilstationären und Kurzzeitpflege** vor den Leistungen der vollstationären Pflege (vgl. § 3 SGB XI, § 4 XI MB/PPV 2015). Ziel der Pflege soll insbesondere auch die **Aktivierung** des Pflegebedürftigen sein, um die bei ihm vorhandenen Fähigkeiten zu erhalten und, soweit dies möglich ist, verlorene Fähigkeiten zurückzugewinnen (vgl. § 28 IV 1 SGB XI). Bei der aktivierenden Pflege handelt es sich nicht um eine eigenständige Leistung, sondern um einen integralen Bestandteil aller zu gewährenden Pflegeleistungen.[51] Um der Gefahr einer Vereinsamung des Pflegebedürftigen entgegenzuwirken, sollen bei der Leistungserbringung auch die Bedürfnisse des Pflegebedürftigen nach **Kommunikation** berücksichtigt werden (vgl. § 28 IV 2 SGB XI). 86

g) Überblick über die Leistungsarten für Pflegepersonen, Angehörige und Lebenspartner

Neben den Leistungen für den Pflegebedürftigen gewährt der Vertrag über die PPV auch **Leistungen für Pflegepersonen und für die Angehörigen oder Lebenspartner des Pflegebedürftigen**: 87

- Leistungen zur sozialen Sicherung der Pflegepersonen,
- Leistungen bei Pflegezeit,
- Leistungen bei kurzzeitiger Arbeitsverhinderung,
- Pflegekurse für Angehörige und ehrenamtliche Pflegepersonen.

h) Abgrenzung der Leistungen der PPV von denen der PKV

Die zutreffende **Abgrenzung der Leistungen der PPV von denen der PKV** hat für den Pflegebedürftigen und ebenso für den Versicherer erhebliche Bedeutung. 88

Bei stationärer Unterbringung sind in der PKV, anders als in der PPV, die Unterbringungs- und Verpflegungskosten vom Versicherungsschutz umfasst. Für eine durch Pflegebedürftigkeit bedingte Unterbringung besteht in der PKV aber nach § 5 I lit. h) MB/KK keine Leistungspflicht. Bei der ambulanten Pflege bleiben umgekehrt die Leistungen der PKV hinter denen der PPV zurück, denn ambulante Maßnahmen sind in der PKV nur erstattungsfähig, soweit es sich um Leistungen durch Ärzte, Heilpraktiker, Heilmittelbringer oder andere ausdrücklich in den AVB aufgeführte Personengruppen handelt (vgl. § 4 II MB/KK), wohingegen den Regelungen in der PPV die Annahme zugrunde liegt, dass die Grundpflege überwiegend von nicht medizinisch ausgebildeten Personen durchgeführt wird. 89

Bei teil- und vollstationärer Pflege ist nach Nr. 5 und 7 des Tarifs PV die medizinische Behandlungspflege in den Leistungsumfang der PPV eingeschlossen. 90

Bei häuslicher Pflege entfällt gem. § 5 II MB/PPV 2015 regelmäßig die Leistungspflicht in der PPV, 91

---

51 Kasseler Kommentar/Leitherer/*Leitherer*, § 28 Rn. 23.

Anhang O Private Pflegepflichtversicherung (PPV)

- soweit versicherte Personen aufgrund eines Anspruchs in der PKV auf häusliche Krankenpflege auch Anspruch auf Grundpflege und hauswirtschaftliche Versorgung haben,
- während der Durchführung einer vollstationären Heilbehandlung im Krankenhaus,
- während der Durchführung von stationären Leistungen zur medizinischen Rehabilitation,
- während Kur- oder Sanatoriumsbehandlungen,
- für Aufwendungen für Pflegehilfsmittel oder deren leihweise Überlassung, soweit die Krankenversicherung oder andere zuständige Leistungsträger wegen Krankheit oder Behinderung für diese Hilfsmittel zu leisten haben.

92 Grundsätzlich deckt also die PPV die Grundpflege durch (zumeist) nichtmedizinisches Personal ab, die PKV hingegen die medizinische Behandlungspflege, die unmittelbar der Behandlung einer Krankheit oder von Unfallfolgen dient.[52] In einem Mischverhältnis ist ausschlaggebend, welche Pflegeform überwiegt.[53]

2. Pflegeberatung

93 Personen, die Leistungen aus der PPV beantragt haben oder erhalten oder bei denen erkennbar ein Hilfe- und Beratungsbedarf besteht, haben gem. § 7a I SGB XI seit dem 01.01.2009 Anspruch auf kostenlose Pflegeberatung. Der in § 1 II MB/PPV 2015 definierte Versicherungsfall muss also noch nicht eingetreten sein. Zwecks Durchführung der Pflegeberatung hat gem. § 7a V 3 SGB XI für die Versicherer der Verband der privaten Krankenversicherung e.V. ein eigenständiges Pflegeberatungskonzept entwickelt und eigens zu diesem Zweck die »COMPASS Private Pflegeberatung GmbH« gegründet.[54] Damit stehen das private Beratungsangebot der Versicherer und die öffentliche Pflegeberatung in den von den Pflege- und Krankenkassen eingerichteten Pflegestützpunkten in einem Leistungswettbewerb.[55]

94 Der Rechtsanspruch auf Pflegeberatung umfasst die individuelle Beratung und Hilfestellung durch einen nach § 7a III SGB XI qualifizierten, unabhängigen Pflegeberater bei der Auswahl und Inanspruchnahme von Versicherungs- und Sozialleistungen sowie sonstigen Hilfsangeboten, die auf die Unterstützung von Menschen mit Pflege-, Versorgungs- oder Betreuungsbedarf ausgerichtet sind. Aufgabe der Pflegeberatung ist die systematische Erfassung und Analyse des individuellen Hilfebedarfs sowie die Erstellung und Durchführung des hierauf basierenden Pflege- und Hilfekonzeptes. Das Pflege- und Hilfekonzept muss die im Einzelfall erforderlichen Versicherungs- und Sozialleistungen und gesundheitsfördernden, präventiven, kurativen, rehabilitativen oder sonstigen medizinischen sowie pflegerischen und sozialen Hilfen benennen. Der Pflegeberater hat auf die für die Durchführung des Pflege- und Hilfekonzept erforderlichen Maßnahmen hinzuwirken und diese zu überwachen. Erforderlichenfalls hat er eine Anpassung an eine veränderte Bedarfslage vorzunehmen sowie bei besonders komplexen Fallgestaltungen die Auswertung und Dokumentation des Hilfeprozesses.

95 Versicherte Personen haben Anspruch darauf, dass der Versicherer ihnen unmittelbar nach Eingang eines erstmaligen Antrags auf Leistungen aus dieser Versicherung entweder unter Angabe einer Kontaktperson einen konkreten Beratungstermin anbietet, der spätestens innerhalb von zwei Wochen nach Antragseingang durchzuführen ist, oder einen Beratungsgutschein ausstellt, in dem Beratungsstellen benannt sind, bei denen er zu Lasten des Versicherers innerhalb von zwei Wochen nach Antragseingang eingelöst werden kann. Die Pflegeberatung kann auf Wunsch der versicherten Person dort, wo die Pflege durchgeführt wird, oder telefonisch erfolgen, dies auch nach Ablauf der vorgenannten Frist.

3. Ambulante Pflege

a) Überblick

96 Bei ambulanter (häuslicher) Pflege kann gem. § 4 I bis V MB/PPV 2015 der Ersatz von Aufwendungen für Grundpflege und hauswirtschaftliche Versorgung der pflegebedürftigen Person (»Häusliche Pflegehilfe«) oder wahlweise Pflegegeld in Anspruch genommen werden. Es besteht zudem die Möglichkeit, eine Kombination aus diesen beiden Leistungsarten (also häusliche Pflegehilfe und anteiliges Pflegegeld, sog. »Kombinationsleistungen«) zu beanspruchen. Für die Dauer einer vorübergehenden Verhinderung der Pflegeperson, z.B. wegen deren Urlaubs oder Krankheit, werden gem. § 4 VI MB/PPV 2015 vom Versicherer auch die Aufwendungen einer notwendigen Ersatzpflege erstattet. Überdies können gem. § 4 VII MB/PPV 2015 der Ersatz von notwendigen Aufwendungen für Pflegehilfsmittel oder deren leihweise Überlassung sowie u.U. auch finanzielle Zuschüsse für Maßnahmen zur Verbesserung des individuellen Wohnumfeldes und gesonderte Leistungen für ambulant betreute Wohngruppen beansprucht werden.

b) Häusliche Pflegehilfe

97 Versicherte Personen erhalten nach § 4 I MB/PPV 2015 bei häuslicher Pflege **Ersatz von Aufwendungen für Grundpflege und hauswirtschaftliche Versorgung (häusliche Pflegehilfe)** gem. Nr. 1 des Tarifs PV. Leistun-

---

52 Vgl. *Schäfer* VersR 2010, 1525, 1529.
53 *Schäfer* VersR 2010, 1525, 1529 m.w.N.
54 Nähere Informationen im Internet unter www.compass-pflegeberatung.de.
55 Vgl. Besche, S. 65.

gen der häuslichen Pflegehilfe werden auch erbracht, wenn die versicherte Person nicht in ihrem eigenen Haushalt gepflegt wird. Keine Leistungspflicht besteht jedoch
- bei häuslicher Pflege in einer stationären Pflegeeinrichtung (Pflegeheim),
- in einer stationären Einrichtung, in der die medizinische Vorsorge oder medizinische Rehabilitation, die Teilhabe am Arbeitsleben und am Leben in der Gemeinschaft, die schulische Ausbildung oder die Erziehung kranker oder behinderter Menschen im Vordergrund des Zweckes der Einrichtung (vollstationäre Einrichtung der Hilfe für behinderte Menschen) stehen,
- im Krankenhaus.

Häusliche Pflegehilfe umfasst Hilfeleistungen bei den in § 1 V MB/PPV 2015 genannten Verrichtungen, dies sind: 98
- im Bereich der **Körperpflege** das Waschen, Duschen, Baden, die Zahnpflege, das Kämmen, Rasieren, die Darm- oder Blasenentleerung,
- im Bereich der **Ernährung** das mundgerechte Zubereiten oder die Aufnahme der Nahrung,
- im Bereich der **Mobilität** das selbständige Aufstehen und Zu-Bett-Gehen, An- und Auskleiden, Gehen, Stehen, Treppensteigen oder das Verlassen und Wiederaufsuchen der Wohnung,
- im Bereich der **hauswirtschaftlichen Versorgung** das Einkaufen, Kochen, Reinigen der Wohnung, Spülen, Wechseln und Waschen der Wäsche und Kleidung oder das Beheizen.

Die verrichtungsbezogenen **krankheitsspezifischen** Pflegemaßnahmen gehören **nicht** hierzu, soweit diese im Rahmen der häuslichen Krankenpflege nach § 37 SGB V zu leisten wären, wenn der Pflegebedürftige in der GKV versichert wäre. 99

Der **monatliche Erstattungshöchstbetrag** für Aufwendungen für häusliche Pflege beträgt für Pflegebedürftige der Pflegestufe I 468 Euro, für Pflegebedürftige der Pflegestufe II 1.144 Euro und für Pflegebedürftige der Pflegestufe III 1.612 Euro. In besonders gelagerten Einzelfällen kann, zur Vermeidung von Härten, Pflegebedürftigen der Pflegestufe III Aufwendungsersatz bis zu einem Höchstbetrag von 1.995 Euro monatlich gewährt werden, wenn ein außergewöhnlich hoher Pflegeaufwand vorliegt, der das übliche Maß der Pflegestufe III weit übersteigt (sog. **Härtefallregelung**). 100

Erstattungsfähig sind die zwischen den Trägern des Pflegedienstes und den Leistungsträgern der SPV gem. § 89 I SGB XI vereinbarten Vergütungen, soweit nicht die nach § 90 SGB XI erlassene Gebührenordnung für die Vergütung der ambulanten Pflegeleistungen und der hauswirtschaftlichen Versorgung der Pflegebedürftigen Anwendung findet. Zugelassene Pflegeeinrichtungen, die auf eine vertragliche Regelung der Pflegevergütung mit den Leistungsträgern der SPV verzichten oder mit denen eine solche Regelung nicht zustande kommt, können den Preis für ihre ambulanten Leistungen unmittelbar mit dem Pflegebedürftigen vereinbaren; es werden in diesem Fall jedoch höchstens 80 Prozent der vorgenannten Beträge erstattet. 101

Die häusliche Pflegehilfe muss durch **geeignete Pflegekräfte** erbracht werden, die entweder von einer Pflegekasse der SPV oder bei ambulanten Pflegeeinrichtungen, mit denen die Pflegekasse einen Versorgungsvertrag abgeschlossen hat, angestellt sind oder die als Einzelpflegekräfte die Voraussetzungen des § 71 III SGB XI erfüllen und deshalb von einer Pflegekasse der SPV nach § 77 I SGB XI oder einem Versicherer anerkannt worden sind. Verwandte oder Verschwägerte des Pflegebedürftigen bis zum dritten Grad sowie Personen, die mit dem Pflegebedürftigen in häuslicher Gemeinschaft leben, werden nicht als Einzelpflegekräfte anerkannt. 102

Nimmt die versicherte Person häusliche Pflegehilfe **gemeinsam mit anderen Pflegebedürftigen** in Anspruch, so können, sofern Grundpflege und hauswirtschaftliche Versorgung sichergestellt sind, auch Aufwendungen für Betreuungs- und Entlastungsleistungen erstattet werden. Die sich beispielsweise im Rahmen einer Wohngemeinschaft ergebenden Zeit- und Kostenersparnisse können aufgrund dieser Regelung für die allgemeine Anleitung und Betreuung der Pflegebedürftigen genutzt werden. Der Anspruch besteht nicht, wenn diese Leistungen im Rahmen der Eingliederungshilfe für behinderte Menschen nach dem SGB XII, durch den zuständigen Träger der Eingliederungshilfe nach dem SGB VIII oder nach dem BVG finanziert werden. 103

c) Pflegegeld

Anstelle von Aufwendungsersatz für häusliche Pflegehilfe (§ 4 I MB/PPV 2015) können versicherte Personen nach § 4 II MB/PPV 2015 ein **Pflegegeld** gem. Nr. 2.1 des Tarifs PV beantragen. Der Anspruch setzt voraus, dass der Pflegebedürftige mit dem Pflegegeld, dessen Umfang entsprechend, die erforderliche Grundpflege und hauswirtschaftliche Versorgung in geeigneter Weise **selbst** sicherstellt. Die geringeren Geldleistungen bei häuslicher Pflege durch Familienangehörige gegenüber den Geldleistungen beim Einsatz bezahlter Pflegekräfte verstoßen nicht gegen das Grundgesetz.[56] 104

Das Pflegegeld **beträgt** je Kalendermonat für Pflegebedürftige der Pflegestufe I 244 Euro, für Pflegebedürftige der Pflegestufe II 458 Euro (und für Pflegebedürftige der Pflegestufe III 728 Euro. Das Pflegegeld wird in monatlichen Raten jeweils für den zurückliegenden Monat gezahlt. Bestehen die Voraussetzungen für die Zahlung des Pflegegeldes nicht für den vollen Kalendermonat, wird gem. § 4 III MB/PPV 2015 der Geldbetrag 105

---

[56] BVerfG NZS 2014, 414.

Anhang O Private Pflegepflichtversicherung (PPV)

entsprechend gekürzt; dabei wird der Kalendermonat mit 30 Tagen angesetzt. Das Pflegegeld wird bis zum Ende des Kalendermonats geleistet, in dem die versicherte Person gestorben ist.

106 Versicherte Personen, die Pflegegeld beziehen, sind gem. § 4 IV MB/PPV 2015 verpflichtet, bei Pflegestufe I und II einmal halbjährlich, bei Pflegestufe III einmal vierteljährlich eine **Beratung** in der eigenen Häuslichkeit durch eine Pflegeeinrichtung, mit der ein Versorgungsvertrag nach dem SGB XI besteht oder die von Versicherern anerkannt worden ist, abzurufen. Sofern dies durch eine solche Pflegeeinrichtung vor Ort nicht gewährleistet werden kann, ist die Beratung durch eine vom Versicherer beauftragte, jedoch von ihm nicht beschäftigte Pflegefachkraft abzurufen. Die Beratung kann auch durch von den Landesverbänden der Pflegekassen anerkannte Beratungsstellen mit nachgewiesener pflegefachlicher Kompetenz sowie durch Pflegeberater der PPV (§ 4 XVIII MB/PPV 2015) erfolgen. Aufwendungen für die Beratung werden gem. Nr. 2.2 des Tarifs PV erstattet. Ruft die versicherte Person die Beratung nicht ab, so wird das Pflegegeld angemessen **gekürzt** und im Wiederholungsfall die Zahlung **eingestellt**. Pflegebedürftige, bei denen ein erheblicher Bedarf an allgemeiner Beaufsichtigung und Betreuung (§ 4 XVI MB/PPV 2015) festgestellt ist, sind berechtigt, die Beratung innerhalb der vorgenannten Zeiträume zweimal in Anspruch zu nehmen. Versicherte Personen, die noch nicht die Voraussetzungen der Pflegestufe I erfüllen, bei denen jedoch ein erheblicher Bedarf an allgemeiner Beaufsichtigung und Betreuung festgestellt worden ist, haben halbjährlich einmal einen Anspruch auf Beratung. Die Aufwendungen werden gem. Nr. 2.2 des Tarifs PV in Höhe des Betrages für die Pflegestufen I und II erstattet.

107 Für die Beratung werden in den Pflegestufen I und II bis zu 22 Euro, in Pflegestufe III bis zu 32 Euro **erstattet**. Bei versicherten Personen mit erheblichem Bedarf an allgemeiner Beaufsichtigung und Betreuung i.S.d. § 4 XVI MB/PPV 2015 werden für die Beratung bis zu 22 Euro erstattet.

d) Anteiliges Pflegegeld

108 Nimmt die versicherte Person Aufwendungsersatz für häusliche Pflege (§ 4 I MB/PPV 2015) nur teilweise in Anspruch, erhält sie gem. § 4 V MB/PPV 2015 daneben ein **anteiliges Pflegegeld** unter den hierfür geltenden Voraussetzungen (§ 4 II MB/PPV 2015). Dies gilt auch bei Pflegebedürftigen, die als Härtefall anerkannt wurden. Das Pflegegeld wird um den Prozentsatz vermindert, in dem die versicherte Person Aufwendungsersatz in Anspruch genommen hat. An die Entscheidung, in welchem Verhältnis sie Pflegegeld und Aufwendungsersatz in Anspruch nehmen will, ist die versicherte Person **für die Dauer von sechs Monaten gebunden**.

e) Ersatzpflege

109 Ist eine **Pflegeperson** wegen Erholungsurlaubs, Krankheit oder aus anderen Gründen an der Pflege **gehindert**, werden der pflegebedürftigen Person gem. § 4 VI MB/PPV 2015 die **Aufwendungen einer notwendigen Ersatzpflege für längstens vier Wochen je Kalenderjahr** gem. Nr. 3 des Tarifs PV erstattet. Voraussetzung ist, dass die Pflegeperson die versicherte Person vor der erstmaligen Verhinderung mindestens sechs Monate in ihrer häuslichen Umgebung gepflegt hat.

110 Der **Höhe** nach werden Aufwendungen im Einzelfall mit bis zu 1.612 Euro je Kalenderjahr erstattet, wenn die Ersatzpflege durch Pflegepersonen sichergestellt wird, die mit dem Pflegebedürftigen nicht bis zum zweiten Grade verwandt oder verschwägert sind und nicht mit ihm in häuslicher Gemeinschaft leben. Bei einer Ersatzpflege durch Pflegepersonen, die mit dem Pflegebedürftigen bis zum zweiten Grade verwandt oder verschwägert sind oder mit ihm in häuslicher Gemeinschaft leben, wird die Erstattung auf den Betrag des Pflegegeldes der festgestellten Pflegestufe begrenzt. Zusätzlich können auf Nachweis notwendige Aufwendungen, die der Pflegeperson im Zusammenhang mit der Ersatzpflege entstanden sind, erstattet werden. Die Erstattungen sind zusammen auf bis zu 1.612 Euro je Kalenderjahr begrenzt. Wird die Ersatzpflege erwerbsmäßig ausgeübt, erfolgt die Erstattung ebenfalls bis zu einem Betrag von höchstens 1.612 Euro je Kalenderjahr. Der Leistungsbetrag kann sich um bis zu 806 Euro auf insgesamt bis zu 2.418 Euro im Kalenderjahr erhöhen, soweit im Kalenderjahr für diesen Betrag noch keine Leistung für Kurzzeitpflege in Anspruch genommen wurde. Bei Inanspruchnahme des Erhöhungsbetrages vermindern sich die Leistungen für Kurzzeitpflege entsprechend. Wurde bei den Leistungen für Kurzzeitpflege bereits der Erhöhungsbeitrag in Anspruch genommen, wird dieser auf die Leistungen der Ersatzpflege angerechnet, d.h. der Leistungsbetrag kann sich auch vermindern (vgl. Nr. 6 des Tarifs PV).

f) Pflegehilfsmittel

111 Nach § 4 VII MB/PPV 2015 haben versicherte Personen Anspruch auf **Ersatz von Aufwendungen für Pflegehilfsmittel oder deren leihweise Überlassung** gem. Nr. 4 des Tarifs PV, wenn und soweit die Pflegehilfsmittel zur **Erleichterung der Pflege oder zur Linderung der Beschwerden** der pflegebedürftigen Person beitragen oder ihr eine **selbständigere Lebensführung ermöglichen** und die Versorgung **notwendig** ist. Der Anspruch umfasst auch den Ersatz von Aufwendungen für die notwendige **Änderung, Instandsetzung und Ersatzbeschaffung** von Pflegehilfsmitteln sowie die **Ausbildung** in ihrem Gebrauch.

Die in der SPV maßgebende Regelung des § 33 VI und VII SGB V ist in der PPV entsprechend anwendbar, so 112
dass der Pflegebedürftige regelmäßig diejenigen Leistungserbringer in Anspruch zu nehmen hat, die **Vertragspartner** seines Versicherers sind, und der Versicherer die jeweils vertraglich vereinbarten Preise erstattet.
Im Einzelnen erstattet der Versicherer ohne besondere Prüfung die im **Pflegehilfsmittelverzeichnis** der PPV 113
aufgeführten Pflegehilfsmittel, beispielsweise Urinbeutel oder Inkontinenzvorlagen. Die Versicherer verpflichten sich vertraglich, dieses Pflegehilfsmittelverzeichnis vom Verband der privaten Krankenversicherung e.V. regelmäßig unter Berücksichtigung des medizinisch-technischen Fortschritts, der pflegewissenschaftlichen Erkenntnisse und der Rechtsprechung des Bundessozialgerichts fortschreiben zu lassen. Aber auch die Aufwendungen für im Pflegehilfsmittelverzeichnis **nicht aufgeführte Pflegehilfsmittel** sind im Einzelfall erstattungsfähig, wenn die allgemeinen Voraussetzungen in § 4 VII MB/PPV 2015 (s.o.) erfüllt sind und die Pflegehilfsmittel nicht wegen Krankheit oder Behinderung von der Krankenversicherung oder anderen zuständigen Leistungsträgern zu erbringen sind. Dabei können Pflegehilfsmittel grundsätzlich nur im Hinblick auf solche Betätigungen beansprucht werden, die für die **Lebensführung im häuslichen Umfeld** erforderlich sind. Von der Erstattung aus der Pflegeversicherung ausgeschlossen sind Pflegehilfsmittel, die nicht alleine oder jedenfalls schwerpunktmäßig der Pflege, sondern vorwiegend dem Behinderungsausgleich dienen.
Technische Pflegehilfsmittel werden in allen geeigneten Fällen **vorrangig leihweise** überlassen, beispielsweise 114
Pflegebetten oder Hausnotrufanlagen. Lehnen Pflegebedürftige die leihweise Überlassung eines technischen Pflegehilfsmittels ohne zwingenden Grund ab, haben sie die Aufwendungen für das technische Pflegehilfsmittel in vollem Umfang selbst zu tragen. Soweit Leihe nicht möglich ist, werden Aufwendungen für technische Pflegehilfsmittel erstattet, allerdings tragen dabei Versicherte, die das 18. Lebensjahr vollendet haben, eine Selbstbeteiligung in Höhe von 10 Prozent der Aufwendungen, höchstens jedoch 25 Euro je Pflegehilfsmittel; in Härtefällen kann der Versicherer von der Selbstbeteiligung absehen. Aufwendungen für **zum Verbrauch bestimmte Pflegehilfsmittel** werden bis zu 40 Euro je Kalendermonat erstattet.
Die Auszahlung der Versicherungsleistungen für Pflegehilfsmittel oder deren leihweise Überlassung kann vom 115
Versicherer davon abhängig gemacht werden, dass der Pflegebedürftige sich das Pflegehilfsmittel **anpassen** oder sich selbst oder die Pflegeperson in deren Gebrauch **ausbilden** lässt.
Entscheidet sich die versicherte Person für eine Ausstattung des Pflegehilfsmittels, die über das **Maß des Notwendigen** 116
hinausgeht, hat er die Mehrkosten und die dadurch bedingten Folgekosten selbst zu tragen.

g) Maßnahmen zur Verbesserung des individuellen Wohnumfelds

Verbesserung des individuellen Wohnumfelds 117
Nach § 4 VII MB/PPV 2015 können für **Maßnahmen zur Verbesserung des individuellen Wohnumfeldes** der versicherten Person, beispielsweise für technische Hilfen im Haushalt, subsidiär finanzielle Zuschüsse gem. Nr. 4.3 des Tarifs PV gezahlt werden, wenn dadurch im Einzelfall die **häusliche Pflege ermöglicht oder erheblich erleichtert oder eine möglichst selbständige Lebensführung der versicherten Person wiederhergestellt** wird. Bezuschusst werden insbesondere alle notwendigen Umbauten, beispielsweise die Verbreiterung von Türen und der Einbau einer Dusche oder eines Treppenlifts, sowie einfache technische Hilfen wir Haltegriffe oder mit dem Rollstuhl unterfahrbare Einrichtungsgegenstände. Die Zuschüsse für Maßnahmen zur Verbesserung des individuellen Wohnumfeldes sind auf 4.000 Euro je Maßnahme begrenzt. Leben mehrere Pflegebedürftige in einer gemeinsamen Wohnung und dient der Zuschuss der Verbesserung des gemeinsamen Wohnumfeldes, ist der Zuschuss auf den Betrag begrenzt, der sich ergibt, wenn die Kosten der Maßnahme durch die Anzahl der zuschussberechtigten Bewohner geteilt wird; dabei werden Kosten der Maßnahme von bis zu 16.000 Euro berücksichtigt.

h) Ambulant betreute Wohngruppen

Ambulant betreute Wohngruppen 118
Mit zusätzlichen Leistungen für ambulant betreute Wohngruppen soll Menschen, die ihren Lebensalltag nicht mehr allein bewältigen können, eine gemeinschaftliche Pflege in der Nähe ihres angestammten Wohnumfelds ermöglicht werden. Die **Versorgungsform des gemeinschaftlichen Wohnens mit gemeinschaftlich organisierter pflegerischer Versorgung** soll auf diese Weise gestärkt werden. Eine überschaubare Größe der Wohngruppen soll es erleichtern, die Ressourcen der Pflegebedürftigen zu nutzen und zu erhalten sowie Angehörige und das soziale Umfeld in den Alltag einzubeziehen.
Nach § 4 VIIa MB/PPV 2015 haben Pflegebedürftige einen Anspruch auf einen **pauschalen Zuschlag** gem. 119
Nr. 13 des Tarifs PV, wenn
- sie **mit mindestens zwei und höchstens elf weiteren Personen** in einer ambulant betreuten Wohngruppe in einer gemeinsamen Wohnung zum Zweck der gemeinschaftlich organisierten pflegerischen Versorgung leben und davon mindestens zwei weitere pflegebedürftig sind oder bei ihnen eine erhebliche Einschränkung der Alltagskompetenz festgestellt worden ist,
- sie Leistungen für ambulante Pflege oder wegen erheblich eingeschränkter Alltagskompetenz beziehen,
- in der ambulant betreuten Wohngruppe eine Person gemeinschaftlich beauftragt ist, unabhängig von der individuellen pflegerischen Versorgung allgemeine organisatorische, verwaltende, betreuende oder das Ge-

Anhang O Private Pflegepflichtversicherung (PPV)

meinschaftsleben fördernde Tätigkeiten zu verrichten oder hauswirtschaftliche Unterstützung zu leisten, und
- keine Versorgungsform vorliegt, in der der Anbieter der Wohngruppe oder ein Dritter den Pflegebedürftigen Leistungen anbietet oder gewährleistet, die dem jeweiligen Rahmenvertrag nach § 75 I SGB XI für vollstationäre Pflege vereinbarten Leistungsumfang weitgehend entsprechen.

Der monatliche pauschale Zuschlag für Versicherte in ambulant betreuten Wohngruppen beträgt 205 Euro.

120 Nach § 4 XIX MB/PPV 2015 haben versicherte Personen, die Anspruch auf einen pauschalen Zuschlag nach § 4 VIIa MB/PPV 2015 haben (s.o.) und die an der gemeinsamen **Gründung einer ambulant betreuten Wohngruppe** beteiligt sind, zusätzlich zu dem Betrag nach Nr. 13 des Tarifs PV einmalig zur **altersgerechten und barrierearmen Umgestaltung** der gemeinsamen Wohnung einen Anspruch auf einen Förderbetrag nach Nr. 14 des Tarifs PV. Der Antrag ist innerhalb eines Jahres nach Vorliegen der Anspruchsvoraussetzungen zu stellen und die Gründung nachzuweisen. Die Umgestaltungsmaßnahme kann auch vor der Gründung und dem Einzug erfolgen. Der Anspruch **endet** mit Ablauf des Monats, in dem das Bundesversicherungsamt den Pflegekassen und dem Verband der Privaten Krankenversicherung e.V. mitteilt, dass mit der Förderung eine Gesamthöhe von 30 Millionen Euro erreicht worden ist. Bis dahin beläuft sich der Anspruch des Versicherten auf den Betrag, der sich ergibt, wenn man den Höchstförderbetrag je Wohngruppe von 10.000 Euro durch die Anzahl der förderberechtigten Bewohner teilt, höchstens aber 2.500 Euro.

4. Teilstationäre Pflege

121 Teilstationäre Pflege in Form von Tages- oder Nachtpflege ist die **kurzzeitige, meist stundenweise Unterbringung** des Pflegebedürftigen **in einer stationären Pflegeeinrichtung**. Sie hat zum Ziel, dem Pflegebedürftigen dauerhaft den grundsätzlichen Verbleib in seinem häuslichen Umfeld zu ermöglichen. Zugleich entlastet sie die Pflegeperson während des Tages oder der Nacht und ermöglicht ihr ggf. auch eine Erwerbstätigkeit. Auch während einer vorübergehend erhöhten Pflegebedürftigkeit kann teilstationäre Pflege die Fortführung häuslicher Pflege ermöglichen. Als Ergänzung der ambulanten Pflegeleistungen kann sie **neben Pflegegeld und Leistungen der häuslichen Pflegehilfe** in Anspruch genommen werden.

122 Leistungen für teilstationäre Pflege gewährt der Versicherer gem. § 4 VIII und IX MB/PPV 2015. Pflegebedürftige haben gem. § 4 VIII MB/PPV 2015 bei teilstationärer Pflege in Einrichtungen der Tages- oder Nachtpflege, **wenn häusliche Pflege nicht in ausreichendem Umfang sichergestellt werden kann oder wenn dies zur Ergänzung oder Stärkung der häuslichen Pflege erforderlich ist**, Anspruch auf **Ersatz von Aufwendungen für allgemeine Pflegeleistungen** sowie für sonstige Leistungen gem. Nr. 5 des Tarifs PV. Ob häusliche Pflege nicht in ausreichendem Umfang sichergestellt werden kann, richtet sich nicht nur nach objektiven Umständen, sondern vor allem nach dem Wunsch des Pflegebedürftigen und der ggf. für häusliche Pflegeaufgaben in Betracht kommenden Personen; ein besonderer Grund für die Inanspruchnahme von teilstationärer Pflege muss nicht vorliegen.[57]

123 **Allgemeine Pflegeleistungen** sind die pflegebedingten Aufwendungen für alle für die Versorgung der Pflegebedürftigen nach Art und Schwere der Pflegebedürftigkeit erforderlichen Pflegeleistungen der Pflegeeinrichtung. Aufwendungen für allgemeine Pflegeleistungen werden, im Rahmen der gültigen Pflegesätze, je Kalendermonat bei Pflegebedürftigen der Pflegestufe I bis zu 468 Euro, bei Pflegebedürftigen der Pflegestufe II bis zu 1.144 Euro und bei Pflegebedürftigen der Pflegestufe III bis zu 1.612 Euro erstattet. Die nach dieser Regelung maßgebenden »**gültigen Pflegesätze**« sind die zwischen den Trägern der Pflegeheime und den Leistungsträgern der SPV bzw. in den Pflegesatzkommissionen vereinbarten Pflegesätze. Zugelassene Pflegeeinrichtungen, die auf eine vertragliche Regelung der Pflegevergütung verzichten oder mit denen eine solche Regelung nicht zustande kommt, können den Preis für die allgemeinen Pflegeleistungen unmittelbar mit dem Pflegebedürftigen vereinbaren; es werden in diesem Fall jedoch maximal 80 Prozent der vorgenannten Höchstbeträge erstattet. Aufwendungen für Unterkunft und Verpflegung einschließlich besonderer Komfortleistungen, für zusätzlich pflegerisch betreuende Leistungen sowie für betriebsnotwendige Investitions- und sonstige Kosten gem. § 82 II SGB XI sind nicht erstattungsfähig.

124 Im Rahmen des jeweiligen Höchstbetrags als »sonstige Leistungen« erstattungsfähig sind auch die Aufwendungen für die notwendige Beförderung der versicherten Person zwischen der Wohnung und der Pflegeeinrichtung, für seine soziale Betreuung sowie für die in der Einrichtung notwendigen Leistungen der medizinischen Behandlungspflege. Da die Höchstbeträge regelmäßig bereits durch die allgemeinen Pflegeleistungen erschöpft werden, hat dieser ergänzende Anspruch in der Praxis meist keine Relevanz.

125 Der Anspruch auf Aufwendungsersatz bei teilstationärer Pflege setzt voraus, dass die versicherte Person stationäre Pflegeeinrichtungen (**Pflegeheime**) in Anspruch nimmt. Das sind selbständig wirtschaftende Einrichtungen, in denen Pflegebedürftige unter ständiger Verantwortung einer ausgebildeten Pflegefachkraft gepflegt werden und ganztägig (vollstationär) oder nur tagsüber oder nur nachts (teilstationär) untergebracht und verpflegt werden können.

---

[57] Udsching/*Udsching*, § 41 Rn. 3.

Die versicherte Person kann Leistungen für teilstationäre Pflege gem. § 4 IX MB/PPV 2015 zusätzlich zu den Leistungen nach § 4 I (häusliche Pflegehilfe), II (Pflegegeld) und V (Anteiliges Pflegegeld) MB/PPV 2015 in Anspruch nehmen, ohne dass eine Anrechnung erfolgt.

5. Kurzzeitpflege

Kurzzeitpflege ist eine **vollstationäre Pflege von kurzer Dauer**. Sie dient der organisatorischen **Überbrückung** kurzer Zeiträume, in denen die Fortführung häuslicher Pflege nicht möglich ist, beispielsweise wegen des kurzzeitigen Ausfalls einer Pflegeperson oder in der Übergangszeit im Anschluss an eine stationäre Behandlung. Anders als bei der teilstationären Pflege müssen also besondere Gründe vorliegen, damit Kurzzeitpflege in Anspruch genommen werden kann. Auch die Kurzzeitpflege dient der Stärkung der häuslichen Pflege.[58]

Den Anspruch auf Aufwendungsersatz für die Unterbringung der versicherten Person in einer **zugelassenen stationären Kurzzeitpflegeeinrichtung** regelt § 4 X MB/PPV 2015. Falls häusliche Pflege zeitweise nicht, noch nicht oder nicht im erforderlichen Umfang erbracht werden kann und **auch teilstationäre Pflege nicht ausreicht**, besteht gem. Nr. 6 des Tarifs PV Anspruch auf **Ersatz von Aufwendungen für allgemeine Pflegeleistungen sowie sonstige Leistungen in einer vollstationären Einrichtung**. Die Leistungen werden bedingungsgemäß für eine Übergangszeit im Anschluss an eine stationäre Behandlung der versicherten Person oder in sonstigen **Krisensituationen**, in denen vorübergehend häusliche oder teilstationäre Pflege nicht möglich oder nicht ausreichend ist, erbracht. Der Anspruch auf Kurzzeitpflege ist auf **vier Wochen pro Kalenderjahr** beschränkt.

Die Aufwendungen für allgemeine Pflegeleistungen, für soziale Betreuung sowie für Leistungen der medizinischen Behandlungspflege werden – im Rahmen der gültigen Pflegesätze (s.o.) – bis zu einem Gesamtbetrag von 1.612 Euro pro Kalenderjahr ersetzt. Der Leistungsbetrag kann sich um bis zu 1.612 Euro auf insgesamt bis zu 3.224 Euro im Kalenderjahr erhöhen, soweit im Kalenderjahr für diesen Betrag noch keine Leistung für Ersatzpflege in Anspruch genommen wurde. In diesem Fall wird die Anspruchsdauer auf längstens 8 Wochen pro Kalenderjahr ausgedehnt. Bei Inanspruchnahme des Erhöhungsbetrages vermindern sich die Leistungen für Ersatzpflege entsprechend. Wurde bei den Leistungen für Ersatzpflege bereits der Erhöhungsbetrag in Anspruch genommen, wird dieser auf die Leistungen der Kurzzeitpflege angerechnet, d.h. der Leistungsbetrag kann sich auch vermindern (vgl. Nr. 3 des Tarifs PV).

Enthalten die Entgelte dieser Einrichtungen Aufwendungen für Unterkunft und Verpflegung sowie für Investitionen, die nicht gesondert ausgewiesen sind, wird das erstattungsfähige Entgelt auf 60 Prozent gekürzt. In begründeten Einzelfällen kann der Versicherer davon abweichende pauschale Abschläge vornehmen.

6. Vollstationäre Pflege

Damit Pflegebedürftige möglichst lange in ihrer häuslichen Umgebung bleiben können, gehen die Leistungen der ambulanten, teilstationären und Kurzzeitpflege den Leistungen der vollstationären Pflege vor. Die gerade bei vollstationärer Pflege **in der Regel nicht auskömmliche Höhe** der Versicherungsleistungen ist Folge der gesetzgeberischen Grundsatzentscheidung, dass die gesetzliche Pflegeversicherung nur eine Teilkostenversicherung darstellt, die nicht darauf ausgelegt ist, dem Pflegebedürftigen sämtliche Aufwendungen zu ersetzen.[59]

Die Leistungen bei vollstationärer Pflege und bei Pflege in vollstationären Einrichtungen der Hilfe für behinderte Menschen sind in § 4 XI und XII MB/PPV 2015 geregelt. Nach § 4 XI MB/PPV 2015 haben versicherte Personen **Anspruch auf Ersatz von Aufwendungen für allgemeine Pflegeleistungen sowie sonstige Leistungen in vollstationären Einrichtungen** gem. Nr. 7.1 und 7.2 des Tarifs PV, **wenn häusliche oder teilstationäre Pflege nicht möglich ist** oder wegen der Besonderheit des einzelnen Falles nicht in Betracht kommt.

Für die **allgemeinen Pflegeleistungen** gelten die diesbezüglichen Bestimmungen über die Leistungen für teilstationäre Pflege (§ 4 VIII 2 bis 5 MB/PPV 2015; s.o.) entsprechend. Die Aufwendungen für allgemeine Pflegeleistungen, für medizinische Behandlungspflege und für soziale Betreuung werden – im Rahmen der gültigen Pflegesätze (s.o.) – je Kalendermonat pauschal für Pflegebedürftige der Pflegestufe I in Höhe von 1.064 Euro, für Pflegebedürftige der Pflegestufe II in Höhe von 1.330 Euro und für Pflegebedürftige der Pflegestufe III in Höhe von 1.612 Euro erstattet. In besonders gelagerten Einzelfällen kann, zur Vermeidung von Härten, Pflegebedürftigen der Pflegestufe III Aufwendungsersatz bis zu einem Höchstbetrag von 1.995 Euro monatlich gewährt werden, wenn ein außergewöhnlich hoher und intensiver Pflegeaufwand vorliegt, der das übliche Maß der Pflegestufe III weit übersteigt (sog. Härtefallregelung). Insgesamt ist der Erstattungsbetrag zudem **auf 75 Prozent des Gesamtbetrages** aus Pflegesatz, Entgelt für Unterkunft und Verpflegung und gesondert berechenbaren Investitionskosten gem. § 82 III und IV SGB XI **begrenzt**. Erfolgt die Pflege ausnahmsweise in vollstationären Einrichtungen der Hilfe für behinderte Menschen, gelten abweichende Höchstbeträge.

---

58 Udsching/*Udsching*, § 42 Rn. 2.
59 Vgl. Bach/Moser/*Weber*, Teil H. PPV, Rn. 224.

Anhang O Private Pflegepflichtversicherung (PPV)

134 Ein von der vollstationären Pflegeeinrichtung berechnetes **zusätzliches Entgelt** ist erstattungsfähig, wenn der Pflegebedürftige nach der Durchführung aktivierender oder rehabilitativer Maßnahmen in eine niedrigere Pflegestufe oder von erheblicher zu nicht erheblicher Pflegebedürftigkeit zurückgestuft wurde. Erstattungsfähig ist hierfür gem. Nr. 7.3 des Tarifs PV ein Betrag von bis zu 1.597 Euro.

135 Die **vorübergehende Abwesenheit** des Pflegebedürftigen aus der Pflegeeinrichtung unterbricht den Leistungsanspruch nicht, solange der Pflegeplatz bis zu 42 Tage im Kalenderjahr für ihn freigehalten wird. Dieser Abwesenheitszeitraum verlängert sich bei Krankenhausaufenthalten und Aufenthalten in Rehabilitationseinrichtungen um die Dauer dieser Aufenthalte.

136 Falls vollstationäre Pflege gem. Nr. 7.1 des Tarifs PV **nicht erforderlich** ist und der Pflegebedürftige sie dennoch wählt, erhält er gem. § 4 XII MB/PPV 2015 zu den pflegebedingten Aufwendungen lediglich einen **Zuschuss** bis zur Höhe des im Tarif PV für häusliche Pflegehilfe in der jeweiligen Pflegestufe vorgesehenen Höchstbetrages.

7. Leistungen für Personen mit erheblich eingeschränkter Alltagskompetenz; Betreuungs- und Entlastungsleistungen

137 Gem. § 4 XVIa MB/PPV 2015 haben versicherte Personen mit erheblich eingeschränkter Alltagskompetenz Anspruch auf Leistungen nach Nr. 15 des Tarifs PV. Hiernach besteht für Versicherte **mit erheblich eingeschränkter Alltagskompetenz ohne Pflegestufe** (ein gegenüber Pflegebedürftigen der Pflegestufe I verringerter) Anspruch auf Pflegegeld in Höhe von 123 Euro oder Aufwendungsersatz für häusliche Pflegehilfe und Betreuung in Höhe von bis zu 231 Euro oder entsprechende Kombinationsleistungen (anteiliges Pflegegeld) oder Leistungen für teilstationäre Pflege in Höhe von bis zu 231 Euro je Kalendermonat. Betragsmäßig uneingeschränkt besteht ferner Anspruch auf Leistungen für Ersatzpflege, Pflegehilfsmittel, wohnumfeldverbessernde Maßnahmen, teilstationäre Pflege, Kurzzeitpflege sowie auf zusätzliche Leistungen für ambulant betreute Wohngruppen.

138 Für Versicherte **mit erheblich eingeschränkter Alltagskompetenz und Pflegestufe I** erhöht sich nach Nr. 15 des Tarifs PV je Kalendermonat das Pflegegeld um 72 Euro auf 316 Euro sowie der Aufwendungsersatz für häusliche Pflegehilfe und Betreuung und die Leistung für teilstationäre Pflege jeweils um 221 Euro auf bis zu 689 Euro. Für Versicherte mit **erheblich eingeschränkter Alltagskompetenz und Pflegestufe II** erhöht sich nach Nr. 15 des Tarifs PV je Kalendermonat das Pflegegeld um 87 Euro auf 545 Euro sowie der Aufwendungsersatz für häusliche Pflegehilfe und Betreuung und die Leistung für teilstationäre Pflege jeweils um 154 Euro auf bis zu 1.298 Euro.

139 Gem. § 4 XVI MB/PPV 2015 haben versicherte Personen mit erheblich eingeschränkter Alltagskompetenz neben ihrem Anspruch auf Aufwendungsersatz für häusliche Pflege und Betreuung, für teilstationäre Pflege und für Kurzzeitpflege auch Anspruch auf Ersatz von Aufwendungen für **zusätzliche Betreuungs- und Entlastungsleistungen** gem. Nr. 11.1 des Tarifs PV. Erstattet werden Aufwendungen in Höhe von bis zu 104 Euro (Grundbetrag) oder 208 Euro (erhöhter Betrag bei einer in erhöhtem Maße eingeschränkten Alltagskompetenz) monatlich für qualitätsgesicherte Leistungen der Betreuung und Entlastung im Zusammenhang mit der Inanspruchnahme von Leistungen der teilstationären Pflege, der Kurzzeitpflege, der Pflegekräfte (sofern es sich um besondere Angebote der allgemeinen Anleitung und Betreuung oder Angebote der hauswirtschaftlichen Versorgung und nicht um Leistungen der Grundpflege handelt) oder der nach Landesrecht anerkannten niedrigschwelligen Betreuungs- und Entlastungsangebote (die nach § 45c SGB XI gefördert oder förderungsfähig sind). Der Ersatz der Aufwendungen erfolgt auch, wenn Mittel der Ersatzpflege eingesetzt werden. Die Höhe des jeweils zu zahlenden Betrages wird vom Versicherer auf Empfehlung des vom Versicherer beauftragten Arztes oder von MEDICPROOF festgelegt. Werden die Beträge in einem Kalenderjahr nicht ausgeschöpft, können die nicht verbrauchten Beträge in das folgende Kalenderhalbjahr übertragen werden.

140 Nimmt die versicherte Person keine Leistungen für häusliche Pflegehilfe in Anspruch, gelten hinsichtlich der zusätzlichen Betreuungs- und Erstattungsleistungen die besonderen Regelungen des § 4 XVIb MB/PPV 2015.

141 Versicherte Personen, die pflegebedürftig sind, bei denen aber kein erheblicher Bedarf an allgemeiner Beaufsichtigung und Betreuung gegeben ist, haben ebenfalls einen Anspruch auf zusätzliche Betreuungs- und Entlastungsleistungen, allerdings nur in Höhe des Grundbetrages von bis zu 104 Euro monatlich.

142 Versicherte Personen in **stationärer Pflege** haben neben den hierfür gewährten Leistungen Anspruch auf **Ersatz von Aufwendungen für leistungsgerechte Zuschläge zur Pflegevergütung** gem. Nr. 11.2 des Tarifs PV, der betreffs der Voraussetzungen und der Höhe der Vergütungszuschläge auf die umfassenden Regelungen in § 87b SGB XI verweist.

8. Leistungen für Pflegepersonen

143 Neben den Leistungen für die pflegebedürftige Person erbringen die Versicherer Leistungen auch für eine oder mehrere Pflegepersonen. Die soziale Sicherung der ehrenamtlich tätigen Pflegepersonen trägt der Tatsache Rechnung, dass Pflegepersonen bisweilen ihre Arbeit reduzieren oder ganz aufgeben müssen, um die Pfle-

getätigkeiten adäquat erbringen zu können.[60] Die Gewährung von Leistungen für Pflegepersonen stärkt somit den Grundsatz, nach dem die ambulante Pflege Vorrang vor der stationären Pflege haben soll, denn sie stellt einen Anreiz dar, die häusliche Pflege von Pflegebedürftigen als Pflegeperson zu übernehmen. Bei der Pflege durch Pflegedienste oder berufsmäßige Pfleger werden die Leistungen zur sozialen Sicherung folglich nicht erbracht.[61]

a) Leistungen zur sozialen Sicherung

Gemäß § 4 XIII MB/PPV 2015 gewährt der Versicherer Leistungen zur sozialen Sicherung für Pflegepersonen, die regelmäßig nicht mehr als 30 Stunden wöchentlich erwerbstätig sind oder seit dem 01.01.2013 mehrere versicherte Personen ehrenamtlich wenigstens 14 Stunden wöchentlich in ihrer häuslichen Umgebung pflegen. Der Versicherer zahlt **Beiträge an den zuständigen Träger der gesetzlichen Rentenversicherung oder** auf Antrag **an die zuständige berufsständische Versorgungseinrichtung** gem. Nr. 8 des Tarifs PV. Die versicherte Person oder die Pflegeperson haben darzulegen und auf Verlangen des Versicherers glaubhaft zu machen, dass Pflegeleistungen in dem von MEDIPROOF festgestellten und erforderlichen zeitlichen Umfang auch tatsächlich erbracht werden. **Erholungsurlaub** der Pflegeperson von bis zu sechs Wochen im Kalenderjahr unterbricht die Beitragszahlung nicht. Üben **mehrere Pflegepersonen** die Pflege gemeinsam aus, richtet sich die Höhe des vom Versicherer zu entrichtenden Beitrags nach dem Verhältnis des Umfangs der jeweiligen Pflegetätigkeit der Pflegeperson zum Umfang der Pflegetätigkeit insgesamt. Die Zahlung der Beiträge an den zuständigen Träger der Rentenversicherung oder an die zuständige berufsständische Versorgungseinrichtung erfolgt nach Maßgabe der §§ 3, 137, 166 und 170 SGB VI in Abhängigkeit von der jährlich neu festzusetzenden Bezugsgröße, der Pflegestufe und dem sich daraus ergebenden Umfang notwendiger Pflegetätigkeit. Ferner meldet der Versicherer die Pflegepersonen zwecks **Einbeziehung in den Versicherungsschutz der gesetzlichen Unfallversicherung (SGB VII)** an den zuständigen Unfallversicherungsträger.

144

b) Leistungen bei Pflegezeit

Für Pflegepersonen, die als Beschäftigte gem. § 3 PflegeZG von der Arbeitsleistung vollständig freigestellt werden oder deren Beschäftigung durch Reduzierung der Arbeitszeit zu einer geringfügigen Beschäftigung i.S.v. § 8 I Nr. 1 SGB IV wird, erbringt der Versicherer gem. § 4 XIV MB/PPV 2015 zusätzliche Leistungen. Er zahlt nach Nr. 9 des Tarifs PV auf Antrag **Zuschüsse zur Kranken- und Pflegepflichtversicherung** sowie **Beiträge zur Arbeitslosenversicherung**. Die Zahlung der Zuschüsse zur Kranken- und Pflegepflichtversicherung erfolgt nach Maßgabe von § 44a SGB XI. Ihrer Höhe nach sind sie begrenzt auf die Mindestbeiträge, die von freiwillig in der GKV versicherten Personen zur GKV und zur SPV zu entrichten sind; zudem dürfen sie die Höhe der tatsächlich gezahlten Beiträge nicht übersteigen. Die Beiträge zur Arbeitslosenversicherung werden nach Maßgabe der §§ 26, 28a, 130, 345, 347, 349 SGB III gezahlt. Erfolgt allerdings die Freistellung wegen der Betreuung eines minderjährigen pflegebedürftigen nahen Angehörigen gem. § 3 V PflegeZG oder zur Begleitung eines nach § 3 VI PflegeZG erkrankten nahen Angehörigen, werden ausschließlich Beiträge zur GKV und zur SPV entrichtet.

145

b) Leistungen bei kurzzeitiger Arbeitsverhinderung

Für Pflegepersonen, die als Beschäftigte im Sinne des § 7 I PflegeZG für den Zeitraum einer kurzzeitigen Arbeitsverhinderung nach § 2 PflegeZG keine Entgeltfortzahlung von ihrem Arbeitgeber und kein Kranken- oder Verletztengeld bei Erkrankung oder Unfall eines Kindes nach § 45 SGB V oder nach § 45 IV SGB VII beanspruchen können und nahe Angehörige nach § 7 III PflegeZG der versicherten Person sind, zahlt der Versicherer **Pflegeunterstützungsgeld** als Ausgleich für entgangenes Arbeitsentgelt für bis zu insgesamt zehn Arbeitstage nach Nr. 9.2 des Tarifs PV.

146

Die Höhe des Pflegeunterstützungsgeldes bei kurzzeitiger Arbeitsverhinderung nach § 2 PflegeZG richtet sich nach § 45 II 3 bis 5 SGB V. Die Beiträge zur gesetzlichen Krankenversicherung aus dem Pflegeunterstützungsgeld werden nach Maßgabe der §§ 232b, 249c, 252 SGB V gezahlt. Die Zahlung der Zuschüsse zur Krankenversicherung für eine Versicherung bei einer privaten Krankenversicherung, bei der Postbeamtenkrankenkasse oder der Krankenversorgung der Bundesbahnbeamten erfolgt während der Dauer des Bezuges von Pflegeunterstützungsgeld nach Maßgabe von § 44a IV SGB XI. Die Zuschüsse zu den Beiträgen belaufen sich auf den Betrag, der bei Versicherungspflicht in der gesetzlichen Krankenversicherung als Arbeitgeberanteil nach § 249c SGB V aufzubringen wäre, und dürfen die tatsächliche Höhe der Beiträge nicht übersteigen. Die Beiträge zur Arbeitslosenversicherung aus dem Pflegeunterstützungsgeld werden nach Maßgabe der §§ 26, 345, 347, 349 SGB III gezahlt. Die Beiträge zur Rentenversicherung aus dem Pflegeunterstützungsgeld werden nach Maßgabe der §§ 3, 137, 166, 173, 176, 191 SGB VI gezahlt. Für Pflichtmitglieder in einem berufsständischen Versorgungswerk werden die Beiträge nach Maßgabe des § 44a IV 5 SGB XI gezahlt.

147

---

60 Bach/Moser/*Weber*, Teil G. PPV, Rn. 62.
61 Vgl. *Besche*, S. 40 f.

148 Landwirtschaftliche Unternehmer im Sinne des § 2 I Nr. 1, 2 KVLG 1989 erhalten gem. § 4 XIV MB/PPV 2015, Nr. 9.3 des Tarifs PV – anstelle des Pflegeunterstützungsgelds – Betriebshilfe entsprechend § 9 KVLG 1989.

9. Pflegekurse für Angehörige und ehrenamtliche Pflegepersonen

149 Angehörige und sonstige an einer ehrenamtlichen Pflegetätigkeit interessierte Personen können gem. § 4 XV MB/PPV 2015 **kostenlose Pflegekurse** besuchen. Dabei handelt es sich um eine weitere Maßnahme zur Stärkung der ambulanten gegenüber der stationären Pflege. Ziel der Schulungskurse ist es, potentielle ehrenamtliche Pflegekräfte für die Pflegetätigkeit zu gewinnen und ihnen die für die eigenständige Durchführung der Pflege erforderlichen Fertigkeiten zu vermitteln. Der Anspruch auf Erstattung der Aufwendungen für den Besuch des (nicht vom Versicherer selbst oder gemeinsam mit anderen Versicherern durchgeführten) Pflegekurses bei einer vom Versicherer beauftragten Einrichtung ergibt sich aus Nr. 10 des Tarifs PV.

10. Antragserfordernis; Beginn der Leistungspflicht

150 Der VN erhält die (erstmaligen oder höheren) Leistungen gem. § 6 I MB/PPV 2015 **auf Antrag**. Mit der Beantragung von Pflegeversicherungsleistungen beginnt das Verfahren zur Überprüfung der Pflegebedürftigkeit einer versicherten Person.[62] Der Versicherer ist gem. § 6 IV MB/PPV 2015 zur Leistung nur verpflichtet, wenn die erforderlichen Nachweise erbracht sind. Diese werden Eigentum des Versicherers.

151 Die (erstmaligen oder höheren) Leistungen werden ab Antragstellung erbracht, frühestens jedoch von dem Zeitpunkt an, in dem die Anspruchsvoraussetzungen vorliegen. Wird der Antrag nach Ablauf des Monats gestellt, in dem der Versicherungsfall eingetreten ist, werden die Leistungen vom Beginn des Monats der Antragstellung an erbracht. Hat allerdings der Versicherer gegen Beratungspflichten verstoßen und stellt sich deshalb die Berufung auf den verspäteten Antrag als Verstoß gegen Treu und Glauben dar, sind die Leistungen rückwirkend ab der Änderung der Verhältnisse zu gewähren; zwar greift in dieser Konstellation der sozialrechtliche Herstellungsanspruch nicht ein, der Grundsatz von Treu und Glauben führt aber zur gleichen Rechtsfolge.[63] In allen Fällen ist Voraussetzung, dass eine vorgesehene Wartezeit (vgl. § 3 MB/PPV 2015) erfüllt ist.

152 Die vom Versicherer zu beachtenden Fristen für Leistungsmitteilung und Begutachtungen ergeben sich aus § 6 IIa MB/PPV 2015. Bei Verzögerung der Leistungsmitteilung schuldet der Versicherer gem. Nr. 12 des Tarifs PV eine Zusatzzahlung in Höhe von 70 Euro je begonnener Woche der Fristüberschreitung.

11. Rechtsnatur und Bindungswirkung der Leistungszusage

153 Während sich in der SPV die Bindungswirkung der Entscheidung über das Vorliegen der Anspruchsvoraussetzungen aus der Verwaltungsaktqualität des Leistungsbescheides der Pflegekasse ergibt, folgt sie im Rahmen der PPV aus der Rechtsnatur der Leistungszusage als deklaratorischem Schuldanerkenntnis mit Vergleichscharakter.[64] Ein privater Pflegeversicherer ist daher an seine Leistungszusage, die auf einem nach Maßgabe der MB/PPV eingeholten Sachverständigengutachten zum Grad der Pflegebedürftigkeit beruht, regelmäßig gebunden und kann diese nur widerrufen, wenn durch ein erneutes Gutachten dieser Art festgestellt wird, dass sich der für die Zuordnung zu einer Pflegestufe maßgebende Pflegebedarf geändert hat.[65]

12. Befristung der Bewilligung von Leistungen

154 Wenn und soweit im Rahmen der Feststellung des Versicherungsfalls eine **Verringerung des Hilfebedarfs zu erwarten** ist, kann nach § 6 III MB/PPV 2015 die Bewilligung von Leistungen – ebenso wie auch die Zuordnung zu einer Pflegestufe und die Anerkennung als Härtefall – befristet werden und endet dann mit Ablauf der Frist. Die Befristung kann wiederholt werden und schließt Änderungen bei bewilligten Leistungen nicht aus. Der Befristungszeitraum beträgt insgesamt **höchstens drei Jahre**.

13. Einschränkung der Leistungspflicht

155 § 5 MB/PPV 2015 bestimmt, in welchen Fällen die Leistungspflicht des Versicherers eingeschränkt ist.

a) Nicht erforderliche Pflegemaßnahmen; Unangemessene Vergütung

156 Übersteigt eine Pflegemaßnahme das **notwendige Maß** oder ist die geforderte Vergütung nicht **angemessen**, so kann der Versicherer gem. § 5 III MB/PPV 2015 seine Leistungen auf einen angemessenen Betrag herabsetzen.

---

62 Bach/Moser/*Weber*, Teil H. PPV, Rn. 121.
63 S. LSG Nordrhein-Westfalen NZS 2015, 707, 709.
64 *Bastian* NZS 2004, 76, 83. Grundsätzlich zustimmend auch *v. Renesse* SGb 2002, 305, 307.
65 *Bastian* NZS 2004, 76, 83.

b) Mehrere Erstattungsverpflichtete

Hat die versicherte Person wegen desselben Versicherungsfalles einen Anspruch gegen **mehrere Erstattungsverpflichtete**, darf die Gesamterstattung die Gesamtaufwendungen nicht übersteigen (§ 5 IV MB/PPV 2015).

c) Auslandsaufenthalt des Pflegebedürftigen

Der Versicherungsschutz erstreckt sich gem. § 1 XIII MB/PPV 2015 grundsätzlich auf Pflege in der Bundesrepublik Deutschland. Nach dem Wortlaut des § 5 I lit. a) MB/PPV 2015 besteht grundsätzlich für eine versicherte Person **keine Leistungspflicht**, solange sie sich im Ausland aufhält.

Als Ausnahme sieht § 5 I lit. a) MB/PPV 2015 im Fall **häuslicher Pflege** vor, dass bei **vorübergehendem Auslandsaufenthalt von bis zu insgesamt sechs Wochen im Kalenderjahr** Pflegegeld oder anteiliges Pflegegeld sowie Leistungen zur sozialen Sicherung von Pflegepersonen weiter erbracht werden, wobei der Aufwendungsersatz nur geleistet wird, soweit die Pflegekraft, die ansonsten die Pflege durchführt, die versicherte Person während des vorübergehenden Auslandsaufenthaltes begleitet.

Der im Übrigen vormals in den MB/PPV enthaltene generelle Leistungsausschluss für Pflege oder Aufenthalte im Gebiet eines Staates des **EWR** (Europäischer Wirtschaftsraum, umfasst die EU-Staaten sowie Norwegen, Island und Liechtenstein) **oder der Schweiz** war nach Urteilen des EuGH nicht gemeinschaftsrechtskonform.[66] Deshalb sieht § 5 I lit. a) MB/PPV 2015 inzwischen vor, dass der Anspruch auf Pflegegeld oder anteiliges Pflegegeld bei Aufenthalt im Gebiet eines Staates des EWR (Europäischer Wirtschaftsraum, umfasst die EU-Staaten sowie Norwegen, Island und Liechtenstein) oder der Schweiz nicht ruht. Dies gilt gemeinschaftsrechtskonform auch für die Zahlung von Rentenversicherungsbeiträgen für nicht erwerbsmäßig tätige Pflegepersonen und den Wohngruppenzuschlag.[67] Gemeinschaftsrechtskonform besteht darüber hinaus grundsätzlich im Wege der »Sachleistungsaushilfe« auch Anspruch auf Erstattung von Kosten der häuslichen oder stationären Pflege des Versicherten, des Kaufs von Hilfsmitteln und bestimmter Maßnahmen in dem Umfang, in dem sie vom Träger des Wohnorts nach den für ihn geltenden Rechtsvorschriften zu gewähren sein würden.[68]

d) Anderweitiger Anspruch auf Entschädigungsleistungen wegen Pflegebedürftigkeit

Zudem besteht gem. § 5 I lit. b) MB/PPV 2015 keine Leistungspflicht, soweit versicherte Personen **Entschädigungsleistungen** wegen Pflegebedürftigkeit unmittelbar nach § 35 BVG oder nach den Gesetzen, die eine entsprechende Anwendung des BVG vorsehen, aus der gesetzlichen Unfallversicherung (SGB VII) oder aus öffentlichen Kassen aufgrund gesetzlich geregelter Unfallversorgung oder Unfallfürsorge erhalten. Dies gilt auch, wenn vergleichbare Leistungen aus dem Ausland oder von einer zwischenstaatlichen oder überstaatlichen Einrichtung bezogen werden.

e) Weitere Einschränkungen bei ambulanter Pflege

Bei häuslicher Pflege entfällt gem. § 5 II MB/PPV 2015 die Leistungspflicht ferner,
- soweit versicherte Personen aufgrund eines **Anspruchs auf häusliche Krankenpflege** auch Anspruch auf Grundpflege und hauswirtschaftliche Versorgung haben. Pflegegeld oder anteiliges Pflegegeld in den ersten vier Wochen der häuslichen Krankenpflege sowie Leistungen zur sozialen Sicherung von Pflegepersonen werden jedoch im tariflichen Umfang erbracht; bei Pflegebedürftigen, die ihre Pflege durch von ihnen beschäftigte besondere Pflegekräfte sicherstellen und bei denen § 66 IV 2 SGB XII anzuwenden ist, wird das Pflegegeld oder anteiliges Pflegegeld auch über die ersten vier Wochen hinaus weiter gezahlt;
- während der Durchführung einer **vollstationären Heilbehandlung im Krankenhaus** sowie von stationären Leistungen zur **medizinischen Rehabilitation**. Pflegegeld oder anteiliges Pflegegeld sowie Leistungen zur sozialen Sicherung von Pflegepersonen werden in den ersten vier Wochen einer vollstationären Krankenhausbehandlung oder einer stationären Leistung zur medizinischen Rehabilitation jedoch weitergezahlt; bei Pflegebedürftigen, die ihre Pflege durch von ihnen beschäftigte besondere Pflegekräfte sicherstellen und bei denen § 66 IV 2 SGB XII anzuwenden ist, wird das Pflegegeld oder anteiliges Pflegegeld auch über die ersten vier Wochen hinaus weiter gezahlt;
- während **Kur- oder Sanatoriumsbehandlungen,** für die Dauer des stationären Aufenthaltes in einer **vollstationären Einrichtung der Hilfe für behinderte Menschen** gem. § 4 I 2 Halbs. 2 MB/PPV 2015 und während der **Unterbringung aufgrund richterlicher Anordnung,** es sei denn, dass diese ausschließlich auf Pflegebedürftigkeit beruht. Von diesem Leistungsausschluss ausgenommene Leistungen sind detailliert in § 5 II lit. b) MB/PPV2015 benannt;
- für Aufwendungen aus Pflege durch **Pflegekräfte oder Einrichtungen, deren Rechnungen der Versicherer aus wichtigem Grunde von der Erstattung ausgeschlossen hat,** wenn diese Aufwendungen nach der

---

[66] Vgl. EuGH vom 08.07.2004, C-502/01 (Gaumain-Cerri) und C-31/02 (Barth) und EuGH vom 05.03.1996, C-160/96 (Molenaar).
[67] S. Bach/Moser/*Weber*, Teil H. PPV, Rn. 252.
[68] S. Bach/Moser/*Weber*, Teil H. PPV, Rn. 253 f.

Anhang O Private Pflegepflichtversicherung (PPV)

Benachrichtigung des VN über den Leistungsausschluss entstehen. Sofern im Zeitpunkt der Benachrichtigung ein Versicherungsfall schwebt, besteht keine Leistungspflicht für die nach Ablauf von drei Monaten seit der Benachrichtigung entstandenen Aufwendungen. Findet der Pflegebedürftige innerhalb dieser drei Monate keine andere geeignete Pflegekraft, benennt der Versicherer eine solche;
– für Aufwendungen für **Pflegehilfsmittel** oder deren leihweise Überlassung, soweit die **Krankenversicherung oder andere zuständige Leistungsträger** wegen Krankheit oder Behinderung für diese Hilfsmittel zu leisten haben.

14. Leistungsausschluss bei Missbrauchsabsicht

163 Gem. § 5a MB/PPV 2015 besteht kein Leistungsanspruch, wenn sich Personen nach Deutschland begeben, um aus dem Vertrag über eine PPV, in den sie aufgrund einer nach § 315 SGB V abgeschlossenen privaten Krankenversicherung oder aufgrund einer Versicherung im Basistarif gem. § 193 V VVG aufgenommen worden sind, **missbräuchlich** Leistungen in Anspruch zu nehmen (Leistungsausschluss). Inhaltlich entspricht § 5a MB/PPV 2015 dem für die SPV geltenden § 33a SGB XI.

15. Empfangsberechtigung; Kosten besonderer Überweisungsformen

164 Empfangsberechtigter Vertragspartner des Versicherers ist grundsätzlich der VN. Falls allerdings der VN dem Versicherer eine versicherte Person in Textform als Empfangsberechtigte für deren Versicherungsleistungen benannt hat, ist gem. § 6 V MB/PPV 2015 der Versicherer zur Leistung an die versicherte Person verpflichtet.

165 Von seinen Leistungen kann der Versicherer gem. § 6 VI MB/PPV 2015 die Kosten abziehen, die dadurch entstehen, dass der Versicherer auf Verlangen des VN **besondere Überweisungsformen** wählt.

16. Abtretungs- und Verpfändungsverbot

166 Gemäß § 6 Abs. 7 MB/PPV 2015 können Ansprüche auf Versicherungsleistungen weder abgetreten noch verpfändet werden.

17. Einkommensteuerrechtliche Behandlung

167 Leistungen aus der PPV sind gem. § 3 Nr. 1 und 36 EStG einkommensteuerfrei.[69] Dies gilt hiernach auch für die Einnahmen der Pflegeperson, wenn diese sich der Durchführung der Pflege aus sittlichen Gründen nicht entziehen kann.

168 Wegen der außergewöhnlichen Belastungen, die einem Steuerpflichtigen durch die Pflege erwachsen, kann er eine Steuerermäßigung wegen außergewöhnlicher Belastungen nach § 33 EStG oder, wenn er für die Pflege keine Einnahmen erhält, den sog. »Pflege-Pauschbetrag« von 924 Euro im Kalenderjahr nach § 33b VI EStG geltend machen.

18. Qualitätssicherung

169 Verantwortlich für die Qualität der Pflegeeinrichtungen sind gem. § 112 SGB XI deren Träger, sie haben Maßnahmen der **Qualitätssicherung** und ein **Qualitätsmanagement** durchzuführen (§ 113 SGB XI), **Expertenstandards** anzuwenden (§ 113a SGB XI) und bei **Qualitätsprüfungen** mitzuwirken (§ 114 SGB XI). Der Medizinische Dienst der Krankenversicherung (MDK) und MEDICPROOF, der Prüfdienst des Verbandes der privaten Krankenversicherung e.V., beraten die Pflegeeinrichtungen in Fragen der Qualitätssicherung mit dem Ziel, Qualitätsmängeln rechtzeitig vorzubeugen und die Pflegequalität zu stärken. Von den Kosten für die Entwicklung und Aktualisierung von Expertenstandards sind Verwaltungskosten, die vom Spitzenverband Bund der Pflegekassen getragen werden, übernehmen die Versicherer gem. § 113a IV SGB XI einen Anteil von 10 Prozent, der etwa dem Anteil der privat Krankenversicherten an der Bevölkerung entspricht.

170 Die **Ergebnisse der Qualitätsprüfungen** sind gem. § 115 Ia SGB XI verständlich, übersichtlich und vergleichbar sowohl im Internet als auch in anderer geeigneter Form kostenfrei zu veröffentlichen, dasselbe gilt seit dem 01.01.2014 für die Informationen über die ärztliche, fachärztliche und zahnärztliche Versorgung sowie die Arzneimittelversorgung in vollstationären Einrichtungen. Die **Sanktionen bei Qualitätsmängeln** der Pflegeeinrichtungen ergeben sich aus § 115 II bis VI SGB XI.

171 Zudem hat der Verband der privaten Krankenversicherung e.V. (PKV) im November 2009 die gemeinnützige und operative **Stiftung »Zentrum für Qualität und Pflege«** gestiftet.[70] Sie möchte mit ihrer Arbeit dazu beitragen, die Qualitätsdiskussion in der Pflege weiter zu befördern. Von der Stiftung unterstützt wurde beispielsweise die Entwicklung der **Entscheidungshilfe »Weisse Liste«**, die kosten- und werbefrei Unterstützung bei der Suche nach einem Arzt, Krankenhaus, Pflegeheim oder Pflegedienst leistet und Orientierung bei der bei der Auswahl der geeigneten Pflegeleistung bietet.[71]

---

69 S. hierzu *Besche*, S. 54.
70 Nähere Informationen im Internet unter www.zqp.de.
71 Nähere Informationen im Internet unter www.weisse-liste.de.

VII. Beitrag

1. Grundsätze

Der vom VN für jede versicherte Person, mit Ausnahme seiner beitragsfrei mitversicherten Kinder, zu zahlende **Monatsbeitrag** ist im Versicherungsschein ausgewiesen und gem. § 8 I MB/PPV 2015 am Ersten jedes Monats fällig. Der Erstbeitrag ist gem. § 8 VI MB/PPV 2015, sofern nicht anders vereinbart, unverzüglich nach Ablauf von zwei Wochen nach Zugang des Versicherungsscheins zu zahlen. Der Beitrag ist gem. § 8 IX MB/PPV 2015 bis zum Ablauf des Tages zu zahlen, an dem das Versicherungsverhältnis endet.

172

2. Beitragsfreie Mitversicherung von Kindern

Die **Mitversicherung von Kindern** des VN in der PPV erfolgt gem. § 110 I Nr. 2 lit. f), III Nr. 6 SGB XI **beitragsfrei**, sofern die Voraussetzungen der Familienversicherung in der SPV nach § 25 SGB XI erfüllt wären. Die Einzelheiten der beitragsfreien Mitversicherung von Kindern sind in § 8 II bis IV MB/PPV 2015 geregelt.

173

3. Kein Beitragszuschlag in der PPV für Kinderlose

Mit Urteil vom 03.04.2001 hat das BVerfG entschieden, dass in der umlagefinanzierten SPV die Kindererziehung bei der Beitragsbemessung zu berücksichtigen ist.[72] Mit dem Kinder-Berücksichtigungsgesetz wurde deshalb in der SPV ein Beitragszuschlag von 0,25 Prozentpunkten für Kinderlose eingeführt.[73] In der PPV findet die Kindererziehung bei der Beitragsbemessung hingegen keine Berücksichtigung, Kinderlose haben keinen erhöhten Beitrag zu entrichten. Die insoweit unterschiedliche Ausgestaltung von SPV und PPV hat das BVerfG in einem weiteren Urteil vom 03.04.2001 als zulässig erachtet.[74] Denn im Gegensatz zu dem in der SPV angewendeten Umlageverfahren sorgt das in der PPV praktizierte Prinzip der Kapitaldeckung dafür, dass jede Generation durch die Bildung von Alterungsrückstellungen für den eigenen wachsenden Finanzbedarf im Alter vorsorgt.[75]

174

4. Geschlechtsunabhängige Beiträge

Die Beiträge in der PPV sind **geschlechtsunabhängig**, obwohl nach dem Äquivalenzprinzip die Beiträge für Frauen wegen deren höherer durchschnittlicher Lebenserwartung höher sein müssten. Eine Staffelung der Beiträge nach Geschlecht ist den Versicherern gem. § 110 I Nr. 2 lit. d), III Nr. 3 SGB XI untersagt.

175

5. Erhebung von Risikozuschlägen

Die **Erhebung von Risikozuschlägen** ist den Versicherern im sog. »Neugeschäft« seit dem 01.01.1995 grundsätzlich gestattet. Als Neugeschäft in diesem Sinne sind nach § 110 III SGB XI Versicherungsverträge mit Personen anzusehen, die seit der Einführung der gesetzlichen Pflegeversicherung am 01.01.1995 einen privaten Krankenversicherungsvertrag mit Anspruch auf allgemeine Krankenhausleistungen oder zur Erfüllung der generellen Krankenversicherungspflicht geschlossen haben.

176

6. Beitragskappung

Gem. § 110 III Nr. 4 SGB XI (§ 8 V MB/PPV 2015) darf im sog. »Neugeschäft« (s.o.) für VN, die über eine Vorversicherungszeit von mindestens fünf Jahren in der PPV oder PKV verfügen, keine Beitragshöhe, die den Höchstbeitrag der SPV übersteigt, vereinbart werden (sog. **Beitragskappung**). Der Höchstbeitrag in der SPV bemisst sich nach dem durch Gesetz festgesetzten bundeseinheitlichen Beitragssatz und der Beitragsbemessungsgrenze nach § 55 I, II SGB XI. Mit beihilfe- oder heilfürsorgeberechtigten Personen, die nach § 23 III SGB XI einen Teilkostentarif abgeschlossen haben, darf keine Beitragshöhe, die die Hälfte des Höchstbeitrages der sozialen Pflegeversicherung übersteigt, vereinbart werden.

177

7. Abweichende Regelungen für »Basistarif-Versicherte«

Für Personen, die in der PKV zur Erfüllung der generellen Versicherungspflicht im Basistarif nach § 152 VAG versichert sind, ist den Versicherern gem. § 110 II 2 i.V.m. I Nr. 2 lit. d) SGB XI die Staffelung der Prämien nach dem Gesundheitszustand untersagt. Die **Höchstbeitragsbegrenzung** dürfen die Versicherer für diesen Personenkreis gem. § 110 II 2 i.V.m. I Nr. 2 lit. e) SGB XI nicht von einer Vorversicherungszeit anhängig machen. Der zu zahlende Beitrag wird **halbiert**, wenn der Beitrag der versicherten Person zur PKV gem. § 152 IV VAG wegen Hilfebedürftigkeit im Sinne des SGB II oder des SGB XII auf den halben Höchstbeitrag vermindert ist oder wenn allein durch die Zahlung des Höchstbeitrages zur PPV die Hilfebedürftigkeit entsteht.

178

---

72 S. BVerfG VersR 2001, 916, 916 ff.
73 Gesetz zur Berücksichtigung von Kindererziehung im Beitragsrecht der SPV (Kinderberücksichtigungsgesetz – KiBG) vom 15.12.2004, BGBl. I 2004 S. 3448. Eindringliche Kritik hieran äußern *Bauer/Krämer* NJW 2005, 180, 180 ff.
74 S. BVerfG VersR 2001, 623, 626 f.
75 Bach/Moser/*Weber*, Teil G. PPV, Rn. 28 in Anlehnung an BVerfG VersR 2001, 623, 626. Ablehnend *Ruland* NJW 2001, 1673, 1676 f. und *Ebsen* Jura 2002, 401, 406 f. jeweils mit der Begründung, dass auch ein auf Anwartschaftsdeckung basierendes System der Alterssicherung eine hinreichend große Nachfolgegeneration benötige.

Anhang O Private Pflegepflichtversicherung (PPV)

In den MB/PPV 2015 sind die besonderen Regelungen für die Beiträge von im Basistarif krankenversicherten Personen in den »**Zusatzvereinbarungen für Versicherungsverträge mit Versicherten im Basistarif gem. § 193 Abs. 5 VVG**« niedergelegt.

8. Abweichende Regelungen für den »PKV-Altbestand«

179 Auch für den am 01.01.1995 vorhanden gewesenen sog. »Altbestand« gelten gem. § 110 II 1 i.V.m. I SGB XI teils abweichende Regelungen. Dem Altbestand in diesem Sinne sind nach § 110 II SGB XI die Versicherungsverträge mit Personen zuzuordnen, die bei Einführung der gesetzlichen Pflegeversicherung am 01.01.1995 in der PKV mit Anspruch auf allgemeine Krankenhausleistungen versichert waren oder die sich nach Art. 41 des Pflege-Versicherungsgesetzes innerhalb von sechs Monaten von der Versicherungspflicht in der SPV haben befreien lassen. Die **Erhebung von Risikozuschlägen** ist den Versicherern hinsichtlich dieses Personenkreises gem. § 110 I Nr. 2 lit. d) SGB XI **untersagt**. Für die **Beitragskappung** wurden gem. § 110 I Nr. 2 lit. e) und g) SGB XI besondere Regelungen getroffen. In den MB/PPV 2015 finden sich die besonderen Regelungen für Altbestandsverträge in den »**Zusatzvereinbarungen für Versicherungsverträge gem. §§ 110 Abs. 2 und 26a Abs. 1 SGB XI**«.

9. Beitragsberechnung, -änderungen

180 Nach § 148 Satz 1 VAG gelten, vorbehaltlich der Regelungen der §§ 110 und 111 SGB XI, in der PPV §§ 146 I Nr. 1–4, II, 155–157 VAG (Prämienänderungen in der Krankenversicherung; Treuhänder) und § 160 VAG (Ermächtigungsgrundlage) entsprechend. In den MB/PPV 2015 enthält § 8a Einzelheiten zur **Beitragsberechnung**, § 8b beschreibt die Voraussetzungen von **Beitragsänderungen** und deren Durchführung.

10. Beitragszuschüsse

181 Die Beiträge eines in der PPV versicherungspflichtigen Beschäftigten trägt, unter den Voraussetzungen des § 61 SGB XI, dessen Arbeitgeber zur Hälfte. Weitere Einzelheiten regelt ebenfalls § 61 SGB XI. Beamte, Richter und Soldaten sowie andere Personen, die Anspruch auf Beihilfe oder freie Heilfürsorge im Pflegefall nach beamtenrechtlichen Vorschriften oder Grundsätzen haben, können von ihrem Arbeitgeber oder Dienstherrn keine Beitragszuschüsse beanspruchen.

11. Einkommensteuerrechtliche Behandlung

182 Die Beiträge zur PPV sind als Sonderausgaben gem. § 10 I Nr. 3 lit. b) EStG im Rahmen der geltenden Höchstbeträge abzugsfähig. Vom Arbeitgeber gem. § 61 SGB XI gewährte Beitragszuschüsse sind gem. § 3 Nr. 62 EStG einkommensteuerfrei.

12. Hilfebedürftigkeit

183 Bei Hilfsbedürftigkeit übernimmt der zuständige Träger den Beitrag im notwendigen Umfang, der Beitragszuschuss ist nicht begrenzt auf die Höhe des Mindestbeitrags zur SPV.[76]

13. Zahlungsverzug; Rechtsfolgen

184 **Leistungsfreiheit** für die Zeit des qualifizierten Zahlungsverzugs gem. § 38 Abs. 2 VVG gilt auch für die PPV.[77] Das Leistungsverweigerungsrecht gem. § 38 II VVG besteht **nur für den Zeitraum, in dem der VN keinen Beitrag entrichtet**.[78] Wenn in diesem Zeitraum Pflegebedürftigkeit und mithin der Versicherungsfall eintritt, müssen die Versicherer nach Aufnahme der Wiederaufnahme der Beitragszahlung allerdings die vertraglichen Leistungen hierfür ab diesem Zeitpunkt erbringen.[79] § 38 II VVG gilt in der PPV also nicht in dem Sinne, dass ein Versicherer bei Eintritt des Versicherungsfalls in einem Zeitraum, für den kein Beitrag gezahlt worden ist, von Leistungen für diesen Versicherungsfall grundsätzlich und damit auch bei späterer Zahlung oder Nachzahlung von Beiträgen frei bleibt.[80] Das ergibt sich auch daraus, dass die unbegrenzte Leistungsverweigerung bei anhaltender Pflegebedürftigkeit wie eine Kündigung oder ein Vertragsrücktritt wirkt, die ihrerseits durch § 110 IV SGB XI explizit ausgeschlossen sind.[81] Das Leistungsverweigerungsrecht tritt allerdings (wieder) ein, soweit nach Eintritt des Versicherungsfalls die Beitragszahlung ausgesetzt oder abgebrochen wird.[82]

185 Der Versicherer ist verpflichtet, den VN unverzüglich dem Bundesversicherungsamt zu **melden**, sobald dieser mit der Entrichtung von sechs Monatsprämien in Verzug geraten ist (§§ 51 I 2, 121 I Nr. 2 SGB XI). Die

---

76 Vgl. Besche, S. 17.
77 Bach/Moser/*Weber*, Teil H. PPV, Rn. 67.
78 Vgl. Kasseler Kommentar/Leitherer/*Koch*, § 110, Rn. 26; vgl. Udsching/*Vieweg*, § 110, Rn. 24; vgl. *Besche*, S. 18.
79 Vgl. Klie/Krahmer/Plantholz/*Gallon/Kuhn-Zuber*, § 110 Rn. 44; vgl. Udsching/*Vieweg*, § 110 Rn. 24.
80 Vgl. Klie/Krahmer/Plantholz/*Gallon/Kuhn-Zuber*, § 110 Rn. 44.
81 Klie/Krahmer/Plantholz/*Gallon/Kuhn-Zuber*, § 110 Rn. 44.
82 Klie/Krahmer/Plantholz/*Gallon/Kuhn-Zuber*, § 110 Rn. 44.

durch Nichtaufrechterhaltung der PPV begangene **Ordnungswidrigkeit** kann gem. § 121 I Nr. 1, II SGB XI mit einer Geldbuße bis zu 2.500 Euro geahndet werden (vgl. § 8 VIII MB/PPV 2015). Es handelt sich um ein echtes Unterlassungsdelikt, das Verschulden kann deshalb ausgeschlossen sein, wenn der VN finanziell nicht in der Lage ist, die Prämie zu zahlen.[83]

14. Nacherhebung des Risikozuschlags

Verletzt der VN bei Schließung des Vertrages die ihm obliegenden Anzeigepflichten, kann der Versicherer gem. § 14 I 2 und 3 MB/PPV 2015, falls mit Rücksicht auf ein erhöhtes Risiko ein Beitragszuschlag (Risikozuschlag) erforderlich ist, vom Beginn des Versicherungsvertrages an, unter Beachtung der Höchstbeitragsgrenzen, den höheren Beitrag verlangen.

VIII. Obliegenheiten

1. Grundsätze

Infolge des Kontrahierungszwangs nach § 110 III Nr. 1 SGB XI, des Verbots des Ausschlusses von Vorerkrankungen des Versicherten nach § 110 III Nr. 2 SGB XI und des Ausschlusses des Rücktritts- und Kündigungsrechts für die Dauer des Bestehens des Kontrahierungszwangs nach § 110 IV SGB XI, sind die Vorschriften des VVG über den Rücktritt wegen **Verletzung der vorvertraglichen Anzeigepflicht** in der PPV **nicht anwendbar**.[84] Der Pflegeversicherungsvertrag darf auch nicht unter Berufung auf §§ 19, 22, 28 und/oder 30 f. VVG bestimmen, dass das Verschweigen einer Vorerkrankung bei Vertragsschluss dem Versicherer grundsätzlich Leistungsverweigerung erlaubt.[85]

Die während des Bestehens des Vertrags vom VN zu erfüllenden Obliegenheiten, auch bei Ansprüchen des VN oder der versicherten Person gegen Dritte (Regress), und die Folgen von Obliegenheitsverletzungen sind Inhalt der §§ 9 bis 11 MB/PPV 2015.

2. Obliegenheiten während der Vertragsverhältnisses

Eintritt, Wegfall und jede Minderung der Pflegebedürftigkeit sind gem. § 9 I MB/PPV 2015 dem Versicherer unverzüglich schriftlich anzuzeigen. Anzuzeigen sind auch **Änderungen in einer Pflegeperson und im Umfang ihrer Pflegetätigkeit**, für die der Versicherer Leistungen zur sozialen Sicherung oder Leistungen bei Pflegezeit erbringt. Nach Eintritt des Versicherungsfalles sind ferner gem. § 9 II MB/PPV 2015 anzuzeigen **jede Krankenhausbehandlung, stationäre Leistung zur medizinischen Rehabilitation, Kur- oder Sanatoriumsbehandlung oder Unterbringung aufgrund richterlicher Anordnung**, ferner das Bestehen eines Anspruchs auf häusliche Krankenpflege (Grund- und Behandlungspflege sowie hauswirtschaftliche Versorgung) **aus der GKV** nach § 37 SGB V sowie der Bezug der in § 5 I lit. b) MB/PPV 2015 genannten Leistungen (insbes. **Entschädigungsleistungen** wegen Pflegebedürftigkeit unmittelbar nach § 35 BVG oder nach dem SGB VII). Gem. § 9 III MB/PPV 2015 haben der VN und die als empfangsberechtigt benannte versicherte Person (vgl. § 6 Abs. 5 MB/PPV 2015) auf Verlangen des Versicherers jede **Auskunft** zu erteilen, die zur Feststellung des Versicherungsfalles, der Leistungspflicht des Versicherers und ihres Umfanges sowie für die Beitragseinstufung der versicherten Person erforderlich ist. Die Auskünfte sind auch einem Beauftragten des Versicherers zu erteilen. Die **Aufnahme einer Erwerbstätigkeit durch beitragsfrei mitversicherte Kinder** hat der VN gem. § 9 IV MB/PPV 2015 unverzüglich schriftlich anzuzeigen. Der **Abschluss einer weiteren privaten Pflegepflichtversicherung** bei einem anderen Versicherer ist gem. § 9 V MB/PPV 2015 **nicht zulässig**. Tritt für eine versicherte Person **Versicherungspflicht in der SPV** ein, ist der Versicherer unverzüglich schriftlich zu unterrichten. Schließlich ist gem. § 9 VI MB/PPV 2015 die versicherte Person verpflichtet, dem Versicherer die Ermittlung und Verwendung der individuellen **Krankenversichertennummer** gem. § 290 SGB V zu ermöglichen.

3. Obliegenheitsverletzungen

Leistungsfreiheit wegen Obliegenheitsverletzung gem. § 28 II VVG gilt auch für die PPV.[86] Der Versicherer ist, unbeschadet des Kündigungsrechts gem. § 14 II MB/PPV 2015, mit den in § 28 II bis IV VVG vorgeschriebenen Einschränkungen, ganz oder teilweise von der Verpflichtung zur Leistung frei, wenn und solange eine der in § 9 I bis V MB/PPV 2015 genannten Obliegenheiten (s.o.) verletzt ist (vgl. § 10 MB/PPV 2015). Die Kenntnis und das Verschulden der versicherten Person stehen der Kenntnis und dem Verschulden des VN gleich. Entstehen dem Versicherer durch eine Verletzung der Pflichten nach § 9 II, IV oder VI MB/PPV 2015 **zusätzliche Aufwendungen**, kann er vom VN oder von der als empfangsberechtigt benannten versicherten Person dafür Ersatz verlangen (§ 10 III MB/PPV 2015).

---

83 Udsching/*Bassen*, § 121 Rn. 8.
84 Vgl. Kasseler Kommentar/Leitherer/*Koch*, § 110 Rn. 6.
85 Klie/Krahmer/Plantholz/*Gallon/Kuhn-Zuber*, § 110 Rn. 30.
86 Bach/Moser/*Weber*, Teil H. PPV, Rn. 67.

Anhang O Private Pflegepflichtversicherung (PPV)

4. Regress des Versicherers; Obliegenheiten und Folgen von Obliegenheitsverletzungen bei Ansprüchen gegen Dritte

191 Hat der VN oder eine versicherte Person Ersatzansprüche gegen Dritte, findet § 86 VVG Anwendung (vgl. § 11 MB/PPV 2015). Zudem besteht gem. § 11 MB/PPV 2015, unbeschadet des gesetzlichen Forderungsübergangs gem. § 86 VVG, die Verpflichtung, die Ersatzansprüche bis zur Höhe, in der aus dem Versicherungsvertrag Ersatz (Kostenerstattung sowie Sach- und Dienstleistung) geleistet wird, an den Versicherer schriftlich **abzutreten**.

IX. Ende der Versicherung

1. Tod

192 Der Versicherungsvertrag endet gem. § 15 I MB/PPV 2015 mit dem Tod des VN. Die weiteren **versicherten Personen** haben jedoch die Pflicht, das Versicherungsverhältnis unter Benennung des künftigen VN fortzusetzen, wenn und solange für sie Versicherungspflicht in der PPV besteht. Die Erklärung ist innerhalb von zwei Monaten nach dem Tod des VN abzugeben.

193 Bei Tod einer versicherten Person endet gem. § 15 II MB/PPV 2015 das Versicherungsverhältnis insoweit.

2. Verlegung des Wohnsitzes ins Ausland

194 Gem. § 15 III MB/PPV 2015 endet der Vertrag über die PPV grundsätzlich mit der Verlegung des Wohnsitzes oder gewöhnlichen Aufenthaltes des VN ins Ausland.

195 Soweit der VN seinen Wohnsitz oder gewöhnlichen Aufenthalt in das Gebiet eines Staates des EWR (Europäischer Wirtschaftsraum, umfasst EU-Staaten sowie Norwegen, Island und Liechtenstein) oder die Schweiz verlegt, steht diese Regelung nicht mit dem Freizügigkeitsgebot gem. Art. 21 AEUV (vormals Art. 18 EGV) in Einklang.[87] § 15 III MB/PPV 2015 ist deshalb gemeinschaftsrechtskonform so auszulegen, dass der Vertrag über die PPV grundsätzlich erst mit der Verlegung des Wohnsitzes oder gewöhnlichen Aufenthaltes des VN in einen nicht zum EWR gehörenden Staat, ausgenommen der Schweiz, endet.

196 Verlegt der VN seinen Wohnsitz oder gewöhnlichen Aufenthalt in einen solchen anderen Staat, kann das Versicherungsverhältnis aufgrund besonderer Vereinbarung gem. § 15 III und IV MB/PPV 2015 als sog. »**Auslandsversicherung**« fortgesetzt werden (»große Anwartschaft«). Stellt der VN den diesbezüglichen Antrag spätestens innerhalb eines Monats nach Verlegung des Wohnsitzes oder des gewöhnlichen Aufenthaltes, ist der Versicherer vertraglich zu dessen Annahme verpflichtet. Für die Dauer der besonderen Vereinbarung ist der für die PPV maßgebliche Beitrag zu zahlen. Die **Leistungspflicht** des Versicherers **ruht**. Weitere versicherte Personen, die ihren Wohnsitz oder gewöhnlichen Aufenthalt in Deutschland beibehalten, haben die Pflicht, das Versicherungsverhältnis unter Benennung des künftigen VN fortzusetzen, wenn und solange für sie Versicherungspflicht in der PPV besteht; die Erklärung ist innerhalb von zwei Monaten nach Verlegung des Wohnsitzes oder des gewöhnlichen Aufenthaltes abzugeben (§ 15 IV MB/PPV 2015).

197 Der Versicherer verzichtet bei der »Auslandsversicherung« gem. § 14 III 1 MB/PPV 2015 auf das ordentliche Kündigungsrecht, die gesetzlichen Bestimmungen über das außerordentliche Kündigungsrecht bleiben unberührt. Gerät der VN mit der Beitragszahlung für die Auslandsversicherung in Verzug, kann der Versicherer unter den Voraussetzungen der §§ 38, 194 II VVG kündigen (vgl. § 8 VIII MB/PPV 2015). Die Kündigung kann gem. § 14 III 2 MB/PPV 2015 auf einzelne versicherte Personen beschränkt werden.

198 Der VN kann die »Auslandsversicherung« gem. § 13 IV 1 MB/PPV 2015 zum Ende eines jeden Versicherungsjahres, frühestens aber zum Ablauf einer vereinbarten Vertragsdauer von bis zu zwei Jahren, mit einer Frist von drei Monaten kündigen. Der VN kann den Vertrag ferner auch unter den Voraussetzungen des § 205 III und IV VVG, also bei bedingungsgemäßer Beitragserhöhung oder Leistungsverminderung, kündigen. Die Kündigung kann gem. § 13 IV 2 MB/PPV 2015 auf einzelne versicherte Personen beschränkt werden.

3. Beendigung durch den Versicherer

199 Rücktritts- und Kündigungsrechte des Versicherers sind gem. § 110 IV SGB XI ausgeschlossen, solange der Kontrahierungszwang besteht (vgl. § 14 I 1 MB/PPV 2015). Somit kann der Versicherer sich, solange der Kontrahierungszwang besteht, auch bei Vertragsverletzungen des VN nicht vom Vertrag lösen.

200 Hieraus folgt zunächst, dass der qualifizierte Prämienzahlungsverzug zwar für dessen Dauer den Versicherer zur Verweigerung der Leistung gem. § 38 II VVG berechtigt, nicht aber zur Kündigung des Vertrags aus wichtigem Grund. Der Versicherer ist in diesem Fall lediglich berechtigt und zur Vermeidung einer bußgeldbewehrten Ordnungswidrigkeit auch verpflichtet, den VN unverzüglich dem Bundesversicherungsamt zu melden, sobald dieser mit der Entrichtung von sechs Monatsprämien in Verzug geraten ist (§§ 51 I 2, 121 I Nr. 2 SGB XI).

201 Auch kann der Versicherer nicht wegen Unredlichkeit des VN vom Vertrag über die PPV zurücktreten. Aus dem Ausschluss der Rücktritts- und Kündigungsrechte des Versicherers »nur« für die Dauer des Kontrahie-

---

[87] Vgl. Klie/Krahmer/Plantholz/*Gallon/Kuhn-Zuber*, § 23 Rn. 29.

rungszwangs folgt aber, dass der Versicherer den Pflegeversicherungsvertrag beenden kann, wenn er wegen einer schweren Vertragsverletzung des VN den Krankenversicherungsvertrag beendet. § 206 I 1 VVG schließt nicht jede außerordentliche Kündigung eines Krankenversicherungsvertrags durch den Versicherer aus; in diesem Fall wird weder die Krankenversicherung mit dem bisherigen Versicherer im Basistarif fortgesetzt, noch steht dem VN gegen diesen ein Anspruch auf Abschluss eines derartigen Vertrages zu.[88] Mangels Kontrahierungszwang in der PKV besteht in einem solchen Fall für den betroffenen Versicherer auch in der PPV kein Kontrahierungszwang mehr.[89] Auf diese Weise ist der Versicherer bei einem unredlichen VN auch aus dem Risiko des Pflegefalles heraus, selbst wenn der Versicherungsfall in der PPV bereits eingetreten ist.[90]

Anzumerken ist, dass der BGH mit seinem Urteil vom 07.12.2011 die Auffassung vertreten hat, im Bereich der Pflegeversicherung sei jede außerordentliche Kündigung des Versicherers gem. § 110 IV SGB XI ausgeschlossen.[91] Das Urteil überzeugt insoweit nicht. Zuständig für Rechtsstreitigkeiten über die Wirksamkeit der durch den Versicherer erklärten Beendigung der Kranken- und der Pflegeversicherung ist nicht die ordentliche, sondern die Sozialgerichtsbarkeit. Ausweislich der Entscheidungsgründe wurde verkannt, dass nach Beendigung des Krankenversicherungsvertrags, wie ausgeführt, kein Kontrahierungszwang in der PPV mehr besteht. Fragwürdig erscheint zudem die Begründung des BGH, es sei mit den Prinzipien der PPV unvereinbar, wenn einem VN bei schweren Vertragsverletzungen gekündigt werden könnte und er entgegen der in § 23 I SGB XI vorgesehenen Versicherungspflicht keine Möglichkeit mehr hätte, bei einem anderen Versicherer einen entsprechenden Vertrag abzuschließen. Hierbei wurde scheinbar übersehen, dass grundsätzlich gem. § 110 I Nr. 1 SGB XI die (übrigen) Versicherer erneut einem Kontrahierungszwang unterliegen.[92] Für die Sichtweise des BGH spricht allein, dass dieser Kontrahierungszwang sich nicht auf bereits pflegebedürftige Personen erstreckt (argumentum e contrario § 110 I Nr. 2b SGB XI), worauf es – im Hinblick auf die Wirksamkeit der zugleich mit der außerordentlichen Kündigung des Krankenversicherungsvertrags erfolgenden Kündigung des Vertrags über die PPV – wegen des beim (bisherigen) Versicherer in der PPV nicht mehr bestehenden Kontrahierungszwangs jedoch nicht entscheidend ankommen kann.

202

Möglich ist ferner, dass der Versicherer die Kündigung des Vertrags über die PPV wegen des Abschlusses eines weiteren Vertrags über die PPV bei einem anderen Versicherer oder wegen Eintritts der Versicherungspflicht in der SPV ausspricht, falls der VN die Kündigung in einem solchen Fall seinerseits unterlässt.

203

4. Beendigung durch den VN

a) Versicherungspflicht in der SPV

Gem. § 27 SGB XI, § 205 II VVG (§ 13 I MB/PPV 2015) kann für versicherte Personen, die (nach §§ 20, 21 SGB XI) in der SPV versicherungspflichtig werden, der Vertrag über die PPV mit Wirkung vom Eintritt der Versicherungspflicht in der SPV gekündigt werden. Der Versicherungspflicht steht der gesetzliche Anspruch auf Familienversicherung gleich.

204

Die Kündigung ist vom VN gem. § 205 II VVG (§ 13 I MB/PPV 2015) binnen drei Monaten seit Eintritt der Versicherungspflicht rückwirkend zu deren Ende auszusprechen. Sie ist unwirksam, wenn der VN den Eintritt der Versicherungspflicht in der SPV nicht innerhalb von zwei Monaten nachweist, nachdem der Versicherer ihn hierzu in Textform aufgefordert hat, es sei denn, der VN hat die Versäumung dieser Frist nicht zu vertreten. Macht der VN von seinem Kündigungsrecht Gebrauch, steht dem Versicherer der Beitrag nur bis zum Zeitpunkt des Eintritts der Versicherungspflicht zu. Später kann der VN das Versicherungsverhältnis der betroffenen versicherten Person nur zum Ende des Monats kündigen, in dem er das Ende der Versicherungspflicht nachweist. Gem. § 13 I 5 MB/PPV 2015 steht dem Versicherer der Beitrag in diesem Fall bis zum Ende des Versicherungsverhältnisses zu.

205

Das außerordentliche gesetzliche Kündigungsrecht des VN nach § 27 SGB XI, § 205 II VVG ist gem. § 208 VVG unabdingbar, allerdings kann wirksam Schrift- oder Textform vereinbart werden. Gem. § 16 MB/PPV ist Schriftform vereinbart.

206

b) Wechsel des Versicherers

Kündigt der VN für eine versicherte Person das Versicherungsverhältnis über die private Kranken- und Pflegeversicherung, um es bei einem anderen Versicherer fortzuführen, wird die Kündigung des Vertrags über die PPV gem. § 13 II MB/PPV 2015 erst wirksam, wenn der VN nachweist, dass die versicherte Person bei einem neuen Versicherer ohne Unterbrechung in der PPV versichert ist. Hierdurch soll sichergestellt werden, dass die fortbestehende Versicherungspflicht in der PPV tatsächlich erfüllt wird.

207

---

[88] S. BGH VersR 2012, 304 und VersR 2012, 219.
[89] Vgl. Bach/Moser/*Weber*, Teil H. PPV, Rn. 60; vgl. Besche, S. 18.
[90] Vgl. Bach/Moser/*Weber*, Teil H. PPV, Rn. 60.
[91] S. BGH VersR 2012, 304.
[92] Vgl. Bach/Moser/*Weber*, Teil H. PPV, Rn. 63; vgl. Besche, S. 18; vgl. Effer-Uhe VersR 2012, 684, 687.

5. Portabilität der Alterungsrückstellung

208 Der Vertrag über die PPV hat gem. § 148 Satz 2 VAG die Mitgabe des Übertragungswertes bei Wechsel des VN zu einem anderen Versicherer vorzusehen. Im Falle der Kündigung der PPV und dem gleichzeitigen Abschluss eines neuen Vertrags bei einem anderen Versicherer kann der VN seit dem 01.01.2009 gem. § 204 II VVG vom bisherigen Versicherer verlangen, dass dieser die für ihn kalkulierte Alterungsrückstellung an den neuen Versicherer überträgt. Dieser Anspruch des VN ist unabdingbar. Der Höhe nach zu übertragen ist die für die versicherte Person versicherte Person kalkulierte Alterungsrückstellung in Höhe des Übertragungswerts nach Maßgabe des von § 13a VI KalV (vgl. § 13 III 1 MB/PPV 2015).

209 § 13 III 2 MB/PPV 2015 sieht vor, dass der Versicherer die zu übertragende Alterungsrückstellung bis zum vollständigen Beitragsausgleich zurückbehalten kann, falls bei Beendigung des Versicherungsverhältnisses Beitragsrückstände bestehen.

210 Die Regelungen über die Portabilität der Alterungsrückstellung in der PPV unterscheiden sich von denjenigen in der PKV. In der PPV wird, anders als in der PKV, keine Unterscheidung zwischen sog. »alter Welt« (Krankenversicherungsverträge, die bis zum 31.12.2008 abgeschlossen wurden) und sog. »neuer Welt« (Krankenversicherungsverträge, die seit Einführung der generellen Krankenversicherungspflicht am 01.01.2009 abgeschlossen wurden) vorgenommen. Das Recht auf Mitgabe der Alterungsrückstellung beim Wechsel des Versicherers, das in der PKV für die »alte Welt«, anders als für die »neue Welt«, nur eingeschränkt und befristet galt, gilt in der PPV gleichermaßen für die bis zum und seit dem 01.01.2009 geschlossenen Verträge. Ein weiterer Unterschied liegt darin, dass in der PPV, anders als in der »neuen Welt« der PKV, die Alterungsrückstellung in voller Höhe an den neuen Versicherer zu übertragen ist. Indem der Gesetzgeber bei Versicherungsverträgen, die vor dem 01.01.2009 abgeschlossen wurden, seit 01.01.2009 andere Kalkulationsgrundlagen vorschreibt, greift er in stärkerem Maße als in der PKV rückwirkend in die Versicherungsverträge in der PPV ein.[93] Dennoch hat die Einführung der Portabilität der Alterungsrückstellung für die Versicherer in der PPV letztlich geringere Auswirkungen als in der PKV, da in der PPV gem. § 111 SGB XI ein System zum Ausgleich der Versicherungsrisiken zwischen den die PPV betreibenden Versicherern besteht.

X. Weitere Regelungen in den MB/PPV 2015

1. Versicherungsjahr

211 Das Versicherungsjahr ist in § 13 VI MB/PPV 2015 definiert. Das erste Versicherungsjahr beginnt mit dem im Versicherungsschein bezeichneten Zeitpunkt (technischer Versicherungsbeginn). Es endet am 31. Dezember des betreffenden Kalenderjahres. Die folgenden Versicherungsjahre fallen mit dem **Kalenderjahr** zusammen.

2. Willenserklärungen und Anzeigen gegenüber dem Versicherer

212 Willenserklärungen und Anzeigen gegenüber dem Versicherer bedürfen gem. § 16 MB/PPV 2015 der **Schriftform**, sofern nicht ausdrücklich Textform vereinbart ist.

3. Aufrechnung

213 Gegen Forderungen des Versicherers kann der VN gem. § 12 MB/PPV 2015 nur aufrechnen, soweit die **Gegenforderung unbestritten oder rechtskräftig festgestellt** ist. Gegen eine Forderung aus der Beitragspflicht kann jedoch ein Mitglied eines Versicherungsvereins nicht aufrechnen.

4. Änderungen der AVB

214 Gem. § 18 I MB/PPV 2015 können bei einer **nicht nur als vorübergehend anzusehenden Veränderung der Verhältnisse des Gesundheitswesens** die AVB und die Tarifbestimmungen den veränderten Verhältnissen angepasst werden, wenn die Änderungen zur hinreichenden Wahrung der Belange der Versicherungsnehmer erforderlich erscheinen und ein unabhängiger Treuhänder die Voraussetzungen für die Änderungen überprüft und ihre Angemessenheit bestätigt hat. Diese Regelung entspricht § 203 III VVG. Die Änderungen werden zu Beginn des zweiten Monats wirksam, der auf die Mitteilung der Änderungen und der hierfür maßgeblichen Gründe an den VN folgt.

215 Ist **eine Bestimmung in den AVB durch höchstrichterliche Entscheidung oder durch einen bestandskräftigen Verwaltungsakt für unwirksam erklärt** worden, kann sie der Versicherer gem. § 18 II MB/PPV 2015 durch eine neue Regelung ersetzen, wenn dies zur Fortführung des Vertrags notwendig ist oder wenn das Festhalten an dem Vertrag ohne neue Regelung für eine Vertragspartei auch unter Berücksichtigung der Interessen der anderen Vertragspartei eine unzumutbare Härte darstellen würde. Diese Regelung entspricht §§ 203 IV, 164 VVG. Die neue Regelung ist nur wirksam, wenn sie unter Wahrung des Vertragsziels die Belange der VN angemessen berücksichtigt. Sie wird zwei Wochen, nachdem die neue Regelung und die hierfür maßgeblichen Gründe dem VN mitgeteilt worden sind, Vertragsbestandteil.

---

93 Bach/Moser/*Weber*, Teil H. PPV, Rn. 69.

Wenn und soweit sich die **gesetzlichen Bestimmungen über den Umfang des in der PPV von den Versicherern zu gewährenden Versicherungsschutzes** ändern, werden nach § 1 X 2 MB/PPV die dem SGB XI gleichwertigen Teile der AVB gem. § 18 MB/PPV geändert. 216

XI. Schlichtungsstelle

Außergerichtliche und neutrale Schlichtungsstelle bei Meinungsverschiedenheiten im Bereich der PPV zwischen VN und Versicherer ist der **Ombudsmann Private Kranken- und Pflegeversicherung**.[94] Er ist nach § 214 VVG als Schlichtungsstelle anerkannt. 217

XII. Gerichtsstand

Gemäß § 51 I Nr. 2 SGG ist für Klagen aus dem Pflegeversicherungsverhältnis der **Rechtsweg zu den Sozialgerichten** eröffnet (vgl. § 17 MB/PPV 2015).[95] Aufgrund der fehlenden Behördeneigenschaft der Versicherer findet **kein Vorverfahren** gem. § 78 SGG statt. Örtlich zuständig für die Klage ist das Sozialgericht, in dessen Bezirk der VN zur Zeit der Klageerhebung seinen Sitz oder Wohnsitz oder in Ermangelung dessen seinen Aufenthaltsort hat. Steht der VN in einem Beschäftigungsverhältnis, kann er auch vor dem für den Beschäftigungsort zuständigen Sozialgericht klagen. 218

Wegen der Abhängigkeit der privaten Pflegeversicherungsvertrag vom Bestehen des privaten Krankenversicherungsvertrags ist demnach im Falle eines Rechtsstreits über die Wirksamkeit der durch den Versicherer erklärten **Beendigung der Kranken- und der Pflegeversicherung** vom VN sowohl die ordentliche Gerichtsbarkeit (wegen der PKV) als auch die Sozialgerichtsbarkeit (wegen der PPV) anzurufen; zweckmäßig und üblich ist in diesem Falle die Aussetzung des sozialgerichtlichen Verfahrens gem. § 114 Abs. 2 SGG bis zur rechtskräftigen Entscheidung bzw. anderweitigen Beendigung des Zivilverfahrens.[96] 219

Seinen **Beitragsanspruch** vor der Versicherer gem. § 182a SGG nach den Vorschriften der ZPO im **Mahnverfahren** vor dem **Amtsgericht** geltend machen. Für ein **anschließendes Klageverfahren** bleibt gem. § 51 I Nr. 2 SGG das **Sozialgericht** sachlich zuständig. In dem Antrag auf Erlass des Mahnbescheids können mit dem Beitragsanspruch Ansprüche anderer Art nicht verbunden werden. Der Widerspruch gegen den Mahnbescheid kann zurückgenommen werden, solange die Abgabe an das Sozialgericht nicht verfügt ist. Mit Eingang der Akten beim Sozialgericht ist nach den Vorschriften des SGG zu verfahren.[97] Ausgenommen ist die Entscheidung des Sozialgerichts über den Vollstreckungsbescheid, hierfür gelten §§ 700 I, 343 ZPO entsprechend. 220

XIII. Risikoausgleich zwischen den Versicherern

Die Vorgaben des SGB XI, welche die PPV an die SPV annähern, schränken die Vertragsfreiheit und die versicherungstechnischen Grundsätze der Privatversicherung in der PPV deutlich ein. Dies könnte für einzelne Versicherer zu einer finanzielle Überforderung führen, wenn es in ihrem Bestand infolge des Kontrahierungszwangs zu einer Häufung sog. »schlechter Risiken« kommt, ihnen aber zugleich die Kalkulation risikogerechter Beiträge untersagt ist. 221

Um die finanziellen Belastungen und Risiken für die einzelnen Versicherer abzumildern und auf diese Weise die Funktionsfähigkeit der PPV dauerhaft zu gewährleisten, schreibt der Gesetzgeber den die PPV betreibenden Versicherern in § 111 I SGB XI vor, ein System zum Ausgleich der Versicherungsrisiken zu schaffen und zu erhalten, diesem anzugehören und sich am Ausgleich zu beteiligen. Das Ausgleichssystem muss einen dauerhaften und wirksamen Ausgleich der unterschiedlichen Belastungen gewährleisten. Zugleich darf es den Marktzugang neuer Anbieter der PPV nicht erschweren und muss diesen eine Beteiligung an dem Ausgleichssystem zu gleichen Bedingungen ermöglichen. In diesem System werden die Beiträge, ohne die unternehmensindividuellen Kosten, auf der Basis gemeinsamer Kalkulationsgrundlagen einheitlich für alle die PPV betreibenden Versicherer ermittelt. Infolge der hieraus resultierenden Identität der Nettobeiträge beschränkt sich der Wettbewerb zwischen den Versicherern in der PPV, bei identischen Leistungen, maßgebend auf die Bruttobeiträge. Deren Vergleich bietet aufgrund dessen einen Anhaltspunkt für die zwischen den Unternehmen, insbesondere im Bereich der Verwaltungskosten, bestehenden Unterschiede. 222

Zur Durchführung des Risikoausgleichs haben sich die die PPV betreibenden Versicherer in der von ihnen zu diesem Zweck gegründeten »Pflege-Pool«-GbR zusammen geschlossen. Gesellschaftszweck ist die Beitragskalkulation gem. §§ 23, 110 und 111 SGB XI, die Durchführung des finanziellen Ausgleichs gem. § 111 I 223

---

[94] Nähere Informationen im Internet unter www.pkv-ombudsmann.de.
[95] Zur unklaren Rechtslage unter der Geltung des § 51 SGG a.F. *Wollenschläger*, in FS Krasney, S. 757, 757 ff.; ebenfalls hierzu *Zeihe* SGb 1997, 487, 487 ff.
[96] Vgl. Bach/Moser/*Weber*, Teil H. PPV, Rn. 67.
[97] Zur Rechtmäßigkeit der Belastung der privaten Versicherer mit der sozialgerichtlichen Pauschgebühr bei Beitragsklagen s. BVerfG NZS 2008, 588.

Anhang O   Private Pflegepflichtversicherung (PPV)

SGB XI, die Führung einer Gemeinschaftsstatistik und die Überprüfung der Risikoprüfung und der Schadenregulierung bei den einzelnen Gesellschaftern.[98]

224 Errichtung, Ausgestaltung, Änderung und Durchführung des Ausgleichs unterliegen gem. § 111 II SGB XI der Aufsicht der Bundesanstalt für Finanzdienstleistungsaufsicht (BaFin).

---

98 So Bach/Moser/*Weber*, Teil G. PPV, Rn. 32 m.w.N.

Anhang P
Betriebliche Altersversorgung

Übersicht

	Rdn.		Rdn.
Einleitung	1	6. Weitere Formen betrieblicher Altersversorgung	27
I. Das Verhältnis von Arbeitgeber und Arbeitnehmer im Betriebsrentenrecht	2	a) Entgeltumwandlung nach §§ 1 II Nr. 3, 1a BetrAVG	27
1. Geschichte des Betriebsrentengesetzes	2	b) Eigenbeiträge nach § 1 II Nr. 4 BetrAVG	30
2. Charakter betrieblicher Altersversorgung	3	7. Unverfallbarkeit der Anwartschaft	32
3. Die Voraussetzungen betrieblicher Altersversorgung nach § 1 I BetrAVG	5	8. Änderung und Widerruf von Versorgungszusagen	37
a) Versorgungszweck	5	a) Änderung von Versorgungszusagen	37
aa) Einleitung	5	b) Widerruf von Versorgungszusagen	40
bb) Altersversorgung	6	9. Weitere gesetzliche Regelungen	41
cc) Invaliditätsversorgung	7	a) Höhe der unverfallbaren Anwartschaft	41
dd) Hinterbliebenenversorgung	8	b) Abfindung und Übertragung von Anwartschaften	42
ee) Rechtsfolge und Abgrenzung zu anderen Ansprüchen	9	c) Auskunftsansprüche	43
b) Inhalt der Versorgungszusage	10	d) Insolvenzschutz	44
aa) Allgemeines	10	e) Anpassung nach § 16 BetrAVG	45
bb) Leistungsversprechen des Arbeitgebers	11	f) Abweichungen durch Tarifverträge	46
cc) Inhalt von Versorgungszusagen und Leistungsvoraussetzungen	13	10. Gleichbehandlungsfragen	47
4. Durchführungswege betrieblicher Altersversorgung	16	a) Einleitung	47
a) Allgemeines	16	b) Die Geltung des AGG bei der betrieblichen Altersversorgung	48
b) Direktzusage	18	c) Gleichberechtigung von Männern und Frauen	49
c) Unterstützungskassenzusage	19	d) Weitere Gleichbehandlungsfragen	51
d) Direktversicherungszusage	20	e) Folgen verbotener Ungleichbehandlung	52
e) Pensionskassenzusage	21	II. Rechtsbeziehungen bei Einbeziehung eines Versicherers	53
f) Pensionsfondszusage	22	1. Einleitung	53
5. Die Zusagearten	23	2. Die einzelnen Rechtsbeziehungen	54
a) Einleitung	23	a) Einleitung	54
b) Die Leistungszusage	24	b) Arbeitgeber und Versicherer	55
c) Die beitragsorientierte Leistungszusage	25	c) Arbeitnehmer und Versicherer	56
d) Die Beitragszusage mit Mindestleistung	26		

Schrifttum:

Andresen, Pensionsfonds als neue Gestaltungsform für Unternehmen – mehr Wettbewerb in der betrieblichen Altersversorgung, BetrAV 2001, 444; *Blomeyer/Rolfs/Otto,* Betriebsrentengesetz – Gesetz zur Verbesserung der betrieblichen Altersversorgung, 6. Aufl. 2015; *Blomeyer,* Die »Riester-Rente« nach dem Altersvermögensgesetz (AVmG), NZA 2001, 913; *Clemens,* Entgeltumwandlung zur betrieblichen Altersversorgung – Umfang und Grenzen der einzel- und tarifvertraglichen Gestaltungsfreiheit, 2005; *Förster/Cisch/Karst,* Betriebsrentengesetz – Gesetz zur Verbesserung der betrieblichen Altersversorgung mit zivil-, arbeits- und steuerrechtlichen Vorschriften und Versorgungsausgleich, 14. Aufl. 2014; *Hellkamp/Rinn,* Gleichbehandlung in der betrieblichen Altersversorgung nach dem AGG, BetrAV 2008, 442; *Höfer/Reinhard/Reich,* Gesetz zur Verbesserung der betrieblichen Altersversorgung, Band I: Arbeitsrecht, Loseblattkommentar (Stand: 17. Auflage, März 2015); *Höfer,* Die Neuregelung des Betriebsrentenrechts durch das Altersvermögensgesetz (AVmG), DB 2001, 1145; *Kemper/Kisters-Kölkes/Berenz/Huber,* BetrAVG – Kommentar zum Betriebsrentengesetz mit Insolvenzsicherung und Versorgungsausgleich, 6. Aufl. 2014; *Laars,* Siebtes Gesetz zur Änderung des Versicherungsaufsichtsgesetzes – Auswirkungen für Pensionskassen und Pensionsfonds, BetrAV 2005, 732; *Nicolai,* Spätehenklauseln gestern-heute-morgen, BetrAV 2007, 701; *Reinecke,* Neue Rechtsprechung des Bundesarbeitsgerichts zum Betriebsrentenrecht (2005 bis 2007), BetrAV 2008, 241; *ders.,* Die Änderungen des Gesetzes zur Verbesserung der betrieblichen Altersversorgung durch das Altersvermögensgesetz – neue Chancen für die betriebliche Altersversorgung, NJW 2001, 3511; *ders.,* Informations- und Beratungspflichten in der betrieblichen Altersversorgung, insbesondere bei der Entgeltumwandlung, NZA 2015, 1153; *Rolfs,* Anpassung betrieblicher Versorgungssysteme an die geänderte Lebensarbeitszeit, BetrAV 2007, 599; *ders.,* Beratungs- und Informationspflichten in der betrieblichen Altersversorgung nach der VVG-Reform, BetrAV 2010, 199; *ders.,* Auswirkungen der »Rente mit 67« auf betriebliche Versorgungssysteme, NZA 2011, 540; *Preis,* Altersdiskriminierung im Betriebsrentenrecht, BetrAV 2010, 513; *Rengier,* Betriebliche Altersversorgung und Allgemeines Gleichbehandlungsgesetz, NZA 2006, 1251.

Anhang P Betriebliche Altersversorgung

Einleitung

1   Die betriebliche Altersversorgung ist ein eigenständiges arbeitsrechtliches Rechtsgebiet, welches zum Teil im Betriebsrentengesetz (BetrAVG) geregelt worden ist. Darüber hinaus sind für das Recht der betrieblichen Altersversorgung richterrechtliche Grundsätze, weitere arbeitsrechtliche Vorschriften und Prinzipien sowie verschiedene andere Rechtsgebiete von Bedeutung. Insbesondere spielen für die Rahmenbedingungen betrieblicher Altersversorgung steuer- und sozialversicherungsrechtliche Aspekte eine erhebliche Rolle. Mit dem Versicherungsrecht hat die betriebliche Altersversorgung ebenfalls verschiedene Berührungspunkte. Allerdings sind versicherungsrechtliche Regelungen im Rahmen der betrieblichen Altersversorgung nur insoweit von Bedeutung, als es um das Verhältnis von Arbeitgeber zum Versicherer einerseits und andererseits um die Rechtsbeziehungen des Arbeitnehmers zum Versicherer geht. Dagegen spielen versicherungsrechtliche Fragen keine Rolle, soweit sich der Arbeitgeber – etwa bei der Direktzusage – gewissermaßen selbst als Versicherung betätigt. Hier bleibt es allein bei einer arbeitsrechtlich determinierten Zweierbeziehung. Entsteht aber durch die Beteiligung etwa einer Direktversicherung ein in einen Vertrag zugunsten Dritter eingebettetes Dreiecksverhältnis, richten sich die Beziehungen zwischen Arbeitgeber und Arbeitnehmer weiterhin nach dem Arbeitsrecht bzw. der Grundverpflichtung (§ 1 I 3 BetrAVG). Dagegen bestimmt sich das Verhältnis zwischen Arbeitgeber (Versicherungsnehmer) und Versorgungsträger nach dem Versicherungsvertrag ebenso wie das Verhältnis von Versicherer zum Arbeitnehmer (Versicherter).

I. Das Verhältnis von Arbeitgeber und Arbeitnehmer im Betriebsrentenrecht

1. Geschichte des Betriebsrentengesetzes

2   Ursprünglich sollte sich das BetrAVG darauf beschränken, **steuerliche Anreize** für die Schaffung von Betriebsrentensystemen im Betrieb und Unternehmen zu geben. Von Anfang an enthielt es aber auch arbeitsrechtliche Regelungen und hat sich im Laufe der Zeit mehr und mehr zu einem echten arbeitsrechtlichen Gesetz gewandelt, welches in hohem Maße **arbeitnehmerschützende Regelungen** enthält.[1] Aus der Änderung der offiziellen Gesetzesbezeichnung in »**Betriebsrentengesetz**« durch das **Alterseinkünftegesetz**[2] geht zwar der universelle Anspruch hervor, das gesamte Betriebsrentenrecht zu regeln. Dennoch finden sich im BetrAVG nach wie vor nur punktuelle Regelungen, eine abschließende Kodifikation bietet das Betriebsrentengesetz nicht.[3] Zunächst war das BetrAVG viele Jahre fast unverändert geblieben und hat erst seit 1999 mehrfach recht umfassende Änderungen erfahren. Nachdem zum 01.01.1999 die zuvor richterrechtlich akzeptierte Entgeltumwandlung[4] und die beitragsorientierte Leistungszusage anerkannt worden waren, hat das BetrAVG durch das **Altersvermögensgesetz**[5], das **Hüttenknappschaftliche Zusatzversicherungs-Neuregelungsgesetz**[6] und das **Alterseinkünftegesetz**[7] eine weitergehende Ausgestaltung erfahren. Mittelbare Auswirkungen auf die betriebliche Altersversorgung hat auch die Anhebung des gesetzlichen Rentenalters.[8] Ebenso hat das AGG bedeutende Konsequenzen für die Ausgestaltung von Versorgungszusagen gehabt, wobei die Rechtsprechung inzwischen schon einige Fragen geklärt hat.[9] Schließlich wurde das für den Erwerb einer unverfallbaren Anwartschaft erforderliche Mindestalter des Arbeitnehmers (§ 1b I 1 BetrAVG) im Jahr 2009 von 30 auf 25 Jahre herabgesetzt.[10] Die Auswirkungen jüngster Änderungen im Zusammenhang mit der VAG-Novelle 2016[11] und durch das Lebensversicherungsreformgesetz[12] halten sich jedoch in Grenzen.

2. Charakter betrieblicher Altersversorgung

3   Bei der betrieblichen Altersversorgung verspricht der Arbeitgeber dem Arbeitnehmer Leistungen im Falle des Eintritts eines oder mehrerer der gesetzlich definierten **biologischen Ereignisse** (Alter, Invalidität, Tod – § 1 I 1 BetrAVG). Die versprochene Leistung des Arbeitgebers besteht in der Regel aus einem einmaligen oder laufenden **Geldbetrag** oder auch **Sachbezügen**.[13]

4   Nach § 1 BetrAVG steht es dem Arbeitgeber frei, ob er eine Betriebsrentenzusage erteilt. Das Betriebsrentengesetz wird erst anwendbar, wenn der Arbeitgeber sich hierzu entscheidet. Umgekehrt ist der Arbeitgeber an

---

1   Zur Gesetzgebungsgeschichte vgl. *Blomeyer/Rolfs/Otto*, BetrAVG, Einleitung Rn. 1 ff.; *Förster/Cisch/Karst*, BetrAVG, Einführung Rn. 1 ff.
2   AltEinkG vom 05.07.2004, BGBl I 1427.
3   BT-Drucks. 7/1281, S. 19 ff.; ErfK/*Steinmeyer*, BetrAVG, Vorbem. Rn. 1.
4   BAG AP BetrAVG § 1 Lebensversicherung Nr. 11.
5   AVmG vom 26.06.2001, BGBl. I 1310.
6   HZvNG vom 21.06.2002, BGBl. I 2167.
7   Vom 05.07.2004, BGBl. I 1427.
8   *Rolfs* BetrAV 2007, 599 ff.; *ders.* NZA 2011, 540 ff.
9   BAG AP BetrAVG § 1b Nr. 6; BAG AP BetrAVG § 1 Hinterbliebenenversorgung Nr. 33.
10 Vom 10.12.2007, BGBl. I 2838.
11 Art. 2 Nr. 17 des Gesetzes zur Modernisierung der Finanzaufsicht über Versicherungen vom 01.04.2015, BGBl. I 2015, 434.
12 BGBl. I 2015, 1330; hierzu *Reinecke* NZA 2015, 1153 ff.
13 BAG NZA-RR 2007, 653; *Reinecke* BetrAV 2008, 241.

eine einmal gegebene Zusage wie bei jedem anderen Rechtsgeschäft gebunden. Für diese Bindung des Arbeitgebers spricht auch, dass der Arbeitnehmer seine Arbeitsleistung ab dem Zeitpunkt der Betriebsrentenzusage auch in Erwartung der späteren Versorgungsleistung erbringt.[14] Die betriebliche Altersversorgung ist neben Versorgungselementen also auch durch einen **Entgeltcharakter**[15] gekennzeichnet.[16] Eine Ausnahme bildet die Entgeltumwandlung nach §§ 1 II Nr. 3, 1a BetrAVG, die sich aufgrund ihrer Finanzierung durch den Arbeitnehmer und den Anspruch nach § 1a BetrAVG nicht leicht in das klassische System betrieblicher Altersversorgung einbinden lässt und daher vielfach eigenen Regeln folgt.

3. Die Voraussetzungen betrieblicher Altersversorgung nach § 1 I BetrAVG

a) Versorgungszweck

aa) Einleitung

Die Zusage des Arbeitgebers muss einen **Versorgungszweck** aufweisen. Diese Voraussetzung dient der Abgrenzung zu anderen Ansprüchen, die weder unverfallbar (§ 1b BetrAVG) werden, noch im Fall der Insolvenz des Arbeitgebers (§§ 7 ff. BetrAVG) einen besonderen Schutz genießen. Darüber hinaus findet eine Anpassung von Leistungen (§ 16 BetrAVG) nur im Falle betrieblicher Altersversorgung, nicht aber bei sonstigen Leistungen des Arbeitgebers statt.

bb) Altersversorgung

In der Regel wurde bisher eine Versorgungszusage auf das Erreichen des **65. Lebensjahrs** erteilt. Durch die Änderung der Regelaltersgrenze für die gesetzliche Rentenversicherung auf das **67. Lebensjahr** (§ 35 SGB VI) wird sich die Praxis von Versorgungszusagen in Zukunft ebenfalls ändern. Welche Auswirkungen die gesetzlichen Änderungen allerdings auf bereits erteilte Zusagen haben, hängt entscheidend von deren Formulierung ab. Nimmt eine Versorgungszusage lediglich auf das gesetzliche Rentenalter Bezug, so kann der Arbeitnehmer auch erst ab seinem individuellen gesetzlichen Rentenalter (§ 235 SGB VI) einen Anspruch auf die betriebliche Altersversorgung geltend machen.[17] Wurde eine Zusage auf das 65. Lebensjahr erteilt, ist eine Auslegung, dass eine Koppelung an das gesetzliche Rentenalter gewollt war, hingegen nicht zwingend, da es die Vertragsfreiheit zulässt, auch Betriebsrenten ab einem früheren Zeitpunkt zu zahlen.[18] In der Regel kann jedoch auch bei Klauseln, die auf das 65. Lebensjahr abstellen, davon ausgegangen werden, dass eine Koppelung an das gesetzliche Rentenalter gewollt war.[19] Anders dürfte nur zu entscheiden sein, wenn die Zusage nach der Gesetzesänderung erteilt wurde.[20] Wurde eine Zusage hingegen auf einen früheren Zeitpunkt als das 65. Lebensjahr erteilt, liegt eine Auslegung nahe, dass sich auch dieses Datum entsprechend dem gesetzlichen Rentenalter verschiebt. So kann eine Zusage, ab dem 63. Lebensjahr eine Betriebsrente zu zahlen, als eine Zusage auf das 65. Lebensjahr ausgelegt werden.[21]

cc) Invaliditätsversorgung

§ 1 I 1 BetrAVG nennt die Invalidität als biologisches Ereignis, an das eine Versorgungszusage geknüpft werden kann. Invalidität liegt vor, wenn der Arbeitnehmer infolge gesundheitlich bedingter **Minderung** seiner **Erwerbsfähigkeit** auf **nicht absehbare Zeit** vollständig oder teilweise nicht mehr in der Lage ist, einer Erwerbstätigkeit nachzugehen.[22] In Versorgungszusagen üblich und empfehlenswert ist, sich an den Begriffen der **gesetzlichen Rentenversicherung** zu orientieren und für die betriebliche Altersversorgung auf Grund von Invalidität eine volle oder teilweise Erwerbsminderung gem. § 43 SGB VI vorauszusetzen.[23]

dd) Hinterbliebenenversorgung

Bei der Hinterbliebenenversorgung steht die Frage im Mittelpunkt, welche **verwandtschaftliche Nähe** zum verstorbenen Arbeitnehmer eine Person aufweisen muss, um als »Hinterbliebener« i.S.d. § 1 BetrAVG zu gelten. Wie auch bei der Invaliditätsversorgung können die entsprechenden Normen der **gesetzlichen Rentenversicherung** für die Konkretisierung des erfassten Personenkreises dienlich sein. Bestehen keine Anhaltspunkte für eine andere Auslegung, sind »Hinterbliebene« nur der **Ehepartner** bzw. **der eingetragene**

---

14 BAG AP BetrAVG § 6 Nr. 12.
15 Vgl. schon BAG AP BGB § 242 Ruhegehalt Nr. 156; BAG AP BetrAVG § 6 Nr. 12.
16 Vgl. schon BAG AP BGB § 242 Ruhegehalt Nr. 156.
17 *Rolfs* BetrAV 2007, 599, 600.
18 BAG AP BetrAVG § 7 Nr. 33; *Blomeyer/Rolfs/Otto*, BetrAVG, § 1 Rn. 20.
19 BAG NZA-RR 2012, 433.
20 *Diller/Beck* DB 2012, 2398.
21 Zur Gesamtproblematik *Rolfs* NZA 2011, 540 ff.; zur steuerlichen Anerkennung von Zusagen, die Leistungen vor dem gesetzlichen Rentenalter vorsehen vgl. BMF Schr. v 24.07.2013 – IV C 3 – S 2015/11/10002, Rn. 286. Auch § 1 I Nr. 2 AltZertG setzt zumindest eine Vollendung des 62. Lebensjahrs voraus.
22 BAG AP BetrAVG § 7 Nr. 116.
23 BAG AP BetrAVG § 1 Invaliditätsrente Nr. 11.

Anhang P Betriebliche Altersversorgung

Lebenspartner[24] und die **Kinder** des verstorbenen Arbeitnehmers. Der Praxis ist anzuraten, den Personenkreis abschließend zu definieren und dabei den Vorgaben des AGG (und der Gleichbehandlungsrichtlinie 2000/78/EG) zu genügen.[25]

ee) Rechtsfolge und Abgrenzung zu anderen Ansprüchen

9   Da betriebliche Altersversorgung stets nur im Fall des Eintritts eines der zuvor definierten biologischen Ereignisse vorliegen kann, scheiden sämtliche Sozialleistungen aus, die von dem Eintritt eines derartigen Ereignisses unabhängig sind.[26] Keinen **Versorgungscharakter** haben somit Leitungen, die in irgendeiner Form bezwecken, einen **Einkommensverlust** auszugleichen oder der **Vermögensbildung** zu dienen.[27] So ist die betriebliche Altersversorgung im Einzelfall von **Abfindungen**[28], **Übergangsgeldern**[29], **Sterbegeldern**[30] und sonstigen **Unterstützungsleistungen**[31] abzugrenzen. Lässt sich der Zweck der Versorgungszusage nicht exakt ermitteln, so kommt es auf die **überwiegende Zielrichtung** an, wobei die Umstände des Einzelfalls zu berücksichtigen sind.[32] Der Bezeichnung der Leistung kommt dabei keine entscheidende Bedeutung zu.

b) Inhalt der Versorgungszusage
aa) Allgemeines

10 Die Versorgungszusage wird von § 1 I 1 BetrAVG vorausgesetzt. Es steht dem Arbeitgeber danach frei, ob und mit welchem Inhalt er eine Versorgungszusage macht. Die Anwendbarkeit der zu einem erheblichen Anteil arbeitnehmerschützenden Vorschriften des Betriebsrentengesetzes (§ 17 III 3 BetrAVG) wird also erst durch die freie Entscheidung des Arbeitgebers ausgelöst. Diese Freiheit des Arbeitgebers wird – abgesehen von Versorgungszusagen durch Tarifvertrag – nur durch § 1a I 1 BetrAVG (gegebenenfalls i.V.m. § 1 II Nr. 4 BetrAVG) eingeschränkt.

bb) Leistungsversprechen des Arbeitgebers

11 Die Zusage kann in Form der **Leistungszusage** nach § 1 I 1 BetrAVG, der **beitragsorientierten Leistungszusage** (§ 1 II Nr. 1 BetrAVG) oder als **Beitragszusage mit Mindestleistung** (§ 1 II Nr. 2 BetrAVG) ausgestaltet sein. Nachdem eine Versorgungszusage erteilt wurde, entsteht eine **Versorgungsanwartschaft**, die die Vorstufe zum Erreichen des Vollrechts, des Versorgungsanspruchs, bildet. Auch in der Ausgestaltung der Versorgungszusage ist der Arbeitgeber grundsätzlich frei. Er kann festlegen, ob die Versorgungszusage sich im Versorgungsfall auf einen **einmaligen Kapitalbetrag** oder auf **regelmäßige Leistungen** beziehen soll. Der Arbeitgeber bestimmt darüber hinaus die **Bedingungen für den Eintritt der Leistungspflicht**. Auch wenn in der Praxis regelmäßig sämtliche biologischen Risiken abgedeckt werden,[33] könnte der Arbeitgeber seine Leistungen auch nur auf den Eintritt eines der genannten biologischen Ereignisse beschränken.

12 Versorgungszusagen können auf Grund einer **einzelvertraglichen Regelung**, einer **Gesamtzusage**, einer **betrieblichen Übung** (vgl. § 1b I 4 BetrAVG) oder dem ebenfalls in § 1b I 4 BetrAVG ausdrücklich erwähnten **Gleichbehandlungsgrundsatz** erfolgen. In der Praxis werden Versorgungszusagen häufig in **Betriebsvereinbarungen** oder **Tarifverträgen** erteilt. Sie sind auch in der Form einer **Blankettzusage** möglich. Der Versorgungsanspruch richtet sich in diesem Fall nach einer bestehenden betrieblichen Übung oder nach billigem Ermessen.[34]

cc) Inhalt von Versorgungszusagen und Leistungsvoraussetzungen

13 **Leistungspläne** bestimmen die Voraussetzungen für die Gewährung von Versorgungsleistungen. **Unklarheiten**, die auch nach Auslegung noch bestehen, gehen zulasten des Arbeitgebers,[35] was sich bereits aus § 305c BGB ergibt.[36] Unter bestimmten Voraussetzungen können auch **Auszahlungspläne** (§ 112 I 2 VAG, § 1 I Nr. 4 AltZertG) aufgestellt werden.[37]

---

24 Vgl. EuGH NZA 2008, 459.
25 EuGH NZA 2008, 459.
26 Vgl. zusammenfassend BAG AP BGB § 242 Betriebliche Übung Nr. 77; AP BetrAVG § 1 Nr. 45; 12.12.2006 – 3 AZR 475/05; *Reinecke* BetrAV 2008, 241.
27 Im Einzelnen ErfK/*Steinmeyer*, § 1 BetrAVG Rn. 5; BeckOK ArbR/*Clemens*, § 1 BetrAVG Rn. 14.
28 BAG AP BetrAVG § 7 Nr. 58.
29 BAG NZA 2004, 1064.
30 BAG AP BetrAVG § 1 Gleichbehandlung Nr. 55.
31 BAG AP BetrAVG § 1 Nr. 31.
32 BAG DB 2012, 2527; NZA-RR 2011, 146, 148 ff.
33 *Förster/Cisch/Karst*, BetrAVG, § 1 Rn. 46.
34 BAG AP BetrAVG § 1 Nr. 42.
35 BAG AP BetrAVG § 1 Wartezeit Nr. 24.
36 Vgl. BAG AP BetrAVG § 1 Zusatzversorgungskassen Nr. 67; *Reinecke* BetrAV 2008, 241, 243; davor schon BAG AP BetrVG 1972 § 77 Nr. 93.
37 Dazu ausführlich *Höfer* DB 2001, 1145, 1149.

Es gibt verschiedene Modelle für die Ausgestaltung der **Leistungsvoraussetzungen**. Die Versorgungszusage kann sich auf einen festen Betrag oder eine bestimmte Sachleistung beziehen (**Festbetragssysteme**). Diese Systeme werden in der Praxis nach und nach durch dynamische Systeme abgelöst. Ein **halbdynamisches System** liegt etwa vor, wenn sich der Versorgungsanspruch in Abhängigkeit beispielsweise des letzten Endgehalts berechnet. Eine Variante hiervon bilden Modelle, in denen sich der Versorgungsanspruch nicht nach dem letzten Endgehalt, sondern jeweils in Abhängigkeit zum jeweiligen Monats- oder Jahresgehalt eines jeden Jahres berechnet (»**Bausteinmodell**«). **Volldynamische Systeme** setzen die oben dargestellte Dynamik auch nach Eintritt des Versorgungsfalls fort, indem sie sich auch für die Berechnung der laufenden Rente an einer steigenden Bezugsgröße orientieren.[38] **Gesamtversorgungssysteme** zielen darauf ab, zusammen mit der gesetzlichen Rente eine Vollversorgung des Betriebsrentners sicherzustellen. Hierbei wird eine bestimmte Höhe der Versorgung zugesagt, auf die die gesetzlichen Rentenansprüche angerechnet werden müssen.[39] Sie sind heute nicht mehr üblich.

Der Arbeitgeber kann die Zusage auf eine bestimmte Gruppe von Arbeitnehmern beschränken. Häufig werden Versorgungssysteme erst ab einer bestimmten betrieblichen Hierarchieebene installiert, beispielsweise nur für leitende Angestellte. Der in § 1b I 4 BetrAVG erwähnte **Gleichbehandlungsgrundsatz** kann in einem solchen Fall nur einem nicht berücksichtigten leitenden Angestellten einen Anspruch auf betriebliche Versorgungsleistungen vermitteln. Problematischer ist es, dass Leistungspläne häufig bestimmte Einschränkungen festlegen, um Risiken des Arbeitgebers zu begrenzen. Dadurch werden Arbeitnehmer, die auf Grund ihrer Stellung im Unternehmen eigentlich zum begünstigten Personenkreis gehören würden, aus dem Kreis der Versorgungsberechtigten wieder herausgenommen. So gibt es meist ein **Höchstaufnahmealter**, durch welches Arbeitnehmer, die erst nach Vollendung eines bestimmten Lebensalters (üblicherweise 50 oder 55 Jahre) in die Dienste des Arbeitgebers treten, keine Ansprüche mehr auf betriebliche Altersversorgung erwerben.[40] Ebenso wird häufig der Kreis der berechtigten Hinterbliebenen eingegrenzt. Der Vermeidung schwer kalkulierbarer Risiken dienen dem Grundgedanken nach auch sog. »**Spätehen- und Altersdifferenzklauseln**«. Hierbei wird die Leistung an den hinterbliebenen Ehepartner an eine bestimmte Ehedauer oder an ein bestimmtes Mindestalter gekoppelt. Die Leistung ist danach beispielsweise ausgeschlossen, wenn der Ehepartner mehr als 20 Jahre jünger ist als der Arbeitnehmer.[41] Derartige Klauseln sind allerdings nicht mehr zu empfehlen, nachdem das BAG hierin eine nicht gerechtfertigte Altersdiskriminierung erblickt.[42]

4. Durchführungswege betrieblicher Altersversorgung

a) Allgemeines

Das Betriebsrentengesetz stellt mit der **Direktzusage**, der **Direktversicherung**, der **Pensionskasse**, der **Unterstützungskasse** und dem **Pensionsfonds** insgesamt fünf Durchführungswege für die betriebliche Altersversorgung bereit. Mit Einschränkungen bei der **Entgeltumwandlung** (vgl. § 1a BetrAVG) und bei **Eigenbeiträgen** (§ 1 II Nr. 4 BetrAVG) sind alle Durchführungswege durch den Arbeitgeber frei wählbar. Andere Modelle der Durchführung kommen im Rahmen des BetrAVG nicht in Betracht. Vielmehr wäre dann das Rechtsverhältnis insgesamt nicht mehr als betriebliche Altersversorgung i.S.d. BetrAVG zu bewerten. Eine nicht mehr als betriebliche Altersversorgung anzuerkennende Vereinbarung wäre beispielsweise eine vom Arbeitnehmer abgeschlossene und vom Arbeitgeber finanzierte Lebensversicherung.

Nach § 1 I 3 BetrAVG bleibt der Arbeitgeber unabhängig von der Wahl des Durchführungswegs stets selbst verpflichtet, sodass dem Arbeitnehmer bei mittelbaren Versorgungszusagen zwei Schuldner zur Verfügung stehen. Soweit die Leistungen des **Versorgungsträgers** hinter dem mit der Versorgungszusage gegebenen Leistungsversprechen beispielsweise aufgrund einer Leistungsherabsetzung zurückbleiben,[43] richten sich die Ansprüche direkt gegen den **Arbeitgeber**.[44] Der unbeschränkten subsidiären Haftung kann der Arbeitgeber auch durch die Erteilung einer Beitragszusage mit Mindestleistung (§ 1 II Nr. 2 BetrAVG) nur in beschränktem Umfang entgehen.

b) Direktzusage

Bei der Direktzusage erfolgt die betriebliche Altersversorgung unmittelbar über den Arbeitgeber. Die Direktzusage ist in Deutschland der am häufigsten anzutreffende Durchführungsweg und rechtstechnisch die Grundform aller in § 1b BetrAVG beschriebenen Durchführungswege. Dies zeigt sich an § 1 I 2 BetrAVG und

---

38 Vgl. BeckOK ArbR/*Clemens*, BetrAVG, § 1 Rn. 23 ff.
39 BeckOK ArbR/*Clemens*, BetrAVG, § 1 Rn. 23 ff.
40 BAG AP BetrAVG § 1 Hinterbliebenenversorgung Nr. 22; AP BetrAVG § 1 Betriebsveräußerung Nr. 19.
41 Hierzu BAG AP BGB § 242 Nr. 179; BVerfG AP BGB § 242 Ruhegehalt Nr. 182; ArbG Duisburg NZA-RR 2001, 48; LAG Düsseldorf DB 2005, 2143; LAG Hessen NZA-RR 1998, 5.
42 BAG AP BetrAVG § 1 Hinterbliebenenversorgung Nr. 33; vgl. zuvor einerseits LAG Baden-Württemberg NZA-RR 2010, 315 und andererseits *Preis* BetrAV 2010, 513 ff.
43 LAG Hessen BetrAV 2010, 486; *Thüsing/Granetzny* BetrAV 2010, 509.
44 BAG AP BetrAVG § 1 Gleichberechtigung Nr. 15.

Anhang P Betriebliche Altersversorgung

vor allem an § 1b BetrAVG, der zunächst die Direktzusage behandelt und in § 1b II-4 BetrAVG Modifikationen für die übrigen Durchführungswege regelt. Die Direktzusage wird durch **Pensionsrückstellungen** des Arbeitgebers finanziert. Da die Realisierung der versprochenen Versorgungsleistung von der wirtschaftlichen Leistungsfähigkeit des Arbeitgebers abhängig ist, besteht für diese Durchführungsform **Insolvenzschutz** nach § 7 I 1 BetrAVG.

c) Unterstützungskassenzusage

19 Eine Unterstützungskasse ist ein Versorgungsträger, der meist in der Rechtsform eines eingetragenen Vereins oder einer GmbH organisiert ist. Finanziert wird die Unterstützungskasse durch Zuführungen des Arbeitgebers, die dieser als Betriebsausgaben steuerlich geltend machen kann (§ 4d EStG).[45] Nach § 1b IV 1 BetrAVG gewährt die Unterstützungskasse **keinen Rechtsanspruch** auf ihre Leistungen. Diese Einschränkung hatte ursprünglich den Zweck, die Unterstützungskasse von der Versicherungsaufsicht zu befreien.[46] Die Rechtsprechung sieht den Ausschluss des Rechtsanspruchs in einer Unterstützungskassensatzung allerdings lediglich als ein an sachliche Gründe geknüpftes **Widerrufsrecht** an.[47] Sonst wäre die Unterstützungskassenzusage nicht mit den sonstigen Prinzipien betrieblicher Altersversorgung vereinbar, schließlich werden derartige Versorgungszusagen auch nach § 1b BetrAVG unverfallbar.[48] Es ist Sache des Arbeitgebers, der Unterstützungskasse das zur Erfüllung ihrer Aufgaben notwendige Vermögen zuzuwenden.[49] Weil auch dieser Durchführungsweg sehr von der Leistungsfähigkeit des Arbeitgebers abhängig ist, wurde er gem. § 7 I 2 Nr. 2 BetrAVG in den **Insolvenzschutz** einbezogen.

d) Direktversicherungszusage

20 Bei einer Direktversicherungszusage schließt der Arbeitgeber eine Lebensversicherung auf das Leben des Arbeitnehmers ab. Der Arbeitgeber ist als Versicherungsnehmer Schuldner der Versicherungsprämien, der Arbeitnehmer oder seine Hinterbliebenen sind Berechtigte der Versicherungsleistungen. Zivilrechtlich handelt es sich dabei um einen **Vertrag zugunsten Dritter** nach § 328 I BGB. Es entsteht ein Dreiecksverhältnis zwischen Arbeitgeber und Versicherung (»**Versicherungsverhältnis**«), Arbeitgeber und Arbeitnehmer (»**Versorgungsverhältnis**«) und zwischen Versicherung und Arbeitnehmer. Diese Konstellation bewirkt, dass der Arbeitgeber im Verhältnis zur Versicherung über die Versorgungsanwartschaft verfügen kann, während § 1b II 3 BetrAVG ihm die Verpflichtung gegenüber dem Arbeitnehmer auferlegt, nach Eintritt der Unverfallbarkeit keine **Abtretung** und **Beleihung** mehr vorzunehmen. Da § 1b II 3 BetrAVG aber nicht zu einer Unwirksamkeit der Verfügung führt, besteht auch bei der Direktversicherungszusage das Bedürfnis, den Arbeitnehmer im Fall der Insolvenz des Arbeitgebers abzusichern, was durch § 7 I 2 Nr. 1 BetrAVG geschehen ist.[50]

e) Pensionskassenzusage

21 In § 1b III 1 BetrAVG und § 232 I VAG ist die Pensionskasse definiert. Pensionskassen sind **rechtsfähige Versorgungseinrichtungen**, die normalerweise in der Rechtsform eines Versicherungsvereins auf Gegenseitigkeit oder einer Aktiengesellschaft organisiert sind und die Alters- und Hinterbliebenenversorgung der Arbeitnehmer eines oder mehrerer wirtschaftlich verbundener Unternehmen organisieren. Durch die Umsetzung der Richtlinie 2003/41/EG im Rahmen des Siebten Gesetzes zur Änderung des Versicherungsaufsichtsgesetzes vom 29.08.2005[51] haben sich die Rahmenbedingungen und die Ausgestaltung des Versicherungsverhältnisses bei Pensionskassen teilweise recht umfassend geändert.[52] Der begünstigte Arbeitnehmer ist **Mitglied der Pensionskasse**. Die Pensionskasse finanziert sich durch Zuwendungen des Arbeitgebers und ist insbesondere bei tariflich geschaffenen Systemen arbeitnehmerfinanzierter betrieblicher Altersversorgung ein beliebter Durchführungsweg. Da das Vermögen der Pensionskasse nach §§ 125 ff.VAG nur mit sehr geringem Risiko angelegt werden darf und dieses Vermögen dem Zugriff des Arbeitgebers anders als bei der Direktversicherung entzogen ist, bedarf es bei der Pensionskasse **keines Insolvenzschutzes**.[53]

f) Pensionsfondszusage

22 Der Pensionsfonds ist in § 236 VAG legaldefiniert. Er muss im Wege der Kapitaldeckung organisiert sein (§ 236 I 1 Nr. 1 VAG), die Höhe der Leistungen nicht durch versicherungsförmige Garantien zusagen (§ 236 I 1 Nr. 2 VAG) und den Arbeitnehmern einen eigenen Anspruch gegen den Pensionsfonds einräumen. Darüber hinaus muss er verpflichtet sein, die Altersversorgungsleistung als lebenslange Zahlung oder einmalige Zah-

---

45 Näher *Harle/Weingarten* BB 2001, 2502 ff.
46 *Ahrend/Rößler* AuA 1992, 73.
47 BAG AP BetrAVG § 1 Unterstützungskassen Nr. 43; AP BGB § 242 Ruhegehalt – Unterstützungskassen Nr. 6.
48 Vgl. ErfK/*Steinmeyer*, § 1b BetrAVG Rn. 55.
49 BAG AP BetrAVG § 1 Unterstützungskassen Nr. 17.
50 Vgl. BAG AP BetrAVG § 7 Lebensversicherung Nr. 2.
51 BGBl. I 2546.
52 Vgl. zusammenfassend *Laars* BetrAV 2005, 732; *Schwind* BetrAV 2005, 638.
53 ErfK/*Steinmeyer*, § 7 BetrAVG Rn. 22; *Blomeyer/Rolfs/Otto*, BetrAVG, § 7 Rn. 66.

lung zu erbringen (§ 236 I 1 Nr. 4 VAG). Wie bei der Direktversicherung und der Pensionskasse entsteht eine Dreiecksbeziehung: Der Arbeitnehmer erhält einen Anspruch gegen den Pensionsfonds und behält aus dem Versorgungsverhältnis den Anspruch gegen seinen Arbeitgeber (§ 1 I 3 BetrAVG). Der Pensionsfonds genießt eine größere Freiheit bei der Anlage seines Vermögens als Versicherungsunternehmen und Pensionskassen.[54] Denn nach den §§ 237, 239 VAG sind nicht alle Vorschriften der §§ 124 ff. VAG anwendbar. Dies führt zu höheren Renditemöglichkeiten, was gleichzeitig ein höheres Risiko beinhaltet.[55] Der Gesetzgeber rechnet aufgrund dieser Umstände damit, dass die Ausfallhaftung des Arbeitgebers nach § 1 I 3 BetrAVG häufiger beansprucht werden muss als bei anderen Durchführungswegen und hat den Pensionsfonds daher in den **Insolvenzschutz** einbezogen.[56]

5. Die Zusagearten

a) Einleitung

Das Gesetz geht von fünf Zusagearten aus. Neben der Leistungszusage, der beitragsorientierten Leistungszusage und der Beitragszusage mit Mindestleistung vermittelt das Gesetz den Eindruck, als stünden die Entgeltumwandlungszusage und die Umfassungszusage nach § 1 II Nr. 4 BetrAVG alternativ daneben. Dies ist systematisch nicht ganz richtig, da zumindest die Entgeltumwandlung sich auch mit verschiedenen Zusagearten kombinieren lässt. Aus diesem Grunde werden vorliegend nur die Leistungszusage, die beitragsorientierte Leistungszusage und die Beitragszusage mit Mindestleistung behandelt. 23

b) Die Leistungszusage

Die **Leistungszusage** ist die klassische in § 1 I 1 BetrAVG erwähnte Zusageart. Eine Leistungszusage liegt vor, wenn der Arbeitgeber für den Versorgungsfall eine bestimmte Leistung verspricht. Die Verpflichtung des Arbeitgebers und des gegebenenfalls eingeschalteten Versorgungsträgers bezieht sich dann auf die versprochene Leistung. 24

c) Die beitragsorientierte Leistungszusage

Die **beitragsorientierte Leistungszusage** nach § 1 II Nr. 1 BetrAVG ist mit der Leistungszusage in weiten Teilen identisch. Allerdings bezieht sich das Versprechen des Arbeitgebers nicht unmittelbar auf eine bestimmte Leistung. Vielmehr wird aus dem Versprechen, einen bestimmten Beitrag an einen Versorgungsträger abzuführen, die entsprechende Leistungsverpflichtung nach **versicherungsmathematischen Grundsätzen** unter Berücksichtigung der von der Versorgungszusage abgedeckten biologischen Risiken errechnet.[57] Gleichwohl bleibt es eine **Leistungszusage**, da sich die Schuld des Arbeitgebers von vornherein auf die aus den Beiträgen zu errechnende Leistung bezieht. Die beitragsorientierte Leistungszusage ist auch in den Durchführungswegen möglich, in denen gar keine reale Beitragszahlung stattfindet (Direktzusage und Unterstützungskasse), da es sich bei dieser Zusageform lediglich um eine von § 1 I 1 BetrAVG abweichende Berechnung der Leistungsverpflichtung des Arbeitgebers handelt.[58] 25

d) Die Beitragszusage mit Mindestleistung

Nach dem theoretischen Konzept der Beitragszusage soll der Arbeitgeber lediglich die dem Arbeitnehmer versprochenen Beiträge an einen externen Versorgungsträger abführen und sich dadurch einer späteren Ausfallhaftung entledigen.[59] Dem ist der Gesetzgeber in § 1 II Nr. 2 BetrAVG nur teilweise gefolgt. Der Arbeitgeber haftet bei Ausfall des Versorgungsträgers auf einen Mindestbetrag, der sich aus der Summe der Beiträge abzüglich eines Abschlags für die versicherten Risiken ergibt.[60] Dies führt gegenüber der Anerkennung einer reinen Beitragszusage aufseiten des Arbeitnehmers zu **größerer Sicherheit**, für den Arbeitgeber verbleibt es bei dem **Haftungsrisiko** nach § 1 I 3 BetrAVG.[61] Obwohl reine Beitragszusagen nach der Privatautonomie nicht verboten sind, handelt es sich hierbei jedenfalls nicht um betriebliche Altersversorgung.[62] Die Beitragszusage mit Mindestleistung ist nach § 1 II Nr. 2 BetrAVG auf diejenigen **Durchführungswege** beschränkt, in denen eine tatsächliche Beitragsleistung erfolgt.[63] 26

---

54 *Gohdes/Haferstock/Schmidt* DB 2001, 1558; *Sasdrich* BetrAV 2002, 219, 222.
55 *Andresen* BetrAV 2001, 444, 445.
56 *Grabner/Brandl* DB 2002, 945; *Sasdrich* BetrAV 2002, 219, 222; vgl. auch PSV-Merkblatt 300/M 14, 1.2.
57 *Blomeyer* NZA 2001, 913, 916; *Reinecke* NJW 2001, 3511, 3512.
58 *Klein* BetrAV 2001, 701, 702.
59 *Klein* BetrAV 2001, 701, 703; *Klein/Wunsch* DB 2002, 213, 216.
60 *Reinecke* NJW 2001, 3511, 3512.
61 *Blomeyer* NZA 2001, 913, 916.
62 BAG AP BetrAVG § 1 Gleichberechtigung Nr. 15.
63 *Hanau* BetrAV 2002, 621, 622; *Clemens*, S. 56 m.w.N.

6. Weitere Formen betrieblicher Altersversorgung
a) Entgeltumwandlung nach §§ 1 II Nr. 3, 1a BetrAVG

27 Die Entgeltumwandlung hat sich als Form betrieblicher Altersversorgung seit den 70er Jahren entwickelt[64] und wurde im Jahre 1990 als Form betrieblicher Altersversorgung anerkannt.[65] Seit dem 01.01.1999 gibt es eine gesetzliche Definition, die sich nun in § 1 II Nr. 3 BetrAVG findet. Danach kann der Arbeitnehmer durch »Verzicht«[66] auf zukünftige Entgeltansprüche sich selbst Ansprüche aus betrieblicher Altersversorgung verschaffen. Soweit keine Sonderregelungen bestehen, gelten jedoch auch für die Entgeltumwandlung grundsätzlich alle anderen Vorschriften des BetrAVG. So bestimmt auch bei der Entgeltumwandlung der Arbeitgeber in aller Regel das **abzusichernde Risiko**, den **Durchführungsweg** und die **Zusageart**. Allerdings gibt es Einschränkungen in Bezug auf die obligatorische Entgeltumwandlung nach § 1a BetrAVG.[67]

28 § 1 II Nr. 3 BetrAVG definiert die Entgeltumwandlung und bietet die Grundlage für freie Vereinbarungen über die Entgeltumwandlung. Nur nach § 1a BetrAVG oder wenn ein anwendbarer Tarifvertrag einen entsprechenden Anspruch konstituiert (vgl. § 17 III 1 BetrAVG), kann der Arbeitnehmer eine Entgeltumwandlung erzwingen.[68] Der vom Arbeitnehmer eingesetzte Geldbetrag wird für eine Anwartschaft auf betriebliche Altersversorgung aufgewendet. Verknüpft werden beide Elemente dieses Prozesses durch die in § 1 II Nr. 3 BetrAVG vorausgesetzte **Wertgleichheit**, die nach versicherungsmathematischen Grundsätzen ermittelt werden sollte.[69] Fehlt es an der Wertgleichheit, ergibt sich ein entsprechender **Aufstockungsanspruch** des Arbeitnehmers.[70]

29 Soweit der Arbeitnehmer den Anspruch aus § 1a BetrAVG geltend macht, muss der Arbeitgeber dem Arbeitnehmer ein Angebot zur Durchführung der Entgeltumwandlung machen.[71] Letztlich hat der Arbeitnehmer die Möglichkeit, die Durchführung der Entgeltumwandlung über eine Direktversicherung, eine Pensionskasse oder einen Pensionsfonds zu erreichen (§ 1a I 2–3 BetrAVG). Dies hat den Hintergrund, dass nur diese Durchführungswege der steuerlichen Förderung nach den §§ 10a, 82 ff. EStG unterliegen und so sichergestellt ist, dass der Arbeitnehmer stets in den Genuss dieser Förderung kommen kann. Dieser Zweck wird durch den flankierenden Anspruch nach § 1a III BetrAVG untermauert. Es gibt eine dynamische Mindest- und Höchstgrenze für den Anspruch; höhere oder niedrigere Umwandlungsbeträge als in § 1a I 1 und § 1a I 4 BetrAVG sind nur im Einvernehmen der Parteien möglich. Nach § 1a II BetrAVG ist der Anspruch ausgeschlossen, soweit es schon ein betriebliches Entgeltumwandlungssystem gibt. § 1a IV BetrAVG stellt klar, dass der Arbeitgeber nicht verpflichtet ist, während entgeltfreier Beschäftigungszeiten die Versorgungsanwartschaft weiter anwachsen zu lassen.[72] Allerdings gewährt die Vorschrift dem Arbeitnehmer die Möglichkeit, für die Beiträge selbst aufzukommen.

b) Eigenbeiträge nach § 1 II Nr. 4 BetrAVG

30 Nach § 1 II Nr. 4 BetrAVG können Arbeitnehmer unter bestimmten Voraussetzungen auch durch die Leistung von **Eigenbeiträgen** betriebliche Altersversorgung betreiben. Bis zur Einfügung dieser Vorschrift wäre jegliche Beitragsleistung durch den Arbeitnehmer der Privatvorsorge zuzurechnen gewesen. Die Abgrenzung zwischen betrieblicher Altersversorgung und Privatvorsorge wird damit immer schwieriger.

31 Rechtsfolge einer Vereinbarung nach § 1 II Nr. 4 BetrAVG ist die Anwendbarkeit der Regelungen des Betriebsrentengesetzes; unter den Voraussetzungen des § 1 II Nr. 4 Hs. 2 BetrAVG finden darüber hinaus die Vorschriften über die Entgeltumwandlung (§§ 1a, 1b V, 2 Va, 7 V 3 Nr. 1, 16 V, 17 I 3 BetrAVG) Anwendung. Einzige Ausnahme von der Anwendbarkeit der Entgeltumwandlungsvorschriften ist § 17 V BetrAVG. Diese Vorschrift kann die Vereinbarung von Eigenbeiträgen nicht ausschließen, da sie kein **Lohnverwendungsverbot** enthält.[73] Umfassungszusagen müssen die in § 1 II Nr. 4 BetrAVG erwähnten Voraussetzungen erfüllen. So darf sich die Zusage nur auf einen der drei genannten Durchführungswege beziehen. Andernfalls sind die Regelungen über die Entgeltumwandlung und damit die Regelungen über die betriebliche Altersversorgung insgesamt unanwendbar. Die **Zusage** des Arbeitgebers muss auch die Leistung aus diesen Beiträgen **umfassen**. Nur wenn der Arbeitgeber sich entscheidet, auch für diese Leistungen einstehen zu wollen (§ 1 I 3 BetrAVG), handelt es sich um betriebliche Altersversorgung.

---

64 Ausführlich *Clemens*, S. 34 ff.
65 BAG AP BetrAVG § 1 Lebensversicherung Nr. 11.
66 Zu dogmatischen Begründungsansätzen ausführlich *Clemens*, S. 30 ff.
67 Hierzu *Doetsch* BetrAV 2008, 21 ff.
68 Der Entgeltumwandlungsanspruch ist verfassungskonform: BAG AP BetrAVG § 1a Nr. 1.
69 BAG AP BetrAVG § 1 Nr. 60 zum Problem der Zillmerung.
70 Näher *Clemens*, S. 288 ff.; *Deist/Lange* BetrAV 2008, 26, 32.
71 A.A. *Rieble* BetrAV 2001, 584, 587, der es dem Arbeitnehmer abverlangt, ein Angebot im Sinne des § 145 BGB abzugeben.
72 Zur Diskussion vor der gesetzlichen Klarstellung vgl. *Clemens*, S. 311 ff.; ferner BAG AP BetrAVG § 1 Gleichberechtigung Nr. 12.
73 BT-Drucks. 14/9442, S. 50.

7. Unverfallbarkeit der Anwartschaft

§ 1b BetrAVG regelt neben den bereits beschriebenen Durchführungswegen die gesetzliche Unverfallbarkeit von Versorgungsanwartschaften. Dem Arbeitnehmer bleibt die Anwartschaft unter den dort geregelten Voraussetzungen erhalten, wenn das Arbeitsverhältnis vor Eintritt des Versorgungsfalls endet. Entscheidend ist dabei der Bestand der Versorgungszusage für fünf Jahre und das Mindestalter von 25 Jahren. Nach der Rechtsprechung des BAG handelt es sich hierbei nicht um eine diskriminierende Regelung. § 2 II 2 AGG regelt danach den Vorrang des BetrAVG vor dem AGG für Differenzierungen, die sich aus dem BetrAVG ergeben.[74] Nach § 17 III 3 BetrAVG können für den Arbeitnehmer günstigere Vereinbarungen getroffen werden. Regelungen, wonach die Anwartschaft sofort und/oder für jüngere Arbeitnehmer unverfallbar werden kann, sind daher zulässig. Allerdings ist zu beachten, dass beispielsweise der gesetzliche Insolvenzschutz auch nur für gesetzlich unverfallbare Anwartschaften gilt. Ab 2018 wird der Tatbestand weiter entschärft und im Anschluss an die Richtlinie 2014/50/EU nur noch ein Mindestalter von 21 Jahren und eine Mindestdauer des Arbeitsverhältnisses von drei Jahren verlangt.[75] 32

Aus welchem Grund das Arbeitsverhältnis endet, ist unerheblich. Im Falle eines Betriebsübergangs endet das Arbeitsverhältnis gerade nicht, sondern wird nur mit dem neuen Arbeitgeber fortgesetzt.[76] 33

Für die Berechnung der Fristen (Erreichen des 25. Lebensjahrs und des Fünf-Jahres-Zeitraums) gelten die §§ 186 ff. BGB. Wird eine der Fristen nicht erfüllt, verfällt die Anwartschaft ersatzlos. Der Arbeitgeber muss den Arbeitnehmer hierüber bei Beendigung des Arbeitsverhältnisses normalerweise nicht aufklären.[77] Von der gesetzlichen Unverfallbarkeit sind Vorschalt- und Wartezeiten zu unterscheiden.[78] 34

Die Absätze 2–4 des § 1b BetrAVG beschäftigen sich mit den unterschiedlichen Durchführungswegen. So führt das Erreichen der Unverfallbarkeit zu der Verpflichtung des Arbeitgebers, ein unwiderrufliches Bezugsrecht zu gewähren (§ 1b II 1 BetrAVG). 35

§ 1b V BetrAVG verbessert die Rechtsstellung des Arbeitnehmers, wenn die betriebliche Altersversorgung auf einer Entgeltumwandlung beruht. Denn in diesen Fällen besteht aufgrund der Finanzierung durch den Arbeitnehmer ein größeres Bedürfnis, die wirtschaftlichen Vorteile der Anwartschaft diesem zukommen zu lassen und die Anwartschaft selbst der Verfügungsgewalt des Arbeitgebers zu entziehen. Für die Entgeltumwandlung (§ 2 Va BetrAVG), die beitragsorientierte Leistungszusage (§ 2 Va BetrAVG) und die Beitragszusage mit Mindestleistung (§ 2 Vb BetrAVG) gelten besondere Bestimmungen. 36

8. Änderung und Widerruf von Versorgungszusagen

a) Änderung von Versorgungszusagen

Bei der Frage, ob Versorgungszusagen zulasten des Arbeitnehmers geändert werden können, kommt es auf den Rechtsbegründungsakt an. Erfolgte die Versorgungszusage durch Betriebsvereinbarung, so kann diese grundsätzlich durch eine neue Betriebsvereinbarung abgelöst werden. Gleichwohl ist nach der Rechtsprechung des BAG noch zusätzlich zu prüfen, ob der Eingriff in die Anwartschaft des einzelnen Arbeitnehmers auch verhältnismäßig ist. Die eigentlich den individualvertraglichen Versorgungszusagen zuzuordnenden Rechtsbegründungsakte der betrieblichen Übung oder Gesamtzusage können nach der Rechtsprechung des BAG allerdings ebenfalls durch Betriebsvereinbarung abgelöst werden, wenn ein kollektiver Günstigkeitsvergleich positiv ausfällt.[79] In solchen Fällen ist aber neben einer kollektivrechtlichen Wirksamkeitsprüfung der individualrechtliche Eingriff in die Anwartschaft einer Verhältnismäßigkeitsprüfung zu unterziehen. Diese Verhältnismäßigkeitsprüfung findet bei der Abänderung einer betrieblichen Übung, Gesamtzusage oder Betriebsvereinbarung durch eine Betriebsvereinbarung in der Form eines »Drei-Stufen-Modells« statt. Das BAG hat ein Prüfungsschema entwickelt, das nach dem bereits erworbenen Besitzstand differenziert und auf jeder Stufe des Besitzstandes Gründe, die einen Eingriff rechtfertigen können, benennt.[80] Während der nach § 2 BetrAVG zu ermittelnde Teilbetrag nur aus zwingenden Gründen angetastet werden darf, kann in die in manchen Versorgungszusagen anzutreffenden dienstzeitunabhängigen Steigerungsraten (sog. erdiente Dynamik) schon beim Vorliegen triftiger Gründe eingegriffen werden. Für eine Abänderung zukünftiger Steigerungsbeträge genügen schließlich lediglich sachlich-proportionale Gründe. Bei der Anwendung des Systems ist es nicht nur schwierig, die Änderung jeweils einer Stufe zuzuweisen. Vielmehr besteht teilweise kaum eine Möglichkeit, vor Eintritt des Versorgungsfalls zu ermitteln, auf welcher Stufe der Eingriff stattfindet, sodass Ände- 37

---

74 BAG NZA 2008, 532; dazu *Hellkamp/Rinn* BetrAV 2008, 442 ff.
75 Art. 1 Nr. 1 des Gesetzes zur Umsetzung der EU-Mobilitäts-Richtlinie vom 21.12.2015, BGBl. I 2553; dazu BR-Drucks. 346/15.
76 BAG AP BGB § 613a Nr. 6; zu den Konsequenzen eines Betriebsübergangs auf Betriebsrentenzusagen vgl. *Rolfs* BetrAV 2008, 468 ff.
77 BAG AP BGB § 611 Fürsorgepflicht Nr. 116: Erteilte Auskünfte müssen aber richtig sein.
78 Vgl. hierzu ErfK/*Steinmeyer*, § 1b BetrAVG Rn. 14, 35.
79 BAG AP BetrVG 1972 § 77 Nr. 17.
80 BAG AP BetrAVG § 1 Unterstützungskassen Nr. 4; AP BetrAVG § 1 Besitzstand Nr. 8; AP BetrAVG § 1 Besitzstand Nr. 13; AP BetrAVG § 1 Ablösung Nr. 36.

Anhang P Betriebliche Altersversorgung

rungen von Versorgungszusagen stets mit einer großen Unsicherheit für den Arbeitgeber behaftet sind. Zu beachten ist auch, dass selbst Änderungen, die vor der Unverfallbarkeit der Anwartschaft vorgenommen wurden, nach diesem Modell überprüfbar sind.[81]

38 Im Fall der Abänderung einer tariflichen Zusage durch Tarifvertrag spricht viel dafür, nahezu jede Änderung aufgrund der Tarifautonomie anzuerkennen. Gleichwohl neigt das BAG in letzter Zeit dazu, statt einer an sich gebotenen bloßen Willkürkontrolle auch eine Verhältnismäßigkeitsprüfung durchzuführen.[82]

39 Bei einer rein individualrechtlich erteilten Zusage ist der Arbeitgeber hingegen auf allgemeine arbeitsrechtliche Institute, wie etwa die Änderungskündigung (§ 2 KSchG) oder die einvernehmliche Abänderung, verwiesen.

b) Widerruf von Versorgungszusagen

40 Neben den vorgehend beschriebenen Änderungsmöglichkeiten wird für verschiedene Tatbestände auch diskutiert, ob ein vollständiger Widerruf von Versorgungszusagen in Betracht kommt. Neben dem Extremfall des Wegfalls der Geschäftsgrundlage, der aufgrund der vertraglichen Risikoverteilung jedenfalls nicht bei Zahlungsschwierigkeiten des Arbeitgebers in Betracht kommt,[83] wird ein Widerruf im Ergebnis nur noch bei schweren Treuepflichtverletzungen anerkannt. Hierbei handelt es sich rechtstechnisch um ein auf § 242 BGB gestütztes Leistungsverweigerungsrecht. Eine zur Aberkennung der Versorgungsansprüche führende Treuepflichtverletzung liegt vor, wenn angesichts der Schwere der Verfehlungen das Verlangen des Arbeitnehmers nach Versorgung rechtsmissbräuchlich wäre. Hierfür muss der Arbeitnehmer allerdings über lange Zeit seine Stellung missbraucht haben, um dem Arbeitgeber einen Schaden zuzufügen. Darüber hinaus muss sich die von ihm erbrachte Betriebstreue daher als wertlos herausstellen.[84] Bei Verfehlungen nach Beendigung des Arbeitsverhältnisses kommt ein Widerruf nur in besonders krassen Ausnahmefällen in Betracht.[85] Die vorstehend beschriebenen Möglichkeiten des Arbeitgebers, Versorgungszusagen zu ändern oder aufzuheben, gelten allerdings nicht für die arbeitnehmerfinanzierte betriebliche Altersversorgung. Hier kommt keinerlei Abänderung in Betracht.[86]

9. Weitere gesetzliche Regelungen

a) Höhe der unverfallbaren Anwartschaft

41 § 2 BetrAVG bestimmt im Anschluss an § 1b BetrAVG die Höhe der unverfallbaren Anwartschaft, die dem Arbeitnehmer im Falle des Ausscheidens vor Eintritt des Versorgungsfalls erhalten bleibt. Diese richtet sich nach dem in § 2 BetrAVG zugrunde gelegten »m/n-Prinzip«. Danach ist die Höhe der Anwartschaft davon abhängig, wie lange das Arbeitsverhältnis im Verhältnis zur möglichen Dauer bei Erreichen der Regelaltersgrenze gedauert hätte. Zu beachten ist, dass die Änderung der Regelaltersgrenze auf die Berechnung der unverfallbaren Anwartschaft nur dann unmittelbaren Einfluss hat, wenn die Versorgungsordnung an die gesetzliche Regelung gekoppelt ist.[87] Sieht die Versorgungsordnung dagegen eine starre **Altersgrenze** (etwa bei Erreichen des 65. Lebensjahres) vor, so ist die nach § 2 BetrAVG zu ermittelnde Anwartschaft auch danach zu berechnen. Demnach ist zunächst die Höhe der Betriebsrente ohne vorzeitiges Ausscheiden zu berechnen und danach die Quote aus den tatsächlichen und der möglichen Anzahl der Monate der Betriebszugehörigkeit zu bilden. Die Absätze 2–5 der Vorschrift betreffen Besonderheiten bei den einzelnen Durchführungswegen. Beispielsweise trägt § 2 II BetrAVG dem Umstand Rechnung, dass bei einer betrieblichen Altersversorgung mittels Direktversicherung der Anspruch aus der Versicherung höher oder geringer sein kann als die nach § 2 I BetrAVG zu ermittelnde Quote.

b) Abfindung und Übertragung von Anwartschaften

42 Die §§ 3 und 4 BetrAVG betreffen die Abfindung und Übertragung von Anwartschaften. Da die Betriebsrentenanwartschaft nicht der Vermögensbildung, sondern nur der Absicherung der in § 1 BetrAVG erwähnten biologischen Risiken dient, widerspricht jegliche Auszahlung von Betriebsrentenanwartschaften vor Eintritt des Versorgungsfalls dem Zweck des Betriebsrentengesetzes. Dem trägt als Programmsatz § 3 I BetrAVG Rechnung. Die Vorschriften des § 3 II–IV BetrAVG erlauben unter engen Voraussetzungen die Abfindung bestimmter Anwartschaften, sämtliche hiergegen verstoßende Abreden sind nichtig. Doch selbst **geringfügige Anwartschaften** können nur abgefunden werden, wenn eine Übertragung nach § 4 BetrAVG nicht stattfindet, § 3 II 3 BetrAVG. § 4 BetrAVG regelt diese, bereits angesprochene, **Portabilität** von Versorgungsanwartschaften. Danach kann unter den in § 4 BetrAVG geregelten Voraussetzungen die Anwartschaft auf den neuen Ar-

---

[81] BAG NZA-RR 2015, 371; NZA 2013, 1028.
[82] BAG AP BetrAVG § 1 Nr. 44.
[83] BAG AP BetrAVG § 7 Widerruf Nr. 24; BAG DB 2008, 1505; BVerfG NZA 2012, 788.
[84] BAG AP BetrAVG § 1 Treuebuch Nr. 7; BGH AP BetrAVG § 1 Treuebruch Nr. 1.
[85] Vgl. BAG AP BetrAVG § 1 Nr. 9.
[86] *Clemens*, S. 307 f.
[87] Vgl. hierzu schon Rdn. 6.

beitgeber übertragen werden. Die Vorschrift regelt in § 4 II BetrAVG die einvernehmliche Übertragung und konstituiert unter bestimmten Voraussetzungen in § 4 III BetrAVG einen entsprechenden Anspruch des Arbeitnehmers. Soweit ein externer Versorgungsträger hierzu eingeschaltet wurde, ist auch dieser gem. § 4 III BetrAVG zur Mitwirkung verpflichtet. § 4 V BetrAVG trifft eine Regelung zum Übertragungswert, hinsichtlich dessen auf § 2 BetrAVG Bezug genommen wird.

c) Auskunftsansprüche

§ 4a BetrAVG regelt einen Auskunftsanspruch gegen den Arbeitgeber oder auch den Versorgungsträger. Dieser Auskunftsanspruch ist abhängig von einem »**berechtigten Interesse**«. Dieses ist weit auszulegen und im Ergebnis schon dann anzuerkennen, wenn der Arbeitnehmer sich nicht sicher ist, ob er über die betriebliche Altersversorgung hinaus zusätzliche Maßnahmen zur Alterssicherung ergreifen muss. Soweit sich der Anspruch gegen einen externen Versorgungsträger richtet, tritt § 4a BetrAVG neben die Auskunftspflichten nach § 144 VAG. 43

d) Insolvenzschutz

Die §§ 7 ff. BetrAVG dienen dem Schutz des Versorgungsempfängers im Fall des Insolvenzverfahrens seines ehemaligen Arbeitgebers und stellen eine Ausfallhaftung zur Verfügung. Kann der Arbeitgeber aufgrund der Eröffnung des Insolvenzverfahrens bzw. wegen der nach § 7 I 4 BetrAVG dieser gleichstehenden Gründe für die unverfallbare Anwartschaft nicht einstehen und kommt der externe Versorgungsträger seiner Verpflichtung deswegen ebenfalls nicht nach (§ 8 I BetrAVG), so wird die versprochene Betriebsrente vom Träger der Insolvenzsicherung, dem **Pensions-Sicherungs-Verein** (PSV – vgl. § 14 I BetrAVG), übernommen. Nach § 7 III BetrAVG ist die aus der Insolvenzsicherung zu leistende Betriebsrente allerdings höhenmäßig begrenzt. § 7 V BetrAVG trägt dem Interesse des PSV Rechnung, nur für solche Anwartschaften einstehen zu müssen, die nicht rechtsmissbräuchlich zustande gekommen sind. Die weiteren Vorschriften zur Insolvenzsicherung befassen sich mit den gestalterischen Möglichkeiten des PSV sowie mit dessen Finanzierung. 44

e) Anpassung nach § 16 BetrAVG

Nach § 16 I BetrAVG hat der Arbeitgeber alle drei Jahre eine Anpassung der laufenden Leistungen zu prüfen und darüber nach billigem Ermessen zu entscheiden. Die Ausübung des billigen Ermessens unter Berücksichtigung der Belange nach § 16 I 2 BetrAVG bereitet in der Praxis nicht unerhebliche Schwierigkeiten. Daher zeigt das Gesetz in § 16 II, III, VI BetrAVG dem Arbeitgeber Wege auf, wie er eine turnusmäßige Prüfung und gegebenenfalls eine turnusmäßige Klagewelle der Versorgungsempfänger vermeiden kann. Zu beachten ist, dass Berechtigter im Sinne dieser Vorschrift nur der Versorgungsempfänger und nicht der Anwartschaftsberechtigte ist. Gleichzeitig wird auch klargestellt, dass der Verpflichtete nicht etwa der Versorgungsträger, sondern ausschließlich der Arbeitgeber ist. Gleichwohl sehen die Beitrags- und Leistungsbestimmungen der externen Versorgungsträger regelmäßig auch Bestimmungen zur Anpassung der Leistungen vor, um die Verpflichtungen des Arbeitgebers und des Versorgungsträgers parallel zu schalten. 45

f) Abweichungen durch Tarifverträge

Nach § 17 III 1 BetrAVG kann von einem Großteil der Vorschriften des Betriebsrentengesetzes durch Tarifverträge abgewichen werden. Insbesondere im Bereich der Entgeltumwandlung ist hiervon in der Praxis Gebrauch gemacht worden.[88] § 17 III 1 BetrAVG klammert diejenigen Vorschriften des Betriebsrentengesetzes von der Tarifdispositivität aus, die entweder die Grundpfeiler des Betriebsrentensystems betreffen (wie etwa die §§ 1, 1b BetrAVG) oder im Sinne der Funktionsfähigkeit des Insolvenzschutzes unangetastet bleiben sollen (§§ 7 ff. BetrAVG). Insofern bedarf auch die Regelung des § 17 III 3 BetrAVG einer einschränkenden Auslegung. Zwar darf danach auch von den übrigen Vorschriften zugunsten des Arbeitnehmers abgewichen werden, soweit allerdings der Insolvenzschutz betroffen ist, dürfen auch hier Tarifverträge keine Bestimmungen zulasten des PSV enthalten. 46

10. Gleichbehandlungsfragen

a) Einleitung

Gleichberechtigung und Gleichbehandlung haben im Rahmen der betrieblichen Altersversorgung erhebliche Bedeutung, weil der Arbeitgeber bei Erteilung und Ausgestaltung von Versorgungszusagen den Gleichbehandlungsgrundsatz zu beachten hat.[89] Zwar kann er den Zweck von Versorgungszusagen bestimmen und daher in der Regel auch einen wirksamen Ausschluss bestimmter Arbeitnehmergruppen von der Betriebsrentenzusage erreichen. Gleichbehandlungsfragen reduzieren sich also regelmäßig auf die Feststellung, ob eine unzulässige **Diskriminierung** von Arbeitnehmern vorliegt, die nicht durch sachliche Gründe gerechtfertigt 47

---

88 Vgl. *Clemens*, S. 153 ff.
89 BAG AP BGB § 242 Gleichbehandlung Nr. 192.

Anhang P Betriebliche Altersversorgung

ist. Dabei stellen sich besonders häufig Fragen der Gleichbehandlung von Frauen und Männern sowie Probleme der Altersdiskriminierung.

b) Die Geltung des AGG bei der betrieblichen Altersversorgung

48 Möglicherweise auch aufgrund der großen Eile, mit der die EG-Richtlinien 2000/43/EG, 2000/78/EG und 2002/73/EG umgesetzt werden mussten,[90] hat der Gesetzgeber sich entschlossen, die Vorgaben der Richtlinien nicht sorgsam in einzelne Gesetze einzuarbeiten, sondern vielmehr eine Kodifikation mit sämtlichen Gleichbehandlungsfragen neben die vorhandenen (arbeitsrechtlichen) Gesetze zu stellen. Nachdem sich an § 2 II 2 AGG einige Zeit ein Streit über das Verhältnis von AGG und BetrAVG entzündet hatte, hat das BAG für Klarheit gesorgt.[91] § 2 II 2 AGG ist danach eine Kollisionsregelung, nach der sämtliche unmittelbar auf dem BetrAVG beruhenden Differenzierungen auch durch das AGG unangetastet bleiben,[92] während sich andere Differenzierungen am AGG messen lassen müssen. Unklar bleibt gleichwohl, ob diskriminierende Regelungen, die im BetrAVG enthalten sind, nicht gleichwohl an europarechtlichen Vorgaben scheitern, wie es beispielsweise im Hinblick auf die am Alter anknüpfende Vorschrift des § 1b I 1 BetrAVG vertreten wird.[93]

c) Gleichberechtigung von Männern und Frauen

49 Männer und Frauen dürfen im Rahmen der betrieblichen Altersversorgung nicht ungleich behandelt werden. Dies gilt unabhängig davon, welche der verschiedenen Gleichberechtigungsgebote (Art. 157 II AEUV, Art. 3 I, II und III GG, § 1 AGG oder der allgemeine Gleichbehandlungsgrundsatz) im konkreten Fall zur Anwendung kommen. So ist das Versprechen einer Witwen-, nicht aber einer **Witwerrente** eine unzulässige Diskriminierung von Frauen, da die Arbeitnehmerin keinen Versorgungsanspruch zugunsten ihrer Hinterbliebenen erwerben kann.[94] Eine unzulässige Diskriminierung von Männern lag in Versorgungssystemen vor, die für Frauen eine Rente ab dem vollendeten 60. Lebensjahr, für Männer dagegen erst eine spätere Altersleistung vorsahen.[95] Unzulässig ist es auch, in **leistungsorientierten Systemen** betrieblicher Altersversorgung hinsichtlich der Höhe der Leistungen nach dem Geschlecht zu differenzieren.

50 Unterschiedlich wurde lange Zeit beurteilt, ob und inwiefern es zulässig oder gar aus Gleichbehandlungsgrundsätzen geboten ist, in **beitragsorientierten** und **kapitalgedeckten Versorgungssystemen** nach dem Geschlecht zu differenzieren.[96] Jedenfalls für Versicherungsverträge lässt der EuGH Differenzierungen nicht mehr zu, sodass solche auch zumindest in den versicherungsförmigen Durchführungswegen der betrieblichen Altersversorgung unzulässig sind.[97] Unabhängig von der Zulässigkeit differenzierender Regelungen im Allgemeinen ist die sog. »Riester-Förderung« nur noch möglich, wenn vom Geschlecht unabhängige Tarife vorgesehen sind (§ 1 I Nr. 2 AltZertG). Auch in den übrigen Durchführungswegen können Differenzierungen nicht mehr empfohlen werden.[98]

d) Weitere Gleichbehandlungsfragen

51 Grundsätzlich gehört es zur Freiheit des Arbeitgebers, die Gruppe, die er mit einer betrieblichen Altersversorgung begünstigen möchte, zu definieren.[99] Sot hat das BAG eine Regelung anerkannt, welche die Gewährung zusätzlicher Versorgungsleistungen davon abhängig machte, ob im jeweiligen Betrieb eine Gesamtbetriebsvereinbarung zur flexiblen Arbeitszeit übernommen wurde.[100] Entscheidend ist, ob **billigenswerte Unterscheidungskriterien** vorliegen, die auf vernünftigen, einleuchtenden Entscheidungen beruhen und die nicht gegen übergeordnete Wertentscheidungen verstoßen.[101] Daher kann zwar eine **Differenzierung** nach dem Einkommen in die eine oder andere Richtung vorgenommen werden, allerdings darf die Eigenschaft als **Arbeiter** oder **Angestellter** nicht das einzige Kriterium sein.[102] Teilzeitbeschäftigte dürfen ebenso wenig benachteiligt werden, was auch für geringfügig Beschäftigte gelten dürfte.[103] Befristet Beschäftigte dürfen nur aufgrund der Tatsache, dass sie oftmals die Unverfallbarkeitsgrenze nicht erreichen werden, benachteiligt werden.[104] Zuläs-

---

90 Vgl. zur Gesetzgebungsgeschichte ErfK/*Schlachter*, AGG, Vorbemerkung Rn. 1 ff.
91 BAG NZA 2008, 532; vgl. aber *Preis* BetrAV 2010, 513.
92 BAG NZA 2008, 532; dazu *Hellkamp/Rinn* BetrAV 2008, 442, 446.
93 *Preis* BetrAV 2010, 513.
94 BAG AP BetrAVG § 1 Hinterbliebenenversorgung Nr. 8.
95 EuGH AP EWG-Vertrag Art. 119 Nr. 20.
96 *Birk* BetrAV 2003, 197, 198; *Hensche* NZA 2004, 828, 829; *Körner* NZA 2004, 760, 763 einerseits und Blomeyer, Festschrift für Förster, S. 189, 194 andererseits; offen gelassen von BAG NZA-RR 2007, 650.
97 EuGH VersR 2011, 377; dazu Birk, DB 2011, 819.
98 ErfK/*Steinmeyer*, Vorbemerkung BetrAVG Rn. 40.
99 BAG AP BetrAVG § 1 Gleichbehandlung Nr. 37.
100 BAG NZA 2008, 56.
101 Vgl. BAG 19.03.2002 – 3 AZR 229/01.
102 BAG AP BetrAVG § 1 Gleichbehandlung Nr. 56; AP BetrVG 1972 § 77 Betriebsvereinbarung Nr. 50.
103 *Ackermann* NZA 2000, 465, 468; *Fodor* DB 1999, 800, 802.
104 Vgl. BAG AP TVG § 1 Tarifverträge: Deutsche Post Nr. 7; vgl. auch *Ars/Teslau* NZA 2006, 297 ff.

sig sind Differenzierungen nach **Qualifikation** oder arbeitsplatzbezogenen Merkmalen.[105] Hierbei kommen als geeignete und anerkannte Differenzierungskriterien sowohl der **Arbeitseinsatz** selbst als auch eine bestimmte **Berufserfahrung** oder etwa Arbeitsplätze, die bestimmten speziellen **Risiken** ausgesetzt sind, in Betracht. Keinen Bedenken begegnen ferner **Stichtagsregelungen**,[106] die etwa für zukünftige Betriebsrentner Verbesserungen bei der Versorgung ausschließen. Versorgungszusagen und Versorgungsordnungen dürfen bei der Hinterbliebenenversorgung allerdings nicht mehr lediglich **Ehepartner** berücksichtigen. Vielmehr haben auch **eingetragene Lebenspartner** Anspruch auf die Betriebsrente, selbst wenn die Versorgungsordnung insofern nur Ehepartner als Bezugsberechtigte vorsieht.[107] Zur Problematik der Spätehen- und Altersdifferenzklauseln wurde bereits Stellung genommen.[108] Die Frage, ob § 1b I 1 BetrAVG europäischem Recht entspricht,[109] ist inzwischen dagegen etwas entschärft worden, nachdem dies in der EU-Mobilitäts-Richtlinie geregelt worden ist. Wegen Art. 4 I lit. a) und b) der Richtlinie 2014/50/EU wird das Mindestalter auf 21 Jahre und die Unverfallbarkeitsfrist zum 01.01.2018 auf drei Jahre abgesenkt.[110]

e) Folgen verbotener Ungleichbehandlung

Eine unzulässige Ungleichbehandlung führt regelmäßig zu einer Anpassung »nach oben«.[111] Der zu Unrecht ungleich behandelte Arbeitnehmer kann die gleichen Rechte wie die begünstigten Mitglieder der Vergleichsgruppe in Anspruch nehmen.[112] Dieser **Anspruch** richtet sich nicht nur gegen den einzelnen **Arbeitgeber**,[113] sondern auch gegen den externen **Versorgungsträger**, da dieser ebenso an Gleichbehandlungsgebote gebunden sein soll.[114]

52

II. Rechtsbeziehungen bei Einbeziehung eines Versicherers

1. Einleitung

Berührungspunkte der betrieblichen Altersversorgung mit dem VVG können nur auftreten, wenn im Rahmen von Versorgungszusagen Lebensversicherungen abgeschlossen werden.[115] Dies kann folglich nur die **Direktversicherung** und die **Pensionskasse** betreffen. Während bei der Direktversicherung der Arbeitgeber Versicherungsnehmer ist, besteht bei der Pensionskasse das Versicherungsverhältnis direkt zwischen Arbeitnehmer und der Pensionskasse. Da der Gesetzgeber den **Pensionsfonds** nicht als Versicherungsunternehmen ansieht (§§ 1 I Nr. 5, § 237 I VAG), spielt er hier an sich ebenso wenig eine Rolle wie die Direktzusage und die Unterstützungskassenzusage. Allerdings wird vertreten, dass die Vorschriften der §§ 150 ff. auch beim Pensionsfonds ergänzend herangezogen werden können.[116]

53

2. Die einzelnen Rechtsbeziehungen

a) Einleitung

Die Rechtsbeziehungen des Arbeitnehmers zum Versicherer bestimmen sich nicht nach arbeitsrechtlichen Grundsätzen, sondern nach dem Versicherungsrecht. So kann die Pensionskasse bei Vorliegen der satzungsmäßigen Voraussetzungen etwa die Leistung herabsetzen (vgl. auch § 314 II VAG), ohne dass es auf arbeitsrechtliche Wertungen oder Normen ankäme.[117] Die Rechtsprechung hält die Trennung der einzelnen Rechtsbeziehungen nicht immer konsequent durch, wenn sie beispielsweise die Bindung des externen Versorgungsträgers an Art. 157 II AEUV betont[118] und den Versicherer damit dem Arbeitgeber gleichstellt.[119] Auch im BetrAVG finden sich zunehmend Bestimmungen, die eine Trennung der Rechtsbeziehungen nicht kon-

54

---

105 Vgl. BAG AP BetrAVG § 1 Gleichbehandlung Nr. 18; BAG AP BetrAVG § 1 Gleichberechtigung Nr. 4; BAG AP BetrAVG § 1 Gleichbehandlung Nr. 37; BAG AP BetrAVG § 1 Gleichbehandlung Nr. 24; BAG AP BetrAVG § 16 Nr. 53.
106 BAG AP BGB § 242 Ruhegehalt Nr. 176; BAG AP BGB § 242 Ruhegehalt Nr. 187; BAG AP BGB § 242 Gleichbehandlung Nr. 179.
107 EuGH NZA 2008, 459; Rengier NZA 2006, 1251, 1252; *Rolfs* NZA 2008, 553, 559.
108 Vgl. oben Rdn. 15.
109 Vgl. *Preis* BetrAV 2010, 513, 514.
110 Art. 1 Nr. 1 des Gesetzes zur Umsetzung der EU-Mobilitäts-Richtlinie vom 21.12.2015, BGBl. I 2553; dazu BR-Drucks. 346/15.
111 BAG AP BetrAVG § 1 Gleichbehandlung Nr. 11.
112 BAG AP BetrAVG § 1 Gleichbehandlung Nr. 56.
113 EuGH NJW 1976, 2068; EuGH AP EWG-Vertrag Art. 119 Nr. 21; EuGH AP BAT § 23a Nr. 25; EuGH AP EWG-Richtlinie 76/207 Nr. 32.
114 EuGH AP BetrAVG § 1 Pensionskasse Nr. 5; daran anschließend BAG AP BetrAVG § 1 Gleichberechtigung Nr. 13; vgl. auch *Höfer* NJW 1996, 297, 298; *Kollatz* NJW 1996, 1658.
115 BR-Drucks. 707/06, 129.
116 *Blomeyer/Rolfs/Otto*, BetrAVG, Anh. § 1 Rn. 904.
117 LAG Düsseldorf, 07.02.2007 – 12 Sa 227/06.
118 EuGH AP BetrAVG § 1 Pensionskasse Nr. 5; daran anschließend BAG AP BetrAVG § 1 Gleichberechtigung Nr. 13; vgl. auch *Höfer* NJW 1996, 297, 298; *Kollatz* NJW 1996, 1658.
119 Vgl. zur Kritik hieran auch *Höfer* NJW 1996, 297, 298; *Kollatz* NJW 1996, 1658; für die Direktversicherung gilt ohnehin § 138 II VAG.

Anhang P Betriebliche Altersversorgung

sequent durchhalten und das Verhältnis des Arbeitnehmers zum externen Versorgungsträger bestimmen, wie etwa § 4a BetrAVG.

b) Arbeitgeber und Versicherer

55 Die Rechtsbeziehungen des Arbeitgebers zu dem Versicherer richten sich nach dem **Versicherungsvertrag** und **versicherungsrechtlichen Vorschriften**. Gem. § 6 unterliegt der Versicherer beispielsweise Beratungspflichten gegenüber dem Versicherungsnehmer und hat auch nach § 7 I–II i.V.m. §§ 1, 2 InfoV weitgehende Informationspflichten gegenüber dem Versicherungsnehmer.[120] Bei der betrieblichen Altersversorgung ist Versicherungsnehmer allerdings der Arbeitgeber, sodass Beratungs- und Informationspflichten gegenüber dem hauptsächlich betroffenen Arbeitnehmer hieraus nicht abzuleiten sind.[121]

c) Arbeitnehmer und Versicherer

56 Das Verhältnis von Versicherer und Arbeitnehmer richtet sich ebenfalls nach dem **Versicherungsrecht**, wobei zu beachten ist, dass der Arbeitnehmer lediglich die versicherte Person, nicht aber der Versicherungsnehmer ist. Insofern ist der Versicherer aus § 6 nicht zur Beratung verpflichtet. Dieses Problem hat auch der Gesetzgeber gesehen und in § 144 VAG entsprechende Informationspflichten konstituiert, die nach § 237 III Nr. 9 VAG auch für Pensionsfonds gelten.[122] Daneben hat der Versicherer seine Verpflichtungen aus § 4a BetrAVG zu beachten. Informationspflichten sind allerdings noch keine Beratungspflichten, sodass die gesetzliche Regelung teilweise als nicht ausreichend angesehen wird.[123] In § 150 II 1 hat der Gesetzgeber eine weitere Besonderheit der betrieblichen Altersversorgung berücksichtigt. Da der Arbeitnehmer als lediglich versicherte Person beim Abschluss der Lebensversicherung zu nichts verpflichtet wird, muss er in den Versicherungsvertrag nicht schriftlich einwilligen. Darüber hinaus trägt die Bestimmung praktischen Bedürfnissen Rechnung. Zu beachten ist der beschränkte Anwendungsbereich dieser Ausnahmeregelung, sodass bei einzeln abgeschlossenen Versicherungsverträgen das Zustimmungserfordernis erhalten bleibt. Problematisch ist die Ausnahme des § 150 II nur im Hinblick auf Entgeltumwandlungsvereinbarungen, die durch den Arbeitnehmer finanziert werden und es daher eigentlich Veranlassung gäbe, die einzelnen Arbeitnehmer nicht von der Zustimmungsverpflichtung auszunehmen.[124] Die gesetzliche Regelung ist aber eindeutig,[125] sodass auch hier kein Zustimmungserfordernis gegeben ist. Nach § 166 IV muss der Versicherer die versicherte Person (also den Arbeitnehmer) über die Bestimmung der Zahlungsfrist nach § 38 I in Textform informieren. So erhält der Arbeitnehmer die Chance, die Umwandlung seiner Versicherung in eine prämienfreie Versicherung durch Übernahme der Prämien zu verhindern.[126] Der praktischen Umsetzung der Vorschrift steht allerdings entgegen, dass der Versicherer bei Gruppenversicherungen oftmals keine Kenntnis der Privatanschrift des Versicherten hat.[127] Und die Praxis zeigt, dass Arbeitgeber im Fall des eigenen Zahlungsverzugs kein Interesse daran haben, dass die Arbeitnehmer von diesem Umstand erfahren. So kommt es häufig vor, dass Arbeitnehmer erst nach geraumer Zeit Kenntnis darüber erlangen, dass die Beiträge an das Versicherungsunternehmen nicht abgeführt wurden.

57 Auch für **Pensionskassen** gibt es einige Besonderheiten, die im Hinblick auf das VVG zu beachten sind. Da der Arbeitnehmer Mitglied der Pensionskasse ist[128], stehen der Information an den Arbeitnehmer gem. § 166 IV keine praktischen Probleme entgegen. Für reguliere Pensionskassen (§ 233 VAG) gibt es dagegen einige Besonderheiten. Nach § 211 II sind diese von einigen Vorschriften des VVG ausgenommen worden. Die Informationspflichten ergeben sich hier bereits aus § 144 VAG und aus arbeitsrechtlichen Bestimmungen. Auch die Bestimmungen über die Überschussbeteiligung sind nicht anzuwenden, da hier wegen § 1233 I Nr. 2 VAG und des Genehmigungsvorbehaltes der BAFin (§ 9 VAG) eine sachgerechte Lösung gefunden wird und es folglich keines zusätzlichen Schutzes bedarf.

---

120 Vgl. zusammenfassend *Bach* BetrAV 2008, 64 ff.
121 Zur Kritik hieran *Reinecke* NZA 2015, 1153 ff.; *Bach* BetrAV 2008, 64, 65.
122 Dazu *Doetsch* BetrAV 2008, 21, 25.
123 *Reinecke* NZA 2015, 1153, 1154 f.
124 *Doetsch* BetrAV 2008, 21, 25; *Bach* BetrAV 2008, 64, 65.
125 Ebenso *Doetsch* BetrAV 2008, 21, 25.
126 Rolfs BetrAV 2010, 199, 204.
127 Rolfs BetrAV 2010, 199, 204.
128 Vgl. *Blomeyer/Rolfs/Otto*, BetrAVG, § 1 Rn. 231.

Anhang Q
Pferdelebensversicherung

Übersicht

	Rdn.		Rdn.
I. Rechtliche Grundlagen	1	dd) Rechtsfolgenhinweis	18
1. Ausgangssituation	1	6. Versicherungssummen, Überversicherung und Doppelversicherung (§ 7 AVP)	19
2. VVG 2008	2		
3. AVP 2008	3	a) Privatautonomie	19
4. Art. 20a GG und § 90a BGB	4	b) Taxation von Pferden	20
5. AGB-Inhaltskontrolle	5	c) Überversicherung und Doppelversicherung	21
II. Pferdelebensversicherung	6		
1. Versicherte Schäden und Gefahren (§ 1 AVP)	6	7. Obliegenheiten des VN und Leistungsfreiheit des VR (§ 8 AVP)	22
2. Umfang der Versicherung (§ 2 AVP)	7	a) Allgemein	23
a) Tod (Verenden, Nottötung)	7	b) Ältere Rechtsprechung	24
b) Verfahren bei Nottötung	8	c) Obliegenheiten vor dem Versicherungsfall (§ 8 Nr. 1 AVP)	25
c) Diebstahl oder Raub	9		
d) Zuchtuntauglichkeit	10	d) Obliegenheiten bei und nach Eintritt des Versicherungsfalls (§ 8 Nr. 2 AVP)	26
e) Unbrauchbarkeit	11		
3. Ausschlüsse (§ 3 AVP)	12	aa) Kasuistik	26
4. Versicherte Tiere (§ 4 AVP)	13	bb) Gedehnter Versicherungsfall	27
5. Anzeigepflichten (§ 5 AVP)	14	cc) Rettungspflicht	28
a) Allgemeines	14	e) Leistungsfreiheit bei Obliegenheitsverletzung (§ 8 Nr. 3 AVP)	29
b) Im Einzelnen	15		
aa) Umfang der Anzeigepflicht	15	8. Varia	30
bb) Rechtsfolgen der Verletzung der Anzeigepflicht	16	a) Versicherungsort (§ 6 Nr. 1 AVP)	31
		b) Wartezeit (§ 10 Nr. 6 AVP)	32
cc) Frist für die Ausübung der Rechte des VR	17	c) Gefahrerhöhung (§ 18 Nr. 1 AVP)	33
		d) Nachhaftung (§ 10 Nr. 4 AVP)	34

Schrifttum:
Bundesministerium für Ernährung, Landwirtschaft und Verbraucherschutz, Leitlinien zur Beurteilung von Pferdehaltungen unter Tierschutzgesichtspunkten, Bonn 2009 (belv.de); *Deutsche Reiterliche Vereinigung*, Leistungs-Prüfungs-Ordnung 2013 (LPO), Regelwerk für den deutschen Turniersport, 4. Aufl. 2015; *Dietz/Huskamp*, Handbuch Pferdepraxis, 3. Aufl. 1986; *Eikmeier/Fellmer/Moegle*, Lehrbuch der Gerichtlichen Tierheilkunde 1990; *Herrmann*, Tierversicherung, 1971; *Hirt/Maisack/Moritz*, Tierschutzgesetz, 3. Aufl. 2015; *Hopster/Kästner*, Schmerzerkennung und -therapie bei Pferden, Der Praktische Tierarzt 2015, 1014; *Jarass/Pieroth*, Grundgesetz für die Bundesrepublik Deutschland, 14. Aufl. 2016; *Lammel*, Zur Leistungspflicht eines Versicherers einer Tierlebensversicherung bei einer Nottötung, VersR 1978, 1112; *Looschelders*, Rettungsobliegenheit des Versicherungsnehmers und Ersatz der Rettungskosten nach dem neuen VVG, in: FS für Deutsch, 2009, 835; *Lorz/Metzger*, Tierschutzgesetz, 6. Aufl. 2008; *Luy/Deegen/Grabner/Hertsch*, Tötung von Equiden, Pferdeheilkunde 2006, 795; *Martin*, Zum Verfall der Jahresprämie nach den Allgemeinen Versicherungsbedingungen für die Tierlebensversicherung, VersR 1978, 1158; *Meißner*, Kein Tierschutz in der Tierlebensversicherung?, VersR 1980, 510; *Oexmann*, Zum Begriff des Sachmangels beim Pferdekauf, RdL 2007, 85; *Oexmann et al.*, Forensische Probleme der Tierarzthaftung, 2007; *Oexmann*, Aktuelle Rechtsfragen der Hengstkastration, RdL 2009, 172; *Oexmann*, Due diligence beim Pferdekauf, Teil 1, RdL 2014, 33; + Teil 2, RdL 2014, 173; *Pick/von Salis/Schüle/Schön*, Der Verkehrswert eines Pferdes und seine Minderungen, 2009; *Reusch*, Hat der Versicherungsnehmer trotz des Wegfalls der Nachmeldeobliegenheit wegen der Möglichkeit der Arglistanfechtung durch den Versicherer auch nach dem VVG 2008 eine spontane Anzeigepflicht vor und nach Abgabe seiner Vertragserklärung?, VersR 2008, 1179; *Schneider, Theo*, Den Wert eines Pferdes sachverständig ermitteln, 2. Aufl. 2008; *Scholz*, Tierschutz, in Maunz/Dürig, Grundgesetz-Kommentar, 74. EL Mai 2015, Art. 20a Rn. 59–84; *Sieg*, Die Nottötung in der Tierversicherung, VersR 1991, 280; *Starck*, Wie kommen die Grundrechte ins Privatrecht und wie wirken sie dort?, in: FS für Rolf Stürner zum 70. Geburtstag, 2013, S. 61; *Thunnissen*, Die kartellrechtliche Zulässigkeit von Musterversicherungsbedingungen, 2015; *Voßkuhle*, Zur Einwirkung der Verfassung auf das Zivilrecht, in: FS für Rolf Stürner zum 70. Geburtstag, 2013, S. 79; *Weiberle*, Änderung der Antragsfragenpraxis der Versicherer infolge der Reform des VVG, VuR 2008, 170; *Wissdorf/Gerhards/Huskamp/Deegen*, Praxisorientierte Anatomie und Propädeutik des Pferdes, 3. Aufl., 2010, S. 359, 887, 305 u. 313; *Zeitler-Feicht*, Handbuch Pferdeverhalten, 2. Aufl. 2015.

I. Rechtliche Grundlagen

1. Ausgangssituation

Die Pferdelebensversicherung hat seit 1990 bedeutende Strukturveränderungen multifaktorieller Genese durchlaufen. Die sachenrechtliche Bereichsausnahme durch § 90a BGB (1990), das Staatsziel »Tierschutz« in Art. 20a GG (1994) und die epochale Novellierung des Versicherungsvertragsgesetzes (2008) führen zu zahlreichen Rückkopplungen, insbesondere durch die unmittelbare oder mittelbare Implementierung der Tierschutzgesetze, der Pferdeheilkunde, der Pferdehaltungslehre und des Pferdesports. Dadurch ist die Berechenbarkeit 1

Anhang Q Pferdelebensversicherung

des Versicherungsgutes »Pferd« komplexer und komplizierter, die Risiken für ein Ungleichgewicht zwischen VN und VR größer geworden. Aus der Judikatur zum Pferdekauf und zur Haftung des Tierarztes hat sich ein pferdeorientierter interdisziplinärer Diskurs an der Schnittstelle zwischen Jurisprudenz und Veterinärwissenschaft entwickelt.[1] Dem werden sich die Versicherungsrechtler anschließen müssen, wenn sie auf die spezifisch versicherungsrechtliche Terminologie wie »Unbrauchbarkeit«, »Krankheit« oder »Nottötung« tiergerechte (wegen § 90a BGB verbietet sich die Formulierung »sachgerechte«) Instrumentarien anwenden wollen. Außerdem ist es durch § 90a BGB sowie Art. 20a GG zu einer strukturellen Verdichtung der rechtlichen (normativen) Rahmenbedingungen für die Haltung von Pferden und ihren sportlichen Einsatz gekommen. Die nachstehende Kommentierung rückt daher bewusst das »geschützte Pferd« als Rechtsgut ins Zentrum der Subsumtion, sozusagen als ungeschriebenes Tatbestandselement.

2. VVG 2008

2 Während das VVG a.F. im Vierten Titel (§§ 116–128) die Tierversicherung in 13 Vorschriften detailliert regelte, erfasst das VVG 2008 die »Tierversicherung« nur noch in § 83 IV. Bei der Tierversicherung werden Kosten der Fütterung, der Pflege sowie der tierärztlichen Untersuchung und Behandlung vom Anspruch auf Aufwendungsersatz ausgenommen. Die GOA scheidet als konkurrierende auffangende Anspruchsgrundlage aus. Es fehlt bereits am Fremdgeschäftsführungswillen im Sinne des § 677 BGB, da derjenige, der ein Tier hält, betreut oder zu betreuen hat, das Tier seiner Art und seinen Bedürfnissen entsprechend angemessen ernähren, pflegen und verhaltensgerecht unterbringen muss (§ 2 Nr. 1 TierSchG).[2]

3. AVP 2008

3 Mit der VVG-Novellierung ist die Regelung der Tierversicherung, wie in nahezu allen Versicherungssparten, modellhaften Versicherungsbedingungen der VR überlassen.[3] Allerdings sind für die Tierversicherung, soweit ersichtlich, produktgestaltende Musterversicherungsbedingungen nicht vorhanden. Ohnehin wären sie unverbindlich.[4] Die von den Tierversicherern entwickelten »Allgemeinen Bedingungen für die Versicherung von Pferden und anderen Einhufern« unterscheiden sich voneinander marginal. Der nachstehenden Kommentierung werden die aktuellen Versicherungsbedingungen des LVM[5] zugrunde gelegt.

4. Art. 20a GG und § 90a BGB

4 Da der Gesetzgeber mit der Neufassung des § 83 IV VVG die Tierversicherung aus dem gesetzlichen Regelwerk nahezu eliminiert hat, musste er auf die Besonderheiten aus dem Staatsziel des Art. 20a GG[6] und aus der sachenrechtlichen Bereichsausnahme durch § 90a BGB nicht eingehen. Tiere sind keine Sachen (§ 90a Satz 1 BGB), sie werden nach Satz 2 dieser Norm vielmehr »durch besondere Gesetze geschützt«, gleichwohl (Satz 3) werden auf Tiere die für Sachen geltenden Vorschriften entsprechend angewendet, »soweit nicht etwas anderes bestimmt ist«. Dieser gesetzgeberische Zielkonflikt macht sich bei der Tierlebensversicherung in besonderer Weise bemerkbar. Normative, nicht bloß deskriptive Tatbestandselemente wie »Zuchttauglichkeit« oder »dauernde Unbrauchbarkeit zum Reiten oder Fahren«, vor allem aber die »Nottötung« (Euthanasierung) fallen aus dem sachenrechtlichen Kanon des Zivilrechts vollständig heraus.[7] Stellt man den drei definitorischen Aspekten der Tiergesundheit (animal welfare) die Begriffe »Zuchtuntauglichkeit« oder »dauernde Unbrauchbarkeit zum Reiten und Fahren« gegenüber, werden die tierischen Parameter auf menschenassoziierte Nutzung reduziert. Das aber wiederum steht mit dem Staatsziel des Art. 20a GG und der tierassoziierten Sondernorm des § 90a BGB nicht in Einklang.[8]

5. AGB-Inhaltskontrolle

5 Ob und welchen Einfluss die AGB-Inhaltskontrolle nach §§ 305–310 BGB auf die Allgemeinen Versicherungsbedingungen (AVB) im Bereich der Tierlebensversicherung nimmt, erscheint fraglich. Die Problematik ver-

---

1 Sommerekzem-Urteil BGH NJW 2006, 2250; Sehnenschaden-Urteil BGH VersR 2014, 1388.
2 Zum Bedarfs- und Schadensvermeidungskonzept als Auslegungsmaßstab des § 2 TierSchG *Hirt/Maisack/Moritz*, § 2 TierSchG Rn. 8–11.
3 Zu den Musterversicherungsbedingungen (MVB) des GDV und des BKV-Verbands *Thunnissen*, S. 1; zuletzt genehmigt hat das Bundesaufsichtsamt für das Versicherungswesen in der Tierversicherung die »Allgemeinen Bedingungen für die Versicherung von Pferden und anderen Einhufern (AVP 92)« (VerBAV 1992, 338); vgl. auch Anlage 1 der »Verordnung über die Berichterstattung von Versicherungsunternehmen gegenüber der Bundesanstalt für Finanzdienstleistungsaufsicht« – Versicherungsberichterstattungs-Verordnung – v. 16.12.2013, FNA 7631-1-37.
4 *Thunnissen*, a.a.O.
5 LVM Landwirtschaftlicher Versicherungsverein Münster a.G. (AVP 2008); im Folgenden zitiert mit »AVP«.
6 *Jarass/Pieroth*, Art. 20a Rn. 12: Tierschutz will individuelle Tiere vor Schmerzen und Leiden schützen.
7 Die Tiergerechtigkeit (englisch: animal welfare) umfasst die Aspekte Tiergesundheit (animal health), Ausführbarkeit natürlicher Verhaltensweisen (natural behaviour) und Wohlbefinden (positive emotional state) eines Tieres.
8 Zur Tiergerechtigkeit unter dem Aspekt des grundgesetzlichen Gewährleistungselements Schmerz + vermeidbare Leiden im Sinne des § 2 Nr. 2 TierSchG *Hopster/Kästner* Der Praktische Tierarzt 2015, 1014–1023.

schärft sich dadurch, dass im Lichte des Art. 20a GG sowie des § 90a BGB normative Tatbestandselemente wie »Zuchtuntauglichkeit« oder »dauernde Unbrauchbarkeit zum Reiten oder Fahren« vor einer konsekutiven »Nottötung«[9] selbst in der Pferdemedizin als unscharf gelten. Richtet sich »dauernde Unbrauchbarkeit« nach den Maximalanforderungen eines olympiaerfahrenen internationalen Springreiters oder nach den eher minimalistischen Ansprüchen eines Wochenend-Hobbyreiters? Gilt für »dauernde Unbrauchbarkeit zum Reiten und Fahren« die absolute Regel »alles oder nichts«? Legt man einen pathogenetischen Maßstab zugrunde und lässt man bei der Betrachtung der Gesundheit des Pferdes die »Abweichung von der physiologischen Norm«[10] ausreichen, wird man in fast jedem Einzelfall rasch zur »Unbrauchbarkeit« kommen. Misst man mangelnde Brauchbarkeit zum Reiten am Schmerzempfindungsstatus eines Pferdes, werden sich Grauzonen darstellen.[11]

II. Pferdelebensversicherung

1. Versicherte Schäden und Gefahren (§ 1 AVP)

Der Versicherungsumfang umfasst Tod (Verenden, Nottötung), Diebstahl oder Raub, Zuchtuntauglichkeit, Totgeburt oder Tod (Verenden, Nottötung) der Leibesfrucht sowie Unbrauchbarkeit bei Pferden (Equiden)[12]. 6

2. Umfang der Versicherung (§ 2 AVP)

a) Tod (Verenden, Nottötung)

Versicherungsschutz besteht, wenn der Tod infolge von Krankheit, Unfall, Trächtigkeit oder Geburt, operativer Abwendung eines Versicherungsfalles und Kastration eintritt. Ausgenommen sind unfallbedingte Schäden durch Ataxie und Sehnenverletzungen, wobei die pferdemedizinisch relevante Unterscheidung in spinale, vestibuläre und zerebellare Ataxie nicht vorgenommen wird.[13] Tritt der Tod (einschließlich Nottötung) infolge einer Operation zur Abwendung eines Versicherungsfalles ein, scheitert diese Klausel an der Inhaltskontrolle des § 307 I BGB, soweit es um die inzidente Verpflichtung des VN geht, sein Pferd zur Abwendung eines Versicherungsfalles operieren zu lassen. Diese ökonomische Indikation ist mit dem rechtlichen Sonderstatus des Pferdes nach § 90a BGB nicht vereinbar, mithin der Klauseltext »Operation zur Abwendung eines Versicherungsfalles« nicht klar und verständlich (vgl. § 307 I 2 BGB); hier liegt zugleich ein Verstoß gegen höherrangiges Recht, nämlich § 90a BGB, vor.[14] Von statistisch relevanter und damit zentraler Bedeutung für Tod oder Nottötung eines Pferdes gilt die Kastration als elektive operative Unfruchtbarmachung des männlichen Equiden.[15] 7

b) Verfahren bei Nottötung

§ 2 Nr. 3 AVB 2008 regelt: »*Der Versicherungsnehmer darf eine Nottötung nur mit Einwilligung des Versicherers vornehmen, es sei denn, dass die Erklärung des Versicherers nicht abgewartet werden kann. Ist durch das Gutachten des Tierarztes vor der Tötung festgestellt, dass die Tötung notwendig ist und die Erklärung des Versicherers nicht abgewartet werden kann, so muss der Versicherer die Feststellung gegen sich gelten lassen. Die Einwilligung zur Nottötung wird erteilt, wenn der Leidenszustand des Tieres durch anerkannte tierärztliche Behandlungsmethoden nicht behebbar ist und der Tod des Tieres als Folge des Leidenszustandes trotz tierärztlicher Behandlung mit Sicherheit zu erwarten ist.*« Diese Klausel orientiert sich an der gesetzlichen Regelung des § 3 Nr. 2 TierSchG. Danach ist es verboten, ein gebrechliches, krankes, abgetriebenes oder altes, im Haus, Betrieb oder sonst in Obhut des Menschen gehaltenes Tier, für das ein Weiterleben mit nicht behebbaren Schmerzen oder Leiden verbunden ist, zu einem anderen Zweck als zur unverzüglichen schmerzlosen Tötung zu veräußern 8

---

9 *Lammel* VersR 1978, 1112–1113; *Meißner* VersR 1980, 510–516.
10 BGH NJW 2007, 1351.
11 Zum akuten und chronischen Schmerz sowie zur multimodalen Schmerztherapie: *Hopster/Kästner* Der Praktische Tierarzt 2015, 1014–1023 mit aktuellem pferdemedizinischen Literaturnachweis; *Luy/Deegen/Grabner/Hertsch*, Pferdeheilkunde 2006, 795–802; *Dietz/Huskamp*, S. 198.
12 Und anderen Einhufern; dazu zählen Esel, Halbesel (Mulis) und Zebras.
13 Zur Ätiologie und Pathogenese der equinen Ataxie *Wissdorf/Gerhards/Huskamp/Deegen*, S. 359, 887, 305 u. 313.
14 Zur »Ableitung von Wertungen aus den Vorgaben des zwingenden Rechts« *Ulmer/Brandner/Hensen*, § 307 BGB Rn. 165: »*Zwingende gesetzliche Vorschriften außerhalb des ABG-Rechts können ebenfalls für die Interessenabwägung maßgebliche Wertungsgesichtspunkte enthalten. Zu beachten ist, dass es auch insoweit nicht um die unmittelbare Anwendung der zwingenden Rechtsvorschriften als Maßstab der Inhaltskontrolle geht. Eine solche erübrigt sich im direkten Anwendungsbereich, da die Parteien mangels Rechtsgestaltungsmacht von ihnen ohnehin nicht abweichen können. Für nicht erfasste Sachverhalte können derartige Vorschriften aber darin zum Ausdruck kommende grundlegende normative Wertungen zu entnehmen sein, die dann als Leitbild oder Bewertungsfaktor bei der Interessenabwägung herangezogen werden können.*«.
15 Das Statistische Jahrbuch Deutschland 2014 (S. 479) weist im Jahr 2013 den Viehbestand an Einhufern (vor allem Pferde) mit 461.300 Tieren aus. Da sich weibliches und männliches Geschlecht bei den Pferden die Waage hält und davon auszugehen ist, dass weit mehr als 90 % aller männlichen Equiden chirurgisch-operativ irgendwann vom Hengst zum Wallach mutieren, sind im aktuellen Pferdebestand etwa 220.000 Equiden kastriert worden. Zum Kastrationsverfahren *Dietz/Huskamp*, S. 765–770; ferner *Oexmann* RdL 2009, 172–173.

oder zu erwerben.[16] Zu vielfachen Auseinandersetzungen hat diese Regelung geführt, da der VR dann an die Feststellung der Notwendigkeit einer Euthanasie ohne seine vorhergehende Einwilligung gebunden ist, wenn diese Feststellung von einem Tierarzt vor der Tötung getroffen wird, die Tötung notwendig ist und die Erklärung des VR nicht abgewartet werden kann.[17] Eine wesentliche Klärung der Formulierung in den AVB hat das Urteil des BGH vom 20.06.1990[18] gebracht. Ähnlich wie die Klageerhebung des VN in der Rechtsschutzversicherung stellt die notfallassoziierte Euthanasierung eines Pferdes die vorsätzliche Herbeiführung des Versicherungsfalles und damit eine Obliegenheitsverletzung mit Konsequenzen für eine Leistungsfreiheit des VR (§ 28 VVG) dar. Grundsätzlich bedarf es der vorhergehenden Zustimmung, also der Einwilligung des VR, es sei denn, die Erklärung des VR kann nicht abgewartet werden. Die bisherige Rspr.[19] wird den Implikationen aus dem Staatsziel des Art. 20a GG[20] und der sachenrechtlichen Bereichsausnahme durch § 90a BGB nicht gerecht. Hier imponiert das Sonderrecht aus §§ 2, 17 Nr. 2 lit. b) TierSchG. Danach macht sich strafbar wegen Tiermisshandlung, wer einem Tier länger anhaltende oder sich wiederholende erhebliche Schmerzen oder Leiden zufügt. Ist im Sinne der Unumkehrbarkeit eines schmerzhaften Zustandes eines Pferdes eine effektive Therapie ausgeschlossen, muss der VN mit der im Übrigen tiermedizinisch indizierten Nottötung nicht zuwarten. Die davon abweichende Klausel verstößt gegen § 307 I BGB.[21] Die Beurteilungskompetenz für die beiden Fragen, ob die Tötung eines Tieres notwendig ist und (aus Zeitgründen) die Erklärung des VR nicht abgewartet werden kann, wird einem begutachtenden Tierarzt übertragen. Es bedarf also nicht der Mitwirkung eines Amtstierarztes, dem in tierschutzrechtlichen Verwaltungs- und Verwaltungsgerichtsverfahren vom Gesetz eine vorrangige Beurteilungskompetenz eingeräumt ist.[22] Erstattet der vom VN beauftragte Tierarzt ein fehlerhaftes die Euthanasienotwendigkeit bejahendes Gutachten, haftet er gegenüber dem VR nach §§ 311 III, 241 II BGB; denn der begutachtende Tierarzt nimmt in besonderem Maße Vertrauen für sich in Anspruch.[23]

c) Diebstahl oder Raub

9 Versicherungsschutz besteht für den Verlust des Gewahrsams durch Diebstahl oder Raub, mitversichert ist auch das Abschlachten in diebischer Absicht. Nach stRspr. des BGH hat der VN zum Nachweis des Versicherungsfalls diejenigen Tatsachen zu beweisen, die nach der Lebenserfahrung mit hinreichender Wahrscheinlichkeit das »äußere Bild« einer Entwendung der versicherten Sachen ergeben.[24] Noch unter dem Regime der §§ 1, 49 VVG a.F. hat das Kammergericht[25] entschieden, das Entfernen zweier Pferde aus ihrem Auslauf einschließlich ihres Unfalltods einige Stunden später in einer Entfernung von ca. 1,5 km, das Durchschneiden der Weidezaunbänder des Auslaufs der Pferde sowie weiterer Weidebänder auf anderen Koppeln zur Tatzeit und in den vergangenen Monaten ergäben insgesamt nicht die hinreichende Wahrscheinlichkeit einer Entwendung des Pferdes. Vielmehr spreche eine erhebliche Wahrscheinlichkeit unter diesen Umständen dafür, dass es dem Täter nur auf die Zerstörung der Weidebänder angekommen sei.

---

16 Vgl. *Lorz/Metzger*, § 3 TierSchG Rn. 22–27; *Hirt/Maisack/Moritz*, § 3 TierSchG Rn. 16–20; für die Zeit nach Abschluss eines legalen Tierversuchs bestimmt § 9 II 3 Nr. 8 2 TierSchG: »*Kann das Tier nach dem Urteil des Tierarztes nur unter Schmerzen oder Leiden weiterleben, so muss es unverzüglich schmerzlos getötet werden.*«.
17 BGH VersR 1990, 970–972; OLG Saarbrücken OLGR Saarbrücken 2003, 377; OLG Düsseldorf VersR 2003, 102–104; VersR 1994, 1297–1299; OLG Schleswig Urt. v. 27.09.1989, 9 U 84/88; OLG Bremen VersR 1989, 474; OLG Saarbrücken NJW-RR 1988, 1110–1111; OLG München VersR 1987, 557–558; OLG Frankfurt (Main) NJW-RR 1986, 1151–1152; OLG Hamm VersR 1978, 368–369; LG Köln VersR 1988, 488–489; LG Frankfurt (Main) VersR 1979, 763–763; LG München I VersR 1975, 35; *Sieg* VersR 1991, 280–281; *Lammel* VersR 1978, 1112–1113.
18 BGH VersR 1990, 970–972.
19 Siehe Fn. 14 u. 15; anders AG Hannover NJW-RR 1999, 467–468: In der Tierkrankenversicherung sei eine Kündigung von Seiten des VR nach einem Versicherungsfall analog § 96 I VVG (a.F.) unwirksam. Tiere seien keine Sachen, sondern Lebewesen, auf deren Krankenversicherung nicht die Grundsätze einer Sachversicherung, sondern eher die allgemeinen Krankenversicherung anzuwenden seien (betroffenes Tier: Schäferhündin). Wörtlich: »*Auch in der Tierkrankenversicherung ist zu erwarten, dass Versicherungsfälle mit steigendem Alter häufiger eintreten. Gerade dieses Risiko will der Versicherungsnehmer, der ein Haustier krankenversichert, um ihm, unabhängig vom Wert des Tieres, mit steigender Krankheitsanfälligkeit aufgrund der gewachsenen emotionalen Beziehung die bestmögliche Pflege angedeihen lassen, in der Regel abdecken.*«; zu § 90a BGB auch AG Bad Mergentheim NJW 1977, 3033–3034; ähnlich das Berufungsurteil LG Hannover VersR 2000, 226–227 zu AG Hannover NJW-RR 1999, 467–468.
20 *Stark*, in: FS für Rolf Stürner, S. 61 ff.; *Voßkuhle*, in: FS für Rolf Stürner, S. 79 ff.
21 Zur Ableitung von Wertungen aus den Vorgaben des zwingenden Rechts *Ulmer/Brandner/Hensen*, § 307 BGB Rn. 165.
22 Zu den Entscheidungsprärogativen im verwaltungsrechtlichen und verwaltungsgerichtlichen Rechtsschutz und zur prioritären Beurteilungskompetenz beamteter Tierärzte BayVGH Urt. v. 10.09.2012, 9 B 11.1216; auch Beschluss des BayVGH v. 12.06.2015, ZB 11.1711; ferner *Hirt/Maisack/Moritz*, § 15 TierSchG Rn. 10a.
23 Zur Sachwalterhaftung in Form der Gutachterhaftung BGH WM 2011, 911; zur Figur des Vertrages mit Schutzwirkung für Dritte BGH NJW 2004, 3035 und 3420 bei der Gutachtenerstattung.
24 BGH VersR 1984, 29 f.; VersR 1996, 186–187; VersR 1998, 488–490; NVersZ 2000, 87; OLG Frankfurt (Main) VersR 2010, 905.
25 KG Berlin VersR 2011, 492.

d) Zuchtuntauglichkeit

Versicherungsschutz besteht gegen dauernde Zuchtuntauglichkeit durch Krankheit oder Unfall (Schäden durch Ataxie und Sehnenverletzung ausgenommen), bei Zuchtstuten außerdem durch Trächtigkeit oder Geburt, Zuchtuntauglichkeit bei Deck- oder Befruchtungsunfähigkeit bei Hengsten sowie Unfruchtbarkeit bei Stuten. Nach dem Geschlecht der Equiden ist zu unterscheiden: Bei Stuten können kongenitale, also angeborene Unfruchtbarkeitsursachen vorliegen, ferner erworbene Erkrankungen im Bereich der Vagina, der Cervix uteri, des Uterus und der Ovarien.[26] Bei den männlichen Equiden (Hengsten) können Mängel in der Begattungsfähigkeit[27] und der Befruchtungsfähigkeit einschließlich mangelnder Spermaqualität[28] liegen.[29]

e) Unbrauchbarkeit

Versicherungsschutz besteht gegen dauernde Unbrauchbarkeit zum Reiten oder Fahren oder zu einem anderen vereinbarten Verwendungszweck durch Krankheit oder Unfall; unfallbedingte Schäden durch Ataxie oder Sehnenverletzungen sind nur versichert, wenn dies vereinbart ist. Im Rahmen der Inhaltskontrolle nach § 307 I BGB bleibt zunächst offen, ob der Begriff der »dauernden Unbrauchbarkeit zum Reiten oder Fahren« von der Vereinbarung zwischen VN und VR abhängt oder unter dem Aspekt der Behandlung des Pferdes als Nicht-Sache (§ 90a BGB) sowie den strengen Vorgaben des Tierschutzes nach § 2 TierSchG rein pferdeassoziierter, also tierorientierter Natur ist. Die bisherige Rspr. zum Begriff der »dauernden Unbrauchbarkeit« lässt nicht nur jegliche Struktur vermissen, sondern wird, soweit es um die Zeit ab 1990[30] geht, den gesetzgeberischen Zielen, auch in Ansehung des Art. 20a GG, nicht gerecht. In tierschützerischer Hinsicht stehen die beiden Verbotstatbestände des § 3 TierSchG im Vordergrund. Nach Nr. 1 wird es sanktioniert, einem Tier außer in Notfällen Leistungen abzuverlangen, denen es wegen seines Zustandes offensichtlich nicht gewachsen ist oder die offensichtlich seine Kräfte übersteigen. § 3 Nr. 1a TierSchG verbietet es, einem Tier, an dem Eingriffe oder Behandlungen vorgenommen worden sind, die einen leistungsmindernden körperlichen Zustand verdecken, Leistungen abzuverlangen, denen es wegen seines körperlichen Zustandes nicht gewachsen ist. Damit ist – soweit es um Reitpferde geht – in erster Linie der Pferdesport gemeint. So heißt es in der Kommentierung[31], gegen das gesetzliche Verbot der Überforderung verstoße, wer trotz deutlicher Erschöpfungszeichen weiterreite, wer junge oder mangelhaft ausgebildete Pferde einsetze. Verboten sei auch ein Einsatz, wenn das Pferd erkennbar krank oder verletzt sei. Eine Offensichtlichkeit der Überforderung liege auch vor, wenn tierärztliche Empfehlungen missachtet würden oder es unterlassen werde, bei einer Turnierveranstaltung Tierärzte hinzuziehen.[32] Kommt es zur Unbrauchbarkeit durch Krankheit oder Unfall, ist das Merkmal »dauernd« im Sinne der tiermedizinischen restitutio ad integrum zu beurteilen. Dabei stellen »Nottötung« und »dauernde Unbrauchbarkeit« konkurrierende Begriffspaare dar. So hat das OLG Köln in einer älteren Entscheidung[33] ausgeführt, der Begriff der Nottötung eines Tieres setze voraus, dass dieses infolge einer Krankheit oder eines Unfalls mit Sicherheit in kürzester Zeit gestorben wäre.[34] Unter den Begriff der Nottötung fiele nicht die Tötung mit dem Ziel, dem Tier bei unheilbarer Krankheit weitere Schmerzen zu ersparen. Dieser Fall, dass das Tier noch hätte weiterleben können, falle unter das Versicherungsrisiko Tötung wegen dauernder Unbrauchbarkeit. Dogmatisch handelt es sich um einen Fall elektiver Konkurrenz verschiedener Rechtsfolgenvoraussetzungen. Im Bereich der Anzeigeobliegenheit des VN hat das OLG Karlsruhe[35] die Differenzierung noch deutlicher pointiert und zu § 6 VVG a.F. gemeint, die Aufklärungspflicht des VN im Sinne dieser Vorschrift erstrecke sich bei der Tierlebensversicherung nur auf die Gefahr eines Todes. Für eine Verletzung, die von vornherein nur die Gefahr der nicht versicherten Unbrauchbarkeit in sich berge, bestehe keine Anzeigepflicht.

3. Ausschlüsse (§ 3 AVP)

Versicherungsschutz besteht nicht bei Mängeln oder Krankheiten im Zeitpunkt des Versicherungsbeginns, bei Ereignissen durch Transportmittelunfall oder während eines Luft- oder Seetransports, ferner nicht für Futter- und Pflegekosten sowie Kosten der tierärztlichen Untersuchung und Behandlung. Nach einem Urteil des LG Frankfurt (Main) vom 09.12.1982[36] trägt der VN die Beweislast dafür, dass die zum Versicherungsfall führende Krankheit erst nach Ende der Wartezeit des § 13 Nr. 4 AVP 77 (heute § 10 Nr. 6 AVP) aufgetreten

---

[26] Dietz/Huskamp, S. 600–618.
[27] impotentia coeundi.
[28] impotentia generandi.
[29] Zur (kaufrechtlich relevanten) Zuchtuntauglichkeit: Bei einer Stute OLG Düsseldorf ZGS 2004, 271–275; bei einem Hengst BGH NJW 2015, 409–411.
[30] Einführung des § 90a in das BGB.
[31] Hirt/Maisack/Moritz, § 3 TierSchG Rn. 7.
[32] Lorz/Metzger, § 3 TierSchG Rn. 14 und 15.
[33] OLG Köln VersR 1983, 631–632.
[34] Dazu Sieg VersR 1991, 280–282; Lammel VersR 1978, 1112–1113.
[35] OLG Karlsruhe NJW-RR 1988, 1112.
[36] LG Frankfurt (Main) VersR 1984, 458.

Anhang Q Pferdelebensversicherung

ist. Ist ein Pferd von einem Tierarzt untersucht und unter Berücksichtigung des Untersuchungsprotokolls in die Versicherung aufgenommen worden, soll die Beweislast für die Frage, ob sich ein Pferd schon »bei Beginn der Versicherung« in einem kranken Zustand befunden habe, beim VR liegen.[37] Das folge aus dem Rechtsgedanken des § 22 VVG 2008. Diese Beweislastverteilung ist abzulehnen, da sie die tiermedizinische Terminologie zur Pathophysiologie und Pathogenetik missachtet. Verkannt werden nämlich die vier mit der Abweichung von der physiologischen Norm einhergehenden Phasen Disposition[38], Latenz[39], Prodromalstadium[40] und Manifestation[41]. Der Ausschluss des Anspruchs auf Aufwendungsersatz deckt sich mit § 83 IV VVG[42].

4. Versicherte Tiere (§ 4 AVP)

13   Versichert sind die Tiere, die im Versicherungsvertrag bezeichnet sind. Es gilt das Prinzip der Individualität (in Ansehung der europa- und nationalrechtlichen Regeln über den Equidenpass – Pferdepass – nach § 44a + b VVVO). Bei der nicht individualisierten Tierlebensversicherung in Form der Bestandsversicherung trifft den VN die Pflicht, bei wechselndem Tierbestand die jeweils neu in Gewahrsam genommenen Pferde dem VR nachzumelden.[43] Übergibt der VN das versicherte (individualisierte) Reitpferd einem Kaufinteressenten zur Erprobung, so endet das Versicherungsvertragsverhältnis nicht.[44]

5. Anzeigepflichten (§ 5 AVP)

a) Allgemeines

14   Während § 5 AVP 92 die »Gefahrenumstände bei Vertragsschluss und Gefahrerhöhung«[45] in knapp 14 halbspaltigen Zeilen regelte, werden die »Anzeigepflichten des VN oder eines Vertreters bis zum Vertragsabschluss« nunmehr umfangreich und detailliert auf nahezu einer DIN-A-4-Seite normiert.[46] Das ist fraglos der Novellierung des VVG geschuldet. Der Gesetzgeber hat sich bei der Verabschiedung des VVG 2008 motivisch davon leiten lassen, die Rechtsstellung des VN im Einklang mit den Bedürfnissen eines modernen Verbraucherschutzes zu stärken. Wesentliche Elemente sind insbesondere die extensive Ausweisung der Informations- und Beratungspflichten des VR (§§ 6, 7 VVG).

b) Im Einzelnen

aa) Umfang der Anzeigepflicht

15   § 5 Nr. 1 AVP postuliert eine wahrheitsgemäße und vollständige Anzeigepflicht von Gefahrenumständen. Der VN habe bis zur Abgabe seiner Vertragserklärung dem VR alle ihm bekannten Gefahrenumstände anzuzeigen, nach denen der VR in Textform gefragt habe und die für dessen Entschluss erheblich seien, den Vertrag mit dem vereinbarten Inhalt zu schließen. Der VN sei auch insoweit zur Anzeige verpflichtet, als nach seiner Vertragserklärung, aber vor Vertragsannahme der VR in Textform Fragen im Sinne des Satzes 1 stelle. Durch diese von stringenter Didaktik bestimmte Regelung ist die vor 2008 ergangene Rspr. zu den Anzeigepflichten bei der Pferdelebensversicherung nahezu obsolet geworden.[47] So urteilte das OLG Nürnberg[48], der Verkäufer eines zur Dressur vorgesehenen Pferdes handele arglistig im Sinne des § 123 BGB, wenn er dem Käufer verschweige, dass das Pferd durch die Tierversicherung entschädigt (»ausgesteuert«) worden sei. Der Verkäufer

---

37 So *Bruck/Möller*, TierV Rn. 18.
38 Darunter versteht der Veterinärmediziner die Veranlagung oder Bereitschaft des Körpers, bei entsprechender Exposition mit schädigenden oder krank machenden Einflüssen durch Ausbildung einer Krankheit zu reagieren; die ererbte (kongenitale) Disposition wird unterschieden von der lebzeitig erworbenen.
39 Latenz bedeutet ein Verborgensein, und zwar temporär als Zeitraum zwischen Infektion und Auftreten sichtbarer klinischer Symptome.
40 Vorläuferstadium der Manifestation, beginnende klinische Manifestation mit allgemeinen eher unspezifischen Symptomen.
41 Das deutliche, sichtbare Erkennbarwerden einer Krankheit.
42 S.o. Rdn. 1 Fn. 1; zum Rechtszustand nach §§ 63 II 1, 123 VVG a.F. AG Hannover VersR 1994, 1063.
43 Zu dieser Verpflichtung des Betreibers eines großen Gestüts OLG Oldenburg RdL 1997, 220–221.
44 OLG Hamm VersR 1977, 1123–1124 zu § 128 VVG a.F.
45 »Bei Abschluss des Vertrages hat der Versicherungsnehmer alle ihm bekannten Umstände, die für die Übernahme der Gefahr erheblich sind, dem Versicherer schriftlich anzuzeigen. Bei schuldhafter Verletzung dieser Obliegenheit kann der Versicherer nach Maßgabe der §§ 16 bis 21 VVG vom Vertrag zurücktreten, wodurch die Entschädigungspflicht entfallen kann. [...] Nach Antragstellung darf der Versicherungsnehmer ohne Einwilligung des Versicherers keine Gefahrerhöhung vornehmen oder gestatten. Der Versicherungsnehmer hat jede Gefahrerhöhung, die ihm bekannt wird, dem Versicherer unverzüglich schriftlich anzuzeigen, und zwar auch dann, wenn sie ohne seinen Willen erfolgt. Im Übrigen gelten §§ 23 bis 30 VVG. Danach kann der Versicherer zur Kündigung berechtigt oder leistungsfrei sein. [...] Als Gefahrerhöhung gilt es insbesondere, wenn der Versicherungsnehmer die Verwendungsart oder die Haltungsweise der Tiere ändert«.
46 Ob solchermaßen Komplexität und Kompliziertheit der Inhaltskontrolle des § 307 I BGB Stand halten, wird die Rspr. zu klären haben.
47 Kritisch *Reusch* VersR 2008, 1179–1184.
48 OLG Nürnberg VersR 1984, 71 (nur redaktioneller Leitsatz); ausführlich MDR 1983, 665.

müsse dem Käufer den im Abstammungsnachweis eingetragenen versicherungsrechtlichen Entschädigungsvermerk unaufgefordert offenbaren (Nebenpflicht aus § 242 BGB). Im Sinne dieser kaufrechtlich assoziierten Entscheidung befand das OLG Hamm[49], verschweige der VN die Frage nach einer Vorversicherung im Versicherungsantrag vorsätzlich, könne der VR den Versicherungsvertrag wegen arglistiger Täuschung anfechten[50].

bb) Rechtsfolgen der Verletzung der Anzeigepflicht

Dem VR sind mehrere Optionen eröffnet, nämlich Vertragsänderung, Rücktritt und Leistungsfreiheit, Kündigung, Ausschluss von Rechten des VN und Anfechtung des Versicherungsvertrages. 16

cc) Frist für die Ausübung der Rechte des VR

Der VR muss seine Rechte innerhalb eines Monats schriftlich geltend machen und dabei die Umstände angeben, auf die er seine Erklärung stützt. Binnen Monatsfrist kann er einmalig nachträglich weitere Umstände nachschieben. 17

dd) Rechtsfolgenhinweis

Die Rechte zur Vertragsänderung, zum Rücktritt und zur Kündigung stehen dem VR nur zu, wenn er den VN durch gesonderte Mitteilung in Textform auf die Folgen der Verletzung der Anzeigepflicht hingewiesen hat (vgl. zur Rechtsfolgenhinweispflicht des VR § 28 IV VVG). 18

6. Versicherungssummen, Überversicherung und Doppelversicherung (§ 7 AVP)

a) Privatautonomie

Die Versicherungssumme der Pferdelebensversicherung soll affektionsfrei dem Wert des Pferdes entsprechen. Diese der zivilrechtlichen Privatautonomie folgende Klausel findet ihre Fortsetzung darin, dass VR und VN die Versicherungssummen durch einseitige Erklärung mit sofortiger Wirkung herabsetzen können, »wenn sie nachweislich zu hoch sind«. § 88 VVG findet keine Anwendung; zum einen gelten für die Pferdelebensversicherung nicht die Regeln über die Sachversicherung nach §§ 88 bis 99 VVG, sondern allein die Vorschriften über die Schadensversicherung nach §§ 74 bis 87 VVG. Zum anderen schließt § 90a BGB bereits begrifflich einen »Versicherungswert«, also ein quantifiziertes wirtschaftliches Interesse aus, da das Pferd keine Sache ist. 19

b) Taxation von Pferden

Bei der Bemessung des Wertes eines Pferdes, insbesondere eines Sportpferdes steht in aller Regel das Affektionsinteresse des Eigentümers/Besitzers im Vordergrund. Sowohl bei Auktions- als auch freihändigen Pferdeverkäufen werden häufig Kaufpreise vereinbart, die jenseits der marktorientierten Taxationswerte liegen.[51] Maßgebliche Kriterien für die Bewertung eines Pferdes sind neben seiner Abstammung vor allem physische Gesundheit und konstante Erfolge im Turniersport. Der für das Pferdekaufrecht zuständige 8. Zivilsenat hat sich mit dem »Wert« von Pferden wiederholt befasst. In einem sich mit sittenwidrigem Wucher nach § 138 I BGB befassenden Urteil[52] heißt es, im Handel mit Turnierpferden gebe es einen objektiven Marktpreis. Es sei davon auszugehen, dass sich die Preisbildung regelmäßig in erster Linie nach objektiven Kriterien vollziehe und dass subjektive Erwägungen des Käufers die Preisbildung nur peripher beeinflussten. Derselbe Revisionssenat[53] hat festgestellt, dass ein Sachmangel im Sinne des § 434 I 1 und 2 Nr. 1 und Nr. 2 BGB beim Pferdekauf nicht damit begründet werden könne, dass der Markt auf körperliche Veränderungen wie das Kissing-Spines-Syndrom – hier der Röntgenklasse II bis III des Röntgenleitfadens der Bundestierärztekammer – mit Abschlägen von 20 bis 25 % reagiere. Das Kriterium »nachweislich zu hoch« nach § 7 Nr. 2 AVP löst mannigfaltige Probleme aus, nicht nur unter dem Aspekt der Inhaltskontrolle nach § 307 I BGB. Insbesondere (hochpreisige) Sportpferde sind regelmäßig nicht in der Lage, über mehrere Jahre konstante Leistungen im Turniersport zu erbringen. Vor allem beanspruchungsabhängige Erkrankungen im Bereich des Band- und Sehnenapparates können nun zu Ausfällen temporärer Natur führen. Fällt ein Pferd etwa wegen einer Tendinitis aus und sind seine vollständige Wiederherstellung und Einsetzbarkeit im Sport wahrscheinlich, verstößt es gegen Treu und Glauben, wenn eine Partei der Pferdelebensversicherung durch einseitige Erklärung mit sofortiger Wirkung die Versicherungssumme herabsetzt. Das gleiche Verdikt gilt für gesundheitsunabhängige Dellen in der sportlichen Leistungskonstanz (vorübergehende Formschwäche); denn Pferde sind biologische Wesen, deren Kondition und Konstitution ständigem Wandel unterliegen. 20

---

49 OLG Hamm r+s 1987, 33.
50 Zur Antragsfragenpraxis der VR *Weiberle* VuR 2008, 170–175.
51 Zu den Methoden der Wertermittlung bei Pferden und zu den Wertkriterien eines Pferdes nach seiner Nutzungsart *Pick/von Salis/Schüle/Schön*, S. 19–29 und S. 40–43; zum Vergleichs- und Ersatzwertverfahren mit Darstellung der hippologischen Kasuistik *Theo Schneider*, S. 126–240 passim.
52 BGH NJW-RR 2003, 558 f.
53 BGH NJW 2007, 1351–1353.

c) Überversicherung und Doppelversicherung

21 Wird wegen Überversicherung oder Doppelversicherung die Versicherungssumme vermindert, ist von diesem Zeitpunkt an für die Höhe des Beitrags der Betrag maßgebend, den der VR berechnet haben würde, wenn der Vertrag von vornherein mit dem neuen Inhalt geschlossen wäre. Auch hier sind Zweifel unter dem Aspekt der Inhaltskontrolle nach § 307 I BGB anzumelden. Wegen des Affektionsinteresses bei der Taxation von Sportpferden fehlt es an objektiven Kriterien, selbst wenn man der oben wiedergegebenen Rspr. des Kaufsenats des BGH[54] folgt. Verschweigt der VN die Frage nach einer Vorversicherung im Versicherungsantrag vorsätzlich, so soll der VR das Recht haben, den Versicherungsvertrag wegen arglistiger Täuschung anzufechten.[55] Grundlage dieses rechtlichen Verdikts war nicht nur § 22 VVG a.F., sondern auch § 123 BGB.

7. Obliegenheiten des VN und Leistungsfreiheit des VR (§ 8 AVP)

22 Mit der Abschaffung des Alles-oder-Nichts-Prinzips hat der Gesetzgeber in § 28 VVG eine zentrale Regelung des Versicherungsvertragsrechts geschaffen. Das Recht des VR, vollständige oder jedenfalls teilweise Leistungsfreiheit in Anspruch zu nehmen, hat ein Instrument eröffnet, den VN zur uneingeschränkten Loyalität zu veranlassen. Letztlich drückt der neugeschaffene Modus, vollständige oder nur teilweise Leistungsfreiheit in Anspruch zu nehmen, das in das Zivilrecht vorgedrungene Prinzip der Verhältnismäßigkeit der Sanktion aus.

a) Allgemein

23 § 8 AVP statuiert, schon von seinem textlichen Umfang her, einen umfangreichen Pflichtenkatalog für den VN, dessen vertragliche Obliegenheiten unter dem Aspekt der Inhaltskontrolle die Grenze der unangemessenen Benachteiligung nach § 307 I 2 BGB erreicht. So heißt es in § 8 Nr. 2 lit. d e) AVP, der Versicherungsnehmer habe bei Schäden auf Bahntransporten »eine bahnamtliche Tatbestandsaufnahme zu veranlassen«. Nach der Privatisierung der staatlichen Deutschen Bundesbahn und ihre Überführung in eine Aktiengesellschaft (Deutschen Bahn AG) ist diese Regelung »nicht klar und verständlich«. Damit wird das durch § 307 I 2 BGB implementierte Transparenzgebot, wie es schon vor dem SMG von der Rspr. entwickelt worden war, verletzt.[56]

b) Ältere Rechtsprechung

24 Vor nahezu 50 Jahren befand das OLG Frankfurt (Main)[57], dass vorsätzliches Handeln des VN durch falsche Auskünfte über Erwerbsgrund und Erwerbspreis eines versicherten Pferdes eine zum Leistungsausschluss führende Obliegenheitsverletzung darstellen könne. Die Verwendung des versicherten Pferdes für Hindernisrennen stelle eine Gefahrerhöhung im Sinne der §§ 23, 25 VVG a.F. dar, wenn nur »Flachrennen« die versicherte Verwendungsart sei[58]. Verschweige der VN die Frage nach einer Vorversicherung im Versicherungsantrag vorsätzlich, könne der VR den Versicherungsvertrag wegen arglistiger Täuschung anfechten.[59] Einschränkend meinte das OLG Karlsruhe[60], in der Tierlebensversicherung bestehe eine Aufklärungspflicht für solche Erkrankungen, die, wenn auch nur sehr entfernt, die Gefahr des Todes mit sich brächten. Eine Verletzung, die lediglich die Gefahr der (nicht versicherten) Unbrauchbarkeit in sich berge, sei nicht anzeigepflichtig. Eine interessenvermittelnde Funktion hat das LG Kassel[61] dem Tierarzt im Zusammenhang mit der Tierlebensversicherung zugewiesen. Grundsätzlich handele der VN grob fahrlässig, wenn er nach Eintritt des Versicherungsfalls nicht über seine in den AVP festgelegten Verpflichtungen informiere, insbesondere nicht den tierärztlichen Sektionsbericht vorlege. Indes scheide grobe Fahrlässigkeit einer solchen Obliegenheitsverletzung aus, wenn der vom VN beauftragte Tierarzt zwar die Todesursache feststelle, jedoch auf eine Sektion verzichte und stattdessen erkläre, seine Feststellungen reichten für den VR aus, auch in vorangegangenen Fällen habe der VR einen Sektionsbericht von ihm, dem Tierarzt, nicht angefordert. Das OLG Celle hat vom VR verlangt, es gehöre zu den Obliegenheiten des VN, Beginn und Verlauf einer Erkrankung seines Pferdes anzuzeigen. Die Verletzung dieser Anzeigeobliegenheit führe zur Leistungsfreiheit des Tierversicherers.[62] Hole ein VN vor der Nottötung seines Pferdes nicht die in den AVB vereinbarte Zustimmung des VR ein, obwohl dies möglich und zumutbar sei, verletze er mit der Folge der Leistungsfreiheit des VR schuldhaft eine ihn treffende Obliegenheit.[63] Das OLG Oldenburg[64] hat eine Nachmeldepflicht des VR bei wechselndem Tierbestand angenommen. Der Betreiber eines großen Gestüts sei verpflichtet, bei wechselndem Tierbestand jeweils neu in sein Gewahrsam gelangte Tiere dem VR nachzumelden (§ 6 I VVG a.F.). Die verspätete Diebstahlsanzeige

---

54 BGH NJW 2007, 1351–1353; NJW-RR 2003, 558 f.
55 OLG Hamm r+s 1987, 33.
56 Ulmer/Brandner/Hensen, § 307 BGB Rn. 10 m.H.i. Fn. 26; Reusch VersR 2008, 1179–1184.
57 OLG Frankfurt (Main) VersR 1967, 372.
58 OLG Köln VersR 1986, 572.
59 OLG Hamm r+s 1987, 33.
60 OLG Karlsruhe NJW-RR 1988, 1112.
61 LG Kassel AgrarR 1987, 1047.
62 OLG Celle VersR 1988, 690.
63 OLG Düsseldorf VersR 1994, 1297.
64 OLG Oldenburg RdL 1997, 220 f.

(Verzögerungsfaktor 48 Stunden) soll in der Pferdelebensversicherung zur Leistungsfreiheit nach § 6 III VVG a.F. führen.[65] In seinem umfangreich begründeten Urteil vom 16.07.2002 hat sich das OLG Düsseldorf[66] mit der Leistungsfreiheit bei Nottötung eines Pferdes ohne vorherige Einwilligung des VR befasst. Dabei wurde seriell strukturiert die damals in § 126 I VVG a.F. normierte Verpflichtung des VN, vor der Nottötung des Pferdes die Einwilligung des VR einzuholen, ferner der Charakter der leistungsausschließenden Obliegenheitsverletzung bei Nottötung ohne vorherige Einwilligung des VR, schließlich die Voraussetzungen für die Ersetzung dieser grundsätzlich vor Nottötung einzuholenden Einwilligung und schließlich die Zumutbarkeit einer Kontaktaufnahme des VN zum VR, wenn ihm eine Telefonnummer genannt werde, über die er die Filialdirektion des VR »im Schadensfall« sofort zu benachrichtigen habe.

c) Obliegenheiten vor dem Versicherungsfall (§ 8 Nr. 1 AVP)

Die AVP postulieren bei den vertraglich vereinbarten Obliegenheiten die »Einhaltung aller gesetzlichen, behördlichen sowie vertraglich vereinbarten Sicherheitsvorschriften« und die Einhaltung aller einzelvertraglich bestimmten sonstigen Obliegenheiten (der Pleonasmus wirkt sprachlich ungeschickt). Auch in Ansehung des § 307 I 2 BGB bleibt »nicht klar und verständlich«, welche Normen damit erfasst sein sollen, ob es beispielhaft um bauordnungsrechtliche Vorschriften für die Viehhaltung oder seuchenrechtliche Kautelen geht? Assoziativ könnte man an die Sicherheitsobliegenheiten bei der IT-Versicherung denken.[67] Die Regelungsunschärfe erscheint umso problematischer, als das konstruktive Äquivalent der Verletzung einer nicht fassbaren Obliegenheitsverletzung im scharfen Schwert des Kündigungsrechts des VR binnen Monatsfrist ab Erkenntniserlangung besteht. Der Verschuldensbegriff ist assoziiert mit § 28 VVG sowie § 276 BGB, wobei abweichend vom Quotensystem des § 28 VVG für die drei Verschuldensformen grobe Fahrlässigkeit, Vorsatz und Arglist ein differenziertes Sanktionensystem fehlt.

d) Obliegenheiten bei und nach Eintritt des Versicherungsfalls (§ 8 Nr. 2 AVP)

aa) Kasuistik

Hier ist ein kasuistischer Pflichtenkatalog des VR begründet: Jede Störung im Allgemeinbefinden mit dem Erfordernis, einen Veterinär hinzuzuziehen, Lahmheiten oder sonstige »Anzeichen« für eine Unbrauchbarkeit, Unfälle, Tod, Seuchen oder Seuchenverdacht, Abhandenkommen, Herausnahme von Rennpferden aus dem Training, ansteckende Krankheiten. Bei Erkrankungen und Unfällen trifft den VN eine doppelte Obliegenheit, nämlich »unverzüglich« (also ohne schuldhaftes Zögern, § 121 I 1 BGB) einen Tierarzt hinzuzuziehen und dem VR einen tierärztlichen Krankheitsbericht zu übersenden. Da Pferde regelmäßig in professionellen oder Vereinsstallungen gehalten werden und dort der Betreuung sowie Aufsicht des Stallpersonals unterliegen, stellt sich die ungeklärte Frage, ob und inwieweit diese Personen in Ansehung des Repräsentantenbegriffes nach § 28 VVG den beiden Fallgruppen Risiko- und Vertragsverwaltung zugeordnet werden können. Betriebsleiter gelten nicht grundsätzlich als Repräsentanten, vielmehr kommt es auf ihren Entscheidungsspielraum an.[68] Allerdings könnte die Obliegenheit dem VN abverlangen, während der Fremdstallunterbringung seines Pferdes die Obliegenheit, bei Erkrankungen und Unfällen unverzüglich einen Tierarzt hinzuziehen, auf die Mitarbeiter dieses Stalles zu delegieren; denn nach § 2 Nr. 1 TierSchG muss derjenige, der ein Tier hält (oder betreut oder zu betreuen hat), das Tier »seiner Art und seinen Bedürfnissen entsprechend angemessen ernähren, pflegen und verhaltensgerecht unterbringen«. Die Verwaltungsrechtsprechung leitet aus dieser Norm die Verpflichtung des Tierhalters ab, bei Krankheitsverdacht einen Tierarzt hinzuzuziehen.[69] Die grundlegende Schwierigkeit für den VN, »bei Eintritt des Versicherungsfalles« seine Obliegenheiten zu wahren, besteht im hohen Erkrankungs- und Verletzungsrisiko bei Pferden und hierbei nochmals gesteigert darin, dass es sich bei den Equiden um nonverbale Patienten handelt, die Unpässlichkeiten, Beschwerden oder gar Schmerzen gar nicht oder nur silent erkennen lassen[70]. So beginnt die gefürchtete häufig zur Nottötung Anlass gebende »Kolik« in einer nur temporären Kolonobstipation, die erst nach Stunden oder gar Tagen in eine nicht mehr beherrschbare torsio coli totalis überspringt. Hufgeschwüre, die mit einer irreparablen Hufbeinsenkung zur Unbrauchbarkeit des Pferdes führen, entstehen sukzessive. Ein tränendes Auge kann ein erstes Indiz für eine beginnende equine rezidivierende Uveitis (ERU) sein.

---

65 OLG Oldenburg OLGR 2000, 299–301.
66 OLG Düsseldorf VersR 2003, 102–104.
67 Wie Firewalls, Sicherheitskopien oder Virenscanner; bei Turnierpferden schreibt § 66.6.10 LPO regelmäßig mindestens halbjährige Impfprophylaxe der Turnierpferde gegen Influenzavirusinfektion vor.
68 *Pohlmann* zu § 28 VVG Rdn. 81 unter Hinweis auf *Schimikowski* VW 1996, 626, 629.
69 *Hirt/Maisack/Moritz*, § 2 TierSchG Rn. 27 unter Hinweis auf VG Oldenburg Urt. v. 19.05.2003, 7 A 2832/01.
70 Zur Schmerzerkennung bei Pferden *Hopster/Kästner* Der Praktische Tierarzt 2015, 1014–1023.

bb) Gedehnter Versicherungsfall

27 In Erkenntnis dieser besonderen tiermedizinischen Schwierigkeiten hat sich der BGH[71] mit dem »gedehnten Versicherungsfall« im Rahmen der Obliegenheitsverletzung bei der Pferdelebensversicherung befasst. Wesensmerkmal des gedehnten Versicherungsfalles sei nicht sein schrittweises Eintreten, sondern die Fortdauer des mit seinem Eintritt geschaffenen Zustandes über einen – mehr oder weniger langen – Zeitraum, sofern diese Fortdauer nicht nur bestimmend sei für die Pflicht des VR zur Erbringung einer einmaligen Versicherungsleistung, sondern deren Umfang im Einzelfall erst bestimme. Im konkreten Fall, der durch den Fortschritt der Pferdezucht und der Ausmerzung tiermedizinischer Anfälligkeiten in der heutigen Zeit kaum noch eine wesentliche Rolle spielen dürfte, war ein Pferd »dämpfig«[72] geworden. Die Entscheidung des BGH a.a.O. korrigierte die Vorinstanz, die von einem gedehnten Versicherungsfall bei der beschriebenen »Dämpfigkeit« ausgegangen war. In der damaligen Regelung des VVG a.F., bei Unfällen und Krankheiten einen Tierarzt hinzuzuziehen, liege nach Eintritt des Versicherungsfalles eine zu erfüllende Obliegenheit. Anders der BGH: »*Wesensmerkmal eines gedehnten Versicherungsfalles ist nicht sein schrittweises Eintreten, sondern die Fortdauer des mit dem Eintritt geschaffenen Zustandes über einen – mehr oder weniger langen – Zeitraum*«. Danach tritt der Versicherungsfall in der Pferdelebensversicherung (bei versicherter dauernder Unbrauchbarkeit) erst mit der dauernden Unbrauchbarkeit ein und nicht schon mit der dazu führenden Erkrankung.

cc) Rettungspflicht

28 Die grundsätzliche Entscheidung des Gesetzgebers, Tiere nicht als Sachen zu behandeln (§ 90a Satz 1 BGB), leitet über zur Rettungspflicht in der Tierlebensversicherung. Nach § 82 VVG (»Abwendung und Minderung des Schadens«) hat der VN bei Eintritt des Versicherungsfalles nach Möglichkeit für die Abwendung und Minderung des Schadens zu sorgen. Diese schadensrechtliche Norm findet, wenn auch systemwidrig im Bereich der Sachversicherung, eine substantielle Verknüpfung in § 90 VVG. In der Formulierung, »um einen unmittelbar bevorstehenden Versicherungsfall abzuwenden oder in seinen Auswirkungen zu mindern«, wird die sog. Vorerstreckungstheorie gesehen.[73] Die erneut an § 307 I 2 BGB zu messende Formulierung in § 8 AVP, der VN müsse unverzüglich »jede Störung im Allgemeinbefinden des Tieres, die es erforderlich macht, einen Tierarzt zuzuziehen« anzeigen, führt zu Subsumtions- und Bewertungsschwierigkeiten bei der Einordnung des Eintritts des Versicherungsfalles, der Rettungspflicht sowie der Konstruktion der Vorerstreckungstheorie nach §§ 90, 83 VVG.[74] Während die »Störung des Allgemeinbefindens des Tieres« bereits eine Abweichung von der physiologischen Norm, also einen pathologischen Zustand meint, wird die objektive Erkennbarkeit der Erkrankung des nonverbalen Patienten »Pferd« ausgespart. Wollte man die Obliegenheit im Interesse des VR optimieren, müsste man eine engmaschige präventiv-prophylaktische Untersuchung des Pferdes auf das Risiko bevorstehender Erkrankungen hin statuieren. Ein solcher Gesundheitscheck, wie er beispielsweise vor internationalen Reitturnieren nach den Regeln der FEI und der Leistungsprüfungsordnung der Deutschen Reiterlichen Vereinigung stattfindet, wäre unpraktisch und mit unvertretbar hohen Kosten verbunden, wobei wegen der rund 800.000 Pferde in der Bundesrepublik Deutschland Heerscharen neuer Tierärzte approbiert werden müssten. Gerade bei der Kolik (Darmanschoppung) führen tierärztliche Interventionen durch kombinierte Applikation von Analgetika und Spasmolytika in einer Vielzahl von Fällen zur raschen Behebung der Gesundheitsstörung mit vollständiger Wiederherstellung ungehinderter Tätigkeit der glatten Darmmuskulatur und der permanenten Peristaltik des Colons. Im Gegensatz dazu gehören die Fälle des OLG Celle[75] und des BGH[76] eher zur abgeschlossenen Vorgeschichte der Rspr. zur Pferdelebensversicherung; Dämpfigkeit spielt infolge Zuchtfortschrittes und verbesserter Haltungsbedingungen für die Equiden nur eine vernachlässigungswürdige Rolle in der Pferdemedizin. Konsequenterweise hat der Oberste Gerichtshof Wien (OGH)[77] zur österreichischen Tierversicherung unter dem Aspekt Eintrittspflicht des VR bei gedehntem Versicherungsfall entschieden, dass für die Annahme eines gedehnten (gestreckten) Versicherungsfalles wesentlich und maßgeblich nicht etwa das schrittweise (sukzessive) Eintreten des Ereignisses sei,

---

71 BGH VersR 1989, 588–590.
72 Unter Dämpfigkeit versteht der Pferdemediziner eine nicht infektiöse Krankheit der tiefen Atemwege und der Lunge. Diese Erkrankung des Respirationstraktes erfasst vor allem die chronisch-obstruktive Bronchiolitis bzw. Bronchitis (COB). Sie äußert sich durch Hustenanfälle und in schweren Fällen durch eine äußerlich sichtbare Hypertrophie der Bauchmuskulatur. Wegen der morphologischen Veränderungen in den Atemwegen ist die therapeutische Prognose infaust. Dazu *Dietz/Huskamp*, S. 326–332.
73 Dazu *Looschelders*, in: FS Deutsch 2009, S. 835, 839; ferner OLG Celle VersR 1988, 690; unklar *Bruck/Möller*, TierV Rn. 32 unter Hinweis auf *Wielkens*, Die Rettungspflicht, 1970, S. 57–61.
74 Nochmals *Looschelders*, in: FS Deutsch 2009, 835–854.
75 OLG Celle VersR 1988, 690.
76 BGH VersR 1989, 588–590.
77 OGH VersR 2009, 954–956.

sondern der Umstand, dass ein bestimmter Zustand fortdauerte (Erkrankung eines Hundes an hämolytischer Anämie, einer Autoimmunerkrankung)[78].

e) Leistungsfreiheit bei Obliegenheitsverletzung (§ 8 Nr. 3 AVP)

Während früher das Alles-oder-Nichts-Prinzip galt, sind die AVP dem § 28 VVG angepasst. Zwar wird der VR von der Leistungspflicht frei, wenn der VN eine Obliegenheit vor Eintritt des Versicherungsfalles verletzt. Bei grob fahrlässiger Obliegenheitsverletzung ist der VR aber nur berechtigt, seine Leistung im Verhältnis zu kürzen, das der Schwere des Verschuldens des VN entspricht, wobei den VN die Beweislast dafür trifft, dass keine grobe Fahrlässigkeit vorliegt. Im Fall einer arglistigen Obliegenheitsverletzung hat der VR zu leisten, soweit der VN nachweist, »dass die Verletzung der Obliegenheit weder für den Eintritt oder die Feststellung des Versicherungsfalles noch für die Feststellung oder den Umfang der Leistungspflicht des VR ursächlich ist«. Das bedeutet grenzenloses Futter für Juristen und Fachtierärzte für Pferdekrankheiten. Bei letalem Ausgang der Pferdeerkrankung werden die Nachweis- und Exkulpationsmöglichkeiten häufig am fehlenden Sektionsbericht[79] scheitern. Stirbt ein Pferd oder wird es aus tierschützerischen Gründen notfallmäßig euthanasiert, ohne anschließend den Tierkörper der Pathologie zum Zweck der Erstellung eines Sektionsberichtes zuzuführen, kann – wenn auch mit noch schwieriger Beweissituation – der VN den behandelnden Tierarzt wegen Verletzung einer nebenvertraglichen Verpflichtung nach § 280 I 1 BGB in Regress nehmen, wobei eine Umkehr der Beweislast aus § 280 I 2 BGB in Betracht kommt, wenn es – nachweisbar – der Tierarzt versäumt hat, den VN auf die versicherungsvertragliche Notwendigkeit eines Sektionsberichtes hinzuweisen.

8. Varia

Die Adaption der AVP an das VVG 2008 macht die Auseinandersetzung mit einem Teil der (älteren) Rspr. zur Tierlebensversicherung obsolet, in anderen Teilen ist die Aktualität nicht beseitigt.

a) Versicherungsort (§ 6 Nr. 1 AVP)

Versicherungsort ist der im Versicherungsschein bezeichnete Ort der Tierhaltung. Wird dieser aufgegeben, kommt es zur Veräußerung des Pferdes vor Ablauf des im Versicherungsschein angegebenen Zeitraumes (vgl. § 10 Nr. 1 AVP). Damit stellt sich die Frage nach dem Schicksal des Erst- oder Einmalbeitrages (§ 9 AVP). Die zu § 128 I VVG a.F. ergangene Rspr.[80] ließ die Jahresprämie auch dann verfallen, wenn ein versichertes Tier veräußert wurde und damit der Versicherungsschutz endete. Die Veräußerung der versicherten Sache ist nunmehr in § 95 VVG geregelt; allerdings findet diese Norm keine Anwendung auf die Pferdelebensversicherung, da sie sich im systematischen Kontext der Sachversicherung (§§ 88–99 VVG) befindet und die Tierlebensversicherung als Schadensversicherung im Sinne der §§ 74–78 VVG zu qualifizieren ist. Hier bestimmt § 80 II VVG für den Wegfall des versicherten Interesses nach dem Beginn der Versicherung, dass dem VR die Prämie zusteht, die er hätte beanspruchen können, wenn die Versicherung nur bis zu dem Zeitpunkt beantragt worden wäre, zu dem der VR vom Wegfall des Interesses Kenntnis erlangt hat.

b) Wartezeit (§ 10 Nr. 6 AVP)

Die Haftung des VR beginnt nach Einlösung des Versicherungsscheins, jedoch nicht vor Ablauf der Wartezeit bei enumerativen endogenen Krankheiten[81] und anderen exogenen Versicherungsfällen[82]. Dabei trägt der VR die Beweislast dafür, dass die zum Versicherungsfall führende Krankheit erst nach Ende der Wartezeit aufgetreten ist.[83] Mit dieser Beweislastverteilung wird der VN regelmäßig überfordert sein (auch wegen des Beweismaßes nach § 286 I 1 ZPO). Denn Erkrankungen wie chronische Bronchitis (OCB), periodische Augenentzündung, chronische Lahmheit (insbesondere Podotrochlose), Schale und Spat (Periatritis) entstehen nicht ad hoc, sondern entwickeln sich häufig über einen längeren Zeitraum etwa durch Mikrotraumata. Welche Schwierigkeiten dem Beweisführer in solchen Krankheitsfällen entstehen, hat der für das Pferdekaufrecht zuständige 8. Zivilsenat des BGH bei der Frage der Beweislast nach § 476 BGB eingehend beschrieben.[84]

---

78 Der Veterinärmediziner unterscheidet pathophysiologisch bzw. pathogenetisch die Krankheitsphasen Disposition, Latenz, Prodromalstadium und Manifestation.
79 Zur grob fahrlässigen Obliegenheitsverletzung bei Nichtvorlage eines ärztlichen Sektionsberichtes LG Kassel AgrarR 1987, 147.
80 AG Nürtingen VersR 1978, 1158 m. Anm. *Martin*.
81 Erfasst sind folgende Krankheiten: Dummkoller, ansteckende Blutarmut, Borna, Hufkrebs, Dämpfigkeit, chronische Bronchitis, periodische Augenentzündung, Knochenweiche, Tuberkulose, chronische Huflahmheit (insbesondere Hufrollenerkrankung), Ataxie, Gleichbeinlahmheit, Schale und Spat.
82 Durch Unfall, Brand, Blitzschlag, Explosion, Diebstahl oder Raub.
83 LG Frankfurt VersR 1984, 458.
84 BGH VersR 2014, 1388 zum latenten Mangel eines Pferdes (Sehnenschaden).

Anhang Q Pferdelebensversicherung

c) Gefahrerhöhung (§ 18 Nr. 1 AVP)

33 Die Gefahrerhöhung und ihre Folgen für Kündigung, Prämienerhöhung und Leistungsfreiheit sind in den §§ 23–27 VVG detailliert geregelt. Diese Normen schützen den VR in dem Fall, dass sich die beim Abschluss des Versicherungsvertrages vorausgesetzte Gefahrenlage nachträglich zu Ungunsten des VR verschiebt.[85] Da die nachträgliche Gefahrerhöhung die ursprüngliche konsensuale Balance von Gefahrenlage einerseits und Versicherungsprämie andererseits beseitigt, muss dem VR das Recht zur Anpassung oder Auflösung des Vertrages eingeräumt werden. In der Literatur werden die Sonderregelungen der §§ 23–27 VVG als Spezialfall der Störung der Geschäftsgrundlage[86] bezeichnet. In der Pferdelebensversicherung führt die Gefahrerhöhung zu einer Risikomehrung auf Seiten des VR. Das Pferd als lebender Organismus mit sich ständig verändernder Kondition und Konstitution ist nach dem detailliert geregelten Konzept der AVP an einen bestimmten Versicherungsort gebunden. Schon die Veränderung des Versicherungsortes (Stallwechsel) kann zur Gesundheitsgefährdung führen, weil etwa durch die nutritive Umstellung das Risiko einer Kolik ausgelöst wird oder im neuen Reitstall ein Hengst steht, der bei der versicherten Stute in der Rosseperiode ein hormonell assoziiertes Risikoverhalten mit Eigengefährdung verursacht. Auch die spezifische Verwendung des Pferdes kann zu einer Risikoerhöhung führen. So hat das OLG Köln[87] entschieden, dass die Verwendung des versicherten Pferdes für Hindernisrennen gegenüber der versicherten Verwendungsart »Flachrennen« eine Gefahrerhöhung im Sinne der §§ 23, 25 VVG a.F. darstellt.

d) Nachhaftung (§ 10 Nr. 4 AVP)

34 Tierlebensversicherungen werden bei besonderen Anlässen (etwa Teilnahme an speziellen Tiersportveranstaltungen) für eine Vertragsdauer von weniger als einem Jahr abgeschlossen. Für diesen Fall regelt § 10 Nr. 4 AVP, dass der Vertrag endet, ohne dass es einer Kündigung bedarf. Dem Urteil des OLG Köln vom 23.04.1996[88] lag ein »eintägiger« Tierlebensversicherungsvertrag zugrunde. Das versicherte Risiko realisierte sich aber erst nach Ablauf der eintägigen Vertragsdauer. In antizipierter Anlehnung an die Grundsatzentscheidung des BGH vom 12.04.1989[89] wies OLG Köln zunächst darauf hin, dass es in der Tierlebensversicherung einen »gedehnten Versicherungsfall« typischerweise nicht gebe, konzedierte dem VR aber, dass auch bei einem eintägigen Vertrag die zweiwöchige Nachhaftung des VR nach dem (damals) gesetzlichen Wortlaut des § 127 VVG a.F. nicht weiter gehe als bei einem längerfristigen Vertrag.[90]

---

85 Dazu bereits BGHZ 7, 311, 318 = BGH VersR 1952, 387.
86 Rechtsprechungshinweise siehe § 23 VVG Rdn. 1 Fn. 2.
87 OLG Köln VersR 1986, 572.
88 OLG Köln r+s 1996, 466 = VersR 1997, 613.
89 BGH VersR 1989, 588–590.
90 Für die Haftpflichtversicherung im Sonderfall der Pflichtversicherung ordnet § 117 VVG eine einmonatige Nachhaftung des VR für den Fall an, dass das Versicherungsverhältnis überhaupt nicht besteht oder beendet worden ist (Vermeidung von Deckungslücken in der Pflichtversicherung).

Anhang R
Betriebsunterbrechungs-Versicherung

Übersicht

	Rdn.		Rdn.
I. Allgemeines	1	2. Versicherungsort	29
1. Einführung	1	3. Fernwirkungsschäden/Ereignisort	30
2. Entwicklung der Betriebsunterbrechungsversicherung	3	4. Rückwirkungsschäden	32
3. Formen/Typen der Ertragsausfallversicherung und AVB	7	5. Kausalität zwischen versicherter Gefahr und Sachschaden	34
a) Überblick	7	6. Betriebsunterbrechung	36
b) Rechtsgrundlagen/Auslegungsmaßstab	9	7. Ertragsausfallschaden	40
c) Kleinbetriebsunterbrechungsversicherung – KBU	10	8. Haftzeit und Bewertungszeit	43
		a) Haftzeit	44
d) Mittlere Feuer-Betriebsunterbrechungsversicherung	15	b) Bewertungszeitraum	49
		III. Ausschlüsse	50
e) Feuer-Betriebsunterbrechungsversicherung	16	1. Allgemeines	50
		2. Ausschuss für außergewöhnliche Umstände	51
f) EC-Betriebsunterbrechungsversicherung	17	3. Kapitalmangelklausel	52
g) Allgefahren-Deckungen	19	4. Nicht versicherte Ertragsanteile und besondere Regelungen für Daten und Programme	54
II. Voraussetzungen eines Betriebsunterbrechungsschadens	20		
1. Sachschadeneintritt	21	IV. Entschädigungsfragen	58
a) Versicherte Gefahren	21	1. Allgemeines	58
aa) Gefahrenkatalog nach FBUB 2010	22	2. Hypothetische Kausalität	62
bb) Definitionen der versicherten Gefahren	23	3. Fortlaufende Kosten	63
		V. Obliegenheiten	66
cc) Gefahrenausschlüsse	24	1. Schadenminderungskosten	66
dd) Deckungserweiterungen	25	2. Buchführungsobliegenheit	71
b) Sachschaden an einer dem Betrieb dienenden Sache	26		

Schrifttum:
Boldt, Die Feuerversicherung, 7. Aufl. 1995; *Bruck/Möller,* Großkommentar zum Versicherungsvertragsgesetz, 9. Aufl. 2010; *Hax,* Grundlagen der Betriebsunterbrechungsversicherung, 2. Aufl. 1965; *Markert,* in: Handbuch Versicherungsrecht, van Bühren (Hrsg.), 6. Aufl. 2014; *Morongowski,* in: Handbuch des Fachanwalts Versicherungsrecht, Halm/Engelbrecht/Krahe (Hrsg.), 5. Aufl. 2015; *ders.,* Unterbrechungsschaden in der FBU-Vers. – hier: Ersatz von Kosten, r+s 2014, 237; *Schneider, K.,* Die Feuer-Betriebsunterbrechungsversicherung, 1997; *Schnepp,* in: Fachanwaltskommentar Versicherungsrecht, Staudinger/Halm/Wendt (Hrsg.), 2013.

I. Allgemeines

1. Einführung

Die Betriebsunterbrechungsversicherung ist keine Sach-, sondern eine **Ertragsausfallversicherung**.[1] Sie wurde entwickelt zur Versicherung des ausfallenden Gewinns im Schadenfall. Versichert ist der Ertragsausfall, der dadurch entsteht, dass in einem Unternehmen der Betrieb infolge eines – in den AVB näher bestimmten – Sachschadens unterbrochen oder jedenfalls beeinträchtigt wird. Durch die Versicherung soll der Versicherungsnehmer weitgehend so gestellt werden, als hätte es das zur Unterbrechung führende Schadensereignis mit dessen negativen Auswirkungen auf das Ertragsergebnis nicht gegeben. Versichertes Interesse ist daher dieser Vermögensnachteil.[2] 1

Bei der Feuer-Betriebsunterbrechungsversicherung handelt es sich um eine **Schadensversicherung** nach den §§ 74 ff. Obwohl nicht das Interesse an der Sachsubstanz selbst versichert wird, sondern der Ertragsausfallschaden im Falle der Betriebsunterbrechung infolge eines Sachschadens, gehen die meisten Kommentatoren[3] trotz dogmatischer Zweifel[4] von einer Sachversicherung aus, so dass die §§ 88 ff. Anwendung finden. Dies ist bedenklich, da eine Betriebsunterbrechungsversicherung gerade keine Sachversicherung ist. Allerdings können die Regelungen zur Sachversicherung in den §§ 88 ff. entsprechend angewendet werden, insb. gilt dies 2

---

[1] Vgl. *Hax,* S. 113 ff.; inzwischen auch ausdrücklich so bezeichnet, vgl. z.B. A § 1 Ziff. 1 FBUB 2010, A § 1 Ziff. 1 ECBUB 2010, § 2 Ziff. 1 ZKBU.
[2] Vgl. BGH r+s 1988, 86.
[3] P/M/*Armbrüster,* FBUB 2010 A § 1 Rn. 1; B/M/*Schnepp,* § 88 VVG Rn. 101 m.w.N.
[4] Zwingende Voraussetzung ist, dass die Versicherung des Ertragsausfallschadens an einen Sachschaden geknüpft ist, so dass reine Ertragsausfallversicherungen, die einen Sachschaden nicht fordern, wie z.B. eine Veranstaltungsausfallversicherung, hierunter nicht fallen.

Anhang R Betriebsunterbrechungs-Versicherung

für § 88 (Versicherungswert), § 90 (erweiterter Aufwendungsersatz), § 91 (Verzinsung) und § 92 (Kündigung nach Versicherungsfall). Bei diesen Regelungen dürften die Voraussetzungen einer Analogie vorliegen, zumal selbst dem Gesetzgeber bei der Reform des VVG die rechtsdogmatischen Unterschiede zwischen einer Sach- und einer Betriebsunterbrechungsversicherung offenbar nicht bewusst waren.

2. Entwicklung der Betriebsunterbrechungsversicherung

3   Der Gewinn bzw. Ertrag ist in der Schadensversicherung grundsätzlich nicht mitversichert.[5] Aber schon im Jahr 1911 wurden durch das Reichsaufsichtsamt die ersten Versicherungsbedingungen für die Versicherung gegen Schäden durch Betriebsunterbrechungsversicherung infolge Brand, Blitzschlag oder Explosion (BUB 1911) genehmigt. Vorläufer waren Mietverlustversicherungen, die im Falle eines Brandes den Ausfall des Mietertrags versicherten sowie die bereits im 19. Jahrhundert in Frankreich entwickelte chômage-Versicherung im Falle von Betriebsstillstand.[6]

1955 erfolgte eine größere Anpassung mit der Fassung der Allgemeinen Feuer-Betriebsunterbrechungs-Versicherungsbedingungen (FBUB 1955), die in Grundzügen den aktuell verwendeten Bedingungswerken noch zugrunde liegen.

4   Die stark gestiegene Bedeutung der Betriebsunterbrechungsversicherung erklärt sich aus der dynamischen Veränderung der Wirtschaft (z.B. gestiegene betriebliche Fixkosten, stärkere Einbindung durch Vertrags-, Arbeits- und öffentliches Recht, Just-in-time-Management, zunehmende Prozesskomplexität u.a.).

5   Im Fall der Betriebsunterbrechung fallen für das Unternehmen regelmäßig weiterhin hohe Betriebskosten an. Die Fixkosten (z.B. für Miete/Pacht, Abschreibungen von Maschinen, Anlagen u.ä., Gebühren usw.) sind regelmäßig kaum verringert. Die Mitarbeiter bleiben meist fortbezahlt, so dass auch die Lohn- und Gehaltskosten weiter fast unvermindert anfallen.[7]

Tatsächlich kann eine gravierende Betriebsunterbrechung schon nach wenigen Tagen oder Wochen alle Reserven eines Unternehmens aufbrauchen. Selbst wenn die Sachschäden an Gebäude, Betriebseinrichtung, Waren und Vorräten aufgrund der Sachversicherung schnell ersetzt werden können, droht allein aufgrund der laufenden Einnahmeverluste nicht selten sogar Insolvenz.[8]

6   Aufgrund der hohen Vernetzung der Wirtschaft und der zunehmenden Gefahr von Cyber-Angriffen stellt sich die Problematik der Versicherbarkeit von Betriebsunterbrechungsschäden ohne Eintritt eines Sachschadens.

3. Formen/Typen der Ertragsausfallversicherung und AVB

a) Überblick

7   Die Ertragsausfallversicherung wird in den unterschiedlichsten Formen angeboten. In der Praxis am wichtigsten sind die:
- Einfache bzw. Kleinbetriebsunterbrechungsversicherung (ZKBU 2010 als Annex – meist zur Feuerversicherung, AFB 2010[9]), häufig »Klein-BU« genannt,
- Mittlere Feuerbetriebsunterbrechungsversicherung (MFBU 2010),
- Allgemeine Feuerbetriebsunterbrechungsversicherung (FBUB 2010) und
- Versicherung zusätzlicher Gefahren zu der Feuerbetriebsunterbrechungsversicherung (sog. EC-BU-Deckung, ECBUB 2010).

8   Weitere Ertragsausfallversicherungen finden sich in Form der Mietverlustversicherung (z.B. ABM 2010), in der Technischen Versicherung (z.B. Maschinen-Betriebsunterbrechungsversicherung, AMBUB 2011, Elektronik-Betriebsunterbrechungsversicherung, TK 4910 AMBUB, Bauleistungs-Betriebsunterbrechungsversicherung), in der Transportversicherung, in den Landwirtschaftlichen Versicherungen (Landwirtschaftliche BU-Versicherung, ABL 2010, Allgemeine Hagelversicherung – AHagB 2010) sowie in zahlreichen Spezialregelungen, wie z.B. der Filmausfallversicherung, der Veranstaltungsausfallversicherung und der Mehrkostenversicherung bis hin zu einer Tierseuchen-Unterbrechungsversicherung.

---

5   Dies stellte das VVG in § 53 a.F. rein deklaratorisch klar: »Die Versicherung umfasst den durch den Eintritt des Versicherungsfalls entgehenden Gewinn nur, soweit dies besonders vereinbart ist«.
6   Zur historischen Entwicklung der Betriebsunterbrechungsversicherung vgl. z.B. *Schneider*, S. 24 ff. m.w.N.
7   Oftmals liegt es gerade im Interesse des Unternehmens, mit den eigenen Mitarbeitern nach Ende der Unterbrechung weiter zu arbeiten. Vgl. auch die Rspr. des BAG zur Lohnfortzahlungspflicht im Fall der Betriebsstockung, Urt. v. 13.06.1990 – 2 AZR 635/89 (juris) – ein Brand in einem feuergefährdeten Betrieb fällt in den Risikobereich des Arbeitgebers, letzterer hätte sich für diesen Fall gerade durch eine Betriebsunterbrechungsversicherung absichern können. Nach den Grundsätzen der Betriebsrisikolehre trägt der Arbeitgeber die Gefahr dafür, wenn die Betriebsstörung seiner Sphäre zuzuordnen ist. Eine außerordentliche Kündigung ist dann regelmäßig nicht möglich, BAG a.a.O. m.w.N.
8   *Ehlers*, VersR 2008, 1173.
9   In Klammern: Bezeichnung der jeweiligen aktuellen unverbindlichen Muster-Versicherungsbedingungen des GDV.

b) Rechtsgrundlagen/Auslegungsmaßstab

Rechtliche Grundlage für die jeweilige Versicherung bilden die Normen des VVG (u.a. zur Schadensversicherung gem. §§ 74 ff.) und die jeweiligen zum Vertrag bezeichneten Versicherungsbedingungen nebst Besonderen Bedingungen und den dort nicht selten vereinbarten individuellen Regelungen.

Der vom BGH festgelegte Auslegungsmaßstab[10] richtet sich grds. danach, wie ein durchschnittlicher Versicherungsnehmer ohne versicherungsrechtliche Spezialkenntnisse bei verständiger Würdigung, aufmerksamer Durchsicht und Berücksichtigung des erkennbaren Sinnzusammenhangs die Versicherungsbedingungen verstehen muss[11]. Unter Berücksichtigung des bei der Betriebsunterbrechungsversicherung angesprochenen (besonderen) Personenkreises kommt es auf das **in Unternehmerkreisen zu erwartende Verständnis** an.[12] Daher kann bei der Auslegung das bei diesem Personenkreis zu erwartende spezielle Wissen mit berücksichtigt werden.

c) Kleinbetriebsunterbrechungsversicherung – KBU

Weiterhin verbreitet ist die einfache Betriebsunterbrechungsversicherung bzw. Klein-Betriebsunterbrechungsversicherung (sog. »Klein-BU«), welche für **kleine und mittlere Unternehmen**[13] nicht als eigenständiger Vertrag, sondern als **Zusatzversicherung** (Annex) zur reinen Sachversicherung angeboten wird. Folglich ist das Bestehen einer gewerblichen Sachversicherung (oftmals: Feuerversicherung) notwendige Voraussetzung. Vertragsgrundlage bilden also die Zusatzbedingungen für die einfache Betriebsunterbrechungs-Versicherung (ZKBU 2010[14]) in Verbindung mit den jeweiligen Bedingungen des Sachversicherungsvertrags[15] (beispielsweise AFB 2010, aber auch AWB 2010, AStB 2010, AERB 2010). In der Regel sind die Versicherungssumme auf 500.000,00 € und die Haftzeit auf 12 Monate begrenzt.

Versichert ist der Ertragsausfallschaden, den der Versicherungsnehmer dadurch erleidet, dass der Betrieb infolge eines **Sachschadens** unterbrochen oder beeinträchtigt wird. Dieser Sachschaden muss dem Grunde nach aus dem Sach-Versicherungsvertrag entschädigungspflichtig sein (§ 2 Ziff. 1 Satz 1 ZKBU 2010). Erweitert wird dies durch Satz 2 des § 2 Ziff. 1 ZKBU 2010, wenn der dem Grunde nach entschädigungspflichtige Sachschaden am Versicherungsort befindliche Gebäude oder bewegliche Sachen betrifft, die dem versicherten Betrieb des Versicherungsnehmers dienen, die jedoch selbst nicht durch den Sachversicherungsvertrag versichert sind.

Der **Ertragsausfallschaden**, welcher dem Versicherungsnehmer zu ersetzen ist und aus den »fortlaufenden Kosten und dem Betriebsgewinn in dem versicherten Betrieb« besteht, wird näher beschrieben und eingegrenzt in § 2 Ziff. 2 ZKBU 2010. Die Regelungen entsprechen weitestgehend den entsprechenden Bedingungsnormen in den FBUB 2010 bzw. ECBUB 2010.

Die **Haftzeit**, welche den ersatzpflichtigen Bemessungszeitraum darstellt, ist regelmäßig auf 12 Monate festgelegt, § 2 Ziff. 3 ZKBU. Entgegen der früheren Regelung ist inzwischen auch eine abweichende Vereinbarung möglich.[16] Hiervon wird oft Gebrauch gemacht, wobei Haftungszeiträume von weniger als 6 Monaten und mehr als 18 Monaten nur sehr selten vereinbart werden.

Eine Besonderheit ist, dass die **Versicherungssumme** aus dem Gewerbe-Sachversicherungsvertrag grundsätzlich der Versicherungssumme der Betriebsunterbrechungsversicherung entspricht, § 3 Satz 1 ZKBU 2010. Es kommt daher zu einer Unterversicherung i.S.d. § 75,[17] wenn die Versicherungssumme nicht ausreicht. Im Einzelfall kann ein Beratungsverschulden des Vermittlers vorliegen. Im Regelfall dürfte es aber an einer Beratungspflicht fehlen, da dem geschäftserfahrenen Versicherungsnehmer der Neuwert seiner versicherten Sachen bekannt sein und es an einem Anlass i.S.d. § 6 fehlen dürfte. Die Versicherung auf erstes Risiko ist möglich, vgl. § 4 Ziff. 3 ZKBU 2010.

Im Übrigen entsprechen die Bestimmungen zur Klein-Betriebsunterbrechungsversicherung ZKBU 2010 weitestgehend denen zur FBUB.

---

10 Vgl. BGH VersR 2012, 89 m. Anm. *Wandt*; P/M/*Armbrüster*, VVG, Einl. C, Rn. 260; vgl. auch *Koch* VersR 2015, 133.
11 St. Rspr. BGH VersR 2012, 48, 49; 2000, 1090; 1993, 957, 958 [juris].
12 BGH VersR 2010, 809, Rn. 12 – zit. nach juris; LG Berlin VersR 2014, 191, 192; OLG Hamm VersR 2004, 1264, 1265.
13 Ursprünglich wurde sie nur für kleinere Betriebe (Handel, Handwerk) angeboten. Oft ist die Versicherungssumme auf höchstens 500.000.- Euro begrenzt. Reicht dies nicht mehr aus, bietet sich an, einen separaten Betriebsunterbrechungsversicherungsvertrag abzuschließen, wie z.B. eine Mittlere Feuer-Betriebsunterbrechungsversicherung oder einen Feuerbetriebsunterbrechungsversicherungsvertrag nach den FBUB.
14 Zur Kleinbetriebsunterbrechungsversicherung nach älteren Bedingungen ZKBU 80, ZKBU 87 vgl. beispielsweise *Boldt*, S. 106.
15 Vgl. § 1 ZKBU 2010.
16 Vgl. § 2 Ziff. 3 S. 3 ZKBU 2010.
17 VersHb/*Philipp*, § 31 Rn. 182 – z.B. Betriebe, die einen hohen Erwirtschaftungsgrad und einen niedrigen Wareneinsatz haben. Durch die Regelung zur Anpassung der Versicherungssumme in § 3 Satz 2 ZKBU für Fälle, in denen die Betriebseinrichtung oder die Vorräte, die dem versicherten Betrieb dienen, nicht oder nicht mit ihrem vollen Wert im Sach- Versicherungsvertrag versichert sind, wird diese Problematik nicht gelöst.

d) Mittlere Feuer-Betriebsunterbrechungsversicherung

15 Historisch wurde die Mittlere Feuer-Betriebsunterbrechung für **Unternehmen des Mittelstandes** entwickelt, wobei die Versicherungssumme im einstelligen Millionenbereich liegt, in der Regel bis max. 2,5 Mio. €. Im Unterschied zur Klein-Betriebsunterbrechungsversicherung wird ein **eigenständiger Versicherungsvertrag** geschlossen. Die Versicherungssumme wird auf Basis des Rohertrages des letzten abgelaufenen Kalenderjahres gebildet. Vertragsgrundlage sind die Sonderbedingungen für die Mittlere Feuer-Betriebsunterbrechungs-Versicherung (MFBU 2010), welche unter kleinen Modifizierungen auf die FBUB 2010 verweisen, vgl. § 1 MFBU 2010.

In den MFBU finden sich gegenüber den FBUB wenige spezielle, somit also vorgehende Regelungen zur Ermittlung und Meldung der Versicherungssumme, zur Unterversicherung, zur Ermittlung der Prämie und zur Nachhaftung, die auf die Belange und Gegebenheiten nicht ganz so großer Unternehmen Rücksicht nehmen.[18]

e) Feuer-Betriebsunterbrechungsversicherung

16 Die Feuer-Betriebsunterbrechungsversicherung ist die verbreitete Betriebsunterbrechungsversicherung für **Groß- und Industrieunternehmen**. Vertragsgrundlage sind die Allgemeinen Feuer-Betriebsunterbrechungs-Versicherungs-Bedingungen (FBUB 2010[19]). Ergänzend können Sonderklauseln zur Betriebsunterbrechungs-Versicherung (SK BU 2010) vereinbart werden. Oftmals werden eine Feuer-Sachversicherung (z.B. nach AFB 2010) und die Feuer-Betriebsunterbrechungsversicherung gemeinsam abgeschlossen.

f) EC-Betriebsunterbrechungsversicherung

17 Auch im Bereich der Betriebsunterbrechung besteht für größere Risiken bei Industrie- und Handelsbetrieben die Möglichkeit der sog. **Extended-Coverage** Versicherung (EC-Deckung). Vertragsgrundlage sind die Allgemeinen Bedingungen für die Versicherung zusätzlicher Gefahren zur Feuer-Betriebsunterbrechung-Versicherung (ECBUB 2010[20]) und gegebenenfalls zusätzlich vereinbarte Sonderklauseln zur ECBU-Versicherung (SK BU 2010).

In der EC-Deckung sind weitere Gefahren mit umfasst, welche in einem **Baukastensystem** frei vereinbart werden können. Dies sind nach den ECBUB 2010[21] innere Unruhen, böswillige Beschädigung, Streik, Aussperrung, Fahrzeuganprall, Rauch, Überschalldruckwellen, Wasserlöschanlagen-Leckage, Leitungswasser, Sturm, Hagel, Einbruchdiebstahl, Vandalismus nach einem Einbruch, Raub, Überschwemmung, Rückstau, Erdbeben, Erdsenkung, Erdrutsch, Schneedruck, Lawinen und Vulkanausbruch.

Versichert ist der durch Unterbrechung oder Beeinträchtigung des Betriebs entstehende Ertragsausfallschaden, der infolge eines vom Vertrag umfassten Sachschadens[22] entsteht, A § 1 Ziff. 1 ECBUB 2010.

Die weiteren Vertragsbestimmungen der ECBUB 2010 orientieren sich annähernd vollständig an denen der FBUB 2010, auf die an dieser Stelle verwiesen werden kann.

18 Abweichend von den FBUB 2010 ist in den ECBUB 2010 jedoch regelmäßig neben dem Versicherungsort auch der **Ereignisort**[23] ausdrücklich festgelegt. Dies hat zur Folge, dass sich die versicherte Gefahr am definierten Ereignisort (meist: Versicherungsgrundstück oder Nachbargrundstück) realisiert haben und am Versicherungsort zu dem Sachschaden geführt haben muss. **Fernwirkungsschäden** sind in diesem Falle nicht versichert.

g) Allgefahren-Deckungen

19 Insbesondere im Industriebereich findet sich auf dem Markt zunehmend auch die Möglichkeit, anstatt einer Einzelgefahrendeckung mit ihren benannten Gefahren (»named perils«) eine Allgefahren-Deckung (»**allrisk**«) abzuschließen. Bei Vereinbarung einer Betriebsunterbrechungsversicherung ist gleichgültig, welche Gefahr zu einer Beeinträchtigung der Sachsubstanz, also zu einem Sachschaden führte. Die Einzelheiten zu Deckungsumfang und den üblicherweise zahlreichen Ausschlüssen ergeben sich aus der jeweils vereinbarten Vertragsklausel bzw. aus den konkreten Vertragsbedingungen.

---

18 Näher hierzu z.B. VersHb/*Philipp*, § 31 Rn. 187 ff. sowie *Boldt*, S. 130 – allerdings noch zu den alten MFBU.
19 Es wird Bezug genommen auf die veröffentlichten unverbindlichen Musterbedingungen des GDV, Version vom 01.04.2014.
20 Unverbindliche Musterbedingungen des GDV, Fassung vom 01.04.2014 als Pendant zur EC-Sach-Deckung mit den ECB 2010. Ältere Bedingungswerke sind die ECBUB 2008 bzw. die ECBUB 87 mit der Erweiterungsklausel für die ECBU-Versicherung 9611.
21 Vgl. A § 2 ECBUB 2010.
22 Sachschaden verursacht durch eine konkret vereinbarte Gefahr, s.o., A § 2 i.V.m. A § 3 ff. ECBUB 2010.
23 Meist: Versicherungsgrundstück und das Nachbargrundstück, vgl. beispielsweise A § 3 Ziff. 4, § 4 Ziff. 5, § 5 Ziff. 4, § 6 Ziff. 4, § 7 Ziff. 4 ECBUB 2010. Ausnahmen bestehen bezüglich der versicherten Gefahr Einbruchdiebstahl/Vandalismus/Raub – Realisierung am Versicherungsort (A § 8 Ziff. 5 ECBUB 2010) und bei der Gefahr Überschwemmung (§ 9).

Die Regelungen zur Betriebsunterbrechung und zum versicherten Ertragsausfall orientieren sich oftmals an den Regelungen aus den FBUB.

II. Voraussetzungen eines Betriebsunterbrechungsschadens

Versichert ist gemäß A § 1 Ziff. 1 FBUB[24] der Ertragsausfallschaden, der dem Unternehmen infolge einer Betriebsunterbrechung entsteht. Die Unterbrechung bzw. Beeinträchtigung des Betriebes wiederum muss auf einen vertraglich umfassten Sachschaden zurückgehen. Es bedarf mithin einer versicherten Gefahr und eines Sachschadens, einer hierauf beruhenden Betriebsunterbrechung, die zu einem Ertragsausfall führt.

1. Sachschadeneintritt

a) Versicherte Gefahren

Erste Voraussetzung für einen zu ersetzenden Betriebsunterbrechungsschaden ist, dass der Eintritt einer versicherten Gefahr zu einem Sachschaden führt. Grundsätzlich sind alle versicherbaren Einzelgefahren (Feuer, Sturm/Hagel, Leitungswasser, Einbruchdiebstahl/Raub, weitere Elementargefahren, wie z.B. Überschwemmung, Erdbeben, Erdrutsch, Erdsenkung usw.[25]) oder Allgefahren (bei einer All-risk-Deckung) denkbar.

aa) Gefahrenkatalog nach FBUB 2010

In der Feuerbetriebsunterbrechungsversicherung nach den FBUB 2010 sind gemäß § 2 Ziff. 1 die Gefahren Brand, Blitzschlag, Explosion und Anprall oder Absturz eines Luftfahrzeuges, seiner Teile oder seiner Ladung gedeckt. Die Definitionen für Brand, Blitzschlag und Explosion sind in A Ziff. 2–4 FBUB 2010 aufgenommen.

bb) Definitionen der versicherten Gefahren

Die Definitionen in den FBUB 2010 sind mit denen in den AFB 2010 wortgleich,[26] so dass auf die Ausführungen zu den AFB 2010 verwiesen werden kann (Anhang K Rdn. 15 ff.).

Im Vergleich zur Vorfassung FBUB 2008 gibt es nur geringfügige Ergänzungen bei der Definition der versicherten Gefahr Blitzschlag in A § 2 Ziff. 3 Satz 3 FBUB 2010. Gegenüber den etwas enger formulierten FBUB 2008[27] lassen es die FBUB 2010 hinsichtlich von Überspannungs-, Überstrom- oder Kurzschlussschäden gemäß A § 2 Ziff. 3 S. 3 FBUB 2010 zusätzlich alternativ ausreichen, dass Spuren eines[28] Blitzschlags an diesem Grundstück (auf dem der Versicherungsort liegt) auftreten. Nach den FBUB 2010 ist in diesem Fall der Nachweis eines Blitzschlags in ein Gebäude nicht erforderlich.

cc) Gefahrenausschlüsse

Die in A § 2 Ziff. 5 FBUB 2010 ausgeschlossenen Schäden entsprechen den Ausschlüssen nach § 1 Ziff. 5 AFB 2010. Ausdrücklich vom Versicherungsschutz ausgenommen sind Schäden durch Erdbeben, Sengschäden,[29] Schäden an Verbrennungskraftmaschinen durch Explosionen in deren Verbrennungsraum und Schäden an Schaltorganen elektrischer Schalter infolge von Gasdruck sowie bezüglich der Gefahr Brand die so genannten Betriebs-, Bearbeitungs- und Nutzwärmeschäden. Hinzu kommen die allgemeinen Risikoausschlüsse nach A § 3 FBUB 2010, wie Schäden durch Krieg, innere Unruhen und Kernenergie.

dd) Deckungserweiterungen

In Erweiterung der versicherten Gefahren und Schäden nach § 2 FBUB 2010 können in der Feuer-Betriebsunterbrechungs-Versicherung nach den SK BU 2010 diverse Sonderklauseln vereinbart werden. Dies sind beispielsweise Ertragsausfallschäden durch radioaktive Isotope (SK 8101 BU 2010), bestimmungswidriger Wasseraustritt aus Wasserlöschanlagen (SK 8103 BU 2010), Vergrößerung des Ertragsausfallschadens durch behördlich angeordnete Wiederherstellungs- oder Betriebsbeschränkungen (SK 8105), Vertragsstrafen (SK 8106), Werteverluste und zusätzliche Aufwendungen (SK 8107), zusätzliche Standgelder und ähnliche Mehraufwen-

---

[24] Als Grundlage werden hier verwendet die unverbindlichen Musterbedingungen des GDV – FBUB 2010, Stand 01.04.2014.
[25] Vgl. z.B. § 2 ECBUB 2010.
[26] Nach § 2 Ziff. 4 Satz 4 FBUB 2010 gelten im Rahmen der versicherten Gefahr Explosion Schäden durch Unterdruck bereits nicht als Sachschaden. Anders ist die Formulierung in § 1 Ziff. 4 S. 4 AFB 2010, wonach Schäden durch Unterdruck nicht versichert sind, dieser Sachschaden also vom Versicherungsschutz ausgeschlossen ist. Praktische Auswirkung könnte dies gegebenenfalls auf die Beweislastverteilung haben.
[27] A § 2 Ziff. 3 Satz 3 FBUB 2008, vgl. auch A § 1 Ziff. 3 Satz 3 AFB 2008.
[28] In den FBUB 2008/AFB 2008: »direkten Blitzschlags« – Formulierung aber dort wohl nur deklaratorisch, da Blitzschlag jetzt bereits einheitlich nur als »unmittelbarer Übergang eines Blitzes auf Sachen« definiert wird, vgl. A § 1 Ziff. 3 S. 1 AFB 2008/2010 = A § 2 Ziff. 3 S. 1 FBUB 2008/2010. Die lediglich Formulierung »Blitzschlag« in den FBUB 2010/AFB 2010 ist wegen der dort nicht ausschließlichen Bezogenheit auf Sachen konsequent.
[29] Als weitestgehend nur deklaratorischer Ausschluss, da es in der Regel an der notwendigen selbständigen Ausbreitungsfähigkeit fehlt.

dungen (SK 8108), Ertragsausfallschäden durch bestimmungswidriges Ausbrechen glühendflüssiger Metallschmelzen (SK 8109 BU 2010), Ertragsausfallschäden infolge von Brandschäden innerhalb von Räucher-, Trocknungs- und sonstigen ähnlichen Erhitzungsanlagen sowie an deren Inhalt (SK 8111 BU 2010), Ertragsausfallschäden infolge von Brandschäden an Dampferzeugungsanlagen, Wärmetauschern, Luftvorwärmern, Rekuperatoren, Rauchgasleitungen, Filteranlagen, Rauchgasentschwefelungsanlagen, Denitrifikationsanlagen und vergleichbaren Anlagen – Wiedereinschluss, vgl. A § 2 Nr. 5 d) FBUB 2010 (SK 8112 BU 2010), Ertragsausfallschäden durch bestimmungswidriges Ausbrechen von Metallschmelzen (SK 8113 BU 2010) oder Ertragsausfallschäden infolge von Überspannungsschäden durch Blitzschlag oder sonstige atmosphärisch bedingte Elektrizität (SK 8114 BU10).

b) Sachschaden an einer dem Betrieb dienenden Sache

26 Durch den Eintritt einer der genannten versicherten Gefahren muss sich ein Sachschaden verwirklicht haben, nämlich die **Zerstörung, Beschädigung oder Abhandenkommen** einer dem Betrieb des Versicherungsnehmers dienenden Sache.[30]

27 **Sachschaden** bedeutet, wie auch sonst nach h.M. in der Sachversicherung, dass grundsätzlich eine Beeinträchtigung der Substanz vorliegt, die den Wert oder die Brauchbarkeit der Sache mindert.[31] Es genügt, dass sich der Sachzustand in substanzbezogener Weise nachteilig verändert hat, wie z.B. bei einer Oberflächenbeaufschlagung durch Brandgeruch und Ruß.[32]

28 Die **Abgrenzung** ist gelegentlich schwer zu ziehen, wenn nicht die Substanz der Sache einen Schaden aufweist, diese jedoch gleichwohl in ihrer Gebrauchsfähigkeit so beeinträchtigt ist, dass sich dies einem Sachschaden annähert. Feste Abgrenzungskriterien bietet die Rechtsprechung des Versicherungssenats des BGH nicht. Dieser betont jedoch, dass der »Begriff der Eigentumsverletzung nach § 823 Abs. 1 BGB nicht ohne weiteres auf das Recht der Sachversicherung übertragen werden.[33] Hier ist daran festzuhalten, dass es zu irgendeiner Beeinträchtigung der Substanz der beschädigten Sache … kommen muss.«[34] Ebenso könne, so das OLG Jena, nicht der Begriff des Sachschadens aus dem Recht der Haftpflichtversicherung übernommen werden.[35]

Der Sachschaden muss nicht zwangsläufig eine eigene oder gar von der Feuer-Sachversicherung versicherte Sache betreffen; es ist daher gleichgültig, ob die Sache vom Versicherungsnehmer gemietet, gepachtet, geleast oder geliehen ist. Notwendig ist allein, dass die vom Schaden betroffene Sache **dem Betrieb des Versicherungsnehmers dient.**

Dies ist entsprechend dem Betriebszweck grundsätzlich dann der Fall, wenn sie der Erstellung oder dem Absatz der spezifischen Sachgüter bzw. Dienstleistungen des VN-Unternehmens dient, d.h., wenn eine wirtschaftliche Beziehung zwischen der Sache und der Betriebsleistung besteht.[36] Der Begriff »einer dem Betrieb dienenden Sache« wird zumeist weit auszulegen sein,[37] so dass nicht nur Sachschäden im unmittelbaren Produktionsbereich, sondern beispielsweise auch im Lagerbereich,[38] in einer betrieblichen Versorgungseinrichtung oder in der Verwaltung relevant sein können.

Es reicht aus, wenn die Sache **erst in Zukunft** dem Betrieb wirtschaftlich dienen sollte und dies in den Haftzeitraum fällt, z.B. bei einem Brand in einem in Bau befindlichen Betriebsteil, der demnächst die Produktion aufnehmen sollte, wodurch nun der erwartete Ertrag nicht erwirtschaftet werden kann.[39]

2. Versicherungsort

29 Eine Haftung für den Ertragsausfallschaden besteht gemäß A § 4 FBUB 2010 nur, wenn sich der **Sachschaden innerhalb des Versicherungsortes** ereignet hat.[40] Versicherungsort sind die im Vertrag jeweils bezeichneten Gebäude, Räume oder Grundstücke. Eine Ausnahme besteht bei Sachen, die wegen eines bevorstehenden oder eingetretenen Versicherungsfalls entfernt worden sind, vgl. A § 4 Satz 2 und 3 FBUB 2010.

---

30 A § 1 Ziff. 1 FBUB 2010. Überholt bzw. falsch insofern Terbille/Höra/*Schneider*, § 28 Rn. 11 ff.
31 Vgl. *Martin*, Sachversicherungsrecht, B III Rn. 4.
32 *Martin*, B III Rn. 4, 9 f.
33 Vgl. *Martin*, Sachversicherungsrecht, B III Rn. 7.
34 BGH VersR 2010, 1078 = r+s 2010, 376 m. ablehnender Anm. *Wälder* r+s 2010, 378.
35 VersR 2014, 949 = r+s 2014, 457, bestätigt durch Nichtannahmebeschluss des BGH.
36 Vgl. van Bühren/*Markert*, § 22 Rn. 32.
37 H/E/K/*Morongowski/Reichard*, 13. Kap. Rn. 37.
38 BGH VersR 1976, 279: Sachschaden entstand in einem von mehreren Hauptlagern, es kam zu Ertragsausfallschäden im Kaufhausgeschäft und im Versandhandel (im Fall jedoch Anwendung der damaligen FBUB und einer Klausel, dass Auswirkungen auf andere Betriebsabteilung eingeschlossen sind).
39 Vgl. van Bühren/*Markert*, a.a.O., unter Berufung auf den Wortlaut der Norm.
40 Die in den FBUB vor 2008 geltende Regelung verlangte, dass sich der Sachschaden auf dem Grundstück ereignet, das in der Versicherungsurkunde als Betriebsstelle bezeichnet ist. Eine Einschränkung des Versicherungsschutzes wird mit der Neufassung regelmäßig nicht verbunden sein, anders jedoch offenbar VersHb/*Philipp*, § 31 Rn. 195.

Durch Vereinbarung einer Zusatzklausel können neu hinzukommende Betriebsgrundstücke (SK 8401 BU 2010), weitere Versicherungsorte (SK 8402 BU 2010), Anschlussgleise, Wasserstraßenanschlüsse sowie in unmittelbarer Nähe des Versicherungsortes abgestellte Transportmittel (SK 8405 BU 2010) eingeschlossen werden.

3. Fernwirkungsschäden/Ereignisort

Zu trennen sind die Begriffe **Versicherungsort** und **Ereignisort**. Gemäß A § 4 FBUB 2010 muss der Sachschaden am Versicherungsort selbst eintreten. Die zum Sachschaden führende versicherte Gefahr muss sich nicht zwingend auf dem Grundstück des Versicherungsnehmers bzw. am Versicherungsort realisieren. Eine ausdrückliche Regelung in den FBUB findet sich nicht. Nach h.M.[41] ist es ausreichend, dass aufgrund eines versicherten Schadensereignisses (z.B. Brand, Explosion) ein Sachschaden an dem Betrieb des Versicherungsnehmers dienenden Sachen am Versicherungsort eintritt (z.B. durch einen Brand beim Energieversorger kommt es zum Stromausfall, der am Versicherungsort des Versicherungsnehmers zum Sachschaden führt, beispielsweise durch aufgetaute Lebensmittel).[42] 30

Eine Besonderheit ergibt sich bei Verträgen mit EC-Deckung. Nach den ECBUB 2010 ist regelmäßig nicht nur der Versicherungsort, sondern auch der Ereignisort für den Sachschadeneintritt bestimmt. Versicherungsschutz besteht grds. nur, wenn sich die versicherte Gefahr am Versicherungsort selbst oder am Nachbargrundstück realisiert hat.[43] 31

4. Rückwirkungsschäden

Nicht versichert sind sog. **Rückwirkungsschäden**. Solche sind insbesondere denkbar, wenn es bei einem (nicht vom Versicherungsvertrag umfassten) Zulieferer- oder Abnehmerunternehmen zu einem Sachschaden im Sinne von A § 2 FBUB 2010 kommt und hierdurch im eigenen Betrieb des Versicherungsnehmers eine Betriebsunterbrechung eintritt. Da es sich lediglich um die Auswirkungen eines Sachschadens in einem anderen Unternehmen handelt, besteht hierfür kein Versicherungsschutz. 32

Einige Rückwirkungsschäden können durch **Sonderklauseln** mitversichert werden. So können nach der Klausel SK 8113 Rückwirkungsschäden durch Abnehmer versichert werden, die im Versicherungsschein aufgenommen werden und ihren **Sitz in Deutschland** haben. Rückwirkungsschäden durch Zulieferer können gem. Klausel SK 8108 gedeckt werden. Dort ist die örtliche Beschränkung von Deutschland auf **Europa** erweitert. 33

5. Kausalität zwischen versicherter Gefahr und Sachschaden

Bei der Verursachung des Sachschadens an dem Betrieb dienenden Sachen durch eine der versicherten Gefahren ist wie auch sonst im Sachversicherungsrecht lediglich adäquate Kausalität erforderlich.[44] Nicht ausdrücklich ausgeschlossene **mitwirkende Ursachen**,[45] die zu einer Verlängerung der Betriebsunterbrechungszeit führen, spielen keine Rolle.[46] 34

Bezüglich der Darlegungs- und Substantiierungslast gelten die allgemeinen Anforderungen. Der Versicherungsnehmer hat den aufgrund einer versicherten Gefahr (z.B. Brand) eingetretenen Sachschaden und die dadurch verursachte Betriebsunterbrechung darzulegen und zu beweisen. Es gilt der Strengbeweis des § 286 ZPO.[47] 35

---

41 VersHb/*Philipp*, § 31 Rn. 194; FA-Komm-VersR/*Schnepp*, A § 4 FBUB 2010, Rn. 1; van Bühren/*Markert*, § 22 Rn. 37 m.w.N. zu den alten FBUB.

42 van Bühren/*Markert*, a.a.O. begründet seine Auffassung mit Hinweis auf den in der Sachversicherung allgemein geltenden Grundsatz, dass der Versicherungsort lediglich für den Schadenort Bedeutung hat und nicht auch für das versicherte Ereignis. Die von VersHb/*Philipp* a.a.O. herangezogene Argumentation bezüglich der Unterscheidung der Anforderungen zum Sachschaden in den FBUB (a.F.): »Sachschaden ist die Zerstörung, (...) **infolge** von ... Brand, Explosion oder Blitzschlag ...« in § 1 FBUB (2001) im Verhältnis zur Regelung in den AFB 87 »Sachschaden **durch** ein versichertes Ereignis« greift heute jedoch nicht mehr gänzlich. Inzwischen ist das Wort »infolge« durch das Wort »durch« in der maßgeblichen Regelung in A § 2 Ziff. 1 FBUB 2010 ersetzt worden.

43 Vgl. z.B. A § 3 Ziff. 4, § 4 Ziff. 5, § 5 Ziff. 4, § 6 Ziff. 4, § 7 Ziff. 4 ECBUB 2010. Ausnahmen bestehen bezüglich der versicherten Gefahr Einbruchdiebstahl/Vandalismus/Raub – Realisierung am Versicherungsort (A § 8 Ziff. 5 ECBUB 2010) und bei der Gefahr Überschwemmung (§ 9).

44 Vgl. Formulierung in A § 2 Ziff. 1 FBUB »Sachschaden ...**durch** ... Brand, ...«. Die vor den FBUB 2008 verwendete Fassung (z.B. aus Januar 2001) mit der wohl weiter auszulegenden Formulierung »Sachschaden ... infolge von ... Brand, ...« dürfte von den Versicherern inzwischen ersetzt worden sein.

45 In A § 1 Ziff. 2 b) FBUB 2010 sind Ausschlüsse aufgelistet von Ursachen, die zu einer Vergrößerung des Ertragsausfallschadens führen.

46 Vgl. näher hierzu P/M/*Armbrüster*, A § 2 Rn. 1 FBUB 2010.

47 BGH VersR 2014, 104; 1976, 379 – eine Beweiserleichterung gemäß § 287 ZPO wird jedoch bezüglich der Kausalität zwischen Betriebsunterbrechung und Ertragsausfallschaden zugebilligt.

Anhang R Betriebsunterbrechungs-Versicherung

6. Betriebsunterbrechung

36 Der versicherte Betrieb muss unterbrochen oder beeinträchtigt sein, A § 1 Ziff. 1 FBUB 2010. Eine Definition des Begriffs **Betrieb** findet sich in den Musterbedingungen nicht. Der BGH hat in einer Entscheidung im Jahr 1976 ausgeführt, dass versicherter Betrieb »nicht nur der technische Betrieb, sondern das Unternehmen als wirtschaftliche Einheit« ist.[48]

37 Seit den FBUB 2008 ist ergänzend neben der Betriebsunterbrechung auch die Betriebsbeeinträchtigung in A § 1 Ziff. 1 FBUB 2010 aufgenommen. Damit ist eine Erweiterung des Versicherungsschutzes nicht verbunden, da schon zuvor keine völlige Unterbrechung des Betriebs im Ganzen gefordert war, sondern ein schadenbedingt eingeschränkter Betrieb ausreichte.[49] Der BGH fordert für eine Betriebsunterbrechung »eine Beeinträchtigung der betrieblichen Aktivitäten, eine – außer der Sachschadensursache gemäß § 2 Abs 1 FBUB – von innen kommende Störung der Beziehungen zu den dem Betrieb dienenden Gebäuden, Maschinen, Vorräten und sonstigen Sachen«.[50]

38 Nicht ausreichend ist es für einen versicherten Unterbrechungsschaden, wenn tatsächlich keine Betriebsunterbrechung eingetreten ist, die Kunden jedoch (aufgrund z.B. einer Medienmeldung) von einer solchen ausgehen und daher zu anderen Anbietern wechseln.[51]

39 Die Betriebsunterbrechung muss Folge des Sachschadens sein, vgl. A § 1 Ziff. 1 FBUB 2010: »infolge eines Sachschadens«. Der Versicherungsnehmer hat den Vollbeweis (§ 286 ZPO) zu führen sowohl hinsichtlich des Vorliegens der Betriebsunterbrechung als auch der Kausalität.[52]

7. Ertragsausfallschaden

40 In der Feuerbetriebsunterbrechungsversicherung ist der Ertragsausfallschaden versichert, der infolge der Betriebsunterbrechung während der Haftzeit nicht erwirtschaftet werden kann, vgl. A § 1 FBUB 2010. Gemäß A § 1 Ziff. 2 FBUB 2010 sind als Ertragsausfallschaden die fortlaufenden Kosten und der Betriebsgewinn bezeichnet. Versichertes Interesse sind jedoch nicht der Betriebsgewinn und die fortlaufenden Kosten selbst, sondern die **Anteile der betrieblichen Erträge**, die zur Deckung des Gewinns und zur Deckung der fortlaufenden Kosten benötigt werden,[53] was in der Praxis zuweilen übersehen wird.

41 Das gilt ebenso bei der Versicherung von **Verlustbetrieben**. Da bei solchen die erwirtschafteten Erträge schon nicht die laufenden Kosten abdecken und Gewinn nicht erlangt wird, werden dem Versicherungsnehmer nur die Anteile der fortlaufenden Kosten erstattet, die er erwirtschaftet hätte, wenn die Betriebsunterbrechung nicht eingetreten wäre. Würden dem Versicherungsnehmer (wie der Wortlaut des A § 1 Ziff. 2a FBUB 2010 vermuten lässt) die gesamten fortlaufenden Kosten ersetzt, wäre dies eine Ungleichbehandlung gegenüber den gewinnbringenden Betrieben. Auch bei Verlustbetrieben werden dem VN (lediglich) die Ertragsanteile erstattet, die unterbrechungsbedingt ausgefallen sind.

42 Ebenso sind sog. **Auslaufkosten** gedeckt, also Kosten, die entstehen, obwohl der Betrieb nicht fortgeführt wird. Diese Auslaufkosten sind i.d.R. eher gering.

8. Haftzeit und Bewertungszeit

43 Die Betriebsunterbrechungsversicherung weist zeitliche Begrenzungen bei der Berechnung des Ertragsausfallschadens in Form der Haftzeit und des Bewertungszeitraums auf.

a) Haftzeit

44 Zeitlich begrenzt wird der zu ersetzende Ertragsausfallschaden durch die Haftzeit. Die Haftzeit beschreibt den **Zeitraum**, für den die Entschädigungsleistung vom Versicherer erbracht wird, A § 1 Ziff. 3 FBUB 2010. Sie **beginnt mit Eintritt des Sachschadens**[54] und endet, wenn ein **schadenbedingter Ertragsausfall nicht mehr besteht,**[55] spätestens jedoch – sofern nicht anders vereinbart – nach 12 Monaten. Im Hinblick auf die Wiederherstellungszeiten für Gebäude und Industriebauten bzw. lange Lieferzeiten für bestimmte Maschinen

---

48 BGH VersR 1976, 379, 380. Begrifflich zu trennen ist jedoch der weiter gehende Begriff des Unternehmens, der eine örtlich nicht gebundene, wirtschaftlich-finanzielle und rechtliche Einheit bildet, vgl. näher hierzu z.B. van Bühren/*Markert*, a.a.O., § 22 Rn. 42 m.w.N.
49 So auch Terbille/Höra/*Schneider*, § 28 Rn. 13.
50 BGH VersR 1976, 379, 380.
51 BGH VersR 1976, 379, 380 – liegt aber Unterbrechung in einer Unternehmensabteilung vor, so kann auch der Schaden versichert sein, der dadurch entsteht, dass Kunden irrig Störungen auch in einer anderen Betriebsabteilung (hier: Versandhandel) befürchten und deshalb von Bestellungen absehen.
52 BGH VersR 2014, 104; 1976, 379.
53 Vgl. *Hax*, a.a.O.
54 Vgl. hierzu auch OLG Hamm VersR 1980, 668.
55 Falsch bzw. verkürzt wäre es daher, wenn man für das Haftzeitende auf das Ende der Betriebsunterbrechung abstellen würde (unzutreffend daher FAKomm-VersR/*Schnepp*, A § 1 FBUB 2010, Rn. 12), denn auch bei wieder laufendem Betrieb können noch Ertragseinbußen infolge der Betriebsunterbrechung bestehen, z.B. wenn bestimmte Produkte dann saisonbedingt nicht mehr verkauft werden können.

o.ä. werden häufig längere Haftzeiten vereinbart. Zugleich ist es möglich, für verschiedene Positionen unterschiedlich lange Haftzeiten zu vereinbaren. Verkürzte Haftzeiten für Löhne, Gehälter etc. bergen das Risiko, dass nur Teile des Ertragsausfalls und die Schadenminderungskosten ggf. nicht voll erstattet werden.[56]

Der Beginn der Betriebsunterbrechung kann, muss aber nicht mit dem Eintritt des Sachschadens deckungsgleich sein. **Probleme** stellen sich, wenn der Sachschaden zunächst nicht entdeckt wird. Im Extremfall kann dies zur Folge habe, dass eine Betriebsunterbrechung nicht versichert ist, wenn bei Entdeckung des Sachschadens die Haftzeit bereits verstrichen ist. 45

In einem vom LG Wiesbaden zu beurteilenden Fall zur Leitungswasser-Betriebsunterbrechungs-Versicherung war Schadentag der 07.04.2004, ein Betriebsunterbrechung trat jedoch erst im November und Dezember 2005 ein, also zu einem Zeitpunkt, in dem der Haftungszeitraum von 12 Monaten bereits verstrichen war, so dass aus der Betriebsunterbrechungs-Versicherung keine Zahlung geschuldet war.[57] 46

Ob man die im Vordringen befindliche Auffassung[58] aus der Leitungswasserversicherung übernehmen kann, welche einen gedehnten Versicherungsfall bei allmählich sich entwickelnden Leitungswasserschaden ablehnt, erscheint allerdings zweifelhaft: 47

Allein der von vielen Zufällen abhängige Zeitpunkt der Entdeckung des womöglich bereits vor geraumer Zeit eingetretene Sachschadens ist kein hilfreiches Abgrenzungskriterium.[59] Eine solche »Erstentdeckertheorie« berücksichtigt nicht die Differenzierung zwischen der Definition des Versicherungsfalls als objektive Risikobeschreibung zum einen und die Frage der Kenntnis des Versicherungsfalls als subjektive Risikobeschränkung im Rahmen des Obliegenheitenrechts, insbesondere bei § 28 Abs. 2, zum anderen. Bei der Frage, ob der Versicherungsnehmer den Versicherungsfall unverzüglich anzeigt, bedarf es des Nachweises der positiven Kenntnis des Versicherungsnehmers.[60] Diese Frage ist zu trennen von der des Eintritts des Versicherungsfalls. Die Entdeckung des Versicherungsfalls hat mit dessen Entstehung, also mit einem Sachschaden durch eine versicherte Gefahr, nichts zu tun. Allein das Abstellen auf den Entdeckungszeitpunkt wäre eine Übertragung des angloamerikanischen »Claims-made-Prinzips« auf die Sachsicherung. Im Rahmen dieses Claims-made-Prinzips, welches in Deutschland insb. im Bereich der D&O-Versicherung gilt, wird darauf abgestellt, dass der Geschädigte seinen Anspruch während der Versicherungszeit erhebt. Diese Theorie kann im Rahmen der Sachversicherung ebenso wenig angewendet werden wie die anderen Versicherungsfalldefinitionen in der Haftpflichtversicherung, wie z.B. die Ereignistheorie oder die Ursachentheorie.[61] Vielmehr sollte Sachschaden im Rahmen der Betriebsunterbrechungs-Versicherung weder der Beginn der ersten Beschädigung der Sache sein noch ist auf den Zeitpunkt der »Erstentdeckung« abzustellen, vielmehr ist maßgebend für den Beginn der Haftzeit der Eintritt eines so gravierenden, wenngleich noch nicht entdeckten, Sachschadens, der bei der fiktiven Annahme, er wäre sofort festgestellt worden, zu einer Betriebsunterbrechung bzw.-einschränkung geführt hätte. Dieser Zeitraum wird nur unter Zuhilfenahme von sachverständiger Hilfe feststellbar sein, wobei die Schätzungsmöglichkeit des § 287 ZPO anzuwenden ist.[62] 48

b) Bewertungszeitraum

Von der Haftzeit ist der Bewertungszeitraum zu unterscheiden, der die **Bemessungsgrundlage** für die Berechnung des Versicherungswertes ist. Der Bewertungszeitraum beträgt gemäß A § 5 Ziff. 2 FBUB 2010 grundsätzlich 12 Monate, bei längerer Haftzeit auch 24 Monate. Der Bewertungszeitraum wird rückwärts berechnet ab dem Zeitpunkt des Endes des Ertragsausfalls oder – falls dieser Zeitpunkt der frühere ist – ab dem Ende der Haftzeit. 49

Für die Entschädigungsberechnung hat die Bestimmung des **Unterbrechungszeitraums** Relevanz, vgl. A § 6 Ziff. 1 a) Satz 2 FBUB 2010. Er ist Teil des Bewertungszeitraumes, beginnt mit der schadenbedingten Unterbrechung bzw. Beeinträchtigung des Betriebs und endet, wenn ein Ertragsausfallschaden nicht mehr entsteht, spätestens jedoch mit Ablauf der Haftzeit.

III. Ausschlüsse

1. Allgemeines

In den vorherigen FBUB[63] war eine **erhebliche** Vergrößerung Voraussetzung für das Eingreifen der Ausschlüsse. Fraglich ist, ob durch den Wegfall des Wortes »erheblich« mit den AVB 2008 sich eine Rechtsände- 50

---

56 Vgl. hierzu z.B. VersHb/*Philipp*, § 31 Rn. 200.
57 LG Wiesbaden ZfS 2008, 519 m. krit. Anm. *Rixecker*.
58 OLG Schleswig r+s 2015, 197; OLG Hamm r+s 2015, 451; *Schwintowski* VuR 2012, 373; *Felsch* r+s 2014, 313; a.A. OLG Köln r+s 2008, 245; OLG Celle VersR 2013, 57; *Knappmann* r+s 2012, 495; *Gruber/Mittendorf* NJW 2015, 2433; *Illies* IBR 2012, 6.
59 Ausführlich hierzu *Günther* juris-PR-Versrecht 11/2015 Anm. 1.
60 So zutreffend BGH, Urt. v. 30.04.2008 – IV ZR 227/06.
61 Ausführlich hierzu *Günther* juris-PR-Versrecht 11/2015 Anm. 1.
62 Vgl. *Günther* juris-PR-Versrecht 11/2015 Anm. 1 unter Hinweis auf BGH VersR 2005, 828 zu einer Konstellation aus der Elementarschadenversicherung.
63 Vor der Reform im Jahr 2008, z.B. Fassung von Januar 2001 in § 3 Ziff. 2 FBUB.

rung in Form einer Deckungseinschränkung ergibt. Dies ist zu bejahen. Der Begriff der »Erheblichkeit« taucht im VVG des Öfteren auf, z.B. bei der Unterversicherung (§ 75), der festen Taxe (§ 76) oder beim gemeinsamen Sachverständigenverfahren (§ 84). Bei der Unterversicherung gibt es keine klare mathematische Vorgabe. Als Faustregel setzt sich ein Prozentsatz von 10 % durch.[64] Überträgt man diesen Grundsatz, käme man bei der alten FBUB-Fassung zu einer Kürzung erst ab diesem Schwellenwert, auf Grundlage der FBUB 2010 bedarf es dieser Grenze nicht mehr.

2. Ausschuss für außergewöhnliche Umstände

51 Von der Entschädigung ausgeschlossen gemäß A § 1 Ziff. 2 b) FBUB 2010 ist der Ertragsausfallschaden, soweit dieser vergrößert wird durch »außergewöhnliche, während der Unterbrechung oder Beeinträchtigung hinzutretende Ereignisse.« Diesem Ausschluss kommte keine große praktische Bedeutung zu.[65]

3. Kapitalmangelklausel

52 Von der Entschädigung ist gemäß A § 1 Ziff. 2 b) FBUB 2010 der Ertragsausfallschaden ausgeschlossen, soweit dieser vergrößert wird durch »den Umstand, dass dem Versicherungsnehmer zur Wiederherstellung oder Wiederbeschaffung zerstörter, beschädigter oder abhanden gekommener Sachen, Daten oder Programme nicht rechtzeitig genügend Kapital zur Verfügung steht.«

Diese Regelung hat **erhebliche praktische Auswirkungen**, wenn der Betriebsunterbrechungsversicherer (zunächst) keine Zahlungen erbringt, auch keine Vorschusszahlung im Sinne des § 14 Abs. 2.

Befindet sich der Versicherer in **Verzug**, kann sich ggf. ein Anspruch des Versicherungsnehmers außerhalb des Versicherungsvertrages aus §§ 286 ff. BGB ergeben.

Zahlt der Betriebsunterbrechungsversicherer nicht, weil die Forderung noch nicht fällig gem. § 14 Abs. 1 ist, weil die Deckung zum Anspruchsgrund noch nicht feststeht (z.B. weil der Versicherungsnehmer noch nicht seiner Aufklärungs- und Belegobliegenheit aus § 31 nachgekommen ist oder ein Ermittlungsverfahren, welches für den Versicherer von Bedeutung sein kann, anhängig ist[66]), greift der Ausschluss.

53 Da es sich um eine **objektive Risikobegrenzung** und nicht um eine (verhüllte) Obliegenheit handelt, kommt es auf den Grund für den Kapitalmangel und auf ein fehlendes Verschulden des Versicherungsnehmers nicht an.[67] Allerdings handelt der Betriebsunterbrechungsversicherer treuwidrig i.S.d. § 242 BGB, wenn er aus der gleichzeitig bestehenden Sachversicherung keine oder nur verzögert Zahlungen leistet.[68]

4. Nicht versicherte Ertragsanteile und besondere Regelungen für Daten und Programme

54 Nach A § 1 Ziff. 2c FBUB sind verschieden Positionen ausgeschlossen, und zwar Aufwendungen für Roh-, Hilfs- und Betriebsstoffe sowie für bezogene Waren und Leistungen, soweit es sich nicht um Aufwendungen zur Betriebserhaltung handelt, Umsatzsteuer, umsatzabhängige Aufwendungen für Ausgangsfrachten/Versicherungsprämien/Lizenzgebühren und Gewinne und Kosten, die mit dem Fabrikations-, Handels- oder Gewerbebetrieb nicht zusammenhängen.[69]

55 Ausfallende Ertragsanteile, die der Deckung dieser nicht versicherten Kosten dienen, werden nicht erstattet. Teilweise fallen diese Kosten umsatzbedingt auch bereits nicht mehr an (z.B. Umsatzsteuer, Lizenzgebühren).

56 Verderben infolge einer Betriebsunterbrechung Waren oder Produktionsmittel (z.B. Rohstoffe), so werden diese Schäden nicht als Unterbrechungsschaden ersetzt.[70]

57 Nach Auffassung des OLG Hamm[71] ist im Rahmen eines Betriebsunterbrechungsschadens auch die Mehrprämie geschuldet, die der Betriebsunterbrechungsversicherer aufgrund des Schadens zusätzlich verlangt. Dies erscheint wenig überzeugend, zumal es oft an dem Nachweis der Kausalität fehlt, da eine Mehrprämie sich aus verschiedenen Komponenten zusammensetzen kann und nicht nur isoliert auf den einzelnen Versicherungsnehmer abstellt. Da Betriebsunterbrechungsverträge in der Regel Jahresverträge sind, hätte diese Entscheidung zur Folge, dass der Versicherer sich eher über eine ordentliche Ablaufkündigung von dem Vertrag lösen wird, wenn er ansonsten befürchten muss, dass er eine Mehrprämie de facto selber zahlt.

---

64 Vgl. z.B. R/L/*Langheid*, § 75 Rn. 1.
65 Vgl. auch P/M/*Armbrüster*, A § 1 FBUB und BGH VersR 1976, 379.
66 Näher hierzu *Günther* r+s 2007, 258.
67 Vgl. BGH VersR 2006, 215; OLG Saarbrücken r+s 2002, 381.
68 BGH VersR 2006, 215.
69 Vgl. Terbille/Höra/*Schneider*, § 28 Rn. 70; FAKomm-VersR/*Schnepp*, A § 1 FBUB 2010 Rn. 10.
70 BGH VersR 1986, 129.
71 OLG Hamm r+s 2004, 288 = VersR 2004, 1264.

IV. Entschädigungsfragen

1. Allgemeines

An die Darlegung und Substantiierung des Ertragsausfallschadens werden durch die Rechtsprechung keine strengen Anforderungen gestellt.[72] Während für den Eintritt des versicherten Ereignisses und die durch den Sachschaden eingetretene Betriebsunterbrechung der Vollbeweis gemäß § 286 ZPO zu führen ist, kommt für den Kausalzusammenhang zwischen der Betriebsunterbrechung und der Höhe des Ertragsausfallschadens nach Auffassung des BGH die **Beweiserleichterung des § 287 ZPO** zur Anwendung.[73] Dies erfolgt unter der Berücksichtigung der Tatsache, dass die Darlegung des Schadenverlaufs mit den jeweilig theoretisch zu erwirtschaftenden Produkterlösen, den jeweils ersparten Kosten und dem voraussichtlichen Gewinn den Versicherungsnehmer wegen des hypothetischen Aspekts oftmals vor Schwierigkeiten stellt.[74] Auch die Anwendung des § 287 ZPO ändert nichts daran, dass ein Betriebsunterbrechungsschaden **konkret zu ermitteln** ist.[75]

Gelegentlich werden in der Betriebsunterbrechungsversicherung **Pauschalierungen** getroffen.

Gerade in der Maschinenversicherung werden (z.B. bei Windenergieanlagen) feste Sätze gebildet. In einem vom OLG Thüringen entschiedenen Fall[76] zu einer Betriebsunterbrechungsversicherung für ein auf Grundlage der AMBUB versichertes Blockheizkraftwerk war im Vertrag die Versicherungssumme angegeben als Produkt aus Stundensatz der Maschine, den Arbeitsstunden je Tag und den Arbeitstagen im Jahr. Der Versicherungsnehmer berechnete nach einem Schaden (Riss des Motorblockes) den Betriebsunterbrechungsschaden nicht konkret, sondern anhand der Ermittlung der Versicherungssumme. Dies ist, so das OLG Thüringen, unzutreffend. Die Regelung im Vertrag zur Festlegung der Versicherungssumme ändert nichts daran, dass es sich weiter um eine Schaden- und nicht um eine Summenversicherung handelt. Der Betriebsunterbrechungsschaden ist daher auch in diesem Fall konkret zu ermitteln.

Umgekehrtes gilt nach einer Entscheidung des OLG Sachsen-Anhalt[77] zu einer Tierseuchen-Betriebsunterbrechungsversicherung. Dort hatten die Parteien für die Entschädigungsberechnung eine pauschalierte Vereinbarung getroffen, und zwar die Zahlung eines bestimmten Betrags pro Tier, wenn der versicherte Tierbestand aufgrund einer Seuche getötet werden muss. Bei einem solchen pauschalierten und in Bezug auf das Verhältnis zwischen Betriebsunterbrechung und Betriebsschaden abstrahierten Entschädigungsbetrag hat der Versicherungsnehmer ausnahmsweise nicht den Nachweis eines konkret infolge der Betriebsunterbrechung eingetretenen Vermögensschadens zu erbringen.

2. Hypothetische Kausalität

Der Grundsatz der Unbeachtlichkeit der hypothetischen Kausalität wird in der Betriebsunterbrechungsversicherung durchbrochen. Bei der Feststellung des Betriebsunterbrechungsschadens kommt es gerade auf eine **hypothetische Betrachtung der Betriebsentwicklung** an. Nach § 6 Abs. 4 FBUB sind bei der Feststellung des Unterbrechungsschadens sämtliche Umstände zu berücksichtigen, die den Gang und das Ergebnis des Betriebes während des Bewertungszeitraums günstig oder ungünstig beeinflusst haben würden, wenn die Unterbrechung nicht eingetreten wäre.

3. Fortlaufende Kosten

Zu zahlende **Mieten** sind als fortlaufende Kosten berücksichtigungsfähig und erhöhen den Betriebsunterbrechungsschaden. Anderes gilt, wenn der Versicherungsnehmer befugt war, die Miete ganz oder teilweise zu mindern, z.B. weil er den Eintritt des zugrundliegenden Sachschadens an den Mieträumen nicht zu vertreten hat, vgl. § 537 Abs. 1 BGB.[78]

Kritisch ist die Auffassung des BGH[79] zu werten, in der Qualifizierung von Löhnen und Gehältern allein eine hinreichende Voraussetzung für eine Entschädigungszahlung zu sehen, da diese nicht alleinige Voraussetzung ist. § 6 Nr. 1 und Nr. 2 FBUB stellen für die Leistungspflicht darauf ab, ob diese Kosten »ohne die Unterbrechung erwirtschaftet worden wären.« Die Notwendigkeit dieser Voraussetzung hat der BGH offenbar übersehen und folglich nicht geprüft. Hierfür hätte um so mehr Veranlassung bestanden, als der Betrieb sich im Insolvenzverfahren befand.[80]

---

72 BGH VersR 2014, 104; 1976, 379 m. krit. Anm. *Morongowski* r+s 2014, 237.
73 BGH VersR 2014, 104.
74 Wie vor.
75 Vgl. LG Wiesbaden, Urt. v. 12.04.2012, 9 O 406/11 (juris) zu einer Maschinenbetriebausfallversicherung und Schaden an dem Generator eines Blockheizkraftwerks, bei dem es dabei bleibt, dass der Versicherungsnehmer den tatsächlichen Schaden aus dem Betriebsausfall darlegen und beweisen muss und es hierfür nicht ausreicht, nur auf entgangene Einnahmen aus der unterlassenen Einspeisung in das Stromnetz abzustellen.
76 OLG Thüringen, Urt. v. 17.06.2008, 4 U 318/08 (unveröffentlicht).
77 OLG Sachsen-Anhalt VersR 2001, 454 (Keulen des gesamten Schweinebestandes aufgrund einer Seuche in Form der Aujeszkyschen Krankheit).
78 Vgl. zu einem Sonderfall OLG Hamm VersR 1994, 214.
79 BGH r+s 2014, 286.
80 So zu recht die Kritik von *Morongowski* r+s 2014, 237.

65 Bei der Entschädigungsberechnung können sich **Abgrenzungsfragen zur Sachversicherung** stellen, z.B. wenn die Sachschäden gleichzeitig Schadenminderungskosten in der Betriebsunterbrechungsversicherung sein können. Im Fall einer BGH-Entscheidung[81] z.B. fiel unter die fortlaufenden Kosten nicht der Schaden, der aus einem Verderb von Waren oder Produktionsmitteln aus einer Betriebsunterbrechung entstand. Diese Positionen sind dem Sachvertrag zugehörig, wenn es sich um einen adäquat kausalen versicherten Schaden handelt.

V. Obliegenheiten

1. Schadenminderungskosten

66 Die Obliegenheit zur Schadenminderung folgt bereits aus §§ 82, 83. Sie entspricht weitgehend der Regelung in § 10 Abs. 2, 3 FBUB bzw. bzgl. des Kostenersatzes des § 11 FBUB. Gerade in der Betriebsunterbrechungsversicherung sind **Schadenminderungsmaßnahmen** von größter Bedeutung.

67 Die Schadenminderungsmaßnahmen reduzieren einen Betriebsunterbrechungsschaden oftmals deutlich. Diese Schadenminderungskosten zur Vermeidung oder Reduzierung eines Betriebsunterbrechungsschadens sind gem. § 11 FBUB gedeckt, wobei im Einzelfall eine Kürzung im Wege eines Vorteilsausgleiches erfolgen kann.

68 Der Ersatz ist auf Aufwendungen begrenzt, die durch Maßnahmen zur Abwendung oder Minderung des Schadens **in der Haftzeit** entstehen. Hier sind ggf. die Kosten zu quoteln.[82] Umgekehrt sind Rettungskosten, die erst **nach der Haftzeit** entstehen, grds. gedeckt, wenn sie dazu dienen, einen in die Haftzeit fallenden Unterbrechungsschaden zu mindern, z.B. durch Weiterbetrieb der beschädigten Maschine mit verminderter Leistung bis zur endgültigen Reparatur anlässlich der planmäßigen Betriebsferien.[83]

69 Im Bereich von Freiberuflern besteht oft ein besonderes Näheverhältnis des Kunden zum Unternehmen mit der Folge, dass diese **persönlichen Dienstleistungen** oft **nachgeholt** werden können. Eine solche Nachholung lehnt das OLG Saarbrücken als »überpflichtmäßige Maßnahme« an.[84] Die hierdurch entstehenden Vorteile sollen bei der Feststellung des Unterbrechungsschadens außer Betracht bleiben.

70 In dieser Pauschalität kann davon nicht ausgegangen werden, sondern es ist auf den Einzelfall abzustellen, insbesondere auf den Gesichtspunkt der **Zumutbarkeit** und darauf, wie sich in der konkreten Situation ein nicht versicherter Versicherungsnehmer verhalten hätte. Daher kann es einen Verstoß gegen die Schadenminderungsobliegenheit darstellen, wenn der Versicherungsnehmer nach einem Brandschaden seine Betriebseinrichtung nicht saniert und dadurch den Betriebsunterbrechungsschaden vergrößert.[85]

2. Buchführungsobliegenheit

71 Eine Besonderheit sieht § 10 FBUB vor, wonach der Versicherungsnehmer verpflichtet ist, Bücher zu führen. Inventuren, Bilanzen und Gewinn- und Verlustrechnungen sind für drei Vorjahre vor Verlust, Beschädigung und Zerstörung zu schützen. Sinn und Zweck dieser Obliegenheit liegt auf der Hand. Ebenso wie die allgemeine Belegobliegenheit, wie sie in den meisten Sachversicherungen vereinbart ist, soll es mit dieser Obliegenheit dem Betriebsunterbrechungsversicherer ermöglicht werden, Unterlagen zur Ermittlung eines Betriebsunterbrechungsschadens in **beweisfester Form** zu erhalten.

72 Diese Obliegenheit hat keine große praktische Bedeutung, da sich eine solche Verpflichtung bereits aus §§ 238, 257 HGB ergibt, wonach der Kaufmann eine Pflicht zur Dokumentation seiner Geschäftsvorfälle ebenso trifft, wie eine geordnete Aufbewahrung. Zudem ist es im eigenen Interesse des Versicherungsnehmers, über eine geordnete Buchführung zu verfügen, da er ansonsten kaum einen Betriebsunterbrechungsschaden über einen gem. § 287 ZPO zu schätzenden Mindestschadens wird nachweisen können.

73 Soweit vertreten wird, die Klausel sei **unwirksam**, weil sie den Versicherungsnehmer unangemessen benachteiligen würde, soweit sie Leistungsfreiheit bei gleichzeitigem Verlust von Inventuren und Bilanzen vorsieht, obwohl die Bilanzen regelmäßig problemlos wieder beschaffbar sind, ist dem nicht zu folgen. Diese Auffassung verkennt, dass eine solche Klausel schon deswegen keine Benachteiligung darstellt, weil sie nur Ausfluss der Belegobliegenheit des § 31 ist. Richtigerweise ist eine Begrenzung auf der Ebene des Verschuldens zu suchen (§ 28 Abs. 2) oder der womöglich fehlenden Kausalität (§ 28 Abs. 3 S. 1).

---

81 BGH VersR 1986, 129 zum Fall, dass Enten vorzeitig verendeten, so dass die Beträge für den nicht mehr aus einem Verkauf von bratfertigen Enten zu erwirtschaftenden Gewinn und die anteiligen fortlaufenden Betriebskosten in Ansatz zu bringen sind, nicht aber auch der nutzlos aufgewendete Einkaufspreis für diese schlachtreifen Enten.

82 Vgl. z.B. OLG Saarbrücken in VersR 2005, 1686 zur Konstellation, dass der Versicherungsnehmers neue Kataloge im Interesse der Weiterführung seines Unternehmens erst rund 8 Monate nach dem Brand an seine Kunden versendet, wobei diese Kataloge zwei Jahre gelten, so dass der wesentliche Teil der Aufwendungen in Form der Herstellungs- und Versandkosten der Fortführung des Unternehmens nach der Haftzeit galt.

83 Wobei selbstverständlich Voraussetzung ist, dass eine Reparatur mit Betriebsunterbrechung während der Haftzeit möglich gewesen wäre, vgl. OLG Hamm r+s 1989, 307.

84 OLG Saarbrücken VersR 2009, 63 für eine orthopädische Praxis.

85 A.A. OLG Saarbrücken r+s 2002, 381, wo allerdings eine Verletzung der Schadenminderungsobliegenheit verneint wurde, wenn der Versicherungsnehmer brandbeschädigte Vorräte und Ladeneinrichtungsgegenstände nicht reinigt und dadurch ihre Zerstörung sowie die Schließung seines Geschäfts bewirkt hat, wenn ihm eine Reinigung nur bei Aufnahme eines langfristigen Kredits möglich gewesen wäre.

Anhang S
Haftpflichtversicherung der Heilberufe

Übersicht

- A. Allgemeines ... 1
  - I. Gegenstand und praktische Bedeutung ... 1
    1. Gegenstand der Versicherung ... 1
    2. Bedeutung der Versicherung ... 2
    3. Reformüberlegungen ... 5
    4. Versicherungsformen ... 9
  - II. Rechtsgrundlagen ... 10
    1. Materielles »Arzthaftungsrecht« ... 10
       - a) Anspruchsbegründung ... 11
       - b) Anspruchsdurchsetzung ... 15
    2. Vertragsverhältnisse in der Behandlung ... 17
    3. Versicherungspflicht und Pflichtversicherung ... 19
       - a) Versicherungspflicht ... 20
       - b) Pflichtversicherung ... 23
       - c) Folgen ... 25
    4. Gesetzliche Grundlagen und Bedingungsstruktur ... 26
- B. Umfang des Versicherungsschutzes ... 27
  - I. Versicherungsfall und Risikobeschreibung ... 27
    1. Heilberufliche Tätigkeit ... 28
    2. Anerkennung in der Heilkunde ... 30
    3. Krankenhausbetrieb ... 32
    4. Besondere Tätigkeitsfelder und Risikoausschlüsse ... 33
  - II. Zeitliche Begrenzungen ... 38
  - III. Räumliche Begrenzung ... 40
  - IV. Versicherte Personen ... 43
    1. Niedergelassener Bereich ... 43
    2. Krankenhaus ... 46
  - V. Leistungsumfang ... 47
    1. Umfang des Versicherungsschutzes ... 47
    2. Deckungssummen ... 53
- C. Rechte, Pflichten, Obliegenheiten ... 54
  1. Beratungspflichten ... 55
  2. Mitwirkungspflichten und Obliegenheiten des Versicherungsnehmers ... 56

Schrifttum:
Bergmann/Kienzle, Krankenhaushaftung, 4. Aufl. 2015; *Funke/Lenzen*, Arzthaftpflichtversicherung einschließlich Krankenhaushaftpflichtversicherung, in: Veith/Gräfe (Hg.), Der Versicherungsprozess, 2. Aufl. 2010; *Geiß/Greiner*, Arzthaftpflichtrecht, 7. Aufl. 2014; *Hartwig/Schäker*, Haftpflichtversicherung für das Heilwesen, in: Veith/Gräfe/Gebert, Der Versicherungsprozess, 3. Aufl. 2016; *Katzenmeier*, Arztfehler und Haftpflicht, in: Laufs/Katzenmeier/Lipp, Arztrecht, 7. Aufl. 2015, Kap. 10 Rn. 1–160; *ders.*, Arzthaftung, 2002; *ders./Brennecke*, Die Berufshaftpflichtversicherung des Arztes, in: Wenzel (Hg.), Handbuch des Fachanwalts Medizinrecht, 3. Aufl. 2013, Kap. 5 Rn. 1–83; *Köhler/Bovenkerk*, Steigende Risiken in der Heilwesenhaftpflicht – Die Versicherbarkeit in der Krise?, in: Steinmeyer/Roeder/von Eiff (Hg.), Medizin – Haftung – Versicherung, 2016, S. 123; *Laufs/Kern* (Hg.), Handbuch des Arztrechts, 4. Aufl. 2010; *Möhle*, Die Haftpflichtversicherung im Heilwesen, 1992; *Pauge*, Arzthaftungsrecht, 13. Aufl. 2015; *Püster*, Entwicklungen der Arzthaftpflichtversicherung, 2013; *Ratzel/Greiner*, Haftpflichtversicherungsrecht, in: Ratzel/Luxenburger (Hg.), Handbuch Medizinrecht, 3. Aufl. 2015; *Spickhoff*, Medizinrecht, 2. Aufl. 2014; *Weidinger*, Die Praxis der Arzthaftung, 2010; *Wenzel/Lutterbeck*, Die Betriebshaftpflichtversicherung des Krankenhausträgers, in: Wenzel (Hg.) Handbuch des Fachanwalts Medizinrecht, 3. Aufl. 2013, Kap. 5 Rn. 84–205.

A. Allgemeines

I. Gegenstand und praktische Bedeutung

1. Gegenstand der Versicherung

Unter der Bezeichnung Heilwesenhaftpflichtversicherung wird hier die Versicherung einer Vielzahl verschiedener Haftpflichtrisiken von Angehörigen der Heilberufe zusammengefasst. An erster Stelle ist dabei an Ärzte, Zahnärzte und Psychotherapeuten, aber auch an Hebammen, Physiotherapeuten, Chiropraktiker und Heilpraktiker zu denken. Ihnen ist gemein, dass sie freiberuflich mit der Gesundheitssorge des Menschen befasst sind. In einem weiteren Sinne sind aber auch Veterinärmediziner im Heilwesen tätig. Neben der freiberuflich ambulanten Tätigkeit kommt gewerblichen Organisationsformen der ambulanten und vor allem auch stationären Versorgung eine große Bedeutung zu. Insbesondere Krankenhäuser, aber auch Geburtshäuser und Rehabilitationseinrichtungen sehen sich einem dichten Pflichtenkanon und korrespondierend damit einem erheblichen Schadensrisiko ausgesetzt. Mit dieser Vielgestaltigkeit an Berufsbereichen und Organisationsformen geht eine große Zahl von Abgrenzungsfragen einher. Gemein ist den hier als Heilwesenhaftpflicht zusammengefassten Versicherungsformen, dass sie die Freistellung von berechtigten und die Abwehr von unberechtigten Ansprüchen, die aus der geschäftlichen Verantwortung des Versicherungsnehmers hervorgehen, zum Gegenstand haben. Die Versicherungen sind daher Haftpflichtversicherung im Sinne des § 100 VVG, regelmäßig Berufshaftpflichtversicherung im Sinne der AVB-Betriebe[1] und können Betriebshaftpflichtversicherung im Sinne des § 102 VVG sein. 1

---

[1] Allgemeine Versicherungsbedingungen für die Betriebs- und Berufshaftpflichtversicherung, Musterbedingungen des GDV vom 25.08.2014.

Anhang S Haftpflichtversicherung der Heilberufe

2. Bedeutung der Versicherung

2 Dem Geschäftsbereich Heilwesen kommt in der Versicherungslandschaft international eine besondere Bedeutung zu. Die geschäftliche Tätigkeit der betroffenen Berufsgruppen ist naturgemäß mit einem hohen Schadensrisiko belegt, wobei die **wichtigen Personalrechtsgüter** Leben und Gesundheit im Vordergrund stehen. Reine Vermögens- oder Sachschäden, die nur eingeschränkt mitversichert sind, sind seltener, kommen aber auch vor. Das bedingt nicht nur eine besonders intensive Betroffenheit der geschädigten Patienten, sondern ebenso eine erhebliche mediale Aufmerksamkeit. Die öffentliche Diskussion der vergangenen Jahre etwa um die Versicherbarkeit von Leistungen der Geburtshilfe zeigt zudem die gesundheitspolitische und gesellschaftliche Dimension der Heilwesenhaftpflicht und ihrer Versicherung, die verknüpft ist mit dem engmaschigen sozialen Sicherungssystem und der Versorgungssicherheit in Deutschland.

3 Das Heilwesenrisiko ist geprägt von späten, teilweise erst Jahre nach der Behandlung auftretenden, Schadensmeldungen.[2] Gesundheitsschäden manifestieren sich mitunter erst Jahre nach Abschluss der Heilbehandlung oder werden erst dann als Folge der Behandlung und nicht mehr als Schicksal wahrgenommen. Die eher großzügige Rechtsprechung zum Beginn der Verjährungsfrist bei Arzthaftungsfällen gem. § 199 Abs. 1 BGB verstärkt den Trend, Ansprüche spät anzumelden.[3] Die Versicherer stellt schon dieses **Spätschadenrisiko** an sich vor besondere Herausforderungen hinsichtlich der Prämienberechnung. In den vergangenen Jahren trat ein kaum mehr zu kalkulierender **Anstieg der Schadensaufwendungen** hinzu, der über alle Disziplinen hinweg zwischen 1998 und 2008 bei 124 % gelegen haben soll.[4] Die Kostenexplosion hat vielfältige, allerdings schwer nachzuweisende und daher ungünstig zu prognostizierende Ursachen. Gestiegene Erwartungen an Heilungschancen,[5] eine verschärfte Rechtsprechung zu therapeutischen Pflichten[6] und eine veränderte Arzt-Patienten-Beziehung[7] werden ebenso ins Feld geführt wie eine allgemeine Tendenz zu immer höheren Schmerzensgeldern,[8] die steigende Auslastung der Leistungserbringer bei sinkenden Personalzahlen[9] oder der erhebliche, oft jahrzehntelange Heil- und Pflegeaufwand,[10] den der medizinische Fortschritt im Bereich früher oft letal verlaufender Krankheitsbilder mit sich bringt. Problematisiert wird damit weniger die Schadenhäufigkeit als vielmehr die erhebliche Teuerung von Großschadenereignissen.[11] Die Quote der als »**Großschäden**« zu qualifizierenden Versicherungsfälle mit einem Schadenaufwand von mehr als 200.000 € ist verhältnismäßig hoch,[12] variiert aber zwischen den unterschiedlichen Fachdisziplinen der Humanmedizin[13] und selbst zwischen den »Hochrisikofächern«. Eine Auswertung der GVV-Kommunalversicherung aus dem Jahr 2005 etwa bezifferte den durchschnittlichen Schadenaufwand für Versicherte aus dem Fach der Inneren Medizin auf »nur« 11.040 €, während die Risikodisziplinen Anästhesie, Chirurgie, Unfallchirurgie/Orthopädie und nichtgeburtshelfende Gynäkologie auf durchschnittlich 19–22.000 € kommen. Für Fehler bei der Geburtshilfe fielen sogar durchschnittlich 233.719 € an.[14] Als weiterer Kostenfaktor stehen **steigende Regresszahlen** anderer Versicherer, allen voran der gesetzlichen Kranken- und Pflegekassen, in der Diskussion. Der Anteil des Regressaufwandes am Gesamtschaden bei Personengroßschäden wird mit 25 % beziffert.[15] Schließlich wird selbst der **Gesetzgebung** ein gewisser Einfluss attestiert: So soll etwa allein die Existenz des Patientenrechtegesetzes[16] »die Nachfrage nach Haftungsansprüchen [...] tendenziell gesteigert haben«.[17]

4 Folge dieser Entwicklung war in den vergangenen Jahren eine häufig nicht auskömmliche **Prämienstruktur**.[18] Basierend auf der Definition des Versicherungsfalls nach der Folgeereignistheorie (→ Rdn. 39) mussten und müssen Versicherer Deckungsschutz für Behandlungsfehler gewähren, dessen Gegenleistung auf Grundlage zwischenzeitlich veränderter Rechtsprechungsgrundsätze, gestiegener Pflichtenanforderungen an ihre Versicherungsnehmer oder einer falsch prognostizierten Schadenhäufigkeit berechnet wurde. Einige, selbst große Versicherungsunternehmen zwang dies zur Abkehr vom Heilwesenmarkt, der in den vergangenen Jahren be-

---

2 *Püster*, S. 21 ff. m.w.N.
3 Vgl. *Süß*, Waffengleichheit? Substantiierungslast und Verjährung im Arzthaftungsverfahren, in: Steinmeyer/Roeder/von Eiff, Medizin-Haftung-Versicherung, 2016, S. 305, 315 ff.
4 *Püster*, S. 81; *Bergmann*, in: Bergmann/Kienzle, S. 341 ff.; vgl. auch *Hellberg/Lonsing* VW 2010, 421; *dies.*, VW 2012, 962.
5 *Püster*, S. 100 ff. m.w.N.; *Wenzel/Lutterbeck*, Rn. 85.
6 *Katzenmeier*, Arztfehler, Rn. 124; *Wenzel/Lutterbeck*, Rn. 86.
7 *Püster*, S. 104 ff. m.w.N.
8 Zur Entwicklung der Schmerzensgelder vgl. *Jaeger* VersR 2013, 134; *Vrzal* VersR 2015, 284; *Deister*, in: Steinmeyer/Roeder/von Eiff, Medizin-Haftung-Versicherung, 2016, S. 1, 12 ff.
9 *Wenzel/Lutterbeck*, Rn. 84.
10 *Katzenmeier* MedR 2011, 201, 202; *Püster*, S. 110 ff. m.w.N.
11 *Schlösser* MedR 2011, 227; *Bergmann/Wever*, Arzthaftpflichtversicherung, Rn. 13.
12 Zahlen bei *Schlösser* MedR 2011, 227.
13 Für den Bereich der Veterinärmedizin fehlt es – soweit ersichtlich – an statistischen Erhebungen.
14 *Wenzel/Lutterbeck*, Rn. 92.
15 *Köhler/Bovenkerk*, S. 132; vgl. auch BT-Drucks. 18/4095 S. 120.
16 BGBl. 2013 I, S. 277 ff.
17 *Spickhoff* MedR 2015, 845, 846.
18 *Wenzel/Lutterbeck*, Rn. 87 sprechen von Schaden-Kosten-Quoten zwischen 140 und 180 %.

deutende Umwälzungen insbesondere bei den stationären Versorgungsformen erfahren hat.[19] Spürbarste Auswirkung ist ein erheblicher Prämienanstieg für besonders schadensträchtige Berufsgruppen: Freiberuflich in der Geburtshilfe tätige Hebammen mussten eine Steigerung von 500 % zwischen 2007 und 2015 hinnehmen; aber auch für niedergelassene Gynäkologen hat sich der Aufwand für den Versicherungsschutz teilweise verdreifacht.[20] Für Krankenhäuser sollen sich die Prämien in den vergangenen Jahren verdoppelt haben,[21] während im niedergelassenen Bereich allgemeine Prämiensteigerungen von 25–50 % keine Seltenheit waren.[22]

Für einige Berufsträger, insbesondere freiberuflich geburtshelfende Hebammen, ist es mitunter schwierig geworden, überhaupt bezahlbaren Versicherungsschutz einzukaufen.[23] Welche Auswirkungen dies auf die Versorgungsstruktur mit geburtshelfenden, freiberuflichen Hebammen haben wird, bleibt abzuwarten; obwohl es keine flächendeckenden Datenerhebungen gibt,[24] gehen Berufsverbände von einer stark sinkenden Zahl in den kommenden Jahren aus.[25]

3. Reformüberlegungen

Die Heilwesenhaftpflichtversicherung befindet sich immer noch in einer Krise. Bei knappen Kassen im Gesundheitswesen steigen die Aufwendungen in Schadensfällen und sinkt die Angebotsseite auf dem Versicherungsmarkt. Dieser Trend ist allerdings nicht ganz neu und auch keine Eigenheit der deutschen Versicherungswirtschaft. Mit dem Blick ins Ausland werden daher auch für den hiesigen Markt bereits seit vielen Jahren neue Gestaltungsmodelle diskutiert.[26] Eine besondere Rolle spielt auch dabei der besonders gefahren- und deshalb kostenintensive Bereich der Geburtshilfe:

Keine dauerhafte Problemlösung wird die **Subvention** der Leistungserbringer sein, wie sie der Gesetzgeber seit kurzem in § 134a Abs. 1c SGB V in Form von »Sicherstellungszuschlägen« für außerklinisch durch freiberufliche Hebammen begleitete Geburten vorsieht. Wie lange die einseitige Bevorzugung einer einzelnen Berufsgruppe finanziert werden kann, ist fraglich. Zuschüsse für alle Gruppen mit hohen Versicherungsprämien sind angesichts der heiklen Finanzlage der Sozialversicherungsträger kaum denkbar.

Darüber hinaus werden Modelle der **Haftungsbegrenzung**, der Haftungsergänzung und der Haftungsersetzung diskutiert, die auch miteinander kombinierbar sind: Naheliegend ist es zunächst, die ausufernde Haftung der Berufsträger und Kliniken in ihrer Höhe zu begrenzen. Bekannt sind derartige Begrenzungen aus verschiedenen Bereichen der Gefährdungshaftung; die einschlägigen Vorschriften sehen allerdings häufig sehr hohe Haftungssummen vor.[27] Denkbar ist auch, Regresse von Sozialversicherungsträgern auszuschließen oder einzudämmen und so einen Teil der Schäden zu kollektivieren. Durch das GKV-Versorgungsstärkungsgesetz[28] ist mit dem neugefassten § 134a Abs. 5 SGB V genau dies für einen Teil der Ansprüche gegen Hebammen bereits geschehen. Die Privilegierung der Hebammenleistung gegenüber anderen Leistungserbringern, etwa geburtshelfenden Gynäkologen, ist zu Recht auf Kritik gestoßen.[29] Letztlich wird sie von der Versichertengemeinschaft – zumal nur der Sozialversicherungen, auf private Kranken- und Pflegeversicherungen erstreckt sich der Ausschluss nicht – aufgefangen werden müssen. Wahrscheinlich ist auch, dass überhaupt kein dauerhafter Effekt für freiberufliche Hebammen resultiert: Die Vorteile bei den Versicherungsprämien könnten in den Vergütungsverhandlungen mit den Krankenkassen aufgezehrt werden.[30] Haftungsbegrenzungen strukturell ähnlich ist die Idee einer **Haftungsergänzung**: Diskutiert werden dabei insbesondere Entschädigungsfonds nach österreichischem Vorbild,[31] die Ansprüche geschädigter Patienten teilweise befriedigen sollen, soweit eine »Haftung nicht eindeutig gegeben« ist.[32] Aufgezeigt wird auch eine Fondslösung nach französi-

---

19 *Bergmann/Wever*, Rn. 19; *Petry/Preetz*, Occurence versus Claims-Made – Ein Paradigmenwechsel in der Haftpflichtversicherung von Krankenhäusern?, in: Steinmeyer/Roeder/von Eiff, Medizin-Haftung-Versicherung, 2016, S. 179.
20 *Köhler/Bovenkerk*, S. 124.
21 *Köhler/Bovenkerk*, S. 125.
22 *Bergmann*, in: Bergmann/Kienzle, S. 343; *Bergmann/Wever*, Rn. 19.
23 Insgesamt wird die Versicherbarkeit des Heilwesenrisikos in Frage gestellt, vgl. etwa *Katzenmeier*, Arztfehler, Rn. 125; *ders.* MedR 2011, 201, 202.
24 BT-Drucks. 16/13812 S. 2.
25 Vgl. etwa die Stellungnahme des deutschen Hebammenverbandes zum Gesetzentwurf eines Gesetzes zur Stärkung der Versorgung in der gesetzlichen Krankenversicherung vom 16.03.2015, abgerufen am 24.05.2015 unter https://www.hebammenverband.de/index.php?eID=tx_nawsecuredl&u=0&g=0&t=1432561616&hash=e390941c7a796c3d6f2f799e08502cca460cf269&file=fileadmin/user_upload/pdf/Stellungnahmen/2015-03-16_Stellungnahme_Gesetzentwurf_DHVmit_Fonds.pdf.
26 Grundlegend *Katzenmeier*, Arzthaftung, S. 194 ff.; *Püster*, S. 205 ff. Ein guter Überblick auch bei *Köhler/Bovenkerk*, 133 ff.
27 Z.B. § 12 StVG, § 37 LuftVG, § 15 UmweltHG; eine Haftungsbegrenzung auf die Versicherungssummen fordern – das Trennungsprinzip missachtend – *Bergmann/Wever*, Rn. 16.
28 BGBl. 2015 I, 1211 ff.
29 *Bergmann/Wever*, Arzthaftpflichtversicherung, Rn. 18.
30 BeckOK-Sozialrecht/*Ammann*, § 134a Rn. 15.
31 Zu Fondsmodellen vgl. *Katzenmeier* VersR 2014, S. 405.
32 Zum österreichischen Fondsmodell ausführlich *Püster*, S. 224 ff.

Anhang S Haftpflichtversicherung der Heilberufe

schem Vorbild.[33] Schäden, die über die Versicherungssumme bzw. eine Sockelabsicherung hinausgehen, würden von einem besonderen Entschädigungsfonds getragen. Am radikalsten sind Ansätze zur **Haftungsersetzung**, also zur Abkehr vom Haftpflichtgedanken. Dabei wird einerseits angeregt, Medizinschadensfälle der gesetzlichen Unfallversicherung zuzuordnen[34] oder in das System der sozialen Entschädigung wie bei Impfschäden nach § 60 IfSG zu integrieren.[35] Andererseits wird vorgeschlagen, den Gedanken der Haftpflicht zugunsten einer Patientenversicherung aufzugeben, die nicht länger das Fehler- sondern das Behandlungsrisiko abdeckt.[36]

8   Die Versicherungswirtschaft diskutiert darüber hinaus, inwieweit die Einführung von »**Claims-Made**-Policen« für den Heilwesenmarkt realistisch und sinnvoll ist. Dieses Anspruchserhebungsprinzip definiert meistens die erstmalige schriftliche Geltendmachung des Anspruchs als Versicherungsfall.[37] Bei solchen Vereinbarungen fällt das Spätschadenrisiko für den Versicherer weg; sein Risiko wird kalkulierbar. Das wirkt sich bestenfalls auf die Prämie aus. An der Möglichkeit und Wirksamkeit von Claims-Made-Policen, die in anderen Branchen üblich sind, bestehen keine ernsthaften Zweifel.[38] Probleme werden daher auch eher in der praktischen Umsetzung gesehen: So provoziert der Wechsel des Versicherungsnehmers in Claims-Made-Policen Versicherungslücken, die wiederum durch kostenpflichtige Nachversicherungsverträge geschlossen werden müssen. Ein erneuter Wechsel in Verträge nach dem Folgeereignisprinzip bliebe aber sehr riskant.
Kein Lösungsansatz wird sämtliche Interessen aller Beteiligten befriedigen. Denn kein Modell steht über steigendem Anspruchsdenken, fortschreitenden medizinischen Möglichkeiten und zunehmender Schadenhäufigkeit. Über Lösungen zu diskutieren heißt deshalb, über die (Um-)Verteilung der zunehmenden Lasten zu sprechen.[39] Das ist eine gesundheits- und gesellschaftspolitische Frage.

4. Versicherungsformen

9   Bislang ist der Versicherungsschutz im Heilwesenbereich vom Haftpflichtgedanken geprägt. Versicherungsschutz ist also Haftpflichtversicherungsschutz. Solange und soweit dabei keine Pflicht zum Abschluss einer Versicherung besteht (→ Rdn. 20 ff.) steht es Krankenhäusern und Freiberuflern frei, sich Versicherungsschutz einzukaufen. Die euphemistische **Selbstversicherung**, also das Tätigwerden ohne Versicherungsschutz, ist im Heilwesenmarkt wegen der gestiegenen Risiken aber selten geworden. Angesichts hoher und steigender Prämien könnten Rücklagesysteme gerade für Klinikkonzerne jedoch wieder interessant werden. Besonders bei öffentlich geführten Kliniken gibt es die Selbstversicherung aber seit jeher. Überhaupt trägt die öffentliche Hand in Deutschland noch gut ein Drittel aller Krankenhäuser,[40] so dass **öffentlichen Versicherungsformen**, allen voran den Kommunalen Schadensausgleichen und bedarfsgedeckten Privatkorporationen, wesentliche Bedeutung zukommt. Diese Versicherer wirtschaften meistens ohne Gewinnerzielungsabsicht oder führen ihre Gewinne an die öffentlichen Haushalte ab. Niedergelassene Ärzte und privat geführte Krankenhäuser versichern sich regelmäßig auf dem allgemeinen Versicherungsmarkt, der sich um wenige große Versicherungsunternehmen konzentriert. Gewisse Bedeutung kommt im Heilwesensegment den traditionell spezialisierten Versicherungsmaklern zu, die bei Kleinschäden unter Umständen auch die Schadensachbearbeitung übernehmen.

II. Rechtsgrundlagen

1. Materielles »Arzthaftungsrecht«

10 Als Ursache für die steigenden Schadenaufwendungen wird bisweilen die ständig verschärfte Rechtsprechung zu therapeutischen und organisatorischen Pflichten ins Feld geführt (→ Rdn. 3). Über viele Jahrzehnte entwickelte der für das Deliktsrecht zuständige VI. Zivilsenat des Bundesgerichtshofs einen durchaus strengen und differenzierten Pflichtenkanon für die Leistungserbringer im Gesundheitswesen und neben anderen prozessualen Besonderheiten ein besonderes Beweisregime. Seine Rechtsprechung kodifizierte der Gesetzgeber mit Wirkung zum 26.02.2013 in den §§ 630a–630h BGB. Die folgenden Ausführungen gelten daher für die Berufsgruppen, die der Gesetzgeber in § 630a Abs. 1 mit dem Begriff »Behandelnder« umschreibt. Das sollen nach der Gesetzesbegründung nicht nur (Zahn-)Ärzte, sondern auch Angehörige »anderer Gesundheitsberufe wie etwa Heilpraktiker, Hebammen, Psycho- oder Physiotherapeuten«, nicht hingegen Veterinärmediziner

---

33 Vgl. *Köhler/Bovenkerk*, S. 139 f. m.w.N.
34 Vgl. *Püster*, S. 211 f.; zur Diskussion unter der RVO vgl. OLG Braunschweig, NJW 1978, 1203; **a.A.** BGH VersR 1981, 350; OLG München NJW 1979, 606; OLG Hamm VersR 1980, 291; LG Darmstadt NJW 1979, 605.
35 Vgl. *Köhler/Bovenkerk*, S. 136; *Katzenmeier* VersR 2014, 409.
36 Dazu *Katzenmeier* MedR 2011, 201, 207 ff.; *Köhler/Bovenkerk*, S. 134 ff.
37 *Petry/Preetz*, Occurence versus Claims-Made, in: Steinmeyer/Roeder/von Eiff, S. 180.
38 OLG München r+s 2009, 327 (D&O-Versicherung); *P/M/Lücke*, § 100, Rn. 26; *Petry/Preetz*, Occurence versus Claims-Made, in: Steinmeyer/Roeder/von Eiff, Medizin-Haftung-Versicherung, 2016, S. 179, 182 ff.
39 Ähnlich bezüglich Claims-Made-Verträgen: *Wenzel/Lutterbeck*, Rn. 90.
40 Vgl. die Krankenhausstatistik für das Jahr 2013, abgerufen am 24.05.2015 unter http://www.dkgev.de/media/file/18116.Anlage-Krankenhausstatistik_2013.pdf.

sein.[41] Inwieweit die strengen Berufspflichten der Ärzte, insbesondere auch die ärztliche Aufklärungspflicht, tatsächlich auf andere Berufsgruppen übertragbar sind, bleibt abzuwarten.[42]

a) **Anspruchsbegründung**

Das Arzthaftungsrecht geht von einer – vordergründig – zweigleisigen Haftung aus. Behandlungsfehler und Aufklärungspflichtverletzungen können Ansprüche aus Vertrag und unerlaubter Handlung begründen. Bis zum Inkrafttreten des Schuldrechtsmodernisierungsgesetzes im Jahr 2002 lag der Fokus der Rechtspraxis allerdings auf dem Deliktsrecht, weil nur über § 847 BGB a.F. Schmerzensgeld verlangt werden konnte. Faktisch hat die Rechtsprechung die prinzipiell völlig andersgearteten Haftungsstränge weitestgehend angeglichen und das Pflichtenprogramm des Deliktsrechts im Sinne eines Sonderhaftungsrechts für Ärzte mit Vertragspflichtelementen aufgefüllt. Der Angleichung kam dabei zugute, dass die Vertragspflichten des Arztes, nämlich die Gesundheitspflege, gerade die deliktisch geschützten Rechtsgüter betraf und ein objektiver Pflichten- und Verschuldenskanon gebildet wurde.[43] Die Unterscheidung spielt daher allenfalls für die Auswahl der Schuldner eine Rolle. 11

Der theoretischen Unterscheidung zwischen Vertrags- und Deliktsrecht folgt eine weitere Zweispurigkeit: Der ärztliche Heileingriff bedarf seit einer frühen strafrechtlichen Entscheidung des Reichsgerichts der (tatsächlichen oder mutmaßlichen) Einwilligung.[44] Er ist auch unter der Geltung des Grundgesetzes eine tatbestandsmäßige Körperverletzung geblieben.[45] Die rechtfertigende Einwilligung setzt eine angemessene **Aufklärung** voraus. Der Arzt ist verpflichtet, seinen Patienten über Art, Umfang, Heilungschancen, aber auch Risiken und Nebenwirkungen des geplanten Eingriffs »im Großen und Ganzen«[46] zu informieren und ein zutreffendes Bild über »echte« Behandlungsalternativen zu vermitteln.[47] Eine fehlerhafte oder unvollständige Aufklärung führt zur Unwirksamkeit der Einwilligung und damit zur Haftung des Arztes selbst dann, wenn die Maßnahme aus medizinischer Sicht indiziert und der Eingriff vollständig lege artis durchgeführt wurde. Einschränkend muss sich allerdings ein aufklärungspflichtiges Risiko, über das nicht aufgeklärt wurde, realisiert haben.[48] Anders ist das lediglich, wenn es an der erforderlichen Grundaufklärung über Art und Schweregrad des Eingriffs völlig fehlt bzw. dem Patienten kein zutreffendes Bild über den Schweregrad des Eingriffs vermittelt wurde. Dann haftet der Arzt selbst dann, wenn sich ein Risiko des indizierten Eingriffs verwirklicht, über das er gar nicht hätte aufklären müssen.[49] Allgemein hat die Aufklärung umso dichter und schonungsloser zu erfolgen, je weniger eine medizinische Indikation für einen Eingriff auszumachen ist.[50] Bei rein kosmetischen Operationen muss der Arzt daher besonders umfassend informieren.[51] Kommt es zum Rechtsstreit, muss der Behandelnde die ordnungsgemäße Aufklärung beweisen.[52] 12

Der zweite Haftungsansatz betrifft Fehler bei der Durchführung der Behandlung, oft als »Kunstfehler« bezeichnet. Allgemein lässt sich der **Behandlungsfehler** als Verstoß gegen den objektiv gebotenen Facharztstandard umschreiben.[53] Der Arzt ist also verpflichtet, die Behandlung gewissenhaft nach den anerkannten Regeln des Berufsstandes durchzuführen, ohne jedoch den Erfolg der Behandlung zu schulden. Diese Regeln sind selten abstrakt festgelegt, sondern müssen im Prozess vom Sachverständigen begründet dargelegt werden. Leitlinien medizinischer Fachgesellschaften kommt dabei eine zwar nur indizielle aber entscheidende Bedeutung zu.[54] Existieren daneben Richtlinien des Gemeinsamen Bundesausschusses (vgl. § 92 SGB V; etwa Mutterschafts-Richtlinien[55]), sollen diese einen Mindeststandard festlegen, der zwar im Einzelfall überschritten werden muss, niemals aber unterschritten werden darf. Das greift jedoch zu kurz, denn Richtlinien des Gemeinsamen Bundesausschusses treffen Regeln unmittelbar nur für gesetzlich Versicherte und dienen maßgeblich dazu, eine zweckmäßige und wirtschaftliche Behandlung zu gewährleisten. 13

---

41 BT-Drucks. 17/10488 S. 11.
42 Vgl. etwa *Spickhoff* MedR 2015, 845, 847 f.
43 Sonderkönnen des einzelnen Arztes bleibt zu berücksichtigen, vgl. *Spickhoff* MedR 2015, 845, 848.
44 RGSt 25, 375.
45 BGH NJW 1989, 1533.
46 BGH NJW 1994, 793; NJW 1984, 1807.
47 Echte Behandlungsalternativen liegen vor, wenn mehrere anerkannte und gleichermaßen indizierte Methoden zu wesentlich unterschiedlichen Belastungen, Risiken oder Chancen führen. Vgl. dazu *Geiß/Greiner*, Rn. C 29 ff. m.w.N. und heute die gesetzliche Regelung in § 630e Abs. 1 S. 3 BGB.
48 Zur Kausalität BGH NJW 1989, 1533; zur Beweislast BGH NJW 2012, 850.
49 BGH NJW 1991, 2346.
50 *Geiß/Greiner*, Rn. C.8 ff.
51 BGH NJW 1991, 2349.
52 Zu den Anforderungen BGH NJW 2014, 1527.
53 Vgl. die Umschreibung der Pflicht in § 630a Abs. 2 BGB. Kritisch dazu *Spickhoff* MedR 2015, 845, 848.
54 OLG Hamm, Urt. v. 18.06.2014 – 3 U 66/14; OLG Koblenz, Beschl. v. 04.11.2014 – 5 U 869/14; *Katzenmeier*, Arztfehler, Rn. 10 f.
55 Dazu etwa KG NJW 2004, 691; OLG Köln, Urt. v. 21.09.2011 – 5 U 11/11.

Anhang S   Haftpflichtversicherung der Heilberufe

14 Der Behandlungsfehlerbegriff ist weit zu verstehen und erfasst sowohl die therapeutische Behandlung im Kern als auch das Behandlungsumfeld:[56] Fehler passieren auf allen Ebenen der Behandlung, unterliegen allerdings haftungsrechtlich einer unterschiedlichen Beurteilung. So folgt aus einer **fehlerhaften Diagnose**, die zu einer Nicht- oder Fehlbehandlung führt, nicht in jedem Fall die Haftung des Arztes für resultierende Gesundheitsschäden. Gerade die Diagnostik von Krankheitssymptomen ist durch die Unwägbarkeiten des menschlichen Organismus und die Erkenntnisgrenzen der Medizin schwierig, so dass von einem Behandlungsfehler nur gesprochen werden kann, wenn die gestellte Diagnose unvertretbar war.[57] Liegt der Schwerpunkt des Vorwurfs einer Fehleinschätzung aber nicht auf einem Diagnoseirrtum sondern auf einer unterlassenen Befunderhebung auf dem Weg zur Diagnose, spricht man von einem **Befunderhebungsfehler**, der besondere beweisrechtliche Konsequenzen hat (→ Rdn. 15) und zu einer dramatischen Haftungsverschärfung führt. Fehler können auch bei der Durchführung der Behandlungsmaßnahme an sich und bei der Information des Patienten über richtige Verhaltensweisen zur Sicherung des Therapieerfolges (**therapeutische Aufklärung** im Unterschied zur Eingriffsaufklärung) unterlaufen.[58] Werden anlässlich der Behandlung Verkehrssicherungspflichten verletzt, begründet auch dies eine Haftung, wenngleich damit nicht das klassische Arzthaftungsrecht in Rede steht. Allerdings nehmen Haftungsfragen speziell aus dem Bereich der **Organisationspflichten** in den vergangenen Jahren erheblich zu[59] und können sogar eine persönliche Haftung »patientenferner Entscheider« begründen.[60] Wachsendes Augenmerk gilt auch der standardgerechten **Hygiene** im Krankenhaus. Nosokomiale Infektionen indizieren keinen Behandlungsfehler;[61] sie gehören gemeinhin zum entschädigungslos bleibenden Lebensrisiko.[62] Hält der Behandler sich an die Empfehlungen der Hygienekommission des Robert-Koch-Instituts (KRINKO), sieht § 23 Abs. 3 IfSG die Vermutung standardgemäßen Verhaltens vor.

b) Anspruchsdurchsetzung

15 Die eigentliche Besonderheit des Arzthaftungsrechts liegt nicht im Pflichtenkanon des Arztes, der sich naturgemäß von dem anderer Berufsgruppen unterscheidet. Prägend und für das Haftpflichtrisiko bedeutsamer sind prozessuale Besonderheiten, die Patienten im Sinne einer prozessualen »Waffengleichheit«[63] schützen sollen. Das betrifft insbesondere das **Beweisrecht**.[64] Der Patient muss allgemeinen Regeln folgend grundsätzlich das Vorliegen einer Pflichtverletzung, eines Gesundheitsschadens und eines haftungsbegründenden und -ausfüllenden Ursachenzusammenhangs beweisen. Es gilt – soweit nicht § 287 ZPO anwendbar ist – insoweit der strenge Maßstab des § 286 ZPO.

Beweiserleichterungen gelten für den Patienten sowohl auf der Ebene des Fehler- wie des Kausalitätsnachweises: Gelingt dem Patienten der Nachweis, dass sich im Laufe der Behandlung ein Risiko verwirklicht hat, dass für den Behandler **voll beherrschbar** war, so wird ihm die Vermutung zuteil, dass diese Verwirklichung auf einen Fehler zurückzuführen ist, ohne dass er diesen tatsächlich nachweisen muss, § 630h Abs. 1 BGB. Das gilt etwa für Lagerungsschäden,[65] wobei der Gegenbeweis, alle erforderlichen Sicherungsmaßnahmen getroffen zu haben, möglich bleibt.[66] Der Fehlernachweis wird dem Patienten auch bei mangelhafter **Dokumentation** erleichtert. Wird eine medizinisch gebotene und wesentliche Maßnahme nicht dokumentiert, wird vermutet, dass sie nicht stattgefunden hat, § 630h Abs. 3 BGB.[67] Wichtiger und meistens streitentscheidender sind aber Beweisfragen zum Ursachenzusammenhang zwischen Fehler und Gesundheitsschaden. Dieser Nachweis gelingt häufig deshalb nicht, weil ein ausreichend sicherer Schluss von der Wirkung auf die Ursache angesichts der Unwägbarkeiten des menschlichen Organismus oft nicht möglich ist. Die Rechtsprechung erleichtert dem Patienten deshalb den Kausalitätsnachweis in mehreren Fallgruppen, von denen die Figur des »**groben Behandlungsfehlers**« (§ 630h Abs. 5 S. 1 BGB) die wichtigste ist.[68] Erweitert der Arzt durch einen besonders schwerwiegenden Verstoß gegen den ärztlichen Standard das mögliche Ursachenspektrum und erschwert dem Patienten dadurch den Beweis der Kausalität, so kehrt sich die Beweislast um, solange ein Ursachenzusam-

---

56 *Katzenmeier*, Arztfehler, Rn. 4.
57 BGH VersR 2003, 1256; OLG Hamm, VersR 2002, 578; OLG Koblenz, Urt. v. 29.06.2006 – 5 U 1494/05.
58 BGH NJW 1970, 511; NJW 2005, 2614; vgl. *Geiß/Greiner*, Rn. B.95.
59 *Katzenmeier*, Arztfehler, Rn. 41.
60 Vgl. grundlegend *Haier/Bergmann*, Das Krankenhaus 2014, S. 828 ff. und S. 1036 ff.; *Deister*, in: Bergmann/Kienzle, S. 360.
61 OLG Hamm, Urt. v. 08.11.2013 – 26 U 62/12; OLG Naumburg NJW-RR 2012, 1375.
62 OLG Hamm, Urt. v. 16.06.2008 – 3 U 148/07; *Bergmann/Wever*, Das Krankenhaus 2014, 153; *Eufinger/Heene* ZMGR 2014, 310 m.w.N. Allgemeiner Überblick bei *Süß* RP Reha 2/2015, 27 ff.
63 Der konturarme Begriff ist für den Arzthaftungsprozess geprägt worden durch BVerfG NJW 1979, 1925.
64 Vgl. dazu allgemein *Schärtl* NJW 2014, 3601.
65 BGH NJW 1984, 1403; aber BGH NJW 1995, 1618.
66 OLG München, Urt. v. 15.03.2012 – 1 U 3064/11.
67 BGH NJW 1995, 1611; NJW 1993, 2375.
68 BGH NJW 2004, 2011; Zur Feststellung des groben Behandlungsfehlers durch den Tatrichter vgl. *Ernst*, Die Feststellung des groben Behandlungsfehlers, in: Steinmeyer/Roeder/von Eiff, Medizin-Haftung-Versicherung, 2016, S. 21 ff.

menhang zwischen Fehler und Schaden nicht gänzlich unwahrscheinlich ist.[69] Eine andere Fallgruppe betrifft den **Befunderhebungsfehler**. Auch ein einfach fehlerhafter Mangel der Befunderhebung führt zur Umkehr der Beweislast, wenn sich bei ordnungsgemäßer Befunderhebung mit überwiegender Wahrscheinlichkeit ein reaktionspflichtiges Ergebnis gezeigt hätte, und die (hypothetische) Nichtreaktion auf dieses (hypothetische) Ergebnis grob fehlerhaft gewesen wäre, § 630h Abs. 5 S. 2 BGB.[70] Die doppelte Hypothese führte in den vergangenen Jahren zu einer häufig kritisierten[71] Haftungserweiterung der Behandlungsseite.

Neben Beweiserleichterungen stellt die sehr eingeschränkte Handhabung der **Dispositionsmaxime** eine – wenn auch nicht allein im Arzthaftungsverfahren geltende – Besonderheit des Arzthaftungsrechts dar.[72] Da der Patientenseite im Verfahren häufig der erforderliche Sachverstand fehlt, um seinen Klagevortrag zum Behandlungsfehler und zur Kausalität substantiiert darzulegen, stellt die Rechtsprechung nur sehr mäßige Anforderungen an seinen Vortrag. Es reicht demnach aus, wenn der Patient das wesentliche Behandlungsgeschehen so darlegt, wie er es aus eigener Wahrnehmung schildern kann, den Fehlschlag der Behandlung beschreibt, Verdachtsgründe plausibilisiert, wonach dem Arzt die misslungene Behandlung vorzuwerfen ist und den Ursachenzusammenhang behauptet.[73] Die weitere Sachverhaltsaufklärung obliegt dann dem Gericht, das in aller Regel einen Sachverständigen zu beauftragen hat. Nicht selten ist bereits vom »Amtsermittlungsgrundsatz« im Arzthaftungsverfahren die Rede.[74]

2. Vertragsverhältnisse in der Behandlung

Die Angleichung von Delikts- und Vertragsrecht macht eine dogmatische Differenzierung von Tatbestandsmerkmalen der Anspruchsnormen praktisch bedeutungslos. Wichtig bleibt die Herleitung jedoch für die Frage nach der Passivlegitimation, also des richtigen Haftungsschuldners:

Der tatsächlich Handelnde ist – jedenfalls im **stationären Bereich** – häufig nicht der Vertragspartner des Patienten.[75] Behandlungsverträge kommen hier meistens mit dem Krankenhausträger zustande, der für sein Personal gemäß § 278 BGB einzustehen hat (»totaler Krankenhausvertrag«). Aber davon gibt es Ausnahmen. So bestehen etwa häufig zwei Vertragsverhältnisse, wenn der Patient von einem Belegarzt behandelt wird (»gespaltener Arzt-Krankenhaus-Vertrag«). Der privat liquidierende Arzt haftet dann für Fehler seiner ärztlichen Behandlung, während der Krankenhausträger für Versäumnisse im pflegerischen Bereich, bei der Unterbringung und der übrigen Ärzte einzustehen hat. Daneben gibt es insbesondere mit Chefärzten die Möglichkeit, einen Arztzusatzvertrag über Wahlleistungen zu vereinbaren. In diesen Fällen haften der Krankenhausträger für alle ärztlichen Fehler und zusätzlich der liquidierende Arzt im Bereich seiner Wahlleistung. Besondere Schwierigkeiten bietet die Abgrenzung bei ambulanten Leistungen im Krankenhaus. Ambulant tätige Chefärzte sind häufig besonders zur vertragsärztlichen Versorgung zugelassen oder ermächtigt (§§ 116–116b SGB V, §§ 31, 31a Ärzte-ZV). Für Fehler in ihren Ambulanzen haften daher ausschließlich sie, selbst wenn sie von nachgeordnetem Personal vertreten werden.[76] Krankenhausträger bleiben aber verpflichtet, wenn ihre Ärzte ambulant gem. § 115b SGB V operieren oder Patienten in ihren »Institutsambulanzen« gem. §§ 117–119 SGB V bzw. im Rahmen der vor- oder nachstationären Versorgung gemäß § 115a SGB V behandeln.[77]

Die Vielgestaltigkeit der Versorgungsformen im **niedergelassenen Bereich** macht auch hier eine Abgrenzung erforderlich. In der Einzelpraxis schließt der behandelnde Arzt die Verträge mit dem Patienten. Das gilt auch für Praxisgemeinschaften. Anders ist die Situation bei Gemeinschaftspraxen, die ganz überwiegend in Form von Gesellschaften bürgerlichen Rechts gem. § 705 ff. BGB betrieben werden. Hier kommt der Vertrag mit der Gesellschaft zustande. Daneben haften die einzelnen Sozien analog § 128 HGB. Möglich ist die gemeinschaftliche Ausübung der Heilberufe auch in Form von Kapitalgesellschaften (§ 23a MBO-Ä),[78] soweit die Heilberufsgesetze der Länder solche Kooperationsformen nicht untersagen.[79] Auch Medizinische Versorgungszentren gem. § 95 Abs. 1 SGB V sind eigene Rechtspersonen und kommen daher als Vertragspartner in Betracht. Bei **Urlaubs- und Krankheitsvertretungen** ist die Bestimmung der Vertragsverhältnisse mitunter schwierig. Im Ergebnis ist klar, dass für Fehler des Vertreters letztlich beide einzustehen haben. Vertraglich soll aber nur der Vertretene haften.[80] Während der Bundesgerichtshof in einer frühen Entscheidung offenbar

---

69 Die tatsächliche Erweiterung des Ursachenspektrums ist dabei Motiv, nicht aber im Einzelfall Voraussetzung für die Beweislastumkehr; vgl. *Spickhoff/Greiner*, §§ 823 ff., Rn. 170.
70 BGH NJW 2011, 3441.
71 Etwa *Schärtl* NJW 2014, 3601, 3604 f.; *Bergmann* VersR 2014, 795, 797.
72 Dazu *Süß*, Waffengleichheit? Substantiierungslast und Verjährung im Arzthaftungsverfahren, in: Steinmeyer/Roeder/von Eiff, Medizin-Haftung-Versicherung, 2016, S. 305 ff.
73 Vgl. etwa OLG Schleswig, Beschl. v. 25.01.2012 – 4 U 103/10; OLG Naumburg, Beschl. v. 27.02.2013 – 1 U 145/12.
74 Z.B. OLG Brandenburg, Urt. v. 11.07.2001 – 1 U 4/01.
75 Vgl. zum Folgenden ausführlich *Geiß/Greiner*, Rn. A.21 ff.
76 *Bergmann/Wever*, Rn. 36.
77 *Geiß/Greiner*, Rn. A.18; *Bergmann/Wever*, Rn. 36.
78 Grundsätzlich BGH NJW 1994, 786.
79 Vgl. *Spickhoff*, § 23a MBO, Rn. 2 m.w.N. auch zum Gesetzesvorbehalt.
80 BGH NJW 1998, 1780.

Anhang S Haftpflichtversicherung der Heilberufe

auch die deliktische Haftung des Vertretenen annimmt,[81] geht das Oberlandesgericht Koblenz zu Recht davon aus, dass der Vertreter als selbstständiger Arzt nicht Verrichtungsgehilfe sein kann, seine ärztliche Approbation den Vertretenen aber jedenfalls regelmäßig exkulpiert.[82]

18 Grundsätzlich erfolgt die ärztliche Tätigkeit aufgrund eines privatrechtlichen Vertrages. In einigen eng umrissenen Fällen verwirklichen Ärzte aber **Amtspflichten**, so dass sie nicht nur vom Verweisungsprivileg des § 839 Abs. 1 S. 2 BGB profitieren, sondern die Haftung gem. Art. 34 GG auf den Hoheitsträger verlagert sein kann. Das gilt zunächst für verbeamtete Ärzte. Umgekehrt ist die Versorgung von verbeamteten Patienten nicht automatisch Aufgabe des Dienstherrn, so dass eine Staatshaftung ausscheidet.[83] Erledigt der Arzt aber durch die Heilbehandlung eine dem Hoheitsträger selbst obliegende Aufgabe, wird er selber hoheitlich tätig. Sehr praxisrelevant ist dabei die Arbeit von **Durchgangsärzten** der Unfallversicherungsträger, die über das »Ob« und »Wie« der weiteren Heilbehandlung eines Versicherten zu entscheiden haben. Nimmt der Durchgangsarzt danach die Behandlung in die eigene Hand, so haftet er auch persönlich.[84] Das gilt auch für Durchgangsärzte, die (zufällig) gleichzeitig im Krankenhaus angestellt sind,[85] selbst wenn die Behandlung teilweise von nachgeordneten Ärzten durchgeführt wird.[86] **Truppenärzte** werden bei der Versorgung von Soldaten immer hoheitlich tätig. Aber auch Zivilärzte leisten hoheitliche Arbeit, wenn sie im Auftrag des Truppenarztes Soldaten behandeln.[87] Nicht entschieden ist bisher, ob diese Grundsätze vollständig auf die Behandlung von **Straf- und Untersuchungsgefangenen** übertragbar sind. Die Argumentation des Bundesgerichtshofs legt dies aber nahe.[88]

3. Versicherungspflicht und Pflichtversicherung

19 Im Heilwesen ist die Diskussion um die Anwendbarkeit der §§ 113 ff. VVG, also die Annahme einer Pflichtversicherung, differenzierter zu betrachten als bei anderen Berufshaftpflichtversicherungen. Das gilt nicht nur deshalb, weil viele Berufsbilder unter dem Begriff des »Heilwesens« zusammengefasst werden, für die unterschiedliche gesetzliche Grundlagen gelten. Selbst für die größte Berufsgruppe, die Humanmediziner, bestehen uneinheitliche Rechtsgrundlagen. Grund dafür ist die Satzungshoheit der Ärztekammern und die Gesetzgebungskompetenz der Länder.

a) Versicherungspflicht

20 Differenziert man zwischen den einzelnen Berufsgruppen im Heilwesen, ergibt sich ein uneinheitliches Bild: Bundesgesetzliche Vorschriften fehlen. Der einschlägige Kompetenztitel in Art. 74 Abs. 1 Nr. 19 GG weist dem Bundesgesetzgeber eine konkurrierende Kompetenz für die Zulassung nicht aber die Ausübung der Heilberufe zu. Das unterscheidet den Kompetenztitel von Art. 74 Abs. 1 Nr. 1 GG, so dass für Notare (§ 19a BNotO) und Rechtsanwälte (§ 51 BRAO) eine bundeseinheitliche Regelung gilt, für Ärzte und andere Heilwesenberufe aber nicht. Dasselbe gilt für die Versicherung von Krankenhäusern. Art. 74 Abs. 1 Nr. 19a GG weist dem Bund lediglich die konkurrierende Kompetenz zur wirtschaftlichen Sicherung der Krankenhäuser zu. Damit sind die Länder für die Ausgestaltung der Versicherungspflicht zuständig, wobei zwischen den Bundesländern große Unterschiede bestehen. Die Versicherungspflicht ist teilweise durch Landesgesetz, teilweise durch Rechtsverordnungen oder durch Satzungsrecht der Berufskammern vorgeschrieben.

21 Für **Ärzte und Zahnärzte** gilt dabei Folgendes: In den Bundesländern Brandenburg, Bremen, Hamburg, Mecklenburg-Vorpommern, Nordrhein-Westfalen, Sachsen-Anhalt und Schleswig-Holstein schreiben Landesgesetze die Verpflichtung vor, eine Haftpflichtversicherung zu unterhalten. In den übrigen Ländern besteht eine entsprechende Verpflichtung nur durch Satzungsrecht in den Berufsordnungen, wobei dies wiederum nur in Baden-Württemberg, Hessen, Niedersachsen, dem Saarland, in Sachsen und Thüringen auf einer landesrechtlichen Ermächtigungsnorm beruht.[89]

22 Für das Geschäft mit der **stationären Patientenversorgung** gibt es ebenfalls keine allgemeine Versicherungspflicht. Allerdings muss man der **europäischen Patientenmobilitätsrichtlinie**[90] einen gewissen Einfluss attestieren. Nach Art. 4 Abs. 2 lit. d) haben die Mitgliedsstaaten sicher zu stellen, dass »Systeme der Berufshaftpflichtversicherung, eine Garantie oder eine ähnliche Regelung, die im Hinblick auf ihren Zweck gleichwertig oder im Wesentlichen vergleichbar und nach Art und Umfang dem Risiko angemessen ist« bestehen. Inzwischen haben alle Bundesländer diese Richtlinie umgesetzt;[91] entweder, indem gleichlautende Umsetzungs-

---

81 BGH NJW 1956, 1834.
82 OLG Koblenz VersR 2009, 980.
83 BGH NJW-RR 2014, 1051. Gilt auch für Zivildienstleistende: BGH VersR 2011, 264.
84 Die Grenzen sind strittig: OLG Schleswig NJW-RR 2008, 41; **a.A.** OLG Bremen MedR 2010, 502.
85 OLG Düsseldorf NJW-RR 1987, 281.
86 LG Münster, Urt. v. 22.12.2011 – 111 O 76/10.
87 BGH VersR 1996, 976; OLG Schleswig, Urt. v. 06.06.2014 – 4 U 103/12.
88 BGH NJW 1990, 1604.
89 Übersicht bei *Hartwig/Schäker*, Rn. 23 ff.
90 Richtlinie 2011/24/EU.
91 Vgl. Synopse bei *Bergmann/Wever*, Das Krankenhaus 2015, 1176, 1178 f.

gesetze erlassen oder die Krankenhausgesetze angepasst wurden. Eine echte Versicherungspflicht ist angesichts der weitformulierten Tatbestandsvarianten aber in den meisten Umsetzungsgesetzen nicht vorgesehen. Dem Text der Richtlinie lässt sich allenfalls entnehmen, dass sich eine dritte Rechtsperson für etwaige Haftpflichtansprüche verantwortlich zeichnen muss.

b) Pflichtversicherung

Die Unterscheidung nach den Rechtsgrundlagen der Versicherungspflicht war in der Vergangenheit insbesondere für die Frage relevant, ob der betreffende Vertrag als Pflichtversicherung im Sinne des § 158b VVG a.F. einzustufen war. Nur für Haftpflichtversicherungen »zu deren Abschluß eine gesetzliche Verpflichtung besteht« galten Besonderheiten, insbesondere die fortbestehende Leistungsverpflichtung »in Ansehung des Dritten« trotz Leistungsfreiheit gegenüber dem Versicherungsnehmer, § 158c Abs. 1 VVG a.F. Der Direktanspruch des § 3 Abs. 1 PflVG a.F. galt auch nach der alten Gesetzesfassung für die Berufshaftpflichtversicherungen nicht, § 158c Abs. 6 VVG a.F. Demnach konnten vor der VVG-Reform zum Jahr 2008 nur die Versicherungsverträge als Pflichtversicherung eingestuft werden, für die Landesgesetze eine Abschlusspflicht vorsahen. Verpflichtungen in Rechtsverordnungen und Satzungen ließen den Status unberührt. 23

In der heute geltenden Fassung stellt § 113 Abs. 1 VVG nicht auf eine gesetzliche Verpflichtung, sondern auf eine »**Verpflichtung durch Rechtsvorschrift**« ab. Ob damit eine inhaltliche Änderung verbunden ist, ist in der Literatur bezweifelt worden.[92] Die Bundesregierung begründete ihren – weitergehenden – Referentenentwurf ursprünglich damit, dass »die Legaldefinition [...] dem bisherigen § 158b Abs. 1 VVG« entspreche, fügte aber an, dass sich eine Verpflichtung »nicht nur aus einem Gesetz im formellen Sinn, sondern auch aus einer Rechtsverordnung, der Satzung einer öffentlich-rechtlichen Körperschaft oder einer EU-Verordnung ergeben« könne.[93] Am Charakter der Heilwesenhaftpflichtversicherung als Pflichtversicherung kann daher kein Zweifel bestehen, solange Gesetz, Verordnung oder Satzung eine entsprechende Verpflichtung normieren, wie dies etwa für Ärzte und Zahnärzte in allen Bundesländern der Fall ist.[94] Die gelegentlich diskutierte Frage, ob der durch Satzung vorgeschriebene Abschluss auf einer ausreichenden gesetzlichen Ermächtigungsgrundlage beruhen muss,[95] ist nur von mittelbarer Bedeutung. 24

c) Folgen

In der Heilwesenhaftpflichtversicherung – wie in allen Berufshaftpflichtversicherungen – besteht grundsätzlich **kein Direktanspruch** gegen den Versicherer, weil es sich, selbst soweit sie als Pflichtversicherung gemäß § 113 VVG einzustufen ist, nicht um eine Pflichtversicherung nach dem Pflichtversicherungsgesetz handelt, § 115 Abs. 1 S. 1 Nr. 1 VVG. Der ursprüngliche VVG-Referentenentwurf der Bundesregierung,[96] der einen allgemeinen Direktanspruch bei allen Pflichtversicherungen vorsah, ist im Gesetzgebungsverfahren entsprechend geändert worden.[97] Ein Direktanspruch kann sich nun aber dennoch ergeben, wenn der betroffene Berufsträger insolvent oder unbekannten Aufenthalts ist, § 115 Abs. 1 S. 1 Nr. 2 und 3 VVG. Einige praktische Relevanz haben außerdem die Regelungen der §§ 117 und 121 VVG. Demnach ist der Versicherer auch ohne Direktanspruch »in Ansehung« des Patienten selbst dann nicht von der Leistungspflicht befreit, wenn er im Verhältnis zum Berufsträger nicht zur Leistung verpflichtet ist. Außerdem kann der Versicherer gegenüber dem Patienten nicht aufrechnen. Da regelmäßig Klagen gegen den Versicherungsnehmer zu richten sind, spielt auch diese Vorschrift allerdings eine untergeordnete Rolle. 25

4. Gesetzliche Grundlagen und Bedingungsstruktur

Auf die Haftpflichtversicherung der Berufe und Betriebe des Heilwesens sind die §§ 100 bis 112 VVG und – soweit Pflichtversicherungen bestehen – die §§ 113 bis 124 VVG anwendbar. Die eigentlichen Leistungspflichten und Detailregelungen werden in allgemeinen Versicherungsbedingungen und Risikobeschreibungen sowie in den einzelnen Verträgen festgeschrieben. In der Praxis bestehen zwar Unterschiede zwischen den Klauselwerken der einzelnen Versicherer.[98] Für den privaten Versicherungsmarkt wirken aber die vom GDV erarbeiteten Allgemeinen Versicherungsbedingungen für die Haftpflichtversicherung (AHB), die Allgemeinen Versicherungsbedingungen für die Betriebs- und Berufshaftpflichtversicherung (AVB-Betriebe), der Allgemeine Teil der Besonderen Bedingungen und Risikobeschreibungen (BBR-AT) und die Musterbedingungsstruktur V (BBR-Heilwesen) orientierend. Die Klauselwerke folgen dabei einem Klammerprinzip, wonach die allgemeineren Klauseln den Rahmen für die spezielleren Regeln vorgeben. Verbindlich sind die Empfehlungen des 26

---

92 *Bergmann/Wever*, Rn. 21; *Weidinger*, S. 109.
93 BT-Drucks. 16/3945, 87. Genau diesen Zusatz übersehen die Autoren der vorangehenden Fußnote.
94 Ebenso *Katzenmeier/Brennecke*, Rn. 3; *Funke/Lenzen*, Rn. 56.
95 § 113 VVG, Rdn. 7 m.w.N.
96 BT-Drucks. 16/3945.
97 BT-Drucks. 16/5862, S. 38.
98 *Weidinger*, S. 122; *Hartwig/Schäker*, Rn. 10.

Anhang S Haftpflichtversicherung der Heilberufe

GDV ebenso wenig wie in anderen Haftpflichtsparten. Für Einzelheiten des Versicherungsschutzes der Kommunalen Schadensausgleiche sind deren Satzungen und Einzelabreden maßgebend.

B. Umfang des Versicherungsschutzes
I. Versicherungsfall und Risikobeschreibung

27 Versicherungsfall der Heilwesenhaftpflichtversicherung ist – wie allgemein in der Haftpflichtversicherung – grundsätzlich die Inanspruchnahme der versicherten Person aufgrund gesetzlicher Haftpflichtbestimmungen privatrechtlichen Inhalts wegen eines Schadensereignisses im Rahmen der vertraglichen Risikobeschreibung, Ziff. 1.1 AHB. Die Risikobeschreibung ist individuell und hängt beispielsweise vom konkreten Fach- und Tätigkeitsgebiet des Arztes oder der Ausrichtung des Krankenhauses ab.

1. Heilberufliche Tätigkeit

28 Versichert ist in der Berufs- und Betriebshaftpflichtversicherung jedenfalls die heilberufliche Tätigkeit, die im Versicherungsschein beschrieben ist.[99] Heilberuflich ist eine Tätigkeit wohl nur dann, wenn sie (auch) auf die Heilung, Linderung oder medizinische Prävention einer Krankheit ausgerichtet ist, also nicht ausschließlich Pflege oder Betreuung zum Gegenstand hat. Einige Versicherer vermeiden den Begriff der »heilberuflichen« Tätigkeit und verwenden genauere Umschreibungen wie »ärztliche Tätigkeit«. Da Ärzte aber häufig nicht nur kurativ arbeiten, wären – ohne besonderen Ausschluss – auch plastisch-ästhetische Eingriffe umfasst (→ Rdn. 33). Niedergelassene Ärzte werden regelmäßig auf ambulante Behandlungen in ihrem Fachgebiet beschränkt,[100] wobei ambulante Operationstätigkeit meistens einer gesonderten Vereinbarung bedarf. Mit **ambulanten Operationen** sind dabei diagnostische und/oder therapeutische Maßnahmen gemeint, die durch konventionelle Schnittführung oder minimalinvasiv durchgeführt werden, und bei denen der Patient sowohl die Nacht vor als auch nach der Behandlung außerhalb der Praxis verbringt. Die GDV-Muster sehen Ausnahmen für Blutabnahmen, Spritzen, Warzen- und Nagelentfernungen, Wundversorgungen, Abstriche und Abszessbehandlungen vor.[101] Die gelegentliche **Gutachtertätigkeit** ist oft mitversichert, während eine **stationäre Nebentätigkeit** als Beleg- oder Konsiliararzt häufig der besonderen Beschreibung im Versicherungsschein bedarf[102] und dort regelmäßig auf bestimmte Fallzahlen oder zeitlich begrenzt wird. Einige Versicherer schließen gelegentliche Konsiliartätigkeit bis zur Grenze der Mitbehandlung grundsätzlich ein, ohne dass klar wäre, ab wann eine Mitbehandlung angenommen werden kann.

29 Die Berufshaftpflichtversicherung ist regelmäßig als Betriebshaftpflichtversicherung ausgestaltet. Der Betrieb einer **Praxissprechstunde** ist daher oft ausdrücklich Gegenstand der Versicherung, so dass es in der Praxis nicht darauf ankommt, ob die Organisation der Praxis mit entsprechenden Verkehrssicherungspflichten zur ärztlichen Tätigkeit gehört. Richtigerweise wird man dies bei der Versicherung freiberuflicher niedergelassener Ärzte ohnehin annehmen müssen, denn die Berufsausübung des niedergelassenen Arztes ist untrennbar damit verbunden, eine Praxis zu unterhalten, aus der sich eben Gefahrenquellen ergeben können, vgl. § 17 MBO-Ä bzw. § 9 MBO-ZÄ. In den meisten BBR der Versicherer sind **Nebenrisiken** aus dem Betrieb einer Arztpraxis ohnehin enumerativ mitversichert. Das gilt zum Beispiel häufig für die Haftpflicht aus der Eigenschaft des Versicherungsnehmers als Eigentümer, Mieter oder Pächter von Gebäuden und Grundstücken[103] oder aus Schäden an gemieteten Räumen.[104] Abweichend von Ziff. 7.10 AHB ist ebenfalls die Haftung für Sachschäden aus Abwässern eingeschlossen.

2. Anerkennung in der Heilkunde

30 Dogmatisch interessant, wenngleich in der Praxis selten relevant, ist die Beschränkung der Heiltätigkeit auf Behandlungen, die **in der Heilkunde anerkannt** sind. Gewollt ist damit zweierlei: Zum einen sollen medizinische Forschungsvorhaben nicht unter den Versicherungsschutz fallen.[105] Zum anderen sollen Behandlungen, die in keiner Weise dem Stand der Heilkunde entsprechen, ausgeklammert werden. Letzteres ist heikel, denn Versicherungsschutz besteht gerade für Standardunterschreitungen, auch wenn die Behandlung grob fehlerhaft sein sollte.[106] Der Deckungsausschluss gerät so in Konflikt mit § 307 Abs. 2 Nr. 2 BGB und der ärztlichen Therapiefreiheit, die auch Außenseiter- und Neulandmethoden erfasst. Er ist folglich sehr eng zu handhaben und bezieht sich, richtig verstanden, nur auf eine Methodenwahl, die der Arzt schlechterdings und unter keinem Gesichtspunkt für vertretbar halten durfte. Nicht ausreichend ist es, dass eine Fachgesell-

---

99 *Möhle*, S. 203; *Bücken*, Rn. 12.
100 *Funke/Lenzen*, Rn. 141.
101 Ziff. 2.1 BBR-Heilwesen.
102 Ziff. A.2.2 BBR-Heilwesen.
103 Ziff. B.2.1.5 BBR-Heilwesen.
104 Ziff. B 2.4.1 BBR-Heilwesen.
105 Sie unterfallen eigenen Versicherungsformen, etwa der Probandenversicherung nach § 40 Abs. 1 AMG; vgl. dazu *Rittner/Taupitz/Walter-Sack/Wessler* VersR 2008, 158 ff. mit Darstellung der Musterbedingungen.
106 *Funke/Lenzen*, Rn. 143 ff.

schaft die Methode des Arztes ablehnt.[107] Andersherum reicht die bloße Anerkennung von dritter Seite nicht aus;[108] Scharlatanerie bleibt Scharlatanerie, auch wenn andere Scharlatane sie gutheißen. Einen gewissen Grad an Evidenz und praktischer Übung muss man fordern.

Augenfällig wird dieser Problemkreis beim **Off-label-use** von Arzneimitteln. Eine solche Verordnung außerhalb des Zulassungsbereichs kann nicht nur vertretbar, sondern gerade ärztlicherseits geschuldet sein.[109] Richtigerweise ist daher weder auf die formale Zulassung eines Medikaments, noch auf die Grundsätze abzustellen, die Bundesverfassungsgericht und Bundessozialgericht zur Erstattungsfähigkeit in der gesetzlichen Krankenversicherung aufgestellt haben.[110] Entscheidend ist allein der Blick der beteiligten Fachkreise auf die Vertretbarkeit der Anwendung.[111] 31

3. Krankenhausbetrieb

Die Versicherung des Krankenhausbetriebs entzieht sich einer abstrakten Darstellung. Die Versicherungspolicen sind unter Einbeziehung der AVB-Betriebe sehr individuell und werden regelmäßig von spezialisierten Maklern ausformuliert.[112] Versichert ist der Betrieb des mit seinen Abteilungen genau bezeichneten Krankenhauses. Der Deckungsschutz umfasst in aller Regel nicht nur die ärztlichen und pflegerischen Dienstleistungen sondern erstreckt sich auch auf andere Bereiche moderner Industriehaftpflichtversicherungen (Umwelthaftpflicht, Nutzfahrzeuge etc.). Ist der Betrieb eines Belegkrankenhauses versichert, umfasst der Deckungsschutz nach den GDV-Mustern dennoch nicht die persönliche Haftpflicht der Belegärzte.[113] 32

4. Besondere Tätigkeitsfelder und Risikoausschlüsse

Schwierigkeiten gestaltet ein Risikoausschluss, nach dem für »**ästhetische Behandlungen**, die nicht medizinisch indiziert sind« kein Versicherungsschutz besteht. Angesprochen sind damit rein kosmetische Eingriffe am Körper. Auch dieser Ausschluss bedarf einer einschränkenden Auslegung. Gemeint sind nur solche Eingriffe, für die keinerlei medizinische Indikation besteht und die mithin nur auf die Steigerung der »Schönheit« gerichtet sind. Nicht ausgeschlossen sind plastisch-rekonstruktive Operationen von Unfallopfern, soweit das entsprechende Fachgebiet des Arztes versichert ist. Ebenso wenig sind Eingriffe gemeint, die auch zur Behandlung oder Vorbeugung einer physischen oder psychischen Krankheit dienen. Selbstverständlich kann Versicherungsschutz für rein kosmetische Operationen im Einzelfall vereinbart werden.[114] In den Policen, die die berufliche Tätigkeit des Versicherungsnehmers nicht genau bestimmen (»ärztlich«), sondern auf die allgemeine Wendung »heilberuflich« abstellen, wirkt der Ausschluss nur klarstellend (→ Rdn. 28). 33

In der Literatur wird gelegentlich auch die Versicherbarkeit von Schäden aus einem ärztlich durchgeführten **Schwangerschaftsabbruch** diskutiert. In den Musterbedingungen ist die Deckung von Ansprüchen aus einem Abort oder einer ungewollten Schwangerschaft nicht eigens thematisiert. In den BBR der Versicherer werden sie allerdings regelmäßig insoweit angesprochen, als dass Unterhaltsansprüche wegen eines unterbliebenen Schwangerschaftsabbruchs der Deckungssumme für Personenschäden unterstellt werden (→ Rdn. 53). Der Schwangerschaftsabbruch kann folglich ärztliche Tätigkeit sein, was der Gesetzgeber in der Systematik der §§ 218 ff. StGB gerade vorgesehen hat.[115] Solange der Schwangerschaftsabbruch für den Arzt nicht strafbar ist, fallen die Handlungen daher unter den Versicherungsschutz. Es ist allerdings ratsam, diesen Schutz im Versicherungsschein ausdrücklich bestätigen zu lassen, weil zwar die Indikationsstellung, nicht aber die Durchführung eines Abortes zum Ausbildungsinhalt des Facharztes für Gynäkologie und Geburtshilfe gehört. 34

Mitversichert wird regelmäßig Besitz und Verwendung von **Apparaten**, sofern die Verwendung in der Heilkunde anerkannt ist.[116] Der Einschluss muss als klarstellend verstanden werden, da der Einsatz technischer Hilfsmittel ohnehin aus dem medizinischen Alltag nicht wegzudenken ist und daher bereits von der heilberuflichen Tätigkeit des Leistungserbringers umfasst ist.[117] Das gleiche gilt für den häufigen Einschluss von Röntgeneinrichtungen und Anlagen zur Erzeugung ionisierender Schäden.[118] Diese Klarstellung ist wegen des Ausschlusses in Ziff. 7.12 AHB aber geboten. 35

---

107 So aber *Funke/Lenzen*, Rn. 146.
108 Unklar insoweit *Hartwig/Schäker*, Rn. 147.
109 OLG Köln VersR 1991, 186 (»Aciclovir«).
110 Umfangreich dazu *Ratzel/Greier*, Rn. 6–17.
111 Ähnlich *Weidinger*, S. 126; *ders*. MedR 2006, 571, 575.
112 Vgl. *Weidinger*, S. 129 ff.; *Deister*, in: Bergmann/Kienzle, S. 367 f.; Beispiel einer Police bei *Wenzel/Lutterbeck*, Rn. 118.
113 Ziff. C.1.3 BBR-Heilwesen.
114 *Katzenmeier/Brennecke*, Rn. 8.
115 Wie hier *Katzenmeier/Brennecke*, Rn. 9.
116 Ziff. B 1.1 BBR-Heilwesen.
117 Ähnlich bereits *Möhle*, S. 206.
118 Ziff. E 2.1.1 BBR-Heilwesen.

36 Grundsätzlich nicht versichert ist das Haftpflichtrisiko aus der **Geburtshilfe**.[119] Hier bedarf es immer der Vereinbarung besonderen Versicherungsschutzes. Das gilt auch für Gynäkologen. Eine Ausnahme gilt nach den Musterbedingungen lediglich für solche Geburtsvorgänge, bei denen der Arzt zur Erste-Hilfe-Leistung verpflichtet ist. Die GDV-Muster definieren Geburtshilfe dabei als aktive Mitwirkung bei der Geburt. Vom Ausschluss nicht erfasst ist die Betreuung der Schwangeren;[120] wohl auch, wenn diese während der Geburt geleistet wird.

37 Zu beachten ist schließlich die Bestimmung der Ziff. 1.2 AHB, wonach **Erfüllungsansprüche** nicht Vertragsgegenstand sind. Es handelt sich hierbei nicht um einen Risikoausschluss im eigentlichen Sinne. Dabei können Abgrenzungsschwierigkeiten bestehen, die anhand der Unterscheidung von Äquivalenz- und Integritätsinteresse des Patienten zu lösen sind. Insbesondere in Folge misslungener zahnprothetischer Versorgungen ist zu überprüfen, welche Ansprüche von der Haftpflichtversicherung gedeckt sind. Das gilt jedenfalls nicht für Kosten der Nacherfüllung oder prothetischen Neuversorgung, da sie dem Äquivalenzinteresse des Patienten, also dem Interesse an einer ordnungsgemäßen Vertragserfüllung folgen. Der Ausschluss ist aber selbstverständlich nicht auf Zahnmediziner begrenzt, sondern auch in anderen Fallgestaltungen denkbar, etwa bei Implantation fehlerhafter Gelenksprothesen.[121]

II. Zeitliche Begrenzungen

38 Für Anfang und Ende des Versicherungsschutzes gelten im Heilwesen keine Besonderheiten. Bestimmend sind die Vereinbarungen im Versicherungsschein und § 37 VVG.

39 Auf das besondere Spätschadenrisiko bei Medizinschadensfällen ist hingewiesen worden (→ Rdn. 3). Entscheidend für den Deckungsschutz ist der Eintritt des Versicherungsfalls während der Vertragslaufzeit. Da § 100 keine Definition des Versicherungsfalls beinhaltet, ist die genauere Bestimmung den Vertrags- und Klauselwerken vorbehalten. Es besteht bei der Heilwesenhaftpflichtversicherung insofern keine Besonderheit. Maßgeblich sind die Bestimmungen in Ziff. 1.1 AHB[122] und damit der alte Streit über die Auslegung des Begriffs »Schadensereignis« im Sinne der Verstoß- oder Folgeereignistheorie.[123] Dieser dreht sich im Kern um die Frage, ob als Versicherungsfall der für den späteren Schaden kausale Verstoß – also die fehlerhafte Behandlung – oder ein späteres Ereignis ausschlaggebend sein soll. Auswirkungen hat der Streit nur, wenn Verstoß und Schadenmanifestation auseinanderfallen, was im Heilwesen allerdings häufig vorkommt. Diskutiert wird das Problem dann meistens an den Beispielen Fehlsterilisation, Fehlmedikation und Fehlbestrahlung. Hier liegen zwischen der Fehlbehandlung des Arztes und dem Schadenseintritt häufig längere Zeiträume. Auch in diesen Fallgruppen ist aber fraglich, wann sich der Schaden wirklich erstmals manifestiert: Bei der Fehlsterilisation etwa ist die Empfängnis ebenso denkbar, wie die Einnistung oder die Geburt des Kindes. Vor- und Nachteile haben beide Theorien, und zwar sowohl für den Versicherer als auch den Versicherungsnehmer. Insbesondere führen beide Auffassungen zu Abgrenzungsschwierigkeiten: Wann hat der Arzt einen (mono-)kausalen Fehler begangen? Welches Ereignis hat den Schaden zwar nicht verursacht, aber doch unmittelbar herbeigeführt? Die Entscheidung für die eine oder andere Auffassung verlagert letztlich das Spätschadenrisiko auf eine der Vertragsparteien.

Die Differenzen sind bis heute nicht beigelegt. Der BGH sprach sich ursprünglich für die Folgenereignistheorie aus,[124] wandte sich 1980 jedoch ausdrücklich von seinem Präjudiz ab und vertrat die Verstoßtheorie.[125] Die Versicherungswirtschaft änderte danach schrittweise die Musterbedingungen in den auch heute noch regelmäßig verwendeten Wortlaut, wonach Versicherungsschutz besteht, wenn während der Versicherungszeit ein Schadensereignis eingetreten ist, dass einen Personen-, Sach- oder sich daraus ergebenden Vermögensschaden zur Folge hatte. Dabei soll Schadensereignis dasjenige Ereignis sein, als dessen Folge die Schädigung des Dritten unmittelbar entstanden ist, ohne dass es auf den Zeitpunkt der Schadensverursachung ankommt. Die Folgeereignistheorie scheint damit festgeschrieben. Dennoch bleibt sie in der Literatur umstritten, von der Rechtsprechung vereinzelt abgelehnt[126] und ist bis heute durch den BGH nicht ausdrücklich bestätigt. Neben Fragen der Billigkeit und der Erwartungshaltung des Versicherungsnehmers wird insbesondere die Transparenz der Klausel in Frage gestellt.[127] Denn es soll nach der Definition des Schadensereignisses zwar

---

119 Ziff. B 2.1.6.5 BBR-Heilwesen.
120 Ziff. A 2.3 BBR-Heilwesen.
121 Beispiel bei Schwer, Haftungsrisiken von Mitarbeitern im Gesundheitswesen und ihre Versicherbarkeit, Diss. 2008, S. 152 f.
122 Vgl. auch Ziff. A1-3.1 der AVB-BHV.
123 Vgl. den Überblick bei *Rolfes* VersR 2006, 1162; *Püster*, S. 21 ff.; *Katzenmeier/Brennecke*, Rn. 23 ff.; und allgemein § 100 VVG Rdn. 4–16; P/M/*Lücke*, § 100 Rn. 27 f.; R/L/*Langheid*, § 100 Rn. 56 f.
124 BGH NJW 1957, 1477 (»Mähbinder«).
125 BGH VersR 1981, 173 (»Bodenherbizid«).
126 OLG Nürnberg VersR 2000, 1490 für die Berufshaftpflichtversicherung eines Radiologen auf Grundlage der AHBStR vor Einführung von Ziff. 1.1 S. 2 AHB.
127 OLG Brandenburg r+s 213, 125; vgl. auch *Püster*, S. 31 f.; *Bergmann/Wever*, Rn. 121 a.E.; *Kretschmer* VersR 2004, 1376; **a.A.** L/W/*Littbarski*, § 100 Rn. 119; R/L/*Langheid*, § 100 Rn. 62.

nicht auf den Verstoß des Arztes ankommen, gleichwohl ist das Schadensereignis aber auch nicht mit dem Personen- oder Sachschaden gleichzusetzen, weil es diesen nur zur Folge »hatte«, ihm also zeitlich vorausgegangen sein muss. Wann dieser Zeitpunkt liegen soll, bleibt unklar. Im Übrigen muss die Schädigung eben doch »Folge« des Schadensereignisses sein und daher in einem Kausalzusammenhang stehen.
Der BGH teilt die Zweifel an der Transparenz der Klausel nicht.[128] Der durchschnittliche Versicherungsnehmer verstehe, dass maßgeblich ein Zeitpunkt zwischen der Verursachung und der finalen Schädigung ist. Der zeitliche Abstand zum Schaden müsse dabei aber nicht groß sein und das Ereignis generell geeignet, einen Haftpflichtanspruch auszulösen. Die Frage, was nun genau unter dem »Schadensereignis« i.S.v. Ziff. 1.1 AHB zu verstehen sein soll, lässt der BGH aber ausdrücklich offen.

III. Räumliche Begrenzung

Unter Abweichung von Ziff. 7.9 AHB wird in den BBR häufig die gesetzliche Haftpflicht des Arztes wegen im Ausland vorkommender Versicherungsfälle teilweise gedeckt.[129] Der Begriff des Auslandes ist dabei staatsrechtlich zu bestimmen.[130] Sofern keine abweichende Regelung getroffen ist, gilt die Auslandsklausel daher auch für Versicherungsfälle in einem Mitgliedstaat der europäischen Gemeinschaften. Die BBR der Versicherer weisen hier aber durchaus Unterschiede auf. **40**

Nach den GDV-Musterbedingungen sind Auslandsschäden eingeschlossen, wenn die ärztliche Konsultation im Inland stattgefunden, das Schadensereignis aber **im Ausland eingetreten** ist.[131] Die Klarstellung ist im Sinne der Folgeereignistheorie konsequent. Darüber hinaus sind Ansprüche aus Erste-Hilfe-Leistungen im Ausland und Versicherungsfälle aus Anlass von Geschäftsreisen oder der Teilnahme an »Ausstellungen, Kongressen, Symposien, Messen und Märkten« gedeckt. Ausdrücklich ausgeschlossen bleiben aber **Schadensersatzansprüche mit Strafcharakter** (punitive oder exemplary damages). Besonderheiten gelten häufig für Versicherungsfälle in den USA und Kanada: In diesen »**Nordamerikaklauseln**« wird oft ein besonderer Selbstbehalt vereinbart. Problematisch ist hier die aus anderen Regelwerken bekannte Klausel, wonach abweichend von Ziff. 6.5 AHB Aufwendungen des Versicherers für Kosten als Leistung auf die Versicherungssumme angerechnet werden, wobei insbesondere **Prozesskosten** zu diesen Aufwendungen zählen sollen. Diese Klausel dürfte jedenfalls dann unzulässig sein, wenn die Kosten auf Veranlassung des Versicherers angefallen sind, §§ 83 Abs. 3, 87 VVG. Bedenken sind aber auch im Übrigen angemeldet worden.[132] Denn die Nichtanrechnung von Kosten aus der Abwehrpflicht des Versicherers soll das Leitbild der Haftpflichtversicherung prägen und durch AGB nicht abgeändert werden können. Diese Auffassung geht indes zu weit. § 101 Abs. 2 VVG ist in § 112 VVG nicht genannt, so dass der Gesetzgeber daher von einer Abänderbarkeit jedenfalls durch Individualabrede ausgeht. Ob daher die Nichtanrechnung zu den »wesentlichen Grundgedanken« (§ 307 Abs. 2 Nr. 1 BGB) der Haftpflichtversicherung gezählt werden kann, erscheint zweifelhaft.

Die BBR der Versicherer sehen aber teilweise weitergehende Regelungen als die GDV-Muster vor und erweitern den Versicherungsschutz auf die ärztliche Tätigkeit aus Anlass von **Katastrophenhilfe** im Ausland, wobei viele Hilfsorganisation ohnehin gesonderte Gruppenversicherungen unterhalten.[133] Teilweise wird auch die ärztliche Tätigkeit in Staaten der europäischen Union generell mitversichert, wobei wiederum Länder des »Common Law«, insbesondere das Vereinigte Königreich und Irland, ausgenommen bleiben. Weiter berücksichtigen einige BBR die besondere Situation der **Verbandsärzte** bei der Behandlung ihrer Sportler im Ausland.[134] Soweit derartige Aufenthalte als »Geschäftsreise« gewertet werden können, besteht Deckungsschutz jedenfalls nach den GDV-Musterbedingungen ohnehin. Häufig greifen hier allerdings schon Gruppenversicherungsverträge der Sportverbände. **41**

Die GDV-Musterbedingungen sehen dieselben Einschränkungen (Anrechnung von Kosten, Ausschluss von »punitive damages« und Selbstbehalte in Nordamerika) auch für solche Versicherungsfälle vor, die zwar im Inland eintreten aber **im Ausland geltend gemacht** werden.[135] **42**

IV. Versicherte Personen
1. Niedergelassener Bereich

In der Praxis niedergelassener Ärzte sind zunächst die Schäden aus der ärztlichen Tätigkeit des niedergelassenen Arztes selbst versichert. Dies gilt auch, soweit er als **Vertreter** eines Fachkollegen tätig wird und umgekehrt für die Fälle, in denen er selbst vorübergehend wegen Krankheit, Urlaub usw. durch einen anderen Arzt **43**

---

128 BGH VersR 2014, 625 für die Betriebshaftpflichtversicherung eines Ofenbaumeisters.
129 Vgl. Ziff. 7.7 BBR-Heilwesen; E 3. BBR-Heilwesen.
130 P/M/*Lücke*, Anhang 210, Ziff. 7.9 AHB Rn. 96.
131 Ziff. E 3.1 BBR-Heilwesen.
132 Vgl. P/M/*Lücke*, Anhang 233, Ziff. 4 BetrH IT, Rn. 5 ff. m.w.N.
133 *Ratzel/Greiner*, Rn. 20.
134 *Ratzel/Greiner*, Rn. 21.
135 Ziff. E 4 BBR-Heilwesen.

vertreten wird.[136] Die persönliche Haftpflicht dieses Vertreters ist dann aber nicht Gegenstand des Vertrages. **Medizinstudenten** im praktischen Jahr sind ebenso mitversichert wie das nichtärztliche Personal.[137] **Famuli** (§ 7 ÄApprO) sind in den Musterbedingungen nicht ausdrücklich erwähnt. Sie sind aber »nicht-ärztliches Personal« und daher mitversichert.[138]

44 Besondere Aufmerksamkeit verdient die Mitversicherung von »**Assistenzärzten**« bei freiberuflich tätigen Ärzten.[139] Darunter kann im allgemeinen Sprachgebrauch jedes ärztliche Personal verstanden werden, also auch angestellte Ärzte. Speziell für den vertragsärztlichen Bereich (§ 32b Ärzte-ZV) sehen die Musterbedingungen jedoch vor, dass eine Mitversicherung angestellter Ärzte ausdrücklich vereinbart werden muss.[140] Ob mit Assistenzärzten, daher nicht angestellte Ärzte gemeint sein sollen, ist unklar. Insbesondere wäre dann unverständlich, wieso der Deckungsumfang von der Stellung des Versicherungsnehmers als Privat- oder Kassenarzt abhängen soll. Andererseits ist mangels ausdrücklichen Hinweises auf § 32 Ärzte-ZV auch nicht deutlich genug, dass von der Regelung nur vertragsärztliche Assistenten erfasst sein sollen. Solche werden nur zeitlich beschränkt für den Vertragsarzt tätig, was zur Mitversicherung von Urlaubsvertretern und Medizinstudenten passen würde. Andererseits ist aber auch das dauerhaft angestellte nicht-ärztliche Personal mitversichert, mit dem der »Assistenzarzt« sogar in einer Bedingungsziffer gemeinsam genannt wird. Die Regelung ist folglich unklar; die Zweifel gehen zulasten des Versicherers, § 305c Abs. 2 BGB.

45 Soweit ärztliches und nichtärztliches Personal mitversichert ist, besteht Versicherungsschutz sowohl für deren eigene Haftpflicht als auch die persönliche Einstandspflicht des ärztlichen Versicherungsnehmers (§§ 278, 831 BGB), wobei Ansprüche aus Arbeitsunfällen in der Praxis ausgeschlossen sind. Überhaupt besteht Versicherungsschutz für Mitarbeiter nur, soweit der Schaden »**in Ausübung ihrer dienstlichen Verrichtungen für den Versicherungsnehmer**« verursacht wird, womit an die Regelung des § 102 VVG angeknüpft wird. Als ungeschriebenes Tatbestandsmerkmal wird auch dort ein innerer Zusammenhang zwischen Betrieb und Tätigkeit des Mitarbeiters gefordert.[141] Mutwillige Schädigungen durch Praxispersonal sind daher nicht versichert.

2. Krankenhaus

46 Letztlich gelten dieselben Maßstäbe für versicherte Krankenhausträger. Hier ist zunächst die eigene gesetzliche Haftpflicht aus dem Betrieb des entsprechenden Hauses versichert. Die Einstandspflichten für die einzelnen Funktionsgruppen sind aber gegeneinander abzugrenzen.

Die Haftpflicht von **Belegärzten** und ihres Personals ist regelmäßig nicht versichert.[142] Mit diesen Ärzten kommt ein eigener Behandlungsvertrag zustande (→ Rdn. 17). Soweit der Träger eigene vertragliche Pflichten eingeht, besteht natürlich Versicherungsschutz. Sofern Deckung für den Betrieb eines Belegkrankenhauses besteht, ist die eigene Haftpflicht der Belegärzte ohne besondere Vereinbarung nicht gedeckt.[143] Ansonsten besteht für sämtliches ärztliches und nichtärztliches Personal in allen Abteilungen und Kliniken Versicherungsschutz sowohl bezüglich deren eigener Haftpflicht als auch für die Haftpflicht des Krankenhausträgers. Allerdings gilt auch hier, dass der Versicherungsschutz nur dann greift, wenn die Mitarbeiter Schäden »in Ausführung ihrer Tätigkeit für das Krankenhaus« verursachen. Dieser Betriebszusammenhang fehlt insbesondere, wenn der betreffende Arzt nicht im Rahmen vertraglicher Verpflichtungen des Krankenhausträgers tätig wird. Besondere Bedeutung erlangt dies bei der Behandlung durch Chef- und leitende Ärzte.[144] Obliegt diesen die Behandlung von ambulanten und **Wahlleistungspatienten** als Dienstaufgabe, ist ihre Tätigkeit versichert.[145] Vereinbart der Chefarzt mit Privatpatienten einen gespaltenen Krankenhausvertrag, ist seine Tätigkeit nicht versichert. Dasselbe gilt in der privatärztlichen ambulanten Krankenbehandlung. Ob in diesen Fällen das nachgeordnete Personal über die Versicherung des Krankenhausträgers versichert ist,[146] kann fraglich sein. Einerseits handeln diese Personen in einem dem Krankenhaus fremden Vertragsverhältnis, andererseits gehört die Unterstützung der leitenden Ärzte häufig zu den arbeitsvertraglichen Aufgaben nachgeordneter Ärzte.

Ähnlich ist die Situation bei zu Durchgangsärzten bestellten Krankenhausmitarbeitern (Rdn. 18). Werden diese hoheitlich tätig, greift der Versicherungsvertrag des Krankenhausträgers ebenso wenig, wie wenn der Arzt die Heilbehandlung anschließend in die eigenen Hände nimmt. Eine Ausnahme gilt nur, wenn die Heil-

---

136 Ziff. B 2.1.1 und 2.1.2 BBR-Heilwesen.
137 Ziff. B 2.1.3 BBR-Heilwesen.
138 Vgl. i.E. auch *Laufs/Kern/Schlund*, § 21 Rn. 4.
139 Ziff. B 2.1.3 und 2.1.4 BBR-Heilwesen.
140 Ziff. B 2.1.6.1 und 2.1.6.2 BBR-Heilwesen.
141 Vgl. etwa BGH r+s 1989, 8; P/M/*Lücke*, § 102 Rn. 5 m.w.N.
142 Ziff. A 2.2 BBR-Heilwesen.
143 Ziff. C. 1.3 BBR-Heilwesen.
144 *Wenzel/Lutterbeck*, Rn. 104 f.
145 *Bücken*, Rn. 17.
146 So *Wenzel/Lutterbeck*, Rn. 106; *Weidinger* MedR 2012, 238, 241.

behandlung durch stationäre Aufnahme im Krankenhaus aufgrund Vertrages mit dem Krankenhausträger erfolgt.
Der Versicherungsschutz umfasst sämtliche beschäftige Personen des Krankenhausträgers. Der Wortlaut weicht von § 102 VVG ab, der auf ein bestehendes »Dienstverhältnis« abstellt. Im Krankenhaus sind daher auch Zivildienstleistende, sowie ehrenamtliche Helfer – etwa im freiwilligen sozialen Jahr – mitversichert. Auch Auszubildende sind mitversichert, was insbesondere für Krankenpflegeschüler, die am Patienten arbeiten, wichtig ist. Bei diesen Personen besteht unter Umständen eine überlappende Einstandspflicht,[147] so dass die Subsidiaritätsklausel des § 839 Abs. 1 S. 2 BGB und Regressmöglichkeiten für die Haftpflichtversicherer in Betracht zu ziehen sind. Zweifelhaft kann die Stellung von **Honorarärzten**[148] sein. Das sind (meistens) niedergelassene Ärzte, deren sich der Krankenhausträger zur Erfüllung seiner eigenen Verbindlichkeiten bedient. Ob diese externen Ärzte versicherungsrechtlich – nicht arbeits- und sozialrechtlich – beim Krankenhausträger »beschäftigt« sind, muss bezweifelt werden. In der Folge entstünden Deckungslücken, die in den Policen individuell geschlossen werden müssen.

V. Leistungsumfang
1. Umfang des Versicherungsschutzes

Es gelten die allgemeinen Grundsätze der Haftpflichtversicherung.[149] Danach umfasst der Versicherungsschutz die Prüfung der Haftpflichtfrage, die Abwehr unberechtigter und die Freistellung von berechtigten Ansprüchen gegen den Versicherungsnehmer. Binden Gesetz, Urteil, Anerkenntnis oder Vergleich den Versicherungsnehmer, ist er binnen zwei Wochen freizustellen, § 106 VVG. Anerkenntnis und Vergleich verpflichten den Versicherer aber nur eingeschränkt. 47

Der Versicherungsschutz geht mit Verhaltensbeschränkungen für den Versicherungsnehmer einher. So ist der Versicherer bevollmächtigt, zur Abwehr der Ansprüche und Abwicklung des Schadensfalls zweckmäßig erscheinende **Erklärungen für den Versicherungsnehmer** abzugeben, Ziff. 5.2 AHB. Dies führt auch im Heilwesen mit seinem hohen Schadenspotential gelegentlich zur Frage, ob materiellrechtliche Erklärungen (Vergleiche, Verjährungsverzicht, etc.) den Versicherungsnehmer auch binden können, wenn die Deckungssumme des Versicherungsvertrages überschritten wird.[150] Die Regulierungsvollmacht ist in den AHB insofern unbeschränkt formuliert. Und da dem Versicherer bei der Sachbearbeitung ein weiter Ermessenspielraum zukommt, macht er sich selbst bei gravierenden Überschreitungen nicht zwangsläufig schadensersatzpflichtig.[151] Diesem Problem wird man am ehesten durch eine vertragliche Nebenpflicht zur Abstimmung mit dem Versicherungsnehmer begegnen müssen: Denn vernünftige Vergleiche dürften zwar regelmäßig im Interesse des Versicherungsnehmers sein. Für uneingeschränkten Zwang ohne gleichzeitigen Deckungsschutz gibt es aber keinen ersichtlichen Grund. 48

Der Versicherer ist berechtigt und verpflichtet, etwaige **Prozesse** im Namen und in Vollmacht des Versicherungsnehmers auf seine eigenen Kosten zu führen und Anwälten Prozessvollmacht zu erteilen. Einer weiteren Bevollmächtigung durch den Versicherungsnehmer bedarf es nicht.[152] Der Zivilrechtsschutz gilt sowohl für das Klageverfahren, als auch für **selbstständige Beweisverfahren**, deren Zulässigkeit in Arzthaftungssachen inzwischen anerkannt ist.[153] Der Versicherer hat nach allgemeinen Grundsätzen auch Kostenvorschüsse und prozessuale Sicherheiten zu leisten, § 101 VVG. 49

Besondere Bedeutung erlangt im Arzthaftungsprozess das Verfahren vor den **Schlichtungsstellen und Gutachterkommissionen** der Ärztekammern. Die Teilnahme ist freiwillig; allerdings werden ein Viertel aller Arzthaftpflichtfälle von den Gutachterkommissionen bewertet.[154] Die BBR enthalten nur selten Regelungen zum Schlichtungsverfahren. Einige Schlichtungsstellen sehen in ihren Verfahrensordnungen ohnehin vor, dass Verfahren nicht ohne Zustimmung des Haftpflichtversicherers durchgeführt werden können. Ansonsten richtet sich der Deckungsschutz nach § 101 Abs. 1 VVG. »Geboten« ist das unverbindliche Schlichtungsverfahren wohl selbst in Fällen komplizierter medizinischer Fragen nicht, so dass Deckungsschutz ohne Zustimmung des Versicherers nicht besteht.[155] Schiedsgericht i.S.v. Ziff. 7.6.6 BBR-AT sind die Gutachterkommissionen nicht, schon weil sie keinen endgültigen Schiedsspruch sprechen. 50

Kommt es wegen eines Behandlungs- oder Aufklärungsfehlers zu **Strafverfahren** gegen den Arzt, sind Kosten für den Strafverteidiger – soweit nicht abweichend vereinbart – nur in gesetzlicher Höhe und nur dann ge- 51

---

147 Für Zivildienstleistende vgl. *Bergmann/Wever*, Arzthaftpflichtversicherung, Rn. 74; für PJler *Bücken*, § 19 Rn. 25; für Krankenpflegeschüler ist § 4 Abs. 5 KrPflG beachtenswert aber bisher nicht erörtert worden.
148 Vgl. zu Honorarärzten allgemein *Hanau* MedR 2015, 77 ff.
149 § 100 VVG Rdn. 52–54.
150 Zur Bindungswirkung grundlegend BGH NJW 1957, 1230; BGH NJW-RR 2004, 1475; NJW 2007, 69.
151 Vgl. *Katzenmeier/Brennecke*, Rn. 71 m.w.N.
152 OLG Koblenz VersR 2012, 1008.
153 BGH, Beschl. v. 21.01.2003 – VI ZB 51/02; zur Substantiierung: BGH NJW-RR 2016, 63.
154 *Bergmann/Wever*, Arzthaftpflichtversicherung, Rn. 106.
155 A.A. ohne nähere Begründung *Hartwig/Schäker*, Rn. 78.

deckt, wenn der Versicherer die Verteidigung wünscht oder genehmigt, § 101 Abs. 1 VVG und Ziff. 5.3 AHB. Macht der Dritte seine Schadensersatzansprüche im Adhäsionsverfahren geltend, dürften Prozesskosten jedenfalls insoweit dem Versicherungsschutz unterfallen.[156] Ebenfalls gedeckt sind Geldleistungen, die der Versicherungsnehmer gem. § 153a StPO an den geschädigten Patienten zahlt, wenn ein zivilrechtlicher Schmerzensgeldanspruch besteht und soweit dieser durch Anrechnung erlischt.[157]

52 Kein Versicherungsschutz besteht für **Disziplinar- und Verwaltungsverfahren**, selbst wenn Approbationsbehörden oder Kammern infolge wiederholter oder schwerer Behandlungsfehler einschreiten.

2. Deckungssummen

53 Der Versicherer gewährleistet nach Ziff. 1.1 und 2.1 AHB Versicherungsschutz für Personen- und Sachschäden, sowie solche Vermögensschäden, die sich aus den vorgenannten Schadensarten ergeben. Reine, echte Vermögensschäden sind gesondert zu versichern. Die Parteien des Versicherungsvertrags vereinbaren die Versicherungssummen individuell. Dabei spielen die in § 114 Abs. 1 VVG genannten Beträge in neueren Policen jedenfalls keine Rolle mehr. Für den **niedergelassenen Bereich** werden üblicherweise Summen von 2 bis 5 Mio. EUR für Personenschäden je Versicherungsfall bei doppelten bis dreifachen Jahreshöchstsummen vereinbart. Für risikobehaftete Fachrichtungen werden aber auch höhere Summen versichert. Sachschäden werden vereinzelt noch mit niedrigeren Summen gedeckt; einige Versicherer gewähren aber Schutz im gleichen Umfang wie für Personenschäden. Der Deckungsumfang für Vermögensschäden variiert regelmäßig zwischen 100.000 und 250.000 EUR bei ebenfalls doppelten oder dreifachen Jahreshöchstsummen. Allerdings spielen Vermögensschäden praktisch kaum eine Rolle, zumal die BBR Unterhaltsansprüche wegen fehlerhafter Schwangerschaftsverhütung bzw. erfolglosen Schwangerschaftsabbruchs den Deckungssummen von Personenschäden unterstellen.[158] **Krankenhausträger** versichern meistens weit höhere Summen, insbesondere, wenn Leistungen der Geburtshilfe vom Versicherungsvertrag erfasst werden. Ein echter »Standard« lässt sich hier kaum ausmachen, es wird aber von üblichen Deckungssummen bis 20 Mio. EUR berichtet.[159]

C. Rechte, Pflichten, Obliegenheiten

54 Es bestehen keine grundlegenden Besonderheiten im Vergleich zur allgemeinen und anderen Berufshaftpflichtversicherungen. Wegen der Regulierungshoheit des Versicherers vgl. → Rdn. 48.

1. Beratungspflichten

55 Eine gewisse Bedeutung kommt der ausreichenden Beratung des Versicherungsnehmers durch den beauftragten Versicherungsvermittler, aber auch durch den Versicherer selber zu, §§ 6, 61 VVG. Dabei darf zwar davon ausgegangen werden, dass der Versicherungsnehmer das zu versichernde Risiko und die notwendige Deckung selbst einschätzt.[160] Besteht für Versicherer oder Vermittler aber ein Anlass zur Beratung, ist dem nachzukommen, durch den Versicherer sogar während der Vertragslaufzeit, § 6 Abs. 4 VVG. Makler haben darüber hinaus das zu versichernde Risiko selbstständig zu überprüfen und für angemessenen Versicherungsschutz zu sorgen.[161] Im Heilwesen dürfte der Beratungsbedarf insbesondere die Frage umfassen, ob das Tätigkeitsspektrum des Versicherungsnehmers tatsächlich vollständig vom Versicherungsumfang gedeckt ist und die Deckungssummen das Risiko realistisch abbilden.[162] Vom OLG Hamm etwa ist ein Fall entschieden worden, in dem ein auch gendiagnostisch tätiger Gynäkologe durch seine Versicherungsmaklerin nicht über die geänderte Rechtsprechung des BGH zum Unterhaltsaufwand für ein ungewolltes Kind aufgeklärt worden war und deshalb eine viel zu geringe (250.000 DM) Deckungssumme für Vermögensschäden vereinbart hatte.[163]

2. Mitwirkungspflichten und Obliegenheiten des Versicherungsnehmers

56 Die Obliegenheiten des Versicherungsnehmers richten sich insbesondere nach Ziff. 23–26 AHB. Danach hat er sich vollständig über alle Gefahrumstände zu erklären und deren Veränderung anzuzeigen. Schwierig kann mitunter zu bestimmen sein, ob ein (verändertes) **Risiko** überhaupt noch vom Wesen des (ursprünglich) versicherten Risikos umfasst ist. Entschieden wurde etwa, dass die Versicherungspolice eines Assistenzarztes nicht dasselbe Risiko decke, wie die eines selbstständig niedergelassenen Arztes.[164]
Ist ein Versicherungsfall eingetreten, hat der Arzt den drohenden Schaden binnen einer Woche **anzuzeigen**. Im Gegensatz zu § 104 VVG stellt Ziff. 25.1 AHB auf den »Versicherungsfall« ab. Dabei trifft ihn eine Anzei-

---

156 P/M/*Lücke*, § 101, Rn. 11; R/L/*Langheid*, § 101, Rn. 5; interner Verweis.
157 I.E. ebenso P/M/*Lücke*, § 101, Rn. 13; **a.A.** AG Köln MedR 2008, 620 mit abl. Anm. *Cramer*.
158 Vgl. Ziff. B 1.2 und C 1.2 BBR-Heilwesen.
159 *Bergmann/Wever*, Rn. 94.
160 R/L/*Rixecker*, § 61 Rn. 8.
161 BGH NJW 2014, 2038; R/L/*Rixecker*, § 61 Rn. 10.
162 So auch *Funke/Lenzen*, Rn. 153.
163 MedR 1997, 463; ebenso die Beratungspflicht des Versicherers betreffend LG Karlsruhe, MedR 2000, 486.
164 AG Offenbach VersR 2001, 1102.

Haftpflichtversicherung der Heilberufe **Anhang S**

gepflicht erst, wenn ihm entsprechende Tatsachen bekannt werden.[165] Versicherungsfall ist das Schadensereignis, das einen Personen- oder Sachschaden zur Folge hat. Damit trifft den Versicherungsnehmer die Anzeigepflicht weder erst nach Schadenseintritt noch nach Inanspruchnahme sondern bereits zuvor. Im Einzelfall dürfte die genaue Bestimmung des Zeitpunktes aber schwierig sein, zumal der Qualifikation ärztlichen Verhaltens als Behandlungsfehler eine normative Wertung innewohnt. Jedenfalls sobald ein gerichtliches, staatsanwaltschaftliches oder behördliches Schriftstück beim Versicherungsnehmer eingeht, hat er den Versicherer zu unterrichten, vgl. auch Ziff. 25.3 AHB. Gegen Mahn- und Verwaltungsbescheide auf Schadensersatz muss er auch ohne Weisung des Versicherers Rechtsbehelfe einlegen, Ziff. 26.4 AHB.

Im Rahmen der Schadensminderung- und **Mitwirkungspflichten** hat der Versicherungsnehmer darüber hinaus Schadensberichte zu erstatten, bei der Schadensermittlung zu unterstützen und alle relevanten Umstände mitzuteilen. Dazu gehört insbesondere die vollständige Übersendung der Behandlungsunterlagen. Ob es dafür einer Schweigepflichtentbindung durch den betroffenen Patienten bedarf, ist zweifelhaft,[166] spielt in der Praxis aber keine Rolle, da in der Schadenssachbearbeitung solche Erklärungen regelmäßig angefordert werden. Mit der Übersendung der Unterlagen ist die Obliegenheit aber nicht erfüllt. Krankenunterlagen sind kompliziert zu lesen und werden nach der individuellen Übung des Versicherungsnehmers aufgesetzt. Er hat daher den Behandlungshergang zu schildern und ist im Rahmen des Zumutbaren auch gehalten, zu den erhobenen Vorwürfen fachlich Stellung zu nehmen. Man wird dem Versicherungsnehmer auch in der Regel abverlangen dürfen, zu Sachverständigengutachten jedenfalls kursorisch Position zu beziehen. Umfangreiche Einlassungen muss er aber nicht abfassen.[167]

---

165 *Katzenmeier/Brennecke*, Rn. 47; P/M/*Lücke*, Anh. 210, Ziff. 25 Rn. 4f.
166 Dafür *Bücken*, § 19 Rn. 70; dagegen wohl zu Recht *Bergmann/Wever*, Rn. 147; *Hartwig/Schäker*, Rn. 60; differenzierend danach, ob ein gerichtlicher Prozess anhängig ist *Katzenmeier/Brennecke*, Rn. 59.
167 Nach *Katzenmeier/Brennecke*, Rn. 58 dürfen die Anforderungen an fachliche Stellungnahmen »nicht überspannt werden«. Zur Mitwirkungspflicht des Arztes vgl. auch KG VersR 1986, 353.

Anhang T
Bauleistungs- und Montageversicherung

Übersicht

	Rdn.
A. Vorbemerkungen	1
I. Begriff der Bauleistungs- und Montageversicherung	1
II. Praktische Relevanz	3
1. Bauleistungsversicherung und werkvertragliche Gefahrtragung	4
2. Montageversicherung	7
III. Rechtliche Grundlagen	8
1. Gesetzliche Grundlagen	8
2. Versicherungsbedingungen	9
a) Bauleistungsversicherung	10
b) Montageversicherung	11
B. Versicherungsschutz	12
I. Bauleistungsversicherung, Abschnitt A ABU/ABN 2011	12
1. Versicherte und nicht versicherte Sachen, § 1 ABU/ABN	13
a) Lieferungen und Leistungen für Bauvorhaben	15
b) Zusätzlich versicherbare Sachen	24
c) Nicht versicherte Sachen	33
2. Versicherte und nicht versicherte Gefahren und Schäden, § 2 ABU/ABN	37
a) Unvorhersehbare Sachschäden	38
b) Zusätzlich versicherbare Gefahren und Schäden	43
c) Nicht versicherte Gefahren und Schäden	47
aa) § 2 Nr. 3 ABU/ABN	48
bb) § 2 Nr. 4 ABU/ABN	55
3. Geschützte Personen, § 3 ABU/ABN	65
a) § 3 ABU	66
b) § 3 ABN	75
4. Versicherungsort, § 4 ABU/ABN	77
5. Versicherungswert, Versicherungssumme, Unterversicherung, § 5 ABU/ABN	81
a) Versicherungswert	82
b) Versicherungssumme	87
c) Unterversicherung	91
6. Versicherungshöhe und Umfang der Entschädigung, §§ 6–8 ABU/ABN	94
a) Versicherte und nicht versicherte Kosten	95
b) Umfang der Entschädigung	104
aa) Wiederherstellungskosten	105
bb) Wiederherstellungskosten zu Lasten des VNs	109
cc) Kosten, die nicht zu Lasten des VNs gehen	115
dd) Lieferungen und Leistungen Dritter	116
ee) Weitere Kosten	117
ff) Beschränkungen der Entschädigung	118
c) Zahlung und Verzinsung	122
7. Sachverständigengutachten, § 9 ABU/ABN	128
a) Einleitung des Verfahrens	129
b) Gegenstand der Feststellungen	130
c) Verfahrensdurchführung	131
d) Kosten und Obliegenheiten	135
II. Bauleistungsversicherung, Abschnitt B ABU/ABN 2011	136
1. Beginn und Ende des Versicherungsschutzes, § 2 ABU/ABN	137
a) Beginn des Versicherungsschutzes, § 2 Nr. 1 ABU/ABN	138
b) Ende des Versicherungsschutzes gem. § 2 Nr. 2 u. 3 ABU	140
c) Ende des Versicherungsschutzes gem. § 2 Nr. 2 bis 4 ABN	145
2. Obliegenheiten des VNs, § 8 ABU/ABN	151
a) Obliegenheiten vor Eintritt des Versicherungsfalles, § 8 Nr. 1 ABU/ABN	152
b) Obliegenheiten nach Eintritt des Versicherungsfalles, § 8 Nr. 2 ABU/ABN	155
c) Rechtsfolge, § 8 Nr. 3 ABU/ABN	160
III. Montageversicherung, Abschnitt A AMoB 2011	161
1. Versicherte und nicht versicherte Sachen, § 1 AMoB	162
a) Montageobjekt, § 1 Nr. 1 AMoB	163
b) Zusätzlich versicherbare Sachen, § 1 Nr. 2 AMoB	166
c) Nicht versicherte Sachen, § 1 Nr. 4 AMoB	168
d) Schäden an Öl- und Gasfüllungen, § 1 Nr. 3 AMoB	169
2. Versicherte und nicht versicherte Gefahren und Schäden, § 2 AMoB	170
a) Grundfall, § 2 Nr. 1 AMoB	171
b) Prototypen, Erstausführung und Montageausrüstung, § 2 Nr. 2 AMoB	172
c) Zusätzlich versicherbare Schäden und Gefahren, § 2 Nr. 3 AMoB	178
d) Nicht versicherte Gefahren und Schäden, § 2 Nr. 4 AMoB	180
aa) Ausschluss von Mängeln, § 2 Nr. 4 lit. a) AMoB	181
bb) Ausschluss ohne Rücksicht auf mitwirkende Ursachen, § 2 Nr. 4 lit. b) AMoB	182
3. Unterbrechung der Montage, § 3 AMoB	192
a) Anspruch auf Vertragsanpassung, § 3 Nr. 1 AMoB	193
b) Einschränkung des Versicherungsschutzes, § 3 Nr. 2 AMoB	195
c) Ende der Aussetzung oder Einschränkung, § 3 Nr. 3 AMoB	196
4. Versicherte Interessen, § 4 AMoB	197
a) Subunternehmer, § 4 Nr. 2 AMoB	198
b) Bestellerrisiken	199
c) Subsidiaritätsklausel, § 4 Nr. 3 AMoB	200
5. Versicherungsort, § 5 AMoB	203
6. Versicherungswert, Versicherungssumme, Unterversicherung, § 6 AMoB	204

	Rdn.		Rdn.
7. Versicherte und nicht versicherte Kosten, § 7 AMoB	206	e) Grenze der Entschädigung, § 8 Nr. 5 AMoB	227
a) Mehrkosten für Luftfracht, § 7 Nr. 3 lit. a) AMoB	207	f) Unterversicherung, § 8 Nr. 6 AMoB	228
b) Mehrkosten für Erd- und Bauarbeiten, § 7 Nr. 3 lit. b) AMoB	208	g) Grobe Fahrlässigkeit, § 8 Nr. 7 AMoB	229
c) Aufräumkosten, § 7 Nr. 3 lit. c) AMoB	209	h) Selbstbehalt, § 8 Nr. 8 AMoB	230
d) Bergungskosten, § 7 Nr. 3 lit. d) AMoB	210	9. Zahlung und Verzinsung, § 9 AMoB	231
8. Umfang der Entschädigung, § 8 AMoB	211	10. Sachverständigenverfahren, § 10 AMoB	232
a) Unterscheidung von Teil- und Totalschaden, § 8 Nr. 1 AMoB	212	IV. Montageversicherung, Abschnitt B AMoB 2011	233
b) Teilschaden, § 8 Nr. 2 AMoB	213	1. Beginn des Versicherungsschutzes, § 2 Nr. 1 AMoB	234
c) Totalschaden, § 8 Nr. 3 AMoB	225	2. Ende des Versicherungsschutzes, § 2 Nr. 2 u. 3 AMoB	235
d) Weitere Kosten, § 8 Nr. 4 AMoB	226	3. Schadenseintritt und zeitlicher Versicherungsschutz	238

Schrifttum:
Heiermann/Klemm-Costa, Handbuch der Versicherung von Bauleistungen, Kommentar zu den ABU/ABN, 2. Aufl. 2014; *Krause-Allenstein,* Handbuch Bauversicherungsrecht, 2013; *Littbarski,* Haftungs- und Versicherungsrecht im Bauwesen, 1986; *Martin,* Montageversicherung, 1972; *Platen,* Bauleistungsversicherung, in: Farny/Helten/Koch/Schmidt, Handwörterbuch der Versicherung, 1988, S. 45; *ders.,* Bauleistungsversicherung, in: Müller-Lutz/Schmidt, Besondere Versicherungslehre, 3. Aufl. 1984, S. 228; *Rehm/Frömel,* ABN/ABU Kommentar zur Bauleistungsversicherung, 3. Aufl. 2009; *Rehm,* Bauwesenversicherung, 2. Auflage 1989; *Roos/Schmitz-Gagnon,* Kommentar zur Bauleistungsversicherung (ABN/ABU 2008), 2009; *Wussow/Ruppert,* Montageversicherung, 2. Aufl. 1972.

A. Vorbemerkungen

I. Begriff der Bauleistungs- und Montageversicherung

Die **Bauleistungsversicherung** (nach früherer Terminologie: Bauwesenversicherung[1]) gehört zum Versicherungszweig der Sachversicherung und gewährt Deckung für unvorhersehbare Schäden, die an Leistungen oder Lieferungen für ein konkret bezeichnetes Bauvorhaben eingetreten sind. Versichert sind Bauteile, Baustoffe und Bauleistungen gegen Beschädigung, Zerstörung und – im Falle gesonderter Vereinbarung – auch Diebstahl während der noch nicht vollendeten Bauphase. 1

Die Bauleistungsversicherung zielt damit auf die Absicherung eines in der Durchführung befindlichen Bauprojekts und steht aus zivilrechtlicher Perspektive in engem Zusammenhang mit der Erfüllung von Werkverträgen i.S.d. §§ 631 ff. BGB unter besonderer Berücksichtigung der werkvertraglichen Gefahrtragungsregeln. Als VN kommt neben dem Bauherrn als (privater oder gewerblicher) Auftraggeber eines Vorhabens gleichfalls der ausführende Unternehmer als Schuldner der jeweils auszuführenden Bauleistung in Betracht. Die Bauleistungsversicherung verfügt somit, je nach VN, über zwei unterschiedliche Erscheinungsformen, deren einschlägige Bedingungswerke (vgl. unten Rdn. 9 ff.) indes weitgehend deckungsgleich sind.

Die **Montageversicherung** zählt zu den ältesten technischen Versicherungen überhaupt. Ähnlich wie die Bauleistungsversicherung dient sie der Versicherung der Risiken von in der Ausführung befindlichen Projekten, die auf der Grundlage eines Werkvertrages erstellt werden. Anders als bei der Bauleistungsversicherung sind Gegenstand der Montageversicherung jedoch nicht Leistungen oder Lieferungen an einem Bauvorhaben, sondern vielmehr solche bezüglich der Errichtung eines konkreten Montageprojekts, z.B. Konstruktionen und Maschinen. Sie hat besondere Relevanz im Anlagenbau. 2

Im Hinblick auf die einheitlich bezweckte Absicherung eines noch in der Fertigstellung befindlichen (Werk-)Erfolges besitzen Montage- und Bauleistungsversicherung folglich – je nach der Beschaffenheit des dem Versicherungsvertrag zu Grunde liegenden Vorhabens – klar voneinander abzugrenzende Anwendungsbereiche. Eine Überschneidung mit dem Begriff des Bauvorhabens ist aber für »Konstruktionen« i.S.v. § 1 Nr. 1 AMoB möglich (vgl. dazu unter Rdn. 164).

II. Praktische Relevanz

Ein Bau- oder Montagevorhaben begegnet während der (oft langwierigen) Phase seiner Herstellung einer Vielzahl von Gefahren. In technischer Hinsicht bergen neben der individuellen Beschaffenheit von Planung und Konstruktion nicht zuletzt Baugrund, Baumaterialen, Verfahrensprozesse, einzuhaltende Vorschriften 3

---

[1] Im Zuge der Einführung eigenständiger Versicherungsmodelle für Baustelleneinrichtung und Gerätschaften wurde dieser Begriff durch die engere Bezeichnung als Bauleistungsversicherung abgelöst, vgl. F/K/H/S/*Platen*, S. 45; Müller-Lutz/Schmidt/*ders.*, S. 230.

Anhang T Bauleistungs- und Montageversicherung

und Regelwerke sowie die reibungslose Koordination zahlreicher am Bau beteiligter Unternehmer zahlreiche Risiken, die ein erhebliches Schadenspotential in sich tragen. Weitere Gefahren drohen infolge äußerer Einflüsse, wie etwa Unwetter oder mutwillige Zerstörung durch Dritte.

Statistisch betrachtet bilden Witterungsschäden/Elementarereignisse (21 %) und Bauausführungsfehler (20 %) die beiden häufigsten Ursachen für Bauschäden, an zweiter und dritter Stelle gefolgt von Diebstahl (14 %) und Vandalismus (11 %).[2]

Eine vergleichbare Gefahrenlage besteht auch für die Gegenstände der Montageversicherung. Die Errichtung von Maschinen, Konstruktionen oder Anlagen ist regelmäßig mit einer solch hohen Komplexität verbunden, dass die Fertigstellung derartiger Vorhaben mit einer besonderen Anfälligkeit für Gefahren und Sachschäden einhergeht. Gleichzeitig ist oft eine lange Projektlaufzeit gegeben, die das Schadensrisiko naturgemäß aufgrund schlichter mathematischer Wahrscheinlichkeit erhöht.

1. Bauleistungsversicherung und werkvertragliche Gefahrtragung

4 Im Zusammenhang mit den vorstehend skizzierten Gefahren und den werkvertraglichen Gefahrtragungsregeln sowie der hieraus resultierenden Risikoverteilung ist die Bauleistungsversicherung – je nach VN – auf die jeweilige Interessenlage von Unternehmer oder Auftraggeber zugeschnitten.

Im Werkvertrag gem. §§ 631 ff. BGB wird die Vergütung erst nach der Abnahme des Werkes – also dessen Billigung als im Wesentlichen vertragsgemäß – und damit nach Erbringung der Werkleistungen fällig, § 641 Abs. 1 BGB.

Nach § 644 Abs. 1 Satz 1 BGB trägt der Unternehmer bis zur Abnahme des Werks die Leistungsgefahr. Nach dieser Bestimmung hat er grundsätzlich keinen Anspruch auf eine (teilweise) Vergütung, soweit das bereits erstellte Werk vor seiner Abnahme untergeht oder verschlechtert wird.[3] Wird das schon (in Teilen) errichtete Bauwerk vor Fertigstellung und Abnahme also beschädigt oder geht unter, verliert der Unternehmer nicht nur den seiner geleisteten Arbeit entsprechenden Werklohnanspruch, sondern schuldet darüber hinaus gem. §§ 631 Abs. 1, 633 Abs. 1 BGB weiterhin die mangelfreie Herstellung des vereinbarten Werks.[4]

Beispiel: Der bereits fertiggestellte Rohbau eines Einfamilienhauses in Fachwerkbauweise wird durch einen Brand vernichtet. Der Werkunternehmer erhält keinen seiner geleisteten Arbeit entsprechenden Werklohn und muss den Rohbau neu errichten.

5 In einer solchen Situation tritt das materielle Interesse des Unternehmers an einer effektiven wirtschaftlichen Absicherung der bereits erbrachten Leistungen deutlich hervor, da die doppelte Leistungspflicht ohne Gegenleistung eine erhebliche und mitunter existenzbedrohende finanzielle Belastung bedeutet. Überdies soll dem Unternehmer auch das Risiko eines möglichen Regresses durch den Auftraggeber genommen werden.[5] Zugleich sichert die Bauleistungsversicherung die Solvenz des Unternehmers und berücksichtigt damit auch die Interessen des Auftraggebers sowie etwaiger Fremdfinanzierer, indem die Fertigstellung des Vorhabens rein wirtschaftlich betrachtet weiterhin möglich bleibt.[6]

Bei der praktisch überwiegenden Mehrzahl von Bauvorhaben werden die gesetzlichen Vorschriften der §§ 631 ff. BGB durch Einbeziehung der VOB/B ergänzt und modifiziert.

6 Für die Gefahrtragung schafft **§ 7 Abs. 1 HS 1 VOB/B** eine relevante Entlastung des Unternehmers. Dieser erhält anteilige Vergütung nach § 6 Abs. 5 VOB/B, sofern die ganz oder teilweise ausgeführte Leistung vor ihrer Abnahme durch höhere Gewalt, Krieg, Aufruhr oder andere objektiv unabwendbare und von ihm nicht zu vertretende Umstände beschädigt oder zerstört wird.[7] In diesen Fällen liegt die Absicherung des entstehenden Bauvorhabens vorrangig im Interesse des Auftraggebers.[8] Er sieht sich bei Fortführung des Vorhabens einer anteilig verdoppelten Werklohnforderung ausgesetzt, die die vollständige Projektaufgabe mangels ausreichender Liquidität für die erneute Ausführung bereits erbrachter Leistungen nach sich ziehen kann. Trotz seiner weitgehenden Entlastung von der Gegenleistungsgefahr unterliegt auch der Unternehmer im Falle unvorhergesehener Schäden einem nicht zu unterschätzenden Risiko, sofern Rückstellungen und Abschläge in der Angebotskalkulation nicht für die Bewältigung größerer Schadensereignisse ausreichen.[9] Schließlich bleibt zu berücksichtigen, dass die Haftpflichtversicherungen vertragliche Erfüllungsansprüche generell nicht abdecken.

---

2 Vgl. Basler Statistiken, abrufbar unter: https://www.basler.de/dam/jcr:19228b89-2c77-4379-bbb0-18e1526a3f73/Bauleistungsversicherung_im_%C3 %9Cberblick.pdf., zuletzt abgerufen am 30.12.2015.
3 Palandt/*Sprau*, § 645 Rn. 4; MünchKommBGB/*Busche*, § 644 Rn. 4.
4 Vgl. zur Leistungsgefahr MünchKommBGB/*Busche*, § 644 Rn. 10.
5 BGH VersR 1979, 853.
6 H/E/K/*Weber*, Kap. 14 Rn. 30.
7 Vgl. dazu ausführlich K/M/*Lederer*, VOB, § 7 VOB/B Rn. 6 ff.
8 H/E/K/*Weber*, Kap. 14 Rn. 31 ff.; ebenso zu beachten ist § 645 BGB und die Rspr. zur sog. »Bestellersphäre«.
9 Müller-Lutz/Schmidt/*Platen*, S. 229; vgl. zum Fortbestand der werkunternehmerischen Leistungspflicht gegen zusätzliche Vergütung BGHZ 61, 144, 146; K/M/*Lederer*, VOB, § 7 VOB/B Rn. 73.

2. Montageversicherung

Die obigen Ausführungen zur Risikolage bei der Bauleistungsversicherung sind im Wesentlichen auf die Montageversicherung übertragbar.

Ein relevanter Unterschied besteht indes darin, dass zumindest die isolierte Durchführung eines Montageprojekts regelmäßig nicht in den Anwendungsbereich der VOB/B fällt (z.B. Installation von Maschinen oder elektrischer Anlagen).[10] Auch im Anlagenbau ist die Vereinbarung der VOB/B – wenngleich ohne rational ersichtlichen Grund – eher die Ausnahme als die Regel. Soweit daher § 7 VOB/B nicht gilt, verbleibt es bei den gesetzlichen Regelungen über die Gefahrtragung nach Maßgabe der §§ 631 Abs. 1, 633 Abs. 1, 644 Abs. 1 Satz 1 BGB. Folglich ist in erster Linie der Unternehmer dem besonderen Risiko einer doppelten Leistungspflicht ohne entsprechend erhöhte Vergütung ausgesetzt und damit vornehmlicher Adressat einer Montageversicherung.

III. Rechtliche Grundlagen

1. Gesetzliche Grundlagen

Im VVG finden sich keine spezifischen Bestimmungen zur Bauleistungs- oder Montageversicherung. Da es sich in beiden Fällen um Sachversicherungen handelt, finden die allgemeinen Regelungen der §§ 88 ff. Anwendung; als Unterfall der Schadensversicherung sind zudem die §§ 74–87 zu beachten.[11] Im Übrigen gelten auch die für sämtliche Versicherungszweige einschlägigen Vorschriften der §§ 1–73.

2. Versicherungsbedingungen

Inhalt und Umfang des Versicherungsschutzes richten sich – wie im Versicherungsrecht im Übrigen auch – im Wesentlichen nach dem geschlossenen Versicherungsvertrag und den darin einbezogenen Bedingungen.

a) Bauleistungsversicherung

Für die Bauleistungsversicherung bestehen unterschiedliche Bedingungswerke, die sich nach der jeweiligen Interessenlage richten. Schließt danach der **Unternehmer** die Versicherung für sein Unternehmerrisiko im Rahmen eines auszuführenden Bauvorhabens ab, gelten die ABU 2011[12]. Diese Bedingungen werden weiterhin ergänzt durch die Klauseln gem. TK ABU 2011[13], die eine auf individuelle Bedürfnisse abgestimmte Vertragsgestaltung erlauben.

Der Versicherungsschutz zugunsten des **Auftraggebers**, in der Diktion des Werkvertragsrechts (§§ 631 ff. BGB) eigentlich Besteller, wird demgegenüber auf der Grundlage der ABN 2011[14] gewährt. Ergänzend zu beachten ist das Klauselwerk der TK ABN 2011[15].

b) Montageversicherung

Die für die Montageversicherung maßgeblichen Bedingungen enthalten die AMoB 2011[16]. Weitere relevante Ergänzungen sowie mögliche Modifizierungen ergeben sich aus den TK AMoB 2011[17].

B. Versicherungsschutz

I. Bauleistungsversicherung, Abschnitt A ABU/ABN 2011

Die ABU und ABN weisen sowohl hinsichtlich ihrer Struktur als auch ihres Inhalts nach weitgehende Parallelen auf. Beide Bedingungswerke gliedern sich jeweils in die Abschnitte A und B. Während Abschnitt A in §§ 1–9 ABU/ABN die zentralen Bestimmungen bezüglich versicherter Sachen (§ 1), erfasster Gefahren (§ 2) sowie VN (Versicherte Interessen, § 3), Versicherungsort (§ 4) und Versicherungshöhe (§§ 5–8) voranstellt, folgen in Abschnitt B §§ 1–20 ABU/ABN technische Modalitäten zur Vertragsabwicklung, wie sie beispielsweise Anzeigepflichten, Fälligkeit von Prämien oder auch die Kündigung nach einem Versicherungsfall betreffen.

1. Versicherte und nicht versicherte Sachen, § 1 ABU/ABN

§ 1 ABU/ABN regeln, welche Sachen in der Bauleistungsversicherung versichert sind und beantworten somit die Frage, *was* konkret den Gegenstand des Versicherungsschutzes bildet.

---

10 Vgl. aber zur Abgrenzung zwischen Bauvorhaben und Konstruktionen i.S.v. § 1 Nr. 1 AMoB unter Rdn. 164.
11 *Heiermann/Klemm-Costa*, ABU/ABN 2011 Vorbem. Rn. 2.
12 Allgemeine Bedingungen für die Bauleistungsversicherung von Unternehmerleistungen, GDV 0846, Stand 01.01.2011.
13 Klauseln zu den Allgemeinen Bedingungen für die Bauleistungsversicherung von Unternehmerleistungen, GDV 0847, Stand 01.01.2011.
14 Allgemeine Bedingungen für die Bauleistungsversicherung durch Auftraggeber, GDV 0842, Stand 01.01.2011.
15 Klauseln zu den Allgemeinen Bedingungen für die Bauleistungsversicherung durch Auftraggeber, GDV 0845, Stand 01.01.2011.
16 Allgemeine Bedingungen für die Montageversicherung, GDV 0830, Stand 01.01.2011.
17 Klauseln zu den Allgemeinen Bedingungen für die Montageversicherung, GDV 0832, Stand 01.01.2011.

Anhang T Bauleistungs- und Montageversicherung

14 Wie sich bereits aus der Überschrift entnehmen lässt, ist diese Bestimmung zugleich konstitutiv für die Typizität der Bauleistungsversicherung als besondere **Sachversicherung**. Der Begriff der (Bau-)Leistung, wie er in § 1 Nr. 1 ABU/ABN Verwendung findet, ist objektbezogen zu verstehen und bezieht sich auf das jeweils herzustellende Werk.[18] Der Schutzbereich gliedert sich gem. § 1 Nr. 1–3 ABU/ABN in drei Kategorien. Zu differenzieren ist demnach zwischen generell versicherten Sachen, versicherbaren Sachen sowie solchen Sachen, die weder versichert noch versicherbar sind.

Nach den allgemeinen Grundsätzen des Zivilprozessrechts trägt der VN die **Beweislast** dafür, dass beschädigte oder zerstörte Sachen zu den versicherten Sachen zählen.[19]

a) Lieferungen und Leistungen für Bauvorhaben

15 Geschützt sind gem. § 1 Nr. 1 ABU/ABN alle **Lieferungen und Leistungen**, die für das im Versicherungsvertrag konkret bezeichnete Bauvorhaben erbracht worden sind. Die versicherten **Bauleistungen bzw. Leistungen** beinhalten sämtliche Stadien während der Entstehung des Vorhabens.[20] Hiervon erfasst sind daher alle zwecks Fertigstellung des Bauwerks erzielten Ergebnisse und Teilergebnisse,[21] die sich in körperlichen Sachfortschritten manifestieren. In § 1 Nr. 1 ABN findet statt Bauleistung der Begriff »Leistung« synonyme Verwendung.[22]

16 Der versicherungsspezifische Begriff der **Bauleistungen** ist indes nicht immer deckungsgleich mit dem des vertraglich geschuldeten Leistungsumfangs i.S.v. § 1 VOB/B. Der Versicherungsschutz erstreckt sich vielmehr auch auf solche Leistungen, die wie Vorbereitungs- oder Schutzmaßnahmen nicht materiell in die bauwerkliche Substanz eingehen.[23]

17 **Lieferungen** i.S.v. § 1 Nr. 1 ABN umfassen gemeinhin alles, was der Unternehmer selbst für die Herstellung des Bauvorhabens beschafft hat und zur Verfügung stellt, wozu in erster Linie Baumaterialien und fertige Einbauteile gehören.[24]

18 § 1 Nr. 1 ABU stellt im Unterschied zu § 1 Nr. 1 ABN nicht auf den abstrakten Begriff der Lieferungen ab, sondern benennt neben den Bauleistungen als weitere Versicherungsgegenstände **Baustoffe, Bauteile** sowie **Bauhilfsstoffe und Hilfsbauten**. Unter Baustoffen sind die zur Herstellung eines Bauwerks verwendeten Materialien (z.B. Zement, Steine, Stahl) zu verstehen. Diese sind bereits vom Zeitpunkt der Anlieferung und Lagerung auf der Baustelle an versichert.[25] Bauteile stellen demgegenüber aus Baumaterialien vorgefertigte Elemente zum Einbau dar (z.B. Fenster, Fertigdecken, Heizkörper).[26] Hilfsbauten und Bauhilfsstoffe sind Leistungsbestandteile, die nicht in das endgültige Bauwerk eingehen und nur provisorisch sind (z.B. Bretter, Bohlen, Gerüste, Bauzäune, Schalungen, Behelfsbrücken).[27]

19 Die vorbezeichneten Gegenstände müssen zur **Errichtung** des im Versicherungsvertrag bezeichneten Bauvorhabens dienen. Im engeren Wortsinne beschreibt »Errichtung« nur die erstmalige Herstellung eines Bauwerks. Da § 1 Nr. 1 ABU indessen auch Bauleistungen umfasst, sind sämtliche Arbeiten versichert, die der Herstellung, Instandhaltung oder Änderung einer baulichen Anlage dienen.[28] Der vollständige Abbruch unterfällt als Beseitigung zwar ebenfalls den Bauleistungen i.S.v. §§ 1 VOB/A, kann aber nicht mehr als Errichtung verstanden werden; ohnehin dürfte in diesem Falle kein schützenswerter Baufortschritt zu versichern sein, sondern allenfalls Haftpflichtrisiken im Hinblick auf eine umliegende Bebauung bestehen.

20 § 1 Nr. 1 ABN statuiert einen im Wortlaut von den ABU abweichenden Anwendungsbereich. Erfasst sind ausweislich des Klammerzusatzes nicht wie § 1 Nr. 1 ABU die Errichtung von Bauvorhaben im Allgemeinen, sondern nur der **Neu- oder Umbau eines Gebäudes** samt dazugehörigen Außenanlagen. Während Neubau die vollständige Errichtung eines noch nicht bestehenden Gebäudes beschreibt, bedeutet Umbau die Veränderung der bestehenden baulichen Substanz.[29] Im Ergebnis sind derartige Arbeiten mit den Begriffen Errichtung und Bauleistung i.S.d. § 1 Nr. 1 ABU deckungsgleich.

---

18 Vgl. BGH VersR 1979, 853, 854; VersR 1985, 656, 658.
19 *Heiermann/Klemm-Costa*, § 1 ABU 2011 Rn. 35.
20 BGH VersR 1979 856, 858.
21 Siehe P/M/*Voit*, A § 1 Nr. 1 ABU Rn. 1; *Roos/Schmitz-Gagnon*, A § 1 ABU Rn. 12; B/M/*Johannsen*, ABU 2011 A § 1 Rn. 2.
22 Entsprechend ist an zahlreichen Stellen in Bezug auf die ABN ausdrücklich von »Bauleistungen« die Rede, siehe etwa § 6 Nr. 3 lit. c) ABN, TK 5257 Ziff. 1 oder TK 5858 Ziff. 1.
23 Vgl. BGH VersR 1985, 656, 657f.
24 B/M/*Johannsen*, ABN 2011 A § 1 Rn. 4.
25 *Rehm/Frömel*, § 1 ABU Rn. 12.
26 *Rehm/Frömel*, § 1 ABU Rn. 13.
27 VersHb/*v. Rintelen*, § 36 Rn. 37.
28 Vgl. *Rehm/Frömel*, § 1 ABU Rn. 4 unter Zitierung von *Heiermann/Riedl/Rusam*, VOB/B, S. 213.
29 *Roos/Schmitz-Gagnon*, A § 1 ABN 2011 Rn. 37f.

Im Falle des Umbaus sind lediglich die **Umbauleistungen** als solche, nicht aber die vorhandene Bausubstanz vom Versicherungsschutz umfasst.[30] Ein eingeschränkter Einschluss für die bereits bestehende Bausubstanz ist aber nach Maßgabe der Klauseln 5155, 5180 und 5181 TK ABN 2011 möglich. 21

Umstritten ist der **Gebäudebegriff** i.S.v. § 1 Nr. 1 ABN,[31] der einen Unterschied gegenüber dem Bauvorhaben gem. § 1 Nr. 1 ABU indiziert. In Anlehnung an § 2 Abs. 2 BauO NRW sowie entsprechende Bestimmungen in den übrigen Landesgesetzen sind unter einem Gebäude zumindest solche Anlagen zu verstehen, die zum Betreten durch Menschen geeignet sind.[32] Entsprechend ist in der zu Jahresverträgen geltenden Klausel 5862 Nr. 1 lit. a) u. b) TK ABN 2011 die Rede von Vorhaben »des allgemeinen Hochbaus«, so dass die ABN in erster Linie bei der Errichtung von Häusern und Hallen einschlägig sind.[33] Ein solchermaßen verengtes Begriffsverständnis ist jedoch nicht angezeigt.[34] Die Bedeutung der geführten formalistischen Auseinandersetzung wird erheblich relativiert, sofern man sich vergegenwärtigt, dass sich der Versicherungsschutz primär nach dem Vertrag richtet. Maßgeblich für Umfang und Reichweite der Deckung kann daher letztlich nur der jeweilige Parteiwille sein.[35] Dem Prinzip der Privatautonomie und der durch sie gestützten inhaltlichen Gestaltungsfreiheit trägt auch die Klausel 5862 Nr. 1 lit. d) TK ABN 2011 Rechnung. Hiernach können auch sog. Ingenieur- und Tiefbauten (z.B. Silos, Brücken, Türme, Straßen- oder Wasserbauarbeiten) nach Maßgabe der ABN versichert sein, falls der VR ihrer Anmeldung nicht innerhalb von zwei Wochen nach Zugang widerspricht. 22

Abgesehen von dieser speziellen Bestimmung bleibt zu beachten, dass die ABN Allgemeine Geschäftsbedingungen (AGB) i.S.d. §§ 305 ff. BGB sind. Sie sind weder verbindliches Recht, noch vermögen sie einen versicherungsspezifischen Typenzwang zu begründen. Ist der Parteiwille einvernehmlich auf den Schutz eines im Vertrag konkret bezeichneten Bauvorhabens gerichtet, so ist unerheblich, ob es sich begrifflich um ein Gebäude im Sinne der BauO handelt oder nicht.[36] Dies folgt jedenfalls aus dem Grundsatz des Vorrangs der Individualabrede gem. § 305b BGB.

Außenanlagen i.S.d. § 1 Nr. 1 ABN sind die das Gebäude umgebende Flächen, die dem »herrschenden« Gebäude zu dienen bestimmt sind. Beispielhaft sind etwa Gehwege, Stellplätze, Park- und Spielflächen oder Einfriedigungen erfasst. Für Gartenanlagen und Pflanzen greift allerdings der Ausschluss in § 1 Nr. 3 lit. j) ABN (vgl. dazu unten Rdn. 36). 23

b) Zusätzlich versicherbare Sachen

§ 1 Nr. 2 ABU bzw. § 1 Nr. 2 lit. a)-f) ABN statuiert einen abschließenden Katalog von Sachen, für die nur im Falle einer gesonderten Vereinbarung Deckung besteht. 24

Nach Maßgabe von § 1 Nr. 2 ABU gilt ein erweiterter Versicherungsschutz zugunsten des Unternehmers, soweit er diesen für Baugrund und Bodenmassen (lit. a) sowie Altbauten (lit. b) vereinbart, die jeweils nicht Bestandteil der Bauleistungen sind. Ohne gesonderte Vereinbarung sind diese im Umkehrschluss nicht Gegenstand des Versicherungsschutzes. 25

§ 1 Nr. 2 lit. a) ABU und § 1 Nr. 2 lit. e) ABN regeln übereinstimmend, dass **Baugrund und Bodenmassen** zusätzlich versichert werden können.[37] Das Erfordernis einer gesonderten Vereinbarung gilt indes für Bodenmassen nur, soweit sie nicht schon Bestandteil der bereits allgemein versicherten (Bau-)Leistungen oder Lieferungen i.S.v. § 1 Nr. 1 ABU/ABN sind.[38] 26

Unter dem **Baugrund** ist die Fläche zu verstehen, welche dem Unternehmer zur Ausführung des Vorhabens zur Verfügung gestellt wird.[39] Die **Bodenmassen** sind der Bestandteil des Baugrundes, der beim Aushub anfällt. Darunter können auch künstlich hergestellte Materialien wie etwa Betonit fallen.[40]

Baugrund und Bodenmassen sind Bestandteil der Leistungen und insoweit bereits über § 1 Nr. 1 mit versichert, wenn Material aufgefüllt oder ausgetauscht werden muss.[41] Maßgeblich ist, dass über die bloße Ar-

---

30 P/M/*Voit*, A § 1 ABN Rn. 4; H/E/K/*Weber*, Kap. 14 Rn. 39.
31 Siehe mit Überblick zum Meinungsstand *Roos/Schmitz-Gagnon*, A § 1 ABN Rn. 15 ff. m.w.N.
32 Ebenfalls auf diese gesetzliche Gebäudedefinition abstellend VersHb/*v. Rintelen*, § 36 Rn. 14; ähnlich auch *Rehm/Frömel*, § 1 ABN Rn. 2.
33 Für einen Ausschluss von **Ingenieur- und Tiefbauten** H/E/K/*Weber*, Kap. 14 Rn. 49.
34 So aber OLG Köln IBR 2003, 513; *Martin* VW 1974, 994.
35 Zutreffend B/M/*Johannsen*, ABN 2011 A § 1 Rn. 1.
36 So im Ergebnis auch P/M/Voit, A § 1 Nr. 1 ABN Rn. 2; zust. B/M/*Johannsen*, ABN 2011 A § 1 Rn. 1; ähnlich für eine weite Begriffsauslegung *Roos/Schmitz-Gagnon*, A § 1 ABN 2011 Rn. 30 ff.; wohl auch *Rehm/Frömel*, § 1 ABN Rn. 3 (Wille des VR entscheidend).
37 Siehe zu möglichen Schadensfällen H/E/K/*Weber*, Kap. 14 Rn. 50: Fehlerhafte Fundamentbildung, Abrutschen von Erdmasse in Hanglage.
38 So auch B/M/*Johannsen*, ABU 2011 A § 1 Rn. 6; a.A. *Roos/Schmitz-Gagnon*, A § 1 ABN Rn. 56, wonach die Ausnahme auch für den Baugrund gelte.
39 *Rehm/Frömel*, § 1 ABU Rn. 21; *Roos/Schmitz-Gagnon*, A § 1 ABU Rn. 35.
40 *Rehm/Frömel*, § 1 ABU Rn. 25.
41 Vgl. B/M/*Johannsen*, ABU 2011 A § 1 Rn. 6; *Rehm/Frömel*, § 1 Rn. 20.

Anhang T Bauleistungs- und Montageversicherung

beitsleistung hinaus gerade auch das Bodenmaterial als solches benötigt wird. Bestimmendes Kriterium für die Abgrenzung ist dabei das vertragliche Bausoll. Kein Versicherungsgegenstand ist das auf dem Grundstück bereits vorhandene Material, wie es bspw. beim bloßen Aushub einer Baugrube anfällt.[42]

Für Baugrund und Bodenmassen kann eine Versicherung **auf erstes Risiko** gem. § 6 Nr. 3 lit. c) ABU/ABN abgeschlossen werden.

27 **Altbauten** sind die bereits bestehende Bausubstanz. Sie sind gem. § 1 Nr. 2 lit. b) ABU, § 1 Nr. 2 lit. f) ABN zusätzlich versicherbar, soweit sie – entsprechend den Bodenmassen – nicht bereits Bestandteil des Versicherungsschutzes gem. § 1 Nr. 1 ABU/ABN sind.

Nach **Klausel 6155 TK ABU 2011** können Altbauten gem. § 1 Nr. 2 lit. b) ABU ergänzend geschützt sein, wenn an ihnen versicherte Leistungen oder Lieferungen ausgeführt werden, durch die in ihre tragende Konstruktion eingegriffen wird oder durch die sie unterfangen werden (Ziff. 1). Der VR leistet insoweit gem. TK 6155 Ziff. 2 lit. a) Entschädigung für den Einsturz, wenn dieser kausal auf die ausgeführten Leistungen oder Lieferungen zurückgeht. Den Einsturz gleichgestellt sind Schäden, die aus einem notwendigen Abriss des Altbaus wegen Beeinträchtigung der Standsicherheit resultieren. Infolge dieser Sondervereinbarung erlangt die Bauleistungsversicherung für den Unternehmer die Funktion einer Haftpflichtversicherung.[43] Die Klausel 6155 TK ABU 2011 enthält in Ziff. 2 lit. c) einen Katalog für Schäden, die ausdrücklich vom Versicherungsschutz ausgenommen sind. Dazu zählen z.B. die in der Praxis besonders bedeutsamen Schäden durch Rammarbeiten (lit. aa) oder Veränderung der Grundwasserverhältnisse (lit. bb).

Für die Mitversicherung von Altbauten im Rahmen der ABN gilt die mit TK 6155 identische **Klausel 5155 TK ABN 2011**. Ergänzende Bestimmungen enthalten zudem die **Klauseln 5180** und **5181 TK ABN 2011**. Im Unterschied zu TK 5155 betreffen TK 5180 und TK 5181 weniger weitreichende Schadensfolgen als den Einsturz. TK 5180 regelt in Ziff. 2 lit. a) die Absicherung für Beschädigungen oder Zerstörungen an Altbauten, die wiederum Folge eines Schadens an ausgeführten Leistungen oder Lieferungen sind. Explizit erfasst sind überdies die Ursachen Leitungswasser, Sturm und Hagel. Demgegenüber bezieht sich TK 5181 Ziff. 2 lit. a) allgemein auf unvorhergesehen eintretende Beschädigungen oder Zerstörungen an versicherten Altbauten.

28 Die Bauleistungsversicherung für Auftraggeber ermöglicht gem. § 1 Nr. 2 lit. a)-d) ABN auch für **weitere Sachen** die gesonderte Vereinbarung eines Versicherungsschutzes. Dies ist Konsequenz des erhöhten Schadensrisikos. Gleichzeitig fallen einige der benannten Versicherungsgegenstände vornehmlich in den Anwendungsbereich der Montageversicherung.

29 Gesondert versichert werden können **medizinisch-technische Einrichtungen und Laboreinrichtungen** gem. lit. a). Diese sind auch typischer Gegenstand einer Montageversicherung. Praktisch bedeutsam ist diese Bedingung insbesondere für Krankenhäuser und Forschungsanstalten.

30 Lit. b) umfasst **Stromerzeugungs- und Datenverarbeitungsanlagen**. Es muss sich dabei um **selbständige elektronische Anlagen** handeln. Unselbständige, nach natürlicher Betrachtung zum Gebäude oder Bauwerk gehörende Anlagen wie etwa Aufzüge, Steuerungs- oder Klimaanlagen sind bereits gem. § 1 Nr. 1 versichert.[44]

31 **Bestandteile von unverhältnismäßig hohem Kunstwert** (lit. c) sind nur mit dem Gebäude fest verbundene wesentliche Bestandteile i.S.v. § 94 BGB. Erfasst sind etwa Stuckfassaden, Statuen, Kirchenfenster oder besonders gestaltete Oberflächen. Für die Bestimmung des unverhältnismäßigen Werts sind die Kosten für die Herstellung des Werks einschließlich des Künstlerhonorars in Relation zur Bausumme zu setzen.[45]

32 Eine wesentliche Abweichung zu § 1 Nr. 1 ABU statuiert § 1 Nr. 2 lit. d) ABN, in dem **Hilfsbauten und Bauhilfsstoffe** dem Erfordernis einer gesonderten Vereinbarung unterworfen werden (vgl. zum Begriff oben Rdn. 18).

c) Nicht versicherte Sachen

33 Abschließend aufgeführt wird in § 1 Nr. 3 lit. a)-j) ABU/ABN, in beiden Bestimmungen wort- und bedeutungsgleich, eine Reihe von Sachen, die nicht versicherbar sind. Diese unterfallen zum Teil speziellen Versicherungen (z.B. Fahrzeugversicherung, lit. h), zudem sind einige Ausnahmen auch rein deklaratorischer Natur, da die betroffenen Sachen wie bspw. Baugerätschaften (lit. d), Werkzeuge (lit. e), Akten, Zeichnungen oder Pläne (lit. i) regelmäßig keine (Bau)Leistungen i.S.v. § 1 Nr. 1 ABU/ABN darstellen.[46]

34 Besonders hervorzuheben ist ferner die Ausnahme für **bewegliche Sachen** sowie **nicht als wesentliche Bestandteile einzubauende Einrichtungsgegenstände** gem. lit. b). Abzustellen ist auf die zivilrechtlichen Wertungen gem. §§ 93, 94 BGB. Automatisch versichert sind daher beispielsweise eingebaute Heizkörper sowie

---

[42] Vgl. auch *Martin* VW 1974, 993, 996.
[43] B/M/*Johannsen*, ABU 2011 A § 1 Rn. 7 a.E.
[44] *Roos/Schmitz-Gagnon*, A § 1 ABN Rn. 47.
[45] Siehe *Roos/Schmitz-Gagnon*, A § 1 ABN Rn. 49.
[46] Vgl. B/M/Johannsen, ABU 2011 A § 1 Rn. 8, wonach gegen die Ausschlüsse auch keine Wirksamkeitsbedenken gem. §§ 305 ff. BGB bestehen.

sonstige Elemente einer Heizungs- oder Klimaanlage, soweit sie wesentliche Bestandteile einer Sache i.S.d. § 93 BGB werden.[47]

§ 1 Nr. 3 lit. g) ABU/ABN kommt eine Ausschlusswirkung zu, soweit **Stahlrohr-, Spezialgerüste und Schalungen** als Hilfsbauten gem. § 1 Nr. 1 ABU erfasst oder nach § 1 Nr. 2 lit. d) ABN zusätzlich versichert sind. 35

Relevant für § 1 Nr. 1 ABN ist insbesondere der Ausschluss der Versicherung für **Gartenanlagen und Pflanzen** gem. lit. j). Damit übernimmt der VR nicht das besondere Anwachsrisiko bei Pflanzungen.[48] 36

2. Versicherte und nicht versicherte Gefahren und Schäden, § 2 ABU/ABN

§ 2 ABU/ABN regelt die versicherten Gefahren. Dies sind gem. § 2 Nr. 1 Satz 1 ABU/ABN Sachschäden, die unvorhergesehen in Form der Beschädigung oder Zerstörung eintreten. Der Begriff des Schadens bezieht sich dabei auf das konkret eingetretene Ergebnis, während die Gefahr allgemein die für eine Schadensfolge maßgebliche Ursache beschreibt. Da § 2 Nr. 1 Satz 1 ABU/ABN zunächst Beschädigungen oder Zerstörungen ohne besondere Rücksicht auf die einschlägigen Ursachen versichert, handelt es sich im Grundsatz um eine **Allgefahrendeckung**.[49] 37

Obwohl damit grundsätzlich sämtliche unvorhergesehenen Sachschäden erfasst sind, besteht dennoch keine ausnahmslose Deckung. Der strukturelle Aufbau von § 2 ABU/ABN lehnt sich weitgehend an denjenigen des § 1 ABU/ABN, so dass zwischen versicherten (Nr. 1), zusätzlich versicherbaren (Nr. 2) sowie gänzlich unversicherbaren Gefahren und Schäden (Nr. 3 u. 4) differenziert wird.

a) Unvorhersehbare Sachschäden

§ 2 Nr. 1 ABU/ABN regelt den Grundfall des Versicherungsschutzes. Vorausgesetzt wird eine Beschädigung oder Zerstörung der versicherten Sache (vgl. § 1 ABU/ABN), ferner muss diese Beschädigung oder Zerstörung unvorhergesehen eingetreten sein. 38

Der Begriff des **Sachschadens** gem. § 2 Nr. 1 ABU/ABN erfasst die **Zerstörung sowie die Beschädigung** einer Sache. Die Beschädigung setzt eine unmittelbar beeinträchtigende Einwirkung auf den Zustand einer Sache voraus. Über die Substanzverletzung hinaus genügt bereits, dass die Gebrauchstauglichkeit oder der Verkehrswert gemindert sind.[50] 39

Eine Zerstörung liegt vor, sobald die Beschädigung der Sache einen so hohen Grad erreicht hat, dass ihre Gebrauchsfähigkeit oder ihr Wert vollständig aufgehoben sind.[51]

Umstritten ist, ob auch bloße **Verschmutzungen** unter den Begriff des Sachschadens subsumiert werden können.[52] Gegen diese Qualifikation kann eingewandt werden, dass die Funktionstauglichkeit regelmäßig nicht beeinträchtigt wird und eine leichte Entfernbarkeit keine hinreichende Substanzbeeinträchtigung indiziert.[53] Sobald der Reinigungsaufwand jedoch einen nicht nur unerheblichen Umfang einnimmt, liegt ein merklicher Eingriff vor, der ebenso als Eigentumsbeeinträchtigung i.S.v. § 823 Abs. 1 BGB gewertet wird.[54] Überdies kann die Funktionalität von Bauteilen infolge von Verunreinigungen eingeschränkt sein, sofern diese – wie z.B. Außenfassaden eines Gebäudes – auch repräsentative Wirkung erfüllen sollen. Ein genereller Ausschluss von Verschmutzungen aus dem Bereich versicherter Schäden ist daher nicht gerechtfertigt. 40

§ 2 Nr. 1 Satz 2 ABU/ABN enthält die Definition des zentralen Merkmals der **Unvorhersehbarkeit**. Sie liegt vor, falls der VN – im Falle von § 2 Nr. 1 Satz 2 ABN zusätzlich die mitversicherten Unternehmer – sowie deren jeweilige Repräsentanten den Schadenseintritt weder rechtzeitig vorhergesehen haben noch mit dem für die ausgeübte Tätigkeit konkret erforderlichen Fachwissen hätten vorhersehen können. Kombiniert wird demnach ein faktisches Element mit einer normativen Anforderung an die einzuhaltende Sorgfalt, um Schadensquellen möglichst frühzeitig erfassen und ihnen effektiv begegnen zu können. Schädlich ist nur **grobe Fahrlässigkeit**,[55] zudem lässt diese den Versicherungsschutz dem Grunde nach unberührt und ermöglicht lediglich eine am Verschuldensmaß orientierte Leistungskürzung. Insgesamt entscheidend ist für den Versicherungsfall daher ein subjektiver Maßstab, da es auf die individuellen Verhältnisse der Beteiligten und gerade 41

---

47 Siehe zu Einbauküchen und -möbeln etwa OLG VersR 1996, 97; OLG Köln VersR 1992, 1468; nach *Rehm/Frömel*, § 1 ABU Rn. 30 nicht versicherbar sind: Aus Normteilen bestehende Möbel, lose verlegte Böden u. Teppiche, Gardinen, Elektrogeräte.
48 *Rehm/Frömel*, § 1 ABU Rn. 38.
49 *P/M/Voit*, Vorbem. zu A § 1 ABU Rn. 5; VersHb/*v. Rintelen*, § 36 Rn. 41.
50 BGH VersR 1979, 853, 855; VersR 1961, 266; OLG München IBR 2012, 357; *P/M/Voit*, A § 2 Nr. 1 ABU Rn. 4.
51 *Roos/Schmitz-Gagnon*, A § 2 ABU Rn. 18.
52 Generell abl. *Rehm/Frömel*, § 2 ABU Rn. 16; differenzierend B/M/*Johannsen*, ABU 2011 A § 2 Rn. 2, die unter Hinweis auf BGH NJW 1994, 517 einen Schaden bei erheblichem Reinigungsaufwand bejaht; siehe auch VersHb/*v. Rintelen*, § 36 Rn. 41a; *P/M/Voit*, A § 2 Nr. 1 ABU Rn. 4.
53 Siehe *Martin*, AMoB, § 2 Anm. 2.3.3: Bloßer Schönheitsfehler.
54 BGH NJW 1994, 517.
55 Diese kann sich etwa aus der Verletzung anerkannter Regeln der Technik ergeben, vgl. *Schmitz-Gagnon* IBR 2010, 1339; eine persönliche Überprüfung von bereits mehrfach störungsfrei abgewickelten Bauabschnitten ist nicht geboten, vgl. OLG Hamm VersR 2000, 1104.

nicht darauf ankommt, ob der Schadensfall rein faktisch bzw. objektiv überhaupt hätte vorhergesehen werden können.[56]

Während den VN allgemein die **Darlegungs- und Beweislast** für den Eintritt eines unvorhergesehenen Schadensfalles trifft, obliegt dem VR eine sekundäre Substantiierungslast für die Unvorhersehbarkeit.[57]

Beruft sich der VR auf grobe Fahrlässigkeit, so trägt er die Beweislast für die sein Vorbringen stützenden Tatsachen.[58] Dabei kann er sich nicht auf Unvorhersehbarkeit berufen, wenn er die Sache trotz Kenntnis eines **Restrisikos** der gewählten Bauweise versichert hat.[59] Kennt der VR das besondere Risiko, muss er sich diese besondere Kenntnis bezüglich der gefahrträchtigen Bauausführung jedenfalls nach § 242 BGB zurechnen lassen.[60]

42 Zugerechnet wird dem VN – sowie den mitversicherten Personen im Rahmen der ABN – das Wissen oder Wissenmüssen ihrer **Repräsentanten**. Diese Erweiterung spiegelt das gerade im Bauwesen verbreitete Phänomen einer intensiven Arbeitsteilung betrieblicher Abläufe und dezentrale Organisationsstrukturen, vor deren Negativfolgen der VR bewahrt werden soll. Als Repräsentant ist eine Person dann anzusehen, wenn sie innerhalb des versicherten Tätigkeitsbereiches auf der Grundlage von Vertretungsmacht oder eines ähnlich beschaffenen Rechtsverhältnisses befugt ist, anstelle des VNs zu agieren.[61] Eine reine Obhutsfunktion gegenüber Sachen genügt nicht. Notwendig ist vielmehr eine Stellung, die eine gewisse Selbständigkeit und Entscheidungsfreiheit zulässt sowie nicht nur gänzlich unbedeutenden Umfang hat.[62]

Repräsentanten im Rahmen der Bauleistungsversicherung sind insbesondere **Architekten** und **örtliche Bauleiter**, nicht hingegen die einem Bauleiter selbst unterstellten Personen auf der Baustelle, selbst wenn diese eine hervorgehobene Position einnehmen sollten.[63] Keinesfalls als Repräsentanten des VNs zu qualifizieren sind beauftragte **Nachunternehmer** oder sonstige Erfüllungsgehilfen.[64] Trotz eigenständiger Handlungsbefugnisse findet auch bei **Prokuristen** keine generelle Zurechnung statt; entscheidend ist im Einzelfall die vollständige Übernahme der Verwaltung des Schadensrisikos mit der Folge, dass der Prokurist gleichsam an die Stelle des VNs treten kann.[65]

Mit den **Klauseln 6232 TK ABU 2011** respektive **5232 TK ABN 2011** kann der Kreis der Repräsentanten verbindlich festgelegt werden.

b) Zusätzlich versicherbare Gefahren und Schäden

43 Abweichend zu den ABU ermöglicht § 2 Nr. 2 lit. a) ABN eine fakultative Erweiterung für die Gefahr **Diebstahl** i.S.v. §§ 242 ff. StGB, sofern dieser die mit dem Gebäude fest verbundenen und versicherten Bestandteile betrifft. Nach der Rechtsprechung des BGH kommt es für das Vorliegen einer festen Verbindung i.S.v. § 2 Nr. 2 lit. a) ABN nicht allein auf die Wertungen der §§ 93, 94 BGB an, da zu den wesentlichen Bestandteilen gem. § 94 BGB auch solche Sachen gehören, die zur Herstellung des Gebäudes ohne feste Verbindung eingefügt sind. Entscheidend sei aus der zu berücksichtigenden Sicht des VNs vielmehr, dass es zur Loslösung des Bestandteils der Überwindung eines nicht unerheblichen Widerstandes durch den Dieb bedarf. Die Verbindung muss allerdings nicht so beschaffen sein, dass die Entfernung zwingend eine Substanzbeeinträchtigung der versicherten Sache nach sich zieht.[66]

Die Beweislast für das Vorliegen eines Diebstahls trägt der VN. Dazu genügt der Nachweis eines äußeren Sachverhalts, der nach allgemeiner Lebenserfahrung mit hinreichender Wahrscheinlichkeit auf einen Diebstahl schließen lässt.[67] Dabei kann es allein auf den objektiven Tatbestand, nicht aber auf Fragen von Vorsatz (den fahrlässigen Diebstahl gäbe es ohnehin nicht) oder Schuld ankommen.

44 § 2 Nr. 2 lit. a) ABU und § 2 Nr. 2 lit. b) ABN sind wort- und bedeutungsidentisch.

45 Zusätzlicher Versicherungsschutz kann demnach für die nach § 1 Nr. 1 lit. a)-d) AFB 2010[68] im Rahmen der Feuerversicherung abgedeckten Gefahren in Gestalt von **Brand, Blitzschlag, Explosion** sowie die praktisch – glücklicherweise – eher seltenen Schäden durch **Anprall oder Absturz eines Luftfahrzeuges**, seiner Teile oder Ladung gesondert vereinbart werden.

---

56 BGH VersR 1985, 656, 658; VersR 1983, 821, 822.
57 LG Köln IBR 2010, 179 mit Anm. *Schmitz-Gagnon*.
58 B/M/*Johannsen*, ABU 2011 A § 2 Rn. 31.
59 OLG München IBR 2012, 357; *Krause-Allenstein* NZBau 2013, 613, 617.
60 Vgl. *Schmitz-Gagnon* IBR 2012, 357.
61 *Roos/Schmitz-Gagnon*, A § 2 ABN Rn. 62.
62 BGH VersR 2004, 218, 220.
63 OLG Hamm VersR 2000, 1104 (Polier); OLG Celle VersR 2001, 453 (Schachtmeister im Rahmen der BetrHV); siehe dazu *Rehm/Frömel*, § 2 ABU Rn. 38; B/M/*Johannsen*, ABU 2011 A § 2 Rn. 11.
64 VersHb/*v. Rintelen*, § 36 Rn. 46; ebenso B/M/*Johannsen*, ABU 2011 A § 2 Rn. 11.
65 *Roos/Schmitz-Gagnon*, A § 2 ABU Rn. 67.
66 Vgl. für nur mechanisch verbundene Türblätter und Fensterflügel BGH VersR 1994, 1185; siehe auch zur Ablehnung eines versicherten Diebstahls bei noch nicht eingebauten Türschlössern samt Schlüssel AG Fulda VersR 1996, 707.
67 BGH VersR 1994, 1185.
68 Allgemeine Bedingungen für die Feuerversicherung, GDV 0100, Stand 01.04.2014.

Ebenfalls übereinstimmend sehen § 2 Nr. 2 lit. b) ABU, § 2 Nr. 2 lit. c) ABN vor, dass die Gefahrdeckung auf 46 Schäden infolge von **Hochwasser** erweitert werden kann. Eine nähere Konkretisierung der Begriffe »ungewöhnlich« (lit. aa) und »außergewöhnlich« (lit. bb) liefert die Klausel 6260 TK ABU 2011. Nach dieser können die Parteien eine eigenständige Festlegung durch tabellarisch einzutragende Höchststände für bestimmte Gewässer je Monat treffen, anderenfalls greift zur Bestimmung die in Ziff. 4 u. 5 jeweils zu Grunde gelegte Formel. In gleicher Weise gilt dies nach der inhaltlich identisch abgefassten Klausel 5260 TK ABN 2011.

c) Nicht versicherte Gefahren und Schäden

Der Katalog gemäß § 2 Nr. 3 lit. a)-c) ABU/ABN enthält Schäden, die aus dem Versicherungsschutz ausgenommen sind. Demgegenüber beziehen sich die Ausnahmen in § 2 Nr. 4 ABU/ABN gleichermaßen auf spezifische Gefahrenlagen, die ursächlich für den Schadenseintritt sind. 47

aa) § 2 Nr. 3 ABU/ABN

In Wortlaut und Bedeutung übereinstimmend regeln § 2 Nr. 3 lit. a) ABU/ABN den **Ausschluss des Versicherungsschutzes für Mängel** der versicherten Lieferungen und Leistungen sowie sonstiger versicherter Sachen. Diese Bedingung ist deklaratorischer Natur, da Sachmängel als solche nicht dem versicherten Sachschaden i.S.v. § 2 Nr. 1 ABU/ABN gleichzusetzen sind. Die exakte Abgrenzung gestaltet sich aber mitunter als schwierig. 48

Die isolierte mangelhafte Ausführung einer vertraglich geschuldeten Bauleistung (also ein »Erfüllungsschaden«) ist nicht versichert, so dass der mangelhaft leistende Unternehmer etwaige Gewährleistungsansprüche grundsätzlich auf eigene Kosten zu bewältigen hat. In den Versicherungsschutz fallen hingegen negative Auswirkungen, welche eine mangelhafte Leistung auf die bereits vorhandene Bausubstanz entfaltet (i.d.R. Mangelfolgeschaden).

Beispiel nach BGH, NJW 1954, 1846: *Eine fehlerhaft eingezogene Betondecke stürzt ein, ohne dass bereits umliegend fertiggestellte Bauleistungen beeinträchtigt werden. Der BGH lehnte eine Leistungspflicht des VRs mit dem Argument ab, dass ein bloßer Leistungsmangel gegeben sei. Anders sei dies zu beurteilen, wenn der Mangel der Decke unentdeckt geblieben wäre und ein späterer Einsturz fertige Leistungen wie Fenster und Wände zerstört hätte.*[69]

In erster Linie maßgeblich ist für den Versicherungsschutz folglich, ob sich die jeweilige Beeinträchtigung vollständig in einem Mangel erschöpft oder aber sich darüber hinausgehend in anderen eigenständig erstellten Leistungselementen niederschlägt.[70] Entscheidend ist zudem, ob sich ein vorhandener Mangel von selbst vergrößert, wobei äußere Einflüsse auch den Auslöser für die Entwicklung eines bereits angelegten Schadens bilden können.[71] Damit ähnelt die notwendige Differenzierung zu der im Deliktsrecht ebenfalls relevanten Unterscheidung zwischen Sachmängeln und einer gem. § 823 Abs. 1 BGB ersatzpflichtigen Beeinträchtigung des Eigentums durch »weiterfressende« Mängel.[72] Nicht versicherte »integrale« Fehler können insbesondere auf einer **unsachgemäßen Planung** des Vorhabens oder einzelner Teile beruhen.[73] Nicht entscheidend ist indes die rechtliche Reichweite des Mangelbegriffes. Versicherte Substanzbeeinträchtigungen können insoweit auch dann zu bejahen sein, wenn der Auftraggeber ihre Behebung ohnehin im Zuge der allgemeinen Gewährleistung schuldet (z.B. Mangelfolgeschaden).[74] 49

Eine arbeitsteilige Vorgehensweise am Bau wirkt sich insoweit nicht zu Lasten des VNs aus, als für die Abgrenzung zwischen Sachschaden und Mangel bei **Teilleistungen** durch mehrere Unternehmer am Bau diese gesondert zu betrachten sind.[75] 50

Beispiel nach BGH VersR 1976, 856: *Der Subunternehmer bringt eine Isolierschicht an der Innenwand eines Tunnels auf, welche durch die schon fehlerhaft hergestellte innere Wand beschädigt wird. Die Schäden an der inneren Wand sind als bloßer Sachmangel nicht versichert, sehr wohl aber begründet ihre schadhafte Einwirkung auf die getrennt aufgebrachte Isolierschicht einen Versicherungsfall.*

Eine getrennte Betrachtungsweise ist jedoch nicht angezeigt, falls eine einheitliche Leistung lediglich in mehreren Arbeitsschritten erbracht wird.[76] Entsprechendes gilt etwa für den mehrfachen Farbanstrich bei Lackierarbeiten oder die Grundierung, das Aufbringen einer Tapete und den anschließenden Anstrich im Rahmen

---

69 Siehe dazu auch B/M/*Johannsen*, ABU 2011 A § 2 Rn. 3.
70 BGH VersR 1979, 853, 854; OLG Celle VersR 2014, 369 mit Bspr. bei *Balensiefen/Dangel* VersR 2014, 437 ff.; H/E/K/*Weber*, Kap. 14 Rn. 55.
71 Vgl. OLG Stuttgart VersR 2007, 494: Verformung von Lüftungsrohren nach Einfüllen des Betons.
72 Dazu ausführlich etwa Palandt/*Sprau*, § 823 Rn. 177f.
73 Vgl. OLG Stuttgart VersR 2007, 494, 495; OLG Frankfurt VersR 1989, 801; B/M/*Johannsen*, ABU 2011 A § 2 Rn. 4.
74 VersHb/*v. Rintelen*, § 36 Rn. 47; zust. B/M/*Johannsen*, ABU 2011 A § 2 Rn. 4 mit der zutreffenden Feststellung, dass der allgemeine Satz »*Pfusch am Bau ist nicht versichert*« nur eingeschränkt gelten kann.
75 Vgl. OLG Frankfurt VersR 1984, 1057; *Rehm/Frömel*, § 2 ABU Rn. 57; B/M/*Johannsen*, ABU 2011 A § 2 Rn. 5 m.w.N.
76 OLG Frankfurt ebenda: Beschädigung einer Bewehrung durch Einfüllen von Beton zwecks Herstellung einer Stahlbetondecke.

Anhang T Bauleistungs- und Montageversicherung

von Malerarbeiten.[77] Ein Indiz für selbständig zu betrachtende Leistungen ist gegeben, wenn diese üblicherweise technisch getrennt sind und durch verschiedene jeweils spezialisierte Unternehmer erbracht werden oder in der Regel als eigene Gewerke ausgeschrieben werden.[78]

51 Die Beweislast für das Bestehen eines Sachschadens und damit auch für die Abgrenzung gegenüber einem Mangel trägt der VN.[79]

52 Der **Verlust** gem. § 2 Nr. 3 lit. b) ABU ist deklaratorischer Natur, da nach § 2 Nr. 1 Satz 1 ABU/ABN ohnehin nur Beschädigungen oder Zerstörungen und damit Einwirkungen auf die Sachsubstanz versichert sind. Eine solche liegt beim bloßen Verlust schon begrifflich nicht vor.

Abweichend von den ABU enthält § 2 Nr. 3 lit. b) ABN den Zusatz, dass die Sachen nicht mit dem Gebäude fest verbunden sein dürfen. Einen Regelungsgehalt hat diese Ergänzung nicht. Vielmehr sind gem. § 1 Nr. 3 lit. b) ABU/ABN bewegliche und nicht als wesentliche Bestandteile i.S.v. §§ 93 ff. BGB eingebaute Sachen ohnehin nicht vom Versicherungsschutz erfasst. Zudem handelt es sich um eine Klarstellung in Bezug auf das versicherbare Verlustrisiko in § 2 Nr. 2 lit. a) ABN, das auf Diebstahlsfälle fest verbundener und versicherter Bestandteile begrenzt bleibt (vgl. dazu oben Rdn. 43). In den ABU bedarf es dieser Regelung nicht, da eine fakultative Versicherung des Diebstahlsrisikos ohnehin nicht vorgesehen ist.

53 Ausgenommen sind gem. § 2 Nr. 3 lit. c) ABU/ABN ferner Schäden, die durch eine Bearbeitung an **Glas-, Metall- oder Kunststoffoberflächen** sowie **Oberflächen vorgehängter Fassaden** entstehen. Die Klausel trägt aufgrund der hier häufigen Schadensfälle und ggf. hoher Schadensbeseitigungskosten vor allem den Interessen des VR Rechnung. Erfasst vom Ausschluss sind lediglich sog. Bearbeitungsschäden, so dass allein die Tätigkeit an den vorbezeichneten Sachen als kausales Ereignis in Betracht kommt.[80] Versichert sind daher zufällig eintretende Beschädigungen oder Zerstörungen, wenn sie infolge von Arbeiten an anderen Teilen des Bauvorhabens verursacht werden, z.B. das Verrutschen einer Leiter im Rahmen von Dachdeckerarbeiten oder Vandalismus durch Dritte.[81]

54 Die Klausel 6877 TK ABU 2011 sieht eine zeitliche Einschränkung für **Glasbruch** vor, wonach der Versicherungsschutz mit fertigem Einbau und bereits vor Abnahme des Werks endet. Ab dem Zeitpunkt des fertigen Einbaus greift häufig eine besondere Glasbruchversicherung, welche die Bauleistungsversicherung insoweit entbehrlich macht.[82]

bb) § 2 Nr. 4 ABU/ABN

55 Einleitend stellt § 2 Nr. 4 ABU/ABN klar, dass die nachstehend in lit. a)-j) aufgeführten Ausschlüsse ohne Rücksicht auf **mitwirkende Ursachen** gelten. Bei einem Zusammentreffen zwischen gedeckten und ausgeschlossenen Schadensursachen leistet der VR daher keine Entschädigung, da letztere Vorrang genießen.[83] Diese übergreifende Ausschlusswirkung gilt allerdings nicht unbeschränkt. Erweist sich die versicherte Schadensursache im Rahmen einer Vergleichsbetrachtung als der überwiegende Kausalbeitrag für einen Schadenseintritt, kann sie nicht auf eine bloße *Mit*wirkung reduziert werden.[84] Voraussetzung einer Mitwirkung muss vielmehr ein nach allgemeinen Kausalitätsbetrachtungen etwa gleich wesentlicher Ursachenbeitrag sein.

56 Ausgenommen vom Versicherungsschutz sind – allgemein üblich und logisch im Ergebnis zwingend – **vorsätzlich** herbeigeführte **Schäden**, § 2 Nr. 4 lit. a) ABU/ABN. Diese Bedingung greift § 81 Abs. 1 auf und regelt einen subjektiven Risikoausschluss.[85] Das Vorsatzerfordernis richtet sich nach der allgemeinen zivilrechtlichen Lehre. Mindestens erforderlich – aber auch genügend – ist somit dolus eventualis als bewusste Inkaufnahme einer als möglich erkannten Folge.[86] Vertraut der VN hingegen auf das Ausbleiben des Versicherungsfalles, liegt nur bewusste Fahrlässigkeit vor. Für die Zurechnung des Vorsatzelements über Repräsentanten trifft § 2 Nr. 4 lit. a) ABU/ABN eine der Unvorhersehbarkeit i.S.v. § 2 Nr. 1 Satz 2 ABU/ABN entsprechende Regelung (vgl. oben Rdn. 42).

57 Ausgeschlossen als Schadensursache sind nach § 2 Nr. 4 lit. b) ABU/ABN **normale Witterungseinflüsse**.[87] Entscheidend für die Bestimmung des Normalmaßes sind dabei die Jahreszeit sowie die örtlichen Verhältnisse. Häufig wird es bei allgemein zu erwartenden Bedingungen bereits am Merkmal der Unvorhersehbarkeit eines Schadenseintritts fehlen. Als vorhersehbar können insbesondere solche Einflüsse angesehen werden, die

---

77 *Roos/Schmitz-Gagnon*, A § 2 ABU Rn. 35; B/M/*Johannsen*, ABU 2011 A § 2 Rn. 5.
78 OLG Stuttgart VersR 2007, 494; VersHb/*v. Rintelen*, § 36 Rn. 50; *Roos* IBR 2006, 596.
79 So *Roos/Schmitz-Gagnon*, A § 2 ABU Rn. 152; B/M/*Johannsen*, ABU 2011 A § 2 Rn. 31.
80 P/M/*Voit*, A § 2 Nr. 3 ABU Rn. 7.
81 Siehe dazu B/M/*Johannsen*, ABU 2011 A § 2 Rn. 16.
82 *Rehm/Frömel*, TK 6877 Rn. 3.
83 *Rehm/Frömel*, § 2 ABU Rn. 56; VersHb/*v. Rintelen*, § 36 Rn. 62a.
84 Siehe auch B/M/*Johannsen*, ABU 2011 A § 2 Rn. 17.
85 Vgl. *Looschelders* VersR 2008, 1, 2.
86 BGH NJW 1986, 180.
87 Dies gilt auch bei einer zusätzlichen Versicherung für Altbauten nach Klausel TK 5181 TK ABN 2011, vgl. OLG Schleswig r+s 2012, 84; *v. Rintelen* IBR 2012 175.

den am Montageort während der vergangenen 10 Jahre auftretenden Normalwerten entsprechen.[88] Ebenso sind unter Umständen örtliche Wettervorhersagen zu berücksichtigen.[89] Entsprechend beschreibt § 2 Nr. 4 lit. b) ABU/ABN Einflüsse als normal, wenn mit diesen wegen der Jahreszeit und der örtlichen Verhältnisse gerechnet werden muss.

Zu den bedeutsamen Witterungsverhältnissen in Bezug auf Bauvorhaben zählen Regen, Sturm, Frost und Hagel. **Regenfälle** sind versichert, wenn sie das statistisch erfasste Mittel zu der gegebenen Jahreszeit erheblich überschreiten.[90] Für **Sturm** kann auf die entsprechende Definition für die Wohngebäudeversicherung gem. § 4 Nr. 2 VGB zurückgegriffen werden: Eine wetterbedingte Luftbewegung mit einer Stärke von mindestens 8 nach Beaufort (»stürmischer Wind, der Zweige von Bäumen bricht und das Gehen im Freien erheblich erschwert«) kann demnach nicht mehr als gewöhnliche Witterung eingestuft werden.[91] Die Beaufort-Skala spricht allerdings erst ab Windstärke 9 von Sturm. Bei **Hagel** ist zu beachten, dass die schädliche Wirkung von der kinetischen Energie der herabfallenden Körner ausgehen muss und Feuchtigkeitsschäden als Regenfälle zu beurteilen sind. Erlangen die Hagelkörner eine solche Größe, dass bauliche Elemente beschädigt werden können, spricht dies in aller Regel für anormale Witterungsbedingungen. 58

Allgemein versichert sind Witterungsschäden im Sinne des § 2 Nr. 4 lit. b) Satz 2 ABU/ABN jedoch, wenn diese die Folge eines selbst entschädigungspflichtigen Schadens sind (z.B. Regen dringt durch das beschädigte Dach). Ursache ist dann nicht »normales Wetter«, sondern der bereits vorhandene Schaden. 59

Ausgenommen nach § 2 Nr. 4 lit. c) ABU/ABN sind in Ergänzung zu § 2 Nr. 2 lit. b) ABU/ABN Schäden, die durch **normale Wasserführung** oder **normale Wasserstände** von Gewässern verursacht werden. 60

§ 2 Nr. 4 lit. d) ABU/ABN begründet die Obliegenheit des VNs, eine einsatzbereite und redundante Anlage für die **Wasserhaltung** vorzuhalten. Unter Wasserhaltung sind sämtliche Maßnahmen zu verstehen, die in die Baugrube eindringendes Wasser (Grund-, Schicht- oder Oberflächenwasser) regulieren, d.h. aufnehmen und anschließend ableiten oder abpumpen.[92] Das Merkmal der Redundanz verlangt dabei eine doppelte Sicherung, z.B. in Form von zwei unabhängig einsatzbaren Pumpanlagen mit getrennter Stromversorgung, wie sie typischerweise über den Baustrom und ein zusätzlich vorhandenes Dieselaggregat zu bewerkstelligen ist. Die Vorhalteobliegenheit soll also im Vorhinein hohe Schadensfolgen an den Bauleistungen durch die effektive Absicherung mittels eines Reservesystems verhindern. Der Vorhaltung entsprechender Anlagen bedarf es nach einschlägiger Fachpraxis nur für den Zeitraum, während dessen eine gefährdete Baugrube vorhanden ist.[93]

Der Risikoausschluss in § 2 Nr. 4 lit. e) ABU/ABN betrifft ausschließlich solche Schäden, die nach dem Ablauf eines insoweit individuell zu vereinbarenden Zeitraums eintreten. Erforderlich ist, dass die Schäden gerade infolge (»während und infolge« in den ABU/ABN) einer **Unterbrechung** entstanden sind. Ausweislich des klaren Wortlautes, muss die Unterbrechung kausale Ursache für den Schaden sein. Die Beweislast für diese besondere Kausalität obliegt dem VR.[94] 61

Schäden aufgrund beanstandeter oder vorschriftswidrig noch nicht geprüfter **Baustoffe** unterliegen dem Ausschluss gem. § 2 Nr. 4 lit. f) ABU/ABN. Eine bedeutsame Einschränkung besteht dahingehend, dass die Beanstandung sich auf den späteren Schadensgrund sachlich beziehen muss (z.B. mangelnde Tragfähigkeit eines Betons, die kausal zum Einsturz führt).[95] Anderenfalls fehlt es an einer Rechtfertigung für die Sanktion in Form des Wegfalls des Versicherungsschutzes. 62

§ 2 Nr. 4 lit. g)-i) ABU/ABN regeln besondere Krisensituationen vorwiegend politischer Art, die gemeinhin als nicht beherrschbar gelten. Dazu zählen beispielhaft **Krieg, kriegsähnliche Ereignisse, Rebellionen** oder **innere Unruhen**.[96] Zahlreiche der benannten Ausschlüsse sind der Feuerversicherung entlehnt, § 2 AFB. Weniger elementar und von höherer Wahrscheinlichkeit sind hingegen die arbeitsrechtsspezifischen Gefahren, welche für die Vollendung eines Bauvorhabens von **Streik** und **Aussperrung** als legitime Arbeitskampfmaßnahmen ausgehen können. 63

Für innere Unruhen (lit. h) sowie Streik und Aussperrung (lit. i) kann durch die Klauseln 6236 und 6237 TK ABU 2011 ein Wiedereinschluss vereinbart werden. Im Hinblick auf die ABN gilt Entsprechendes gem. den Klauseln 5236 und 5237 TK ABN 2011.

Der Ausschluss bei **Kernenergie und nuklearer Strahlung** (§ 2 Nr. 4 lit. j) ABU/ABN) besitzt vor allem Relevanz für Bauvorhaben in der Nähe von Atomkraftwerken. Nach dem Atomgesetz (AtomG) besteht für Unfälle eine umfassende verschuldensunabhängige Gefährdungshaftung des Betreibers, welche eine zusätzliche Sachversicherung entbehrlich macht. Mit dem bis 2022 anvisierten Atomausstieg dürfte diese Regelung nahezu gänzlich an Bedeutung verlieren. Schäden durch **radioaktive Substanzen** können gem. den Klauseln 6254 64

---

88 So OLG Hamm VersR 2012, 479; LG Osnabrück VersR 2011, 918.
89 Siehe etwa LG Stuttgart, r+s 2002, 131 (Regenwahrscheinlichkeit von 30 %).
90 OLG Düsseldorf NVersZ 2002, 525.
91 So B/M/*Johannsen*, ABU 2011 A § 2 Rn. 20.
92 Zur Definition OLG Hamm VersR 2012 479, 482.
93 So OLG Hamm ebenda.
94 P/M/*Voit*, A § 2 Nr. 4 Rn. 5.
95 *Rehm/Frömel*, § 2 ABU Rn. 79.
96 Dazu ausführlich etwa *Roos/Schmitz-Gagnon*, A § 2 ABU Rn. 181 ff.

TK ABU 2011 und 5254 TK ABN 2011 eingeschränkt versichert werden, sofern strahlende Isotope betriebsbedingt durch den VN verwendet werden und zu einem Folgeschaden führen, der auf einer anderen versicherten Ursache beruht.

3. Geschützte Personen, § 3 ABU/ABN

65 In § 3 regeln die ABU und ABN, wessen Interessen versichert sind. Damit geht es um die Frage, *wer* im Einzelnen Versicherungsschutz genießt. Da die ABU und ABN eigenständige Bedingungswerke abhängig davon statuieren, ob der Auftraggeber oder -nehmer (Unternehmer) VN ist, bestehen gerade in Bezug auf den versicherten Personenkreis (bei den erheblichen Ähnlichkeiten der Bedingungen im Übrigen) wesentliche Unterschiede.

a) § 3 ABU

66 Im Rahmen der ABU stellt § 3 Nr. 1 zunächst klar, dass der **Unternehmer** – und zugleich VN – mit seinen für das Bauvorhaben erbrachten Lieferungen und Leistungen **Versicherungsschutz genießt**, soweit er für diese nach Maßgabe der VOB/B die Gefahr trägt. Hier liegt aufgrund der Anknüpfung an die VOB/B eine Schnittmenge zum privaten Baurecht. Ebenfalls versichert ist insoweit das Interesse des Unternehmers an den Leistungen und Lieferungen seiner Subunternehmer, derer er sich zur Erfüllung der vertraglich übernommenen Leistungspflicht gegenüber dem Auftraggeber als gleichsam »verlängerter Arm« bedient (regelmäßig als Erfüllungsgehilfen). Der Begriff des Subunternehmers ist in § 3 Nr. 2 ABU definiert.

Der persönliche Versicherungsschutz ist gem. § 3 Nr. 1 ABU untrennbar mit den Regelungen der VOB/B über die Gefahrtragung verbunden. Die Einbeziehung der VOB/B wird dabei unterstellt. Der Unternehmer trägt gem. § 7 VOB/B vor der Abnahme des Werks die Gefahr für unabwendbare Beschädigungen oder Zerstörungen an seinen erbrachten Leistungen. Diese Risikophase endet nach § 12 Abs. 6 VOB/B im Zeitpunkt der vollendeten Abnahme, so dass der VR im Ergebnis für sämtliche nach § 2 ABU erfasste Schäden einzustehen hat, die vor der Werkabnahme durch ein **unabwendbares Ereignis i.S.v. § 7 VOB/B** entstanden sind.[97] Das Merkmal der Unabwendbarkeit wird durch den Bundesgerichtshof in einem streng objektiven Sinne ausgelegt. Entscheidend ist demnach, ob das schädliche Ereignis trotz Anwendung wirtschaftlich verträglicher Mittel und Einhaltung der äußersten nach der Sachlage zu erwartenden Sorgfalt nicht hätte vorhergesehen und verhindert werden können.[98]

67 Der **Subunternehmer** selbst ist nicht VN,[99] vielmehr reflektiert dessen Einbeziehung gem. § 3 Nr. 1 ABU ausschließlich das Interesse des (Haupt-)Unternehmers an den erfüllungsbedingt für das Bauvorhaben in Anspruch genommenen Subunternehmerleistungen.

68 Über eine eigene Rechtsstellung als Mitversicherter verfügt der Subunternehmer im Rahmen von **Tiefbauaufträgen**, falls der Auftraggeber die Klausel 6365 TK ABU 2011 mit seinem VR vereinbart hat.[100] Nach deren Ziff. 1 gilt abweichend von § 3 Nr. 1 ABU, dass der Auftraggeber mit seinen Interessen als VN (lit. a) ebenso geschützt ist wie das Interesse aller übrigen Unternehmer, die am Vertrag mit dem Tiefbau-Auftraggeber beteiligt sind (lit. b). Dies gilt allerdings nur unter dem Vorbehalt, dass kein gesonderter Ausschluss für bestimmte Unternehmer geregelt wurde.

69 Subunternehmer können ferner aufgrund von § 3 Nr. 3 ABU im Wege des **Regressverzichts** in den Genuss eines reflexartigen Versicherungsschutzes gelangen. Ersatzansprüche, welche dem Unternehmer im Verhältnis zu seinem als Erfüllungsgehilfen (§ 278 BGB) eingesetzten Subunternehmer zustehen, gehen im Falle der Schadensregulierung auf den VR über. Auf diese Weise soll sich der VR beim letztlich verantwortlichen Subunternehmer innerhalb der Leistungskette schadlos halten können. Diese Rechtsfolge gilt jedoch gem. § 3 Nr. 3 Satz 1 ABU nur,
– soweit der Schaden für den Subunternehmer nicht unvorhergesehen war (lit. a), oder
– soweit der Schaden an anderen als den durch den Subunternehmer geschuldeten Leistungen eingetreten und nicht etwas Abweichendes vereinbart worden ist (lit. b).[101]

70 Abweichende Vereinbarungen i.S.v. lit. b) können insbesondere nach den Klauseln 6866 und 6868 TK ABU 2011 getroffen werden. Dessen ungeachtet ist ein Forderungsübergang gem. § 3 Nr. 3 Satz 2 ABU in allen übrigen Fallkonstellationen ausgeschlossen. Ein Regress des VRs unterbleibt daher insbesondere bei einem versicherten Schadenseintritt, welcher sowohl für den Unternehmer als auch dessen Subunternehmer unvorhersehbar i.S.v. § 7 VOB/B gewesen ist.[102] Im Ergebnis führt die eingeschränkt Regressmöglichkeit zur Überwälzung der finanziellen Schadensbelastung auf den VR, während der Unternehmer nach erfolgter Regulierung in der Regel nicht mehr auf eine zusätzliche Inanspruchnahme des Subunternehmers angewiesen ist.

---

97 B/M/*Johannsen*, ABU 2011 A § 3 Rn. 2.
98 BGH BauR 1997, 1019, 1020; K/M/*Lederer*, VOB, § 7 VOB/B Rn. 62.
99 Vgl. P/M/*Voit*, A § 3 Nr. 1 ABU Rn. 1; VersHb/*v. Rintelen*, § 36 Rn. 70.
100 Vgl. zur Vorgängerregelung OLG Köln r+s 2003, 430.
101 Vgl. insoweit zur Haftpflichtfunktion der Bauleistungsversicherung *Littbarski*, Rn. 693.
102 *Rehm/Frömel*, § 3 ABU Rn. 28.

Ob insoweit ein rechtlich durchsetzbarer Anspruch des Unternehmers trotz Empfangs der Versicherungsentschädigung anzuerkennen ist, richtet sich nach zwei Gesichtspunkten. Es gilt das Institut des **Vorteilsausgleichs** zu beachten, nach dem die Entschädigungszahlung des VRs einen auf den Schadensersatzanspruch anzurechnenden Vorteil darstellen kann. Für eine Anrechnung der Entschädigung spricht, dass angesichts des Ausschlusses der Regresslast nach den einschlägigen vertraglichen Wertungen gem. § 3 Nr. 3 ABU der Subunternehmer nicht letztverantwortlich herangezogen werden soll.[103] Dies entspricht auch dem Sinn und Zweck der Bauleistungsversicherung insoweit, als die Unvorhersehbarkeit in lit. a) sowie die fehlende Haftpflichtversicherung gem. der Klausel 6868 TK ABU 2011 eine besondere Schutzbedürftigkeit des Subunternehmers widerspiegeln und dessen faktische Einbeziehung in den Versicherungsschutz legitimieren. 71

Darüber hinaus kann der Unternehmer zu einer drittschützenden Inanspruchnahme seiner Versicherung gem. § 242 BGB nur verpflichtet sein, falls sich der Subunternehmer – wie in der Praxis nicht selten üblich – an der Zahlung der fälligen Prämien beteiligt hat.[104] In diesem Falle wird in der Rechtsprechung vereinzelt ein **konkludenter Regressverzicht** des VNs gegenüber seinem schädigenden Subunternehmer bejaht,[105] welcher eine doppelte Begünstigung des Unternehmers rechtlich ebenso ausschließt wie die Anrechnung der Entschädigungszahlung im Wege des Vorteilsausgleichs. 72

Der Versicherungsschutz bezüglich der Interessen des Unternehmers kann nach § 3 Nr. 4 lit. a) ABU durch Vereinbarung auf **Vertragsbedingungen erweitert** werden, die eine zu den VOB/B **abweichende Gefahrtragung** statuieren. Dies gilt namentlich auf der Grundlage eines »klassischen« Werkvertrages gem. §§ 631 ff. BGB, bei dem die Gefahr des Unternehmers nach § 644 Abs. 1 BGB bis zur Werkabnahme nicht von der Unvorhersehbarkeit des Schadensfalles abhängig ist. 73

§ 3 Nr. 4 lit. b) ABU ermöglicht die **Mitversicherung des Auftraggebers**, so dass er eine selbständige Stellung als Versicherter erlangt. Dies gilt nach der Klausel 6364 TK ABU 2011 insbesondere für Leistungen und Lieferungen, die der Auftraggeber selbst erstellt und für die er die Gefahr trägt. 74

b) § 3 ABN

Im Rahmen der ABN ist das Interesse des Auftraggebers als VN geschützt, § 3 Nr. 1 ABN. Zusätzlich versichert sind gem. § 3 Nr. 2 ABN auch die Interessen aller am Vertrag mit dem Auftraggeber beteiligten Unternehmer und Subunternehmer.[106] Dabei wird, anders als nach § 3 Nr. 1 ABU, nicht ausdrücklich auf die VOB/B Bezug genommen. Maßgeblich ist stattdessen die jeweilige vertraglich zu Grunde gelegte Risikoverteilung. Die ABN tragen insoweit dem Umstand Rechnung, dass viele ihr unterfallende Vorhaben häufig nicht nach der VOB/B abgewickelt werden (z.B. Einfamilienhäuser), da entweder die VOB/B nicht einbezogen werden sollen, oder, ebenfalls häufig, die wirksame Einbeziehung gegenüber Verbrauchern scheitert.[107] 75

Die Bestimmung des § 3 Nr. 3 ABN ist missverständlich, da der Eindruck entsteht, der Regress des VRs führe indirekt zu einer Entwertung des in § 3 Nr. 2 ABN proklamierten Schutzes. Diese Regelung betrifft jedoch nur Fremdschäden an anderen Leistungen als denjenigen, welche die versicherten Personen selbst zu erbringen haben und für die sie jeweils die Gefahr tragen. Daher handelt es sich bei § 3 Nr. 3 ABN um die bloße Klarstellung dahingehend, dass sich der Versicherungsschutz nicht auf Haftpflichtkonstellationen bezieht.[108] Eine abweichende Vereinbarung ist jedoch auf Grundlage der Klausel 5868 TK ABN 2011 möglich. 76

4. Versicherungsort, § 4 ABU/ABN

Deckungsschutz besteht gem. § 4 ABU/ABN ausschließlich innerhalb des Versicherungsortes, welcher wiederum durch die im Vertrag bezeichneten **räumlichen Bereiche** festgelegt ist. Diese richten sich nach dem jeweils erfassten Vorhaben i.S.v. § 1 Nr. 1 ABU/ABN, so dass in aller Regel eine genaue Konkretisierung durch die Angabe der Adresse bei Arbeiten auf einem bestimmten Grundstück oder die Verwendung der Flurnummer ausreichen.[109] 77

Soll Versicherungsschutz für mehrere Grundstücke oder bloße Teile eines oder mehrerer Grundstücke bestehen, so muss aus Gründen der Klarheit eine exakte Bezeichnung der betreffenden Flächen vorgenommen werden.[110] Dazu kann dem Vertrag ein Lageplan beigefügt werden. Eine wichtige Rolle spielt die notwendige Klarstellung der räumlichen Bereiche insbesondere, falls sich die technischen Arbeiten auch auf andere Grundstücke als dasjenige des konkret erfassten Vorhabens erstrecken (z.B. Kraneinsatz, Unterfangung) oder diese als Lager- oder Stellfläche genutzt werden sollen. 78

---

103 Vgl. zum Regressausschluss als Kriterium für eine Anrechnung MünchKommBGB/*Oetker*, § 249 Rn. 256.
104 B/M/*Johannsen*, ABU 2011 A § 3 Rn. 5.
105 So OLG Jena BauR 2006, 1902; zu recht ablehnend aber für § 3 Nr. 3 ABN *v. Rintelen* IBR 2006, 476; darüber hinaus ablehnend auch im Hinblick auf § 3 Nr. 3 ABU *Roos/Schmitz-Gagnon*, A § 3 ABU Rn. 32.
106 Für diese gelten §§ 43 ff.
107 B/M/*Johannsen*, ABN 2011 A § 3 Rn. 2.
108 P/M/*Voit*, A § 3 Nr. 3 ABN Rn. 1; VersHb/*v. Rintelen*, § 36 Rn. 75; B/M/*Johannsen*, ABN 2011 A § 3 Rn. 4.
109 *Rehm/Frömel*, § 4 ABU Rn. 7.
110 Vgl. *Roos/Schmitz-Gagnon*, A § 4 ABU Rn. 5f.

79 Liegen mehrere im Vertrag bezeichnete getrennte räumliche Bereiche vor, kann Versicherungsschutz für die **Transportwege** *zwischen diesen* vereinbart werden. Hiervon nicht erfasst ist daher der zurückgelegte Weg zwischen dem Verkaufsort und der Baustelle bei der Beschaffung von Baumaterialien bzw. generell der Weg zur Baustelle.[111]

80 Für **Jahresverträge** nach den ABU gilt die Klausel 6862 TK ABU 2011. Nach deren Ziff. 4 lit. a) bilden sämtliche Baustellen der versicherten Vorhaben den Versicherungsort. Zudem kann gem. lit. b) der Versicherungsschutz auf zugehörige Lagerplätze sowie die Transportwege zwischen zugehörigen Lagerplätzen und Baustellen allgemein oder im Hinblick auf bestimmte Vorhaben vereinbart werden.

5. Versicherungswert, Versicherungssumme, Unterversicherung, § 5 ABU/ABN

81 In § 5 ABU/ABN werden der Versicherungswert, die Versicherungssumme und die Unterversicherung geregelt. Während ABU und ABN hinsichtlich des Versicherungswerts (§ 5 Nr. 1) Abweichungen aufweisen, verhalten sich die Bestimmungen zu Versicherungswert und Versicherungssumme gem. § 5 Nr. 2 u. 3 ABU/ABN wortlautidentisch.

a) Versicherungswert

82 Allgemein beschreibt der Versicherungswert gem. § 74 Abs. 1 den **Wert des versicherten Interesses**. Er bildet die Grundlage für die Berechnung der Versicherungssumme. Ferner richtet sich nach ihm die Bestimmung einer etwaigen Über- oder Unterversicherung.

83 Der Versicherungswert nach **§ 5 Nr. 1 ABU** setzt sich aus drei Bestandteilen zusammen. Als erstes ist die durch den Unternehmer (VN) zu erbringende Bauleistung in Ansatz zu bringen. Diese richtet sich im Ausgangspunkt nach dem endgültigen **Kontraktpreis** (die Baubranche würde eher von »Vertragspreis« sprechen) als dem vertraglich vereinbarten Lohn; eine feste Untergrenze markieren dabei jedenfalls die **Selbstkosten** des Unternehmers (lit. a). Da auf den endgültigen Kontraktpreis abzustellen ist, wirken sich während des Bauprojekts auftretende Schwankungen und Veränderungen (z.B. Nachträge aus geänderten oder zusätzlichen Leistungen, Preisgleitungen, Behinderungen) auf den Versicherungswert aus. Dies unterstreicht den Charakter der Bauleistungsversicherung als einer auf den Schutz laufender Projekte gerichteten dynamischen Sachversicherung.
Weiterhin sind gemäß § 5 Nr. 1 lit. b) ABU Baustoffe, Bauteile, Hilfsbauten sowie Bauhilfsstoffe (vgl. zum Begriff oben Rdn. 18), die nicht bereits im Kontraktpreis enthalten sind, zu berücksichtigen. Anzusetzen ist dabei ihr **Neuwert**. Gegen die Wirksamkeit dieser Klausel bestehen Bedenken, soweit der Unternehmer gem. § 7 Nr. 1 lit. a) ABU nur den Zeitwert im Falle der völligen Zerstörung von **Hilfsbauten** und **Bauhilfsstoffen** ersetzt erhält.[112]
Ist der Unternehmer trotz Ausführung eines steuerbaren Umsatzes nicht zum Vorsteuerabzug berechtigt (§§ 15 ff. UStG), versteigt sich schließlich die auf empfangene Vorleistungen im Preis überwälzte Umsatzsteuer als Kostenbelastung des Unternehmers. Diese sog. »verdeckte Umsatzsteuer« lässt den Wert des Versicherungsinteresses steigen und muss daher gem. § 5 Nr. 1 lit. c) ABU eingerechnet werden.

84 Der Versicherungswert gem. **§ 5 Nr. 1 ABN** umfasst – ebenso wie nach § 5 Nr. 1 ABU – sämtliche versicherungsrelevante Leistungen und Lieferungen, die in das Bauvorhaben einfließen. Dies bringt § 5 Nr. 1 lit. a) Satz 1 ABN zum Ausdruck, indem er auf die endgültigen[113] Herstellungskosten, Stundenlohnarbeiten, Eigenleistungen des Bauherrn und den Neuwert der Baustoffe und Bauteile einschließlich der für Anlieferung und Abladung anfallenden Kosten abstellt. Lediglich der Klarstellung dient § 5 Nr. 1 lit. c) ABN, als die darin aufgeführten Positionen zwar Kosten für das Bauvorhaben im weiteren Sinne darstellen, jedoch allgemein nicht nach § 1 ABN versichert sind.[114]

85 Weiterhin umfasst der Versicherungswert gem. § 5 Nr. 1 lit. a) Satz 2 ABN diejenigen Sachen zu ihrem **Neuwert**, für die zusätzlich Versicherungsschutz i.S.v. § 1 Nr. 2 ABN infolge gesonderter Vereinbarung besteht. Erfasst sind insoweit auch Hilfsbauten und Bauhilfsstoffe (§ 1 Nr. 2 lit. d), die gem. § 7 Nr. 1 lit. a) ABN nur zum Zeitwert versichert sind. Es bestehen insoweit parallel zu § 5 Nr. 1 lit. b) ABU in gleicher Weise Wirksamkeitsbedenken (vgl. oben Rdn. 83).[115]

86 Für die verdeckte Umsatzsteuer trifft § 5 Nr. 1 lit. b) ABN eine dem § 5 Nr. 1 lit. c) ABU inhaltlich entsprechende Regelung.

---

111 P/M/*Voit*, A § 4 ABU Rn. 2.
112 Die Wirksamkeit insoweit ablehnend und für eine Festsetzung gem. § 74 B/M/*Johannsen*, ABU 2011 A § 5 Rn. 3, unter Hinweis auf BGH r+s 1993, 397.
113 Vgl. dazu entsprechend oben Rdn. 83.
114 B/M/*Johannsen*, ABN 2011 A § 5 Rn. 1.
115 So auch B/M/*Johannsen*, ABN 2011 A § 5 Rn. 2.

b) Versicherungssumme

Der Begriff der Versicherungssumme findet in § 5 Nr. 2 ABU/ABN eine detaillierte Bestimmung. Sie dient der Prämienberechnung (Abschnitt B § 3 ABU/ABN), überdies begrenzt sie gem. § 7 Nr. 6 ABU/ABN die im Schadensfalle durch den VR maximal zu erbringende Versicherungsleistung. Dabei ist zu beachten, dass die Versicherungssumme für jeden Schadensfall gesondert in voller Höhe zur Verfügung steht.[116]

Umstritten ist, ob die Versicherungssumme auch bedeutsam für die Frage sein kann, welche Sachen konkret versichert sind.[117] Richtigerweise dürfte es auf den Parteiwillen im Einzelfall ankommen. Werden daher bestimmte Gegenstände bewusst in die Versicherungssumme einbezogen, spricht dies nach dem objektiven Empfängerhorizont dafür, dass sie vom Versicherungsschutz umfasst sind.[118]

Nach § 5 Nr. 2 UAbs. 1 ABU/ABN bezeichnet die Versicherungssumme den zwischen VR und VN im Einzelnen **vereinbarten Betrag**. Diese soll stets dem Versicherungswert entsprechen und muss daher sämtliche Leistungen und Lieferungen des Bauvorhabens berücksichtigen. Zu Grunde gelegt wird dabei eine mehrmalige Bestimmung in den einzelnen Phasen des Bauvorhabens. Zu Beginn des Versicherungsschutzes (Abschnitt B § 2 Nr. 1 ABU/ABN) findet gem. § 5 Nr. 2 UAbs. 3 ABU/ABN eine vorläufige Bestimmung im Hinblick auf den zu erwartenden Versicherungswert statt.[119] Nach Ende des Versicherungsschutzes (Abschnitt B § 2 Nr. 2 u. 3 ABU/ABN) ist die endgültige Summe auf Grund eingetretener Änderungen (z.B. werterhöhende Änderungen, Nachträge, Planungsanpassungen, Preissteigerungen, Fehler in der Kalkulation)[120] festzustellen, § 5 Nr. 2 UAbs. 4 ABU/ABN. Als Ausdruck einer exakten Berechnung, welche gem. § 5 Nr. 2 UAbs. 5 ABU/ABN nunmehr zwingend dem Versicherungswert zu entsprechen hat, müssen dem VR Originalbelege wie bspw. die Schlussrechnung vorgelegt werden. Es besteht insoweit eine Auskunftspflicht. Bereits während des Versicherungsschutzes statuiert § 5 Nr. 2 UAbs. 2 ABU/ABN eine die Sollbestimmung des § 5 Nr. 2 UAbs. 1 ABU/ABN flankierende Verpflichtung des VNs, bereits ersichtliche Änderungen zu berücksichtigen und die Versicherungssumme an diese anzupassen.

Nicht bei der Bildung der Versicherungssumme zu berücksichtigen sind außerhalb der Bauleistung liegende Positionen, wie z.B. Grundstücks- und Erschließungskosten, Makler- und Finanzierungskosten und behördliche Gebühren für Genehmigungen oder Abnahmen.[121]

Die endgültige Berechnung der zu entrichtenden **Prämie** ist erst möglich, wenn die Versicherungssumme abschließend festgelegt worden ist, Abschnitt B § 3 Satz 1 ABU/ABN. Etwaige Differenzbeträge gegenüber den vorläufig bei Vertragsbeginn zu Grunde gelegten Prämienzahlungen müssen daher nachträglich entrichtet oder erstattet werden. Die Erstattung erfolgt dabei unmittelbar auf vertraglicher Grundlage gem. Abschnitt B § 3 Satz 2 ABU/ABN und nicht etwa nach den Grundsätzen des Bereicherungsrechts (§§ 812 ff. BGB). Beweisprobleme stellen sich i.d.R. nicht, da die anfängliche Versicherungssumme gem. § 5 Nr. 2 ABU/ABN entsprechend den Angaben des VNs vereinbart werden muss und ihre endgültige Festsetzung auf der Grundlage von Originalbelegen – insbesondere der Schlussrechnung – erfolgt. Nach allgemeinen Grundsätzen muss der VN beweisen, dass er die Prämienschuld rechtzeitig gezahlt hat,[122] das Vorliegen einer Überversicherung hat hingegen derjenige zu beweisen, der sich auf diese beruft.[123]

c) Unterversicherung

Die Unterversicherung, deren Auswirkungen für die Entschädigungsberechnung in § 7 Nr. 7 ABU/ABN geregelt sind, setzt gem. § 75 allgemein voraus, dass die Versicherungssumme zur Zeit des Eintritts des Versicherungsfalles erheblich niedriger liegt als der Versicherungswert.[124] Nach den ABU/ABN kann Unterversicherung gem. § 5 Nr. 3 vorliegen.

Sie liegt gem. lit. a) zunächst vor, wenn die Versicherungssumme ohne Einverständnis des VRs nicht in vollem Umfange gebildet wurde. Weiterhin soll eine Unterversicherung gem. lit. b) gegeben sein, wenn für weitere versicherte Sachen i.S.v. § 1 Nr. 2 ABU/ABN der Versicherungswert zum Zeitpunkt des Eintritts des Versicherungsfalles höher ist als die Versicherungssumme. Erfasst vom Wortlaut wird. § 5 Nr. 3 ABU/ABN wird damit jede Abweichung, ohne dass ihr konkreter Umfang Berücksichtigung findet. Diese mangelnde Relativierung unterstreicht auch die zu Nr. 3 einleitende Formulierung »wenn«. Als zusätzlich problematisch erweist sich die Intransparenz dieser Bestimmungen, sofern die negativen Auswirkungen auf die Entschädigungssumme nach § 7 Nr. 7 ABU/ABN nicht klar erkennbar sind. Gegen die **Wirksamkeit** der bauleistungs-

---

116 Roos/Schmitz-Gagnon, A § 5 ABU Rn. 30.
117 Abl. P/M/Voit, A § 5 ABU Rn. 1; Roos/Schmitz-Gagnon, A § 5 ABU Rn. 2; a.A VersHb/v. Rintelen, § 36 Rn. 82.
118 So auch B/M/Johannsen, ABU 2011 A § 5 Rn. 5, wonach für die jeweilige Strenge zur Bestimmung des Parteiwillens zwischen § 1 Nr. 2 u. 3 ABU/ABN zu differenzieren sei.
119 Siehe dazu auch Rehm/Frömel, § 5 ABU Rn. 14.
120 Vgl. auch die Aufzählung bei Rehm, S. 59; Roos/Schmitz-Gagnon, A § 5 ABU Rn. 27.
121 H/E/K/Weber, Kap. 14 Rn. 52.
122 P/M/Knappmann, § 24 Rn. 21.
123 P/M/Armbrüster, § 74 Rn. 20.
124 Erheblichkeit kann etwa bei einer Differenz von 10 % angenommen werden, vgl. § 75 VVG Rdn. 7; Rehm/Frömel, § 5 ABU Rn. 9.

spezifischen Klauseln zur Unterversicherung bestehen daher im Hinblick auf den gesetzlich normierten Grundfall des § 75 erhebliche Bedenken.[125]

92 Liegt eine Unterversicherung vor, wird die Entschädigung gem. § 7 Nr. 7 ABU/ABN anteilig gekürzt. Der VR hat nur den Teil des nach § 7 Nr. 1–6 ABU/ABN errechneten Betrages zu ersetzen, der sich zu diesem Gesamtbetrag verhält wie die Versicherungssumme zum Versicherungswert. Die Entschädigung entspricht beim Totalschaden folglich der Versicherungssumme.

93 Bei einer **Versicherung auf erstes Risiko** i.S.v. § 6 Nr. 3 ABU/ABN (vgl. unten Rdn. 100) ist die Möglichkeit der Unterversicherung generell ausgeschlossen.[126]

6. Versicherungshöhe und Umfang der Entschädigung, §§ 6–8 ABU/ABN

94 Der Höhe der Regulierung einschließlich der Frage, welche Kosten konkret versichert sind, wird in §§ 6–8 ABU/ABN geregelt. Geregelt sind nach diesen Bedingungen der Komplex versicherte und nicht versicherte Kosten (§ 6 ABU/ABN), der Umfang der Entschädigung (§ 7 ABU/ABN) sowie deren mögliche Verzinsung (§ 8 ABU/ABN).

a) Versicherte und nicht versicherte Kosten

95 § 6 ABU/ABN unterteilen die Kosten in drei Kategorien. Den Ausgangspunkt bilden Aufwendungen zur Abwendung und Minderung des Schadens (Nr. 1). Daneben werden Kosten für die Wiederherstellung von Daten (Nr. 2) sowie abschließend zusätzlich durch Vereinbarung versicherbare Kosten (Nr. 3) geregelt.

96 Die Bedingungen nach **§ 6 Nr. 1 ABU/ABN** beruhen im Wesentlichen auf **§ 83**. Auf die vorausgehende Kommentierung zu dieser Vorschrift wird Bezug genommen.

97 § 6 Nr. 1 lit. a) ABU/ABN erfasst seinem Wortlaut nach zwar nicht solche Aufwendungen, die zur Abwehr eines unmittelbar bevorstehenden Versicherungsfalles getätigt werden. Eine Abbedingung der nunmehr in § 90 kodifizierten **Vorerstreckungstheorie**[127] liegt der Bauleistungsversicherung aber nicht zu Grunde, so dass auch die darunter fallenden Kosten versichert sind.[128]

98 Der in § 6 Nr. 1 lit. c) ABU/ABN enthaltene Ausschluss von Aufwendungen für **Leistungen der Feuerwehr** verstößt gegen § 87 und ist somit unwirksam, da entsprechende Kosten § 83 Abs. 1 unterfallen.[129] Praktische Relevanz erlangt der Ausschluss aber nur, soweit das geltende Landesrecht einen Anspruch auf Kostenersatz für die sonst im öffentlichen Interesse unentgeltlich durchgeführten Einsätze einräumt.[130]

99 Gedeckt sind gem. **§ 6 Nr. 2 lit. a) ABU/ABN** Kosten für die **Wiederherstellung von Daten**, die für das Betriebssystem einer versicherten Anlage und damit für deren grundsätzliche Funktion notwendig sind. Praktisch bedeutsam sein können etwa automatisierte Schließanlagen, Alarmanlagen, elektronisch gesteuerte Heizungssysteme oder Aufzüge. Andere Daten sind nur bei gesonderter Vereinbarung eingeschlossen, § 6 Nr. 2 lit. b) ABU/ABN.
Die Versicherung der Wiederherstellungskosten unterliegt zwei wichtigen Einschränkungen. Einerseits muss ein Schaden an einem **Datenträger** vorliegen. Das bloße Löschen durch fehlerhafte Bedienung oder der Verlust aufgrund schädlicher Programme wie Computerviren sind daher nicht ausreichend. Zweitens muss die Beeinträchtigung des Datenträgers gerade die Folge eines **versicherten Schadens** sein.

100 **§ 6 Nr. 3 ABU/ABN** ermöglicht die Versicherung bestimmter Kosten **auf erstes Risiko**. In diesem Falle wird die Versicherungssumme weder an den Wert der versicherten Sachen noch an die Kosten gekoppelt. Folglich muss der VR jeden Schaden bis zur Grenze der Versicherungssumme regulieren (siehe zum Ausschluss der Unterversicherung oben Rdn. 93).[131]

101 Das Erfordernis einer gesonderten Vereinbarung für **Schadensuchkosten** (§ 6 Nr. 3 lit. a) ABU/ABN) weicht teilweise von der Regelung des § 85 zum Nachteil des VRs ab. Da diese Vorschrift nach § 87 nicht mit halbzwingender Wirkung ausgestattet ist und somit allgemein abdingbar ist, dürfte die Klausel allerdings wirksam sein.[132]

102 Aufräumkosten sind bereits Teil der Wiederherstellungskosten i.S.v. § 7 Nr. 1 lit. a) ABU/ABN. Die Bestimmung gem. § 6 Nr. 3 lit. b) ABU/ABN bezieht sich in Anbetracht dieser Grunddeckung nur auf **zusätzliche Aufräumkosten**, welche die Versicherungssumme überschreiten. Dies ist bspw. bei größeren Schadensfällen

---

125 Einen Verstoß gegen § 307 BGB mit eingehender Begründung bejahend B/M/*Johannsen*, ABU 2011 A § 5 Rn. 10f; gegen eine Kürzung im Falle nur geringer Abweichungen auch *Rehm/Frömel*, § 5 ABU Rn. 9; a.A. *Roos/Schmitz-Gagnon*, A § 5 ABU Rn. 35, unter pauschalem Hinweis auf die allgemeine Abdingbarkeit von § 75.
126 OLG Düsseldorf VersR 2002, 183, 184.
127 Siehe dazu BGH VersR 1985, 656, 658; § 90 VVG Rdn. 1.
128 So auch B/M/*Johannsen*, ABU 2011 A § 6 Rn. 2; vgl. auch § 90 VVG Rdn. 7 zur Unwirksamkeit einer Abbedingung von Teil B § 13 Nr. 1 AFB 2008.
129 P/M/*Voit*, A § 6 Nr. 1 ABU Rn. 2; B/M/*Johannsen*, ABU 2011 A § 6 Rn. 4.
130 Vgl. etwa § 41 Abs. 2 Nr. 1 FSHG NRW bei vorsätzlicher Herbeiführung der Gefahr oder des Schadens.
131 Siehe dazu B/M/*Johannsen*, ABU 2011 A § 6 Rn. 7.
132 So auch VersHb/*v. Rintelen*, § 36 Rn. 85; *Rehm/Frömel*, § 6 ABU Rn. 20; diff. P/M/*Voit*, A § 6 Nr. 1 ABU Rn. 2; a.A. B/M/*Johannsen*, ABU 2011 A § 6 Rn. 8.

möglich, wenn besonders kostenintensive Arbeiten anfallen, die über das gewöhnliche Maß hinausgehen oder besonderer Sachkunde bedürfen (z.B. Beseitigung von Trümmern oder gefährlichen chemischen Substanzen oder besonders aufwendige Bergungsmaßnahmen, die über das allgemein bekannte Maß hinausgehen).
Auf erstes Risiko versicherbar sind gem. § 6 Nr. 3 lit. c) ABU/ABN schließlich **Baugrund und Bodenmassen**, soweit sie nicht Bestandteil der Leistung sind (vgl. zur entsprechenden Abgrenzung bei § 1 Nr. 2 lit. a) ABU, § 1 Nr. 2 lit. e) ABN oben Rdn. 26). Bedeutsam ist diese Vereinbarung, falls ausgehobenes Bodenmaterial noch an anderer Stelle Verwendung finden soll (z.B. im Tunnelbau).[133]

b) Umfang der Entschädigung

Der Umfang der Entschädigung ist in § 7 ABU/ABN sehr detailliert geregelt. Die Klausel ist allein aufgrund ihrer »Detailverliebtheit« kritisch in Hinblick auf ihre Transparenz zu würdigen. Besonders erläuterungsbedürftig sind die folgenden Punkte:

aa) Wiederherstellungskosten

§ 7 Nr. 1 ABU/ABN regeln den Grundsatz der Entschädigung, der an »eine Art« Naturalrestitution anknüpft. Trotz der abweichenden Formulierung des § 7 Nr. 1 lit. a) ABN besteht insoweit keine inhaltliche Abweichung gegenüber den ABU. Der VR erstattet gem. § 7 Nr. 1 lit. a) Satz 1 ABU/ABN die Kosten, die zur Wiederherstellung eines technisch gleichwertigen Zustandes erforderlich sind, wie er vor dem Schadensfall bestanden hat. Dies umfasst auch gewöhnliche **Aufräumkosten** (vgl. oben Rdn. 102). Eine **technische Gleichwertigkeit** knüpft in erster Linie an die Funktion und Gebrauchstauglichkeit einer Sache an. Dennoch sind **optische Beeinträchtigungen** vom Versicherungsschutz umfasst, da diese nach der Verkehrsanschauung bei einem Bauvorhaben einen nicht unbeachtlichen Makel darstellen können.[134] Auf welche Weise die Wiederherstellung bautechnisch erreicht wird, ist unerheblich, so dass eine Anknüpfung unmittelbar an die beschädigte Substanz nicht nötig ist.[135] Insoweit bestehen Unterschiede zur »echten« Naturalrestitution im Sinne des § 249 BGB. Daher kann der Versicherungsschutz hinter einem bestehenden Schadensersatzanspruch zurückbleiben.
Der Wert von **Resten und Altteilen** ist anzurechnen, § 7 Nr. 1 lit. a) Satz 2 ABU/ABN. Sinn und Zweck dieser Vorschrift liegt darin, eine Überkompensation des VN zu unterbinden.[136] Entscheidend ist somit, dass eine weitere **Verwertbarkeit** gegeben ist, die zugleich unabdingbare Voraussetzung für einen entsprechenden Zeitwert ist.[137] Unter Resten sind überschüssige Baustoffe zu verstehen. Altteile bezeichnen vorgefertigte Bauelemente, die zur beschädigten Bauleistung gehören. Der Zeitwert von Baustoffen und -teilen ist anzurechnen, wenn diese zwar bautechnisch nicht in die Wiederherstellung einfließen, aber dennoch anderweitig unter zumutbarem Aufwand – zumindest wirtschaftlich – verwertet werden können. Im Vordergrund dürfte dabei regelmäßig der recycelbare Materialwert stehen (z.B. Kupfer, Eisen oder andere Metalle). Eine bautechnische Wiederverwertung im Rahmen des versicherten Bauvorhabens wird gerade nicht vorausgesetzt, da in diesem Falle bereits die Wiederherstellungskosten von vornherein geringer ausfallen und somit kein Bedürfnis für eine gesonderte Anrechnung besteht.
Auf die Versicherung von **Hilfsbauten** und **Bauhilfsstoffen** zum Zeitwert gem. § 7 Nr. 1 lit. a) Satz 3 ABU/ABN wurde bereits im Zusammenhang mit dem Versicherungswert ausführlich eingegangen (siehe oben Rdn. 83).
Der allgemeine Grundsatz, wonach **Mängel** keinen versicherten Schaden im Rahmen der Bauleistungsversicherung darstellen,[138] erfährt durch § 7 Nr. 1 lit. b) ABU/ABN eine Durchbrechung. Der VR ersetzt nach dieser Bedingung auch die Kosten für die Beseitigung eines Leistungsmangels, wenn dieser zu einem versicherten Schadensfall an der betroffenen (Teil)Bauleistung selbst oder anderen versicherten Sachen geführt hat.[139] Ausgenommen sind dabei jedoch diejenigen Kosten, die aufgewendet werden müssen, um ein erneutes Entstehen des Mangels zu verhindern. In der Regel handelt es sich hierbei um sog. »Sowieso-Kosten«. Bei der Entschädigung werden somit die Kosten für die Wiederherstellung der mangelhaften Sache nicht in Abzug gebracht.
Beispiel:[140] *Eine Betondecke stürzt mangelbedingt ein. Deren Widerherstellungskosten sind gedeckt, nicht aber (etwa) zusätzlich einzuziehender Stahl, der zuvor nicht in ausreichendem Maße Verwendung fand.*

---

133 Vgl. VersHb/*v. Rintelen*, § 36 Rn. 39.
134 Im Ergebnis auch VersHb/*v. Rintelen*, § 36 Rn. 87; P/M/*Voit*, A § 7 Nr. 1 ABU Rn. 2; diff. B/M/*Johannsen*, ABU 2011 A § 7 Rn. 3.
135 Vgl. etwa BGH VersR 1979, 856, 858 ff.: Einspritzen eines besonderen Gels zum Schutz der beschädigten Isolierschicht.
136 *Rehm/Frömel*, § 7 ABU Rn. 13.
137 Siehe auch *Roos/Schmitz-Gagnon*, A § 7 ABU Rn. 20.
138 Siehe zu § 2 Nr. 3 lit. a) ABU/ABN ausführlich oben Rdn. 48 ff.
139 *Roos/Schmitz-Gagnon*, A § 7 ABU Rn. 26.
140 Nach B/M/*Johannsen*, ABU 2011 A § 7 Rn. 6; *Rehm/Frömel*, § 7 ABU Rn. 18; ebenso *Roos/Schmitz-Gagnon*, A § 7 ABU Rn. 28.

Anhang T Bauleistungs- und Montageversicherung

In der Regel unproblematisch stellt sich daher die Abwicklung von Schadensfällen dar, in denen äußere Ursachen zu einer Zerstörung oder Beschädigung der mangelhaften Teilleistung geführt haben. Schwieriger ist hingegen die Abgrenzung eines Sachschadens zum nicht versicherten Mangel, wenn die mangelbehaftete Teilleistung selbst infolge ihres Mangels ohne äußere Ursachen einen Schaden erleidet.[141]
Beispiel:[142] *Ein mangelhaft errichteter Dachstuhl führt dazu, dass das gesamte Dach eines Einfamilienhauses während eines Sturms schwer beschädigt wird.*

bb) Wiederherstellungskosten zu Lasten des VNs

109 § 7 Nr. 2 ABU betrifft die Kosten, welche der Unternehmer zur Durchführung der Wiederherstellung in **eigener Regie** nach Maßgabe der von ihm zu tragenden Leistungsgefahr aufzuwenden hat (Selbstkosten). Die gem. § 7 Nr. 2 lit. a) aa)-cc) ABU benannten Zuschläge sind ausgenommen, da der Unternehmer diese regelmäßig bereits der vertraglichen Kalkulation zu Grunde gelegt hat und folglich nicht doppelt begünstigt werden soll.[143] Ist der Bauherr VN, enthält § 7 Nr. 2 lit. a) ABN eine inhaltlich den ABU entsprechende Regelung mit Blick auf die mitversicherten Unternehmer.

110 Für die konkrete **Abrechnung** der unternehmerischen Selbstkosten sind § 7 Nr. 2 lit. b) u. c) ABU/ABN einschlägig. Grundsätzlich erfolgt diese gem. § 7 Nr. 2 lit. b) ABU/ABN nach den **Preisen des Leistungsverzeichnisses**. Dabei wird ein vertraglich ausgehandelter Prozentsatz der Preise ersetzt, die im Bauvertrag unmittelbar festgelegt oder auf gleicher Grundlage ermittelt worden sind.

111 Darüber hinaus ist gem. § 7 Nr. 2 lit. c) ABU/ABN ebenfalls die **Abrechnung unabhängig von den bauvertraglichen Preisen** auf Grund derjenigen Kriterien möglich, die in § 7 Nr. 2 lit. d)-h) ABU/ABN detailliert geregelt sind. Diese Vorgehensweise ist jedoch nur bei Zustimmung des VRs zulässig. Hat der versicherte Unternehmer hieran ein schutzwürdiges Interesse in Form eines **wichtigen Grundes**, so muss der VR seine Zustimmung erteilen. Ein solches Interesse kann nur angenommen werden, wenn die Abrechnung anhand des Leistungsverzeichnisses für den versicherten Unternehmer wirtschaftlich unzumutbar sein sollte.[144] Diese Voraussetzung ist etwa erfüllt, wenn die tatsächlichen Aufwendungen und ihre Kosten die vertraglichen Preise erheblich übersteigen.[145]

112 Das Abrechnungssystem gem. § 7 Nr. 2 lit. d)-h) ABU/ABN nähert die gestattete Abrechnung soweit als möglich an die vertraglichen Grundlagen an.[146] Bei **Stundenlohnarbeiten** bilden gem. § 7 Nr. 2 lit. d) aa) ABU/ABN die für die jeweilige Baustelle geltenden tariflichen Bedingungen den Berechnungsmaßstab. Tarifliche Zuschläge für Überstunden etc. werden gem. § 7 Nr. 2 lit. d) bb) ABB/ABN berücksichtigt, soweit diese in den Herstellungskosten und damit in der Versicherungssumme enthalten sind und ein entsprechender Ersatz gesondert vereinbart wurde. Zu den vorbenannten Positionen werden prozentual vereinbarte Zuschläge gewährt (cc), deren Abgeltungswirkung § 7 Nr. 2 lit. h) ABU/ABN näher regeln. Ferner sind in der Versicherungssumme enthaltene notwendige und schadenbedingte Lohnnebenkosten (dd), übertarifliche Lohnanteile und Zulagen (ee) sowie Zuschläge zu in dd) und ee) genannten Positionen (ff) abzugelten. Allgemeine Voraussetzung für die Erstattung ist gem. § 7 Nr. 2 lit. g) ABU/ABN, dass dem VR **prüffähige Unterlagen** vorgelegt werden. Für den Maßstab der Prüfbarkeit kann an die entsprechenden Anforderungen der VOB/B angeknüpft werden.

113 Für das **Vorhalten eigener Baugeräte** ist nach § 7 Nr. 2 lit. e) aa) ABU/ABN ein prozentual vereinbarter Satz der mittleren Abschreibungs- und Verzinsungssätze nach Maßgabe der aktuell geltenden »Baugeräteliste« des Hauptverbandes der Deutschen Bauindustrie in Ansatz zu bringen. Zusätzlich werden auch Kosten für Betriebs- und Schmierstoffe ersetzt (bb).

114 **Transportkosten** sind gem. § 7 Nr. 2 lit. f) ABU/ABN nach den angemessenen und ortsüblichen Kosten zu ersetzen. Diese sind im Zweifel sachverständig zu ermitteln. Für Mehrkosten infolge von Eil- und Expressdiensten ist eine besondere Vereinbarung nötig.

cc) Kosten, die nicht zu Lasten des VNs gehen

115 § 7 Nr. 4 ABU regelt Kosten, die der Unternehmer (VN) nicht zu tragen hat. Relevant wird diese Bestimmung, falls gem. § 3 Nr. 4 ABU i.V.m den Klauseln 6364 und 6365 TK ABU 2011 auch Schäden an Leistungen versichert sind, für welche der Auftraggeber die Gefahr trägt. Ersetzt werden insoweit ausschließlich Aufwendungen für Leistungen und Lieferungen Dritter.
Im Rahmen der ABN ist die besondere Regelung des § 7 Nr. 2 lit. a) Satz 2 zu beachten. Diese unterwirft Eigenleistungen des versicherten Bauherrn dem Regime, das auch für Schäden zu Lasten eines Unternehmers

---

141 Vgl. BGH VersR 1979, 856.
142 Nach *Rehm/Frömel*, A § 7 ABU Rn. 15.
143 *Rehm/Frömel*, A § 7 ABU Rn. 27.
144 P/M/*Voit*, A § 7 Nr. 2 ABU Rn. 1; B/M/*Johannsen*, ABU 2011 A § 7 Rn. 15.
145 Vgl. *Rehm/Frömel*, § 7 ABU Rn. 29; *Roos/Schmitz-Gagnon*, A § 7 ABU Rn. 66 m.w.N.
146 B/M/*Johannsen*, ABU 2011 A § 7 Rn. 16.

gilt. Auf diese Konstellation findet § 7 Nr. 4 ABN folglich keine Anwendung, so dass nur die Selbstkosten erstattet werden.[147]

dd) Lieferungen und Leistungen Dritter

Der versicherte Unternehmer kann sich zur Wiederherstellung auch Dritter bedienen. Ersetzt werden in diesem Falle ohne Weiteres Aufwendungen für Material, im Übrigen ist vorher die Zustimmung des VRs einzuholen, § 7 Nr. 3 lit. a) ABU/ABN. Die Zustimmung muss der VR erteilen, falls der versicherte Unternehmer die Wiederherstellung nicht ohne Unterstützung erbringen kann oder dies mit höheren Kosten verbunden wäre.[148] Die Höhe der Erstattung richtet sich nach dem Abrechnungsbetrag innerhalb der vereinbarten Grenzen, schadenbedingte Geschäftskosten werden nach einer Pauschale abgerechnet, § 7 Nr. 3 lit. b) ABU/ABN. 116

ee) Weitere Kosten

Weitere Kosten i.S.v. § 7 Nr. 5 ABU/ABN sind die **zusätzlichen Kosten** gem. § 6 Nr. 3 ABU/ABN.[149] Sie werden nur auf Grund einer besonderen Vereinbarung und bis zur vereinbarten Höhe der Versicherungssumme ersetzt. 117

ff) Beschränkungen der Entschädigung

Die betragsmäßige Grenze der durch den VR zu gewährenden Entschädigung bildet gem. § 7 Nr. 6 ABU/ABN die **Versicherungssumme**. 118

Im Falle der **Unterversicherung** findet gem. § 7 Nr. 7 ABU/ABN eine anteilige Kürzung der Entschädigung statt (vgl. dazu bereits oben Rdn. 92). Soweit man § 5 Nr. 3 ABU/ABN als unvereinbar mit § 307 BGB ansieht, bietet sich als erhebliche Abweichung i.S.v. § 75 eine Grenze von etwa 10 % an.[150] 119

§ 7 Nr. 8 ABU/ABN bestimmt die Kürzung der Entschädigung, wenn der Schaden **grob fahrlässig** herbeigeführt wurde. Konkrete Werte für die Bezifferung des Verschuldensmaßes haben sich in der Praxis noch nicht herausgebildet. Eine erste Orientierung vermag insoweit die einschlägige Rechtsprechung für Berücksichtigung des Mitverschuldens i.S.v. § 254 BGB zu geben. 120

Von dem nach § 7 Nr. 1–8 ABU/ABN gebildeten Betrag ist schließlich der jeweils vertraglich vereinbarte **Selbstbehalt** in Abzug zu bringen, § 7 Nr. 9 ABU/ABN. Um eine unangemessene Benachteiligung zu vermeiden, ist eine Auslegung dieser Klausel dahingehend zwingend, dass der Selbstbehalt nur dann mehrfach abgezogen werden darf, wenn mehrere Schäden aufgrund unterschiedlicher Versicherungsfälle vorliegen.[151] 121

c) Zahlung und Verzinsung

Die Bestimmung gem. § 8 ABU/ABN befasst sich mit einzelnen praktisch bedeutsamen Modalitäten des Entschädigungsanspruches. 122

Die **Fälligkeit** nach § 8 Nr. 1 ABU/ABN entspricht der Regelung des § 14. Damit der VR den Fälligkeitszeitpunkt nicht subjektiv nach Belieben hinauszögern kann, kommt es auch gem. § 8 Nr. 1 Satz 1 ABU/ABN auf den Abschluss der **notwendigen** Feststellungen zum Grunde und zur Höhe des Anspruches an.[152] Überdies trifft den VR die Pflicht zur **Beschleunigung** der notwendigen Feststellungen, so dass die Fälligkeit bereits eintritt, sobald nach objektiven Gesichtspunkten mit dem Abschluss der Feststellungen zu rechnen gewesen wäre.[153] Auch der Zugang der **Ablehnungsanzeige** beim VN löst Fälligkeit aus.[154] 123

Einen Monat nach Meldung des Versicherungsfalls kann der VN gem. § 8 Nr. 1 Satz 2 ABU/ABN – entsprechend § 14 Abs. 2 Satz 1 – eine **Abschlagszahlung** in Höhe des nach der Lage der Dinge mindestens zu zahlenden Betrages beanspruchen. Auf diese Weise wird die lange Dauer eventuell schwieriger Feststellungen teilweise kompensiert. Aufgrund einer Fehleinschätzung zu viel verauslagte Beträge hat der VN ggf. auf Grundlage des Versicherungsvertrages zu erstatten. Für eine Anwendung des Bereicherungsrechts bleibt daher kein Raum.

Die fällige Entschädigung ist nach Maßgabe von § 8 Nr. 2 ABU/ABN in Höhe von 4 % p.a. zu **verzinsen**, ausgenommen bleibt dabei jedoch der erste Monat nach Schadensmeldung. Ein höherer Zinssatz kommt etwa gem. §§ 286, 288 BGB bei Verzug sowie gem. § 352 HGB in Betracht. Der Beginn der Verzinsung weicht zum Nachteil des VNs von der Regelung des § 91 ab, die gerade nicht auf die Fälligkeit des Anspruches abstellt. In Anbetracht der Abschlagszahlung dürfte den Interessen des VNs im Falle lang andauernder Feststellungen 124

---

147 Vgl. P/M/*Voit*, A § 7 Nr. 4 ABN Rn. 1; *Roos/Schmitz-Gagnon*, A § 7 ABU Rn. 96.
148 *Rehm/Frömel*, § 7 ABU Rn. 47; B/M/*Johannsen*, ABU 2011 A § 7 Rn. 20.
149 P/M/*Voit*, A § 7 Nr. 4 ABU Rn. 1.
150 B/M/*Johannsen*, ABU 2011 A § 7 Rn. 24.
151 So auch *Rehm/Frömel*, § 7 ABU Rn. 70 ff.; B/M/*Johannsen*, ABU 2011 A § 7 Rn. 27.
152 B/M/*Johannsen*, ABU 2011 A § 8 Rn. 1.
153 OLG Frankfurt a.M. VersR 2002, 566.
154 BGH VersR 2002, 472; VersR 1990, 153.

Genüge getan sein, so dass § 8 Nr. 2 lit. a) ABU/ABN vor dem Hintergrund einer möglichen unangemessenen Benachteiligung gem. § 307 Abs. 1 BGB als **wirksam** anzusehen ist.[155]

125 § 8 Nr. 3 ABU/ABN regeln entsprechend §§ 14 Abs. 2 Satz 2, 91 Satz 2 eine mögliche **Hemmung** der Fälligkeit des Zahlungsanspruches bzw. der Verzinsung. Ein für die Hemmung erforderliches Verschulden des VNs kann insbesondere darin liegen, dass erforderliche Unterlagen nicht vorgelegt oder Auskünfte nicht erteilt worden sind.[156] Für den Verschuldensmaßstab ist § 276 BGB anwendbar.

126 Der VR kann gem. § 8 Nr. 4 ABU/ABN die Zahlung **aufschieben**, solange Zweifel an der Empfangsberechtigung des VNs bestehen (lit. a) oder gegen diesen oder dessen Repräsentanten (siehe oben Rdn. 42) aus Anlass des Versicherungsfalles ein behördliches oder strafrechtliches Verfahren läuft (lit. b). Zweifel an der Empfangsberechtigung, die ein Element der materiell-rechtlichen Begründetheit des Zahlungsanspruches darstellt und deren Vorliegen der VN darzulegen und zu beweisen hat,[157] können insbesondere infolge von Abtretung, Pfändung, einer Mehrheit von VN oder der Veräußerung der versicherten Sache auftreten.[158] Im Falle eines behördlichen oder strafrechtlichen Verfahrens besteht ein Zurückbehaltungsrecht des VRs mit der Folge, dass die Fälligkeit des Anspruches ausgeschlossen bleibt.[159] Dem klaren Wortlaut der Klausel nach muss sich das Ermittlungsverfahren auf den konkreten Versicherungsfall beziehen.

127 Vor Fälligkeit ist eine **Abtretung** des Entschädigungsanspruches nur mit Zustimmung des VRs möglich, § 8 Nr. 5 ABU/ABN. Die Zustimmung ist zu erteilen, wenn dem VN sonst wirtschaftliche Nachteile drohen.[160] Eine ohne die erforderliche Zustimmung vorgenommene Abtretung ist gem. § 399 BGB unwirksam. Stellt der Versicherungsvertrag für beide Seiten ein **Handelsgeschäft** dar, ist die erfolgte Abtretung auch ohne Zustimmung nach Maßgabe von § 354a Abs. 1 HGB gleichwohl wirksam.

7. Sachverständigengutachten, § 9 ABU/ABN

128 Da an Bauleistungen eingetretene Schäden häufig komplexe technische Fragestellungen aufwerfen, regeln – wie bei nahezu sämtlichen Sachversicherungen üblich – § 9 ABU/ABN ein detailliertes Verfahren über sachverständige Feststellungen. Ergänzend muss die gesetzliche Bestimmung in § 84 beachtet werden, auf deren Kommentierung vollumfänglich verwiesen wird.

a) Einleitung des Verfahrens

129 Die Ausgestaltung des Sachverständigenverfahrens nach Maßgabe von § 9 ABU/ABN beruht, wie sich mittelbar aus § 9 Nr. 3 lit. a) ABU/ABN erschließen lässt, auf einer gegenseitigen Vereinbarung der Parteien über dessen Durchführung. Insoweit kommt in § 9 Nr. 1 Satz 2 ABU/ABN die Selbstverständlichkeit zum Ausdruck, dass ein entsprechendes Verfahren auf der Grundlage einer einvernehmlich erzielten Einigung möglich ist. Zudem kann der VN gem. § 9 Nr. 1 Satz 1 ABU/ABN verlangen, dass der VR der Einleitung sachverständiger Feststellungen zustimmt. Im Falle der Weigerung des VRs kommt eine **Feststellungsklage** in Betracht.[161] Ein eigenes Recht zur Einleitung des Sachverständigenverfahrens ist für den VR nicht vorgesehen. Praktisch kann dieser aber zumindest mittelbar eine gutachterliche Untersuchung erreichen, indem er die Leistung verweigert und den VN auf diese Weise zu einer Klageerhebung drängt.

b) Gegenstand der Feststellungen

130 Im Vordergrund steht gem. der Überschrift zu § 9 Nr. 1 ABU/ABN die genaue Ermittlung der **Schadenshöhe**. Ausweislich § 9 Nr. 4 lit. a) ABU/ABN sind hiervon als zwingende Feststellungen des Gutachtens die ermittelten oder vermuteten **Ursachen** ebenso erfasst wie der für den VN frühestmögliche **Zeitpunkt der Erkennbarkeit** des Sachschadens. Diese Tatsachen sind gem. § 2 ABU/ABN von zentraler Bedeutung für den Versicherungsschutz sowie mögliche Ausschlüsse.

Darüber hinaus kann das Verfahren ausweislich § 9 Nr. 2 ABU/ABN auch durch Vereinbarung auf weitere Feststellungen zum Versicherungsfall erstreckt werden. Zwingend zu treffende Feststellungen i.S.v. § 9 Nr. 4 ABU/ABN unterliegen dabei keiner Notwendigkeit einer gesonderten Vereinbarung. Dies gilt im Hinblick auf **Umfang der Beschädigung und Zerstörung** (lit. b) sowie die im Vertrag **versicherten Kosten** (lit. c). Relevant ist § 9 Nr. 2 ABU/ABN indes, soweit es um die tatsächlichen Voraussetzungen eines Entschädigungsanspruches oder dessen Höhe geht; **reine Rechtsfragen** (z.B. nach der Auslegung bestimmter Klauselbedingungen) können hingegen nicht zum Gegenstand der Prüfung des Sachverständigen gemacht werden.[162]

---

155 So P/M/*Voit*, A § 8 Nr. 2 ABU Rn. 1; a.A. B/M/*Johannsen*, ABU 2011 A § 8 Rn. 3: Verstoß gegen § 307 Abs. 2 Nr. 1 BGB; im Ergebnis wohl auch P/M/*Armbrüster*, § 91 Rn. 6.
156 B/M/*Johannsen*, ABU 2011 A § 8 Rn. 7.
157 Vgl. B/M/*Johannsen*, ABU 2011 A § 8 Rn. 8; für eine Fälligkeitsregelung dagegen *Roos/Schmitz-Gagnon*, A § 8 ABU Rn. 14.
158 Siehe zur notwendigen Vorlage eines **Erbscheins** etwa OLG Karlsruhe VersR 1979, 564.
159 BGH VersR 1974, 639; OLG Hamm VersR 1987, 1129; *Roos/Schmitz-Gagnon*, A § 8 ABU Rn. 18.
160 Vgl. *Rehm/Frömel*, § 8 ABU Rn. 16.
161 BGH VersR 1971, 433.
162 *Roos/Schmitz-Gagnon*, A § 9 ABU Rn. 1, 17.

c) Verfahrensdurchführung

§ 9 ABU/ABN enthält Vorschriften für den Beginn des Sachverständigenverfahrens (§ 9 Nr. 3 ABU/ABN) und für das Verfahren nach den getroffenen Feststellungen (§ 9 Nr. 5 ABU/ABN). 131

Jede Partei hat gem. § 9 Nr. 3 lit. a) ABU/ABN einen Sachverständigen in **Textform** (§ 126b BGB) zu benennen, hilfsweise kann eine Partei zwei Wochen nach Zugang ihrer Aufforderung eine Benennung durch das für den Schadensfall zuständige Amtsgericht durchführen lassen. Die Zuständigkeit obliegt dem Gericht, in dessen Bezirk der Schaden eingetreten ist.[163] § 1035 Abs. 4 ZPO findet Anwendung. 132

Hinsichtlich der Auswahl enthalten § 9 Nr. 3 lit. b) ABU/ABN den VR bindende Vorgaben. Demnach sind solche Personen ausgeschlossen, die **Mitbewerber des VNs** sind oder die mit dem VR in **dauerhafter Geschäftsverbindung** stehen. Ebenso gilt dies für Personen, die in einem **Anstellungs- oder ähnlichen Verhältnis** zu Mitbewerbern oder Geschäftspartnern stehen. Diese Bedingung regelt die praktisch äußerst wichtige Frage der Neutralität von Sachverständigen nur unzureichend. Es fehlen einerseits entsprechende Richtlinien für den VN, zudem hätte es der Aufnahme eines entsprechenden Ablehnungsrechts im Falle von Verstößen in § 9 ABU/ABN bedurft.[164] Während die Rechtsprechung des BGH sich zu dieser Frage inkohärent verhält,[165] verlangt die überwiegende Ansicht im Schrifttum die **Unbefangenheit** des Sachverständigen.[166] Insoweit kann inhaltlich an § 406 ZPO angeknüpft werden. 133

Eine besondere **Sachkunde** wird nicht explizit vorausgesetzt. Deren Notwendigkeit versteht sich in aller Regel jedoch von selbst, da der Sachverständige gerade mangelnde Informationen ermitteln und fehlende Fachkenntnisse der Parteien kompensieren soll. Die Anforderung der Sachkunde ist daher regelungsimmanente (ungeschriebene) Voraussetzung.

Die Sachverständigen müssen gem. § 9 Nr. 3 lit. c) ABU/ABN einen dritten Sachverständigen als **Obmann** bestellen, für dessen Auswahl lit. b) entsprechend gilt. Kommt keine Einigung zustande, kann eine der Parteien die Benennung wiederum durch das örtlich zuständige Amtsgericht erreichen. Auch in diesem Fall findet § 1035 Abs. 4 ZPO Anwendung.

Sobald die Feststellungen vorliegen, übermittelt jeder Sachverständige diese gem. § 9 Nr. 5 UAbs. 1 ABU/ABN den Parteien gleichzeitig. Obschon der Wortlaut der Bedingung von zwei getrennten Gutachten ausgeht, wird in der Praxis häufig ein gemeinsames Gutachten erstellt.[167] Weichen die Feststellungen voneinander ab, muss sie der VR unverzüglich dem Obmann übergeben, der als neutraler Dritter eigene Feststellungen zu den streitigen Punkten trifft und diese den Parteien wiederum gleichzeitig übermittelt. Der Obmann darf dabei thematisch nicht über die Feststellungen der Sachverständigen hinausgehen und bleibt auf eine reine Kontrollfunktion begrenzt. 134

Entscheidend ist aus Sicht der Parteien, dass die getroffenen Feststellungen grundsätzliche **Verbindlichkeit** genießen und somit die Grundlage für die Berechnung der Entschädigungssumme seitens des VRs darstellen, § 9 Nr. 5 UAbs. 2 ABU/ABN. Eine Ausnahme gilt nur, soweit nachgewiesen wird, dass die Feststellungen von der wirklichen Sachlage offenbar und erheblich abweichen. Den Nachweis hat diejenige Partei zu führen, die sich zu ihren Gunsten auf die Unverbindlichkeit beruft. Die Nachweispflicht folgt damit den allgemeinen Grundsätzen zur Darlegungs- und Beweislast. Durch die Begrenzung auf eine besonders grobe Fehlerhaftigkeit wird dem besonderen Zweck des Sachverständigenverfahrens entsprochen, eine schnelle Klärung des Versicherungsschutzes ohne langwierige Inanspruchnahme staatlicher Gerichte zu erreichen. Grob fehlerhaft ist das Gutachten bspw. bei offensichtlichen Unrichtigkeiten. Eine offenbare Unrichtigkeit kann sich z.B. aus der Anwendung einer fehlerhaften Berechnungsmethode ergeben[168] oder aus der Lückenhaftigkeit des vorgelegten Gutachtens.[169] Für die Erheblichkeit einer Abweichung kommt es nicht auf Einzelpositionen, sondern auf das Gesamtergebnis der Feststellungen an.[170]

Das Gutachten ist gem. § 9 Nr. 5 UAbs, 2 ABU/ABN auch dann unverbindlich, wenn die Sachverständigen schwerwiegende **Verfahrensfehler** begangen haben.[171]

Gelingt einer Partei der Nachweis von Fehlern in o.g. Sinne und sind die Feststellungen damit nicht verbindlich, so müssen die notwendigen Feststellungen nach der klarstellenden Bestimmung in § 9 Nr. 5 UAbs. 3

---

163 Vgl. § 84 VVG Rdn. 12.
164 Siehe zu entsprechender Kritik B/M/*Johannsen*, ABU 2011 A § 9 Rn. 3.
165 Ausführlich dazu *Roos/Schmitz-Gagnon*, A § 9 ABU Rn. 27f; B/M/*Johannsen*, § 84 VVG Rn. 38 jeweils m.w.N.
166 Für ein Ablehnungsrecht analog § 1036 ZPO etwa Römer/Langheid/*Römer*, § 64 Rn. 20; MünchKommBGB/*Würdinger*, § 317 Rn. 44; HK-VVG/*Rüffer*, § 84 Rn. 13; siehe dazu § 84 VVG Rn. 27.
167 Nach BGH VersR 1987, 601 soll diese Praxis im Rahmen von § 15 AFB nur bei einer ausdrücklichen oder stillschweigenden Vereinbarung der Parteien zulässig sein; vgl. auch *Roos/Schmitz-Gagnon*, A § 9 ABU Rn. 49.
168 BGHZ 9, 195, 199.
169 BGH BB 2001, 1976.
170 Vgl. BGH VersR 1957, 122, 123.
171 Siehe *Roos*/*Schmitz-Gagnon*, A § 9 ABU Rn. 54 ff., wonach unter Verweis auf BGH VersR 1987, 601 die Rügeobliegenheit analog § 406 Abs. 2 ZPO zu beachten ist.

Anhang T Bauleistungs- und Montageversicherung

ABU/ABN durch gerichtliches Verfahren getroffen werden. Ebenso tritt diese Rechtsfolge ein, falls die Sachverständigen die Feststellungen nicht treffen **können, wollen** oder aber diese **verzögern**.[172]

d) Kosten und Obliegenheiten

135 Sofern nicht anders vereinbart, trägt gem. § 9 Nr. 6 ABU/ABN jede Partei die Kosten des von ihr benannten Sachverständigen. Diejenigen des Obmannes werden hälftig geteilt. Obliegenheiten des VNs werden gem. § 9 Nr. 7 ABU/ABN durch das Sachverständigenverfahren nicht berührt.

II. Bauleistungsversicherung, Abschnitt B ABU/ABN 2011

136 Die Bestimmungen in Abschnitt B der ABU/ABN sind in weiten Teilen übereinstimmend gefasst. Sie statuieren keine für die Bauleistungsversicherung spezifischen Regelungen, sondern beziehen sich allgemein auf das Versicherungsverhältnis und decken sich insoweit inhaltlich mit den entsprechenden Vorschriften im VVG. Besonderheiten gelten indes für den Versicherungsschutz in zeitlicher Hinsicht gem. § 2 ABU/ABN sowie die Obliegenheiten i.S.v. § 8 ABU/ABN, auf die sich die nachfolgende Kommentierung daher beschränkt.

1. Beginn und Ende des Versicherungsschutzes, § 2 ABU/ABN

137 Hinsichtlich Beginn und Ende des Versicherungsschutzes treffen § 2 ABU/ABN teilweise divergierende Regelungen. Während der Beginn des Versicherungsschutzes in § 2 Nr. 1 ABU/ABN sowie das Vertragsende in § 2 Nr. 3 ABU, § 2 Nr. 4 ABN gleichlautenden Bestimmungen unterworfen sind, ergeben sich gem. § 2 Nr. 2 u. 3 ABN erhebliche Abweichungen zu § 2 Nr. 2 ABU in Bezug auf das Ende des Versicherungsschutzes.

a) Beginn des Versicherungsschutzes, § 2 Nr. 1 ABU/ABN

138 Der Beginn des Versicherungsschutzes lässt sich gem. § 2 Nr. 1 ABU/ABN aus dem im Versicherungsschein jeweils angegebenen Zeitpunkt entnehmen.

139 Allgemein ist die Periode der **Versicherungszeit** bestehend zwischen Beginn und Ende des Versicherungsschutzes von elementarer Bedeutung für die Eintrittspflicht.[173] Zu regulieren sind ausschließlich Schäden, die innerhalb dieser Zeitspanne **eingetreten** sind. Keinerlei Bedeutung besitzt in diesem Zusammenhang der Umstand, dass allein die konkrete Ursache für einen späteren Schadenseintritt in die Zeit des Versicherungsschutzes fällt.[174] Allein die Beschädigung oder Zerstörung bildet den vertraglich erfassten Versicherungsfall. Wird ein Schaden hingegen erst nach Ablauf des Versicherungsschutzes entdeckt, so muss der VN nachweisen, dass dieser bereits während der Versicherungszeit vorgelegen hat.[175]

Beispiel:[176] *Das fertiggestellte Flachdach weist einen bei der Abnahme unerkannt gebliebenen Riss auf. Durch diesen dringt nach Abnahme und Ende des Versicherungsschutzes Regenwasser in das Gebäude ein, das schädliche Durchfeuchtungen hervorruft. Versicherungsfall ist hier der Riss im Dach, der bereits während der Zeit des Versicherungsschutzes vorlag. Daher bleibt der VR regulierungspflichtig, falls der VN diesen Umstand nachweisen kann.*

Nach dem klaren Wortlaut von § 2 ABU/ABN besteht im Übrigen ein uneingeschränkter Versicherungsschutz naturgemäß nur, wenn der VN die geschuldete Erst- oder Einmalprämie rechtzeitig gezahlt hat.

b) Ende des Versicherungsschutzes gem. § 2 Nr. 2 u. 3 ABU

140 Das Ende des Versicherungsvertrages fällt gem. § 2 Nr. 3 ABN mit demjenigen des Versicherungsschutzes zusammen. Dies ist nach § 2 Nr. 2 UAbs. 3 ABU *spätestens* der Zeitpunkt, der im Versicherungsschein angegeben wird.[177]

Im Übrigen endet der Versicherungsschutz für Bauleistungen oder Teile von diesen mit der (fiktiven) **Abnahme**, § 2 Nr. 2 UAbs. 1 ABU. Es gelten die Regelungen in § 12 VOB/B, § 640 BGB.

141 Zu Gunsten von **Baustoffen, Bauteilen, Hilfsbauten und Bauhilfsstoffen** (siehe zu diesen Begriffen oben Rdn. 18) verlängert sich der Versicherungsschutz über das gewöhnliche Ende für Bauleistungen hinaus um einen Monat. Auf diese Weise besteht der Deckungsschutz insbesondere während der Phase der Baustellenräumung, die sich an die erfolgte Abnahme anschließt, zeitweise fort.[178]

142 Der VN ist gem. § 2 Nr. 2 UAbs. 2 ABU verpflichtet, dem Bauherrn oder sonstigem Auftraggeber unverzüglich in Textform (§ 126b BGB) **mitzuteilen**, dass die geschuldeten Leistungen fertiggestellt sind. Auf diese Weise soll im Interesse des VRs eine zügige Abwicklung der Abnahme mit einem zumindest partiellen Ende

---

172 Vgl. dazu § 84 VVG Rdn. 31.
173 Siehe entsprechend zur Montageversicherung auch unten Rdn. 238.
174 Allg. M., siehe BGH VersR 1979, 853, 855; P/M/*Voit*, B § 3 ABU Rn. 2; *Rehm/Frömel*, B § 3 ABU Rn. 1; VersHb/*v. Rintelen*, § 36 Rn. 68.
175 Siehe auch P/M/*Voit*, B § 3 ABU Rn. 2; B/M/*Johannsen*, ABU 2011 B § 2 Rn. 1.
176 Nach *Rehm/Frömel*, B §§ ABN Rn. 1f.
177 Zumeist handelt es sich um den Zeitpunkt der voraussichtlichen Fertigstellung, vgl. VersHb/*v. Rintelen*, § 36 Rn. 68.
178 *Roos/Schmitz-Gagnon*, B § 3 ABU Rn. 21.

der Einstandspflicht gefördert werden. Es handelt sich hierbei allerdings nicht um eine den Versicherungsschutz bei Missachtung beschränkende Obliegenheit i.S.v. §§ 8, 9 ABU.[179]

§ 2 Nr. 2 UAbs. 3 ABU bestimmt, dass der VN die **Verlängerung des Versicherungsschutzes** vor dessen Ende 143 beantragen kann. Soll diese Klausel nicht nur eine bloße Selbstverständlichkeit zum Ausdruck bringen, darf der VR eine notwendige Vereinbarung über die Verlängerung nur aus sachlich berechtigtem Grunde ablehnen.[180]

Abweichende Vereinbarungen zum Ende der Versicherungszeit sind vor allem auf der Grundlage der Klau- 144 seln 6290 und 6291 TK ABU 2011 möglich. Im Falle von **Jahresverträgen** ist die Klausel 6862 TK ABU 2011 zu beachten. Für **Glasbruchschäden** sieht die Klausel 6877 TK ABU 2011 vor, dass der Versicherungsschutz bereits vorzeitig mit dem fertigen Einbau endet. Auf diese Weise lässt sich die drohende Doppelversicherung in Anbetracht einer günstigeren Glasbruchversicherung vermeiden.[181]

c) Ende des Versicherungsschutzes gem. § 2 Nr. 2 bis 4 ABN

Im Rahmen der ABN differenziert § 2 Nr. 2 u. 3 für das Ende des Versicherungsschutzes je nach VN (Bauherr, 145 Auftraggeber) und mitversichertem Unternehmer, damit den unterschiedlich gelagerten Interessen angemessen Rechnung getragen wird.

Unter den in § 2 Nr. 2 UAbs. 1 ABN aufgeführten drei Zeitpunkten ist der jeweils früheste für das Ende des Versicherungsschutzes vorrangig:

Die **Bezugsfertigkeit** (lit. a) ist gegeben, sobald das versicherte Gebäude soweit fertiggestellt worden ist, dass 146 es genutzt werden kann. Bei einem Wohngebäude muss daher der Einzug von Personen möglich und zumutbar sein,[182] einzelfallabhängig wird die Zumutbarkeit in Anbetracht nur noch geringfügig ausstehender Restarbeiten (z.B. Verlegen von Teppich in einzelnen Räumen, Tapezieren oder Streichen, fehlende Heizung im Sommer) nicht ausgeschlossen.[183]

Wird ein Gebäude trotz fehlender Bezugsfertigkeit bezogen, endet der Versicherungsschutz nach Ablauf von 147 sechs Tagen seit Beginn der **Benutzung** (lit. b). Ebenfalls genügt für die Benutzung die bloße Einlagerung von Gegenständen.

In lit. c) stellen die ABN auf die **behördliche Gebrauchsabnahme** ab. Sie bescheinigt, dass das betreffende Gebäude bautechnisch und baurechtlich einwandfrei errichtet wurde.[184]

Das Ende des Versicherungsschutzes wird gem. § 2 Nr. 2 UAbs. 2 ABN partiell vorverlagert, soweit die vor- 148 genannten Voraussetzungen für eines von mehreren Bauwerken oder den Teil eines Bauwerks (z.B. Dachgeschoss oder untere Etage) erfüllt sind. Über das Ende des Versicherungsschutzes hinaus bleiben Schäden aufgrund von **Restarbeiten** weiterhin versichert, § 2 Nr. 2 UAbs. 1 a.E. ABN. Diese Bestimmung berücksichtigt, dass die Bezugsfertigkeit oder Benutzung bereits vor einer vollständigen Fertigstellung des Werks vorliegen können.[185] In diesem Falle ergibt sich die längste Dauer – vorbehaltlich einer entsprechend § 2 Nr. 2 ABU möglichen Verlängerung – aus dem im Versicherungsschein angegebenen Zeitpunkt gem. § 2 UAbs. 3 ABN.

Für **versicherte Unternehmer** knüpft § 2 Nr. 3 ABN das Ende des Versicherungsschutzes an die (fingierte) 149 **Abnahme**. Maßgeblich sind daher ebenso wie nach den ABU die Bestimmungen in § 12 VOB/B, § 640 BGB. Gesondert benannt wird überdies der Abnahmeverzug i.S.v. § 640 Abs. 1 Satz 2 BGB, der mit einer entsprechenden Hauptpflicht des Bestellers gem. § 640 Abs. 1 Satz 1 BGB korreliert und zum Gefahrübergang nach Maßgabe von § 644 Abs. 1 Satz 2 BGB führt.[186]

Abweichende Bestimmungen zu § 2 ABN sind durch Einbeziehung der Klauseln 5290 und 5291 TK ABN 150 2011 möglich. Diese entsprechen inhaltlich den Klauseln 6290 und 6291 TK ABU 2011.

2. Obliegenheiten des VNs, § 8 ABU/ABN

In § 8 ABU/ABN wird zwischen Obliegenheiten vor und nach Eintritt des Versicherungsfalls unterschieden. 151 Die Obliegenheiten gem. § 8 ABU/ABN treffen ausschließlich den VN. Hierzu genügt die bloße Mitversicherung von Interessen ausweislich der in § 3 ABU/ABN zu Grunde gelegten Differenzierung nicht, vielmehr ist als VN allein der unmittelbare Vertragspartner des VRs anzusehen.

---

179 Str., wie hier auch P/M/*Voit*, B § 3 ABU Rn. 3; B/M/*Johannsen*, ABU 2011 B § 2 Rn. 2; a.A. *Rehm/Frömel*, B § 3 ABU Rn. 11.
180 So auch P/M/*Voit*, B § 3 ABU Rn. 1; B/M/*Johannsen*, ABU 2011 B § 2 Rn. 3 unter Hinweis auf § 242 BGB; a.A. *Roos/Schmitz-Gagnon*, B § 3 ABU Rn. 28.
181 Vgl. *Rehm/Frömel*, B § 3 ABU Rn. 3.
182 *Roos/Schmitz-Gagnon*, B § 3 ABN Rn. 18.
183 Vgl. entsprechend zur Wohngebäudeversicherung OLG Hamm VersR 1989, 365, 366; anders mit krit. Anm. *Wälder* OLG Rostock r+s 2008 152, 153 zu einem Gerüst vor der Hauswand, abl. dazu auch B/M/*Johannsen*, ABN 2011 B § 2 Rn. 2.
184 Siehe etwa zu Bauzustandsbesichtigung § 82 BauO NRW; vgl. auch VersHb/*v. Rintelen*, § 36 Rn. 65.
185 B/M/*Johannsen*, ABN 2011 B § 2 Rn. 4.
186 B/M/*Johannsen*, ABN 2011 B § 2 Rn. 5.

Anhang T Bauleistungs- und Montageversicherung

a) Obliegenheiten vor Eintritt des Versicherungsfalles, § 8 Nr. 1 ABU/ABN

152 Vor Eintritt des Versicherungsfalles muss der VN gem. **§ 8 Nr. 1 lit. a) aa) ABU/ABN** die notwendigen Informationen über die Eigenschaften oder Veränderungen des Baugrundes und die Grundwasserverhältnisse einholen. Maßgeblich ist insbesondere die Überprüfung und Feststellung, dass der vorgesehene Baugrund tragfähig ist und somit sicher bebaut werden kann. Mit erheblichen Risiken behaftet sind Maßnahmen beim Tunnelbau insbesondere durch eindringendes Grundwasser; eine typische Gefahrenlage stellen ferner im Boden befindliche Altlasten sowie Blindgänger dar, die vor Baubeginn fachgerecht zu orten und zu entfernen sind. Nicht zu unterschätzende Einsturzgefahren bestehen auch, wenn das Baugrundstück in einem aktiven oder ehemaligen Bergbaugebiet liegt. Nötigenfalls ist ein einschlägiges Baugutachten einzuholen.[187] Darüber hinaus müssen die gewonnenen Erkenntnisse auch *beachtet* werden. Dies gilt im Besonderen hinsichtlich etwaiger DIN-Normen für Gründungsmaßnahmen oder behördliche Anordnungen zu Schutzmaßnahmen gegen ein Absinken von Grund und Boden.[188]

153 Eine vollständige Unterbrechung der Arbeiten auf dem Baugrundstück ist dem VR unverzüglich anzuzeigen, **§ 8 Nr. 1 lit. a) bb) ABU/ABN**. Diese Obliegenheit ist dem Umstand geschuldet, dass auf einer zumindest zeitweise verlassenen Baustelle größere Risiken für Schäden infolge von Vandalismus oder Witterungseinflüssen bestehen (vgl. auch Abschnitt A § 2 Nr. 4 lit. e) ABU).[189] Nach dem Schutzzweck dieser Bestimmung löst folglich nur die Einstellung sämtlicher Arbeiten und nicht bereits eines bloßen Teils der Leistungen die Obliegenheit zur Anzeige aus.

154 Sonstige vertraglich vereinbarte Obliegenheiten gem. **§ 8 Nr. 1 lit. a) cc) ABU/ABN** beziehen sich maßgeblich auf die Einbeziehung der Klauseln 5155 und 6155 (Mitversicherung von Altbauten gegen Einsturz), 5256 (Schäden durch aggressives Grundwasser) sowie 5858 und 6858 (Bergbaugebiet) der TK ABU 2011.

b) Obliegenheiten nach Eintritt des Versicherungsfalles, § 8 Nr. 2 ABU/ABN

155 Ist der Versicherungsfall eingetreten, ist dem VR gem. **§ 8 Nr. 2 lit. a) bb) ABU/ABN** unverzüglich nach Kenntniserlangung durch den VN Anzeige zu machen. Die Anforderungen an die **Unverzüglichkeit** der Anzeige sind in der Rechtsprechung streng, in aller Regel sind nur wenige Tage des Zuwartens als unschädlich anzusehen.[190]

156 Um das Interesse des VRs an einer sachlichen Überprüfung des Falles zu gewährleisten, fordert **§ 8 (Nr. 2 lit. a) gg) ABU/ABN** (neben der Anzeige) das Schadensbild bis zur Freigabe durch den VR nicht zu verändern. Eine Ausnahme besteht allerdings, wenn Veränderungen unumgänglich sein sollten. Ein berechtigtes Interesse des VNs wird insbesondere anerkannt, falls die sofortige Reparatur zwecks Fortsetzung der Bauarbeiten erforderlich ist.[191] Notwendig ist eine Abwägung im Einzelfall. Unberührt bleibt in jedem Falle die Obliegenheit, das Schadensbild in geeigneter Weise zu dokumentieren (z.B. durch Fotos, Zeichnungen und Pläne, Aufbewahrung beschädigter Bauteile zu Untersuchungszwecken).[192]

157 Die Erstellung eines Verzeichnisses abhandengekommener Sachen gem. **§ 8 Nr. 2 lit. a) ff) ABU/ABN** besitzt nur praktische Bedeutung im Rahmen der ABN, sofern der Verlust durch Diebstahl mit dem Gebäude fest verbundener Bestandteile zusätzlich versichert wurde (vgl. § 2 Nr. 2 lit. a) ABN, siehe dazu oben unter Rdn. 43).

158 Schäden durch strafbare Handlungen gegen das Eigentum sind jedoch gem. **§ 8 Nr. 2 lit. a) ee) ABU/ABN** in jedem Falle zur polizeilichen Anzeige zu bringen, damit die Feststellung und Verfolgung der Täter ermöglicht wird. Diese Bestimmung bezieht sich in erster Linie auf Fälle von Vandalismus auf der Baustelle.

159 Die übrigen Obliegenheiten in § 8 Nr. 2 lit. a) aa) u. cc) ABU/ABN entsprechen inhaltlich den Obliegenheiten gem. § 82, diejenigen unter Doppelbuchstabe hh) u. ii) finden sich in § 31 wieder. Es wird an dieser Stelle auf die Kommentierung zu diesen Vorschriften Bezug genommen.[193]

c) Rechtsfolge, § 8 Nr. 3 ABU/ABN

160 Der Verstoß gegen eine der vor Eintritt des Versicherungsfalles bestehenden Obliegenheiten berechtigt den VR zur Kündigung nach Maßgabe von § 32, vgl. § 8 Nr. 1 lit. b) ABU/ABN. Im Übrigen verweisen § 8 Nr. 3 ABU/ABN auf die gesetzlichen Vorschriften gem. §§ 28 u. 82.

---

187 B/M/*Johannsen*, ABU/ABN 2011 B § 8 Rn. 1.
188 Vgl. ausführlich *Rehm/Frömel*, § 8 ABU Rn. 12.
189 B/M/*Johannsen*, ABU/ABN 2011 B § 8 Rn. 2.
190 Siehe etwa OLG Hamm VersR 2001, 366; OLG Köln VersR 1998, 186.
191 OLG Karlsruhe VersR 2003, 1124; LG Köln VersR 2006, 1254: nur vorläufige Maßnahmen.
192 Für die Wirksamkeit dieser Klausel trotz § 85 P/M/*Voit*, B § 8 Nr. 2 ABU Rn. 2; zust. B/M/*Johannsen*, ABU/ABN 2011 B § 8 Rn. 5.
193 Siehe § 81 VVG Rdn. 10 ff., § 31 VVG Rdn. 14 ff.

III. Montageversicherung, Abschnitt A AMoB 2011

Die Montageversicherung dient ebenso wie die Bauleistungsversicherung dem Schutz eines laufenden Projekts.[194] Erfasst ist die Errichtung technischer Anlagen (Konstruktionen, Maschinen, maschinelle und elektrische Einrichtungen). Der systematische Aufbau der AMoB entspricht weitgehend demjenigen der ABU und ABN. Zudem weist die Montageversicherung inhaltlich eine enge Verwandtschaft zur Maschinenversicherung (AMB 2011)[195] auf. Da letztere den Versicherungsschutz ab Betriebsfertigkeit regelt (§ 1 Mr. 1 AMB), wirkt die Montageversicherung insoweit ergänzend im Vorfeld.[196] Insbesondere für Großvorhaben des Anlagenbaus werden regelmäßig eigene Montageversicherungspolicen entworfen, die aber in weiten Teilen an die AMoB angelehnt sind.

1. Versicherte und nicht versicherte Sachen, § 1 AMoB

Ebenso wie § 1 ABU/ABN differenziert § 1 AMoB nach versicherten (Nr. 1), zusätzlich versicherbaren (Nr. 2) und nicht versicherten Sachen (Nr. 4). Eine zusätzliche Bedingung enthält § 1 Nr. 3 AMoB im Hinblick auf Folgeschäden bei Schäden an Öl- und Gasfüllungen.

a) Montageobjekt, § 1 Nr. 1 AMoB

Versichert sind gem. § 1 Nr. 1 AMoB allgemein alle Leistungen und Lieferungen in Bezug auf das im Vertrag bezeichnete Montageobjekt. Unter **Montageobjekt** ist eine bewegliche oder unbewegliche Sachgesamtheit zu verstehen, die das Ergebnis einer Verbindung von beweglichen Sachen miteinander oder mit einem Grundstück ist.[197] Beispielhaft werden Konstruktionen, Maschinen, maschinelle und elektrische Einrichtungen einschließlich zugehöriger Reserveteile aufgezählt.

Der vorangestellte Begriff der **Konstruktion** ist weit auszulegen und vermag nicht wesentlich zu einer Konturierung des Anwendungsbereiches der Montageversicherung beizutragen. Unter ihn könnten auch Gebäude und allgemein Bauvorhaben i.S.v. § 1 ABU/ABN subsumiert werden, weshalb Überschneidungen mit der Bauleistungsversicherung denkbar sind.[198] Die Abgrenzung ist im Einzelnen umstritten. Teilweise wird dafür plädiert, reine Stahlbauten ohne die Verwendung von Beton (z.B. Brücken, Silos) seien Konstruktionen und damit ausschließlich § 1 Nr. 1 AMoB versicherbar.[199] Entsprechend den Überlegungen zum Gebäudebegriff i.S.v. § 1 Nr. 1 ABN wird jedoch richtigerweise auf den maßgeblichen Parteiwillen im Einzelfall abzustellen sein (siehe oben Rdn. 22), wie er sich insbesondere in dem zu Grunde liegenden Vertrag sowie dem Versicherungsschein manifestiert.[200] Letztlich haben die Vertragsparteien hier die Definitionsherrschaft.

Den **Beginn des Versicherungsschutzes** markiert gem. § 1 Nr. 1 AMoB die Beendigung des Abladevorgangs am Versicherungsort (§ 5 AMoB). Relevanz erlangt diese Klausel allein im Hinblick auf Lieferungen von körperlichen Gegenständen (z.B. Bau- und Reserveteile, Baustoffe), nicht aber für am Montageobjekt durchgeführte »handwerkliche« Leistungen. Für letztere richtet sich der Versicherungsbeginn allein nach Abschnitt B § 2 Nr. 1 AMoB (siehe dazu unten Rdn. 234 ff.). Entscheidend gem. § 1 Nr. 1 AMoB das Ende des ersten Abladevorgangs einer konkreten Sache; Beschädigungen während des Abladevorgangs sind nicht gedeckt,[201] ebenso wenig das Risiko des Transportweges. Versichert sind hingegen später eintretende Schäden, deren Ursache durch den Abladevorgang gesetzt worden ist (z.B. umfallende Stapel).[202] Der Abladevorgang löst den Versicherungsschutz aus, wenn er während des laufenden Versicherungsschutzes i.S.v. Abschnitt B § 2 AMoB erfolgt.

b) Zusätzlich versicherbare Sachen, § 1 Nr. 2 AMoB

Gem. § 1 Nr. 2 lit. a) AMoB ist **Montageausrüstung** zusätzlich versicherbar. Dazu zählen Sachen, die im Eigentum des Unternehmers verbleiben und die für die technische Durchführung der Montage verwendet werden, ohne selbst in das Objekt einzugehen (z.B. Werkzeuge und sonstige Gerätschaften, Gerüste).[203] Nicht pauschal vom Begriff der Montageausrüstung umfasst ist der Versicherungsschutz für Autokrane und Fahrzeuge (lit. aa), schwimmende Sachen (lit. bb) sowie das Eigentum des Montagepersonals (lit. cc). Für letzteres ist nach der Klausel 7105 TK AMoB 2011 eine besondere Deckung für Auslandsbaustellen möglich. Die Ausrüstung gem. lit. aa) bis cc) kann aber durch besondere Vereinbarung vom Versicherungsschutz umfasst sein.

---

194 H/E/K/*Weber*, 14. Kap. Rn. 13.
195 Allgemeine Bedingungen für die Maschinenversicherung von stationären Maschinen, GDV 0800, Stand 01.01.2011.
196 P/M/*Voit*, A § 1 Nr. 1 AMoB Rn. 1.
197 Vgl. *Martin* AMoB, § 1 Anm. 3.1; B/M/*v. Rintelen*, AMoB 2011 A § 1 Rn. 3.
198 Siehe auch H/E/K/*Weber*, Kap. 14 Rn. 14: auch Bauleistungen wie Fundamente oder Gebäude können Teil des Montageobjekts und nach den AMoB versichert sein.
199 So *Littbarski* Rn. 653; wohl auch P/M/*Voit*, A § 1 Nr. 1 AMoB Rn. 1.
200 VersHb/*v. Rintelen*, § 36 Rn. 26f; B/M/*Johannsen*, ABU 2011 A § 1 Rn. 5.
201 P/M/*Voit*, A § 1 Nr. 1 AMoB Rn. 1.
202 Krause-Allenstein/*Herbst* Kap. 3 Rn. 128; zust. P/M/*Voit*, A § 1 Nr. 1 AMoB Rn. 1.
203 P/M/*Voit*, A § 1 Nr. 2 AMoB Rn. 1; *Martin* AMoB, § 1 Anm. 5.1.

Anhang T Bauleistungs- und Montageversicherung

167 Zusätzlich sind sonstige **fremde Sachen** versicherbar, die nicht Teil des Montageobjekts oder der Montageausrüstung sind, § 1 Nr. 2 lit. b) AMoB. Sinn und Zweck dieser Bestimmung besteht darin, einen nicht oder nur lückenhaft gewährleisteten Haftpflichtschutz im Rahmen der Projektfertigstellung zu ergänzen. Entsprechend zu der von Klausel 6155 TK ABU 2011 geregelten Situation in Bezug auf Altbauten besitzt § 1 Nr. 2 lit. b) AMoB praktische Bedeutung, falls die geschuldete Montageleistung an einer bereits bestehenden Substanz ausgeführt wird, die selbst nicht zum versicherten Objekt i.S.v. § 1 Nr. 1 AMoB zählt.[204] Diese Konstellation kommt insbesondere bei sog. »Refit-Maßnahmen« an Bestandsanlagen in Betracht. Die detaillierte Ausgestaltung des zusätzlichen Versicherungsschutzes ergibt sich alternativ aus den **Klauseln 7101** oder (erweitert) **7102 TK AMoB 2011**, ausweislich deren Ziff. 3 die Versicherung auf erstes Risiko erfolgt. Ziff. 2 der Klausel 7101 TK AMoB 2011 regelt ausschließlich sog. **Tätigkeitsschäden**, also solche Schäden, die aus der Tätigkeit anlässlich der Montage an oder mit fremden Sachen resultieren. Demgegenüber erstreckt Ziff. 2 lit. b) der Klausel 7102 TK AMoB 2011 den Versicherungsschutz – über den allgemeinen Ausschluss gem. Ziff. 7.3 AHB hinaus – auch auf solche Fälle, in denen der Schaden zwar nicht durch die Montagetätigkeit als solche veranlasst wurde, aber dennoch der besonderen vertraglichen Haftung des VNs unterliegt.

c) Nicht versicherte Sachen, § 1 Nr. 4 AMoB

168 Nicht versicherbar sind gem. § 1 Nr. 4 Wechseldatenträger wie z.B. Disketten, CD-ROM, DVD, USB-Sticks und portable Festplatten[205] (lit. a), Hilfs- und Betriebsstoffe, Verbrauchsmaterialien und Arbeitsmittel (lit. b), Produktionsstoffe (lit. c) sowie Akten, Zeichnungen und Pläne (lit. d). **Hilfsstoffe** werden zur Herstellung eines Produkts verwendet, sind aber wert- oder mengenmäßig von nur untergeordneter Bedeutung (z.B. Nägel, Schrauben, Klebstoffe, Lack); **Betriebsstoffe** werden bei der Produktion zum Betreiben einer Maschine oder Anlage verbraucht (z.B. Benzin, Öl, Gas, Schmierstoffe).[206] Verbrauchs- und Arbeitsmaterialien sind Unterfälle der Hilfs- und Betriebsstoffe. Sie müssen daher ebenso wie diese der ständigen Auswechselung oder Erneuerung unterliegen.

d) Schäden an Öl- und Gasfüllungen, § 1 Nr. 3 AMoB

169 Schäden an Öl- und Gasfüllungen, die Isolationszwecken dienen, sind nur unter der Einschränkung versichert, dass diese als Folge eines dem Grunde nach gedeckten Erstschadens an anderen Teilen der versicherten Sache entstanden sind. Betroffen sein können bspw. Transformatoren, Kondensatoren oder sonstige elektrische Anlagen, bei denen insbesondere Öl als Kühlmittel eingesetzt wird.[207] Schmieröl ist, da es nicht Isolationszwecken dient, von § 1 Nr. 3 AMoB nicht erfasst.

2. Versicherte und nicht versicherte Gefahren und Schäden, § 2 AMoB

170 § 2 AMoB regelt die versicherten Gefahren und Schäden.

a) Grundfall, § 2 Nr. 1 AMoB

171 § 2 Nr. 1 AMoB unterwirft die Montageversicherung dem Prinzip der Allgefahrendeckung, indem unvorhergesehen eintretende Beschädigungen oder Zerstörungen von versicherten Sachen versichert werden. Da diese Bestimmung im Wesentlichen § 2 Nr. 1 ABU/ABN entspricht, kann an dieser Stelle auf die vorausgehende Kommentierung zur Bauleistungsversicherung verwiesen werden, siehe oben Rdn. 37 ff. Die Montageversicherung zeichnet sich dadurch aus, dass auch der bloße **Verlust** einer versicherten Sache erfasst ist.[208] Maßgeblich ist der Wegfall des unmittelbaren Besitzes, ohne dass es auf die konkrete Ursache hierfür ankommt (z.B. Diebstahl, Raub, Naturereignisse, »Verlieren«).[209] Nicht erforderlich ist nach dem Wortlaut von § 2 Nr. 1 AMoB, dass der Besitzverlust unfreiwillig eintritt. Daher sind insbesondere auch Betrugsfälle als versichert anzusehen.[210] Die Entschädigung wird grundsätzlich erst geleistet, sobald keine Aussicht auf Wiedererlangung mehr besteht.[211] Dies ist der Fall, wenn Ermittlungen in zumutbarem Umfange keine Anhaltspunkte dafür liefern, wo sich die Sache befindet.

b) Prototypen, Erstausführung und Montageausrüstung, § 2 Nr. 2 AMoB

172 Das Prinzip der Allgefahrendeckung erfährt durch § 2 Nr. 2 AMoB eine Einschränkung für erstmalig ausgeführte Leistungen (lit. a) sowie im Versicherungsvertrag aufgeführte Montageausrüstung (lit. b).

---

204 Siehe *Martin* AMoB, § 1 Rn. 7; B/M/*v. Rintelen*, AMoB 2011 A § 1 Rn. 16.
205 Fest eingebaute und nicht zu einem Wechsel durch den Benutzer bestimmte Festplatten gehören nicht dazu, vgl. *Lihotzky* VW 1991, 461, 462; zust. P/M/*Voit*, A § 1 Nr. 4 AMB Rn. 1; B/M/*v. Rintelen*, AMB/ABMG/ABE 2011 A § 1 Rn. 42.
206 Vgl. P/M/*Voit*, A § 1 Nr. 4 AMB Rn. 2; B/M/*v. Rintelen*, AMB/ABMG/ABE 2011 A § 1 Rn. 43.
207 VersHb/*Voßkühler*, § 35 Rn. 46; B/M/*v. Rintelen*, AMoB 2011 A § 1 Rn. 27.
208 H/E/K/*Weber*, Kap. 14 Rn. 16.
209 Siehe zum Selbstbehalt bei Verlust durch Diebstahl § 8 Nr. 8 AMoB.
210 So auch B/M/*v. Rintelen*, AMoB 2011 A § 1 Rn. 16.
211 P/M/*Voit*, A § 2 Nr. 1 AMoB Rn. 2.

Da **Lieferungen und Leistungen**, die der VN oder eine sonst versicherte Person der Art nach **ganz oder teil-** 173
weise erstmalig ausführt, besonders risikogeneigt sind, sind nur Schäden infolge äußerer Einwirkungen
versichert, sofern nicht etwas anderes vereinbart wurde.[212] Entscheidend ist, ob der konkret ausführende Unternehmer bereits individuelle Erfahrungen mit der Errichtung vergleichbarer Montageprojekte.[213] Eine vollständige Identität des aktuell laufenden im Verhältnis zu früher abgeschlossenen Projekten kann nicht gefordert werden, da der Wortlaut des § 2 Nr. 2 lit. a) AMoB lediglich auf ihrer Art nach erstmalig ausgeführte Leistungen und Lieferungen abstellt.[214] Zudem wird letztlich jedes Projekt durch einen gewissen Grad an spezifischen Eigenheiten und hierdurch ausgelöster technischer Schwierigkeiten gekennzeichnet.[215] Ein anderes Verständnis würde den Versicherungsschutz daher unbillig entwerten.

Unter welchen Voraussetzungen eine **teilweise erstmalige Ausführung** anzunehmen sein soll, bleibt unklar. Lücken im Versicherungsschutz drohen insbesondere durch technische Neuentwicklungen im Anlagenbereich oder die Verwendung abweichender oder neuer Materialien bzw. Werkstoffe.

Ebenso unsicher ist, was genau unter **äußeren Einwirkungen** zu verstehen ist. Darunter fallen jedenfalls Ur- 174
sachen, die nicht durch den Betrieb der Anlage als solcher verursacht sind. Im Wege des Umkehrschlusses ist lit. b) zu entnehmen, dass Betriebsschäden vom Begriff der Unfallschäden ausgenommen sein sollen. Bedienungsfehler, die einen Unterfall der Betriebsschäden bilden, sind folglich gem. lit. a) gedeckt.[216]

Die **Beweislast** für das Vorliegen einer erstmaligen Ausführung trägt der VR; der VN hat dann seinerseits 175
nachzuweisen, dass eine (versicherte) äußere Einwirkung schadensursächlich geworden ist.[217]

In Anbetracht der mangelnden Transparenz sowie unter Hinweis auf den Widerspruch zur Anzeigeobliegen- 176
heit gem. § 19 werden gegen die Erstausführungsklausel durchgreifende Wirksamkeitsbedenken erhoben.[218]
Diesen Bedenken ist Folge zu leisten.

Ist die **Montageausrüstung** in den Versicherungsschutz einbezogen (vgl. § 1 Nr. 2 AMoB), wird die Gefah- 177
rendeckung ohne abweichende Vereinbarung auf **Unfallschäden** beschränkt. Reine Betriebsschäden stellen dabei keine Unfallschäden dar. Unter einem Unfall kann nach allgemeinem Sprachgebrauch ein plötzlich und unerwartet eintretendes Ereignis verstanden werden. Die erforderliche Abgrenzung zwischen Unfall- und Betriebsschäden existiert in ähnlicher Weise im Rahmen der Kraftfahrtversicherung.[219] Bedienungsfehler werden jedoch abweichend zu den AKB als von der Montageversicherung erfasst, sofern sie einen Unfall herbeiführen.[220] Durch die **Klausel 2709 TK AMoB 2011** kann schließlich eine Rückkehr zum Prinzip der Allgefahrendeckung unter Einschluss sämtlicher Betriebsschäden vereinbart werden.

c) Zusätzlich versicherbare Schäden und Gefahren, § 2 Nr. 3 AMoB

Gem. § 2 Nr. 3 AMoB kann für innere Unruhen (lit. a), Streik oder Aussperrung (lit. b) sowie betriebsbedingt 178
vorhandene oder verwendete Isotope (lit. c) ein zusätzlicher Versicherungsschutz vereinbart werden. Die Mitversicherung erfolgt im Falle von lit. a) nach der **Klausel 7236 TK AMoB 2011**, im Falle von lit. b) nach der **Klausel 7237 TK AMoB 2011**. In beiden Konstellationen handelt es sich regelmäßig um einen auf kurzfristig andauernde Ereignisse begrenzten Versicherungsschutz, da dem VR eine jederzeitige Kündigungsmöglichkeit eingeräumt wird, vgl. Ziff. 6 TK 7236 AMoB 2011 und Ziff. 2 TK 7237 AMoB 2011. Auf die Rechtmäßigkeit der Arbeitskampfmaßnahmen kommt es bei lit. b nicht an.[221]

§ 2 Nr. 3 lit. c) AMoB erfassen einen Sonderfall der im Übrigen generell nicht versicherbaren Schäden durch 179
radioaktive Substanzen gem. § 2 Nr. 4 lit. b) jj) AMoB. Dabei ist § 2 Nr. 3 lit. c) AMoB lex specialis gegenüber § 2 Nr. 4 lit. b) jj).

d) Nicht versicherte Gefahren und Schäden, § 2 Nr. 4 AMoB

Nicht versicherte Gefahren sind in § 2 Nr. 4 AMoB geregelt. 180

aa) Ausschluss von Mängeln, § 2 Nr. 4 lit. a) AMoB

Der Ausschluss in § 2 Nr. 4 lit. a) AMoB ist rein deklaratorisch, da Mängel in der Regel keinen relevanten 181
Sachschaden darstellen. Insoweit ist, versicherungsrechtlich typisch, der reine Erfüllungsschaden vom Versicherungsschutz ausgenommen. Für die mitunter schwer zu treffende Abgrenzung kommt es ebenso wie bei der Bauleistungsversicherung nach h.M. darauf an, ob etwaige Fehler bei der Montage auf selbständig abge-

---

212 H/E/K/*Weber*, Kap. 14 Rn. 16.
213 *Martin*, AMoB, § 2 Rn. 6.2 (etwa 5 Vorgängerleistungen); *Wussow/Ruppert*, § 2 Anm. 14.
214 Vgl. auch P/M/*Voit*, A § 2 Nr. 2 AMoB Rn. 1.
215 Zutreffend B/M/*v. Rintelen*, AMoB 2011 A § 2 Rn. 23.
216 P/M/*Voit*, A § 2 Nr. 2 AMoB Rn. 1; B/M/*v. Rintelen*, AMoB 2011 A § 2 Rn. 26; diff. *Martin*, AMoB, § 2 Rn. 6.3, wonach die Abweichung von der vorgesehenen sowie sachgemäßen Bedienung erforderlich sei.
217 *Wussow/Ruppert*, § 2 Anm. 14.
218 Siehe ausführlich B/M/*v. Rintelen*, AMoB 2011 A § 2 Rn. 28 f.; kritisch auch P/M/*Voit*, A § 2 Nr. 2 AMoB Rn. 1.
219 Siehe Anhang A Rdn. 39.
220 *Martin*, AMoB, § 2 Rn. 7.1f; zustimmend B/M/*v. Rintelen*, AMoB 2011 A § 2 Rn. 32.
221 *Martin*, AMoB § 2 Rn. 5.2.3.

Anhang T Bauleistungs- und Montageversicherung

schlossene Teilleistungen negativ einwirken oder aber sich in einem integralen Bestandteil der mangelhaft errichteten Gesamtanlage erschöpfen (siehe oben Rdn. 49).

bb) Ausschluss ohne Rücksicht auf mitwirkende Ursachen, § 2 Nr. 4 lit. b) AMoB

182 Für den im Rahmen der Bauleistungsversicherung gem. § 2 Nr. 4 ABU/ABN gleichermaßen gebrauchten Begriff der **Mitwirkung** kann auf die vorstehende Kommentierung unter Rdn. 55 Bezug genommen werden. Im Übrigen gilt:

183 Der Ausschluss von **vorsätzlich** herbeigeführten Schäden in § 2 Nr. 4 lit. b) aa) AMoB ist deklaratorischer Natur. Es fehlt in diesem Falle bereits an der Unvorhersehbarkeit i.S.v. § 2 Nr. 1 AMoB (siehe zum Vorsatzbegriff oben Rdn. 56). Vergleiche im Übrigen § 103.

184 Deklaratorisch ist auch der Ausschluss für **normale Witterungsverhältnisse** in § 2 Nr. 4 lit. b) bb) AMoB. Insoweit wird auf die entsprechenden Ausführungen zu § 2 Nr. 4 lit. b) ABU/ABN verwiesen (siehe oben Rdn. 57).

185 Normale oder vorzeitige betriebsbedingte **Abnutzung oder Alterung** (§ 2 Nr. 4 lit. b) cc) AMoB) stellen keinen Sachschaden dar. Überdies ist die gewöhnliche Abnutzung oder Alterung einer Sache auf der Grundlage ihrer allgemein prognostizierten Verwendungsdauer vorhersehbar. Die Abnutzung umfasst die Verminderung der Gebrauchsfähigkeit einer Sache oder ihres Wertes infolge der tatsächlichen Verwendung. Alterung ist jede zeitbedingte Änderung von Werkstoffeigenschaften durch materialbedingt ablaufende chemische oder physikalische Prozesse.[222] Nicht vom Ausschluss erfasst sind Materialfehler.[223] § 2 Nr. 4 lit. b) cc) AMoB erfasst damit typische Verschleißerscheinungen.

186 § 2 Nr. 4 lit. b) dd) AMoB dient dazu, das gem. Nr. 1 allgemein erfasste Verlustrisiko zu begrenzen. Entscheidend ist, dass der Verlust erst bei einer **Bestandskontrolle** festgestellt wird. Als solche ist insbesondere die Überprüfung mittels einer Inventur anzusehen, ohne dass es auf ihren konkreten Anlass ankommt. Besteht vor Durchführung der Inventur ein konkreter Verlustverdacht oder dient diese lediglich der Ermittlung zur Höhe eines bereits zuvor bemerkten Fehlbestandes, greift der Ausschluss nach zutreffender Auffassung nicht ein.[224]

In Anbetracht der besonderen Risikoträchtigkeit von Testphasen sind Schäden, die nach Ablauf der vertraglich festgelegten Zeit nach Beginn der **ersten Erprobung** (§ 2 Nr. 4 lit. b) ee) AMoB) eintreten und mit dieser zusammenhängen, vom Versicherungsschutz ausgenommen. Die Fristberechnung richtet sich nach §§ 187 ff. BGB; in der Praxis wird typischerweise der Zeitraum von einem Monat zu Grunde gelegt.

Umstritten ist, ob für die »erste« Erprobung bereits der Test von Anlageteilen genügt, oder die erste Erprobung nur bei einer Gesamtanlage erfolgen kann.[225] Überzeugender erscheint es, auf die Erprobung der errichteten Gesamtanlage abzustellen.[226] Ein anderes Verständnis würde zu in der Praxis kaum handhabbaren Abgrenzungsschwierigkeiten führen. Gleichzeitig deckt sich diese Sichtweise mit dem allgemeinen Verständnis von Erprobung in der Praxis. Erprobung setzt voraus, dass die Gesamtheit der Anlage in den Regelbetrieb überführt werden kann und auf die Eignung hierfür überprüft wird. Das folgt im Grundsatz auch aus der **Klausel 7217 TK AMoB 2011**, die den Beginn der ersten Erprobung für einzeln aufgeführte Typen von Montageobjekten definiert. Diesen Beispielen ist gemein, dass jeweils eine bereits technisch nutzbare Anlage vorhanden sein muss. Der erforderliche Zusammenhang des Schadens mit der Erprobung setzt eine kausale Beziehung voraus, für die der VR nach allgemeinen Grundsätzen beweispflichtig ist.[227]

187 Nicht vom Versicherungsschutz erfasst sind Schäden, die durch den Einsatz einer **reparaturbedürftigen Sache** (§ 2 Nr. 4 lit. b) ff) AMoB) entstanden sind und der VN oder sein Repräsentant hiervon qualifizierte Kenntnis hatte. Für die notwendige Wissenszurechnung wird auf die Ausführungen zur Unvorhersehbarkeit in § 2 Nr. 1 ABU/ABN Bezug genommen (siehe oben Rdn. 42). Grobe Fahrlässigkeit führt zur Anspruchskürzung.

Der Anspruchsausschluss oder dessen Kürzung setzen voraus, dass die Reparaturbedürftigkeit für den eingetretenen Schaden **kausal** geworden ist. Eine bloße Risikoerhöhung durch den Einsatz einer Sache trotz ihrer Reparaturbedürftigkeit genügt nicht.

Ferner greift der Ausschluss nicht ein, wenn die Sache mit Zustimmung des VRs zum Zeitpunkt des Schadensfalles **behelfsmäßig repariert** war. Eine behelfsmäßige Reparatur ist auf die provisorische Wiederherstellung der Gebrauchstauglichkeit einer Sache gerichtet. In diesem Falle muss der VR mittels Zustimmung das erhöhte Risiko aufgrund der allgemein noch fortbestehenden Reparaturbedürftigkeit gebilligt haben.

188 Schäden durch **Mängel** (§ 2 Nr. 4 lit. b) gg) AMoB), die bei Abschluss der Versicherung bereits vorhanden waren und dem VN, den mitversicherten Unternehmern oder deren Repräsentanten bekannt sein mussten,

---

222 Vgl. B/M/v. Rintelen, AMB/ABMG/ABE 2011 A § 2 Rn. 122.
223 Siehe H/E/K/Weber, Kap. 14 Rn. 16.
224 Wussow/Ruppert, § 2 Anm. 21; P/M/Voit, A § 2 Nr. 4 AMoB Rn. 2.
225 Bejahend Martin, AMoB, § 8 Rn. 3.2.
226 Vgl. dazu B/M/v. Rintelen, AMoB 2011 A § 2 Rn. 34 m.w.N.
227 B/M/v. Rintelen, AMoB 2011 A § 2 Rn. 53, nicht erfasst sind demnach Betriebsschäden oder Bedienungsfehler.

sind nicht versichert. Erst recht liegt bei positiver Kenntnis derartiger Mängel ein Ausschluss vor. Auch hier führt grobe Fahrlässigkeit zur Anspruchskürzung.
Es gilt ein versicherungsspezifischer Mangelbegriff, der vom zivilrechtlichen Verständnis abweichen kann. Maßgeblich ist allein, ob ein Fehler vorliegt, der **versicherte Gefahren** in Bezug auf eine geschützte Sache hervorzurufen geeignet ist.[228] Auf den subjektiven Mangelbegriff des Kauf- oder Werkvertragsrechts kommt es nicht an. Nicht relevant sind daher auch rein optische Beeinträchtigungen oder solche ohne technische Auswirkungen.

Beschlagnahme (§ 2 Nr. 4 lit. b) hh) AMoB) ist die Entziehung oder Beschränkung der Verfügungsgewalt an einer Sache durch hoheitliche Maßnahmen zugunsten des Staates oder eines Dritten. Stets erforderlich ist eine hoheitliche Einwirkung auf die versicherte Sache.[229] In Betracht kommen z.B. Zwangsvollstreckungsakte nach Maßgabe der ZPO und des ZVG, des Weiteren aber auch polizei- oder ordnungsbehördliche Maßnahmen zum Schutze der öffentlichen Sicherheit und Ordnung (sog. Sicherstellung, z.B. § 43 PolG NRW) sowie zur repressiven Strafverfolgung (§§ 94 ff. StPO). Auf die Rechtmäßigkeit des hoheitlichen Handelns kommt es nicht an.[230] Allein das Vorliegen des staatlichen Aktes ist ausreichend. Das Merkmal der **sonstigen hoheitlichen Eingriffe** erfüllt eine Auffangfunktion; es umfasst insbesondere auch mittelbare Einwirkungen, z.B. in Form staatlicher Blockaden oder Sperrungen.[231] 189

Zu **Krieg** und **kriegsähnliche Ereignissen** (§ 2 Nr. 4 lit. b) ii) AMoB), vgl. Abschnitt A § 2 Nr. 1 AFB. Sie haben (glücklicherweise) bislang in der Praxis keine Relevanz erlangt.[232] 190

Der Ausschluss **nuklearer Risiken** (§ 2 Nr. 4 lit. b) jj) AMoB) entspricht § 2 Nr. 4 lit. j) ABU/ABN, siehe dazu oben Rdn. 64. 191

3. Unterbrechung der Montage, § 3 AMoB

§ 3 AMoB räumt dem VN eine flexible Reaktionsmöglichkeit ein, falls es zu einer Unterbrechung der Montage oder der Erprobung kommt. Hieran besteht ein berechtigtes Interesse, da sich die Risikolage infolge einer Unterbrechung verändert. Überdies wird die Montageversicherung in der Regel für eine zuvor bestimmte Laufzeit abgeschlossen, so dass die Hemmung des Fortlaufs sinnvoll erscheinen kann. Zugleich ist die Montageunterbrechung ein in der Praxis sehr häufig auftretendes Problem, das insbesondere bei Anlagenbauprojekten eher die Regel als die Ausnahme ist. 192

a) Anspruch auf Vertragsanpassung, § 3 Nr. 1 AMoB

Tritt eine Unterbrechung ein, gewährt § 3 Nr. 1 AMoB dem VN einen Anspruch auf Anpassung des Vertrages.[233] Diese kann in der vollständigen Aussetzung oder der bloßen Einschränkung des Versicherungsschutzes bestehen. Erforderlich ist, dass die Montage oder Erprobung insgesamt und nicht nur teilweise unterbrochen wird; die maßgeblichen Ursachen oder ein etwaiges Verschulden sind dagegen nicht von Belang.[234] 193

Die **Aussetzung** hat zur Folge, dass der VR für innerhalb des Aussetzungszeitraumes eintretende Schäden keiner Einstandspflicht unterliegt, zugleich entfällt die Pflicht zur Prämienzahlung im Interesse des VNs.[235] Zudem wird die Vertragslaufzeit gehemmt. 194

b) Einschränkung des Versicherungsschutzes, § 3 Nr. 2 AMoB

Anders als bei der Aussetzung bleibt im Falle der Einschränkung der Versicherungsschutz teilweise für solche Schäden bestehen, die nicht mit der Montagetätigkeit oder Erprobung im Zusammenhang stehen. Der Versicherungsschutz umfasst jedoch unverändert äußere Einflüsse wie etwa versicherte Naturereignisse. Ausgenommen bleiben während des Zeitraumes der Einschränkung Schäden, die kausal auf Handlungen zum Zwecke der Montage oder Erprobung zurückzuführen sind. Zeigen sich bestimmte Beeinträchtigungen als zunächst verborgene Spätfolge und ist für diese eine vor dem Beginn der Beeinträchtigung ausgeführte Maßnahme kausal, bleibt der Versicherungsschutz unberührt.[236] Er wird durch eine Montageunterbrechung nicht abgebrochen. 195

c) Ende der Aussetzung oder Einschränkung, § 3 Nr. 3 AMoB

Die Einschränkung oder Aussetzung endet gem. § 3 Nr. 3 AMoB alternativ mit dem dafür vereinbarten Zeitpunkt oder wenn die Montagearbeiten oder die Erprobung wieder aufgenommen werden und dies dem VR 196

---

228 B/M/*v. Rintelen*, AMB/ABMG/ABE 2011 A § 2 Rn. 113.
229 Vgl. VersHb/*Heiss*, § 38 Rn. 224; B/M/*v. Rintelen*, AMoB 2011 A § 2 Rn. 58.
230 *Wussow/Ruppert* § 2 Anm. 19.
231 *Ehlers* r+s 2002, 133, 138.
232 Vgl. dazu allgemein *Ehlers* r+s 2002, 133 ff.; *Fricke* VersR 1991, 1098 ff.
233 P/M/*Voit*, A § 3 AMoB Rn. 1.
234 *Wussow/Ruppert*, § 9 Anm. 1; ebenso B/M/*v. Rintelen*, AMoB 2011 A § 3 Rn. 4.
235 *Martin*, AMoB, § 9 Rn. 2.
236 Vgl. B/M/*v. Rintelen*, AMoB 2011 A § 3 Rn. 5.

Anhang T Bauleistungs- und Montageversicherung

angezeigt worden ist. Die Anzeige stellt eine geschäftsähnliche Handlung dar. Sie bewirkt den Weiterlauf des Versicherungsschutzes als einseitiges Rechtsgeschäft erst mit **Zugang** beim VR.[237]

4. Versicherte Interessen, § 4 AMoB

197 Versichert ist gem. § 4 Nr. 1 AMoB das Interesse an den Lieferungen und Leistungen aller Unternehmer, die an dem Vertrag mit dem Besteller beteiligt sind.

a) Subunternehmer, § 4 Nr. 2 AMoB

198 Dies gilt in gleicher Weise für Subunternehmer, derer sich der VN zur Erfüllung seiner vertraglich übernommenen Pflichten bedient. Im Unterschied zu § 3 ABU sind Subunternehmer im Rahmen der Montageversicherung mit der Folge mitversichert, dass sie einen eigenen Versicherungsanspruch genießen (§ 45) und, sollten sie für den Schadensfall verantwortlich sein, nicht im Wege des Regresses durch den VR in Anspruch genommen werden können. Mitversicherte Subunternehmer sind nicht Dritte i.S.v. § 86. Allerdings bleibt die Stellung als Mitversicherter und damit der Regressausschluss entsprechend dem klaren Wortlaut des § 4 Nr. 1 AMoB auf die jeweiligen Leistungen und Lieferungen beschränkt, die der Subunternehmer selbst erbringt.[238] Unter die Definition gem. § 4 Nr. 2 AMoB können auch **Sub-Subunternehmer** subsumiert werden. Aus der Beteiligtenstellung von Subunternehmern i.S.v. § 4 Nr. 1 AMoB folgt, dass die Mitversicherung keine unmittelbaren Vertragsbeziehungen zur Voraussetzung haben kann.[239]

b) Bestellerrisiken

199 Trägt aufgrund einer gegenüber §§ 446, 644 BGB abweichenden Vertragsgestaltung der Besteller die Gefahr der Leistung vor Abnahme, können dessen Interessen mittels der **Klausel 7364 TK AMoB 2011** mitversichert werden. Ferner kann der Besteller auch selbst VN sein, falls die **Klausel 7365 TK AMoB 2011** vereinbart wird.

c) Subsidiaritätsklausel, § 4 Nr. 3 AMoB

200 Kann für den eingetretenen Schaden eine Leistung aus einem anderen Versicherungsvertrag des VN oder eines Versicherten beansprucht werden, so leistet der VR gem. § 4 Nr. 3 AMoB keine Entschädigung. Die Montageversicherung verhält sich nach dieser Bestimmung also subsidiär. Die Subsidiarität greift nur ein, falls ein anderweitiger Versicherungsanspruch wirksam besteht. Maßgeblich ist dabei in zeitlicher Hinsicht der Eintritt des Versicherungsfalles, so dass spätere Obliegenheitsverletzungen unberücksichtigt bleiben.[240]

201 Umstritten ist, ob der konkurrierende Anspruch dem VN zustehen muss oder aber die Stellung als Mitversicherter genügt. Die wohl h.M. legt diese Bestimmung mit der Begründung weit aus, eine Doppelversicherung könne auch bei Zusammentreffen von Eigen- und Fremdversicherung i.S.v. § 44 eintreten, abzustellen sei ausschließlich auf die identische Risikodeckung.[241] Dieser Sichtweise steht jedoch der berechtigte Einwand entgegen, dass die Durchsetzung des Anspruches im Rahmen einer Fremdversicherung mangels Aktivlegitimation erschwert ist und der Versicherungsschutz damit insgesamt unzulässig begrenzt wäre.[242]

Bedeutung besitzt die Subsidiarität für das schwierig zu bestimmende Verhältnis der Montage- zur **Haftpflichtversicherung** im Rahmen von Regressfällen.

Beispiel: Der beauftragte Generalunterunternehmer (U) setzt einen Subunternehmer (S) zur Errichtung eines Kraftwerks ein und schließt für dieses Projekt eine Montageversicherung ab. S, der seinerseits über eine Betriebshaftpflichtversicherung verfügt, verursacht schuldhaft einen Schaden am Montageobjekt. Der Montageversicherer steht ein und begehrt nunmehr Regress gegenüber dem Haftpflichtversicherer des S.

202 Derartige Fallkonstellationen treten in der Praxis häufig auf. Typischerweise reguliert zunächst der Montageversicherer, da sich diese Abwicklung gegenüber derjenigen der Haftpflichtversicherung häufig als flexibler und schneller erweist. Im Rahmen des Regresses geht es dann um die Frage, ob der Haftpflichtversicherer gem. § 86 Abs. 1 vollumfänglich in Anspruch genommen werden kann oder aber eine anteilige Einstandspflicht wegen Mehrfachversicherung i.S.v. § 78 (§ 59 a.F.) besteht.[243] Bisweilen wird für eine generelle Einbeziehung der Montageversicherung plädiert.[244] Die in § 4 Nr. 3 AMoB geregelte Subsidiarität dient dazu, eine echte Doppelversicherung identischer Interessen zu verhindern.[245] Zudem ist die Montageversicherung i.d.R. als reine Sachversicherung zu klassifizieren. Neben dem Sacherhaltungsinteresse kann zwar auch das In-

---

237 Im Ergebnis auch B/M/v. *Rintelen*, AMoB 2011 A § 4 Rn. 7.
238 Siehe B/M/v. *Rintelen*, AMoB 2011 A § 4 Rn. 10, 22 unter Hinweis auf OGH VersR 1993, 639, 640.
239 So B/M/v. *Rintelen*, AMoB 2011 A § 3 Rn. 12 f.; abweichend *Wussow/Ruppert*, § 3 Anm. 1.
240 P/M/*Voit*, A § 4 Nr. 3 AMoB Rn. 3.
241 Vgl. *Martin* VW 1972, 492, 495; P/M/*Voit*, A § 4 Nr. 3 AMoB Rn. 3.
242 So B/M/v. *Rintelen*, AMoB 2011 A § 4 Rn. 25.
243 Vgl. ausführlich zum Regress *Segger* VersR 2006, 38 ff.
244 *Martin* AMoB, § 16 Rn. 2.1; *ders.* VW 1972 492, 495.
245 Vgl. BGH VersR 2004, 994; 2006, 1536; zur Identität der Interessen BGH NJW-RR 1988, 727.

teresse versichert werden, nicht mit Ansprüchen anderer Unternehmer belastet zu werden (Sachersatzinteresse),[246] dies bedarf aber einer entsprechenden vertraglichen Gestaltung.[247] Daher besteht regelmäßig keine Doppelversicherung, so dass der Montageversicherer zunächst einstehen muss und anschließend in vollem Umfange regressieren kann.[248] Die Subsidiarität greift mithin nur ein, wenn der schädigende Subunternehmer haftpflichtversichert und zugleich im Rahmen einer Montagversicherung mitversichert ist, die ausnahmsweise auch das Sachersatzinteresse abdeckt.[249]

5. Versicherungsort, § 5 AMoB

Die Regelung des § 5 AMoB entspricht § 4 ABU/ABN, so dass auf die Kommentierung unter Rdn. 77 ff. verwiesen werden kann. Klarstellend ist darauf hinzuweisen, dass die **Werkstätten** des Unternehmers, auch wenn sie etwa für die Überprüfung oder Vormontage einzelner Leistungsbestandteile genutzt werden sollten, nicht zum Versicherungsort zählen.[250]

203

6. Versicherungswert, Versicherungssumme, Unterversicherung, § 6 AMoB

§ 6 AMoB ist weitgehend mit § 5 ABU identisch. Dies gilt für die Regelungen zur Versicherungssumme (§ 6 Nr. 2 AMoB) sowie zum Eintritt der Unterversicherung (§ 6 Nr. 3 AMoB), siehe dazu oben Rdn. 81 ff. Abweichungen ergeben sich lediglich im Hinblick auf den **Versicherungswert** gem. § 6 Nr. 1 AMoB. Entsprechend § 5 Nr. 1 lit. a) ABU bildet der Kontraktpreis grundsätzlich den maßgeblichen Versicherungswert der Montageversicherung, wobei Fracht-, Montage- und Zollkosten einzubeziehen sind, § 6 Nr. 1 lit. a) AMoB. Die Selbstkosten bilden im Falle einer Unterkalkulation die Untergrenze. Da die versicherte Montage regelmäßig auf eine Neuherstellung gerichtet ist, kann der Kontraktpreis dem Neuwert des zu errichtenden Werks als notwendiger Aufwand gleichgesetzt werden.[251] Ausdrücklich stellt auch § 5 Nr. 1 lit. b) AMoB auf den Neuwert der Montageausrüstung ab, sofern diese zusätzlich versichert ist (§ 1 Nr. 2 AMoB).

204

Die Festlegung des Versicherungswertes erfolgt somit insgesamt auf Basis des Neuwerts, obwohl die Entschädigung gem. § 8 Nr. 1 AMoB lediglich auf Zeitwertbasis berechnet wird. Die überhöhte Prämienzahlung kann bei Schadensfällen in Bezug auf gebrauchte Sachen zu einer unangemessenen und nicht ohne weiteres erkennbaren Benachteiligung des VNs führen, weshalb berechtigte Zweifel an der Wirksamkeit von § 6 Nr. 1 lit. a) u. b) AMoB bestehen.[252]

205

7. Versicherte und nicht versicherte Kosten, § 7 AMoB

Aufwendungen zur Abwendung und Minderung des Schadens sowie Kosten für die Wiederherstellung von Daten werden in § 7 Nr. 1 u. 2 AMoB wortlautidentisch zu § 6 Nr. 1 u. 2 ABU/ABN geregelt. Entsprechend wird auf die Kommentierung unter Rdn. 95 ff. verwiesen.

206

Eine abweichende Bestimmung enthält § 7 Nr. 3 AMoB indes bezüglich der Versicherung **zusätzlicher Kosten** über die Wiederherstellungskosten hinaus, die auf erstes Risiko bei gesonderter Vereinbarung erfasst sind.

a) Mehrkosten für Luftfracht, § 7 Nr. 3 lit. a) AMoB

Mehrkosten für Luftfracht können erfasst sein. Diese gehören nicht zu den unabdingbaren Aufwendungen für die Reparatur, sondern dienen deren Beschleunigung. Insbesondere kann auf diese Weise die Höhe eines etwaigen Ausfallschadens reduziert werden. Unter die Position des § 7 Nr. 3 lit. a) AMoB fallen ausschließlich die zusätzlichen Kosten im Verhältnis gegenüber einer für gewöhnlich sehr viel günstigeren Lieferung auf dem Land- oder Seeweg.

207

b) Mehrkosten für Erd- und Bauarbeiten, § 7 Nr. 3 lit. b) AMoB

Sofern Erd- und Bauarbeiten für die Reparatur erforderlich sind, unterfallen sie bereits § 8 Nr. 2 AMoB als Kosten der Wiederherstellung. Die zusätzliche Absicherung auf erstes Risiko dient daher vornehmlich dazu, Schutzlücken durch die mögliche Ausreizung der allgemeinen Versicherungssumme als obere Entschädigungsgrenze zu verhindern. Eine solche Gefahr droht etwa, wenn die zur Montage vorab zu erledigenden Bauarbeiten durch den Auftraggeber übernommen werden und damit nicht in die Kalkulation der Versicherungssumme eingehen.[253]

208

---

246 BGH VersR 2008, 634.
247 Zuletzt BGH VersR 2010, 247, 248.
248 B/M/*v. Rintelen*, AMoB 2011 A § 4 Rn. 28; H/E/K/*Weber*, Kap. 14 Rn. 23; i.Erg. auch *Segger* VersR 2006, 38 ff., der allerdings die Subsidiarität als notwendige Voraussetzung für die Kongruenz gem. § 86 Abs. 1 ansieht.
249 P/M/*Voit*, A § 4 Nr. 3 AMoB Rn. 2.
250 H/E/K/*Weber*, Kap. 14 Rn. 18.
251 Siehe B/M/*v. Rintelen*, AMoB 2011 A § 6 Rn. 2.
252 Vgl. allg. P/M/*Armbrüster*, § 74 Rn. 8; *Sieg* VersR 1993, 1305, 1309f; speziell mit Blick auf die Montageausrüstung B/M/*v. Rintelen*, AMoB 2011 A § 6 Rn. 3 ff. unter Hinweis auf BGH VersR 1993, 312.
253 B/M/*v. Rintelen*, AMoB 2011 A § 7 Rn. 10.

c) Aufräumkosten, § 7 Nr. 3 lit. c) AMoB

209 Aufräumkosten erfassen die Beseitigung von Trümmern sowie sonstige Aufwendungen, die zur Ermöglichung der Wiederherstellung vorab notwendig sind. Ebenfalls erfasst sind auch Aufwendungen für Abbruch, Reinigung, Entsorgung und Dekontamination; Der Versicherungsschutz setzt voraus, dass die entsprechenden Kosten aus einem Schaden an versicherten Sachen entstanden sind.[254]

d) Bergungskosten, § 7 Nr. 3 lit. d) AMoB

210 Bergungskosten beziehen sich ausweislich der Definition gem. § 7 Nr. 3 lit. d) AMoB auf Maßnahmen, die anlässlich eines dem Grunde nach entschädigungspflichtigen Versicherungsfalles im Vorfeld erforderlich sind, um die Reparatur der beschädigten Sache zu ermöglichen. Sie können sich sachlich mit den Aufräumkosten i.S.v. lit. c) überschneiden und als Bestandteil der Wiederherstellungskosten bereits von § 8 Nr. 2 AMoB erfasst sein. Ihre Versicherung auf erstes Risiko empfiehlt sich daher unter ähnlichen Gesichtspunkten wie in Bezug auf Erd- und Bauarbeiten, falls die Baustelle besonders schwer zugänglich sein sollte und folglich mit erhöhten Aufwendungen im Schadensfall gerechnet werden muss.[255]

8. Umfang der Entschädigung, § 8 AMoB

211 Für den Umfang der Entschädigung ist die in § 8 Nr. 1 AMoB angelegte Unterscheidung zwischen Teil- und Totalschaden zu berücksichtigen. Im Falle des Teilschadens werden die Wiederherstellungskosten ersetzt (§ 8 Nr. 2 AMoB), bei einem Totalschaden hingegen nur der Zeitwert (§ 8 Nr. 3 AMoB). Soweit § 8 AMoB mit § 7 ABU/ABN übereinstimmt, wird auf die Kommentierung unter Rdn. 104 ff. Bezug genommen. Im Übrigen gilt Folgendes:

a) Unterscheidung von Teil- und Totalschaden, § 8 Nr. 1 AMoB

212 Für die Unterscheidung zwischen Teil- und Totalschaden sieht § 8 Nr. 1 AMoB einen mathematisch-wirtschaftlichen Ansatz vor. Ein Teilschaden liegt demnach vor, wenn die Wiederherstellungskosten (vgl. zu diesen § 8 Nr. 2 AMoB) zuzüglich des verbliebenen Wertes des Altmaterials nicht höher sind als der Zeitwert, welchen die versicherte Sache unmittelbar vor Eintritt des Versicherungsfalles hatte. Anderenfalls liegt ein (wirtschaftlicher) Totalschaden vor.
– **Teilschaden:** Wiederherstellungskosten + Altwert </= Zeitwert
– **Totalschaden:** Wiederherstellungskosten + Altwert > Zeitwert
Der **Zeitwert** berechnet sich gem. § 8 Nr. 1 AMoB aus dem Neuwert abzüglich eines Abzuges für Alter, Abnutzung und technischen Zustand. Inhaltlich entspricht dies der Regelung des § 88.[256]

b) Teilschaden, § 8 Nr. 2 AMoB

213 Im Falle eines Teilschadens leistet der VR gem. § 8 Nr. 2 Entschädigung für diejenigen Aufwendungen, die zur Herstellung des unmittelbar vor Eintritt des Versicherungsfalles erreichten Zustandes (Zielsetzung ist also die Naturalrestitution) notwendig sind. Dabei gilt der Grundsatz der **abstrakten Schadensberechnung**. Maßgeblich sind daher ausschließlich die rechnerisch ermittelten, nicht aber die tatsächlich angefallenen Kosten.[257] Die Entschädigung kann somit auch dann verlangt werden, wenn der VN eine Reparatur ablehnt oder diese in Eigenregie durchführt.
Der Wert des Altmaterials ist in Abzug zu bringen. Hierbei handelt es sich um einen gesondert geregelten Fall des Vorteilsausgleichs, da der VN durch das Schadensereignis keine Besserstellung erfahren darf. Auch insoweit gilt das allgemeine »schadensrechtliche Bereicherungsverbot«.

214 Die Entschädigung wird gem. § 8 Nr. 2 lit. a) AMoB sowohl der Höhe als auch der Art nach auf Kosten **begrenzt**, die in der **Versicherungssumme** berücksichtigt sind. In den AMoB 1972 war die Beschränkung auf die gesondert erwähnten – und heute allgemein nach § 6 Nr. 1 lit. a) AMoB einzubeziehenden – Fracht-, Montage- und Zollkosten sowie den Gewinn gerichtet (vgl. § 11 Nr. 2 AMoB 1972). Diese Posten konnten nach Belieben in die Versicherungssumme eingestellt, gesondert kalkuliert oder auch gar nicht versichert werden. Denkbar wäre daher, die heutige Bestimmung auf die gem. § 7 AMoB mitzuversichernden Kostenelemente zu beziehen.
Lehnt man diese Interpretation des weiter gefassten Wortlauts ab, dürfte § 8 Nr. 2 lit. a) AMoB in zahlreichen Fällen eine empfindliche sowie nicht ohne weiteres ersichtliche Einbuße des Deckungsschutzes zur Folge haben, was zu dessen **Unangemessenheit** führt.[258] Diese Unklarheit geht zu Lasten des Versicherers.

215 Um eine ungerechtfertigte Besserstellung des Eigentümers der beschädigten Sache zu vermeiden, sieht § 8 Nr. 2 lit. b) AMoB einen **Abzug des reparaturbedingten Mehrwerts** (**Abzug neu für alt**) vor. Auch hier zeigt

---

254 B/M/v. *Rintelen*, AMoB 2011 A § 7 Rn. 13.
255 Vgl. beispielhaft zum Tunnelbau etwa B/M/v. *Rintelen*, AMoB 2011 A § 7 Rn. 15.
256 Siehe dazu § 88 VVG Rdn. 5 ff.
257 B/M/v. *Rintelen*, AMoB 2011 A § 8 Rn. 5.
258 So B/M/v. *Rintelen*, AMoB 2011 A § 8 Rn. 11 ff.

sich wieder eine Ausprägung des schadensrechtlichen Bereicherungsverbots. Erhöht die Reparatur den Zeitwert einer versicherten Sache oder eines ihrer Teile, so muss dieser Mehrwert von den Wiederherstellungskosten abzogen werden. Sinn und Zweck des § 8 Nr. 2 lit. b) AMoB sind berechtigt und nachvollziehbar. Als problematisch erweist sich jedoch, dass die Anrechnung einer Werterhöhung nicht nach dem Verkehrswert, sondern auf Basis des Zeitwerts i.S.v. § 8 Nr. 1 AMoB erfolgt. Neu verwendete Teile haben daher gegenüber gebrauchten stets einen höheren Zeitwert, da immer ein Abzug für Alter und Abnutzung vorgenommen werden muss. Zudem genügt bereits die Erhöhung des Zeitwerts im Hinblick auf einzelne Anlagenteile. Folglich wird es häufig zur Berücksichtigung eines rein fiktiven Mehrwerts kommen, dem keine reale Steigerung des Vermögens gegenübersteht.[259] Diese Bestimmung birgt das Risiko einer unverhältnismäßigen Kürzung zu Lasten des VNs und ist insoweit AGB-rechtlich bedenklich.[260]

§ 8 Nr. 2 lit. c) AMoB erfasst mit Positionen wie Überstunden, Sonntags-, Feiertags- und Nachtarbeit (lit. aa) sowie Eil- und Expressfrachten (lit. bb) Kosten, die für eine **beschleunigte Wiederherstellung** aufgewendet werden können. Diese werden nur entschädigt, falls eine besondere Vereinbarung geschlossen wurde. Sie gehören insbesondere nicht zu den notwendigen Kosten der Wiederherstellung i.S.v. § 8 Nr. 2 AMoB, da sie lediglich auf deren Optimierung in zeitlicher Hinsicht gerichtet sind. Die gesonderte Vereinbarung kann mit dem Inhalt der Klausel 7720 TK AMoB 2011 getroffen werden und bietet sich insbesondere bei sonst drohenden erheblichen Ausfall- und Unterbrechungsschäden an. 216

§ 8 Nr. 2 lit. d) AMoB **schließt** bestimmte **Kosten** vom **Entschädigungsanspruch aus**. Sie erfüllen in erster Linie den Zweck, einer unangemessenen Bereicherung des VNs sowie des Eigentümers der beschädigten Sache entgegen zu wirken. 217

Von der Entschädigung ausgenommen sind nach § 8 Nr. 2 lit. d) aa) AMoB Kosten, die unabhängig vom Versicherungsfall ohnehin aufzuwenden gewesen wären (sog. **Sowieso-Kosten**).[261] Dies können bspw. überfällige Reparatur- oder Wartungsarbeiten sein, die infolge des schädigenden Ereignisses hinfällig geworden sind. Insoweit nötigt der Ausschluss von **Sowieso-Kosten** dazu, hypothetische Kausalverläufe im Rahmen der Entschädigung zu berücksichtigen. 218

Im Unterschied zur Bauleistungsversicherung, bei der gem. § 7 Nr. 1 lit. b) ABU/ABN im Falle eines mangelbedingten Versicherungsfalles lediglich die zur ordnungsgemäßen Werkerstellung notwendigen und zuvor eingesparten Kosten von den Wiederherstellungskosten ausgenommen sind (Nachhol- oder Verbesserungskosten), umfasst § 8 Nr. 2 lit. d) aa) AMoB ohne weitere Differenzierungen sämtliche Aufwendungen im Zusammenhang zur Mangelbeseitigung.[262] 219

Im Hinblick auf **De- und Remontagekosten** kann ein erweiterter Schutz durch Klausel 7723 Abs. 11 TK AMoB 2011 vereinbart werden.[263] 220

Sind infolge eines Schadensfalles umfangreiche Reparaturen an einer Anlage notwendig, kann der VN geneigt sein, diese Gelegenheit für eine Änderung zur technischen Verbesserung zu nutzen. Die hierdurch anfallenden Differenzkosten (**Änderungskosten**) dienen nicht der Wiederherstellung des Zustandes unmittelbar vor Eintritt des Versicherungsfalles gem. § 8 Nr. 2 AMoB, so dass ihr Ausschluss von der Entschädigung in § 8 Nr. 2 lit. d) bb) AMoB rein deklaratorisch ist. Sofern die Änderung zur Beseitigung von Mängeln erfolgen muss, ist zugleich der Ausschluss nach § 8 Nr. 2 lit. d) aa) AMoB einschlägig. 221

Teilweise wird eine teleologische Reduktion von § 8 Nr. 2 lit. d) bb) AMoB dahingehend befürwortet, der Ausschluss greife nicht ein, wenn die Schadensbeseitigung allein durch eine Änderung der zu Grunde liegenden Bauweise möglich ist.[264] 222

Eine nur **behelfsmäßige oder vorläufig** durchgeführte Reparatur dient nicht der vollständigen Wiederherstellung i.S.v. § 8 Nr. 2 AMoB. Der Ausschluss von Mehrkosten gem. § 8 Nr. 2 lit. d) cc) AMoB ist daher rein deklaratorisch. 223

Reine **Vermögensschäden** sind als Folge eines Schadenseintritts am versicherten Montageobjekt in vielfacher Weise möglich (z.B. Produktions- und Verdienstausfall, Verzögerungsschäden, Vertragsstrafen). Der Ausschluss gem. § 8 Nr. 2 lit. d) dd) AMoB unterstreicht den Charakter der Montageversicherung als Sachversicherung und ist folglich klarstellender Natur. Vermögensschäden stellen allerdings, jedenfalls bei großen Anlagenbauprojekten, oftmals die wirtschaftlich bedeutsamsten Schäden dar. 224

---

259 Wussow/Ruppert, § 11 Anm. 7.
260 Mit Wirksamkeitsbedenken auch B/M/v. Rintelen, AMoB 2011 A § 8 Rn. 18.
261 H/E/K/Weber, Kap. 14 Rn. 20.
262 B/M/v. Rintelen, AMoB 2011 A § 8 Rn. 26; H/E/K/Weber, Kap. 14 Rn. 20; abw. Wussow/Ruppert, § 11 Anm. 5.
263 Vgl. H/E/K/Weber, Kap. 14 Rn. 20: i.d.R. 80 %.
264 So etwa Dancz VersR 2012, 6988, 693; a.A. B/M/v. Rintelen, AMoB 2011 A § 8 Rn. 29 unter Hinweis auf den uneingeschränkten Wortlaut von § 8 Nr. 2 lit. d) bb) AMoB.

Anhang T Bauleistungs- und Montageversicherung

c) Totalschaden, § 8 Nr. 3 AMoB

225 Im Falle eines Totalschadens entschädigt der VR nur den **Zeitwert** abzüglich des Wertes des Altmaterials, § 8 Nr. 3 AMoB. Die maßgebliche Definition des Zeitwertes findet sich in § 8 Nr. 1 AMoB. Er wird häufig über dem Marktpreis für entsprechende gebrauchte Güter liegen.

d) Weitere Kosten, § 8 Nr. 4 AMoB

226 Weitere über die Wiederherstellung hinausgehende Kosten werden gem. § 8 Nr. 4 AMoB nur ersetzt, wenn hierfür eine besondere Vereinbarung besteht. Es handelt sich bei dieser Bestimmung um eine Klarstellung in Bezug auf § 8 Nr. 2 lit. c) und § 7 Nr. 3 AMoB.

e) Grenze der Entschädigung, § 8 Nr. 5 AMoB

227 Die Grenze der Entschädigung ist gem. § 8 Nr. 5 AMoB der auf die betroffene Sache entfallende Anteil der Versicherungssumme. Umstritten ist im Schrifttum, was genau unter dem Begriff »**betroffene Sache**« zu verstehen ist. Die wohl überwiegende Meinung geht davon aus, die Versicherungssumme sei jeweils differenziert auf einzelne Teile des Montageobjekts zu beziehen, die infolge des Schadensfalles konkret betroffen sind und ersetzt oder repariert werden müssen.[265] Im Hinblick auf die Regelung in § 8 Nr. 2 lit. b) AMoB, der terminologisch eine klare Trennung zwischen der versicherten Sache und ihren Teilen vorsieht, ist es vorzugswürdig, das gesamte Montageobjekt als Bezugspunkt der Versicherungssumme zu begreifen.[266] In diesem Falle wird zudem eine unsachgemäße Kürzung des Versicherungsschutzes verhindert, da die Kosten für Reparatur oder Austausch einzelner Bestandteile der Gesamtanlage oftmals die Aufwendungen der erstmaligen Errichtung überschreiten.

f) Unterversicherung, § 8 Nr. 6 AMoB

228 Die Bestimmung des § 8 Nr. 6 AMoB stimmt mit § 7 Nr. 7 ABU/ABN überein, auf die Ausführungen unter Rdn. 91 ff. wird daher verwiesen.

g) Grobe Fahrlässigkeit, § 8 Nr. 7 AMoB

229 Siehe zur entsprechenden Regelung gem. § 7 Nr. 8 ABU/ABN oben Rdn. 120.

h) Selbstbehalt, § 8 Nr. 8 AMoB

230 Die Bestimmung zum Selbstbehalt in § 8 Nr. 8 Satz 1 u. 2 AMoB entspricht § 7 Nr. 9 ABU/ABN, vgl. dazu oben Rdn. 121.
Zusätzlich statuiert § 8 Nr. 8 Satz 3 AMoB einen prozentual zu vereinbarenden Selbstbehalt für Verlust durch Diebstahl, welcher zusätzlich durch eine absolut festzulegende Mindestgrenze flankiert wird.

9. Zahlung und Verzinsung, § 9 AMoB

231 Die Regelung des § 9 AMoB entspricht § 8 ABU/ABN, siehe dazu oben Rdn. 122 ff.

10. Sachverständigenverfahren, § 10 AMoB

232 Die Bestimmung gem. § 10 AMoB stimmt mit § 9 ABU/ABN wörtlich überein, siehe dazu oben Rdn. 128 ff.

IV. Montageversicherung, Abschnitt B AMoB 2011

233 Aus Abschnitt B der AMoB 2011 sind Beginn und Ende des Versicherungsschutzes erläuterungsbedürftig.

1. Beginn des Versicherungsschutzes, § 2 Nr. 1 AMoB

234 Für den **Beginn** des Versicherungsschutzes bestimmt § 2 Nr. 1 AMoB, dass dieser sich – die rechtzeitige Zahlung der geschuldeten Prämien vorausgesetzt – nach dem im Versicherungsschein jeweils angegebenen Zeitpunkt richtet. Von dieser für den allgemeinen Vertragsbeginn maßgeblichen Regelung zu unterscheiden ist der gegenstandsbezogene Versicherungsbeginn für **konkrete Sachen**, der gem. Abschnitt A § 1 Nr. 1 AMoB mit der Beendigung des ersten Abladevorgangs innerhalb des Versicherungsortes (§ 5 AMoB) zusammenfällt (siehe dazu oben Rdn. 165).
Im Verhältnis dieser Bedingungen zueinander ist Abschnitt A § 1 Nr. 1 AMoB lex specialis, jedoch löst der Abladevorgang nur dann den sachbezogenen Deckungsschutz aus, wenn dieser in die Zeitspanne des vertraglichen Versicherungsschutzes i.S.v. § 2 Nr. 1 AMoB insgesamt fällt.

2. Ende des Versicherungsschutzes, § 2 Nr. 2 u. 3 AMoB

235 Das Ende des Versicherungsschutzes richtet sich gem. **§ 2 Nr. 2 UAbs. 1 AMoB** nach zwei Kriterien, wobei der jeweils frühere Zeitpunkt maßgeblich ist. Entweder muss das Montageobjekt i.S.v. § 640 BGB abgenom-

---

265 *Martin*, AMoB § 15 Rn. 1; H/E/K/*Vieweg*, Kap. 14 Rn. 23.
266 Siehe auch B/M/*v. Rintelen*, AMoB 2011 A § 8 Rn. 37.

men worden sein (lit. a) oder die Montage ist beendet und der VN zeigt das Erlöschen des Interesses gegenüber dem VR an (lit. b). Die Mitteilung der Beendigung kann nach dem Wortlaut von lit. b) sowohl mündlich als auch schriftlich erfolgen, entscheidend ist letztlich der Zugang beim VR.

§ 2 Nr. 2 UAbs. 2 AMoB sieht für **selbständige Montageteile** eine differenzierte Bestimmung des Deckungsendes i.S.v. lit. a) oder b) vor. Einschlägig ist diese Bedingung für isolierte und selbständig versicherte Anlageteile, insbesondere wenn diese eine jeweils eigenständige Funktion innerhalb eines bestimmten Produktionsablaufes erfüllen sollen.[267] Notwendig ist in diesem Zusammenhang stets, dass der Auftraggeber die betreffenden Anlageteile entsprechend einer gesonderten Vereinbarung (teil-)abnimmt.[268] 236

Spätestens endet der Versicherungsschutz gem. § 2 Nr. 2 UAbs. 3 AMoB zu dem im **Versicherungsschein** angegebenen Zeitpunkt. Diese Bedingung entspricht wortgleich § 2 Nr. 2 UAbs. 3 ABU/ABN, siehe dazu Rdn. 140. Übereinstimmend mit den ABU und ABN wird das Ende des Versicherungsvertrages gem. **§ 2 Nr. 3 AMoB** dem Ende des Versicherungsschutzes gleichgesetzt. 237

3. Schadenseintritt und zeitlicher Versicherungsschutz

Die Versicherungszeit nimmt im Rahmen der Montageversicherung eine herausragende Rolle ein. Deckungsschutz besteht – in gleicher Weise wie nach Maßgabe der ABU und ABN – allein unter der Voraussetzung, dass der Schaden an Leistungen oder Lieferungen während der Versicherungsdauer **eintritt**.[269] Dieses Ergebnis folgt aus der Natur als reine Sachversicherung, so dass nur die Beschädigung oder Zerstörung als solche den vertraglich relevanten Einstandsfall darstellt. 238

In der Praxis bestehen in diesem Zusammenhang nicht selten Beweisprobleme bezüglich des genauen Eintrittszeitpunktes eines Sachschadens. Dies gilt typischerweise dann, wenn ein Schaden erst nach Ablauf des Versicherungsschutzes in Erscheinung tritt oder aber bei der Abnahme schlicht unbemerkt geblieben ist. In einer solchen Situation gilt es, im Wesentlichen über zwei mögliche Abgrenzungsfragen zu entscheiden: 239

– Zunächst kann klärungsbedürftig sein, ob ein erst nach Versicherungsende sichtbar gewordener Schaden bereits zu einem früheren Zeitpunkt in der Weise angelegt war, dass dieser Zustand bereits selbst als versicherter Sachschaden zu qualifizieren ist (»Weiterfresser«, z.B. schrittweise Durchfeuchtung). Wird eine Identität verneint, scheidet eine Deckung von vornherein aus, da der Schadenseintritt außerhalb der Versicherungsdauer liegt.
– Zum Zweiten ist stets erforderlich, die Ursache vom Schadenseintritt zu trennen, da für den Versicherungsschutz ausschließlich letzterer entscheidend ist.

---

267 H/E/K/*Weber*, Kap. 14 Rn. 19.
268 B/M/*v. Rintelen*, AMoB 2011 B § 2 Rn. 7.
269 Vgl. B/M/*v. Rintelen*, AMoB 2011 B § 2 Rn. 3; siehe dazu oben Rdn. 139.

Stichwortverzeichnis

Fett gedruckte Zahlen = **Paragraph**; Magere Zahlen = Randnummer; Einl. = Einleitung; Anh. = Anhang

Ablaufverprobung Einl. F 44
Abschlusskosten Einl. F 16; **2** VVG-Info 4; **3** VVG-Info 2
Abtretung 17 3
– Rechtsfolgen **17** 38
– von Ansprüchen aus einer BUZ-Versicherung **17** 17
– von Forderungen aus Versicherungen **17** 3 ff.
Abtretungsverbote
– gesetzliche Verfügungsbeschränkungen **17** 11 ff.
– unpfändbare Sachen **17** 6 ff., 27 ff.
– vertragliche Abtretungsverbote **17** 32 ff.
Abzinsung der Deckungsrückstellung Einl. F 19
Abzinsung von Schadenrückstellungen Einl. F 49
Abzug »neu für alt« 74 9
AGB-Kontrolle
– Großrisiko **210** 8
– Laufende Versicherung **210** 8
AHB-freies Haftpflichtkonzept Anh. E 1
Alles-oder-Nichts-Prinzip
– Abschaffung **28** 118; **81** 4
– Kausalität bei Obliegenheitsverletzung **28** 44
– Kürzung **28** 118
Allgemeine Anforderungen Einl. D 46
Allgemeine Rechtsschutzbedingungen (ARB) 125 7
Allgemeine Versicherungsbedingungen (AVB) Einl. B 1
– Anpassung an das neue VVG Einl. B 76
– Anwendung von AGB-Recht Einl. B 3
– Ausgestaltung bei Obliegenheitsverletzungen **28** 170
– Auslegung Einl. B 42
– Begriff Einl. B 3
– deklaratorische AVB Einl. B 59
– Einbeziehung in den Vertrag Einl. B 29–34
– Hauptleistung Einl. B 60
– Informationspflicht **1** VVG-Info 14
– Inhaltskontrolle Einl. B 52, 60
– Kündigungsrecht **28** 107
– Muster-Versicherungsbedingungen Einl. B 2
– Nichteinbeziehung in den Vertrag Einl. B 41
– Teilrücktritt/Teilkündigung **29** 26
– Transparenzkontrolle Einl. B 60
– Überraschende Klauseln Einl. B 35
– Verzicht auf Möglichkeit der Kenntnisnahme **7** 71
Allgemeines Gleichbehandlungsgesetz Einl. A 40
Altersversorgung Anh. P 1
Alterungsrückstellung Einl. F 17
Amtshaftungsansprüche 86 9
Amtspflichtverletzung 117 25
Anerkenntnis in der Berufsunfähigkeitsversicherung 173 1 ff.
– Befristung **173** 14 ff.
– Befristungsmöglichkeit, nachträgliche Einfügung **173** 6
– einzelvertragliche Vereinbarung, anschließende **173** 17 f.
– Erklärung des VN **173** 7 ff.
– Laufzeit **173** 16
– sachlicher Grund **173** 15
– ungerechtfertigte Nichtabgabe **173** 23
Anfechtung 22 5
Anlageberatung 6 19

Anlagegrundsätze und Sicherungsvermögen Einl. D 69
Anschrift
– ladungsfähige **1** VVG-Info 9, 10
– maßgebliche **1** VVG-Info 10
– Postfach **1** VVG-Info 9
Anspruchsvoraussetzungen, Fristen 28 37
Antragsbindungsfrist 1 VVG-Info 28
– Vereinbarung in AVB **1** VVG-Info 29
Antragsformular, Form 1 VVG-Info 6
Antragsmodell Einl. B 30; **1** 46
– als gesetzliches Leitbild **7** 76
– Belehrungsanforderungen Altfälle **7** 105
– ewiges Widerrufsrecht Altfälle **7** 102
– Funktionsweise **7** 75
– Praktische Schwierigkeiten **7** 77
Anzeige der Veräußerung 97 3
Anzeige des Versicherungsfalles
– Abdingbarkeit **30** 5
– Anzeigepflicht des Dritten **30** 8
– Beweislast **30** 27
– Eintritt des Versicherungsfalles **30** 11
– Empfänger der Anzeige **30** 9
– Form **30** 15
– Frist **30** 14
– Hinweispflicht **30** 24
– Inhalt **30** 16
– Kausalitätsgegenbeweis **30** 21
– Kenntnis des Versicherers **30** 25
– Kenntniserlangung durch den VN/Dritten **30** 12
– Normadressat **30** 6
– Rechtsfolgen **30** 17
– Schadensersatzanspruch nach § 280 BGB **30** 3
Anzeigepflicht, vorvertragliche
– Adressat **19** 11
– Arglist **21** 23, 27
– Belehrung des VN **19** 72
– Beweislast **19** 81; **21** 11, 22
– Culpa in contrahendo **19** 3; **21** 30
– Fragen des Versicherers **19** 17
– Fristen **21** 2, 25
– Gefahrerhebliche Umstände **19** 26
– Gegenstand **19** 17
– Genetische Defekte **19** 36
– Kausalität **21** 12
– Kenntnis des Versicherers **19** 77
– Kündigung **19** 63
– Kündigungsrecht des VN **19** 79
– Nachfrageobliegenheit **19** 51
– Nachschieben von Gründen **21** 26
– Rechtsfolgen **19** 57
– Rücktritt **19** 57
– Vertragsanpassung **19** 65
– Vertretung des VN **19** 12; **20** 1
Arglistige Täuschung
– Arglist **22** 11
– Beweislast **22** 31
– Culpa in contrahendo **22** 4
– Fristen **22** 20
– Kausalität **22** 13
– Nachfrageobliegenheit **22** 12
– Nachschieben von Gründen **22** 23
– Rechtsfolgen **22** 27

Stichwortverzeichnis

– Täuschung 22 5
– Täuschung durch Dritte 22 14
Aufsicht über ausländische Versicherungsunternehmen Einl. D 103
Aufsicht, Gesundheitsdaten 213 17
Aufsichtsbehörde
– Beschwerde 1 VVG-Info 45
– Informationsblatt 3 VVG-Info 10
Aufwendungen 86 23
Aufwendungsersatz 83
– Beweislast 83 12
– Erfolg 83 6
– Erweiterter 90
  – Beweislast 90 5
  – Gebotenheit der Rettungsmaßnahme 90 4
  – Sachversicherung 90 2
  – Schadensversicherung 90 2
– Gebotenheit 83 9 ff.
– Kürzung 83 15 ff.
– Reflexwirkungen 83 7
– Rettungswille 83 7
– Vermögensminderung 83 8
Augenblicksversagen 81 37
Auskunftspflicht 119 7
Auskunftspflicht des VN
– Abdingbarkeit 31 11
– Arglistige Täuschung über den Schaden 31 8
– Aufklärungspflicht 31 7
– Belegpflicht 31 23
– Belehrungserfordernis 31 35
– Empfänger der Auskunft 31 13
– Entstehung 31 14
– Form der Auskunft 31 20
– Hinweispflicht 31 6
– Inhalt und Umfang 31 18
– Kausalitätsgegenbeweis 31 29
– Kenntnis des Versicherers 31 36
– Leistungsablehnung 31 22
– Nachfrageobliegenheit des Versicherers 31 21
– Normadressaten 31 12
– Rechtsfolgen 31 26
– Verletzung 31 19
Auslandsdeckung, IT Anh. J 58 ff., 71, 170, 176, 187 f., 194, 201, 209
Auslandsschaden Anh. A 83
Ausschlussfristen
– Beginn 28 109
– Berechnung 28 111
– Obliegenheitsverletzung 28 36, 109
Ausschlusstheorie 28 24
Außergerichtliches Verfahren 1 VVG-Info 44
Autoschutzbrief Anh. A 4
AVB BHV Anh. J 15
AVB-PHV, BB PHV, IT Anh. J 50 ff.
AVB-PHV, IT Anh. J 42 ff.

Bagatellvermittler, Schlichtungsstelle 214 2
BBR-IT Anh. J 2, 15, 17, 174, 180 ff., 195 ff., 202 f., 205, 209, 212
– Abweichungen AHB Anh. J 185 ff.
– Vermögensfremdschäden Anh. J 197 ff.
– Versichertes Risiko Anh. J 180 ff.
BBR-PHV, IT Anh. J 75, 78
Bedarfsdeckungstheorie 1 25
Bedingungsanpassung
– Klauselersetzung
  – als Obliegenheit des VR 164 12

– Notwendigkeit wegen unzumutbarer Härte 164 11
– Notwendigkeit zur Vertragsfortführung 164 8
– Rückwirkung 164 14
– Unwirksamkeit einer AVB-Bestimmung
  – bestandskräftiger Verwaltungsakt 164 5
  – höchstrichterliche Entscheidung 164 5
– Wirksamkeit der Neuregelung
  – Belange des VN 164 13
  – Mitteilung maßgeblicher Gründe 164 14
  – Zugangsfrist 164 14
Bedingungsmodell 7 86
– Unzulässigkeit 7 87
Befriedigungsvorrecht des VersN 86 34 ff.
Befriedigungsvorrecht des VN 86 34
Beitragsentwicklung, Übersicht 3 VVG-Info 8
bekannte Spätschäden Einl. F 38
Belehrungspflicht 120 6
Beratungspflicht des Versicherers
– Abdingbarkeit 6 161
– Anlass 6 53
– Anlassbegründende Tatsachen 6 56
– Aufklärung 6 88
– Ausnahmen 6 30
– Befragung 6 46, 84
– Begründung 6 48, 91
– Beratung 6 47, 87
– Beratungsaufwand 6 78
– Beweislast 6 144
– Entstehungskriterien 6 74
– Erkennbarkeit des Anlasses 6 70
– Fernabsatz 6 34
– Form 6 107
– Kasuistik 6 92
– MiFID II 6 5
– Normzweck 6 1
– Obliegenheiten 6 92
– Personenbezogenheit 6 61
– Prämie 6 77
– Rechtsnatur 6 10
– Richtlinienkonforme Auslegung 6 7
– Risikoumfang 6 96
– Schadensersatz 6 139
– Verhältnis zu den Pflichten des Vermittlers 6 37
– Verhältnis zur Prämie 6 73
– Versicherungsvertriebsrichtlinie 6 9
  – IDD 6 3
– Versicherungswert 88 14
– Verstoß 6 139
– Zeitlicher Anwendungsbereich 6 29
– Zumutbarkeit 6 73
Beratungsverzicht
– AGB/AVB 6 119
– Folgen 6 114
– Form 6 113
– Hinweispflicht 6 112
– Umfang 6 110
– Voraussetzungen 6 110
Berufshaftpflichtversicherung
– Abtretung des Freistellungsanspruchs Anh. B 106
– Abwehrkosten Anh. B 90
– Abwehrschutz Anh. B 82 ff.
– Adressat der Versicherungspflicht Anh. B 4 f.
– Anderkonten Anh. B 28
– Auskunft über Berufshaftpflichtversicherung Anh. B 105
– Auslandsschäden Anh. B 47 ff.
– Beginn des Versicherungsschutzes Anh. B 72

Stichwortverzeichnis

- Berufliche Tätigkeit **Anh. B** 2
- Berufshaftpflichtversicherung für Notare **Anh. B** 118 ff.
- Berufshaftpflichtversicherung für Rechtsanwälte **Anh. B** 18 ff.
- Berufshaftpflichtversicherung für Steuerberater und Wirtschaftsprüfer **Anh. B** 110 ff.
- Berufshaftpflichtversicherungsschutz bei interprofessioneller Sozietät **Anh. B** 123
- BRAO **Anh. B** 11
- Bürohaftpflicht **Anh. B** 32
- Claims Made-Prinzip **Anh. B** 68
- Direktanspruch **Anh. B** 107
- Durchschnittsleistung **Anh. B** 36, 95
- Eigenschaden **Anh. B** 92
- Einzelmandatsversicherung **Anh. B** 9, 94
- Europäische und außereuropäische Rechtsanwälte **Anh. B** 8
- Exzedentenversicherung **Anh. B** 9
- Fälligkeit des Deckungsanspruchs **Anh. B** 85
- Feststellungsklage **Anh. B** 85
- Freistellung **Anh. B** 82 ff.
- Gebühreneinwurf **Anh. B** 98
- Gegenstand der Versicherung **Anh. B** 18 ff.
- Gerichtsstand **Anh. B** 99
- Gesetzliche Haftpflichtbestimmungen **Anh. B** 26 ff., 50 f.
- Gruppenanschlussversicherung **Anh. B** 123
- Haftpflichtansprüche privatrechtlichen Inhalts **Anh. B** 29
- Interprofessionelle Sozietät **Anh. B** 123
- Kumulsperre **Anh. B** 99
- Kündigung **Anh. B** 78 ff.
- Leistungsklage **Anh. B** 86
- Leistungspflicht gegenüber Dritten **Anh. B** 108
- Mehrfachqualifikation **Anh. B** 123
- Mitarbeiter und Vertreter **Anh. B** 39 ff.
- Obliegenheiten **Anh. B** 101 ff., 109
- Organ- und Leitungsklausel **Anh. B** 53 ff.
- Pfändung des Freistellungsanspruchs **Anh. B** 105
- Pflichtversicherung **Anh. B** 3, 107 ff.
- Prämienzahlung **Anh. B** 100
- Rechtsanwaltsgesellschaften **Anh. B** 6, 42 f.
- Rechtsstellung des geschädigten Dritten **Anh. B** 105 ff.
- Regress des Versicherers **Anh. B** 99
- Risikoausschlüsse **Anh. B** 46 ff., 116, 121
- Rückwärtsversicherung **Anh. B** 74 f.
- Sachschadensdeckung **Anh. B** 31
- Schadensregulierung durch Versicherer **Anh. B** 88 f.
- Selbstbehalt **Anh. B** 96 f., 122
- Serienschäden **Anh. B** 69 ff., 122
- Sicherheitsleistung **Anh. B** 91
- Sozienklausel **Anh. B** 35, 95
- Syndikusanwalt **Anh. B** 5
- Trennungsprinzip **Anh. B** 105
- Verjährung **Anh. B** 87
- Vermögensschaden **Anh. B** 30 ff.
- Versicherte Personen **Anh. B** 33 ff., 115
- Versicherte Tätigkeit **Anh. B** 20 ff., 111 ff., 119 f.
- Versicherung für fremde Rechnung **Anh. B** 40
- Versicherungsbedingungen **Anh. B** 1, 15 ff.
- Versicherungsbeginn **Anh. B** 71
- Versicherungsfall **Anh. B** 63 ff.
- Versicherungsmarkt **Anh. B** 10
- Versicherungssumme **Anh. B** 93 f., 122
- Versicherungssumme und Selbstbehalt **Anh. B** 117
- Versicherungsvertrag **Anh. B** 14
- Verstoß durch aktives Tun **Anh. B** 66
- Verstoß durch Unterlassen **Anh. B** 67
- Verstoßprinzip **Anh. B** 64 ff.
- Vertragslaufzeit **Anh. B** 71 ff.
- Vertrauensschadenfonds **Anh. B** 123
- Vertrauensschadenversicherung **Anh. B** 123
- Vertreter **Anh. B** 41
- Veruntreuungsschäden **Anh. B** 52
- Vorwärtsversicherung **Anh. B** 73
- VVG **Anh. B** 12 f.
- Wissentliche Pflichtverletzung **Anh. B** 56 ff.
- Zulassung **Anh. B** 7
- Zurechnungsklausel **Anh. B** 36 ff.

Berufsunfähigkeit in der Berufsunfähigkeitsversicherung
- Ärzteklauseln **172** 38
- Auszubildende **172** 32, 60; **174** 13
- Beamte **172** 30
- Beamtenklausel **172** 31
- Beruf **172** 6 ff.
- Berufsklauseln **172** 35 ff.
- Berufsunfähigkeitsbegriff **172** 11
- Beweislast **172** 83 ff.
- Dauerhaftigkeit **172** 25 ff.
- Erwerbslose **172** 34
- Erwerbsunfähigkeitsklauseln **172** 36
- fingierte (vermutete) Berufsunfähigkeit **172** 28
- Grad der Berufsunfähigkeit **172** 19 ff.
- Kompensationsmöglichkeiten durch Hilfsmittel **172** 22 f.
- Körperverletzung **172** 13
- Kräfteverfall **172** 14
- Krankheit **172** 12
- Pflegebedürftigkeit **172** 41
- Seedienstuntauglichkeitsklauseln **172** 40
- Selbständige **172** 29
- Tätigkeitsklauseln **172** 37
- Therapiemöglichkeit **172** 22, 73 ff.
- Umorganisationsmöglichkeiten **172** 29
- Unzumutbarkeit, prägende Einzelverrichtungen weiter auszuführen **172** 16 ff.
- vermutete (fingierte) Berufsunfähigkeit **172** 28
- vorsätzliche Herbeiführung **172** 63 f.
- vorvertragliche Berufsunfähigkeit **172** 42 f.
- zeitliche Prognose **172** 25 ff.

Berufsunfähigkeitsversicherung 172 6
- Anerkenntnis **173** 1
- Ärztliche Anordnungen **172** 73 ff.
- Ausschlüsse **172** 61 ff.
- Begriff der Berufsunfähigkeit **172** 11; **2 VVG-Info** 60
- Beruf **172** 6 ff.
- Berufsklauseln **172** 35 ff.
- Berufsunfähigkeit **172** 11 ff.
- Berufswechsel, leidensbedingter **172** 8 ff.
- Erwerbsunfähigkeitsklauseln **172** 36
- Informationspflichten vor Vertragsschluss **2 VVG-Info** 52; **4 VVG-Info** 28
- Informationspflichten während der Vertragslaufzeit **6 VVG-Info** 8
- Mitwirkungsobliegenheiten **172** 68 ff.
- Musterbedingungen **Vor 172** 6
- Nachprüfung **174** 1 ff.
- Nachprüfungsverfahren **174** 1
- Verweisung **172** 44 ff.

Beschwerdemöglichkeit, des VN 1 VVG-Info 45

1943

Stichwortverzeichnis

Bestandsübertragung
- Begriff Einl. D 90
- Genehmigungspflicht Einl. D 93
- Grenzüberschreitende Einl. D 98
- Rückversicherung Einl. D 96

Betriebliche Altersversorgung
- Altersversorgung Anh. P 6
- Anpassung Anh. P 45
- Auskunftsanspruch Anh. P 43
- Beitragsorientierte Leistungszusage Anh. P 25
- Beitragszusage mit Mindestleistung Anh. P 26
- Direktversicherung Anh. P 20
- Direktzusage Anh. P 18
- Eigenbeiträge Anh. P 30
- Entgeltcharakter Anh. P 4
- Entgeltumwandlung Anh. P 27 f.
- Gleichbehandlungsgrundsatz Anh. P 15, 47 ff.
- Hinterbliebenenversorgung Anh. P 8
- Höchstaufnahmealter Anh. P 15
- Insolvenzschutz Anh. P 44
- Invaliditätsversorgung Anh. P 7
- Leistungszusage Anh. P 24
- Pensionsfonds Anh. P 22
- Pensionskasse Anh. P 21
- Rechtsbeziehungen Anh. P 53 ff.
- Spätehen- und Altersdifferenzklauseln Anh. P 15
- Übertragung Anh. P 42
- Unterstützungskasse Anh. P 19
- Unverfallbarkeit Anh. P 32 f.
- Versorgungscharakter Anh. P 9
- Versorgungseinrichtungen Anh. P 21
- Versorgungszweck Anh. P 5

Betriebshaftpflichtversicherung, IT Anh. J 167 ff., 192, 204, 207

Betrügerische Überversicherung 74 16

Beweislast
- Arglist 28 169
- Aushandeln von AVB Einl. B 26 f.
- Fahrlässigkeit 28 156
- Geteilte 28 160
- Kausalität 28 150
- Obliegenheitsverletzung 1 76; 28 148
- primäre Risikobeschreibung 1 76
- Risikoausschlüsse 1 76
- Rückabwicklung des Versicherungsvertrages 1 79
- sekundäre Risikobeschreibung 1 76
- Stellen von AVB Einl. B 24
- Teilrücktritt/Teilkündigung 29 25
- tertiäre Risikobeschreibung 1 76
- Verschulden 28 153
- Versicherungsfall 1 76
- Versicherungsnehmer 28 161
- Vertragsabschluss 1 75
- Vorliegen der Überversicherung 74 22
- Vorliegen des Familienprivilegs 86 93
- Vorliegen eines Interessenmangels 81 20
- Vorliegen Unterversicherung 75 1
- Vorsatz 28 168
- Wiedereinschlüsse 1 76

Bewertungsreserven
- aufsichtsrechtlicher Kapitalausstattungsanforderungen 153 73
- Ermittlung 153 44 ff.
- hälftige Zuteilung 153 72
- jährliche Berechnung 153 71
- Rentenversicherung 153 76 ff.
- stille Lasten 153 45
- verursachungsorientiertes Verfahren 153 71

- Zuteilung 153 72

BHV-IT Anh. J 15, 171 ff., 193 f., 199 ff.
- Auslandsdeckung Anh. J 176
- Ausschlüsse Anh. J 177 f.
- Nicht versicherte Tätigkeiten Anh. J 174
- Serienschäden Anh. J 175
- Sicherheitsobliegenheit Anh. J 179
- Vermögensschäden Anh. J 199 ff.
- Wiedereinschluss Anh. J 171 ff.

Bilanz Einl. F 3
Bruchteilsversicherung 75 14
Bundesdatenschutzgesetz, Gesundheitsdaten 213 4
Bürgschaft Einl. A 22

CEIOPS Einl. D 7
Computer, Bedienungsfehler Anh. J 71
Computerdaten Anh. J 67
Computerprogramme Anh. J 67
Corporate Compliance Einl. F 50

Daten
- BBR-IT Anh. J 195 f.
- Betriebshaftpflichtversicherung Anh. J 192
- Betriebssystem Anh. J 106 ff., 122, 153 ff.
- BHV-IT Anh. J 193 ff.
- BIOS-Daten Anh. J 108, 122 f.
- Datenrettung, Kosten Anh. J 25, 28 f., 32 f., 36
- Datenübermittlung Anh. J 46 ff., 116
- Elektronikversicherung Anh. J 121 f.
- Fremdschäden Anh. J 192 ff.
- Gewerbliche VN Anh. J 101 ff., 192 ff.
- Hausratversicherung Anh. J 26 ff.
- Illegale Daten, Kopien Anh. J 113, 126
- Maschinen-Betriebsunterbrechungsversicherung Anh. J 152 ff.
- Neubeschaffung Anh. J 29, 35
- Private VN Anh. J 25 ff., 67 ff.
- Raubkopien Anh. J 33, 126
- Reisegepäckversicherung Anh. J 37 ff.
- Sachversicherungen, allgemeine Anh. J 101 ff.
- Schäden Anh. J 25 ff., 67 ff., 101 ff., 192 ff.
- Sicherungskopien Anh. J 34, 118 f., 129
- Softwareversicherung Anh. J 16, 133 ff., 137 ff.
- Systemdaten Anh. J 106 ff., 123
- Wiederbeschaffung Anh. J 29, 134
- Wiederherstellung Anh. J 28, 32 ff., 41, 70 f., 114, 122, 126, 194

Datenschutz, Gesundheitsdaten 213
Datenträger Anh. J 21, 28, 32 f., 41, 45, 49, 50, 67, 85 f., 103 ff., 109, 113 f., 122 ff.
Datenversicherung Anh. J 94, 123 ff.
Deckschaden Anh. I 27
Deckungskapital
- prospektives Deckungskapital 169 25
- Rechnungsgrundlagen der Prämienkalkulation 169 29 ff.
- retrospektives Deckungskapital 169 25

Deckungsprozess 125 10 f., 59; 126 4; 128 13
Deckungsrückstellung Einl. F 11; 169 26 ff.
Deckungsrückstellungsverordnung Einl. F 11
Deckungszusage 125 10 f.
Differenzprinzip 86 35
Direktanspruch 115 1
Direktversicherer, Beratungspflicht 6 34 f.
D&O-Versicherung Anh. C 70
- Abtretung des Versicherungsanspruchs Anh. C 161
- Abwehrdeckung Anh. C 49, 52, 68, 113
- Anerkenntnisverbot Anh. C 53

Stichwortverzeichnis

- Anstellungsvertrag **Anh. C** 78, 131
- Aufteilung der Versicherungssumme **Anh. C** 127 ff.
- Außenhaftung **Anh. C** 14, 88
- AVB-AVG **Anh. C** 70
- Business Judgement Rule **Anh. C** 17 f., 29
- Claims made **Anh. C** 64
- DCGK **Anh. C** 163, 178, 203
- Direktanspruch **Anh. C** 49
- Eigenschadenausschluss **Anh. C** 149
- Entwicklung der Schadensfälle **Anh. C** 28
- Freistellung der Gesellschaft **Anh. C** 89
- Freistellung von begründeten Schadensersatzansprüchen **Anh. C** 121
- Haftpflichtversicherung **Anh. C** 1, 34
- Haftung von Organmitgliedern **Anh. C** 14
- Inanspruchnahmeprinzip **Anh. C** 64
- Innenhaftung **Anh. C** 14, 88
- Insolvenzreife **Anh. C** 107
- Nachhaftung **Anh. C** 102
- Natur der D&O-Versicherung **Anh. C** 45
- Outside Directorship Liability **Anh. C** 83
- Pflichtverletzung **Anh. C** 80, 96, 98
- Prozessführung **Anh. C** 116
- Rechtsgrundlagen **Anh. C** 165
- Rechtsverhältnisse in der D&O-Versicherung **Anh. C** 34
- Risikosituation **Anh. C** 13
- Rückwärtsversicherung **Anh. C** 98
- Selbstbehalt **Anh. C** 130
- Serienschadenklausel **Anh. C** 133
- Subsidiaritätsklausel **Anh. C** 160
- Tochterunternehmen **Anh. C** 73
- Umstandsmeldung **Anh. C** 106
- Unternehmerische Entscheidung **Anh. C** 6, 17 f., 29
- Vermögensschaden **Anh. C** 85
- Versicherte Personen **Anh. C** 75
- Versicherte Tätigkeit **Anh. C** 80
- Versicherung für fremde Rechnung **Anh. C** 34, 161
- Versicherungsfall **Anh. C** 90
- Versicherungsnehmerin **Anh. C** 71
- Versicherungssumme **Anh. C** 127
- Vorsatz **Anh. C** 137 f.
- Wissenszurechnung **Anh. C** 57
- Wissentliche Pflichtverletzung **Anh. C** 137 f.
- Zahlungsanspruch **Anh. C** 125
- Zulässigkeit der D&O-Versicherung **Anh. C** 42

Dokumentationspflicht des VR 6 100
- Inhalt 6 101
- Schadensersatz 6 139
- Umfang 6 101

Ehegatten
- Repräsentant bei Kfz-Versicherung 28 77
- Repräsentant im gewerblichen Bereich 28 78
- Wissenserklärungsvertreter 28 97

Eigenschäden
- IT, Gewerbliche VN **Anh. J** 83 ff.
- IT, Private VN **Anh. J** 18 ff.

Eigenversicherer 113 18
Einbeziehung von AVB in den Vertrag Einl. B 29–34
Einbruchdiebstahl- und Raubversicherung
- AERB **Anh. M** 5
- Aufklärungsobliegenheit **Anh. M** 113
- Bedeutung **Anh. M** 1
- Beginn des Versicherungsschutzes **Anh. M** 99
- Beweiserleichterungen **Anh. M** 54
- Daten und Programme **Anh. M** 47
- Diebstahl **Anh. M** 11
- Eigentumsvorbehalt **Anh. M** 43
- Einbruchdiebstahl **Anh. M** 9
- Elementargefahren **Anh. M** 3, 75, 77
- Ende des Versicherungsschutzes **Anh. M** 99
- Entschädigung **Anh. M** 87
- Ereignisort **Anh. M** 69
- Festumrissener Rechtsbegriff **Anh. M** 7
- Gebäude **Anh. M** 12
- Gebündelte Versicherung **Anh. M** 3
- Gefahren **Anh. M** 8
- Gefahrerhöhung **Anh. M** 118
- Geschäftsversicherung **Anh. M** 3
- Gewaltandrohung **Anh. M** 33
- Gewaltanwendung **Anh. M** 30 ff.
- Hausrat **Anh. M** 46
- Herbeiführung des Versicherungsfalls **Anh. M** 78
- Klauseln **Anh. M** 6
- Kosten **Anh. M** 50
- Leistungsumfang **Anh. M** 87
- Mehrfachversicherung **Anh. M** 46
- Nachschlüsseldiebstahl **Anh. M** 58
- Obliegenheiten des VN **Anh. M** 101
- Obliegenheitsverletzung (Rechtsfolgen) **Anh. M** 117
- Pauschaldeklaration **Anh. M** 42
- Prämie **Anh. M** 99
- Raub **Anh. M** 29
- Raub auf Transportwegen **Anh. M** 38
- Räuberischer Diebstahl **Anh. M** 23
- Repräsentantenhaftung **Anh. M** 76, 80
- Risikoausschlüsse **Anh. M** 73
- Schlüsselklausel **Anh. M** 10, 26
- Schlüsselvortat **Anh. M** 25
- Sicherungsübereignung **Anh. M** 43
- Stehlgutliste **Anh. M** 108
- Unterversicherung **Anh. M** 91
- Vandalismus nach einem Einbruch **Anh. M** 27
- Veräußerung versicherter Sachen **Anh. M** 98
- Versicherte Sachen **Anh. M** 42
- Versicherungsfall **Anh. M** 51
- Versicherungsort **Anh. M** 65
- Versicherungssumme **Anh. M** 86
- Versicherungswert **Anh. M** 82
- Verwirkungsklausel **Anh. M** 81
- Verzinsung **Anh. M** 95
- Vorvertragliche Anzeigepflicht **Anh. M** 100
- Wiederherbeischaffung versicherter Sachen **Anh. M** 96
- Wiederherstellungsklausel **Anh. M** 88
- Wiederherstellungskosten **Anh. M** 49
- Zeitwertvorbehalt **Anh. M** 83

Einzureichende Unterlagen Einl. D 72
EIOPA Einl. D 8
Elektronik Pauschalversicherung, IT **Anh. J** 91 f.
Elektronikversicherung, IT **Anh. J** 89 ff., 121 ff.
Elternzeit 212 1
- Lebensversicherung 212 2
- Pensionsfonds 212 2
- Pensionskassenverträge 212 2
- Prämienfreie Versicherung 212 4

Entgelt, Schlichtungsstelle 214 9
Entschädigungsfonds, Information über 1 VVG-Info 13
Entwicklung des Zusammenspiels von Europarecht und nationalem Recht Einl. D 14
erfolgsabhängige Beitragsrückerstattung Einl. F 24

Stichwortverzeichnis

erfolgsunabhängige Beitragsrückerstattung
  Einl. F 24
Erfüllung, Information über Einzelheiten
  1 VVG-Info 23
Erlaubnis zum Geschäftsbetrieb Einl. D 71
Ersatzanschaffung 74 9
Ersatzansprüche 86
– Übergang 86
Ersatzpolice, Zusendung 1 VVG-Info 21
Erstprämie 37 2
Erstrisikoversicherung 75 13
Europaklausel, IT Anh. J 58 ff., 71, 187

Fahrerschutzversicherung Anh. A 6
Fahrlässige Verletzung
– Beweislast 28 156
– Grobe Fahrlässigkeit 28 51
– Leichte Fahrlässigkeit 28 1
Fälligkeit Prämie 33 1
Familienprivileg 86 65
Fehlendes versichertes Interesse
– Abdingbarkeit 80 10
– Anfänglicher Interessenmangel 80 9
– Anwendungsbereich 80 3
– Betrügerische Absicht 80 16
– Beweislast 80 19
– Nachträglicher Interessenmangel 80 11
– Teilweiser Interessenwegfall 80 7
– Wegfall der Gefahr 80 4
Fernabsatzvertrag 211 5
Fernkommunikationsmittel, anfallende Kosten
  1 VVG-Info 22
Feuerversicherung 142 1
Finanzaufsicht Einl. D 84
Finanzdienstleistungen, Hinweis auf besondere
  Risiken bei 1 VVG-Info 25
Folgeprämie 38 4
Forderungsübergang 86 33
– Abtretungsausschluss 86 33
– Aufgabeverbot 86 51
– Befriedigungsvorrecht des VersN 86 42 ff.
– Befriedigungsvorrecht des VN 86 42
– Betroffene Versicherungssparten 86 3
– Beweislast 86 92
– Familienprivileg 86 65
– Garantievertrag 86 8
– Gesetzlicher 86 1 ff.
– Haftungsausschluss 86 60
– Häusliche Gemeinschaft 86 67 ff.
– Irrtümliche Leistung 86 24
– Kongruenz 86 26 ff.
– Kongruenz vor Differenz 86 37
– Leistung durch Dritte 86 25
– Mehrere Versicherer 86 48
– Mitwirkungspflichten des VersN 86 51
– Mitwirkungspflichten des VN 86 51
– Obliegenheiten 86 51 ff.
– Quotenvorrecht des VersN 86 34 ff.
– Quotenvorrecht des VN 86 34
– Regressausschluss 86 63 ff.
– Regressfähige Versicherungsleistung 86 23
– Regressfähige Versicherungsleistungen 86 23
– Regresspflichtiger Dritter 86 11
– Regressverzicht 86 83
– Transportversicherung 86 3
– Übergangsfähige Ansprüche 86 6
– Verfahrensfragen 86 88
– Vorteilserlangung und Ausgleich 86 1

– Wirkungen des Übergangs 86 32
Form, Hinweispflichten 28 140
Freiwillige Versicherung 1 43
Fremdschäden
– IT, Gewerbliche VN Anh. J 167 ff.
– IT, Private VN Anh. J 42 ff.
Fristen, als Anspruchsvoraussetzung 28 37

Garantiefonds 1 VVG-Info 13
Garantieversprechen Einl. A 22
Gebäudeversicherung
– Regressverzicht 86 86
– Übergang von Ersatzansprüchen 86 12
Gefahrerhöhung
– Abgrenzung 23 5
– Aufrechterhaltung der Leistungspflicht des VR
  26 18
– Begriff der Gefahrerhöhung 23 8
– Beweislast bei Gefahrerhöhung 23 35, 42
– Dauerzustand 23 15
– D&O-Versicherung 23 48
– Erlöschen des Kündigungsrechts des Versicherers
  24 14
– Gefahrkompensation 23 10
– Kausalitätsgegenbeweis 26 18
– Kfz-Haftpflichtversicherung 23 14, 20, 26, 31
– Kündigung des Versicherers wegen
  Anzeigepflichtverletzung 24 13
– Kündigung des Versicherers, fristgemäß 24 9
– Kündigung des Versicherers, fristlos 24 6
– Kündigungsrecht des VN 25 7
– Lebensversicherung 158 1
– Leistungsfreiheit bei Verletzung der Gefahrstands-
  pflicht Anh. A 68; 26 3
– Leistungsfreiheit bei Verletzung von
  Anzeigeobliegenheiten 26 11
– Mitversicherte Gefahrerhöhung 27 7
– Nachträglich erkannte subjektive Gefahrerhöhung
  23 36
– Objektive Gefahrerhöhung 23 43
– Subjektive Gefahrerhöhung 23 22
– Unerhebliche Gefahrerhöhung 27 1
– Unterlassen 23 24
– Vertragsanpassung 25 2
Gefahrtragungstheorie 1 13, 17
– modifizierte 1 14
Geldleistungstheorie 1 12, 17
Genehmigungs- und Anzeigepflichten Einl. D 86
Gerichtsbarkeit
– Rückversicherung 209 1
– Schlichtungsstelle 214 7
Gerichtsstand 115 8; 215
– Ausschließlichkeit 215 8
– Bezugsberechtigte 215 6
– Delikt 215 2
– Direktanspruch 215 3
– Einführung 215 1
– Erben 215 6
– Geschädigte 215 6
– Gewöhnlicher Aufenthalt 215 7
– Großrisiko 215 11
– Grundpfandgläubiger 215 6
– Internationale Zuständigkeit 215 1
– Juristische Person 215 5
– Laufende Versicherung 215 11
– Mehrere Kläger bzw. Beklagte 215 8
– Rügeloses Einlassen 215 8
– Umzug ins Ausland 215 10

Stichwortverzeichnis

- Unbekannter Aufenthalt **215** 10
- Verhältnis zu § 48 a.F. **215** 1
- Versicherungsberater **215** 4
- Versicherungsvermittlung **215** 4
- Vertragsübernahme **215** 6
- Widerklage **215** 9
- Wohnsitz **215** 7

Gerichtsstandsvereinbarung 215 10
- Großrisiko **210** 6
- Laufende Versicherung **210** 6

Gesamtpreis, der Versicherung 1 VVG-Info 17
Gesamtschuldverhältnis 115 2, 16
Gesetz der großen Zahl Einl. A 9
Gesundheitsdaten 213
- Begriff **213** 6
- Bundesdatenschutzgesetz
  - EU-Datenschutz-Grundverordnung **213** 4
- Datenerhebung **213** 5
- Einführung **213** 1 ff.
- Einwilligung
  - Einzelfalleinwilligung **213** 12 ff.
  - Form **213** 8
  - Generelle **213** 8 ff.
  - Zeitpunkt **213** 8, 12
- Erforderlichkeit **213** 7
- Erhebungsadressaten **213** 5
- Erhebungsberechtigte **213** 5
- Geschichtliche Entwicklung **213** 2
- Hinweispflichten **213** 13 f.
- Obliegenheitsverletzung **213** 16
- Unzulässige Erhebung **213** 17
- Verstorbene **213** 11
- Verwertungsverbot **213** 17
- Widerspruchsrecht **213** 10

Gesundheitsprüfung 32 9
- Lebensversicherung **212** 5

Gewerbliche VN Anh. J 15 ff., 83 ff., 167 ff.
- IT, Eigenschäden **Anh. J** 83 ff.
- IT, Fremdschäden **Anh. J** 167 ff.

Gewinn- und Verlustrechnung Einl. F 3
Glasversicherung, IT Anh. J 23 f., 100
Gleichbehandlungsgrundsatz Einl. A 72
Großrisiken, Beratungspflicht 6 30 f.
Großrisiko 210
- Abdingbarkeit **210** 1
- ABG-Kontrolle **210** 8
- Ausland **210** 2
- Begriff **210** 2 ff.
- Gerichtsstand **215** 11
- Gerichtsstandsvereinbarung **210** 6
- Kombinierte Versicherung **210** 3
- Kraft Größe **210** 2
- Kraft Sparte **210** 2
- Obliegenheitsverletzung **210** 8
- Schlichtungsstelle **214** 3

Grundpfandrechte 148 1
Gutachten 84 15, 18 ff.
- Unrichtigkeit **84** 20 ff.
- Unverbindlichkeit **84** 18
- Verfahren **84** 25

Haftpflichtversicherung 1 43
- Absonderungsrecht **110** 1, 7
- Abtretungsverbot **108** 1, 5, 14
- Abwehranspruch **100** 31, 53; **101** 3
- Allgemeine Haftpflichtversicherungsbedingungen (AHB) **100** 7, 38
- Anerkenntnis des Haftpflichtanspruchs **105** 3
- Anschlussversicherung **100** 36; **109** 17; **111** 3
- Anspruchserhebung **100** 7, 30
- Anzeigefrist **104** 3
- Anzeigepflicht **104** 1, 15
- Anzeigepflichtverletzung **104** 12, 16
- Außerordentlicher Kündigungsgrund **111** 4, 17
- Außerordentliches Kündigungsrecht **111** 1, 8
- Aussonderungsrecht **110** 1
- Bedingtes Anerkenntnis **105** 8
- Befriedigung des Haftpflichtanspruchs **105** 4
- Benzinklausel **Anh. A** 26
- Betriebsbeschreibung **102** 1
- Betriebshaftpflichtversicherung **102** 1
- Beweislast **101** 28; **103** 10; **104** 13; **109** 11
- Bindungswirkung **120** 8
- Deckungsverhältnis **100** 10
- Direktanspruch **110** 4
- Dispositivität **112** 1
- D&O-Versicherung **100** 20; **101** 6, 18; **103** 15; **105** 11; **110** 7
- Doppelkündigung **111** 12
- Doppelversicherung **115** 18
- Dritter **100** 18; **115** 6; **117** 7
- Eigenschaden **100** 22
- Eigenversicherung **106** 11
- Erhöhter Versicherungsschutz **101** 9
- Erschöpfungsklausel **100** 36
- Fälligkeit der Versicherungsleistung **106** 1, 11
- Fortdauer des Versicherungsverhältnisses **117** 3
- Freistellungsverpflichtung **100** 31, 53
- Fristbeginn **106** 2; **111** 10, 19
- Gekürzter Haftpflichtanspruch **109** 6, 12
- Geltendmachung des Absonderungsrechts **110** 9
- Haftungsverhältnis **100** 10
- Hinterlegung **101** 23
- Historische Entwicklung **100** 2
- Holdingstrukturen **100** 24
- Insolvenz des Versicherungsnehmers **110** 1
- Instabilität des Versicherungsvertrags **111** 3
- Kapitalwert der Rente **107** 5
- Konfusion **100** 26
- Kostenklausel **101** 2, 18
- Kündigungsform **111** 9, 20
- Kündigungsgrund **111** 4
- Manifestation **100** 6
- Mehrere Dritte **109** 1
- Mindestversicherungssumme **114** 2
- Mitversicherte **123** 1
- Mitversicherung **100** 35
- Obliegenheiten **104** 1
- Passivenversicherung **100** 6
- Personenschaden **100** 42
- Pfändung und Überweisung **115** 2
- Pflichtenverstoß **100** 4
- Prozessführungsbefugnis **100** 54
- Recht auf abgesonderte Befriedigung **110** 8
- Rechtsbeziehung zwischen geschädigten **115** 2
  - Drittem und VR **115** 2
- Rechtsübergang **117** 27
- Rentenanspruch **107** 1
- Risikoausschlüsse **114** 5; **115** 15
- Rückrufkostenversicherung **100** 27
- Sachschaden **100** 45
- Schadenereignis **100** 5, 51
- Schadenmanifestation **100** 6
- Schadensherbeiführung durch Minderjährige **103** 6
- Selbstbehalt **114** 10 f.

Stichwortverzeichnis

- Selbstbeteiligung **106** 10
- Serienschäden **111** 22
- Sicherheitsleistung **101** 23; **107** 5
- Sozialversicherungsträger **117** 22
- Trennungsprinzip **100** 10
- Unberechtigte Leistungsverweigerung **111** 5
- Unberücksichtigter Dritter **109** 9
- Unternehmen **102** 5
- Unternehmensübernahme **102** 15
- Veranlassung **101** 11
- Verantwortlichkeit des Versicherungsnehmers **100** 17
- Verfügungsverbot **108** 1
- Vermögensschadenhaftpflichtversicherung **100** 22, 49; **103** 15
- Versicherte Kosten **101** 4, 15
- Versicherte Personen **100** 19; **102** 9
- Versicherung für fremde Rechnung **100** 19; **102** 13
- Versicherungsfall **100** 2, 39, 51; **102** 8
- Versicherungssumme **101** 10, 14; **109** 4
- Verteidigungskosten **101** 5, 10, 18, 28
- Vertrag zu Lasten Dritter **108** 10
- Vertrauensgrundsatz **105** 3; **111** 2
- Verweisungsprivileg **117** 18
- Vollmacht **100** 54
- Vorsatz **103** 4, 12
- Wegfall des Anerkenntnis- und Befriedigungsverbotes **105** 1, 11, 13
- Widerrechtlichkeit **103** 7
- Wirksamkeitszeitpunkt der Kündigung **111** 11, 21

Hagelversicherung 92 11
handelsrechtliche Rechnungslegung Einl. F 2
Handelsregisternummer Vor 1 VVG-Info 7; **1 VVG-Info** 5
Hardware
- BBR-IT **Anh. J** 180 ff.
- Begriff **Anh. J** 1
- Betriebshaftpflichtversicherung **Anh. J** 167 ff.
- BHV-IT **Anh. J** 171 ff.
- Displays **Anh. J** 23
- Eigenschäden **Anh. J** 19 ff., 84 ff.
- Elektronikversicherung **Anh. J** 89 ff.
- Fremdschäden **Anh. J** 44 ff., 167 ff.
- Gewerblicher VN **Anh. J** 84 ff., 167 ff.
- Glasversicherung **Anh. J** 23 f., 100
- Hardwarebezogene Dienstleistungen **Anh. J** 183, 211 f.
- Hausratversicherung **Anh. J** 19
- Privater VN **Anh. J** 19 ff., 44 ff.
- Privathaftpflichtversicherung **Anh. J** 44 ff.
- Reisegepäckversicherung **Anh. J** 20 ff.
- Sachversicherung, Allgemeine **Anh. J** 84 ff.
- Schäden **Anh. J** 19 ff., 44 ff., 84 ff., 167 ff.
- Smartphones **Anh. J** 7, 22

Hauptgeschäftstätigkeit 1 VVG-Info 12
Hauptleistung
- Inhaltskontrolle **Einl. B** 60
- Transparenzkontrolle **Einl. B** 60

Häusliche Gemeinschaft 86 63; **89** 2
Hausratversicherung
- Anprall, Absturz **Anh. L** 24
- Arglistige Täuschung **Anh. L** 141
- Aufräumungskosten **Anh. L** 86
- Aufwendungen **Anh. L** 100
- Außenversicherung **Anh. L** 124
- Beginn und Ende des Versicherungsschutzes **Anh. L** 187
- Bewachungskosten **Anh. L** 92

- Bewegungs- und Schutzkosten **Anh. L** 87
- Brand, Blitzschlag, Explosion, Implosion **Anh. L** 11
- Daten **Anh. J** 26 ff.
- Einbruchdiebstahl **Anh. L** 28
- Eingefügte Sachen **Anh. L** 58
- Entschädigung **Anh. L** 149
- Gebäudebestandteile **Anh. L** 71
- Gefahrerhöhung **Anh. L** 206
- Gegenstand **Anh. L** 1
- Geschirrspülmaschine **Anh. L** 137
- Hausrat **Anh. L** 55
- Herbeiführung des Versicherungsfalles **Anh. L** 131
- Hotelkosten **Anh. L** 88
- IT-Geräte/Hardware **Anh. J** 19
- Leitungswasser **Anh. L** 37
- Obliegenheiten **Anh. L** 196
- Prämie **Anh. L** 169
- Raub **Anh. L** 30
- Rechtsgrundlagen **Anh. L** 3
- Reparaturkosten **Anh. L** 93
- Repräsentantenhaftung **Anh. L** 139
- Risikoausschlüsse **Anh. L** 130
- Sachverständigenverfahren **Anh. L** 159
- Schlossänderungskosten **Anh. L** 44
- Sturm, Hagel **Anh. L** 44
- Transport- und Lagerkosten **Anh. L** 89
- Überversicherung **Anh. L** 186
- Unterversicherung **Anh. L** 155
- Vandalismus **Anh. L** 29
- Verjährung **Anh. L** 194
- Versicherte Gefahren und Schäden **Anh. L** 9
- Versicherte Kosten und Aufwendungen **Anh. L** 85
- Versicherte Sachen **Anh. L** 55
- Versicherungsfall **Anh. L** 8
- Versicherungsort **Anh. L** 106
- Versicherungssumme **Anh. L** 148
- Versicherungswert **Anh. L** 145
- Waschmaschine **Anh. L** 137
- Wertsachen, Bargeld **Anh. L** 56
- Wiederherbeigeschaffte Sachen **Anh. L** 160
- Wohnungswechsel **Anh. L** 113

Hinweispflicht
- Adressat **28** 139
- Form **28** 140
- Obliegenheitsverletzungen **28** 136
- Umfang **28** 138
- Zeitpunkt **28** 141

Hinweispflichten 125 52; **128** 10
Höchstrechnungszinssatz 2 VVG-Info 50
Höchstzinssatz Einl. F 13
Hund Anh. I 11, 23

Identität
- des VR **Vor 1 VVG-Info** 7; **1 VVG-Info** 5
- eines Vertreters **Vor 1 VVG-Info** 9; **1 VVG-Info** 7

Inbegriff 89 4
Information, befristete 1 VVG-Info 24
Informationspflichten
- Abschlusskosten **2 VVG-Info** 4
- Angaben zur Prämie **4 VVG-Info** 18
- Antragsbindefrist **1 VVG-Info** 28
- Anwendbares Recht **1 VVG-Info** 41
- Art des Versicherungsvertrages **4 VVG-Info** 14
- Aufsichtsbehördliches Informationsblatt **3 VVG-Info** 10
- Ausmaß garantierter Leistungen **2 VVG-Info** 31

Stichwortverzeichnis

- Außergerichtliche Beschwerde- und Rechtsbehelfsverfahren **1 VVG-Info** 44
- Auswirkungen steigender Krankheitskosten **3 VVG-Info** 3
- Beendigung des Vertrages **1 VVG-Info** 37
- Beginn der Versicherung **1 VVG-Info** 30
- Beginn des Versicherungsschutzes **1 VVG-Info** 30; **4 VVG-Info** 25
- Begriff der Berufsunfähigkeit **2 VVG-Info** 60
- Beitragsbegrenzung im Alter **3 VVG-Info** 4
- Beitragsentwicklung **3 VVG-Info** 8
- Beitragsfreie Leistung **2 VVG-Info** 27
- Berechung der Überschussermittlung und -beteiligung **2 VVG-Info** 16
- Berufsunfähigkeitsversicherung **2 VVG-Info** 52
- Beschwerde bei der Aufsichtsbehörde **1 VVG-Info** 45
- Dauer des Versicherungsschutzes **1 VVG-Info** 38
- einkalkulierte Kosten **2 VVG-Info** 4; **3 VVG-Info** 2
- Ende des Versicherungsschutzes **4 VVG-Info** 25
- Fernmündliche Kommunikation **5 VVG-Info** 8
- Fondsgebundene Lebensversicherung **1 VVG-Info** 25; **2 VVG-Info** 23, 33
- Form **7** 24; **1 VVG-Info** 3, 46; **2 VVG-Info** 41; **3 VVG-Info** 9; **4 VVG-Info** 29; **6 VVG-Info** 9
- Gerichtsstand **1 VVG-Info** 41
- Gesamtpreis der Versicherung **1 VVG-Info** 17, 20
- Geschäftlicher Zweck des Kontaktes **5 VVG-Info** 4
- Höchstrechungszinssatz **2 VVG-Info** 50
- Identität des VR **5 VVG-Info** 4
- Kfz-Haftpflichtversicherung **Vor 1 VVG-Info** 8
- Krankenversicherung **3 VVG-Info** 1
- Kündigungsbedingungen **1 VVG-Info** 37
- Kündigungsmöglichkeiten **4 VVG-Info** 26
- Lebensversicherung **2 VVG-Info** 2
- Leistungsausschlüsse **4 VVG-Info** 17
- Mindestlaufzeit des Vertrages **1 VVG-Info** 36
- Mindestversicherungsbetrag **2 VVG-Info** 26, 29
- Modellrechnung **2 VVG-Info** 46; **6 VVG-Info** 9
- Obliegenheiten bei Eintritt des Versicherungsfalles **4 VVG-Info** 24
- Obliegenheiten bei Vertragsschluss **4 VVG-Info** 20
- Obliegenheiten während der Vertragslaufzeit **4 VVG-Info** 23
- Prämienerhöhung **6 VVG-Info** 13
- Prämienfreie Versicherung **2 VVG-Info** 27
- Prämienreduzierung **2 VVG-Info** 29
- Produktinformationsblatt **1 VVG-Info** 1
- Rechtsfolgen des Widerrufes **1 VVG-Info** 33
- Rechtsfolgen eines Verstoßes **5 VVG-Info** 14
- Rechtsweg **1 VVG-Info** 22
- Risikoausschlüsse **4 VVG-Info** 15
- Rückkaufswert **2 VVG-Info** 21
- Sämtliche Versicherungszweige **1 VVG-Info** 1
- Sonstige Kosten **2 VVG-Info** 14; **3 VVG-Info** 2
- Spartenübergreifende **1 VVG-Info** 1
- Statut der Kontaktaufnahme **1 VVG-Info** 40
- Steuerregelung **2 VVG-Info** 36
- Tarifwechsel **6 VVG-Info** 14
- Telefongespräch **5 VVG-Info** 1
- Überschussbeteiligung **5 VVG-Info** 4
- Umstufung **6 VVG-Info** 14
- Umwandlung des Vertrages **2 VVG-Info** 26
- Unfallversicherung mit Prämienrückgewähr **2 VVG-Info** 62
- Ungezillmerte Tarife **2 VVG-Info** 6
- Vertragsbeendigung **4 VVG-Info** 26
- Vertragsschluss im elektronischen Geschäftsverkehr **1 VVG-Info** 6
- Vertriebskosten **2 VVG-Info** 4
- Verwaltungskosten **2 VVG-Info** 7; **3 VVG-Info** 2
- Verzicht auf Informationen **5 VVG-Info** 11
- vor Abschluss des Versicherungsvertrages **7** 9
- während der Laufzeit des Vertrages **6 VVG-Info** 1
- Wechsel in die private Krankenversicherung **3 VVG-Info** 5
- Wechsel innerhalb der privaten Krankenversicherung **3 VVG-Info** 7
- Widerrufsfrist **1 VVG-Info** 6
- Zinssätze **2 VVG-Info** 46
- Zu verwendende Sprachen **1 VVG-Info** 43
- Zum Versicherer **1 VVG-Info** 4
- Zur angebotenen Leistung **1 VVG-Info** 14
- Zustandekommen des Vertrages **1 VVG-Info** 27

Informationspflichten des VR
- Antragsmodell **7** 75
- Anwendungsbereich **7** 8
- Art der Informationsmittlung **7** 38
- Einbeziehung von AVB **7** 67
- Form **7** 24
- Gegenstand **7** 16
- Gemeinschaftsrechtliche Vorgaben **7** 1, 2
  - Versicherungsvertriebs-RiLi – IDD **7** 3
- Großrisiken **7** 8
- Informationsberechtigte **7** 12
- Informationspflichtenverordnung **7** 140
- Informationsverpflichtete **7** 10
- Invitatiomodell **7** 78
- Kosten für die Übermittlung **7** 138
- Nach Vertragsbeendigung **7** 135
- Nach Vertragsschluss **7** 9
- Rechtsfolgen bei Verstoß **7** 55
- Rechtsnatur **7** 9
- Rechtzeitigkeit **7** 22
- Schutzgesetz **7** 62
- Sprache **7** 42
- Transparenz **7** 40
- Verhältnis zu den §§ 305 BGB **Einl. B** 29–34
- Vermutung informationsgerechten Verhaltens **7** 61
- Verstoß **7** 55
- Vertragsänderung **7** 17
- Vertragsverlängerung **7** 17
- Verzicht des VN **7** 46
- Vor Vertragsschluss **7** 4
- Während der Vertragslaufzeit **7** 135
- Zeitpunkt **7** 24

Informationspflichtenverordnung
- Anwendungsbereich **1 VVG-Info** 2
- Ermächtigungsgrundlage **7** 140; **Vor 1 VVG-Info** 1
- Europarechtliche Grundlagen **Vor 1 VVG-Info** 1
- Inkrafttreten **7 VVG-Info** 3
- Standardisierte Informationen **Vor 1 VVG-Info** 4
- Übergangsvorschriften **7 VVG-Info** 1
- Verhältnis zur BGB-InfoV **Vor 1 VVG-Info** 6, 7

Inhaltsfreiheit
- gesetzliches Verbot
  - Sittenwidrigkeit
    - Embargobestimmungen **1** 61

Insolvenz des VN 115 10

Insolvenz des VR 16 8; 117 34

Internationale Zuständigkeit in Versicherungssachen Anh. EGVVG 13

Stichwortverzeichnis

Internationales Versicherungsvertragsrecht (EGVVG a.F./EGBGB a.F.)
- Divergenzfall **Anh. EGVVG** 229
- Entwicklung **Anh. EGVVG** 222
- Rom I-VO **Anh. EGVVG** 221

Internationales Versicherungsvertragsrecht (EGVVG/EGBGB)
- Entwicklung **Anh. EGVVG** 2
- Großrisiko **Anh. EGVVG** 69
- Intertemporales Privatrecht **Anh. EGVVG** 8
- ordre public **Anh. EGVVG** 218
- Rechtsquellen **Anh. EGVVG** 2
- Rom I-VO **Anh. EGVVG** 1

Internet-Ausschluss Anh. J 49

Invalidität
- Ärztliche Feststellung **180** 10
- Begriff **180** 3
- Beweislast **180** 38
- Fristen **180** 7
- Geltendmachung **180** 21
- Gliedertaxe **180** 26
- Grad **180** 26
- Leistung **180** 24
- Neubemessung **188** 5

Invitatiomodell 1 47; 7 78
- Aufklärung des VN über Funktionsweise **1 VVG-Info** 27
- Beginn der Widerrufsfrist **7** 81
- Bindung des VR an sein Angebot **1 VVG-Info** 24
- Fiktionslösung **7** 80
- Funktionsweise **7** 78
- Praktische Schwierigkeiten **7** 83
- Vereinbarkeit mit dem VVG **7** 79
- Vorvertragliche Anzeigepflicht **7** 82

IT
- Begriff **Anh. J** 1
- Relevanz **Anh. J** 6 ff.

IT-Risiken Anh. J 3 ff.
- Gewerbliche VN **Anh. J** 15 f., 83 ff.
- Private VN **Anh. J** 13, 18 ff.

IT-Schäden
- Eigenschäden **Anh. J** 10, 12, 18 ff., 83 ff.
- Fremdschäden **Anh. J** 10, 12, 42 ff., 167 ff.
- Gewerbliche VN **Anh. J** 83 ff.
- Private VN **Anh. J** 18 ff.
- Serienschäden **Anh. J** 57, 175

IT-Versicherung
- Begriff **Anh. J** 2
- Gegenstand **Anh. J** 3 ff.
- Gewerbliche VN **Anh. J** 15 ff., 83 ff.
- Private VN **Anh. J** 13 f., 18 ff.
- Rechtsgrundlagen **Anh. J** 9 ff.
- Relevanz **Anh. J** 6 ff.

Kalkulationsverordnung – Krankenversicherungsaufsichtsverordnung Einl. F 14

Kampfhund Anh. I 11

Kaskoversicherung
- AKB 2008 **Anh. A** 18
- AKB 2015 **Anh. A** 20
- Beweiserleichterungen **Anh. A** 38
- Diebstahl **Anh. A** 43
- Quotenvorrecht **Anh. A** 76
- Reparaturkosten **Anh. A** 43
- Restwert **Anh. A** 43
- Teilkasko **Anh. A** 38
- Wiederbeschaffung **Anh. A** 42

Kasuistik
- Beratungspflichten **6** 92
- Herbeiführung des Versicherungsfalles **81** 82
- Obliegenheiten **28** 34, 49
- Repräsentanten **28** 75
- Wiederherstellung, Sicherung **94** 3, 5 ff.
- Wissenserklärungsvertreter **28** 97
- Wissensvertreter **28** 93

Kausalität
- Abstrakte **28** 47
- Beweislast **28** 150
- Kasuistik **28** 49
- Kenntnis des Versicherers **28** 40
- Konkrete **28** 47
- Obliegenheiten **28** 44
- Relevanzrechtsprechung **28** 45

Kautionsversicherung 1 34

Kenntnis des Versicherers, von anzuzeigender Tatsache 28 39

Kfz-Haftpflichtversicherung
- AKB 2008 **Anh. A** 18
- AKB 2015 **Anh. A** 20
- Anzeigepflichten des Dritten **119** 4
- Aufwendungen des VR **116** 7
- Beendigung des Versicherungsverhältnisses **117** 9
- Befreiende Versicherung (Eigenversicherer) **113** 18
- Deckungssumme **114** 2
- Direktanspruch **Anh. A** 69; **115** 9
- Dritter (Geschädigter) **115** 6; **117** 7
- Gerichtsstand für den Direktanspruch **Anh. A** 69; **115** 8
- Gesamtschuldner **115** 2, 16
- Haftung für Fahrzeugführer **28** 85
- Innenverhältnis VR und VN **116** 1
- Kfz-Folgeschäden **Anh. A** 33
- Kürzung **28** 135
- Mitversicherter **123** 1
- Personenschäden **Anh. A** 33
- Repräsentant **28** 77
- Risikoausschlüsse **114** 5; **115** 15
- Sachschäden **Anh. A** 33
- Sachverständigenverfahren **Anh. A** 43
- Selbstbehalt **114** 10
- Selbstfahrendes Auto **Anh. A** 21
- Veräußerung **122** 1
- Verweisungsprivileg **117** 18

kombinierte Theorie 1 15

kombinierte Versicherung 1 60
- Großrisiko **210** 3

Kongruenz Versicherungsleistung und Schadensersatz 86 26

Kongruenz von Versicherungsleistung und Schadensersatz 86 26 ff.

Kontrahierungszwang 113 4

Kosten
- Fernkommunikationsmitteln **1 VVG-Info** 22
- in die Prämie einkalkuliert **2 VVG-Info** 4; **3 VVG-Info** 2
- Übersendung von Informationen **7** 138
- zusätzlich anfallende **1 VVG-Info** 21

Kostenausweis
- einheitlicher Gesamtbetrag **2 VVG-Info** 5
- Krankenversicherung **3 VVG-Info** 2
- Lebensversicherung **2 VVG-Info** 4

Kraftfahrt-Unfallversicherung Anh. A 5

Kraftfahrtversicherung Anh. A 1
- Beendigung **Anh. A** 54
- Beginn **Anh. A** 50

Stichwortverzeichnis

- Gefahrerhöhung **Anh. A** 66
- Gleichbehandlung **Anh. A** 46
- Obliegenheiten **Anh. A** 57
- Quotelung **Anh. A** 93
- Schadenfreiheitsrabatt **Anh. A** 45
- Telematik **Anh. A** 46

Krankenversicherung
- Abtretungsverbot **194** 17
- Adoptivkinder **198** 1 ff., 9
- Akteneinsichtsrecht **202** 5
- Akutbehandlung **193** 37
- Allgemeines Gleichbehandlungsgesetz **Vor 192** 5
- alternative Heilbehandlung **192** 13
- Alterungsrückstellung **Vor 192** 9; **203** 3; **204** 16
- Altverträge **193** 14, 25
- Anschlussversicherungsnachweis **205** 23
- Anwartschaftsversicherung **204** 33
- Asylbewerber **193** 13
- Aufrechnung im Notlagentarif **193** 39
- Auskunftsanspruch des VN **192** 5, 35
- Ausländer **193** 11 ff.; **195** 8; **207** 12 ff.
- auslösender Faktor **203** 12
- außerordentliche Kündigung **206** 1
- Auswirkungen steigender Krankheitskosten **3 VVG-Info** 3
- Basistarif **Vor 192** 10; **193** 19; **203** 7, 10; **204** 5, 25
- Bedingungsänderung **203** 22
- Befristung **196** 1 ff.; **199** 4
- Beihilfe **195** 6; **199** 1; **200** 1; **205** 7
- Beihilfeänderung **199** 7
- Beihilfeergänzung **193** 10
- Bereicherungsverbot **200** 1
- Bezugsrecht der VP **194** 20
- Direktanspruch des Leistungserbringers **192** 4, 32 ff., 55; **193** 39
- Doppelversicherung **200** 3
- Forderungsübergang **194** 10, 15
- freie Heilfürsorge **193** 13
- gedehnter Versicherungsfall **194** 22; **197** 6
- Gefahrerhöhung **194** 11
- Gesundheitsreformgesetz **Vor 192** 3
- Gleichbehandlungsgrundsatz **Vor 192** 6
- Gruppenversicherung **194** 21; **206** 20; **207** 10
- Gutachteneinsicht **202** 3
- halbzwingende Normen **208** 1
- Heilbehandlung **192** 12
- Herbeiführung des Versicherungsfalles **201** 1
- Hilfebedürftigkeit **193** 13, 19, 27, 30
- Informationspflicht Tarifwechsel **204** 35
- Informationspflichten vor Vertragsschluss **3 VVG-Info** 1; **4 VVG-Info** 28
- Informationspflichten während der Vertragslaufzeit **6 VVG-Info** 13
- Jahresarbeitsentgeltgrenze **193** 13
- Kenntnis- und Verhaltenszurechnung **193** 6
- Kindernachversicherung **198** 1 f.
- Klauselersetzung **203** 23
- Klinik-Card **192** 31
- Kontrahierungszwang **Vor 192** 10; **198** 4; **199** 5; **204** 31
- Kontrahierungszwang, Pflegepflichtversicherung **192** 52
- Kostenausweis **3 VVG-Info** 2
- Krankenhaustagegeldversicherung **192** 43
- Krankentagegeldversicherung **192** 47; **195** 6; **196** 1
- Krankenversicherungspflicht **193** 7
- Krankheitsbegriff **192** 9
- Krankheitskostenversicherung **192** 7
- Kündigung des Versicherers **193** 26, 27; **206** 1
- Kündigung des VN **205** 1
- LASIK-Behandlung **192** 13
- Lebensversicherung **195** 4; **203** 3
- Leistungsausschluss **203** 9; **204** 17
- Leistungszusage vor Heilbehandlung **192** 35
- Mahnung **193** 30
- Managed Care **Vor 192** 8; **192** 3, 26
- medizinische Notwendigkeit **192** 13
- Mindestvertragsdauer **205** 4
- Mindestvertragslaufzeit **195** 2
- Musterbedingungen **Vor 192** 13
- Nettopolice **204** 7
- Neugeborene **198** 1
- Nichtzahler **Vor 192** 11; **193** 31
- Notlagentarif **Vor 192** 11; **193** 31 ff.
- Pflegepflichtversicherung, Rechtsweg **192** 54
- Pflegeversicherung **192** 50
- Pflegeversicherungspflicht **192** 52
- Portabilität der Alterungsrückstellung **Vor 192** 9; **204** 1 ff.
- Prämienanpassung **203** 16; **205** 14
- Prämienanstieg **203** 6, 11; **204** 1; **205** 13
- Prämienkalkulation **203** 4
- Prämienzuschlag **193** 15, 44
- Rechnungsgrundlagen **195** 4
- Risikozuschlag **203** 8, 16; **204** 13, 17
- Rückstand **193** 28
- Ruhen der Zusatzversicherungen **193** 27
- Sachleistungen **192** 8; **193** 19
- Säumniszuschlag **193** 28
- Schadensminderungsobliegenheit **194** 9
- Schadensversicherung **194** 5
- Schrift- oder Textformvereinbarung **208** 2
- Selbstbehalt **203** 16
- Sozialhilfeempfänger **193** 13
- Subsidiaritätsklausel **194** 8
- substitutive (Begriff) **195** 3
- Suchtkrankheiten **201** 10
- Suizid **201** 9
- Summenversicherung **194** 5
- Tarif (Begriff) **203** 5, 12
- Tarifwechsel **204** 1
- Tod des VN **207** 4
- Treuhänder **203** 11, 17
- Überbringerklausel **194** 23
- Übergangsregelung zum Notlagentarif **193** 42
- Übermaßbehandlung **192** 14
- Übermaßvergütung **192** 14, 17
- Übertragungswert **204** 28
- Unfall **192** 10
- unheilbare Erkrankung **192** 13
- Unternehmenswechsel **204** 28
- versicherte Person **193** 5; **194** 20
- Versicherungsaufsichtsrecht **Vor 192** 4
- Versicherungsfähigkeit **204** 10
- Versicherungsfall **197** 6
- Versicherungspflicht **Vor 192** 11; **193** 2
- Versicherungspflicht GKV **205** 2, 7
- Vertragsfortsetzungsanspruch **206** 13; **207** 1
- Vorversicherungszeiten **197** 10
- vorvertragliche Anzeigepflichtverletzung **194** 2, 13
- Wartezeiten **197** 1
- Wechsel **3 VVG-Info** 6
- Wirtschaftlichkeitsgebot **192** 19
- Zahlungsverzug **193** 28
- Zusatzversicherung zum Basistarif **204** 31

Kündigung, Bedingungen 1 VVG-Info 37

Stichwortverzeichnis

Kündigungsrecht
- Anforderungen 28 112
- Ausschlussfrist 28 109
- AVB 28 107
- Obliegenheitsverletzung 28 105
- Rechtsfolge 28 114
- Teilrücktritt/Teilkündigung 29 23
- Veräußerung 96 2
- Versicherungsfall 92 3

Kürzung
- Alles-oder-Nichts-Prinzip 28 118
- Fallgruppen 28 131
- Herbeiführung des Versicherungsfalles 81 50
- Kriterien 28 123
- Kürzungsschritte 28 129
- Obliegenheitsverletzung 28 118
- Quote 28 54, 119, 129

Laufende Versicherung 210
- Abdingbarkeit 210 1
- Abschreibepolice 53 24
- AGB-Kontrolle 210 8
- Alles-oder-Nichts-Prinzip 54 4; 57 7; 58 1
- Anmeldepflichtverletzung 54 1
- Anmeldung 53 13, 33
- Anzeigepflichtverletzung 56 1
- Auslaufhaftung 54 8
- AVB 53 6; 58 7
- Begriff 53 5, 26; 210 5
- Deckungszusage 53 37; 54 1
- Deklarationspflicht 53 23, 34
- Einheitsversicherung 53 10
- Einzelpolice 55 1
- Endgültiger Vertrag 53 19
- Fakultative Ausgestaltung 53 13, 18, 20; 56 5
- für wen es angeht 55 3
- Gattung 53 27
- Gefahränderung 57 1; 58 4
- Gefahrerhöhung 57 3; 58 7
- Generalpolice 53 23, 34
- Gerichtsstand 215 11
- Gerichtsstandvereinbarung 210 6
- Gesamtversicherungssumme 53 23
- Gruppenversicherung 53 11
- Höchsthaftungssumme 53 23
- Höchstversicherungssumme 53 23
- Inbegriffsversicherung 53 8
- Inhaberpapier 55 2
- Kündigungsrecht des Versicherers 54 7; 56 1, 6; 57 12; 58 10
- Kündigungsrecht des VN 56 1, 12
- Leistungsfreiheit 54 3; 55 5; 57 7; 58 5
- Leistungsverweigerungsrecht 56 1, 6
- Mischform 53 14
- Obliegenheitsverletzung 54 4; 58 1; 210 8
- Obligatorische Ausgestaltung 53 13, 17, 20, 37
- Pauschalpolice 53 25, 36
- Prämienberechnung 53 22
- Prämiengrundlage 53 35; 54 1
- Rahmenvertrag 53 19
- Rechtliche Einordnung 53 12
- Schadensversicherung 53 12
- Summenpolice 53 35
- Transportversicherung 53 5, 10, 23, 32; 54 8; 56 2; 57 7
- Umsatzpolice 53 25, 35
- Versehensklausel 54 5
- Versichertes Interesse 53 1, 8, 28

- Versicherung für fremde Rechnung 53 32; 55 3
- Versicherungszertifikat 55 1
- Vorvertragliche Anzeigepflicht 53 19; 56 1
- Zuschlagsprämie 56 8; 57 12

Lebensversicherung
- Arten **Vor 150** 4 ff.
- Auskunftsansprüche 153 58
- betriebliche Altersversorgung
  - Direktversicherung **Vor 150** 19
  - Pensionskassen **Vor 150** 19
  - Rückdeckungsversicherung **Vor 150** 19
  - versicherungsähnliches Risikogeschäft **Vor 150** 20
  - Versorgungszusage des Arbeitsgebers **Vor 150** 20
  - Zusatzversorgung VBL **Vor 150** 20
- Bezugsberechtigung 159 1; 160 1
- Elternzeit 213 2
- Fondsgebundene **1 VVG-Info** 25; **2 VVG-Info** 23, 33
- Gefahränderung
  - Gefahrerhöhung 158 4
  - Gefahrverminderung 158 6
  - Textform 158 4
- Gesundheitsprüfung 21 5
- grenzüberschreitende Tätigkeit **Vor 150**
- Informationspflichten **4 VVG-Info** 27
- Kostenausweis **Vor 1 VVG-Info** 7; **2 VVG-Info** 4
- Kündigung des VR
  - Elternzeit 166 5
  - Hinweispflicht des VR 166 7
  - Informationspflicht des VR in der bAV 166 8
  - Umwandlung in prämienfreie Versicherung 166 4 f.
  - Zahlungsfrist 166 7
- Prämienkalkulation 163 19 ff.
- Rentenversicherung **Vor 150** 14
  - Basisrente **Vor 150** 16
  - Riester-Rente **Vor 150** 15
- Rentnergesellschaft
  - Abgeleitete Rentnergesellschaften **Vor 150** 49
  - Abwicklungsgesellschaften **Vor 150** 48
  - Ausschüttungs-u. Entnahmebeschränkung **Vor 150** 52
  - Ausstattungsverpflichtung **Vor 150** 46
  - Originäre Rentnergesellschaft **Vor 150** 46
  - Zusagen für andere Arbeitgeber **Vor 150** 47
- Risikolebensversicherung **Vor 150** 5
- Rückkaufswert 152 6
- Sterbegeldversicherung **Vor 150** 4
- Todesfallversicherung **Vor 150** 4
- Tontine **Vor 150** 6
- Untersuchung 151 1
- Widerruf 152 1

Leistung 125 51

Leistungen des VR
- aus prämienreduzierter Versicherung **2 VVG-Info** 29
- beitragsfrei **2 VVG-Info** 27
- garantierte **2 VVG-Info** 31
- Information über Fälligkeit **1 VVG-Info** 15

Leistungsausschlüsse 4 VVG-Info 17

Leistungsfreiheit
- Einrede 28 143
- Einwendung 28 143
- Gestaltungsrecht 28 143
- Herbeiführung des Versicherungsfalles 81 49
- Hinweispflicht
  - Hinweisobliegenheit 28 136

Stichwortverzeichnis

- Kfz-Haftpflicht **28** 135
- Kriterien **28** 123
- Kürzung **28** 118
- Obliegenheitsverletzungen **28** 134
- Rechtsfolgen **28** 143

Leistungsverweigerung, Rechtsfolgen 28 41
Lloyd's of London 216 1

Mangelverdacht Anh. E 54
Markenrechte, IT, Gewerbliche VN Anh. J 205 ff.
Mehrfachmandate Einl. F 50
Mehrfachversicherung 74 5; **86** 48
- Abdingbarkeit **77** 4; **78** 22; **79** 23
- als Doppel- oder Nebenversicherung **77** 8
- Anfängliche Mehrfachversicherung **79** 5
- Anwendungsbereich **77** 2; **78** 3
- Anzeigepflicht **77** 15
- Arten **77** 5
- Ausgleich der VR untereinander **78** 10
- betrügerische Mehrfachversicherung **78** 15
- Betrügerisches Verhalten des VN **78** 15
- Beweislast **79** 24
- Forderungsübergang **86** 48
- Haftung gegenüber dem VN **78** 6
- Identität von Interesse und Gefahr **77** 8
- Mehrere Versicherungen bei mehreren VR **77** 5
- Mitversicherung **77** 5
- Nachträgliche Mehrfachversicherung **79** 8
- Nebenversicherung **77** 5
- Normzweck **77** 3; **78** 1; **79** 1
- Rechtsfolge **77** 18
- Rechtsfolgen **78** 15; **79** 13
- Rechtsfolgen der Mehrfachversicherung **78** 6 ff.
- Systematik **79** 4
- Unverzügliche Anzeige **77** 15
- Verjährung **78** 24
- Verletzung der Anzeigepflicht **77** 16
- Versicherungssummen **78** 7
- Voraussetzungen **77** 8; **78** 4; **79** 2
- Voraussetzungen der Mehrfachversicherung **78**

Mehrheit von Gegenständen 29 13
Mehrheit von Personen 29 14
Mindestversicherungssumme 114 2
Mitversicherung 77 5
Modellrechnung
- Aktualisierte **6 VVG-Info** 9
- bezifferte Angaben **154** 8 ff.
- Informationen über **2 VVG-Info** 46; **4 VVG-Info** 27
- kapitalbildende Lebensversicherung **154** 4
- Textform **154** 14
- Unverbindlichkeit **154** 15
- Versicherungsmakler **154** 10
- Zinssätze **154** 11 f.

Muster-Versicherungsbedingungen Einl. B 2

Nachhaftung 117 8
Nachprüfungsverfahren in der Berufsunfähigkeitsversicherung 174 1 ff.
- Änderung der Verhältnisse **174** 6 ff.
- Auszubildende **174** 13
- Berücksichtigung neu erworbener Kenntnisse und Fähigkeiten **174** 11
- Beweislast **174** 21 ff.
- formelle Voraussetzungen der Leistungsfreiheit **174** 14 ff.
- materielle Voraussetzungen der Leistungsfreiheit **174** 5 ff.
- Mitwirkungsobliegenheiten **172** 68 ff., 76; **174** 4
- Verweisung im Nachprüfungsverfahren **174** 9

Namensrechte, IT Anh. J 78, 198 ff., 207
Nationales Aufsichtsrecht Einl. D 30
Nebenpflichten, Obliegenheiten 28 15
Nebenversicherung 77 5

Obliegenheiten 119 1; **120** 1; **125** 56; **126** 8; **127** 8; **128** 3
- Abgrenzung zu Anspruchsvoraussetzungen **28** 37
- Abgrenzung zu Ausschlussfristen **28** 36
- Anwendbarkeit von Zurechnungstatbeständen im BGB **28** 62
- Äquivalenzsichernde **28** 21
- Arglist bei Verletzung **28** 57
- Arten **28** 2, 16
- Ausschlussfrist **28** 109
- Ausschlusstheorie **28** 24
- AVB **28** 170
- Begriff **28** 6, 23
- Bei Eintritt des Versicherungsfalls **4 VVG-Info** 24
- Bei Vertragsschluss **4 VVG-Info** 20
- Beweislast **28** 148; **86** 58
- Beweislast bei Verletzung **86** 58
- Entstehungsgeschichte **28** 4
- Erfüllungsanspruch des Versicherers **28** 11
- Fahrlässigkeit **28** 51
- Gesetzliche **28** 16
- Hinweispflicht
  - Hinweisobliegenheit **28** 136
- IT **Anh. J** 55 f., 72, 88, 116, 117 ff., 129, 133 ff., 141 f., 148 f., 179, 194
- Kasuistik **28** 34, 49
- Kausalität **28** 44
- Kündigungsrecht **28** 105
- Kürzung **28** 54, 118
- Leistungsfreiheit **28** 117
- Nach dem Versicherungsfall **28** 20
- Obliegenheitstypische Merkmale **28** 10
- Rechtsfolge bei Verletzung **28** 10
- Rechtsnatur **28** 8
- Rechtszwangtheorie **28** 12
- Relativität **28** 25
- Repräsentant **28** 69
- Risikoausschlüsse **28** 22
- Rücktrittsausschluss **28** 147
- Schadensersatz bei Verletzung **28** 14
- Tatbestand **28** 38
- Verbindlichkeitstheorie **28** 12
- Verhaltenstheorie **28** 25
- Verhüllte **28** 25
- Verletzung **28** 38
- Verpflichteter **28** 42
- Verschulden **28** 50
- Vertragliche **28** 15
- Vor dem Versicherungsfall **28** 20
- Voraussetzungstheorie **28** 12
- Vorsatz **28** 56
- Während der Vertragslaufzeit **4 VVG-Info** 23
- Wissenserklärungsvertreter **28** 94
- Wissensvertreter **28** 88
- Zurechnung des Verhaltens Dritter **28** 60
- Zurechnungstatbestände **28** 62

Obliegenheitsverletzung
- Gesundheitsdaten **213** 16
- Großrisiko **210** 8
- Laufende Versicherung **210** 8

Stichwortverzeichnis

Ombudsmann
- Begriff Einl. A 75
- Inanspruchnahme 1 VVG-Info 44
- Kontakt 1 VVG-Info 44

Ombudsmann PKV Einl. A 77

Ombudsmann Private Kranken- und Pflegeversicherung, Schlichtungsstelle 214 1

Outsourcing Einl. D 52

Patentrechte, IT Anh. J 205 ff.

Pensionsfond, Elternzeit 212 2

Pensionsfonds 211 3

Pensionsfonds-Deckungsrückstellungsverordnung Einl. F 15

Pensionskasse 211 3

Pensionskassenverträge, Elternzeit 212 2

Personenversicherung 1 42

Persönliche Zuverlässigkeit und fachliche Eignung verantwortlicher Personen Einl. D 53

Persönlichkeitsrecht
- IT, Gewerbliche VN Anh. J 198 ff., 207
- IT, Private VN Anh. J 73 f., 78 ff.

Pfändung 17 3
- Pfändungsbeschränkungen 17 12 ff.
- von Ansprüchen aus Versicherungen 17 3 ff.

Pfändungsschutz
- Altersrenten gem. § 851c ZPO 167 8
- bei Berufsunfähigkeitszusatzversicherung 167 5
- Deckungskapital 167 15
- Kosten der Umwandlung 167 16
- Rentenversicherung, Umwandlung in 167 1 f.
- Selbständige 167 2
- umwandlungsfähige Lebensversicherung 167 4 f.
- Umwandlungsverlangen
  - Frist und Form 167 6
- Verfügungsverbot 167 7
- Versicherungsperiode 167 12 f.

Pflichthaftpflichtversicherung 113 19
- Akzessorietätsgrundsatz 115 12
- Amtspflichtverletzung und Versicherungsschutz 117 25
- Anzeigepflichten des Dritten 119 4
- Aufwendungsersatzanspruch 116 7
- Ausgleichsanspruch 116 1
- Auskunftsanspruch 115 5
- Auskunftspflicht des geschädigten Dritten 119 7
- Begriff 113 2
- Bestätigung 113 13
- Bindungswirkung 120 8
- Doppelversicherung 115 18
- Dritter (Geschädigter) 115 6; 117 7
- Durchbrechung der Bindungswirkung 120 8
- Fälligkeit der Prämie 113 14
- Fiktiver Deckungsanspruch 117 3
- Gerichtsstand 115 8
- Gesamtschuldner 115 2, 16
- Gestörtes Versicherungsverhältnis 117 3
- Insolvenz des VN 115 10
- Insolvenz des VR 117 34
- Kontrahierungszwang 113 4
- Krankes Versicherungsverhältnis 117 3
- Mindestversicherungssumme 114 2
- Nachhaftung 117 8
- Opferschutz 113 3
- Pfändung und Überweisung 115 2
- Rechtskrafterstreckung 124 1
- Regress des VR 117 27
- Risikoausschlüsse 114 5; 115 15
- Schadensanzeige 119 4
- Selbstbehalt 114 10
- Sozialversicherungsträger 117 22
- Überobligatorischer Versicherungsschutz 113 15
- Unbekannter Aufenthalt des VN 115 11
- Verjährung 115 21
  - des Direktanspruchs 115 21
  - des Regressanspruchs 117 35, 36
- Versicherungspflicht 113 3
- Verweisungsprivileg 117 18
- Wegfall des Versicherungsvertrags 117 8

Pflichtversicherung 1 43

Plansicherungstheorie 1 25

Policenmodell
- Altfälle 7 88
- Ausschluss Widerspruchsrecht 7 112
- Belehrungsanforderungen 7 105
- ewiges Widerspruchsrecht 7 101
- fehlerhafte Belehrung 7 88, 100
- Lebensversicherung 7 88
- Richtlinienwidrigkeit 7 88
- Rückabwicklung 7 122
- Vertragsschluss 7 89
- Vorgaben EU-Recht 7 90
- Vorlagepflicht EuGH 7 99

Policenmodell, Unzulässigkeit 7 73

Postfach 1 VVG-Info 9, 10

Prämie
- Anpassung 29 21
- Aufrechnung 35 2
- Berechnung Anh. A 44
- Erhöhung 40 1; 6 VVG-Info 13
- Informationspflicht vor Vertragsschluss 4 VVG-Info 18
- Leistungsort 36 4
- Schicksal 29 21
- Teilrücktritt/Teilkündigung 29 21
- Zahlungspflicht 1 22; 33 9
- Zahlungsweise 4 VVG-Info 18

Prämienänderung
- Abdingbarkeit 163 36 f.
- Anwendungsbereich 163 2
- Erforderlichkeit 163 27 ff.
- Fehlkalkulation 163 26
- Leistungsbedarf
  - Begriff 163 19 ff.
- Mitteilung an VN 163 35
- Nichtvoraussehbarkeit 163 25
- Rechnungsgrundlagen 163 18
- Sicherheitsmarge 163 27
- Treuhänder 163 31

prämienfreie Versicherung 1 23

Prämienfreie Versicherung
- Deckungskapital 165 12 f.

prämienfreie Versicherung
- Elternzeit 212 4

Prämienfreie Versicherung
- Kündigung des VR 166 4
- Mindestversicherungsleistungleistung 165 15
- Rechnungsgrundlagen 165 12 f.
- Rückkaufswert 165 12 f.
- Rückumwandlung 165 16
- Umwandlung 165 10 f.
- Umwandlungsverlangen
  - Form 165 9
- Rechtsfolgen 165 10 f.
- Rechtsnatur 165 4

Stichwortverzeichnis

Prämienkalkulation, Gesetz der großen Zahl
Einl. A 9; Anh. A 44; 1 28
Private Pflegepflichtversicherung Anh. O 117 ff.,
118 ff.
– Auslandsaufenthalt Anh. O 158 ff.
– Begutachtungsrichtlinien Anh. O 64
– Beitrag Anh. O 172 ff.
– Gleichwertigkeitsgebot Anh. O 23
– Härtefall Anh. O 83
– Häusliche Pflegehilfe Anh. O 97 ff.
– Kontrahierungszwang Anh. O 29, 44, 199 ff.
– Krankenversicherungspflicht Anh. O 33 ff.
– Kurzzeitpflege Anh. O 127 ff.
– Leistungsfreiheit Anh. O 184, 190
– Musterbedingungen Anh. O 19, 31, 211 ff.
– Obliegenheiten Anh. O 187 ff.
– Pflegebedürftigkeit Anh. O 1 ff., 48 ff.
– Pflegehilfsmittel Anh. O 111 ff.
  – Pflegehilfsmittelverzeichnis Anh. O 113
  – Technische Anh. O 114
– Pflegekurse Anh. O 149
– Pflegestufen Anh. O 54 ff., 82
– Portabilität Anh. O 208 ff.
– Qualitätssicherung Anh. O 169
– Schlichtungsstelle Anh. O 217
– Tarifstufen Anh. O 20 f.
– Teilstationäre Pflege Anh. O 121 ff.
– Versicherungspflichtiger Personenkreis
Anh. O 36 ff.
– Vollstationäre Pflege Anh. O 131 ff.
Private VN Anh. J 13 f., 18 ff., 42 ff.
– IT, Eigenschäden Anh. J 18 ff.
– IT, Fremdschäden Anh. J 42 ff.
Privatversicherungsrecht
– Gegenstand Einl. A 1
– Grundprinzipien Einl. A 60
– Rechtsquellen Einl. A 23
– Treu und Glauben Einl. A 67
– Verbraucherschutz Einl. A 65
– Verfassungsrecht Einl. A 54
– Vertragsfreiheit Einl. A 60
Produkthaftpflichtversicherung Anh. E 1
– Mangelverdacht Anh. E 54
– Rückrufkosten Anh. E 101, 107
– Rückwärtsdeckung Anh. E 90
– Serienschadenklausel Anh. E 93
– Stand der Technik Anh. E 76 ff.
– Subunternehmerklausel Anh. E 28
– Versicherungsschutz Anh. E 30
– Vorwärtsdeckung Anh. E 89
Produktinformationsblatt 7 12; 4 VVG-Info 1
– AGB-Kontrolle 4 VVG-Info 6
– Angaben zur Prämie 4 VVG-Info 18
– Anwendungsbereich 4 VVG-Info 4
– Beurteilungsmaßstab 7 VVG-Info 3
– Entstehungsgeschichte 4 VVG-Info 2
– Gestaltung 4 VVG-Info 29
– Inhalt 4 VVG-Info 9
– Missstand 4 VVG-Info 34
– Rechtsfolgen 4 VVG-Info 34
– Reihenfolge der Informationen 4 VVG-Info 29
Programme, IT Anh. J 39
Proportionalitätsregel, Unterversicherung 75 10
prospektive Methode Einl. F 12
Providertätigkeit Anh. J 183, 190, 195, 209
Prozyklizität Einl. F 34
Pseudomakler 59 51

Quotenmodell
– Ausland 28 119
– Herbeiführung des Versicherungsfalles 81 4
– Obliegenheitsverletzung Anh. A 93; 28 119
Quotenvorrecht Anh. A 75; 127 12
Quotenvorrecht des VersN 86 34 ff.
Quotenvorrecht des VN 86 34

Rangfolgeprinzip 118 1
Raubkopien Anh. J 33, 126
realitätsnähere Bewertung Einl. F 42
Rechtsakte und Veröffentlichungen der nationalen
Aufsichtsbehörde Einl. D 32
Rechtsaufsicht Einl. D 81
Rechtsbehelf
– Teilrechtsbehelf 29 20
– Totalrechtsbehelf 29 22
Rechtsnatur, Obliegenheiten 28 8
Rechtsschutzversicherung
– Abdingbarkeit 129 1
– Abtretung der Ansprüche gegen den Versicherer
127 11
– Allgemeine Rechtsschutzbedingungen (ARB) 125 7
– Allgemeines Gleichbehandlungsgesetz (AGG)
125 15
– Anspruch auf Deckungszusage 125 10
– Anwalt aus EU-Mitgliedstaat 127 13
– Anwalt und rechtliche Beziehungen 127 8
– Anwaltsbestellung 127 4
– Anwaltswahl und Empfehlungen 127 2
– Anwaltswahl, freie 127 1
– Anwaltswechsel 125 52
– Arbeits-Rechtsschutz 125 14, 49
– Aufrechnung des Anwalts gegenüber Versicherer
127 10
– Bauklausel 125 35
– Begriff 125 6
– Beratungsrechtsschutz 125 27, 44
– Berufsrechtsschutz für Selbstständige 125 32
– Bindungswirkung für Deckungsklage 125 11
– Darlegungs- und Beweislast im Deckungsprozess
125 10; 127 3
– Deckungsprozess und Gutachterverfahren 128 13
– Deckungsprozess und
Schadensabwicklungsunternehmen 126 4
– Deckungsprozess, örtliche Zuständigkeit 125 61
– Deckungszusage 125 10
– Disziplinar- und Standesrecht 125 23
– Drittbeteiligung 125 39
– Einigungsversuch 125 57
– Einordnung 125 1
– Einziehungsklage 125 39
– Erbrecht 125 40
– Erfolgsaussicht 128 3
– Fahrer-Rechtsschutz 125 30
– Fahrerlaubnisentzug 125 48
– Formen des Versicherungsschutzes 125 9, 28
– Freie Anwaltswahl 127 1
– Gesellschafter 125 33
– Halte- und Parkverstoß 125 26
– Handelsgesellschaftsrecht 125 37
– Hinweispflichten des Versicherers 125 52; 128 10
– Immobilienfonds, geschlossener 125 35
– IT Anh. J 76 f., 79 ff.
– Leistung 125 51
– Leistungsarten 125 9
– Leistungsgrenze 125 52
– Massenprozesse und Sammelverfahren 127 5

Stichwortverzeichnis

- Mutwilligkeit **128** 5
- Obliegenheiten **125** 56; **126** 8; **127** 8; **128** 3
- Ordnungswidrigkeiten-Rechtsschutz **125** 26
- Primäre Risikobeschreibung **125** 10
- Privatrechtsschutz **125** 32
- Prospekthaftung **125** 37
- Prozessstandschaft des Schadenabwicklungsunternehmens **126** 4
- Quotenvorrecht **127** 12
- Rechtliche Beziehungen zwischen Beteiligten **127** 8
- Risikoausschlüsse **125** 34
- Schadensabwicklungsunternehmen **126** 1
- Schadensersatz-Rechtsschutz **125** 12, 43
- Schadensersatzansprüche des VN **125** 62; **126** 2; **127** 11
- Schadensersatzansprüche des VN gegen VR **125** 62; **126** 2
- Schadensminderungsobliegenheit **125** 56; **127** 7
- Schiedsgutachterverfahren **128** 1, 7
- Selbstbeteiligung **125** 52
- Selbstständige Tätigkeit **125** 33
- Sozialgerichts-Rechtsschutz **125** 21
- Spekulationsgeschäft **125** 17, 36
- Spezialität des versicherten Risikos **125** 10
- Spiel- und Wettvertrag **125** 17
- Steuerrechtsschutz **125** 20
- Stichentscheid **128** 1, 9
- Strafrechtsschutz **125** 24
- Teilklage **125** 58
- Vereinsrecht **125** 18
- Vergleich **125** 53
- Verjährung **125** 60
- Verkehrs-Rechtsschutz **125** 22
- Verkehrsanwalt **125** 52
- Vermögensanlage **125** 36
- Vermögensverwaltung **125** 33
- Versicherter Zeitraum **125** 10, 41
- Versicherungsfall **125** 41
- Versicherungsschein, Anforderungen **126** 2
- Versicherungssumme **125** 52
- Vertrags- und Sachenrecht **125** 13, 46
- Verwaltungsrechtsschutz **125** 22
- Voraussetzungsidentität **125** 11
- Vorsätzliche Straftat **125** 24, 38
- Widerklage **125** 52
- Widerruf der Deckungszusage **127** 11
- Wohnungs- und Grundstücks-Rechtsschutz **125** 16
- Zurechnung von Obliegenheitsverletzungen **127** 8
- Zwangsvollstreckungsmaßnahmen **125** 55; **126** 7
- Zweck **125** 1, 11

Rechtswahl Anh. EGVVG 78, 89 ff., 160 ff., 203
Rechtsweg 1 VVG-Info 22
Rechtszwangtheorie **28** 12
Rechtzeitigkeit, Informationsmitteilung 7 46
Reform des VVG Einl. A 24; **28** 5, 45
Regressfähige Aufwendungen 86 23
Regressfähige Aufwendungen des Versicherers 86 23
Regressverzicht 86 83
Reiseabbruchversicherung
- Beginn Anh. N 180
- Eigentumsschaden Anh. N 165
- Ende Anh. N 180
- Entschädigung Anh. N 170
- Erkrankung Anh. N 165
- Fälligkeit Anh. N 178
- Impfunverträglichkeit Anh. N 166
- Nachweispflichten Anh. N 182
- Obliegenheiten Anh. N 181
- Prämie Anh. N 179
- Reise Anh. N 11
- Reiseabbruch Anh. N 168
- Reisepreis, anteiliger Anh. N 175
- Reiseunterbrechung Anh. N 168
- Reisevertrag Anh. N 11
- Risikoausschlüsse Anh. N 169
- Risikopersonen Anh. N 164
- Rückreisekosten Anh. N 170
- Schadensminderung Anh. N 181
- Schwangerschaft Anh. N 166
- Selbstbehalt Anh. N 177
- Tod Anh. N 165
- Unfallverletzung Anh. N 165
- Unterkunftskosten Anh. N 176
- Unterversicherung Anh. N 177
- Versicherungsfall Anh. N 163
- Versicherungsschutz Anh. N 180

Reisegepäckversicherung, IT Anh. J 20 ff., 37 ff.
Reiserücktrittskostenversicherung Anh. N 101
- Angehörige Anh. N 106
- Ansprüche gegen Dritte Anh. N 156
- Arbeitsplatzverlust Anh. N 127
- Arbeitsverhältnis, neues Anh. N 129
- Beginn Anh. N 148
- Betreuungs- und Pflegekosten Anh. N 145
- Beweislast Anh. N 133
- chronische Erkrankung Anh. N 137
- Eigentumsschaden Anh. N 123
- Ende Anh. N 149
- Entschädigung Anh. N 139
- Erkrankung Anh. N 113
- Fälligkeit Anh. N 146
- Gerichtsstand Anh. N 158
- Impfunverträglichkeit Anh. N 119
- Nachreisekosten Anh. N 144
- Nachweis- und Aufklärungsobliegenheiten Anh. N 153
- Obliegenheiten Anh. N 151
- Obliegenheitsverletzungen Anh. N 155
- Prämienzahlung Anh. N 147
- Reise Anh. N 11, 101
- Reiseantritt Anh. N 149
- Reisevertrag Anh. N 11, 101
- Risikoausschlüsse Anh. N 134
- Risikopersonen Anh. N 106
- Schadensminderung Anh. N 151
- Schwangerschaft Anh. N 122
- Selbstbehalt Anh. N 143
- Stornokosten Anh. N 139
- Suchterkrankungen Anh. N 118
- Tod Anh. N 110
- Umbuchungskosten Anh. N 140
- Unfallverletzung Anh. N 111
- Unterversicherung Anh. N 143
- Verjährung Anh. N 157
- Vermittlungsentgelte Anh. N 139
- Versicherungsfall Anh. N 105
- Versicherungsschutz Anh. N 148

Reiseversicherung
- Abhandenkommen Anh. N 23, 56
- allgemeine Anh. N 41
- Ansprüche gegen Dritte Anh. N 96
- aufgegebenes Reisegepäck Anh. N 28, 45
- Beginn Anh. N 77
- Begriff Anh. N 1
- Beschädigung Anh. N 23, 59

Stichwortverzeichnis

- besondere **Anh. N** 45
- Beweislast **Anh. N** 37
- Campen **Anh. N** 48
- Diebstahl **Anh. N** 31
- Einbruchdiebstahl **Anh. N** 31
- Elementarereignisse **Anh. N** 35
- Ende **Anh. N** 78
- Entschädigung **Anh. N** 55
- Explosion **Anh. N** 35
- Fälligkeit **Anh. N** 66
- fehlgeleitetes Reisegepäck **Anh. N** 23
- Feuer **Anh. N** 35
- Fotoapparate **Anh. N** 45
- Gepäckstücke im Kraftfahrzeugen **Anh. N** 83
- Gerichtsstand **Anh. N** 100
- Geschenke **Anh. N** 21
- Hausrat **Anh. N** 5
- Hausratversicherung **Anh. N** 5
- Jahresversicherung **Anh. N** 72
- mitgeführtes Reisegepäck **Anh. N** 30, 45, 80
- Musterbedingungen des GdV **Anh. N** 1
- nicht fristgerechte Auslieferung **Anh. N** 36, 61
- nicht versicherte Sachen **Anh. N** 22
- Obliegenheiten **Anh. N** 80
- Pauschalsätze **Anh. N** 57
- Prämie **Anh. N** 68
- Raub **Anh. N** 31
- räuberische Erpressung **Anh. N** 31
- Reise **Anh. N** 10
- Reiseandenken **Anh. N** 21
- Reiseantritt **Anh. N** 77
- Reiseende **Anh. N** 78
- Reisegepäck **Anh. N** 9
- Reisegepäck in abgestellten Kraftfahrzeugen **Anh. N** 46, 83
- Reisegepäckversicherung **Anh. N** 3
- Reisekrankenversicherung **Anh. N** 1
- Reisevertrag **Anh. N** 11
- Risikoausschlüsse **Anh. N** 41
- Sachbeschädigung **Anh. N** 31
- Schadensanzeige **Anh. N** 86
- Schadensminderung **Anh. N** 84
- Schmucksachen und Kostbarkeiten **Anh. N** 80
- Schmucksachen/Kostbarkeiten **Anh. N** 45
- Sportgeräte **Anh. N** 17
- Stehlgutliste **Anh. N** 90
- Strafanzeige **Anh. N** 88
- Transportmittelunfall **Anh. N** 32
- Unterversicherung **Anh. N** 63
- Vergessen **Anh. N** 25
- Verjährung **Anh. N** 98
- Verlängerung **Anh. N** 79
- Verlieren **Anh. N** 25
- Versicherung für eine Reise **Anh. N** 69
- Verspätung **Anh. N** 61
- Videoapparate **Anh. N** 45
- Wertgrenzen **Anh. N** 63
- Zeitwert **Anh. N** 56
- Zelten **Anh. N** 48

Repräsentant
- Angehörige **28** 80
- Betrieb **28** 81
- Ehegatte **28** 76
- Fahrzeugführer **28** 85
- Haus- und Gutsverwalter **28** 82
- Kasuistik **28** 75
- Lebensgefährte **28** 76
- Makler **28** 82
- Mieter, Pächter **28** 83
- Obliegenheitsverletzungen **28** 69
- Rechtsanwalt **28** 84
- Risikoverwaltung **28** 73
- Vertragsverwaltung **28** 74

Restschuldversicherung, Ausschlussklauseln 32 18
retrospektive Methode Einl. F 12
Rettungsobliegenheit 82 1
- Beschränkter Schutzzweck **82** 12
- Beweislast **82** 30
- Pflicht zur Ordnungsgemäßheit **82** 27
- Rettungsbemühungen **82** 17
- Weisung **82** 17 ff., 26
- Zumutbarkeit **82** 13, 20

Risikoausschlüsse
- Abgrenzung zur Obliegenheit **28** 22
- subjektive **81** 10

Risikobelegenheit Anh. EGVVG 4, 53, 61, 63 ff.
Risikomanagement
- Internes Kontrollsystem
  - Interne Revision
    - Versicherungsmathematische Funktion **Einl. D** 47

Risikotragung, bei Einschaltung Dritter 28 69
Rom I-Verordnung Anh. EGVVG 44 ff.
Rom I-VO
- Eingriffsnormen **Anh. EGVVG** 207
- Entwicklung **Anh. EGVVG** 7, 53
- Großrisiko **Anh. EGVVG** 68
- Intertemporales Privatrecht **Anh. EGVVG** 8
- Massenrisiken **Anh. EGVVG** 84
- Mehrfachbelegenheit **Anh. EGVVG** 135
- objektive Anknüpfung **Anh. EGVVG** 79, 121
- ordre public **Anh. EGVVG** 218
- Pflichtversicherung **Anh. EGVVG** 124
- Rechtswahl **Anh. EGVVG** 55, 78, 89, 160
- Risikobelegenheit **Anh. EGVVG** 136
- Rückversicherung **Anh. EGVVG** 159, 181
- Verbraucherschutz **Anh. EGVVG** 188

Rückkaufwert Einl. F 16; **211** 4
- Abdingbarkeit **169** 73
- Altverträge
  - Altverträge ab 2002 **169** 51 f.
  - fondgebundene Lebensversicherung **169** 47
  - Verträge bis 2001 **169** 46 f.
  - Verträge bis Juli 1994 **169** 46
- Aufhebungsvereinbarung **169** 21
- Ausmaß der Garantie **169** 60; **2 VVG-Info** 45
- Berechnung
  - Abschluss- und Vertriebskosten **169** 33 f.
  - Deckungskapital **169** 25 f.
  - Deckungsrückstellung **169** 26 f.
  - fondgebundene Lebensversicherung **169** 62
  - Höchstzillmersatz **169** 42 f.
  - Nettotarif **169** 64
  - prospektive Methode **169** 25
  - Rechnungsgrundlagen der Prämienkalkulation **169** 29 ff.
  - retrospektive Methode **169** 25
  - Zillmerung **169** 34 ff.
- Bezifferung **2 VVG-Info** 41
- EU-Versicherer **169** 61
- garantierter **169** 60
- Herabsetzung
  - Angemessenheit **169** 66 ff.
  - Gefährdung der Belange der VN **169** 68 f.
- Informationspflicht **2 VVG-Info** 21
- Kündigung **169** 20

1957

Stichwortverzeichnis

- Prämienreserve 169 2 f.
- Stornoabzug
  - Abzugsverbot Abschlusskosten 169 63
  - Angemessenheit 169 63
  - Bezifferung 169 63
- Rückstellungen
  - für Beitragsüberträge Einl. F 9
  - versicherungstechnische Einl. D 65; Einl. F 7
- Rückstellungen für Beitragsrückerstattung Einl. F 23
- Rückstellungen für noch nicht abgewickelte Versicherungsfälle Einl. F 37
- Rücktritt
  - Ausschluss bei Obliegenheitsverletzung 28 147
  - teilweiser 29 1, 21
- Rückversicherung 1 4; 209
  - Begriff 209 2
  - Gerichtsbarkeit 209 2
  - Rechtsnatur 209 2
  - Retrozession 209 2
  - Schadensversicherung 209 2
- Rückwärtsversicherung 2 1; Vor 49 3
  - Echte Rückwärtsversicherung 2 11
  - Prämienschicksal 2 42
  - Unechte Rückwärtsversicherung 2 11
  - Vorläufige Deckung 2 7
  - Vorvertragliche Anzeigepflichten 2 26

- Sachversicherung, allgemeine, IT Anh. J 10, 12, 18, 84 ff., 101 ff.
- Sachverständigenverfahren 84
  - Gerichtliche Ersetzung 84 30 f.
- Sachverständiger 84 1
  - Ablehnung 84 11
  - Befangenheit 84 26 ff.
  - Bestellung 84 9
  - Schiedsgutachter 84 4
  - Widerruf der Bestellung 84 10
- Schadenregulierungsaufwendungen Einl. F 40
- Schadensanzeige 119 4
- Schadensermittlungskosten 85
  - Kürzungsrecht 85 13
  - Leistungsfreiheit 85 12
  - Rechtsverfolgungskosten 85 5
  - Sachverständigenkosten 85 8 ff.
    - Ausnahmen 85 10
- Schadensersatz
  - Anwendbarkeit der §§ 280 ff. BGB 28 14
  - bei Verletzung von Informationspflichten 7 55
  - Beweislastumkehr 7 61
  - Deliktische Ansprüche 7 62
  - Haftungsbegrenzung des VR 7 58
  - Nichtanzeige des Vers.falles 30 3
  - Obliegenheitsverletzung 28 14
  - Schutzgesetzeigenschaft 7 62
  - Vermutung informationsgerechten Verhaltens 7 61
- Schadensersatzpflicht des Versicherers, Verstoß gegen Beratungspflichten 6 139
- Schadensersatztheorie 1 25
- Schadensversicherung 1 41
  - Seeversicherung 209 2
  - Überversicherung 73 3
- Schadsoftware Anh. J 4 f., 51 ff., 65 f., 69 f., 101 ff., 139, 172, 178, 193
- Schiffsgüterversicherung, Seeversicherung 209 3
- Schlichtungsstelle 214
  - Außergerichtliche Gütestelle 214 7
  - Bagatellvermittler 214 2

- Entgelt 214 9
- Geschichtliche Entwicklung 214 1
- Großrisiko 214 3
- Ombudsmann Private Kranken- und Pflegeversicherung 214 1
- Rückversicherung 214 3
- Seeversicherung 214 3
- Verhältnis Gerichtsbarkeit 214 7
- Versicherungsberater 214 9
- Versicherungsombudsmann 214 1
- Versicherungsvermittler 214 9
- Schriftform, Anzeigepflichten 32 15
- Schwankungsrückstellung Einl. F 50
- Seekaskoversicherung, Seeversicherung 209 3
- Seeversicherung Einl. A 27; 209
  - Begriff 209 3
  - Binnentransporte 209 3
  - Legaldefinition 209 1
  - Rechtsgrundlage 209 3
  - Schiffsgüterversicherung 209 3
  - Seekaskoversicherung 209 3
- Selbstbehalt 75 ; 114 10
  - bei Unterversicherung 75 14
  - Unterversicherung 75 14
- Selbstbehaltsversicherung Anh. C 70
  - Akzessorietät zur D&O-Versicherung Anh. C 193
  - Begrenzung der Kapazität Anh. C 196
  - D&O-Versicherung Anh. C 1 ff.
  - Gesamtschuldnerische Haftung Anh. C 186
  - Gesellschaftsform Anh. C 175
  - Höhe des Selbstbehalts Anh. C 182
  - Mindesthöhe Anh. C 182
  - Mindestobergrenze Anh. C 183
  - Obliegenheiten Anh. C 211 ff.
  - Organfunktion Anh. C 177
  - Persönliche Selbstbehaltsversicherung (GDV) Anh. C 194 ff.
  - Pflichtselbstbehalt Anh. C 172 ff.
  - Rechtsgrundlagen Anh. C 165 ff.
  - Sachlicher Anwendungsbereich Anh. C 174 ff.
  - Schaden Anh. C 179 ff.
  - Selbstbehaltsversicherungsmodelle Anh. C 190 ff.
  - Serienschaden Anh. C 185 ff.
  - Umsetzung des Selbstbehalts in der D&O-Versicherung Anh. C 187 ff.
  - Zeitlicher Anwendungsbereich Anh. C 172 f.
  - Zulässigkeit der Selbstbehaltsversicherung Anh. C 189
- Serienschäden, IT Anh. J 57, 71, 175, 189, 194
- Sicherheitsobliegenheiten Anh. J 55 f., 72, 117 ff., 129, 136, 141 f., 148 f., 179, 194
  - Firewall Anh. J 55 f., 179
  - IT, Gewerbliche VN Anh. J 117 ff., 129, 136, 141 f., 148 f., 179, 194
  - IT, Private VN Anh. J 55 f., 72
  - Sicherungskopien Anh. J 118 f.
  - Virenscanner Anh. J 55 f., 179
- Sicherungsfond
  - Information über 1 VVG-Info 13
- Sicherungsfonds
  - Mitgliedschaft EU/EWR-ausländischer Versicherungsunternehmen Einl. D 110
  - Rechtsnatur Einl. D 108
- Software Anh. J 38, 109
  - Softwarebezogene Dienstleistungen Anh. J 208 ff.
- Softwareversicherung Anh. J 94, 133 ff., 137 ff.
- Solvabilitätskapitalanforderung Einl. D 67
- Solvabilitätsspanne, Verringerung der Einl. F 34

Stichwortverzeichnis

Solvabilitätsübersicht Einl. D 66
Solvency II Einl. D 21
Sozialversicherungsrecht Einl. A 17
Sozialversicherungsträger 117 22
Spam Anh. J 63
Spartentrennungsgebot Einl. D 43
Spiel und Wette Einl. A 21
Sprachen, Informationspflicht 1 VVG-Info 41
Stellvertretermodell 7 72
Sterbekasse 211 6
Steuerbilanz Einl. F 5
Stichtagsklauseln, zur Vermeidung von Unterversicherung 75 12
Subrogationsklausel 86 42
Summenausgleichsklausel 75 12
Summenausgleichsvereinbarung, Unterversicherung 75 6, 12
Summenversicherung 1 41; 86 3
– Forderungsübergang 86 3

Tarifbestimmungen, Information über 1 VVG-Info 15
Taxe 76 1
– Abdingbarkeit 76 3
– Anfechtung Taxenvereinbarung 76 13
– Anwendungsbereich 76 2
– Erheblich erhöhte Taxe 76 8
– Erhebliche Übersetzung 76 8
– Festlegung des Versicherungswertes 76 4
– Rechtsfolgen 76 7
– Unterversicherung bei Vereinbarung einer Taxe 76 11
– Voraussetzungen 76 4
Teilkündigung
– AVB 29 26
– Beweislast 29 25
– Kündigungsrecht 29 23
– Rechtsfolgen 29 19
– Tatbestand 29 7
– Teilrechtsbehelf 29 20
– Totalrechtsbehelf 29 22
Teilrechtsbehelf 29 20
Teilrücktritt
– AVB 29 26
– Beweislast 29 25
– Kündigungsrecht 29 23
– Rechtsfolgen 29 19
– Tatbestand 29 7
– Teilrechtsbehelf 29 20
– Totalrechtsbehelf 29 22
Teilschaden, Unterversicherung 75 10
Teilungsabkommen 86 76
– bei Forderungsübergang 86 76 ff.
Telefongespräche, Informationspflichten 5 VVG-Info 1
Termfix-Versicherung Vor 150
Textform 32 15, 19
Tierhalter Anh. I 24
Tierhalterhaftpflicht Anh. I 5
Tontine Vor 150
Transparenz 7 40
Transportversicherung 130 1
– Abandon 141 2
– Allgefahrdeckung 130 3
– Aufwendungsersatz 135 2
– Schadensfeststellungskosten 135 7
– Beschädigung 130 9
– Gefahränderung 132

– Leistungsfreiheit 132 10 ff.
– Güter 130 8
– Güterversicherung 130 3
– Kollisionshaftpflicht 130 15
– Repräsentantenhaftung 137 8
– Risikoausschluss 137 2
– Ungeeignete Beförderungsmittel 134 3
– Verletzung der Anzeigepflicht 131
– Versicherungswert 136 2
– Vertragswidrige Beförderung 133 3
Treu und Glauben Einl. A 67

überhobene Beiträge Einl. F 29
Übermittlung des Beratungsergebnisses durch VR
– Form 6 107
– Inhalt 6 105
– Zeitpunkt 6 106
Überraschende Klauseln Einl. B 35
Überschussbeteiligung
– Abdingbarkeit 153 80
– andere Verteilungsgrundsätze 153 67
– Anwendungsbereich 153 7
– aufsichtsrechtliche Regelungen 153 73 ff.
– Auskunftsansprüche 153 58
– Ausschluss 153 57
– Ausschüttungssperre 153 69
– Bewertungsreserven 153 41 ff.
– Deckungsrückstellungsverordnung 153 4
– Equitable Life 153 5
  – Beratungspflichtverletzungen 153 29
  – Scheme of Arrangement 153 56
– Ermessensüberprüfung 153 52
– Garantien in der LV 153 21
– Garantierente 153 20
– Garantiezins 153 18 ff.
– gesetzlicher Anspruch 153 2
– Gewinnzerlegung 153 14
– jährliche Unterrichtung
  – Prognoseabweichung 155 8
  – Textform 155 4
  – Überschussentwicklung 155 5 ff.
  – Zeitpunkt 155 4
– Kontrolle 153 50 ff.
– Kostenüberschüsse 153 55
– Lebensversicherungsreformgesetz 153 4
– Mindestzuführungsverordnung 153 33 ff.
– Nachreservierung 153 20 ff.
– Querverrechnung 153 35
– Rechnungszins 153 17 f.
– Risikoadjustierte Verzinsung 153 62 f.
– Rohüberschuss 153 13
– Rückstellung für Beitragsrückerstattung (RfB) 153 34
– Schichten RfB 153 40
– Schlussgewinnanteil 153 38
– Sicherungsbedarf 153 48
– Überschussbeteiligung 153 59 ff.
– Überschussdeklaration 153 38
– Überschussermittlung 153 12 ff.
– verursachungsorientiertes Verfahren 153 60 ff.
– Wealthmaster noble 153 28
– Zinsabitrage 153 64
– Zinszusatzreserve 153 22
Überversicherung 74 7
– Anwendungsbereich 74 3
– Betrügerische 74 16
– betrügerische Überversicherung 74 16 f.
– Normzweck 74 1

1959

Stichwortverzeichnis

- Rechtsfolgen **74** 13
- Versicherungssumme **74** 8
- Versicherungswert **74** 9

Umstellung AVB, Altvertrag 1 EGVVG 9

Umwandlung
- Kündigung des VR **166** 4 ff.
- Pfändungsschutz **167** 6 ff.
- prämienfreie Versicherung **165** 10 ff.

Umwelthaftpflicht
- Bausteinprinzip **Anh. F** 16
- Behördliche Anordnung **Anh. F** 56
- Deklarationsprinzip **Anh. F** 16
- Einleiten **Anh. F** 29
- Enumerationsprinzip **Anh. F** 16
- Inhaberschaft **Anh. F** 18
- Kleckerklausel **Anh. F** 59
- Störung des Betriebs **Anh. F** 55
- Umweltprodukterisiko **Anh. F** 32
- Umweltrisiko **Anh. F** 36
- Vorschadensausschluss **Anh. F** 61

Umweltschadensversicherung
- Anlagenrisiko **Anh. G** 13
- Ausschlusstatbestände **Anh. G** 33 ff.
- Betriebsstörung **Anh. G** 15
- Deklarationsprinzip **Anh. G** 12
- Enumerationsprinzip **Anh. G** 12
- Gefahrenabwehrpflicht **Anh. G** 3
- Grundwasser **Anh. G** 26, 35
- Haftpflichtversicherung **Anh. G** 8
- Sanierung **Anh. G** 23
- Versicherungsfall **Anh. G** 31 f.

unbekannte Spätschäden Einl. F 38

Unfallversicherung 211 3
- Ausübung einer Sportart **178** 30
- autoerotische Handlung **178** 27
- Bandscheibenvorfall **178** 15, 45
- Bauch- und Unterleibsbrüche **178** 46
- Beweislast **178** 77
- Drogen **178** 39
- Eigenbewegungen **178** 14
- Ereignis **178** 12
- Fälligkeit **178** 72
- Gefahrerhöhung **181** 4
- Gefahrminderung **181** 10
- Geistes- und Bewusstseinsstörungen **178** 34
- Genesungsgeld **178** 64
- Gesundheitsschädigung **178** 23
- Gliedertaxe **180** 26
- Hinweispflicht **186** 1; **188** 11
- Infektionen **178** 47
- Informationspflichten vor Vertragsschluss **2 VVG-Info** 62
- Informationspflichten während der Vertragslaufzeit **6 VVG-Info** 8
- Invaliditätsbegriff **180** 3
- Invaliditätsfeststellung **180** 10
- Invaliditätsleistung **178** 53; **180** 24
- Kapitalzahlung **180** 35; **185** 2
- Kausalzusammenhang **178** 28
- Kinderunfallversicherung **188** 10
- Krankenhaus-Tagegeld **178** 61
- Leistungsarten **178** 51
- Marcumar **182** 4
- Mitursächlichkeit **178** 28
- Mitwirkung von Krankheit oder Gebrechen **182** 2
- Neubemessung der Invalidität **188** 5
- Obliegenheiten **178** 73
- Pflichtversicherung **190** 2
- Plötzlich **178** 18
- Probandenversicherung **190** 4
- Psychische Reaktionen **178** 48
- Rechtsgrundlagen **178** 7
- Rettungsobliegenheit **184** 3
- Risikoausschlüsse **178** 33
- Sachverständigenverfahren **189** 4
- Schadensermittlungskosten **189** 5
- Schweigepflicht **178** 75
- Selbstmord **178** 26, 70
- Straftaten **178** 41
- Tagegeld **178** 59
- Todesfallleistungen **178** 68
- Übergangsleistung **178** 54
- Unfallbegriff **178** 11
- Unfreiwilligkeit der Gesundheitsschädigung **178** 25
- Verkehrsstraftaten **178** 43
- Versicherung für eigene Leistung **179** 5
- Versicherung für fremde Rechnung **179** 3
- Vorinvaliditäten **180** 33
- Vorschusspflicht **187** 9

Unsicherheitseinrede, Bei drohender Insolvenz 16 16

Unterbrechungsschäden IT Anh. J 16, 143 ff., 197, 209
- BBR-IT **Anh. J** 197, 209
- Betriebsunterbrechungsversicherung **Anh. J** 144 ff.
- Elektronik Betriebsunterbrechungs-Versicherung **Anh. J** 158 ff.
- Maschinen-Betriebsunterbrechungsversicherung **Anh. J** 150 ff.

Unterversicherung 75 6
- Anwendungsbereich **75** 5
- Begriff **75** 1
- Beratungspflichten des VR **75** 4
- Beratungsverschulden **75** 4
- Beweislast **75** 15
- Bruchteilsversicherung **75** 14
- Entschädigungsgrenzen **75** 14
- Erheblichkeit **75** 7
- Erstrisikoversicherung **75** 13
- Proportionalitätsregel **75** 10
- Rechtsfolgen **75** 9
- Selbstbehalt **75** 14
- Stichtagsklauseln **75** 12
- Summenausgleichsvereinbarung **75** 6, 12
- Teilschaden **75** 10
- Vorsorgeversicherungssumme **75** 12
- Zeitpunkt **75** 8

Urheberrechte
- Gewerbliche VN **Anh. J** 200, 205 ff.
- Private VN **Anh. J** 74, 75 ff.

Urkunde, Informationsmitteilung 7 137

Veräußerung der versicherten Sache 95 5
Verbindlichkeitstheorie 28 12
Verbraucherschutz Einl. A 65
Verbraucherverträge Anh. EGVVG 188
Vergütung Einl. D 59
Verjährung 15 3
Verjährung des Direktanspruchs 115 21
Vermögensgestaltungstheorie 1 25
Verpfändung 17 3, 11, 31
- Verpfändungsbeschränkungen **17** 11 ff., 31, 32 ff.
- von Ansprüchen aus Versicherungen **17** 3, 31

Verschulden
- Arglist **28** 57
- Beweislast **28** 153

Stichwortverzeichnis

- Herbeiführung des Versicherungsfalles **81** 29
- Obliegenheiten **28** 50

Versicherung
- Begriff **Einl. A** 2
- Funktion **Einl. A** 16
- Mischformen **Einl. A** 14

Versicherung für fremde Rechnung
- Aufrechnung **44** 12
- Befriedigungsvorrecht des VN **46** 18
- Begriff und Bedeutung **43** 1
- Beispiele **43** 24
- Bereicherungsausgleich **44** 30; **45** 20
- D&O-Versicherung **47** 1
- Eigentumsvorbehalt **43** 5
- Forderungsrechte **44**
- Gestaltungsrechte **44**
- Haftpflichtversicherung **43** 4
- Herbeiführung des Versicherungsfalles **81** 42
- Insolvenz, Verfügungsrecht **45** 1
- Insolvenzverfahren **44** 1
- Kenntnis des Versicherten **47** 4
- Kombinierte Eigen- und Fremdversicherung **43** 58; **47** 13
- Leasing **43** 5
- Obliegenheitsverletzungen **47** 14
  - des Versicherten **47** 14
  - des VN **47** 16
- Prozessstandschaft **45** 9
  - gesetzliche **45** 9
  - gewillkürte **45** 12
- Rechte des Versicherten **44** 1
- Rechte des VN **45** 1
- Rechte zwischen VN und Versichertem **46** 1
- Rechtsnachfolge **44** 1
- Rechtsnatur **43** 1
- Regressverzicht **43** 2
- Sacherhaltungs-/Sachersatzinteresse **43** 47
- Sachversicherung **43** 47
- Sicherungsschein **44** 26
- Sicherungsübereignung **43** 5
- Sonstige Formen der Drittbegünstigung **43** 15
- Veräußerung der versicherten Sache **43** 1
- Verfügungsbefugnis des VN **45** 3
- Verfügungsverbot des Versicherten **44** 15
- Vermutung für Eigenversicherung **43** 5
- Versicherung eines fremden Interesses **43** 45
- Versicherung fremder Sachen **43** 47
- Versicherungsschein **44** 22
- Vertrag zugunsten Dritter **43** 10
- Vertragsschluss **43** 18
- Vertragsschluss für einen anderen **43** 45
- Vertragsschluss im eigenen Namen **43** 40
- Zurückbehaltungsrecht des VN **46** 15
- Zustimmung des VN **44** 20
- Zwangsvollstreckung **44** 7

Versicherung für Rechnung »wen es angeht« **48** 1

Versicherungsberater
- Beratungspflicht **6** 33; **59** 54
- Schlichtungsstelle **214** 9

Versicherungsbestätigung **113** 13
Versicherungsfall, Eintritt **1** 21
Versicherungsfremde Geschäfte, Verbot **1 VVG-Info** 12
Versicherungsleistung **1** 29
- Information über **1 VVG-Info** 15

Versicherungsmakler, Beratungspflicht **6** 32; **59** 15
Versicherungsombudsmann **Einl. A** 75

Versicherungsombudsmann e.V, Schlichtungsstelle **214** 1
Versicherungspflicht **113** 3
Versicherungsschein **3**; **113** 13
- Abweichender **5**
- Anfechtungsrecht **5** 57 ff.
- Belehrungsobliegenheit **5** 27 ff.
- Genehmigungswirkung **5** 46
- Hinweisobliegenheit **5** 27 ff.
- Widerspruch **5** 30, 34, 37 f., 53 ff.
- Auf den Inhaber **4**
- AVB **5** 25
- Betriebliche Altersversorgung **3** 8
- Billigungsklausel **5** 16
- Gebündelte Police **3** 16
- Gruppenversicherung **3** 8
- Legitimationsfunktion **3** 7
- Mitversicherung **3** 19
- Textform **3** 22
- Versicherungsbestätigung **3** 8
- Versicherungssteuer **3** 20

Versicherungsschutz **1** 65
- Beginn **Anh. A** 50; **4 VVG-Info** 25
- Ende **Anh. A** 54; **4 VVG-Info** 25

Versicherungsunternehmen **113** 10
Versicherungsvereine, kleine **211** 3
Versicherungsvermittler
- Angestellte **59** 2; **73** 5
- Schlichtungsstelle **214** 9

Versicherungsvertrag **1** 5; **29** 7
- Arten **1** 40
- Aufhebung **1** 16
- Beginn des Versicherungsschutzes **1** 65
- Begriffsbestimmung **1** 5 f.
- Beweislast **1** 74
- Bezugsberechtigter **1** 9
- Eintritt des Versicherungsfalles **1** 21
- Funktion **1** 25
- Hauptleistungspflicht des VN **1** 67
- Hauptleistungspflichten des Versicherers **1** 63 f.
- Leistung des Versicherers **1** 11
- Neben- und Nebenleistungspflichten des Versicherers **1** 66
- Obliegenheiten **1** 70
- Prämienzahlungspflicht **1** 22
- Rechtsfolgen **1** 62
- Rechtsnatur **1** 71
- Risikoabsicherung **1** 7
- Risikogemeinschaft **Einl. A** 9; **1** 27
- Rückabwicklung **1** 16
- Schlüsselgewalt **1** 53 f.
- Selbstständigkeit **1** 30
- Vertragsabschluss
  - Abschlussfreiheit
    - Privatautonomie **1** 45
- Vertragsänderung **1** 57
- Vertragsschluss mit Minderjährigen **1** 55 f.
- Vertretung **1** 51 f.

Versicherungsvertreter
- Abschlussvollmacht **71** 1
- Empfangsvollmacht **69** 1
- Gelegenheitsvertreter **73**
- Inkassovollmacht **69** 25
- Kenntnis, Zurechnung **70** 1

Versicherungsvertriebs-RiLi **6** 49
Versicherungsvertriebsrichtlinie **6** 3
Versicherungswert
- Begriff **74** 9; **88** 4

Stichwortverzeichnis

- Erheblichkeit **74** 10
- Ersatzanschaffung **74** 9
- Neuwert **88** 10
- Taxe **74** 9
- Veräußerungswert **88** 11
- Wertermittlung **74** 9
- Wiederbeschaffungswert **74** 9; **88** 5
- Zeitpunkt für Berechnung **74** 9
- Zeitwert **74** 9; **88** 5

Vertrag
- Beendigung **1** VVG-Info 37; **4** VVG-Info 26
- Informationen über Zustandekommen **1** VVG-Info 27
- Informationen zum **1** VVG-Info 13, 21
- Mindestlaufzeit **1** VVG-Info 36
- Prämienfrei **2** VVG-Info 27
- Umwandlung **2** VVG-Info 26

Vertragsabschlussmodelle 7 72
- Antragsmodell **7** 75
- Bedingungsmodell **7** 86
- Gesetzliches Leitbild **7** 76
- Invitatiomodell **7** 78
- Policenmodell **7** 73
- Stellvertretermodell **7** 72
- Verzichtsmodell **7** 72
- Vorschlagsmodell **7** 84

Vertragsbegleitende Beratungspflicht
- Angemessenheit **6** 125
- Anlass **6** 132
- AVB-Änderung **6** 137
- Beratungspflicht des Maklers **6** 128
- Dokumentationspflicht **6** 124
- Schadensersatz **6** 139
- Verhältnis zur Pflicht vor Vertragsschluss **6** 123
- Verzicht **6** 138

Vertragserklärung, des VN 7 19
Vertragsfreiheit Einl. A 60; **113** 3
- Inhaltsfreiheit des Versicherers **28** 1

Vertragsschluss, Obliegenheiten 4 VVG-Info 20
Vertragstypische Pflichten 1 1
Vertrauensschadenversicherung
- Auslegung AVB-VSV **Anh. D** 16
- Beginn und Ende des Versicherungsschutzes **Anh. D** 80
- Begrenzung des Versicherungsschutzes **Anh. D** 52
- Eigenschadenversicherung **Anh. D** 6
- Herbeiführung des Versicherungsfalles **Anh. D** 89
- Notarkammern **Anh. D** 7
- Obliegenheiten **Anh. D** 82 ff.
- Prämie **Anh. D** 78 f.
- Public Relations-Kosten **Anh. D** 48
- Rechtsnatur **Anh. D** 4 f.
- Rechtsverfolgungskosten **Anh. D** 49 f.
- Repräsentantenhaftung **Anh. D** 89
- Risikoausschlüsse **Anh. D** 58 ff.
- Schadenermittlungskosten **Anh. D** 49 f.
- Selbstbehalt **Anh. D** 77
- Serienschadenklausel **Anh. D** 75 f.
- Unmittelbarkeit des Schadens **Anh. D** 27 f.
- Versicherte Schäden **Anh. D** 29 ff.
- Versicherungssumme **Anh. D** 72 f., 74
- Vertrauensperson **Anh. D** 18 ff., 67
- Vorsätzliche Handlung **Anh. D** 24
- Wirtschaftskriminalitätsrisiko **Anh. D** 1 ff., 27 ff.

Vertretungsmacht 69 1
- Versicherungsvertreter, Beschränkung **72** 1

Verwaltungskosten, Informationspflicht 2 VVG-Info 7; **3** VVG-Info 2

Verweisung in der Berufsunfähigkeitsversicherung
- abstrakte **172** 44
- Arbeitsmarktrisiko **172** 48
- Auszubildende **172** 33
- Beweislast **172** 88
- Einarbeitung in Verweisungsberuf **172** 47
- Einkommenssituation **172** 52 ff.
- Konkrete **172** 44
- Nischenarbeitsplätze **172** 48
- Schonarbeitsplätze **172** 48
- Selbstständige **172** 58 ff.
- Überforderung **172** 46 ff.
- Unterforderung **172** 51
- Voraussetzungen **172** 46 ff.
- Wahrung der Lebensstellung **172** 50 ff.
- Wertschätzung, vergleichbare **172** 57
- Zeitpunkt der Beurteilung **172** 45

Verzicht des VN
- AGB-rechtliche Zulässigkeit **7** 48
- Auf Beratung **6**
- auf Informationen **7** 46
- auf Möglichkeit der Kenntnisnahme gem. § 305 II Nr. 2 BGB **7** 70
- auf rechtzeitige Informationsmitteilung **7** 46
- Bei telefonischem Kontakt **5** VVG-Info 11
- Einbeziehung der AVB bei Informationsverzicht **7** 71
- Europarechtswidrigkeit **7** 50
- Form **7** 46
- Inhaltskontrolle **7** 48
- Missstand **7** 64
- Rechtsfolge **7** 46
- Rechtsfolgen bei Unwirksamkeit **7** 57

Verzichtsmodell 7 72
Verzinsung 91 1
Vollmacht 69 1
Vollwertversicherung 74 1
Voraussetzungstheorie 28 12
Vorerstreckungstheorie 90 1
vorläufige Deckung 1 23; **Vor 49** 1
- AKB 2008 **Vor 49** 8
  - AKB 2015 **50** 5; **51** 8; **52** 20
- AKB 2015 **Vor 49** 9
- Beginn **51** 1
- Konkludent **Vor 49** 3; **49** 3
- Prämienzahlung **51** 1
- Vertragsinhalt **49** 6
- Widerruf **52** 6

Vorsatz
- bei Obliegenheitsverletzung **28** 56
- Beweislast **28** 168

Vorschlagsmodell 7 84
Vorsichtsprinzip Einl. F 41
Vorteilsausgleichung 86 1
- bei Forderungsübergang **86** 1

Vorvertragliche Anzeigepflicht, Erfüllung beim Invitatiomodell 7 82

Wechseldatenträger Anh. J 94, 122 f., 154, 164
Widerrufsrecht
- Antragsmodell **8** 70
- Belehrung **8** 46, 54; **9** 8, 11
- Elektronischer Geschäftsverkehr **8** 73
- Fristbeginn **8** 42, 73
- Großrisiko **8** 22
- Informationspflicht **1** VVG-Info 31
- Invitatio-Modell **8** 67, 69
- Kurzfristige Verträge **8** 13, 15

- Prämienerstattung **9** 18, 29, 37
- Verbundene Verträge **8** 7, 12
- Verhältnis zum BGB **8** 6, 12; **9** 37, 40
- Versicherungsleistungen **9** 22, 24, 32, 37
- Vertragsverlängerungen und -änderungen **8** 15, 27, 30
- Vorläufige Deckung **8** 16, 20
- Widerrufserklärung **8** 33, 37
- Zusammenhängende Verträge **8** 10; **9** 41
- Zustimmung zum Versicherungsbeginn **9** 12, 17

Wiederbeschaffungswert 74 9
Wiederherstellungsklausel 94 5
Wissenserklärungsvertreter
- Angehörige **28** 80
- Angestellter **28** 99
- Arzt **19** 14; **28** 103
- Betrieb **19** 14; **28** 81
- Ehegatte **19** 14; **28** 97
- Fahrer **28** 100
- Kasuistik **28** 97
- Kind **28** 98
- Makler **28** 102
- Mieter **28** 102
- Rechtsanwalt **28** 101
- Zurechnung **28** 94

Wissensvertreter
- Kasuistik **28** 93
- Zurechnung **28** 88

Wissenszurechnung
- Allgemein **19** 42
- Angestellte und Gelegenheitsvertreter **73**
- Versicherungsvertreter **70** 1

Zahlung, Information über Einzelheiten der 1 VVG-Info 23
Zahlungsverzug 211 4
Zillmerung 169 34
Zinszusatzreserve Einl. F 13; **153** 22
Zurechnung
- Angestellter **28** 99
- Arzt **19** 14; **28** 103
- Ehegatte **19** 14; **28** 97
- Fahrer **28** 85, 100
- Haus- und Gutsverwalter **28** 82
- Kind **28** 98
- Lebensgefährte **28** 76
- Makler **28** 82, 102
- Mieter, Pächter **28** 83, 102
- Obliegenheitsverletzung Dritter **28** 60
- Rechtsanwalt **28** 84, 101
- Repräsentant **19** 16; **28** 69; **81** 46
- Wissenserklärungsvertreter **19** 13; **28** 94
- Wissensvertreter **19** 42; **28** 88
- Zurechnungstatbestände bei Obliegenheiten **28** 62

Zurückbehaltungsrecht, Versicherung für fremde Rechnung 46 15